Assmann/Wallach/Zetzsche

Kapitalanlagegesetzbuch · Kommentar

Kapitalanlage-gesetzbuch

Kommentar

KAGB

ELTIF-VO · EuSEF-VO · EuVECA-VO
MMF-VO · PRIIP-VO · DerivateV

herausgegeben von

Professor Dr. Heinz-Dieter Assmann, LL.M.
em. Universitätsprofessor, Universität Tübingen
Of Counsel, Stuttgart

Dr. Edgar Wallach
Rechtsanwalt, Frankfurt am Main

Professor Dr. Dirk A. Zetzsche, LL.M.
Universitätsprofessor, Universität Luxemburg

2019

ottoschmidt

Bearbeiter

Prof. Dr. Heinz-Dieter Assmann, LL.M. (Philadelphia)
em. Universitätsprofessor,
Eberhard Karls Universität Tübingen,
Of Counsel, Stuttgart

Elena Bachmann
Rechtsanwältin, Frankfurt am Main

Dr. Michael Böhm
Rechtsanwalt, Düsseldorf,
Lehrbeauftragter für
Bank- und Investmentrecht,
Heinrich Heine Universität Düsseldorf

Anton Bubnov, M.Sc.
Frankfurt am Main

Dr. Benedikt Czok
Inhaber und Vorsitzender
der Geschäftsleitung,
Kapitalverwaltungsgesellschaft,
Schweiz/Liechtenstein

Dr. Carl-Philipp Eberlein, LL.M. (Cambridge)
Rechtsanwalt, Düsseldorf

Prof. Dr. Michael Hanke
Universitätsprofessor,
Universität Liechtenstein, Vaduz

Dr. Mathias Hanten, M.B.L. (St. Gallen)
Rechtsanwalt, Frankfurt am Main

Dipl.-Kfm. Bernd Hoffmann
Manager Financial Services,
Hamburg

Dr. Andreas Kloyer
Rechtsanwalt,
Frankfurt am Main/London

Dennis Kunschke
Rechtsanwalt, Frankfurt am Main

Prof. Dr. Gerrit Leopoldsberger, FRICS MAI
Professor, Hochschule für Wirtschaft
und Umwelt, Nürtingen-Geislingen,
Immobiliensachverständiger,
Frankfurt am Main

Marietta Lienhard
Rechtsanwältin, Frankfurt am Main

Andrea München, LL.M. (Luxembourg)
Rechtsanwältin, Frankfurt am Main,
Avocat à la Cour (Luxembourg)

Mag. jur. Dominik Nast
Rechtsreferendar, Stuttgart

Prof. Dr. Karsten Paetzmann
Leiter Financial Services, Hamburg

Mag. iur. Christina Preiner, LL.M. (Liechtenstein)
Rechtsanwaltsanwärterin, Vaduz,
Assoziierte Wissenschaftlerin,
Universität Liechtenstein, Vaduz

Thomas Richter
Rechtsanwalt, Fachanwalt für Strafrecht,
Frankfurt am Main

Martin Schliemann
Wirtschaftsprüfer, Geschäftsführer,
Frankfurt am Main

Prof. Dr. Klaus Ulrich Schmolke, LL.M. (NYU)
Universitätsprofessor,
Friedrich-Alexander-Universität
Erlangen-Nürnberg

Dr. Sabine Seidenschwann
Rechtsanwältin, München

Norbert Stabenow
Rechtsanwalt, Düsseldorf

Markus Wagner
Inhaber und Vorsitzender
der Geschäftsleitung,
Kapitalverwaltungsgesellschaft,
Schweiz/Liechtenstein

Dr. Edgar Wallach
Rechtsanwalt, Frankfurt am Main

Dr. Andreas Wieland
Rechtsanwalt, Frankfurt am Main

Prof. Dr. Rüdiger Wilhelmi
Universitätsprofessor, Universität Konstanz

Prof. Dr. Dirk A. Zetzsche, LL.M. (Toronto)
Universitätsprofessor,
Universität Luxemburg,
Direktor, Institut für Unternehmensrecht,
Heinrich Heine Universität Düsseldorf

Zitierempfehlung:

Bearbeiter in Assmann/Wallach/Zetzsche, KAGB, 2019, § … Rz. …

Bearbeiter in Assmann/Wallach/Zetzsche, KAGB, 2019, Art. … Rz. …

Bibliografische Information der Deutschen Nationalbibliothek

Die Deutsche Nationalbibliothek verzeichnet diese Publikation in der Deutschen Nationalbibliografie; detaillierte bibliografische Daten sind im Internet über http://dnb.d-nb.de abrufbar.

Verlag Dr. Otto Schmidt KG
Gustav-Heinemann-Ufer 58, 50968 Köln
Tel. 02 21/9 37 38-01, Fax 02 21/9 37 38-943
info@otto-schmidt.de
www.otto-schmidt.de

ISBN 978-3-504-31171-1

Das verwendete Papier ist aus chlorfrei gebleichten Rohstoffen hergestellt, holz- und säurefrei, alterungsbeständig und umweltfreundlich.

Einbandgestaltung: Lichtenford, Mettmann
Satz: WMTP, Birkenau
Druck und Verarbeitung: Kösel, Krugzell
Printed in Germany

Vorwort

Schon zu Zeiten des Investmentrechts gab es Überlegungen, die kapitalmarktrechtlichen Kommentare des Verlags Dr. Otto Schmidt um einen solchen zum Investmentrecht zu ergänzen. Die ständigen Änderungen des Investmentrechts durch den Gesetzgeber, die mehrfach sogar zur Aufhebung alter und zum Erlass neuer investmentrechtlicher Gesetze führten, sowie der zunehmende Einfluss des europäischen Sekundärrechts haben diesen Plan immer wieder verschoben. Im Gegensatz zu anderen Wirtschaftsgesetzen konnte sich die erhebliche praktische Bedeutung der Fondsregulierung bis zum Erlass des KAGB nicht in einer ebenso fundierten theoretischen Durchdringung niederschlagen. Die Kommentare führten ein Nischendasein, wenige wissenschaftliche Grundlagenarbeiten trugen zur Fortentwicklung des Fondsrechtssystems bei, Aufsätze zu investmentrechtlichen Themen war wenig Beachtung beschieden. Mit dem Erlass des KAGB konnte sich indes die Hoffnung verbinden, hier werde eine Kodifikation vorgelegt, die das Investmentwesen nicht nur neu, sondern auch einigermaßen dauerhaft reguliert und eine angesichts von Umfang und Bedeutung des Gesetzes aufwendige Kommentierung des KAGB lohnt.

Der Erlass des KAGB war daher Impetus für einen in die Breite und Tiefe des Gesetzes gehenden Kommentar zu diesem Regelungswerk, der die erheblichen europäischen und nationalen Begleitakte einbezieht. Das Investmentsteuerrecht wurde bewusst ausgegrenzt und bleibt einer gesonderten Kommentierung im Verlag Dr. Otto Schmidt vorbehalten. Dies geschah, um der zentralen Bedeutung des KAGB im deutschen Finanzmarktrecht ausreichend Raum einräumen zu können, da das KAGB Vorgaben für sämtliche an Investmentfonds (in der Terminologie des KAGB: Investmentvermögen) Beteiligte und deren Tätigkeit beinhaltet. An Gründung und Vertrieb von Investmentvermögen beteiligt sind zum einen die in die Fondsverwaltung eingebundenen Intermediäre, also die Fondsverwalter (sog. Kapitalverwaltungsgesellschaften) nebst deren Auftragnehmern (häufig zugelassene Wertpapierdienstleistungsunternehmen) und den für Fonds zu bestellenden Verwahrstellen, denen die Verwahrung des Vermögens und teilweise die Kontrolle des Verwalters obliegt. Zum anderen reguliert das KAGB die Gründung und Anlagestrategie der Investmentvermögen, wobei es den europäischen Grundtypen des OGAW (i.e. Organismus für gemeinsame Anlage in Wertpapieren) und des AIF (Alternativer Investmentfonds) folgt. Schließlich reguliert das KAGB den Vertrieb von Fondsanteilen. Dabei beansprucht es neben dem Direktvertrieb durch Kapitalverwaltungsgesellschaften Geltung für den indirekten Vertrieb durch Wertpapierdienstleistungsunternehmen. Verwalter, Produkt- und Vertriebsregulierung setzen engmaschige europäische Vorgaben um, die insbesondere für die grenzüberschreitende Vertriebsaktivität und Fondsverwaltung, aber auch für die Grundanforderungen an die Kapitalverwaltungsgesellschaft und die Verwahrstelle zwingend sind.

Das gemeinsame Interesse an dem neuen, auf kollektive Kapitalanlagen ausgerichteten, aber durchaus europäisch überlagerten Gesetz hat die Herausgeber unter Vermittlung des Verlags zusammengeführt. Dieses Interesse gründet sich neben dem gemeinsamen Anspruch, die zahlreichen Zweifelsfragen des neuen Gesetzes einer Lösung zuzuführen, nicht zuletzt auf die erhebliche praktische Bedeutung des KAGB:

- Bei Drucklegung des Kommentars verwalteten europäische Fondsverwalter ca. 16 Billionen Euro in OGAW und AIF, was etwa 90 % des europäischen Bruttosozialprodukts entspricht (zum Vergleich: die gesamte Marktkapitalisierung aller in der EU/dem EWR börsennotierten Unternehmen machte im gleichen Zeitraum nur etwa 80 % des Bruttosozialprodukts aus). Deutschland ist nach Luxemburg und Irland, aber vor Frankreich und Großbritannien, mit einem verwalteten Vermögen von mehr als 2 Billionen Euro der drittgrößte europäische Fondsstandort.
- Dem KAGB unterstehen 2.121 OGAW (mit einem verwalteten Vermögen von mehr als 370 Milliarden Euro), vor allem aber 4.313 AIF (mit einem verwalteten Vermögen von 1,67 Billionen Euro). Deutschland ist mit ca. 30 % des in AIF verwalteten Vermögens der bedeutendste europäische AIF-Standort.
- In Deutschland, Frankreich und Österreich setzen institutionelle Anleger für sie konfigurierte (Spezial-)Fonds standardmäßig zu Zwecken der Vermögensverwaltung ein. In Deutschland ist der Investmentfonds mit mehr als 80 % des insgesamt verwalteten Finanzvermögens bei weitem das bedeutendste Vermögensverwaltungsprodukt. Zugleich ist Deutschland neben Frankreich und Großbritannien mit mehr als 300 zugelassenen Vermögensverwaltungsgesellschaften einer der drei größten Standorte in der EU (28) und dem EWR, in dem das in Fonds gebundene Vermögen tatsächlich verwaltet wird.

Dass dieser Kommentar mehr als fünf Jahre nach dem Inkrafttreten des KAGB erscheint, hat seine Gründe: Erster Grund ist das Anliegen, neben dem Normwortlaut die dynamische Rechtsentwicklung auf europäischer und nationaler Ebene sowie die Rechtsansichten der Europäischen Wertpapieraufsichtsbehörde (ESMA) und der Bundesanstalt für Finanzdienstleistungsaufsicht (BaFin) vollständig aufzugreifen. Zweiter Grund ist das Anliegen, neben der Erfassung des geltenden Rechtsstands offene Zweifelsfragen als solche zu erkennen und einer Lösung zuzuführen und dabei Anregungen zur Fortentwicklung des deutschen Investmentrechts zu geben. Dritter Grund ist das Bestreben, mit dem Kommentar Ansprüchen der Wissenschaft *und* der Praxis gerecht werden. Die aus den beiden zuletzt genannten Gründen resultierende Suche nach dem goldenen Mittelweg, die sich auch in der Auswahl der Herausgeber widerspiegelt, hat fruchtbare Diskussionen im Herausgeber- und Autorenkreis nach sich gezogen, die sich auch in den Kommentierungen widerspiegeln. Vor deren Hintergrund erhoffen sich Herausgeber, Autoren und Verlag eine freundliche Aufnahme durch alle an der Rechtsanwendung Beteiligten: die Aufsichtsbehörden, die betroffenen Kapitalverwaltungs- und Investmentgesellschaften, die Beratungspraxis und nicht zuletzt die Wissenschaft. Herausgeber und Autoren freuen sich, wenn die Kommentierung Anstoß für die eine oder andere Diskussion gibt.

Im Ergebnis wurden die wesentlichen europäischen Rechtsakte mitkommentiert. Dies gilt insbesondere für die Verordnungen betreffend Europäische Risikokapitalfonds (EuVECA-VO), Europäische Fonds für das soziale Unternehmertum (EuSEF-VO), Europäische Langfristige Investmentfonds (ELTIF-VO) sowie Geldmarktfonds (MMF-VO). Des Weiteren erfasst ist die Begleit- und Umsetzungsgesetzgebung auf europäischer wie nationaler Ebene. So wird die AIFM-Durchführungsverordnung Nr. 231/2013 (sog. AIFM-L2-Verordnung) ebenso wie die KAVerOV bei den einschlägigen Bestimmungen des KAGB mitkommentiert. Gleiches gilt für die maßgeblichen Stellungnahmen der Europäischen Wertpapier- und Marktaufsichtsbehörde (ESMA) und die Verwaltungspraxis der Bundesanstalt für Finanzdienstleistungsaufsicht (BaFin).

Bei Inkrafttreten des KAGB war nicht absehbar, dass das neue Gesetz binnen kurzer Zeit eine so lebhafte Kommentierung und Berücksichtigung in der Literatur, zugleich aber auch eine so häufige Änderung und Ergänzung durch begleitende Rechtsakte erfahren würde. Das Buch spiegelt den Stand von Wissenschaft und Gesetzgebung per Oktober 2018 wider. Gesetzgebungsprojekte, die sich zu diesem Zeitpunkt im offiziösen Verfahren befanden, sind als zukünftige Rechtslage berücksichtigt.

Bei der Vorbereitung von Kommentaren wirken viele helfende Köpfe und Hände mit. Die Herausgeber danken insbesondere Frau Dr. Birgitta Peters, Herrn Dr. Bastian Schoppe und Frau Katharina Melkko vom Verlag Dr. Otto Schmidt für stete Unterstützung und gute Kooperation. Sie haben die Herausgeber bei der Konzeption und Umsetzung des Werkes intensiv begleitet, die Autoren bei der Erstellung ihrer Kommentierungen aufs Beste unterstützt und mit großem Engagement auf das Erscheinungsdatum Ende 2018 gedrängt, was die eine oder andere hilfreiche Ermahnung von Autoren und Herausgebern durchaus einschloss. Wer jemals dabei mitgewirkt hat, einen neuen Kommentar wie diesen aus der Taufe zu heben, kennt die zahlreichen Imponderabilien, die zu bewältigen waren, und die zahlreichen Mühen, die das Verlagsteam dabei auf sich nehmen musste. Des Weiteren zu danken haben die Herausgeber für ihre sorgfältige Mitarbeit Frau Katharina Limberger und den Herren Mario Opitz, Miko Yeboah-Smith und Herrn Robin Veidt.

Trotz aller Sorgfalt und mehrfacher Durchsicht ist Perfektion in einem rund 2.700 Seiten umfassenden Buch nicht zu erreichen. Hinweise und Anregungen werden erbeten an: lektorat@otto-schmidt.de.

Tübingen, Frankfurt am Main und Luxemburg/Düsseldorf im November 2018

Heinz-Dieter Assmann | Edgar Wallach | Dirk A. Zetzsche

Bearbeiterverzeichnis

Assmann	§§ 306, 309–320 KAGB
Böhm	§§ 36, 37 KAGB
Eberlein	§§ 307, 308, 321–336 KAGB
Hanten	§§ 9–13, 32–35, 39–43 KAGB
Kloyer/Seidenschwann	Vor §§ 162 ff., §§ 162–165, 167, 170, Vor §§ 230 ff., §§ 230–248, 252–260, 266–270 KAGB
Kunschke/Bachmann	Vor §§ 68 ff., §§ 68–77, 79–88, 89a, 90 KAGB
Leopoldsberger	§§ 249–251 KAGB
Lienhard	§§ 171–180, 280 KAGB
München/Czok/Wagner	§§ 192–205, Vor §§ 206 ff.; §§ 206–213 KAGB
München/Zetzsche	§§ 49–54 KAGB
Paetzmann/Hoffmann	Vor § 168, §§ 168, 169, 216, 217, 271, 272, 278, 279, 286 KAGB
Richter	Vor §§ 339 ff., §§ 339–341 KAGB
Schliemann/Bubnov	§§ 38, 45–48a, 67, Vor § 101, §§ 101–107, 120–123, 135–137, 148, 158–160 KAGB
Schmolke	§§ 31, 214, 215, 218–229, 261–265, 273–277, 282–285 KAGB
Stabenow	§§ 26–28 KAGB
Wallach	§§ 108–119, Vor §§ 124–138, §§ 124–134, 138–147, 149–157, 161, 342, Vor §§ 343–359, 343–359 KAGB
Wieland	§§ 5–8, 14–25, 44, 341a KAGB
Wilhelmi	§ 166 KAGB, Anh. zu § 166: PRIIP-VO, §§ 293–305 KAGB
Zetzsche	Einl., §§ 1–4, 78, 89, 287–292 KAGB
Zetzsche/Hanke	§ 29 KAGB, Anh. zu § 29: DerivateV, § 30 KAGB
Zetzsche/München	§ 55, Vor §§ 55–66, §§ 55–66 KAGB
Zetzsche/Nast	§§ 91–100b, § 338b KAGB, Anh. zu § 338b: MMF-VO
Zetzsche/Preiner	Vor § 337, § 337 KAGB, Anh. zu § 337: EuVECA-VO, Vor § 338, § 338 KAGB, Anh. zu § 338: EuSEF-VO, Vor § 338a, § 338a KAGB, Anh. zu § 338a: ELTIF-VO
Zetzsche/Stabenow	Vor §§ 181 ff., 181–191, 281 KAGB

Inhaltsverzeichnis

Kapitalanlagegesetzbuch

Allgemeines Schrifttumsverzeichnis

Ausführliche Schrifttumshinweise finden Sie auch zu Beginn der Kommentierungen.

Arndt/Voß (Hrsg.)	Verkaufsprospektgesetz, 2008
Assmann/Pötzsch/Uwe H. Schneider (Hrsg.)	Wertpapiererwerbs- und Übernahmegesetz, 2. Aufl. 2013
Assmann/Schlitt/von Kopp-Colomb (Hrsg.)	Wertpapierprospektgesetz/Vermögensanlagengesetz, 3. Aufl. 2017
Assmann/Uwe H. Schneider/Mülbert (Hrsg.)	Wertpapierhandelsrecht, 7. Aufl. 2019
Assmann/Schütze (Hrsg.)	Handbuch des Kapitalanlagerechts, 4. Aufl. 2015
Bamberger/Roth (Hrsg.)	Bürgerliches Gesetzbuch, 3. Aufl. 2012
Baumbach/Hopt	Handelsgesetzbuch, begr. von Baumbach, bearb. von Hopt, Merkt, Kumpan und Roth, 38. Aufl. 2018
Baur/Tappen (Hrsg.)	Investmentgesetze. Kommentar zum KAGB und InvStG, 3. Aufl. 2015. Band 1: §§ 1–272 KAGB; Band 2: §§ 273–355 KAGB, InvStG; Band 3: Investmentrecht Luxemburg
Beck/Samm/Kokemoor	Kreditwesengesetz mit CRR, Loseblatt
Beckmann/Scholtz/Vollmer	Investment – Ergänzbares Handbuch für das gesamte Investmentwesen, Loseblatt
Berger/Steck/Lübbehüsen (Hrsg.)	Investmentgesetz/Investmentsteuergesetz, 2010
Binder/Glos/Riespe (Hrsg.)	Handbuch Bankenaufsichtsrecht, 2018
Boos/Fischer/Schulte-Mattler (Hrsg.)	Kreditwesengesetz/CRR-Verordnung, 5. Aufl. 2016
Brinkhaus/Scherer (Hrsg.)	Gesetz über Kapitalanlagegesellschaften/Auslandinvestment-Gesetz, 2003
BuB	Bankrecht und Bankpraxis, hrsg. von Hellner/Steuer, Loseblatt
Buck-Heeb	Kapitalmarktrecht, 9. Aufl. 2017
Canaris	Bankvertragsrecht, 2. Aufl. 1981
Dornseifer/Jesch/Klebeck/Tollmann (Hrsg.)	AIFM-Richtlinie. Richtlinie 2011/61/EU über die Verwalter alternativer Investmentfonds mit Bezügen zum KAGB-E, 2013
Emde/Dornseifer/Dreibus/Hölscher (Hrsg.)	Investmentgesetz mit Bezügen zum Kapitalanlagegesetzbuch, 2013
Frankfurter Kommentar zum Kapitalanlagerecht	Band 1: KAGB, hrsg. von Moritz/Klebeck/Jesch, 2016
Fuchs (Hrsg.)	Wertpapierhandelsgesetz, 2. Aufl. 2016
Groß	Kapitalmarktrecht, 6. Aufl. 2016
Habersack/Mülbert/Schlitt (Hrsg.)	Handbuch der Kapitalmarktinformation, 2. Aufl. 2013
Habersack/Mülbert/Schlitt (Hrsg.)	Unternehmensfinanzierung am Kapitalmarkt, 4. Aufl. 2019
Hachmeister/Kahle/Mock/Schüppen (Hrsg.)	Bilanzrecht, 2018
Holzborn (Hrsg.)	Wertpapierprospektgesetz, 2. Aufl. 2014
Kölner Kommentar zum WpHG	hrsg. von Hirte und Möllers, 2. Aufl. 2014
Kübler/Assmann	Gesellschaftsrecht, 6. Aufl. 2006
Kümpel/Hammen/Ekkenga (Hrsg.)	Kapitalmarktrecht, Loseblatt
Kümpel/Wittig	Bank- und Kapitalmarktrecht, 4. Aufl. 2011

Langenbucher/Bliesener/Spindler (Hrsg.)	Bankrechts-Kommentar, 2. Aufl. 2016
Lenenbach	Kapitalmarktrecht und kapitalmarktrelevantes Gesellschaftsrecht, 2. Aufl. 2010
Luz/Neus/Schaber/Schneider/Wagner/Weber (Hrsg.)	Kreditwesengesetz, 3. Aufl. 2015
Marsch-Barner/Schäfer (Hrsg.)	Handbuch börsennotierte AG, 4. Aufl. 2018
Möllers/Kloyer (Hrsg.)	Das neue Kapitalanlagegesetzbuch, Tagung vom 14./15. Juni 2013 in Augsburg, 2013
Münchener Kommentar zum AktG	hrsg. von Goette/Habersack, 3. Aufl. 2008 ff.; 4. Aufl. 2014 ff.
Münchener Kommentar zum BGB	hrsg. von Säcker/Rixecker/Oetker/Limperg, 7. Aufl. 2015 ff.; 8. Aufl. 2018 ff.
Münchener Kommentar zum HGB	hrsg. von K. Schmidt, 3. Aufl. 2010 ff.; 4. Aufl. 2016 ff.
Palandt	Bürgerliches Gesetzbuch, 77. Aufl. 2018
Patzner/Döser/Kempf (Hrsg.)	Investmentrecht. KAGB/InvStG, 3. Aufl. 2017
Reischauer/Kleinhans	Kreditwesengesetz, Loseblatt
Scherer (Hrsg.)	Depotgesetz, 2012
Schimansky/Bunte/Lwowski (Hrsg.)	Bankrechts-Handbuch, 5. Aufl. 2017
Schwark/Zimmer (Hrsg.)	Kapitalmarktrechts-Kommentar, 4. Aufl. 2010
Schwennicke/Auerbach (Hrsg.)	Kreditwesengesetz, 3. Aufl. 2016
Staub	Großkommentar zum Handelsgesetzbuch, hrsg. von Canaris/Habersack/Schäfer, 5. Aufl. 2008 ff.
Weitnauer/Boxberger/Anders (Hrsg.)	KAGB – Kapitalanlagegesetzbuch, Investmentsteuergesetz, EuVECA-VO, EuSEF-VO und ELTIF-VO, 2. Aufl. 2017
Zetzsche	Prinzipien der kollektiven Vermögensanlage, 2015
Zetzsche (Hrsg.)	The Alternative Investment Fund Managers Directive, 2. Aufl. 2015

Abkürzungsverzeichnis

a.A.	anderer Ansicht
a.E.	am Ende
a.F.	alte Fassung
ABCP	Asset-Backed Commercial Papers
ABl.	Amtsblatt
Abs.	Absatz
abw.	abweichend
AcP	Archiv für die civilistische Praxis (Zeitschrift)
AEUV	Vertrag über die Arbeitsweise der Europäischen Union
AG	Aktiengesellschaft; Die Aktiengesellschaft (Zeitschrift); Amtsgericht
AGB	Allgemeine Geschäftsbedingungen
AIF	Alternative Investment Fund
AIFM	Alternative Investment Fund Manager
AIFMD	Alternative Investment Fund Manager Directive (siehe auch AIFM-RL)
AIFM-RL	AIFM-Richtlinie (Richtlinie 2011/61/EU)
AIFM-StAnpG	AIFM-Steuer-Anpassungsgesetz
AIFM-VO	AIFM-Durchführungsverordnung (Delegierte Verordnung (EU) Nr. 231/2013)
AktG	Aktiengesetz
Alt.	Alternative
AltZertG	Altersvorsorgeverträge-Zertifizierungsgesetz
Anh.	Anhang
AnlEntG	Anlegerentschädigungsgesetz
AnsFuG	Anlegerschutz- und Funktionsverbesserungsgesetz
AO	Abgabenordnung
Art.	Artikel
Aufl.	Auflage
AuM	Assets under Management
AuslInvG	Auslandsinvestmentgesetz
AVB	Allgemeine Vertragsbedingungen
Az.	Aktenzeichen
BaFin	Bundesanstalt für Finanzdienstleistungsaufsicht
BaFinBefugV	Verordnung zur Übertragung von Befugnissen zum Erlass von Rechtsverordnungen auf die Bundesanstalt für Finanzdienstleistungsaufsicht
BAI	Bundesverband Alternative Investments e.V.
BaKred	Bundesaufsichtsamt für das Kreditwesen
BauGB	Baugesetzbuch
BaWe	Bundesaufsichtsamt für den Wertpapierhandel
BB	Betriebs-Berater (Zeitschrift)
BBankG	Gesetz über die Deutsche Bundesbank
BBG	Bundesbeamtengesetz
BDSG	Bundesdatenschutzgesetz
BeckOK	Beck'scher Online-Kommentar
BeckRS	Beck online Rechtsprechung
Begr.	Begründung
betr.	betreffend
BetrAVG	Betriebsrentengesetz
BetrVG	Betriebsverfassungsgesetz
BewG	Bewertungsgesetz
BGB	Bürgerliches Gesetzbuch
BGBl.	Bundesgesetzblatt
BGH	Bundesgerichtshof
BGHZ	Entscheidungen des BGH in Zivilsachen
BKR	Zeitschrift für Bank- und Kapitalmarktrecht
BMF	Bundesministerium der Finanzen
BMJV	Bundesministerium der Justiz und für Verbraucherschutz

BörsG	Börsengesetz
BR	Bundesrat
BRAO	Bundesrechtsanwaltsordnung
BRRD	Bank Recovery and Resolution Directive
bsi	Bundesverband Sachwerte und Investmentvermögen e.V.
BT	Bundestag
BT-Drucks.	Bundestagsdrucksache
BuB	Bankrecht und Bankpraxis
Buchst.	Buchstabe
BVB	Besondere Vertragsbedingungen
BVerfG	Bundesverfassungsgericht
BVerfGE	Entscheidungssammlung des Bundesverfassungsgerichts
BVerwG	Bundesverwaltungsgericht
BVI	Bundesverband Investment und Asset Management e.V.
BZRG	Bundeszentralregistergesetz
bzw.	Beziehungsweise
ca.	circa
CEBS	Committee of European Banking Supervisors
CEIOPS	Committee of European Insurance and Occupational Pensions Supervisors
CESR	Committee of European Securities Regulators
CF	Corporate Finance (Zeitschrift)
CNAV	Constant Net Asset Value
CR	Computer und Recht (Zeitschrift)
CRD	Capital Requirements Directive
CRR	Capital Requirements Regulation
CSDR	Central Securities Depositories Regulation
d.h.	das heißt
DB	Der Betrieb (Zeitschrift)
Definitions-RL	OGAW-Definitions-Richtlinie (Richtlinie 2007/16/EG)
DelVO	Delegierte Verordnung
DepotG	Depotgesetz
DerivateV	Derivateverordnung
DiskE	Diskussionsentwurf
DRL	Durchführungsrichtlinie
DSAnpUG-EU	Datenschutz-Anpassungs-und Umsetzungsgesetz EU
DSGVO	Datenschutzgrundverordnung
DStR	Deutsches Steuerrecht (Zeitschrift)
DVBl.	Deutsches Verwaltungsblatt (Zeitschrift)
DVO	Durchführungsverordnung
EAKAV	Verordnung zum elektronischen Anzeigeverfahren für inländische Investmentvermögen und EU-Investmentvermögen nach dem Kapitalanlagegesetzbuch
EBA	European Banking Authority
EbAV	Einrichtungen der betrieblichen Altersversorgung
EBITDA	Earnings bevor Interest, Taxes, Depreciation and Amortization
EBOR	European Business Organization Law Review
EdW	Entschädigungseinrichtung der Wertpapierhandelsunternehmen
EFAMA	European Fund and Asset Management Association
EG	Europäische Gemeinschaft
EGBGB	Einführungsgesetz zum BGB
EGGVG	Einführungsgesetz zum GVG
EGHGB	Einführungsgesetz zum HGB
EGMR	Europäische Gerichtshof für Menschenrechte
EIOPA	European Insurance and Occupational Pensions Authority
Einl.	Einleitung
EinSiG	Einlagensicherungsgesetz
ELTIF	European Long-Term Investment Fund

EMRK	Europäische Menschenrechtskonvention
ErbbauRG	Erbbaurechtsgesetz
ErgLfg.	Ergänzungslieferung
ErwGr.	Erwägungsgrund/Erwägungsgründe
ESMA	Europäische Wertpapier- und Marktaufsichtsbehörde
ESRB	Europäischer Ausschuss für Systemrisiken
EStG	Einkommensteuergesetz
etc.	et cetera
EU	Europaische Union
EuGH	Europäischer Gerichtshof
EuGVVO	Verordnung über die gerichtliche Zuständigkeit und die Anerkennung und Vollstreckung von Entscheidungen in Zivil- und Handelssachen
EURIBOR	Euro Interbank Offered Rate
EuSEF	European Social Entrepreneurship Fund
EuVECA	European Venture Capital Funds
EuZW	Europäische Zeitschrift für Wirtschaftsrecht
EWG	Europäische Wirtschaftsgemeinschaft
EWiR	Entscheidungen zum Wirtschaftsrecht (Zeitschrift)
EWR	Europäischer Wirtschaftsraum
EZB	Europäische Zentralbank
EzGuG	Entscheidungssammlung zum Grundstücksmarkt und zur Grundstückswertermittlung
f./ff.	folgende/fortfolgende
FAQ	Frequently Asked Questions
FATF	Financial Action Task Force
FiMaAnpG	Finanzmarktanpassungsgesetz
FiMaNoG	Finanzmarktnovellierungsgesetz
FinAREG	Finanzaufsichtsrechtergänzungsgesetz
FinDaG	Finanzdienstleistungsaufsichtsgesetz
FinDAGKostV	Verordnung über die Erhebung von Gebühren und die Umlegung von Kosten nach dem Finanzdienstleistungsaufsichtsgesetz
FinSV	Finanzschlichtungsstellenverordnung
FinVermV	Finanzanlagenvermittlungsverordnung
FMFG	Finanzmarktförderungsgesetz
Fn.	Fußnote
Fondskategorien-RL	Richtlinie zur Festlegung von Fondskategorien gemäß § 4 Absatz 2 Kapitalanlagegesetzbuch und weitere Transparenzanforderungen an bestimmte Fondskategorien (BaFin)
FS	Festschrift
FSA	Financial Services Authority
FSB	Financial Stability Board
G	Gesetz
GBO	Grundbuchordnung
GbR	Gesellschaft bürgerlichen Rechts
gem.	gemäß
GenG	Genossenschaftsgesetz
GewO	Gewerbeordnung
GG	Grundgesetz
ggf.	gegebenenfalls
GmbH	Gesellschaft mit beschränkter Haftung
GmbHG	Gesetz betreffend die Gesellschaften mit beschränkter Haftung
GMBl.	Gemeinsames Ministerialblatt
GPR	Zeitschrift für das Privatrecht der Europäischen Union
grds.	grundsätzlich
GuG	Grundstücksmarkt und Grundstückswert (Zeitschrift)
GuV	Gewinn- und Verlustrechnung
GVG	Gerichtsverfassungsgesetz

GWG	Geldwäschegesetz
GWR	Gesellschafts- und Wirtschaftsrecht (Zeitschrift)
Gz./GZ	Geschäftszeichen
h.M.	herrschende Meinung
Hdb.	Handbuch
HGB	Handelsgesetzbuch
HRRS	HöchstRichterliche Rechtsprechung im Strafrecht (Online-Zeitschrift)
Hrsg.	Herausgeber
i.a.R.	in aller Regel
i.d.R.	in der Regel
i.e.	id est
i.E.	im Ergebnis
i.R.d.	im Rahmen der/des
i.S.d.	im Sinne der/des
i.S.v.	im Sinne von
i.V.m.	in Verbindung mit
i.w.S.	im weiteren Sinne
IAS	International Accounting Standards
IFG	Informationsfreiheitsgesetz
IFRS	International Financial Reporting Standards
IHK	Industrie- und Handelskammer
ImmoWertV	Immobilienwertermittlungsverordnung
inkl.	inklusive
insb.	insbesondere
InsO	Insolvenzordnung
InstitutsVergV	Institutsvergütungsverordnung
InvAG	Investmentaktiengesellschaft
InvÄndG	Investmentänderungsgesetz
InvG	Investmentgesetz
InvKG	Investmentkommanditgesellschaft
InvMaRisk	Mindestanforderungen an das Risikomanagement für Investmentgesellschaften
InvModG	Investmentmodernisierungsgesetz
InvRBV	Investment-Rechnungslegungs- und Bewertungsverordnung
InvStG	Investmentsteuergesetz
InvVerOV	Investment-Verhaltens- und Organisationsverordnung
IOSCO	International Organisation of Securities Commissions
IPEV	International Private Equity and Venture Capital Valuation
IRR	Internal Rate of Return
IStR	Internationales Steuerrecht (Zeitschrift)
ITS	Implementing Technical Standard
jurisPR	juris PraxisReport
JZ	JuristenZeitung
KAG	Kapitalanlagegesellschaft/Bundesgesetzes über die kollektiven Kapitalanlagen (Schweiz)
KAGB	Kapitalanlagegesetzbuch
KAGG 1957	Gesetz über Kapitalanalagegesellschaften vom 16.4.1957
KAGG 1970	Gesetz über Kapitalanlagegesellschaften vom 14.1.1970
KAMaRisk	Mindestanforderungen an das Risikomanagement für Kapitalverwaltungsgesellschaften
KAPrüfbV	Kapitalanlage-Prüfungsberichte-Verordnung
KARBV	Kapitalanlage-Rechnungslegungs- und -Bewertungsverordnung
KASchlichtV	Kapitalanlageschlichtungsstellenverordnung
KAVerOV	Kapitalanlage-Verhaltens- und -Organisationsverordnung
KG	Kammergericht/Kommanditgesellschaft
KGaA	Kommanditgesellschaft auf Aktien

KID	siehe KIID
KIID	Key Investor Information Document
KMU	Kleine und mittlere Unternehmen
KölnKomm.	Kölner Kommentar
KoR	Zeitschrift für internationale und kapitalmarktorientierte Rechnungslegung
KPI	Key Performance Indicator
KVG	Kapitalverwaltungsgesellschaft
KWG	Kreditwesengesetz
LG	Landgericht
lit.	Buchstabe
Ls.	Leitsatz
LTAV	Long Term Asset Value
LuftFzgG	Gesetz über Rechte an Luftfahrzeugen
LVNAV	Low Volatility Net Asset Value
m.E.	meines Erachtens
m.w.N.	mit weiteren Nachweisen
MaComp	Mindestanforderungen an die Compliance-Funktion und weitere Verhaltens-, Organisations- und Transparenzpflichten (BaFin)
MaRisk	Mindestanforderungen an das Risikomanagement (BaFin)
MDR	Monatsschrift für Deutsches Recht (Zeitschrift)
mfK	mit fixem Kapital
MiFID	Markets in Financial Instruments Directive
MiFIR	Markets in Financial Instruments Regulation
Mio.	Million/en
MMF	Money Market Fund
MMR	MultiMedia und Recht (Zeitschrift)
MoU	Memorandum of Understanding
Mrd.	Milliarde/n
MTF	Multilateral Trading Facility
MünchHdb.	Münchener Handbuch
MünchKomm.	Münchener Kommentar
mvK	mit veränderlichem Kapital
MVP	Melde- und Veröffentlichungsplattform
N.	Nachweis(e)
n.F.	neue Fassung
NAV	Net Asset Value
NJW	Neue Juristische Wochenschrift
NJW-RR	NJW Rechtsprechungs-Report
NPPR	National Private Placement Regime
Nr.	Nummer
NVwZ	Neue Zeitschrift für Verwaltungsrecht
NWVBl	Nordrhein-Westfälische Verwaltungsblätter (Zeitschrift)
NZG	Neue Zeitschrift für Gesellschaftsrecht
NZWiSt	Neue Zeitschrift für Wirtschafts-, Steuer- und Unternehmensstrafrecht
o.Ä.	oder Ähnliches
ÖBA	Österreichisches BankArchiv (Zeitschrift)
OECD	Organisation für wirtschaftliche Zusammenarbeit und Entwicklung
ÖPP	Öffentlich-Private Partnerschaften
OGA	Organismus für gemeinsame Anlagen
OGAW	Organismen für gemeinsame Anlagen in Wertpapieren
OGAW-RL	OGAW-Richtlinie (Richtlinie 85/611/EWG)
OGAW IV-RL	OGAW IV-Richtlinie (Richtlinie 2009/65/EG)
OLG	Oberlandesgericht
OTC	Over The Counter

OTF	Organised Trading Facility
OWiG	Gesetz über Ordnungswidrigkeiten
PPP	Public Private Partnership
PRIP	Packaged Retail Investment Products
PRIIP	Packaged Retail and Insurance-based Investment Products
PRIIP-VO	PRIIP-Verordnung
Q&A	Questions and Answers
RdF	Recht der Finanzinstrumente (Zeitschrift)
RechKredV	Kreditinstituts-Rechnungslegungsverordnung
RefE	Referentenentwurf
RegE	Regierungsentwurf
RGBl.	Reichsgesetzblatt
RL	Richtlinie
r+s	Recht und Schaden (Zeitschrift)
RS	Rundschreiben
Rspr.	Rechtsprechung
RTS	Regulatory Technical Standards
Rz.	Randzahl
S.	Seite
s.	siehe
SAG	Sanierungs- und Abwicklungsgesetz
SchiffsRG	Gesetz über Rechte an eingetragenen Schiffen und Schiffsbauwerken
SchVG	Schuldverschreibungsgesetz
SEC	Securities and Exchange Commission
SLA	Service Level Agreement
sog.	sogenannt
SolvV	Solvabilitätsverordnung
SprAuG	Sprecherausschussgesetz
SPV	Special Purpose Vehicle
SRM-VO	Verordnung über den einheitlichen Abwicklungsmechanismus
StBp	Die steuerliche Betriebsprüfung (Zeitschrift)
StBW	Steuerberater-Woche (Zeitschrift)
StGB	Strafgesetzbuch
StPO	Strafprozessordnung
str.	streitig
STS	Simple, Transparent and Standardised Securitisations
SVR	Straßenverkehrsrecht (Zeitschrift)
TER	Total Expense Ratio
TGV	Teilgesellschaftsvermögen
TKG	Telekommunikationsgesetz
Tz.	Textziffer
u.a.	unter anderem
u.ä.	und ähnliche
u.Ä.	und Ähnliches
u.E.	unseres Erachtens
u.U.	unter Umständen
UBGG	Gesetz über Unternehmensbeteiligungsgesellschaften
UCITS	Undertakings for Collective Investments in Transferable Securities
UCITSD	Undertakings for Collective Investments in Transferable Securities Directive
UKlaG	Unterlassungsklagengesetz
UmsG	Umsetzungsgesetz
UmwG	Umwandlungsgesetz
UNIDROIT	International Institute for the Unification of Private Law
Unterabs.	Unterabsatz

UR	Umsatzsteuer-Rundschau (Zeitschrift)
UWG	Gesetz gegen den unlauteren Wettbewerb
v.	vom/von
v.a.	vor allem
VAB	Verband der Auslandsbanken in Deutschland e.V.
VAG	Versicherungsaufsichtsgesetz
VaR	Value at Risk
Var.	Variante
Verf.	Verfasser
VerkProspG	Verkaufsprospektgesetz
VermAnlG	Vermögensanlagengesetz
VermVerkProspV	Vermögensanlagen-Verkaufsprospektverordnung
VersR	Versicherungsrecht (Zeitschrift)
VG	Verwaltungsgericht
VGF	Verband Geschlossene Fonds
VGH	Verwaltungsgerichtshof
vgl.	vergleiche
VIB	Vermögensanlageninformationsblatt
VNAV	Variable Net Asset Value
VO	Verordnung
VS	Verwahrstelle
VSBG	Verbraucherstreitbeilegungsgesetz
VuR	Verbraucher und Recht (Zeitschrift)
VVG	Versicherungsvertragsgesetz
VVG-InfoV	VVG-Informationspflichtenverordnung
VwGO	Verwaltungsgerichtsordnung
VwVfG	Verwaltungsverfahrensgesetz
WACC	Weighted Average Cost of Capital
WAL	Weighted Average Life
WAM	Weighted Average Maturity
WEG	Wohnungseigentumsgesetz
wistra	Zeitschrift für Wirtschaft, Steuer, Strafrecht
WKD	Wagniskapitalbeteiligungsgesetz
WM	Wertpapier-Mitteilungen (Zeitschrift)
WpDPV	Wertpapierdienstleistungs-Prüfungsverordnung
WpDVerOV	Wertpapierdienstleistungs-Verhaltens- und -Organisationsverordnung
WpHG	Wertpapierhandelsgesetz
WpPG	Wertpapierprospektgesetz
WpÜG	Wertpapiererwerbs- und Übernahmegesetz
ZAG	Zahlungsdiensteaufsichtsgesetz
ZBB	Zeitschrift für Bankrecht und Bankwirtschaft
ZD	Zeitschrift für Datenschutz
ZEuP	Zeitschrift für Europäisches Privatrecht
ZfBR	Zeitschrift für deutsches und internationales Bau- und Vergaberecht
ZfgK/ZfgKrW	Zeitschrift für das gesamte Kreditwesen
ZfIR	Zeitschrift für Immobilienrecht
ZGR	Zeitschrift für Unternehmens- und Gesellschaftsrecht
ZHR	Zeitschrift für das gesamte Handels- und Wirtschaftsrecht
Ziff.	Ziffer
ZIP	Zeitschrift für Wirtschaftsrecht
ZPO	Zivilprozessordnung
ZRP	Zeitschrift für Rechtspolitik
zutr.	zutreffend
ZVersWiss	Zeitschrift für die gesamte Versicherungswissenschaft
ZVglRW	Zeitschrift für Vergleichende Rechtswissenschaft
ZWH	Wirtschaftsstrafrecht und Haftung im Unternehmen (Zeitschrift)

Einleitung

Schrifttum: *Assmann*, Interessenkonflikte aufgrund von Zuwendungen, ZBB 2008, 21; *Assmann*, Prospekthaftung, 1985; *Bibby/Marshall/Leonard*, EU proposes directive on alternative investment fund managers, 10 J. Inv. Comp. (2009), 54; *Bilstein*, Beteiligungs-Sondervermögen und Unternehmensbeteiligungsgesellschaften, FS Wöhe, 1989, S. 51; *Boesebeck*, Die „kapitalistische" Kommanditgesellschaft, Frankfurt a.M. 1938; *Boxberger/Klebeck*, Anforderungen an die Vergütungssysteme von AIF-Kapitalverwaltungsgesellschaften BKR 2013, 441; *Buck-Heeb/Poelzig*, Die Verhaltenspflichten (§§ 63 ff. WpHG n.F.) nach dem 2. FiMaNoG – Inhalt und Durchsetzung, BKR 2017, 485; *Bußalb/Unzicker*, Auswirkungen der AIFM-Richtlinie auf geschlossene Fonds, BKR 2012, 309; *Consbruch*, Investmentsparen gesetzlich geschützt, BB 1957, 337; *Campbell*, Die neue Assetklasse „Infrastruktur-Sondervermögen" (Infrastrukturfonds) nach 90a-f InvG, WM 2008, 1774; *Consbruch*, Investmentsparen gesetzlich geschützt, BB 1957, 337; DAV Bank- und Kapitalmarktrechtsausschuss/DAV-Handelsrechtsausschuss, Stellungnahme zum Referentenentwurf eines zweiten Gesetzes zur Novellierung von Finanzmarktvorschriften auf Grund europäischer Rechtsakte (Zweites Finanzmarktnovellierungsgesetz – 2. FiMaNoG), NZG 2016, 1301; *Dornseifer*, Die Neugestaltung der Investmentaktiengesellschaft durch das Investmentänderungsgesetz, AG 2008, 54; *Easterbrook/Fischel*, Auctions and Sunk Costs in Tender Offers, 35 Stan. L. Rev. 1 (1982); *Eckhold*, Struktur und Probleme des Aktienrechts der Investmentaktiengesellschaft unter Berücksichtigung des Entwurfs des Investmentänderungsgesetzes, ZGR 2007, 654; *Ehlermann/Schüppen*, Die neue Unternehmensbeteiligungsgesellschaft – Phönix aus der Asche?, ZIP 1998, 1513; *Engert*, Kapitalanlagegesellschaften sind keine Banken: Die Ausgliederung der kollektiven Vermögensverwaltung aus dem Kreditwesengesetz, Der Konzern 2007, 477; *Engert*, Die Regulierung der Vergütung von Fondsmanagern – Zum Umgang mit Copy-paste-Gesetzgebung nach der Finanzkrise, ZBB 2014, 108; *Emde/Dreibus*, Der Regierungsentwurf für ein Kapitalanlagegesetzbuch, BKR 2013, 89; *Feldbausch*, Die Kapitalbeteiligungsgesellschaft, 1971; *Fischer*, Die Reform des Rechts der Unternehmensbeteiligungsgesellschaften, WM 2008, 857; *Fischer/Friedrich*, Investmentaktiengesellschaft und Investmentkommanditgesellschaft unter dem Kapitalanlagegesetzbuch, ZBB 2013, 153; *Fock*, Unternehmensbeteiligung: Die geplante Novelle des UBGG und ein Vergleich zum Statut der Luxemburger SICAR, DB 2006, 1543; *Friedl*, Das neue Wagniskapitalbeteiligungsgesetz (WKBG), WM 2009, 1828; *Freitag*, Die „Investmentkommanditgesellschaft" nach dem Regierungsentwurf für ein Kapitalanlagegesetzbuch, NZG 2013, 329; *Gerke*, Kapitalbeteiligungsgesellschaften, ihre Problematik und ihre gesetzliche Regelung, 1974; *Gerke/Rapp*, Strukturelle Neugestaltung des deutschen Investmentrechts, ZBB 1992, 85; *Goldschmidt*, Investment Trusts in Deutschland, 1932; *Görke/Ruhl*, Neuregelung der offenen Immobilienfonds nach dem Regierungsentwurf des Kapitalanlagegesetzbuches: Bestandsaufnahme und erste Bewertung, BKR 2013, 142; *Haack*, Unternehmensbeteiligungsgesellschaften, 2003; *Haag/Veith*, Das MoRaKG und seine Auswirkungen für Wagniskapital in Deutschland – oder was von einem Private-Equity-Gesetz geblieben ist, BB 2008, 1915; *Haar*, Anlegerschutz in geschlossenen Fonds – Kapitalmarkteffizienz, Behavioral Finance und Anlegerkoordination als Bausteine eines neuen Regulierungsparadigmas, FS Hopt, 2010, S. 1865; *Hermanns*, Die Investmentaktiengesellschaft nach dem Investmentmodernisierungsgesetz – eine neue Gesellschaftsform, ZIP 2004, 1297; *Herresthal*, Die Rechtsprechung zu Aufklärungspflichten bei Rückvergütungen auf dem Prüfstand des Europarechts, WM 2012, 2261; *Hopt*, Vom Aktien- und Börsenrecht zum Kapitalmarktrecht?, ZHR 141 (1977) 389; *Jacobs*, Die institutionelle Haftungsbeschrankung bei atypischen Erscheinungsformen der Aussen-GbR, 2007; *Jäger*, Venture-Capital-Gesellschaften in Deutschland – Bestandsaufnahme und Perspektiven nach dem Dritten Finanzmarktförderungsgesetz, NZG 1998, 833; *Jörgens*, Finanzielle Trustgesellschaften, 1902 (Nachdruck 2009); *Jungmann*, BGH nimmt zur Frage der Bestimmtheit der Nachschusspflicht bei GbR-Verträgen Stellung, ZfIR 2007, 582; *Kahlich*, Die Beteiligungsfinanzierung über Kapitalbeteiligungsgesellschaften, 1971; *Kerber/Hauptmann*, Die Bereitstellung von privatem Anlagekapital durch Kapitalbeteiligungsgesellschaften, AG 1986, 244; *Kilgus*, Kapitalanlagegesellschaften-Investment Trusts, 1929; *Klöhn*, Wertpapierhandelsrecht diesseits und jenseits des Informationsparadigmas, ZHR 177 (2013), 349; *Kohl/Kübler/Walz/Wüstrich*, Abschreibungsgesellschaften, Kapitalmarkteffizienz und Publizitätszwang – Plädoyer für ein Vermögensanlagegesetz, ZHR 138 (1974), 1; *Köndgen*, Anmerkung zum Urteil des BGH vom 27.9.2011 (XI ZR 182/10, AG 2012, 35; JZ 2012, 255) – Zur Frage nach den Aufklärungspflichten einer Bank beim Verkauf von Indexzertifikaten, JZ 2012, 260; *Köndgen*, Die Entwicklung des privaten Bankrechts in den Jahren 1992-1995, NJW 1996, 558; *Kramer/Recknagel*, Die AIFM-Richtlinie – Neuer Rechtsrahmen für die Verwaltung alternativer Investmentfonds, DB 2011, 2077; *Krause/Klebeck*, Family Office und AIFM-Richtlinie, BB 2012, 2063; *Krause/Klebeck*, Fonds(anteils)begriff nach der AIFM-Richtlinie und dem Entwurf des KAGB, RdF 2013, 4; *Klöhn*, Wertpapierhandelsrecht diesseits und jenseits des Informationsparadigmas, ZHR 177 (2013), 349; *Kruhme*, Die Immobilienfondsgesellschaften, ihre rechtliche Einordnung und das Erfordernis einer gesetzlichen Sonderregelung, 1966; *Kübler*, European Initiatives for the Regulation of Nonbank Financial Institutions, FS Hopt, 2010, S. 2143; *Laux*, Zur Umsetzung der Richtlinie zur Harmonisierung des europäischen Investmentrechts in das deutsche Investmentrecht, WM 1990, 1093; *Leuering/Zetzsche*, Die Reform des Schuldverschreibungs- und Anlageberatungsrechts – (Mehr) Verbraucherschutz im Finanzmarktrecht?, NJW 2009, 2018; *Lhabitant*, Regulating private financial institutions: how to kill the goose that laid the golden eggs, 27 J. Fin. Transformation 49 (2009); *Liefmann*, Beteiligungs- und Finanzierungsgesellschaften – Eine Studie über den Effektenkapitalismus, 5. Aufl., 1931; *Linhardt*, Die Britischen Investment Trusts, 1935; *Loff/Klebeck*, Fundraising nach der AIFM-Richtlinie und Umsetzung in Deutschland durch das KAGB, BKR 2012, 353; *Lübbehüsen/Schmitt*, Geplante Änderungen bei der Besteuerung der Investmentanlage nach dem Referentenentwurf zum neuen Investmentsteuergesetz, DB 2003, 1696; *Lütgerath*, Die Erweiterung des Anlagekataloges von Investmentgesellschaften, 1984; *Markowitz*, Portfolio Selection, The Journal of Finance Vol. 7, 1952, S. 77; *Marsch-Barner*, Gesetz über Unternehmensbeteiligungsgesellschaften – Eine Zwischenbilanz, ZGR 1990, 294; *Meinhard*, Quellensteuerbelastung ausländischer Zinserträge trotz Doppelbesteuerungsabkommen beim Direkt- und Investmentfondsanleger, DStR 2003, 1780; *Menzel*, Das neue Gesetz über Unternehmensbeteiligungsgesellschaften, WM 1987, 705; *A. Meyer*, Der Grundsatz der unbeschränkten Verbandsmitgliederhaftung, 2006; *J. Meyer*, Haftungsbeschränkung im Recht der Handelsgesellschaften, 2000; *Möllers/Hailer*, Management- und Vertriebsvergütungen bei Alternativen Investmentfonds – Überlegungen zur Umsetzung der Vergütungsvorgaben der AIFM-RL in das deutsche Recht, ZBB 2012, 178; *Müller*, Nachschußpflicht der Gesellschafter einer KG und Ausschließung bei Verweigerung von Nachschüssen, DB 2005, 95; *Mülbert*, Anlegerschutz bei Zertifikaten – Beratungspflichten, Offenlegungspflichten bei Interessenkonflikten und die Änderungen durch das Finanzmarkt-Richtlinie-Umsetzungsgesetz (FRUG), WM 2007, 1149; *Mülbert*, Auswirkungen der MiFID-Rechtsakte für Vertriebsvergütungen im Effektengeschäft der Kreditinstitute, ZHR 172 (2008), 170; *Nachod*, Treuhänder und Treuhandgesellschaften in Großbritannien, Amerika und Deutschland, 1908; *Nelle/Klebeck*, Der „kleine" AIFM – Chancen und Risiken der neuen Regulierung für deutsche Fondsmanager, BB 2013, 2499; *Niewerth/Rybarz*, Änderung der Rahmenbedingungen für Immobilienfonds – das AIFM-Umsetzungsgesetz und seine Folgen, WM 2013, 1158; *Nietsch/Graef*, Aufsicht über Hedgefonds nach dem AIFM-Richtlinienvorschlag, ZBB 2010, 12; *Nickel*, Der Vertrieb von Investmentanteilen nach dem Investmentgesetz, ZBB 2004, 197; *Philipowski*, Verwaltung von Investmentfonds durch externe Dienstleister umsatzsteuerfrei?, UR 2004, 501; *Pabst*, Industriegesellschaften, 1921; *Pauka/Link/Armenat*, Eine vergebene Chance – Die strafrechtlichen Neuregelungen durch das 2. FiMaNoG, WM 2017, 2092; *Payne*, Private Equity and its Regulation in Europe, (2011) 12 EBOR 559; *Persé*, Die Partner-Investmentgesellschaft, 1962; *Philipowski*, Verwaltung von Investmentfonds durch externe Dienstleister umsatzsteuerfrei?, UR 2004, 501; *Pötzsch*, Das Dritte Finanzmarktförderungsgesetz, WM 1998, 949; *Roegele/Goerke*, Novelle des Investmentgesetzes (InvG), BKR 2007, 393; *Sajnovits/Wagner*, Marktmanipulation durch Unterlassen? – Untersuchung der Rechtslage unter MAR und FiMaNoG sowie deren Konsequenz für Alt-Taten, WM 2017, 1189; *Schäcker*, Entwicklung und System des Investmentsparens, 1961; *K. Schmidt*, Mehrheitsbeschlüsse in Personengesellschaften, ZGR 2008, 1; *Schmolke*, Die Regelung von Interessenkonflikten im neuen Investmentrecht – Reformvorschläge im Lichte des Regierungsentwurfs zur Änderung des Investmentgesetzes, WM 2007, 1909; *Uwe H. Schneider*, Die Inhaltskontrolle von Gesellschaftsverträgen, ZGR 1978, 1; *Uwe H. Schneider*, Sonderrecht für Publikumspersonengesellschaften, ZHR 142 (1978), 228; *Schultze*, Steuerfreiheit von Veräußerungsgewinnen bei Investmentfonds?, DStR 2004, 1475; *Schwark*, Kapitalanlegerschutz im deutschen Gesellschaftsrecht, ZGR 1976, 271; *Sethe*, Verbesserung des Anlegerschutzes? Eine kritische Würdigung des Diskussionsentwurfes für ein Anlegerstärkungs- und Funktionsverbesserungsgesetz, ZBB 2010, 265; *Sharpe*, Capital Asset Prices: A Theory of Market Equilibrium under Conditions of Risk, Journal of Finance 19, 1964 425; *Simon/Zetzsche*, Das Vollmachtstimmrecht von Banken und geschäftsmäßigen Vertretern (§ 135 AktG n.F.) im Spannungsfeld von Corporate Governance, Präsenzsicherung und prozeduraler Effizienz, ZGR 2010, 919; *Sorgenfrei/Tischbirek*, Zur Situation von Immobilien-Spezialfonds nach dem Finanzmarktförderungsgesetz, WM 1990, 1809; *Spindler/Tancredi*, Die Richtlinie über Alternative Investmentfonds (AIFM-Richtlinie), WM 2011, 1393; *Steck/Fischer*, Aktuelle Praxisfragen der Investmentaktiengesellschaft, ZBB 2009, 188; *Veil*, Vermögensverwaltung und Anlageberatung im neuen Wertpapierhandelsrecht – eine behutsame Reform der Wohlverhaltensregeln?, ZBB 2008, 34; *Volckens/Panzer*, Inhalt und Reichweite des Grundsatzes der Risikomischung im Hinblick auf die investmentrechtliche Qualifizierung ausländischer Immobilienvermögen, IStR 2005, 426; *Vollmer*, Die Unternehmensbeteiligungsgesellschaft nach der Reform des UBGG, ZBB 1998, 221; *Wäger*, Auslagerung administrativer Aufgaben der Verwaltung von Sondervermögen durch Kapitalanlagegesellschaften, UR 2006, 352; *Wallach*, Die Investmentaktiengesellschaft mit veränderlichem Kapital im Gewand des Investmentänderungsgesetzes 2007, Der Konzern 2007, 487; *Wallach*, Die Regulierung von Personengesellschaften im Kapitalanlagegesetzbuch, ZGR 2014, 289; *Watrin/Wittkowski/Pott*, Förderung von Wagniskapital im Visier des Gesetzgebers – Was erwartet Private Equity und Venture Capital Gesellschaften?, DB 2007, 1939; *Weichert/Wenninger*, Die Neuregelung der Erkundigungs- und Aufklärungspflichten von Wertpapierdienstleistungsunternehmen gem. Art. 19 RiL 2004/39/EG (MiFID) und Finanzmarkt-Richtlinie-Umsetzungsgesetz, WM 2007, 635; *Weiser/Hüwel*, Verwaltung alternativer Investmentfonds und Auslagerung nach dem KAGB-E, BB 2013, 1091; *Weitnauer*, Die AIFM-Richtlinie und ihre Umsetzung, BKR 2011, 143; *Westermann*, Kautelarjurisprudenz, Rechtsprechung und Gesetzgebung im Spannungsfeld zwischen Gesellschafts- und Wirtschaftsrecht, AcP 175 (1975) 375; *Zemke*, Die Unternehmensverfassung von Beteiligungskapitalgesellschaften, 1995; *Zetzsche*, Zwischen Anlegerschutz und Standortwettbewerb: Das Investmentänderungsgesetz, ZBB 2007, 438; *Zetzsche*, Fonds im Fokus: Europäische Entwicklungen im Recht der Finanzintermediäre, Der Konzern 2009, 147; *Zetzsche*, Die Europäische Regulierung von Hedgefonds und Private Equity – ein Zwischenstand, NZG 2009, 692; *Zetzsche*, Objektbezogene Informationspflichten des Anlageintermediärs – eine Einordnung des DG-Fonds-Urteils des XI. BGH-Senats vom 7.10.2008, WM 2009, 1020; *Zetzsche*, Anteils- und Kontrollerwerb an Zielgesellschaften durch Verwalter alternativer Investmentfonds, NZG 2012, 1164; *Zetzsche*, Die Irrelevanz und Konvergenz des Organisationsstatuts für Investmentfonds, ZVglRW 111 (2012), 371; *Zetzsche*, Das Gesellschaftsrecht des KAGB, AG 2013, 613 ff.; *Zetzsche*, Grundprinzipien des KAGB, in Möllers/Kloyer (Hrsg.), Das neue KAGB, 2013, S. 131; *Zetzsche*, Prinzipien der kollektiven Vermögensanlage, 2015; *Zetzsche* (Hrsg.), The Alternative Investment Funds Directive, 2nd ed. 2015; *Zetzsche/Preiner*, Was ist ein AIF?, WM 2013, 2101; *Zetzsche/Nast*, UCITSD, in Lehmann/Kumpan (Hrsg.), Financial Services Law, 2019.

A. Schutzrichtung des KAGB

Das KAGB dient – wie das übrige Kapital- und Investmentrecht auch[1] – primär dem **Anlegerschutz** und dem **Marktfunktionsschutz**, i.e. dem öffentlichen Interesse am Funktionieren der Finanzmärkte. Eine Ausprägung des Funktionsschutzes ist die Eindämmung und Bewältigung von **Systemrisiken**.[2] Dieses Schutzanliegen kommt im KAGB in Form der Begrenzung des Einsatzes von Leverage durch behördliche Auflage (z.B. §§ 215, 263, 274, 320 Abs. 1 Nr. 7 Buchst. d und § 340 Abs. 1 Nr. 4 KAGB, dazu § 215 Rz. 10) zum Ausdruck. Als weitere Zwecksetzung dienen **einige Vorschriften** des KAGB dem Schutz von **Stakeholder-Interessen**, etwa der Öffentlichkeit und der Arbeitnehmer im Kontext der Übernahme nicht börsennotierter Gesellschaften (vgl. §§ 287 ff. KAGB, dazu § 287 Rz. 6). 1

1 *Assmann* in Assmann/Uwe H. Schneider/Mülbert, Einl. Rz. 1 ff.; *Schwark/Zimmer* in Schwark/Zimmer, Kapitalmarktrechts-Kommentar, WpHG Einl. Rz. 1.

2 Vgl. dazu *Zetzsche*, Investment Law as Financial Law: From Fund Governance over Market Governance to Stakeholder Governance?, in Birkmose/Neville/Sorensen (eds.), The European Financial Market in Transition, Chapter 16, Kluwer Law Intern., S. 339 ff. (2012).

B. Struktur und Überblick zum KAGB

2 Das KAGB ist mit über 360 Paragraphen (unter Berücksichtigung nachträglich eingepflegter Normen), die sich teils über mehrere Seiten erstrecken, **sehr umfangreich**. Dessen Struktur erschließt sich weder auf den ersten und zweiten Blick und erklärt sich teils historisch (dazu Rz. 12 ff.), teils durch die europäischen Vorgaben (dazu Rz. 58 ff.), teils dadurch, dass ein weiterer europäischer Rechtsakt oder eine nationale Priorität dem vorhandenen Normbestand hinzugefügt werden musste.

I. Aufbau

3 Das KAGB ist in 8 Kapitel gegliedert. Das **erste Kapitel**, bezeichnet als „Allgemeine Bestimmungen für Investmentvermögen und Verwaltungsgesellschaften", enthält **Allgemeine Vorschriften** (Abschnitt 1) mit den Begriffsbestimmungen (§ 1 KAGB), dem Anwendungsbereich (§§ 1, 2 KAGB) und den verwaltungsrechtlichen Kompetenzen und Pflichten der BaFin (§§ 5 bis 16 KAGB).

4 §§ 17 bis 90 KAGB ist der **Regulierung der in die Errichtung, den Betrieb und den Vertrieb von Investmentvermögen eingebundenen Intermediäre** (dazu Rz. 85 ff.) gewidmet. Die **Verwalterregulierung** findet sich in Kapitel 1 Abschnitt 2 (§§ 17 bis 67 KAGB), mit den Vorschriften für nicht zulassungspflichtige, „nur" registrierungspflichtige AIF-KVG in Unterabschnitt 4 (§§ 44 bis 48a KAGB) sowie ab §§ 49 ff. KAGB den Vorschriften zur grenzüberschreitenden Fondsverwaltung und Errichtung von Zweigniederlassungen. Es folgen die Vorschriften zur **Verwahrstelle von OGAW** (§§ 68 bis 79 KAGB) **und AIF** (§§ 80 bis 90 KAGB) in Kapitel 1 Abschnitt 3.

5 In §§ 91 bis 292 KAGB befindet sich die **Produktregulierung**. Kapitel 1 Abschnitte 4 und 5 regeln zunächst die **Rechtsformen**, in denen inländische Investmentvermögen errichtet werden können. In Abschnitt 4 zu den offenen Investmentvermögen fungiert § 91 KAGB gleichsam als Übersichtsvorschrift und Leseanleitung; es folgt Unterabschnitt 2 zu **Sondervermögen** (§§ 92 bis 107 KAGB), Unterabschnitt 3 zur **Invest-ment-AG mvK** (§§ 108 bis 123 KAGB) und Unterabschnitt 4 **zur offenen Investment-KG** (§§ 124 bis 138 KAGB), die Spezial-AIF vorbehalten ist. Abschnitt 5 zu den **geschlossenen Investmentvermögen** beginnt wiederum mit einer Leseanleitung (§ 139 KAGB), bevor Unterabschnitt 2 zur **Inv-AG mfK** (§§ 139 bis 148 KAGB) und **geschlossenen Investment-KG** (§§ 139 bis 161) folgen. In **Kapitel 2** (§§ 162 ff. KAGB) folgen die **Anlagevorschriften** für Publikumsinvestmentvermögen. Das Zulassungsverfahren nebst Prospektpflichten und Bewertungsvorschriften (§§ 162 ff., 214 ff., 261 ff. KAGB) sowie bei offenen Investmentvermögen Vorschriften zu Master-Feeder-Strukturen (§§ 171 ff. KAGB) und Verschmelzungen (§§ 181 ff. KAGB) sind vorgeschaltet. Zum **Typenzwang für Publikumsinvestmentvermögen** Rz. 73 f.

6 In **Kapitel 3** (§§ 273 ff. KAGB) folgen die vergleichsweise wenigen, aber praktisch bedeutsamen Vorschriften zu Spezial-AIF. Diese beginnen mit einem allgemeinen Teil für **alle Spezial-AIF** (§§ 273 bis 277 KAGB), auf den in Abschnitt 2 die Vorschriften für **alle offenen inländischen Spezial-AIF** (§§ 278 bis 281 KAGB) mit Vorgaben zur Bewertung, zu Master-Feeder-Strukturen und Verschmelzung sowie zu den Anlageobjekten und Anlagegrenzen folgen. Offenbar als offene Spezial-AIF werden sodann Hedgefonds (§ 283 KAGB) verstanden. § 284 KAGB macht sodann – als sehr begrenzte Produktregulierung – Vorgaben für offene inländische Spezial-AIF mit festen Anlagebedingungen. Es folgt Abschnitt 3 des dritten Kapitels zu den geschlossenen inländischen Spezial-AIF. Nur scheinbar auf diese beschränkt sind die Regeln zum Kontrollerwerb an nicht börsennotierten Unternehmen in §§ 287 bis 292 KAGB: Diese gelten über einige Verweisungen für alle AIF. S. näher § 287 Rz. 7 ff.

7 **Kapitel 4** (§§ 293 bis 336 KAGB) regelt in drei Abschnitten den Vertrieb (vgl. zur Definition in § 293 Abs. 1 Satz 1 KAGB: § 293 Rz. 4 ff.) und den (vertriebslosen) Erwerb von Investmentvermögen. **Abschnitt 1 mit allgemeinen Vorschriften** ist gegliedert in einen Unterabschnitt 1 mit (wiederum) allgemeinen Vorschriften (§§ 293 bis 296 KAGB), Unterabschnitt 2 mit dem AIF-Vertrieb an Privatanleger sowie dem ohnedies auf Privatanleger ausgerichteten Vertrieb von OGAW (§§ 297 bis 306 KAGB) und einem Unterabschnitt 3 zum Vertrieb an (semi-)professionelle Anleger (§§ 307, 308 KAGB). Es folgen Abschnitte 2 und 3 zum **Vertrieb von OGAW** (§§ 309 bis 313 KAGB) **und AIF** (§§ 314 ff. KAGB), in denen die jeweiligen Vorschriften der OGAW-RL und AIFM-RL **zum grenzüberschreitenden Vertrieb** umgesetzt sind. Insbesondere die Umsetzung der Art. 31 ff. AIFM-RL in §§ 316 bis 336 KAGB ist **sehr komplex** geraten, was nicht zuletzt dem Umstand geschuldet ist, dass der deutsche Gesetzgeber neben der Richtlinienumsetzung eine Einheitsregelung für den Vertrieb von Drittstaatenfonds anstrebte.

8 **Kapitel 5 bis 7** enthalten die Anknüpfungsnormen zur Umsetzung der vier europäischen Begleitverordnungen zu Europäischen Risikokapitalfonds – **EuVECA** (§ 337 KAGB), Europäischen Fonds für soziales

Unternehmertum – EuSEF (§ 338 KAGB), Europäischen langfristigen Investmentfonds – **ELTIF** (§ 338a KAGB) sowie – merkwürdigerweise ohne separate Kapitelzuweisung – Europäischen Geldmarktfonds – **MMF** (§ 338b KAGB). **Kapitel 8** enthält in Abschnitt 1 die umfangreichen Straf- und Bußgeldvorschriften (§§ 339 bis 341 KAGB), nebst der ‚name und shame'-Regelung in § 341a KAGB und den Vorschriften zum Beschwerdeverfahren in § 342 KAGB. Den Schluss des Gesetzes bildet Abschnitt 2 mit ebenfalls sehr umfangreichen Übergangsvorschriften (§§ 343 bis 359 KAGB).

II. Kritik

Das KAGB ist in seiner Gesamtheit **kein Glanzstück deutscher Gesetzgebungskunst**. Das KAGB ist (im wenig schmeichelhaften Sinn) ein **Gesetz für Experten**. Obwohl zahlreiche Überschriften eine Aufteilung in einen oder mehrere Allgemeine Teile nahelegen, wurde dieser **Regelungsansatz nicht konsequent durchgeführt**. 9

Auch erschwert die **teils zufällig wirkende Anordnung der Regelungen** das Normverständnis. So regeln Art. 15 Abs. 4, 24 Abs. 4 AIFM-RL für alle AIFM die Begrenzung von Leverage, auch alle AIFM sind erfasst von Art. 26 bis 29 AIFM-RL zum Kontrollerwerb an nicht börsennotierten Unternehmen, so dass eine einzige Regelung beider Materien bei den KVG (§§ 17 ff. KAGB) nahegelegen hätte. Stattdessen findet sich die Begrenzung von Leverage an drei verschiedenen Stellen im Kontext der Produktregulierung, während auf den in §§ 287 ff. KAGB geregelten Kontrollerwerb mehrfach verwiesen wird. Beides wirft bei der grenzüberschreitenden Tätigkeit (§§ 49 ff. KAGB) die angesichts der nach europäischem Recht als Verwalterregulierung ausgestalteten Regelung unnötige Frage auf, ob sich die Begrenzung des Leverage nach dem Ort des Fonds oder dem Ort des Verwalters (AIFM bzw. AIF-KVG) richtet. Näher §§ 49 ff. Rz. 5 ff.; § 287 Rz. 8; § 215 Rz. 2. 10

Schließlich sind ganze Regelungskomplexe **nachgerade unlesbar** oder dank Schachteltechnik so angeordnet, dass Regel und Ausnahme nicht zu erkennen sind (*Beispiel*: §§ 293 bis 336 KAGB zum Vertrieb). Diese Missstände werden im geltenden Gesetzesaufbau nicht zu beheben sein. 11

C. Entwicklung des Rechts der Investmentvermögen

I. Internationale Entwicklung: Vier Entwicklungsperioden

Das KAGB kann auf mittlerweile über 60 Jahre aktive Gesetzgebungsgeschichte zurückblicken. Diese beruhte ihrerseits auf einer 500 Jahre zurückreichenden internationalen Rechtsentwicklung. Insgesamt lässt sich die Rechtsentwicklung in Bezug auf Kollektivanlagen in **vier Perioden** unterteilen.[3] In der **ersten Periode, die im 15. Jahrhundert beginnt**, entwickeln sich die Anlage- und Beteiligungstechniken, es entstehen Rechts- und Organisationsformen, Anteilsverbriefung und Handelbarkeit. Ohne regulatorische Eingriffe bildet sich die Arbeitsteilung zwischen dem Träger der Anlageentscheidung (Verwalter) und dem Verwahrer der Anlagegegenstände heraus, die erstmals in Reinform in den niederländischen *negotiatie* anzutreffen ist, die der Kaufmann *Van Ketwich* im Jahr 1774 auflegte.[4] 12

Die **zweite Periode** ab dem Börsencrash von 1929 bis zum Anfang der 1980er Jahre unterwirft die bisher auf der Grundlage des Vertrags-, Trusts- und Gesellschaftsrechts strukturierten Produkte einem **Sonderrecht zum Schutz der Anleger**. Dessen Bindung an allgemeinwirtschaftliche Interessen wie das Systemrisiko wird in dieser Zeit teils vehement abgelehnt.[5] Nach der umfassenden US-Regelung durch den *Investment Companies Act* und *Investment Advisers' Act* folgen die europäischen Flächenstaaten und erlassen ebenfalls erste Fondsregulierungen, was sich mit der Größe von Absatzmarkt und potentiellem Anlegerschaden erklärt. Die Initiatorenstaaten ohne bedeutungsvollen inländischen Absatzmarkt kommen zunächst ohne Spezialregelungen aus. Erst nach Skandalen in der zweiten Hälfte der 1960er kommt es auch hier zu einer (zunächst moderaten) Regulierung. 13

Internationalisierung sowie Optimierung und Intensivierung des Anlegerschutzes prägen die **dritte Entwicklungsperiode**, die etwa Anfang der 1980er Jahre beginnt und bis zur globalen Finanzkrise (2007 ff.) andauert. Die drei Aspekte hängen zusammen: Die grenzüberschreitende Tätigkeit kompensiert Größennachteile des Heimatmarktes. Die heutigen Finanzzentren Luxemburg, Irland und Liechtenstein sowie Off- 14

3 Dazu ausf. *Zetzsche*, Prinzipien der kollektiven Vermögensanlage, S. 425.
4 Vgl. dazu *Zetzsche*, Prinzipien der kollektiven Vermögensanlage, S. 290.
5 Vgl. *R.F. Goldschmidt*, Investment-Trust, S. 24 (Wirtschaftspolitische Effekte sozusagen nur nebenher).

shore-Domizile erlangen Bedeutung, indem sie neben einem günstigen Steuerrecht flexible, auf die Bedürfnisse der Initiatoren und Anleger angepasste Spezialregelungen bieten. Dort entwickeln sich spezialisierte Dienstleister, die Produktinnovationen vorantreiben. Die Intensivierung der rechtlichen Vorschriften ist die Gegenreaktion der Vertriebsstaaten. Aus einer rudimentären Vertriebs- und Produktregulierung entsteht zur Vermeidung regulatorischer Arbitrage eine Verwalterregulierung mit risiko- oder prinzipienbasierten Regelungsansätzen. Der auf Wertpapiere beschränkte Anwendungsbereich der OGAW-RL wird um sämtliche liquide Anlagegegenstände ergänzt (2001), was einerseits die Regulierungsdichte in Bezug auf OGAW-Verwalter erhöht, andererseits die Spannbreite grenzüberschreitender Tätigkeiten erweitert. Intensivierung der Regulierung bedeutet nicht rechtliche Komplettierung oder Perfektionierung. Die Organisation und Verwaltung der Kollektivanlage, die Verwahrung und die Beziehung zwischen Anleger und Verwalter bleiben zunächst rudimentär geregelt.

15 In der **vierten Entwicklungsperiode** rückt die Sorge um die Stabilität des Finanzsystems in den Fokus.[6] Systemschutz wird zum gleichwertigen Ziel neben dem Anlegerschutz. Es kommt zu Regelungen von Produkten und Verwaltern, die nur für professionelle Anleger konzipiert sind, wenn die Verwalter eine gewisse Größe erreichen (de minimis-Schwelle). Auf europäischer Ebene wird eine Grundlagenregulierung durch Richtlinie zu einer Detailregulierung durch sog. Level 2 und 3-Maßnahmen. Aus einer Mindest- wird für bestimmte Fondsbereiche (z.B. Fondsverschmelzungen und Master-Feeder-Strukturen) eine **Voll- bzw. Maximalharmonisierung**. Mit der AIFM-RL wird die zwingende Verwalterregulierung auf alle bewertbaren Anlagegegenstände erstreckt. Der Spezialregelung für Wertpapierfonds der OGAW-RL wird mit der AIFM-RL für alle anderen Fonds gleichsam ein allgemeiner Teil des Rechts der Investmentfonds nachträglich beigeordnet. Die gleiche Tendenz zeigt sich in den USA mit der Reduzierung der Ausnahmen für Private Funds und der Regelsetzung durch die SEC für „pooled vehicles" auch jenseits des ICA und IAA.

II. Entwicklung bis zum KAGG

1. Deutsche Industriebeteiligungs-Aktiengesellschaften im späten 19. Jahrhundert

16 Bis zur Einführung des Normativsystems im Jahr 1870 floriert die **Kommanditgesellschaft als Anlagevehikel**. Wegen einer im Lichte französischer Erfahrungen eher kritischen Grundhaltung staatlicher Konzessionsbehörden bevorzugen auch Bank- und Finanzgesellschaften Personengesellschaften, die mit Generalversammlung und Verwaltungs-/Aufsichtsrat körperschaftlich ausgestaltet sind.[7] Hervorzuheben ist die gesamtwirtschaftlich bedeutende *Disconto Gesellschaft* (gegr. 1851). In solchen Gesellschaften sowie den mit dem Namen *Melvissen* verbundenen ersten Aktienbanken dürfte auch (kollektive) Anlagetätigkeit stattgefunden haben.

17 Die ersten reinen Investmentvermögen treten, soweit ersichtlich, im Jahr 1871 in der **Rechtsform der Aktiengesellschaft** auf: Als „reine" Beteiligungsgesellschaften werden im Jahr 1871 die vom *A. Schaafhausenschen Bankverein* ausgehende *Aktiengesellschaft für rheinisch-westfälische Industrie* in Köln und die *Bergisch-Märkische Industriegesellschaft* im Umfeld des Barmer Bankvereins gegründet, es folgt die *Hannoversche Gesellschaft für industrielle Unternehmungen* (1897).[8] Auf Risikostreuung setzt man zunächst nicht. Auch ist das Verwalterermessen – anders als bei den frühen niederländischen, schweizerischen und britischen Organisationen – nicht beschränkt. Grund könnte die örtlich nahe und ökonomisch versierte Aktionärsstruktur sein, die rechtliche Schranken durch flexible Ad-hoc-Kontrolle substituierte.

18 Die Grenze zwischen **Beteiligungsgesellschaften** und den sog. **Effekten- oder Spekulationsbanken** – in heutiger Definition: „Investmentbanken" –, verläuft fließend. So sind keine Kollektivanlagen, sondern Investmentbanken die seit 1896 verbreiteten Industrietrustgesellschaften; diese erwirtschaften mit dem Erwerb und der Aktienemission von Unternehmen Kommissionserträge.[9] Eine Nähe zu heutigen (Corporate) Venture Capital-Gesellschaften zeigt sich bei den konzernabhängigen Eisenbahn- und Elektrizitätsbeteiligungs- und -trustgesellschaften des 19. Jahrhunderts, die Unternehmensneugründungen mit Kapital und

6 In einigen Staaten wird diese Sorge ergänzt durch die um den Erhalt des Steuersubstrats.

7 Vgl. *Boesebeck*, S. 25 ff. mit Verweis auf *Anschütz-v. Bölderndorff*, ADHGB, Bd. 2, S. 345 ff. und *Auerbach*, Das Gesellschaftswesen (1861), S. 136; *Coing*, ZGR 1978, 659, 664 f. Vgl. die frühen Entscheidungen zur kapitalistischen KG RGZ 36, 60 (Gewerbebank mit 159 Gesellschaftern); RGZ 91, 166 (Zuckerrübengesellschaft mit 65 Gesellschaftern; Erhöhung der Rübenlieferungspflicht und Verlängerung der Gesellschaftsdauer); Bankarchiv 14, 70 (Bank-OHG mit 49 Gesellschaftern; Einsichtsrecht gem. § 118 Abs. 1 HGB bei körperschaftlicher Struktur nicht automatisch ausgeschlossen).

8 *Jörgens*, Finanzielle Trustgesellschaften, S. 150; *Kilgus*, S. 154; *Liefmann*, S. 218, 428.

9 *Jörgens*, Finanzielle Trustgesellschaften, S. 146 ff.

Marktkenntnissen unterstützen.[10] Diese Gesellschaften gründen eigene Bahn- und Elektrizitätsgesellschaften.[11] Die Veräußerung der Portfoliogesellschaften ist jedoch nicht Teil des Geschäftsplans, sondern diese sollen der Muttergesellschaft Aufträge bescheren. Es handelt sich um Holding-Tochtergesellschaften.[12] Anteilseignerkreis und Zweck der *branchengebundenen* Beteiligungsgesellschaften ist öffentlich-rechtlich geprägt, neben dem Ertragsinteresse verfolgt man die Verbesserung der Verkehrsinfrastruktur.[13] Die sog. Losgesellschaften, die Anleger zum gemeinsamen Erwerb überzeichneter Wertpapiere bilden,[14] erhöhen die Zuteilungschance des Einzelnen bei überzeichneten Emissionen; der Erfolg wird unter den Mitgliedern aufgeteilt. Für die Einstufung als Investmentvermögen fehlt jedenfalls die Dauerhaftigkeit der Organisation. An der Grenzlinie zwischen Depotgeschäft und Vermögensverwaltung und als Konkurrenz zu vermögensverwaltenden Privatbankiers und Rechtsanwälten anzusiedeln sind schließlich die gegen Ende des 19. Jahrhunderts auftretenden Treuhandgesellschaften, die auch das Wirtschaftsprüfungs- und Revisionswesen aufbauen.[15]

2. Ursache für das Fehlen diversifizierter Investmentvermögen

19 Die **Kapitalanlage- als Spezialtätigkeit** entwickelt sich in Deutschland[16] im Verhältnis zu den Niederlanden, der Schweiz und Großbritannien[17] **vergleichsweise spät**. *Liefmann* führt dies auf die späte Bildung eines Nationalstaats zurück: Aufgrund des zersplitterten Territoriums besteht ein Investitionsrückstand. Während das niederländische und britische Kapital in schwer überschaubare Regionen der Welt fließt, findet das Kapital in Deutschland zahlreiche Anlagemöglichkeiten in unmittelbarem Umfeld und muss nicht ortsferne, ausländische, unübersichtliche, schwer kontrollierbare und *deshalb* risikoreiche Anlagen suchen.

20 Eine den **britischen Investment-Trusts vergleichbare Organisationsform** für Privatanleger – gemeint sind vermögende Stoffhändler, kleine Fabrikanten, Hochseefischer, die in Schottland und England die ersten Finanziers stellen[18] – gibt es im Deutschland des 19. Jahrhunderts nicht. *Linhardt* sieht im Dreiklang aus „Volksreichtum, Volkscharakter und Mentalität der britischen Kaufleute" die Wurzel des Erfolgs der Kollektivanlage in Großbritannien.[19] Entkleidet um fragwürdige Typisierungen zum Charakter eines Volkes geht es um **eine Vermögensmehrung goutierende Sozialethik**, eine mittelständische Praxis der **Anlage von Vermögen außerhalb der eigenen Unternehmung** und die **Existenz von Kapitalüberschüssen**. Keine der drei Voraussetzungen ist in Deutschland im 19. Jahrhundert gegeben.

3. Privatanlage-Strukturen der 1920er Jahre

21 Seit den 1920er Jahren mindert das **Steuerrecht** die Attraktivität der Anlage-AG: Auf der AG-Ebene werden die Anlageerträge mit ca. 35 % Körperschafts-, Gewerbe- und Vermögenssteuer belastet.[20] Die ersten deutschen Anlageorganisationen meiden daher die Körperschaft.

22 Der im Jahr 1923 gegründete *Zickert'sche Kapitalverein*[21] – seit 1928 *Deutscher Kapitalverein* – wählt die **Rechtsform des nichtrechtsfähigen Vereins**, der wie eine Gesellschaft bürgerlichen Rechts zu behandeln ist (§ 54 Satz 1 BGB). Die Vereinsform soll eine Fluktuation im Mitgliederbestand ermöglichen. Die Haf-

---

10 Vgl. die Beschreibung bei *Jörgens*, Finanzielle Trustgesellschaften, S. 77 ff., 116 ff. So z.B. die im Jahr 1881 gegründete „Deutsche Lokal- und Straßenbahn-Gesellschaft" (später AGIV), die zum AEG-Konzern gehörte.

11 Dazu *Jörgens*, Finanzielle Trustgesellschaften, S. 100, 120.

12 So z.B. die im Jahr 1881 gegründete „Deutsche Lokal- und Straßenbahn-Gesellschaft" (später AGIV), die zum AEG-Konzern gehörte.

13 *Liefmann*, S. 358 ff., 426 ff.

14 *Jörgens*, Finanzielle Trustgesellschaften, S. 25 Fn. 2.

15 *Nachod*, Treuhänder, S. 99 ff.; *P. Roth*, Treuhandgesellschaften, S. 19 ff.; *Sethe*, S. 288 ff.

16 Zum Beteiligungsgeschäft der Aktienbanken *Model/Loeb*, S. 20 f., mit Aufstellung der Gewinne aus Emissions- und Konsortialgeschäft auf S. 163 f.; zu den frühen Beteiligungsgesellschaften *Jörgens*, Finanzielle Trustgesellschaften, S. 47 ff., 150; *Kilgus*, S. 154; *Liefmann*, S. 217 ff.; gegen Einordnung als frühe Fonds mangels Risikostreuung *Sethe*, S. 286 ff. S. auch *Weber*, Depositenbanken, S. 48 ff., insb. S. 64 (keine Trust- und Finanzgesellschaften in größerer Zahl; wenn, dann verlustreich), aber mit Hinweis auf die Gründertätigkeit und der Beteiligungen durch Banken S. 256 ff., 268 ff.

17 Siehe dazu *Zetzsche*, Prinzipien der kollektiven Vermögensanlage, S. 245.

18 *Linhardt*, Investment Trusts, S. 49.

19 Vgl. *Linhardt*, Investment Trusts, S. 30 ff., mit Nachweisen zur außerordentlichen Vermögensakkumulation in Großbritannien in der zweiten Hälfte des 19. und frühen 20. Jahrhunderts.

20 Rechtslage unter dem EStG vom 29.3.1920, KStG vom 30.3.1920, LandesStG vom 30.3.1930 und VermStG vom 8.4.1922, vgl. *R.F. Goldschmidt*, Investment Trusts, S. 12 f., 128 ff.

21 Vgl. *Kilgus*, S. 158 ff.; *Liefmann*, S. 222, 575 f.; *R.F. Goldschmidt*, Investment Trusts, S. 136 ff.; *Schäcker*, Investmentsparen, S. 26.

tung der Mitglieder wird statutarisch auf den Vereinsbeitrag beschränkt. Der Verein verwaltet als Treuhänder ein Sondervermögen der Mitglieder, das aus deren Beiträgen gebildet wird. Der Verein selbst besitzt kein Vermögen. Die Statuten untersagen Spekulationsgeschäfte (dies hätte zur steuerlichen Gewerbeeigenschaft geführt). Die Anlagen müssen mindestens drei Monate gehalten werden. Ein Mitgliederausschuss überprüft Bücher, Bestände und Verwaltungstätigkeit. Die Entscheidung über An- und Verkauf steht im Ermessen des Verwalters. Der Reichsfinanzhof[22] stellt den Kapitalverein im Jahr 1928 einem Verein (statt einer GbR) gleich, mit der Folge einer Vermögenssteuerpflicht des Vereins. Allerdings indiziert der Reichsfinanzhof unter Hinweis auf eine frühere Entscheidung[23] eine Auslegung, wonach der Verein nur Treuhänder des Vermögens der einzelnen Vereinsmitglieder sein könne. Mangels eigenen Vereinsvermögens fällt keine Vermögenssteuer an. Im steuerlichen Ergebnis wird der Verein der BGB-Gesellschaft gleichgestellt.[24] *Weil* Einkommensteuer beim Mitglied anfällt und die Gewinne in voller Höhe ausgeschüttet werden, entfällt zudem die Körperschaftssteuer auf der Ebene des Vereins.[25] Die Verwaltervergütung als gewerbliche Dienstleistung ist der Umsatzsteuer unterworfen. Der „Verein" hat 1927 bereits 1.341 Anleger, 1928 sogar 1.532 Anleger, das verwaltete Vermögen erreicht 2,5 Mill. Reichsmark, mit Depots in Berlin, Amsterdam, New York, Mailand und London. Keine Anlage geht über 10 % des angelegten Vermögens hinaus (Diversifikation). Für das Jahr 1928 wird eine Dividende von 8,5 % ausgeschüttet.

23 Dennoch führt die Weltwirtschaftskrise zu gravierenden Verlusten, die überwiegend durch die **Insolvenz einer Verwahrstelle bei unzureichender Vermögenstrennung** hervorgerufen werden.[26] Der Initiator *Dr. Zickert* zeigt sich im Jahr 1933 als Fondsskeptiker: Für Leute, die zugleich „gut essen und gut schlafen" möchten, habe der Kapitalmarkt seit je her Zwischenformen produziert, die die Illusion erwecken, man könne die Chance der Beteiligung mit der Sicherheit der Forderung vereinigen. Doch sei der Erwerb von Units der Investment Trusts nur eine Flucht vor der Entscheidung zwischen bestimmten Anlagen.[27]

24 Der *Deutsche Kapitalverein* wird nach der Krise zur *Deutscher Investment-Verein,* **eingetragene Genossenschaft mit beschränkter Haftung.**[28] Der Aufsichtsrat der Genossenschaft nimmt AG-ähnliche Funktionen wahr, dessen Mitglieder sowie der erste Vorstand („Präsident") werden von den Genossen gewählt. Neben dem genossenschaftlichen Geschäftsguthaben werden Anlageerträge auch auf verzinsliche Guthaben ausgeschüttet. Der hohe Anteil derart ergebnisabhängiger Schuldverschreibungen reduziert das der Doppelbesteuerung unterliegende Ergebnis.[29] Mit der Genossenschaft verbundene Einschränkungen der Kündigung und Anteilsübertragung lassen sich dagegen nicht vermeiden. Zudem hat der ausscheidende Genosse jedenfalls keinen Anspruch auf die Rücklagen, soweit die Gewinne nicht realisiert sind, muss aber Buchverluste mittragen. Beides verhindert einen Fonds des offenen Typs. Schließlich scheint das Stimmrecht nach Köpfen unpraktikabel.[30]

25 Die im Jahr 1926 von *Belke* gegründete *Bayerische Investment AG*[31] erwirbt als **Treuhand-Anlagegesellschaft in der Rechtsform der AG** Wertpapiere treuhänderisch für die Anleger und hinterlegt diese bei einer Depotbank. Nach den Vertragsbedingungen schuldet sie dem Anteilsscheininhaber die Verwaltung der Wertpapiere, Ersatzbeschaffung ausgeloster Stücke und den Ersatz notleidender Effekten. Die Effekten stehen den Anlegern gemeinschaftlich zu, über gewisse Verwaltungsvorgänge haben diese per Beschluss zu entscheiden. Nach den Vertragsbedingungen gehen mit der Übertragung der Anteilscheine alle Rechte des Inhabers daraus über. Der Inhaber kann aus der Gemeinschaft jederzeit ausscheiden und erhält, wenn er zu diesem Zweck weniger als zwanzig Anteilscheine einreicht, den vertragsmäßigen Anteil in bar, darüber hinaus in Wertpapieren. Die übrigen Inhaber setzen das Gemeinschaftsverhältnis miteinander fort. Die Anteilscheine repräsentieren Anteile an einem Korb von mindestens zwanzig inländischen Obligationen oder Aktien. 50 % müssen in Pfandbriefen oder Obligationen, höchstens 25 % in notierten Aktien und höchstens 25 % in dinglich gesicherten langfristigen Krediten an hochwertigen Unternehmen angelegt werden. Keine Anlage darf mehr als 10 % des Aktienkapitals betragen. Der Ertrag wird jährlich ausgeschüttet, die

---

22 RFHE 24, 79.
23 RFHE 24, 79, 82 verweist auf RFHE 19, 21.
24 Vgl. *R.F. Goldschmidt*, Investment Trusts, S. 137 Fn. 54, mit der zweifelhaften Behauptung, der Verein sei BGB-Gesellschaft gewesen.
25 Vgl. *R.F. Goldschmidt*, Investment Trusts, S. 137 f.
26 *R.F. Goldschmidt*, Investment Trusts, S. 68 f.
27 *Hermann Zickert* in „Spiegel der Wirtschaft" (1933), zitiert nach *Den Otter*, Anlagefonds-Geschichten, sub VI.
28 *R.F. Goldschmidt*, Investment Trusts, S. 68 f.
29 Vgl. *R.F. Goldschmidt*, Investment Trusts, S. 138 ff.
30 *R.F. Goldschmidt*, Investment Trusts, S. 71 ff.
31 Dazu *Liefmann*, S. 223, 577; *R.F. Goldschmidt*, Investment Trusts, S. 49 ff. Der Gründer steht in Beziehungen zur *Equitable Trust Co.* in New York, was die Gestaltung erklären mag.

Laufzeit ist auf zwölf bzw. 22 Jahre begrenzt. Die Organisation ist zur Ausgabe von Obligationen bis zum zehnfachen des Aktienbetrags ermächtigt.

Dies hätte eine ganz außerordentliche Ertragshebelung erlaubt, doch kommt es nicht zur Inanspruchnahme der Ermächtigung. Der Gründer übernimmt zunächst nahezu alle Aktien selbst. Nach seinem Tod bei einem Eisenbahnunfall im Jahr 1929 wird die Gesellschaft liquidiert. Auch die Gestaltung der *Bayrischen Investment AG* ist zunächst steuerlich umstritten.[32] Der Reichsfinanzhof[33] sieht in dem Verhältnis der Anleger untereinander eine **Bruchteilsgemeinschaft**. Bei Annahme einer Gesellschaft unter den Anlegern fällt nach damaliger Rechtsauffassung Körperschaftssteuer auf der AG-Ebene an. Trotz Stimmrecht der Anleger sieht der Reichsfinanzhof keine Gesellschaft unter den Anlegern: Das SchVG 1899 demonstriere, dass es Gemeinschaften mit Abstimmungen ohne Gesellschaftsverhältnis gibt. 26

Als Reaktion auf die Strukturierungsbemühungen ermächtigt der Reichstag mit **Gesetz vom 9.6.1930** die Reichsregierung zu steuerlichen Erleichterungen für Kapitalverwaltungsgesellschaften, jedoch macht die Regierung von der Ermächtigung keinen Gebrauch. § 2 Abs. 2 der zweiten Notverordnung vom 5.6.1931[34] reduziert dann die Körperschafts-, Vermögens- und Landesgewerbesteuer auf ein Zehntel der für andere AGs geltenden Höhe, sofern die Aktien der Kapitalverwaltungsgesellschaft an einer deutschen Börse zugelassen sind, ihre Satzungen von der Industrie- und Handelskammer genehmigt sind und eine jährliche Revision stattfindet. Die für die Durchführung nötigen Richtlinien werden aber nicht erlassen.[35] In der anschließenden Periode ist die privatrechtliche Vermögensakkumulation nicht opportun, nach dem 2. Weltkrieg dann mangels Anlagekapitals kein vordringlicher Politikgegenstand. 27

Ab der zweiten Hälfte des 20. Jahrhunderts zeichnet sich eine Spaltung ab. Die **Trennlinie verläuft zwischen den offenen Fonds,** deren Regeln sich zunächst nach Vertragsrecht, ab 1957 dem KAGG und seit dem Jahr 2003 dem InvG bestimmen, **und den geschlossenen Fonds** als Personengesellschaft („Publikums"-GmbH & Co. KG bzw. -GbR) oder Korporation (Anlage-AG). Die beiden Grundformen des Fonds werden erst wieder mit dem KAGB im Jahr 2013 zusammengeführt. 28

4. Kapitalbeteiligung für Mittelstand

Als Folge der Kapitallücke wird seit den 1920er Jahren **die optimale Form für die institutionelle Kapitalbeteiligung an mittelständischen Unternehmen** diskutiert. So soll nach *Pabst* die aufkommende Investmentidee genutzt und der Anlagekatalog für börsenferne Wertpapiere und Beteiligungen geöffnet werden.[36] Nach anderen Vorschlägen sollen Banken die Stammaktien von Beteiligungs-AGs zeichnen und sich per Stimmrechtsaktien über die Börse refinanzieren oder eine Beteiligungsgenossenschaft die Kapitalgeber-Genossen anteilig partizipieren lassen. *Persé* wendet sich aus steuerlichen Gründen und wegen des Bewertungsabschlags auf den Nettoinventarwert gegen das AG-Modell[37] und präferiert eine indirekte Miteigentumslösung, bei der ein Treuhänder die Beteiligungen erwirbt und die Anleger am Ergebnis schuldrechtlich partizipieren. Diese Diskussion wird in den 1960er Jahren erneut aufgegriffen (Rz. 48 ff.). 29

III. Offene Fonds (1949 ff.)

1. KAGG (1957)

1949 wird mit der *Allgemeinen Deutschen Investment GmbH* (ADIG)[38] die **erste inländische Kapitalanlagegesellschaft** gegründet, die offene Fonds zunächst als Vertrag zwischen KAG und einer Vielzahl von Anlegern organisiert. Diese Organisationsform wies zahlreiche Nachteile auf: Die vertragliche Organisation zieht die Haftung des Verwalters für Fondsverbindlichkeiten, die Zuordnung des Fondsvermögens zum Vermögen des Verwalters im Fall seiner Insolvenz, Schwierigkeiten bei der Grundbucheintragung zugunsten der Anleger, steuerliche Imponderabilien und bilanzielle Ausschüttungsschranken nach sich.[39] 30

---

32 Vgl. die Entscheidungen RFHE 26, 248 ff. (zur Gesellschaftssteuer) und RFHE 26, 254 ff. (zur Wertpapiersteuer), dazu *Liefmann/Kilgus*, Beteiligungs- und Finanzierungsgesellschaften, S. 577 f.; *R.F. Goldschmidt*, Investment Trusts, S. 133 f. (mit Hinweis auf weitere Entscheidung vom 15.5.1931 auf S. 135).

33 RFH 26, 248, 250 f.; RFH 26, 254, 255.

34 Notverordnung vom 6.6.1931, 7. Teil Kap. IV, RGBl. I S. 312 f., dazu *R.F. Goldschmidt*, S. 95 ff., 118, 139 ff.

35 Die Genehmigung sollte auf Richtlinien des Reichsfinanzministers gestützt werden, die bis zum Jahr 1932 noch nicht erlassen sind, vgl. *R.F. Goldschmidt*, Investment Trusts, S. 16.

36 *Pabst*, Industrieschaften, S. 14 ff.

37 *Persé*, Partner-Investmentgesellschaft, S. 113 ff., 135 ff.

38 Die ADIG wurde im Jahr 2006 mit der Cominvest Asset Management GmbH verschmolzen.

39 Dazu *Consbruch*, BB 1957, 341; *G. Roth*, Treuhandmodell, S. 110 f.; *Schäcker*, Investmentsparen, S. 30 f.

31 Die ADIG bildet Anlass und Motiv[40] für die erste deutsche Fondsgesetzgebung, dem am 18.4.1958 in Kraft getretenen **Gesetz über Kapitalanlagegesellschaften (KAGG)**,[41] das **das Investmentsparen fördern und absichern** soll. Das KAGG suchte die Schwierigkeiten der vertraglichen Organisation einzudämmen; es sollte einerseits Anleger schützen, andererseits die Investmentidee fördern und breite Bevölkerungskreise am Produktionskapital beteiligen. Die mit der Zwischenschaltung der KAG verbundenen steuerlichen Nachteile wurden zugunsten einer steuerlichen Transparenz beseitigt.[42] Sondervermögen werden von dem bilanziellen Niederstwertprinzip, das die Berücksichtigung unrealisierter Gewinne bei der Anteilsbewertung verbietet, ausgenommen. Der Anwendungsbereich des KAGG wird auf Kollektivanlagen beschränkt, die von einer zugelassenen und beaufsichtigten KAG verwaltet werden. Einzig zulässiger Anlagegegenstand sind Wertpapiere, § 1 Abs. 1 KAGG 1958. Trotz der Restriktionen erfüllt das KAGG zunächst seinen Zweck: So sind im Jahr 1957 nur fünf Gesellschaften mit acht Fonds und einem Anlagevolumen von 151 Mio. D-Mark tätig.[43] Im Jahr 1969 verwalten zwölf Kapitalanlagegesellschaften 35 Sondervermögen und Anlagevermögen von 7,75 Mrd. D-Mark.[44]

2. AuslInvG (1969)

32 Die aus anderen Rechtsordnungen bekannten **Missbrauchsgefahren** treten in den 1960er Jahren in Deutschland auf und führen zu einer auf Anlegerschutz ausgerichteten Gesetzgebung. Bis zur Einführung der DM-Konvertibilität im Jahr 1958 bleibt der Absatz ausländischer Investmentgesellschaften im Inland gering. Anschließend steigt er bis in das Jahr 1967 auf mehr als ein Drittel des Absatzes deutscher KAG. Grund ist der partielle Regelungsansatz des KAGG ohne jeglichen Anlegerschutz.[45] Dies führt im Lichte der Erfahrungen der IOS-Krise im Jahr 1969[46] zur Verabschiedung des **AuslInvG**,[47] welches gemäß dem Prinzip der Rechtsformneutralität **alle nach dem Grundsatz der Risikomischung strukturierten Anlageformen** erfasst.[48] Der *öffentliche* Vertrieb (§ 1 Abs. 1 Satz 1 AuslInvG) ausländischer Investmentanteile – den Gegensatz bildet der Vertrieb an einen individuell bestimmten Personenkreis – bedarf seither unabhängig von der Rechtsform der Anteile oder Emittenten der Anzeige beim BAKred, das den Vertrieb untersagen kann (§§ 7, 8 AuslInvG).

33 Zum Zeitpunkt des Kaufabschlusses ist dem Erwerber **ein aktuelles Prospekt** auszuhändigen (§ 3 Abs. 2 AuslInvG), dessen Richtigkeit haftungsbewehrt ist (§ 12 AuslInvG). Die ausländische Investmentgesellschaft muss einen Repräsentanten im Inland bezeichnen, die Depotbankverwahrung der Anlagegegenstände ist obligatorisch.[49] Im Übrigen gelten Mindestanforderungen an die Vertragsbedingungen (§ 2 Nr. 4), den Verkaufsprospekt (§ 3), die Werbung (§ 10) und die Publizität (§ 4). Infolge der Erfahrungen in der IOS-Krise gilt ein absolutes Dachfondsverbot.[50] Wegen seiner Vertriebsorientierung und Unabhängigkeit von der förmlichen Gestaltung erkennt *Hopt* in dem AuslInvG erstmals eine „echte kapitalmarktrechtliche Gesetzgebung"[51], für die das Publizitätsprinzip kennzeichnend ist.

---

40 Der erste Entwurf des KAGG (BT-Drucks. I/4199) soll insbesondere die Anleger der ADIG sichern.

41 BGBl. I 1957, S. 378. Der erste Entwurf des KAGG (BT-Drucks. I/4199) wurde im März 1953 in den Bundestag eingebracht, wurde aber in der Legislaturperiode nicht mehr verabschiedet. Der leichte überarbeitete zweite Entwurf (BT-Drucks. II/1585) erhält erst im Vermittlungsausschuss seine endgültige Fassung. Dazu *Consbruch*, BB 1957, 337 ff. Überblick bei *Lütgerath*, Erweiterung, S. 23 ff. (bis 1983); *Beckmann* in Beckmann, InvG – Einleitung Rz. 30.

42 §§ 21, 22 KAGG 1958, dazu *Consbruch*, BB 1957, 337 (341).

43 *Consbruch*, BB 1957, 337; *Schäcker*, Investmentsparen, S. 27.

44 Statistische Beihefte zu den Monatsberichten der Deutschen Bundesbank, Reihe 2, Juni 1969 Nr. 6.

45 *Zeller* in Brinkhaus, Einl. KAGG Rz. 10; *Hopt*, ZHR 141 (1977) 389, 398 f. (40 % im Jahr 1970).

46 Dazu *Zetzsche*, Prinzipien der kollektiven Vermögensanlage, S. 343.

47 Gesetz über den Vertrieb ausländischer Investmentanteile und über die Besteuerung der Erträge aus ausländischen Investmentanteilen – AuslInvestmentG, BGBl. I 1969, S. 896. Gesetzentwurf vom Sommer 1968: BT-Drucks. V/3494; geringfügige Änderungen werden infolge des *Schmidhuber*-Berichts vorgenommen, BT-Drucks. V/4414. Dazu *Assmann*, Prospekthaftung, S. 71 ff.; *Hopt*, ZHR 141 (1977) 389 (398 f.); *Onderka*, BB 1969, 1018 ff.

48 Näher *Volckens/Panzer*, IStR 2005, 426 (427 ff.).

49 §§ 1, 2 AuslInvG.

50 § 2 Abs. 1 Nr. 4 d) AuslInvG. Das Verbot wird mit dem 3. FMFG im Jahr 1998 gelockert und die entsprechende Regelung im KAGG angepasst.

51 *Hopt*, ZHR 141 (1977) 389 (398).

3. KAGG-Novelle (1969) bis zur OGAW-RL

34 Die KAGG-Novelle im Jahr 1969[52] steht unter dem Einfluss des bevorstehenden AuslInvG. Neben **Detailerweiterungen des Anlegerschutzes** werden die Rechtsverhältnisse **offener, diversifizierter Immobilienfonds** (§§ 26 ff. KAGG) geregelt[53] und die steuerlichen Bestimmungen im neunten Abschnitt des Gesetzes gebündelt. Nach kleineren Anpassungen des KAGG an die Fortentwicklung des Bank- und Kapitalmarktrechts[54] wird 1986 der Fondstyp der **Beteiligungs-Sondervermögen** geschaffen (§§ 25a bis 25j KAGG).[55] In stark reglementierter Form wird der Erwerb von Wertpapieren und stillen Beteiligungen an nicht börsennotierten Unternehmen zulässig.

4. Umsetzung der OGAW I-RL (1990) bis zum InvG (2003)

35 Die OGAW I-RL 85/611 bereitet den Durchbruch für die Vollendung des Binnenmarkts im Bereich der Investmentfonds vor. Dies geschieht zunächst mit einem **Schwerpunkt auf der Produktregulierung**, mit strikten Anlagegrenzen, einer Mindestdiversifikation und der Beschränkung auf Anlagen in höchstliquide, i.d.R. börsengehandelte Vermögensgegenstände, des weiteren der obligatorischen Trennung von Anlageverwaltung und Verwahrung (**Investmentdreieck**, dazu Rz. 91 ff.) und der daran anknüpfenden Befugnis zum grenzüberschreitenden Fondsvertrieb (sog. **Europäischer Vertriebspass für offene Investmentfonds**).[56] Anders als die luxemburgische Gesetzgebung, die eine Vorreiterrolle einnimmt,[57] tastet sich die deutsche Gesetzgebung vorsichtig an die OGAW I-RL 85/611 heran. Diese wird mit dem **(ersten) Finanzmarktförderungsgesetz** restriktiv umgesetzt.[58] Zuvor wird der Anlagekatalog des § 8 KAGG erweitert. Aber der Einsatz „neuer" Finanzinstrumente (Derivateeinsatz, Wertpapierleihe), die Erweiterung der Anlagegrenzen und die Einführung von Geldmarktfonds wird zunächst zurückgestellt.[59] Erstmals wird **der gesetzliche Rahmen für Spezialfonds** liberalisiert.[60] Diese erfahren in der Folgezeit ein rasantes Wachstum.

36 Zu einer **Liberalisierung des Rechts der Publikumsfonds** kommt es erst in weiteren Reformen, jeweils in kleinen Schritten: Das **2. Finanzmarktförderungsgesetz**[61] ermöglicht Geldmarkt- (§§ 7a bis 7d KAGG) und Staatsanleihenfonds (§ 8a KAGG n.F.). In begrenztem Umfang wird die Wertpapierleihe (§§ 9a bis 9d KAGG) und ein stärkeres Engagement auf den Derivatemärkten zulässig.

37 Das **3. Finanzmarktförderungsgesetz**[62] soll dann umfangreich liberalisieren und deregulieren. Mit AS-Sondervermögen werden erstmals Zielfonds zulässig (§§ 37h bis m KAGG), das Gesetz führt Dachfonds (§§ 25k bis 25m KAGG), Gemischte Wertpapier- und Grundstückssondervermögen (§§ 37a bis 37g KAGG), geschlossene Fonds in der Rechtsform der AG („Investment-AG" gem. §§ 51 bis 67 KAGG) sowie Aktienindex- und Laufzeitfonds (§§ 8g, 15 Abs. 3 Buchst. k KAGG) ein. Die Möglichkeiten des Derivateeinsatzes von Wertpapierfonds werden in Form von Zins- und Währungsswaps erweitert, der Handel an OTC-Märkten und Wertpapier-Pensionsgeschäfte zugelassen. Im Gegenzug werden die Befugnisse des BAKred sowie die Einreichungs- und Mitteilungspflichten der KAG erweitert.

---

52 Gesetz vom 28.7.1969, BGBl. I 1969, S. 986, 992.

53 Vgl. zu vertraglichen Vorläufergestaltungen *Baum*, Schutz des Investmentsparers, S. 13 ff.

54 Vgl. Zweites Gesetz zur Änderung des Gesetzes über das Kreditwesen vom 24.3.1976 (BGBl. I 1976, S. 725), betrifft die Einlagensicherung; das Gesetz zur Änderung des Gesetzes über Kapitalanlagengesellschaften vom 8.9.1980 (BGBl. I 1980, S. 1653) lässt den Erwerb von Wertpapieren zu, deren spätere Einbeziehung in den geregelten Freiverkehr vorgesehen ist. Mit dem Gesetz zur Verbesserung der Rahmenbedingungen für institutionelle Anleger vom 16.12.1986 (InstAnlG, BGBl. I 1986, S. 2485) entfällt die Genehmigungspflicht von Spezialfonds bei Beschränkung des Erwerbs auf bestimmte Wertpapiere. Mit dem Börsenzulassungsgesetz vom 16.12.1986 (BGBl. I 1986, S. 2478) wird der Anlagekatalog gem. § 8 KAGG um Wertpapiere erweitert, die am geregelten Markt gehandelt werden.

55 Zweites Vermögensbeteiligungsgesetz vom 19.12.1986 (BGBl. I 1986, S. 2495); parallel dazu werden die Unternehmensbeteiligungsgesellschaften geschaffen.

56 Dazu näher *Zetzsche*, Prinzipien der kollektiven Vermögensanlage, S. 364.

57 Vgl. *Zetzsche*, Prinzipien der kollektiven Vermögensanlage, S. 351.

58 Gesetz zur Verbesserung der Rahmenbedingungen der Finanzmärkte vom 22.2.1990, BGBl. I 1990, S. 266 – FMFG oder Große KAGG-Novelle. Dazu *Gerke/Rapp*, ZBB 1992, 85; *Laux*, WM 1990, 1093.

59 *Zeller* in Brinkhaus, Einl. KAGG I, Rz. 28.

60 §§ 1 Abs. 2, 15 Abs. 2 Satz 1 KAGG; zudem gelten abweichende Publizitäts- und Prüfungsvorschriften, vgl. *Sorgenfrei/Tischbirek*, WM 1990, 1809 (1814).

61 Gesetz über den Wertpapierhandel und zur Änderung börsenrechtlicher und wertpapierrechtlicher Vorschriften vom 26.7.1994, BGBl. I 1994, S. 1749 – 2. FMFG. Dazu *Kempf/Tratz*, Die Novellierung des Investmentrechts 1994, S. 11 f.

62 Gesetz zur Fortentwicklung des Finanzplatzes Deutschland vom 24.3.1998, BGBl. I 1998, S. 529 – Drittes FMFG. Dazu *Pötzsch*, WM 1998, 949 (958 f.).

38 Das **4. Finanzmarktförderungsgesetz**[63] erweitert und präzisiert die Pflichten der KAG. KAG dürfen nun konzernfremde Fondsanteile vertreiben, Dritte bei der Anlage beraten (§ 1 Abs. 6 Satz 1 Nr. 2, 2a und 6 KAGG) und Anteile mit unterschiedlichen Rechten ausgeben (§ 18 Abs. 2 KAGG). Die Anlagemöglichkeiten für Wertpapier- und Grundstücksvermögen werden erweitert, insbesondere die Anlagegrenzen für Immobilienfonds flexibilisiert. Die BaFin wird ermächtigt, Leitlinien für die Behandlung von Interessenkonflikten aufzustellen.

39 Während das deutsche KAGG die Optionen der europäischen VerwalterRL 2001/107/EG[64] (dazu Rz. 62) überwiegend umsetzt, öffnet die Gesetzgebung die Optionen der europäischen ProduktRL 2001/108/EG[65] (dazu Rz. 62) zögerlich. Das **Investmentmodernisierungsgesetz** vom 15.12.2003[66] setzt einen Teil der ProduktRL um, dabei werden das KAGG und das AuslInvG in einem **neuen Investmentgesetz (InvG)** zusammenfasst. Das InvG soll u.a. die Abwanderung inländischer Fonds ins Ausland (Luxemburg) stoppen.[67] Dafür werden neue Fondstypen geschaffen, das Anfangskapital der KAG gesenkt, die zulässige Geschäftstätigkeit ausgeweitet und die Auslagerung von Tätigkeiten ermöglicht (§ 16 InvG). An die Stelle der bisher geschlossenen (und von der Praxis negierten) Investment-AG tritt die **Investment-AG mit veränderlichem Kapital.**[68] Die steuerlichen KAGG-Vorschriften werden in ein **separates InvStG** ausgelagert.[69] Neu werden Hedgefonds rigide reguliert.[70] Die Vertriebsvorschriften des AuslInvG werden in §§ 121 ff. InvG gebündelt.[71]

5. Investmentrechtsänderungsgesetz (2007)

40 Das InvG 2003 enthielt noch zahlreiche Regelungen, die über den Mindestrahmen der OGAW I bis III-Richtlinien hinausgehen (sog. **Goldplating**). Unter dem Eindruck eines **intensivierten Wettbewerbs unter den Fondsrechtsordnungen** führt das Investmentrechtsänderungsgesetz[72] das InvG auf die europäischen Mindestregelungen zurück und setzt zugleich die DefinitionsRL 2007/16/EG[73] um. Die Kreditinstitutseigenschaft der KAG wird abgeschafft (§§ 5 bis 5b, 7 bis 7b InvG),[74] die Zulässigkeit von Mindestzahlungszusagen für Garantiefonds klargestellt (§ 7 Abs. 2 Nr. 6a InvG) und das Organisationsreglement in § 9a InvG konkretisiert. Den Fondsstandort soll eine moderate Neuregelung der Interessenkonflikte der KAG stärken.[75] Die Möglichkeit zur Vorausgenehmigung von Musterbedingungen (§ 43a InvG) vereinfacht die Genehmigungspraxis.

41 Mit den Infrastrukturfonds (ÖPP-Fonds gem. §§ 90a bis 90f InvG)[76] und Sonstigen Sondervermögen (§§ 90g bis 90k InvG)[77] werden **zwei neue Fondstypen** eingeführt, was als Beitrag zur Liberalisierung gedacht ist. Nach den Fondsschließungen der Jahre 2004 und 2005 erfährt das Recht der offenen Immobilien-

63 Gesetz zur weiteren Fortentwicklung des Finanzplatzes Deutschland vom 21.6.2002, BGBl. I 2002, S. 2010 – 4. FMFG. Näher *Zeller* in Brinkhaus, Einl. KAGG I Rz. 49 ff.

64 Richtlinie 2001/107/EG des Europäischen Parlaments und des Rates vom 21.1.2002 zur Änderung der Richtlinie 85/611/EWG des Rates zur Koordinierung der Rechts- und Verwaltungsvorschriften betreffend bestimmte Organismen für gemeinsame Anlagen in Wertpapieren (OGAW) zwecks Festlegung von Bestimmungen für Verwaltungsgesellschaften und vereinfache Prospekte, ABl. L 41/20, 13.2.2002.

65 Richtlinie 2001/108/EG des Europäischen Parlaments und des Rates vom 21.1.2002 zur Änderung der Richtlinie 85/611/EWG des Rates zur Koordinierung der Rechts- und Verwaltungsvorschriften betreffend bestimmte Organismen für gemeinsame Anlagen in Wertpapieren (OGAW) hinsichtlich der Anlagen der OGAW, OJ L 41/35, 13.2.2002.

66 BGBl. I 2003, S. 2676. Vgl. dazu *Fragos*, Investmentrecht (2006) sowie die Überblicksaufsätze von *Kaune/Oulds*, ZBB 2004, 114; *Köndgen/Schmies*, WM 2004, Sonderbeilage Nr. 1/2004; *Lang*, WM 2004, 53; *Lang*, VuR 2004, 201; *Wagner*, ZfIR 2004, 399.

67 Begr. RegE, BT-Drucks. 15/1553, 524.

68 Dazu *Hermanns*, ZIP 2004, 1297.

69 *Lübbehüsen/Schmitt*, DB 2003, 1696; *Meinhard*, DStR 2003, 1780; *Philipowski*, UR 2004, 501; *Schultze*, DStR 2004, 1475; *Wäger*, UR 2006, 352.

70 §§ 112 ff. InvG; dazu *Livonius*, WM 2004, 60; *Pütz/Schmies*, BKR 2004, 51; *Ricke*, BKR 2004, 60. Seither wurden sehr wenige Hedgefonds nach dem InvG gegründet.

71 *Nickel*, ZBB 2004, 197.

72 Gesetz zur Änderung des Investmentgesetzes und zur Anpassung anderer Vorschriften vom 21.12.2007, BGBl. I 2007, S. 3089. Vgl. *Roegele/Goerke*, BKR 2007, 393; *Zetzsche*, ZBB 2007, 438.

73 ABl. 2007 L79/11; s. dazu *Zetzsche/Nast* in Lehmann/Kumpan, Eur. Financial Services Law, 2019, Art. 1 UCITSD Rz. 8.

74 Dazu *Engert*, Der Konzern 2007, 477.

75 Dazu *Schmolke*, WM 2007, 1909.

76 *Campbell*, WM 2008, 1774.

77 Vgl. *Köndgen* in Berger, Einl InvG Rz. 30 („Hedgefonds light" für Kleinanleger).

fonds eine grundlegende Überarbeitung. Die KAG muss geeignete Risikomanagementsysteme betreiben, darf nun aber in geeigneten Fällen von der Verpflichtung zur täglichen Anteilsrücknahme gemäß den Vertragsbedingungen und den Angaben im Verkaufsprospekt abweichen (§§ 80a bis 80d InvG). Die Immobilienbewertung wird transparenter, die Arbeit der Sachverständigenausschüsse unabhängiger.[78] Weiterer Schwerpunkt ist die **Reform der Investment-AG**. Das Sonderrecht für Investment-AG mit fixem Kapital in §§ 96 bis 111a InvG wird abgeschafft, das Recht der Investment-AG mit veränderlichem Kapital flexibilisiert.[79] Im **Recht der Spezialfonds** werden privatanlegerorientierte Schutzregelungen beseitigt.[80]

6. BereinigungsRl -UmsG (2009)

Im Jahr 2009 wird § 7 Abs. 1 Satz 3 InvG gestrichen, wonach die BaFin die **Zulässigkeit zum Geschäftsbetrieb auf einzelne Fondstypen beschränken** durfte.[81] Dies hebt die Anforderungen an die Geschäftsleiter, die nunmehr zusammen zu allen Fondstypen befähigt sein müssen (auch Hedge- und Immobilienfonds). Allerdings erkennt die BaFin statutarische Selbstbeschränkungen der KAG auf bestimmte Fondstypen an und lässt die KAG dann unter Auflagen zu.[82] Des Weiteren wird klargestellt, dass die Anlageverwaltung fremder Investmentvermögen individuelle Vermögensverwaltung ist. Seither sind Auslagerungsunternehmen Finanzportfolioverwalter, deshalb genehmigungs- und an den Einlagensicherungsfonds beitragspflichtig.[83] 42

7. Anlegerschutz- und FunktionsverbesserungsG (2011)

Das Anlegerschutz- und FunktionsverbesserungsG vom Frühjahr 2011[84] bringt neben seinem Schwerpunkt im Vertriebsrecht[85] und bei den Offenlegungspflichten für kapitalmarktorientierte Unternehmen Neuerungen für offene Immobilienfonds. Das Gesetz regelt infolge der Finanzmarktkrise **Mechanismen zur Bewältigung von Liquiditätskrisen bei offenen Immobilienfonds** neu. Als Ursache der Schließung offener Immobilienfonds wird die Nutzung solcher Langfristvehikel zur vorübergehenden Einlagerung überschüssiger Liquidität durch institutionelle Anleger gesehen. Hervorzuheben ist die Neuregelung des Rückgaberechts: Danach dürfen Anteilssummen oberhalb eines Wertes von 30 T€ erstmals nach einer zweijährigen Mindesthaltefrist zurückgegeben werden (§ 80c Abs. 3 InvG n.F.). Anschließend hat der Großanleger eine Kündigungsfrist von bis zu zwölf Monaten zu beachten. Danach darf die KAG die Rücknahme noch mehrfach verweigern, wenn eine werterhaltende Rückzahlung nicht möglich ist. Sie muss aber damit rechnen, dass bei fortwährender Weigerung das Verwaltungsrecht erlischt. Ist eine Veräußerung auch trotz Weigerung nicht zu angemessenen Bedingungen möglich, können die Anleger in die Veräußerung zu unangemessenen Bedingungen einwilligen (§ 81b InvG). Damit wird in Deutschland erstmals ein Stimmrecht für Anleger vertraglicher Fonds eingeführt. 43

8. OGAW IV-UmsG (2011)

Wegen der übervollen nationalen Agenda verläuft die Umsetzung der OGAW IV-Richtlinie 2009/65/EG (OGAW-RL), die eine Fortentwicklung des OGAW-Regelwerks mit den Elementen grenzüberschreitende Fondsverschmelzung, Master-Feeder-Strukturen und intensivierter Verwalterregulierung vorsieht,[86] zunächst schleppend. Während sich der Ministerialentwurf vom August 2010 im Wesentlichen auf die Um- 44

78 Erforderlich ist eine Geschäftsordnung für die Arbeit der Sachverständigenausschüsse, die KAG ist nicht mehr berechtigt, an den Sitzungen der Sachverständigenausschüsse teilzunehmen (§ 77 Abs. 1 Satz 2 und Abs. 1a InvG).

79 Dazu *Dornseifer*, AG 2008, 54; *Eckhold*, ZGR 2007, 654; *Wallach*, Der Konzern 2007, 487.

80 Vgl. *Zetzsche*, ZBB 2007, 438.

81 Vgl. Art. 4 Nr. 3 des Gesetzes zur Umsetzung der Beteiligungsrichtlinie vom 12.3.2009, BGBl. I 2009, S. 470.

82 *Steck/Gringel* in Berger, § 7 InvG Rz. 11 f.; krit. *Beckmann* in Beckmann, § 7 InvG Rz. 76.

83 Vgl. § 16 Abs. 1a und 2 InvG i.d.F. von Art. 6 Nr. 2a) des Gesetzes zur Änderung des Einlagensicherungs- und Anlegerentschädigungsgesetzes und anderer Gesetze vom 25.6.2009, BGBl. I 2009, S. 1528, 1532, 1533, In Kraft getreten am 30.6.2009. Vgl. die Beschlussempfehlung des Finanzausschusses des Deutschen Bundestags vom 13.5.2009, BT-Drucks. 16/13024, 2 und Bericht vom 14.5.2009, BT-Drucks. 16713038, S. 9, unter Hinweis auf die Entscheidung des VG Berlin v. 17.3.2009 –3 A 984.07, aufgehoben durch OVG Berlin-Brandenburg v. 1.4.2010 – OVG 1 S 52.09; sowie *Steck/Fischer*, ZBB 2009, 188 (194).

84 Gesetz zur Stärkung des Anlegerschutzes und zur Verbesserung der Funktionfähigkeit des Kapitalmarkts vom 5.4.2011, BGBl. I 2011, S. 538.

85 Insbesondere ist Anlegern ein Kurzinformationsblatt vorzulegen, das seinem Zweck nach der Wesentlichen Anlegerinformation gem. OGAW-RL entspricht.

86 Vgl. dazu *Zetzsche*, Prinzipien der kollektiven Vermögensanlage, S. 367; *Zetzsche/Nast* in Lehmann/Kumpan, Eur. Financial Services Law, 2019, Art. 1 UCITSD Rz. 9.

setzung der Richtlinienvorgaben beschränkt, führt der Regierungsentwurf vom Januar 2011[87] neben diversen steuerlichen Änderungen[88] zu Anpassungen des nationalen Rechts. Als Lehre aus der *Lehmann*-Insolvenz erhält die BaFin die **Befugnis zur Anordnung eines Depotbankwechsels.**[89] Zudem werden die **Anlegerrechte gestärkt**: Bei fehlerhafter Anteilsbewertung soll ein spezielles Entschädigungsverfahren unter Einbindung eines Wirtschaftsprüfers die Geltendmachung eines Schadens durch Anleger gegenüber der KAG erleichtern.[90] Die kurze Verjährung gem. § 127 Abs. 5 InvG entfällt.[91] Anteilsklassen können nicht nur nach Rechten, sondern auch nach anderen Ausgestaltungsmerkmalen differenziert werden.[92]

45 Parallel dazu betreibt der Finanzausschuss[93] in begrenztem Umfang eine **weitere Deregulierung**: Eine auch durch Anteilsrücknahme zum Nettoinventarwert nicht abdingbare Pflicht zur Vorlage eines zwingenden Umtauschangebots an die Anleger bei wesentlichen Änderungen der Anlagestrategie und bei Verschmelzungen von Fonds mit divergierender Anlagestrategien wird nur für offene Immobilien- und Infrastrukturfonds beibehalten; im Übrigen bleibt es bei einem besonders ausgestalteten Recht zur Anteilsrückgabe.[94] Des Weiteren wird die Frist zwischen Bekanntmachung und Inkrafttreten von Änderungen der Anlagepolitik auf drei Monate reduziert.[95] Ebenfalls auf Anregung des Finanzausschusses[96] wird zugunsten der Verwaltungsgesellschaften die Beweislast für den Nichtzugang des dauerhaften Datenträgers über Verschmelzungsinformationen und Informationen bei Änderungen der Vertragsbedingungen klargestellt. Diese Beweislast trägt der Anleger, die Kapitalanlagegesellschaft muss nur die Übermittlung des dauerhaften Datenträgers beweisen. Schließlich wird die Anlage in Mikrofinanz-Instituten dereguliert, um einen Markt für Mikrofinanzfonds unter dem Dach des InvG zu entwickeln. Das Kredithöhekriterium für Mikrofinanz-Institute steigt von 7 T€ auf maximal 10 T€.[97] Das Gesetz tritt schließlich kurz vor Ablauf der Umsetzungsfrist in Kraft.[98]

IV. Geschlossene Fonds

1. Beteiligungsgesellschaften

46 In den 1960er Jahren wird die **Eigenkapitallücke** der deutschen Wirtschaft erneut als Bremse für das wirtschaftliche Wachstum erkannt. Seither gilt erwerbswirtschaftlich ausgerichteten Beteiligungsgesellschaften erhöhte Aufmerksamkeit, wobei Ziel zunächst die **Mittelstandsförderung** ist.[99] Dabei fristet die Investmentbeziehung zwischen Anleger und Beteiligungs- (in moderner Terminologie: Private Equity-)Gesellschaft in der Wissenschaft zunächst ein Schattendasein.[100] Jedoch wird in den 1960er Jahren keine der rechtspolitischen Initiativen umgesetzt.[101]

47 Auch ohne staatliche Privilegierung oder spezielle Unternehmensform gründen Kreditinstitute **auf der Grundlage des allgemeinen Gesellschaftsrechts** mehrere erwerbswirtschaftlich ausgerichtete Beteiligungsgesellschaften; parallel werden Gesellschaften mit öffentlich-rechtlicher Zwecksetzung gegründet.[102] Freie (universelle) Beteiligungsgesellschaften vereinnahmen seit den 1970er Jahren ca. 70 % des börsenfernen Be-

87 BT-Drucks. 16/4510.
88 Vgl. Art. 9 des OGAW IV-UmsG. Insbesondere wird wegen drohender Steuerausfälle aus Leerverkäufen das Kapitalertragsteuerabzugsverfahren bei sammel- und streifbandverwahrten Aktien und Anteilen neu geregelt und die Einziehungspflicht für die Kapitalertragssteuer auf die Depotbank des Fonds verlagert.
89 § 21 Abs. 1 a.E. InvG.
90 § 28 Abs. 3 InvG (neu).
91 Art. 1 Nr. 83 Buchst. e) des OGAW IV-UmsG.
92 § 34 Abs. 1 InvG n.F. ersetzt „Rechte" durch „Ausgestaltungsmerkmale".
93 BT-Drucks. 17/5403.
94 § 43 Abs. 3 Satz 4 InvG n.F.
95 § 43 Abs. 3 InvG n.F.
96 BT-Drucks. 17/5403 regt eine Änderung des Wortlauts von § 43 Abs. 5 InvG n.F. an.
97 § 90h Abs. 7 InvG n.F.
98 Gesetz vom 22.6.2011, BGBl. I 2011, S. 1126.
99 Vgl. z.B. *Feldbausch*, S. 15; *Gerke*, Kapitalbeteiligungsgesellschaften, S. 20 ff. (mit Gesetzentwurf zu Kapitalbeteiligungsgesellschaften in Anlehnung an das Investmentrecht, S. 94 ff.); *Kahlich*, Beteiligungsfinanzierung, S. 40 f.; *Hax*, Kapitalbeteiligungsgesellschaften, S. 20 ff.
100 Ausnahme ist *Zemke*, Beteiligungskapitalgesellschaften, S. 105 ff.
101 *V. Boehm-Bezing*, Eigenkapital, S. 153 ff.; *Freyer*, Kapitalbeteiligungsgesellschaften, S. 31 ff.
102 Zur zweiten Gruppe wird man auch die im Jahr 1975 gegründete Deutsche Wagnisfinanzierungs-Gesellschaft mbH zu rechnen haben, die 27 Privatbanken auf Betreiben des Bundesforschungsministeriums mit Unterstützung der deutschen Industrie gründen, weil die Bundesrepublik bis zu 75 % der Verluste binnen der ersten 15 Betriebsjahre auszugleichen hat.

teiligungsvolumens auf sich.[103] Seit den 1990er Jahren orientiert man sich hierzulande an den US-amerikanischen Venture Capital-Gesellschaften: Der Anlagehorizont beträgt fünf bis acht Jahre. Parallel zur Finanzierungszusage bei Erreichen von Zwischenzielen (sog. Meilensteine) wird das Management beraten und das Unternehmen durch Kontakte unterstützt. Häufig stehen hinter einer solchen Venture Capital-Finanzierung mehrere Banken und Versicherungen, die einem professionellen Verwalter das Tagesgeschäft im Gegenzug für eine risikoadäquate, eher hohe Rendite überlassen. Dies bedingt eine **Fokussierung auf** mittelgroße bis große oder jedenfalls infolge Wachstumspotentials **potentiell große Unternehmen**. Auf dem ertragsschwachen und deshalb subventionsgetriebenen Segment sehr kleiner Unternehmen sind die gemeinwirtschaftlichen und steuerlich subventionierten Unternehmen tätig.

2. Sonderrecht der Publikumspersonengesellschaft (1970 pp.)

Der Aktiengesellschaft als klassischer Organisationsform für Unternehmen mit großem Kapitalbedarf entsteht ab den 1960er Jahren Konkurrenz in Form der **Publikumspersonengesellschaft**. Befördert durch ihre steuerliche Transparenz erfahren Personen- und stille Gesellschaften „ihre zweite Karriere als Massengesellschaft."[104] Während in offenen Immobilienfonds, die nach den Vorschriften des KAGG errichtet werden, zwischen 1968 und 1978 3 Mrd. DM verwaltet werden, sind es in geschlossenen Publikumspersonengesellschaften fast das Vierfache (11 Mrd. DM).[105] Entgegen dem Typus Personengesellschaft geht es allein um die **Fähigkeit des „Mitglieds" zur Kapitalbereitstellung**. Die Ausgestaltung des Gesellschaftsvertrags erfolgt ohne Mitwirkung der Anleger; diese treten bei, wenn alles bereitet ist. Den Anlegern werden vielfach unrealistische Steuervorteile in Aussicht gestellt, teils substituieren auch Vertriebsanstrengungen ein stimmiges Unternehmenskonzept. 48

Der zweite Senat des BGH entwickelt, beginnend mit der Leitentscheidung vom 14.12.1972,[106] in mehr als zwanzig Urteilen in den 1970er Jahren ein **Sonderrecht für Personengesellschaften**, die **als Massengesellschaft** nicht auf einen festen Mitgliederbestand und ein besonderes Vertrauensverhältnis unter den Gesellschaftern angelegt sind.[107] Prägend dafür ist eine **erweiterte Gestaltungsfreiheit** im Verhältnis zu personalistischen Personengesellschaften.[108] Für den Gesellschaftsvertrag gilt in Orientierung an aktienrechtlichen Wertungen das **Schriftlichkeitsgebot**.[109] Wegen des wechselnden Mitgliederbestands und mangels Vertrauensverhältnis sind Gesellschaftsverträge **objektiv** wie AG-Satzungen **auszulegen** (damit ist deren Auslegung revisionsrechtlich überprüfbar).[110] Das **Recht zur fristlosen Kündigung** des einzelnen Gesellschaftsverhältnisses geht dem Recht zur Aufkündigung der Gesellschaft vor; es besteht im Wege der ergänzenden Ver- 49

---

103 *V. Boehm-Bezing*, Eigenkapital, S. 203; *Haack*, UBG, S. 21 f.

104 *Uwe H.Schneider*, ZHR 142 (1978) 228 (229); s. auch *Cölle*, insb. S. 170 (aktionärsähnliche Stellung) und 184 ff. (Steuerrecht); *Kruhme*, S. 86 ff. (Steuerliche Behandlung); *Schilling*, DB 1972, 1 (3) (modernes Kapitalsammelbecken). Überblick zur Rechtsprechung der frühen 1970er Jahre bei *Hopt*, ZHR 141 (1977), 406 ff.

105 *Uwe H.Schneider*, ZHR 142 (1978) 228 (229).

106 BGH v. 14.12.1972 – II ZR 82/70, NJW 1973, 1604 (GmbH & Co. KG mit 500 Kommanditisten; i.E. AG-ähnliche Einlagehaftung des Kommanditisten auch bei Täuschung durch Komplementär, der Gesellschaftsverträge im Namen aller Gesellschafter geschlossen hatte); dazu *Hopt*, ZHR 141 (1977), 407.

107 BGH v. 19.12.1974 – II ZR 27/73, BGHZ 63, 338; BGH v. 14.4.1975 – II ZR 147/73, BGHZ 64, 238; BGH v. 16.2.1976 – II ZR 171/74, BGHZ 66, 79; BGH v. 24.11.1975 – II ZR 89/74, BGHZ 66, 82; BGH v. 12.5.1977 – II ZR 89/75, BGHZ 69, 160; BGH v. 4.7.1977 – II ZR 150/75, BGHZ 69, 207; BGH v. 28.11.1977 – II ZR 235/75, BGHZ 70, 61; BGH v. 13.3.1978 – II ZR 63/77, BGHZ 71, 53; BGH v. 24.1.1974 – II ZR 158/72, WM 1974, 318; BGH v. 27.2.1975 – II ZR 77/73, WM 1975, 536; BGH v. 27.2.1975 – II ZR 77/73, NJW 1975, 1700; BGH v. 16.2.1976 – II ZR 171/74, NJW 1976, 851; BGH v. 9.2.1976 – II ZR 65/75, NJW 1976, 894; BGH v. 4.7.1977 – II ZR 55/76, WM 1977, 997; BGH v. 7.11.1977 – II ZR 43/76, WM 1977, 1446; BGH v. 14.11.1977 – II ZR 183/75, NJW 1978, 424; BGH v. 7.11.1977 – II ZR 43/76, NJW 1978, 425; BGH v. 7.11.1977 – II ZR 105/76, NJW 1978, 755; BGH v. 7.11.1977 – II ZR 105/76, WM 1978, 87; BGH v. 14.11.1977 – II ZR 95/76, NJW 1978, 1000.

108 So sind die Grenzen einer Vertragsänderung durch Mehrheitsbeschluss bei der Publikums-KG anders gezogen; eine Kapitalerhöhung durch Mehrheitsbeschluss ist auch zulässig, wenn der Gesellschaftsvertrag keine Obergrenze setzt (BGH v. 24.11.1975 – II ZR 89/74, BGHZ 66, 82; dazu *Wiedemann*, ZGR 1977, 690) oder sogar dann, wenn der Gesellschaftsvertrag keine Beschlussgegenstände nennt, der Bestimmtheitsgrundsatz gilt also nicht (BGH v. 13.3.1978 – II ZR 63/77, BGHZ 71, 53). Für den Beschluss über die Fortsetzung genügt statt Einstimmung eine Drei-Viertel-Mehrheit, BGH v. 12.5.1977 – II ZR 89/75, BGHZ 69, 160 Rz. 18 ff.

109 BGH v. 24.11.1975 – II ZR 89/74, BGHZ 66, 82, 2. Ls. (Schriftlichkeitsgebot und Protokollpflicht statt Unterschrift jedes einzelnen Gesellschafters, im Ergebnis ähnlich § 23 Abs. 3 AktG); BGH v. 7.11.1977 – II ZR 105/76, NJW 1978, 755 (Unwirksamkeit einer mündlichen Nebenabrede der Gründer auch bei Treuhand-Beteiligung).

110 BGH v. 14.4.1975 – II ZR 147/73, BGHZ 64, 238 (241).

tragsauslegung aus wichtigem Grund auch ohne Grundlage im Gesellschaftsvertrag.[111] Pflichteninhalt und -standard von Geschäftsleitung und Kontrollorgan orientieren sich an der AG und **kaufmännischen Standards.**[112] Gesellschaftsverträge sind gleich Austauschverträgen einer **Inhaltskontrolle** (allerdings aus § 242 BGB) zu unterziehen, weil die Anlagegesellschafter aus dem Publikum öffentlich geworben werden, in keiner näheren Beziehungen stehen und überdies zumeist geschäftlich unerfahren sind.[113] Des Weiteren sind mit der „Eigenart der Gesellschaft als Kapitalsammelbecken" **Mehrheitsbeschlüsse** über Kapitalerhöhungen vereinbar.[114] Dieselben Anforderungen gelten heute grds. für die geschlossene Investmentkommanditgesellschaft. Dazu § 149 Rz. 24 ff. (zur Auslegung der Gesellschaftsverträge).

50 Die Sonderrechtsprechung hilft, wo die Gesetzgebung passiv bleibt. Zwar führen einige besonders skandalträchtige Strukturen[115] zu ersten rechtspolitischen Vorschlägen.[116] Auch der **51. Deutsche Juristentag zum Thema Anlegerschutz** mit den Gutachten von *Hopt* und *Mertens* fordert (wenngleich verhaltene) Reaktionen des Gesetzgebers. 1977 wird ein Entwurf eines Vermögensanlagengesetzes, mit Vorschriften zur Rechnungslegung, einem Rechenschaftsbericht des Verwalters, einer Pflicht zur Abschlussprüfung und einem Abhängigkeitsbericht entsprechend § 312 AktG[117] nach Kritik im Schrifttum[118] jedoch nicht verabschiedet.

51 Das Wachstum der Anlage-KG bleibt von der Sonderrechtsprechung unberührt. Während in den 1970er Jahren die Publikums-Personengesellschaften in personeller Hinsicht relativ klein sind (i.d.R. mit nicht mehr als 20 Gesellschaftern) und überwiegend wohlhabende oder sachkundige Kommanditisten investieren,[119] werden seit Anfang der 1980er Jahre sog. **Immobilienspargesellschaften als Massengesellschaften** mit mehr als 200, teils über 1.000 Anlegern konzipiert. Die Einzahlung in Monatsraten soll Kleinanlegern die Teilnahme erleichtern.[120] Entsprechend erweitert sich der Kreis der Geschädigten im häufigen Fall des Scheiterns. Dabei darf nicht verkannt werden, dass auch institutionelle und Großanleger Beteiligungen in Anlagepersonengesellschaften organisieren. Der typische Venture Capital- und Private Equity-Fonds ist GmbH & Co. KG.

3. Verkaufsprospektgesetz

52 Zusammen mit der Verkaufsprospekt-Verordnung vom 17.12.1990[121] führt das Verkaufsprospektgesetz vom 13.12.1990[122] erstmals eine Regelung für den Vertrieb von Wertpapieren in das deutsche Kapitalmarktrecht ein, die am **öffentlichen Angebot von Wertpapieren** anknüpft und dieses einer **Prospektpublizität** unter-

---

111 Für arglistig getäuschten Gesellschafter noch vorsichtig bei Grundlage in GesV BGH v. 14.12.1972 – II ZR 82/70, NJW 1973, 1604; BGH v. 24.1.1974 – II ZR 158/72, WM 1974, 318; BGH v. 27.2.1975 – II ZR 77/73, NJW 1975, 1700; BGH v. 9.2.1976 – II ZR 65/75, NJW 1976, 894 (Anfechtung wegen arglistiger Täuschung ist im Zweifel fristlose Kündigung des Beteiligungsverhältnisses); davon losgelöste Rückführung auf zu vermutenden Willen der Gesellschafter bei BGHZ 63, 338 2. Ls. (Außerordentliches Kündigungsrecht statt Gestaltungsklage auch ohne entsprechende Vertragsgestaltung im Wege ergänzender Vertragsauslegung bei arglistiger Täuschung); BGH v. 12.5.1977 – II ZR 89/75, BGHZ 69, 160 (Rz. 12: arglistige Täuschung stets wichtiger Grund für Beendigung der Beteiligung, aber nicht Unerreichbarkeit des Gesellschaftszwecks – dann Auflösungsklage, Rz. 13 ff.); Rechtsfolge soll eine Haftung für zwischen Beitritt und Kündigung eintretende Verluste sein, vgl. BGH v. 16.2.1976 – II ZR 171/74, NJW 1976, 851 Rz. 15 f.

112 BGH v. 14.4.1975 – II ZR 147/73, BGHZ 64, 238 (dreimonatige Verjährungsfrist für Ansprüche gegen Aufsichtsrat einer KG ist unwirksam). Zu Mindestpflichten eines Kontrollorgans und Nichtanwendbarkeit von § 708 BGB BGH v. 7.11.1977 – II ZR 43/76, WM 1977, 1446 Rz. 18 ff. (Pflichten des Aufsichtsrats einer Publikums-KG in entsprechender Anwendung des Aktienrechts bei entsprechender Klausel im Gesellschaftsvertrag).

113 BGH v. 14.4.1975 – II ZR 147/73, BGHZ 64, 238; BGH v. 4.7.1977 – II ZR 150/75, BGHZ 69, 207 Rz. 51 ff.; dazu *Hopt*, ZHR 141 (1977), 408 f. (in Rechtsprechung realisiert sich die genuin kapitalmarktrechtliche Vertriebsorientierung); *Uwe H.Schneider*, ZGR 1978, 1 (6 ff.); *Westermann*, AcP 175 (1975) 375 (408 f.); *Schwark*, ZGR 1976, 271 (292 f.).

114 BGH v. 24.11.1975 – II ZR 89/74, BGHZ 66, 82.

115 Zu nennen sind die Fälle *Pan-International*, *Steglitzer Kreisel* und *Bremer Treuhand*.

116 Vgl. *Kohl/Kübler/Walz/Wüstrich*, ZHR 138 (1974), 1.

117 Übersicht bei *Assmann*, Prospekthaftung, S. 77 f.

118 Z.B. *Uwe H. Schneider*, ZHR 142 (1978) 228 (249 ff.).

119 *Uwe H. Schneider*, ZHR 142 (1978) 228 (237 f.).

120 Vgl. den Fall BGH v. 9.11.1992 – II ZR 141/91, BGHZ 120, 157 Rz. 13 f. Das Urteil BGH v. 14.1.1985 – II ZR 124/82, WM 1985, 534 – Kurhotel – behandelt eine Immobilien-KG mit 450 Anlegern und einem Kommanditkapital von über 30 Mio. DM.

121 BGBl. I 1990, S. 2869.

122 Gesetz über Wertpapier-Verkaufsprospekte und zur Änderung von Vorschriften über Wertpapiere (Verkaufsprospektgesetz), BGBl. I 1990, S. 2749 ff.

stellt. Neben der Umsetzung der Emissionsprospektrichtlinie vom 17.4.1989[123] ist es der erklärte Zweck des Gesetzes, die Transparenz der Wertpapiermärkte zum Schutze der Anleger in dem zur Aufrechterhaltung der Funktionsfähigkeit der Märkte für das öffentliche Angebot von Wertpapieren gebotenen Maß zu verbessern, um dadurch das Vertrauen der Marktbeteiligten, namentlich der Anleger, in die Integrität der Wertpapieremissionsmärkte zu gewährleisten.[124] Das nach seiner Einführung vielfach geänderte Verkaufsprospektgesetz beschränkt sich noch ganz auf den organisierten Kapitalmarkt und lässt die auf dem grauen Kapitalmarkt angebotenen unverbrieften Anlagen unberührt. Aufgrund des Anlegerschutzverbesserungsgesetzes vom 28.10.2004[125] wird der Anwendungsbereich des Gesetzes aber auch auf Kapitalanlagen erweitert, die nicht in Wertpapieren verbrieft sind. Nur wenig später wird mit dem Prospektrichtlinie-Umsetzungsgesetz vom 22.6.2005[126] der Vertrieb von wertpapiermäßig verbrieften Kapitalanlagen in dem neu geschaffenen Wertpapierprospektgesetz geregelt,[127] so dass das Verkaufsprospektgesetz von diesem Zeitpunkt ab nur noch „im Inland öffentlich angebotene nicht in Wertpapieren im Sinne des Wertpapierprospektgesetzes verbriefte Anteile, die eine Beteiligung am Ergebnis eines Unternehmens gewähren" (§ 8f Abs. 1 Satz 1 VerkProspG a.F.) zum Gegenstand hat. Im VerkProspG verblieben sind dabei allerdings die Vorschriften, auf Grund deren auch für die Fehlerhaftigkeit (§ 13 VerkProspG a.F.) oder die pflichtwidrige Unterlassung der Veröffentlichung eines Prospekts (§ 13a VerkProspG a.F.) gehaftet wird, der im Falle des Vertriebs von Wertpapieren, die nicht an einer inländischen Börse zugelassen sind, veröffentlicht bzw. nicht veröffentlicht wurde.

Im Dezember 2011 wird das Verkaufsprospektgesetz durch das **Vermögensanlagengesetz**[128] – zu diesem noch Rz. 56 f. – abgelöst, welches an das öffentliche Angebot von Vermögensanlagen anknüpft.[129] Vermögensanlagen im Sinne des Vermögensanlagengesetzes sind im Wesentlichen nicht in Wertpapieren im Sinne des Wertpapierprospektgesetzes verbriefte und nicht als Anteile an Investmentvermögen i.S.d. § 1 Abs. 1 KAGB ausgestaltete Anteile, die eine Beteiligung am Ergebnis eines Unternehmens gewähren, Anteile an einem Vermögen, das der Emittent oder ein Dritter in eigenem Namen für fremde Rechnung hält oder verwaltet (Treuhandvermögen) sowie Genussrechte und Namensschuldverschreibungen (§ 1 Abs. 2 VermAnlG; näher Rz. 57). 53

4. UBGG (1986) und WKG (2008)

Statt einer Gesamtlösung für alle Investmentvermögen versucht sich der deutsche Gesetzgeber an **Spartenregelwerken allein für die als erwünscht geltenden Anlagetätigkeiten**. Das im Jahr 1986 erlassene **UBGG**[130] zieht eine **Trennlinie zwischen den freien Beteiligungsgesellschaften** (zumeist in Form der GmbH & Co. KG), die dem allgemeinen Gesellschafts-, Steuer- und Insolvenzrecht unterliegen, **und regulierten Beteiligungsgesellschaften**. Die neue Unternehmensform UBG soll nicht in Wettbewerb zu freien Beteiligungsgesellschaften treten (dies erklärt zahlreiche im UBGG enthaltene Restriktionen), sondern spe- 54

---

123 Richtlinie 89/298/EWG vom 17.4.1989 zur Koordinierung der Bedingungen für die Erstellung, Kontrolle und Verbreitung des Prospekts, der im Falle öffentlicher Angebote von Wertpapieren zu veröffentlichen ist (sog. Emissionsprospektrichtlinie), ABl. EG Nr. L 124 v. 5.5.1989, S. 8.

124 Gesetzentwurf der Bundesregierung: Entwurf eines Gesetzes über Wertpapier-Verkaufsprospekte und zur Änderung von Vorschriften über Wertpapiere, BT-Drucks. 11/6340 vom 1.2.1990 (im Folgenden: RegE VerkProspG), S. 1, 10 (zu Nr. 3), S. 11 (zu Art. 1).

125 Gesetz zur Verbesserung des Anlegerschutzes (Anlegerschutzverbesserungsgesetz – AnSVG), BGBl. I 2004, S. 2630.

126 Gesetz zur Umsetzung der Richtlinie 2003/71/EG des Europäischen Parlaments und des Rates vom 4.11.2003 betreffend den Prospekt, der beim öffentlichen Angebot von Wertpapieren oder bei deren Zulassung zum Handel zu veröffentlichen ist, und zur Änderung der Richtlinie 2001/34/EG (Prospektrichtlinie-Umsetzungsgesetz), BGBl. I 2003, S. 1698. Zur Gesetzgebungsentwicklung s. die Nachweise zum Prospektrichtlinie-Umsetzungsgesetz in *Assmann* in Assmann/Schlitt/von Kopp-Colomb, Einl. WpPG Rz. 1.

127 Zur Entstehung, zur Entwicklung und zum Gegenstand des Wertpapierprospektgesetzes s. *Assmann* in Assmann/Schlitt/von Kopp-Colomb, Einl. WpPG Rz. 1 ff.

128 Dieses wird als Art. 1 des Gesetzes zur Novellierung des Finanzanlagenvermittler- und Vermögensanlagenrechts vom 6.12.2011 (BGBl. I 2011, S. 2481) – bei gleichzeitiger Aufhebung des VerkProspG durch Art. 2 des Gesetzes – eingeführt. Das VermAnlG wird ergänzt durch Verordnung über Vermögens-Verkaufsprospekte (Vermögensanlagen-Verkaufsprospektverordnung – VermVerkProspV) vom 16.12.2004 (BGBl. I 2004, S. 3464) und die Verordnung über die Gebühren für Amtshandlungen betreffend Verkaufsprospekte für Vermögensanlagen nach dem Vermögensanlagengesetz (Vermögensanlagen-Verkaufsprospektgebührenverordnung – VermVerkProspGebV) vom 29.6.2005 (BGBl. I 2005, S. 1873).

129 Zur Entstehung, zur Entwicklung und zum Gegenstand des Vermögensanlagengesetzes s. *Assmann* in Assmann/Schlitt/von Kopp-Colomb, Einl. VermAnlG Rz. 1 ff.

130 *Bilstein* in FS Wöhre, S. 51; *Kerbert/Hauptmann*, AG 1986, 244; *Marsch-Barner*, ZGR 1990, 294; *Menzel*, WM 1987, 705; *Weingart*, Leistungsfähigkeit, S. 216 ff.

ziell risikoträchtige Beteiligungen an Mittelstandsunternehmen[131] fördern, bei denen die Renditechance im Verhältnis zum Risiko zu gering ist. (Dies provoziert die vernachlässigte Frage zur Förderungswürdigkeit solcher Unternehmen.) UBGs werden Bezeichnungsschutz, Sanierungsprivileg und Steuerbegünstigung gewährt, sie müssen im Gegenzug die Selbständigkeit der Unternehmen wahren. Der marktferne Ansatz verbunden mit diesen Restriktionen dürfte Grund dafür sein, dass UBGs überwiegend von öffentlich-rechtlichen Trägern (Sparkasse, Landesbank) zur Förderung der regionalen Wirtschaft gegründet werden.[132] Dabei bleibt es trotz Nachbesserungen in den Jahren 1998[133] und 2008.[134] Im Gegensatz zu Investmentvermögen gem. § 1 Abs. 1 KAGB (dazu § 1 Rz. 5 ff.) sind UBGs nicht primär auf den Nutzen für die Anleger ausgerichtet, ihnen kommt eine den öffentlichen Förderbanken nahestehende Zwecksetzung zu. Das auf Subventionsvehikel lokaler Wirtschaftsförderung beschränkte tatsächliche Einsatzfeld von UBGs wird im Verhältnis zu anderen Staaten – insbesondere den Niederlanden und Luxemburg (SICAR) – ebenso als Nachteil empfunden wie die im Verhältnis zu den Restriktionen geringfügigen Privilegien.[135] Nachdem das Vorhaben der Fortentwicklung des UBG zu einem Private Equity-Gesetz scheitert,[136] wird mit dem **Wagniskapitalbeteiligungsgesetz (WKG)**[137] eine Unternehmensform für Gesellschaften geschaffen, die sich mit Eigenkapital an sehr jungen kleinen und mittleren Unternehmen beteiligen soll („Venture Capital").[138] Mit der Einhaltung der WKG-Vorgaben ist aus steuerlicher Sicht die Einstufung der Tätigkeit als Vermögensverwaltung (§ 19 WKBG) verbunden. Im Gegensatz zur luxemburgischen SICAR soll die WKG aber nicht Deutschland zum Zentrum einer europäischen Venture Capital- oder Private Equity-Industrie machen, sondern moderne Industrien im Inland ansiedeln (helfen). Nicht der Intermediär, nur dessen Finanz- und Förderkraft ist gewünscht. Dies mag die geringe Resonanz in der Praxis und die Außerkraftsetzung des WKG kurz nach Inkrafttreten des KAGB (zum 24.12.2013) erklären.

5. Zulassungspflicht für die Anlageverwaltung (2009)

55 Nach der Finanzmarktkrise geraten die geschlossenen Fonds in den Fokus der Legislative. So wird die **Vertriebsregulierung** für geschlossene Fonds sukzessive ausgebaut. Die Regulierung von Produkt- und Verwalter verläuft vergleichsweise verhalten: Nach dem Scheitern des Versuchs der Finanzmarktaufsicht, kollektive Anlagemodelle als Finanzkommission zu erfassen,[139] wird im Frühjahr 2009 die **Anlageverwaltung** gem. § 1 Abs. 1a Nr. 11 KWG zur erlaubnispflichtigen Tätigkeit.[140] Weiterhin zulassungsfrei bleiben zunächst geschlossene Fonds mit anderen Anlagen als Finanzinstrumente, insbesondere Immobilien, Schiffs- und Medienbeteiligungen.

6. Vermögensanlagengesetz (2011/2013)

56 Der Entwurf für ein Anlegerschutz- und Funktionsverbesserungsgesetz[141] mündet nach Abspaltung der die regulierten Fonds betreffenden Aspekte in einen Entwurf für ein **Vermögensanlagengesetz.**[142] Im Mittelpunkt steht auch hier die **Vertriebsregulierung**; auf eine Produkt- oder Verwalterregulierung wird weiterhin verzichtet: Danach untersteht das öffentliche Angebot von Vermögensanlagen der Aufsicht der BaFin.[143] Der Begriff der Vermögensanlagen orientiert sich an § 8f VerkProspG a.F. und erfasst diversifizierte

131 § 1a Abs. 2 und § 4 Abs. 2 UBGG.

132 *Watrin/Wittkowski/Pott*, DB 2007, 1942 nennen die Zahl von 80 UBGs bundesweit.

133 Dazu *Ehlermann/Schüppen*, ZIP 1998, 1513; *Vollmer*, ZBB 1998, 221, mit Bestandsaufnahme von *Jäger*, NZG 1998, 833; monographische Darstellung bei *Haack*, UBG, 2003.

134 Durch das Gesetz zur Modernisierung der Rahmenbedingungen für Kapitalbeteiligungen (MoRaKG) vom 12.8.2008, BGBl. I 2008, S. 1672; dazu mit Bezug zu UBG *Fischer*, WM 2008, 857.

135 Gesetzentwurf des Bundesrates auf Initiative der Bundesländer NRW, BW, Hamburg und Niedersachen, BT-Drucks. 16/3229 vom 2.11.2006, dazu *Fock*, DB 2006, 1543; *Kaserer/Achleitner/v. Einem/Schiereck*, Private Equity in Deutschland (2007); *Watrin/Wittkowski/Pott*, DB 2007, 1939; EVCA, Private Equity Structures in Europe (1/2006), S. 73 f.

136 Dafür neben dem Branchenverband BDK insbesondere *Kaserer/Achleitner/v. Einem/Schiereck*, Private Equity in Deutschland (2007).

137 Gesetz zur Modernisierung der Rahmenbedingungen für Kapitalbeteiligungen (MoRaKG) vom 12.8.2008, BGBl. I 2008, S. 1672; dazu *Haag/Veith*, BB 2008, 1915; *Friedl*, WM 2009, 1828 sowie den Kommentar von *Fock* (Hrsg.), UBGG – WKBG – Private Equity, 2010.

138 Vgl. § 2 Abs. 3 WKBG.

139 Vgl. BVerwG v. 27.2.2008 – 6 C 11.07, 6 C 12.07, ZIP 2008, 911.

140 Art. 2 des Gesetzes zur Fortentwicklung des Pfandbriefrechts vom 20.3.2009, BGBl. I 2009, S. 607.

141 Dazu *Sethe*, ZBB 2010, 265.

142 Vgl. den Entwurf der Bundesregierung für ein Gesetz zur Novellierung des Finanzanlagenvermittler- und Vermögensanlagenrechts (April 2011).

143 Vgl. §§ 1 bis 4 und §§ 16 ff. VermAnlG-E.

und konzentrierte Anlagen. Die Prospektpflicht (entsprechend dem früheren VerkProspG) wird nach Vorbild der wesentlichen Anlegerinformation um ein Vermögensanlagen-Informationsblatt (§§ 13, 15 VermAnlG-E) ergänzt.[144] Hinzu kommt eine Prüfungs- und Offenlegungspflicht für alle Vermögensanlagen auch dann, wenn die Voraussetzungen der §§ 325 ff. HGB nicht erfüllt sind.[145] Die Prospekthaftung nach §§ 12 ff. VerkProspG wird in §§ 20 bis 22 VermAnlG übernommen, die Sonderverjährung entfällt. Vermittler geschlossener Fonds sollen der Gewerbeaufsicht unterstellt werden.[146] Bei Gelegenheit wird zudem die Prospekthaftung auch für Wertpapieremissionen aus dem BörsG in das WpPG verlagert und auch dort die kurze Verjährung des § 46 BörsG beseitigt.[147]

Das Vermögensanlagengesetz wird **auch nach Inkrafttreten des KAGB** (Rz. 58) aufrechterhalten und vermeidet seither eine Lücke im Anlegerschutz, die aus den Definitionsmerkmalen des Investmentvermögens (dazu § 1 Rz. 5 ff.) entstehen kann. Es hat Vermögensanlagen, die im Inland öffentlich angeboten werden (§ 1 Abs. 1 VermAnlG), zum Gegenstand und unterwirft die Anbieter dieser Vermögensanlagen der Pflicht zur Veröffentlichung eines Verkaufsprospekts (§ 6 VermAnlG) nach Maßgabe des Vermögensanlagengesetzes und der Vermögensanlagen-Verkaufsprospektverordnung. Für die Erfüllung dieser Pflicht und der damit in Zusammenhang stehenden Anforderungen wird teils zivilrechtlich (in Gestalt der Haftung für die Richtigkeit und Vollständigkeit des Verkaufsprospekts nach §§ 20, 21 VermAnlG), teils straf- und ordnungswidrigkeitsrechtlich (nach Maßgabe von §§ 28 bzw. 29 VermAnlG) gehaftet. Als Vermögensanlagen erfasst sind nach § 1 Abs. 2 VermAnlG nicht in Wertpapieren im Sinne des Wertpapierprospektgesetzes verbriefte und nicht als Anteile an Investmentvermögen i.S.d. § 1 Abs. 1 des Kapitalanlagegesetzbuchs ausgestaltete Anteile, die eine Beteiligung am Ergebnis eines Unternehmens gewähren, Anteile an einem Vermögen, das der Emittent oder ein Dritter in eigenem Namen für fremde Rechnung hält oder verwaltet (Treuhandvermögen), partiarische Darlehen, Nachrangdarlehen, Genussrechte, Namensschuldverschreibungen und sonstige Anlagen, die eine Verzinsung und Rückzahlung oder einen vermögenswerten Barausgleich im Austausch für die zeitweise Überlassung von Geld gewähren oder in Aussicht stellen, sofern die Annahme der Gelder nicht als Einlagengeschäft i.S.d. § 1 Abs. 1 Satz 2 Nr. 1 KWG zu qualifizieren ist. Zusammen mit dem KAGB und mit dem durch dessen weiten Begriff des Investmentvermögens (§ 1 Abs. 1 KAGB) eröffneten Anwendungsbereich unterwirft das Vermögensanlagengesetz praktisch alle marktgängigen Anlagen des grauen Kapitalmarkts der gesetzlichen Prospektpflicht und hebt damit die bisherige Trennung von organisiertem Kapitalmarkt und grauem Kapitalmarkt im Hinblick auf Prospektpublizität auf.[148] 57

V. KAGB (seit 2013)

1. Europäische Vorgaben der AIFM-RL

Die ersten Vorarbeiten für eine Vereinheitlichung des europäischen Fondsrechts reichen auf die frühen 2000er Jahre zurück, als man als Teil einer Marktliberalisierung über Europäische Pässe für Hedge Fonds, Private Equity und Offene Immobilienfonds diskutierte.[149] Bis zum Jahr 2013 blieben die auf andere Fonds als OGAW anwendbaren Rechte innerhalb der EU indes **sehr zersplittert**.[150] Die Neuordnung des Rechts aller offenen und geschlossenen Investmentvermögen in Europa – in Deutschland durch Erlass des KAGB – ist schließlich eine Folge der **Finanzmarktkrise**. So regt etwa die Europäische Zentralbank im Dezember 2006, als einige namentlich US-Banken bereits in Schwierigkeiten sind, die Einführung eines Hedgefonds-Registers zur Prävention gegen eine globale Finanzkrise an.[151] Zur gleichen Zeit fordern diverse rechtspolitische Initiativen Maßnahmen gegen Interessenkonflikte und Intransparenz aktiver Investoren und zugunsten der Investorengleichbehandlung; im Übrigen beherrscht – angetrieben durch einige spektakuläre Übernahmen – die **Sorge um heimische Arbeitsplätze und nationale Industrien** die europäische Diskussion.[152] 58

144 Vgl. *Sethe*, ZBB 2010, 265 (279): „verfrüht".
145 §§ 23 ff. VermAnlG-E.
146 § 34f GewO n.F. Dazu kritisch *Sethe*, ZBB 2010, 265 (279) (für Aufsicht durch BaFin).
147 Vgl. Art. 6 des Entwurfs.
148 Näher *Assmann* in Assmann/Schütze, § 5 Rz. 21, 27 ff.
149 Näher *Zetzsche*, Der Konzern 2009, 147 (153 ff.).
150 Vgl. die rechtsvergleichende Übersicht bei *Wymeersch*, Alternative Investment Funds Regulation (2012); *Zetzsche*, Prinzipien der kollektiven Vermögensanlage, S. 410 f. (zur Entwicklung der AIFM-RL).
151 Vgl. *Zetzsche*, Prinzipien der kollektiven Vermögensanlage, S. 410.
152 Überblick bei *Zetzsche*, Der Konzern 2009, 147, 153 ff.; *Zetzsche*, NZG 2009, 692, jeweils mit Hinweis auf *Naik*, Hedge Funds – Transparency and Conflict of Interest, 2007; Europäisches Parlament, Bericht mit Empfehlungen an die Kommission zu Hedge-Fonds und Private Equity, 2007/2238(INI), 11.9.2008, A6–0338/2008 (*Ras-*

59 Als Prävention gegen weitere Finanzmarktkrisen beschließen die Regierungen der 20 größten Industrienationen in Pittsburgh im Jahr 2009, sämtliche Verwalter signifikanter Finanzvermögen einer Regulierung zu unterwerfen.[153] Die **Pittsburgh-Beschlüsse** sind Initialzündung für die Arbeiten an der **AIFM-RL**, die als Regulierung aller bislang nicht der OGAW IV-RL unterworfenen Fondsverwalter (und Fonds) konzipiert ist. Nach einem ersten Kommissionsentwurf im Frühjahr 2009[154] wird die Richtlinie im November 2010 politisch und im Mai 2011 endgültig verabschiedet. Die Richtlinie wurde am 1.7.2011 im Amtsblatt veröffentlicht[155] und war gemäß ihrem Art. 66 Abs. 1 bis 23.7.2013 umzusetzen.

a) Zweck

60 Die AIFM-RL harmonisiert die für Verwalter von AIF geltenden Regeln und erhöht die Transparenz der Aktivitäten gegenüber Anlegern und Aufsicht.[156] Als Lehre aus der Finanzmarktkrise sollen Maßnahmen zur **Sicherung der ordnungsgemäßen Funktionsweise der Finanzmärkte** möglich sein.[157] So kann der gleichzeitige Abbau kreditfinanzierter Anlagepositionen aller Fonds (de-leveraging) oder der gleichzeitige Verkauf eines Typs von Anlagegegenständen eine Abwärtsbewegung des Gesamtmarktes und damit eine Kettenreaktion mit unerwünschten Folgen für die betroffenen Volkswirtschaften auslösen. Erstmalig tritt der **Systemschutz**[158] als Regelungsanliegen **neben den Anlegerschutz**.[159] Die Richtlinie ermöglicht z.B. eine Beschränkung der Hebelfinanzierung durch Verfügung der zuständigen Aufsichtsbehörde. Ein beide Aspekte betreffendes Regelungsthema sind die durch Vergütungssysteme geschaffenen Anreizstrukturen.[160]

b) Anwendungsbereich

61 Art. 2 Abs. 1 Buchst. a) AIFM-RL definiert als Alternative Investmentfonds (AIF)[161] in Abweichung von der Branchenterminologie, die unter alternativen Produkten nur Hedgefonds und Private Equity versteht, im Grundsatz alle **Organismen für die gemeinsame Anlage, die nicht der Regulierung durch die OGAW IV-RL unterliegen.**[162] Weil die AIFM-RL beim Verwalter statt bei dem Produkt (dem Fonds) ansetzt, sind

---

mussen-Bericht); Bericht mit Empfehlungen an die Kommission zur Transparenz institutioneller Investoren, 2007/2239(INI), 9.7.2008, A6–0296/2008 (Lehne-Report); *McGowan*, (2013) 14 No. 2 Bus. L. Int'l 114.

153 Vgl. Erklärung der Staats- und Regierungschefs – Gipfeltreffen in Pittsburgh 24./25.9.2009 (Arbeitsübersetzung), abrufbar: https://www.bundesregierung.de/Content/DE/StatischeSeiten/Breg/G7G20/Anlagen/G20-erklaerung-pittsburgh-2009-de.pdf?__blob=publicationFile&v=3. Dazu z.B. *Jahn/Reiners* in Schimansky/Bunte/Lwowski, Bankrechts-Handbuch, 5. Aufl. 2017, § 114 Rz. 5.

154 Europäische Kommission, Vorschlag für eine Richtlinie des europäischen Parlaments und des Rates über die Verwalter alternativer Investmentfonds und zur Änderung der Richtlinien 2004/39/EG und 2009/…/EG vom 30.4.2009, SEK(2009) 576, 577, KOM (2009) 207. Dazu *Bibby/Marshall/Leonhard*, J. Inv. Compl. 10 (2009), 54; *Lhabitant*, JF Transf. 27 (2009) 49, 51 f. (zu Verhaltensregeln); *Nietsch/Graef*, ZBB 2010, 12; *Kübler* in FS Hopt, S. 2143; *Haar* in FS Hopt, S. 1864 (1888); zu den Vorbereitungen *Zetzsche*, NZG 2009, 692; *Zetzsche*, Der Konzern 2009, 147.

155 ABl. EU Nr. L 174 v. 1.7.2011, S. 1. Dazu vgl. die Beiträge in Zetzsche, AIFMD, 2nd ed. 2015; *Weitnauer*, BKR 2011, 143; *Kramer/Recknagel*, DB 2011, 2079; *Spindler/Tancredi*, WM 2011, 1393 und 1441; *Payne*, (2011) 12 EBOR 559.

156 *Lezzi*, S. 196 ff.

157 2., 3., 49. bis 51. ErwGr. der AIFM-RL; dazu *Guillot/Bérard*, Revue Banque n°746.

158 Vgl. ErwGr. 2, 17, 49, 73 und Art. 15 Abs. 4 Buchst. d, 24 Abs. 5, 25 Abs. 1, 3, 36 Abs. 1 Buchst. b, 42 Abs. 1 Buchst. b AIFM-RL sowie ErwGr. 12, 86, 123, 132, 133 und Art. 112 Abs. 2, 116 Buchst. b AIFM-VO. Zum Systemrisiko s. zudem die Nachweise bei *Zetzsche*, Prinzipien der kollektiven Vermögensanlage, § 1 S. 16. *Nietsch/Graef*, ZBB 2010, 12 kritisieren, der Kommissionsvorschlag für eine AIFM-RL enthalte nur Mittel zum Schutz der Anleger, aber nicht solche zum Schutz vor Systemrisiken. *Kübler* in FS Hopt, S. 2143, 2148 f. weist auf den Funktionsdualismus hin und befürwortet die systemischen Komponenten des (Kommissions-)Vorschlags (S. 2156); s. auch *Duncan/Curtin/Crosignani*, (2011) 6 Capital Markets LJ 326; *Ferran*, (2011) 12(3) EBOR 379.

159 Vgl. insb. ESMA, Final report: Guidelines on sound remuneration policies s under the AIFMD vom 11.2.2013, ESMA/2013/201; ESMA, Consultation paper: Guidelines on sound remuneration policies under the AIFMD, 28.6.2012.

160 Dazu *Engert*, ZBB 2014, 108; *Möllers/Hailer*, ZBB 2012, 178; *Boxberger/Klebeck*, BKR 2013, 441.

161 Vgl. dazu ESMA, Final report: Draft regulatory technical standards on types of AIFMs vom 2.4.2013, ESMA/2013/413; Final report: Guidelines on key concepts of the AIFMD, 2.4.2013, ESMA/2013/600; Consultation paper: Draft regulatory technical standards on types of AIFMs, 19.12.2012, ESMA/2012/845; Discussion paper: Key concepts of the Alternative Investment Fund Managers Directive and types of AIFM, 23.2.2012, ESMA/2012/117; vgl. zudem die informell erteilten Hinweise der EU-Kommission, abrufbar als „Q&A"-Katalog auf der Internetseite der EU-Kommission.

162 Vgl. *Krause/Klebeck*, RdF 2013, 4 ff.; *Krause/Klebeck*, BB 2012, 2063, *Zetzsche/Preiner* in Zetzsche, AIFMD, S. 39 ff.; *Emde* in Emde, Einleitung Rz. 66; *Emde/Dreibus*, BKR 2013, 89; *Weiser/Hüwel*, BB 2013, 1091; *Görke/*

alle Kollektivanlagen erfasst, deren Verwalter der AIFM-RL unterliegen, unabhängig von Rechtsform, Anlagepolitik, Diversifikationsgrad oder Typ (offen/geschlossen). Damit löst sich die AIFM-RL von dem für die Produktregulierung prägenden Typenzwang; es kommt zur **indirekten Produktregulierung**. Dieser **Generalansatz der Verwalterregulierung** konsolidiert insoweit das europäische Bank- und Finanzmarktrecht.

c) Verwalterregulierung

Die AIFM-RL führt – ähnlich der OGAW-VerwalterRL 2001/107/EG – eine Verwalterregulierung ein. Die Regeln der AIFM-RL für die **Organisation des Verwalters** beruhen im Grundsatz auf den der OGAW-RL für OGAW-Verwalter. Hinzu treten Eigenmittelanforderungen und Detailregelungen zur Aufgabenübertragung sowie intensivierte Vorgaben zum Risiko- und Liquiditätsmanagement. Zu weiteren Berichten und erhöhter Transparenz sind Verwalter beim Einsatz von Techniken und Anlagestrategien verpflichtet, die für Hedgefonds oder Private Equity Fonds typisch sind.[163] 62

Als **Ausprägung des Proportionalitätsgedankens** liegt der Fokus der AIFM-RL auf der Regulierung der Verwalter von Fonds, die an professionelle Anleger vertrieben werden und die mindestens 100 Mio. Euro beim Einsatz von Hebelfinanzierungen oder der Verwaltung offener Fonds, im Übrigen 500 Mio Euro an Vermögen verwalten (vgl. Art. 3 Abs. 2 AIFM-RL). Unterhalb dieser *de-minimis*-Schwelle schreibt die AIFM-RL nur eine Registrierungspflicht vor. Die Mitgliedstaaten sind berechtigt, für *de-minimis*-AIFM (sog. kleine AIFM) nähere Regelungen zu erlassen. Vgl. dazu § 2 Abs. 4 bis 7 KAGB sowie §§ 44 ff. KAGB. 63

d) Grenzüberschreitender AIF-Vertrieb und Verwaltung

Die AIFM-RL kombiniert die für Privatplatzierungen angestrebte Vertriebsregulierung mit der Verwalterregulierung der OGAW-Verwalter-RL 2001/107/EG sowie der MiFID: Regulierte Verwalter von AIF dürfen innerhalb von EU/EWR **grenzüberschreitend Anteile an professionelle Anleger vertreiben** und Fonds in anderen Jurisdiktionen verwalten, wenn sie in ihrem Heimatstaat zugelassen sind und nach ihrem Heimatsstaatrecht zur Einhaltung der Standards der AIFM-RL verpflichtet sind.[164] 64

e) Verwahrstellenregulierung

Gegenüber Art. 22 bis 26 der OGAW IV-RL erweitert Art. 21 AIFM-RL die Pflichten der Verwahrstelle zu einer **umfassenden Verwalterregulierung**. Dies ist eine Reaktion auf den ***Madoff***-Skandal. Luxemburgische Verwahrstellen von vier OGAW hatten *Madoff*-Unternehmen als Unterverwahrer bestellt, die Anlagegegenstände im Wert von ca. 1,6 Mrd. Euro veruntreuten.[165] Im September 2009 kollabiert die Investmentbank Lehmann Brothers. In beiden Fällen sieht man Defizite bei den OGAW-Verwahrstellen. Die Konsultation der Europäischen Kommission zum Recht der Verwahrstellen[166] offenbart Unterschiede im Verwahrstellenrecht der 27 Mitgliedstaaten[167] insbesondere zu Art und Umfang vertraglicher Haftungsausschlüsse.[168] Art. 21 AIFM-RL führt eine **detailorientierte, auf Vollharmonisierung ausgerichtete Verwahrstellenregulierung** ein, deren Hauptteil die Harmonisierung der Haftung der Verwahrstellen gegenüber den Anlegern darstellt. Beide Regelungsansätze sollen später (mit einigen Modifikationen zugunsten von Privatanleger) aus der AIFM-RL als „OGAW V-RL" in den Anwendungsbereich der OGAW-RL übertragen werden.[169] Näher Rz. 79. 65

Ruhl, BKR 2013, 142; *Niewerth/Rybarz*, WM 2013, 1158; *Freitag*, NZG 2013, 329; *Bußalb/Unzicker*, BKR 2012, 309; *Fischer/Friedrich*, ZBB 2013, 153; *Zetzsche/Preiner* WM 2013, 2101; *Lezzi*, S. 186, 187.

163 Art. 25 bis 30 AIFM-RL. Dazu *Zetzsche*, NZG 2012, 1164.

164 Art. 32, 33 AIFM-RL. Dazu *Loff/Klebeck*, BKR 2012, 353.

165 Dazu *Höverkamp/Hugger* in FS Hopt, S. 2015.

166 Europäische Kommission, Working Document of the Commission Services (DG Markt), Consultation Paper on the Ucits Depositary Function, Juli 2009; Summary of Responses to UCITS Depositaries Consultation Paper – Feedback Statement; Working Document of the Commission Services (DG Markt), Consultation Paper on the UCITS Depositary Function and on the UCITS Managers' Remuneration (Dezember 2010), MARKT/G4 D (2010) 950800; Feedback on public consultation on the UCITS V (Februar 2011).

167 CESR/09-175, „Mapping of duties and liabilities of UCITS depositaries" (1/2010).

168 Vgl. ErwGr. 26, 27, 29, Art. 24 Abs. 3 OGAW V-RL.

169 S. dazu Europäische Kommission, Working Document of the Commission Services (DG Internal Market and Services): Consultation Paper on the UCITS Depositary Function and on the UCITS Managers' Remuneration, 14.12.2010, MARKT/G4 D (2010) 950800, S. 5 f., 7 ff.

2. Europäische Produktregulierung

66 Der Fokus der AIFM-RL auf Fonds von gewisser Größe und mit einem auf professionelle Anleger zugeschnittenen Vertriebspass erzeugt zweierlei Regelungsbedarf. Einerseits sollen kleine Fondsverwalter gefördert werden, die **volkswirtschaftlich oder sozial wünschenswerte Anlagestrategien** verfolgen. Vor diesem Hintergrund sollen die Europäischen Verordnungen zu Venture Capital Fonds (EuVECA-VO) und zu Fonds für Soziales Unternehmertum (EuSEF-VO) einen europaweiten Vertrieb an professionelle und vermögende Privatanleger ermöglichen.[170] Andererseits sollen Fondsanleger zu langfristigen Investitionen motiviert werden, um den Rückzug der Banken als langfristige Kreditgeber zu kompensieren. Dies führt zum Erlass einer Verordnung zu langfristig anlegenden Investmentfonds (ELTIF-VO).[171] Im Mittelpunkt steht jeweils die Förderung von Anlagevehikeln zur Förderung erwünschter Investitionen.

67 Unter umgekehrten Vorzeichen – ganz im Zeichen des **Systemschutzes** – regt die Kommission schließlich die europäische Regulierung von Geldmarktfonds an.[172] Die rechtspolitisch mangels Geldmarktfondskrisen in Europa sehr umstrittene, schließlich dennoch erlassene MMF-VO[173] setzt eine Zulassung als OGAW- oder AIF-Verwalter voraus und ergänzt beide Regelwerke um eine auf Geldmarktfonds bezogene Produktregulierung.

3. Umsetzung der AIFM-RL im KAGB

68 Der Handlungsspielraum des deutschen Gesetzgebers bei Erlass des KAGB ist begrenzt durch den **Vollharmonisierungsansatz** der AIFM-RL.[174] Optionen eröffnen der **Richtliniencharakter** (Art. 288 AEUV) sowie die von der AIFM-Richtlinie explizit eingeräumten **Wahlrechte**.[175]

a) Integration sämtlicher Fondsregulierung in einem Gesetz?

69 Das KAGB fasst alle Regelungen für Organismen für gemeinsame Anlagen in einem Rechtsakt zusammen. Dabei übernehmen die Vorschriften der AIFM-RL die Funktion eines allgemeinen Teils in Abschnitt 2 des KAGB. Jedoch ist jeweils zwischen AIF- und OGAW-KVG zu differenzieren, da die OGAW-RL nicht nur reine Produkt-, sondern gerade auch Verwalter-, Verwahrstellen- und Vertriebsregulierung ist.

70 Das KAGB verfolgt jedoch nur einen **partiellen Integrationsansatz**. Kollektive Anlagevehikel, die die Anforderungen des § 1 Abs. 1 KAGB an Investmentvermögen nicht erfüllen, sind vom Vermögensanlagengesetz erfasst. Das sind nach dem von diesem erfassten Kreis von Vermögensanlagen (s. Rz. 56 f.) vor allem Anteile, die eine Beteiligung am Ergebnis eines Unternehmens gewähren, sowie Genussrechte und Namensschuldverschreibungen. Aufgrund des materiellen Fondsbegriffs des KAGB (s. § 1 Rz. 5), unterfallen aber nahezu alle Anlageformen, die – wie namentlich geschlossene Immobilienfonds in Gestalt von Gesellschaften bürgerlichen Rechts oder Kommanditgesellschaften – bis dahin dem grauen Kapitalmarkt zuzuordnen waren und nicht dem Investmentrecht unterfielen, den Organisations-, Verhaltens- und Erlaubnispflichten des KAGB.

---

170 Verordnung (EU) Nr. 345/2013 […] über Europäische Risikokapitalfonds, ABl. EU Nr. L 115 v. 25.4.2013, S. 1; Verordnung (EU) Nr. 346/2013 […] über Europäische Fonds für soziales Unternehmertum, ABl. EU Nr. L 115 v. 25.4.2013, S. 18.

171 Verordnung (EU) Nr. 2015/760, ABl. EU Nr. L 123, S. 11.

172 Europäische Kommission, Vorschlag vom 4.9.2013 für eine Verordnung über Geldmarktfonds, COM/2013/0615.

173 Verordnung (EU) 2017/1131, ABl. EU Nr. L 169, S. 8.

174 Der Vollharmonisierungsansatz folgt aus diversen Regelungen der AIFM-RL, die die Mitgliedstaaten ausnahmsweise zu strengeren als den Richtlinienregelungen ermächtigen, vgl. insb. Art. 3 Abs. 3 Unterabs. 2, Art. 26 Abs. 7, 43 Abs. 1 AIFM-RL. Des Weiteren folgt dies aus den auf Vollharmonisierung ausgerichteten Level 2-Ermächtigungen im Bereich der Verwalterregulierung. S. dazu auch ErwGr. 4 der AIFM-RL („Mit dieser Richtlinie soll ein Binnenmarkt der Union für AIFM sowie ein harmonisierter und strikter Regulierungs- und Kontrollrahmen für die Tätigkeiten innerhalb der Union aller AIFM geschaffen werden, …").

175 Z.B. Art. 2 Abs. 2 Buchst. b und 10. ErwGr. AIFM-RL (Rechtsformen des AIF); Art. 3 Abs. 2 AIFM-RL (zum sog. „kleinen" AIFM); Art. 6 Abs. 4 AIFM-RL (zusätzliche Zulassungen des externen AIFM); Art. 8 Abs. 4 AIFM-RL (tranchierte Zulassung); Art. 21 Abs. 3 Buchst. c Satz 3 AIFM-RL (Qualifikation der Verwahrstelle für geschlossene Fonds, die illiquide Anlagen halten); Art. 22 Abs. 3 AIFM-RL (zum Rechnungslegungs- und Prüfungsstandard für den Jahresbericht); Art. 26 Abs. 7 und 58. ErwGr. AIFM-RL (zur Meldepflicht beim Erwerb wesentlicher Beteiligungen und der Zerschlagung von Unternehmen); Art. 36 Abs. 2, Art. 42 Abs. 2 AIFM-RL (zur Zulassung des Vertriebs von AIF durch Drittstaaten-AIFM in nur einem Mitgliedstaat); Art. 43 Abs. 1 Unterabs. 2 AIFM-RL (zur Regulierung von AIF und AIFM, die Produkte für Privatanleger anbieten).

b) Kleiner AIFM: Registrierung oder Zulassung?

Art. 3 AIFM-RL i.V.m. Art. 2 bis 5 AIFM-VO schreibt für AIFM, die AIF im Gesamtvolumen unterhalb von 100 Mio. Euro für offene oder AIF mit einem gewissen Hebeleinsatz, in sonstigen Fällen 500 Mio. Euro verwalten, nur eine Registrierung und turnusmäßige Berichtspflichten an die Aufsichtsbehörden sowie eine Anzeige- und Zulassungspflicht im Fall der Schwellenüberschreitung vor.[176] Für **Verwalter von AIF, die an professionelle Anleger vertrieben werden,** verzichtet § 2 Abs. 4 KAGB auf eine Zulassung des kleinen AIFM, eine Registrierung mit gewissen Mindestangaben (§ 44 KAGB) genügt. Über die Mindestpflichten der Richtlinie macht § 44 Abs. 1 Nr. 6, 7 KAGB Pflichtvorgaben zur Rechtsform und der Rechtsform der Anlagevehikel. Näher § 2 Rz. 67, § 44 Rz. 22 ff. 71

Strenger fällt das Reglement für **kleine Verwalter von Publikumsfonds** aus. § 2 Abs. 4a und 5 i.V.m. §§ 44 ff. KAGB nehmen nur Verwalter von Publikumsfonds mit ganz wenigen Privatanlegern sowie von geschlossenen Fonds bis 100 Mio. € von der Zulassungspflicht aus. Für solche geschlossenen Fonds gilt jedoch ein Teil der Richtlinienpflichten, insbesondere zur Einrichtung einer Verwahrstelle und zur Rechnungslegung.[177] Näher § 2 Rz. 49 ff. 72

c) Produktregulierung

Die AIFM-RL überlässt die Ausgestaltung der Produkte den Mitgliedstaaten. **Fondstypen** kommen im Grundsatz zwei Funktionen zu: eine **Informationsfunktion** durch Kurzzusammenfassung der Anlagestrategie und eine **Steuerungsfunktion** durch Begrenzung des Anlageermessens des Verwalters. Dabei ist die Steuerungsfunktion umstritten: Der Gesetzgeber maßt sich die Weisheit an zu wissen, welche Produktkombinationen für den Anleger in der Zukunft günstig sind. Dabei entfällt infolge der Diversifikation durch Anlagegrenzen ein Teil des Renditepotentials. Dem stehen ein bei typenfreier Gestaltung erhöhtes Verwalterrisiko und die aus der Risikosicherung auf Anlegerebene kraft Konzentration auf Anlageebene folgenden Kosten gegenüber. 73

Das KAGB oktroyiert **für Publikumsinvestmentvermögen** im Grundsatz einen **Typenzwang**: Ein offener Publikumsfonds muss OGAW (§§ 191 ff. KAGB), Gemischtes Investmentvermögen (§§ 218 f. KAGB), Sonstiges Investmentvermögen (§§ 220 ff. KAGB), Dach-Hedgefonds (§§ 225 ff. KAGB) oder Immobilien-Sondervermögen (§§ 230 ff. KAGB) sein; geschlossene Publikumsfonds, die notwendig AIF sein müssen, sind als einheitlicher Fondstyp insbesondere über den Katalog zulässiger Vermögensgegenstände (§ 261 Abs. 1 und 2 KAGB), einer Grenze für Derivat- (§ 261 Abs. 3 KAGB) und Währungsrisiken (§ 261 Abs. 4 KAGB) reguliert. Für **Spezial-AIF** ist nur die Auswahl der Anlagegegenstände limitiert, indem das Gesetz festschreibt, dass ein Verkehrswert ermittelt werden kann (§§ 282 Abs. 2, 285 Abs. 1 KAGB). Für Hedge Fonds, die das KAGB als offene Spezial-AIF begreift (§ 283 Abs. 1 KAGB), gelten Produktregulierungen, die vor dem Hintergrund des Regelungszwecks: der Minderung von Systemrisiken (Rz. 1) zu verstehen sind. 74

Diversifikation ist kein Definitionsmerkmal des Investmentvermögens gem. § 1 Abs. 1 KAGB (s. § 1 Rz. 5 ff.). Drei weitere Regelungstechniken können dennoch zu Diversifikationspflichten führen. Erstens kann dies Folge einer Typenregulierung sein (so muss gem. Art. 1 Abs. 2 OGAW-RL die Anlagestrategie von UCITS/OGAW dem Gebot der Risikomischung entsprechen). Zweitens finden sich in manchen Staaten Diversifikationspflichten für offene Fonds, so gem. §§ 110 Abs. 2, 125 KAGB für die offene Investment-AG/-KG. Damit wird der Rückgabeanspruch der Anleger abgesichert. Schließlich finden sich *vertriebsabhängige* Vorgaben für Publikumsfonds in §§ 214, 262 KAGB. 75

d) Rechtsformen

Einen deutlichen Entwicklungsschritt hat das KAGB schließlich durch die in den §§ 91 ff. KAGB geregelten Rechtsformen gemacht. Die Beibehaltung des bewährten Sondervermögens (§§ 92 ff. KAGB) bei Fortentwicklung der Investmentaktiengesellschaft und Einführung der Investmentkommanditgesellschaft,[178] jeweils mit offener und geschlossener Form, hat die Flexibilität des deutschen Investmentrechts erhöht. Dennoch bleiben gewisse Regelungen eher schwer erklärbar. Näher § 91 Rz. 3. 76

176 Vgl. Art. 3 AIFM-RL i.V.m. Art. 2 bis 5 AIFM-VO.
177 Näher *Nelle/Klebeck*, BB 2013, 2499; *Zetzsche* in Möllers/Kloyer, S. 131, 152 f.
178 Dazu vgl. *Wallach*, ZGR 2014, 289; *Zetzsche*, AG 2013, 613.

4. KAGB-Reparaturgesetz (2014)

77 Recht kurz nach Inkrafttreten des KAGB musste der Gesetzgeber technische Defizite des KAGB durch das Gesetz zur Anpassung von Gesetzen auf dem Gebiet des Finanzmarktes vom 15.7.2014[179] („KAGB-Reparaturgesetz") bereinigen. Neben redaktionellen Korrekturen ging es dabei vor allem um die Abgrenzung offener und geschlossener Investmentvermögen. Nach dem Regierungsentwurf des Gesetzes zur Anpassung von Gesetzen auf dem Gebiet des Finanzmarktes handelt es sich hierbei lediglich um die **Anpassung des KAGB an „neue europarechtliche Vorgaben im Bereich des Investmentwesens"**[180]. Dazu heißt es im Regierungsentwurf[181]: Bei den EU-Vorgaben gehe es zum einen „um die Definition von offenen und geschlossenen Alternativen Investmentfonds (AIF) im Entwurf der Delegierten Verordnung der Kommission vom 17.12.2013 zur Ergänzung der Richtlinie 2011/61/EU des Europäischen Parlaments und des Rates im Hinblick auf technische Regulierungsstandards zur Bestimmung der Arten von Verwaltern alternativer Investmentfonds (C(2013) 9098 final). Abweichend von der bisherigen Begriffsdefinition des KAGB und entsprechend den Vorgaben in der Delegierten Verordnung sollen als geschlossene AIF grundsätzlich nur noch solche Fonds gelten, bei denen keine Rücknahme der Anteile vor Beginn der Liquidations- oder Auslaufphase möglich ist. Das Inkrafttreten der Delegierten Verordnung wird im ersten Halbjahr 2014 erwartet. Zum anderen handelt es sich um eine Änderung von Art. 33 der Richtlinie 2011/61/EU des Europäischen Parlaments und des Rates vom 8.6.2011 über die Verwalter alternativer Investmentfonds und zur Änderung der Richtlinien 2003/41/EG und 2009/65/EG und der Verordnungen (EG) Nr. 1060/2009 und (EU) Nr. 1095/2010 (ABl. Nr. L 174 vom 1.7.2011, S. 1) im Rahmen der Überarbeitung der Richtlinie 2004/39/EG des Europäischen Parlaments und des Rates vom 21.4.2004 über Märkte für Finanzinstrumente (ABl. Nr. L 145 vom 30.4.2004, S. 1), durch die klargestellt wird, dass sich der EU-Pass für Verwalter alternativer Investmentfonds auch auf die Erbringung von Dienst- und Nebendienstleistungen i.S.v. Art. 6 Abs. 4 der Richtlinie 2011/61/EU bezieht."

5. OGAW V-UmsG (2016)

78 Mit dem OGAW V-UmsG[182] wurde einerseits die OGAW V-Richtlinie 2014/91/EU im KAGB umgesetzt. Diese brachte als Regelungsschwerpunkte die **Verwahrstellenregulierung** (Rz. 65) sowie die **Übernahme** der für AIFM bereits geltenden Vergütungsregularien für OGAW-Verwaltungsgesellschaften.[183] Als eigenständigen Regulierungsschwerpunkt fügt die deutsche Gesetzgebung **die Regulierung von Kreditfonds** hinzu. Dabei ging es dem Gesetzgeber darum, mit Blick auf Systemrisiken Kreditkaskaden in Investmentvermögen einzuschränken, soweit dies europäisch zulässig war.[184] Nebenzweck dürfte auch gewesen sein, den Kreditinstituten durch Investmentvermögen entstehende Konkurrenz einzudämmen. Der nationale Regelungsansatz krankt daran, dass die Kreditvergabe durch AIFM mit Sitz in einem anderen EU/EWR-Staat weiterhin zulässig ist, die Kreditvergabe also nunmehr vom Ausland aus erfolgt und seitens der BaFin weder untersagt noch beaufsichtigt werden kann. Näher § 29 Rz. 114 ff.

6. 2. FiMaNoG (2017)

79 Das 2. FiMaNoG[185] bedeutete für das KAGB einerseits Anpassungen an die Neunummerierungen und Neuregelungen des WpHG und der sonstigen finanzmarktrechtlichen Gesetze. In dieser Hinsicht hervorzuheben ist die Erstreckung der organisatorischen Pflichten im Hinblick auf den elektronischen/algorithmischen Handel auf Kapitalverwaltungsgesellschaften (§ 28 Abs. 1 Satz 3 KAGB i.V.m. §§ 77, 78 sowie 80 Abs. 2 und 3 WpHG). Darüber hinaus enthält es aber auch zahlreiche Änderungen des KAGB, darunter die Anpassung von dessen Vorschriften an die Vorgaben der Delegierten Verordnung (EU), die u.a. Regelungen zur Unabhängigkeit zwischen Verwaltungsgesellschaft und Verwahrstelle sowie zur Sicherstellung der Insolvenzfestigkeit der Vermögensgegenstände von Organismen für gemeinsame Anlagen in Wertpapieren (OGAW) vorsieht, welche über OGAW hinaus entsprechend anzuwenden sein sollen.[186]

---

179 BGBl. I 2014, S. 934.
180 BT-Drucks. 18/1305 v. 5.5.2014, 1 und 29.
181 BT-Drucks. 18/1305 v. 5.5.2014, 1, 29.
182 BGBl. I 2016, S. 348. Vgl. dazu z.B. *Moroni/Wibbeke*, RdF 2015, 187; *Peetz*, WPg 2016, 679; *Hanten/von Tiling*, WM 2015, 2122; *v. Einem/Schlote*, WM 2015, 925.
183 BT-Drucks. 18/6744, 1.
184 Vgl. zur Regulierung von Kreditfonds BT-Drucks. 18/6744, 10.
185 BGBl. I 2017, S. 1693. Vgl. dazu *Herz*, EuZW 2018, 5; *DAV Bank- und Kapitalmarktrechtsausschuss/DAV-Handelsrechtsausschuss*, NZG 2016, 1301; *Sajnovits/Wagner*, WM 2017, 1189; *Buck-Heeb/Poelzig*, BKR 2017, 485; *Pauka/Link/Armenat*, WM 2017, 2092.
186 S. BT-Drucks. 18/10936, 280 f.

7. Geldmarktfonds-VO/Kleine Änderungen

Mit sehr kurzer Gesetzgebungsfrist wird vor der Sommerpause die Verordnung (EU) 2017/1131 des Europäischen Parlaments und des Rates vom 14.6.2017 über Geldmarktfonds (ABl. Nr. L 169 vom 30.6.2017, S. 8) in §§ 5 Abs. 11, 338b KAGB sowie durch einige kleinere Einfügungen umgesetzt.[187] Näher dazu § 338b sowie die Kommentierung zur MMF-VO. Das **Gesetz zur Anpassung von Finanzmarktgesetzen an die STS-Verordnung** nebst Folgeänderungen[188] befindet sich derzeit in der parlamentarischen Beratung und führt neben diversen kleineren Anpassungen insbesondere zu Änderungen der Risikomanagementregeln bei Anlage in Verbriefungspositionen nebst diesbezüglichen Bußgeldtatbeständen. S. näher § 29 Rz. 6, 172 ff. 80

VI. Ausblick: OGAW VI-RL und AIFMD II?

1. Vervollständigung der Verwahrstellenregulierung

Zur Vervollständigung des Rechts der Verwahrstellenregulierung hat die Europäische Kommission am 12.7.2018 zwei Verordnungen zur Änderung bestehender Regelwerke im Bereich der Verwahrpflichten von Verwahrstellen angenommen und den EU-Organen zugeleitet.[189] Die Entwürfe beruhen auf Vorarbeiten der ESMA.[190] Jeweils stehen im Mittelpunkt die Pflichten **zur Vermögenstrennung bei Delegation der Verwahrstellen auf Dritte** innerhalb der Verwahrketten. Näher dazu § 82 Rz. 24 ff. Ziel ist eine Harmonisierung der wirtschaftlichen Folgen angesichts in der EU unvollständig harmonisierter Insolvenzrechte. 81

2. Drittstaatenbeziehungen unter dem Einfluss des Brexits

Die AIFM-RL ist im Bereich der **Drittstaatenvorschriften** bislang noch nicht in Kraft gesetzt worden. Mitursächlich dürfte dafür der Brexit sein, der die politischen Prioritäten innerhalb der EU verschiebt. Diese Fragen dürften im Rahmen der anstehenden Revision der AIFM-RL Beachtung finden. Bereiche der AIFM-RL, die davon berührt sind, umfassen die Vorschriften zu **Delegationen** (Art. 20 AIFM-RL), zum **Vertrieb**, insbesondere die Klarstellung, wann Zulassungsfreiheit infolge einer *reverse solicitation* gegeben oder eine nur nationale Vertriebszulassung möglich ist (vgl. Art. 42 AIFM-RL), und schließlich, unter welchen Umständen eine **Zweigniederlassung** errichtet und betrieben werden kann, wobei dem Verhältnis EU/EWR zu Drittstaaten besondere Aufmerksamkeit zukommt. 82

3. Reform des Vertriebsrechts, AIFMD II und UCITS VI

Bereits am 26.7.2012 hatte die EU-Kommission zur Fortentwicklung der OGAW-Gesetzgebung ein Konsultationspapier veröffentlicht (sog. **UCITS VI**). Im Mittelpunkt von UCITS VI steht erstens das **Liquiditätsmanagement** (insbesondere die Bildung sog. Side Pockets, dazu § 30 Rz. 16 f.), zweitens der **Europäische Pass für Verwahrstellen** und drittens der **Derivateinesatz durch OGAW**, insbesondere bei OTC-Derivaten. Der dritte Schwerpunkt ist im Kontext anderer Regelungswerke (namentlich durch die Geldmarktfonds-VO, dazu die Kommentierung zu § 338b KAGB und der MMF-VO) bereits addressiert worden. Die ursprünglich für den Sommer 2018 angekündigte **Revision der AIFM-RL** ist nach inoffiziellen Verlautbarungen auf das 4. Quartal 2019 verschoben worden. Zunächst hat die EU-Kommission eine Unternehmensberatung mit einem vorbereitenden Bericht beaufragt, die Folgearbeiten sollen von der neuen EU-Kommission nach den Wahlen zum Europaparlament betreut werden. Dabei dürfte insbesondere der finale Stand der Brexit-Vereinbarungen sowie anstehende Änderungen bei den Kapitalaufbringungsvorschriften für Wertpapierfirmen[191] berücksichtigt werden. 83

---

187 Gesetz zur Ausübung von Optionen der EU-Prospektverordnung und zur Anpassung weiterer Finanzmarktgesetze vom 10.7.2018 (BGBl. I 2018, S. 1102).

188 Vgl. Regierungsentwurf eines Gesetzes zur Anpassung von Finanzmarktgesetzen an die Verordnung (EU) 2017/2402 und an die durch die Verordnung (EU) 2017/2401 geänderte Verordnung (EU) Nr. 575/2013 und zur Anpassung weiterer Finanzmarktgesetze, BR-Drucks. 374/18.

189 Vgl. COMMISSION DELEGATED REGULATION (EU) .../... of 12.7.2018 amending Delegated Regulation (EU) No 231/2013 as regards safe – keeping duties of depositaries, C(2018) 4377 final; COMMISSION DELEGATED REGULATION (EU) .../... of 12.7.2018 amending Delegated Regulation (EU) 2016/438 as regards safekeeping duties of depositaries C(2018) 4379.

190 ESMA Opinion July 2017 (ESMA34-45-344); ESMA Call for Evidence July 2016 (ESMA/2016/1137); ESMA consultation paper 12/2014 (ESMA/2014/1570).

191 Vgl. den Stand zum Gesetzgebungsverfahren unter: https://ec.europa.eu/info/publications/171220-investment-firms-review_en.

84 Einige potenzielle AIFMD II-Reformen wurden im Rahmen der Pläne der EU-Kommission zur **Umsetzung der Kapitalmarktunion**[192] vorgezogen. Dieser Teil betrifft den **grenzüberschreitenden Vertrieb von Investmentfonds.** Im Rahmen der Bestandsaufnahme wurde festgestellt, dass 70 % der im Binnenmarkt verwalteten Vermögen von Fonds mit lediglich inländischer Vertriebszulassung verwaltet werden; nur ca. 40 % der OGAW und 3 % der AIF werden grenzüberschreitend vertrieben. Der grenzüberschreitende Vertrieb von Investmentfonds wird durch eine diskriminierende Steuerbehandlung, unterschiedliche einzelstaatliche Anforderungen an die Vermarktung der Fonds, Gebühren für grenzüberschreitende Mitteilungen und andere unnötige Verwaltungsvorschriften der Aufnahmeländer behindert.[193] Die Vorarbeiten mündeten in Vorschläge zur Abänderung der AIFMD und OGAW-RL[194] sowie der EuVECA- und EuSEF-Verordnungen.[195] Schwerpunkt der Vorschläge sind die Einführung eines Premarketings zur Bedarfs- und Nachfrageermittlung im Aufnahmestaat, einer beschleunigten Behandlung von Änderungen, Klarstellungen, dass den Präsenz- und Informationspflichten im Aufnahmestaat durch elektronische Bereitstellung genüge getan und keine Präsenz erforderlich ist, sowie eine Regelung zum Rückzug vom grenzüberschreitenden Vertrieb. Des Weiteren soll die Erhebung von Verwaltungsgebühren mit dem Ziel harmonisiert werden, die Attraktivität des grenzüberschreitenden Vertriebs zu erhöhen.

D. Trias aus Produkt-/Verwalter-/Vertriebsregulierung

85 Das KAGB regelt den **Fondsverwalter** (sog. Kapitalverwaltungsgesellschaft, auch AIF-KVG/AIFM oder OGAW-KVG bzw. OGAW ManCo genannt), das **Investmentprodukt** in Form des Investmentvermögens sowie den **Vertrieb** desselben.

86 Die Zuordnung zu einem dieser drei Regelungsbereiche entscheidet erstens über die **Regelungshoheit beim grenzüberschreitenden Verkehr**. So untersteht die Verwalterregulierung nach europäischem Recht zwingend dem Recht des Herkunftsstaats der Verwaltungsgesellschaft; deutsches Recht ist nur anwendbar, wenn die Verwaltungsgesellschaft in Deutschland ansässig, also „KVG" ist. Zweitens geht es um die **Harmonisierungsdichte**. So ist die Verwalterregulierung für AIF-KVG/AIFM vollharmonisiert, die Produktregulierung für OGAW minimalharmonisiert, der Vertrieb, soweit es EU-ausländische Fonds betrifft, maximalharmonisiert, und die Produktregulierung für AIF gar nicht harmonisiert, also den Mitgliedstaaten zur Ausgestaltung überlassen (Art. 43 AIFM-RL). Drittens stehen die drei Regelungsbereich in einem gewissen **Spannungsverhältnis** zueinander.

I. Insuffizienz von Produkt- und Vertriebsregulierung

87 Die Notwendigkeit von Organisationsregeln für den Fondsverwalter folgt aus der **Ineffizienz der Produkt- und Vertriebsregulierung** als Alternativen. Die Produktregulierung geht auf die Überzeugung zurück, dass gesetzlich besser als durch privatautonome Anlegerentscheidung bestimmt werden kann, welche Anlagegegenstände in welcher Kombination risikoadäquat und profitabel sind. Dies beschränkt jedoch eine sinnvolle Anlageplanung und führt zur Abhängigkeit von Marktzyklen.

88 **Gegen die Vertriebsregulierung**[196] richten sich drei Argumente. Erstens ist mit der Vertriebshaftung der Geschmack eines Reurechts von ihrer eigenen Glücklosigkeit enttäuschter Anleger verbunden. Zweitens ist zweifelhaft, ob in einem Privatanlegermarkt wie bei Publikumsfonds Informationen sinnvoll verarbeitet werden; es gibt dann keine institutionellen Anleger, die wie bei der börsennotierten AG stellvertretend die

192 Mitteilung der Kommission an das Europäische Parlament, den Rat, den Europäischen Wirtschafts- und Sozialausschuss und den Ausschuss der Regionen – Aktionsplan zur Schaffung einer Kapitalmarktunion, COM(2015)468 final, S. 22 f.

193 Mitteilung der Kommission an das Europäische Parlament, den Rat, den Europäischen Wirtschafts- und Sozialausschuss und den Ausschuss der Regionen – Sondierung „EU-Regulierungsrahmen für Finanzdienstleistungen", COM(2016) 855 final, sowie die Ergebnisse der Konsultation unter https://ec.europa.eu/info/publications/consultation-cross-border-distribution-investment-funds_en.

194 Vorschlag für eine Richtlinie … zur Änderung der Richtlinie 2009/65/EG des Europäischen Parlaments und des Rates und der Richtlinie 2011/61/EU des Europäischen Parlaments und des Rates im Hinblick auf den grenzüberschreitenden Vertrieb von Investmentfonds, COM/2018/092 final.

195 Vorschlag für eine Verordnung zur Erleichterung des grenzüberschreitenden Vertriebs von Investmentfonds und zur Änderung der Verordnungen (EU) Nr. 345/2013 und (EU) Nr. 346/2013, COM/2018/0110. Regulation on facilitating cross-border distribution of collective investment funds and amending Regulations (EU) No 345/2013 and (EU) No 346/2013.

196 Vgl. Kapitel 4, §§ 293 ff. KAGB.

VI. Kleine AIFM?

Sog. kleine AIFM mit einem verwalteten Vermögen unterhalb von 100 Mio./500 Mio. Euro[210] sind von der umfassenden **Verwalter- und Verwahrstellenregulierung nach §§ 17 ff. und §§ 80 ff. KAGB ausgenommen.** Solche „kleinen" AIFM unterliegen im Wesentlichen nur der regulären und Missstandsaufsicht der BaFin (§§ 1 bis 17, 42 KAGB), der Registrierungspflicht nach § 44 KAGB sowie einigen exklusiv benannten Regelungen.[211] 98

Verzichten kleine AIFM auf die freiwillige Anwendung des KAGB (sog. Opt-in),[212] stellt sich die Frage, ob die Prinzipien des Investmentdreiecks bei der Konkretisierung der *Parteipflichten* zu berücksichtigen sind. Dies lässt sich aus dem **Vertrags- und Gesellschaftszweck jeglicher Anlageorganisation** ableiten. Damit befindet man sich in guter Gesellschaft z.B. der BGH-Rechtsprechung zu Mittelverwendungskontrolleuren.[213] Der Vorstand einer kleinen AIFM-*AG* hat dann z.B. § 119 Abs. 1 KAGB,[214] für den Aufsichtsrat ist § 119 Abs. 3 KAGB[215] zu beachten. Der Unterschied zu den „großen" AIFM besteht im Wesentlichen in der unterschiedlichen Pflichten*begründung*: Für regulierte AIFM durch Gesetz, im Übrigen durch ergänzende Satzungs- bzw. Vertragsauslegung. Ausuferungen der Grundsätze des KAGB auf den europäischen Level 2, Level 3 bis „Level X" müssen dabei außer Betracht bleiben. Einen ähnlichen Ansatz verfolgen die EuVECA- und EuSEF-Verordnungen, die sich auf einfach akzentuierte Pflichten zum Handeln im Anlegerinteresse[216] und zur Vermeidung von Interessenkonflikten[217] beschränken. 99

E. Rechts- und Verwaltungsformen für Investmentvermögen

I. Numerus Clausus der Rechtsformen

Das KAGB oktroyiert im Bereich der zugelassenen KVG einen **Rechtsformzwang**: Offene Investmentvermögen, die von zugelassenen (§ 17 KAGB) KVG verwaltet werden, sind gem. § 91 KAGB ausschließlich vertragliche Sondervermögen (§§ 92 ff. KAGB), der AG als Typus nachempfundene Investmentaktienge- 100

210 Der Schwellenwert zeigt sich ausdrücklich nur in § 2 Abs. 4 Nr. 2 KAGB, den Fall des „kleinen AIFM", der nur Spezial-AIF verwaltet, also solche AIF, die nur an professionelle und semiprofessionelle Anleger vertrieben werden dürfen. Für Europäische Venture Capitalfonds nach § 2 Abs. 6 KAGB und Europäische Sozialfonds nach § 2 Abs. 7 KAGB folgt der Schwellenwert aus dem Verweis auf die Registrierung nach Art. 13 EuVECA-VO bzw. Art. 14 EuSEF-VO, welche jeweils auf die Schwellenwerte der AIFMD verweisen (vgl. Art. 2 Abs. 1 a) der EuVECA-VO und Art. 2 Abs. 1 a) der EuSEF-VO). In den übrigen Fällen hat der deutsche Gesetzgeber nationale Sonderwege beschritten: KvG von inländischen geschlossenen AIF sind bis zu einem Schwellenwert von 100 Mio. Euro privilegiert, § 2 Abs. 5 KAGB. Daneben sind Kleinst-Publikums-AIF (Schwellenwert von 5 Mio. Euro AuM und bis zu 5 natürliche Personen als Anleger) nach § 2 Abs. 4a KAGB privilegiert. § 2 Abs. 4b KAGB begünstigt Publikums-AIF in der Rechtsform der Genossenschaft mit einem verwalteten Vermögen von bis zu 100 Mio. EUR, bei denen aufgrund gesetzlicher Regelungen ein Mindestertrag aus der Nutzung der gehaltenen Sachwerte langfristig sichergestellt ist.

211 Die Versagungsgründe für die Registrierung nach § 44 Abs. 4 KAGB i.d.F. Finanzausschuss enthalten gewisse materielle Anforderungen, z.B. das aufsichtstypische Erfordernis von Sitz *und Hauptverwaltung* im Inland (Nr. 5). Dadurch wird das Hüllenverbot Teil der Regulierung des kleinen AIFM, während es für große AIFM Teil der Delegationsregeln ist (Art. 82 Abs. 1 Kommissions-VO (EU) Nr. 231/2013).

212 Vgl. Art. 3 Abs. 2 bis 4 AIFMD, § 2 Abs. 4 KAGB.

213 Ausdrücklich BGH v. 21.3.2013 – III ZR 260/11, WM 2013, 736; BGH v. 19.11.2009 – III ZR 108/08, BGHZ 183, 220; BGH v. 30.10.2003 – III ZR 344/02, WM 2003, 2382; *Armbrüster*, Die treuhänderische Beteiligung an Gesellschaften, 2001, S. 34. Näher *Zetzsche*, Prinzipien der kollektiven Vermögensanlage, S. 515 f.

214 „Der Vorstand einer Investmentaktiengesellschaft mit veränderlichem Kapital besteht aus mindestens zwei Personen. Er ist verpflichtet, 1. bei der Ausübung seiner Tätigkeit im ausschließlichen Interesse der Aktionäre und der Integrität des Marktes zu handeln, 2. seine Tätigkeit mit der gebotenen Sachkenntnis, Sorgfalt und Gewissenhaftigkeit im besten Interesse des von ihm verwalteten Vermögens und der Integrität des Marktes auszuüben und 3. sich um die Vermeidung von Interessenkonflikten zu bemühen und, wenn diese sich nicht vermeiden lassen, dafür zu sorgen, dass unvermeidbare Konflikte unter der gebotenen Wahrung der Interessen der Aktionäre gelöst werden."

215 „Die Persönlichkeit und Sachkunde der Mitglieder des Aufsichtsrats müssen Gewähr dafür bieten, dass die Interessen der Aktionäre gewahrt werden. …"

216 26. Erwägungsgrund EuVECA-VO und Art. 7 lit. a bis c EuVECA-VO sowie 26. Erwägungsgrund EuSEF-VO und Art. 7 lit. a bis c EuSEF-VO.

217 Art. 6 EuVECA-VO und Art. 6 EuSEF-VO.

sellschaften mit variablem Kapital (§§ 108 ff. KAGB) oder die der Anlage durch professionelle Anleger vorbehaltene offene Investmentkommanditgesellschaft (§§ 124 ff.). Geschlossene Investmentvermögen sind gem. § 139 KAGB ausschließlich Investmentaktiengesellschaften mit fixem Kapital (§§ 140 ff. KAGB) sowie geschlossene Investmentkommanditgesellschaften (§§ 149 ff.). Dabei verwendet das Gesetz die Begriffe „offen" synonym mit dem Begriff des variablen Kapitals, und „geschlossen" mit dem Begriff des fixen Kapitals. Siehe näher § 91 Rz. 5, § 139 Rz. 1.

101 Der Rechtsformzwang ist gelockert im Bereich der sog. **kleinen (de-minimis-)AIF-KVG** gem. § 2 Abs. 4 bis 7 KAGB. Vgl. § 44 Abs. 1 Nr. 7 KAGB, dazu § 44 Rz. 23 ff. Die dort genannten Voraussetzungen erfüllen auch die in den §§ 108 ff. KAGB geregelten Rechtsformen. Es wäre unverständlich, wenn die speziell auf Investmentzwecke ausgerichteten Rechtsformen für die Anlagetätigkeit durch kleine AIF-KVG, wo sie am meisten erforderlich ist, nicht zur Verfügung stände.

102 Der Rechtsformzwang ist zudem bei der **grenzüberschreitenden Fondsverwaltung** gelockert. Die AIF-KVG kann z.B. eine luxemburgische SICAV, SICAR oder einen vertraglichen Fonds luxemburgischen Rechts sowie einen Unit Trust irischen Rechts verwalten. Anders als im nichtregulierten Gesellschaftsrecht gilt indes die Gründungstheorie im Finanzmarktaufsichtsrecht nicht. Eine deutsche KVG darf keine irische Gesellschaftsform nach den Regeln für die inländische Portfolioverwaltung verwalten.

103 Der Rechtsformzwang ist **vom Normbefehl her unterschiedlich streng ausgestaltet**. Bei der Investmentaktiengesellschaft ist die Satzungsstrenge (§ 23 Abs. 5 AktG) gem. §§ 108 Abs. 2, 140 Abs. 2 KAGB abbedungen, was manche Gestaltungsfreiheit eröffnet.[218] Dagegen gilt grds. das HGB für die KG-Formen des KAGB (§§ 124 Abs. 1 Satz 2, 149 Abs. 1 Satz 2 KAGB). Dies erklärt sich damit, dass die KG generell der gesellschaftsvertraglichen Gestaltung gegenüber offener ist als die AG. Der Sache nach ist dennoch die Investment-AG nunmehr die freier gestaltbare Rechtsform. Näher § 108 Rz. 36 f.

104 Insgesamt **überzeugt die Entscheidung pro Rechtsformzwang nicht**. Ist der Verwalter streng reguliert, kommt es auf die Rechtsformentscheidung nicht mehr entscheidend an. Mehr Gestaltungsfreiheit könnte den Anlegern in Form von Steuervorteilen und Anlegerrechten zugutekommen. Auch ist unverständlich, warum vertragliche Sondervermögen nur offene Investmentvermögen, und offene Investment-KG der Anlage durch professionelle Anleger vorbehalten sind. De lege lata wünschenswert wäre eine optionale Bereitstellung der Rechtsformen des KAGB, bei gleichzeitiger Freistellung, jede andere Rechtsform unter gewissen Voraussetzungen zu nutzen.

II. Verwaltungsformen

105 Das KAGB eröffnet zwei Verwaltungsformen (vgl. § 17 Abs. 2 KAGB). Einerseits geht es um die **externe KVG**, die vom Investmentvermögen oder im Namen des Investmentvermögens bestellt ist und auf Grund dieser Bestellung für die Verwaltung des Investmentvermögens verantwortlich ist. Andererseits geht es um die **interne KVG**, bei der das Investmentvermögen selbst als KVG zugelassen wird, wenn die Rechtsform des Investmentvermögens eine interne Verwaltung zulässt und der Vorstand oder die Geschäftsführung des Investmentvermögens entscheidet, keine externe Kapitalverwaltungsgesellschaft zu bestellen.

106 Die Natur der externen Verwaltung ist rechtstechnisch schwierig zu bestimmen. Zutreffend dürfte ein gesetzlich bestimmter **Betriebsführungsvertrag** sein. Bei den Investmentgesellschaften stellen sich schwierige Fragen zur **Abgrenzung der Kompetenz der externen KVG von der Kompetenz der Gesellschaftsorgane**. Siehe dazu § 78 Rz. 11, § 91 Rz. 16, § 108 Rz. 23.

III. Beschränkte Anlegerhaftung

107 Die **Bedeutung der Rechtsformen für Fonds** ist im KAGB beschränkt: Die rechtsformtypische Minderheitenschutzfunktion wird von dem Konflikt zwischen Verwalter und Anleger verdrängt. Für einen solchen Konflikt trifft insbesondere das Personengesellschaftsrecht wenig Vorsorge. Den Konflikt zwischen Verwalter und Anleger regeln die **Verwalterregulierung und insbesondere das Investmentdreieck**.[219]

---

218 Näher *Zetzsche* in KölnKomm. AktG, 3. Aufl. 2019, § 179 AktG Rz. 139 ff.; *Wallach* in Assmann/Wallach/Zetzsche, § 108 KAGB Rz. 36 f.; *Zetzsche*, AG 2013, 613 ff.
219 Vgl. *Zetzsche*, ZVglRW 111 (2012), 371 ff.

Eine **Ausnahme** ist hervorzuheben. Mit der Rechtsformwahl ist die Haftung der Gesellschafter verbunden. So haben die Nachschusspflicht[220] und Verlusthaftung[221] bei geschlossenen Fonds die Gerichte nachhaltig beschäftigt. Insoweit ist auf Besserung zu hoffen. Im KAGB lässt sich – spätestens seit der Überarbeitung durch den Finanzausschuss – das ***Prinzip der beschränkten Anlegerhaftung*** belegen. 108

1. Begründung

Aus **rechtsökonomischer Sicht** erhöht eine Haftungsbeschränkung die Bereitschaft zur Investition und die Risikobereitschaft der Anleger. Die durch Haftungsbeschränkung hervorgerufene Gefahr des Missbrauchs (*moral hazard*) rechtfertigt keinen gesetzgeberischen Eingriff, solange sich die **Gläubiger selbst schützen** können.[222] Interessen vertraglicher Gläubiger lassen sich durch private Arrangements wirksam schützen. Dies ist im professionellen Finanzmarktverkehr über Margenverpflichtungen und Sicherheitenbestellung (*collateral*) möglich und üblich. Schwierig gestaltet sich der Selbstschutz bei Verbindungen der Fonds mit Vertragspartnern *außerhalb* des Finanzsektors, z.B. nichtgewerblichen Mietern im Fall von Immobilienfonds. Im Extremfall stehen bei der Publikumsanlage auf beiden Seiten unerfahrene und unkundige Parteien – Verbraucher einerseits, Anleger andererseits –, mit dem Fondsverwalter als einzigem Kundigem in der Mitte. 109

Das Argument, der Anleger habe sich seinen Verwalter ausgesucht und könne sich durch bessere Auswahl oder Einflussnahme auf den Verwalter eher schützen als der Gläubiger, gilt ebenso für den Mieter im Verhältnis zum Vermieter-Verwalter. Zudem: Der Verwalter wird von den Anlegern gerade *nicht* kontrolliert, während das verbraucherschützende Wohnraummietrecht die gestörte Vertragsparität ausgleicht. Die Maxime des Gleichlaufs von Herrschaft und Haftung[223] lässt sich für Anleger somit als „keine Haftung ohne Herrschaft" konkretisieren. 110

Anderes gilt für die Anlage in Spezial-AIF. Unterstellt das Recht Aktivität und Kundigkeit der professionellen Anleger, liegt – bei Hinwegdenken des Intermediärs – die vom Recht berufene Vertragsdisparität zwischen den Vertragsseiten vor. 111

Rechtsökonomisch lässt sich somit eine Differenzierung bei der Haftungsbeschränkung in Abhängigkeit vom Anlegerstatus rechtfertigen. Das KAGB geht noch einen Schritt weiter und schließt die **Haftung für Privat- *und* qualifizierte Anleger** aus. 112

---

220 Vgl. dazu die im Ergebnis restriktive Rechtsprechung: BGH v. 29.3.1996 – II ZR 263/94, BGHZ 132, 263, 268; BGH v. 4.7.2005 – II ZR 354/03, NJW-RR 2005, 1347 (1348); BGH v. 23.1.2006 – II ZR 126/04, NJW-RR 2006, 829 (2. Ls.); BGH v. 12.7.2010 – II ZR 292/06, BGHZ 18, 864 f.; BGH v. 5.11.2007 – II ZR 230/06, NZG 2008, 65 (Ls.); BGH v. 3.12.2007 – II ZR 304/06, NZG 2008, 335 (Ls.); BGH v. 23.1.2006 – II ZR 126/04, ZIP 2006, 754 (3. Ls.); BGH v. 23.1.2006 – II ZR 306/04, ZIP 2006, 562 (2. Ls.) gegen eine Literaturansicht, die aus der Zweckförderpflicht eine Beitragserhöhungspflicht ableitet, *Armbrüster*, ZGR 2009, 1 (20 ff.) (für den Fall, dass die Auflösung keine wirtschaftlich zweckmäßige Alternative darstellt, da er hierdurch stärker belastet werde); *Habermeier* in Staudinger, 2003, § 707 BGB Rz. 5 (bei hohen Anforderungen); *Wagner*, WM 2006, 1273 (1275); *H.P. Westermann* in Erman, § 707 BGB Rz. 2 (bei grds. entsprechender Grundlage im Gesellschaftsvertrag); generell eine Beitragserhöhungspflicht mit Blick auf § 707 BGB ablehnend *Holler*, ZIP 2010, 1678 (1682 f.); *Müller*, DB 2005, 95 f.; *Wertenbruch*, DStR 2007, 1680 (1682 f.); *C. Schäfer*, Nachschusspflichten bei Personengesellschaften, in VGR (Hrsg.), Gesellschaftsrecht in der Diskussion 2007, S. 137, 148 f. Für Erhöhung des vereinbarten Beitrags, wenn dieser im Gesellschaftsinteresse und unter Berücksichtigung der schutzwürdigen Belange des Gesellschafters zumutbar ist, aber BGH v. 26.3.2007 – II ZR 22/06, NJW-RR 2007, 1477 (1478 Rz. 7); dafür reicht die Tatsache, dass die Gesellschaft ansonsten aufgelöst werden muss, nicht aus, vgl. BGH v. 2.7.2007 – II ZR 181/06, NZG 2007, 860; im Übrigen verlangt die st. Rspr. „besonders hohe Anforderungen", vgl. BGH v. 4.7.2005 – II ZR 354/03, NJW-RR 2005, 1347 (1348); BGH v. 5.3.2007 – II ZR 282/05, NZG 2007, 381 Rz. 14; befürwortend *K. Schmidt*, ZGR 2008, 1 (21).

221 BGH v. 19.10.2009 – II ZR 240/08, BGHZ 183, 1 gegen *K. Schmidt*, ZGR 2008, 1 (21); *Jungmann*, ZfIR 2007, 582 (583) (mit Konsequenz eines höheren Nachschusses); *Müller*, DB 2005, 95.

222 *Easterbrook/Fischel*, The Economic Structure of Corporate Law, 1991, S. 40 ff.; *Linhardt*, Die Britischen Investment Trusts, 1935, S. 29, sieht in der Haftungsbeschränkung des *Limited Liability Act* sogar die Initialzündung für Anlageorganisationen. Dies ist angesichts der historischen Präferenz für den Trust als Rechtsform aber zweifelhaft.

223 Vgl. die Nachweise bei *Jacobs*, S. 85 ff.; *Simon/Zetzsche*, ZGR 2010, 919 Fn. 1. Ein pauschaler Gleichlauf von Herrschaft und Haftung ist mangels Verankerung im Gesetz abzulehnen. Zur insbesondere in der Mitte des 20. Jahrhunderts geführten Diskussion instruktiv *J. Meyer*, Haftungsbeschränkungt im Recht der Handelsgesellschaften, 2000, S. 951 ff.; *A. Meyer*, Der Grundsatz der unbeschränkten Verbandsmitgliederhaftung, 2006, S. 104 ff.

2. Zugelassene AIF-KVG

113 Für „große“ AIF-KVG (§ 17 Abs. 1 KAGB) folgt die Haftungsbeschränkung aus dem in §§ 91, 139 festgelegten **Numerus Clausus der Rechtsformen** und dessen Ausgestaltung im vierten und fünften Abschnitt des ersten Kapitels.

114 Die Haftungsbeschränkung für **Sondervermögen** folgt insbesondere aus § 93 Abs. 2 und 3 KAGB. Danach darf die KVG keine Verbindlichkeiten im Namen der Anleger eingehen. Abweichende Vereinbarungen sind unwirksam. Auch darf die KVG sich wegen Vergütung und Aufwendungsersatz nur aus dem Sondervermögen befriedigen. Die Anleger haften ihr nicht persönlich. Näher § 93 Rz. 24. Weitere Vorschriften zielen auf eine Isolation des Sondervermögens auch gegen Ansprüche der Gläubiger *der KVG*[224] und *der Verwahrstelle*.[225] Resultat ist eine Einstandspflicht nur des Sondervermögens nur für Anlageverbindlichkeiten.[226]

115 Bei der **Investment-KG** haben Anleger immer die Stellung eines Kommanditisten, und zwar auch bei mittelbarer Beteiligung über einen Treuhänder.[227] Dadurch ist die Begrenzung der Kommanditistenhaftung nach § 171 Abs. 1 HGB[228] für alle Anleger-Kommanditäre festgeschrieben. Nachteile durch mittelbare Beteiligung sind ausgeschlossen. Z.B. können *schuldrechtlich* keine Nachschusspflichten begründet werden. Sodann wirken §§ 152, 127 KAGB detailliert der aus §§ 171 bis 177a HGB entstehenden Kommanditistenhaftung *über den Anlagebetrag hinaus* entgegen. So entfällt die Kommanditistenhaftung gem. § 171 Abs. 1 HGB nur, „soweit die Einlage geleistet ist.“ Dies ist häufig nicht mehr der Fall, weil aus steuerlichen Gründen statt laufender Erträge die Einlage zurückgezahlt und damit die Haftung aus § 172 Abs. 4 HGB ausgelöst wird.[229] Insoweit etabliert das KAGB ein *Zustimmungsmodell*[230]: Die Einlagenrückgewähr ist nur mit Zustimmung des Anlegers zulässig, der zuvor auf die Entstehung der Haftung hinzuweisen ist.

116 Weil der Anleger mit Zustimmung auch *neue* Verbindlichkeiten übernehmen könnte, handelt es sich nicht um eine Ausnahme, sondern eine Vertiefung des Prinzips der beschränkten Anlegerhaftung. Um diesem zum Durchbruch zu verhelfen, muss eine **formularmäßige oder ex ante-Zustimmung eines Privatanlegers** zur Haftungsübernahme unzulässig sein. Für qualifizierte Anleger sind großzügigere Standards anzulegen. Etwa ist für die offene Investment-KG, deren Anteile nur qualifizierte Anleger erwerben, eine bereits bei Gründung abzuschließende Nebenabrede neben oder in dem Gesellschaftsvertrag zulässig. Näher § 124 Rz. 2.

117 Nicht ausdrücklich ausgeschlossen scheint die **Haftung aus § 173 Abs. 1 HGB** in Höhe der bei Eintritt bereits begründeten Verbindlichkeiten.[231] § 152 Abs. 3 Satz 2 KAGB[232] ist nicht so auszulegen, dass Verluste *der KG* aus der Vergangenheit vom eintretenden Kommanditisten nicht mitzutragen sind. Dies führte zu einer merkwürdigen Zweiklassengesellschaft innerhalb des Anlagepools. Eine solche lässt sich allenfalls auf rechtsgeschäftlicher Grundlage und nur mit Wirkung im Innenverhältnis begründen. Allerdings besteht die Haftung bei Eintritt nach § 173 HGB nur nach Maßgabe der §§ 171, 172 HGB, also nach Berücksichtigung der Modifikationen gem. § 152 KAGB **begrenzt auf die Höhe der Einlage**. Der Anleger soll nicht vor Verlusten aus Anlagetätigkeiten oder einem schlechten Investment, sondern nur vor einer Haftung *über den Einlagebetrag hinaus* geschützt sein. Dies folgt aus dem Verbot von Nachschusspflichten sowie dem Hinweis, § 707 BGB[233] sei nicht abdingbar.[234] Ein weiteres Einfallstor war früher die **Haftung des Kommandi-**

224 Z.B. § 93 Abs. 4 bis 7, § 81 Abs. 1 Nr. 1 a) und Nr. 2, § 83 Abs. 1 Nr. 2 und Abs. 2 KAGB.

225 Z.B. § 81 Abs. 1 Nr. 1 b), § 82 Abs. 1 Nr. 4 c) KAGB.

226 Zu den weiteren Fragen zum Sondervermögen *Zetzsche*, Prinzipien der kollektiven Vermögensanlage, 4. Teil.

227 § 152 Abs. 1 KAGB. Für die offene Investment-KG ist nur eine Direktbeteiligung als Kommanditist zulässig, § 127 Abs. 1 KAGB.

228 § 171 HGB lautet: „(1) Der Kommanditist haftet den Gläubigern der Gesellschaft bis zur Höhe seiner Einlage unmittelbar; die Haftung ist ausgeschlossen, soweit die Einlage geleistet ist.“

229 § 172 Abs. 4 HGB lautet: „Soweit die Einlage eines Kommanditisten zurückbezahlt wird, gilt sie den Gläubigern gegenüber als nicht geleistet. Das gleiche gilt, soweit ein Kommanditist Gewinnanteile entnimmt, während sein Kapitalanteil durch Verlust unter den Betrag der geleisteten Einlage herabgemindert ist, oder soweit durch die Entnahme der Kapitalanteil unter den bezeichneten Betrag herabgemindert wird. Bei der Berechnung des Kapitalanteils nach Satz 2 sind Beträge im Sinn des § 268 Abs. 8 nicht zu berücksichtigen.“

230 § 152 Abs. 2, § 127 Abs. 2 KAGB.

231 § 173 HGB: „(1) Wer in eine bestehende Handelsgesellschaft als Kommanditist eintritt, haftet nach Maßgabe der §§ 171 und 172 für die vor seinem Eintritte begründeten Verbindlichkeiten der Gesellschaft, ohne Unterschied, ob die Firma eine Änderung erleidet oder nicht. (2) Eine entgegenstehende Vereinbarung ist Dritten gegenüber unwirksam.“

232 Gleichlautend § 127 Abs. 3 Satz 2 KAGB.

233 § 707 BGB – Erhöhung des vereinbarten Beitrags: „Zur Erhöhung des vereinbarten Beitrags oder zur Ergänzung der durch Verlust verminderten Einlage ist ein Gesellschafter nicht verpflichtet.“

234 Vgl. § 127 Abs. 3 Satz 3 und 4, § 152 Abs. 3 Satz 3 und 4 KAGB.

tisten gleich einem GbR-Gesellschafter vor Eintragung der KG. Bei der Investment-KG wird der Beitritt erst mit Eintragung im Handelsregister wirksam.[235] Einer **Nachhaftung bei Ausscheiden** beugt § 152 Abs. 6 KAGB vor.

118 **Privatanleger** genießen gehobenen Schutz: Gemäß § 152 Abs. 6 KAGB können sie dem **Geschäftsbeginn vor der Eintragung nicht zustimmen.** Damit wird die Haftung gem. § 176 Abs. 1 und 2 HGB vor Eintragung infolge Zustimmung ausgeschlossen.[236] Das Sacheinlageverbot des § 152 Abs. 7 KAGB schließt nebenbei[237] das Risiko einer Nachschusspflicht wegen unterbewerteter Sacheinlagen aus. Systemgerecht fehlen diese Zusatzregelungen bei der *offenen Investment-KG* für qualifizierte Anleger.[238]

119 Bei **Aktiengesellschaften** ist die Haftungsbeschränkung auf die Einlage kraft Rechtsform etabliert.[239] Häufig übersehen wird, dass §§ 108 Abs. 2 und 140 Abs. 2 KAGB die Satzungsstrenge (gem. § 23 Abs. 5 AktG) abbedingen. Dies ermöglicht theoretisch eine unbegrenzte Gestaltung, z.B. auch bei der Haftung. Nach dem Vorgesagten zu Sondervermögen und Investment-KG ist eine statutarisch etablierte Anlegerhaftung rechtswidrig. Das Prinzip der begrenzten Anlegerhaftung setzt, soweit Privatanleger betroffen sind, der Satzungsgestaltung für Investment-AG Grenzen.

3. Kleine AIFM

120 Das Prinzip der beschränkten Haftung gilt **in modifizierter Form auch für „kleine AIFM"**, für welche der Rechtsformzwang des KAGB nicht gilt (§ 44 Abs. 1 Nr. 7 KAGB). Nach der Registrierungsvoraussetzung des § 44 Abs. 1 Nr. 7 Buchst. b) KAGB für kleine AIFM, die Spezial-AIF, Kleinst-AIF oder nur geschlossene AIF verwalten,[240] muss ein AIF juristische Person oder GmbH & Co. sein, bei der die Nachschusspflicht der Anleger ausgeschlossen ist.

121 Jedoch liegen die Sachverhalte bei der KG im Detail viel komplizierter, als dass ein schlichtes Verbot der Nachschusspflicht genügte. Dies wurde für die Investment-KG dargelegt (Rz. 115 ff.). Das in dem Halbsatz zur Nachschusspflicht angedeutete Prinzip der begrenzten Anlegerhaftung führt im Ergebnis zu einer **Haftungsbegrenzung auf den Anlagebetrag analog § 152 KAGB.** Jenseits davon ist die Verlusthaftung ausgeschlossen. Näher § 44 Rz. 23.

F. Rechtscharakter der KAGB-Vorschriften: Zivilrecht vs. Aufsichtsrecht

122 Die Diskussion zum Normcharakter der Wohlverhaltensregeln der WpHG-Finanzdienstleistungsunternehmen wird intensiv geführt.[241] Die Diskussion lässt sich auf das KAGB nicht übertragen.

235 § 151 Abs. 4, § 127 Abs. 4 KAGB.

236 § 176 HGB lautet: „(1) Hat die Gesellschaft ihre Geschäfte begonnen, bevor sie in das Handelsregister des Gerichts, in dessen Bezirke sie ihren Sitz hat, eingetragen ist, so haftet jeder Kommanditist, der dem Geschäftsbeginne zugestimmt hat, für die bis zur Eintragung begründeten Verbindlichkeiten der Gesellschaft gleich einem persönlich haftenden Gesellschafter, es sei denn, daß seine Beteiligung als Kommanditist dem Gläubiger bekannt war. Diese Vorschrift kommt nicht zur Anwendung, soweit sich aus § 2 oder § 105 Abs. 2 ein anderes ergibt. (2) Tritt ein Kommanditist in eine bestehende Handelsgesellschaft ein, so findet die Vorschrift des Absatzes 1 Satz 1 für die in der Zeit zwischen seinem Eintritt und dessen Eintragung in das Handelsregister begründeten Verbindlichkeiten der Gesellschaft entsprechende Anwendung."

237 Hauptzweck dürfte die Vermeidung von Fehlbewertungen der Anlagegegenstände sein, dazu oben B.II.1. Als Sacheinlage müsste z.B. die Einbringung von Anteilen nach § 172 Abs. 6 HGB gelten.

238 § 127 Abs. 1 Satz 1 KAGB.

239 § 1 Abs. 1 AktG „Die Aktiengesellschaft ist eine Gesellschaft mit eigener Rechtspersönlichkeit. Für die Verbindlichkeiten der Gesellschaft haftet den Gläubigern nur das Gesellschaftsvermögen."

240 § 2 Abs. 4, 4a und 5 KAGB.

241 Vgl. **für einen Doppelcharakter zwischen Privaten** (mit unterschiedlichen Nuancen) *Benicke*, Wertpapiervermögensverwaltung, 2006, S. 457 ff., 473 ff.; *Enriques*, Conflicts of Interest in Investment Services: The Price and Uncertain Impact of MiFID s Regulatory Framework, in Ferrarini/Wymeersch (Hrsg.), Investor Protection in Europe, 2006, S. 321, 323; *Grundmann* in Staub, HGB, 8. Teil Rz. 124; *Herresthal*, WM 2012, 2261 (2263 f.); *Köndgen*, NJW 1996, 569; *Köndgen*, JZ 2012, 260 (261); *Leisch*, Informationspflichten nach § 31 WpHG, 2004, S. 44 ff., 85; *Möllers* in KölnKomm. WpHG, § 31 WpHG Rz. 6 ff., 44; *Leuering/Zetzsche*, NJW 2009, 2856; *Mülbert*, WM 2007, 1149 (1155 ff., 1157); *Mülbert*, ZHR 172 (2008), 170 (172 f.); *Weichert/Wenninger*, WM 2007, 635; *Zetzsche*, WM 2009, 1020 (1027); *Koch* in Schwark/Zimmer, Kapitalmarktrechts-Kommentar, § 31a WpHG Rz. 60. Für eine grds. Trennung der Rechtsgebiete dagegen der BGH v. 27.9.2011 – XI ZR 182/10 – Lehmann Brothers, BGHZ 191, 119 = AG 2012, 35 Rz. 48 ff., sowie *Assmann*, ZBB 2008, 21 (30); *Fuchs* in Fuchs, § 31 WpHG Rz. 18; *Koller* in Assmann/Uwe H. Schneider/Mülbert, § 63 WpHG Rz. 9 ff.; *Veil*, ZBB 2008, 34 (42).

123 Die Mehrzahl der KAGB-Bestimmungen ist **Doppelnorm**, ergo privates *und* öffentliches Recht. Doppelnorm meint, dass die Vorschrift sowohl dem öffentlichen wie dem Privatrecht zuzurechnen ist, also neben den öffentlich-rechtlichen Pflichten der BaFin und der Aufsichtsunterworfenen auch den **Inhalt der Anlagebeziehung** bestimmt und bei Verletzung Grundlage eines vertraglichen Schadensersatzanspruches (§ 280 Abs. 1 BGB) sein kann.[242] Dies folgt für das KAGB nicht zuletzt aus der privatrechtsgestaltenden Wirkung vieler Vorschriften, etwa der Anlagebedingungen oder der Gewährung von Anlegerrechten in den Fondsstatuten, sowie aus der genuin privatrechtlichen Ausgestaltung der Investmentbeziehung, wo **jeder einzelne Anleger mit der KVG (und** nach hier vertretener Ansicht **auch der Verwahrstelle) mit einem Investmentvertrag** verbunden ist.[243] Dieser Doppelnormcharakter ist abzugrenzen von dem lediglich deliktischen Verständnis als Schutzgesetz i.S.v. § 823 Abs. 2 BGB, wie es für das WpHG h.M. ist.

124 Ob der Doppelnormcharakter **im Einzelfall** vorliegt, ist für jede Regelung individuell zu beurteilen. Dabei ist auf das betroffene Rechtsverhältnis besonders zu achten: Manchen Vorschriften etwa zum **verwaltungsrechtlichen Verfahren** kommt keinerlei Privatrechtswirkung im Verhältnis zwischen KVG und Anleger, wohl aber im Verhältnis zwischen BaFin und KVG zu. Dagegen wird man insbesondere den **Organisationsvorschriften des KAGB** Doppelwirkung auch **im Verhältnis zwischen KVG und Anlegern** bzw. **Verwahrstelle und Anlegern** beimessen müssen: Anders als bei Kreditinstituten, wo dem Einleger nach wie vor ein Rückzahlungsanspruch zum Nominalwert zusteht, wirkt sich eine **Verletzung etwa der Compliance- und der Risikomanagementvorschriften** grds. unmittelbar im Anlegervermögen (i.e. im Wert des Fondsanteils) aus.

125 Zudem gebieten Art. 7 Abs. 3 ELTIF-VO[244] sowie Art. 7 Abs. 4 MMF-VO[245], dass eine Verletzung der Richtlinienvorschriften **Kompensationsansprüche** nach sich ziehen sollen. (Dieselbe Vorschrift in Art. 69 Abs. 3 MiFID II hat der deutsche Gesetzgeber im WpHG nicht umgesetzt). Mangels öffentlich-rechtlicher Kompensationsanordnung (Ausn. § 78 Abs. 3, § 89 Abs. 3 KAGB) sind die auf europäischem Recht gegründeten Organisationsregeln zivilrechtlich so auszulegen, dass Schadensersatz gewährt wird. Dies geschieht am effizientesten durch Zuweisung eines privatrechtlichen Ersatzanspruchs wegen Verletzung des Investmentvertrags nach § 280 Abs. 1 BGB. Damit begründet **jeglicher Pflichtverstoß, der zu Schäden führt, eine zivilrechtliche Haftung des Verwalters fremder Investmentvermögen,** gleich ob es dabei um verhaltens- oder Organisationsvorschriften geht.

126 Das zuvor Gesagte betrifft z.B. die Haftung für die Verletzung von Organisationsvorschriften, die Drittschutzwirkung der KAGB-Normen im Verhältnis zwischen den Intermediären und Anlegern sowie im Grundsatz die Haftung für Anlagefehlentscheidungen des Verwalters. Zur letztgenannten Frage ist jedoch zu beachten: Das Anlagerisiko einer vertragsgerechten Anlage soll und muss beim Anleger liegen. Ein Haftungsrecht darf dieses Risiko nicht auf den Intermediär – gleich ob Verwalter oder Verwahrer – verlagern. Dies ist die teleologische Basis einer **Investment Judgment Rule.**[246]

G. Publikums- vs. Spezialfonds

127 Kapitel 2 (§§ 162 bis 282) des KAGB widmet über hundert Paragraphen den Publikumsfonds. Es folgt das kurze Kapitel 3 (§§ 273 bis 292 KAGB) zu den „Spezial-AIF." Der Unterschied erklärt sich mit einer grundlegenden Differenzierung zwischen Publikums- und Spezial-Investmentvermögen.

I. Zwei-Klassen-Gesellschaft des KAGB

128 Der Spezial-AIF ist ein *mixtum compositum* aus dem europäisch induzierten AIF und dem Spezialfonds gem. § 2 Abs. 3, § 2 Abs. 5 Satz 2 InvG a.F. Während sich die AIF-Definition nach europäischem Maßstab

242 Ausf. *Zetzsche*, Prinzipien der kollektiven Vermögensanlage, S. 801 f. (Ansprüche des Anlegers).
243 Ausf. *Zetzsche*, Prinzipien der kollektiven Vermögensanlage, S. 510.
244 „Der Verwalter des ELTIF ist dafür verantwortlich, die Befolgung dieser Verordnung sicherzustellen, und haftet auch gemäß der Richtlinie 2011/61/EU für Verstöße gegen diese Verordnung. Der Verwalter des ELTIF haftet zudem für Schäden und Verluste, die durch die Nichteinhaltung dieser Verordnung entstehen."
245 „Der Geldmarktfondsverwalter ist dafür verantwortlich, die Einhaltung dieser Verordnung sicherzustellen, und haftet für alle Verluste und Schäden, die durch Nichteinhaltung dieser Verordnung entstehen."
246 Näher *Zetzsche*, Prinzipien der kollektiven Vermögensanlage, S. 671; s. dazu auch *Engert* in FS Köndgen, 2016, S. 179.

richtet,[247] ist der Kreis der nach dem KAGB zur Anlage berechtigten Anleger national weiter gefasst: Die AIFM-RL erzwingt einheitliche Standards für den Vertrieb von AIF an *professionelle* Anleger (zum Verständnis vgl. § 1 Rz. 232 ff.). Im Übrigen dürfen Mitgliedstaaten ihr Recht selbst setzen.[248]

„Spezial-AIF" sind „AIF, deren Anteile [...] nur von professionellen *oder semiprofessionellen* Anlegern gehalten werden dürfen". Ist diese Bedingung nicht erfüllt, handelt es sich um Publikumsinvestmentvermögen (vgl. § 1 Abs. 6 Satz 2 KAGB, dazu § 1 Rz. 135 f.). Den professionellen werden die *semiprofessionellen* Anleger gleichgestellt. Semiprofessionelle Anleger sind in der unglücklichen Terminologie von Art. 4 Abs. 1 Buchst. aj) AIFM-RL „Kleinanleger", die besondere und nur im deutschen Recht (vgl. § 1 Abs. 19 Nr. 33 KAGB) festgelegte Voraussetzungen erfüllen. 129

Semiprofessioneller Anleger wird man – *erstens* – durch eine **Kombination von Mindestanlage, Risikobewusstsein, Sachverstand und Erfahrung**. Die erste Variante orientiert sich[249] an den zur Anlage in Europäische Venture Capital Fonds und Europäische Fonds für Soziales Unternehmertum Berechtigten.[250] Allerdings wurden die europäische Mindestinvestition von 100.000 Euro auf 200.000 Euro verdoppelt und für das Verfahren Komponenten beibehalten, die in früheren Verordnungsfassungen noch enthalten waren und sich an dem Verfahren für den gekorenen professionellen Kunden gem. § 31a WpHG a.F. (heute § 67 WpHG) orientierten. Damit gibt es zwei Schwellenwerte für die Anlegerqualifikation: 200.000 Euro (für KAGB-Investmentvermögen) und 100.000 Euro (für Anlagen in EuVECAs und EuSEFs gem. §§ 337, 338 KAGB). Unter Beachtung von § 262 Abs. 2 KAGB werden es dann drei, dazu s. § 262 Rz. 33 ff. 130

Zweitens werden nach dem Vorbild in der EuVECA- und EuSEF-VO[251] die **Geschäftsleiter, Risiko- und Kontrollträger der AIF-KVG** gem. § 37 Abs. 1 KAGB den professionellen Anlegern gleichgestellt, wenn dieser Personenkreis in von ihnen verwaltete AIF investiert. Hier sollte von Fachwissen auszugehen sein. *Drittens* wird man durch die **erhebliche Investitionssumme** von 10 Mio. Euro in ein Investmentvermögen zum semiprofessionellen Anleger. 131

Der Schutz des Gesetzes ist in allen drei Fällen ähnlich entbehrlich wie bei professionellen Anlegern. Das KAGB differenziert somit zwischen **kraft Kundigkeit oder Reichtum Qualifizierten** – sog. HNWis –[252] und sonstigen Anlegern.[253] 132

247 Die Definition des Investmentvermögens nach § 1 Abs. 1 KAGB nimmt die AIF-Definition nach Art. 4 Abs. 1 a) AIFMD auf, dazu ESMA/2013/600, Guidelines on key concepts of the AIFMD, 24 *May* 2013, S. 9 ff.; *Krause/Klebeck*, RdF 2013, 4 ff.; *Zetzsche/Preiner*, Scope of the AIFMD, in Zetzsche, AIFMD, 2. Aufl., S. 49 ff.; *Zetzsche/Preiner*, WM 2013, 2101. Sie wird ergänzt auf zweierlei Arten: 1) Die Einheit ist kein operatives Unternehmen außerhalb des Finanzsektors, und 2) eine Anzahl von Anlegern ist gegeben, wenn die konstituierenden Dokumente des Organismus für gemeinsame Anlagen die Anzahl möglicher Anleger nicht begrenzen. Näher § 1 Rz. 5 ff.

248 Vgl. Art. 43 Abs. 1 AIFMD: „(1) Unbeschadet anderer Rechtsakte der Union können die Mitgliedstaaten AIFM gestatten, in ihrem Hoheitsgebiet Anteile an von ihnen gemäß dieser Richtlinie verwalteten AIF an Kleinanleger zu vertreiben, wobei es keine Rolle spielt, ob der Vertrieb der AIF auf nationaler Ebene oder grenzübergreifend erfolgt und ob es sich um einen EU-AIF oder einen Nicht-EU-AIF handelt."

249 Vgl. BT-Drucks. 17/12294.

250 Vgl. Art. 6 EuSEF-VO: „(1) Verwalter eines qualifizierten Fonds für soziales Unternehmertum vertreiben die Anteile der qualifizierten Fonds für soziales Unternehmertum ausschließlich an Anleger, die als professionelle Kunden gemäß Anhang II Abschnitt I der Richtlinie 2004/39/EG betrachtet werden oder gemäß Anhang II Abschnitt II der Richtlinie 2004/39/EG auf Antrag als professionelle Kunden behandelt werden können, oder an andere Anleger, sofern diese a) sich verpflichten, mindestens 100 000 € zu investieren und b) schriftlich in einem vom Vertrag über die Investitionsverpflichtung getrennten Dokument angeben, dass sie sich der Risiken im Zusammenhang mit der beabsichtigten Verpflichtung bewusst sind." Identisch in Art. 6 Abs. 1 EuVECA-VO.

251 Art. 6 Abs. 2 EuSEF-VO: „Absatz 1 gilt nicht für Investitionen durch Geschäftsführer, Vorstände oder Mitarbeiter, die in die Verwaltung eines Verwalters eines qualifizierten Fonds für soziales Unternehmertum eingebunden sind, wenn sie in den von ihnen verwalteten qualifizierten Fonds für soziales Unternehmertum investieren." Identisch Art. 6 Abs. 2 EuVECA-VO.

252 Vgl. dazu aus der Regierungsbegründung, BT-Drucks. 17/12294, 188: „Diese in der AIFM-Richtlinie vorgesehenen Regelungen für Verwalter und AIF für professionelle Anleger werden im vorliegenden Gesetz auf Verwalter und AIF für sog. semi-professionelle Anleger ausgeweitet, soweit dies nach der AIFM-Richtlinie zulässig ist. Denn semi-professionelle Anleger sind solche Anleger, bei denen es sowohl im Hinblick auf die Investitionsvolumina als auch im Hinblick auf ihre Expertise gerechtfertigt ist, sie mit professionellen Anlegern gleichzustellen."

253 Vgl. zu Publikumsfonds die Regierungsbegründung, BT-Drucks. 17/12294, 188: „Nach der AIFM-Richtlinie steht es den Mitgliedstaaten frei, AIF für den Vertrieb an Privatanleger zuzulassen. Für diesen Fall setzt die Richtlinie einen Mindeststandard; es liegt jedoch im Ermessen der Mitgliedstaaten, strengere Regelungen für die Manager von Publikumsfonds und die Publikumsfonds selbst zu treffen, um dem unterschiedlichen Schutzbedürfnis dieser Anlegergruppe Rechnung zu tragen. Solche strengeren Regeln können die Funktionsweise des

II. Anlegerdichotomie im Finanzmarktrecht

133 Die Anlegerdichotomie ist eine Abkehr von dem auf formell-abstrakte Gleichheit gestützten liberalen Sozialmodell des BGB.[254] Die Anerkennung des Anlegerschutzes als Ausprägung eines sozialschützenden Rechts[255] sichert diese Abkehr teleologisch ab. Nach dem BVerfG[256] kann die Schwäche eines Vertragspartners eine Pflicht des Gesetzgebers begründen, für eine adressaten-adäquate Ausgestaltung des *Vertrages* zu sorgen. Statt der Funktion als Verbraucher oder Unternehmer sind im Finanzmarktrecht die **typisierte Beurteilungs- oder Risikotragfähigkeit** maßgeblich. Genau dies verlangen die Sachkunde und das Vermögen als Kriterien der Anlegerdichotomie.

134 Aus rechtsökonomischer Sicht soll die Zwei-Klassen-Gesellschaft im Sinne eines **asymmetrischen Paternalismus**[257] Marktstörungen entgegenwirken, welche durch das strukturelle Ungleichgewicht zwischen professionellen Intermediären und amateurhaften Anlegern begünstigt werden.[258] Ohne gesetzgeberische Hilfe droht durch überforderte Verbraucher ein Marktversagen.[259] Materielle (im Gegensatz zur formellen) Vertragsfreiheit ist notwendige Bedingung für einen funktionierenden Wettbewerb. Nebeneffekt können Wohlfahrtsgewinne durch Transaktionskostenminderung sein.[260]

135 Erkennt man das Schutzbedürfnis der Publikumsanleger bei typisierter Betrachtung an – dies mag im Einzelfall auch nicht gegeben sein, so etwa beim kleinteilig und eher selten anlegenden Finanzmarktrechtsprofessor –, ist zur Sicherung der freien Willensbetätigung *der Privatanleger* die rechtliche Gestaltungsmacht *des Verwalters* einzuschränken. Als Folge kann der Verwalter die Privatautonomie zu eigenen Zwecken in deutlich geringerem Umfang für sich geltend machen. Für den *qualifizierten Anleger* ist die gleiche Fürsorge eine unbillige Beschränkung der Intermediärstätigkeit. Die Typendifferenzierung gewährleistet Privatautonomie in dem anlegergerechten Umfang. Sie gehört deshalb **zum etablierten Bestand jedes modernen Finanzmarktrechts** und findet sich auch in § 67 Abs. 2 WpHG (professionelle Kunden), Art. 2 lit. e („qualifizierte Anleger") ProspektVO 2017/1129/EU sowie im Bank- und Versicherungsrecht.

EU-Passes nicht beeinträchtigen, da der in der AIFM-Richtlinie vorgesehene EU-Pass nicht auf den Vertrieb von Publikums-AIF anwendbar ist. Vor diesem Hintergrund wird in das Kapitalanlagegesetzbuch die bereits nach dem Investmentgesetz bestehende Regulierung für offene alternative Publikumsfonds weitestgehend übernommen. Anpassungen wurden dort vorgenommen, wo sie aus Anlegerschutzgesichtspunkten aufgrund der Erfahrungen und Entwicklungen in diesem Fondssegment erforderlich waren. Für geschlossene Publikumsfonds werden entsprechende Regelungen erstmalig getroffen."

254 Dazu *Dauner-Lieb*, Verbraucherschutz durch Ausbildung eines Sonderprivatrechts für Verbraucher, 1983, S. 51 ff.; *Reymann*, Das Sonderprivatrecht der Handels- und Verbraucherverträge, 2009, S. 46 ff.; *H.P. Westermann*, Sonderprivatrechtliche Sozialmodelle und das allgemeine Privatrecht, AcP 178 (1978) 151, 152 ff.

255 *Hopt*, Der Kapitalanlegerschutz im Recht der Banken – Gesellschafts-, bank- und börsenrechtliche Anforderungen an das Beratungs- und Verwaltungsverhalten der Kreditinstitute, 1975, S. 289 ff., 304 ff.; *Schwark*, Anlegerschutz durch Wirtschaftsrecht, 1979, S. 72.

256 BverfG v. 26.7.2005 – 1 BvR 782/94 u. 1 BvR 957/96, BVerfGE 114, 1; BVerfG v. 15.2.2006 – 1 BvR 1317/96, WM 2006, 633 Rz. 60 (zur Zillmerung bei Lebensversicherungsverträgen).

257 *Camerer/Issacharoff/Loewenstein/O'Donoghue/Rabin*, Regulation for Conservatives: Behavioral Economics and the Case for „Asymmetric Paternalism", (2002-03) U. Pa. LR 151, 1211, 1219. Dazu *Zetzsche*, Zugang und Ausschluss im Unternehmens-Kapitalmarktrecht, in Gesellschaft Junger Zivilrechtswissenschaftler e.V. (Hrsg.), Zugang und Ausschluss im Privatrecht, 2006, S. 249–263.

258 Analog zur Begründung der AGB-Vorschriften im BGB ist der Verbraucher „als Teil eines Massenmarktes und … Ziel von Werbekampagnen und Pressionen durch mächtige, gut organisierte Produktions- und Absatzsysteme … nicht mehr voll in der Lage, als Marktteilnehmer seine Rolle eines Gleichgewichtselements zu spielen." Vgl. die Begründung im Ersten Programm der EWG für eine Politik zum Schutz und zur Unterrichtung der Verbraucher vom 14.4.1975, ABl. EG Nr. C 92, S. 1, Tz. 6/7 sowie das Zweite Programm vom 19.5.1981, ABl. EG Nr. C 122, S. 1, zitiert nach *Bülow*, Verbraucher, Konsument und Kleinanleger (Kunde) in FS Nobbe, 2009, S. 498. S. auch *Wackerbarth*, Unternehmer, Verbraucher und die Rechtfertigung der Inhaltskontrolle vorformulierter Verträge, AcP 200 (2000), 46 (69 ff.) (mangelnder Konditionenwettbewerb als Voraussetzung des liberalen Vertragsmodells nicht gegeben); *Meller-Hannich*, Verbraucherschutz im Schuldvertragsrecht. Private Freiheit und staatliche Ordnung, 2005, S. 67 ff.

259 *Basedow*, Das BGB im künftigen europäischen Privatrecht: Der hybride Kodex, AcP 200 (2000), 446 (486 f.); kritisch *Leuschner*, AcP 207 (2007), 491 (502).

260 Als alleinige „überindividuelle Rechtfertigung" verstanden bei *Leuschner*, 503 f.; s. auch *Klöhn*, Wertpapierhandelsrecht diesseits und jenseits des Informationsparadigmas, ZHR 177 (2013), 349 (359).

III. Realisierung im KAGB

Die Umsetzung der Differenzierung zwischen Privat- und qualifizierten Anlegern erfolgt im KAGB auf der Ebene des Produkts, des Vertriebs und der Rechtsdurchsetzung. 136

1. Produktregulierung, insbesondere Diversifikation

Fonds für Privatanleger unterliegen einer **Produktregulierung** (Rz. 73 ff.): Als offene Fonds stehen nur OGAW, gemischte, sonstige und Immobilien-Fonds sowie Dach-Hedgefonds zur Verfügung.[261] Single-Hedgefonds dürfen nicht Publikumsfonds sein. Dagegen dürfen Spezialfonds grds.[262] in ***alle* Anlagegegenstände** anlegen.[263] Dies bedingt (für professionelle Anleger) die AIFM-RL, die keine Anlagerestriktionen kennt. Semiprofessionellen Anlegern räumt der nationale Gesetzgeber dieselbe Freiheit ein. Nicht zum Schutz der Anleger, sondern zum *Schutz des Gemeinwesens vor Externalitäten* wird bei Spezial-AIF die Hebelung und das Verhalten gegenüber nicht börsennotierten Zielgesellschaften reguliert.[264] 137

Die Zweiteilung setzt sich in **zahlreichen Details** fort. So gilt für Publikumsfonds ein generelles Sacheinlageverbot,[265] welches Fehlbewertungen der Anlagegegenstände vermeiden soll. Bei Spezialfonds sind Sacheinlagen zulässig. 138

Ein Sonderfall stellen die Vorschriften zur **Risikomischung** dar. Hier zeigt sich die Zweiteilung nicht auf den ersten, sondern auf den zweiten Blick. Im Grundsatz schützt Risikomischung die Anleger vor anlagespezifischen (unsystemischen) Risiken[266] und ist deshalb insbesondere für Privatanleger sinnvoll. Professionell und kundig agierende Anleger sind dagegen regelmäßig bereits **auf *Anleger*- statt Anlageebene diversifiziert**, so dass eine Diversifikation auf Fondsebene zur Überdiversifikation und entbehrlichen Kosten führen kann. Das InvG war noch dem Grundsatz der Risikomischung verpflichtet. Das KAGB hält diese Beschränkung nicht aufrecht, was sich mit dem Richtlinienhintergrund erklärt: Die AIFMD kennt im Einklang mit der internationalen Praxis keine zwingende Diversifikationsvorgabe. Anders durfte der nationale Gesetzgeber gem. Art. 43 AIFMD für AIF entscheiden, die an Privatanleger vertrieben werden. Zudem ist die Diversifikation für OGAW kraft europäischer Vorgaben zwingend.[267] 139

---

261 Vgl. §§ 192 ff. und § 214 KAGB.

262 Die Regierungsbegründung begründet die Übernahme geringfügiger Produktregeln, die aus dem InvG übernommen seien, wie folgt: „Eine Ausnahme wird im Hinblick auf die bereits nach dem Investmentgesetz bestehende Produktregulierung für sog. Spezialfonds gemacht. Diese Produktregeln sind in der AIFM-Richtlinie nicht vorgesehen, werden aber dennoch weitestgehend in das Kapitalanlagegesetzbuch übernommen, um dem Bedürfnis insbesondere von Sozialkapital wie Versicherungen und Pensionskassen an der Beibehaltung von bewährten Produktregeln und gesetzlichen Rahmenbedingungen für die steuerliche und bilanzielle Einstufung Rechnung zu tragen. Dies ist mit der AIFM-Richtlinie im Einklang, da diese den Mitgliedstaaten das Recht einräumt, zusätzliche Regelungen für Fondsmanager oder Fonds zu treffen bzw. beizubehalten. Zu berücksichtigen ist dabei, dass diese Regelungen nicht die Funktionsfähigkeit des in der Richtlinie vorgesehenen EU-Passes beschränken dürfen. Das heißt, ein EU-Fondsmanager, der diese zusätzlichen nationalen Regelungen nicht erfüllt, kann seine Fonds ungeachtet dieser nationalen Regelungen in Deutschland vertreiben."

263 Vgl. insbesondere für Hedgefonds § 283 KAGB.

264 § 274 sowie §§ 287 ff. KAGB. Vgl. zu Systemrisiken *Dornseifer*, Hedge Funds and Systemic Risk Reporting, in Zetzsche, AIFMD, 2. Aufl. 2015, S. 627 ff.; zu Private Equity Fonds *Clerc*, The AIF Depositary's Liability for Lost Assets, in Zetzsche, AIFMD, 2. Aufl. 2015, S. 521 ff., sowie *van Dam/Mullmaier*, Impact of AIFMD on the Private Equity Industry, in Zetzsche, AIFMD, 2. Aufl. 2015, S. 695 ff. sowie *Zetzsche*, NZG 2012, 1164.

265 Vgl. § 71 Abs. 1 Satz 3 (für OGAW) sowie § 109 Abs. 5 und § 141 Abs. 2 (für Publikums-Investment-AG) und § 152 Abs. 7 (für Publikums-Investment-KG). Für Sondervermögen fehlt eine ausdrückliche Vorschrift. Dies dürfte jedoch ein Irrtum sein, der aus der Übernahme der *allgemeinen* Vorschrift des § 23 Abs. 1 Satz 3 InvG in den fondstypspezifischen Abschnitt für OGAW (§ 71 Abs. 1 Satz 3 KAGB) entstanden ist.

266 Die Ökonomie unterscheidet zwischen systemischen, aus der Verfassung des Gesamtmarktes resultierenden Risiken und anlagespezifischen (unsystemischen) Risiken. Zu den anlagespezifischen Risiken gehört z.B. bei Anleihen das Insolvenzrisiko des Schuldners, bei Beteiligungen an Unternehmen z.B. das Risiko eines untreuen oder glücklosen Vorstands und bei Derivaten das Risiko des Ausfalls der Gegenpartei (Adressrisiko). Ziel der Diversifikation ist nicht der (unmögliche) Schutz gegen sämtliche, sondern die Reduktion der anlagespezifischen (unsystemischen) Risiken. Zurück bleibt das systemische Risiko als Kursrisiko des Gesamt- oder relevanten Teilmarktes. Zur Portfolio-Theorie grundlegend *Markowitz*, Portfolio Selection: Efficient Diversification of Investments, 1959; *Markowitz*, Portfolio Selection, The Journal of Finance Vol. 7, 1952, S. 77; sowie *Sharpe*, Capital Asset Prices: A Theory of Market Equilibrium under Conditions of Risk, Journal of Finance 19, 1964 425, 439. Überblick aus der ökonomischen Lehrbuchliteratur bei *Bodie/Kane/Marcus*, Investments, 8. Aufl. 2009, S. 113 ff.

267 Einerseits ist Risikomischung das Kardinalprinzip der Anlagepolitik von OGAW, vgl. die Definition in Art. 1 Abs. 2 der OGAW-Richtlinie (Richtlinie 2009/65/EG des Europäischen Parlaments und des Rates vom 13.7.2009

140 Der Gesetzgeber hat die Differenzierung zwischen den Anlegergruppen bei den Vorgaben zur Risikomischung nur als **grobe Richtschnur** genommen, von der bedarfsgerecht abgewichen wird. So darf die AIF-KVG „für einen geschlossenen inländischen Publikums-AIF nur nach dem Grundsatz der Risikomischung investieren" (§ 262 Abs. 1 KAGB). Für geschlossene Spezial-AIF gibt es eine solche Vorgabe nicht. § 262 Abs. 2 KAGB nimmt die Anordnung der Risikomischung aus Vertriebsgründen für kundige und erfahrene Privatanleger zurück, die mehr als 20.000 Euro investieren. Solche Anleger dürfen auch in 1-Objekt-Fonds anlegen, solange der Fonds nicht in Unternehmensbeteiligungen investiert. Dies ist berechtigt, wenn man davon ausgeht, dass der Investor, der 20.000 Euro in einen 1-Objekt-Fonds investiert, weitere Anlagen (sei es in 1-Objekt-Fonds, diversifizierte Fonds oder andere Finanzinstrumente) tätigt.

141 Die Risikomischung wird bei offenen Fonds unabhängig von der Anlegerqualifikation verlangt.[268] Soweit man die Risikomischung auch auf offene Spezial-AIF erstreckt, ist dies als Umsetzung von Art. 17 AIFM-RL zum **Liquiditätsmanagement** (vgl. § 30 KAGB) zu verstehen. Proportional zur Konzentration der Anlagegegenstände steigt nämlich das Risiko der Illiquidität des Fonds, wenn Anleger die Anteilsrücknahme verlangen. Die Vorgabe lässt sich des Weiteren mit dem Täuschungsverbot[269] rechtfertigen: Hielte z.B. ein offener Immobilienfonds ausschließlich eine Immobilie, wäre das Rücknahmeversprechen nicht glaubwürdig, der Fondstyp also irreführend gewählt.[270] Die Grundentscheidung pro Diversifikation bei offenen Investmentvermögen setzt sich bei den Rechtsformen fort.[271] Wo sie fehlt, wie sonderbarerweise bei den offenen Sondervermögen, ist dies ein Redaktionsversehen.

142 Bei **Publikumsfonds** müssen die Anlegerinformationen auf die eingeschränkte Risikomischung hinweisen[272] und das Grundprinzip der Risikomischung wird durch den Typenzwang (§ 214 KAGB) vertieft. Die

---

zur Koordinierung der Rechts- und Verwaltungsvorschriften betreffend bestimmte Organismen für gemeinsame Anlagen in Wertpapieren (OGAW-Richtlinie), ABl. EU Nr. L 302, S. 32) i.V.m. § 1 Abs. 2 KAGB. Andererseits stellen die Detailvorgaben zur Anlagepolitik die Diversifikation sicher, vgl. insbesondere § 206 Abs. 1 KAGB: „§ 206 Emittentengrenzen (1) Die OGAW-Kapitalverwaltungsgesellschaft darf in Wertpapiere und Geldmarktinstrumente desselben Emittenten nur bis zu 5 Prozent des Wertes des inländischen OGAW anlegen; in diesen Werten dürfen jedoch bis zu 10 Prozent des Wertes des inländischen OGAW angelegt werden, wenn dies in den Anlagebedingungen vorgesehen ist und der Gesamtwert der Wertpapiere und Geldmarktinstrumente dieser Emittenten 40 Prozent des Wertes des inländischen OGAW nicht übersteigt." S. zudem § 209 KAGB zu Wertpapierindex-OGAW: „(1) Abweichend zu der in § 206 bestimmten Grenze darf die OGAW-Kapitalverwaltungsgesellschaft bis zu 20 Prozent des Wertes des inländischen OGAW in Wertpapiere eines Emittenten anlegen, wenn nach den Anlagebedingungen die Auswahl der für den inländischen OGAW zu erwerbenden Wertpapiere darauf gerichtet ist, unter Wahrung einer angemessenen Risikomischung einen bestimmten, von der Bundesanstalt anerkannten Wertpapierindex nachzubilden (Wertpapierindex-OGAW). Der Wertpapierindex ist insbesondere anzuerkennen, wenn 1. seine Zusammensetzung hinreichend diversifiziert ist, 2. er eine adäquate Bezugsgrundlage für den Markt darstellt, auf den er sich bezieht, 3. er in angemessener Weise veröffentlicht wird."

268 Vgl. § 214 Abs. 1 KAGB: „Offene Publikums-AIF müssen nach dem Grundsatz der Risikomischung an[ge]legt sein." § 282 Abs. 1 KAGB: „(1) Die AIF-Kapitalverwaltungsgesellschaft muss die Mittel des allgemeinen offenen inländischen Spezial-AIF nach dem Grundsatz der Risikomischung zur gemeinschaftlichen Kapitalanlage anlegen."

269 Vgl. Täuschungsverbot in §§ 4 Abs. 1, 165 Abs. 1 Satz 2, 166 Abs. 3 Satz 2, 302 Abs. 1 Satz 2 und Abs. 7 Nr. 1 KAGB.

270 In der Praxis halten offene Immobilienfonds deshalb erhebliche Anteile liquider Finanzinstrumente.

271 Vgl. § 110 Abs. 2 KAGB: „Satzungsmäßig festgelegter Unternehmensgegenstand der Investmentaktiengesellschaft mit veränderlichem Kapital muss ausschließlich die Anlage und Verwaltung ihrer Mittel nach einer festen Anlagestrategie und dem Grundsatz der Risikomischung zur gemeinschaftlichen Kapitalanlage … zum Nutzen ihrer Aktionäre sein." § 125 Abs. 2 KAGB: (2) Gesellschaftsvertraglich festgelegter Unternehmensgegenstand der offenen Investmentkommanditgesellschaft muss ausschließlich die Anlage und Verwaltung ihrer Mittel nach einer festgelegten Anlagestrategie und dem Grundsatz der Risikomischung zur gemeinschaftlichen Kapitalanlage nach den §§ 273 bis 284 zum Nutzen ihrer Anleger sein."

272 Vgl. § 165 Abs. 6 KAGB: „Im Verkaufsprospekt eines Investmentvermögens, das einen anerkannten Wertpapierindex nachbildet, muss an hervorgehobener Stelle darauf hingewiesen werden, dass der Grundsatz der Risikomischung für dieses Investmentvermögen nur eingeschränkt gilt." § 262 Abs. 1 Satz 4 KAGB: „Für den Zeitraum nach Satz 3, in dem der geschlossene Publikums-AIF noch nicht risikogemischt investiert ist, sind die Anleger in dem Verkaufsprospekt und den wesentlichen Anlegerinformationen gem. § 268 darauf hinzuweisen."; § 262 Abs. 2 Satz 2 KAGB („Wenn für den geschlossenen inländischen Publikums-AIF ohne Einhaltung des Grundsatzes der Risikomischung investiert wird, müssen der Verkaufsprospekt und die wesentlichen Anlegerinformationen an hervorgehobener Stelle auf das Ausfallrisiko mangels Risikomischung hinweisen.").

typusspezifischen Anlagegrenzen[273] sind strenger als das Grundprinzip der Risikomischung, wonach mindestens drei Anlagegegenstände geboten sind.[274] Auf beides wird für **Spezial-AIF** verzichtet.

2. Vertriebsregulierung

Neben die Produktregulierung treten für Publikumsfonds Vertriebsregeln nach dem Vorbild der UCITS IV-Richtlinie. U.a. gibt es einen Katalog obligatorischer Prospektangaben. Ein **key investor information document (KIID)** ist Pflicht.[275] Der letzte Anteilswert (NAV), die wesentliche Anlegerinformation, der Verkaufsprospekt und der letzte Jahres- und Halbjahresbericht sind kostenlos zur Verfügung zu stellen (§ 297 Abs. 2 KAGB). Bei Dachhedgefonds ist auf Risiken hinzuweisen (§ 297 Abs. 7 KAGB). An **(semi-)professionelle Anleger** wird demgegenüber mit weniger Detailinformation, Formalismus und ohne KIID, aber mit einer wesentlichen Anlegerinformation vertrieben (§ 307 KAGB). 143

Soweit semiprofessionelle den professionellen Anleger gleichgestellt werden, könnte die Ausgestaltung der Vertriebsprivilegierung im KAGB in Kürze wieder zu revidieren sein. Die VO Nr. 1286/2014 (PRIIP-VO) verlangt eine wesentliche Anlegerinformation für alle „Kleinanleger" i.S.d. Europarechts, zu denen derzeit auch die semiprofessionellen Anleger des KAGB zählen.[276] 144

3. Aufsicht und Haftung

Verstärkt wird die Unterscheidung zwischen qualifizierten und Privatanlegern durch eine **intensivierte Aufsicht und Haftung**. So sind etwa die Anlagebedingungen von Publikumsfonds genehmigungspflichtig, die von Spezialfonds nur der BaFin vorzulegen.[277] Der Anbieter von Publikumsfonds haftet bei *Nichtveröffentlichung* eines Verkaufsprospekts.[278] Die Parallelvorschrift für Spezialfonds verweist nicht auf diese Anspruchsgrundlage,[279] so dass qualifizierten Anlegern bei *Nichtübermittlung* der Vertriebsinformationen nur ein Widerrufsrecht zusteht.[280] 145

---

273 Vgl. für Immobilienfonds § 243 Abs. 1 KAGB: „Der Wert einer Immobilie darf zur Zeit des Erwerbs 15 Prozent des Wertes des Sondervermögens nicht übersteigen. Der Gesamtwert aller Immobilien, deren einzelner Wert mehr als 10 Prozent des Wertes des Sondervermögens beträgt, darf 50 Prozent des Wertes des Sondervermögens nicht überschreiten. Bei der Berechnung der Werte werden aufgenommene Darlehen nicht abgezogen."; für gemischte Investmentvermögen § 219 Abs. 5 KAGB: „Die AIF-Kapitalverwaltungsgesellschaft darf in Anteile oder Aktien nach Abs. 1 Nr. 2 Buchstabe b insgesamt nur bis zu 10 Prozent des Wertes des Investmentvermögens anlegen. Nach Maßgabe des § 207 Abs. 1 darf die AIF-Kapitalverwaltungsgesellschaft in Anteile oder Aktien an einem einzigen Investmentvermögen nach § 196 Abs. 1 Satz 1 und 2 insgesamt nur i.H.v. bis zu 20 Prozent des Wertes des Investmentvermögens anlegen; § 207 Abs. 2 ist nicht anzuwenden."; für sonstige Sondervermögen § 221 KAGB: „(3) Die AIF-Kapitalverwaltungsgesellschaft darf in Anteile oder Aktien an anderen Sonstigen Investmentvermögen sowie an entsprechenden EU-AIF oder ausländischen AIF nur bis zu 30 Prozent des Wertes des Sonstigen Investmentvermögens anlegen. (4) Die AIF-Kapitalverwaltungsgesellschaft darf in Vermögensgegenstände i.S.d. § 198 nur bis zu 20 Prozent des Wertes des Sonstigen Investmentvermögens anlegen." Für Dachhedgefonds § 225 Abs. 4 Satz 1 KAGB: „Die AIF-Kapitalverwaltungsgesellschaft darf nicht mehr als 20 Prozent des Wertes eines Dach-Hedgefonds in einem einzelnen Zielfonds anlegen."

274 Vgl. § 262 Abs. 1 Satz 2 KAGB: „Der Grundsatz der Risikomischung im Sinne des Satzes 1 gilt als erfüllt, wenn 1. entweder in mindestens drei Sachwerte i.S.d. § 261 Abs. 2 investiert wird und die Anteile jedes einzelnen Sachwertes am Wert des gesamten AIF im Wesentlichen gleichmäßig verteilt sind oder 2. bei wirtschaftlicher Betrachtungsweise eine Streuung des Ausfallrisikos gewährleistet ist."

275 §§ 164, 166 (offene Fonds) i.V.m. Verordnung (EU) Nr. 583/2010 der Kommission vom 1.7.2010 zur Durchführung der Richtlinie 2009/65/EG des Europäischen Parlaments und des Rates im Hinblick auf die wesentlichen Informationen für den Anleger und die Bedingungen, die einzuhalten sind, wenn die wesentlichen Informationen für den Anleger oder der Prospekt auf einem anderen dauerhaften Datenträger als Papier oder auf einer Website zur Verfügung gestellt werden (ABl. EU Nr. L 176, S. 1) sowie §§ 268, 270 KAGB (geschlossene Fonds), jeweils i.V.m. §§ 306, 318 Abs. 5, 320 Abs. 1 Nr. 3 KAGB.

276 Art. 4 Nr. 6 PRIIP-VO. Dazu auch Europäische Kommission, Vorschlag für eine Verordnung des Europäischen Parlaments und Rates über Basisinformationsblätter für Anlageprodukte, COM(2012) 352 final (PRIP-VO), dort Art. 4 c): „(c) „Kleinanleger" sind „i) Kleinanleger im Sinne von Artikel 4 Absatz 1 Nummer 12 der Richtlinie 2004/39/EG" und „ii) Kunden im Sinne der Richtlinie 2002/92/EG." Siehe auch *Wilhelmi*, Anh. zu § 166: Art. 4 PRIIP-VO Rz. 16 f.; *Buck-Heeb* in Assmann/Uwe H. Schneider/Mülbert, Wertpapierhandelsrecht, Art. 1 VO Nr. 1286/2014 Rz. 66.

277 Vgl. § 163 KAGB und § 96 Abs. 2 Satz 3 KAGB (Publikumsfonds) gegen § 273 KAGB und § 96 Abs. 2 Satz 4 KAGB (Spezialfonds).

278 § 306 Abs. 5 KAGB.

279 § 307 Abs. 3 KAGB.

280 § 307 Abs. 2 i.V.m. § 305 KAGB.

146 Auch bei **„kleinen" KVG** unterscheidet das KAGB zwischen Spezial-AIF und Publikums-AIF. Die Geschäftsleiter von KVG, die Spezial-AIF verwalten, müssen nicht aufsichtsrechtlich als „fit & proper" geprüft sein. § 44 Abs. 4 Nr. 6 KAGB verlangt ebendies für geschlossene Publikums-Fonds durch Verweis auf § 2 Abs. 5 KAGB.

147 Ratio ist jeweils: **Qualifizierte Anleger können und müssen sich selbst vor unkundigen oder unehrlichen Intermediären sowie Anlagerisiken schützen.** Dies geschieht durch Due Diligence und Reputationsmechanismen. Abgesichert wird die Zwei-Klassen-Gesellschaft durch das Verbot klassenübergreifender Master-Feeder-Fonds und Verschmelzungen.[281] Die Separierung wäre wenig wert, könnte man anlegerschützende Vorschriften auf diesem Weg umgehen.

281 §§ 280, 281 KAGB.

Kapitel 1
Allgemeine Bestimmungen für Investmentvermögen und Verwaltungsgesellschaften

Abschnitt 1
Allgemeine Vorschriften

§ 1 Begriffsbestimmungen

(1) [1]Investmentvermögen ist jeder Organismus für gemeinsame Anlagen, der von einer Anzahl von Anlegern Kapital einsammelt, um es gemäß einer festgelegten Anlagestrategie zum Nutzen dieser Anleger zu investieren und der kein operativ tätiges Unternehmen außerhalb des Finanzsektors ist. [2]Eine Anzahl von Anlegern im Sinne des Satzes 1 ist gegeben, wenn die Anlagebedingungen, die Satzung oder der Gesellschaftsvertrag des Organismus für gemeinsame Anlagen die Anzahl möglicher Anleger nicht auf einen Anleger begrenzen.

(2) Organismen für gemeinsame Anlagen in Wertpapieren (OGAW) sind Investmentvermögen, die die Anforderungen der Richtlinie 2009/65/EG des Europäischen Parlaments und des Rates vom 13. Juli 2009 zur Koordinierung der Rechts- und Verwaltungsvorschriften betreffend bestimmte Organismen für gemeinsame Anlagen in Wertpapieren (OGAW) (ABl. L 302 vom 17.11.2009, S. 1), die zuletzt durch die Richtlinie 2014/91/EU (ABl. L 257 vom 28.8.2014, S. 186) geändert worden ist, erfüllen.

(3) Alternative Investmentfonds (AIF) sind alle Investmentvermögen, die keine OGAW sind.

(4) Offene Investmentvermögen sind

1. OGAW und

2. AIF, die die Voraussetzungen von Artikel 1 Absatz 2 der Delegierten Verordnung (EU) Nr. 694/2014 der Kommission vom 17. Dezember 2013 zur Ergänzung der Richtlinie 2011/61/EU des Europäischen Parlaments und des Rates im Hinblick auf technische Regulierungsstandards zur Bestimmung der Arten von Verwaltern alternativer Investmentfonds (ABl. L 183 vom 24.6.2014, S. 18) erfüllen.

(5) Geschlossene AIF sind alle AIF, die keine offenen AIF sind.

(6) [1]Spezial-AIF sind AIF, deren Anteile auf Grund von schriftlichen Vereinbarungen mit der Verwaltungsgesellschaft oder auf Grund der konstituierenden Dokumente des AIF nur erworben werden dürfen von

1. professionellen Anlegern im Sinne des Absatzes 19 Nummer 32 und

2. semiprofessionellen Anlegern im Sinne des Absatzes 19 Nummer 33; ein Anleger, der kraft Gesetzes Anteile an einem Spezial-AIF erwirbt, gilt als semiprofessioneller Anleger im Sinne des Absatzes 19 Nummer 33.

[2]Alle übrigen Investmentvermögen sind Publikumsinvestmentvermögen.

(7) Inländische Investmentvermögen sind Investmentvermögen, die dem inländischen Recht unterliegen.

(8) EU-Investmentvermögen sind Investmentvermögen, die dem Recht eines anderen Mitgliedstaates der Europäischen Union oder eines anderen Vertragsstaates des Abkommens über den Europäischen Wirtschaftsraum unterliegen.

(9) Ausländische AIF sind AIF, die dem Recht eines Drittstaates unterliegen.

(10) Sondervermögen sind inländische offene Investmentvermögen in Vertragsform, die von einer Verwaltungsgesellschaft für Rechnung der Anleger nach Maßgabe dieses Gesetzes und den Anlagebedingungen, nach denen sich das Rechtsverhältnis der Verwaltungsgesellschaft zu den Anlegern bestimmt, verwaltet werden.

(11) Investmentgesellschaften sind Investmentvermögen in der Rechtsform einer Investmentaktiengesellschaft oder Investmentkommanditgesellschaft.

(12) Intern verwaltete Investmentgesellschaften sind Investmentgesellschaften, die keine externe Verwaltungsgesellschaft bestellt haben.

(13) Extern verwaltete Investmentgesellschaften sind Investmentgesellschaften, die eine externe Verwaltungsgesellschaft bestellt haben.

(14) [1]Verwaltungsgesellschaften sind AIF-Verwaltungsgesellschaften und OGAW-Verwaltungsgesellschaften. [2]AIF-Verwaltungsgesellschaften sind AIF-Kapitalverwaltungsgesellschaften, EU-AIF-Verwaltungsgesellschaften und ausländische AIF-Verwaltungsgesellschaften. [3]OGAW-Verwaltungsgesellschaften sind OGAW-Kapitalverwaltungsgesellschaften und EU-OGAW-Verwaltungsgesellschaften.

(15) OGAW-Kapitalverwaltungsgesellschaften sind Kapitalverwaltungsgesellschaften gemäß § 17, die mindestens einen OGAW verwalten oder zu verwalten beabsichtigen.

(16) AIF-Kapitalverwaltungsgesellschaften sind Kapitalverwaltungsgesellschaften gemäß § 17, die mindestens einen AIF verwalten oder zu verwalten beabsichtigen.

(17) EU-Verwaltungsgesellschaften sind Unternehmen mit Sitz in einem anderen Mitgliedstaat der Europäischen Union oder einem anderen Vertragsstaat des Abkommens über den Europäischen Wirtschaftsraum, die den Anforderungen

1. **an eine Verwaltungsgesellschaft oder an eine intern verwaltete Investmentgesellschaft im Sinne der Richtlinie 2009/65/EG oder**
2. **an einen Verwalter alternativer Investmentfonds im Sinne der Richtlinie 2011/61/EU des Europäischen Parlaments und des Rates vom 8. Juni 2011 über die Verwalter alternativer Investmentfonds und zur Änderung der Richtlinien 2003/41/EG und 2009/65/EG und der Verordnungen (EG) Nr. 1060/2009 und (EU) Nr. 1095/2010 (ABl. L 174 vom 1.7.2011, S. 1)**

entsprechen.

(18) Ausländische AIF-Verwaltungsgesellschaften sind Unternehmen mit Sitz in einem Drittstaat, die den Anforderungen an einen Verwalter alternativer Investmentfonds im Sinne der Richtlinie 2011/61/EU entsprechen.

(19) Die folgenden Begriffe werden für die Zwecke dieses Gesetzes wie folgt bestimmt:

1. **[1]Anfangskapital sind**
   a) **bei Aktiengesellschaften das eingezahlte Grundkapital ohne die Aktien, die mit einem nachzuzahlenden Vorzug bei der Verteilung des Gewinns ausgestattet sind (Vorzugsaktien), und die Rücklagen,**
   b) **bei Gesellschaften mit beschränkter Haftung das eingezahlte Stammkapital und die Rücklagen,**
   c) **bei Kommanditgesellschaften das eingezahlte Geschäftskapital und die Rücklagen nach Abzug der Entnahmen der persönlich haftenden Gesellschafter und der diesen gewährten Kredite.**

   [2]Als Rücklagen im Sinne der Buchstaben a bis c gelten die Posten im Sinne des Artikels 26 Absatz 1 Buchstabe b bis d in Verbindung mit Artikel 26 Absatz 2 bis 4 der Verordnung (EU) Nr. 575/2013 des Europäischen Parlaments und des Rates vom 26. Juni 2013 über Aufsichtsanforderungen an Kreditinstitute und Wertpapierfirmen und zur Änderung der Verordnung (EU) Nr. 646/2012 (ABl. L 176 vom 27.6.2013, S. 1).
2. **Arbeitnehmervertreter sind Vertreter der Arbeitnehmer im Sinne von Artikel 2 Buchstabe e der Richtlinie 2002/14/EG des Europäischen Parlaments und des Rates vom 11. März 2002 zur Festlegung eines allgemeinen Rahmens für die Unterrichtung und Anhörung der Arbeitnehmer in der Europäischen Gemeinschaft (ABl. L 80 vom 23.3.2002, S. 29).**
3. **Aufnahmemitgliedstaat einer OGAW-Kapitalverwaltungsgesellschaft ist ein anderer Mitgliedstaat der Europäischen Union oder ein anderer Vertragsstaat des Abkommens über den Europäischen Wirtschaftsraum, in dem eine OGAW-Kapitalverwaltungsgesellschaft**
   a) **eine Zweigniederlassung unterhält oder im Wege des grenzüberschreitenden Dienstleistungsverkehrs tätig wird, oder**
   b) **die Absicht anzeigt, Anteile oder Aktien an einem inländischen OGAW-Investmentvermögen zu vertreiben.**

4. **Aufnahmemitgliedstaat einer AIF-Kapitalverwaltungsgesellschaft ist ein anderer Mitgliedstaat der Europäischen Union oder ein anderer Vertragsstaat des Abkommens über den Europäischen Wirtschaftsraum, in dem eine AIF-Kapitalverwaltungsgesellschaft**
   a) **einen EU-AIF verwaltet oder Dienstleistungen- und Nebendienstleistungen nach Artikel 6 Absatz 4 der Richtlinie 2011/61/EU erbringt oder**
   b) **Anteile oder Aktien an einem AIF vertreibt.**
5. **Drittstaaten sind alle Staaten, die nicht Mitgliedstaat der Europäischen Union oder anderer Vertragsstaat des Abkommens über den Europäischen Wirtschaftsraum sind.**
6. **[1]Eine bedeutende Beteiligung besteht, wenn unmittelbar oder mittelbar über ein oder mehrere Tochterunternehmen oder über ein gleichartiges Verhältnis oder im Zusammenwirken mit anderen Personen oder Unternehmen mindestens 10 Prozent des Kapitals oder der Stimmrechte einer Verwaltungsgesellschaft im Eigen- oder Fremdinteresse gehalten werden oder wenn auf die Geschäftsführung einer Verwaltungsgesellschaft ein maßgeblicher Einfluss ausgeübt werden kann. [2]Für die Berechnung des Anteils der Stimmrechte gelten § 34 Absatz 1 und 2, § 35 Absatz 1 und 2 in Verbindung mit der Rechtsverordnung nach Absatz 6 und § 36 des Wertpapierhandelsgesetzes entsprechend. [3]Die mittelbar gehaltenen Beteiligungen sind den mittelbar beteiligten Personen und Unternehmen in vollem Umfang zuzurechnen.**
7. **Carried interest ist der Anteil an den Gewinnen des AIF, den eine AIF-Verwaltungsgesellschaft als Vergütung für die Verwaltung des AIF erhält; der carried interest umfasst nicht den Anteil der AIF-Verwaltungsgesellschaft an den Gewinnen des AIF, den die AIF-Verwaltungsgesellschaft als Gewinn für Anlagen der AIF-Verwaltungsgesellschaft in den AIF bezieht.**
8. **Dauerhafter Datenträger ist jedes Medium, das den Anlegern gestattet, Informationen für eine den Zwecken der Informationen angemessene Dauer zu speichern, einzusehen und unverändert wiederzugeben.**
9. **Eigenmittel sind Eigenmittel gemäß Artikel 72 der Verordnung (EU) Nr. 575/2013.**
10. **Eine enge Verbindung besteht, wenn eine Kapitalverwaltungsgesellschaft oder eine extern verwaltete Investmentgesellschaft und eine andere natürliche oder juristische Person verbunden sind**
    a) **durch das unmittelbare oder mittelbare Halten durch ein oder mehrere Tochterunternehmen oder Treuhänder von mindestens 20 Prozent des Kapitals oder der Stimmrechte oder**
    b) **als Mutter- und Tochterunternehmen, durch ein gleichartiges Verhältnis oder als Schwesterunternehmen.**
11. **Feederfonds sind Sondervermögen, Investmentaktiengesellschaften mit veränderlichem Kapital, Teilgesellschaftsvermögen einer Investmentaktiengesellschaft mit veränderlichem Kapital oder EU-OGAW, die mindestens 85 Prozent ihres Vermögens in einem Masterfonds anlegen.**
12. **Masterfonds sind OGAW oder Sonstige Investmentvermögen gemäß § 220, die Anteile an mindestens einen Feederfonds ausgegeben haben, selbst keine Feederfonds sind und keine Anteile eines Feederfonds halten.**
13. **Feeder-AIF bezeichnet einen AIF, der**
    a) **mindestens 85 Prozent seines Wertes in Anteilen eines Master-AIF anlegt, oder**
    b) **mindestens 85 Prozent seines Wertes in mehr als einem Master-AIF anlegt, die jeweils identische Anlagestrategien verfolgen, oder**
    c) **anderweitig ein Engagement von mindestens 85 Prozent seines Wertes in einem Master-AIF hat.**
14. **Master-AIF sind AIF, an dem ein Feeder-AIF Anteile hält.**
15. **Geschäftsleiter sind diejenigen natürlichen Personen, die nach Gesetz, Satzung oder Gesellschaftsvertrag zur Führung der Geschäfte und zur Vertretung einer Kapitalverwaltungsgesellschaft berufen sind sowie diejenigen natürlichen Personen, die die Geschäfte der Kapitalverwaltungsgesellschaft tatsächlich leiten.**
16. **Gesetzlicher Vertreter einer ausländischen AIF-Verwaltungsgesellschaft ist jede natürliche Person mit Wohnsitz in der Europäischen Union oder in einem anderen Vertragsstaat des Abkommens über den Europäischen Wirtschaftsraum oder jede juristische Person mit satzungsmäßigem Sitz oder satzungsmäßiger Zweigniederlassung in der Europäischen Union oder in einem**

anderen Vertragsstaat des Abkommens über den Europäischen Wirtschaftsraum, die von einer ausländischen AIF-Verwaltungsgesellschaft ausdrücklich dazu ernannt worden ist, im Namen dieser ausländischen AIF-Verwaltungsgesellschaft gegenüber Behörden, Kunden, Einrichtungen und Gegenparteien der ausländischen AIF-Verwaltungsgesellschaft in der Europäischen Union oder in einem anderen Vertragsstaat des Abkommens über den Europäischen Wirtschaftsraum hinsichtlich der Verpflichtungen der ausländischen AIF-Verwaltungsgesellschaft nach der Richtlinie 2011/61/EU zu handeln.

17. **Herkunftsmitgliedstaat des OGAW ist der Mitgliedsstaat der Europäischen Union oder der Vertragsstaat des Abkommens über den Europäischen Wirtschaftsraum, in dem der OGAW zugelassen wurde.**
18. **Herkunftsmitgliedstaat des AIF ist**
    a) **der Mitgliedstaat der Europäischen Union oder der Vertragsstaat des Abkommens über den Europäischen Wirtschaftsraum, in dem der AIF zugelassen oder registriert ist, oder im Fall der mehrfachen Zulassung oder Registrierung der Mitgliedstaat oder der Vertragsstaat, in dem der AIF zum ersten Mal zugelassen oder registriert wurde, oder**
    b) **für den Fall, dass der AIF in keinem Mitgliedstaat der Europäischen Union oder keinem Vertragsstaat des Abkommens über den Europäischen Wirtschaftsraum zugelassen oder registriert ist, der Mitgliedstaat der Europäischen Union oder der Vertragsstaat des Abkommens über den Europäischen Wirtschaftsraum, in dem der AIF seinen Sitz oder seine Hauptverwaltung hat.**
19. **Herkunftsmitgliedstaat der OGAW-Verwaltungsgesellschaft ist der Mitgliedstaat der Europäischen Union oder der Vertragsstaat des Abkommens über den Europäischen Wirtschaftsraum, in dem die OGAW-Verwaltungsgesellschaft ihren Sitz hat.**
20. **Herkunftsmitgliedstaat der AIF-Verwaltungsgesellschaft ist,**
    a) **im Fall einer EU-AIF-Verwaltungsgesellschaft oder einer AIF-Kapitalverwaltungsgesellschaft der Mitgliedstaat der Europäischen Union oder der Vertragsstaat des Abkommens über den Europäischen Wirtschaftsraum, in dem diese AIF-Verwaltungsgesellschaft ihren satzungsmäßigen Sitz hat,**
    b) **im Fall einer ausländischen AIF-Verwaltungsgesellschaft der Referenzmitgliedstaat im Sinne von Artikel 37 der Richtlinie 2011/61/EU.**
21. **[1]Immobilien sind Grundstücke, grundstücksgleiche Rechte und vergleichbare Rechte nach dem Recht anderer Staaten. [2]Als grundstücksgleiche Rechte im Sinne von Satz 1 gelten auch Nießbrauchrechte im Sinne des § 231 Absatz 1 Satz 1 Nummer 6.**
22. **Immobilien-Gesellschaften sind Gesellschaften, die nach dem Gesellschaftsvertrag oder der Satzung nur Immobilien sowie die zur Bewirtschaftung der Immobilien erforderlichen Gegenstände erwerben dürfen.**
23. **Immobilien-Sondervermögen sind Sondervermögen, die nach den Anlagebedingungen das bei ihnen eingelegte Geld in Immobilien anlegen.**
24. **Kollektive Vermögensverwaltung umfasst die Portfolioverwaltung, das Risikomanagement, administrative Tätigkeiten, den Vertrieb von eigenen Investmentanteilen sowie bei AIF Tätigkeiten im Zusammenhang mit den Vermögensgegenständen des AIF.**
25. **[1]Leverage ist jede Methode, mit der die Verwaltungsgesellschaft den Investitionsgrad eines von ihr verwalteten Investmentvermögens durch Kreditaufnahme, Wertpapier-Darlehen, in Derivate eingebettete Hebelfinanzierungen oder auf andere Weise erhöht. [2]Kriterien**
    a) **zur Festlegung der Methoden für Leverage von AIF, einschließlich jeglicher Finanz- oder Rechtsstrukturen, an denen Dritte beteiligt sind, die von dem betreffenden AIF kontrolliert werden, und**
    b) **darüber, wie Leverage von AIF zu berechnen ist,**

    ergeben sich aus den Artikeln 6 bis 11 der Delegierten Verordnung (EU) Nr. 231/2013 der Kommission vom 19. Dezember 2012 zur Ergänzung der Richtlinie 2011/61/EU des Europäischen Parlaments und des Rates im Hinblick auf Ausnahmen, die Bedingungen für die Ausübung der Tätigkeit, Verwahrstellen, Hebelfinanzierung, Transparenz und Beaufsichtigung (ABl. L 83 vom 22.3.2013, S. 1).

26. **Mutterunternehmen sind Unternehmen, die Mutterunternehmen im Sinne des § 290 des Handelsgesetzbuchs sind.**
27. **Nicht börsennotiertes Unternehmen ist ein Unternehmen, das seinen satzungsmäßigen Sitz in der Europäischen Union oder in einem anderen Vertragsstaat des Abkommens über den Europäischen Wirtschaftsraum hat und dessen Anteile nicht zum Handel auf einem geregelten Markt im Sinne des Artikels 4 Absatz 1 Nummer 21 der Richtlinie 2014/65/EU des Europäischen Parlaments und des Rates vom 15. Mai 2014 über Märkte für Finanzinstrumente sowie zur Änderung der Richtlinien 2002/92/EG und 2011/61/EU (ABl. L 173 vom 12.6.2014, S. 349; L 74 vom 18.3.2015, S. 38; L 188 vom 13.7.2016, S. 28; L 273 vom 8.10.2016, S. 35; L 64 vom 10.3.2017, S. 116), die zuletzt durch die Richtlinie (EU) 2016/1034 (ABl. L 175 vom 30.6.2016, S. 8) geändert worden ist, zugelassen sind.**
28. **ÖPP-Projektgesellschaften sind im Rahmen Öffentlich-Privater Partnerschaften tätige Gesellschaften, die nach dem Gesellschaftsvertrag oder der Satzung zu dem Zweck gegründet wurden, Anlagen oder Bauwerke zu errichten, zu sanieren, zu betreiben oder zu bewirtschaften, die der Erfüllung öffentlicher Aufgaben dienen.**
29. **Organisierter Markt ist ein Markt, der anerkannt und für das Publikum offen ist und dessen Funktionsweise ordnungsgemäß ist, sofern nicht ausdrücklich etwas anderes bestimmt ist.**
30. **Primebroker ist ein Kreditinstitut im Sinne des Artikels 4 Absatz 1 Nummer 1 der Verordnung (EU) Nr. 575/2013, eine Wertpapierfirma im Sinne des Artikels 4 Absatz 1 Nummer 1 der Richtlinie 2014/65/EU oder eine andere Einheit, die einer Regulierungsaufsicht und ständigen Überwachung unterliegt und professionellen Anlegern Dienstleistungen anbietet, in erster Linie, um als Gegenpartei Geschäfte mit Finanzinstrumenten im Sinne der Richtlinie 2011/61/EU zu finanzieren oder durchzuführen, und die möglicherweise auch andere Dienstleistungen wie Clearing und Abwicklung von Geschäften, Verwahrungsdienstleistungen, Wertpapier-Darlehen und individuell angepasste Technologien und Einrichtungen zur betrieblichen Unterstützung anbietet.**
31. **Privatanleger sind alle Anleger, die weder professionelle noch semiprofessionelle Anleger sind.**
32. **Professioneller Anleger ist jeder Anleger, der im Sinne von Anhang II der Richtlinie 2014/65/EU als professioneller Kunde angesehen wird oder auf Antrag als ein professioneller Kunde behandelt werden kann.**
33. **Semiprofessioneller Anleger ist**
    a) **jeder Anleger,**
        aa) **der sich verpflichtet, mindestens 200 000 Euro zu investieren,**
        bb) **der schriftlich in einem vom Vertrag über die Investitionsverpflichtung getrennten Dokument angibt, dass er sich der Risiken im Zusammenhang mit der beabsichtigten Verpflichtung oder Investition bewusst ist,**
        cc) **dessen Sachverstand, Erfahrungen und Kenntnisse die AIF-Verwaltungsgesellschaft oder die von ihr beauftragte Vertriebsgesellschaft bewertet, ohne von der Annahme auszugehen, dass der Anleger über die Marktkenntnisse und -erfahrungen der in Anhang II Abschnitt I der Richtlinie 2014/65/EU genannten Anleger verfügt,**
        dd) **bei dem die AIF-Verwaltungsgesellschaft oder die von ihr beauftragte Vertriebsgesellschaft unter Berücksichtigung der Art der beabsichtigten Verpflichtung oder Investition hinreichend davon überzeugt ist, dass er in der Lage ist, seine Anlageentscheidungen selbst zu treffen und die damit einhergehenden Risiken versteht und dass eine solche Verpflichtung für den betreffenden Anleger angemessen ist, und**
        ee) **dem die AIF-Verwaltungsgesellschaft oder die von ihr beauftragte Vertriebsgesellschaft schriftlich bestätigt, dass sie die unter Doppelbuchstabe cc genannte Bewertung vorgenommen hat und die unter Doppelbuchstabe dd genannten Voraussetzungen gegeben sind,**
    b) **ein in § 37 Absatz 1 genannter Geschäftsleiter oder Mitarbeiter der AIF-Verwaltungsgesellschaft, sofern er in von der AIF-Verwaltungsgesellschaft verwaltete AIF investiert, oder ein Mitglied der Geschäftsführung oder des Vorstands einer extern verwalteten Investmentgesellschaft, sofern es in die extern verwaltete Investmentgesellschaft investiert,**

c) **jeder Anleger, der sich verpflichtet, mindestens 10 Millionen Euro in ein Investmentvermögen zu investieren,**

d) **jeder Anleger in der Rechtsform**

   aa) **einer Anstalt des öffentlichen Rechts,**

   bb) **einer Stiftung des öffentlichen Rechts oder**

   cc) **einer Gesellschaft, an der der Bund oder ein Land mehrheitlich beteiligt ist,**

   wenn der Bund oder das Land zum Zeitpunkt der Investition der Anstalt, der Stiftung oder der Gesellschaft in den betreffenden Spezial-AIF investiert oder investiert ist.

34. **Sitz eines**

   a) **AIF ist der satzungsmäßige Sitz oder, falls der AIF keine eigene Rechtspersönlichkeit hat, der Staat, dessen Recht der AIF unterliegt;**

   b) **gesetzlichen Vertreters, der eine juristische Person ist, ist der satzungsmäßige Sitz oder die Zweigniederlassung der juristischen Person;**

   c) **gesetzlichen Vertreters, der eine natürliche Person ist, ist sein Wohnsitz.**

35. **Tochterunternehmen sind Unternehmen, die Tochterunternehmen im Sinne des § 290 des Handelsgesetzbuchs sind.**

36. **Verbriefungszweckgesellschaften sind Gesellschaften, deren einziger Zweck darin besteht, eine oder mehrere Verbriefungen im Sinne von Artikel 1 Absatz 2 der Verordnung (EG) Nr. 24/2009 der Europäischen Zentralbank vom 19. Dezember 2008 über die Statistik über die Aktiva und Passiva von finanziellen Mantelkapitalgesellschaften, die Verbriefungsgeschäfte betreiben (ABl. L 15 vom 20.1.2009, S. 1), und weitere zur Erfüllung dieses Zwecks geeignete Tätigkeiten durchzuführen.**

37. **Verschmelzungen im Sinne dieses Gesetzes sind Auflösungen ohne Abwicklung eines Sondervermögens, einer Investmentaktiengesellschaft mit veränderlichem Kapital oder einer offenen Investmentkommanditgesellschaft**

   a) **durch Übertragung sämtlicher Vermögensgegenstände und Verbindlichkeiten eines oder mehrerer übertragender offener Investmentvermögen auf ein anderes bestehendes übernehmendes Sondervermögen, auf einen anderen bestehenden übernehmenden EU-OGAW, auf eine andere bestehende übernehmende Investmentaktiengesellschaft mit veränderlichem Kapital oder auf eine andere bestehende übernehmende offene Investmentkommanditgesellschaft (Verschmelzung durch Aufnahme) oder**

   b) **durch Übertragung sämtlicher Vermögensgegenstände und Verbindlichkeiten zweier oder mehrerer übertragender offener Investmentvermögen auf ein neues, dadurch gegründetes übernehmendes Sondervermögen, auf einen neuen, dadurch gegründeten übernehmenden EU-OGAW, auf eine neue, dadurch gegründete übernehmende Investmentaktiengesellschaft mit veränderlichem Kapital oder auf eine neue, dadurch gegründete übernehmende offene Investmentkommanditgesellschaft (Verschmelzung durch Neugründung)**

   jeweils gegen Gewährung von Anteilen oder Aktien des übernehmenden Investmentvermögens an die Anleger oder Aktionäre des übertragenden Investmentvermögens sowie gegebenenfalls einer Barzahlung in Höhe von nicht mehr als 10 Prozent des Wertes eines Anteils oder einer Aktie am übertragenden Investmentvermögen.

38. **Zweigniederlassung ist in Bezug auf eine Verwaltungsgesellschaft eine Betriebsstelle, die einen rechtlich unselbstständigen Teil der Verwaltungsgesellschaft bildet und die die Dienstleistungen erbringt, für die der Verwaltungsgesellschaft eine Zulassung oder Genehmigung erteilt wurde; alle Betriebsstellen einer Verwaltungsgesellschaft mit satzungsmäßigem Sitz in einem anderen Mitgliedstaat der Europäischen Union, einem anderen Vertragsstaat des Abkommens über den Europäischen Wirtschaftsraum oder einem Drittstaat, die sich in ein und demselben Mitgliedstaat oder Vertragsstaat befinden, gelten als eine einzige Zweigniederlassung.**

In der Fassung vom 4.7.2013 (BGBl. I 2013, S. 1981), zuletzt geändert durch das Zweite Finanzmarktnovellierungsgesetz (2. FiMaNoG) vom 23.6.2017 (BGBl. I 2017, S. 1693). Geplant ist eine Streichung in Abs. 19 Nr. 6 Satz 1 sowie eine Ergänzung in Abs. 19 Nr. 36 durch das Gesetz zur Anpassung von Finanzmarktgesetzen an die Verordnung (EU) 2017/2402 und an die durch die Verordnung (EU) 2017/2401 geänderte Verordnung (EU) Nr. 575/2013 (RegE, BT-Drucks. 19/4460, s. Rz. 4, 167, 255).

Schrifttum: *Bäuml*, Die Investment-AG als Alternative für Family Offices und Unternehmen – Umsetzung der AIFM-Richtlinie und das neue Kapitalanlagegesetzbuch, StuB 2013, 102; *Bäuml*, Neuregelungen der Besteuerung von Investmentvermögen durch das AIFM-Steuer-Anapassungsgesetz, Darstellung am Beispiel der Investment-AG, StuB 2013, 128; *Bäuml*, Investmentvermögen im neuen Kapitalanlagegesetzbuch (Teil 1), FR 2013, 640; *Böcker*, Der Entwurf des Kapitalanlagegesetzbuch, NWB 2012, 3320; *Böhme*, Die Vertretung der extern verwalteten Investmentkommanditgesellschaft, BB 2014, 2380; *Boss*, Die Investmentclubs in der Bundesrepublik Deutschland, Diss. Erlangen-Nürnberg 1974; *Boxberger*, Regulierung light unter dem KAGB-Regime, GWR 2013, 415; *Burgard/Heimann*, Das neue Kapitalanlagegesetzbuch, WM 2014, 821; *Bußalb/Unzicker*, Auswirkungen der AIFM-Richtlinie auf geschlossene Fonds, BKR 2012, 309; *Conradi/Jander-McAlister*, REIT-AGs sind keine Investmentvermögen im Sinne des KAGB, WM 2014, 733; *Damnitz/Degenhardt*, Faktische Geschäftsführung und kapitalersetzende (Bank-)Dahrlehen bei der AG, WM 2005,

583; *Demleitner*, Aufsichtsrechtliche Folgen eines verkannten AIF, BB 2014, 2058; *Dornseifer*, Hedge Funds and Systemic Risk Reporting, in Zetzsche, AIFMD, 2. Aufl. 2015, S. 627; *Elser/Stadler*, Der Referenzentwurf zum AIFM-Steuer-Anpassungsgesetz – Ausweitung und Verschärfung der Besteuerung nach dem InvStG, DStR 2012, 2561; *Emde/Dreibus*, der Regierungsentwurf für ein Kapitalanlagegesetzbuch, BKR 2013, 89; *Entzian*, Blühendes Wachstum im feindlichen Sturm der Gesetzgebung, Kreditwesen 2013 816; *Faigle*, Die Besteuerung des Caried Interests von Private Equity Fonds, Diss. Münster 2012; *Feyerabend/Vollmer*, Investmentfondsbesteuerung und Abgeltungssteuer, BB 2008, 1088; *Fischer/Friedrich*, Investmentaktiengesellschaft und Investmentkommanditgesellschaft unter dem Kapitalanlagegesetzbuch, ZBB 2013 153; *Fock*, Investmentbesteuerung im künftigen Recht, BB 2003, 1589; *Fock*, Kollektive Vermögensverwaltung zwischen Investmentrecht und Kreditwesengesetz, ZBB 2004 365; *Freitag*, Die „Investmentkommanditgesellschaft" nach dem Regulierungsentwurf für ein Kapitalanlagegesetzbuch, NZG 2013, 329; *Freitag/Fürbaß*, Wann ist ein Fonds eine Investmentgesellschaft? – Zivilrechtliche Fragen des Betriebs des materiellen Fondsgeschäfts im unzulässigen Rechtskleid, ZGR 2016, 729; *Fürbaß*, Das Investmentsondervermögen – Plädoyer für die Schaffung eines genuinen Fondsvehikels durch rechtliche Verselbständigung, 2016; *Gaber/Groß/Heil*, Anpassung des § 290 HGB durch das AIFM-UmsG, BB 2013, 2677; *Geibel*, Können eingetragene Genossenschaften Investmentvermögen im Sinne des KAGB sein?, WM 2015, 1649; *Gerstner/Leitner*, Geschlossene Immobilienfonds und kollektive Immobilien-Investments im Fokus des AIFMG, ÖBA 2013, 566; *Geurts/Schubert*, Folgen der Definition geschlossener Investmentfonds, WM 2014, 2154; *Görke/Ruhl*, Offene Immobilienfonds – Verfehlte Regulierung durch den Diskussionsentwurf des BMF zur Umsetzung der AIFM-Richtlinie, RdF 2012, 289; *Gottschling*, BMF-Schreiben zur aktiven unternehmerischen Bewirtschaftung i.S.d. § 1 Abs. 1b Nr. 3 InvStG vom 3.3.2015 – Auswirkungen auf Immobilienfonds, RdF 2015, 319; *Haisch/Helios*, Steuerliche Produktregulierung durch das AIFM-StAnpG – Antworten auf Zweifelsfragen, FR 2014, 313; *Hartrott/Goller*, Immobilienfonds nach dem Kapitalanlagegesetzbuch, BB 2013; *Helios/Schmies*, Ausländische Investmentanteile i.S.d. § 2 Abs. 9 InvG, BB 2009, 1100; *Herring/Loff*, Die Verwaltung alternativer Investmentvermögen nach dem KAGB-E, DB 2012, 2029; *Hübner*, Immobilienanlagen unter dem KAGB – Alte Frage – neue Fragen – neue Antworten –, WM 2014 106; *Jäger/Maas/Renz*, Compliance bei geschlossenen Fonds – Ein Überblick, CCZ 2014, 106; *Jesch*, BB-Gesetzgebungs- und Rechtsprechungsreport zur Fondsregulierung 2013, BB 2013, 3075; *Jesch/Alten*, Erlaubnisantrag für Kapitalverwaltungsgesellschaften nach §§ 21 ff. KAGB, RdF 2013, 191; *Jesch/Haug*, Das neue Investmentsteuergesetz, DStZ 2013, 771; *Jesch/Klebeck*, BB-Gesetzgebungs- und Rechtsprechungsreport zur Fondsregulierung, BB 2011, 1867; *Jesch/Siemko*, BB-Gesetzgebung- und Rechtsprechungsreport zur Fondsregulierung 2014, BB 2014, 3075; *van Kann/Redeker/Keiluweit* Überblick über das Kapitalanlage[n]gesetzbuch (KAGB), DStR 2013 1483; *Kind/Haag*, Der Begriff des Alternative Investment Fund nach der AIFM-Richtlinie – geschlossene Fonds und private Vermögensanlagegesellschaften im Anwendungsbereich?, DStR 2010, 1526; *Klebeck/Boxberger*, Vertrieb von Alternativen Investmentfonds nach dem KAGB, Absolutreport 2013, 64; *Klebeck/Eichhorn*, OGAW-Konformität von AIF, RdF 2014 16; *Klebeck/Kolbe*, Aufsichts- und Arbeitsrecht im KAGB, BB 2014 707; *Klebeck/Loff*, Gesetzliche Vertreter und Repräsentanten im KAGB, BB 2014, 707; *Klebeck/Meyer*, Drittstaatenregulierung der AIFM-Richtlinie, RdF 2012, 95; *Klinger*, Max – Die zentrale Strafnorm des Investmentrechts gem. § 339 KAGB, in NZWiSt 2014, S. 370; *Koch*, Das Kapitalanlagesetzbuch: neue Rahmenbedingungen für Private-Equity-Fonds – Transparenz, gesellschaftsrechtliche Maßnahmen und Finanzierung, WM 2014, 433; *Kramer/Recknagel*, Die AIFM-Richtlinie – Neuer Rechtsrahmen für die Verwaltung alternativer Investmentfonds, DB 2011, 2077; *Krause/Gölz*, Herausforderungen beim Vertrieb drittausländischer Alternativer Investment Fonds in Deutschland, RdF 2015, 15; *Krause/Klebeck* Family Office und AIFM-Richtlinie, BB 2012, 2063; *Krause/Klebeck*, Fonds(anteils)begriff nach der AIFM-Richtlinie und dem Entwurf des KAGB, RdF 2013, 4; *Lehne/Achleitner/Spindler/Lüßmann*, Finanzmarktkrise – Schafft die neue EU-Richtlinie mehr Stabilität? Die AIFM-Richtlinie aus Sicht des europäischen Gesetzgebers, DB 2010, 81; *Loff/Klebeck*, Fundraising nach der AIFM-Richtlinie und Umsetzung in Deutschland durch das KAGB, BKR 2012, 353; *Loritz/Rickmers*, Unternehmensfinanzierung im Kapitalmarkt und Kapitalanlagegesetzbuch bei operativ tätigen Unternehmen, NZG 2014, 1241; *Loritz/Uffmann*, Der Geltungsbereich des Kapitalanlagegesetzbuches (KAGB) und Investmentformen außerhalb desselben, WM 2013, 2193; *Malzahn*, Zur Bildung einer Kreditnehmereinheit gem. § 19 Abs. 2 KWG zwischen Verbriefungszweckgesellschaften und deren Anteilstreuhänder (share trustee), BKR 2012, 450; *Merkt*, Fallen REIT-Aktiengesellschaften unter das KAGB?, BB 2013, 1986; *Merkt*, Das Kapitalanlagerecht und die Finanzierung operativ tätiger Unternehmen, DB 2015, 2988; *Möller/Harrer/Krüger*, Die Regulierung von Hedgefonds und Private Equity durch die neue AIFM-Richtlinie, BB 2013, 1653; *Nelle/Klebeck*, Der „kleine" AIFM – Chancen und Risiken der neuen Regulierung für deutsche Fondsmanager, BB 2013, 2499; *Niewerth/Rybarz*, Änderungen der Rahmenbedingungen für Immobilienfonds – das neue AIFM-Umsetzungsgesetz und seine Folgen, WM 2013, 1154; *Patz*, Das Zusammenwirken zwischen Verwahrstelle, Bewerter, Abschlussprüfer und BaFin bei der Aufsicht über Investmentvermögen nach dem KAGB – Zuständigkeiten bei der Überprüfung der Einhaltung der Bewertungsmaßstäbe und -verfahren für Vermögensgegenstände von AIF und OGAW, BKR 2015, 193; *Paul*, Der Anteilserwerb bei der als Spezial-AIF konzipierten Investmentgesellschaft durch Privatanleger, ZIP 2016, 1009; *Poelzig/Volmer*, „Der Bundesminister der Finanzen warnt" – Ein Überblick zum neuen Kapitalanlagegesetzbuch, DNotZ 2014, 483; *Reiner*, Geschlossene Photovoltaik-/Projektentwicklungsfonds unter dem Kapitalanlagegesetzbuch (KAGB), GWR 2016, 202; *Reiter/Plumridge*, Das neue Investmentgesetz, WM 2012, 343; *Scholz/Appelbaum*, Bedeutung der AIFM- Umsetzung für Family Offices und Reichweite des Holding-Privilegs, RdF 2013, 268; *Schröder/Rahn*, Das KAGB und Private Equity Transaktionen – Pflichten für Manager von Private Equity Fonds und deren Verwahrstellen, GWR 2014, 49; *Schubert/Schuhmann*, Die Kategorie des semiprofessionellen Anlegers nach dem Kapitalanlagegesetzbuch, BKR 2015, 45; *Seibt/Jander-McAlister*, Club Deals mit Family Offices nach der AIFM-Regulierung (Teil 1), DB 2013 1274; *Seibt/Jander-McAlister*, Club Deals mit Family Offices nach der AIFM-Regulierung (Teil 2), DB 2013, 2433; *Servatius*, Neuregelungen für Offene Immobilienfonds, ZfIR 2013, 709; *Servatius*, Verbesserter Anlegerschutz bei geschlossenen Fonds nach dem KAGB, ZfIR 2014, 134; *Seyfried*, Die Richtlinie über neue Märkte der Finanzinstrumente (MiFID) – Neuordnung der Wohlverhaltensregeln, WM 2006, 1375; *Solms-Laubach, Graf zu/Mihova*, Übersicht über die aufsichtsrechtliche Regulierung von alternativer Finanzierungen nach dem Inkrafttreten des KAGB und des Kleinanlegerschutzgesetz, DStR 2015, 1872; *Spindler/Kasten*, Der neue Rechtsrahmen für den Finanzdienstleistungssektor – die MiFID und ihre Umsetzung (Teil 2), WM 2006, 1797; *Spindler/Tancredi*, Die Richtlinie über Alternative Investmentfonds (AIFM-Richtlinie) – Teil 1, WM 2011, 1393; *Spindler/Tancredi*, Die Richtlinie über Alternative Investmentfonds (AIFM-Richtlinie) – Teil 2, WM 2011, 1441; *Ulrich*, Private Equity (LBO) vor und nach Inkrafttreten des KAGB, 2018; *Vicano-Gofferje*, Neue Transparenzanforderungen für Private Equity Fonds nach dem Kapitalanlagegesetzbuch, BB 2013, 2506; *Voigt/Busse*, Die Übergangsvorschriften für geschlossene Fonds nach dem Regierungsentwurf zum AIFM-Umsetzungsgesetz, BKR 2013, 184; *Volhard/Jang*, Der Vertrieb alternativer Investmentfonds – Regelungsrahmen für den Vertrieb an professionelle und semiprofessionelle Anleger in Deutschland nach dem RegE zur Umsetzung der AIFM-RL, DB 2013, 273; *Volhard/El-Qalqili*, Die neuen Bewertungsvorschriften für AIF-Investmentvermögen, DB 2013, 2103; *Volhard/Kruschke*, Die Regulierung von Private Equity Fonds-Managern durch den Europäischen Gesetzgeber – Ausgewählte Aspekte der AIFM-Richtlinie und der VC-Verordnung im Überblick, EWS 2012, 21; *Waclawik*, Aufsichtsrechtliche Aspekte der Tätigkeit privater Family Offices, ZBB 2005, 401; *Waclawik*, Erlaubnispflicht privater Family Offices nach Umsetzung der MiFID?, ZIP 2007, 1341; *Wagner*, Geschlossene Fonds gemäß dem KAGB, ZfBR 2015, 113; *Wagner*, Externe KVGs in geschlossenen Publikums-GmbH & Co. KGs: wie verhält sich dies mit dem Gebot der Selbstorganschaft bzw. dem Verbot der Drittorganschaft?, BKR 2015, 410; *Wallach*, Alternative Investment Funds Manager Directive – ein neues Kapitel des europäischen Investmentrechts, RdF 2011, 80; *Wallach*, Umsetzung der AIFM-Richtlinie in deutsches Recht – erste umfassende Regulierung des deutschen Investmentrechts, RdF 2013, 92; *Wallach*, Die Regulierung von Personengesellschaften im Kapitalanlagegesetzbuch, ZGR 2014, 289; *Wallach*, Wann liegt ein Vertrieb von Anteilen an Investmentvermögen vor?, ZBB 2016, 287; *Weiser/Hüwel*, Verwaltung alternativer Investmentfonds und Auslagerung nach dem KAGB-E, BB 2013, 1091; *Weiser/Jang*, die nationale Umsetzung der AIFM-Richtlinie und ihr Auswirkungen auf die Fondsbranche in Deutschland, BB 2011, 1219; *Weitnauer*, Pools und Investment-Clubs: Strukturen und Erlaubnispflichten nach KAGB und KWG, GWR 2013, 1; *Wiedemann*, Alte und neue Kommanditgesellschaften, NZG 2013, 1041; *Wilhelmi/Bassler*, AIFMD, Systemic Risk and the Financial Crisis, in Zetzsche, AIFMD, S. 23; *Wohlfarth*, Vergütung und Interessengleichlauf in Alternativen Investmentfonds – Eine rechtsökonomische Untersuchung der Regulierung durch AIFM-Richtlinie und Kapitalanlagegesetzbuch, Diss. Tübingen, 2018; *Wollenhaupt/Beck*, Das neue Kapitalanlagegesetzbuch (KAGB), DB 2013, 1950; *Wrogemann*, Spezialfonds im KAGB – Halte- und Erwerbsverbot für Privatanleger, BKR 2017, 501; *Zetzsche*, Grundprinzipien des KAGB, in Möllers/Kloyer, Das neue Kapitalanlagegesetzbuch, 2013, S. 100; *Zetzsche*, Anteils- und Kontrollerwerb an Zielgesellschaften durch Verwalter alternativer Investmentfonds, NZG 2012, 1164; *Zetzsche*, Das Gesellschaftsrecht des Kapitalanlagegesetzbuches, AG 2013, 613; *Zetzsche*, Fondsregulierung um Umbruch – ein rechtsvergleichender Rundblick zur Umsetzung der AIFM-Richtlinie, ZBB 2014, 22; *Zetzsche*, Familienvermögen und Family Offices zwischen Recht und Regulierung, Der Gesellschafter 2016, S. 370; *Zetzsche*, Familienvermögen und Family Offices zwischen Recht und Regulierung, ZIP 2017, 945; *Zetzsche*, The Anatomy of European Investment Law, in Birdthistle/Morley, Elgar's Research Handbook on Mutual Funds, 2018, S. 302 ff.; *Zetzsche*, Prinzipien der kollektiven Vermögensanlage, 2015; *Zetzsche*, Family Offices und Familienvermögen zwischen Recht und Regulierung, in Vogt/Fleischer/Kalss, Recht der Familiengesellschaften, 2017, S. 153; *Zetzsche*, Das grenzüberschreitende Investmentrecht – das IPR und IZPR der Investmentfonds, in Zetzsche/Lehmann, Grenzüberschreitende Finanzdienstleistungen, 2018, S. 199; *Zetzsche*, Die Irrelevanz und Konvergenz des Organisationsstatuts für Investmentfonds, ZVglRWiss 111 (2012); *Zetzsche/Eckner*, Securitizations, in Zetzsche, AIFMD, 2. Aufl. 2015, S. 607; *Zetzsche*, (Prime)Brokerage, in Zetzsche, 2. Aufl. 2015, AIFMD, S. 573 ff.; *Zetzsche/Marte*, The AIFMD's Cross-Border Dimension, Third Country Rules and the Equivalence Concept, in Zetzsche, AIFMD, 2. Aufl. 2015, S. 431; *Zetzsche/Preiner*, Scope of the AIFMD, in Zetzsche, AIFMD, 2. Aufl. 2015, S. 49; *Zetzsche/Preiner*, Was ist ein AIF?, WM 2013, 2101; *Zimmermann*, Mezzanine Beteiligungsstrukturen und das KAGB – eine Bewertung des Investmentvermögensbegriffs, 2017.

I. Zweck und Entwicklung

1 Die Vorschrift definiert die **wichtigsten Begriffe des KAGB** und setzt zugleich Art. 2 und 4 AIFM-RL sowie Art. 1 und 2 OGAW-RL um. Zur Vorgängernorm vgl. § 1, 2 InvG (mit teils abweichenden Definitionen, insbesondere einem vom Ausgangspunkt her formellen[1] statt dem für das KAGB maßgeblichen[2] **materiellen Fondsbegriff**, dazu Rz. 5 ff.).

2 Durch die Definitionen wird insbesondere der **Anwendungsbereich** des ganzen KAGB oder von Teilen des KAGB und damit die **Reichweite der Erlaubnispflicht** der kollektiven Vermögensverwaltung sowie der daran anknüpfenden **Europäischen Pässe** (dazu § 49 Rz. 3) und bei Verstoß der einschlägigen **Straftatbestände** bestimmt (vgl. § 17 Abs. 1 KAGB). Zentralbegriff des KAGB ist dabei der des **Investmentvermögens** (§ 1 Abs. 1 KAGB). In § 1 InvG war demgegenüber noch der Anwendungsbereich separat geregelt.

1 Zu den Details des InvG und AuslInvG vgl. *Mansfeld* in Moritz/Klebeck/Jesch, Einl. Rz. 28.
2 Vgl. Begr. RegE AIFMRL-UmsG, BT-Drucks. 17/12294, S. 188.

§ 1 Abs. 19 Nr. 1 Satz 2, Nr. 9 und Nr. 30 KAGB erhielten durch **Art. 6 CRD IV-UmsG**[3] neue Verweise auf die Verordnung (EU) Nr. 575/2013 („CRR") anstelle der bisherigen in das KWG. § 1 Abs. 4 KAGB wurde durch das **FiMaAnpG**[4] an europäische Vorgaben zur Definition der OGAW und AIF angepasst. Zugleich wurde in § 1 Abs. 19 KAGB klargestellt, dass die Vorschriften zum grenzüberschreitenden Dienstleistungsverkehr kraft europäischen Rechts (sog. Europäischer Pass) auch für die Vertragsstaaten des Europäischen Wirtschaftsraums Geltung beanspruchen. Im **Jahr 2015** wurden die Verweise in § 1 Abs. 19 Nr. 6 Satz 2 KAGB aktualisiert, um durch die TransparenzRL II veranlasste Änderungen des WpHG nachzuvollziehen.[5] 3

Durch Art. 1 Nr. 2 des **OGAW V-UmsG**[6] wurde neben redaktionellen Anpassungen in § 1 Abs. 6 KAGB klargestellt, dass der **gesetzliche Erwerb von einem semiprofessionellen Anleger** (insbesondere die Erbfolge) den Erwerber für Zwecke des KAGB zum semiprofessionellen Anlegern macht. Weitere Klarstellungen betrafen die **grundstücksgleichen Rechte** in § 1 Abs. 19 Nr. 21 KAGB, dass **Anleger mit öffentlich-rechtlichem Hintergrund** nach dem Maßstab des KAGB semiprofessionelle Anleger sein können (§ 1 Abs. 19 Nr. 33 Buchst. d KAGB) sowie den Begriff der **Verschmelzung** in § 1 Abs. 19 Nr. 37 KAGB. Das **2. FiMaNoG**[7] brachte neben Anpassungen an die Neunummerierung des WpHG in § 1 Abs. 19 Nr. 6 Satz 2 KAGB und dem Verweis auf die MiFID II statt MiFID I in § 1 Abs. 19 Nr. 30, 32, 33 Buchst. a Doppelbuchst. cc KAGB eine neue **Definition des nicht börsennotierten Unternehmens** in § 1 Abs. 19 Nr. 27 KAGB in Anpassung an das neue WpHG. Im **Jahr 2018** soll schließlich die **Definition der wesentlichen Beteiligung** in § 1 Abs. 19 Nr. 6 Satz 1 KAGB an die AIFM-RL und die OGAW-RL angepasst werden; die für den Anwendungsbereich erhebliche Definition der **Verbriefungsgesellschaft** wurde von der Definition gem. Art. 2 Nr. 2 STS-Verordnung (EU) 2017/2402 abgegrenzt.[8] 4

II. Investmentvermögen (§ 1 Abs. 1 KAGB)

1. Bedeutung

§ 1 Abs. 1 KAGB definiert mit dem Investmentvermögen den **Zentralbegriff des KAGB**, der **sämtliche Fondstypen und -arten** (insbesondere OGAW und AIF, zulassungspflichtige und „nur" registrierungspflichtige, offene und geschlossene, inländische und ausländische, Publikums- und Spezialfonds) **umfasst.** Damit definiert § 1 Abs. 1 KAGB einen **materiellen Fondsbegriff.**[9] Gemeint ist, dass es im Grundsatz nicht auf die konkrete Ausgestaltung des Fonds (etwa dessen Anlagepolitik), sondern nur darauf ankommt, dass es sich **um einen Fonds** handelt. Folge ist ein im Verhältnis zum InvG **erweiterter, umgehungsfesterer Anwendungsbereich** der Fondsregulierung, der durchaus ausländischen Vorbildern entspricht.[10] Die weiteren Merkmale des § 1 Abs. 1 KAGB konkretisieren in Übereinstimmung mit der europäischen AIF-Definition, wann ein Fonds gegeben ist. 5

Danach ist Investmentvermögen „jeder Organismus für gemeinsame Anlagen, der von einer Anzahl von Anlegern Kapital einsammelt, um es gemäß einer festgelegten Anlagestrategie zum Nutzen dieser Anleger zu investieren und der kein operativ tätiges Unternehmen außerhalb des Finanzsektors ist. Eine Anzahl von Anlegern im Sinne des § 1 Abs. 1 Satz 1 KAGB ist gegeben, wenn die Anlagebedingungen, die Satzung oder der Gesellschaftsvertrag des Organismus für gemeinsame Anlagen die Anzahl möglicher Anleger nicht auf einen Anleger begrenzen." Die Definition umfasst im Kern **sechs Merkmale** (dazu Rz. 18 ff.). Die Merkmale müssen grds. **kumulativ vorliegen**, damit ein Investmentvermögen gegeben ist (unstr.[11]). 6

Die **einzelnen Merkmale des Investmentvermögens sind im KAGB nicht konkretisiert**; deren Bedeutung ergibt sich teils aus Zweck und Systematik des umgesetzten Europarechts, teils aus der Wortbedeutung und 7

3 BGBl. I 2013, S. 3395.
4 Gesetz zur Anpassung von Gesetzen auf dem Gebiet des Finanzmarktes (FiMaAnpGI) v. 15.7.2014, BGBl. I 2014, S. 934.
5 Vgl. Art. 5 Nr. 2 des Gesetzes zur Umsetzung der Transparenzrichtlinie-Änderungsrichtlinie vom 20.11.2015, BGBl. I 2015, S. 2029.
6 BGBl. I 2016, S. 348.
7 BGBl. I 2017, S. 1693.
8 Änderung des § 1 Abs. 19 Nr. 36 KAGB mit dem Gesetz zur Anpassung von Finanzmarktgesetzen an die Verordnung (EU) 2017/2402 und an die durch die Verordnung (EU) 2017/2401 geänderte Verordnung (EU) Nr. 575/2013; vgl. dazu die Regierungsbegründung, BR-Drucks. 374/18, S. 30.
9 Vgl. dazu *Zetzsche/Preiner*, WM 2013, 2101 (2103); *Köndgen/Schmies* in Bankrechts-Handbuch, § 113 Rz. 56 f.
10 Ausführliche rechtsvergleichende Betrachtung bei *Zetzsche*, Prinzipien der kollektiven Vermögensverwaltung, S. 57-203. Kritisch dagegen *Gottschling* in Moritz/Klebeck/Jesch, § 1 KAGB Rz. 14 f. (der vor Überregulierung warnt).
11 ESMA/2013/611, unter III.4.

teils aus einem tradierten Normverständnis. Für praktische Zwecke wichtige Hinweise geben die auf eine einheitliche Normanwendung in ganz Europa ausgerichteten **Auslegungsschreiben der ESMA**[12] **und der BaFin.**[13] Diese Schreiben sind jedoch weder Gesetzestext, noch können sie Richtigkeit aus anderen Gründen für sich in Anspruch nehmen. Die Inhalte dieser Schreiben müssen sich ebenso wie jede andere Rechtsmeinung an den dargelegten Auslegungskriterien messen lassen und sind vor Gerichten einer Überprüfung zugänglich.

8 Ein **Gebot der engen Auslegung** der Merkmale des Investmentvermögens **existiert nicht.**[14] Dies folgt weder aus einer (im Rechtsvergleich nicht belegbaren) extensiven Tendenz der Definitionsmerkmale, noch einer gewissen sprachlichen Unschärfe der Merkmale, und schon gar nicht aus verfassungsrechtlichen Erwägungen. Ein solches Gebot steht der Gesetzesintention entgegen, einen **möglichst breiten Anwendungsbereich** des Investmentrechts zu gewährleisten.[15] Aber auch diese vom Gesetzgeber artikulierte Intention kann nur Geltung beanspruchen, soweit sie im Wortlaut ihren Niederschlag gefunden hat. Im Ergebnis bleibt es bei den in Rz. 7 dargelegten Auslegungskriterien, die einer üblichen Norminterpretation europäisch geprägten Wirtschaftsrechts entsprechen. Diese Auslegungskriterien sind mit Blick auf die **Gesetzesintentionen des KAGB im Ganzen** – Anleger- und Marktfunktions- bzw. Systemschutz (Einl. Rz. 15) – anzuwenden; auf diesem Weg sind die einzelnen Merkmale zu konkretisieren. Dabei kann durchaus ein Merkmal stärker, ein anderes schwächer betont sein.

2. Materieller Fondsbegriff – irrelevante Merkmale

9 Infolge des materiellen Fondsbegriffs sind eine Reihe von Merkmalen für die Einstufung als Investmentvermögen unerheblich, denen unter dem InvG oder nach anderen finanzmarktrechtlichen Vorschriften eine Bedeutung zukam oder zukommt.

a) Anlagestrategie

10 Der Begriff des Investmentvermögens erfasst – anders als deren Teilmenge der OGAWs (§ 1 Abs. 2 KAGB) – **alle Anlagegegenstände- und -strategien.** Auch auf die Frage der **Risikomischung** kommt es nicht mehr an;[16] auch konzentrierte Anlagestrategien können in Investmentvermögen verfolgt werden. Die AIFM-RL überlässt den Mitgliedstaaten die Regelungen zu Fondstypen und Rechtsformen (Produktregulierung). Eine Vereinheitlichung schien unverhältnismäßig"[17] und ist wegen des gebotenen Innovationswettbewerbs auch nicht wünschenswert.[18] Dies führt zu einer Vielfalt, die von einer Produktregulierung in Deutschland, der Differenzierung zwischen Publikumsfonds, Fonds für professionelle Anleger und HNWis über eine Vielzahl an Fondsgesetzen in Luxemburg, bis zu einer einheitlichen Regelung für alle AIF-Verwalter (AIFM) mit Vertriebsformen (statt Fondstypen) in Liechtenstein reicht.[19]

b) Rechtsform

aa) Rechtsform des Fonds

11 Die seitens der AIFM-RL gewährleistete **Rechtsformfreiheit** charakterisiert den europäischen AIF als Produkt für professionelle Anleger, vgl. Art. 2 Abs. 2 Buchst. b AIFM-RL. Der AIF kann nach europäischem Recht vertraglich, als Trust, durch Satzung oder in irgendeiner anderen Rechtsform errichtet werden.[20] Als „andere Rechtsform" kommt insbesondere die Errichtung der für Anlagebeziehungen weit verbreiteten Personengesellschaft (KG/LP) in Betracht. In der Tat ist die Rechtsform des Vehikels, in dem das Investmentgeschäft verortet ist, aus der Perspektive des Anleger- und Funktionsschutzes im Grundsatz unerheblich.

---

12 Vgl. insbesondere ESMA, Leitlinien zu Schlüsselbegriffen der RL über Verwalter alternativer Investmentrfonds (AIFMD) v. 13.8.2013, ESMA/2013/611.
13 Vgl. insbesondere BaFin, Auslegungsschreiben zum Anwendungsbereich des KAGB und zum Begriff des „Investmentvermögens" v. 14.6.2013 (Gz. WA41-Wp 2137-2013/0006), zuletzt geändert am 9.3.2015.
14 **A.A.** *Gotschling* in Moritz/Klebeck/Jesch, § 1 KAGB Rz. 15; wohl auch *Krause/Klebeck*, RdF 2013, 4 f.
15 Begr. RegE, BT-Drucks. 17/12294, S. 338.
16 *Wallach*, RdF 2011, 80 (81). Zur verbleibenden Bedeutung für die Vermögensverwaltung *Zetzsche*, Prinzipien der kollektiven Vermögensanlage, 2015, S. 122 ff.
17 Erwägungsgrund 10 AIFM-RL.
18 Dazu *Zetzsche*, ZVglRWiss 111 (2012). Das ursprüngliche Vorhaben, die Vielfalt zugunsten wenigstens einheitlicher Bezeichnungen für bestimmte Gestaltungen zu reduzieren, hat ESMA aufgegeben, vgl. ESMA/2012/117, S. 9.
19 Rechtsvergleichender Rundblick bei *Zetzsche*, ZBB 2014, 22 (23 ff.).
20 Art. 2 Abs. 2 Buchst. b AIFM-RL. Dies war dem deutschen Gesetzgeber bewusst, s. BT-Drucks. 17/12294, S. 201.

Jedoch dürfen nach den Vorgaben des KAGB **inländische Investmentvermögen** (§ 1 Abs. 7 KAGB, dazu Rz. 138) nur in bestimmter Rechtsform errichtet werden. Ebenso wie das InvG prägt das KAGB als Relikt überkommener Produktregulierung **ein numerus clausus der Rechtsformen**, der im Fall nur registrierungspflichtiger AIF-KVG (s. § 2 Abs. 4 bis 5 KAGB) gelockert ist.[21] Offene inländische Investmentvermögen dürfen nur Sondervermögen, Investment-AG mit veränderlichem Kapital oder im Falle eines Spezial-AIF offene Investment-KG, geschlossene inländische Investmentvermögen nur Investment-AG mit fixem Kapital oder geschlossene Investment-KG sein (§§ 92, 139 KAGB). Daher ist zwischen **Investmentvermögen und dessen Genehmigungsfähigkeit unter dem KAGB zu differenzieren**. Etwa bei der früher verbreiteten Publikums-GbR, der GmbH oder Genossenschaft kann eine Rechtsform der Definition des § 1 Abs. 1 KAGB nach Investmentvermögen und damit dessen Verwaltung erlaubnispflichtig (§ 20 Abs. 1 KAGB), aber dessen Verwaltung mangels zulässiger Rechtsform nicht genehmigungsfähig sein.[22] 12

bb) Rechtsform der KVG

Für die Einstufung als Investmentvermögen **unerheblich** ist die Rechtsform der KVG.[23] Diese muss gem. Art. 4 Abs. 1 Buchst. b AIFM-RL „juristische Person" sein. Mangels europäischen Konzepts der juristischen Person bleibt der Inhalt der Vorgabe umstritten. So hat die britische FSA mangels „separate legal personality" Limited Partnerships zunächst nicht als AIFM zulassen wollen.[24] Die Ansicht hat auch in Deutschland Anhänger gefunden.[25] Die FCA hat ihre Ansicht freilich alsbald revidiert, indem sie auf die externe Verwaltungsgesellschaft oder bei der intern verwalteten LP auf die Komplementärin abstellte. Mit §§ 18 Abs. 1, 44 Abs. 1 Nr. 6, 7 KAGB hat man sich für eine praxisfreundliche Übernahme als juristische Person oder GmbH & Co. KG entschieden. Damit kann die KVG – wie bei Verwaltern von Hedgefonds und Private Equity-Fonds international üblich – auch ein- oder mehrstöckige Personengesellschaft sein.[26] 13

cc) Rechtsform der Anlegerbeteiligung (egal ob equity oder debt)

Wie der Anleger an dem Vermögen beteiligt ist, ist gleichfalls unerheblich. Eine Beteiligung kann mitgliedschaftlicher oder schuldrechtlicher Art sein. In beiden Fällen ist die Struktur Investmentvermögen.[27] *Beispiel*: Die Anteile an einer GmbH werden ausschließlich von der KVG gehalten, während die Anleger Genussscheine, stille Beteiligungen und Schuldverschreibungen halten, mit denen sie an Gewinn und Verlust der Gesellschaft beteiligt sind. Es handelt sich nicht etwa um eine dem VermAnlG unterstellte sonstige Beteiligung. 14

c) Offene und geschlossene Fonds

Abweichend vom InvG sind Investmentvermögen **offene und geschlossene Fonds**. Die Unterscheidung bleibt aber bedeutsam für verschiedene Aspekte der Verwalter- und Produktregulierung und die Rechtsformwahl (§§ 92, 139 KAGB). Näher zu § 1 Abs. 4 und 5 KAGB: Rz. 111, 122. 15

d) Vertriebsweg

Ob das verwaltete Investmentvermögen börsennotiert ist oder die Anteile vom Emittenten im **Primär- oder Sekundärmarkt an die Anleger vertrieben** werden, ist im Grundsatz unerheblich.[28] Dies bedeutet ei- 16

---

21 Art. 2 Abs. 2 Buchst. b AIFM-RL; zu zivilrechtlichen Konsequenzen eines Verstoßes *Freitag/Fürbaß*, ZGR 2016, 729.

22 Zutr. *Volhard/Jang* in Weitnauer/Boxberger/Anders, § 1 KAGB Rz. 5.

23 Vgl. die englische und französische Fassung („legal structure of the AIFM" respektive „structure juridique du gestionnaire") gegen Art. 2 Abs. 2 Buchst. c AIFM-RL, „Rechtsstruktur des AIF".

24 FSA, CP12/32 – Implementation of the AIFMD – Part 1, S. 24: „Finally, we understand that asset managers structured as limited partnerships subject to the law of England and Wales will not be able to become AIFMs. This is because limited partnerships subject to the laws of England and Wales, unlike some other jurisdictions, do not have separate legal personality".

25 *Niewerth/Rybartz*, WM 2013, 1154 (1158); *Freitag*, NZG 2013, 329 (332). Dagegen zutr. *Wallach*, ZGR 2015, 284 (289, 299 f.); *Jesch* in Baur/Tappen, § 1 KAGB Rz. 6 f.; *Volhard/Jang* in Weitnauer/Boxberger/Anders, § 1 KAGB Rz. 5.

26 Siehe zu den Erscheinungsformen *Ulrich*, Private Equity (LBO), S. 141 ff.

27 H.M., vgl. *Volhard/Jang* in Weitnauer/Boxberger/Anders, § 1 KAGB Rz. 5; *Jesch* in Baur/Tappen, § 1 KAGB Rz. 7 (sub „Anlegerbeteiligung"); *Bäuml*, FR 2013, 640 (642); *Elser* in Beckmann/Scholtz/Vollmer, vor 420 Rz. 32. Ausf. *Zimmermann*, Mezzanine Beteiligungsstrukturen, S. 87 ff., 143 ff., 183 ff.

28 6. Erwägungsgrund AIFM-RL.

ne Teilabkehr von der traditionellen Ausrichtung des Finanzmarktrechts[29] als qualifiziertes Vertriebsrecht. Der Vertriebsbegriff behält seine Bedeutung im grenzüberschreitenden Verkehr.[30] Zudem sind Elemente des Vertriebs im Merkmal des Kapitaleinsammelns integriert, dazu Rz. 49 ff.

e) Intern und extern verwaltete Investmentvermögen

17 Investmentvermögen können **intern und extern verwaltet** sein.[31] Ob ein Investmentvermögen intern oder extern verwaltet wird, hat Bedeutung für die einschlägige Verwalterregulierung.[32] Ein extern verwaltetes Investmentvermögen wird durch die externe KVG, ein intern verwaltetes Investmentvermögen durch seine Organe verwaltet.[33] Im zweiten Fall sind das Investmentvermögen und die KVG identisch. Für die interne Verwaltung muss eine solche der Rechtsform nach zulässig und es darf keine externe Kapitalverwaltungsgesellschaft bestellt worden sein. Mangels Leitungsgremium und Rechtspersönlichkeit unfähig zur internen Verwaltung sind Sondervermögen in Vertrags- und Trustform. Näher § 1 Abs. 12, 13 KAGB, dazu Rz. 147, 149.

3. Definitionsmerkmale

18 Die Merkmale des Investmentvermögens setzen sich zusammen aus jenen, die einen **Organismus für gemeinsame Anlagen** kennzeichnen (dazu Rz. 19 ff.), und jenen, die der europäischen **AIF-Definition** entnommen sind (dazu Rz. 39, 112 ff.).

19 **Die OGA- und AIF-Merkmale müssen erfüllt sein**, um den Anwendungsbereich des KAGB und insbesondere den Verbotstatbestand des unerlaubten Investmentgeschäfts (§ 20 Abs. 1 i.V.m. § 339 Abs. 1 Nr. 1 und 2 KAGB) zu erfüllen. Organismen für gemeinsame Anlagen, die nicht zugleich AIF oder OGAW sind, unterfallen nicht dem Verbot mit Erlaubnisvorbehalt.[34] Dies geht aus der Verweisungstechnik des KAGB zwar nur indirekt und unter Zugrundelegung des im Gesetzestext nur angedeuteten europäischen Hintergrunds hervor.[35] Es folgt aber aus der **Systematik**: § 1 Abs. 1 KAGB erhebt das Investmentvermögen und nicht den OGA zum Zentralbegriff.[36] Nur-OGAs können in den Anwendungsbereich des KAGB hineinoptieren, profitieren aber nicht vom europäischen Pass.[37]

---

29 So knüpft z.B. die Prospektpflicht nach § 3 WpPG an das öffentliche Angebot; zur Schutzfunktion der Vertriebsregulierung *Mülbert*, ZHR (177) 2013, 160-211, (202 f.).

30 Vgl. zum Vertriebsbegriff der AIFM-RL Art. 4 Abs. 1 x); *Zetzsche/Marte*, The AIFMD's Cross-Border Dimension, in Zetzsche, AIFMD, S. 431, 442 ff.

31 § 17 KAGB, Art. 5 Abs. 1 Buchst. b AIFM-RL.

32 Interner und externer AIF unterscheiden sich in Bezug auf (1) den Zulassungsträger und damit den Pflichtenadressat nach § 17 KAGB; (2) die zulässigen Tätigkeiten; ein intern verwalteter AIF darf nur den einen AIF nebst Teilfonds verwalten und darf keine Nebendienstleistungen wie die individuelle Finanzportfolioverwaltung erbringen, § 20 KAGB, Art. 6 Abs. 2 und 4 AIFM-RL; (3) die Kapitalanforderungen, § 25 KAGB; (4) die Organisationsanforderungen, so unterliegen externe KVwG strengeren Vorgaben zu Interessenkonflikten, § 27 Abs. 5 KAGB, Art. 30 AIFM-VO.

33 Verwalter ist, wer mit den Verwaltungsaufgaben (Portfolioverwaltung, Risikomanagement) für ein oder mehrere Investmentvermögen betraut ist. Die Übertragung sonstiger Aufgaben der kollektiven Vermögensverwaltung i.S.d. § 1 Abs. 19 Nr. 24 KAGB begründet nicht die Stellung des externen Verwalters.

34 Dagegen unterstellen z.B. Art. 2 des liechtensteinischen AIFMG und das luxemburgische Loi modifiée du 13 février 2007 relative aux fonds d'investissement spécialisés (SIF-Gesetz i.d.F. 12.7.2013) nur-OGAs der Fondsregulierung.

35 § 339 Abs. 1 Nr. 1 und 3 KAGB beziehen sich auf das „Geschäft einer Kapitalverwaltungsgesellschaft" ohne Erlaubnis nach § 20 Abs. 1 Satz 1 KAGB. § 15 KAGB spricht von der „kollektiven Vermögensverwaltung" „ohne die erforderliche Registrierung nach § 44 oder ohne die erforderliche Erlaubnis nach §§ 20, 21 oder 22 oder nach Art. 6 der Richtlinie 2009/65/EG oder der Richtlinie 2011/61/EU ...". Diese beinhaltet gem. § 1 Abs. 19 Nr. 24 KAGB die nach Anhang I der AIFM-RL obligatorischen und fakultativen Tätigkeiten KAG und damit „Portfolioverwaltung, das Risikomanagement, administrative Tätigkeiten, den Vertrieb von eigenen Investmentanteilen sowie bei AIF Tätigkeiten im Zusammenhang mit den Vermögensgegenständen des AIF".

36 I.E. auch *Emde/Dreibus*, BKR 2013, 90; a.A. wohl *Görke/Ruhl*, BKR 2013, 142 (143), die aber unklar von „Strukturen jenseits von OGAW und AIF" sprechen.

37 Der Opt-in ist nicht mit Verweis auf die ausdrückliche Opt-in Regelung für kleine AIFM abzulehnen (so aber *Wallach*, ZBB 2013, 211). Bei dem Opt-in von nur-OGA geht es nicht um die Einwahl in den Anwendungsbereich der AIFM-RL (inkl. Europapass), sondern die Anwendung der KAGB-Verwalterregulierung kraft nationaler Disposition. Für den Opt-in sprechen Schutzzweckerwägungen: Auch Familienvermögen sollen von kundigen, erfahrenen und beaufsichtigten Intermediären verwaltet werden können. Näher dazu *Zetzsche*, ZIP 2017, 945 ff.

a) Organismus für gemeinsame Anlagen

Trotz häufiger Verwendung in verschiedenen europäischen Richtlinien[38] ist der Zentralbegriff des Organismus für gemeinsame Anlagen (OGA) soweit ersichtlich weder europäisch, noch im Rahmen der AIFM-Umsetzung durch die Mitgliedstaaten definiert worden.[39] Auf der Basis des **gemeinsamen Bestands europäischen Rechts** und europäischer Rechtsordnungen sowie einer **Gesamtbetrachtung der betroffenen und benachbarten Tätigkeiten** ergeben sich vier Kriterien: (1) Investment/Anlage, (2) Vermögen, (3) Kollektiv und (4) Fremdverwaltung.[40] 20

aa) Investment/Anlage

Die Anlage steht im Kontrast zum Darlehen und zur Depoteinlage sowie zur gewerblichen Tätigkeit und grenzt zum operativen Unternehmen, zur Holding und zum Gemeinschaftsunternehmen ab.[41] Es liegt im Wesen der Anlage, dass sich deren Wert grds. im Verhältnis (nicht unbedingt im Gleichlauf) zur Wertentwicklung der Vermögensgegenstände entwickelt. Besteht ein **unbedingter Rückzahlungsanspruch**, ist ein **Darlehen resp. eine Einlage** und schon deshalb **keine Anlage** gegeben.[42] Ein Gewinnbonus allein, wie beim partiarischen Darlehen, genügt nicht. Jedoch ist auf Grund des materiellen Fondsbegriffes gerade **nicht auf die Form, sondern die Substanz der Gestaltung** abzustellen. Ist kein Eigenkapital vorhanden, aus dem das Darlehen zurückzugewähren ist, ändert die Ausgestaltung als Darlehen nichts daran, dass es sich um eine Anlage handelt. 21

Die **Abgrenzung zum operativen Unternehmen** hat der deutsche Gesetzgeber in § 1 Abs. 1 KAGB a.E. geregelt (dazu Rz. 74 ff.). Die **Ausgrenzung der Holding** ist als Ausnahmetatbestand in § 2 Abs. 1 Nr. 1 KAGB geregelt (dazu § 2 Rz. 12 ff.). **Joint Ventures**, bei denen nur die Tätigkeit, nicht aber das Vermögen der Beteiligten gebündelt wird, fehlt bereits die Eigenschaft des gemeinsam gebildeten Vermögens (Rz. 28). Aber auch dann, wenn zwei operative Unternehmen Vermögensteile zusammenlegen, um **ein (drittes) operatives Unternehmen gemeinsam** betreiben, folgt aus dem Kriterium der Anlage, dass das dritte Unternehmen kein Investmentvermögen ist (vgl. i.E. auch 8. ErwGr der AIFM-RL). Anders ist zu entscheiden, wenn es sich statt um ein Joint Venture um ein **Joint Investment** handelt. 22

bb) Vermögen

Die **Bildung eines gemeinsamen Vermögens** („pooling“[43]) grenzt zur individuellen Vermögensverwaltung ab, die sich auf das Vermögen eines einzelnen Kunden bezieht. Die Vermögensbündelung erfolgt durch **Zuordnungswechsel aus dem Anleger- in das Fondsvermögen**. Mit der Bündelung werden die Anlagebeträge einzelner Anleger untrennbar vermengt und rechtlich im neuen Träger verselbstständigt. 23

Wann ein solches **Pooling** gegeben ist, lässt sich ***erstens*** ertragsorientiert als **gemeinsame Risikotragung** in Form eines **gemeinsamen Gewinns *und* Verlusts** („pooled returns“/„Gemeinschaftsrendite“) in Abhängigkeit von der Wertentwicklung der Anlagegegenstände des OGA ermitteln.[44] Indiz dafür ist eine getrennte 24

38 Als Teil der OGAW-Definition; als Bereichsausnahme gem. Art. 2 Abs. 1 i), 34. Erwägungsgrund und Anhang I C. 3 der MiFID II; als Teil der Bereichsausnahme in Art. 1 Abs. 2 a) Prospektrichtlinie 2003/71/EG sowie als Voraussetzung zur Verwendung von Art. XV der Prospektverordnung; s. jetzt auch Art. 1 Abs. 2 a) der Prospektverordnung (EU) 2017/1129.

39 Auch die Literatur zur OGA-Definition ist spärlich. Vgl. *Zetzsche/Preiner*, WM 2013, 2101 (2103); *Merkt*, BB 2013, 1986; ausführlich *Zetzsche*, Prinzipien der kollektiven Vermögensanlage, 2015, S. 57 ff.

40 Vgl. die Detailuntersuchung bei *Zetzsche*, Prinzipien der kollektiven Vermögensanlage, 2015, S. 57 ff. ESMA hat diese Kriterien im Wesentlichen übernommen, vgl. ESMA/2013/611, S. 6, für Anlage Nr. 12 a), Vermögen und Kollektiv Nr. 12 b) und Fremdverwaltung Nr. 12 c); darauf greift sodann die BaFin zurück, s. BaFin, Auslegungsschreiben zum Anwendungsbereich des KAGB und zum Begriff des „Investmentvermögens“ (Q 31-Wp 2137-2013/0006) v. 14.6.2013, geändert am 9.3.2015.

41 ESMA/2013/611, S. 6; *Zetzsche*, Prinzipien der kollektiven Vermögensanlage, 2015, S. 64 ff. (147 ff.).

42 Vgl. BaFin, Auslegungsschreiben zum Anwendungsbereich des KAGB und zum Begriff des „Investmentvermögens“ (Q 31-Wp 2137-2013/0006) v. 14.6.2013, geändert am 9.3.2015, I.2.; *Köndgen/Schmies* in Bankrechts-Handbuch, § 113 Rz. 63; *Gottschling* in Moritz/Klebeck/Jesch, § 1 KAGB Rz. 39; *Graf zu Solms-Lauterbach/Mihova*, DStR 2015, 1872 (1874); *Volhard/Jang* in Weitnauer/Boxberger/Anders, § 1 KAGB Rz. 8; *Zetzsche*, Prinzipien der kollektiven Vermögensanlage, 2015, S. 198 f.; *Zimmermann*, Mezzanine Beteiligungsstrukturen, S. 187 ff., 234 f. (zum Merkmal „Beteiligung an Chancen und Risiken).

43 Dazu *Köndgen/Schmies* in Bankrechts-Handbuch, § 113 Rz. 62 f.

44 Dazu ESMA/2013/611, S. 6; BaFin, Auslegungsschreiben zum Anwendungsbereich des KAGB und zum Begriff des „Investmentvermögens“ (Q 31-Wp 2137-2013/0006) v. 14.6.2013, geändert am 9.3.2015, I.2.; *Zetzsche*, Prinzipien der kollektiven Vermögensanlage, 2015, S. 75 f. („Einzahler zugleich Begünstigte und Belastete der Anlagetätigkeit“); *Zetzsche/Preiner*, Scope of the AIFMD, S. 49, 52; krit. *Gottschling* in Moritz/Klebeck/Jesch, § 1 KAGB Rz. 35.

Buchhaltung.[45] In der Regel wird es sich um eine **eigenkapitalähnliche, i.e. ergebnisabhängige Ergebnisbeteiligung** handeln,[46] jedoch verlangt das Gesetz gerade **kein Eigenkapitalinstrument** (Rz. 14). Auch ist beim Kriterium der Eigenkapitalähnlichkeit mangels Trennschärfe Vorsicht geboten: Auch ein Schuldverschreibungsinhaber partizipiert im ökonomischen Sinn an jedem Gewinn (durch Bonität und Zinssicherheit) und jedem Verlust (durch reduzierte Bonität und Zinssicherheit). Insbesondere für die Abgrenzung zur Einlage ist allein zu fragen, ob ein unbedingter Rückzahlungsanspruch gegeben ist (Rz. 21), die Eigenkapitalähnlichkeit als materielles Kriterium gibt dafür nichts her. **Sicherungsinstrumente** und **Garantiezusagen** berühren die OGA-Eigenschaft grds. nicht, weil der Verlust eintreten (können) muss, bevor diese Instrumente greifen.[47] Eine **Mindestertragszusage** ist i.d.R. als unverbindliche Absichtserklärung schon rechtlich unerheblich.[48] Gegen ein gemeinsames Vermögen spricht nicht der Umstand, dass die Vermögensgegenstände laufend Erträge generieren; dies ist bei geschlossenen Fonds vielmehr üblich, wenn nicht sogar notwendig, schon um die laufenden Kosten zu decken.[49]

25 Umstritten ist, wie sich ein **Rangrücktritt des Einzahlers** auswirkt. Die Frage hat praktische Bedeutung, weil auch mehrere oder alle Einzahler solche Rangrücktritte unterzeichnen können und sich so deren Rückzahlungsaussichten verschlechtern oder diese mangels Eigenkapital niemals bestanden haben. Insoweit ist zu differenzieren: Ist ein **unbedingter Rückzahlungsanspruch** (ohne Rangrücktritt) gegeben, liegt bereits keine Anlage und damit auch kein Anlageorganismus vor. Ein qualifizierter Rangrücktritt, bei dem sich der Einzahler verpflichtet, seinen Rückzahlungsanspruch in der Insolvenz oder Krise nicht geltend zu machen (*pactum de non petendo*), lässt die Forderung als solches bestehen. Der nachrangige Gläubiger wird dadurch im Grundsatz auch nicht zum Eigenkapitalgeber, der unzweifelhaft am Verlust beteiligt wäre, er wird lediglich nachrangig im Verhältnis zu anderen Gläubigern befriedigt.[50] **Außerhalb von Krise und Insolvenz** bleibt der Rückzahlungsanspruch unmodifiziert bestehen, es kommt weiterhin zur Gewinn- und Verlustbeteiligung.

26 Das zuvor Gesagte gilt mit **Ausnahme eines Sonderfalls.** Dieser betrifft Gestaltungen, bei denen **sämtliche externen Kapitalgeber ausschließlich Nachrangdarlehen gewähren** und gleichzeitig keinerlei oder nur erkennbar unzureichendes formelles Eigenkapital in die Struktur eingebracht wurde. Durch solche **Gestaltungen wird durch Vertragsgestaltung gleichsam die Fiktion einer ständigen Krise geschaffen**, um so mittels Rangrücktritt im Darlehen den formal zunächst unbedingten zum bedingten, nämlich auf das Ende der Krise resp. ausreichend Kapital konditionierten Anspruch auf Kapitalrückzahlung umzugestalten. Der einzige Grund für eine solche Gestaltung ist die **Umgehung der strengen** (und für den Verwalter oder Initiator teuren) **KAGB-Regulierung**, mit dem Ziel, in die geringere Regulierung des VermAnlG hineinzugelangen. Diesem Ansinnen darf **kein Erfolg beschieden** sein, soll die Anlegerschutzwirkung des KAGB greifen. Es ist daher zwischen einem eher **zufälligen, durch Geschäftsvorfälle ausgelösten Rangrücktritt** einerseits und dem **planmäßigen Rangrücktritt von Anfang an bei gleichzeitigem Verzicht auf signifikante Eigenkapital-Beteiligungen** zu differenzieren. Dabei wird nicht übersehen, dass die rein formale Gegenansicht die Rechtssicherheit auf ihrer Seite hat. Jedoch soll mit der hier vertretenen Ausnahme nicht jeder Gestaltung, aber den **krassen Umgehungsgestaltungen** entgegengewirkt werden. Ein **Austritt aus dem KAGB per Rangrücktritt** (speziell: durch Emission nachrangiger Schuldverschreibungen) kommt somit **nicht in Betracht.**[51]

---

45 *Krause/Klebeck*, RdF 2013, 4 (7); *Haisch/Helios*, BB 2013, 23 (24); *Bußalb/Unzicker*, BKR 2012, 309 (311); *Gottschling* in Moritz/Klebeck/Jesch, § 1 KAGB Rz. 30; krit. dazu *Loritz/Uffmann*, WM 2013, 2193 (2197).

46 BaFin, Auslegungsschreiben zum Anwendungsbereich des KAGB und zum Begriff des „Investmentvermögens" (Q 31-Wp 2137-2013/0006) v. 14.6.2013, geändert am 9.3.2015, I. 2.

47 I.E. BaFin, Auslegungsschreiben zum Anwendungsbereich des KAGB und zum Begriff des „Investmentvermögens" (Q 31-Wp 2137-2013/0006) v. 14.6.2013, geändert am 9.3.2015, I.2.; *Köndgen/Schmies* in Bankrechts-Handbuch, § 113 Rz. 63; *Volhard/Jang* in Weitnauer/Boxberger/Anders, § 1 KAGB Rz. 6; *Gottschling* in Moritz/Klebeck/Jesch, § 1 KAGB Rz. 36; *Jesch* in Baur/Tappen, § 1 KAGB Rz. 8.

48 *Gottschling* in Moritz/Klebeck/Jesch, § 1 KAGB Rz. 37.

49 I.E. unstreitig, vgl. *Tollmann* in Dornseifer/Jesch/Klebeck/Tollmann, Art. 4 Rz. 24; *Gottschling* in Moritz/Klebeck/Jesch, § 1 KAGB Rz. 35.

50 Oben Rz. 24. BaFin, Auslegungsschreiben zum Anwendungsbereich des KAGB und zum Begriff des „Investmentvermögens" (Q 31-Wp 2137-2013/0006) v. 14.6.2013, geändert am 9.3.2015, I.2. Ebenso *Poelzig/Vollmer*, DNotZ 2014, 483 (484); *Loritz/Uffmann*, WM 2013, 2198; *Gottschling* in Moritz/Klebeck/Jesch, § 1 KAGB Rz. 39; *Volhard/Jang* in Weitnauer/Boxberger/Anders, § 1 KAGB Rz. 8; *Köndgen/Schmies* in Bankrechts-Handbuch, § 113 Rz. 63.

51 Offen gelassen von *Volhard/Jang* in Weitnauer/Boxberger/Anders, § 1 KAGB Rz. 8; i.E. ebenso wie hier *Köndgen/Schmies* in Bankrechts-Handbuch, § 113 Rz. 63 (aber für „aufsichtsfreien Raum" in Rz. 64); *Zimmermann*, Mezzanine Beteiligungsstrukturen, S. 187 ff., 234 f. (zum Merkmal „Beteiligung an Chancen und Risiken).

Zweitens kommt eine **insolvenzbezogene Betrachtung** in Betracht, die nach dem gemeinsamen Schicksal der Anlagegelder in der Insolvenz fragt und zusätzliche Ertragskomponenten wie Hedging unberücksichtigt lässt.[52] Jedoch verlangen weder das KAGB noch das Europarecht eine **Gleichrangigkeit aller Anleger**. **Wasserfallstrukturen** und verschiedene insolvenzrechtliche Ränge von Anlageklassen und Teilvermögen sind durchaus mit der gemeinschaftlichen Anlage vereinbar, mit der Folge, dass sich in jedem Insolvenzrang eine gemeinsame Anlage bildet. Richtigerweise müssen **beide Aspekte** (1. Gemeinsame Risikotragung; 2. Gemeinsames Schicksal in der Insolvenz) gegeben sein. Wegen des Fehlens des zweiten Merkmals (gemeinsame Anlage) sind sog. **Managed Accounts**, bei denen die verschiedenen Depots lediglich über eine identische Anlagestrategie verbunden sind, die **Anlegergelder jedoch in der Insolvenz kein gemeinsames Schicksal** teilen, keine Organismen für die gemeinsame Anlage. Es handelt sich um individuelle Finanzportfolioverwaltung.[53] Anders kann der Fall liegen, wenn die Einzelkonten auf einer höheren Ebene doch wieder zusammengeführt werden (sog. *commingled account*[54]). 27

Ebenfalls kein gemeinsames Vermögen bilden **Gemeinschaftsunternehmen** (Joint Ventures), bei denen lediglich die Tätigkeit gebündelt wird.[55] S. zu Joint Ventures bereits Rz. 22. 28

Umstritten ist das Pooling bei **Treuhandstrukturen.**[56] Dabei kommt es auf die Ausgestaltung an. Schließen die Anleger einen gemeinschaftlichen Vertrag und übertragen sie ihr Vermögen auf einen gemeinsamen Träger, den der Treuhänder verwaltet, liegt gemeinsames Vermögen vor. 29

Nicht mangels Verlustbeteiligung generell aus dem Anwendungsbereich des KAGB ausgeschlossen sind **stille Beteiligungen gem. § 231 Abs. 2 HGB**. So kann **trotz formellen Ausschlusses der Verlustbeteiligung** materiell eine solche gegeben sein, wenn im Handelsgewerbe planmäßig kein Eigenkapital vorhanden ist; zudem kann die Gewinnbeteiligung nicht ausgeschlossen werden (§ 231 Abs. 2 Halbs. 2 HGB). Bei stillen Beteiligungen, Genussrechten und Namensschuldverschreibungen ist daher jeweils im Einzelfall zu prüfen, ob ein „Vermögen" und damit ein Anlageorganismus gegeben ist; dafür ist die Ausgestaltung von Anteilsklassen (§ 96 Abs. 1 KAGB) unerheblich.[57] 30

cc) Kollektiv

OGA sind gemeinsame/kollektive Anlagen. Ein gemeinsames Vermögen (dazu Rz. 23 f.) setzt prinzipiell eine **Anlegermehrzahl** voraus. Die AIF-Definition greift diesen Teilaspekt mit einer „Anzahl von Anlegern" separat auf; § 1 Abs. 1 Satz 2 KAGB konkretisiert dieses Merkmal. Näher Rz. 40 ff. 31

dd) Fremdverwaltung

Die Fremdverwaltung meint den **Ausschluss der Anleger von laufendem Einfluss auf die Anlageentscheidung.**[58] Dies grenzt insbesondere die **Eigenverwaltung durch mehrere Anleger** und **echte Investmentclubs** aus, bei denen die Anleger die Anlageentscheidung in Eigenverwaltung wahrnehmen.[59] Auch bei **Club Deals** durch aktive institutionelle Anleger kann Eigenverwaltung gegeben sein.[60] 32

52 *Zetzsche*, Prinzipien der kollektiven Vermögensanlage, 2015, S. 80 f.

53 *Zetzsche*, Prinzipien der kollektiven Vermögensanlage, 2015, S. 135 ff.; *Zetzsche/Preiner*, WM 2013, 2101 (2103); *Volhard/Jang* in Weitnauer/Boxberger/Anders, § 1 KAGB Rz. 6; *Krause* in Beckmann/Scholtz/Vollmer, vor 405 Rz. 13 f.; *Krause/Klebeck*, RdF 2013, 7.

54 Für AIF-Eigenschaft in diesem Fall *Köndgen/Schmies* in Bankrechts-Handbuch, § 113 Rz. 78; anders *Krause/Klebeck*, RdF 2013, 8.

55 BaFin, Auslegungsschreiben zum Anwendungsbereich des KAGB und zum Begriff des „Investmentvermögens" (Q 31-Wp 2137-2013/0006) v. 14.6.2013, geändert am 9.3.2015, I.1.; *Jesch* in Baur/Tappen, § 1 KAGB Rz. 6.

56 Gegen Gemeinsamkeit der Anlage *Gottschling* in Moritz/Klebeck/Jesch, § 1 KAGB Rz. 41.

57 Im Grundsatz zustimmend BaFin, Auslegungsschreiben zum Anwendungsbereich des KAGB und zum Begriff des „Investmentvermögens" (Q 31-Wp 2137-2013/0006) v. 14.6.2013, geändert am 9.3.2015, I.2.; wohl großzügiger *Gottschling* in Moritz/Klebeck/Jesch, § 1 KAGB Rz. 38.

58 ESMA/2013/611, S. 4 („laufende Ermessens- bzw. Kontrollbefugnis) (unter II. Definition: „day-to-day discretion"; unter IV.12.c (S. 5) Ausschluss des Einflusses der Anleger auf Anlageentscheidungen); *Zetzsche*, Prinzipien der kollektiven Vermögensanlage, 2015, S. 89 ff.

59 Die BaFin, Auslegungsschreiben zum Anwendungsbereich des KAGB und zum Begriff des „Investmentvermögens" (Q 31-Wp 2137-2013/0006) v. 14.6.2013, geändert am 9.3.2015, abgerufen am 15.8.2018, I.3.b), stellt für das gleiche Ergebnis auf das Kriterium des Kapitaleinsammelns ab. Dazu Rz. 49. Wie hier *Köndgen/Schmies* in Bankrechts-Handbuch, § 113 Rz. 65.

60 *Gottschling* in Moritz/Klebeck/Jesch, § 1 KAGB Rz. 40.

33 Fremdverwaltung ist grds. gegeben, wenn ein oder mehrere **Nicht-Anleger** („Verwalter") im Tagesgeschäft **anlagespezifisches Ermessen** ausüben.[61] Ermessen in nicht-anlagespezifischen Fragen – also alle Tätigkeiten nach Anhang I Nr. 2 der AIFM-RL, wie Administration, Vertrieb und Tätigkeiten mit Bezug auf die Vermögensgegenstände – führt nicht zur Fremdverwaltung. Näher Rz. 201 f., 205.

34 Für die **Eigenverwaltung** ist eine Entscheidungsbefugnis oder Kontrolle der Kapitalgeber im Tagesgeschäft erforderlich, die **über die gewöhnlichen Gesellschafterrechte eines Aktionärs** deutlich hinausgeht.[62] Zu den gewöhnlichen Gesellschafterrechten zählt etwa die Abstimmung über Strukturmaßnahmen, Gewinnausschüttungen, die Organbesetzung, die Wahl des Abschlussprüfers und die Feststellung des Jahresabschlusses. Für eine Eigenverwaltung muss – erstens – ein **sachlich unbegrenztes Weisungsrecht** der Anleger in Bezug auf die Anlagegegenstände nach den konstituierenden Dokumenten der Struktur gegeben sein, zweitens muss dieses Recht **im Tagesgeschäft auch tatsächlich ausgeübt werden.**[63]

35 Die **rechtliche Gestaltung des Kapitalgebereinflusses** ist unerheblich. So kann ein **engmaschiges Vetorecht** den gleichen Effekt wie ein Weisungsrecht erzielen. Maßgeblich sind die **Auswirkungen und praktische Handhabung.**[64] So kann die Eigenverwaltung noch gegeben sein, wenn die Beteiligten sehr enge Leitlinien erlassen, die ein Dritter lediglich exekutiert. Mit der Eigenverwaltung ist auch das „Vorschlagsrecht" eines Dritten vereinbar, über welches die Anleger nach Vorlage aktiv befinden (in Bezug auf Finanzinstrumente handelt es sich aber um erlaubnispflichtige Anlageberatung).

36 Bereits **ein an der Entscheidung nicht beteiligter Anleger** soll genügen, um Fremdverwaltung zu begründen.[65] Diese Vorgabe gewährt u.U. dem einzelnen Beteiligten Obstruktionspotential mit der Drohung, sich fortan passiv zu verhalten. Auch werden sinnvolle Beteiligungen an Joint Ventures fragwürdig erschwert. Eine **Marginalausnahme von 10 Prozent des verwalteten Vermögens bzw. der Mitglieder** ist sachgerecht. Im Umkehrschluss und aus Gründen des Umgehungsschutzes besteht ein Investmentvermögen auch, wenn **ein oder mehrere Anleger Einfluss auf die Anlageentscheidung** haben, andere Anleger indes nicht.[66] Solcher Einfluss kann bei fremdverwalteten Vermögen einen Konflikt mit den Pflichten der KVG hervorrufen,[67] so dass Vorsicht geboten ist, von dieser Option Gebrauch zu machen.

37 Dagegen ist noch **Fremdverwaltung** anzunehmen, wenn ein **Anlageausschuss** die strategische und taktische Asset Allokation sowie die Titelidentifikation übernimmt und dem Verwalter die Portfoliokonstruktion (i.e. die Ermittlung der Gewichtigkeit des gewählten Titels unter Berücksichtigung von Volatilitäts-, Rentabilitäts- und Liquiditätsparametern) und das Risikomanagement verbleiben.

38 Beim **Indexfonds** stößt die Definition der Fremdverwaltung an ihre Leistungsgrenzen. Bei strenger Indexbindung und physischer Indexabbildung bleibt dem Verwalter nur die Auswahl von Broker und Marktplatz, über welche die Finanzinstrumente zur Indexabbildung erworben werden. Dennoch ist, wie aus den Vorschriften zu Indexfonds (insb. § 209 KAGB) folgt, ein Indexfonds als Organismus für gemeinsame Anlagen anzusehen. Es handelt sich um eine gesetzlich geregelte Ausnahme vom Fremdverwaltungserfordernis; diese erklärt sich damit, dass den **Anlegern keinerlei Befugnis zur Eigenverwaltung** zusteht. Die mit der Fremdverwaltung typischerweise verbundenen Gefahren bestehen somit auch bei Indexfonds und rechtfertigen die Unterstellung unter das KAGB.

b) AIF-Merkmale

39 Ein Organismus für gemeinsame Anlagen ist Investmentvermögen, wenn die in § 1 Abs. 1 Satz 1 KAGB übernommenen vier AIF-Merkmale (vgl. Art. 4 Abs. 1 Buchst. a AIFM-RL) erfüllt sind.

---

61 Dazu *Zetzsche*, Prinzipien der kollektiven Vermögensanlage, 2015, S. 91 f.; *Zetzsche/Preiner*, Scope of the AIFMD, in Zetzsche, S. 49 (53 f.); indirekt ESMA/2013/611, S. 6; ESMA/2012/117, S. 11 („The AIFM or internally managed AIF must have responsibility for the management of the AIF's assets. Investors have day-to-day no discretion or control over these assets.").

62 Vgl. ESMA/2013/611, S. 4.

63 A.A. *Gottschling* in Moritz/Klebeck/Jesch, § 1 KAGB Rz. 40 (Ausübung nicht erforderlich).

64 I.E. auch *Gottschling* in Moritz/Klebeck/Jesch, § 1 KAGB Rz. 80; wohl auch *Köndgen/Schmies* in Bankrechts-Handbuch, § 113 Rz. 65.

65 Vgl. ESMA/2013/600, S. 31 und die dazugehörigen Erläuterungen, S. 15.

66 ESMA/2013/600, S. 15, 31; *Gottschling* in Moritz/Klebeck/Jesch, § 1 KAGB Rz. 40.

67 Vgl. zum weiten Verständnis der BaFin, Auslegungsentscheidung zu den Tätigkeiten einer Kapitalverwaltungsgesellschaft und der von ihr extern verwalteten AIF-Investmentgesellschaft (Gz. WA 41-Wp 2100-2016/0001) v. 21.12.2017, 2. und 3.

aa) Anzahl von Anlegern (§ 1 Abs. 1 Satz 2 KAGB)

(1) Zweck

Niemand kann mit sich selbst zusammen sein. Eine gemeinsame Anlage verlangt dem Wortsinn nach zwei Anleger.[68] Die Fremdverwaltung von Finanzinstrumenten für nur einen Anleger (ob im Fondsmantel oder nicht) mit Ermessenspielraum ist **individuelle Finanzportfolioverwaltung** gem. § 2 Abs. 8 Nr. 7 WpHG. 40

(2) Anlegereigenschaft

Die Mehranlegerschaft verlangt **keine Mindestbeteiligung.**[69] Ein Haupt- und ein Minimalbeteiligter können zusammen einen OGA bilden. Allerdings müssen **beide Beteiligte Anleger** sein. Keine Anleger sind die KVG, InvAG/KG, geschäftsführende oder Gründungskommanditisten oder Komplementäre einer InvKG im Rahmen ihrer zur Gesellschaftsgründung notwendigen Beteiligung.[70] Dies deshalb, weil diese Auslegung vermeidet, dass die Rechtsform (Gesellschaft) entgegen dem materiellen Investmentbegriff (oben Rz. 9) die Eigenschaft eines Investmentvermögens bedingt. Konsequent muss dann auch der Gründungsaktionär einer InvAG kein Anleger sein, wenn er auf seine Grundkapitalbeteiligung kein *agio* bezahlt. Ebenfalls keine Anleger sind Strohmänner oder **Treuhänder**, die die Anlage für Hinterleute halten. Zur Notwendigkeit, bei der InvKG **innerhalb der Gruppe der später hinzutretenden Kommanditisten** sowie bei der Spezial-InvAG, die nur Unternehmensaktien ausgibt, **innerhalb der Gruppe der Unternehmensaktionäre** mittels eines **funktionalen Anlegerbegriffs** zu differenzieren, vgl. § 150 Rz. 21, § 156 Rz. 37, § 109 Rz. 20. 41

Mangels Mindestbeteiligung ist es richtig, dass das Gesetz die Kollektivität nicht zum Dogma erhebt. So ist bei **potentiellen Zwei-Anleger-Fonds** zwar nur ein Anleger beteiligt, aber nach den konstituierenden Dokumenten können weitere Anleger hinzukommen. **§ 1 Abs. 1 Satz 2 KAGB** stellt im Einklang mit europäischen Vorgaben[71] und der BaFin-Praxis unter dem InvG[72] klar, dass es sich um Investmentmögen (i.d.R. AIF) handelt: „Eine Anzahl von Anlegern im Sinne des Satzes 1 ist gegeben, wenn die Anlagebedingungen, die Satzung oder der Gesellschaftsvertrag des Organismus für gemeinsame Anlagen die Anzahl möglicher Anleger nicht auf einen Anleger begrenzen". Es kommt also nicht auf die Beteiligung mehrerer Anleger an, sondern darauf, dass diese nach den konstituierenden Dokumenten möglich ist.[73] Diese europarechtskonforme Kodifizierung[74] einer ESMA-Auslegung besagt nicht, dass diese Voraussetzung für alle Investmentvermögen genügt. Für die Teilmenge der OGAW gelten engere Voraussetzungen (Rz. 31). 42

(3) Durchschau

Nach Ansicht von ESMA und BaFin[75] ist zudem bei **echten Ein-Anleger-Fonds** eine hinreichende Anleger-anzahl gegeben, wenn bei Hinwegdenken des einen Anlegers eine Mehrzahl an Anlegern beteiligt wäre (sog. 43

68 *Köndgen/Schmies* in Bankrechts-Handbuch, § 113 Rz. 68. Die als Zweck des Merkmals teils diskutierte Abgrenzung zum öffentlichen Vertrieb (so *Gottschling* in Moritz/Klebeck/Jesch, § 1 KAGB Rz. 42; *Tollmann* in Dornseifer/Jesch/Klebeck/Tollmann, Art. 2 Rz. 44) erfolgt durch das Merkmal des Kapitaleinsammelns. Dazu Rz. 49.

69 A.A. wohl FCA, PERG, Ch. 16, Scope of the Alternative Investment Fund Managers Directive, Qu. 2.11: „A limited partnership in which there is a single limited partner making a substantive contribution and a general partner making a nominal £1 contribution, will not be an AIF [. . .] as the undertaking will only have raised capital from one investor. The £1 contribution should be ignored for this purpose as it is wholly nominal". Dazu *Verfürth/Emde* in Emde/Dornseifer/Dreibus/Hölscher, § 1 InvG Rz. 38 f.

70 BaFin, Auslegungsschreiben zum Anwendungsbereich des KAGB und zum Begriff des „Investmentvermögens" (Q 31-Wp 2137-2013/0006) v. 14.6.2013, geändert am 9.3.2015, I.4.; *Volhard/Jang* in Weitnauer/Boxberger/Anders, § 1 KAGB Rz. 11; *Graf zu Solms-Laubach/Mihova*, DStR 2015, 1872 (1874); *Gottschling* in Moritz/Klebeck/Jesch, § 1 KAGB Rz. 43 versteht die „notwendige Beteiligung" als bloße Stamm- oder Grundkapitalbeteiligung ohne Agio.

71 ESMA/2013/611, S. 7 und bereits ESMA/2012/117, S. 10.

72 *Verfürth/Emde* in Emde/Dornseifer/Dreibus/Hölscher, § 1 InvG Rz. 45.

73 BaFin, Auslegungsschreiben zum Anwendungsbereich des KAGB und zum Begriff des „Investmentvermögens" (Q 31-Wp 2137-2013/0006) v. 14.6.2013, geändert am 9.3.2015, I.4.

74 Ganz h.M., vgl. BT-Drucks. 17/12294, S. 201; *Zetzsche/Preiner*, WM 2013, 2101; *Volhard/Jang* in Weitnauer/Boxberger/Anders, § 1 KAGB Rz. 15; krit. *Haisch/Helios*, BB 2013, 24; für Europarechtswidrigkeit aber *Freitag*, NZG 2013, 329 (323 ff.); *Köndgen/Schmies* in Bankrechts-Handbuch, § 113 Rz. 68 („evident richtlinienwidrig").

75 Vgl. ESMA/2013/611, S. 7 (VIII.17.+18.); ESMA/2012/117, S. 10; BaFin, Auslegungsschreiben zum Anwendungsbereich des KAGB und zum Begriff des „Investmentvermögens" (Q 31-Wp 2137-2013/0006) v. 14.6.2013, geändert am 9.3.2015, I.4.

Destinatär-Theorie).[76] Der eine Anleger repräsentiert dann die hinter ihm stehende Vielzahl. Für die Feststellung der Anlegermehrzahl wird jeweils der Anleger im Rechtssinn hinweggedacht[77] und auf die dahinter stehende Anlegermehrzahl abgestellt (**look through**). Diese Gestaltung ist insbesondere für **Feeder- und Dach-Fonds, Treuhandkommanditisten** von Publikumsfonds sowie **Fonds für Versicherungen und Pensionsfonds** typisch.[78] Dieser Ansicht ist zu folgen. Sie findet ihre Stütze in der Anerkennung des Treuhandkommanditisten in § 152 Abs. 1 Satz 2 KAGB (Legaldefiniton) und dem Umstand, dass in den Destinatärsfällen ein besonderes Bedürfnis nach Zulassung und fondstypischem Anlegerschutz besteht; es ist nicht wünschenswert, einen von einem Treuhänder, der professioneller Anleger ist, gehaltenen Fonds per se dem Recht der professionellen Spezial-AIF zu unterstellen, wenn dieser für Rechnung von Privatanlegern handelt.[79] Zugleich wäre es Förmelei, in solchen Fällen die Ausgestaltung als potentieller Mehr-Anleger-Fonds zu fordern.

44 Die Subsumtion der echten Ein-Anleger-Fonds unter die Anzahl von Anlegern nach Maßgabe des Durchschauprinzips wirft **Abgrenzungsfragen** auf, weil aus wirtschaftlicher Sicht hinter jeder rechtsfähigen Einheit mehr als ein Anleger stehen kann. Auch können hinter dem einen Anleger Zwischengesellschaften stehen und erst dahinter eine Anlegermehrzahl zu finden sein. So wird in der Literatur die Anwendung der Destinatär-Theorie auch für **Bruchteilsgemeinschaften** befürwortet.[80] Die Destinatärseigenschaft setzt eine **Treuhänderstellung** mit den zwei Elementen **Handeln für Rechnung und Pflichtenbindung des Treuhänders** gegenüber dem Treugeber voraus. Diese Treuhänderstellung muss in der Konstitution des rechtlichen Anlegers angelegt sein. Dies kann – wie in Fällen der Dach- und Feederfonds, der Versicherungen und Pensionsfonds – aus den gesetzlichen Pflichten und muss bei den unregulierten privatrechtlichen Gestaltungen aus den konstituierenden Dokumenten hervorgehen. Die **Zwischenschaltung mind. eines operativen Unternehmens durchbricht die Kette.** *Beispiel*: Ein Ein-Anleger-Vehikel wird von einer börsennotierten operativ-tätigen AG gehalten. Die Aktionäre werden dem Vehikel nicht zugerechnet, das Vehikel ist nicht Investmentvermögen.

45 Eine Folgefrage ist, **wer die Anlegerqualifikation** der Hinterleute und Treugeber **zu beurteilen** hat. Dies sind grds. die Vorderleute bzw. Treuhänder, weil sich daraus deren Pflichten ergeben.[81]

(4) Carry-KGs

46 Sog. **Carry-KGs**, die zur Sicherung und Verwaltung des *carried interests* der die Fondsverwaltung betreibenden Gesellschafter der KVG und ggf. im Einzelfall auch Dritter (Familienangehörige, aber auch Promotoren und Delegierter) aufgesetzt werden, sieht die BaFin unter **drei Voraussetzungen nicht als Anleger an**: (1) Der Zweck der KG besteht ausschließlich in der Vereinnahmung von Ergebnisanteilen, die zur Förderung des Zwecks des AIFs zugeteilt werden (sog. *carried interests*); (2) die Auszahlung des *carried interests* erfolgt erst, wenn die Anleger ihr Kapital vollständig zurückerhalten haben; (3) ein Rechtsanwalt, Steuerberater oder Wirtschaftsprüfer bestätigt der BaFin, dass die Voraussetzungen (1) und (2) erfüllt sind.[82] Dieser Ansicht ist im Ergebnis zuzustimmen, soweit es um die Strukturierung der **Beteiligung des Verwalters (KVG, interner Verwalter)** geht; diese ist nach allgemeinen Grundsätzen kein Anleger (s. Rz. 41). Die Carry-KG muss danach von der KVG oder einer von dieser beherrschten Gesellschaft gehalten werden. Ob und wann dieser sein Kapital zurückerhält, ist dafür freilich nicht von Belang. Merkwürdig ist auch das Bestätigungserfordernis gegenüber der BaFin. Das Gesetz sieht eine solches nicht vor; in anderen Fällen der Nichtanlegerschaft verzichtet die BaFin darauf. S. dazu auch § 150 Rz. 22.

47 Dagegen stuft das Gesetz die Kapitalbeteiligung des **Leitungspersonals der KVG** grds. als Anlage ein (arg. § 1 Abs. 19 Nr. 33 b) KAGB). Da die Carry-KG seiner Gestaltung und Struktur nach nur Vehikel für dahin-

---

76 Zum Hintergrund *Tollmann* in Dornseifer/Jesch/Klebeck/Tollmann, Art. 2 Rz. 48; *Beckmann* in Beckmann/Scholtz/Vollmer, § 2 KAGB Rz. 18 f., 28; *Zeller* in Brinkhaus/Scherer, § 1 Rz. 36; krit. *Köndgen* in Berger/Steck/Lübbehüsen, § 2 InvG Rz. 8.

77 *Jesch* in Baur/Tappen, § 1 KAGB Rz. 9 spricht von „investmentrechtlicher Transparenz".

78 Für Durchschau auch ESMA/2013/611, S. 7 (sub VIII.19); BaFin, Auslegungsschreiben zum Anwendungsbereich des KAGB und zum Begriff des „Investmentvermögens" (Q 31-Wp 2137-2013/0006) v. 14.6.2013, geändert am 9.3.2015, I.4.; *Krause/Klebeck*, RdF 2013, 7; *Köndgen/Schmies* in Bankrechts-Handbuch, § 113 Rz. 68.

79 Zutr., jedoch mit falscher Schlussfolgerung *Tollmann* in Dornseifer/Jesch/Klebeck/Tollmann, Art. 2 Rz. 49 und dortige Fn. 51.

80 *Jesch* in Baur/Tappen, § 1 KAGB Rz. 9; *Krause* in Beckmann/Scholtz/Vollmer, vor 405 Rz. 22; *Gottschling* in Moritz/Klebeck/Jesch, § 1 KAGB Rz. 49; *Eckhold/Baltzer* in Assmann/Schütze, Hdb. KapitalanlageR, § 22 Rz. 8.

81 Im Ergebnis auch *Gottschling* in Moritz/Klebeck/Jesch, § 1 KAGB Rz. 51.

82 BaFin, Hinweisschreiben v. 24.10.2014, nicht veröffentlicht, Zusammenfassung etwa durch den BVAI, abrufbar https://bvai.de/rundmails/rundmail-lxxxv-oktober-2014/ (zuletzt abgerufen am 1.10.2018).

terstehende Beteiligte ist, ist, wenn diese **Kapital einsetzen**, auf diese durchzuschauen (Rz. 46)[83] und ggf. die Eigenschaft als semiprofessioneller Anleger für die Beteiligten festzustellen.[84] Anderes gilt nur dann, wenn die Beteiligungs-KG System zur Mitarbeiterbeteiligung ist (vgl. § 2 Abs. 1 Nr. 6 KAGB, dazu § 2 Rz. 83 ff.).

Freilich soll die Carry-KG i.d.R. der **steuervergünstigten Vergütung der Mitarbeiter oder sogar Bereicherung ihrer Angehörigen** oder sogar Dritter dienen.[85] Diese Personen erfüllen i.d.R. nicht die Anforderungen des § 1 Abs. 19 Nr. 33 KAGB. Die BaFin hat dahingehend vertreten, die KG sei kein Anleger, wenn die Beteiligten allesamt den Zweck des AIF förderten.[86] Diese Einschränkung ist dem Gesetz nicht zu entnehmen.[87] Der gewünschte Zweck kann gesetzeskonform verfolgt werden, wenn die an der Carry-KG unqualifizierten Beteiligten kein Kapital einsetzen. Setzt z.B. nur die KVG Kapital ein, nicht aber die sonstigen Beteiligten, fehlt der KVG per se die Anlegereigenschaft und bei den sonstigen Beteiligten das Merkmal des Kapitaleinsammelns (dazu Rz. 49 ff.). 48

bb) Einsammeln von Kapital

(1) Zweck

Das Kapitaleinsammeln grenzt von **Vermögensmassen ab, die bereits vorhanden** und deshalb grds. nicht Investmentvermögen sind.[88] Auf die Art des Kapitals (Eigen-/Fremd, Bar- oder Sachkapital) kommt es nicht an. Das Kapital muss nur extern sein, also über das des Verwalters hinausgehen. Die Kapitalsammlung ist **vom Vertrieb streng zu unterscheiden**. Vertrieb ist eine auf potenzielle Anleger ausgerichtete Tätigkeit, die zu einem dem Kapitaleinsammeln vorgelagerten Zeitpunkt erfolgt, sie fehlt aber z.B. bei der *reverse solicitation* völlig. Für die Kapitalsammlung kommt es nur auf die gewerbliche Entgegennahme des Kapitals zu Anlagezwecken an. Die Kapitalsammlung ist damit der deutlich **weitere Begriff**. 49

Mit der Kapitalsammlung werden bestimmte Gestaltungen für **Familienvermögen** ausgegrenzt. Näher Rz. 82 f. Zudem entzündet sich an dem Merkmal der Streit, ob weitere Vermögen, die ohne kommerzielle Tätigkeit zusammenkommen, wie z.B. **Investmentclubs**, Investmentvermögen sind. Dazu Rz. 95 ff. 50

(2) Inhalt

Kapitalsammlung ist eine zumindest **einmalige, gewerblich-kommerzielle, anlegergerichtete Aktivität.** Jede geschäftliche Kommunikation genügt. Wer diese Aktivität ausübt, ist unerheblich; diese muss nur **für Rechnung des Organismus erfolgen.**[89] Auch das Handeln von Fondspromotoren, nicht beauftragten Vertriebsagenten und selbst Anlegern wird zugerechnet, wenn das Kapital vom Organismus letztlich entgegen genommen wird. Denn mit der Entgegennahme durch den Organismus ist die Kapitaleinsammlung gegeben. Daher unterstehen auch **Kapitalbündelungen auf Initiative von Anlegern**, die sich einen Verwalter „suchen", dem KAGB.[90] Zwischen der kommerziellen Aktivität und der festgelegten Anlagestrategie muss jedoch ein **Kausalnexus** bestehen („um nach der Strategie zu investieren").[91] 51

Auch das **ergebnislose Kapitaleinsammeln** ist ein solches; nur auf die Absicht kommt es an.[92] Fruchtlose, aber gesetzwidrige Sammlungen unterstehen dem Investmentrecht. 52

---

83 Dies verlangt die BaFin inkonsequenterweise nur für den Fall, dass die KG selbst nicht die notwendige Anlagesumme aufbringen kann, vgl. dazu BaFin, Hinweisschreiben v. 24.10.2014, nicht veröffentlicht, Zusammenfassung etwa durch den BVAI, abrufbar https://bvai.de/rundmails/rundmail-lxxxv-oktober-2014/ (zuletzt abgerufen am 24.4.2018). Wie hier wohl *Gottschling* in Moritz/Klebeck/Jesch, § 1 KAGB Rz. 52.

84 Soweit zutr. BaFin, Hinweisschreiben v. 24.10.2014, nicht veröffentlicht, Zusammenfassung etwa durch den BVAI, abrufbar https://bvai.de/rundmails/rundmail-lxxxv-oktober-2014/ (zuletzt abgerufen am 1.10.2018).

85 *Volhard/Jang* in Weitnauer/Boxberger/Anders, § 1 KAGB Rz. 11.

86 BaFin, Hinweisschreiben v. 24.10.2014, nicht veröffentlicht, Zusammenfassung etwa durch den BVAI, abrufbar https://bvai.de/rundmails/rundmail-lxxxv-oktober-2014/ (zuletzt abgerufen am 1.10.2018).

87 So schon *Volhard/Jang* in Weitnauer/Boxberger/Anders, § 1 KAGB Rz. 11 (jedoch mit zu weitgehender Schlussfolgerung).

88 S. aber ESMA/2012/117, S. 9 f.: wenn ein AIF, der zuvor externes Kapital eingesammelt hat, liquidiert wird und seine früheren Vermögensgegenstände das Anfangsvermögen der neuen Einheit bilden, liegt auch ohne Kapitalsammlung ein AIF vor.

89 Enger *Gottschling* in Moritz/Klebeck/Jesch, § 1 KAGB Rz. 54 (Initiative muss vom Organismus ausgehen); dies eröffnet freilich Umgehungsmöglichkeiten; weiter demgegenüber ESMA/2013/611, VI.13: Handeln einer Person im Namen des Organismus, die direkt oder indirekt auf Kapitaleinsammeln gerichtet.

90 A.A. *Krause* in Beckmann/Scholtz/Vollmer, vor 405 Rz. 16.

91 ESMA/2013/611, S. 6 (VII.13); BaFin, Auslegungsschreiben zum Anwendungsbereich des KAGB und zum Begriff des „Investmentvermögens" (Q 31-Wp 2137-2013/0006) v. 14.6.2013, geändert am 9.3.2015, I.3.

92 *Gottschling* in Moritz/Klebeck/Jesch, § 1 KAGB Rz. 54.

53 **Bar- und Sacheinlagen sowie die Einbringung anderer Rechte und Vorteile** qualifizieren als Kapitaleinsammlung. Ob die Anleger ihr Privat- oder Fremdvermögen einbringen oder durch einen Vermögensverwalter einbringen lassen, ist unerheblich.[93] Gleichfalls unerheblich ist, ob die Sammlung vor oder während der Laufzeit einer Kollektivanlage, ob sie in einem offenen oder geschlossenen Fonds erfolgt.[94]

(3) Stehenlassen von Kapital

54 Umstritten ist der Fall des „**Stehenlassens von Anlagekapital**" bei ausgelaufenen Fonds. ESMA und BaFin halten das Merkmal des Kapitaleinsammelns in diesem Fall für entbehrlich.[95] Dies widerspricht dem Gesetzeswortlaut. Der damit vertretene Gesetzesverstoß ist bei einem Verständnis des Stehenlassens als virtuelle Ausschüttung mit nachfolgender Entscheidung des Anlegers zur Neuanlage entbehrlich. Nach der Vorgabe, dass die Kapitaleinsammlung an die Anleger gerichtete Tätigkeit (aber nicht notwendig der KVG) sein muss (Rz. 51), ist jedenfalls das Stehenlassen **nach dahingehender Ansprache des Anlegers** Kapitaleinsammlung.[96] Lässt der Anleger das Kapital **unaufgefordert** stehen, etwa in dem er keine Kontonummer zur Übertragung mitteilt, ist das stehengelassene Kapital zunächst nicht eingesammelt. Dies ändert sich freilich in dem Moment, wo sich Anleger und KVG/Organismus über die weitere Verwendung im Sinne des Fortbestands im Organismus einigen. Dann liegt in der Einigung, die jedenfalls bilateral ist, das „Kapitaleinsammeln."

cc) Investition gem. festgelegter Anlagestrategie

(1) Zweck

55 Die Anlage gem. einer festgelegten Anlagestrategie soll einerseits den **Fonds von der gewerblichen Tätigkeit des (operativen) Unternehmens abgrenzen.**[97] Der deutsche Gesetzgeber hat dieses Merkmal bei der Umsetzung betont, vgl. § 1 Abs. 1 Satz 1 KAGB a.E. Dazu Rz. 74 ff. Andererseits soll das Merkmal nach einer Ansicht dazu dienen, bestimmte scheinbar strategielose Anlagen (Blind Pools) aus dem Begriff der Investmentvermögen auszugrenzen. Dazu Rz. 60 f.

(2) Anlagestrategie

56 Die **Anlagestrategie** legt fest, wie für Rechnung des Organismus für gemeinsame Anlagen mit dem eingesammelten Kapital eine gemeinschaftliche Rendite generiert wird. Der Begriff Anlagestrategie findet sich häufig im Gesetz (z.B. § 22 Abs. 1 Nr. 10, § 29 Abs. 4 Nr. 2, § 37 Abs. 3 S. 1 Nr. 1, § 44 Abs. 1 Nr. 3 KAGB). Er beschreibt eine Konkretisierung der allgemeinen Geschäftspolitik in Bezug auf den **Umgang mit den für Rechnung der Anleger gehaltenen Vermögensgegenständen.**[98] Nach der **Typusbeschreibung** der ESMA[99] muss die Anlagestrategie den Organismus für gemeinsame Anlagen:

- rechtlich binden;
- in dem Zeitpunkt festliegen, in dem der Anleger seine Bereitschaft zur Anlage erklärt; spätere Änderungen stehen dem Kriterium nicht entgegen;
- in den konstituierenden Dokumenten des AIF festgelegt sein; eine dort enthaltene Referenz auf ein weiteres Dokument genügt;

93 Unstr., vgl. ESMA/2013/611, S. 6 (VII.13); BaFin, Auslegungsschreiben zum Anwendungsbereich des KAGB und zum Begriff des „Investmentvermögens" (Q 31-Wp 2137-2013/0006) v. 14.6.2013, geändert am 9.3.2015, I.3.; *Volhard/Jang* in Weitnauer/Boxberger/Anders, § 1 KAGB Rz. 16.

94 *Gottschling* in Moritz/Klebeck/Jesch, § 1 KAGB Rz. 62 f.

95 Vgl. ESMA/2013/611, S. 6 (VII.13); BaFin, Auslegungsschreiben zum Anwendungsbereich des KAGB und zum Begriff des „Investmentvermögens" (Q 31-Wp 2137-2013/0006) v. 14.6.2013, geändert am 9.3.2015, I.3.

96 *Volhard/Jang* in Weitnauer/Boxberger/Anders, § 1 KAGB Rz. 17; *Tollmann* in Dornseifer/Jesch/Klebeck/Tollmann, Art. 4 Rz. 13; a.A. *Krause/Klebeck*, RdF 2013, 4 (7) unter Hinweis auf die freilich nicht immer gegebene Universalsukzession.

97 ESMA/2013/611, S. 7 f.; BaFin, Auslegungsschreiben zum Anwendungsbereich des KAGB und zum Begriff des „Investmentvermögens" (Q 31-Wp 2137-2013/0006) v. 14.6.2013, geändert am 9.3.2015, I.7.; FCA, PERG, Ch. 16, Scope of the Alternative Investment Fund Managers Directive, Qu. 2.13. Ob Ermessen der Geschäftsführung für Unternehmen typisch ist, lässt sich im Lichte weiterer oder engerer Fassungen des statutarischen Unternehmensgegenstands freilich bezweifeln.

98 BT-Drucks. 17/12294, S. 201.

99 ESMA/2013/611, S. 7 f.; ESMA/2012/117, S. 10 f. Ebenso im Ergebnis, teils mit zahlreichen Umschreibungen, *Gottschling* in Moritz/Klebeck/Jesch, § 1 KAGB Rz. 66 ff.; *Krause* in Beckmann/Scholtz/Vollmer, vor 405 Rz. 25; *Jesch* in Baur/Tappen, § 1 KAGB Rz. 14 f.; *Volhard/Jang* in Weitnauer/Boxberger/Anders, § 1 KAGB Rz. 23.

– Vorgaben oder Beschränkungen zur Anlagetätigkeit enthalten, z.B. zu Anlagegegenständen, -regionen und -grenzen, dem Modus der Entscheidungsfindung (z.B. quantitative Modelle), die Haltedauer, die Mittelverwendung bzw. Gewinnausschüttung, dem Diversifikationsgrad und der Einsatz von Hebelinstrumenten und Derivaten. Die Pflichtangaben nach § 44 Abs. 1 Nr. 3 und Abs. 7 KAGB i.V.m. Art. 5 Abs. 2 AIFM-VO sind zugleich Hinweise zum Inhalt der Anlagestrategie.

Die Anlagestrategie ist abzugrenzen vom **Unternehmensgegenstand.** Dieser informiert die Öffentlichkeit über die Geschäftstätigkeit (z.B. kollektive Vermögensverwaltung) und kennt weder zeitliche noch pauschale Risikogrenzen; jene informiert über die Art und Weise, **wie** die Geschäftstätigkeit ausgeübt wird.[100] Eine Anlagestrategie ist jedenfalls gegeben, wenn **Anlagebedingungen** resp. eine **Anlagepolitik** Gegenstand eines Zulassungsverfahrens sind. Die Anlagestrategie ist in zeitlicher Hinsicht von einer auf Ausnutzung des Momentums ausgerichteten **Anlagetaktik** abzugrenzen; die Taktik ist von Zyklik und häufiger Anpassung nach den Gegebenheiten des Tagesgeschehens, die Anlagestrategie von einer gewissen Dauerhaftigkeit geprägt.[101] 57

Die Konkretisierung muss sich **auf den Anlageorganismus beziehen**;[102] Zweck- und Tochtergesellschaften sind dieser Strategie ggf. unterzuordnen. Operative Zwecke einzelner Tochtergesellschaften stehen einer Anlagestrategie des Organismus nicht entgegen. Anderes gilt, wenn sämtliche Töchter nur operative Zwecke verfolgen und der Organismus nur über Tochtergesellschaften agiert. Dann liegt eine beteiligungsverwaltende Holding vor. Näher § 2 Rz. 12 ff. 58

Eine **verhältnismäßige Abstufung** nach Investment- und sonstigen, wohl operativen Zielen (*in casu* 90 %-Schwelle) findet **im Gesetz keine Stütze.**[103] Der **Gesamteindruck** unter Einbeziehung der dargelegten Typusmerkmale entscheidet. Merkmal der Anlagestrategie ist grds. auch, dass diese **offenzulegen** ist. Vgl. § 307 Abs. 1 Nr. 1, 2 und 6, § 298 Abs. 1 Nr. 4, § 299 Abs. 1 Nr. 2 KAGB. 59

(3) Vollständig diskretionäre Anlagen („Blind Pools")

Wortlaut und Interpretation von ESMA und Finanzausschuss des deutschen Bundestages[104] eröffnen Zweifel, ob die vollständig diskretionäre Anlage (sog. Black Box oder Blind Pool) Investmentvermögen ist. Die Äußerungen sind wohl so zu deuten, dass diese Strukturen außerhalb der AIF-Merkmale anzusiedeln seien, aber ein **Umgehungsverbot** greifen soll, mit der Rechtsfolge, dass sie den Vorschriften der AIFM-RL doch unterstehen.[105] Die Frage, ob ein Investmentvermögen vorliegt, ist von den **Zulassungsvoraussetzungen insbesondere eines Publikums-AIF** zu unterscheiden; dafür verlangt die BaFin eine ausgearbeitete Anlagestrategie, wonach mind. 60 % der Investitionskriterien festgelegt sind.[106] 60

Dabei sind zwei Problemstellungen zu unterscheiden. Erstens: Dem Nachweisproblem für **Anlagen im Mantel des operativen Unternehmens**, bei denen **eine (ungeschriebene) Anlagestrategie (nur) gelebt** wird, ohne dass diese schriftlich niedergelegt ist, ist mit Aufsichtsmitteln zu begegnen. Dabei ist von Bedeutung, dass die **Schriftlichkeit der Anlagestrategie kein gesetzliches AIF-Merkmal** ist;[107] das Gesetz spricht nur von Festlegung; daher genügt auch eine mündliche Festlegung, um einen Anlageorganismus zum Investmentvermögen zu machen. Zur Durchsetzung der an die Anlagestrategie knüpfenden Pflichten kommen in Betracht: Prüfungen der Publikation und der eingesetzten Software, Befragungen der Anleger und Mitarbeiter sowie eine Prüfung der tatsächlich getätigten Anlagen nach ungeschriebenen Anlagekriterien. Hinweise auf Themen und Leitindizes in den Publikationen sind Hinweise auf eine ungeschriebene Anlagestrategie. 61

Zweitens kann **tatsächlich ohne jegliche Strategie Kapital gesammelt werden**, z.B. weil dem Verwalter oder Mitanlegern Vertrauen entgegengebracht wird. Würde man den Verzicht auf eine festgelegte Anlagestrategie allein mit einem Umgehungsverbot adressieren, entfiele die vorgängig beschriebene Abgrenzungs- 62

---

100 *Merkt*, BB 2013, 1986 (1991).

101 *Jesch* in Baur/Tappen, § 1 KAGB Rz. 16.

102 *Gottschling* in Moritz/Klebeck/Jesch, § 1 KAGB Rz. 72.

103 A.A. *Krause* in Beckmann/Scholtz/Vollmer, vor 405 Rz. 25.

104 BT-Drucks. 17/13395, S. 634; ESMA/2013/611, S. 8; anders wohl ESMA/2012/117, S. 11, Nr. 31, 4. Punkt.

105 I.E. auch *Volhard/Jang* in Weitnauer/Boxberger/Anders, § 1 KAGB Rz. 24; *Köndgen/Schmies* in Bankrechts-Handbuch, § 113 Rz. 70, mit der zutr. Feststellung, dass eine abweichende Auslegung den Anwendungsbereich des KAGB nicht unerheblich verkürzen würde.

106 BaFin, Kriterienkatalog zur Verhinderung von reinen Blindpool-Konstruktionen bei geschlossenen Publikums-AIF (abrufbar unter www.bafin.de (zuletzt abgerufen am 1.10.2018).

107 Auch die Regierungsbegründung, die auf Schriftlichkeit hinweist, BT-Drucks. 17/12294, S. 201, ist nur Auslegungshinweis.

wirkung der Strategie zum operativen Unternehmen. Zudem ist die Handhabung des Umgehungsverbots rechtlicher Anfechtung ausgesetzt: Das für § 339 Abs. 1 KAGB relevante Strafrecht ist vom **Bestimmtheitsgebot** geprägt, die Untersagungsbefugnis der BaFin gem. § 15 KAGB dem **Legalitätsprinzip** verpflichtet.

63 In diesem zweiten Fall ist das Erfordernis einer Anlage gemäß festgelegter Anlagestrategie zutreffend nur als **Verstärkung der Abgrenzung zwischen Anlage und Unternehmen** zu verstehen. Gibt es – wie regelmäßig – einen **Hinweis auf eine Anlagetätigkeit**, ist zu unterstellen, dass diese nicht völlig erratisch nach dem Zufallsprinzip, sondern planmäßig-strategisch erfolgt, also eine Strategie gegeben, wenn auch nicht veröffentlicht ist. Mit der bei dieser Auslegung zwingenden Einstufung von Black Boxes/Blind Pools allein aufgrund ihrer Anlagetätigkeit als Investmentvermögen geht auf Seiten des Verwalters erheblicher Aufwand in Bezug auf das Risikomanagement (unbegrenzte Hebel?), Liquiditätsmanagement (Ressourcen und Leitlinien für alle Arten von Anlagegegenständen?) und die Limitkontrolle einher. Dieser Aufwand entfaltet eine **wünschenswerte faktische Sperrwirkung**, die dem erhöhten Anlegerschutzbedarf bei vollständiger Verwalterdiskretion entspricht und die Verwalter zu sinnvollen Konkretisierungen anstelle vager Umschreibungen[108] anhält.

(4) Indexfonds, passive Strategien

64 Ob die Strategie aktiv oder passiv verfolgt wird, ist unerheblich. Wie aus der Zulässigkeit von Indexfonds (z.B. § 209 KAGB, der auf Art. 6 bis 8 der OGAW IV-RL beruht) folgt, hält das Gesetz diese für Investmentvermögen, so dass im Rückschluss auch eine **reine Indexbindung Strategie** sein muss.[109]

dd) Zum Nutzen dieser Anleger

(1) Zweck

65 Die Anlage zum Nutzen der Anleger grenzt Gestaltungen aus, bei denen die **Korrelation von Ein- und Auszahlung** (Ertrag) nicht gegeben ist.[110] So sind Stiftungen keine AIF, wenn die Stiftungserträge anderen Personen als dem Stifter zugutekommen. Auf die Rechtsform der Struktur kommt es jedoch nicht an.[111] Bestiften sich Stifter letztlich selbst, handelt es sich um Investmentvermögen.

66 Weiterer Zweck des Merkmals soll sein, auf eine **Interessenkonvergenz zwischen Verwalter und Anleger** hinzuwirken, so dass Anlagen, die nur dem Unternehmen des Verwalters dienen, aus dem Bereich der Investmentvermögen auszugrenzen sind.[112] Richtig daran ist, dass eine Struktur, die von vorneherein den Anlegern **keinerlei privaten Nutzen** verspricht, kein Investmentvermögen ist.[113] *Beispiel*: Gemeinsame Schenkung an ein Museum; gemeinsamer Straßenbau ohne Einnahmenabsicht. In diesen Fällen passen die auf Fremdnützigkeit des Verwalterhandelns ausgerichteten Vorschriften des Investmentrechts nicht. Fragen der Verfassungsmäßigkeit stellen sich nicht; Beschränkungen der geschäftlichen Aktivitäten liegen im Wesen des Wirtschaftsaufsichtsrechts.[114]

67 Im Übrigen sind **Interessenkonflikte** zwischen Verwalter- und Anlegerinteresse bei Anlageorganismen die Regel; es handelt sich um das typische Risiko infolge Fremdverwaltung. Ein Großteil der Fondsregulierung ist auf Eindämmung der negativen Folgen solcher Konflikte ausgerichtet.[115] Der Verwalter hat z.B. Interesse an Bestand und Größe der Struktur, der Anleger am Ertrag seiner Anlage; beides kann in der Tat in Widerspruch zueinander treten. Dann darf die Abgrenzungswirkung des Merkmals nicht mit den **Rechtsfolgen bei Verwaltung eines Investmentvermögens** (Konfliktmanagement gem. §§ 26 Abs. 2 Nr. 3, 27 Abs. 2 KAGB) vermischt werden. Denn so könnte den Anlegern der **vom Investmentrecht intendierte Schutz**

108 Diese befürchten *Krause/Klebeck*, RdF 2013, 4 (9); *Gottschling* in Moritz/Klebeck/Jesch, § 1 KAGB Rz. 71.

109 S. auch BaFin, Auslegungsschreiben zum Anwendungsbereich des KAGB und zum Begriff des „Investmentvermögens" (Q 31-Wp 2137-2013/0006) v. 14.6.2013, geändert am 9.3.2015, I.5.; *Gottschling* in Moritz/Klebeck/Jesch, § 1 KAGB Rz. 77; zweifelnd mit Blick auf das Merkmal „zum Nutzen der Anleger" *Wallach*, RdF 2013, 92 (93); *Wollenhaupt/Beck*, DB 2013, 1950 (1952).

110 Desungeachtet für „schwer fassbar" halten das Merkmal z.B. *Hartrott/Goller*, BB 2013, 1603 (1604); *Merkt*, BB 2013, 1986 (1992); *Loritz/Uffmann*, WM 2013, 2193 (2200 f.). Weiteren Klärungsbedarf sieht z.B. *Wallach*, RdF 2013, 93.

111 Art. 2 Abs. 2 Buchst. b AIFM-RL.

112 BaFin, Auslegungsschreiben zum Anwendungsbereich des KAGB und zum Begriff des „Investmentvermögens" (Q 31-Wp 2137-2013/0006) v. 14.6.2013, geändert am 9.3.2015, I.6; *Jesch* in Baur/Tappen, § 1 KAGB Rz. 18; *Volhard/Jang* in Weitnauer/Boxberger/Anders, § 1 KAGB Rz. 25; *Zetzsche*, AG 2013, 624.

113 BaFin, Auslegungsschreiben zum Anwendungsbereich des KAGB und zum Begriff des „Investmentvermögens" (Q 31-Wp 2137-2013/0006) v. 14.6.2013, geändert am 9.3.2015, I.6.

114 A.A. *Loritz/Uffmann*, WM 2013, 2193 (2200).

115 Ausführlich *Zetzsche*, Prinzipien der kollektiven Vermögensanlage, 2015, S. 738 ff.

wieder **entzogen** werden. Wenn z.B. im Schrifttum vertreten wird, dass Gebührenschinderei kein Handeln zum Nutzen der Anleger impliziere,[116] wäre die Rechtsfolge bei Wegfall des Merkmals, dass kein Investmentvermögen gegeben und die investmentrechtliche Prävention zum Schutz der Anleger nicht anwendbar ist.

Daher ist nicht auf die tatsächliche Verhaltensweise, sondern die **rechtliche Einbindung des Verwalterverhaltens** abzustellen. Hat dieser eine mit Treupflichten verbundene Stellung, wirken diese Treupflichten zugunsten der Anleger, und zwar auch dann, wenn der Verwalter diese Pflichten verletzt. 68

Zur **Abgrenzung vom operativen Unternehmen trägt das Merkmal nichts bei.** Auch operative Unternehmen handeln zumindest indirekt für ihre Gesellschafter und Mitunternehmer. 69

(2) Inhalt

Auf die **Art des Nutzens** der Anleger kommt es nicht. Dieser kann in Form von Gewinnen, Nutzungsrechten, Verlustzuweisungen oder auf andere Weise eintreten. Unerheblich ist auch, ob der Nutzen ausgeschüttet oder thesauriert wird. 70

Grds. unerheblich ist es für den Anlegernutzen, ob der Verwalter von der Entwicklung der Anlagegegenstände **mitprofitiert**. Dies ist in bestimmten Gestaltungen ganz üblich (vgl. den bei Private Equity üblichen *carried interest*).[117] Der Nutzen des Verwalters darf jedoch nicht völlig überwiegen. 71

(3) Selbstnützige Strategien des Verwalters

Teils wird vertreten, die Anlage in **Zertifikate, deren Wertentwicklung nicht mit der der Vermögensgegenstände des Anlageorganismus korrelieren** (sog. Nicht-Delta-1 oder Nicht-1:1-Zertifikate), sei keine solche zum Nutzen der Anleger.[118] Dabei ist zu differenzieren zwischen solchen Zertifikaten, deren Wertentwicklung die Anleger treffen, und solchen, bei denen sie für die Kapitalbereitstellung unabhängig von der Wertentwicklung vergütet werden. Im zweiten Fall liegt kein Investmentvermögen vor, jedoch nicht mangels Anlagestrategie, sondern **mangels des Merkmals eines „gemeinsamen Vermögens"** (Rz. 23, 31), welches voraussetzt, dass die Wertentwicklung der Fondsanteile an jene der Vermögensgegenstände geknüpft ist: Die Risikoentwicklung im Basket bildet sich im gemeinsamen Anlegerportfolio nicht ab. 72

(4) Öffentliche Beteiligungsgesellschaften

Beteiligungsgesellschaften können eine **öffentliche Zwecksetzung** verfolgen, z.B. die Förderung der lokalen Infrastruktur und Technologiewirtschaft. Diese Zwecksetzung verdrängt den Anlegernutzen auch dann, wenn, wie regelmäßig, mit dem Zweck zumindest des Kapitalerhalts investiert wird.[119] Die Handhabung fällt dann leicht, weil sich der öffentliche Zweck aus der gewählten Form und den Statuten ergeben muss. Ist eine öffentliche Institution (z.B. Förderbank) beteiligt, spiegeln Form und Statuten den öffentlichen Zweck indes nicht wider, handelt es sich im Zweifel um ein Investmentvermögen. 73

4. Gestaltungen, die kein Investmentvermögen sind

a) Operative Unternehmen außerhalb des Finanzsektors (§ 1 Abs. 1 Satz 1 KAGB a.E.)

aa) Zweck

Gemäß § 1 Abs. 1 Satz 1 KAGB a.E. ist ein operativ tätiges Unternehmen außerhalb des Finanzsektors kein Investmentvermögen. Dieser Ausschluss operativer Unternehmen außerhalb des Finanzsektors soll (und darf) nur eine **Klarstellung der AIF-Definition** der AIFM-RL sein. Richtigerweise wäre diese auch verzichtbar, da die Abgrenzung zum operativen Unternehmen dem OGA-Begriff (Teilkriterium Anlage) sowie 74

---

116 *Wallach*, RdF 2013, 92 (93).

117 Anders wohl *Wollenhaupt/Beck*, DB 2013, 1951 f. mit Blick auf Zertifikate.

118 *Krause* in Beckmann/Scholtz/Vollmer, vor 305 Rz. 27; *Volhard/Jang* in Weitnauer/Boxberger/Anders, § 1 KAGB Rz. 25; s. auch BaFin, Auslegungsschreiben zum Anwendungsbereich des KAGB und zum Begriff des „Investmentvermögens" (Q 31-Wp 2137-2013/0006) v. 14.6.2013, geändert am 9.3.2015, Ziff. I.6.

119 Wie hier BaFin, Auslegungsschreiben zum Anwendungsbereich des KAGB und zum Begriff des „Investmentvermögens" (Q 31-Wp 2137-2013/0006) v. 14.6.2013, geändert am 9.3.2015, I.7.; *Gottschling* in Moritz/Klebeck/Jesch, § 1 KAGB Rz. 78; *Volhard/Jang* in Weitnauer/Boxberger/Anders, § 1 KAGB Rz. 34; zweifelnd, auf Grund sich überschneidender Zwecksetzungen, *Jesch* in Baur/Tappen, § 1 KAGB Rz. 25; *Eckhold/Baltzer* in Assmann/Schütze, Hdb. KapitalanlageR, § 22 Rz. 24.

den AIF-Merkmalen (Kriterium der festgelegten Anlagestrategie) immanent ist.[120] Ob die Privilegierung operativer Unternehmen inhaltlich gerechtfertigt ist, mag zweifelhaft sein, da auch die Anlage in operative Unternehmen verlustträchtig sein kann.[121] Zudem droht wegen des auf Umgehungsschutz angelegten materiellen Investmentbegriffs (Rz. 9) eine überschießende Rechtsanwendung durch die Aufsichtsbehörden.[122]

75 Die Unterscheidung zwischen operativen Unternehmen und Investmentvermögen ist die **wohl komplexeste Abgrenzungsfrage** von allen OGA- und AIF-Merkmalen,[123] die mit der **beteiligungsverwaltenden Holding** (dazu § 2 Rz. 22) noch eine Zuspitzung erfährt. Die Abgrenzung ist auch in anderen Rechtsordnungen mit langer Finanzmarkt- und Regulierungstradition (insbesondere den USA) nicht trennscharf gelungen.[124] Alternativen, etwa nach Rechtsform oder Gesellschafterbestand, drängen sich nicht auf.[125] Im Folgenden wird die BaFin-Ansicht zugrunde gelegt, da diese für das Einzelunternehmen zu brauchbaren Ergebnissen kommt. Zur komplexen Frage von Holdingstrukturen s. § 2 Rz. 12 ff.

bb) Operatives Unternehmen

76 Operativ soll ein Unternehmen gegeben sein, wenn der Rechtsträger einen allgemein-kommerziellen oder -industriellen Zweck verfolgt.[126] Dies ist nach Ansicht der BaFin der Fall, wenn eine Geschäftsstrategie mit folgenden Merkmalen verfolgt wird:

a) als **kommerzielle Tätigkeit**: Kauf, Verkauf, Austausch von Waren, Gütern, nicht-finanziellen Dienstleistungen. Dieses Merkmal hilft nicht weiter, wenn Unternehmensbeteiligungen, Agrargützer oder Rohstoffe Gegenstand der kommerziellen Tätigkeit sind;[127] das Halten solcher Güter ist keine kommerzielle Tätigkeit;

b) als **industrielle Tätigkeit**: Produktion von Waren, Errichtung von Immobilien oder technischen Anlagen (Gegenbeispiel: Photovoltaik- und Projektentwicklungs-Fonds, die i.d.R. nur Rechte an den Einnahmen solcher Projekte halten[128]);

c) eine **Kombination** von a) und b).

cc) Außerhalb des Finanzsektors

77 Die Ausnahme ist auf Unternehmen außerhalb des Finanzsektors beschränkt. Zweck der Einschränkung ist, dass das KAGB das Verhältnis zu anderen regulierten Intermediären selbst regelt oder dieses aus Spezialregelungen im europäisch geprägten sektoralen Wirtschaftsrecht folgt. Zum Finanzsektor gehören daher alle **zulassungspflichtigen und regulierten Finanzintermediäre**, insbesondere Kreditinstitute, Wertpapierfirmen, Versicherungsunternehmen, KVG, Verbriefungszweckgesellschaften, Zentralverwahrer sowie **regulierte Marktplätze**. Die aus § 1 Abs. 19 KWG bekannte „Finanzbranche" erfasst im Wesentlichen dieselben Unternehmen.[129] Informationsintermediäre und andere Hilfsdienste für Finanz- und Marktintermediäre (Administratoren etc.) gehören nicht zum Finanzsektor i.e.S. Innerhalb der Gruppe der regulierten Finanzintermediäre und Marktplätze fehlt freilich i.d.R. eines oder mehrere AIF-Merkmale, so dass auch ohne explizite Ausnahme kein Investmentvermögen gegeben ist. Anders ist dies jedoch bei Private Equity-Fonds, insb. Leveraged Buy Out-Funds, die unabhängig von der Frage der Unternehmenseigenschaft im Anwendungsbereich der AIFM-RL stehen.[130]

---

120 I.E. auch *Eckhold/Baltzer* in Assmann/Schütze, Hdb. KapitalanlageR, § 22 Rz. 26.

121 *Loritz/Uffmann*, WM 2013, 2195; dies nimmt *Merkt*, DB 2015, 2988(2892 f.) zum Ansatzpunkt für seine Differenzierung, wonach Geldgeber nicht pauschal, sondern in ihren spezifischen Interessen zu schützen sind.

122 *Merkt*, DB 2015, 2988 (2991) (der dem vermuteten Missstand mit einer teleologisch-wertenden anstelle einer „schematischen" Rechtsanwendung beikommen möchte).

123 Vgl. dazu z.B. die Aufsätze von *Haisch/Helios*, BB 2013, 23; *Hübner*, WM 2014, 106; *Klinger*, NZWiSt 2014, 370; *Loritz/Uffmann*, WM 2013, 2193; *Loritz/Rickmers*, NZG 2014, 1241; *Merkt*, BB 2013, 1986; *Merkt*, DB 2015, 2988; *Poelzig/Volmer*, DNotZ 2014, 483. Monographisch *Zetzsche*, Prinzipien der kollektiven Vermögensanlage, 2015, S. 147 ff.

124 Näher *Zetzsche*, Prinzipien der kollektiven Vermögensanlage, 2015, S. 147 ff., insb. 170 ff. (zum US-Recht).

125 *Gottschling* in Moritz/Klebeck/Jesch, § 1 KAGB Rz. 82; a.A. wohl *Jesch* in Baur/Tappen, § 1 KAGB Rz. 19.

126 ESMA/2013/611, S. 5 (IV.12.a).

127 Ebenso *Köndgen/Schmies* in Bankrechts-Handbuch, § 113 Rz. 72.

128 Vgl. dazu *Reiner*, GWR 2016, 202; *Köndgen/Schmies* in Bankrechts-Handbuch, § 113 Rz. 72.

129 Ebenso *Loritz/Rickmers*, NZG 2014, 1241 (1245). Zust. *Merkt*, DB 2015, 2988 (2892 ff.).

130 Ausf. zu dieser Frage *Ulrich*, Private Equity (LBO), S. 89 ff.

dd) Reichweite der Ausnahme

Ist ein operatives Unternehmen gegeben, ist **jede Beteiligungsform** daran vom Anwendungsbereich des KAGB ausgeschlossen. Es bleibt gleich, ob die Beteiligung in Form von Eigenkapital oder eigenkapitalähnlich, als stille Beteiligung oder partiarisches Darlehen ausgestaltet ist. Auch die **Rechtsform des operativ tätigen Unternehmens** ist irrelevant. Von der Erlaubnispflicht befreit kann eine GmbH, Genossenschaft, Personengesellschaft, Genossenschaft sein.[131] 78

Die **Auslagerung** auf andere Unternehmen lässt die Eigenschaft als operatives Unternehmen unberührt, solange die **strategischen Entscheidungen** beim Unternehmen bleiben. Dies muss durch Informations-, Lenkungs- und Weisungsrechte sichergestellt sein.[132] 79

Im **untergeordneten Umfang** darf das operative Unternehmen **Anlagetätigkeiten** betreiben.[133] Dies folgt aus der Ausnahme für konzerninterne AIF, dazu § 2 Rz. 27 ff. Bei operativen und Anlagetätigkeiten ist auf den **Schwerpunkt der Tätigkeit** abzustellen.[134] So ist z.B. bei Immobilien-Gesellschaften und REITs zu fragen, ob die Anlage- oder operative Tätigkeit überwiegt.[135] 80

b) Ausnahmen des § 2 Abs. 1 und 3 KAGB

Holding-Strukturen, Arbeitnehmerbeteiligungssysteme, Pensionsfonds, Konzern- und Verbriefungszweckgesellschaften sowie bestimmte öffentliche Finanzinstitute sind gem. § 2 Abs. 1 und 3 KAGB **vom Anwendungsbereich des KAGB ausgenommen.** Vgl. dazu die Erläuterungen bei § 2 KAGB. 81

c) Family Offices

aa) Zweck

Nach dem siebten Erwägungsgrund der AIFM-RL sollen „Wertpapierfirmen, wie z.B. Family-Office-Vehikel, die das Privatvermögen von Anlegern investieren, ohne Fremdkapital [gemeint ist externes Kapital] zu beschaffen",[136] nicht AIF sein. Dies hat nur Bedeutung, wenn das Vermögen mehr als eines Familienangehörigen gebündelt ist, weil sonst kein Organismus für gemeinsame Anlagen gegeben ist.[137] Ist dies der Fall, sind Familienvermögen kraft familienrechtlicher Beziehung bereits verbunden, sie werden **nicht erst durch das „Kapitalsammeln" des Intermediärs verbunden.**[138] Allerdings ist das Family-Office-Vehikel kein Ter- 82

131 Zu pauschal jedoch BaFin, Auslegungsschreiben zum Anwendungsbereich des KAGB und zum Begriff des „Investmentvermögens" (Q 31-Wp 2137-2013/0006) v. 14.6.2013, geändert am 9.3.2015, II.3.; *Volhard/Jang* in Weitnauer/Boxberger/Anders, § 1 KAGB Rz. 31, wonach Genossenschaften auf den Nutzen ihrer Mitglieder gerichtet und deshalb kein Investmentvermögen seien. Der Anlageorganismus ist ebenfalls auf den Nutzen der Anleger ausgerichtet, jeder einzelne Anleger will durch Mitteleinzahlung nur seinen Nutzen fördern. Der Organismus für gemeinsame Anlagen weist daher teleologisch eine Nähe zur Genossenschaft (wie auch zu anderen Rechtsformen) auf; die ersten deutschen Kollektivanlagen waren Genossenschaften, gelegentlich wird die Rechtsform der Genossenschaft auch als Umgehung der Fondsregulierung gebraucht. Näher dazu *Zetzsche*, Prinzipien der kollektiven Vermögensanlage, 2015, S. 119, 300 ff., 551 bis 562. Der materielle Investmentbegriff fordert jeweils die Betrachtung der konkreten Ausgestaltung der Genossenschaft. So wohl i.E. auch *Geibel*, WM 2015, 1650.

132 BaFin, Auslegungsschreiben zum Anwendungsbereich des KAGB und zum Begriff des „Investmentvermögens" (Q 31-Wp 2137-2013/0006) v. 14.6.2013, geändert am 9.3.2015, II.1.; *Volhard/Jang* in Weitnauer/Boxberger/Anders, § 1 KAGB Rz. 26.

133 BaFin, Auslegungsschreiben zum Anwendungsbereich des KAGB und zum Begriff des „Investmentvermögens" (Q 31-Wp 2137-2013/0006) v. 14.6.2013, geändert am 9.3.2015, I.7.

134 *Gottschling* in Moritz/Klebeck/Jesch, § 1 KAGB Rz. 83.

135 BaFin, Auslegungsschreiben zum Anwendungsbereich des KAGB und zum Begriff des „Investmentvermögens" (Q 31-Wp 2137-2013/0006) v. 14.6.2013, geändert am 9.3.2015, II.1., II.2 i.V.m. 1.7 (speziell für REITs); *Jesch* in Baur/Tappen, § 1 KAGB Rz. 22; a.A. *Merkt*, BB 2013, 1986 (1990, 1996).

136 7. Erwägungsgrund AIFM-RL (Hervorhebung und Ergänzung durch Vf.).

137 Dies verkennt *Tollmann* in Dornseifer/Jesch/Klebeck/Tollmann, Art. 2 Rz. 129.

138 I.E. ebenso BaFin, Auslegungsschreiben zum Anwendungsbereich des KAGB und zum Begriff des „Investmentvermögens" (Q 31-Wp 2137-2013/0006) v. 14.6.2013, geändert am 9.3.2015, I.3.a.; *Gottschling* in Moritz/Klebeck/Jesch, § 1 KAGB Rz. 56, 97; *Jesch* in Baur/*Tappen*, § 1 Rz. 12; *Bäuml*, FR 2013, 640 (643); *Krause* in Beckmann/Scholtz/Vollmer, vor 405 Rz. 33; *Wollenhaupt/Beck*, DB 2013, 1950 (1951); *Elser* in Beckmann/Scholtz/Vollmer, vor 420 Rz. 22 (die beiden zuletzt Genannten sprechen sich für eine generelle Ausgrenzung von Family Offices aus).

minus Technicus,[139] die **familieninterne Vermögensverwaltung**[140] nicht zulassungspflichtig[141] und das Family Office häufig auch nicht zulassungspflichtigen Tätigkeiten nachgeht.[142]

83 Die **Nichtanwendung des KAGB rechtfertigt sich** damit, dass viele Familienmitglieder den Verwalter nicht selbst wählen, sondern die Strukturen und Beteiligungen erben. Zudem beherrscht die Familie *als Ganzes* i.d.R. die Investmentbeziehung, so dass verwaltertypische Risiken reduziert sind, weil die Familie von grds. **gleichgerichteten Interessen** und aufgrund größerer Verbundenheit **geringerer Informationsasymmetrie** geprägt ist. Auch gehen von Family Offices i.d.R. keine systemischen Risiken aus, die eine Regulierung im öffentlichen Interesse notwendig machen.[143] Desungeachtet geht mangels Verankerung im Wortlaut eine **generelle Ausgrenzung sämtlicher Family Offices zu weit**.[144] Es ist vielmehr im Detail zu prüfen, ob die Merkmale des § 1 Abs. 1 Satz 1 KAGB gegeben sind, zumal es viele verschiedene Arten der Family Offices gibt.

bb) Durchschau

84 Bei der Anwendung der Merkmale des § 1 Abs. 1 Satz 1 KAGB ist eine Vorfrage, ob auf die **Struktur oder die wirtschaftlich** daran **Beteiligten oder Berechtigten** abzustellen ist. Bei Familien ist der Einsatz von Bündelstrukturen üblich, um Einfluss zu bündeln und Größeneffekte und Kosteneinsparungen zu erzielen, während gleichzeitig verschiedene Familienstämme kommerziell profitieren sollen. Nach den zuvor (Rz. 5 ff.) dargelegten Kriterien dürfte regelmäßig eine **Durchschau geboten** sein,[145] so dass sich aus den an den Strukturen Beteiligten die Zuordnung der Struktur zur Familie ergibt. Diese Ansicht wird i.E. von der ESMA geteilt.[146]

cc) Familienbegriff

85 **ESMA** und BaFin geben (in einer willkürlichen Entscheidung[147]) den **für einen Familienverband zulässigen Verwandtschaftsgrad** vor.[148] Erfasst sind lt. ESMA „der Ehepartner einer Person, die Person, die mit der Person in einer eheähnlichen Gemeinschaft, in einem gemeinsamen Haushalt und auf einer stabilen und dauerhaften Grundlage lebt, die Verwandten in gerader Linie, die Geschwister, Onkel, Tanten, Cousins oder Cousinen der betreffenden Person und die Angehörigen einer Person." In diesem Umfang soll sich ein OGA ohne „Kapitalsammlung" erweitern dürfen. Die **BaFin-Definition** orientiert sich an der ESMA-Fassung, spricht jedoch – etwas großzügiger – von Hinterbliebenen.[149] Bei Hinzutreten weiterer Personen als den so definierten Familienangehörigen soll das Merkmal des Kapitalsammelns erfüllt sein.

---

139 Begriffsbestimmung bei *Schaubach*, Family Office: Ein Beitrag zur Begriffsfindung, ÖBA 2003, 897.

140 Im Rahmen eines „Privaten Family Office", vgl. BaFin, Erlaubnispflicht gem. § 32 Abs. 1 KWG für Family Offices, Nr. 5 und 6.

141 Vgl. BaFin, Erlaubnispflicht gem. § 32 Abs. 1 KWG für Family Offices, Nr. 6; vgl. aber zur Zulassungspflicht externer oder „Multi-Family-Offices" *Kühne/Eberhardt*, Erlaubnispflicht eines „Family Office" unter Berücksichtigung des neuen Finanzdienstleistungstatbestandes der Anlageberatung, BKR 2008, 133 (134 f.).

142 Vgl. *Krause/Klebeck*, BB 2012, 2063 (2065 f.); *Scholtz/Apfelbaum*, RdF 2013, 268 (270); *Zetzsche*, ZIP 2017, 945 (947 f.); *Zetzsche*, Der Gesellschafter 2016, 370 (374).

143 Vgl. *Spindler/Tacredi*, WM 2011, 1393 (1398).

144 *Scholtz/Apfelbaum*, RdF 2013, 268(270); *Volhard/Jang* in Weitnauer/Boxberger/Anders, § 1 KAGB Rz. 18; a.A. wohl *Wollenhaupt/Beck*, DB 2013, 1950 (1951); *Elser* in Beckmann/Scholtz/Vollmer, vor 420 Rz. 22; *Wallach*, RdF 2013, 92 (94).

145 I.E. auch für Durchschau bei Treuhandstrukturen auf die Familienmitglieder *Gottschling* in Moritz/Klebeck/Jesch, § 1 KAGB Rz. 48, 96; *Eckhold/Baltzer* in Assmann/Schütze, Hdb. KapitalanlageR, § 22 Rz. 18 (ohne systematische Begründung). Einschränkend (nur für Personengesellschaften und GbR) *Krause* in Beckmann/Scholtz/Vollmer, vor 405 Rz. 22.

146 ESMA/2013/611, S. 4, vgl. Definition „bereits bestehende Gruppe" als „eine Gruppe von Familienmitgliedern, unabhängig von der Art der rechtlichen Struktur, die von ihnen möglicherweise eingerichtet wird, um in einen Organismus zu investieren, sofern die alleinigen Endbegünstigten einer solchen rechtlichen Struktur Familienmitglieder sind und diese Gruppe vor der Gründung des Organismus bereits bestanden hat. Dadurch sollen jedoch Familienmitglieder nicht davon abgehalten werden, sich der Gruppe nach der Gründung des Organismus anzuschließen."

147 Vgl. *Köndgen/Schmies* in Bankrechts-Handbuch, § 113 Rz. 79 („freie Rechtsfindung").

148 ESMA/2013/611, S. 4; BaFin, Auslegungsschreiben zum Anwendungsbereich des KAGB und zum Begriff des „Investmentvermögens" (Q 31-Wp 2137-2013/0006) v. 14.6.2013, geändert am 9.3.2015, I.3.a.

149 BaFin, Auslegungsschreiben zum Anwendungsbereich des KAGB und zum Begriff des „Investmentvermögens" (Q 31-Wp 2137-2013/0006) v. 14.6.2013, geändert am 9.3.2015, I.3.a.

Die Definition der Familienvermögen ist danach schon nicht mehr erfüllt, wenn die Abkömmlinge z.B. der Geschwister die **Erbfolge** antreten. Das Privileg ist also durch Erbfolge befristet. Eine solche Begrenzung trägt keine nachhaltige Verwaltung.[150] Dem Problem ist sachgerecht zu begegnen, indem man auf den **Zeitpunkt des Erstinvestments des Family Office** abstellt und nachfolgende Vermögensverschiebungen im Familienkreis außer Acht lässt.[151] Das Gleiche muss für nachfolgende Veränderungen des Familienkreises gelten (insbesondere den Fall der Scheidung), schon um den sich abspaltendem Familienangehörigen kein Druckmittel im Streit um die Abfindung in die Hand zu geben. Ist danach auf die ursprüngliche Familienzugehörigkeit im Zeitpunkt der Anlage durch die Beteiligten abzustellen, könnte ein geschiedenes, ehemaliges Familienmitglied im Grundsatz nicht mehr nachträglich über das Family Office neue Anlagen tätigen, i.e. neues Kapital einzahlen, ohne das Family Offices als Ganzes regulatorisch zu infizieren. Dies könnte dazu verwendet werden, dessen Einfluss zu reduzieren, was weiteren Unfrieden stiften wird. 86

Die enge Familiendefinition verhindert zudem jenseits des KAGB gängige Anreizstrukturen, wie die **Mitanlage des Verwalters**. Sie erhöht damit jedenfalls die Kosten für die Verwaltung von Familienvermögen, wahlweise durch Regulierung oder durch intensivierte Interessenkonflikte zwischen Verwalter und Familien. Dies widerspricht dem Richtlinienzweck und findet rechtsvergleichend keine Stütze: Die Family-Office-Privilegierung des US-Rechts erstreckt sich auf Ko-Investments.[152] Freilich steht es Familien frei, eine unter dem KAGB regulierte Struktur zu wählen.[153] 87

Aus beiden Gründen – Erfassung von ehemaligen Familienmitgliedern und verdienten Mitarbeitern – empfiehlt sich eine Auslegung, die in gewissen Grenzen den **Begriff des Family Offices als „Typus“** versteht und eine **geringfügige „Verunreinigung“ des Familienstammes** als normalen Lebensvorgang hinnimmt. Ohne eine solche Interpretation entstünden der Familie entgegen dem Zweck des Privilegs regulierungsinduzierte Kosten, und zwar für die Weg- und Umgehungsstrukturierung in den zwei genannten Fällen. Die Grenze dafür sollte sich an der sog. Schmutzgrenze des § 198 KAGB (**10 % des verwalteten Vermögens**) orientieren; bis zu dieser Grenze entsteht keine Erlaubnispflicht, wenn in einer ursprünglich als Family Office qualifizierenden Organisation zu einem späteren Entwicklungszeitpunkt auch Nicht-(Mehr-)Familienangehörige beteiligt sind und dennoch neue Anlagen tätigen. 88

Die Familienangehörigen sind nach Sinn und Zweck nur privilegiert, wenn es sich um eine **bereits bestehende Gruppe** handelt.[154] Dafür muss das Vermögen als Gesamtheit (bei Durchschau auf die einzelnen Angehörigen) bereits vor der Anlage zusammen gewesen sein. War das Vermögen zunächst getrennt und wird es zu Zwecken der Anlage wieder zusammengeführt, ist keine Privilegierung gegeben. **Freunde der Familie** sind keine Familienangehörigen, sondern grds. Anleger; die Entgegennahme ihres Kapitals stellt ein Kapitaleinsammeln dar.[155] 89

dd) Multi-Offices

Gemeint ist nur die **einzelne Familie**. Die Bündelung zweier Familienvermögen ist nicht privilegiert. Erst Recht nicht privilegiert sind sog. **Multi-Family Offices**. Es handelt sich um Einheiten, die für mehrere Familien die Vermögensangelegenheiten besorgen. Diese sammeln, wenn sie Anlagen tätigen, Kapital ein, was bei der Bündelung dieser Vermögen zur Bildung von Investmentvermögen führt.[156] 90

150 Gegenüber der insoweit korrigierenden Übersetzung der BaFin „Hinterbliebene“ ist der verbindliche Wortlaut der ESMA Guidelines „Angehörige“ (wohl gemeint „Abkömmlinge“) vorrangig; vgl. BaFin, Auslegungsschreiben zum Anwendungsbereich des KAGB und zum Begriff des „Investmentvermögens“ (Q 31-Wp 2137-2013/0006) v. 14.6.2013, geändert am 9.3.2015, I.3.a; ESMA/2013/611, S. 4.

151 *Zetzsche*, ZIP 2017, 945 (952); *Zetzsche*, Der Gesellschafter 2016, 370, 377; *Eckhold/Baltzer* in Assmann/Schütze, Hdb. KapitalanlageR, § 22 Rz. 17; *Gottschling* in Moritz/Klebeck/Jesch, § 1 KAGB Rz. 98.

152 Vgl. Securities and Exchange Commission, Rule 202(a)(11)(G)-1 [17 CFR 275.202(a)(11) (G)-1], wonach Leitungspersonen wirtschaftlich (nicht kontrollierend) am Family Office beteiligt sein dürfen. Ausführlich dazu *Zetzsche*, ZIP 2017, 945 (951); *Zetzsche*, Der Gesellschafter 2016, 370, 377.

153 *Gottschling* in Moritz/Klebeck/Jesch, § 1 KAGB Rz. 99.

154 ESMA/2013/611, S. 6 (VII.16.).

155 *Volhard/Jang* in Weitnauer/Boxberger/Anders, § 1 KAGB Rz. 17, 20; *Zetzsche*, ZIP 2017, 945 (951 f.); *Zetzsche*, Der Gesellschafter 2016, 370, 377 f.

156 *Seibt/Jander-McAlister*, DB 2013, 2433 (2434); *Zetzsche/Preiner*, WM 2013, 2101 (2105); *Zetzsche*, ZIP 2017, 945 (947 f.); *Zetzsche*, Der Gesellschafter 2016, 370, 373; *Köndgen/Schmies* in Bankrechts-Handbuch, § 113 Rz. 79; *Volhard/Jang* in Weitnauer/Boxberger/Anders, § 1 KAGB Rz. 17; **a.A.** mit unterschiedlichen Nuancen, aber keiner überzeugenden Begründung *Krause/Klebeck*, BB 2012, 2063 (2066 f.); *Jesch* in Baur/Tappen, § 1 KAGB Rz. 12; *Krause* in Beckmann/Scholtz/Vollmer, vor 405 Rz. 34; *Gottschling* in Moritz/Klebeck/Jesch, § 1 KAGB Rz. 100.

d) Immobiliargesellschaften

91 **Immobilien-Gesellschaften und REITs** sind **nicht per se Investmentvermögen.**[157] Zugleich sind sie aber auch nicht immer operative Unternehmen.[158] Beides widerspräche dem materiellen Investmentbegriff. Es müssen vielmehr die in § 1 Abs. 1 Satz 1 KAGB niedergelegten OGA- und AIF-Merkmale vorliegen.[159] Es kann insbesondere ein operatives Unternehmen gegeben sein oder die Anlagestrategie fehlen. In der Regel sprechen die **Entwicklung** (Planung, Grundstückserwerb, Errichtung bis Verkauf der selbstentwickelten Immobilie, Errichtung einer Windkraft- oder Photovoltaik-Anlage) **und der Betrieb** (z.B. Hotelbetrieb, Betrieb einer Pflegeeinrichtung, einer Stromproduktionsanlage) der Immobilie für ein operatives Unternehmen.[160] Dies gilt auch für das **Facility Management (Liegenschaftsverwaltung)** und die **Mietmaklerei.**[161] Die Immobilienbewertung und -finanzierungsberatung kann indes auch für Erwerb und Veräußerung im Kontext der Immobilienanlage erforderlich sein; daraus folgt allein keine operative Tätigkeit.[162] Keine nicht operative Tätigkeit sind Erwerb und Verkauf und die Vermietung einer erworbenen Immobilie. Fehlen operative Tätigkeiten, spricht der Umstand einer Börsennotierung jedoch nicht per se gegen die Einstufung als Investmentvermögen.[163] Denn das Kapitalmarktrecht ist von Transparenz-, das Fondsrecht von Treupflichten geprägt. Beides kann zusammenfallen; es gibt auch börsennotierte Fonds.

92 Eine Variante der Immobiliargesellschaften stellen **Schiffsanlagegesellschaften** dar. Nach Ansicht der BaFin üben Reeder *und* Charterer operative Tätigkeiten aus.[164] Dies ist nach dem o.G. richtig, wenn und weil es sich um den **Schiffsbetrieb** handelt; gleiches gilt beim Time-Charter für den Vercharterer.[165] Der **Finanzierungspool** für die Schiffe ist desungeachtet Investmentvermögen, und zwar unabhängig von seiner rechtlichen Ausgestaltung. Entsprechend können Operating- oder Finanzierungsleasinggesellschaften Investmentvermögen sein.[166] Auf ein Schiff bezogene **(Leasing-)Objektgesellschaften** sind nicht per se operative Unternehmen. Dies folgt aus § 287 Abs. 2 Nr. 2 KAGB; der Vorschrift ist zu entnehmen, dass Immobiliar-SPVs den Finanzvehikeln gleichzustellen sind, für die Sonderregeln gelten. Ob es sich um ein Investmentvermögen handelt, ermittelt sich anhand der allgemeinen Kriterien.[167] Sind mehrere Anleger beteiligt, kann ein Investmentvermögen auch bei einem Anlagegegenstand gegeben sein. Sind nur die Leasinggeber und -nehmer beteiligt, liegt nach Ansicht der BaFin kein Investmentvermögen vor.[168]

93 Bei **Wohnungs- und Energiegesellschaften** kommt es im Zweifel auf den **Betrieb der Anlage** an. Wer die Anlage betreibt, ist operatives Unternehmen auch dann, wenn Finanzierungsbeiträge von einer Anleger-

---

157 *Gottschling* in Moritz/Klebeck/Jesch, § 1 KAGB Rz. 88; *Merkt*, BB 2013, 1986 (1989); *Volhard/Jang* in Weitnauer/Boxberger/Anders, § 1 KAGB Rz. 26; anders noch die BaFin in ihren ersten Stellungnahmen zum KAGB.

158 A.A. für REITs *Conradi/Jander-McAlister*, WM 2014, 723; *Eckhold/Baltzer* in Assmann/Schütze, Hdb. KapitalanlageR, § 22 Rz. 23; tendenziell auch auch *Jesch* in Baur/Tappen, § 1 KAGB Rz. 2.

159 Wie hier *Volhard/Jang* in Weitnauer/Boxberger/Anders, § 1 KAGB Rz. 30.

160 BaFin, Auslegungsschreiben zum Anwendungsbereich des KAGB und zum Begriff des „Investmentvermögens" (Q 31-Wp 2137-2013/0006) v. 14.6.2013, geändert am 9.3.2015, I.7.a; *Jesch* in Baur/Tappen, § 1 KAGB Rz. 20. Zu Photovoltaik- und Projektentwicklungsfonds auch *Reiner*, GWR 2016, 202.

161 BaFin, Auslegungsschreiben zum Anwendungsbereich des KAGB und zum Begriff des „Investmentvermögens" (Q 31-Wp 2137-2013/0006) v. 14.6.2013, geändert am 9.3.2015, II.1.; *Jesch* in Baur/Tappen, § 1 KAGB Rz. 20; *Gottschling* in Moritz/Klebeck/Jesch, § 1 KAGB Rz. 97.

162 A.A. BaFin, Auslegungsschreiben zum Anwendungsbereich des KAGB und zum Begriff des „Investmentvermögens" (Q 31-Wp 2137-2013/0006) v. 14.6.2013, geändert am 9.3.2015, II.1.; *Jesch* in Baur/Tappen, § 1 KAGB Rz. 20; *Gottschling* in Moritz/Klebeck/Jesch, § 1 KAGB Rz. 107.

163 A.A. *Jesch* in Baur/Tappen, § 1 KAGB Rz. 21; *Gottschling* in Moritz/Klebeck/Jesch, § 1 KAGB Rz. 108 (Kapitalmarktregime und ReitsG verdrängt KAGB); tendenziell auch *Merkt*, BB 2013, 1986 f.

164 BaFin, Auslegungsschreiben zum Anwendungsbereich des KAGB und zum Begriff des „Investmentvermögens" (Q 31-Wp 2137-2013/0006) v. 14.6.2013, geändert am 9.3.2015, I.7.a; *Gottschling* in Moritz/Klebeck/Jesch, § 1 KAGB Rz. 107; *Jesch* in Baur/Tappen, § 1 KAGB Rz. 26; *Volhard/Jang* in Weitnauer/Boxberger/Anders, § 1 KAGB Rz. 28.

165 Für Einordnung als nicht-operative Tätigkeit aber *Köndgen/Schmies* in Bankrechts-Handbuch, § 113 Rz. 73 (unmittelbar auf Renditeerzeugung auf das eingesetzte Kapital ausgerichtet).

166 BaFin, Auslegungsschreiben zum Anwendungsbereich des KAGB und zum Begriff des „Investmentvermögens" (Q 31-Wp 2137-2013/0006) v. 14.6.2013, geändert am 9.3.2015, II.4.; *Gottschling* in Moritz/Klebeck/Jesch, § 1 KAGB Rz. 90; *Jesch* in Baur/Tappen, § 1 KAGB Rz. 23; *Volhard/Jang* in Weitnauer/Boxberger/Anders, § 1 KAGB Rz. 32.

167 A.A. *Eckhold/Baltzer* in Assmann/Schütze, Hdb. KapitalanlageR, § 22 Rz. 11 f.; *Gottschling* in Moritz/Klebeck/Jesch, § 1 KAGB Rz. 90 („Nur Finanzierungsvehikel").

168 BaFin, Auslegungsschreiben zum Anwendungsbereich des KAGB und zum Begriff des „Investmentvermögens" (Q 31-Wp 2137-2013/0006) v. 14.6.2013, geändert am 9.3.2015, II.5. Zust. *Jesch* in Baur/Tappen, § 1 KAGB Rz. 24.

mehrzahl entgegen genommen werden.[169] So bewirkt der Betrieb eines Bürgerenergieprojekts, dass das ganze Projekt kein Investmentvermögen ist.[170]

e) Individualbeziehungen

94 Kein Investmentvermögen sind Individualbeziehungen zwischen Anleger und Vermögensgegenstand, wie z.B. **Managed Accounts oder Club Deals**. Jeweils fehlt es an der „Gemeinsamkeit" (i.e. Kollektivbeziehung) der Vermögensgegenstände, schon weil die Vermögensgegenstände insolvenzrechtlich getrennt sind.[171] Zudem fehlt häufig die Fremdverwaltung, weil sich der oder die Anleger die Letztentscheidungsbefugnis offenhalten.[172] Darauf, ob eine Anlagestrategie einheitlich verfolgt wird, kommt es folglich nicht an.[173] Daher ist auch der von den Anlegern beauftragte Vermögensverwalter keine KVG. Näher Rz. 32 ff.

f) Investmentclubs und Club Deals

95 Bei Investmentclubs kommen Privatpersonen **in Eigenregie** zusammen, um Kapital gemeinsam zumeist in Finanzinstrumenten anzulegen.[174] Prägend ist, dass die Clubs ihre eigenen Geschäftsführer und ihre spezifische Anlagestruktur wählen und es den Mitgliedern freisteht, jederzeit wieder aus dem Club und der Anlagebeziehung auszutreten.[175] Mangels gewerblichen Verwalters fehlt häufiger die Fremdverwaltung, jedenfalls aber die **kommerzielle Kapitalsammlung.** Kein Investmentclub sind Vereinigungen, bei denen andere Rechte als Vermögensgegenstände der Anleger (z.B. Stimmrechte) gebündelt werden.

96 Aufgrund des Umgehungspotentials muss die Ausnahme **eng ausgelegt** werden. Wird der Investmentclub von einer Person mit kommerziellen Interessen dominiert, entfällt der Grund der Ausnahme. Gleiches gilt, wenn zu den selbständig Beigetretenen kommerziell Geworbene beitreten.

97 **Club Deals** sind in Eigenregie von institutionellen Anlegern organisierte Beteiligungen. In diesen Fällen fehlt regelmäßig die Fremdverwaltung; jedoch kann die Kapitalsammlung vorliegen, wenn einzelne Anleger weitere zur Teilnahme bewegen. Meistens bleibt es bei getrennten Vermögen, so dass kein gemeinsames Vermögen gegeben ist.[176]

98 Eine gesetzliche Ausnahme für Club Deals gibt es nicht. Der **Club Deal ist Investmentvermögen**, wenn sämtliche Merkmale des § 1 Abs. 1 Satz 1 KAGB erfüllt sind. Dies ist bei dominanter Rolle mind. eines Beteiligten und Passivität der übrigen bei Fragen der Vermögensverwaltung gegeben, wenn das anzulegende Vermögen gebündelt wird.

III. OGAW (§ 1 Abs. 2 KAGB)

1. Bedeutung

99 Die OGAW-Definition in § 1 Abs. 2 KAGB verweist auf Art. 1 Abs. 2 der OGAW-RL. Es handelt sich um den **europäischen Urtyp des zulassungspflichtigen**, diversifizierten, offenen **Publikumsfonds.**[177] Der AIF-Begriff ist demgegenüber erheblich weiter. Bei OGAW ist neben der KVG auch das Produkt (der OGAW) immer **zulassungspflichtig** (Art. 5 Abs. 1 OGAW-RL, umgesetzt als Genehmigung der Anlagebedingungen in § 163 Abs. 1 Nr. 2 KAGB); dies verlangt das KAGB nur für Publikums-AIF (vgl. § 163 Abs. 1 Nr. 1 KAGB). Schließlich sind OGAW gem. Art. 1 Abs. 1 OGAW-RL immer **inländische oder EU-Investmentvermögen**,

169 *Gottschling* in Moritz/Klebeck/Jesch, § 1 KAGB Rz. 91; *Jesch* in Baur/Tappen, § 1 KAGB Rz. 23; *Volhard/Jang* in Weitnauer/Boxberger/Anders, § 1 KAGB Rz. 26 ff.

170 BaFin, Auslegungsschreiben zum Anwendungsbereich des KAGB und zum Begriff des „Investmentvermögens" (Q 31-Wp 2137-2013/0006) v. 14.6.2013, geändert am 9.3.2015, II.7.

171 *Wallach*, RdF 2013, 92 (93); *Krause* in Beckmann/Scholtz/Vollmer, vor 405 Rz. 15; *Jesch* in Baur/Tappen, § 1 KAGB Rz. 7; *Zetzsche/Preiner*, WM 2013, 2101 (2103); *Gottschling* in Moritz/Klebeck/Jesch, § 1 KAGB Rz. 92.

172 *Gottschling* in Moritz/Klebeck/Jesch, § 1 KAGB Rz. 92; *Bäuml*, FR 2013, 640 (641); *Weiser/Jang*, BB 2011, 1219.

173 *Eckhold/Baltzer* in Assmann/Schütze, Hdb. KapitalanlageR, § 22 Rz. 8 f.

174 BaFin, Auslegungsschreiben zum Anwendungsbereich des KAGB und zum Begriff des „Investmentvermögens" (Q 31-Wp 2137-2013/0006) v. 14.6.2013, geändert am 9.3.2015, I.3.b.

175 BaFin, Auslegungsschreiben zum Anwendungsbereich des KAGB und zum Begriff des „Investmentvermögens" (Q 31-Wp 2137-2013/0006) v. 14.6.2013, geändert am 9.3.2015, I.3.b. S. auch *Volhard/Jang* in Weitnauer/Boxberger/Anders, § 1 KAGB Rz. 21 f.; *Jesch* in Baur/Tappen, § 1 KAGB Rz. 13; *Gottschling* in Moritz/Klebeck/Jesch, § 1 KAGB Rz. 57 f.

176 Vgl. dazu *Seibt/Jander-McAlister*, DB 2013, 1274 und DB 2013, 2433.

177 Näher *Zetzsche*, Prinzipien der kollektiven Vermögensanlage, 2015, S. 354 ff.

während AIF auch in Drittstaaten domiziliert sein können (vgl. die Definition der ausländischen AIF in § 1 Abs. 9 KAGB sowie zum Vertrieb im Binnenmarkt §§ 55 ff. KAGB).

2. Definitionsmerkmale des Art. 1 Abs. 2 OGAW-RL

a) Organismen für die gemeinsame Anlage

100 OGAW betreiben das Investmentgeschäft für gemeinsame Rechnung der Anleger. Es handelt sich um **Organismen für die gemeinsame Anlage**. Näher zu § 1 Abs. 1 Satz 1 KAGB Rz. 20 ff. Darüber hinaus ergeben sich aus Art. 1 Abs. 2 OGAW-RL mit der Geldbeschaffung beim Publikum, dem Grundsatz der Risikostreuung, der Anlage in liquide Finanzinstrumente und der offenen Form vier weitere Merkmale.[178]

b) Beim Publikum beschaffte Gelder

101 OGAW beschaffen Kapital beim Publikum. Dafür genügt nicht das Kapitaleinsammeln i.S.d. AIF-Merkmals (Rz. 39), sondern OGAW werden **öffentlich an das Publikum vertrieben.** Folglich ist der Vertrieb Pflichtaufgabe der KVG (vgl. Anhang II OGAW-RL)[179] und es sind Pflichtinformationen wie Prospekte, Jahres- und Halbjahresberichte zu erstellen, vgl. Kapitel IX OGAW-RL (umgesetzt in §§ 101, 103, 164 KAGB). Fonds, die Kapital ohne öffentlichen Vertrieb einsammeln, unterliegen nicht der OGAW-RL (Art. 3 OGAW-RL).

c) Grundsatz der Risikostreuung

102 Anlagen müssen nach dem Grundsatz der Risikomischung erfolgen. Dies nimmt Bezug auf die Anlagevorschriften in Kapitel VII (Art. 51 ff.) OGAW-RL. Im Grundsatz besteht eine Grenze von 5 % pro Anlagegegenstand (§ 206 KAGB); bei Inanspruchnahme der ebenfalls in § 206 KAGB geregelten Ausnahmen muss der OGAW minimal in 17 verschiedene Wertpapiere investiert sein. Zweck der Vorschrift ist einerseits die **Diversifikation im Sinne der Risikostreuung**,[180] andererseits die **Absicherung des Rückgaberechts der Anleger**, weil es bei einer Vielzahl von (liquiden, vgl. Rz. 105) Vermögensgegenständen unwahrscheinlich ist, dass sich die Illiquidität eines einzelnen Gegenstands auf die Fähigkeit des Fonds zur Auszahlung des Anlegeranteils am Investmentvermögen auswirkt.[181]

103 Jenseits des Verweises auf die Anlagevorschriften, die Diversifikation formal definieren, statuiert der Grundsatz der Risikomischung eine **materiell wirkende Verpflichtung der KVG zur Risikostreuung im wirtschaftlichen Sinn**. Danach ist es unzulässig, in 20 Wertpapiere zu je 5 % zu investieren, wenn die Emittenten der Wertpapiere letztlich wiederum in denselben Vermögensgegenstand zu 100 % angelegt sind.

104 Das **Streuungsgebot setzt Risiken voraus**. Gibt es kein Risiko, ist eine Streuung nicht geboten. Freilich ist zur Ermittlung nicht auf die finanzmathematische Wahrscheinlichkeit eines Ausfalls abzustellen: Auch ein AAA-Rating lässt nicht das Ausfallrisiko an sich entfallen, sondern erklärt dessen Eintritt lediglich für unwahrscheinlich.

d) Liquide Finanzinstrumente gem. Art. 50 Abs. 1 OGAW-RL

105 OGAW dürfen gem. Art. 1 Abs. 2 Buchst. a) OGAW-RL nur in Wertpapiere und andere liquide Finanzinstrumente anlegen. Die näheren Spezifikationen in Art. 2 Abs. 1 Buchst. n), Art. 50 Abs. 1 OGAW-RL wurden in §§ 192-198 KAGB umgesetzt und umfassen neben i.d.R. an Börsen gehandelten **Wertpapieren auch Geldmarktinstrumente und bestimmte Derivate mit Finanzmarktbezug**. Angestrebt wird ein hoher Grad an Liquidität, um das Rückgaberecht der Anleger zu sichern.

e) Offene Form

106 Gemäß Art. 1 Abs. 2 OGAW-RL müssen Anteile von OGAW **auf Verlangen der Anteilinhaber** unmittelbar oder mittelbar zu Lasten des Vermögens **zurückgenommen oder ausgezahlt werden**. Dies bezieht sich auf Art. 84 OGAW-RL, in dem die Details des Rückgaberechts geregelt sind. OGAW sind damit immer offene Fonds (näher zu offenen Investmentvermögen Rz. 115 ff.).

---

178 Vgl. zu allem *Zetzsche*, The Anatomy of European Investment Law, S. 338 ff.; *Zetzsche/Nast* in Lehmann/Kumpan, Art. 1 UCITSD Rz. 34 ff.

179 *Zetzsche*, The Anatomy of European Investment Law, V.2.a).

180 Zu den Diversifikationspflichten der KVG im Sinne einer Vermeidung renditelosen Risikos vgl. *Zetzsche*, Prinzipien der kollektiven Vermögensanlage, 2015, S. 655 ff.; *Köndgen/Schmies* in Bankrechts-Handbuch, § 113 Rz. 2.

181 *Zetzsche*, The Anatomy of European Investment Law, V.2.b).

Die offene Form soll die Disziplin der OGAW-KVG zugunsten der Anleger erhöhen. **Das Austrittsrecht ersetzt das Einflussrecht** (exit statt voice); die meisten OGAW gewähren den Anlegern kein Stimmrecht. Zur Erfüllung des Austrittsrechts müssen Reserven vorgehalten oder Anlagen überwiegend liquide sein. Die zweite Alternative ist die der OGAW-RL (Rz. 105 f.). 107

Die Auszahlung direkt aus dem Fondsvermögen kann gem. Art. 1 Abs. 2 Buchst. b) OGAW-RL ersetzt werden durch eine **Börsennotierung der OGAW-Anteile**, wenn etwa durch Beauftragung eines Market Makers/Liquiditätsproviders sichergestellt ist, dass der **Kurs nicht wesentlich vom Nettoinventarwert des OGAW abweicht**. Diese Form der indirekten Rücknahme muss, um den Disziplinanreiz zu sichern, letztlich zu Lasten des Fondsvermögens gehen. Die Vorschrift wurde nicht explizit umgesetzt. Näher § 98 Rz. 3. 108

3. Klarstellungen

a) Teilfonds

Die Mitgliedstaaten können eine Zusammensetzung der OGAW aus verschiedenen Teilfonds (bzw. Teilgesellschaftsvermögen) genehmigen (sog. **Umbrella-Struktur**). Dann ist das Vermögen des OGAW zwischen dem Anlagevermögen der Teilfonds und dem Betriebsvermögen der Struktur geteilt, was Haftungsfragen aufwirft.[182] Dazu näher § 96 Rz. 2. 109

b) Rechtliche Form

Gemäß Art. 1 Abs. 3 OGAW-RL können OGAW die Vertragsform (von einer Verwaltungsgesellschaft verwaltete Investmentfonds), die Form des Trusts („unit trust") oder die Satzungsform (Investmentgesellschaft) haben. Dies scheint Personengesellschaften und andere Rechtsformen wie die Stiftung oder Genossenschaft auszuschließen. Doch ging eine solche Auslegung zu weit. Der englische Terminus *investment company*, den die deutsche Übersetzung als Investmentgesellschaft übersetzt, ist nicht als Kapitalgesellschaft zu verstehen, sondern in Anlehnung an die Bedeutung des gleichen Begriffs im US-Investmentrecht[183] als jede **Rechtsperson** (nicht: juristische Person!), die das **Investmentgeschäft betreibt**. Im Ergebnis sind auch Personengesellschaften als OGAW zulässig. Dazu kommt es in Deutschland nicht wegen des numerus clausus der vom Gesetz bereitgestellten Rechtsformen. Im EU-/EWR-Ausland kann etwa eine AG & Co. KG aber durchaus OGAW sein. Für die Verwendung der Stiftung als OGAW spricht zudem, dass die Stiftung das kontinentaleuropäische Funktionsäquivalent zum anglo-amerikanischen Trust ist.[184] 110

c) Indirekte Anlagen in andere Vermögensgegenstände (Art. 1 Abs. 4 OGAW-RL)

Gemäß Art. 1 Abs. 4 OGAW-RL unterstehen Investmentgesellschaften, deren Vermögen **über Tochtergesellschaften hauptsächlich in anderen Vermögensgegenständen als Wertpapieren angelegt ist**, nicht der OGAW-RL. Dass die Direktanlage nicht richtlinienkonform ist, folgt unmittelbar aus den Art. 51 ff. OGAW-RL, §§ § 193 ff. KAGB. Art. 1 Abs. 4 OGAW-RL erlaubt aber weiterhin, dass die OGAW-Investmentgesellschaft **über Zweckgesellschaften**, die sie beherrscht, i.e. Tochtergesellschaften, in liquide Finanzinstrumente anlegt. Des Weiteren ist nur im Rahmen der Art. 51 ff. OGAW-RL, § 197 KAGB eine indirekte Anlage in Derivate zulässig. 111

IV. AIF (§ 1 Abs. 3 KAGB)

Alternativer Investmentfonds (AIF) ist **jedes Investmentvermögen, das kein Organismus für gemeinsame Anlagen in Wertpapieren** (OGAW) ist (§ 1 Abs. 3 KAGB). Es gilt also die Gleichung: Investmentvermögen ./. OGAW = AIF. Maßgeblich ist dabei, ob ein Fonds die Zulassung als OGAW beantragt und erhalten hat. Dadurch kommt bei Investmentvermögen, die grds. die OGAW-Merkmale erfüllen, zu einem Wahlrecht, ob sie als OGAW oder AIF behandelt werden sollen; wird kein Antrag als OGAW gestellt, kommt es zur Behandlung als AIF. Dieses Wahlrecht steht bei AIF nicht zur Verfügung.[185] Dies mag man als **Auffangtatbestand** verstehen.[186] 112

AIF sind inländische, EU- und ausländische AIF. Dazu § 1 Abs. 7 bis 9 KAGB, Rz. 137 ff. Ausländische Investmentvermögen, die ihrer Anlagepolitik nach OGAW-Merkmale erfüllen, sind aus Sicht des KAGB eben- 113

182 Vgl. dazu im Fall der Investmentgesellschaften *Zetzsche*, AG 2013, 613 (617 ff.); *Wallach*, § 117 Rz. 17 ff.
183 Vgl. *Zetzsche*, Prinzipien der kollektiven Vermögensanlage, 2015, S. 318 ff.
184 Vgl. *Zetzsche*, Prinzipien der kollektiven Vermögensanlage, 2015, S. 437, 473 f.
185 Zutr. *Gottschling* in Moritz/Klebeck/Jesch, § 1 KAGB Rz. 118.
186 *Wollenhaupt/Beck*, DB 2013, 1950 (1952).

falls AIF,[187] weil OGAW nur inländische oder EU-Investmentvermögen sein können, vgl. Art. 1 Abs. 1 OGAW-RL. Erfasst sind im Übrigen offene und geschlossene, Spezial- und Publikums-Investmentvermögen.

V. Offene und geschlossene Investmentvermögen (§ 1 Abs. 4 und 5 KAGB)

1. Bedeutung

114 Die Unterscheidung zwischen offenen und geschlossen Investmentvermögen hat erstens Einfluss auf die maßgebliche **Produktregulierung** (vgl. §§ 91 ff. KAGB, §§ 139 ff. KAGB zur Ausgestaltung der Anteilsrückgabe und Kapitalausschüttung). So können geschlossene Fonds z.B. nicht als solche einer Umbrella-Konstruktion mit mehreren Teilfonds strukturiert werden.[188] Jedoch gibt es weniger Vorgaben zur Anlagestrategie; so steht z.B. ein weiteres Spektrum an Vermögensgegenständen für die Anlagetätigkeit zur Verfügung (vgl. für Publikums-AIF § 261 KAGB). Zweitens beeinflusst die Unterscheidung die einschlägige **Verwalterregulierung**, insbesondere das Liquiditätsmanagement, vgl. dazu § 30 Rz. 11. Drittens begründet die Unterscheidung unterschiedliche **Informationspflichten** beim Anteilsvertrieb (§§ 164 ff. vs. 268 ff. KAGB) und im Rahmen der periodischen Publizität, vgl. §§ 135, 158, 160 KAGB.

2. Offene Investmentvermögen (§ 1 Abs. 4 KAGB)

a) OGAW (§ 1 Abs. 4 Nr. 1 KAGB)

115 Offene Investmentvermögen sind zunächst **sämtliche OGAW**. Dies deshalb, weil die OGAW-Definition bereits die offene Form gebietet. Näher Rz. 106.

b) AIF mit qualifiziertem Rücknahmerecht der Anleger (§ 1 Abs. 4 Nr. 2 KAGB)

116 Offene Investmentvermögen sind auch bestimmte AIF, die die Voraussetzungen von Art. 1 Abs. 2 AIFMD DVO Nr. 694/2014 erfüllen.[189] Die Vorschrift trat mit dem FiMaAnpG[190] per 19.7.2014 an die Stelle der ursprünglichen Regelung, wonach ein AIF offenes Investmentvermögen war, wenn Anteile mindestens einmal jährlich zurückgenommen wurden.

117 Gemäß Art. 1 Abs. 2 der Verordnung ist ein AIF offenes Investmentvermögen, dessen Anteile 1) **vor Beginn der Liquidations- oder Auslaufphase** 2) auf **Ersuchen eines Anteilseigners** 3) direkt oder indirekt **aus den Vermögenswerten des AIF** und 4) nach den Verfahren und mit der Häufigkeit, die in den Vertragsbedingungen oder der Satzung, dem Prospekt oder den Emissionsunterlagen festgelegt sind, zurückgekauft oder zurückgenommen werden. Die unter der Vorgängerregelung enthaltene **zeitliche Begrenzung ist entfallen.**

118 Zugleich ist klargestellt, dass nur eine **in den konstituierenden Dokumenten geregelte, den Anlegern gewährte Rücknahmeoption** den Fonds zu einem offenen Fonds macht. Eine bei einem geschlossenen Fonds durchgeführte **Kapitalherabsetzung** zur Bedienung von Anlegerwünschen oder sonstige Kapitalausschüttung lässt dessen Charakter unberührt.[191] Gleiches gilt für die vom Fonds/der KVG wegen Vertragsverstoßes initiierte Einziehung.[192] Auch die jetzige Regelung ist positiv formuliert, es scheint also auf die Rücknahme, nicht das Rückgaberecht der Anleger anzukommen. Eine solche Auslegung wäre sinnwidrig; zur Erfüllung gewährte Rückgaberechte beeinflussen das Liquiditätsmanagement des Fonds maßgeblich und zwar unabhängig davon, ob sie ausgeübt werden. Zutreffend ist eine **Auslegung, die auf die Rückgaberechte und die korrespondierende Rücknahmepflicht abstellt**. Ob die Anleger davon Gebrauch machen, ist unerheblich.

119 Ungenügend ist der **Handel von Fondsanteilen** als solches auf dem **Sekundärmarkt.**[193] Im Gegensatz zur OGAW-Definition (Rz. 100 ff.) wird eine **Rücknahmegarantie durch Liquiditätsprovider** nicht explizit geregelt.[194] Dies kann aber kaum gemeint sein, da der OGAW der Paradefall des offenen Fonds ist. Richtigerweise sind diese Fälle als solche der indirekten Rücknahme einzuordnen. Es ist einzig zu fordern, dass

---

187 Zutr. *Klebeck/Eichhorn*, RdF 2014, 16 (19).
188 Näher *Zetzsche*, AG 2013, 617.
189 Abgedruckt im Textanhang am Ende des Werks.
190 BGBl. I 2014, S. 934. Hintergrund war die umstr. Europarechtswidrigkeit der Vorgängerregelung, dazu etwa *Klebeck/Kolbe*, BB 2014, 707 (708).
191 Zutr. *Jesch* in Baur/Tappen, § 1 KAGB Rz. 40.
192 *Volhard/Jang* in Weitnauer/Boxberger/Anders, § 1 KAGB Rz. 41.
193 *Jesch* in Baur/Tappen, § 1 KAGB Rz. 40; *Volhard/Jang* in Weitnauer/Boxberger/Anders, § 1 KAGB Rz. 40.
194 Unklar *Jesch* in Baur/Tappen, § 1 KAGB Rz. 40.

die Rücknahme **letztlich für Rechnung des Fonds** erfolgt; dabei kann zwischen Rücknahme und Rückvergütung aus Fondsmitteln ein längerer Zeitraum liegen.

Der **Umfang der Anteilsrücknahme** ist unerheblich. **Gates und qualifizierte Rücknahmeregelungen**, die die Rücknahme zeitlich oder dem Umfang nach vorübergehend oder durchgängig begrenzen, stehen einer Qualifikation als offener Fonds grds. nicht entgegen.[195] Beschränkt das Gate die Rücknahme in einem Umfang, der den Rücknahmeanspruch nur noch nominell gewährt, so dass eine Rückgabe eines „Anteils" nicht mehr möglich ist, sondern nur noch von Anteilspartikeln (Beispiel: Beschränkung auf eine beabsichtigte „Dividendenhöhe" von 3 % p.a. des investierten Vermögens), entspricht es Wortlaut, Sinn und Zweck, die Regelungen für geschlossene Fonds anzuwenden. 120

Vgl. zu Bestandsschutzregelungen für Altfonds aus der Zeit vor Inkrafttreten des KAGB § 352a KAGB. 121

3. Geschlossene Investmentvermögen (§ 1 Abs. 5 KAGB)

Geschlossene AIF sind gem. § 1 Abs. 5 KAGB alle AIF, die keine offenen AIF sind. Aus dem Fehlen der Rückgabemöglichkeit ergeben sich Risiken für die Anleger, auf die in angemessener Form im Verkaufsprospekt hinzuweisen ist.[196] 122

VI. Spezial-AIF, Publikumsinvestmentvermögen (§ 1 Abs. 6 KAGB)

1. Spezial-AIF

a) Erwerbsberechtigter Personenkreis

Das KAGB differenziert nach **Schutzwürdigkeit der Anleger: Professionelle Anleger** gem. § 1 Abs. 19 Nr. 32 KAGB (Rz. 225 ff.) sind nach der Typisierung des KAGB[197] **mit der Anlage in Fondsvermögen** kraft ihrer Geschäftstätigkeit **vertraut** und im Grundsatz aufgrund der regelmäßig auf Anlegerebene stattfindenden Beratung und Diversifikation **risikobereit und risikotragfähig. Semiprofessionelle Anleger gem.** § 1 Abs. 19 Nr. 33 KAGB umfassen einen Personenkreis, der unter dem InvG regelmäßig zum Halten von Spezialfonds (i.S.v. Individual- oder Millionärsfonds) berechtigt war[198] und für den nach Ansicht des Gesetzgebers dieselben Annahmen zur Risikobereitschaft und -tragfähigkeit wie für professionelle Anleger gerechtfertigt sind. Professionelle und semiprofessionelle Anleger zusammen bilden die Gruppe der **qualifizierten Anleger.**[199] Diese sind abzugrenzen von den Publikums- oder Privatanlegern gem. § 1 Abs. 19 Nr. 31 KAGB, dazu Rz. 223 f. 123

Aufgrund der erhöhten Risikotragfähigkeit beschränkt sich das KAGB **für inländische Spezial-AIF** auf wenige Vorgaben, etwa den *numerus clausus* der Rechtsformen (Rz. 11 f.), Maßnahmen zur Vorbeugung gegen systemische Risiken (näher Einl. Rz. 15) sowie die in §§ 273 bis 292 KAGB geregelten Anlagevorgaben. Für diese Anleger waren schon vor Inkrafttreten des KAGB die Spezialfonds[200] in Deutschland verbreitet, in die häufig nur ein Anleger investierte. Weil der Spezialfonds dann nicht OGAW sein kann (zum Kriterium des Vertriebs an das Publikum Rz. 101), handelt es sich unter dem KAGB um einen **Spezial-AIF**. 124

Semiprofessionelle Anleger sind bei einem **wörtlichen Verständnis der Definition der professionellen Anleger** gem. Art. 4 Abs. 1 Buchst. ag AIFM-RL regelmäßig zur Kategorie der professionellen Anleger zu zählen, weil sie jederzeit die Heraufstufung als **professioneller Kunde** gem. § 67 Abs. 2 WpHG bewirken können.[201] Umgekehrt können ***gekorene*** **professionelle Kunden** gem. § 67 Abs. 5 WpHG jederzeit die Herabstufung zum Privatkunden verlangen. Die Einbeziehung semiprofessioneller Anleger reduziert die Bedeutung der Zweifelsfrage, wie die AIFM-RL zu lesen ist (näher Rz. 141). Es ist zudem nicht wünschenswert, dass die Anlegerqualifikation während der Fondsanlage mehrfach wechselt, weil dies zwar keinen 125

---

195 Soweit auch *Jesch* in Baur/Tappen, § 1 KAGB Rz. 41; *Wollenhaupt/Beck*, DB 2013, 1950 (1952); offen *Herring/Loff*, DB 2012, 2029 (2033).

196 Vgl. dazu BGH v. 17.9.2015 – III ZR 384/14, JurionRS 2015, 26233, Rz. 19 ff.; dazu *Wollenhaupt*, RdF 2016, 75.

197 Zur Typisierung, der Entwicklung, Hintergrund und Grenzen *Zetzsche*, Prinzipien der kollektiven Vermögensanlage, 2015, S. 598 ff., 610 ff.

198 *Jesch* in Baur/Tappen, § 1 KAGB Rz. 54.

199 Näher zu qualifizierten Anlegern, auch aus rechtsvergleichender Perspektive, *Zetzsche*, Prinzipien der kollektiven Vermögensanlage, 2015, S. 602, 606; *Zetzsche*, ZBB 2014, 33 f.

200 Der Begriff wurde mit dem Finanzmarktförderungsgesetz im Jahr 1990 in das damalige KAGG eingeführt, vgl. BGBl. I 1990, S. 266.

201 *Zetzsche*, Grundprinzipien des KAGB, Rz. 29 ff.

Verkaufszwang (dazu Rz. 228), wohl aber praktische Probleme beim Vertrieb schafft. Die Öffnung der Anlage in Spezial-AIF für semiprofessionelle Anleger fördert daher die **rechtliche Stabilität der Struktur** und vereinfacht die Arbeit des Verwalters. Zu Übergangsvorschriften vgl. § 343 KAGB.

b) Erwerbsbeschränkung

126 § 1 Abs. 6 Satz 1 KAGB knüpft die Eigenschaft als Spezial-AIF an eine **Erwerbsbeschränkung**, wonach ausschließlich qualifizierte Anleger (Rz. 221, 225) Anteile an diesem Spezial-AIF erwerben dürfen. Dies soll die Beteiligung von Privatanlegern an Spezial-AIF gering halten (jedoch nicht gänzlich vermeiden, dazu Rz. 228, 232 ff.). Die **Umsetzung** der Erwerbsbeschränkungen hat die KVG sicherzustellen (arg. § 277 KAGB); im Fall der intern verwalteten Investmentgesellschaft muss der Vorstand bzw. geschäftsführende Kommanditist bzw. Komplementär diese Pflichten umsetzen. Die dem Wortlaut nach abweichende Regelung des § 277 KAGB ist im Lichte von § 1 Abs. 6 Satz 1 KAGB auszulegen und zu praktizieren.[202] Vgl. näher zu den bei Vertrieb und Erwerb veranlassten Maßnahmen § 277 Rz. 4 ff.

127 Erwerb meint grds. den **rechtsgeschäftlichen Erwerb**,[203] speziell das **Verpflichtungsgeschäft**.[204] Dafür spricht der Anlegerschutz, da ein dinglich wirkendes Erwerbsverbot zu Lasten des Anlegers gehen würde, dem ggf. pflichtwidrig Anteile angeboten wurden. Eine Pflichtverletzung ist primär aufsichtsrechtlich zu ahnden. Die KVG muss sämtliche Vertriebspartner nicht nur auf die Erwerbsbeschränkungen hinweisen, sondern darf auch selbst keine dahingehende Verpflichtung eingehen und muss zudem dahingehende Vertriebsanstrengungen von Delegierten wirksam unterbinden, indem sie entsprechende Verpflichtungsverbote in die Vertriebsverträge aufnimmt. Die KVG trifft zudem die aufsichtsrechtliche Pflicht, die **Regeleinhaltung durch ihre Vertriebspartner sicherzustellen.**[205]

128 Aus dem Merkmal „nur erworben werden dürfen" folgt, dass **Wechsel der Anlegerqualifikation während der Fondslaufzeit** für die bestehende Anlage unerheblich sind.[206] Der erwerbsbezogene Wortlaut steht im Gegensatz zum „Halten des Fondsanteils", eine Formulierung, die noch in Entwurfsfassungen enthalten war. Maßgeblich ist für die Prüfung durch die KVG somit allein der **Zeitpunkt des Erwerbs des Fondsanteils.** Lässt sich ein semiprofessioneller Anleger etwa herabstufen, darf er seine Spezial-AIF-Anteile behalten, die KVG hat nichts zu veranlassen.

129 Dieses Ergebnis bestätigt der letzte Halbsatz von § 1 Abs. 6 Satz 1 KAGB.[207] Insbesondere die **Erben des semiprofessionellen Anlegers** sind selbst häufig nicht semiprofessionelle Anleger, deren gesetzlicher Erwerb ist jedoch unschädlich (s. auch Rz. 233). Gleiches gilt dem Wortlaut nach für durch **Verschmelzung oder Spaltung** von einem früheren institutionellen Anleger erworbene Anteile.[208] Wichtig ist insbesondere der Fall, dass ein AIF auf einen anderen Spezial-AIF verschmolzen wird; auch dies löst keinen Verkaufszwang aus. Die gewillkürte Erbfolge soll indes nicht privilegiert sein.[209]

130 Fraglich ist, wie mit der **Ausübung von Bezugsrechten** und der **Zuteilung von Gratisaktien** durch ehemalige qualifizierte Anleger oder deren Erben umzugehen ist. § 1 Abs. 6 Satz 1 letzter Halbsatz KAGB liegt das Prinzip zugrunde, dass die **Bestandserhaltung auch nach Verlust der Anlegerqualifikation zulässig** ist. Soll die Rechtsausübung lediglich den Prozentanteil am Spezial-AIF halten, ist Bestandserhaltung gegeben, so dass die Rechtsausübung zulässig sein muss, obgleich rechtsgeschäftlicher Erwerb gegeben ist. Eine Neuprüfung der Anlegerqualifikation ist daher entbehrlich.

131 Keine Bestandserhaltung, sondern Neuanlage ist die **Erweiterung** der bestehenden Beteiligung sowie der Erwerb von Anteilen an einem **anderen Spezial-AIF.**[210] Als anderer Spezial-AIF gilt grds. auch der **Anteilserwerb an einem anderen Teilinvestmentvermögen in einer Umbrella-Struktur**; dies kann bei einer Anlagestrategie, die auf Umschichtungen in Abhängigkeit von Konjunkturzyklen setzt, zu sinnlosen Risiken

202 *Volhard/Jang* in Weitnauer/Boxberger/Anders, § 1 KAGB Rz. 45; *Gottschling* in Moritz/Klebeck/Jesch, § 1 KAGB Rz. 148.

203 *Gottschling* in Moritz/Klebeck/Jesch, § 1 KAGB Rz. 156.

204 A.A. *Freitag*, NZG 2013, 329 (334). Tendenziell wie hier die wohl h.M., vgl. *Loff/Klebeck*, BKR 2012, 353 (358); *Lorenz* in Weitnauer/Boxberger/Anders, § 110 KAGB Rz. 12; *Wrogemann*, BKR 2017, 501 (503 f.) m.w.N.

205 Näher BaFin, Häufige Fragen zum Vertrieb und Erwerb von Investmentvermögen nach dem KAGB (Gz. WA 41-Wp 2137-2013/0293) v. 4.7.2013, zuletzt geändert am 16.3.2018, I.5.; *Gottschling* in Moritz/Klebeck/Jesch, § 1 KAGB Rz. 148.

206 BT-Drucks. 17/13395, S. 401; *Volhard/Jang* in Weitnauer/Boxberger/Anders, § 1 KAGB Rz. 48; *Wrogemann*, BKR 2017, 501.

207 Eingefügt durch das OGAW V-UmsG, vgl. dazu BT-Drucks. 18/6744, S. 41.

208 Einschränkend *Paul*, ZIP 2016, 1011; *Volhard/Jang* in Weitnauer/Boxberger/Anders, § 1 KAGB Rz. 47.

209 *Volhard/Jang* in Weitnauer/Boxberger/Anders, § 1 KAGB Rz. 47. Krit. *Paul*, ZIP 2016, 1011.

210 *Volhard/Jang* in Weitnauer/Boxberger/Anders, § 1 KAGB Rz. 48.

für die Anleger führen, etwa weil der Anleger gezwungen ist, die Konjunkturbaisse mit stark volatilen Werten im Portfolio zu überdauern, eine Veräußerung aber nur unter Hinnahme von Vermögensnachteilen möglich ist. Aus Anlegerschutzgründen sollte in diesem Ausnahmefall der Erwerb als Ausübung eines dem Anlegers von vorneherein zustehenden Wechselrechts verstanden werden und daher zulässig sein.

c) Vereinbarung oder konstituierende Dokumente

Die Erwerbsbeschränkung muss **in schriftlichen Vereinbarungen mit der KVG** oder **den konstituierenden Dokumenten des AIF** enthalten sein. 132

Was zu den **konstituierenden Dokumenten** zählt, definiert das KAGB nicht. Der Begriff ist auch nicht der AIFM-RL entnommen, sondern hat sein Vorbild im liechtensteinischen AIFMG, in welches die Autoren des KAGB wohl genauer geschaut haben. Es handelt sich um einen Sammelbegriff für sämtliche **Dokumente, aus denen sich die Rechtsstellung der Anleger, KVG und Verwahrstelle** und sonstiger Beteiligter ergibt. Dazu zählen beim vertraglichen Sondervermögen etwa der Fondsvertrag, der Investmentvertrag und der Verwahrstellenvertrag sowie die Anlagebedingungen, bei der Investmentgesellschaft zudem die Satzung bzw. Gesellschaftsvertrag sowie der mit der KVG geschlossene Fondsverwaltungsvertrag (bei externer Verwaltung). Die konstituierenden Dokumente sind abzugrenzen von jenen, die über die Rechtstellung lediglich informieren (z.B. Anlegerinformationsblätter). Häufig ist die Grenze fließend, insbesondere wenn sich im Fondsprospekt neben der Wiedergabe der konstituierenden Dokumente weitergehende Regelungen finden. 133

d) Verstoß gegen die Erwerbsbeschränkung

Nach einer Ansicht soll ein Verstoß gegen die Erwerbsbeschränkung zum **Verlust der Eigenschaft als Spezial-AIF** führen.[211] Dies ist im Gesetzeswortlaut so nicht zu finden, geht erkennbar über das Regelungsziel hinaus und würde insbesondere Mitanleger schädigen, die am Verstoß nicht beteiligt sind. Es wäre auch eine **ganz überschießende Rechtsfolge**, da im Kern ein Verstoß gegen Vertriebsvorschriften in Rede steht, welcher den Inhalt der konstituierenden Dokumente und Vereinbarungen mit anderen Anlegern unberührt lässt. Die Regelfolge von Vertriebsverstößen ist, in aufsichtsrechtlicher Hinsicht, die Verhängung eines **Bußgeldes** (§ 340 Abs. 7 KAGB), verbunden mit einer ordnungsrechtlichen Verfügung der BaFin auf **Wiederherstellung des ordentlichen Zustands** in Ausübung der Missstandsaufsicht (§ 5 Abs. 6 KAGB). Hat der Privatanleger seinen Beitritt etwa durch falsche Angaben **verschuldet**, ist er aus einer **Nebenpflichtverletzung** zur Mitwirkung an der Wiederherstellung des ordentlichen Zustands aus § 280 Abs. 1 BGB i.V.m. dem Investmentvertrag verpflichtet.[212] Daraus entsteht ein **Rückabwicklungsanspruch der KVG gegen den Anleger**, und zwar **sowohl im Fall des Erst-, als auch des Zweiterwerbs**. Trägt ihn keine Mitschuld, etwa weil die KVG zutreffende Angaben falsch angewendet oder diesen sogar in die Anlage hineingelockt hat, ist nur in krassen Ausnahmefällen von der Nichtigkeit des Anteilserwerbs gem. § 138 Abs. 1 BGB auszugehen. Ein Sonderkündigungsrecht der KVG oder eine Andienungspflicht des Anlegers für diese Fälle hielte als überraschende Klausel einer AGB-Kontrolle nicht stand, jedenfalls wäre die Berufung darauf treuwidrig.[213] Die KVG kann gezwungen sein, die Privatanleger zu deren Konditionen hinauszukaufen. Zudem **haftet die KVG den Privatanlegern für Schäden**, da die Erwerbsbeschränkung deren Schutz i.S.v. § 823 Abs. 2 BGB dienen soll.[214] 134

2. Publikumsinvestmentvermögen (§ 1 Abs. 6 Satz 2 KAGB)

Aus § 1 Abs. 6 Satz 2 KAGB folgt die Gleichung: Investmentvermögen ./. Spezial-AIF = Publikumsinvestmentvermögen. An einem Publikumsinvestmentvermögen muss folglich das Publikum gar nicht beteiligt sein, etwa dann, wenn ein Fonds ohne schriftliche Vereinbarung oder statutarische Regelung nur institutionelle Anleger zulässt. 135

Privatanleger gem. § 1 Abs. 19 Nr. 31 KAGB (Rz. 223 f.) sind nach der Typisierung des KAGB mit der Anlage in Fondsvermögen wenig vertraut, zudem grds. risikoscheu und kaum fähig, Verluste zu tragen, so dass **Publikumsinvestmentvermögen** strengen Vorgaben zur Anlagestrategie und Ausgestaltung unterliegen. Das Gesetz differenziert bei offenen Investmentvermögen zwischen **OGAW** (§§ 192 bis § 213 KAGB) und **offenen Publikums-AIF** (§§ 214 bis 260 KAGB). Vgl. zudem §§ 261 bis 272 KAGB zu den **geschlossenen inländischen Publikums-AIF**. 136

211 *Gottschling* in Moritz/Klebeck/Jesch, § 1 KAGB Rz. 165.
212 Nur insoweit zutr. *Wrogemann*, BKR 2017, 501 (508).
213 Dies übersieht *Wrogemann*, BKR 2017, 501 (504 f.).
214 I.E. auch *Wrogemann*, BKR 2017, 501 (508).

VII. Inländische, EU- und ausländische Investmentvermögen (§ 1 Abs. 7 bis 9 KAGB)

137 Das KAGB unterscheidet nach der Ansässigkeit zwischen inländischen, EU- und ausländischen Investmentvermögen. Die Unterscheidung hat Auswirkungen darauf, welche Behörde für die **Zulassung resp. Registrierung** zuständig und welche **Produkt- und Vertriebsregulierung** anwendbar ist.

1. Inländische Investmentvermögen (§ 1 Abs. 7 KAGB)

138 Inländische Investmentvermögen sind Investmentvermögen, die dem inländischen Recht unterliegen. Die Definition hat Bedeutung im Kontext der grenzüberschreitenden Portfolioverwaltung (§§ 49 ff. KAGB). Das Gesetz spricht inländische Investmentvermögen dann als **inländische OGAW** (z.B. § 52 KAGB) bzw. **inländische (Spezial-)AIF** (§ 54 KAGB) an. Maßgeblich soll dafür die **Anwendung des internationalen Privatrechts** sein.[215] Der **Verweis der Gesetzesmaterialien auf das IPR hilft nicht weiter**: Das IPR für Investmentfonds ist nicht als Einheit kodifiziert.[216] Für einzelne Rechtsformen, insbesondere die AG, die KG und manche Trusts, fehlt gleich gänzlich eine europäische Regelung. Auch inhaltlich ist der Verweis auf das IPR zweifelhaft. So sind für vertragliche Fonds Rückschlüsse aus Art. 6 Abs. 4 Buchst. d Rom I-VO zu ziehen, wonach jeweils das Recht am Sitz des Verwalters anzuwenden ist. Dann gäbe es aber entgegen §§ 49 ff. KAGB bei vertraglichen Fonds keine grenzüberschreitende Fondsverwaltung.[217] Zudem wird dabei übersehen, dass die Regelung europarechtskonform auszulegen ist. Art. 4 Abs. 1 Buchst. p und j AIFM-RL macht insoweit Vorgaben, die im Wege der Auslegung zu beachten sind. Danach ist auf den Zulassungsort und nur subsidiär auf den Sitz abzustellen. Schließlich vermischen sich bei der Bestimmung des anwendbaren Rechts investment- und privatrechtliche Parameter. So müssen die Fondsdokumente und Anlegerinformationen Mindestangaben zum anwendbaren Recht enthalten, die auch konstitutiv wirken können.[218]

139 Gleichfalls nicht weiter hilft es, **allein auf den Zulassungsort abzustellen**, wie es Art. 4 Abs. 1 Buchst. p AIFM-RL nahelegt. Denn die BaFin muss wissen, welches Recht sie anzuwenden hat. So kann sie z.B. einen (englischen oder liechtensteinischen) Trust mangels zulässiger Rechtsform (s. zum *numerus clausus* Rz. 11 f.) niemals als inländisches Vermögen zulassen, wohl aber kann eine deutsche KVG einen Trust im Wege der grenzüberschreitenden Fondsverwaltung verwalten.

140 Danach ist **ein Investmentvermögen inländisch**, wenn

(1) eine **wirksame Rechtswahl** die Geltung deutschen Rechts für das Investmentvermögen begründet, und

(2) **mangels einer wirksamen Rechtswahl**, wenn

a) eine inländische KVG einen vertraglichen Fonds verwaltet (Fall des Art. 6 Abs. 4 Buchst. d Rom I-VO), oder

b) eine Gesellschaft kraft Registereintragung im Inland ansässig ist (arg. Art. 4 Abs. 1 Buchst. o AIFM-RL).

141 Aus Art. 4 Abs. 1 Buchst. p AIFM-RL folgt jedoch, dass **Zweifelsfragen bei einem Zulassungsantrag nach deutschem Recht behandelt** und geklärt werden sollen. Auf dieser Grundlage kann die BaFin z.B. Angaben zum anwendbaren Recht bei Antragstellung für einen vertraglichen Fonds verlangen oder bei einer **(noch) nicht im Register eingetragenen Personengesellschaft oder Aktiengesellschaft** das KAGB anwenden, wenn ein Antrag bei ihr gestellt wurde.

2. EU-Investmentvermögen (§ 1 Abs. 8 KAGB)

142 **EU-Investmentvermögen** sind Investmentvermögen, die dem Recht eines anderen EU- oder EWR-Staates unterliegen. Der Begriff hat Bedeutung für das Vertriebsrecht und die europäischen Pässe bei der grenzüberschreitenden Fondsverwaltung. Zum **EWR** zählen Island, Liechtenstein und Norwegen, jedoch nicht die Schweiz. Für die Unterstellung unter das Recht der EWR-Staaten gelten die in Rz. 138 f. genannten Kriterien entsprechend, obwohl die Rom I-VO (und damit die Regelung des Art. 6 Abs. 4 Buchst. d Rom I-VO) im EWR nicht gilt.[219] Gemeint sind der **EU-OGAW** und der **EU-AIF**. Dabei ist der EU-AIF

215 BT-Drucks. 17/12294, S. 202.

216 Dazu *Zetzsche* in Zetzsche/Lehmann, Grenzüberschreitende Finanzdienstleistungen, S. 199 ff.

217 Ebenso *Gottschling* in Moritz/Klebeck/Jesch, § 1 KAGB Rz. 167; *Tollmann* in Dornseifer/Jesch/Klebeck/Tollmann, Art. 4 Rz. 101.

218 Ausführlich *Zetzsche* in Zetzsche/Lehmann, Grenzüberschreitende Finanzdienstleistungen, S. 199, 223 ff.

219 Zu den Konsequenzen *Zetzsche* in Zetzsche/Lehmann, Grenzüberschreitende Finanzdienstleistungen, S. 199 ff., 220 ff.

i.d.R. anders definiert als der Spezial-AIF, weil nach der europäischen Definition des EU-AIF nur AIF erfasst sind, die **nur an professionelle Anleger** (§ 1 Rz. 225 ff.) **vertrieben werden** dürfen.

3. Ausländische AIF (§ 1 Abs. 9 KAGB)

Ausländische AIF sind AIF, die dem Recht eines Drittstaates unterliegen. Es gilt die Gleichung: Alle Investmentvermögen ./. inländische und EU-Investmentvermögen = ausländische Investmentvermögen. 143

Umstritten ist die Behandlung von **Personengesellschaften, deren EU-Komplementär durch einen Drittstaats-Komplementär ersetzt wurde**. Wird ein Antrag bei einer Behörde in der EU auf Zulassung oder Registrierung gestellt, folgt aus Art. 4 Abs. 1 Buchst. o AIFM-RL, dass diese zunächst zuständig und ihr Recht anzuwenden ist. Wurde der Registersitz verlegt, handelt es sich um eine Drittstaatsgesellschaft, das auf Drittstaaten-AIF anwendbare Recht ist einschlägig. Gibt es keine Registereintragung im Drittstaat, folgt aus dem Registrierungs- bzw. Zulassungsantrag, dass der AIF dem nationalen Recht entsprechen muss; dazu kann auch gehören, dass der Komplementär im Inland sitzen muss. Ist dies nicht der Fall, kommt nach der in Rz. 143 genannten Gleichung allenfalls eine Zulassung als Drittstaaten-AIF in Betracht.[220] Die Zulassung durch die BaFin ist zu widerrufen. 144

VIII. Rechtsform und Verwaltungsform der Investmentvermögen (§ 1 Abs. 10 bis 13 KAGB)

1. Sondervermögen (§ 1 Abs. 10 KAGB)

Sondervermögen sind inländische (Rz. 140), offene (Rz. 106 ff.)[221] Investmentvermögen (Rz. 5 ff.), die weitere in § 1 Abs. 10 KAGB bestimmte Anforderungen erfüllen. Das Investmentvermögen wird **durch Vertrag zwischen KVG und Anlegern errichtet**, **von einer KVG** (dazu sogleich Rz. 151 ff.) – gleichsam extern – **verwaltet**, und die Verwaltung muss **für Rechnung der Anleger** (s. zum Merkmal „gemeinsame Anlage" Rz. 23, 31, 56) sowie zu den dem Sondervermögen belasteten Kosten § 93 Rz. 18 f.) nach Maßgabe des **KAGB**[222] **und der einschlägigen Anlagebedingungen** erfolgen. S. zu Anlagebedingungen allgemein § 162 Rz. 15 ff. (zu offenen Publikumsinvestmentvermögen) und für Sondervermögen § 91 Rz. 6. 145

2. Investmentgesellschaften (§ 1 Abs. 11 KAGB)

Investmentgesellschaften sind Investmentvermögen (dazu Rz. 5) in der Rechtsform einer **Investmentaktiengesellschaft** (dazu § 108 Rz. 10 ff.) oder **Investmentkommanditgesellschaft** (dazu § 124 Rz. 1, 11 ff.). Man könnte von „inkorporierten Investmentfonds"[223] sprechen, doch riskiert man damit, die Eigenheiten der Rechtsformen zu verdecken, die sich insbesondere bei der **Rechtsfähigkeit** und der **Fähigkeit, über Organe selbst zu handeln,** zeigen.[224] Näher Einl. Rz. 96. § 1 Abs. 12 und 13 KAGB differenziert zwischen zwei Verwaltungsformen für Investmentgesellschaften, der internen und der externen Investmentgesellschaft. 146

3. Intern verwaltete Investmentgesellschaften (§ 1 Abs. 12 KAGB)

Intern verwaltete Investmentgesellschaften sind Investmentgesellschaften, die **keine externe Verwaltungsgesellschaft bestellt** haben. Damit sind die intern verwalteten Investmentgesellschaften negativ definiert. Es gilt: Alle Investmentgesellschaften, die nicht solche nach § 1 Abs. 13 KAGB sind, sind intern verwaltet. 147

---

220 Im Ergebnis ist gegen die Anwendung des Drittstaatenrechts auf schottische Limited Partnerships, deren Komplementäre gegen solche aus Drittstaaten ausgetauscht wurden, nichts zu erinnern. A.A. *Gottschling* in Moritz/Klebeck/Jesch, § 1 KAGB Rz. 168; *Volhard/Jang* in Weitnauer/Boxberger/Anders, § 1 KAGB Rz. 50 (zu Abs. 7 bis 9). Die Gegenansicht übersieht die Notwendigkeit, § 1 Abs. 9 KAGB europarechtskonform auszulegen sowie den Umstand, dass das internationale Personengesellschaftsrecht in der EU nicht vereinheitlich ist, so dass für die Bestimmung des anwendbaren Rechts durchaus an den Verwaltungssitz angeknüpft werden kann (und wohl auch in Deutschland so angeknüpft würde).

221 Die Beschränkung, Sondervermögen nur für offene Investmentvermögen zuzulassen, ist eine Entscheidung des Gesetzgebers, die durch Sachgründe nicht getragen ist. Vgl. auch die rechtspolitischen Anregungen von *Fürbaß*, Das Investmentsondervermögen, 2016 (zur Absicherung des Sondervermögens als Investmentvehikel).

222 Soweit *Gottschling* in Moritz/Klebeck/Jesch, § 1 KAGB Rz. 183 einen Zirkelschluss insinuiert, wird übersehen, dass das KAGB auch Anlagevorschriften enthält, die die Anlagebedingungen ergänzen.

223 *Fock*, ZBB 2004, 365 (366); *Fischer/Friedrich*, ZBB 2013, 153 (158).

224 Zu Hintergrund und Entstehung der Investmentgesellschaften, auch aus rechtsvergleichender Perspektive, *Zetzsche*, Prinzipien der kollektiven Vermögensanlage, 2015, S. 294 f., 318 f., 334 f., 369 f.; Überblick über die Ausgestaltung der Rechtsformen bei *Zetzsche*, AG 2013, 613 ff.

Intern verwaltete Investmentgesellschaften müssen mit wenigen Ausnahmen die **Anforderungen an die KVG selbst erfüllen.** Eine solche Ausnahme betrifft das Anfangskapital gem. § 1 Abs. 19 Nr. 1 KAGB (Rz. 161) und § 25 KAGB. Zudem dürfen intern verwaltete Investmentgesellschaften nur eigene Investmentvermögen verwalten und keine Nebendienstleistungen erbringen. Vgl. § 20 Abs. 7 KAGB.

148 Die **Zuständigkeitszuweisung an ein Unternehmensorgan** durch Gesellschaftsvertrag – etwa den Vorstand, geschäftsführenden Kommanditisten oder Komplementär – ist **keine Bestellung** einer KVG. Wird einem Kommanditisten jedoch kraft separatem Dienstleistungs- und Geschäftsführungsvertrag die Verwaltung zugewiesen, handelt es sich um die Bestellung eines externen Verwalters im Sinne von § 1 Abs. 13 KAGB.[225]

4. Extern verwaltete Investmentgesellschaften (§ 1 Abs. 13 KAGB)

149 Extern verwaltete Investmentgesellschaften sind Investmentgesellschaften, die eine **externe Verwaltungsgesellschaft bestellt** haben. Die Bestellung einer externen KVG ist weder Auslagerung (§ 36 KAGB) noch Unternehmensvertrag, sondern Betriebsführungsvertrag eigener Art.[226] Näher dazu § 17 Abs. 2 Nr. 1 KAGB sowie § 17 Rz. 22. Die KVG muss eine **rechtsfähige Einheit** sein, nicht notwendig eine juristische Person im deutschen Verständnis (arg.: Die englische Fassung spricht von *legal person*).[227]

IX. Verwaltungsgesellschaften (§ 1 Abs. 14 bis 18 KAGB)

150 § 1 Abs. 14 bis 18 KAGB differenzieren zwischen **Verwaltungsgesellschaften** und **Kapitalverwaltungsgesellschaften.** Die Differenzierung ist rechtstechnischer Art und ermöglicht einen Sammelbegriff für alle in- und ausländischen, EU- und Drittstaaten-AIF-KVGs bzw. alle inländischen und EU-OGAW-KVGs.

1. Verwaltungsgesellschaften (§ 1 Abs. 14 Satz 1 KAGB)

151 Verwaltungsgesellschaften sind AIF-Verwaltungsgesellschaften (vgl. § 1 Abs. 14 Satz 2 KAGB, dazu Rz. 152) und OGAW-Verwaltungsgesellschaften (vgl. § 1 Abs. 15 KAGB, dazu Rz. 154). Die (Kapital-)Verwaltungsgesellschaft ist der Zentralbegriff für die Verwalterregeln des KAGB und hat die unter dem InvG etablierte Kapitalanlagegesellschaft (KAG) ersetzt.

2. AIF-Verwaltungsgesellschaften (§ 1 Abs. 14 Satz 2 KAGB)

152 AIF-Verwaltungsgesellschaften sind AIF-Kapitalverwaltungsgesellschaften (vgl. § 1 Abs. 16 KAGB, dazu Rz. 155), EU-AIF-Verwaltungsgesellschaften (Rz. 156) und ausländische AIF-Verwaltungsgesellschaften (Rz. 158).

3. OGAW-Verwaltungsgesellschaften (§ 1 Abs. 14 Satz 3 KAGB)

153 OGAW-Verwaltungsgesellschaften sind OGAW-Kapitalverwaltungsgesellschaften (vgl. § 1 Abs. 15 KAGB, dazu Rz. 154) und EU-OGAW-Verwaltungsgesellschaften (dazu Rz. 156).

4. OGAW-Kapitalverwaltungsgesellschaften (§ 1 Abs. 15 KAGB)

154 OGAW-KVG sind **inländische KVG** gem. § 17 KAGB (dazu § 17 Rz. 8 ff.), die mindestens einen OGAW (Rz. 99) verwalten oder zu verwalten beabsichtigen. Die Erwähnung der **Absicht der Verwaltung**[228] ermöglicht eine Zulassung der KVG bereits vor Lancierung des ersten Fonds, verpflichtet diese aber auch umgekehrt dazu, einen Zulassungsantrag zu stellen. Verwaltung eines OGAW umfasst nach dem Annex II. der OGAW-RL neben der Portfolioverwaltung und dem Risikomanagement auch den Vertrieb und die Administration.

5. AIF-Kapitalverwaltungsgesellschaften (§ 1 Abs. 16 KAGB)

155 AIF-KVG sind immer inländische KVG gem. § 17 KAGB, die mindestens einen AIF verwalten oder zu verwalten beabsichtigen. Vgl. zum Merkmal KVG gem. § 17 Rz. 3. Die Verwaltung bzw. Absicht ein Invest-

225 Zutr. *Weiser/Hüwel*, BB 2013, 1091 (1093); *Gottschling* in Moritz/Klebeck/Jesch, § 1 KAGB Rz. 201; a.A. *Weitnauer*, BKR 2011, 143 (144).
226 *Zetzsche*, AG 2013, 613 (614); *Zetzsche*, Prinzipien der kollektiven Vermögensanlage, 2015, S. 681 bis 686.
227 *Gottschling* in Moritz/Klebeck/Jesch, § 1 KAGB Rz. 201; a.A. *Freitag*, NZG 2013, 329 (332).
228 Dazu BT-Drucks. 17/12294, S. 202.

mentvermögen zu verwalten beinhaltet nach Annex I.1. AIFM-RL als Pflichtbestandteil die Portfolioverwaltung und das Risikomanagement; sie kann darüber hinaus administrative Tätigkeiten gem. Anhang I.2.a) AIFM-RL, den Vertrieb gem. Anhang I.2.b) AIFM-RL sowie sog. *asset related services* gem. Anhang I.2.c) AIFM-RL umfassen. Näher zur kollektiven Portfolioverwaltung (§ 1 Abs. 19 Nr. 24 KAGB) unten Rz. 202 f. Des Weiteren betrifft § 1 Abs. 16 KAGB die Verwaltung eines AIF (dazu Rz. 39 ff.).

6. EU-Verwaltungsgesellschaft (§ 1 Abs. 17 KAGB)

Eine EU-KVG ist ein **Unternehmen**, dass nach seinem Heimatstaatsrecht die Anforderungen an eine AIF- oder OGAW-KVG nach § 1 Abs. 15, 16 KAGB (vgl. Rz. 154 f.) erfüllen oder interne Investmentgesellschaft analog § 1 Abs. 12 KAGB (Rz. 147 f.) sein muss. Die zweite Variante geht für OGAW aus § 1 Abs. 17 Nr. 1 sowie für AIF aus dem Verweis auf die AIFM-RL (s. dort Erw. 11, 20 und Art. 5 Abs. 1 Buchst. b AIFM-RL) hervor. Das Heimatstaatrecht richtet sich gem. Art. 4 Abs. 1 Buchst. j, Alt. 1 AIFM-RL grds. nach dem **satzungsmäßigen Sitz**, also dem **Gründungsstatut**. Jedoch darf die Hauptverwaltung nicht in einem anderen Staat als dem des satzungsmäßigen Sitzes angesiedelt sein (Art. 8 Abs. 1 Buchst. e AIFM-RL.). 156

EU-Verwaltungsgesellschaften werden vom Gesetz als **EU-OGAW-Verwaltungsgesellschaft** (z.B. § 52 KAGB) bzw. **EU-AIF-Verwaltungsgesellschaft** (z.B. § 54 KAGB) angesprochen und profitieren insbesondere von den **europäischen Pässen** für den grenzüberschreitenden Fondsvertrieb und die grenzüberschreitende Fondsverwaltung (ggf. über eine Zweigniederlassung). Näher dazu §§ 49 bis 57 KAGB. Zur terminologischen Unterscheidung zu inländischen „Kapitalverwaltungsgesellschaften" bezeichnet das Gesetz EU-Fondsverwalter als EU-„Verwaltungsgesellschaften".[229] 157

7. Ausländische AIF-Verwaltungsgesellschaften (§ 1 Abs. 18 KAGB)

Ausländische AIF-Verwaltungsgesellschaften sind **Unternehmen** (dazu bei § 1 Abs. 17 KAGB, s. Rz. 155, 156 f.) **mit Sitz** in einem **Drittstaat** (bei § 1 Abs. 9 KAGB, Rz. 143 f.), die den Anforderungen an einen Verwalter alternativer Investmentfonds (AIFM) im Sinne der Richtlinie 2011/61/EU entsprechen; zu **Verwaltern alternativer Investmentfonds** s. zu § 1 Abs. 17 Rz. 156 f. Für das Merkmal des „Sitzes" der KVG in einem Drittstaat ist gem. Art. 4 Abs. 1 Buchst. j, Alt. 1 AIFM-RL auf den **satzungsmäßigen Sitz**, also auf das **Gründungsstatut** abzustellen. Da OGAW ausschließlich inländische oder EU/EWR-Investmentvermögen sind, sind im System des KAGB auch ausländische Verwaltungsgesellschaften, die **OGAW-artige ausländische Investmentvermögen** verwalten, AIF-Verwaltungsgesellschaften. 158

Ausländische AIF-Verwaltungsgesellschaften sind insbesondere Gegenstand des Drittstaatenrechts der AIFM-RL, das an einen EU-Referenzmitgliedstaat anknüpft; s. dazu näher bei §§ 56 bis 66 KAGB sowie § 330 KAGB. Da OGAW-Verwalter immer inländische oder EU-Verwaltungsgesellschaften sind, braucht es kein Pendant für OGAW-Verwaltungsgesellschaften. 159

Eine ausländische Verwaltungsgesellschaft, die **nicht ähnlich der AIFM-RL zugelassen und beaufsichtigt** ist, entspricht nicht den Anforderungen der AIFM-RL. Sie kann zwar Gegenstand der Vorschriften des KAGB, insbesondere von Verbotsverfügungen sein, nicht jedoch durch die §§ 56 bis 66 KAGB Begünstigte eines sog. Europäischen Passes für ausländische Verwaltungsgesellschaften.[230] 160

X. Anfangskapital (§ 1 Abs. 19 Nr. 1 KAGB)

Die Vorschrift setzt Art. 4 Abs. 1 Buchst. s AIFM-RL um und bestimmt, welche **Bilanzposten einer KVG dem regulatorisch indizierten Anfangskapital** zuzurechnen ist. Die Norm bedient sich dazu gesellschaftsrechtlicher Begriffe und behandelt die drei für KVG nach deutschem Recht eröffneten Rechtsformen. Die **Höhe des Anfangskapitals** ist in § 25 Abs. 1 Nr. 1 KAGB bestimmt. Die Aufbringung des erforderlichen Anfangskapitals ist **Zulassungsbedingung und zugleich Untergrenze**. Dieses ist abzugrenzen vom regulatorischen Mindestkapital, das in Abhängigkeit vom Umfang der Geschäftstätigkeit, den Risiken und einem etwaigen Versicherungsschutz für operationelle Risiken schwanken kann (sog. **Eigenmittel**). Zu allem s. § 1 Abs. 19 Nr. 9 Rz. 174 und § 25 Rz. 9 ff. 161

---

229 BT-Drucks. 17/12294, S. 201 f.

230 Zu pauschal *Volhard/Jang* in Weitnauer/Boxberger/Anders, § 1 KAGB Rz. 62, wonach es nur auf den Sitz ankommen soll, unter Verweis auf BT-Drucks. 17/12294, S. 202. *Gottschling* in Moritz/Klebeck/Jesch, § 1 KAGB Rz. 224 möchte auf die Verwaltungstätigkeiten abstellen.

XI. Arbeitnehmervertreter (§ 1 Abs. 19 Nr. 2 KAGB)

162 Die Vorschrift setzt Art. 4 Abs. 1 Buchst. ai AIFM-RL um, die wiederum auf Art. 2 Buchst. e Richtlinie 2002/14/EG zur Festlegung eines allgemeinen Rahmens für die Unterrichtung und Anhörung der Arbeitnehmer in der Europäischen Gemeinschaft verweist, die Arbeitnehmervertretern – in Deutschland dem (Gesamt-)Betriebsrat – Informationsansprüche gegen die Geschäftsleitung sichert. Näher dazu § 289 Rz. 13, § 290 Rz. 12 f. und § 291 Rz. 4, 8.

XII. Staatenbezeichnungen (§ 1 Abs. 19 Nr. 3 bis 5 KAGB)

163 § 1 Abs. 19 Nr. 3 bis 5 KAGB führen aus Vereinfachungsgründen Fachtermini für bestimmte Staatengruppen ein, die Bedeutung für die Europäischen Pässe gem. §§ 49 ff., 309 ff., 316 ff. KAGB haben. **Aufnahmemitgliedstaaten** (§ 1 Abs. 19 Nr. 3, 4 KAGB) sind EU-/EWR-Staaten, die sich von dem Herkunftsland der KVG unterscheiden und in denen die KVG (über Zweigniederlassungen oder grenzüberschreitend, also direkt) tätig ist (OGAW und AIF) oder zu werden beabsichtigt (OGAW).[231] Als **Drittstaaten** (§ 1 Abs. 19 Nr. 5 KAGB) werden alle anderen Staaten als EU-/EWR-Staaten bezeichnet, unabhängig davon, ob diese ihre Fondsverwalter gleichwertig oder abweichend regulieren oder auf bilateralem Wege Marktzugang vereinbart wurde. Das KAGB bezeichnet Verwalter und Fonds aus Drittstaaten als „ausländische" Verwaltungsgesellschaften resp. AIF.

164 Zu den Tätigkeitsformen und -bedingungen vgl. §§ 49 bis 66 KAGB. Mit dem FiMaAnpG[232] wurde im Jahr 2014 klargestellt, dass sich der Europäische Pass auch auf **MiFID-Nebendienstleistungen** erstreckt, die die KVG gem. § 20 Abs. 2 KAGB erbringen darf.

XIII. Bedeutende Beteiligung (§ 1 Abs. 19 Nr. 6 KAGB)

165 Die Vorschrift setzt mit bewusst abweichendem Wortlaut[233] Art. 4 Abs. 1 Buchst. ah KAGB um. Die bedeutende Beteiligung ist Gegenstand der **Meldepflichten** innerhalb des europäischen Finanzaufsichtssystems (vgl. § 12 Abs. 1 Nr. 1 KAGB). Deren Inhaber wird als **Zulassungsbedingung** einer Zuverlässigkeitsprüfung unterzogen, bei negativem Ausgang droht die Versagung gem. § 23 Nr. 4 KAGB. Dieselbe Prüfung steht bei **Erwerb einer bedeutenden Beteiligung** an (näher § 19 Rz. 59 ff., § 23 Rz. 9 ff.). S. auch § 34 Abs. 3 Nr. 10, § 239 Abs. 1 KAGB.

166 Eine bedeutende Beteiligung ist erstens bei mind. **10 % des Kapitals oder der Stimmrechte** der Gesellschaft gegeben. Die Details zur **Anteilsberechnung** orientieren sich gem. § 1 Abs. 19 Nr. 6 Satz 2 KAGB an §§ 34, 35 WpHG.[234] Zweitens ist **maßgeblicher Einfluss auf die Geschäftsführung** auf anderem Weg als über eine Beteiligung (z.B. über einen Beherrschungsvertrag, Doppelorganschaft[235]) Zurechnungsgrund (*control*-Konzept); es genügt die **Möglichkeit zum Einfluss**, dieser muss nicht ausgeübt werden.[236] Beide Beteiligungsformen können **unmittelbar oder mittelbar**, über zwischengeschaltete Vehikel, Treuhänder etc., erfüllt sein.

167 Bislang (zur geplanten Änderung s. Rz. 4) explizit einzubeziehen waren neben Anteilen von **Tochterunternehmen** (vgl. § 35 Abs. 1 WpHG) auch solche Anteile, die unter **„gleichartigen Verhältnissen"** wie von Tochterunternehmen gehalten werden. Diese Wendung zielte auf Umgehungsschutz und sollte erklärend wirken. Da § 1 Abs. 19 Nr. 6 KAGB ohne diesen Zusatz bereits mittelbare Beteiligungen erfasste, wirkte die Wendung indes als europarechtswidrige Begrenzung, da sie dem Wortlaut des Art. 4 Abs. 1 Buchst. ah AIFM-RL widersprach. Sie warf zudem Auslegungsfragen auf. So konnte man rätseln, ob nur Gestaltungen

231 Der Unterschied geht wohl auf die wörtliche Übernahme von Art. 4 Abs. 1 Buchst. r AIFM-RL zurück. Praktische Unterschiede sind nicht zu erkennen.

232 BGBl. I 2014, S. 934.

233 Die „bedeutende Beteiligung" sollte sich von der „qualifizierten" Beteiligung gem. § 1 Abs. 15 KWG a.F. unterscheiden. Seit der CRD IV-Umsetzung ist jedoch auch in § 1 Abs. 9 KWG die „bedeutende Beteiligung" zu finden.

234 Näher dazu *Uwe H. Schneider* in Assmann/Uwe H. Schneider/Mülbert, § 34 WpHG Rz. 33 ff., 126 ff.; *Uwe H. Schneider* in Assmann/Uwe H. Schneider/Mülbert, § 35 WpHG Rz. 4 ff., 12.

235 Unzutreffend *Gottschling* in Moritz/Klebeck/Jesch, § 1 KAGB Rz. 252 (ab 20 % analog § 311 AktG); dieser Fall ist jedoch bereits über die 10 %-Schwelle erfasst und ausdrücklich geregelt.

236 *Gottschling* in Moritz/Klebeck/Jesch, § 1 KAGB Rz. 248.

erfasst waren, bei denen der Beteiligungsinhaber letztlich die **Kontrolle wie bei Tochterunternehmen** ausüben kann (Beispiel: Treuhand, Strohmänner).[237]

Gemäß § 1 Abs. 19 Nr. 6 Satz 3 KAGB sind die mittelbar gehaltenen Beteiligungen den mittelbar beteiligten Personen und Unternehmen **in vollem Umfang zuzurechnen**; es erfolgt keine quotale Aufteilung. Anteile von Personen, mit denen man **zusammenwirkt**, werden hinzuaddiert. Bei den Parallelvorschriften § 1 Abs. 9 KWG und §§ 34, 35 WpHG finden sich Ausnahmen von der Zurechnungsregel für **Beteiligungen im eigenen Namen für fremde Rechnung** (z.B. Anteile in einem Fondsvermögen), sofern der Einfluss aus diesen Beteiligungen nicht ausgeübt wurde. Diese Ausnahmen sind auch für die Auslegung von § 1 Abs. 19 Nr. 6 KAGB heranzuziehen (arg. Verweis auf § 35 Abs. 2 WpHG in Satz 2). 168

XIV. Carried interest (§ 1 Abs. 19 Nr. 7 KAGB)

Die Vorschrift setzt Art. 4 Abs. 1 Buchst. d AIFM-RL um. Der zwischen Anlegern und Verwalter vereinbarte carried interest bewirkt eine Interessenkonvergenz (*alignment*) zwischen Anlegern und Verwalter bei von **Unsicherheit, Informationsasymmetrie und Opportunismus** geprägten Anlagestrategien, wie es für Private Equity und Venture Capital prägend ist. Üblich sind sog. 2/20 oder 1/10 Gestaltungen, i.e. neben einer fixen Verwaltungsgebühr wird dem Verwalter ein Anteil am Gesamtgewinn des Fonds im Zeitpunkt der Ausschüttung gewährt. Üblicherweise wird den Anlegern vorab ein ihnen garantierter Gewinnanteil (sog *Hurdle Rate* von 8 %) ausgeschüttet.[238] Unterschiede bestehen dahingehend, ob für die Gewinnermittlung auf den ganzen Fonds oder auf einzelne Transaktionen abzustellen ist. Letzteres ist für die Anleger mit größerem Risiko behaftet. Die erste Methode erzielt zudem größere Interessenkonvergenz. 169

Zum Merkmal der gemeinsamen Anlage bereits Rz. 23, 31, 56. Die mit dem carried interest verbundene **Anlegerungleichbehandlung** bei der Gewinnverteilung ist grds. gerechtfertigt.[239] Mit Blick auf die angestrebte Interessenkonvergenz als Privilegierungsgrund sind jedoch sinnvolle Grenzen zu setzen, insbesondere sind Gestaltungen vorzusehen, die der **Eingehung exzessiver Risiken** durch den Verwalter vorbeugen. 170

Regulatorisch hat die Definition dreifach Bedeutung: 1) Sie beeinflusst den **Gewinnanteil**, der dem Verwalter (meist über steueroptimierte Vehikel) zufließt, also dem Fonds als gemeinsamen Vermögen der Anleger am Ende der Laufzeit belastet werden darf. 2) Sie muss bei der **Ausgestaltung der Vergütung** für das Leitungspersonal und die Risikoträger berücksichtigt werden (s. Annex II AIFM-RL, § 37 KAGB[240]). 3) Über den carried interest ist an die Fondsanteilseigner zu **berichten**, vgl. §§ 67, 101, 299 KAGB. 171

§ 1 Abs. 19 Nr. 7 KAGB erfasst nicht den auf die **Kapitalbeteiligung der AIF-KVG** (sog. Co-Investment) entfallenden Gewinnanteil. Ausgeschlossen ist auch die Erfassung anderer Entgelte als Gewinnanteile, etwa Verwaltungs- oder Servicegebühren. Des Weiteren sind nur die Gewinnanteile erfasst, die **die AIF-KVG erhält**. Regelmäßig wird der carried interest direkt an einige Leitungsmitglieder der AIF-KVG ausgeschüttet, um mehrere Steuerebenen zu vermeiden. Diese Ausschüttungen sind auf Gewinnanteile der AIF-KVG anzurechnen. 172

XV. Dauerhafter Datenträger (§ 1 Abs. 19 Nr. 8 KAGB)

Den dauerhaften Datenträger prägen drei Merkmale: Speichermöglichkeit, Einsichtnahmemöglichkeit und unveränderte Wiedergabe. Die Formulierung wird an verschiedenen Stellen eingesetzt, um eine dauerhaft **dokumentierte**, aber nicht schriftliche, häufig **digitale Form zu** bezeichnen (z.B. DVD, email-Versand). Siehe z.B. § 98 Abs. 2 Satz 4, § 99 Abs. 1 Satz 3, §§ 167, 169 KAGB. Im Ergebnis besteht ein Gleichlauf mit der MiFID.[241] Näher § 167 Rz. 1, § 169 Rz. 29. 173

---

237 *Gottschling* in Moritz/Klebeck/Jesch, § 1 KAGB Rz. 251.

238 Näher zum carried interest *Boxberger/Klebeck*, BKR 2013, 441; *Schubert/Schuhmann*, BKR 2015, 45; *Jesch*, RdF 2014, 180; sehr ausf., auch aus steuerlicher Sicht, *Ulrich*, Private Equity (LBO), S. 206 ff., 229 ff., 420 ff.

239 *Tollmann* in Dornseifer/Jesch/Klebeck/Tollmann, Art. 4 Rz. 75; *Jesch* in Baur/Tappen, § 1 KAGB Rz. 112; *Gottschling* in Moritz/Klebeck/Jesch, § 1 KAGB Rz. 263.

240 Dazu ESMA/2016/575-DE, Leitlinien für eine solide Vergütungspolitik, S. 7, Abschnitt V: „Leitlinien zu den unter diese Leitlinien fallenden Vergütungen"; ausf. dazu *Wohlfarth*, Vergütung und Interessengleichlauf in Alternativen Investmentfonds, 2018, S. 184 f.

241 *Gottschling* in Moritz/Klebeck/Jesch, § 1 KAGB Rz. 266.

XVI. Eigenmittel (§ 1 Abs. 19 Nr. 9 KAGB)

174 Die Vorschrift setzt Art. 4 Abs. 1 Buchst. ad AIFM-RL um und verweist auf Art. 72 CRR. Danach bestehen die Eigenmittel aus dem **haftenden Eigenkapital** (i.e. Kernkapital und Ergänzungskapital) sowie **Drittrangmittel**. Siehe zur **Prüfung durch die Aufsichtsbehörde** z.B. § 25 Abs. 1 Nr. 2 KAGB. Näher zu allem § 25 Rz. 16 ff.; speziell zur regulatorischen Bedeutung und Handhabung des Begriffs in Krisensituationen bei Investmentgesellschaften § 155 Rz. 9 ff.

XVII. Enge Verbindung (§ 1 Abs. 19 Nr. 10 KAGB)

175 Die Vorschrift setzt Art. 4 Abs. 1 Buchst. e AIFM-RL und Art. 2 Abs. 1 Buchst. i OGAW-RL um. Auf die Definition wird bei der Zulassungsprüfung Bezug genommen, um externen Einfluss auf die KVG/Investmentgesellschaft abzuschätzen. Näher §§ 21 Abs. 1 Nr. 6, 22 Abs. 1 Nr. 6, 23 Nr. 5 und 6 KAGB. Bedeutung hat das Merkmal zudem bei der Ermittlung der **Unabhängigkeit von Personen**, etwa des Bewerters gem. § 216 Abs. 1 Nr. 6 KAGB, aber auch von Aufsichtsratsmitgliedern, Wirtschaftsprüfern etc.

176 Eine enge Verbindung besteht, wenn eine **KVG** (Rz. 150 bis 155) **oder eine extern verwaltete Investmentgesellschaft** (Rz. 149) **mit einer anderen Person verbunden** ist. Die Verbindung kommt entweder durch eine mind. **20 %-Beteiligung** (Buchst. a) oder eine **Konzernbeziehung** (Buchst. b) zustande. Beides ist nicht deckungsgleich: Zu einer Mutter-Tochter- oder Schwesterbeziehung im Konzern kann es neben einer **Beteiligungsverflechtung** auch durch **einheitliche Leitung** (Gleichordnungskonzern) kommen. Die Definition der engen Verbindung ist angelehnt an die der bedeutenden Beteiligung gem. § 1 Abs. 19 Nr. 6 KAGB; deren Erweiterungen können in die Auslegung der engen Verbindung (insbesondere das Merkmal „mittelbar") einfließen, da der Schutzzweck identisch ist. Mutter- und Tochterunternehmen sind in § 1 Abs. 19 Nr. 26 und 35 KAGB definiert, dazu Rz. 219 ff. Für Schwesterunternehmen soll auf § 1 Abs. 7 Satz 2 KWG zurückgegriffen werden.[242]

XVIII. Master- und Feederfonds (§ 1 Abs. 19 Nr. 11 bis 14 KAGB)

177 § 1 Abs. 19 Nr. 11 bis 14 KAGB führt **Begrifflichkeiten für Master-Feeder**-Konstellationen ein. Diese gehen auf die OGAW IV-Umsetzung[243] zurück und sollen insgesamt größere und kosteneffiziente Fondseinheiten bewirken. Näher §§ 171 ff. KAGB. Das Gesetz bildet die Pärchen **Feeder-Masterfonds** (§ 1 Abs. 19 Nr. 11, 12 KAGB) und **Feeder- und Master-AIF** (§ 1 Abs. 19 Nr. 13, 14 KAGB). Damit werden zugleich Art. 58 ff. OGAW-RL und Art. 4 Abs. 1 Buchst. m und y AIFM-RL umgesetzt.

178 **Feederfonds** (§ 1 Abs. 19 Nr. 11 KAGB) und **Feeder-AIF** (§ 1 Abs. 19 Nr. 13 KAGB) legen jeweils **mindestens 85 Prozent ihres Vermögens** in einem Masterfonds (§ 1 Abs. 19 Nr. 12 KAGB) bzw. Master-AIF (§ 1 Abs. 19 Nr. 14 KAGB) an. Nach der Grundform sind die Vermögensgegenstände des Feeders zu mind. 85 % **Anteile am Master. Feeder-AIF** können des Weiteren alternativ Anteile an mehr als einem Master-AIF **mit jeweils identischen Anlagestrategien**[244] halten, die zusammen mind. 85 % ausmachen, oder sich **anderweitig** (z.B. über SPVs, Derivative oder andere Fonds) zu mind. 85 % im Master-AIF engagieren. Die Alternativgestaltungen ermöglichen eine Ausrichtung auf verschiedene Anleger, Anlegerqualifikationen sowie eine steuerliche Optimierung nach Herkunftsländern. Für die **restlichen bis zu 15 %** müssen Feederfonds in Bankguthaben oder zu Absicherungszwecken in Derivate anlegen (§ 174 Abs. 1 S. 3 KAGB).

179 **Feederfonds** (§ 1 Abs. 19 Nr. 11 KAGB) sind Sondervermögen gem. § 1 Abs. 10 (Rz. 145 ff.), Investmentaktiengesellschaften mit veränderlichem Kapital (§ 108 Rz. 10), Teilgesellschaftsvermögen (§§ 117, 132 KAGB) einer Investmentaktiengesellschaft mit veränderlichem Kapital (Rz. 9 sowie § 117 Rz. 7 ff.) oder EU-OGAW (Rz. 156). Es handelt sich jeweils um **offene Fonds**. Dieselben Einschränkungen sieht Nr. 13 für **Feeder-AIF** (§ 1 Abs. 19 Nr. 13 KAGB) nicht vor, diese können also **auch geschlossene Fonds** sein.

180 **Masterfonds** (§ 1 Abs. 19 Nr. 12 KAGB) sind OGAW (Rz. 99 ff.) oder Sonstige Investmentvermögen gem. § 220 KAGB, die **Anteile an mindestens einen Feederfonds** (Rz. 179) ausgegeben haben, selbst keine Feederfonds sind und keine Anteile eines Feederfonds halten. Wiederum wird für das AIF-Pendant **Master-AIF** (§ 1 Abs. 19 Nr. 14 KAGB) auf Restriktionen verzichtet. Einzig mind. ein Feeder-AIF muss nach dem

242 *Tollmann* in Dornseifer/Jesch/Klebeck/Tollmann, Art. 4 Rz. 84; *Gottschling* in Moritz/Klebeck/Jesch, § 1 KAGB Rz. 273.

243 BGBl. I 2011, S. 1126.

244 Für enge Auslegung zur Erleichterung der Abgrenzung *Jesch* in Baur/Tappen, § 1 KAGB Rz. 127; *Gottschling* in Moritz/Klebeck/Jesch, § 1 KAGB Rz. 286.

Wortlaut von § 1 Abs. 19 Nr. 14 KAGB Anteile halten. Das „Anteile halten" muss, um die von § 1 Abs. 19 Nr. 13 KAGB (und damit der AIFM-RL) eröffneten Gestaltungsoptionen zu erfassen, europarechtskonform sehr weit ausgelegt werden.[245]

XIX. Geschäftsleiter, gesetzlicher Vertreter (§ 1 Abs. 19 Nr. 15, 16 KAGB)

1. Geschäftsleiter

Die Vorschrift setzt Art. 5 Abs. 4 Satz 4, Art. 7 Abs. 1b, Art. 29 Abs. 1 Unterabs. 1b OGAW-RL und Art. 8 Abs. 1 Buchst. c AIFM-RL um. Die erste Alternative von § 1 Abs. 19 Nr. 15 KAGB erfasst die **Gesellschaftsorgane**, also Geschäftsführer einer GmbH oder den Vorstand einer AG. Die zweite Alternative von § 1 Abs. 19 Nr. 15 KAGB stellt klar, dass auch **faktische Geschäftsleiter** (z.B. Organe der Muttergesellschaft, die in das Tagesgeschäft eingreifen; Hinterleute in Strohmann-Konstellationen) und **vertraglich zur Geschäftsführung Berufene** (z.B. Prokuristen, Handlungsbevollmächtigte) für Zwecke der Zulassung als Geschäftsleiter gelten, wenn sie die **Geschäfte tatsächlich** führen. Dies ist der Fall, wenn dieser Personenkreis ausnahmsweise **wie ein Organ** Einfluss nimmt.[246] Dann haben auch diese Personen den gesetzlichen Anforderungen zu entsprechen, Gesellschafts- und Aufsichtsrecht fallen auseinander. Da Geschäftsleiter **natürliche Personen** sein müssen, kommt eine Betriebsführungsgesellschaft nicht als Geschäftsleiter in Betracht. 181

Zur Bedeutung für die KVG vgl. § 21 Abs. 1 Nr. 2 bis 4 KVG und § 22 Abs. 1 Nr. 2 bis 4 KVG, die für intern verwaltete Investmentgesellschaften entsprechend gelten, vgl. § 17 Abs. 2 Nr. 2 KAGB (definiert die interne KVG). Grds. sind **zwei hinreichend erfahrene und zuverlässige Geschäftsleiter** erforderlich (§ 23 Nr. 2 und 3 KAGB), ein Geschäftsleiter kann für registrierungspflichtige AIF-KVGs genügen (arg. § 2 Abs. 4 bis 7 KAGB verweisen nicht auf § 23 Nr. 2 KAGB; Gegenargument: Angabe „der Geschäftsleiter" in § 44 Abs. 3 Nr. 1 KAGB, dazu näher § 44 Rz. 26 f.). Gleiches gilt in der Anfangs- und Aufbauphase. 182

Da es sich um allgemeine Grundsätze handelt, können die Definitionsteile **ergänzend herangezogen** werden für die Geschäftsleiter der extern verwalteten **OGAW-Investmentgesellschaft** gem. § 113 Abs. 1 Nr. 2 KAGB und der **Verwahrstelle** (vgl. § 80 Abs. 9 KAGB).[247] 183

2. Gesetzlicher Vertreter einer ausländischen AIF-Verwaltungsgesellschaft (§ 1 Abs. 19 Nr. 16 KAGB)

Die Vorschrift setzt Art. 4 Abs. 1 Buchst. u AIFM-RL um und bezeichnet die für **Abgabe von Erklärungen** durch eine ausländische AIF-Verwaltungsgesellschaft gem. § 1 Abs. 9 KAGB (dazu Rz. 143 f.) **kraft ausdrücklicher Ernennung befugte, natürliche oder juristische Person**. Zur Bedeutung des gesetzlichen Vertreters als Anlaufstelle innerhalb von EU/EWR sowie als Compliance-Beauftragter für innerhalb des Binnenmarktes getätigte Verwaltungs- und Vertriebstätigkeiten, vgl. §§ 57 Abs. 3, 58 Abs. 7 Nr. 2, 3 KAGB. Daraus ergeben sich Mindestanforderungen in Bezug auf die **fachliche Eignung und Zuverlässigkeit,**[248] **bei juristischen Personen zudem an die Organisation und Kapitalausstattung**. Dies bestätigt § 317 Abs. 1 Nr. 4 KAGB für den AIF-Vertrieb an Privatanleger. Zum **Sitz** vgl. § 1 Abs. 19 Nr. 34 Buchst. b und c KAGB (dazu Rz. 250). 184

Das „gesetzlich" bezieht sich ausweislich § 1 Abs. 19 Nr. 16 Satz 1 KAGB nicht auf den Entstehungsgrund der Vertretungsmacht, sondern darauf, dass der Vertreter **für Zweck des KAGB als Vertreter benannt** ist, also die nach dem KAGB gesetzlich erforderlichen Erklärungen abzugeben. Dies folgt schon daraus, dass eine Gesellschaft keinen gesetzlichen Vertreter hat, sondern durch ihre Organe handelt. 185

Im Verhältnis zum Geschäftsleiter ist die Position des gesetzlichen Vertreters enger zugeschnitten, diese ist **nur im Außenverhältnis gegenüber Dritten** für die Gesellschaft tätig. Mit der Vertretungsmacht muss **keine Geschäftsführungsbefugnis im Innenverhältnis** korrespondieren. In der Tat wird der gesetzliche Vertreter eher selten zugleich für die ganze Gesellschaft geschäftsführungsbefugt sein, da die Verwaltungsgesellschaft in einem Drittstaat, der Vertreter in der EU/dem EWR ansässig ist. 186

245 I.E. auch *Gottschling* in Moritz/Klebeck/Jesch, § 1 KAGB Rz. 291.
246 *Gottschling* in Moritz/Klebeck/Jesch, § 1 KAGB Rz. 302.
247 Im Ergebnis offen gelassen von *Gottschling* in Moritz/Klebeck/Jesch, § 1 KAGB Rz. 295.
248 *Tollmann* in Dornseifer/Jesch/Klebeck/Tollmann, Art. 4 Rz. 149 (zudem Verweis in Fn. auf *Erhard* in Berger/Steck/Lübbehüsen, § 136 InvG Rz. 11); *Gottschling* in Moritz/Klebeck/Jesch, § 1 KAGB Rz. 307.

XX. Herkunftsmitgliedstaaten (§ 1 Abs. 19 Nr. 17 bis 20 KAGB)

187 Die Definitionen in § 1 Abs. 19 Nr. 17 bis 20 KAGB betreffen die territoriale Zuordnung der Fonds und Verwalter und haben Bedeutung für die grenzüberschreitende Tätigkeit der KVG gem. §§ 49 ff. KAGB für OGAW und §§ 53 ff. KAGB für AIF, sowie die Zusammenarbeit der nationalen Aufsichtsbehörden in EU/EWR-Staaten sowie der ESMA, vgl. §§ 12 ff. KAGB.

1. Herkunftsmitgliedstaat des OGAW (§ 1 Abs. 19 Nr. 17 KAGB)

188 Die Vorschrift setzt Art. 2 Abs. 1 Buchst. e OGAW-RL um. Maßgeblich ist danach nicht der Sitz, sondern der **Zulassungsort** für das Produkt.

2. Herkunftsmitgliedstaat des AIF (§ 1 Abs. 19 Nr. 18 KAGB)

189 Die Vorschrift setzt Art. 4 Abs. 1 Buchst. p AIFM-RL um. Da der AIF nach europäischem Recht nicht registrierungs- und zulassungspflichtig ist, kann an den Zulassungsort nur angeknüpft werden, wenn **das nationale Recht eine Zulassung solche vorschreibt**, so in Deutschland z.B. für Publikums-AIF gem. § 163 Abs. 1 KAGB. Bei mehreren Erlaubnisverfahren bestimmt sich der Herkunftsmitgliedstaat nach dem Ort des ersten Antrags. **Nur subsidiär** ist daher auf den **Sitz des AIF** abzustellen. Dazu § 1 Abs. 19 Nr. 34 KAGB (Rz. 146 ff.). Für **ausländische AIF** (Rz. 158) ist direkt auf die Sitzdefinition zuzugreifen. Dies sind Fonds, bei denen die Anwendung von § 1 Abs. 1 Nr. 18 KAGB keinen EU/EWR-Herkunftsmitgliedstaat ergibt.

3. Herkunftsmitgliedstaat der OGAW-Verwaltungsgesellschaft (§ 1 Abs. 19 Nr. 19 KAGB)

190 Die Vorschrift setzt Art. 2 Abs. 1 Buchst. c OGAW-RL um. Der Herkunftsmitgliedstaat bestimmt sich bei der OGAW-Verwaltungsgesellschaft nach deren **Sitz**. Gemeint ist der **satzungsmäßige (Register-)Sitz**. Jedoch dürfen Satzungs- und Verwaltungssitz nicht auseinanderfallen, arg. § 17 Abs. 1 Satz 1 KAGB. Da es keine ausländischen Verwaltungsgesellschaften von OGAW geben kann, braucht es für diese keine Regelung.

4. Herkunftsmitgliedstaat der AIF-Verwaltungsgesellschaft (§ 1 Abs. 19 Nr. 20 KAGB)

191 Die Vorschrift setzt Art. 4 Abs. 1 Buchst. q AIFM-RL um. Für AIF-KVG und EU-AIF-Verwaltungsgesellschaften ist auf den **satzungsmäßigen (Register-)Sitz** abzustellen, jedoch dürfen Satzungs- und Verwaltungssitz nicht auseinanderfallen, arg. § 17 Abs. 1 Satz 1 KAGB.

192 Abweichend von dieser Regelung ist für ausländische Verwaltungsgesellschaften der **Referenzmitgliedstaat** gem. Art. 37 AIFM-RL (vgl. § 56 KAGB) maßgeblich da es dort zur Bündelung sämtlicher EU/EWR-relevanten Aufsichtsaufgaben kommt. Näher vgl. die Kommentierung Vor §§ 56 bis 66.

XXI. Immobilien, Immobilien-Gesellschaften und -Sondervermögen (§ 1 Abs. 19 Nr. 21 bis 23 KAGB)

1. Immobilien (§ 1 Abs. 19 Nr. 21 KAGB)

193 Die Vorschrift wurde aus § 2 Abs. 4 Nr. 5 InvG übernommen. Sie hat Bedeutung für die **Anlagevorschriften insbesondere von Immobilienfonds** (vgl. §§ 230 f. KAGB) und diesbezügliche Nebenbestimmungen, etwa zur Überwachungspflicht der Verwahrstelle (vgl. § 83 Abs. 3 und 4, § 84 Abs. Nr. 3 KAGB) und zur zulässigen Rechtsform (§ 91 Abs. 3 KAGB).

194 Immobilien sind **Grundstücke im wirtschaftlichen Sinn**,[249] wofür die allgemeine Verkehrsanschauung maßgeblich ist – so können z.B. mehrere Grundbuch-Grundstücke eine wirtschaftliche Einheit bilden, vgl. § 243 Abs. 2 KAGB. Zudem zählen zum Grundstück auch deren wesentliche Bestandteile (= Gebäude) i.S.v. § 93 BGB,[250] **grundstücksgleiche Rechte** (insbesondere beschränkt dingliche Rechte, z.B. Erbbaurechte, Wohnungs-, Teil- oder Bergwerkseigentum) und ihrer Wirkung nach vergleichbare Rechte nach dem Recht anderer Staaten. Als grundstücksgleiche Rechte i.S.v. § 1 Abs. 19 Nr. 21 Satz 1 KAGB gelten auch **Nieß-**

249 BT-Drucks. 15/1552, S. 72.
250 *Gottschling* in Moritz/Klebeck/Jesch, § 1 KAGB Rz. 328 f.

brauchrechte i.S.d. § 231 Abs. 1 Satz 1 Nr. 6.[251] **Weitere Konkretisierungen** sehen § 231 Abs. 1 und § 261 Abs. 2 Nr. 1 KAGB vor.

Forderungen und diesbezügliche **dingliche Sicherheiten** (Grundpfandrechte, wie Hypotheken und Grundschulden) sollen keine Immobilien sein.[252] Dies ist der Begründung nach jedenfalls für die forderungsentkleidete Hypothek zweifelhaft. Jedoch ergibt sich so eine rechtssichere Abgrenzung, freilich mit der Folge, dass nur Sonstige Sondervermögen und Spezial-AIF solche Anlagen tätigen dürfen (arg. § 224 Abs. 1 Nr. 1 und 2, § 284 Abs. 2 Nr. 2 Buchst. i KAGB). 195

2. Immobilien-Gesellschaften (§ 1 Abs. 19 Nr. 22 KAGB)

Die Vorschrift wurde aus § 2 Abs. 4 Nr. 6 und § 67 Abs. 6 InvG übernommen. Sie bestimmt die **Details eines zulässigen Anlagegegenstands für Immobilien-Sondervermögen** gem. §§ 230 ff. KAGB, geschlossene Publikums-AIF gem. § 261 Abs. 1 Nr. 3 KAGB sowie von Spezial-AIF gem. § 284 Abs. 2 Nr. 2 KAGB. 196

Immobilien-Gesellschaften sind Gesellschaften, die nach **dem Gesellschaftsvertrag oder der Satzung** nur Immobilien sowie die zur Bewirtschaftung der Immobilien erforderlichen Gegenstände erwerben dürfen. Zulässig muss auch die Eigenkapital- oder eigenkapitalähnliche **Beteiligung an anderen Immobilien-Gesellschaften** und die dem Hauptgeschäftsgegenstand untergeordnete Darlehensvergabe an diese Gesellschaften sein.[253] Ein Gegenstand ist zur Bewirtschaftung erforderlich, wenn er der Hauptsache untergeordnet ist.[254] Hilfreich ist eine Orientierung am sachenrechtlichen Zubehörbegriff gem. § 97 BGB. 197

Eine **operative Bewirtschaftung** der Immobilie (z.B. Hotelbetrieb) sowie der Erwerb allein immobilienbesicherter Darlehen soll demgegenüber die Eigenschaft als Immobilien-Gesellschaft entfallen lassen.[255] Das kann jedenfalls nicht gelten, wenn dies in einem nur **untergeordneten Umfang oder zeitlich begrenzt** erfolgt, etwa um den Wert einer Immobilie bis zum Eintritt eines neuen Hotelbetreibers zu erhalten. 198

Der Umstand, dass eine **solche Gesellschaft selbst Immobilienfonds** ist, hindert die Anlage nicht.[256] Umgekehrt stellt sich die Frage, ob eine Immobilien-Gesellschaft als AIF zu qualifizieren ist. Dies kann nicht pauschal gesagt werden, es kommt darauf an, ob die AIF-Merkmale erfüllt sind. Dazu Rz. 112 und speziell für Immobilien-Gesellschaften Rz. 196. 199

3. Immobilien-Sondervermögen (§ 1 Abs. 19 Nr. 23 KAGB)

Die Vorschrift wurde aus § 66 InvG übernommen. Der noch mit dem Diskussionsentwurf zum KAGB geplante Wegfall der offenen Immobilienfonds[257] wurde im Laufe des Gesetzgebungsverfahrens verworfen. Immobilien-Sondervermögen sind **Sondervermögen** (Rz. 145 sowie § 91 Abs. 3 KAGB, dazu § 91 Rz. 18), die nach den **Anlagebedingungen** (dazu § 162 Rz. 15 ff.) das bei ihnen eingelegte Geld in **Immobilien** (Rz. 193 ff.) anlegen. Immobilien-Sondervermögen unter dem KAGB sind stets **offene Fonds** (vgl. § 1 Abs. 4 Nr. 2 KAGB, dazu Rz. 116 ff.) und zudem mangels für OGAW zulässige Anlagegegenstände stets **AIF** (Rz. 112). Sie können **Publikums-AIF** (dazu Rz. 136) gem. §§ 230 ff. KAGB oder **Spezial-AIF** (vgl. §§ 278 ff., 284 Abs. 1 KAGB) sein. Näher jeweils dort. 200

XXII. Kollektive Vermögensverwaltung (§ 1 Abs. 19 Nr. 24 KAGB)

Die Vorschrift setzt Anhang I AIFM-RL und Anhang II.1. OGAW-RL um und hat Bedeutung für die **Erlaubnispflicht** (§ 15 Abs. 1 KAGB), die gem. §§ 20 bis 22 KAGB der KVG und intern verwalteten Investmentgesellschaften **erlaubten Tätigkeiten** sowie zur Reichweite der **europäischen Pässe** (§§ 49 Abs. 1, 51 201

251 Klarstellung eingefügt durch das OGAW-V-UmsG, BGBl. I 2016, S. 348; dazu BT-Drucks. 18/6744.

252 *Gottschling* in Moritz/Klebeck/Jesch, § 1 KAGB Rz. 331.

253 I.E. ebenso zum InvG *Verfürth/Emde* in Emde/Dornseifer/Dreibus/Hölscher, § 2 InvG Rz. 55 mit Hinweis auf die dahingehende Rechtsansicht der BaFin aus dem Jahr 2010.

254 *Gottschling* in Moritz/Klebeck/Jesch, § 1 KAGB Rz. 341.

255 BaFin, Fragenkatalog zu erwerbbaren Vermögensgegenständen (Eligible Assets) (Gz. WA 41-Wp 2137-2013/0001) v. 22.7.2013, geändert am 5.7.2016, Teil 2 Nr. 8 („ Tätigkeiten, die für die Gesellschaft neben den einer mittelbar oder unmittelbar gehaltenen Immobilie innewohnenden Risiken weitere wesentliche Risiken begründen, führen zum Ausschluss der Eigenschaft als Immobilien-Gesellschaft. Der Erwerb von immobilienbesicherten Darlehensforderungen oder eine eigenständige gewerbliche Betätigung (z.B. Betrieb eines Hotels) führt daher zum Ausschluss einer Qualifikation als Immobilien-Gesellschaft."); *Gottschling* in Moritz/Klebeck/Jesch, § 1 KAGB Rz. 339.

256 Vgl. BaFin, Auslegungsentscheidung zur Erwerbbarkeit eines AIF, 9.4.2018, Gz. WA 42-QB 4100-2016/0005.

257 Vgl. *Görke/Ruhl*, RdF 2012, 289; *Niewerth/Rybarz*, WM 2013, 1154 (1160); *Jesch/Alten*, RdF 2013, 191 f.

Abs. 1 KAGB). Des Weiteren knüpft an die Definition ein Streit in Bezug auf die **Mindestausstattung und Organisation** der KVG (sogleich Rz. 202).

202 Die kollektive Vermögensverwaltung umfasst nach § 1 Abs. 19 Nr. 24 KAGB die **Portfolioverwaltung**, das **Risikomanagement** (dazu § 29 Rz. 1), **administrative Tätigkeiten,**[258] den **Vertrieb** von eigenen Investmentanteilen sowie bei AIF Tätigkeiten im Zusammenhang mit den Vermögensgegenständen des AIF (sog. ***asset related services***[259]). Daran fällt auf, dass die in Art. 6 Abs. 3 i.V.m. Anhang I AIFM-RL[260] und Anhang II.1. OGAW-RL unterschiedlich geregelten Mindesttätigkeitsbereiche einheitlich, und zwar im Sinn der OGAW-RL und ergänzt um die in der OGAW-RL nicht enthaltenen Tätigkeiten im Zusammenhang mit den Vermögensgegenständen, definiert wurden.

203 Nach europäischem Recht gehören das Investmentmanagement (Portfolioverwaltung und Risikomanagement), die Administration und der Vertrieb zum Pflichttätigkeitsbereich der **OGAW-Verwaltungsgesellschaft.** Dieser ist für die Erlaubnis nach § 21 KAGB bindend und bestimmt den Mindestumfang der **Personalressourcen, Expertise und Organisation der OGAW-KVG.** So muss eine OGAW-KVG insbesondere eine **Administrations- und Vertriebsorganisation** aufweisen, sie darf diese jedoch in Teilen (gem. § 36 KAGB) **auslagern**, wozu es in der Praxis auch häufig kommt. Näher § 36 Rz. 4 ff.

204 Dagegen ist nach Anhang I AIFM-RL **nur das Investmentmanagement Pflichttätigkeit** der AIF-KVG. Es ist umstritten, ob infolge des vermeintlich richtlinienüberschießenden Wortlauts in § 1 Abs. 19 Nr. 24 KAGB auch Administration, Vertrieb und *asset related services* **zwingend zur Pflichttätigkeit** der AIF-KVG zählen, diese dafür also 1) eine Erlaubnis benötigen, 2) Personalressourcen, Expertise und Organisation vorhalten und 3) für die Pflichterfüllung einstehen muss.[261] Der Streit wird nicht zuletzt dadurch befeuert, dass die Regierungsbegründung nur auf Anhang II.1. der OGAW-RL verweist.[262] Anhang I AIFM-RL scheint man schlicht vergessen zu haben, so dass ein **Redaktionsversehen** naheliegt. In diese Richtung weist auch § 17 Abs. 1 Satz 2 KAGB, der die engere Definition von Anhang II.1. AIFM-RL übernimmt

258 Diese Tätigkeiten umfassen nach **Anhang II der OGAW-RL** die folgenden Tätigkeiten: a) Gesetzlich vorgeschriebene und im Rahmen der Fondsverwaltung vorgeschriebene Rechnungslegungsdienstleistungen; b) Kundenanfragen; c) Bewertung und Preisfestsetzung (einschließlich Steuererklärungen); d) Überwachung der Einhaltung der Rechtsvorschriften; e) Führung des Anlegerregisters; f) Gewinnausschüttung; g) Ausgabe und Rücknahme von Anteilen; h) Kontraktabrechnungen (einschließlich Versand der Zertifikate); i) Führung von Aufzeichnungen. Nach **Anhang I Nr. 2 a) der AIFM-RL** sind die folgenden Tätigkeiten erfasst: i) rechtliche Dienstleistungen sowie Dienstleistungen der Fondsbuchhaltung und Rechnungslegung, ii) Kundenanfragen, iii) Bewertung und Preisfestsetzung, einschließlich Steuererklärungen, iv) Überwachung der Einhaltung der Rechtsvorschriften, v) Führung eines Anlegerregisters, vi) Gewinnausschüttung, vii) Ausgabe und Rücknahme von Anteilen, viii) Kontraktabrechnungen, einschließlich Versand der Zertifikate, ix) Führung von Aufzeichnungen.

259 Diese Tätigkeiten umfassen nach dem Anhang I Nr. 2 c) der AIFM-RL die folgenden Tätigkeiten: „Tätigkeiten im Zusammenhang mit den Vermögenswerten des AIF, worunter Dienstleistungen, die zur Erfüllung der treuhänderischen Pflichten des AIFM erforderlich sind, das Facility Management, die Immobilienverwaltung, die Beratung von Unternehmen über die Kapitalstruktur, die industrielle Strategie und damit verbundene Fragen, Beratungs- und Dienstleistungen im Zusammenhang mit Fusionen und dem Erwerb von Unternehmen und weitere Dienstleistungen in Verbindung mit der Verwaltung der AIF und der Unternehmen und anderer Vermögenswerte, in die die AIF investiert haben, fallen."

260 Anlageverwaltungsfunktionen, die ein AIFM bei der Verwaltung eines AIF mindestens übernehmen muss: a) Portfolioverwaltung, b) Risikomanagement. 2. Andere Aufgaben, die ein AIFM im Rahmen der kollektiven Verwaltung eines AIF zusätzlich ausüben kann: a) administrative Tätigkeiten, b) Vertrieb, c) Tätigkeiten im Zusammenhang mit den Vermögenswerten … des AIF, worunter Dienstleistungen, die zur Erfüllung der treuhänderischen Pflichten des AIFM erforderlich sind, das Facility Management, die Immobilienverwaltung, die Beratung von Unternehmen über die Kapitalstruktur, die industrielle Strategie und damit verbundene Fragen, Beratungs- und Dienstleistungen im Zusammenhang mit Fusionen und dem Erwerb von Unternehmen und weitere Dienstleistungen in Verbindung mit der Verwaltung der AIF und der Unternehmen und anderer Vermögenswerte, in die die AIF investiert haben, fallen.

261 Näher *Jesch/Alten*, RdF 2013, 191 (193); für Ausgrenzung des Vertriebs als Pflichtaufgabe auch *Jesch* in Baur/Tappen, § 1 KAGB Rz. 158. Einschränkend BaFin, Häufige Fragen zum Thema Auslagerung gem. § 36 KAGB (Gz. WA 41-Wp 2137-2013/0036) v. 10.7.2013, geändert am 1511.2017 („ Die Wahrnehmung dieser Aufgaben durch Dritte ist entweder als Auslagerung der Kapitalverwaltungsgesellschaft oder als bloßer Fremdbezug von Dienstleistungen anzusehen (vgl. auch Q&A Nr. 15 (Auslagerung vs. Erbringung von Dienstleistungen in Bezug auf Sachwerte)). In beiden Fällen bleibt die Kapitalverwaltungsgesellschaft für die ordnungsgemäße Erfüllung dieser Aufgaben durch den Dritten verantwortlich."). Ähnlich streng BaFin, Auslegungsentscheidung zu den Tätigkeiten einer Kapitalverwaltungsgesellschaft und der von ihr extern verwalteten AIF-Investmentgesellschaft (Gz. WA 41-Wp 2100-2016/0001) v. 21.12.2017, Nr. 2 („Wird eine externe KVG beauftragt, eine AIF-Investmentgesellschaft zu verwalten, ist sie somit nicht nur für die Portfolioverwaltung und das Risikomanagement, sondern auch für die anderen im Anhang I der AIFM-RL geschilderten Tätigkeiten verantwortlich.").

262 BT-Drucks. 17/12294, S. 203.

(„Verwaltung eines Investmentvermögens liegt vor, wenn mindestens die Portfolioverwaltung oder das Risikomanagement für ein oder mehrere Investmentvermögen erbracht wird.").

Die **erste Frage einer Erlaubnispflicht** ist scheinbar aus dem Wortlaut des § 1 Abs. 19 Nr. 24 KAGB klar zu beantworten, da gem. § 15 Abs. 1 KAGB die kollektive Vermögensverwaltung ohne Erlaubnis einen Grund zum Einschreiten der BaFin darstellt. Jedoch räumt die Norm Ermessen ein. Es wäre erkennbar ermessenswidrig, gegen die zulassungsfreie Erbringung von ***asset related services*** (z.B. das Facility Management, zu der u.a. Gebäudepflege und Raumreinigung zählen) **oder Administrationsdienstleistungen** (z.B. Buchhaltung) einzuschreiten. Anders ist für den **Fondsanteilsvertrieb** zu entscheiden, aber nicht, weil der Vertrieb zwingend der KVG vorbehalten ist, sondern weil man entweder eine **Erlaubnis als KVG oder eine andere Erlaubnis** (gem. § 32 Abs. 1 WpHG als Wertpapierfirma oder gem. § 2 Abs. 6 Satz 1 Nr. 8 KWG i.V.m. § 34f GewO als Finanzanlagenvermittler) dafür benötigt. Das Gesetz verlangt also **keine blinde Übernahme der Definition** in § 1 Abs. 19 Nr. 24 KAGB, sondern eine zweckgerechte Ermessensauslegung, in welche die Wertungen durchaus einfließen können. Folglich ist der **harte Kern der Erlaubnispflicht nach § 15 KAGB das Investmentmanagement** (Portfolio- und Risikomanagement), jede andere Tätigkeit ist im Kontext zu bewerten. 205

Die **zweite Frage nach Personalressourcen, Expertise und Organisation** ist nur in zweiter Linie mit § 1 Abs. 19 Nr. 24 KAGB verknüpft, da die §§ 20 bis 22 KAGB auf die **Geschäftstätigkeit** der KVG abstellen. § 20 Abs. 4 KAGB scheint nahezulegen, dass mit Geschäftstätigkeit die kollektive Vermögensverwaltung gemeint ist, jedoch ermöglicht es der Wortlaut auch, die Geschäftstätigkeit abweichend (nämlich europarechtskonform) zu bestimmen. Den **Gesetzesmaterialien** zu § 20 KAGB ist nicht zu entnehmen, dass eine Ausweitung der Tätigkeiten beabsichtigt war. Gegen eine extensive Interpretation spricht auch der **Zweck**: Eine AIF-KVG, die auf Immobilientransaktionen spezialisiert ist, muss die Räume ihrer Immobilienbeteiligungen weder reinigen, noch die Reinigung überwachen. Schließlich spricht dafür die **Systematik**: Die AIF-Verwalterregulierung ist **europarechtlich vollharmonisiert**; strengere Regelungen sind nur erlaubt, wenn dies europarechtlich zugelassen ist (arg. Art. 26 Abs. 7 AIFM-RL, die anderweitig entbehrlich wäre). Eine **tätigkeitsbezogene Begrenzung sieht Art. 8 Abs. 4 AIFM-RL ausdrücklich vor**: „Die zuständigen Behörden des Herkunftsmitgliedstaats des AIFM können den Umfang der Zulassung beschranken, was *insbesondere* für die Anlagestrategien der AIF, zu deren Verwaltung der AIFM berechtigt ist, gilt." (Hervorhebung durch Vf.) Diese Beschränkung ist auch in der Praxis ganz üblich (z.B. durch Begrenzung auf liquide Assets oder Strategien mit geringer Hebelung). Dass ebenso der AIF-KVG der Vertrieb oder die Administration erlaubt oder versagt werden kann, folgt aus dem Merkmal „insbesondere", was auch andere Begrenzungen ermöglicht. Die absolute Grenze der Beschränkung folgt somit einzig aus Art. 6 Abs. 5 AIFM-RL. Damit kann und muss die BaFin auch KVGs genehmigen, die **ausschließlich das Investmentmanagement** betreiben (möchten). 206

XXIII. Leverage (§ 1 Abs. 19 Nr. 25 KAGB)

Die Vorschrift setzt Art. 4 Abs. 1 Buchst. v AIFM-RL um. **Leverage in beträchtlichem Umfang** ist gem. § 35 Abs. 4 KAGB **an die BaFin zu melden**. Die BaFin kann daraufhin (ggf. in Abstimmung mit ESMA) gem. § 215 Abs. 2 KAGB den Verschuldungsgrad **begrenzen** (s. auch §§ 263, 274 KAGB). Damit sollen von Investmentvermögen ausgehende **Systemrisiken begrenzt** werden.[263] Des Weiteren knüpfen an die Definition **Risikomanagement-, Organisations- und Informationspflichten** (§§ 29 Abs. 4, 215 Abs. 1, 165 Abs. 2 Nr. 6 KAGB; s. auch § 29 Rz. 85 ff., § 215 Rz. 8 f.). Hintergrund ist, dass es bei exzessivem Hebeleinsatz zu einem Interessenkonflikt zwischen auf Kapitalerhaltung ausgerichteten Anlegern und auf Ertrag ausgerichtetem Fondsverwalter kommen kann. Schließlich hat die Definition Bedeutung für die **Grenze, bis zu der „kleine" AIF-KVG Fondsvermögen verwalten dürfen**, vgl. § 2 Abs. 4 Satz 2 Nr. 2b), Abs. 4a Nr. 1, Abs. 5 Satz 2 Nr. 2b KAGB, dazu § 2 Rz. 58. 207

Leverage ist jede Methode, mit der die Verwaltungsgesellschaft (Rz. 150) den **Investitionsgrad** eines von ihr verwalteten Investmentvermögens (Rz. 5) durch **Kreditaufnahme** (vgl. §§ 112 Abs. 2, 162 Abs. 2 Nr. 1 und 5, 196 Abs. 1 Nr. 2, 199, 221, 225 Abs. 1, 254, 264 KAGB), **Wertpapier-Darlehen** (vgl. §§ 35 Abs. 4, 74, 200 bis 202 KAGB), in Derivate eingebettete **Hebelfinanzierungen** oder auf andere Weise erhöht. 208

Im Grundsatz ist **Leverage beträchtlich** ab einem Risiko, das **300 % des Nettoinventarwertes** übersteigt, vgl. Art. 111 AIFM-VO. Zur Ermittlung der **Höhe von Leverage** vgl. Art. 6 bis 11 AIFM-VO.[264] Nach Art. 6 209

263 Vgl. dazu *Wilhelmi/Bassler* in Zetzsche, AIFMD, S. 23 ff.; *Dornseifer* in Zetzsche, AIFMD, S. 627.

264 S. auch ESMA, Ref: Questions raised by EIOPA on the interpretation of the AIFMD, 7 August 2018; online Esma34-32-427_letter_to_eiopa_on_leverage_and_aif_definition.pdf (letzter Abruf 1.10.2018).

Abs. 3 AIFM-VO ist Leverage auf Ebene vom AIF kontrollierter Rechts- und Finanzstrukturen (SPVs) in die Berechnung einzubeziehen. Ausgenommen sind Risiken, die auf der Ebene von Zielgesellschaften von Private Equity und Venture Capital Fonds bestehen. Diese Ausnahme gilt auch für die von Private Equity und Venture Capital Fonds eingesetzten **Akquisitionsvehikel**, sofern dem AIF daraus keine Risiken entstehen.[265] Grund scheint zu sein, dass das Akquisitionsvehikel der Zielgesellschaft zugerechnet wird, da aus deren Ausschüttungen die Kredite bedient werden und die Praxis eine Haftung des AIF durch Gestaltung vermeidet.[266] Schon nicht zu den Verbindlichkeiten des AIF zählen Kredite, die die AIF-Anleger der Zielgesellschaft oder der Akquisitionsgesellschaft gewähren.[267] Aber auch Kredite, die der AIF aufnimmt, um **vorübergehende Zeiträume** (bis zu 12 Monaten[268]) bis zur Einzahlung von Anlegern zugesagter Investitionen zu überbrücken, gelten gem. Erw. 14 und Art. 6 Abs. 4 AIFM-VO nicht als Leverage des AIF.

XXIV. Unternehmen (§ 1 Abs. 19 Nr. 26, 27 und 35 KAGB)

1. Mutterunternehmen (§ 1 Abs. 19 Nr. 26 KAGB)

210 Die Vorschrift setzt Art. 4 Abs. 1 Buchst. ae AIFM-RL und Art. 2 Abs. 1 Buchst. i Nr. ii OGAW-RL um. § 1 Abs. 19 Nr. 26 KAGB verweist auf die Mutterunternehmen gem. § 290 HGB. Maßgeblich ist für die Qualifikation als Mutterunternehmen sein potentiell **beherrschender Einfluss**, der auf einer **Anteils- oder personellen Verflechtung, einer speziellen Satzungsgestaltung oder einem Unternehmensvertrag** beruhen kann. Vgl. im Einzelnen § 290 Abs. 1 bis 3 HGB.[269] Die Ausübung des herrschenden Einflusses ist nicht erforderlich.[270]

211 Beziehungen zu Mutter- und Tochterunternehmen sind insbesondere bei der Reichweite der **Holding-Ausnahme** (§ 2 Abs. 1 Nr. 1 Buchst. a KAGB, dazu § 2 Rz. 12 ff.), im **Zulassungsverfahren** (§ 24 Abs. 1 KAGB i.V.m. § 1 Abs. 19 Nr. 6 und 10 KAGB),[271] bei bestimmten **Anlagebeschränkungen** (z.B. §§ 239 Abs. 1 Satz 2, 285 Abs. 3 KAGB) sowie bei der **Bußgeldbemessung** (§ 340 Abs. 8 Satz 2 KAGB) von Bedeutung. Rechtsform und Sitz des Mutterunternehmens sind unerheblich.

2. Tochterunternehmen (§ 1 Abs. 19 Nr. 35 KAGB)

212 Die Vorschrift setzt Art. 4 Abs. 1 Buchst. ak AIFM-RL und Art. 2 Abs. 1 Buchst. i Nr. ii OGAW-RL um. Tochterunternehmen unter dem KAGB sind Tochterunternehmen gem. § 290 HGB. Dafür muss das Tochterunternehmen unter dem **beherrschenden Einfluss** des Mutterunternehmens stehen (vgl. § 1 Abs. 19 Nr. 26 KAGB, dazu Rz. 210 f.). Sitz und Rechtsform sind grds. unerheblich.[272] In der Regel sind **Zweckgesellschaften** beherrschte Gesellschaften.[273]

3. Nicht börsennotiertes Unternehmen (§ 1 Abs. 19 Nr. 27 KAGB)

213 Die Vorschrift setzt Art. 4 Abs. 1 Buchst. ac AIFM-RL um. Maßgeblich ist ein **Sitz im EU/EWR-Binnenmarkt** sowie ein **Anteilshandel an einem geregelten Markt** gem. der MiFID, der in § 2 Abs. 11 WpHG[274] als organisierter Markt bezeichnet wird (anders die Definition des organisierten Marktes gem. § 1 Abs. 1 Nr. 29 KAGB, dazu Rz. 216 ff.). Eine Freiverkehrsnotierung genügt nicht. Das Gegenteil („börsennotierte Unternehmen") bezeichnet das KAGB als **Emittenten**, vgl. z.B. §§ 12 Abs. 7 Nr. 1, 80 Abs. 3 Nr. 2, 168 Abs. 5 KAGB.

214 Der Begriff der „nicht börsennotierten Unternehmen" hat Bedeutung für die Vorschriften zum Kontrollerwerb an nicht börsennotierten Unternehmen gem. §§ 287 ff. KAGB. Aus Sinn und Zweck der Vorschriften sowie der englischen Originalfassung folgt, dass nur **„Kapitalgesellschaften"** und allenfalls **kapitalistisch**

---

265 ESMA/34-32-352, Q&A Application of the AIFMD, VII. Q1-3.
266 *Volhard/Jang* in Weitnauer/Boxberger/Anders, § 1 KAGB Rz. 97.
267 SESMA, Ref: Questions raised by EIOPA on the interpretation of the AIFMD, 7 August 2018; online Esma34-32-427_letter_to_eiopa_on_leverage_and_aif_definition.pdf (letzter Abruf 1.10.2018).
268 ESMA hat auf eine einheitliche Festlegung verzichtet, vgl. ESMA/2011/209, S. 199 Nr. 5.
269 Näher *Hachmeister* in Hachmeister/Kahle/Mock/Schüppen, § 290 HGB Rz. 62 ff., 98 ff.
270 *Gottschling* in Moritz/Klebeck/Jesch, § 1 KAGB Rz. 374.
271 Nicht definiert ist das in § 24 Abs. 1 KAGB erwähnte Schwesterunternehmen. Dazu Rz. 176.
272 *Volhard/Jang* in Weitnauer/Boxberger/Anders, § 1 KAGB Rz. 99.
273 Vgl. *Gottschling* in Moritz/Klebeck/Jesch, § 1 KAGB Rz. 471a; *Gaber/Groß/Heil*, BB 2013, 2677 f.
274 Näher *Assmann* in Assmann/Uwe H. Schneider/Mülbert, § 2 WpHG Rz. 210 ff.

verfasste GmbH & Co. KG, nicht aber Personengesellschaften und Einzelkaufleute gemeint sind.[275] Näher § 287 Rz. 15 f.

Die Definition nach § 1 Abs. 19 Nr. 27 KAGB erfasst nicht die in § 261 Abs. 1 Nr. 4 KAGB erfassten „Unternehmen".[276] 215

XXV. Organisierter Markt (§ 1 Abs. 19 Nr. 29 KAGB)

Organisierter Markt ist ein Markt, der anerkannt und für das Publikum offen ist und dessen Funktionsweise ordnungsgemäß ist, sofern nicht ausdrücklich etwas anderes bestimmt ist. 216

Die Vorschrift setzt Art. 50 Abs. 1b OGAW -RL um. Zur **Bedeutung** vgl. § 193 Abs. 1 KAGB. Die Definition weicht von der des geregelten Marktes ab, die z.B. in § 1 Abs. 19 Nr. 27 KAGB (Rz. 213) verwendet wird; der „organisierte Markt" ist der weitere Begriff. Keine Deckungsgleichheit besteht zudem zwischen § 1 Abs. 19 Nr. 29 KAGB und dem organisierten Markt gem. § 2 Abs. 11 WpHG, der nur EU/EWR-Märkte erfasst. Ein Markt nach § 1 Abs. 19 Nr. 29 KAGB kann dagegen in **Drittstaaten** liegen. 217

Die **Börsen** sind der wichtigste, aber nicht einzige Fall des organisierten Marktes. Die **Anerkennung** setzt keine staatliche Zulassung voraus. Die **Offenheit für das Publikum** garantiert eine hinreichende Liquidität. Eine **hinreichende Funktionsweise** ist gegeben, wenn die Anforderungen gem. §§ 72, 74 WpHG an **multilaterale** Handelssysteme gem. § 2 Abs. 21 WpHG erfüllt sind.[277] Für die Praxis ist die nach recht strengen Maßstäben erstellte **BaFin-Liste**[278] der ausländischen organisierten Märkte eine wichtige Orientierung, wobei zu beachten ist, dass die BaFin i.d.R. eine Zulassung und Aufsicht verlangt.[279] 218

XXVI. Primebroker (§ 1 Abs. 19 Nr. 30 KAGB)

Die Vorschrift setzt Art. 4 Abs. 1 Buchst. af AIFM-RL um. Die Definition ist, soweit es die Tätigkeit der Primebroker betrifft, weiter als in der Praxis üblich. Indem neben der Finanzierung die **Durchführung sämtlicher Geschäfte mit Finanzinstrumenten** erfasst sind, erfasst die Definition im Kern **sämtliche Broker sämtlicher AIF**, während die Praxis als Primebroker nur die Gegenparteien von Hedgefonds bezeichnet, deren Kerngeschäft die Finanzierung von Leverage ist. Folglich geht die **Bedeutung der Definition weit über Hedgefonds und deren Gegenparteien hinaus**. Je nach Dienstleistung kann auch die Verwahrstelle oder Unterverwahrstelle in diesem Sinn „Primebroker" sein, wenn auch unter Beachtung gewisser, auf Vermeidung von Interessenkonflikten abzielender Vorgaben.[280] 219

Vgl. zur **Bedeutung** von § 1 Abs. 19 Nr. 30 KAGB insbesondere § 31 KAGB sowie die Regelung zu Interessenkonflikten gem. § 85 Abs. 4 Nr. 2 KAGB,[281] des Weiteren § 93 Abs. 5 KAGB und die Berichtspflichten gem. § 165 Abs. 7 KAGB. Für die **Einbindung von (Prime-)Brokern** in die Anlagebeziehung bieten sich eine Vielzahl an Gestaltungen an, nach deren Ausgestaltung die Ausfallrisiken sehr unterschiedlich verteilt sind. Näher § 31 Rz. 5 sowie § 225 Rz. 11, 17 ff. S. auch § 229 Abs. 2 Nr. 5 und § 283 Abs. 2 KAGB. 220

---

275 Zu weit daher *Tollmann* in Dornseifer/Jesch/Klebeck/Tollmann, Art. 4 Rz. 205; *Jesch* in Baur/Tappen, § 1 KAGB Rz. 169; *Gottschling* in Moritz/Klebeck/Jesch, § 1 KAGB Rz. 377 (alle Rechtsformen erfasst); wie hier u.a. *Volhard/Jang* in Weitnauer/Boxberger/Anders, § 1 KAGB Rz. 102.

276 *Volhard/Jang* in Weitnauer/Boxberger/Anders, § 1 KAGB Rz. 101.

277 Ebenso *Volhard/Jang* in Weitnauer/Boxberger/Anders, § 1 KAGB Rz. 104; *Gottschling* in Moritz/Klebeck/Jesch, § 1 KAGB Rz. 385 f. Zu den Anforderungen an multilaterale Handelssysteme vgl. *Assmann* in Assmann/Uwe H. Schneider/Mülbert, § 2 WpHG Rz. 257 f.; *Assmann* in Assmann/Uwe H. Schneider/Mülbert, § 74 WpHG Rz. 2 ff.

278 BaFin, Liste der zugelassenen Börsen und der anderen organisierten Märkte gem. § 193 Abs. 1 Nr. 2 und 4 KAGB (WA 43-Wp 2100-2013/0003).

279 Dagegen *Gottschling* in Moritz/Klebeck/Jesch, § 1 KAGB Rz. 391 f.

280 Dazu *Zetzsche*, (Prime)Brokerage, in Zetzsche, AIFMD, S. 573 ff. Aus diesen Voraussetzungen ist gerade *nicht* zu entnehmen, dass Primebroker nicht auch Verwahrstelle sein dürften, so aber die zu weitgehende, auf die Aufgabe der früheren, rein nationalen Vorschrift gegründete Ansicht von *Gottschling* in Moritz/Klebeck/Jesch, § 1 KAGB Rz. 407; *Jesch* in Baur/Tappen, § 1 KAGB Rz. 175.

281 Dazu *Zetzsche*, (Prime)Brokerage, in Zetzsche, AIFMD, S. 573 ff.

XXVII. Anlegertypen (§ 1 Abs. 19 Nr. 31 bis 33 KAGB)

221 Die Unterscheidung zwischen den Anlegertypen ist ein **Grundprinzip des KAGB** (näher Einl. Rz. 127 ff.). Zu den Hintergründen Rz. 135 ff., 123 ff. (zu Publikums- und Spezial-AIF). Abweichend von der AIFM-RL, die zwischen **professionellen und Privatanlegern** unterscheidet, führt § 1 Abs. 19 Abs. 1 Nr. 33 KAGB mit den semiprofessionellen Anlegern eine **Zwischenkategorie** ein, die im Ergebnis den professionellen Anlegern gleichgestellt ist. Zu den Motiven Rz. 123 ff., 135 ff. Im Ergebnis ist **jeder Anleger einer der drei Kategorien zuzuordnen.** Ist eine Einheit kein Anleger (wie z.B. die KVG, Verwahrstelle oder der Gründungskommanditist vor Einsammlung der Anlegergelder; zur Carry KG Rz. 46), ist er nicht Gegenstand einer Kategorisierung.

222 Privatanleger werden insbesondere durch eine strengere **Produktregulierung** (vgl. zu Publikums-AIF die §§ 214 ff., 261 ff. KAGB) und umfangreiche **Vertriebsinformationen** (vgl. §§ 297 ff. KAGB) geschützt, während die **Verwalter- und Verwahrstellenregulierung** weitgehend einheitlich ist und überwiegend nur zwischen OGAW und AIF differenziert wird. Jedoch führt die Produktregulierung zu manchen Produkten zu **weiteren Beschränkungen** in Form des **qualifizierten Privatanlegers.** Die Regel, dass **Privatanleger in Publikumsfonds anlegen** dürfen, gilt im Grundsatz, aber nicht generell. Vgl. zu Ausnahmen § 262 Abs. 1 Nr. 2 KAGB und Art. 30 Abs. 3 ELTIF-VO sowie die dortigen Erläuterungen. Ebenso bedarf es nicht immer der Qualifikation als (semi-)professioneller Anleger, um in spezielle Produkte mit erhöhten Risiken anzulegen. Zu Ausnahmen vgl. Art. 6 Abs. 1 EuVECA-VO sowie Art. 6 Abs. 1 EuSEF-VO.

1. Privatanleger (§ 1 Abs. 19 Nr. 31 KAGB)

223 Die Vorschrift setzt Art. 4 Abs. 1 Buchst. aj AIFM-RL („Kleinanleger") um. Danach sind Privatanleger alle Anleger, die weder professionelle (Rz. 225) noch semiprofessionelle Anleger (Rz. 232 f.) sind. Auf die Eigenschaft als Privatperson oder deren regelmäßige Tätigkeit kommt es nicht, es können also auch Stiftungen, Unternehmen und Gesellschaften sowie die öffentliche Hand Privatanleger sein. In der Regel handelt es sich bei der Summe der Privatanleger um das **Publikum.**

224 Zur Frage, ob durch den Anleger im Rechtssinn auf die Hinterleute durchzuschauen ist, Rz. 43, 84. Siehe dort (Rz. 41) auch zu den Sorgfaltspflichten der KVG in Zusammenhang mit der Feststellung der Anlegereigenschaft.

2. Professioneller Anleger (§ 1 Abs. 19 Nr. 32 KAGB)

225 Die Einstufung als professioneller Anleger hat **Bedeutung** für die Befugnis zum **Halten von Spezial-AIF** gem. § 1 Abs. 6 KAGB (Rz. 123 ff.) sowie zur Eignung als Ziel des **Vertriebs**[282] auf Initiative oder im Auftrag der Verwaltungsgesellschaft. Dies deshalb, weil für professionelle Anleger (unwiderleglich) vermutet wird, dass diese über ausreichend Erfahrung, Kenntnisse und Sachverstand verfügen, um die Risiken ihrer Anlagen zu verstehen und angemessen zu handhaben (z.B. durch Diversifikation oder Eingehung von Gegenpositionen).[283]

a) Geborene professionelle Kunden i.S.d. MiFID

226 Die Vorschrift setzt Art. 4 Abs. 1 Buchst. ag AIFM-RL um. Professioneller Anleger ist jeder Anleger, der im Sinne von Anhang II MiFID II-RL 2014/65/EU als professioneller Kunde angesehen wird oder auf Antrag als ein professioneller Kunde behandelt werden kann. Zur ersten Kategorie („angesehen wird") zählen die sog. **geborenen professionellen Kunden**, die insbesondere die in Anhang II., I. MiFID II aufgeführten regulierten und beaufsichtigten **institutionellen Anleger** (Nr. 1), **große Unternehmen** (Nr. 2), bestimmte öffentliche Einrichtungen (gem. Nr. 3 Regierungen, Zentralbanken etc.) und **andere institutionelle Anleger, deren Haupttätigkeit die Anlage in Finanzinstrumenten ist,**[284] umfasst.

b) Gekorene professionelle Kunden i.S.d. MiFID

227 Zur zweiten Kategorie („behandelt werden können") zählen unstreitig die sog. **gekorenen professionellen Kunden**, also Privatkunden, die die in Anhang II., II.1. MiFID II genannten Kriterien erfüllen und von ei-

---

282 Dazu BaFin, Häufige Fragen zum Vertrieb und Erwerb von Investmentvermögen nach dem KAGB (Gz. WA 41-Wp 2137-2013/0293) v. 4.7.2013, zuletzt geändert am 16.3.2018, 1.; *Wallach*, ZBB 2016, 287.

283 Näher *Zetzsche*, Prinzipien der kollektiven Vermögensanlage, 2015, S. 597 ff., 607 ff.; *Koller* in Assmann/Uwe H. Schneider/Mülbert, § 67 WpHG Rz. 6.

284 Beispiel: berufsständische Versorgungseinrichtungen.

ner Wertpapierfirma gem. dem in Anhang II., II.2. MiFID II genannten Verfahren hochgestuft wurden. Privatkunden sind gem. Anhang II., II.2. MiFID II zu professionellen Kunden hochzustufen, wenn sie **zwei der folgenden drei Bedingungen** erfüllen:

(1) Der Kunde hat an dem relevanten Markt während der vier vorhergehenden Quartale durchschnittlich pro Quartal 10 Geschäfte von erheblichem Umfang abgeschlossen.

(2) Das Finanzinstrument-Portfolio des Kunden, das definitionsgemäß Bardepots und Finanzinstrumente umfasst, übersteigt 500.000 €.

(3) Der Kunde ist oder war mindestens ein Jahr lang in einer beruflichen Position im Finanzsektor tätig, die Kenntnisse über die geplanten Geschäfte oder Dienstleistungen voraussetzt.

c) Qualifizierungsvoraussetzungen oder -verfahren?

Streitig ist, ob auch die **Privatkunden, die hochgestuft werden *können*, ohne dass sie das Qualifizierungsverfahren vor einer Wertpapierfirma durchlaufen haben**, professionelle Anleger sind. Dafür spricht recht eindeutig der Wortlaut: dieser besagt „auf Antrag als ein professioneller Kunde behandelt werden kann" im Gegensatz zu „auf Antrag als ein professioneller Kunde behandelt wird." Entsprechend kommt es nur auf das Vorliegen der **Qualifikationsvoraussetzungen**, nicht aber auf das **Qualifizierungsverfahren** (insbesondere den nach Anhang II., II.2., Unterabs. 1, 1. SpStr. MiFID II erforderlichen, dahingehenden Antrag des Kunden) an.[285] Freilich hat die KVG die Voraussetzungen zu prüfen. Da es nur auf die Voraussetzungen ankommt, ist gleichfalls unerheblich, ob ein geborener professioneller Kunde eine Behandlung wie ein Privatkunde wünscht. Diese Vereinfachung ist sinnvoll, um einen häufigeren Wechsel der Anlegereigenschaft zu vermeiden, welche Anpassungen der Vertriebscompliance beim Fondsverwalter erzwingt.[286] In der Sache wird eine Streitentscheidung häufig durch die Definition des semiprofessionellen Anlegers vermieden, da ein semiprofessioneller Anleger für Inlandssachverhalte in den Rechtsfolgen dem professionellen Anleger gleichgestellt ist. Zum Hintergrund § 1 Rz. 123 ff. 228

d) Einzelfragen

Der europäische Richtlinien-Wortlaut („auf dem relevanten Markt") legt es nahe, für die Erfahrung **auf den konkreten Markt** abzustellen. Dann würde nicht das Handeln mit Finanzinstrumenten, sondern nur ein Handel mit Fondsanteilen zu den für die Erfahrung erforderlichen zehn Geschäften pro Quartal zählen. Jedoch ist, was der relevante Markt ist, eine **Auslegungsfrage**, die im Zweifel nicht vom nationalen Gesetzgeber allein, sondern europarechtskonform vorzunehmen ist. Bei jeder Auslegung ist als Teil des Regelungszwecks die Charakteristik der zu bewertenden Anlage einzubeziehen. Die Ansicht, die eine enge Abgrenzung befürwortet, verkennt die Charakteristik eines Fonds als Buy-and-hold-Anlage. **Nur unerfahrene Anleger würden zehn Transaktionen pro Quartal in Fonds** vornehmen und die damit verbundenen Kosten erzeugen. Der vermeintliche für diese Ansicht ins Feld geführte Anlegerschutz wäre in Wahrheit einer **Anlegerschädigung**. Auch spricht dafür keineswegs der Wortlaut: auch Fondsanteile sind Finanzinstrumente, und es gibt keinen Beleg dafür, dass der Erwerb von Fondsanteilen per se gefährlicher oder komplexer als der von Derivaten oder strukturierten Finanzinstrumenten ist. 229

Für die Frage, was **Geschäfte in erheblichem Umfang** sind, findet sich in der Literatur eine Summe von 2,5 bis 3 %,[287] die freilich so nicht im Gesetz steht.[288] Derartige Pauschalen verfehlen den Sinn der Regelung. Das Merkmal bezweckt den **Ausschluss von Scheintransaktionen**. Das ist mit Blick auf das gesamte Portfolio zu entscheiden. Im Extremfall des zigmaligen Kaufs und Verkaufs einer Aktie fehlt erkennbar die Ernsthaftigkeit, umgekehrt kann eine Mischung aus größeren und kleineren Transaktionen durchaus ernsthaft und sinnvoll sein. 230

Nach Ausführungen in der Regierungsbegründung sollen **kirchliche Einrichtungen, berufsständische Versorgungswerke**, **Stiftungen** und **Arbeitgeberverbände** nicht professionelle Kunden sein. Zudem soll diesen Anlegern die Heraufstufung nach Anhang II, II.2. MiFID II verwehrt sein.[289] Dies beruht auf einem Verständnis, wonach die Heraufstufung nach Anhang II, II.2. MiFID nur natürlichen Personen offensteht. Voranzustellen ist, dass der deutsche Gesetzgeber insofern **keine Regelungskompetenz** hat, so dass dessen Ausführungen eine von mehreren unverbindlichen Rechtsansichten zum Verständnis einer europäischen 231

---

285 Nicht ganz deutlich *Gottschling* in Moritz/Klebeck/Jesch, § 1 KAGB Rz. 421, 430, der den Wortlaut missachtet und wohl von einer Prüfung des Antrags ausgeht.

286 Ausführlich *Zetzsche*, Grundprinzipien des KAGB, Rz. 29 ff.

287 So z.B. *Gottschling* in Moritz/Klebeck/Jesch, § 1 KAGB Rz. 426.

288 So schon *Koch* in Schwark/Zimmer, § 31a WpHG Rz. 47.

289 BT-Drucks. 17/12294, S. 326.

Regelung ist. In der Sache ist das Ergebnis so pauschal nicht zu teilen. Etwa bei berufsständischen Versorgungswerken ist die Anlage Hauptgegenstand; eine andere Behandlung als etwa Pensions- und Sterbekassen überzeugt nicht.[290] Es kann aber auch Stiftungen mit ganz überwiegendem Anlagezweck geben, zumal hier nicht nur deutsche Stiftungen in Rede stehen; auch denkbar ist eine Kirche, hinter der sich ein Anlageimperium verbirgt. Der konkret betroffene Anleger ist jeweils daraufhin zu untersuchen, ob bei ihm die Anlage Haupttätigkeit ist. Dabei gilt der Grundsatz **Substanz über Form**. Des Weiteren kann aufgrund der Größe eine Behandlung als professioneller Anleger geboten sein. Der Streit hat infolge der Einführung der Kategorie der semiprofessionellen Anleger seine Bedeutung eingebüßt. Die genannten institutionellen Anleger erfüllen i.d.R. die Voraussetzungen nach § 1 Abs. 19 Nr. 33 Buchst. a oder c KAGB. Dazu Rz. 234, 243.

3. Semiprofessioneller Anleger (§ 1 Abs. 19 Nr. 33 KAGB)

232 Zweck ist es, einer Reihe von Anlegern die Anlage in Spezial-AIF zu eröffnen, deren Sachverstand und Risikotragfähigkeit eine Anlage in AIF als angemessen erscheinen lassen. Näher Rz. 123 ff. (zu Spezial-AIF). Die Vorschrift beruht nicht auf europäischem Recht; sie entschärft jedoch in den wichtigsten inländischen Fällen die praktischen Auswirkungen des Streits um die zutreffende Auslegung von Art. 4 Abs. 1 Buchst. ag AIFM-RL und Anhang II MiFID II (Rz. 228 ff.) und stützt sich, soweit es um Privatanleger geht, auf Art. 43 Abs. 1 AIFM-RL. Semiprofessionelle Anleger sind in vier Klassen (im Gesetz Buchst. a bis d) unterteilt. Erstens geht es um **gewisse Privatkunden**, die mind. 200.000 Euro investieren und weitere wissensbezogene Voraussetzungen erfüllen, zweitens um die **Geschäftsleiter und Mitarbeiter der KVG**, drittens um **Großanleger i.H.v. mind. 10 Mio. Euro** und viertens **bestimmte öffentliche Anleger**, die sich in der Vergangenheit durch Verluste aus Finanztransaktionen hervorgetan haben. Die Rechtsfolge der Einstufung als semiprofessioneller Anleger ist für Inlandssachverhalte identisch mit der aus der Einstufung als professioneller Anleger. Siehe zu § 1 Abs. 19 Nr. 32 Rz. 225 ff. und zu § 1 Abs. 6 Rz. 123 ff.

233 Maßgeblich ist grds. die Einstufung zum **Zeitpunkt des Erwerbs des Fondsanteils.**[291] Daher muss die KVG bei **jedem rechtsgeschäftlichen Anteilserwerb**, gleich ob direkt oder indirekt, die Qualifikation erneut prüfen. Zu Fällen der Erbschaft (und genereller des gesetzlichen Erwerbs/Universalsukzession), die durch das OGAW-V-UmsG[292] eine Klarstellung erfahren haben, s. bereits Rz. 123 ff. (zu Spezial-AIF). Die Zeitpunktregelung gilt auch für semiprofessionelle Anleger kraft AIF-KVG-Geschäftsleitung oder Mitarbeiterschaft. In dem speziellen Fall ehemaliger Mitarbeiter ist es jedoch inkonsequent, nach Ausscheiden aus der AIF-KVG die die Anlegerqualifikation begründende Kompetenz abzusprechen, wenn sie bereits zuvor Anteile desselben AIF erworben haben. Eine Aufstockung ist daher auch nach Ausscheiden zulässig. Dies gilt zumal eine (freie) Veräußerung vielfach an arbeitsrechtlichen Vorgaben scheitern wird, so dass sie in bestimmten Situationen den Wert ihrer Anlage nur durch werterhaltende Aufstockungen sichern können. In solchen Fällen ist es gerechtfertigt, ehemalige Mitarbeiter auch weiterhin als semiprofessionelle Anleger anzusehen.[293]

a) Privatkunden mit Mindestinvestition von 200.000 Euro

234 Zu semiprofessionellen Anlegern erklärt § 1 Abs. 19 Nr. 33 Buchst. a KAGB **jeden Anleger**, der die fünf in Buchst. a genannten Bedingungen erfüllt (dazu folgende Rz. 235-239). Erfasst sind somit nicht nur **natürliche, sondern auch juristische Personen und rechtsfähige Personenmehrheiten**, etwa rechtsfähige Stiftungen und Trusts, kleine Unternehmen, Kommanditgesellschaften, OHGs und Gesellschaften bürgerlichen Rechts. Sehr große Bedeutung hat die Vorschrift auch für **Family Offices**[294] und **High Net Worth Individuals**, die selbst nicht im Finanzsektor tätig sind und denen i.d.R. die Umschlaghäufigkeit für eine Hochstufung zum professionellen Kunden fehlt.[295] Das Finanzmarktrecht kennt zu Zwecken der Kundenqualifikation **keine Zurechnung kraft Familienzugehörigkeit**, i.e. es kommt für jedes einzelne Familienmitglied auf die Erfüllung der Kriterien an.[296] Jedoch können unter Umständen Vehikel eingesetzt werden. Zum

---

290 So auch *Volhard/Jang* in Weitnauer/Boxberger/Anders, § 1 KAGB Rz. 108.

291 *Jesch* in Baur/Tappen, § 1 KAGB Rz. 185; *Volhard/Jang* in Weitnauer/Boxberger/Anders, § 1 KAGB Rz. 114; *Schubert/Schuhmann*, BKR 2015, 45 (48). Vgl. zu bei Inkrafttreten des KAGB bestehenden Fonds BaFin, FAQ Übergangsvorschriften (Gz. WA 41-Wp 2137-2013/0343) v. 18.6.2013.

292 BGBl. I 2016, S. 342; dazu BT-Drucks. 18/6744, S. 41.

293 So wohl auch *Jesch* in Baur/Tappen, § 1 KAGB Rz. 185; zu Bestandsfonds auch BaFin, FAQ Übergangsvorschriften, I.8. A.A. *Schubert/Schuhmann*, BKR 2015, 50 f.

294 Dazu *Zetzsche*, ZIP 2017, 945; *Zetzsche*, Der Gesellschafter 2016, S. 370.

295 *Zetzsche*, Grundprinzipien des KAGB, Rz. 29 ff.; *Schubert/Schuhmann*, BKR 2015, 45 (48) (unter V.1c Ausführungen zur Hochstufung durch Einzelinvestition von 10 Mio Euro).

296 *Zetzsche*, ZIP 2017, 945 (950); jedoch kommt ggf. der Einsatz von Vehikeln in Betracht, die die Kriterien für eine Anlegerqualifikation erfüllen. Dazu *Zetzsche*, ZIP 2017, 945 (947 f.).

Durchschaukriterium[297] Rz. 43, 84. Die **Vorschrift war ursprünglich Entwürfen der EuVECA-VO nachempfunden**, jedoch ist die Anlage in EuVECA einfacher als die in Spezial-AIF als semiprofessioneller Anleger. Für EuVECA-Anlagen genügt eine Mindestinvestition von 100.000 Euro und die Selbsterklärung des Anlegers, er sei sich der Risiken bewusst, vgl. Art. 6 Abs. 1 Buchst. a, b EuVECA-VO. Eine Parallelbestimmung zu § 1 Abs. 19 Nr. 33 Buchst. a KAGB findet sich in § 2 Abs. 1 Nr. 3 Buchst. c VermAnlG. Strenger war noch § 2 Abs. 3 InvG, der natürliche Personen aus dem Kreis qualifizierter Anleger ausschloss.

Nach Buchst. aa) muss sich der Anleger verpflichten, **mindestens 200.000 Euro** zu investieren. Die **Investition muss in einem Stück erfolgen**. Nicht erforderlich ist, dass der Betrag in den gleichen AIF fließt. Eine Aufstockung früherer Investitionen, mit denen der Schwellenwert überschritten wird, qualifiziert nicht.[298] **Nicht erforderlich ist**, dass die 200.000 Euro **in einem Stück einbezahlt** werden. Eine Einzahlung in Teilen, abhängig von einem Projektfortschritt oder bei Private Equity nach einem *Drawdown* abhängig von der Entwicklung der Zielgesellschaften hindert die Einstufung als qualifizierter Anleger nicht.[299] Für die Anlegerqualifikation ist unschädlich, wenn es mangels Zielerreichung durch den AIF nicht zu einem Drawdown kommt, wohl aber, wenn der Anleger die zugesagten Mittel zum Abrufzeitpunkt nicht aufbringen kann. Dann kann er sich zu einem späteren Zeitpunkt nicht mehr auf seine frühere Verpflichtung berufen. Sinn und Zweck der Regelung entspricht es aber, dass nach Einzahlung von 200.000 Euro Folgeinvestitionen in AIF nicht mehr an eine (erneute) Prüfung der Anlegerqualifikation geknüpft sind. 235

Nach Buchst. bb) muss der Anleger schriftlich in einem vom Vertrag über die Investitionsverpflichtung getrennten Dokument angeben, dass er sich der **Risiken im Zusammenhang mit der beabsichtigten Verpflichtung oder Investition bewusst** ist (sog. **Kompetenzerklärung**). Bei rechtsfähigen Einheiten (dazu Rz. 234) ist die Erklärung von einem organschaftlich oder rechtsgeschäftlich Vertretungsberechtigten abzugeben. Weitere Anforderungen – etwa WpHG-Analogien[300] – sind nicht veranlasst; das Verfahren ist schon kompliziert genug. 236

Nach Buchst. cc) muss die AIF-Verwaltungsgesellschaft oder die von ihr beauftragte Vertriebsgesellschaft dessen **Sachverstand, Erfahrungen und Kenntnisse bewerten**. Dabei hat die prüfende Stelle (dazu Rz. 239) nicht von der Annahme auszugehen, dass der Anleger über die Marktkenntnisse und -erfahrungen der in Anhang II Abschnitt I MiFID II genannten Anleger verfügt. Dies ist konsequent, weil die in Anhang II Abschnitt I MiFID II genannten Anleger die sog. *geborenen* professionellen Anleger sind (Rz. 226). Bei **rechtsfähigen Einheiten** (dazu Rz. 234) ist **auf die Geschäftsleitung bzw. das Geschäftsführungsorgan** abzustellen und zu prüfen, ob dieses in Gesamtheit die Anforderungen von Buchst. cc) erfüllt. Das Gesetz verlangt keine Dokumentationen und Nachweise.[301] Im Regelfall kann sich die KVG auf die Aussagen des Anlegers verlassen. 237

Nach Buchst. dd) muss die prüfende Stelle unter Berücksichtigung der Art der beabsichtigten Verpflichtung oder Investition hinreichend davon **überzeugt** sein, dass der Anleger in der Lage ist, seine Anlageentscheidungen selbst zu treffen und die damit einhergehenden Risiken versteht und dass eine solche Verpflichtung für den betreffenden Anleger **angemessen** ist. Angemessenheit ist das **Ergebnis einer Gesamtbetrachtung** des Anlegers sowie dessen Selbstdarstellung, Verhalten und Auftreten. Dies soll sicherstellen, dass die prüfende Stelle für ihr Ergebnis die Gewähr übernimmt. Wurde von der prüfenden Stelle zugleich eine dem Anteilsverkauf vorgelagerte Anlageberatung erbracht, muss das Ergebnis der Anlageberatung mit der Einstufung im Einklang stehen. Schließlich muss die prüfende Stelle nach Buchst. ee) **schriftlich bestätigen**, dass sie die unter Buchst. cc) genannte Bewertung vorgenommen hat und die unter dd) genannten Voraussetzungen gegeben sind. 238

Prüfende Stelle der Bedingungen ist nach Buchst. cc) bis ee) die AIF-Verwaltungsgesellschaft oder die von ihr beauftragte Vertriebsgesellschaft. Obschon nicht in aa) und bb) erwähnt, gilt dieselbe Zuständigkeit dort. Zur AIF-KVG vgl. § 1 Abs. 16 KAGB, Rz. 155 ff. Die (von ihr beauftragte) **Vertriebsgesellschaft** findet sich neben § 1 Abs. 19 Nr. 33 KAGB auch in §§ 3 Abs. 1, 28 Abs. 2 Nr. 2, 314 Abs. 1 Nr. 7 KAGB. Es handelt sich um Gesellschaften, die die Anlagevermittlung (§ 1 Abs. 1a Nr. 1 KWG) oder Anlageberatung (§ 1 Abs. 1 Nr. 1a KWG) betreiben. Vertriebsgesellschaften müssen nicht Wertpapierfirma mit Zulassung, es kann auch ein Finanzanlagenvermittler nach § 34f GewO sein. Der Auftrag setzt ein Rechtsverhältnis zur KVG voraus. Dieses wird meist Geschäftsbesorgungsverhältnis sein, i.e. die Vertriebsgesellschaft wird regel- 239

297 Speziell zur Familiensituation *Zetzsche*, ZIP 2017, 945 (950 f.).
298 *Jesch* in Baur/Tappen, § 1 KAGB Rz. 187.
299 *Gottschling* in Moritz/Klebeck/Jesch, § 1 KAGB Rz. 447.
300 Dafür wohl *Gottschling* in Moritz/Klebeck/Jesch, § 1 KAGB Rz. 448.
301 A.A. wohl *Gottschling* in Moritz/Klebeck/Jesch, § 1 KAGB Rz. 451 ff., der aber die gesetzlichen Pflichten mit der praktischen Handhabung zu Zwecken der eigenen Absicherung verwechselt.

mäßig direkt oder indirekt von der KVG oder aus Mitteln der verwalteten AIF vergütet. Ein Anlageberater, der *nur* mit dem Kunden in vertraglichem Kontakt steht und keinerlei Vergütung von der KVG, ist nicht Vertriebsgesellschaft.

b) Geschäftsleiter und Mitarbeiter der KVG

240 Nach § 1 Abs. 19 Nr. 33 Buchst. b KAGB ist ein semiprofessioneller Anleger ein in § 37 Abs. 1 genannter **Geschäftsleiter** (vgl. § 1 Abs. 19 Nr. 15, Rz. 181 ff.) **oder Mitarbeiter der AIF-Verwaltungsgesellschaft**, sofern er in von der AIF-KVG verwaltete AIF investiert, oder ein **Mitglied der Geschäftsführung oder des Vorstands** einer extern verwalteten Investmentgesellschaft, sofern es in die extern verwaltete Investmentgesellschaft investiert. Die Vorschrift ermöglicht erst, Vergütungssysteme gem. § 37 KAGB i.V.m. Anhang II AIFM-RL so zu gestalten, dass variable Vergütungsbestandteile an bestimmte Leitungspersonen mit Beteiligungen an AIF verknüpft werden. Dahinter steht das Motiv, eine Interessenkonvergenz zwischen den Interessen der für die KVG maßgeblich Tätigen und denen der Anleger herzustellen.[302]

241 Die **Auslegung der Begriffe** Geschäftsleiter und Mitarbeiter richtet sich nach den Vorgaben zu § 37 Abs. 1 KAGB i.V.m. Anhang II AIFM-RL.[303] Daraus ergibt sich eine **weit über den Wortsinn von Geschäftsleitern und Mitarbeiter** reichende und nur mit Zweckerwägungen zu begründende Rechtsfolge der Norm. So entspricht es etwa dem Zweck, auch nicht-anlegenden **Gesellschaftern** und **Aufsichtsratsmitgliedern** bzw. im eingliedrigen Board-System **nichtexekutiven Direktoren** die Anlage in verwaltete AIF zu eröffnen; diese sind mangels Geschäftsleitungseigenschaft gem. § 1 Abs. 19 Nr. 15 KAGB dann als Risikoträger einzustufen. Obwohl § 37 KAGB auf nur registrierungspflichtige AIF-KVG nach § 2 Abs. 4 bis 7 KAGB nicht anzuwenden ist (§ 2 Rz. 63 ff.), sind auch die dortigen „Geschäftsleiter und Mitarbeiter" semiprofessionelle Anleger. Die Bezugnahme auf § 1 Abs. 19 Nr. 33 Buchst. b KAGB ist nur als redaktionelle Vereinfachung verstehen, die es verzichtbar macht, den Personenkreis des § 37 KAGB in § 1 KAGB erneut aufzuführen.[304]

242 § 1 Abs. 19 Nr. 33 Buchst. b KAGB schweigt in Bezug auf die **Formalia**. Für die Prüfung und Dokumentation trägt nach allgemeinen Grundsätzen die KVG Sorge. **Investition** setzt einen Kapitalfluss vom Geschäftsleiter oder Mitarbeiter in Richtung AIF voraus; davon abzugrenzen ist der carried interest gem. § 1 Abs. 19 Nr. 7 KAGB, dazu Rz. 169 ff. Dem Wortlaut nach ist nicht erforderlich, dass der Mitarbeiter gerade in unter seiner Beteiligung verwaltete AIF investiert.

c) Großanleger i.H.v. mind. 10 Millionen Euro

243 Nach § 1 Abs. 19 Nr. 33 Buchst. c KAGB ist semiprofessioneller Anleger jeder Anleger, der sich verpflichtet, mindestens 10 Millionen Euro in ein Investmentvermögen zu investieren. Da Teilfonds/Teilgesellschaftsvermögen je als ein Investmentvermögen gelten (Rz. 5 ff.), ist die **Anlage in einen Teilfonds maßgeblich**. Die Summe von 10 Millionen Euro muss **nicht in einem Investmentvermögen dauerhaft gehalten werden**. Daher kann die Anlage zunächst in einen Teilfonds fließen und dann verteilt werden. Maßgeblich ist die Verpflichtung, doch ist die nicht ernst gemeinte Verpflichtung, der keine Erfüllung folgt, unzureichend. Die Vorschrift ist nur sinnvoll, wenn dem Versprechen auch Taten folgen. Eine Kompetenzerklärung oder -prüfung ist nicht erforderlich. Allein der Zufluss qualifiziert.

d) Öffentliche Anleger

244 Der mit dem OGAW V-UmsG[305] eingeführte § 1 Abs. 19 Nr. 33 Buchst. d KAGB erklärt zu semiprofessionellen Anlegern jeden Anleger in der Rechtsform einer **Anstalt des öffentlichen Rechts**, einer **Stiftung des öffentlichen Rechts** oder einer **Gesellschaft, an der der Bund oder ein Land mehrheitlich beteiligt** ist, wenn der Bund oder das Land zum Zeitpunkt der Investition der Anstalt, der Stiftung oder der Gesellschaft in den betreffenden Spezial-AIF investiert oder investiert ist. Als semiprofessioneller Anleger gelten diese öffentlichen Anleger somit nur im Fall des **Ko-Investments neben dem Bund oder dem Bundesland**. Eine Bündelung von Bundes- und Landesanlagen in Spezial-AIF soll unabhängig davon möglich sein, über welche juristische Person des öffentlichen oder privaten Rechts Bund und Land tätig sind. Risiken sollten daraus nicht entstehen, solange die für Finanzen zuständigen Bundes- und Landesorgane ihren Aufgaben nachkommen.

302 Vgl. dazu *Wohlfarth*, Vergütung und Interessengleichlauf in Alternativen Investmentfonds, 2018, S. 59 ff.
303 S. dazu ESMA/2013/232, S. 9 ff. (nur für die AIFM-RL); unter Einbeziehung von OGAW ESMA/2016/575-DE, S. 9 ff.
304 Ebenso *Schubert/Schuhmann*, BKR 2015, 51.
305 BGBl. I 2016, S. 342. Dazu BT-Drucks. 17/7393, S. 75.

Die Definition ist erforderlich, weil seit Inkrafttreten der MiFID II **Kommunen und andere öffentliche Anleger nicht mehr professionelle Kunden** sind und nach Ansicht der BaFin eine Hochstufung zum professionellen Kunden nur für natürliche Personen in Betracht kommt. Keine Qualifizierung zieht das Ko-Investment einer Kommune nach sich. 245

XXVIII. Sitz und Zweigniederlassung (§ 1 Abs. 19 Nr. 34, 38 KAGB)

§ 1 Abs. 19 Nr. 34, 38 KAGB setzt Art. 4 Abs. 1 Buchst. j Nr. ii, iv und v AIFM-RL um und regelt, wie sich der **Sitz eines AIF** (Rz. 39 ff.) oder **gesetzlichen Vertreters** gem. § 1 Abs. 19 Nr. 16 KAGB (Rz. 184 ff.) bestimmt. Der Sitz der Verwaltungsgesellschaft ist dagegen § 1 Abs. 19 Nr. 20 Buchst. a KAGB zu entnehmen („satzungsmäßiger Sitz"), dazu Rz. 200 f., und ergibt sich zudem aus § 17 Abs. 1 KAGB. 246

1. Sitz eines AIF (§ 1 Abs. 19 Nr. 34 KAGB)

Maßgeblich ist für **AIF** (Buchst. a) **mit Rechtspersönlichkeit** (insb. AG-Varianten) grds. der **satzungsmäßige** oder der **Registersitz**. Insoweit kommt es allein auf die Gestaltung der Statuten an. **Bei AIF ohne Rechtspersönlichkeit** soll das **nach IPR-Grundsätzen einschlägige Recht** maßgeblich sein; insofern geht der Gesetzgeber über die europäischen Vorgaben hinaus. Ein AIF kann z.B. nach dem Recht eines EU/EWR-Staates oder ausländischem Recht ein Sondervermögen ohne Rechtspersönlichkeit, in dessen Vertragsbedingungen jedoch ein Statut bestimmt sein. Ob diese Rechtswahl wirksam ist, muss zunächst nach dem IPR des Statutstaates bestimmt werden (vgl. für EU-Staaten insoweit Art. 3 i.V.m. 6 Abs. 4 Buchst. d Rom I-VO). Ist sie es, richtet sich danach der Sitz. Somit ist bei AIF ohne Rechtspersönlichkeit eine IPR-Prüfung vorgeschaltet. 247

Fraglich ist, wo die Trennlinie zwischen **AIF mit und ohne Rechtspersönlichkeit** verläuft. Nicht gemeint sein kann die Eigenschaft als juristische Person, weil es insoweit kein europäisches Harmonisierungskonzept gibt. Am ehesten deckt sich das Kriterium mit der der **Rechtsfähigkeit**. So gibt es Trusts und Personengesellschaften mit und ohne Rechtsfähigkeit, diese Qualifikation ist für § 1 Abs. 19 Nr. 34 KAGB einschlägig.[306] 248

Bei der Übernahme von Art. 4 Abs. 1 Buchst. j Nr. ii AIFM-RL hat der Gesetzgeber auf den **Zulassungsort als Anknüpfungspunkt** verzichtet.[307] Dem lag wohl der Gedanke zugrunde, dass es zirkulär wäre, in § 1 Abs. 19 Nr. 18 KAGB subsidiär auf den Sitz nach § 1 Abs. 19 Nr. 34 KAGB abzustellen, dann aber bei der Sitzdefinition nach Nr. 34 wieder die Zulassung einzubeziehen. Obwohl nach EU-Recht AIF in der Tat nicht zuzulassen sind, rechtfertigt dies keinen Verzicht. Einerseits geht es darum, auch ausländische AIF zu erfassen, wo eine Zulassung geboten sein kann. Andererseits schafft die **Erwähnung des Zulassungsorts** Rechtssicherheit in Zweifelsfällen (Rz. 138 f.). Nach dem Wortlaut könnte es zu Widersprüchen mit der auf den Zulassungsort abstellenden Vorschrift des § 1 Abs. 19 Nr. 18 KAGB (Rz. 189) kommen. Daher ist im Wege der europarechtskonformen Auslegung hinzuzudenken, wenn **nach nationalem Recht** (in Deutschland etwa für Publikums-AIF gem. §§ 214 ff., §§ 261 ff. KAGB) die Anlagebedingungen von Publikums-AIF zu genehmigen und so eine Zulassung oder Registrierung des AIF vorgeschrieben ist. 249

Bei **gesetzlichen Vertretern** kommt es für **natürliche Personen** (§ 1 Abs. 19 Nr. 34 Buchst. c KAGB) auf den **Wohnsitz** an. Bei mehreren Wohnsitzen entspricht es Sinn und Zweck, auf den Hauptwohnsitz abzustellen, da dort mit regelmäßigem Aufenthalt zu rechnen ist. Für **juristische Personen** ((§ 1 Abs. 19 Nr. 34 Buchst. b KAGB) kann sowohl auf den Registersitz, als auch die Zweigniederlassung abgestellt werden, da an beiden Orten mit einer gewissen Organisation und Personalausstattung zu rechnen ist, die die Aufgabenerfüllung möglich macht. Zur Zweigniederlassung vgl. § 1 Abs. 19 Nr. 38 KAGB (sogleich Rz. 251 ff.), die Definition erfasst jedoch dem Wortlaut nach nur Zweigniederlassungen der Verwaltungsgesellschaft. Doch gibt sie **allgemeine Grundsätze** wieder, so dass man sich an den Kriterien auch für gesetzliche Vertreter orientieren kann. 250

2. Zweigniederlassung (§ 1 Abs. 19 Nr. 38 KAGB)

Die Vorschrift setzt Art. 4 Abs. 1 Buchst. c AIFM-RL und Art. 2 Abs. 1 Buchst. g OGAW-RL um. Danach sind Zweigniederlassungen **rechtlich unselbständige Teile einer Verwaltungsgesellschaft in einem anderen EU/EWR-Staat**. Gemeint ist eine **ständige organisatorische und personelle Präsenz mit einer gewis-** 251

306 Abweichend wohl *Gottschling* in Moritz/Klebeck/Jesch, § 1 KAGB Rz. 466, der für Personengesellschaften in entsprechender Anwendung auf die Ansässigkeit abstellen will, aber die Kriterien dafür offen lässt. Was der Sitz ist, ist gerade zu ermitteln.

307 BT-Drucks. 17/12294, S. 204. Ausf. *Paul*, ZIP 2016, 1009.

sen (geringfügigen) Eigenständigkeit i.S.v. eigenem Personal, eigener IT etc. Jedoch sind Synergien zwischen Verwaltungsgesellschaft und Zweigniederlassung gewünscht und Sinn des Europäischen Passes, so dass **keine überzogenen Anforderungen** zu stellen sind, will man die Werthaltigkeit des Europäischen Binnenmarktes nicht in Frage stellen. Ist keine Eigenständigkeit gegeben, kommt eine unmittelbare grenzüberschreitende Tätigkeit weiterhin in Betracht.

252 Die Bedeutung der Definition liegt im Bereich der **grenzüberschreitenden Tätigkeit der Verwaltungsgesellschaft**, vgl. §§ 49 ff. KAGB. Dabei gilt das Prinzip der **Herkunftslandkontrolle** durch den Herkunftsmitgliedstaat; im Aufnahmemitgliedstaat (Rz. 163 ff.) sind nur bestimmte, enumerativ aufgelistete Anforderungen (ggf. von der Zweigniederlassung) zu erfüllen. Abweichend vom Wortlaut des § 1 Abs. 19 Nr. 38 KAGB entfällt die Eigenschaft als Zweigniederlassung nicht, wenn dort unzulässige Tätigkeiten erbracht werden, aber die Aufsichtsbehörde im Aufnahmestaat kann gegen Verstöße vorgehen, wenn sie zuständig ist (bei Wegfall der Zweigniederlassungseigenschaft wäre dies fraglich, arg. ex § 5 Abs. 4 KAGB).

253 Wie aus dem zweiten Halbsatz folgt, gelten **mehrere Niederlassungen** („Betriebsstellen") in einem Staat als eine einzige Zweigniederlassung, so dass sie **gemeinschaftlich die organisatorischen und operativen Vorgaben** (dazu §§ 26 ff. KAGB) erfüllen können; so wird eine Verdoppelung von Anforderungen bei dezentraler Organisation vermieden. Betriebsstellen im Herkunftsstaat der Verwaltungsgesellschaft sind keine Zweigniederlassung i.S.v. § 1 Abs. 19 Nr. 38 KAGB, sie müssen die Anforderungen an Zweigniederlassungen nicht erfüllen.

XXIX. Spezielle Gesellschaftstypen (§ 1 Abs. 19 Nr. 28, 36 KAGB)

1. ÖPP-Projektgesellschaften (§ 1 Abs. 19 Nr. 28 KAGB)

254 Die Vorschrift wurde aus § 2 Abs. 14 InvG übernommen. Die Definition hat eine nach Wegfall der Infrastruktur-Sondervermögen gem. §§ 90a ff. InvG **reduzierte Bedeutung**, vgl. heute noch für die zulässigen Vermögensanlagen von geschlossenen Publikums-AIF § 261 Abs. 1 Nr. 2 KAGB und von offenen inländischen Spezial-AIF mit festen Anlagebedingungen § 284 Abs. 2 Buchst. h KAGB. Für die Eigenschaft als ÖPP-Projektgesellschaft ist im ersten Schritt die statutarische **Verankerung des Sonderzwecks** entscheidend. Eine davon abweichende Handhabung kann diesen Zweck jedoch entfallen lassen, mit der Folge, dass die Anlage unzulässig ist. Die KVG muss daher prüfen, ob der Zwecksetzung auch Rechnung getragen wird.

2. Verbriefungszweckgesellschaften (§ 1 Abs. 19 Nr. 36 KAGB)

255 Die Vorschrift setzt Art. 4 Abs. 1 Buchst. an AIFM-RL um. Der Begriff ist für die Ausnahme gem. § 2 Abs. 1 Nr. 7 KAGB von erheblicher Bedeutung. Der Wortlaut der Norm soll infolge der STS-Verordnung eine Änderung erfahren. Dazu ausführlich § 2 Rz. 44 ff.

XXX. Verschmelzungen (§ 1 Abs. 19 Nr. 37 KAGB)

256 Die Vorschrift setzt Art. 2 Abs. 1 Buchst. p OGAW-RL um. Die Umsetzung beschränkt sich europarechtskonform auf die **Verschmelzung durch Aufnahme und durch Neugründung**. Das scheme of arrangement gem. Art. 2 Abs. 1 Buchst. p Nr. iii OGAW-RL wurde nicht übernommen. Ausführlich dazu bei § 181.

257 Verschmelzungen unter dem KAGB sind **rechtsformneutral** möglich. Dies stellt gegenüber dem UmwG einen erheblichen Vorteil da. Gegenüber der europäischen Rezeptionsgrundlage, die nur für OGAW gilt, hat der Gesetzgeber die Verschmelzungsvorschriften zudem auf alle Fondsarten ausgedehnt. Europäisches Recht verbietet die **Verschmelzung von OGAW auf AIF**, umgekehrt ist dies zulässig. Nationales Recht steht einer Verschmelzung von **Publikums- auf Spezial-AIF** entgegen. Näher bei § 181 KAGB.

§ 2 Ausnahmebestimmungen

(1) Dieses Gesetz ist nicht anzuwenden auf

1. Holdinggesellschaften, die eine Beteiligung an einem oder mehreren anderen Unternehmen halten,

a) deren Unternehmensgegenstand darin besteht, durch ihre Tochterunternehmen oder verbundenen Unternehmen oder Beteiligungen jeweils eine Geschäftsstrategie zu verfolgen, den

langfristigen Wert der Tochterunternehmen, der verbundenen Unternehmen oder der Beteiligungen zu fördern, und

b) die

aa) entweder auf eigene Rechnung tätig sind und deren Anteile zum Handel auf einem organisierten Markt im Sinne des § 2 Absatz 11 des Wertpapierhandelsgesetzes in der Europäischen Union oder in einem anderen Vertragsstaat des Abkommens über den Europäischen Wirtschaftsraum zugelassen sind, oder

bb) ausweislich ihres Jahresberichts oder anderer amtlicher Unterlagen nicht mit dem Hauptzweck gegründet wurden, ihren Anlegern durch Veräußerung ihrer Tochterunternehmen oder verbundenen Unternehmen eine Rendite zu verschaffen;

2. Einrichtungen der betrieblichen Altersversorgung, die unter die Richtlinie 2003/41/EG des Europäischen Parlaments und des Rates vom 3. Juni 2003 über die Tätigkeiten und die Beaufsichtigung von Einrichtungen der betrieblichen Altersversorgung (ABl. L 235 vom 23.9.2003, S. 10) fallen, gegebenenfalls einschließlich
   a) der in Artikel 2 Absatz 1 der Richtlinie 2003/41/EG aufgeführten zugelassenen Stellen, die für die Verwaltung solcher Einrichtungen verantwortlich und in ihrem Namen tätig sind, oder
   b) der nach Artikel 19 Absatz 1 der Richtlinie 2003/41/EG bestellten Vermögensverwalter, sofern sie nicht Investmentvermögen verwalten;
3. die Europäische Zentralbank, die Europäische Investitionsbank, der Europäische Investitionsfonds, die europäischen Entwicklungsfinanzierungsinstitute und bilaterale Entwicklungsbanken, die Weltbank, den Internationalen Währungsfonds und sonstige supranationale Einrichtungen und vergleichbare internationale Organisationen, soweit diese Einrichtungen oder Organisationen jeweils
   a) Investmentvermögen verwalten und
   b) diese Investmentvermögen im öffentlichen Interesse handeln;
4. nationale Zentralbanken;
5. staatliche Stellen und Gebietskörperschaften oder andere Einrichtungen, die Gelder zur Unterstützung von Sozialversicherungs- und Pensionssystemen verwalten;
6. Arbeitnehmerbeteiligungssysteme oder Arbeitnehmersparpläne;
7. Verbriefungszweckgesellschaften.

(2) Finanzdienstleistungsinstitute und Kreditinstitute, die über eine Erlaubnis nach dem Kreditwesengesetz verfügen, bedürfen für die Erbringung von Wertpapierdienstleistungen im Sinne von § 2 Absatz 3 des Wertpapierhandelsgesetzes für AIF keiner Erlaubnis nach diesem Gesetz.

(3) Dieses Gesetz ist nicht anzuwenden auf AIF-Kapitalverwaltungsgesellschaften, soweit sie einen oder mehrere AIF verwalten, deren Anleger

1. ausschließlich eine der folgenden Gesellschaften sind:
   a) die AIF-Kapitalverwaltungsgesellschaft selbst,
   b) eine Muttergesellschaft der AIF-Kapitalverwaltungsgesellschaft,
   c) eine Tochtergesellschaft der AIF-Kapitalverwaltungsgesellschaft oder
   d) eine andere Tochtergesellschaft einer Muttergesellschaft der AIF-Kapitalverwaltungsgesellschaft und
2. selbst keine AIF sind.

(4) [1]Auf eine AIF-Kapitalverwaltungsgesellschaft sind nur

1. die §§ 1 bis 17, 42,
2. § 20 Absatz 10 entsprechend,
3. § 44 Absatz 1, 4 bis 9 und
4. im Hinblick auf eine Vergabe von Gelddarlehen für Rechnung eines AIF § 20 Absatz 9 entsprechend, § 34 Absatz 6, § 282 Absatz 2 Satz 3 und § 285 Absatz 2 und 3 sowie im Hinblick auf eine Vergabe von Gelddarlehen nach § 285 Absatz 2 die § 26 Absatz 1, 2 und 7 Satz 1, § 27 Absatz 1, 2 und 5, § 29 Absatz 1, 2, 5 und 5a und § 30 Absatz 1 bis 4

anzuwenden, wenn sie die Voraussetzungen des Satzes 2 erfüllt. [2]Die Voraussetzungen sind:

1. die AIF-Kapitalverwaltungsgesellschaft verwaltet entweder direkt oder indirekt über eine Gesellschaft, mit der die AIF-Kapitalverwaltungsgesellschaft über eine gemeinsame Geschäftsführung, ein gemeinsames Kontrollverhältnis oder durch eine wesentliche unmittelbare oder mittelbare Beteiligung verbunden ist, ausschließlich Spezial-AIF,
2. die verwalteten Vermögensgegenstände der verwalteten Spezial-AIF
   a) überschreiten einschließlich der durch den Einsatz von Leverage erworbenen Vermögensgegenstände insgesamt nicht den Wert von 100 Millionen Euro oder
   b) überschreiten insgesamt nicht den Wert von 500 Millionen Euro, sofern für die Spezial-AIF kein Leverage eingesetzt wird und die Anleger für die Spezial-AIF keine Rücknahmerechte innerhalb von fünf Jahren nach Tätigung der ersten Anlage ausüben können, und
3. die AIF-Kapitalverwaltungsgesellschaft hat nicht beschlossen, sich diesem Gesetz in seiner Gesamtheit zu unterwerfen.

[3]Die Berechnung der in Satz 2 Nummer 2 Buchstabe a und b genannten Schwellenwerte und die Behandlung von AIF-Kapitalverwaltungsgesellschaften im Sinne des Satzes 1, deren verwaltete Vermögensgegenstände innerhalb eines Kalenderjahres gelegentlich den betreffenden Schwellenwert über- oder unterschreiten, bestimmen sich nach den Artikeln 2 bis 5 der Delegierten Verordnung (EU) Nr. 231/2013. [4]Ist die AIF-Kapitalverwaltungsgesellschaft zugleich nach Absatz 6 oder Absatz 7 registriert, darf sie abweichend von Satz 2 Nummer 1 außer Spezial-AIF auch die entsprechenden AIF verwalten.

(4a) [1]Auf eine interne AIF-Kapitalverwaltungsgesellschaft sind nur die §§ 1 bis 17, § 20 Absatz 9 entsprechend, die §§ 42, 44 Absatz 1, 4 bis 9 und § 261 Absatz 1 Nummer 8 anzuwenden, wenn

1. die Vermögensgegenstände des von ihr verwalteten inländischen geschlossenen Publikums-AIF einschließlich der durch den Einsatz von Leverage erworbenen Vermögensgegenstände insgesamt nicht den Wert von 5 Millionen Euro überschreiten,
2. die Anteile des von ihr verwalteten inländischen geschlossenen Publikums-AIF von nicht mehr als fünf natürlichen Personen gehalten werden und
3. die interne AIF-Kapitalverwaltungsgesellschaft nicht beschlossen hat, sich diesem Gesetz in seiner Gesamtheit zu unterwerfen.

[2]Für die Berechnung des in Satz 1 Nummer 1 genannten Schwellenwerts und die Behandlung von AIF-Kapitalverwaltungsgesellschaften im Sinne des Satzes 1, deren verwaltete Vermögensgegenstände innerhalb eines Kalenderjahres gelegentlich den betreffenden Schwellenwert über- oder unterschreiten, gelten die Artikel 2 bis 5 der Delegierten Verordnung (EU) Nr. 231/2013 entsprechend.

(4b) (weggefallen)

(5) [1]Auf eine AIF-Kapitalverwaltungsgesellschaft sind nur

1. die §§ 1 bis 17, 42,
2. § 20 Absatz 10 entsprechend,
3. die §§ 26 bis 28,
4. *§ 44 Absatz 1, 4 bis 9*, die §§ 45 bis 48,
5. die §§ 80 bis 90,
6. § 169 entsprechend, die §§ 261 bis 270, 271 Absatz 1 und 4, § 272,
7. die §§ 293, 295 bis 297, 300 bis 306, 314 und 316 mit der Maßgabe, dass in dem Verkaufsprospekt und den wesentlichen Anlegerinformationen die Anleger drucktechnisch herausgestellt an hervorgehobener Stelle darauf hinzuweisen sind, dass die AIF-Kapitalverwaltungsgesellschaft nicht über eine Erlaubnis nach diesem Gesetz verfügt und daher bestimmte Anforderungen dieses Gesetzes nicht eingehalten werden müssen und
8. im Hinblick auf eine Vergabe von Gelddarlehen für Rechnung eines AIF § 20 Absatz 9 entsprechend, § 34 Absatz 6, § 261 Absatz 1 Nummer 8, § 285 Absatz 2 und 3 sowie im Hinblick auf eine Vergabe von Gelddarlehen nach § 285 Absatz 2 die § 29 Absatz 1, 2, 5 und 5a und § 30 Absatz 1 bis 4

anzuwenden, wenn sie die Voraussetzungen des Satzes 2 erfüllt. [2]Die Voraussetzungen sind:

1. die AIF-Kapitalverwaltungsgesellschaft verwaltet entweder direkt oder indirekt über eine Gesellschaft, mit der die AIF-Kapitalverwaltungsgesellschaft über eine gemeinsame Geschäftsführung, ein gemeinsames Kontrollverhältnis oder durch eine wesentliche unmittelbare oder mittelbare

Beteiligung verbunden ist, ausschließlich inländische geschlossene AIF, bei denen es sich nicht ausschließlich um Spezial-AIF handelt,

2. **die verwalteten Vermögensgegenstände der verwalteten inländischen geschlossenen AIF einschließlich der durch den Einsatz von Leverage erworbenen Vermögensgegenstände überschreiten insgesamt nicht den Wert von 100 Millionen Euro, und**
3. **die AIF-Kapitalverwaltungsgesellschaft hat nicht beschlossen, sich diesem Gesetz in seiner Gesamtheit zu unterwerfen.**

[3]Die Berechnung des in Satz 2 Nummer 2 genannten Schwellenwertes und die Behandlung von AIF-Kapitalverwaltungsgesellschaften im Sinne des Satzes 2, deren verwaltete Vermögensgegenstände innerhalb eines Kalenderjahres gelegentlich den betreffenden Schwellenwert über- oder unterschreiten, bestimmen sich nach den Artikeln 2 bis 5 der Delegierten Verordnung (EU) Nr. 231/2013.

(6) [1]Auf eine AIF-Kapitalverwaltungsgesellschaft ist nur Kapitel 5 anzuwenden, wenn sie

1. **gemäß Artikel 14 der Verordnung (EU) Nr. 345/2013 des Europäischen Parlaments und des Rates vom 17. April 2013 über Europäische Risikokapitalfonds (ABl. L 115 vom 25.4.2013, S. 1) registriert ist und**
2. **nicht Artikel 2 Absatz 2 der Verordnung (EU) Nr. 345/2013 unterfällt.**

[2]Ist eine AIF-Kapitalverwaltungsgesellschaft im Sinne des Satzes 1 eine externe Kapitalverwaltungsgesellschaft und hat sie zugleich eine Erlaubnis als externe OGAW-Kapitalverwaltungsgesellschaft nach den §§ 20 und 21, kann sie abweichend von Satz 1 neben Portfolios qualifizierter Risikokapitalfonds auch OGAW verwalten; in diesem Fall sind auf die AIF-Kapitalverwaltungsgesellschaft neben Kapitel 5 auch die für die Verwaltung von OGAW geltenden Vorschriften dieses Gesetzes anzuwenden.

(7) [1]Auf eine AIF-Kapitalverwaltungsgesellschaft ist nur Kapitel 6 anzuwenden, wenn sie

1. **gemäß Artikel 15 der Verordnung (EU) Nr. 346/2013 des Europäischen Parlaments und des Rates vom 17. April 2013 über Europäische Fonds für soziales Unternehmertum (ABl. L 115 vom 25.4.2013, S. 18) registriert ist und**
2. **nicht Artikel 2 Absatz 2 der Verordnung (EU) Nr. 346/2013 unterfällt.**

[2]Ist eine AIF-Kapitalverwaltungsgesellschaft im Sinne des Satzes 1 eine externe Kapitalverwaltungsgesellschaft und hat sie zugleich eine Erlaubnis als externe OGAW-Kapitalverwaltungsgesellschaft nach den §§ 20 und 21, kann sie abweichend von Satz 1 neben Portfolios Europäischer Fonds für soziales Unternehmertum auch OGAW verwalten; in diesem Fall sind auf die AIF-Kapitalverwaltungsgesellschaft neben Kapitel 6 auch die für die Verwaltung von OGAW geltenden Vorschriften dieses Gesetzes anzuwenden.

In der Fassung vom 4.7.2013 (BGBl. I 2013, S. 1981), zuletzt geändert durch das Zweite Finanzmarktnovellierungsgesetz (2. FiMaNoG) vom 23.6.2017 (BGBl. I 2017, S. 1693).

Schrifttum: S. bei § 1.

I. Zweck, Entwicklung und Aufbau der Norm

1. Zweck

1 § 2 KAGB regelt **Ausnahmen vom Geltungsbereich** des KAGB. Dies ist systematisch bemerkenswert, weil der Anwendungsbereich des KAGB nicht explizit bestimmt ist; § 1 KAGB bestimmt nur Definitionen. Der Anwendungsbereich ergibt sich indirekt aus den Aufsichtsaufgaben der BaFin (§§ 5 ff. KAGB) sowie den Registrierungspflichten (§ 44 KAGB) bzw. Erlaubnisbestimmungen für KVG (§§ 17 ff. KAGB). Zudem ergibt sich ein Teil-Anwendungsbereich erst aus den in § 2 Abs. 4 bis 7 KAGB geregelten Fällen, die sog. ***de minimis*-AIFM** unterhalb der Schwellenwerte von Art. 3 Abs. 2 bis 6 AIFM-RL betreffen.

2 Die Vorschrift setzt die Regelungen aus **Art. 2 Abs. 3, Art. 3 und Art. 6 Abs. 8 Satz 1 AIFM-RL** um, geht aber in Abs. 4 bis 5 über eine 1:1 Richtlinienumsetzung hinaus, indem nationale Zusatzerfordernisse festgelegt und der AIFM-RL unbekannte Produktdifferenzierungen eingeführt werden. Näher Rz. 49 ff.

3 Dabei ist der **Zusammenhang zwischen der Definition des Investmentvermögens** (§ 1 Abs. 1 Nr. 1 KAGB) **bzw. AIFs** (Art. 4 Abs. 1 Buchst. a AIFM-RL) **und den Ausnahmen** des § 2 KAGB aus systematischer Sicht nicht einheitlich. Teils geht es um eine **Klarstellung**, dass ein oder mehrere Merkmale des Investmentvermögens/AIFs nach Ansicht des Gesetzgebers fehlen (so insbesondere bei Holdinggesellschaften gem. § 2 Abs. 1 Nr. 1 KAGB), teils geht es um **konstitutive Ausnahmen**, obwohl die Merkmale vorliegen, wie etwa im Fall konzerninterner AIFM (§ 2 Abs. 3 KAGB), von Verbriefungszweckgesellschaften (§ 2 Abs. 1 Nr. 7 KAGB) und AIF, die von supranationalen Einrichtungen und Zentralbanken verwaltet werden (§ 2 Abs. 1 Nr. 3 und 4 KAGB). Erwägungsgründe 7 und 8 der AIFM-RL erwähnen des Weiteren, dass die AIFM-RL nicht angewendet werden soll auf **Family Offices** (dazu § 1 Rz. 82 ff.), **Versicherungsverträge** (Rz. 48) und **Joint Ventures** (Rz. 33). Diese Hinweise sind nicht konstitutive Ausnahmen, sondern als Kriterium bei **Auslegung** der Merkmale des § 1 Abs. 1 Nr. 1 KAGB zu berücksichtigen.[1]

4 Die in § 2 KAGB bestimmten Ausnahmen **rechtfertigen sich inhaltlich** damit, dass ein gewisser Anlegerkreis den Schutz des KAGB nicht benötigt, weil eine hinreichende Kontrolldichte besteht, während die Risiken für die Finanzmarktstabilität gering eingeschätzt werden (Konzern-AIFM), durch die KAGB-Regeln nicht behindert werden sollen bzw. ein Konflikt zwischen verschiedenen Finanzmarktregularien vermieden werden soll (z.B. Verbriefungsgesellschaften, Finanzdienstleistungs- und Kreditinstitute, Einrichtungen der betrieblichen Altersvorsorge) oder im Fall von Zentralbanken die damit zusammenhängende Publizität unerwünscht ist. Bei den sog. ***de minimis*-AIFM** nach § 2 Abs. 4 bis 7 KAGB ist die Teil-Anwendung des KAGB dagegen Ausprägung des **Proportionalitätsprinzips**, wonach neben dem Nutzen für Anlegerschutz und Finanzmarktstabilität auch die Kosten der Regulierung zu berücksichtigen sind.

1 Europäische Kommission, FAQ AIFMD, ID 1160.

2. Entwicklung

Die Vorschrift hat seit Inkrafttreten des KAGB mehrfache Änderungen erfahren. Mit dem Gesetz zur Anpassung von Gesetzen auf dem Gebiet des Finanzmarktes (**FiMaAnpG**[2]) wurde mit Wirkung zum 19.4.2014 in § 2 Abs. 1 Nr. 1 Buchst. b) KAGB die Börsennotierung auf eine solche im EWR erweitert. Des Weiteren wurden der mittlerweile aufgehobene Abs. 4b zu Bürgerbeteiligungsgenossenschaften (dazu Rz. 7) abgeändert und Redaktionsversehen beseitigt. 5

§ 2 Abs. 4, 4a und 5 KAGB wurden mit dem **OGAW V-UmsG**[3] abgeändert. Zunächst wurden durch Verweis auf § 44 Abs. 8 und 9 KAGB die Pflichten zum **AIFMD Reporting** über das BaFin MVP Portal auf die AIF-KVG nach § 2 Abs. 4 bis 5 KAGB erstreckt. Des Weiteren wurden in § 2 Abs. 4, 4a und 5 KAGB im Rahmen der Neuregelung der Kreditvergabe und Investition in unverbriefte Darlehensforderungen für Rechnung des Investmentvermögens zur **Regulierung sog. Kreditfonds** (*debt funds*)[4] einige Vorschriften **auch auf kleine und Kleinst-AIF-KVG** erstreckt. Des Weiteren stellt nunmehr § 2 Abs. 4 Satz 4 KAGB klar, dass eine kleine Spezial-AIF-KVG nach § 2 Abs. 4 KAGB sich zusätzlich als EuVECA- und EuSEF-KVG nach § 2 Abs. 6 und 7 registrieren lassen kann. § 2 Abs. 5 KAGB wurde daneben redaktionell geändert. 6

§ 2 Abs. 4b KAGB zu **Bürgerbeteiligungsgenossenschaften** mit einem verwalteten Vermögen bis zu 100 Millionen EUR[5] ist **mit dem OGAW V-UmsG weggefallen**. Hintergrund ist die Ansicht von BaFin und Gesetzgeber,[6] dass Genossenschaften mangels festgelegter Anlagestrategie i.d.R. keine Investmentvermögen gem. § 1 Abs. 1 Nr. 1 KAGB sind. Der Gesetzgeber verlässt sich insoweit auf die Prüfungsverbände gem. §§ 53 ff. GenG, denen eine umfassende Rechtsaufsicht obliegt. Sollte eine Genossenschaft unter Verstoß gegen das GenG atypisch praktiziert werden und daher ein Investmentvermögen darstellen, kann die BaFin freilich nach § 15 Abs. 1 KAGB einschreiten.[7] 7

Mit Art. 12 des **2. FiMaNoG**[8] wurde der Verweis in § 2 Abs. 1 Nr. 1 Buchst. b WpHG an das neue WpHG 2018 angepasst, Art. 10 des 2. FiMaNoG hat ein Redaktionsversehen im Rahmen der Regulierung von Kreditfonds behoben. 8

3. Aufbau

Die Vorschrift lässt sich gedanklich in zwei Arten von Regelungen unterteilen. Einerseits regelt sie **Vollausnahmen vom KAGB in Abs. 1 bis 3** für gewisse Tätigkeiten, mit der Rechtsfolge, dass das KAGB insoweit nicht zur Anwendung gelangt. Andererseits regelt sie **partielle Ausnahmen** vom KAGB in Abs. 4 bis 7 mit der Rechtsfolge, dass nur die in der Vorschrift explizit genannten KAGB-Normen anzuwenden sind; diese „Ausnahmen" können auch umgekehrt, nämlich als **Anordnung** verstanden werden, **dass das KAGB** für die dort genannten Fälle **gilt**. Dies betrifft insbesondere die Abs. 4 bis 5, die eine umfangreichere Regelung vorsehen, als nach europäischem Vorbild geboten. Näher Rz. 49 ff. 9

Inhaltlich lassen sich die Regelungen des § 2 KAGB in sieben Gruppen unterteilen: In § 2 Abs. 1 Nr. 1 und Abs. 3 KAGB geht es um die Fortsetzung der **Abgrenzung zwischen AIF-Verwaltung und** unregulierter **operativer Unternehmenstätigkeit auf Konzernebene**. Vgl. dazu bereits § 1 Abs. 1 Satz 1, Halbs. 2 KAGB (§ 1 Rz. 74 ff.). In § 2 Abs. 1 Nr. 2 und 5 KAGB wird die Abgrenzung zwischen AIF-Verwaltung und der Verwaltung von **Sozial- und Alterssicherungssystemen** adressiert. Abs. 1 Nr. 3 und 4 nimmt **öffentliche Institute mit gesamtwirtschaftlicher Zwecksetzung** vom Geltungsbereich aus. In Abs. 1 Nr. 7 und Abs. 2 werden Finanzdienstleistungen angesprochen, die **anderweitig umfassend reguliert sind**, so dass die Geltung des KAGB nicht veranlasst ist. In Abs. 4 bis 5 finden sich Ausnahmen für **kleine und kleinste AIF-KVG**. Abs. 6 und 7 regelt in deklaratorischer Manier (Rz. 84 f.) das Verhältnis des KAGB zur EuVECA-VO und EuSEF-VO sowie die Parallelgeltung der Regelungen zur Verwaltung von OGAW für den Fall, dass ein Verwalter von EuVECA und EuSEF parallel OGAW verwaltet. 10

---

2 BGBl. I 2014, S. 934.

3 BGBl. I 2016, S. 342.

4 Dazu § 29 Rz. 101 ff.; ausführlich *Boxberger/Anders* in Weitnauer/Boxberger/Anders, § 2 KAGB Rz. 28c f.

5 Vgl. dazu *von Livonius/Riedl* in Moritz/Klebeck/Jesch, § 2 KAGB Rz. 49 ff.

6 BT-Drucks. 18/6744, S. 42.

7 BT-Drucks. 18/6744, S. 42.

8 BGBl. I 2017, S. 1693.

II. Unregulierte Konzerntätigkeiten (§ 2 Abs. 1 Nr. 1, Abs. 1 Nr. 6, Abs. 3 KAGB)

11 Die Ausnahme von operativen Unternehmen, die in § 1 Abs. 1 Satz 1 Halbs. 2 KAGB angelegt ist, findet in drei Ausnahmebestimmungen des § 2 KAGB ihre Fortsetzung, und zwar für Holdinggesellschaften, konzerninterne AIFM und Arbeitnehmerbeteiligungssysteme und Arbeitnehmersparpläne.

1. Holdinggesellschaften (§ 2 Abs. 2 Nr. 1 KAGB)

12 Die Vorschrift setzt Art. 2 Abs. 3 Buchst. a i.V.m. Art. 4 Abs. 1 Buchst. o AIFM-RL um. Die deutsche Umsetzung scheint eine Definition der Holdinggesellschaft vorauszusetzen, während Art. 4 Abs. 1 Buchst. o AIFM-RL die Holdinggesellschaft in Abgrenzung zu Private Equity-Fonds definieren soll,[9] und zwar als eine „Gesellschaft, die an einem oder mehreren anderen Unternehmen eine Beteiligung hält, deren Geschäftsgegenstand darin besteht, durch ihre Tochterunternehmen oder verbundenen Unternehmen oder Beteiligungen eine Geschäftsstrategie oder -strategien zur Förderung deren langfristigen Werts zu verfolgen, und bei der es sich um eine Gesellschaft handelt, die entweder i) auf eigene Rechnung tätig ist und deren Anteile zum Handel auf einem geregelten Markt in der Union zugelassen sind, oder ii) die ausweislich ihres Jahresberichts oder anderer amtlicher Unterlagen nicht mit dem Hauptzweck gegründet wurde, ihren Anlegern durch Veräußerung ihrer Tochterunternehmen oder verbundenen Unternehmen eine Rendite zu verschaffen." Daher ist **§ 1 Abs. 1 Nr. 1 KAGB insgesamt als Definition der Holdinggesellschaften** zu verstehen, die vom Anwendungsbereich der AIFM-RL ausgenommen sind.

13 Die Ausnahme **vervollständigt die Abgrenzung zum operativen Unternehmen** (dazu § 1 Rz. 22, 74 ff.) auf Ebene der Beteiligungsverwaltung; ausgenommen sollen insbesondere **Industrieholdings** sein. Trotz ihrer Länge bleibt der **Inhalt der Holdingdefinition** (dazu Rz. 12, 14 ff.) **kryptisch** und wirft Schwierigkeiten auf,[10] die auf eine von Anfang an fehlende Tiefenschärfe des Richtlinientexts zurückzuführen und durch eine mehrdeutige Übersetzung noch verschärft sind. Desungeachtet ist die Abgrenzung zwischen Holding und Kollektivanlage äußerst komplex und auch in anderen Rechtsordnungen schwierig. Daher ist die Definition durch **Typenmerkmale** (Rz. 20 ff.) zu ergänzen, mit denen für Grenzfälle mittels einer Gesamtbetrachtung festzustellen ist, ob eine Holding oder AIF vorliegt.

14 Die Holdingdefinition in § 2 Abs. 1 Nr. 1 KAGB ist in mehrfacher Hinsicht **misslungen.** Die Auslegung muss korrigierend eingreifen und dabei die deutsche Richtlinienfassung, aber auch die französischen[11] und englischen[12] Fassungen in den Blick nehmen. Aus der Zusammenschau ergeben sich **drei Blöcke von Holdingmerkmalen** (nachfolgend Buchst. a bis c). Von den Merkmalen der Investmentvermögen kann bei einer Holding auch die **Kapitalsammlung** fraglich sein; fehlt diese, kommt es auf die unscharfen Kriterien von Buchst. a und b nicht an.

a) Beteiligung an einem Unternehmen

15 Die **Gesellschaft** muss eine **Beteiligung an mind. einem Unternehmen** halten. Die **Rechtsform** der Gesellschaft und des/der Unternehmen(s) sowie die **Beteiligungshöhe** ist grds. nicht von Belang. Aus den weiteren Merkmalen folgt, dass es um „Tochterunternehmen", „verbundene Unternehmen" oder (sonstige) „Beteiligungen" geht. Für die Tochterunternehmen verweist § 1 Abs. 19 Nr. 35 KAGB auf § 290 HGB.[13]

---

9 Europäische Kommission, FAQ AIFMD, ID 1146; BT-Drucks. 17/12294, S. 204 f.

10 I.E. ebenfalls Schwierigkeiten erkennen *Krause* in Beckmann/Scholtz/Vollmer, vor § 405 Rz. 36; *Tollmann* in Dornseifer/Jesch/Klebeck/Tollmann, Art. 2 Rz. 81 und Art. 4 Rz. 115; *Boxberger/Röder* in Weitnauer/Boxberger/Anders, § 2 KAGB Rz. 2; *Ulrich*, Private Equity (LBO) vor und nach Inkrafttreten des KAGB, 2018, S. 96 ff. (mit Schwerpunkt auf Private Equity Fonds/LBOs).

11 Die französische Fassung lautet: „société holding", une société détenant des participations dans une ou plusieurs autres sociétés, dont l'objectif commercial est de mettre en œuvre une ou plusieurs stratégies d'entreprise par l'intermédiaire de ses filiales, de ses sociétés associées ou de ses participations en vue de contribuer à la création de valeur à long terme et qui est une société: (i) opérant pour son propre compte et dont les actions sont admises à la négociation sur un marché réglementé dans l'Union; ou (ii) n'étant pas créée dans le but principal de produire une rémunération pour ses investisseurs par la cession de ses filiales ou de ses sociétés associées, comme en témoignent son rapport annuel ou d'autres documents officiels.

12 Die englische Fassung lautet: ‚holding company' means a company with shareholdings in one or more other companies, the commercial purpose of which is to carry out a business strategy or strategies through its subsidiaries, associated companies or participations in order to contribute to their long-term value, and which is either a company: (i) operating on its own account and whose shares are admitted to trading on a regulated market in the Union; or (ii) not established for the main purpose of generating returns for its investors by means of divestment of its subsidiaries or associated companies, as evidenced in its annual report or other official documents.

13 Dazu *Hachmeister* in Hachmeister/Kahle/Mock/Schüppen, Bilanzrecht, § 290 HGB Rz. 31 ff.

Verbundene Unternehmen definiert das KAGB nicht (in § 1 Abs. 19 Nr. 10 KAGB geht es um die „enge Verbindung"), im Kontext der Tochterunternehmen liegt es nahe, auf § 271 Abs. 2 HGB zurückzugreifen.[14] Da die sonstige Beteiligung keinen Mindestbesitz erfordert, kann auch eine beteiligungsverwaltende Holding ausschließlich mit Minderheitsbeteiligungen Holding gem. § 2 Abs. 2 Nr. 1 KAGB sein.[15]

b) Geschäftsstrategie zur Förderung des Beteiligungswertes

16 Der Unternehmensgegenstand der Gesellschaft muss darin bestehen, durch ihre Beteiligungen (dazu vorhergehende Rz. 15) eine **Geschäftsstrategie oder -strategien zur Förderung des langfristigen Werts der Beteiligungen** zu verfolgen. Der Unternehmensgegenstand ist grds. in der Satzung der Holding enthalten (vgl. z.B. § 23 Abs. 3 Nr. 3 AktG), jedoch müssen Statuten und Praxis übereinstimmen.[16] Es kommt nicht auf die wörtliche, sondern die sinngemäße Wiedergabe bzw. Erfüllung des Förderzwecks an. Wie der Beteiligungswert langfristig gesteigert werden soll, liegt im Ermessen des Vorstands. Dies kann durch Neustrukturierung der Beteiligungen (ggf. mittels Verschmelzungen mit Zuerwerbung) oder eine operative Wachstumsstrategie erfolgen.

17 Es muss um die **langfristige Steigerung** gehen. Die Langfristigkeit wird man im Gegensatz zur üblichen Fondslaufzeit von sieben bis zehn Jahren bestimmen können; jedoch müssen auch Private Equity-Fonds die Beteiligungswerte langfristig steigern, um Käufer zu finden. Dabei steht die **Geschäftsstrategie** im Gegensatz zur Anlagestrategie (dazu § 1 Rz. 10 f.), jedoch fehlt dem Merkmal die Trennschärfe, auch weil die Grenzen der Anlagestrategie nicht lückenlos ausgelotet sind. Für die Abgrenzung kann **in bestimmten Fällen** darauf abzustellen sein, dass eine Anlagestrategie das nach der Rechtsform i.d.R. eingeräumte **Ermessen des Vorstands bei der Verfolgung des Unternehmensgegenstands rechtlich wirksam beschränkt** und danach spätestens zum Ende der Fondslaufzeit **sämtliche Erträge an die Anleger auszuschütten** sind, so dass für eine weitere operative Geschäftstätigkeit keine Mittel mehr vorgehalten werden.[17]

c) Börsennotierte oder konstitutive Beteiligungsgesellschaft

18 Die Gesellschaft muss **eine von zwei Gestaltungsvarianten** erfüllen. (1) Die erste Variante ist die **börsennotierte Beteiligungsholding**. Dafür muss die Gesellschaft **auf eigene Rechnung** tätig sein; **deren Anteile müssen zum Handel** auf einem organisierten EU-/EWR-Markt gem. § 2 Abs. 11 WpHG **zugelassen** sein. Vorbild der Regelung war wohl *Berkshire Hathaway*. Die Regelung wirft Abgrenzungsprobleme zur börsennotierten geschlossenen Investment-AG auf, die innerhalb des Anwendungsbereichs des KAGB liegen.[18] Die Europäische Kommission verortet in dem Merkmal **auf eigene Rechnung** das **Halten der Beteiligung ohne Verkaufsabsicht**; das Gegenteil ist das Halten für Dritte, wie es für Treuhänder üblich ist.[19] Des Weiteren folgt daraus, dass Teilgesellschaftsvermögen/Teilfonds und Anteilsklassen typisch für Investmentvermögen sind, weil die Investmentgesellschaft *insofern* für Rechnung der Anleger tätig ist (näher zu Typenmerkmalen sogleich Rz. 20). Die Beherrschung durch einen Gesellschafter oder eine Gesellschaftergruppe begründet allein nicht das Halten auf fremde Rechnung.[20]

19 (2) Die zweite Variante ist die **konstitutive Beteiligungsholding**. Dafür muss die Gesellschaft ausweislich ihres Jahresberichts oder anderer amtlicher Unterlagen einen **anderen Hauptzweck** verfolgen **als ihren Anlegern durch Veräußerung ihrer Tochterunternehmen oder verbundenen Unternehmen eine Rendite zu verschaffen**. Bei der Gestaltung der Regelung hatte man Private Equity-Fonds als Gegenmodell im Blick.[21] Dabei wurde die Veräußerung von sonstigen Beteiligungen offensichtlich vergessen; auch der Geschäftszweck, Beteiligungen unter 20 % zu veräußern, führt zur Fondsqualifikation. Dennoch befremdet die Regelung aus mehreren Gründen. So wird man im Jahresbericht regelmäßig nichts zum Zweck finden,

---

14 *Von Livonius/Riedl* in Moritz/Klebeck/Jesch, § 2 KAGB Rz. 13. Näher dazu *Mock* in Hachmeister/Kahle/Mock/Schüppen, Bilanzrecht, § 271 HGB Rz. 28 ff.

15 *Von Livonius/Riedl* in Moritz/Klebeck/Jesch, § 2 KAGB Rz. 13; *Boxberger/Röder* in Weitnauer/Boxberger/Anders, § 2 KAGB Rz. 3.

16 *Von Livonius/Riedl* in Moritz/Klebeck/Jesch, § 2 KAGB Rz. 14; *Boxberger/Röder* in Weitnauer/Boxberger/Anders, § 2 KAGB Rz. 3.

17 Näher dazu ESMA/2013/611, S. 7 f.; BaFin, Auslegungsschreiben zum Anwendungsbereich des KAGB und zum Begriff des „Investmentvermögens" (Q 31-Wp 2137-2013/0006) v. 14.6.2013, geändert am 9.3.2015, I.5.; *Zetzsche/Preiner*, WM 2013, 2101 (2108); *Eckhold/Balzer* in Assmann/Schütze, HdbKapitalanlageR, § 22 Rz. 35; *von Livonius/Riedl* in Moritz/Klebeck/Jesch, § 2 KAGB Rz. 14.

18 ErwGr. 8 AIFM-RL; BT-Drucks. 17/12294, S. 204 f.

19 Europäische Kommission, FAQ AIFMD, ID 1146.

20 A.A. *Tollmann* in Dornseifer/Jesch/Klebeck/Tollmann, Art. 4 Rz. 118.

21 Europäische Kommission, FAQ AIFMD, ID 1146; BT-Drucks. 17/12294, S. 204 f.

auch unterscheiden sich Private Equity Fonds und Holdings insofern kaum.[22] Auch steht in der Satzung von Investmentgesellschaften niemals der Zweck, **Anlegern durch Veräußerung von Tochterunternehmen, verbundenen Unternehmen** und Beteiligungen **eine Rendite zu verschaffen**, sondern allenfalls die „Anlage und Verwaltung ihrer Mittel nach einer festen Anlagestrategie zur gemeinschaftlichen Kapitalanlage" (vgl. z.B. § 110 KAGB). Um der Definition irgendeinen Sinn beizumessen, muss dieser Wortlaut genügen. Des Weiteren ist Umgehungsstrategien zu begegnen, wonach der eine Hauptzweck in der Satzung steht und der andere verfolgt wird. Außerdem hat die Zwecksetzung kaum Unterscheidungskraft bei sog. Evergreen Fonds, die **nur laufende Erträge ausschütten**, im Übrigen aber fondstypische Gestaltungen aufweisen. Schließlich kann es nicht nur auf den Moment der Gründung ankommen, wie der Wortlaut von § 2 Abs. 1 Nr. 1 KAGB besagt, sondern es muss auch die ausdrückliche oder verdeckte Umwandlung einer Gesellschaft erfasst sein.

d) Typenmerkmale

20 Die Abgrenzung zwischen Anlageorganisation und beteiligungsverwaltender Holding zählt mit zu den komplexesten Abgrenzungsfragen im Finanzmarktrecht; dies belegt ein Blick in andere Rechtsordnungen.[23] Modelltheoretisch prägt die Anlageorganisation die **doppelte Fokussierung auf die Gewinnerzielung**, und zwar sowohl auf Anleger-, als auch Vehikelebene: Anleger und Vehikel möchten keinen gemeinsamen (Gesellschafts-)Zweck verfolgen, sondern nur den Ertrag steigern. In diesem Sinn sind Kollektivanlagen „doppelt zwecklos", während die Holding zumindest auf einer der beiden Ebene (Gesellschaft oder Gesellschafter) einen von der Ertragserzielung separaten Gesellschaftszweck verfolgt, der als Handlungsleitlinie dient.[24]

21 Zur praktischen Handhabung dieses Modells kann man für die **konzernleitende Holding** auf die Kriterien des Beihilfenrechts[25] abstellen. Danach liegt eine Holding vor, wenn der gesellschaftsrechtlich vermittelte Einfluss im Tagesgeschäft ausgeübt wird, so dass die ganze Holding (und nicht nur deren Teile bzw. „Beteiligungen") eine einheitliche Geschäftsstrategie verfolgt.[26]

22 Schwierigkeiten bereitet die **beteiligungsverwaltende Holding**, insbesondere bei Berücksichtigung von Holdings, die nur Minderheitsbeteiligungen verwalten. Insoweit geben **Typenmerkmale** darüber Aufschluss, ob ein Investmentvermögen oder eine Holding gegeben ist.[27] Diese Typenmerkmale sind nach ihrer Aussagekraft zu unterteilen. Manche dieser Merkmale können **sicher** Aufschluss darüber geben, ob eine Holding oder ein Investmentvermögen vorliegen, andere können nur im Regelfall darauf hinweisen (**Indizwirkung**).

23 **Sichere Hinweise auf eine Holding** sind:
- das Halten größerer, auf Kontrolle ausgerichtete Anteile,
- die Umsetzung einer alle Beteiligungen erfassenden Strategie mit einheitlichem gruppenweiten Management über Unternehmensverträge, einheitlicher Finanzverwaltung (cash pools, Treasury), Bündelung von Entwicklung, Einkauf und Produktion. Indizien dafür sind die Wahrnehmung unternehmerischer Entscheidungen im laufenden Geschäftsbetrieb durch die ausdrückliche Vereinbarung von Gestaltungs-, Lenkungs- und Weisungsrechten.[28]

24 Typische Merkmale für eine Holding sind:
- eine größere Mitarbeiteranzahl für Zentralfunktionen;
- eine auf Dienstleistung und Produktion ausgerichtete Hauptzwecksetzung (im Gegensatz zur Finanzierungsfunktion);

---

22 Zutr. *Boxberger/Röder* in Weitnauer/Boxberger/Anders, § 2 KAGB Rz. 6.

23 Vgl. dazu ausführlich *Zetzsche*, Prinzipien der kollektiven Vermögensanlage, 2015, S. 147 ff., 170 ff. unter Einbezug des US- und Schweizer Rechts.

24 Näher *Zetzsche*, Prinzipien der kollektiven Vermögensanlage, 2015, S. 175 ff.

25 EuGH v. 10.1.2006 – C-222/04, ECLI:EU:C:2006:8 – Finanze v. Cassa di Risparmio di Firenze, Rz. 111 ff.

26 *Zetzsche/Preiner*, WM 2013, 2109 m.w.N. Unzutreffend ist der Hinweis von *Boxberger/Röder* in Weitnauer/Boxberger/Anders, § 2 KAGB Rz. 5, damit misslinge die Abgrenzung zu Private Equity Fonds. Diese wollen nur die Werte ihrer Beteiligungen steigern und greifen dafür auf ihre Kontrollinstrumente zurück, es fehlt jedoch die *konzernweite* Strategie. Die Kritik von *von Livonius/Riedl* in Moritz/Klebeck/Jesch, § 2 KAGB Rz. 17 übersieht, dass Vf. dieses Abgrenzungsmerkmal nur für konzernleitende Holdings befürwortet und für die beteiligungsverwaltende Holding auf Typenmerkmale abstellt.

27 Siehe *Zetzsche/Preiner*, Scope of the AIFMD, in Zetzsche, AIFMD, S. 75 ff.; näher auch ESMA/2013/611, S. 7 ff.; BaFin, Auslegungsschreiben zum Anwendungsbereich des KAGB und zum Begriff des „Investmentvermögens" (Q 31-Wp 2137-2013/0006) v. 14.6.2013, geändert am 9.3.2015, I.5. (zur festgelegten Anlagestrategie).

28 I.E. wohl auch *Merkt*, DB 2015, 2899 (2893 ff.).

- geschäftsstrategische Überlegungen dominieren die Entscheidungsprozesse bei der Eingehung und Veräußerung von Beteiligungen; dazu gehört z.B. auch, ob die Gesellschafter der Holding eine konzentrierte oder diversifizierte Strategie in ihrem Portfolio bevorzugen,
- die Muttergesellschaft der Holding profitiert bereits von einer Holding-Ausnahme;
- die einzelnen Aktivitäten in der Gruppe, die für eine Holding sprechen, insbesondere die strategische bzw. operative Führung der bei Einzelbetrachtung operativen Beteiligungen, machen die Mehrheit der Gesellschaftsaktivitäten aus; im Umkehrschluss infiziert nicht jede Anlageaktivität die ganze Holding. Dies folgt bereits aus der Ausnahme für konzerninterne AIFM gem. § 2 Abs. 3 KAGB (Rz. 27).

Sichere Indizien für ein Investmentvermögen sind: 25

- die Eingehung kleinerer Anteile an sehr großen Unternehmen mit gelegentlichen Verschiebungen bei der Anteilsgröße zur Optimierung der Risikostruktur des Portfolios,
- der zu erzielende Verkaufspreis ist die einzige Kondition für die Veräußerungsentscheidung in Bezug auf eine Minderheitsbeteiligung,
- die Festlegung eines Endzeitpunkts für die Gesellschaft, mit dahingehendem Zwang, die Wertsteigerung binnen gewisser Zeiträume zu erfüllen,
- externes Management, das ggf. noch weitere Beteiligungsgesellschaften direkt oder indirekt führt,
- Private Equity-typische Vergütungsstrukturen für das Management, insbesondere an einen Anteilsverkauf geknüpften carried interest oder Bonus (dazu § 1 Rz. 169 ff.),
- Einsatz von Teilgesellschaftsvermögen und Anteilsklassen, ggf. Rückgaberechte der Anleger,
- Einsatz einer Verwahrstelle oder von Treuhändern mit ähnlicher Funktion.

Typische Merkmale für ein Investmentvermögen sind: 26

- Minderheitsbeteiligungen werden zu Spekulationszwecken und überwiegend aufgrund günstiger Einstiegsgelegenheiten (niedrigere Bewertung) eingegangen,
- Kontrolle ist eher kein wichtiges Anlagekriterium,
- die Anlagetätigkeit ist ein auch mit Blick auf operative Tätigkeiten wesentlicher Teil der Tätigkeiten,
- die einzelnen Aktivitäten in der Gruppe, die für ein Investmentvermögen sprechen, machen die Mehrheit aller Gesellschaftsaktivitäten aus.

2. Konzerninterne AIFM (§ 2 Abs. 3 KAGB)

Die Vorschrift setzt Art. 3 Abs. 1 AIFM-RL um. Sie rundet die beabsichtigte Privilegierung von **Holding-Treasury Aktivitäten** (Rz. 29) ab. **Keine Erlaubnispflicht als KVG** besteht danach, wenn **die Anleger im AIF** ausschließlich die AIF-KVG selbst, deren Muttergesellschaft, Tochtergesellschaft oder eine andere Tochtergesellschaft einer Muttergesellschaft der AIF-KVG ist. Zu den Begriffen Tochter- und Muttergesellschaft § 1 Abs. 19 Nr. 26, 35 KAGB, s. § 1 Rz. 210 f. Auf die Tätigkeit des AIF oder der anlegenden Gesellschaften kommt es nicht an. Insbesondere lässt sich mittels der Ausnahme eine **Corporate Venture Capital**-Aktivität, aber ebenso die **Anlagetätigkeit von Finanzdienstleistungs- und Versicherungskonzernen** gruppenweit unbürokratisch darstellen. 27

Nicht ausdrücklich erwähnt sind **Schwester-, Enkel-, Großenkel- oder Großmuttergesellschaften**, doch sind diese vom Zweck der Vorschrift mitumfasst, solange sie dem Konzern der Muttergesellschaft (oder Großmuttergesellschaft) angehören. Mithin erstreckt sich die Regelung auf sämtliche Unternehmen, die direkt und indirekt miteinander einen Konzern im Sinne des Bilanzrechts bilden. 28

Des Weiteren dürfen die Anleger **selbst keine AIFs sein**. Dies ist immer bei **operativen Unternehmen** im Konzern gegeben. Durchaus denkbar ist freilich, dass eine Holding über zwei Treasury-Einheiten verfügt, etwa als steuerliche Gestaltung im Rahmen einer Master-Feeder-Konstruktion oder durch Captive Funds, die sodann Anlagen in der anderen Anlageeinheit hält. Solange an diesen wiederum nur Konzernunternehmen beteiligt sind, ist dem Zweck noch Rechnung getragen. Gerade wegen der Regelung des § 2 Abs. 3 KAGB ist der **konzerninterne AIF** kein AIF im Sinne der Norm.[29] Verwaltet der AIFM neben konzerninternen auch AIF mit externen Anlegern, unterliegt er (nur) in Bezug auf letztere zwingend dem KAGB.[30] 29

29 Im Ergebnis *von Livonius/Riedl* in Moritz/Klebeck/Jesch, § 2 KAGB Rz. 31; *Boxberger/Röder* in Weitnauer/Boxberger/Anders, § 2 KAGB Rz. 17; a.A. *Tollmann* in Dornseifer/Jesch/Klebeck/Tollmann, Art. 3 Rz. 9.

30 *Von Livonius/Riedl* in Moritz/Klebeck/Jesch, § 2 KAGB Rz. 31; *Boxberger/Röder* in Weitnauer/Boxberger/Anders § 2 KAGB Rz. 17.

Er kann jedoch sämtliche AIF dem KAGB im Wege des Opt-in unterstellen.[31] Die BaFin eröffnet dafür im Anschluss an die Gesetzesmaterialien[32] einen Weg, indem sie den Geltungsbereich des AIF bereits dann eröffnet sieht, wenn die konstitutiven Dokumente des AIF die **Anleger durch konzernexterne Anleger ermöglicht**, ohne dass von dieser Option Gebrauch gemacht wird.

30 Jedoch führt die **Beteiligung einer einzigen konzernfremden Einheit** im Grundsatz zur Qualifizierung als AIF nach dem KAGB und zur Erlaubnispflicht der KVG. Da § 2 Abs. 3 KAGB auf die Konzernzugehörigkeit abstellt, reicht die **enge Verbindung** gem. § 1 Abs. 19 Nr. 10 KAGB nicht aus. Auf der Ebene der Tochter-, Schwester- und Enkelgesellschaften ist daher insbesondere **bei Joint Ventures und Minderheitsbeteiligungen** Obacht geboten; ist bei einem Joint Venture eine Mehr-Mütter-Herrschaft[33] gegeben, können diese Mütter sowie deren Beteiligungen in das Konzernprivileg einbezogen werden (dazu Rz. 33). Jedoch ist darauf zu achten, dass diese Entscheidung ebenso für Zwecke der Rechnungslegung getroffen wurde, da § 1 Abs. 19 Nr. 26, 35 KAGB letztlich auf § 290 HGB verweisen.

31 Auf der Ebene der Muttergesellschaft ist darauf zu achten, ob alle Beteiligten **herrschendes Unternehmen** sein können. Insbesondere bei **Family Offices und Familienstiftungen** kann es vorkommen, dass ein dazwischengeschaltetes Vehikel – etwa aus Haftungsgründen, häufiger aber aus Gründen der damit verbundenen **Transparenz infolge der Rechnungslegungspflichten** (vgl. zur Konzernabschlusspublizität § 325 Abs. 3 und 3a HGB[34]) – die Herrschaft bewusst nicht ausüben soll und aufgrund einer Beteiligungsgestaltung die Voraussetzungen des § 290 HGB bewusst vermieden werden.[35] Dann kann das Vermögen dieser Vehikel (häufig Familienstiftungen) auch nicht durch Einheiten des Konzerns erlaubnisfrei mitverwaltet werden. S. zu Ausnahmen infolge Zuordnung zum Familienverbund § 1 Rz. 82 ff.). Ebenso führt das ***Pension Pooling*** unter Beteiligung konzernfremder Gesellschaften zur Erlaubnispflicht. Auch hier ruft die Einbeziehung von Minderheitsbeteiligungen und ggf. Joint Ventures im Grundsatz die Erlaubnispflicht der KVG hervor. Schließlich ist bei der Verwaltung von Vermögen **natürlicher Personen** (insbesondere Patriarch, Matriarchin, deren Familienangehörige und Freunde) sowie von **OGAW** (statt AIF) Rechtsfolge die Erlaubnispflicht als KVG.

32 Eine **Wesentlichkeitsschwelle** kennt die Norm nicht. Daher kann ein einziger nicht zum Bilanzierungskreis gehöriger Beteiligter mit noch so geringem Vermögen die Erlaubnispflicht begründen. Eine Wesentlichkeitsschwelle (oder „Schmutzgrenze") wäre auch mit der maßgeblichen bilanziellen Betrachtung unvereinbar, die eine klare Antwort (Aufnahme in den Konsolidierungskreis ja/nein) verlangt. Insofern liegt die Sachlage anders als nach hier vertretener Ansicht im Familienverbund, bei der es gewisse Zwischenformen geben kann. Näher dazu § 1 Rz. 82 ff.

3. Joint Ventures

33 Nicht in § 2 KAGB erwähnt sind Joint Ventures, jedoch soll gemäß dem 8. Erwägungsgrund der AIFM-RL die AIFM-RL nicht auf Joint Ventures anwendbar sein. Dies hat der deutsche Gesetzgeber in die Gesetzesmaterialien übernommen.[36] Auf eine gesetzliche Definition für Joint Ventures wurde verzichtet. Versteht man darunter gemäß dem natürlichen Wortsinn Tochterunternehmen, die von zwei voneinander unabhängigen Unternehmen gegründet und geführt werden, handelt es sich konzernrechtlich um eine **Mehr-Mütter-Herrschaft,**[37] mit der Rechtsfolge, dass das Joint Venture **in den Konzern beider Gesellschafter einbezogen** ist. Das Konzernprivileg nach § 2 Abs. 3 KAGB erfasst dagegen keine Gestaltungen, wonach mehrere Inhaber von Minderheitsbeteiligungen anlageähnlich ein Vehikel führen. Solche Vehikel können dennoch aus dem Begriff der Investmentvermögen auszuklammern sein, wenn infolge enger Führung der Gesellschaft durch alle Beteiligten **keine Fremdverwaltung** (dazu § 1 Rz. 32 ff.) sowie wegen einer operativen Tätigkeit **keine Anlagestrategie** (dazu § 1 Rz. 10) gegeben ist.[38] Schon **kein gemeinsames Vermögen**

31 Zutr. *Boxberger/Röder* in Weitnauer/Boxberger/Anders, § 2 KAGB Rz. 18, im Anschluss an *Zetzsche/Preiner*, WM 2013, 2104 (für Family Offices).
32 Vgl. BT-Drucks. 17/13395, S. 694.
33 Dafür auch *Boxberger/Röder* in Weitnauer/Boxberger/Anders, § 2 KAGB Rz. 16.
34 Dazu *Zetzsche* in Hachmeister/Kahle/Mock/Schüppen, Bilanzrecht, § 325 HGB Rz. 114 ff.
35 Vgl. *Zetzsche*, ZIP 2017, 945; *Zetzsche*, Der Gesellschafter 2016, S. 370 ff.
36 BT-Drucks. 17/12294, S. 204.
37 Dafür auch *Boxberger/Röder* in Weitnauer/Boxberger/Anders, § 2 KAGB Rz. 16.
38 I.E. ebenso *Eckhold/Balzer* in Assmann/Schütze, HdbKapitalanlagerecht, § 22 Rz. 10; *von Livonius/Riedl* in Moritz/Klebeck/Jesch, § 2 KAGB Rz. 9; Gottschling in Moritz/Klebeck/Jesch, § 1 KAGB Rz. 103; *Tollmann* in Dornseifer/Jesch/Klebeck/Tollmann, Art. 2 Rz. 141 ff.

(dazu § 1 Rz. 23) existiert bei Joint Ventures, die nur die Tätigkeit der beteiligten Unternehmen betreffen und auf die Bildung eines gemeinsamen Vermögens verzichten.[39]

4. Arbeitnehmerbeteiligungssysteme und Arbeitnehmersparpläne (§ 2 Abs. 1 Nr. 6 KAGB)

Die Vorschrift übernimmt wörtlich Art. 2 Abs. 3 Buchst. f. AIFM-RL. Die AIFM-RL definiert die verwendeten Begriffe nicht, um der in den Mitgliedstaaten bestehenden Vielfalt Rechnung zu tragen. Daher ist es auch möglich, dass das eine nationale Recht einen Arbeitnehmersparplan als unreguliert, das andere diesen als AIF qualifiziert.[40] Erforderlich ist zumindest eine **Anlage zugunsten, nicht aber notwendig durch die Arbeitnehmer.**[41] Zwischen Anlage und Begünstigtem muss ein Arbeitsverhältnis bestehen oder bestanden haben.[42] 34

Die im Private Equity-Bereich üblichen **Management-Beteiligungsprogramme** dürften jedoch nach Vorstellung des deutschen Gesetzgebers nicht erfasst sein (selbst wenn dabei Kapital eingezahlt wird),[43] weil man sich dann die Erweiterung der Definition der semi-professionellen Anleger gem. § 1 Abs. 19 Nr. 33 Buchst. b KAGB hätte sparen können (dazu § 1 Rz. 240 ff.). Vielmehr soll die Ausnahme sicherstellen, dass die in Konzernen üblichen Beteiligungssysteme auch dann privilegiert sind, wenn diese **von kommerziellen Verwaltern betrieben** werden. Es geht also um eine Abrundung der Ausnahme für operative Unternehmen. Konsequent ist es dann, nicht nur die Beteiligung am Unternehmen, mit dem ein Beschäftigungsverhältnis besteht, sondern auch **Konzernbeteiligungssysteme** unter die Ausnahme zu fassen. Siehe ebenso heute § 3 Abs. 1 Nr. 2 WpHG, § 2 Abs. 6 Nr. 6 KWG. 35

III. Alterssicherung und soziale Sicherungssysteme (§ 2 Abs. 1 Nr. 2, Abs. 1 Nr. 5 KAGB)

1. Einrichtungen der betrieblichen Altersvorsorge (§ 2 Abs. 1 Nr. 2 KAGB)

Die Vorschrift setzt Art. 2 Abs. 3 Buchst. b AIFM-RL um und nimmt Einrichtungen, die IORPs gem. der IORP/EbAV-RL, bzw. ab 13.1.2019 gem. IORP/EbAV II-RL 2016/2341 sind, vom Anwendungsbereich der AIFM-RL aus, vgl. für Deutschland §§ 232 ff. VAG. Motiv der Ausnahme ist das **Vorliegen einer spezielleren Regulierung**, die Fragen der kollektiven Alterssicherung gezielt aufgreift.[44] Solche Einrichtungen weisen zwar, insbesondere im Bereich der definierten Einzahlungen (*defined contribution*) Überschneidungen mit kollektiven Vermögensanlagen auf, jedoch fehlt von den Merkmalen des Investmentvermögens regelmäßig die Kongruenz zwischen Einzahlung und Auszahlung; innerhalb des Kollektivs kommt es zur Absicherung des Altersrisikos durch Vermögensverschiebungen. Dies ist eher typisch für **Versicherungen.** 36

Wie aus § 2 Abs. 1 Nr. 2 Buchst. b KAGB am Ende folgt („sofern …"), führt die Verwaltung eines einzigen Investmentvermögens zum Wegfall der Ausnahme. Kein IORP, sondern ein dem KAGB unterstellter Spezial-AIF ist gegeben, wenn **mehrere voneinander unabhängige Pensionsfonds** ihre Anlagetätigkeit in einem Anlagevehikel bündeln (sog. **pension pooling**).[45] Handelt es sich ausschließlich um konzernzugehörige Pensionsfonds, ist der Verwalter jedoch nach § 2 Abs. 3 KAGB vom Anwendungsbereich des KAGB ausgenommen. Dazu Rz. 31. 37

2. Einrichtungen zur Unterstützung von Sozialversicherungs- und Pensionssystemen (§ 2 Abs. 2 Nr. 5 KAGB)

Die Vorschrift übernimmt wörtlich Art. 2 Abs. 3 Buchst. e AIFM-RL. Erfasst sind Unterstützungskassen, berufsständische Versorgungswerke, Versorgungseinrichtungen des öffentlichen Dienstes oder der Kirchen.[46] 38

---

39 BaFin, Auslegungsschreiben zum Anwendungsbereich des KAGB und zum Begriff des „Investmentvermögens" (Q 31-Wp 2137-2013/0006) v. 14.6.2013, geändert am 9.3.2015, I.1.

40 Europäische Kommission, FAQ AIFMD, ID 1155.

41 *Tollmann* in Dornseifer/Jesch/Klebeck/Tollmann, Art. 2 Rz. 96.

42 *Von Livonius/Riedl* in Moritz/Klebeck/Jesch, § 2 KAGB Rz. 22.

43 A.A. *Boxberger/Röder* in Weitnauer/Boxberger/Anders, § 2 KAGB Rz. 13; *von Livonius/Riedl* in Moritz/Klebeck/Jesch, § 2 KAGB Rz. 22.

44 Vgl. EU Kommission, FAQ AIFMD, ID 1148.

45 Vgl. EU Kommission, FAQ AIFMD, ID 1148; *Tollmann* in Dornseifer/Jesch/Klebeck/Tollmann, Art. 2 Rz. 87; *Boxberger/Röder* in Weitnauer/Boxberger/Anders, § 2 KAGB Rz. 7; *von Livonius/Riedl* in Moritz/Klebeck/Jesch, § 2 KAGB Rz. 18.

46 BT-Drucks. 17/12294, S. 205.

IV. Öffentliche Institute (§ 2 Abs. 1 Nr. 3, Abs. 1 Nr. 4 KAGB)

1. Supranationale Einrichtungen und internationale Organisationen (§ 2 Abs. 1 Nr. 3 KAGB)

39 Die Vorschrift setzt Art. 2 Abs. 3 Buchst. c AIFM-RL um. Sie zählt im ersten Teil Regelbeispiele für den im zweiten Teil enthaltenen Regelungskern auf: Privilegiert sind **supranationale Einrichtungen und vergleichbare internationale Organisationen**, soweit diese Investmentvermögen verwalten, die im öffentlichen Interesse handeln. Das öffentliche steht im Gegensatz zum privaten Interesse, das auf bloße Geldmehrung der Anleger ausgerichtet ist. Im Mittelpunkt der Anlagen muss daher ein **Entwicklungs- oder Fortschrittsziel zugunsten der gesamtwirtschaftlichen Wohlfahrt** stehen. Für die Feststellung des öffentlichen Interesses ist auf die Verfassung der Einrichtung abzustellen. Öffentliches Interesse erzwingt nicht ausschließlich öffentliche Gesellschafter,[47] doch wird meistens zumindest ein Gesellschafter oder Initiator in öffentlicher Trägerschaft stehen. Nationale Förderbanken (insbesondere KfW) und Regionalbeteiligungsgesellschaften fallen nicht unter die Ausnahme mangels Supranationalität/Internationalität. Häufig fehlt aber ein anderes Merkmal des Investmentvermögens, wenn nationale Förderinstitutionen beteiligt sind, dazu § 1 Rz. 5 ff.

2. Nationale Zentralbanken und EZB (§ 2 Abs. 1 Nr. 4 KAGB)

40 Die Vorschrift übernimmt wörtlich Art. 2 Abs. 3 Buchst. d AIFM-RL. Die Europäische Zentralbank ist keine „nationale" Zentralbank, aber in § 2 Abs. 2 Nr. 3 KAGB ausdrücklich genannt.

V. Anderweitig regulierte Finanzdienstleistungen

1. Finanzdienstleistungs- und Kreditinstitute (§ 2 Abs. 2 KAGB)

41 Die Vorschrift setzt Art. 6 Abs. 8 AIFM-RL um. Der Wortlaut ist noch nicht an die MiFID II angepasst und ist zu lesen als Verweis auf § 2 Abs. 8 WpHG. Die Vorschrift **vermeidet eine Überschneidung** zwischen dem KAGB einerseits und KWG bzw. WpHG andererseits, in denen die Vorschriften der MiFID II umgesetzt sind. Zugleich folgt daraus die mit Blick auf andere Rechtsordnungen (insbesondere das Schweizer KAG) keineswegs selbstverständliche, aber in Art. 6 Abs. 8 Satz 1 AIFM-RL eindeutige Regelung, dass die **Tätigkeit als delegierter Asset Manager für einen AIF *individuelle* Finanzportfolioverwaltung** gem. § 2 Abs. 8 Nr. 7 WpHG ist, so dass keine (weitere) Zulassung als Fondsverwalter (i.e. Verwalter kollektiver Anlagen) erforderlich ist. Umgekehrt folgt aus der Norm, dass **andere als die in § 2 Abs. 8 WpHG genannten Dienste** dem KAGB unterstellt sind. So bedarf die Tätigkeit als KVG einer Erlaubnis nach §§ 17 ff. KAGB, die freilich mit der Tätigkeit als Kredit- und Finanzdienstleistungsinstitut unvereinbar ist, arg. ex. § 20 Abs. 2 und 3 KAGB. Die Tätigkeit als Verwahrstelle ist geregelt in §§ 68 Abs. 2, 80 Abs. 2 und 3 KAGB.

42 Die Geltung der Vorschrift erstreckt sich auf **Dienstleistungen nach § 2 Abs. 8 WpHG**. Neben der Portfolioverwaltung erbringen Finanzdienstleistungsinstitute häufig Vertriebsdienstleistungen (Abschlussvermittlung, Anlagevermittlung, abhängige Anlageberatung sowie Emissions- und Platzierungsgeschäft gem. § 2 Abs. 8 Nr. 3 bis 6, Nr. 10 WpHG). Darauf, ob es sich um eine Aufgabenübertragung durch die KVG oder ein Handeln im Eigeninteresse handelt, kommt es nicht an. Gemeinsames Merkmal der Dienste gem. § 2 Abs. 8 WpHG ist der Bezug zu **Finanzinstrumenten**. Zu Diensten **in Bezug auf andere Vermögensgegenstände** (z.B. commodities, Immobilien) verhält sich § 2 Abs. 2 KAGB nicht. Einen Erlaubnistatbestand für die individuelle Verwaltung anderer Gegenstände als Finanzinstrumente gibt es vielfach nicht. Zu den Auslagerungsvoraussetzungen in solchen Fällen vgl. § 36 Abs. 1 Nr. 3 Halbs. 2 KAGB.

43 Der **zweite Satz von Art. 6 Abs. 8 AIFM-RL**, der klarstellt, dass Wertpapierfirmen trotz ihrer KWG-Zulassung AIF-Anteile nur in der Union anbieten oder platzieren dürfen, wenn die Anteile gemäß der AIFM-RL vertrieben werden können, wurde **nicht explizit umgesetzt**, folgt aber für Deutschland aus §§ 316 ff. KAGB sowie der Systematik der Vorschriften zum grenzüberschreitenden Vertrieb (§§ 49 ff. KAGB).

2. Verbriefungszweckgesellschaften (§ 2 Abs. 1 Nr. 7 KAGB)

44 Die Vorschrift übernimmt wörtlich Art. 2 Abs. 3 Buchst. g AIFM-RL und bezieht sich auf die Definition der Verbriefungszweckgesellschaften in § 1 Abs. 19 Nr. 36 KAGB, die ihrerseits Art. 4 Abs. 1 Buchst. an

---

47 BaFin, Auslegungsschreiben zum Anwendungsbereich des KAGB und zum Begriff des „Investmentvermögens" (Q 31-Wp 2137-2013/0006) v. 14.6.2013, geändert am 9.3.2015, I.6.

AIFM-RL entnommen ist; die Definition soll infolge der **STS-Verordnung** (EU) 2017/2402[48] eine Änderung erfahren, wodurch klargestellt wird, dass § 1 Abs. 19 Nr. 36 KAGB ausschließlich für Zwecke des § 2 Abs. 1 Nr. 7 KAGB maßgeblich ist.[49] **Verbriefungszweckgesellschaften** sind danach Gesellschaften, deren **einziger Zweck** darin besteht, eine oder mehrere **Verbriefungen** i.S.v. Art. 1 Abs. 2 Verordnung (EG) Nr. 24/2009 und **weitere zur Erfüllung dieses Zwecks geeignete Tätigkeiten** durchzuführen. Merkmal der Verbriefung ist danach die Übertragung von Kreditrisiken und Sicherheiten auf ein vom Originator wirtschaftlich und rechtlich getrenntes Vehikel (die Zweckgesellschaft), während Investoren an den erzielten Erträgen partizipieren. Die Übertragung kann physisch (also durch Abtretung und Übertragung der Gegenstände) oder synthetisch durch Derivate etc. erfolgen. Ziel ist es, den Pool an Vermögensgegenständen vom Insolvenzrisiko des Originators und sonstiger Sponsoren zu trennen.[50] Eine Tranchierung ist nach dieser Definition nicht erforderlich.[51]

Die Unterscheidung zwischen **Verbriefungszweckgesellschaft und AIF ist schwierig**, zumal aus Sicht der Anleger die Anlage in Wertpapiere einer Verbriefungszweckgesellschaft häufig eine Beteiligung an einem Organismus für die gemeinsame Anlage (dazu § 1 Rz. 20 ff.) ist. Bemerkenswert ist zudem, dass die von § 2 Abs. 1 Nr. 7 KAGB in Bezug genommene Verbriefungsdefinition in Art. 1 Abs. 2 Verordnung (EG) Nr. 24/2009 von der **Verbriefungsdefinition in Art. 4 Abs. 1 Ziff. 67 CRR sowie in Art. 2 Nr. 1 und 2 STS-Verordnung** (EU) 2017/2402 **abweicht**, wonach immer eine Tranchierung mit Subordinationsverhältnis erforderlich ist (dazu § 29 Rz. 95). Insbesondere bei 1:1-Verbriefungen droht eine **Umgehung des KAGB**: Im Kern kann jede Fondsanlage auch als Verbriefung dargestellt werden; die Investoren erhielten allenfalls einen Wertpapierprospekt, jedoch käme ihnen die umfassende Verwalterregulierung des KAGB/der AIFM-RL nicht zu Gute. Dies gebietet eine enge Auslegung.[52] 45

Die Anwendungsprobleme sind mittels einer **Zweckbetrachtung** zu lösen, aus der **zwei Unterscheidungskriterien** abzuleiten sind.[53] Erstens: Aus Gründen der Risikooptimierung in Bankportfolios ist es gewünscht, dass **Kreditinstitute** ihre Kreditrisiken verbriefen und Anlegern zur Partizipation anbieten. Verbriefungen wurden nach der globalen Finanzkrise durch die (heutige) CRR und Verordnungen der EBA umfassend reguliert, um Systemrisiken über Informationsasymmetrien zu begegnen. Dieser Ansatz findet sich heute in der **STS-Verordnung** (EU) 2017/2402 wieder. Eine Überschneidung mit der AIFM-RL, so befürchtete man bei Erlass der AIFM-RL, könne zudem den nach der globalen Finanzkrise ohnedies darniederliegenden europäischen Verbriefungsmarkt strangulieren. Umgekehrt folgt daraus: Wo die genannte EBA-Verordnung nicht greift, muss der Anwendungsbereich der AIFM-RL eröffnet sein. **Kernmerkmal der Verbriefungszweckgesellschaften** im Kontext von § 2 Abs. 1 Nr. 7 KAGB ist, dass die darüber verbrieften **Kreditrisiken von einem regulierten, der CRR unterstellten Institut (Kreditinstitut, Wertpapierfirma) stammen** und auf die Bilanz der Verbriefungszweckgesellschaft übertragen werden; dies kann direkt oder indirekt (über kommerzielle Arrangeure/Sponsoren) erfolgen. Damit unterscheidet sich der Anwendungsbereich von dem der **STS-Verordnung** (EU) 2017/2402, nach dessen Art. 2 Nr. 3 Originator prinzipiell jedermann sein kann; dass dieser unterschiedliche Anwendungsbereich für die Anwendung des KAGB erheblich ist, stellt jetzt § 1 Abs. 19 Nr. 36 KAGB explizit klar. 46

Keine Verbriefungszweckgesellschaft i.S.v. § 2 Abs. 1 Nr. 7 KAGB ist gegeben, wenn auf Betreiben der KVG, eines Fondsinitiators, Asset Managers oder der Verwahrstelle für Zwecke der Anlage durch Investoren erstmals Anlagegegenstände auf eine Verbriefungszweckgesellschaft übertragen werden. Wenn die Vermögensgegenstände von anderen als Kreditinstituten und Wertpapierfirmen stammen, müssen indes die übrigen Merkmale des Investmentvermögens gegeben sein, um die Anwendung des KAGB zu begründen; 47

---

48 Verordnung (EU) 2017/2402 des Europäischen Parlaments und des Rates vom 12. Dezember 2017 zur Festlegung eines allgemeinen Rahmens für Verbriefungen und zur Schaffung eines spezifischen Rahmens für einfache, transparente und standardisierte Verbriefung und zur Änderung der Richtlinien 2009/65/EG, 2009/138/EG, 2011/61/EU und der Verordnungen (EG) Nr. 1060/2009 und (EU) Nr. 648/2012, ABl. L 347/2017.

49 Geplante Änderung des § 1 Abs. 19 Nr. 36 KAGB mit dem Gesetz zur Anpassung von Finanzmarktgesetzen an die Verordnung (EU) 2017/2402 und an die durch die Verordnung (EU) 2017/2401 geänderte Verordnung (EU) Nr. 575/2013; vgl. dazu die Regierungsbegründung, BR-Drucks. 374/18, S. 30.

50 Näher dazu *Zetzsche/Eckner*, Securitizations, in Zetzsche, AIFMD, S. 607 ff.; *Malzahn*, BKR 2012, 450 (456). Zum zivilrechtlichen Hintergrund des Verbriefungsrechts vgl. *Sethe* in Bankrechts-Handbuch, § 114a Rz. 33 ff.

51 Zutreffend *Krause/Klebeck*, RdF 2013, 11; näher dazu § 29 Rz. 95 ff.

52 Ebenso Europäische Kommission, FAQ AIFMD, ID 1157.

53 Näher dazu *Zetzsche/Eckner*, Securitizations, in Zetzsche, AIFMD, S. 607 ff.; zu wenig problembewusst dagegen *Jesch* in Baur/Tappen, § 1 KAGB Rz. 194; *Krause* in Beckmann/Scholtz/Vollmer, vor 405 Rz. 40, die jeweils pauschal Managed CDOs und ihre Verwalter aus dem Anwendungsbereich des KAGB ausschließen.

dies gilt insbesondere für die **Fremdverwaltung.** Fehlt jegliche Einflussnahme des Treuhänders auf die Anlagetätigkeit, weil ein Asset Pool ausschließlich „neu verpackt" und bis zum Ende der Laufzeit gehalten wird, fehlt die Fremdverwaltung. Hat der Treuhänder oder eine von ihm benannte Wertpapierfirma dagegen Anlageermessen, handelt es sich um ein Investmentvermögen. Das Anlageermessen kann auch darin bestehen, dass vorhandene Gegenstände ersetzt werden (*asset substitution*) und insoweit **Auswahlermessen** besteht. **Niemals vom Anwendungsbereich des KAGB** ausgenommen ist die **Anlagetätigkeit des AIF bzw. der AIF-KVG im Zusammenhang mit Verbriefungen** i.S.v. § 2 Abs. 1 Nr. 7 KAGB. Diese sind explizit und ausführlich in Art. 50 bis 56 AIFM-VO i.V.m. der STS-VO geregelt.[54] Dazu ausführlich § 29 Rz. 94 ff.

3. Versicherungsverträge

48 Nach dem 8. Erwägungsgrund der AIFM-RL sowie den Gesetzesmaterialien soll die AIFM-RL nicht für Versicherungsverträge gelten (Rz. 3). Bei Versicherungen wird eine **Leistung nicht als Anlageertrag** gewährt, sondern wegen des Eintritts eines ungewissen Ereignisses, wobei das Versicherungsunternehmen für die Risikotragung und Organisation des Risikopools unter Teilnahme und Einzahlung vieler Vertragsnehmer entlohnt wird.[55] Es fehlen die Merkmale „Anlage zum Nutzen der Anleger" und „Kapitaleinsammlung". Stattdessen unterstehen Versicherungsunternehmen dem VAG. Dies gilt grds. auch für die **fondsgebundene Lebensversicherung** (vgl. Anlage 1, Nr. 21 VAG), bei der häufig eine Nähe zum Investmentgeschäft besteht. Dass die Ausnahme für Versicherungsverträge nicht in § 2 KAGB aufgenommen ist, weist jedoch darauf hin, dass **Umgehungsgestaltungen im Versicherungsmantel** (*wrapper*) durchaus Investmentvermögen sein können.[56] Indiz dafür ist eine sehr geringe Risikotragung durch das Versicherungsunternehmen während der Vertragslaufzeit. Dann müssen die weiteren Merkmale des § 1 Abs. 1 Nr. 1 KAGB ebenfalls erfüllt sein.

VI. Kleine und Kleinst-AIFM (§ 2 Abs. 4, 4a und 5 KAGB)

49 § 2 Abs. 4 bis 5 KAGB setzen mit einigen Modifikationen und Ergänzungen Art. 3 Abs. 2 bis 6 AIFM-RL i.V.m. Art. 2 bis 6 AIFM-VO um.

50 Die Abs. 4 bis 5 sehen **Erleichterungen für drei Fälle kleiner und kleinster AIF-KVG** vor. Bei diesen KVG stehen die Kosten für die Zulassung und den Betrieb einer KVG mit Erlaubnis nach §§ 17 ff. KVG nicht im Verhältnis zu den aus dem verwalteten Vermögen zu erwartenden Einnahmen. Zudem ist das aus solchen Tätigkeiten für das Finanzsystem entstehende Risiko gering. Beides rechtfertigt Erleichterungen. Diese Bedürfnisse sind auszutarieren mit dem nach wie vor gegebenen Bedürfnis nach Anlegerschutz, namentlich von Privatanlegern.

51 Nach dem **Anlegerschutzbedarf** stufen die Abs. 4 bis 5 wie folgt ab: Im Bereich von Spezial-AIF, die nur professionellen und semiprofessionellen Anleger offenstehen, werden mit wenigen Ergänzungen die Mindestregeln für nur-registrierungspflichtige AIF-KVG gem. Art. 3 Abs. 2 bis 6 AIFM-RL i.V.m. Art. 2 bis 6 AIFM-VO übernommen und so die europäische Option an KVG weitergegeben, Vermögen bis zu einem Schwellenwert von 100/500 Mio. Euro erlaubnisfrei zu verwalten. § 2 Abs. 4a KAGB schafft eine Kategorie der Kleinst-KVG bei einem verwalteten Anlagevolumen bis 5 Mio. Euro, deren Anteile auch an Privatanleger verkauft werden dürfen. § 2 Abs. 5 KAGB eröffnet für registrierte KVG bis zu 100 Mio. Euro die Möglichkeit, geschlossene Publikums-AIF an Privatanleger zu vertreiben.

Tabelle 1: Kleine und kleinste KVG

	Volumen	**Fondstyp**	**Anlegerbezogene Schranken**
Registrierte Spezial-KVG	500 Millionen, sonst 100 Millionen inkl. Leverage	Offen und geschlossen	(Semi-)Professionelle Anleger
Registrierte Kleinst-KVG	5 Millionen inkl. Leverage	Geschlossen	Bis zu 5 Privatanleger
Registrierte Publikums-KVG	100 Millionen inkl. Leverage	Geschlossen	Privatanleger

54 Dazu *Zetzsche/Eckner*, Securitizations, in Zetzsche, AIFMD, S. 610 ff.
55 Vgl. zur Definition der Versicherung in st. Rspr. BVerwG v. 29.9.1992 – 1 A 26/91, VersR 1993, 1217.
56 A.A. *von Livonius/Riedl* in Moritz/Klebeck/Jesch, § 2 KAGB Rz. 7; *Tollmann* in Dornseifer/Jesch/Klebeck/Tollmann, Art. 2 Rz. 123 (weiterhin Versicherung).

52 Die zahlreichen, unübersichtlich durch § 2 Abs. 4 bis 5 KAGB in Bezug genommenen Vorschriften bezeichnen die **Rechtsfolgen** bei Unterschreitung der Schwellenwerte. Die Vorschriften sind teils identisch, teils weichen sie voneinander ab. Zusätzliche Komplexität hat das OGAW V-UmsG[57] mit der Einfügung von Verweisen zur Gewährung von Gelddarlehen erzeugt. Die folgende Tabelle zeigt, welche Vorschriften auf welche AIF-KVG anzuwenden ist.

Tabelle 2: Allgemeine Vorschriften für Kleine und Kleinst-KVG

Anwendbare §§	**Inhalt**	**Geltung gem.**
§§ 1 bis 17 KAGB	Anwendungsbereich, BaFin-Zuständigkeit und Befugnisse, KVG-Definition	Abs. 4, 4a, 5
§§ 26 bis 28 KAGB	Allgemeine Verhaltensregeln, Interessenkonflikte, Organisation der KVG	Abs. 5
§ 42 KAGB	Maßnahmen der BaFin bei Gefahr	Abs. 4, 4a, 5
§ 44 Abs. 1, 4 bis 9 KAGB	Registrierung bei der BaFin	Abs. 4, 4a, 5
§§ 45 bis 48 KAGB	Jahresbericht und Prüfung des Publikums-AIF-Berichts	Abs. 5
§§ 80 bis 90 KAGB	AIF-Verwahrstelle	Abs. 5
§ 169 entsprechend, §§ 271 Abs. 1, 272 KAGB	Bewertung	Abs. 5
§§ 261 bis 270 KAGB	Produktregeln für geschlossene Publikums-AIF	Abs. 5
§§ 293, 295 bis 297, 300 bis 306, 314 und 316 KAGB mit der Maßgabe	Vertriebsregeln	§ 2 Abs. 5

53 Bei der **Vergabe von Gelddarlehen** hat die KVG weitere Vorschriften zu beachten, deren Komplexität sich wiederum nach dem KVG-Typ richtet. Dies ist dem Umstand geschuldet, dass der Gesetzgeber der Tätigkeit von Kreditfonds enge Schranken setzt und diese Schranken auch bei nur geringfügiger Fondsverwaltertätigkeit greifen sollen.

Tabelle 3: Zusätzlich anwendbare Vorschriften bei Vergabe von Gelddarlehen

Zitierte Vorschrift	**Inhalt**	**Geltung gem.**
§ 20 Abs. 9 entsprechend KAGB	Einschränkung für Gewährung von Gelddarlehen	Abs. 4, 4a, 5
§ 20 Abs. 10 KAGB entsprechend	Ausnahme bei Gewährung von Gelddarlehen für Konzerngesellschaften auf eigene Rechnung der KVG	Abs. 4, 5
§ 34 Abs. 6 KAGB	Anzeigepflicht nach § 14 KWG	Abs. 4, 5
§ 282 Abs. 2 Satz 3 KAGB	Anwendung von § 285 Abs. 3 (Obergrenze für Darlehensvergabe) auf offene inländische Spezial-AIF.	Abs. 4
§ 285 Abs. 2 und 3 KAGB	Obergrenzen für Darlehensvergabe	Abs. 4, 5
§ 26 Abs. 1, 2 und 7 Satz 1, § 27 Abs. 1, 2 und 5 KAGB,	Verhaltens- und Konfliktpflichten im Hinblick auf eine Vergabe von Gelddarlehen nach § 285 Abs. 2	Abs. 4
§ 29 Abs. 1, 2, 5 und 5a und § 30 Abs. 1 bis 4 KAGB	Risiko- und Liquiditätsmanagement im Hinblick auf eine Vergabe von Gelddarlehen nach § 285 Abs. 2	Abs. 4, 5
§ 261 Abs. 1 Nr. 8 KAGB	höchstens 30 Prozent des aggregierten eingebrachten und des noch nicht eingeforderten zugesagten Kapitals darf für diese Darlehen verwendet werden und die dem jeweiligen Unternehmen gewährten Darlehen dürfen nicht die Anschaffungskosten der an dem Unternehmen gehaltenen Beteiligungen überschreiten	Abs. 4a, 5

57 BGBl. I 2016, S. 342.

1. Kleine Spezial-AIF-KVG (§ 2 Abs. 4 KAGB)

a) Voraussetzungen (§ 2 Abs. 4 Satz 2 KAGB)

54 Die Ausnahme für kleine Publikums-AIF-KVG knüpft an vier Voraussetzungen: 1) Die AIF-KVG (dazu § 1 Rz. 155) verwaltet **direkt oder über eine verbundene Gesellschaft mindestens einen AIF**. Maßgeblich ist somit in gewissen Grenzen eine Konzernbetrachtung.[58] Gesellschaft ist jede Personen- oder Kapitalgesellschaft, ggf. auch die Genossenschaft (Beispiel: Gesellschafter als einzige Genossen), nicht jedoch die Stiftung. Verbunden ist die Gesellschaft, wenn eine gemeinsame Geschäftsführung, ein gemeinsames Kontrollverhältnis oder eine wesentliche unmittelbare oder mittelbare Beteiligung zwischen den Gesellschaften besteht. Diese Kriterien sind Art. 3 Abs. 2 Buchst. a AIFM-RL entnommen. Obgleich das Gesetz (nur) von einer Verbindung spricht, ist wohl bei der Beteiligung zumindest eine **enge Verbindung** (§ 1 Abs. 19 Nr. 10 KAGB, dazu § 1 Rz. 175 f.) vonnöten. Unterhalb von 20 % des Kapitals oder der Stimmrechte werden die verwalteten Vermögen nur zugerechnet, wenn auf anderem Wege (etwa über einen Unternehmensvertrag oder Organidentität) eine Verbindung gegeben ist. Eine identische Besetzung des **Aufsichtsrats** führt dagegen nicht zur Zurechnung. **Keine Zurechnung** erfolgt, wenn mehrere (zumeist interne) **AIF-KVG je für sich AIF** verwalten, und zwar unabhängig von deren Gesellschafterkreis; denn dann erfolgt keine *indirekte* Verwaltung *über* eine andere Gesellschaft, sondern eine ***direkte* Verwaltung *durch* eine andere Gesellschaft.** Jedoch müssen dafür die Organisation und Ressourcen dieser KVG getrennt sein; der Rückgriff auf identische Personen und Ressourcen durch mehrere Rechtsträger ist Umgehung.[59]

55 2) Die verwalteten AIF sind nur **Spezial-AIF** (dazu § 1 Rz. 123 ff.), i.e. die Anlage steht nur professionellen oder semiprofessionellen Anlegern offen. Dies hat die KVG sicherzustellen (dazu § 1 Rz. 126), zumindest durch vertragliche oder statutarische Verankerung der Mindestinvestitionssumme semiprofessioneller Anleger i.H.v. 200.000 Euro.

56 3) Die Summe der verwalteten Vermögensgegenstände muss einen von **zwei Schwellenwerten** unterschreiten. Die Verletzung jedes Schwellenwerts führt zur Erlaubnispflicht als „große" KVG gem. §§ 17 ff. KAGB.

57 Nach der ersten in § 2 Abs. 4 Satz 2 Nr. 2 Buchst. a KAGB genannten Schwelle darf die Summe der von allen verwalteten AIF gehaltenen Vermögensgegenstände **nicht mehr als 100 Millionen Euro** betragen. Diese Summe berechnet sich **„einschließlich der durch den Einsatz von Leverage erworbenen Vermögensgegenstände"**. *Beispiel*: Ein Fonds hält Immobilien im Wert von 105 Mio. Euro und hat Schulden von 80 Millionen Euro. Der Nettoinventarwert beträgt 25 Millionen Euro. Gleichwohl ist nach dem Wortlaut von § 2 Abs. 4 Satz 2 Nr. 2 KAGB der Schwellenwert mit 105 Mio. Euro überschritten. Vgl. zum **Leverage-Begriff** § 1 Abs. 19 Nr. 25 KAGB (§ 1 Rz. 207 ff.). Daraus folgt, dass auch der **Derivateeinsatz** durch den AIF die Anwendung der niedrigeren 100 Mio. Euro Schwelle begründen kann. Unter den in Art. 6 Abs. 3 AIFM-VO festgelegten Voraussetzungen ist Leverage auch auf Ebene der Finanz- und Rechtsstrukturen unterhalb des AIF zu berücksichtigen; näher dazu sowie zur Ausnahme für Private Equity-AIF, die für derartige Verbindlichkeiten nicht einstehen müssen, § 1 Rz. 209.

58 Nur wenn **keinerlei Leverage** (dazu vorherige Rz. 57) eingesetzt wird und „die Anleger für die Spezial-AIF keine Rücknahmerechte innerhalb von fünf Jahren nach Tätigung der ersten Anlage ausüben können", kommt die in § 2 Abs. 4 Satz 2 Nr. 2 Buchst. b KAGB genannte zweite **höhere Schwelle von 500 Mio. Euro** zum Einsatz. Da die Definition des geschlossenen Investmentvermögens (§ 1 Rz. 122) jegliche Rücknahmerechte der Anleger ausschließt, sollte diese Voraussetzung bei geschlossenen Fonds gegeben sein. Die Doppelung erklärt sich damit, dass nach früheren Gesetzesfassungen ein geschlossenes Investmentvermögen noch vorliegen konnte, wenn Rückgaberechte für mindestens ein Jahr ausgeschlossen waren. Näher § 1 Rz. 116.

59 Zwar sieht das Gesetz **keine Wesentlichkeitsschwelle** vor, jedoch wäre es unverständlich, bei einer kurzfristigen Überziehung die Schwelle von 100 Mio. auf 500 Mio. Euro zu erhöhen. Die Frage löst sich bei zutreffender Anwendung des Leverage-Begriffs auf, denn die kurzfristige Überziehung ist keine planmäßige Erhöhung des Investitionsgrads. Zudem stellt sich praktisch kein Problem, wenn die Schwellenüberschreitung nur ganz kurzfristig erfolgt, vgl. dazu Art. 4 AIFM-VO, wonach die Schwelle für eine gewisse Dauer überschritten sein muss. Dazu näher sogleich Rz. 62.

60 4) Die **AIF-KVG unterwirft sich dem KAGB nicht als Ganzes.** Die aus Art. 3 Abs. 4 AIFM-RL übernommene Regelung meint, dass die KVG keinen Antrag auf Erlaubnis als KVG gem. §§ 20, 22 KAGB gestellt

58 *Nelle/Klebeck*, BB 2013, 2049 (2051).

59 Die hier vertretene Ansicht ist ein Kompromiss zwischen *Jesch* in Baur/Tappen, § 2 KAGB Rz. 23 und *Boxberger/Röder* in Weitnauer/Boxberger/Anders, § 2 KAGB Rz. 25.

hat und deshalb alle Regelungen des KAGB für die Verwaltung von AIF einzuhalten hat. Einem kleinen AIFM ist es also immer möglich ist, großer AIFM zu werden (**sog. Opt-in**). Entscheidet sich der kleine AIFM für den Opt-in, muss er im Grundsatz das ganze Erlaubnisverfahren nach §§ 20 ff. KAGB durchlaufen, jedoch werden ihm die Unterlagen erlassen, die bereits für die Registrierung vorgelegt wurden.[60]

b) Berechnung der Schwellenwerte (§ 2 Abs. 4 Satz 3 KAGB)

Die Regelung des § 2 Abs. 4 Satz 3 KAGB ist deklaratorisch, weil die Art. 2 bis 5 AIFM-VO zur Berechnung der Schwellenwerte unmittelbar gelten.[61] **Art. 2 AIFM-VO** bestimmt, wie der **Gesamtwert der verwalteten Vermögenswerte** zu berechnen ist. Vereinfacht gesagt, sind sämtliche Vermögensgegenstände der von der KVG verwalteten AIF anhand der nach dem Recht an seinem Sitzstaat – in Deutschland dem HGB[62] – maßgeblichen Bewertungsregeln zu ermitteln und aufzuaddieren. Dazu zählen auch solche, bei denen die Verwaltung delegiert wurde. Akquisitionskredite können nicht in Abzug gebracht werden,[63] führen aber ggf. zur Anwendung des niedrigeren Schwellenwerts wegen des Einsatzes von Leverage (Rz. 57). **Derivate** sind anhand der in Art. 10 AIFM-VO beschriebenen Methoden einzubeziehen (vgl. Art. 2 Abs. 3 AIFM-VO). Überkreuzinvestitionen in eigene Anlageprodukte (z.B. bei Master-Feeder- oder Umbrella-Konstruktionen) können ausgenommen werden. Die Berechnung hat mindestens einmal jährlich zu erfolgen. Jedoch verpflichtet **Art. 3 AIFM-VO** die kleine KVG zu einer permanenten Überwachung des Umfangs der verwalteten Vermögenswerte; sie hat also auch Maßnahmen zu treffen, wenn der Schwellenwert unterjährig überschritten wird. 61

Art. 4 AIFM-VO trifft **Regelungen zur kurzfristigen Überschreitung** der in § 2 Abs. 4 KAGB genannten Schwellen. Erforderlich ist dann eine Einschätzung der KVG, ob die Überschreitung dauerhaft ist. Ist sie es, muss eine Erlaubnis als große KVG beantragt werden. Ist sie es nach Ansicht der KVG nicht, ist dennoch die BaFin zu informieren und dieser drei Monate nach der Überschreitung nachzuweisen, dass der Schwellenwert wieder unterschritten wurde. Jedenfalls eine dreimonatige Überschreitung wird als dauerhaft angesehen, mit der Folge, dass der Verzicht auf die Antragstellung den Tatbestand des § 15 KAGB erfüllt. **Art. 5 AIFM-VO** legt die wichtigsten, mit dem Antrag auf Vollzulassung einzureichenden Informationen fest. Die BaFin stellt für die Registrierung insoweit detailliertere Anforderungen als die Verordnung und verlangt im Wesentlichen die Vorlage aller für die Erlaubnis nach §§ 30 ff. KAGB erforderlichen Informationen. Näher § 44 KAGB und § 44 Rz. 20. 62

c) Rechtsfolgen bei Unterschreitung der Schwellenwerte (§ 2 Abs. 4 Satz 1 Halbs. 1 KAGB)

Es gelten die Vorschriften zum **Anwendungsbereich des KAGB**, zu **Aufsichtszuständigkeit und Kompetenzen der BaFin** und die KVG-Definition gem. §§ 1 bis 17 KAGB, die investmentrechtliche **Generalklausel bei Gefahr** gem. § 42 KAGB sowie § 44 Abs. 1, 4 bis 9 KAGB zur **Registrierung** und **Information über Anlagestrategien, die wichtigsten Risiken und Anlagegegenstände** (vgl. insbesondere den Verweis auf § 44 Abs. 1 Nr. 3 bis 5 KAGB). Es handelt sich um das **Basisgerüst der Aufsicht** über Investmentvermögen. So ist sichergestellt, dass die BaFin auch gegen die unerlaubte (weil nicht registrierte) oder die Anlegervermögen gefährdende Tätigkeit von Spezial-AIF-KVG vorgehen kann. Es gilt des Weiteren insbesondere § 44 Abs. 8, 9 KAGB, wonach die KVG den aufwendigen Vorschriften zum **AIFMD-Reporting über das BaFin MVP-Portal** unterliegt. 63

§ 20 Abs. 10 KAGB betrifft die Vergabe von **Gelddarlehen an Konzerngesellschaften** für **eigene Rechnung der KVG.** Diese Tätigkeit ermöglicht ein *cash pooling* von Eigenmitteln innerhalb des Konzerns. Zu den Begriffen Mutter- und Tochterunternehmen vgl. § 1 Abs. 19 Nr. 26, 35 KAGB, zu Schwesterunternehmen die Erläuterungen bei § 1 Rz. 176. 64

Die nach § 2 Abs. 4 Satz 1 Nr. 2 KAGB erlaubte Tätigkeit ist von der in Nr. 4 geregelten **Vergabe von Gelddarlehen** für Rechnung eines AIF streng zu unterscheiden. Letzteres ist die Tätigkeit eines **Kreditfonds/** *debt funds.* Dessen Tätigkeit sieht der Gesetzgeber im Hinblick auf Risiken für das Finanzsystem, einer 65

60 Vgl. zum Opt-in die Durchführungsverordnung (EU) Nr. 447/2013 der Kommission, ABl. EU Nr. L 132 v. 16.5.2013, S. 1.

61 Dazu ausführlich *Zetzsche/Preiner*, Scope of the AIFMD, S. 49.

62 Vgl. näher zu den dabei vorzulegenden Unterlagen BaFin, Merkblatt Registrierung nach § 44 KAGB v. 30.8.2013 (Gz. WA41-Wp2137-2013/0044), 3. Gegen das Erfordernis einer separaten fair value-Bewertung *Boxberger/Röder* in Weitnauer/Boxberger/Anders, § 2 KAGB Rz. 23; in der Tat ist die Vorschrift des § 34 KABRV, aus der sich ein solches Erfordernis ergibt, nur anzuwenden, wenn der AIF in einer Rechtsform des KAGB gegründet wurde (insbesondere § 158 KAGB).

63 *Boxberger/Röder* in Weitnauer/Boxberger/Anders, § 2 KAGB Rz. 23.

Konkurrenz für streng regulierte Kreditinstitute und eine Gefährdung von Anlegern wie Verbrauchern kritisch und schränkt sie durch umfangreiche Regelungen ein, vgl. die Zusammenfassung in § 20 Abs. 9 KAGB. Vgl. dazu die Erläuterungen zu § 29 Abs. 5a KAGB bei § 29 Rz. 101 ff.

66 **Im Fall der Vergabe von Gelddarlehen** durch die Spezial-AIF-KVG gelten:

- die im KAGB enthaltenen Beschränkungen zur Kreditvergabe (§ 20 Abs. 9 KAGB),
- gem. § 34 Abs. 6 KAGB die **Anzeigepflicht** nach § 14 KWG,
- die **Obergrenzen für die Darlehensvergabe** gem. § 285 Abs. 2 und 3 KAGB, für offene Fonds i.V.m. § 282 Abs. 2 Satz 3 KAGB (dazu § 285 Rz. 9 ff.),
- einige **Verhaltens- und Organisationspflichten** speziell zur Vergabe von Gelddarlehen nach § 285 Abs. 2 KAGB, nämlich die allgemeinen Verhaltenspflichten aus § 26 Abs. 1, 2 und 7 Satz 1 KAGB (§ 26 Rz. 22, 45, 127), die Vorgaben zur Behandlung von Interessenkonflikten gem. § 27 Abs. 1, 2 und 5 KAGB (§ 27 Rz. 9, 24, 54), zum Risikomanagement gem. § 29 Abs. 1, 2, 5 und 5a KAGB (dazu § 29 Rz. 19, 51, 88, 101) und zum Liquiditätsmanagement gem. § 30 Abs. 1 bis 4 KAGB. Damit gelten eine Vielzahl von kostenintensiven Pflichten, von denen Art. 3 Abs. 2 bis 6 AIFM-RL befreien sollte, für den Fall, dass die kleine KVG Gelddarlehen vergibt. Das ist ein starker Anreiz, es sein zu lassen;
- die Anforderungen an die **Rechnungslegung** nach § 48a KAGB, auf die § 2 Abs. 4 Nr. 4 KAGB seltsamerweise nicht verweist.

67 Die **rechtsformbezogenen Bestimmungen des KAGB** sind in § 2 Abs. 4 KAGB nicht erwähnt. Vorgaben zur Rechtsformwahl der KVG sind § 44 Abs. 1 Nr. 6 KAGB, solche zum AIF § 44 Abs. 1 Nr. 7 KAGB zu entnehmen (näher § 44 Rz. 23 ff.). Es griffe indes zu kurz, daraus zu folgern, dass die in § 2 Abs. 4 bis 5 KAGB genannten AIF-KVG die Rechtsformen des KAGB nicht nutzen könnten. Bei den §§ 108 ff. KAGB handelt es sich um Spezialausprägungen für Investmentzwecke; es wäre paradox, diese Rechtsformen den Spezial-AIF zu verschließen.[64] Jedoch kann auch jede Rechtsform nach Vorschriften jenseits des KAGB gewählt und ausgestaltet werden. Dann ist nach § 44 Abs. 1 Nr. 7 KAGB die **Haftung der Anleger auf den Anlagebetrag zu beschränken** und eine **Nachschusspflicht auszuschließen**. Bei der Haftungsbeschränkung auf den Anlagebetrag handelt es sich um einen **Mindestgrundsatz jeder Anlagebeziehung**.[65]

68 Die KVG nach § 2 Abs. 4 KAGB bedarf im Übrigen **keiner Erlaubnis**, sie muss für AIF **keine Verwahrstelle** bestellen und unterliegt **nicht den Vertriebsvorschriften** (insbesondere auch nicht den Beitragspflichten nach dem AnlEntschG). Jedoch kann die KVG weder den Europäischen Vertriebspass noch den Europäischen Verwalterpass nach Art. 32 ff. AIFM-RL in Anspruch nehmen. Eine Verwendung des Prospektpasses nach der EU-Prospektverordnung ist mit der Vorgabe, nur Anteile durch professionelle und semiprofessionelle Anleger halten zu lassen, unvereinbar. Zur nach dem KAGB **großzügigen Marktzugangsregelung für ausländische kleine** AIFM vgl. § 330a KAGB.[66]

d) EuVECA- und EuSEF-Verwalter (§ 2 Abs. 4 Satz 4 KAGB)

69 Aus § 2 Abs. 4 Satz 4 KAGB folgt, dass registrierte **kleine Spezial-AIF-KVG zugleich Verwalter von EuVECA und EuSEF** (näher Rz. 83 ff.) sein dürfen. Damit dürften regelmäßig ähnliche Anlegergruppen erreicht werden. Jedoch bleiben die Schwellenwerte bestehen, so dass die Summe aus EuVECA, EuSEF und Spezial-AIF die Schwellenwerte nach § 2 Abs. 4 Satz 2 Nr. 2 KAGB nicht überschreiten dürfen.

2. Kleinst-Publikums-AIF-KVG (§ 2 Abs. 4a KAGB)

a) Voraussetzungen (§ 2 Abs. 4a Satz 1 KAGB)

70 Die Ausnahme für Kleinst-KVG mit einem nur kleinen Anlegerkreis, woraus man aufgrund der erhöhten Kontrolldichte ein geringes Risiko für Anleger ableitet und daher nur die Mindestregeln gem. Art. 3 Abs. 2 ff. AIFM-RL gelten sollen,[67] wurde spät im Gesetzgebungsverfahren in das KAGB eingefügt,[68] was die Nummerierung als Abs. 4a KAGB erklärt. Sie knüpft an **fünf Voraussetzungen**: 1) Es handelt sich um eine **interne AIF-KVG** (dazu § 1 Rz. 147, 155); Standardbeispiel: Anlage-KG oder -AG. 2) Die KVG verwal-

64 Vgl. *Zetzsche*, AG 2013, 613 (617 ff.); ebenso *Boxberger/Röder* in Weitnauer/Boxberger/Anders, § 2 KAGB Rz. 23 (Option, aber kein Zwang); *von Livonius/Riedl* in Moritz/Klebeck/Jesch, § 2 KAGB Rz. 42; Plädoyer für strikten Rechtsformzwang bei *Freitag*, NZG 2013, 329 ff.; s.a. *Servatius*, ZfIR 2014, 134 f.

65 Vgl. *Zetzsche*, AG 2013, 613 ff.; *Zetzsche*, Prinzipien der kollektiven Vermögensanlage, 2015, S. 8847 ff.; i.E. auch *von Livonius/Riedl* in Moritz/Klebeck/Jesch, § 2 KAGB Rz. 42, 48.

66 Dazu *Nelle/Klebeck*, BB 2013, 2504 f.

67 Dagegen *Servatius*, ZFiR 2014, 134 (136).

68 Vgl. BT-Drucks. 17/13395, S. 401 ff.

tet nur **einen** (arg. „des“) **inländischen geschlossenen Publikums-AIF** (dazu § 1 Rz. 135 f.). 3) Es geht einschließlich Leverage (dazu sogleich Rz. 72) um ein verwaltetes Vermögen von **maximal 5 Mio. Euro.** 4) Die Anteile des AIF werden von bis zu **fünf natürlichen Personen** gehalten. Zur Sicherstellung der Anlegerzahl sollte die KVG mit den Anlegern Mitteilungspflichten und ggf. eine Vinkulierung vereinbaren. Ggf. ist beim Einsatz von Vehikeln **Durchschau** (dazu § 1 Rz. 43 ff.) geboten, die Zwischenschaltung eines Treuhänders schadet per se nicht.[69] Wird die Anzahl **durch Erbschaft überschritten**, ist dies analog § 1 Abs. 6 Nr. 2 Halbs. 2 KAGB unschädlich.[70] 5) Die KVG unterwirft sich nicht dem Gesetz in Gänze (dazu Rz. 60).

b) Berechnung der Schwellenwerte (§ 2 Abs. 4a Satz 2 KAGB)

Für die **Berechnung der Schwellenwerte** gelten Art. 2 bis 5 AIFM-VO, und zwar – entgegen dem Gesetzeswortlaut – kraft europäischen Rechts nicht nur entsprechend, sondern **unmittelbar**. Dies deshalb, weil Art. 3 AIFM-RL keine Ausnahme für Kleinst-AIF-KVG kennt, so dass Art. 3 Abs. 2 bis 6 AIFM-RL i.V.m. Art. 2 bis 5 AIFM-VO unmittelbar und die AIFM-VO sogar ohne weiteren Umsetzungsakt gelten. Zum Inhalt kann auf die Rz. 10 verwiesen werden. 71

Die Vorschrift stellt klar, wie **durch Leverage erworbene Vermögensgegenstände zu berücksichtigen** sind, wenn der Schwellenwert „einschließlich der durch den Einsatz von Leverage erworbenen Vermögensgegenstände“ zu ermitteln ist. Gemeint ist, dass die aus Verbindlichkeiten erworbenen Gegenstände **mitzurechnen**, Verbindlichkeiten nicht abzuziehen sind. *Beispiel*: Der AIF hält Aktien im Wert von 5,1 Mio. Euro und hat 4 Mio. Euro Schulden. Der Nettoinventarwert beträgt 1,1 Mio. Euro. Maßgeblich ist jedoch das Vermögen „einschließlich der durch Leverage erworbenen Gegenstände,“ so dass 5 Mio. Euro überschritten werden. 72

Eine entsprechende Geltung kommt nur für die **Rechtsfolge bei Überschreitung** der Schwellenwerte in Betracht, da die AIFM-RL an die Überschreitung der 5 Mio. Euro-Grenze keine Rechtsfolgen knüpft. 73

c) Rechtsfolgen bei Unterschreitung der Schwellenwerte (§ 2 Abs. 4a Satz 1 Halbs. 1 KAGB)

Es gelten die Vorschriften zum Anwendungsbereich, zur **Aufsichtszuständigkeit der BaFin** und die KVG-Definition gem. §§ 1 bis 17 KAGB, die investmentrechtliche **Generalklausel bei Gefahr** gem. § 42 KAGB sowie § 44 Abs. 1, 4 bis 9 KAGB zur **Registrierung und Unterrichtung der BaFin**. Zu allem s. Rz. 63. 74

Des Weiteren gelten im Fall der **Vergabe von Gelddarlehen** die Einschränkungen bei der Kreditvergabe gem. §§ 20 Abs. 9 und 261 Abs. 1 Nr. 8 KAGB **entsprechend** (dazu Rz. 65 f.). Nach §§ 20 Abs. 9 Satz 1 und 261 Abs. 1 Nr. 8 KAGB ist eine Darlehensvergabe für Rechnung des geschlossenen Publikums-AIF nur zulässig, wenn es sich um die Vergabe eines **Gesellschafterdarlehens** nach dem entsprechend anwendbaren § 285 Abs. 3 KAGB handelt.[71] Gemäß § 261 Abs. 1 Nr. 8 KAGB dürfen höchstens „30 Prozent des aggregierten eingebrachten und des noch nicht eingeforderten zugesagten Kapitals für diese Darlehen verwendet werden und die dem jeweiligen Unternehmen gewährten Darlehen nicht die Anschaffungskosten der an dem Unternehmen gehaltenen Beteiligungen überschreiten.“ Näher dazu § 261 Rz. 18 f. Gemäß § 20 Abs. 9 Satz 2 KAGB gilt auch im Anwendungsbereich von § 2 Abs. 4a KAGB, dass **Änderungen der Darlehensbedingungen**, die der Darlehensvergabe nachfolgen, nicht als Darlehensvergabe zu bewerten sind.[72] 75

Die **Ausnahme gem. § 20 Abs. 10 KAGB** hielt man offensichtlich nicht für erforderlich, da bei einer internen AIF-KVG dieser Größe nicht mit Konzernunternehmen zu rechnen ist und zudem Abs. 4a nur internen AIF-KVG offensteht, während § 20 Abs. 10 KAGB nur für externe KVG gilt. Existieren dennoch solche Unternehmen, spricht nichts gegen die analoge Anwendung von § 20 Abs. 10 KAGB. 76

3. Kleine Publikums-AIF-KVG (§ 2 Abs. 5 KAGB)

a) Voraussetzungen (§ 2 Abs. 5 Satz 1 KAGB)

Die Ausnahme für kleine Publikums-AIF-KVG knüpft an **vier Voraussetzungen**: 1) Die AIF-KVG (dazu § 1 Rz. 155) verwaltet **direkt oder über eine verbundene Gesellschaft mindestens einen AIF**. Für die Gesellschaft genügt jede Personen- oder Kapitalgesellschaft, ggf. auch die Genossenschaft (*Beispiel*: Gesellschafter als einzige Genossen), nicht jedoch die Stiftung. Verbunden ist die Gesellschaft, wenn eine gemeinsame Geschäftsführung, ein gemeinsames Kontrollverhältnis oder eine wesentliche unmittelbare oder mit- 77

---

69 A.A. *von Livonius/Riedl* in Moritz/Klebeck/Jesch, § 2 KAGB Rz. 46; *Boxberger/Röder* in Weitnauer/Boxberger/Anders, § 2 KAGB Rz. 31.

70 *Boxberger/Röder* in Weitnauer/Boxberger/Anders, § 2 KAGB Rz. 31.

71 Vgl. BT-Drucks. 18/6744, S. 42.

72 Vgl. BT-Drucks. 18/6744, S. 42.

telbare Beteiligung zwischen den Gesellschaften besteht. Diese Kriterien sind Art. 3 Abs. 2 Buchst. a AIFM-RL entnommen und gelten ebenso für die Ermittlung des verwalteten Vermögens von kleinen Spezial-AIF-KVG. Dazu Rz. 54.

78 2) Die verwalteten AIF schließen **mindestens einen inländischen, geschlossenen Publikums-AIF** (dazu § 1 Rz. 135 f.) ein. 3) Die Summe der verwalteten Vermögensgegenstände „einschließlich der durch den Einsatz von Leverage erworbenen Vermögensgegenstände" überschreiten insgesamt nicht den Wert von 100 Millionen Euro (dazu Rz. 57, 61 ff.). 4) Die AIF-KVG unterwirft sich dem KAGB nicht als Ganzes (dazu Rz. 60).

b) Berechnung der Schwellenwerte (§ 2 Abs. 5 Satz 2 KAGB)

79 Für die Berechnung des Schwellenwerts ist auf Art. 2 bis 5 AIFM-VO zurückzugreifen. Dazu Rz. 61. Weil der geschlossene Publikums-AIF Leverage einsetzen darf, gilt die 100 Mio. Euro-Grenze gem. Art. 3 Abs. 2 Buchst. a AIFM-RL. Dazu bereits zu § 2 Abs. 4 Satz 2 Nr. 2 Buchst. a oben Rz. 57.

c) Rechtsfolgen bei Unterschreitung der Schwellenwerte (§ 2 Abs. 5 Satz 1 Halbs. 1 KAGB)

80 Es gelten die Vorschriften zum Anwendungsbereich, zur **Aufsichtszuständigkeit der BaFin** und die KVG-Definition gem. §§ 1 bis 17 KAGB, die investmentrechtliche **Generalklausel bei Gefahr** gem. § 42 KAGB sowie § 44 Abs. 1, 4 bis 9 KAGB zur **Registrierung.** Zu allem s. Rz. 63.

81 Speziell als **Ausprägung des Schutzes von Privatanlegern** treten hinzu:

- die unmittelbare Geltung der **Verhaltensvorschriften, der Vorgaben zu Interessenkonflikten und zur Organisation der AIF-KVG** gem. §§ 26 bis 28 KAGB. Aus dem (seit dem OGAW V-UmsG Direkt-) Verweis soll sich ergeben, dass AIFM im Hinblick auf bestimmte Pflichten der Art, dem Umfang und der Komplexität ihrer Geschäfte sowie der Art und dem Spektrum der im Zuge dieser Geschäfte erbrachten Dienstleistungen und Tätigkeiten Rechnung zu tragen haben (**Proportionalitätsprinzip**).[73] Jedoch beschränkt sich der Verweis nicht darauf. Insbesondere unter Berücksichtigung der Durchführungsbestimmungen der AIFM-VO kann die Belastung der KVG mit Formalismen (z.B. Organisationsleitlinien zu Interessenkonflikten) erheblich sein. Aus dem Verhältnismäßigkeitsgebot ergibt sich nicht nur eine komplexitäts- und risikoorientierte Betrachtung (wie die Regierungsbegründung ausführt), sondern es gebietet auch eine praktische statt formalistische Handhabung der in Bezug genommenen Pflichten;
- die Vorschriften zur **Erstellung und Pflichtprüfung von Jahresberichten für jeden AIF** gem. §§ 45 bis 48 KAGB;
- die §§ 80 bis 90 KAGB, wonach **für jeden AIF eine Verwahrstelle** zu bestellen und die Vermögensgegenstände zu verwahrend sind;
- die **Produktregeln für geschlossene Publikums-AIF** gem. §§ 261 bis 270 KAGB, mit einem numerus clausus der Vermögensgegenstände, Diversifizierungszwang und einer Begrenzung von Leverage sowie einem Genehmigungserfordernis für die Anlagebedingungen sowie Mindeststandards für die Anlegerinformation;
- die § 169 entsprechend sowie §§ 271 Abs. 1, 272 KAGB zur **Bewertung** der Vermögensgegenstände;
- die **Vertriebsvorschriften für geschlossene Publikums-AIF** gem. §§ 293, 295 bis 297, 300 bis 306, 314 und 316 KAGB. Hinzuzufügen ist im Verkaufsprospekt und den wesentlichen Anlegerinformationen („KIID") ein Hinweis, dass die AIF-KVG keine Erlaubnis nach §§ 17 ff. KAGB erhalten hat und daher „bestimmte Anforderungen dieses Gesetzes nicht eingehalten werden". Eine Auflistung der Bestimmungen ist nicht erforderlich.

82 Vergibt die kleine Publikums-AIF-KVG **Gelddarlehen oder investiert diese in unverbriefte Darlehensforderungen für Rechnung ihrer AIF**, hat sie die auch von kleinen Spezial-AIF-KVG bei der Verwaltung solcher Fonds maßgeblichen Vorschriften einzuhalten (Rz. 65 f.). Hinzu treten die Vergabebeschränkungen gem. § 261 Abs. 1 Nr. 8 KAGB, die ebenso für Kleinst-Publikums-AIF-KVG gem. § 2 Abs. 4a KAGB gelten (im Ergebnis folgt daraus eine Beschränkung auf Gesellschafterdarlehen). Dazu Rz. 75 sowie § 261 Rz. 18 f.

VII. Verwalter von EuVECA und EuSEF (§ 2 Abs. 6 und 7 KAGB)

83 § 2 Abs. 6 und 7 KAGB regeln das Verhältnis der EuVECA-VO und EuSEF-VO zum KAGB.

---

73 BT-Drucks. 18/6744, S. 43.

Keiner Regelung bedarf es, soweit **der Verwalter nur EuVECA und EuSEF verwaltet**, weil beide Verordnungen unmittelbar gelten und die Bedingungen für die Tätigkeit abschließend regeln. Dies sind die in § 2 Abs. 6 Satz 1 und Abs. 7 Satz 1 KAGB genannten Fälle, die auf Kapitel 5 und 6 (§§ 337, 338 KAGB) verweisen. Aufgrund der unmittelbaren Wirkung der EuVECA-VO und EuSEF-VO, die dasselbe jeweils in Art. 2 festlegen, ist die **Regelung deklaratorisch.** Dazu vgl. § 337 Rz. 1, 14; § 338 Rz. 1, 7. Nach Art. 2 Abs. 1 EuVECA-VO und EuSEF-VO muss es sich dann um Verwalter mit Sitz in der EU/dem EWR handeln, bei denen die insgesamt verwalteten Vermögenswerte die in § 2 Abs. 4 Satz 2 KAGB genannten Schwellenwerte (dazu Rz. 56 f.) nicht überschreiten. Insoweit handelt es sich um eine **Sonderform des kleinen AIFM**. Diese hat sich nach Ansicht der BaFin analog § 44 i.V.m. Art. 2 bis 5 AIFM-VO zu registrieren.[74] 84

Angesichts der Regelung des § 2 Abs. 6 Satz 1 und Abs. 7 Satz 1 KAGB überraschend findet sich keine (ebenfalls deklaratorische) Regelung zu dem Fall, dass die **AIF-KVG**, die EuVECA oder EuSEF verwaltet, **zugleich weitere AIF mit einer Zulassung nach §§ 17 ff. KAGB verwaltet**, die kein EuVECA und EuSEF sind. Diese Fälle sind nunmehr in Art. 2 Abs. 2 EuVECA-VO und EuSEF-VO dahingehend geregelt, dass neben das KAGB (soweit es die AIFM-RL umsetzt) bestimmte, in Art. 2 Abs. 2 EuVECA-VO und EuSEF-VO genannte Vorschriften treten. Siehe näher Anh. zu § 337: Art. 2 EuVECA-VO Rz. 4 ff.; Anh. zu § 338: Art. 2 EuSEF-VO Rz. 1. Es spricht grds. auch nichts dagegen, dass sich die in § 2 Abs. 4 bis 5 KAGB geregelten **kleinen Verwalter von Spezial-AIF** zusätzlich als EuVECA- oder EuSEF-KVG registrieren. Aus dem Umstand, dass diese in Art. 2 EuVECA-VO und Art. 2 EuSEF-VO nicht erwähnt sind, ist dies nicht zwingend abzuleiten, zumal es häufig um dieselben Zielgruppen geht.[75] Dies folgt auch aus § 2 Abs. 4 Satz 4 KAGB; dass dort die Reihenfolge eine andere Abfolge zu gebieten scheint, ist auf Ungenauigkeiten bei der Gesetzesredaktion zurückzuführen. 85

In Satz 2 von § 2 Abs. 6 und 7 KAGB findet sich jedoch eine Regelung dazu, dass eine **AIF-KVG, die EuVECA oder EuSEF verwaltet, zugleich über eine Erlaubnis als OGAW-KVG** gem.§ 20 Abs. 1 KAGB verfügt. Dies versteht sich vor dem Hintergrund, dass Art. 2 Abs. 3 EuVECA-VO und Art. 2 Abs. 3 EuSEF-VO nur klarstellen, dass eine solche **Parallelerlaubnis zulässig** ist, ohne die Voraussetzungen dafür näher festzulegen, vgl. Art. 2 EuVECA-VO Rz. 7. Der zweite Halbsatz von Satz 2 ordnet pauschal an, dass neben § 337 resp. § 338 KAGB und der EuVECA-VO und EuSEF-VO, auf welche §§ 337, 338 KAGB deklaratorisch verweisen, „auch die für die Verwaltung von OGAW geltenden Vorschriften" des KAGB anzuwenden sind. Wie aus dem Verweis auf die Verwaltung folgt, geht es nicht nur um die Produkt- und Vertriebs-, sondern auch die Verwaltervorschriften (also die Zulassung der OGAW-KVG nebst den Verwahrstellenvorschriften). Dies ist konsequent, unterscheiden sich doch die geringen und auf Privilegierung des Verwalters angelegten Anforderungen der EuVECA-VO und EuSEF-VO ganz erheblich von den strengen, auf Anlegerschutz ausgelegten Vorgaben für OGAW. Im Grunde stehen beide Regelwerke vollständig nebeneinander. 86

§ 3 Bezeichnungsschutz

(1) [1]Die Bezeichnungen „Kapitalverwaltungsgesellschaft", „Investmentvermögen", „Investmentfonds" oder „Investmentgesellschaft" oder eine Bezeichnung, in der diese Begriffe enthalten sind, darf in der Firma, als Zusatz zur Firma, zur Bezeichnung des Geschäftszwecks oder zu Werbezwecken nur von Verwaltungsgesellschaften im Sinne dieses Gesetzes geführt werden. [2]Die Bezeichnungen „Investmentfonds" und „Investmentvermögen" dürfen auch von Vertriebsgesellschaften geführt werden, die Anteile an Investmentvermögen vertreiben, die nach Maßgabe dieses Gesetzes vertrieben werden dürfen. [3]Die Bezeichnungen „Investmentfonds", „Investmentvermögen" und „Investmentgesellschaft" dürfen auch von extern verwalteten Investmentgesellschaften geführt werden.

(2) Die Bezeichnung „Investmentaktiengesellschaft" darf nur von Investmentaktiengesellschaften im Sinne der §§ 108 bis 123 oder der §§ 140 bis 148 geführt werden.

(3) Die Bezeichnung „Investmentkommanditgesellschaft" darf nur von Investmentkommanditgesellschaften im Sinne der §§ 124 bis 138 oder der §§ 149 bis 161 geführt werden.

(4) [1]EU-Verwaltungsgesellschaften dürfen für die Ausübung ihrer Tätigkeit im Geltungsbereich dieses Gesetzes dieselben allgemeinen Bezeichnungen verwenden, die sie in ihrem Herkunftsmitglied-

74 Vgl. *BaFin*, Einzelne Hinweise zur Registrierung nach § 44 KAGB i.V.m. Art. 2 bis 5 der Delegierten Verordnung 231/2013 v. 30.8.2013 (Gz: WA 41-Wp 2137-2103/0044). Die Hinweise sind noch nicht an die Reform der EuVeCA-VO und EuSEF-VO angepasst.

75 I.E. ebenso *Boxberger/Röder* in Weitnauer/Boxberger/Anders, § 2 KAGB Rz. 40.

staat führen. [2]Die Bundesanstalt für Finanzdienstleistungsaufsicht (Bundesanstalt) kann einen erläuternden Zusatz zu der Bezeichnung vorschreiben, wenn die Gefahr einer Verwechslung besteht.
(5) Die §§ 42 und 43 des Kreditwesengesetzes sind entsprechend anzuwenden.

In der Fassung vom 4.7.2013 (BGBl. I 2013, S. 1981).

Schrifttum: *Brenncke*, Regelung der Werbung im Bank- und Kapitalmarktrecht, 2013.

I. Zweck und Entwicklung

1 Die Vorschrift wurde im Grundsatz aus § 3 InvG übernommen; die Entwicklung der Vorschrift reicht 60 Jahre zurück;[1] die Bezeichnungen wurden an die Terminologie des KAGB angepasst und um den neuen Abs. 3 für InvKG erweitert. Zweck der Vorschrift ist einerseits **Schutz der beaufsichtigten KVG vor unregulierten Wettbewerbern**, andererseits der **Anlegerschutz durch eindeutige Terminologie**: Anleger sollen sichergehen können, dass ein Produkt mit einer geschützten Bezeichnung dem KAGB und der damit verbundenen Regulierung und Aufsicht untersteht. Dies betrifft insbesondere die Verwendung der Bezeichnungen im Rahmen des **Vertriebs.** Zu weit geht es indes, von einem **Gütesiegel** zu sprechen.[2] Es handelt sich um eine Standardregelung im Bank- und Finanzmarktrecht, die auf Kundenirrtümer angelegte Gesetzesumgehungen, Schwindelgründungen und Kapitaleinwerbungen begegnet. Vgl. auch die Parallelvorschriften §§ 39 ff. KWG, § 94 WpHG, § 6 VAG. Davon abweichend bezweckt § 3 Abs. 4 KAGB die **effektive Gewährleistung der Grundfreiheiten im europäischen Binnenmarkt**. Dazu Rz. 13 f.

2 **Rechtsfolge einer unzulässigen Bezeichnung** sind die **Verweigerung der Registereintragung** sowie registerrechtlich ausgestaltete **Unterlassungsansprüche**, vgl. § 3 Abs. 5 KAGB i.V.m. § 43 KWG (Rz. 16); des Weiteren ist § 3 KAGB entgegen der h.M. auch **zivilrechtliches Schutzgesetz** i.S.v. § 823 Abs. 2 BGB.[3] Aus § 4 Abs. 4 FinDaG folgt nichts anderes: Die Vorschrift sperrt einen Individualanspruch des Betroffenen *gegen die BaFin* auf Tätigkeitwerden. Es gibt aber keine Auslegungsgesetzlichkeit, wonach jede BaFin-Kompetenz zugleich zivilrechtlichen Individualschutz im Verhältnis unter Privaten sperrt.[4] Zugleich ist wegen des klar umgrenzten Umfangs der Norm eine Ausuferung zivilrechtlicher Klagen nicht zu befürchten, aber durchaus deren Zulassung ein wirksames Instrument gegen Bezeichnungsmissbrauch im Rahmen des Vertriebs. Sollte man ursprünglich keinen Individualschutz bezweckt haben, so rechtfertigt die Umsetzung des stärker auf Individualschutz gründenden europäischen Finanzmarktrechts (dazu Einl. Rz. 60) eine Neubewertung.

3 **Zahlreiche** vom KAGB definierte oder zu Vertriebszwecken gebräuchliche **Begriffe** sind **von § 3 KAGB nicht erfasst.** Der Wortlaut von § 3 KAGB ermöglicht keine erweiternde Auslegung, auch eine analoge Anwendung kommt nicht in Betracht.[5] Nicht gegen § 3 KAGB verstößt etwa, wer sich heute als **Kapitalanlagegesellschaft** bezeichnet und damit die Terminologie des InvG weiterführt, oder von **Investmentprodukten, Investmentverträgen** oder **Investmentsondervermögen** spricht. Dies ruft **Schutzlücken** hervor. Diese Lücken sind **zivilrechtlich** über **§ 826 BGB**, den **handelsrechtlichen Firmenschutz** (§ 18 HGB, aber auch § 37 HGB, vgl. insbesondere § 37 Abs. 2 HGB) sowie mit dem **wettbewerbsrechtlichen Irreführungsverbot** (§ 5 UWG i.V.m. 3 Abs. 1 und 2 UWG) zu schließen, mit der Rechtsfolge Beseitigung und Unterlassung (§ 8 UWG) sowie Schadensersatz unter den engen, in § 823 Abs. 2 BGB i.V.m. § 16 UWG genannten Voraussetzungen. Eine **Werbung ist danach irreführend**, wenn sie geeignet ist, bei einem erheblichen Teil der umworbenen Verkehrskreise irrige Vorstellungen über das Angebot hervorzurufen und die zu treffende

1 Überblick bei *von Livonius/Riedl* in Moritz/Klebeck/Jesch, § 1 KAGB Rz. 1.
2 Ebenso *Boxberger* in Weitnauer/Boxberger/Anders, § 3 KAGB Rz. 1; a.A. *von Livonius/Riedl* in Moritz/Klebeck/Jesch, § 3 KAGB Rz. 4.
3 A.A. *von Livonius/Riedl* in Moritz/Klebeck/Jesch, § 3 KAGB Rz. 3, 22; *Boxberger* in Weitnauer/Boxberger/Anders, § 3 KAGB Rz. 15; *Führmeyer/Klein* in Baur/Tappen, § 3 KAGB Rz. 5.
4 Ausf. *Zetzsche* in Schwark/Zimmer, § 4 WpHG Rz. 17 f.
5 *Boxberger* in Weitnauer/Boxberger/Anders, § 3 KAGB Rz. 4; *Führmeyer/Klein* in Baur/Tappen, § 3 KAGB Rz. 7; *von Livonius/Riedl* in Moritz/Klebeck/Jesch, § 3 KAGB Rz. 6.

Marktentschließung in wettbewerblich relevanter Weise zu beeinflussen[6] bzw. wenn das Verständnis, das sie bei den Verkehrskreisen erweckt, an die sie sich richtet, mit den tatsächlichen Verhältnissen nicht übereinstimmt.[7] **Aufsichtsrechtlich** steht der BaFin in bestimmten Fällen § 4 KAGB, insbesondere aber das Instrument der **Missstandsaufsicht** (§ 5 Abs. 6 KAGB) auch dann zur Verfügung, wenn die Irreführung aus der Verwendung von durch § 3 KAGB nicht geschützter Begriffe resultiert. Wie aus § 302 Abs. 7 KAGB folgt, ist § 3 KAGB **keine Sperrwirkung** im Hinblick auf andere, dort nicht genannte Begriffe zu entnehmen. Diese Aufsichtsinstrumente stehen in Bezug auf **EU- und ausländische Verwaltungsgesellschaften und Investmentvermögen** zur Verfügung, wenn diese in Deutschland tätig sind bzw. vertrieben werden; dies ist bei entsprechendem Auftreten am Markt stets zu vermuten.[8] Sind diese indes in Deutschland weder zugelassen noch notifiziert, muss die BaFin auf ihre Befugnisse gegen unerlaubte Tätigkeiten zurückgreifen.

Zu Übergangsvorschriften vgl. § 353 Abs. 5 i.V.m. § 345 Abs. 8 KAGB. Die Vorgängernorm zu § 3 KAGB ist 4
Teil der „Vertriebsvorschriften des Investmentgesetzes".

II. Bezeichnungsschutz nach § 3 Abs. 1 KAGB

Nach § 3 Abs. 1 KAGB **geschützte Bezeichnungen** sind **„Kapitalverwaltungsgesellschaft"** (§ 17 i.V.m. § 1 5
Abs. 15, 16 KAGB), **„Investmentvermögen"** (§ 1 Abs. 1 KAGB), **„Investmentfonds"** oder **„Investmentgesellschaft"** (§ 1 Abs. 11 KAGB). Davon bezeichnet die KVG einen Fondsverwalter, während Investmentvermögen und -fonds immer Produktbezeichnungen sind. Die Investmentgesellschaft kann im Fall der extern verwalteten Investmentgesellschaft (§ 1 Abs. 13 KAGB) Produktbezeichnung sein, sie ist im Fall der intern verwalteten Investmentgesellschaft (§ 1 Abs. 12 KAGB) sowohl Produkt- als auch Verwalterbezeichnung.

Obwohl der **Investmentfonds** vom KAGB nicht definiert wird und sich im KAGB nur als Teilbegriff etwa 6
als Alternativer Investmentfonds (AIF) findet, wird dieser Begriff im gewöhnlichen Sprachgebrauch für die „Investmentvermögen" (§ 1 Abs. 1 KAGB) verwendet, mit dem regulierte Investmentprodukte assoziiert werden. Es handelte sich zudem um einen Zentralbegriff des InvG bis 2013.

In § 3 Abs. 1 Satz 1 KAGB genannt sind die **geschützten Nutzzwecke**, worauf sich Satz 2 und 3 beziehen. 7
Geschützt sind (nur) die Verwendung der Bezeichnungen **in der Firma, als Zusatz zur Firma, zur Bezeichnung des Geschäftszwecks oder zu Werbezwecken**. Die ersten drei Bezeichnungen beziehen sich auf die Nutzungsberechtigten selbst. So darf sich die KVG z.B. als „Kapitalverwaltungsgesellschaft", die Vertriebsgesellschaft als eine solche für „Investmentfonds" bezeichnen. Dies wirft die Frage auf, ob der Schutzbereich nur die **Werbung für die Nutzungsberechtigten in eigener Sache** oder auch die **Bewerbung der Produkte** einbezieht. Der Schutzzweck erfordert grds. eine **weite Auslegung**, der sowohl die Bewerbung der eigenen Tätigkeit, als auch der Produkte erfasst, weil nur so die irreführende Werbung durch Dritte beschränkt wird. Dem eindeutigen Wortlaut nach ist die Nutzung sowohl als eigenständiger, als auch als zusammengesetzter Begriff beschränkt (Beispiel: „Investmentfondsberater"[9]). Eine teleologische Reduktion mit dem Ziel, nur Fälle der kollektiven Vermögensverwaltung zu erfassen, kommt nicht in Betracht, da § 3 KAGB auf § 41 KWG nicht Bezug nimmt.[10] Nicht geschützt sind Wortteile (z.B. Verwaltungsgesellschaft) und Abkürzungen (KVG).[11]

Die in § 3 Abs. 1 Satz 1 KAGB genannten Bezeichnungen **vollständig nutzen** dürfen nur **Verwaltungsgesellschaften** (§ 1 Abs. 14 KAGB, dazu § 1 Rz. 150), also KVG, EU-Verwaltungsgesellschaften sowie ausländische AIF-Verwaltungsgesellschaften. Ein Sitz in Deutschland ist für die Verwendung der Bezeichnung 8

6 St. Rspr., vgl. z.B. BGH v. 18.1.2012 – I ZR 104/10, Tz. 11 – Neurologisch/Vaskuläres Zentrum, GRUR 2012, 942; BGH v. 14.1.2016 – I ZR 65/14, Tz. 71 – Freunde finden, GRUR 2016, 8; BGH v. 10.4.2014 – I ZR 43/13, Tz. 37 – nickelfrei, GRUR 2014, 1114; BGH v. 5.11.2015 – I ZR 182/14, Tz. 10 – Durchgestrichener Preis II, GRUR 2016, 521.

7 St. Rspr., vgl. z.B. BGH v. 11.10.2017 – I ZR 78/16, Tz. 23 – Tiegelgröße, GRUR 2018, 431; BGH v. 21.9.2017 – I ZR 53/16, Tz. 18 – Festzins Plus, GRUR 2018, 320; BGH v. 3.11.2016 – I ZR 227/14, Tz. 13 – Optiker Qualität, GRUR 2017, 418; BGH v. 21.4.2016 – I ZR 151/15, Tz. 20 – Ansprechpartner, GRUR 2016, 1193; BGH v. 14.1.2016 – I ZR 65/14, Tz. 71 – Freunde finden, GRUR 2016, 8; BGH v. 5.2.2015 – I ZR 136/13, Tz. 18 – TIP der Woche, GRUR 2015, 906; BGH v. 10.4.2014 – I ZR 43/13, Tz. 37, 39 – nickelfrei, GRUR 2014, 1114; BGH v. 6.11.2013 – I ZR 104/12, Tz. 30 – Vermittlung von Netto-Policen, NJW 2013, 3361.

8 Zweifelnd wohl *Boxberger* in Weitnauer/Boxberger/Anders, § 3 KAGB Rz. 14.

9 Vgl. *Boxberger* in Weitnauer/Boxberger/Anders, § 3 KAGB Rz. 5.

10 Ebenso *Boxberger* in Weitnauer/Boxberger/Anders, § 3 KAGB Rz. 5.

11 *von Livonius/Riedl* in Moritz/Klebeck/Jesch, § 3 KAGB Rz. 7.

KVG indes nicht erforderlich.[12] Dies folgt aus dem eindeutigen Wortlaut. § 3 KAGB eröffnet allen Verwaltungsgesellschaften die Nutzung des Begriffs; insbesondere EU-Verwalter können gemäß der im Vertriebsmarkt gebräuchlichen Terminologie ohne abgrenzende und diskriminierende Zusatzhinweise tätig sein. Aus § 17 Abs. 2 Nr. 2 KAGB folgt, dass **intern verwaltete Investmentgesellschaften** ebenfalls Kapitalverwaltungsgesellschaften sind; solche Investmentgesellschaften (§ 1 Abs. 12 KAGB, § 1 Rz. 147) dürfen die nach Satz 1 geschützten Begriffe in der Firma (vgl. §§ 118, 134, 146, 147 KAGB), im Geschäftszweck und bei der Bewerbung ihrer *eigenen* Produkte ebenfalls führen (eine Befugnis von Produkten anderer KVG steht ihnen nicht zu, vgl. § 20 Abs. 7 KAGB).

9 § 3 Abs. 1 KAGB gilt für **inländische Zweigniederlassungen** von EU-Verwaltungsgesellschaften (§§ 51 Abs. 4, 54 Abs. 4 KAGB) und für **Zweigniederlassungen ausländischer Verwaltungsgesellschaften**, deren Referenzmitgliedstaat nicht Deutschland ist, gem. § 66 Abs. 4 KAGB entsprechend. **Zweigniederlassungen ausländischer Verwaltungsgesellschaften**, deren Referenzmitgliedstaat Deutschland ist, gelten als inländische Verwaltungsgesellschaften und sind schon daher dem KAGB unterstellt (s. zu § 1 Abs. 19 Nr. 38 KAGB bei § 1 Rz. 251 ff.).

10 Bei **extern verwalteten Investmentgesellschaften** beschränkt sich das Nutzungsrecht auf die Firma und Bezeichnung des Geschäftszwecks. Die Nutzung für Werbung ist unzulässig, da die Vertriebsbefugnis nur der KVG zusteht (§ 20 Abs. 2 Nr. 4, Abs. 3 Nr. 6 KAGB); über diese können Anteile extern verwalteten Investmentgesellschaften aber selbstverständlich beworben werden.

11 **Vertriebsgesellschaften** (gem. § 318 Abs. 1 Nr. 5 KAGB definiert als „Unternehmen, das den Vertrieb der Anteile oder Aktien im Geltungsbereich dieses Gesetzes übernommen hat", dazu vgl. die Kommentierung zu § 318 KAGB sowie § 1 Abs. 19 Nr. 33 a) cc) KAGB, § 1 Rz. 234 ff.) dürfen dem Wortlaut nach von den Produktbezeichnungen nur die Investmentvermögen und Investmentfonds nutzen. Produkte können auch **Anteile an Investmentgesellschaften** sein; selbstverständlich darf die Vertriebsgesellschaft auch die Anteile solcher Investmentvermögen bewerben. Die Beschränkung ist in ihrer Rigidität ein **Redaktionsversehen**; gemeint ist, dass sich die Vertriebsgesellschaft nicht selbst als Investmentgesellschaft bezeichnen darf, sondern den Anlegern offenlegen muss, dass es sich nur um eine Mittlerperson mit entsprechendem Vertriebsinteresse handelt.

III. Bezeichnungsschutz nach § 3 Abs. 2 und 3 KAGB

12 § 3 Abs. 2 und 3 KAGB sind das Pendant zur Firmierungspflicht gem. §§ 118, 134, 146, 147 KAGB. Während §§ 118, 134, 146, 147 KAGB sicherstellen, dass sich die InvAG und InvKG als solche bezeichnen müssen, stellt § 4 Abs. 2 und 3 KAGB sicher, dass sich nur InvAG und InvKG gem. §§ 108 bis 161 KAGB als solche bezeichnen dürfen. Die Bezeichnung „führt", wer sie in einer nach § 3 Abs. 1 Satz 1 KAGB geschützten Weise (Rz. 7) nutzt. Der Begriffsteil „offen" oder „geschlossen" ist nicht geschützt. Nach § 3 KAGB zulässig ist es etwa, von einer „offenen Kapitalanlagegesellschaft" zu sprechen. Zur Schließung dieser Lücken durch das Wettbewerbsrecht Rz. 3 f.

IV. Bezeichnungen von EU-Verwaltungsgesellschaften (§ 3 Abs. 4 KAGB)

13 § 3 Abs. 4 KAGB setzt Art. 96 OGAW-RL um. Die Vorschrift hat rechtstechnisch eine **andere Schutzrichtung** als § 3 Abs. 1 bis 3 KAGB. Während es bei § 3 Abs. 1 bis 3 KAGB um Anlegerschutz geht, fördert § 3 Abs. 4 KAGB den europäischen Binnenmarkt, indem er EU-Verwaltungsgesellschaften gem. § 1 Abs. 17 KAGB (dazu § 1 Rz. 156 f.) erlaubt, die im Herkunftsstaat üblichen Bezeichnungen (ggf. in fremder Sprache) zu führen. Daran verwundert, dass das KAGB keine Beschränkung von Bezeichnungen kennt, also die KVG frei ist, andere als die in § 3 Abs. 1 bis 3 KAGB genannten Begriffe zu verwenden. Bedeutung hat die Vorschrift insbesondere für die Auslegung des **Irreführungsverbots** (s. Rz. 3 sowie § 4 KAGB): Die in § 3 Abs. 4 KAGB genannten Bezeichnungen sind per se nicht irreführend. Kennt ein EU/EWR-Mitgliedstaat mehrere Bezeichnungen, sind sämtliche Bezeichnungen zulässig. Zu **Übersetzungen**[13] verhält sich § 3 Abs. 4 KAGB nicht. Dass genau diese Bezeichnung im Herkunftsstaat immer verwendet werden muss, geht

12 A.A. *Boxberger* in Weitnauer/Boxberger/Anders, § 3 KAGB Rz. 8; *Beckmann* in Beckmann/Scholtz/Vollmer, § 3 KAGB Rz. 33.

13 *von Livonius/Riedl* in Moritz/Klebeck/Jesch, § 3 KAGB Rz. 18; *Boxberger* in Weitnauer/Boxberger/Anders, § 3 KAGB Rz. 9; *Beckmann* in Beckmann/Scholtz/Vollmer, § 3 KAGB Rz. 47.

aus dem Wortlaut der Norm nicht hervor.[14] Es genügt, wenn sie die Bezeichnung dort „führen", was mit Blick auf § 3 Abs. 1 KAGB eine Verwendung entweder in der Firma, als Firmenzusatz *oder* im Geschäfts- oder Werbeverkehr voraussetzt. Eine der drei Alternativen genügt.

Alternativ können EU-Verwaltungsgesellschaften die **nach § 3 Abs. 1 bis 3 KAGB zulässigen Bezeichnungen** führen, da auch EU-Verwaltungsgesellschaften Verwaltungsgesellschaften gem. § 1 Abs. 14 KAGB sind 14
(s. Rz. 8). Eine Beschränkung dieses Rechts bringt die Formulierung „dürfen" nicht mit sich; ein einschränkender Hinweis (z.B. „nur") fehlt in § 3 Abs. 4 KAGB. Stattdessen kann die BaFin einen **erläuternden Zusatz** verlangen, wenn die Gefahr einer Verwechslung besteht. Die Verwechslungsgefahr kann aus der Geschäftstätigkeit oder Unternehmensidentität folgen.[15] Ein verpflichtender **Hinweis auf den Herkunftsstaat** ist indes kein erläuternder Hinweis, sondern gegen den Geist der Vorschrift gerichtet, nach der eine Kennzeichnungspflicht (i.S. einer Warn- oder Hinweiswirkung) für nicht-heimische EU-Investmentprodukte gerade nicht vorgesehen, sondern als **indirekte Diskriminierung** nachgerade europarechtswidrig ist.[16] Eine Erläuterung ist daher nur geboten, wenn die EU-ausländische Rechtsform ihren Rechtsfolgen nach von der KAGB-Bezeichnung abweicht. *Beispiel*: Die Beteiligung an einer „Investmentaktiengesellschaft" bringt nach dem Recht im EU-Herkunftsstaat eine persönliche Haftung der Anleger mit sich.

V. §§ 42, 43 KWG (§ 3 Abs. 5 KAGB)

Die **BaFin entscheidet in Zweifelsfällen**, ob ein Unternehmen zur Führung der geschützten Bezeichnungen befugt ist (§ 42 KWG). Sie hat ihre Entscheidung, die Verwaltungsakt ist, dem Registergericht mitzuteilen.[17] Das Registergericht entscheidet desungeachtet eigenständig[18] und hat dabei auch weitere Vorschriften (insbesondere § 37 HGB) einzubeziehen. 15

§ 43 KWG regelt die **Inpflichtnahme** öffentlicher Register (insbesondere **des Handelsregisters**) zur Durchsetzung des Bezeichnungsschutzes. Nach § 43 Abs. 1 KWG, der nach § 3 Abs. 5 KAGB entsprechend gilt, dürfen, soweit das Erbringen von Finanzdienstleistungen erlaubnispflichtig ist, **Eintragungen** in öffentliche Register **nur vorgenommen** werden, wenn dem Registergericht **die Erlaubnis nachgewiesen ist**. Zwar ist die **Geschäftstätigkeit der KVG** als Verwalter erlaubnispflichtig nach §§ 20 bis 22 KAGB, jedoch gilt dies keineswegs für alle **Fondsprodukte**. Spezial-AIF sind weder zulassungspflichtig, noch zulassungsfähig (vgl. §§ 321 ff. KAGB: nur Anzeigepflicht). Die entsprechende Geltung verlangt keine wörtliche, sondern eine zweckgerechte Anwendung der Norm, auf die verwiesen wird. Kann folglich keine Erlaubnis nachgewiesen werden, kann das Registergericht eine solche auch nicht zur Eintragungsvoraussetzung machen. 16

§ 3 Abs. 5 KAGB verweist des Weiteren auf § 43 Abs. 2 KWG, wonach das Registergericht bei Verwendung einer unzulässigen Firma ein **Ordnungsgeld** verhängen oder die **Löschung** verfügen kann,[19] sowie § 43 Abs. 3 KWG, wonach die **BaFin** im Registerverfahren beteiligt sowie **antrags- und rechtsmittelbefugt** ist.[20] 17

§ 4 Namensgebung; Fondskategorien

(1) Die Bezeichnung des Sondervermögens, der Investmentaktiengesellschaft oder der Investmentkommanditgesellschaft darf nicht irreführen.

(2) Die Bundesanstalt kann über Richtlinien für den Regelfall festlegen, welcher Fondskategorie das Investmentvermögen nach den Anlagebedingungen, insbesondere nach den dort genannten Anlagegrenzen, der Satzung oder dem Gesellschaftsvertrag entspricht.

In der Fassung vom 4.7.2013 (BGBl. I 2013, S. 1981).

---

14 Enger *von Livonius/Riedl* in Moritz/Klebeck/Jesch, § 3 KAGB Rz. 20a; *Führmeyer/Klein* in Baur/Tappen, § 3 KAGB Rz. 32.

15 *Führmeyer/Klein* in Baur/Tappen, § 3 KAGB Rz. 32.

16 A.A. *von Livonius/Riedl* in Moritz/Klebeck/Jesch, § 3 KAGB Rz. 18; offengelassen von *Boxberger* in Weitnauer/Boxberger/Anders, § 3 KAGB Rz. 11 Fn. 16.

17 Näher *Beckmann* in Beckmann/Scholtz/Vollmer, § 3 KAGB Rz. 61 ff.

18 *Führmeyer/Klein* in Baur/Tappen, § 3 KAGB Rz. 36; *von Livonius/Riedl* in Moritz/Klebeck/Jesch, § 3 KAGB Rz. 22a.

19 S. *von Livonius/Riedl* in Moritz/Klebeck/Jesch, § 3 KAGB Rz. 24.

20 Vgl. zur Parallelvorschrift § 94 Abs. 4 WpHG *Spoerr* in Assmann/Uwe H. Schneider/Mülbert, § 94 WpHG Rz. 31.

Schrifttum: S. bei § 3.

I. Zweck und Entwicklung

1 Die Vorschrift wurde aus § 4 InvG übernommen, die Bezeichnungen wurden an die Terminologie des KAGB angepasst. Zweck der Vorschrift ist einerseits der **Anlegerschutz durch eindeutige Bezeichnungen**: Anleger sollen im Fall von § 4 Abs. 1 KAGB sichergehen können, dass die Bezeichnung des Investmentvermögens nicht irreführt, indem Bezeichnung und Anlagestrategie auseinanderfallen. Andererseits geht es um **Schutz des lauter handelnden Wettbewerbers**. Im Fall von § 4 Abs. 2 KAGB geht es um Vermeidung der Irreführung durch **einheitliche Verwendung von Fondskategorien**. Eine solche Richtlinie hält der Gesetzgeber für erforderlich, seitdem infolge des Inkrafttretens der OGAW II/III-RL im Jahr 2001 (dazu Einl. Rz. 14) in einem OGAW sehr vielfältige Strategien realisiert werden können. Die Gesetzesbegründung des Jahres 2003 beruft sich auf § 3 UWG (dazu bereits § 3 Rz. 3) und hebt die **Grundsätze der Produktwahrheit und Produktklarheit** hervor.[1] § 4 Abs. 1 und 2 KAGB stehen in engem Verhältnis zueinander: § 4 Abs. 1 KAGB verbietet die Irreführung, während die nach § 4 Abs. 2 KAGB genannte Richtlinie den maßgeblichen Irreführungsfällen mittels Verwaltungsrichtlinie begegnet.

2 **Rechtsfolge einer irreführenden Bezeichnung** ist ggf. die Verweigerung der Zulassung des Investmentvermögens. Der BaFin kann im Übrigen im Rahmen der **Missstandsaufsicht** (§ 5 Abs. 6 KAGB) tätig werden. Vgl. zudem zur Werbung § 33 KAGB i.V.m. § 23 KWG und speziell für den Vertrieb § 302 Abs. 7 KAGB.

3 § 4 Abs. 1 KAGB ist **zivilrechtliches Schutzgesetz** i.S.v. § 823 Abs. 2 BGB.[2] In Betracht kommen zudem Ansprüche wegen Verstoßes gegen **§ 826 BGB** sowie das **wettbewerbsrechtliche Irreführungsverbot** (§ 5 UWG i.V.m. § 3 Abs. 1 und 2 UWG), mit der Rechtsfolge Beseitigung und Unterlassung (§ 8 UWG) sowie Schadensersatz unter den engen, in § 823 Abs. 2 BGB i.V.m. § 16 UWG genannten Voraussetzungen (näher § 3 Rz. 3).

II. Irreführungsverbot (§ 4 Abs. 1 KAGB)

4 Gemäß § 4 Abs. 1 KAGB darf die **Bezeichnung des Sondervermögens, der Investmentaktiengesellschaft oder der Investmentkommanditgesellschaft** nicht irreführen. Gemeint ist jeweils der **Name**[3] **des Fondsprodukts** (Investmentvermögen). Die irreführende **Bezeichnung *der KVG*** wird über den handelsrechtlichen Firmenschutz (§§ 18, 37 HGB), §§ 3, 5 UWG sowie § 33 KAGB i.V.m. § 23 KWG erfasst, die irreführende **Bezeichnung *als* KVG** über § 3 KAGB. In Anlehnung an § 5 UWG (dazu § 3 Rz. 3) ist eine **Fondsbezeichnung irreführend**, wenn sie geeignet ist, bei einem erheblichen Teil der umworbenen Verkehrskreise irrige Vorstellungen über das Angebot hervorzurufen und die zu treffende Anlageentscheidung in wettbewerblich relevanter Weise zu beeinflussen bzw. wenn das Verständnis, das sie bei den Verkehrskreisen erweckt, an die sie sich richtet, mit den tatsächlichen Verhältnissen nicht übereinstimmt. *Beispiel*: (1) Ein „Aktienfonds Europa" legt nach der Anlagestrategie ausschließlich in Asien an oder ein „Aktienfonds global" nur in Europa an. (2) Ein „Sondervermögen der X-KAG" ist tatsächlich ein solches der Y-KAG. (3) Gewisse Zusätze weisen auf das Gegenteil hin, so etwa „Growth" bei einem auf Werterhalt ausgerichteten, „stable" oder „konservativ" bei einem auf Risiko und Wachstum bedachten Fonds.

5 Mit dem Begriff der Irreführung sind **erhebliche Auslegungsspielräume** verbunden. Die Auslegung ist stark tatsachenbezogen. Die Einheitlichkeit der Anwendung von § 4 Abs. 1 KAGB soll die BaFin daher durch Richtlinie nach § 4 Abs. 2 KAGB sicherstellen, was nicht zuletzt eine größere Gewähr von **Rechtsstaatlichkeit** bietet.

6 Im Fall von **Spezial-AIF gilt die Richtlinie nach § 4 Abs. 2 KAGB nicht.** Die BaFin kann in einer irreführenden Bezeichnung weiterhin einen **Missstand** sehen, jedoch ist dem Gesetzeszweck, der auf Anlegerschutz gerichtet ist, sowie den besonderen Gegebenheiten bei Spezial-AIF und insbesondere dem Umstand

1 BT-Drucks. 15/1552, S. 76.
2 Vgl. *Führmeyer/Klein/Wülfert* in Baur/Tappen, § 4 KAGB Rz. 13.
3 Sofern vorhanden, vgl. *Gottschling* in Moritz/Klebeck/Jesch, § 4 KAGB Rz. 10.

Rechnung zu tragen, dass Spezial-AIF häufig auf Betreiben der qualifizierten Anleger aufgesetzt werden. Wünscht z.B. der einzige qualifizierte Anleger eines Spezial-AIFs, der die Anlagestrategie bestimmt hat, eine gewisse, per se irreführende Bezeichnung, ist eine teleologische Reduktion des § 4 Abs. 1 KAGB geboten.

III. Richtlinie zu Fondskategorien (§ 4 Abs. 2 KAGB)

Die BaFin hat ihre Befugnis zum Erlass einer Richtlinie nach § 4 Abs. 2 KAGB ausgeübt.[4] Vgl. dazu den **Annex** zu dieser Erläuterung (Rz. 11). Der Inhalt der Richtlinie befasst sich – der Entstehungszeit der Vorgängernorm § 4 InvG im Jahr 2003 entsprechend (dazu Rz. 1) – ganz überwiegend mit **Anlagestrategien von OGAW**. Ein Schwerpunkt der BaFin-Richtlinie sind derzeit noch Geldmarktfonds. Diese Richtlinieninhalte sind seit Verabschiedung der Geldmarktfonds-Verordnung überholt. S. dazu die Erläuterungen zu § 338b mit Anhang. 7

Nach Ansicht der BaFin darf die jeweilige Fondskategorie gem. Art. 2 und 3 der BaFin-Richtlinie bei der Namensgebung oder im Vertrieb nur benutzt werden, **wenn das Investmentvermögen entsprechend klassifiziert** werden kann. Art. 4 der BaFin-Richtlinie schreibt für spezifische Fondskategorien einen **bestimmten Namenszusatz** vor. Zudem gibt die Richtlinie für bestimmte Fondskategorien über die gesetzlichen Pflichten hinaus **weitere Angabepflichten** auf, denen die Verkaufsunterlagen entsprechen müssen. Bei **Zuwiderhandlung gegen die Richtlinie** wird die BaFin die Zulassung erlaubnispflichtiger Fonds (insb. Publikums-Investmentvermögen) verweigern. 8

Die Richtlinie hat **keine Gesetzeskraft**. Es handelt sich lediglich um eine verwaltungsinterne, auf eine einheitliche Gesetzesanwendung der BaFin ausgerichtete **Bindung des Verwaltungsermessens**. Es steht der beaufsichtigten KVG der Vortrag frei, dass trotz Verstoßes gegen die Richtlinie keine Irreführung gegeben ist. Die Richtlinie ist zudem nicht abschließend. Die BaFin kann trotz Einhaltung der Richtlinie aus anderen Gründen eine Irreführung erkennen und dagegen vorgehen. Jedoch muss sich die BaFin im Kernbereich der Richtlinie, namentlich der Gewichtung der Anlagestrategie bei der Bezeichnung, an ihrer Richtlinie festhalten lassen. Im Ergebnis wirkt die Richtlinie wie ein *safe harbor*. 9

Von der Richtlinie unberührt bleiben weitere Bestimmungen zur Namensgebung, einschließlich der zwingenden Verwendung von Zusätzen neben dem Namen des Investmentvermögens (vgl. zur Firmierung §§ 118, 134, 146, 157 KAGB). 10

IV. Annex: BaFin-Richtlinie zur Fondsklassifizierung

BaFin, Richtlinie zur Festlegung von Fondskategorien gemäß § 4 Absatz 2 Kapitalanlagegesetzbuch und weitere Transparenzanforderungen an bestimmte Fondskategorien vom 22.7.2013, zuletzt geändert am 17.4.2015.[5] 11

Art. 1
Anwendungsbereich

Diese Richtlinie findet Anwendung auf inländische Publikumsinvestmentvermögen gemäß §§ 162 bis 272 des Kapitalanlagegesetzbuches soweit sich aus den nachfolgenden Vorschriften nichts anderes ergibt.

Art. 2
Fondskategorien; Grundregel

(1) Vorbehaltlich des Artikels 3 setzt die Verwendung einer Fondskategorie (z.B. Aktienfonds, Equity Funds, Rentenfonds, Bond Funds, Immobilienfonds, Private-Equity Fonds etc.) oder einer ihrer begrifflichen Bestandteile (z.B. Renten, Bonds, Aktien, Immobilien, Private-Equity etc.) bei der Namensgebung oder im Vertrieb voraus, dass nach den Anlagebedingungen mindestens 51 Prozent des Wertes des Investmentvermögens in den die Fondskategorie bezeichnenden, d.h. namensgebenden Vermögensgegenstand, angelegt sein müssen (z.B. Aktienfonds: mindestens 51 Prozent Aktien; Rentenfonds: mindestens 51 Prozent (fest-)verzinsliche Wertpapiere etc.).

(2) Auf die in Absatz 1 genannte Bestandsgrenze werden Derivate nicht angerechnet.

(3) Sind für ein Investmentvermögen gemäß Absatz 1 mindestens 51 Prozent des Wertes in den die Fondskategorie bezeichnenden Vermögensgegenstand angelegt, wird jedoch durch den Einsatz von Derivaten das Anlage- und Risikoprofil und damit das Exposure des Investmentvermögens nicht zu mindestens 51 Prozent durch den

4 Vgl. BaFin, Richtlinie zur Festlegung von Fondskategorien gemäß § 4 Absatz 2 Kapitalanlagegesetzbuch und weitere Transparenzanforderungen an bestimmte Fondskategorien vom 22.7.2013, zuletzt geändert am 17.4.2015.

5 Abrufbar unter https://www.bafin.de/SharedDocs/Veroeffentlichungen/DE/Aufsichtsrecht/Richtlinie/rl_130722_fondskategorien.html.

Vermögensgegenstand bestimmt, darf die Fondskategorie bei der Namensgebung oder im Vertrieb nicht verwendet werden.

Art. 3
Sonderregelungen

Bei der Namensgebung oder im Vertrieb setzt die Verwendung der Fondskategorie

1. „Dachfonds“ (Fund of Funds etc.) oder einer ihrer begrifflichen Bestandteile voraus, dass nach den Anlagebedingungen mindestens 51 Prozent des Wertes des Investmentvermögens in Zielfondsanteilen angelegt sein müssen. Ein Anteil von bis zu 49 Prozent des Wertes des Investmentvermögens darf – soweit nicht Zielfonds – in Geldmarktfondsanteilen, Geldmarktinstrumenten oder Bankguthaben gehalten werden; weitere Direktanlagen als die Letztgenannten dürfen nicht getätigt werden. Bei der Anlage in Fondsanteilen ist insbesondere auch § 196 Absatz 1 Satz 3 des Kapitalanlagegesetzbuches zu beachten (vgl. Artikel 5 Absatz 2).
2. „Indexfonds“ (Index Funds etc.) oder einer ihrer begrifflichen Bestandteile voraus, dass
   a. das Investmentvermögen ein indexnachbildendes Investmentvermögen nach Artikel 4 Absatz 3 ist und
   b. nach den Anlagebedingungen sicherzustellen ist, dass die im Investmentvermögen gehaltenen Wertpapiere und Derivate unter Wahrung einer angemessenen Risikomischung einen bestimmten, allgemein und von der BaFin anerkannten Wertpapierindex zu mindestens 95 Prozent nachbilden. Ferner müssen diese Vermögensgegenstände grundsätzlich 95 Prozent des Wertes des Investmentvermögens darstellen; in von der BaFin zu genehmigenden Ausnahmefällen kann von diesem Wert abgewichen werden. Der verbleibende Anteil ist in Bankguthaben, Geldmarktinstrumenten oder Geldmarktfondsanteilen anzulegen; bei der Anlage in Geldmarktfondsanteilen ist insbesondere auch § 196 Absatz 1 Satz 3 des Kapitalanlagegesetzbuches zu beachten (vgl. Artikel 5 Absatz 2). Der entsprechende Wertpapierindex soll im Fondsnamen enthalten sein.
3. „Geldmarktfonds mit kurzer Laufzeitstruktur“ (Short-Term Money Market Fund) oder des begrifflichen Bestandteils „Geldmarkt“ [Fn. 1: Nach ESMA (vormals CESR) sollen nur solche Fonds, die den Kriterien in CESR's Guidelines on a common definition of European money market funds entsprechen, den Begriff „Geldmarkt“ in ihrem Namen verwenden dürfen (Ref. CESR/10-049; S. 7 Rdnr. 5).] (money market) voraus, dass die in den CESR's Guidelines on a common definition of European money market funds (Ref. CESR/10-049) aufgeführten Kriterien unter Berücksichtigung der ESMA Opinion (Ref. ESMA/2014/1103) für Short-Term Money Market Funds eingehalten sind. Insbesondere müssen nach den Anlagebedingungen die folgenden Voraussetzungen erfüllt sein:
   a. vorrangiges Anlageziel des Investmentvermögens ist, den Wert des investierten Geldes zu erhalten und eine Wertsteigerung entsprechend den Geldmarktzinssätzen zu erwirtschaften;
   b. das Investmentvermögen muss ausschließlich angelegt sein in
      i. Geldmarktinstrumente nach § 194 des Kapitalanlagegesetzbuches. Zudem müssen die Geldmarktinstrumente von der Kapitalverwaltungsgesellschaft *[Fn. 2: Die folgenden Ausführungen finden entsprechende Anwendung auf EU-OGAW-Verwaltungsgesellschaften, die inländische OGAW verwalten (eine grenzüberschreitende Verwaltung von inländischen Publikums-AIF ist nach dem Kapitalanlagegesetzbuch nicht vorgesehen).]* als Geldmarktinstrumente von hoher Qualität eingestuft worden sein. Bei der Beurteilung, ob ein Geldmarktinstrument eine hohe Qualität aufweist, sind insbesondere die Kreditqualität, das Liquiditätsprofil sowie bei komplexen Produkten das operationelle Risiko und Kontrahentenrisiko zu berücksichtigen. Dabei soll die Kapitalverwaltungsgesellschaft sicherstellen, dass sie eine eigene Beurteilung der Kreditqualität durchführt, die es ihr erlaubt, das Geldmarktinstrument als von hoher Qualität einzustufen. Sofern eine oder mehr bei ESMA registrierte und von ihr beaufsichtigte Ratingagenturen ein Rating für das Geldmarktinstrument zur Verfügung gestellt haben, sollte der interne Ratingprozess der Kapitalverwaltungsgesellschaft unter anderem auf diese Ratings Bezug nehmen. Auch wenn sich eine Kapitalverwaltungsgesellschaft nicht automatisch auf externe Ratings stützen sollte, *[Fn. 3: Nach ESMA sollte die Kapitalverwaltungsgesellschaft bei der Beurteilung der Kreditqualität einem externen Rating nicht ein übermäßiges Gewicht beimessen (Ref. CESR/10-049, S. 8 Rdnr. 8, und ESMA Questions and Answers: A Common Definition of European Money Market Funds, Ref. ESMA/2012/113).]* sollte eine Herabstufung auf eine Ratingstufe unterhalb der beiden höchsten verfügbaren Ratingstufen durch eine von ESMA beaufsichtigte Ratingagentur, die das Instrument geratet hat, die Kapitalverwaltungsgesellschaft zu einer neuen Beurteilung der Kreditqualität des Geldmarktinstruments veranlassen, um sicherzustellen, dass ihm auch weiterhin eine hohe Qualität zukommt. Die Geldmarktinstrumente müssen eine Restlaufzeit von höchstens 397 Tagen haben.
      ii. Bankguthaben,
      iii. Anteilen an Investmentvermögen, die die Kriterien für Geldmarktfonds mit kurzer Laufzeitstruktur erfüllen oder
      iv. Derivaten, sofern dies im Einklang mit der Geldmarktanlagestrategie *[Fn. 4: Die Geldmarktanlagestrategie besteht darin, den Wert des investierten Geldes zu erhalten und eine Wertsteigerung entsprechend den Geldmarktzinssätzen zu erwirtschaften. Dagegen steht es nicht im Einklang mit der Geldmarktanlagestrategie in Derivate zu investieren zu dem Zweck, Mehrerträge über den Geldmarktzinssatz hinaus zu erzielen.]* des Investmentvermögens steht. Währungsderivate dürfen nur zu Absicherungszwecken er-

worben werden. Vermögensgegenstände, deren Wertentwicklung unmittelbar oder mittelbar von der Wertentwicklung von Aktien und Rohstoffen abgeleitet ist, dürfen nicht erworben werden;

c. der Erwerb von den unter Buchstabe b) aufgeführten Vermögensgegenständen in einer anderen als der Fondswährung ist nur zulässig, wenn das Währungsrisiko absichert ist;

d. die gewichtete durchschnittliche Zinsbindungsdauer *[Fn. 5: Bei variabel verzinslichen Instrumenten errechnet sich die Zinsbindungsdauer aus dem Zeitraum bis zum nächsten Zinsanpassungstermin. Die gewichtete durchschnittliche Zinsbindungsdauer dient dazu, die Zinssensitivität des Geldmarktfonds zu bestimmen.]* sämtlicher Vermögensgegenstände des Investmentvermögens beträgt nicht mehr als 60 Tage;

e. die gewichtete durchschnittliche Restlaufzeit *[Fn. 6: Die Restlaufzeit eines Instruments entspricht dem Zeitraum bis zur Endfälligkeit eines Instrumentes, d.h. dem Zeitpunkt, zu dem der Nominalbetrag zurückgezahlt wird. Die gewichtete durchschnittliche Restlaufzeit dient dazu, das Kreditrisiko zu messen. Sowohl für die Berechnung der gewichteten durchschnittlichen Restlaufzeit als auch für die Berechnung der gewichteten durchschnittlichen Zinsbindungsdauer ist der Einfluss von Derivaten, Bankguthaben und Portfoliomanagementtechniken zu berücksichtigen.]* sämtlicher Vermögensgegenstände des Investmentvermögens beträgt nicht mehr als 120 Tage;

f. für die Berechnung der Restlaufzeit eines Vermögensgegenstandes ist grundsätzlich auf den Zeitraum bis zur rechtlichen Endfälligkeit des Instruments abzustellen. Bei einem Finanzinstrument mit eingebetteter Verkaufsoption kann für die Berechnung der Restlaufzeit allerdings ausnahmsweise auf den Ausübungszeitpunkt der Verkaufsoption anstelle auf den Zeitpunkt der Endfälligkeit des Finanzinstrumentes abgestellt werden, wenn die folgenden Voraussetzungen jederzeit erfüllt sind:

   i. die Verkaufsoption kann von der Kapitalverwaltungsgesellschaft am Ausübungstag frei ausgeübt werden,

   ii. der Ausübungspreis der Verkaufsoption befindet sich nahe dem zum Ausübungstag erwarteten Wert des Finanzinstruments, und

   iii. aufgrund der Anlagestrategie des Investmentvermögens besteht eine hohe Wahrscheinlichkeit, dass die Verkaufsoption am Ausübungstag ausgeübt wird;

g. die Berechnung des Wertes des Investmentvermögens sowie des Anteilwertes erfolgt börsentäglich. *[Fn. 7: Siehe Fn. 8.]* Eine börsentägliche Rücknahme der Anteile wird gewährleistet. *[Fn. 8: Die Kapitalverwaltungsgesellschaft und die Verwahrstelle können an gesetzlichen Feiertagen, die Börsentage sind, sowie am 24. und 31. Dezember jeden Jahres von der Rücknahme der Anteile sowie von der Berechnung des Rücknahmepreises absehen.]* Zudem hat die Kapitalverwaltungsgesellschaft die notwendigen Vorkehrungen zu treffen, um grundsätzlich eine börsentägliche Ausgabe von Anteilen vorzunehmen.

4. „Geldmarktfonds" (Money Market Fund) oder des begrifflichen Bestandteils „Geldmarkt" *[Fn. 9: Siehe Fn. 1.]* (money market) voraus, dass die in den CESR's Guidelines on a common definition of European money market funds (Ref. CESR/10-049) aufgeführten Kriterien unter Berücksichtigung der ESMA Opinion (Ref. ESMA/2014/1103) für Money Market Funds eingehalten sind. Insbesondere müssen die oben unter Nummer 3 aufgeführten Voraussetzungen für „Geldmarktfonds mit kurzer Laufzeitstruktur" entsprechend erfüllt sein, soweit sich aus den nachfolgenden Vorschriften nichts anderes ergibt:

   a. abweichend von Nummer 3. b) (i) letzter Satz müssen die Geldmarktinstrumente eine Restlaufzeit von höchstens zwei Jahren haben, vorausgesetzt der Zeitraum bis zum nächsten Zinsanpassungstermin beträgt höchstens 397 Tage; zusätzlich kann das Investmentvermögen auch in Geldmarktinstrumenten angelegt werden, die von einer zentralstaatlichen, regionalen oder lokalen Gebietskörperschaft oder einer Zentralbank eines Mitgliedstaates der Europäischen Union, der Europäischen Zentralbank, der Europäischen Union oder der Europäischen Investitionsbank begeben oder garantiert werden; dies gilt auch dann, wenn die Kapitalverwaltungsgesellschaft aufgrund ihrer internen Beurteilung der Kreditqualität zu dem Ergebnis gelangt, dass diese Geldmarktinstrumente eine niedrigere Kreditqualität aufweisen als in Nummer 3. b) (i) gefordert. Sofern eine oder mehr bei ESMA registrierte und von ihr beaufsichtigte Ratingagenturen ein Rating für das Geldmarktinstrument zur Verfügung gestellt haben, sollte der interne Ratingprozess der Kapitalverwaltungsgesellschaft unter anderem auf diese Ratings Bezug nehmen; auch wenn sich eine Kapitalverwaltungsgesellschaft nicht automatisch auf externe Ratings stützen sollte, sollte eine Herabstufung auf eine Ratingstufe unterhalb von „investment grade" oder einer vergleichbaren Ratingstufe durch eine bei ESMA registrierte und von ihr beaufsichtigten Ratingagentur, die das Instrument geratet hat, die Kapitalverwaltungsgesellschaft zu einer neuen Beurteilung der Kreditqualität des Geldmarktinstruments veranlassen, um sicherzustellen, dass ihm auch weiterhin eine angemessene Qualität zukommt;

   b. abweichend von Nummer 3. b) (iii) kann das Investmentvermögen neben Anteilen an Investmentvermögen, die die Kriterien für Geldmarktfonds mit kurzer Laufzeitstruktur erfüllen, auch in Anteilen an Investmentvermögen angelegt sein, die die Kriterien für Geldmarktfonds erfüllen;

   c. abweichend von Nummer 3.d) beträgt die gewichtete durchschnittliche Zinsbindungsdauer sämtlicher Vermögensgegenstände des Investmentvermögens nicht mehr als sechs Monate;

   d. abweichend von Nummer 3. e) beträgt die gewichtete durchschnittliche Restlaufzeit sämtlicher Vermögensgegenstände des Investmentvermögens nicht mehr als 12 Monate.

5. „ETF" (Exchange-Traded Fund, börsengehandelter Indexfonds etc.) voraus, dass das Investmentvermögen ein ETF im Sinne des Artikels 4 Absatz 1 ist.

6. „OGAW ETF *[Fn. 10: Diese Regelung soll eine missbräuchliche Verwendung des Begriffes verhindern. Der Begriff kann nicht verwendet werden. Für alle OGAW, die ETF sind, ist zwingend die Bezeichnung „UCITS ETF" vorgeschrieben.]*" oder „UCITS ETF" (auch in vergleichbarer Schreibweise) voraus, dass das Investmentvermögen ein OGAW und ein ETF im Sinne des Artikels 4 Absatz 1 ist.

Art. 4
Besondere Anforderungen an spezifische Fondskategorien

(1) Für ein offenes Publikumsinvestmentvermögen, bei dem mindestens ein Anteil oder eine Aktie, auch einer einzelnen Anteilsklasse oder eines Teilinvestmentvermögens, durchgängig während des Handelstages auf mindestens einem organisierten Markt im Sinne des § 2 Absatz 5 des Wertpapierhandelsgesetzes oder innerhalb eines multilateralen Handelssystems im Sinne des § 2 Absatz 3 Satz 1 Nummer 8 des Wertpapierhandelsgesetzes gehandelt wird und für das mindestens ein Market Maker sicherstellt, dass der börsengehandelte Wert der Anteile oder Aktien nicht wesentlich vom Nettoinventarwert und, sofern relevant, vom indikativen Nettoinventarwert *[Fn. 11: Der indikative Nettoinventarwert ist ein Maß für den Innertageswert des Nettoinventarwerts eines ETF auf der Grundlage der neuesten Informationen. Es handelt sich nicht um den Wert zu dem Anleger ihre Anteile oder Aktien auf dem Sekundärmarkt kaufen und verkaufen können.]* abweicht, (ETF) *[Fn. 12: Bei Investmentvermögen, die im Freiverkehr, auf Initiative von Dritten und ohne Mitwirkung der Kapitalverwaltungsgesellschaft notiert sind, wird es sich regelmäßig nicht um einen ETF handeln, da i.d.R. Market Maker hier nicht laufend Liquidität bereitstellen, damit kein durchgängiger Handel erfolgt und die Angebots- und Nachfragepreise häufig wesentlich vom Nettoinventarwert abweichen.]* sind die folgenden Anforderungen zu erfüllen:

1. bei der Namensgebung, in den Anlagebedingungen, im Verkaufsprospekt, den wesentlichen Anlegerinformationen sowie in Vertriebsunterlagen und Vertriebsmitteilungen ist die Bezeichnung „UCITS ETF" zu verwenden, wenn es sich um einen OGAW handelt,
2. der Verkaufsprospekt, die wesentlichen Anlegerinformationen sowie die Vertriebsunterlagen und Vertriebsmitteilungen müssen Informationen zu den Grundsätzen zur Transparenz des Portfolios enthalten und die Angaben, an welcher Stelle Informationen zum Portfolio und, sofern relevant, der indikative Nettoinventarwert veröffentlicht ist und
3. sofern relevant, muss der Verkaufsprospekt die Angabe enthalten, wie und wie häufig der indikative Nettoinventarwert berechnet wird.

(2) Für ein ETF im Sinne des Absatzes 1, der aktiv verwaltet wird, so dass dessen Portfolioverwalter nach eigenem Ermessen im Rahmen der festgelegten Anlageziele und Anlagepolitik über die Zusammensetzung des Portfolios entscheidet und die Anlagestrategie nicht auf der Nachbildung eines Indexes beruht, müssen der Verkaufsprospekt, die wesentlichen Anlegerinformationen sowie Vertriebsunterlagen und Vertriebsmitteilungen Angaben zur aktiven Verwaltung, zur Umsetzung der aktiven Anlagepolitik und, sofern relevant, zur Benchmark, die übertroffen werden soll, enthalten.

(3) Für ein offenes Publikumsinvestmentvermögen, dessen Anlagestrategie auf der Nachbildung der Entwicklung eines oder mehrerer Indexe beruht (indexnachbildendes Investmentvermögen), muss der Verkaufsprospekt die folgenden Angaben enthalten:

1. eine eindeutige Beschreibung des Indexes oder der Indizes einschließlich Informationen zu den Komponenten oder einen Verweis auf eine Internetseite, auf der die genaue Zusammensetzung des Indexes oder Indizes veröffentlicht ist,
2. Informationen zur Methode, mit der der Index abgebildet wird (beispielsweise inwiefern eine vollständige physische Nachbildung, ein sampling oder eine synthetische Nachbildung erfolgt) und zur Auswirkung der ausgewählten Methode bezüglich des Exposures gegenüber dem Index und bezüglich des Kontrahentenrisikos,
3. Informationen zum prognostizierten Tracking Error *[Fn. 13: Der Tracking Error ist die Volatilität der Differenz zwischen der Rendite des indexnachbildenden Investmentvermögens und der Rendite des oder der nachgebildeten Indizes.]* unter normalen Marktbedingungen und
4. die Beschreibung der Faktoren, die die Nachbildung beeinflussen (beispielsweise Transaktionskosten, Wiederanlage von Dividenden etc.).

Die Informationen nach Nummer 2 müssen in zusammengefasster Form auch in den wesentlichen Anlegerinformationen enthalten sein.

Art. 5
Sonstige Bestimmungen

(1) Der Katalog der nach dem Kapitalanlagegesetzbuch für die in Artikel 1 aufgeführten Investmentvermögen zulässigen Vermögensgegenstände wird durch diese Richtlinie nicht erweitert.

(2) Die Anlagegrenzen des Kapitalanlagegesetzbuchs, einschließlich hiernach erlassener Rechtsverordnungen, bleiben unberührt.

(3) Die in dieser Richtlinie genannten Anlagegrenzen sind Bestandsgrenzen.

Art. 6
Übergangsbestimmungen

Eine Kapitalverwaltungsgesellschaft darf auf Investmentvermögen, die bereits vor dem 22. Juli 2013 aufgelegt sind, diese Richtlinie in der vor dem 22. Juli 2013 geltenden Fassung noch bis zum 18. Februar 2014 weiter anwenden. Für geschlossene Publikums-AIF, die bereits vor dem 22. Juli 2013 aufgelegt sind, sind keine Anpassungen in der Namensgebung erforderlich.

Art. 7
Inkrafttreten

Die Richtlinie tritt am 22. Juli 2013 in Kraft.

§ 5 Zuständige Behörde; Aufsicht; Anordnungsbefugnis; Verordnungsermächtigung

(1) Die Bundesanstalt übt die Aufsicht nach den Vorschriften dieses Gesetzes aus.

(2) Soweit die externe Kapitalverwaltungsgesellschaft Dienst- und Nebendienstleistungen im Sinne des § 20 Absatz 2 Nummer 1 bis 3 und Absatz 3 Nummer 2 bis 5 erbringt, gelten die §§ 63 bis 68, 70, 80, 82 Absatz 1 bis 9 und 13, die §§ 83 und 84 des Wertpapierhandelsgesetzes entsprechend.

(3) [1]Die Bundesanstalt entscheidet in Zweifelsfällen, ob ein inländisches Unternehmen den Vorschriften dieses Gesetzes unterliegt oder ob ein Investmentvermögen im Sinne des § 1 Absatz 1 vorliegt. [2]Ihre Entscheidung bindet die Verwaltungsbehörden.

(4) Die Bundesanstalt überwacht die Einhaltung der Bestimmungen des § 26 Absatz 2 bis 8, des § 27, des § 51 Absatz 8, des § 54 Absatz 4 Satz 1 in Verbindung mit § 28 Absatz 1 Satz 4 und des § 66 Absatz 4 Satz 1 in Verbindung mit § 28 Absatz 1 Satz 4 durch ausländische AIF-Verwaltungsgesellschaften, deren Referenzmitgliedstaat nicht die Bundesrepublik Deutschland ist, oder EU-Verwaltungsgesellschaften, wenn die ausländische AIF-Verwaltungsgesellschaft oder die EU-Verwaltungsgesellschaft Investmentvermögen im Inland über eine Zweigniederlassung verwaltet oder vertreibt.

(5) Die Bundesanstalt überwacht ferner

1. die Einhaltung der §§ 293 bis 311, 314 bis 321, 323 und 330a sowie der sonstigen beim Vertrieb zu beachtenden Vorschriften des deutschen Rechts,
2. vor dem Zeitpunkt, der in dem auf Grundlage des Artikels 66 Absatz 3 in Verbindung mit Artikel 67 Absatz 6 der Richtlinie 2011/61/EU erlassenen delegierten Rechtsakt genannt ist, die Einhaltung der §§ 329 und 330 und
3. nach dem Zeitpunkt nach Nummer 2 die Einhaltung der §§ 322 und 324 bis 328

durch die Verwaltungsgesellschaften und durch andere von der Bundesanstalt beaufsichtigte Unternehmen.

(5a) [1]Für Kapitalverwaltungsgesellschaften ist die Bundesanstalt sektoral zuständige Behörde im Sinne des Artikels 25a der Verordnung (EG) Nr. 1060/2009 des Europäischen Parlaments und des Rates vom 16. September 2009 über Ratingagenturen (ABl. L 302 vom 17.11.2009, S. 1), die zuletzt durch die Verordnung (EU) Nr. 462/2013 (ABl. L 146 vom 31.5.2013, S. 1) geändert worden ist, in der jeweils geltenden Fassung. [2]Soweit in der Verordnung (EG) Nr. 1060/2009 oder den auf ihrer Grundlage erlassenen Rechtsakten nichts Abweichendes geregelt ist, sind für die Ausübung ihrer diesbezüglichen Aufsicht die §§ 1 bis 16, mit Ausnahme von § 8 Satz 2 dieses Gesetzes in Verbindung mit § 9 Absatz 1 Satz 4 des Kreditwesengesetzes, entsprechend anzuwenden.

(6) [1]Die Bundesanstalt überwacht die Einhaltung der Verbote und Gebote dieses Gesetzes und der auf Grund dieses Gesetzes erlassenen Bestimmungen und kann Anordnungen treffen, die zu ihrer Durchsetzung geeignet und erforderlich sind. [2]Die Bundesanstalt ist ferner befugt, im Rahmen der Aufsicht alle Anordnungen zu treffen, die erforderlich und geeignet sind, um die Einhaltung der in den Anlagebedingungen, der Satzung oder dem Gesellschaftsvertrag vorgesehenen Regelungen sicherzustellen. [3]Soweit Anhaltspunkte dafür vorliegen, dass dies für die Überwachung eines Verbots oder Gebots dieses Gesetzes erforderlich ist, kann die Bundesanstalt dabei insbesondere

1. von jedermann Auskünfte einholen, die Vorlage von Unterlagen und die Überlassung von Kopien verlangen, Personen laden und vernehmen sowie

2. bereits existierende Aufzeichnungen von Telefongesprächen und Datenübermittlungen anfordern; das Grundrecht des Artikels 10 des Grundgesetzes wird insoweit eingeschränkt.

[4]Sofern aus Aufzeichnungen von Telefongesprächen Daten aus dem Kernbereich privater Lebensgestaltung erlangt werden, dürfen diese nicht gespeichert, verwertet oder weitergegeben werden und sind unverzüglich zu löschen. [5]Die Wirtschaftsprüfer haben der Bundesanstalt auf Verlangen Auskünfte zu erteilen und Unterlagen vorzulegen, soweit dies zur Prüfung erforderlich ist; die Auskunftspflicht der Abschlussprüfer beschränkt sich auf Tatsachen, die ihnen im Rahmen der Prüfung bekannt geworden sind. [6]Für das Recht zur Auskunftsverweigerung und die Belehrungspflicht gilt § 6 Absatz 15 des Wertpapierhandelsgesetzes entsprechend. [7]Die Bundesanstalt hat im Rahmen der ihr zugewiesenen Aufgaben Missständen entgegenzuwirken, welche die ordnungsgemäße Verwaltung von Investmentvermögen, den Vertrieb von Investmentvermögen, die ordnungsgemäße Erbringung von Dienstleistungen oder Nebendienstleistungen nach § 20 Absatz 2 und 3 oder die Tätigkeit einer Verwahrstelle nach diesem Gesetz beeinträchtigen oder erhebliche Nachteile für den Finanzmarkt oder den Markt für ein Finanzinstrument bewirken können. [8]Die Bundesanstalt kann Anordnungen treffen, die geeignet und erforderlich sind, diese Missstände zu beseitigen oder zu verhindern.

(6a) [1]Die Bundesanstalt ist die nach diesem Gesetz zuständige Behörde im Sinne der Verordnung (EU) Nr. 1286/2014 des Europäischen Parlaments und des Rates vom 26. November 2014 über Basisinformationsblätter für verpackte Anlageprodukte für Kleinanleger und Versicherungsanlageprodukte (PRIIP) (ABl. L 352 vom 9.12.2014, S. 1, L 358 vom 13.12.2014, S. 50) für Verwaltungsgesellschaften, die PRIIP im Sinne des Artikels 4 Nummer 3 dieser Verordnung herstellen, verkaufen oder über diese beraten, sofern es sich bei diesen PRIIP zugleich um Investmentvermögen handelt. [2]Die Bundesanstalt kann gegenüber jeder Verwaltungsgesellschaft, die über ein PRIIP im Sinne des Artikels 4 Nummer 3 der Verordnung (EU) Nr. 1286/2014 berät oder es verkauft oder die Hersteller von PRIIP im Sinne des Artikels 4 Nummer 4 der Verordnung (EU) Nr. 1286/2014 ist, alle Maßnahmen treffen, die geeignet und erforderlich sind, um die Einhaltung der Anforderungen der Verordnung (EU) Nr. 1286/2014 und der auf Grundlage dieser Verordnung erlassenen delegierten Rechtsakte der Europäischen Kommission und technischen Regulierungsstandards zu überwachen. [3]Insbesondere kann sie

1. bei einem Verstoß gegen Artikel 5 Absatz 1, die Artikel 6, 7 und 8 Absatz 1 bis 3, die Artikel 9, 10 Absatz 1, Artikel 13 Absatz 1, 3 und 4, die Artikel 14 und 19 der Verordnung (EU) Nr. 1286/2014 die Vermarktung, den Vertrieb oder den Verkauf des PRIIP vorübergehend oder dauerhaft untersagen,
2. die Bereitstellung eines Basisinformationsblattes untersagen, das nicht den Anforderungen der Artikel 6 bis 8 oder 10 der Verordnung (EU) Nr. 1286/2014 genügt, und
3. den Hersteller von PRIIP verpflichten, eine neue Fassung des Basisinformationsblattes zu veröffentlichen, sofern die veröffentlichte Fassung nicht den Anforderungen der Artikel 6 bis 8 oder 10 der Verordnung (EU) Nr. 1286/2014 genügt, und
4. bei einem Verstoß gegen eine der in Nummer 1 genannten Vorschriften auf ihrer Internetseite eine Warnung unter Nennung der verantwortlichen Verwaltungsgesellschaft sowie der Art des Verstoßes veröffentlichen.

(7) Die Bundesanstalt kann insbesondere auch Auskünfte über die Geschäftsangelegenheiten und die Vorlage der Unterlagen von Personen und Unternehmen verlangen, bei denen Tatsachen die Annahme rechtfertigen, dass sie Investmentvermögen vertreiben, ohne dass die folgenden Anzeigen erstattet worden sind:

1. die nach § 310 Absatz 1, § 316 Absatz 1, § 320 Absatz 1, § 321 Absatz 1, § 323 Absatz 1 oder § 330a Absatz 2 erforderliche Anzeige sowie
2. vor dem Zeitpunkt, der in dem auf Grundlage des Artikels 66 Absatz 3 in Verbindung mit Artikel 67 Absatz 6 der Richtlinie 2011/61/EU erlassenen delegierten Rechtsakt genannt ist, die nach § 329 Absatz 2 oder § 330 Absatz 2 erforderliche Anzeige und
3. nach dem Zeitpunkt nach Nummer 2 die nach § 322 Absatz 2, § 324 Absatz 2, § 325 Absatz 1, § 326 Absatz 2, § 327 Absatz 1 oder § 328 Absatz 2 erforderliche Anzeige.

(8) [1]Von einer EU-AIF-Verwaltungsgesellschaft oder einer ausländischen AIF-Verwaltungsgesellschaft, die im Inland AIF verwaltet oder vertreibt, kann die Bundesanstalt die Vorlage der Informationen verlangen, die erforderlich sind, um zu überprüfen, ob die maßgeblichen Bestimmungen, für

deren Überwachung die Bundesanstalt verantwortlich ist, durch die EU-AIF-Verwaltungsgesellschaft oder die ausländische AIF-Verwaltungsgesellschaft eingehalten werden. [2]Satz 1 gilt für EU-OGAW-Verwaltungsgesellschaften, die im Inland OGAW verwalten, entsprechend.

(8a) [1]Die Bundesanstalt kann gegenüber Kapitalverwaltungsgesellschaften, die für Rechnung eines AIF Gelddarlehen gewähren, im Wege der Allgemeinverfügung Beschränkungen bei der Vergabe von Darlehen zum Bau oder zum Erwerb von im Inland belegenen Wohnimmobilien festlegen, wenn und soweit dies erforderlich ist, um einer Störung der Funktionsfähigkeit des inländischen Finanzsystems oder einer Gefährdung der Finanzstabilität im Inland entgegenzuwirken. [2]§ 48u Absatz 1 Satz 2 bis 5 und Absatz 2 bis 4 und 6 des Kreditwesengesetzes gilt entsprechend. [3]Das Bundesministerium der Finanzen wird ermächtigt, durch Rechtsverordnung, die nicht der Zustimmung des Bundesrates bedarf, nähere Regelungen nach Maßgabe des entsprechend anzuwendenden § 48u Absatz 5 Nummer 1 bis 5 des Kreditwesengesetzes zu erlassen.

(9) Die Bundesanstalt ist zuständige Behörde im Sinne der Verordnung (EU) 2015/2365 des Europäischen Parlaments und des Rates vom 25. November 2015 über die Transparenz von Wertpapierfinanzierungsgeschäften und der Weiterverwendung sowie zur Änderung der Verordnung (EU) Nr. 648/2012 (ABl. L 337 vom 23.12.2015, S. 1), soweit diese Verordnung Rechte und Pflichten enthält, die die Verwaltungsgesellschaften und Investmentvermögen im Sinne dieses Gesetzes betreffen. Die Bundesanstalt ist befugt, alle Maßnahmen zu treffen, die geeignet und erforderlich sind, um zu überwachen, ob die Verordnung (EU) 2015/2365 und die auf ihrer Grundlage erlassenen delegierten Rechtsakte und technischen Regulierungsstandards der Europäischen Kommission, eingehalten werden. Insbesondere kann sie die in den Artikeln 22 und 28 der Verordnung (EU) 2015/2365 genannten Befugnisse und die Befugnisse, auf die dort verwiesen wird, ausüben.

(10) Die Bundesanstalt ist zuständige Behörde im Sinne der Verordnung (EU) 2016/1011 des Europäischen Parlaments und des Rates vom 8. Juni 2016 über Indizes, die bei Finanzinstrumenten und Finanzkontrakten als Referenzwert oder zur Messung der Wertentwicklung eines Investmentfonds verwendet werden, und zur Änderung der Richtlinien 2008/48/EG und 2014/17/EU sowie der Verordnung (EU) Nr. 596/2014 (ABl. L 171 vom 29.06.2016, S. 1), soweit diese Verordnung Rechte und Pflichten enthält, die die Verwaltungsgesellschaften und Investmentvermögen im Sinne dieses Gesetzes betreffen. Die Bundesanstalt ist befugt, alle Maßnahmen zu treffen, die geeignet und erforderlich sind, um zu überwachen, ob die Verordnung (EU) 2016/1011 und die auf ihrer Grundlage erlassenen delegierten Rechtsakte und technischen Regulierungsstandards der Europäischen Kommission eingehalten werden. Insbesondere kann sie die in den Artikeln 41 und 42 der Verordnung (EU) 2016/1011 genannten Befugnisse ausüben.

(11) [1]Die Bundesanstalt ist befugt, alle Maßnahmen zu treffen, die geeignet und erforderlich sind, um zu überwachen, ob die Verordnung (EU) 2017/1131 des Europäischen Parlaments und des Rates vom 14. Juni 2017 über Geldmarktfonds (ABl. L 169 vom 30.6.2017, S. 8) und die auf der Grundlage dieser Verordnung erlassenen delegierten Rechtsakte der Europäischen Kommission und technischen Durchführungs- und Regulierungsstandards eingehalten werden. [2]Insbesondere kann sie die in den Artikeln 39 und 41 der Verordnung (EU) 2017/1131 genannten Befugnisse ausüben.

[(Geplante Anfügung:) (12) [1]Die Bundesanstalt ist zuständige Behörde im Sinne von Artikel 29 Absatz 1 Buchstabe b und c sowie von Artikel 29 Absatz 3 und 5 der Verordnung (EU) 2017/2402, soweit diese Verordnung Rechte und Pflichten enthält, die die Verwaltungsgesellschaften und Investmentvermögen im Sinne dieses Gesetzes betreffen. [2]Die Bundesanstalt ist befugt, alle Maßnahmen treffen, die geeignet und erforderlich sind, um zu überwachen, ob die Verordnung (EU) 2017/2402 und die auf ihrer Grundlage erlassenen delegierten Rechtsakte und technischen Durchführungs- und Regulierungsstandards der Europäischen Kommission eingehalten werden. [3]Insbesondere kann sie die in den Artikeln 30, 32 und 33 der Verordnung (EU) 2017/2402 genannten Befugnisse ausüben.]

In der Fassung vom 4.7.2013 (BGBl. I 2013, S. 1981), zuletzt geändert durch das Gesetz zur Ausübung von Optionen der EU-Prospektverordnung und zur Anpassung weiterer Finanzmarktgesetze vom 10.7.2018 (BGBl. I 2018, S. 1102. Geplant ist die Anfügung eines neuen Abs. 12 durch das Gesetz zur Anpassung von Finanzmarktgesetzen an die Verordnung (EU) 2017/2402 und an die durch die Verordnung (EU) 2017/2401 geänderte Verordnung (EU) Nr. 575/2013 und zur Anpassung weiterer Finanzmarktgesetze (RegE, BT-Drucks. 19/4460; s. Rz. 47).

Schrifttum: Ausschuss für Finanzstabilität, Empfehlung zu neuen Instrumenten für die Regulierung der Darlehensvergabe zum Bau oder Erwerb von Wohnimmobilien; *Ausschuss für Finanzstabilität*, Zweiter Bericht an den Deutschen Bundestag zur Finanzstabilität in Deutschland; *Buck-Heeb*, Das Kleinanlegerschutzgesetz, NJW 2015, 2535; *Bußalb/Unzicker*, Auswirkungen der AIFM-Richtlinie auf geschlossene Fonds, BKR 2012, 310; *Kurz*, MiFID II – Auswirkungen auf den Vertrieb von Finanzinstrumenten, DB 2014, 1182; *Möllers/Kastl*, Das Kleinanlegerschutzgesetz, NZG 2015, 849; *Nietsch/Graef*, Aufsicht über Hedgefonds nach dem AIFM-Richtlinienvorschlag, ZBB 2010, 12; *Patz*, Das Zusammenwirken zwischen Verwahrstelle, Bewerter, Abschlussprüfer und BaFin bei der Aufsicht über Investmentvermögen nach dem KAGB – Zuständigkeiten bei der Überprüfung der Einhaltung der Bewertungsmaßstäbe und -verfahren für Vermögensgegenstände von AIF und OGAW, BKR 2015, 193.

I. Überblick; Entstehungsgeschichte

1 § 5 KAGB weist die generelle Zuständigkeit für die Beaufsichtigung nach dem KAGB der BaFin zu (Abs. 1). Daneben enthält die Vorschrift ein systematisch nicht immer logisch angeordnetes und teilweise unübersichtliches Sammelsurium sehr unterschiedlicher Zuständigkeitsregelungen (Abs. 4, 5, 5a, 6a, 8a bis 10), von Vorschriften zur Anwendbarkeit bestimmter Normen des WpHG auf Dienst- und Nebendienstleistungen erbringende Kapitalverwaltungsgesellschaften (Abs. 2), über die Generalklausel zur Missstandsaufsicht durch die BaFin (Abs. 6), sowie Auskunfts- und Informationsrechte der Aufsicht (Abs. 6, 7, 8).

2 § 5 KAGB ist zum großen Teil das Resultat der Konsolidierung verschiedenster Vorschriften des InvG.[1] Mit dem OGAW V-UmsG wurde die bisher in Abs. 7 geregelte Befugnis zur Veröffentlichung von Maßnahmen auf der Internetseite der BaFin (*Name-and-Shame*) in den neuen § 341a KAGB überführt. Die bisherigen Abs. 8 und 9 wurden zu den Abs. 7 und 8.[2]

II. Aufsicht nach diesem Gesetz (§ 5 Abs. 1 KAGB)

3 § 5 Abs. 1 KAGB ist an § 6 Abs. 1 Satz 1 WpHG n.F. (§ 4 Abs. 1 Satz 1 WpHG a.F.) angelehnt.[3] Er ist die zentrale Aufgabenzuweisungsnorm im Bereich der Investmentaufsicht.[4] Die Vorschrift dient der Umset-

1 Vgl. *Wülfert* in Baur/Tappen, § 5 KAGB Rz. 2.
2 Vgl. Begr. RegE, BT-Drucks. 18/6744, 8, 44.
3 Begr. RegE, BT-Drucks. 17/12294, 205; *Wülfert* in Baur/Tappen, § 5 KAGB Rz. 3.
4 *Bußalb* in Moritz/Klebeck/Jesch, § 5 KAGB Rz. 1, 27.

zung von Art. 97 OGAW-RL[5] und Art. 44, 45 AIFM-RL[6] und benennt die **BaFin als zuständige Aufsichtsbehörde** im Bereich des KAGB. Innerhalb der BaFin befindet sich der Sitz der zuständigen Investmentaufsicht in Frankfurt am Main.

Die **Aufsicht** der BaFin umfasst die Überwachung von Verhaltens- und Organisationspflichten sowie die Sanktionierung von Verstößen.[7] Dabei werden verschiedene Ziele verfolgt. Nach der Gesetzesbegründung soll die Aufsicht einen Beitrag zur Verwirklichung eines europäischen Binnenmarktes im Investmentfondsbereich leisten und gleichzeitig einheitlich hohe Qualitätsstandards im Anlegerschutz sicherstellen.[8] Hiervon wird in weiten Teilen nunmehr auch der graue Kapitalmarkt erfasst.[9] Nach den Zielvorgaben der AIFM-RL sollen sowohl Risiken auf der Makroebene (Systemrisiken) wie auch der Mikroebene (z.B. Marktrisiken und operationelle Risiken) überwacht werden.[10] Darüber hinaus dient die Aufsicht der BaFin der Integrität des Finanzmarkts im Allgemeinen. Sie umfasst dabei die Solvenzaufsicht, die Produktaufsicht hinsichtlich der Anlage- und Vertriebsvorschriften sowie die Marktaufsicht.[11] Gemäß § 4 Abs. 4 FinDAG nimmt die BaFin ihre Aufgaben dabei lediglich im öffentlichen Interesse wahr. Einzelne Anleger haben daher keinen Anspruch auf ein Einschreiten bzw. eine Ermessensfehlerfreie Entscheidung der BaFin.[12] Hieran ändert sich nach dem Willen des Gesetzgebers auch durch das neue Kleinanlegerschutzgesetz nichts. Dieses statuiert zwar erstmals eine Verpflichtung der BaFin gegenüber den kollektiven Verbraucherinteressen (vgl. § 1 Abs. 1a Satz 1 FinDAG n.F.). Ein Anspruch einzelner Anleger auf Tätigwerden der BaFin ist jedoch auch hieraus nicht abzuleiten.[13] Im Übrigen dient § 4 Abs. 4 FinDAG vor allem dazu Amtspflichtverletzungsansprüche von Anleger gegenüber der BaFin (§ 1 Abs. 1 FinDAG) zu vermeiden.[14] Dies schließt freilich Amtspflichtverletzungsansprüche derjenigen Unternehmen, die der direkten Aufsicht der BaFin unterliegen, nicht aus.[15] Die BaFin legt diese allerdings ohnehin (verfassungskonform) nach § 16 Abs. 1 FinDAG wiederum auf die beaufsichtigten Unternehmen um.[16] 4

Das Merkmal „**nach den Vorschriften dieses Gesetzes**" beschränkt sich nicht ausschließlich auf das KAGB selbst. Gegenstand und Maßstab der Aufsicht ergeben sich auch aus den auf Grundlage des KAGB erlassenen Verordnungen (z.B. DerivateV, KAPrüfbV, KARBV, KAVerOV, WpDVerOV) (vgl. auch § 5 Abs. 6 Satz 1 KAGB), aber auch aus von der BaFin erlassenen Richtlinien (z.B. Richtlinie zur Festlegung von Fondskategorien)[17].[18] In der Aufsichtspraxis wird die BaFin außerdem ihre Rundschreiben, FAQs, Merkblätter und sonstigen Bekanntmachungen heranziehen.[19] Dabei handelt es sich zwar lediglich um Verwaltungsvorschriften ohne Außenrechtsnormqualität. Durch ihre Bekanntmachung und Anwendung etablieren sie jedoch eine Verwaltungspraxis und entfalten über Art. 3 GG faktische Außenwirkung.[20] Ferner sind die Level 2-Verordnungen der EU zu berücksichtigen.[21] 5

5 Richtlinie 2009/65/EG des Europäischen Parlaments und des Rates vom 13. Juli 2009 zur Koordinierung der Rechts- und Verwaltungsvorschriften betreffend bestimmte Organismen für gemeinsame Anlagen in Wertpapieren (OGAW), ABl. EU Nr. L 302 v. 17.11.2009, S. 32.

6 Richtlinie 2011/61/EU des Europäischen Parlaments und des Rates vom 8. Juni 2011 über die Verwalter alternativer Investmentfonds und zur Änderung der Richtlinien 2003/41/EG und 2009/65/EG und der Verordnungen (EG) Nr. 1060/2009 und (EU) Nr. 1095/2010, ABl. EU Nr. L 174 v. 1.7.2011, S. 1.

7 *Bußalb* in Möllers/Kloyer, Das neue Kapitalanlagegesetzbuch, S. 222.

8 Begr. RegE, BT-Drucks. 17/12294, 2; *Boxberger* in Weitnauer/Boxberger/Anders, § 5 KAGB Rz. 2; vgl. auch *Köndgen* in Berger/Steck/Lübbehüsen, § 5 InvG Rz. 2.

9 *Maier/Meschkat/Carny* in BaFin Journal Oktober 2013, S. 17.

10 *Bußalb* in Möllers/Kloyer, Das neue Kapitalanlagegesetzbuch, S. 223; *Nietsch/Graef*, ZBB 2010, 12 (17 f.); *Bußalb/Unzicker*, BKR 2012, 309 (310).

11 *Bußalb* in Möllers/Kloyer, Das neue Kapitalanlagegesetzbuch, S. 223; *Beckmann* in Beckmann/Scholtz/Vollmer, § 5 KAGB Rz. 65 ff.

12 *Beckmann* in Beckmann/Scholtz/Vollmer, § 5 KAGB Rz. 8 ff.; *Boxberger* in Weitnauer/Boxberger/Anders, § 5 KAGB Rz. 1.

13 Begr. RegE, BT-Drucks. 18/3994, 37; *Möllers/Kastl*, NZG 2015, 849 (855); *Buck-Heeb*, NJW 2015, 2535 (2540).

14 *Bußalb* in Moritz/Klebeck/Jesch, § 5 KAGB Rz. 24.

15 Vgl. BGH v. 20.1.2005 – III ZR 48/01, NJW 2005, 742 = ZIP 2005, 287; BVerwG v. 23.11.2010 – 8 C 20.10, AG 2012, 253.

16 Vgl. BVerfG v. 24.11.2015 – 2 BvR 355/12, AG 2016, 133.

17 Richtlinie zur Festlegung von Fondskategorien gemäß § 4 Abs. 2 Investmentgesetz v. 22.7.2013, zuletzt geändert am 17.4.2015.

18 *Boxberger* in Weitnauer/Boxberger/Anders, § 5 KAGB Rz. 2; *Beckmann* in Beckmann/Scholtz/Vollmer, § 5 KAGB Rz. 20 ff.

19 *Boxberger* in Weitnauer/Boxberger/Anders, § 5 KAGB Rz. 2.

20 *Bußalb* in Möllers/Kloyer, Das neue Kapitalanlagegesetzbuch, S. 224 f.

21 *Boxberger* in Weitnauer/Boxberger/Anders, § 5 KAGB Rz. 2.

III. Anwendbarkeit der Wohlverhaltensvorschriften (§ 5 Abs. 2 KAGB)

6 Nach § 5 Abs. 2 KAGB müssen externe Kapitalverwaltungsgesellschaften, die Dienst- oder Nebendienstleistungen (vgl. § 20 Abs. 2 Nr. 1 bis 3 und Abs. 3 Nr. 2 bis 5 KAGB) erbringen, die Wohlverhaltensvorschriften des WpHG entsprechend den §§ 63-68, 70, 80, 82 Abs. 1-9, 13 und §§ 83, 84 WpHG n.F. (§§ 31-31b, 31d, 33-34a WpHG a.F.) beachten. Diese begründen insbesondere **Informations-**, **Organisations- und Dokumentationspflichten**, wie sie auch für Wertpapierdienstleistungsunternehmen gelten. Wegen § 2 Abs. 10 WpHG n.F. (§ 2 Abs. 4 WpHG a.F.) i.V.m. § 2 Abs. 1 Nr. 3b und Abs. 6 Nr. 5a KWG sind die Kapitalverwaltungsgesellschaften aber selbst keine Wertpapierdienstleistungsunternehmen i.S.d. WpHG. Zu Einzelheiten wird auf die einschlägige Kommentierung zum WpHG verwiesen. In der aktuellen Regulierungsdynamik ist an dieser Stelle auf die Neuerungen der MiFID II/MIFIR und deren Umsetzung durch das 2. FiMaNoG hinzuweisen.[22]

7 Neben den Vorschriften des WpHG sind auf Dienst- oder Nebendienstleistungen erbringende Kapitalverwaltungsgesellschaften auch die Bestimmungen der sog. MaComp[23] anzuwenden, welche die Verwaltungspraxis der BaFin zu den Wohlverhaltensregeln des WpHG weiter konkretisieren. Die MaComp ist dabei nur insoweit anwendbar, als diese Regelungen diejenigen Vorschriften der §§ 63 ff. WpHG n.F. (§§ 31 ff. WpHG a.F.) konkretisieren, die über § 5 Abs. 2 KAGB auch für Kapitalverwaltungsgesellschaften gelten.[24]

8 § 5 Abs. 2 KAGB entspricht mit redaktionellen Anpassungen dem aufgehobenen § 5 Abs. 3 InvG und dient der Umsetzung von Art. 6 Abs. 4 OGAW-RL und Art. 6 Abs. 6 AIFM-RL.[25] Mit der Umsetzung in Abs. 2 ist eine **Erweiterung** des aufsichtsrechtlichen **Pflichtenkreises** der Kapitalverwaltungsgesellschaften über das KAGB hinaus verbunden. Aus **Anlegerschutzgesichtspunkten** ist dies konsequent und begrüßenswert. Zweck der Erweiterung der aufsichtsrechtlichen Anforderungen auf Kapitalverwaltungsgesellschaften ist neben dem Anlegerschutz des Weiteren die Herstellung eines *Level Playing Field* zu Wertpapierdienstleistungsunternehmen.

9 Die Wohlverhaltensregeln im WpHG gelten nach § 51 Abs. 4 KAGB auch für **inländische Zweigniederlassungen** von EU-OGAW-Verwaltungsgesellschaften oder im Wege des grenzüberschreitenden Dienstleistungsverkehrs im Inland tätigen OGAW-Verwaltungsgesellschaften.

IV. Entscheidung in Zweifelsfällen (§ 5 Abs. 3 KAGB)

10 § 5 Abs. 3 KAGB übernimmt mit redaktionellen Anpassungen den Wortlaut des aufgehobenen § 5 Abs. 2 InvG.[26] Dieser war wiederum an § 4 KWG angelehnt.[27] Nach **§ 5 Abs. 3 Satz 1 KAGB** entscheidet die BaFin in **Zweifelsfällen**, ob ein inländisches Unternehmen den Vorschriften des KAGB unterliegt oder ob ein Investmentvermögen i.S.d. § 1 Abs. 1 KAGB vorliegt.

11 Unternehmen können damit frühzeitig durch eine Anfrage bei der BaFin verbindlich klären lassen, ob die beabsichtigte Tätigkeit dem Anwendungsbereich des KAGB unterfällt. Eine Klärung in Zweifelsfällen empfiehlt sich schon deshalb, weil nach § 339 KAGB das Betreiben des Geschäfts einer Kapitalverwaltungsgesellschaft **ohne entsprechende Erlaubnis als Straftat sanktioniert** ist.[28]

12 In der an die BaFin gerichteten Anfrage zu einem konkreten Vorhaben muss die Kapitalverwaltungsgesellschaft dabei die eigene Rechtsauffassung bereits nachvollziehbar **darlegen und begründen**. Insbesondere sollte im Rahmen der Anfrage die Geschäftstätigkeit des Unternehmens umfassend beschrieben werden. Anonymisierte und allgemein gehaltene Anfragen werden hingegen nicht bearbeitet; die BaFin bietet keine allgemeine Rechtsberatung an.[29]

13 Bei der Entscheidung über eine Anfrage nach § 5 Abs. 3 Satz 1 KAGB handelt es sich um einen Verwaltungsakt. Wenn ein Antrag gestellt worden ist und der Antragsteller ein berechtigtes Interesse an der Ent-

---

22 Eingehend: *Kurz*, DB 2014, 1182 f.
23 BaFin, Mindestanforderungen an die Compliance-Funktion und die weiteren Verhaltens-, Organisations- und Transparenzpflichten nach §§ 63 ff. WpHG (MaComp) v. 19.4.2018.
24 Vgl. AT 3.1 MaComp.
25 Begr. RegE, BT-Drucks. 17/12294, 206.
26 Begr. RegE, BT-Drucks. 17/12294, 206.
27 Begr. RegE, BT-Drucks. 16/5576, 59.
28 *Boxberger* in Weitnauer/Boxberger/Anders, § 5 KAGB Rz. 5.
29 BaFin, Auslegungsschreiben zum Anwendungsbereich des KAGB und zum Begriff des „Investmentvermögens" v. 14.7.2013, Ziff. II. Nr. 8.

scheidung hat, hat der Antragsteller richtigerweise einen **Anspruch** auf Erlass einer Entscheidung.[30] Ob ein Zweifelsfall vorliegt, beurteilt sich danach, ob ein an der Sache Beteiligter bei objektiver Betrachtung ernsthafte Zweifel hat, ob ein Unternehmen dem KAGB unterliegt oder nicht.[31] Die BaFin hat über den Antrag in angemessener Frist zu entscheiden. Bedauerlicherweise sieht das Gesetz aber **keine Höchstfrist** für die Entscheidung der BaFin nach § 5 Abs. 2 Satz 1 KAGB vor. Falls die BaFin den Erlass eines Bescheides ablehnt, kann mit Widerspruch (§ 68 VwGO) und Verpflichtungsklage (§ 42 Abs. 1 Alt. 2 VwGO) dagegen vorgegangen werden.[32]

Nach **§ 5 Abs. 3 Satz 2 KAGB** bindet die Entscheidung der BaFin andere Verwaltungsbehörden. Hierunter fallen etwa die Deutsche Bundesbank und Finanzbehörden, die damit z.B. die Einstufung als Kapitalverwaltungsgesellschaft durch die BaFin nicht einfach negieren können oder trotz Negativtestat der BaFin nach § 5 Abs. 3 KAGB bei unveränderter Sach- und Rechtslage eine Gesellschaft als Kapitalverwaltungsgesellschaft behandeln dürfen. Dagegen sind Staatsanwaltschaft und Gerichte nicht an die Entscheidung der BaFin gebunden.[33] Sie können daher z.B. im Strafprozess wegen unerlaubten Betreibens des Geschäfts einer Kapitalverwaltungsgesellschaft (vgl. § 339 Abs. 1 Nr. 1 und Nr. 3 KAGB) trotz einer gegenteiligen Auffassung der BaFin die Erlaubnispflicht verneinen. Umgekehrt sollte ein Negativtestat der BaFin nach Abs. 3 eine Strafbarkeit nach § 339 Abs. 1 Nr. und Nr. 3 KAGB entfallen lassen.[34] 14

V. Aufgabenverteilung zwischen den Aufsichtsbehörden der Herkunfts- und Aufnahmemitgliedstaaten (§ 5 Abs. 4 KAGB)

§ 5 Abs. 4 KAGB setzt u.a. Art. 45 Abs. 1 und Abs. 2 AIFM-RL sowie Art. 17 Abs. 5 i.V.m. Art. 14 der OGAW-RL in das deutsche Recht um.[35] Ausgehend vom dort normierten europäischen Grundprinzip, wonach grundsätzlich die jeweilige Aufsichtsbehörde des **Herkunftsmitgliedstaats** für die Überwachung der Kapitalverwaltungsgesellschaft zuständig ist, weist die Vorschrift der BaFin die Zuständigkeit für die Beaufsichtigung derjenigen Bereiche zu, in denen eine deutsche Residualzuständigkeit besteht. Dies ist der Fall für ausländische AIF-Verwaltungsgesellschaften, deren Referenzmitgliedschaft nicht die Bundesrepublik Deutschland ist, oder EU-Verwaltungsgesellschaften, wenn die ausländische AIF-Verwaltungsgesellschaft oder die EU-Verwaltungsgesellschaft Investmentvermögen im Inland über eine Zweigniederlassung verwaltet oder vertreibt. Der Herkunftsmitgliedstaat wird im Rahmen des Abs. 4 als Referenzmitgliedstaat verstanden.[36] 15

Danach ist die BaFin insbesondere für die Überwachung der allgemeinen Wohlverhaltensvorschriften nach § 26 Abs. 2-8 KAGB und für Interessenkonflikte (§ 27 KAGB) zuständig, wenn die **ausländische** AIF- oder EU-Verwaltungsgesellschaft Investmentvermögen über eine **Zweigniederlassung** in Deutschland verwaltet oder vertreibt.[37] 16

§ 5 Abs. 4 KAGB wurde durch das Gesetz zur Anpassung von Gesetzen auf dem Gebiet des Finanzmarktes[38] mit Wirkung zum 19.7.2014 geändert. Dadurch wurden der BaFin zusätzlich die Aufsichtsbefugnisse hinsichtlich der **geldwäscherechtlichen** Verpflichtungen inländischer Zweigniederlassungen ausländischer AIF- und EU-Verwaltungsgesellschaften eingeräumt, da insoweit keine Aufsicht des Herkunftsstaats besteht.[39] Die ergänzten Vorschriften (§§ 51 Abs. 8, 54 Abs. 3 Satz 1 i.V.m. § 28 Abs. 1 Satz 4 und § 66 Abs. 4 Satz 1 i.V.m. § 28 Abs. 1 Satz 4 KAGB) verweisen hierzu jeweils auf die Vorschrift zum automatisierten Abruf von Kontoinformationen nach § 24c KWG, die Vorschriften zur Verhinderung von Geldwäsche, Terrorismusfinanzierung und sonstiger strafbarer Handlungen gem. § 25h bis § 25m KWG, sowie zum Abruf von Informationen gem. § 93 Abs. 7 und 8 i.V.m. § 93b AO. 17

---

30 *Beckmann* in Beckmann/Scholtz/Vollmer, § 5 KAGB Rz. 354 m.w.N.; VG Berlin v. 19.8.1996 – 25 A 41/94, NJW-RR 1997, 808 (808) (zu § 4 KWG); vgl. aber BT-Drucks. 17/4510, 60 f. (zu § 5 Abs. 2 InvG), wonach ein solcher Rechtsanspruch nicht bestehen soll.
31 VG Berlin, v. 19.8.1996 – 25 A 41/94, NJW-RR 1997, 808 (808) (zu § 4 KWG).
32 Ebenso *Beckmann* in Beckmann/Scholtz/Vollmer, § 5 KAGB Rz. 354.
33 *Boxberger* in Weitnauer/Boxberger/Anders, § 5 KAGB Rz. 6; *Beckmann* in Beckmann/Scholtz/Vollmer, § 5 KAGB Rz. 357.
34 Ebenso *Boxberger* in Weitnauer/Boxberger/Anders, § 5 KAGB Rz. 6.
35 Begr. RegE, BT-Drucks. 17/12294, 206; *Wülfert* in Baur/Tappen, § 5 KAGB Rz. 8.
36 Begr. RegE, BT-Drucks. 17/12294, 206.
37 *Wülfert* in Baur/Tappen, § 5 KAGB Rz. 9.
38 Gesetz vom 15.7.2014, BGBl. I 2014, S. 934.
39 *Wülfert* in Baur/Tappen, § 5 KAGB Rz. 9; Begr. RegE, BT-Drucks. 18/1305, 44.

VI. Zentrale Zuständigkeitsnorm für die Vertriebsüberwachung (§ 5 Abs. 5 KAGB)

18 Bei § 5 Abs. 5 KAGB handelt es sich um die **zentrale Zuständigkeitsnorm** für die **Vertriebsüberwachung** durch die BaFin. Sie übernimmt mit redaktionellen Anpassungen und einer klarstellenden Änderung den Wortlaut des aufgehobenen § 141 Abs. 1 InvG. Während das InvG die Zuständigkeiten und Befugnisse für die Vertriebsüberwachung noch an unterschiedlichen Stellen im Gesetz regelte, fasst das KAGB beides in § 5 KAGB zentral zusammen. § 5 Abs. 5 a.E. KAGB stellt klar, dass die BaFin die geltenden Vertriebsregelungen nicht nur bezüglich Verwaltungsgesellschaften, sondern auch bezüglich anderer durch die BaFin beaufsichtigter Unternehmen überwacht.[40] Die BaFin ist daher auch für die Überwachung der Vertriebsvorschriften des KAGB im Hinblick auf den Vertrieb durch Kreditinstitute und Finanzdienstleister zuständig.

19 Die BaFin ist nach § 5 Abs. 5 KAGB insbesondere zuständig für die Überwachung der Einhaltung der §§ 293 bis 311, 314 bis 321, 323 und 330a KAGB. Außerdem überwacht die BaFin die Einhaltung aller **sonstigen Vorschriften** des deutschen Rechts, die beim **Vertrieb** zu beachten sind, also etwa die Regelungen zu Verkaufsunterlagen und Hinweispflichten (§ 297 KAGB), Veröffentlichungs- und laufenden Informationspflichten (§§ 298 bis 301 KAGB), Werbung (§ 302 KAGB), zum Widerrufsrecht (§ 305 KAGB), zur Haftung für Prospekt und wesentliche Anlegerinformationen (§ 306 KAGB) und allgemeine Vertriebs- und Anzeigevorschriften. Daneben unterliegt auch die Überwachung der Einhaltung der diversen Anzeigepflichten der §§ 322, 324 bis 330 KAGB der Zuständigkeit der BaFin.[41]

VII. Sektoral zuständige Behörde (§ 5 Abs. 5a KAGB)

20 § 5 Abs. 5a KAGB wurde durch das Gesetz zur Verringerung der Abhängigkeit von Ratings[42] mit Wirkung zum 19.12.2014 nachträglich eingefügt. Nach **§ 5 Abs. 5a Satz 1 KAGB** ist die BaFin sektoral zuständige Behörde i.S.v. Art. 25a Ratingverordnung.[43] Als solche ist sie für die Beaufsichtigung und rechtliche Durchsetzung der Art. 4 Abs. 1, 5a, 8b, 8c, 8d Ratingverordnung gegenüber den Unternehmen zuständig, die dem KAGB unterliegen.[44]

21 Nach **§ 5 Abs. 5a Satz 2 KAGB** sind die Ermächtigungsgrundlagen des ersten Abschnitts von Kapitel 1 des KAGB, mit Ausnahme von § 8 Satz 2 i.V.m. § 9 Abs. 1 Satz 4 KWG, entsprechend anwendbar. Für letztere finden sich in der Ratingverordnung abschließende Vorschriften.[45]

VIII. Zentrale Kompetenznorm zur Missstandsaufsicht (§ 5 Abs. 6 KAGB)

22 § 5 Abs. 6 KAGB ist die zentrale **Generalklausel** für Eingriffe der BaFin. Mittels der umfassenden Eingriffsbefugnisse soll die BaFin in die Lage versetzt werden, die Einhaltung der Vorschriften des KAGB und sonstiger in diesem Zusammenhang erlassener Bestimmungen zu überwachen und durchzusetzen. Wie vergleichbare Vorschriften in anderen Gesetzen sind die Eingriffsbefugnisse der BaFin als Generalklausel ausgestaltet. Dies trägt der Vielgestaltigkeit von Lebenssachverhalten und möglichen Verstößen Rechnung und ermöglicht es der BaFin, den vielschichtigen Anforderungen im Anwendungsbereich des KAGB gerecht zu werden.

1. Einhaltung der Gebote und Verbote des KAGB (§ 5 Abs. 6 Satz 1 KAGB)

23 Die Vorschrift verpflichtet die BaFin, die Einhaltung der **Regelungen** des KAGB und der aufgrund dieses Gesetzes erlassenen Bestimmungen zu überwachen.

24 Die BaFin wird ermächtigt, im Rahmen der Verhältnismäßigkeit, alle **Anordnungen** zur Durchsetzung der Verbote und Gebote des KAGB zu treffen. Damit ist die Ermächtigung sehr umfassend ausgesprochen. § 5 Abs. 6 Satz 1 KAGB ergänzt somit die Befugnisse der BaFin im Rahmen der Missstandsaufsicht nach

40 Begr. RegE, BT-Drucks. 17/12294, 206; *Wülfert* in Baur/Tappen, § 5 KAGB Rz. 14; *Beckmann* in Beckmann/Scholtz/Vollmer, § 5 KAGB Rz. 120.
41 *Wülfert* in Baur/Tappen, § 5 KAGB Rz. 11 ff.
42 Gesetz v. 10.12.2014, BGBl. I 2014, S. 2085.
43 Verordnung (EG) Nr. 1060/2009 des Europäischen Parlaments und des Rates vom 16. September 2009 über Ratingagenturen, ABl. EU Nr. L 302 v. 17.11.2009, S. 1; zuletzt geändert durch die Verordnung (EU) Nr. 462/2013 des Europäischen Parlaments und des Rates vom 21. Mai 2013 zur Änderung der Verordnung (EG) Nr. 1060/2009 über Ratingagenturen, ABl. EU Nr. L 146 v. 31.5.2013, S. 1.
44 Begr. RegE, BT-Drucks. 18/1774, 24.
45 Begr. RegE, BT-Drucks. 18/1774, 24.

Satz 8.[46] Der Anordnungsbegriff ist gesetzlich nicht näher definiert, aber als Sammelbegriff für Maßnahmen unterschiedlicher Qualität zu verstehen.[47] Anordnungen können als Verwaltungsakt oder als schlichtes Verwaltungshandeln ergehen.[48] Die Anordnungen müssen einer Verhältnismäßigkeitsprüfung unterzogen werden. Dabei kommt es für die Rechtmäßigkeit insbesondere auf die Geeignetheit und Erforderlichkeit der jeweiligen Anordnung an.

§ 5 Abs. 6 Satz 1 KAGB ist an § 6 Abs. 2 Satz 1 und 2 WpHG n.F. (§ 4 Abs. 2 Satz 1 WpHG a.F.) angelehnt 25
und dient der Umsetzung von Art. 98 OGAW-RL sowie den Art. 44 Unterabs. 4, 46 AIFM-RL.[49]

2. Einhaltung der in bestimmten Vertragsdokumenten vorgesehenen Regelungen (§ 5 Abs. 6 Satz 2 KAGB)

§ 5 Abs. 6 Satz 2 KAGB erweitert den Zuständigkeitsbereich der BaFin nach Satz 1. Danach kann die BaFin 26
Anordnungen erlassen, um die Einhaltung der in den Anlagebedingungen, der **Satzung** oder dem **Gesellschaftsvertrag** vorgesehenen Regelungen sicherzustellen.

Der Gesetzgeber hielt die Einhaltung der Regelungen in den Vertragsdokumenten, gerade in Fällen, in de- 27
nen sie inhaltlich über die gesetzlichen Bestimmungen hinausgehen, für so bedeutsam, dass er hierfür in Satz 2 eine eigene Befugnisnorm geschaffen hat.[50] Sofern diese Regelungen mit gesetzlichen Vorgaben deckungsgleich sind, ist die BaFin bereits nach Satz 1 zur Überwachung und Durchsetzung befugt.

3. Ermittlungskompetenzen (§ 5 Abs. 6 Satz 3 Nr. 1 KAGB)

§ 5 Abs. 6 Satz 3 Nr. 1 KAGB basiert auf dem aufgehobenen § 5 Abs. 1 Satz 3 Nr. 1 InvG, ergänzt um La- 28
dungs- und Vernehmungsbefugnisse, und dient der Umsetzung von Art. 98 Abs. 2 lit. a und b OGAW-RL und Art. 46 Abs. 2 lit. a und b AIFM-RL.[51] Um die weitreichenden Eingriffsbefugnisse nach den Sätzen 1 und 2 auf einer fundierten Tatsachengrundlage ausüben zu können, bedarf es einer flankierenden **Ermittlungskompetenz.**[52] Die Vorschrift begründet daher Auskunfts-, Unterlagenvorlage-, Überlassungs-, Ladungs- und Vernehmungsbefugnisse der BaFin, soweit Anhaltspunkte dafür vorliegen, dass ein solcher Eingriff für die Überwachung eines Verbots oder Gebots nach dem KAGB erforderlich ist.

4. Anforderungsbefugnis für bestehende Aufzeichnungen von Telefongesprächen und Datenübermittlungen (§ 5 Abs. 6 Satz 3 Nr. 2 und Satz 4 KAGB)

Neben den Ermittlungskompetenzen nach § 5 Abs. 6 Satz 3 Nr. 1 KAGB kann die BaFin zudem Aufzeich- 29
nungen von Telefongesprächen und Datenübermittlungen **anfordern**. Sie darf selbst keine Aufzeichnungen **anfertigen.** Eine Telefonüberwachung ist nur durch richterliche Anordnung auf Antrag der Staatsanwaltschaft gemäß den §§ 100a, 100b StPO zulässig.

Durch die Anforderung von Aufzeichnungen greift die BaFin in das verfassungsrechtlich gewährleistete 30
Recht am gesprochenen Wort als Teil des **allgemeinen Persönlichkeitsrechts** aus Art. 2 Abs. 1 i.V.m. Art. 1 Abs. 1 GG ein. § 5 Abs. 6 Satz 3 Nr. 2 KAGB beschränkt die Befugnis der BaFin daher auf bereits existierende rechtmäßige Aufzeichnungen.[53] § 5 Abs. 6 Satz 3 Nr. 2 KAGB übernimmt den Wortlaut des aufgehobenen § 5 Abs. 1 Satz 3 Nr. 2 InvG und dient der Umsetzung von Art. 98 Abs. 2 lit. d OGAW-RL und Art. 46 Abs. 2 lit. d AIFM-RL.[54]

§ 5 Abs. 6 Satz 4 KAGB enthält wiederum eine Beschränkung für Daten aus dem Kernbereich privater Le- 31
bensgestaltung. Diese Daten dürfen nicht gespeichert, verwertet oder weitergegeben werden und sind unverzüglich zu löschen. Damit sind die verfassungsrechtlichen Anforderungen des Art. 10 GG gewahrt.

---

46 Begr. RegE, BT-Drucks. 17/12294, 206; vgl. auch zu der Aufgabenverteilung zwischen BaFin, Verwahrstellen und Prüfern: *Patz*, BKR 2015, 193 (204).

47 *Bußalb* in Möllers/Kloyer, Das neue Kapitalanlagegesetzbuch, S. 226; vgl. auch *Köndgen* in Berger/Steck/Lübbehüsen, § 5 InvG Rz. 14.

48 Vgl. auch *Döhmel* in Assmann/Uwe H. Schneider/Mülbert, § 6 WpHG Rz. 60 ff.

49 Begr. RegE, BT-Drucks. 17/12294, 206.

50 *Wülfert* in Baur/Tappen, § 5 KAGB Rz. 16; *Bußalb* in Möllers/Kloyer, Das neue Kapitalanlagegesetzbuch, S. 226.

51 Begr. RegE, BT-Drucks. 17/12294, 206.

52 *Bußalb* in Möllers/Kloyer, Das neue Kapitalanlagegesetzbuch, S. 227.

53 Begr. RegE, BT-Drucks. 17/12294, 206.

54 Begr. RegE, BT-Drucks. 17/12294, 206.

5. Auskunfts- und Unterlagenvorlegungspflicht von Wirtschaftsprüfern (§ 5 Abs. 6 Satz 5 KAGB)

32 § 5 Abs. 6 Satz 5 KAGB enthält eine **Auskunfts- und Unterlagenvorlegungspflicht für Wirtschaftsprüfer** auf Verlangen der BaFin. Davon ausgenommen sind Tatsachen, die außerhalb der Prüfung bekannt geworden sind (z.B. im Rahmen von Beratungsmandaten oder durch Gespräche in privater Umgebung). Das Verlangen der BaFin muss den Verhältnismäßigkeitsgrundsatz wahren.

6. Auskunftsverweigerungsrecht und Belehrungspflicht (§ 5 Abs. 6 Satz 6 KAGB)

33 § 5 Abs. 6 Satz 6 KAGB erklärt für das **Auskunftsverweigerungsrecht** und die Belehrungspflicht § 6 Abs. 15 WpHG n.F. (§ 4 Abs. 9 WpHG a.F.) für entsprechend anwendbar. Der Auskunftspflichtige kann danach die Aussage verweigern, wenn er sich selbst oder einen der in § 383 Abs. 1 Nr. 1-3 ZPO bezeichneten Angehörigen der Gefahr eines Strafverfahrens oder einer Ordnungswidrigkeit aussetzen würde. Zu Einzelheiten wird auf die einschlägigen Kommentierungen zum WpHG verwiesen.[55]

7. Missstandsaufsicht (§ 5 Abs. 6 Satz 7 und 8 KAGB)

34 § 5 Abs. 6 Satz 7 KAGB basiert auf dem aufgehobenen § 5 Abs. 1 Satz 4 und 5 InvG und dient der Umsetzung von Art. 46 Abs. 4 AIFM-RL.[56] Es handelt sich dabei um eine **Zuständigkeitsnorm**, welche die BaFin verpflichtet, Missständen entgegenzuwirken, welche die ordnungsgemäße Verwaltung oder den Vertrieb von Investmentvermögen, die ordnungsgemäße Erbringung von Dienstleistungen oder Nebendienstleistungen (§ 20 Abs. 2 und 3 KAGB) oder die Tätigkeit als Verwahrstelle beeinträchtigen oder erhebliche Nachteile für den Finanzmarkt oder den Markt für Finanzinstrumente bewirken können.[57]

35 § 5 Abs. 6 Satz 8 KAGB enthält die **Ermächtigungsgrundlage** der BaFin für Anordnungen zur Beseitigung oder Verhinderung der Missstände nach Satz 7. Der Begriff des Missstands ist im KAGB wie auch im KWG oder WpHG nicht definiert. Man kann hierunter jedes Verhalten fassen, welches den Zielen des KAGB und den einzelnen zur Verwirklichung dieser Ziele normierten Pflichten zuwiderläuft.[58] Die Vorschrift ergänzt dabei als allgemeiner Auffangtatbestand speziellere Ermächtigungsgrundlagen wie die Versagung der Erlaubnis zum Geschäftsbetrieb einer Kapitalverwaltungsgesellschaft (§ 23 KAGB), die Aufhebung der Erlaubnis (§ 39 Abs. 3 KAGB), die Abberufung von Geschäftsleitern (§ 40 KAGB) und die Aufhebung der Registrierung (§ 44 Abs. 5 KAGB).[59] Die BaFin hat hinsichtlich des „ob" und „wie" des Eingreifens ein Handlungs- und Auswahlermessen. Dies gilt auch hinsichtlich des Adressaten von Maßnahmen, wobei die BaFin nicht auf beaufsichtigte Personen beschränkt ist.[60] Wichtigste Ermessensgrenze ist der Grundsatz der Verhältnismäßigkeit.

IX. Befugnisse im Zusammenhang mit der PRIIP-Verordnung (§ 5 Abs. 6a KAGB)

36 § 5 Abs. 6a KAGB ist durch das 1. FiMaNoG[61] eingefügt worden. Nach Art. 17 Abs. 2 des 1. FiMaNoG trat diese Änderungen am 31.12.2016 in Kraft. § 5 Abs. 6a KAGB dient der Umsetzung von Art. 22 Abs. 1 und Art. 24 Abs. 1 und 2 der PRIIP-Verordnung.[62, 63]

37 OGAW und AIF sind dem Grunde nach von den Anforderungen der PRIIP-Verordnung ausgenommen. Eine Pflicht zur Erstellung eines Basisinformationsblatt kann sich allerdings für EUVECA, ELTIF, EuSEF und deutsche Spezial-AIF, die an semiprofessionelle Anleger i.S.d. § 1 Abs. 19 KAGB vertrieben werden, ergeben.[64]

---

55 Etwa *Döhmel* in Assmann/Uwe H. Schneider/Mülbert, § 6 WpHG Rz. 231 ff.
56 Begr. RegE, BT-Drucks. 17/12294, 206.
57 *Beckmann* in Beckmann/Scholtz/Vollmer, § 5 KAGB Rz. 140; etwa auch *Emde* in Emde/Dornseifer/Dreibus/Hölscher, § 5 InvG Rz. 14.
58 *Beckmann* in Beckmann/Scholtz/Vollmer, § 5 KAGB Rz. 143.
59 *Boxberger* in Weitnauer/Boxberger/Anders, § 5 KAGB Rz. 10; *Beckmann* in Beckmann/Scholtz/Vollmer, § 5 KAGB Rz. 330 f.
60 *Beckmann* in Beckmann/Scholtz/Vollmer, § 5 KAGB Rz. 147; auch *Emde* in Emde/Dornseifer/Dreibus/Hölscher, § 5 InvG Rz. 14.
61 Erstes Gesetz zur Novellierung von Finanzmarktvorschriften auf Grund europäischer Rechtsakte vom 30.6.2016, BGBl. I 2016, S. 1514 f.
62 Verordnung (EU) Nr. 1286/2014 des Europäischen Parlaments und des Rates vom 26. November 2014 über Basisinformationsblätter für verpackte Anlageprodukte für Kleinanleger und Versicherungsanlageprodukte (PRIIP), ABl. EU Nr. L 352 v. 9.12.2014, S. 1.
63 Begr. RegE, BT-Drucks. 18/7482, 74.
64 Vgl. Begr. RegE, BT-Drucks. 18/7482, 74 f.

X. Auskunfts- und Vorlageverlangen (§ 5 Abs. 7 und 8 KAGB)

§ 5 Abs. 7 KAGB übernimmt mit redaktionellen Anpassungen den Wortlaut des aufgehobenen § 141 Abs. 2 InvG. Die Vorschrift dient der Umsetzung von Art. 44 Unterabs. 4 AIFM-RL.[65] Durch Abs. 7 wird die BaFin ermächtigt, Auskünfte über die Geschäftsangelegenheiten und die Vorlage von Unterlagen von Personen und Unternehmen zu verlangen, bei denen Tatsachen die Annahme rechtfertigen, dass sie Investmentvermögen vertreiben, ohne die erforderlichen Anzeigen erstattet zu haben. Die Vorschrift konkretisiert das allgemeine Auskunfts- und Vorlagerecht nach § 5 Abs. 6 Satz 3 Nr. 1 KAGB. 38

Nach **§ 5 Abs. 8 KAGB** kann die BaFin von EU-AIF-Kapitalverwaltungsgesellschaften oder ausländischen AIF-Kapitalverwaltungsgesellschaften, die im Inland AIF verwalten oder vertreiben, die Vorlage von Informationen verlangen. Die Informationen müssen erforderlich sein, um zu überprüfen, ob die maßgeblichen Bestimmungen, für deren Überwachung die BaFin verantwortlich ist, eingehalten werden. Dies gilt für EU-OGAW-Kapitalverwaltungsgesellschaften entsprechend. 39

XI. Beschränkungen bei der Vergabe von Darlehen zum Bau oder zum Erwerb von im Inland belegenen Wohnimmobilien (§ 5 Abs. 8a KAGB)

Durch das Gesetz zur Ergänzung des Finanzdienstleistungsaufsichtsrechts im Bereich der Darlehensvergabe zum Bau oder zum Erwerb von Wohnimmobilien zur Stärkung der Finanzstabilität (**Finanzaufsichtsrechtergänzungsgesetz**) wurde § 5 Abs. 8a KAGB in das KAGB eingefügt. Auf Basis der Empfehlungen des Ausschusses für Finanzstabilität[66] beabsichtigt der Gesetzgeber, Gefahren für die Finanzstabilität entgegenzuwirken, die sich im Zusammenhang mit **Überbewertungen auf Wohnimmobilienmärkten**, nachlassenden Kreditvergabestandards sowie einer übermäßigen Expansion der Kreditvergabe ergeben können.[67] Zu diesem Zweck werden der BaFin sowohl im Bereich Anwendungsbereich des KWGs als auch des KAGB neue Befugnisse eingeräumt. Dies folgt aus dem Umstand, dass nach § 20 Abs. 9 KAGB nunmehr auch AIF-Kapitalverwaltungsgesellschaften im Rahmen der kollektiven Vermögensverwaltung Gelddarlehen im gewerbsmäßigen Umfang gewähren dürfen. 40

Nach § 5 Abs. 8a Satz 1 KAGB kann die BaFin gegenüber Kapitalverwaltungsgesellschaften, die für Rechnung eines AIF Gelddarlehen gewähren, im Wege der Allgemeinverfügung Beschränkungen bei der Vergabe von Darlehen zum Bau oder zum Erwerb von im Inland belegenen Wohnimmobilien festlegen, wenn und soweit dies erforderlich ist, um einer Störung der **Funktionsfähigkeit des inländischen Finanzsystems** oder einer **Gefährdung der Finanzstabilität** im Inland entgegenzuwirken. Im Übrigen verweist § 5 Abs. 8a Satz 2 KAGB weitestgehend auf den neu geschaffenen § 48u KWG. Gemäß § 5 Abs. 8a Satz 2 KAGB i.V.m. § 48u Abs. 1 Satz 3 KWG sind danach **von der Beschränkungsbefugnis der BaFin ausgenommen**: (1) Die Vergabe von Darlehen zum Aus- und Umbau oder zur Sanierung von Wohnimmobilien im Eigentum des Darlehensnehmers, (2) die Vergabe von Darlehen für Maßnahmen, für die eine soziale Wohnraumförderung im Sinne des Wohnraumförderungsgesetzes oder nach entsprechenden landesrechtlichen Regelungen zugesagt ist, sowie (3) die Vergabe für Vorhaben, für die bereits vor der Festlegung von Beschränkungen nach Satz 1 Darlehen an denselben Darlehensnehmer vergeben wurden, soweit deren Betrag insgesamt nicht über den nach Tilgungen verbliebenen Betrag der vor Festlegung der Beschränkungen vergebenen Darlehen hinausgeht (Anschlussfinanzierung). 41

Nach der derzeitigen Gesetzesfassung finden **§ 48u Abs. 1 Satz 4 und 5 KWG** im Anwendungsbereich des KAGB **keine Anwendung**. Danach kann die BaFin im Anwendungsbereich des KWG zu den von Beschränkungen ausgenommenen Darlehen in der Allgemeinverfügung nach § 48u Abs. 1 KWG nähere Bestimmungen treffen und weitere Ausnahmen zulassen. Richtigerweise wird man diesem fehlenden Verweis jedoch nur begrenzte Bedeutung beimessen können. Dass die BaFin ihre Maßnahmen weiter konkretisieren darf, versteht sich von selbst. Dass sie Ausnahmen von den Beschränkungen der Allgemeinverfügung zulassen darf (und gegebenenfalls auch muss), ergibt sich bereits aus dem verfassungsrechtlich verankerten Verhältnismäßigkeitsgrundsatz. 42

Das Bundesministerium der Finanzen kann nach § 5 Abs. 8a Satz 3 KAGB in Entsprechung des § 48u Abs. 5 Nr. 1 bis 5 KWG eine **konkretisierende Verordnung** erlassen, die nicht der Zustimmung des Bun- 43

---

65 Begr. RegE, BT-Drucks. 17/12294, 206.

66 Vgl. Ausschuss für Finanzstabilität, Empfehlung zu neuen Instrumenten für die Regulierung der Darlehensvergabe zum Bau oder Erwerb von Wohnimmobilien, AFS/2015/1, vom 30. Juni 2015; Ausschuss für Finanzstabilität, Zweiter Bericht an den Deutschen Bundestag zur Finanzstabilität in Deutschland, Juni 2015.

67 Begr. RegE, BT-Drucks. 18/10935, 1.

desrates bedarf. Nach § 340 Abs. 2 Nr. 1a KAGB stellt der vorsätzliche oder fahrlässige Verstoß gegen eine Anordnung nach § 5 Abs. 8a Satz 1 KAGB eine **Ordnungswidrigkeit** dar. Hierbei findet der Ahndungsrahmen des § 340 Abs. 7 Nr. 2 KAGB Anwendung.

XII. Zuständigkeitsnorm im Zusammenhang mit der Verordnung (EU) 2015/2365 (§ 5 Abs. 9 KAGB)

44 § 5 Abs. 9 KAGB bestimmt die BaFin als zuständige Behörde im Anwendungsbereich der Verordnung über die Meldung von Wertpapierfinanzierungsgeschäften (Securities Financing Transactions Regulation, SFTR),[68] soweit diese Verordnung Rechte und Pflichten für Verwaltungsgesellschaften und Investmentvermögen im Sinne des KAGB normieren. Aber auch im Anwendungsbereich anderer Gesetze wird die BaFin als zuständige Behörde normiert (vgl. z.B. § 1 Abs. 1 Nr. 8 lit. i WpHG n.F. [§ 1 Abs. 1 Nr. 6 lit. h WpHG a.F.] im Anwendungsbereich des WpHG).[69] Damit will der Gesetzgeber den Anforderungen der Art. 16, 22 und 28 SFTR genügen.[70] Die SFTR legt Transparenz- und Kontrollvorschriften für Wertpapierfinanzierungsgeschäfte wie Wertpapierdarlehens- oder Wertpapierpensionsgeschäfte und vergleichbaren Finanzierungsstrukturen fest.

XIII. Zuständigkeitsnorm im Zusammenhang mit der Verordnung (EU) 2016/1011 (§ 5 Abs. 10 KAGB)

45 § 5 Abs. 10 KAGB weist der BaFin die Zuständigkeit für die Überwachung der Einhaltung und der Durchsetzung der Benchmark-Verordnung[71] zu. Auch die hier postulierte Zuständigkeit reicht allerdings nur soweit die Verordnung Rechte und Pflichten enthält, die die Verwaltungsgesellschaften und Investmentvermögen im Sinne des KAGB betreffen.

Die Benchmark-Verordnung schafft Regelungen über Indizes, die bei Finanzinstrumenten und Finanzkontrakten als Referenzwert oder zur Messung der Wertentwicklung eines Investmentfonds verwendet werden (z.B. Libor).[72] Administratoren (d.h. Ersteller von Benchmarks) werden nunmehr nach einheitlichen Regelungen beaufsichtigt. Auch der Informationsfluss an die Administratoren durch Kontributoren wird in dieser Verordnung reguliert.

Mit § 5 Abs. 10 KAGB will der Gesetzgeber nunmehr den Anforderungen der Art. 40, 41 und 42 Benchmark-Verordnung genügen, die den zuständigen nationalen Behörden die Aufsicht über die Einhaltung der Verordnung zuweist und bestimmt, dass die zuständigen Behörden mit entsprechenden Eingriffsbefugnissen ausgestattet werden sollen.[73]

XIV. Befugnisnorm im Zusammenhang mit der Verordnung (EU) 2017/1131 (§ 5 Abs. 11 KAGB)

46 § 5 Abs. 11 KAGB weist der BaFin die Befugnis zu, geeignete und erforderliche Maßnahmen zu treffen, um die Einhaltung der **Verordnung über Geldmarktfonds**[74] zu überwachen. Insbesondere kann sie gemäß Art. 39 der Verordnung Maßnahmen zur Feststellung von Verstößen treffen.[75] Dazu gehören Informations-

68 Verordnung (EU) 2015/2365 des Europäischen Parlaments und des Rates vom 25. November 2015 über die Transparenz von Wertpapierfinanzierungsgeschäften und der Weiterverwendung sowie zur Änderung der Verordnung (EU) Nr. 648/2012, ABl. EU Nr. L 337 v. 23.12.2015, S. 1.

69 Vgl. auch durch das 2. FiMaNoG neu eingefügten § 3a BörsG, wonach die zuständigen obersten Landesbehörden (Börsenaufsichtsbehörden) die Einhaltung der Verbote und Gebote der Verordnung (EU) 2015/2365 durch die Börse und den Börsenträger überwachen.

70 Begr. RegE, BT-Drucks. 18/10939, 273.

71 Verordnung (EU) 2016/1011 des Europäischen Parlaments und des Rates vom 8. Juni 2016 über Indizes, die bei Finanzinstrumenten und Finanzkontrakten als Referenzwert oder zur Messung der Wertentwicklung eines Investmentfonds verwendet werden, und zur Änderung der Richtlinien 2008/48/EG und 2014/17/EU sowie der Verordnung (EU) Nr. 596/2014, ABl. EU Nr. L 171 v. 29.6.2016, S. 1.

72 Vgl. Begr. RegE, BT-Drucks. 18/10939, 279.

73 Begr. RegE, BT-Drucks. 18/10939, 288.

74 Verordnung (EU) 2017/1131 des Europäischen Parlaments und des Rates vom 14. Juni 2017 über Geld-marktfonds, ABl. EU Nr. L 169 v. 30.6.2017, S. 8.

75 Vgl. Begr. RegE, BT-Drucks. 19/2435, 58.

und Zugangsrechte. Bei Verstößen kann sie gemäß Art. 41 Abs. 2 der Verordnung gegen die Verwaltungsgesellschaften und Investmentvermögen vorgehen.[76]

XV. Befugnisnorm im Zusammenhang mit der Verordnung (EU) 2017/2402 (geplanter § 5 Abs. 12 KAGB)

Geplant ist die Anfügung eines neuen Abs. 12 durch das Gesetz zur Anpassung von Finanzmarktgesetzen 47
an die Verordnung (EU) 2017/2402 und an die durch die Verordnung (EU) 2017/2402 geänderte Verordnung (EU) Nr. 575/2013. Dadurch soll die BaFin die Möglichkeit erhalten, gegen die Verwaltungsgesellschaften und Investmentvermögen wegen Verstößen gegen die Verordnung 2017/2402 vorzugehen.[77]

§ 6 Besondere Aufgaben

§ 6a des Kreditwesengesetzes ist entsprechend anzuwenden, wenn Tatsachen vorliegen, die darauf schließen lassen, dass die Vermögensgegenstände, die der Kapitalverwaltungsgesellschaft oder dem Investmentvermögen anvertraut sind, oder eine Finanztransaktion der Finanzierung einer terroristischen Vereinigung nach § 129a auch in Verbindung mit § 129b des Strafgesetzbuchs dienen oder im Fall der Durchführung einer Finanztransaktion dienen würden.

In der Fassung vom 4.7.2013 (BGBl. I 2013, S. 1981).

I. Entstehungsgeschichte; Regelungszweck

§ 6 KAGB dient dazu, die **Finanzierung von Terrorismus** zu verhindern und zu bekämpfen.[1] Sie ermäch- 1
tigt die BaFin, die in § 6a KWG genannten Maßnahmen auch im Hinblick auf Kapitalverwaltungsgesellschaften und Investmentvermögen zu treffen. Die Finanzsanktionen dienen dabei der **Gefahrenabwehr.**[2] Die Befugnis ist aus Sicht des Gesetzgebers notwendig, da nicht ausgeschlossen werden kann, dass auch einer Kapitalverwaltungsgesellschaft anvertraute Anlegergelder der Finanzierung terroristischer Aktivitäten dienen.[3] Die Vorschrift entspricht mit redaktionellen Anpassungen dem aufgehobenen § 5a InvG. Unterschiede ergeben sich insbesondere aufgrund der neuen Begriffsbestimmungen des § 1 KAGB. § 6a KWG wurde vor dem Eindruck der Ereignisse des 11. Septembers 2001 und darauf folgender internationaler Verabredungen zur besseren Terrorismusbekämpfung im Jahr 2003 in das KWG aufgenommen. Wenig später wurden die Befugnisse der Aufsicht auf den Investmentsektor ausgedehnt.[4]

Im Zuge neuer Bedrohungslagen und der immer komplexeren Finanzströme des internationalen Terroris- 2
mus hat die Bedeutung der Bekämpfung des Missbrauchs des Finanzsystems für die Finanzierung von Terroraktivitäten in den letzten Jahren weiter zugenommen. § 6a KAGB ist dabei nur eine von vielen für Kapitalverwaltungsgesellschaften relevanten gesetzgeberischen Maßnahmen. Insbesondere unterliegen Kapitalverwaltungsgesellschaften der Verpflichtung des **§ 25h Abs. 1 KWG**, ein angemessenes Risikomanagement sowie Verfahren und Grundsätze zur Verhinderung von Terrorismusfinanzierung einzurichten (vgl. §§ 28 Abs. 1 Satz 3, 51 Abs. 8 KAGB). Über die zuletzt genannten Vorschriften kann auch ein automatisierter Kontenabruf nach § 24c KWG erfolgen. Auch als Verpflichtete nach dem **Geldwäschegesetz** (§ 2 Abs. 1 Nr. 6 GWG) müssen Kapitalverwaltungsgesellschaften interne Sicherungsmaßnahmen dagegen treffen, dass sie zur Terrorismusfinanzierung missbraucht werden (§ 9 Abs. 1 GWG). Nach § 11 Abs. 1 Satz 1 GWG besteht zudem die Pflicht der Kapitalverwaltungsgesellschaft solche Fälle zu melden, bei denen der Verdacht

76 Vgl. Begr. RegE, BT-Drucks. 19/2435, 58.
77 Vgl. Begr. RegE, BT-Drucks. 19/4460, S. 29, dort noch als Abs. 11 benannt.
1 Begr. RegE, BT-Drucks. 16/5576, 59; *Beckmann* in Beckmann/Scholtz/Vollmer, § 6 KAGB Rz. 2; *Wülfert* in Baur/Tappen, § 6 KAGB Rz. 2.
2 *Boxberger* in Weitnauer/Boxberger/Anders, § 6 KAGB Rz. 1 m.w.N.
3 Begr. RegE, BT-Drucks. 16/5576, 59.
4 Zur Entstehungsgeschichte vgl. *Beckmann* in Beckmann/Scholtz/Vollmer, § 6 KAGB Rz. 1 f.

besteht, dass Vermögenswerte im Zusammenhang mit Terrorismusfinanzierung stehen. Über § 16 Abs. 3 i.V.m. Abs. 2 Nr. 2 lit. d GWG kann die BaFin zur Einhaltung der Vorschriften nach dem GWG zudem von der Kapitalverwaltungsgesellschaft und deren Organe und Beschäftigten Auskünfte und Unterlagen verlangen und Prüfungen anordnen. Die Regelung des § 6 KAGB i.V.m. § 6a KWG steht neben den Verpflichtungen aus dem GWG.[5]

3 Sind die Voraussetzungen des § 6 KAGB nicht erfüllt, kann eine ähnliche Maßnahme u.U. auf § 6 Abs. 1 AWG gestützt werden, sofern ein hinreichender Bezug zum Außenwirtschaftsverkehr und eine Gefahr für die in § 4 Abs. 1 AWG bestehenden Schutzgüter besteht.[6]

II. Voraussetzungen einer entsprechenden Anwendung des § 6a KWG

4 Die entsprechende Anwendung des § 6a KWG setzt voraus, dass **Tatsachen** vorliegen, die darauf schließen lassen, dass einer Kapitalverwaltungsgesellschaft oder einem Investmentvermögen anvertraute Vermögensgegenstände oder eine Finanztransaktion zweckgerichtet der Terrorismusfinanzierung dienen.

5 Die Vermögensgegenstände müssen der Kapitalverwaltungsgesellschaft oder dem Investmentvermögen **anvertraut** worden sein. Das Merkmal dient vor allem dazu, die Vermögenssphäre der Kapitalverwaltungsgesellschaft und anderer unbeteiligter Anleger von der Vermögenssphäre derjenigen Anleger abzugrenzen, die möglicherweise in Terrorismusfinanzierungsaktivitäten involviert sind und damit Gegenstand der Maßnahme sein sollen. Gemeinhin gelten insbesondere Gelder als anvertraut, die aus der Zahlung des Ausgabepreises für die Investmentanteile an die Kapitalverwaltungsgesellschaft als Gegenleistung für die Ausgabe von Anteilen stammen.[7] Anvertraut sind ferner die von der Kapitalverwaltungsgesellschaft für den Anleger verwahrten Investmentanteile.[8] Schwieriger zu beurteilen ist die Frage, inwieweit auch Vermögensgegenstände, die dem Investmentvermögen zuzuordnen sind, der Kapitalverwaltungsgesellschaft durch den Anleger anvertraut wurden. Klar scheint insofern jedenfalls, dass eine rein zivilrechtliche Betrachtung für die Einordnung nicht zielführend ist. „Anvertraut" i.S.d. § 6 KAGB sind daher z.B. auch Aktien in einem Spezialfond, dessen Anteile ausschließlich durch einen Anleger gehalten werden, und zwar unabhängig davon, ob sie nach der Sondervermögenskonstruktion im Eigentum der Kapitalverwaltungsgesellschaft oder nach der Miteigentumslösung im Eigentum des Anlegers stehen.[9]

6 Eine **Finanztransaktion** ist in entsprechender Anwendung der Definition in § 1 Abs. 4 GWG jede Handlung, die eine Geldbewegung oder eine sonstige Vermögensverschiebung bezweckt oder bewirkt.[10]

7 Die anvertrauten Vermögensgegenstände oder Finanztransaktionen müssen einen Bezug zur Finanzierung einer **terroristischen Vereinigung** nach § 129a StGB, auch i.V.m. § 129b StGB haben. Hierunter versteht man Vereinigungen, deren Zwecke oder deren Tätigkeit auf die Begehung einer dort genannten Straftat gerichtet sind. Über § 129b StGB sind auch Vereinigungen im Ausland erfasst, wobei für Vereinigungen außerhalb der Mitgliedstaaten der Europäischen Union ein dort näher bestimmter Bezug zum Inland notwendig ist. Anders als § 6a KWG nennt § 6 KAGB die Vorbereitung einer schweren staatsgefährdenden Gewalttat nach § 89a Abs. 1, 2 Nr. 4 StGB nicht als Bezugstat.

8 Für Maßnahmen nach § 6 KAGB genügt es, dass „Tatsachen vorliegen, die darauf schließen lassen", dass ein vorgenannter Bezug zur Terrorismusfinanzierung besteht. Hierzu ist es ausreichend, dass ein durch konkrete Anhaltspunkte begründeter Anfangsverdacht vorliegt, der ohne weitere Ermittlungen den Rückschluss auf Terrorismusfinanzierung zulässt.[11] Ein hinreichender oder gar dringender Tatverdacht i.S.d. StPO ist nicht erforderlich.[12] Umgekehrt genügen bloße Vermutungen oder Gerüchte ohne realen, durch Tatsachen belegbaren Hintergrund noch nicht für einen Eingriff.[13] Über den Verweis in § 6 KAGB finden die Regelbeispiele für Tatsachen in § 6a Abs. 2 KWG Anwendung, die nach der Vorstellung des Gesetz-

5 *Bußalb* in Moritz/Klebeck/Jesch, § 6 KAGB Rz. 1.
6 *Beckmann* in Beckmann/Scholtz/Vollmer, § 6 KAGB Rz. 54 f.
7 *Boxberger* in Weitnauer/Boxberger/Anders, § 6 KAGB Rz. 3; *Wülfert* in Baur/Tappen, § 6 KAGB Rz. 2.
8 *Beckmann* in Beckmann/Scholtz/Vollmer, § 6 KAGB Rz. 11.
9 Insoweit auch *Beckmann* in Beckmann/Scholtz/Vollmer, § 6 KAGB Rz. 11.
10 *Beckmann* in Beckmann/Scholtz/Vollmer, § 6 KAGB Rz. 11.
11 *Boxberger* in Weitnauer/Boxberger/Anders, § 6 KAGB Rz. 2; *Beckmann* in Beckmann/Scholtz/Vollmer, § 6 KAGB Rz. 20.
12 *Boxberger* in Weitnauer/Boxberger/Anders, § 6 KAGB Rz. 2; *Beckmann* in Beckmann/Scholtz/Vollmer, § 6 KAGB Rz. 21.
13 *Beckmann* in Beckmann/Scholtz/Vollmer, § 6 KAGB Rz. 24.

gebers im Regelfall auf das Vorliegen von **Terrorismusfinanzierung** schließen lassen. Ausreichend ist es danach, dass es sich bei dem Anleger um eine EU-interne natürliche oder juristische Person oder eine nicht rechtsfähige Personenvereinigung handelt, deren Name in die im Zusammenhang mit der Bekämpfung des Terrorismus angenommene Liste des Rates der EU zum Gemeinsamen Standpunkt des Rates 2001/931/GASP vom 27.12.2001 über die Anwendung besonderer Maßnahmen zur Bekämpfung des Terrorismus in der jeweils geltenden Fassung aufgenommen wurde.[14] Sofern die Strafverfolgungsbehörden gegen eine Person wegen eines Verdachts auf Mitgliedschaft in einer terroristischen Vereinigung ermitteln, lässt bereits dies den Schluss zu, dass ein sich in der Verfügungsbefugnis dieser Person befindliches Konto oder Depot zu terroristischen Aktivitäten der Vereinigung (möglicherweise auch nur mittelbar) einen irgendwie gearteten Beitrag leistet.[15]

III. Anordnungsbefugnis entsprechend § 6a Abs. 1 Nr. 1–3 KWG

Liegen die Voraussetzungen des § 6 KAGB vor, kann die BaFin die in § 6a Abs. 1 Nr. 1–3 KWG genannten 9
Maßnahmen ergreifen. Im Einzelnen kann die BaFin den Geschäftsleitern der Kapitalverwaltungsgesellschaft oder des Investmentvermögens Anweisungen erteilen (Nr. 1), Verfügungen von einem bei ihm geführten Konto oder Depot untersagen – sprich Depots „einfrieren", also insbesondere die Rückgabe von Fondsanteilen suspendieren[16] – (Nr. 2) sowie die Durchführung von sonstigen Finanztransaktionen untersagen (Nr. 3).[17]

Nach verbreiteter Ansicht soll der BaFin dabei kein Entschließungs-, sondern lediglich ein **Auswahlermessen** zustehen.[18] Diese Auffassung ist abzulehnen. Hiergegen spricht schon der eindeutige Gesetzeswortlaut. Auch die Gesetzesbegründung zu § 6a KWG lässt einen solchen Schluss richtigerweise nicht zu.[19] Zwar wird bei Vorliegen der Tatbestandsvoraussetzungen angesichts der schwerwiegenden Schutzgüter ein Einschreiten der BaFin nur selten ermessensfehlerhaft sein. Allerdings sind durchaus Konstellationen denkbar, in denen z.B. aus ermittlungstaktischen Gründen ein sofortiges Einschreiten nicht zweckmäßig sein kann. 10

In besonderen Fällen kann die BaFin auf Antrag die Vermögenswerte freigeben, beispielsweise in Fällen, in 11
denen die Vermögenswerte der Deckung des notwendigen **Lebensunterhalts** der betroffenen Person oder ihrer Familienmitglieder, der Bezahlung von Versorgungsleistungen, Unterhaltsleistungen oder vergleichbaren Zwecken dienen (vgl. § 6a Abs. 3 KWG). Die BaFin hat auch insofern ein Ermessen.

Die durch die BaFin getroffene Anordnung ist der **Verwahrstelle** unverzüglich durch die Kapitalverwal- 12
tungsgesellschaft **mitzuteilen.** Die Verwahrstelle kann dadurch ihrer Kontrollfunktion nachkommen.[20]

IV. Rechtsbehelfe

Anordnungen der BaFin sind mittels **Widerspruch** (§ 68 VwGO) **und Anfechtungsklage** (§ 42 Abs. 1 Var.1 13
VwGO) angreifbar. Sie entfalten nach § 7 Abs. 1 KAGB jedoch keine aufschiebende Wirkung, so dass die Anordnung zunächst sofort vollziehbar ist. Entsprechend § 6a Abs. 4 KWG ist eine Anordnung von Amts wegen aufzuheben, sobald und soweit der Anordnungsgrund nicht mehr vorliegt. Die Freigabe von Vermögenswerten gem. § 6a Abs. 3 KWG ist mit der Verpflichtungsklage (§ 42 Abs. 1 Var. 2 VwGO) durchzusetzen.[21]

Da sich die Anordnung unmittelbar gegen die Kapitalverwaltungsgesellschaft oder das Investmentvermö- 14
gen bzw. dessen Geschäftsleiter richtet, sind jedenfalls diese **Adressaten** widerspruchs- und anfechtungs-

14 Begr. RegE, BT-Drucks. 15/1060, 9; *Wülfert* in Baur/Tappen, § 6 KAGB Rz. 5; *Boxberger* in Weitnauer/Boxberger/Anders, § 6 KAGB Rz. 2; *Beckmann* in Beckmann/Scholtz/Vollmer, § 6 KAGB Rz. 23.
15 VG Frankfurt/M. v. 25.10.2007 – 1 E 5718/06 [1], WM 2007, 2376 (2377) (zu § 6a KWG); *Beckmann* in Beckmann/Scholtz/Vollmer, § 6 KAGB Rz. 22.
16 *Boxberger* in Weitnauer/Boxberger/Anders, § 6 KAGB Rz. 4.
17 *Wülfert* in Baur/Tappen, § 6 KAGB Rz. 4.
18 VG Frankfurt/M. v. 25.10.2007 – 1 E 5718/06 [1], WM 2007, 2376 (2378); *Boxberger* in Weitnauer/Boxberger/Anders, § 6 KAGB Rz. 4; *Beckmann* in Beckmann/Scholtz/Vollmer, § 6 KAGB Rz. 40.
19 So aber VG Frankfurt/M. v. 25.10.2007 – 1 E 5718/06 [1], WM 2007, 2376 (2378).
20 *Boxberger* in Weitnauer/Boxberger/Anders, § 6 KAGB Rz. 5.
21 *Boxberger* in Weitnauer/Boxberger/Anders, § 6 KAGB Rz. 6; *Beckmann* in Beckmann/Scholtz/Vollmer, § 6 KAGB Rz. 50.

berechtigt.[22] Belastet eine Anordnung der BaFin auch einen Dritten (z.B. indem Anteile von Anlegern eingefroren werden), so stehen auch diesem Widerrufs- und Anfechtungsrechte zu.[23]

§ 7 Sofortige Vollziehbarkeit

(1) Widerspruch und Anfechtungsklage gegen Maßnahmen der Bundesanstalt einschließlich der Androhung und Festsetzung von Zwangsmitteln auf Grundlage von § 5 Absatz 5a, der §§ 6, 14, 15, 16, 19 Absatz 2 und 3, §§ 39, 40, 41, 42, 44 Absatz 5, § 68 Absatz 7, § 113 Absatz 2 und 3, § 311 Absatz 1 und 3 Satz 1 Nummer 1, § 314 Absatz 1 und 2, § 329 Absatz 2 Satz 3 Nummer 2 Buchstabe c und § 330 Absatz 2 Satz 3 Nummer 2 Buchstabe c haben keine aufschiebende Wirkung.

(2) Ergreift die Bundesanstalt gemäß den §§ 5, 11 Absatz 4 oder 6, § 311 Absatz 1 und 3 Satz 1 Nummer 1, § 314, § 316 Absatz 3 Satz 2 auch in Verbindung mit § 320 Absatz 2 oder § 330 Absatz 4, oder gemäß § 321 Absatz 3 Satz 2 auch in Verbindung mit § 322 Absatz 4, § 325 Absatz 2, § 326 Absatz 3 oder § 329 Absatz 4 zum Schutz der Anleger Maßnahmen, einschließlich einer Untersagung des Vertriebs von Anteilen oder Aktien an AIF, die im Geltungsbereich dieses Gesetzes vertrieben werden, haben Widerspruch und Anfechtungsklage gegen diese Maßnahmen einschließlich der Androhung und Festsetzung von Zwangsmitteln ebenfalls keine aufschiebende Wirkung.

In der Fassung vom 4.7.2013 (BGBl. I 2013, S. 1981), zuletzt geändert durch das Gesetz zur Verringerung der Abhängigkeit von Ratings vom 10.12.2014 (BGBl. I 2014, S. 2085).

Schrifttum: *Eyermann*, VwGO, 14. Aufl. 2014.

I. Überblick; systematische Einordnung

1 § 7 KAGB ordnet an, dass Widerspruch und Anfechtungsklage gegen die dort genannten Maßnahmen der BaFin **keine aufschiebende Wirkung** haben.

2 Bei den in § 7 Abs. 1 und Abs. 2 KAGB aufgelisteten Maßnahmen der BaFin handelt es sich durchweg um belastende Verwaltungsakte i.S.d. § 35 VwVfG. Daraus folgende Streitigkeiten sind öffentlich-rechtlicher Natur, für die der **Verwaltungsrechtsweg** eröffnet ist (§ 40 Abs. 1 VwGO). Statthafte Klageart in der Hauptsache ist die Anfechtungsklage (§ 42 Abs. 1 Var. 1 VwGO) oder die Verpflichtungsklage (§ 42 Abs. 1 Var. 2 VwGO), je nachdem, ob nur die Aufhebung des Verwaltungsaktes begehrt wird, oder aber auch Erlass eines (neuen) Verwaltungsaktes. Der Erhebung der Anfechtungsklage hat ein Widerspruchsverfahren als Vorverfahren vorauszugehen, in dem die Rechtmäßigkeit und Zweckmäßigkeit des angegriffenen Verwaltungsakts nachgeprüft wird (§ 68 Abs. 1 VwGO). Dies gilt auch im Falle einer Verpflichtungsklage, sofern der Antrag auf Vornahme des Verwaltungsaktes abgelehnt worden ist (§ 68 Abs. 2 VwGO).

3 Widerspruch und Anfechtungsklage haben grundsätzlich aufschiebende Wirkung (§ 80 Abs. 1 Satz 1 VwGO). Dies gilt u.a. dann nicht, wenn ein Bundesgesetz etwas anderes vorschreibt (**§ 80 Abs. 2 Satz 1 Nr. 3 VwGO**). § 7 KAGB ist ein derartiges Bundesgesetz.

4 Die sofortige Vollziehbarkeit bedeutet, dass der Verwaltungsakt mit seiner Bekanntgabe zu beachten ist. Die Maßnahmen müssen vom Adressaten erst dann nicht mehr befolgt werden, wenn die BaFin die Vollziehung aussetzt, ein Gericht die aufschiebende Wirkung anordnet, der Verwaltungsakt zurückgenommen oder durch Urteil aufgehoben wird.[1]

---

22 Vgl. *Achtelik* in Boos/Fischer/Schulte-Mattler, § 6a KWG Rz. 13.

23 *Beckmann* in Beckmann/Scholtz/Vollmer, § 6 KAGB Rz. 50; *Emde* in Emde/Dornseifer/Dreibus/Hölscher, § 5a InvG Rz. 12.

1 *Boxberger* in Weitnauer/Boxberger/Anders, § 7 KAGB Rz. 2; vgl. auch *Lindemann* in Boos/Fischer/Schulte-Mattler, § 49 KWG Rz. 4.

Die sofortige Vollziehbarkeit von Maßnahmen der BaFin ist keine Besonderheit des KAGB. Eine vergleichbare Regelung findet sich im Hinblick auf Maßnahmen der Aufsicht in **§ 49 KWG**. Auch im Anwendungsbereich des **WpHG** haben Widerspruch und Anfechtungsklage gegen Maßnahmen der BaFin im Regelfall keine aufschiebende Wirkung, wobei der Gesetzgeber dort anders als im KWG und nun auch im KAGB darauf verzichtet hat, die jeweiligen Maßnahmen in einer einzigen Norm aufzuzählen, sondern dies im jeweiligen Sachzusammenhang geregelt hat (vgl. §§ 13, 14 Abs. 4 Satz 4, 15 Abs. 2, 29 Abs. 4, 30 Abs. 7, 53 Abs. 3, 61 Satz 3, 87 Abs. 6 Satz 4, 88 Abs. 3, 89 Abs. 3 Satz 2 Halbs. 2 WpHG n.F.).[2] Die Regelungstechnik im WpHG ähnelt damit derjenigen im InvG, in dem die sofortige Vollziehbarkeit ebenfalls noch nicht in einer Sammelvorschrift, sondern im jeweiligen Sachzusammenhang geregelt war. 5

II. Fälle der sofortigen Vollziehbarkeit

Bei der Aufzählung der BaFin-Maßnahmen in § 7 Abs. 1 und Abs. 2 KAGB handelt es sich um eine **abschließende Auflistung** von Maßnahmen, für die von Gesetzes wegen die sofortige Vollziehbarkeit angeordnet ist. Der Zusatz „einschließlich" in Abs. 1 bezieht sich auf die Androhung und Festsetzung von Zwangsmitteln und nicht auf den gesamten dann folgenden Normtext. Zwar ist der Wortlaut insofern nicht eindeutig. Die hier vertretene Auslegung wird aber zum einen durch die Gesetzesbegründung gestützt.[3] Zum anderen ergibt sich dies aus dem systematischen Vergleich mit der Parallelvorschrift des § 49 KWG, bei dem unstreitig sein dürfte, dass die dort genannten Maßnahmen nicht nur eine beispielhafte Aufzählung sind.[4] 6

Unabhängig hiervon erfasst der in § 7 Abs. 1 und Abs. 2 KAGB aufgeführte Katalog der BaFin-Maßnahmen einen **Großteil der nach dem KAGB denkbaren Maßnahmen der Eingriffsverwaltung** in Form von Verwaltungsakten. Dahinter steckt die generelle Wertung des Gesetzgebers, dass im Anwendungsbereich des KAGB das Interesse an der Schnelligkeit und Effektivität der Aufsicht im Regelfall gegenüber den Schutzinteressen der von der Maßnahme betroffenen Unternehmen und Personen überwiegt. Zu den erfassten Maßnahmen gehören beispielsweise zum Zwecke des Anlegerschutzes getroffene Maßnahmen nach § 5 KAGB, Auskunfts- und Prüfungsverlangen nach § 14 KAGB, das Einschreiten gegen unerlaubte Investmentgeschäfte nach § 15 KAGB, die Aufhebung der Erlaubnis nach § 39 Abs. 3 KAGB, die Abberufung von Geschäftsleitern nach § 40 KAGB, sowie die Untersagung des Vertriebs von OGAWs und AIFs. 7

Für nicht von § 7 KAGB erfasste Maßnahmen der BaFin nach dem KAGB muss die BaFin das **Interesse an der sofortigen Vollziehbarkeit gesondert begründen**, sofern nicht eine andere Spezialnorm die sofortige Vollziehbarkeit von Gesetzes wegen anordnet. Dies gilt etwa für die Anforderung von öffentlichen Abgaben und Kosten (§ 80 Abs. 2 Nr. 1 VwGO). 8

III. Aussetzung der sofortigen Vollziehung durch die BaFin (§ 80 Abs. 4 VwGO)

Über § 80 Abs. 4 VwGO kann die BaFin die Vollziehung der in § 7 KAGB aufgeführten Maßnahmen aussetzen (sog. **behördlicher vorläufiger Rechtsschutz**). Die Entscheidung kann von Amts wegen oder auf Antrag des Betroffenen erfolgen.[5] Voraussetzung für die Anordnung der Aussetzung der sofortigen Vollziehung ist, dass das Aussetzungsinteresse unter Abwägung aller Belange Vorrang vor dem Interesse an der sofortigen Vollziehung hat. In Betracht kommt dies in Anlehnung an § 80 Abs. 4 Satz 3 VwGO insbesondere dann, wenn der Sofortvollzug eine nicht durch überwiegende öffentliche Interessen gebotene Härte zur Folge hätte.[6] 9

IV. Anordnung der aufschiebenden Wirkung (§ 80 Abs. 5 VwGO)

Der Betroffene kann außerdem vor dem Gericht der Hauptsache beantragen, die aufschiebende Wirkung anzuordnen (§ 80 Abs. 5 Satz 1 VwGO) beziehungsweise, sofern der Verwaltungsakt im Zeitpunkt der Ent- 10

2 Vgl. §§ 4 Abs. 7, 4a Abs. 4 Satz 4; 17 Abs. 4. 18 Abs. 5, 30h Abs. 3, 34d Abs. 4 Satz 4, 35 Abs. 3, 36 Abs. 2 Satz 2 Halbs. 2 WpHG a.F.

3 Begr. RegE, BT-Drucks. 17/12294, 207: „Entsprechend der Regelungssystematik in § 49 des Kreditwesengesetzes fassen Absatz 1 und 2 die Maßnahmen der Bundesanstalt einschließlich der Androhung und Festsetzung von Zwangsmitteln zusammen, gegen die Widerspruch und Anfechtungsklage keine aufschiebende Wirkung haben."

4 Vgl. *Schwennicke* in Schwennicke/Auerbach, § 49 KWG Rz. 1; *Lindemann* in Boos/Fischer/Schulte-Mattler, § 49 KWG Rz. 8.

5 *Bußalb* in Moritz/Klebeck/Jesch, § 7 KAGB Rz. 14.

6 Vgl. *Schmidt* in Eyermann, § 80 VwGO Rz. 50.

scheidung bereits vollzogen ist, die Aufhebung der Vollziehung anordnen (§ 80 Abs. 5 Satz 3 VwGO) (sog. **gerichtlicher vorläufiger Rechtsschutz**). Ein solcher Antrag ist bereits vor Erhebung der Anfechtungsklage zulässig (§ 80 Abs. 5 Satz 2 VwGO).

11 Das Gericht prüft i.d.R. auf Grundlage des bekannten Sachverhalts (summarisch), ob ernsthafte Zweifel an der Rechtmäßigkeit der Maßnahme der BaFin bestehen.[7] Ist dies der Fall, so wird das Gericht dem Antrag auf Aussetzung der Vollziehbarkeit stattgeben. Die BaFin kann hiergegen jedoch Beschwerde einlegen (§§ 146 ff. VwGO) oder – bei Änderung der Sachlage – einen Antrag auf Aufhebung oder Änderung des Beschlusses stellen (§ 80 Abs. 7 VwGO).

12 In Zweifelsfällen hat das Gericht eine umfassende **Interessenabwägung** vorzunehmen.[8] Dabei ist das öffentliche Interesse an der sofortigen Vollziehung der Maßnahme dem privaten Interesse an der Aussetzung der Vollziehbarkeit gegenüber zu stellen. Bei der Abwägung sind insbesondere die Intensität des Eingriffs, die Erfolgsaussichten in der Hauptsache, die Gefahr irreparabler Nachteile, sowie besondere Umstände des Einzelfalls zu berücksichtigen.

V. Einstweilige Anordnung (§ 123 VwGO)

13 Der vorläufige Rechtsschutz ist von der einstweiligen Anordnung gem. § 123 VwGO abzugrenzen. Danach kann das Gericht, auch schon vor Klageerhebung, eine einstweilige Anordnung in Bezug auf den Streitgegenstand treffen. Nach § 123 Abs. 5 VwGO ist die einstweilige Anordnung gegenüber dem vorläufigen Rechtsschutz nach § 80 Abs. 5 VwGO subsidiär. Rechtsschutz nach § 123 VwGO kommt daher vor allem in Betracht, wenn von der BaFin ein Handeln, insbesondere der Erlass eines Verwaltungsaktes, begehrt wird, in der Hauptsache also eine allgemeine Leistungs- oder Verpflichtungsklage statthaft wäre.

§ 7a Bekanntmachung von sofort vollziehbaren Maßnahmen

(1) [1]Die Bundesanstalt macht Maßnahmen, die nach § 7 sofort vollziehbar sind, auf ihrer Internetseite öffentlich bekannt, soweit dies bei Abwägung der betroffenen Interessen zur Beseitigung oder Verhinderung von Missständen geboten ist. [2]Bei nicht bestandskräftigen Maßnahmen ist folgender Hinweis hinzuzufügen: ‚Diese Maßnahme ist noch nicht bestandskräftig.' [3]Wurde gegen die Maßnahme ein Rechtsmittel eingelegt, sind der Stand und der Ausgang des Rechtsmittelverfahrens bekannt zu machen.

(2) Die Bundesanstalt sieht von einer Bekanntmachung ab, wenn die Bekanntmachung die Stabilität der Finanzmärkte oder laufende Ermittlungen gefährden würde.

(3) [1]Die Bekanntmachung darf personenbezogene Daten nur in dem Umfang enthalten, der für den Zweck der Beseitigung oder Verhinderung von Missständen erforderlich ist. [2]Die Bekanntmachung ist zu löschen, sobald sie nicht mehr erforderlich ist, spätestens aber nach fünf Jahren.

In der Fassung vom 3.3.2016 (BGBl. I 2016, S. 348).

Schrifttum: *BVI*, Position des BVI zum Entwurf eines Gesetzes zur Umsetzung der Richtlinie 2014/91/EU zur Änderung der Richtlinie 2009/65/EG zur Koordinierung der Rechts- und Verwaltungsvorschriften betreffend bestimmte Organismen für gemeinsame Anlagen in Wertpapieren (OGAW) im Hinblick auf die Aufgaben der Verwahrstelle, die

7 Vgl. zur Stufenprüfung im Rahmen von § 80 Abs. 5 VwGO z.B. *Schmidt* in Eyermann, § 80 VwGO Rz. 72 ff. m.w.N.

8 *Schmidt* in Eyermann, § 80 VwGO Rz. 77 ff. m.w.N.

Vergütungspolitik und Sanktionen (OGAW V-UmsG) betr. BT-Drucks. 18/6744, vom 16.12.2015; *Maunz/Dürig*, Kommentar zum Grundgesetz, Loseblatt, Stand 9/2016.

I. Entstehungsgeschichte; Abgrenzung; Normzweck

§ 7a KAGB gibt der BaFin die Befugnis, Maßnahmen, die nach § 7 KAGB sofort vollziehbar sind, unter bestimmten Voraussetzungen auf ihrer Internetseite öffentlich bekannt zu machen. Zweck der Regelung ist es, der BaFin eine sichere Rechtsgrundlage dafür zu geben, durch die Veröffentlichung von aufsichtsrechtlichen Maßnahmen Anleger über Gesetzesverletzungen und Gefahren zu informieren und vor diesen zu warnen. Im Mittelpunkt der Vorschrift steht damit der **Anlegerschutz**. 1

§ 7a KAGB wurde durch das OGAW V-UmsG[1] in das KAGB eingefügt. Die Vorschrift orientiert sich an der Regelung des § 26b VermAnlG (in der Fassung des Kleinanlegerschutzgesetzes).[2] Zugleich wurde die bisherige „Prangerregelung" in § 7 Abs. 5 KAGB a.F. gestrichen. Durch europäisches Recht war die Einführung der Regelung des § 7a KAGB allerdings nicht geboten. Nach Art. 99b der OGAW V-RL ist eine Veröffentlichungspflicht auf der Internetseite der Aufsichtsbehörde lediglich für unanfechtbare Verwaltungssanktionen und -maßnahmen vorgeschrieben. Diese Vorgabe setzt bereits der durch das OGAW V-UmsG ebenfalls neu eingeführte **§ 341a KAGB** um.[3] Die insoweit überschießende Umsetzung der europäischen Vorgaben durch § 7a KAGB n.F. wurde daher auch im Rahmen des **Gesetzgebungsverfahrens** zum OGAW V-UmsG kritisiert.[4] Der Gesetzgeber hat diese Kritik allerdings nicht aufgenommen. Dies mag auch damit zusammenhängen, dass die BaFin bereits in der Vergangenheit vereinzelt noch nicht bestandskräftige Verwaltungsakte auf ihrer Internetseite und im monatlichen BaFin Journal veröffentlicht hat, ohne sich hierbei über den Fall des Einschreitens gegen unerlaubte Investmentgeschäfte gem. § 15 Abs. 2 Satz 2 KAGB hinaus auf eine spezielle Rechtsgrundlage stützen zu können. Da es sich bei derartigen Veröffentlichungsmaßnahmen aber um schwerwiegende Eingriffe in das Recht der Berufsfreiheit (Art. 12 Abs. 1 GG) bzw. das allgemeine Persönlichkeitsrecht (Art. 2 Abs. 1 i.V.m. Art. 1 Abs. 1 GG) handelt, erscheint eine ausdrückliche gesetzliche Rechtsgrundlage begrüßenswert, wenn nicht sogar unter dem Gesichtspunkt des Gesetzesvorbehalts verfassungsrechtlich geboten. 2

Im Gesetzgebungsverfahren wurde die Regelung nochmals verschärft: Während im Regierungsentwurf zu § 7a Abs. 1 KAGB der BaFin noch ein Handlungsermessen eingeräumt werden sollte („kann"),[5] hat der Finanzausschuss § 7a Abs. 1 KAGB in eine **gebundene Entscheidung** umgewandelt („macht"). Begründet wurde dies mit einer Anpassung an § 26b Abs. 1 Satz 1 VermAnlG zum Zwecke der Vereinheitlichung der Verwaltungspraxis der BaFin.[6] Der Unterschied sollte im Ergebnis allerdings nicht groß sein, da auch die Gesetz gewordene Fassung verlangt, dass die Veröffentlichung geboten sein muss und hierzu eine Interessenabwägung vorsieht. 3

Die Abgrenzung des § 7a KAGB von § 341a KAGB ist nicht in allen Fällen eindeutig. Dennoch lässt schon die systematische Stellung im Gesamtgefüge des KAGB die **unterschiedliche Zielrichtung** beider Vorschriften erkennen. Bei § 7a KAGB handelt es sich primär um eine Vorschrift zur Gefahrenabwehr, in der es zunächst um die Information und Warnung der Anleger und dadurch um die Verhinderung oder Beseitigung von Missständen geht. Dagegen kann man § 341a KAGB als Vorschrift im Abschnitt „Straf- und Bußgeldbestimmungen" und vor dem Hintergrund der mit der Veröffentlichung verbundenen **abschreckenden Prangerwirkung** und bewussten **Stigmatisierung** vor allem als Sanktionsnorm verstehen (vgl. § 341a Rz. 4). 4

Darüber hinaus gibt es für den Fall des Einschreitens gegen unerlaubte Investmentgeschäfte in **§ 15 Abs. 2 Satz 2 KAGB** noch eine weitere Ermächtigungsgrundlage zur Bekanntgabe von Maßnahmen. Das Verhältnis zwischen beiden Normen erscheint unklar. Zu den vielfachen Wertungswidersprüchen zwischen den beiden Normen gehört auch, dass die Bekanntmachung der sehr weitgehenden Eingriffsmaßnahmen der BaFin gegen den sogar strafrechtlich bewehrten Erlaubnisverstoß (vgl. § 339 KAGB) im Ermessen der BaFin steht, während § 7a KAGB bei Erfüllung der Tatbestandsvoraussetzungen eine gebundene Entscheidung vorsieht. 5

---

1 BGBl. I 2016, S. 348 ff.
2 Vgl. Begr. RegE, BT-Drucks. 18/6744, 44.
3 Begr. RegE, BT-Drucks. 18/6744, 73.
4 BVI, Position des BVI zum GesE OGAW V-UmsG, S. 2.
5 Begr. RegE, BT-Drucks. 18/6744, 8, 44.
6 Beschlussempfehlung und Bericht des Finanzausschusses, BT-Drucks. 18/7393, 76.

II. Bekanntmachung von Maßnahmen durch die BaFin (§ 7a Abs. 1 KAGB)

1. Sofort vollziehbare Maßnahmen

6 § 7a KAGB umfasst nur nach **§ 7 KAGB** sofort vollziehbare Maßnahmen. Aus § 7 KAGB ergibt sich, dass Widerspruch und Anfechtungsklage gegen die dort aufgelisteten Maßnahmen der BaFin keine aufschiebende Wirkung entfalten und damit sofort vollziehbar sind. Der Katalog des § 7 Abs. 1 KAGB ist dabei umfassend und beinhaltet einen Großteil der Eingriffsbefugnisse der BaFin nach dem KAGB.

2. Gebotenheit der Veröffentlichung

7 Die Veröffentlichung der Maßnahme muss zur Beseitigung oder Verhinderung von Missständen geboten sein. Die Gesetzesbegründung gibt nur wenige Anhaltspunkte zur Konkretisierung dieser Voraussetzung. Richtigerweise setzt dies voraus, dass die Maßnahme geeignet ist, den Missstand zu beseitigen oder zu verhindern, die Veröffentlichung zur Beseitigung oder Verhinderung des Missstands erforderlich und auch bei einer Abwägung der betroffenen Interessen und Rechtsgüter und der Schwere des Missstands nicht unangemessen ist.

a) Rechtsbegriff des Missstands

8 Der unbestimmte Rechtsbegriff des Missstands findet keine nähere Definition im Gesetz. Er findet sich aber so u.a. auch in § 5 Abs. 6 Satz 7 und 8 KAGB. In anderen Bereichen des Finanzaufsichtsrechts bezeichnet er ein Verhalten, welches den Zielen des Gesetzes und den sich hieraus ergebenden Pflichten zuwider läuft (vgl. § 5 Rz. 35).[7] Hierzu zählen insbesondere Verstöße gegen Ge- und Verbote des KAGB. Dabei kann in Ausnahmefällen als Missstand auch bereits der Verstoß einer einzelnen Person oder Gesellschaft anzusehen sein.[8] Ausreichend ist insoweit ein sich anbahnender Missstand; nicht erforderlich ist daher, dass dieser bereits eingetreten ist.[9]

b) Geeignetheit

9 Die Veröffentlichung der Maßnahme muss zunächst zur Beseitigung oder Verhinderung des in Frage stehenden Missstands überhaupt geeignet sein. Dies kann nur dann der Fall sein, sofern der Missstand **fortwirkt** (etwa weil in Folge des Missstands Gefahren für Anleger entstehen oder fortbestehen) und die Veröffentlichung zumindest dazu beitragen kann, im Hinblick auf den Missstand eine Verbesserung der Situation herbeizuführen. Zu weit würde es jedoch gehen, aus dem Wortlaut des § 7a Abs. 1 Satz 1 KAGB zu schließen, dass die Veröffentlichung den Missstand vollständig verhindern oder beseitigen können muss. Auch muss der Erfolg der Veröffentlichung nicht gewiss sein. Die generelle, abstrakte Eignung zur Reduzierung der Auswirkungen des Missstands bzw. zur Verbesserung der Situation ist ausreichend.

c) Erforderlichkeit

10 Die Veröffentlichung ist nur erforderlich, wenn **kein gleich geeignetes aber weniger belastendes Instrument** zur Verfügung steht, den Missstand zu verhindern oder zu beseitigen. Kann der Missstand durch eine gleich effektive oder mildere Maßnahme verhindert oder beseitigt werden, so ist eine Veröffentlichung von § 7a Abs. 1 KAGB nicht gedeckt.

d) Angemessenheit; Interessenabwägung

11 Darüber hinaus hat die BaFin eine Interessenabwägung vorzunehmen. Die Abwägung hat zwischen den Belangen, die durch den Missstand verletzt oder bedroht werden einerseits, und den Interessen des oder der Betroffenen anderseits zu erfolgen. Im Rahmen der Abwägung kommt auch nach dem Willen des Gesetzgebers dem **Schutz des Publikums** besondere Bedeutung zu.[10] Demgegenüber sind zugunsten des oder der betroffenen Personen das Recht auf informationelle Selbstbestimmung (Art. 2 Abs. 1 i.V.m. Art. 1 Abs. 1 GG) und bei Unternehmen die Berufsfreiheit (Art. 12 Abs. 1 GG) in die Abwägung einzustellen.

12 Im Rahmen der Abwägung sind insbesondere die von dem drohenden oder fortwirkenden Missstand ausgehenden **Gefahren** zu berücksichtigen. Auch die Frage, ob der Missstand durch die von der Veröffentlichung betroffenen Personen vorsätzlich oder fahrlässig herbeigeführt wurde, kann eine Rolle spielen. An-

---

7 *Bußalb* in Moritz/Klebeck/Jesch, § 7a KAGB Rz. 14; *Zetzsche* in Schwark/Zimmer, § 4 WpHG Rz. 20.
8 BT-Drucks. 17/4510, 60.
9 *Bußalb* in Moritz/Klebeck/Jesch, § 7a KAGB Rz. 16.
10 Begr. RegE, BT-Drucks. 18/6744, 44.

ders als in der Begründung zur Parallelvorschrift des § 26b VermAnlG[11] fehlt es in der Gesetzesbegründung zu § 7a KAGB aber an einer generellen Aussage dahingehend, ob eine sofort vollziehbare Maßnahme im Zweifel künftig zu veröffentlichen ist. Eine solcher Regelsatz ist weder dem Wortlaut des § 7a KAGB zu entnehmen, noch erscheint er vor dem Hintergrund des Sinn und Zwecks der Vorschrift geboten. Dies gilt erst recht, wenn man bedenkt, dass § 7a KAGB im Hinblick auf sofort vollziehbare Maßnahmen nach § 7 KAGB einen viel weiteren Anknüpfungspunkt hat, als § 26b VermAnlG mit dem Verweis auf Maßnahmen nach §§ 15a bis 19 VermAnlG.

Umgekehrt ist mit jeder Veröffentlichung aufsichtsrechtlicher Maßnahmen ein schwerwiegender Eingriff in das **Grundrecht auf informationelle Selbstbestimmung** (Art. 2 Abs. 1 i.V.m. Art. 1 Abs. 1 GG) bzw. die **Berufsfreiheit** (Art. 12 Abs. 1 GG) der Betroffenen verbunden. Durch die Bekanntmachung dürften zumeist auch **Berufs- und Geschäftsgeheimnisse** berührt werden. Dabei ist zu berücksichtigen, dass mit jeder Bekanntmachung von Verstößen gegen das KAGB zumeist auch eine erhebliche Prangerwirkung einhergeht, die geeignet sein kann, Anleger und sonstige Geschäftspartner davon abzuhalten, künftig mit der betroffenen Person zu kontrahieren. Nicht selten wird mit der Frage der Veröffentlichung ein erheblicher wirtschaftlicher Nachteil bis hin zur Bedrohung der Existenz des Unternehmens verbunden sein. Individualpersonen drohen nicht selten erhebliche berufliche Nachteile bis hin zur Entlassung aus der bisherigen Beschäftigung sowie schwerwiegende Nachteile beim Finden einer neuen Stellung, die im Extremfall den Charakter eines faktischen Berufsverbots haben können. 13

Insbesondere bei **noch nicht bestandskräftigen Maßnahmen** muss daher eine Bekanntmachung der Maßnahme sorgfältig abgewogen werden, da dort der Bestand der Entscheidung noch offen und eine Abänderung der Entscheidung noch möglich ist. Zwar verlangt der Gesetzgeber nach § 7a Abs. 1 Satz 2 KAGB in diesem Fall explizit einen besonderen Hinweis auf die fehlende Bestandskraft im Zuge der Veröffentlichung. Ein derartiger Hinweis allein ist jedoch im Regelfall nicht geeignet, die mit einer Veröffentlichung einhergehende Stigmatisierung und Prangerwirkung zu vermeiden. 14

Zudem ist in der Abwägung zu berücksichtigen, dass es auf absehbare Zeit **technisch nahezu unmöglich** sein dürfte, die Veröffentlichung später vollständig aus dem Internet zu entfernen. Die Vorschrift zur Löschung der Bekanntmachung gem. § 7a Abs. 3 Satz 2 KAGB auf der Website der BaFin lindert die Auswirkungen einer Bekanntmachung daher nur wenig, wenn über eine einfache Internetsuche mit dem Namen des betroffenen Unternehmens oder der betroffenen Person die Bekanntmachung auf alle Ewigkeit im Internet auffindbar ist und der dort bezeichnete Verstoß mit dem Unternehmen oder der Person verbunden bleibt. 15

3. Bestandskraft; Rechtsmittel

Nach § 7a Abs. 1 Satz 2 KAGB ist bei **nicht bestandskräftigen Maßnahmen** der Bekanntmachung ein entsprechender Hinweis hinzuzufügen. Das Gesetz enthält hierzu eine zwingend zu verwendende Formulierung. 16

Wurde gegen die bekanntgemachte Maßnahme bereits ein **Rechtsmittel** eingelegt, so sind in der Bekanntmachung der Stand und ggf. der Ausgang des Rechtsmittelverfahrens zu veröffentlichen (§ 7a Abs. 1 Satz 3 KAGB). 17

Diese beiden Regelungen dienen im Hinblick auf den Zweck der Vorschrift (Information und Warnung des Anlegerpublikums) der Klarheit der Bekanntmachung und außerdem der **Abwendung unverhältnismäßiger, irreparabler Nachteile** für die von der Veröffentlichung Betroffenen. Bei den Anlegern soll kein falscher Eindruck hinsichtlich der Endgültigkeit der BaFin-Maßnahme entstehen. 18

Unbeantwortet lässt das Gesetz die Frage, ob die BaFin bei veröffentlichten Maßnahmen, die auf ein Rechtsmittel des Betroffenen aufgehoben worden sind, die erfolgte Veröffentlichung nicht nur auf ihrer Website löschen, sondern auf Verlangen des Betroffenen in Anlehnung an die presserechtliche Gegendarstellung auf die **Aufhebung der Maßnahme und den Grund hierfür an gleicher Stelle hinweisen** muss. Richtigerweise wird man dem Betroffenen einen derartigen Anspruch unabhängig vom Verschulden der BaFin einräumen müssen, sofern die Bekanntmachung rechtswidrig war. Rechtsgrundlage hierfür wäre ein öffentlich-rechtlicher Folgenbeseitigungsanspruch.[12] 19

---

11 Begr. RegE, BT-Drucks. 18/3994, 51.

12 Zum öffentlich-rechtlichen Folgenbeseitigungsanspruch vgl. etwa *Papier* in Maunz/Dürig, Art. 34 GG Rz. 62 ff. m.w.N.

III. Absehen von der Bekanntmachung (§ 7a Abs. 2 KAGB)

20 Die BaFin muss von einer Bekanntmachung absehen, sofern die Stabilität der Finanzmärkte oder laufende Ermittlungen durch die Bekanntmachung gefährdet würden (§ 7a Abs. 2 KAGB). Dies dürfte im Hinblick auf die **Gefährdung der Stabilität der Finanzmärkte** nur in seltenen Ausnahmefällen in Betracht kommen. Zu den „**laufenden Ermittlungen**" zählen sowohl verwaltungsverfahrensrechtliche als auch strafrechtliche Ermittlungen.

IV. Umgang mit personenbezogenen Daten (§ 7a Abs. 3 Satz 1 KAGB)

21 § 7a Abs. 3 Satz 1 KAGB enthält einen besonderen Hinweis zum Umgang mit personenbezogenen Daten. Diese dürfen nur in dem Umfang in der Bekanntmachung enthalten sein, der für den Zweck der Beseitigung oder Verhinderung von Missständen erforderlich ist. Damit bezog sich das Gesetz ursprünglich auf die Definition des § 3 Abs. 1 BDSG, die sich inzwischen in **Art. 4 Nr. 1 DSGVO**[13] befindet. Danach sind personenbezogene Daten alle Informationen, die sich auf eine identifizierte oder identifizierbare natürliche Person beziehen. In einem ersten Schritt muss also die BaFin in der gebotenen Güterabwägung zunächst zu dem Entschluss kommen, eine Maßnahme zu veröffentlichen. Im zweiten Schritt muss dann die Bekanntmachung selbst dem **Verhältnismäßigkeitsgrundsatz** Rechnung tragen und eine unnötige Veröffentlichung personenbezogener Daten verhindert werden.

22 Insbesondere die namentliche Nennung von Individualpersonen mit ihrem Klarnamen in der Bekanntmachung wird nach alledem nur bei besonders schwerwiegenden Gefahren für die Anleger oder andere bedeutende Schutzgüter vom Tatbestand des § 7a Abs. 1 Satz 1 KAGB gedeckt sein oder sofern dies zur Identifizierung der Gefahrenquelle unerlässlich ist. Eine **Nennung von Klarnamen** ist danach grundsätzlich unzulässig, sofern mit der Nennung des Unternehmens die Gefahrenquelle bereits hinreichend benannt ist, wie dies etwa bei von juristischen Personen oder Personenhandelsgesellschaften ausgehenden Missständen in aller Regel der Fall sein dürfte.

V. Dauer der Bekanntmachung (§ 7a Abs. 3 Satz 2 KAGB)

23 In zeitlicher Hinsicht enthält § 7a Abs. 3 Satz 2 KAGB eine weitere **Einschränkung** des Bekanntmachungsrechts. Die Bekanntmachung ist zwingend und von Amts wegen zu löschen, sobald sie nicht mehr erforderlich ist. Dies ist immer dann der Fall, wenn der Eintritt des Missstands nicht mehr droht oder der Missstand ausgeräumt wurde. Spätestens nach fünf Jahren ist die Bekanntmachung nach dem Willen des Gesetzgebers zwingend zu löschen. Dahinter steckt die Annahme, dass sich die Gefahrenlage mit Zeitablauf in aller Regel erledigt haben dürfte.

§ 8 Verschwiegenheitspflicht

[1]Die bei der Bundesanstalt beschäftigten und von ihr beauftragten Personen sowie die im Dienst der Deutschen Bundesbank stehenden Personen dürfen die ihnen bei ihrer Tätigkeit nach diesem Gesetz bekannt gewordenen Tatsachen, deren Geheimhaltung im Interesse einer Verwaltungsgesellschaft im Sinne dieses Gesetzes, eines Investmentvermögens oder eines Dritten liegt, insbesondere Geschäfts- und Betriebsgeheimnisse, nicht unbefugt offenbaren oder verwerten, auch wenn ihre Tätigkeit beendet ist. [2]§ 9 des Kreditwesengesetzes ist entsprechend anzuwenden.

In der Fassung vom 4.7.2013 (BGBl. I 2013, S. 1981), zuletzt geändert durch das Gesetz zur Verringerung der Abhängigkeit von Ratings vom 10.12.2014 (BGBl. I 2014, S. 2085).

13 Verordnung (EU) 2016/679 des Europäischen Parlaments und des Rates vom 27. April 2016 zum Schutz natürlicher Personen bei der Verarbeitung personenbezogener Daten, zum freien Datenverkehr und zur Aufhebung der Richtlinie 95/46/EG (Datenschutz-Grundverordnung), ABl. EU Nr. L 119 v. 4.5.2016, S. 1.

Schrifttum: *Berger/Schirmer*, Informationsfreiheit und Finanzaufsicht – Fragen zum Informationszugang im „Single Supervisory Mechanism, SSM", DVBl. 2015, 608; *Brocker/Andrzejewski*, Geheimnisschutz durch die BaFin in den Grenzen des Informationsfreiheitsgesetzes, GWR 2011, 378; *Gurlit*, Gläserne Banken- und Kapitalmarktaufsicht? – Zur Bedeutung des Informationsfreiheitsgesetzes des Bundes für die Aufsichtspraxis, WM 2009, 773; *Gurlit*, Informationsfreiheit und Verschwiegenheitspflichten der BaFin, NZG 2014, 1161; *Möllers/Wenninger*, Informationsansprüche gegen die BaFin im Lichte des neuen Informationsfreiheitsgesetzes (IFG), ZHR 2006, 455; *Schoch*, Aktuelle Fragen des Informationsfreiheitsrechts, NJW 2009, 2987; *Schoch*, Verselbstständigung des „in-camera"-Verfahrens im Informationsfreiheitsrecht?, NVwZ 2012, 85; *Sellmann*, Chancen und Risiken des Bundesinformationsfreiheitsgesetzes – Eine „Gebrauchsanleitung" für (private) Unternehmen, WM 2006, 2293; *Schönenbroicher*, Verwaltungshandeln im Spannungsfeld von Informationsfreiheit und Datenschutz – Gründe für die Ablehnung von Informationsansprüchen unter besonderer Berücksichtigung des Datenschutzes, NWVBl. 2014, 405; *Schönke/Schröder*, StGB, 29. Aufl. 2014; *Spindler*, Informationsfreiheit und Finanzmarktaufsicht, ZGR 2011, 690; *Tolkmitt/Schomerus*, Finanzmarktstabilisierung contra Informationsfreiheit? Keine Einschränkung des Informationsfreiheitsgesetzes, NVwZ 2009, 568; *Wilsing/Paul*, Gläserne BaFin-Akten – Reaktionsmöglichkeiten der Praxis auf Verurteilung der BaFin zur Auskunftserteilung, BB 2009, 114.

I. Entstehungsgeschichte; Regelungszweck

Die Vorschrift entspricht dem aufgehobenen **§ 5b InvG.**[1] Sie dient der Umsetzung von Art. 102 OGAW-RL[2] sowie Art. 47 Abs. 2 AIFM-RL.[3] 1

Durch die Aufsichtstätigkeit werden der BaFin laufend vertrauliche Informationen der beaufsichtigten Kapitalverwaltungsgesellschaft, ihrer Beschäftigten und Anleger sowie ihrer Vertragspartner und sonstiger Dritter bekannt. Sinn und Zweck des § 8 KAGB ist es, die **Vertraulichkeit** dienstlich erlangter, sensibler Informationen, wie etwa Betriebs- und Geschäftsgeheimnisse, vor einer unberechtigten Offenlegung und Verwendung zu schützen.[4] Hierzu werden die Aufsichtsbehörden und deren Personal zur Verschwiegenheit verpflichtet. Dabei werden die Einzelheiten durch Verweis auf § 9 KWG, die Parallelvorschrift im Kreditwesengesetz, geregelt. Die Verschwiegenheitspflicht ist das Korrelat zu den Informations- und Mitwirkungspflichten der Kapitalverwaltungsgesellschaft im Rahmen der Investmentaufsicht[5] und eine wichtige Voraussetzung für die vertrauensvolle Zusammenarbeit zwischen Kapitalverwaltungsgesellschaft und Aufsichtsbehörden, aber auch zwischen der Kapitalverwaltungsgesellschaft und deren Anlegern.[6] 2

Der Vertraulichkeitsschutz des § 8 KAGB ist nicht absolut, sondern unterliegt vielfachen Durchbrechungen. Neben § 8 KAGB gibt es weitere gesetzliche Geheimhaltungspflichten sowie allgemeine Bestimmungen des öffentlichen Dienstrechts (z.B. §§ 32 BBankG, § 61 BBG, § 3 Abs. 1 TVöD, § 16 BundesstatistikG).[7] 3

---

1 Begr. RegE, BT-Drucks. 17/12294, 207.

2 Richtlinie 2009/65/EG des Europäischen Parlaments und des Rates vom 13. Juli 2009 zur Koordinierung der Rechts- und Verwaltungsvorschriften betreffend bestimmte Organismen für gemeinsame Anlagen in Wertpapieren (OGAW), ABl. EU Nr. L 302 v. 17.11.2009, S. 32.

3 Richtlinie 2011/61/EU des Europäischen Parlaments und des Rates vom 8. Juni 2011 über die Verwalter alternativer Investmentfonds und zur Änderung der Richtlinien 2003/41/EG und 2009/65/EG und der Verordnungen (EG) Nr. 1060/2009 und (EU) Nr. 1095/2010, ABl. EU Nr. L 174 v. 1.7.2011, S. 1.

4 *Beckmann* in Beckmann/Scholtz/Vollmer, § 8 KAGB Rz. 1; *Wülfert* in Baur/Tappen, § 8 KAGB Rz. 2, 5; *Boxberger* in Weitnauer/Boxberger/Anders, § 8 KAGB Rz. 1; *Emde* in Emde/Dornseifer/Dreibus/Hölscher, § 5b InvG Rz. 1; *Köndgen* in Berger/Steck/Lübbehüsen, § 5b InvG Rz. 1.

5 *Beckmann* in Beckmann/Scholtz/Vollmer, § 8 KAGB Rz. 1.

6 Vgl. *Bußalb* in Moritz/Klebeck/Jesch, § 8 KAGB Rz. 3.

7 Vgl. *Brocker* in Schwennicke/Auerbach, § 9 KWG Rz. 2.

II. Verpflichtete und geschützter Personenkreis

4 Die Verschwiegenheitspflicht richtet sich an die **Beschäftigten der BaFin**, von ihr **beauftragte Personen** i.S.v. § 4 Abs. 3 FinDAG (z.B. im Rahmen einer Sonderprüfung herangezogene Mitarbeiter eines Wirtschaftsprüfungsunternehmens) sowie die **im Dienst der Bundesbank stehenden Personen.**[8] Unerheblich ist hierbei, ob es sich um Beamte oder Angestellte handelt. Zwar bezieht sich der Wortlaut nur auf natürliche Personen. Nach Sinn und Zweck der Vorschrift müssen jedoch auch die Einrichtungen selbst erfasst werden.[9] Über § 8 KAGB i.V.m. § 9 Abs. 1 Satz 3 KWG sind auch Mitarbeiter übergeordneter Behörden erfasst, sofern sie durch dienstliche Berichterstattung Kenntnis von vertraulichen Informationen erlangt haben. Der Adressatenkreis des § 8 KAGB ist darüber hinaus abschließend. Der teilweise weitergehende Adressatenkreis des § 9 Abs. 1 Satz 1 KWG (dort sind auch Abwickler und Sonderbeauftragte erfasst) ist auf das Investmentrecht nicht übertragbar.[10] In zeitlicher Hinsicht gilt die Verschwiegenheitspflicht auch nach dem Ausscheiden aus dem Dienst oder der Beendigung der Tätigkeit fort.[11]

5 Zum **geschützten Personenkreis** gehört neben der Kapitalverwaltungsgesellschaft und dem Investmentvermögen jede natürliche oder juristische dritte Person, die ein schutzwürdiges Interesse an der Geheimhaltung einer Tatsache hat (z.B. Anleger, Beschäftigte, Organmitglieder, Anteilseigner und Vertragspartner).[12]

III. Umfang der Verschwiegenheitspflicht

6 Geschützt sind nur Tatsachen. Der **Tatsachenbegriff** ist im strafrechtlichen Sinne zu verstehen.[13] Tatsachen sind danach dem Beweis zugängliche Ereignisse oder Zustände der Gegenwart oder Vergangenheit.[14] Abzugrenzen sind Tatsachen von bloßen Wert- und Meinungsurteilen, die keine Tatsachenbehauptung enthalten.[15]

7 Die Tatsachen müssen im Interesse des geschützten Personenkreises geheimhaltungsbedürftig sein. Dies setzt zunächst voraus, dass die Tatsachen geheim sind. Dies ist der Fall, wenn die Tatsachen nur einer einzelnen Person oder einem begrenzten Personenkreis bekannt sind.[16] Allgemein öffentlich bekannte Tatsachen sind dagegen nicht geschützt. An der Geheimhaltung der Tatsache muss ein **rechtlich geschütztes Interesse** bestehen. § 8 KAGB nennt beispielhaft Geschäfts- und Betriebsgeheimnisse. Hierzu zählen insbesondere wettbewerbsrechtlich relevante Informationen, wie Geschäftsbücher, Kundenlisten, Marketingstrategien und Kalkulationsgrundlagen.[17] Bei Privatpersonen folgt das Geheimhaltungsinteresse regelmäßig aus dem allgemeinen Persönlichkeitsrecht. Erfasst werden insbesondere Anlegerdaten, wie der Umstand, dass ein Anleger in ein bestimmtes Investmentvermögen investiert hat und in welcher Höhe.

8 Die Verschwiegenheitspflicht erfasst nach dem Wortlaut nur Tatsachen, die der Aufsicht **bei Tätigkeiten nach dem KAGB bekannt geworden** sind. Nach Sinn und Zweck der Vorschrift müssen jedoch auch Tatsachen erfasst werden, die in einem privaten Rahmen erlangt werden, sofern sie einen Bezug zur Aufsichtstätigkeit aufweisen.[18]

9 Sind diese Voraussetzungen erfüllt, besteht grundsätzlich ein **Offenbarungs- und Verwertungsverbot**. Das Offenbarungs- und Verwertungsverbot des § 8 Satz 1 KAGB erfasst jede Offenlegung der geschützten Informationen gegenüber Dritten. Die Form der Offenlegung (z.B. mündlich, schriftlich, elektronisch, durch

---

8 *Boxberger* in Weitnauer/Boxberger/Anders, § 8 KAGB Rz. 1; *Wülfert* in Baur/Tappen, § 8 KAGB Rz. 4; *Köndgen* in Berger/Steck/Lübbehüsen, § 5b InvG Rz. 3; *Beckmann* in Beckmann/Scholtz/Vollmer, § 8 KAGB Rz. 10.
9 *Beckmann* in Beckmann/Scholtz/Vollmer, § 8 KAGB Rz. 11.
10 *Wülfert* in Baur/Tappen, § 8 KAGB Rz. 4; *Beckmann* in Beckmann/Scholtz/Vollmer, § 8 KAGB Rz. 12; *Köndgen* in Berger/Steck/Lübbehüsen, § 5b InvG Rz. 3; a.A. *Bußalb* in Moritz/Klebeck/Jesch, § 8 KAGB Rz. 13.
11 *Beckmann* in Beckmann/Scholtz/Vollmer, § 8 KAGB Rz. 11.
12 *Boxberger* in Weitnauer/Boxberger/Anders, § 8 KAGB Rz. 4; *Köndgen* in Berger/Steck/Lübbehüsen, § 5b InvG Rz. 4; *Beckmann* in Beckmann/Scholtz/Vollmer, § 8 KAGB Rz. 20.
13 *Emde* in Emde/Dornseifer/Dreibus/Hölscher, § 5b InvG Rz. 5; *Beckmann* in Beckmann/Scholtz/Vollmer, § 8 Rz. 35.
14 *Perron* in Schönke/Schröder, § 263 StGB Rz. 8; *Wülfert* in Baur/Tappen, § 8 KAGB Rz. 6; *Beckmann* in Beckmann/Scholtz/Vollmer, § 8 KAGB Rz. 21.
15 *Emde* in Emde/Dornseifer/Dreibus/Hölscher, § 5b InvG Rz. 5.
16 *Beckmann* in Beckmann/Scholtz/Vollmer, § 8 KAGB Rz. 23; *Wülfert* in Baur/Tappen, § 8 KAGB Rz. 9; *Köndgen* in Berger/Steck/Lübbehüsen, § 5b InvG Rz. 5; *Boxberger* in Weitnauer/Boxberger/Anders, § 8 KAGB Rz. 5.
17 Vgl. *Brocker* in Schwennicke/Auerbach, § 9 KWG Rz. 11.
18 *Emde* in Emde/Dornseifer/Dreibus/Hölscher, § 5b InvG Rz. 6; *Wülfert* in Baur/Tappen, § 8 KAGB Rz. 6, 8; *Beckmann* in Beckmann/Scholtz/Vollmer, § 8 KAGB Rz. 20, 22.

Gewährung von Einsicht in Schriftstücke) ist unerheblich.[19] Verwerten meint das Gebrauchmachen von der Information für eigene oder fremde Zwecke.[20]

IV. Einschränkungen der Verschwiegenheitspflicht

10 Das Verbot der Datenweitergabe und Verwertung gilt jedoch nicht absolut. Verboten ist nach § 8 KAGB nur die unbefugte Offenlegung und Verwertung.

1. Weitergabe nach § 8 Satz 2 i.V.m. § 9 Abs. 1 Satz 4, Abs. 2 KWG

11 Werden geheimhaltungsbedürftige Informationen beispielsweise an **Strafverfolgungsbehörden**, andere involvierte **Aufsichtsbehörden**, den Abschlussprüfer oder andere Stellen nach dem (nicht abschließenden)[21] Katalog in § 9 Abs. 1 Satz 4 KWG weitergegeben, liegt kein unbefugtes Offenbaren oder Verwerten vor (§ 8 Satz 1 KAGB i.V.m. § 9 Abs. 1 Satz 4 KWG).[22] Allerdings müssen diese Stellen die Informationen zur Erfüllung ihrer Aufgaben benötigen und die Beschäftigten, die daraufhin Kenntnis erlangen, ebenfalls der Verschwiegenheitspflicht unterliegen.[23] Daran sind angesichts des weiten Tatbestandes hohe Anforderungen zu stellen.[24] Hieraus ergibt sich notwendigerweise auch, dass auch innerhalb der BaFin keine uneingeschränkte Weitergabe geheimhaltungsbedürftiger Informationen zulässig ist, die Informationsweitergabe also nur auf einer **„need-to-know-Basis“** zulässig ist.

12 Nach dem Verweis auf § 9 Abs. 2 KWG liegt ebenfalls kein unbefugtes Offenbaren oder Verwerten vor, wenn Ergebnisse von durchgeführten **Stresstests** veröffentlicht oder der EBA zur Veröffentlichung weitergeleitet werden.

2. Amtshilfepflicht (§ 8 Satz 2 KAGB i.V.m. § 9 Abs. 5 KWG)

13 § 8 Satz 2 KAGB i.V.m. § 9 Abs. 5 KWG regelt, dass die Amtshilfe-, Auskunfts-, Vorlage- und Anzeigepflichten der **Abgabenordnung** (§§ 111, 93, 97, 116 AO) von Personen, die der Verschwiegenheitspflicht des § 8 Satz 1 KAGB unterliegen, grundsätzlich nicht zu befolgen sind.[25]

14 Lediglich in Fällen, in denen die Finanzbehörden die Informationen für die Durchführung eines Verfahrens wegen einer Steuerstraftat und eines Besteuerungsverfahrens benötigen, sind sie zur Weitergabe von geheimhaltungsbedürftigen Informationen verpflichtet.

15 Hiervon wiederum ausgenommen sind Tatsachen, die durch die Aufsicht eines anderen Staates oder durch die Mitwirkung an der Aufsicht direkt durch die EZB an die BaFin gelangt sind (vgl. § 9 Abs. 5 Satz 2 KWG).

3. Auskünfte nach dem Informationsfreiheitsgesetz

16 Die Verschwiegenheitspflicht des § 8 KAGB steht in einem **Spannungsverhältnis** zu dem Anspruch eines jeden Bürgers gegenüber Behörden des Bundes auf Zugang zu amtlichen Informationen nach § 1 Abs. 1 IFG.

17 Gemäß § 1 Abs. 1 IFG hat jedermann nach näherer Maßgabe des Informationsfreiheitsgesetzes gegenüber Behörden des Bundes und sonstigen Bundesorganen und -einrichtungen, soweit sie öffentlich-rechtliche Verwaltungsaufgaben wahrnehmen, einen **Anspruch** auf Zugang zu amtlichen Informationen. § 1 Abs. 1 Satz 1 IFG erfasst auch die BaFin und die Deutsche Bundesbank, soweit sie Verwaltungsaufgaben wahrnehmen.[26] Eine auf Initiative des Bundesrats geplante Bereichsausnahme für die BaFin und die Deutsche Bundesbank im Informationsfreiheitsgesetz ist am Widerstand des Bundestags gescheitert.[27]

---

19 *Beckmann* in Beckmann/Scholtz/Vollmer, § 8 KAGB Rz. 35; *Emde* in Emde/Dornseifer/Dreibus/Hölscher, § 5b InvG Rz. 8.
20 *Emde* in Emde/Dornseifer/Dreibus/Hölscher, § 5b InvG Rz. 8.
21 *Bußalb* in Moritz/Klebeck/Jesch, § 8 KAGB Rz. 33.
22 Begr. RegE, BT-Drucks. 17/12294, 207; *Beckmann* in Beckmann/Scholtz/Vollmer, § 8 KAGB Rz. 36 f.
23 *Beckmann* in Beckmann/Scholtz/Vollmer, § 8 KAGB Rz. 36.
24 *Bußalb* in Moritz/Klebeck/Jesch, § 8 KAGB Rz. 30.
25 Vgl. auch *Beckmann* in Beckmann/Scholtz/Vollmer, § 8 KAGB Rz. 45.
26 *Berger/Schirmer*, DVBl. 2015, 608 (610); *Gurlit*, WM 2009, 773 (775).
27 Vgl. *Gurlit*, WM 2009, 773 (774); *Schoch*, NJW 2009, 2987 (2988); *Tolkmit/Schomerus*, NVwZ 2009, 568 (570 f.).

18 Der Informationszugangsanspruch nach § 1 Abs. 1 IFG unterliegt keinen positiven materiell-rechtlichen Voraussetzungen.[28] Anders als etwa für das Akteneinsichtsrecht nach § 29 Abs. 1 VwVfG ist die Geltendmachung eines rechtlichen oder auch nur berechtigten Interesses an der begehrten Information nicht erforderlich.[29]

19 Das Zugangsrecht umfasst nicht nur Informationen, die von der Behörde selbst generiert wurden. Erfasst werden auch diejenigen Daten und Unterlagen, die der Behörde im Rahmen ihrer Aufsichtstätigkeit von den Marktteilnehmern oder sonstigen Dritten aufgrund **gesetzlicher Verpflichtung** oder **freiwillig überlassen** werden.[30]

20 Der Informationsanspruch gilt jedoch nach dem Informationsfreiheitsgesetz nicht unbeschränkt. Es kommt vor allem eine **Beschränkung** des Informationszugangs zum Schutz von besonderen öffentlichen Belangen gem. § 3 Nr. 1 lit. d IFG, § 3 Nr. 4 IFG i.V.m. § 9 KWG, zum Zweck des Schutzes personenbezogener Daten gem. § 5 Abs. 1 Satz 1 IFG und zum Schutz von Betriebs- oder Geschäftsgeheimnissen gem. § 6 IFG in Betracht.

21 Ein Informationsanspruch gegen die BaFin im Zusammenhang mit ihrer aufsichtsrechtlichen Tätigkeit ist nicht schon deswegen generell ausgeschlossen, weil die BaFin aufsichtsrechtliche Aufgaben erfüllt. Vielmehr ist nach dem konkreten Einzelfall zu entscheiden. Soweit ein Anspruch auf Herausgabe von Informationen besteht, wird die Verschwiegenheitspflicht des § 8 KAGB durchbrochen. Vor diesem Hintergrund empfiehlt es sich für die beaufsichtigten Unternehmen, **vertrauliche Informationen** vor der Übermittlung an die BaFin besonders zu **kennzeichnen**, um dieser eine Berufung auf einen der Ausnahmetatbestände des IFG (hierzu im Folgenden) zu erleichtern.

a) Beschränkung nach § 3 Nr. 1 lit. d IFG

22 Regelmäßig keinen Erfolg hat die Berufung auf § 3 Nr. 1 lit. d IFG. Danach besteht ein Anspruch auf Informationszugang nicht, wenn das Bekanntwerden der Information nachteilige Auswirkungen auf **Kontroll- oder Aufsichtsaufgaben** der Finanz-, Wettbewerbs- und Regulierungsbehörden haben kann. Selbst wenn man mit der herrschenden Meinung § 3 Nr. 1 lit. d IFG auf die Bundesanstalt für anwendbar hält, werden an die Darlegung dieses Informationsverweigerungsgrundes hohe Anforderungen gestellt.

23 Unter Berufung auf § 3 Nr. 1 lit. d IFG lässt sich ein Zugangsgesuch nur dann ablehnen, wenn die **konkrete Möglichkeit** einer erheblichen und spürbaren Beeinträchtigung der Aufgabenerfüllung durch die Behörde als Folge der Ermöglichung des Zugangs zu bestimmten Unternehmens- oder drittbezogenen Informationen besteht. Die Gefährdungslage ist von der Bundesanstalt in Form einer nachvollziehbar begründeten, durch konkrete Fakten untermauerten Prognose darzulegen.[31]

24 Der pauschale Verweis der Behörde auf die abstrakte Gefahr, dass die beaufsichtigten Institute bzw. die anzeigepflichtigen Gesellschafter mit Blick auf die Gefahr einer Offenbarung an die Bundesanstalt zu übermittelnde Informationen auf das gesetzlich Unumgängliche beschränken könnten, genügt dazu nicht.[32]

b) Beschränkung nach § 3 Nr. 4 IFG; § 8 KAGB

25 Die in § 8 KAGB normierte Verschwiegenheitspflicht der BaFin, ihrer Bediensteten und der weiteren in der Vorschrift genannten Personen stellt eine durch Rechtsvorschrift geregelte **Geheimhaltungspflicht** i.S.v. § 3 Nr. 4 IFG dar. Mit dem Informationsfreiheitsgesetz sind die bereichsspezifischen Verschwiegenheitsvorschriften, wie sie in § 8 KAGB enthalten sind, für den Anwendungsbereich des Informationsfreiheitsgesetzes nicht außer Kraft gesetzt.[33]

---

28 VG Frankfurt v. 23.1.2008 – 7 E 328/06, NVwZ 2008, 1384 (1385); Anwendungshinweise des Bundesministeriums des Inneren zum Informationsfreiheitsgesetz v. 21.11.2005 – V 5a – 130 250/16, GMBl. 2005, S. 1346; *Wilsing/Paul*, BB 2009, 114 (114); *Sellmann*, WM 2006, 2293 (2294).

29 VG Frankfurt v. 23.1.2008 – 7 E 328/06, NVwZ 2008, 1384 (1385); *Wilsing/Paul*, BB 2009, 114 (114).

30 *Berger/Schirmer*, DVBl. 2015, 608 (610); *Gurlit*, WM 2009, 773 (776).

31 Hess. VGH v. 2.3.2010 – 6 A 1684/08, NVwZ 2010, 1036 (1037, 1039 f.); *Schoch*, NJW 2009, 2987 (2990); *Tolkmitt/Schomerus*, NVwZ 2009, 568 (569); vgl. auch *Berger/Schirmer*, DVBl. 2015, 608 (611); *Schönenbroicher*, NWVBl. 2014, 405 (407); *Brocker/Andrzejewski*, GWR 2011, 378 (379); a.A. *Möllers/Wenninger*, ZHR 2006, 455 (467); *Gurlit*, WM 2009, 773 (776).

32 Hess. VGH v. 2.3.2010 – 6 A 1684/08, NVwZ 2010, 1036 (1038 f.); so auch *Berger/Schirmer*, DVBl. 2015, 608 (611); *Gurlit*, NZG 2014, 1161 (1166).

33 Hess. VGH v. 2.3.2010 – 6 A 1684/08, NVwZ 2010, 1036 (1044); VG Frankfurt/M. v. 23.1.2008 – 7 E 328/06, NVwZ 2008, 1386 (1387); vgl. auch *Spindler*, ZGR 2011, 690 (716).

§ 8 KAGB erfasst über die in der Bestimmung beispielhaft genannten Betriebs- und Geschäftsgeheimnisse hinaus sämtliche weiteren Tatsachen, deren Geheimhaltung im Interesse der Verwaltungsgesellschaft, des Investmentvermögens oder eines Dritten liegt.[34] Erfasst werden auch personenbezogene Daten. Insoweit beinhaltet § 8 KAGB eine die allgemeinen Schutzbestimmungen in §§ 5 und 6 Satz 2 IFG verdrängende Spezialregelung.[35] 26

Insbesondere stellte sich in der Praxis häufiger die Frage, ob sich die BaFin auch hinsichtlich Informationen zu sich bereits in der **Insolvenz** befindenden Unternehmen auf die Verschwiegenheitspflicht berufen kann. Nicht zuletzt durch eine Vorabentscheidung des EuGH[36] ist diese Frage dahingehend beantwortet worden, dass der Schutz des Berufsgeheimnisses gerade im Bereich der Finanzaufsicht nicht relativiert werden und sich die BaFin daher auch in diesen Fällen auf ihre Verschwiegenheitspflicht berufen darf.[37] Auch der VGH Kassel hat in der Folge diese Rechtsprechung des EuGH übernommen.[38] 27

c) Beschränkung nach § 3 Nr. 4, Nr. 7 IFG

In der Praxis kann ferner versucht werden, sich auf Verweigerungstatbestände nach § 3 Nr. 4 und Nr. 7 IFG zu stützen. Unter § 3 Nr. 4 IFG fällt auch die **berufliche Verschwiegenheitspflicht des Rechtsanwalts** nach § 42a Abs. 2 BRAO. Vor diesem Hintergrund wird zum Teil empfohlen, sensible Unternehmensinformationen, an deren Nichtverbreitung das Unternehmen ein berechtigtes Interesse hat und die nicht schon Geschäfts- und Betriebsgeheimnisse i.S.v. § 8 KAGB und § 6 Satz 2 IFG darstellen, durch Rechtsanwälte an die Bundesanstalt übermitteln zu lassen. Ferner sollten zur verfahrensrechtlichen Absicherung derartige Informationen mit dem Vermerk „vertraulich und der anwaltlichen Schweigepflicht unterliegend" gekennzeichnet werden.[39] 28

Nach § 3 Nr. 7 IFG sind ferner vertraulich erhobene oder übermittelte Informationen vom Informationszugang ausgeschlossen, soweit das **Interesse des Dritten an einer vertraulichen Behandlung** zum Zeitpunkt des Antrages auf Informationszugang noch fortbesteht. Hierzu wird vertreten, dass Dritte in diesem Sinne nicht nur außenstehende Personen sein können, sondern auch solche Personen, die vertrauliche Informationen in einer Angelegenheit selbst übermitteln. Nach all dem sprechen gute Gründe dafür, dass sich Marktteilnehmer jedenfalls dann im Anwendungsbereich der Ausschlussnorm des § 3 Nr. 7 IFG bewegen, wenn ihre Informationen vertraulich an die Bundesanstalt übermittelt wurden und ihr Interesse an einer vertraulichen Behandlung im Zeitpunkt des Antrages auf Informationszugang noch fortbesteht.[40] Anzeigepflichtigen ist daher auch vor diesem Hintergrund anzuraten, sensible Unternehmensinformationen als „vertraulich" zu kennzeichnen.[41] 29

d) Verfahrensrechtliche Fragen

Anders als in einigen anderen Jurisdiktionen ist der Anzeigepflichtige nicht verpflichtet, vertrauliche und geheimhaltungspflichtige Informationen und Daten von sonstigen Informationen zu trennen. 30

Da bei einem Informationsgesuch die Belange der Kapitalverwaltungsgesellschaft (und ggf. Dritter) berührt werden, ist diesen gem. § 8 Abs. 1 IFG schriftlich Gelegenheit zur **Stellungnahme** innerhalb eines Monats zu geben. Die dazu erforderlichen Anhaltspunkte für ein schutzwürdiges Interesse am Ausschluss des Informationszugangs sollten der BaFin regelmäßig evident sein. Es mag sich aber auch aus diesem Grund empfehlen, auf die Geheimhaltungsbedürftigkeit der übermittelten Informationen im Rahmen der Kommunikation mit der BaFin hinzuweisen. 31

Wird dem Antrag auf Informationszugang stattgegeben, können sich die Kapitalverwaltungsgesellschaft bzw. betroffene Dritte gerichtlich mit der **Anfechtungsklage** (§ 42 Abs. 1 Var. 1 VwGO) zur Wehr setzen.[42] Zur Sicherung der Verfahrensbeteiligung (§ 8 Abs. 1 IFG) kann ein **Eilantrag** nach § 123 Abs. 1 Satz 1 VWGO notwendig sein.[43] 32

---

34 Hess. VGH, v. 2.3.2010 – 6 A 1684/08, NVwZ 2010, 1036 (1044), 46976; *Lindemann* in Boos/Fischer/Schulte-Mattler, § 9 KWG Rz. 7.
35 Hess. VGH v. 2.3.2010 – 6 A 1684/08, NVwZ 2010, 1036 (1044).
36 EuGH v. 12.11.2014 – Rs. C-140/13, NVwZ 2015, 46.
37 EuGH v. 12.11.2014 – Rs. C-140/13, NVwZ 2015, 46.
38 Hess. VGH v. 11.3.2015 – 6 A 1071/13, WM 2015, 1750 (1756).
39 Vgl. *Wilsing/Paul*, BB 2009, 114 (116); zweifelnd *Brocker/Andrzejewski*, GWR 2011, 378 (380).
40 *Wilsing/Paul*, BB 2009, 114 (117).
41 *Sellmann*, WM 2006, 2293 (2300); *Wilsing/Paul*, BB 2009, 114 (117).
42 *Schoch*, NJW 2009, 2987 (2992).
43 *Schoch*, NJW 2009, 2987 (2992).

33 Im Rahmen des **gerichtlichen Verfahrens** entfällt nach herrschender Meinung nur dann die Pflicht zur Vorlage von Urkunden und Akten beziehungsweise zur Übermittlung elektronischer Dokumente, in denen sich nach dem Vortrag der Behörde vorwiegend Informationen befinden, die nach einem Gesetz oder ihrem Wesen nach geheim gehalten werden müssen, wenn die zuständige oberste Aufsichtsbehörde entscheidet, dass die Vorlage der betreffenden Vorgänge beziehungsweise die Übermittlung der elektronischen Dokumente verweigert wird (sog. Sperrerklärung; vgl. § 99 Abs. 1 Satz 2 VWGO).[44]

4. Verwaltungsstreitverfahren

a) Sperrerklärung

34 Im Verwaltungsstreitverfahren sind Behörden grundsätzlich zur Vorlage von Urkunden, Akten, elektronischen Dokumenten und zu Auskünften verpflichtet (§ 99 Abs. 1 Satz 1 VwGO). § 99 Abs. 1 Satz 2 VwGO sieht aber vor, dass die zuständige oberste Aufsichtsbehörde die Vorlage oder Auskunft verweigern kann, wenn das Bekanntwerden des Inhalts der Urkunden, Akten oder elektronischen Dokumente oder der Auskünfte dem Wohl des Bundes oder eines Landes Nachteile bereiten würde oder wenn die Vorgänge nach einem Gesetz oder ihrem Wesen nach geheim gehalten werden müssen (sog. **Sperrerklärung**). Auf die Aussageverpflichtung von Amtsträgern ist § 99 VwGO analog anzuwenden.[45] Im Fall der BaFin ist die Sperrerklärung vom Bundesministerium der Finanzen vorzulegen.[46]

35 Die Sperrerklärung setzt eine Ermessensentscheidung voraus. In diesem Rahmen muss eine genaue **Abwägung** zwischen dem gesetzlich anerkannten besonderen Geheimhaltungsinteresse und dem öffentlichen Interesse, effektiven Rechtsschutz und eine transparente Rechtsfindung zu gewähren (gestützt auf Art. 19 Abs. 4, 103 Abs. 1 GG), vorgenommen werden.

36 Hinsichtlich jedes einzelnen Schriftstücks muss der jeweilige Geheimhaltungsgrund zugeordnet und begründet werden. Die Akten müssen in dieser Hinsicht entsprechend **aufbereitet** werden, um eine effektive Kontrolle durch das Gericht zu ermöglichen.[47] Insbesondere ist zu prüfen, ob den Geheimhaltungsinteressen bereits durch eine **Schwärzung** der fraglichen Passagen hinreichend Rechnung getragen wäre.[48]

b) Nachteile für das Wohl des Bundes oder eines Landes (§ 99 Abs. 1 Satz 2 Var. 1 VwGO)

37 Eine Sperrerklärung kann sich auch darauf stützen, dass eine Offenbarung der betroffenen Tatsachen dem Wohl des Bundes oder eines Landes Nachteile bereiten würde. Dieser Geheimhaltungsgrund ist ebenfalls restriktiv auszulegen.[49]

38 Das Wohl des Bundes erfährt insbesondere dann Nachteile, wenn wesentliche **Bundesinteressen**, wie Bestand, Funktionsfähigkeit, innere und äußere Sicherheit des Bundes, beeinträchtigt werden. Nachteile liegen auch darin, dass die effektive Beaufsichtigung im Finanzdienstleistungsbereich durch einen Vertrauensverlust der beaufsichtigten Unternehmen hinsichtlich der vertraulichen Behandlung der sie betreffenden Informationen beeinträchtigt wird.[50] Allerdings genügen lediglich vage Befürchtungen seitens der BaFin nicht zur Begründung der Verweigerung nach § 99 Abs. 1 Satz 2 Var. 1 VwGO. Es müssen vielmehr konkrete, erhebliche und spürbare Beeinträchtigungen zu befürchten sein.[51]

c) Gesetzliches Geheimhaltungsbedürfnis (§ 99 Abs. 1 Satz 2 Var. 2 VwGO)

39 Nach der Rechtsprechung des BVerwG muss es sich, um der Rechtsschutzgarantie des Art. 19 Abs. 4 GG gerecht zu werden, bei dem Schutzgehalt einer gesetzlichen Vorschrift i.S.d. **§ 99 Abs. 1 Satz 2 Var. 2 VwGO**

---

44 Hess. VGH v. 2.3.2010 – 6 A 1684/08, NVwZ 2010, 1036 (1044); a.A. *Schoch*, NJW 2009, 2987 (2993).

45 So auch *Beckmann* in Beckmann/Scholtz/Vollmer, § 8 KAGB Rz. 56.

46 Vgl. Hess. VGH v. 2.3.2010 – 6 A 1684/08, NVwZ 2010, 1036 (1044).

47 BVerwG v. 19.12.2013 – 20 F 15.12 – Rz. 12, BeckRS 2014, 47382; BVerwG v. 5.10.2011 – 20 F 24.10 – Rz. 10, BeckRS 2011, 56302; BVerwG v. 18.4.2012 – 20 F 2.11 – Rz. 10, BeckRS 2012, 51394; *Beckmann* in Beckmann/Scholtz/Vollmer, § 8 KAGB Rz. 110 ff.

48 BVerwG v. 5.4.2013 – 20 F 4.12 – Rz. 10 f., BeckRS 2013, 51941; BVerwG v. 25.4.2012 – 20 F 6.11 – Rz. 13, BeckRS 2012, 51081.

49 *Beckmann* in Beckmann/Scholtz/Vollmer, § 8 KAGB Rz. 95.

50 BVerwG v. 5.4.2013 – 20 F 4.12 – Rz. 15, BeckRS 2013, 51941; BVerwG v. 18.4.2012 – 20 F 2.11 – Rz. 15, BeckRS 2012, 51394; BVerwG v. 5.10.2011 – 20 F 24/10 – Rz. 13, BeckRS 2011, 56302; *Beckmann* in Beckmann/Scholtz/Vollmer, § 8 KAGB Rz. 96; *Schoch*, NVwZ 2012, 85 (86).

51 *Beckmann* in Beckmann/Scholtz/Vollmer, § 8 KAGB Rz. 98.

um gleichwertige, grundrechtlich geschützte Lebensbereiche von hoher Bedeutung handeln.[52] Als Beispiele werden das Post- und Fernmeldegeheimnis, das Sozialgeheimnis und das Steuergeheimnis angeführt.[53] Das **BVerwG** vertritt in **ständiger Rechtsprechung**, dass es sich bei § 9 Abs. 1 KWG nicht um ein solches Gesetz i.S.d. § 99 Abs. 1 Satz 2 VwGO handele.[54] Insbesondere sei der Tatbestand der Geheimhaltung nach einem Gesetz nicht bereits bei einer gesetzlich angeordneten Pflicht zur Verschwiegenheit gegeben. Der alleinige Verweis auf einen grundrechtlichen Bezug bzw. Betriebs- und Geschäftsgeheimnisse vermöge eine Verweigerung nach § 99 Abs. 1 Satz 2 Var. 2 VwGO nicht zu begründen.[55]

d) Ihrem Wesen nach geheimhaltungsbedürftig (§ 99 Abs. 1 Satz 2 Var. 3 VwGO)

Die Betriebs- und Geschäftsgeheimnisse der durch die BaFin beaufsichtigten Unternehmen, sowie perso- 40
nenbezogene Daten der erfassten Personen, können allerdings zu den **„ihrem Wesen nach"** geheimhaltungsbedürftigen Vorgängen (§ 99 Abs. 1 Satz 2 Var. 3 VwGO) zählen, wodurch den schutzwürdigen Belangen Betroffener Rechnung getragen wird.[56]

An diesen Geheimhaltungsgrund ist allerdings ein **strenger Maßstab** anzulegen. Um das Verweigerungs- 41
recht nach § 99 Abs. 1 Satz 2 Var. 3 VwGO zu begründen, muss es sich bei dem Geheimnis um ein besonderes gesetzlich geschütztes Geheimnis handeln, dessen Schutz grundrechtlich abgesichert ist und das damit gleichwertig neben der Garantie des effektiven Rechtsschutzes steht (Art. 19 Abs. 4 GG). Dies ist bei Betriebs- und Geschäftsgeheimnissen (vgl. Art. 12 Abs. 1, 14 Abs. 1 GG) und personenbezogenen Daten (Art. 2 Abs. 1 GG i.V.m. Art. 1 Abs. 1 GG) der Fall, sofern nicht ausnahmsweise das öffentliche oder private Interesse an der Offenbarung überwiegt.[57] Zu den geschützten Betriebs- und Geschäftsgeheimnissen gehören alle auf ein Unternehmen bezogenen Tatsachen, Umstände und Vorgänge, die nicht offenkundig sind und an deren Geheimhaltung das betroffene Unternehmen ein berechtigtes Interesse hat.[58]

Das Unternehmen muss auch ein berechtigtes Interesse an der Nichtverbreitung der Informationen haben, 42
insbesondere um keine Wettbewerbseinbußen hinsichtlich der eigenen wirtschaftlichen Position hinnehmen zu müssen (**Wettbewerbsrelevanz**).[59]

V. Folgen der Verletzung von Verschwiegenheitspflichten

Strafrechtliche Folgen hat eine Verletzung von Verschwiegenheitspflichten nur für Amtsträger (§ 11 Abs. 1 43
Nr. 2 StGB) und für dem öffentlichen Dienst besonders Verpflichtete (§ 11 Abs. 1 Nr. 4 StGB). In Betracht kommen insbesondere Strafbarkeiten wegen Verletzung von Privatgeheimnissen (§ 203 Abs. 2 StGB), der Verwertung fremder Geheimnisse (§ 204 StGB) sowie der Verletzung des Dienstgeheimnisses und einer besonderen Geheimhaltungspflicht (§ 353b StGB).

Neben strafrechtlichen kann ein Verstoß auch zivilrechtliche Folgen haben. § 8 KAGB ist ein Schutzgesetz 44
i.S.v. § 823 Abs. 2 BGB.[60] Bei einem Verstoß kann folglich eine deliktsrechtliche Haftung bestehen. Soweit es sich beim Adressaten der Verschwiegenheitspflicht um Amtsträger i.S.v. § 11 Abs. 1 Nr. 2 StGB handelt, stellt ein Verstoß gegen § 8 KAGB stets auch eine Verletzung einer Amtspflicht dar. In diesem Fall kommt

52 BVerwG v. 5.10.2011 – 20 F 24.10, BeckRS 2011, 56302; BVerwG v. 18.4.2012 – 20 F 2.11 – Rz. 9, BeckRS 2012, 51394.
53 BVerwG v. 18.4.2012 – 20 F 2.11 – Rz. 9, BeckRS 2012, 51394; so auch *Beckmann* in Beckmann/Scholtz/Vollmer, § 8 KAGB Rz. 58.
54 *Beckmann* in Beckmann/Scholtz/Vollmer, § 8 KAGB Rz. 57; BVerwG v. 5.4.2013 – 20 F 4.12 – Rz. 8, BeckRS 2013, 51941; BVerwG v. 25.4.2012 – 20 F 6.11 – Rz. 9, BeckRS 2012, 51081; BVerwG v. 5.10.2011 – 20 F 24/10 – Rz. 8, BeckRS 2011, 56302.
55 BVerwG v. 5.10.2011 – 20 F 24/10 – Rz. 8, BeckRS 2011, 56302; vgl. auch *Beckmann* in Beckmann/Scholtz/Vollmer, § 8 KAGB Rz. 58 f.
56 BVerwG v. 28.11.2013 – 20 F 11.12 – Rz. 7, BeckRS 2014, 45857; BVerwG v. 18.4.2012 – 20 F 2.11 – Rz. 12, BeckRS 2012, 51394; BVerwG v. 5.10.2011 – 20 F 24/10 – Rz. 9, BeckRS 2011, 56302; BVerwG v. 12.4.2013 – 20 F 6.12 – Rz. 9, BeckRS 2013, 50101; BVerwG v. 25.4.2012 – 20 F 6.11 – Rz. 10, BeckRS 2012, 51081.
57 *Beckmann* in Beckmann/Scholtz/Vollmer, § 8 KAGB Rz. 70 f.; BVerwG v. 5.10.2011 – 20 F 24.10 – Rz. 9, BeckRS 2011, 56302.
58 U.a. BVerwG v. 28.11.2013 – 20 F 11.12 – Rz. 8, BeckRS 2014, 45857.
59 BVerwG v. 28.11.2013 – 20 F 11.12 – Rz. 8, BeckRS 2014, 45857; BVerwG v. 5.10.2011 – 20 F 24/10 – Rz. 11 f., BeckRS 2011, 56302; BVerwG v. 27.8.2012 – 20 F 3.12 – Rz. 11, BeckRS 2012, 57309; BVerwG v. 5.4.2013 – 20 F 4.12 – Rz. 12, BeckRS 2013, 51941; BVerwG v. 25.4.2012 – 20 F 6.11 – Rz. 11, BeckRS 2012, 51081; *Beckmann* in Beckmann/Scholtz/Vollmer, § 8 KAGB Rz. 75 f.
60 *Boxberger/Baumann* in Weitnauer/Boxberger/Anders, § 8 KAGB Rz. 7 m.w.N.

einerseits ein Schadensersatzanspruch aus § 839 BGB in Betracht.[61] Andererseits kann auch ein Amtshaftungsanspruch gem. Art. 34 Satz 1 GG begründet werden. Teilweise wird vertreten, es bestehe zudem ein quasi-negatorischer Unterlassungsanspruch analog § 1004 BGB.[62]

§ 9 Zusammenarbeit mit anderen Stellen

(1) [1]Die Bundesanstalt arbeitet eng mit der Europäischen Wertpapier- und Marktaufsichtsbehörde, dem Europäischen Ausschuss für Systemrisiken und den zuständigen Stellen der Europäischen Union, der anderen Mitgliedstaaten der Europäischen Union und der anderen Vertragsstaaten des Abkommens über den Europäischen Wirtschaftsraum zusammen. [2]Sie übermittelt ihnen unverzüglich Auskünfte und Informationen, wenn dies zur Wahrnehmung der in der Richtlinie 2009/65/EG oder der in der Richtlinie 2011/61/EU festgelegten Aufgaben und Befugnisse oder der durch nationale Rechtsvorschriften übertragenen Befugnisse erforderlich ist. [3]Für die Übermittlung personenbezogener Daten an die zuständigen Stellen durch die Bundesanstalt gilt § 4b des Bundesdatenschutzgesetzes. [4]Personenbezogene Daten, die automatisiert verarbeitet oder in nicht automatisierten Dateien gespeichert sind, sind zu löschen, wenn ihre Kenntnis für die Bundesanstalt zur Erfüllung der in ihrer Zuständigkeit liegenden Aufgaben nicht mehr erforderlich ist, spätestens jedoch nach fünf Jahren.

(2) [1]Mitteilungen der zuständigen Stellen eines anderen Mitgliedstaates der Europäischen Union, eines anderen Vertragsstaates des Abkommens über den Europäischen Wirtschaftsraum oder der Europäischen Wertpapier- und Marktaufsichtsbehörde dürfen nur für folgende Zwecke verwendet werden:

1. **zur Erfüllung der der Bundesanstalt obliegenden Aufgaben,**
2. **für Anordnungen der Bundesanstalt sowie zur Verfolgung und Ahndung von Ordnungswidrigkeiten durch die Bundesanstalt,**
3. **im Rahmen eines Verwaltungsverfahrens über Rechtsbehelfe gegen eine Entscheidung der Bundesanstalt oder**
4. **im Rahmen von Verfahren vor Verwaltungsgerichten, Insolvenzgerichten, Staatsanwaltschaften oder vor Gerichten, die für Straf- und Bußgeldsachen zuständig sind.**

[2]Die Bundesanstalt darf diese Informationen unter Beachtung der Zweckbestimmung der übermittelnden Stelle der Deutschen Bundesbank mitteilen, sofern dies für die Erfüllung der Aufgaben der Deutschen Bundesbank erforderlich ist. [3]Eine anderweitige Verwendung der Informationen ist nur mit Zustimmung der übermittelnden Stelle zulässig.

(3) [1]Die Bundesanstalt übermittelt Informationen an die zuständigen Stellen der anderen Mitgliedstaaten der Europäischen Union oder der anderen Vertragsstaaten des Abkommens über den Europäischen Wirtschaftsraum, die Europäische Wertpapier- und Marktaufsichtsbehörde und den Europäischen Ausschuss für Systemrisiken, soweit dies erforderlich ist, um

1. **die Geschäfte einzelner oder aller AIF-Kapitalverwaltungsgesellschaften, EU-AIF-Verwaltungsgesellschaften oder ausländischen AIF-Verwaltungsgesellschaften zu überwachen und**
2. **auf mögliche Auswirkungen dieser Geschäfte auf die Stabilität systemrelevanter Finanzinstitute und das ordnungsgemäße Funktionieren der Märkte, auf denen diese tätig sind, zu reagieren.**

[2]Der Inhalt der nach Satz 1 auszutauschenden Informationen bestimmt sich nach Artikel 116 der Delegierten Verordnung (EU) Nr. 231/2013.

(4) [1]Die Bundesanstalt übermittelt der Europäischen Wertpapier- und Marktaufsichtsbehörde und dem Europäischen Ausschuss für Systemrisiken zusammengefasste Informationen über die Geschäfte von AIF-Kapitalverwaltungsgesellschaften und ausländischen AIF-Verwaltungsgesellschaften, deren Referenzstaat nach § 56 die Bundesrepublik Deutschland ist. [2]Die Übermittlung erfolgt nach Maßgabe des Artikels 35 der Verordnung (EU) Nr. 1095/2010 des Europäischen Parlaments und des Rates vom 24. November 2010 zur Errichtung einer Europäischen Aufsichtsbehörde (Europäische Wertpapier- und Marktaufsichtsbehörde), zur Änderung des Beschlusses Nr. 716/2009/EG und zur Aufhebung des Beschlusses 2009/77/EG der Kommission (ABl. L 331 vom 15.12.2010, S. 84).

61 *Wülfert* in Baur/Tappen, § 8 KAGB Rz. 13; *Boxberger* in Weitnauer/Boxberger/Anders, § 8 KAGB Rz. 7.
62 *Köndgen* in Berger/Steck/Lübbehüsen, § 5b InvG Rz. 7.

(5) [1]Die Bundesanstalt übermittelt die Informationen, die sie gemäß den §§ 22 und 35 erhoben hat, den zuständigen Stellen anderer Mitgliedstaaten der Europäischen Union oder der anderen Vertragsstaaten des Abkommens über den Europäischen Wirtschaftsraum, der Europäischen Wertpapier- und Marktaufsichtsbehörde und dem Europäischen Ausschuss für Systemrisiken. [2]Sie informiert die Stellen nach Satz 1 auch unverzüglich, wenn von einer AIF-Kapitalverwaltungsgesellschaft, einer ausländischen AIF-Verwaltungsgesellschaft, deren Referenzstaat die Bundesrepublik Deutschland ist, oder einem von diesen verwalteten AIF ein erhebliches Kontrahentenrisiko für ein Kreditinstitut im Sinne des Artikels 4 Absatz 1 Nummer 1 der Verordnung (EU) Nr. 575/2013 oder sonstige systemrelevante Institute in anderen Mitgliedstaaten der Europäischen Union oder anderen Vertragsstaaten des Abkommens über den Europäischen Wirtschaftsraum ausgeht.

(6) [1]Die Bundesanstalt unterrichtet die zuständigen Stellen der anderen Mitgliedstaaten der Europäischen Union oder der anderen Vertragsstaaten des Abkommens über den Europäischen Wirtschaftsraum, in denen die OGAW-Kapitalverwaltungsgesellschaft Zweigniederlassungen errichtet hat oder im Wege des grenzüberschreitenden Dienstleistungsverkehrs tätig ist oder war, über eine Aufhebung der Erlaubnis. [2]Maßnahmen, die in Bezug auf einen inländischen OGAW getroffen wurden, insbesondere eine Anordnung der Aussetzung einer Rücknahme von Anteilen oder Aktien, hat die Bundesanstalt unverzüglich den zuständigen Stellen der anderen Mitgliedstaaten der Europäischen Union oder der anderen Vertragsstaaten des Abkommens über den Europäischen Wirtschaftsraum, in denen jeweils Anteile oder Aktien an einem inländischen OGAW gemäß den Vorschriften der Richtlinie 2009/65/EG vertrieben werden, mitzuteilen. [3]Betrifft die Maßnahme einen inländischen OGAW, der von einer EU-OGAW-Verwaltungsgesellschaft verwaltet wird, hat die Bundesanstalt die Mitteilung nach Satz 2 auch gegenüber den zuständigen Stellen des Herkunftsstaates der EU-OGAW-Verwaltungsgesellschaft abzugeben.

(7) [1]Die Bundesanstalt übermittelt den zuständigen Stellen der Aufnahmemitgliedstaaten einer AIF-Kapitalverwaltungsgesellschaft oder einer ausländischen AIF-Verwaltungsgesellschaft, deren Referenzmitgliedstaat nach § 56 die Bundesrepublik Deutschland ist, eine Abschrift der von ihr gemäß § 58 Absatz 7 Nummer 4, § 317 Absatz 2 Nummer 1 und § 322 Absatz 1 Nummer 1 geschlossenen Vereinbarungen über die Zusammenarbeit. [2]Die Informationen, die die Bundesanstalt auf Grundlage einer geschlossenen Vereinbarung über die Zusammenarbeit oder nach Maßgabe des § 11 Absatz 4 und 5 von zuständigen Stellen eines Drittstaates über die AIF-Kapitalverwaltungsgesellschaft oder die ausländische AIF-Verwaltungsgesellschaft erhalten hat, leitet sie an die zuständigen Stellen der Aufnahmemitgliedstaaten nach Satz 1 weiter. [3]Ist die Bundesanstalt der Auffassung, dass der Inhalt der gemäß den Artikeln 35, 37 oder 40 der Richtlinie 2011/61/EU vom Herkunftsmitgliedstaat einer EU-AIF-Verwaltungsgesellschaft oder einer ausländische AIF-Verwaltungsgesellschaft geschlossenen Vereinbarung über die Zusammenarbeit nicht mit dem übereinstimmt, was nach den auf Grundlage von Artikel 35 Absatz 14, Artikel 37 Absatz 17 und Artikel 40 Absatz 14 der Richtlinie 2011/61/EU von der Europäischen Kommission erlassenen technischen Regulierungsstandards erforderlich ist, kann die Bundesanstalt nach Maßgabe des Artikels 19 der Verordnung (EU) Nr. 1095/2010 die Europäische Wertpapier- und Marktaufsichtsbehörde um Hilfe ersuchen.

(8) [1]Die Bundesanstalt kann Vereinbarungen über die Weitergabe von Informationen mit den zuständigen Stellen in Drittstaaten schließen, soweit diese Stellen die Informationen zur Erfüllung ihrer Aufgaben benötigen. [2]Für die Zwecke der Richtlinie 2011/61/EU kann die Bundesanstalt Daten und Datenauswertungen an zuständige Stellen in Drittstaaten übermitteln, soweit die Voraussetzungen des § 4c des Bundesdatenschutzgesetzes erfüllt sind. [3]Der Drittstaat darf die Daten nicht ohne ausdrückliche schriftliche Zustimmung der Bundesanstalt an andere Drittstaaten weitergeben. [4]Absatz 2 Satz 2 sowie § 9 Absatz 1 Satz 6 bis 8 des Kreditwesengesetzes gelten für die Zwecke der Sätze 1 und 2 entsprechend.

(9) Hat die Bundesanstalt hinreichende Anhaltspunkte für einen Verstoß gegen Bestimmungen der Richtlinie 2009/65/EG durch ein Unternehmen, das nicht ihrer Aufsicht unterliegt, teilt sie dies den zuständigen Stellen des Mitgliedstaates der Europäischen Union oder des Vertragsstaates des Abkommens über den Europäischen Wirtschaftsraum mit, auf dessen Gebiet die vorschriftswidrige Handlung stattfindet oder stattgefunden hat oder der nach dem Recht der Europäischen Union für die Verfolgung des Verstoßes zuständig ist.

(10) Hat die Bundesanstalt hinreichende Anhaltspunkte für einen Verstoß gegen Bestimmungen der Richtlinie 2011/61/EU durch eine AIF-Verwaltungsgesellschaft, die nicht ihrer Aufsicht unterliegt, teilt sie dies der Europäischen Wertpapier- und Marktaufsichtsbehörde und den zuständigen Stellen

des Herkunftsmitgliedstaates und des Aufnahmemitgliedstaates der betreffenden AIF-Verwaltungsgesellschaft mit.

(11) [1]Die Bundesanstalt ergreift ihrerseits geeignete Maßnahmen, wenn sie eine Mitteilung nach Artikel 50 Absatz 5 Satz 1 der Richtlinie 2011/61/EU von einer anderen zuständigen Stelle erhalten hat, und unterrichtet diese Stelle über die Wirkung dieser Maßnahmen und so weit wie möglich über wesentliche zwischenzeitlich eingetretene Entwicklungen. [2]Im Fall von Mitteilungen in Bezug auf eine AIF-Verwaltungsgesellschaft unterrichtet sie auch die Europäische Wertpapier- und Marktaufsichtsbehörde. [3]Die Bundesanstalt teilt den zuständigen Stellen eines Aufnahmemitgliedstaates einer OGAW-Kapitalverwaltungsgesellschaft auch Maßnahmen mit, die sie ergreifen wird, um Verstöße der OGAW-Kapitalverwaltungsgesellschaft gegen Rechtsvorschriften des Aufnahmemitgliedstaates zu beenden, über die sie durch die zuständigen Stellen des Aufnahmemitgliedstaates unterrichtet worden ist.

(12) [1]Das nähere Verfahren für den Informationsaustausch richtet sich nach den Artikeln 12 und 13 der Verordnung (EU) Nr. 584/2010 der Kommission vom 1. Juli 2010 zur Durchführung der Richtlinie 2009/65/EG des Europäischen Parlaments und des Rates im Hinblick auf Form und Inhalt des Standardmodells für das Anzeigeschreiben und die OGAW-Bescheinigung, die Nutzung elektronischer Kommunikationsmittel durch die zuständigen Behörden für die Anzeige und die Verfahren für Überprüfungen vor Ort und Ermittlungen sowie für den Informationsaustausch zwischen zuständigen Behörden (ABl. L 176 vom 10.7.2010, S. 16). [2]Die Verfahren für die Koordinierung und den Informationsaustausch zwischen der zuständigen Behörde des Herkunftsmitgliedstaates und den zuständigen Behörden der Aufnahmemitgliedstaaten der AIF-Verwaltungsgesellschaft bestimmen sich nach den auf Grundlage von Artikel 50 Absatz 6 der Richtlinie 2011/61/EU von der Europäischen Kommission erlassenen technischen Durchführungsstandards. [3]Der Mindestinhalt der in der gemäß § 58 Absatz 7 Nummer 4, § 317 Absatz 2 Nummer 1 und § 322 Absatz 1 Nummer 1 geschlossenen Vereinbarungen über Zusammenarbeit bestimmt sich nach den auf Grundlage von Artikel 35 Absatz 14, Artikel 37 Absatz 17 und Artikel 40 Absatz 14 der Richtlinie 2011/61/EU von der Europäischen Kommission erlassenen technischen Regulierungsstandards.

[(Geplante Anfügung:) (13) [1]Hat die Bundesanstalt hinreichende Anhaltspunkte für einen Verstoß gegen die Artikel 6 bis 27 der Verordnung (EU) 2017/2402, so unterrichtet sie die gemäß dieser Verordnung zuständigen Stellen entsprechend. [2]Handelt es sich dabei um eine unrichtige oder irreführende Meldung im Sinne des Artikels 27 Absatz 1 dieser Verordnung, unterrichtet die Bundesanstalt unverzüglich die zuständige Behörde der insoweit gemäß Artikel 27 Absatz 1 der Verordnung (EU) 2017/2402 benannten ersten Anlaufstelle. [3]Wird die Bundesanstalt als zuständige Stelle über einen möglichen Verstoß gegen die Artikel 6 bis 27 der Verordnung (EU) 2017/2402 informiert, handelt sie unter Beachtung des Verfahrens nach Artikel 36 Absatz 6 dieser Verordnung.]

In der Fassung vom 4.7.2013 (BGBl. I 2013, S. 1981), zuletzt geändert durch das Erste Finanzmarktnovellierungsgesetz (1. FiMaNoG) vom 30.6.2016 (BGBl. I 2016, S. 1514). Geplant ist eine Änderung des Abs. 1 Satz 3 und des Abs. 8 Satz 2 durch das Zweite Gesetz zur Anpassung des Datenschutzrechts an die Verordnung (EU) 2016/679 (RegE, BT-Drucks. 19/4674, s. Rz. 8, 27) sowie die Anfügung eines neuen Abs. 13 durch das Gesetz zur Anpassung von Finanzmarktgesetzen an die Verordnung (EU) 2017/2402 und an die durch die Verordnung (EU) 2017/2401 geänderte Verordnung (EU) Nr. 575/2013 (RegE, BT-Drucks. 19/4460, s. Rz. 41).

Schrifttum: *Calliess/Ruffert*, EUV/AUEV Kommentar, 5. Aufl. 2016; *Grieser/Heemann*, Europäisches Bankaufsichtsrecht, 2015; *Hartig*, Die Befugnisse von EZB und ESRB auf dem Gebiet der Finanzsystemstabilität, EuZW 2012, 775; *Kindhäuser/Neumann/Paeffgen*, Strafgesetzbuch, 5. Aufl. 2017; *Kopp/Ramsauer*, Verwaltungsverfahrensgesetz, 18. Aufl. 2017; *Maunz/Dürig*, Grundgesetz, 81. Aufl. 2017; *Müller*, Die Verschwiegenheitspflicht im öffentlichen Dienst, öAT 2012, 102; *Schulze*, Bürgerliches Gesetzbuch, 9. Aufl. 2017; *Sodan/Ziekow*, Verwaltungsgerichtsordnung, 4. Aufl. 2014; *Spindler/Tancredi*, Die Richtlinie über Alternative Investmentfonds (AIFM-Richtlinie), WM 2011, 1441; *Stelkens/Bonk/Sachs*, Verwaltungsverfahrensgesetz, 9. Aufl. 2018; *Walla*, Die Europäische Wertpapier- und Marktaufsichtsbehörde (ESMA) als Akteur bei der Regulierung der Kapitalmärkte Europas – Grundlagen, erste Erfahrungen und Ausblick, BKR 2012, 265; *Wettner*, Amtshilfe im europäischen Verwaltungsrecht, 2005; *Zetzsche/Eckner* in Gebauer/Teichmann, Enzyklopädie Europarecht, Band 6, § 7, 2016.

I. Inhalt der Norm

§§ 9 bis 13 KAGB befassen sich mit der Behördenzusammenarbeit. ESMA hat sich mit der Intensität der Inanspruchnahme der dadurch umgesetzten Art. 35, 37 und 40 AIFMD in ihrer Stellungnahme vom 30.7.2015 befasst.[1] 1

Dabei regelt § 9 KAGB den **Auskunfts- und Informationsaustausch** der BaFin mit anderen Behörden des EWR und mit bestimmten Drittlandsbehörden. Erfasst sind die Übermittlung von Auskünften und Informationen. Ausdrücklich benannt sind ESMA,[2] ESRB[3] und die national zuständigen Behörden des EWR.[4] **Drittlandsbehörden** sind dann betroffen, wenn die Bundesrepublik Referenzstaat i.S.v. § 56 KAGB ist.

§ 9 Abs. 1 KAGB regelt allgemein die Voraussetzungen und Modi **der Zusammenarbeit bei der Übermittlung von Auskünften und Informationen** unter besonderer Beachtung des Datenschutzrechts. § 9 Abs. 2 KAGB schränkt die mögliche Verwendung von Mitteilungen der Behörden anderer Mitgliedstaaten durch **ausdrückliche Zweckbindung** ein. § 9 Abs. 3 KAGB ordnet eine **Pflicht der BaFin zur Übermittlung** von Informationen an die Behörden anderer Mitgliedstaaten, ESMA und ESRB zum Zwecke der Marktaufsicht an. § 9 Abs. 4 KAGB begründet die Pflicht der BaFin zur Übermittlung zusammengefasster Informationen an ESMA und ESRB über Geschäfte, deren Referenzstaat (vgl. § 56 KAGB) die Bundesrepublik ist. § 9 Abs. 5 KAGB verpflichtet die BaFin zur Übermittlung der Informationen, die sie im Rahmen des Erlaubnisverfahrens (§ 22 KAGB) oder im Rahmen der Meldepflichten der AIF-Verwaltungsgesellschaften (§ 35 KAGB) erhoben hat. § 9 Abs. 6 KAGB begründet die Pflicht der BaFin, die zuständigen EWR-Behörden darüber zu unterrichten, wenn sie die Erlaubnis von OGAW-Verwaltungsgesellschaften aufhebt oder Maßnahmen in Bezug auf die jeweiligen OGAW ergreift. § 9 Abs. 7 KAGB verpflichtet die BaFin, ihre Zusammenarbeitsvereinbarungen als Referenzstaatsbehörde mit Drittstaaten und darauf gründende Informationen an die Aufnahmestaatsbehörde zu übermitteln. § 9 Abs. 8 KAGB ermöglicht der BaFin die Informationsweitergabe an Drittstaatenstellen und regelt die Voraussetzungen der Weitergabe. § 9 Abs. 9 und 10 2

1 ESMA's opinion to the European Parliament, Council and Commission and responses to the call for evidence on the functioning of the AIFMD EU passport and of the National Private Placement Regimes.

2 Verordnung (EU) Nr. 1095/2010 des Europäischen Parlaments und des Rates vom 24.11.2010 zur Errichtung einer Europäischen Aufsichtsbehörde (Europäische Wertpapier- und Marktaufsichtsbehörde), zur Änderung des Beschlusses Nr. 716/2009/EG und zur Aufhebung des Beschlusses 2009/77/EG der Kommission, ABl. EU Nr. L 331 v. 15.12.2010, S. 84; *Walla*, BKR 2012, 265; *Zetzsche/Eckner* in Gebauer/Teichmann, Enzyklopädie Europarecht, Band 6, § 7 Rz. 92 ff.

3 Verordnung (EU) Nr. 1092/2010 des Europäischen Parlaments und des Rates vom 24.11.2010 über die Finanzaufsicht der Europäischen Union auf Makroebene und zur Errichtung eines Europäischen Ausschusses für Systemrisiken, ABl. EU Nr. L 331 v. 15.12.2010, S. 1; *Hartig*, EuZW 2012, 775; *Zetzsche/Eckner* in Gebauer/Teichmann, Enzyklopädie Europarecht, Band 6, § 7 Rz. 92 ff.

4 ESMA: Overview of national competent authorities by legislative act, https://www.esma.europa.eu/document/overview-national-competent-authorities-legislative-act (letzter Stand: 03.9.2018); *Zetzsche/Eckner* in Gebauer/Teichmann, Enzyklopädie Europarecht, Band 6, § 7 Rz. 113 ff.

KAGB begründen eine Mitteilungspflicht der BaFin gegenüber den im Aufnahmestaat zuständigen Behörden über Verstöße gegen nationale RL-Umsetzungen. § 9 Abs. 11 KAGB verpflichtet die BaFin Maßnahmen zu ergreifen, wenn sie über Mitteilungen von EWR-Behörden über Verstöße gegen RL-Umsetzungen in ihrem Zuständigkeitsbereich erhält und begründet Unterrichtungspflichten gegenüber den mitteilenden Behörden. § 9 Abs. 12 KAGB regelt den Modus des Informationsaustauschs nach Abs. 1 bis 11.

3 Insgesamt befasst sich die Vorschrift ausschließlich mit der **Kommunikation unter Behörden** und begründet keine Verpflichtungen der KVGen. Gleichwohl stehen den KVGen **Rechtsmittel** gegen das Anliegen der jeweiligen Behörde zur Verfügung. Hier kommt eine allgemeine Leistungsklage in Betracht, der nach herrschender Meinung eine weitgehende Auffangfunktion[5] zukommt. Soweit Verfahrenshandlungen europäischer Behörden betroffen sind, wäre die Nichtigkeitsklage gem. Art. 263 AEUV[6] zulässig. Soweit es sich um Verfahrenshandlungen von Behörden außerhalb der Bundesrepublik handelt, die keine europäischen Behörden sind, richten sich die Rechtsmittel nach dem jeweiligen nationalen Recht.[7]

II. Verortung in der AIFMD und OGAW IV-RL sowie Verortung im InvG a.F. sowie anderen Gesetzen

4 Hinsichtlich der OGAW IV-RL setzt § 9 KAGB Art. 101 Abs. 1, 3 und 9, 102 Abs. 3 Satz 1–3, 105 und 108 Abs. 2 um. Hinsichtlich der AIFMD werden durch die Vorschrift Art. 25 Abs. 2, 35 Abs. 14, 37 Abs. 17, 40 Abs. 14 umgesetzt.

5 Die Vorschrift setzt § 19 Abs. 1 Satz 1–3, Abs. 2, Abs. 4 Satz 1 und 2, Abs. 5 Satz 1 und 2 InvG a.F. fort und schließt auch § 142 Abs. 1 InvG a.F. ein.[8]

III. Die Tatbestandsmerkmale im Einzelnen

6 Die Zusammenarbeit zwischen den Behörden erfolgt in einem ständigen **Informationsaustausch**, in **gegenseitigen Konsultationen**, gemeinsamen **Besprechungen** und **anderen Formen des Verwaltungshandelns**. Da es in der Norm im Wesentlichen um die Weitergabe von Informationen an andere Behörden geht, muss die Vorschrift im System der Verschwiegenheitspflichten nach § 9 KWG und § 30 VwVfG[9] gesehen werden. Die Vorschrift des KWG verbietet den Beschäftigten der BaFin die unbefugte[10] Offenbarung und Verwertung von Informationen. Die ausdrückliche und tatbestandsgebundene Ermächtigung zur Weitergabe von Informationen durch die BaFin begründet eine „Befugnis" zur Weitergabe und schränkt die Verschwiegenheitspflicht insoweit ein. Im **Einzelfall ist** daher **zu prüfen**, ob die tatbestandlichen Voraussetzungen der Ermächtigungen nach § 9 KAGB vorliegen. Nur in diesen Fällen sind die Beschäftigten der BaFin **von ihrer Verschwiegenheitspflicht befreit** und **zur Weitergabe von Informationen an andere Stellen berechtigt**. Die Prüfung der Frage ist – abgesehen von der grundsätzlichen Behördenpflicht, beim Verwaltungshandeln die Gesetze zu beachten[11] – deshalb von besonderer Bedeutung, weil die Verletzung der Verschwiegenheitspflicht zum einen strafrechtliche Sanktionen, soweit etwa die Strafbarkeitsvoraussetzungen der §§ 203 StGB (Verletzung von Privatgeheimnissen)[12] und 204 StGB (Verwertung fremder Geheimnisse)[13] erfüllt sind, begründen und zum anderen zivilrechtliche Haftung, etwa aus Delikt[14] oder aus Staatshaftung,[15] nach sich ziehen können. Der in der Vorschrift häufig vorkommende Verweis auf datenschutzrechtliche Regelungen, etwa in § 9 Abs. 1 Satz 3 und Abs. 8 Satz 2 KAGB, ist entbehrlich. Die BaFin wäre auch ohne eine derartige Bezugnahme zur Beachtung datenschutzrechtlicher Vorschriften verpflichtet.

5 *Sodan* in Sodan/Ziekow, § 42 VwGO Rz. 39.
6 *Cremer* in Calliess/Ruffert, Art. 263 AEUV Rz. 10.
7 *Manger-Nestler* in Grieser/Heemann, Europäisches Bankaufsichtsrecht, S. 173.
8 Begr. RegE, BT-Drucks. 17/12294, 207.
9 Diese allgemeinere Norm wird vom spezielleren § 9 KWG nicht berührt, vgl. etwa *Kopp/Ramsauer*, § 30 VwVfG Rz. 6.
10 Zur Befugnis etwa *Becker* in Reischauer/Kleinhans, § 9 KWG Rz. 18.
11 Vorrang des Gesetzes verankert in Art. 20 Abs. 3 GG, vgl. *Grzeszick* in Maunz/Dürig, Art. 20 GG Rz. 73.
12 Vgl. *Kargl* in Kindhäuser/Neumann/Paeffgen, § 203 StGB Rz. 1 ff.; *Beck* in Schwark/Zimmer, § 8 WpHG Rz. 30.
13 Vgl. *Kargl* in Kindhäuser/Neumann/Paeffgen, § 204 StGB Rz. 1 ff.; *Beck* in Schwark/Zimmer, § 8 WpHG Rz. 30.
14 Vgl. *Müller*, öAT 2012, 102; *Beck* in Schwark/Zimmer, § 8 WpHG Rz. 29.
15 Vgl. *Staudinger* in Schulze, § 839 BGB Rz. 12; *Beck* in Schwark/Zimmer, § 8 WpHG Rz. 29.

1. Informationsübermittlung (§ 9 Abs. 1 KAGB)

a) Verpflichtung zur Zusammenarbeit

§ 9 Abs. 1 KAGB verlangt eine **enge Zusammenarbeit** zwischen BaFin, ESMA, dem ESRB sowie den zuständigen Stellen der EWR-Staaten zur Übermittlung der erforderlichen Auskünfte und Informationen, soweit diese zur Wahrnehmung der in OGAW IV-RL und AIFMD festgelegten Aufgaben und Befugnisse oder der durch nationale Rechtsvorschriften übertragenen Befugnisse erforderlich sind. Dem Wortlaut der Norm ist **nicht zu entnehmen**, ob die nationalen Rechtsvorschriften am Sitz der Übermittlungsbehörden oder inländische Rechtsvorschriften gemeint sind. Die Systematik spricht dafür, sowohl die inländischen, als auch die Vorschriften am Sitz der Übermittlungsbehörde anzuwenden. Es wird vertreten, dass der BaFin kein Ermessen über die Zusammenarbeit mit den anderen Stellen zustünde; sie sei zur Zusammenarbeit verpflichtet.[16] Dem ist entgegenzuhalten, dass der Einschub des „wenn" gerade auf eine **Ermessensgrenze**[17] hindeutet. Interessant ist hier die Frage, wer über Ausfüllung der Ermessensgrenze – also über die Erforderlichkeit nach europäischem oder nationalem Recht der Mitgliedstaaten – entscheidet. Mangels anderer Zuständigkeiten dürfte das die BaFin und mangels anderer gerichtlicher Zuweisung zunächst die deutsche Verwaltungsgerichtsbarkeit sein. Soweit über die **Auslegung europäischen Rechts** zu entscheiden wäre, könnten die Instanzgerichte, also das VG Frankfurt/M. und der Hessische Verwaltungsgerichtshof nach Art. 267 Abs. 2 AEUV[18] vorlegen; das BVerwG wäre nach Art. 267 Abs. 3 AEUV[19] zur Durchführung des Vorabentscheidungsverfahrens vor dem EuGH verpflichtet. Die Einbeziehung des ESRB ist in Art. 25 AIFMD angeordnet und trägt dem Erfordernis der Überwachung von Schattenbank-Risiken Rechnung.[20] 7

b) Weitergabe von Informationen

Soweit es sich bei den Auskünften und Informationen um **personenbezogene Daten** handelt, ordnet § 9 Abs. 1 Satz 3 KAGB die Anwendung von § 4b BDSG an. Durch die Änderung des BDSG ist § 4b weggefallen.[21] Inhaltlich befindet sich die Regelung jetzt im neuen § 85 BDSG. Bei diesem Verweis auf eine Vorschrift des BDSG handelt es sich um einen sog. **„deklaratorischen Verweis"**, also einen Hinweis auf andere Vorschriften, welche ohnehin nach der geltenden Rechtslage beachtet werden müssen. Sie fügen dem geltenden Recht nichts hinzu, sondern informieren nur über vorhandene Vorschriften, machen sie leichter auffindbar und sind in aller Regel entbehrlich.[22] Das BMJV ist der Auffassung, dass eine gerechtfertigte deklaratorische Verweisung bei der Formulierung deutlich machen sollte, dass es sich um eine **zusätzliche Information** und nicht etwa um eine Geltungsanordnung handelt; Formulierungen mit „gelten" sollten deshalb vermieden werden. Hiergegen verstößt der Wortlaut von § 9 Abs. 1 Satz 3 KAGB. Diese Verweistechnik mag daraus verständlich sein, dass auch das umgesetzte Richtlinienrecht, hier etwa Art. 51 AIFMD unter Verweis auf die Datenschutz-RL 95/46/EG auf obsoletes Recht verweist. Das Verweisrecht ist durch die DSGVO[23] sowie die Novellierung des BDSG[24] weggefallen. Inhaltlich ist dies jedenfalls überflüssig. 8

Über den Verweis auf die obsolete Bestimmung des BDSG hinaus enthält § 9 Abs. 1 Satz 3 KAGB die Anforderung, dass eine Speicherung der personenbezogenen Daten durch die BaFin nur zulässig ist, soweit es für die Erledigung der Aufgaben erforderlich ist, höchstens aber für fünf Jahre. Die Fünfjahresfrist stammt aus Art. 51 Abs. 2 AIFMD. 9

2. Verwendung von Mitteilungen von anderen Stellen (§ 9 Abs. 2 KAGB)

§ 9 Abs. 2 KAGB legt fest, zu welchen – ausschließlichen – **Zwecken** die BaFin Mitteilungen, die sie von anderen zuständigen Stellen erhalten hat, verwenden darf. Die Vorschrift ist annähernd wortgleich mit § 19 Abs. 1 Satz 3 InvG a.F. § 9 Abs. 2 Satz 1 Nr. 1–3 KAGB erfüllen mit der **Aufgabenwahrnehmung** (Nr. 1), 10

---

16 *Kunschke/Machhausen* in Dornseifer/Jesch/Klebeck/Tollmann, Art. 50 AIFM-RL Rz. 4; *Zetzsche/Eckner* in Gebauer/Teichmann, Enzyklopädie Europarecht, Band 6, § 7 Rz. 115 ff.

17 Zu den Ermessensgrenzen *Sachs* in Stelkens/Bonk/Sachs, § 40 VwVfG Rz. 53 ff.

18 *Wegener* in Calliess/Ruffert, Art. 267 AEUV Rz. 19.

19 *Wegener* in Calliess/Ruffert, Art. 267 AEUV Rz. 27.

20 ESRB, Paper No. 10 (Juli 2016), „Assessing Shadow Banking – Non – Bank Financial Intermediation in Europe, https://www.esrb.europa.eu/pub/pdf/occasional/20160727_occasional_paper_10.en.pdf (letzter Stand: 3.9.2018).

21 Begr. RegE, BT-Drucks. 18/11325, 121.

22 Bundesministerium der Justiz und für Verbraucherschutz (Hrsg.), 3. Aufl., http://hdr.bmj.de (letzter Stand: 3.9.2018), Rz. 230.

23 Verordnung (EU) 2016/679 des Europäischen Parlaments und des Rates vom 27.4.2016 zum Schutz natürlicher Personen bei der Verarbeitung personenbezogener Daten, zum freien Datenverkehr und zur Aufhebung der Richtlinie 95/46/EG (Datenschutz-Grundverordnung), ABl. EU Nr. L 119 v. 4.5.2016, S. 1.

24 BGBl. I 2017, S. 2097.

den **Anordnungen der BaFin sowie der Verfolgung und Ahndung von Ordnungswidrigkeiten** (Nr. 2) und der **Verwendung im Rahmen eines Verwaltungsverfahrens über Rechtsbehelfe gegen eine Entscheidung der BaFin** (Nr. 3) Zwecke innerhalb des unmittelbaren Zuständigkeitsbereichs der BaFin. § 9 Abs. 2 Satz 1 Nr. 4 KAGB geht darüber hinaus und ermächtigt zur **Verwendung der Mitteilung in Verfahren vor Verwaltungsgerichten, Insolvenzgerichten, Staatsanwaltschaften oder vor Gerichten, die für Straf- und Bußgeldsachen zuständig sind.** In der Literatur wird vertreten, dass die Weitergabe von Informationen an Finanzbehörden unzulässig sei.[25] Da die Steuerfahndungsstellen ebenfalls nicht ausdrücklich benannt sind, kommt eine Weitergabe von Mitteilungen einer Steuerbehörde, etwa im Rahmen eines Verdachts der Steuerhinterziehung, nur durch Weitergabe an eine Staatsanwaltschaft in Betracht, die die Unterlagen einer Finanzbehörde weitergeben könnte.

11 § 9 Abs. 2 Satz 2 KAGB erlaubt unter Beachtung der Zweckbestimmung eine **Weitergabe der Mitteilungen an die Deutsche Bundesbank**, soweit dies für die Erfüllung von Aufgaben der Bundesbank notwendig ist.[26] Unklar ist die Regierungsbegründung, die die Zweckbestimmung auf die für die Finanzstabilität maßgeblichen Sachverhalte zu beschränken scheint. Jedenfalls ihrem Wortlaut nach erlaubt die Vorschrift die Weitergabe von Mitteilungen zu jedem Zweck, der von den Aufgaben der Bundesbank gedeckt ist.

12 Eine **sonstige Verwendung** der Mitteilungen ist nach § 9 Abs. 2 Satz 3 KAGB nur mit Zustimmung der – ausländischen – übermittelnden Stelle zulässig. Die Zustimmung bedarf einer Prüfung nach Maßgabe der für die übermittelnde Stelle anwendbaren Vorschriften.[27] Interessant ist hier, dass die Weitergabe der Information nach § 9 Abs. 2 Satz 3 KAGB dem Erfordernis der doppelten Ermächtigung[28] ausgesetzt ist.

3. Weiterleitung systemrelevanter Informationen (§ 9 Abs. 3 KAGB)

a) Systemische Marktaufsicht

13 Nach § 9 Abs. 3 KAGB ist **die Weitergabe von Informationen an die zuständigen Stellen der anderen Mitgliedstaaten, an die ESMA und den ESRB** im Rahmen des nach § 9 Abs. 3 Satz 1 Nr. 1 und 2 KAGB Erforderlichen zulässig. Die Maßstäbe hierfür sind die Überwachung von und die Reaktion auf potentielle Auswirkungen der AIFM auf die Finanzstabilität. § 9 Abs. 3 Satz 1 Nr. 1 KAGB bezieht sich auf die Erfordernisse der **Überwachung der Geschäfte** einzelner oder aller AIF-Kapitalverwaltungsgesellschaften, EU-AIF-Verwaltungsgesellschaften oder ausländischer AIF-Verwaltungsgesellschaften; § 9 Abs. 3 Satz 1 Nr. 2 KAGB begrenzt die Notwendigkeit der Weitergabe darauf, auf mögliche **Auswirkungen dieser Geschäfte auf die Stabilität systemrelevanter Finanzinstitute** und das **ordnungsgemäße Funktionieren der Märkte**, auf denen diese tätig sind, zu reagieren. Die Auslegung dieser Tatbestandsmerkmale fällt schwer. Zwar bezwecken sie ihren Wortlaut nach die Stabilität von Finanzinstituten und die Funktionsfähigkeit der Finanzmärkte.[29] Jedoch sind beide Tatbestandsmerkmale nicht legal definiert, auch lässt die Systematik kein Auslegungskriterium erkennen. Damit dürfte sich die Ermächtigungsgrundlage nur am Rande dessen bewegen, was der Bestimmtheitsgrundsatz, Art. 20 Abs. 3 GG, verlangt.

b) Weiterzuleitende Informationen

aa) Vorgaben des Art. 116 Delegierte Verordnung (EU) Nr. 231/2013

14 Der mögliche Inhalt der nach § 9 Abs. 3 Satz 1 KAGB auszutauschenden Informationen richtet sich nach Art. 116 der Delegierten Verordnung (EU) Nr. 231/2013 der Kommission vom 19.12.2012 zur Ergänzung der Richtlinie 2011/61/EU des Europäischen Parlaments und des Rates im Hinblick auf **Ausnahmen, die Bedingungen für die Ausübung der Tätigkeit, Verwahrstellen, Hebelfinanzierung, Transparenz und Beaufsichtigung.** Hiernach sind Informationen mit Bedeutung für die Überwachung von Geschäften von AIF-Kapitalverwaltungsgesellschaften mit systemrelevanten Auswirkungen (Art. 116 lit. a VO [EU] Nr. 231/2013), solche mit Bedeutung für die Überwachung von Systemrisiken (Art. 116 lit. b VO [EU] Nr. 231/2013) und die Auswertung dieser Informationen (Art. 116 lit. c VO [EU] Nr. 231/2013) zu übermitteln. Der Mehrwert von § 9 Abs. 3 Satz 2 KAGB, gegenüber dem direkt anwendbaren Art. 116 lit. a VO EU Nr. 231/2013 lässt sich, von einer Hinweisfunktion abgesehen, nicht erkennen.

---

25 *Distler* in Emde/Dreibus/Dornseifer/Hölscher, § 19 InvG Rz. 15.

26 Begr. RegE, BT-Drucks. 17/12294, 207.

27 *Wettner*, Amtshilfe im europäischen Verwaltungsrecht, passim; zur Beachtung des individualschützenden Ordre Public *Wettner*, S. 371 ff.

28 *Wettner*, Amtshilfe im europäischen Verwaltungsrecht, S. 334.

29 *Kunschke/Machhausen* in Dornseifer/Jesch/Klebeck/Tollmann, Art. 53 AIFM-RL Rz. 2; *Schneider* in Baur/Tappen, § 9 KAGB Rz. 14; zum Risk Reporting etwa *Dornseifer* in Zetzsche, The Alternative Investment Fund Managers Directive, S. 627-641.

bb) Systemrelevanz

§ 9 Abs. 3 Satz 1 Nr. 2 KAGB verwendet die Begriffe **„Stabilität systemrelevanter Finanzinstitute“** und **„ordnungsgemäßes Funktionieren der Märkte“**. Während das erstgenannte Tatbestandsmerkmal, wenn auch nicht in der AIFMD mit den Teilbegriffen „systemrelevant“[30] und „Finanzinstitut“[31] europarechtlich legal definiert wird, findet sich für das zweite Tatbestandsmerkmal – „ordnungsgemäßes Funktionieren der Märkte“ – keine Legaldefinition.[32] 15

4. Übermittlung von Informationen an ESMA und ESRB (§ 9 Abs. 4 KAGB)

§ 9 Abs. 4 KAGB setzt Art. 53 Abs. 2 AIFMD um und regelt die Übermittlung von Informationen **durch die BaFin an die ESMA und den ESRB**. Gegenstand der Information sind Geschäfte von AIF-Kapitalverwaltungsgesellschaften und ausländischen AIF-Verwaltungsgesellschaften deren Referenzstaat, gem. § 56 KAGB, die Bundesrepublik ist. 16

Die Übermittlung an die ESMA und den ESRB erfolgt gem. Art. 35 VO (EU) Nr. 1095/2010 ohne Ermessen der BaFin. Nach Art. 35 Abs. 1 VO (EU) Nr. 1095/2010 muss der Informationsübermittlung ein **Ersuchen der ESMA** zugrunde liegen, das aber, nach Art. 35 Abs. 2 VO (EU) Nr. 1095/2010, auch durch die Festlegung einer regelmäßigen Berichtsperiode und eines einheitlichen Berichterstattungsformats erfolgen kann.[33] 17

5. Informationsweitergabe an die zuständigen Stellen anderer Mitgliedstaaten oder anderer EWR-Staaten, die ESMA und den ESRB (§ 9 Abs. 5 KAGB)

§ 9 Abs. 5 KAGB setzt Art. 25 Abs. 2 AIFMD um und regelt die Übermittlung bestimmter Informationen, die **durch die BaFin** erhoben und **an die zuständigen Stellen anderer Mitgliedstaaten oder anderer EWR-Staaten sowie ESMA und ESRB** weitergegeben werden müssen. Bei den zu übermittelnden Informationen handelt es sich um solche, die im Rahmen des Erlaubnisverfahrens nach § 22 KAGB, oder aufgrund der Meldepflichten von AIF – Verwaltungsgesellschaften gem. § 35 KAGB erhoben wurden.[34] 18

Beteiligt werden an diesem Informationsaustausch neben der ESMA und dem ESRB in erster Linie die zuständigen Stellen im Herkunfts- und Aufnahmemitgliedstaat. Die Verknüpfung ergibt sich aus der Zulassung und dem Sitz von AIF im Herkunftsstaat gem. § 1 Abs. 19 Nr. 18, 20 KAGB und aus der Verwaltung und dem Vertrieb von EU-AIF durch EU-AIF im Aufnahmestaat gem. § 1 Abs. 19 Nr. 4 lit. a und b KAGB. Das Verfahren des Informationsaustauschs richtet sich nach § 9 Abs. 1 KAGB, der nach seinem Wortlaut jedoch lediglich die Zusammenarbeit der BaFin mit den zuständigen Stellen der anderen Mitgliedstaaten bestimmt. Das Verfahren zur Informationsübermittlung an die übrigen, nicht unmittelbar eingebundenen Aufsichtsbehörden ist noch nicht spezifiziert.[35] 19

Nach § 9 Abs. 2 Satz 2 KAGB hat die BaFin die genannten Stellen auch unverzüglich über ein „erhebliches Kontrahentenrisiko“ zu informieren, das von einer AIF-Kapitalverwaltungsgesellschaft, einer ausländischen AIF-Verwaltungsgesellschaft, deren Referenzstaat die Bundesrepublik Deutschland ist, oder einem von diesen verwalteten AIF für ein Kreditinstitut oder sonstige systemrelevante Institute in anderen EWR-Staaten ausgeht. Es fehlt bislang an einer Bestimmung des Begriffs „sonstiges systemrelevantes Institut“ und auch an einer Bemessungsgrundlage für ein „erhebliches Kontrahentenrisiko“. Proaktiv ließen sich für die Bestimmung des „sonstigen systemrelevanten Instituts die Maßstäbe der von der Europäischen Kommission vorgeschlagenen Beaufsichtigung bedeutender Wertpapierfirmen zugrunde legen.[36] Für das „erhebliche 20

30 Art. 131 der Richtlinie 2013/36/EU des Europäischen Parlaments und des Rates vom 26.6.2013 über den Zugang zur Tätigkeit von Kreditinstituten und die Beaufsichtigung von Kreditinstituten und Wertpapierfirmen, zur Änderung der Richtlinie 2002/87/EG und zur Aufhebung der Richtlinien 2006/48/EG und 2006/49/EG Text von Bedeutung für den EWR, ABl. EU Nr. L 176 v. 27.6.2013, S. 338.

31 Art. 4 Abs. 1 Nr. 26 der Verordnung (EU) Nr. 575/2013 des Europäischen Parlaments und des Rates vom 26.6.2013 über Aufsichtsanforderungen an Kreditinstitute und Wertpapierfirmen und zur Änderung der Verordnung (EU) Nr. 646/2012, ABl. EU Nr. L 176 v. 27.6.2013, S. 1.

32 Zu diesem Befund schon *Kunschke/Machhausen* in Dornseifer/Jesch/Klebeck/Tollmann, Art. 53 AIFM-RL Rz. 5.

33 Zu Standardisierungsbemühungen der ESMA im Hinblick auf diese Informationsübermittlung s. European Securities and Markets Authority, Guidelines on reporting obligations under Article3(3)(d) and 24(1), (2) and (4) of the AIFMD, 8.8.2014, ESMA/2014/869, S. 4 f.

34 Art. 25 AIFMD nimmt entsprechend Art. 7 und Art. 24 in Bezug.

35 Entsprechender Hinweis auch bei *Dornseifer* in Dornseifer/Jesch/Klebeck/Tollmann, Art. 25 AIFM-RL Rz. 39.

36 Vorschlag für eine Richtlinie des Europäischen Parlaments und des Rates über die Beaufsichtigung von Wertpapierfirmen und zur Änderung der Richtlinien 2013/36/EU und 2014/65/EU, COM (2017) 791 final, 20.12.2017.

Kontrahentenrisiko" könnte man die Begriffsbestimmung des Großkredits nach Art. 392 CRR heranziehen, da die Kontrahenten des Risikos ja auch Kreditinstitute i.S.v. Art. 4 Abs. 1 Nr. 1 CRR wären, für die Art. 392 CRR unmittelbare Anwendung finden würde.

6. Informationsweitergabe (§ 9 Abs. 6 KAGB)

21 § 9 Abs. 6 KAGB regelt die **Informationsweitergabe im Hinblick auf OGAW-Kapitalverwaltungsgesellschaften**, § 1 Abs. 15 KAGB. § 9 Abs. 6 KAGB übernimmt mit redaktionellen Anpassungen aufgrund der in § 1 KAGB enthaltenen Begriffsbestimmungen den Wortlaut von § 19 Abs. 2 InvG a.F.[37] Dieser setzte Art. 109 Abs. 2 OGAW IV-RL um. Danach hat die BaFin die im EWR zuständigen Aufsichtsbehörden über einen Entzug der Erlaubnis einer OGAW-Kapitalverwaltungsgesellschaft, die im EWR Zweigniederlassungen errichtet hat oder dort im Wege des grenzüberschreitenden Dienstleistungsverkehrs tätig ist, zu informieren. Diese Mitteilungspflicht gilt auch für entsprechende Maßnahmen gegenüber einer Investmentaktiengesellschaft (§ 9 Abs. 6 Satz 2 KAGB). Für den Fall, dass der betroffene inländische OGAW von einer EU-OGAW-Verwaltungsgesellschaft verwaltet wird, werden in den Adressatenkreis für eine solche Mitteilung auch die zuständigen Stellen des Herkunftsstaats einbezogen (§ 9 Abs. 6 Satz 3 KAGB). Interessant ist hier, dass eine entsprechende **Verpflichtung zur Informationsweitergabe in Bezug auf AIF-Kapitalverwaltungsgesellschaften nicht besteht.** Für das Fehlen einer solchen Pflicht gibt es keine Begründung, mit Ausnahme der Tatsache, dass die AIFMD keine Parallelvorschrift zu Art. 109 OGAW IV-RL kennt.

22 Die Mitteilungspflicht nach § 9 Abs. 6 KAGB **korreliert** mit der Mitteilungspflicht über die Absicht, im Wege des Europäischen Passes Zweigniederlassungen zu errichten oder grenzüberschreitende Dienstleistungen zu erbringen, § 49 KAGB. Dass die Aufnahmestaatsaufsicht trotz der Beschränkung der Residualaufsichtsfunktion so eng in die Beaufsichtigung einbezogen wird, kann damit gerechtfertigt werden, dass die Aufnahmestaatsaufsicht gegebenenfalls geographisch näher am Geschehen ist und die Herkunftslandsaufsicht erforderlichenfalls unterstützen könnte. Der durch § 9 Abs. 6 KAGB gewährleistete Informationsfluss zwischen Herkunfts- und Aufnahmestaatsaufsicht stellt für OGAW Verwaltungsgesellschaften eine **Abstimmung aller zuständigen Aufsichtsbehörden** sicher.[38]

7. Informationsübermittlung (§ 9 Abs. 7 KAGB)

a) Informationen in Bezug auf Vereinbarungen mit Drittstaaten

23 § 9 Abs. 7 KAGB dient der Umsetzung von Art. 50 Abs. 4 Unterabs. 2 und 3 der AIFMD. Die Vorschrift in der RL regelt, wie die Übermittlung der von EWR-Aufsichtsbehörden mit Drittsaaten-Aufsichtsbehörden geschlossenen Vereinbarungen über die Zusammenarbeit zu erfolgen hat.[39] Dies betrifft nach § 9 Abs. 7 Satz 1 KAGB zunächst Vereinbarungen gem. § 58 Abs. 7 Nr. 4 KAGB, die für eine **Erlaubniserteilung an eine ausländische AIF-Kapitalverwaltungsgesellschaft**, die beabsichtigt, inländische Spezial-AIF oder EU-AIF zu verwalten oder von ihr verwaltete AIF mit einem Pass (Art. 39, 40 AIFMD) in den EWR-Staaten zu vertreiben, erforderlich sind. § 9 Abs. 7 Satz 1 KAGB lässt dies auch für Vereinbarungen, die gem. § 317 Abs. 2 Nr. 1 KAGB für den **Vertrieb eines ausländischen AIF durch eine ausländische AIF-Verwaltungsgesellschaft an Privatanleger** erforderlich sind, gelten. Schließlich erwähnt § 9 Abs. 7 Satz 1 KAGB als weitere relevante Vereinbarungen solche gem. § 322 Abs. 1 Nr. 1 KAGB, die für den Vertrieb von Anteilen oder Aktien an ausländischen AIF oder von Anteilen oder Aktien an EU-Feeder-AIF oder an inländischen Spezial-Feeder-AIF, deren jeweiliger Master-AIF kein EU-AIF oder inländischer AIF ist, der von einer EU-AIF-Verwaltungsgesellschaft oder einer AIF-Kapitalverwaltungsgesellschaft verwaltet wird, an semiprofessionelle und professionelle Anleger, erforderlich sind.

b) Vereinbarungsübermittlung

24 Die BaFin übermittelt nach § 9 Abs. 7 Satz 2 KAGB eine **Abschrift der jeweiligen Vereinbarung** an die zuständigen Stellen der Aufnahmemitgliedstaaten von AIF-Kapitalverwaltungsgesellschaften oder ausländischen AIF-Verwaltungsgesellschaften, deren Referenzmitgliedstaat nach § 56 KAGB die Bundesrepublik ist. Darüber hinaus gibt sie auch Informationen an die zuständigen Stellen der Aufnahmemitgliedstaaten weiter, die sie aufgrund einer Vereinbarung über die Zusammenarbeit oder im Zuge von Aufsichtsmaßnahmen in grenzüberschreitenden Zusammenhängen gem. § 11 Abs. 4 und 5 KAGB erlangt hat. Interessant ist hier, dass die Vorschrift kein, wie in anderen Absätzen übliches, Petitum zur Beachtung der Regelungen über den Datenschutz beinhaltet.

---

37 Begr. RegE, BT-Drucks. 17/12294, 207.
38 Ähnliche Würdigung auch bei *Distler* in Emde/Dreibus/Dornseifer/Hölscher, § 19 InvG Rz. 16.
39 Begr. RegE, BT-Drucks. 17/12294, 207.

c) Gründe für die Mitteilungen

Die Mitteilungspflichten liegen im besonderen Interesse der Aufnahmestaaten, weil diese von den Vereinbarungen zwar **unmittelbar betroffen** sind, ohne jedoch in die Verhandlungen über die Vereinbarung einbezogen gewesen zu sein.[40] 25

Soweit die BaFin der Auffassung ist, dass die Vereinbarungen nicht mit den Erfordernissen nach Art. 35 AIFMD (Vertrieb eines AIF über einen Pass der Union), 37 AIFMD (Referenzstaatengenehmigung) und 40 AIFMD (Vertrieb von Nicht AIF durch Nicht-EU AIFM) übereinstimmen, kann sie **die ESMA zur Beilegung von Meinungsverschiedenheiten** nach Art. 19 Abs. 1 ESMA-VO[41] **anrufen**. 26

8. Weitergabe von Informationen an Drittstaaten (§ 9 Abs. 8 KAGB)

§ 9 Abs. 8 Satz 1 KAGB übernimmt den Wortlaut des aufgehobenen § 19 Abs. 4 Satz 1 InvG a.F. und dient der Umsetzung von Art. 102 Abs. 3 Satz 1, 2 OGAW IV-RL. § 9 Abs. 8 Satz 2 KAGB setzt Art. 102 Abs. 3 Satz 3 OGAW IV-RL und Art. 52 Abs. 1 AIFMD um. § 9 Abs. 8 Satz 3 KAGB übernimmt, mit redaktionellen Anpassungen, den Wortlaut des aufgehobenen § 19 Abs. 4 Satz 2 InvG a.F. und dient der Umsetzung von Art. 52 Abs. 2 AIFMD.[42] Die Vorschrift gestattet der BaFin den **Abschluss von Vereinbarungen über die Weitergabe von Informationen mit den zuständigen Stellen in Drittstaaten**. Diese Ermächtigung verlangt, dass die Informationen für die Aufgabenerfüllung der BaFin oder der zuständigen Stelle des Drittstaats benötigt werden. Für den Verweis auf den – aufgehobenen – § 4c BDSG gilt das unter Rz. 8 Ausgeführte. 27

a) Erforderlichkeit der Weitergabe

Die Weitergabe von Informationen an Drittstaaten kann wegen der **Verwaltung und des Vertriebs von Nicht-EU-AIF** nach § 55 KAGB (Art. 34 AIFMD), wegen **Auslagerungen in Drittstaaten** gem. § 36 KAGB (vgl. insbesondere die Maßgabe für eine Zusammenarbeit zwischen der BaFin und der zuständigen Aufsichtsbehörde nach § 36 Abs. 1 Nr. 4 KAGB) und wegen der **Bestellung einer Verwahrstelle mit Sitz in einem Drittstaat**, wie nach § 80 Abs. 8 KAGB, erforderlich sein. § 9 Abs. 8 KAGB verzichtet darauf, die Prüfung der Erforderlichkeit der Weitergabe ausdrücklich anzuordnen. Eine solche Notwendigkeit besteht nach deutschem Recht nicht, da ein Fehlen der Erforderlichkeit die Ermächtigung zur Weitergabe ausschlösse. Die BaFin ist allerdings verpflichtet zu prüfen, ob die Tatbestandsmerkmale der Ermächtigungsnorm erfüllt sind. 28

b) Datenschutzrechtlicher Mindeststandard

Nach § 9 Abs. 8 Satz 2 KAGB verlangt eine Informationsweitergabe die **Einhaltung des datenschutzrechtlichen Mindeststandards** nach § 4c BDSG. Für den Verweis auf den – aufgehobenen – § 4c BDSG gilt das unter Rz. 8 Ausgeführte. 29

c) Zustimmungserfordernis (§ 9 Abs. 8 Satz 3 KAGB)

Die Weitergabe der Informationen durch die zuständige Stelle des Drittstaats an andere Drittstaaten erfordert die **schriftliche Erlaubnis der BaFin**, § 9 Abs. 8 Satz 3 KAGB. Diese Anforderung setzt Art. 52 Abs. 1 Satz 2 AIFMD um. Zwar kann weder die nationale Regelung noch der zugrunde liegende Art. 52 Abs. 1 Satz 2 AIFMD eine Verpflichtung weitergebender Drittstaaten begründen. Diese Pflicht wird jedoch mittelbar, nämlich durch Vereinbarung zwischen Mitgliedstaatsbehörde und Drittstaatenbehörde hergestellt.[43] 30

Interessant ist, dass die Anforderung **nicht** für die Weitergabe an weitere Stellen außerhalb der zuständigen Stelle im gleichen Drittstaat erfüllt werden muss. Anders gesagt: Die für Finanzaufsicht zuständige Behörde im Drittstaat könnte die aus Deutschland erhaltenen Informationen, bei isolierter Betrachtung, **ohne Zustimmung der BaFin** etwa an die Finanzbehörden des Drittstaats weitergeben. Diese Gefahr wird jedoch 31

---

40 *Schneider* in Baur/Tappen, § 9 KAGB Rz. 25; *Kunschke/Machhausen* in Dornseifer/Jesch/Klebeck/Tollmann, Art. 50 AIFM-RL Rz. 8.

41 Delegierte Verordnung (EU) Nr. 231/2013 der Kommission vom 19.12.2012 zur Ergänzung der Richtlinie 2011/61/EU des Europäischen Parlamentes und des Rates im Hinblick auf Ausnahmen, die Bedingungen für die Ausübung der Tätigkeit, Verwahrstellen, Hebelfinanzierung, Transparenz und Beaufsichtigung, ABl. EU Nr. L 83 v. 22.3.2013, S. 1.

42 Begr. RegE, BT-Drucks. 17/12294, 207.

43 In Bezug auf Art. 52 AIFM-RL so auch *Kunschke/Machhausen* in Dornseifer/Jesch/Klebeck/Tollmann, Art. 52 AIFM-RL Rz. 7.

durch die Bezugnahme auf § 9 Abs. 1 Sätze 6 und 7 KWG beseitigt, indem die ausländische Stelle darauf hinzuweisen ist, dass sie die ihr von der BaFin zur Verfügung gestellten Informationen **nur zu den Zwecken verwenden darf**, zu denen ihr die Informationen zur Verfügung gestellt wurden.

d) Weitere Einschränkungen (§ 9 Abs. 8 Satz 4 KAGB)

32 Der Verweis in § 9 Abs. 8 Satz 4 KAGB auf Abs. 2 Satz 2 ist **nicht nachvollziehbar**. Diese in Bezug genommene Vorschrift schränkt die BaFin in der Weitergabe von Informationen an die Bundesbank ein. Es ist nicht ersichtlich, auf welche Weise es durch die Weitergabe von Informationen an eine Drittstaatenbehörde zu einer – einschränkungswürdigen – Weitergabe von Informationen an die Bundesbank kommen könnte.

33 Darüber hinaus erklärt § 9 Abs. 8 Satz 4 KAGB die Vorschrift des § 9 Abs. 1 Satz 6 KWG für **entsprechend anwendbar**, so dass bei Vereinbarungen über die Weitergabe von Informationen eine strikte Zweckbindung mit zu vereinbaren ist.

9. Mitteilung bei Verstoß gegen OGAW IV-RL (§ 9 Abs. 9 KAGB)

34 § 9 Abs. 9 KAGB basiert auf der Regelung des aufgehobenen § 19 Abs. 5 Satz 1 InvG a.F. und konkretisiert die **Mitteilungspflicht der BaFin** im Hinblick auf **Verstöße von Unternehmen**, die **nicht ihrer Aufsicht** unterliegen.[44] Die Vorschrift dient der Umsetzung von Art. 101 Abs. 3 Satz 1 der OGAW IV-RL. Es ist nicht ganz klar, wie das Verhältnis zwischen der Vorschrift und der Mitteilungspflicht der BaFin im Fall von Pflichtverstößen durch eine inländische Zweigniederlassung gem. § 51 Abs. 5 KAGB ist. Im Zweigniederlassungsfall hätte die BaFin zumindest eine **Residualaufsicht** nach § 51 Abs. 4 KAGB. Der Wortlaut des § 9 Abs. 9 KAGB – „(…) das nicht ihrer Aufsicht unterliegt (…) „– spricht dagegen, die Vorschrift auf den Zweigniederlassungsfall anzuwenden, da das Unternehmen in diesem Fall zumindest der teilweisen Aufsicht der BaFin unterläge. Die Mitteilungspflicht setzt für die BaFin nur bei **Kenntnis greifbarer und nachweisbarer Tatsachen** und Umstände ein, die den Schluss auf einen solchen Verstoß unmittelbar nahelegen.[45] **Ermittlungspflichten** der BaFin werden durch die Regelung **nicht begründet**.[46] Fraglich ist allerdings welches Recht für den Verstoß gegen Richtlinienrecht maßgeblich ist. Da das Richtlinienrecht grundsätzlich keine unmittelbare Geltung entfaltet,[47] kommt es auf das national umgesetzte Recht an. Die Formulierung „Anhaltspunkte für einen Verstoß" lässt zu, dass die BaFin nicht nur durch den verdächtigen Sachverhalt zur Mitteilung verpflichtet wird, sondern auch durch eine Rechtslage, die, deutsches Umsetzungsrecht unterstellt, einen Gesetzesverstoß begründen würde.

10. Mitteilung bei Verstoß gegen AIFMD (§ 9 Abs. 10 KAGB)

35 § 9 Abs. 10 KAGB dient der Umsetzung von Art. 50 Abs. 5 Satz 1 AIFMD[48] und ist eine, **dem § 9 Abs. 9 KAGB analoge** und auf AIF-Verwaltungsgesellschaften, die nicht der Aufsicht der BaFin unterliegende, anwendbare, **Vorschrift**. In der Literatur wird die Auffassung vertreten, dass die BaFin gegebenenfalls auch in einem gewissen Umfang selbstständige Ermittlungen aufnehmen müsse, um ihrem Verdacht oder ihren Vermutungen nachgehen und diese untermauern zu können.[49] Eine solche Pflicht ist weder der deutschen Regelung noch Art. 50 Abs. 5 AIFMD zu entnehmen. Vielmehr verlangt die Richtlinienregelung **„eindeutige und nachweisbare Gründe zu der Vermutung"** und damit gerade keine Aufklärungspflicht.[50] Allenfalls verbietet die Vorschrift Rechtsverstöße unter Hinweis auf die fehlende eigene Zuständigkeit sehenden Auges geschehen zu lassen.[51]

---

44 Begr. RegE, BT-Drucks. 17/12294, 207.

45 In Bezug auf den gleichlautenden § 19 Abs. 5 Satz 1 InvG a.F. einen „begründeten Anlass" zugrunde legend *Distler* in Emde/Dornseifer/Dreibus/Hölscher, § 19 InvG Rz. 20.

46 Interessant ist, dass dies für den in etwa gleichlautenden § 9 Abs. 10 KAGB in der Literatur anders gesehen wird, etwa bei *Baumann* in Weitnauer/Boxberger/Anders, § 9 KAGB Rz. 11.

47 *Ruffert* in Calliess/Ruffert, Art. 288 AEUV Rz. 23.

48 Begr. RegE, BT-Drucks. 17/12294, 207.

49 *Baumann* in Weitnauer/Boxberger/Anders, § 9 KAGB Rz. 11; so auch im Hinblick auf den in § 9 Abs. 10 KAGB umgesetzten Art. 50 Abs. 5 AIFM-RL *Kunschke/Machhausen* in Dornseifer/Jesch/Klebeck/Tollmann, Art. 50 AIFM-RL Rz. 9 Fn. 15.

50 A.A. *Baumann* in Weitnauer/Boxberger/Anders, § 9 KAGB Rz. 11 unter Verweis auf *Haar* in Moritz/Klebeck/Jesch, § 9 KAGB Rz. 56, a.E. der interessanter Weise wieder auf *Baumann* verweist; in die gleiche Richtung auch *Kunschke/Machhausen* in Dornseifer/Jesch/Klebeck/Tollmann, Art. 50 AIFM-RL Rz. 9, der auf Fn. 15 verweist.

51 So auch *Kunschke/Machhausen* in Dornseifer/Jesch/Klebeck/Tollmann, Art. 50 AIFM-RL Rz. 9.

11. Maßnahmen bei Mitteilungen gem. Art. 50 Abs. 5 AIFMD und gem. Art. 101 Abs. 3 Satz 1 OGAW IV-RL (§ 9 Abs. 11 KAGB)

§ 9 Abs. 11 Satz 1 KAGB basiert auf der Regelung des aufgehobenen § 19 Abs. 5 Satz 2 InvG a.F., der Art. 101 Abs. 2 Satz 1 OGAW IV-RL umsetzte. Diese Umsetzung bleibt erhalten. Er dient ferner der Umsetzung der Analognorm der OGAW IV-RL in der AIFMD, und zwar von Art. 50 Abs. 5 Satz 1 AIFMD.[52] Die Vorschrift verpflichtet die BaFin ihrem Wortlaut nach, Maßnahmen zu ergreifen, wenn sie von anderen zuständigen Stellen (Drittstaat/EWR) **Mitteilungen über Rechtsverstöße erhält**. Die verwaltungsrechtliche Qualifikation der Vorschrift ist nicht klar und ergibt sich nicht aus dem Wortlaut. Dieser lässt zwar erkennen, dass die BaFin, ohne Ermessen, **geeignete Maßnahmen** zu ergreifen hat. Welche Maßnahmen in Betracht kommen, regelt die Vorschrift nicht. Die **Prüfungsreihenfolge** lässt sich deshalb wie folgt skizzieren: (1) Vorliegen einer Mitteilung über mögliche Rechtsverstöße, (2) Prüfung des tatsächlichen Vorliegens von Rechtsverstößen, (3) Ermittlung möglicher Ermächtigungsgrundlagen zur Ergreifung geeigneter Maßnahmen, (4) Ergreifen der geeigneten Maßnahme auf Grundlage der ermittelten, geeigneten Ermächtigungsgrundlage. Bei Schritt 4 ist zu beachten, dass die Aufforderung an die Behörde, die geeignete Maßnahme zu ergreifen, das Entschließungsermessen der Behörde, das ihr die Ermächtigungsgrundlage selbst einräumen würde, reduziert. Eine andere Auslegung, etwa dahin, dass der Ermessensmaßstab alleine von der einschlägigen Ermächtigungsgrundlage bestimmt wird, würde übersehen, dass die Vorschrift des § 9 Abs. 11 Satz 1 KAGB dann nur den, selbstverständlichen, Rechtsbefehl erteilen würde, dass ihr eine zur Abstellung der Rechtsverstöße geeignete Ermächtigungsgrundlage zur Verfügung steht oder dass sie ihr Entschließungsermessen auszuüben beabsichtigt. Im Ergebnis begründet § 9 Abs. 11 Satz 1 KAGB damit, bei Vorliegen einer einschlägigen Ermächtigungsgrundlage, eine Handlungspflicht der BaFin. 36

Als **Ermächtigungsgrundlage** für geeignete Maßnahmen kommt in erster Linie § 5 Abs. 6 KAGB in Betracht, der die BaFin ermächtigt, zur Überwachung eines Verbots oder Gebots des KAGB von jedermann Auskünfte einzuholen sowie die Vorlage von Unterlagen und die Überlassung von Kopien zu verlangen, Personen zu laden und zu vernehmen. Die BaFin hat geeignete Maßnahmen zu ergreifen, während die Auswahl ihrem Ermessen anheimgegeben ist.[53] Über ergriffene Maßnahmen und deren Wirkung unterrichtet die BaFin die zuständige Stelle. Soweit eine AIFM-Verwaltungsgesellschaft betroffen ist, hat die BaFin darüber hinaus, nach § 9 Abs. 11 Satz 2 KAGB, die ESMA zu unterrichten. 37

Art. 101 Abs. 3 Satz 2 und 3 OGAW IV-RL wurde bereits durch § 19 Abs. 5 Satz 2 InvG a.F. umgesetzt. Die Nachfolgeregelung, § 9 Abs. 3 Satz 1 KAGB, behält diese Umsetzung fast wörtlich bei. Die BaFin hat die **zuständigen Stellen des Aufnahmemitgliedstaates über Maßnahmen zu unterrichten**, die sie ergreifen wird, um Rechtsverstöße gegen Rechtsvorschriften des Aufnahmemitgliedstaats, begangen durch eine OGAW-Kapitalverwaltungsgesellschaft, eine Zweigniederlassung oder bei grenzüberschreitenden Dienstleistungen, zu beenden. Da es sich um Vorschriften des Aufnahmemitgliedstaats handelt, muss die BaFin als Heimatlandbehörde ausländisches Recht anwenden. Dass sie die zuständige Aufnahmelandbehörde hierüber unterrichten muss, trägt der Anforderung an eine **einheitliche Rechtsausübung** Rechnung. Andernfalls könnten Rechtsausübung von Aufnahme- und Herkunftsmitgliedstaat auseinanderfallen. 38

12. Verfahrensregelungen (§ 9 Abs. 12 KAGB)

§ 9 Abs. 12 KAGB setzt Art. 102 Abs. 9 sowie Art. 105 der OGAW IV-RL und Art. 50 Abs. 6, Art. 35 Abs. 14, Art 7 Abs. 17 sowie Art. 40 Abs. 14 der AIFMD um und regelt das Verfahren über den **Informationsaustausch**. Die Vorschrift regelt die Art der behördlichen Binnenkommunikation. 39

§ 9 Abs. 12 Satz 1 KAGB verweist auf Art. 12 und 13 VO (EU) Nr. 584/2010. Die in Bezug genommenen Regelungen betreffen den routinemäßigen Informationsaustausch (Art. 12 VO [EU] Nr. 584/2010) und den Informationsaustausch ohne vorherige Aufforderung (Art. 13 VO [EU] Nr. 584/2010). § 9 Abs. 12 Satz 2 KAGB verweist für den Informationsaustausch zwischen den zuständigen Behörden des Herkunfts- und des Aufnahmemitgliedstaats von AIF-Verwaltungsgesellschaften auf technische Durchführungsstandards nach Art. 50 Abs. 6 der AIFMD, die bislang nicht erlassen wurden. Insoweit ist die Übermittlung **gegenwärtig ohne Formvorgabe** und richtet sich **nach allgemeinen Amtshilferegeln zwischen europäischen Behörden**.[54] § 9 Abs. 12 Satz 3 KAGB konkretisiert die Mindesthinhalte, die Kooperationsverein- 40

52 Begr. RegE, BT-Drucks. 17/12294, 207.

53 Zur Bedeutung des Grundsatzes der Verhältnismäßigkeit für verwaltungsrechtliche Maßnahmen mitgliedstaatlicher Aufsichtsbehörden im Rahmen der AIFM-RL auch *Spindler/Tancredi*, WM 2011, 1441, 1443.

54 *Wettner*, Die Amtshilfe im Europäischen Verwaltungsrecht, S. 117.

barungen nach §§ 58 Abs. 7, 317 Abs. 2 Nr. 1 und 322 Abs. 1 Nr. 1 AIFMD beinhalten müssen. Diese werden in Art. 113 bis 115 der AIFM-DVO strukturiert und sind in den Musterkooperationsvereinbarungen der ESMA[55] ausgeführt.

13. Ausführung von Art. 36 Abs. 4 Satz 1, Abs. 5 Satz 1 und Abs. 6 Satz 1 der VO (EU) 2017/2402 (geplanter § 9 Abs. 13 KAGB)

41 Der geplante neue § 9 Abs. 13 KAGB soll Vorschriften der VO (EU) 2017/2402[56] ausführen. Hierbei handelt es sich um die Regelungen der Zusammenarbeit zwischen den zuständigen Behörden, also der BaFin und der Europäischen Aufsichtsbehörden. Die Anknüpfungspunkte sind **Verstöße gegen die Art. 6 bis 27 der Verordnung**:

1. Art. 6: Risikoselbstbehalt
2. Art. 7: Transparenzanforderungen an Originatoren, Sponsoren und Verbriefungszweckgesellschaften
3. Art. 8: Verbot der Wiederverbriefung
4. Art. 9: Kreditvergabekriterien
5. Art. 10: Registrierung eines Verbriefungsregisters
6. Art. 11: Unterrichtung und Anhörung der zuständigen Behörden vor der Registrierung oder der Ausweitung der Registrierung
7. Art. 12: Prüfung des Antrags
8. Art. 13: Mitteilung von Beschlüssen der ESMA über die Registrierung oder die Ausweitung der Registrierung
9. Art. 14: Befugnisse der ESMA
10. Art. 15: Widerruf der Registrierung
11. Art. 16: Gebühren für die Beaufsichtigung
12. Art. 17: Verfügbarkeit von in einem Verbriefungsregister gehaltenen Daten
13. Art. 18: Verwendung der Bezeichnung „einfache, transparente und standardisierte Verbriefung“
14. Art. 19: Einfache, transparente und standardisierte Verbriefung
15. Art. 20: Anforderungen in Bezug auf die Einfachheit
16. Art. 21: Anforderungen in Bezug auf die Standardisierung
17. Art. 22: Anforderungen in Bezug auf die Transparenz
18. Art. 23: Einfache, transparente und standardisierte ABCP-Verbriefung
19. Art. 24: Anforderungen auf Transaktionsebene
20. Art. 25: Sponsor eines ABCP-Programms
21. Art. 26: Anforderungen auf Programmebene
22. Art. 27: Anforderungen auf Programmebene

42 § 9 Abs. 13 Satz 2 KAGB in der geplanten Fassung bezieht sich auf Art. 27 Abs. 1 der Verordnung, der sich mit den **Anforderungen an die STS-Meldung** befasst. Die STS (simple, transparent and standardised) Notifizierung ist in einer eigenen Verordnung geregelt und wird über RTS der ESMA[57] detailliert.

---

55 ESMA, Guidelines on the model MoU concerning consultation, cooperation and the exchange of information related to the supervision of AIFMD entities, 18.7.2013, ESMA/2013/998.

56 Verordnung (EU) 2017/2402 des Europäischen Parlaments und des Rates vom 12. Dezember 2017 zur Festlegung eines allgemeinen Rahmens für Verbriefungen und zur Schaffung eines spezifischen Rahmens für einfache, transparente und standardisierte Verbriefung und zur Änderung der Richtlinien 2009/65/EG, 2009/138/EG, 2011/61/EU und der Verordnungen (EG) Nr. 1060/2009 und (EU) Nr. 648/2012, ABl. EU Nr. L 347 v. 28.12.2017, S. 35.

57 Der Entwurf der RTS on information regarding STS notification wurde am 16.7.2018 von ESMA – ESMA33-128-477 – veröffentlicht, https://www.esma.europa.eu/sites/default/files/library/esma33-128-477_final_report_on_sts_notification.pdf (Abrufdatum: 3.9.2018), S. 28 ff.

§ 10 Allgemeine Vorschriften für die Zusammenarbeit bei der Aufsicht

(1) [1]Die Bundesanstalt kann bei der Ausübung der Aufgaben und Befugnisse, die ihr nach diesem Gesetz übertragen werden, die zuständigen Stellen der anderen Mitgliedstaaten der Europäischen Union oder der anderen Vertragsstaaten des Abkommens über den Europäischen Wirtschaftsraum ersuchen um

1. Informationsaustausch,
2. Zusammenarbeit bei Überwachungstätigkeiten,
3. eine Überprüfung vor Ort oder
4. eine Ermittlung im Hoheitsgebiet dieses anderen Staates.

[2]Erfolgt die Überprüfung vor Ort oder die Ermittlung durch die zuständigen ausländischen Stellen, kann die Bundesanstalt beantragen, dass ihre Bediensteten an den Untersuchungen teilnehmen. [3]Mit Einverständnis der zuständigen ausländischen Stellen kann sie die Überprüfung vor Ort oder die Ermittlung selbst vornehmen oder mit der Überprüfung vor Ort oder der Ermittlung Wirtschaftsprüfer oder Sachverständige beauftragen; die zuständigen ausländischen Stellen, auf deren Hoheitsgebiet die Überprüfung vor Ort oder die Ermittlung erfolgen soll, können verlangen, dass ihre eigenen Bediensteten an den Untersuchungen teilnehmen. [4]Bei Untersuchungen einer Zweigniederlassung einer Kapitalverwaltungsgesellschaft in einem Aufnahmemitgliedstaat durch die Bundesanstalt genügt eine vorherige Unterrichtung der zuständigen Stellen dieses Staates.

(2) [1]Wird die Bundesanstalt von den zuständigen Stellen eines anderen Mitgliedstaates der Europäischen Union oder eines anderen Vertragsstaates des Abkommens über den Europäischen Wirtschaftsraum um eine Überprüfung vor Ort oder eine Ermittlung ersucht,

1. führt sie die Überprüfung vor Ort oder die Ermittlung selbst durch,
2. gestattet sie den ersuchenden Stellen, die Überprüfung vor Ort oder die Ermittlung durchzuführen, oder
3. gestattet sie Wirtschaftsprüfern oder Sachverständigen, die Überprüfung vor Ort oder die Ermittlung durchzuführen.

[2]Im Fall einer Überprüfung vor Ort oder einer Ermittlung nach Satz 1 Nummer 1 kann die ersuchende Stelle beantragen, dass ihre eigenen Bediensteten an den von der Bundesanstalt durchgeführten Untersuchungen teilnehmen. [3]Erfolgt die Überprüfung vor Ort oder die Ermittlung nach Satz 1 Nummer 2, kann die Bundesanstalt verlangen, dass ihre eigenen Bediensteten an den Untersuchungen teilnehmen.

(3) [1]Die Bundesanstalt kann den Informationsaustausch und ein Ersuchen um Überprüfung oder Ermittlung nach Absatz 2 Satz 1 oder um eine Teilnahme nach Absatz 2 Satz 2 nur verweigern, wenn

1. hierdurch die Souveränität, die Sicherheit oder die öffentliche Ordnung der Bundesrepublik Deutschland beeinträchtigt werden könnten,
2. auf Grund desselben Sachverhalts gegen die betreffenden Personen bereits ein gerichtliches Verfahren eingeleitet worden ist oder eine unanfechtbare Entscheidung ergangen ist oder
3. hierdurch bei Ersuchen im Zusammenhang mit OGAW wahrscheinlich ihre eigenen Ermittlungen oder Durchsetzungsmaßnahmen oder strafrechtliche Ermittlungen beeinträchtigt würden.

[2]Kommt die Bundesanstalt einem Ersuchen nicht nach oder macht sie von ihrem Verweigerungsrecht nach Satz 1 Gebrauch, teilt sie dies der ersuchenden Stelle unverzüglich mit und legt die Gründe dar; bei einer Verweigerung nach Satz 1 Nummer 2 sind genaue Informationen über das gerichtliche Verfahren oder die unanfechtbare Entscheidung zu übermitteln.

(4) Die Bundesanstalt kann nach Maßgabe des Artikels 19 der Verordnung (EU) Nr. 1095/2010 die Europäische Wertpapier- und Marktaufsichtsbehörde um Hilfe ersuchen, wenn

1. ihrem Ersuchen nach Absatz 1 nicht innerhalb einer angemessenen Frist Folge geleistet wird,
2. ihr Ersuchen nach Absatz 1 ohne hinreichenden Grund abgelehnt wird oder
3. eine sonstige Uneinigkeit zwischen der Bundesanstalt und den zuständigen Stellen der anderen Mitgliedstaaten der Europäischen Union oder der anderen Vertragsstaaten des Abkommens über den Europäischen Wirtschaftsraum bezüglich einer Bewertung, Maßnahme oder Unterlassung in

einem Bereich besteht, in dem die Richtlinie 2011/61/EU eine Zusammenarbeit oder Koordinierung vorschreibt.

(5) Das nähere Verfahren für die Überprüfungen vor Ort oder die Ermittlungen im Rahmen der Richtlinie 2009/65/EG richtet sich nach den Artikeln 6 bis 11 der Verordnung (EU) Nr. 584/2010 und im Rahmen der Richtlinie 2011/61/EU nach den auf Grundlage von Artikel 54 Absatz 4 der Richtlinie 2011/61/EU von der Europäischen Kommission erlassenen technischen Durchführungsstandards.

In der Fassung vom 4.7.2013 (BGBl. I 2013, S. 1981), zuletzt geändert durch das Gesetz zur Umsetzung der Richtlinie 2014/91/EU des Europäischen Parlaments und des Rates vom 23. Juli 2014 zur Änderung der Richtlinie 2009/65/EG zur Koordinierung der Rechts- und Verwaltungsvorschriften betreffend bestimmte Organismen für gemeinsame Anlagen in Wertpapieren (OGAW) im Hinblick auf die Aufgaben der Verwahrstelle, die Vergütungspolitik und Sanktionen vom 3.3.2016 (BGBl. I 2016, S. 348).

Schrifttum: *Bader/Ronellenfitsch*, BeckOK VwVfG mit VwVG und VwZG, 40. Aufl. 2018; *Frank*, Die Rechtswirkungen der Leitlinien und Empfehlungen der Europäischen Wertpapier- und Marktaufsichtsbehörde, Diss. Augsburg 2011; *Maunz/Dürig*, Grundgesetz Kommentar, 81. Aufl. 2017; *Sonder*, Rechtsschutz gegen Maßnahmen der neuen europäischen Finanzaufsichtsagenturen, BKR 2012, 8; *Walla*, Die Europäische Wertpapier- und Marktaufsichtsbehörde (ESMA) als Akteur bei der Regulierung der Kapitalmärkte Europas – Grundlagen, erste Erfahrungen und Ausblick, BKR 2012, 265; *Wettner*, Amtshilfe im europäischen Verwaltungsrecht, 2005; *Zetzsche/Eckner* in Gebauer/Teichmann, Enzyklopädie Europarecht, Band 6, § 7, 2016.

I. Inhalt der Norm

1 §§ 9 bis 13 KAGB befassen sich mit der **Behördenzusammenarbeit.**

Dabei regelt § 10 KAGB die Fragen des Behördenersuchens in Gestalt des **Informationsaustauschs** (§ 10 Abs. 1 Nr. 1 KAGB), einer **Zusammenarbeit bei Überwachungstätigkeiten** (§ 10 Abs. 1 Nr. 2 KAGB), einer **Überprüfung vor Ort** (§ 10 Abs. 1 Nr. 3 KAGB) oder einer **Ermittlung im Hoheitsgebiet eines anderen Staates** (§ 10 Abs. 1 Nr. 4 KAGB).[1] ESMA hat sich mit der Intensität der Inanspruchnahme des dadurch umgesetzten Art. 54 AIFMD in ihrer Stellungnahme vom 30.7.2015 befasst.[2]

II. Verortung in der AIFMD und OGAW IV-RL sowie im InvG sowie anderen Gesetzen

2 Hinsichtlich der OGAW IV-RL setzt § 10 KAGB Art. 101 Abs. 4, Abs. 5 Unterabs. 1 und 2 um. Hinsichtlich der AIFMD werden Art. 54 Abs. 1 Unterabs. 1 und 2 sowie Abs. 2 Unterabs. 1 und 2 umgesetzt. Die Vorschrift setzt § 19 Abs. 6, 7 und 8 InvG fort.

1 Begr. RegE, BT-Drucks. 17/4510, 65.
2 ESMA's opinion to the European Parliament, Council and Commission and responses to the call for evidence on the functioning of the AIFMD EU passport and of the National Private Placement Regimes, S. 10, Nr. 23.

III. Die Tatbestandsmerkmale im Einzelnen

Die systematische Abgrenzung von § 10 KAGB zu § 9 KAGB fällt schwer, brachte doch das Vorgängergesetz beide Regelungen in nur einem Paragraphen unter. Verkürzt lässt sich sagen, dass § 10 Abs. 1 KAGB eine **weitere Regelung der Zusammenarbeit** in Gestalt des Informationsaustauschs (§ 10 Abs. 1 Satz 1 Nr. 1 KAGB), bei Überwachungstätigkeiten (§ 10 Abs. 1 Satz 1 Nr. 2 KAGB), bei einer Überprüfung vor Ort (§ 10 Abs. 1 Satz 1 Nr. 3 KAGB) sowie bei Ermittlungen im Hoheitsgebiet eines anderen Staates (§ 10 Abs. 1 Satz 1 Nr. 4 KAGB) („Arten der Zusammenarbeit") schafft und Eingriffsvoraussetzungen weiter konkretisiert. Demgegenüber regelt § 9 KAGB nur die **Informationsübermittlung.** 3

1. Ersuchen der BaFin (§ 10 Abs. 1 KAGB)

§ 10 Abs. 1 KAGB regelt die Vorgehensweise der BaFin in den Fällen, in denen sie ein Ersuchen an die zuständigen Stellen anderer EWR-Staaten richtet. 4

a) „Ermächtigungsgrundlage" (§ 10 Abs. 1 Satz 1 KAGB)

§ 10 Abs. 1 Satz 1 KAGB enthält eine Vorschrift, die es der BaFin erlaubt, bei der Ausübung der ihr nach dem KAGB übertragenen Aufgaben und Befugnisse die **zuständigen Stellen anderer EWR-Staaten** um die genannten Arten der Zusammenarbeit zu ersuchen. Als Voraussetzung für das Ersuchen setzt die Vorschrift nur die Ausübung von Aufgaben und Befugnissen voraus, für welche der BaFin eine **Ermächtigungsgrundlage** zur Seite steht. In der Literatur wird zusätzlich verlangt, dass die mit den Maßnahmen einhergehenden Eingriffe in Grundrechte der betroffenen Regulierungsadressaten ein „gewisses Interesse" (wohl der Behörde *[d. Verf.]*) erfordern.[3] Diese Überlegungen in der Literatur sind nicht nachvollziehbar. Denn die Regelung selber begründet keine Ermächtigungsgrundlage, sondern setzt das Vorliegen der Ermächtigungsgrundlagen nach KAGB voraus. Hinsichtlich der Behördenzusammenarbeit begründen die Regelungen über die **Amtshilfe** nach den §§ 4 ff. VwVfG, die die Möglichkeiten der Amtshilfe begrenzen, einen weiteren Rahmen zur Ausübung der Ermächtigungsgrundlage durch Behördenzusammenarbeit. § 10 Abs. 1 Satz 1 KAGB hat deshalb eine eher deskriptive Funktion und muss im Lichte von Ermächtigungsgrundlagen und Grenzen der Amtshilfe gelesen werden. Die **Prüfungsreihenfolge** gestaltet sich daher wie folgt: (1) Vorliegen einer Ermächtigungsrundlage für eine Ermittlung oder Überprüfung, z.B. § 14 KAGB, (2) Beachtung der Grenzen der Amtshilfe;[4] so darf die Amtshilfe nicht etwa dazu führen, dass die ursprüngliche Ermächtigungsgrundlage durch die Behördenzusammenarbeit erweitert wird. Beispiel: Die BaFin wünscht einen Sachverhalt zu ermitteln, für dessen Ermittlung keine inländische Ermächtigungsgrundlage zur Verfügung steht. Die BaFin ersucht die zuständige Behörde eines Mitgliedstaats, wissend, dass das dortige Recht die Ermächtigungsgrundlage zur Verfügung stellt, diesen Sachverhalt zu ermitteln und zugleich, gem. § 10 Abs. 1 Satz 1 Nr. 4 KAGB daran mitwirken zu dürfen. 5

b) Antrag gem. § 10 Abs. 1 Satz 2 KAGB bei Vor-Ort-Überprüfung

§ 10 Abs. 1 Satz 2 KAGB trifft nähere Bestimmungen zu den Vor-Ort-Überprüfungen im EWR-Ausland. Die BaFin kann beantragen, dass ihre Bediensteten **an Untersuchungen teilnehmen**, wenn die ersuchten zuständigen Stellen die Vor-Ort-Überprüfung oder -Ermittlung selbst vornehmen.[5] Dies ermächtigt die BaFin, vorbehaltlich entgegenstehenden Rechts des Staats, auf dessen Territorium die Untersuchung durchgeführt wird, außerhalb des unmittelbaren Geltungsbereichs deutschen Rechts tätig zu werden. Damit ist § 10 Abs. 1 Satz 2 KAGB als **Erweiterung der speziellen Ermächtigungsgrundlagen** nach KAGB anzusehen. In der Literatur wird die Auffassung vertreten, dass ein Anspruch auf Teilnahme an den Untersuchungen im EWR-Ausland nicht bestehe.[6] Dem ist entgegenzuhalten, dass Art. 54 Abs. 3 AIFMD die Gründe **abschließend** regelt, aus denen der ausländische Staat den Antrag auf Teilnahme an den Untersuchungen ablehnen darf.[7] Diese Gründe sind – reziprok – für den Fall eines ausländischen Antrages auf Teilnahme einer Untersuchung in Deutschland auch in § 10 Abs. 3 KAGB aufgenommen worden. Damit besteht, vorbehaltlich eines engen numerus clausus der Ablehnungsgründe, ein **Anspruch auf Teilnahme** an den Untersuchungen. 6

---

3 *Baumann* in Weitnauer/Boxberger/Anders, § 10 KAGB Rz. 2; *Kunschke/Machhausen* in Dornseifer/Jesch/Klebeck/Tollmann, Art. 54 AIFM-RL Rz. 5.

4 *Wettner*, Die Amtshilfe im Europäischen Verwaltungsrecht, S. 110.

5 Siehe auch *Zetzsche/Eckner* in Gebauer/Teichmann, Enzyklopädie Europarecht, Band 6, § 7 Rz. 116.

6 *Distler* in Emde/Dornseifer/Dreibus/Hölscher, § 19 InvG Rz. 20; *Baumann* in Weitnauer/Boxberger/Anders, § 10 KAGB Rz. 2.

7 *Kunschke/Machhausen* in Dornseifer/Jesch/Klebeck/Tollmann, Art. 54 AIFM-RL Rz. 6.

c) Vor-Ort-Überprüfung durch die BaFin (§ 10 Abs. 1 Satz 3 und 4 KAGB)

7 Bei Zustimmung der ersuchten Stelle, kann die BaFin die Überprüfungen oder Ermittlungen vor Ort selbst vornehmen oder Wirtschaftsprüfer oder Sachverständige damit beauftragen. In diesem Fall können die zuständigen ausländischen Stellen wiederum verlangen, dass **eigene Bedienstete** an der Prüfung teilnehmen. In der Literatur wird vertreten, dass die zuständige Stelle ein Entscheidungsermessen habe, die Gestattung zu widerrufen.[8] Dem ist entgegen zu halten, dass ein Entscheidungsermessen zum Widerruf der Gestattung den numerus clausus der Versagungsgründe in Art. 54 Abs. 3 AIFMD leerlaufen ließe, in dem eine, zunächst gestattete, Maßnahme ohne Beachtung des numerus clausus widerrufen werden könnte. Für eine Untersuchung durch die BaFin bei der Zweigniederlassung im Aufnahmemitgliedstaat stellt § 10 Abs. 1 Satz 4 KAGB klar, dass es **keiner Gestattung durch die zuständige Stelle** bedarf, sondern deren vorherige Unterrichtung ausreichend ist. Die Begründung für diese Privilegierung für extraterritoriale behördliche Maßnahmen wird in der rechtlichen Unselbständigkeit der Zweigniederlassung gesucht.[9] Diese Begründung überzeugt nicht. Denn die Berechtigung der BaFin, ohne Zustimmung der Aufnahmestaatsaufsicht Vor-Ort Prüfungen in der Zweigniederlassung im Aufnahmestaat durchführen zu können, steht in keinem Zusammenhang mit der rechtlichen Unselbständigkeit der Zweigniederlassung. Die Regelung des § 10 Abs. 1 Satz 4 KAGB wäre deshalb, für sich betrachtet, grundsätzlich geeignet, das Hoheitsrecht des Aufnahmestaats zu verletzen. Die Einholung einer Gestattung ist gleichwohl entbehrlich. Denn die Umsetzung der OGAW IV-RL und der AIFMD zur Schaffung des **„Europäischen Passes"** führt dazu, dass die Aufnahmestaatsaufsicht einen Teil ihrer Befugnisse zugunsten der Befugnisse der Heimatstaatsaufsicht aufgibt und damit deren grundsätzliche Aufsichtszuständigkeit begründet.[10] Die Möglichkeit der Vor-Ort Prüfung ist also **akzessorisch** zur grundsätzlichen Aufsichtszuständigkeit der Heimatlandaufsicht. Allerdings kann die Aufnahmestaatsaufsicht an diesen Vor-Ort-Prüfungen der Heimatstaatsaufsicht teilnehmen. Dies ergibt sich aus Art. 54 Abs. 2 AIFMD sowie Art. 101 Abs. 5 OGAW IV-RL.

2. Ersuchen an die BaFin (§ 10 Abs. 2 KAGB)

8 § 10 Abs. 2 KAGB steht reziprok zu § 10 Abs. 1 KAGB und regelt den Fall, dass die BaFin die von der Mitgliedstaatsaufsicht ersuchte Behörde ist.[11] In diesem Fall führt sie die Überprüfung vor Ort oder die Ermittlung selbst durch oder gestattet den ersuchenden, zuständigen Stellen oder den von diesen ausgewählten Wirtschaftsprüfern oder Sachverständigen, die Überprüfung. Die ersuchende Stelle kann ebenso beantragen, ihre eigenen Bediensteten an den von der BaFin durchgeführten Überprüfungen teilnehmen zu lassen. Die BaFin wiederum ist berechtigt, ihre Bediensteten an den von der Heimatlandaufsicht veranlassten Überprüfungen teilnehmen zu lassen.

3. Ablehnung des Ersuchens (§ 10 Abs. 3 KAGB)

a) Abschließender Katalog von Ablehnungsgründen (§ 10 Abs. 3 Satz 1 KAGB)

9 Die BaFin kann den Informationsaustausch oder das Ersuchen um Überprüfung und Ermittlung oder Teilnahme an einer Ermittlung gem. § 10 Abs. 3 KAGB verweigern. Die Verweigerungsgründe sind in § 10 Abs. 3 Satz 1 KAGB **abschließend** geregelt. Die Vorschrift setzt Art. 54 Abs. 3 AIFMD sowie Art. 101 Abs. 4 Satz 2 OGAW IV-RL um und übernimmt mit redaktionellen Anpassungen den Wortlaut des aufgehobenen § 19 Abs. 8 InvG.[12]

---

8 *Baumann* in Weitnauer/Boxberger/Anders, § 10 KAGB Rz. 5; a.A. unter Hinweis auf die Begrenzung der Gesamtkontrolle des anderen Mitgliedstaates nach Art. 54 Abs. 2 Unterabs. 1 Satz 2 AIFM-RL auf die Konstellation, bei der der andere Mitgliedstaat die Überprüfung oder Ermittlung selbst vornimmt, *Kunschke/Machhausen* in Dornseifer/Jesch/Klebeck/Tollmann, Art. 54 AIFM-RL Rz. 7.

9 Begr. RegE, BT-Drucks. 17/12294, 208. § 7 Abs. 4 WpHG a.F. und § 18 Abs. 4 WpHG n.F. treffen eine ähnliche Regelung für Wertpapierhandelsunternehmen, die auf die Vorgaben von Art. 32 Abs. 8 der Richtlinie 2004/39/EG über Märkte für Finanzinstrumente (MiFID I) beruht. Die entsprechende Norm in KWG befindet sich in § 53b Abs. 6 KWG, der auf Art. 49 CRD IV beruht, dazu vgl. *Vahldiek* in Boos/Fischer/Schulte-Mattler, § 53b KWG Rz. 187.

10 *Köndgen/Schmies* in Schimansky/Bunte/Lwowski, Bankrechts-Hdb., § 113 Rz. 89; *Braun* in Boos/Fischer/Schulte-Mattler, § 44 KWG Rz. 83; *Vahldiek* in Boos/Fischer/Schulte-Mattler, § 53b KWG Rz. 187.

11 Begr. RegE, BT-Drucks. 17/12294, 208; *Distler* in Emde/Dornseifer/Dreibus/Hölscher, § 19 InvG Rz. 22.

12 Begr. RegE, BT-Drucks. 17/2294, 208.

b) Ablehnungsgründe im Einzelnen

aa) Überragende staatliche Interessen (§ 10 Abs. 2 Satz 1 Nr. 1 KAGB)

Eine Ablehnung ist gem. § 10 Abs. 3 Satz 1 Nr. 1 KAGB zulässig, wenn bei Informationsaustausch, einer Vor-Ort-Ermittlung oder -Überprüfung oder einer Teilnahme ausländischer Bediensteter **die Souveränität, die Sicherheit oder die öffentliche Ordnung** der Bundesrepublik Deutschland beeinträchtigt würde. Dieser Ablehnungsgrund formuliert einen Ordre-Public-Vorbehalt, den das Wertpapieraufsichtsrecht ebenfalls kannte.[13] Die Literatur[14] verlangt eine **zurückhaltende Anwendung** dieses Vorbehalts, da ansonsten der Kooperationsansatz leerlaufen würde. Die Beeinträchtigung der Sicherheit oder Ordnung der Bundesrepublik durch Verwaltungskooperation ist schwer vorstellbar; insoweit hat der **Ordre-Public-Vorbehalt** eher eine Symbolwirkung. Eine Beeinträchtigung der Souveränität der Bundesrepublik – also der Unabhängigkeit[15] der Bundesrepublik von anderen Staaten – wird mit der Einschaltung fremder Hoheitsträger auf dem eigenen Staatsgebiet generell verbunden sein. Daraus muss geschlossen werden, dass die Hinnahme von Souveränitätsbeeinträchtigungen, die sich regelmäßig aus Informationsaustausch, Zusammenarbeit bei Überwachungstätigkeiten, Überprüfung vor Ort und aus der Ermittlung im Hoheitsgebiet der Bundesrepublik durch fremde Hoheitsträger von § 10 KAGB ergeben, gestattet wird. Auch insoweit bleibt für den Ordre-Public-Vorbehalt ein allenfalls sehr **kleiner Anwendungsbereich**, der sich so zusammenfassen lässt: Die Bundesrepublik nimmt Souveränitätseinbußen, die sich aus den Maßnahmen nach § 10 KAGB ergeben, grundsätzlich hin. Eine Beeinträchtigung liegt nur dann vor, wenn die Souveränitätseinbuße über das hinausgeht, was nach § 10 Abs. 2 KAGB erforderlich ist. 10

bb) Anhängigkeit oder Rechtskraft (§ 10 Abs. 3 Satz 1 Nr. 2 KAGB)

Der Ablehnungsgrund nach § 10 Abs. 3 Satz 1 Nr. 2 KAGB greift, wenn **wegen desselben Sachverhalts** – der Gegenstand der Ermittlung wäre – gegen die betreffenden Personen bereits ein gerichtliches Verfahren eingeleitet worden ist oder eine unanfechtbare Entscheidung ergangen ist. Dieser Ablehnungsgrund wird in der Literatur als Ausformung von Art. 103 Abs. 3 GG oder Art. 4 des 7. Zusatzprotokolls zur EMRK gesehen[16] (**„ne bis in idem"**). Darüber hinaus wird zur Begründung auf die Störung der prozessualen Situationen in den ersuchten Mitgliedstaaten zurückgegriffen.[17] Der „ne bis in idem" Grundsatz dürfte für die Auslegung des Ablehnungsgrundes allenfalls eine untergeordnete Rolle spielen, weil die zuständigen Behörden weniger in straf- oder ordnungswidrigkeitsrechtlichen Verfahren – für diese Verfahrensarten wäre der Grundsatz bedeutsam –, sondern vielmehr in Verfahren der Gefahrenabwehr ermitteln würden. Anders gesagt: Ein, hinsichtlich des gleichen Sachverhalts anhängiges, Strafverfahren würde den ersuchten Staat berechtigen, die Teilnahme des ersuchenden Staats an aufsichtsrechtlichen Ermittlungen des ersuchten Staates zu verweigern. Eine solche Verweigerung ließe sich nicht mit dem ne bis in idem Grundsatz rechtfertigen. Ob dadurch eine Störung der prozessualen Situation begründet würde, wäre eine Einzelfallfrage, liegt aber eher fern, weil eine, zu einem Strafverfahren parallel stattfindende aufsichtsrechtliche Untersuchung im ersuchten Staat auch keine solche Störung begründen würde. Auslegungsansatz sollte deshalb eher sein, dass ein Ersuchen nur dann abgelehnt werden kann, wenn aus den Ablehnungsgründen ein inländisches Untersuchungsverfahren nicht stattfinden könnte. Sollte ausnahmsweise ein Verstoß gegen Art. 103 Abs. 3 GG oder Art. 4 des 7. Zusatzprotokolls zur EMRK in Betracht kommen, wären diese Vorschriften sowohl von der BaFin als auch von der ersuchenden, zuständigen Stelle zu beachten, ohne dass es einer Anwendung des § 10 Abs. 3 Satz 1 Nr. 2 KAGB bedürfte. 11

cc) Beeinträchtigung eigener Ermittlungen (§ 10 Abs. 3 Satz 1 Nr. 3 KAGB)

Der Ablehnungsgrund nach § 10 Abs. 3 Satz 1 Nr. 3 KAGB wurde mit dem OGAW V-UmsG neu aufgenommen[18] und ermöglicht eine Ablehnung des Ersuchens, wenn eine Beeinträchtigung eigener Ermittlungen oder Durchsetzungsmaßnahmen oder strafrechtlicher Ermittlungen im Zuge des Ersuchens im Zu- 12

---

13 So etwa auch im Hinblick auf den parallelen Ablehnungsgrund für die internationale Zusammenarbeit im Bereich der Börsen- und Wertpapieraufsicht nach § 7 Abs. 3 WpHG in der Fassung vor der Änderung durch das zweite Gesetz zur Novellierung von Finanzmarktvorschriften auf Grund europäischer Rechtsakte (Zweites Finanzmarktnovellierungsgesetz – 2. FiMaNoG) vom 23.6.2017, BGBl. I 2017, S. 1693.

14 *Schneider* in Baur/Tappen, § 10 KAGB Rz. 8; *Kunschke/Machhausen* in Dornseifer/Jesch/Klebeck/Tollmann, Art. 54 AIFM-RL Rz. 6.

15 *Herdegen* in Maunz/Dürig, Grundgesetz Präambel Rz. 62 f.

16 So *Schneider* in Baur/Tappen, § 10 KAGB Rz. 9.

17 So *Kunschke/Machhausen* in Dornseifer/Jesch/Klebeck/Tollmann, Art. 54 AIFM-RL Rz. 6.

18 Begr. RegE, BT-Drucks. 18/6744, 44.

sammenhang mit OGAW zu besorgen ist. Ob dieser Ablehnungsgrund zur Umsetzung[19] von Abs. 4 des neugefassten Art. 99 der RL 2009/65/EG aufgenommen werden musste, lässt sich in Zweifel ziehen. Systematisch lässt sich § 10 Abs. 3 Satz 1 Nr. 3 KAGB als ein **Unterfall des Ordre-Public-Vorbehalts**, der in § 10 Abs. 3 Satz 1 Nr. 1 KAGB geregelt ist, sehen. § 10 Abs. 3 Satz 1 Nr. 1 KAGB wäre also im Lichte von Art. 99 Abs. 4 der der RL 2009/65/EG auszulegen. Auch ist die Beschränkung dieses Versagungsgrundes auf OGAW inhaltlich nur schwer nachzuvollziehen. Der nationale Gesetzgeber wäre nicht gehindert gewesen, unter Aspekten der Systemgerechtigkeit, die gleiche Regelung für AIF aufzunehmen. Ein Sachgrund für die unterschiedliche Behandlung von OGAW und AIF ist nicht ersichtlich.

c) Qualifikation der Ablehnung und Verfahren

13 § 10 Abs. 3 Satz 2 KAGB verlangt, dass die BaFin die ersuchende Behörde über die Geltendmachung von Ablehnungsgründen **unverzüglich und begründet** unterrichtet. Die Ablehnung des Ersuchens ist nicht als Verwaltungsakt der BaFin gem. § 35 Satz 1 VwVfG zu qualifizieren.[20] Der Umfang der Begründungspflicht ist spezialgesetzlich nur teilweise geregelt; so sind bei einer Verweigerung nach § 10 Abs. 3 Satz 1 Nr. 2 KAGB die genauen Informationen über das gerichtliche Verfahren oder die unanfechtbare Entscheidung zu übermitteln. Das Schlichtungsverfahren nach Art. 19 der VO (EU) 1095/2010 („ESMA-VO") ist hierbei die relevante Verfahrensart.

14 Einstweilen frei.

4. Schlichtungsersuchen an die ESMA (§ 10 Abs. 4 KAGB)

15 § 10 Abs. 4 KAGB regelt den Fall, in dem die BaFin die ESMA um Schlichtung ersucht, wenn die ausländischen zuständigen Behörden dem Ersuchen der BaFin nach § 10 Abs. 1 KAGB nicht nachgekommen sind. § 10 Abs. 4 KAGB übernimmt, mit redaktionellen Anpassungen, den Wortlaut des aufgehobenen § 19 Abs. 9 InvG und dient der Umsetzung von Art. 101 Abs. 8 OGAW IV-RL sowie von Art. 55 AIFMD. Es ist systematisch nicht unmittelbar nachvollziehbar, warum der nationale Gesetzgeber das Verfahren in das KAGB aufgenommen hat. Denn die BaFin hätte auch ohne diese Regelung die Möglichkeit gehabt, die ESMA um Schlichtung zu ersuchen und zwar auf Grundlage der unmittelbar geltenden ESMA-VO.[21]

16 Die **Einleitung eines Schlichtungsverfahrens** im Rahmen des § 10 Abs. 4 KAGB liegt nach dem Wortlaut der Vorschrift im Ermessen der BaFin, die entweder nach Art. 19 ESMA-VO in einem formellen Verfahren oder im Wege einer rein bilateralen Streitbeilegung vorgehen kann.[22] Die Aufgabe der ESMA beschränkt sich im Rahmen des Schlichtungsverfahrens gem. Art. 19 Abs. 2 ESMA-VO auf **Koordination und Rechtskontrolle**, ohne das Kompetenzgefüge zwischen Europäischer Union und den Mitgliedstaaten zu berühren. Allerdings steht der ESMA nach Art. 19 Abs. 3 der ESMA-VO das Recht zu, einen für die Behörden verbindlichen Beschluss zu fassen. Die betroffenen Behörden könnten, wenn sie mit dem Beschluss nicht einverstanden sind, eine Beschwerde nach Art. 60 ESMA-VO einlegen oder eine Nichtigkeitsklage nach Art. 263 Abs. 4 2. Fall AEUV erheben.[23]

5. Verfahren für Vor-Ort-Überprüfungen oder Ermittlungen (§ 10 Abs. 5 KAGB)

17 § 10 Abs. 5 KAGB verweist für das nähere Verfahren für die Vor-Ort-Überprüfungen oder Ermittlungen im Rahmen der OGAW IV-RL auf Art. 6 bis 11 VO (EU) Nr. 584/2010[24] bzw. für solche im Rahmen der

---

19 Begr. RegE, BT-Drucks. 18/6744, 44.

20 *Riedel* in Bader/Ronellenfitsch, BeckOK VwVfG, § 8a VwVfG Rz. 17-19.

21 Verordnung (EU) Nr. 1095/2010 des Europäischen Parlaments und des Rates vom 24.11.2010 zur Errichtung einer Europäischen Aufsichtsbehörde (Europäische Wertpapier- und Marktaufsichtsbehörde), zur Änderung des Beschlusses Nr. 716/2009/EG und zur Aufhebung des Beschlusses 2009/77/EG der Kommission, ABl. EU Nr. L 331 v. 15.12.2010, S. 84; *Walla*, BKR 2012, 265.

22 *Kunschke/Machhausen* in Dornseifer/Jesch/Klebeck/Tollmann, Art. 55 AIFM-RL Rz. 7.

23 Zum Verfahren im Rechtsschutz gegen ESAs, vgl. *Sonder*, BKR 2012, 8 und gegen die ESMA im Besonderen *Frank*, Die Rechtswirkungen der Leitlinien und Empfehlungen der Europäischen Wertpapier- und Marktaufsichtsbehörde, S. 71 ff.

24 Verordnung (EU) Nr. 584/2010 der Kommission vom 1.7.2010 zur Durchführung der Richtlinie 2009/65/EG des Europäischen Parlaments und des Rates im Hinblick auf Form und Inhalt des Standardmodells für das Anzeigeschreiben und die OGAW-Bescheinigung, die Nutzung elektronischer Kommunikationsmittel durch die zuständigen Behörden für die Anzeige und die Verfahren für Überprüfungen vor Ort und Ermittlungen sowie für den Informationsaustausch zwischen zuständigen Behörden, ABl. EU Nr. L 176 v. 10.7.2010, S. 16.

AIFMD auf die gem. Art. 54 Abs. 4 AIFMD von der Europäischen Kommission erlassenen **technischen Durchführungsstandards.**[25] Die Vorschrift dient der Umsetzung von Art. 101 Abs. 9 und Art. 105 der OGAW IV-RL sowie von Art. 54 Abs. 4 der AIFMD.

§ 11 Besondere Vorschriften für die Zusammenarbeit bei grenzüberschreitender Verwaltung und grenzüberschreitendem Vertrieb von AIF

(1) [1]Stellt die Bundesanstalt fest, dass eine EU-AIF-Verwaltungsgesellschaft oder eine ausländische AIF-Verwaltungsgesellschaft, die im Inland AIF verwaltet oder vertreibt, gegen eine der Bestimmungen verstößt, deren Einhaltung die Bundesanstalt zu überwachen hat, fordert sie die betreffende EU-AIF-Verwaltungsgesellschaft oder ausländische AIF-Verwaltungsgesellschaft auf, den Verstoß zu beenden. [2]Die Bundesanstalt unterrichtet die zuständigen Stellen des Herkunftsmitgliedstaates der EU-AIF-Verwaltungsgesellschaft oder des Referenzmitgliedstaates der ausländischen AIF-Verwaltungsgesellschaft entsprechend.

(2) Weigert sich die EU-AIF-Verwaltungsgesellschaft oder die ausländische AIF-Verwaltungsgesellschaft, der Bundesanstalt die für die Erfüllung ihrer Aufgaben erforderlichen Informationen zukommen zu lassen oder unternimmt sie nicht die erforderlichen Schritte, um den Verstoß gemäß Absatz 1 zu beenden, setzt die Bundesanstalt die zuständigen Stellen des Herkunftsmitgliedstaates oder des Referenzmitgliedstaates hiervon in Kenntnis.

(3) [1]Erhält die Bundesanstalt die Mitteilung von einer zuständigen Stelle eines Aufnahmemitgliedstaates, dass eine AIF-Kapitalverwaltungsgesellschaft oder eine ausländische AIF-Verwaltungsgesellschaft, deren Referenzmitgliedstaat die Bundesrepublik Deutschland ist, die Herausgabe der zur Erfüllung der Aufgaben der zuständigen Stelle des Aufnahmemitgliedstaates erforderlichen Informationen verweigert,

1. **trifft sie unverzüglich alle geeigneten Maßnahmen, um sicherzustellen, dass die betreffende AIF-Kapitalverwaltungsgesellschaft oder die ausländische AIF-Verwaltungsgesellschaft, deren Referenzmitgliedstaat die Bundesrepublik Deutschland ist, die von den zuständigen Stellen ihres Aufnahmemitgliedstaates gemäß Artikel 45 Absatz 3 der Richtlinie 2011/61/EU geforderten Informationen vorlegt oder den Verstoß gemäß Artikel 45 Absatz. 4 der Richtlinie 2011/61/EU beendet,**
2. **ersucht sie die betreffenden zuständigen Stellen in Drittstaaten unverzüglich um Übermittlung der erforderlichen Informationen.**

[2]Die Art der Maßnahmen gemäß Nummer 1 ist den zuständigen Stellen des Aufnahmemitgliedstaates der AIF-Kapitalverwaltungsgesellschaft oder der ausländischen AIF-Verwaltungsgesellschaft, deren Referenzmitgliedstaat die Bundesrepublik Deutschland ist, mitzuteilen.

(4) [1]Weigert sich die EU-AIF-Verwaltungsgesellschaft oder die ausländische AIF-Verwaltungsgesellschaft weiterhin, die von der Bundesanstalt gemäß § 5 Absatz 9 geforderten Informationen vorzulegen oder verstößt sie weiterhin gegen die in Abs. 1 genannten Bestimmungen,

1. **obwohl eine Maßnahme gemäß Artikel 45 Absatz 5 Satz 2 der Richtlinie 2011/61/EU von den zuständigen Stellen ihres Herkunftsmitgliedstaates oder Referenzmitgliedstaates getroffen worden ist, oder**
2. **weil sich eine Maßnahme nach Nummer 1 als unzureichend erweist oder**
3. **weil eine Maßnahme nach Nummer 1 in dem fraglichen Mitgliedstaat der Europäischen Union oder Vertragsstaat des Abkommens über den Europäischen Wirtschaftsraum nicht verfügbar ist,**

kann die Bundesanstalt nach Unterrichtung der zuständigen Stellen des Herkunftsmitgliedstaates der EU-AIF-Verwaltungsgesellschaft oder des Referenzmitgliedstaates der ausländischen AIF-Verwaltungsgesellschaft geeignete Maßnahmen, einschließlich der Maßnahmen nach den §§ 5, 40 bis 42, 339 und 340, ergreifen, um die Verstöße zu ahnden oder weitere Verstöße zu verhindern. [2]Soweit erforderlich, kann sie dieser EU-AIF-Verwaltungsgesellschaft oder ausländischen AIF-Verwaltungs-

25 Vgl. *Schneider* in Baur/Tappen, Investmentgesetze, § 10 KAGB Rz. 9; *Kunschke/Machhausen* in Dornseifer/Jesch/Klebeck/Tollmann, Art. 54 AIFM-Richtlinie Rz. 8.

gesellschaft auch neue Geschäfte im Inland untersagen. [3]Verwaltet die EU-AIF-Verwaltungsgesellschaft oder die ausländische AIF-Verwaltungsgesellschaft AIF im Inland, kann die Bundesanstalt die Einstellung der Verwaltung verlangen.

(5) [1]Hat die Bundesanstalt hinreichende Anhaltspunkte für einen Verstoß einer EU-AIF-Verwaltungsgesellschaft oder einer ausländischen AIF-Verwaltungsgesellschaft gegen die Verpflichtungen nach diesem Gesetz, teilt sie ihre Erkenntnisse der zuständigen Stelle des Herkunftsmitgliedstaates der EU-AIF-Verwaltungsgesellschaft oder des Referenzmitgliedstaates der ausländischen AIF-Verwaltungsgesellschaft mit. [2]Wenn die Bundesanstalt eine Mitteilung nach Satz 1 von einer anderen zuständigen Stelle erhalten hat,

1. ergreift sie geeignete Maßnahmen und
2. fordert sie gegebenenfalls Informationen von zuständigen Stellen in Drittstaaten an.

(6) Verhält sich die EU-AIF-Verwaltungsgesellschaft oder eine ausländische AIF-Verwaltungsgesellschaft weiterhin in einer Art und Weise, die den Interessen der Anleger der betreffenden AIF, der Finanzstabilität oder der Integrität des Marktes in der Bundesrepublik Deutschland eindeutig abträglich ist,

1. obwohl von den zuständigen Stellen ihres Herkunftsmitgliedstaates oder Referenzmitgliedstaates eine Maßnahme gemäß Artikel 45 Absatz 7 der Richtlinie 2011/61/EU getroffen worden ist,
2. weil sich eine Maßnahme nach Nummer 1 als unzureichend erweist oder
3. weil der Herkunftsmitgliedstaat der AIF-Verwaltungsgesellschaft nicht rechtzeitig handelt,

kann die Bundesanstalt nach Unterrichtung der zuständigen Stellen des Herkunftsmitgliedstaates der EU-AIF-Verwaltungsgesellschaft oder des Referenzmitgliedsstaates der ausländischen AIF-Verwaltungsgesellschaft alle erforderlichen Maßnahmen ergreifen, um die Anleger des betreffenden AIF, die Finanzstabilität und die Integrität des Marktes in der Bundesrepublik Deutschland zu schützen; sie hat auch die Möglichkeit, der EU-AIF-Verwaltungsgesellschaft oder der ausländischen AIF-Verwaltungsgesellschaft den weiteren Vertrieb von Anteilen des betreffenden AIF im Inland zu untersagen.

(7) Das Verfahren nach den Absätzen 5 und 6 wird ferner angewendet, wenn die Bundesanstalt klare und belegbare Einwände gegen die Erlaubnis einer ausländischen AIF-Verwaltungsgesellschaft durch den Referenzmitgliedstaat hat.

(8) Besteht zwischen der Bundesanstalt und den betreffenden zuständigen Stellen keine Einigkeit in Bezug auf eine von der Bundesanstalt oder einer zuständigen Stelle nach den Absätzen 1 bis 7 getroffene Maßnahme, kann die Bundesanstalt nach Maßgabe des Artikel 19 der Verordnung (EU) Nr. 1095/2010 die Europäische Wertpapier- und Marktaufsichtsbehörde um Hilfe ersuchen.

(9) Auf Verlangen der Europäischen Wertpapier- und Marktaufsichtsbehörde gemäß Artikel 47 Absatz 4 der Richtlinie 2011/61/EU ergreift die Bundesanstalt nach Maßgabe des Absatz 10 eine der folgenden Maßnahmen:

1. Untersagung des Vertriebs von Anteilen an AIF, die von ausländischen AIF-Verwaltungsgesellschaften verwaltet werden, oder von Anteilen an ausländischen AIF, die von AIF-Kapitalverwaltungsgesellschaften oder EU-AIF-Verwaltungsgesellschaften verwaltet werden, ohne dass
   a) eine Erlaubnis nach § 57 erteilt wurde oder
   b) die Anzeige nach § 320 Absatz 1, § 322 Absatz 2, § 324 Absatz 2, § 325 Absatz 1, § 326 Absatz 2, § 327 Absatz 1, § 328 Absatz 2, § 330 Absatz 2, § 332 Absatz 2, § 333 Absatz 1 oder § 334 Absatz 2 erstattet worden ist.
2. Beschränkungen für die Verwaltung eines AIF durch eine ausländische AIF-Verwaltungsgesellschaft, wenn
   a) übermäßige Risikokonzentrationen in einem Markt auf grenzüberschreitender Grundlage vorliegen oder
   b) ein erhebliches Kontrahentenrisiko für ein Kreditinstitut im Sinne des Artikels 4 Absatz 1 Nummer 1 der Verordnung (EU) Nr. 575/2013 oder sonstige systemrelevante Institute von der ausländischen AIF-Verwaltungsgesellschaft den oder dem AIF ausgeht.

(10) Die Maßnahmen nach Absatz 9 können nur ergriffen werden, sofern sie die folgenden Voraussetzungen erfüllen:

1. sie begegnen wirksam den Risiken für die ordnungsgemäße Funktionsweise und die Integrität des Finanzmarktes oder die Stabilität des gesamten oder eines Teils des Finanzsystems in der Europäischen Union oder in einem anderen Vertragsstaat des Abkommens über den Europäischen Wirtschaftsraum oder sie verbessern die Möglichkeit der Bundesanstalt zur Überwachung dieser Risiken wesentlich;

2. sie bergen nicht das Risiko der Aufsichtsarbitrage;

3. sie haben keine unverhältnismäßigen negativen Auswirkungen auf die Funktionsfähigkeit des Finanzmarktes, einschließlich der Verringerung der Liquidität der Märkte, oder führen nicht in unverhältnismäßiger Weise zur Unsicherheit für Marktteilnehmer.

(11) [1]Die Bundesanstalt kann die Europäische Wertpapier- und Marktaufsichtsbehörde auffordern, ihren Beschluss zu überprüfen. [2]Dabei kommt das in Artikel 44 Absatz 1 Unterabsatz 2 der Verordnung (EU) Nr. 1095/2010 vorgesehene Verfahren zur Anwendung.

In der Fassung vom 4.7.2013 (BGBl. I 2013, S. 1981), zuletzt geändert durch das Gesetz zur Anpassung von Gesetzen auf dem Gebiet des Finanzmarktes vom 15.7.2014 (BGBl. I 2014, S. 934).

Schrifttum: *Eidenmüller*, Effizienz als Rechtsprinzip, 4. Aufl. 2015; *Gebauer/Teichmann*, Europäisches Privat- und Unternehmensrecht, 2016; *Hoffmann-Riem/Schmidt-Aßmann/Voßkuhle*, Grundlagen des Verwaltungsrechts, Band 1, 2. Aufl. 2012; *Ohler* in Derleder/Knops/Bamberger, Deutsches und europäisches Bank- und Kapitalmarktrecht, Band 2, 3. Aufl. 2017, § 90.

I. Inhalt der Norm

§§ 9 bis 13 KAGB befassen sich mit der **Behördenzusammenarbeit**. Dabei regelt § 11 KAGB die Zusammenarbeit bei der Behandlung von Gesetzesverstößen bei grenzüberschreitender Verwaltung und grenzüberschreitendem Vertrieb von AIF. Aufbauend auf der grundsätzlichen Aufsichtszuständigkeit des Herkunftsmitgliedstaats des AIF oder der AIF-Verwaltungsgesellschaft[1] i.S.v. § 1 Abs. 19 Nr. 18 und 20 KAGB sowie des Referenzstaats nach § 56 KAGB, regelt die Vorschrift die **Zuständigkeit** und die **Vorgehensweise** bei aufsichtlichem Tätigwerden im Fall von Gesetzesverstößen durch eine AIF-Verwaltungsgesellschaft oder eine AIF-Kapitalverwaltungsgesellschaft. Die Norm befasst sich sowohl mit dem Fall, in dem die Bundesrepublik Aufnahme-, als auch mit dem Fall in dem sie Herkunfts- oder Referenzstaat ist. Geregelt werden zum einen die Details der Zusammenarbeit der zuständigen Aufsichtsbehörden im EWR, als auch die Einbeziehung der zuständigen Stellen der Referenzstaaten und der ESMA. 1

1 Vgl. *Kunschke/Machhausen* in Dornseifer/Jesch/Klebeck/Tollmann, Art. 45 AIFM-RL Rz. 5.

II. Verortung in der AIFMD sowie anderen Gesetzen

2 Die Vorschrift dient der **Umsetzung** der von Art. 45 Abs. 4 bis 10 sowie von Art. 47 Abs. 4, 6 und 10 der AIFMD.[2] Unmittelbar vergleichbare, detaillierte Regelungen finden sich weder für OGAW im KAGB, noch für die, vergleichbar notwendige, Kommunikation bei der Beaufsichtigung von Wertpapierfirmen oder CRR-Kreditinstituten. Es lässt sich also feststellen, dass die Art der Behördenzusammenarbeit in Bezug auf Verstöße im Zusammenhang mit der Verwaltung von AIF besonders detailliert ist. Über den Grund dieses besonderen Detaillierungsgrades lässt sich nur spekulieren. Dass entsprechende Regelungen in Bezug auf OGAW nicht aufgenommen wurden, mag damit erklärt werden, dass das standardisierte Produkt OGAW als weniger aufsichtsrelevant eingestuft wird. In Bezug auf die fehlenden detaillierten Regelungen in MiFID II und deren Umsetzung in der Bundesrepublik, lässt sich eine Erklärung nicht ausmachen; sind doch die mirko- und makroprudentiellen Gefahren, die sich aus Verstößen gegen Umsetzungsnormen der AIFMD ergeben, nicht geringer als Verstöße gegen die Umsetzungsnormen der MiFID II.

III. Die Tatbestandsmerkmale im Einzelnen

1. Rechtsverstöße in Inboundfällen (§ 11 Abs. 1 KAGB)

3 § 11 Abs. 1 KAGB setzt Art. 45 Abs. 4 der AIFMD um.[3] Stellt die BaFin einen **Rechtsverstoß** gegen eine Bestimmung fest, deren Einhaltung sie zu überwachen hat, muss sie die ausländische Gesellschaft auffordern, den Verstoß zu beenden. Die BaFin trifft also die Pflicht, **das Unternehmen anzusprechen**. Die Behörde kann sich nicht darauf beschränken, etwa die Herkunfts- oder Referenzstaatsaufsicht anzusprechen, um aufsichtliche Maßnahmen zu ersuchen. Die Pflicht, das Unternehmen aufzufordern, setzt allerdings nur dann ein, wenn der BaFin eine spezifische **Überwachungspflicht** obliegt. Die jeweilige Pflicht ergibt sich aus der Aufgabenzuweisung des § 5 KAGB, und dort aus den Abs. 4 und 5, die die Residualkompetenzen[4] des Aufnahme- oder Referenzstaats festlegen. Soweit man den, recht umfassenden, Verweisnormen, die in § 5 Abs. 4 und 5 KAGB genannt sind, folgt, verbleibt kaum ein Sachverhalt, der nicht der zusätzlichen Aufsicht der BaFin als zuständiger Behörde des Aufnahmestaats obliegt. Für die Mitteilungspflicht nach § 11 Abs. 1 KAGB ist also zunächst zu fragen, ob der erkannte Rechtsverstoß in den Zuständigkeitsbereich der BaFin nach § 5 Abs. 4 und 5 KAGB fällt. Soweit dies der Fall ist, sind sowohl die verstoßende Gesellschaft, als auch – dies ergibt sich aus § 11 Abs. 1 Satz 2 KAGB – die zuständigen Stellen des Herkunftsmitglieds- oder Referenzstaats zu unterrichten. Hinsichtlich der Frage des **Adressaten** der Aufforderung zur Beendigung des Verstoßes trifft das Gesetz keine Regelung. Wie und welcher Adressat anzusprechen ist, steht damit im Ermessen der BaFin. In Betracht kommen Leiter der Zweigniederlassung, Geschäftsleiter der Hauptniederlassung oder auch Aufsichtsorgane der Hauptniederlassung. Das „Ob" der Aufforderung an das verstoßende Unternehmen steht nicht im Ermessen der BaFin. Damit ist ihr Handlungsermessen eingeschränkter als in dem Fall, in dem es sich um eine inländische Gesellschaft handelt, hinsichtlich derer die BaFin zumindest ein Aufgriffsermessen hätte.

4 Neben der Verpflichtung zur Aufforderung, Verstöße abzustellen, begründet § 5 Abs. 4 und 5 KAGB auch direkte Zuständigkeiten der BaFin zur Überwachung. Deshalb ist nach dem **Verhältnis** der Pflicht zur Aufforderung zur Beendigung von Verstößen in Abs. 1 und nach dem gebundenen Aufgreifermessen zur Abstellung der Verstöße durch eigene Verwaltungsmaßnahmen, etwa auf Grund von § 5 Abs. 4 KAGB in Verbindung mit den Ermächtigungsgrundlagen, zu fragen. Aus § 11 Abs. 2 KAGB lässt sich jedenfalls ein **Initiativrecht** des Herkunfts- oder Referenzmitgliedstaats ableiten.

2. Weigerung, Verstöße zu beenden oder Informationen zukommen zu lassen (§ 11 Abs. 2 KAGB)

5 § 11 Abs. 2 KAGB setzt Art. 45 Abs. 5 Satz 1 AIFMD[5] um und regelt den Fall, dass die von der BaFin aufgeforderte Gesellschaft den Verstoß nicht beendet oder von der BaFin verlangte Informationen nicht zur Verfügung stellt. In diesem Fall ist die BaFin nach Satz 2 verpflichtet, die zuständigen Stellen des Herkunfts- oder Referenzmitgliedstaats hiervon in Kenntnis zu setzen. In Zusammenschau mit den Ermächtigungsgrundlagen der § 5 Abs. 4 KAGB und § 11 Abs. 4 KAGB hat die BaFin also neben ihrer aufsichtsrechtlich gebundenen Handlungspflicht im Rahmen ihrer Residualaufsicht eine **Mitteilungspflicht**

2 Begr. RegE, BT-Drucks. 17/12294, 208 f.
3 Begr. RegE, BT-Drucks. 17/12294, 208.
4 Zur Residualkompetenz auf Grundlage der Europäischen Pässe, vgl. etwa *Ohler* in Derleder/Knops/Bamberger, Deutsches und europäisches Bank- und Kapitalmarktrecht, Band 2, § 90 Rz. 14 ff.
5 Begr. RegE, BT-Drucks. 17/12294, 208.

gegenüber den zuständigen Behörden. Daraus ergibt sich eine Art „Recht des ersten Zugriffs" der zuständigen Behörde des Herkunfts- oder Referenzmitgliedstaats; der Behörde soll Gelegenheit gegeben werden, die Verstöße abzustellen. Hier ist zu fragen, ob die zuständige Stelle des Herkunfts- oder Referenzmitgliedstaat, die von der BaFin über Rechtsverstöße unterrichtet wurde, ein **eigenes Prüfungsrecht** oder eine **eigene Prüfungspflicht** hinsichtlich der Tatbestandsmäßigkeit der von der BaFin mitgeteilten Verstöße hat oder die Einschätzung der BaFin übernehmen muss. Da die relevanten Tatbestände, etwa die Wohlverhaltensregeln, die nach § 5 Abs. 5 KAGB i.V.m. § 26 Abs. 2 KAGB, keinesfalls vollharmonisiert[6] sind, müsste die zuständige Behörde, wenn ihr ein Prüfungsrecht oder eine Prüfungspflicht zustünde oder obläge, die Tatbestandsmäßigkeit fremden Rechts prüfen. Da die zuständige Behörde des Aufnahme- oder Referenzstaats Maßnahmen gegenüber der Verwaltungsgesellschaft ergreifen kann, deren Überprüfung dann auch den Gerichten des Aufnahme- oder Referenzstaats zugewiesen wäre,[7] spricht einiges dafür, dass die zuständige Stelle des Herkunftsstaats die Rechtsmeinung der Aufnahme- oder Referenzmitgliedstaatsaufsicht übernehmen muss. Deshalb ist die zuständige Stelle des Aufnahme- oder Referenzmitgliedstaats auf das Ersuchen der BaFin hin verpflichtet, Maßnahmen zu ergreifen, um eine Abstellung der mitgeteilten Verstöße herbeizuführen.[8] Die **Art der für die Abstellung der Verstöße zu ergreifenden Maßnahmen** sind weder in Art. 45 Abs. 5 Satz 2 lit. a AIFMD noch in § 11 Abs. 3 Nr. 1 KAGB benannt. Deshalb richten sich die Maßnahmen, die die zuständige Stelle zur Abstellung der Verstöße ergreift, auch nach dem Recht des Herkunftsstaats. Ergreift die zuständige Stelle des Herkunftsstaats keine geeigneten Maßnahmen zur Abstellung der Verstöße kann die BaFin nach den Vorgaben von § 11 Abs. 6 KAGB selber tätig werden, wobei bei Meinungsverschiedenheiten zwischen den Behörden die ESMA nach § 11 Abs. 8 KAGB zur Schlichtung hinzugezogen werden kann.[9] Interessant ist hier, dass die Frage der Feststellung der Verstöße sich nach dem Recht des Aufnahmestaats richtet, während sich die zuständige Behörde zur Abstellung der Verstöße einer Ermächtigungsgrundlage ihres nationalen Rechts bedienen muss. Hierbei handelt es sich nicht um eine Frage des Verwaltungskollisionsrechts,[10] sondern um eine Frage der Zulässigkeit der gleichzeitigen Anwendung verschiedener Rechtsordnungen, die sich nach dem jeweils nationalen öffentlichen Recht beantwortet.

3. Maßnahmen bei Rechtsverstößen von AIF-Verwaltungsgesellschaften (§ 11 Abs. 3 KAGB)

§ 11 Abs. 3 KAGB setzt Art. 45 Abs. 5 Sätze 2 und 3 AIFMD um[11] und ist die teilweise reziproke Norm zu 6
Abs. 1. Abs. 3 regelt den Fall, in dem die Bundesrepublik Herkunfts- oder Referenzmitgliedstaat einer KVG ist und von der zuständigen Stelle des Aufnahmemitgliedstaats darüber unterrichtet wird, dass ihr die Übermittlung von Informationen verweigert wird, die es ihr ermöglichen, sich über etwaige Rechtsverstöße zu unterrichten. In diesem Fall ist die BaFin verpflichtet, entweder für die **Vorlage der geforderten Informationen** bei der zuständigen Stelle zu sorgen oder dafür zu sorgen, dass **der mitgeteilte Verstoß beendet** wird. Da § 11 Abs. 3 KAGB keine eigene Ermächtigungsgrundlage enthält, muss die BaFin auf die ihr nach dem KAGB zur Verfügung stehenden Ermächtigungsgrundlagen zurückgreifen; hier kommt in erster Linie § 5 KAGB in Betracht. Dabei ist jedoch zu beachten, dass die beanstandeten Verstöße der KVG, nach dem Vorbringen der zuständigen Stelle des Aufnahmemitgliedstaats dortiges Recht verletzen und, jedenfalls nach dem Wortlaut der Ermächtigungsnormen des § 5 KAGB, nicht unmittelbar zu Verwaltungsmaßnahmen zu Lasten der KVG ermächtigen. Anderseits ließe sich § 5 Abs. 6 Satz 1 KAGB dahin lesen, dass zum **Überwachungsumfang** auch die Überwachung der zutreffenden Anwendung fremden Rechts im Aufnahmemitgliedstaat gehört. Das Schwestergesetz zum KAGB – das KWG – behilft sich mit einer allgemeineren Missstandsaufsicht, die sich unbestritten auch für den Fall der Verletzung fremden Rechts im Ausland anwenden lässt.[12] Da die BaFin – reziprok zu § 11 Abs. 2 KAGB (vgl. Rz. 5) – keinen eigenen Beurteilungsspielraum für die Feststellung der Verstöße hat, ist sie nach Nr. 2 verpflichtet, die notwendigen Informatio-

---

6 Zum Konzept der Vollharmonisierung etwa *Gebauer/Teichmann* in Europäisches Privat- und Unternehmensrecht, § 1 Rz. 20 ff.

7 Für Bundesrepublik Deutschland als Referenzstaat vgl. etwa § 62 KAGB, der Art. 37 Abs. 13 AIFM-RL umsetzt. Ist die Bundesrepublik Deutschland der Aufnahmestaat, dann ergibt sich die Gerichtszuständigkeit aus § 45 i.V.m. § 40 VwGO.

8 *Baumann* in Weitnauer/Boxberger/Anders, § 11 KAGB Rz. 3.

9 *Baumann* in Weitnauer/Boxberger/Anders, § 11 KAGB Rz. 3.

10 Zum Konzept und zur Diskussion eines „Verwaltungskollisionsrechts" etwa *Schmidt-Aßmann* in Grundlagen des Verwaltungsrechts, Band 1, § 5 Rz. 29 f. für die europarechtliche Perspektive sowie *Ruffert* in Grundlagen des Verwaltungsrechts, Band 1, § 17 Rz. 1 ff. zur Drittstaatenperspektive.

11 Begr. RegE, BT-Drucks. 17/12294, 208.

12 Zu § 6 Abs. 2 und Abs. 3 KWG vgl. *Albert* in Reischauer/Kleinhans, § 6 KWG Rz. 41–53 sowie *Schäfer* in Boos/Fischer/Schulte-Mattler, § 6 KWG Rz. 32–72.

nen – auch von den zuständigen Stellen aus den Drittstaaten – einzuholen und die von den zuständigen Stellen des Aufnahmemitgliedstaats monierten Verstöße zu beenden. Zudem hat die BaFin die zuständigen Stellen des Aufnahmemitgliedstaats **über die getroffenen Maßnahmen zu unterrichten**. Bleiben die Anordnungen der BaFin ohne Erfolg, begründet dies, allerdings nach dem Recht des Aufnahmestaats, der Art. 45 AIFMD umgesetzt haben sollte, eine Eingriffszuständigkeit der zuständigen Stellen des Aufnahmemitgliedstaats.[13]

4. Maßnahmen bei Rechtsverstößen von AIF-Verwaltungsgesellschaften (§ 11 Abs. 4 KAGB)

7 § 11 Abs. 4 KAGB setzt Art. 45 Abs. 6 der AIFMD um.[14] Diese Vorschriften sind die Eskalationsstufe zu Abs. 2 und behandeln den Fall, in dem die sich die von der BaFin veranlassten Maßnahmen des Herkunfts- oder Referenzstaats als unzureichend und wirkungslos erweisen. In diesem Fall hat die BaFin, nachdem sie die Aufsichtsbehörde im Herkunftsmitgliedstaat darüber unterrichtet hat, die Möglichkeit selbst gegenüber der ausländischen AIF-Verwaltungsgesellschaft durch Anwendung der gesetzlich vorgesehenen Maßnahmen tätig zu werden. Hierzu zählen insbesondere die **Gefahrenabwehrmaßnahmen** nach §§ 40–42 KAGB und nach §§ 339 f. KAGB, sowie das **Verhängen von Strafen oder Bußgeldern** oder das **Einleiten derartiger Maßnahmen.**[15] Zudem kann die BaFin die **Durchführung neuer Geschäfte** und die **Verwaltung der inländischen AIF** untersagen.[16] Hieraus ergibt sich wiederum, dass der Heimatlandaufsicht ein Recht des ersten aufsichtsrechtlichen Zugriffs zusteht und dass Referenz- und oder Aufnahmestaatsaufsicht erst dann tätig werden, wenn die Maßnahmen der Herkunftslandaufsicht nicht fruchten. Ob es sich um ein „stringentes Aufsichtsprogramm“ handelt, lässt sich diskutieren.[17] Jedenfalls wird der Grundsatz: Grundsätzliche Erstaufsicht durch den Heimatlandstaat mit Ausnahme der Residualaufsicht des Aufnahme- oder Referenzstaats und sodann Auffangzuständigkeit der Aufsicht des Aufnahme- oder Referenzstaats verwirklicht.

5. Mitteilungspflichten der BaFin als zuständige Behörde des Aufnahmemitgliedstaats an die zuständigen Stellen im Herkunftsmitgliedstaat/Referenzmitgliedstaat; Handlungspflichten bei eingehenden Mitteilungen (§ 11 Abs. 5 KAGB)

8 § 11 Abs. 5 KAGB setzt Art. 45 Abs. 7 der Richtlinie 2011/61/EU um.[18] Sofern ausreichende Anhaltspunkte für einen Rechtsverstoß der EU-AIF-Verwaltungsgesellschaft oder ausländischen AIF-Verwaltungsgesellschaft gegen Vorschriften des KAGB vorliegen, hat die BaFin – als zuständige Behörde des Aufnahmemitgliedstaats – die Pflicht, **die zuständige Stelle des Herkunfts- oder Referenzmitgliedstaats zu unterrichten**. Erhält die BaFin von einer anderen zuständigen Stelle entsprechende Informationen über einen Rechtsverstoß, so kann sie **im eigenen Ermessen** geeignete Maßnahmen ergreifen. Sofern der Rechtsverstoß durch eine ausländische AIF-Verwaltungsgesellschaft erfolgt, muss die BaFin die benötigten Informationen aus dem Drittstaat anfordern.[19] Die Informationspflicht ist nur dann begründet, wenn „klare und nachweisbare“ Gründe vorliegen; dies ergibt sich aus dem Wortlaut des Art. 45 Abs. 7 AIFMD.[20]

6. Handlungsoptionen der BaFin bei fortgesetzten und von der Herkunftsstaatsaufsicht nicht unterbundenen Rechtsverstößen (§ 11 Abs. 6 KAGB)

9 § 11 Abs. 6 KAGB setzt Art. 45 Abs. 8 der Richtlinie 2011/61/EU um.[21] Sofern die EU-AIF-Verwaltungsgesellschaft oder die ausländische AIF-Verwaltungsgesellschaft nach Aufforderung der BaFin den Rechtsverstoß nicht beendet oder die Informationen weiterhin verweigert und dadurch die Anleger des betroffenen AIF, die Finanzstabilität Deutschlands oder die Integrität des Marktes beeinträchtigt sind, kann die BaFin **alle erforderlichen Maßnahmen** treffen, um die Finanzmarktstabilität oder die Anleger zu schützen. Das setzt voraus, dass die vom Herkunftsmitgliedstaat getroffenen Maßnahmen sich entweder als unzureichend erweisen oder der Herkunftsmitgliedstaat nicht rechtzeitig handelt.[22] Sowohl die Vorschrift, als auch die

---

13 *Schneider* in Baur/Tappen, § 11 KAGB Rz. 20.
14 Begr. RegE, BT-Drucks. 17/12294, 208.
15 *Baumann* in Weitnauer/Boxberger/Anders, § 11 KAGB Rz. 5.
16 *Schneider* in Baur/Tappen, § 11 KAGB Rz. 17.
17 *Kunschke/Machhausen* in Dornseifer/Jesch/Klebeck/Tollmann, Art. 45 AIFM-RL Rz. 17.
18 Begr. RegE, BT-Drucks. 17/12294, 208.
19 *Schneider* in Baur/Tappen, § 11 KAGB Rz. 27.
20 Eines zusätzlichen Literaturhinweises, wie etwa bei *Kunschke/Machhause* in Dornseifer/Jesch/Klebeck/Tollmann, Art. 45 AIFM-RL Rz. 24, bedarf es deshalb nicht.
21 Begr. RegE, BT-Drucks. 17/12294, 208.
22 *Baumann* in Weitnauer/Boxberger/Anders, § 11 KAGB Rz. 7.

Referenznorm der AIFMD verlangt eine **„eindeutige Abträglichkeit"** für die Interessen der Anleger, die Finanzmärkte oder die Marktintegrität. In der Literatur wird für den Nachweis des Tatbestandes der „eindeutigen Abträglichkeit" eine „fundierte volkswirtschaftliche Analyse" gefordert.[23] Auch beurteile sich das Vorliegen dieser Voraussetzung aus Gründen der Rechtssicherheit und der Erheblichkeit des Eingriffs in die Geschäftstätigkeit der AIF an sehr hohen Anforderungen.[24] Die Berücksichtigung der Anlegerinteressen erfordert nach Sicht des Verfassers keinerlei volkswirtschaftliche Analyse, sondern nur eine **Berücksichtigung des Schadensrisikos**. Die Beurteilung von Anlegerinteressen außerhalb der rechtlichen Grenzen durch die Aufsichtsbehörden, wie etwa aufgrund mangelhafter Aufklärung oder wegen Verstößen gegen die Managementvorgaben, liefe sehr schnell in einen gesellschaftlichen Paternalismus,[25] der sich, wenn mit Mitteln der Eingriffsverwaltung ausgestattet, in besonderer Weise an Art. 5 EUV messen lassen muss.

7. Die Zusammenarbeit der Aufsichtsbehörden bei der Zulassung von Nicht-EU-AIFM (§ 11 Abs. 7 KAGB)

§ 11 Abs. 7 KAGB setzt Art. 45 Abs. 9 der Richtlinie 2011/61/EU um.[26] Ferner kann die BaFin als zuständige Aufsichtsbehörde des Aufnahmemitgliedstaates auch bei einem Nicht-EU-Zulassungsstaat nach den Grundsätzen der Abs. 5 und 6 tätig werden, wenn **klare und belegbare Einwände** gegen die Erteilung der Erlaubnis vorliegen. Ein Tätigwerden der BaFin erfordert auch hier eindeutige Anhaltspunkte dafür, dass der Referenzmitgliedstaat bei der Erlaubniserteilung rechtswidrig gehandelt hat.[27] 10

8. Die Bedeutung der ESMA bei der Zusammenarbeit der Aufsichtsbehörden (§ 11 Abs. 8 KAGB)

§ 11 Abs. 8 KAGB setzt Art. 45 Abs. 10 der Richtlinie 2011/61/EU um.[28] Kommt es hinsichtlich der Maßnahme einer zuständigen Stelle zu keiner Einigung zwischen den Aufsichtsbehörden des Herkunftsstaates und des Aufnahmemitgliedstaates, so besteht nach Art. 19 der VO (EU) 1095/2010[29] die Möglichkeit der Einleitung eines **Schlichtungsverfahren vor der ESMA**. Die ESMA nimmt zunächst eine schlichtende Rolle ein, indem sie den Beteiligten eine Frist setzt, um ihre Meinungsverschiedenheiten zu beseitigen und sich zu einigen. Kommt es zu keiner Einigung in der Schlichtungsphase, kann die ESMA selbst eine Entscheidung treffen.[30] Hierbei kann die ESMA gem. Art. 19 Abs. 3 der VO (EU) 1095/2010 Beschlüsse fassen, die eine verbindliche Wirkung gegenüber den zuständigen Behörden entfalten. Sofern die zuständige Behörde ihren Verpflichtungen nicht nachkommt, kann die ESMA gem. Art. 19 Abs. 4 der VO (EU) 1095/2010 auch direkt gegenüber der AIF-Verwaltungsgesellschaft tätig werden. Diese Beschlüsse haben gem. Art. 19 Abs. 5 der VO (EU) 1095/2010 Vorrang vor bereits von der zuständigen Behörde getroffenen Beschlüssen.[31] Zudem müssen dem Europäischen Parlament nach Art. 19 Abs. 6 der VO (EU) 1095/2010 i.V.m. Art. 50 Abs. 2 der VO (EU) 1095/2010 die Art der Meinungsverschiedenheit zwischen den zuständigen Behörden, die erzielte Einigung und die getroffenen Beschlüsse, die zur Einigung geführt haben, berichtet werden.[32] Diese Beschlüsse der ESMA können, ausweislich Art. 60 Abs. 1 der VO (EU) 1095/2010 mit der **Beschwerde** und, soweit die Beschwerde keinen Erfolg hat, mit der **Nichtigkeitsklage zum EuGH** angegriffen werden, vgl. Art. 61 Abs. 1 der VO (EU) 1095/2010. Daneben kann die auf Grund der Weisung erlassene Maßnahme der BaFin auch im nationalen Verwaltungsstreitverfahren angegriffen werden. Die nationale Maßnahme müsste den Regeln des VwVfG folgen und die Verwaltungsstadien der Anhörung nach § 28 VwVfG und des Vorverfahrens nach §§ 68 ff. VwGO durchlaufen. Zuständig für die Klage wäre das VG Frankfurt/M., vgl. § 1 Abs. 3 FinDAG. 11

23 *Kunschek/Machhausen* in Dornseifer/Jesch/Klebeck/Tollmann, Art. 45 AIFM-RL Rz. 24.
24 *Baumann* in Weitnauer/Boxberger/Anders, § 11 KAGB Rz. 7.
25 *Eidenmüller*, Effizienz als Rechtsprinzip, S. 375 und insbesondere *Zetzsche*, Prinzipien der kollektiven Vermögensanlage, S. 209 ff. sowie S. 614 ff.
26 Begr. RegE, BT-Drucks. 17/12294, 208.
27 *Schneider* in Baur/Tappen, § 11 KAGB Rz. 26.
28 Begr. RegE, BT-Drucks. 17/12294, 208.
29 Verordnung (EU) Nr. 1095/2010 des Europäischen Parlaments und des Rates vom 24. November 2010 zur Errichtung einer Europäischen Aufsichtsbehörde (Europäische Wertpapier- und Marktaufsichtsbehörde), zur Änderung des Beschlusses Nr. 716/2009/EG und zur Aufhebung des Beschlusses 2009/77/EG der Kommission, ABl. EU Nr. L 331 v. 15.12.2010.
30 *Schneider* in Baur/Tappen, § 11 KAGB Rz. 28.
31 *Baumann* in Weitnauer/Boxberger/Anders, § 11 KAGB Rz. 9.
32 *Schneider* in Baur/Tappen, § 11 KAGB Rz. 29.

9. Die Maßnahmen der ESMA bei der Zusammenarbeit der Aufsichtsbehörden (§ 11 Abs. 9 und Abs. 10 KAGB)

12 § 11 Abs. 9 KAGB setzt Art. 47 Abs. 4 AIFMD um.[33] Bezüglich ausländischer AIF-Verwaltungsgesellschaften oder ausländischer AIF, die von einer EU-AIF-Verwaltungsgesellschaft verwaltet werden, hat die ESMA, bei Vorliegen besonderer Sachverhalte, besondere Befugnisse. Diese erlauben es ihr, in Einzelfällen **Weisungen an nationale Aufsichtsbehörden** zu erteilen.[34] Das Weisungsrecht der ESMA kommt allerdings nur dann zur Anwendung, wenn die Voraussetzungen nach Abs. 10 erfüllt sind. § 11 Abs. 10 KAGB setzt Art. 47 Abs. 6 der Richtlinie 2011/61/EU um.[35] Danach können die Maßnahmen des § 11 Abs. 9 KAGB nur ergriffen werden, soweit Risiken bezüglich des Finanzmarktes oder der Stabilität des Finanzsystems der EU bestehen oder eine Verbesserung der Möglichkeit zur Überwachung solcher Risiken durch die BaFin bewirkt werden kann. Zudem dürfen diese Maßnahmen nicht zu einem Risiko der Aufsichtsarbitrage führen und darüber hinaus nicht zu negativen Auswirkungen auf die Funktionsfähigkeit der Finanzmärkte.[36]

10. Die Bedeutung der ESMA bei der Zusammenarbeit der Aufsichtsbehörden (§ 11 Abs. 11 KAGB)

13 § 11 Abs. 11 KAGB setzt Art. 47 Abs. 10 der Richtlinie 2011/61/EU um.[37] Die BaFin kann verlangen, dass die durch die ESMA getroffenen Beschlüsse nochmals überprüft werden. Dies ergibt sich daraus, dass die BaFin für die Beaufsichtigung der in Deutschland beheimateten oder vertriebenen AIF zuständig ist. Insofern haben die in den Abs. 9 und 10 beschriebenen Handlungsoptionen der ESMA einen **Ausnahmecharakter.**[38] Die Überprüfung erfolgt dabei durch den Rat der Aufseher und erfordert eine qualifizierte Mehrheit bei der Beschlussfassung.[39]

§ 12 Meldungen der Bundesanstalt an die Europäische Kommission, an die Europäische Wertpapier- und Marktaufsichtsbehörde und an den Betreiber des Bundesanzeigers

(1) Die Bundesanstalt meldet der Europäischen Kommission auf deren Verlangen

1. jede nach § 19 angezeigte Absicht von einem Unternehmen mit Sitz in einem Drittstaat, eine bedeutende Beteiligung an einer OGAW-Kapitalverwaltungsgesellschaft zu erwerben,

2. jeden Antrag auf Erteilung einer Erlaubnis nach § 21 durch ein Tochterunternehmen eines Unternehmens mit Sitz in einem Drittstaat.

(2) Die Bundesanstalt meldet der Europäischen Kommission unverzüglich

1. die Zahl und die Art der Fälle, in denen eine Zweigniederlassung in einem anderen Mitgliedstaat der Europäischen Union oder einem anderen Vertragsstaat des Abkommens über den Europäischen Wirtschaftsraum nicht errichtet worden ist, weil die Bundesanstalt die Weiterleitung der Anzeige nach § 49 Absatz 2 Satz 3 abgelehnt hat,

2. die Zahl und die Art der Fälle, in denen Maßnahmen nach § 51 Absatz 5 Satz 3 und Absatz 6 Satz 1 ergriffen wurden,

3. allgemeine Schwierigkeiten, auf die OGAW-Kapitalverwaltungsgesellschaften bei der Errichtung von Zweigniederlassungen, der Gründung von Tochterunternehmen oder beim Betreiben von Dienstleistungen und Nebendienstleistungen nach § 20 Absatz 2 Nummer 1 bis 3 in einem Drittstaat gestoßen sind,

4. jede nach § 311 Absatz 3 Satz 1 Nummer 1 ergriffene Maßnahme,

5. allgemeine Schwierigkeiten, die die OGAW-Kapitalverwaltungsgesellschaften beim Vertrieb von Anteilen in einem Drittstaat haben.

---

33 Begr. RegE, BT-Drucks. 17/12294, 208.
34 *Schneider* in Baur/Tappen, § 11 KAGB Rz. 30; derartige Maßnahmen sind bislang nicht ergriffen worden.
35 Begr. RegE, BT-Drucks. 17/12294, 208.
36 *Baumann* in Weitnauer/Boxberger/Anders, § 11 KAGB Rz. 10.
37 Begr. RegE, BT-Drucks. 17/12294, 208.
38 *Baumann* in Weitnauer/Boxberger/Anders, § 11 KAGB Rz. 11.
39 *Schneider* in Baur/Tappen, § 11 KAGB Rz. 44.

(3) Die Bundesanstalt stellt der Europäischen Kommission jährlich folgende Informationen über AIF-Verwaltungsgesellschaften zur Verfügung, die AIF unter ihrer Aufsicht verwalten oder vertreiben:

1. Angaben zum Sitz der betreffenden AIF-Verwaltungsgesellschaft,
2. gegebenenfalls die Angabe der inländischen AIF oder der EU-AIF, die von den betreffenden AIF-Verwaltungsgesellschaften verwaltet oder vertrieben werden,
3. gegebenenfalls die Angabe der ausländischen AIF, die von AIF-Kapitalverwaltungsgesellschaften verwaltet, aber nicht in der Europäischen Union oder in einem anderen Vertragsstaat des Abkommens über den Europäischen Wirtschaftsraum vertrieben werden,
4. gegebenenfalls die Angabe der in der Europäischen Union oder in einem anderen Vertragsstaat des Abkommens über den Europäischen Wirtschaftsraum vertriebenen ausländischen AIF,
5. Angaben zu der anwendbaren nationalen oder unionsrechtlichen Regelung, in deren Rahmen die betreffenden AIF-Verwaltungsgesellschaften ihre Tätigkeiten ausüben,
6. sonstige Informationen, die wichtig sind, um zu verstehen, wie die Verwaltung und der Vertrieb von AIF durch AIF-Verwaltungsgesellschaften in der Europäischen Union oder in einem anderen Vertragsstaat des Abkommens über den Europäischen Wirtschaftsraum in der Praxis funktionieren, und
7. der Zeitpunkt, ab dem die Passregelung nach den §§ 57, 58, 65, 66, 322, 324 bis 328 und 331 bis 334 angewendet wurde.

(4) Die Bundesanstalt meldet der Europäischen Wertpapier- und Marktaufsichtsbehörde unverzüglich

1. die Angaben nach Absatz 2 Satz 1 Nummer 1, 2, 4 und 5,
2. die Befreiung einer ausländischen AIF-Verwaltungsgesellschaft, deren Referenzmitgliedstaat die Bundesrepublik Deutschland ist, nach § 59 Absatz 1, bestimmte Vorschriften der Richtlinie 2011/61/EU einzuhalten,
3. das Ergebnis des Erlaubnisverfahrens, Änderungen hinsichtlich der Erlaubnis und die Aufhebungder Erlaubnis einer ausländischen AIF-Verwaltungsgesellschaft, deren Referenzmitgliedstaat die Bundesrepublik Deutschland ist, nach § 60 Absatz 1,
4. die Änderungen in Bezug auf die Beendigung des Vertriebs oder des zusätzlichen Vertriebs von AIF gem. § 322 Absatz 1 Satz 1 durch AIF-Kapitalverwaltungsgesellschaften
   a) im Inland nach § 322 Absatz 5 Satz 3 und
   b) in anderen Mitgliedstaaten der Europäischen Union und anderen Vertragsstaaten des Abkommens über den Europäischen Wirtschaftsraum nach § 332 Absatz 3 Nummer 2,
5. die Änderungen in Bezug auf die Beendigung des Vertriebs oder des zusätzlichen Vertriebs von EU-AIF oder inländischen AIF durch AIF-Verwaltungsgesellschaften, deren Referenzmitgliedstaat die Bundesrepublik Deutschland ist,
   a) im Inland nach § 325 Absatz 2 Nummer 3 und
   b) in anderen Mitgliedstaaten der Europäischen Union und anderen Vertragsstaaten des Abkommens über den Europäischen Wirtschaftsraum nach § 333 Absatz 2 Nummer 3,
6. die Änderungen in Bezug auf die Beendigung des Vertriebs oder des zusätzlichen Vertriebs von ausländischen AIF durch AIF-Verwaltungsgesellschaften, deren Referenzmitgliedstaat die Bundesrepublik Deutschland ist,
   a) im Inland nach § 326 Absatz 3 in Verbindung mit § 322 Absatz 5 und
   b) in anderen Mitgliedstaaten der Europäischen Union und anderen Vertragsstaaten des Abkommens über den Europäischen Wirtschaftsraum nach § 334 Absatz 3 Nummer 3.

(5) Die Bundesanstalt meldet der Europäischen Wertpapier- und Marktaufsichtsbehörde vierteljährlich

1. die nach § 22 erteilten Erlaubnisse und nach § 39 aufgehobenen Erlaubnisse,
2. Informationen zu AIF-Verwaltungsgesellschaften, die der Aufsicht der Bundesanstalt unterliegende AIF entweder gemäß der unionsrechtlich vorgesehenen Passregelung oder den nationalen Regelungen verwalten oder vertreiben.

(6) [1]Ferner informiert die Bundesanstalt die Europäische Wertpapier- und Marktaufsichtsbehörde über

1. jede erteilte Erlaubnis nach § 21,
2. die Informationen nach § 35 Absatz 5, die zusätzlich von AIF-Kapitalverwaltungsgesellschaften und ausländischen AIF-Verwaltungsgesellschaften, deren Referenzmitgliedstaat die Bundesrepublik Deutschland ist, gefordert worden sind,
3. den Vorschlag zur Erteilung der Erlaubnis für eine ausländische AIF-Verwaltungsgesellschaft, deren Referenzmitgliedstaat die Bundesrepublik Deutschland ist, entgegen der Empfehlung der Europäischen Wertpapier- und Marktaufsichtsbehörde gemäß § 58 Absatz 5 und § 59 Absatz 3,
4. abgelehnte Erlaubnisanträge mit Angaben zu der ausländischen AIF-Verwaltungsgesellschaft unter Angabe der Gründe für die Ablehnung gemäß § 60 Absatz 2,
5. die Beurteilung zur Festlegung der ausländischen AIF-Verwaltungsgesellschaft, deren ursprünglicher Referenzmitgliedstaat die Bundesrepublik Deutschland ist, gemäß § 61 Absatz 1 einschließlich der Begründung der ausländischen AIF-Verwaltungsgesellschaft für ihre Beurteilung hinsichtlich des Referenzmitgliedstaates und Informationen über die neue Vertriebsstrategie der ausländischen AIF-Verwaltungsgesellschaft gemäß § 61 Absatz 2,
6. die Entscheidung nach Erhalt der Empfehlung der Europäischen Wertpapier- und Marktaufsichtsbehörde unter Angabe der Gründe gemäß § 61 Absatz 4,
7. die abschließende Entscheidung unter Angabe der Gründe, sofern diese in Widerspruch zu der Empfehlung der Europäischen Wertpapier- und Marktaufsichtsbehörde steht, gemäß § 61 Absatz 5 Nummer 1,
8. den möglichen Beginn des Vertriebs von AIF gemäß § 322 Absatz 1 Satz 1 durch AIF-Kapitalverwaltungsgesellschaften
   a) im Inland nach § 322 Absatz 4 und
   b) in anderen Mitgliedstaaten der Europäischen Union und Vertragsstaaten des Abkommens über den Europäischen Wirtschaftsraum nach § 332 Absatz 3 Nummer 1,
9. den möglichen Beginn des Vertriebs von EU-AIF oder inländischen AIF durch eine ausländische AIF-Verwaltungsgesellschaft, deren Referenzmitgliedstaat die Bundesrepublik Deutschland ist,
   a) im Inland nach § 325 Absatz 2 Nummer 3 und
   b) in anderen Mitgliedstaaten der Europäischen Union und Vertragsstaaten des Abkommens über den Europäischen Wirtschaftsraum nach § 333 Absatz 2 Nummer 2,
10. den möglichen Beginn des Vertriebs von ausländischen AIF durch eine ausländische AIF-Verwaltungsgesellschaft, deren Referenzmitgliedstaat die Bundesrepublik Deutschland ist,
    a) im Inland nach § 326 Absatz 3 in Verbindung mit § 322 Absatz 4 und
    b) in anderen Mitgliedstaaten der Europäischen Union und Vertragsstaaten des Abkommens über den Europäischen Wirtschaftsraum nach § 334 Absatz 3 Nummer 2,
11. die Möglichkeit des Beginns der Verwaltung von EU-AIF durch eine ausländische AIF-Verwaltungsgesellschaft, deren Referenzmitgliedstaat die Bundesrepublik Deutschland ist, in anderen Mitgliedstaaten der Europäischen Union und Vertragsstaaten des Abkommens über den Europäischen Wirtschaftsraum nach § 65 Absatz 4,
12. die Auffassung, dass eine ausländische AIF-Verwaltungsgesellschaft, deren Referenzmitgliedstaat die Bundesrepublik Deutschland ist, nicht den Pflichten der Richtlinie 2011/61/EU nachkommt, unter Angabe der Gründe,
13. hinreichende Anhaltspunkte für einen Verstoß einer AIF-Verwaltungsgesellschaft, die nicht der Aufsicht der Bundesanstalt unterliegt, gegen Bestimmungen der Richtlinie 2011/61/EU gemäß § 9 Absatz 10,
14. vorgenommene Maßnahmen und Sanktionen gegenüber AIF-Verwaltungsgesellschaften,
15. die Geschäfte von AIF-Kapitalverwaltungsgesellschaften und ausländischen AIF-Verwaltungsgesellschaften, deren Referenzmitgliedstaat die Bundesrepublik Deutschland ist, entsprechend § 9 Absatz 4 sowie Informationen, die gemäß den §§ 22 und 35 erhoben wurden, in zusammengefasster Form gemäß § 9 Absatz 5,

16. jede Änderung in Bezug auf die Arten von Publikums-AIF und die zusätzlich vorgesehenen Vorgaben für Publikums-AIF,
17. die Absicht, den Umfang des Leverage gemäß § 215 Absatz 2 Satz 1 auch in Verbindung mit § 274 zu beschränken und die eingeleiteten Schritte bezüglich sonstiger Beschränkungen der Verwaltung des AIF gemäß § 215 Absatz 2 Satz 2 und 3, auch in Verbindung mit § 274,
18. Maßnahmen entsprechend Nummer 17 entgegen der Empfehlung der Europäischen Wertpapier- und Marktaufsichtsbehörde unter Angabe der Gründe nach § 215 Absatz 4 Satz 2, auch in Verbindung mit § 274,
19. alle nach § 341a Absatz 1 Satz 1 Nummer 1 und 3, soweit sie auf die Richtlinie 2009/65/EG zurückgehen, oder die in § 120 Absatz 21 des Wertpapierhandelsgesetzes in Bezug genommen werden und auf die Verordnung (EU) 2015/2365 zurückgehen sowie die in § 120 Absatz 22 des Wertpapierhandelsgesetzes in Bezug genommen werden und auf die Artikel 16, 23, 28 und 29 der Verordnung (EU) 2016/1011 zurückgehen, bekannt gemachten oder in Verbindung mit § 341a Absatz 3 nicht bekannt gemachten bestandskräftigen Maßnahmen und unanfechtbar gewordenen Bußgeldentscheidungen; die Bundesanstalt übermittelt der Europäischen Wertpapier- und Marktaufsichtsbehörde die verfahrensabschließenden letztinstanzlichen Entscheidungen zu Strafverfahren, die Straftaten nach § 339 Absatz 1 Nummer 1 bezüglich des Betreibens des Geschäfts einer OGAW-Kapitalverwaltungsgesellschaft zum Gegenstand haben, sowie die Begründung; die Bundesanstalt übermittelt der Europäischen Wertpapier- und Marktaufsichtsbehörde jährlich eine Zusammenfassung von Informationen über Maßnahmen und Bußgeldentscheidungen wegen Verstößen gegen Gebote und Verbote, die in § 340 Absatz 7 Nummer 1 in Bezug genommen werden und auf die Richtlinie 2009/65/EG zurückgehen,

[(Geplante Anfügung:)

20. jede Erlaubnis zur Wiederverbriefung gemäß Artikel 8 Absatz 2 der Verordnung (EU) 2017/2402,

21. alle verhängten verwaltungsrechtlichen Sanktionen sowie gegebenenfalls diesbezügliche Rechtsbehelfsverfahren und deren Ausgang, sofern sie auf die Verordnung (EU) 2017/2402 gestützt werden.]

[2]Die Bundesanstalt hat die Informationen nach Satz 1 Nummer 15 und 17 zusätzlich dem Europäischen Ausschuss für Systemrisiken und die Informationen nach Satz 1 Nummer 16 zusätzlich der Europäischen Kommission zu übermitteln.

(7) Ferner übermittelt die Bundesanstalt der Europäischen Kommission und der Europäischen Wertpapier- und Marktaufsichtsbehörde

1. ein Verzeichnis der in § 206 Absatz 3 Satz 1 genannten Kategorien von Schuldverschreibungen und Emittenten,
2. bis zum 22. Juli 2014 die Arten von Publikums-AIF und die zusätzlich vorgesehenen Vorgaben für den Vertrieb von Publikums-AIF.

[(Geplante Einfügung:) (7a) Die Bundesanstalt meldet der Europäischen Bankenaufsichtsbehörde, der Europäischen Wertpapier- und Marktaufsichtsbehörde und der Europäischen Aufsichtsbehörde für das Versicherungswesen und die betriebliche Altersversorgung unter Beachtung des Verfahrens nach Artikel 36 Absatz 6 der Verordnung (EU) 2017/2402, wenn sie als zuständige Behörde der gemäß Artikel 27 Absatz 1 dieser Verordnung benannten ersten Anlaufstelle von einem Verstoß gegen die Anforderungen des Artikels 27 Absatz 1 erfährt.]

(8) [1]Die Bundesanstalt übermittelt dem Betreiber des Bundesanzeigers einmal jährlich Name und Anschrift folgender, ihr bekannt werdender Kapitalverwaltungsgesellschaften und Investmentgesellschaften:

1. externer Kapitalverwaltungsgesellschaften,
2. offener OGAW-Investmentaktiengesellschaften,
3. offener AIF-Investmentaktiengesellschaften,
4. geschlossener Publikumsinvestmentaktiengesellschaften,
5. geschlossener Publikumsinvestmentkommanditgesellschaften sowie
6. registrierter Kapitalverwaltungsgesellschaften nach § 2 Absatz 5 einschließlich der von ihr verwalteten geschlossenen inländischen Publikums-AIF.

²Ein Bekanntwerden im Sinne des Satzes 1 ist gegeben:
1. **bei Kapitalverwaltungsgesellschaften mit Erteilung der Erlaubnis oder Bestätigung der Registrierung,**
2. **bei Publikumsinvestmentvermögen mit Genehmigung der Anlagebedingungen,**
3. **bei Spezialinvestmentvermögen mit der Vorlage der Anlagebedingungen bei der Bundesanstalt.**

In der Fassung vom 4.7.2013 (BGBl. I 2013, S. 1981), zuletzt geändert durch das Zweite Finanzmarktnovellierungsgesetz (2. FiMaNoG) vom 23.6.2017 (BGBl. I 2017, S. 1693). Geplant ist eine Änderung und Anfügung in Abs. 6 sowie die Einfügung eines neuen Abs. 7a durch das Gesetz zur Anpassung von Finanzmarktgesetzen an die Verordnung (EU) 2017/2402 und an die durch die Verordnung (EU) 2017/2401 geänderte Verordnung (EU) Nr. 575/2013 (RegE, BT-Drucks. 19/4460, s. Rz. 13).

Schrifttum: *Binder/Glos/Riepe* (Hrsg.), Handbuch Bankenaufsichtsrecht, 2018; *Grieser/Heemann*, Europäisches Bankaufsichtsrecht, 2016; *Lackhoff*, Single Supervisory Mechanism, 2017.

I. Inhalt der Norm

1 §§ 9 bis 13 KAGB befassen sich mit der **Behördenzusammenarbeit**. ESMA hat sich mit der Intensität der Inanspruchnahme der dadurch umgesetzten Art. 35, 37, 40 und 41 AIFMD in ihrer Stellungnahme vom 30.7.2015 befasst.[1]

Die Vorschrift fasst die **Meldepflichten der BaFin** gegenüber der Europäischen Kommission und der ESMA zusammen. Die Meldungen sollten der Kommission ermöglichen, festzustellen, ob eine Anpassung von OGAW oder AIFMD notwendig ist. Die Kommission hat insoweit ein Beobachtungsmandat[2] und kann Gesetzgebungsprozesse in Gang setzen. Das Mandat der Europäischen Kommission ist auf die Identifizierung systemischer Risiken gerichtet.[3]

2 Die Meldepflichten gegenüber ESMA verfolgen andere **Zwecke**, etwa die Bündelung von Informationen und die Instandhaltung der öffentlich-zugänglichen Datenbanken der ESMA. Hierzu zählt die Sammlung der den OGAW und AIF-KVG erteilten Erlaubnisse. Darüber hinaus verfolgen die Meldepflichten und die Datenbankpflege den Zweck, der nationalen Bankaufsichtsbehörde zu ermöglichen, eine europaweit konvergente Vorgehensweise sicherzustellen. Ob dies bislang auf Seiten der nationalen Aufsichtsbehörden sichergestellt ist, kann bezweifelt werden.[4] Die Informationssammlung der ESMA dient zugleich der **Vorbereitung gesetzgeberischer Entscheidungen**. Insoweit verfolgen ESMA und die Europäische Kommission ein gemeinsames Ziel. Die Informationsgewinnung dient ferner der Vorbereitung des in der AIFMD vorgesehenen Drittstaatenregimes. Zahlreiche Meldepflichten haben Drittstaatenbezug, so etwa § 12 Abs. 1 Nr. 1, Abs. 2 Nr. 3 und Nr. 5, Abs. 3 Nr. 3 KAGB. Das besondere Drittstaatenregime ermöglicht den AIF

1 ESMA's opinion to the European Parliament, Council and Commission and responses to the call for evidence on the functioning of the AIFMD EU passport and of the National Private Placement Regimes.
2 *Schneider* in Baur/Tappen, § 12 KAGB Rz. 2.
3 *Baumann* in Weitnauer/Boxberger/Anders, § 12 KAGB Rz. 2.
4 Zur Struktur und zur Kommunikation zwischen ESAs und NCAs vgl. etwa *Andrae/Gebhard/Manger-Nestler/Schalast/Luca Riso/Walter/Zagouras* in Grieser/Heemann/Bartsch, Europäisches Bankaufsichtsrecht, S. 57 ff.

und den Verwaltern aus Drittstaaten, etwa über die Wahlen des Referenzstaats[5] im EWR tätig zu werden. Das Drittstaatenregime erfordert eine Beobachtung der Drittstaatenaktivitäten, um Korrekturbedarfe zu erkennen und eine Koordination der Tätigkeit nationaler Aufsichtsbehörden sicherzustellen. Art. 47 Abs. 4 bis 10 der AIFMD räumen der ESMA deshalb auch **besondere Befugnisse** in Bezug auf Drittstaatensachverhalte ein.[6]

II. Verortung in der AIFMD und OGAW IV-RL und im InvG sowie anderen Gesetzen

Hinsichtlich der OGAW IV-RL setzt § 12 KAGB Art. 9 Abs. 1 und Abs. 2 wie auch Art. 21 Abs. 9 OGAW IV-RL um. Hinsichtlich der AIFMD werden Art. 7 Abs. 5 Unterabs. 1, Art. 35 Abs. 4, 7 und 10 Unterabs. 4, Art. 37 Abs. 5 Unterabs. 4, Abs. 9 Unterabs. 5, Abs. 10 Unterabs. 2, Abs. 11 Unterabs. 2, 4 und 5, Art. 39 Abs. 3 Unterabs. 2, Abs. 6 Unterabs. 2, Abs. 9 Unterabs. 4, Art. 40 Abs. 4 Unterabs. 2, Abs. 7 Unterabs. 2, Abs. 10 Unterabs. 4, Art. 41 Abs. 4 Unterabs. 2, Art. 48 Abs. 3 sowie Art. 69 Abs. 2 umgesetzt. Die Vorschrift setzt § 15 InvG fort. 3

III. Die Tatbestandsmerkmale im Einzelnen

1. Meldepflichten gegenüber der Europäischen Kommission (§ 12 Abs. 1 bis 3 KAGB)

a) Einführung

§ 12 Abs. 1 bis 3 KAGB begründet Meldepflichten gegenüber der Europäischen Kommission. Abs. 1 begründet eine Pflicht zur Mitteilung auf Verlangen, Abs. 2 – eine unverzügliche Meldepflicht in Bezug auf besondere Schwierigkeiten. Hinsichtlich dieser Meldepflicht ist zu vermerken, dass die verlangte „Unverzüglichkeit“ durch **fehlende In-Gang-Setzung etwaiger Fristen** wenig aussagestark ist. So ist etwa nicht nachvollziehbar, wie „die Zahl und die Art der Fälle, in denen eine Zweigniederlassung … nicht errichtet worden ist, weil die BaFin die Weiterleitung der Anzeige (…) abgelehnt hat“ „unverzüglich“ abgegeben werden könnte. Abs. 3 begründet jährliche Berichtspflichten. 4

b) Pflicht zur Meldung auf Anforderung der Europäischen Kommission (§ 12 Abs. 1 KAGB)

§ 12 Abs. 1 KAGB setzt § 15 InvG fort und Art. 9 Abs. 1 der OGAW-IV-RL i.V.m. Art. 15 Abs. 4 MiFID um. Die Meldepflichten, die gegenüber der Europäischen Kommission bestehen, sind auf deren Anforderung hin abzugeben. Die Meldungen ermöglichen der Europäischen Kommission, Erkenntnisse über Absichten zum Drittlandsmarkteintritt zu gewinnen. **Zwei Fälle** sind Gegenstand der Meldepflicht: 5

- Unternehmen, die ihren Sitz in einem Drittstaat haben und ihre Absicht, eine bedeutende Beteiligung an einer OGAW-KVG zu erwerben, nach § 19 KAGB anzeigen und
- Tochterunternehmen eines Unternehmens mit Sitz in einem Drittstaat, die ein Antrag nach § 21 KAGB auf Erlaubnis für eine OGAW-KVG stellen.

Die Meldepflicht wird nach dem Wortlaut der Vorschrift durch die Absichtsanzeige ausgelöst. Unklar ist, ob diese Anzeigen, §§ 19 und 21 KAGB nehmen Bezug auf § 2c KWG, vollständig zu sein haben. Dafür, dass eine Meldepflicht erst ausgelöst wird, wenn die Anzeigen nach Ansicht der BaFin vollständig sind, spricht, dass sie nur in diesem Fall aufsichtsrechtliche Wirkung – Vorbereitung der Erlaubnis oder der Nichtuntersagung – begründen können. Dies entspricht auch der Praxis des SSM, der die nationalen Aufsichtsbehörden erst nach Vollständigkeit der Anzeige verpflichtet, die EZB in das Verfahren einzubeziehen, vgl. Art. 15 Abs. 2 SSM-VO.[7]

c) Unverzügliche Meldepflicht (§ 12 Abs. 2 KAGB)

Die BaFin hat die Europäische Kommission über die in § 12 Abs. 2 KAGB – Nr. 1 bis 5 – genannten Maßnahmen zu unterrichten. Durch Kenntnis der Maßnahmen kann sich die Europäische Kommission ein Urteil über die Gleichwertigkeit der Zulassungsmarktbedingungen verschaffen und diesen regelmäßigen Bericht zusammenfassen. Bei den **Meldetatbeständen** handelt es sich um die Folgenden: 6

---

5 Dazu vgl. Art. 37 Abs. 4 AIFMD.

6 *Schneider* in Baur/Tappen, § 12 KAGB Rz. 4.

7 Verordnung (EU) Nr. 1024/2013 des Rates vom 15. Oktober 2013 zur Übertragung besonderer Aufgaben im Zusammenhang mit der Aufsicht über Kreditinstitute auf die Europäische Zentralbank (SSM-VO), ABl. EU Nr. L 287 v. 29.10.2013, S. 63. Zur SSM-VO vgl. *Lackhoff*, Single Supervisory Mechanism, passim sowie *Glos/Benzing* in Binder/Glos/Riepe, Handbuch Bankenaufsichtsrecht, S. 21 ff.

- Ablehnung der Weiterleitung der Anzeige nach § 49 Abs. 2 Satz 3 KAGB (Zahl und Art der Fälle),
- Maßnahmen, die nach § 51 Abs. 5 Satz 3 und Abs. 6 Satz 1 KAGB ergriffen wurden (Zahl und Art der Fälle),
- allgemeine Schwierigkeiten für die OGAW-Kapitalverwaltungsgesellschaften in einem Drittstaat bei Errichtung von Zweigniederlassungen, Gründung von Tochterunternehmen oder Betreiben von Dienstleistungen und Nebendienstleistungen,
- jede nach § 311 Abs. 3 Satz 1 Nr. 1 KAGB ergriffene Maßnahme (Untersagung und Einstellung des Vertriebs),
- allgemeine Schwierigkeiten, die die OGAW-Kapitalverwaltungsgesellschaften beim Vertrieb von Anteilen in einem Drittstaat haben.

Die Vorschrift gibt keinen Anhalt darüber, worauf sich die Unverzüglichkeit bezieht. Es ist nicht ersichtlich, wie in einem nicht begrenzten Zeitraum „die Zahl und die Art von Fällen" mitgeteilt werden könnte. Um der Vorschrift Wirkung zu geben, muss die BaFin verpflichtet sein, jeden relevanten Fall und jede ergriffene Maßnahme unverzüglich zu melden.

d) Jährliche Berichterstattung (§ 12 Abs. 3 KAGB)

7 Die jährliche Berichterstattung soll der Europäischen Kommission die **Erfüllung des Prüfauftrages** gem. Art. 69 AIFMD ermöglichen. Nicht geregelt ist, bis zu welchem Zeitpunkt eine Jahresmeldung zu erstatten ist.

2. Meldepflichten gegenüber der ESMA (§ 12 Abs. 4 bis 6 KAGB)

a) Einführung

8 Mitteilungspflichten gegenüber ESMA sind in § 12 Abs. 4 bis 6 KAGB geregelt. Abs. 5 beinhaltet regelmäßige Meldepflichten, während Abs. 4 und 6 anlassbezogene Meldepflichten begründen.

b) Unverzügliche Meldepflicht (§ 12 Abs. 4 KAGB)

9 Die Meldepflichten gegenüber der ESMA sind durch Art. 11 Nr. 11 RL 2010/78/EU[8] begründet worden. Die Informationen sollen der ESMA ermöglichen, **Regulierungs- und Aufsichtsstandard** zu erfüllen.

Die BaFin unterrichtet die ESMA über den Verlauf des Erlaubnisverfahrens ausländischer AIF-Verwaltungsgesellschaften sowie über den Vertrieb von AIF durch AIF-KVGen, EU-AIF oder in- und ausländischen AIF durch AIF-Verwaltungsgesellschaften, deren Referenzmitgliedstaat Deutschland ist. Die Meldungen ermöglichen der ESMA, ihre **Funktion als Koordinierungsstelle** nach Art. 31 ESMA-VO[9] zu erfüllen. Darüber hinaus ist die ESMA unverzüglich über Änderungen, die zu einer Beendigung des Vertriebs führen, zu unterrichten. Die Regelungen dienen der Umsetzung von Art. 37 Abs. 9 und 10, Art. 39 Abs. 9 und Art. 40 Abs. 10 der AIFMD.

c) Vierteljährliche Meldepflicht (§ 12 Abs. 5 KAGB)

10 § 12 Abs. 5 KAGB Verpflichtet die BaFin, der ESMA vierteljährlich über die ihr nach § 39 Abs. 3 KAGB aufgehobene Erlaubnisse und über die Funktionsweise der Passregelung zu unterrichten. Die Informationen dienen der Befüllung des **öffentlichen Zentralregisters** nach Art. 7 Abs. 5 AIFMD.

d) Informationspflicht (§ 12 Abs. 6 KAGB)

11 § 12 Abs. 6 Satz 1 KAGB begründet weitere Informationspflichten der BaFin gegenüber der ESMA, die sich – cum grano salis – **auf alle Maßnahmen der BaFin** gegenüber AIF-KVG und OGAW-KVG in Bezug auf Erlaubnis oder Vertrieb beziehen. Ein Teil der Informationen sind nach Satz 2 auch dem Europäischen Aus-

---

8 Richtlinie 2010/78/EU des Europäischen Parlaments und des Rates vom 24. November 2010 zur Änderung der Richtlinien 98/26/EG, 2002/87/EG, 2003/6/EG, 2003/41/EG, 2003/71/EG, 2004/39/EG, 2004/109/EG, 2005/60/EG, 2006/48/EG, 2006/49/EG und 2009/65/EG im Hinblick auf die Befugnisse der Europäischen Aufsichtsbehörde (Europäische Bankenaufsichtsbehörde), der Europäischen Aufsichtsbehörde (Europäische Aufsichtsbehörde für das Versicherungswesen und die betriebliche Altersversorgung) und der Europäischen Aufsichtsbehörde (Europäische Wertpapier- und Marktaufsichtsbehörde), ABl. EU Nr. L 331 v. 15.12.2010, S. 120.

9 Verordnung (EU) Nr. 1095/2010 des Europäischen Parlaments und des Rates vom 24. November 2010 zur Errichtung einer Europäischen Aufsichtsbehörde (Europäische Wertpapier- und Marktaufsichtsbehörde), zur Änderung des Beschlusses Nr. 716/2009/EG und zur Aufhebung des Beschlusses 2009/77/EG der Kommission (ESMA-VO), ABl. EU Nr. L 331 v. 15.12.2010, S. 84.

schuss für Systemrisiken und der Europäischen Kommission zu übermitteln. In der Praxis erfüllt die BaFin diese Pflicht zur Übermittlung an ESMA und die Europäische Kommission durch Zugänglichmachung der Informationen über eine eigenständige Datenbank, die von ESMA und der Kommission jederzeit abgerufen werden kann.[10]

3. Meldepflichten gegenüber der ESMA und der Europäischen Kommission (§ 12 Abs. 7 KAGB)

§ 12 Abs. 7 Nr. 1 KAGB begründet eine weitere Meldepflicht der BaFin gegenüber ESMA und der Europäischen Kommission, die der Umsetzung der Art. 52 Abs. 4 Unterabs. 3 AIFMD (Offenlegung von Informationen gegenüber Drittländern) dient. Die BaFin übermittelt ein **Verzeichnis** der in Art. 42 Abs. 4 Unterabs. 3 AIFMD benannten Schuldverschreibung an die ESMA und die Kommission. 12

4. Ausführung von Art. 36 Abs. 4 Satz 1, Abs. 5 Satz 1 und Abs. 6 Satz 1 der VO (EU) 2017/2402 (geplanter § 12 Abs. 7a KAGB)

Mit der geplanten Einfügung eines neuen Abs. 7a wird Art. 36 Abs. 5 Satz 2 der VO (EU) 2017/2402[11] ausgeführt. Die Vorschrift begründet eine ausdrückliche Zuständigkeit der BaFin für die Unterrichtung der europäischen Behörden, also der ESMA, der EBA und der EIOPA. 13

5. Übermittlung von bestimmten Informationen an den Betreiber des Bundesanzeigers (§ 12 Abs. 8 KAGB)

Nach § 12 Abs. 8 Satz 1 KAGB ist die BaFin verpflichtet, einmal jährlich **Namen und Anschrift** folgender – ihr bekannt werdender – Kapitalverwaltungsgesellschaften und Investmentgesellschaften zu übermitteln: 14

- externer Kapitalverwaltungsgesellschaften (§ 18 KAGB),
- offener OGAW-Investmentaktiengesellschaften (mit veränderlichem Kapital),
- offener AIF-Investmentaktiengesellschaften (mit veränderlichem Kapital),
- geschlossener Publikumsinvestmentaktiengesellschaften (mit fixem Kapital),
- geschlossener Publikumsinvestmentkommanditgesellschaften sowie
- registrierter Kapitalverwaltungsgesellschaften nach § 2 Abs. 5 KAGB.

§ 12 Abs. 8 Satz 2 KAGB schafft eine Legaldefinition des **„Bekanntwerdens“**. Für KVG ist dies mit Erteilung der Erlaubnis oder Bestätigung der Registrierung gegeben. Bei Publikums-Investmentvermögen ist ein Bekanntwerden mit der Genehmigung der Anlagebedingungen gegeben und bei Spezial-Investmentvermögen – mit deren Vorlage. Sinnvollerweise ist ein Bekanntwerden erst dann anzunehmen, wenn Erlaubnis oder Genehmigung zugegangen ist. Dies richtet sich nach § 41 VwVfG. Etwas anderes gilt für Spezial-Investmentvermögen, deren Bekanntwerden nicht von einer Maßnahme der BaFin abhängt. 15

§ 13 Informationsaustausch mit der Deutschen Bundesbank

(1) Die Bundesanstalt und die Deutsche Bundesbank haben einander Beobachtungen und Feststellungen mitzuteilen, die für die Erfüllung ihrer jeweiligen Aufgaben erforderlich sind.

(2) Die Bundesanstalt hat der Deutschen Bundesbank insbesondere die Informationen und Unterlagen gemäß

1. **§ 19 Absatz 1 Satz 1 und 2 und Absatz 5 auch in Verbindung mit § 108 Absatz 3,**
2. **§ 34 Absatz 3 Nummer 3, 4 und 6 bis 11 und Absatz 4, den §§ 35, 38 Absatz 1 Satz 2 und Absatz 4 Satz 2,**
3. **§ 49 Absatz 1 und 4 Satz 1, § 53 Absatz 2 und, soweit es sich um eine Änderung der in § 53 Absatz 2 genannten Angaben handelt, § 53 Absatz 5,**
4. **§ 68 Absatz 7 Satz 4,**

10 https://portal.mvp.bafin.de/database/InstInfo/ (letzter Abruf: 3.9.2018).

11 Verordnung (EU) 2017/2402 des Europäischen Parlaments und des Rates vom 12. Dezember 2017 zur Festlegung eines allgemeinen Rahmens für Verbriefungen und zur Schaffung eines spezifischen Rahmens für einfache, transparente und standardisierte Verbriefung und zur Änderung der Richtlinien 2009/65/EG, 2009/138/EG, 2011/61/EU und der Verordnungen (EG) Nr. 1060/2009 und (EU) Nr. 648/2012, ABl. EU Nr. L 347 v. 28.1.2017, S. 35.

5. § 98 Absatz 2 Satz 3 auch in Verbindung mit § 116 Absatz 2 Satz 6 und § 133 Absatz 1 Satz 5,
6. § 107 Absatz 3, § 123 Absatz 5 auch in Verbindung mit § 148 Absatz 1, § 160 Absatz 4,
7. § 114 Satz 1, § 130 Satz 1, § 145 Satz 1, § 155 Satz 1,
8. § 200 Absatz 4

zur Verfügung zu stellen.

(3) [1]Die Deutsche Bundesbank hat der Bundesanstalt insbesondere die Angaben zur Verfügung zu stellen, die sie auf Grund statistischer Erhebungen nach § 18 des Gesetzes über die Deutsche Bundesbank erlangt. [2]Sie hat vor Anordnung einer solchen Erhebung die Bundesanstalt zu hören; § 18 Satz 5 des Gesetzes über die Deutsche Bundesbank gilt entsprechend.

(4) Die Bundesanstalt und die Deutsche Bundesbank regeln einvernehmlich die Einzelheiten der Weiterleitung der Beobachtungen, Feststellungen, Informationen, Unterlagen und Angaben im Sinne der Absätze 1 bis 3.

(5) [1]Der Informationsaustausch nach den Absätzen 1 bis 3 schließt die Übermittlung der personenbezogenen Daten ein, die zur Erfüllung der Aufgaben der empfangenden Stelle erforderlich sind. [2]Zur Erfüllung ihrer Aufgabe dürfen die Bundesanstalt und die Deutsche Bundesbank vereinbaren, dass gegenseitig die bei der anderen Stelle jeweils gespeicherten Daten im automatisierten Verfahren abgerufen werden dürfen. [3]Im Übrigen gilt § 7 Absatz 4 und 5 des Kreditwesengesetzes entsprechend.

In der Fassung vom 4.7.2013 (BGBl. I 2013, S. 1981).

Schrifttum: *Eidenmüller*, Effizienz als Rechtsprinzip, 4. Aufl. 2015; *Maunz/Dürig*, Grundgesetz, Loseblatt, Stand: September 2017; *Sachs*, Grundgesetz, 8. Aufl. 2018; *v. Georg*, Die Entstehung des Kreditwesengesetzes von 1961, 2013 (Diss. Christian-Albrechts-Universität Kiel).

I. Inhalt der Norm

1 §§ 9 bis 13 KAGB befassen sich mit der **Behördenzusammenarbeit**.

§ 13 KAGB regelt den **Informationsaustausch** zwischen BaFin und Deutscher Bundesbank. Weitgehend wird die Regelung des § 18 InvG in der Fassung des InvÄndG übernommen. Jedoch wird der Umfang der Informationen, die der Deutschen Bundesbank durch die BaFin ausdrücklich zur Verfügung zu stellen sind, ausgeweitet. Namentlich gilt dies für die **neuen Meldepflichten** für AIF-Verwaltungsgesellschaften gem. § 35 KAGB und die Berichte der geschlossenen Investmentvermögen.[1]

2 **Parallele Regelungen** zum Informationsaustausch zwischen der BaFin und der Deutschen Bundesbank finden sich auch in anderen Gesetzen mit Bezug zu den Aufgaben der BaFin und der Deutschen Bundesbank.[2] Anders als etwa nach § 7 Abs. 1 KWG hinsichtlich der Aufsicht über Kreditinstitute vorgesehen, arbeiten BaFin und Deutsche Bundesbank im Rahmen der Aufsicht nach dem KAGB nicht zusammen; vielmehr findet nur ein Informationsaustausch zwischen beiden Behörden statt. Dies entspricht den **unterschiedlichen Aufsichtsmandaten**, die der BaFin und der Deutschen Bundesbank im Finanzmarktbereich gesetzlich erteilt wurden: Mit dem InvÄndG[3] wurde die Kreditinstitutseigenschaft von KAGen sowie InvAG und damit das Mandat der Deutschen Bundesbank zur Durchführung der laufenden Aufsicht über KAGen (das ist der damalige Terminus) aufgehoben; damit entfiel zugleich eine bis dahin bestehende parallele Informations-

1 Begr. RegE, BT-Drucks. 17/12294, 210.
2 § 5 Abs. 1 FinStabG, § 7 Abs. 3 KWG, § 6 Abs. 2 WpHG.
3 Gesetz zur Änderung des Investmentgesetzes und zur Anpassung anderer Vorschriften (Investmentänderungsgesetz) vom 21.12.2007, BGBl. I 2007, S. 3089, Art. 2 Nr. 1 lit. a).

pflicht der jeweiligen KAG und der InvAG gegenüber der Deutschen Bundesbank. Die Pflicht der BaFin, die Deutsche Bundesbank zu informieren, lässt sich mit dem Mandat der Deutschen Bundesbank begründen, zur Stabilität des Finanzsystems insgesamt beizutragen.[4] Diese makroprudenzielle Aufsichtsaufgabe umfasst auch den Bereich der Investmentvermögen. Um ihr Mandat entsprechend zu erfüllen und insbesondere die erforderlichen Analysen und Risikoeinschätzungen bezüglich der dem KAGB unterliegenden Investmentvermögen vorzunehmen, wird die BaFin durch § 13 KAGB verpflichtet, der Deutschen Bundesbank **umfassende Informationen und Unterlagen** zur Verfügung zu stellen. Abs. 2 benennt ausdrücklich einzelne solcher Unterlagen, ohne jedoch abschließend zu sein („insbesondere").

Die Regelung bzgl. der Mitteilung statistischer Daten in § 13 Abs. 3 KAGB entspricht § 7 Abs. 3 Satz 2 und 3 KWG.[5] Die Regelung in § 13 Abs. 5 Satz 1 und 2 KAGB hinsichtlich datenschutzrechtlicher Erwägungen entspricht § 7 Abs. 4 Satz 1 und 2 KWG; die Verweisung auf die entsprechende Anwendung der weiteren Vorgaben des § 7 Abs. 4 und 5 KWG dient ebenfalls dem Datenschutz. 3

II. Verortung in der AIFMD und OGAW IV-RL sowie im InvG sowie anderen Gesetzen

Die Vorschrift setzt § 18 InvG fort. § 13 Abs. 1 bis 4 KAGB übernehmen die Regelungen in § 18 Abs. 1 InvG und erweitern den Umfang der Informationen, die der Deutschen Bundesbank von der BaFin zur Verfügung gestellt werden; die Erweiterung betrifft insbesondere die Meldepflichten für AIF – Verwaltungsgesellschaften nach § 35 KAGB sowie die Berichte der geschlossenen Investmentvermögen.[6] § 13 Abs. 5 KAGB übernimmt den Wortlaut von § 18 Abs. 2 InvG.[7] 4

III. Die Tatbestandsmerkmale im Einzelnen

1. Allgemeine Pflicht zum Informationsaustausch

a) Umfang des Informationsaustausches (§ 13 Abs. 1 KAGB)

Nach § 13 Abs. 1 KAGB sind BaFin und Deutsche Bundesbank verpflichtet, einander **Beobachtungen und Feststellungen** mitzuteilen, die für die Erfüllung ihrer jeweiligen Aufgaben erforderlich sind. Abs. 1 entspricht dem Wortlaut des deutlich „dienstälteren" § 7 Abs. 3 Satz 1 KWG,[8] dessen Kommentierung deshalb zugrunde zu legen ist. Beobachtungen sind Wahrnehmungen von tatsächlichen Vorgängen, während Feststellungen das Ergebnis der Überprüfung von Wahrnehmungen sind.[9] In der Literatur wird vertreten, dass Vermutungen und Schlussfolgerungen nicht mitzuteilen seien, da diese lediglich auf subjektiven Wertungen der Beobachtungen und Feststellungen beruhten.[10] Diese Auffassung lässt sich im Licht von §§ 4 ff. VwVfG kaum begründen; grundsätzlich besteht eine **Pflicht zur Amtshilfe** in den Grenzen des § 5 VwVfG. Die abweichende Auffassung begründet nicht, woraus sich die Beschränkung einer grundsätzlichen Amtshilfepflicht ergeben sollte. **Stellungnahmen und begründete Vermutungen** einer gegebenenfalls mitteilungspflichtigen Behörde sind deshalb ebenfalls mitzuteilen. 5

Diese Gegenstände sind allerdings nur dann mitzuteilen, wenn sie zur Erfüllung der jeweiligen Aufgaben erforderlich sind. Die **Erforderlichkeit** liegt im Ermessen der anfordernden Behörden. Die Frage, ob eine Erforderlichkeit zu bejahen ist, muss von jeder Behörde beantwortet werden. Einen Regelfall der Erforderlichkeit gibt es nicht.[11] Die sehr weitgehende Zuständigkeit der BaFin nach § 5 KAGB dürfte ein sehr umfassendes Informationsbedürfnis und deshalb eine recht umfassende Erforderlichkeit nahelegen. Im umge- 6

---

4 Begr. RegE, BT-Drucks. 17/10040, 12. Dieses Mandat ergibt sich aus § 3 Satz 2 BBankG.

5 Zur Kommentierung von § 7 KWG vgl. *Lindemann* in Boos/Fischer/Schulte-Mattler, Band 1, § 7 KWG Rz. 1 ff.; *Schmieszek* in Beck/Samm/Kokemoor, Band 1, § 7 KWG Rz. 1 ff.; *Becker* in Reischauer/Kleinhans, Band 1, § 7 KWG Rz. 1 ff.; *Habetha* in Schwennicke/Auerbach, § 7 KWG Rz. 1 ff.

6 Begr. RegE, BT-Drucks. 17/12294, 210.

7 Begr. RegE, BT-Drucks. 17/12294, 210.

8 Zu dessen Genesis rechtshistorisch, *v. Georg*, Die Entstehung des Kreditwesengesetzes von 1961, S. 72 ff. Das Erfordernis einer Zusammenarbeit von BAKred und Bundesbank stand nie in Frage und setzte eine Zusammenarbeit von Reichsbank und Aufsichtsbehörde, die bereits in § 30 KWG 1939 in der Fassung der VO über Maßnahmen auf dem Gebiet des Bank- und Sparkassenwesens vom 5.12.1939, RGBl. I 1939, 2413 festgelegt war, fort. *Becker* in Reischauer/Kleinhans, § 7 KWG Rz. 1 verortet die Zuständigkeit der Reichsbank erst im Jahr 1944; diese Verortung trifft jedoch nicht, weil die Änderung des KWG im Jahre 1944 auf eine vollständige Übertragung der bankaufsichtlichen Zuständigkeiten auf die Reichsbank gerichtet war.

9 *Becker* in Reischauer/Kleinhans, § 7 KWG Rz. 15; *Lindemann* in Boos/Fischer/Schulte-Mattler, § 7 KWG Rz. 8.

10 *Friebel* in Moritz/Klebeck/Jesch, § 13 KAGB Rz. 3.

11 Anderer Auffassung *Friebel* in Moritz/Klebeck/Jesch, § 13 KAGB Rz. 3, allerdings ohne weitere Begründung.

kehrten Fall, lässt sich dies nicht so einfach bejahen, da die Bundesbank keine ausdrücklichen Zuständigkeiten innehat.[12] Da die nach KAGB aufsichtspflichtigen Unternehmen und Sondervermögen ohnehin der Aufsicht durch die BaFin unterliegen und dieser gegenüber informations- und meldepflichtig sind, wird es in der Praxis kaum einen Fall geben, indem die Bundesbank besseres Wissen in Bezug auf mitteilungsrelevante Gegenstände hat. Dies ergibt sich auch daraus, dass die Deutsche Bundesbank – anders als bei Instituten im Sinne von § 1 Abs. 1b KWG – nicht in die mikroprudenzielle Aufsicht eingebunden ist. In besonderen Fällen kann jedoch etwas anderes gelten. So ist es gut vorstellbar, dass ein von Bundesbank und BaFin **gemeinsam beaufsichtigtes Finanzdienstleistungsinstitut** etwa Auslagerungsleistungen für eine KVG hinsichtlich eines von ihr verwalteten Sondervermögens erbringt. In diesem Falle kann es sehr gut sein, dass die Bundesbank bessere oder jedenfalls andere Kenntnisse über die Auslagerungsunternehmen hat, als die BaFin. Das Finanzstabilitätsmandat der Deutschen Bundesbank macht es zudem erforderlich, dass der Deutschen Bundesbank für ihre Einschätzungen und Risikoanalysen neben den von ihr durchgeführten statistischen Erhebungen umfassende Informationen und Unterlagen auch über solche Gesellschaften zur Verfügung stehen, die der Aufsicht der BaFin nach dem KAGB unterliegen. Gestützt auf das Stabilitätsmandat der Deutschen Bundesbank besteht deshalb auch zugunsten der Deutschen Bundesbank gegenüber der BaFin ein Informationsbedürfnis, das jedoch durch das makroprudenzielle Mandat beschränkt ist.

7 Der Informationsaustausch nach der Vorschrift setzt kein Ersuchen voraus, sondern verlangt vielmehr ein **proaktives behördliches Erwägen** eines Informationsbedürfnisses. In der Literatur wird vertreten, dass die Verpflichtung zum Informationsaustausch keiner Befreiung von etwaigen Geheimhaltungspflichten bedarf. Die Prüfung eventuell einschlägiger **Geheimhaltungspflichten** und eine damit ggf. verbundene zeitliche Verzögerung des Informationsaustausches soll insoweit vermieden werden. Vertrauliche Informationen seien dadurch geschützt, dass die BaFin sowie die Deutsche Bundesbank auch bezüglich solcher Informationen, die sie aufgrund der gesetzlichen Pflicht zum Informationsaustausch erlangt haben, gem. § 8 KAGB i.V.m. § 9 KWG sowie § 32 BBankG zur Geheimhaltung verpflichtet seien.[13] Im Ergebnis trifft dies zu; die Begründung überzeugt jedoch nicht. Die Geheimhaltungspflichten bestehen auch gegenüber der jeweiligen Behörde. Im Behördenverkehr nach § 13 KAGB werden BaFin und Bundesbank durch die Verpflichtung inzident von ihrer Geheimhaltungspflicht befreit. Ohne eine solche inzidente Befreiung liefe die Verpflichtung leer, weil die Behörde jeweils die Einwilligung des betroffenen Geheimnisinhabers einzuholen hätte. Darüber hinaus ist nicht ersichtlich, warum die Amtspflicht der BaFin oder der Bundesbank zur Amtsverschwiegenheit über die Anforderungen nach § 30 VwVfG hinausginge, der die Amtshilfe – anerkanntermaßen – nicht untersagt.[14]

b) Art und Weise der Zusammenarbeit; Datenschutz (§ 13 Abs. 5 KAGB)

8 Der **Modus des Informationsaustauschs** zwischen BaFin und Bundesbank ist den Behörden freigestellt und Gegenstand des Einvernehmens; allerdings ist – so die Regierungsbegründung – der Aufbau bürokratischer Hürden untersagt, soweit dieser effizientes Verwaltungshandeln beeinträchtigen würde.[15] Eine solche Begründung war überflüssig, weil die Behörden auch ohne Regierungsbegründung, einem Effizienzgebot unterliegen.[16] Eine Ausnahme von der Freistellung werden durch die Vorgaben nach § 13 Abs. 5 KAGB und den Verweis auf § 7 Abs. 4 und 5 KWG gemacht. Diese Vorgaben des KWG betreffen insbesondere den Datenabruf im automatisierten Verfahren sowie die Einrichtung gemeinsamer Dateien durch die BaFin und die Deutsche Bundesbank. Diese Regelungen dienen der **datenschutzrechtlichen Kontrolle.**

9 Der durch das Gesetz über die integrierte Finanzdienstleistungsaufsicht vom 22.4.2002 neu gefasste § 7 Abs. 4 KWG regelt die **Übermittlung personenbezogener Daten** zwischen BaFin und Deutscher Bundesbank. Danach dürfen BaFin und Bundesbank *gegenseitig* die bei der anderen Stelle zur Erfüllung ihrer Aufgaben nach dem KWG jeweils gespeicherten Daten im automatischen Verfahren abrufen. Die Maßnahmen, die aus Gründen der Datenschutzkontrolle zu treffen sind, werden in den § 7 Abs. 4 Satz 3 und 4 KWG beschrieben. Die für Zwecke der Datenschutzkontrolle, der Datensicherung oder zur Sicherstellung eines ordnungsmäßigen Betriebs der Datenverarbeitungsanlage protokollierten Daten sind am Ende des auf das Jahr der Protokollierung folgenden Kalenderjahres zu löschen, soweit sie nicht für ein laufendes Kontrollverfahren benötigt werden.

---

12 Die Zuständigkeit ist mit dem InvÄndG durch Wegfall der Kreditinstitutseigenschaft von KAGen obsolet geworden (s. Rz. 2).
13 So etwa *Friebel* in Moritz/Klebeck/Jesch, § 13 KAGB Rz. 5.
14 Dazu etwa *Kugele*, § 30 VwVfG Rz. 5 m.w.N.
15 Begr. RegE, BT-Drucks. 16/5576, 63.
16 Umfassend dazu *Eidenmüller*, Effizienz als Rechtsprinzip, 3. Aufl. 2005.

Die Regelung, die durch die 6. KWG-Novelle[17] in § 7 KWG eingefügt wurde, war nach der damaligen Begründung durch den Gesetzgeber notwendig, um die Übermittlung personenbezogener Daten im Rahmen von § 7 KWG zwischen der Deutschen Bundesbank und dem damaligen Bundesaufsichtsamt für das Kreditwesen (BAKred; heute BaFin) und umgekehrt sowie bei dem Abruf gespeicherter Daten im automatisierten Verfahren auf eine rechtlich gesicherte Grundlage zu stellen. 10

Nach § 7 Abs. 5 KWG können BaFin und Bundesbank **gemeinsam** Dateien einrichten. Um dem Datenschutz Rechnung zu tragen, wurden in diesem Absatz detaillierte Regelegungen getroffen. Im Einzelnen handelt es sich um Vorschriften über die Verantwortlichkeit für die gespeicherten Daten, die Protokollierung, die speichernden Stellen, die Beschränkungen der Zugriffsrechte sowie um Angaben über die Stelle, welche die technischen und organisatorischen Maßnahmen nach § 9 BDSG zu treffen hat. Durch den Wegfall der Norm im BDSG stellt sich auch hier die Frage der Verweisung. Da die in Bezug genommene Vorschrift des BDSG für die Behörden ohnehin zwingendes Recht war, schadet der Wegfall der Verweisnorm nicht. Auch die Nachfolgenorm des neugefassten BDSG ist zwingendes Recht. 11

2. Pflicht zur Informationserteilung durch die BaFin (§ 13 Abs. 2 KAGB)

Die BaFin hat der Deutschen Bundesbank gem. § 13 Abs. 2 KAGB nicht nur Informationen, sondern auch die dazu bei der BaFin eingereichten Unterlagen zur Verfügung zu stellen. Diese Verpflichtung besteht **unabhängig von einer Anfrage** der Deutschen Bundesbank. Gegenüber der Vorgängerregelung in § 18 InvG wurde die Auflistung der ausdrücklich zur Verfügung zu stellenden Informationen und Unterlagen erweitert, und zwar um die neuen Meldepflichten für AIF-Verwaltungsgesellschaften gem. § 35 KAGB und die Berichte der geschlossenen Investmentvermögen.[18] Die Aufzählung in § 13 Abs. 2 KAGB ist **nicht abschließend** („insbesondere"), weitere Unterlagen und Informationen können für die Erfüllung des Mandats der Deutschen Bundebank erforderlich sein. 12

Ausdrücklich sind gem. § 13 Abs. 2 KAGB folgende Informationen und Unterlagen zur Verfügung zu stellen: 13

- Anzeigen der Inhaber bedeutender Beteiligungen (§ 19 Abs. 1 Satz und 2 und Abs. 5 KAGB auch i.V.m. § 108 Abs. 3 KAGB);
- Jährliche Anzeigen und unverzügliche Anzeigen der (AIF-)KVG mit Ausnahme der Anzeigen betreffend die Bestellung und das Ausscheiden von Geschäftsleitern (§ 34 Abs. 3 Nr. 3, 4 und 6 bis 11 und Abs. 4, §§ 35, 38 Abs. 1 Satz 2 und Abs. 4 Satz 2 KAGB);
- Anzeigen der OGAW-/AIF-KVG hinsichtlich der Zweigniederlassungen und des grenzüberschreitenden Dienstleistungsverkehrs in einem anderen EWR-Staat (§ 49 Abs. 1 und 4 Satz 1, § 53 Abs. 2 KAGB und, soweit es sich um eine Änderung der in § 53 Abs. 2 KAGB genannten Angaben handelt, § 53 Abs. 5 KAGB);
- Anzeige des Prüfers zur Prüfung der Verwahrstelle hinsichtlich der ordnungsgemäßen Erfüllung der gesetzlichen und vertraglichen Pflichten (§ 68 Abs. 7 Satz 4 KAGB);
- Anzeige der Aussetzung zur Rücknahme von (Kommandit-)Anteilen bzw. Aktien (§ 98 Abs. 2 Satz 3 KAGB auch i.V.m. § 116 Abs. 2 Satz 6 und § 133 Abs. 1 Satz 5 KAGB);
- Anzeigen bzgl. der Jahresberichte, Halbjahresberichte, Zwischenberichte, Auflesungsberichte sowie Abwicklungsberichte der OGAW-Sondervermögen bzw. der AIF-Publikumssondervermögen; Anzeigen bzgl. der Jahresabschlüsse, Lageberichte und Halbjahresberichte der Publikums-InvAG; Anzeigen bzgl. der Jahresberichte der geschlossenen Publikums-InvKG (§ 107 Abs. 3, § 123 Abs. 5 KAGB auch i.V.m. § 148 Abs. 1, § 160 Abs. 4 KAGB);
- Anzeigen intern verwalteter InvAG bzw. InvKG, wenn das Gesellschaftsvermögen den Wert des Anfangskapitals oder den Wert der zusätzlich erforderlichen Eigenmittel gem. § 25 KAGB unterschreitet (§ 114 Satz 1, § 130 Satz 1, § 145 Satz 1, § 155 Satz 1 KAGB);
- Anzeigen der OGAW-KVG wegen Unterschreitung des Werts der Sicherheitsleistung unter den Sicherungswert (§ 200 Abs. 4 KAGB).

3. Pflicht zur Informationserteilung durch die Deutsche Bundesbank (§ 13 Abs. 3 KAGB)

§ 13 Abs. 3 KAGB konkretisiert die **Pflichten der Deutschen Bundesbank** zur Information der BaFin. Danach ist die Deutsche Bundesbank gegenüber der BaFin verpflichtet, insbesondere die Angaben zur Ver- 14

17 BGBl. I 1997, S. 2518.
18 Begr. RegE, BT-Drucks. 17/12294, 210.

fügung zu stellen, die sie aufgrund statistischer Erhebungen nach § 18 BBankG erlangt. Diese Verpflichtung besteht unabhängig von einer Anfrage der BaFin.

15 § 18 BBankG berechtigt die Deutsche Bundesbank dazu, **Statistiken zu erheben** und dient als Ermächtigungsgrundlage für einen möglichen Eingriff in das Recht auf informationelle Selbstbestimmung (Art. 2 Abs. 1 i.V.m. Art. 1 Abs. 1 GG).[19] Sachlich ist die Befugnis der Deutschen Bundesbank auf das Gebiet des Bank- und Geldwesens beschränkt, zudem muss die statistische Erhebung der Erfüllung ihrer Aufgaben dienen. Mit der infolge der Einführung des KAGB vorgenommenen Änderung der Vorschrift des § 18 BBankG kann die Deutsche Bundesbank statistische Erhebungen ausdrücklich auch bei KVG und bei extern verwalteten Investmentgesellschaften durchführen. Jedoch war die Deutsche Bundesbank schon vor Änderung der Vorschrift des § 18 BBankG zu statistischen Erhebungen bei KAG und InvAG befugt.

16 Das Inkrafttreten des KAGB und die damit verbundene Neufassung der Vorschrift des § 18 BBankG haben zur Folge, dass die Deutsche Bundesbank ihre Statistik über Investmentvermögen **modifiziert** und zugleich die bisherige Bezeichnung „Statistik über Investmentfonds" in **„Statistik über Investmentvermögen"** geändert hat, um dem erweiterten Inhalt der Statistik und der mit dem KAGB geänderten Terminologie Rechnung zu tragen. Die Änderung der Anordnung über bankstatistische Meldepflichten, die auch aufgrund der Vorschrift des § 18 BBankG erlassen wurde, ist als Mitteilung Nr. 8003/2013 am 9.12.2013 im Bundesanzeiger (Amtlicher Teil) veröffentlicht worden.

17 Wesentlicher Inhalt der Änderung der Anordnung über bankstatistische Meldepflichten ist die **Erweiterung des Kreises der Meldepflichtigen** und die **Erweiterung des Erhebungsmodus**. Die aufgrund der Einführung des KAGB erfolgte Änderung der Vorschrift des § 18 BBankG erweitert den Kreis der Berichtspflichtigen für statistische Meldungen an die Deutsche Bundesbank auf alle KVGen und extern verwalteten Investmentgesellschaften. Meldepflichtig zur neuen Statistik über Investmentvermögen sind demnach alle KVGen und extern verwalteten Investmentgesellschaften i.S.d. KAGB. Die aufsichtsrechtlichen Ausnahmeregelungen des KAGB für bestimmte Verwaltungsgesellschaften finden **keine** Anwendung. Die Erweiterung des Erhebungsschemas geht zurück auf einen wachsenden Informationsbedarf insbesondere zur Klärung finanzpolitischer Fragestellungen sowie auf die Neufassung der Verordnung EZB/2013/38 über Aktiva und Passiva von Investmentfonds.[20] Letzteres wurde beispielsweise durch die separate Erfassung von Wertpapierleih- und Pensionsgeschäften sowie die Kennzeichnung von Indexfonds umgesetzt. Im Fokus der statistischen Erhebung stehen dabei Angaben über die von den Sondervermögen gehaltenen Wertpapiere. Die neuen Meldeanforderungen gelten ab dem Berichtsmonat Dezember 2014. Wie bisher sind die monatlichen Meldungen bis zum fünften Geschäftstag des auf den Berichtsmonat folgenden Monats einzureichen. Der erste Meldetermin auf der Grundlage der geänderten Anordnung war somit (spätestens) der 8.1.2015. Die Meldungen sind nach dem von der Deutschen Bundesbank vorgeschriebenen Modus **elektronisch** über das Extranet der Deutschen Bundesbank zu übermitteln; die entsprechend erforderlichen Unterlagen können über die Internetseite der Deutschen Bundesbank abgerufen werden.[21]

18 Die Deutsche Bundesbank veröffentlicht die von ihr auf der Grundlage der erfolgenden Meldungen erstellten Statistiken und deren weitere Ergebnisse u.a. in ihren **Monatsberichten**,[22] in gesonderten **statistischen Publikationen** – etwa im Statistischen Beiheft 2 (Kapitalmarktstatistik) – und **als Zeitreihen** auf ihrer Internetseite.[23] Die Verpflichtung der Deutschen Bundesbank gegenüber der BaFin nach § 13 Abs. 3 KAGB geht über die Weitergabe dieser veröffentlichten Statistiken und Ergebnisse hinaus, da die Deutsche Bundesbank nach Abs. 3 verpflichtet ist, auch die Einzelangaben der Gesellschaften an die BaFin weiterzuleiten. Grundsätzlich ist die Deutsche Bundesbank nach §§ 9, 15, 16 BStatG hinsichtlich der Einzelangaben zur Geheimhaltung verpflichtet. Dieser Grundsatz wird jedoch nach § 13 Abs. 3 Satz 2 Halbsatz 2 i.V.m. § 18 Satz 5 BBankG zugunsten von Mitteilungen an die BaFin durchbrochen. Deshalb ist die Deutsche Bundesbank nach § 13 Abs. 3 KAGB i.V.m. § 18 Satz 5 BBankG auch verpflichtet, in ihren statistischen Anordnungen darauf hinzuweisen, dass der BaFin, entgegen allgemein geltenden Geheimhaltungspflichten, Ein-

---

19 Zur informationellen Selbstbestimmung grundlegend BVerfG v. 15.12.1983 – 1 BvR 209/83, 1 BvR 269/83, 1 BvR 362/83, 1 BvR 420/83, 1 BvR 440/83, 1 BvR 484/83, BVerfGE 65, 1, dazu *Murswiek/Rixen* in Sachs, Art. 2 GG Rz. 72-73b; *di Fabio* in Maunz/Dürig, Art. 2 GG Rz. 173-192.

20 Verordnung (EU) Nr. 1071/2013 der Europäischen Zentralbank vom 24.9.2013 über die Bilanz des Sektors der monetären Finanzinstitute EZB/2013/33, ABl. EU Nr. L 297 v. 7.11.2013, S. 1.

21 https://www.bundesbank.de/Redaktion/DE/Standardartikel/Service/Meldewesen/formulare_zur_statistik_ueber_investmentvermoegen.html (Abrufdatum: 4.5.2018).

22 Vgl. Deutsche Bundesbank, Monatsbericht Januar 2013, S. 13 ff.

23 https://www.bundesbank.de/Navigation/DE/Publikationen/Statistiken/Statistische_Beihefte/statistische_beihefte.html (Abrufdatum: 22.6.2018).

zelangaben mitgeteilt werden. Ein solcher ausdrücklicher Hinweis ist in der Anordnung der Deutschen Bundesbank hinsichtlich ihrer Statistik über Investmentvermögen enthalten; zudem behält sich die Deutsche Bundesbank vor, dem Bundesministerium der Finanzen ebenfalls Einzelangaben weiterzugeben.[24]

Vor Anordnung einer statistischen Erhebung hat die Deutsche Bundesbank die BaFin anzuhören, um ihr 19
die Möglichkeit zu geben, Einfluss auf das Erhebungsschema zu nehmen. Auch wenn die Anhörung in jedem Fall vorzunehmen ist, bedarf es keines behördlichen Einvernehmens.

4. Informationsaustauschverfahren (§ 13 Abs. 4 und 5 KAGB)

§ 13 Abs. 4 und 5 KAGB regeln schließlich das Verfahren des Informationsaustausches, das **automatisiert** 20
erfolgen und auch personenbezogene Daten enthalten kann. Durch den Verweis auf § 7 Abs. 4 und 5 KWG wird jedoch klargestellt, dass für den Datenabruf im automatisierten Verfahren und für die Einrichtung gemeinsamer Dateien datenschutzrechtliche Vorgaben zu beachten sind.[25]

§ 14 Auskünfte und Prüfungen

[1]Kapitalverwaltungsgesellschaften, extern verwaltete Investmentgesellschaften, Gesellschaften in den sonstigen nach diesem Gesetz zulässigen Rechtsformen für Investmentvermögen, die an ihnen jeweils bedeutend beteiligten Inhaber und Verwahrstellen haben der Bundesanstalt Auskünfte entsprechend § 44 Absatz 1 und 6 und § 44b des Kreditwesengesetzes zu erteilen. [2]Der Bundesanstalt stehen die in § 44 Absatz 1 und § 44b des Kreditwesengesetzes genannten Prüfungsbefugnisse entsprechend zu.

In der Fassung vom 4.7.2013 (BGBl. I 2013, S. 1981), zuletzt geändert durch das Zweite Gesetz zur Novellierung von Finanzmarktvorschriften auf Grund europäischer Rechtsakte (Zweites Finanzmarktnovellierungsgesetz – 2. FiMaNoG) vom 23.6.2017 (BGBl. I 2017, S. 1693).

Schrifttum: *Binder*, Aufsicht, Entschädigungseinrichtungen und Sonderprüfer: Kooperationsdreieck mit Haftungsbefreiung? Überlegungen aus Anlass des EAEG-Änderungsgesetzes sowie der Entscheidung des Bundesgerichtshofs vom 7.5.2009 = WM 2009, 1128, WM 2010, 145.

I. Allgemeines

§ 14 KAGB entspricht mit redaktionellen Anpassungen dem aufgehobenen § 19g InvG.[1] Die Vorschrift 1
dient der Umsetzung von Art. 98 Abs. 2 lit. h und lit. m OGAW-RL[2] und Art. 46 Abs. 2 lit. h und lit. m

24 Siehe Mitteilung Nr. 8003/2013 der Deutschen Bundesbank, unter Ziff. 1.III., veröffentlicht im Bundesanzeiger (Amtlicher Teil) am 9.12.2013.

25 *Schneider* in Bauer/Tappen, § 13 KAGB Rz. 14; *Friebel* in Moritz/Klebeck/Jesch, § 13 KAGB Rz. 6. Zu den Einzelheiten vgl. *Lindemann* in Boos/Fischer/Schulte-Mattler, § 7 KWG Rz. 11; *Habetha* in Schwennicke/Auerbach, § 7 KWG Rz. 27 ff.

1 Begr. RegE, BT-Drucks. 17/12294, 210; *Baumann* in Weitnauer/Boxberger/Anders, § 14 KAGB Rz. 1; *Schneider* in Baur/Tappen, § 14 KAGB Rz. 1.

2 Richtlinie 2009/65/EG des Europäischen Parlaments und des Rates vom 13. Juli 2009 zur Koordinierung der Rechts- und Verwaltungsvorschriften betreffend bestimmte Organismen für gemeinsame Anlagen in Wertpapieren (OGAW), ABl. EU Nr. L 302 v. 17.11.2009, S. 32.

AIFM-RL.[3] Sie wurde durch das 2. FiMaNoG[4] mit Wirkung zum 3.1.2018 geändert. Neben sprachlichen Anpassungen wurde vor allem der Kreis der Auskunftspflichtigen erweitert.

2 Damit die BaFin ihren Aufsichtspflichten nach dem KAGB nachkommen kann, muss sie hinreichend über die Kapitalverwaltungsgesellschaft und deren Tätigkeit informiert sein. Als eine der wichtigsten **Informationsquellen** stehen ihr die stichtagbezogenen Berichte des Abschlussprüfers gem. § 38 KAGB i.V.m. § 26 KWG (externe Kapitalverwaltungsgesellschaften) bzw. § 102 KAGB (Sondervermögen) zur Verfügung.[5] Außerdem unterliegen Kapitalverwaltungsgesellschaften einer Vielzahl teils anlassbezogener und teils periodischer gesetzlicher Anzeige-, Melde- und Berichtspflichten gegenüber der BaFin.

3 § 14 KAGB ergänzt die vorgenannten Informationsquellen mit einer stichtag- und anlassunabhängigen Befugnis der BaFin, Auskünfte und die Vorlage von Unterlagen zu verlangen sowie Prüfungen durchzuführen. Die Vorschrift verweist hierzu auf die entsprechenden Parallelvorschriften im Kreditwesengesetz (vgl. §§ 44, 44b KWG), bleibt aber im Umfang der vorgesehenen aufsichtsrechtlichen Befugnisse zum Teil hinter dem KWG zurück.[6] Auch stehen die Auskunfts- und Prüfungsrechte anders als im Kreditwesengesetz nur der BaFin zu.

4 Bei den Auskunfts-, Vorlage- und Prüfungsrechten der BaFin handelt es sich um unverzichtbare Instrumente zur laufenden Aufsicht und nicht etwa um Maßnahmen mit Sanktionscharakter.[7] Dies gilt auch für die Anordnung einer Sonderprüfung.

II. Inhalt des Auskunfts- und Prüfungsrechts

1. Adressaten

5 **Auskunftspflichtig** sind zunächst die von der BaFin beaufsichtigten **Unternehmen** und die an den Unternehmen jeweils **bedeutend beteiligten Inhaber** (vgl. § 1 Abs. 19 Nr. 6 KAGB). Außerdem unterliegen auch Zweigniederlassungen inländischer Kapitalverwaltungsgesellschaften im EU-/EWR-Ausland den Auskunfts- und Prüfungsrechten der BaFin.[8] Seit der Änderung durch das 2. FiMaNoG werden neben Kapitalverwaltungsgesellschaften und extern verwaltete Investmentgesellschaften auch Gesellschaften in den sonstigen zulässigen Rechtsformen für Investmentvermögen erfasst. Ausweislich der Gesetzesbegründung wollte der Gesetzgeber dadurch eine Regelungslücke schließen.[9]

6 Erstmals unterliegen nach § 14 KAGB auch die **Verwahrstellen** den Überwachungs- und Ermittlungsbefugnissen der Investmentaufsicht. Auch dies war in Umsetzung von Art. 98 Abs. 2 lit. h OGAW IV-RL und Art. 46 Abs. 2 lit. h AIFM-RL geboten.

7 Nach einhelliger Auffassung gilt das Prüfungsrecht wegen des Verweises des § 14 Satz 2 KAGB auf § 44 Abs. 1 Satz 2 KWG auch gegenüber Unternehmen, auf die Kapitalverwaltungsgesellschaften wesentliche Bereiche **ausgelagert** haben (vgl. § 36 KAGB).[10]

8 Umstritten ist, ob darüber hinaus mit dem Verweis des § 14 Satz 1 KAGB auf § 44 Abs. 1 KWG eine **Erweiterung des Adressatenkreises** verbunden ist[11] oder sich der Verweis lediglich auf die Durchführung der Maßnahmen bezieht.[12] Nach verbreiteter Auffassung können auch übergeordnete Unternehmen, die Mit-

---

3 Richtlinie 2011/61/EU des Europäischen Parlaments und des Rates vom 8. Juni 2011 über die Verwalter alternativer Investmentfonds und zur Änderung der Richtlinien 2003/41/EG und 2009/65/EG und der Verordnungen (EG) Nr. 1060/2009 und (EU) Nr. 1095/2010, ABl. EU Nr. L 174 v. 1.7.2011, S. 1.

4 Zweites Gesetz zur Novellierung von Finanzmarktvorschriften auf Grund europäischer Rechtsakte (Zweites Finanzmarktnovellierungsgesetz – 2. FiMaNoG) v. 23.6.2017, BGBl. I 2017, S. 1693.

5 *Baumann* in Weitnauer/Boxberger/Anders, § 14 KAGB Rz. 1.

6 Vgl. *Beckmann* in Beckmann/Scholtz/Vollmer, § 14 KAGB Rz. 3.

7 Vgl. *Schneider* in Baur/Tappen, § 14 KAGB Rz. 2; vgl. auch *Steck* in Berger/Steck/Lübbehüsen, § 19g InvG Rz. 1.

8 *Schneider* in Baur/Tappen, § 14 KAGB Rz. 3; *Beckmann* in Beckmann/Scholtz/Vollmer, § 14 KAGB Rz. 15, 19; vgl. auch *Distler* in Emde/Dornseifer/Dreibus/Hölscher, § 19g InvG Rz. 5.

9 Begr. RegE, BT-Drucks. 18/10936, S. 273.

10 *Beckmann* in Beckmann/Scholtz/Vollmer, § 14 KAGB Rz. 110; *Schneider* in Baur/Tappen, § 14 KAGB Rz. 14.

11 *Schneider* in Baur/Tappen, § 14 KAGB Rz. 3; vgl. auch *Distler* in Emde/Dornseifer/Dreibus/Hölscher, § 19g InvG Rz. 7 f., 9.

12 So *Beckmann* in Beckmann/Scholtz/Vollmer, § 14 KAGB Rz. 15-17, *Friebel* in Moritz/Klebeck/Jesch, § 14 KAGB Rz. 5.

glieder der Organe und die Beschäftigten der Unternehmen Adressaten der Maßnahmen des § 14 KAGB sein.[13] Dem ist nicht zuzustimmen. Dafür spricht bereits der Wortlaut des § 14 Satz 1 KAGB, der die entsprechende Anwendung des KWG alleine im Hinblick auf die dort genannten Adressaten anordnet. Der Gesetzgeber hat insoweit offenbar bewusst eine von § 14 Satz 2 KAGB abweichende Formulierung getroffen.

In jedem Falle **nicht auskunftspflichtig** sind Teilnehmer an Gesellschafter- oder Hauptversammlungen, Anteilseigner unterhalb der Schwellen für eine bedeutende Beteiligung, ausgeschiedene Organmitglieder und ausgeschiedene Beschäftigte.[14] 9

Natürlichen Personen als Auskunftspflichtigen steht gem. § 14 KAGB i.V.m. §§ 44 Abs. 6, 44b Abs. 3 KWG ein **Auskunftsverweigerungsrecht** zu, wenn sie sich selbst oder einen der in § 383 Abs. 1 Nr. 1-3 ZPO bezeichneten Angehörigen der Gefahr eines Strafverfahrens oder einer Ordnungswidrigkeit aussetzen würden.[15] Unterlagen müssen hingegen in jedem Fall vorgelegt werden. Gleiches gilt für die Duldung von Prüfungen (eingehend § 16 Rz. 57 f.).[16] 10

2. Konkrete Maßnahmen

a) Erteilung von Auskünften

Die Kapitalverwaltungsgesellschaft und sonstige Adressaten des Auskunftsverlangens sind der BaFin zur Auskunft verpflichtet. Der **Umfang des Auskunftsrechts** ergibt sich aus dem Verweis auf §§ 44 Abs. 1 und 6, 44b KWG und erstreckt sich auf sämtliche Geschäftsangelegenheiten (im weitesten Sinne).[17] Hierunter fallen alle Vorgänge und Sachverhalte, die unmittelbar oder mittelbar mit der Tätigkeit der Kapitalverwaltungsgesellschaft in Zusammenhang stehen.[18] Erfasst werden danach auch Tatsachen, Beurteilungen und andere subjektive Einschätzungen, Absichten und Motive.[19] Nicht nur die Angelegenheiten der Kapitalverwaltungsgesellschaft selbst und deren interne Vorgänge, sondern auch ihre Verbindungen zu Dritten sind Gegenstand der Auskunftspflicht.[20] Private Angelegenheiten, die keinerlei Bezug zu Geschäftsangelegenheiten haben, dürfen indes nicht erfragt (oder geprüft) werden.[21] 11

Für die Einholung einer Auskunft muss kein besonderer **Anlass** vorliegen. Sie muss lediglich durch das Interesse der BaFin an der Beaufsichtigung des Unternehmens motiviert sein.[22] Die Auskunft muss nicht in einer besonderen **Form** erteilt werden. Regelmäßig erfolgt die Auskunft durch die gesetzlichen Vertreter oder andere vertretungsberechtigte Personen. Es ist aber auch zulässig, Dritte zu beauftragen, die Auskunft zu erteilen (z.B. Steuerberater, Rechtsanwälte, Abschlussprüfer).[23] 12

b) Vorlage von Unterlagen

Nach dem Wortlaut des § 14 KAGB sind die Unternehmen lediglich zur Auskunftserteilung, nicht aber zur Vorlage von Unterlagen verpflichtet. Es besteht im Ergebnis jedoch Einigkeit, dass im Rahmen des § 14 KAGB **auch Unterlagen vorgelegt werden müssen**. Dass das auch die Intention des Gesetzgebers war, lässt sich aus der Sanktionierung der fehlenden, unrichtigen, unvollständigen oder nicht fristgerechten Vorlage von Unterlagen als Ordnungswidrigkeit (§ 340 Abs. 3 Nr. 2 KAGB) entnehmen. Europarechtlich ist die 13

---

13 *Schneider* in Baur/Tappen, § 14 KAGB Rz. 3; vgl. zu § 19g InvG: *Distler* in Emde/Dornseifer/Dreibus/Hölscher, § 19g InvG Rz. 7 f., 9; a.A. *Beckmann* in Beckmann/Scholtz/Vollmer, § 14 KAGB Rz. 15-17.

14 *Beckmann* in Beckmann/Scholtz/Vollmer, § 14 KAGB Rz. 17.

15 Vgl. VG Frankfurt v. 14.5.2014 – 7K 2783/13.F, BeckRS 2014, 53049; *Schneider* in Baur/Tappen, § 14 KAGB Rz. 21; *Friebel* in Moritz/Klebeck/Jesch, § 14 KAGB Rz. 6; vgl. zum Aussageverweigerungsrecht eines Rechtsanwalts: Hess. VGH v. 23.8.2012 – 6 B 1374/12, WM 2013, 416.

16 *Schneider* in Baur/Tappen, § 14 KAGB Rz. 21; *Distler* in Emde/Dornseifer/Dreibus/Hölscher, § 19g InvG Rz. 39 ff., m.w.N.

17 *Beckmann* in Beckmann/ScholtzVollmer, § 14 KAGB Rz. 41; *Baumann* in Weitnauer/Boxberger/Anders, § 14 KAGB Rz. 2; vgl. *Steck* in Berger/Steck/Lübbehüsen, § 19g InvG Rz. 1; *Samm* in Beck/Samm/Kokemoor, § 44 KWG Rz. 30.

18 *Schneider* in Baur/Tappen, § 14 KAGB Rz. 6; *Beckmann* in Beckmann/Scholtz/Vollmer, § 14 KAGB Rz. 41.

19 Vgl. *Samm* in Beck/Samm/Kokemoor, § 44 KWG Rz. 29 ff.; *Schwennicke* in Schwennicke/Auerbach, § 44 KWG Rz. 7; *Schneider* in Baur/Tappen, § 14 KAGB Rz. 6; *Beckmann* in Beckmann/Scholtz, § 14 KAGB Rz. 45.

20 *Beckmann* in Beckmann/Scholtz/Vollmer, § 14 KAGB Rz. 43.

21 Vgl. *Schwennicke* in Schwennicke/Auerbach, § 44 KWG Rz. 7.

22 *Beckmann* in Beckmann/Scholtz/Vollmer, § 14 KAGB Rz. 46.

23 *Beckmann* in Beckmann/Scholtz/Vollmer, § 14 KAGB Rz. 42.

Möglichkeit zur Verpflichtung zur Vorlage von Unterlagen ebenfalls geboten, da Art. 46 Abs. 2 lit. a AIFM-RL und Art. 98 Abs. 2 lit. a OGAW IV-RL entsprechende Einsichtsrechte der Aufsicht in Unterlagen aller Art vorsehen. Freilich wäre es aus rechtsstaatlicher Sicht wünschenswert, wenn dies auch ausdrücklich im Wortlaut des § 14 KAGB zum Ausdruck käme.[24]

14 Vorzulegen sind dann Unterlagen über alle Geschäftsangelegenheiten mit **aufsichtsrechtlicher Relevanz.**[25] Dies ermöglicht der BaFin, bereits erteilte Auskünfte auf Richtigkeit und Vollständigkeit zu überprüfen.[26]

15 Unter **Unterlagen** versteht man alle Träger von Informationen, wie z.B. Buchungsunterlagen, Datenträger, Schriftverkehr, Aktenvermerke, Listen, Quittungen, interne Anweisungen, Sitzungsprotokolle, Organisationsunterlagen, Geschäftsverteilungspläne, E-Mails, sonstige Medien und elektronische Aufzeichnungen (Tonbänder, Magnetbänder, Disketten, CD-ROMs, DVDs, Festplatten, Speicherchips).[27]

16 In zeitlicher Hinsicht macht § 14 KAGB keine Vorgaben. Die Unterlagen sind **„rechtzeitig“** vorzulegen. Dies ergibt sich aus dem Ordnungswidrigkeitstatbestand des § 340 Abs. 3 Nr. 2 KAGB, der die nicht rechtzeitige Vorlage von Unterlagen sanktioniert.[28]

17 Der BaFin steht hinsichtlich der Vorlagepflicht lediglich ein Recht auf Einsicht der Unterlagen **an Ort und Stelle** zu. Eine Pflicht zur Anfertigung von **Kopien** oder zur Übersendung der Unterlagen kann dagegen auf § 14 KAGB nicht gestützt werden. Allerdings dürfte es vielfach im Interesse der Kapitalverwaltungsgesellschaft sein, der BaFin dies auf freiwilliger Basis anzubieten. Sofern Unterlagen lediglich auf Datenträgern verfügbar sind, soll das Unternehmen verpflichtet sein, der BaFin auf eigene Kosten Ausdrucke oder Hilfsmittel zur Einsicht zur Verfügung zu stellen.[29]

c) Vornahme von Prüfungen

18 Des Weiteren darf die BaFin **anlassbezogene Prüfungen** und **Routineprüfungen** vornehmen. Mit diesem Prüfungsrecht geht eine entsprechende Duldungspflicht der betroffenen Unternehmen einher.[30]

19 **Anlassprüfungen** haben den Zweck, einen bestimmten Sachverhalt aufzuklären. Auslöser können beispielsweise Fragen zur Jahresabschlussprüfung sein. Es kommen grundsätzlich alle Sachverhalte als Auslöser für eine anlassbezogene Prüfung in Frage, von denen die BaFin im Rahmen ihrer Aufsichtstätigkeit Kenntnis erlangt hat.[31] Beispiele sind Mängel, die durch die Jahresabschlussprüfung, eine Sonderprüfung der BaFin oder eine Prüfung der Einlagensicherung entdeckt wurden. Außerdem kommen aufklärungsbedürftige Sachverhalte, Vorgänge oder Geschäftsentwicklungen als Anlass in Betracht. Generell gilt, dass sich die Anlassprüfung lediglich auf einen begrenzten Bereich beziehen, sich also beispielsweise nicht der Überprüfung des gesamten Jahresabschlusses widmen darf.[32]

20 Zulässig sind auch anlassunabhängige **Routineprüfungen.**[33] Dies ergibt sich aus dem Verweis auf § 44 Abs. 1 Satz 2 KWG. Gegenstand einer solchen Prüfung kann z.B. ein Bereich der Unternehmensorganisation oder der Geschäftsführung oder die Risikolage des Unternehmens sein. Die BaFin möchte durch spontane Routineprüfungen sicherstellen, dass das Unternehmen jederzeit einer Prüfung standhält und nicht nur zu den jeweiligen Stichtagen. Die Routineprüfung muss ebenfalls auf einen konkreten Prüfungszweck beschränkt und damit nach Umfang, Intensität und Arbeitsaufwand verhältnismäßig sein. Nicht nur für die BaFin, sondern auch für die geprüfte Kapitalverwaltungsgesellschaft sollen hierdurch unangemessene Belastungen vermieden werden.[34]

---

24 *Schneider* in Baur/Tappen, § 14 KAGB Rz. 8; *Beckmann* in Beckmann/Scholtz/Vollmer, § 14 KAGB Rz. 60.
25 *Schneider* in Baur/Tappen, § 14 KAGB Rz. 8; *Beckmann* in Beckmann/Scholtz/Vollmer, § 14 KAGB Rz. 60, 62 f.; vgl. auch *Distler* in Emde/Dornseifer/Dreibus/Hölscher, § 19g InvG Rz. 12.
26 *Beckmann* in Beckmann/Scholtz, § 14 KAGB Rz. 61.
27 *Schneider* in Baur/Tappen, § 14 KAGB Rz. 9; *Beckmann* in Beckmann/Scholtz/Vollmer, § 14 KAGB Rz. 62.
28 Vgl. *Beckmann* in Beckmann/Scholtz/Vollmer, § 14 KAGB Rz. 63.
29 *Beckmann* in Beckmann/Scholtz, § 14 KAGB Rz. 64 f.; vgl. zu § 44 KWG: *Braun* in Boos/Fischer/Schulte-Mattler, § 44 KWG Rz. 37.
30 *Beckmann* in Beckmann/Scholtz/Vollmer, § 14 KAGB Rz. 92; *Friebel* in Moritz/Klebeck/Jesch, § 14 KAGB Rz. 9.
31 *Schneider* in Baur/Tappen, § 14 KAGB Rz. 8; *Beckmann* in Beckmann/Scholtz/Vollmer, § 14 KAGB Rz. 81.
32 *Beckmann* in Beckmann/Scholtz/Vollmer, § 14 KAGB Rz. 81 f.; vgl. zu § 44 KWG: *Braun* in Boos/Fischer/Schulte-Mattler, § 44 KWG Rz. 46.
33 *Fiebel* in Moritz/Klebeck/Jesch, § 14 KAGB Rz. 7.
34 *Beckmann* in Beckmann/Scholtz, § 14 KAGB Rz. 86 f.

d) Besonderheiten bei Prüfungen von Auslagerungsunternehmen

Die Befugnis zu anlassunabhängigen Routineprüfungen gilt auch hinsichtlich **Auslagerungsunternehmen**.[35] 21

Die Prüfung eines Auslagerungsunternehmens ist grundsätzlich auf die **ausgelagerten Bereiche** der Kapitalverwaltungsgesellschaft zu begrenzen. Es können aber auch andere Bereiche in die Prüfung einbezogen werden, sofern sie sich mittelbar auf die Erfüllung der ausgelagerten Aufgaben auswirken können, beispielsweise die Zuverlässigkeit der Geschäftsführer, die Qualifikation der Mitarbeiter oder die Organisation des Auslagerungsunternehmens.[36] 22

Zur Durchführung der Prüfung steht den Prüfern ein Recht zum **Betreten und Besichtigen** der Geschäftsräume des Auslagerungsunternehmens während der üblichen Betriebs- und Geschäftszeiten zu.[37] Ein eigenes Recht auf Erteilung von Auskünften und Vorlage von Unterlagen steht der BaFin gegenüber Auslagerungsunternehmen hingegen nicht zu.[38] 23

Die Kapitalverwaltungsgesellschaft hat jedenfalls im Rahmen von wesentlichen Auslagerungen auch vertraglich die Informations- und Prüfungsrechte der BaFin durch entsprechende Duldungspflichten sicherzustellen.[39] Bedeutsam ist dies insbesondere bei im Ausland ansässigen Auslagerungsunternehmen.[40] 24

e) Besonderheiten bei Auskünften und Prüfungen von Inhabern bedeutender Beteiligungen

Durch die Einbeziehung von Inhabern bedeutender Beteiligungen soll vor allem möglichen Gefahren der Geldwäsche und Terrorismusfinanzierung entgegengewirkt werden. Die Maßnahmen der BaFin müssen in einem direkten **Zusammenhang** zu der Eignung des Anteilsinhabers und zu den genannten Zwecken der Inhaberkontrolle stehen (eingehend § 19 KAGB).[41] 25

3. Verfahren

a) Ermessen

Hinsichtlich der Auswahl der Maßnahme, des Prüfungsgegenstandes und des Prüfers steht der BaFin ein **Auswahlermessen** zu. Die Maßnahme muss mithin von einem Aufsichtsinteresse getrieben sein und dem Verhältnismäßigkeitsgrundsatz Rechnung tragen.[42] 26

Die Auskunfts-, Vorlage- und Prüfungsrechte stehen dabei nicht in einem generellen Stufenverhältnis zueinander. Dies ergibt sich bereits aus dem Recht der Aufsicht, Prüfungen auch anlassunabhängig anzuordnen.[43] Im Falle der Anordnung einer solchen anlassunabhängigen Routineprüfung ist es nicht erforderlich, dass die BaFin im Einzelnen darlegt und begründet, warum sie keinem anderen Aufsichtsinstrument (etwa einem Auskunftsverlangen) den Vorzug gibt.[44] Insbesondere handelt es sich bei Auskunfts- und Vorlageersuchen nicht um äquivalente, also gegenüber Prüfungen in selber Weise geeignete, Informationsmittel.[45] Anders verhält es sich, wenn die Prüfung ein konkretes Informationsziel hat. Hier kann je nach Einzelfall die Anordnung einer Prüfung im Vergleich zu Auskunfts- und Vorlageverlangen unverhältnismäßig sein. Dementsprechend hat die Behörde in derartigen Fällen auch darzulegen, warum sie gerade eine Prüfung für erforderlich hält. Es wäre allerdings ein Fehlverständnis, im Prüfungsrecht der BaFin eine Art *ultima ratio* zu sehen. 27

b) Auskunft und Vorlage von Unterlagen

Das Ersuchen um Auskunftserteilung oder Vorlage von Unterlagen kann **formlos** erfolgen. Ein Beispiel hierfür sind Nachfragen zu Jahresberichten oder -abschlüssen. In der Regel handelt es sich um schlicht ho- 28

35 *Baumann* in Weitnauer/Boxberger/Anders, § 14 KAGB Rz. 3; *Friebel* in Moritz/Klebeck/Jesch, § 14 KAGB Rz. 7.
36 *Beckmann* in Beckmann/Scholtz/Vollmer, § 14 KAGB Rz. 112; *Schneider* in Baur/Tappen, § 14 KAGB Rz. 14.
37 *Schneider* in Baur/Tappen, § 14 KAGB Rz. 14; *Beckmann* in Beckmann/Scholtz/Vollmer, § 14 KAGB Rz. 111.
38 *Schneider* in Baur/Tappen, § 14 KAGB Rz. 14.
39 Vgl. AT 9 Ziff. 6 lit. c InvMaRisk.
40 *Schneider* in Baur/Tappen, § 14 KAGB Rz. 15; *Beckmann* in Beckmann/Scholtz/Vollmer, § 14 KAGB Rz. 113.
41 *Beckmann* in Beckmann/Scholtz/Vollmer, § 14 KAGB Rz. 126; *Schneider* in Baur/Tappen, § 14 KAGB Rz. 20.
42 *Beckmann* in Beckmann/Scholtz/Vollmer, § 14 KAGB Rz. 5, 6; *Schneider* in Baur/Tappen, § 14 KAGB Rz. 4, 11; *Distler* in Emde/Dornseifer/Dreibus/Hölscher, § 19g InvG Rz. 38.
43 Ebenso *Beckmann* in Beckmann/Scholtz/Vollmer, § 14 KAGB Rz. 6.
44 VG Frankfurt/M. v. 3.4.2009 – 1 L 703/09.F, Beck RS 2009, 33386 (zu § 44 Abs. 1 Satz 2 KWG).
45 VG Frankfurt/M. v. 3.4.2009 – 1 L 703/09.F, Beck RS 2009, 33386 (zu § 44 Abs. 1 Satz 2 KWG).

heitliches Verwaltungshandeln, dem durch die Kapitalverwaltungsgesellschaften üblicherweise gefolgt wird, ohne dass es einer förmlichen Anordnung bedarf. Ein Ersuchen um Auskunft oder Vorlage von Unterlagen kann natürlich auch als förmlicher Verwaltungsakt mit verbindlicher Anordnung erfolgen.[46]

c) Prüfungsanordnungen

29 Bei formellen Auskunfts- sowie Prüfungsanordnungen ist wegen der damit verbundenen Belastung grundsätzlich gem. § 28 Abs. 1 VwVfG eine vorherige **Anhörung** durchzuführen, sofern nicht eine Anhörung nach Maßgabe von § 28 Abs. 2 bzw. Abs. 3 VwVfG ausnahmsweise entbehrlich ist.[47]

30 Der genaue **Prüfungsgegenstand** (bei Anlassprüfungen zusätzlich der genaue Prüfungsanlass) ist von der BaFin in deren Prüfungsanordnung festzulegen.[48] Die BaFin darf die Prüfungen mit eigenen Prüfern durchführen oder sich anderer Personen oder Einrichtungen bedienen.[49] Die **Kosten** der Prüfung sind von der betroffenen Kapitalverwaltungsgesellschaft zu tragen.[50]

31 Ferner ist die Anordnung gem. § 39 Abs. 1 VwVfG zu begründen. In der **Begründung** sind die wesentlichen tatsächlichen und rechtlichen Gründe mitzuteilen, welche die BaFin zu ihrer Entscheidung bewogen haben. Dabei sind die Grundsätze der Klarheit, Wahrheit und Vollständigkeit zu beachten. So hat die Behörde zu begründen, ob es sich um eine anlassbezogene oder um eine routinemäßige Prüfung handelt.[51] Hat die BaFin einen bestimmten Anlass für die Prüfung, so muss sie dies in der Begründung zum Ausdruck bringen. Dies gilt etwa auch dann, wenn im Falle einer anonymen Anzeige durch Dritte Geheimhaltungs- und Datenschutzvorschriften einer Offenlegung des Inhalts der Anzeige entgegenstehen.[52] Die genannten Umstände müssen auch tatsächlich vorliegen. Die Prüfung muss im Hinblick auf den Anlass zudem verhältnismäßig sein.[53]

32 Sofern kein besonderer Anlass für die Prüfung gegeben ist, muss sich aus der Begründung ergeben, dass es einen **Prüfungsplan** gibt, nach dem alle von der BaFin beaufsichtigten Unternehmen turnusmäßig einer Routineprüfung unterzogen werden sollen, und dass sich die betreffende Prüfung auf diesen Plan stützen lässt.[54]

III. Rechtsbehelfe

33 Auskunftsbegehren und Prüfungsanordnung der BaFin sind belastende Verwaltungsakte i.S.v. § 35 VwVfG, die mit **Widerspruch** (§ 68 VwGO) und **Anfechtungsklage** (§ 42 Abs. 1 Var. 1 VwGO) angegriffen werden können.[55] Allerdings haben diese Rechtsbehelfe keine aufschiebende Wirkung (vgl. § 7 KAGB). Umso wichtiger ist es, Bedenken gegen die Rechtsmäßigkeit des Auskunftsbegehrens bereits in der Anhörung vorzutragen.

34 Die Anfechtungsklage ist auch noch dann statthaft, wenn die Prüfung bereits beendet ist. Die mit der Prüfungsanordnung verbundene Beschwer hat sich **nicht bereits erledigt**, weil die Prüfungsanordnung regelmäßig Grundlage für den Bescheid zur Festsetzung der mit der Prüfung verbundenen Kosten ist.[56] Bei fehlender Anhörung bzw. Begründung sind an eine mögliche Heilung gem. § 45 Abs. 1 Nr. 3 VwVfG oder im Hinblick auf die Unbeachtlichkeit gem. § 46 VwVfG nach der Rechtsprechung strenge Maßstäbe zu stellen.[57]

---

46 Vgl. *Distler* in Emde/Dornseifer/Dreibus/Hölscher, § 19g InvG Rz. 14; *Beckmann* in Beckmann/Scholtz, § 14 KAGB Rz. 47; *Schneider* in Baur/Tappen, § 14 KAGB Rz. 7.
47 Hess. VGH v. 6.5.2015 – 6 A 493/14, WM 2015, 1897 (1898) (zu § 44 Abs. 1 Satz 2 KWG).
48 *Beckmann* in Beckmann/Scholtz/Vollmer, § 14 KAGB Rz. 93; *Schneider* in Baur/Tappen, § 14 KAGB Rz. 9.
49 *Distler* in Emde/Dornseifer/Dreibus/Hölscher, § 19g InvG Rz. 29; *Beckmann* in Beckmann/Scholtz, § 14 KAGB Rz. 87.
50 *Schneider* in Baur/Tappen, § 14 KAGB Rz. 9; *Distler* in Emde/Dornseifer/Dreibus/Hölscher, § 19g InvG Rz. 31; *Beckmann* in Beckmann/Scholtz/Vollmer, § 14 KAGB Rz. 5, 90.
51 Hess. VGH v. 6.5.2015 – 6 A 493/14, WM 2015, 1897 (1899 f.) (zu § 44 Abs. 1 Satz 2 KWG); *Beckmann* in Beckmann/Scholtz/Vollmer, § 14 KAGB Rz. 93.
52 Hess. VGH v. 6.5.2015 – 6 A 493/14, WM 2015, 1897 (1899 f.) (zu § 44 Abs. 1 Satz 2 KWG).
53 *Beckmann* in Beckmann/Scholtz/Vollmer, § 14 KAGB Rz. 83.
54 *Beckmann* in Beckmann/Scholtz/Vollmer, § 14 KAGB Rz. 85.
55 *Schneider* in Baur/Tappen, § 14 KAGB Rz. 22; *Beckmann* in Beckmann/Scholtz/Vollmer, § 14 KAGB Rz. 47, 160; *Distler* in Emde/Dornseifer/Dreibus/Hölscher, § 19g InvG Rz. 51; *Baumann* in Weitnauer/Boxberger/Anders, § 14 KAGB Rz. 5.
56 Hess. VGH v. 6.5.2015 – 6 A 493/14, WM 2015, 1897 (1898) (zu § 44 Abs. 1 Satz 2 KWG).
57 Vgl. Hess. VGH v. 6.5.2015 – 6 A 493/14, WM 2015, 1897 (1899 ff.) (zu § 44 Abs. 1 Satz 2 KWG).

Bedient sich die BaFin bei der Durchführung einer Prüfung eines Dritten, etwa einer Wirtschaftsprüfungsgesellschaft, soll die Rechtsbeziehung zwischen der BaFin und dem Dritten keine **Schutzwirkung** zugunsten außenstehender Dritter, wie Entschädigungseinrichtungen, entfalten.[58] 35

§ 15 Einschreiten gegen unerlaubte Investmentgeschäfte

(1) Wird die kollektive Vermögensverwaltung ohne die erforderliche Registrierung nach § 44 oder ohne die erforderliche Erlaubnis nach §§ 20, 21 oder 22 oder nach Artikel 6 der Richtlinie 2009/65/EG oder der Richtlinie 2011/61/EU betrieben oder werden neben der kollektiven Vermögensverwaltung die in § 20 Absatz 2 oder 3 aufgeführten Dienstleistungen oder Nebendienstleistungen ohne die Erlaubnis nach §§ 20, 21 oder 22 oder nach Artikel 6 der Richtlinie 2009/65/EG erbracht (unerlaubtes Investmentgeschäft), kann die Bundesanstalt hiergegen einschreiten.

(2) [1]Im Fall des Absatzes 1 kann die Bundesanstalt

1. **die sofortige Einstellung des Geschäftsbetriebs und die unverzügliche Abwicklung dieser Geschäfte gegenüber dem Unternehmen sowie gegenüber seinen Gesellschaftern und den Mitgliedern seiner Organe anordnen; bei juristischen Personen und Personenhandelsgesellschaften stehen ihr auch die in § 38 Absatz 1 und 2 des Kreditwesengesetzes genannten Rechte zu;**
2. **für die Abwicklung Weisungen erlassen und**
3. **eine geeignete Person als Abwickler bestellen.**

[2]Die Bundesanstalt kann ihre Maßnahmen nach den Nummern 1 bis 3 bekannt machen; personenbezogene Daten dürfen nur veröffentlicht werden, soweit dies zur Gefahrenabwehr erforderlich ist.

(3) Die Befugnisse der Bundesanstalt nach den Absätzen 1 und 2 bestehen auch gegenüber einem Unternehmen, das in die Anbahnung, den Abschluss oder die Abwicklung dieser Geschäfte einbezogen ist, sowie gegenüber seinen Gesellschaftern und den Mitgliedern seiner Organe.

(4) Der Abwickler ist zum Antrag auf Eröffnung eines Insolvenzverfahrens über das Vermögen des Unternehmens berechtigt.

(5) [1]Der Abwickler erhält von der Bundesanstalt eine angemessene Vergütung sowie Ersatz seiner Aufwendungen. [2]Das betroffene Unternehmen hat der Bundesanstalt die gezahlten Beträge gesondert zu erstatten; auf Verlangen der Bundesanstalt hat es für die nach Satz 1 erforderlichen Beträge einen Vorschuss zu leisten. [3]Die Bundesanstalt kann das betroffene Unternehmen anweisen, den von der Bundesanstalt festgesetzten Betrag im Namen der Bundesanstalt unmittelbar an den Abwickler zu leisten, wenn dadurch keine Beeinflussung der Unabhängigkeit des Abwicklers zu besorgen ist.

In der Fassung vom 4.7.2013 (BGBl. I 2013, S. 1981), zuletzt geändert durch das Gesetz zur Ergänzung des Finanzdienstleitungsaufsichtsrecht im Bereich der Maßnahmen bei Gefahren für die Stabilität des Finanzsystems und zur Änderung der Umsetzung der Wohnimmobilienkreditrichtlinie (Finanzaufsichtsrechtergänzungsgesetz) vom 6.6.2017 (BGBl. I 2017, S. 1495).

58 Vgl. BGH v. 7.5.2009 – III ZR 277/08, WM 2009, 1128 ff.; krit. *Binder*, WM 2010, 145 ff.

Schrifttum: *BaFin*, Merkblatt Hinweise zur Tätigkeit als Abwickler gem. § 37 Abs. 1 Satz 2 Kreditwesengesetz (KWG) v. 13.6.2007.

I. Entstehungsgeschichte und Regelungszweck

1 § 15 KAGB ist im Wesentlichen **§ 37 KWG** nachgebildet. Die Vorschrift ersetzt den aufgehobenen § 17c InvG, der in weiten Teilen noch auf § 37 KWG verwiesen hat. Zugleich setzt § 15 KAGB Art. 6 OGAW-RL[1] und Art. 6 AIFM-RL[2] ins deutsche Recht um.

2 Durch die Befugnisse in § 15 KAGB zum Einschreiten gegen unerlaubte Investmentgeschäfte werden die Erlaubnis- und Registrierungspflichten in §§ 20 ff. und 44 KAGB flankiert und abgesichert.[3] Zweck der Vorschrift ist dabei der kollektive **Anlegerschutz** sowie die Sicherstellung der **Funktionsfähigkeit** des **Kapitalmarkts.** Individuelle Anlegerinteressen sollen durch § 15 KAGB hingegen nicht geschützt werden.[4]

3 Das Eingreifen der BaFin nach § 15 KAGB setzt **weder ein Verschulden noch die Kenntnis der Erlaubnispflicht** voraus.[5] Häufig dürften dem Eingreifen nach § 15 KAGB Maßnahmen nach § 16 KAGB vorausgehen, welcher der BaFin umfassende Ermittlungsbefugnisse einräumt. Neben § 15 KAGB kommt eine strafrechtliche Sanktionierung nach § 339 KAGB in Betracht.

II. Voraussetzungen für das Einschreiten (§ 15 Abs. 1 KAGB)

4 Nach § 15 Abs. 1 KAGB kann die BaFin gegen unerlaubte Investmentgeschäfte einschreiten. Die Vorschrift enthält eine Legaldefinition des Begriffs **„unerlaubtes Investmentgeschäft"**.

1. Kollektive Vermögensverwaltung ohne Registrierung oder Erlaubnis

5 Als unerlaubtes Investmentgeschäft zählt zunächst der Betrieb kollektiver Vermögensverwaltung ohne die erforderliche Registrierung oder Erlaubnis. Die **kollektive Vermögensverwaltung** umfasst nach der Definition in § 1 Abs. 19 Nr. 24 KAGB die Portfolioverwaltung, das Risikomanagement, administrative Tätigkeiten, den Vertrieb von eigenen Investmentanteilen sowie bei AIF Tätigkeiten im Zusammenhang mit den Vermögensgegenständen des AIF.

6 Ein **Betreiben** von kollektiver Vermögensverwaltung liegt bereits dann vor, wenn sich die Absicht, solche Geschäfte durchzuführen, in einer Vorbereitungshandlung manifestiert hat.[6] Da unerlaubte Investmentgeschäfte möglichst frühzeitig bekämpft werden sollen, kann die BaFin auch vorbeugende Maßnahmen ergreifen.[7] Für die Eingriffsbefugnis der BaFin ist entscheidend, dass die Tätigkeiten im Inland erbracht werden. Unerheblich ist, ob eine natürliche Person oder ein Unternehmen unerlaubt tätig wird, ob es sich um ein inländisches oder ausländisches Unternehmen handelt oder welche Rechtsform das Unternehmen hat.[8]

7 Das **Registrierungserfordernis** richtet sich nach § 44 Abs. 1 KAGB. Das **Erlaubniserfordernis** kann sich aus den §§ 20, 21, 22 KAGB ergeben.

8 Ein unerlaubtes Investmentgeschäft liegt jedenfalls dann vor, wenn die kollektive Vermögensverwaltung **ohne jegliche Registrierung oder Erlaubnis** betrieben wird. Aufgrund des eng gefassten Wortlauts der Vorschrift („ohne") stellt sich die Frage, ob dies auch für den Fall gilt, dass der Geschäftsbetrieb von der Er-

---

1 Richtlinie 2009/65/EG des Europäischen Parlaments und des Rates vom 13. Juli 2009 zur Koordinierung der Rechts- und Verwaltungsvorschriften betreffend bestimmte Organismen für gemeinsame Anlagen in Wertpapieren (OGAW), ABl. EU Nr. L 302 v. 17.11.2009, S. 32.

2 Richtlinie 2011/61/EU des Europäischen Parlaments und des Rates vom 8. Juni 2011 über die Verwalter alternativer Investmentfonds und zur Änderung der Richtlinien 2003/41/EG und 2009/65/EG und der Verordnungen (EG) Nr. 1060/2009 und (EU) Nr. 1095/2010, ABl. EU Nr. L 174 v. 1.7.2011, S. 1.

3 Vgl. *Schneider* in Baur/Tappen, § 15 KAGB Rz. 2; *Beckmann* in Beckmann/Scholtz/Vollmer, § 15 KAGB Rz. 140.

4 *Beckmann* in Beckmann/Scholtz/Vollmer, § 15 KAGB Rz. 2; *Schneider* in Baur/Tappen, § 15 KAGB Rz. 2.

5 *Beckmann* in Beckmann/Scholtz/Vollmer, § 15 KAGB Rz. 5.

6 Vgl. zu § 37 KWG: *Schwennicke* in Schwennicke/Auerbach, § 37 KWG Rz. 4.

7 BVerwG v. 30.9.1975 – I C 2.71, BeckRS 1975, 31277300.

8 Begr. RegE, BT-Drucks. 17/12294, 210 f.

laubnis nur teilweise gedeckt ist. In Anbetracht der hohen Eingriffsintensität der Maßnahmen nach § 15 Abs. 2 Satz 1 Nr. 1-3 KAGB könnte man vertreten, dass nur solche Investmentgeschäfte unerlaubt sind, die in erheblichem Umfang nicht von einer Erlaubnis erfasst sind.[9] Anderenfalls sei die BaFin auf ihre allgemeine Aufsichtskompetenz aus § 5 KAGB zu verweisen.[10] Nach der Begründung des Gesetzesentwurfs ist hingegen die gesamte kollektive Vermögensverwaltung als unerlaubtes Investmentgeschäft anzusehen, wenn nur Teilakte ohne die erforderliche Erlaubnis erbracht werden.[11] Gemäß § 20 Abs. 2 KAGB könne dies bereits den Vertrieb eigener Vermögensanteile umfassen. Für eine weite Auslegung des Wortlauts sprechen zudem Sinn und Zweck der Vorschrift, wonach die BaFin unerlaubte Investmentgeschäfte zum Schutz von Anlegern und Märkten unterbinden soll.[12]

Außerdem kann die BaFin auch dann Maßnahmen ergreifen, wenn eine EU- oder ausländische Verwal- 9
tungsgesellschaft ohne die Erlaubnis aus Art. 6 OGAW IV-RL oder Art. 6 AIFM-RL kollektive Vermögensverwaltung im Inland anbietet. Gleiches gilt für Unternehmen, die nicht Kapitalverwaltungsgesellschaften, EU- oder ausländische Verwaltungsgesellschaften sind und damit keine Erlaubnis erhalten können, aber dennoch im Inland die kollektive Vermögensverwaltung erbringen (**materieller Investmentfondsbegriff**).[13]

2. Neben der kollektiven Vermögensverwaltung erbrachte Dienstleistungen oder Nebendienstleistungen nach § 20 Abs. 2 oder 3 KAGB ohne Erlaubnis

Als unerlaubtes Investmentgeschäft zählen außerdem die neben der kollektiven Vermögensverwaltung ohne 10
die erforderliche Erlaubnis erbrachten Dienstleistungen oder Nebendienstleistungen gem. § 20 Abs. 2 oder 3 KAGB. Dienstleistungen oder Nebendienstleistungen nach § 20 Abs. 2 oder 3 KAGB sind insbesondere die **Finanzportfolioverwaltung**, die **individuelle Vermögensverwaltung** sowie die **Anlageberatung**.

Die Dienstleistungen oder Nebendienstleistungen müssen **neben der kollektiven Vermögensverwaltung** 11
betrieben werden. Nach der Begründung des Gesetzesentwurfs stehen der BaFin die Eingriffsbefugnisse aus § 15 KAGB daher nicht zu, wenn ein Unternehmen Dienstleistungen oder Nebendienstleistungen nach § 20 Abs. 2 und 3 KAGB erbringt, jedoch nicht die kollektive Vermögensverwaltung.[14] In diesem Fall richtet sich die Eingriffsbefugnis nach § 37 KWG. Der BaFin stehen die Eingriffsbefugnisse aus § 15 KAGB auch dann nicht zu, wenn beispielsweise eine EU-OGAW-Verwaltungsgesellschaft ohne die erforderliche Anzeige nach § 51 KAGB (Gesellschaftspass) oder nach § 310 KAGB (Produktpass) Anteile oder Aktien an OGAW im Inland vertreibt, jedoch die Erlaubnis ihres Herkunftsmitgliedstaates zur kollektiven Vermögensverwaltung besitzt. In diesem Fall greifen die Eingriffsbefugnisse insbesondere nach § 5 Abs. 6 KAGB bzw. § 311 Abs. 1–5 KAGB.[15]

III. Maßnahmen der BaFin (§ 15 Abs. 2 Satz 1 KAGB)

Liegt ein unerlaubtes Investmentgeschäft vor, so kann die BaFin dagegen einschreiten. Hierfür stehen ihr 12
die Maßnahmen nach § 15 Abs. 2 Satz 1 KAGB zur Verfügung.

1. Adressaten

Als Adressaten der Maßnahmen kommen das Unternehmen selbst sowie seine Gesellschafter und die Mit- 13
glieder seiner Organe in Betracht. Entscheidend ist, welche Person für die unerlaubten Investmentgeschäfte verantwortlich ist.[16] Die Mitarbeiter des Unternehmens sind hingegen nicht Adressaten der aufsichtlichen Maßnahmen.[17]

---

9 Vgl. *Steck* in Berger/Steck/Lübbehüsen, § 17c InvG Rz. 3.
10 Vgl. *Steck* in Berger/Steck/Lübbehüsen, § 17c InvG Rz. 3.
11 *Schneider* in Baur/Tappen, § 15 KAGB Rz. 7; *Baumann* in Weitnauer/Boxberger/Anders, § 15 KAGB Rz. 5; Begr. RegE, BT-Drucks. 17/12294, 210 f.
12 Vgl. *Holzapfel* in Emde/Dornseifer/Dreibus/Hölscher, § 17c InvG Rz. 2 f.
13 *Baumann* in Weitnauer/Boxberger/Anders, § 15 KAGB Rz. 5.
14 Begr. RegE, BT-Drucks. 17/12294, 210 f.
15 Begr. RegE, BT-Drucks. 17/12294, 210 f.; *Schneider* in Baur/Tappen, § 15 KAGB Rz. 7; *Baumann* in Weitnauer/Boxberger/Anders, § 15 KAGB Rz. 6.
16 *Fischer* in Boos/Fischer/Schulte-Mattler, § 37 KWG Rz. 7; *Baumann* in Weitnauer/Boxberger/Anders, § 15 KAGB Rz. 9.
17 *Schneider* in Baur/Tappen, § 15 KAGB Rz. 13; *Beckmann* in Beckmann/Scholtz/Vollmer, § 15 KAGB Rz. 123.

14 Die BaFin kann die Maßnahmen nach Abs. 3 auch gegenüber einem Unternehmen ergreifen, das in die Anbahnung, den Abschluss oder die Abwicklung dieser Geschäfte **einbezogen** ist sowie gegenüber seinen **Gesellschaftern** und den Mitgliedern seiner **Organe**.[18] Als Unternehmen genügt bereits eine unternehmerisch ziel- und planvoll handelnde natürliche Person.[19] Auf äußerliche Kriterien wie die organisatorische Einheit oder Kaufmannseigenschaft kommt es nicht an.[20] Einbezogen ist ein Unternehmen, dessen sich ein Dritter bei unerlaubten Investmentgeschäften im Geschäftsverkehr bedient, indem er es bewusst zur Erreichung oder Förderung seiner geschäftlichen Interessen bei der Anbahnung, dem Abschluss oder der Abwicklung der Geschäfte einsetzt.[21] Beispiele für einbezogene Unternehmen sind Anlageberater oder -vermittler, Treuhänder, Internetprovider, aber auch Rechtsanwälte, Steuerberater sowie Auslagerungsunternehmen.[22]

2. Einstellung des Geschäftsbetriebs; Abwicklung des Geschäfts (§ 15 Abs. 2 Satz 1 Nr. 1 KAGB)

15 Die BaFin kann die sofortige Einstellung des Geschäftsbetriebs anordnen. Bei der Anordnung handelt es sich um einen förmlichen Verwaltungsakt. Dieser muss den einzustellenden Geschäftsbetrieb genau bezeichnen. Ein generelles Verbot unerlaubter Investmentgeschäfte ist zu unbestimmt.[23] Die Einstellung des Geschäftsbetriebs ist – in Abgrenzung zur Abwicklung – primär zukunftsgerichtet. Ebenso kann bereits vor der Aufnahme des Geschäftsbetriebs eine vorsorgliche Untersagung erfolgen, um bevorstehende Gesetzesverstöße abzuwenden.[24]

16 Die BaFin kann zudem die unverzügliche **Abwicklung der Geschäfte** anordnen. Eine Kumulierung der beiden Befugnisse ist möglich.[25] Abwicklung meint die Rückabwicklung bereits getätigter Geschäfte. Die BaFin kann beispielsweise anordnen, dass sämtliche Vermögensverwaltungsverträge gekündigt und rückabgewickelt werden. Die Rückabwicklung wirkt sich dabei nicht auf die zivilrechtliche Gültigkeit der Vertragsverhältnisse aus.[26] Die Rückabwicklung muss also durch einvernehmliche Vertragsaufhebung oder ggf. Wahrnehmung von Kündigungs- oder Rücktrittsrechten erfolgen.[27] Werden die Geschäfte von einer Gesellschaft getätigt, ist die Abwicklung der Gesellschaft als solche nicht erfasst.[28] Die Abwicklungsanordnung muss hinreichend bestimmt sein.[29] Die Abwicklung des Geschäfts muss zudem unverzüglich, d.h. ohne schuldhaftes Zögern i.S.v. § 121 Abs. 1 BGB, erfolgen. Durch das **Finanzaufsichtsrechtergänzungsgesetz**[30] wurden die Befugnisse der BaFin erweitert. Fortan stehen ihr darüber hinaus bei juristischen Personen und Personenhandelsgesellschaften die Rechte des § 38 Abs. 1 und 2 KWG zu. Der Verweis auf § 38 Abs. 1 und 2 KWG gibt der BaFin die Möglichkeit, insbesondere Unternehmen, die neben den unerlaubten Bank- oder Finanzdienstleistungsgeschäften keine nennenswerte (legale) Geschäftstätigkeit entfalten oder beharrlich gegen den Erlaubnisvorbehalt verstoßen, **ganz vom Markt zu nehmen**.[31] Der vom Gericht auf Antrag der Bundesanstalt zu bestellende Abwickler hat – anders als der Abwickler nach § 37 Abs. 1 Satz 2 KWG – nicht nur das unerlaubte Geschäft, sondern das Unternehmen insgesamt abzuwickeln.[32]

17 Die **Auswirkungen der Rückabwicklung für den einzelnen Anleger** sollen im Rahmen der Ermessensausübung über den Erlass einer Abwicklungsanordnung keine Rolle spielen.[33] Begründet wird dies mit der unbestreitbar zutreffenden Aussage, dass die Vorschrift dem kollektiven Anlegerschutz und nicht dem Schutz subjektiver Anlegerinteressen diene. Diese Auffassung entspricht auch der ständigen Rechtsprechung zu § 37 KWG.[34] Dennoch erscheint es wenig überzeugend, dass die Aufsicht nicht einmal das Recht haben

---

18 *Ernst* in Moritz/Klebeck/Jesch, § 15 KAGB Rz. 38, 39.
19 VG Frankfurt/M. v. 8.12.2003 – 9 G 4437/03, BeckRS 2004, 21132.
20 *Schwennicke* in Schwennicke/Auerbach, § 37 KWG Rz. 23.
21 VG Frankfurt/M. v. 8.12.2003 – 9 G 4437/03, BeckRS 2004, 21132; *Beckmann* in Beckmann/Scholtz/Vollmer, § 15 KAGB Rz. 124.
22 *Schneider* in Baur/Tappen, § 15 KAGB Rz. 14 f.; *Baumann* in Weitnauer/Boxberger/Anders, § 15 KAGB Rz. 10.
23 *Fischer* in Boos/Fischer/Schulte-Mattler, § 37 KWG Rz. 10; *Beckmann* in Beckmann/Scholtz/Vollmer, § 15 KAGB Rz. 31; *Baumann* in Weitnauer/Boxberger/Anders, § 15 KAGB Rz. 9; *Schneider* in Baur/Tappen, § 15 KAGB Rz. 8.
24 *Schneider* in Baur/Tappen, § 15 KAGB Rz. 9; *Beckmann* in Beckmann/Scholtz/Vollmer, § 15 KAGB Rz. 35.
25 *Beckmann* in Beckmann/Scholtz/Vollmer, § 15 KAGB Rz. 4; *Baumann* in Weitnauer/Boxberger/Anders, § 15 KAGB Rz. 9, *Ernst* in Moritz/Klebeck/Jesch, § 15 KAGB Rz. 20.
26 *Schneider* in Baur/Tappen, § 15 KAGB Rz. 10; *Beckmann* in Beckmann/Scholtz/Vollmer, § 15 KAGB Rz. 52.
27 *Beckmann* in Beckmann/Scholtz/Vollmer, § 15 KAGB Rz. 54.
28 VGH Kassel v. 9.4.2003 – 6 TG 3151/02, BeckRS 2005, 26997.
29 So z.B. *Beckmann* in Beckmann/Scholtz/Vollmer, § 15 KAGB Rz. 50.
30 BGBl. I 2017, S. 1498.
31 Begr. RegE. BT Drucks. 18/10935, 29.
32 Begr. RegE. BT Drucks. 18/10935, 29.
33 *Schneider* in Baur/Tappen, § 15 KAGB Rz. 10.
34 Vgl. etwa VGH Kassel v. 1.8.2014 – 6 B 470/14, BeckRS 2014, 56294 m.w.N.

soll, auch individuelle Anlegerschutzgesichtspunkte in ihre Ermessenserwägungen einfließen zu lassen.[35] Wenn das Ziel des kollektiven Anlegerschutzes es verbieten soll, individuelle Anlegerschutzgesichtspunkte überhaupt bei der Entscheidung mit in Betracht zu ziehen, wird die allgemeine Zielrichtung der Vorschrift in ihr Gegenteil verkehrt.

3. Weisungsbefugnis der BaFin für die Abwicklung (§ 15 Abs. 2 Satz 1 Nr. 2 KAGB)

Die BaFin kann für die Abwicklung Weisungen erlassen. Weisungen sind konkretisierende Vorgaben zur Art und Weise der Abwicklung. Die Weisungen müssen inhaltlich hinreichend **bestimmt** sein und sind an denselben Adressatenkreis zu richten wie die Abwicklungsanordnung. 18

Ein Beispiel für eine Weisung kann die Verpflichtung des abwickelnden Unternehmens sein, die BaFin laufend über den Fortschritt der Abwicklung oder alle Anleger über die fehlende Erlaubnis zu unterrichten.[36] 19

4. Bestellung eines Abwicklers (§ 15 Abs. 2 Satz 1 Nr. 3 KAGB)

Des Weiteren kann die BaFin eine geeignete Person als **Abwickler** bestellen. In kritischen Fällen soll die BaFin die Einhaltung ihrer Anordnungen vor Ort überwachen und durchführen lassen können. Da sie im Regelfall nicht über das erforderliche Personal verfügt, um diese Aufgabe selbst zu leisten, soll der Abwickler überprüfen, ob den Anordnungen der BaFin gemäß abgewickelt wird und widrigenfalls mit den Kompetenzen eines Geschäftsführers die notwendigen Abwicklungshandlungen selbst durchführen.[37] Im Außenverhältnis verfügt der Abwickler dann über unbeschränkte Vertretungsmacht gem. § 37 GmbHG.[38] Er kann beispielsweise Verträge kündigen und geleistete Zahlungen zurückerstatten. Die Vorschrift ermächtigt die BaFin, den Abwickler mit den entsprechenden Befugnissen auszustatten.[39] 20

Die **Bestellung** ist ein zustimmungsbedürftiger Verwaltungsakt.[40] Sie ist dann hinreichend bestimmt, wenn das Ziel der Abwicklung für das betroffene Unternehmen deutlich wird. Die Auswahl unter verschiedenen Abwicklungsmodalitäten kann sie dem Abwickler überlassen.[41] 21

Als **geeignete Personen** kommen aufgrund des Aufgabenbildes insbesondere Rechtsanwälte in Betracht, die sich als Insolvenzverwalter bewährt haben, die auf einen angemessenen logistischen Unterbau zurückgreifen können und bei denen keine Interessenkonflikte mit anderen Mandaten der Kanzlei bestehen.[42] 22

5. Ermessen

Es handelt sich bei § 15 Abs. 2 Satz 1 KAGB um eine Ermessensvorschrift i.S.v. § 40 VwVfG. Die BaFin entscheidet, ob und mit welchen Mitteln sie gegen das unerlaubte Investmentgeschäft einschreitet. Ihr steht also sowohl ein Entschließungs- als auch ein Auswahlermessen zu. Dabei darf die Ermessensausübung nicht zu einer unverhältnismäßigen Beeinträchtigung des Betroffenen führen. Der Grundsatz der Verhältnismäßigkeit kann die BaFin dazu verpflichten, eine mildere Maßnahme als die sofortige Einstellung des Geschäftsbetriebs oder die unverzügliche Abwicklung der Geschäfte zu ergreifen, sofern die mildere Maßnahme gleich geeignet ist.[43] 23

Nach der Begründung des Gesetzesentwurfs soll von einer gleichen Geeignetheit der Maßnahme auszugehen sein, wenn ein Unternehmen einen entsprechenden **Erlaubnisantrag bei der BaFin stellt** und nicht ausgeschlossen werden kann, dass die BaFin diesem entsprechen wird. In dem Fall könne der Grundsatz der Verhältnismäßigkeit die BaFin dazu verpflichten, zunächst den Ausgang des Erlaubnisverfahrens abzuwarten und vorher keine verwaltungsrechtlichen Maßnahmen gegen das betroffene Unternehmen einzuleiten.[44] 24

---

35 So aber *Schneider* in Baur/Tappen, § 15 KAGB Rz. 10.
36 *Beckmann* in Beckmann/Scholtz/Vollmer, § 15 KAGB Rz. 91.
37 Begr. RegE, BT-Drucks. 13/7142, 91; *Schneider* in Baur/Tappen, § 15 KAGB Rz. 19; *Beckmann* in Beckmann/Scholtz/Vollmer, § 15 KAGB Rz. 73.
38 *Fischer* in Boos/Fischer/Schulte-Mattler, § 37 KWG Rz. 15; *Beckmann* in Beckmann/Scholtz/Volmer, § 15 KAGB Rz. 73.
39 Begr. RegE, BT-Drucks. 13/7142, 91.
40 *Fischer* in Boos/Fischer/Schulte-Mattler, § 37 KWG Rz. 14.
41 VGH Kassel v. 23.3.2005 – 6 TG 3675/04, NJW-RR 2005, 1643.
42 BaFin, Merkblatt Hinweise zur Tätigkeit als Abwickler gem. § 37 Abs. 1 Satz 2 Kreditwesengesetz (KWG) v. 13.6.2007; *Schneider* in Baur/Tappen, § 15 KAGB Rz. 18, *Ernst* in Moritz/Klebeck/Jesch, § 15 KAGB Rz. 31.
43 *Beckmann* in Beckmann/Scholtz/Vollmer, § 15 KAGB Rz. 142; *Schneider* in Baur/Tappen, § 15 KAGB Rz. 24.
44 Begr. RegE, BT-Drucks. 17/12294, 211.

25 Kommt ein Unternehmen einer **informellen Aufforderung der BaFin**, den unerlaubten Geschäftsbetrieb einzustellen und abzuwickeln, bereits freiwillig nach, soll die BaFin nach der Gesetzesbegründung von einer förmlichen Untersagungsverfügung und Abwicklungsanordnung absehen.[45]

6. Rechtsschutz

26 Gegen Maßnahmen nach § 15 Abs. 2 Satz 1 KAGB sind Widerspruch (§ 68 VwGO) und Anfechtungsklage (§ 42 Abs. 1 Var. 1 VwGO) statthaft. Diese haben nach § 7 Abs. 1 KAGB keine aufschiebende Wirkung.[46]

IV. Bekanntmachung (§ 15 Abs. 2 Satz 2 KAGB)

27 Die BaFin kann ihre Maßnahmen nach § 15 Abs. 2 Satz 2 Nr. 1 bis 3 KAGB bekannt machen. Sinn und Zweck der Vorschrift ist der **Anlegerschutz**. Durch die Bekanntmachung sollen Anleger davor gewarnt werden, ihre Gelder Unternehmen anzuvertrauen, die unerlaubte Investmentgeschäfte betreiben.[47] Bei solchen Unternehmen besteht grundsätzlich eine erhöhte Gefahr, dass die ihnen anvertrauten Gelder verloren gehen.

28 **Personenbezogene Daten** dürfen nur dann veröffentlicht werden soweit dies zur Gefahrenabwehr erforderlich ist. Die BaFin muss dabei den Grundsatz der Verhältnismäßigkeit strikt beachten. Nach der Begründung des Gesetzesentwurfs sollen der Name der natürlichen Person, die das unerlaubte Investmentgeschäft betreibt oder in dessen Betrieb einbezogen ist, sowie die Stadt des Geschäftssitzes bekannt gegeben werden. Die PLZ sei nur anzugeben, soweit dies für die Identifizierung durch die Anleger zwingend erforderlich ist.[48]

29 Ob und in welcher Form die BaFin ihre Maßnahmen bekannt macht, liegt in ihrem pflichtgemäßen **Ermessen**. In der Praxis wird der Erlass einer Abwicklungsanordnung durch die BaFin im monatlichen BaFin-Journal sowie auf der Webseite der BaFin veröffentlicht.

30 Für die Veröffentlichung auf der Website der BaFin wurde im Zuge des OGAW V-UmsG mit **§ 7a KAGB** nunmehr auch eine weitere, teils konkurrierende Ermächtigungsgrundlage eingeführt, die bei Vorliegen der dortigen Voraussetzungen sogar eine Pflicht zur Veröffentlichung der Maßnahme vorsieht.

V. Eröffnung eines Insolvenzverfahrens durch den Abwickler (§ 15 Abs. 4 KAGB)

31 Der Abwickler hat die Befugnis, die Eröffnung des Insolvenzverfahrens gem. § 15 InsO zu beantragen. Dies gilt nach dem BGH auch dann, wenn das Unternehmen neben den unerlaubten auch erlaubte Investmentgeschäfte betreibt.[49]

32 Die insolvenzrechtlichen Anhörungs- und Mitwirkungsrechte aus § 15 Abs. 2 Satz 2 InsO sowie das Beschwerderecht des § 34 Abs. 2 InsO bleiben unberührt.[50]

VI. Ansprüche des Abwicklers (§ 15 Abs. 5 KAGB)

1. Angemessene Vergütung; Aufwendungsersatz (§ 15 Abs. 5 Satz 1 KAGB)

33 Der Abwickler kann von der Bundesanstalt eine angemessene Vergütung sowie Aufwendungsersatz verlangen. Die Vorschrift **entspricht § 37 Abs. 3 Satz 1 KWG**.[51] Dieser orientiert sich an der in § 22i KWG geregelten Vergütung des Verwalters des Refinanzierungsregisters.[52]

---

45 Begr. RegE, BT-Drucks. 17/12294, 211; *Schneider* in Baur/Tappen, § 15 KAGB Rz. 25; *Beckmann* in Beckmann/Scholtz/Vollmer, § 15 KAGB Rz. 143.

46 *Ernst* in Moritz/Klebeck/Jesch, § 15 KAGB Rz. 57.

47 *Schneider* in Baur/Tappen, § 15 KAGB Rz. 16; Begr. RegE, BT-Drucks. 17/12294, 210 f.; *Beckmann* in Beckmann/Scholtz/Vollmer, § 15 KAGB Rz. 100.

48 Begr. RegE, BT-Drucks. 17/12294, 210 f.

49 BGH v. 24.7.2003 – IX ZB 607/02, NJW-RR 2003, 1556; *Schneider* in Baur/Tappen, § 15 KAGB Rz. 21; *Beckmann* in Beckmann/Scholtz/Vollmer, § 15 KAGB Rz. 75, *Ernst* in Moritz/Klebeck/Jesch, § 15 KAGB Rz. 42.

50 BGH v. 13.6.2006 – IX ZB 262/05, NJW-RR 2006, 1423.

51 *Schneider* in Baur/Tappen, § 15 KAGB Rz. 22; *Baumann* in Weitnauer/Boxberger/Anders, § 15 KAGB Rz. 13; Begr. RegE, BT-Drucks. 17/12294, 211.

52 Begr. RegE, BT-Drucks. 16/13684, S. 30.

Die Angemessenheit der Vergütung ist gesetzlich nicht näher spezifiziert. Sie richtet sich nach dem Inhalt der Abwicklungsanordnung und den Aufgaben des Abwicklers. Ein Stundenhonorar, das Insolvenzverwalter, Rechtsanwälte, Wirtschaftsprüfer oder andere Berater für vergleichbare Tätigkeiten beziehen würden, dürfte regelmäßig angemessen sein.[53] Nach dem Wortlaut der Vorschrift muss lediglich die Höhe der Vergütung angemessen sein. Aus Gründen der Verhältnismäßigkeit dürfte dieses Erfordernis gleichwohl auch für den Aufwendungsersatz gelten.[54] 34

Es ist **abzugrenzen** welcher Teil des Aufwands vergütet wird und welcher Teil als Fremdkosten ersatzfähig ist. Aufwendungen, die zur Gewinnung notwendiger Spezialkenntnisse erforderlich sind (z.B. Literatur), sind von der Vergütung umfasst. Reisekosten, Portoaufwand und sonstige Fremdkosten sind als Aufwendungen zu ersetzen. Bei Gutachten richtet sich die Erstattungsfähigkeit der Kosten danach, ob die im Gutachten zu beantwortende Frage unmittelbar vom Auftrag des Abwicklers umfasst ist oder ob sie die bei der Auftragserteilung vorausgesetzten Fähigkeiten und Kenntnisse übersteigt.[55] 35

2. Erstattungs- und Vorschusspflicht des Unternehmens (§ 15 Abs. 5 Satz 2 KAGB)

Die Kosten des Abwicklers werden zunächst von der BaFin getragen. Das betroffene Unternehmen hat der BaFin die gezahlten Beträge wiederum gesondert zu erstatten[56] und auf Verlangen der BaFin einen Vorschuss zu leisten. Dadurch soll die Unabhängigkeit des Abwicklers gewahrt werden (vgl. Satz 3). Durch einen Anspruch des Abwicklers gegen die BaFin wird zudem sichergestellt, dass der Abwickler nicht das Insolvenzrisiko des Unternehmens trägt. Gleichzeitig kann die BaFin die Angemessenheit von Vergütung und Aufwendungsersatz kontrollieren.[57] Die BaFin verpflichtet das Unternehmen mittels Verwaltungsakt zur Zahlung. Die Verpflichtung ist öffentlich-rechtlicher Natur. Sie kann mittels Widerspruch und Anfechtungsklage vor den VG angefochten werden. 36

3. Leistung unmittelbar an den Abwickler (§ 15 Abs. 5 Satz 3 KAGB)

Die BaFin kann das betroffene Unternehmen anweisen, den von der BaFin festgesetzten Betrag im Namen der BaFin unmittelbar an den Abwickler zu leisten, wenn dadurch keine Beeinflussung der Unabhängigkeit des Abwicklers zu besorgen ist. Etwaige Einwände des betroffenen Unternehmens sind nicht gegen den Abwickler, sondern den der Zahlungsaufforderung zugrunde liegenden Verwaltungsakt der BaFin zu richten.[58] 37

§ 16 Verfolgung unerlaubter Investmentgeschäfte

(1) ¹Ein Unternehmen, bei dem feststeht oder Tatsachen die Annahme rechtfertigen, dass es unerlaubte Investmentgeschäfte betreibt oder dass es in die Anbahnung, den Abschluss oder die Abwicklung unerlaubter Investmentgeschäfte einbezogen ist oder war, sowie die Mitglieder der Organe, die Gesellschafter und die Beschäftigten eines solchen Unternehmens haben der Bundesanstalt auf Verlangen Auskünfte über alle Geschäftsangelegenheiten zu erteilen und sämtliche Unterlagen vorzulegen. ²Ein Mitglied eines Organs, ein Gesellschafter oder ein Beschäftigter hat auf Verlangen auch nach seinem Ausscheiden aus dem Organ oder dem Unternehmen Auskunft zu erteilen und Unterlagen vorzulegen.

(2) ¹Soweit dies zur Feststellung der Art oder des Umfangs der Geschäfte oder Tätigkeiten erforderlich ist, kann die Bundesanstalt Prüfungen in Räumen des Unternehmens sowie in den Räumen der nach Absatz 1 auskunfts- und vorlegungspflichtigen Personen und Unternehmen vornehmen. ²Die Bediensteten der Bundesanstalt dürfen hierzu

1. **Räume nach Satz 1 innerhalb der üblichen Betriebs- und Geschäftszeiten betreten und besichtigen,**
2. **Räume nach Satz 1 auch außerhalb der üblichen Betriebs- und Geschäftszeiten betreten und besichtigen, um dringende Gefahren für die öffentliche Ordnung und Sicherheit zu verhüten und**

---

53 *Beckmann* in Beckmann/Scholtz/Vollmer, § 15 KAGB Rz. 77; *Schneider* in Baur/Tappen, § 15 KAGB Rz. 23; so auch *Fischer* in Boos/Fischer/Schulte-Mattler, § 37 KWG Rz. 20.
54 So auch *Fischer* in Boos/Fischer/Schulte-Mattler, § 37 KWG Rz. 21.
55 *Fischer* in Boos/Fischer/Schulte-Mattler, § 37 KWG Rz. 22.
56 *Ernst* in Moritz/Klebeck/Jesch, § 15 KAGB Rz. 45.
57 *Schneider* in Baur/Tappen, § 15 KAGB Rz. 22; *Fischer* in Boos/Fischer/Schulte-Mattler, § 37 KWG Rz. 23.
58 So auch *Fischer* in Boos/Fischer/Schulte-Mattler, § 37 KWG Rz. 26.

3. Räume, die auch als Wohnung dienen, betreten und besichtigen, um dringende Gefahren für die öffentliche Ordnung und Sicherheit zu verhüten;

das Grundrecht des Artikels 13 des Grundgesetzes wird insoweit eingeschränkt.

(3) [1]Die Bediensteten der Bundesanstalt dürfen die Räume des Unternehmens sowie die Räume der nach Absatz 1 auskunfts- und vorlegungspflichtigen Personen durchsuchen. [2]Im Rahmen der Durchsuchung dürfen die Bediensteten auch die auskunfts- und vorlegungspflichtigen Personen zum Zwecke der Sicherstellung von Gegenständen im Sinne des Absatzes 4 durchsuchen. [3]Das Grundrecht des Artikels 13 des Grundgesetzes wird insoweit eingeschränkt. [4]Durchsuchungen von Geschäftsräumen und Personen sind, außer bei Gefahr im Verzug, durch den Richter anzuordnen. [5]Durchsuchungen von Räumen, die als Wohnung dienen, sind durch den Richter anzuordnen. [6]Zuständig ist das Amtsgericht, in dessen Bezirk sich die Räume befinden. [7]Gegen die gerichtliche Entscheidung ist die Beschwerde zulässig; die §§ 306 bis 310 und 311a der Strafprozessordnung gelten entsprechend. [8]Über die Durchsuchung ist eine Niederschrift zu fertigen. [9]Sie muss die verantwortliche Dienststelle, Grund, Zeit und Ort der Durchsuchung und ihr Ergebnis und, falls keine gerichtliche Anordnung ergangen ist, auch Tatsachen, welche die Annahme einer Gefahr im Verzug begründet haben, enthalten.

(4) Die Bediensteten der Bundesanstalt können Gegenstände sicherstellen, die als Beweismittel für die Ermittlung des Sachverhaltes von Bedeutung sein können.

(5) [1]Die Betroffenen haben Maßnahmen nach den Absätzen 2 und 3 Satz 1 sowie Absatz 4 zu dulden. [2]Der zur Erteilung einer Auskunft Verpflichtete kann die Auskunft auf solche Fragen verweigern, deren Beantwortung ihn selbst oder einen der in § 383 Absatz 1 Nummer 1 bis 3 der Zivilprozessordnung bezeichneten Angehörigen der Gefahr strafgerichtlicher Verfolgung oder eines Verfahrens nach dem Gesetz über Ordnungswidrigkeiten aussetzen würde.

(6) [1]Die Bundesanstalt darf einzelne Daten aus der Datei nach § 24c Absatz 1 Satz 1 des Kreditwesengesetzes abrufen, soweit dies erforderlich ist zur Erfüllung ihrer aufsichtlichen Aufgaben nach diesem Gesetz, insbesondere im Hinblick auf unerlaubt betriebene Investmentgeschäfte, und sofern besondere Eilbedürftigkeit im Einzelfall vorliegt. [2]§ 24c Absatz 4 des Kreditwesengesetzes ist entsprechend anzuwenden.

(7) Die Absätze 1 bis 6 gelten entsprechend für andere Unternehmen und Personen, sofern

1. Tatsachen die Annahme rechtfertigen, dass sie in die Anlage oder Verwaltung von Investmentvermögen einbezogen sind, die in einem anderen Staat entgegen einem dort bestehenden Verbot erbracht werden und

2. die zuständige Behörde des anderen Staates ein entsprechendes Ersuchen an die Bundesanstalt stellt.

In der Fassung vom 4.7.2013 (BGBl. I 2013, S. 1981), zuletzt geändert durch das Zweite Gesetz zur Novellierung von Finanzmarktvorschriften auf Grund europäischer Rechtsakte (Zweites Finanzmarktnovellierungsgesetz – 2. FiMaNoG) vom 23.6.2017 (BGBl. I 2017, S. 1693).

Schrifttum: *Aepfelbach*, WuB I G § 4 WpHG 1.10; *Epping/Hillgruber*, Beck'scher Online Kommentar zum GG, Edition 30, Stand 09/2016; *Härting*, Beschlagnahme und Archivierung von Mails, CR 2009, 581; *Just/Voß*, Kein Eingriff in das Fernmeldegeheimnis durch Zugriff des Arbeitgebers auf private E-Mails auf dem Betriebsrechner des Arbeitnehmers, EWiR 2009, 657; *Nobbe*, Bankgeheimnis, Datenschutz und Abtretung von Darlehensforderungen, WM 2005, 1537; *Schantz*, Der Zugriff auf E-Mails durch die BaFin, WM 2009, 2112; *Schröder/Hansen*, Die Ermittlungsbefugnisse der BaFin nach § 44c KWG und ihr Verhältnis zum Strafprozessrecht, ZBB 2003, 113; *Simitis*, Bundesdatenschutzgesetz, 8. Aufl. 2014; *Spindler/Schuster*, Recht der elektronischen Medien, 2015; *Stelkens/Bonk/Sachs*, VwVfG, 8. Aufl. 2014; *Szesny*, Finanzmarktaufsicht und Strafprozess, 2008; *Taeger/Gabel*, BDSG, 2. Aufl. 2013; *Tolani*, Existiert in Deutschland ein Bankgeheimnis?, BKR 2007, 275; *Voßkuhle*, Behördliche Betretungs- und Nachschaurechte – Versuch einer dogmatischen Klärung, DVBl. 1994, 611.

I. Entstehungsgeschichte und Normzweck

§ 16 KAGB räumt der BaFin zur Ermittlung des Vorwurfs unerlaubter Investmentgeschäfte und deren Verfolgung umfangreiche gewerbepolizeiliche Aufklärungs- und Ermittlungsbefugnisse ein.[1] Die Vorschrift ist § 44c KWG und § 5 ZAG nachgebildet. Außerdem setzen sich in ihm Teile des Regelungsgehaltes des § 19h InvG a.F. fort.[2] 1

Die Ermittlungsbefugnisse dienen der **Sachverhaltsaufklärung** und damit auch der Vorbereitung von Maßnahmen zum Einschreiten gegen unerlaubte Investmentgeschäfte i.S.d. § 15 KAGB.[3] Dabei handelt es sich jedoch nicht um repressive, strafprozessuale, sondern um präventive, gefahrenabwehrrechtliche Maßnahmen.[4] § 16 KAGB bezweckt damit den Schutz der Anleger und der Integrität und Funktionsfähigkeit des Finanzsystems.[5] 2

Durch das OGAW V-Umsetzungsgesetz wurden in § 16 Abs. 2 Satz 2 Nr. 3 KAGB die Worte „um dringende Gefahren für die öffentliche Ordnung und Sicherheit zu verhüten" eingefügt. Diese Einschränkung entspricht § 44c Abs. 2 Satz 3 KWG und war im Hinblick auf das Grundrecht des Art. 13 GG erforderlich.[6] 3

II. Überblick

Der BaFin stehen im Rahmen des § 16 KAGB umfangreiche Ermittlungsbefugnisse zur Verfügung. Hinsichtlich des „ob" eines Einschreitens und der Auswahl der Maßnahmen ist der Verhältnismäßigkeitsgrundsatz zu beachten. Gestützt auf § 16 KAGB darf keine allgemeine **Ausforschung** des Unternehmens erfolgen. Vielmehr ist die BaFin auf Ermittlungen zum unerlaubten Investmentgeschäft beschränkt.[7] Mithin gibt der Zweck der Befugnis nach § 16 KAGB der BaFin zwingende Ermessensleitlinien an die Hand. 4

Grundsätzlich dürfen sämtliche Maßnahmen des § 16 KAGB **nebeneinander** angeordnet werden, wobei der **Verhältnismäßigkeitsgrundsatz** i.d.R. gebieten wird, zunächst ein Auskunfts- oder Vorlageverlangen anzuordnen, bevor von den Prüfungsrechten Gebrauch gemacht wird.[8] Maßgebend ist dabei, ob der Ermittlungserfolg auch durch eine mildere Maßnahme gewährleistet werden kann.[9] 5

Im Übrigen dürfen nur Bedienstete der BaFin die Maßnahmen des § 16 KAGB ausführen, die Aufgaben können nicht auf Bedienstete der Bundesbank, Wirtschaftsprüfer o.Ä. übertragen werden.[10] 6

Einstweilen frei. 7

III. Auskunfts- und Unterlagenvorlagepflichten (§ 16 Abs. 1 KAGB)

1. Anfangsverdacht

§ 16 Abs. 1 KAGB begründet Auskunfts- und Unterlagenvorlagepflichten für Unternehmen und Personen, bei denen feststeht oder Tatsachen die Annahme rechtfertigen, dass sie **unerlaubte Investmentgeschäfte** 8

1 *Ernst* in Moritz/Klebeck/Jesch, § 16 KAGB Rz. 1.
2 Begr. RegE, BT-Drucks. 17/12294, 211.
3 *Ernst* in Moritz/Klebeck/Jesch, § 16 KAGB Rz. 1.
4 Vgl. *Baumann* in Weitnauer/Boxberger/Anders, § 16 KAGB Rz. 1; *Schneider* in Baur/Tappen, § 16 KAGB Rz. 2.
5 Vgl. *Beckmann* in Beckmann/Scholtz/Vollmer, § 16 KAGB Rz. 3.
6 Begr. RegE, BT-Drucks. 18/6744, 45.
7 *Beckmann* in Beckmann/Scholtz/Vollmer, § 16 KAGB Rz. 22.
8 *Beckmann* in Beckmann/Scholtz/Vollmer, § 16 KAGB Rz. 150 f.
9 *Ernst* in Moritz/Klebeck/Jesch, § 16 KAGB Rz. 26.
10 *Schneider* in Baur/Tappen, § 16 KAGB Rz. 7; *Beckmann* in Beckmann/Scholtz/Vollmer, § 16 KAGB Rz. 36.

i.S.v. § 15 Abs. 1 KAGB betreiben oder in die Anbahnung, den Abschluss oder die Abwicklung solcher Geschäfte einbezogen sind oder waren (vgl. zu unerlaubten Investmentgeschäften § 15 Rz. 4 ff.).

9 Auf § 16 Abs. 1 KAGB gestützte Maßnahmen der BaFin sind also stets **anlassbezogen** und setzen zumindest einen Anfangsverdacht voraus.[11] Der Maßstab entspricht nach allgemeiner Auffassung dem strafprozessualen Begriff des Anfangsverdachts gem. § 152 Abs. 2 StPO, wonach zureichende tatsächliche Anhaltspunkte vorliegen müssen.[12] Dementsprechend muss aufgrund der vorliegenden Tatsachen eine gewisse Wahrscheinlichkeit bestehen, dass unerlaubte Investmentgeschäfte getätigt werden.[13] Das tatsächliche Vorliegen von unerlaubten Investmentgeschäften muss also nicht bewiesen sein.[14] Umgekehrt genügt eine unsubstantiierte bloße Vermutung noch nicht.[15] Unzureichend sind daher bloße Indizien oder Anzeigen von Dritten, die der Aufsichtsbehörde bloße für sie auffällige Umstände mitteilen.[16] Ein Anfangsverdacht kann bereits durch einen einzelnen bekannt gewordenen Geschäftsvorfall begründet werden.[17] Ebenso können z.B. Zeitungsberichte, der Internetauftritt, die Verwendung von Vertragsmustern und Formularen, Werbematerial, Handelsregisterveröffentlichungen, Erkenntnisse aus staatsanwaltlichen Ermittlungsverfahren oder Kundenbeschwerden einen Anfangsverdacht begründen.[18]

2. Gegenstand des Auskunfts- und Unterlagenvorlageverlangens der BaFin

10 Auf Verlangen der BaFin hat das verdächtige Unternehmen bzw. die verdächtige Person Auskünfte über alle Geschäftsangelegenheiten zu erteilen und sämtliche Unterlagen vorzulegen, die mit dem unerlaubten Investmentgeschäft in Verbindung stehen.[19] Der Auskunftspflichtige muss die verlangten Informationen nach eigener Kenntnis und mit eigener Versicherung der Richtigkeit abgeben.[20]

11 Der **Umfang** der Auskunfts- und Unterlagenvorlagepflichten richtet sich nach dem Zweck des Verlangens und erfasst alle Informationen, die generell geeignet sind, den Anfangsverdacht umfassend aufzuklären.[21] Der Wortlaut ist insofern weit auszulegen, auch in Anlehnung an die Parallelvorschriften im KWG und WpHG. Zu den Unterlagen, deren Vorlage die BaFin verlangen kann, gehören etwa Gesellschaftsunterlagen wie z.B. der Gesellschaftsvertrag, Gesellschafterbeschlüsse und Sitzungsprotokolle, verwendete Vordrucke und Formulare, interne Dokumentationen und Präsentationen, und der Schriftverkehr, und zwar unabhängig davon, ob die Unterlagen in schriftlicher oder elektronischer Form vorliegen.[22] Der Umfang der Vorlagepflicht wird insbesondere durch das **Übermaßverbot** begrenzt.

12 Die BaFin hat grundsätzlich nur ein Recht auf **Einsichtnahme** in die betroffenen Unterlagen am Ort des verpflichteten Unternehmens.[23] Eine Pflicht zur Aushändigung, Übersendung oder gar längere Überlassung ist in der Regel hiermit nicht verbunden. Z.T. wird vertreten, dass bei nur auf Datenträgern vorhandenen Unterlagen ein Ausdruck verlangt werden kann.[24] Außerdem soll eine Ablichtung von Unterlagen verlangt werden können.[25]

13 Das **Auskunfts- und Unterlagenvorlageverlangen** ist ein belastender Verwaltungsakt i.S.v. § 35 VwVfG, der mit Widerspruch (§ 68 VwGO) und Anfechtungsklage (§ 42 Abs. 1 Var. 1 VwGO) angreifbar ist.[26] Das Verlangen ist von einer unverbindlichen Anfrage auf freiwillige Auskunft bzw. Unterlagenvorlage abzugrenzen.[27] Ob ein förmliches Verlangen oder eine bloße unverbindliche Anfrage vorliegt, ist durch Auslegung zu ermitteln. Dabei kommt es entscheidend darauf an, ob der Inhalt des Verlangens darauf schließen lässt,

11 Vgl. *Baumann* in Weitnauer/Boxberger/Anders, § 16 KAGB Rz. 1.
12 *Schneider* in Baur/Tappen, § 16 KAGB Rz. 3; *Beckmann* in Beckmann/Scholtz, § 16 KAGB Rz. 20; vgl. zu § 44c KWG etwa *Reschke* in Beck/Samm/Kokemoor, § 44c KWG Rz. 45.
13 *Ernst* in Moritz/Klebeck/Jesch, § 16 KAGB Rz. 8; *Beckmann* in Beckmann/Scholtz/Vollmer, § 16 KAGB Rz. 35.
14 *Schneider* in Baur/Tappen, § 16 KAGB Rz. 3.
15 Hess. VGH v. 6.5.2015 – 6 A 207/15 Rz. 39, WM 2015, 1900, der freilich etwas irreführend von „bloßem Verdacht" spricht.
16 Hess. VGH v. 6.5.2015 – 6 A 207/15 Rz. 39, WM 2015, 1900.
17 *Schneider* in Baur/Tappen, § 16 KAGB Rz. 3.
18 Vgl. *Schneider* in Baur/Tappen, § 16 KAGB Rz. 3; *Beckmann* in Beckmann/Scholtz/Vollmer, § 16 KAGB Rz. 21.
19 *Beckmann* in Beckmann/Scholtz/Vollmer, § 16 KAGB Rz. 72; *Schneider* in Baur/Tappen, § 16 KAGB Rz. 8.
20 Vgl. *Reschke* in Beck/Samm/Kokemoor, § 44c KWG Rz. 55.
21 *Baumann* in Weitnauer/Boxberger/Anders, § 16 KAGB Rz. 3.
22 Vgl. *Beckmann* in Beckmann/Scholtz/Vollmer, § 16 KAGB Rz. 72; *Schneider* in Baur/Tappen, § 16 KAGB Rz. 9.
23 Vgl. *Beckmann* in Beckmann/Scholtz/Vollmer, § 16 KAGB Rz. 73.
24 Vgl. *Schneider* in Baur/Tappen, § 16 KAGB Rz. 9 m.w.N.
25 Vgl. *Schneider* in Baur/Tappen, § 16 KAGB Rz. 9 m.w.N.
26 *Schwennicke* in Schwennicke/Auerbach, § 44c KWG Rz. 9 f.; *Baumann* in Weitnauer/Boxberger/Anders, § 16 KAGB Rz. 2.
27 Vgl. *Kallerhoff* in Stelkens/Bonk/Sachs, § 28 VwVfG Rz. 16 f.

dass die BaFin verbindliche Auskunft begehrt, deren Erteilung sie notfalls auch mit Verwaltungszwang durchsetzen will.[28] Eine Rechtsbehelfsbelehrung kann als Indiz für das Vorliegen eines Verwaltungsakts sprechen, ist aber keine Voraussetzung hierfür.

Anders als im Anwendungsbereich des § 44c KWG stellt die unrichtige, unvollständige, nicht rechtzeitig oder schlichtweg nicht erfolgende Auskunft oder Unterlagenvorlage keine Ordnungswidrigkeit dar. Der BaFin verbleibt freilich die Verwaltungsvollstreckung nach § 17 Abs. 1 FinDAG.[29] 14

3. Adressat

Adressaten der Auskunfts- und Unterlagenvorlagepflichten können das **verdächtige Unternehmen** selbst sowie die **Mitglieder seiner Organe**, die **Gesellschafter**, die **Beschäftigten** des Unternehmens sowie in den Abschluss oder die Abwicklung einbezogene oder einbezogen gewesene Unternehmen sein. Ein solch weitgefasster Adressatenkreis ist nicht zuletzt deswegen geboten, weil sich die Zuständigkeiten innerhalb des verdächtigen Unternehmens häufig von außen nicht eindeutig zuordnen lassen. Unvollkommene Adressierungen des Auskunftsersuchens sind unbeachtlich, soweit sie auf dem unlauteren Geschäftsgebaren des Adressaten beruhen.[30] 15

Organmitglieder sind die Mitglieder des Vorstands (AG) bzw. der Geschäftsführung (GmbH) sowie die Mitglieder von Aufsichtsorganen. Unter Beschäftigten versteht man abhängig beschäftigte Personen, wie auch freie Mitarbeiter, die aufgrund von Werkverträgen tätig werden.[31] 16

Besondere Probleme bereitet die Reichweite des Auskunftsrechts gegenüber Personen(handels)gesellschaften und deren Gesellschaftern. So ist insbesondere umstritten, ob der von der Geschäftsführung ausgeschlossene persönlich haftende Gesellschafter der Auskunftspflicht unterliegt.[32] Umstritten ist ferner, ob das Auskunftsrecht auch gegenüber Kommanditisten besteht.[33] Die besseren Gründe sprechen dafür, alle Gesellschafter der Auskunftspflicht zu unterstellen. Dafür spricht bereits der Wortlaut, der eine Einschränkung nach der (fehlenden) Geschäftsführungsbefugnis der Gesellschafter nicht vorsieht. Dies würde auch dem gefahrenabwehrrechtlichen Zweck des § 16 KAGB nicht gerecht, der eine möglichst umfassende Auslegung gebietet. Einer zu ausufernden Ausübung des Auskunftsrechts steht ohnehin bereits das Verhältnismäßigkeitsprinzip entgegen. Die Gegenauffassung, die letztlich auf eine teleologische Reduktion der Vorschrift hinaus läuft, kann mit Blick darauf nicht überzeugen, dass der Gesetzgeber in Kenntnis der identischen Diskussion bzgl. der Reichweite des § 44c KWG beim neuen § 16 KAGB keinen einschränkenden Wortlaut wählte. Letztlich dient die Vorschrift des § 16 KAGB dazu, eine Informationsasymmetrie zuungunsten der Verwaltung abzubauen. Ausweislich der §§ 118, 166 HGB können dabei auch Informationsvorsprünge zugunsten von Gesellschaftern bestehen, die von der Geschäftsführung ausgeschlossen sind. 17

Die Auskunfts- und Unterlagenvorlegungspflichten gelten nach Abs. 1 Satz 2 ausdrücklich auch für ausgeschiedene Organmitglieder, Gesellschafter und Beschäftigte. Dadurch will der Gesetzgeber verhindern, dass sich das verdächtige Unternehmen der Sachverhaltsaufklärung durch kurzfristiges Auflösen von Beschäftigungsverhältnissen entziehen kann.[34] 18

Einbezogen in den Abschluss oder die Abwicklung unerlaubter Investmentgeschäfte ist ein Unternehmen, dessen sich ein Dritter bei unerlaubten Investmentgeschäften im Geschäftsverkehr bedient oder bedient hat, indem er es bewusst zur Erreichung oder Förderung seiner geschäftlichen Interessen bei Anbahnung, Abschluss oder Abwicklung der Geschäfte einsetzt.[35] Dies kommt beispielsweise bei Auslagerungsunterneh- 19

---

28 *Lindemann* in Boos/Fischer/Schulte-Mattler, § 44c KWG Rz. 44; *Ernst* in Moritz/Klebeck/Jesch, § 16 KAGB Rz. 30.

29 *Ernst* in Moritz/Klebeck/Jesch, § 16 KAGB Rz. 36.

30 Hess. VGH v. 6.5.2015 – 6 A 207/15, WM 2015, 1900.

31 *Beckmann* in Beckmann/Scholtz/Vollmer, § 16 KAGB Rz. 47-49; *Schneider* in Baur/Tappen, § 16 KAGB, Rz. 25; *Ernst* in Moritz/Klebeck/Jesch, § 16 KAGB Rz. 13.

32 Dafür: *Beckmann* in Beckmann/Scholtz/Vollmer, § 16 KAGB Rz. 48; *Schneider* in Baur/Tappen, § 16 KAGB, Rz. 24; wohl auch: *Baumann* in Weitnauer/Boxberger/Anders, § 16 KAGB Rz. 3, zur insoweit parallelen Diskussion bei § 44c KWG vgl. die umfangreichen Nachweise bei: *Schmitz* in Luz/Neus/Schaber/Schneider/Wagner/Weber, § 44c KWG Rz. 25.

33 Ablehnend: *Beckmann* in Beckmann/Scholtz/Vollmer, § 16 KAGB Rz. 48; nach der Geschäftsführungsbefugnis differenzierend: *Baumann* in Weitnauer/Boxberger/Anders, § 16 KAGB Rz. 3; dafür: *Schneider* in Baur/Tappen, § 16 KAGB, Rz. 24.

34 Begr. RegE, BT-Drucks. 13/7142, 93; *Baumann* in Weitnauer/Boxberger/Anders, § 16 KAGB Rz. 3; *Beckmann* in Beckmann/Scholtz/Vollmer, § 16 KAGB Rz. 50.

35 VG Frankfurt/M. v. 8.12.2003 – 9 G 4437/03, BeckRS 2004, 21132; *Schneider* in Baur/Tappen, § 16 KAGB Rz. 22; *Beckmann* in Beckmann/Scholtz/Vollmer, § 16 KAGB Rz. 46, 51.

men, Treuhändern, und Anlageberatern und -vermittlern und sonstigen Vertriebsgesellschaften in Betracht.[36] Auch **Rechtsanwälte, Steuerberater und Wirtschaftsprüfer** können in die Anbahnung, den Abschluss oder die Abwicklung unerlaubter Investmentgeschäfte einbezogen und daher ebenfalls zur Auskunft und Vorlage von Unterlagen verpflichtet sein.[37] Mitunter stehen die Auskunfts- und Unterlagenvorlagepflichten jedoch in einem Spannungsverhältnis zu beruflichen Verschwiegenheitspflichten (vgl. unten Rz. 61 f.).

20 Kapitalanlagerechtliche Besonderheiten ergeben sich im Falle der Betätigung unerlaubter Investmentgeschäfte durch ein Sondervermögen, dass durch eine externe Kapitalverwaltungsgesellschaft verwaltet wird.[38] Es stellt sich insoweit die Frage, welcher der beiden Einheiten „Betreiber" i.S.d. § 16 Abs. 1 KAGB ist. Richtigerweise wird man auf die Kapitalverwaltungsgesellschaft abstellen müssen. Dafür spricht die systematische Verknüpfung von §§ 15 und 16 KAGB. § 16 KAGB dient vorrangig dazu, die BaFin unabhängig vom Erkenntnisstand anderer Behörden in die Lage zu versetzen, Maßnahmen nach § 15 KAGB zu ergreifen. § 15 KAGB knüpft aber ersichtlich an den Erlaubnispflichtigen, also die Kapitalverwaltungsgesellschaft an. Zudem lenkt gerade die Kapitalverwaltungsgesellschaft „die Geschicke" des Sondervermögens und kann daher auch veranlassen den Anordnungen der BaFin nachzukommen.[39] Ob man dabei die externe Kapitalverwaltungsgesellschaft als gesetzliche Vertreterin des Investmentvermögens begreift,[40] ist dabei ohne Belang.[41]

21 Aus allgemeinen rechtsstaatlichen Erwägungen sollte in der Anordnung des Auskunfts- bzw. Vorlageverlangens eine **Belehrung** über das Auskunftsverweigerungsrecht enthalten sein.

IV. Prüfungsrecht (§ 16 Abs. 2 KAGB)

1. Räume

22 Nach § 16 Abs. 2 KAGB kann die BaFin Prüfungen in Räumen des Unternehmens (z.B. Geschäftsräume, Büros, Archive sowie Fahrzeuge), in den Räumen der nach Abs. 1 auskunfts- und vorlagepflichtigen Personen und Unternehmen sowie in Räumen, die auch als Wohnung dienen, vornehmen. Der Wohnungsbegriff ist dabei weit auszulegen.[42]

2. Betreten und Besichtigen

23 Die Bediensteten der BaFin dürfen die Räume betreten und besichtigen. Das Prüfungsrecht ist dabei auf die Aufklärung von Sachverhalten gerichtet, die bei Betreten des Raumes ohne weiteres erkennbar sind.[43] Ein **gezieltes Suchen** (z.B. durch Öffnen von Schreibtischen und Schränken) ist nicht erfasst.[44] Derartige Maßnahmen sind nur unter den zusätzlichen Voraussetzungen nach § 16 Abs. 3 KAGB zulässig.

24 Die Prüfung muss innerhalb der **üblichen Betriebs- und Geschäftszeiten** erfolgen, es sei denn, dass dringende Gefahren für die öffentliche Ordnung und Sicherheit verhütet werden sollen. Die üblichen Betriebs- und Geschäftszeiten richten sich nach den regional üblichen Betriebs- und Geschäftszeiten vergleichbarer Unternehmen. Auf die individuellen tatsächlichen Betriebs- und Geschäftszeiten des verdächtigen Unternehmens kommt es nicht an.[45]

25 Eine **dringende Gefahr** liegt vor, wenn eine Sachlage oder ein Verhalten bei ungehindertem Ablauf des objektiv zu erwartenden Geschehens mit hinreichender Wahrscheinlichkeit ein Schutzgut der öffentlichen Sicherheit oder Ordnung schädigen wird.[46] Aus dem Grundsatz der Verhältnismäßigkeit lässt sich ableiten, dass die Anforderungen an die Wahrscheinlichkeit umso geringer sind, je größer und folgenschwerer der

---

36 *Schneider* in Baur/Tappen, § 16 KAGB Rz. 28; *Beckmann* in Beckmann/Scholtz/Vollmer, § 16 KAGB Rz. 56.
37 *Lindemann* in Boos/Fischer/Schulte-Mattler, § 44c KWG Rz. 33; *Baumann* in Weitnauer/Boxberger/Anders, § 16 KAGB Rz. 3; *Schneider* in Baur/Tappen, § 16 KAGB Rz. 28.
38 Vgl. *Ernst* in Moritz/Klebeck/Jesch, § 16 KAGB Rz. 19 f.
39 *Ernst* in Moritz/Klebeck/Jesch, § 16 KAGB Rz. 22.
40 Dagegen: OLG München v. 1.10.2015 – 23 U 1570/15, NZG 2015, 1430.
41 So auch: *Ernst* in Moritz/Klebeck/Jesch, § 16 KAGB Rz. 22.
42 Vgl. *Reschke* in Beck/Samm/Kokemoor, § 44c KWG Rz. 86.
43 *Voßkuhle*, DVBl. 1994, 611 (616).
44 Vgl. *Reschke* in Beck/Samm/Kokemoor, § 44c KWG Rz. 84; *Schröder/Hansen*, ZBB 2003, 113 (114); *Lindemann* in Boos/Fischer/Schulte-Mattler, § 44c KWG Rz. 48.
45 Vgl. *Reschke* in Beck/Samm/Kokemoor, § 44c KWG Rz. 85.
46 Vgl. BVerwG v. 6.9.1974 – I C 17.73, NJW 1975, 130; *Reschke* in Beck/Samm/Kokemoor, § 44c KWG Rz. 90; *Schneider* in Baur/Tappen, § 16 KAGB Rz. 12.

zu erwartende Schaden ausfällt.[47] Von einer dringenden Gefahr ist stets auszugehen, wenn sich im Einzelfall Hinweise auf unerlaubte Investmentgeschäfte verdichtet haben, der Verdächtige Zugriff auf fremde Vermögenswerte hat und bei Abwarten auf einen richterlichen Durchsuchungsbeschluss Beweismittelverluste oder ein Wegschaffen der Vermögenswerte drohen.[48]

3. Einschränkung des Art. 13 GG

Verfassungsrechtlich ist das Prüfungsrecht an Art. 13 GG (Unverletzlichkeit der Wohnung) zu messen.[49] 26
Vom **Schutzbereich** des Art. 13 GG sind in persönlicher Hinsicht grundsätzlich auch juristische Personen erfasst.[50] In sachlicher Hinsicht gilt dies auch für Betriebs- und Geschäftsräume.[51]

Ein – gemessen an den grundgesetzlichen Gewährleistungen – verfassungsrechtlich gerechtfertigter Eingriff 27
setzt grundsätzlich voraus, dass das ermächtigende Gesetz und der darauf fußende behördliche Akt die Voraussetzungen des Art. 13 Abs. 7 GG wahren. Eingriffe und Beschränkungen in Bezug auf Betriebs- und Geschäftsräume innerhalb der üblichen Betriebs- und Geschäftszeiten (**§ 16 Abs. 2 Satz 1 Nr. 1 KAGB**) sind indes nicht nach Art. 13 Abs. 7 GG zu beurteilen.[52] Zwar handelt es sich entgegen der inzwischen obsoleten Judikatur des BVerfG um einen Eingriff in Art. 13 Abs. 1 GG, allerdings besteht für den Fall der behördlichen Nachschau ein ungeschriebener qualifizierter Gesetzesvorbehalt.[53] Danach ist für einen verfassungsrechtlich gerechtfertigten Eingriff erforderlich, dass eine besondere gesetzliche Vorschrift zum Betreten der Räume ermächtigt, wobei die behördliche Nachschau einem erlaubten Zweck dienen und zu dessen Erreichung erforderlich sein und das ermächtigende Gesetz den Zweck des Betretens, den Gegenstand und den Umfang der zugelassenen Besichtigung deutlich erkennen lassen muss und zuletzt, dass die behördliche Nachschau nur zu den üblichen Geschäftszeiten erfolgen darf.[54]

Die Prüfung außerhalb der üblichen Betriebs- und Geschäftszeiten (**§ 16 Abs. 2 Satz 1 Nr. 2 KAGB**) greift 28
zwar in den Schutzbereich des Art. 13 GG ein, wird jedoch durch das Merkmal „zur Verhütung dringender Gefahren für die öffentliche Sicherheit und Ordnung" i.S.v. Art. 13 Abs. 7 GG beschränkt, so dass die verfassungsrechtlichen Vorgaben gewahrt werden.[55] Die Gefahr muss sich dabei auf Rechtsgüter beziehen, deren Bewahrung durch den Auftrag der BaFin im Rahmen der Investmentaufsicht gedeckt ist.[56] Die üblichen Betriebs- und Geschäftszeiten richten sich dabei nicht nach den jeweils individuell üblichen Zeiten, sondern sind nach den üblichen Zeiten für ein vergleichbares Unternehmen am Prüfungsort zu bestimmen.[57]

Verfassungsrechtliche Bedenken bestanden hinsichtlich des Prüfungsrechts bei Räumen, die auch als Woh- 29
nung dienen (**§ 16 Abs. 2 Satz 1 Nr. 3 KAGB**). Während die Parallelvorschriften § 44c Abs. 2 Satz 3 KWG und § 5 Abs. 2 Satz 3 ZAG beim Betreten und Besichtigen von Wohnräumen die Verhütung dringender Gefahren für die öffentliche Sicherheit und Ordnung voraussetzen, war dies in § 16 Abs. 2 Satz 2 Nr. 3 KAGB zunächst nicht der Fall. Man konnte insofern an der materiellen Verfassungsmäßigkeit der Vorschrift zweifeln.[58] Dafür spricht auch, dass das Schutzbedürfnis bei Wohnräumen am stärksten ist.[59] Zudem gelten die zurückgenommenen Gewährleistungen für Geschäfts- und Betriebsräume dann nicht, wenn diese zugleich Teil des privaten Wohnraums sind.[60] Im Zuge der Umsetzung der OGAW V-Richtlinie wurde auch in § 16 Abs. 2 Satz 2 Nr. 3 KAGB der Zusatz „um dringende Gefahren für die öffentliche Ordnung und Sicherheit zu verhüten" eingefügt und die Regelung damit derjenigen im KWG angeglichen. In der Vorschrift kommt nunmehr auch der besondere Schutz des Art. 13 GG zum Ausdruck.

---

47 Vgl. BVerwG v. 6.9.1974 – I C 17.73, NJW 1975, 130; *Schneider* in Baur/Tappen, § 16 KAGB Rz. 12.
48 Vgl. *Reschke* in Beck/Samm/Kokemoor, § 44c KWG Rz. 90.
49 So *Baumann* in Weitnauer/Boxberger/Anders, 1. Aufl., § 16 KAGB Rz. 4; vgl. auch *Reschke* in Beck/Samm/Kokemoor, § 44c KWG Rz. 86.
50 BVerfG v. 16.6.1987 – 1 BvR 1202/84, NJW 1987, 2499.
51 BVerfG v. 13.10.1971 – 1 BvR 280/66, NJW 1971, 2299.
52 BVerfG v. 13.10.1971 – 1 BvR 280/66, NJW 1971, 2299.
53 BVerfG v. 17.2.1998 – 1 BvF 1/91, NJW 1998, 1627 (1631).
54 BVerfG v. 13.10.1971 – 1 BvR 280/66, NJW 1971, 2299.
55 Vgl. *Lindemann* in Boos/Fischer/Schulte-Mattler, § 44c KWG Rz. 49 f.; *Reschke* in Beck/Samm/Kokemoor, § 44c KWG Rz. 87.
56 *Lindemann* in Boos/Fischer/Schulte-Mattler, § 44c KWG Rz. 49 f.
57 *Beckmann* in Beckmann/Scholtz/Vollmer, § 16 KAGB Rz. 82.
58 So etwa *Baumann* in Weitnauer/Boxberger/Anders, 1. Aufl., § 16 KAGB Rz. 4.
59 *Reschke* in Beck/Samm/Kokemoor, § 44c KWG Rz. 87.
60 *Fink* in Epping/Hillgruber, Art. 13 GG Rz. 3 mit Verweis auf EGMR v. 16.12.1992 – 72/1991/324/394, NJW 1993, 718.

V. Durchsuchungsrecht (§ 16 Abs. 3 KAGB)

1. Durchsuchung von Räumen und Personen

30 Nach § 16 Abs. 3 KAGB ist die BaFin befugt, die Räume von verdächtigen Unternehmen sowie die Räume auskunfts- und vorlagepflichtiger Personen zu durchsuchen. Dabei dürfen die auskunfts- und vorlagepflichtigen **Personen** zum Zwecke der Sicherstellung von Gegenständen i.S.v. § 16 Abs. 4 KAGB auch selbst durchsucht werden. Die Vorschrift ist dem strafprozessualen Durchsuchungsrecht nach §§ 102, 105 StPO nachgebildet.[61]

31 **Durchsuchen** ist das ziel- und zweckgerichtete Suchen staatlicher Organe zur Ermittlung eines Sachverhalts, um etwas aufzuspüren, was der Betroffene von sich aus nicht offenlegen oder herausgeben will.[62] Sofern der Betroffene einem Auskunfts- oder Vorlageverlangen nach § 16 Abs. 1 KAGB noch nicht nachgekommen ist, kann eine Mitwirkungspflicht hinsichtlich der Erteilung bzw. Vorlage der jeweiligen Auskünfte und Unterlagen bestehen.[63] Generell bestehen hier, im Gegensatz zum strafrechtlichen Ermittlungsverfahren, Mitwirkungspflichten des von der Durchsuchung Betroffenen.[64] Dies wird auch durch § 16 Abs. 5 KAGB untermauert, der eine generelle Duldungspflicht vorsieht und ein Auskunftsverweigerungsrecht nur unter bestimmten Umständen gewährt.[65]

32 Die Durchsuchung selbst ist durch den Bediensteten der BaFin zu **dokumentieren** (§ 16 Abs. 3 Satz 8 KAGB). Bedeutsame Erkenntnisse müssen in der Akte festgehalten werden, insbesondere auch um die Überprüfung des Merkmals „Gefahr im Verzug" durch das Gericht zu ermöglichen.[66]

33 Die Durchsuchungsanordnung stellt einen Verwaltungsakt i.S.d. § 35 VwVfG dar. Die Prüfungshandlungen hingegen sind Realakte.[67]

2. Richterliche Anordnung; Beschwerde

34 Durchsuchungen von **Geschäftsräumen und Personen** bedürfen nach § 16 Abs. 3 Satz 4 KAGB der richterlichen Anordnung, außer bei Gefahr im Verzug. Gefahr im Verzug liegt vor, wenn ein Abwarten der richterlichen Entscheidung den Erfolg der Durchsuchung gefährden würde.[68] Eine schriftliche Anordnung ist dann zwar entbehrlich. Die BaFin muss sich jedoch in einer Niederschrift insbesondere über die Gründe für die Annahme einer Gefahr im Verzug erklären. Durchsuchungen von **Wohnräumen** bedürfen nach § 16 Abs. 3 Satz 5 KAGB stets der richterlichen Anordnung.

35 Gegen die Durchsuchungsanordnung ist die **Beschwerde** beim zuständigen AG zulässig.[69] Die Beschwerde hat gem. § 307 StPO jedoch keine aufschiebende Wirkung.

3. Einschränkung des Art. 13 GG

36 Durchsuchungen dürfen nach Art. 13 Abs. 2 GG nur durch den Richter, bei Gefahr im Verzug auch durch die in den Gesetzen vorgesehenen anderen Organe angeordnet und nur in der dort vorgeschriebenen Form durchgeführt werden. § 16 Abs. 3 KAGB enthält eine entsprechende Befugnis der BaFin, regelt die Zuständigkeit der Gerichte (Satz 6) sowie Verfahren und Form (Sätze 7-9), so dass die verfassungsrechtlichen Vorgaben gewahrt sind.

VI. Sicherstellung von Gegenständen (§ 16 Abs. 4 KAGB)

37 Nach § 16 Abs. 4 KAGB kann die BaFin Gegenstände sicherstellen, die als Beweismittel für die Ermittlung des Sachverhalts von Bedeutung sein können. Die Vorschrift ist der strafprozessualen Beschlagnahme gem. §§ 94 ff. StPO nachgebildet.

---

61 Vgl. *Schwennicke* in Schwennicke/Auerbach, § 44c KWG Rz. 14.
62 BVerfG v. 3.4.1979 – 1 BvR 994/76, NJW 1979, 1539.
63 *Schneider* in Baur/Tappen, § 16 KAGB Rz. 16; *Beckmann* in Beckmann/Scholtz/Vollmer, § 16 KAGB Rz. 104.
64 *Schneider* in Baur/Tappen, § 16 KAGB Rz. 16; a.A. *Lindemann* in Boos/Fischer/Schulte-Mattler, § 44c KWG Rz. 54.
65 *Schneider* in Baur/Tappen, § 16 KAGB Rz. 16.
66 *Beckmann* in Beckmann/Scholtz/Vollmer, § 16 KAGB Rz. 118.
67 *Ernst* in Moritz/Klebeck/Jesch, § 16 KAGB Rz. 49.
68 BVerfG v. 3.4.1979 – 1 BvR 994/76, NJW 1979, 1539; vgl. *Schneider* in Baur/Tappen, § 16 KAGB Rz. 17; *Beckmann* in Beckmann/Scholtz/Vollmer, § 16 KAGB Rz. 114.
69 *Schneider* in Baur/Tappen, § 16 KAGB Rz. 31; *Beckmann* in Beckmann/Scholtz/Vollmer, § 16 KAGB Rz. 111.

38 Eine **richterliche Anordnung** ist nach dem Wortlaut der Vorschrift nur für die Durchsuchung nach § 16 Abs. 3 KAGB erforderlich, nicht jedoch für die Sicherstellung. Die StPO sieht hingegen sowohl für die Durchsuchung als auch für die Beschlagnahme gem. §§ 98, 105 StPO einen Richtervorbehalt vor. Da die Eingriffsintensität der Sicherstellung durch die BaFin mit der Beschlagnahme durch die Staatsanwaltschaft vergleichbar sein dürfte, erscheint die abweichende Behandlung im Anwendungsbereich des KAGB fragwürdig.[70] Daher wird bisweilen in der Literatur vertreten, dass § 16 Abs. 4 KAGB derart auszulegen ist, dass eine Sicherstellung nur dann erfolgen kann, wenn entweder die richterliche Durchsuchungsanordnung diese zugleich (mit-)anordnet oder Gefahr im Verzug ist, die eine Sicherstellung ohne richterliche Mitwirkung zu rechtfertigen vermag.[71] Andere lehnen eine derartige Analogie mit Verweis auf eine fehlende Regelungslücke hingegen ab.[72]

39 Gegen die Analogie spricht bereits der klare Wortlaut von § 16 KAGB (wie auch der des § 44c KWG).[73] Zudem hat der Gesetzgeber im Bewusstsein der parallelen Problematik bei § 44c KWG die Regelung des § 16 KAGB geschaffen. Eine unbewusste Planwidrigkeit lässt sich daher kaum begründen.

40 In Ermangelung einer ausdrücklichen Bezugnahme auf § 108 StPO dürfen **Zufallsfunde** weder sichergestellt noch an andere Behörden weitergegeben werden.[74] Die Befugnis zur Sicherstellung beschränkt sich insofern auf Gegenstände, die einen Bezug zu aufsichtsrechtlichen Vorschriften, genauer zu dem unerlaubten Investmentgeschäft, haben. Dessen ungeachtet besteht allerdings eine Unterrichtungspflicht der BaFin gegenüber der Staatsanwaltschaft, die ihrerseits die betreffenden Gegenstände beschlagnahmen kann.[75]

41 Hinsichtlich der **Rechtsnatur** der Sicherstellung ist zu differenzieren: Bei der Anordnung der Sicherstellung handelt es sich um einen Verwaltungsakt. Die körperliche Wegnahme – erforderlichenfalls gegen den Willen des Betroffenen – ist indes als Realakt zu qualifizieren.[76]

42 Verfassungsrechtlich ist die Sicherstellungsanordnung, wie auch die darauf beruhenden Realakte, an Art. 14 Abs. 1 GG zu messen.[77] Die Sicherstellung muss zur Ermittlung und Verfolgung der Straftat erforderlich sein und in einem angemessenen Verhältnis zu der Schwere der Straftat und der Stärke des Tatverdachts stehen. Insbesondere muss bei Sicherstellung in Kanzleiräumen das Ausmaß der – mittelbaren – Beeinträchtigung der beruflichen Tätigkeit des Rechtsanwalts berücksichtigen werden, da die Beschlagnahme zu einer erheblichen Störung des Rechts auf eine vertrauliche Kommunikation zwischen dem Rechtsanwalt und seinem Mandanten führen kann.[78]

Zum Teil wird in der Literatur die Auffassung vertreten, dass sich der Rechtsweg für den Angriff der Maßnahme danach bemesse, ob die Sicherstellung gegen oder mit dem Willen des Berechtigten erfolge.[79] Soweit der Berechtigte mit der Sicherstellung nicht einverstanden ist, wäre danach ein Rechtsmittelverfahren nach analog anzuwendenden Vorschriften der Strafprozessordnung durchzuführen. Dies dürfte in der Praxis jedoch nicht umsetzbar sein und würde zu einer ohnehin fragwürdigen Rechtswegaufspaltung führen.[80] Daher wird man einheitlich den Verwaltungsrechtsweg als einschlägig erachten müssen.

VII. Duldungspflicht; Auskunftsverweigerungsrecht (§ 16 Abs. 5 KAGB)

1. Duldungspflicht

43 § 16 Abs. 5 Satz 1 KAGB enthält eine Duldungspflicht der Betroffenen hinsichtlich Prüfungen (§ 16 Abs. 2 KAGB), Durchsuchungen (§ 16 Abs. 3 KAGB) und Sicherstellungen (§ 16 Abs. 4 KAGB). Anders als im Anwendungsbereich des § 44c i.V.m. § 56 Abs. 3 Nr. 10 KWG – ist die Duldungspflicht nicht bußgeldbe-

70 *Baumann* in Weitnauer/Boxberger/Anders, § 16 KAGB Rz. 6; *Beckmann* in Beckmann/Scholtz/Vollmer, § 16 KAGB Rz. 132; vgl. auch *Schwennicke* in Schwennicke/Auerbach, § 44c KWG Rz. 16.
71 So etwa *Baumann* in Weitnauer/Boxberger/Anders, § 16 KAGB Rz. 6; *Beckmann* in Beckmann/Scholtz/Vollmer, § 16 KAGB Rz. 133; vgl. auch *Schneider* in Baur/Tappen, § 16 KAGB Rz. 20; *Schwennicke* in Schwennicke/Auerbach, § 44c KWG Rz. 16.
72 So etwa *Schneider* in Baur/Tappen, § 16 KAGB Rz. 20; *Reschke* in Beck/Samm/Kokemoor, § 44c KWG Rz. 106.
73 *Schneider* in Baur/Tappen, § 16 KAGB Rz. 20; *Ernst* in Moritz/Klebeck/Jesch, § 16 KAGB Rz. 65.
74 *Baumann* in Weitnauer/Boxberger/Anders, § 16 KAGB Rz. 6; *Schneider* in Baur/Tappen, § 16 KAGB Rz. 19; vgl. auch *Schwennicke* in Schwennicke/Auerbach, § 44c KWG Rz. 17.
75 *Beckmann* in Beckmann/Scholtz/Vollmer, § 16 KAGB Rz. 137.
76 *Reschke* in Beck/Samm/Kokemoor, § 44c KWG Rz. 105.
77 BVerfG v. 11.7.2008 – 2 BvR 2016/06, NJW 2009, 281; BVerfG v. 12.4.2005 – 2 BvR 1027/02, NJW 2005, 1917.
78 BVerfG v. 12.4.2005 – 2 BvR 1027/02, NJW 2005, 1917.
79 *Lindemann* in Boos/Fischer/Schulte-Mattler, § 44c KWG Rz. 65; für § 44c KWG: *Szesny*, Finanzmarktaufsicht und Strafprozess, 2008, S. 157 f.; *Schröder/Hansen*, ZBB 2013, 113 (116).
80 *Ernst* in Moritz/Klebeck/Jesch, § 16 KAGB Rz. 67.

wehrt.[81] Wohl aber kann die BaFin die Anordnung im Wege der Verwaltungsvollstreckung durchsetzen, § 17 FinDAG.[82] Der Personenkreis der „Betroffenen" richtet sich grundsätzlich nach den in § 16 Abs. 1 KAGB aufgezählten Personen. Ebenfalls erfasst sind außerdem Personen, die zufällig einer Durchsuchung beiwohnen.[83]

2. Mitwirkungspflichten und Grenzen des Auskunfts- und Vorlageverlangens

44 Über die Duldungspflicht des § 16 Abs. 5 Satz 1 KAGB hinaus bestehen Mitwirkungspflichten des Unternehmens hinsichtlich der Erteilung von Auskünften und Vorlage von Unterlagen nach § 16 Abs. 1 KAGB.

45 Problematisch erscheint in diesem Zusammenhang die Kollision der Auskunft bzw. Vorlage von Unterlagen mit **Geheimhaltungspflichten** des Unternehmens gegenüber seinen Kunden und Arbeitnehmern. Hier berechtigt der öffentlich-rechtliche Bescheid zur Aufklärung eines etwaigen Rechtsverstoßes nicht automatisch zu Eingriffen seitens der Kapitalverwaltungsgesellschaft in das Bank- und Fernmeldegeheimnis, die Persönlichkeits-, Datenschutzrechte oder andere Geheimhaltungsinteressen der konkret Betroffenen. Vielmehr handelt es sich um vertragliche oder gesetzliche Verschwiegenheitspflichten, die eine dezidierte Abwägung der Interessen erfordern.

46 Insbesondere muss das Unternehmen prüfen, ob der Bescheid inhaltlich zu weit geht, indem er indirekt die Herausgabe von Daten unbeteiligter Dritter, beispielsweise der Kunden und Arbeitnehmer bewirkt. Da eine Auskunfts- oder Vorlagepflicht ohnehin nur hinsichtlich aufsichtsrechtlich relevanter Informationen besteht, stellt sich hier auch die Frage der **aufsichtsrechtlichen Relevanz** der angeforderten Informationen oder Unterlagen, sofern die Daten von Kunden oder Arbeitnehmern betroffen sind.

a) Vertragliche Verschwiegenheitspflichten

47 Ähnlich dem Bankgeheimnis liegt den **vertraglichen Abreden** zwischen der Kapitalverwaltungsgesellschaft und den Anlegern eine vertragliche Verschwiegenheitspflicht zugrunde.[84] Auch einbezogene Unternehmen werden sich oftmals durch vertragliche Verschwiegenheitspflichten an der Erfüllung der Auskunfts- und Unterlagenvorlagepflicht gehindert sehen.

48 Vertragliche Verschwiegenheitspflichten begründen das grundsätzliche Recht und die Pflicht der Unternehmen, gegenüber Dritten die **Auskunft** beispielsweise über Kunden-, Konto- und Depotdaten **zu verweigern.**[85] Dies kann mit der Auskunftspflicht nach § 16 Abs. 1 KAGB in Konflikt treten.

49 Das Auskunfts- bzw. Unterlagenvorlageverlangen der BaFin ist rechtswidrig, wenn es dem **Verhältnismäßigkeitsgrundsatz** nicht genügt. Abzuwägen sind hierbei die Interessen des Unternehmens und seiner Kunden einerseits und das **öffentliche Interesse** an der Sachverhaltsaufklärung anderseits.[86] Dabei ist insbesondere von Relevanz, inwieweit die Auskünfte und Unterlagen zur Aufklärung des Sachverhaltes tatsächlich erforderlich sind. Regelmäßig werden die privaten Belange aus einer vertraglichen Verschwiegenheitspflicht wohl hinter das öffentliche Interesse zurücktreten müssen.[87] Dafür spricht auch, dass die effektive Gefahrenabwehr nicht durch privatautonome Regelungen infrage gestellt werden kann.

Betrachtet man die vertragliche Ebene, auf der die Verschwiegenheitspflicht gegenüber dem Investor letztlich beruht, so wird man bei offensichtlich rechtswidrigen behördlichen Akten allerdings eine **vertragliche Nebenpflicht** (§ 241 Abs. 2 BGB) der Kapitalverwaltungsgesellschaft zur Abwehr der behördlichen Maßnahme in Betracht zu ziehen haben. Dann muss sich der Betroffene zunächst mit einem **Widerspruch gegen den Verwaltungsakt** wehren, um anschließend ggf. weitere rechtliche Schritte zu unternehmen. Zudem besteht bei rechtmäßigen behördlichen Verwaltungsakten unter Umständen die Pflicht, die Verschwiegenheitspflicht so weit wie möglich zu wahren. Daher sind die Daten und Aufzeichnungen ggf. und in Absprache mit der Behörde vorab auszuwerten und so zu filtern, dass entsprechend geschützte Informationen und Unterlagen nicht offengelegt werden. Umgekehrt dürfen hier die Pflichten an die Kapitalverwaltungsgesellschaft auch nicht überspannt werden.

---

81 *Baumann* in Weitnauer/Boxberger/Anders, § 16 KAGB Rz. 7.

82 *Ernst* in Moritz/Klebeck/Jesch, § 16 KAGB Rz. 36.

83 Vgl. *Lindemann* in Boos/Fischer/Schulte-Mattler, § 44c KWG Rz. 66.

84 Zum Bankgeheimnis vgl. etwa: *Krepold* in Schimansky/Bunte/Lwowski, § 39 Rz. 1 ff.; *Nobbe*, WM 2005, 1537 (1538 f.); *Tolani*, BKR 2007, 275 (275).

85 Zum Bankgeheimnis: *Tolani*, BKR 2007, 275 (275).

86 Vgl. *Döhmel* in Assmann/Uwe H. Schneider/Mülbert, § 4 WpHG Rz. 96 ff.; *Schlette/Bouchon* in Fuchs, § 4 WpHG Rz. 64, jeweils zur vergleichbaren Rechtslage im Rahmen von § 6 WpHG n.F. (§ 4 WpHG a.F.).

87 *Schneider* in Baur/Tappen, § 16 KAGB Rz. 25; *Baumann* in Weitnauer/Boxberger/Anders, § 16 KAGB Rz. 3; zu § 44c KWG.

b) Datenschutzrecht

Im Bereich des Datenschutzrechts ist in der Literatur nicht abschließend geklärt, ob datenschutzrechtliche Bestimmungen ein **Herausgabeverlangen der BaFin** bezüglich personenbezogener Daten zu sperren vermögen. Richtigerweise wird man einen solchen Verwaltungsakt als rechtswidrig – und damit anfechtbar – betrachten müssen, der vom Verpflichteten verlangt, entgegen seinen übrigen (datenschutzrechtlichen) gesetzlichen Pflichten zu handeln. Es ist darauf hinzuweisen, dass der **Verwaltungsakt** der BaFin nach § 44 Abs. 2 Nr. 5 VwVfG sogar **nichtig** ist, wenn er vom Verpflichteten verlangt, eine straf- oder bußgeldbewehrte Handlung vorzunehmen (bspw. Art. 83 DSGVO[88] [§ 43 BDSG a.F.]). 50

Soweit es sich bei den durch die Auskunftspflicht verlangten Daten um **personenbezogenen Daten** handelt, ist die Weitergabe durch den Adressaten aus datenschutzrechtlicher Perspektive nur dann zulässig, soweit nach Art. 6 f. DSGVO (§ 3 Abs. 4, § 4 Abs. 1 BDSG a.F.) entweder eine **Einwilligung** des Betroffenen vorliegt oder aber ein **gesetzlicher Rechtfertigungstatbestand** eingreift. Anders gewendet bedeutet dies, dass nach dem sog. **Doppeltür-Modell**[89] zwei Rechtssätze erforderlich sind, um die Rechtmäßigkeit des Auskunftsverlangens zu gewährleisten[90]: Zum einen die Vorschrift, die das behördliche Verlangen als solches stützt (§ 16 Abs. 1 KAGB) und zum anderen die Vorschrift, die den Verpflichteten die Übermittlung der Daten gestattet. Dies beruht letztlich darauf, dass beide Maßnahmen für sich betrachtet jeweils das **Allgemeine Persönlichkeitsrecht** aus Art. 2 Abs. 1 GG i.V.m. Art. 1 Abs. 1 GG beeinträchtigen. 51

Hierbei ist stets eine **Abwägung** zwischen dem berechtigten Interesse der BaFin an der Übermittlung der Daten im Lichte des Schutzes des Kapitalmarktes und den berechtigten Interessen der Betroffenen am Schutz ihrer Daten vorzunehmen.[91] Als Leitlinie gilt, dass die BaFin die betreffenden personenbezogenen Daten herausverlangen und nutzen darf, dies jedoch nur in dem Umfang, wie es für die Erfüllung der ihr übertragenen Aufgaben **erforderlich** ist. Im Hinblick auf die Erforderlichkeit der Herausgabe von Unterlagen wird man dabei der BaFin grundsätzlich einen Beurteilungsspielraum einzuräumen haben. 52

Wo sich die mangelnde Erforderlichkeit der Daten für die Untersuchung der BaFin geradezu aufdrängt sollte das Unternehmen zur Vermeidung eines rechtswidrigen Verhaltens die fraglichen Daten in Absprache mit der Behörde vorab **filtern** und eine Übermittlung irrelevanter personenbezogener Daten ablehnen, zumindest aber eine solche Übermittlung nicht aktiv unterstützen. Jedenfalls ist das Unternehmen **nicht verpflichtet**, alle personenbezogenen Daten unbesehen an die BaFin herauszugeben. 53

c) Fernmeldegeheimnis

Auch die Vorschriften über das Fernmeldegeheimnis (§ 88 TKG) und den **telekommunikationsrechtlichen Datenschutz** (§§ 91 ff. TKG) setzen den Verwaltungsakten der BaFin auf Auskunftserteilung eng umrissene Grenzen. 54

Ein Verstoß gegen diese Vorschriften kommt jedoch nur in Betracht, soweit der Auskunftsverpflichtete zugleich Verpflichteter i.S.d. TKG ist. Nach § 88 Abs. 2 TKG ist der **Dienstanbieter** zur Gewährleistung des Fernmeldegeheimnisses verpflichtet. Als Dienstanbieter kommt allein der Rechtsträger des Unternehmens (also der Arbeitgeber gegenüber seinen Arbeitnehmern), nicht aber die Mitarbeiter, Gesellschafter oder Organe der Gesellschaft in Betracht. Dies soll nach obergerichtlich bestrittener[92] Auffassung lediglich dann der Fall sein, wenn der Arbeitgeber den Arbeitnehmern die Nutzung der **E-Mail zu privaten Zwecken** gestattet.[93] Der Anwendungsbereich des § 88 Abs. 1 TKG ist nach Auffassung der Rechtsprechung[94] dann nicht mehr eröffnet, wenn die Daten (z.B. E-Mails) im **betrieblichen IT-System** gespeichert sind (bspw. Outlook), mithin nicht mehr in einem Kommunikationsvorgang befangen sind. 55

Selbst wenn der Anwendungsbereich des TKG eröffnet ist, kann die Weitergabe der Telekommunikationsdaten zulässig sein, soweit das TKG oder eine andere gesetzliche Vorschrift dies vorsieht und sich dabei aus- 56

---

88 Verordnung (EU) 2016/679 des Europäischen Parlaments und des Rates vom 27. April 2016 zum Schutz natürlicher Personen bei der Verarbeitung personenbezogener Daten, zum freien Datenverkehr und zur Aufhebung der Richtlinie 95/46/EG (Datenschutz-Grundverordnung), ABl. EU Nr. L 119 v. 4.5.2016, S. 1.

89 BVerfG v. 24.1.2012 – 1 BvR 1299/05, NJW 2012, 1419.

90 *Eckardt* in Spindler/Schuster, § 88 TKG Rz. 42 f. m.w.N.

91 Vgl. *Simitis* in Simitis, § 28 BDSG Rz. 190 f.; *Taeger* in Taeger/Gabel, § 28 BDSG Rz. 146 f.

92 LAG Berlin-Brandenburg v. 16.2.2011 – 4 Sa 2132/10, ZD 2011, 43; LAG Niedersachsen v. 31.5.2010 – 12 Sa 875/09, MMR 2010, 639.

93 *Eckardt* in Spindler/Schuster, § 88 TKG Rz. 25 f. m.w.N.

94 VG Frankfurt/M. v. 6.11.2008 – 1 K 628/08.F, WM 2009, 948, bestätigt durch Hess. VGH v. 19.5.2009 – 6 A 2672/08.Z, NJW 2009, 2470; dazu in der Literatur: das Urteil begrüßend: *Just/Voß*, EWIR 2009, 657; *Aepfelbach*, WuB I G § 4 WpHG 1.10; ablehnend: *Härting*, CR 2009, 581; *Schantz*, WM 2009, 2112 ff.

drücklich auf **Telekommunikationsvorgänge** bezieht (§ 88 Abs. 3 Satz 3 TKG). In diesem Zusammenhang ist die Vorschrift des § 113 TKG von besonderer Bedeutung, die eine Ermächtigung zur Übermittlung von Daten enthält.[95] Danach darf unter gewissen Voraussetzungen eine Auskunft für Zwecke der Abwehr von Gefahren für die öffentliche Sicherheit und Ordnung erteilt werden.

d) Beteiligung des Betriebsrates

57 Die o.g. Feststellungen werfen in arbeitsrechtlicher Hinsicht zunächst die Frage auf, ob die Mitarbeiter über die Anordnung der BaFin und die Herausgabe von Daten zu **informieren** sind. So sehen beispielsweise Art. 12, 14 DSGVO (§ 33 BDSG a.F.) eine entsprechende Information der Mitarbeiter vor.

58 **Kollektivarbeitsrechtlich** ist zu prüfen, inwieweit Informationspflichten gegenüber Personalvertretungen und Betriebsräten bestehen. Des Weiteren stellt sich die Frage nach dem Verhältnis des Auskunftsverlangens zu bestehenden Betriebsvereinbarungen.

e) Berufliche Verschwiegenheitspflichten

59 **Rechtsanwälte, Steuerberater und Wirtschaftsprüfer** können in Anbahnung, Abschluss oder Abwicklung unerlaubter Investmentgeschäfte einbezogen und daher ebenfalls zur Auskunft und Vorlage von Unterlagen verpflichtet sein.[96] In diesem Fall besteht ein Spannungsverhältnis zwischen der Auskunfts- und Vorlagepflicht einerseits und der beruflichen Verschwiegenheitspflicht anderseits.

60 Zur Auflösung dieses Spannungsverhältnisses ist zunächst danach zu differenzieren, gegen wen sich der Anfangsverdacht richtet. Wird der Rechtsanwalt, Steuerberater oder Wirtschaftsprüfer **selbst verdächtigt**, so kann sich dieser nicht auf seine Verschwiegenheitspflicht gegenüber seinem Auftraggeber berufen, da die Verschwiegenheitspflicht nicht ihm selbst, sondern lediglich seinem Mandanten dienen soll.[97] Richtet sich der Anfangsverdacht jedoch **gegen den Auftraggeber**, so bedarf es einer einzelfallbezogenen Abwägung. Dabei sind die mit dem Auskunfts- und Unterlagenvorlageverlangen verfolgten Ziele des KAGB (Sachverhaltsaufklärung zur Unterbindung unerlaubter Investmentgeschäfte zum Schutz von Anlegern und Märkten) gegen das durch die Berufsfreiheit nach Art. 12 Abs. 1 GG geschützte Interesse des Beraters am Mandatsgeheimnis abzuwägen.[98] Auf eine berufliche Verschwiegenheitspflicht kann sich der Berater jedoch nur dann stützen, wenn seine beratende Tätigkeit nicht hinter einer wirtschaftlichen Tätigkeit zurücktritt.[99]

3. Auskunftsverweigerungsrecht

61 Nach § 16 Abs. 5 Satz 2 KAGB steht dem Betroffenen zudem ein Auskunftsverweigerungsrecht zu, wenn er sich selbst oder einen der in § 383 Abs. 1 Nr. 1-3 ZPO bezeichneten Angehörigen (z.B. Verlobte, Ehegatten, Kinder, nahe Verwandte etc.) der Gefahr eines Strafverfahrens oder einer Ordnungswidrigkeit aussetzen würde. Die Vorschrift ist dem Auskunftsverweigerungsrecht eines Zeugen im Strafprozess gem. § 55 Abs. 1 StPO nachgebildet. Hintergrund der Regelung ist der Grundsatz „**nemo tenetur** se ipsum accusare", wonach niemand verpflichtet ist, sich selbst zu bezichtigen, anzuzeigen oder zu belasten.[100]

62 Das Verweigerungsrecht gilt seinem Wortlaut nach nur für die Auskunftspflicht. Fraglich ist, ob die Vorschrift im Wege der verfassungskonformen Auslegung oder **Analogie** auch auf die Unterlagenvorlagepflicht anwendbar ist.

63 Die Anwendung des Auskunftsverweigerungsrechts auf die Vorlage von Unterlagen wird in der finanzaufsichtsrechtlichen Literatur und vom VG Berlin abgelehnt.[101] Dies wird damit begründet, dass der **Gesetzgeber** diesen Fall bewusst nicht erfasst habe, da Auskunfts- und Unterlagenvorlagepflicht im selben Absatz

95 *Eckardt* in Spindler/Schuster, § 88 TKG Rz. 42 f., m.w.N.

96 *Lindemann* in Boos/Fischer/Schulte-Mattler, § 44c KWG Rz. 15; *Baumann* in Weitnauer/Boxberger/Anders, § 16 KAGB Rz. 3; *Schneider* in Baur/Tappen, § 16 KAGB Rz. 28.

97 VG Frankfurt/M. v. 14.5.2009 – 1 K 3874/08 F, DStRE 2009, 1413 (1414).

98 Vgl. BVerwG v. 13.12.2011 – 8 C 24/10, DStRE 2012, 1163 (1165); *Baumann* in Weitnauer/Boxberger/Anders, § 16 KAGB Rz. 3; *Schwennicke* in Schwennicke/Auerbach, § 44c KWG Rz. 7.

99 *Baumann* in Weitnauer/Boxberger/Anders, § 16 KAGB Rz. 3; BVerwG v. 13.12.2011 – 8 C 24/10, DStRE 2012, 1163 (1165); *Schwennicke* in Schwennicke/Auerbach, § 44c KWG Rz. 7.

100 *Reschke* in Beck/Samm/Kokemoor, § 44c KWG Rz. 110; *Beckmann* in Beckmann/Scholtz/Vollmer, § 16 KAGB Rz. 169.

101 So etwa VG Berlin v. 23.7.1987 – 14 A 16/87, NJW 1988, 1105 (1107); *Schneider* in Baur/Tappen, § 16 KAGB Rz. 21; *Baumann* in Weitnauer/Boxberger/Anders, § 16 KAGB Rz. 7; *Lindemann* in Boos/Fischer/Schulte-Mattler, § 44c KWG Rz. 80 f.

geregelt sind, während sich das Verweigerungsrecht ausdrücklich nur auf die Auskunftspflicht beziehe. Das insofern beredte Schweigen des Gesetzgebers spreche gegen eine planwidrige Regelungslücke. Diese Einschätzung werde durch den Umstand gestützt, dass entsprechende Überlegungen schon hinsichtlich der Parallelvorschrift § 44c KWG vorgetragen wurden,[102] der Gesetzgeber aber offensichtlich keinen Anlass gesehen habe, mit der Einführung des KAGB eine materielle Änderung des Auskunftsverweigerungsrechts zu vollziehen. Schließlich sei das entwürdigende Moment der selbstbezichtigenden Aussage, das im nemo-tenetur-Grundsatz zum Ausdruck komme und dem Schutz der **Menschenwürde** und des Persönlichkeitsrechts entgegenstünde, der Vorlage von Unterlagen nicht immanent. Immerhin bezichtige sich der Vorlegende nicht selbst, sondern habe lediglich die Auswertung der Unterlagen, ggf. gegen sich selbst, zu dulden.[103]

Dies begegnet einigen Zweifeln. Nicht nur weist die Judikatur des EGMR in die Richtung, dass auch eine Unterlagevorlagepflicht gegen Art. 6 Abs. 1 EMRK verstoßen kann.[104] Darüber hinaus erscheint der wertungsmäßige Unterschied zwischen einer Pflicht zur Selbstbezichtigung und einer Pflicht zur Vorlage und Duldung der Auswertung von Unterlagen recht gering. In beiden Fällen wird man feststellen müssen, dass der Beschuldigte durch aktives Tun zu seiner Strafverfolgung beitragen muss und somit zum bloßen Beweisobjekt des Strafverfahrens degradiert wird. Im Übrigen werden die durch die StPO (insbesondere § 95 Abs. 2 Satz 2 StPO) ausformulierten Schutzgewährleistungen andernfalls systematisch unterlaufen.[105] Dies erscheint auch mit Blick darauf fragwürdig, dass § 95 Abs. 2 Satz 2 StPO im Anwendungsbereich des § 55 StPO – dem § 16 Abs. 1 KAGB nachgebildet ist – Anwendung beansprucht.[106] Solange eine Verwertung der Unterlagen im Strafprozess nicht ausgeschlossen werden kann[107] ist daher davon auszugehen, dass dem Adressaten des Unterlagevorlageersuchens ein Vorlageverweigerungsrecht zusteht. 64

VIII. Datenabruf durch BaFin (§ 16 Abs. 6 KAGB)

Durch das 2. FiMaNoG[108] wurde ein neuer Abs. 6 hinzugefügt. Die Vorschrift ist an § 24c Abs. 2 Satz 1 KWG angelehnt. Nach § 16 Abs. 6 Satz 1 KAGB darf die BaFin einzelne Daten aus der **bei Kreditinstituten geführten Datei nach § 24c Abs. 1 Satz 1 KWG** abrufen. Dies setzt voraus, dass ein automatisierter Abruf von Kontodaten zur Erfüllung ihrer aufsichtlichen Aufgaben erforderlich ist und im Einzelfall eine besondere Eilbedürftigkeit vorliegt. Nach der Gesetzesbegründung handelt es sich dabei um ein Instrument zur Verfolgung unerlaubt betriebener Investmentgeschäfte.[109] Durch den Datenabruf kann die BaFin Konten ermitteln, um diese ggf. zu sperren und die Rückzahlung des Kapitals sicherzustellen.[110] Anders als das VAG in § 305 Abs. 6 VAG enthielt das KAGB bislang keine Regelung, nach der eine solche Abfrage möglich war.[111] Nach § 16 Abs. 6 Satz 2 KAGB ist **§ 24c Abs. 4 KWG** entsprechend anzuwenden. Danach besteht eine Protokollpflicht der BaFin. Es wird insofern auf die einschlägige Kommentierung zum KWG verwiesen.[112] 64a

IX. Zwischenstaatliche Zusammenarbeit (§ 16 Abs. 7 KAGB)

Nach § 16 Abs. 7 KAGB (welcher § 44c Abs. 6 Satz 2 KWG entspricht) kann die BaFin **Amtshilfe** gegenüber ausländischen Aufsichtsbehörden leisten, sofern ein Inlandsbezug besteht.[113] Hierfür stehen ihr die Maß- 65

102 Vgl. *Lindemann* in Boos/Fischer/Schulte-Mattler, § 44c KWG Rz. 80.
103 *Schneider* in Baur/Tappen, § 16 KAGB Rz. 21; VG Berlin v. 23.7.1987 – 14 A 16/87, NJW 1988, 1105 (1107); *Lindemann* in Boos/Fischer/Schulte-Mattler, § 44c KWG Rz. 82; *Beckmann* in Beckmann/Scholtz/Vollmer, § 16 KAGB Rz. 168 f.; *Schröder/Hansen*, ZBB 2003, 113 (116 f.).
104 EGMR v. 3.5.2001 – 31827/96, NJW 2002, 499 (501).
105 *Beckmann* in Beckmann/Scholtz/Vollmer, § 16 KAGB Rz. 168.
106 *Schröder/Hansen*, ZBB 2003, 113 (119).
107 So etwa in Form des bisher noch nicht rechtssicher etablierten Beweisverwertungsverbots im Rahmen des Strafprozesses, vgl. hierzu: *Lindemann* in Boos/Fischer/Schulte-Mattler, § 44c KWG Rz. 87.
108 Zweites Gesetz zur Novellierung von Finanzmarktvorschriften auf Grund europäischer Rechtsakte (Zweites Finanzmarktnovellierungsgesetz – 2. FiMaNoG) vom 23.6.2017, BGBl. I 2017, S. 1693, 1805.
109 Begr. RegE, BT-Drucks. 813/16, 328.
110 Begr. RegE, BT-Drucks. 813/16, 328.
111 Begr. RegE, BT-Drucks. 813/16, 328.
112 Etwa *Achtelik* in Boos/Fischer/Schulte-Mattler, § 24c KWG; *Döser* in Schwennicke/Auerbach, § 24c KWG.
113 *Baumann* in Weitnauer/Boxberger/Anders, § 16 KAGB Rz. 8.

nahmen nach § 16 Abs. 1 bis 6 KAGB auch gegenüber anderen Unternehmen und Personen zu. Voraussetzung hierfür ist, dass ein Anfangsverdacht besteht, dass sie in die Anlage oder Verwaltung von Investmentvermögen einbezogen sind, die in einem anderen Staat entgegen einem dort bestehenden Verbot erbracht werden, und dass die zuständige ausländische Behörde ein entsprechendes **Ersuchen** gestellt hat. Das Ersuchen muss von der zuständigen Behörde desselben Staats gestellt werden, in dem die Geschäfte verbotswidrig betrieben werden.[114] Da die BaFin nicht selbst feststellen kann, ob ein Unternehmen oder eine Person im Ausland verbotene Geschäfte betreibt, muss und darf sie sich insofern auf die Angaben der ausländischen Behörde grundsätzlich verlassen.[115]

114 Vgl. *Lindemann* in Boos/Fischer/Schulte-Mattler, § 44c KWG Rz. 80 f.; *Baumann* in Weitnauer/Boxberger/Anders, § 16 KAGB Rz. 8.

115 *Beckmann* in Beckmann/Scholtz/Vollmer, § 16 KAGB Rz. 171; vgl. *Lindemann* in Boos/Fischer/Schulte-Mattler, § 44c KWG Rz. 76.

Abschnitt 2
Verwaltungsgesellschaften

Unterabschnitt 1
Erlaubnis

§ 17 Kapitalverwaltungsgesellschaften

(1) [1]Kapitalverwaltungsgesellschaften sind Unternehmen mit satzungsmäßigem Sitz und Hauptverwaltung im Inland, deren Geschäftsbetrieb darauf gerichtet ist, inländische Investmentvermögen, EU-Investmentvermögen oder ausländische AIF zu verwalten. [2]Verwaltung eines Investmentvermögens liegt vor, wenn mindestens die Portfolioverwaltung oder das Risikomanagement für ein oder mehrere Investmentvermögen erbracht wird.

(2) Die Kapitalverwaltungsgesellschaft ist entweder

1. eine externe Kapitalverwaltungsgesellschaft, die vom Investmentvermögen oder im Namen des Investmentvermögens bestellt ist und auf Grund dieser Bestellung für die Verwaltung des Investmentvermögens verantwortlich ist (externe Kapitalverwaltungsgesellschaft), oder

2. [1]das Investmentvermögen selbst, wenn die Rechtsform des Investmentvermögens eine interne Verwaltung zulässt und der Vorstand oder die Geschäftsführung des Investmentvermögens entscheidet, keine externe Kapitalverwaltungsgesellschaft zu bestellen (interne Kapitalverwaltungsgesellschaft). [2]In diesem Fall wird das Investmentvermögen als Kapitalverwaltungsgesellschaft zugelassen.

(3) Für jedes Investmentvermögen kann nur eine Kapitalverwaltungsgesellschaft zuständig sein, die für die Einhaltung der Anforderungen dieses Gesetzes verantwortlich ist.

In der Fassung vom 4.7.2013 (BGBl. I 2013, S. 1981).

Schrifttum: *BaFin*, Auslegungsschreiben zu den Tätigkeiten einer Kapitalverwaltungsgesellschaft und der von ihr extern verwalteten AIF-Investmentgesellschaft v. 21.12.2017; *BaFin*, Häufig gestellte Fragen zum KAGB, v. 25.11.2015; *BaFin*, Schreiben „Häufige Fragen zum Thema Auslagerung gemäß § 36 KAGB" v. 12.5.2014; *Böhme*, Die Vertretung der extern verwalteten Investmentkommanditgesellschaft, BB 2014, 2380; *Burgard/Heimann*, Das neue Kapitalanlagegesetzbuch, WM 2014, 821; *Emde/Dreibus*, Der Regierungsentwurf für ein Kapitalanlagegesetzbuch, BKR 2013, 89; ESMA, Discussion paper – Key concepts of the Alternative Investment Fund Managers Directive and types of AIFM, ESMA/2012/117; *Schuster/Binder*, Die Sitzverlegung von Finanzdienstleistern innerhalb der Europäischen Gemeinschaft, WM 2004, 1665; *Wagner*, Externe KVGs in geschlossenen Publikums-GmbH & Co. KGs: Wie verhält sich dies mit dem Gebot der Selbstorganschaft bzw. dem Verbot der Drittorganschaft?, BKR 2015, 410; *Zetzsche*, Das Gesellschaftsrecht des Kapitalanlagegesetzbuches, AG 2013, 613.

I. Einführung

Die Vorschriften des Kapitels 1 Abschnitt 2 Unterabschnitt 1 (§§ 17-25 KAGB) regeln das **Erlaubnisverfahren für Kapitalverwaltungsgesellschaften**. Bei einer Kapitalverwaltungsgesellschaft handelt es sich in der Terminologie des KAGB vereinfacht gesprochen um den Fondsmanager.[1] Betreibt dieser seine Geschäfte ohne die erforderliche Erlaubnis (§ 20 KAGB) oder Registrierung (§ 44 KAGB), handelt es sich um unerlaubtes Investmentgeschäft (§ 15 Abs. 1 KAGB). Die Bestimmung des Fondsmanagers ist daher von zen- 1

1 *Winterhalder* in Weitnauer/Boxberger/Anders, § 17 KAGB Rz. 1.

traler Bedeutung. Anders als die AIFM-RL[2] reguliert das KAGB allerdings nicht nur den Fondsmanager,[3] sondern auch die Fonds selbst und erstreckt die Regulierung damit auch auf die Produktebene.[4]

2 In Bezug auf den **Investment- bzw. Managerbegriff** haben AIFM-RL und KAGB eine Wende vollzogen.[5] Nunmehr kommt es bei einer funktionalen Betrachtung maßgeblich auf die tatsächliche Verwaltung eines AIF bzw. Investmentvermögens an (materieller Ansatz). Der formelle Ansatz von OGAW-RL[6] und InvG stellte hingegen auf die Entscheidung des Fondsinitiators ab, einen bestimmten Fondstypus zu verwalten.[7]

II. Legaldefinition der Kapitalverwaltungsgesellschaft (§ 17 Abs. 1 KAGB)

3 § 17 Abs. 1 Satz 1 KAGB entspricht der aufgehobenen Regelung in § 6 Abs. 1 Satz 1 InvG und setzt Art. 4 Abs. 1 lit. b AIFM-RL, sowie Art. 2 Abs. 1 lit. b OGAW-RL um. Er enthält die Legaldefinition des Begriffs der Kapitalverwaltungsgesellschaft. Diese ist in Verbindung mit den Begriffsbestimmungen des § 1 KAGB zu lesen.[8] Danach sind Kapitalverwaltungsgesellschaften Unternehmen mit satzungsmäßigem Sitz und Hauptverwaltung im Inland, deren Geschäftsbetrieb darauf gerichtet ist, inländische Investmentvermögen, EU-Investmentvermögen oder ausländische AIF zu verwalten.

1. Unternehmen (§ 17 Abs. 1 Satz 1 KAGB)

4 Bei der Kapitalverwaltungsgesellschaft muss es sich um ein Unternehmen handeln. Der deutsche Gesetzgeber hat sich dabei der Terminologie des aufgehobenen § 6 Abs. 1 Satz 1 InvG angeschlossen, der ebenfalls von „Unternehmen" sprach. Der Wortlaut des KAGB erscheint damit weiter als der der AIFM-RL. Diese setzt in Art. 4 Abs. 1 lit. b AIFM-RL eine „juristische Person" voraus.

5 Im deutschen Recht ist allerdings kein einheitlicher Unternehmensbegriff verankert. Im Hinblick auf die Erbringung ähnlicher, wenn nicht sogar identischer Geschäfte, wie sie auch von Kreditinstituten erbracht werden, wird teilweise ein **institutioneller Unternehmensbegriff** befürwortet. Andere wollen den Begriff des Unternehmens hingegen als eine mit tatsächlichen und personellen **Mitteln** ausgestattete Einrichtung verstehen.[9]

6 Auf der Ebene der Zulassungsvoraussetzungen ist das KAGB allerdings wieder enger als die AIFM-RL. Im KAGB besteht ein **Rechtstypenzwang**: Externe Kapitalverwaltungsgesellschaften dürfen nur als AG, GmbH oder GmbH & Co. KG betrieben werden (§ 18 Abs. 1 KAGB), interne Kapitalverwaltungsgesellschaften nur als Fondsvehikel, d.h. InvAG oder InvKG.[10] Mit Ausnahme der GmbH & Co. KG fand sich dieser Typenzwang bereits in der Vorgängernorm (§ 6 Abs. 1 Satz 2 InvG) und wurde damit begründet, dass die genannten Gesellschaftsformen hinsichtlich ihrer Jahresabschlüsse erhöhten Publizitäts- und Prüfungsanforderungen unterliegen, die auch für die Kapitalanlagegesellschaften erwünscht seien. Außerdem sollten nur juristische Personen mit gesichertem Eigenkapital als Kapitalanlagegesellschaft tätig werden dürfen.[11]

7 Die Rechtsform eines Unternehmens ist damit kein Tatbestandsmerkmal, um als Kapitalverwaltungsgesellschaft zu gelten. Vielmehr führt das Fehlen der vorgeschriebenen Rechtsform dazu, dass die Erlaubnis nicht erteilt wird, da eine Zulassungsvoraussetzung i.S.v. § 23 Nr. 11 KAGB nicht erfüllt ist. Dies entspricht der Regelungssystematik der §§ 2 Abs. 6, 6 Abs. 1 InvG.[12]

---

2 Richtlinie 2011/61/EU des Europäischen Parlaments und des Rates vom 8. Juni 2011 über die Verwalter alternativer Investmentfonds und zur Änderung der Richtlinien 2003/41/EG und 2009/65/EG und der Verordnungen (EG) Nr. 1060/2009 und (EU) Nr. 1095/2010, ABl. EU Nr. L 174 v. 1.7.2011, S. 1.

3 Vgl. Erwägungsgründe 4 und 6 AIFM-RL.

4 Begr. RegE, BT-Drucks. 17/12294, 187 f.

5 Ausführlich dazu *Schücking* in Moritz/Klebeck/Jesch, § 17 KAGB Rz. 4-24.

6 Richtlinie 2009/65/EG des Europäischen Parlaments und des Rates vom 13. Juli 2009 zur Koordinierung der Rechts- und Verwaltungsvorschriften betreffend bestimmte Organismen für gemeinsame Anlagen in Wertpapieren (OGAW), ABl. EU Nr. L 302 v. 17.11.2009, S. 32.

7 *Krause* in Beckmann/Scholtz/Vollmer, Vorbemerkungen zum AIFM-Umsetzungsgesetz, Rz. 2.

8 *Winterhalder* in Weitnauer/Boxberger/Anders, § 17 KAGB Rz. 5; eingehend zu der Frage, weshalb manche Definitionen in § 1 KAGB zu finden sind, andere hingegen in den jeweiligen Sachabschnitten *Emde/Dreibus*, BKR 2013, 89 (102).

9 Vgl. *Beckmann* in Beckmann/Scholtz/Vollmer, § 17 KAGB Rz. 24; *Bentele* in Baur/Tappen, § 17 KAGB Rz. 11.

10 *Bentele* in Baur/Tappen, § 17 KAGB Rz. 15; *Winterhalder* in Weitnauer/Boxberger/Anders, § 17 KAGB Rz. 7.

11 *Steck/Gringel* in Berger/Steck/Lübbehüsen, § 6 InvG Rz. 6 f.

12 Vgl. *Thole* in Emde/Dornseifer/Dreibus/Hölscher, § 6 InvG Rz. 13.

2. Sitz und Hauptverwaltung (§ 17 Abs. 1 Satz 1 KAGB)

Der satzungsmäßige Sitz und die Hauptverwaltung der Kapitalverwaltungsgesellschaft müssen im Inland, also im Anwendungsbereich des KAGB, liegen. Die Regelung setzt das gemeinschaftsrechtliche Prinzip der **Einheit von Sitz- und Hauptverwaltungsstaat** um.[13] Danach ist eine effektive Aufsicht nur dann gewährleistet, wenn die tatsächliche Verwaltungstätigkeit der Kapitalverwaltungsgesellschaft in dem Mitgliedsstaat der Zulassung erfolgt.[14] 8

Der **Sitz** einer AG oder GmbH ist der Ort, der in der Satzung oder im Gesellschaftsvertrag der Kapitalverwaltungsgesellschaft vorgesehen ist.[15] Bei einer KG befindet sich der Sitz am Ort der tatsächlichen Hauptverwaltung.[16] Der Ort der **Hauptverwaltung** ist anhand tatsächlicher Umstände zu bestimmen.[17] Danach müssen sich die wesentlichen Teile der Verwaltung, insbesondere die Geschäftsleitung, im Inland befinden.[18] 9

Befindet sich der satzungsmäßige Sitz oder die Hauptverwaltung nicht im Inland, ist der Kapitalverwaltungsgesellschaft die Erlaubnis gem. § 23 Nr. 7 KAGB zu versagen. An der ursprünglich gegebenen Erlaubnispflicht ändert sich, trotz des widersprüchlichen Wortlauts in § 17 und § 23 KAGB, jedoch nichts.[19] Werden Sitz oder Hauptverwaltung ins **Ausland** verlegt, kann die BaFin die Erlaubnis gem. § 39 Abs. 3 Nr. 3 KAGB aufheben. 10

3. Geschäftsbetrieb (§ 17 Abs. 1 Satz 1 KAGB)

Das KAGB setzt mit dem Merkmal „Geschäftsbetrieb" Art. 2 Abs. 1 lit. b OGAW-RL und Art. 4 Abs. 1 lit. b AIFM-RL um, die von „regulärer Geschäftstätigkeit" sprechen. Die Vorgängervorschrift § 6 Abs. 1 Satz 1 InvG sprach hingegen von „Geschäftsbereich".[20] Die Wortlautdivergenz verdeutlicht, dass die eigentliche **Verwaltungstätigkeit** von der Kapitalverwaltungsgesellschaft selbst erbracht werden muss.[21] Der Geschäftsbetrieb muss darauf gerichtet sein, inländische Investmentvermögen (§ 1 Abs. 7 KAGB), EU-Investmentvermögen (§ 1 Abs. 8 KAGB) oder ausländische AIF (§ 1 Abs. 9 KAGB) zu verwalten. Die Kapitalverwaltungsgesellschaft muss ein solches Investmentvermögen mindestens verwalten oder zu verwalten beabsichtigen (vgl. § 1 Abs. 15 und 16 KAGB). 11

4. Verwaltung von Investmentvermögen (§ 17 Abs. 1 Satz 2 KAGB)

§ 17 Abs. 1 Satz 2 KAGB dient der Umsetzung von Art. 4 Abs. 1 lit. w AIFM-RL.[22] Danach liegt die Verwaltung eines Investmentvermögens vor, wenn mindestens die **Portfolioverwaltung** oder das **Risikomanagement** für ein oder mehrere Investmentvermögen erbracht wird. 12

Ein **Investmentvermögen** ist jeder Organismus für gemeinsame Anlagen, der von einer Anzahl von Anlegern Kapital einsammelt, um es gemäß einer festgelegten Anlagestrategie zum Nutzen dieser Anleger zu investieren und der kein operativ tätiges Unternehmen außerhalb des Finanzsektors ist (§ 1 Abs. 1 Satz 1 KAGB). 13

Der Begriff der **Portfolioverwaltung** ist weder im KAGB noch in der AIFM-RL definiert. Die gemeinsame Portfolioverwaltung i.S.v. Art. 4 Abs. 1 lit. b und w i.V.m. Anhang I Nr. 1 lit. a AIFM-RL entspricht jedenfalls der Verwaltung von AIF analog Art. 2 Abs. 1 lit. b OGAW-RL, welcher in § 9 Abs. 1 InvG umgesetzt war.[23] Danach bedeutet die gemeinsame Portfolioverwaltung die Anschaffung und Veräußerung von und die Einkunftserzielung aus Vermögensgegenständen für gemeinschaftliche Rechnung der Anleger.[24] 14

---

13 *Bentele* in Baur/Tappen, § 17 KAGB Rz. 14; vgl. *Steck/Gringel* in Berger/Steck/Lübbehüsen, § 6 InvG Rz. 9: i.E. wohl auch *Schücking* in Moritz/Klebeck/Jesch, § 17 KAGB Rz. 30.

14 *Bentele* in Baur/Tappen, § 17 KAGB Rz. 14; vgl. *Steck/Gringel* in Berger/Steck/Lübbehüsen, § 6 InvG Rz. 9; eingehend *Schuster/Binder*, WM 2004, 1665 ff.

15 Vgl. *Thole* in Emde/Dornseifer/Dreibus/Hölscher, § 6 InvG Rz. 12.

16 *Bentele* in Baur/Tappen, § 17 KAGB Rz. 15 m.w.N.

17 Vgl. *Thole* in Emde/Dornseifer/Dreibus/Hölscher, § 6 InvG Rz. 13.

18 *Winterhalder* in Weitnauer/Boxberger/Anders, § 17 KAGB Rz. 12; *Bentele* in Baur/Tappen, § 17 KAGB Rz. 16; vgl. *Thole* in Emde/Dornseifer/Dreibus/Hölscher, § 6 InvG Rz. 13.

19 *Beckmann* in Beckmann/Scholtz/Vollmer, § 17 KAGB Rz. 26.

20 *Schücking* in Moritz/Klebeck/Jesch, § 17 KAGB Rz. 34.

21 *Winterhalder* in Weitnauer/Boxberger/Anders, § 17 KAGB Rz. 13.

22 Begr. RegE, BT-Drucks. 17/12294, 211.

23 *Winterhalder* in Weitnauer/Boxberger/Anders, § 17 KAGB Rz. 20.

24 *Winterhalder* in Weitnauer/Boxberger/Anders, § 17 KAGB Rz. 20.

15 Das **Risikomanagement** ist neben der Portfolioverwaltung die zweite originäre Geschäftstätigkeit einer Kapitalverwaltungsgesellschaft (vgl. Art. 6 Abs. 5 lit. d und Erwägungsgrund 21 AIFM-RL).[25] Die Anforderungen an das Risikomanagement sind in § 29 KAGB geregelt. Erforderlich ist insbesondere eine funktionelle Trennung des Risikocontrollings von den operativen Bereichen.

16 **Erbringen** meint nicht das tatsächliche Erbringen, sondern vielmehr die Fähigkeit, Portfolioverwaltung und Risikomanagement ausüben zu können. Diese Tätigkeit kann im gesetzlich zulässigen Umfang auch ausgelagert werden (vgl. zu den Grenzen u.a. § 36 Abs. 5 KAGB).[26]

17 Die „Verwaltung von Investmentvermögen" setzt gem. § 17 Abs. 1 Satz 2 KAGB voraus, dass **mindestens** die Portfolioverwaltung **oder** das Risikomanagement erbracht werden. Dabei ist umstritten, ob die beiden Tätigkeiten alternativ oder kumulativ erbracht werden müssen. Nach dem Wortlaut der Vorschrift wird eine Erlaubnispflicht bereits dann begründet, wenn eine der beiden Tätigkeiten erbracht wird.[27] Gleiches gilt für die Definition der „Verwaltung von AIF" gem. Art. 4 Abs. 1 lit. w AIFM-RL. Wortlaut und Entstehungsgeschichte sprechen insofern für eine Alternativität beider Merkmale. Nach Anhang I Nr. 1 AIFM-RL, auf den Art. 4 Abs. 1 lit. w AIFM-RL verweist, müssen AIFM hingegen mindestens Portfolioverwaltung *und* Risikomanagement erbringen. § 23 Nr. 10 KAGB, Art. 6 Abs. 5 lit. d und Erwägungsgrund 21 AIFM-RL stellen zudem klar, dass AIFM nur dann zugelassen werden dürfen, wenn sie Portfolioverwaltung *und* Risikomanagement erbringen. Aus Art. 15 Abs. 1 AIFM-RL ergibt sich wiederum, dass der AIFM für Portfolioverwaltung *und* Risikomanagement verantwortlich ist.[28] Aus gesetzessystematischen Gründen könnte man insofern zu einem kumulativen Verständnis gelangen. Teilweise wird daher die Auffassung vertreten, dass es sich bei der Wortlautdivergenz um einen redaktionellen Fehler des europäischen Gesetzgebers handele, der vom deutschen Gesetzgeber ins KAGB übernommen wurde.[29] Überzeugender erscheint es allerdings, den Wortlaut als die Grenze der Auslegung anzusehen. Im Übrigen sind die Fragen der Zulassung und Verantwortlichkeit eines AIFM gesetzessystematisch von der Frage zu trennen, ob tatbestandlich eine Verwaltung von Investmentvermögen vorliegt. Mithin erscheint es überzeugender, von einem **alternativen Verständnis** auszugehen.[30]

III. Interne und externe Kapitalverwaltungsgesellschaften (§ 17 Abs. 2 KAGB)

18 § 17 Abs. 2 KAGB dient der Umsetzung von Art. 5 Abs. 1 Satz 2 lit. a und b AIFM-RL und enthält Definitionen für die Begriffe der „externen Kapitalverwaltungsgesellschaft" und „internen Kapitalverwaltungsgesellschaft".[31] Jede Kapitalverwaltungsgesellschaft ist danach entweder eine interne oder externe Kapitalverwaltungsgesellschaft.[32] Die Vorschrift gilt nach der Gesetzesbegründung für AIF- und OGAW-Kapitalverwaltungsgesellschaften.[33]

1. Interne Kapitalverwaltungsgesellschaften

19 Eine interne Kapitalverwaltungsgesellschaft ist das Investmentvermögen selbst, wenn die Rechtsform eine interne Verwaltung zulässt und der Vorstand oder die Geschäftsführung entscheidet, keine externe Kapitalverwaltungsgesellschaft zu bestellen. Der AIF ist dann selbst als AIFM anzusehen und nimmt die Verwaltungsaufgaben selbst wahr und darf gem. § 20 Abs. 7 KAGB lediglich die Verwaltung seines eigenen Investmentvermögens ausüben.[34]

---

25 *Winterhalder* in Weitnauer/Boxberger/Anders, § 17 KAGB Rz. 22; *Beckmann* in Beckmann/Scholtz/Vollmer, § 17 KAGB Rz. 20.

26 Begr. RegE, BT-Drucks. 17/12294, 216; *Bentele* in Baur/Tappen, § 17 KAGB Rz. 20 f.; *Winterhalder* in Weitnauer/Boxberger/Anders, § 17 KAGB Rz. 16.

27 So auch die Gesetzesbegründung: Begr. RegE, BT-Drucks. 17/12294, 211 f.; *Bentele* in Baur/Tappen, § 17 KAGB Rz. 20; *Beckmann* in Beckmann/Scholtz/Vollmer, § 17 KAGB Rz. 19.

28 *Tollmann* in Dornseifer/Jesch/Klebeck/Tollmann, Art. 4 AIFM-RL Rz. 175; *Bentele* in Baur/Tappen, § 17 KAGB Rz. 20.

29 So *Tollmann* in Dornseifer/Jesch/Klebeck/Tollmann, Art. 4 AIFM-RL Rz. 175.

30 So auch Begr. RegE, BT-Drucks. 17/12294, 212; ESMA, Discussion paper – Key concepts of the Alternative Investment Fund Managers Directive and types of AIFM, Rz. 4 ff.; *Winterhalder* in Weitnauer/Boxberger/Anders, § 17 KAGB Rz. 14 f.

31 Begr. RegE, BT-Drucks. 17/12294, 212.

32 *Beckmann* in Beckmann/Scholtz/Vollmer, § 17 KAGB Rz. 40.

33 Begr. RegE, BT-Drucks. 17/12294, 212; vgl. *Beckmann* in Beckmann/Scholtz/Vollmer, § 17 KAGB Rz. 40.

34 *Beckmann* in Beckmann/Scholtz/Vollmer, § 17 KAGB Rz. 50 f.

Als interne Kapitalverwaltungsgesellschaft kommen allein die gesellschaftsrechtlichen Fondsvehikel, also **InvAG** und **InvKG** in Betracht, da diese eine **eigene Rechtspersönlichkeit** haben. Nur Investmentfonds mit Rechtspersönlichkeit dürfen zwischen Selbstverwaltung (als interne Kapitalverwaltungsgesellschaft) oder Fremdverwaltung (durch eine bestellte externe Kapitalverwaltungsgesellschaft) wählen.[35] Sondervermögen bedürfen mangels eigener Rechtspersönlichkeit immer der Verwaltung durch eine externe Kapitalverwaltungsgesellschaft.[36] Eine interne Kapitalverwaltungsgesellschaft kann nur entweder AIF- oder OGAW-Kapitalverwaltungsgesellschaft sein.[37] 20

Aus der Rechtsform als InvAG oder InvKG (vgl. § 1 Abs. 11 KAGB) ergibt sich die Anwendbarkeit der §§ 108 ff., 124 ff., 140 ff., und 149 ff. KAGB. 21

2. Externe Kapitalverwaltungsgesellschaften

Eine externe Kapitalverwaltungsgesellschaft ist eine Kapitalverwaltungsgesellschaft, die vom Investmentvermögen oder im Namen des Investmentvermögens (bei Sondervermögen mangels eigener Rechtspersönlichkeit) **bestellt** ist und auf Grund dieser Bestellung für die Verwaltung des Investmentvermögens verantwortlich ist. 22

Die Bestellung der externen Kapitalverwaltungsgesellschaft beruht beim Investmentvermögen mit eigener Rechtspersönlichkeit (Investmentgesellschaft) auf einer Entscheidung des Vorstands bzw. der **Geschäftsführung.**[38] Bei einem Sondervermögen ist freilich keine Entscheidung der Geschäftsleitung erforderlich.[39] Nach außen liegt der Bestellung ein Vertrag mit Geschäftsbesorgungscharakter i.S.d. § 675 BGB zugrunde (sog. „Verwaltungsvertrag").[40] Durch die Bestellung wird die **kollektive Vermögensverwaltung** auf die Kapitalverwaltungsgesellschaft übertragen. Besteht der AIF in Form einer Investmentgesellschaft (§ 1 Abs. 11 KAGB), ergeben sich Fragen hinsichtlich der Zuständigkeit der Kapitalverwaltungsgesellschaft und der Investmentgesellschaft. Die BaFin vertritt die Auffassung, dass alle **organschaftlichen Rechte und Pflichten** bei der Investmentgesellschaft **verbleiben**, während Tätigkeiten im Zusammenhang mit der kollektiven Vermögensverwaltung in der Zuständigkeit der Kapitalverwaltungsgesellschaft liegen.[41] Keine Bestellung liegt indes in der **Zuständigkeitszuweisung** an ein internes Organ einer externen Kapitalverwaltungsgesellschaft. Es handelt sich vielmehr um die interne Verwaltung des Fonds durch dessen Organe.[42] Auch wird die externe Kapitalverwaltungsgesellschaft nicht zum Organ der Investmentgesellschaft bestellt.[43] 23

Die Geschäftsleiter der externen Kapitalverwaltungsgesellschaft und die Organe der InvKG können personenidentisch sein. Der Wortlaut des Gesetzes schließt dies nicht aus. Geschäftsleiter und Organe sind jeweils nur den Interessen der Anleger verpflichtet.[44] 24

Nach Auffassung der BaFin wird durch Abschluss des Verwaltungsvertrags lediglich die **Geschäftsführungsbefugnis** für die kollektive Vermögensverwaltung auf die externe Kapitalverwaltungsgesellschaft übertragen.[45] Eine **gesetzliche Vertretungsbefugnis** der externen Kapitalverwaltungsgesellschaft ergibt sich daraus nicht; diese liegt nach wie vor bei dem vertretungsbefugten Organ der AIF-Investmentgesellschaft.[46] 25

---

35 *Beckmann* in Beckmann/Scholtz/Vollmer, § 17 KAGB Rz. 50; *Winterhalder* in Weitnauer/Boxberger/Anders, § 17 KAGB Rz. 49.

36 *Winterhalder* in Weitnauer/Boxberger/Anders, § 17 KAGB Rz. 49.

37 *Beckmann* in Beckmann/Scholtz/Vollmer, § 17 KAGB Rz. 51.

38 *Beckmann* in Beckmann/Scholtz/Vollmer, § 17 KAGB Rz. 75.

39 *Beckmann* in Beckmann/Scholtz/Vollmer, § 17 KAGB Rz. 75.

40 BaFin, Auslegungsschreiben zu den Tätigkeiten einer Kapitalverwaltungsgesellschaft und der von ihr extern verwalteten AIF-Investmentgesellschaft v. 21.12.2017, Ziff. II. 1.; OLG München v. 1.10.2015 – 23 U 1570/15, BB 2015, 2769; *Wagner*, BKR 2015, 410 (411); *Winterhalder* in Weitnauer/Boxberger/Anders, § 17 KAGB Rz. 36; *Bentele* in Baur/Tappen, § 17 KAGB Rz. 23; vgl. *Köndgen* in Berger/Steck/Lübbehüsen, § 9 InvG Rz. 15; a.A. *Beckmann* in Beckmann/Scholtz/Vollmer, § 17 KAGB Rz. 77.

41 BaFin, Auslegungsschreiben zu den Tätigkeiten einer Kapitalverwaltungsgesellschaft und der von ihr extern verwalteten AIF-Investmentgesellschaft v. 21.12.2017, Ziff. II. 1., 2., für den Begriff der kollektiven Vermögensverwaltung wird insoweit auf § 1 Abs. 19 Nr. 24 KAGB verwiesen.

42 *Zetzsche*, AG 2013, 613 (614).

43 OLG München v. 1.10.2015 – 23 U 1570/15, BB 2015, 2769 (2769 f.); *Zetzsche*, AG 2013, 613 (614).

44 BaFin, Häufig gestellte Fragen zum KAGB v. 25.11.2015, S. 7.

45 BaFin, Auslegungsschreiben zu den Tätigkeiten einer Kapitalverwaltungsgesellschaft und der von ihr extern verwalteten AIF-Investmentgesellschaft v. 21.12.2017, Ziff. II. 1.

46 BaFin, Auslegungsschreiben zu den Tätigkeiten einer Kapitalverwaltungsgesellschaft und der von ihr extern verwalteten AIF-Investmentgesellschaft v. 21.12.2017, Ziff. II. 1.; so auch *Wagner*, BKR 2015, 410 (411); OLG München v. 1.10.2015 – 23 U 1570/15, BB 2015, 2769 (2769); *Böhme*, BB 2014, 2380 (2382); a.A.: *Beckmann* in Beckmann/Scholtz/Vollmer, § 17 KAGB Rz. 90 f.; *Schmitz* in Berger/Steck/Lübbehüsen, § 31 InvG Rz. 6.

Durch Abschluss des Verwaltungsvertrags geht die aufsichtsrechtliche Verantwortung nach § 17 Abs. 2 Nr. 1 KAGB auf die externe Kapitalverwaltungsgesellschaft über.[47] Um dieser Verantwortung nachzukommen, benötigt sie eine entsprechende **Vollmacht**, die es ihr ermöglicht, die kollektive Vermögensverwaltung für die AIF-Investmentgesellschaft wahrzunehmen und ihrer aufsichtsrechtlichen Verantwortung gegenüber den Anlegern und der Aufsicht nachzukommen.[48]

Rechtsgeschäfte mit Dritten kann die externe Kapitalverwaltungsgesellschaft grundsätzlich im eigenen Namen oder im Namen der AIF-Investmentgesellschaft abschließen.[49] Aus aufsichtsrechtlicher Sicht kommt es maßgeblich darauf an, wer die Entscheidung darüber trifft, wem welche Aufgaben unter welchen Voraussetzungen übertragen werden.[50] Nur wenn die externe Kapitalverwaltungsgesellschaft diese Entscheidung selbst eigenverantwortlich trifft, kommt sie ihrer aufsichtsrechtlichen Verantwortung gemäß § 17 Abs. 2 Nr. 1 KAGB nach.[51]

26 Eine **Ausnahme** von diesem Grundsatz besteht nur bei der **Portfolioverwaltung** und beim **Risikomanagement**.[52] Dabei handelt es sich um Kernaufgaben der Kapitalverwaltungsgesellschaft.[53] Ihr kommt insofern eine besondere Verantwortung zu.[54] Die externe Kapitalverwaltungsgesellschaft muss diese Aufgaben daher selbst wahrnehmen bzw. Dritten im eigenen Namen übertragen; das vertragliche Verhältnis muss also zwischen dem Dritten und der Kapitalverwaltungsgesellschaft bestehen.[55] Nur dann ist sichergestellt, dass die Kapitalverwaltungsgesellschaft im Falle einer Leistungsstörung vollumfänglich für das Verschulden des Dritten haftet (Erfüllungsgehilfenhaftung nach § 278 BGB).

27 Daran anknüpfend ergibt sich die Frage, inwieweit die Kapitalverwaltungsgesellschaft zur Erfüllung der ihr übertragenen Verwaltungsaufgaben wieder auf die AIF-Investmentgesellschaft zurückgreifen darf. Die BaFin geht davon aus, dass eine **Rückauslagerung** von Tätigkeiten, die in den Funktionsbereich der kollektiven Vermögensverwaltung fallen, auf die extern verwaltete Investmentgesellschaft ausscheiden muss.[56]

28 Zu den **Aufgaben** der externen Kapitalverwaltungsgesellschaft gehören insbesondere die Anlage und Verwaltung der Mittel, die Überwachung der Einhaltung der Vorschriften des KAGB, daneben aber auch allgemeine Verwaltungsaufgaben.[57]

29 Für die externe Kapitalverwaltungsgesellschaft kommen als **Rechtsform** lediglich AG, GmbH oder GmbH & Co. KG in Betracht (§ 18 Abs. 1 KAGB).[58] Der Unternehmensgegenstand der externen Kapitalverwaltungsgesellschaft muss dem Unternehmensgegenstand der Investmentgesellschaft (§ 1 Abs. 11 KAGB) entsprechen.[59] Die externe Kapitalverwaltungsgesellschaft ist nicht Rechtsträgerin des Investmentvermögens, sondern verwaltet dieses lediglich.[60]

---

47 BaFin, Auslegungsschreiben zu den Tätigkeiten einer Kapitalverwaltungsgesellschaft und der von ihr extern verwalteten AIF-Investmentgesellschaft v. 21.12.2017, Ziff. II. 1.

48 BaFin, Auslegungsschreiben zu den Tätigkeiten einer Kapitalverwaltungsgesellschaft und der von ihr extern verwalteten AIF-Investmentgesellschaft v. 21.12.2017, Ziff. II. 1.; *Wagner*, BKR 2015, 410 (411).

49 BaFin, Auslegungsschreiben zu den Tätigkeiten einer Kapitalverwaltungsgesellschaft und der von ihr extern verwalteten AIF-Investmentgesellschaft v. 21.12.2017, Ziff. II. 3. a.

50 BaFin, Auslegungsschreiben zu den Tätigkeiten einer Kapitalverwaltungsgesellschaft und der von ihr extern verwalteten AIF-Investmentgesellschaft v. 21.12.2017, Ziff. II. 3. a.

51 BaFin, Auslegungsschreiben zu den Tätigkeiten einer Kapitalverwaltungsgesellschaft und der von ihr extern verwalteten AIF-Investmentgesellschaft v. 21.12.2017, Ziff. II. 3. a.

52 BaFin, Auslegungsschreiben zu den Tätigkeiten einer Kapitalverwaltungsgesellschaft und der von ihr extern verwalteten AIF-Investmentgesellschaft v. 21.12.2017, Ziff. II. 3. b.

53 BaFin, Auslegungsschreiben zu den Tätigkeiten einer Kapitalverwaltungsgesellschaft und der von ihr extern verwalteten AIF-Investmentgesellschaft v. 21.12.2017, Ziff. II. 3. b.

54 BaFin, Auslegungsschreiben zu den Tätigkeiten einer Kapitalverwaltungsgesellschaft und der von ihr extern verwalteten AIF-Investmentgesellschaft v. 21.12.2017, Ziff. II. 3. b.

55 BaFin, Auslegungsschreiben zu den Tätigkeiten einer Kapitalverwaltungsgesellschaft und der von ihr extern verwalteten AIF-Investmentgesellschaft v. 21.12.2017, Ziff. II. 3. b.

56 BaFin, Auslegungsschreiben zu den Tätigkeiten einer Kapitalverwaltungsgesellschaft und der von ihr extern verwalteten AIF-Investmentgesellschaft v. 21.12.2017, Ziff. II. 4.; BaFin, Häufige Fragen zum Thema Auslagerung gemäß § 36 KAGB v. 10.7.2013, Ziff. 2.

57 *Wagner*, BKR 2015, 410 (411); *Beckmann* in Beckmann/Scholtz/Vollmer, § 17 KAGB Rz. 92.

58 *Beckmann* in Beckmann/Scholtz/Vollmer, § 17 KAGB Rz. 60.

59 *Beckmann* in Beckmann/Scholtz/Vollmer, § 17 KAGB Rz. 62.

60 In diese Richtung: *Burgard/Heimann*, WM 2014, 821 (826 f.); *Beckmann* in Beckmann/Scholtz/Vollmer, § 17 KAGB Rz. 61.

IV. Bestimmung der Kapitalverwaltungsgesellschaft (§ 17 Abs. 3 KAGB)

§ 17 Abs. 3 KAGB dient der Umsetzung von Art. 5 Abs. 1 Satz 1 AIFM-RL.[61] Danach kann für jedes Investmentvermögen nur eine Kapitalverwaltungsgesellschaft zuständig sein, die für die Einhaltung der Anforderungen des KAGB verantwortlich ist. Eine Kapitalverwaltungsgesellschaft kann aber gleichzeitig mehrere Investmentvermögen verwalten.[62] 30

Die Kapitalverwaltungsgesellschaft ist gem. § 17 Abs. 3 Halbs. 2 KAGB anhand der **Verantwortlichkeit** zu bestimmen. Unter Zugrundelegung des materiellen Investment- bzw. Managerbegriffs kommt es entscheidend darauf an, welche Gesellschaft funktional für die Kernfunktion der Portfolioverwaltung bzw. des Risikomanagements verantwortlich ist.[63] Die BaFin orientiert sich an den in Anhang I Nr. 2 lit. a und c AIFM-RL genannten Tätigkeiten als Richtschnur für die Zuständigkeit einer Kapitalverwaltungsgesellschaft für einen AIF.[64] Nach der Gesetzesbegründung gilt die Vorschrift auch für OGAW-Kapitalverwaltungsgesellschaften.[65] 31

Kapitalverwaltungsgesellschaft von **offenen Fonds** ist, wer das Investmentvermögen und die Anlagerisiken verwaltet.[66] Bei **geschlossenen Fonds** ist hingegen darauf abzustellen, wer über die Konditionen des An- und Verkaufs der Anlageobjekte des AIF entscheidet. Dabei handelt es sich regelmäßig um den Fondsinitiator.[67] 32

§ 18 Externe Kapitalverwaltungsgesellschaften

(1) Externe Kapitalverwaltungsgesellschaften dürfen nur in der Rechtsform der Aktiengesellschaft, der Gesellschaft mit beschränkter Haftung oder der Kommanditgesellschaft, bei der persönlich haftender Gesellschafter ausschließlich eine Gesellschaft mit beschränkter Haftung ist, betrieben werden.

(2) [1]Ein Aufsichtsrat ist auch dann zu bilden, wenn die externe Kapitalverwaltungsgesellschaft in der Rechtsform einer Gesellschaft mit beschränkter Haftung betrieben wird. [2]Die externe Kapitalverwaltungsgesellschaft in der Rechtsform der Kommanditgesellschaft, bei der persönlich haftender Gesellschafter ausschließlich eine Gesellschaft mit beschränkter Haftung ist, hat einen Beirat zu bilden. [3]Die Zusammensetzung sowie Rechte und Pflichten des Aufsichtsrats nach Satz 1 bestimmen sich, vorbehaltlich des Absatzes 3 Satz 2, nach § 90 Absatz 3 bis 5 Satz 2, den §§ 95 bis 114, 116, 118 Absatz 3, § 125 Absatz 3 sowie den §§ 171 und 268 Absatz 2 des Aktiengesetzes. [4]Die Zusammensetzung sowie Rechte und Pflichten des Beirats nach Satz 2 bestimmen sich, vorbehaltlich des Absatzes 3 Satz 2, nach § 90 Absatz 3 bis 5 Satz 2, den §§ 95, 100, 101, 103, 105, 107 bis 114, 116, 118 Absatz 3, § 125 Absatz 3 sowie den §§ 171 und 268 Absatz 2 des Aktiengesetzes.

(3) [1]§ 101 Absatz 1 Satz 1 Halbsatz 1 des Aktiengesetzes ist auf eine externe Kapitalverwaltungsgesellschaft in der Rechtsform der Aktiengesellschaft mit der Maßgabe anzuwenden, dass die Hauptversammlung mindestens ein Mitglied des Aufsichtsrats zu wählen hat, das von den Aktionären, den mit ihnen verbundenen Unternehmen und den Geschäftspartnern der externen Kapitalverwaltungsgesellschaft unabhängig ist. [2]Wird die externe Kapitalverwaltungsgesellschaft in der Rechtsform einer Gesellschaft mit beschränkter Haftung oder als Kommanditgesellschaft, bei der persönlich haftender Gesellschafter ausschließlich eine Gesellschaft mit beschränkter Haftung ist, betrieben, so gilt Satz 1 entsprechend. [3]Für nähere Einzelheiten der Anforderungen an die Unabhängigkeit eines Mitglieds des Aufsichtsrats der externen OGAW-Kapitalverwaltungsgesellschaft von der Verwahrstelle im Sinne der Sätze 1 und 2 wird auf Artikel 21 Buchstabe d und Artikel 24 Absatz 1 Buchstabe b und Absatz 2 der Delegierten Verordnung (EU) 2016/438 der Kommission vom 17. Dezember 2015 zur Ergänzung der Richtlinie 2009/65/EG des Europäischen Parlaments und des Rates in Bezug auf die Pflichten der Verwahrstellen (ABl. L 78 vom 24.3.2016, S. 11) verwie-

---

61 Begr. RegE, BT-Drucks. 17/12294, 212; *Bentele* in Baur/Tappen, § 17 KAGB Rz. 29.

62 *Bentele* in Baur/Tappen, § 17 KAGB Rz. 29.

63 Vgl. auch BaFin, Schreiben „Häufige Fragen zum Thema Auslagerung gemäß § 36 KAGB" v. 12.5.2014, Ziff. 1 und 2; eingehend *Tollmann* in Möllers/Kloyer, Das neue Kapitalanlagegesetzbuch, S. 363 ff.; *Bentele* in Baur/Tappen, § 17 KAGB Rz. 29 f.; *Beckmann* in Beckmann/Scholtz/Vollmer, § 17 KAGB Rz. 129.

64 BaFin, Schreiben „Häufige Fragen zum Thema Auslagerung gemäß § 36 KAGB" v. 12.5.2014, Ziff. 1 und 2.

65 Begr. RegE, BT-Drucks. 17/12294, 212; vgl. *Bentele* in Baur/Tappen, § 17 KAGB Rz. 29.

66 *Winterhalder* in Weitnauer/Boxberger/Anders, § 17 KAGB Rz. 60.

67 Eingehend *Winterhalder* in Weitnauer/Boxberger/Anders, § 17 KAGB Rz. 61 ff.

sen. [4]Artikel 21 Buchstabe d und Artikel 24 Absatz 1 Buchstabe b und Absatz 2 der Delegierten Verordnung (EU) 2016/438 gelten entsprechend für externe AIF-Kapitalverwaltungsgesellschaften. [5]Die Sätze 1, 2 und 4 gelten nicht für externe Kapitalverwaltungsgesellschaften, die ausschließlich Spezial-AIF verwalten.

(4) [1]Die Mitglieder des Aufsichtsrats oder eines Beirats sollen ihrer Persönlichkeit und ihrer Sachkunde nach die Wahrung der Interessen der Anleger gewährleisten. [2]Die Bestellung und das Ausscheiden von Mitgliedern des Aufsichtsrats oder eines Beirats ist der Bundesanstalt unverzüglich anzuzeigen.

(5) Absatz 4 findet keine Anwendung, soweit die Aufsichtsratsmitglieder als Vertreter der Arbeitnehmer nach den Vorschriften der Mitbestimmungsgesetze gewählt werden.

(6) [1]In den Fällen, in denen eine externe AIF-Kapitalverwaltungsgesellschaft nicht in der Lage ist, die Einhaltung der Anforderungen dieses Gesetzes sicherzustellen, für die der AIF oder eine andere in seinem Namen handelnde Stelle verantwortlich ist, unterrichtet die externe AIF-Kapitalverwaltungsgesellschaft unverzüglich die Bundesanstalt und, sofern anwendbar, die zuständigen Behörden des betreffenden EU-AIF. [2]Die Bundesanstalt kann die externe AIF-Kapitalverwaltungsgesellschaft verpflichten, notwendige Abhilfemaßnahmen zu treffen.

(7) [1]Falls die Anforderungen trotz der in Absatz 6 Satz 2 genannten Maßnahmen weiterhin nicht eingehalten werden, fordert die Bundesanstalt, dass die externe AIF-Kapitalverwaltungsgesellschaft ihre Bestellung als externe AIF-Kapitalverwaltungsgesellschaft für diesen AIF kündigt, sofern es sich um einen inländischen AIF oder einen EU-AIF handelt. [2]In diesem Fall darf der AIF nicht mehr in den Mitgliedstaaten der Europäischen Union und den anderen Vertragsstaaten des Europäischen Wirtschaftsraums vertrieben werden. [3]Die Bundesanstalt setzt hiervon unverzüglich die zuständigen Behörden der Aufnahmemitgliedstaaten der externen AIF-Kapitalverwaltungsgesellschaft in Kenntnis.

In der Fassung vom 4.7.2013 (BGBl. I 2013, S. 1981), zuletzt geändert durch das Zweite Gesetz zur Novellierung von Finanzmarktvorschriften auf Grund europäischer Rechtsakte (Zweites Finanzmarktnovellierungsgesetz – 2. FiMaNoG) vom 23.6.2017 (BGBl. I 2017, S. 1693).

Schrifttum: *BaFin*, Auslegungsschreiben zum Inhalt der Anzeigen der Bestellung von Aufsichtsratsmitgliedern einer Kapitalanlagegesellschaft bzw. Investmentaktiengesellschaft v. 15.6.2007 (GZ. WA 42/09-6); *BaFin*, Merkblatt zum Erlaubnisverfahren für eine AIF-Kapitalverwaltungsgesellschaft nach § 22 KAGB-E v. 22.3.2013; *BaFin*, Merkblatt zu den Mitgliedern von Verwaltungs- und Aufsichtsorganen gemäß KWG und KAGB v. 4.1.2016; *K. Schmidt/Lutter* (Hrsg.), AktG, 3. Aufl. 2015.

I. Überblick

1 § 18 KAGB enthält eine Reihe von Einzelvorschriften zur **Governance externer Kapitalverwaltungsgesellschaften**. Neben einem Rechtsformzwang (§ 18 Abs. 1 KAGB) enthält die Vorschrift insbesondere die Pflicht zur Einrichtung eines Aufsichtsorgans und nennt die hierbei geltenden Vorschriften (Abs. 2), persönliche Anforderungen an dessen Mitglieder (§ 18 Abs. 3 bis 5 KAGB), sowie Anzeigepflichten gegenüber und besondere Eingriffsbefugnisse der BaFin bei Verstößen gegen das KAGB (§ 18 Abs. 6 und 7 KAGB).

2 Die Vorschrift wurde durch das Gesetz zur Anpassung von Gesetzen auf dem Gebiet des Finanzmarktes vom 15.7.2014[1] mit Wirkung zum 19.7.2014 geändert. Dadurch wurde der vorherige Abs. 6 aufgehoben.[2] Die vorherigen Abs. 7 und 8 wurden zu den jetzigen Abs. 6 und 7.

1 BGBl. I 2014, 934.
2 § 18 Abs. 6 a.F. KAGB wurde zuvor durch das Gesetz zur Umsetzung der Richtlinie 2013/36/EU über den Zugang zur Tätigkeit von Kreditinstituten und die Beaufsichtigung von Kreditinstituten und Wertpapierfirmen und zur

II. Rechtsform (§ 18 Abs. 1 KAGB)

Nach § 18 Abs. 1 KAGB besteht für externe Kapitalverwaltungsgesellschaften ein Rechtsformzwang: Sie dürfen nur als **AG, GmbH oder GmbH & Co. KG** betrieben werden. Die Vorschrift entspricht damit im Wesentlichen dem aufgehobenen § 6 Abs. 1 Satz 2 und 3 InvG.[3] Danach mussten Kapitalanlagegesellschaften als AG oder GmbH betrieben werden. Mit der Erweiterung der zulässigen Rechtsformen auf die GmbH & Co. KG wollte der Gesetzgeber einem praktischen Bedürfnis bestehender geschlossener AIF als typischer Rechtsform für geschlossene Fonds entsprechen.[4] Die Gesetzesbegründung bleibt an dieser Stelle jedoch zweifelhaft. Zum einen werden externe Kapitalverwaltungsgesellschaften von geschlossenen AIF in der Praxis typischerweise nicht als GmbH & Co. KG betrieben. Zum anderen ist nicht ersichtlich, dass ein Bedürfnis hierfür besteht. Vor diesem Hintergrund bleibt unklar, welchen Zweck der Gesetzgeber mit der Rechtsformerweiterung verfolgt hat. Aus-weislich der Gesetzesbegründung hatte der Gesetzgeber die Rechtsform des geschlossenen AIF als solchen vor Augen (vgl. § 153 Rz. 7). Möglicherweise wollte er mit der Erweiterung klarstellen, dass der persönlich haftende Gesellschafter stets eine GmbH sein muss. Eine solche Regelung hätte jedoch sinnvollerweise im Rahmen des § 153 KAGB erfolgen müssen. 3

Auch Beteiligungen einer ausländischen Gesellschaft als Komplementärin, die der deutschen GmbH vergleichbar ist, wie einer Ltd. oder einer S.à r.l., sind, sofern ihr Sitz im Inland liegt, zulässig.[5] Aktiengesellschaft i.S.d. Abs. 1 Satz 1 ist auch die SE mit Sitz im Inland. Nicht zulässig sind hingegen rein ausländische Rechtsformen (mit Sitz im Ausland).[6] 4

Die Rechtsform ist **kein Tatbestandsmerkmal**, um als externe Kapitalverwaltungsgesellschaft i.S.v. § 17 Abs. 1 KAGB zu gelten. Vielmehr führt das Fehlen der vorgeschriebenen Rechtsform dazu, dass die Erlaubnis nicht erteilt wird, da eine Zulassungsvoraussetzung i.S.v. § 23 Nr. 11 KAGB nicht erfüllt ist. Außerdem machen sich Personen, die eine Kapitalverwaltungsgesellschaft in einer anderen Rechtsform betreiben, nach § 339 Abs. 1 Nr. 1 KAGB strafbar.[7] 5

III. Aufsichtsorgane

1. Allgemeines (§ 18 Abs. 2 KAGB)

§ 18 Abs. 2 KAGB entspricht im Wesentlichen der Regelung des aufgehobenen § 6 Abs. 2 InvG.[8] Eine externe Kapitalverwaltungsgesellschaft, die in der Rechtsform einer GmbH betrieben wird, muss nach Satz 1 entgegen § 52 Abs. 1 GmbHG zwingend einen **Aufsichtsrat** bilden. Für Kapitalverwaltungsgesellschaften in der Rechtsform der AG ist dies ohnehin verpflichtend. Nach Satz 2 muss eine externe Kapitalverwaltungsgesellschaft in der Rechtsform einer GmbH & Co. KG einen **Beirat** bilden. Hinsichtlich der Zusammensetzung, der Rechte und Pflichten des Aufsichtsrats bzw. Beirats verweisen die Sätze 3 und 4 auf die entsprechenden Vorschriften im AktG (§§ 90, 95-114, 116, 118, 125, 171 ff., 268 AktG). Die Abweichung der Verweiskette zwischen den Sätzen 3 und 4 ist durch die Rechtsnatur der Personengesellschaft begründet.[9] Zu Einzelheiten wird auf die einschlägige Kommentierung des AktG verwiesen.[10] 6

Die Bildung eines obligatorischen Aufsichtsrats bzw. Beirats dient dem **Schutz** der Anleger und der Stärkung der Corporate Governance. Über den Aufsichtsrat bzw. Beirat erhalten die Anleger einen indirekten **Einfluss** auf die Verwaltung des Investmentvermögens durch die Kapitalverwaltungsgesellschaft.[11] 7

Anpassung des Aufsichtsrechts an die Verordnung (EU) Nr. 575/2013 über Aufsichtsanforderungen an Kreditinstitute und Wertpapierfirmen (CRD IV-Umsetzungsgesetz) v. 28.8.2013 (BGBl. I, S. 3395) mit Wirkung zum 1.1.2014 geändert. Dabei handelte es sich um redaktionelle Folgeänderungen. Es wurde lediglich der Verweis auf das KWG korrigiert.

3 Begr. RegE, BT-Drucks. 17/12294, 212; *Bentele* in Baur/Tappen, § 18 KAGB Rz. 2.

4 Begr. RegE, BT-Drucks. 17/12294, 212; *Schücking* in Moritz/Klebeck/Jesch, § 18 KAGB Rz. 6.

5 Vgl. *Bentele* in Baur/Tappen, § 18 KAGB Rz. 4.

6 *Winterhalder* in Weitnauer/Boxberger/Anders, § 18 KAGB Rz. 4.

7 *Beckmann* in Beckmann/Scholtz/Vollmer, § 18 KAGB Rz. 3; *Bentele* in Baur/Tappen, § 18 KAGB Rz. 2.

8 Begr. RegE, BT-Drucks. 17/12294, 212.

9 Begr. RegE, BT-Drucks. 17/12294, 212; *Bentele* in Baur/Tappen, § 18 KAGB Rz. 8.

10 Etwa *Krieger/Sailer-Coceani* in K. Schmidt/Lutter, § 90 AktG; *Drygala* in K. Schmidt/Lutter, §§ 95-114, 116, 171 ff. AktG; *Spindler* in K. Schmidt/Lutter, § 118 AktG; *Ziemons* in K. Schmidt/Lutter, § 125 AktG; *Riesenhuber* in K. Schmidt/Lutter, § 268 AktG; oder auch *Schücking* in Moritz/Klebeck/Jesch, § 18 KAGB Rz. 27–95.

11 *Beckmann* in Beckmann/Scholtz/Vollmer, § 18 KAGB Rz. 23; *Bentele* in Baur/Tappen, § 18 KAGB Rz. 8.

2. Unabhängiges Mitglied des Aufsichtsorgans (§ 18 Abs. 3 KAGB)

8 § 18 Abs. 3 KAGB entspricht im Wesentlichen der Regelung des aufgehobenen § 6 Abs. 2a InvG.[12] Es handelt sich um eine Spezialvorschrift zu § 101 Abs. 1 Satz 1 Halbs. 1 AktG hinsichtlich der Wahl und Zusammensetzung des Aufsichtsrats bzw. Beirats. Danach muss bei einer AG die Hauptversammlung, bei einer GmbH oder GmbH & Co. KG die Gesellschafterversammlung **mindestens eine Person** in den Aufsichtsrat bzw. Beirat wählen, die von den Aktionären bzw. Gesellschaftern, den mit ihnen verbundenen Unternehmen und den Geschäftspartnern der externen Kapitalverwaltungsgesellschaft **unabhängig** ist. Von der externen Kapitalverwaltungsgesellschaft selbst muss hingegen keine Unabhängigkeit bestehen.[13] In einem solchen Fall muss lediglich nachvollziehbar dokumentiert werden, aus welchen Gründen die betreffende Person in den Aufsichts- bzw. Beirat gewählt wurde.[14]

9 Schon bei § 6 Abs. 2a InvG handelte es sich nicht um eine Anforderung der OGAW-RL.[15] Der Gesetzgeber ist hierbei, entgegen seinem erklärten Ziel, über die Vorgaben der OGAW-RL[16] hinausgegangen.[17] Damit wollte er die **Wahrung der Interessen der Anleger** im Aufsichtsrat und damit die Corporate Governance weiter stärken.[18] Durch die Unabhängigkeit des Aufsichtsrats- bzw. Beiratsmitglieds von bestehenden wirtschaftlichen Beziehungen sollten insbesondere Interessenkonflikte verhindert und damit die Anleger geschützt werden.[19] Die *ratio legis* des InvG dürfte insofern auf das KAGB übertragbar sein.[20]

10 Die Unabhängigkeit ist insbesondere im Sinne einer **wirtschaftlichen Unabhängigkeit** zu verstehen.[21] Bereits nach der Gesetzesbegründung des InvÄndG[22] und nach dem neuen Merkblatt der BaFin zur Kontrolle der Mitglieder von Verwaltungs- und Aufsichtsorganen gemäß KWG und KAGB ist eine Unabhängigkeit regelmäßig anzunehmen, wenn die Einnahmen des Aufsichtsrats- bzw. Beiratsmitglieds aus seiner Tätigkeit für einen Aktionär bzw. Gesellschafter, ein mit ihm verbundenes Unternehmen i.S.v. § 15 AktG oder einen Geschäftspartner der Kapitalanlagegesellschaft in den letzten vier Jahren vor seiner Bestellung im Mittel 30 % seiner Gesamteinnahmen nicht überschritten haben.[23] Eine Abhängigkeit kann sich aber auch aus engen persönlichen oder verwandtschaftlichen Beziehungen zu Aktionären bzw. Gesellschaftern, verbundenen Unternehmen oder Geschäftspartnern der externen Kapitalverwaltungsgesellschaft und daraus resultierenden Interessenkonflikten ergeben.[24]

11 **Geschäftspartner** sind natürliche und juristische Personen, zu denen Geschäftsbeziehungen jeglicher Art unterhalten werden.[25] Die Dauer und der Umfang der Geschäftsbeziehungen sind grundsätzlich unerheblich.[26] Das Vorliegen einer Geschäftsbeziehung bestimmt sich nach Sinn und Zweck der Norm, also der Vermeidung von Interessenkonflikten zur Wahrung der Anlegerinteressen.[27] Eine einmalige Geschäftsbeziehung begründet folglich selbst bei bestehender Abhängigkeit keine Geschäftsbeziehung, da kein Interessenkonflikt droht.[28] Beispiele für Geschäftspartner sind Rechtsanwälte, Steuerberater, Wirtschaftsprüfer, Vertriebsstellen.[29]

---

12 Begr. RegE, BT-Drucks. 17/12294, 212; *Bentele* in Baur/Tappen, § 18 KAGB Rz. 17.
13 *Schücking* in Moritz/Klebeck/Jesch, § 18 KAGB Rz. 97.
14 BaFin, Merkblatt zu den Mitgliedern von Verwaltungs- und Aufsichtsorganen gemäß KWG und KAGB v. 4.1.2016, Ziff. II. 5.
15 *Steck/Gringel* in Berger/Steck/Lübbehüsen, § 6 InvG Rz. 19.
16 Richtlinie 2009/65/EG des Europäischen Parlaments und des Rates vom 13. Juli 2009 zur Koordinierung der Rechts- und Verwaltungsvorschriften betreffend bestimmte Organismen für gemeinsame Anlagen in Wertpapieren (OGAW), ABl. EU Nr. L 302 v. 17.11.2009, S. 32.
17 Begr. RegE, BT-Drucks. 16/5576, 48.
18 Begr. RegE, BT-Drucks. 16/5576, 60; vgl. *Bentele* in Baur/Tappen, § 18 KAGB Rz. 17.
19 *Steck/Gringel* in Berger/Steck/Lübbehüsen, § 6 InvG Rz. 19; vgl. *Bentele* in Baur/Tappen, § 18 KAGB Rz. 17.
20 So auch *Winterhalder* in Weitnauer/Boxberger/Anders, § 18 KAGB Rz. 19.
21 Begr. RegE, BT-Drucks. 16/5576, 60; BaFin, Merkblatt zu den Mitgliedern von Verwaltungs- und Aufsichtsorganen gemäß KWG und KAGB v. 4.1.2016, Ziff. II. 5.
22 BGBl. I 2007, S. 3089.
23 Begr. RegE, BT-Drucks. 16/5576, 60; *Bentele* in Baur/Tappen, § 18 KAGB Rz. 20. BaFin, Merkblatt zu den Mitgliedern von Verwaltungs- und Aufsichtsorganen gemäß KWG und KAGB v. 4.1.2016, Ziff. II. 5.
24 *Bentele* in Baur/Tappen, § 18 KAGB Rz. 20.
25 Begr. RegE, BT-Drucks. 16/5576, 60; *Beckmann* in Beckmann/Scholtz/Vollmer, § 18 KAGB Rz. 53; BaFin, Merkblatt zu den Mitgliedern von Verwaltungs- und Aufsichtsorganen gemäß KWG und KAGB v. 4.1.2016, Ziff. II. 5.
26 Begr. RegE, BT-Drucks. 16/5576, 60; *Bentele* in Baur/Tappen, § 18 KAGB Rz. 18.
27 Vgl. *Steck/Gringel* in Berger/Steck/Lübbehüsen, § 6 InvG Rz. 23.
28 Eingehend *Steck/Gringel* in Berger/Steck/Lübbehüsen, § 6 InvG Rz. 23 f.
29 *Bentele* in Baur/Tappen, § 18 KAGB Rz. 18.

Durch das 2. FiMaNoG[30] wurde § 18 Abs. 3 KAGB um Satz 3 und Satz 4 ergänzt. Der neue Satz 3 verweist bezüglich externer OGAW-Kapitalverwaltungsgesellschaften auf Art. 21 lit. d und Art. 24 Abs. 1 lit. b, Abs. 2 der Delegierten Verordnung (EU) 2016/438.[31] Diese regelt die näheren Einzelheiten zu den **Anforderungen an die Unabhängigkeit zwischen Verwaltungsgesellschaft und Verwahrstelle**. Sie wurden von der Europäischen Kommission auf Grund des neu eingefügten Art. 26b lit. h i.V.m. dem neu gefassten Art. 25 Abs. 2 OGAW-Richtlinie erlassen.[32] Nach der Gesetzesbegründung wurden die Regelungen der Sätze 1 und 2 beibehalten, um das Schutzniveau bei Publikums-AIF nicht abzusenken.[33] Deren Regelungsbereich geht nämlich zum Teil über den Anwendungsbereich der Delegierten Verordnung (EU) 2016/438 hinaus.[34] 11a

Nach dem neu eingefügten § 18 Abs. 3 Satz 4 KAGB gelten die Anforderungen der **Delegierten Verordnung (EU) 2016/438** entsprechend für alle externen AIF-Kapitalverwaltungsgesellschaften. Laut Gesetzesbegründung ist dieser Gleichlauf vor dem Hintergrund der gleichen Schutzwürdigkeit und Schutzbedürftigkeit der Anlegerbei OGAW und Publikums-AIF angezeigt.[35] 11b

Der ursprüngliche Satz 3 ist nun § 18 Abs. 3 Satz 5 KAGB. Danach gilt eine **Ausnahme** für externe Kapitalverwaltungsgesellschaften, die ausschließlich Spezial-AIF verwalten. In diesem Fall muss kein unabhängiges Mitglied in den Aufsichtsrat bzw. Beirat der externen Kapitalverwaltungsgesellschaft gewählt werden. Nach § 1 Abs. 6 KAGB können nur professionelle und semiprofessionelle Anleger i.S.v. § 1 Abs. 19 Nr. 32 und 33 KAGB Anleger in Spezial-AIF sein. Diese schaffen sich über die Anlagerichtlinien und einen Anlageausschuss typischerweise selbst hinreichende Kontrollmöglichkeiten im Hinblick auf die Verwaltung des Anlagevermögens und bedürfen daher nicht des gleichen Schutzes wie Privatanleger.[36] 12

3. Eignung der Mitglieder des Aufsichtsorgans (§ 18 Abs. 4 Satz 1 KAGB)

§ 18 Abs. 4 KAGB entspricht im Wesentlichen der Regelung des aufgehobenen § 6 Abs. 3 InvG.[37] Die Mitglieder des Aufsichtsrats oder Beirats sollen ihrer Persönlichkeit und Sachkunde nach die Wahrung der Interessen der Anleger gewährleisten. § 18 Abs. 4 KAGB geht dabei aus Gründen des Anlegerschutzes über die Anforderungen des § 100 AktG hinaus.[38] 13

Ein Mitglied des Aufsichtsrats kann seiner **Persönlichkeit** nach die Wahrung der Anlegerinteressen nur gewährleisten, wenn es charakterlich für diese Aufgabe geeignet ist.[39] Damit muss es zuverlässig sein.[40] Die Zuverlässigkeit wird vermutet, sofern keine gegenteiligen Anhaltspunkte, beispielsweise aus der Vergangenheit der Person, ersichtlich sind.[41] Insbesondere bei einer Verurteilung wegen Eigentums- und Vermögensdelikten wird die Zuverlässigkeit im Regelfall fehlen.[42] Das Ansehen einer Person ist hingegen kein Kriterium.[43] Allerdings muss die Person hinreichend verfügbar für die Wahrnehmung der mit dem Auf- 14

30 Zweites Gesetz zur Novellierung von Finanzmarktvorschriften auf Grund europäischer Rechtsakte (Zweites Finanzmarktnovellierungsgesetz – 2. FiMaNoG) vom 23.6.2017, BGBl. I 2017, S. 1693, 1805.

31 Delegierte Verordnung (EU) 2016/438 der Kommission vom 17. Dezember 2015 zur Ergänzung der Richtlinie 2009/65/EG des Europäischen Parlaments und des Rates in Bezug auf die Pflichten der Verwahrstellen, ABl. EU Nr. L 78 v. 24.3.2016, S. 11.

32 Begr. RegE, BT-Drucks. 18/10936, S. 273.

33 Begr. RegE, BT-Drucks. 18/10936, S. 273.

34 Begr. RegE, BT-Drucks. 18/10936, S. 273.

35 Begr. RegE, BT-Drucks. 18/10936, S. 274.

36 *Winterhalder* in Weitnauer/Boxberger/Anders, § 18 KAGB Rz. 22; *Beckmann* in Beckmann/Scholtz/Vollmer, § 18 KAGB Rz. 51.

37 Begr. RegE, BT-Drucks. 17/12294, 212.

38 *Beckmann* in Beckmann/Scholtz/Vollmer, § 18 KAGB Rz. 111.

39 *Winterhalder* in Weitnauer/Boxberger/Anders, § 18 KAGB Rz. 24; *Bentele* in Baur/Tappen, § 18 KAGB Rz. 22; vgl. *Steck/Gringel* in Berger/Steck/Lübbehüsen, § 6 InvG Rz. 27.

40 BaFin, Merkblatt zu den Mitgliedern von Verwaltungs- und Aufsichtsorganen gemäß KWG und KAGB v. 4.1.2016, Ziff. II. 3.

41 BaFin, Merkblatt zu den Mitgliedern von Verwaltungs- und Aufsichtsorganen gemäß KWG und KAGB v. 4.1.2016, Ziff. II. 3.; *Bentele* in Baur/Tappen, § 18 KAGB Rz. 23; *Winterhalder* in Weitnauer/Boxberger/Anders, § 18 KAGB Rz. 24; vgl. *Steck/Gringel* in Berger/Steck/Lübbehüsen, § 6 InvG Rz. 27.

42 BaFin, Merkblatt zu den Mitgliedern von Verwaltungs- und Aufsichtsorganen gemäß KWG und KAGB v. 4.1.2016, Ziff. II. 3.; *Winterhalder* in Weitnauer/Boxberger/Anders, § 18 KAGB Rz. 24; vgl. *Steck/Gringel* in Berger/Steck/Lübbehüsen, § 6 InvG Rz. 27; *Bentele* in Baur/Tappen, § 18 KAGB Rz. 23.

43 Vgl. *Steck/Gringel* in Berger/Steck/Lübbehüsen, § 6 InvG Rz. 27.

sichtsmandat verbundenen Aufgaben und frei von Interessenkonflikten sein.[44] Die Zugehörigkeit zu einem verbundenen Unternehmen (z.B. einer Mutter- oder Tochtergesellschaft) steht der Eignung nicht entgegen.

15 Unter **Sachkunde** wird die fachliche Eignung des Aufsichts- oder Beiratsmitgliedsverstanden, die Geschäftsleiter der Kapitalverwaltungsgesellschaft angemessen zu kontrollieren, zu überwachen und die Entwicklung aktiv zu begleiten.[45] Die besonderen **Anforderungen an einen Geschäftsleiter** muss ein Mitglied eines Aufsichtsorgans jedoch nicht erfüllen. Ein Mitglied des Aufsichtsorgans muss dazu in der Lage sein, die von dem Unternehmen getätigten Geschäfte und deren Risiken verstehen zu können.[46] Es ist nicht notwendig, dass es über Spezialkenntnisse verfügt. Gleichwohl muss es zumindest einen bestehenden Beratungsbedarf erkennen.[47]

16 Die Vorschrift ist **kein Schutzgesetz** i.S.v. § 823 Abs. 2 BGB, da sie nicht dem Schutz von Individualinteressen der Anleger dient.[48] Sie erfüllt vielmehr eine Ausgleichsfunktion, da die Anleger keinen Einfluss auf die Besetzung des Aufsichtsrats ausüben können und dient damit den Interessen der Anlegergemeinschaft.[49]

4. Anzeigepflicht (§ 18 Abs. 4 Satz 2 KAGB)

17 Nach § 18 Abs. 4 Satz 2 KAGB besteht eine Anzeigepflicht bei der **Bestellung** und dem **Ausscheiden** von Mitgliedern des Aufsichtsrats oder Beirats. Die Anzeigepflicht soll der BaFin ermöglichen, die persönliche und sachliche Qualifikation der Aufsichtsrats- bzw. Beiratsmitglieder zu prüfen.[50]

18 Zu **Inhalt und Umfang** der Anzeige schweigt das KAGB. Die BaFin stellt jedoch auf ihrer Internetseite Formulare für die einzelnen Anzeigen bereit, die im Geltungsbereich des KWG den betreffenden Anlagen der Anzeigenverordnung entsprechen und für Kapitalverwaltungsgesellschaften nach Ansicht der BaFin entsprechend gelten und damit im Geltungsbereich des KAGB ebenfalls einzureichen sind.[51]

19 Daher sind der BaFin, nach deren **Verwaltungspraxis** neben der eigentlichen Anzeige über die Bestellung bzw. das Ausscheiden des Aufsichtsrats- bzw. Beiratsmitglieds dessen Lebenslauf, Nachweise über Fortbildungen, Angaben zur Zuverlässigkeit, ein Auszug aus dem Gewerbezentralregister, Angaben über weitere Mandate, Angaben zur zeitlichen Verfügbarkeit und eine Straffreiheitserklärung zu übermitteln.[52] Deutsche Staatsbürger müssen zusätzlich ein **Führungszeugnis** gem. §§ 30 Abs. 5, 31 BZRG einreichen. Von Aufsichts- bzw. Beiratsmitgliedern, die im EWR-Ausland bzw. Drittstaaten ansässig sind, sollten in Anlehnung an die Verwaltungspraxis der BaFin ein **„Europäisches Führungszeugnis zur Vorlage bei einer Behörde"** gem. §§ 30 Abs. 5, 30b BZRG bzw. „entsprechende Unterlagen" aus dem Ausland vorgelegt werden.[53]

20 **Zeitlich** muss die Anzeige unverzüglich nach der Bestellung oder dem Ausscheiden des Aufsichtsrats- bzw. Beiratsmitglieds erfolgen. Unverzüglich bedeutet ohne schuldhaftes Zögern (vgl. § 121 Abs. 1 Satz 1 BGB). Hierunter versteht die BaFin grundsätzlich einen Zeitraum von vier Wochen.[54] Die nachlaufende Anzeige soll der BaFin eine Überprüfung der Eignung der Aufsichtsrats- bzw. Beiratsmitglieder i.S.v. § 18 Abs. 4

---

44 *Beckmann* in Beckmann/Scholtz/Vollmer, § 18 KAGB Rz. 112; BaFin, Merkblatt zu den Mitgliedern von Verwaltungs- und Aufsichtsorganen gemäß KWG und KAGB, v. 4.1.2016, Ziff. II. 3.

45 BaFin, Merkblatt zu den Mitgliedern von Verwaltungs- und Aufsichtsorganen gemäß KWG und KAGB v. 4.1.2016, Ziff. II. 2.

46 BaFin, Merkblatt zu den Mitgliedern von Verwaltungs- und Aufsichtsorganen gemäß KWG und KAGB v. 4.1.2016, Ziff. II. 2.; Begr. RegE, BT-Drucks. 16/12783, 16.

47 BaFin, Merkblatt zu den Mitgliedern von Verwaltungs- und Aufsichtsorganen gemäß KWG und KAGB v. 4.1.2016, Ziff. II. 2.

48 *Bentele* in Baur/Tappen, § 18 KAGB Rz. 25; *Winterhalder* in Weitnauer/Boxberger/Anders, § 18 KAGB Rz. 26.

49 Vgl. *Steck/Gringel* in Berger/Steck/Lübbehüsen, § 6 InvG Rz. 29; *Schücking* in Moritz/Klebeck/Jesch, § 18 KAGB Rz. 132.

50 *Bentele* in Baur/Tappen, § 18 KAGB Rz. 26; vgl. *Steck/Gringel* in Berger/Steck/Lübbehüsen, § 6 InvG Rz. 27.

51 BaFin, Merkblatt zu den Mitgliedern von Verwaltungs- und Aufsichtsorganen gemäß KWG und KAGB v. 4.1.2016, Ziff. I. 1.

52 BaFin, Merkblatt zu den Mitgliedern von Verwaltungs- und Aufsichtsorganen gemäß KWG und KAGB v. 4.1.2016, Ziff. I. 3. a.; vgl. BaFin, Auslegungsschreiben zum Inhalt der Anzeigen der Bestellung von Aufsichtsratsmitgliedern einer Kapitalanlagegesellschaft bzw. Investmentaktiengesellschaft v. 15.6.2007; *Steck/Gringel* in Berger/Steck/Lübbehüsen, § 6 InvG Rz. 31; vgl. auch § 5 Abs. 1 AnzV; BaFin, Merkblatt zum Erlaubnisverfahren für eine AIF-Kapitalverwaltungsgesellschaft nach § 22 KAGB-E v. 22.3.2013, Ziffer A) Nr. 4 lit. b.; *Beckmann* in Beckmann/Scholtz/Vollmer, § 18 KAGB Rz. 131.

53 BaFin, Merkblatt zur Kontrolle der Mitglieder von Verwaltungs- und Aufsichtsorganen gemäß KWG und VAG v. 3.12.2012.

54 BaFin, Merkblatt zu den Mitgliedern von Verwaltungs- und Aufsichtsorganen gemäß KWG und KAGB v. 4.1.2016, Ziff. I. 1.

Satz 1 KAGB ermöglichen. In Zweifelsfällen mag es sich empfehlen, **frühzeitig Rücksprache mit der BaFin** zu halten.

Wird ein Aufsichtsrats- bzw. Beiratsmitglied bestellt, das den Anforderungen nach § 18 Abs. 4 Satz 1 KAGB nicht entspricht, so liegt ein Verstoß gegen ein Gebot nach dem KAGB vor. Gemäß § 5 Abs. 6 Satz 1 KAGB kann die BaFin dann **Anordnungen** treffen, die zur Durchsetzung des Gebots geeignet und erforderlich sind. Sie kann insbesondere die Abberufung der Person verlangen.[55] Ein **Erlaubnisentzug** nach § 39 Abs. 3 Nr. 5 KAGB setzt einen nachhaltigen, d.h. über einen gewissen Zeitraum andauernden, eine Wiederholungsgefahr oder die Gefahr der Nachahmung durch Mitbewerber begründenden, gravierenden Verstoß voraus.[56] 21

5. Arbeitnehmervertretung (§ 18 Abs. 5 KAGB)

§ 18 Abs. 5 KAGB entspricht im Wesentlichen der Regelung des aufgehobenen § 6 Abs. 4 InvG.[57] Danach findet § 18 Abs. 4 KAGB auf die Arbeitnehmervertreter keine Anwendung. Arbeitnehmervertreter sind die nach den einzelstaatlichen Rechtsvorschriften und/oder Gepflogenheiten vorgesehenen Vertreter der Arbeitnehmer (§ 1 Abs. 19 Nr. 2 KAGB i.V.m. Art. 2 lit. e Richtlinie 2002/14/EG). Diese müssen die Anforderungen an die **Persönlichkeit** und **Sachkunde** also nicht erfüllen. Teilweise wird allerdings vertreten, dass auf Arbeitnehmervertreter dennoch die Pflicht zur Wahrung der **Interessen der Anleger** aus § 18 Abs. 4 Satz 1 KAGB anwendbar bleibt. Den Interessen der Anleger wäre somit im Falle eines Konflikts mit den Interessen der Arbeitnehmer der Vorrang einzuräumen.[58] 22

Außerdem besteht bei der Bestellung und dem Ausscheiden von Arbeitnehmervertretern **keine Anzeigepflicht** gegenüber der BaFin.[59] Dies ergibt sich bereits aus dem Wortlaut. Außerdem erschiene eine Anzeigepflicht ohnehin unsinnig, da die besonderen Anforderungen an die Persönlichkeit und Sachkunde gerade nicht erfüllt sein müssen.[60] 23

Die Vorschrift hat nur **geringe praktische Relevanz**, da die meisten Kapitalverwaltungsgesellschaften regelmäßig weniger als 500 Arbeitnehmer beschäftigen und somit das seit 1994 geltende DrittelbG[61] nicht einschlägig ist.[62] Im Übrigen finden die Mitbestimmungsgesetze keine Anwendung auf den Beirat einer externen Kapitalverwaltungsgesellschaft in Form einer GmbH & Co. KG.[63] 24

IV. Nichteinhaltung der Anforderungen des KAGB

1. Unterrichtungspflicht (§ 18 Abs. 6 Satz 1 KAGB)

§ 18 Abs. 6 Satz 1 KAGB dient der Umsetzung von Art. 5 Abs. 2 Satz 1 AIFM-RL.[64] Danach besteht eine Unterrichtungspflicht für externe AIF-Kapitalverwaltungsgesellschaften, die nicht in der Lage sind, die Anforderungen des KAGB sicherzustellen, für die der AIF oder eine andere in seinem Namen handelnde Stelle verantwortlich ist. 25

Hintergrund dessen ist, dass in mehreren Normen der AIFM-RL[65] die Kapitalverwaltungsgesellschaft verpflichtet wird, die Einhaltung von gewissen Anforderungen sicherzustellen. In manchen Fällen ist allerdings gar nicht der AIFM, sondern nur der AIF selbst (oder ein für den AIF handelndes Unternehmen) in der La- 26

55 *Winterhalder* in Weitnauer/Boxberger/Anders, § 18 KAGB Rz. 27; vgl. auch *Steck/Gringel* in Berger/Steck/Lübbehüsen, § 6 InvG Rz. 32.

56 *Bentele* in Baur/Tappen, § 18 KAGB Rz. 27; *Winterhalder* in Weitnauer/Boxberger/Anders, § 18 KAGB Rz. 27; vgl. auch *Steck/Gringel* in Berger/Steck/Lübbehüsen, § 6 InvG Rz. 32.

57 Begr. RegE, BT-Drucks. 17/12294, 212.

58 *Beckmann* in Beckmann/Scholtz/Vollmer, § 18 KAGB Rz. 115 f.

59 BaFin, Merkblatt zu den Mitgliedern von Verwaltungs- und Aufsichtsorganen gemäß KWG und KAGB v. 4.1.2016, Ziff. I. 3. a.

60 So auch *Bentele* in Baur/Tappen, § 18 KAGB Rz. 29; *Winterhalder* in Weitnauer/Boxberger/Anders, § 18 KAGB Rz. 28.

61 BGBl. I 2004, S. 974.

62 *Winterhalder* in Weitnauer/Boxberger/Anders, § 18 KAGB Rz. 28.

63 *Bentele* in Baur/Tappen, § 18 KAGB Rz. 28.

64 Begr. RegE, BT-Drucks. 17/12294, 212; *Bentele* in Baur/Tappen, § 18 KAGB Rz. 30.

65 Richtlinie 2011/61/EU des Europäischen Parlaments und des Rates vom 8. Juni 2011 über die Verwalter alternativer Investmentfonds und zur Änderung der Richtlinien 2003/41/EG und 2009/65/EG und der Verordnungen (EG) Nr. 1060/2009 und (EU) Nr. 1095/2010, ABl. EU Nr. L 174 v. 1.7.2011, S. 1.

ge und dafür verantwortlich, diese Anforderungen tatsächlich zu erfüllen (vgl. auch Erwägungsgrund 11 der AIFM-RL).[66]

27 **Beispielsweise** ist bei einer extern verwalteten InvAG mit veränderlichem Kapital der AIF selbst (oder ein anderes für den AIF handelndes Unternehmen) für die Bestellung der Verwahrstelle verantwortlich. Hier wird der **Verwahrstellenvertrag** in der Regel zwischen der extern verwalteten Investment-aktiengesellschaft mit veränderlichem Kapital und der Verwahrstelle und nicht zwischen der externen Kapitalverwaltungsgesellschaft und der Verwahrstelle geschlossen. Außer in den Fällen intern verwalteter AIFs hat der AIFM letztendlich keinen direkten Einfluss darauf, ob tatsächlich eine Verwahrstelle eingerichtet wird, ist aber gem. § 80 KAGB verpflichtet, für die Einhaltung dieser Anforderung zu sorgen.[67]

2. Maßnahmen der BaFin (§ 18 Abs. 6 Satz 2, Abs. 7 KAGB)

28 § 18 Abs. 6 Satz 2 KAGB dient der Umsetzung von Art. 5 Abs. 2 Satz 2 AIFM-RL.[68] Danach kann die BaFin notwendige **Abhilfemaßnahmen** gegenüber der externen AIF-Kapitalverwaltungsgesellschaft anordnen, wenn diese nicht sicherstellt, dass der AIF oder ein anderes in seinem Namen handelndes Unternehmen die Anforderungen des KAGB erfüllt. Die BaFin kann beispielsweise eine Frist setzen, bis zu der sämtliche Anforderungen erfüllt sein müssen.[69]

29 § 18 Abs. 7 KAGB dient der Umsetzung von Art. 5 Abs. 3 AIFM-RL.[70] Falls die Anforderungen des KAGB trotz der Maßnahmen nach § 18 Abs. 6 Satz 2 KAGB nicht eingehalten werden, kann die BaFin nach Abs. 7 Satz 1 die externe AIF-Kapitalverwaltungsgesellschaft auffordern, ihre **Bestellung** für diesen AIF zu **kündigen**, sofern es sich um einen inländischen AIF (§ 1 Abs. 7 KAGB) oder einen EU-AIF (§ 1 Abs. 8 KAGB) handelt. Dadurch wird die Verwaltung des AIF faktisch unmöglich.[71] Daher ist die Maßnahme *ultima ratio*.[72] Bei Zuwiderhandlung kann die BaFin Maßnahmen nach § 5 Abs. 6 KAGB ergreifen. Bei einem nachhaltigen Verstoß i.S.v. § 39 Abs. 3 Nr. 5 KAGB droht ein Erlaubnisentzug.

30 Nach § 18 Abs. 7 Satz 2 KAGB darf der AIF bei einem Verstoß gegen die Auflagen nicht mehr in den Mitgliedstaaten der EU und den anderen Vertragsstaaten des Europäischen Wirtschaftsraums vertrieben werden. Weitere Verfahrensregelungen finden sich nicht. Nach § 18 Abs. 7 Satz 3 KAGB setzt die BaFin die zuständige Behörde der Aufnahmemitgliedsstaaten der externen AIF-Kapitalverwaltungsgesellschaft (§ 1 Abs. 19 Nr. 4 KAGB) über das **Vertriebsverbot** in Kenntnis. Im Übrigen kann die BaFin gem. § 314 Abs. 1 Nr. 3 KAGB die Vertriebserlaubnis entziehen.

31 Es wird vertreten, dass es Fälle gibt, in denen ein **Vertriebsverbot ohne vorausgehende Anordnung der Abhilfe** ausgesprochen werden kann.[73] Diskutiert werden hier insbesondere Sachverhalte, in denen dem AIF, den Anlegern oder der Allgemeinheit (etwa wegen Gefährdung der Finanzmarktstabilität) erhebliche Schäden drohen, die Erfüllung der Pflicht endgültig abgelehnt wurde oder erkennbar unmöglich ist.[74]

§ 19 Inhaber bedeutender Beteiligungen; Verordnungsermächtigung

(1) [1]Wer beabsichtigt, allein oder im Zusammenwirken mit anderen Personen oder Unternehmen eine bedeutende Beteiligung an einer externen OGAW-Kapitalverwaltungsgesellschaft zu erwerben (interessierter Erwerber), hat dies der Bundesanstalt unverzüglich schriftlich anzuzeigen. [2]§ 2c Absatz 1 Satz 2 bis 7 des Kreditwesengesetzes gilt entsprechend; § 2c Absatz 1 Satz 5 und 6 des Kredit-

66 *Beckmann* in Beckmann/Scholtz/Vollmer, § 18 KAGB Rz. 160 f.; Begr. RegE, BT-Drucks. 17/12294, 212; *Bentele* in Baur/Tappen, § 18 KAGB Rz. 30.
67 Begr. RegE, BT-Drucks. 17/12294, 212; *Bentele* in Baur/Tappen, § 18 KAGB Rz. 30.
68 Begr. RegE, BT-Drucks. 17/12294, 212.
69 *Bentele* in Baur/Tappen, § 18 KAGB Rz. 31; *Beckmann* in Beckmann/Scholtz/Vollmer, § 18 KAGB Rz. 162; *Tollmann* in Dornseifer/Jesch/Klebeck/Tollmann, Art. 5 AIFM-RL Rz. 22.
70 Begr. RegE, BT-Drucks. 17/12294, 212, beachte die Änderung der Nummerierung durch das Gesetz zur Anpassung von Gesetzes auf dem Gebiet des Finanzmarktes v. 15.7.2014 (BGBl. I, S. 934).
71 *Beckmann* in Beckmann/Scholtz/Vollmer, § 18 KAGB Rz. 162; *Bentele* in Baur/Tappen, § 18 KAGB Rz. 32; *Tollmann* in Dornseifer/Jesch/Klebeck/Tollmann, Art. 5 AIFM-RL Rz. 23.
72 *Tollmann* in Dornseifer/Jesch/Klebeck/Tollmann, Art. 5 AIFM-RL Rz. 26.
73 So *Tollmann* in Dornseifer/Jesch/Klebeck/Tollmann, Art. 5 AIFM-RL Rz. 26.
74 *Bentele* in Baur/Tappen, § 18 KAGB Rz. 33; *Tollmann* in Dornseifer/Jesch/Klebeck/Tollmann, Art. 5 AIFM-RL Rz. 26.

wesengesetzes ist entsprechend anzuwenden mit der Maßgabe, dass die Anzeigen jeweils nur gegenüber der Bundesanstalt abzugeben sind.

(2) [1]Die Bundesanstalt hat eine Anzeige nach Absatz 1 innerhalb von 60 Arbeitstagen ab dem Datum des Schreibens, mit dem sie den Eingang der vollständigen Anzeige schriftlich bestätigt hat, zu beurteilen (Beurteilungszeitraum); im Übrigen gilt § 2c Absatz 1a des Kreditwesengesetzes entsprechend. [2]Die Bundesanstalt kann innerhalb des Beurteilungszeitraums den beabsichtigten Erwerb der bedeutenden Beteiligung oder deren Erhöhung untersagen, wenn Tatsachen die Annahme rechtfertigen, dass

1. **die externe OGAW-Kapitalverwaltungsgesellschaft nicht in der Lage sein oder bleiben wird, den Aufsichtsanforderungen, insbesondere nach der Richtlinie 2009/65/EG, zu genügen, oder**
2. **die externe OGAW-Kapitalverwaltungsgesellschaft durch die Begründung oder Erhöhung der bedeutenden Beteiligung mit dem Inhaber der bedeutenden Beteiligung in einen Unternehmensverbund eingebunden würde, der durch die Struktur des Beteiligungsgeflechts oder mangelhafte wirtschaftliche Transparenz eine wirksame Aufsicht über die externe OGAW-Kapitalverwaltungsgesellschaft, einen wirksamen Informationsaustausch zwischen den zuständigen Stellen oder die Aufteilung der Zuständigkeiten zwischen diesen beeinträchtigt, oder**
3. **einer der in § 2c Absatz 1b Satz 1 Nummer 1 und 3 bis 6 des Kreditwesengesetzes genannten Fälle, die entsprechend gelten, vorliegt.**

[2]§ 2c Absatz 1b Satz 2 bis 8 des Kreditwesengesetzes ist entsprechend anzuwenden.

(3) [1]In den in § 2c Absatz 2 Satz 1 Nummer 1 bis 3 des Kreditwesengesetzes genannten Fällen kann die Bundesanstalt dem Inhaber der bedeutenden Beteiligung und den von ihm kontrollierten Unternehmen die Ausübung des Stimmrechts untersagen und anordnen, dass über die Anteile nur mit ihrer Zustimmung verfügt werden darf. [2]Im Fall einer Verfügung nach Satz 1 hat das Gericht am Sitz der externen OGAW-Kapitalverwaltungsgesellschaft auf Antrag der Bundesanstalt, der externen OGAW-Kapitalverwaltungsgesellschaft oder eines an ihr Beteiligten einen Treuhänder zu bestellen, auf den es die Ausübung des Stimmrechts überträgt. [3]§ 2c Absatz 2 Satz 3 bis 9 des Kreditwesengesetzes ist entsprechend anzuwenden.

(4) [1]Bei der Beurteilung nach Absatz 2 arbeitet die Bundesanstalt mit den zuständigen Stellen der anderen Mitgliedstaaten der Europäischen Union und der anderen Vertragsstaaten des Abkommens über den Europäischen Wirtschaftsraum zusammen, wenn der Anzeigepflichtige eine der in § 8 Absatz 3 Satz 1 Nummer 1 bis 3 des Kreditwesengesetzes aufgeführten natürlichen oder juristischen Personen ist. [2]§ 8 Absatz 3 Satz 3 und 4 des Kreditwesengesetzes gilt entsprechend. [3]Die Bundesanstalt hat in ihrer Entscheidung alle Bemerkungen oder Vorbehalte der für den Anzeigepflichtigen zuständigen Stelle anzugeben.

(5) Wer beabsichtigt, eine bedeutende Beteiligung an einer externen OGAW-Kapitalverwaltungsgesellschaft aufzugeben oder den Betrag seiner bedeutenden Beteiligung unter die Schwellen von 20 Prozent, 30 Prozent oder 50 Prozent der Stimmrechte oder des Kapitals abzusenken oder die Beteiligung so zu verändern, dass die externe OGAW-Kapitalverwaltungsgesellschaft nicht mehr kontrolliertes Unternehmen ist, hat dies der Bundesanstalt unverzüglich schriftlich anzuzeigen.

(6) [1]Das Bundesministerium der Finanzen wird ermächtigt, durch Rechtsverordnung, die nicht der Zustimmung des Bundesrates bedarf, nähere Bestimmungen zu erlassen über Art, Umfang, Zeitpunkt, Form und Übertragungsweg der nach den Absätzen 1 und 5 zu erstattenden Anzeigen sowie über die Unterlagen, die mit der Anzeige vorzulegen sind. [2]Das Bundesministerium der Finanzen kann diese Ermächtigung durch Rechtsverordnung auf die Bundesanstalt übertragen.

In der Fassung vom 4.7.2013 (BGBl. I 2013, S. 1981).

Schrifttum: *Bähr*, Handbuch des Versicherungsaufsichtsrechts, 2011; BaFin, Häufig gestellte Fragen zum KAGB v. 25.11.2015; *BaFin*, Merkblatt zu den Geschäftsleitern gemäß KWG, ZAG und KAGB v. 4.1.2016; *BaFin*, Merkblatt zur Inhaberkontrolle v. 27.11.2015; *Buck-Heeb*, Das Kleinanlegerschutzgesetz, NJW 2015, 2535; *Burgard*, Die börsenrechtliche Zulässigkeit des Zusammenschlusses der Deutsche Börse AG mit der NYSE Euronext im Blick auf die Frankfurter Wertpapierbörse, WM 2011, 1973; CEBS/CEIOPS/CESR, Guidelines for the prudential assessment of acquisitions and increases in holdings in the financial sector required by directive 2007/44/EC, CEBS/2008/214, CEIOPS-3L3-19/08, CESR/08-543B (abrufbar unter www.c-ebs.org); *Christoph*, Die Anteilseignerkontrolle nach dem Börsengesetz – Auslegung und Zulässigkeit nach deutschem Grundgesetz und Europarecht, WM 2004, 1856; *ESMA*, Final report Draft technical standards under Article 10a(8) of MiFID on the assessment of acquisitions and increases in qualifying holdings in investment firms v. 23.3.2015 – ESMA/2015/613; ESMA/EBA/EIOPA, Gemeinsame Leitlinien zur aufsichtsrechtlichen Beurteilung des Erwerbs und der Erhöhung von qualifizierten Beteiligungen im Finanzsektor v. 20.12.2016, JC/GL/2016/01; *Fahr/Kaulbach/Bähr/Pohlmann*, Versicherungsaufsichtsgesetz, 5. Aufl. 2012; FATF 40-Empfehlungen (abrufbar unter: www.fatf-gafi.org); *Hammen*, Beteiligung an Gesellschaften, Beteiligungstransparenz und administrative Anteilseignerkontrolle in Deutschland, 2009; *Hirschmann*, Anteilseignerkontrolle im Versicherungs- und Kreditwirtschaftsrecht, 2000; *Kittner*, Das Erfordernis der Einreichung vollständiger Unterlagen gem. § 2c KWG – Vorschläge für ein effektives Inhaberkontrollverfahren, BKR 2012, 499; *Möllers/Kastl*, Das Kleinanlegerschutzgesetz, NZG 2015, 849; *Müller*, Die Anteilseignerkontrolle bei Banken: ein Beitrag zum Bankaufsichtsrecht, 2004; *Post*, Aufsicht über Unternehmensinhaber, in Müller, Helmut (Hrsg.)/Bundesaufsichtsamt für das Versicherungswesen, 100 Jahre materielle Versicherungsaufsicht in Deutschland: 1901-2001, 2001; *Prölss*, Versicherungsaufsichtsgesetz, 12. Aufl. 2005; *Tettinger/Wank/Ennuschat*, Gewerbeordnung, 8. Aufl. 2011; *Tusch*, Die ausdrückliche „Nichtuntersagung" durch die BaFin im Inhaberkontrollverfahren nach § 2c KWG und § 104 VAG, WM 2013, 632; *Wieland*, Inhaberkontrollverfahren – Die Anteilseignerkontrolle beim Erwerb bedeutender Beteiligungen an Unternehmen des Finanzsektors, 2012; *Wieland*, Unternehmen der „Realwirtschaft" als Adressaten des Bank- und Finanzaufsichtsrechts – Teil 2: Inhaberkontrolle und Corporate Governance, BB 2012, 1108.

I. Hintergrund und Entstehungsgeschichte

1 Bei § 19 KAGB handelt es sich um die **Zentralnorm der Kontrolle von Inhabern bedeutender Beteiligungen** (vgl. Legaldefinition in § 1 KAGB) an Kapitalverwaltungsgesellschaften. § 19 KAGB sieht dabei im Einklang mit anderen Finanzaufsichtsgesetzen (§ 2c KWG für Kredit- und Finanzdienstleistungsinstitute, § 104 VAG für Versicherungsunternehmen, § 11 ZAG für Zahlungs- und E-Geld-Institute, § 6 BörsG für Börsenträger)[1] eine Anzeigepflicht und damit eine präventive Inhaberkontrolle des Erwerbsinteressenten im Zuge des Erwerbs einer bedeutenden Beteiligung (§ 1 Abs. 19 Nr. 6 KAGB) an einer Kapitalverwaltungsgesellschaft vor.

1 Vgl. hierzu *Wieland*, Inhaberkontrollverfahren, S. 5 ff. mit einem Überblick zu den Parallelvorschriften in anderen Gesetzen.

§ 19 KAGB ist nicht die einzige Norm im KAGB, die sich mit der Kontrolle von Inhabern bedeutender Beteiligungen an Kapitalverwaltungsgesellschaften befasst. Vielmehr besteht im KAGB ein **umfassendes Regelwerk zu bedeutenden Beteiligungsinhabern**. So sind diese bereits im Zuge des Erlaubnisantrags Gegenstand der aufsichtsrechtlichen Überprüfung (vgl. §§ 21 Abs. 1 Nr. 5; 22 Abs. 1 Nr. 5; 23 Nr. 4 KAGB). Die Anzeigepflicht des Erwerbsinteressenten korrespondiert mit sog. Passivanzeigen der Kapitalverwaltungsgesellschaft über den Erwerb, die Aufgabe oder wesentliche Veränderungen einer bedeutenden Beteiligung an der Gesellschaft, und zwar sowohl im Hinblick auf bevorstehende Änderungen (§§ 34 Abs. 1 i.V.m. 21 Abs. 1 Nr. 5; 22 Abs. 1 Nr. 5 KAGB), wie auch im Hinblick auf deren Vollzug (§ 34 Abs. 3 Nr. 10 KAGB) sowie jährlich hinsichtlich des aktuellen Bestands an bedeutenden Beteiligungsinhabern (§ 34 Abs. 4 Nr. 1 KAGB). Inhaber bedeutender Beteiligungen sind zudem zulässiger Adressat von Auskunfts- und Prüfungsersuchen nach § 14 KAGB. 2

Vor der Umsetzung der AIFM-RL[2] durch das KAGB war die Inhaberkontrolle für Kapitalanlagegesellschaften in § 2a InvG geregelt. § 19 KAGB übernimmt die Regelung des § 2a InvG nahezu wortgleich ins KAGB.[3] Zuvor war die Vorschrift in den letzten Jahren einer Vielzahl von Änderungen im Detail unterzogen.[4] Zu nennen ist insbesondere das Gesetz zur Umsetzung der OGAW-RL[5] im Jahr 2011, das § 2a InvG umfassend an das **Vorbild des § 2c KWG** anglich. Auch nach Überführung der Vorschrift in das KAGB blieb es bei den umfangreichen Querverweisen auf das KWG.[6] 3

§ 19 KAGB findet seine **Grundlage** im europäischen Recht. Über den Verweis in Art. 11 Abs. 1 **OGAW-RL**[7] bestimmen **Art. 10, 10a und 10b MiFID**[8] auch für den Erwerb und die Veräußerung qualifizierter Beteiligungen an Verwaltungsgesellschaften i.S.d. der OGAW-RL den Rahmen für den deutschen Gesetzgeber.[9] Art. 10, 10a und 10b MiFID[10] wiederum haben ihre aktuelle Gestalt durch die Beteiligungsrichtlinie[11] erfahren, die sektorenübergreifend auch die Bestimmungen zur Inhaberkontrolle für Kreditinstitute und Versicherungsunternehmen vereinheitlichte. Dagegen fehlt es in der AIFM-RL an einer Regelung zur Anzeige und aufsichtsrechtlichen Prüfung des geplanten Erwerbs einer bedeutenden Beteiligung. 4

Nach Art. 11 Abs. 3, Unterabs. 1 und 2 OGAW-RL besteht für den europäischen Gesetzgeber die Möglichkeit, durch **technische Regulierungsstandards** eine erschöpfende Liste der Informationen festzulegen, die im Rahmen von Erwerbsanzeigen vorzulegen sind. Ferner besteht die Befugnis, **technische Durchführungsstandards** zu Standardformularen, Mustertexten und Verfahren für die Modalitäten des Konsultationsprozesses zwischen den Behörden zu erlassen (vgl. Art. 11 Abs. 3, Unterabs. 3 und 4 OGAW -RL). 5

An sonstigen **europäischen Rechtsquellen** sind im Rahmen von Anzeigen nach § 2c KWG darüber hinaus die gemeinsamen Leitlinien zur aufsichtsrechtlichen Beurteilung des Erwerbs und der Erhöhung von qualifizierten Beteiligungen von den Europäischen Finanzaufsichtsbehörden EBA, EIOPA und ESMA zu beachten.[12] Zwar erfassen diese nicht ausdrücklich Beteiligungsveränderungen an Kapitalverwaltungsgesellschaften. Auch haben diese Leitlinien keinen bindenden Norm-Charakter. Sie binden die Aufsicht lediglich nach dem comply-or-explain-Prinzip und gegenüber dem Rechtsverkehr allenfalls über die etwaige Etablierung 6

---

2 Richtlinie 2011/61/EU des Europäischen Parlaments und des Rates vom 8. Juni 2011 über die Verwalter alternativer Investmentfonds und zur Änderung der Richtlinien 2003/41/EG und 2009/65/EG und der Verordnungen (EG) Nr. 1060/2009 und (EU) Nr. 1095/2010, ABl. EU Nr. L 174 v. 1.7.2011, S. 1.

3 Vgl. Begr. RegE, BT-Drucks. 17/12294, 212.

4 Vgl. *Bentele* in Baur/Tappen, Rz. 3.

5 BGBl. I 2011, S. 1126.

6 Krit. hierzu etwa *Bentele* in Baur/Tappen, Rz. 3.

7 Richtlinie 2009/65/EG des Europäischen Parlaments und des Rates vom 13. Juli 2009 zur Koordinierung der Rechts- und Verwaltungsvorschriften betreffend bestimmte Organismen für gemeinsame Anlagen in Wertpapieren (OGAW) (Neufassung), ABl. EU Nr. L 302 v. 17.11.2009, S. 32.

8 Richtlinie 2004/39/EG des Europäischen Parlaments und des Rates vom 21. April 2004 über Märkte für Finanzinstrumente, zur Änderung der Richtlinien 85/611/EWG und 93/6/EWG des Rates und der Richtlinie 2000/12/EG des Europäischen Parlaments und des Rates und zur Aufhebung der Richtlinie 93/22/EWG des Rates, ABl. EU Nr. L 145 v. 30.4.2004, S. 1.

9 *Schücking* in Moritz/Klebeck/Jesch, § 19 KAGB Rz. 2.

10 In der MiFID II finden sich identische Regelungen in Art. 10-13.

11 Richtlinie 2007/44/EG des Europäischen Parlaments und des Rates vom 5. September 2007 zur Änderung der Richtlinie 92/49/EWG des Rates sowie der Richtlinien 2002/83/EG, 2004/39/EG, 2005/68/EG und 2006/48/EG in Bezug auf Verfahrensregeln und Bewertungskriterien für die aufsichtsrechtliche Beurteilung des Erwerbs und der Erhöhung von Beteiligungen im Finanzsektor, ABl. EU Nr. L 247 v. 21.9.2007, S. 1.

12 ESMA/EBA/EIOPA, Gemeinsame Leitlinien zur aufsichtsrechtlichen Beurteilung des Erwerbs und der Erhöhung von qualifizierten Beteiligungen im Finanzsektor v. 20.12.2016, JC/GL/2016/01 (abrufbar unter: https://esas-joint-committee.europa.eu/).

einer entsprechenden Verwaltungspraxis.[13] Da die **EBA/EIOPA/ESMA-Leitlinien** allerdings auf von der MiFID erfasste Zielgesellschaften und Erwerbsvorgänge anwendbar sind und dieselben Vorschriften zugleich für die Inhaberkontrolle von OGAW-Kapitalverwaltungsgesellschaften den Rahmen vorgeben, strahlen diese auch auf die Inhaberkontrolle im Zusammenhang mit OGAW-Kapitalverwaltungsgesellschaften aus und können in Zweifelsfragen auch bei § 19 KAGB eine unverbindliche Orientierung geben.

7 Im Hinblick auf weitere, für die Inhaberkontrolle relevante **nationale Rechtsquellen** ist zunächst festzuhalten, dass das Bundesministerium der Finanzen bisher nicht von seiner Befugnis gem. § 19 Abs. 6 KAGB Gebrauch gemacht hat, eine Rechtsverordnung zur näheren Ausgestaltung der zu erstattenden Anzeigen zu erlassen. Die für Kreditinstitute geltende Inhaberkontrollverordnung[14] ist im Rahmen des KAGB weder unmittelbar noch mittelbar anwendbar (vgl. ausführlich unter Rz. 114 f.). Gleiches gilt für die Vorschriften zur Inhaberkontrolle in der Anzeigenverordnung.[15] Auch das Merkblatt der BaFin zur Inhaberkontrolle ist nur auf Anzeigen nach § 2c KWG und § 104 VAG anwendbar.[16] Dennoch können sämtliche Vorschriften bei Zweifelsfragen nach richtiger Auffassung zumindest als Orientierung dienen (vgl. ausführlich unter Rz. 114 f.).

II. Regelungszwecke

1. Information und Transparenz

8 Wesentlicher Zweck der finanzaufsichtsrechtlichen Anzeigepflicht des geplanten Erwerbs einer bedeutenden Beteiligung ist zunächst die **Offenlegung** der tatsächlichen Beteiligungsverhältnisse an der Kapitalverwaltungsgesellschaft gegenüber der Aufsicht. Die Anzeigepflicht dient dazu, die Aufsichtsbehörden über bevorstehende Änderungen der Beteiligungsverhältnisse an der beaufsichtigten Kapitalverwaltungsgesellschaft frühzeitig zu informieren.[17] Zugleich erhält die Aufsicht durch die Übermittlung von Dokumenten und Erklärungen als Teil der Anzeige wichtige Erkenntnisse für die laufende Beaufsichtigung der Kapitalverwaltungsgesellschaft und der Inhaber bedeutender Beteiligungen.[18]

2. Zugangskontrolle und Gefahrenabwehr

9 Durch die Anzeige soll die BaFin in die Lage versetzt werden, die aufsichtsrechtlichen Anforderungen an gegenwärtige und künftige Inhaber bedeutender Beteiligungen **präventiv** zu überprüfen. Auf der Grundlage der übermittelten Informationen über den Erwerbsinteressenten kann die BaFin den geplanten Erwerb der bedeutenden Beteiligung bei Vorliegen von Untersagungsgründen untersagen.[19] Durch diese **Zugangskontrolle** soll die Kapitalverwaltungsgesellschaft vor ungeeigneten und unzuverlässigen Anteilseignern geschützt werden.[20]

10 Gefahren für die **Funktionsfähigkeit** der betreffenden Kapitalverwaltungsgesellschaft, einschließlich der Insolvenz, infolge von wesentlichen Veränderungen im Gesellschafterbestand sollen frühzeitig erkannt und vermieden werden.[21] Gefahren drohen von Seiten der Anteilseigner vor allem durch deren Unzuverlässigkeit und den Abzug von Eigenkapital etwa als Folge einer Einbindung der regulierten Kapitalverwaltungsgesellschaft in eine undurchsichtige Konzernstruktur oder als Konsequenz aus der fehlenden wirtschaftlichen Solidität des Erwerbsinteressenten.[22] Schließlich drohen intransparente Beteiligungsgeflechte oder die

---

13 Vgl. hierzu *Wieland*, Inhaberkontrolle, S. 38 f.
14 BGBl. I 2015, S. 1947.
15 BGBl. I 2015, S. 434.
16 BaFin, Merkblatt zur Inhaberkontrolle v. 27.11.2015.
17 *Bentele* in Baur/Tappen, § 19 KAGB Rz. 1; zu § 2a InvG: *Köndgen* in Berger/Steck/Lübbehüsen, § 2a InvG Rz. 1, 5; *Emde* in Emde/Dornseifer/Dreibus/Hölscher, § 2a InvG Rz. 1; *Wieland*, Inhaberkontrollverfahren, S. 50.
18 Vgl. *Wieland*, Inhaberkontrollverfahren, S. 50.
19 Vgl. *Wieland*, Inhaberkontrollverfahren, S. 50.
20 *Wieland*, Inhaberkontrollverfahren, S. 50 f.; *Köndgen* in Berger/Steck/Lübbehüsen, § 2a InvG Rz. 1.
21 Zu § 2a InvG: *Köndgen* in Berger/Steck/Lübbehüsen, § 2a InvG Rz. 1; zu § 2c KWG: Begr. RegE zum Vierten KWG-Änderungsgesetz, BT-Drucks. 12/3377, 27; VGH Kassel v. 6.10.2010 – 6 A 2227/08, ZIP 2010, 2234 (2239); *Kobabe/Hirdes* in Luz/Neus/Schaber/Schneider/Wagner/Weber, § 2c KWG Rz. 1; *Hammen*, Anteilseignerkontrolle, S. 1, 13; zu § 104 VAG: Begr. RegE zum Dritten Durchführungsgesetz/EWG zum VAG, BT-Drucks. 12/6959, S. 89; *Bähr* in Fahr/Kaulbach/Bähr/Pohlmann, § 104 VAG Rz. 5; *Deckers* in Bähr, Versicherungsaufsichtsrecht, § 30 Rz. 2; allgemein: *Hirschmann*, Anteilseignerkontrolle, S. 7; zu § 6 BörsG: *Christoph*, WM 2004, 1856 (1860).
22 Zum VAG: *Hirschmann*, Anteilseignerkontrolle, S. 9.

mangelnde Kooperation der für den Erwerbsinteressenten zuständigen Behörden im Herkunftsstaat die Aufsicht über die Kapitalverwaltungsgesellschaft zu erschweren.[23]

Durch die Wahl der **Eingangsschwelle** von 10 % der Stimmrechte oder des Kapitals bzw. der Möglichkeit, einen maßgeblichen Einfluss ausüben zu können, wird deutlich, dass der Gesetzgeber diese Gefahren auch bei Anteilseignern für gegeben hält, die keinen beherrschenden Einfluss auf die regulierte Kapitalverwaltungsgesellschaft ausüben können. Dem Gesetzgeber kommt es also darauf an, nicht nur rechtlich abgesicherte, sondern auch erhebliche faktische Einflussmöglichkeiten auf die Geschäftsleitung, den Aufsichtsrat und die Hauptversammlung der regulierten Kapitalverwaltungsgesellschaft zu erfassen und einer präventiven aufsichtsrechtlichen Kontrolle zu unterziehen. Bei der Inhaberkontrolle handelt es sich daher um ein **Instrument der abstrakten Gefahrenabwehr**. Die bloße Inhaberschaft einer bedeutenden Beteiligung und die damit verbundene abstrakte Möglichkeit, diese zu schädlichen Zwecken einzusetzen, rechtfertigt bei unzuverlässigen Erwerbsinteressenten bereits den Eingriff der Finanzaufsicht.[24] 11

Der Charakter der Anteilseignerkontrolle als Instrument der abstrakten Gefahrenabwehr begrenzt zugleich das **Handlungsermessen** der Aufsicht. Insbesondere darf es bei der Anteilseignerkontrolle nicht darum gehen, im Sinne eines Auswahlverfahrens von mehreren Erwerbsinteressenten den aus Sicht der Aufsicht besten und aufsichtsrechtlich am unbedenklichsten erscheinenden Anteilseigner zu ermitteln.[25] 12

3. Sicherung der Funktionsfähigkeit des Finanzsektors

Die Anteilseignerkontrolle zielt ferner darauf, den Finanzsektor und dessen Funktionsfähigkeit als Institution zu schützen und das Vertrauen in dessen **Stabilität und Redlichkeit** zu stärken.[26] Damit kommt auch bei der Anteilseignerkontrolle die besondere Rolle des Finanzsektors für die Stabilität und Funktionsfähigkeit der Volkswirtschaft zum Ausdruck.[27] 13

4. Anleger- und Gläubigerschutz

Durch die Inhaberkontrolle und den damit verbundenen Schutz der Kapitalverwaltungsgesellschaft sollen indirekt auch Belange der Anleger und Gläubiger geschützt werden.[28] 14

Auch bei der Inhaberkontrolle wird die BaFin allerdings primär im **öffentlichen Interesse** tätig (vgl. § 4 Abs. 4 FinDAG). Damit kommt zum Ausdruck, dass der Aspekt des Kunden- und Gläubigerschutzes eng mit dem Gesichtspunkt der **Funktionssicherung** verbunden ist. Ein effektiver Kunden- und Gläubigerschutz ist zugleich geeignet, das Vertrauen in das Finanzsystem zu stärken und wirkt damit systemstabilisierend.[29] Einzelne Anleger haben daher keinen Anspruch auf Einschreiten der BaFin.[30] Hieran hat sich auch nach dem Willen des Gesetzgebers durch das neue **Kleinanlegerschutzgesetz**[31] nichts geändert. Dieses statuiert zwar erstmals eine Verpflichtung der BaFin gegenüber den kollektiven Verbraucherinteressen. Ein Anspruch einzelner Anleger auf Tätigwerden der BaFin ist jedoch auch hieraus nicht abzuleiten.[32] 15

5. Bekämpfung von Geldwäsche und Terrorismusfinanzierung

Eines der zentralen Anliegen der Anteilseignerkontrolle ist die Verhinderung und Bekämpfung von Geldwäsche und Terrorismusfinanzierung.[33] Zum Teil wird darin sogar der **Hauptzweck** gesehen. Die Vorschriften tragen damit nicht zuletzt den Empfehlungen der Financial Task Force on Money Laundering (FATF) Rechnung. Als Teil der FATF-Empfehlungen sollen die Finanzaufsichtsbehörden die notwendigen rechtlichen und regulatorischen Maßnahmen ergreifen, um zu verhindern, dass „Kriminelle und deren 16

23 *Wieland*, Inhaberkontrollverfahren, S. 50 f.
24 *Wieland*, Inhaberkontrollverfahren, S. 50 f.
25 *Wieland*, Inhaberkontrollverfahren, S. 50 f.
26 *Hirschmann*, Anteilseignerkontrolle, S. 7 f.; *Wieland*, Inhaberkontrollverfahren, S. 52.
27 *Wieland*, Inhaberkontrollverfahren, S. 53.
28 Vgl. *Wieland*, Inhaberkontrollverfahren, S. 53.
29 *Hirschmann*, Anteilseignerkontrolle, S. 8; *Wieland*, Inhaberkontrollverfahren, S. 53 f.
30 *Beckmann* in Beckmann/Scholtz/Vollmer, § 5 KAGB Rz. 8 ff.; *Boxberger* in Weitnauer/Boxberger/Anders, § 5 KAGB Rz. 1.
31 Begr. RegE, BT-Drucks. 18/3994.
32 Begr. RegE, BT-Drucks. 18/3994, 37; *Möllers/Kastl*, NZG 2015, 849 (855); *Buck-Heeb*, NJW 2015, 2535 (2540).
33 *Winterhalder* in Weitnauer/Boxberger/Anders, § 19 KAGB Rz. 5; *Bentele* in Baur/Tappen, § 19 KAGB Rz. 1; *Emde* in Emde/Dornseifer/Dreibus/Hölscher, § 2a InvG Rz. 1; *Köndgen* in Berger/Steck/Lübbehüsen, § 2a InvG Rz. 1; *Wieland*, Inhaberkontrollverfahren, S. 52.

Mittäter und Gehilfen unmittelbar oder wirtschaftlich eine bedeutende oder kontrollierende Beteiligung an Unternehmen des Finanzsektors halten oder eine Geschäftsleitungsfunktion innehaben".[34]

17 Hintergrund hierfür ist, dass Unternehmen des Finanzsektors und insbesondere Kapitalverwaltungsgesellschaften als **Geldsammelstellen** besonders anfällig für ihren Missbrauch zur Einschleusung inkriminierter Gelder in den Wirtschaftskreislauf sind. Ihnen kommt bei der Bekämpfung der Geldwäsche und Terrorismusfinanzierung daher eine zentrale Rolle zu. So sind sie Adressaten der geldwäscherechtlichen Identifizierungspflichten (§§ 2 Abs. 1 Nr. 6 i.V.m. § 3 GwG) und verpflichtet, verdächtige Transaktionen zu melden (§ 11 GwG). In den Händen der falschen Personen oder Unternehmen könnten diese Kontrollmechanismen umgangen werden.[35]

III. Anwendungsbereich

18 § 19 KAGB findet nur auf den Anteilsveränderungen an externen OGAW-Kapitalverwaltungsgesellschaften, nicht aber auf Beteiligungsveränderungen an AIF-Kapitalverwaltungsgesellschaften Anwendung.

19 Die Inhaberkontrolle ist für **externe OGAW-Kapitalverwaltungsgesellschaften** durch Art. 11 Abs. 1 OGAW IV-RL, Art. 10, 10a, 10b MiFID europarechtlich geboten.

20 Für AIF-Kapitalverwaltungsgesellschaften fehlt es an einer entsprechenden europarechtlichen Vorgabe. Die AIFM-RL enthält keinen entsprechenden Verweis auf die dem § 19 KAGB zugrunde liegenden Art. 10-10b MiFID.[36] Folgerichtig hat der deutsche Gesetzgeber **AIF-Kapitalverwaltungsgesellschaften** nicht in den Anwendungsbereich des § 19 KAGB aufgenommen. Offenbar hat man bei AIF-Kapitalverwaltungsgesellschaften eine präventive Inhaberkontrolle für nicht erforderlich gehalten. Dies ist nicht ohne weiteres einleuchtend, sprechen doch die gleichen Gründe wie bei OGAW-Kapitalverwaltungsgesellschaften für eine präventive Inhaberkontrolle der Eigner von AIF-Kapitalverwaltungsgesellschaften. Dies gilt insbesondere im Hinblick auf die Gefahr der Einschleusung inkriminierter Gelder in den Finanzmarkt, die sich bei AIF-Kapitalverwaltungsgesellschaften als Geldsammelstelle nicht wesentlich von der Gefahrenlage bei OGAW-Kapitalverwaltungsgesellschaften unterscheidet. Folgerichtig sind AIF-Kapitalverwaltungsgesellschaften genauso wie OGAW-Kapitalverwaltungsgesellschaften auch Verpflichtete unter dem Geldwäschegesetz (§ 2 Abs. 1 Nr. 6 GwG) und deren Eigner Gegenstand einer Überprüfung im Erlaubnisverfahren (§ 22 Abs. 1 Nr. 5; § 23 Nr. 4 KAGB) sowie Adressat möglicher Auskunfts- und Prüfungsersuchen (§ 14 KAGB). Ferner kann die BaFin die Erlaubnis nachträglich aufheben, wenn Tatsachen bekannt werden, dass die Inhaber einer bedeutenden Beteiligung nicht zuverlässig sind oder aus anderen Gründen nicht den im Interesse einer soliden und umsichtigen Führung der Kapitalverwaltungsgesellschaft zu stellenden Ansprüchen genügen (§ 39 Abs. 3 Nr. 3 i.V.m. § 23 Nr. 4 KAGB). Vielleicht hat man gerade auch im Lichte dieses Kontrollnetzes eine zusätzliche präventive Inhaberkontrolle bei AIF-Kapitalverwaltungsgesellschaften nicht für erforderlich gehalten.

21 Auf **ehemalige Kapitalanlagegesellschaften** nach dem InvG ist § 19 KAGB damit nur anzuwenden, wenn sie nach neuem Recht OGAW-Kapitalverwaltungsgesellschaften i.S.d. § 1 Abs. 15 KAGB sind, also mindestens einen OGAW verwalten oder zu verwalten beabsichtigen.[37]

22 Auf **OGAW-Investmentaktiengesellschaften** findet § 19 KAGB nach Maßgabe des § 108 Abs. 3 KAGB Anwendung.[38] Allerdings sind für die Anzeigepflichten nur die Schwellen von 50 % des Kapitals oder der Stimmrechte oder der Erwerb von Kontrolle relevant.[39]

23 Auch bei staatlichen Stellen und Staatsfonds, die bedeutende Beteiligungen an Kapitalverwaltungsgesellschaften erwerben möchten oder halten, findet die Inhaberkontrolle nach Auffassung der BaFin im Grundsatz statt. Die **Bereichsausnahme** gem. § 2 Abs. 1 Nr. 5 KAGB soll nach Auffassung der BaFin insoweit **nicht anwendbar** sein. Es ist allerdings darauf hinzuweisen, dass einige der typischen Dokumentenanforderungen auf staatliche Stellen nicht passen. Dies wird auch von der BaFin anerkannt, die in diesem Fall anhand gesonderter Kriterien eine **Einzelfallentscheidung** treffen will.[40]

34 Vgl. Empfehlung 23 Abs. 1 Satz 2 der FATF 40-Empfehlungen (abrufbar unter: www.fatf-gafi.org); *Wieland*, Inhaberkontrollverfahren, S. 53.
35 *Wieland*, Inhaberkontrollverfahren, S. 53.
36 Begr. RegE, BT-Drucks. 17/12294, 212; *Winterhalder* in Weitnauer/Boxberger/Anders, § 19 KAGB Rz. 3; *Bentele* in Baur/Tappen, § 19 KAGB Rz. 2; *Emde* in Emde/Dornseifer/Dreibus/Hölscher, § 2a InvG Rz. 6.
37 *Bentele* in Baur/Tappen, § 19 KAGB Rz. 2; *Winterhalder* in Weitnauer/Boxberger/Anders, § 19 KAGB Rz. 3.
38 *Döser* in Patzner/Döser/Kempf, § 19 KAGB Rz. 1; *Bentele* in Baur/Tappen, § 19 KAGB Rz. 4.
39 *Bentele* in Baur/Tappen, § 19 KAGB Rz. 4.
40 BaFin, „Häufig gestellte Fragen zum KAGB" v. 25.11.2015, S. 8.

IV. Anzeige des Erwerbs bedeutender Beteiligungen (§ 19 Abs. 1 KAGB)

§ 19 Abs. 1 KAGB enthält eine Anzeigepflicht für den beabsichtigten Erwerb einer bedeutenden Beteiligung an einer externen OGAW-Kapitalverwaltungsgesellschaft durch einen interessierten Erwerber. Hierdurch soll es der BaFin ermöglicht werden, den Erwerb vor dessen Vollzug zu prüfen und gegebenenfalls eine rechtzeitige Untersagung des Erwerbs nach § 19 Abs. 2 Satz 2 KAGB auszusprechen.[41] 24

Anzeigepflichtig sind ferner die Absicht der **Aufstockung** einer bedeutenden Beteiligung auf 20, 30 oder 50 % des Kapitals oder der Stimmrechte (§ 19 Abs. 1 Satz 2 KAGB i.V.m. § 2c Abs. 1 Satz 6 KWG) und die Erlangung von Kontrolle (i.S.d. Begründung eines Mutter-/Tochterverhältnisses) über die OGAW-Kapitalverwaltungsgesellschaft.[42] 25

Eine Definition des Begriffs der **bedeutenden Beteiligung** findet sich in § 1 Abs. 19 Nr. 6 KAGB (eingehend § 1 Rz. 165 ff.).[43] 26

Die Anzeigepflicht nach § 19 Abs. 1 KAGB steht wegen ihrer unterschiedlichen Zielrichtung selbstständig neben anderen Anzeige- und Kontrollverfahren, wie etwa der kartellrechtlichen Fusionskontrolle, Kontrollverfahren nach dem Außenwirtschaftsgesetz und Anzeigepflichten nach dem WpHG.[44] 27

1. Begriff des interessierten Erwerbers

Die Anzeigepflicht gegenüber der BaFin trifft jeden interessierten Erwerber. § 19 Abs. 1 Satz 1 KAGB enthält eine **Legaldefinition** des Begriffs des interessierten Erwerbers: es handelt sich dabei um jede natürliche oder juristische Person, die beabsichtigt, allein oder im Zusammenwirken mit anderen Personen oder Unternehmen eine bedeutende Beteiligung an einer externen OGAW-Kapitalverwaltungsgesellschaft zu erwerben.[45] Auch Personenhandelsgesellschaften und BGB-Außengesellschaften sind aufgrund ihrer Rechtsfähigkeit anzeigepflichtig.[46] 28

2. Auslösung der Anzeigepflicht

Die Anzeigepflicht wird nach dem Wortlaut des § 19 Abs. 1 Satz 1 KAGB durch die Absicht zum bedeutenden Beteiligungserwerb ausgelöst. Dies stimmt mit dem Wortlaut der Parallelregelung in § 2c Abs. 1 Satz 1 KWG überein. Die Anzeigepflicht wird damit bereits vor Vollzug des Anteilserwerbs ausgelöst. 29

Erwerb ist jeder **Vorgang**, der bei seinem Abschluss eine unmittelbare oder mittelbare Beteiligung des Erwerbers an einer externen OGAW-Kapitalverwaltungsgesellschaft bewirkt.[47] Erfasst ist damit insbesondere jeder Erwerb rechtsgeschäftlicher Natur, gleich ob entgeltlich oder ohne Gegenleistung, z.B. Kauf oder Anteilstausch. Erfasst sind aber auch gesetzliche Erwerbsvorgänge, die zu einer bedeutenden Beteiligung führen, etwa durch Universalsukzession im Zuge einer Verschmelzung.[48] 30

Wann und unter welchen Voraussetzungen eine **relevante Erwerbsabsicht** gebildet wird, ist nach wie vor nicht abschließend geklärt und wird im Schrifttum und in der Verwaltungspraxis der einzelnen Referate der BaFin zum Teil uneinheitlich behandelt. Auch am uneinheitlichen Meinungsbild im Schrifttum mag es liegen, dass in der Praxis bei den Beteiligten immer wieder Unsicherheit über den maßgeblichen Zeitpunkt für eine Erwerbsanzeige zu beobachten ist.[49] Dabei wird die Bestimmung griffiger und einfach handhab- 31

---

41 *Winterhalder* in Weitnauer/Boxberger/Anders, § 19 KAGB Rz. 6; *Bentele* in Baur/Tappen, § 19 KAGB Rz. 12 f.

42 *Winterhalder* in Weitnauer/Boxberger/Anders, § 19 KAGB Rz. 9; *Bentele* in Baur/Tappen, § 19 KAGB Rz. 16.

43 Zu Einzelheiten und Zweifelsfällen vgl. auch *Wieland*, Inhaberkontrollverfahren, S. 121 ff. Die neuen ESMA/EBA/EIOPA-Leitlinien sehen weitere Erläuterungen zur Frage der Zurechnung beim „gemeinsamen Handeln" verschiedener Erwerber, zum Begriff des maßgeblichen Einflusses und zur Berechnung der Beteiligungshöhe bei indirekten Beteiligungsvorgängen vor, vgl. hierzu ESMA/EBA/EIOPA, Gemeinsame Leitlinien zur aufsichtsrechtlichen Beurteilung des Erwerbs und der Erhöhung von qualifizierten Beteiligungen im Finanzsektor v. 20.12.2016, JC/GL/2016/01, S. 6 ff.

44 Vgl. *Wieland*, Inhaberkontrollverfahren, S. 97 ff.

45 Vgl. *Schücking* in Moritz/Klebeck/Jesch, § 19 KAGB Rz. 11.

46 *Wieland*, Inhaberkontrollverfahren, S. 213 f.

47 *Bentele* in Baur/Tappen, § 19 KAGB Rz. 11; *Emde* in Emde/Dornseifer/Dreibus/Hölscher, § 2a InvG Rz. 11; zu § 2c KWG: *Schäfer* in Boos/Fischer/Schulte-Mattler, § 2c KWG Rz. 6.

48 *Wieland*, Inhaberkontrollverfahren, S. 192 f., m.w.N. auch zu ablehnenden Versuchen im Schrifttum, den Erwerbstatbestand einzuschränken bzw. auf rechtsgeschäftliche Erwerbsvorhaben zu beschränken.

49 *Wieland*, Inhaberkontrollverfahren, S. 195 f.

barer Kriterien für die Ausfüllung des Begriffs nicht zuletzt dadurch erschwert, dass der Erwerb von Anteilen höchst unterschiedlich ablaufen kann und sich einer standardisierten Betrachtung daher entzieht.[50]

32 Bemerkenswert ist, dass die **europäischen Grundlagen** zur Inhaberkontrolle und damit auch Art. 11 Abs. 1 OGAW-RL i.V.m. Art. 10 Abs. 3 MiFID, nicht auf die „Absicht" zum Erwerb, sondern auf den „Beschluss" zum Erwerb abstellt. Noch deutlicher wird der Unterschied in der englischen Fassung des Art. 10 Abs. 3 MiFID („who have taken a decision (...) to acquire (...) a qualifying holding"). Die Materialien zum AIFM-Umsetzungsgesetz erläutern die Wortlautdivergenz des § 19 Abs. 1 Satz 1 KAGB zu den europäischen Vorgaben nicht weiter. Das durch die europäischen Vorgaben betonte Entscheidungsmoment ist bei der Auslegung des Begriffs der Erwerbsabsicht in europarechtskonformer Auslegung zu berücksichtigen.[51]

a) Rechtsgeschäftlicher Erwerb

aa) Allgemeines

33 Praktisch am bedeutsamsten ist die Bestimmung des die Anzeigepflicht auslösenden **maßgeblichen Zeitpunkts beim Beteiligungskauf.** Nach dem Merkblatt der BaFin zu § 2c KWG und § 104 VAG soll dieser Zeitpunkt neuerdings spätestens mit der Aufnahme hinreichend **konkreter Vertragsverhandlungen** hinsichtlich des Erwerbs der Beteiligung anzunehmen sein. Die Anzeigepflicht könne aber nach Auffassung der BaFin im Einzelfall auch schon zu einem früheren Zeitpunkt entstehen. Entscheidend sei, dass zumindest die **groben Rahmenbedingungen** des geplanten Erwerbs bereits feststehen, wie z.B. belastbare Prognosen hinsichtlich der Beteiligungshöhe sowie der Finanzierung des Erwerbs.[52]

34 Die Festlegung eines derart frühen Zeitpunkts für das Auslösen der Anzeigepflicht kann nicht richtig sein. Denn im Regelfall würde die Anzeigepflicht zu einem Zeitpunkt ausgelöst werden, in dem der Anzeigepflichtige noch gar keine vollständige Anzeige einreichen kann, weil ihm noch **nicht alle** für die Abgabe der Anzeige notwendigen **Informationen vorliegen** können. Ferner ist eine Anzeige zu diesem frühen Zeitpunkt auch nicht sachgerecht, da noch vollkommen offen ist, ob es überhaupt zu einem Erwerb kommt. Außerdem müsste sich die Behörde, etwa wenn der Verkäufer mit mehreren Kaufinteressenten verhandelt, mit einer Vielzahl von letztlich **überflüssigen Anzeigen auseinandersetzen.** Schließlich ist eine derartige Auslegung auch nicht mit europäischem Recht vereinbar, das die Anzeige an die Entscheidung zum Erwerb knüpft (vgl. hierzu Rz. 32). Entsprechend dem Ziel der europäischen Vorgaben, eine Maximalharmonisierung der Inhaberkontrollverfahren zu erreichen, ist es den Mitgliedstaaten verwehrt, den Zeitpunkt der Anzeige vorzuverlagern.[53]

35 Richtigerweise setzt sich die Erwerbsabsicht aus einer **subjektiven Willenskomponente** in Form der Entscheidung der dazu berufenen Organe des Erwerbers und einem **objektiven Bezug zu einem hinreichend konkretisierten Erwerbsvorhaben** zusammen. Äußerste Grenze für die Bildung einer Erwerbsabsicht ist der Abschluss des schuldrechtlichen Rechtsgeschäfts zum Erwerb der Beteiligung.[54]

36 In subjektiver Hinsicht muss der Erwerber zum Erwerb entschlossen sein. Nicht zuletzt unter Zugrundelegung des Wortlauts der Beteiligungsrichtlinie wird deutlich, dass sich eine Erwerbsabsicht in subjektiver Sicht beim Erwerber erst dann hinreichend verdichtet hat, wenn die intern entscheidungsbefugten Organe des Erwerbers den Erwerb **beschließen.**[55] Hervorzuheben ist, dass es für die Konkretisierung des Erwerbswillens bei juristischen Personen und Personenhandelsgesellschaften grundsätzlich auf die **entscheidungsbefugten Organe** ankommt. Diese sind maßgeblich für die interne Willensbildung des Verbands. Nur sie können den Willen zum Beteiligungserwerb für die Gesellschaft auch hinreichend konkretisieren.[56] Andererseits kann die **bloße innere Motivationslage** des Erwerbsinteressenten auch bei eindeutiger Beschlusslage nicht hinreichend für eine Erwerbsabsicht sein.[57] Nicht ausreichend ist es daher etwa, wenn die Entscheidungsträger bereits vor oder während informeller Vorsondierungen mit dem Veräußerer fest zu einem

50 *Kobabe/Hirdes* in Luz/Neus/Schaber/Schneider/Wagner/Weber, § 2c KWG Rz. 35; *Wieland*, Inhaberkontrollverfahren, S. 195 f.

51 Vgl. zur Parallelproblematik bei § 2c KWG: *Wieland*, Inhaberkontrollverfahren, S. 197 f.

52 BaFin, Merkblatt zur Inhaberkontrolle v. 27.11.2015, Ziff. II. 2.

53 Vgl. 6. Erwägungsgrund der Beteiligungsrichtlinie (2007/44/EG); *Wieland*, Inhaberkontrollverfahren, S. 37.

54 *Wieland*, Inhaberkontrollverfahren, S. 198 f.

55 *Wieland*, Inhaberkontrollverfahren, S. 198.

56 *Bentele* in Baur/Tappen, § 19 KAGB Rz. 12; *Emde* in Emde/Dornseifer/Dreibus/Hölscher, § 2a InvG Rz. 12; *Wieland*, Inhaberkontrollverfahren, S. 198; zu § 2c KWG: *Kobabe/Hirdes* in Luz/Neus/Schaber/Schneider/Wagner/Weber, § 2c KWG Rz. 33.

57 *Emde* in Emde/Dornseifer/Dreibus/Hölscher, § 2a InvG Rz. 12; zu § 2c KWG: *Kobabe/Hirdes* in Luz/Neus/Schaber/Schneider/Wagner/Weber, § 2c KWG Rz. 33.

Erwerb entschlossen sind und die zuständigen Organe auch einen entsprechenden Beschluss fassen, die schuldrechtliche Einigung über den Erwerb selbst beziehungsweise deren konkrete Ausgestaltung aber nach der Verhandlungslage noch vollkommen ungewiss ist.

Von einer Erwerbsabsicht ist daher erst dann auszugehen, wenn der Wille zum Beteiligungserwerb sich auf eine hinreichend konkretisierte Transaktion bezieht und deren Durchführung auch hinreichend wahrscheinlich ist.[58] Nur wenn die ins Auge gefasste Transaktion hinreichend **konkretisiert** ist, ist die Aufsichtsbehörde in der Lage, zu überprüfen, ob Untersagungsgründe vorliegen. Nur dann kann sie sinnvoll beurteilen, ob vom Erwerber und der Transaktion in der konkreten Gestalt eine Gefahr für das regulierte Unternehmen und die Allgemeinheit ausgeht, die eine Untersagung rechtfertigt. Zudem muss vermieden werden, dass die Aufsichtsbehörde sich mit völlig unkonkretisierten und ungewissen Erwerbsvorhaben auseinandersetzen muss. Der erhebliche Aufwand einer aufsichtsrechtlichen Prüfung des Erwerbsvorhabens lässt sich nur rechtfertigen, wenn das Erwerbsvorhaben **überwiegend wahrscheinlich** ist. Eine Erwerbsabsicht ist also noch nicht gebildet, solange noch offen ist, ob der gegenwärtige Inhaber der Beteiligung überhaupt bereit ist, die Anteile zu veräußern beziehungsweise an den Erwerbsinteressenten (und nicht an einen Dritten) zu veräußern. Daher löst eine Vielzahl von Vorbereitungsmaßnahmen, die auf den Erwerb gerichtet sind, auch bei einem festen Entschluss des Erwerbsinteressenten zum Erwerb noch keine Erwerbsabsicht aus.[59] 37

Richtigerweise muss aber jedenfalls dann von der Bildung einer Erwerbsabsicht ausgegangen werden, wenn der Erwerb bereits verbindlich mit dem Veräußerer vereinbart wurde (**Signing**), auch wenn die dingliche Einigung zur Anteilsübertragung noch aussteht oder von Bedingungen abhängt.[60] Im Zeitpunkt der Begründung der **schuldrechtlichen Verpflichtung** zur Anteilsübertragung ist der Erwerb in seiner konkreten Gestalt hinreichend konkretisiert. Auch wenn der dingliche Erwerb noch von Bedingungen wie etwa der Kartellfreigabe abhängig ist, ist der Erwerb nach der Lage der Dinge auch hinreichend wahrscheinlich, um eine Überprüfung des Erwerbsvorhabens durch die Aufsichtsbehörden zu rechtfertigen. Aber auch in subjektiver Hinsicht sind jedenfalls zum Zeitpunkt des Signing die Voraussetzungen für eine Erwerbsabsicht gegeben. Die vertretungsbefugten Organe haben für den Erwerber den **Willen** zum Erwerb durch ihre bindende schuldrechtliche Verpflichtung nach außen hin **manifestiert.** Dann muss es auch unerheblich sein, wenn die Transaktionsdokumentation noch einen Gremienvorbehalt, etwa die Zustimmung des Aufsichtsrats des Erwerbers, enthält. 38

bb) Typische Stadien einer M&A-Transaktion

Die Entscheidung zur **Aufnahme von Verhandlungen** mit dem Veräußerer oder deren Einleitung löst richtigerweise noch keine Erwerbsabsicht aus.[61] Beim Abschluss eines **Letter of Intent**, Vorvertrages oder Rahmenvertrages hängt es ganz vom Inhalt der jeweiligen Abreden ab, ob durch sie bereits eine Bindung der Parteien zur Veräußerung beziehungsweise zum Erwerb begründet wird. Ist dies der Fall, so besteht eine Erwerbsabsicht selbst dann, wenn der Erwerb noch vom Eintritt gewisser Bedingungen abhängt. Eine Bindung der Parteien im Hinblick auf das Erwerbsvorhaben wird allerdings bei Unterzeichnung einer als Letter of Intent bezeichneten Vereinbarung nur selten gegeben sein.[62] Auch in der Abgabe eines **Non-binding Offer** kann von einer zur Anzeige verpflichtenden Erwerbsabsicht noch nicht ausgegangen werden, da das Angebot in dieser Phase noch unverbindlich ist und unter einer Vielzahl von Vorbehalten und Annahmen steht.[63] Das „ob" des Erwerbs ist zu diesem Zeitpunkt noch völlig ungewiss. 39

Gleiches gilt für die Entscheidung über die Durchführung einer dem Erwerb vorausgehenden **Due Diligence.**[64] Auch der **Abschluss** der Due Diligence ohne die Identifikation sog. Deal Breaker, also von Aspekten, die so schwerwiegend sind, dass sie einem Erwerb von vornherein entgegenstehen, löst noch nicht eine relevante Erwerbsabsicht aus.[65] Selbst bei der Abgabe eines sog. **Binding Offer** wird man im Regelfall noch 40

58 *Wieland*, Inhaberkontrollverfahren, S. 198 f.
59 *Wieland*, Inhaberkontrollverfahren, S. 198 f.
60 *Bentele* in Baur/Tappen, § 19 KAGB Rz. 12; *Wieland*, Inhaberkontrollverfahren, S. 198 f.
61 *Wieland*, Inhaberkontrollverfahren, S. 199; a.A.: BaFin, Merkblatt zur Inhaberkontrolle v. 27.11.2015, Ziff. II. 2.; *Kobabe/Hirdes* in Luz/Neus/Schaber/Schneider/Wagner/Weber, § 2c KWG Rz. 33.
62 *Wieland*, Inhaberkontrollverfahren, S. 200; a.A. *Kobabe/Hirdes* in Luz/Neus/Schaber/Schneider/Wagner/Weber, § 2c KWG Rz. 33.
63 *Wieland*, Inhaberkontrollverfahren, S. 200.
64 *Wieland*, Inhaberkontrollverfahren, S. 200 f.; *Bentele* in Baur/Tappen, § 19 KAGB Rz. 12.
65 *Wieland*, Inhaberkontrollverfahren, S. 201.

nicht von einer hinreichenden Erwerbsabsicht ausgehen können, da zu diesem Zeitpunkt ebenfalls noch offen ist, ob der Veräußerer zu einem Verkauf zu den vorgeschlagenen Konditionen bereit ist.[66]

41 Erst wenn die Verhandlungen mit dem Veräußerer soweit fortgeschritten sind, dass eine im Wesentlichen **unterschriftsreife** beziehungsweise **beurkundungsfähige Fassung** vorliegt und die Transaktion in dieser Fassung durch die zur Entscheidung berufenen Organe des Erwerbers **abgesegnet** wurde, hat sich die Erwerbsabsicht hinreichend konkretisiert. In diesem Stadium hat sich der Erwerbswunsch in eine konkrete Erwerbsabsicht gewandelt.[67] Bei **gestuften Entscheidungsverfahren** ist grundsätzlich die Zustimmung des **letzten Organs** für die Bildung der Erwerbsabsicht maßgebend.[68] Umgekehrt ist aber nach dem oben Gesagten festzuhalten, dass spätestens mit dem **Signing** die Erwerbsabsicht hinreichend nach außen zum Ausdruck kommt.[69]

42 Bei **mittelbaren Erwerbstatbeständen** löst die Erwerbsabsicht des unmittelbaren Erwerbers auch die Anzeigepflicht des mittelbaren Erwerbers aus.[70] Haben etwa bei einem Tochterunternehmen die zuständigen Organe dem Erwerb in seiner konkreten Gestalt zugestimmt, so muss sich das Mutterunternehmen diese Erwerbsabsicht des Tochterunternehmens zurechnen lassen. Auf die positive Kenntnis des Mutterunternehmens vom beabsichtigten Erwerb kommt es nicht an. Vielmehr ist im Konzern der Informationsfluss durch die Konzernmutter so zu steuern, dass diese unverzüglich vom beabsichtigten Erwerb bedeutender Beteiligungen durch Tochterunternehmen in Kenntnis gesetzt wird. Allenfalls mag man im Einzelfall zugunsten des Mutterunternehmens den Zeitverlust durch die zu erfolgende Information des Mutterunternehmens bei der Frage der Bemessung des Zeitraums berücksichtigen, in dem eine Anzeige noch unverzüglich ist.[71]

b) Gesetzliche Erwerbstatbestände

43 Ähnliche Grundsätze wie beim rechtsgeschäftlichen Erwerb gelten auch für die Auslösung der Anzeigepflicht bei gesetzlichen Erwerbstatbeständen.[72]

44 Beruht der gesetzliche Erwerb auf **rechtsgeschäftlichem Handeln**, ist auf die Entscheidung der entscheidungsbefugten Organe des Erwerbers zum hinreichend konkretisierten Erwerbsvorhaben abzustellen. So ist etwa bei der Verschmelzung grundsätzlich auf die Entscheidung zum Abschluss des Verschmelzungsvertrages abzustellen (§ 4 Abs. 1 UmwG). Zwar bedarf es zur Wirksamkeit des Verschmelzungsvertrages in der Regel noch der Zustimmung der Anteilsinhaber (vgl. §§ 13 Abs. 1; 43; 50 UmwG). Auch muss die Verschmelzung noch zum Handelsregister angemeldet werden (§ 16 UmwG) und wird erst mit Eintragung im Register des übernehmenden Rechtsträgers wirksam (§ 20 UmwG). Dennoch erscheint das Erwerbsvorhaben und der Wille zur Umsetzung mit dem Abschluss des Verschmelzungsvertrags bereits hinreichend konkretisiert und dessen Umsetzung hinreichend wahrscheinlich.[73]

c) Bildung der Erwerbsabsicht in Sonderfällen

45 Auch bei **Kapitalmaßnahmen** kommt es für die Bildung der Erwerbsabsicht nicht darauf an, dass die Kapitalmaßnahme wirksam durchgeführt wurde und damit der Anteilserwerb bereits erfolgt ist. Regelmäßig wird daher die Anzeigepflicht bereits **vor Eintragung** der Kapitalmaßnahme im Handelsregister (§ 189 AktG) ausgelöst. Entscheidend ist, ob aus Sicht des Erwerbsinteressenten eine Entscheidung über den Erwerb gefallen und der Erwerb hinreichend konkretisiert und wahrscheinlich ist.[74]

46 Verändert sich die Beteiligungshöhe des potentiell Anzeigepflichtigen **ohne dessen Zutun** (etwa durch die Ausnutzung **bedingten Kapitals**) entsteht die Anzeigepflicht ebenfalls, sobald die Maßnahme, die zur Beteiligungsveränderung führt, beschlossen wurde und ihre Durchführung hinreichend konkret und wahr-

66 *Wieland*, Inhaberkontrollverfahren, S. 201.
67 *Bentele* in Baur/Tappen, § 19 KAGB Rz. 12.
68 So auch *Schäfer*, in Boos/Fischer/Schulte-Mattler, § 2c KWG Rz. 10; *Kobabe/Hirdes* in Luz/Neus/Schaber/Schneider/Wagner/Weber, § 2c KWG Rz. 33; *Süßmann* in Schwennicke/Auerbach, § 2c KWG Rz. 8.
69 *Bentele* in Baur/Tappen, § 19 KAGB Rz. 12; *Süßmann* in Schwennicke/Auerbach, § 2c KWG Rz. 8.
70 *Wieland*, Inhaberkontrollverfahren, S. 203.
71 *Wieland*, Inhaberkontrollverfahren, S. 203; vgl. ESMA/EBA/EIOPA, Gemeinsame Leitlinien zur aufsichtsrechtlichen Beurteilung des Erwerbs und der Erhöhung von qualifizierten Beteiligungen im Finanzsektor v. 20.12.2016, JC/GL/2016/01, S. 13.
72 *Wieland*, Inhaberkontrollverfahren, S. 204.
73 *Wieland*, Inhaberkontrollverfahren, S. 204.
74 *Wieland*, Inhaberkontrollverfahren, S. 204 f.

scheinlich ist. Auch hier ist bei der Frage, wann eine Anzeige noch unverzüglich ist, zu berücksichtigen, wann der Anzeigepflichtige von der Maßnahme Kenntnis erlangt hat oder erlangen musste.[75]

Bei **Optionen** und **Wandelschuldverschreibungen** löst erst die Entscheidung der entscheidungsbefugten Organe zur Ausübung der Option oder Wandelschuldverschreibung die Anzeigepflicht aus. Erst zu diesem Zeitpunkt ist der Erwerb der Beteiligung hinreichend konkret und wahrscheinlich. Nach der hier vertretenen Ansicht wird die Anzeigepflicht nicht bereits zum Zeitpunkt des Erwerbs der Optionen oder Wandelschuldverschreibungen ausgelöst.[76] Auch bei **Pflichtwandelanleihen** löst nicht schon der beabsichtigte Erwerb der Pflichtwandelanleihe die Anzeigepflicht aus.[77] 47

3. Zeitpunkt der Anzeigepflicht

Die Anzeige muss **unverzüglich** (ohne schuldhaftes Zögern, vgl. § 121 Abs. 1 Satz 1 BGB) nach Auslösung der Anzeigepflicht eingereicht werden. Maßgeblich für die Rechtzeitigkeit der Anzeige ist dabei der für die Ermittlung der Anzeigepflicht und die Vorbereitung und Erstellung einer vollständigen Anzeige erforderliche Zeitraum.[78] Welche Zeitspanne zur Einreichung der Anzeige noch angemessen ist, ist eine Frage des Einzelfalls. Hierbei ist zu berücksichtigen, dass der Umfang der einzureichenden Unterlagen und Informationen in den letzten Jahren stark gestiegen ist.[79] Ausgehend hiervon wird auch bei weniger komplexen Erwerbsvorgängen ein Zeitraum von mehreren Wochen nach Bildung der Erwerbsabsicht für die Vorbereitung der Anzeigen kaum unangemessen sein. Bei komplexeren Erwerbsvorhaben oder ausländischen Erwerbsinteressenten kann dieser Zeitraum sogar noch länger sein.[80] Gerade wenn die Vorbereitung der Anzeige längere Zeit in Anspruch nimmt, empfiehlt es sich für den Erwerbsinteressenten aber, die BaFin vorab über das Beteiligungsvorhaben und den voraussichtlichen Zeitpunkt der Übermittlung der Anzeige informell in Kenntnis zu setzen.[81] 48

4. Form und Inhalt der Anzeige

Die Anzeige hat nach § 19 Abs. 1 Satz 1 KAGB schriftlich zu erfolgen. Ein Formular für die Anzeige gibt es derzeit im Anwendungsbereich des KAGB nicht. Die Informationen und Dokumente sind grundsätzlich in deutscher Sprache zu übermitteln (§ 23 Abs. 1 VwVfG). Ausländische Dokumente und Urkunden sind auf Verlangen der BaFin in öffentlich beglaubigter Übersetzung vorzulegen (§ 23 Abs. 2 VwVfG). Bei Unterlagen in englischer Sprache verzichtet die BaFin in der Praxis nicht selten auf die Vorlage von Übersetzungen. 49

§ 19 Abs. 1 Satz 2 KAGB i.V.m. § 2c Abs. 1 Satz 2 bis 4 KWG regelt den Inhalt der schriftlichen Anzeige.[82] An die BaFin müssen danach Informationen zur Höhe der Beteiligung, die wesentlichen **Tatsachen** und **Unterlagen** zur Beurteilung eines maßgeblichen Einflusses, der Zuverlässigkeit des Erwerbers und zur Prüfung der Untersagungsgründe übermittelt werden. Außerdem müssen in der Anzeige die **Personen** oder **Unternehmen** angegeben werden, von denen der interessierte Erwerber die Anteile erwerben möchte. Sofern es sich bei dem interessierten Erwerber um eine juristische Person oder Personenhandelsgesellschaft handelt, muss diese auch die wesentlichen Tatsachen zur Beurteilung der **Zuverlässigkeit** ihrer gesetzlichen oder satzungsmäßigen Vertreter oder persönlich haftenden Gesellschafter nennen.[83] 50

Die betreffenden Bestimmungen der **Inhaberkontrollverordnung** zum Inhalt der Anzeige nach § 2c Abs. 1 Satz 1 KWG finden trotz des Verweises in § 19 Abs. 1 Satz 2 KAGB auf § 2c Abs. 1 Satz 2 und 3 KWG keine direkte oder entsprechende Anwendung auf OGAW-Kapitalverwaltungsgesellschaften (näheres zur eigenen 51

75 *Wieland*, Inhaberkontrollverfahren, S. 205; i.E. ebenso ESMA/EBA/EIOPA, Gemeinsame Leitlinien zur aufsichtsrechtlichen Beurteilung des Erwerbs und der Erhöhung von qualifizierten Beteiligungen im Finanzsektor v. 20.12.2016, JC/GL/2016/01, S. 13.

76 *Wieland*, Inhaberkontrollverfahren, S. 205 f.; *Bentele* in Baur/Tappen, § 19 KAGB Rz. 12; zu § 2c KWG: *von den Steinen* in Beck/Samm/Kokemoor, § 2c KWG Rz. 83 f.; a.A.: *Schäfer* in Boos/Fischer/Schulte-Mattler, § 2c KWG Rz. 10; differenzierend: *Kobabe/Hirdes* in Luz/Neus/Schaber/Schneider/Wagner/Weber, § 2c KWG Rz. 34.

77 *Wieland*, Inhaberkontrollverfahren, S. 205 f.; *Bentele* in Baur/Tappen, § 19 KAGB Rz. 12.

78 *Wieland*, Inhaberkontrollverfahren, S. 206.

79 Vgl. *Wieland*, Inhaberkontrollverfahren, S. 207 f.

80 Vgl. *Wieland*, Inhaberkontrollverfahren, S. 208.

81 *Wieland*, Inhaberkontrollverfahren, S. 209.

82 *Winterhalder* in Weitnauer/Boxberger/Anders, § 19 KAGB Rz. 7; *Emde* in Emde/Dornseifer/Dreibus/Hölscher, § 2a InvG Rz. 14.

83 *Winterhalder* in Weitnauer/Boxberger/Anders, § 19 KAGB Rz. 7; *Bentele* in Baur/Tappen, § 19 KAGB Rz. 14; *Schücking* in Moritz/Klebeck/Jesch, § 19 KAGB Rz. 29 f.

Verordnungsermächtigung des § 19 Abs. 6 KAGB unter Rz. 113 f.).[84] Es empfiehlt sich aber aus Erwerbersicht, sich im Hinblick auf die vorzulegenden Unterlagen und Informationen am Inhalt der Inhaberkontrollverordnung zu orientieren und im Übrigen eine Abstimmung mit der BaFin vorzunehmen.[85]

5. Bearbeitung der Anzeige durch die BaFin

52 Die BaFin muss den **Eingang** der vollständigen Anzeige dem Anzeigepflichtigen umgehend, spätestens jedoch innerhalb von **zwei Arbeitstagen** nach deren Zugang schriftlich bestätigen (§ 19 Abs. 1 Satz 2 KAGB i.V.m. § 2c Abs. 1 Satz 7 KWG).[86] Als Arbeitstag gelten dabei die Tage Montag bis Freitag mit Ausnahme der bundesweit einheitlichen gesetzlichen Feiertage sowie der entweder am Sitz der BaFin in Bonn oder in Frankfurt/M. geltenden landesgesetzlichen Feiertage der Bundesländer Nordrhein-Westfalen und Hessen.[87]

53 Die Bestätigung ist bedeutsam für das Auslösen und die Bestimmung des Beurteilungszeitraums der BaFin für die Prüfung der Anzeige. Der **Beurteilungszeitraum** von **60 Arbeitstagen** beginnt erst ab dem Datum des Schreibens zu laufen, mit dem der Eingang der vollständigen Anzeige bestätigt wird (§ 19 Abs. 2 Satz 1 Halbs. 1 KAGB).[88] Die BaFin muss dem Anzeigepflichtigen in der Bestätigung den Tag nennen, an dem der Beurteilungszeitraum endet (§§ 19 Abs. 1 Satz 1 Halbs. 2 KAGB; 2c Abs. 1a Satz 2 KWG).[89]

54 Im Gesetz wird nicht näher bestimmt, wann die Anzeige als **vollständig** gilt. Im Rahmen des KAGB wird dies zusätzlich dadurch erschwert, dass eine Rechtsverordnung zur Bestimmung des Inhalts der Anzeige nach § 19 Abs. 6 KAGB bisher nicht erlassen wurde. Richtigerweise ist ein formelles Verständnis geboten.[90] Für die Vollständigkeit der Anzeige kommt es also darauf an, dass der Anzeigepflichtige sämtliche nach den gesetzlichen Bestimmungen vorzulegenden Dokumente und Informationen mit der Anzeige bereitstellt.[91] Dagegen ist mit Vollständigkeit nicht gemeint, dass die eingereichten Unterlagen tatsächlich ausreichen, damit die BaFin den Antrag auch bescheiden kann. Vollständigkeit ist also nicht gleichbedeutend mit Entscheidungsreife. Nur so lässt sich die vom Gesetzgeber vergleichsweise kurz bemessene Frist von zwei Tagen für die Eingangsbestätigung erklären. Innerhalb dieses Zeitraums ist eine volle inhaltliche Überprüfung der Dokumente weder notwendig noch geboten.[92] Auch der Umstand, dass andere Anzeigepflichtige noch keine Anzeige eingereicht haben, berührt die Vollständigkeit der Anzeigen anderer Anzeigepflichtiger nicht. Die anders lautende Verlautbarung der BaFin zu § 2c KWG und § 104 VAG[93] ist vom Wortlaut der Vorschrift nicht gedeckt.

55 Für den Fall, dass die BaFin die Vollständigkeit der Anzeige verneint, hat sie auch diesen Umstand dem Erwerbsinteressenten unter Angabe der aus ihrer Sicht fehlenden Dokumente und Informationen mitzuteilen. Dies ergibt sich zwar nicht unmittelbar aus dem Gesetz, folgt aber aus dem Sinn und Zweck der Eingangsbestätigung, die dem Anzeigepflichtigen Rechtssicherheit über den Fristlauf und den Lauf des Beurteilungszeitraums geben soll. Dies entspricht allerdings nicht immer der Verwaltungspraxis der BaFin.[94]

6. Beurteilungszeitraum

56 Die BaFin hat für die Prüfung des Erwerbsvorhabens 60 Arbeitstage Zeit, wobei die Frist mit dem Datum der Eingangsbestätigung zu laufen beginnt (§ 19 Abs. 2 Satz 1 Halbs. 1 KAGB).

57 Bis zum **50. Arbeitstag** des Beurteilungszeitraums kann die BaFin schriftlich **weitere Informationen** anfordern (§ 19 Abs. 2 Satz 1 Halbs. 2 KAGB; § 2c Abs. 1a Satz 3 und 4 KWG). Sobald diese Informationen bei der BaFin eingehen, muss der Empfang wiederum schriftlich innerhalb von zwei Arbeitstagen bestätigt werden (§ 2c Abs. 1a Satz 5 KWG). Bis die angeforderten Informationen bei der BaFin eingehen ist der Beurteilungszeitraum gehemmt (§ 2c Abs. 1a Satz 6 KWG), wodurch sich dieser auf maximal **80 Arbeitstage** verlängern kann (§ 2c Abs. 1a Satz 7 KWG). Weitere Nachfragen der BaFin hierzu hemmen den Fristlauf

84 *Bentele* in Baur/Tappen, § 19 KAGB Rz. 14.
85 *Bentele* in Baur/Tappen, § 19 KAGB Rz. 14.
86 *Wieland*, Inhaberkontrollverfahren, S. 250; *Bentele* in Baur/Tappen, § 19 KAGB Rz. 17; *Winterhalder* in Weitnauer/Boxberger/Anders, § 19 KAGB Rz. 10; *Schücking* in Moritz/Klebeck/Jesch, § 19 KAGB Rz. 47.
87 BaFin, Merkblatt zur Inhaberkontrolle v. 27.11.2015, Ziffer V. 1. c.; *Wieland*, Inhaberkontrollverfahren, S. 253.
88 *Kittner*, BKR 2012, 499 (501); BaFin, Merkblatt zur Inhaberkontrolle v. 27.11.2015, Ziffer V. 1. b.; *Wieland*, BB 2012, 1108 (1110).
89 *Bentele* in Baur/Tappen, § 19 KAGB Rz. 18; *Winterhalder* in Weitnauer/Boxberger/Anders, § 19 KAGB Rz. 10; *Schücking* in Moritz/Klebeck/Jesch, § 19 KAGB Rz. 57.
90 *Wieland*, Inhaberkontrollverfahren, S. 250 f.
91 *Wieland*, Inhaberkontrollverfahren, S. 251.
92 *Wieland*, Inhaberkontrollverfahren, S. 251.
93 Vgl. BaFin, Merkblatt zur Inhaberkontrolle v. 27.11.2015, Ziffer V. 1. b.
94 Vgl. *Bentele* in Baur/Tappen, § 19 KAGB Rz. 18.

aber nicht erneut (§ 2c Abs. 1a Satz 8 KWG). Für den Fall, dass der Anzeigepflichtige außerhalb des EWR ansässig ist oder dort beaufsichtigt wird oder nicht der Beaufsichtigung nach den einschlägigen finanzmarktaufsichtsrechtlichen EU-Richtlinien unterliegt, kann sich der Beurteilungszeitraum auf **maximal 90 Arbeitstage** verlängern (§ 2c Abs. 1a Satz 9 KWG).[95] Die starren Höchstfristen sollen das Verfahren beschleunigen und für den Anzeigepflichtigen und das Zielunternehmen vorhersehbar machen.[96]

Wesentliche **Änderungen** des Erwerbsvorhabens und der zu übermittelnden Informationen während des Beurteilungszeitraums sind seitens des Anzeigepflichtigen auch ohne ausdrückliche gesetzliche Anordnung der BaFin unverzüglich mitzuteilen. 58

7. Prüfung und Entscheidung durch die BaFin

Bei der Prüfung des Erwerbsvorhabens ist die BaFin auf den **abschließenden Katalog der Untersagungsgründe** nach § 19 Abs. 2 Satz 2 KAGB beschränkt. Die BaFin kann den beabsichtigten Erwerb nur dann untersagen, wenn es dafür **vernünftige Gründe** auf Grundlage der im Gesetz abschließend geregelten Kriterien gibt. Andere materielle Beurteilungskriterien dürfen also zur Untersagung nicht herangezogen werden.[97] 59

Für die Untersagung genügt es bereits, dass **„Tatsachen die Annahme rechtfertigen"**, dass einer der Untersagungstatbestände erfüllt ist (vgl. etwa § 2c Abs. 1b Satz 1 KWG). Der Nachweis einer konkreten Gefahr für die Schutzgüter der Finanzaufsicht ist für Eingriffsmaßnahmen nicht erforderlich.[98] 60

Hinsichtlich der **Darlegungs- und Beweislast** im Hinblick auf die Untersagungsgründe ist zu differenzieren. Festzuhalten ist zunächst, dass über § 19 Abs. 1 Satz 2 Halbs. 1 KAGB i.V.m. § 2c Abs. 1 Satz 2-4 KWG der Anzeigepflichtige gezwungen wird, umfassende Informationen als Grundlage für die Beurteilung der für den Erwerb maßgeblichen Umstände, einschließlich der Angaben zur Zuverlässigkeit des Anzeigepflichtigen und seiner Vertreter, vorzulegen. Der BaFin muss es auf Grund der ihr vorgetragenen tatsächlichen Umstände und ihr vorgelegten Unterlagen möglich sein, das Erwerbsvorhaben im Hinblick auf die Beurteilungskriterien zu bewerten. Damit soll die Darlegungslast der BaFin herabgesetzt werden.[99] Im Ergebnis wird dadurch die **Darlegungslast** für das Nichtvorliegen der Eingriffstatbestände auf den Erwerbsinteressenten bzw. Inhaber der bedeutenden Beteiligung verlagert.[100] Nur für die außerhalb der normierten Darlegungslast des Erwerbsinteressenten verbleibenden Umstände trifft die Bundesanstalt die Darlegungslast.[101] Die BaFin ist jedoch auf diese Informationen wegen des im Grundsatz geltenden Amtsermittlungsgrundsatzes nicht beschränkt und kann und muss darüber hinausgehende Erkenntnisse mit in die Beurteilung einbeziehen.[102] 61

Die **Beweislast** für das Eingreifen von Untersagungsgründen trägt grundsätzlich die BaFin.[103] Es verhält sich also nicht so, dass der Antragsteller gegenüber der Finanzaufsicht einen lückenlosen Nachweis darüber führen müsste, dass in seiner Person keine Untersagungsgründe vorliegen.[104] Umgekehrt muss allerdings die BaFin nicht den vollen Beweis dafür erbringen, dass ein Untersagungsgrund vorliegt. Für die Untersagung genügt es, wenn Tatsachen diesen Schluss zulassen. Die Aufsichtsbehörde hat demnach nur die Tatsachen darzulegen und zu beweisen, die den Rückschluss auf das Vorliegen eines Untersagungsgrundes zulassen.[105] Ergeben sich aus dem Inhalt der Anzeige Anhaltspunkte für einen Untersagungsgrund, bestehen für die Behörde keine weiteren eigenen Darlegungs- und Nachweispflichten mit der Folge, dass die BaFin ohne weiteres auf das Vorliegen des Untersagungsgrunds schließen darf.[106] Der Erwerbsinteressent hat dann wie- 62

95 *Winterhalder* in Weitnauer/Boxberger/Anders, § 19 KAGB Rz. 10; *Bentele* in Baur/Tappen, § 19 KAGB Rz. 18; *Emde* in Emde/Dornseifer/Dreibus/Hölscher, § 2a InvG Rz. 19; *Wieland*, Inhaberkontrollverfahren, S. 254.

96 Vgl. *Tusch*, WM 2013, 632 (634).

97 *Wieland*, Inhaberkontrollverfahren, S. 261 f.

98 *Wieland*, Inhaberkontrollverfahren, S. 52; *Schücking* in Moritz/Klebeck/Jesch, § 19 KAGB Rz. 36.

99 *Bentele* in Baur/Tappen, § 19 KAGB Rz. 20; *Winterhalder* in Weitnauer/Boxberger/Anders, § 19 KAGB Rz. 16; *Emde* in Emde/Dornseifer/Dreibus/Hölscher, § 2a InvG Rz. 27.

100 Vgl. VGH Kassel v. 6.10.2010 – 6 A 2227/08, ZIP 2010, 2234 (2236); *Wieland*, Inhaberkontrollverfahren, S. 263 ff.

101 Vgl. VGH Kassel v. 6.10.2010 – 6 A 2227/08, ZIP 2010, 2234 (2236).

102 *Wieland*, Inhaberkontrollverfahren, S. 263; a.A.: *Post*, Aufsicht über Unternehmensinhaber, S. 366.

103 Beschlussempfehlung und Bericht des Finanzausschusses zum Dritten Finanzmarktförderungsgesetz, BT-Drucks. 13/9874, 139; zu § 104 VAG: *Deckers* in Bähr, Versicherungsaufsichtsrecht, § 30 Rz. 36.

104 VGH Kassel v. 6.10.2010 – 6 A 2227/08, ZIP 2010, 2234 (2236); Begr. RegE zum Vierten KWG-Änderungsgesetz, BT-Drucks. 12/3377, 27 (zu § 2c KWG n.F. [§ 2b KWG a.F.]).

105 *Bentele* in Baur/Tappen, § 19 KAGB Rz. 20; *Süßmann* in Schwennicke/Auerbach, § 2c KWG Rz. 38 f.

106 Vgl. VGH Kassel v. 6.10.2010 – 6 A 2227/08, ZIP 2010, 2234 (2236).

derum die Möglichkeit, die durch die BaFin vorgebrachten Tatsachen zu erschüttern oder Tatsachen nachzuweisen, die den Schluss auf das Nichtvorliegen des Untersagungsgrunds rechtfertigen.[107]

63 Die Untersagung liegt bei Vorliegen von Untersagungsgründen im **pflichtgemäßen Ermessen** der BaFin. Wichtigste Ermessensgrenze ist der **Verhältnismäßigkeitsgrundsatz**. Die Behörde hat daher auch bei Vorliegen von Untersagungsgründen unter dem Gesichtspunkt der Erforderlichkeit zu prüfen, ob durch Nebenbestimmungen zur Nichtuntersagung oder eine Stimmrechtssuspendierung nach § 19 Abs. 3 KAGB die Unbedenklichkeit des Erwerbs in gleicher Weise abgesichert werden kann.[108] Die Möglichkeit der Stimmrechtsuntersagung nach § 19 Abs. 3 KAGB wird man aber nicht generell als **milderes Mittel** zu einer Untersagung des Erwerbsvorhabens einordnen können.[109]

64 Kommt die BaFin zu dem **Ergebnis**, dass sie den beabsichtigten Erwerb oder die Erhöhung der bedeutenden Beteiligung untersagt, so muss sie ihre Entscheidung der Kapitalverwaltungsgesellschaft schriftlich unter Angabe von Gründen innerhalb von zwei Arbeitstagen und innerhalb des Beurteilungszeitraums **mitteilen** (§ 19 Abs. 2 Satz 3 KAGB i.V.m. § 2c Abs. 1b Satz 4 KWG).[110] Vor der geplanten Untersagung hat die BaFin den Anzeigepflichtigen grundsätzlich **anzuhören** (§ 28 Abs. 1 VwVfG).[111] Der **Vollzug trotz Untersagungsverfügung** ist aber zivilrechtlich wirksam.[112]

65 Erlässt die BaFin allerdings während des Beurteilungszeitraums keine Untersagungsverfügung, so ist der Erwerb oder die Erhöhung der bedeutenden Beteiligung zulässig (§ 19 Abs. 2 Satz 3 KAGB i.V.m. § 2c Abs. 1b Satz 6 KWG). Eine positive Zustimmung durch die BaFin ist nicht erforderlich. Nicht ausdrücklich im Gesetz geregelt ist die Frage, ob der Erwerbsinteressent einen **Anspruch auf positive Bescheidung** der Anzeige hat, wenn die BaFin ihre Überprüfung abgeschlossen hat und keine Untersagungsgründe feststellen konnte. Die BaFin ist zumeist bereit, schriftlich zu bestätigen, dass sie die Prüfung des Erwerbsvorhabens abgeschlossen und sich auf der Grundlage der ihr vorliegenden Informationen ergeben hat, dass dem beabsichtigten Erwerb keine Versagungsgründe entgegenstehen.[113] Die BaFin ist hierzu auch befugt.[114] Rechtlich handelt es sich hierbei um einen feststellenden Verwaltungsakt.[115] Richtigerweise besteht hierauf sogar ein Anspruch.[116]

66 Eine der **zentralen Fragen** im Zusammenhang mit der Durchführung von Inhaberkontrollverfahren ist, ob der Anzeigepflichtige bereits vor einer Entscheidung der Bundesanstalt bzw. vor Ablauf des Beurteilungszeitraums daran gehindert ist, den **Erwerb dinglich zu vollziehen**. Der Gesetzestext stellt nicht ausdrücklich klar, ob vor Ablauf der Frist zur Untersagung des beabsichtigten Erwerbs ähnlich wie bei der kartellrechtlichen Fusionskontrolle (vgl. § 41 GWB) ein **Vollzugsverbot** besteht oder nicht. Dennoch spricht eine Reihe von Argumenten dafür, von einem Vollzugsverbot auszugehen. So deutet der Begriff „Beurteilungszeitraum" (§ 19 Abs. 2 Satz 1 Halbs. 1 KAGB) darauf hin, dass die Frist nunmehr als echte Entscheidungsfrist anzusehen ist und vor Ablauf der Frist die Transaktion nicht vollzogen werden darf. Auch der Wortlaut des § 2c Abs. 1b Satz 6 KWG („Wird der Erwerb oder die Erhöhung der Beteiligung nicht innerhalb des Beurteilungszeitraums schriftlich untersagt, kann der Erwerb oder die Erhöhung vollzogen werden.") legt den Umkehrschluss nahe, dass vor Ablauf des Beurteilungszeitraums ohne eine zustimmende verfahrensabschließende Entscheidung der Bundesanstalt die Transaktion eben nicht vollzogen werden darf. Die besseren Gründe sprechen daher für eine Auslegung, die den Beurteilungszeitraum als echte Entscheidungsfrist und nicht lediglich als eine Einspruchsfrist behandelt.[117] Auch die Bundesanstalt geht in ihrem Merkblatt zu § 2c KWG und § 104 VAG offenbar von einem Vollzugsverbot während des Beurteilungszeitraums aus, ohne dies allerdings ausdrücklich auszusprechen.[118]

---

107 Vgl. VGH Kassel v. 6.10.2010 – 6 A 2227/08, ZIP 2010, 2234 (2236); *Bentele* in Baur/Tappen, § 19 KAGB Rz. 20; Beschlussempfehlung und Bericht des Finanzausschusses zum Drittes Finanzmarktförderungsgesetz, BT-Drucks. 13/9874, 139; zustimmend: *Burgard*, WM 2011, 1973 (1974) (zu § 6 BörsG).

108 *Wieland*, Inhaberkontrollverfahren, S. 316 f.; *Winterhalder* in Weitnauer/Boxberger/Anders, § 19 KAGB Rz. 20; *Bentele* in Baur/Tappen, § 19 KAGB Rz. 30.

109 Str.; vgl. *Wieland*, Inhaberkontrollverfahren, S. 316 m.w.N.

110 *Winterhalder* in Weitnauer/Boxberger/Anders, § 19 KAGB Rz. 11; *Emde* in Emde/Dornseifer/Dreibus/Höl-scher, § 2a InvG Rz. 21.

111 *Wieland*, Inhaberkontrollverfahren, S. 321.

112 *Wieland*, Inhaberkontrollverfahren, S. 323; *Winterhalder* in Weitnauer/Boxberger/Anders, § 19 KAGB Rz. 17; *Bentele* in Baur/Tappen, § 19 KAGB Rz. 32; *Emde* in Emde/Dornseifer/Dreibus/Hölscher, § 2a InvG Rz. 33.

113 *Wieland*, Inhaberkontrollverfahren, S. 319; *Kittner*, BKR 2012, 499 (499 f.).

114 *Tusch*, WM 2013, 632 (636).

115 *Wieland*, Inhaberkontrollverfahren, S. 319; *Tusch*, WM 2013, 632 (637 f.).

116 *Wieland*, Inhaberkontrollverfahren, S. 319.

117 *Wieland*, Inhaberkontrollverfahren, S. 260.

118 Vgl. BaFin, Merkblatt zur Inhaberkontrolle v. 27.11.2015, Ziffer V. 1. f.

Unabhängig von der Frage des Vollzugsverbots empfiehlt es sich in praktischer Hinsicht, den erfolgreichen Abschluss des Inhaberkontrollverfahrens in der Erwerbsdokumentation zu einer **Bedingung** für den dinglichen Vollzug des Erwerbs zu machen.[119] 67

8. Untersagungsgründe (§ 19 Abs. 2 Satz 2 KAGB)

In § 19 Abs. 2 Satz 2 und 3 KAGB sind abschließend die **Gründe** geregelt, auf welche die BaFin eine Untersagung des Erwerbs der bedeutenden Beteiligung oder deren Aufstockung stützen darf. Insgesamt gibt es acht Untersagungsgründe, lediglich zwei davon sind in § 19 Abs. 2 KAGB selbst geregelt. Bezüglich der übrigen Untersagungsgründe verweist § 19 Abs. 2 KAGB auf § 2c Abs. 1b Satz 1 Nr. 1 und 3 bis 6 KWG. Ein weiterer Untersagungsgrund befindet sich zudem in § 2c Abs. 1b Satz 2 KWG.[120] 68

a) Nichteinhaltung der Aufsichtsanforderungen

Einer der **zentralen Untersagungsgründe** ist die Nichteinhaltung von Aufsichtsanforderungen. Der Untersagungsgrund ist gegeben, sofern die externe OGAW-Kapitalverwaltungsgesellschaft nicht in der Lage ist oder bleiben wird, den Aufsichtsanforderungen zu genügen.[121] Der Tatbestand dient der Sicherung der **aufsichtsrechtlichen Compliance** des Zielunternehmens und soll vermeiden, dass die OGAW-Kapitalverwaltungsgesellschaft durch das Erwerbsvorhaben in einen erheblichen aufsichtsrechtlichen Verstoß getrieben wird. Die maßgeblichen Aufsichtsanforderungen ergeben sich dabei insbesondere aus der OGAW-RL, auf die § 19 Abs. 2 Satz 2 Nr. 1 KAGB ausdrücklich Bezug nimmt, und deren Umsetzung im KAGB.[122] Der drohende Verstoß gegen Aufsichtsanforderungen muss dabei gerade die **Folge des geplanten Erwerbs** sein. Insbesondere aus dem der Anzeige beigefügten Geschäftsplan des Erwerbsinteressenten können sich Anhaltspunkte für eine künftige Nichteinhaltung der Aufsichtsanforderungen ergeben. Dabei dürfen die Verantwortungskreise nicht grundsätzlich verschoben werden. Es ist primär die **Verantwortung des Zielunternehmens selbst**, die Einhaltung der aufsichtsrechtlichen Anforderungen auch bei einem Wechsel des Beteiligungsinhabers sicherzustellen.[123] 69

b) Einbindung in einen intransparenten Unternehmensverbund

Ein weiterer Untersagungsgrund besteht darin, dass die externe OGAW-Kapitalverwaltungsgesellschaft durch die Begründung oder Erhöhung der bedeutenden Beteiligung in einen Unternehmensverbund eingebunden würde, der durch die **Struktur des Beteiligungsgeflechts** oder **mangelhafte wirtschaftliche Transparenz** eine wirksame Aufsicht über die externe OGAW-Kapitalverwaltungsgesellschaft, einen wirksamen Informationsaustausch zwischen den zuständigen Stellen oder die Aufteilung der Zuständigkeiten zwischen diesen beeinträchtigt (§ 19 Abs. 2 Satz 2 Nr. 2 KAGB). 70

Die Vorschrift soll vermeiden, dass infolge des Erwerbs die effektive Beaufsichtigung des Zielunternehmens beeinträchtigt wird. Die Regelung zielt zudem darauf ab, die von intransparenten Unternehmensverbindungen ausgehende erhöhte Geldwäschegefahr einzudämmen.[124] Der Tatbestand umfasst dabei sowohl die **gesellschaftsrechtliche** als auch die **faktische Einbindung** in einen Unternehmensverbund.[125] Hauptanwendungsfall sind komplizierte Schachtelstrukturen, die etwa unter Einsatz von Treuhand- oder Truststrukturen eine Zuordnung der aufsichtsrechtlichen Verantwortlichkeiten vereiteln und damit die Beaufsichtigung des Zielunternehmens beinträchtigen können.[126] Allerdings ist zu betonen, dass vor einer vorschnellen Untersagung zunächst eine Aufklärung der Beteiligungsstrukturen durch die Aufsicht geboten ist.[127] 71

c) Fehlende Zuverlässigkeit des interessierten Erwerbers

Zentraler Untersagungsgrund ist die fehlende Zuverlässigkeit des Erwerbsinteressenten (§ 19 Abs. 2 Satz 2 Nr. 3 KAGB i.V.m. § 2c Abs. 1b Satz 1 Nr. 1 Halbs. 1 KWG). Die BaFin kann den geplanten Erwerb unter- 72

---

119 *Wieland*, Inhaberkontrollverfahren, S. 110.
120 *Bentele* in Baur/Tappen, § 19 KAGB Rz. 19.
121 *Schücking* in Moritz/Klebeck/Jesch, § 19 KAGB Rz. 66.
122 *Bentele* in Baur/Tappen, § 19 KAGB Rz. 21; *Winterhalder* in Weitnauer/Boxberger/Anders, § 19 KAGB Rz. 13; *Emde* in Emde/Dornseifer/Dreibus/Hölscher, § 2a InvG Rz. 24.
123 Vgl. *Wieland*, Inhaberkontrollverfahren, S. 293.
124 *Emde* in Emde/Dornseifer/Dreibus/Hölscher, § 2a InvG Rz. 25.
125 *Bentele* in Baur/Tappen, § 19 KAGB Rz. 22; *Winterhalder* in Weitnauer/Boxberger/Anders, § 19 KAGB Rz. 14; *Emde* in Emde/Dornseifer/Dreibus/Hölscher, § 2a InvG Rz. 25.
126 *Wieland*, Inhaberkontrollverfahren, S. 298.
127 *Wieland*, Inhaberkontrollverfahren, S. 298.

sagen, wenn Tatsachen die Annahme rechtfertigen, dass der **Erwerbsinteressent nicht zuverlässig** ist oder aus anderen Gründen nicht den im Interesse einer soliden und umsichtigen Führung der Kapitalverwaltungsgesellschaft zu stellenden Ansprüchen genügt.[128]

73 Der **Begriff** der Zuverlässigkeit hat im deutschen Recht seine Wurzeln im Gewerberecht. Nach ständiger Rechtsprechung ist gewerberechtlich unzuverlässig i.S.d. § 35 GewO, wer nach dem Gesamteindruck seines Verhaltens keine Gewähr dafür bietet, dass er sein Gewerbe in Zukunft ordnungsgemäß, d.h. entsprechend der gesetzlichen Vorschriften und unter Beachtung der guten Sitten, ausüben wird.[129] An der Zuverlässigkeit von Geschäftsleitern i.S.d. KAGB fehlt es in Anlehnung an den gewerberechtlichen Begriff, wenn persönliche Umstände nach der allgemeinen Lebenserfahrung die Annahme rechtfertigen, dass diese die sorgfältige und ordnungsgemäße Tätigkeit als Geschäftsleiter beeinträchtigen können.[130]

74 Betreffend die Zuverlässigkeit von Inhabern bedeutender Beteiligungen und ihren Vertretungsorganen sollen im Ausgangspunkt grundsätzlich **ähnliche Kriterien** gelten, wie im Fall der Geschäftsleiter der Kapitalverwaltungsgesellschaft. Es werden aber auch die spezifischen Zwecke der Vorschrift hervorgehoben.[131] Der anzulegende **Maßstab** hinsichtlich der Kriterien unterscheidet sich jedoch von der Zuverlässigkeitsprüfung für Geschäftsleiter nicht zuletzt, weil Geschäftsleiter typischerweise unmittelbar auf die Anlegergelder zugreifen können. Beteiligungsinhabern steht ein unmittelbarer Zugriff in der Regel nicht zu. So kann ein Umstand, der die fehlende Zuverlässigkeit eines Geschäftsleiters begründet, bei einem Inhaber einer bedeutenden Beteiligung noch nicht ausreichen, um fehlende Zuverlässigkeit anzunehmen. Dies gilt insbesondere in Konstellationen, in denen weder rechtlich noch tatsächlich ein wesentlicher Einfluss des Erwerbsinteressenten auf die Geschäftsleitung möglich ist. Zur Auslegung des Zuverlässigkeitsbegriffs kann dennoch die Kommentierung zum entsprechenden Versagungsgrund für die Erlaubnis der Tätigkeit der Kapitalverwaltungsgesellschaft nach § 23 Nr. 3 KAGB **ergänzend herangezogen** werden (ausführlich § 23 Rz. 9 ff.).[132]

75 Auf die fehlende Zuverlässigkeit kann insbesondere aus dem Verstoß gegen einschlägige Strafvorschriften oder Ordnungswidrigkeitstatbestände geschlossen werden. Auch Rechtsverstöße gegen sonstiges Aufsichtsrecht, die Einleitung aufsichtsrechtlicher Maßnahmen sowie Tätigkeitsverbote können die fehlende Zuverlässigkeit indizieren.[133] Daneben reicht es auch aus, dass andere Gründe vorliegen, nach denen die genannten Personen nicht den im Interesse einer soliden und umsichtigen Führung der OGAW-Kapitalverwaltungsgesellschaft zu stellenden Ansprüchen genügen.[134] Aus § 2c Abs. 1b Satz 1 Nr. 1 Halbs. 2 KWG ergibt sich, dass der Erwerbsinteressent im Zweifel auch dann als unzuverlässig gilt, wenn Tatsachen die Annahme rechtfertigen, dass er die von ihm aufgebrachten Mittel für den Erwerb der bedeutenden Beteiligung durch eine Handlung erbracht hat, die objektiv einen **Straftatbestand** erfüllt (beispielsweise Geldwäsche).[135]

76 Die Zuverlässigkeit der **juristischen Person** oder **Personenhandelsgesellschaft** als Antragsteller wird in erster Linie durch die Zuverlässigkeit der sie vertretenden Personen bestimmt. Außerdem müssen auch alle Personen, die effektiv die Geschäfte leiten (**effectively direct the business**), der Zuverlässigkeitsprüfung standhalten. Damit ist grundsätzlich allerdings keine Erweiterung des Personenkreises über die Leitungsorgane der juristischen Person hinaus etwa auf Generalbevollmächtigte oder Prokuristen verbunden.[136] Inwieweit darüber hinaus die juristische Person selbst einer eigenen davon unabhängigen Zuverlässigkeitsprüfung standzuhalten hat ist, wie im allgemeinen Gewerberecht, umstritten. Zum Teil wird eine eigene Zuverlässigkeitsprüfung der juristischen Person mit der Begründung verneint, zwischen dem Begriff der Unzuverlässigkeit und dem Handeln natürlicher Personen bestehe ein **untrennbarer Zusammenhang.**[137] Diese Auffassung überzeugt allerdings nicht und würde bedenkliche Schutzlücken hinterlassen. Auch der

128 *Schücking* in Moritz/Klebeck/Jesch, § 19 KAGB Rz. 69.

129 St. Rspr. BVerwGE v. 2.2.1982 – 1 C 146/80, NVwZ 1982, 503; *Ennuschat* in Tettinger/Wank/Ennuschat, § 35 GewO Rz. 27.

130 BaFin, Merkblatt zu den Geschäftsleitern gemäß KWG, ZAG und KAGB v. 4.1.2016, Ziff. III.1.

131 Vgl. Begr. RegE, BT-Drucks. 12/3377, 40, wo die Anlehnung an den gewerberechtlichen Unzuverlässigkeitsbegriff hervorgehoben wird; *Schwennicke* in Schwennicke/Auerbach, § 33 KWG Rz. 34 f.

132 Vgl. auch *Köndgen* in Berger/Steck/Lübbehüsen, § 2a InvG Rz. 7.

133 Vgl. BaFin, Merkblatt zu den Geschäftsleitern gemäß KWG, ZAG und KAGB v. 4.1.2016, Ziff. III.1; *Wieland*, Inhaberkontrollverfahren, S. 277 ff.

134 *Bentele* in Baur/Tappen, § 19 KAGB Rz. 23; *Wieland*, Inhaberkontrollverfahren, S. 265, 267 f.

135 *Bentele* in Baur/Tappen, § 19 KAGB Rz. 23.

136 *Wieland*, Inhaberkontrollverfahren, S. 270 f.; vgl. auch *Winter*, Versicherungsaufsichtsrecht, 2007, S. 264 (zu § 104 VAG).

137 Vgl. zum Streitstand: *Wieland*, Inhaberkontrollverfahren, S. 270 f.; dieser Meinung etwa: Begr. RegE, BT-Drucks. 12/3377, 27 (zu § 2c KWG n.F. [§ 2b KWG a.F.]); *Schäfer* in Boos/Fischer/Schulte-Mattler, § 2c KWG Rz. 15; *Präve* in Prölss, § 7a VAG Rz. 39.

Gesetzgeber hat seine ursprünglich gegenteilige Auffassung mittlerweile **revidiert.**[138] Beispiele für eine Unzuverlässigkeit der juristischen Person unabhängig von ihren Leitungsorganen können z.B. schwere Schwächen von Organisation und Risikomanagement sein, die nicht unmittelbar auf das Verhalten ihrer gegenwärtigen Geschäftsleiter zurückzuführen und nicht sofort behebbar sind.[139] Darüber hinaus kann die Unzuverlässigkeit der juristischen Person aus sonstigen Drittbeziehungen resultieren. Zu denken ist hier an wirtschaftliche oder persönliche Beziehungen mit Dritten.[140]

Umstritten ist, inwieweit eine „**Gefahr der Ausschlachtung bzw. Zerschlagung**" der Kapitalverwaltungsgesellschaft eine Unzuverlässigkeit zu begründen vermag.[141] Richtigerweise wird man dies ablehnen müssen. Inhaberkontrollverfahren sollen nicht den Bestand des Zielunternehmens als solches gewährleisten. Vielmehr soll die ordnungsgemäße Geschäftsführung des Zielunternehmens durch die **Abschirmung äußerer Einflüsse** durch unlautere Gesellschafter gewährleistet, mithin eine der kaufmännischen Sorgfalt entsprechende Geschäftsleitung sichergestellt werden. Die kaufmännische Sorgfalt kann jedoch durchaus eine Zerschlagung eines Unternehmens gebieten, wenn der Liquidierungswert des Unternehmens höher oder gleich dem Wert des Unternehmens im *going-concern* ist. Dies ist letztlich nur Ausdruck davon, dass das Unternehmen als Aggregat verschiedener Vermögensgegenstände langfristig nicht in der Lage ist, positive Zahlungsströme zu erwirtschaften. In einem solchem Fall kann die **(Teil-)Liquidation** nicht nur aus der Perspektive der (zukünftigen) Gesellschafter sinnvoll, sondern auch rechtspolitisch wünschenswert sein. 77

d) Unzureichende Drittstaatenaufsicht

Eine Untersagung kann des Weiteren erfolgen, wenn die externe OGAW-Kapitalverwaltungsgesellschaft durch die Begründung oder Erhöhung der bedeutenden Beteiligung ein **Tochterunternehmen einer Verwaltungsgesellschaft mit Sitz in einem Drittstaat** würde, die im Staat ihres Sitzes oder ihrer Hauptverwaltung **nicht wirksam beaufsichtigt** wird oder deren zuständige Aufsichtsbehörde nicht zu einer befriedigenden Zusammenarbeit mit der BaFin zum Zwecke der Überwachung der Verwaltungsgesellschaft bereit ist (§ 19 Abs. 2 Satz 2 Nr. 3 KAGB i.V.m. § 2c Abs. 1b Satz 1 Nr. 4 KWG). Der Untersagungsgrund dient dazu, die konsolidierte Aufsicht unter Einbeziehung der Kapitalverwaltungsgesellschaft sicherzustellen. Diese ist nicht gewährleistet, wenn eine Beaufsichtigung des ausländischen Mutterinstituts nicht gewährleistet ist oder die ausländische Aufsicht nicht mit der BaFin kooperiert. Auf Kapitalverwaltungsgesellschaften mit Sitz in der EU oder dem übrigen Europäischen Wirtschaftsraum ist die Regelung daher nicht anwendbar.[142] Hier ist eine effektive Beaufsichtigung des Mutterinstituts und die Zusammenarbeit mit der ausländischen Behörde bereits durch europäisches Recht sichergestellt.[143] Auch darf die Vorschrift nicht dahingehend missverstanden werden, dass nur regulierte Unternehmen eine bedeutende Beteiligung erwerben dürfen. 78

e) Fehlende Zuverlässigkeit des künftigen Geschäftsleiters

Aus der mangelnden Zuverlässigkeit des künftigen Geschäftsleiters der externen OGAW-Kapitalverwaltungsgesellschaft kann sich ein weiterer Untersagungsgrund ergeben, § 19 Abs. 2 Satz 2 Nr. 3 KAGB i.V.m. § 2c Abs. 1b Satz 1 Nr. 4 KWG. Die Vorschrift hat ohne Änderung des Businessplans nur Relevanz, sofern ein Wechsel der Geschäftsleiter geplant ist. 79

f) Verdacht auf Geldwäsche oder Terrorismusfinanzierung

Ein weiterer Untersagungsgrund für den beabsichtigten Erwerb ist ein Zusammenhang des Erwerbsinteressenten oder Erwerbsvorhabens mit Geldwäscheaktivitäten oder Terrorismusfinanzierung. Rechtfertigen **Tatsachen** die Annahme, dass beim beabsichtigten Beteiligungserwerb ein **Zusammenhang** zu Geldwäsche oder Terrorismusfinanzierung (wie in Art. 1 der Richtlinie 2005/60/EG näher definiert) besteht, haben im Zusammenhang mit dem beabsichtigten Erwerb solche Aktivitäten in der Vergangenheit stattgefunden, wurden solche Straftaten versucht oder würde der Erwerb das Risiko solcher Verhaltensweisen erhöhen, so 80

---

138 Begr. RegE, BT-Drucks. 14/8017, 115; ebenso *Wieland*, Inhaberkontrollverfahren, S. 270 f.; *Hirschmann*, Anteilseignerkontrolle, S. 94 ff.; *Kobabe/Hirdes* in Luz/Neus/Scharpf/Schneider/Weber, § 2c KWG Rz. 30; *Becker* in Reischauer/Kleinhans, § 2c KWG Rz. 11; *Winter*, Versicherungsaufsichtsrecht, 2007, S. 264 f. (zu § 7a Abs. 2 VAG); *Burgard*, WM 2011, 1973 (1981) (zu § § 6 BörsG).

139 *Wieland*, Inhaberkontrollverfahren, S. 271; ähnlich: *Hirschmann*, Anteilseignerkontrolle, S. 94 ff., m.w.N.

140 *Hirschmann*, Anteilseignerkontrolle, S. 110; *Wieland*, Inhaberkontrollverfahren, S. 271 f.

141 Für den Anwendungsbereich des § 2c KWG: Hess. VGH Kassel v. 6.10.2010 – 6 A 2227/08, WM 2011, 33; dagegen *Süßmann* in Schwennicke/Auerbach, § 2c KWG Rz. 26; *Wieland*, Inhaberkontrollverfahren, S. 313.

142 Vgl. Begr. RegE, BT-Drucks. 14/8017, 115.

143 *Wieland*, Inhaberkontrollverfahren, S. 300 f.

kann dies eine Untersagung des Erwerbs zur Folge haben (§ 19 Abs. 2 Satz 2 Nr. 3 KAGB i.V.m. § 2c Abs. 1b Satz 1 Nr. 5 KWG).[144]

81 Der Untersagungstatbestand trägt damit einem der Hauptzwecke der Inhaberkontrolle Rechnung, nämlich den Missbrauch des Bank- und Finanzsystems zum Zwecke der Einschleusung inkriminierter Gelder bzw. zur Finanzierung terroristischer Aktivitäten zu verhindern. Das KAGB verlangt für die Untersagung dabei **keinen vollen Nachweis** des Geldwäscheverstoßes, sondern es genügt, dass konkrete Tatsachen die Annahme rechtfertigen, dass das **Risiko solcher Aktivitäten erhöht** werden könnte. Es ist dann Sache des Erwerbsinteressenten, im Rahmen des Inhaberkontrollverfahrens die Tatsachen oder die daraus zu ziehenden Schlüsse zu entkräften.[145]

82 In Fällen des § 2c Abs. 1b Satz 1 Nr. 5 KWG dürften nicht selten gleichzeitig auch andere Untersagungstatbestände erfüllt sein, insbesondere die Zuverlässigkeit des Erwerbsinteressenten infrage stehen.[146] Insofern ist bei Geldwäscheverstößen oder Terrorismusfinanzierung im Regelfall **gleichzeitig** der Untersagungsgrund des § 19 Abs. 2 Satz 2 Nr. 3 i.V.m. § 2c Abs. 1b Satz 1 Nr. 1 KWG verwirklicht. Der Tatbestand des § 2c Abs. 1b Satz 1 Nr. 5 KWG ist aber vor allem insoweit weiter, als es danach bereits ausreicht, dass sich im Zusammenhang mit dem Erwerb das Risiko von Geldwäsche oder Terrorismusfinanzierung erhöht. Dies kann vor allem dann nahe liegen, wenn der Erwerbsinteressent seinen Sitz in einer Jurisdiktion hat, die keine mit den internationalen Grundsätzen der Financial Action Task Force (FATF) im Wesentlichen konformen Geldwäschebekämpfungsstandards implementiert hat.[147] Beispielsweise müssen Erwerbsinteressenten aus solchen **Drittstaaten** damit rechnen, die Herkunft der zum Erwerb verwendeten Mittel nachweisen zu müssen.[148]

g) Mangelnde finanzielle Solidität des Anzeigepflichtigen

83 Der Erwerb bzw. die Erhöhung der bedeutenden Beteiligung kann von der BaFin außerdem untersagt werden, wenn der Anzeigepflichtige nicht über die notwendige finanzielle Solidität verfügt (§ 19 Abs. 2 Satz 2 Nr. 3 KAGB i.V.m. § 2c Abs. 1b Satz 1 Nr. 6 KWG).

84 Dies ist insbesondere der Fall, wenn der Anzeigepflichtige auf Grund seiner Kapitalausstattung oder Vermögenssituation nicht den besonderen Anforderungen gerecht werden kann, die von Gesetzes wegen an die **Eigenmittel** und die **Liquidität** einer OGAW-Kapitalverwaltungsgesellschaft gestellt werden.[149]

85 Zweck des Untersagungstatbestandes des § 2c Abs. 1b Satz 1 Nr. 6 KWG ist es, zu vermeiden, dass die Kapitalverwaltungsgesellschaft durch unzureichende Mittel des Beteiligungsinhabers in Folge des Erwerbs in eine **finanzielle Schieflage** gerät.[150] Inwieweit die Vorschrift weitergehend bezweckt, dass nur solche Personen oder Unternehmen Inhaber einer bedeutenden Beteiligung sein dürfen, die willens und in der Lage sind, im Falle einer drohenden finanziellen Krise der Kapitalverwaltungsgesellschaft Liquidität oder zusätzliche Eigenmittel zuzuführen, ist zweifelhaft.[151]

86 Hinsichtlich der an die Inhaber einer bedeutenden Beteiligung zu stellenden Anforderungen wirft die Regelung eine Reihe von Fragen auf. Dies liegt nicht zuletzt an der bedenklichen Unbestimmtheit der Vorschrift durch Anknüpfung an den Begriff der „**notwendigen finanziellen Solidität**". Der Terminus findet im übrigen KAGB keine Entsprechung. Insbesondere kennt das KAGB keine Kapital- und Liquiditätsvorgaben an Gesellschafter von Kapitalverwaltungsgesellschaften. Auch durch das Regelbeispiel in § 2c Abs. 1b Satz 1 Nr. 6 HS. 2 KWG erhält der Begriff nur wenig zusätzliche Kontur. Umso wichtiger ist es, Fallgruppen herauszuarbeiten und die Grenzen des Tatbestands zu bestimmen. Mangelnde finanzielle Solidität liegt insbesondere dann vor, wenn der Anzeigepflichtige auf Grund seiner Kapitalausstattung oder Vermögenssituation nicht den besonderen Anforderungen der auf ihn anwendbaren gesetzlichen Eigenmittel- und Liquiditätsvorschriften genügt (z.B. als Kreditinstitut nach der CRR). Außerdem kann auch die **Unfähig-**

---

144 *Wieland*, Inhaberkontrollverfahren, S. 303 f. *Schücking* in Moritz/Klebeck/Jesch, § 19 KAGB Rz. 75.

145 *Wieland*, Inhaberkontrollverfahren, S. 303 f.

146 *Wieland*, Inhaberkontrollverfahren, S. 303 f.

147 *von den Steinen* in Beck/Samm/Kokemoor, § 2c KWG Rz. 156; *Wieland*, Inhaberkontrollverfahren, S. 304; ESMA/EBA/EIOPA, Gemeinsame Leitlinien zur aufsichtsrechtlichen Beurteilung des Erwerbs und der Erhöhung von qualifizierten Beteiligungen im Finanzsektor v. 20.12.2016, JC/GL/2016/01, S. 27.

148 *Bentele* in Baur/Tappen, § 19 KAGB Rz. 26.

149 *Schücking* in Moritz/Klebeck/Jesch, § 19 KAGB Rz. 76.

150 Ähnlich *von den Steinen* in Beck/Samm/Kokemoor, § 2c KWG Rz. 159, wonach die Vorschrift ein „Ausbluten" des Instituts verhindern möchte.

151 Vgl. *Wieland*, Inhaberkontrollverfahren, S. 305.

keit des Erwerbsinteressenten, die notwendigen Mittel für den angestrebten Erwerb aufzubringen, die mangelnde finanzielle Solidität des Erwerbsinteressenten begründen.[152]

Der Untersagungsgrund ist jedenfalls **restriktiv** auszulegen. Er findet keine Entsprechung in den Erlaubnisversagungsgründen des § 23 KAGB und stellt damit an den Erwerber einer bedeutenden Beteiligung **strengere** Anforderungen, als an den Gesellschafter im Erlaubnisverfahren.[153] 87

h) Unvollständige Anzeige

Schließlich ist eine Untersagung des Erwerbs oder der Erhöhung einer bedeutenden Beteiligung gerechtfertigt, wenn die Angaben oder Informationen, die im Rahmen der Anzeige zu übermitteln waren, **unvollständig** oder **unrichtig** waren (§ 19 Abs. 2 Satz 3 KAGB i.V.m. § 2c Abs. 1b Satz 2 KWG). 88

Nicht ausdrücklich geregelt ist, ob die BaFin bei **Nichteinreichung** der Anzeige schon vor Vollzug den Erwerb untersagen kann. Richtigerweise kann man diese Kompetenz der BaFin aus einem **Erst-Recht-Schluss** aus § 2c Abs. 1b Satz 2 und Abs. 2 Satz 1 Nr. 2 KWG ableiten. Für eine derartige Untersagungsverfügung ist wie im Fall des § 2c Abs. 2 Satz 1 Nr. 2 KWG zu fordern, dass die BaFin den Betroffenen **angehört** und diesem eine **Frist zur Nachholung** der Anzeige gesetzt hat.[154] 89

Der Untersagungsgrund des § 19 Abs. 2 Satz 3 KAGB i.V.m. § 2c Abs. 1b Satz 2 KWG ist auf Grund des Verhältnismäßigkeitsprinzips **eng auszulegen**. Nur das Fehlen bzw. die Unrichtigkeit wesentlicher, für die Entscheidung relevanter Informationen mag die Untersagung rechtfertigen. Außerdem ist dem Erwerbsinteressenten vor der Entscheidung über die Untersagung zunächst Gelegenheit zur Ergänzung und Klarstellung zu geben.[155] 90

V. Anzeige bei Erhöhung einer bedeutenden Beteiligung (§ 19 Abs. 1 Satz 2 KAGB i.V.m. § 2c Abs. 1 Satz 6 KWG)

Die Anzeigepflicht beim erstmaligen Erwerb einer bedeutenden Beteiligung wird durch Anzeigepflichten bei der Erhöhung bedeutender Beteiligung über bestimmte Schwellen ergänzt. Die Anzeigepflicht rechtfertigt sich aus dem Umstand, dass mit einer Erhöhung der Beteiligung auch die **Möglichkeiten der Einflussnahme** auf das Zielunternehmen und die damit verbundenen Gefahren steigen.[156] 91

Inhaber bedeutender Beteiligungen sind verpflichtet, die Absicht zur Erhöhung der bedeutenden Beteiligung der Bundesanstalt und der deutschen Bundesbank **unverzüglich anzuzeigen**, wenn dadurch die Schwellen von 20 %, 30 % oder 50 % der Stimmrechte oder des Kapitals erreicht oder überschritten werden sollen oder das Institut unter die Kontrolle des Beteiligungsinhabers kommt (§ 19 Abs. 1 Satz 2 KAGB i.V.m. § 2c Abs. 1 Satz 6 KWG).[157] 92

Es findet im Fall der Beteiligungserhöhung eine vollumfängliche Überprüfung des Erwerbsvorhabens statt. Das Verfahren ähnelt weitgehend dem Verfahren bei der erstmaligen Begründung einer bedeutenden Beteiligung. Wie beim erstmaligen Erwerb kann die Bundesanstalt die Erhöhung innerhalb des in § 19 Abs. 2 Satz 1 KAGB i.V.m. § 2c Abs. 1a KWG näher bestimmten Zeitraums aus den in § 19 Abs. 2 Satz 2 KAGB sowie § 19 Abs. 2 Satz 3 i.V.m. § 2c Abs. 1b Satz 1 und Satz 2 KWG genannten Gründen untersagen.[158] 93

VI. Anzeige bei Wechsel von Organen (§ 19 Abs. 1 Satz 2 KAGB i.V.m. § 2c Abs. 1 Satz 5 KWG)

Gemäß § 19 Abs. 1 Satz 2 KAGB i.V.m. § 2c Abs. 1 Satz 5 KWG hat jeder Inhaber einer bedeutenden Beteiligung, sofern es sich um eine juristische Person oder Personengesellschaft handelt, der BaFin anzuzeigen, wenn er einen neuen gesetzes- oder satzungsmäßigen Vertreter oder neuen persönlich haftenden Gesellschafter bestellt hat. Die Veränderung ist unverzüglich nach der Bestellung schriftlich anzuzeigen. Hier ist die Definition des § 121 Abs. 1 Satz 1 BGB zugrunde zu legen, wonach die Anzeige „ohne schuldhaftes Zö- 94

152 *Wieland*, Inhaberkontrollverfahren, S. 305 ff.
153 *Bentele* in Baur/Tappen, § 19 KAGB Rz. 27.
154 *Wieland*, Inhaberkontrollverfahren, S. 265; *Schücking* in Moritz/Klebeck/Jesch, § 19 KAGB Rz. 78.
155 *Bentele* in Baur/Tappen, § 19 KAGB Rz. 28.
156 *Wieland*, Inhaberkontrollverfahren, S. 67.
157 *Bentele* in Baur/Tappen, § 19 KAGB Rz. 16; *Wieland*, Inhaberkontrollverfahren, S. 67.
158 *Wieland*, Inhaberkontrollverfahren, S. 68.

gern" erstattet werden muss.[159] Den Anträgen sind die für die Zuverlässigkeitsbeurteilung wesentlichen Tatsachen beizufügen.[160]

VII. Suspendierung der Stimmrechte durch die BaFin (§ 19 Abs. 3 KAGB)

95 Die BaFin hat nach § 19 Abs. 3 Satz 1 KAGB die Möglichkeit, in bestimmten Fällen einem Inhaber einer bedeutenden Beteiligung gegenüber ein **Stimmrechtsverbot** oder einen Zustimmungsvorbehalt hinsichtlich aller Verfügungen über die Anteile (**Veräußerungssperre**) anzuordnen.[161]

96 § 2c Abs. 2 Satz 1 Nr. 1 bis 3 KWG nennt abschließend[162] die **Fallgruppen**, in denen eine solche Verfügung der BaFin zulässig ist. Dies ist der Fall, wenn die Voraussetzungen für eine Untersagungsverfügung (also ein Untersagungsgrund) vorliegen, der Inhaber der bedeutenden Beteiligung seine Pflicht zur Anzeige des Erwerbs der bedeutenden Beteiligung nicht beachtet hat oder eine bedeutende Beteiligung erworben bzw. erhöht wurde, obwohl eine Untersagungsverfügung vorlag. Außerdem muss die Entscheidung der BaFin auch dem Verhältnismäßigkeitsgrundsatz entsprechen.[163]

1. Stimmrechtsverbot

97 Ein Stimmrechtsverbot wird in der Regel ergehen, wenn die **konkrete Gefahr der Unzuverlässigkeit** der Personen, Organe oder Gesellschafter, die zur Entscheidungsfindung berufen sind, besteht und damit eine **schädliche Einflussnahme** auf die OGAW-Kapitalverwaltungsgesellschaft zu befürchten ist. Zu beachten ist hier insbesondere der Verhältnismäßigkeitsgrundsatz. So kann die Erteilung eines Stimmrechtsverbots beispielsweise unverhältnismäßig sein, wenn nur einer von mehreren Geschäftsleitern des beteiligten Unternehmens unzuverlässig ist und überstimmt werden oder seine Abberufung verlangt werden kann.[164]

98 Das Stimmverbot **suspendiert** nur die Ausübung der Stimmrechte. Der betroffene Beteiligungsinhaber bleibt also Gesellschafter und hat weiterhin einen Anspruch auf seinen Anteil am ausgeschütteten Gewinn. Auch ein Teilnahmerecht an Gesellschafterversammlungen und sein Auskunftsanspruch bestehen grundsätzlich fort, sofern nicht die Voraussetzungen für einen Ausschluss durch die Gesellschaft vorliegen.[165]

99 Um die **Handlungsfähigkeit** der externen OGAW-Kapitalverwaltungsgesellschaft zu erhalten, kann das Stimmrecht durch Gericht auf einen **Treuhänder** übertragen werden (§ 19 Abs. 3 Satz 2 KAGB) (Vgl. Rz. 103 f.).[166]

100 In dem Fall, dass Stimmrechte entgegen einem Stimmrechtsverbot dennoch ausgeübt werden, hat dies **nicht** die **Unwirksamkeit** der Stimmrechtsausübung zur Folge.[167]

2. Veräußerungssperre

101 Eine weitere Handlungsoption der BaFin liegt in der Möglichkeit, eine Anordnung zu treffen, dass über die betroffenen Anteile nur mit ihrer **Zustimmung** verfügt werden darf. Das Zustimmungserfordernis sichert die Effektivität des Stimmverbots. Anderenfalls könnte der Anteilseigner seine Anteile z.B. auf einen Strohmann übertragen und durch diesen weiterhin Einfluss ausüben. Durch eine solche Gestaltung könnte der Anteilseigner außerdem verhindern, dass ein Treuhänder die Anteile auf andere (unbeeinflusste) Erwerber überträgt.[168] Verfügungen, die gegen das Verbot verstoßen, sind allerdings zivilrechtlich wirksam.[169]

---

159 *Schücking* in Moritz/Klebeck/Jesch, § 19 KAGB Rz. 42.
160 *Wieland*, Inhaberkontrollverfahren, S. 66 f.; *Bentele* in Baur/Tappen, § 19 KAGB Rz. 15.
161 *Schücking*, in Moritz/Klebeck/Jesch, § 19 KAGB Rz. 87.
162 *Emde* in Emde/Dornseifer/Dreibus/Hölscher, § 2a InvG Rz. 29.
163 *Bentele* in Baur/Tappen, § 19 KAGB Rz. 29.
164 *Wieland*, Inhaberkontrollverfahren, S. 71, 76 f.; *Bentele* in Baur/Tappen, § 19 KAGB Rz. 33.
165 *Hirschmann*, Anteilseignerkontrolle, S. 184; *Wieland*, Inhaberkontrollverfahren, S. 77.
166 *Schücking* in Moritz/Klebeck/Jesch, § 19 KAGB Rz. 97.
167 Vgl. *Wieland*, Inhaberkontrollverfahren, S. 77, m.w.N.; *Bentele* in Baur/Tappen, § 19 KAGB Rz. 34; *Kobabe/Hirdes* in Luz/Neus/Scharpf/Schneider/Weber, § 2c KWG Rz. 47.
168 *Wieland*, Inhaberkontrollverfahren, S. 80; *Bentele* in Baur/Tappen, § 19 KAGB Rz. 35; *Emde* in Emde/Dornseifer/Dreibus/Hölscher, § 2a InvG Rz. 35.
169 *Wieland*, Inhaberkontrollverfahren, S. 78; *Kobabe/Hirdes* in Luz/Neus/Scharpf/Schneider/Weber, § 2c KWG Rz. 48.

Sofern der Inhaber der Anteile jedoch einen geeigneten Interessenten für den Anteilserwerb nachweist, sollte die BaFin üblicherweise die Zustimmung zur Veräußerung an diesen Interessenten erteilen.[170] 102

3. Übertragung der Stimmrechte auf einen Treuhänder

Sofern ein Stimmrechtsverbot oder eine Veräußerungssperre verfügt wird, hat das Gericht am Sitz der externen OGAW-Kapitalverwaltungsgesellschaft auf Antrag einen **Treuhänder** zu bestellen.[171] Der Antrag kann von der BaFin, der externen OGAW-Kapitalverwaltungsgesellschaft selbst oder einem an ihr Beteiligten gestellt werden. Gegen die Bestellung des Treuhänders kann nur mittels der einstweiligen Anordnung und der Verpflichtungsklage, gerichtet auf die Verpflichtung der BaFin, den Widerruf der Bestellung des Treuhänders zu beantragen, vorgegangen werden. Widerspruch und Anfechtungsklage sind hingegen nicht statthaft, da es sich bei der Bestellung wegen der Vornahme durch das Gericht (und nicht durch die BaFin) nicht um einen Verwaltungsakt handelt.[172] 103

Durch die Einschaltung eines Treuhänders wird sichergestellt, dass die Funktionsfähigkeit des Instituts im Fall eines Stimmverbots nicht beeinträchtigt wird.[173] Der Beteiligungsinhaber kann durch einen entsprechenden **Antrag zur Bestellung** eines Treuhänders sicherstellen, dass seine Interessen durch die Ausübung des Stimmrechts in der Gesellschafterversammlung hinreichend gewahrt bleiben.[174] 104

Die Anordnung der Übertragung des Stimmrechts auf einen Treuhänder kann **neben der Untersagung des Stimmrechts** angeordnet werden.[175] Soweit der Antrag durch die BaFin erfolgt, kommt die Übertragung des Stimmrechts allerdings nur in Betracht, wenn die Gefahr besteht, dass die Anordnung des Ruhens der Stimmrechte nicht ausreicht, um den schädlichen Einfluss des Beteiligungsinhabers zu begrenzen oder die Funktionsfähigkeit des Instituts beeinträchtigt zu werden droht.[176] Die Zuverlässigkeit und sonstige Eignung des Treuhänders ist im Rahmen der Bestellung durch das zuständige Gericht sicherzustellen.[177] 105

Der Treuhänder hat bei der Stimmrechtsausübung grundsätzlich die **Interessen des vom Stimmverbot betroffenen Inhabers** der bedeutenden Beteiligung als Treugeber zu berücksichtigen.[178] Die gegenteilige Auffassung in Teilen des Schrifttums[179] verkennt, dass es bei der Übertragung der Stimmrechte auf einen Treuhänder nicht darum gehen kann, per se jede Einflussnahme des vom Stimmrecht ausgeschlossenen Beteiligungsinhabers auszuschließen.[180] Dies widerspräche auch dem Charakter des vom Gesetzgeber gewählten Rechtsinstituts der öffentlich-rechtlichen Treuhand. Auf das Innenverhältnis zum Treuhänder sind in Ergänzung zu § 2c Abs. 2 Satz 2 bis 9 KWG subsidiär §§ 662 ff. BGB entsprechend anzuwenden.[181] Dies beinhaltet grundsätzlich entsprechend § 662 BGB auch die Pflicht in erster Linie die Vermögens- und sonstigen Interessen des Anteilseigners zu wahren.[182] Folgerichtig besteht im Fall der Verletzung dieser Bindungen auch eine Haftung des Treuhänders nach den Grundsätzen der öffentlich-rechtlichen positiven Forderungsverletzung.[183] 106

Die Bindung an die Interessen des Anteilseigners findet jedoch ihre Grenze in der **Bindung des Treuhänders an die aufsichtsrechtlichen Zielsetzungen** des § 2c Abs. 2 Satz 3 KWG. Das aus der Natur des Treuhandverhältnisses resultierende Weisungsrecht des von der Ausübung der Stimmrechte ausgeschlossenen 107

---

170 *Bentele* in Baur/Tappen, § 19 KAGB Rz. 35; *Wieland*, Inhaberkontrollverfahren, S. 78; vgl. auch *Becker* in Reischauer/Kleinhans, § 2c KWG Rz. 21.

171 *Winterhalder* in Weitnauer/Boxberger/Anders, § 19 KAGB Rz. 18; *Bentele* in Baur/Tappen, § 19 KAGB Rz. 37; *Emde* in Emde/Dornseifer/Dreibus/Hölscher, § 2a InvG Rz. 34; *Köndgen* in Berger/Steck/Lübbehüsen, § 2a InvG Rz. 10; OLG Frankfurt v. 16.6.2014 – 20 W 63/14, BeckRS 2014, 16805.

172 VG Frankfurt/M. v. 11.4.2007 – 1 G 755/07, BeckRS 23136; *Bentele* in Baur/Tappen, § 19 KAGB Rz. 37; *Süßmann* in Schwennicke/Auerbach, § 2c KWG Rz. 33; *Wieland*, Inhaberkontrollverfahren, S. 78 f.

173 *Kobabe/Hirdes* in Luz/Neus/Scharpf/Schneider/Weber, § 2c KWG Rz. 47; *Becker* in Reischauer/Kleinhans, § 2c KWG Rz. 23; *Hirschmann*, Anteilseignerkontrolle, S. 186; *Müller*, Anteilseignerkontrolle, S. 111.

174 *Hirschmann*, Anteilseignerkontrolle, S. 186; *Wieland*, Inhaberkontrollverfahren, S. 78 f.

175 *Kobabe/Hirdes* in Luz/Neus/Scharpf/Schneider/Weber, § 2c KWG Rz. 49; a.A.: *Süßmann* in Schwennicke/Auerbach, § 2c KWG Rz. 27.

176 Vgl. *Süßmann* in Schwennicke/Auerbach, § 2c KWG Rz. 27, 26; *Schäfer* in Boos/Fischer/Schulte-Mattler, § 2c KWG Rz. 32.

177 Vgl. *Wieland*, Inhaberkontrollverfahren, S. 78 f.

178 Ebenso *Hirschmann*, Anteilseignerkontrolle, S. 191 f.; im Grundsatz auch Begr. RegE, BT-Drucks. 12/3377, 28.

179 *Kobabe/Hirdes* in Luz/Neus/Scharpf/Schneider/Weber, § 2c KWG Rz. 51; *Müller*, Anteilseignerkontrolle, 2004, S. 114 ff.; zu den Grenzen: *Süßmann* in Schwennicke/Auerbach, § 2c KWG Rz. 30.

180 So aber *Müller*, Anteilseignerkontrolle, S. 116.

181 Vgl. *Hirschmann*, Anteilseignerkontrolle, S. 190 ff.

182 *Hirschmann*, Anteilseignerkontrolle, S. 192.

183 *Wieland*, Inhaberkontrollverfahren, S. 79; *Hirschmann*, Anteilseignerkontrolle, S. 192.

Beteiligungsinhabers findet daher seine Grenze in der Filterfunktion des Treuhänders, der bei der Ausübung der Stimmrechte auch und gerade den Interessen einer soliden und umsichtigen Führung des Instituts Rechnung zu tragen hat (§ 2c Abs. 2 Satz 3 KWG).[184] Dies gilt etwa im Hinblick auf Gesellschafterbeschlüsse über Ausschüttungen an die Gesellschafter, bei denen die Eigenmittelanforderungen des KAGB zu berücksichtigen sind.[185] Ein Weisungsrecht der BaFin gegenüber dem Treuhänder besteht nicht.[186]

108 Sind die Voraussetzungen des § 2c Abs. 2 Satz 1 KWG entfallen, hat die BaFin den **Widerruf der Bestellung** des Treuhänders zu beantragen (§ 2c Abs. 2 Satz 5 KWG). Lehnt die BaFin dies ab, sind dagegen ein Antrag auf einstweilige Anordnung und eine Verpflichtungsklage statthaft.[187]

109 Der Treuhänder hat Anspruch auf **Ersatz angemessener Auslagen und eine angemessene Vergütung** für seine Tätigkeit (§ 2c Abs. 2 Satz 6 KWG), die auf Antrag durch das die Bestellung anordnende Gericht festgesetzt werden (§ 2c Abs. 2 Satz 7 KWG). Für die durch die Bestellung des Treuhänders entstehenden Kosten und die diesem zu gewährenden Auslagen und seine Vergütung haften das Institut und der betroffene Inhaber der bedeutenden Beteiligung nach der gesetzlichen Regelung als Gesamtschuldner (§ 2c Abs. 2 Satz 8 KWG). Die BaFin hat gegebenenfalls hinsichtlich der Auslagen und der Vergütung in Vorleistung zu treten (§ 2c Abs. 2 Satz 9 KWG).[188]

4. Bestellung eines Treuhänders zur Veräußerung

110 Nach § 19 Abs. 3 Satz 3 KAGB i.V.m. § 2c Abs. 2 Satz 4 KWG kann die BaFin den bereits bestellten Treuhänder damit beauftragen, Anteile, die eine bedeutende Beteiligung begründen, **zu veräußern**. Der bisherige Inhaber der Anteile kann dies verhindern, indem er innerhalb der von der BaFin gesetzten Frist einen zuverlässigen Interessenten nachweist. An diesen werden die Anteile dann veräußert.[189] Ohne Zustimmung des Anteilsinhabers darf sich die Anordnung im Regelfall nur auf den 10 % minus eine Aktie der Stimmrechte beziehungsweise des Kapitals übersteigenden Anteil beziehen.[190] Die Anordnung der Veräußerung der Anteile durch den Treuhänder kommt nur als *ultima ratio* in Betracht, wenn sich alle anderen gegen den Anteilseigener ergriffenen Maßnahmen als unzureichend erwiesen haben.[191]

VIII. Grenzüberschreitende Zusammenarbeit (§ 19 Abs. 4 KAGB)

111 Nach § 19 Abs. 4 Satz 1 KAGB ist die BaFin im Rahmen der Inhaberkontrolle zur Zusammenarbeit mit den zuständigen Behörden in anderen **EWR-Staaten** verpflichtet, wenn der Anzeigepflichtige eine Person nach § 8 Abs. 3 Satz 1 Nr. 1 bis 3 KWG ist. Damit sind Unternehmen des Finanzsektors, die in anderen EU-Mitgliedsstaaten oder EWR-Vertragsstaaten auf Grundlage europäischer Richtlinien reguliert sind, deren Mutterunternehmen und Personen, die ein solches Unternehmen kontrollieren, in den Anwendungsbereich des § 19 Abs. 4 KAGB einbezogen.[192]

112 Der eigentliche **Informationsaustausch** bestimmt sich nach § 19 Abs. 4 Satz 2 KAGB i.V.m. § 8 Abs. 3 Satz 3 und 4 KWG. Hiernach tauscht die BaFin mit den zuständigen Behörden anderer EWR-Staaten alle zweckdienlichen und grundlegenden Informationen aus, die für die Beurteilung des Erwerbsinteressenten erforderlich sind. Grundlegende Informationen können auch ohne entsprechende Anfrage der zuständigen Stelle weitergegeben werden (§ 8 Abs. 3 Satz 4 KWG).[193]

184 Gegen ein Weisungsrecht *Müller*, Anteilseignerkontrolle, S. 114; *Kobabe/Hirdes* in Luz/Neus/Scharpf/Schneider/Weber, § 2c KWG Rz. 51; zum Weisungsrecht *Hirschmann*, Anteilseignerkontrolle, S. 191; zur Filterfunktion des Treuhänders vgl. *Becker* in Reischauer/Kleinhans, § 2c KWG Rz. 24.
185 Vgl. Begr. RegE, BT-Drucks. 12/3377, 28.
186 *Müller*, Anteilseignerkontrolle, S. 113 f.; vgl. auch *Wieland*, Inhaberkontrollverfahren, S. 80.
187 VG Frankfurt/M., v. 11.4.2007 – 1 G 755/07, BeckRS 23136; *Wieland*, Inhaberkontrollverfahren, S. 82; *Süßmann* in Schwennicke/Auerbach, § 2c KWG Rz. 33.
188 *Wieland*, Inhaberkontrollverfahren, S. 80.
189 *Wieland*, Inhaberkontrollverfahren, S. 80.
190 *Wieland*, Inhaberkontrollverfahren, S. 80; *Bentele* in Baur/Tappen, § 19 KAGB Rz. 36; *Süßmann* in Schwennicke/Auerbach, § 2c KWG Rz. 49; *Schäfer* in Boos/Fischer/Schulte-Mattler, § 2c KWG Rz. 35; *Hirschmann*, Anteilseignerkontrolle, S. 203.
191 Beschlussempfehlung und Bericht des Finanzausschusses zum Dritten Finanzmarktförderungsgesetz, BT-Drucks. 13/9874, 140; vgl. *Wieland*, Inhaberkontrollverfahren, S. 81.
192 *Bentele* in Baur/Tappen, § 19 KAGB Rz. 40; *Emde* in Emde/Dornseifer/Dreibus/Hölscher, § 2a InvG Rz. 38.
193 *Winterhalder* in Weitnauer/Boxberger/Anders, § 19 KAGB Rz. 22.

IX. Anzeigepflicht bei Aufgabe oder Reduzierung der bedeutenden Beteiligung (§ 19 Abs. 5 KAGB)

Eine weitere Anzeigepflicht für Inhaber bedeutender Beteiligungen ergibt sich aus § 19 Abs. 5 KAGB. Sie stellt quasi das **Spiegelbild** zur Anzeige nach § 19 Abs. 1 KAGB dar.[194] Nach § 19 Abs. 5 KAGB besteht eine unverzügliche schriftliche Anzeigepflicht, wenn der Inhaber einer bedeutenden Beteiligung beabsichtigt, die Beteiligung an einer externen OGAW-Kapitalverwaltungsgesellschaft aufzugeben oder den Betrag seiner bedeutenden Beteiligung unter die Schwellen von 20, 30 oder 50 % der Stimmrechte oder des Kapitals abzusenken oder die Beteiligung so zu verändern, dass die externe OGAW-Kapitalverwaltungsgesellschaft nicht mehr kontrolliertes Unternehmen ist. Das Gesetz sieht aber kein Recht der BaFin vor, der beabsichtigten Veräußerung zu widersprechen. 113

X. Verordnungsermächtigung (§ 19 Abs. 6 KAGB)

§ 19 Abs. 6 Satz 1 KAGB enthält eine Ermächtigung zugunsten des Bundesministeriums der Finanzen zum Erlass einer **Rechtsverordnung**. Mittels dieser können die Anzeigen des § 19 Abs. 1 und 5 KAGB hinsichtlich Art, Umfang, Zeitpunkt, Form und Übertragungsweg sowie der zu übermittelnden Unterlagen näher konkretisiert werden. Die Ermächtigung kann vom Bundesministerium der Finanzen auch auf die BaFin übertragen werden (§ 19 Abs. 6 Satz 2 KAGB). Eine Verordnung nach § 19 Abs. 6 KAGB wurde allerdings **bisher nicht** erlassen.[195] 114

Die auf Beteiligungsveränderungen an Instituten i.S.d. KWG und Versicherungen anwendbare **Inhaberkontrollverordnung** ist bei Beteiligungsveränderungen an externen OGAW-Kapitalverwaltungsgesellschaften weder direkt noch mittelbar anwendbar. Sie kann allenfalls **als Auslegungshilfe und Orientierung** in Zweifelsfragen herangezogen werden.[196] 115

Nach der Gesetzesbegründung ist Hintergrund der Verordnungsermächtigung Art. 10b Abs. 4 MiFID, auf den Art. 11 Abs. 1 OGAW-RL ausdrücklich verweist. Danach haben die Mitgliedstaaten eine Liste mit den Informationen zu veröffentlichen, die für die Beurteilung des Vorhabens erforderlich und mit der Anzeige zu übermitteln sind. Insoweit besteht im deutschen Recht derzeit ein Umsetzungsdefizit zu den europäischen Vorgaben. 116

Allerdings besteht über Art. 11 Abs. 3 OGAW-RL nunmehr die Möglichkeit für den europäischen Gesetzgeber über technische Regulierungsstandards eine erschöpfende Liste der Informationen festzulegen, die im Rahmen der Anzeige vorzulegen sind. Art. 11 Abs. 3 OGAW-RL wurde durch die Richtlinie 2010/78/EG ergänzt. Bisher hat allerdings die für den Entwurf zuständige ESMA, anders als im Rahmen der Parallelvorschrift in Art. 10a Abs. 8 MiFID,[197] von diesem Recht keinen Gebrauch gemacht.[198] Es besteht hierfür auch keine Frist. 117

XI. Rechtsbehelfe

Der Anzeigepflichtige kann sich gegen die Maßnahmen der BaFin nach § 19 Abs. 2 und 3 KAGB mittels des **Widerspruchs** (§ 68 VwGO) und der **Anfechtungsklage** (§ 42 Abs. 1 Var. 1 VwGO) wehren, da die Maßnahmen belastende Verwaltungsakte darstellen. Widerspruch und Anfechtungsklage gegen Maßnahmen der BaFin haben gem. § 7 Abs. 1 **keine aufschiebende Wirkung**. Der Anzeigepflichtige ist damit auf den **vorläufigen Rechtsschutz** gem. § 80 Abs. 5 VwGO angewiesen.[199] 118

---

194 *Schücking* in Moritz/Klebeck/Jesch, § 19 KAGB Rz. 132.

195 *Winterhalder* in Weitnauer/Boxberger/Anders, § 19 KAGB Rz. 24; *Bentele* in Baur/Tappen, § 19 KAGB Rz. 42; bereits *Emde* in Emde/Dornseifer/Dreibus/Hölscher, § 2a InvG Rz. 41; *Schücking* in Moritz/Klebeck/Jesch, § 19 KAGB Rz. 133.

196 Ebenso *Bentele* in Baur/Tappen, § 19 KAGB Rz. 42; 14; *Schlückling* in Moritz/Klebeck/Jesch, § 19 KAGB Rz. 26; *Winterhalder* in Weitnauer/Boxberger/Anders, § 19 KAGB Rz. 24.

197 Vgl. ESMA, Final report Draft technical standards under Article 10a (8) of MiFID on the assessment of acquisitions and increases in qualifying holdings in investment firms v. 23.3.2015 – ESMA/2015/613.

198 Vgl. *Bentele* in Baur/Tappen, § 19 KAGB Rz. 42.

199 *Winterhalder* in Weitnauer/Boxberger/Anders, § 19 KAGB Rz. 21; *Bentele* in Baur/Tappen, § 19 KAGB Rz. 39; *Emde* in Emde/Dornseifer/Dreibus/Hölscher, § 2a InvG Rz. 37.

XII. Sanktionen

119 Gemäß § 340 Abs. 2 Nr. 1c KAGB handelt **ordnungswidrig**, wer vorsätzlich oder fahrlässig einer vollziehbaren **Untersagungsverfügung** zuwiderhandelt (§ 19 Abs. 2 Satz 2 oder Abs. 3 Satz 1, jeweils auch i.V.m. § 108 Abs. 3 KAGB). Nach § 340 Abs. 7 Satz 1 Nr. 1 KAGB kann ein solcher Verstoß mit einer Geldbuße bis zu 5 Mio. € geahndet werden. Gegenüber einer juristischen Person oder einer Personenvereinigung kann über diesen Beitrag hinaus eine Geldbuße i.H.v. 10 % des jährlichen Gesamtumsatzes verhängt werden.

120 Ebenso **ordnungswidrig** handelt, wer gem. § 340 Abs. 2 Nr. 4 KAGB entgegen § 19 Abs. 4 Satz 1 und 2 oder Abs. 5 KAGB eine **Anzeige nicht, nicht richtig, nicht vollständig oder nicht rechtzeitig** erstattet. Ein Verstoß kann nach § 340 Abs. 7 Satz 1 Nr. 3 KAGB mit einer Geldbuße i.H.v. bis zu 200.000 € geahndet werden.

121 Über die in § 340 Abs. 7 Satz 1 KAGB genannten Beträge hinaus kann die Ordnungswidrigkeit nach § 340 Abs. 7 Satz 2 KAGB mit einer Geldbuße bis zur Höhe des Zweifachen des aus dem Verstoß gezogenen **wirtschaftlichen Vorteils** geahndet werden. Nach § 340 Abs. 7 Satz 3 KAGB umfassen die wirtschaftlichen Vorteile auch vermiedene wirtschaftliche Nachteile, welche geschätzt werden können.

§ 20 Erlaubnis zum Geschäftsbetrieb

(1) [1]Der Geschäftsbetrieb einer Kapitalverwaltungsgesellschaft bedarf der schriftlichen Erlaubnis der Bundesanstalt. [2]Die Bundesanstalt kann die Erlaubnis auf die Verwaltung bestimmter Arten von Investmentvermögen beschränken. [3]Die Bundesanstalt kann die Erlaubnis mit Nebenbestimmungen verbinden.

(2) Externe OGAW-Kapitalverwaltungsgesellschaften dürfen neben der kollektiven Vermögensverwaltung von OGAW folgende Dienstleistungen und Nebendienstleistungen erbringen:

1. die Verwaltung einzelner in Finanzinstrumenten im Sinne des § 1 Absatz 11 des Kreditwesengesetzes angelegter Vermögen für andere mit Entscheidungsspielraum einschließlich der Portfolioverwaltung fremder Investmentvermögen (Finanzportfolioverwaltung),

2. soweit die Erlaubnis die Dienstleistung nach Nummer 1 umfasst, die Anlageberatung,

3. soweit die Erlaubnis die Dienstleistung nach Nummer 1 umfasst, die Verwahrung und Verwaltung von Anteilen an inländischen Investmentvermögen, EU-Investmentvermögen oder ausländischen AIF für andere,

4. den Vertrieb von Anteilen oder Aktien an fremden Investmentvermögen,

5. soweit der externen OGAW-Kapitalverwaltungsgesellschaft zusätzlich eine Erlaubnis als externe AIF-Kapitalverwaltungsgesellschaft erteilt wurde, die Verwaltung von AIF sowie Dienstleistungen und Nebendienstleistungen nach Absatz 3,

6. den Abschluss von Altersvorsorgeverträgen gemäß § 1 Absatz 1 des Altersvorsorgeverträge-Zertifizierungsgesetzes sowie von Verträgen zum Aufbau einer eigenen kapitalgedeckten Altersversorgung im Sinne des § 10 Absatz 1 Nummer 2 Buchstabe b des Einkommensteuergesetzes,

7. die Abgabe einer Zusage gegenüber dem Anleger, dass bei Rücknahme von Anteilen, bei Beendigung der Verwaltung von Vermögen im Sinne der Nummer 1 und der Beendigung der Verwahrung und Verwaltung von Anteilen im Sinne der Nummer 3 mindestens ein bestimmter oder bestimmbarer Betrag an den Anleger gezahlt wird (Mindestzahlungszusage),

8. sonstige Tätigkeiten, die mit den in diesem Absatz genannten Dienstleistungen und Nebendienstleistungen unmittelbar verbunden sind.

(3) Externe AIF-Kapitalverwaltungsgesellschaften dürfen neben der kollektiven Vermögensverwaltung von AIF folgende Dienstleistungen und Nebendienstleistungen erbringen:

1. die Verwaltung einzelner nicht in Finanzinstrumenten im Sinne des § 1 Absatz 11 des Kreditwesengesetzes angelegter Vermögen für andere mit Entscheidungsspielraum sowie die Anlageberatung (individuelle Vermögensverwaltung und Anlageberatung),

2. die Verwaltung einzelner in Finanzinstrumenten im Sinne des § 1 Absatz 11 des Kreditwesengesetzes angelegter Vermögen für andere mit Entscheidungsspielraum einschließlich der Portfolioverwaltung fremder Investmentvermögen (Finanzportfolioverwaltung),

3. soweit die Erlaubnis die Dienstleistung nach Nummer 2 umfasst, die Anlageberatung,
4. soweit die Erlaubnis die Dienstleistung nach Nummer 2 umfasst, die Verwahrung und Verwaltung von Anteilen an inländischen Investmentvermögen, EU-Investmentvermögen oder ausländischen AIF für andere,
5. soweit die Erlaubnis die Dienstleistung nach Nummer 2 umfasst, die Vermittlung von Geschäften über die Anschaffung und Veräußerung von Finanzinstrumenten (Anlagevermittlung),
6. den Vertrieb von Anteilen oder Aktien an fremden Investmentvermögen,
7. soweit der externen AIF-Kapitalverwaltungsgesellschaft zusätzlich eine Erlaubnis als externe OGAW-Kapitalverwaltungsgesellschaft erteilt wurde, die Verwaltung von OGAW sowie Dienstleistungen und Nebendienstleistungen nach Absatz 2,
8. den Abschluss von Altersvorsorgeverträgen gemäß § 1 Absatz 1 des Altersvorsorgeverträge-Zertifizierungsgesetzes sowie von Verträgen zum Aufbau einer eigenen kapitalgedeckten Altersversorgung im Sinne des § 10 Absatz 1 Nummer 2 Buchstabe b des Einkommensteuergesetzes,
9. sonstige Tätigkeiten, die mit den in diesem Absatz genannten Dienstleistungen und Nebendienstleistungen unmittelbar verbunden sind.

(4) Externe OGAW-Kapitalverwaltungsgesellschaften und externe AIF-Kapitalverwaltungsgesellschaften dürfen nicht ausschließlich die in Absatz 2 Nummer 1 bis 4 und in Absatz 3 Nummer 1 bis 6 genannten Dienstleistungen und Nebendienstleistungen erbringen, ohne auch die kollektive Vermögensverwaltung zu erbringen.

(5) [1]In der Satzung oder dem Gesellschaftsvertrag der externen OGAW-Kapitalverwaltungsgesellschaft muss bestimmt sein, dass außer den Geschäften, die zur Anlage ihres eigenen Vermögens erforderlich sind, nur die in Absatz 2 genannten Geschäfte und Tätigkeiten betrieben werden. [2]In der Satzung oder dem Gesellschaftsvertrag der externen AIF-Kapitalverwaltungsgesellschaft muss bestimmt sein, dass außer den Geschäften, die zur Anlage ihres eigenen Vermögens erforderlich sind, nur die in Absatz 3 genannten Geschäfte und Tätigkeiten betrieben werden.

(6) Externe Kapitalverwaltungsgesellschaften dürfen sich an Unternehmen beteiligen, wenn der Geschäftszweck des Unternehmens gesetzlich oder satzungsmäßig im Wesentlichen auf die Geschäfte ausgerichtet ist, welche die externe Kapitalverwaltungsgesellschaft selbst betreiben darf und eine Haftung der externen Kapitalverwaltungsgesellschaft aus der Beteiligung durch die Rechtsform des Unternehmens beschränkt ist.

(7) Intern verwaltete OGAW-Kapitalverwaltungsgesellschaften dürfen keine andere Tätigkeit ausüben als die Verwaltung des eigenen OGAW; intern verwaltete AIF-Kapitalverwaltungsgesellschaften dürfen keine andere Tätigkeit ausüben als die Verwaltung des eigenen AIF.

(8) OGAW-Kapitalverwaltungsgesellschaften dürfen für Rechnung des OGAW weder Gelddarlehen gewähren noch Verpflichtungen aus einem Bürgschafts- oder einem Garantievertrag eingehen.

(9) [1]AIF-Kapitalverwaltungsgesellschaften dürfen im Rahmen der kollektiven Vermögensverwaltung ein Gelddarlehen nur gewähren, wenn dies auf Grund der Verordnung (EU) Nr. 345/2013, der Verordnung (EU) Nr. 346/2013, der Verordnung (EU) 2015/760 des Europäischen Parlaments und des Rates vom 29. April 2015 über europäische langfristige Investmentfonds (ABl. L 123 vom 19.05.2015, S. 98), § 3 Absatz 2 in Verbindung mit § 4 Absatz 7 des Gesetzes über Unternehmensbeteiligungsgesellschaften, §§ 240, 261 Absatz 1 Nummer 8, § 282 Absatz 2 Satz 3, § 284 Absatz 5 oder § 285 Absatz 2 oder Absatz 3 erlaubt ist. [2]Die Gewährung eines Gelddarlehens im Sinne des Satzes 1 liegt nicht vor bei einer der Darlehensgewährung nachfolgenden Änderung der Darlehensbedingungen.

(10) Externe Kapitalverwaltungsgesellschaften dürfen ihren Mutter-, Tochter- und Schwesterunternehmen Gelddarlehen für eigene Rechnung gewähren.

In der Fassung vom 4.7.2013 (BGBl. I 2013, S. 1981), zuletzt geändert durch das Gesetz zur Umsetzung der Richtlinie 2014/91/EU des Europäischen Parlaments und des Rates vom 23. Juli 2014 zur Änderung der Richtlinie 2009/65/EG zur Koordinierung der Rechts- und Verwaltungsvorschriften betreffend bestimmte Organismen für gemeinsame Anlagen in Wertpapieren (OGAW) im Hinblick auf die Aufgaben der Verwahrstelle, die Vergütungspolitik und Sanktionen vom 3.3.2016 (BGBl. I 2016, S. 348).

Schrifttum: *Bader/Ronellenfitsch*, Beck'scher Online-Kommentar VwVfG, Stand 10/2016; BaFin, Auslegungsentscheidung – Änderung der Verwaltungspraxis zur Vergabe von Darlehen usw. für Rechnung des Investmentvermögens v. 12.5.2015; *BaFin*, Auslegungsschreiben zum Anwendungsbereich des KAGB und zum Begriff des „Investmentvermögens“ v. 14.6.2013; BaFin, Häufig gestellte Fragen zum KAGB v. 25.11.2015; *BaFin*, Merkblatt Hinweise zum Tatbestand des Depotgeschäfts v. 6.1.2009 (Stand: Februar 2014); *BaFin*, Merkblatt Hinweise zum Tatbestand des Garantiegeschäfts (Stand: Januar 2009); *BaFin*, Merkblatt zum Erlaubnisverfahren für eine AIF-Kapitalverwaltungsgesellschaft nach § 22 KAGB-E v. 22.3.2013; *BaFin*, Merkblatt zur Erlaubnispflicht gemäß KWG und KAGB von Family Offices v. 14.5.2014; *BaFin*, BaFin Rundschreiben 05/2018 (WA) – MaComp v. 19.4.2018, geändert am 9.5.2018; *BaFin*, Strafnorm für Zahlungsdienste: Stellungnahme der BaFin zu BGH-Beschluss v. 17.2.2016; *Bundesverband Alternative Investments e.V. (BAI)*, Stellungnahme zum Regierungsentwurf des OGAW-V-Umsetzungsgesetzes; *Bundesverband Deutscher Kapitalbeteiligungsgesellschaften (BVK)*, Stellungnahme zum Regierungsentwurf des OGAW-V Umsetzungsgesetzes; *Bundesverband Investment und Asset Management e.V.(BVI)*, Stellungnahme zum Regierungsentwurf des OGAW-V Umsetzungsgesetzes v. 24.6.2015; *Demleitner*, Aufsichtsrechtliche Folgen eines verkannten AIF, BB 2014, 2058; *Emde/Dreibus*, der Regierungsentwurf für ein Kapitalanlagegesetzbuch, BKR 2013, 89; *ESMA*, Consultation Paper, Guidelines on key concepts of the Alternative Investment Fund Managers Directive and types of AIFM (ESMA/2012/845); *ESMA*, Discussion Paper Key concepts of the Alternative Investment Fund Managers Directive and types of AIFM (ESMA/2012/117); *ESMA*, Opinion, Key principles for a European framework on loan originating by funds (ESMA/2016/596); *ESMA*, Trends, Risks, Vulnerabilities, No. 1, 2015 (ESMA/2015/526); ESRB, Antwort des ESRB auf die Konsultation der irischen Zentralbank; *ESMA*, Final Report, ESMA's technical advice to the European Commission on possible implementing measures of the Alternative Investment Fund Managers Directive (ESMA/2011/379); EU-Kommission, Aktionsplan zur Schaffung einer Kapitalmarktunion (COM (2015) 468 final); *Fischer/Friedrich*, Investmentaktiengesellschaft und Investmentkommanditgesellschaft unter dem Kapitalanlagegesetzbuch, ZBB 2013, 153; *Friedrich/Bühler*, Bankaufsichtsrechtliche Aspekte der Verwaltung von Darlehensfonds, WM 2015, 911; Gemeinsames Informationsblatt der Bundesanstalt für Finanzdienstleistungsaufsicht und der Deutschen Bundesbank zum Tatbestand der Anlageberatung (Stand: Juli 2013); *Gesamtverband der Deutschen Versicherungswirtschaft (GDV)*, Stellungnahme zum Regierungsentwurf des OGAW-V-Umsetzungsgesetzes v. 23.7.2015; *Graf zu Solms-Laubach/Mihova*, Übersicht über die aufsichtsrechtliche Regulierung von alternativen Finanzierungen nach Inkrafttreten des KAGB und des Kleinanlegerschutzgesetzes, DStR 2015, 1872; *Haisch/Bühler*, Loan Originating Funds im Spannungsfeld von Aufsichts- und Steuerrecht, BB 2015, 1986; *Hanten/von Tiling*, Kreditfonds, WM 2015, 2122; *Herring/Loff*, Die Verwaltung alternativer Investmentvermögen nach dem KAGB-E, DB 2012, 2029; *Heuer/Schwalba*, Kreditfonds als Alternative zum Transfer von Kreditrisiken, ZfgK 2013, 910; *Hingst/Lösing*, Zur Erlaubnispflichtigkeit von Finanztransfergeschäften nach dem Zahlungsdiensteaufsichtsgesetz: Hohe Anforderung an die Betreiber von Internetplattformen mit Bezahlsystemen, BKR 2012, 334; *Hüwel/Lercara/Stamm*, ONPOINT – Ein Legal Update der Financial Services Gruppe von Dechert LLP, OGAW-V Umsetzungsgesetz verkündet: Auswirkungen auf Kreditfonds, März 2016; *Jesch/Alten*, Erlaubnisantrag für Kapitalverwaltungsgesellschaften nach §§ 21 ff. KAGB – bisherige Erkenntnisse und offene Fragen, RdF 2013, 191; *Jesch*, Loan Origination Funds – struktureller Vergleich zur Verbriefung nach Änderung der BaFin-Verwaltungspraxis, RdF 2016, 32; *Partsch/Mullmaier*, Delegation, in Zetzsche (Hrsg.), The Alternative Investment Fund Managers Directive, 2012; *Sustmann/Neuhaus/Wieland*, Die Zukunft des Unternehmensbeteiligungsgesellschaftsgesetz (UBGG) vor dem Hintergrund der anstehenden Umsetzung der AIFM-Richtlinie, Corporate Finance 2012, 78; *v. Einem/Schlote*, Neue rechtliche Rahmenbedingungen für Private Debt Fonds, WM 2015, 1925; *Klinger*, Die zentrale Strafnorm des Investmentrechts gem. § 339 KAGB, NZWiSt 2014, 370; *Stelkens/Bonk/Sachs*, VwVfG, 8. Aufl. 2014; *Wittek*, Kreditvergabe jenseits von Banken, die bank 2015, 30; *Zander*, Einführung von Kreditfonds durch das OGAW V-Umsetzungsgesetz – zugleich Überblick über die wesentlichen Neuregelungen, DB 2016, 331; *Zetzsche*, Appointment, Authorization and Organization of the AIFM, in Zetzsche (Hrsg.), The Alternative Investment Fund Managers Directive, 2012; *Zetzsche*, Fondsregulierung im Umbruch – ein rechtsvergleichender Rundblick zur Umsetzung der AIFM-Richtlinie, ZBB 2014, 22; *Zetzsche/Eckner*, Risk Management, in Zetzsche (Hrsg.), The Alternative Investment Fund Managers Directive, 2012; *Zetzsche/Marte*, Kreditfonds zwischen Anleger- und Systemschutz, RdF 2015, 4.

I. Überblick

§ 20 KAGB regelt die **Erlaubnispflicht** für Kapitalverwaltungsgesellschaften. Zugleich definiert die Vorschrift das **Spektrum zulässiger Tätigkeiten** von Kapitalverwaltungsgesellschaften. Die Vorschrift verankert damit auch das sog. Spezialitätsprinzip im deutschen Recht, wonach Kapitalverwaltungsgesellschaften im Wesentlichen auf die kollektive Vermögensverwaltung und eine Reihe von (Neben-)Dienstleistungen beschränkt sind, darüber hinaus aber grundsätzlich keine anderweitigen Tätigkeiten ausführen dürfen.[1] 1

II. Erlaubnis (§ 20 Abs. 1 KAGB)

1. Erlaubnispflicht (§ 20 Abs. 1 Satz 1 KAGB)

Nach § 20 Abs. 1 Satz 1 KAGB bedarf der Geschäftsbetrieb einer Kapitalverwaltungsgesellschaft der Erlaubnis durch die BaFin. Satz 1 dient der Umsetzung von Art. 6 Abs. 1 Unterabs. 1 AIFM-RL[2] und entspricht im Wesentlichen dem aufgehobenen § 7 Abs. 1 Satz 1 InvG.[3] 2

Einstweilen frei. 3

1 *Bentele* in Baur/Tappen, § 20 KAGB Rz. 1.

2 Richtlinie 2011/61/EU des Europäischen Parlaments und des Rates vom 8. Juni 2011 über die Verwalter alternativer Investmentfonds und zur Änderung der Richtlinien 2003/41/EG und 2009/65/EG und der Verordnungen (EG) Nr. 1060/2009 und (EU) Nr. 1095/2010, ABl. EU Nr. L 174 v. 1.7.2011, S. 1.

3 Begr. RegE, BT-Drucks. 17/12294, 213; *Winterhalder* in Weitnauer/Boxberger/Anders, § 20 KAGB Rz. 3; vgl. *Steck/Gringel* in Berger/Steck/Lübbehüsen, § 7 InvG Rz. 1; *Jesch/Alten*, RdF 2013, 191 (193).

a) Zweck der Erlaubnispflicht

4 Zweck der Erlaubnispflicht ist es, sicherzustellen, dass nur Unternehmen das Investmentgeschäft betreiben, die nachweislich in der Lage sind, dieses dauerhaft in **Übereinstimmung mit den gesetzlichen Vorschriften des KAGB** zu tun. Da Kapitalverwaltungsgesellschaften durch ihre Kunden fremde Gelder anvertraut werden, hat insbesondere die Zuverlässigkeitsprüfung des Unternehmens und seiner Geschäftsleiter im Erlaubnisverfahren eine hohe Bedeutung. Ferner stehen die ausreichende fachliche Eignung und personelle und finanzielle Ausstattung des Antragstellers im Mittelpunkt der Prüfung.[4] Ungeeignete Unternehmen und Personen sollen hingegen vom Investmentgeschäft von vornherein ferngehalten werden.[5] Hierdurch soll die Integrität und Funktionsfähigkeit des Finanzmarktes gestärkt werden.[6] Daneben dient die Erlaubnispflicht auch dem Anleger- und Verbraucherschutz insgesamt.[7] Dieser ist allerdings nicht primär auf den Schutz des individuellen Anlegers ausgerichtet, sondern liegt im Sinne eines objektiven Schutzes in erster Linie im öffentlichen Interesse.[8]

5 Rechtssystematisch handelt es sich bei der Erlaubnispflicht des § 20 KAGB um ein präventives Verbot mit Erlaubnisvorbehalt.[9] Der Antragsteller hat einen **Rechtsanspruch** auf Erteilung der Erlaubnis, sofern die Voraussetzungen der Erlaubniserteilung erfüllt sind und kein Versagungsgrund nach § 23 KAGB vorliegt.[10]

b) Anwendungsbereich

6 § 2 KAGB nimmt von Gesetzes wegen bestimmte Unternehmen von der Anwendbarkeit des KAGB und damit auch von der Erlaubnispflicht aus. Hiervon profitieren beispielsweise gewisse Holdinggesellschaften, nationale Zentralbanken, Arbeitnehmerbeteiligungssysteme und sog. „kleine AIF“. Für letztere, nämlich **kleine Spezial-AIF** i.S.d. § 2 Abs. 4 KAGB, **kleine, intern verwaltete, geschlossene Publikums-AIF** i.S.d. § 2 Abs. 4a KAGB und **kleine, geschlossene AIF** i.S.d. § 2 Abs. 5 KAGB, besteht dann keine Erlaubnis- sondern lediglich eine Registrierungspflicht gem. § 44 KAGB.[11] Wenn und soweit eine Übergangsvorschrift vorsieht, dass die Erlaubnis als erteilt gilt, ist ebenfalls keine erneute Erlaubniserteilung notwendig (vgl. §§ 343 ff. KAGB).[12]

7 Erlaubnispflichtig sind **alle Kapitalverwaltungsgesellschaften** i.S.d. § 17 Abs. 1 KAGB, also externe Kapitalverwaltungsgesellschaften (Form: AG, GmbH, GmbH & Co. KG) und interne Kapitalverwaltungsgesellschaften (Form: Investmentaktiengesellschaft, Investmentkommanditgesellschaft).[13] Sofern es sich um eine interne Kapitalverwaltungsgesellschaft handelt, ist das Investmentvermögen nach § 17 Abs. 2 KAGB selbst erlaubnispflichtig.[14]

8 Im Hinblick auf die externe **OGAW-Investmentaktiengesellschaft mvK** gilt ein vereinfachtes Erlaubnisverfahren für das Investmentvermögen selbst (vgl. § 113 KAGB).[15]

9 Die Frage des Anwendungsbereiches des § 20 KAGB berührt auch das **Verhältnis der Erlaubnistatbestände in KAGB und KWG**. Nach Auffassung der ESMA kann ein Unternehmen mit einer MiFID-Lizenz oder einer Lizenz nach der Bankenrichtlinie in keinem Fall zugleich eine Erlaubnis als AIF-Kapitalverwaltungs-

---

4 *Schücking* in Moritz/Klebeck/Jesch, § 20 KAGB Rz. 18.
5 *Bentele* in Baur/Tappen, § 20 KAGB Rz. 2; *Winterhalder* in Weitnauer/Boxberger/Anders, § 20 KAGB Rz. 3; *Beckmann* in Beckmann/Scholtz/Vollmer, § 20 KAGB Rz. 15, 30; *Steck/Gringel* in Berger/Steck/Lübbehüsen, § 7 InvG Rz. 1; *Thole* in Emde/Dornseifer/Dreibus/Hölscher, § 7 InvG Rz. 1.
6 *Beckmann* in Beckmann/Scholtz/Vollmer, § 20 KAGB Rz. 15.
7 *Friedrich/Bühler*, WM 2015, 911 (914 f.).
8 *Beckmann* in Beckmann/Scholtz/Vollmer, § 20 KAGB Rz. 16.
9 *Thole* in Emde/Dornseifer/Dreibus/Hölscher, § 7 InvG Rz. 6; *Bentele* in Baur/Tappen, § 20 KAGB Rz. 2.
10 *Beckmann* in Beckmann/Scholtz/Vollmer, § 20 KAGB Rz. 160; *Winterhalder* in Weitnauer/Boxberger/Anders, § 20 KAGB Rz. 16; so bereits *Thole* in Emde/Dornseifer/Dreibus/Hölscher, § 7 InvG Rz. 6.
11 *Winterhalder* in Weitnauer/Boxberger/Anders, § 20 KAGB Rz. 25; *Beckmann* in Beckmann/Scholtz/Vollmer, § 20 KAGB Rz. 51.
12 *Winterhalder* in Weitnauer/Boxberger/Anders, § 20 KAGB Rz. 25; *Jesch/Alten*, RdF 2013, 191 (194).
13 BaFin, Merkblatt zum Erlaubnisverfahren für eine AIF-Kapitalverwaltungsgesellschaft nach § 22 KAGB-E v. 22.3.2013, Ziffer B. 2.; *Winterhalder* in Weitnauer/Boxberger/Anders, § 20 KAGB Rz. 18; *Beckmann* in Beckmann/Scholtz/Vollmer, § 20 KAGB Rz. 50, 62.
14 *Winterhalder* in Weitnauer/Boxberger/Anders, § 20 KAGB Rz. 18.
15 Vgl. auch zu den Hintergründen *Fischer/Friedrich*, ZBB 2013, 153 (159); *Winterhalder* in Weitnauer/Boxberger/Anders, § 20 KAGB Rz. 18.

gesellschaft innehaben.[16] Ein Fondsmanagement durch ein solches Unternehmen scheidet daher aus.[17] KWG Lizenz und KAGB Lizenz stehen daher in einem Exklusivitätsverhältnis.[18] Als Grundsatz gilt: Betreibt das Unternehmen die *kollektive Vermögensverwaltung* so sind die Vorschriften des KAGB gegenüber dem KWG **lex specialis.** Dies gilt nach § 20 Abs. 2 und 3 KAGB auch für den Fall das die Kapitalverwaltungsgesellschaft gewisse Nebendienstleistungen erbringt. Andersherum wird das Betreiben der *individuellen Vermögensverwaltung*[19] regelmäßig dem KWG (insbesondere: § 1 Abs. 1a Nr. 3 und 11 KWG) zuzuordnen sein. Dem Grunde nach entscheidet hierbei die **Anzahl der Geldgeber** für eine Anlage zwischen individueller und kollektiver Vermögensverwaltung.[20] Einen typischen Grenzfall bilden hierbei die sog. **Family Offices**, bei denen die individuelle Gestaltung für die aufsichtsrechtliche Zuordnung maßgeblich ist.[21]

In Bereichen von regulatorischen Schnittmengen **verdrängt** das KAGB das KWG. Dies ergibt sich zum einen aus der Formulierung der §§ 2 Abs. 1 Nr. 3b, Abs. 6 Nr. 5a KWG, wonach Kapitalverwaltungsgesellschaften und extern verwaltete Investmentgesellschaften nicht als Kredit- bzw. Finanzdienstleistungsinstitut gelten „sofern" sie nur die kollektive Vermögensverwaltung bzw. die in § 20 Abs. 2 und 3 KAGB benannten Nebendienstleistungen erbringen.[22] Zum anderen lässt sich dies aus dem Erwägungsgrund 20 der AIFM-RL schließen, wonach bei einem AIFM, der einen AIF verwaltet, nicht davon ausgegangen werden soll, dass er eine Portfolioverwaltung nach MiFID erbringt, sondern eine Portfolioverwaltung nach der AIFM-RL.[23] 10

Übt ein Unternehmen allerdings die in § 20 Abs. 2 und 3 KAGB beschriebenen Tätigkeiten aus, ohne zugleich die kollektive Vermögensverwaltung zu betreiben, so wird dies alleine unter dem KWG bzw. anderer Aufsichtsgesetze eine **Erlaubnispflicht auslösen.**[24] Dies ergibt sich schon daraus, dass hier die Bereichsausnahmen des KWGs, mangels Eigenschaft als Kapitalverwaltungsgesellschaft nach § 17 KAGB, nicht greifen.[25] Tatsächlich ist in diesem Zusammenhang die Vorschrift des § 2 Abs. 2 KAGB zu beachten. Hiernach bedürfen Finanzdienstleistungsinstitute und Kreditinstitute, die über eine Erlaubnis nach dem Kreditwesengesetz verfügen, für die Erbringung von Wertpapierdienstleistungen i.S.v. § 2 Abs. 3 des Wertpapierhandelsgesetzes für AIF keiner Erlaubnis nach dem KAGB. Dies betrifft insbesondere Fälle von **Auslagerungsunternehmen** nach § 36 KAGB, die nach § 36 Abs. 1 Nr. 3 KAGB ggf. einer Erlaubnis nach dem KWG bedürfen.[26] 11

Unternehmensbeteiligungsgesellschaften können durchaus als AIF zu qualifizieren sein, womit der Anwendungsbereich des KAGBs eröffnet ist.[27] Zwar wird es sich oftmals um allein registrierungspflichte AIFM i.S.d. § 2 Abs. 4 KAGB handeln, allerdings kommt es gleichwohl zu einer doppelten Regulierungsbelastung.[28] Mit anderen Worten stehen die beiden Regelungswerke UBGG und KAGB, wie aus § 2 Abs. 1 UBGG ersichtlich wird, nebeneinander und sind gleichzeitig zu beachten.[29]

c) Antragsverfahren

Das Erlaubnisverfahren wird formell durch einen **Erlaubnisantrag** in Gang gesetzt. Der vorgeschriebene Inhalt des Erlaubnisantrags sowie einige Besonderheiten zum Erlaubnisverfahren sind in § 21 KAGB bzw. § 22 KAGB geregelt (vgl. § 21 Rz. 5 ff., 29 ff., § 22 Rz. 3 ff., 16 ff.), je nachdem ob der Antrag auf die Erteilung einer Erlaubnis für eine AIF- oder OGAW-Kapitalverwaltungsgesellschaft gerichtet ist. Soweit das 12

16 ESMA, Discussion Paper Key concepts of the Alternative Investment Fund Managers Directive and types of AIFM v. 12.2.2012, ESMA/2012/117, S. 15; offen gelassen: ESMA, Consultation paper Guidelines on key concepts of the AIFM v. 19.12.2012, ESMA/2012/845, S. 6.

17 *Winterhalder* in Weitnauer/Boxberger/Anders, § 20 KAGB Rz. 5.

18 *Bentele* in Baur/Tappen, § 17 KAGB Rz. 4 f.

19 Das KAGB spricht freilich, in Abweichung vom InvG, nicht mehr von „individueller Vermögensverwaltung" sondern von „Finanzportfolioverwaltung" (§ 20 Abs. 2 Nr. 3 KAGB). Die „individuelle Vermögensverwaltung" bezeichnet nach § 20 Abs. 3 Nr. 1 KAGB nunmehr die Verwaltung von nicht in Finanzinstrumente i.S.d. § 1 Abs. 11 KAGB angelegten Vermögen. An der Begrifflichkeit soll hier gleichwohl zur Herausstellung des Antagonismus zwischen individueller und kollektiver Vermögensverwaltung festgehalten werden.

20 *Steffen* in Baur/Tappen, § 26 KAGB Rz. 19.

21 Eingehend: BaFin, Merkblatt zur Erlaubnispflicht gemäß KWG und KAGB von Family Offices v. 14.5.2014.

22 *Winterhalder* in Weitnauer/Boxberger/Anders, § 17 KAGB Rz. 24.

23 *Winterhalder* in Weitnauer/Boxberger/Anders, § 17 KAGB Rz. 24.

24 *Winterhalder* in Weitnauer/Boxberger/Anders, § 20 KAGB Rz. 9.

25 So auch: *Winterhalder* in Weitnauer/Boxberger/Anders, § 20 KAGB Rz. 9.

26 *Herring/Loff*, DB 2012, 2029 (2032).

27 *Vollhard/Jang*, in Dornseifer/Jesch/Klebeck/Tollmann, Art. 6 AIFM-RL Rz. 46 f.

28 *Winterhalder* in Weitnauer/Boxberger/Anders, § 20 KAGB Rz. 12; *Schücking* in Moritz/Klebeck/Jesch, § 20 KAGB Rz. 9.

29 Zum Verhältnis von UBGG und KAGB vgl. *Sustmann/Neuhaus/Wieland*, Corporate Finance 2012, 78.

KAGB keine Verfahrensregeln enthält, finden ergänzend die **Vorschriften des VwVfG** auf das Erlaubnisverfahren Anwendung. Für das Erlaubnisverfahren zur Erlangung einer Lizenz als AIF-Kapitalverwaltungsgesellschaft hat die BaFin zudem ein Merkblatt herausgegeben.[30]

13 Der Antrag ist **vor der Aufnahme** der Tätigkeit zu stellen. Der Antragsteller darf die erlaubnispflichtige Tätigkeit erst nach Erteilung der Erlaubnis aufnehmen.[31] Übergangsbestimmungen zur Einführung des KAGB sind hiervon jedoch zum Teil abgewichen (§§ 343 ff. KAGB).

14 Die BaFin hat über den Erlaubnisantrag innerhalb der gesetzlichen **Fristen** der §§ 21 Abs. 2, 22 Abs. 2 KAGB (6 bzw. 3 Monate) eine Entscheidung zu treffen.[32]

d) Erforderlicher Mindestumfang der ausgeübten Tätigkeiten

15 Hinsichtlich der Einordnung als Kapitalverwaltungsgesellschaft i.R.d. § 17 KAGB genügt die Erbringung der Portfolioverwaltung *oder* des Risikomanagements (vgl. eingehend § 17 Rz. 17). Die Erlaubniserteilung nach § 20 KAGB erfasst allerdings **zwingend** *sowohl* die Erbringung der **Portfolioverwaltung** *als auch* des **Risikomanagements.**[33] Unter Erbringung ist dabei die Fähigkeit zu verstehen, beide Tätigkeiten ausüben zu können. Sofern eine Kapitalverwaltungsgesellschaft nur eine der beiden Kerntätigkeiten ausübt, ist die Erlaubnis nach § 23 Nr. 10 KAGB zu versagen (vgl. § 23 Rz. 29, 30). Denkbar ist dann jedoch eine Zulassung für das Portfoliomanagement gem. § 32 Abs. 1 i.V.m. § 1 Abs. 1a Nr. 3 KWG.[34] Die Tätigkeiten dürfen auch im gesetzlich zulässigen Umfang (vgl. § 36 KAGB) auf ein Auslagerungsunternehmen ausgelagert werden.[35]

16 Hinsichtlich der **Auslagerung** der kollektiven Vermögensverwaltung ist strittig, ob die Kapitalverwaltungsgesellschaft die Portfolioverwaltung oder das Risikomanagement jeweils oder sogar beide Bereiche vollständig auslagern darf.[36] Vor diesem Hintergrund muss auch gefragt werden, wieviel Mindestbestand an Aktivitäten trotz Auslagerung („Wesentlichkeit")[37] noch bei der Kapitalverwaltungsgesellschaft verbleiben muss, um eine Abgrenzung gegenüber **Briefkastenfirmen** vornehmen zu können. Letztere sind in jedem Fall unzulässig (§ 36 Abs. 5 KAGB; vgl. auch Erwägungsgrund 91 der Delegierten Verordnung, wonach die Auslagerung nicht dazu führen darf, dass die Kapitalverwaltungsgesellschaft nicht mehr als Verwalter des AIF, sondern vielmehr ausschließlich als Briefkastenfirma angesehen werden kann).[38] Während die BaFin bisher keine Verwaltungspraxis zur Mindestsubstanz bei Auslagerung verlautbart hat, werden beispielsweise in Liechtenstein mindestens vier bis fünf, in Frankreich mindestens drei und in Luxemburg mindestens vier Angestellte der Kapitalverwaltungsgesellschaft für Portfolio- und Risikomanagement verlangt.[39]

17 Der Wortlaut des § 36 Abs. 1 KAGB legt zunächst nahe, dass jedenfalls entweder die Portfolioverwaltung oder das Risikomanagement vollständig ausgelagert werden dürfen. Es wird darüber hinaus auch vertreten, dass die Kapitalverwaltungsgesellschaft auch beide Tätigkeiten vollständig auslagern darf.[40] Die AIFM-RL sieht hierzu jedoch in Art. 6 Abs. 5 lit. d sowie Anhang I.1. vor, dass zur gemeinsamen Portfolioverwaltung zwingend beide Tätigkeitsbereiche gehören und damit eine Gesellschaft, die nur administrative Tätigkeiten anbietet und alle anderen Tätigkeiten auslagert, nicht als AIF-Kapitalverwaltungsgesellschaft zugelassen werden darf.[41] Die Kapitalverwaltungsgesellschaft muss also eine der beiden Tätigkeiten zumindest **teilwei-**

---

30 BaFin, Merkblatt zum Erlaubnisverfahren für eine AIF-Kapitalverwaltungsgesellschaft nach § 22 KAGB-E v. 22.3.2013.

31 *Winterhalder* in Weitnauer/Boxberger/Anders, § 20 KAGB Rz. 21; *Beckmann* in Beckmann/Scholtz/Vollmer, § 20 KAGB Rz. 160; so schon *Thole* in Emde/Dornseifer/Dreibus/Hölscher, § 7 InvG Rz. 1.

32 *Beckmann* in Beckmann/Scholtz/Vollmer, § 20 KAGB Rz. 148.

33 A.A. *Schücking* in Moritz/Klebeck/Jesch, § 20 KAGB Rz. 16.

34 *Zetzsche* in Zetzsche, AIFMD, S. 159 (161); BaFin, Merkblatt zum Erlaubnisverfahren für eine AIF-Kapitalverwaltungsgesellschaft nach § 22 KAGB-E v. 22.3.2013, Ziffer B. 2.; *Jesch/Alten*, RdF 2013, 191 (193).

35 BaFin, Merkblatt zum Erlaubnisverfahren für eine AIF-Kapitalverwaltungsgesellschaft nach § 22 KAGB-E v. 22.3.2013, Ziffer B. 2.; *Jesch/Alten*, RdF 2013, 191 (193 f.); *Zetzsche/Eckner* in Zetzsche, AIFMD, S. 266 (285).

36 Zur vollständigen Auslagerung beider Bereiche ablehnend *Volhard/Jang* in Weitnauer/Boxberger/Anders, § 36 KAGB Rz. 46 ff.; vgl. auch *Hanten* in Baur/Tappen, § 36 KAGB Rz. 123 ff.

37 *Tollmann* in Dornseifer/Jesch/Klebeck/Tollmann, Art. 20 AIFM-RL Rz. 46.

38 Delegierte Verordnung (EU) Nr. 231/2013 der Kommission vom 19. Dezember 2012, ABl. EU Nr. L 83 v. 22.3.2013, S. 1; vgl. hierzu: *Zetzsche*, ZBB 2014, 22 (25 f.); *Partsch/Mullmaier* in Zetzsche, AIFMD, S. 217 (228); zur Auslagerung des Risikomanagements vgl. ausführlich *Zetzsche* in Zetzsche, AIFMD, S. 266 (289 ff.); *Volhard/Jang* in Weitnauer/Boxberger/Anders, § 36 KAGB Rz. 46 ff.; *Tollmann* in Dornseifer/Jesch/Klebeck/Tollmann, Art. 20 AIFM-RL Rz. 46.

39 Vgl. *Zetzsche*, ZBB 2014, 22 (26).

40 *Weiser/Hüwel*, BB 2013, 1091 (1097).

41 *Zetzsche* in Zetzsche, AIFMD, S. 159 (161).

se selbst ausüben und muss über beide jedenfalls ein Mindestmaß an **Letztentscheidungsgewalt** und die **Aufsicht** behalten.[42] Insbesondere muss die Kapitalverwaltungsgesellschaft jederzeit ausreichende **Expertise** und **Ressourcen** für die Überwachung der ausgelagerten Aufgaben zur Verfügung haben (vgl. Erwägungsgrund 91 der Delegierten Verordnung).[43] Neben zwei Geschäftsleitern muss auch die entsprechende Infrastruktur und personelle Ausstattung sichergestellt sein, um den Überwachungsaufgaben effektiv nachkommen zu können.[44] Zu detaillierten Ausführungen kann auf die entsprechende Kommentierung zu § 36 KAGB verwiesen werden (vgl. § 36 Rz. 22 ff.).

Auch **Master-Kapitalverwaltungsgesellschaften**, die das Risikomanagement ausüben und die eigentliche 18
Portfolioverwaltung (rück-)auslagern, sind vor diesem Hintergrund als **zulässige** Gestaltungsform denkbar, sofern sie die grundsätzlichen Voraussetzungen für eine Auslagerung erfüllen können und keine verbotenen Briefkastenfirmen sind.[45]

Freiwillig können darüber hinaus auch die übrigen Aufgaben der **kollektiven Vermögensverwaltung** gem. 19
§ 1 Abs. 19 Nr. 24 KAGB, also administrative Tätigkeiten, der Vertrieb von eigenen Investmentanteilen, sowie bei AIF sonstige Tätigkeiten im Zusammenhang mit den Vermögensgegenständen des AIF wahrgenommen werden. Eine gesonderte Erlaubnis oder eine Erweiterung der Erlaubnis ist hierfür nicht erforderlich.[46]

Von den Dienstleistungen und Nebendienstleistungen des § 20 Abs. 2 und 3 KAGB bedarf die Finanzport- 20
folioverwaltung einer **gesonderten Erlaubnis** der BaFin. Sofern die Erlaubnis auf die Finanzportfolioverwaltung erstreckt wurde, ist für die (Neben-)Dienstleistungen nach Abs. 2 Nr. 2 und 3 bzw. Abs. 3 Nr. 3, 4 und 5 keine gesonderte Erlaubnis notwendig.

Hinsichtlich der **übrigen Dienst- und Nebendienstleistungen** ist keine gesonderte Erlaubnis oder Erlaub- 21
niserweiterung notwendig.[47] Allerdings sind die Dienstleistungen und Nebendienstleistungen beim Erlaubnisantrag im Rahmen des vorzulegenden Geschäftsplans (vgl. § 21 Abs. 1 Nr. 7 bzw. § 22 Abs. 1 Nr. 7 KAGB) zu benennen.[48] Will die Kapitalverwaltungsgesellschaft nach Erlaubniserteilung erstmals eine derartige (Neben-)Dienstleistung erbringen, dürfte dies als wesentliche Änderung der ursprünglichen Erlaubnisvoraussetzungen gem. § 34 Abs. 1 KAGB der BaFin gegenüber anzuzeigen sein.[49] Dies entspricht auch der Verwaltungspraxis vor Einführung des KAGB.[50]

2. Beschränkung der Erlaubnis (§ 20 Abs. 1 Satz 2 KAGB)

§ 20 Satz 2 KAGB ermächtigt die BaFin, die Erlaubnis auf die Verwaltung **bestimmter Arten von Invest-** 22
mentvermögen zu beschränken. Die Vorschrift dient der Umsetzung von Art. 8 Abs. 4 AIFM-RL.[51] Nach dem Willen des Gesetzgebers soll die Regelung darüber hinaus auch für OGAW-Kapitalverwaltungsgesellschaften gelten.[52] Ursprünglich waren nur „inländische“ Investmentvermögen erfasst. Dieses Merkmal wurde mittlerweile jedoch ersatzlos gestrichen.[53] Dadurch wollte der Gesetzgeber erreichen, dass die Beschränkungen auch für die Verwaltung von EU-Investmentvermögen und ausländischen Investmentvermögen gelten.[54]

Die Vorschrift hat in der Praxis erhebliche Bedeutung. Die BaFin beschränkt die Erlaubnis inhaltlich regel- 23
mäßig auf diejenigen Tätigkeiten, die tatsächlich erbracht werden. Die Erlaubnis wird also z.B. auf die Verwaltung von offenen oder geschlossenen Immobilienfonds beschränkt, sofern der Erlaubnisantrag nur auf

---

42 *Zetzsche* in Zetzsche, AIFMD, S. 159 (162); *Partsch/Mullmaier* in Zetzsche, AIFMD, S. 217 (226, 228); ESMA, Final Report on technical advice, v. 16.11.2011, ESMA/2011/379, S. 11, 121; *Zetzsche/Eckner* in Zetzsche, AIFMD, S. 266 (306); *Tollmann* in Dornseifer/Jesch/Klebeck/Tollmann, Art. 20 AIFM-RL Rz. 94 ff.

43 Vgl. auch *Partsch/Mullmaier* in Zetzsche, AIFMD, S. 217 (225).

44 Vgl. *Partsch/Mullmaier* in Zetzsche, AIFMD, S. 217 (228 f.); *Volhard/Jang* in Weitnauer/Boxberger/Anders, § 36 KAGB Rz. 32.

45 Vgl. auch *Zetzsche* in Zetzsche, AIFMD, S. 159 (162); eher ablehnend *Volhard/Jang* in Weitnauer/Boxberger/Anders, § 36 KAGB Rz. 7.

46 *Winterhalder* in Weitnauer/Boxberger/Anders, § 20 KAGB Rz. 22.

47 *Bentele* in Baur/Tappen, § 20 KAGB Rz. 3; *Winterhalder* in Weitnauer/Boxberger/Anders, § 20 KAGB Rz. 23.

48 BaFin, Merkblatt zum Erlaubnisverfahren für eine AIF-Kapitalverwaltungsgesellschaft nach § 22 KAGB-E v. 22.3.2013, Ziffer B. 7.

49 I.E. ebenso *Bentele* in Baur/Tappen, § 20 KAGB Rz. 3.

50 *Thole* in Emde/Dornseifer/Dreibus/Hölscher, § 7 InvG Rz. 7.

51 Begr. RegE, BT-Drucks. 17/12294, 213.

52 Begr. RegE, BT-Drucks. 17/12294, 213.

53 BGBl. I 2014, S. 934.

54 Begr. RegE, BT-Drucks. 18/1305, 45.

die Verwaltung von Immobilienfonds gerichtet ist. Soll eine Tätigkeit erbracht werden, die über die Beschränkung hinausgeht, sollen also im vorgenannten Beispiel z.B. auch Wertpapierfonds verwaltetet werden, muss die Kapitalverwaltungsgesellschaft eine **Erlaubniserweiterung** bei der BaFin beantragen. Dies leuchtet auch ein, sind doch die fachlichen Anforderungen an die Geschäftsleitung und die operative Ausstattung und Organisation je nach Art und Anlagegegenstand des Investmentvermögens vollkommen verschieden.

24 Umgekehrt muss sich die **fachliche Eignung** der Geschäftsleiter i.S.v. § 21 Abs. 1 Nr. 4 KAGB bzw. § 22 Abs. 1 Nr. 4 KAGB lediglich auf diejenigen Tätigkeiten beziehen, für welche die Erlaubnis beantragt wird.[55] Für den Fall, dass die Geschäftsleitung nur über eine fondsspezifische Teilexpertise verfügt, scheitert die Erlaubniserteilung dadurch nicht an § 23 Nr. 3 KAGB.

3. Nebenbestimmungen (§ 20 Abs. 1 Satz 3 KAGB)

25 § 20 Abs. 1 Satz 3 KAGB entspricht im Wesentlichen der Regelung des aufgehobenen § 7 Abs. 1 Satz 2 InvG.[56] Danach kann die BaFin die Erlaubniserteilung mit Nebenbestimmungen verbinden. Nebenbestimmungen sind gem. § 36 Abs. 2 VwVfG **Befristung, Bedingung, Widerrufsvorbehalt, Auflage und Auflagenvorbehalt.**

26 Da auf die Erlaubniserteilung ein Anspruch besteht, soweit kein Versagungsgrund nach § 23 KAGB vorliegt, darf die Erlaubnis nach § 36 Abs. 1 Alt. 2 VwVfG nur dann mit einer Nebenbestimmung versehen werden, wenn diese sicherstellen soll, dass die gesetzlichen Voraussetzungen der Erlaubnis erfüllt werden. Bei § 20 Abs. 1 Satz 3 KAGB handelt es sich – entgegen dem etwas unklaren Wortlaut – gerade nicht um eine gesetzliche Ermächtigung i.S.d. § 36 Abs. 1 Alt. 1 VwVfG, sondern lediglich um eine Bekräftigung der Regelung des § 36 Abs. 1 Alt. 2 VwVfG.[57] Dafür spricht, dass die Vorschrift keine materiellen Voraussetzungen postuliert, die an einen Erlass von Nebenbestimmungen zu stellen wären. Die Nebenbestimmung muss sich dabei im Rahmen des mit dem KAGB und anderen aufsichtsrechtlichen Gesetzen verfolgten **Zwecks** halten.[58] Dies ergibt sich für das allgemeine Verwaltungsrecht aus § 36 Abs. 3 VwVfG und für die Vorgängervorschrift im InvG aus der Gesetzesbegründung.[59]

27 Vor diesem Hintergrund darf die Erlaubniserteilung **nicht** mit einer **Befristung**, einer **auflösenden Bedingung** oder einem **Widerrufsvorbehalt** verbunden werden, da andernfalls die abschließend geregelten Versagungs- und -aufhebungsgründe (§§ 23, 39 Abs. 3 KAGB) umgangen würden.[60]

28 **Auflagen**, also Bestimmungen, die dem Antragsteller ein bestimmtes Tun, Dulden oder Unterlassen vorschreiben (§ 36 Abs. 2 Nr. 4 VwVfG), sind hingegen zulässig.[61] Die Nichtbefolgung einer Auflage berührt zunächst nicht die Wirksamkeit der erteilten Erlaubnis. Gleichwohl kann die BaFin im Falle der Nichtbefolgung der Auflage die Erlaubnis nach § 39 Abs. 3 KAGB i.V.m. § 49 Abs. 2 Satz 1 Nr. 2 VwVfG aufheben. Die Auflage ist als Verwaltungsakt selbständig anfechtbar und selbständig mit Zwangsmitteln durchsetzbar.[62]

29 Eine mögliche Auflage ist beispielsweise die **Nachreichung** von bestimmten Unterlagen oder Nachweisen zur Vervollständigung der Unterlagen. Nicht Gegenstand einer Auflage sollen Umstände sein können, die einen Versagungsgrund begründen. Als Beispiel wird hier die Aneignung der erforderlichen, jedoch bei An-

---

55 So auch *Winterhalder* in Weitnauer/Boxberger/Anders, § 20 KAGB Rz. 28; *Schücking* in Moritz/Klebeck/Jesch, § 20 KAGB Rz. 34.

56 Begr. RegE, BT-Drucks. 17/12294, 213; *Winterhalder* in Weitnauer/Boxberger/Anders, § 20 KAGB Rz. 26; vgl. *Steck/Gringel* in Berger/Steck/Lübbehüsen, § 7 InvG Rz. 6 f.

57 Siehe hierzu allgemein: *Stelkens* in Stelkens/Bonk/Sachs, § 36 VwVfG Rz. 115, m.w.N.

58 *Winterhalder* in Weitnauer/Boxberger/Anders, § 20 KAGB Rz. 26; *Bentele* in *Baur/Tappen*, § 20 KAGB Rz. 5; *Steck/Gringel* in Berger/Steck/Lübbehüsen, § 7 InvG Rz. 7; *Thole* in Emde/Dornseifer/Dreibus/Hölscher, § 7 InvG Rz. 11.

59 Begr. RegE, BT-Drucks. 15/1553, 77.

60 *Bentele* in *Baur/Tappen*, § 20 KAGB Rz. 5; *Winterhalder* in Weitnauer/Boxberger/Anders, § 20 KAGB Rz. 26; *Beckmann* in Beckmann/Scholtz/Vollmer, § 20 KAGB Rz. 176; s. bereits *Steck/Gringel* in Berger/Steck/Lübbehüsen, § 7 InvG Rz. 6; *Thole* in Emde/Dornseifer/Dreibus/Hölscher, § 7 InvG Rz. 12.

61 *Winterhalder* in Weitnauer/Boxberger/Anders, § 20 KAGB Rz. 26; so schon *Steck/Gringel* in Berger/Steck/Lübbehüsen, § 7 InvG Rz. 8; *Thole* in Emde/Dornseifer/Dreibus/Hölscher, § 7 InvG Rz. 13.

62 *Stelkens* in Stelkens/Bonk/Sachs, § 36 VwVfG Rz. 54 f.; *Winterhalder* in Weitnauer/Boxberger/Anders, § 20 KAGB Rz. 26, 31; *Beckmann* in Beckmann/Scholtz/Vollmer, § 20 KAGB Rz. 176; *Bentele* in Baur/Tappen, § 20 KAGB Rz. 6; *Steck/Gringel* in Berger/Steck/Lübbehüsen, § 7 InvG Rz. 8.

tragstellung noch nicht vorhandenen, theoretischen und praktischen Kenntnisse durch Geschäftsleiter genannt.[63]

III. Zulässige Dienstleistungen und Nebendienstleistungen (§ 20 Abs. 2 und 3 KAGB)

1. Überblick

§ 20 Abs. 2 und 3 KAGB regeln **abschließend** die zulässigen Dienstleistungen und Nebendienstleistungen, die eine Kapitalverwaltungsgesellschaft neben der kollektiven Vermögensverwaltung von OGAW bzw. AIF erbringen darf.[64] Die Begrifflichkeiten „Dienstleistungen" und „Nebendienstleistungen" sind nicht klar voneinander abgegrenzt.[65] 30

Den meisten der aufgeführten (Neben-)Dienstleistungen ist gemein, dass sie als **Bankgeschäfte bzw. Finanzdienstleistungen** an sich einer Erlaubnispflicht nach § 32 Abs. 1 Satz 1 i.V.m. § 1 Abs. 1 oder Abs. 1a KWG unterliegen würden. Allerdings nimmt § 2 Abs. 1 Nr. 3b und Abs. 6 Nr. 5a KWG Kapitalverwaltungsgesellschaften von der Erlaubnispflicht nach dem Kreditwesengesetz aus, und zwar auch soweit diese an sich nach dem Kreditwesengesetz erlaubnispflichtige Tätigkeiten i.S.d. § 20 Abs. 2 bzw. Abs. 3 KAGB betreiben. Eine gesonderte Erlaubnis nach dem Kreditwesengesetz ist somit für die Erbringung der in Abs. 2 und 3 genannten (Neben-)Dienstleistungen nicht notwendig und sogar gar nicht zulässig.[66] 31

Die Erweiterung der Erlaubnis auf (Neben-)Dienstleistungen ist mit einer Erweiterung des aufsichtsrechtlichen Pflichtenkreises verbunden. Soweit die Kapitalverwaltungsgesellschaften (Neben)Dienstleistungen nach § 20 Abs. 2 Nr. 1 bis 3 bzw. Abs. 3 Nr. 2 bis 5 KAGB erbringen, hat sie die **wertpapierrechtlichen Wohlverhaltensregeln** gem. §§ 63 ff. WpHG n.F. (§§ 31 ff. WpHG a.F.) zu beachten. Dies ergibt sich aus § 5 Abs. 2 KAGB. Der Verweis umfasst auch untergesetzliche Vorschriften, die auf den vorgenannten Regeln beruhen, wie etwa die **WpDVerOV**. Gleiches gilt für Verwaltungsvorschriften, wie das das BaFin-Rundschreiben 05/2018 (MaComp).[67] Dies stellt AT 3.1 der **MaComp** ausdrücklich klar. Dies ist aus Anlegerschutzgesichtspunkten nur konsequent, kann es doch keinen Unterschied machen ob die Wertpapierdienstleistungen durch ein Kredit- oder Finanzdienstleistungsinstitut erbracht werden, oder durch eine Kapitalverwaltungsgesellschaft, die zusätzlich die Berechtigung zur Erbringung der Wertpapierdienstleistungen hat. Im Übrigen wird hierdurch unabhängig vom Lizenzstatus auch in aufsichtsrechtlicher Hinsicht ein *Level Playing Field* hergestellt. 32

Externe Kapitalverwaltungsgesellschaften, denen eine Erlaubnis nach § 20 Abs. 1 i.V.m. § 21 oder § 22 KAGB erteilt ist und die zur Erbringung der in § 20 Abs. 2 Nr. 1 bis 3 oder Abs. 3 Nr. 2 bis 5 KAGB genannten (Neben-)Dienstleistungen befugt sind, fallen zudem in den Anwendungsbereich des **Anlegerentschädigungsgesetzes** (§ 1 Abs. 1 Nr. 3 AnlEntG). Verbindlichkeiten aus ihren Wertpapiergeschäften sind daher durch Zugehörigkeit zu einer gesetzlichen Entschädigungseinrichtung zu sichern (§ 2 AnlEntG). Dies ist die Entschädigungseinrichtung der Wertpapierhandelsunternehmen (EdW). Bestimmte Gläubiger (§ 3 Abs. 1 und Abs. 2 AnlEntG) haben gegen die Entschädigungseinrichtung einen Anspruch i.H.v. bis 90 % der Verbindlichkeiten aus Wertpapiergeschäften und den Gegenwert von 20.000 € (§ 4 Abs. 2 AnlEntG). Mit der Mitgliedschaft zur Entschädigungseinrichtung sind nicht unerhebliche **Beitragspflichten** verbunden (vgl. § 8 AnlEntG). 33

Die (Neben-)Dienstleistungen sind Gegenstand einer besonderen **Prüfung durch den Abschlussprüfer** (§§ 38 Abs. 4 Satz 2 KAGB; 23 Abs. 1 Satz 1 KAPrüfbV). Dies gilt auch für die Einhaltung der wertpapierrechtlichen Wohlverhaltensregeln (§ 38 Abs. 4 Satz 3 KAGB). 34

Fraglich ist das Verhältnis zwischen kollektiver Vermögensverwaltung und der Erbringung von (Neben-)Dienstleistungen, insbesondere ob für externe Kapitalverwaltungsgesellschaften eine **volumenmäßige Begrenzung** für die Erbringung von Dienstleistungen und Nebendienstleistungen **im Vergleich zum Geschäftsumfang der kollektiven Vermögensverwaltung** gilt, ob also der Geschäftsumfang der kollektiven 35

63 *Thole* in Emde/Dornseifer/Dreibus/Hölscher, § 7 InvG Rz. 14; *Beckmann* in Beckmann/Scholtz/Vollmer, § 20 KAGB Rz. 179.

64 *Bentele* in Baur/Tappen, § 20 KAGB Rz. 7, 8; *Winterhalder* in Weitnauer/Boxberger/Anders, § 20 KAGB Rz. 34, 36; vgl. bereits *Thole* in Emde/Dornseifer/Dreibus/Hölscher, § 7 InvG Rz. 15 f.

65 Vgl. *Bentele* in Baur/Tappen, § 20 KAGB Rz. 7.

66 Vgl. *Graf zu Solms-Laubach/Mihova*, DStR 2015, 1872 (1875).

67 BaFin Rundschreiben 05/2018 (WA) – MaComp v. 19.4.2018, geändert am 9.5.2018.

Vermögensverwaltung im Vergleich zum Volumen der Nebentätigkeiten und sonstigen Dienstleistungen überwiegen muss.

36 Unter dem Investmentgesetz wurden überwiegend **Einschränkungen hinsichtlich des Umfangs** der Nebentätigkeiten und sonstigen Dienstleistungen befürwortet. Teilweise wurde vertreten, dass im Rahmen des § 7 Abs. 2 InvG Nebentätigkeiten in Art und Umfang nicht zu Haupttätigkeiten des unternehmerischen Handelns der Kapitalanlagegesellschaft werden dürften und deshalb gegenüber dem Investmentgeschäft i.S.d. § 2 Abs. 6 InvG eine untergeordnete Bedeutung haben müssten.[68] Eine andere Ansicht ging davon aus, dass Tätigkeiten i.S.d. § 7 Abs. 2 Nr. 2 bis 7 InvG jedenfalls nicht die Haupttätigkeit der KAG bilden dürften.[69] Abgeleitet wurde dies unter dem Investmentgesetz vor allem aus der Definition für Kapitalanlagegesellschaften in § 2 Abs. 6 InvG, wonach Kapitalanlagegesellschaften Unternehmen waren, deren *Hauptzweck* in der Verwaltung von inländischen Investmentvermögen bestand. Die Aufsichtspraxis der BaFin sah unter dem Investmentgesetz offenbar ebenfalls Grenzen des Umfangs der Nebendienstleistungen und sonstigen Dienstleistungen im Vergleich zur kollektiven Vermögensverwaltung, wobei die Grenzziehung aus Sicht der Praxis nicht immer klar gezogen schien. Unklar war zudem, welche Kriterien für die Zweckbestimmung heranzuziehen waren (etwa Umsätze oder Erträge), oder welcher Zeithorizont (aktuelle oder erwartete Geschäftstätigkeit) maßgeblich war.

37 Ob solche Grenzen auch unter der Geltung des KAGB anzunehmen sind, ist in der Kommentarliteratur zum KAGB **umstritten.** Zum Teil wird in Anlehnung an den Meinungsstand zu § 7 InvG auch zu § 20 Abs. 2 und Abs. 3 KAGB vertreten, dass die kollektive Vermögensverwaltung im Vergleich zu den übrigen Dienstleistungen und Nebendienstleistungen überwiegen müsse.[70] Begründet wird dies v.a. mit der verwendeten Terminologie in Abs. 2 und Abs. 3 („neben").

38 Nach der **Gegenauffassung** ist die bisherige Rechtsauffassung zu § 7 Abs. 2 InvG unter dem KAGB jedoch überholt. Es wird nunmehr zum Teil sogar vertreten, dass eine Kapitalverwaltungsgesellschaft Dienst- und Nebendienstleistungen i.S.d. § 20 Abs. 2 und Abs. 3 KAGB als **Hauptzweck** erbringen darf, sofern nur daneben ein Investmentvermögen verwaltet wird. Gestützt wird dies auf die veränderte Definition für Kapitalverwaltungsgesellschaften in § 17 Abs. 1 KAGB im Vergleich zu § 2 Abs. 6 InvG, den Wortlaut des § 20 Abs. 2 und Abs. 3 KAGB, sowie unter Bezugnahme auf die Richtlinien 2009/65/EG und 2011/61/EU, die nur die ausschließliche Erbringung von (Neben-)Dienstleistungen verbieten.[71]

39 **Letzteres** ist zutreffend und wird durch die Definitionen für OGAW-Kapitalverwaltungsgesellschaften und AIF-Kapitalverwaltungsgesellschaften in § 1 Abs. 15 und Abs. 16 KAGB untermauert. Danach sind OGAW-Kapitalverwaltungsgesellschaften bzw. AIF-Kapitalverwaltungsgesellschaften gem. § 17 KAGB Kapitalverwaltungsgesellschaften, die **mindestens einen OGAW bzw. AIF** verwalten oder zu verwalten beabsichtigen. Aus den Definitionen lässt sich kein Anhaltspunkt dafür gewinnen, dass die kollektive Vermögensverwaltung im Vergleich zu den übrigen erlaubten Tätigkeiten überwiegen müsse. Ergänzend ist auf den Wortlaut in § 20 Abs. 4 KAGB zu verweisen, wonach *„externe OGAW-Kapitalverwaltungsgesellschaften und externe AIF-Kapitalverwaltungsgesellschaften nicht ausschließlich die in Absatz 2 Nummer 1 bis 4 und in Absatz 3 Nummer 1 bis 6 genannten Dienstleistungen und Nebendienstleistungen erbringen" dürfen, „ohne auch die kollektive Vermögensverwaltung zu erbringen"*. Hieraus folgt im Umkehrschluss, dass es genügt, dass die Kapitalverwaltungsgesellschaft überhaupt die kollektive Vermögensverwaltung betreibt. Die Annahme, dass der Geschäftsumfang der kollektiven Vermögensverwaltung nach Art und Umfang den Geschäftsumfang der (Neben-)Dienstleistungen nach § 20 Abs. 2 bzw. Abs. 3 KAGB überwiegen muss, ist mit dem Wortlaut des § 20 Abs. 4 KAGB nicht vereinbar. Dies stützt auch der Wortlaut des § 23 Nr. 9 KAGB. Danach ist einer Kapitalverwaltungsgesellschaft die Erlaubnis zu versagen, wenn diese „ausschließlich administrative Tätigkeiten, den Vertrieb von eigenen Investmentanteilen oder Tätigkeiten im Zusammenhang mit den Vermögensgegenständen des AIF erbringt, ohne auch die Portfolioverwaltung und das Risikomanagement zu erbringen". Auch hier wird im Umkehrschluss deutlich, dass das KAGB **keine quantitativen Beschränkungen für (Neben-)Dienstleistungen** aufstellt, solange die kollektive Vermögensverwaltung überhaupt ausgeübt wird.

40 Für die hier vertretene Auffassung spricht nicht zuletzt die Weiterentwicklung der unternehmerischen Landschaft, in der zunehmend Kapitalverwaltungsgesellschaften für einzelne Aufgaben und Prozesse als Dienstleister für andere Kapitalverwaltungsgesellschaften agieren und in diesem Zusammenhang als Aus-

68 *Thole* in Emde/Dornseifer/Dreibus/Hölscher, § 7 InvG Rz. 17 f.
69 *Steck/Gringel* in Berger/Steck/Lübbehüsen, § 7 InvG Rz. 15.
70 Etwa *Bentele* in Baur/Tappen, § 20 KAGB Rz. 9; *Winterhalder* in Weitnauer/Boxberger/Anders, § 20 KAGB Rz. 35.
71 *Beckmann* in Beckmann/Scholtz/Vollmer, § 17 KAGB Rz. 22.

lagerungsunternehmen auch (Neben-)Dienstleistungen erbringen. Diese Modelle sind zumeist auch im Interesse der Anleger, da durch die damit verbundene Spezialisierung und Skalierung häufig erhebliche **Kosten- und Qualitätsvorteile** verbunden sind. Etwaige zusätzliche Risiken können von Aufsichtsseite über spezielle Anforderungen an die interne Organisation und das Risikomanagement gut aufgefangen werden. Eine volumenmäßige Begrenzung der (Neben-)Dienstleistungen im Vergleich zur kollektiven Vermögensverwaltung erscheint vor diesem Hintergrund auch unter Anlegerschutzgesichtspunkten weder erforderlich noch sachgerecht.

Erbringt die Kapitalverwaltungsgesellschaften Hilfstätigkeiten wie z.B. die **Fondsadministration** oder 41 **Fondsbuchhaltung** oder ähnliche Tätigkeiten im Mittel- und Back-office, die sie für eigene Investmentvermögen tätigt, auch für fremde Investmentvermögen, dürfte es sich schon nicht um (Neben-)Dienstleistungen handeln, da diese Tätigkeiten Teil der kollektiven Vermögensverwaltung sind. Diese Auffassung scheint im Grundsatz auch die BaFin zu teilen.

2. OGAW-Kapitalverwaltungsgesellschaften (§ 20 Abs. 2 KAGB)

§ 20 Abs. 2 KAGB regelt die für OGAW-Kapitalverwaltungsgesellschaften zulässigen (Neben-)Dienstleis- 42 tungen.

a) Finanzportfolioverwaltung (§ 20 Abs. 2 Nr. 1 KAGB)

§ 20 Abs. 2 Nr. 1 KAGB entspricht im Wesentlichen der Regelung des aufgehobenen § 7 Abs. 2 Nr. 1 43 InvG.[72] Danach dürfen externe OGAW-Kapitalverwaltungsgesellschaften die Finanzportfolioverwaltung erbringen. In der Vorgängernorm war noch von der „individuellen Vermögensverwaltung" die Rede. Der Gesetzgeber hat die Tätigkeit im Rahmen des AIFM-UmsG in Finanzportfolioverwaltung umbenannt.[73] Hierdurch wurde der Wortlaut konsequenterweise an die Terminologie im KWG und WpHG angepasst.[74]

Die Vorschrift **definiert „Finanzportfolioverwaltung"** als Verwaltung einzelner in Finanzinstrumenten 44 i.S.v. § 1 Abs. 11 KWG angelegter Vermögen für andere mit Entscheidungsspielraum einschließlich der Portfolioverwaltung fremder Investmentvermögen. Damit entspricht die Definition weitestgehend den Definitionen in § 1 Abs. 1a Satz 2 Nr. 3 KWG und § 2 Abs. 8 Satz 1 Nr. 7 WpHG n.F. (§ 2 Abs. 3 Satz 1 Nr. 7 WpHG a.F.).[75]

Gemeint ist also die **individuelle Vermögensverwaltung**, im Finanzjargon häufig auch als *Separate* oder 45 *Managed Account* oder *Mandate* bezeichnet. Damit ist Kapitalverwaltungsgesellschaften die Möglichkeit eröffnet, neben der kollektiven Vermögensverwaltung das Vermögen von Anlegern auch außerhalb von Investmentvermögen zu verwalten und anzulegen. Aus Sicht der Kapitalverwaltungsgesellschaft ist dies attraktiv, da sie ihr spezifisches Know-how so auch über die Verwaltung von Investmentvermögen hinaus einsetzen kann. Hiervon profitieren nicht zuletzt auch die Anleger, die gerade bei höheren Vermögen nicht selten sowohl auf kollektive wie auch individuelle Vermögensverwaltungslösungen zurückgreifen.

Ferner umfasst die Finanzportfolioverwaltung auch die **Verwaltung fremder Investmentvermögen**. Hier- 46 mit sind Konstellationen gemeint, in denen eine andere Kapitalverwaltungsgesellschaft die Verwaltung eines Investmentvermögens oder bestimmte Segmente zum Teil an die Kapitalverwaltungsgesellschaft auslagert. Derartige Auslagerungen haben in der Praxis eine große Bedeutung und ermöglichen es aus Sicht der auslagernden Kapitalverwaltungsgesellschaft, auf die besondere Expertise einer anderen Kapitalverwaltungsgesellschaft im Hinblick auf bestimmte Produkte, Regionen oder Strategien zurückzugreifen. Insbesondere können auch solche fremden Investmentvermögen bei der Kapitalverwaltungsgesellschaft eingelagert werden, deren kollektive Verwaltung der auslagernden Kapitalverwaltungsgesellschaft eigentlich nicht erlaubt wäre.[76] Die Zulässigkeit der Vermögensverwaltung auch für fremde Investmentvermögen wurde erst im Jahr 2009 in das Gesetz aufgenommen, nachdem das VG Berlin deren Zulässigkeit in Abrede stellte.[77] Aus Sicht des auslagernden Unternehmens sind dabei allerdings die Vorgaben und Grenzen der Auslagerung von Verwaltungstätigkeiten gem. § 36 KAGB und Art. 75 ff. Level II-VO zu beachten.

---

72 Begr. RegE, BT-Drucks. 17/12294, 213; *Steck/Gringel* in Berger/Steck/Lübbehüsen, § 7 InvG Rz. 17 f.; vgl. *Thole* in Emde/Dornseifer/Dreibus/Hölscher, § 7 InvG Rz. 23 f.

73 *Winterhalder* in Weitnauer/Boxberger/Anders, § 20 KAGB Rz. 44; *Bentele* in Baur/Tappen, § 20 KAGB Rz. 12.

74 Begr. RegE, BT-Drucks. 17/12294, 213; vgl. auch *Winterhalder* in Weitnauer/Boxberger/Anders, § 20 KAGB Rz. 44.

75 *Bentele* in Baur/Tappen, § 20 KAGB Rz. 12; *Winterhalder* in Weitnauer/Boxberger/Anders, § 20 KAGB Rz. 43.

76 BaFin, „Häufig gestellte Fragen zum KAGB" v. 25.11.2015, S. 8.

77 VG Berlin v. 17.3.2009 – 1 A 246/08, BeckRS 2009, 36778; *Bentele* in Baur/Tappen, § 20 KAGB Rz. 22.

47 Für die Finanzportfolioverwaltung bedürfen Kapitalverwaltungsgesellschaften einer Erlaubnis der BaFin (§ 20 Abs. 1 Satz 1 KAGB). Sie werden dadurch gem. der Bereichsausnahme des § 2 Abs. 6 Satz 1 Nr. 5a KWG allerdings **nicht** zu **Finanzdienstleistungsinstituten i.S.d. KWG.**[78] Allerdings handelt es sich bei Kapitalverwaltungsgesellschaften, denen eine Erlaubnis nach §§ 20-22 KAGB erteilt ist und die zur Erbringung der in § 20 Abs. 2 Nr. 1, 2 und 3 oder Abs. 3 Nr. 2 bis 5 KAGB genannten (Neben-)Dienstleistungen befugt sind, um Institute i.S.d. § 1 Abs. 1 Nr. 3 des **Anlegerentschädigungsgesetzes** (AnlEntG).

48 Für die Auslegung des Tatbestands der Finanzportfolioverwaltung kann das Merkblatt der BaFin zu § 1 Abs. 1a Satz 2 Nr. 3 KWG herangezogen werden.[79]

49 Im Rahmen der Finanzportfolioverwaltung werden einzelne in Finanzinstrumente i.S.d. § 1 Abs. 11 KWG angelegte Vermögen für andere verwaltet. **Finanzinstrumente** sind Aktien und andere Anteile an in- oder ausländischen juristischen Personen, Personengesellschaften und sonstigen Unternehmen, Vermögensanlagen i.S.d. § 1 Abs. 2 VermAnlG (außer Anteilen an einer Genossenschaft i.S.d. § 1 GenG), Schuldtitel (außer Zahlungsinstrumenten) und Zertifikate, die solche Schuldtitel vertreten, sonstige Rechte, die zum Erwerb oder zur Veräußerung von Aktien und Schuldtiteln berechtigen, Anteile an Investmentvermögen i.S.d. § 1 Abs. 1 KAGB, Geldmarktinstrumente, Devisen und Derivate. Für den Tatbestand ist unschädlich, wenn neben den Finanzinstrumenten auch noch andere Vermögenswerte verwaltet werden.[80]

50 Konstituierendes Merkmal für die Finanzportfolioverwaltung ist der **Entscheidungsspielraum** des Verwalters bei der Verwaltung des Vermögens. Ein hierfür hinreichender Ermessenspielraum bei der Anlageentscheidung besteht auch dann, wenn der Anleger generelle Vorgaben (etwa zur Art der Finanzinstrumente oder Zusammensetzung des Vermögens) gemacht oder sich das Recht vorbehalten hat, Anlageentscheidungen zu widersprechen. Bedarf der Verwalter dagegen für sämtliche Entscheidungen der Zustimmung des Anlegers, liegt keine Finanzportfolioverwaltung vor.[81]

51 Die Verwaltung muss grundsätzlich auf eine gewisse **Dauerhaftigkeit** angelegt sein, um die Erlaubnispflicht auszulösen. Allerdings kann auch eine einmalige Verwaltungstätigkeit den Tatbestand der Finanzportfolioverwaltung bereits erfüllen.[82]

b) Anlageberatung (§ 20 Abs. 2 Nr. 2 KAGB)

52 § 20 Abs. 2 Nr. 2 KAGB entspricht wörtlich der Regelung des aufgehobenen § 7 Abs. 2 Nr. 3 InvG.[83] Danach dürfen externe OGAW-Kapitalverwaltungsgesellschaften die Anlageberatung erbringen, soweit die Erlaubnis auch die Finanzportfolioverwaltung i.S.v. Nr. 1 umfasst.

53 Der Begriff „Anlageberatung" wird im KAGB nicht definiert. Eine **Definition** findet sich jedoch in § 1 Abs. 1a Satz 2 Nr. 1a KWG sowie § 2 Abs. 8 Satz 1 Nr. 10 WpHG n.F. (§ 2 Abs. 3 Satz 1 Nr. 9 WpHG a.F.), die jeweils Anhang I Abschnitt A Nr. 5 und Art. 4 Abs. 1 Nr. 4 MiFID[84] umsetzen.[85] Diese Definition kann auch für die Zwecke des KAGB herangezogen werden.[86] Ferner gibt es zum Tatbestand der „Anlagebera-

78 *Bentele* in Baur/Tappen, § 20 KAGB Rz. 12; BaFin, Merkblatt Hinweise zum Tatbestand der Finanzportfolioverwaltung v. 3.1.2011 (Stand: Juni 2014), Ziff. 4.; *Winterhalder* in Weitnauer/Boxberger/Anders, § 20 KAGB Rz. 40.

79 BaFin, Merkblatt Hinweise zum Tatbestand der Finanzportfolioverwaltung v. 3.1.2011 (Stand: Juni 2014); so auch *Bentele* in Baur/Tappen, § 20 KAGB Rz. 14.

80 BaFin, Merkblatt Hinweise zum Tatbestand der Finanzportfolioverwaltung v. 3.1.2011 (Stand: Juni 2014), Ziff. 1. b); so auch *Bentele* in Baur/Tappen, § 20 KAGB Rz. 16.

81 BaFin, Merkblatt Hinweise zum Tatbestand der Finanzportfolioverwaltung v. 3.1.2011 (Stand: Juni 2014), Ziff. 1. d); *Bentele* in Baur/Tappen, § 20 KAGB Rz. 19; *Winterhalder* in Weitnauer/Boxberger/Anders, § 20 KAGB Rz. 43; *Steck/Gringel* in Berger/Steck/Lübbehüsen, § 7 InvG Rz. 22; *Thole* in Emde/Dornseifer/Dreibus/Hölscher, § 7 InvG Rz. 26.

82 BaFin, Merkblatt Hinweise zum Tatbestand der Finanzportfolioverwaltung v. 3.1.2011 (Stand: Juni 2014), Ziff. 1. a); *Bentele* in Baur/Tappen, § 20 KAGB Rz. 17; *Thole* in Emde/Dornseifer/Dreibus/Hölscher, § 7 InvG Rz. 28.

83 Begr. RegE, BT-Drucks. 17/12294, 213; *Winterhalder* in Weitnauer/Boxberger/Anders, § 20 KAGB Rz. 49; vgl. *Steck/Gringel* in Berger/Steck/Lübbehüsen, § 7 InvG Rz. 26 f.; *Thole* in Emde/Dornseifer/Dreibus/Hölscher, § 7 InvG Rz. 37 f.

84 Richtlinie 2004/39/EG des Europäischen Parlaments und des Rates vom 21. April 2004 über Märkte für Finanzinstrumente, zur Änderung der Richtlinien 85/611/EWG und 93/6/EWG des Rates und der Richtlinie 2000/12/EG des Europäischen Parlaments und des Rates und zur Aufhebung der Richtlinie 93/22/EWG des Rates, ABl. EU Nr. L 145 v. 30.4.2004, S. 1.

85 Vgl. Begr. RegE, BT-Drucks. 16/4028, 89 f.; *Steck/Gringel* in Berger/Steck/Lübbehüsen, § 7 InvG Rz. 27; in MiFID II existieren Parallelvorschriften in Anhang I Abschnitt A Nr. 5 und Art. 4 Abs. 1 Nr. 4.

86 So auch *Bentele* in Baur/Tappen, § 20 KAGB Rz. 28; *Steck/Gringel* in Berger/Steck/Lübbehüsen, § 7 InvG Rz. 27.

tung“ im KWG ein gemeinsames Informationsblatt der BaFin und der Bundesbank, dass auch im Rahmen des KAGB zur Auslegung herangezogen werden kann.[87] Hintergrund ist auch hier, dass durch die Erlaubnis zur Anlageberatung den Anlegern ermöglicht wird, das Know-how der Kapitalverwaltungsgesellschaft zu nutzen.[88]

Unter „Anlageberatung“ versteht man danach die **Abgabe von persönlichen Empfehlungen** an Kunden oder deren Vertreter, die sich auf Geschäfte mit bestimmten Finanzinstrumenten beziehen, sofern die Empfehlung auf eine Prüfung der persönlichen Umstände des Anlegers gestützt oder als für ihn geeignet dargestellt wird und nicht ausschließlich über Informationsverbreitungskanäle oder für die Öffentlichkeit bekannt gegeben wird. Bei der Anlageberatung trifft der **Kunde** auf Grundlage der Empfehlung selbst die **Anlageentscheidung**, während diese bei der Finanzportfolioverwaltung i.S.v. § 20 Abs. 2 Nr. 1 KAGB vom Dienstleister im Rahmen eines Ermessensspielraums getroffen wird.[89] 54

Kein Fall der Anlageberatung i.S.v. § 20 Abs. 2 Nr. 2 KAGB ist es, wenn die Kapitalverwaltungsgesellschaft im Rahmen des Vertriebs von eigenen Investmentanteilen hinsichtlich der vertriebenen Investmentfonds berät. Der Vertrieb der **eigenen Investmentanteile** ist per Definition Teil der kollektiven Vermögensverwaltung (vgl. § 1 Abs. 10 Nr. 24 KAGB) und die damit im Zusammenhang stehende Beratung ist der Vertriebstätigkeit immanent.[90] 55

Die Anlageberatung darf nur dann erbracht werden, wenn die Erlaubnis auch die Finanzportfolioverwaltung i.S.v. § 20 Abs. 2 Nr. 1 KAGB umfasst. Aus der Formulierung **„soweit“** darf jedoch nicht geschlossen werden, dass die Anlageberatung nur gegenüber Personen erbracht werden darf, für die die Kapitalverwaltungsgesellschaft auch die Finanzportfolioverwaltung erbringt.[91] 56

c) Verwahrung und Verwaltung von Anteilen an Investmentvermögen (§ 20 Abs. 2 Nr. 3 KAGB)

§ 20 Abs. 2 Nr. 3 KAGB dient der Umsetzung von Art. 6 Abs. 3 Satz 2 OGAW-RL und entspricht im Wesentlichen der Regelung des aufgehobenen § 7 Abs. 2 Nr. 4 InvG.[92] Danach dürfen externe OGAW-Kapitalverwaltungsgesellschaften Anteile an inländischen Investmentvermögen (§ 1 Abs. 7 KAGB), EU-Investmentvermögen (§ 1 Abs. 8 KAGB) und ausländischen AIF (§ 1 Abs. 9 KAGB) für andere verwahren und verwalten, soweit die Erlaubnis auch die Finanzportfolioverwaltung i.S.v. § 20 Abs. 2 Nr. 1 KAGB umfasst. Damit dürfen externe OGAW-Kapitalverwaltungsgesellschaften in eingeschränktem Umfang das **Depotgeschäft** i.S.v. § 1 Abs. 1 Satz 2 Nr. 5 KWG betreiben.[93] In diesem Fall gelten sie nach § 2 Abs. 1 Nr. 3b KWG dennoch nicht als Kreditinstitut und bedürfen daher keiner Erlaubnis als Kreditinstitut gem. § 32 Abs. 1 Satz 1 KWG. 57

Die Verwahrung anderer Finanzinstrumente ist der Kapitalverwaltungsgesellschaft nicht gestattet. Die **Aktien einer InvAG** sind „Anteile“ i.S.d. Vorschrift.[94] Zwar unterscheidet das KAGB an verschiedenen Stellen begrifflich zwischen „Anteilen“ und „Aktien“ (z.B. §§ 20 Abs. 2 Nr. 4, Abs. 3 Nr. 6, 71 KAGB). Allerdings spricht § 196 Abs. 1 Satz 2 KAGB von Anteilen an InvAG, was zeigt, dass das KAGB nicht immer trennscharf zwischen Anteilen und Aktien unterscheidet. Vielmehr umfasst bereits der Begriff des „Investmentvermögens“ nach § 1 Abs. 11 KAGB ausdrücklich die InvAG.[95] Andere Finanzinstrumente sind dagegen kein zulässiger Verwahrgegenstand. 58

---

87 BaFin/Bundesbank, Gemeinsames Informationsblatt der Bundesanstalt für Finanzdienstleistungsaufsicht und der Deutschen Bundesbank zum Tatbestand der Anlageberatung (Stand: Juli 2013); *Beckmann* in Beckmann/Scholtz/Vollmer, § 20 KAGB Rz. 274.

88 *Beckmann* in Beckmann/Scholtz/Vollmer, § 20 KAGB Rz. 270.

89 § 1 Abs. 1a Satz 2 Nr. 1a KWG; § 2 Abs. 8 Satz 1 Nr. 10 WpHG n.F. (§ 2 Abs. 3 Satz 1 Nr. 9 WpHG a.F.); vgl. auch BaFin/Bundesbank, Gemeinsames Informationsblatt der Bundesanstalt für Finanzdienstleistungsaufsicht und der Deutschen Bundesbank zum Tatbestand der Anlageberatung (Stand: Juli 2013), Ziff. 1.; *Bentele* in Baur/Tappen, § 20 KAGB Rz. 28; *Winterhalder* in Weitnauer/Boxberger/Anders, § 20 KAGB Rz. 49; *Beckmann* in Beckmann/Scholtz/Vollmer, § 20 KAGB Rz. 273.

90 Vgl. *Beckmann* in Beckmann/Scholtz/Vollmer, § 20 KAGB Rz. 282.

91 *Bentele* in Baur/Tappen, § 20 KAGB Rz. 26; so schon *Steck/Gringel* in Berger/Steck/Lübbehüsen, § 7 InvG Rz. 26.

92 Begr. RegE, BT-Drucks. 17/12294, 213.

93 BaFin, Merkblatt Hinweise zum Tatbestand des Depotgeschäfts v. 6.1.2009 (Stand: Februar 2014); *Bentele* in Baur/Tappen, § 20 KAGB Rz. 29; so schon *Thole* in Emde/Dornseifer/Dreibus/Hölscher, § 7 InvG Rz. 42; *Steck/Gringel* in Berger/Steck/Lübbehüsen, § 7 InvG Rz. 29.

94 So auch *Winterhalder* in Weitnauer/Boxberger/Anders, § 20 KAGB Rz. 54; *Bentele* in Baur/Tappen, § 20 KAGB Rz. 32; *Steck/Gringel* in Berger/Steck/Lübbehüsen, § 7 InvG Rz. 28; *Thole* in Emde/Dornseifer/Dreibus/Hölscher, § 7 InvG Rz. 42; a.A. *Beckmann* in Beckmann/Scholtz/Vollmer, 2014 § 7 InvG Rz. 32.

95 *Bentele* in Baur/Tappen, § 20 KAGB Rz. 32.

59 Der Tatbestand ist bereits dann erfüllt, wenn ein **Verwahren** oder ein **Verwalten** vorliegt. Die beiden Tatbestandsmerkmale stehen also alternativ zueinander.[96] Es gelten die Vorschriften des DepotG.[97] Der Ausschlusstatbestand des § 92 Abs. 4 KAGB ist insofern nicht einschlägig, da er nur für Vermögensgegenstände des Sondervermögens gilt.[98] Unter Verwaltung ist die laufende Wahrnehmung der Rechte aus dem Investmentanteil zu verstehen.[99] Bei Investmentanteilen handelt es sich insbesondere um Inkassotätigkeiten und bei Anteilen an einer InvAG oder InvKG um die Ausübung von Gesellschaftsrechten. Für Einzelheiten wird auf das „Merkblatt – Hinweise zum Tatbestand des Depotgeschäfts" der BaFin verwiesen.[100]

60 Das Merkmal **„für andere"** meint jede Form der Verwahrung oder Verwaltung für jede Person oder Personenmehrheit außer dem eigenen Unternehmen. Dies gilt nicht, wenn die Verwahrung oder Verwaltung in offener Stellvertretung erfolgt.[101]

61 Das Depotgeschäft darf nur dann erbracht werden, wenn die Erlaubnis auch die Finanzportfolioverwaltung i.S.v. § 20 Abs. 2 Nr. 1 KAGB umfasst. Aus der Formulierung **„soweit"** darf jedoch auch hier nicht geschlossen werden, dass das Depotgeschäft nur gegenüber Personen erbracht werden darf, für die die Kapitalverwaltungsgesellschaft auch die Finanzportfolioverwaltung erbringt.[102]

62 Gemäß § 23 Abs. 4 KAPrüfbV hat der **Prüfer im Rahmen des Prüfungsberichts** Angaben dazu zu machen, ob Investmentanteile für andere ordnungsgemäß verwahrt oder verwaltet wurden, das Verwahrungsbuch ordnungsgemäß geführt wurde, die Verfügungen über Kundenwertpapiere und Ermächtigungen ordnungsgemäß durchgeführt wurden, sowie Angaben darüber, ob bei verwahrten Aktien von Investmentaktiengesellschaften die §§ 128 und 135 AktG eingehalten wurden.

d) Vertrieb von Anteilen oder Aktien an fremden Investmentvermögen (§ 20 Abs. 2 Nr. 4 KAGB)

63 Nach § 20 Abs. 2 Nr. 4 KAGB dürfen externe OGAW-Kapitalverwaltungsgesellschaften Anteile und Aktien an **fremden Investmentvermögen** vertreiben. Der Vertrieb von eigenen Investmentanteilen ist nach § 1 Abs. 19 Nr. 24 KAGB bereits von der kollektiven Vermögensverwaltung umfasst.[103] Damit wird Kapitalverwaltungsgesellschaften ermöglicht, an ihre Kunden Investmentanteile verschiedener Anbieter zu vertreiben.

64 **Vertrieb** ist jedes direkte oder indirekte Anbieten oder Platzieren von Anteilen oder Aktien eines Investmentvermögens (§ 293 Abs. 1 Satz 1 KAGB). Der Begriff ist weit zu verstehen und umfasst jede auf den Absatz von Investmentanteilen gerichtete Tätigkeit in Form des Anbietens oder der Werbung, jede ähnliche Vertriebshandlung einschließlich vorbereitender Tätigkeiten und die Beteiligung an Vertriebshandlungen Dritter. Auf den Erfolg der Vertriebshandlungen kommt es nicht an.[104] Nicht als Vertrieb gewertet werden die in § 293 Abs. 1 Satz 2 KAGB genannten Fälle.

e) Zusätzliche Verwaltung von AIF (§ 20 Abs. 2 Nr. 5 KAGB)

65 Art. 7 Abs. 4 AIFM-RL sieht den Fall vor, dass eine OGAW-Kapitalverwaltungsgesellschaft auch eine Zulassung als AIF-Kapitalverwaltungsgesellschaft beantragen kann.[105] Nach § 20 Abs. 2 Nr. 5 KAGB dürfen externe OGAW-Kapitalverwaltungsgesellschaften daher **auch AIF verwalten** und alle Tätigkeiten nach Abs. 3 erbringen, sofern ihnen zusätzlich eine Erlaubnis als externe AIF-Kapitalverwaltungsgesellschaft erteilt wurde. Die großen OGAW-Kapitalverwaltungsgesellschaften im deutschen Markt verfügen regelmäßig auch über eine Erlaubnis zur Verwaltung von AIF.

---

96 BaFin, Merkblatt Hinweise zum Tatbestand des Depotgeschäfts v. 6.1.2009 (Stand: Februar 2014), Ziff. 1. b); *Bentele* in Baur/Tappen, § 20 KAGB Rz. 32.

97 *Beckmann* in Beckmann/Scholtz/Vollmer, § 20 KAGB Rz. 282; *Thole* in Emde/Dornseifer/Dreibus/Hölscher, § 7 InvG Rz. 41.

98 *Beckmann* in Beckmann/Scholtz/Vollmer, § 20 KAGB Rz. 282.

99 BaFin, Merkblatt Hinweise zum Tatbestand des Depotgeschäfts v. 6.1.2009 (Stand: Februar 2014), Ziff. 1. b) bb).

100 BaFin, Merkblatt Hinweise zum Tatbestand des Depotgeschäfts v. 6.1.2009 (Stand: Februar 2014), Ziff. 1. b).

101 BaFin, Merkblatt Hinweise zum Tatbestand des Depotgeschäfts v. 6.1.2009 (Stand: Februar 2014), Ziff. 1. c); *Winterhalder* in Weitnauer/Boxberger/Anders, § 20 KAGB Rz. 54.

102 *Bentele* in Baur/Tappen, § 20 KAGB Rz. 29.

103 *Bentele* in Baur/Tappen, § 20 KAGB Rz. 35.

104 *Beckmann* in Beckmann/Scholtz/Vollmer, § 20 KAGB Rz. 323.

105 Begr. RegE, BT-Drucks. 17/12294, 213.

f) Altersvorsorgeverträge (§ 20 Abs. 2 Nr. 6 KAGB)

§ 20 Abs. 2 Nr. 6 KAGB entspricht wörtlich der Regelung des aufgehobenen § 7 Abs. 2 Nr. 6 InvG.[106] Danach dürfen externe OGAW-Kapitalverwaltungsgesellschaften Altersvorsorgeverträge gem. § 1 Abs. 1 AltZertG sowie Verträge zum Aufbau einer eigenen kapitalgedeckten Altersversorgung i.S.v. § 10 Abs. 1 Nr. 2 lit. b EStG abschließen. 66

Der Abschluss von Altersversorgungsverträgen ist für die Kapitalverwaltungsgesellschaft mit zusätzlichen **Risiken** verbunden. Nach § 25 Abs. 5 KAGB müssen diese mit zusätzlichen **Eigenmitteln** unterlegt werden. 67

Altersversorgungsverträge gem. § 1 Abs. 1 AltZertG sind auch unter dem Schlagwort **„Riester-Rente"** bekannt. Es handelt sich dabei um eine Vereinbarung zwischen einem Anbieter und einer natürlichen Person, die für letztere eine lebenslange und unabhängig vom Geschlecht berechnete Altersversorgung vorsieht, die nicht vor Vollendung des 62. Lebensjahres oder einer vor Vollendung des 62. Lebensjahres beginnenden Leistung aus einem gesetzlichen Alterssicherungssystem dieser natürlichen Person gezahlt werden darf.[107] Dies bedeutet, dass die natürliche Person entweder bereits vor Vollendung des 62. Lebensjahres Leistungen der gesetzlichen Alterssicherung erhalten oder ihr 62. Lebensjahr vollenden muss, um auch die Zahlungen aus dem Altersversorgungsvertrag zu erhalten. Zu Beginn der Auszahlungsphase müssen zumindest die eingezahlten Altersvorsorgebeiträge für die Auszahlungsphase zur Verfügung stehen und für die Leistungserbringung genutzt werden. Die Auszahlung muss dabei in monatlichen Raten erfolgen. Externe Kapitalverwaltungsgesellschaften sind nach § 1 Abs. 2 Satz 1 Nr. 1 lit. d AltZertG taugliche Anbieter von Altersvorsorgeverträgen. 68

Erledigt hat sich der Streit, ob der Abschluss von Altersvorsorgeverträgen der Kapitalverwaltungsgesellschaft nur in Form der Auflage und Verwaltung eines Altersvorsorge-Sondervermögens (§ 87 ff. InvG) zulässig ist.[108] Im Rahmen der Verabschiedung des KAGB wurden Altersvorsorge-Sondervermögen als Fondskategorie abgeschafft und dürfen nicht mehr neu aufgelegt werden (vgl. § 347 Abs. 2 KAGB). Weder das KAGB noch das AltZertG enthalten eine Festlegung auf eine **bestimmte Art** von Investmentvermögen.[109] 69

§ 20 Abs. 2 Nr. 6 Alt. 2 KAGB erlaubt Kapitalverwaltungsgesellschaften den Abschluss von Verträgen zum Aufbau einer eigenen kapitalgedeckten Altersversorgung i.S.v. § 10 Abs. 1 Nr. 2 lit. b EStG (sog. Basis- oder **Rürup-Renten**). Charakteristisch ist, dass der Sparer wie bei Altersvorsorgeverträgen gem. § 1 Abs. 1 AltZertG aus steuerlich unbelastetem Einkommen für den Ruhestand vorsorgen können soll.[110] Es sind die Zertifizierungsvoraussetzungen des § 10 Abs. 2 Satz 2 Nr. 1 EStG i.V.m. § 5a AltZertG zu berücksichtigen.[111] 70

Externe OGAW-Kapitalverwaltungsgesellschaften müssen die zusätzlichen Risiken, die sich aus der **Zusage eines Mindestbetrages** zu Beginn der Auszahlungsphase mit dem Abschluss von Altersvorsorgeverträgen ergeben, nach § 25 Abs. 5 KAGB mit **angemessenen Eigenmitteln** unterlegen. Die Art der Altersvorsorgeverträge ist im Prüfungsbericht darzustellen (§ 23 Abs. 5 KAPrüfbV). 71

g) Abgabe von Mindestzahlungszusagen (§ 20 Abs. 2 Nr. 7 KAGB)

§ 20 Abs. 2 Nr. 7 KAGB entspricht im Wesentlichen der Regelung des aufgehobenen § 7 Abs. 2 Nr. 6a InvG.[112] Danach dürfen externe OGAW-Kapitalverwaltungsgesellschaften Mindestzahlungszusagen gegenüber Anlegern abgeben. 72

Eine **Mindestzahlungszusage** ist eine Zusage gegenüber dem Anleger, wonach im Fall der Rücknahme von Anteilen, bei Beendigung der Verwaltung von Vermögen i.S.v. § 20 Abs. 2 Nr. 1 KAGB und der Beendigung der Verwahrung oder Verwaltung von Anteilen i.S.v. § 20 Abs. 2 Nr. 3 KAGB mindestens ein bestimmter 73

---

106 Begr. RegE, BT-Drucks. 17/12294, 213; *Winterhalder* in Weitnauer/Boxberger/Anders, § 20 KAGB Rz. 69; vgl. auch *Steck/Gringel* in Berger/Steck/Lübbehüsen, § 7 InvG Rz. 34.

107 Vgl. auch *Beckmann* in Beckmann/Scholtz/Vollmer, § 20 KAGB Rz. 351; *Bentele* in Baur/Tappen, § 20 KAGB Rz. 40.

108 So etwa *Beckmann* in Beckmann/Scholtz/Vollmer, § 7 InvG Rz. 41; a.A. *Thole* in Emde/Dornseifer/Dreibus/Hölscher, § 7 InvG Rz. 48.

109 Ebenso nunmehr auch *Beckmann* in Beckmann/Scholtz/Vollmer, § 20 KAGB Rz. 354; sowie *Bentele* in Baur/Tappen, § 20 KAGB Rz. 41.

110 Vgl. *Bentele* in Baur/Tappen, § 20 KAGB Rz. 43; *Winterhalder* in Weitnauer/Boxberger/Anders, § 20 KAGB Rz. 71; auch schon *Thole* in Emde/Dornseifer/Dreibus/Hölscher, § 7 InvG Rz. 53.

111 *Winterhalder* in Weitnauer/Boxberger/Anders, § 20 KAGB Rz. 71; *Bentele* in Baur/Tappen, § 20 KAGB Rz. 43; so schon *Thole* in Emde/Dornseifer/Dreibus/Hölscher, § 7 InvG Rz. 53.

112 Begr. RegE, BT-Drucks. 17/12294, 213; *Winterhalder* in Weitnauer/Boxberger/Anders, § 20 KAGB Rz. 72; vgl. *Steck/Gringel* in Berger/Steck/Lübbehüsen, § 7 InvG Rz. 35.

oder bestimmbarer Betrag an den Anleger gezahlt wird. Eine Kapitalverwaltungsgesellschaft kann gegenüber Anlegern Mindestzahlungszusagen sowohl im Rahmen der Verwaltung sog. **Garantiefonds** als auch im Rahmen der **Finanzportfolioverwaltung** (§ 20 Abs. 2 Nr. 1 KAGB) und des **Depotgeschäfts** (§ 20 Abs. 2 Nr. 3 KAGB) abgeben.[113] Ein etwaiger Unterschiedsbetrag, der sich daraus ergibt, dass der Wert des Investmentvermögens zum festgelegten Termin nicht den Mindestrücknahmepreis erfüllt, wird von der Kapitalverwaltungsgesellschaft aus eigenen Mitteln in das Investmentvermögen gezahlt.[114]

74 Die Mindestzahlungszusage ist **kein Garantiegeschäft** i.S.v. § 1 Abs. 1 Satz 2 Nr. 8 KWG, da es sich nicht um eine Garantieübernahme für andere handelt.[115] Es handelt sich vielmehr um eine Produktgarantie, die ein Dienstleister im Hinblick auf einen Mindesterfolg in geldlicher Hinsicht für seine eigenen Dienstleistungen abgibt.[116] Sie löst daher auch keine Erlaubnispflicht nach § 32 Abs. 1 Satz 1 KWG aus.[117]

75 Externe OGAW-Kapitalverwaltungsgesellschaften müssen die zusätzlichen Risiken, die sich aus der Abgabe von Mindestzahlungszusagen ergeben, nach § 25 Abs. 5 KAGB mit **angemessenen Eigenmitteln** unterlegen. Die abgegebenen Mindestzahlungszusagen sind im Prüfungsbericht darzustellen (§ 23 Abs. 5 KAPrüfbV).

h) Sonstige Tätigkeiten (§ 20 Abs. 2 Nr. 8 KAGB)

76 § 20 Abs. 2 Nr. 8 KAGB entspricht im Wesentlichen der Regelung des aufgehobenen § 7 Abs. 2 Nr. 7 InvG.[118] Danach dürfen externe OGAW-Kapitalverwaltungsgesellschaften alle sonstigen Tätigkeiten erbringen, die mit den Dienstleistungen und Nebendienstleistungen gem. § 20 Abs. 2 Nr. 1 bis 7 KAGB unmittelbar verbunden sind.

77 Nach verbreiteter Ansicht muss der verbundenen Tätigkeit dabei eine untergeordnete Bedeutung zukommen.[119]

78 Erfasst werden insbesondere Beratungs-, Vertriebs-, Vermittlungs- und administrative Tätigkeiten.[120]

3. AIF-Kapitalverwaltungsgesellschaften (§ 20 Abs. 3 KAGB)

79 Grundsätzlich darf eine externe AIF-Kapitalverwaltungsgesellschaft neben der kollektiven Vermögensverwaltung **alle** Dienstleistungen und Nebendienstleistungen erbringen, die auch eine OGAW-Kapitalverwaltungsgesellschaft erbringen darf.

80 Einzige **Ausnahme** stellt die Abgabe von **Mindestzahlungszusagen** dar, was eine Abweichung vom bisherigen Recht darstellt und der Minimierung von Risiken für die AIF-Kapitalverwaltungsgesellschaft dienen soll.[121]

81 Zusätzlich zu den für OGAW-Kapitalverwaltungsgesellschaften zulässigen Dienstleistungen und Nebendienstleistungen können externe AIF-Kapitalverwaltungsgesellschaften auch **individuelle Vermögensverwaltung** und **Anlageberatung** in Bezug auf Nicht-Finanzinstrumente (§ 20 Abs. 3 Nr. 1 KAGB) und die **Anlagevermittlung** (§ 20 Abs. 3 Nr. 5 KAGB) anbieten.[122]

a) Individuelle Vermögensverwaltung und Anlageberatung (§ 20 Abs. 3 Nr. 1 KAGB)

82 § 20 Abs. 3 Nr. 1 KAGB dient der Umsetzung von Art. 6 Abs. 4 lit. a AIFM-RL („individuelle Verwaltung einzelner Portfolios") sowie Art. 6 Abs. 4 lit. b Ziff. i, Abs. 5 lit. b AIFM-RL („Anlageberatung"). Die Vor-

---

113 *Winterhalder* in Weitnauer/Boxberger/Anders, § 20 KAGB Rz. 74; vgl. Begr. RegE, BT-Drucks. 16/5576, 60.
114 BaFin, Auslegungsschreiben zum Anwendungsbereich des KAGB und zum Begriff des „Investmentvermögens" v. 14.6.2013, Ziff. I. 2.; *Bentele* in Baur/Tappen, § 20 KAGB Rz. 45; *Winterhalder* in Weitnauer/Boxberger/Anders, § 20 KAGB Rz. 72; vgl. *Steck/Gringel* in Berger/Steck/Lübbehüsen, § 7 InvG Rz. 36; *Thole* in Emde/Dornseifer/Dreibus/Hölscher, § 7 InvG Rz. 54, 56.
115 *Bentele* in Baur/Tappen, § 20 KAGB Rz. 46; so auch *Thole* in Emde/Dornseifer/Dreibus/Hölscher, § 7 InvG Rz. 57.
116 BaFin, Merkblatt Hinweise zum Tatbestand des Garantiegeschäfts v. 8.1.2009, Ziff. 1. b).
117 BaFin, Merkblatt Hinweise zum Tatbestand des Garantiegeschäfts v. 8.1.2009, Ziff. 1 b); so auch *Bentele* in Baur/Tappen, § 20 KAGB Rz. 46; *Winterhalder* in Weitnauer/Boxberger/Anders, § 20 KAGB Rz. 74.
118 Begr. RegE, BT-Drucks. 17/12294, 213; *Bentele* in Baur/Tappen, § 20 KAGB Rz. 48.
119 *Bentele* in Baur/Tappen, § 20 KAGB Rz. 48.
120 Eingehend bereits *Thole* in Emde/Dornseifer/Dreibus/Hölscher, § 7 InvG Rz. 59 ff.; s. auch *Bentele* in Baur/Tappen, § 20 KAGB Rz. 49 f.; *Winterhalder* in Weitnauer/Boxberger/Anders, § 20 KAGB Rz. 75.
121 *Bentele* in Baur/Tappen, § 20 KAGB Rz. 51; *Winterhalder* in Weitnauer/Boxberger/Anders, § 20 KAGB Rz. 73.
122 *Bentele* in Baur/Tappen, § 20 KAGB Rz. 51.

schrift umfasst damit insbesondere die Regelung des aufgehobenen § 7 Abs. 2 Nr. 2 InvG („die Verwaltung einzelner in Immobilien angelegter Vermögen für andere sowie die Anlageberatung").[123] Externe AIF-Kapitalverwaltungsgesellschaften dürfen die individuelle Vermögensverwaltung und die Anlageberatung erbringen. Die Vorschrift definiert „individuelle Vermögensverwaltung und Anlageberatung" als die Verwaltung **einzelner *nicht* in Finanzinstrumenten** i.S.d. § 1 Abs. 11 KWG angelegter Vermögen für andere mit Entscheidungsspielraum sowie die Anlageberatung.[124]

b) Finanzportfolioverwaltung (§ 20 Abs. 3 Nr. 2 KAGB)

§ 20 Abs. 3 Nr. 2 KAGB entspricht im Wesentlichen der Regelung des aufgehobenen § 7 Abs. 2 Nr. 1 InvG.[125] 83
Danach dürfen externe AIF-Kapitalverwaltungsgesellschaften die Finanzportfolioverwaltung erbringen.[126]

Erbringt eine AIF-Kapitalverwaltungsgesellschaft neben der kollektiven Vermögensverwaltung auch die Fi- 84
nanzportfolioverwaltung nach § 20 Abs. 3 Nr. 2 KAGB, hat dies zur Folge, dass sie der **Sicherungspflicht** nach dem Anlegerentschädigungsgesetz (AnlEntG) unterfällt.[127]

Hinsichtlich der weiteren Einzelheiten kann auf die Kommentierung zu § 20 Abs. 2 Nr. 1 KAGB verwiesen 85
werden (vgl. Rz. 43 ff.).

c) Anlageberatung (§ 20 Abs. 3 Nr. 3 KAGB)

§ 20 Abs. 3 Nr. 3 KAGB dient der Umsetzung von Art. 6 Abs. 4 lit. b Ziff. i, Abs. 5 lit. b AIFM-RL.[128] Da- 86
nach dürfen externe AIF-Kapitalverwaltungsgesellschaften die Anlageberatung erbringen, soweit die Erlaubnis auch die Finanzportfolioverwaltung i.S.v. § 20 Abs. 3 Nr. 2 KAGB umfasst. Die Vorschrift entspricht der Regelung für OGAW-Kapitalverwaltungsgesellschaften in § 20 Abs. 2 Nr. 2 KAGB, so dass auf die dortigen Ausführungen verwiesen werden kann (vgl. Rz. 52 ff.).

d) Verwahrung und Verwaltung von Anteilen an Investmentvermögen (§ 20 Abs. 3 Nr. 4 KAGB)

§ 20 Abs. 3 Nr. 4 KAGB dient der Umsetzung von Art. 6 Abs. 4 lit. b Ziff. ii, Abs. 5 lit. b AIFM-RL.[129] Da- 87
nach dürfen externe AIF-Kapitalverwaltungsgesellschaften Anteile an inländischen Investmentvermögen, EU-Investmentvermögen und ausländischen AIF für andere verwahren und verwalten, soweit die Erlaubnis auch die Finanzportfolioverwaltung i.S.v. § 20 Abs. 3 Nr. 2 KAGB umfasst. Die Vorschrift entspricht der Regelung für OGAW-Kapitalverwaltungsgesellschaften in § 20 Abs. 2 Nr. 3 KAGB, so dass auf die dortigen Ausführungen verwiesen werden kann (eingehend Rz. 57 ff.).

e) Anlagevermittlung (§ 20 Abs. 3 Nr. 5 KAGB)

§ 20 Abs. 3 Nr. 5 KAGB dient der Umsetzung von Art. 6 Abs. 4 lit. b Ziff. iii, Abs. 5 lit. b AIFM-RL.[130] Da- 88
nach dürfen externe AIF-Kapitalverwaltungsgesellschaften die Anlagevermittlung erbringen, soweit die Erlaubnis auch die Finanzportfolioverwaltung i.S.v. § 20 Abs. 3 Nr. 2 KAGB umfasst. Die Vorschrift definiert „Anlagevermittlung" als Vermittlung von Geschäften über die Anschaffung und Veräußerung von Finanzinstrumenten.[131] Bemerkenswert ist, dass externen AIF-KVGen die Anlagevermittlung gestattet werden kann, externen OGAW-KVGen nach § 20 Abs. 2 KAGB aber nicht. Der Grund liegt darin, dass § 20 Abs. 2 KAGB dem ehemaligen § 7 Abs. 2 InvG entspricht und Abs. 3 auf der Umsetzung der AIFM-RL beruht.[132]

---

123 Begr. RegE, BT-Drucks. 17/12294, 213; *Bentele* in Baur/Tappen, § 20 KAGB Rz. 52; *Winterhalder* in Weitnauer/Boxberger/Anders, § 20 KAGB Rz. 46.
124 *Bentele* in Baur/Tappen, § 20 KAGB Rz. 54.
125 Begr. RegE, BT-Drucks. 17/12294, 213; *Schücking* in Moritz/Klebeck/Jesch, § 20 KAGB Rz. 68.
126 BaFin, Merkblatt Hinweise zum Tatbestand der Finanzportfolioverwaltung v. 3.1.2011 (Stand: Juni 2014).
127 *Bentele* in Baur/Tappen, § 20 KAGB Rz. 58; Begr. RegE, BT-Drucks. 17/12294, 213.
128 Begr. RegE, BT-Drucks. 17/12294, 214.
129 Begr. RegE, BT-Drucks. 17/12294, 214; *Bentele* in Baur/Tappen, § 20 KAGB Rz. 61; *Winterhalder* in Weitnauer/Boxberger/Anders, § 20 KAGB Rz. 59.
130 Begr. RegE, BT-Drucks. 17/12294, 214; *Bentele* in Baur/Tappen, § 20 KAGB Rz. 62.
131 BaFin/Bundesbank, Gemeinsames Informationsblatt der Bundesanstalt für Finanzdienstleistungsaufsicht und der Deutschen Bundesbank zum Tatbestand der Anlageberatung (Stand: Juli 2013); *Bentele* in Baur/Tappen, § 20 KAGB Rz. 63; *Winterhalder* in Weitnauer/Boxberger/Anders, § 20 KAGB Rz. 61.
132 *Schücking* in Moritz/Klebeck/Jesch, § 20 KAGB Rz. 77.

f) Vertrieb von Anteilen oder Aktien an fremden Investmentvermögen (§ 20 Abs. 3 Nr. 6 KAGB)

89 Nach § 20 Abs. 3 Nr. 6 KAGB dürfen externe AIF-Kapitalverwaltungsgesellschaften Anteile und Aktien an fremden Investmentvermögen vertreiben. Der Vertrieb von fremden Investmentanteilen ist zwar bereits von der Anlagevermittlung i.S.v. § 20 Abs. 3 Nr. 5 KAGB erfasst. Eine gesonderte Aufführung ist dennoch erforderlich, da der Vertrieb fremder Investmentanteile andernfalls zwingend eine Erlaubnis zur Finanzportfolioverwaltung voraussetzen würde (eingehend Rz. 63 ff.).[133]

g) Zusätzliche Verwaltung von OGAW (§ 20 Abs. 3 Nr. 7 KAGB)

90 § 20 Abs. 3 Nr. 7 KAGB dient der Umsetzung von Art. 6 Abs. 2 Halbs. 2 AIFM-RL.[134] Danach dürfen externe AIF-Kapitalverwaltungsgesellschaften auch OGAW verwalten sowie alle Tätigkeiten nach Abs. 2 erbringen, soweit ihnen zusätzlich eine Erlaubnis als externe OGAW-Kapitalverwaltungsgesellschaft erteilt wurde. Die Vorschrift verläuft spiegelbildlich zu § 20 Abs. 2 Nr. 5 KAGB, so dass auf die dortigen Ausführungen verwiesen werden kann (eingehend Rz. 65).

h) Altersvorsorgeverträge (§ 20 Abs. 3 Nr. 8 KAGB)

91 § 20 Abs. 3 Nr. 8 KAGB entspricht im Wesentlichen der Regelung des aufgehobenen § 7 Abs. 2 Nr. 6 InvG (vgl. Rz. 66 ff.).[135] Danach dürfen externe AIF-Kapitalverwaltungsgesellschaften Altersvorsorgeverträge gem. § 1 Abs. 1 AltZertG sowie Verträge zum Aufbau einer eigenen kapitalgedeckten Altersversorgung i.S.v. § 10 Abs. 1 Nr. 2 lit. b EStG abschließen.

92 Die Risiken, die sich aus dem Abschluss von Altersvorsorgeverträgen ergeben, müssen nach § 25 Abs. 5 KAGB mit **angemessenen Eigenmitteln** unterlegt werden.

i) Sonstige Tätigkeiten (§ 20 Abs. 3 Nr. 9 KAGB)

93 § 20 Abs. 3 Nr. 9 KAGB entspricht im Wesentlichen der Regelung des aufgehobenen § 7 Abs. 2 Nr. 7 InvG.[136] Danach dürfen externe AIF-Kapitalverwaltungsgesellschaften sonstige Tätigkeiten erbringen, die mit den Dienstleistungen und Nebendienstleistungen gem. § 20 Abs. 3 Nr. 1-8 KAGB unmittelbar verbunden sind. Die Vorschrift ist identisch mit § 20 Abs. 2 Nr. 8 KAGB, so dass auf die dortigen Ausführungen verwiesen werden kann (eingehend Rz. 76 ff.).

IV. Erforderliche Tätigkeiten von externen Kapitalverwaltungsgesellschaften (§ 20 Abs. 4 KAGB)

94 § 20 Abs. 4 KAGB dient der Umsetzung von Art. 6 Abs. 5 lit. a AIFM-RL. Die Regelung soll nach der Gesetzesbegründung nicht nur für AIF-Kapitalverwaltungsgesellschaften, sondern auch für OGAW-Kapitalverwaltungsgesellschaften gelten.[137]

95 Externe OGAW- und AIF-Kapitalverwaltungsgesellschaften dürfen **nicht ausschließlich** die Dienstleistungen und Nebendienstleistungen in § 20 Abs. 2 Nr. 1 bis 4 und Abs. 3 Nr. 1 bis 6 KAGB erbringen. Vielmehr dürfen sie dies nur, wenn sie **daneben** auch die kollektive Vermögensverwaltung erbringen.[138]

96 Ein Verbot der ausschließlichen Erbringung von Dienstleistungen und Nebendienstleistungen ergibt sich allerdings bereits aus § 20 Abs. 2 und 3 KAGB durch die Verwendung der Formulierung „*neben* der kollektiven Vermögensverwaltung". Insofern besteht das Verbot, über die Klarstellung in § 20 Abs. 4 KAGB hinaus, für sämtliche Dienstleistungen und Nebendienstleistungen und gerade nicht nur für Abs. 2 Nr. 1 bis 4 und Abs. 3 Nr. 1 bis 6.[139]

---

133 Begr. RegE, BT-Drucks. 17/12294, 214; *Winterhalder* in Weitnauer/Boxberger/Anders, § 20 KAGB Rz. 63; *Schücking* in Moritz/Klebeck/Jesch, § 20 KAGB Rz. 80.

134 Begr. RegE, BT-Drucks. 17/12294, 214.

135 Begr. RegE, BT-Drucks. 17/12294, 214; *Bentele* in Baur/Tappen, § 20 KAGB Rz. 67.

136 Begr. RegE, BT-Drucks. 17/12294, 214.

137 Begr. RegE, BT-Drucks. 17/12294, 214; *Bentele* in Baur/Tappen, § 20 KAGB Rz. 69; *Winterhalder* in Weitnauer/Boxberger/Anders, § 20 KAGB Rz. 76.

138 *Bentele* in Baur/Tappen, § 20 KAGB Rz. 69; *Winterhalder* in Weitnauer/Boxberger/Anders, § 20 KAGB Rz. 76; *Schücking* in Moritz/Klebeck/Jesch, § 20 KAGB Rz. 87.

139 *Bentele* in Baur/Tappen, § 20 KAGB Rz. 69; *Winterhalder* in Weitnauer/Boxberger/Anders, § 20 KAGB Rz. 77; *Schücking* in Moritz/Klebeck/Jesch, § 20 KAGB Rz. 88.

V. Sicherung des Spezialitätsgrundsatzes (§ 20 Abs. 5 KAGB)

§ 20 Abs. 5 KAGB entspricht im Wesentlichen der Regelung des aufgehobenen § 7 Abs. 4 InvG.[140] 97

Hiernach muss in der **Satzung** oder im **Gesellschaftsvertrag** der externen Kapitalverwaltungsgesellschaft 98 bestimmt sein, dass diese außer den Geschäften, die zur Anlage des eigenen Vermögens erforderlich sind, nur die Geschäfte der § 20 Abs. 2 bzw. Abs. 3 KAGB erbringt.[141] Zur Anlage des eigenen Vermögens der Kapitalverwaltungsgesellschaft sind dabei nur hierfür erforderliche Geschäfte zulässig.[142]

Sofern die Erlaubnis gem. § 20 Abs. 1 Satz 2 KAGB auf die Verwaltung bestimmter Arten von inländischen 99 Investmentvermögen beschränkt wird, so sind diese ebenfalls zu nennen.[143]

VI. Beteiligung an anderen Unternehmen (§ 20 Abs. 6 KAGB)

§ 20 Abs. 6 KAGB entspricht im Wesentlichen der Regelung des aufgehobenen § 7 Abs. 3 InvG.[144] 100

Externe Kapitalverwaltungsgesellschaften dürfen sich demnach an Unternehmen beteiligen, deren **Zweck** 101 die Erbringung von Geschäften ist, welche die Kapitalverwaltungsgesellschaften auch selbst erbringen dürften, sofern die Haftung der Kapitalverwaltungsgesellschaften nach der Rechtsform der Beteiligungsgesellschaft beschränkt ist.[145] Dies dient der Sicherung des **Spezialitätsgrundsatzes.**[146] Darüber hinaus muss es sich um „unternehmerische" Beteiligungen handeln. Eine unternehmerische Beteiligung wird in Anlehnung an den im Rahmen der Auslegung des § 7 Abs. 4 InvG aufgestellten Schwellenwert ab einer Beteiligung von 10 % angenommen.[147]

Natürlich kann eine Kapitalverwaltungsgesellschaft auch Teil einer größeren **Bankengruppe** sein, ohne dass 102 dies dem Spezialitätsgrundsatz widerspricht.

Für **interne** Kapitalverwaltungsgesellschaften besteht eine solche Möglichkeit der Beteiligung an Unternehmen hingegen nicht.[148] 103

Einstweilen frei. 104

VII. Erforderliche Tätigkeiten von internen Kapitalverwaltungsgesellschaften (§ 20 Abs. 7 KAGB)

§ 20 Abs. 7 KAGB dient der Umsetzung von Art. 6 Abs. 3 AIFM-RL.[149] Für OGAW-InvAG findet sich eine 105 entsprechende Regelung in Art. 28 OGAW-RL.[150, 151]

§ 20 Abs. 7 KAGB enthält einen **Verbotstatbestand**. Hiernach dürfen interne OGAW- und AIF-Kapitalver- 106 waltungsgesellschaften keine anderen Tätigkeiten als die Verwaltung des eigenen OGAW bzw. AIF ausüben.

---

140 Begr. RegE, BT-Drucks. 17/12294, 214; *Winterhalder* in Weitnauer/Boxberger/Anders, § 20 KAGB Rz. 81; *Bentele* in Baur/Tappen, § 20 KAGB Rz. 70.

141 *Winterhalder* in Weitnauer/Boxberger/Anders, § 20 KAGB Rz. 81; *Bentele* in Baur/Tappen, § 20 KAGB Rz. 70; so bereits *Steck/Gringel* in Berger/Steck/Lübbehüsen, § 7 InvG Rz. 44; *Thole* in Emde/*Dornseifer/Dreibus/Hölscher*, § 7 InvG Rz. 72.

142 *Bentele* in Baur/Tappen, § 20 KAGB Rz. 73; *Winterhalder* in Weitnauer/Boxberger/Anders, § 20 KAGB Rz. 83; *Thole* in Emde/Dornseifer/Dreibus/Hölscher, § 7 InvG Rz. 75; *Steck/Gringel* in Berger/Steck/Lübbehüsen, § 7 InvG Rz. 43.

143 *Winterhalder* in Weitnauer/Boxberger/Anders, § 20 KAGB Rz. 82.

144 Begr. RegE, BT-Drucks. 17/12294, 214; *Winterhalder* in Weitnauer/Boxberger/Anders, § 20 KAGB Rz. 86; *Bentele* in *Baur/Tappen*, § 20 KAGB Rz. 76; vgl. *Steck/Gringel* in Berger/Steck/Lübbehüsen, § 7 InvG Rz. 39 f.

145 *Winterhalder* in Weitnauer/Boxberger/Anders, § 20 KAGB Rz. 86; *Bentele* in Baur/Tappen, § 20 KAGB Rz. 77; so bereits *Steck/Gringel* in Berger/Steck/Lübbehüsen, § 7 InvG Rz. 39.

146 *Thole* in Emde/Dornseifer/Dreibus/Hölscher, § 7 InvG Rz. 66.

147 *Winterhalder* in Weitnauer/Boxberger/Anders, § 20 KAGB Rz. 87; vgl. auch *Steck/Gringel* in Berger/Steck/Lübbehüsen, § 7 InvG Rz. 40; *Thole* in Emde/Dornseifer/Dreibus/Hölscher, § 7 InvG Rz. 76.

148 *Winterhalder* in Weitnauer/Boxberger/Anders, § 20 KAGB Rz. 86.

149 Begr. RegE, BT-Drucks. 17/12294, 214; *Bentele* in Baur/Tappen, § 20 KAGB Rz. 83; *Winterhalder* in Weitnauer/Boxberger/Anders, § 20 KAGB Rz. 79.

150 Richtlinie 2009/65/EG des Europäischen Parlaments und des Rates vom 13. Juli 2009 zur Koordinierung der Rechts- und Verwaltungsvorschriften betreffend bestimmte Organismen für gemeinsame Anlagen in Wertpapiere (OGAW), ABl. EU Nr. L 302 v. 17.11.2009, S. 32.

151 Begr. RegE, BT-Drucks. 17/12294, 214; *Bentele* in *Baur/Tappen*, § 20 KAGB Rz. 83.

Eine Erbringung der in § 20 Abs. 2 und 3 KAGB genannten Dienstleistungen und Nebendienstleistungen ist ihnen damit nicht erlaubt.[152]

VIII. Darlehensvergabe durch Kapitalverwaltungsgesellschaften auf Rechnung der Investmentvermögen (§ 20 Abs. 8 bis 10 KAGB)

1. Überblick

107 Das OGAW V-Umsetzungsgesetz hat die Frage, ob und inwieweit Investmentvermögen und Kapitalverwaltungsgesellschaften Darlehen für Rechnung des Investmentvermögens vergeben dürfen, **neu geregelt**. Die Änderungen basieren auf europäischen Vorgaben und wurden bereits durch das BaFin-Schreiben zur Änderung der Verwaltungspraxis zur Vergabe von Darlehen für Rechnung des Investmentvermögens vom Mai 2015[153] teilweise auf Verwaltungsebene vorweggenommen.

108 Die Neuregelung versucht ein **bipolares Spannungsfeld** aufzulösen. Einerseits sind die herkömmlichen Kreditinstitute infolge der immer höheren Eigenmittelvorgaben in ihrem Neugeschäftspotential eingeschränkt.[154] Die Kreditversorgung der Wirtschaft könnte damit gefährdet sein. Anderseits suchen institutionelle Anleger wie Versicherer und Pensionskassen angesichts der anhaltenden Niedrigzinsphase händeringend nach renditeträchtigen Investitionsmöglichkeiten.[155] Diese Konfliktlage soll nun dadurch aufgelöst werden, dass es Fonds unter gewissen Umständen erleichtert wird, selbst Darlehen auszureichen.[156] Dabei sollen die in § 20 Abs. 8 bis 10 KAGB geschaffenen gesetzlichen Grenzen auch den Risiken Rechnung tragen, die mit der Abwanderung von Kreditrisiken in die Fondsindustrie verbunden sind.[157] Diese Neuregulierung fügt sich in den großen Regelungsentwurf für eine europäische Kapitalmarktunion ein, der weniger bankenlastige Finanzierung der europäischen Unternehmen befördern will.[158] In dieser Eigenschaft, als **Baustein der Kapitalmarktunion**, adressiert die ESMA jüngst die Kreditvergabe durch Fonds.[159] Sie fordert hierbei ein einheitliches (Produkt)-Regelwerk für Kreditfonds auf europäischer Ebene, um ein regulatorisches **„Level-Playing-Field“** zu begründen und Regulierungsarbitrage zu vermeiden.[160] Die aufsichtsrechtlichen Voraussetzungen, die die ESMA adressiert, weisen hierbei vielfältige Parallelen zu den von der BaFin aufgestellten und im OGAW-V Umsetzungsgesetz nunmehr gesetzlich angeordneten Kriterien auf.

109 § 20 Abs. 8 KAGB regelt dabei das Kreditengagement von OGAW-Kapitalverwaltungsgesellschaften für Rechnung des OGAW. § 20 Abs. 9 KAGB bestimmt die Voraussetzungen für eine Darlehensvergabe durch AIF-Kapitalverwaltungsgesellschaften für Rechnung von AIF. § 20 Abs. 10 KAGB normiert die Darlehensvergabe von externen Kapitalverwaltungsgesellschaften an mit ihnen verbundene Unternehmen.

2. Kreditengagement von OGAW (§ 20 Abs. 8 KAGB)

110 § 20 Abs. 8 KAGB gibt im Hinblick auf OGAW-Fonds die bereits bisher bestehende europäische (Art. 88 OGAW-RL)[161] und deutsche Rechtslage wieder. Auch die BaFin hat im Hinblick auf die Darlehensausreichung durch OGAW auf eine Änderung der Verwaltungspraxis verzichtet.[162] § 20 Abs. 8 KAGB hat daher

---

152 *Bentele* in Baur/Tappen, § 20 KAGB Rz. 83; *Winterhalder* in Weitnauer/Boxberger/Anders, § 20 KAGB Rz. 79.

153 BaFin, Auslegungsentscheidung – Änderung der Verwaltungspraxis zur Vergabe von Darlehen usw. für Rechnung des Investmentvermögens v. 12.5.2015.

154 *Heuer/Schwalba*, ZfgK 2013, 910; *Haisch/Bühler*, BB 2015, 1986; *Hanten/von Tiling*, WM 2015, 2122.

155 *Heuer/Schwalba*, ZfgK 2013, 910; *Haisch/Bühler*, BB 2015, 1986; *Friedrich/Bühler*, WM 2015, 911.

156 Begr. RegE, BT-Drucks.18/6744, S. 64.

157 Begr. RegE, BT-Drucks.18/6744, S. 64; Untersuchungen zum damit verbundenen Risiko finden sich etwa in: Antwort des ESRB auf die Konsultation der irischen Zentralbank („https://www.esrb.europa.eu/news/pr/2014/html/pr140331.en.html“); ESMA Trends, Risks, Vulnerabilities, No. 1, 2015 (ESMA/2015/526), S. 49 f. (https://www.esma.europa.eu/sites/default/files/library/2015/11/esma-efs_trv_1-15_526.pdf).

158 Siehe hierzu etwa: EU-Kommission, Aktionsplan zur Schaffung einer Kapitalmarktunion, COM (2015) 468 final, S. 11 f. (http://ec.europa.eu/finance/capital-markets-union/docs/building-cmu-action-plan_de.pdf).

159 ESMA, Key principles for a European framework on loan orgination by funds (ESMA/2016/596) (https://www.esma.europa.eu/sites/default/files/library/2016-596_opinion_on_loan_origination.pdf).

160 ESMA, Key principles for a European framework on loan orgination by funds, S. 1.

161 Richtlinie 2009/65/EG des Europäischen Parlaments und des Rates vom 13. Juli 2009 zur Koordinierung der Rechts- und Verwaltungsvorschriften betreffend bestimmte Organismen für gemeinsame Anlagen in Wertpapieren ABl. EU Nr. L 302 v. 17.11.2009, S. 32, zuletzt geändert durch Richtlinie 2014/91/EU, ABl. EU Nr. L 257 v. 28.8.2014, S. 186.

162 BaFin, Auslegungsentscheidung – Änderung der Verwaltungspraxis zur Vergabe von Darlehen usw. für Rechnung des Investmentvermögens v. 12.5.2015, Ziff. IV.

rein **deklaratorischen Charakter.**[163] Damit gilt wie bisher: Die gewerbsmäßige Gewährung von Darlehen, bzw. die Gewährung von Darlehen in einem Umfang, der einen in kaufmännischer Weise eingerichteten Geschäftsbetrieb erfordert, ist als Bankgeschäft grundsätzlich **erlaubnispflichtig** (§ 1 Abs. 1 Satz 2 Nr. 2 i.V.m. § 32 Abs. 1 KWG). Darunter fällt nicht der Zweiterwerb und das damit verbundene Halten einer Kreditforderung, denn hier fehlt es am Merkmal des „Gewährens" i.S.d. § 1 Abs. 1 Satz 2 Nr. 2 KWG.[164] Anders ist zu entscheiden, soweit der Zessionar eine neue Kreditentscheidung im Hinblick auf die Veränderung der schuldrechtlichen Kreditforderung trifft.[165] Dies ist beispielsweise anzunehmen bei Kreditprolongationen, nicht aber Stundungen, soweit die übrigen Kreditkonditionen unangetastet bleiben.[166] Eine **wesentliche Änderung** der Kreditkonditionen wird insoweit regelmäßig eine erneute Kreditentscheidung erfordern und daher unter den Tatbestand des § 1 Abs. 1 Satz 2 Nr. 2 KWG fallen.[167]

Für inländische OGAW gilt es dessen unbeschadet auf Produktregulierungsebene § 198 Nr. 4 KAGB Rechnung zu tragen, wonach die OGAW-Kapitalverwaltungsgesellschaft grundsätzlich **nur 10 %** des Wertes des inländischen OGAW insgesamt in Schuldscheindarlehen investieren darf. 111

Nach dem ausdrücklichen Wortlaut des § 20 Abs. 8 KAGB ist auch die Übernahme aus einem Bürgschafts- oder Garantievertrag der OGAW-Kapitalverwaltungsgesellschaft **untersagt**. Die Vorschrift ist weit zu verstehen und umfasst z.B. auch sonstige garantieähnliche Geschäfte wie den Schuldbeitritt. 112

3. Kreditengagement von anderen Investmentvermögen (§ 20 Abs. 9 Satz 1 KAGB)

§ 20 Abs. 9 KAGB bildet mit den dort in Verweis genommenen Vorschriften die abschließende Kernregelung zur Darlehensvergabe für Rechnung eines AIF.[168] Eine darüber hinausgehende Darlehensausreichung ist grundsätzlich unzulässig.[169] 113

a) Wandel des europäischen Rechtsbegriffs der „kollektiven Vermögensverwaltung"

Die Neuregelung ist in den Kontext **europäischer Rechtsentwicklungen** zu setzen. Die AIFM-RL[170] beinhaltet im Großen und Ganzen keine Produktregulierung, so dass sie einer nationalen Vorschrift nicht entgegensteht, wonach AIF Darlehen ausreichen dürfen.[171] Ausgehend hiervon steht in vielen europäischen Ländern AIF die Möglichkeit offen, Darlehen auszureichen. Zudem sehen die EuVECA-VO,[172] die EuSEF-VO,[173] sowie die ELTIF-VO[174] Darlehen, die von einem EuVECA- bzw. EuSEF oder ELTIF-Fonds ausgereicht wurden, als zulässigen Anlagegegenstand an.[175] Unabhängig davon, ob das europäische Recht tatsächlich zu den in Rede stehenden Änderungen gezwungen hätte, wollte der Gesetzgeber **Friktionen vermeiden**, die daraus entstanden, dass die Darlehensvergabe – entgegen der ursprünglichen Auffassung des deutschen Gesetzgebers – unter den europarechtlichen Begriff der kollektiven Vermögensverwaltung fällt.[176] So wurde es als regulatorisch bedenklich erachtet, dass nach der zwischenzeitlichen Rechtslage geschlossene inländische Spezial-AIF nach § 285 KAGB i.V.m. §§ 2 Abs. 1 Nr. 3 lit. b Alt. 1; Abs. 6 Nr. 5a 114

163 So auch: *Haisch/Bühler*, BB 2015, 1986 (1987).

164 BaFin, Merkblatt – Hinweise zum Tatbestand des Kreditgeschäfts v. 25.4.2014, Ziff. 1. a) bb) (4); *Schäfer* in Boos/Fischer/Schulte-Mattler, § 1 KWG Rz. 57; *Brogl* in Reischauer/Kleinhans, § 1 KWG Rz. 64 f.

165 BaFin, Merkblatt – Hinweise zum Tatbestand des Kreditgeschäfts v. 25.4.2014, Ziff. 1. a) bb) (4).

166 BaFin, Merkblatt – Hinweise zum Tatbestand des Kreditgeschäfts, v. 25.4.2014, Ziff. 1, a, bb, (4); *Schäfer* in Boos/Fischer/Schulte-Mattler, § 1 KWG 57; *Brogl* in Reischauer/Kleinhans, § 1 KWG Rz. 64.

167 *Brogl* in Reischauer/Kleinhans, § 1 KWG Rz. 64.

168 Begr. RegE, BT-Drucks.18/6744, S. 63.

169 Begr. RegE, BT-Drucks.18/6744, S. 63.

170 Richtlinie 2011/61/EU des Europäischen Parlaments und des Rates vom 8. Juni 2011 über die Verwalter alternativer Investmentfonds und zur Änderung der Richtlinien 2003/41/EG und 2009/65/EG und der Verordnungen (EG) Nr. 1060/2009 und (EU) Nr. 1095/2010, ABl. EU Nr. L 174 v. 1.7.2011, S. 1.

171 BaFin, Auslegungsentscheidung – Änderung der Verwaltungspraxis zur Vergabe von Darlehen usw. für Rechnung des Investmentvermögens v. 12.5.2015. Ziff. III. 1.

172 Verordnung (EU) Nr. 345/2013 des Europäischen Parlaments und des Rates vom 17. April 2013 über Europäische Risikokapitalfonds, ABl. EU Nr. L 115 v. 25.4.2013, S. 1.

173 Verordnung (EU) Nr. 346/2013 des Europäischen Parlaments und des Rates vom 17. April 2013 über Europäische Fonds für soziales Unternehmertum, ABl. EU Nr. L 115 v. 25.4.2013, S. 18.

174 Verordnung (EU) 2015/760 des Europäischen Parlamentes und des Rates vom 29. April 2015 über europäische langfristige Investmentfonds, ABl. EU Nr. L 123 v. 19.5.2015, S. 98.

175 In diese Richtung bereits: *Zetzsche/Marzte*, RdF 2015, 4 f.; BaFin, Auslegungsentscheidung – Änderung der Verwaltungspraxis zur Vergabe von Darlehen usw. für Rechnung des Investmentvermögens v. 12.5.2015, Ziff. III. 2., 3.

176 Begr. RegE, BT-Drucks.18/6744, S. 64.

KWG unbegrenzt Darlehen ausreichen konnten, wohingegen ein geschossener inländischer Publikums-AIF nach § 261 Abs. 1 KAGB dazu nach wie vor nicht in der Lage war.[177]

b) Wandel der BaFin-Verwaltungspraxis

115 Eine anders lautende Verwaltungspraxis, wonach AIF bis auf marginale Ausnahmen generell – entsprechend § 93 Abs. 4 KAGB[178] – keine Darlehen ausreichen bzw. im Rahmen des Zweiterwerbs keine neuen Kreditentscheidungen fällen durften,[179] wurde durch das Schreiben der BaFin vom 12.5.2015 **aufgegeben.**[180] Nach der im Mai 2015 aktualisierten Verwaltungspraxis kommt es für die Zulässigkeit der Darlehensvergabe auf die Produktregelungen des KAGB an.[181] § 93 Abs. 4 KAGB sei insoweit **teleologisch zu reduzieren**, als das europäische Recht eine Beschränkung der Geltung auf OGAW-Fonds gebiete.[182] Darüber hinaus enthält die Auslegungsentscheidung der BaFin weitere Beschränkungen, so etwa, dass keine Darlehen an Verbraucher ausgereicht werden sollen, dass die Darlehensvergabe hinreichend risikogestreut erfolgen soll und dass die Darlehensvergabe nicht durch kurzfristig fälliges Fremdkapital finanziert werden soll. Zudem sollen eine Mindestreserve an Liquidität eingehalten und besondere **Risikomanagementsysteme** eingerichtet werden. Freilich hatten diese Vorgaben lediglich einen Empfehlungscharakter bis zu einer Regelung durch den Gesetzgeber.[183] Dies klingt bereits im Wortlaut der Auslegungsentscheidung an, basiert aber letztlich auf dem Grundsatz des Vorbehaltes des Gesetzes.

c) Rechtslage nach dem OGAW V-Umsetzungsgesetz

116 Nach § 20 Abs. 9 Satz 1 KAGB dürfen AIF-Kapitalverwaltungsgesellschaften im Rahmen der kollektiven Vermögensverwaltung ein Gelddarlehen nur gewähren, sofern dies auf Grund der Verordnung (EU) Nr. 345/2013, der Verordnung (EU) Nr. 346/2013, der Verordnung (EU) Nr. 2015/760 des Europäischen Parlaments und des Rates vom 29.4.2015 über europäische langfristige Investmentfonds,[184] § 3 Abs. 2 i.V.m. § 4 Abs. 7 UBGG, § 240, § 261 Abs. 1 Nr. 8, § 282 Abs. 2 Satz 3, § 284 Abs. 5 oder § 285 Abs. 2 oder Abs. 3 KAGB erlaubt ist. Die hier erfolgende Auflistung der **spezialgesetzlichen Erlaubnistatbestände** hat weitgehend klarstellenden Charakter.[185] Da das Gesetz nach §§ 1 Abs. 16, 17 Abs. 2 KAGB unter „AIF-Kapitalverwaltungsgesellschaft" sowohl interne als auch externe Kapitalverwaltungsgesellschaften fasst, ist es unerheblich, ob das Investmentvermögen eine externe Kapitalverwaltungsgesellschaft bestellt hat oder nicht.[186] Nach § 2 Abs. 4 Nr. 4 KAGB finden die Regelungen zur Kreditausreichung auch auf Kapitalverwaltungsgesellschaften, die ausschließlich kleine AIFs i.S.d. § 2 Abs. 4 KAGB verwalten, Anwendung.

117 Die **wesentliche Neuerung** findet sich in der Bezugnahme auf die neu eingefügten Regelungen im KAGB. So wird mit § 285 Abs. 2 KAGB auf diejenige Norm verwiesen, die die Darlehensvergabe für Rechnung geschlossener Spezial-AIF regelt.[187] Der Verweis auf die §§ 261 Abs. 1 Nr. 8, 282 Abs. 2 Satz 3, 284 Abs. 5 und 285 Abs. 3 KAGB stellt hingegen einen Bezug zu den neu geschaffenen Regeln zu Gesellschafterdarlehen her.[188] Der **Darlehensgewährung nachfolgende Änderungen der Darlehensbedingungen** sollen gem. § 20 Abs. 9 Satz 2 KAGB unabhängig von den in § 20 Abs. 9 Satz 1 KAGB in Verweis genommenen Voraussetzungen zulässig sein.

118 Letzteres sollte nach § 20 Abs. 9 Satz 2 Halbs. 2 KAGB in der Fassung des Regierungsentwurfs nicht gelten für offene Spezial-AIF. Im Rahmen des Gesetzgebungsverfahrens wurde hieran zu Recht vielfältige **Kritik seitens der Industrie** geäußert. So würde dies eine effiziente Verwaltung von Kreditfonds wesentlich er-

177 Begr. RegE, BT-Drucks.18/6744, S. 64.
178 *v. Einem/Schlote*, WM 2015, 1925 (1925).
179 BaFin, Auslegungsentscheidung – Änderung der Verwaltungspraxis zur Vergabe von Darlehen usw. für Rechnung des Investmentvermögens v. 12.5.2015, Ziff. II.
180 BaFin, Auslegungsentscheidung – Änderung der Verwaltungspraxis zur Vergabe von Darlehen usw. für Rechnung des Investmentvermögens v. 12.5.2015, Ziff. IV.
181 BaFin, Auslegungsentscheidung – Änderung der Verwaltungspraxis zur Vergabe von Darlehen usw. für Rechnung des Investmentvermögens v. 12.5.2015, Ziff. IV. und IV. 1.
182 BaFin, Auslegungsentscheidung – Änderung der Verwaltungspraxis zur Vergabe von Darlehen usw. für Rechnung des Investmentvermögens v. 12.5.2015, Ziff. IV. 1.
183 Im Ergebnis auch: *Haisch/Bühler*, BB 2015, 1986 (1987).
184 Verordnung (EU) 2015/760 des Europäischen Parlaments und des Rates vom 29. April 2015 über europäische langfristige Investmentfonds, ABl. EU Nr. L 123 v. 19.5.2015, S. 98.
185 Begr. RegE, BT-Drucks.18/6744, S. 45; vgl. auch *Zander*, DB 2016, 331 (332).
186 Vgl. *Hüwel/Lercara/Stamm*, Legal Update OGAW-V Umsetzungsgesetz, S. 4.
187 Begr. RegE, BT-Drucks.18/6744, S. 45.
188 Begr. RegE, BT-Drucks.18/6744, S. 45.

schweren.[189] Zudem sei ein angemessenes Risiko- und Liquiditätsmanagement bereits durch § 29 Abs. 5a KAGB und § 30 KAGB verbürgt. Makroprudenziell verhindere die Möglichkeit der Restrukturierung „fire sales" durch die Fonds.[190] Entgegen der Gesetzesbegründung[191] bestehe bei offenen Spezial-AIF auch keine Gefahr von „Run-Szenarien".[192] Das erschließe sich bereits durch einen Blick auf den Investorenkreis: Die (semi-)professionellen Anleger (in Kreditfonds) seien typischerweise an einem langfristigen Engagement interessiert. Zudem sind die Anlegerzahlen in einzelne Spezial-AIF oftmals überschaubar. Diese Überschaubarkeit des Investorenkreises ermögliche ein koordiniertes Vorgehen in Krisensituation. Das dem **Bank-Run** zugrunde liegende Problem der Informationsasymmetrie im Hinblick auf das Verhalten der anderen Anleger und der Werthaltigkeit der Assets der Bank könne hier also auf individueller Basis gelöst werden, ohne dass es eines staatlichen Eingriffes bedürfte.

Diesen Bedenken ist im Rahmen des Gesetzgebungsverfahrens Rechnung getragen worden. § 20 Abs. 9 Satz 2 HS. 2 KAGB wurde ersatzlos gestrichen.[193] Nach der **finalen Regelung** dürfen demnach auch offene Spezial-AIF – unabhängig von den in § 20 Abs. 9 Satz 1 KAGB in Bezug genommenen Vorschriften – ohne Verstoß gegen §§ 1 Abs. 1 Satz 1 und 2 i.V.m. 32 Abs. 1 KWG am Sekundärmarkt erworbene Darlehen restrukturieren. 119

aa) Produktbezogene Regelungen in § 285 Abs. 2 KAGB

Nach § 285 Abs. 2 KAGB darf die AIF-Kapitalverwaltungsgesellschaft für Rechnung eines geschlossenen Spezial-AIF nur in engen Grenzen Darlehen gewähren. Dazu gehört, dass sie keine Gelddarlehen an Verbraucher ausreichen darf. Darüber hinaus muss eine **angemessene Risikomischung** eingehalten werden, d.h. die Valuta eines einzelnen Darlehens darf nicht höher als 20 % des Fondskapitals sein. Zuletzt wird der Leverage des Fonds beschränkt. Er darf höchstens i.H.v. 30 % seines Kapitals selbst fremdkapitalfinanziert sein. Ob diese Regelung tatsächlich zu einer umfänglichen Kreditvergabetätigkeit von deutschen geschlossenen Spezial-AIFs führen wird, wird in hohem Maße von der ertragssteuerlichen Beurteilung dieser Kreditvergabetätigkeit abhängen.[194] 120

(1) Geltung für EU-AIF

§ 285 Abs. 2 KAGB beansprucht **keine Geltung** für EU-AIF.[195] 121

Dafür spricht zunächst der Blick auf den Titel des Gesetzesabschnitts, in dem § 285 KAGB steht („Vorschriften über geschlossene inländische Spezial-AIF"). Zudem hat der Gesetzgeber im gleichen Zug auch § 2 Abs. 1 Nr. 3c und 3d KWG überarbeitet. Dort klammert er „EU-Investmentvermögen" und „EU-Kapitalverwaltungsgesellschaften" aus den Begriffen „Kapitalverwaltungsgesellschaften" bzw. „Investmentvermögen" aus. 122

Dass sich die Produktregelungen allein auf inländische AIF beziehen, ist darauf zurückzuführen, dass die AIFM-RL selbst grundsätzlich **keine produktbezogenen Regelungen für AIF** enthält, sondern konzeptionell eine Regulierung des Verwalters regelt und die Produktregulierung den nationalen Gesetzgebern überlässt.[196] Produktbezogene Regelungen sind im Rahmen der AIF-Regulierung daher primär nationale Regelwerke, die den Regulierungsstandard gegenüber den europäischen Vorgaben erhöhen.[197] Als nationale Regelwerke können sie keine über die jeweiligen nationalen Grenzen hinausgehende Wirkung entfalten. Daher sucht der Gesetzgeber über das Instrument der Vetriebszulassung solche AIF vom Vertrieb auszuschließen, die den europäischen Mindestanforderungen nicht genügen.[198] 123

Somit steht zunächst fest: § 285 Abs. 2 KAGB findet auf EU-AIF **keine Anwendung**. § 20 Abs. 9 KAGB lässt sich mit seinem (deklaratorischen) Verweis auf die Produktregulierungsebene entnehmen, dass die Darlehensgewährung durch eine AIF-Kapitalverwaltungsgesellschaft für Rechnung des EU-AIF zulässig ist, so- 124

189 So auch: Stellungnahme BVI zum Regierungsentwurf des OGAW-V-UmsG, S. 3 f.
190 So auch: Stellungnahme BAI, S. 5.
191 Begr. RegE, BT-Drucks.18/6744, S. 65.
192 So auch: Stellungnahme GDV S. 4; Stellungnahme BAI zum Regierungsentwurf des OGAW-V-UmsG, S. 5.
193 Beschlussempfehlung und Bericht des 7. Finanzauschusses, BT-Drucks. 18/7393, 15, 76.
194 Vgl. *Hüwel/Lercara/Stamm*, Legal Update OGAW-V Umsetzungsgesetz, S. 5.
195 Vgl. *Wittek*, die bank 2016, Heft 10, 30 f.
196 *Hartott* in Baur/Tappen, § 285 KAGB Rz. 1.
197 *Hartott* in Baur/Tappen, § 285 KAGB Rz. 1.
198 So schon: *Emde/Dreibus*, BKR 2013, 89 (95).

weit die jeweilige Produktregulierung dem nicht entgegensteht. Die relevante Produktregulierung entspringt dabei dem Recht des Herkunftsstaates des AIF (§ 1 Abs. 19 Nr. 18 KAGB).

125 Soweit für Rechnung des EU-AIF Darlehen im Inland ausgereicht werden sollen, steht dem eine fehlende Banklizenz nicht entgegen. Die Anwendungsbereiche von KAGB und KWG werden – um eine **doppelte Regulierung zu vermeiden** – durch den Ausnahmetatbestand des § 2 Abs. 1 Nr. 3 b-d bzw. § 2 Abs. 6 Nr. 5 lit. a KWG abgegrenzt.[199] Nach § 2 Abs. 1 Nr. 3 lit. c-d KWG gelten EU-Verwaltungsgesellschaften und EU-Investmentvermögen nicht als Kreditinstitut i.S.d. § 1 Abs. 1 KWG und unterliegen daher **nicht der Erlaubnispflicht** nach § 32 KWG, soweit sie nur die kollektive Vermögensverwaltung – einschließlich der Gewährung von Gelddarlehen – betreiben. Auch die Darlehensgewährung im Inland ändert dabei nichts an dem Befund, dass § 285 Abs. 2 KAGB keine Anwendung findet.[200] Die Frage der aufsichtsrechtlichen Zulässigkeit der Darlehensausreichung ist bei EU-AIF nicht an die Zulässigkeit des Vertriebs im Inland geknüpft.

126 Ob dies auch dann gilt, wenn die Darlehen durch eine **Tochtergesellschaft** des Investmentvermögens ausgereicht werden, ist unklar. Die Anteilseignerstruktur einer Gesellschaft hat grundsätzlich keinen Einfluss auf die aufsichtsrechtliche Beurteilung ihres Geschäftsmodells. Soweit eine Gesellschaft also Bankgeschäfte betreibt, unterliegt sie dem Grunde nach der **Bankerlaubnispflicht** nach §§ 1, 32 KWG. Wenn sie eine EU-Investmentgesellschaft oder EU-Kapitalverwaltungsgesellschaft darstellt, gilt das oben gesagte. Einer konzernrechtlichen „Zurechnung" der Eigenschaft als EU-Investmentgesellschaft oder EU-Kapitalverwaltungsgesellschaft stehen die insoweit eindeutigen Definitionen aus § 1 Abs. 8, 11, 14 KAGB entgegen.[201]

(2) Geltung für AIF aus Drittländern

127 Nach dem oben Gesagten ergeben bereits grammatikalische wie systematische Erwägungen, dass die Produktregelungen nur für inländische AIF Anwendung finden. Damit gelten sie auch **nicht für AIF aus Drittländern.**

128 Fraglich ist, unter welchen **Voraussetzungen** die für Drittland-AIF (bzw. -verwaltungsgesellschaften) geltende Ausnahme nach § 2 Abs. 1 Nr. 3 lit. c-d KWG greift. Dem Gesetz nach ist insoweit erforderlich, dass der Vertrieb der betreffenden Investmentvermögen im Inland nach dem KAGB auf der Basis einer Vertriebsanzeige zulässig ist, soweit durch die Verwaltungsgesellschaft bzw. den Drittland-AIF lediglich die kollektive Vermögensverwaltung betrieben wird.

129 Im Gegensatz zum **Referentenentwurf** soll ein Vertrieb nach § 330 KAGB nicht als „zulässiger Vertrieb" im Sinne dieser Vorschrift gelten. Diese Einschränkung soll u.a. dem Schutz inländischer Kreditnehmer dienen, da bei ausländischen Kapitalverwaltungsgesellschaften nicht immer von einer vergleichbaren Aufsicht wie bei EU-Kapitalverwaltungsgesellschaften ausgegangen werden kann.[202] Die Gesetzesbegründung verweist hinsichtlich des zulässigen Vertriebs auf die Voraussetzungen des § 317 KAGB.[203] Danach sei Voraussetzung für einen Vertrieb insbesondere, dass der AIF und seine Verwaltungsgesellschaft im Staat ihres **gemeinsamen Sitzes einer wirksamen öffentlichen Aufsicht** unterliegen.[204] De facto werden in § 317 KAGB Anforderungen postuliert, die für ausländische AIF in der Regel schwer – im Einzelfall auch gar nicht – zu erfüllen sein werden.[205]

130 **Unklar** ist nach dem Wortlaut auch, ob es sich bei der Wendung „der Vertrieb [...] im Inland nach dem KAGB auf der Basis einer Vertriebsanzeige zulässig ist" um einen Verweis auf die materiellen Voraussetzungen der Zulässigkeit des Vertriebs handelt oder ob insoweit das tatsächliche Durchlaufen eines Vertriebsverfahrens erforderlich ist. Für letzteres mag auf den ersten Blick der **Wortlaut** sprechen.[206] Zweifelhaft mag dies jedoch in denen Fällen erscheinen, in denen ein Vertrieb im Inland von vornherein nicht beabsichtigt ist. Auch der durch das Gesetz bezweckte Schutz der inländischen Darlehensnehmer[207] wird bereits durch die Einhaltung der materiellen Vertriebsvoraussetzungen erreicht.

---

199 *v. Einem/Schlote* WM 2015, 1925 (1926).
200 *Haisch/Bühler* BB 2015, 1986 (1989); so auch: *Hüwel/Lercara/Stamm*, Legal Update OGAW-V Umsetzungsgesetz, S. 6 f.
201 Anders aber: *Hüwel/Lercara/Stamm*, Legal Update OGAW-V Umsetzungsgesetz, S. 6.
202 Begr. RegE, BT-Drucks. 18/6744, 77.
203 Begr. RegE, BT-Drucks. 18/6744, 77.
204 Begr. RegE, BT-Drucks. 18/6744, 77.
205 So auch: *Hüwel/Lercara/Stamm*, Legal Update OGAW-V Umsetzungsgesetz, S. 7.
206 *Haisch/Bühler*, BB 2015, 1986 (1989).
207 Begr. RegE, BT-Drucks. 18/6744, 77.

bb) Verweis auf §§ 261 Abs. 1 Nr. 8, 282 Abs. 2 Satz 3, 284 Abs. 5 und 285 Abs. 3 KAGB – Gesellschafterdarlehen

Mit den §§ 261 Abs. 1 Nr. 8, 282 Abs. 2 Satz 3, 284 Abs. 5 und 285 Abs. 3 KAGB werden die neugeschaffenen Regeln zu **Gesellschafterdarlehen** in Bezug genommen.[208] Diese erschöpfen sich – ausgenommen von § 284 Abs. 5 HS. 2 KAGB – in einem Verweis auf § 285 Abs. 3 KAGB. Aus den hier benannten Vorschriften lässt sich schließen, dass die Gewährung von Gesellschafterdarlehen zwar auch für offene Spezial-AIF und geschlossene Publikums-AIF zulässig sein soll. Eine darüber hinausgehende Darlehensgewährung ist im Umkehrschluss aber unzulässig.[209] 131

Danach darf die AIF-Kapitalverwaltungsgesellschaft für Rechnung eines geschlossenen Spezial-AIF Gelddarlehen an Unternehmen, an denen der AIF beteiligt ist, ausreichen, wenn **höchstens 30 %** des aggregierten eingebrachten Kapitals dazu verwendet werden (§ 285 Abs. 1 Satz 1 KAGB des ursprünglichen Gesetzesentwurfs der Bundesregierung). Darüber hinaus muss eine der folgenden Voraussetzungen erfüllt sein: Das Unternehmen, das das Darlehen aufnimmt, ist ein **Tochterunternehmen** des geschlossenen Spezial-AIF (§ 285 Abs. 1 Satz 1 Nr. 1 KAGB), das Darlehen wird in Solvenz und Insolvenz **nachrangig ausgestaltet** (§ 285 Abs. 2 Satz 1 Nr. 2 KAGB) oder der Darlehensbetrag überschreitet nicht die **Anschaffungskosten** der an dem Unternehmen gehaltenen Beteiligungen. Soweit das Kriterium des § 285 Abs. 1 Satz 1 Nr. 1 KAGB eingehalten ist, kann nach § 285 Abs. 3 Satz 2 KAGB unter gewissen Voraussetzungen die benannte 30 %-Grenze überschritten werden. 132

Auch an § 285 Abs. 3 KAGB wurde im Rahmen des Gesetzgebungsprozesses **vielfältige Kritik** geübt.[210] Gesellschafterdarlehen sollten nicht der Erschließung neuer Assetklassen dienen, sondern seien ein Mittel der Innenfinanzierung und Strukturierung der Gesamtfinanzierung.[211] Der Fonds habe als Anteilseigner unmittelbaren Einfluss auf den Darlehensnehmer.[212] Gesellschafterdarlehen seien daher sowohl wirtschaftlich als auch investmentrechtlich grundverschieden von Drittdarlehen.[213] 133

Auf Anregung des Finanzausschusses wurde diesen Bedenken Rechnung getragen. Insoweit wurden die oben benannten **Grenzwerte teilweise verschoben.**[214] So kann die AIF-Kapitalverwaltungsgesellschaft für Rechnung des geschlossenen Spezial-AIF nunmehr i.H.v. bis zu 50 % des aggregierten eingebrachten Kapitals Gesellschafterdarlehen ausreichen. Auch gilt als zusätzliche Voraussetzung nicht mehr, dass der Darlehensbetrag die Anschaffungskosten der an dem Unternehmen gehaltenen Beteiligungen nicht überschreitet. Dieser Betrag soll vielmehr auf das Zweifache der Anschaffungskosten angehoben werden.[215] 133a

4. Kreditengagement von externen Kapitalverwaltungsgesellschaften (§ 20 Abs. 10 KAGB)

Nach § 20 Abs. 10 KAGB dürfen externe Kapitalverwaltungsgesellschaften ihren Mutter-, Tochter- und Schwesterunternehmen Gelddarlehen **für eigene Rechnung gewähren**. Nachempfunden ist diese Regel dem Konzernprivileg aus § 2 Abs. 1 Nr. 7 KWG.[216] Insgesamt hat die externe Kapitalverwaltungsgesellschaft hier einen umfassenden Spielraum. Die Regelung ist insofern erforderlich, als § 20 KAGB einen abschließenden Katalog zulässiger Geschäfte schafft.[217] Unberührt bleiben die Kapitalvorgaben aus § 25 KAGB.[218] Nach § 2 Abs. 4 Nr. 2 KAGB findet § 20 Abs. 10 KAGB auch bei solchen Kapitalverwaltungsgesellschaften Anwendung, die ausschließlich „kleine AIFs“ verwalten. 134

5. Abgrenzung von Kreditfonds und Verbriefungszweckgesellschaften

Die Vorschriften des KAGBs finden freilich **keine Anwendung**, soweit es sich bei dem Vehikel lediglich, um eine **Verbriefungszweckgesellschaft** handelt, § 2 Abs. 1 Nr. 7 KAGB. Nach § 1 Abs. 19 Nr. 36 KAGB ist eine Verbriefungszweckgesellschaft eine Gesellschaft, deren einziger Zweck darin besteht eine oder mehrere 135

208 Begr. RegE, BT-Drucks. 18/6744, 45.
209 Vgl. *Hüwel/Lercara/Stamm*, Legal Update OGAW-V Umsetzungsgesetz, S. 7.
210 Stellungnahme BAI zum Regierungsentwurf des OGAW-V-UmsG, S. 7; Stellungnahme BVK zum Regierungsentwurf des OGAW-V-UmsG, S. 2.
211 Stellungnahme BAI zum Regierungsentwurf des OGAW-V-UmsG, S. 8.
212 Stellungnahme BAI zum Regierungsentwurf des OGAW-V-UmsG, S. 9.
213 Stellungnahme BAI zum Regierungsentwurf des OGAW-V-UmsG, S. 8.
214 Beschlussempfehlung und Bericht des 7. Finanzausschusses, BT-Drucks. 18/7393, 42 f., 77.
215 Beschlussempfehlung und Bericht des 7. Finanzausschusses, BT-Drucks. 18/7393, 43.
216 Begr. RegE, BT-Drucks. 18/6744, 46.
217 Begr. RegE, BT-Drucks. 18/6744, 46.
218 Begr. RegE, BT-Drucks. 18/6744, 46.

Verbriefungen i.S.d. Art. 1 Abs. 2 der inzwischen neu gefassten EZB-VerbriefungsVO[219] und weitere zur Erfüllung dieses Zwecks geeignete Tätigkeiten durchzuführen.

136 Insoweit wurde die Frage aufgeworfen, ob hinsichtlich der **Verbriefungsdefinition** auf die alte oder neue Fassung der EZB-Verbriefungsverordnung zurückzugreifen sei. Dahinter steht die Frage, ob es sich bei § 1 Abs. 19 Nr. 36 KAGB um eine statische oder dynamische Verweisung i.S.d. Staatsorganisationsrechts handelt. Richtigerweise wird man von einer statischen Verweisung ausgehen können. Dafür spricht, dass das Gesetz auf eine spezifische Vorschrift (Art. 1 Abs. 2 EZB-VerbriefungsVO) und nicht allgemein auf ein Regelwerk verweist.[220] Da jedenfalls nicht auf Art. 4 Abs. 1 Nr. 61 CRR verwiesen wird, setzt eine Verbriefung keine Tranchierung in Risikoklassen voraus.[221] Nach der alten Fassung der EZB-Verbriefungsverordnung setzt eine Verbriefung u.a. voraus, dass eine Sicherheit oder ein Sicherheitenpool auf ein Rechtssubjekt übertragen wird, das von dem Originator getrennt ist und zum Zweck der Verbriefung geschaffen wird.

137 Dies wird bei darlehensausreichenden Kreditfonds regelmäßig nicht der Fall sein. Hier erfolgt keine Übertragung von Sicherheiten oder Kreditrisiken.[222] Anders wird man dies bei Kreditfonds betrachten können, die sich alleine auf einen derivativen Erwerb der Darlehen beschränken.[223] **Entscheidendes Abgrenzungsmerkmal** wird hier wohl sein, ob das Vehikel „zum Zwecke der Verbriefung geschaffen wurde oder dient".[224] Auch dieser unbestimmte Rechtsbegriff bedarf jedoch der Ausfüllung.

138 Einerseits ließe sich insoweit hereinlesen, dass nur solche Transaktionen dem Begriff der Verbriefung unterfallen, bei denen dem Verbriefungstreuhänder **keinerlei Anlageermessen** zusteht.[225] Anderseits ließe sich auch alleine auf den Willen des Initiators des Vehikels abstellen.[226] Eine Verbriefung wäre demnach nur dort bezweckt, wo der Initiator von vornherein nur auf eine Risikoübertragung abzielte.

139 Letztlich dürfe es daher eine Frage der **Strukturierung im Einzelfall** sein, ob man gepoolte Investments in Darlehen als Verbriefungszweckgesellschaft oder alternativer Investmentfond ausgestaltet.[227] Refinanziert sich das Vehikel im Wesentlichen über die Ausgabe von Schuldverschreibung, so wird man dies als Indiz für das Vorliegen einer Verbriefungszweckgesellschaft ansehen müssen. Umgekehrt spricht ein beschränkter Leverage des Vehikels für das Vorliegen eines AIFs. Auch spricht eine Tranchierung der Refinanzierungsinstrumente für die Eigenschaft als Verbriefungszweckgesellschaft, mag diese auch nicht konstituierend erforderlich sein.[228]

IX. Rechtsschutz

140 Die Versagung (§ 23 KAGB) oder Beschränkung der Erlaubnis durch die BaFin kann mittels **Verpflichtungsklage** angegriffen werden.[229] Die Verpflichtungsklage ist dann auf Erteilung der beantragten Erlaubnis, ggf. ohne die Beschränkung, gerichtet. Der einstweilige Rechtsschutz im Falle der Versagung oder Beschränkung der Erlaubnis richtet sich nach § 123 VwGO. Ein entsprechender Antrag hat jedoch typischerweise keine Aussicht auf Erfolg, da in der vorläufigen Erteilung der Erlaubnis in aller Regel eine Vorwegnahme der Hauptsache liegt. Der Antrag ist damit, je nach Rechtsauffassung, entweder unzulässig oder unbegründet.

141 Eine Nebenbestimmung, wobei nur die Auflage zulässig ist (vgl. Rz. 28), kann isoliert mittels **Widerspruch und Anfechtungsklage** angegriffen werden.[230] Widerspruch und Anfechtungsklage haben entgegen § 80

---

219 Verordnung (EG) Nr. 24/2009 der Europäischen Zentralbank vom 19. Dezember 2008 über die Statistik über die Aktiva und Passiva von finanziellen Mantelkapitalgesellschaften, die Verbriefungsgeschäfte betreiben, ABl. EU Nr. L 15 v. 20.1.2009, S. 1; neu gefasst durch Verordnung (EU) Nr. 1075/2013 der Europäischen Zentralbank vom 18. Oktober 2013 über die Statistik über die Aktiva und Passiva von finanziellen Mantelkapitalgesellschaften, die Verbriefungsgeschäfte betreiben, ABl. EU Nr. L 297 v. 7.11.2013, S. 107.

220 Im Ergebnis auch: *Hanten/von Tiling*, WM 2015, 2122 (2125), die aber wohl verkennen, dass die Definition auf Art. 4 Abs. 1 lit. an) AIFM-D beruht.

221 *Hanten/von Tiling*, WM 2015, 2122 (2125) m.w.N.

222 So auch: *Zetzsche/Marte*, RdF 2015, 4 (5 f.); *Hanten/von Tiling*, WM 2015, 2122 (2125).

223 Vgl. *Zetzsche/Marte*, RdF 2015, 4 (5 f.); *Hanten/von Tiling*, WM 2015, 2122 (2125).

224 *Zetzsche/Marte*, RdF 2015, 4 (5 f.); *Hanten/von Tiling*, WM 2015, 2122 (2125).

225 *Zetzsche/Marte*, RdF 2015, 4 (6 f.); kritisch: *Hanten/von Tiling*, WM 2015, 2122 (2125).

226 Vgl. *Hanten/von Tiling*, WM 2015, 2122 (2125).

227 Eingehend: *Heuer/Schwalba*, ZfgK 2013, 910 (914); vgl. auch *Jesch*, RdF 2016, 32 (33).

228 Ähnlich: *Hanten/von Tiling*, WM 2015, 2122 (2125).

229 *Winterhalder* in Weitnauer/Boxberger/Anders, § 20 KAGB Rz. 30.

230 *Bentele* in Baur/Tappen, § 20 KAGB Rz. 6; *Winterhalder* in Weitnauer/Boxberger/Anders, § 20 KAGB Rz. 31; vgl. zur isolierten Anfechtbarkeit von Nebenbestimmungen: *Stelkens* in Stelkens/Bonk/Sachs, § 36 VwVfG Rz. 54 ff.; *Tiedemann* in Bader/Ronellenfitsch, BeckOK VwVfG, § 36 VwVfG Rz. 83 ff.

Abs. 1 VwGO keine aufschiebende Wirkung (§ 7 Abs. 1 KAGB). Zur Herstellung des Suspensiveffekts ist der Betroffene auf den **vorläufigen Rechtsschutz** gem. § 80 Abs. 4 und 5 VwGO verwiesen.[231]

Eine Kapitalverwaltungsgesellschaft kann erst nach Erteilung der Erlaubnis ins **Handelsregister** eingetragen werden. Dem Registergericht ist hierfür das Bestehen der Erlaubnis nachzuweisen (§ 3 Abs. 5 KAGB i.V.m. § 43 Abs. 1 KWG). Vor der Erlaubniserteilung kann der Rechtsträger lediglich mit allgemeinem Unternehmensgegenstand gegründet und ins Handelsregister eingetragen werden.[232] 142

X. Rechtsfolgen bei Verwaltungstätigkeit ohne Erlaubnis

1. Aufsichtsrechtliche Folgen

Werden neben der kollektiven Vermögensverwaltung die in § 20 Abs. 2 und 3 KAGB aufgeführten Dienstleistungen oder Nebendienstleistungen ohne die Erlaubnis nach §§ 20, 21, 22 KAGB erbracht, liegt nach § 15 Abs. 1 KAGB ein **unerlaubtes Investmentgeschäft** vor. In diesem Fall kann die BaFin insbesondere die Maßnahmen nach den §§ 14 bis 16 KAGB ergreifen. 143

Insbesondere kann die BaFin **anordnen**, dass der **Geschäftsbetrieb** sofort **eingestellt** wird und die **Geschäfte** unverzüglich **abgewickelt** werden (§ 15 Abs. 2 Satz 1 Nr. 1 KAGB). Außerdem kann die BaFin bestimmte **Weisungen** hinsichtlich der Geschäftsabwicklung erteilen (§ 15 Abs. 2 Satz 1 Nr. 2 KAGB) oder eine geeignete Person als **Abwickler** bestellen (§ 15 Abs. 2 Satz 1 Nr. 3 KAGB).[233] 144

Zur **Sachverhaltsaufklärung** stehen ihr die Maßnahmen nach § 16 KAGB zur Verfügung. Danach kann die BaFin auch Auskunfts-, Prüfungs-, Durchsuchungs- und Sicherstellungsrechte ausüben.[234] 145

Außerdem ist sie nach § 5 Abs. 6 Satz 7 und 8 KAGB verpflichtet, geeignete und erforderliche Anordnungen zu treffen, um dem Missstand der fehlenden Erlaubnis entgegenzuwirken.[235] 146

Darüber hinaus enthält § 314 Abs. 1 KAGB die Befugnis der BaFin, alle zum **Schutz der Anleger** erforderlichen und geeigneten Maßnahmen zu ergreifen. Dazu kann beispielweise die Untersagung des Vertriebs der Anteile am Investmentvermögen gehören.[236] 147

2. Zivilrechtliche Folgen

Ein unerlaubtes Investmentgeschäft ist zivilrechtlich grundsätzlich wirksam, da das Geschäft selbst nicht verboten ist. Verboten ist vielmehr der Abschluss des Geschäfts durch eine Kapitalverwaltungsgesellschaft ohne die erforderliche Erlaubnis. Das Verbot richtet sich damit gegen die Kapitalverwaltungsgesellschaft und nicht gegen den Anleger. Daher ist § 20 KAGB als lediglich einseitiges Verbot **nicht** als **Verbotsgesetz i.S.v. § 134 BGB** einzuordnen. Der Anleger kann die Kapitalverwaltungsgesellschaft somit an dem unerlaubt abgeschlossenen Geschäft festhalten.[237] Allerdings kann die BaFin die Rückabwicklung des Geschäfts verlangen, selbst wenn dies für den Anleger nachteilig ist. 148

Ist das unerlaubte Investmentgeschäft für den Anleger hingegen selbst nachteilhaft, hat dieser regelmäßig ein Interesse daran, nicht an das Geschäft gebunden zu sein. Dies wird dadurch erreicht, dass § 20 KAGB als **Schutzgesetz i.S.v. § 823 Abs. 2 BGB** qualifiziert (wie auch § 7 InvG und § 32 KWG).[238] Der Anleger kann von der Kapitalverwaltungsgesellschaft also Schadensersatz verlangen, wenn diese unerlaubt das Investmentgeschäft betreibt (z.B. Rückabwicklung des Vertrags).[239] Die drittschützende Wirkung der Vorschrift ergibt sich aus Sinn und Zweck der Erlaubnispflicht: Der einzelne Anleger soll geschützt werden, indem nur Unternehmen mit einer ausreichenden finanziellen Ausstattung und qualifiziertem Leitungspersonal das Investmentgeschäft betreiben dürfen.[240] 149

231 *Winterhalder* in Weitnauer/Boxberger/Anders, § 20 KAGB Rz. 32.
232 *Winterhalder* in Weitnauer/Boxberger/Anders, § 20 KAGB Rz. 33.
233 *Winterhalder* in Weitnauer/Boxberger/Anders, § 20 KAGB Rz. 14; *Demleitner*, BB 2014, 2058 (2060).
234 *Winterhalder* in Weitnauer/Boxberger/Anders, § 20 KAGB Rz. 14.
235 Vgl. *Demleitner*, BB 2014, 2058 (2060).
236 *Demleitner*, BB 2014, 2058 (2060).
237 So auch: *Schücking* in Moritz/Klebeck/Jesch, § 20 KAGB Rz. 14; zur Rechtslage im KWG *Fischer* in Boos/Fischer/Schulte-Mattler, § 32 KWG Rz. 27 m.w.N.
238 *Winterhalder* in Weitnauer/Boxberger/Anders, § 20 KAGB Rz. 4, 39; so schon *Steck/Gringel* in Berger/Steck/Lübbehüsen, § 7 InvG Rz. 5; vgl. auch *Fischer* in Boos/Fischer/Schulter-Mattler, § 32 KWG Rz. 31.
239 Vgl. *Fischer* in Boos/Fischer/Schulte-Mattler, § 32 KWG Rz. 31.
240 *Winterhalder* in Weitnauer/Boxberger/Anders, § 20 KAGB Rz. 4; vgl. so schon *Steck/Gringel* in Berger/Steck/Lübbehüsen, § 7 InvG Rz. 5.

150 Dies wirft die Frage nach der **Passivlegitimation** auf. Für den Anwendungsbereich des § 32 KWG ist in der Rechtsprechung anerkannt, dass sowohl der das Bankgeschäft betreibende Rechtsträger als auch dessen Vorstände/Geschäftsführer (dem Rechtsgedanken des § 54 KWG i.V.m. § 14 StGB folgend) nach § 823 Abs. 2 BGB i.V.m. § 32 Abs. 1 KWG **haftbar** sind.[241] Dies wird man ebenso auf § 20 KAGB übertragen können, mit der Maßgabe, dass auch der Rechtsgedanke des § 339 KAGB i.V.m. § 14 StGB eine Haftung der Vorstände/Geschäftsführer der Kapitalverwaltungsgesellschaft induziert. Auch die in § 14 Abs. 2 StGB benannten Personen können demnach haftbar gemacht werden.

151 Da man § 20 KAGB wohl auch als eine gesetzliche Vorschrift, die auch dazu bestimmt ist, im Interesse der Marktteilnehmer das Marktverhalten zu regeln, wird auffassen müssen, bestehen bei einem Verstoß unter Umständen ein **Unterlassungsanspruch** nach §§ 3a, 8 UWG. Dafür spricht die insoweit parallele Wertung mit § 8 ZAG und § 32 KWG.[242]

3. Strafrechtliche Folgen

152 Ein **Verstoß gegen die Erlaubnispflicht** kann zudem strafbar sein. § 339 KAGB, der die strafrechtlichen Folgen eines Verstoßes gegen § 20 KAGB regelt, wurde im Rahmen des OGAW V-Umsetzungsgesetzes in Einzelheiten verändert. Insbesondere wurden die Strafrahmen der Abs. 1 und 3 erhöht und an die vergleichbaren Vorschriften in KWG, VAG und ZAG angepasst.[243]

153 Wer vorsätzlich das Geschäft einer Kapitalverwaltungsgesellschaft ohne Erlaubnis nach § 20 Abs. 1 Satz 1 KAGB betreibt, wird mit **Freiheitsstrafe** von bis zu fünf Jahren oder mit **Geldstrafe** bestraft.[244] Sowohl die Verwaltungstätigkeit als auch das Wissen um das Erlaubniserfordernis muss dabei vom Vorsatz umfasst sein.[245] Im Falle von fahrlässigem Handeln droht Freiheitsstrafe von bis zu drei Jahren oder Geldstrafe (§ 339 Abs. 2 KAGB).

154 Im Gegensatz zu den aufsichtsrechtlichen und zivilrechtlichen Folgen richten sich die strafrechtlichen Folgen ausschließlich gegen die für die Kapitalverwaltungsgesellschaft handelnden **natürlichen Personen** (§ 339 KAGB i.V.m. § 14 StGB).

155 **Bislang ungeklärt** ist die Frage, inwiefern die aktuelle Judikatur des BGH[246] zu § 31 ZAG auf § 339 KAGB übertragbar ist. Der BGH stellt hierbei heraus, dass nur Unternehmen, nicht aber natürliche Personen Normadressaten der §§ 31 Abs. 1 Nr. 2, 8 Abs. 1 Satz 1, 1 Abs. 2 Nr. 5 ZAG seien. Dementsprechend mache sich auch nur strafbar, wer die Tat nach § 14 StGB für ein Unternehmen, also eine nicht natürliche Person, begeht. Insoweit wird der Wendung des § 1 Abs. 1 Nr. 5 ZAG einschränkende Bedeutung beigemessen. Betreffend die insoweit parallele Vorschrift des § 17 KAGB wird überwiegend vertreten, dass keine einschränkende Bedeutung von dem Unternehmensbegriff ausgehen soll.[247]

156 Jedenfalls für die aufsichtsrechtliche Bewertung hat der BGH-Beschluss **keine Bedeutung**. Die BaFin hat explizit festgestellt, dass sie an der Verwaltungspraxis festhält, wonach vom Unternehmensbegriff keine einschränkende Wirkung ausgeht.[248]

§ 21 Erlaubnisantrag für eine OGAW-Kapitalverwaltungsgesellschaft und Erlaubniserteilung

(1) Der Erlaubnisantrag für eine OGAW-Kapitalverwaltungsgesellschaft muss enthalten:

1. einen geeigneten Nachweis der zum Geschäftsbetrieb erforderlichen Mittel nach § 25,

2. die Angabe der Geschäftsleiter,

3. Angaben zur Beurteilung der Zuverlässigkeit der Geschäftsleiter,

4. Angaben zur Beurteilung der fachlichen Eignung der Geschäftsleiter,

---

241 BGH v 21.4.2005 – III ZR 238/03, NJW 2005, 2703.

242 Vgl. zu § 8 ZAG *Hingst/Lösing*, BKR 2012, 334; LG Köln v. 29.9.2011 – 81 O 91/11, WM 2012, 405.

243 Begr. RegE, BT-Drucks. 18/6744, 67 f.

244 *Klinger*, NZWiSt 2014, 370 (371).

245 *Demleitner*, BB 2014, 2058 (2060); *Winterhalder* in Weitnauer/Boxberger/Anders, § 20 KAGB Rz. 14.

246 BGH v. 28.10.2015, 5 StR 189/15, NStZ-RR 2016, 15.

247 So etwa: *Bentele* in Baur/Tappen, § 17 KAGB Rz. 11 m.w.N.

248 So zu §§ 4, 5, 8 ZAG: BaFin, Strafnorm für Zahlungsdienste: Stellungnahme der BaFin zu BGH-Beschluss v. 17.2.2016.

5. die Namen der an der OGAW-Kapitalverwaltungsgesellschaft bedeutend beteiligten Inhaber sowie Angaben zur Beurteilung ihrer Zuverlässigkeit und zur Höhe ihrer jeweiligen Beteiligung,

6. die Angaben der Tatsachen, die auf eine enge Verbindung zwischen der OGAW-Kapitalverwaltungsgesellschaft und anderen natürlichen oder juristischen Personen hinweisen,

7. einen tragfähigen Geschäftsplan, aus dem die Art der geplanten Geschäfte sowie der organisatorische Aufbau und die geplanten internen Kontrollverfahren der OGAW-Kapitalverwaltungsgesellschaft hervorgehen und

8. die Satzung oder den Gesellschaftsvertrag, die den Anforderungen dieses Gesetzes entsprechen.

(2) Die Bundesanstalt hat über die Erteilung der Erlaubnis innerhalb von sechs Monaten nach Einreichung des vollständigen Antrags zu entscheiden.

(3) Sofern der OGAW-Kapitalverwaltungsgesellschaft auch die Erlaubnis zum Erbringen der Finanzportfolioverwaltung nach § 20 Absatz 2 Nummer 1 erteilt wird, ist ihr mit der Erteilung der Erlaubnis die Entschädigungseinrichtung mitzuteilen, der sie zugeordnet ist.

(4) Die Bundesanstalt hat die Erteilung der Erlaubnis im Bundesanzeiger bekannt zu machen.

(5) Beantragt eine OGAW-Kapitalverwaltungsgesellschaft zusätzlich die Erlaubnis zur Verwaltung von AIF nach § 22, muss sie diejenigen Angaben und Unterlagen, die sie bereits mit dem Erlaubnisantrag nach Absatz 1 eingereicht hat, nicht erneut einreichen, sofern diese Angaben und Unterlagen noch aktuell sind.

In der Fassung vom 4.7.2013 (BGBl. I 2013, S. 1981).

Schrifttum: *BaFin*, Merkblatt zu den Geschäftsleitern gemäß KWG, ZAG und KAGB v. 4.1.2016; *BaFin*, Merkblatt zum Erlaubnisverfahren für eine AIF-Kapitalverwaltungsgesellschaft nach § 22 KAGB v. 22.3.2013; *Jesch/Alten*, Erlaubnisantrag für Kapitalverwaltungsgesellschaften nach §§ 21 ff. KAGB – bisherige Erkenntnisse und offene Fragen, RdF 2013, 191; *Knöfler/Ghedina*, Das Erlaubnisverfahren für KAGen nach dem Investmentgesetz – Wird der Standort Deutschland für KAG-Gründungen attraktiver?, WM 2008, 1341; *Wieland*, Inhaberkontrollverfahren – Die Anteilseignerkontrolle beim Erwerb bedeutender Beteiligungen an Unternehmen des Finanzsektors, 2012.

I. Allgemeines

1 § 21 KAGB regelt **Einzelheiten des Erlaubnisverfahrens** zur Erlangung einer Erlaubnis für OGAW-Kapitalverwaltungsgesellschaften. Die Vorschrift entspricht im Wesentlichen § 7a InvG.[1] Dieser wiederum ent-

1 Begr. RegE, BT-Drucks. 17/12294, 214; *Winterhalder* in Weitnauer/Boxberger/Anders, § 21 KAGB Rz. 1; *Bentele* in Baur/Tappen, § 22 KAGB Rz. 2.

sprach grundsätzlich der Parallelvorschrift für Kreditinstitute im KWG (§ 32 Abs. 1 Satz 2 KWG), die ebenfalls ergänzend zur Auslegung herangezogen werden kann.[2]

2 In § 22 KAGB befindet sich eine ähnliche Regelung für das Erlaubnisverfahren für AIF-Kapitalverwaltungsgesellschaften.

3 Die **BaFin** hat am 27.11.2017 ein Merkblatt zum Erlaubnisverfahren für OGAW-Kapitalverwaltungsgesellschaften erlassen.[3] Es besteht daher kein Bedürfnis mehr, auf das parallele Merkblatt für AIF-Kapitalverwaltungsgesellschaften[4] zurückzugreifen.

4 Bisher hat die **ESMA** von ihrer Befugnis aus Art. 7 Abs. 6 und 7 AIFM-RL[5] noch keinen Gebrauch gemacht und damit die Vorschriften zum Erlaubnisverfahren noch nicht konkretisiert.[6]

II. Inhalt des Erlaubnisantrags (§ 21 Abs. 1 KAGB)

1. Nachweis der zum Geschäftsbetrieb erforderlichen Mittel nach § 25 KAGB (§ 21 Abs. 1 Nr. 1 KAGB)

a) Anfangskapital

5 Eine interne OGAW-Kapitalverwaltungsgesellschaft muss gem. § 25 Abs. 1 Nr. 1 KAGB ein Anfangskapital von min. **300.000 Euro** und eine externe OGAW-Kapitalverwaltungsgesellschaft ein Anfangskapital von min. **125.000 Euro** vorweisen.[7]

6 Hinsichtlich des Nachweises muss eine **Bestätigung eines Kreditinstituts** vorgelegt werden, dass das Anfangskapital eingezahlt wurde, frei von Rechten Dritter ist und zur freien Verfügung der Geschäftsleiter steht.[8]

b) Fondsvolumenabhängige Eigenmittel

7 Zusätzliche Eigenmittel gem. § 25 Abs. 1 Nr. 2 KAGB müssen nachgewiesen werden, wenn das verwaltete **Investmentvermögen** der externen OGAW-Kapitalverwaltungsgesellschaft **250 Mio. € überschreitet.**[9]

c) Kostenabhängige Eigenmittel

8 Des Weiteren und unabhängig von § 25 Abs. 1 KAGB müssen jederzeit Eigenmittel in der Höhe von mindestens einem **Viertel der Kosten** der externen OGAW-Kapitalverwaltungsgesellschaft nachgewiesen werden (§ 25 Abs. 4 KAGB).[10]

---

2 *Steck/Gringel* in Berger/Steck/Lübbehüsen, § 7a InvG Rz. 1.

3 BaFin, Merkblatt zum Erlaubnisverfahren für eine OGAW-Kapitalverwaltungsgesellschaft nach § 21 KAGB v. 27.11.2017.

4 BaFin, Merkblatt zum Erlaubnisverfahren für eine AIF-Kapitalverwaltungsgesellschaft nach § 22 KAGB v. 22.3.2013, geändert am 27.11.2017.

5 Richtlinie 2011/61/EU des Europäischen Parlaments und des Rates vom 8. Juni 2011 über die Verwalter alternativer Investmentfonds und zur Änderung der Richtlinien 2003/41/EG und 2009/65/EG und der Verordnungen (EG) Nr. 1060/2009 und (EU) Nr. 1095/2010, ABl. EU Nr. L 174 v. 1.7.2011, S. 1.

6 *Winterhalder* in Weitnauer/Boxberger/Anders, § 21 KAGB Rz. 5.

7 BaFin, Merkblatt zum Erlaubnisverfahren für eine OGAW-Kapitalverwaltungsgesellschaft nach § 21 KAGB v. 27.11.2017, Ziff. A) 1. a); *Beckmann* in Beckmann/Scholtz/Vollmer, § 21 KAGB Rz. 10; *Winterhalder* in Weitnauer/Boxberger/Anders, § 21 KAGB Rz. 8; *Bentele* in Baur/Tappen, § 22 KAGB Rz. 6; *Knöfler/Ghedina*, WM 2008, 1341 (1343); *Jesch/Alten*, RdF 2013, 191 (197); so schon *Thole* in Emde/Dornseifer/Dreibus/Hölscher, § 7a InvG Rz. 4 f.; *Steck/Gringel* in Berger/Steck/Lübbehüsen, § 7a InvG Rz. 4.

8 BaFin, Merkblatt zum Erlaubnisverfahren für eine OGAW-Kapitalverwaltungsgesellschaft nach § 21 KAGB v. 27.11.2017, Ziff. A) 1. a); *Winterhalder* in Weitnauer/Boxberger/Anders, § 21 KAGB Rz. 9; *Bentele* in Baur/Tappen, § 22 KAGB Rz. 6; *Jesch/Alten*, RdF 2013, 191 (197); so bereits *Thole* in Emde/Dornseifer/Dreibus/Hölscher, § 7a InvG Rz. 6; *Steck/Gringel* in Berger/Steck/Lübbehüsen, § 7a InvG Rz. 5.

9 BaFin, Merkblatt zum Erlaubnisverfahren für eine OGAW-Kapitalverwaltungsgesellschaft nach § 21 KAGB v. 27.11.2017, Ziff. A) 1. b); *Winterhalder* in Weitnauer/Boxberger/Anders, § 21 KAGB Rz. 10 f.; *Bentele* in Baur/Tappen, § 22 KAGB Rz. 7.

10 BaFin, Merkblatt zum Erlaubnisverfahren für eine OGAW-Kapitalverwaltungsgesellschaft nach § 21 KAGB v. 27.11.2017, Ziff. A) 1. c); *Winterhalder* in Weitnauer/Boxberger/Anders, § 21 KAGB Rz. 12; *Bentele* in Baur/Tappen, § 22 KAGB Rz. 8; *Jesch/Alten*, RdF 2013, 191 (197).

d) Abdeckung der Risiken durch Abschluss von Altersvorsorgeverträgen

Sofern bereits bestehende Gesellschaften **Altersvorsorgeverträge** nach § 20 Abs. 3 Nr. 8 KAGB abgeschlossen haben, hat der Antragsteller einen Nachweis über die dazu erforderlichen Eigenmittel nach § 25 Abs. 5 KAGB (durch Bestätigung eines Kreditinstituts oder eines Wirtschaftsprüfers) zu erbringen.[11] 9

e) Abdeckung der potentiellen Berufshaftungsrisiken

Bereits bestehende Gesellschaften müssen außerdem die Abdeckung von potentiellen **Berufshaftungsrisiken** nach § 25 Abs. 6 KAGB nachweisen.[12] 10

2. Angaben zu den Geschäftsleitern (§ 21 Abs. 1 Nr. 2 bis 4 KAGB)

a) Anzahl

Jede OGAW-Kapitalverwaltungsgesellschaft muss über mindestens **zwei Geschäftsleiter** (§ 1 Abs. 19 Nr. 15 KAGB) verfügen (vgl. § 23 Abs. 2 KAGB). Hiermit wird dem sog. „4-Augen-Prinzip" Rechnung getragen. Dabei sind nicht nur solche Personen als Geschäftsleiter anzusehen, die zur Geschäftsführung berufen sind, sondern auch diejenigen, welche die Geschäfte der Kapitalverwaltungsgesellschaft tatsächlich leiten.[13] 11

b) Zuverlässigkeit

Die BaFin geht nach ihrer **ständigen Verwaltungspraxis** davon aus, dass Unzuverlässigkeit von Geschäftsleitern anzunehmen ist, wenn persönliche Umstände nach der allgemeinen Lebenserfahrung die Annahme rechtfertigen, dass diese die sorgfältige und ordnungsgemäße Tätigkeit als Geschäftsleiter beeinträchtigen können (eingehend § 23 Rz. 9 ff.).[14] 12

Hinsichtlich der benötigten Unterlagen ist das **Merkblatt der BaFin zu den Geschäftsleitern** gemäß KWG, ZAG und KAGB heranzuziehen.[15] 13

Hiernach muss zunächst eine ausgefüllte und eigenhändig unterzeichnete **Erklärung** gem. dem BaFin-Formular „Angaben zur Zuverlässigkeit" jedes Geschäftsleiters eingereicht werden. Außerdem müssen die Geschäftsleiter ein **Führungszeugnis** (Führungszeugnis zur Vorlage bei einer Behörde des Bundesamtes für Justiz (§ 30 Abs. 5 BZRG), Europäisches Führungszeugnis zur Vorlage bei einer Behörde (§§ 30 Abs. 5, 30b BZRG) oder eine entsprechende Bescheinigung des Wohnsitzstaates) vorlegen. Im Falle einer selbständigen Tätigkeit oder einer Vertretungsbefugnis für einen Gewerbebetrieb ist auch ein **Auszug des Gewerbezentralregisters** beizubringen.[16] 14

c) Fachliche Eignung

Nach § 23 Nr. 3 KAGB müssen die Geschäftsleiter die zur Leitung erforderliche **fachliche Eignung** haben. Dies setzt voraus, dass die künftigen Geschäftsleiter über **ausreichende theoretische und praktische Kenntnisse** in den jeweiligen Geschäften sowie über **Leitungserfahrung** verfügen[17] (eingehend § 23 Rz. 9 ff.).[18] 15

---

11 BaFin, Merkblatt zum Erlaubnisverfahren für eine OGAW-Kapitalverwaltungsgesellschaft nach § 21 KAGB v. 27.11.2017, Ziff. A) 1. d); *Winterhalder* in Weitnauer/Boxberger/Anders, § 21 KAGB Rz. 14 f.; *Bentele* in Baur/Tappen, § 22 KAGB Rz. 9; *Jesch/Alten*, RdF 2013, 191 (197).

12 *Bentele* in Baur/Tappen, § 22 KAGB Rz. 10; a.A. *Winterhalder* in Weitnauer/Boxberger/Anders, § 21 KAGB Rz. 15; *Jesch/Alten*, RdF 2013, 191 (197).

13 *Winterhalder* in Weitnauer/Boxberger/Anders, § 21 KAGB Rz. 16; *Bentele* in Baur/Tappen, § 22 KAGB Rz. 11; *Thole* in Emde/Dornseifer/Dreibus/Hölscher, § 7a InvG Rz. 7; *Steck/Gringel* in Berger/Steck/Lübbehüsen, § 7a InvG Rz. 6; *Knöfler/Ghedina*, WM 2008, 1341 (1343); *Jesch/Alten*, RdF 2013, 191 (198).

14 BaFin, Merkblatt zu den Geschäftsleitern gemäß KWG, ZAG und KAGB v. 4.1.2016, Ziff. III. 1.

15 BaFin, Merkblatt zu den Geschäftsleitern gemäß KWG, ZAG und KAGB v. 4.1.2016, Ziff. I. 1.; so auch BaFin, Merkblatt zum Erlaubnisverfahren für eine OGAW-Kapitalverwaltungsgesellschaft nach § 21 KAGB v. 27.11.2017, Ziff. A) 4.; *Winterhalder* in Weitnauer/Boxberger/Anders, § 21 KAGB Rz. 17, 21; *Bentele* in Baur/Tappen, § 22 KAGB Rz. 12; *Thole* in Emde/Dornseifer/Dreibus/Hölscher, § 7a InvG Rz. 8; *Jesch/Alten*, RdF 2013, 191 (198).

16 *Beckmann* in Beckmann/Scholtz/Vollmer, § 21 KAGB Rz. 12-14; *Schücking* in Moritz/Klebeck/Jesch, § 21 KAGB, Rz. 13-16.

17 BaFin, Merkblatt zu den Geschäftsleitern gemäß KWG, ZAG und KAGB v. 4.1.2016, Ziff. I. 2; *Schücking* in Moritz/Klebeck/Jesch, § 21 KAGB, Rz. 17.

18 BaFin, Merkblatt zum Erlaubnisverfahren für eine OGAW-Kapitalverwaltungsgesellschaft nach § 21 KAGB v. 27.11.2017, Ziff. A) 4.; *Winterhalder* in Weitnauer/Boxberger/Anders, § 21 KAGB Rz. 18; *Bentele* in Baur/Tappen, § 22 KAGB Rz. 17; *Knöfler/Ghedina*, WM 2008, 1341 (1343 f.); *Jesch/Alten*, RdF 2013, 191, (198).

16 Zum Nachweis der fachlichen Eignung ist ein eigenhändig unterschriebener, datierter und lückenloser **Lebenslauf** einzureichen.[19] Dieser hat die Stationen des Berufslebens mit Monatsangaben zu enthalten. Zu benennen sind sämtliche Unternehmen, für die der Geschäftsleiter tätig (gewesen) ist. Art und Dauer der Tätigkeit sind zu spezifizieren, wobei hinsichtlich der Art insbesondere die Vertretungsmacht dieser Person, ihre internen Entscheidungskompetenzen und die ihr innerhalb des Unternehmens unterstellten Geschäftsbereiche anzugeben sind.

17 Aus praktischer Sicht ist es üblich, dass der Antragsteller schon im **Vorfeld der Antragsstellung** mit der BaFin klärt, ob hinsichtlich der fachlichen Eignung der künftigen Geschäftsleiter Bedenken bestehen. Die BaFin akzeptiert üblicherweise solche Voranfragen. In der Regel ist hierzu notwendig, dass die maßgeblichen Unterlagen bereits vorab schriftlich und vollständig eingereicht werden, um der BaFin eine Prüfung zu ermöglichen.

3. Angaben zu Inhabern bedeutender Beteiligungen und zu engen Verbindungen (§ 21 Abs. 1 Nr. 5 und 6 KAGB)

18 Die Kapitalverwaltungsgesellschaft muss der BaFin die **Namen** und **Lebensläufe** der unmittelbar bedeutend beteiligten Inhaber, Angaben zur Beurteilung ihrer **Zuverlässigkeit** und die **Höhe der jeweiligen Beteiligung** übermitteln. Hinsichtlich der Zuverlässigkeit sind die benötigten Unterlagen dem Merkblatt für die Prüfung der fachlichen Eignung und Zuverlässigkeit von Geschäftsleitern zu entnehmen.[20]

19 Außerdem sind Angaben zu den Tatsachen zu machen, beispielsweise anhand des **Konzernspiegels**, die auf eine enge Verbindung zwischen der Kapitalverwaltungsgesellschaft und anderen natürlichen und juristischen Personen hinweisen.[21]

4. Geschäftsplan (§ 21 Abs. 1 Nr. 7 KAGB)

20 Des Weiteren muss, gewissermaßen als **Kernstück des Erlaubnisantrags**, diesem ein tragfähiger Geschäftsplan beigefügt werden. Er muss die **Art der geplanten Geschäfte**, den **organisatorischen Aufbau** sowie die **internen Kontrollverfahren** der OGAW-Kapitalverwaltungsgesellschaft ausweisen.[22]

21 Die genauen Angaben und Dokumente, die der Geschäftsplan zu enthalten hat, sind dem **Merkblatt** zum Erlaubnisverfahren für eine OGAW-Kapitalverwaltungsgesellschaft nach § 21 KAGB zu entnehmen.[23] Das Merkblatt ist in dieser Hinsicht allerdings nicht abschließend.[24]

22 Hiernach muss in dem Geschäftsplan zum einen die **Organisationsstruktur** (in Form eines Organigramms) dargestellt sein.[25] Des Weiteren muss die Kapitalverwaltungsgesellschaft darlegen, wie sie ihren Verpflichtungen nach dem KAGB nachzukommen gedenkt.[26]

23 Grundsätzlich muss der Geschäftsplan **Plan-Bilanzen und Plan-Gewinn- und -Verlustrechnungen** für die ersten drei Jahre enthalten.[27] Hierbei muss die erwartete positive Geschäftsentwicklung der Kapitalverwal-

---

19 Vgl. BaFin, Merkblatt zu den Geschäftsleitern gemäß KWG, ZAG und KAGB v. 4.1.2016, Ziff. I. 3. b. (1).

20 BaFin, Merkblatt zu den Geschäftsleitern gemäß KWG, ZAG und KAGB v. 4.1.2016; so auch BaFin, Merkblatt zum Erlaubnisverfahren für eine OGAW-Kapitalverwaltungsgesellschaft nach § 21 KAGB v. 27.11.2017, Ziff. A) 5.; *Winterhalder* in Weitnauer/Boxberger/Anders, § 21 KAGB Rz. 24; *Bentele* in Baur/Tappen, § 22 KAGB Rz. 20; *Knöfler/Ghedina*, WM 2008, 1341 (1344); so bereits *Thole* in Emde/Dornseifer/Dreibus/Hölscher, § 7a InvG Rz. 11 f.; *Steck/Gringel* in Berger/Steck/Lübbehüsen, § 7a InvG Rz. 7 f.

21 BaFin, Merkblatt zum Erlaubnisverfahren für eine OGAW-Kapitalverwaltungsgesellschaft nach § 21 KAGB v. 27.11.2017, Ziff. A) 6.; *Winterhalder* in Weitnauer/Boxberger/Anders, § 21 KAGB Rz. 27; *Bentele* in Baur/Tappen, § 22 KAGB Rz. 24; so schon *Thole* in Emde/Dornseifer/Dreibus/Hölscher, § 7a InvG Rz. 14; *Steck/Gringel* in Berger/Steck/Lübbehüsen, § 7a InvG Rz. 10; *Knöfler/Ghedina*, WM 2008, 1341 (1344).

22 *Beckmann* in Beckmann/Scholtz/Vollmer, § 21 KAGB Rz. 100; *Winterhalder* in Weitnauer/Boxberger/Anders, § 21 KAGB Rz. 28; *Bentele* in Baur/Tappen, § 22 KAGB Rz. 28; s. bereits *Thole* in Emde/Dornseifer/Dreibus/Hölscher, § 7a InvG Rz. 17; *Steck/Gringel* in Berger/Steck/Lübbehüsen, § 7a InvG Rz. 11; *Knöfler/Ghedina*, WM 2008, 1341 (1344 f.).

23 BaFin, Merkblatt zum Erlaubnisverfahren für eine OGAW-Kapitalverwaltungsgesellschaft nach § 21 KAGB v. 27.11.2017, Ziff. A) 7.; *Winterhalder* in Weitnauer/Boxberger/Anders, § 21 KAGB Rz. 29.

24 *Winterhalder* in Weitnauer/Boxberger/Anders, § 21 KAGB Rz. 29.

25 BaFin, Merkblatt zum Erlaubnisverfahren für eine OGAW-Kapitalverwaltungsgesellschaft nach § 21 KAGB v. 27.11.2017, Ziff. A) 7.; *Beckmann* in Beckmann/Scholtz/Vollmer, § 21 KAGB Rz. 103; *Bentele* in Baur/Tappen, § 22 KAGB Rz. 32; *Winterhalder* in Weitnauer/Boxberger/Anders, § 21 KAGB Rz. 32.

26 *Bentele* in Baur/Tappen, § 22 KAGB Rz. 28.

27 BaFin, Merkblatt zum Erlaubnisverfahren für eine OGAW-Kapitalverwaltungsgesellschaft nach § 21 KAGB v. 27.11.2017, Ziff. A) 7.

tungsgesellschaft **plausibel** dargestellt sein. Außerdem sollten Anlaufverluste entsprechend einkalkuliert werden und durch ausgewiesene Kapitalmaßnahmen kompensiert werden können.[28]

Des Weiteren muss in dem Geschäftsplan aufgezeigt werden, inwiefern die Kapitalverwaltungsgesellschaft **interne Kontrollverfahren** einzurichten beabsichtigt. Insbesondere müssen die Bereiche interne Revision, Geldwäsche, MaRisk, Bankgeheimnis und Datenschutz sowie die Organisationspflichten nach § 28 KAGB abgedeckt sein.[29] 24

Der Geschäftsplan muss weiterhin die **geplanten Geschäfte** beschreiben. Die Arten der verwalteten OGAW sind aufzuführen, ebenso ob es sich um offene oder geschlossene Investmentvermögen handelt. Außerdem müssen im Geschäftsplan auch die geplanten Dienstleistungen, Nebendienstleistungen und sonstigen Tätigkeiten beschrieben werden.[30] Sofern **Muster** der vorgesehenen Kundenverträge, Verwaltungsverträge, Konto- bzw. Depotvollmachten und allgemeinen Geschäftsbedingungen vorhanden sind, sind diese ebenfalls mit dem Antrag einzureichen.[31] 25

Schließlich soll der Geschäftsplan mögliche **Interessenkonflikte** und Maßnahmen zu ihrer Vermeidung darstellen.[32] 26

5. Satzung oder Gesellschaftsvertrag (§ 21 Abs. 1 Nr. 8 KAGB)

Der Erlaubnisantrag muss außerdem die Satzung oder den Gesellschaftsvertrag der OGAW-Kapitalverwaltungsgesellschaft enthalten. Satzung oder Gesellschaftsvertrag müssen sämtlichen Anforderungen des KAGB genügen.[33] Ihre **Anlagebedingungen** müssen OGAW-Kapitalverwaltungsgesellschaften im Gegensatz zu AIF-Kapitalverwaltungsgesellschaften nicht einreichen (vgl. § 22 Rz. 11 ff.).[34] 27

6. Unterlagen bei zusätzlichem Erlaubnisantrag zur Verwaltung von AIF (§ 21 Abs. 5 KAGB)

Externe OGAW-Kapitalverwaltungsgesellschaften dürfen auch AIF verwalten, wenn sie auch als AIF-Kapitalverwaltungsgesellschaften zugelassen sind. Um diese Erlaubnis zu erhalten muss die OGAW-Kapitalverwaltungsgesellschaft die bereits eingereichten Unterlagen nicht erneut einreichen, soweit sie noch **aktuell** sind.[35] Unterlagen betreffend die Zuverlässigkeit der Geschäftsleiter sind nur ein Jahr lang als aktuell zu erachten.[36] § 21 Abs. 5 KAGB setzt Art. 7 Abs. 4 AIFM-RL um.[37] 28

III. Entscheidung über den Erlaubnisantrag (§ 21 Abs. 2 bis 4 KAGB)

1. Entscheidungsfrist (§ 21 Abs. 2 KAGB)

§ 21 Abs. 2 KAGB entspricht im Wesentlichen § 7a Abs. 2 InvG. Die Entscheidungsfrist der BaFin hinsichtlich des vollständigen Antrags beträgt **sechs Monate**. Eine Überschreitung der Frist durch die BaFin zieht praktisch **keine gesetzlichen Sanktionen** nach sich.[38] Theoretisch wäre eine Untätigkeitsklage nach § 75 VwGO denkbar. 29

Das Erfordernis eines vollständigen Antrags birgt das Problem, dass die **Transparenz** des Verfahrens leiden kann.[39] Die 6-Monats-Frist beginnt nur dann zu laufen, wenn der Antrag **vollständig** ist. Im Hinblick auf 30

---

28 *Winterhalder* in Weitnauer/Boxberger/Anders, § 21 KAGB Rz. 31; *Bentele* in Baur/Tappen, § 22 KAGB Rz. 29.

29 *Beckmann* in Beckmann/Scholtz/Vollmer, § 21 KAGB Rz. 105; *Bentele* in Baur/Tappen, § 22 KAGB Rz. 30; BaFin, Merkblatt zum Erlaubnisverfahren für eine OGAW-Kapitalverwaltungsgesellschaft nach § 21 KAGB v. 27.11.2017, Ziff. A) 7.; *Winterhalder* in Weitnauer/Boxberger/Anders, § 21 KAGB Rz. 32.

30 BaFin, Merkblatt zum Erlaubnisverfahren für eine OGAW-Kapitalverwaltungsgesellschaft nach § 21 KAGB v. 27.11.2017, Ziff. A) 7.; *Winterhalder* in Weitnauer/Boxberger/Anders, § 21 KAGB Rz. 30.

31 *Beckmann* in Beckmann/Scholtz/Vollmer, § 21 KAGB Rz. 102; *Bentele* in Baur/Tappen, § 22 KAGB Rz. 31.

32 BaFin, Merkblatt zum Erlaubnisverfahren für eine OGAW-Kapitalverwaltungsgesellschaft nach § 21 KAGB v. 27.11.2017, Ziff. A) 7.; *Bentele* in Baur/Tappen, § 22 KAGB Rz. 33.

33 *Bentele* in Baur/Tappen, § 22 KAGB Rz. 34; *Winterhalder* in Weitnauer/Boxberger/Anders, § 21 KAGB Rz. 36.

34 *Winterhalder* in Weitnauer/Boxberger/Anders, § 21 KAGB Rz. 37.

35 *Winterhalder* in Weitnauer/Boxberger/Anders, § 21 KAGB Rz. 38 f.

36 *Bentele* in Baur/Tappen, § 21 KAGB Rz. 16.

37 *Winterhalder* in Weitnauer/Boxberger/Anders, § 21 KAGB Rz. 39.

38 *Bentele* in Baur/Tappen, § 22 KAGB Rz. 49; früher bereits *Thole* in Emde/Dornseifer/Dreibus/Hölscher, § 7a InvG Rz. 21.

39 *Bentele* in Baur/Tappen, § 22 KAGB Rz. 46 f.; *Thole* in Emde/Dornseifer/Dreibus/Hölscher, § 7a InvG Rz. 20 f.; *Steck*/*Gringel* in Berger/Steck/Lübbehüsen, § 7a InvG Rz. 13; *Knöfler*/*Ghedina*, WM 2008, 1341 (1346).

die Prüfung, ob überhaupt ein vollständiger Antrag bei der BaFin eingegangen ist, macht das Gesetz der BaFin keine genauen Vorgaben.[40]

a) Formelles Verständnis der Vollständigkeit

31 Gemeint ist richtigerweise ein **formell** vollständiger Antrag. Für die Frage der Vollständigkeit kommt es also darauf an, dass der Antragsteller sämtliche **vorzulegenden Dokumente und Informationen** mit dem Antrag bereitstellt.[41]

32 Dieses formelle Verständnis des Vollständigkeitsbegriffs ergibt sich aus der Systematik des Gesetzes. Eine materielle Sachprüfung ist an dieser Stelle gerade nicht geboten. Diese Beurteilung soll nicht vorweggenommen werden, sondern findet im Laufe der sechsmonatigen **Entscheidungsfrist** statt.

33 Dagegen ist mit Vollständigkeit nicht gemeint, dass die eingereichten Unterlagen tatsächlich ausreichen, damit die Bundesanstalt den Antrag auch bescheiden kann. Vollständigkeit ist also nicht gleichbedeutend mit **Entscheidungsreife.** Ein Antrag ist daher beispielsweise auch dann vollständig, wenn ihm zwar ein Geschäftsplan beigefügt ist, dieser aber für eine abschließende aufsichtsrechtliche Beurteilung der Erlaubnis noch Lücken enthält oder nicht hinreichend plausibel oder stimmig erscheint.

b) Bewertung des Vollständigkeitserfordernisses

34 Durch die Bindung des Laufs der Entscheidungsfrist an die **Vollständigkeit des Antrags** wird ferner erreicht, dass den Aufsichtsbehörden die Informationen nicht „scheibchenweise" bereitgestellt werden. Der Antragsteller wird vielmehr angehalten, von vornherein auf die Vollständigkeit des Antrags hinzuwirken. Schon das Fehlen eines einzigen Dokuments kann allerdings dazu führen, dass der Beginn des Fristablaufs über Wochen und Monate **hinausgezögert** wird. In praktischer Hinsicht sollte daher darauf hingewirkt werden, dass bereits im Vorfeld der Einreichung eines Erlaubnisantrags mit dem zuständigen BaFin-Sachbearbeiter genau abgestimmt wird, welche Unterlagen für einen vollständigen Antrag erforderlich sind. Daneben empfiehlt es sich, nach der Einreichung der abgesprochenen Unterlagen die Ausstellung einer **Vollständigkeitserklärung** zu verlangen.[42]

2. Entschädigungseinrichtung (§ 21 Abs. 3 KAGB)

35 Seit Inkrafttreten des Gesetzes zur Änderung des Einlagensicherungs- und Anlegerentschädigungsgesetzes[43] ist bereits mit der Erlaubniserteilung für die Erbringung der Finanzportfolioverwaltung eine **Beitragspflicht** zu der Entschädigungseinrichtung verbunden.[44]

36 Erhält eine OGAW-Kapitalverwaltungsgesellschaft auch die Erlaubnis zum Erbringen der Finanzportfolioverwaltung (§ 20 Abs. 2 Nr. 1, Abs. 3 Nr. 2 KAGB), so muss die BaFin der Kapitalverwaltungsgesellschaft die Entschädigungseinrichtung (Entschädigungseinrichtung der Wertpapierhandelsunternehmen – EdW) **mitteilen**, der sie zugeordnet wird.[45]

3. Bekanntmachung der Erlaubniserteilung (§ 21 Abs. 4 KAGB)

37 Die BaFin muss die Erlaubniserteilung im **Bundesanzeiger** bekanntmachen. Erst nach der Erteilung der Erlaubnis kann die Kapitalverwaltungsgesellschaft als solche mit dem entsprechenden Unternehmenszweck in das Handelsregister eingetragen werden.[46]

---

40 Vgl. *Bentele* in Baur/Tappen, § 22 KAGB Rz. 47, § 19 KAGB Rz. 18; *Winterhalder* in Weitnauer/Boxberger/Anders, § 19 KAGB Rz. 10; *Wieland*, Inhaberkontrollverfahren, S. 259.

41 Vgl. auch *Wieland*, Inhaberkontrollverfahren, S. 259.

42 *Thole* in Emde/Dornseifer/Dreibus/Hölscher, § 7a InvG Rz. 20 f.; *Steck/Gringel* in Berger/Steck/Lübbehüsen, § 7a InvG Rz. 13; *Bentele* in Baur/Tappen, § 22 KAGB Rz. 47.

43 BGBl. I 2009, S. 1528.

44 Vgl. *Bentele* in Baur/Tappen, § 22 KAGB Rz. 54; *Schücking* in Moritz/Klebeck/Jesch, § 21 KAGB Rz. 43.

45 *Winterhalder* in Weitnauer/Boxberger/Anders, § 21 KAGB Rz. 45; *Bentele* in Baur/Tappen, § 22 KAGB Rz. 54; so schon *Thole* in Emde/Dornseifer/Dreibus/Hölscher, § 7a InvG Rz. 27; *Steck/Gringel* in Berger/Steck/Lübbehüsen, § 7a InvG Rz. 15; *Knöfler/Ghedina*, WM 2008, 1341 (1346).

46 *Winterhalder* in Weitnauer/Boxberger/Anders, § 21 KAGB Rz. 49 f.; *Bentele* in Baur/Tappen, § 22 KAGB Rz. 56; bereits *Thole* in Emde/Dornseifer/Dreibus/Hölscher, § 7a InvG Rz. 30 f.; *Steck/Gringel* in Berger/Steck/Lübbehüsen, § 7a InvG Rz. 16; *Knöfler/Ghedina*, WM 2008, 1341 (1346).

4. Kosten

Die FinDAG-KostV regelt die **Kosten der Erlaubniserteilung**. Für die Erteilung einer Erlaubnis für den Geschäftsbetrieb einer OGAW-Kapitalverwaltungsgesellschaft bestimmt Ziff. 4.1.2.2.1.1 Kosten i.H.v. 30.000 Euro.[47] 38

5. Rechtsmittel

Erhält der Antragsteller eine Erlaubnisversagung, so kann er nach dem allgemeinen Verwaltungsrecht dagegen vorgehen. In Betracht kommen **Verpflichtungswiderspruch und -klage** (vgl. § 20 Rz. 140).[48] 39

§ 22 Erlaubnisantrag für eine AIF-Kapitalverwaltungsgesellschaft und Erlaubniserteilung

(1) Der Erlaubnisantrag für eine AIF-Kapitalverwaltungsgesellschaft muss enthalten:

1. **einen geeigneten Nachweis der zum Geschäftsbetrieb erforderlichen Mittel nach § 25,**
2. **die Angabe der Geschäftsleiter,**
3. **Angaben zur Beurteilung der Zuverlässigkeit der Geschäftsleiter,**
4. **Angaben zur Beurteilung der fachlichen Eignung der Geschäftsleiter,**
5. **die Namen der an der AIF-Kapitalverwaltungsgesellschaft bedeutend beteiligten Inhaber sowie Angaben zur Beurteilung ihrer Zuverlässigkeit und zur Höhe ihrer jeweiligen Beteiligung,**
6. **die Angaben der Tatsachen, die auf eine enge Verbindung zwischen der AIF-Kapitalverwaltungsgesellschaft und anderen natürlichen oder juristischen Personen hinweisen,**
7. **einen Geschäftsplan, der neben der Organisationsstruktur der AIF-Kapitalverwaltungsgesellschaft auch Angaben darüber enthält, wie die AIF-Kapitalverwaltungsgesellschaft ihren Pflichten nach diesem Gesetz nachkommen will,**
8. **Angaben über die Vergütungspolitik und Vergütungspraxis nach § 37,**
9. **Angaben über Auslagerungsvereinbarungen nach § 36,**
10. **Angaben zu den Anlagestrategien, einschließlich**
    a) **der Arten der Zielfonds, falls es sich bei dem AIF um einen Dachfonds handelt,**
    b) **der Grundsätze, die die AIF-Kapitalverwaltungsgesellschaft im Zusammenhang mit dem Einsatz von Leverage anwendet sowie**
    c) **der Risikoprofile und sonstiger Eigenschaften der AIF, die die AIF-Kapitalverwaltungsgesellschaft verwaltet oder zu verwalten beabsichtigt, einschließlich Angaben zu den Mitgliedstaaten der Europäischen Union, Vertragsstaaten des Abkommens über den Europäischen Wirtschaftsraum oder Drittstaaten, in denen sich der Sitz solcher AIF befindet oder voraussichtlich befinden wird,**
11. **wenn es sich bei dem AIF um einen Feederfonds oder einen Feeder-AIF handelt, Angaben zum Sitz des Masterfonds oder des Master-AIF,**
12. **die Anlagebedingungen, Satzungen oder Gesellschaftsverträge aller AIF, die die AIF-Kapitalverwaltungsgesellschaft zu verwalten beabsichtigt, sowie die Satzung oder den Gesellschaftsvertrag der AIF-Kapitalverwaltungsgesellschaft selbst, wenn sie als externe Kapitalverwaltungsgesellschaft die Verwaltung von Publikums-AIF beabsichtigt,**
13. **Angaben zu den Vereinbarungen zur Beauftragung der Verwahrstelle nach § 80 für jeden AIF, den die AIF-Kapitalverwaltungsgesellschaft zu verwalten beabsichtigt, und**
14. **alle in den §§ 165, 269 und 307 Absatz 1 genannten weiteren Informationen für jeden AIF, den die AIF-Kapitalverwaltungsgesellschaft verwaltet oder zu verwalten beabsichtigt.**

(2) [1]Die Bundesanstalt hat über die Erteilung der Erlaubnis innerhalb von drei Monaten nach Einreichung des vollständigen Antrags zu entscheiden. [2]Die Bundesanstalt kann diesen Zeitraum um

47 *Winterhalder* in Weitnauer/Boxberger/Anders, § 21 KAGB Rz. 51.
48 *Jesch/Alten*, RdF 2013, 191 (199).

bis zu drei Monate verlängern, wenn sie dies auf Grund der besonderen Umstände des Einzelfalls für notwendig erachtet. [3]Sie hat den Antragsteller über die Verlängerung der Frist nach Satz 2 zu informieren.

(3) Für die Zwecke des Absatz 2 gilt ein Antrag als vollständig, wenn die AIF-Kapitalverwaltungsgesellschaft mindestens die in Abs. 1 Nr. 1 bis 5, 7, 8, 10 und 11 genannten Angaben und Nachweise eingereicht hat.

(4) Die AIF-Kapitalverwaltungsgesellschaft kann mit der Verwaltung von AIF unter Verwendung der gemäß Absatz 1 Nummer 10 im Erlaubnisantrag beschriebenen Anlagestrategien beginnen, sobald die Erlaubnis erteilt ist, frühestens jedoch einen Monat nachdem sie etwaige fehlende in Absatz 1 Nummer 6, 9, 12, 13 und 14 genannte Angaben nachgereicht hat.

(5) § 21 Absatz 3 und 4 gilt entsprechend.

In der Fassung vom 4.7.2013 (BGBl. I 2013, S. 1981), zuletzt geändert durch das Gesetz zur Anpassung von Gesetzen auf dem Gebiet des Finanzmarktes vom 15.7.2014 (BGBl. I 2014, S. 934).

Schrifttum: *BaFin*, Merkblatt zum Erlaubnisverfahren für eine AIF-Kapitalverwaltungsgesellschaft nach § 22 KAGB v. 22.3.2013, geändert am 27.11.2017; *ESMA*, Guidelines on sound remuneration policies under the AIFMD, v. 3.7.2013 (ESMA/2013/232); *ESMA*, Consultation Paper, Guidelines on sound remuneration under the UCITS Directive and AIFMD v. 23.7.2015 (ESMA/2015/1172); *Jesch/Alten*, Erlaubnisantrag für Kapitalverwaltungsgesellschaften nach §§ 21 ff. KAGB – bisherige Erkenntnisse und offene Fragen, RdF 2013, 191; *Knöfler/Ghedina*, Das Erlaubnisverfahren für KAGen nach dem Investmentgesetz – Wird der Standort Deutschland für KAG-Gründungen attraktiver?, WM 2008, 1341.

I. Allgemeines

1 § 22 KAGB dient grundsätzlich der Umsetzung von **Art. 7 AIFM-RL**[1] und regelt die Angaben, die eine AIF-Kapitalverwaltungsgesellschaft im Rahmen des Erlaubnisverfahrens machen muss.[2]

2 Der **Katalog** der beizubringenden Unterlagen ist nach dem Wortlaut der Vorschrift für AIF-Kapitalverwaltungsgesellschaften **umfangreicher** als für OGAW-Kapitalverwaltungsgesellschaften.[3] Neben den auch nach § 21 Abs. 1 KAGB erforderlichen Angaben sind von der AIF-Kapitalverwaltungsgesellschaft Angaben zu den verwalteten Investmentvermögen, zur Vergütungspolitik, zu Auslagerungen, zur Verwahrstelle, zu Verkaufsprospekten und Informationspflichten zu machen.[4]

1 Richtlinie 2011/61/EU des Europäischen Parlaments und des Rates vom 8. Juni 2011 über die Verwalter alternativer Investmentfonds und zur Änderung der Richtlinien 2003/41/EG und 2009/65/EG und der Verordnungen (EG) Nr. 1060/2009 und (EU) Nr. 1095/2010, ABl. EU Nr. L 174 v. 1.7.2011, S. 1.

2 *Beckmann* in Beckmann/Scholtz/Vollmer, § 22 KAGB Rz. 1; *Winterhalder* in Weitnauer/Boxberger/Anders, § 22 KAGB Rz. 1.

3 *Schücking* in Moritz/Klebeck/Jesch, § 22 KAGB Rz. 2.

4 *Bentele* in Baur/Tappen, § 22 KAGB Rz. 1; *Winterhalder* in Weitnauer/Boxberger/Anders, § 22 KAGB Rz. 2.

II. Inhalt des Erlaubnisantrags (§ 22 Abs. 1 KAGB)

1. Angaben des § 22 Abs. 1 Nr. 1 bis 7, 12 KAGB

Hinsichtlich der in § 22 Abs. 1 Nr. 1 bis 7, 12 KAGB geregelten Angaben der AIF-Kapitalverwaltungsgesellschaft kann auf die Kommentierung zu § 21 Abs. 1 Nr. 1 bis 8 KAGB verwiesen werden, da die Anforderungen für OGAW- und AIF-Kapitalverwaltungsgesellschaften gleichermaßen gelten (eingehend § 21 Rz. 5 ff.).[5] 3

2. Vergütungspolitik und -praxis (§ 22 Abs. 1 Nr. 8 KAGB)

Durch § 22 Abs. 1 Nr. 8 KAGB wurde Art. 7 Abs. 2 lit. d AIFM-RL umgesetzt.[6] Hiernach muss im Erlaubnisantrag die Vergütungspolitik und -praxis nach § 37 KAGB offengelegt werden. Die hinsichtlich der Vergütungspolitik und -praxis genau zu machenden Angaben richten sich dabei nach den **konkretisierenden Leitlinien der ESMA**.[7] 4

Laut BaFin-Merkblatt sind die **Mitarbeitergruppen aufzulisten**, die in den Anwendungsbereich der Vergütungspolitik und -praxis der Kapitalverwaltungsgesellschaft fallen und gegebenenfalls die Gründe für die Nichterrichtung eines Vergütungsausschusses sowie die Ausgestaltung der festen und variablen Vergütung darzustellen.[8] 5

3. Auslagerungsvereinbarungen (§ 22 Abs. 1 Nr. 9 KAGB)

§ 22 Abs. 1 Nr. 9 KAGB dient der Umsetzung von Art. 7 Abs. 2 lit. e AIFM-RL. Nach § 36 KAGB können Kapitalverwaltungsgesellschaften Aufgaben auf andere Unternehmen auslagern. Im Erlaubnisverfahren hat die AIF-Kapitalverwaltungsgesellschaft Angaben über **Vereinbarungen mit Auslagerungsunternehmen** nach § 36 KAGB zu machen. Hierzu muss zunächst lediglich eine **Auflistung** sämtlicher Auslagerungs- und Unterauslagerungsunternehmen erfolgen.[9] 6

4. Anlagestrategien (§ 22 Abs. 1 Nr. 10 KAGB)

Eine festgelegte Anlagestrategie, welche die **Zielsetzung** der Vermögensanlage und die **Art der Erreichung der gesetzten Ziele** bestimmt, ist Bestandteil der Definition des Investmentvermögens nach § 1 Abs. 1 KAGB. Über diese Anlagestrategie muss die AIF-Kapitalverwaltungsgesellschaft im Erlaubnisantrag Auskunft erteilen.[10] 7

Insbesondere hat die AIF-Kapitalverwaltungsgesellschaft die Arten der **Zielfonds** (wenn der AIF ein Dachfonds ist), die Grundsätze, welche hinsichtlich des Einsatzes von Leverage angewendet werden und die Risikoprofile, welche die AIF-Kapitalverwaltungsgesellschaft zu verwalten beabsichtigt, anzugeben.[11] 8

Hinsichtlich der Angabe dieser Anlagestrategien kann auf das **Formblatt** für die Berichterstattung in der Verordnung (EU) Nr. 231/2013 (Anhang IV), insbesondere auf die darin enthaltene Kategorisierung, zurückgegriffen werden.[12] 9

---

5 *Bentele* in Baur/Tappen, § 22 KAGB Rz. 5.

6 *Winterhalder* in Weitnauer/Boxberger/Anders, § 22 KAGB Rz. 18.

7 BaFin, Merkblatt zum Erlaubnisverfahren für eine AIF-Kapitalverwaltungsgesellschaft nach § 22 KAGB v. 22.3.2013, Ziffer A) 8.; ESMA/2013/232, Guidelines on sound remuneration policies under the AIFMD v. 3.7.2013; s. auch: ESMA/2015/1172, Consultation Paper, Guidelines on sound remuneration under the UCITS Directive and AIFMD v. 23.7.2015; *Winterhalder* in Weitnauer/Boxberger/Anders, § 22 KAGB Rz. 19; *Bentele* in Baur/Tappen, § 22 KAGB Rz. 38.

8 BaFin, Merkblatt zum Erlaubnisverfahren für eine AIF-Kapitalverwaltungsgesellschaft nach § 22 KAGB v. 22.3.2013, Ziffer A) 8.; *Beckmann* in Beckmann/Scholtz/Vollmer, § 22 KAGB Rz. 38; *Bentele* in Baur/Tappen, § 22 KAGB Rz. 38; *Winterhalder* in Weitnauer/Boxberger/Anders, § 22 KAGB Rz. 19.

9 BaFin, Merkblatt zum Erlaubnisverfahren für eine AIF-Kapitalverwaltungsgesellschaft nach § 22 KAGB v. 22.3.2013, Ziffer A) 9.; *Winterhalder* in Weitnauer/Boxberger/Anders, § 22 KAGB Rz. 21; *Beckmann* in Beckmann/Scholtz/Vollmer, § 22 KAGB Rz. 50; *Bentele* in Baur/Tappen, § 22 KAGB Rz. 39.

10 BaFin, Merkblatt zum Erlaubnisverfahren für eine AIF-Kapitalverwaltungsgesellschaft nach § 22 KAGB v. 22.3.2013, Ziffer A) 10.; *Bentele* in Baur/Tappen, § 22 KAGB Rz. 40; *Winterhalder* in Weitnauer/Boxberger/Anders, § 22 KAGB Rz. 23; *Beckmann* in Beckmann/Scholtz/Vollmer, § 22 KAGB Rz. 60.

11 BaFin, Merkblatt zum Erlaubnisverfahren für eine AIF-Kapitalverwaltungsgesellschaft nach § 22 KAGB v. 22.3.2013, Ziffer A) 10.; *Beckmann* in Beckmann/Scholtz/Vollmer, § 22 KAGB Rz. 62; *Winterhalder* in Weitnauer/Boxberger/Anders, § 22 KAGB Rz. 24; *Schücking* in Moritz/Klebeck/Jesch, § 22 KAGB Rz. 51-54.

12 BaFin, Merkblatt zum Erlaubnisverfahren für eine AIF-Kapitalverwaltungsgesellschaft nach § 22 KAGB v. 22.3.2013, Ziffer A) 10.; *Winterhalder* in Weitnauer/Boxberger/Anders, § 22 KAGB Rz. 25; *Bentele* in Baur/Tappen, § 22 KAGB Rz. 40; *Beckmann* in Beckmann/Scholtz/Vollmer, § 22 KAGB Rz. 63.

5. Sitz eines etwaigen Masterfonds oder -AIF (§ 22 Abs. 1 Nr. 11 KAGB)

10 Wenn es sich bei dem verwalteten AIF um einen Feederfonds (§ 1 Abs. 19 Nr. 11 KAGB) oder Feeder-AIF (§ 1 Abs. 19 Nr. 13 KAGB) handelt, müssen Angaben zum Sitz des Masterfonds (vgl. § 1 Abs. 19 Nr. 12 KAGB) oder -AIF (§ 1 Abs. 19 Nr. 14 KAGB) gemacht werden.[13]

6. Anlagebedingungen, Satzung oder Gesellschaftsvertrag (§ 22 Abs. 1 Nr. 12 KAGB)

11 Mit § 22 Abs. 1 Nr. 12 KAGB wird Art. 7 Abs. 3 lit. c AIFM-RL umgesetzt.[14] Hinsichtlich aller AIF, die sie zu verwalten beabsichtigen, haben AIF-Kapitalverwaltungsgesellschaften dem Erlaubnisantrag die Anlagebedingungen, Satzungen bzw. Gesellschaftsverträge beizufügen.[15]

12 Der Begriff „**Anlagebedingungen**" umfasst laut BaFin alle schriftlichen Bedingungen, die das Rechtsverhältnis zwischen der Kapitalverwaltungsgesellschaft und den Anlegern bezüglich des Investmentvermögens regeln, also insbesondere auch sog. „Side Letters".[16] Darüber hinaus müssen externe AIF-Kapitalverwaltungsgesellschaften, die Publikums-AIF verwalten, auch ihre **eigene** Satzung bzw. den Gesellschaftsvertrag beifügen.[17]

7. Verwahrstellen (§ 22 Abs. 1 Nr. 13 KAGB)

13 Nach § 80 KAGB muss eine Kapitalverwaltungsgesellschaft eine Verwahrstelle für jeden der von ihr verwalteten AIF beauftragen. Im Erlaubnisantrag hat die AIF-Kapitalverwaltungsgesellschaft Angaben bezüglich der Vereinbarungen zur Beauftragung dieser Verwahrstellen zu machen. Hier genügt zunächst auch eine **Auflistung** der Verwahrstellen.[18] Durch die Norm wird Art. 7 Abs. 3 lit. d AIFM-RL umgesetzt.[19]

8. Weitere Informationen nach §§ 165, 269 und 307 Abs. 1 KAGB (§ 22 Abs. 1 Nr. 14 KAGB)

14 Außerdem muss die AIF-Kapitalverwaltungsgesellschaft alle in den §§ 165, 269, 307 Abs. 1 KAGB genannten Informationen mitteilen, typischerweise durch Beifügung der betreffenden **Prospekte** bzw. des **Informationsmemorandums**.[20]

15 Geregelt werden in den genannten Vorschriften die Mindestangaben im Verkaufsprospekt für offene (§ 165 KAGB) und geschlossene Publikumsinvestmentvermögen (§ 269 KAGB), sowie die Informationspflichten gegenüber semi-professionellen und professionellen Anlegern (§ 307 Abs. 1 KAGB).[21]

---

13 BaFin, Merkblatt zum Erlaubnisverfahren für eine AIF-Kapitalverwaltungsgesellschaft nach § 22 KAGB v. 22.3.2013, Ziffer A) 11.; *Bentele* in Baur/Tappen, § 22 KAGB Rz. 41; *Winterhalder* in Weitnauer/Boxberger/Anders, § 22 KAGB Rz. 27; *Beckmann* in Beckmann/Scholtz/Vollmer, § 22 KAGB Rz. 64.

14 *Winterhalder* in Weitnauer/Boxberger/Anders, § 22 KAGB Rz. 31; *Schücking* in Moritz/Klebeck/Jesch, § 22 KAGB Rz. 59.

15 BaFin, Merkblatt zum Erlaubnisverfahren für eine AIF-Kapitalverwaltungsgesellschaft nach § 22 KAGB v. 22.3.2013, Ziffer A) 12.; *Bentele* in Baur/Tappen, § 22 KAGB Rz. 42; *Winterhalder* in Weitnauer/Boxberger/Anders, § 22 KAGB Rz. 32.

16 BaFin, Merkblatt zum Erlaubnisverfahren für eine AIF-Kapitalverwaltungsgesellschaft nach § 22 KAGB v. 22.3.2013, Ziffer A) 12.; *Beckmann* in Beckmann/Scholtz/Vollmer, § 22 KAGB Rz. 75; *Winterhalder* in Weitnauer/Boxberger/Anders, § 22 KAGB Rz. 36; *Bentele* in Baur/Tappen, § 22 KAGB Rz. 42.

17 Begr. RegE, BT-Drucks. 17/12294, 215; BaFin, Merkblatt zum Erlaubnisverfahren für eine AIF-Kapitalverwaltungsgesellschaft nach § 22 KAGB v. 22.3.2013, Ziffer A) 12.; *Beckmann* in Beckmann/Scholtz/Vollmer, § 22 KAGB Rz. 71; *Winterhalder* in Weitnauer/Boxberger/Anders, § 22 KAGB Rz. 33.

18 BaFin, Merkblatt zum Erlaubnisverfahren für eine AIF-Kapitalverwaltungsgesellschaft nach § 22 KAGB v. 22.3.2013, Ziffer A) 13.; *Bentele* in Baur/Tappen, § 22 KAGB Rz. 44; *Winterhalder* in Weitnauer/Boxberger/Anders, § 22 KAGB Rz. 38; *Beckmann* in Beckmann/Scholtz/Vollmer, § 22 KAGB Rz. 85.

19 BaFin, Merkblatt zum Erlaubnisverfahren für eine AIF-Kapitalverwaltungsgesellschaft nach § 22 KAGB v. 22.3.2013, Ziffer A) 13.; *Bentele* in Baur/Tappen, § 22 KAGB Rz. 44; *Winterhalder* in Weitnauer/Boxberger/Anders, § 22 KAGB Rz. 38.

20 BaFin, Merkblatt zum Erlaubnisverfahren für eine AIF-Kapitalverwaltungsgesellschaft nach § 22 KAGB v. 22.3.2013, Ziffer A) 14.; *Bentele* in Baur/Tappen, § 22 KAGB Rz. 45; *Winterhalder* in Weitnauer/Boxberger/Anders, § 22 KAGB Rz. 40.

21 *Beckmann* in Beckmann/Scholtz/Vollmer, § 22 KAGB Rz. 87; *Bentele* in Baur/Tappen, § 22 KAGB Rz. 45.

III. Entscheidung über den Erlaubnisantrag (§ 22 Abs. 2 bis 5 KAGB)

1. Entscheidungsfrist (§ 22 Abs. 2 KAGB)

§ 22 Abs. 2 KAGB setzt Art. 8 Abs. 5 Unterabs. 1 AIFM-RL um. Danach beträgt die Entscheidungsfrist der 16
BaFin hinsichtlich des vollständigen[22] Antrags (eingehend § 21 Rz. 29 ff.) **drei Monate**. Die Frist kann seitens der BaFin einseitig um bis zu drei Monate **verlängert** werden, sofern sie dies nach den Umständen des Einzelfalls für **notwendig** erachtet.

2. Vollständigkeit des Antrags (§ 22 Abs. 3 KAGB)

Nach § 22 Abs. 3 KAGB **gilt** ein Antrag als **vollständig**, so dass die 3-Monatsfrist des Abs. 2 zu laufen be- 17
ginnt, wenn die Kapitalverwaltungsgesellschaft mindestens die in Abs. 1 Nr. 1 bis 5, 7, 8, 10 und 11 genannten Angaben und Nachweise eingereicht hat (vgl. auch Art. 8 Abs. 5 Unterabs. 2 AIFM-RL). Angaben und Unterlagen nach § 22 Abs. 1 Nr. 6, 9, 12, 13 und 14 KAGB, welche zunächst fehlen, sind nachzureichen.[23]

3. Gebrauchmachen von der Erlaubnis (§ 22 Abs. 4 KAGB)

Mit der Verwaltung des AIF darf die Kapitalverwaltungsgesellschaft erst beginnen, sobald die **Erlaubnis er-** 18
teilt wurde. Sofern der Antrag hinsichtlich der Angaben nach § 22 Abs. 1 Nr. 6, 9, 12 bis 14 KAGB unvollständig war und die Erlaubnis dennoch erteilt wurde, darf die AIF-Kapitalverwaltungsgesellschaft erst einen Monat nachdem die fehlenden Unterlagen nachgereicht wurden, mit der Verwaltung des Fonds beginnen.[24]

4. Entschädigungseinrichtung und Bekanntmachung der Erlaubniserteilung (§ 22 Abs. 5 KAGB)

§ 22 Abs. 5 KAGB erklärt **§ 21 Abs. 3 und 4 KAGB** für entsprechend anwendbar. Es wird auf die entspre- 19
chende Kommentierung verwiesen (vgl. § 21 Rz. 35 ff.).[25]

5. Kosten

Die FinDAG-KostV regelt die **Kosten der Erlaubniserteilung.** Für die Erteilung einer Erlaubnis für den Ge- 20
schäftsbetrieb einer AIF-Kapitalverwaltungsgesellschaft bestimmt Ziff. 4.1.2.2.1.2 Kosten i.H.v. 10.000 Euro bis 40.000 Euro.[26]

6. Rechtsmittel

Lehnt die BaFin den Antrag auf Erlaubniserteilung ab, so kann der Antragsteller nach dem allgemeinen 21
Verwaltungsrecht hiergegen vorgehen. In Betracht kommen **Verpflichtungswiderspruch und -klage.**[27]

§ 23 Versagung der Erlaubnis einer Kapitalverwaltungsgesellschaft

Einer Kapitalverwaltungsgesellschaft ist die Erlaubnis zu versagen, wenn

1. **das Anfangskapital und die zusätzlichen Eigenmittel nach § 25 nicht zur Verfügung stehen;**
2. **die Kapitalverwaltungsgesellschaft nicht mindestens zwei Geschäftsleiter hat;**
3. **Tatsachen vorliegen, aus denen sich ergibt, dass die Geschäftsleiter der Kapitalverwaltungsgesellschaft nicht zuverlässig sind oder die zur Leitung erforderliche fachliche Eignung im Sinne von § 25c Absatz 1 des Kreditwesengesetzes nicht haben;**

---

22 *Bentele* in Baur/Tappen, § 22 KAGB Rz. 46 f.; *Thole* in Emde/Dornseifer/Dreibus/Hölscher, 2013, § 7a InvG Rz. 20 f.; *Steck/Gringel* in Berger/Steck//Lübbehüsen, 2010, § 7a InvG Rz. 13; *Knöfler/Ghedina*, WM 2008, 1341 (1346).
23 *Beckmann* in Beckmann/Scholtz/Vollmer, § 22 KAGB Rz. 105.
24 *Beckmann* in Beckmann/Scholtz/Vollmer, § 22 KAGB Rz. 107.
25 *Bentele* in Baur/Tappen, § 22 KAGB Rz. 54, 56; *Winterhalder* in Weitnauer/Boxberger/Anders, § 22 KAGB Rz. 46, § 21 KAGB Rz. 45 ff.; *Thole* in Emde/Dornseifer/Dreibus/Hölscher, 2013, § 7a InvG Rz. 27, 30 f.; *Steck/Gringel* in Berger/Steck//Lübbehüsen, 2010, § 7a InvG Rz. 15, 16; *Knöfler/Ghedina*, WM 2008, 1341 (1346).
26 *Winterhalder* in Weitnauer/Boxberger/Anders, § 22 KAGB Rz. 47.
27 *Jesch/Alten*, RdF 2013, 191 (199).

4. **Tatsachen die Annahme rechtfertigen, dass der Inhaber einer bedeutenden Beteiligung nicht zuverlässig ist oder aus anderen Gründen nicht den im Interesse einer soliden und umsichtigen Führung der Kapitalverwaltungsgesellschaft zu stellenden Ansprüchen genügt;**
5. **enge Verbindungen zwischen der Kapitalverwaltungsgesellschaft und anderen natürlichen oder juristischen Personen bestehen, die die Bundesanstalt bei der ordnungsgemäßen Erfüllung ihrer Aufsichtsfunktionen behindern;**
6. **enge Verbindungen zwischen der Kapitalverwaltungsgesellschaft und anderen natürlichen oder juristischen Personen bestehen, die den Rechts- und Verwaltungsvorschriften eines Drittstaates unterstehen, deren Anwendung die Bundesanstalt bei der ordnungsgemäßen Erfüllung ihrer Aufsichtsfunktionen behindern;**
7. **die Hauptverwaltung oder der satzungsmäßige Sitz der Kapitalverwaltungsgesellschaft sich nicht im Inland befindet;**
8. **die Kapitalverwaltungsgesellschaft nicht bereit oder in der Lage ist, die erforderlichen organisatorischen Vorkehrungen zum ordnungsgemäßen Betreiben der Geschäfte, für die sie die Erlaubnis beantragt, zu schaffen, und nicht in der Lage ist, die in diesem Gesetz festgelegten Anforderungen einzuhalten;**
9. **die Kapitalverwaltungsgesellschaft ausschließlich administrative Tätigkeiten, den Vertrieb von eigenen Investmentanteilen oder Tätigkeiten im Zusammenhang mit den Vermögensgegenständen des AIF erbringt, ohne auch die Portfolioverwaltung und das Risikomanagement zu erbringen;**
10. **die Kapitalverwaltungsgesellschaft die Portfolioverwaltung erbringt, ohne auch das Risikomanagement zu erbringen; dasselbe gilt im umgekehrten Fall;**
11. **andere als die in den Nummern 1 bis 10 aufgeführten Voraussetzungen für die Erlaubniserteilung nach diesem Gesetz nicht erfüllt sind.**

In der Fassung vom 4.7.2013 (BGBl. I 2013, S. 1981), zuletzt geändert durch das Gesetz zur Umsetzung der Richtlinie 2013/36/EU über den Zugang zur Tätigkeit von Kreditinstituten und die Beaufsichtigung von Kreditinstituten und Wertpapierfirmen und zur Anpassung des Aufsichtsrechts an die Verordnung (EU) Nr. 575/2013 über Aufsichtsanforderungen an Kreditinstitute und Wertpapierfirmen (CRD IV-Umsetzungsgesetz) vom 28.8.2013 (BGBl. I 2013, S. 3395).

Schrifttum: *BaFin*, Merkblatt zum Erlaubnisverfahren für eine AIF-Kapitalverwaltungsgesellschaft nach § 22 KAGB, vom 22.3.2013, geändert am 27.11.2017; *Wallach*, Umsetzung der AIFM-Richtlinie in deutsches Recht – erste umfassende Regulierung des deutschen Investmentrechts, RdF 2013, 92.

I. Allgemeines

1 § 23 KAGB regelt die **Versagungsgründe** für den Antrag auf Erteilung einer Erlaubnis und gilt sowohl für OGAW-Kapitalverwaltungsgesellschaften als auch für AIF-Kapitalverwaltungsgesellschaften.[1] Er bildet mit

1 Begr. RegE, BT-Drucks. 17/12294, 215 f.; *Winterhalder* in Weitnauer/Boxberger/Anders, § 23 KAGB Rz. 1; *Beckmann* in Beckmann/Scholtz/Vollmer, § 23 KAGB Rz. 1.

§ 20 KAGB (Erlaubnispflicht) und §§ 21, 22 KAGB (Erlaubnisvoraussetzungen) das Erlaubnisverfahren für Kapitalverwaltungsgesellschaften ab.[2]

§ 23 Nr. 1 bis 8 KAGB entsprechen dem aufgehobenen § 7b Nr. 1 bis 8 InvG und dienen der Umsetzung 2 von Art. 8 Abs. 1 lit. b bis e, Abs. 3 der AIFM-RL.[3, 4] § 23 Nr. 9 und 10 KAGB setzen Art. 6 Abs. 5 lit. c und d der AIFM-RL um.[5]

Sofern mindestens eine der Tatbestandsvoraussetzungen des § 23 KAGB (alternativ) vorliegt, ist die BaFin 3 verpflichtet, die beantragte Erlaubnis zu versagen. Es handelt sich um eine **gebundene Verwaltungsentscheidung.**[6]

II. Versagungsgründe

1. Eigenkapital (§ 23 Nr. 1 KAGB)

Der Kapitalverwaltungsgesellschaft ist die Erlaubnis zu versagen, wenn das nötige **Anfangskapital und die** 4 **zusätzlichen Eigenmittel nach § 25 KAGB** nicht zur Verfügung stehen. Gemäß § 25 Abs. 1 Nr. 1 KAGB muss eine interne Kapitalverwaltungsgesellschaft ein Anfangskapital von mindestens 300.000 Euro haben, während eine externe Kapitalverwaltungsgesellschaft mindestens 125.000 Euro vorhalten muss.[7]

Sofern das von externen OGAW-Kapitalverwaltungsgesellschaften, internen und externen AIF-Kapitalver- 5 waltungsgesellschaften verwaltete **Investmentvermögen größer als 250 Mio. Euro** ist, müssen diesen Kapitalverwaltungsgesellschaften zusätzliche Eigenmittel zur Verfügung stehen. Gemäß § 25 Abs. 1 Nr. 2 KAGB müssen dann Mittel in der Höhe von mindestens **0,02 %** desjenigen Betrags vorgehalten werden, um den der Wert des verwalteten Investmentvermögens 250 Mio. Euro übersteigt.[8]

Darüber hinaus müssen externe OGAW-Kapitalverwaltungsgesellschaften, interne und externe AIF-Kapi- 6 talverwaltungsgesellschaften jederzeit mindestens Eigenmittel in Höhe eines Viertels der im vorhergehenden Jahr angefallenen fixen Gemeinkosten aufweisen (§ 25 Abs. 4 KAGB i.V.m. Art. 97 CRR i.V.m. Art. 34b der Delegierten Verordnung (EU) 241/2014) (vgl. § 25 Rz. 26 ff.).[9]

Außerdem müssen externe Kapitalverwaltungsgesellschaften angemessene Eigenmittel zur Abdeckung der 7 **Risiken** durch den Abschluss von **Altersvorsorgeverträgen** und AIF-Kapitalverwaltungsgesellschaften angemessene Eigenmittel oder eine geeignete Versicherung zur Abdeckung der Risiken durch **potentielle Berufshaftung** vorweisen (§ 25 Abs. 5 und 6 KAGB).[10]

2. Zahl der Geschäftsleiter (§ 23 Nr. 2 KAGB)

Die antragsstellende Kapitalverwaltungsgesellschaft muss mindestens **zwei Geschäftsleiter** haben, welche 8 entweder zur Geschäftsleitung berufen sind oder die Geschäfte tatsächlich leiten (**Vier-Augen-Prinzip**).[11]

3. Zuverlässigkeit und fachliche Eignung der Geschäftsleiter (§ 23 Nr. 3 KAGB)

Das Kriterium der Zuverlässigkeit betrifft die **Persönlichkeit** der Geschäftsleiter. Außerdem wird eine **Prog-** 9 **nose** über ihr zukünftiges Verhalten aufgestellt. Weder im KAGB noch im KWG findet sich eine Definition

2 *Winterhalder* in Weitnauer/Boxberger/Anders, § 23 KAGB Rz. 1.
3 Richtlinie 2011/61/EU des Europäischen Parlaments und des Rates vom 8. Juni 2011 über die Verwalter alternativer Investmentfonds und zur Änderung der Richtlinien 2003/41/EG und 2009/65/EG und der Verordnungen (EG) Nr. 1060/2009 und (EU) Nr. 1095/2010, ABl. EU Nr. L 174 v. 1.7.2011, S. 1.
4 Begr. RegE, BT-Drucks. 17/12294, 216.
5 Begr. RegE, BT-Drucks. 17/12294, 216.
6 *Schücking* in Moritz/Klebeck/Jesch, § 23 KAGB Rz. 4; *Beckmann* in Beckmann/Scholtz/Vollmer, § 23 KAGB Rz. 6; *Winterhalder* in Weitnauer/Boxberger/Anders, § 23 KAGB Rz. 2.
7 *Volhard/Jang* in Dornseifer/Jesch/Klebeck/Tollmann, Art. 8 AIFM-RL Rz. 5; *Winterhalder* in Weitnauer/Boxberger/Anders, § 23 KAGB Rz. 5; vgl. auch *Steck/Gringel* in Berger/Steck/Lübbehüsen, § 7 InvG Rz. 4.
8 *Winterhalder* in Weitnauer/Boxberger/Anders, § 23 KAGB Rz. 6.
9 *Winterhalder* in Weitnauer/Boxberger/Anders, § 23 KAGB Rz. 6; *Beckmann* in Beckmann/Scholtz/Vollmer, § 23 Rz. 34.
10 *Beckmann* in Beckmann/Scholtz/Vollmer, § 23 Rz. 32; *Winterhalder* in Weitnauer/Boxberger/Anders, § 23 KAGB Rz. 6.
11 *Bentele* in Baur/Tappen, § 23 KAGB Rz. 7; *Winterhalder* in Weitnauer/Boxberger/Anders, § 23 KAGB Rz. 7; *Beckmann* in Beckmann/Scholtz/Vollmer, § 23 Rz. 50; *Volhard/Jang* in Dornseifer/Jesch/Klebeck/Tollmann, Art. 8 AIFM-RL Rz. 6; *Steck/Gringel* in Berger/Steck/Lübbehüsen, § 7 InvG Rz. 5.

des Begriffs der Zuverlässigkeit.[12] Die BaFin geht nach ihrer ständigen Verwaltungspraxis davon aus, dass die Unzuverlässigkeit von Geschäftsleitern anzunehmen ist, wenn persönliche Umstände nach der allgemeinen Lebenserfahrung die Annahme rechtfertigen, dass diese die sorgfältige und ordnungsgemäße Tätigkeit als Geschäftsleiter beeinträchtigen können.[13] Dabei sind das **persönliche Verhalten** wie auch das **Geschäftsgebaren** der Geschäftsleiter hinsichtlich strafrechtlicher, finanzieller, vermögensrechtlicher und aufsichtsrechtlicher Aspekte zu berücksichtigen.[14]

10 Es können nicht nur **Verstöße** gegen vorher benannte Vorschriften auf eine Unzuverlässigkeit hindeuten, sondern auch das Vorliegen von **Interessenkonflikten.**[15] Letztere bestehen im Anwendungsbereich des § 25c KWG, wenn persönliche Umstände oder die eigene wirtschaftliche Tätigkeit geeignet sind, den Geschäftsleiter in der Unabhängigkeit seiner Tätigkeit und seiner Verpflichtung, zum Wohle des Instituts tätig zu sein, beeinträchtigen.[16] Exemplarisch werden etwa genannt: Verwandtschaftsverhältnisse zwischen den Geschäftsleitern und den Aufsichtsorganen (Vgl. § 18 Abs. 2 KAGB), Geschäftsbeziehungen zwischen dem Institut auf der einen Seite und dem Geschäftsleiter, bzw. einem nahen Angehörigen des Geschäftsleiters resp. ein vom Geschäftsleiter geleitetes Unternehmen auf der anderen Seite, wenn sich aus dieser Beziehung eine wirtschaftliche Abhängigkeit vom Institut ergibt.

11 Die **Zuverlässigkeit wird unterstellt**, soweit keine Tatsachen erkenntlich sind, die eine Unzuverlässigkeit begründen könnten.[17]

12 Die BaFin verweist in ihrem Merkblatt zum Erlaubnisverfahren für eine AIF-Kapitalverwaltungsgesellschaft nach § 22 KAGB auf die Anforderungen in dem „Merkblatt für die Prüfung der fachlichen Eignung und Zuverlässigkeit von Geschäftsleitern gemäß VAG, KWG, ZAG und InvG“ vom 20.2.2013.[18] Freilich wird man neuerdings das **Merkblatt zu den Geschäftsleitern** gemäß KWG, ZAG und KAGB vom 4.1.2016 heranziehen müssen.

13 Fachliche Eignung i.S.d. § 25c Abs. 1 KWG setzt voraus, dass ausreichende theoretische und praktische Kenntnisse in den jeweiligen Geschäften, sowie Leitungserfahrung vorhanden sind.[19] In der Regel ist dies anzunehmen, wenn nachgewiesen wird, dass der Geschäftsleiter bereits eine **dreijährige leitende Tätigkeit** bei einer vergleichbar großen Gesellschaft vergleichbarer Geschäftsart ausgeübt hat.[20] Da es sich hierbei lediglich um eine **widerlegbare Regelvermutung** handelt, kommt es schlussendlich maßgeblich auf die **Umstände des Einzelfalles** an.[21] So kann es einem Geschäftsleiter trotz dreijähriger leitender Tätigkeit, etwa aufgrund von erheblichem Geschäftsmisserfolg, an den erforderlichen fachlichen Kenntnissen mangeln. Umgekehrt kann er auch bei weniger als dreijähriger Tätigkeit die erforderlichen Kenntnisse aufweisen, soweit er sie anderweitig erworben hat.[22]

14 Die fachliche Eignung muss hinsichtlich der fondsspezifischen, von der Kapitalverwaltungsgesellschaft beabsichtigten Geschäftstätigkeit, wie sie in deren Satzung oder Gesellschaftsvertrag beschrieben ist, vorliegen.[23] Dabei müssen sowohl Kenntnisse bezüglich des Investmentgeschäfts als auch hinsichtlich der einzelnen verwalteten Investmentvermögen vorliegen. Es genügt, wenn **jeweils ein Geschäftsleiter** für eine Art des verwalteten Vermögens und die erbrachten Dienstleistungen die erforderliche fachliche Eignung aufweist.[24] Nach Auffassung der BaFin soll letzteres freilich nur in „der Anfangsphase“ zulässig sein.[25] Zudem

---

12 *Bentele* in Baur/Tappen, § 23 KAGB Rz. 8; *Winterhalder* in Weitnauer/Boxberger/Anders, § 23 KAGB Rz. 10.
13 BaFin, Merkblatt zu den Geschäftsleitern gemäß KWG, ZAG und KAGB v. 4.1.2016, Ziff. III. 1.
14 BaFin, Merkblatt zu den Geschäftsleitern gemäß KWG, ZAG und KAGB v. 4.1.2016, Ziff. III. 1.
15 BaFin, Merkblatt zu den Geschäftsleitern gemäß KWG, ZAG und KAGB v. 4.1.2016, Ziff. III. 1.
16 BaFin, Merkblatt zu den Geschäftsleitern gemäß KWG, ZAG und KAGB v. 4.1.2016, Ziff. II. 3.
17 BaFin, Merkblatt zu den Geschäftsleitern gemäß KWG, ZAG und KAGB v. 4.1.2016, Ziff. III. 1.; *Steck/Gringel* in Berger/Steck/Lübbehüsen, § 7 InvG Rz. 12; *Bentele* in Baur/Tappen, § 23 KAGB Rz. 8; *Winterhalder* in Weitnauer/Boxberger/Anders, § 23 KAGB Rz. 10.
18 BaFin, Merkblatt zum Erlaubnisverfahren für eine AIF-Kapitalverwaltungsgesellschaft nach § 22 KAGB v. 22.3.2013, Ziffer A) 4. b).
19 BaFin, Merkblatt zu den Geschäftsleitern gemäß KWG, ZAG und KAGB v. 4.1.2016, Ziff. III. 2.
20 BaFin, Merkblatt zum Erlaubnisverfahren für eine AIF-Kapitalverwaltungsgesellschaft nach § 22 KAGB v. 22.3.2013 Ziffer A) 4. b); *Winterhalder* in Weitnauer/Boxberger/Anders, § 21 KAGB Rz. 18; *Bentele* in Baur/Tappen, § 22 KAGB Rz. 17; *Knöfler/Ghedina*, WM 2008, 1341 (1343 f.); *Jesch/Alten*, RdF 2013, 191 (198).
21 Zum Ganzen: BaFin, Merkblatt zu den Geschäftsleitern gemäß KWG, ZAG und KAGB v. 4.1.2016, Ziff. III. 2.
22 *Schücking* in Moritz/Klebeck/Jesch, § 23 KAGB Rz. 26.
23 BaFin, Merkblatt zu den Geschäftsleitern gemäß KWG, ZAG und KAGB v. 4.1.2016, Ziff. III. 2.
24 *Bentele* in Baur/Tappen, § 23 KAGB Rz. 11; BaFin, Merkblatt zu den Geschäftsleitern gemäß KWG, ZAG und KAGB v. 4.1.2016, Ziff. III. 2.
25 BaFin, Merkblatt zu den Geschäftsleitern gemäß KWG, ZAG und KAGB v. 4.1.2016, Ziff. III. 2.

müssen die Geschäftsleiter in einem solchen Fall plausibel darlegen, wie sie sich in der Folgezeit die praktischen und theoretischen Kenntnisse für den jeweils anderen Bereich aneignen werden.[26]

Aus praktischer Sicht ist es üblich, dass der Antragsteller schon im **Vorfeld der Antragsstellung** mit der BaFin klärt, ob hinsichtlich der fachlichen Eignung der künftigen Geschäftsleiter Bedenken bestehen. Die BaFin lässt solche Voranfragen üblicherweise zu. In der Regel ist erforderlich, dass die maßgeblichen Unterlagen bereits vorab eingereicht und von der BaFin geprüft werden.[27]

4. Inhaber bedeutender Beteiligungen (§ 23 Nr. 4 KAGB)

15 Der antragsstellenden Kapitalverwaltungsgesellschaft ist ebenso die Erlaubnis zu versagen, sofern Tatsachen die Annahme rechtfertigen, dass der Inhaber einer bedeutenden Beteiligung an der Kapitalverwaltungsgesellschaft **nicht zuverlässig** ist oder aus anderen Gründen nicht den im Interesse einer **soliden und umsichtigen Führung** der Kapitalverwaltungsgesellschaft zu stellenden Ansprüchen genügt.

16 Diese Regelung dient insbesondere der Bekämpfung sowohl der **organisierten Kriminalität** als auch der **Geldwäsche.** Die Inhaber bedeutender Beteiligungen sollen daran gehindert werden, schädigenden Einfluss auf die Gesellschaft zu nehmen und diese dadurch zu o.g. Zwecken zu missbrauchen.[28]

17 Hierbei wird ein etwas anderer Maßstab an die Zuverlässigkeit des Inhabers einer bedeutenden Beteiligung, als an die Zuverlässigkeit eines Geschäftsleiters, angelegt: es kommt darauf an, ob der Inhaber der bedeutenden Beteiligung seine Inhaberstellung zum Schaden der Kapitalverwaltungsgesellschaft ausnutzt.[29] Hierzu kann die **ESMA Entwürfe technischer Regulierungsstandards** ausarbeiten, welche die anzuwendenden Anforderungen festlegen (vgl. Art. 8 Abs. 6 lit. b AIFM-RL).[30] Ausreichend für die Versagung der Erlaubnis ist es bereits, wenn **Tatsachen die Annahme rechtfertigen**, dass die Inhaber bedeutender Beteiligungen den genannten Anforderungen nicht genügen. Indizien sind hier also bereits ausreichend (vgl. zu den Einzelheiten § 19 Rz. 72 ff.).[31]

18 Der Begriff der **bedeutenden Beteiligung** wird in § 1 Abs. 19 Nr. 6 KAGB definiert. Demzufolge besteht eine bedeutende Beteiligung an einer Kapitalverwaltungsgesellschaft, wenn unmittelbar oder mittelbar über ein oder mehrere Tochterunternehmen, über ein gleichartiges Verhältnis oder im Zusammenwirken mit anderen Personen oder Unternehmen **mindestens 10 % des Kapitals oder der Stimmrechte** der Kapitalverwaltungsgesellschaft im Eigen- oder Fremdinteresse gehalten werden oder wenn auf die Geschäftsführung der Kapitalverwaltungsgesellschaft ein **maßgeblicher Einfluss** ausgeübt werden kann.[32]

5. Behinderung der Aufsichtsfunktion der BaFin durch enge Verbindungen (§ 23 Nr. 5 und 6 KAGB)

19 Ein weiterer Versagungsgrund liegt vor, sofern **enge Verbindungen** zwischen der Kapitalverwaltungsgesellschaft und anderen natürlichen oder juristischen Personen bestehen, welche die BaFin bei der ordnungsgemäßen Erfüllung ihrer Aufsichtsfunktionen behindern oder die den Rechts- und Verwaltungsvorschriften eines Drittstaates unterstehen, deren Anwendung die Bundesanstalt bei der ordnungsgemäßen Erfüllung ihrer Aufsichtsfunktionen behindert. **Zweck** der Regelung ist es, die **Sicherheit** und **Seriosität** der Kapitalverwaltungsgesellschaften zu stärken, indem dubiose Geschäfte oder unübersichtliche Unternehmensstrukturen vermieden werden.[33]

20 Nach der Legaldefinition des § 1 Abs. 19 Nr. 10 KAGB liegt eine enge Verbindung vor, wenn eine Kapitalverwaltungsgesellschaft oder eine extern verwaltete Investmentgesellschaft und eine andere natürliche oder juristische Person verbunden sind durch das unmittelbare oder mittelbare Halten durch ein oder mehrere

26 BaFin, Merkblatt zu den Geschäftsleitern gemäß KWG, ZAG und KAGB v. 4.1.2016, Ziff. III. 2.; einschränkend: *Bentele* in Baur/Tappen, § 23 KAGB Rz. 11.
27 *Fischer* in Boos/Fischer/Schulte-Mattler, § 33 KWG Rz. 53 f.
28 *Beckmann* in Beckmann/Scholtz/Vollmer, § 23 Rz. 143; *Bentele* in Baur/Tappen, § 23 KAGB Rz. 13; *Winterhalder* in Weitnauer/Boxberger/Anders, § 23 KAGB Rz. 13.
29 *Winterhalder* in Weitnauer/Boxberger/Anders, § 23 KAGB Rz. 13; *Bentele* in Baur/Tappen, § 23 KAGB Rz. 13, 15; vgl. auch *Beckmann* in Beckmann/Scholtz/Vollmer, § 23 Rz. 144.
30 *Winterhalder* in Weitnauer/Boxberger/Anders, § 23 KAGB Rz. 15; *Volhard/Jang* in Dornseifer/Jesch/Klebeck/Tollmann, Art. 8 AIFM-RL Rz. 12.
31 *Beckmann* in Beckmann/Scholtz/Vollmer, § 23 Rz. 151; *Bentele* in Baur/Tappen, § 23 KAGB Rz. 17.
32 Vgl. auch *Volhard/Jang* in Dornseifer/Jesch/Klebeck/Tollmann, Art. 8 AIFM-RL Rz. 9; *Bentele* in Baur/Tappen, § 23 KAGB Rz. 14; *Beckmann* in Beckmann/Scholtz/Vollmer, § 23 Rz. 141.
33 *Beckmann* in Beckmann/Scholtz/Vollmer, § 23 Rz. 167; *Bentele* in Baur/Tappen, § 23 KAGB Rz. 19; *Winterhalder* in Weitnauer/Boxberger/Anders, § 23 KAGB Rz. 16; *Steck/Gringel* in Berger/Steck/Lübbehüsen, § 7 InvG Rz. 21.

Tochterunternehmen oder Treuhänder von **mindestens 20 % des Kapitals oder der Stimmrechte** oder als **Mutter- und Tochterunternehmen**, durch ein **gleichartiges Verhältnis** oder als **Schwesterunternehmen**.

21 Das Vorliegen einer engen Verbindung und der daraus resultierenden Behinderung der Aufsichtstätigkeit der BaFin ist **positiv nachzuweisen.**[34]

22 Das Merkmal der Behinderung der Erfüllung der Aufsichtsfunktionen der BaFin ist an § 33 Abs. 2 Nr. 1 KWG angelehnt, der Parallelnorm im KWG.[35] Eine Behinderung kann danach beispielsweise angenommen werden, wenn rechtliche oder wirtschaftliche Transparenz, auch der Beteiligungsstrukturen, fehlt oder Unklarheiten bezüglich der Weisungsrechte oder Einflussmöglichkeiten zwischen der Kapitalverwaltungsgesellschaft und verbundenen Unternehmen bestehen. Es genügt aber **jede Beeinträchtigung** der ordnungsgemäßen Wahrnehmung der Aufsichtsfunktion.[36] Eine Behinderung der Aufsichtsfunktion durch Rechts- und Verwaltungsvorschriften von **Drittstaaten** kann sich daraus ergeben, dass eine Weitergabe von Informationen, die zur Beaufsichtigung der Kapitalverwaltungsgesellschaft notwendig sind, untersagt ist.[37]

6. Hauptverwaltung und Sitz der Kapitalverwaltungsgesellschaft (§ 23 Nr. 7 KAGB)

23 Eine Versagung der Erlaubnis kommt auch dann in Betracht, wenn die Kapitalverwaltungsgesellschaft ihren Sitz oder ihre Hauptverwaltung **nicht im Inland** hat (zu den Begrifflichkeiten „Sitz" und „Hauptverwaltung" vgl. § 17 Rz. 8 ff.). § 17 Abs. 1 Satz 1 KAGB sieht den Sitz und die Hauptverwaltung im Inland bereits als Merkmal der Kapitalverwaltungsgesellschaft vor.[38]

7. Erforderliche organisatorische Vorkehrungen (§ 23 Nr. 8 KAGB)

24 Die Kapitalverwaltungsgesellschaft muss **bereit und in der Lage** sein, die organisatorischen Vorkehrungen zum ordnungsgemäßen Betreiben der Geschäfte, für die sie die Erlaubnis beantragt, zu schaffen.[39]

25 Die organisatorischen Vorkehrungen ergeben sich hauptsächlich aus den **§§ 26 ff. KAGB**. Beispiele sind die Minimierung von Interessenkonflikten, die Einreichung eines geeigneten Risikomanagements und geeigneter Kontrollverfahren sowie Regelungen zu Mitarbeitergeschäften.[40]

26 Bei der Vorlage des Geschäftsplans i.S.d. §§ 21 Abs. 1 Nr. 7, 22 Abs. 1 Nr. 7 KAGB muss ein **Organigramm** vorgelegt werden, durch welches die Einhaltung der organisatorischen Vorkehrungen nachgewiesen werden soll. Geschäftsplan und Organigramm werden dann auf Vollständigkeit und Plausibilität geprüft.[41]

8. Erbringung von Tätigkeiten mit Ausnahme der Portfolioverwaltung und des Risikomanagements (§ 23 Nr. 9 KAGB)

27 Wenn die Kapitalverwaltungsgesellschaft ausschließlich **administrative** Tätigkeiten, den Vertrieb **eigener Investmentanteile** oder Tätigkeiten bezüglich der **Vermögensgegenstände** des AIF erbringt, ohne auch die Anlageverwaltungsfunktionen i.S.d. Anhang I Nr. 1 AIFM-RL (Portfolioverwaltung und Risikomanagement) zu erbringen, ist ihr die Erlaubnis ebenfalls zu verweigern.[42]

28 Im Gegensatz zu § 23 Nr. 10 KAGB enthält die Gesetzesbegründung zu Nr. 9 keinen expliziten Hinweis darauf, dass die Vorschrift auch der Umsetzung der OGAW-RL[43] dienen und damit auch auf OGAW-Kapitalverwaltungsgesellschaften Anwendung finden soll. Da allerdings die Erbringung der Portfolioverwaltung und/oder des Risikomanagements gem. § 17 Abs. 1 Satz 2 KAGB auch für OGAW-Kapitalverwaltungs-

---

34 *Bentele* in Baur/Tappen, § 23 KAGB Rz. 23.

35 *Bentele* in Baur/Tappen, § 23 KAGB Rz. 21; zu den unterschiedlichen Nuancen: *Beckmann* in Beckmann/Scholtz/Vollmer, § 23 Rz. 164.

36 *Beckmann* in Beckmann/Scholtz/Vollmer, § 23 Rz. 169; *Bentele* in Baur/Tappen, § 23 KAGB Rz. 21.

37 *Bentele* in Baur/Tappen, § 23 KAGB Rz. 22; *Beckmann* in Beckmann/Scholtz/Vollmer, § 23 Rz. 170.

38 *Winterhalder* in Weitnauer/Boxberger/Anders, § 23 KAGB Rz. 18; *Steck/Gringel* in Berger/Steck/Lübbehüsen, § 7 InvG Rz. 23.

39 *Winterhalder* in Weitnauer/Boxberger/Anders, § 23 KAGB Rz. 19.

40 *Bentele* in Baur/Tappen, § 23 KAGB Rz. 26; *Beckmann* in Beckmann/Scholtz/Vollmer, § 23 Rz. 191; *Steck/Gringel* in Berger/Steck/Lübbehüsen, § 7 InvG Rz. 24.

41 *Beckmann* in Beckmann/Scholtz/Vollmer, § 23 Rz. 195; *Bentele* in Baur/Tappen, § 23 KAGB Rz. 26; *Winterhalder* in Weitnauer/Boxberger/Anders, § 23 KAGB Rz. 18.

42 *Volhard/Jang* in Dornseifer/Jesch/Klebeck/Tollmann, Art. 6 AIFM-RL Rz. 37; *Winterhalder* in Weitnauer/Boxberger/Anders, § 23 KAGB Rz. 20.

43 Richtlinie 2009/65/EG des Europäischen Parlaments und des Rates vom 13. Juli 2009 zur Koordinierung der Rechts- und Verwaltungsvorschriften betreffend bestimmte Organismen für gemeinsame Anlagen in Wertpapieren (OGAW), ABl. EU Nr. L 302 v. 17.11.2009, S. 32.

gesellschaften konstitutiv ist (vgl. § 17 Rz. 12 ff.), wird nach dem Sinn und Zweck der Nr. 9 eine Anwendung auch auf OGAW-Kapitalverwaltungsgesellschaften geboten sein.[44]

9. Erbringung der Portfolioverwaltung ohne Erbringung des Risikomanagements (§ 23 Nr. 10 KAGB)

In Erweiterung der Regelung des § 23 Nr. 9 KAGB sieht Nr. 10 vor, dass gerade **beide Anlageverwaltungsfunktionen** (Portfolioverwaltung und Risikomanagement) erbracht werden müssen, um die Erlaubnis zu erhalten.[45] 29

Unter Erbringung ist hier die Fähigkeit zu verstehen, sowohl die Portfolioverwaltung als auch das Risikomanagement erbringen zu können.[46] Dabei müssen diese Tätigkeiten nicht durch die Kapitalverwaltungsgesellschaft selbst ausgeführt, sondern können durchaus alternativ oder jeweils teilweise **ausgelagert** werden. Eine vollständige Auslagerung beider Bereiche soll hingegen nicht zulässig sein (vgl. § 36 Rz. 109 f.).[47] 30

10. Auffangklausel (§ 23 Nr. 11 KAGB)

Soweit **andere als die in § 23 Nr. 1 bis 10 KAGB aufgeführten Voraussetzungen** nicht erfüllt sind, darf die Erlaubnis ebenfalls nicht erteilt werden. Hierbei handelt es sich um einen Auffangtatbestand. Ein solcher Fall ist insbesondere gegeben, wenn die beantragende Gesellschaft eine Verwaltung von Investmentvermögen nicht beabsichtigt, wenn der Antragsteller ein Einzelkaufmann ist oder die Satzung bzw. der Gesellschaftsvertrag des Antragstellers eine Geschäftstätigkeit vorsieht, die den Bereich des § 20 Abs. 5 Satz 1, Satz 2 KAGB überschreitet und daher ein Verstoß gegen das Spezialitätsprinzip zu befürchten ist.[48] 31

III. Rechtsschutz

Bei einer Versagung der Erlaubnis kann gegen diesen belastenden Verwaltungsakt mittels **Widerspruch** (§§ 68 ff. VwGO) und **Verpflichtungsklage** (§ 42 Abs. 1 Alt. 2 VwGO), gerichtet auf Verpflichtung der BaFin zur Erteilung der Erlaubnis, vorgegangen werden.[49] 32

§ 24 Anhörung der zuständigen Stellen eines anderen Mitgliedstaates der Europäischen Union oder eines anderen Vertragsstaates des Abkommens über den Europäischen Wirtschaftsraum; Aussetzung oder Beschränkung der Erlaubnis bei Unternehmen mit Sitz in einem Drittstaat

(1) Soll eine Erlaubnis einer OGAW-Kapitalverwaltungsgesellschaft oder einer AIF-Kapitalverwaltungsgesellschaft erteilt werden, die

1. **Tochter- oder Schwesterunternehmen einer anderen EU-Verwaltungsgesellschaft oder einer ausländischen AIF-Verwaltungsgesellschaft, einer Wertpapierfirma im Sinne des Artikels 4 Absatz 1 Nummer 1 der Richtlinie 2014/65/EU, eines Kreditinstituts im Sinne des Artikels 4 Absatz 1 Nummer 1 der Verordnung (EU) Nr. 575/2013 oder eines Versicherungsunternehmens ist, das in einem anderen Mitgliedstaat der Europäischen Union oder einem anderen Vertragsstaat des Abkommens über den Europäischen Wirtschaftsraum zugelassen ist, oder**
2. **durch dieselben natürlichen oder juristischen Personen kontrolliert wird, die eine in einem anderen Mitgliedstaat der Europäischen Union oder einem anderen Vertragsstaats des Abkommens**

44 *Bentele* in Baur/Tappen, § 23 KAGB Rz. 28; so auch *Döser* in Patzner/Döser/Kempf, § 23 KAGB Rz. 2.
45 Vgl. *Beckmann* in Beckmann/Scholtz/Vollmer, § 23 Rz. 208; *Wallach*, RdF 2013, 92 (94); *Volhard/Jang* in Dornseifer/Jesch/Klebeck/Tollmann, Art. 6 AIFM-RL Rz. 37.
46 Begr. RegE. BT-Drucks. 17/12294, 216; *Bentele* in Baur/Tappen, § 23 KAGB Rz. 29.
47 *Bentele* in Baur/Tappen, § 23 KAGB Rz. 29; *Winterhalder* in Weitnauer/Boxberger/Anders, § 23 KAGB Rz. 22; *Schücking* in Moritz/Klebeck/Jesch, § 23 KAGB Rz. 58.
48 *Bentele* in Baur/Tappen, § 23 KAGB Rz. 30.
49 *Beckmann* in Beckmann/Scholtz/Vollmer, § 23 Rz. 235 f.; *Winterhalder* in Weitnauer/Boxberger/Anders, § 23 KAGB Rz. 22; *Bentele* in Baur/Tappen, § 23 KAGB Rz. 31 f.

über den Europäischen Wirtschaftsraum zugelassene EU-Verwaltungsgesellschaft oder eine ausländische AIF-Verwaltungsgesellschaft, eine Wertpapierfirma im Sinne des Artikels 4 Absatz 1 Nummer 1 der Richtlinie 2014/65/EU, ein Kreditinstitut im Sinne des Artikels 4 Absatz 1 Nummer 1 der Verordnung (EU) Nr. 575/2013 oder ein Versicherungsunternehmen kontrollieren,

hat die Bundesanstalt vor Erteilung der Erlaubnis die zuständigen Stellen des Herkunftsstaates anzuhören.

(2) [1]Auf die Beziehungen zwischen OGAW-Kapitalverwaltungsgesellschaften und Drittstaaten sind die Bestimmungen des Artikels 15 der Richtlinie 2004/39/EG entsprechend anzuwenden. [2]Für diesen Zweck sind die in Artikel 15 der Richtlinie 2004/39/EG genannten Ausdrücke „Wertpapierfirma" und „Wertpapierfirmen" als „OGAW-Kapitalverwaltungsgesellschaft" beziehungsweise „OGAW-Kapitalverwaltungsgesellschaften" zu verstehen; der in Artikel 15 der Richtlinie 2004/39/EG genannte Ausdruck „Erbringung von Wertpapierdienstleistungen" ist als „Erbringung von Dienstleistungen" zu verstehen.

In der Fassung vom 4.7.2013 (BGBl. I 2013, S. 1981), zuletzt geändert durch das Zweite Gesetz zur Novellierung von Finanzmarktvorschriften auf Grund europäischer Rechtsakte (Zweites Finanzmarktnovellierungsgesetz – 2. FiMaNoG) vom 23.6.2017 (BGBl. I 2017, S. 1693).

I. Entstehungsgeschichte, Regelungszweck

1 § 24 KAGB regelt vor allem die internationale Zusammenarbeit der Behörden im Erlaubnisverfahren.

2 § 24 Abs. 1 KAGB entspricht im Wesentlichen dem aufgehobenen § 8 Abs. 1 InvG und setzt Art. 8 Abs. 2 der AIFM-RL[1] und Art. 8 Abs. 3 der OGAW-RL[2] um.[3]

3 § 24 Abs. 1 KAGB sieht besondere Regelungen für die **Zulassung** von OGAW-Kapitalverwaltungsgesellschaften oder AIF-Verwaltungsgesellschaften vor, sofern ein Bezug zu Unternehmen mit Sitz in einem Mitgliedstaat der Europäischen Union oder einem Vertragsstaat des Abkommens über den Europäischen Wirtschaftsraum besteht. Die Formvorschrift des § 24 Abs. 1 KAGB ergänzt damit die materiellen Voraussetzungen der Zulassung.[4]

4 Die Anhörungspflicht dient dabei dem **Zweck**, der nationalen Aufsichtsbehörde umfassende Informationen zu den Personen und Unternehmen zu verschaffen, die die zuzulassende Kapitalverwaltungsgesellschaft kontrollieren bzw. Einfluss auf diese ausüben werden. Insbesondere können Informationen über die Möglichkeit schädlicher Einflussnahme oder intransparente Strukturen der Inhaber im Hinblick auf eine mögliche Versagung der Erlaubnis (§ 23 KAGB) Relevanz erlangen.[5]

5 § 24 Abs. 2 KAGB entspricht dem aufgehobenen § 8 Abs. 2 InvG, der auf Art. 9 Abs. 1 der OGAW-RL beruhte.[6]

6 Im Hinblick auf den Zugang von Drittstaaten erklärt Abs. 2 die Regelungen des Art. 15 MiFID[7] auf OGAW-Kapitalverwaltungsgesellschaften für entsprechend anwendbar, wodurch gleiche Wettbewerbsbedingungen

1 Richtlinie 2011/61/EU des Europäischen Parlaments und des Rates vom 8. Juni 2011 über die Verwalter alternativer Investmentfonds und zur Änderung der Richtlinien 2003/41/EG und 2009/65/EG und der Verordnungen (EG) Nr. 1060/2009 und (EU) Nr. 1095/2010, ABl. EU Nr. L 174 v. 1.7.2011, S. 1.

2 Richtlinie 2009/65/EG des Europäischen Parlaments und des Rates vom 13. Juli 2009 zur Koordinierung der Rechts- und Verwaltungsvorschriften betreffend bestimmte Organismen für gemeinsame Anlagen in Wertpapieren (OGAW), ABl. EU Nr. L 302 v. 17.11.2009, S. 32.

3 Begr. RegE, BT-Drucks. 17/12294, 216; *Bentele* in Baur/Tappen, § 24 KAGB Rz. 2; *Schücking* in Moritz/Klebeck/Jesch, § 24 KAGB Rz. 3.

4 *Volhard/Jang* in Dornseifer/Jesch/Klebeck/Tollmann, Art. 8 AIFM-RL Rz. 3.

5 *Thole* in Emde/Dornseifer/Dreibus/Hölscher, § 8 InvG Rz. 8; *Bentele* in Baur/Tappen, § 24 KAGB Rz. 3; *Volhard/Jang* in Dornseifer/Jesch/Klebeck/Tollmann, Art. 8 AIFM-RL Rz. 15.

6 *Bentele* in Baur/Tappen, § 24 KAGB Rz. 9; *Schücking* in Moritz/Klebeck/Jesch, § 24 KAGB Rz. 3.

7 Richtlinie 2004/39/EG des Europäischen Parlaments und des Rates vom 21. April 2004 über Märkte für Finanzinstrumente, zur Änderung der Richtlinien 85/611/EWG und 93/6/EWG des Rates und der Richtlinie 2000/12/EG

sowie ein effektiver Marktzugang der OGAW-Kapitalverwaltungsgesellschaften auch in **Drittstaaten** erreicht werden sollen.[8]

§ 24 KAGB wurde durch das **2. FiMaNoG**[9] verändert. Die beiden Verweise auf MiFID in Abs. 1 Nr. 1 und 2 wurden an MiFID II[10] angepasst. Der Verweis auf Art. 15 MiFID in Abs. 2 bleibt allerdings bestehen. 6a

II. Anhörungspflicht (§ 24 Abs. 1 KAGB)

Sofern einer der genannten Kapitalverwaltungsgesellschaften eine Erlaubnis erteilt werden soll und die **Voraussetzungen für die Erteilung** der Erlaubnis im Übrigen vorliegen, ist die BaFin verpflichtet, vor der Erlaubniserteilung die zuständigen Stellen des Herkunftsstaates der Kapitalverwaltungsgesellschaft anzuhören.[11] Inwiefern die BaFin die gewonnenen Erkenntnisse darüber hinaus in ihre Entscheidung über die Erteilung der Erlaubnis einbezieht, unterliegt ihrem eigenen **pflichtgemäßen Ermessen.**[12] Sofern der BaFin entscheidungserhebliche Tatsachen allerdings erst nach der Erlaubniserteilung mitgeteilt werden, kann eine **Aufhebung** der Erlaubnis gem. § 39 Abs. 3 Nr. 3 KAGB in Betracht kommen.[13] 7

1. Tochter- oder Schwesterunternehmen (§ 24 Abs. 1 Nr. 1 KAGB)

Bei der Kapitalverwaltungsgesellschaft muss es sich um ein Tochter- oder Schwesterunternehmen einer ausländischen AIF-Kapitalverwaltungsgesellschaft, einer OGAW-Verwaltungsgesellschaft, einer Wertpapierfirma, eines Kreditinstituts oder einer Versicherungsgesellschaft handeln. 8

§ 1 Abs. 19 Nr. 35 KAGB **definiert Tochterunternehmen** als „Unternehmen, die Tochterunternehmen i.S.d. § 290 des Handelsgesetzbuchs sind".[14] Danach kommt es darauf an, dass das Unternehmen von einem anderen Unternehmen mittelbar oder unmittelbar beherrscht wird. Dies ist anzunehmen, wenn ein Unternehmen dauerhaft die Geld- und Finanzpolitik eines anderen Unternehmens bestimmen kann.[15] Insbesondere liegt ein beherrschender Einfluss vor, wenn das Mutterunternehmen die Stimmrechtsmehrheit bei wesentlichen Entscheidungen hat oder die Mehrheit der Mitglieder des Verwaltungs-, Leitungs- oder Aufsichtsorgans bestellen oder abberufen kann.[16] Für den Begriff des Mutterunternehmens verweist § 1 Abs. 19 Nr. 26 KAGB auf den § 290 HGB. Damit ist Mutterunternehmen ein Unternehmen, welches auf ein anderes Unternehmen mittelbar oder unmittelbar einen beherrschenden Einfluss ausüben kann. 9

Eine Definition für den **Begriff des Schwesterunternehmens** findet sich im KAGB nicht. Richtigerweise wird man hierzu die Definition des § 1 Abs. 7 Satz 2 KWG entsprechend heranziehen können.[17] Schwesterunternehmen sind danach Unternehmen, welche ein gemeinsames Mutterunternehmen haben.[18] 10

2. Kontrolle durch natürliche oder juristische Personen (§ 24 Abs. 1 Nr. 2 KAGB)

Der Tatbestand des § 24 Abs. 1 Nr. 2 KAGB fungiert als **Auffangtatbestand** für Konstellationen, welche nicht bereits von Nr. 1 erfasst sind.[19] 11

---

des Europäischen Parlaments und des Rates und zur Aufhebung der Richtlinie 93/22/EWG des Rates, ABl. EU Nr. L 145 v. 30.4.2004, S. 1.

8 *Bentele* in Baur/Tappen, § 24 KAGB Rz. 9.

9 Zweites Gesetz zur Novellierung von Finanzmarktvorschriften auf Grund europäischer Rechtsakte (Zweites Finanzmarktnovellierungsgesetz – 2. FiMaNoG) vom 23.6.2017, BGBl. I 2017, S. 1693, 1809.

10 Richtlinie 2014/65/EU des Europäischen Parlaments und des Rates vom 15. Mai 2014 über Märkte für Finanzinstrumente sowie zur Änderung der Richtlinien 2002/92/EG und 2011/61/EU, ABl. EU Nr. L 173 v. 12.6.2014, S. 349.

11 *Steck/Gringel* in Berger/Steck/Lübbehüsen, § 8 InvG Rz. 1; *Volhard/Jang* in Dornseifer/Jesch/Klebeck/Tollmann, Art. 8 AIFM-RL Rz. 15; *Bentele* in Baur/Tappen, § 24 KAGB Rz. 3.

12 *Thole* in Emde/Dornseifer/Dreibus/Hölscher, § 8 InvG Rz. 8; *Bentele* in Baur/Tappen, § 24 KAGB Rz. 8.

13 *Bentele* in Baur/Tappen, § 24 KAGB Rz. 8.

14 *Bentele* in Baur/Tappen, § 24 KAGB Rz. 6.

15 *Thole* in Emde/Dornseifer/Dreibus/Hölscher, § 8 InvG Rz. 5; *Winterhalder* in Weitnauer/Boxberger/Anders, § 24 KAGB Rz. 7.

16 *Winterhalder* in Weitnauer/Boxberger/Anders, § 24 KAGB Rz. 8; *Thole* in Emde/Dornseifer/Dreibus/Hölscher, § 8 InvG Rz. 5.

17 *Schücking* in Moritz/Klebeck/Jesch, § 24 KAGB Rz. 13.

18 *Bentele* in Baur/Tappen, § 24 KAGB Rz. 6; *Winterhalder* in Weitnauer/Boxberger/Anders, § 24 KAGB Rz. 9; s. auch *Thole* in Emde/Dornseifer/Dreibus/Hölscher, § 8 InvG Rz. 6.

19 *Steck/Gringel* in Berger/Steck/Lübbehüsen, § 8 InvG Rz. 8; *Volhard/Jang* in Dornseifer/Jesch/Klebeck/Tollmann, Art. 8 AIFM-RL Rz. 21; *Bentele* in Baur/Tappen, § 24 KAGB Rz. 7.

12 Im KAGB selbst findet sich keine Definition des Begriffs der **Kontrolle**. Die AIFM-RL verweist in Art. 4 Abs. 1 lit. i aber auf Art. 1 der Richtlinie 83/349/EWG. Hiernach wird ein Unternehmen (Tochterunternehmen) kontrolliert, sofern ein anderes Unternehmen (Mutterunternehmen) einen beherrschenden Einfluss ausübt (vgl. Rz. 9). Richtigerweise wird man also zur Auslegung der Vorschrift des KAGB die zugrunde liegende AIFM-RL heranziehen müssen.[20]

III. OGAW-Kapitalverwaltungsgesellschaften mit Drittstaatenbezug (§ 24 Abs. 2 KAGB)

13 § 24 Abs. 2 KAGB sieht vor, dass auf die Beziehungen zwischen OGAW-Kapitalverwaltungsgesellschaften und **Drittstaaten** die Bestimmungen des Art. 15 MiFID anzuwenden sind.[21] Ziel dessen ist es, die gleichen Wettbewerbsbedingungen, wie sie inländische Verwaltungsgesellschaften in Drittstaaten haben, sowie einen effektiven Marktzugang für OGAW-Kapitalverwaltungsgesellschaften zu erreichen.[22]

14 Die BaFin muss daher der Europäischen Kommission sowie der ESMA alle **allgemeinen Schwierigkeiten mitteilen**, auf die OGAW-Kapitalverwaltungsgesellschaften bei der Niederlassung oder bei der Erbringung von Dienstleistungen und Anlagetätigkeiten in einem Drittstaat stoßen (Art. 15 Abs. 1 MiFID).[23]

15 Stellt die Kommission aufgrund der übermittelten Informationen fest, dass der Drittstaat den OGAW-Kapitalverwaltungsgesellschaften **keinen effektiven Marktzugang** gewährt, der demjenigen vergleichbar ist, den die Gemeinschaft den Kapitalverwaltungsgesellschaften (die OGAW-Kapitalverwaltungsgesellschaften entsprechen) des betreffenden Drittstaates gewährt (Prinzip der Gegenseitigkeit),[24] kann sie dem EU-Rat Vorschläge unterbreiten, um ein geeignetes Mandat für Verhandlungen mit dem Drittstaat zu erhalten.[25]

16 Darüber hinaus kann die Kommission für den Fall, dass den OGAW-Kapitalverwaltungsgesellschaften auch **keine vergleichbaren Wettbewerbschancen** eingeräumt werden, unter bestimmten Voraussetzungen mit den Drittstaaten über die Erreichung vergleichbarer Wettbewerbschancen verhandeln (Art. 15 Abs. 3 Unterabs. 1 MiFID).[26] Außerdem kann die Kommission beschließen, dass die BaFin ihre Entscheidung über die Erlaubniserteilung an Unternehmen aus dem betreffenden Drittstaat und über den Erwerb von Beteiligungen von OGAW-Kapitalverwaltungsgesellschaften durch Mutterunternehmen aus dem betreffenden Drittstaat **beschränken oder aussetzen** muss (Art. 15 Abs. 3 Unterabs. 2 MiFID).[27]

17 Eine solche Beschränkung oder Aussetzung der Erlaubniserteilung darf nicht länger als **drei Monate** andauern; die Frist darf aber vor Ablauf dieser drei Monate verlängert werden.[28]

18 Wird seitens der Kommission eine Feststellung gem. § 24 Abs. 2 KAGB i.V.m. Art. 15 Abs. 2 und 3 MiFID getroffen, treffen die BaFin außerdem **weitergehende Mitteilungspflichten** (Art. 15 Abs. 4 MiFID 2004/39/EG).[29] Zum einen muss die BaFin der Kommission jeden **Erlaubnisantrag** einer OGAW-Kapitalverwaltungsgesellschaft, die direkt oder indirekt Tochterunternehmen eines Mutterunternehmens ist, das dem Recht des betreffenden Drittstaats unterliegt, mitteilen. Außerdem hat die BaFin die Pflicht, die Kommission über jede ihr nach § 19 KAGB angezeigte **Absicht** eines solchen Mutterunternehmens zu informieren, eine **wesentliche Beteiligung** an einer OGAW-Kapitalverwaltungsgesellschaft zu erwerben, wodurch letztere dessen Tochterunternehmen würde.

---

20 *Winterhalder* in Weitnauer/Boxberger/Anders, § 24 KAGB Rz. 9 f.; *Bentele* in Baur/Tappen, § 24 KAGB Rz. 1, 7; *Thole* in Emde/Dornseifer/Dreibus/Hölscher, § 8 InvG Rz. 7 will für die Klärung des Begriffs der Kontrolle wegen der parallelen Regelung in § 33b KWG auf das Verständnis des KWG und damit auf die Definition der CRR (VO (EU) Nr. 575/2013) in Art. 4 Abs. 1 Nr. 37 CRR zurückgreifen. Danach bedeutet Kontrolle, dass ein Unternehmen im Verhältnis zu einem anderen Unternehmen als Mutterunternehmen gilt oder ein vergleichbares Verhältnis zwischen einer natürlichen oder juristischen Person und dem Unternehmen besteht.

21 Hinsichtlich des Verweises auf Art. 15 MiFID siehe auch Rz. 6a.

22 *Winterhalder* in Weitnauer/Boxberger/Anders, § 24 KAGB Rz. 12.

23 *Bentele* in Baur/Tappen, § 24 KAGB Rz. 11; siehe auch Rz. 6a.

24 *Winterhalder* in Weitnauer/Boxberger/Anders, § 24 KAGB Rz. 14; *Schücking* in Moritz/Klebeck/Jesch, § 24 KAGB Rz. 23.

25 *Bentele* in Baur/Tappen, § 24 KAGB Rz. 12.

26 *Winterhalder* in Weitnauer/Boxberger/Anders, § 24 KAGB Rz. 14; siehe auch Rz. 6a.

27 *Bentele* in Baur/Tappen, § 24 KAGB Rz. 13; *Winterhalder* in Weitnauer/Boxberger/Anders, § 24 KAGB Rz. 16; siehe auch Rz. 6a.

28 *Steck/Gringel* in Berger/Steck/Lübbehüsen, § 8 InvG Rz. 14; *Winterhalder* in Weitnauer/Boxberger/Anders, § 24 KAGB Rz. 19.

29 Siehe auch Rz. 6a.

§ 25 Kapitalanforderungen

(1) Eine Kapitalverwaltungsgesellschaft muss

1. mit einem Anfangskapital von
   a) mindestens 300 000 Euro ausgestattet sein, sofern es sich um eine interne Kapitalverwaltungsgesellschaft handelt,
   b) mindestens 125 000 Euro ausgestattet sein, sofern es sich um eine externe Kapitalverwaltungsgesellschaft handelt,
2. über zusätzliche Eigenmittel in Höhe von wenigstens 0,02 Prozent des Betrages, um den der Wert der verwalteten Investmentvermögen 250 Millionen Euro übersteigt, verfügen, wenn der Wert der von der AIF-Kapitalverwaltungsgesellschaft oder von der externen OGAW-Kapitalverwaltungsgesellschaft verwalteten Investmentvermögen 250 Millionen Euro überschreitet; die geforderte Gesamtsumme des Anfangskapitals und der zusätzlichen Eigenmittel darf jedoch 10 Millionen Euro nicht überschreiten.

(2) Eine AIF-Kapitalverwaltungsgesellschaft oder eine externe OGAW-Kapitalverwaltungsgesellschaft braucht die Anforderung, zusätzliche Eigenmittel nach Absatz 1 Satz 1 Nummer 2 in Höhe von bis zu 50 Prozent aufzubringen, nicht zu erfüllen, wenn sie über eine Garantie in derselben Höhe verfügt, die von einem der folgenden Institute oder Unternehmen gestellt wird:

1. Kreditinstitut im Sinne des Artikels 4 Absatz 1 Nummer 1 der Verordnung (EU) Nr. 575/2013 oder Versicherungsunternehmen, die ihren Sitz in einem Mitgliedstaat der Europäischen Union oder in einem anderen Vertragsstaat des Abkommens über den Europäischen Wirtschaftsraum haben, oder
2. Kreditinstitut oder Versicherungsunternehmen mit Sitz in einem Drittstaat, wenn diese Aufsichtsbestimmungen unterliegen, die nach Auffassung der Bundesanstalt denen des Unionsrechts gleichwertig sind.

(3) [1]Für die Zwecke des Absatzes 1 gelten die von der Kapitalverwaltungsgesellschaft verwalteten Investmentvermögen, einschließlich der Investmentvermögen, mit deren Verwaltung sie Dritte beauftragt hat, als Investmentvermögen der Kapitalverwaltungsgesellschaft; Investmentvermögen, die die externe Kapitalverwaltungsgesellschaft im Auftrag Dritter verwaltet, werden nicht berücksichtigt. [2]Für die Zwecke der Absätze 1 und 4 gelten für eine externe AIF-Kapitalverwaltungsgesellschaft, die ebenfalls eine externe OGAW-Kapitalverwaltungsgesellschaft ist, ausschließlich die Vorschriften für die externe OGAW-Kapitalverwaltungsgesellschaft.

(4) [1]Unabhängig von der Eigenmittelanforderung in Absatz 1 muss die AIF-Kapitalverwaltungsgesellschaft zu jeder Zeit Eigenmittel in Höhe von mindestens dem in Artikel 9 Absatz 5 der Richtlinie 2011/61/EU geforderten Betrag und muss die externe OGAW-Kapitalverwaltungsgesellschaft zu jeder Zeit Eigenmittel in Höhe von mindestens dem in Artikel 7 Absatz 1 Buchstabe a Ziffer iii der Richtlinie 2009/65/EG geforderten Betrag aufweisen. [2]Liegt für das erste abgelaufene Geschäftsjahr noch kein Jahresabschluss vor, sind die Aufwendungen auszuweisen, die im Geschäftsplan für das laufende Jahr für die entsprechenden Posten vorgesehen sind. [3]Die Bundesanstalt kann

1. die Anforderungen nach den Sätzen 1 und 2 heraufsetzen, wenn dies durch eine Ausweitung der Geschäftstätigkeit der AIF-Kapitalverwaltungsgesellschaft oder der externen OGAW-Kapitalverwaltungsgesellschaft angezeigt ist oder
2. die bei der Berechnung der Relation nach den Sätzen 1 und 2 anzusetzenden Kosten für das laufende Geschäftsjahr auf Antrag der Kapitalverwaltungsgesellschaft herabsetzen, wenn dies durch eine gegenüber dem Vorjahr nachweislich erhebliche Reduzierung der Geschäftstätigkeit der AIF-Kapitalverwaltungsgesellschaft oder der externen OGAW-Kapitalverwaltungsgesellschaft im laufenden Geschäftsjahr angezeigt ist.

[4]AIF-Kapitalverwaltungsgesellschaften und externe OGAW-Kapitalverwaltungsgesellschaften haben der Bundesanstalt die Angaben und Nachweise zu übermitteln, die für die Überprüfung der Relation und der Erfüllung der Anforderungen nach den Sätzen 1 und 3 erforderlich sind.

(5) Werden Altersvorsorgeverträge nach § 20 Absatz 2 Nummer 6 oder § 20 Absatz 3 Nummer 8 abgeschlossen oder Mindestzahlungszusagen nach § 20 Absatz 2 Nummer 7 abgegeben, müssen externe Kapitalverwaltungsgesellschaften im Interesse der Erfüllung ihrer Verpflichtungen gegenüber Anlegern und Aktionären, insbesondere im Interesse der Sicherheit der ihnen anvertrauten Vermögenswerte, über angemessene Eigenmittel verfügen.

(6) [1]Um die potenziellen Berufshaftungsrisiken aus den Geschäftstätigkeiten, denen die AIF-Kapitalverwaltungsgesellschaften nach der Richtlinie 2011/61/EU nachgehen können, abzudecken, müssen AIF-Kapitalverwaltungsgesellschaften über

1. zusätzliche Eigenmittel, um potenzielle Haftungsrisiken aus beruflicher Fahrlässigkeit angemessen abzudecken, oder

2. eine bezüglich der abgedeckten Risiken geeignete Versicherung für die sich aus beruflicher Fahrlässigkeit ergebende Haftung

verfügen. [2]Im Fall von Satz 1 Nummer 2 ist der Versicherer im Versicherungsvertrag zu verpflichten, der Bundesanstalt den Beginn und die Beendigung oder Kündigung des Versicherungsvertrages sowie Umstände, die den vorgeschriebenen Versicherungsschutz beeinträchtigen, unverzüglich mitzuteilen.

(7) Eigenmittel, einschließlich der zusätzlichen Eigenmittel gemäß Absatz 6 Nummer 1, sind entweder in liquiden Mitteln zu halten oder in Vermögensgegenstände zu investieren, die kurzfristig unmittelbar in Bankguthaben umgewandelt werden können und keine spekulativen Positionen enthalten.

(8) Für AIF-Kapitalverwaltungsgesellschaften bestimmen sich die Kriterien zu den Risiken, die durch die zusätzlichen Eigenmittel oder die Berufshaftpflichtversicherung gedeckt werden müssen, die Voraussetzungen für die Bestimmung der Angemessenheit der zusätzlichen Eigenmittel oder der Deckung durch die Berufshaftpflichtversicherung und die Vorgehensweise bei der Bestimmung fortlaufender Anpassungen der Eigenmittel oder der Deckung nach den Artikeln 12 bis 15 der Delegierten Verordnung (EU) Nr. 231/2013.

In der Fassung vom 4.7.2013 (BGBl. I 2013, S. 1981), zuletzt geändert durch das Gesetz zur Umsetzung der Richtlinie 2014/91/EU des Europäischen Parlaments und des Rates vom 23. Juli 2014 zur Änderung der Richtlinie 2009/65/EG zur Koordinierung der Rechts- und Verwaltungsvorschriften betreffend bestimmte Organismen für gemeinsame Anlagen in Wertpapieren (OGAW) im Hinblick auf die Aufgaben der Verwahrstelle, die Vergütungspolitik und Sanktionen vom 3.3.2016 (BGBl. I 2016, S. 348).

Schrifttum: *BaFin*, „Häufig gestellte Fragen zum KAGB" v. 25.11.2015, abrufbar unterwww.bafin.de; *BaFin*, Merkblatt zum Erlaubnisverfahren für eine AIF-Kapitalverwaltungsgesellschaft nach § 22 KAGB-E v. 22.3.2013; *BaFin*, Rundschreiben 2/2007 (BA) – Mindestzahlungszusagen: Eigenmittelunterlegung und Behandlung nach der GroMiKV (GZ: BA 27-GS 4001-2005/0005) v. 18.1.2007; *BVI*, Stellungnahme zur BaFin-Konsultation 07/2015, Entwurf eines FAQ zur Anlage von Eigenmitteln gem. § 25 Abs. 7 KAGB, Geschäftszeichen WA 41-Wp 2137-2013/0025, v. 16.7.2015; *Engert*, Kapitalanlagegesellschaften sind keine Banken: Die Ausgliederung der kollektiven Vermögensverwaltung aus dem Kreditwesengesetz, Der Konzern 2007, 477; *Kremer*, AIFM-Umsetzungsgesetz: Anforderungen an Kapitalverwaltungsgesellschaften und Regelungen zu inländischen Investmentvermögen, BaFin Journal v. 1.5.2013, 13; *Möllers/Harrer/Krüger*, Die Regelung von Hedgefonds und Private Equity durch die neue AIFM-Richtlinie, WM 2011, 1537.

I. Allgemeines; Überblick

1 Kapitalverwaltungsgesellschaften müssen nach § 25 KAGB bestimmte Eigenmittelanforderungen erfüllen.

2 Diese unterscheiden sich jedoch in der Berechnung und Höhe grundlegend von den Eigenmittelanforderungen an Kreditinstitute. Im Unterschied zu Kreditinstituten haben Kapitalverwaltungsgesellschaften

eine **kurze Bilanz**, weil die von ihr verwalteten Sondervermögen selbst nicht in der Bilanz aktiviert werden. Eine Veränderung des Volumens der verwalteten Sondervermögen wirkt sich daher nicht auf die Bilanzsumme aus. Kapitalverwaltungsgesellschaften betreiben lediglich **Provisionsgeschäfte**. Sie tragen also weder das Gegenpartei- noch das Marktrisiko der von ihr verwalteten Vermögensgegenstände.[1] Folglich ist auch das Risikoprofil von Kapitalverwaltungsgesellschaften völlig anders als bei einem klassischen Kreditinstitut. Dies spiegelt sich auch in den Anforderungen an die Eigenmittel wider.

Mit den Eigenmittelanforderungen soll sichergestellt werden, dass Kapitalverwaltungsgesellschaften ihre 3
Verwaltungsdienste kontinuierlich und regelmäßig erbringen und ihre **laufenden Verpflichtungen** gegenüber ihren Gläubigern erfüllen können.[2] Damit erfüllen die Eigenmittelanforderungen nach dem KAGB eine **Haftungs- und Garantiefunktion**.[3] Mit den Eigenmittelanforderungen soll primär das **operationelle Risiko** von Kapitalverwaltungsgesellschaften abgesichert werden. Operationelles Risiko ist nach § 5 Abs. 3 Nr. 4 KAVerOV[4] das Verlustrisiko für ein Investmentvermögen, das aus unzureichenden internen Prozessen sowie aus menschlichem oder Systemversagen bei der Kapitalverwaltungsgesellschaft oder aus externen Ereignissen resultiert. Darin eingeschlossen sind Rechts-, Dokumentations- und Reputationsrisiken sowie Risiken, die aus den für ein Investmentvermögen betriebenen Handels-, Abrechnungs- und Bewertungsverfahren resultieren. Die Eigenmittel dienen insofern als **Haftungsmasse für mögliche Schadensersatzansprüche**, die aus solchen Risiken entstehen können.[5] Die Eigenmittel sollen jedoch keinesfalls eine vollständige Befriedigung der Schadensersatzansprüche von Anlegern in größeren Schadensfällen sicherstellen. Es wäre wirtschaftlich nicht zu rechtfertigen, für einen solchen Ausnahmefall dauerhaft hohe Eigenmittel zu verlangen.[6] Es erscheint sachgerechter, entsprechenden Risiken mit einer Versicherungslösung zu begegnen (vgl. § 25 Abs. 6 Satz 1 Nr. 2 KAGB).[7] Die Eigenmittelanforderungen sollen auch nicht als Reserve bei starken Mittelabflüssen dienen, da sich die Rücknahme von Anteilsscheinen nur gegen das Investmentvermögen richtet.[8]

Die Unterschiede im Vergleich zu Kreditinstituten erfordern bei Kapitalverwaltungsgesellschaften **andere** 4
Messgrößen zur Berechnung der Eigenmittelanforderungen. Das KAGB enthält daher vereinfachte, pauschalisierte Berechnungsformeln. Ihnen liegt die folgende Annahme zugrunde: Je größer das Volumen der verwalteten Sondervermögen bzw. je höher die Verwaltungskosten sind, desto größer sind typischerweise auch die operationellen Risiken und desto höher sollten daher auch die Eigenmittelanforderungen sein.

Die laufenden Eigenmittel berechnen sich entweder aus der Summe von Anfangskapital (§ 25 Abs. 1 Nr. 1 5
KAGB) und zusätzlichen Eigenmitteln in der Höhe eines bestimmten Prozentsatzes der verwalteten Vermögenswerte (§ 25 Abs. 1 Nr. 2 KAGB) oder aus einem Viertel der jährlichen Verwaltungskosten (vgl. § 25 Abs. 4 KAGB), je nachdem, welcher der beiden Beträge höher ist.[9]

Geforderte Eigenmittel = Max {Anfangskapital + zusätzliche Eigenmittel nach § 25 Abs. 1 KAGB; kostenabhängige Eigenmittel nach § 25 Abs. 4 KAGB}

Vergleichbare Eigenmittelanforderungen galten bereits für Kapitalanlagegesellschaften nach dem **InvG**. Es 6
sind jedoch einige **Abweichungen** zu beachten. Während die Höhe des erforderlichen Anfangskapitals für interne Kapitalverwaltungsgesellschaften gleich geblieben ist, wurden die Anforderungen an externe Kapitalverwaltungsgesellschaften reduziert. Auch die Eingangsschwelle für die zusätzlichen Eigenmittelanforderungen wurde herabgesetzt. Diese erstreckt sich neuerdings auch auf interne Kapitalverwaltungsgesellschaften. Für AIF-Kapitalverwaltungsgesellschaften sind zusätzliche Anforderungen zur Absicherung von Berufshaftungsrisiken hinzugekommen.[10]

---

1 Vgl. *Beckmann* in Beckmann/Scholtz/Vollmer, § 25 KAGB Rz. 4.
2 Erwägungsgrund 23 der AIFM-Richtlinie; *Beckmann* in Beckmann/Scholtz/Vollmer, § 25 KAGB Rz. 1 f.; BVI-Stellungnahme zur BaFin-Konsultation 07/2015, Entwurf eines FAQ zur Anlage von Eigenmitteln gemäß § 25 Abs. 7 KAGB, Geschäftszeichen WA 41-Wp 2137-2013/0025, v. 16.7.2015, S. 1; vgl. *Steck/Gringel* in Berger/Steck/Lübbehüsen, § 11 InvG Rz. 3.
3 *Beckmann* in Beckmann/Scholtz/Vollmer, § 25 KAGB Rz. 1; vgl. *Simmering* in Emde/Dornseifer/Dreibus/Hölscher, § 11 InvG Rz. 1.
4 BGBl. I 2013, S. 2460.
5 Erwägungsgrund 23 der AIFM-Richtlinie; vgl. *Steck/Gringel* in Berger/Steck/Lübbehüsen, § 11 InvG Rz. 3; Begr. RegE, BT-Drucks. 11/5411, 26.
6 Vgl. *Steck/Gringel* in Berger/Steck/Lübbehüsen, § 11 InvG Rz. 3; *Engert*, Der Konzern 2007, 477 (480).
7 So bereits *Engert*, Der Konzern 2007, 477 (480).
8 Vgl. *Simmering* in Emde/Dornseifer/Dreibus/Hölscher, § 11 InvG Rz. 2.
9 Begr. RegE, BT-Drucks. 17/12294, 217; *Beckmann* in Beckmann/Scholtz/Vollmer, § 25 KAGB Rz. 140.
10 Vgl. *Kremer*, BaFin Journal 2013, 13 (14); *Beckmann* in Beckmann/Scholtz/Vollmer, § 25 KAGB Rz. 20.

7 Für die Zwecke des KAGB errechnen sich die **Eigenmittel** gem. § 1 Abs. 19 Nr. 9 KAGB i.V.m. Art. 72 CRR[11] aus der Summe von Kernkapital und Ergänzungskapital.

8 § 25 Abs. 4 Satz 1 KAGB wurde durch das OGAW V-UmsG[12] neu gefasst.

II. Mindestkapital (§ 25 Abs. 1 KAGB)

1. Anfangskapital (§ 25 Abs. 1 Nr. 1 KAGB)

9 § 25 Abs. 1 Nr. 1 lit. a KAGB übernimmt die Vorschrift des aufgehobenen § 97 Abs. 1 Satz 2 Nr. 1 InvG und dient der Umsetzung von Art. 29 Abs. 1 OGAW-RL[13] und Art. 9 Abs. 1 AIFM-RL.[14] **Interne Kapitalverwaltungsgesellschaften** müssen danach mit einem Anfangskapital von mindestens 300.000 Euro ausgestattet sein.

10 § 25 Abs. 1 Nr. 1 lit. b KAGB[15] basiert auf der Vorschrift des aufgehobenen § 11 Abs. 1 Satz 1 Nr. 1 InvG und dient der Umsetzung von Art. 7 Abs. 1 Unterabs. 1 lit. a OGAW-RL und Art. 9 Abs. 2 AIFM-RL.[16] Im Gegensatz zur bisherigen Regelung im InvG, die ein Anfangskapital von 300.000 Euro vorsah, schreibt das KAGB für **externe Kapitalverwaltungsgesellschaften** ein Anfangskapital von mindestens 125.000 Euro vor. Dies gilt entsprechend den Vorgaben der OGAW- und AIFM-RL sowohl für externe OGAW-Kapitalverwaltungsgesellschaften als auch für externe AIF-Kapitalverwaltungsgesellschaften.[17] Da bei externen Kapitalverwaltungsgesellschaften Verwaltung und Investmentvermögen voneinander getrennt sind, ist die Gefahr etwaiger Interessenkonflikte und Haftungsrisiken geringer.[18]

11 Der Begriff **„Anfangskapital"** ist in § 1 Abs. 19 Nr. 1 Satz 1 lit. a bis c KAGB für einzelne Rechtsformen legaldefiniert (vgl. § 1 Rz. 161). Bei der **AG** zählen hierzu das eingezahlte Grundkapital ohne Vorzugsaktien sowie die Rücklagen. Bei der **GmbH** sind das eingezahlte Stammkapital und Rücklagen und bei der **KG** das eingezahlte Geschäftskapital und Rücklagen nach Abzug der Entnahmen der persönlich haftenden Gesellschafter und der diesen gewährten Kredite erfasst. Als Rücklagen gelten gem. § 1 Abs. 19 Nr. 1 Satz 2 KAGB die Posten i.S.d. Art. 26 Abs. 1 lit. b bis d i.V.m. Art. 26 Abs. 2 bis 4 CRR, also das Agio für Instrumente des Kernkapitals, einbehaltene Gewinne und das kumulierte sonstige Ergebnis.

12 Das Anfangskapital muss zum **Zeitpunkt** der Erlaubniserteilung (§§ 21 Abs. 1 Nr. 1, 22 Abs. 1 Nr. 1 KAGB) voll eingezahlt sein und zur freien Verfügung der Geschäftsleitung der Kapitalverwaltungsgesellschaft stehen.[19] Anfangskapital, welches auf Konten in einem **Drittstaat** liegt, ist nur dann verfügbar i.S.d. Vorschrift, wenn es transferiert und im Inland für geschäftliche Zwecke und zur Gläubigersicherung eingesetzt werden kann. Eine Belastung mit Rechten Dritter darf nicht vorliegen. Außerdem darf die Kapitalverwaltungsgesellschaft das Anfangskapital nicht selbst **finanzieren**; Mittel von Dritten müssen dem Unternehmen auch tatsächlich zugeflossen sein. Eigene Aktien oder Geschäftsanteile und Vorzugsaktien sind vom Anfangskapital **abzuziehen**.[20]

13 Umstritten ist, ob die Höhe des Anfangskapitals von der Kapitalverwaltungsgesellschaft anschließend **unterschritten** werden darf.[21] Dies hängt maßgeblich davon ab, ob es sich beim Anfangskapital um Eigenmit-

---

11 Verordnung (EU) Nr. 575/2013 des Europäischen Parlaments und des Rates vom 26. Juni 2013 über Aufsichtsanforderungen an Kreditinstitute und Wertpapierfirmen und zur Änderung der Verordnung (EU) Nr. 646/2012, ABl. EU Nr. L 176 v. 27.6.2013, S. 1.

12 BGBl. I, S. 348 f.

13 Richtlinie 2009/65/EG des Europäischen Parlaments und des Rates vom 13. Juli 2009 zur Koordinierung der Rechts- und Verwaltungsvorschriften betreffend bestimmte Organismen für gemeinsame Anlagen in Wertpapieren (OGAW), ABl. EU Nr. L 302 v. 17.11.2009, S. 32.

14 Richtlinie 2011/61/EU des Europäischen Parlaments und des Rates vom 8. Juni 2011 über die Verwalter alternativer Investmentfonds und zur Änderung der Richtlinien 2003/41/EG und 2009/65/EG und der Verordnungen (EG) Nr. 1060/2009 und (EU) Nr. 1095/2010, ABl. EU Nr. L 174 v. 1.7.2011, S. 1; vgl. Begr. RegE, BT-Drucks. 17/12294, 216.

15 Die Vorschrift wurde durch das Gesetz zur Anpassung von Gesetzen auf dem Gebiet des Finanzmarktes v. 15.7.2014 (BGBl. I 2014, S. 934) mit Wirkung zum 19.7.2014 geändert. Aus redaktionellen Gründen wurden die Wörter „mit einem Anfangskapital" gestrichen.

16 Begr. RegE, BT-Drucks. 17/12294, 216.

17 Begr. RegE, BT-Drucks. 17/12294, 216.

18 *Möllers/Harrer/Krüger*, WM 2011, 1537 (1539); *Bentele* in Baur/Tappen, § 25 KAGB Rz. 8.

19 *Winterhalder* in Weitnauer/Boxberger/Anders, § 25 KAGB Rz. 7; vgl. *Steck/Gringel* in Berger/Steck/Lübbehüsen, § 11 InvG Rz. 5.

20 *Beckmann* in Beckmann/Scholtz/Vollmer, § 25 KAGB Rz. 102 ff.

21 *Schücking* in Moritz/Klebeck/Jesch, § 25 KAGB Rz. 23.

tel handelt. Die BaFin kann nämlich gem. § 39 Abs. 3 Nr. 2 KAGB die Erlaubnis des Geschäftsbetriebs aufheben, wenn die Eigenmittel der Kapitalverwaltungsgesellschaft unter die in § 25 KAGB vorgesehenen Schwellen absinken. Aus der Wortlautdivergenz könnte man schließen, „Anfangskapital" und „Eigenmittel" seien zwei unterschiedliche Größen.[22] Diese Auffassung kann aufgrund der Formulierung „zusätzliche Eigenmittel" in § 25 Abs. 1 Nr. 2 KAGB jedoch nicht überzeugen.[23] Im Übrigen müssen die Zulassungsvoraussetzungen, mithin auch die Höhe des vorzuhaltenden Anfangskapitals, gem. Art. 6 Abs. 1 Unterabs. 2 AIFM-RL jederzeit eingehalten werden. Die Anforderungen an das Anfangskapital sind folglich dauerhaft zu erfüllen.[24]

Die Eigenmittel sind **täglich** zum Geschäftsschluss zu berechnen, um ein Unterschreiten der Eigenmittel- 14
anforderungen zu verhindern und ggf. festzustellen. Es gilt nicht das Bilanzstichtagsprinzip. Im Falle eines Unterschreitens der Eigenmittelanforderungen muss unverzüglich eine Anzeige gegenüber der BaFin erfolgen (vgl. §§ 114, 130, 145, 155 KAGB).[25]

Aus der Formulierung „**mindestens**" kann nicht geschlossen werden, dass die BaFin nach ihrem Ermessen 15
ein höheres Anfangskapital verlangen kann. Für eine solche Anordnung fehlt es an einer entsprechenden Ermächtigungsgrundlage. Die Wortwahl soll lediglich verdeutlichen, dass Kapitalverwaltungsgesellschaften ein höheres Anfangskapital vorhalten können.[26] Sofern die Kapitalverwaltungsgesellschaft durch das Risikoprofil der verwalteten Investmentvermögen insgesamt ein höheres Risiko trägt, kann sich jedoch das Bedürfnis nach zusätzlichen laufenden Eigenmitteln aus § 25 Abs. 1 Nr. 2 bzw. Abs. 4 KAGB ergeben.[27]

2. Zusätzliche Eigenmittel (§ 25 Abs. 1 Nr. 2 KAGB)

§ 25 Abs. 1 Nr. 2 KAGB basiert auf der Vorschrift des aufgehobenen § 11 Abs. 1 Satz 1 Nr. 2 InvG.[28] Kapital- 16
verwaltungsgesellschaften müssen **abhängig vom Wert der verwalteten Investmentvermögen** zusätzliche Eigenmittel vorhalten. Der Anwendungsbereich der Norm erfasst externe OGAW-Kapitalverwaltungsgesellschaften (vgl. Art. 7 Abs. 1 Unterabs. 1 lit. a Ziff. i OGAW-RL) sowie interne und externe AIF-Kapitalverwaltungsgesellschaften (vgl. Art. 9 Abs. 3 AIFM-RL). Interne OGAW-Kapitalverwaltungsgesellschaften werden ausdrücklich nicht erfasst.[29]

Zusätzliche Eigenmittel sind nur dann vorzuhalten, wenn der Wert der verwalteten Investmentvermögen 17
(einschließlich Spezialfonds) **250 Mio. Euro** überschreitet (im InvG 1,125 Mrd. Euro).

Die Höhe der zusätzlichen Eigenmittel beträgt mindestens 0,02 % desjenigen Betrages, um den der Wert 18
der verwalteten Investmentvermögen die Marke von 250 Mio. Euro überschreitet. Die von der BaFin geforderte Gesamtsumme von Anfangskapital und zusätzlichen Eigenmitteln darf jedoch nicht mehr als **10 Mio. Euro** betragen. Die Vorschrift enthält also eine Ober- und Untergrenze für die Höhe der geforderten zusätzlichen Eigenmittel.

Fraglich ist, ob es im Ermessen der BaFin liegt, ggf. höhere Anforderungen an die zusätzlichen Eigenmittel 19
zu stellen. Für ein solches Ermessen der BaFin spricht die Formulierung „**wenigstens**". Darüber hinaus wird für die Annahme einer Ermessensentscheidung auch angeführt, dass sofern die Kapitalverwaltungsgesellschaft durch das Risikoprofil der verwalteten Investmentvermögen insgesamt ein höheres Risiko trägt, sich daraus ein Bedürfnis nach zusätzlichen Eigenmitteln ergeben und die BaFin daher entsprechend höhere Anforderungen an die zusätzlichen Eigenmittel stellen können muss.[30] Allerdings fehlt es für eine solche Anordnung an einer entsprechenden Ermächtigungsgrundlage im Gesetz.[31] Insbesondere der systematische

22 So im Ergebnis *Steck/Gringel* in Berger/Steck/Lübbehüsen, § 11 InvG Rz. 6.
23 So auch *Bentele* in Baur/Tappen, § 25 KAGB Rz. 11.
24 So auch *Beckmann* in Beckmann/Scholtz/Vollmer, § 25 KAGB Rz. 105; *Bentele* in Baur/Tappen, § 25 KAGB Rz. 11; *Winterhalder* in Weitnauer/Boxberger/Anders, § 25 KAGB Rz. 8; *Volhard/Jang* in Dornseifer/Jesch/Klebeck/Tollmann, Art. 9 AIFM-Richtlinie Rz. 7.
25 *Beckmann* in Beckmann/Scholtz/Vollmer, § 25 KAGB Rz. 88.
26 Eingehend *Bentele* in Baur/Tappen, § 25 KAGB Rz. 12; a.A. *Beckmann* in Beckmann/Scholtz/Vollmer, § 25 KAGB Rz. 106.
27 So auch *Winterhalder* in Weitnauer/Boxberger/Anders, § 25 KAGB Rz. 12; *Beckmann* in Beckmann/Scholtz/Vollmer, § 25 KAGB Rz. 87, 122.
28 Begr. RegE, BT-Drucks. 17/12294, 216; *Schücking* in Moritz/Klebeck/Jesch, § 25 KAGB Rz. 27.
29 Begr. RegE, BT-Drucks. 17/12294, 216 f.; *Beckmann* in Beckmann/Scholtz/Vollmer, § 25 KAGB Rz. 120; *Bentele* in Baur/Tappen, § 25 KAGB Rz. 13.
30 So *Beckmann* in Beckmann/Scholtz/Vollmer, § 25 KAGB Rz. 87, 122.
31 Vgl. *Bentele* in Baur/Tappen, § 25 KAGB Rz. 12.

Vergleich zu § 25 Abs. 4 KAGB, in dem sich eine ausdrückliche Anordnungsermächtigung findet, stützt letztere Auffassung.[32]

III. Ersatz durch Garantien (§ 25 Abs. 2 KAGB)

20 § 25 Abs. 2 KAGB übernimmt mit redaktionellen Anpassungen den Wortlaut des aufgehobenen § 11 Abs. 1 Satz 2 und 3 InvG und dient der Umsetzung von Art. 7 Abs. 1 Unterabs. 2 OGAW-RL und Art. 9 Abs. 6 AIFM-RL.[33] Die Vorschrift ermöglicht die Abdeckung der zusätzlichen Eigenmittelanforderungen für Kapitalverwaltungsgesellschaften **bis zu 50 %** durch Garantien.[34]

21 Hierbei handelt es sich nicht um eine Haftungsübernahme für einzelne Verbindlichkeiten oder eine Versicherung. Die **uneingeschränkte** und **zeitlich unbegrenzte** Garantie tritt vielmehr wirtschaftlich an die Stelle von bis zu 50 % der erforderlichen Eigenmittel.[35]

22 Die Garantien können von einem **Kreditinstitut** i.S.v. Art. 4 Abs. 1 Nr. 1 CRR[36] oder einem **Versicherungsunternehmen** abgegeben werden, das seinen Sitz in einem EU-Mitgliedsstaat, einem Vertragsstaat des EWR-Abkommens oder einem Drittstaat hat, der nach Auffassung der BaFin gleichwertige Aufsichtsbestimmungen hat. In der Praxis werden Garantien regelmäßig als sog. harte Patronatserklärungen gewährt. Diese werden entweder gegenüber der BaFin erklärt oder im Geschäftsbericht desjenigen Unternehmens ausgewiesen, welches die Erklärung abgegeben hat.[37]

IV. Bemessungsgrundlage: zu berücksichtigende Investmentvermögen (§ 25 Abs. 3 Satz 1 KAGB)

23 § 25 Abs. 3 Satz 1 KAGB regelt, welche Investmentvermögen für die Berechnung nach Abs. 1 zu berücksichtigen sind. Die Vorschrift übernimmt mit redaktionellen Anpassungen den Wortlaut des aufgehobenen § 11 Abs. 2 InvG und dient der Umsetzung von Art. 7 Abs. 1 Unterabs. 1 lit. a Ziff. ii OGAW-RL und Art. 9 Abs. 4 AIFM-RL.[38]

24 Grundsätzlich werden alle von der Kapitalverwaltungsgesellschaft **verwalteten Investmentvermögen** erfasst. Einbezogen werden auch grenzüberschreitend verwaltete Investmentvermögen (§ 53 KAGB).[39] Auch Investmentvermögen, bei denen die Kapitalverwaltungsgesellschaft die Verwaltung auf Dritte ausgelagert hat (§ 36 KAGB), sind in der Bemessungsgrundlage zu berücksichtigen. Hintergrund der Regelung ist, dass eine Kapitalverwaltungsgesellschaft durch eine Auslagerung nicht die Verantwortlichkeit für die Investmentvermögen verliert und sich ihrer Pflicht zur angemessenen Kapitalunterlegung der Geschäftstätigkeit nicht entziehen kann.[40] Umgekehrt werden Investmentvermögen, die von der Kapitalverwaltungsgesellschaft im Auftrag Dritter verwaltet werden, nicht bei der Bemessungsgrundlage eingerechnet.

V. Kollisionsregel für externe AIF-Kapitalverwaltungsgesellschaften, die ebenfalls externe OGAW-Kapitalverwaltungsgesellschaften sind (§ 25 Abs. 3 Satz 2 KAGB)

25 § 25 Abs. 3 Satz 2 KAGB dient der Umsetzung von Art. 9 Abs. 10 der AIFM-RL. Die Regelung stellt klar, dass eine externe AIF-Kapitalverwaltungsgesellschaft, die ebenfalls eine externe OGAW-Kapitalverwaltungsgesellschaft ist, die Anforderungen an das Anfangskapital und die zusätzlichen Eigenmittel (Abs. 1)

32 So auch *Winterhalder* in Weitnauer/Boxberger/Anders, § 25 KAGB Rz. 12.
33 Begr. RegE, BT-Drucks. 17/12294, 217; *Schücking* in Moritz/Klebeck/Jesch, § 25 KAGB Rz. 32.
34 Begr. RegE, BT-Drucks. 17/12294, 217; *Beckmann* in Beckmann/Scholtz/Vollmer, § 25 KAGB Rz. 123.
35 *Beckmann* in Beckmann/Scholtz/Vollmer, § 25 KAGB Rz. 123.
36 Der Verweis auf die Definition in der CRR wurde nachträglich durch das Gesetz zur Umsetzung der Richtlinie 2013/36/EU über den Zugang zur Tätigkeit von Kreditinstituten und die Beaufsichtigung von Kreditinstituten und Wertpapierfirmen und zur Anpassung des Aufsichtsrechts an die Verordnung (EU) Nr. 575/2013 über Aufsichtsanforderungen an Kreditinstitute und Wertpapierfirmen (CRD IV-Umsetzungsgesetz) v. 28.8.2013 (BGBl. I 2013, S. 3395) mit Wirkung zum 1.1.2014 eingefügt. Dabei handelt es sich um eine redaktionelle Anpassung, die der Anwendbarkeit von EU-Richtlinie und EU-Verordnung auf EWR-Vertragsstaaten Rechnung trägt.
37 *Winterhalder* in Weitnauer/Boxberger/Anders, § 25 KAGB Rz. 15; *Beckmann* in Beckmann/Scholtz/Vollmer, § 25 KAGB Rz. 123 f.; vgl. *Simmering* in Emde/Dornseifer/Dreibus/Hölscher, § 11 InvG Rz. 26.
38 Begr. RegE, BT-Drucks. 17/12294, 217; *Schücking* in Moritz/Klebeck/Jesch, § 25 KAGB Rz. 32.
39 So *Beckmann* in Beckmann/Scholtz/Vollmer, § 25 KAGB Rz. 121.
40 Vgl. *Simmering* in Emde/Dornseifer/Dreibus/Hölscher, § 11 InvG Rz. 24.

sowie die kostenabhängigen Eigenmittel (Abs. 4) nicht doppelt erfüllen muss. Vielmehr sind ausschließlich die Vorschriften für die externe OGAW-Kapitalverwaltungsgesellschaft anwendbar.

VI. Kostenabhängige Eigenmittel (§ 25 Abs. 4 KAGB)

§ 25 Abs. 4 Satz 1 KAGB enthält weitere **kostenabhängige Eigenmittelanforderungen** für externe OGAW-Kapitalverwaltungsgesellschaften sowie für interne und externe AIF-Kapitalverwaltungsgesellschaften. Interne OGAW-Kapitalverwaltungsgesellschaften werden nicht erfasst. 26

Die kostenabhängigen Eigenmittel in § 25 Abs. 4 KAGB sind **unabhängig von den Eigenmittelanforderungen in § 25 Abs. 1 KAGB**. Die Höhe der vorzuhaltenden Eigenmittel bemisst sich entweder nach Abs. 1 (Anfangskapital und zusätzliche Eigenmittel) oder nach Abs. 4. Maßgeblich ist der höhere der beiden Beträge. 27

Die Regelung dient der **Umsetzung** von Art. 7 Abs. 1 Unterabs. 1 lit. a Ziff. iii OGAW-RL und Art. 9 Abs. 5 AIFM-RL.[41] Diese enthalten zur Berechnung einen weiteren Verweis auf Art. 21 der Richtlinie 2006/49/EG, welche allerdings 2013 durch Art. 163 Abs. 1 CRD IV[42] aufgehoben worden ist. Nach Art. 163 Abs. 2 der aufhebenden CRD IV gelten Verweisungen als Verweisungen auf die CRD IV und die CRR.[43] 28

In seiner ursprünglichen Fassung hat § 25 Abs. 4 Satz 1 KAGB unmittelbar angeordnet, dass die Eigenmittel einer Kapitalverwaltungsgesellschaft mindestens einem Viertel ihrer Verwaltungskosten des Vorjahres entsprechen müssen, die in der Gewinn- und Verlustrechnung des letzten Jahresabschlusses unter den allgemeinen Verwaltungsaufwendungen sowie den Abschreibungen und Wertberechtigungen auf immaterielle Anlagewerte und Sachanlagen ausgewiesen sind. Im Zuge des **OGAW V-UmsG** erfolgte eine Neufassung des § 25 Abs. 4 Satz 1 KAGB unter unmittelbarem Verweis auf die vorgenannten Richtlinienbestimmungen für AIF- und OGAW-Kapitalverwaltungsgesellschaften. Mit dem direkten Verweis auf die Richtlinien soll klargestellt werden, dass die Eigenkapitalanforderungen sich nicht statisch nach der alten Kapitaladäquanzrichtlinie richten, sondern nunmehr neue Anforderungen gelten.[44] 29

Zu nennen ist insbesondere **Art. 97 Abs. 1 CRR i.V.m. Art. 34b der Delegierten Verordnung (EU) 241/2014** (geändert durch die Delegierte Verordnung (EU) 2015/488 der Kommission vom 4.9.2014), wonach Kapitalverwaltungsgesellschaften mindestens ein Viertel der im vorhergehenden Jahr angefallenen fixen Gemeinkosten als Eigenmittel vorzuhalten haben. Art. 34b der Delegierten Verordnung (EU) 241/2014 (geändert durch die Delegierte Verordnung (EU) 2015/488 der Kommission vom 4.9.2014) spezifiziert hierbei die Berechnung der fixen Gemeinkosten. Die Kapitalverwaltungsgesellschaften haben dem Grunde nach die Zahlen des geltenden Rechnungslegungsrahmens des Vorjahres zugrunde zu legen. Von den Gesamtaufwendungen nach Ausschüttung der Gewinne an die Gesellschafter sind folgende Positionen abzuziehen: vollständig diskretionäre Mitarbeiter-Boni, vollständig diskretionäre Gewinnbeteiligungen zugunsten von Beschäftigten und Partnern und sonstige Gewinnausschüttungen und variable Vergütungen, zu entrichtende geteilte Provisionen und Entgelte, Entgelte, Maklergebühren und sonstige von Clearinghäusern, Börsen und Vermittlern entrichtete Gebühren, Entgelte für vertraglich gebundene Vermittler, an Kunden aus Kundengeldern gezahlte Zinsen sowie einmalige Aufwendungen aus unüblichen Tätigkeiten. 30

Damit ist für Kapitalverwaltungsgesellschaften die sog. **Substraktionsmethode** anzuwenden, bei der die fixen Gemeinkosten des Vorjahres durch Abzug bestimmter Posten von den Gesamtaufwendungen berechnet werden.[45] Dies galt nach Auffassung der BaFin aber schon bisher.[46] 31

Liegt für das erste abgelaufene Geschäftsjahr **noch kein Jahresabschluss** vor, sind nach § 25 Abs. 4 Satz 2 KAGB die Aufwendungen auszuweisen, die im Geschäftsplan für das laufende Jahr für die entsprechenden Posten vorgesehen sind. 32

---

41 Begr. RegE, BT-Drucks. 18/6744, 46.

42 Richtlinie 2013/36/EU des Europäischen Parlaments und des Rates vom 26. Juni 2013 über den Zugang zur Tätigkeit von Kreditinstituten und die Beaufsichtigung von Kreditinstituten und Wertpapierfirmen, zur Änderung der Richtlinie 2002/87/EG und zur Aufhebung der Richtlinien 2006/48/EG und 2006/49/EG Text von Bedeutung für den EWR, ABl. EU Nr. L 176 v. 27.6.2013, S. 338.

43 Verordnung (EU) Nr. 575/2013 des Europäischen Parlaments und des Rates vom 26. Juni 2013 über Aufsichtsanforderungen an Kreditinstitute und Wertpapierfirmen und zur Änderung der Verordnung (EU) Nr. 646/2012, ABl. EU Nr. L 176 v. 27.6.2013, S. 1.

44 Begr. RegE, BT-Drucks. 18/6744, 46.

45 Begr. RegE, BT-Drucks. 18/6744, 46.

46 BaFin, „Häufig gestellte Fragen zum KAGB“ v. 25.11.2015, S. 9.

33 Nach § 25 Abs. 4 Satz 3 KAGB kann die BaFin die Anforderungen an die kostenabhängigen Eigenmittel **erhöhen oder verringern**, wenn dies durch eine Ausweitung oder Reduzierung der Geschäftstätigkeit angezeigt ist. Dadurch können auch die Kosten des laufenden Geschäftsjahres berücksichtigt und flexiblere, sachgerechtere Ergebnisse erreicht werden, als mit der rein vergangenheitsbezogenen Berechnungsweise nach § 25 Abs. 4 Satz 1 KAGB.[47] Beispielsweise können Änderungen gegenüber der ursprünglichen Planung, die im Laufe des Geschäftsjahres eintreten, die Öffnung neuer Geschäftsbereiche oder die Gewinnung neuer Kunden in die Berechnung einbezogen werden. § 25 Abs. 4 Satz 3 KAGB enthält hierfür eine Ermächtigungsgrundlage für die BaFin. Die Regelung eröffnet der BaFin hinsichtlich der Berechnung der kostenabhängigen Eigenmittel damit einen Ermessensspielraum, der im Rahmen der Bemessung des Anfangskapitals und des zusätzlichen Eigenkapitals (§ 25 Abs. 1 Nr. 1 und 2 KAGB) nicht gegeben ist.

34 Nach § 25 Abs. 4 Satz 4 KAGB müssen AIF-Kapitalverwaltungsgesellschaften und externe OGAW-Kapitalverwaltungs-gesellschaften der BaFin die **Angaben und Nachweise übermitteln**, die für die Überprüfung der Anforderungen nach den Sätzen 1 und 3 erforderlich sind. Bei neu gegründeten Gesellschaften ist die Kosten-Mittel-Relation anhand der Plan-Bilanz und Plan-GuV nachzuweisen. Der Nachweis für bestehende Gesellschaften ist in der Form einer entsprechenden Bestätigung eines Kreditinstituts oder eines Wirtschaftsprüfers zu erbringen.[48] Hinsichtlich solcher Eigenmittel, die nach der Kosten-Mittel-Relation erforderlich, jedoch nicht bereits durch das Anfangskapital gedeckt sind, muss die Kapitalverwaltungsgesellschaft oder der Wirtschaftsprüfer einen Betrag bestätigen, der sowohl das Anfangskapital als auch die nach der Kosten-Mittel-Relation erforderlichen Eigenmittel nach § 25 Abs. 4 KAGB umfasst.[49]

VII. Eigenmittelanforderungen bei Altersvorsorgeverträgen und Mindestzahlungszusagen (§ 25 Abs. 5 KAGB)

35 Nach § 25 Abs. 5 KAGB müssen externe Kapitalverwaltungsgesellschaften über angemessene Eigenmittel verfügen, wenn sie **Altersvorsorgeverträge** (§ 20 Abs. 2 Nr. 6, Abs. 3 Nr. 8 KAGB) abschließen oder **Mindestzahlungszusagen** (§ 20 Abs. 2 Nr. 7 KAGB) abgeben. Dadurch soll sichergestellt werden, dass externe Kapitalverwaltungsgesellschaften ihre Verpflichtungen gegenüber Anlegern und Aktionären, insbesondere im Interesse der ihnen anvertrauten Vermögenswerte, erfüllen. Die Vorschrift richtet sich nur an externe Kapitalverwaltungsgesellschaften, da die genannten Dienstleistungen nur von diesen erbracht werden können.[50] § 25 Abs. 5 KAGB übernimmt mit redaktionellen Anpassungen den Wortlaut des aufgehobenen § 11 Abs. 4 InvG.[51]

36 Das Merkmal **„angemessene Eigenmittel"** ist in diesem Zusammenhang gesetzlich nicht definiert. Die Vorschriften der CRR zur Eigenmittelausstattung sind jedenfalls nicht unmittelbar anwendbar, da Kapitalverwaltungsgesellschaften nicht in ihren Anwendungsbereich fallen.[52] Man wird jedoch die bisherige Aufsichtspraxis der BaFin bei der Auslegung berücksichtigen können.[53] Nach dem BaFin Rundschreiben 2/2007 (BA) verfügt eine Kapitalanlagegesellschaft über angemessene Eigenmittel, wenn der Gesamtanrechnungsbetrag für Mindestzahlungszusagen das modifizierte verfügbare Eigenkapital nach § 10 Abs. 1 lit. d KWG täglich zum Geschäftsschluss nicht überschreitet.[54] Zur Berechnung des Gesamtanrechnungsbetrags werden die risikogewichteten Positionswerte aus den abgegebenen Mindestzahlungszusagen mit 0,08 multipliziert.[55] Die Ausführungen der BaFin dürften entsprechend auch auf Altersvorsorgeverträge anwendbar sein.[56]

---

47 Vgl. *Bentele* in Baur/Tappen, § 25 KAGB Rz. 12.

48 BaFin, Merkblatt zum Erlaubnisverfahren für eine AIF-Kapitalverwaltungsgesellschaft nach § 22 KAGB-E v. 22.3.2013, Ziffer A. 1. c); *Beckmann* in Beckmann/Scholtz/Vollmer, § 25 KAGB Rz. 144.

49 BaFin, Merkblatt zum Erlaubnisverfahren für eine AIF-Kapitalverwaltungsgesellschaft nach § 22 KAGB-E v. 22.3.2013, Ziffer A. 1. c); *Beckmann* in Beckmann/Scholtz/Vollmer, § 25 KAGB Rz. 144.

50 Begr. RegE, BT-Drucks. 17/12294, 217; *Schücking* in Moritz/Klebeck/Jesch, § 25 KAGB Rz. 54.

51 Begr. RegE, BT-Drucks. 17/12294, 217.

52 *Bentele* in Baur/Tappen, § 25 KAGB Rz. 23.

53 So auch *Winterhalder* in Weitnauer/Boxberger/Anders, § 25 KAGB Rz. 25; *Bentele* in Baur/Tappen, § 25 KAGB Rz. 23.

54 BaFin, Rundschreiben 2/2007 (BA) – Mindestzahlungszusagen: Eigenmittelunterlegung und Behandlung nach der GroMiKV (GZ: BA 27-GS 4001-2005/0005) v. 18.1.2007, Ziffer VIII.; *Beckmann* in Beckmann/Scholtz/Vollmer, § 25 KAGB Rz. 166.

55 BaFin, Rundschreiben 2/2007 (BA) – Mindestzahlungszusagen: Eigenmittelunterlegung und Behandlung nach der GroMiKV (GZ: BA 27-GS 4001-2005/0005) v. 18.1.2007, Ziffer VIII.; *Beckmann* in Beckmann/Scholtz/Vollmer, § 25 KAGB Rz. 166.

56 So auch *Bentele* in Baur/Tappen, § 25 KAGB Rz. 23; *Simmering* in Emde/Dornseifer/Dreibus/Hölscher, § 11 InvG Rz. 33.

VIII. Berufshaftungsrisiko (§ 25 Abs. 6 und 8 KAGB)

§ 25 Abs. 6 KAGB verpflichtet externe und interne AIF-Kapitalverwaltungsgesellschaften zur Abdeckung ihrer Berufshaftungsrisiken. Dies kann entweder durch **zusätzliche Eigenmittel** (§ 25 Abs. 6 Satz 1 Nr. 1 KAGB) oder durch eine **geeignete Versicherung** (§ 25 Abs. 6 Satz 1 Nr. 2 KAGB) erfolgen. Wird eine Versicherungslösung gewählt, ist der Versicherer im Versicherungsvertrag zu verpflichten, der BaFin den Beginn und die Beendigung oder Kündigung des Versicherungsvertrages sowie Umstände, die den vorgeschriebenen Versicherungsschutz beeinträchtigen, unverzüglich mitzuteilen (§ 25 Abs. 6 Satz 2 KAGB). Die Vorschrift dient der Umsetzung von Art. 9 Abs. 7 AIFM-RL.[57] 37

Abs. 6 wird durch **§ 25 Abs. 8 KAGB** konkretisiert, der Art. 9 Abs. 9 AIFM-RL umsetzt.[58] Die Vorschrift verweist hinsichtlich der Kriterien für die zu deckenden Risiken von AIF-Kapitalverwaltungsgesellschaften auf Art. 12 bis 15 der Delegierten Verordnung (EU) Nr. 231/2013. 38

Art. 12 VO (EU) Nr. 231/2013 konkretisiert die erfassten Berufshaftungsrisiken, **Art. 13** befasst sich mit dem Risikomanagement. 39

Art. 14 VO (EU) Nr. 231/2013 legt fest, dass eine Kapitalverwaltungsgesellschaft, die Berufshaftungsrisiken durch zusätzliche Eigenmittel abdeckt, zusätzlich **0,01 %** des Werts der von ihm verwalteten Investmentvermögen vorhalten muss. Das zusätzliche Eigenkapital wird jährlich neu berechnet. Die BaFin kann der Kapitalverwaltungsgesellschaft erlauben, weniger zusätzliche Eigenmittel vorzuhalten, wenn erstere davon überzeugt ist, dass die vorgehaltenen zusätzlichen Eigenmittel bereits ausreichen. Zu dieser Einschätzung wird die BaFin die historischen Verlustdaten der Kapitalverwaltungsgesellschaft aus den letzten drei Jahren heranziehen. Im Gegenzug kann die BaFin auch verlangen, dass die Kapitalverwaltungsgesellschaft die zusätzlichen Eigenmittel weiter aufstockt. 40

Wenn die Berufshaftungsrisiken durch eine Berufshaftpflichtversicherung abgedeckt werden sollen, kommt **Art. 15** VO (EU) Nr. 231/2013 zur Anwendung. Dieser konkretisiert zunächst die Anforderungen an die Versicherung. Der Versicherungsschutz für Einzelforderungen muss mindestens **0,7 %** des Portfoliowertes betragen, für sämtliche Forderungen eines Jahres müssen **0,9 %** des Portfoliowertes vorgehalten werden. 41

IX. Verwendung der Eigenmittel (§ 25 Abs. 7 KAGB)

§ 25 Abs. 7 KAGB setzt Art. 9 Abs. 8 AIFM-RL um.[59] Alle nach § 25 KAGB geforderten Eigenmittel müssen hinreichend liquide sein. Sie können entweder in liquiden Mitteln gehalten oder in Vermögensgegenstände investiert werden, die kurzfristig unmittelbar in Bankguthaben umgewandelt werden können und keine spekulativen Positionen enthalten. 42

Der **persönliche Anwendungsbereich** der Vorschrift erfasst alle AIF- und OGAW-Kapitalverwaltungsgesellschaften, die über eine Erlaubnis verfügen. Im Gegensatz zu anderen Absätzen des § 25 KAGB beschränkt sich der Wortlaut des Abs. 7 nicht ausdrücklich auf AIF-Kapitalverwaltungsgesellschaften.[60] In **sachlicher** Hinsicht ist die Vorschrift nur dann anwendbar, wenn die nach § 25 KAGB vorzuhaltenden Mindest-Eigenmittel investiert werden sollen; sie gilt nicht für darüber hinausgehende freiwillige Eigenmittel.[61] 43

Was unter **liquiden Mitteln** zu verstehen ist, ist weder im KAGB noch in der AIFM-RL oder der Delegierten Verordnung (EU) Nr. 231/2013 legaldefiniert. Es wird jedoch die Bilanzposition gem. § 266 Abs. 2 B. IV HGB als Zusammenfassung der liquiden oder flüssigen Mittel angesehen.[62] Solange für die Auslegung des Begriffs der „flüssigen Vermögenswerte" i.S.d. Art. 9 Abs. 8 AIFM-RL keine anderweitigen Vorgaben auf EU-Rechtsebene erfolgen, orientiert sich die BaFin an diesem Begriffsverständnis.[63] Liquide Mittel sind 44

57 Begr. RegE, BT-Drucks. 17/12294, 217; *Beckmann* in Beckmann/Scholtz/Vollmer, § 25 KAGB Rz. 180.
58 Begr. RegE, BT-Drucks. 17/12294, 217.
59 Begr. RegE, BT-Drucks. 17/12294, 217.
60 BaFin, Konsultation 07/2015 – Entwurf eines FAQ zur Anlage von Eigenmitteln gem. § 25 Abs. 7 KAGB (GZ: WA 41-Wp 2137-2013/0025) v. 17.6.2015, Einführung.
61 BaFin, Konsultation 07/2015 – Entwurf eines FAQ zur Anlage von Eigenmitteln gem. § 25 Abs. 7 KAGB (GZ: WA 41-Wp 2137-2013/0025) v. 17.6.2015, Ziff. 1.
62 BaFin, Konsultation 07/2015 – Entwurf eines FAQ zur Anlage von Eigenmitteln gem. § 25 Abs. 7 KAGB (GZ: WA 41-Wp 2137-2013/0025) v. 17.6.2015, Ziff. 2.
63 BaFin, Konsultation 07/2015 – Entwurf eines FAQ zur Anlage von Eigenmitteln gem. § 25 Abs. 7 KAGB (GZ: WA 41-Wp 2137-2013/0025) v. 17.6.2015, Ziff. 2.

damit der Kassenbestand, Bundesbankguthaben, Guthaben bei Kreditinstituten, Anteile an offenen Fonds (außer Immobilien- und Hedgefonds), Anleihen (sofern es einen liquiden Zweitmarkt gibt oder die Restlaufzeit bei weniger als drei Monaten liegt) und Schecks.[64] Auch Termin- und Festgelder zählen als Bankguthaben zu den liquiden Mitteln, wenn die Kapitalverwaltungsgesellschaft sie kurzfristig (mit max. dreimonatiger Kündigungsfrist) kündigen kann.[65]

45 Ein Vermögensgegenstand ist **kurzfristig und unmittelbar in Bankguthaben umwandelbar**, wenn er eine kurze (Rest-)Laufzeit hat oder eine kurzfristige Rückgabe oder Weiterveräußerung möglich ist.[66] Für die Kurzfristigkeit wird sich die BaFin mangels europäischer Vorgaben nach eigener Angabe an der 3-Monats-Grenze für Zahlungsmitteläquivalenz nach IAS 7.6 und 7 bzw. DRS 2.18 orientieren. Danach ist ein dreimonatiges Rückgaberecht oder eine dreimonatige (Rest-)Laufzeit als kurzfristig zu betrachten.[67] Weitere Einzelheiten, insbesondere zur Frage, unter welchen Voraussetzungen Anteile oder Aktien an offenen und geschlossenen Investmentvermögen bzw. offenen Immobilien-Sondervermögen kurzfristig und unmittelbar in Bankguthaben umwandelbar sind, lassen sich aus der BaFin Konsultation 07/2015 entnehmen.[68]

46 Eine **verbotene spekulative Position** ist immer dann anzunehmen, wenn ein Vermögensgegenstand in beträchtlichem Umfang gehebelt ist. Für Vermögensgegenstände ohne eine Hebelwirkung ist das sonstige Verlustrisiko entscheidend. Zu Einzelheiten, insbesondere zur Frage, ob Eigenmittel in Termin- oder Optionsgeschäfte, Hedgefonds oder inländische Dachhedgefonds investiert werden dürfen, wird auf die BaFin Konsultation 07/2015 verwiesen.[69]

X. Folgen bei unzureichender Eigenmittelausstattung

47 Wenn die Eigenmittel der Kapitalverwaltungsgesellschaft unter eine der in § 25 KAGB vorgesehenen Schwellen absinken, besteht eine Pflicht der Kapitalverwaltungsgesellschaft, diesen Umstand der BaFin anzuzeigen (§ 34 Abs. 3 Nr. 6 KAGB). Weitere **Anzeigepflichten** für den Fall der Unterschreitung des erforderlichen Werts des Anfangskapitals oder der zusätzlichen Eigenmittel durch die Gesellschaft (intern verwaltete Investmentaktiengesellschaft mit veränderlichem oder fixem Kapital oder intern verwaltete offene oder geschlossene Investmentkommanditgesellschaft) enthalten die §§ 114, 130, 145, 155 KAGB.

48 Die BaFin kann **Maßnahmen** nach § 41 KAGB ergreifen, sofern die Eigenmittel nicht den Anforderungen des § 25 KAGB entsprechen. Hiernach kann die BaFin **Anordnungen** treffen, die geeignet und erforderlich sind, um Verstöße gegen § 25 KAGB zu unterbinden. Sie kann insbesondere Entnahmen durch Gesellschafter und die Ausschüttung von Gewinnen untersagen oder beschränken.

49 Als *ultima ratio* kann die BaFin der Kapitalverwaltungsgesellschaft die **Erlaubnis entziehen** (§ 39 Abs. 3 Nr. 2 KAGB).

64 BaFin, Konsultation 07/2015 – Entwurf eines FAQ zur Anlage von Eigenmitteln gem. § 25 Abs. 7 KAGB (GZ: WA 41-Wp 2137-2013/0025) v. 17.6.2015, Ziff. 2; BaFin „Häufig gestellte Fragen zum KAGB" v. 25.11.2015, S. 10.

65 BaFin, Konsultation 07/2015 – Entwurf eines FAQ zur Anlage von Eigenmitteln gem. § 25 Abs. 7 KAGB (GZ: WA 41-Wp 2137-2013/0025) v. 17.6.2015, Ziff. 3.

66 BaFin, Konsultation 07/2015 – Entwurf eines FAQ zur Anlage von Eigenmitteln gem. § 25 Abs. 7 KAGB (GZ: WA 41-Wp 2137-2013/0025) v. 17.6.2015, Ziff. 4.

67 BVI, Stellungnahme zur BaFin-Konsultation 07/2015, Entwurf eines FAQ zur Anlage von Eigenmitteln gem. § 25 Abs. 7 KAGB, Geschäftszeichen WA 41-Wp 2137-2013/0025 v. 16.7.2015, S. 2; BaFin Konsultation 07/2015 – Entwurf eines FAQ zur Anlage von Eigenmitteln gem. § 25 Abs. 7 KAGB (GZ: WA 41-Wp 2137-2013/0025) v. 17.6.2015, Ziff. 5.

68 BaFin, Konsultation 07/2015 – Entwurf eines FAQ zur Anlage von Eigenmitteln gem. § 25 Abs. 7 KAGB (GZ: WA 41-Wp 2137-2013/0025) v. 17.6.2015.

69 BaFin, Konsultation 07/2015 – Entwurf eines FAQ zur Anlage von Eigenmitteln gem. § 25 Abs. 7 KAGB (GZ: WA 41-Wp 2137-2013/0025) v. 17.6.2015; vgl. BVI, Stellungnahme zur BaFin-Konsultation 07/2015, Entwurf eines FAQ zur Anlage von Eigenmitteln gem. § 25 Abs. 7 KAGB, Geschäftszeichen WA 41-Wp 2137-2013/0025 v. 16.7.2015, S. 3.

Unterabschnitt 2
Allgemeine Verhaltens- und Organisationspflichten

§ 26 Allgemeine Verhaltensregeln; Verordnungsermächtigung

(1) Die Kapitalverwaltungsgesellschaft handelt bei der Wahrnehmung ihrer Aufgaben unabhängig von der Verwahrstelle und ausschließlich im Interesse der Anleger.

(2) Die Kapitalverwaltungsgesellschaft ist verpflichtet,

1. ihrer Tätigkeit ehrlich, mit der gebotenen Sachkenntnis, Sorgfalt und Gewissenhaftigkeit und redlich nachzugehen,
2. im besten Interesse der von ihr verwalteten Investmentvermögen oder der Anleger dieser Investmentvermögen und der Integrität des Marktes zu handeln,
3. alle angemessenen Maßnahmen zur Vermeidung von Interessenkonflikten und, wo diese nicht vermieden werden können, zur Ermittlung, Beilegung, Beobachtung und gegebenenfalls Offenlegung dieser Interessenkonflikte zu treffen, um
   a) zu vermeiden, dass sich diese nachteilig auf die Interessen der Investmentvermögen und der Anleger auswirken und
   b) sicherzustellen, dass den von ihr verwalteten Investmentvermögen eine faire Behandlung zukommt,
4. über die für eine ordnungsgemäße Geschäftstätigkeit erforderlichen Mittel und Verfahren zu verfügen und diese wirksam einzusetzen,
5. alle auf die Ausübung ihrer Geschäftstätigkeit anwendbaren regulatorischen Anforderungen zu erfüllen, um das beste Interesse der von ihr verwalteten Investmentvermögen oder der Anleger dieser Investmentvermögen und die Integrität des Marktes zu fördern und
6. alle Anleger der Investmentvermögen fair zu behandeln.

(3) Die AIF-Kapitalverwaltungsgesellschaft darf keinem Anleger in einem AIF eine Vorzugsbehandlung gewähren, es sei denn, eine solche Vorzugsbehandlung ist in den Anlagebedingungen, in der Satzung oder dem Gesellschaftsvertrag des entsprechenden AIF vorgesehen.

(4) Eine Kapitalverwaltungsgesellschaft, deren Erlaubnis auch die in § 20 Absatz 2 Nummer 1 (Finanzportfolioverwaltung) oder die in § 20 Absatz 3 Nummer 1 (individuelle Vermögensverwaltung) oder Nummer 2 (Finanzportfolioverwaltung) genannte Dienstleistung umfasst, darf das Vermögen des Kunden weder ganz noch teilweise in Anteile der von ihr verwalteten Investmentvermögen anlegen, es sei denn, der Kunde hat zuvor eine allgemeine Zustimmung hierzu gegeben.

(5) Die Kapitalverwaltungsgesellschaft muss insbesondere über geeignete Verfahren verfügen, um bei Investmentvermögen unter Berücksichtigung des Wertes des Investmentvermögens und der Anlegerstruktur eine Beeinträchtigung von Anlegerinteressen durch unangemessene Kosten, Gebühren und Praktiken zu vermeiden.

(6) [1]Die Kapitalverwaltungsgesellschaft hat angemessene Grundsätze und Verfahren anzuwenden, um eine Beeinträchtigung der Marktstabilität und Marktintegrität zu verhindern. [2]Missbräuchliche Marktpraktiken sind zu verhindern, insbesondere die kurzfristige, systematische Spekulation mit Investmentanteilen durch Ausnutzung von Kursdifferenzen an Börsen und anderen organisierten Märkten und damit verbundene Möglichkeiten, Arbitragegewinne zu erzielen.

(7) [1]Für AIF-Kapitalverwaltungsgesellschaften bestimmen sich die Kriterien, nach welchen die Bundesanstalt beurteilt, ob AIF-Kapitalverwaltungsgesellschaften ihren in den Absätzen 1 und 2 genannten Pflichten nachkommen, nach den Artikeln 16 bis 29 der Delegierten Verordnung (EU) Nr. 231/2013. [2]Für nähere Einzelheiten der Anforderungen an OGAW-Kapitalverwaltungsgesellschaften zur Erfüllung ihrer Pflicht, im Sinne des Absatzes 1 bei der Wahrnehmung ihrer Aufgaben unabhängig von der Verwahrstelle zu handeln, wird auf Artikel 21 Buchstabe a bis c, Artikel 22 Absatz 1 bis 4 und Artikel 23 der Delegierten Verordnung (EU) 2016/438 verwiesen. [3]Für AIF-Kapitalverwaltungsgesellschaften, die nicht ausschließlich Spezial-AIF verwalten, gelten Artikel 21 Buchstabe a bis c, Artikel 22 Absatz 1 bis 4 und Artikel 23 der Delegierten Verordnung (EU) 2016/438 entsprechend.

(8) [1]Das Bundesministerium der Finanzen wird ermächtigt, durch Rechtsverordnung, die nicht der Zustimmung des Bundesrates bedarf, für Kapitalverwaltungsgesellschaften in Bezug auf Publikums-AIF zusätzliche Bestimmungen zu den in den Artikeln 16 bis 29 der Delegierten Verordnung (EU) Nr. 231/2013 aufgeführten Kriterien nach Absatz 7 und in Bezug auf OGAW nähere Bestimmungen zu erlassen

1. zu Verhaltensregeln, die den Anforderungen nach den Absätzen 1 und 2 Nummer 1 und 2 entsprechen und

2. über die Mittel und Verfahren, die für eine ordnungsgemäße Geschäftstätigkeit solcher Kapitalverwaltungsgesellschaften erforderlich sind.

[2]Das Bundesministerium der Finanzen kann die Ermächtigung durch Rechtsverordnung auf die Bundesanstalt übertragen.

In der Fassung vom 4.7.2013 (BGBl. I 2013, S. 1981), zuletzt geändert durch das Zweite Finanzmarktnovellierungsgesetz (2. FiMaNoG) vom 23.6.2017 (BGBl. I 2017, S. 1693).

Schrifttum: *vom Berge und Herrendorf*, Der Schutz des Investmentsparers – Darstellung unter Berücksichtigung des Gesetzes über Kapitalanlagegesellschaften vom 16.4.1957, 1962; *Consbruch*, Investmentsparen gesetzlich geschützt, BB 1957, 337; *von Diest*, Genehmigungspflicht der Kostenregelungen von Investmentfonds, BaFin-Journal 3/2012, S. 10; *Fischer*, Fondsbesteuerung und Fremdverwaltung, FR 2016, 27; *Geßler*, Das Recht der Investmentgesellschaften und ihrer Zertifikatsinhaber, WM 1957, Sonderbeilage Nr. 4 Teil IV B Nr. 20, S. 10; *Gläbe*, Der Schutz der Zertifikats-Inhaber von Investmentgesellschaften, 1975; *Köndgen/Schmies*, Investmentgeschäft, in Schimansky/Bunte/Lwowski, Bankrechts-Handbuch, 5. Aufl. 2017; *Podewils*, Investmentgesellschaften in der Bundesrepublik, 1960; *Reiss*, Pflichten der Kapitalanlagegesellschaft und der Depotbank gegenüber dem Anleger und die Rechte des Anlegers bei Pflichtverletzungen, 2006; *Rieken/Braunberger/Dräger*, Kostentransparenz im institutionellen Asset Management, 2017; *Schäfer*, Corporate Governance bei Kapitalanlagegesellschaften – Fund Governance, 2009; *Schäcker*, Entwicklung und System des Investmentsparens, 1961; *Siara/Tormann*, Gesetz über Kapitalanlagegesellschaften vom 16.4.1957, 1957; *Stöber/Kleinert*, Kein Erfordernis der Fremdverwaltung im Investmentsteuerrecht – Zu den Grenzen der Gesetzesauslegung im Steuer(straf)recht, BB 2016, 278; *Ulrich*, Private Equity (LBO) vor und nach dem Inkrafttreten des KAGB, 2018; *Zetzsche*, Prinzipien der kollektiven Vermögensanlage, 2015; *Zetzsche/Preiner*, Was ist ein AIF?, WM 2013, 2101; *Zetzsche/Eckner*, Appointment, Authorization and Organization of the AIFM, in Zetzsche, AIFMD, 2. Aufl. 2015, S. 193.

I. Grundlagen

1. Zweck

§ 26 KAGB ist ein Paradebeispiel für die Transformation des gesunden Menschenverstandes eines ordentlichen Kaufmanns in öffentlich-rechtliche Vorschriften, deren Einhaltung von einer Aufsichtsbehörde überwacht werden muss. Ausgehend von einer schlichten Regel zum für eine KAG geltenden Sorgfaltsmaßstab über die Selbstregulierung der Branche durch die BVI-Wohlverhaltensregeln, die zunächst nur für offene Investmentvermögen galten, wurden über das europäische Recht gesetzliche Wohlverhaltensregeln zunächst für OGAWs und später auch für offene und geschlossene AIFs eingeführt, die durch Auslegungsbestimmungen der Aufsichtsbehörden auf nationaler und europäischer Ebene weiter konkretisiert wurden. Offensichtlich wird dem nationalen Zivilrecht ein effektiver Anlegerschutz kaum noch zugetraut. Allerdings wird auf diese Weise erreicht, dass innerhalb der EU weitgehend ein level playing field auch in Bezug auf grundsätzliche Verhaltensanforderungen an eine KVG herrscht. 1

2. Anwendungsbereich

Die Vorschrift richtet sich an die KVG, unabhängig davon ob es sich dabei um eine **externe** oder **interne KVG** nach § 17 Abs. 2 Nr. 1 oder 2 KAGB handelt. Auf die Verwaltung von EU-OGAW durch eine **ausländische Zweigniederlassung einer OGAW-KVG** findet § 26 Abs. 2 KAGB gem. § 50 Abs. 4 Satz 2 KAGB keine Anwendung. Für diese gelten nach Art. 17 Abs. 4 OGAW-RL die entsprechenden Regeln des Aufnahmestaates. Umgekehrt gilt gem. § 51 Abs. 4 Satz 1 KAGB die Vorschrift des § 26 Abs. 2 KAGB für eine **inländische Zweigstelle einer EU-OGAW-Gesellschaft**. Für **ausländische Zweigniederlassungen einer AIF-KVG** gibt es keine entsprechende Ausnahme, obwohl Art. 45 Abs. 2 AIFM-RL für die Überwachung der Einhaltung des § 26 Abs. 2 KAGB ebenso wie bei OGAWs die zuständigen Behörden des Aufnahmestaates für zuständig erklärt. **Inländische Zweigstellen einer EU-AIF-Gesellschaft** und von **ausländischen AIF-Verwaltungsgesellschaften** unterliegen nach §§ 54 Abs. 4, 66 Abs. 4 KAGB den Vorschriften des § 26 Abs. 2, 3 und 7 KAGB. Die **Zuständigkeit der BaFin** für die Überwachung der Einhaltung der Vorschriften ist in § 5 Abs. 4 KAGB geregelt. 2

Bei nach § 44 Abs. 1 KAGB **registrierten AIF-KVGen** ist wie folgt zu differenzieren: **Kleine Spezial-AIF-KVGen** nach § 2 Abs. 4 KAGB (s. § 2 Rz. 54 ff.) unterliegen grundsätzlich nicht den Anforderungen des § 26 KAGB, wenn sie nicht nach § 2 Abs. 4 Satz 2 Nr. 3 KAGB beschlossen haben, sich dem KAGB in seiner Gesamtheit zu unterwerfen; als geschlossene AIFM unterliegen sie jedoch nach § 2 Abs. 4 Satz 1 Nr. 4 KAGB im Hinblick auf eine Vergabe von Gelddarlehen § 26 Abs. 1, 2 und 7 KAGB. **Geschlossene Mini-AIF-KVGen** nach § 2 Abs. 4a KAGB (§ 2 Rz. 70 ff.) müssen § 26 KAGB nicht beachten, es sei denn sie haben beschlossen, sich dem KAGB in seiner Gesamtheit zu unterwerfen. Für **kleine Publikums-AIF-KVGen** nach § 2 Abs. 5 KAGB (§ 2 Rz. 77 ff.) ist dort in Nr. 3 die Anwendung des § 26 KAGB vorgesehen; gemäß 3 der **Übergangsvorschrift des § 353 Abs. 5 KAGB** richtet sich jedoch für derartige AIF-KVGen, die geschlossene inländische AIF verwalten, deren Zeichnungsfrist vor dem 22.7.2013 abgelaufen ist und die nach dem 21.7.2013 Anlagen tätigen, die Ausgestaltung der Verhaltenspflichten nach dem Prinzip der Verhältnismäßigkeit, indem die Art, der Umfang und die Komplexität der Geschäfte der AIF-KVG und der von ihr verwalteten AIF berücksichtigt werden.

4 AIF-KVGen, die **Europäische Risikokapitalfonds** nach § 2 Abs. 6 KAGB (§ 2 Rz. 83 ff.) oder **Europäische Fonds für soziales Unternehmertum** nach § 2 Abs. 7 KAGB (§ 2 Rz. 83 ff.) verwalten, müssen gem. §§ 337 f. KAGB die Regelungen des § 26 KAGB nicht beachten.

3. Entwicklung der Vorschrift

5 Das KAGG 1957 sah in § 9 Abs. 1 Satz 1 vor, dass die KAG mit der **Sorgfalt eines ordentlichen Kaufmanns** das Sondervermögen für gemeinschaftliche Rechnung der Anteilinhaber zu verwalten und deren Interessen zu wahren hat, insbesondere auch bei der Ausübung der mit dem Sondervermögen verbundenen Stimm- und Gläubigerrechte. Hiermit verwies das KAGG auf die Bestimmung des § 347 Abs. 1 HGB, wogegen die Haftungsbeschränkungen des § 347 Abs. 2 HGB auch bereits nach damaliger Auffassung auf die Tätigkeit der KAG keine Anwendung fanden, weil es sich dabei um Fälle handelt, die nicht die Sorgfalt eines ordentlichen Kaufmanns darstellen.[1] Die Regelung zur Ausübung der Stimmrechte wurde im Laufe des Gesetzgebungsverfahrens auf Vorschlag des Bundesrates eingefügt;[2] zur Rechtsentwicklung dieser Bestimmung vgl. § 94 Rz. 1 ff.

6 Die seit der Neufassung des KAGG im Jahre 1970[3] nunmehr als § 10 KAGG nummerierte Vorschrift wurde durch das Investment-Richtlinie-Gesetz zur Umsetzung von Art. 10 Abs. 2 OGAW-RL[4] um die Verpflichtung zur Wahrnehmung der **Aufgaben der KAG unabhängig von der Depotbank und ausschließlich im Interesse der Anteilinhaber** erweitert.[5] Anders als der für (externe) Verwaltungsgesellschaften geltende Art. 10 Abs. 2 OGAW-RL enthielt der die Investmentgesellschaften regelnde Art. 17 Abs. 2 OGAW-RL dagegen nur das **Gebot, dass** die **Verwahrstelle unabhängig von der Investmentgesellschaft zu handeln** hat. Der umgekehrte Fall (dass die Investmentgesellschaft unabhängig von der Verwahrstelle zu handeln hat), soll vergessen worden sein.[6] Überzeugender ist jedoch die Ansicht, dass der Richtliniengeber wie auch bei der Zuweisung weniger umfangreicher Aufgaben an die Verwahrstelle im Falle einer Investmentgesellschaft dies nicht für notwendig befand, weil die Beteiligung an einer Investmentgesellschaft **bereits durch das Gesellschaftsrecht geschützt** wird und wegen der Aktionärsstellung der Anleger nicht die Gefahr von Interessenkonflikten wie bei einem Investmentfonds in Vertragsform besteht.[7] Dementsprechend sahen §§ 51 ff. KAGG das unabhängige Handeln einer InvAG im Interesse der Anteilinhaber nicht vor. § 10 Abs. 1 Satz 1 KAGG wurde durch § 9 Abs. 1 Satz 1 InvG ersetzt, der hiermit auch gleichzeitig den Grundgedanken von Art. 5f Abs. 1 und Art. 5h der OGAW-RL umgesetzt hat.[8] § 9 Abs. 1 Satz 2 InvG übernahm § 10 Abs. 1 Satz 2 Halbs. 1 KAGG. § 9 Abs. 2 InvG diente der Umsetzung von Art. 5h Satz 3 OGAW-RL. Diese Regelung war zunächst im entsprechenden Richtlinienvorschlag[9] nicht enthalten, wurde aber im weiteren Verlauf des Gesetzgebungsverfahrens als Nachbildung wesentlicher Teile von Art. 11 Abs. 1 der Wertpapierdienstleistungsrichtlinie 1993/22/EWG eingefügt.

7 Mit dem **InvÄndG 2007**[10] wurde § 9 Abs. 1 InvG, der sich bis dahin nur auf Sondervermögen bezog, auf alle Arten von Investmentvermögen **ausgedehnt** und umfasste damit auch die **InvAGen und deren TGVen;**[11] mit diesem Begriff wird nunmehr gem. § 1 Abs. 11 KAGB (s. § 1 Rz. 146) auch die InvKG erfasst. Des Weiteren wurde mit der Einfügung von Nr. 4 in § 9 Abs. 2 InvG (jetzt § 26 Abs. 2 Nr. 4 KAGB) die Anforderung an die **für eine ordnungsgemäße Geschäftstätigkeit erforderlichen Mittel und Verfahren** eingefügt und damit Art. 5h Satz 3 lit. c) der durch Richtlinie 2001/107/EG geänderten OGAW-RL umgesetzt.

---

1 *Siara/Tormann*, § 9 KAGG, Anm. I, S. 42.
2 *Baur*, Investmentgesetze 1970, § 10 KAGG I., S. 162.
3 BGBl. I 1970, S. 127 ff.
4 Die entsprechende Vorschrift findet sich heute in Art. 25 Abs. 2 OGAW-Richtlinie.
5 Reg.-Begr. zum 1. FMFG, BT-Drucks. 11/5411, S. 30.
6 Vandamme-Report, Nr. 69.
7 Begr. zur OGAW-Richtlinie, BT-Drucks. 7/5222, S. 28 f.
8 Reg.-Begr. zum InvG, BT-Drucks. 15/1553, S. 78.
9 KOM(1998) 451 endg., 98/0242 (COD).
10 BGBl. I 2007, S. 3089 vom 21.12.2007.
11 Die Reg.-Begr. bezeichnet dies als redaktionelle Änderung, BT-Drucks. 16/5576, S. 61.

Das **OGAW-IV-UmsG**[12] bedingte Änderungen des § 9 InvG zur Anpassung an die neugefasste OGAW-RL 2009/65/EG sowie der Durchführungsrichtlinien 2010/43/EU und 2010/44/EU. Obwohl § 10 Abs. 2 OGAW-RL 1985 bereits in § 9 Abs. 2 Nr. 1 InvG umgesetzt[13] und Art. 10 OGAW-RL 1985 durch Art. 25 OGAW-RL 2009 ersetzt wurde,[14] hat der Gesetzgeber im OGAW-IV-UmsG Art. 25 Abs. 2 OGAW-RL 2009 noch einmal umgesetzt mit der Folge, dass das Handeln im Interesse der Anleger in § 9 InvG doppelt normiert wurde. Des Weiteren wurden in § 9 InvG **Vorschriften zu Interessenkonflikten** aufgenommen, die nun auch in § 27 KAGB geregelt sind, sowie Vorschriften zur Vermeidung unangemessener Kosten, Gebühren und Praktiken. Der Gesetzgeber hat hiermit einerseits Vorschriften der OGAW-RL bzw. der OGAW-Durchführungsrichtlinie 2010/43/EU, die ihr Vorbild in der MiFID haben, andererseits auch Regeln, die für eine Verwaltungsgesellschaft, die als Nebendienstleistungen Wertpapierdienstleistungen erbringt, gelten, umgesetzt.[15] Mit Erklärung vom 20.1.2010 hat die BaFin bekanntgegeben, dass sie die **BVI-Wohlverhaltensregeln** zur Auslegung des § 9 InvG nutzt.[16] 8

§ 9 InvG wurde mit der Einführung des **KAGB** zur Umsetzung der **AIFM-RL** durch §§ 26, 27 KAGB und bezüglich § 9 Abs. 3a InvG durch § 172 Abs. 1 KAGB ersetzt. Zu den jeweiligen europarechtlichen Grundlagen s. § 27 Rz. 2 a.E., 6 und § 172 Rz. 2. Die noch in § 9 Abs. 1 Satz 1 InvG enthaltene Anforderung, die Investmentvermögen mit der Sorgfalt eines ordentlichen Kaufmanns zu verwalten, wurde nicht übernommen. Der Gesetzgeber hat die sich nur teilweise überschneidenden Vorschriften aus der OGAW- und der AIFM-RL in einer Vorschrift zusammengefasst und hierbei übereinstimmende Anforderungen unterschiedslos an KVGen adressiert und ansonsten den jeweiligen Typus von KVG explizit angesprochen. Ein wesentlicher Unterschied zwischen den für OGAW-KVGen und AIF-KVGen geltenden Vorschriften kommt in § 26 Abs. 7 und 8 KAGB zum Ausdruck und ist gesetzestechnischer Natur: während für AIF-KVGen die AIFM-VO als Verordnung unmittelbar gilt und sich der Gesetzgeber deswegen in § 26 Abs. 7 KAGB auf einen Verweis auf Art. 16 bis 29 dieser Verordnung beschränken konnte, gilt für OGAW-KVGen die Durchführungsrichtlinie 2010/43/EU, die mit der KAVerOV auf Basis von § 26 Abs. 8 KAGB in deutsches Recht umgesetzt wurde. In der KAVerOV, die nicht nur für OGAWs, sondern auch für Publikums-AIF gilt, wurde in § 2 Abs. 1 für OGAW-KVGen wiederum auf Art. 16 bis 29 der AIFM-VO verwiesen. Das **OGAW-V-UmsG**[17] führte zu keinen Änderungen des § 26 KAGB, obwohl der Regierungsentwurf[18] in Abs. 7 mit Blick auf die Unabhängigkeit der KVG einen Verweis auf die zu der Zeit noch nicht erlassene Delegierte Verordnung 2016/438 vorsah. 9

4. Rechtsnatur der in § 26 KAGB enthaltenen Regelungen

a) Meinungsstand

Streitig ist, inwieweit **§ 26 KAGB ausschließlich öffentlich-rechtlichen Charakter** hat, aus dem Anleger keine unmittelbaren Ansprüche gegen die KVG ableiten können,[19] ob die Vorschrift als öffentlich-rechtliche Norm zumindest ein Schutzgesetz i.S.d. § 823 Abs. 2 BGB darstellt,[20] ob diese Vorschrift lediglich privatrechtliche Pflichten der KVG gegenüber den Anlegern aufstellt[21] oder ob der Norm schließlich eine Doppelnatur zukommt.[22] Inwieweit eine pauschale Sicht auf § 26 KAGB überhaupt möglich ist, ist auf Grund von Inhalt und Entstehungsgeschichte der Norm schwer zu bestimmen. Die Vorschrift normiert **verschiedene Verhaltensanforderungen** an eine KVG, die **unterschiedlich konkret** gefasst sind und sich überwiegend auf die kollektive Vermögensverwaltung, in § 26 Abs. 4 KAGB aber auch auf die individuelle Vermögensverwaltung bzw. Finanzportfolioverwaltung beziehen. Des Weiteren dient die Vorschrift neben dem individuellen Schutz des Anlegers gem. § 26 Abs. 2 Nr. 1, Abs. 6 KAGB auch der Integrität und Stabilität des Marktes. Auch haben die meisten auf Basis des § 26 Abs. 1, 2 KAGB als Grundlage dienenden Art. 12 Abs. 1 AIFM-RL erlassenen Vorschriften der AIFM-VO offensichtlich keinen individualschützenden Charakter, während umgekehrt beispielsweise Art. 26 AIFM-VO dem jeweiligen Anleger unmittelbar Informationsrechte gegenüber der KVG gewährt. 10

---

12 BGBl. I 2011, S. 1126 vom 22.6.2011.
13 Reg.-Begr. InvModG, BT.-Drucks. 15/1553, S. 78.
14 Anhang IV OGAW-Richtlinie 2009/65/EG (Entsprechungstabelle).
15 Siehe hierzu *Steck* in Emde/Dornseifer/Dreibus/Hölscher, § 9 InvG Rz. 10.
16 Siehe hierzu § 27 Rz. 6 a.E. sowie näher *Steffen* in Baur/Tappen, § 26 KAGB Rz. 12.
17 BGBl. I 2016, S. 348.
18 BT-Drucks. 18/6744, 9, 47 f.
19 *Geurts/Schubert* in Moritz/Klebeck/Jesch, § 26 KAGB Rz. 8.
20 Siehe zu den entsprechenden Wohlverhaltenspflichten des WpHG *Koller* in Assmann/Uwe H. Schneider/Mülbert, § 63 WpHG Rz. 12.
21 *Köndgen* in Berger/Steck/Lübbehüsen, § 9 InvG Rz. 9.
22 *Steck* in Emde/Dornseifer/Dreibus/Hölscher, § 9 InvG Rz. 5; *Zetzsche*, Prinzipien, S. 807 ff.

11 Am überzeugendsten scheint es, wie sogleich dargestellt wird, auf Grund der Entstehungsgeschichte der Norm **§ 26 Abs. 1 KAGB eine zivil- und öffentlich-rechtliche Doppelnatur** zuzubilligen, soweit die KVG zum Handeln im ausschließlichen Interesse der Anleger verpflichtet ist. Der dort normierten Pflicht zum von der Verwahrstelle unabhängigen Handeln sowie § 26 Abs. 2 bis 8 KAGB kommen dagegen ein öffentlich-rechtlicher Charakter zu.

b) Doppelte Rechtsnatur von § 26 Abs. 1 KAGB

12 § 9 Abs. 1 Satz 1 KAGG als Vorläufer des § 26 Abs. 1 KAGB hatte bei seinem Erlass im Jahre 1957 folgenden Wortlaut: „Die Kapitalanlagegesellschaft hat mit der Sorgfalt eines ordentlichen Kaufmanns das Sondervermögen für gemeinschaftliche Rechnung der Anteilinhaber zu verwalten und deren Interesse zu wahren, insbesondere auch bei der Ausübung der mit dem Sondervermögen verbundenen Stimm- und Gläubigerrechte." Diese Formulierung beinhaltete zunächst einen **§ 347 Abs. 1 HGB entsprechenden Haftungsmaßstab**, der nach damaligem Verständnis selbstverständlich privatrechtlich verstanden wurde,[23] aber gleichzeitig auch die privatrechtliche Verpflichtung zur Wahrung des Interesses der Anleger beinhaltete. Dieses wurde insbesondere so verstanden, dass die KAG die Interessen der Anleger gegenüber den Unternehmen, in die der Fonds investiert ist, durch entsprechende Ausübung von Stimmrechten vertritt.[24] Die Pflicht zur Interessenwahrung stellt das Äquivalent zur fehlenden Einwirkungsmöglichkeit des Anlegers auf die Fondsverwaltung (s. dazu Rz. 15) dar.[25] Diese Pflicht muss bereits deswegen **zumindest auch privatrechtliche Pflicht gegenüber dem Anleger** sein, da ansonsten das dem Anleger zivilrechtlich nach §§ 675, 663, 665 BGB zustehende Weisungsrecht des Geschäftsherrn durch eine rein aufsichtsrechtliche Pflicht der KVG ersetzt wird, auf deren Erfüllung der Anleger keinen unmittelbaren Einfluss hat. Dass dies von Gesetzgeber so gewollt gewesen sein soll, ist nicht ersichtlich.

13 In der Literatur zum KAGG finden sich daher eher Hinweise darauf, dass eine KAG, die die ihr obliegenden Pflichten nicht in einer Weise erfüllt, wie es das Interesse der Anteilinhaber gebietet, nach den Grundsätzen der positiven Vertragsverletzung schadensersatzpflichtig ist.[26] Auch insgesamt regelte das KAGG weniger die rein aufsichtsrechtlichen Pflichten der KAG, deren Einhaltung zwar von der Aufsichtsbehörde überwacht werden, vom Anleger (bzw. von der Depotbank nach § 11 Abs. 8 KAGG 1957) aber nicht eingeklagt werden können, als vielmehr die zivilrechtliche Beziehung zwischen KAG und Anleger,[27] deren Einhaltung die Depotbank durch das ihr zustehende Klagerecht zugunsten der Anleger durchzusetzen hatte. Für die zivilrechtliche Sicht spricht auch, dass die KAG nach § 2 Abs. 1 KAGG 1957 als Kreditinstitut den „für Kreditinstitute geltenden gesetzlichen Vorschriften" unterlag[28] und das KWG bereits die für ein Kreditinstitut geltenden aufsichtsrechtlichen Verhaltens- und Organisationspflichten enthielt, das KAGG also öffentlich-rechtliche Verhaltens- und Organisationsanforderungen, die nicht fondsspezifischer Natur waren, gar nicht regeln musste. Die Verpflichtung zur Wahrung des Anlegerinteresses beruhte schließlich bis zur Umsetzung des Investment-Richtlinie-Umsetzungsgesetzes jedenfalls nicht auf Vorgaben des EU-Rechts, so dass zumindest hierfür nicht darauf verwiesen werden kann, dass das Europarecht nicht die individuellen Anlegerinteressen im Blick habe.[29]

14 Mit der Neufassung des § 10 Abs. 1 KAGG zur Umsetzung des Investment-Richtlinie-Umsetzungsgesetzes wurde aus Satz 1 die Wahrung des Anlegerinteresses gestrichen und in Satz 2 eine auf dem Wortlaut des Art. 10 Abs. 2 der OGAW-RL 1985 beruhende neue Formulierung zur **Wahrnehmung der Aufgaben einer KAG ausschließlich im Interesse der Anteilinhaber** eingefügt.[30] Nicht ersichtlich wird aus der Regierungsbegründung, ob damit der zivilrechtliche Charakter der Wahrung des Anlegerinteresses in einen rein öffentlich-rechtlichen Charakter geändert werden sollte. Dagegen spricht jedenfalls, dass § 10 Abs. 1 Satz 2 KAGG auch wie bisher die rein nationales Recht darstellende Konkretisierung der Wahrung des Interesses bei der Stimmrechtsausübung beibehalten hat, die nicht auf Europarecht beruht. Die Umformulierung von § 10 Abs. 1 KAGG durch das Investment-Richtlinie-Umsetzungsgesetz gibt auch keine Hinweise darauf,

---

23 *Siara/Tormann*, § 9 KAGG, Anm. I, S. 42; *Baur*, Investmentgesetze 1970, § 10 KAGG Anm. III., S. 164; *Schäcker*, S. 112.

24 BT-Drucks. II/3234, S. 3.

25 *Baur*, Investmentgesetze 1970, § 10 KAGG Anm. III. S. 165.

26 *vom Berge und Herrendorf*, S. 109.

27 *Gläbe*, S. 133, weist für den bereits unter dem KAGG bestandenen hohen Einfluss des Gesetzgebers auf die Beziehungen zwischen KVG und Anleger zutreffend darauf hin, dass dieser Einfluss die privatrechtliche Natur der Beziehungen nicht ändert.

28 Dies wurde erst im Jahre 2007 durch das InvÄndG geändert.

29 So aber *Geurts/Schubert* in Moritz/Klebeck/Jesch, § 26 KAGB Rz. 9, für die auf der AIFM-Richtlinie basierenden §§ 26 ff. KAGB.

30 BT-Drucks. 11/5411, S. 30.

dass der ursprünglich mit der nationalen Regelung verfolgte Zweck der Verpflichtung zur Interessewahrung, als Korrektiv zur fehlenden Einwirkungsmöglichkeit des Anlegers zu dienen, durch den von Art. 10 OGAW-RL 1985 verfolgten Zweck, ein Korrektiv zur Gestattung der wirtschaftlichen Verflechtung einer KAG mit einer Depotbank zu sein,[31] komplett ersetzt werden sollte. Wäre dies der Fall, so wäre nicht zu erklären, warum der Gesetzgeber es für nötig befunden hat, mit dem OGAW-IV-UmsG Art. 25 Abs. 2 OGAW-RL 2009 (erneut) umzusetzen (s. oben Rz. 8).

Mit der Pflicht zum Handeln im Anlegerinteresse in § 26 Abs. 1 KAGB wird zumindest auch eine Pflicht der KVG aus dem Geschäftsbesorgungsvertrag mit dem Anleger angesprochen. Diese aus dem zivilrechtlichen Treuhandverhältnis entstehende Pflicht ist die **Kompensation für die fehlende Weisungsmöglichkeit der Anleger.**[32] Eine schuldhafte Verletzung führt daher zu einem Schadensersatzanspruch der Anleger nach § 280 BGB,[33] die die Anleger[34] oder die Verwahrstelle nach §§ 78 Abs. 1 Nr. 1, 89 Abs. 1 Nr. 1 KAGB geltend machen können (s. § 78 Rz. 13). 15

Der oben aufgeführte Meinungsstreit ist derzeit zumindest in Bezug auf § 26 Abs. 1 KAGB jedoch deswegen von geringer praktischer Bedeutung, weil die deutschen KVGen in **§ 3 Abs. 1 Satz 2 der Muster-Anlagebedingungen des BVI** für ihre Fonds den Wortlaut des § 26 Abs. 1 KAGB übernehmen, so dass sich bereits hieraus dieselbe Rechtsfolge wie bei einer zivilrechtlichen Einordnung von Abs. 1 ergibt. Nach der hier vertretenen Auffassung ist diese Regelung der Muster-Anlagebedingungen allerdings lediglich deklaratorischer Natur und daher als AGB[35] nach § 307 Abs. 1 Satz 3 BGB ohne weiteres wirksam. 16

Aus diesem zumindest auch zivilrechtlichen Verständnis lässt sich auch sagen, dass der **Haftungsmaßstab für das Handeln einer KVG** gegenüber der ursprünglichen Fassung des § 9 KAGG 1957 unverändert geblieben ist. Danach hat die KVG für die Sorgfalt eines ordentlichen Kaufmanns nach § 347 Abs. 1 HGB einzustehen.[36] Aus dem auch europarechtlich vorgeschriebenen Handeln im Anlegerinteresse einen demgegenüber erhöhten Haftungsmaßstab abzuleiten hätte keine Grundlage. Die **Vereinbarung einer Haftungsbegrenzung** dürfte allerdings nicht nur an den Grundsätzen des AGB-Rechts,[37] sondern ebenso an § 26 Abs. 1 KAGB zu messen sein;[38] unter beiderlei Blickwinkeln dürfte sich mit vergleichbarer Begründung ergeben, dass **bei Publikumsfonds eine Haftungsbegrenzung unzulässig** sein dürfte. 17

Dass ein Verstoß gegen § 26 Abs. 1 KAGB gem. § 340 Abs. 2 Nr. 5 KAGB **bußgeldbewehrt** ist, spricht nicht gegen die teilweise zivilrechtliche Einordnung dieser Vorschrift, sondern heißt lediglich, dass der Verstoß gegen eine zivilrechtliche Norm bußgeldbewehrt ist.[39] Ob deswegen die Vorschrift eine Doppelnatur[40] aufweist[41] oder lediglich privatrechtliche Pflichten mit zweispuriger Sanktionierung[42] begründet, ist dann rechtspraktisch weniger von Bedeutung. 18

c) § 26 Abs. 2–8 KAGB als öffentlich-rechtliche Regelungen

Die europarechtliche Grundlage für die OGAW- und die AIFM-RL[43] als Grundlage wiederum für die Abs. 2–7 spricht für eine rein öffentlich-rechtliche Charakteristik dieser Regelungen.[44] Diese Sicht wird auch durch ErwGr. 3, 4 OGAW-RL und ErwGr. 2 Unterabs. 2 AIFM-RL gestützt, die zwischen dem Regelungsgehalt der Richtlinien und ihrem Zweck unterscheiden: der Regelungsgehalt soll vergleichbare Stan- 19

---

31 Van-Damme-Report, Rz. 58 Abs. 2.

32 *Schäfer*, S. 64 ff.

33 *Reiss*, S. 276.

34 Siehe auch LG Frankfurt a.M. v. 11.4.2016 – 2-28 O 103/15; OLG Frankfurt a.M. v. 2.6.2017 – 8 U 98/16, Rz. 21.

35 Zu Anlagebedingungen als AGB siehe BGH v. 19.5.2016 – III ZR 399/14, ZIP 2016, 2227 Rz. 13 ff.

36 Siehe dazu auch *Siara/Tormann*, § 9 KAGG S. 42 sowie *Schäcker*, S. 112; a.A. *Beckmann* in Beckmann/Scholtz/Vollmer, § 9 InvG Rz. 16: „Inhalt der Verwaltungspflicht".

37 Siehe hierzu *Zetzsche*, Prinzipien, S. 673 f.; *Reiss*, S. 277 f.

38 Siehe auch *Reiss*, S. 277.

39 Auch aus anderen Gesetzen ist bekannt, dass Verstöße gegen zivilrechtlich zu verstehende Normen als Ordnungswidrigkeiten oder Straftaten geahndet werden, wie z.B. ein Verstoß gegen § 6 Abs. 2 DepotG (s. hierzu *Heinsius/Horn/Than*, § 6 DepotG Rz. 58) eine Straftat nach § 34 Abs. 1 Nr. 2 DepotG darstellt.

40 Zur Möglichkeit einer solchen Doppelnatur s. *Forschner*, S. 70 ff., mit Bezug auf die Verhaltenspflichten nach dem WpHG.

41 *Steck* in Emde/Dornseifer/Dreibus/Hölscher, § 9 InvG Rz. 5.

42 *Köndgen* in Berger/Steck/Lübbehüsen, § 9 InvG Rz. 11.

43 Ursprünglich Art. 57 Abs. 2 EWG-Vertrag, dann Art. 47 Abs. 2 EGV, nun Art. 53 Abs. 1 des Vertrags über die Arbeitsweise der Union.

44 Siehe zur vergleichbaren Situation bei den auf der MiFID basierenden Wohlverhaltensregeln des WpHG *Forschner*, S. 34 ff.

dards insb. für Aufsicht und Zulassung von Verwaltungsgesellschaft gewährleisten; demgegenüber ist der Anlegerschutz zwar erklärtes Ziel, nicht aber unmittelbarer Regelungsgehalt dieser Richtlinien.

20 § 26 Abs. 2–8 KAGB als nach hier vertretener Ansicht nur öffentlich-rechtliche Normen (s. Rz. 19) sind **weder zivilrechtlicher Sorgfalts-Mindeststandard noch Begrenzung zivilrechtlich bestehender Sorgfaltsanforderungen.**[45] Ein Verstoß gegen diese öffentlich-rechtlichen Regelungen geht im Schadensfall nicht unmittelbar mit einer **Haftung der KVG gegenüber dem Anleger** einher[46] wie auch umgekehrt die KVG sich im Schadensfall nicht ohne weiteres damit **entschuldigen** kann, dass sie die öffentlich-rechtlichen Sorgfaltsanforderungen eingehalten hat.

21 Auch wird unter Berücksichtigung der Rechtsprechung zu § 32 WpHG[47] die Eigenschaft des öffentlich-rechtlichen Teils der Norm als **Schutzgesetz** zu verneinen sein.[48] Ein derartiger deliktischer Anspruch des Anlegers würde sich auch nicht gegen die KVG, sondern gegen den betreffenden Angestellten der KVG richten,[49] wogegen eine Haftung der KVG nach § 831 Abs. 1 Satz 1 BGB bei ordnungsgemäßer Geschäftsorganisation regelmäßig an der Möglichkeit des Entlastungsbeweises nach § 831 Abs. 1 Satz 2 scheitern dürfte. In praxi dürfte sich daher vielmehr die Frage stellen, ob § 26 KAGB, soweit er öffentlich-rechtlichen Charakter hat, Regelungen vorsieht, die sich parallel dazu sowieso auch bereits aus der zivilrechtlichen Treuhänderstellung der KVG ergeben oder zumindest zur Ausgestaltung der zivilrechtlichen treuhänderischen Pflichten beitragen.[50]

II. Unabhängige Wahrnehmung der Aufgaben im Anlegerinteresse (§ 26 Abs. 1 KAGB)

1. Relevante Aufgaben i.S.d. § 26 Abs. 1 KAGB

22 Die Anforderungen nach § 26 Abs. 1 KAGB gelten für die **Aufgaben der KVG**. Nach § 17 Abs. 1 Satz 1 KAGB ist die Kernaufgabe einer KVG die Verwaltung inländischer Investmentvermögen, EU-Investmentvermögen oder ausländischer AIF. Gemäß § 17 Abs. 1 Satz 2 KAGB (in Umsetzung von Art. 4 Abs. 1 lit. w) AIFM-RL) muss für die Verwaltung eines Investmentvermögens **mindestens die Portfolioverwaltung oder das Risikomanagement für ein oder mehrere Investmentvermögen erbracht** werden (näher § 17 Rz. 12 ff.). Demgegenüber umfasst der Begriff der kollektiven Vermögensverwaltung nach § 1 Abs. 19 Nr. 24 KAGB, der Anhang II der OGAW-RL und Anhang I der AIFM-RL umsetzt, neben der Portfolioverwaltung und dem Risikomanagement auch administrative Tätigkeiten, den Vertrieb von eigenen Investmentanteilen sowie bei AIF Tätigkeiten im Zusammenhang mit den Vermögensgegenständen des AIF. Die Aufgabenbeschreibungen in der OGAW-RL und in der AIFM-RL sind nur insoweit deckungsgleich, als das (in der OGAW-RL als Anlageverwaltung bezeichnete) Portfoliomanagement eine Pflichtaufgabe für die KVG darstellt. Das Risikomanagement ist als Pflichtaufgabe nur in der AIFM-RL erwähnt, während das Risikomanagement bei OGAWs eher als Organisationsanforderung nach Art. 51 OGAW-RL, aber nicht als Aufgabe formuliert ist. Die administrativen Tätigkeiten und der Vertrieb sind bei AIF-KVGen lediglich Kann-Aufgaben. Schließlich existieren die Tätigkeiten im Zusammenhang mit den Vermögensgegenständen des AIF nur als Aufgabe für eine AIF-KVG.

23 Gleichwohl wird die Anforderung des § 26 Abs. 1 KAGB nicht nur für die Pflichtaufgaben, sondern **für alle Aufgaben** gelten, **die die KVG im Rahmen der kollektiven Vermögensverwaltung iwS erbringt**, da auch diejenigen Aufgaben, die nicht Pflichtaufgaben sind, in diesem Rahmen erbracht werden. Für OGAWs ergibt sich diese Auslegung aus Art. 2 Abs. 2, Art. 6 Abs. 2 Satz 2 OGAW-RL, gleiches gilt trotz der Verwendung des Begriffes „Funktionen" für AIFs nach Art. 6 Abs. 2 AIFM-RL.

24 Die **Tätigkeiten nach § 20 Abs. 2 Nr. 1–8, Abs. 3 Nr. 1–9 KAGB** sind **keine Aufgaben im Rahmen der kollektiven Vermögensverwaltung**, sondern über diese hinausgehende Dienst- und Nebendienstleistungen.

45 Siehe hierzu ausführlich *Forschner*, S. 113 ff., S. 134 ff., S. 204 f., für die entsprechenden Fragen im Rahmen des WpHG.
46 Anders für § 26 Abs. 2 Nr. 1 KAGB *Steffen* in Baur/Tappen, § 26 KAGB Rz. 37.
47 Jetzt § 63 WpHG, BGH v. 19.2.2008 – XI ZR 170/07, BGHZ 175, 276, 280 f. = AG 2008, 548; s. dazu *Forschner*, S. 147 ff.
48 Siehe zur Diskussion *Zetzsche*, S. 802.
49 Siehe *Sprau* in Palandt, § 823 BGB Rz. 76 ff.
50 Dieser Gedanke kann dem Urteil des OLG Frankfurt a.M. v. 2.6.2017 – 8 U 98/16, Rz. 21 ff., entnommen werden.

§ 26 Abs. 1 KAGB gilt hierfür nicht.[51] Die Regulierung dieser Tätigkeiten hat ihre Grundlage insb. in MiFID II, auf deren für KVGen relevante Umsetzungsnormen des WpHG in § 5 Abs. 2 verwiesen wird; die gegenteilige Auffassung würde für die von § 5 Abs. 2 KAGB erfassten Dienst- und Nebendienstleistungen zu einem Regelungskonflikt zwischen § 26 Abs. 1 KAGB und den relevanten Vorschriften des WpHG führen. Außerdem sprechen die mit den Aufgaben der kollektiven Vermögensverwaltung im Zusammenhang stehenden Pflichten nach Art. 25 Abs. 2 OGAW-RL und Art. 21 Abs. 10 AIFM-RL in gleicher Weise neben der KVG auch die Verwahrstelle an und beziehen sich auf den verwalteten OGAW bzw. AIF und deren Anleger. Dies ist bei den Dienstleistungen und Nebendienstleistungen nach § 20 Abs. 2 Nr. 1–8, Abs. 3 Nr. 1–9 KAGB gerade nicht der Fall. Allenfalls soweit sich die in § 20 Abs. 2 Nr. 8, Abs. 3 Nr. 9 KAGB genannte Nebendienstleistung auf die kollektive Vermögensverwaltung selbst bezieht, ist die Anwendung des § 26 Abs. 1 KAGB denkbar.

2. Unabhängigkeit des Handelns einer KVG

a) Unabhängigkeit von der Verwahrstelle

Bei der Wahrnehmung ihrer Aufgaben im Rahmen der kollektiven Vermögensverwaltung sind sowohl die KVG als auch die Verwahrstelle **zur Unabhängigkeit voneinander** verpflichtet. Während Art. 25 Abs. 2 OGAW-RL und Art. 2 Abs. 10 AIFM-RL die beiderseitige Verpflichtung im Zusammenhang formulieren, adressiert § 26 Abs. 1 KAGB diese Pflicht nur an die KVG, während die entsprechende Pflicht der Verwahrstelle in § 70 Abs. 1, § 85 Abs. 1 KAGB verankert wurde. 25

Eine **gesellschaftsrechtliche Verbindung von KVG und Verwahrstelle** – oftmals sind KVGen Tochtergesellschaften eines Bankkonzerns mit der **Verwahrstelle als Mutter- oder Schwestergesellschaft** – wird hierdurch nicht verhindert. Im Gegenteil, das Kriterium der Unabhängigkeit wurde gerade als Korrektiv zur gesetzgeberischen Akzeptanz[52] solcher gesellschaftsrechtlichen Verbindungen eingeführt.[53] Vor diesem Hintergrund ist es auch einsichtig, dass das Kriterium der Unabhängigkeit verlangt, dass sich die KVG in Bezug auf ihre Aufgaben gegenüber der Verwahrstelle so verhält, als gäbe es diese gesellschaftsrechtliche Verbindung nicht. Die KVG darf es daher nicht akzeptieren, dass die Verwahrstelle im Konzerninteresse besonders hohe Vergütungen, Provisionen, oder Zinsen zu Lasten des Fonds verlangt oder die Einbehaltung von von dritter Seite (z.B. von im Fonds gehaltenen Zielfonds) gewährten Rückvergütungen durchsetzen will,[54] und zwar auch dann nicht, wenn die als Verwahrstelle fungierende Bank nicht in der Funktion als Verwahrstelle, sondern in einer Mehrfachfunktion als Anlageberater, Broker, Clearingstelle oder Devisenhändler für den Fonds agiert. Die KVG hat daher bei einer konzerneigenen Verwahrstelle besonders darauf zu achten, dass die Vergütungsstruktur einem Drittvergleich standhält bzw. marktkonform ist. ErwGr. 30 OGAW-VS-VO 2016/438/EU zählt folgende weitere Risiken auf, die durch gesellschaftsrechtliche Querverbindungen zwischen KVG und Verwahrstelle auftreten können: Betrugsrisiken (Unregelmäßigkeiten, die den zuständigen Behörden nicht gemeldet werden, um den guten Ruf zu wahren), Risiko des Rückgriffs auf Rechtsmittel (Verweigerung oder Vermeidung von rechtlichen Schritten gegen die Verwahrstelle), Verzerrung bei der Auswahl (Wahl der Verwahrstelle nicht aufgrund von Qualität und Preis), Insolvenzrisiko (geringere Standards bei der Sonderverwahrung von Vermögenswerten oder Beachtung der Insolvenz der Verwahrstelle) oder Risiko innerhalb einer Gruppe (gruppeninterne Investitionen). Zur Wahrung der Unabhängigkeit einer OGAW-KVG schreibt Art. 24 OGAW-VS-VO bei Bestehen einer Gruppenverbindung zwischen OGAW-KVG und Verwahrstelle die Besetzung des Leitungsorgans bzw. der Aufsichtsfunktion durch unabhängige Mitglieder vor. 26

Das Gesetz sieht in §§ 70 Abs. 5 Nr. 2, 76 Abs. 2, 83 Abs. 5 KAGB Weisungen der KVG gegenüber der Verwahrstelle, an keiner Stelle aber die Möglichkeit von Weisungen der Verwahrstelle gegenüber der KVG vor. Anderweitig **gesetzliche bestehende Weisungsrechte der Verwahrstelle**, z.B. als Muttergesellschaft nach § 37 Abs. 1 GmbHG, können sich nur auf Gegenstände beziehen, die nicht in die gesetzlich geforderte Letztentscheidungsbefugnis der Geschäftsleiter einer KVG im Rahmen der Fondsverwaltung und damit in die Verantwortung der KVG gegenüber dem Anleger eingreifen.[55] Dies ist offensichtlich, wenn es z.B. darum geht, welche Geschäftsräume die KVG anmietet. Aber auch wenn es darum geht, den Handlungsrahmen der KVG für die Fondsverwaltung zu bestimmen, sind entsprechende Weisungen zulässig, z.B. ob eine 27

---

51 So auch *Steffen* in Baur/Tappen, § 26 KAGB Rz. 18; teilweise a.A. *Geurts/Schubert* in Moritz/Klebeck/Jesch, § 26 KAGB Rz. 34.

52 Reg.-Begr. zum 1. FMFG, BT-Drucks. 11/5411, S. 30. Siehe insb. auch Art. 24 OGAW-VS-VO 2016/438/EU.

53 Van-Damme-Report, Rz. 58 Abs. 2.

54 Siehe auch *Steffen* in Baur/Tappen, § 26 KAGB Rz. 26.

55 Zu weitgehend *Ulrich*, S. 336, der pauschal das Oktroyieren geschäftspolitischer Entscheidung für unzulässig hält.

KVG einen bestimmten Fonds überhaupt auflegt oder welche Fondstypen von der KVG verwaltet werden sollen. Denkbar scheinen auch Vorgaben zur Anlage liquider Mittel im Rahmen des § 25 Abs. 7 KAGB. Unzulässig wären dagegen Weisungen im Rahmen des Portfoliomanagements, auch zur Stimmrechtsausübung,[56] zur Bewertung von Vermögensgegenständen[57] sowie Weisungen zu Organisation und Personal, soweit das Gesetz für die kollektive Vermögensverwaltung bestimmte Vorschriften enthält, z.B. zur Errichtung eines unabhängigen Risikomanagements nach § 29 Abs. 1 KAGB, eines unabhängigen Compliance-Beauftragten nach Art. 61 Abs. 2 AIFM-VO oder einer unabhängigen Innenrevision nach Art. 62 Abs. 1 AIFM-VO. Praktisch problematisch wird dies insbesondere dann, wenn die KVG derartige Funktionen auf die Muttergesellschaft, die auch als Verwahrstelle agiert, auslagert, wodurch der Muttergesellschaft auch als Arbeitgeber Direktionsrechte gegenüber ihren Mitarbeitern zustehen, die eine unabhängige Funktion für die KVG ausüben sollen. Für diese Fälle ist im Auslagerungsvertrag und durch das Auslagerungscontrolling sicherzustellen, dass mit der Ausübung des **Arbeitgeber-Direktionsrechts** die gesetzlich geforderte Unabhängigkeit der KVG nicht unterlaufen werden kann.

b) Unabhängigkeit vom Anleger/Weisungs- und Vetorechte?

28 Obwohl die Unabhängigkeit als explizites gesetzliches Erfordernis erst mit dem Investment-Richtlinie-Umsetzungsgesetz in das KAGG eingefügt wurde und sich vom Wortlaut her auch nur auf die Unabhängigkeit von der Verwahrstelle bezieht (s. Rz. 6), war bereits unter Geltung des KAGG und des InvG und ist auch unter Geltung des KAGB trotz des im Rahmen eines Treuhandverhältnisses nach §§ 675, 663, 665 BGB grundsätzlich bestehenden Weisungsrechtes das allgemeine Verständnis vorhanden, dass die **Anleger rechtlich keine Einwirkungsmöglichkeit auf die Anlageentscheidungen der KVG** bzw. ihr gegenüber **kein Weisungsrecht** in Bezug auf deren Anlageentscheidungen haben.[58] Dies wird im Wesentlichen damit begründet, dass das KAGG die Verwaltung eines Sondervermögens abschließend bzw. weitgehend regelt und keine organisierte Form der gemeinsamen Willensbildung der Anleger bei der Anlageentscheidung vorsieht.[59]

29 Aus dem Fehlen einer solchen Regelung leiten sich dann praktische Überlegungen dahingehend ab, dass bei einer Vielzahl von Anlegern eine **einheitliche Meinungsbildung kaum zu erreichen** sei und der Fonds dadurch in seiner Existenz bedroht würde.[60] Die Pflicht zur Interessewahrung stelle dann das Äquivalent genau für diese fehlende Einwirkungsmöglichkeit dar.[61] Die Ansicht, dass das KAGG eine abschließende Regelung zur Verwaltung eines Sondervermögens treffe und dem Anleger keine Gelegenheit zur Mitbestimmung biete, teilt auch der Gesetzgeber, der zur Regelung der Stimmrechtszurechnung der Aktien in einem Sondervermögen durch das 2. FMFG ausführt, dass der Gesetzgeber bewusst darauf verzichtet habe, den Anteilinhabern Einwirkungsmöglichkeiten auf die Kapitalanlagegesellschaft einzuräumen.[62] Auch ging das BAKred von der Weisungsunabhängigkeit der KVG aus,[63] die aus der Verwaltungspflicht der KVG abgeleitet wird. Ebenso geht die ESMA davon aus, dass ein **wesentliches Merkmal eines als AIF regulierten Organismus für gemeinsame Anlagen** darstellt, dass die Anleger – als Gruppe – keine laufende Ermessens-

---

56 Andernfalls würde auch bei einer KVG als Tochterunternehmen einer Verwahrstelle die Ausnahme von der Stimmrechtszurechnung nach § 35 Abs. 3 WpHG nicht in Anspruch genommen werden können.

57 §§ 212, 216 Abs. 1 Satz 2 KAGB regeln Fälle, in denen die Verwahrstelle (unabhängig davon, ob sie Mutterunternehmen einer KVG ist) die Bewertung selbst vornimmt, nicht aber der KVG Weisungen zu Bewertungen erteilt. Aus diesen Vorschriften kann nicht entnommen werden, dass, wenn eine Verwahrstelle die Bewertung unmittelbar selbst vornehmen kann, sie dann als „weniger" auch Weisungen erteilen dürfe; dies würde die klare Zuweisung der Bewertungsverantwortung verwischen.

58 *Baur*, Investmentgesetze 1970, § 10 KAGG III.2, S. 165; *Canaris*, Rz. 2431; *Geßler*, S. 18; *Podewils*, S. 68 ff.; *Schäcker*, S. 100 f.; *Schäfer*, S. 64 ff.; *vom Berge und Herrendorf*, S. 30, 80; *Steffen* in Baur/Tappen, § 26 KAGB Rz. 29; OLG Frankfurt v. 2.7.2008 – 23 U 55/07, BKR 2008, 341 (346). *Consbruch*, S. 339, führt aus, dass die KAG für die Verwaltung des Sondervermögens allein zuständig und verantwortlich ist, ohne explizit eine Weisungsfreiheit der KVG zu postulieren. *Geurts/Schubert* in Moritz/Klebeck/Jesch, § 26 KAGB Rz. 41, lehnen ebenfalls ein Weisungsrecht ab, allerdings deswegen, weil die KVG die Interessen der Gesamtheit der Anleger, nicht aber die Interessen einzelner Anleger, zu berücksichtigen hat, was jedoch ein Weisungsrecht der Gesamtheit der Anleger nicht ausschließen würde.

59 Z.B. *Canaris*, Rz. 2431; *Schäfer*, S. 64 f.

60 *Podewils*, S. 68 ff.; s. auch *Zetzsche*, Prinzipien, S. 90, 652.

61 *Baur*, Investmentgesetze 1970, § 10 KAGG III.2, S. 165. Siehe oben Rz. 12, 15.

62 BT-Drucks. 12/7918, 116.

63 BAKred, Schreiben vom 29.9.1997, AZ V1/02 – 17/97, abgedruckt als Anhang 10 zum Jahresbericht des BAKred 1997: „Mit der Verwaltungspflicht der KAG ist grundsätzlich deren alleiniges Verwaltungsrecht inbegriffen und somit jedes Weisungsrecht Dritter, auch das der Anteilinhaber und der Gesellschafter der KAG, ausgeschlossen ...".

bzw. Kontrollbefugnis besitzen, die die Entscheidungsgewalt über operative Fragen in Bezug auf die tägliche Verwaltung der Vermögenswerte des Organismus betrifft; jedoch soll die Tatsache, dass einem oder mehreren, jedoch nicht allen Anlegern eine laufende Ermessens- bzw. Kontrollbefugnis gewährt wurde, nicht als Nachweis dafür herangezogen werden, dass es sich bei dem Organismus nicht um einen Organismus für gemeinsame Anlagen handelt.[64] Näher dazu § 1 Rz. 32 ff. In der neueren Literatur wird die Möglichkeit eines Weisungsrechtes der Anteilinhaber teilweise für zulässig gehalten, jedenfalls dann, wenn eine einheitliche Willensbildung auf Seiten der Anleger möglich ist.[65]

Unter zivilrechtlichen Aspekten kann die Alleinverantwortlichkeit der KVG für die Vermögensverwaltung 30 mit deren Pflicht zur selbständigen Tätigkeit begründet werden, da die Selbständigkeit notwendiges Merkmal der Verwaltertätigkeit in Form der Geschäftsbesorgung für einen anderen ist.[66] Nach *Schäcker* leitet sich das alleinige Verwaltungsrecht der KAG aus deren Verwaltungspflicht und der – nun in § 93 Abs. 1 KAGB geregelten – alleinigen Verfügungsbefugnis der KAG ab.[67]

Die Frage der Möglichkeit bzw. Zulässigkeit eines Weisungsrechts der Anleger hat **weitreichende Konsequenzen**: (1) Die BaFin betrachtet die Befolgung einer Weisung im Rahmen der Vermögensanlage für ein Investmentvermögen als Auslagerung des Portfoliomanagements nach § 36 Abs. 1 Satz 1 Nr. 3 KAGB mit der Folge, dass der Weisende, wenn er nicht über eine entsprechende Lizenz verfügt, ggf. eine nach § 54 Abs. 1 Nr. 2 KWG **unerlaubte Finanzdienstleistung** in Form der Finanzportfolioverwaltung nach § 1 Abs. 1 a Satz 2 Nr. 3 KWG gegenüber der KVG erbringt.[68] (2) Sofern die Weisungsfreiheit der KVG aus § 26 Abs. 1 KAGB und nicht aus dem nur bei Sondervermögen, nicht aber bei Investmentgesellschaften nach § 1 Abs. 11 KAGB geltenden § 93 Abs. 1 KAGB abgeleitet wird, setzt sich die KVG nach § 340 Abs. 2 Nr. 5, Abs. 7 S. 1 Nr. 1 KAGB der **Gefahr eines Bußgeldes** i.H.v. bis zu 5 Mio Euro bzw. 10 % ihres Jahresumsatzes aus. (3) Die **Steuerverwaltung** betrachtet die Erteilung von Weisungen eines Anlegers gegenüber einer KVG als Rechtsformmissbrauch nach § 42 AO und rechnet die Kapitalanlagen und die Erträge dem jeweiligen Anleger unmittelbar zu.[69] 31

Zu Recht muss ein **Weisungsrecht eines Anlegers gegenüber der KVG** in Bezug auf Anlageentscheidungen 32 **abgelehnt** werden. Die Portfolioverwaltung ist die Kernaufgabe einer KVG schlechthin, die nur unter Beachtung besonderer Regeln auf fachkundige Dritte übertragen werden darf. In diesem Fall muss die KVG nach Art. 13 Abs. 1 lit. g) OGAW-RL und Art. 20 Abs. 1 Satz 2 lit. f) AIFM-RL in der Lage sein, „jederzeit weitere Anweisungen (an den Beauftragten) zu erteilen". Hiermit wird die Letztentscheidungsbefugnis des Leitungsorgans der KVG (s. Art. 2 Abs. 1 lit. s) OGAW-RL) sichergestellt. Dies verträgt sich nicht damit, dass sich die KVG umgekehrt Weisungen von Anlegern unterwirft und so ihre Letztverantwortung für diese Kernaufgabe aufgibt.

Aus diesem Grund ist ein **Zustimmungsvorbehalt** des Anlegers[70] unzulässig. **Vetorechte** sind ebenso wenig 33 zulässig, da auch hier die Letztentscheidungsbefugnis der KVG missachtet wird.[71] Im Übrigen ist es lediglich eine rechtskonstruktive Frage der Formulierung, ob die unzulässige Letztentscheidungsbefugnis des Anlegers als Zustimmungsvorbehalt oder als Vetorecht konstruiert wird; in beiden Fällen muss die KVG den Anleger vor Umsetzung ihrer Anlageentscheidung konsultieren. Dies gilt auch, wenn Weisungen oder Zustimmungsvorbehalte im Rahmen der Portfolioverwaltung sich nicht nur auf den Erwerb oder die Veräußerung eines bestimmten Vermögensgegenstandes richten, sondern genereller Natur sind, z.B. alle oder einen bestimmten Teil der Aktien in einem Investmentvermögen zu verkaufen oder das Portfolio abzusichern.

---

64 ESMA, Leitlinien zu Schlüsselbegriffen der Richtlinie über die Verwalter alternativer Investmentfonds (AIFMD), vom 13.8.2013 (ESMA/2013/611), Nr. 12 (c).

65 *Reiss*, S. 234 ff.; *Stöber/Kleinert*, BB 2016, 278 (282).

66 Siehe hierzu *Zetzsche*, Prinzipien, S. 91 ff.

67 *Schäcker*, S. 100 f.

68 Ablehnend dazu, dass die BaFin durch Auslegung aufsichtsrechtlicher Begriffe (hier Bitcoin als Finanzinstrument i.S.d. § 1 Abs. 11 KWG) die Voraussetzung der Strafbarkeit nach § 54 KWG bestimmen kann, KG Berlin v. 25.9.2018 – (4) 161 Ss 28/18 (35/18), Rz. 15 ff. Zum Vorliegen eines Verbotsirrtums bei einem Täter nach § 54 KWG, der seine Tätigkeit nicht für erlaubnisbedürftig hält, siehe BGH v. 10.7.2018 – VI ZR 263/17, WM 2018, 1639 Rz. 24 ff. Siehe auch Rz. 35 a.E.

69 Im Einzelnen ist unklar, welche Auffassung die Steuerverwaltung vertritt. Das Ergebnis der Zurechnung der Erträge unmittelbar beim Anleger könnte auch nach § 39 Abs. 2 AO erfolgen, wobei die KVG jedoch sowieso treuhänderische Pflichten nach dem KAGB hat und das InvStG trotz der Treuhandtätigkeit der KVG eine spezifische Fondsbesteuerung anordnet. Siehe auch *Fischer*, FR 2016, 27 (29).

70 Zu Zustimmungsvorbehalten eines Anlageausschusses s. Rz. 37 und Kommentierung zu § 1 Rz. 37.

71 Siehe auch *Zetzsche/Preiner*, WM 2013, 2103, die zurecht darauf hinweisen, dass ein engmaschiges Vetorecht den gleichen Effekt wie ein Weisungsrecht erzielen kann. Nach *Tollmann* in Dornseifer/Jesch/Klebeck/Tollmann, Art. 4 AIFMD Rz. 31, kommt es auf die Umstände des Einzelfalls an.

34 Gleichwohl schließt dies nicht aus, dass **unter Beachtung der Letztentscheidungsbefugnis der KVG die Anleger** (genau wie Anlageberater oder sonstige Dritte) der KVG **Anlagevorschläge** machen, die die KVG jedoch **eigenständig und diskretionär prüfen und auf dieser Basis eine ebenso eigenständige Anlageentscheidung treffen kann**. So hat das BAKred mit Bezug auf die Beauftragung eines Anlageberaters ausgeführt: „Das Fondsmanagement muß aber in der Lage sein, die Anlageempfehlungen nachzuvollziehen und sie auf Übereinstimmung mit Gesetz, Vertragsbedingungen und Anlagepolitik der KAG zu überprüfen, um sie als eigene Aufträge im eigenen Namen an die ausführende Stelle weiterzugeben.“[72] Dies muss bei Anlagevorschlägen eines Anlegers genauso gelten. Die Verpflichtung zum Handeln im Anlegerinteresse lässt es sogar geboten erscheinen, dass die KVG einen – zumindest von der Gesamtheit der Anleger unterbreiteten – Anlagevorschlag im Rahmen ihres Portfoliomanagements berücksichtigt und prüft. Insofern kann hier von einem **zulässigen Einwirken des Anlegers** auf die Anlageentscheidung der KVW gesprochen werden, da dieses Einwirken die Letztverantwortung der KVG für die Anlageentscheidung nicht berührt.

35 Um ihrer **eigenen Verantwortung** für ihre Anlageentscheidung gerecht zu werden, darf sich die KVG dabei nicht lediglich auf die Prüfung der Einhaltung zwingender gesetzlicher oder in den Anlagebedingungen vorgesehener Anlagegrenzen beschränken, sondern muss sich einen solchen Vorschlag auch darüber hinaus zu eigen machen und dann eine eigene Investmententscheidung treffen (**Zweckmäßigkeitsprüfung**). Es ist völlig unerheblich, ob Ausgangspunkt für eine Anlageentscheidung der KVG die Auswertung von Marktberichten, ein Vorschlag eines Anlegers oder ein sonstiges Ereignis ist, wenn und solange die KVG hierauf ihren eigenen diskretionären Investmentprozess anwendet. Es kommt hierbei nicht auf die Quelle der Anregung, sondern den Umgang der KVG mit dieser Anregung an. Es ist dann auch unerheblich, ob ein Anleger eine Vielzahl von Anlagevorschlägen unterbreitet oder nur ganz vereinzelt mit einem Vorschlag auf die KVG zugeht; die KVG muss jeden einzelnen Vorschlag ihrem Investmentprozess unterwerfen. Aus Perspektive des Anlegers ist allerdings darauf zu achten, dass seine Anlagevorschläge nicht den Charakter von persönlichen Empfehlungen i.S.v. § 1 Abs. 1 a Satz 2 Nr. 1 a KWG haben, um nicht den Tatbestand des unerlaubten Betreibens einer **Anlageberatung** nach § 54 Abs. 1 Nr. 2 KWG zu erfüllen, was freilich auch schon deswegen nicht der Fall sein dürfte, weil der Anleger Kunde der KVG und nicht diese in Bezug auf eine Anlageberatung Kunde des Anlegers ist. Allerdings kann gerade wegen der Strafandrohung des § 54 Abs. 1 Nr. 2 KWG nicht allein aus den äußeren Gegebenheiten geschlossen werden, dass die Umsetzung eines geäußerten Anlegerwunsches die Befolgung einer Weisung und damit die Auslagerung der Portfolioverwaltung darstellt.

36 Vor diesem Hintergrund ist dann auch zu entscheiden, ob die KVG unzulässig handelt, wenn sie „Wünsche der Anleger regelmäßig umsetzt“[73] oder wenn der Anleger „Einfluss“ auf die KVG bei der Anlageentscheidung ausübt. Die Begriffe des Wunsches und des Einflusses sind in diesem Kontext indifferent. Verbindet der Anleger mit einem Anlagewunsch implizit die **Erwartung, dass die KVG den Wunsch umsetzt**, wenn keine zwingenden formalen Kriterien wie z.B. Anlagegrenzen, dagegenstehen, so dass dieser **Wunsch als** unter dem Vorbehalt der Einhaltung von Anlagegrenzen stehende **Weisung** auszulegen ist, ist dies unzulässig. Das gilt entgegen der Auffassung von *Tollmann*[74] auch dann, wenn ein solcher Wunsch nicht regelmäßig, sondern nur im Einzelfall formuliert wird. Wird umgekehrt der Wunsch lediglich als Vorschlag oder Anregung vorgebracht und dann im Rahmen des diskretionären Investmentprozesses der KVG ordnungsgemäß behandelt, so ist die Entsprechung des Wunsches ohne weiteres mit der Weisungsfreiheit der KVG vereinbar. Dies gilt auch dann, wenn solche Wünsche regelmäßig vorgetragen werden.

37 Für die Tätigkeit eines **Anlageausschusses** gilt grundsätzlich dasselbe. Es handelt sich bei diesem Ausschuss nicht um ein gesetzlich vorgesehenes Gremium, das daher auch die Letztentscheidungsbefugnis der Geschäftsleitung der KVG grundsätzlich nicht relativieren kann. Das BAKred hat insoweit ausgeführt, das der Anlageausschuss **lediglich beratend** tätig sein kann und „Empfehlungen des Anlageausschusses hinsichtlich der Auswahl der einzelnen Wertpapiere … sich lediglich an zeitnahen wirtschaftlichen Gegebenheiten der Emittenten orientieren, nicht aber neue essentielle Kriterien für die Auswahl einführen“ können.[75] Allerdings gesteht die BaFin nach Abstimmung mit dem BMF seit Anfang 2015 dem Anlageausschuss sowohl bei Publikums- als auch bei Spezialfonds ein **Vetorecht** zu. Auf dieser Basis erachtet die BaFin einen **Zustimmungsvorbehalt** des Anlageausschusses als ebenso zulässig. Inwieweit der Anlageausschuss eine Delegation dieser Möglichkeiten auf ein Anlageausschussmitglied, das gleichzeitig Angestellter des Anlegers ist,

---

72 BAKred, Schreiben vom 29.9.1997, AZ V1/02 – 17/97, abgedruckt als Anhang 10 zum Jahresbericht des BAKred 1997, S. 4.

73 Siehe *Tollmann* in Dornseifer/Jesch/Klebeck/Tollmann, Art. 4 AIFMD Rz. 31, der das regelmäßige Umsetzen von Wünschen des Anlegers nicht als Portfolioverwaltung ansieht.

74 Siehe *Tollmann*, in Dornseifer/Jesch/Klebeck/Tollmann, Art. 4 AIFMD Rz. 31.

75 BAKred, Schreiben v. 29.9.1997 – Az. V1/02 - 17/97, abgedruckt als Anhang 10 zum Jahresbericht des BAKred 1997, S. 4.

zulässigerweise vornehmen kann, ist zumindest dann zweifelhaft, wenn diese Delegation der Umgehung des Gebotes der Fremdverwaltung dienen soll.

Vertragliche Vereinbarungen mit den Anlegern einschließlich der Anlagebedingungen und sonstiger gemeinsamer Festlegungen von (allgemein geltenden) Anlagegrenzen sind dagegen nicht betroffen, da diese keine einseitigen Weisungen darstellen, sondern eine entsprechende Willenserklärung der KVG voraussetzen.[76] Solche Vereinbarungen bestimmen auch üblicherweise lediglich den Rahmen für das Handeln der KVG, innerhalb dessen sie diskretionär agieren kann. Diese Vereinbarungen dürfen den Anlegern selbstverständlich keine Weisungsrechte gewähren. 38

3. Handeln im ausschließlichen Interesse der Anleger

Die Pflicht zum Handeln im ausschließlichen Interesse der Anleger ist zunächst ein Ausdruck des **zivilrechtlichen Treuhandverhältnisses** zwischen Anleger und KVG (s. Rz. 15). Anders als bei einer rein vertraglich geregelten Treuhand kann die KVG das Maß der Interessewahrung jedoch nicht frei vereinbaren, da der Anleger im Unterschied zu einem normalen Treuhandverhältnis (s. § 665 Satz 1 BGB) über keine Weisungsrechte verfügt. Das Gesetz verlangt daher die Berücksichtigung des Anlegerinteresses und dessen Priorisierung gegenüber den Interessen der KVG. Europarechtlich hat die Forderung nach dem Handeln ausschließlich im Interesse der Anleger im Blick, dass eine wirtschaftlich mit einer Verwahrstelle verflochtene KVG nicht auch die Interessen dieser Verwahrstelle berücksichtigen darf, insbesondere wenn die Verwahrstelle gesellschaftsrechtliche Weisungsrechte gegenüber der KVG besitzt.[77] Die Merkmale „unabhängig" und „ausschließlich im Interesse der Anleger" wurden hier nicht als zwei getrennte, sondern als zusammengehörige Merkmale zur Behandlung des Problems der gesellschaftsrechtlichen Verflechtung von KVG und Verwahrstelle betrachtet. Als diesbezüglich klassisches Szenario galten **Wertpapiertransaktionen für Rechnung des Fonds über die Verwahrstelle als Broker**, um für diese hohe Kommissionsentgelte zu generieren.[78] Gleiches gilt gem. §§ 70 Abs. 1 und § 85 Abs. 1 KAGB für die Verwahrstelle. Zur Berücksichtigung von Interessen Dritter siehe Rz. 47. 39

a) Bestimmung des Anlegerinteresses

Die Konzeption eines Investmentvermögens als Vehikel, das grundsätzlich offen ist für eine Vielzahl von Anlegern mit potenziell unterschiedlichen individuellen Interessen, macht es nötig, auf ein **typisiertes Anlegerinteresse** abzustellen. Dieses kann nicht anders als mit dem Zweck eines Investmentvermögens, nämlich der Investition des eingesammelten Kapitals nach einer festgelegten Anlagestrategie zum Nutzen der Anleger, bestimmt werden. Sehr allgemein formuliert ist das Anlegerinteresse auf die **Mehrung des investierten Kapitals gemäß der für das Investmentvermögen von der KVG definierten Anlagestrategie durch Wahrnehmung von Ertragschancen im Rahmen der geltenden Anlagerestriktionen** gerichtet. Die Wahrnehmung von Ertragschancen ist hierbei weit und aus einer Ex-ante-Sicht zu verstehen und erfasst nicht nur einzelne für den Fonds getätigte Transaktionen, sondern auch die Schaffung struktureller oder sonstiger Voraussetzungen für derartige Transaktionen, auch wenn diese Voraussetzungen die Erfüllung von Verpflichtungen zur Folge haben, die für sich genommen nicht im Anlegerinteresse sind; gleiches gilt für gesetzliche oder vertragliche Folgepflichten aus der Wahrnehmung von Ertragschancen (s. Rz. 44). Ebenso kann eine in den Anlagebedingungen oder in der Beschreibung der Anlagestrategie oder auf sonstige Weise vorgenommene Geschäftsausrichtung der KVG dazu führen, dass sie einzelne Transaktionen vornehmen muss, die für sich genommen nachteilig sind. Z.B. kann die KVG zur Umsetzung von stochastischen, auf Algorithmen beruhenden oder sonstigen regelbasierten Kapitalanlagemodellen oder der Nachbildung eines Indizes Transaktionen tätigen müssen, von denen sie im Einzelfall davon ausgeht, dass diese isoliert betrachtet für die Anleger nachteilig, allerdings durch diese Modelle oder Indizes vorgegeben sind. Diese Verpflichtungen bzw. Transaktionen berühren dennoch nicht das Anlegerinteresse in negativer Weise, sondern sind der im Anlegerinteresse liegenden Wahrnehmung von Ertragschancen immanent, so dass das Anlegerinteresse auch die Eingehung und Erfüllung solcher isoliert betrachtet nachteiligen Pflichten und Transaktionen umfasst, ihnen aber nicht widerspricht.[79] Insofern ist die Frage hilfreich, ob ein Anleger, wenn er dieselbe Geschäftstätigkeit unmittelbar für sich selbst ausüben würde, sinnvollerweise dieselben Verpflichtungen auch 40

---

76 *Zetzsche*, Prinzipien, S. 660 ff., bezeichnet auch die Anlagebedingungen als Weisungen.

77 Siehe Rz. 26; Vandamme-Report, Nr. 58, Abs. 2 am Ende.

78 Unabhängig davon, ob die KVG in einem solchen Fall das Interesse einer anderen Person als die Anleger bedient, wird dieser Fall auch von § 26 Abs. 5 KAGB erfasst.

79 Anschaulich formuliert kann ein Anleger unter Vorschieben des Anlegerinteresses gegenüber der KVG nicht das Motto einwenden. „Wasch mir den Pelz, aber mach mich nicht nass."

einginge oder nicht. So wird klar, dass sich das Anlegerinteresse auf die Gesamtheit der Geschäftstätigkeit für den jeweiligen Fonds, nicht aber auf einzelne Aspekte hiervon richtet.

41 Die Anlagestrategie ist nach §§ 162 Abs. 2 Nr. 2, 307 Abs. 1 Satz 2 Nr. 1 KAGB im Verkaufsprospekt bzw. in den Anlegerinformationen beschrieben und nach § 29 Abs. 3 Nr. 1 KAGB Grundlage für die Investitionsentscheidung der KVG. Sonderinteressen einzelner Anleger oder Anlegergruppen sind hierbei unbeachtlich. Dabei bestimmt das **Profil des typischen Anlegers** nach § 162 Abs. 2 Nr. 10 KAGB wesentlich das Anlegerinteresse.[80] Auch die gesetzlichen und in den Anlagebedingungen festgelegten **Anlagegrenzen** als Rahmen für die Umsetzung der Anlagestrategie und damit als Risikolimitierung dienen der Bestimmung des Anlegerinteresses, weil der Anleger sich darauf verlassen darf, dass die KVG innerhalb dieser Grenzen agiert. So wurde unter dem Handeln im Anlegerinteresse auch verstanden, dass nach den geltenden Bestimmungen ein OGAW keine Stimmrechte erwerben darf, mit denen auf ein Unternehmen ein beherrschender Einfluss ausgeübt werden kann.[81]

42 Bei **Spezialfonds** mit wenigen Anlegern oder nur einem Anleger ist auch praktisch leicht denkbar, dass über die vereinbarten Anlagebedingungen hinweg **situationsbezogen das Anlegerinteresse formuliert** und an die KVG adressiert wird. Dies erleichtert es der KVG, das Anlegerinteresse zu bestimmen. Es ist kein Grund ersichtlich, außerhalb der vereinbarten Anlagebedingungen getätigte Äußerungen der Gesamtheit der Spezialfondsanleger nicht zur Bestimmung des Anlegerinteresses heranzuziehen, wenn dieses nicht im Widerspruch zum Gesetz oder zu den vereinbarten Anlagebedingungen steht. Sofern das Anlegerinteresse von den nach § 273 Satz 1 KAGB schriftlich festzuhaltenden Anlagebedingungen abweicht,[82] sollte dies auch entsprechend schriftlich festgehalten werden und als Änderung der Anlagebedingungen begriffen werden. Allerdings lässt sich auch dahingehend argumentieren, dass die Auslegung der Anlagebedingungen als Vertrag zwischen KVG und Spezialfondsanleger bei zwei sich widersprechenden Regelungen[83] einen Vorrang der Pflicht zur Interessewahrung gegenüber speziellen Anlagerestriktionen ergibt.[84]

b) Handeln im Anlegerinteresse

43 Eine darauf aufbauende Frage ist, wie das von der KVG zunächst bestimmte Anlegerinteresse bei der Fondsverwaltung zu berücksichtigen ist. Das Gesetz ist hier eindeutig und scheibt das **Handeln im Anlegerinteresse zwingend** vor. Dies erscheint bei Fonds mit typisiertem Anlegerinteresse einfach, wenn das Anlegerinteresse einmal bestimmt ist, ist aber in der Vielgestaltigkeit des Investmentalltags praktisch oft nicht leicht. Sofern, wie bei Spezialfonds, das Anlegerinteresse über die vereinbarten Anlagebedingungen hinweg geäußert wurde, spricht nicht nur nichts dagegen, sondern ist es sogar geboten, dieses dem Handeln der KVG ebenso zugrundezulegen. Denn das typisierte Anlegerinteresse ist lediglich deswegen und dann relevant, weil und wenn eine einheitliche Willensbildung der Anleger bei einem typischen Investmentvermögen mit breitem Anlegerkreis nicht möglich ist (s. Rz. 28 f.). Im Rahmen des Portfoliomanagements darf die KVG solch ein einheitlich formuliertes Anlegerinteresse jedoch lediglich als Anregung für einen eigenständigen Investitionsentscheidungsprozess, nicht aber als eine Weisung, eine bestimmte Kapitalanlage zu tätigen, verstehen (s. Rz. 34 ff.). Davon geht insbesondere keinerlei Indikationswirkung für Haftungsfälle aus.

44 Die Pflicht zum Handeln im Anlegerinteresse durch Wahrnehmung von Ertragschancen erfasst auch die **Eingehung und Erfüllung von Verpflichtungen gegenüber Dritten**, ohne dass der Anleger hiervon einen unmittelbaren Vorteil hat (s. Rz. 40). Offensichtlich ist dies für die Verpflichtung zur Leistung der Gegenleistung bei einem für den Fonds getätigten Geschäft, z.B. zur Zahlung eines Kaufpreises für ein (nach den Anlagebedingungen erwerbbares) Wertpapier. Gleiches gilt für gesetzliche oder vertragliche Folgepflichten oder Pflichten, die gerade aus der Verfolgung einer bestimmten Geschäftsstrategie für den Fonds entstehen, wie z.B. die Zahlung von Variation Margins nach EMIR, die Berücksichtigung der Mieterinteressen nach § 554a Abs. 1 BGB, die Berücksichtigung sonstiger öffentlich-rechtlicher und zivilrechtlicher Anforderungen als Immobilieneigentümer oder Bauherr, die Beachtung der Anforderungen als Market Maker oder Designated Sponsor (s. § 28 Rz. 62 f.), die Zahlung von Steuern oder Abgaben und sonstiger nach den Anlagebedingungen zulässigen Aufwendungen.[85] Die Erfüllung derartiger Pflichten dient gerade dem Anlegerinteresse,

---

80 Siehe auch *Zetzsche*, Prinzipien, S. 653, wonach das Handeln im Anlegerinteresse „den jeweils maßgeblichen Anlegertypus" berücksichtigen muss.

81 Vandamme-Report, Nr. 108 a.E.

82 Dies ist praktisch oft dann der Fall, wenn Anlagebedingungen ein bestimmtes Mindestrating für Anleihen vorsehen und die Anleihe bei einem Downgrade (unter Beachtung von § 29 Abs. 2 a KAGB) veräußert werden muss. Dann „genehmigt" der Anleger oftmals das Festhalten an der Investition.

83 Zur Pflicht zur Interessewahrung als vertragliche Regelung der Anlagebedingungen s. Rz. 16.

84 Siehe auch *Zetzsche*, Prinzipien, S. 671.

85 BGH v. 19.5.2016 – III ZR 399/14, ZIP 2016, 2227 Rz. 26 a.E., 32 a.E.

weil dies als Voraussetzung oder Folge der Wahrnehmung von Ertragschancen für den verwalteten Fonds erforderlich ist. Auch sieht das KAGB selbst Regelungen vor, die eine KVG beachten muss, auch wenn sie nicht im Anlegerinteresse sind. So dient § 29 Abs. 2a KAGB, wonach die KVG sich bei der Bewertung der Kreditqualität von Vermögensgegenständen nicht ausschließlich oder automatisch auf Ratings stützten darf, was bei Downgrades einen zeitnahen Verkauf verhindern und sich damit auf den Anleger nachteilig auswirken kann, dem Eindämmen des Einflusses von Ratingagenturen zur Verhinderung von Finanzkrisen;[86] § 292 KAGB erschwert die Zerschlagung von Unternehmen und stellt so die Interessen des kontrollierten Zielunternehmens über die Anlegerinteressen.[87]

Mit der auch vertraglich vorgesehenen Pflicht zur Interessewahrung (s. Rz. 16) nach § 26 Abs. 1 KAGB kann die Aufrechterhaltung eines **Verstoßes gegen gesetzliche Anlagerstriktionen gerechtfertigt** werden. Die KVG hat daher nicht nur bei unbeabsichtigten Verstößen zu prüfen, ob die unverzügliche Beseitigung der Anlagegrenzverletzung dem Anlegerinteresse entspricht. Die Berücksichtigung der Schadensersatzpflicht der KVG bedeutet auch die Berücksichtigung der entsprechenden finanziellen Leistungsfähigkeit der KVG, was im Extremfall dazu führen kann, dass die unverzügliche Beseitigung auch schuldhaft herbeigeführter Anlagegrenzverletzungen nicht zwangsläufig im Interesse des Anlegers sein muss. § 211 Abs. 2 KAGB ist dann insoweit nur ein gesetzlich geregelter Spezialfall ohne abschließenden Charakter.[88] Auch sind Fälle denkbar, wie z.B. bei starken Marktschwankungen, politischen Unsicherheiten oder in der Auflösungsphase eines Fonds, dass in den Anlagebedingungen vorgesehene **Mindestinvestitionsquoten** nicht eingehalten werden müssen oder gar dürfen, wenn das Anlegerinteresse dagegensteht. Dies kann auch bereits die Auslegung der Anlagebedingungen ergeben, wonach eine vertragliche Mindestinvestitionsquote immer unter dem Blickwinkel der Pflicht zur Wahrung des Anlegerinteressen ausgelegt werden muss, was dazu führen kann, dass eine Mindestinvestitionsquote von vornherein nur für aus Sicht der KVG „normale“ Marktphasen gilt, auch wenn sich dies nicht explizit aus den Anlagebedingungen ergibt. 45

c) Berücksichtigung der Interessen der KVG

Die Forderung der Berücksichtigung des Anlegerinteresses dient europarechtlich primär der Festlegung eines Rangverhältnisses zwischen den Interessen der Anleger und denen der mit der KVG gesellschaftsrechtlich verbundenen Verwahrstelle (s. Rz. 39). Jedoch ergibt sich sowohl aus dem eher zivilrechtlich zu verstehenden Umstand des Nichtbestehens eines Weisungsrechtes der Anleger (s. Rz. 15) als auch aus § 27 Abs. 1 Nr. 1 KAGB, dass auch bei der Gegenüberstellung der Interessen der KVG und der Anleger die KVG ihre eigenen Interessen nicht gegen die Interessen der Anleger verfolgen darf. Grundsätzlich ist **das eigene Ertragsinteresse der KVG**[89] legitim, da nur die Verfolgung dieses Interesses dazu führt, dass die Fondsverwaltung als Dienstleistung gegenüber dem Anleger angeboten wird. Hierbei sind aber die Grenzen des § 26 Abs. 5 KAGB (s. Rz. 115 ff.) zu beachten. Ebenso wäre es als Verstoß gegen das Anlegerinteresse zu werten, wenn sich die KVG allgemeine, nicht einem bestimmten Fonds zuzuordnende Geschäftskosten als nichtumlagefähige Aufwendungen[90] erspart, z.B. durch Einsatz von zu wenig oder minderqualifiziertem Personal oder veralteter IT, um so ihre Ertragslage zu verbessern. 46

d) Berücksichtigung der Interessen Dritter

Die Berücksichtigung der Interessen Dritter wird, wie die Entwicklungsgeschichte der Norm zeigt, durch § 26 Abs. 1 KAGB nicht adressier (Rz. 26). Aus dem Treuhandverhältnis zwischen KVG und Anleger (s. Rz. 15) ergibt sich jedoch, dass die KVG bei der Berücksichtigung von Interessen anderer Personen nicht gegen die Interessen der Anleger handeln darf, wobei auch hier das Anlegerinteresse nicht zu eng bestimmt werden darf (s. Rz. 40, 44). Sofern zwischen den **Interessen der Anleger und den Interessen Dritter keine Konflikte** auftreten, spricht von vornherein nichts gegen eine Berücksichtigung der Interessen dieser Dritten. Die Erfüllung von Verpflichtungen gegenüber einem Dritten, die im Anlegerinteresse eingegangen werden oder als Folgepflichten aus dem Handeln im Anlegerinteresse entstehen (s. Rz. 44), dient zwar isoliert betrachtet dem Interesse des Dritten, stellt damit aber auch gleichzeitig ein Handeln im Anlegerinteresse zur Wahrnehmung von Ertragschancen (s. Rz. 40) für den Fonds dar. Für den Fall von Interessenkonflikten zwischen bestimmten Beteiligten gilt § 27 KAGB (dazu § 27 Rz. 12). Bei der Fondsverwaltung sind außerdem verschiedene Szenarien denkbar, in denen Handlungsalternativen in Bezug auf den Anleger neutral sind, aber die Interessen anderer Beteiligter unterschiedlich berühren. Dies kann z.B. bei der **Auswahl ver-** 47

86 BT-Drucks. 18/1774, S. 1.
87 Siehe dazu *Ulrich*, S. 349 f.
88 Siehe Vandamme-Report, Nr. 113 lit. b) a.E.
89 Siehe hierzu *Zetzsche*, Prinzipien, S. 739.
90 Siehe hierzu BGH v. 19.5.2016 – III ZR 399/14, ZIP 2016, 2227 Rz. 27.

schiedener Broker der Fall sein, die unter dem Blickwinkel des § 168 Abs. 7 KAGB gleichwertig sind. In einem solchen Fall kann die KVG bei der Brokerauswahl durchaus auch die Interessen eines bestimmten Brokers berücksichtigen, ohne dass hierdurch das Anlegerinteresse negativ berührt wird.

III. Allgemeine Verhaltensregeln (§ 26 Abs. 2 KAGB)

48 § 26 Abs. 2 KAGB dient der Umsetzung von Art. 14 Abs. 1 Satz 3 OGAW-RL und Art. 12 Abs. 1 Unterabs. 1 AIFM-RL. Diese Verhaltensregeln wurden erstmalig durch die Richtlinie 2001/107/EG im Rahmen von OGAW III als Art. 5 h eingeführt und stellen eine Nachbildung der entsprechenden Verhaltensregeln für Finanzdienstleister dar, die sich heute in teilweise veränderter Systematik u.a. in §§ 63, 80, 81 WpHG finden.

49 Die Vorschriften der OGAW-RL und AIFM-RL sind nicht völlig, aber **im Wesentlichen deckungsgleich**, was den Gesetzgeber zu einer Zusammenfassung in einer Vorschrift veranlasst hat.[91] Auch wenn es auf den ersten Blick danach aussieht, als hätte hier der Gesetzgeber auf europäischer Ebene für OGAWs oder AIFs nicht anwendbare Verhaltensregeln auf nationaler Ebene eingeführt, zeigt ein genauerer Blick, dass derartige Anforderungen sich oftmals an anderer Stelle in der jeweiligen Richtlinie finden. So ist z.B. die Anforderung nach § 26 Abs. 2 Nr. 1 KAGB und Art. 12 Abs. 1 UA 1 lit. a) AIFM-RL, der Tätigkeit „ehrlich" nachzugehen, zwar nicht in Art. 14 Abs. 1 lit. b) OGAW-RL, jedoch in Art. 25 Abs. 2 OGAW-RL enthalten, der Art. 21 Abs. 10 AIFM-RL entspricht.

50 Diese Verhaltensregeln spielen zwar insbesondere für die Portfolioverwaltung eine Rolle, gelten aber in gleicher Weise auch für die anderen in § 1 Abs. 19 Nr. 24 KAGB aufgeführten Aufgaben. Art. 18 bis 20 AIFM-VO sind insoweit **keine abschließend zu verstehenden Ausführungsbestimmungen** für die Verwaltung von AIFs, sondern konkretisieren lediglich einzelne Aspekte in diesem Zusammenhang.

1. Sorgfalt und Professionalität (§ 26 Abs. 2 Nr. 1 KAGB)

51 Die KVG hat ihrer Tätigkeit ehrlich, mit der gebotenen Sachkenntnis, Sorgfalt und Gewissenhaftigkeit und redlich nachzugehen. In der AIFM-RL wird eine Differenzierung dahingehend vorgenommen, dass Art. 18–20 AIFM-VO die gebotene **Sorgfalt bei der Portfolioverwaltung** adressiert, während Art. 21 AIFM-VO mit Bezug auf die Ehrlichkeit, Redlichkeit und gebotene Sachkenntnis den Aufsichtsbehörden Vorgaben zur **Kontrolle der Einhaltung der Verhaltensregeln** macht. Diese Regel entspricht § 3 Abs. 1 Satz 1 der Muster-Anlagebedingungen des BVI, so dass sich auch hier in praxi die Frage nicht stellt, inwieweit § 26 Abs. 2 Nr. 1 KAGB eine Ausstrahlungswirkung auf das zivilrechtliche Vertragsverhältnis zwischen KVG und Anleger hat.[92]

a) Pflicht zur Anwendung der gebotenen Sorgfalt und Gewissenhaftigkeit

52 Anders als § 63 Abs. 1 WpHG, wonach ein Wertpapierdienstleistungsunternehmen lediglich ehrlich, redlich und professionell zu agieren hat, muss eine KVG darüber hinaus ihrer Tätigkeit mit der gebotenen Sorgfalt und Gewissenhaftigkeit nachgehen. Für die **Auswahl und Überwachung der Vermögensgegenstände** eines AIF, bei **Anlagen in eingeschränkt liquide Vermögenswerte** sowie bei der **Auswahl und Bestellung von Gegenparteien und Primebrokern** sehen Art. 18–20 AIFM-VO besondere Regeln vor, die nicht abschließend, sondern als aufsichtsrechtlich vorgeschriebener Mindeststandard zu verstehen sind.

53 Schwerpunkt der Regulierung ist die Anwendung der **Sorgfalt bei Auswahlprozessen im Rahmen der Portfolioverwaltung**, wobei im Einklang mit dem Zweck der kollektiven Vermögensanlage die Auswahl der Anlagegegenstände für das Fondsvermögen im Vordergrund steht. Art. 18 Abs. 2 AIFM-VO verlangt dafür auch, dass die KVG für einen Fonds nur in diejenigen Vermögenswerte investiert, für die die KVG auch über **ausreichende Kenntnisse und ausreichendes Verständnis** verfügt. Dies ist nicht bereits dann der Fall, wenn die Geschäftsleiter über die fachliche Eignung für bestimmte Fondstypen verfügen, sondern bezieht sich auf die Mitarbeiter, die die Anlageentscheidung tätigen. Art. 18 Abs. 3 AIFM-VO verlangt dafür auch die **Festlegung, Umsetzung und Anwendung schriftlicher Grundsätze und Verfahren**, um zu gewährleisten, dass Anlageentscheidungen, die für die AIF getroffen werden, mit deren Zielen, Anlagestrategie und gegebenenfalls Risikolimits übereinstimmen. Auch unter Aspekten des Risikomanagements wird von § 29 Abs. 3 Nr. 1 KAGB in Umsetzung von Art. 15 Abs. 3 lit. a) AIFM-RL die Anlagetätigkeit auf Basis angemessener, dokumentierter und regelmäßig aktualisierter Sorgfaltsprüfungsprozesse verlangt. Inwieweit dieser Anforderung eine über Art. 18 Abs. 3 AIFM-VO hinausgehende eigenständige Bedeutung erlangt, ist

91 Reg.-Beg. zu § 26 KAGB, BT-Drucks. 17/12294, 217.
92 Siehe hierzu *Zetzsche*, Prinzipien, S. 589 ff.

umstritten.[93] Dazu § 29 Rz. 78 ff. Die **Angemessenheit** dieser Verfahren muss die Geschäftsleitung eines AIF nach Art. 60 Abs. 2 lit. f) AIFM-VO **feststellen und regelmäßig überprüfen.**

Für **eingeschränkt liquide Vermögenswerte**, worunter z.B. Immobilien oder nicht börsengelistete Unternehmensbeteiligungen (Private Equity) fallen, verlangt Art. 19 AIFM-VO u.a. die **Aufstellung eines Geschäftsplans** für den Fonds und eine Bewertung der Transaktion „unter Berücksichtigung eventuell vorhandener Gelegenheiten und damit insgesamt verbundener Risiken, aller relevanten rechtlichen, steuerlichen, finanziellen oder sonstigen den Wert beeinflussenden Faktoren, Human- und Materialressourcen und Strategien, einschließlich Ausstiegsstrategien". 54

Art. 20 AIFM-VO bezieht sich auf die **Sorgfalt bei der Auswahl und Bestellung von Gegenparteien und Primebrokern**, die das Spektrum und die Qualität der angebotenen Dienste zu berücksichtigen hat. Für Primebroker sieht § 31 Abs. 2 KAGB in Umsetzung von Art. 14 Abs. 3 Unterabs. 2 AIFM-RL ebenfalls vor, diese mit der gebotenen Sachkenntnis, Sorgfalt und Gewissenhaftigkeit auszuwählen. Dazu § 31 Rz. 23 ff. 55

Die Pflicht zur Anwendung der gebotenen Sorgfalt und Gewissenhaftigkeit findet auf die **gesamte Tätigkeit einer KVG** Anwendung und bezieht sich damit neben der Portfolioverwaltung auch auf die weiteren in § 1 Abs. 19 Nr. 24 KAGB genannten Tätigkeiten. Diese Pflicht wird nicht bereits dadurch erfüllt, dass sich die KVG an die z.B. für das Risikomanagement oder die Bewertung geltenden Regeln des KAGB und der AIFM-VO hält. 56

Sofern ein Schaden daraus entsteht, dass eine Anlage nicht mit der gebotenen Sorgfalt geprüft wurde und sich nachher als betrügerisch herausstellt, soll dieser nach ErwGr. 33 AIFM-VO unter die Berufshaftpflicht des AIFM fallen und angemessen gedeckt sein. Dementsprechend sieht Art. 12 Abs. 2 lit. c) ii) AIFM-VO vor, dass die durch Eigenmittel oder eine Versicherung abzudeckenden **Berufshaftungsrisiken** auch Sorgfaltspflichtverstöße der KVG umfassen, wobei sich dieses Berufshaftungsrisiko nicht auf die nicht sorgfältige Auswahl von Vermögensgegenständen beschränkt, sondern ebenso die gesamte Tätigkeit der KVG erfasst. 57

b) Ehrlichkeit, Redlichkeit und gebotene Sachkenntnis

Aufsichtsrechtliche Bewertungskriterien, nach denen die Aufsichtsbehörde prüfen kann, ob eine KVG ihren Tätigkeiten ehrlich, redlich und mit der gebotenen Sachkenntnis nachgeht, sind in Art. 21 AIFM-VO festgelegt. Dazu Rz. 59 ff. Darüber hinaus bestimmt Art. 24 AIFM-VO, dass AIFM nicht als ehrlich, redlich und im besten Interesse der von ihnen verwalteten AIF oder deren Anlegern handelnd betrachtet werden, wenn sie für ausgeführte Tätigkeiten im Rahmen ihrer Aufgaben eine Gebühr oder Provision zahlen oder erhalten oder eine nicht in Geldform angebotene Zuwendung gewähren oder erhalten, **sofern nicht eine dort genannte Ausnahme** greift. Dazu Rz. 64 ff. Für **OGAW-KVGen** gelten auf Grund des Verweises in § 2 Abs. 1 KAVerOV dieselben Anforderungen.[94] 58

aa) Anforderungen an das Leitungsgremium nach Art. 21 AIFM-VO

Art. 21 AIFM-VO enthält zwar nicht unmittelbar einen Pflichtenkatalog für die KVG bzw. ihr Leitungsgremium, führt aber dazu, dass die Aufsichtsbehörde bei Nichteinhaltung der genannten Kriterien feststellen kann, dass die KVG entgegen den Anforderungen des § 26 Abs. 2 Nr. 1 KAGB ihrer Tätigkeit nicht ehrlich, redlich und mit der gebotenen Sachkenntnis nachgeht. Art. 21 lit. a) AIFM-VO legt als Kriterium fest, dass das **Leitungsgremium der KVG kollektiv** über die **Kenntnisse, Kompetenzen und Erfahrungen** verfügt, die für das Verständnis der Tätigkeiten der KVG erforderlich sind, was insbesondere für die mit diesen Tätigkeiten verbundenen Hauptrisiken und die Vermögenswerte, in die ein von der KVG verwalteter Fonds investiert, gilt. Den Begriff des Leitungsgremiums definiert Art. 1 Nr. 4 AIFM-VO als das das Gremium, das bei einem AIFM die ultimative Entscheidungsbefugnis besitzt und die Aufsichts- und Führungsfunktion bzw. bei Trennung der beiden Funktionen die Führungsfunktion wahrnimmt. Bei den nach §§ 1 Abs. 11, 18 Abs. 1 KAGB zulässigen Rechtsformen für externe und interne KVGen sind dies der Vorstand einer AG und die Geschäftsführer einer GmbH, auch im Falle einer GmbH & Co. GmbH. Der **Begriff „kollektiv"** bedeutet, dass das Leitungsgremium insgesamt, nicht aber jedes einzelne Mitglied des Leitungsgremiums, über die erforderlichen Kenntnisse, Kompetenzen und Erfahrungen verfügen muss. Die BaFin lässt nur eingeschränkt für eine Anfangsphase zu, dass bei zwei Geschäftsleitern jeder nur für seinen eigenen Be- 59

93 *Steffen* in Baur/Tappen, § 26 KAGB Rz. 36, spricht insoweit von einem Redaktionsversehen.

94 Art. 29 OGAW-DVO 2010/43 hatte bereits Regelungen zum Umgang mit Zuwendungen enthalten; diese waren in § 26 InvVerOV umgesetzt.

reich über theoretische und praktische Kenntnisse verfügt[95] und **geht damit über die Anforderungen der AIFM-VO** hinaus.

60 Das erforderliche Verständnis der Tätigkeiten der KVG muss sich auf die **fondsspezifische, von der KVG beabsichtigte oder erbrachte Geschäftstätigkeit**, nach Art. 8 Abs. 1 lit. c) AIFM-RL[96] insbesondere auf die Anlagestrategien der verwalteten Fonds, beziehen, die sich aus dem in der Satzung oder im Gesellschaftsvertrag festgelegten Unternehmensgegenstand sowie aus der Angabe im Geschäftsplan in Bezug auf die Arten von Fonds, die die Gesellschaft verwaltet, ergibt.[97] Für die nach §§ 21 Abs. Nr. 4, 22 Abs. 1 Nr. 4, 23 Nr. 3 KAGB erforderliche fachliche Eignung bei der Erlaubniserteilung für eine KVG gilt die **Regelvermutung** nach § 25c Abs. 1 Satz 3 KWG, wonach die fachlichen Eignung regelmäßig anzunehmen ist, wenn eine dreijährige leitende Tätigkeit bei einem Institut von vergleichbarer Größe und Geschäftsart nachgewiesen wird.[98]

61 Art. 21 lit. b) AIFM-VO verlangt, dass die Mitglieder des Leitungsgremiums der ordnungsgemäßen Wahrnehmung ihrer Aufgaben beim AIFM **genügend Zeit** widmen. In der Verwaltungspraxis der BaFin wird seit einiger Zeit darauf geachtet, dass ein **Mitglied der Geschäftsleitung** eines beaufsichtigten Unternehmens nur eine sehr **begrenzte Anzahl weiterer Mandate und Nebentätigkeiten** übernimmt; für den Geschäftsleiter einer KVG ist die Aufnahme und die Beendigung einer Nebentätigkeit nach § 34 Abs. 5 Satz 1 Nr. 1 KAGB anzuzeigen. Im Ergebnis soll diese Anforderung auch dazu dienen, dass die Geschäftsleiter ihrer in Art. 60 AIFM-VO statuierten Gesamtverantwortung gerecht werden.[99] Auf Mitglieder von Beiräten oder Anlageausschüssen ist dieses Kriterium nicht anwendbar.

62 Als weiteres Kriterium stellt Art. 21 lit. c) AIFM-VO auf, dass jedes Mitglied des Leitungsgremiums **aufrichtig, integer und unvoreingenommen** handelt. Ob sich diese Anforderung aus der im Erlaubnisverfahren zu prüfenden Zuverlässigkeit ergibt,[100] ist eine Frage, deren Antwort davon abhängt, wie weit der Begriff der Zuverlässigkeit verstanden wird.

63 Art. 21 lit. d) AIFM-VO verlangt, dass der AIFM **ausreichende Ressourcen für die Einführung der Mitglieder des Leitungsgremiums in ihr Amt und deren Schulung** aufwendet. Die Amtseinführung soll das Mitglied in die Lage versetzen, sich ein Bild von der KVG zu machen, um ohne zu großen Zeitverlust in der Lage zu sein, die KVG, insbesondere die zu verantwortenden Bereiche, effektiv zu führen. Schulungen müssen nicht von der KVG selbst durchgeführt werden, sie muss nur ausreichende Ressourcen z.B. für kostenpflichtige Weiterbildungsmaßnahmen durch Dritte, bereitstellen.

bb) Umgang mit Gebühren, Provisionen und Zuwendungen

64 Art. 24 Abs. 1 AIFM-VO regelt ein Ausnahmen unterworfenes Verbot für AIF-KVGen, für ausgeführte Tätigkeiten im Rahmen ihrer Aufgaben eine Gebühr oder Provision zu zahlen oder zu erhalten oder eine nicht in Geldform angebotene Zuwendung zu gewähren oder zu erhalten. Hintergrund ist eine Gleichbehandlung mit AIFM, die die individuelle Portfolioverwaltung als Dienstleistung erbringen und deshalb gem. § 5 Abs. 2 KAGB den entsprechenden Regelungen des § 70 WpHG unterworfen sind.[101]

65 Zu den **Zuwendungen** gehören Geldleistungen wie Gebühren, Provisionen, aber auch alle sonstigen geldwerten Sach- und Dienstleistungen wie z.B. Research, Geschäftsausstattung, Eintrittskarten; die BaFin führt als weitere Beispiele auch die Durchführung von Schulungen oder die Zuverfügungstellung von IT-Hardware oder Software auf.[102]

66 Verboten sind Zuwendungen dann, wenn sie **für ausgeführte Tätigkeiten bei der Wahrnehmung der Aufgaben im Rahmen der kollektiven Portfolioverwaltung gewährt oder empfangen** werden. Hierdurch soll insbesondere dem grundsätzlichen Interessenkonflikt begegnet werden, dass die KVG, obwohl sie vom Anlegerkollektiv in Form von Verwaltungsvergütungen bezahlt wird, dem Interesse Dritter gegenüber dem Anlegerinteresse einen Vorrang einräumt. Die Formulierung „für ausgeführte Tätigkeiten" erfasst auch den Fall, dass ein Dritter eine Tätigkeit ausführt, die die KVG für die kollektive Portfolioverwaltung in Anspruch nimmt. Daher sind Aufgaben erfasst, die die KVG im Rahmen der kollektiven Portfolioverwaltung auf Dritte überträgt, und zwar auch dann, wenn es sich nicht um eine Auslagerung handelt.

---

95 BaFin, Merkblatt zu den Geschäftsleitern gemäß KWG, ZAG und KAGB, Stand 31.1.2017, III.2., S. 36.
96 § 23 Nr. 3 KAGB stellt dagegen nur generell auf die Eignung ab.
97 BaFin, Merkblatt zu den Geschäftsleitern gemäß KWG, ZAG und KAGB, Stand 31.1.2017, III.2., S. 36.
98 BaFin, Merkblatt zu den Geschäftsleitern gemäß KWG, ZAG und KAGB, Stand 31.1.2017, III.2., S. 35.
99 Siehe *Steffen* in Baur/Tappen, § 26 KAGB Rz. 40.
100 So *Steffen* in Baur/Tappen, § 26 KAGB Rz. 41.
101 ErwGr. 44 AIFM-VO mit Verweis auf die entsprechenden europäischen Vorschriften.
102 Begründung zu § 26 Abs. 2 InvVerOV.

Hierzu gehört auch der **Vertrieb von Investmentanteilen von von der KVG verwalteten AIFs durch Dritte.** Aus der Formulierung, dass diese Grundsätze auch *„für AIFM gelten, die* die Dienstleistung der gemeinsamen Portfolioverwaltung und *den Vertrieb erbringen*",[103] kann nichts anderes abgeleitet werden,[104] da die Zahlung an Vertriebspartner für den Vertrieb von Anteilen des AIF bereits von den ausgeführten Tätigkeiten Dritter bei der Wahrnehmung der Aufgaben im Rahmen der kollektiven Portfolioverwaltung, wozu auch der Vertrieb gehört, erfasst wird. Allerdings können derartige Vertriebsprovisionen von der Ausnahme des Art. 24 Abs. 1 lit. b) AIFM-VO profitieren (s. Rz. 70) und damit zulässig sein. 67

Umgekehrt werden **Rückvergütungen** aus der Verwaltungsvergütung aus einem Publikumsfonds direkt an institutionelle Anleger nicht von dem Verbot erfasst, weil die Zeichnung und das Halten von Publikumsfonds-Anteilen durch einen Anleger keine ausgeführte Tätigkeit der KVG oder eines von ihr beauftragten Dritten darstellt und ein Anleger nicht an sich selbst vertreibt.[105] 68

Zuwendungen sind **in drei Fällen gestattet**. Erstens: Es handelt sich gem. Art. 24 Abs. 1 lit. a) AIFM-VO um eine Zuwendung, die **dem AIF oder einer für ihn handelnden Person gezahlt** bzw. vom AIF oder einer für ihn handelnden Person gewährt wird; es muss sich hierbei um den von der KVG verwalteten AIF handeln, nicht um einen anderen AIF, der in den verwalteten AIF als Anleger investiert; **Rückvergütungen an AIF als institutionelle Anleger** aus der Verwaltungsvergütung eines Zielfonds werden hiervon daher nicht erfasst. 69

Zweitens: Es handelt sich gem. Art. 24 Abs. 1 lit. b) AIFM-VO um eine **Zuwendung, die einem Dritten** oder einer für ihn handelnden Person **gezahlt** bzw. von einer dieser Personen **gewährt** wird, wenn der AIF nachweisen kann, dass **kumulativ die folgenden Bedingungen** erfüllt sind: 70

- die Existenz, die Art und der Betrag der Zuwendung oder – wenn der Betrag nicht feststellbar ist – die Art und Weise seiner Berechnung werden den AIF-Anlegern vor Erbringung der betreffenden Dienstleistung in umfassender, zutreffender und verständlicher Weise unmissverständlich offengelegt; nach Art. 24 Abs. 2 AIFM-VO wird eine **Offenlegung der wesentlichen Bestimmungen der Vereinbarungen** über die Gebühr, die Provision oder die nicht in Geldform angebotene Zuwendung in zusammengefasster Form für diese Zwecke als ausreichend angesehen, sofern sich der AIFM verpflichtet, auf Wunsch des Anlegers des von ihm verwalteten Fonds weitere Einzelheiten offenzulegen, und dieser Verpflichtung auch nachkommt;
- die Zuwendung ist darauf ausgelegt, die **Qualität der betreffenden Dienstleistung zu verbessern** und den AIFM nicht daran zu hindern, **pflichtgemäß im besten Interesse des von ihm verwalteten AIF oder dessen Anlegern** zu handeln; hierbei reicht die Zweckrichtung aus. Die BaFin hatte in die Begründung zu § 26 Abs. 1 InvVerOV die entsprechenden CESR-Empfehlungen aufgenommen und die Berücksichtigung folgender Aspekte verlangt: die Art der erbrachten Dienstleistung verstanden; der voraussichtliche Vorteil für das Investmentvermögen und/oder die Anleger, einschließlich Art und Umfang des Nutzen, sowie der voraussichtliche Nutzen für die KVG selbst; ob ein Anreiz für die KVG besteht, nicht im besten Interesse des Investmentvermögens zu handeln und ob der Anreiz möglicherweise das Verhalten der KVG ändert; die Beziehung zwischen der KVG und der Person, die die Zuwendung gewährt oder annimmt; die Art der Zuwendung, die Umstände, unter denen sie gewährt oder angenommen wird und ob irgendwelche Bedingungen an ihre Gewährung oder Annahme geknüpft sind.

Drittens: Es handelt sich gem. Art. 24 Abs. 1 lit. c) AIFM-VO um **sachgerechte Gebühren**, die die **Erbringung der betreffenden Dienstleistung ermöglichen oder dafür notwendig sind** – einschließlich Verwahrungsgebühren, Abwicklungs- und Handelsplatzgebühren, Verwaltungsabgaben oder gesetzliche Gebühren – und die wesensbedingt keine Konflikte mit der Verpflichtung des AIFM hervorrufen, ehrlich, redlich und im besten Interesse des von ihm verwalteten AIF oder dessen Anlegern zu handeln. 71

2. Handeln im besten Interesse der Investmentvermögen, der Anleger und der Integrität des Marktes (§ 26 Abs. 2 Nr. 2 KAGB)

Das Handeln im besten Interesse der Investmentvermögen und Anleger ist hier im Unterschied zu der entsprechenden Pflicht in § 26 Abs. 1 KAGB rein **öffentlich-rechtlich** zu verstehen (s. Rz. 18 ff.). Inhaltlich dürfte sich hieraus dennoch kein Unterschied in der Auslegung dieser Anforderungen ergeben. Ebenso wenig dürfte sich aus dem Einbezug der Investmentvermögen eine Erweiterung des Pflichtenkreises ergeben, da das Interesse des Investmentvermögens als Summe der Anlegerinteressen ausgedrückt werden kann, da 72

103 ErwGr. 44 AIFM-VO (Hervorhebungen durch Verf.).
104 Anders *Steffen* in Baur/Tappen, § 26 KAGB Rz. 64, wonach hier nur der Direktvertrieb durch die KVG erfasst wird.
105 Zur Problematik der Vorzugsbehandlung durch Rückvergütungen s. Rz. 84.

insoweit der typische Anleger als Maßstab dient (s. Rz. 41). Zum Handeln im besten Interesse der **Integrität des Marktes** s. Kommentierung zu § 26 Abs. 6 KAGB (Rz. 125).

3. Interessenkonflikte (§ 26 Abs. 2 Nr. 3 KAGB)

73 § 26 Abs. 2 Nr. 3 KAGB setzt Art. 14 Abs. 1 lit. d) OGAW-RL und Art. 12 Abs. 1 Unterabs. 1 lit. d) AIFM-RL um, wobei der Gesetzgeber die **Formulierung der AIFM-RL** verwendet. Demgegenüber verlangt die OGAW-RL, dass sich die KVG um die **Vermeidung von Interessenkonflikten** bemüht und, wenn sich diese nicht vermeiden lassen, dafür sorgt, dass die von ihr verwalteten OGAW nach Recht und Billigkeit behandelt werden. Obwohl § 26 Abs. 2 Nr. 3 KAGB die Vermeidung von Interessenkonflikten an die erste Stelle setzt, wird dem Umstand Rechnung getragen, dass dies nicht immer möglich ist. Für diesen Fall hat die KVG dafür zu sorgen, dass sich die Interessenkonflikte nicht nachteilig auf die Interessen der Investmentvermögen und der Anleger auswirken und sicherzustellen, dass den von ihr verwalteten Investmentvermögen eine faire Behandlung zukommt.

74 Gegenüber § 27 KAGB ist die hier aufgestellte Regel eine **Grundnorm**: Anders als § 27 KAGB verlangt die Vorschrift als erste Pflicht die Vermeidung von Interessenkonflikten, ohne einzuschränken, zwischen welchen Beteiligten diese Interessenkonflikte relevant sind. § 27 KAGB behandelt dann die relevanten Beteiligten und die Pflicht zum Treffen wirksamer organisatorischer und administrativer Vorkehrungen etc. Für eine detaillierte Darstellung des Interessenkonfliktmanagements s. Kommentierung zu § 27 KAGB.

4. Erforderliche Mittel und Verfahren für eine ordnungsgemäße Geschäftstätigkeit (§ 26 Abs. 2 Nr. 4 KAGB)

75 § 26 Abs. 2 Nr. 4 KAGB verlangt, dass eine KVG über die für eine ordnungsgemäße Geschäftstätigkeit erforderlichen Mittel und Verfahren verfügen und diese wirksam einsetzen muss. Hiermit werden Art. 14 Abs. 1 lit. c) OGAW-RL und Art. 12 Abs. 1 Unterabs. 1 lit. c) AIFM-RL umgesetzt. Mit den Mitteln sind nicht die in § 25 KAGB geregelten Eigenmittel gemeint, sondern die **Geschäftsausstattung im umfassenden Sinn**, u.a. auch die technischen Ressourcen nach § 28 Abs. 1 Satz 2 Nr. 2 KAGB.

76 „Verfügen" ist hierbei nicht dahingehend zu verstehen, dass die KVG Eigentümer der Sachmittel sein muss, sondern dass sie diese **Mittel** für ihre Aufgaben und die an sie gestellten Anforderungen **einsetzen kann**. So muss die KVG z.B. für Miet- und Leasingverträge ein geeignetes Vertragsmanagement sicherstellen, so dass bei Ablauf eines Vertrages die erforderlichen Sachmittel weiterhin zur Verfügung stehen. Mit Bezug auf die Verfahren lässt sich aus dem Begriff des Verfügens ableiten, dass diese in einer für die Mitarbeiter zugänglichen Weise **dokumentiert** sind. Schließlich verlangt § 26 Abs. 2 Nr. 4 KAGB den wirksamen Einsatz der Mittel und Verfahren. Gemäß § 26 Abs. 8 Satz 1 Nr. 2, Satz 2 KAGB kann die BaFin für OGAWs und Publikums-AIFs eine Verordnung mit näheren Bestimmungen über die Mittel und Verfahren, die für eine ordnungsgemäße Geschäftstätigkeit solcher Kapitalverwaltungsgesellschaften erforderlich sind, erlassen (s. Rz. 133).

77 Unter den wirkungsvollen Einsatz von Mittel und Ressourcen fasst Art. 25 AIFM-VO auch die Festlegung und Anwendung von Verfahren und Regelungen, die für die umgehende, faire und zügige **Ausführung von Aufträgen für den AIF** sorgen. Eine entsprechende Regelung findet sich in Art. 27 OGAW-Durchführungsrichtlinie 2010/43/EU. Diese Regelungen gehen auf Art. 47 MiFID-Durchführungsrichtlinie 2006/73/EG (abgelöst durch Art. 67 MiFID-II-DVO 2017/565/EU) zurück, die sich mit der Ausführung von Kundenaufträgen befasste. Vor diesem Hintergrund sind die für AIFs und OGAWs geltenden Regelungen schwer verständlich. Die KVG führt keine Orders für Fonds selbst aus, sondern **platziert Orders bei einem Broker**, der die Orders ausführt und für den dann Art. 67 MiFID-II-DVO 2017/565/EU gilt. Die KVG ist hier selbst der Kunde, der autonom bestimmt, wann er einen Auftrag zum Erwerb oder zur Veräußerung eines Vermögensgegenstandes bei einem Broker zur Ausführung platziert. Sicherlich kann man versuchen, den einzelnen Bestimmungen eine sinnvolle Bedeutung auch für den Fall beimessen, dass sich die Vorschriften an KVGen wenden.[106] Es scheint aber vielmehr, dass der europäische Gesetzgeber **gedankenlos Vorschriften**, die auf das Kommissions- und Wertpapierhandelsgeschäft zugeschnitten sind, **für KVGen übernommen** hat. Besonders sichtbar wird dies an Art. 29 AIFM-VO und Art. 28 OGAW-Durchführungsrichtlinie 2010/43/EU, in denen von „Kunden" und „Kundenaufträgen" gesprochen wird, obwohl eine KVG auch im Rahmen von Dienst- und Nebendienstleistungen keine derartigen Dienstleistungen erbringen darf – für die dann allerdings auch die Vorschriften der MiFID (und deren Ausführungsbestimmungen) unmittelbar Anwendung finden würden.

---

106 So *Steffen* in Baur/Tappen, § 26 KAGB Rz. 67 f., 75–80.

5. Erfüllung aller anwendbaren regulatorischen Anforderungen im Anlegerinteresse (§ 26 Abs. 2 Nr. 5 KAGB)

Gemäß § 26 Abs. 2 Nr. 5 KAGB ist die KVG verpflichtet, alle auf die Ausübung ihrer Geschäftstätigkeit anwendbaren regulatorischen Anforderungen zu erfüllen, um das beste Interesse der von ihr verwalteten Investmentvermögen oder der Anleger dieser Investmentvermögen und die Integrität des Marktes zu fördern. Während der Wortlaut dieser Anforderung auf Art. 12 Abs. 1 Unterabs. 1 lit. e) AIFM-RL beruht, enthält Art. 14 Abs. 1 lit. e) OGAW-RL eine entsprechende Bestimmung. In der englischen Fassung sind diese Vorschriften bis auf die in der AIFM-RL vorgenommene Unterscheidung zwischen den Investmentvermögen und deren Anlegern identisch. Hieraus sowie aus der deutschen Fassung der in der OGAW-RL verwendeten Formulierung: *„alle für die Ausübung ihrer Tätigkeit geltenden Vorschriften im besten Interesse ihrer Anleger und der Integrität des Marktes einhalten“* wird deutlich, dass es sich nicht lediglich um eine sowieso selbstverständliche oder rein programmatische Verpflichtung handelt, sondern dass die **KVG verpflichtet** ist, **die regulatorischen Vorschriften so auszulegen und anzuwenden, dass dies dem besten Anlegerinteresse und der Integrität des Marktes zugute kommt**. Dies bedeutet auch, dass interpretationsfähige, unklare oder mehrdeutige Formulierungen immer in diesem Sinne auszulegen sind. 78

6. Faire Behandlung aller Anleger (§ 26 Abs. 2 Nr. 6 KAGB)

§ 26 Abs. 2 Nr. 6 KAGB verlangt die **faire Behandlung aller Anleger** und setzt hiermit Art. 12 Abs. 1 Unterabs. 1 lit. f) AIFM-RL um. Eine vergleichbare Verpflichtung enthält zwar nicht die OGAW-RL, jedoch Art. 22 Abs. 1 OGAW-Durchführungsrichtlinie 2010/43/EU. Als Ausführungsbestimmung enthält die über § 2 Abs. 1 KAVerOV auch auf OGAWs anwendbare Art. 23 Abs. 1 AIFM-VO die Vorschrift, dass die KVG dafür sorgt, dass ihre in Art. 57 AIFM-VO erwähnten **Entscheidungsprozesse und organisatorischen Strukturen** eine faire Behandlung der Anleger gewährleisten. Weiterhin bestimmt Art. 49 Abs. 1 AIFM-VO, dass im Rahmen des Liquiditätsmanagements die Anlagestrategie, das Liquiditätsprofil und die Rücknahmegrundsätze aller von einem AIFM verwalteten AIF als kohärent angesehen werden, wenn die Anleger die Möglichkeit haben, ihre Anlagen in einer der fairen Behandlung aller AIF-Anleger entsprechenden Art und im Einklang mit den Rücknahmegrundsätzen des AIF und seinen Verpflichtungen zurückzunehmen. Dazu § 30 Rz. 11. Die Pflicht zur fairen Behandlung aller Anleger **erschöpft sich damit nicht in der Pflicht zur Gleichbehandlung**, die in § 26 Abs. 3 KAGB vorgeschrieben wird. Dies wird auch bereits unter dem Aspekt deutlich, dass auch der einzige Anleger in einem Fonds fair behandelt werden muss, obwohl er nicht ungleich gegenüber anderen Anlegern dieses Fonds behandelt werden kann. Ansonsten lässt die gesetzliche Regelung offen, was unter „fair“ zu verstehen ist.[107] 79

IV. Verbot der Vorzugsbehandlung (§ 26 Abs. 3 KAGB)

Gemäß § 26 Abs. 3 KAGB darf die AIF-KVG **keinem Anleger in einem AIF eine Vorzugsbehandlung gewähren**, es sei denn, eine solche Vorzugsbehandlung ist in den Anlagebedingungen, in der Satzung oder dem Gesellschaftsvertrag des entsprechenden AIF vorgesehen. Hiermit wird Art. 12 Abs. 1 Unterabs. 2 AIFM-RL umgesetzt. Art. 23 Abs. 2 AIFM-VO verlangt zusätzlich, dass die Vorzugsbehandlung für die anderen Anleger insgesamt keine wesentliche Benachteiligung mit sich bringt. 80

Für OGAWs und Publikums-AIF wird in Umsetzung von Art. 22 Abs. 1 Unterabs. 2 OGAW-Durchführungsrichtlinie 2010/43/EU in § 2 Abs. 2 KAVerOV geregelt, dass die KVG die Interessen eines Anlegers oder einer bestimmten Gruppe von Anlegern nicht über die Interessen eines anderen Anlegers oder einer anderen Anlegergruppe stellen darf. Jedoch bestimmt § 2 Abs. 2 Satz 2 KAVerOV, dass eine wesentliche Benachteiligung von Anlegern eines Publikums-AIF i.S.d. Art. 23 Abs. 2 AIFM-VO insbesondere dann vorliegt, wenn die **Anleger in Bezug auf die Gewinn- oder Verlustbeteiligung am Investmentvermögen ungleich behandelt** werden (siehe dazu auch Rz. 83). 81

Die **Regelungssystematik ist mit Blick auf Publikums-AIF** unklar. Für alle AIF gilt, dass eine Ungleichbehandlung möglich ist, wenn eine solche zunächst gem. § 26 Abs. 3 KAGB vorgesehen ist. Darüber hinaus muss die Vorzugsbehandlung bei allen AIF den Anforderungen des Art. 23 Abs. 2 AIFM-VO entsprechen. Dass auch unter Geltung des § 2 Abs. 2 Satz 1 KAVerOV auf Publikums-AIF Art. 23 Abs. 2 AIFM-VO Anwendung findet, ergibt sich aus dem in § 2 Abs. 2 Satz 2 KAVerOV enthaltenen Verweis auf diese Vorschrift. Abgesehen vom dort genannten Verbot der Ungleichbehandlung in Bezug auf die Gewinn- und Verlustverteilung eines Publikums-AIF, das im Übrigen wegen der unmittelbaren Geltung des Art. 23 Abs. 2 AIFM- 82

107 Siehe dazu *Zetzsche/Eckner* in Zetzsche, The Alternative Investment Fund Managers Directive, S. 193 (228 f.).

VO auch bei Spezial-AIF gilt, sind keine Unterschiede zwischen Spezial- und Publikums-AIF feststellbar. Zur Zulässigkeit einer Vorzugsbehandlung bei Bildung von **Anteilklassen** s. Rz. 85.

83 Das Verbot der Vorzugsbehandlung gewährt ein Recht auf **Gleichbehandlung aus dem Anteil**. Dies bedeutet, dass sich die Gleichbehandlung aus dem Anteil ableitet und anteilsbezogen gesehen werden muss. So berechnet sich der Anteil am Vermögen und Gewinn an einem Investmentvermögen gleichmäßig nach dem Anteil und damit daran, wie viele Anteile ein Anleger hält, jedoch nicht nach einem Kopfprinzip. Dies bedeutet aber auch, dass der Anleger **kein Recht auf einen Anteil** hat, die KVG also frei ist, nur an bestimmte Anleger Anteile auszugeben. Dies ist insbesondere bei einem sog. **Soft Closing** der Fall, wenn die Zuführung neuer Mittel in den Fonds im Interesse der bestehenden Anleger zur Aufrechterhaltung einer angestrebten Investitionsquote eingeschränkt werden soll. Die KVG muss dann nicht pro rata nach Zeichnungsvolumen neue (Bruchteils-)Anteile an alle Investoren ausgeben, die zu einem bestimmten Termin gezeichnet haben, sondern kann die Zeichnung nur über bestimmte Vertriebskanäle oder nur bei Erfüllung bestimmter Merkmale gestatten. Dies ist Konsequenz der vertrags- statt korporationsähnlichen Ausgestaltung des Binnenverhältnisses von Investmentvermögen.[108]

84 Bei Publikumsfonds ist es üblich, dass **institutionellen Anlegern Rückvergütungen aus der Verwaltungsvergütung** gewährt werden, wenn sie in größerem Umfang in den Fonds investieren und es keine institutionelle Anteilklasse gibt. Dies ist keine unzulässige Vorzugsbehandlung, wenn diese als Ausgleich für eine fehlende institutionelle Anteilklasse gewährt werden, da die Alternative einer zulässigen institutionellen Anteilklasse dazu führen würde, dass sich der entsprechende institutionelle Anleger nicht mehr an den Verwaltungskosten für die Retail-Klasse beteiligt, was zu einer entsprechend höheren Kostenbelastung für die übrigen Anleger führen würde, oder wenn dieser Fall von Art. 24 Abs. 1 lit. b) AIFM-VO erfasst wird (s. Rz. 70). Sofern es sich um einen Publikums-AIF handelt, wird man die Rückvergütung auch nicht als nach § 2 Abs. 2 Satz 2 KAVerOV verbotene Ungleichbehandlung in Form einer unterschiedlichen Gewinn- oder Verlustbeteiligung auffassen können, da eine solche unterschiedliche Behandlung die Allokation von Gewinnen und Verlusten unmittelbar im Fonds nach bestimmten Anlegern betrifft, während die Rückvergütung von der KVG **aus der Verwaltungsvergütung gezahlt** wird, die unabhängig von einem Verlust oder Gewinn entsteht und auch unabhängig von einem Gewinn oder Verlust an den betreffenden Anleger rückvergütet wird.

85 Das Gesetz sieht Abweichungen vom Verbot der Vorzugsbehandlung vor. So können nach § 96 Abs. 1 KAGB **Anteilklassen** gebildet werden, die sich hinsichtlich der Ertragsverwendung, des Ausgabeaufschlags, des Rücknahmeabschlags, der Währung des Anteilswertes, der Verwaltungsvergütung, der Mindestanlagesumme oder einer Kombination dieser Merkmale unterscheiden können. Da das Verbot der Vorzugsbehandlung kein Recht auf einen Anteil gewährt, wenn an einen anderen Anleger (weitere) Anteile ausgegeben werden, ist es auch möglich, **nur für einen individuellen Investor eine gesonderte Anteilklasse**, die auf seine Bedürfnisse zugeschnitten ist, zu bilden. Die Grenzen werden hier nicht durch § 26 Abs. 3 KAGB oder Art. 23 Abs. 2 AIFM-VO gesetzt. Dabei dürfte § 26 Abs. 3 KAGB bei Publikums-AIF wegen der Anforderung nach § 162 Abs. 2 Nr. 9 KAGB, wonach in den Anlagebedingungen geregelt werden muss, ob und unter welchen Voraussetzungen Anteile oder Aktien mit unterschiedlichen Ausgestaltungsmerkmalen ausgegeben werden, in der Regel erfüllt sein. Siehe aber Rz. 123 (Verbot der Quersubventionierung). Zum Verbot des Vertrags zu Lasten Dritter als Leitkriterium der Bildung von Anlageklassen siehe auch § 96 Rz. 15.

86 Darüber hinaus sieht das Gesetz bei der Beteiligung an einer Investmentaktiengesellschaft mit veränderlichem Kapital in § 109 KAGB unterschiedliche Aktiengattungen, Unternehmens- und Anlageaktien, vor, die sich beim Recht zur Teilnahme an der Hauptversammlung und dem Stimmrecht unterscheiden können, s. § 109 Abs. 3 Satz 2 KAGB. Bei geschlossenen Investmentkommanditgesellschaften gestattet § 152 Abs. 1 Satz 2 KAGB die Beteiligung der Anleger auch mittelbar über einen Kommanditisten (Treuhandkommanditisten) mit entsprechenden Differenzierungsmöglichkeiten.[109] Siehe jeweils Kommentierung dort.

V. Verbot der Vermögensanlage für einen Kunden in Anteile an von der KVG verwalteten Fonds (§ 26 Abs. 4 KAGB)

87 Sofern die KVG außerhalb der kollektiven Vermögensverwaltung im Rahmen der Dienstleistungen der Finanzportfolioverwaltung als OGAW-KVG oder der individuellen Portfolioverwaltung oder Finanzportfolioverwaltung als AIF-KVG nach § 20 Abs. 2 Nr. 1, Abs. 3 Nr. 1, 2 KAGB Kundenvermögen verwaltet, darf dieses Vermögen **weder ganz noch teilweise in Anteile der von ihr verwalteten Investmentvermögen an-**

108 Siehe dazu *Zetzsche*, Prinzipien, S. 756.
109 Siehe dazu näher *Steffen* in Baur/Tappen, § 26 KAGB Rz. 56.

legen, es sei denn, der Kunde hat zuvor eine allgemeine Zustimmung hierzu gegeben. Diese Vorschrift beruht auf Art. 12 Abs. 2 lit. a) OGAW-RL und Art. 12 Abs. 2 lit. a) AIFM-RL und dient der **Vermeidung von Konflikten zwischen den Fondsabsatzinteressen der KVG und den Interessen der Kunden** der entsprechenden Dienstleistung.[110] Im Rahmen der kollektiven Vermögensverwaltung existiert ein solches Verbot nicht; das Gesetz beschränkt sich insoweit in § 196 Abs. 2 KAGB auf das Verbot der Erhebung von Ausgabeaufschlägen und Rücknahmeabschlägen für den Fall einer OGAW-KVG.

Die individuelle Portfolioverwaltung für AIF-KVGen bezieht sich auf nicht in Finanzinstrumente angelegte Vermögen. Möglicherweise sollte hiermit der Fall erfasst werden, dass ein Fondsanteil nicht als Finanzinstrument i.S.d. § 1 Abs. 11 KWG behandelt wird, z.B. ein KG-Anteil. Allerdings bestimmt § 1 Abs. 11 Satz 1 Nr. 5 KWG, dass Anteile an Investmentvermögen i.S.d. § 1 Abs. 1 KAGB Finanzinstrumente darstellen. Inwieweit für den Verweis auf die individuelle Vermögensverwaltung Raum bleibt, ist daher schwer ersichtlich. 88

Das Verbot ist **kein gesetzliches Verbot i.S.d. § 134 BGB.**[111] Aus Formulierungen wie „darf nicht" kann ein solches gesetzliches Verbot nicht abgeleitet werden.[112] Vielmehr ist § 26 Abs. 4 KAGB, ebenso wie § 26 Abs. 3 KAGB, worin die Formulierung „darf keinem Kunden" ebenfalls kein Verbotsgesetz i.S.d. § 134 BGB darstellt, eine **Verhaltensregel**. Auch im Rahmen von § 26 Abs. 3 KAGB hat ein Verstoß durch Gewährung eines nicht gestatteten Vorzugs durch ein Rechtsgeschäft nicht die Nichtigkeit dieses Rechtsgeschäfts zur Folge. Soweit vertreten wird, dass § 26 Abs. 4 KAGB ein Verbotsgesetz i.S.d. § 134 BGB darstellt, aber dennoch die Nichtigkeitsfolge nicht zwangsläufig eintritt, sondern anhand der Umstände des Einzelfalls zu beurteilen wären,[113] wird übersehen, dass die Rechtsfolge des § 134 BGB die Nichtigkeit des Rechtsgeschäfts, nicht aber die schwebende Unwirksamkeit mit Genehmigungsmöglichkeit nach § 185 Abs. 2 BGB zur Folge hat. Allenfalls ließe sich unter besonderen Umständen dahingehend argumentieren, dass, sofern kein Interessenkonflikt vorliegt, eine Berufung auf die Nichtigkeit gegen § 242 BGB verstieße.[114] Überzeugend wäre diese Argumentation jedoch nicht. Dass ein Verstoß nicht bußgeldbewehrt ist, kann man nicht damit kompensieren, dass man diese Regel zum Verbotsgesetz erklärt. Denkbar ist jedoch, bei einem Verstoß gegen die zivilrechtliche Treuepflicht, die aus dem Portfolioverwaltungsvertrag zwischen der KVG und dem Kunden resultiert,[115] die **Grundsätze der Rechtsprechung zu den nicht offengelegten Rückvergütungen**[116] **heranzuziehen** mit der Folge, dass bei einem Verstoß gegen § 26 Abs. 4 KAGB der Kunde Schadensersatzansprüche gegen die KVG geltend machen kann; dabei wäre zu berücksichtigen, dass die Verwaltungsvergütung zwar im Jahresbericht veröffentlicht wird, der Kunde bei einer Finanzportfolioverwaltung dagegen erst nachträglich erfährt, dass die KVG für ihn Anteile an von ihr verwalteten Fonds erworben hat. 89

VI. Beeinträchtigung von Anlegerinteressen durch unangemessene Kosten, Gebühren und Praktiken (§ 26 Abs. 5 KAGB)

1. Grundlagen

Nach § 26 Abs. 5 KAGB muss die KVG über geeignete Verfahren verfügen, um bei Investmentvermögen unter Berücksichtigung des Wertes des Investmentvermögens und der Anlegerstruktur eine Beeinträchtigung von Anlegerinteressen durch **unangemessene Kosten, Gebühren und Praktiken** zu vermeiden. Ursprünglich sollte ein neuer § 41 Abs. 2a InvG regeln: „Bei Publikums-Sondervermögen müssen die Vertragsbedingungen vorsehen, dass unter Berücksichtigung des Wertes des Sondervermögens und der Anlegerstruktur die Benachteiligung von Anlegern durch Transaktionskosten ausgeschlossen ist."[117] Die Regierungsbegründung sah diese Formulierung als **zivilrechtliche Norm** an, deren konkrete Ausgestaltung der Selbstregulierung durch die Branche überlassen werden sollte.[118] Die erfolgte Umsetzung in § 9 Abs. 3 Satz 2 InvG machte jedoch hieraus eine organisatorische Pflicht der KVG[119] und gab ihr einen aufsichtsrechtlichen Charakter. Die ESMA hingegen sieht diese Anforderung explizit **nicht als Organisations- son-** 90

110 BT-Drucks. 15/1553, 79.
111 Anders *Steffen* in Baur/Tappen, § 26 KAGB Rz. 83.
112 *Ellenberger* in Palandt, § 134 BGB Rz. 6a.
113 So *Steffen* in Baur/Tappen, § 26 KAGB Rz. 83.
114 Siehe dazu *Ellenberger* in Palandt, § 134 BGB Rz. 13.
115 Sofern man nicht Abs. 4 unmittelbar Schutzgesetzcharakter zusprechen möchte.
116 Siehe z.B. BGH v. 19.12.2000 – XI ZR 349/99, ZIP 2001, 230; BGH v. 19.12.2006 – XI ZR 56/05, ZIP 2007, 518.
117 BT-Drucks. 16/5576, 17.
118 BT-Drucks. 16/5576, 69.
119 BT-Drucks. 16/6874, 115.

dern als Verhaltensanforderung.[120] Vor diesem Hintergrund ist die Verortung dieser Verpflichtung in § 26 KAGB folgerichtig.

91 Diese Regelung setzt Art. 22 Abs. 4 OGAW-Durchführungsrichtlinie 2010/43/EG um. Die AIFM-RL enthält keine entsprechende Regelung, vielmehr gilt Art. 17 Abs. 4 AIFM-VO unmittelbar bzw. über den in § 26 Abs. 7 KAGB enthaltenen Verweis auf diese Vorschrift. Gleichwohl hat der Gesetzgeber den Anwendungsbereich von Abs. 5 nicht auf OGAWs beschränkt, sondern bewusst die Geltung auch für AIF-KVGen regeln wollen.[121] Die Vorgängervorschrift § 9 Abs. 3 Satz 2 InvG wurde aufgrund der Beschlussempfehlung des Finanzausschusses des Bundestages[122] durch das InvÄndG eingeführt und beschränkte sich zunächst bis zum OGAW-IV-UmsG noch auf die Anwendung auf Transaktionskosten bei Publikumsfonds, allerdings unabhängig davon, ob es sich hierbei um einen OGAW oder einen anderen Publikumsfondstyp handelt.

2. Schutz des Investmentvermögens und der Anleger

92 Während die europarechtlichen Vorschriften, Art. 22 Abs. 4 OGAW-Durchführungsrichtlinie 2010/43/EG und Art. 17 Abs. 4 AIFM-VO, sowohl das Investmentvermögen als auch den Anleger explizit erwähnen, sagt § 26 Abs. 5 KAGB lediglich, dass „bei Investmentvermögen" **unangemessene Kosten, Gebühren und Praktiken zu vermeiden sind**, das Anlegerinteresse nur auf dieser indirekten Ebene berücksichtigt wird. Die in den Gesetzesmaterialien enthaltenen **Beispiele**, nämlich übermäßige, also nicht gerechtfertigte Transaktionskosten durch hohe Umschlaghäufigkeit (excessive Trading bzw. Churning), rücknahmebedingte Transaktionskosten und bestimmte Ausgestaltungsformen von Performance fees,[123] die eine Belastung des Fonds selbst und damit nur eine indirekte Belastung des Anlegers verursachen, lassen in der Tat vermuten, dass der Gesetzgeber dem Anleger **direkt belastbare Kosten**, wie z.B. überhöhte Rücknahmeabschläge, die das Recht auf Rückgabe der Anteile zwar nicht rechtlich, aber faktisch einschränken können, nicht im Blick hatte. Für AIFs, für die Art. 17 Abs. 4 AIFM-VO unmittelbar gilt, stellt sich das Problem über diesen Weg allerdings nicht. Da § 26 Abs. 5 KAGB wegen des Begriffes „insbesondere" als spezielle Ausprägung der allgemeinen Pflicht zur Interessewahrung der Anleger nach Abs. 2 Nr. 2 betrachtet werden kann, wird für OGAW-Anleger bereits daraus abzuleiten sein, dass diese ebenfalls nicht mit ihnen direkt belastbaren Kosten unbillig benachteiligt werden dürfen.

3. Berücksichtigung relevanter Faktoren bei der Prüfung der Unangemessenheit

93 Die Berücksichtigung des Wertes des Investmentvermögens und der Anlegerstruktur bei der Beurteilung der Unangemessenheit ist eine Formulierung, die aus der Regierungsbegründung zum InvÄndG stammt,[124] dort aber nicht weiter erklärt wird. Das europäische Recht enthält derartige Formulierungen nicht. Die Berücksichtigung dieser Faktoren lässt den Schluss zu, dass der Gesetzgeber bestimmte Kosten, Gebühren und Praktiken nicht per se für unangemessen hält, sondern nur, wenn dies **in der Zusammenschau mit mindestens einem der beiden aufgeführten Faktoren so gesehen werden muss**. Ob dies unter allen Umständen sachgerecht ist, ist zweifelhaft. Umgekehrt sind diese Faktoren aber nicht die einzigen, die berücksichtigt werden können oder müssen. Vielmehr können sämtliche weiteren **Umstände des Einzelfalles** für eine Beurteilung von Kosten, Gebühren oder Praktiken als angemessen oder unangemessen herangezogen werden. Die Aufzählung dieser Faktoren im Gesetz sagt lediglich, dass diese zumindest auch berücksichtigt werden müssen, wobei damit nicht gleichzeitig gesagt ist, dass diese beiden Faktoren im jeweiligen Einzelfall tatsächlich auch eine Rolle spielen. Neben den beiden gesetzlich genannten Faktoren können daher **alle sonstigen Umstände des Einzelfalls** für die Beurteilung der Angemessenheit herangezogen werden.

a) Berücksichtigung des Wertes des Investmentvermögens

94 Der Wert des Investmentvermögens ist gem. § 168 Abs. 1 Satz 2 KAGB sein Nettoinventarwert. Die Berücksichtigung des Nettoinventarwertes kann nur in der Weise sinnvoll geschehen, dass die Kosten oder Gebühren in ein **Verhältnis zum Nettoinventarwert** gesetzt und damit als Prozentsatz ausgedrückt werden.[125] Damit wird impliziert, dass für bestimmte Kosten und Gebühren ein Prozentsatz im Verhältnis zum Nettoinventarwert als angemessen angesehen wird. Dieser Ansatzpunkt ist deswegen problematisch, weil der Nettoinventarwert eines Investmentvermögens auf Grund von Marktwertveränderungen der Vermögens-

120 Europäische Kommission, Impact Assessment Delegated Acts, SWC(2012) 386 final, vom 19.12.2012, Annex 14, Nr. 84, S. 119.
121 BT-Drucks. 17/12294, 217.
122 BT-Drucks. 16/6874, 19.
123 BT-Drucks. 16/5576, 69; BT-Drucks. 16/6874, 115; BT-Drucks. 17/4510, 61.
124 BT-Drucks. 16/5576, 17.
125 So auch *Geurts/Schubert* in Moritz/Klebeck/Jesch, § 26 KAGB Rz. 55.

gegenstände und bei offenen Investmentvermögen zusätzlich durch Anteilzeichnungen oder -rückgaben **Schwankungen** unterworfen ist.

Für **anhand des Wertes berechnete Kosten**, wie z.B. üblicherweise die **Verwaltungsvergütung** der KVG oder die **Verwahrstellenvergütung** (abgesehen von einer absoluten Mindestvergütung) ist der Ansatz weniger problematisch, weil diese Vergütungen vereinbart sind und von vornherein feststehen und wegen der Berechnungsmethode die Gebührenbelastung auch periodisch und zeitgleich mit jeder Nettoinventarwertermittlung und damit mit jedem Ausgabe- und Rücknahmetermin erfolgen kann. Hierdurch kann ausgeschlossen werden, dass z.B. ein Fonds, dessen Wert im Laufe eines Kalenderjahres stark ansteigt, mit Vergütungen belastet wird, die sich nur anhand des Wertes zum Jahresende berechnen. Bei **Ausgabeauf- und Rücknahmeabschlägen** ist der Wert des Fonds zum Ausgabe- und Rücknahmetermin relevant. Über die Angemessenheit der Höhe der prozentual bemessenen Vergütung ist damit aber noch nichts gesagt. Auf Grund der Transparenz der Vergütung und der Wettbewerbssituation der KVGen untereinander wird diese Gebühr selten unangemessen hoch sein. Allerdings ist hierfür zu verlangen, dass diese **Vergütungsarten aussagekräftig und transparent** genug sind, so dass sich der Anleger ein unverzerrtes Bild über die Höhe machen kann (s. Rz. 117 f.). Dies scheint nach Ansicht des Gesetzgebers insbesondere bei performanceabhängiger Vergütung nicht immer der Fall zu sein (s. Rz. 101). 95

Für **andere Kosten, die sich nicht nach dem Wert des Fonds richten**, beispielsweise Transaktions- und Lieferkosten sowie ein großer Teil der in § 7 Abs. 3 der BVI-Muster-BAB genannten Kosten, ist die Berücksichtigung des Fondswertes schwieriger und teilweise auch neben der Sache. Erstens ist fraglich, **welcher Wert** des Fonds relevant ist. Hier könnte ggf. auf den **durchschnittlichen Nettoinventarwert** nach § 166 Abs. 5 KAGB zurückgegriffen werden. Zweitens ist dieser Wert in der Regel erst bekannt, wenn die Kosten bereits entstanden sind, so dass bei Entstehung der Kosten nicht gesagt werden kann, ob diese angemessen sind. Drittens gibt es Kosten, die unabhängig vom Wert des Fonds entweder angemessen oder unangemessen sind. Beispielsweise sind marktübliche Kosten für den Druck und Versand der für die Anleger bestimmten gesetzlich vorgeschriebenen Verkaufsunterlagen nach § 7 Abs. 3 lit. b) der BVI-Muster-BAB unabhängig von dem Wert des Fonds als marktüblich per se angemessen. 96

Umgekehrt sind übermäßige Transaktionskosten durch **Churning** in dem Maße und damit als absoluter Betrag unzulässig, wie sie durch Churning entstanden und damit quasi definitionsgemäß (s. hierzu näher Rz. 105) übermäßig sind, was nicht vom Wert des Fonds abhängen kann. Andernfalls müsste eine Schwelle als Prozentsatz des Fondswertes formuliert werden können, bis zu der Churning erlaubt wäre. Andererseits gibt es auch Anlagestrategien wie z.B. Arbitrage, die eine **hohe Umschlagshäufigkeit** der Anlagegegenstände bedingen und dadurch hohe Transaktionskosten verursachen können, die zwangläufige Voraussetzung für die Gewinnerzielung sind. Diese Kosten sind dann nicht bereits auf Grund ihrer weit überdurchschnittlichen Höhe unangemessen. Allerdings können diese Kosten, wenn die Anlagestrategie nicht erfolgreich ist und zu Verlusten führt, bei kleineren Fonds deren Volumen strukturell stark belasten und die KVG zwingen, ihr Anlageverhalten in Frage zu stellen (s. Rz. 111). 97

b) Berücksichtigung der Anlegerstruktur

Das Gesetz verlangt weiterhin, die Anlegerstruktur als Maßstab für die Angemessenheit von Kosten, Gebühren und Praktiken zu berücksichtigen. Der Begriff der Anlegerstruktur wird nicht definiert. Sicherlich nicht richtig ist es, an die **Anlegertypisierung nach § 1 Abs. 19 Nr. 31–33 KAGB** anzuknüpfen. Bei Einführung der Anlegerstruktur als Maßstab für die Angemessenheit durch das InvÄndG (s. Rz. 91) gab es diese Typisierung noch nicht. Selbst wenn man diese Typisierung dennoch anwenden möchte, würde dies zu kaum nachvollziehbaren Ergebnissen führen. Die Frage, ob ein Privatanleger oder professioneller Anleger in der Direktanlage ein entsprechendes Produkt erworben hätte,[126] kann nicht entscheidend sein. Abgesehen davon, dass damit alle synthetisch replizierenden ETFs für Privatanleger für nicht geeignet erklärt würden, gibt der Anleger die Vermögensverwaltung bei einer Anlage in Investmentfondsanteile gerade bewusst in professionelle Hände, weil er selbst die entsprechende Expertise nicht hat.[127] 98

Auch ist es befremdlich darauf abzustellen, zu welchen **Konditionen ein Anleger** (in der Direktanlage) **ein Anlageprodukt erwerben könnte**;[128] dies würde rechtfertigen, dass die Kosten und Gebühren für einen OGAW nur deswegen deutlich höher liegen dürfen als bei einem Spezialfonds, weil in einem OGAW üblicherweise vor allem Privatanleger investiert sind. Dies lässt sich kaum mit dem Anlegerschutz als Ziel der 99

126 So *Geurts/Schubert* in Moritz/Klebeck/Jesch, § 26 KAGB Rz. 55.
127 Dies ist der wesentliche Kerngedanke des organisierten Investmentsparens, s. schon *vom Berge und Herrendorf*, S. 80.
128 So *Geurts/Schubert* in Moritz/Klebeck/Jesch, § 26 KAGB Rz. 55.

Vorschrift vereinbaren. Auch ist dies keine Frage des **Schutzniveaus**, das für Spezialfondsanleger niedriger sein könne.[129] Das Gesetz knüpft gerade nicht, wie in § 1 Abs. 19 Nr. 33 lit. a) cc) KAGB, an den Sachverstand, die Erfahrungen und Kenntnisse des Anlegers an. Es ist auch unklar, ob daraus abzuleiten wäre, dass die Kosten und Gebühren mit dem Verweis auf das Schutzniveau bei Spezialfonds höher liegen dürfen als bei Publikumsfonds.

100 Die **Granularität der Anlegerstruktur**, also ob eine Vielzahl potentiell wechselnder Anleger oder nur einer oder wenige Investoren in dem Fonds investiert sein können, ist ein **sinnvoller Differenzierungsansatz.** Gewisse Gebühren und Kosten sind in der Tat bei einem Publikumsfonds höher als bei einem Spezialfonds; dies ist aber nicht darauf zurückzuführen, dass im Publikumsfonds Privatanleger investiert sind und im Spezialfonds professionelle und semiprofessionelle Anleger, sondern dass die Vielzahl der Anleger durch die damit verbundene Vielzahl von Anteilausgaben und -rücknahmen einen **höheren Aufwand** im Rahmen der Portfolioverwaltung durch permanente Schaffung bzw. Anlage von Liquidität als auch bei der Administration verursacht. Würde eine KVG einen Spezialfonds für eine unbegrenzte Vielzahl professioneller und semiprofessioneller Anleger auflegen und verwalten, wären die Verwaltungskosten sicherlich deutlich höher als bei einem Spezialfonds mit nur einem oder wenigen Anlegern. Legt man dieses Verständnis des Begriffes der Anlegerstruktur zugrunde, so bedeutet dies umgekehrt auch, dass Kosten, die von der Granularität der Anlegerstruktur unabhängig sind, bei einem Publikumsfonds auch nicht strukturell höher sein dürfen als bei einem Spezialfonds.

4. Beispielsfälle und geeignete Verfahren zur Vermeidung

101 Als relevante **Beispiele für unangemessene Kosten**, Gebühren und Praktiken lassen sich aus den nationalen Gesetzesmaterialien übermäßige, also nicht gerechtfertigte Transaktionskosten durch **hohe Umschlaghäufigkeit** (Excessive Trading bzw. Churning), **rücknahmebedingte Transaktionskosten** und bestimmte Ausgestaltungsformen von **Performancevergütungen**,[130] aufzählen. Der europäische Gesetzgeber fasst darunter teilweise deckungsgleich Market Timing, Late Trading und Excessive Trading.[131] Diese einschließlich der weiteren nachfolgen aufgeführten Beispiele sind als **nicht abschließend** zu verstehen.

a) Transaktionskosten

aa) Überhöhte Transaktionsentgelte

102 Transaktionsentgelte sind **alle mit einer Transaktion verbundenen Kosten.** Dies sind insbesondere Brokerspesen, Liefer- und Clearingentgelte der Verwahrstelle oder Provisionen für Immobilien- oder Private-Equity-Transaktionen oder für Darlehensgewährungen. Zu transaktionsbezogenen Devisenkonvertierungen s. Rz. 112. Diese Transaktionsentgelte können als anteiliger Prozentsatz nach dem Wert der Transaktion oder als Absolutbetrag vereinbart werden. Hier wird als Mindeststandard zu fordern sein, dass die **Entgelte marktüblich** sein müssen, also einem **Drittvergleich („at arm's lenght") standhalten** müssen.[132] So breit gefächtert wie Anlagestrategien sind, ist dies allerdings auch mit den Kosten der Fall.

103 Der Fonds wird dabei üblicherweise als **institutioneller Anleger** behandelt, so dass beispielsweise Wertpapierspesen für börsengehandelte Aktien, wie sie teilweise noch im Private Banking üblich sind, um ein Vielfaches überhöht wären. Aber auch hier können die Entgeltmodelle stark danach differenzieren, ob die KVG telefonisch oder automatisiert ihre Wertpapierorders aufgibt oder wie viele Wertpapiergeschäfte in einem bestimmten Zeitraum getätigt werden. Das sind strategieabhängig wenige Transaktionen pro Jahr bis mehrere tausend Transaktionen pro Tag. Praktisch problematisch sind überhöhte Transaktionskosten im Zusammenhang mit einem **Verstoß gegen den Best-Execution-Grundsatz** in der Vergangenheit gewesen, wenn die KVG eine oft auch als Verwahrstelle dienende Konzerngesellschaft als nahezu einzigen Broker genutzt hat. Derartige Praktiken findet man heutzutage jedoch nur noch vereinzelt.

104 **Geeignete Verfahren** gegen überhöhte Transaktionsentgelte setzen zunächst die Kenntnis der KVG von marktgerechten Entgelten voraus. Inzwischen gibt es spezialisierte Dienstleister, die das Preisgefüge einer KVG auf Marktgerechtigkeit der Entgelte hin überprüfen. Allerdings ist zu beachten, dass nach §§ 168 Abs. 7, 278 KAGB für die Einhaltung von Best Execution nicht das geringste Transaktionsentgelt, sondern

129 So wohl *Steffen* in Baur/Tappen, § 26 KAGB Rz. 94.

130 BT-Drucks. 16/5576, 69; BT-Drucks. 16/6874, 115; BT-Drucks. 17/4510, 61.

131 ESMA, Technical advice to the European Commission on possible implementing measures of the Alternative Investment Fund Managers Directive, Final Report, 2011 | ESMA/2011/379, vom 16.11.2011, S. 41 Explanatory Text zu Box 10.

132 So auch *Swoboda* in Weitnauer/Boxberger/Anders, § 26 KAGB Rz. 37.

das insgesamt „bestmögliche Ergebnis“ das entscheidende Kriterium ist, wobei neben dem Kurs oder dem Preis aber die Kosten eine wesentliche Rolle spielen.

bb) Churning

Der BGH definiert Churning (*Spesenreiterei*) als „den durch das Interesse des Kunden nicht gerechtfertigten häufigen Umschlag eines Anlagekontos, durch den der Broker oder der Vermittler oder beide sich zu Lasten der Gewinnchancen des Kunden Provisionseinnahmen verschaffen“.[133] Begrifflich ist Churning nicht auf den Umschlag von Wertpapieren begrenzt, sondern kann auf alle Art von Vermögensgegenständen bezogen werden. Übertragen auf die Geschäftstätigkeit einer KVG bedeutet dies, dass die KVG das Fondsvermögen ganz oder teilweise unnötig umschichtet, um einem ihr nahestehenden Broker die Erzielung zusätzlicher Erträge aus Wertpapierprovisionen oder sonstigen Transaktionskosten zu ermöglichen. Für den Fall einer zusätzlichen Verwaltungsvergütung für den Erwerb, die Veräußerung oder die Verwaltung von Vermögensgegenständen i.S.v. §§ 101 Abs. 2 Nr. 1, 270 Abs. 4 KAGB ist denkbar, dass auch ein **Churning für den unmittelbar eigenen Vorteil der KVG** stattfindet. 105

Churning ist nicht daran geknüpft, dass die Transaktionskosten überhöht sind, sondern ist **auch bei völlig marktgerechten oder sogar preisgünstigen transaktionsbezogenen Entgelten** möglich. Es kommt hierbei nur darauf an, dass Transaktionen stattfinden, die eigentlich nicht zur Verfolgung und Umsetzung der Anlagestrategie getätigt werden, sondern deren vorrangiger Zweck die Generierung von Transaktionsentgelten ist. Sie werden daher nicht im Anlegerinteresse getätigt und sind nicht für die Portfolioverwaltung erforderlich. 106

Nach **Nr. 6. Tz. 3.q) der KaMARisk** verlangt die BaFin, allerdings nicht als Verhaltens-, sondern als Organisationsanweisung zur Umsetzung von § 28 KAGB, dass die Organisationsrichtlinien einer KVG geeignete Verfahren und Maßnahmen zur Vermeidung einer unangemessenen Beeinträchtigung von Anlegerinteressen durch Transaktionskosten beinhalten. In den Erläuterungen dazu wird ausgeführt, dass „insbesondere ein Schwellenwert für die nach einer geeigneten und anerkannten Methode berechnete **Portfolioumschlagsrate** festzulegen ... sowie Maßnahmen bei Überschreitungen diese Schwellenwertes zu bestimmen“ ist. **Nr. I.1. der Wohlverhaltensrichtlinien des BVI** sehen eine entsprechende Maßnahme vor, wobei zur Festlegung der Portfolioumschlagsrate die Anlagestrategie, die vorgehaltene Liquidität und das Volumen von Ausgaben und Rücknahmen von Anteilen bzw. Aktien berücksichtigt werden sollen. Zur Berechnung kann auf das in Anlage 2 zur KAPrüfBV oder weitere geeignete Verfahren zurückgegriffen werden.[134] 107

Die KVG hat, da Transaktionskosten, die durch Churning entstehen, nicht zur Portfolioverwaltung erforderlich sind, **keinen Anspruch auf Aufwendungsersatz der Transaktionsentgelte** nach § 93 Abs. 3 KAGB i.V.m. §§ 675, 670 BGB.[135] Da die Verwahrstelle nach §§ 79 Abs. 1, 89a Abs. 1 Satz 1 KAGB der KVG nur den ihr zustehenden Aufwendungsersatz aus dem Fondskonto zahlen darf, muss die **Verwahrstelle** ebenfalls **Prüfroutinen zur Aufdeckung von Churning** einsetzen, um keine zum Schadensersatz führende Pflichtverletzung zu begehen. 108

cc) Rücknahmebedingte Transaktionskosten

Rücknahmebedingte Transaktionskosten entstehen, wenn Anleger Fondsanteile zurückgeben und dafür die notwendige Liquidität durch Veräußerung von Vermögensgegenständen geschaffen werden muss, auch für die verbleibenden Anleger, sofern die vorhandene Liquidität im Fonds für die Auszahlung der zurückgegebenen Anteile nach § 98 Abs. 1 Satz 1 KAGB nicht ausreicht. Im Rahmen ihres Liquiditätsmanagements hat die KVG nach § 30 Abs. 3 KAGB zwar zu gewährleisten, dass die Anlagestrategie, das Liquiditätsprofil und die Rücknahmegrundsätze eines jeden von ihr verwalteten Investmentvermögens übereinstimmen. Dies zielt jedoch darauf ab, dass die KVG die zurückgegebenen Anteile ohne Berücksichtigung der zur Schaffung von Liquidität entstehenden Transaktionskosten auszahlen kann und die Rücknahme der Anteile nicht aussetzen muss. Das ist auch bei hochliquiden täglich handelbaren Vermögensgegenständen der Fall, deren Veräußerung dennoch Geld kostet. 109

Als geeignete Verfahren hiergegen werden in **Nr. I 2. der BVI-Wohlverhaltensrichtlinien** Rücknahmeabschläge und das Vorhalten angemessener Liquiditätsreserven empfohlen. Dies sind zwar im Prinzip geeignete Maßnahmen. Sie sind allerdings mit Bedacht einzusetzen, weil Rücknahmeabschläge das Recht der Anleger zur Rückgabe der Anteile faktisch beeinträchtigen können (s. Rz. 124) und auch dann erhoben 110

133 BGH v. 13.7.2004 – VI ZR 136/03, AG 2004, 552 (Entscheidungsgründe II.1.a) S. 6).
134 Siehe *Steffen* in Baur/Tappen, § 26 KAGB Rz. 92.
135 So auch *Reiss*, S. 253.

werden, wenn zum selben Ausgabe- und Rücknahmetermin netto gleichviel oder mehr Zeichnungen von Fondsanteilen wie bzw. als Rückgaben erfolgen; außerdem widerläuft das Vorhalten von Liquidität dem fundamentalen Interesse aller Anleger an einer Erzielung von Erträgen aus der Anlage des Fondsvermögens prinzipiell. Sofern es das Fondsbuchhaltungssystem der KVG zulässt, wäre denkbar, die rücknahmebedingten Transaktionskosten (die dann bereits „netto", also unter Berücksichtigung der gezeichneten Anteile, berechnet werden) **exakt auf die zurückgegebenen Anteile umzulegen**; dies käme dann einem **variablen Rücknahmeabschlag** gleich, der als „bis zu"-Abschlag indes von manchen unter dem AGB-rechtlichen Transparenzgebot kritisch betrachtet wird, obgleich er die aus Sicht der Anleger beste Lösung darstellt. Näher § 98 Rz. 15.

dd) Anlagestrategiebedingte Transaktionskosten

111 Auf den ersten Blick erscheint es kaum möglich, dass anlagestrategiebedingte Transaktionskosten unangemessen i.S.d. § 26 Abs. 5 KAGB sein können, entstehen sie ja gerade durch die Umsetzung der Anlagestrategie. Allerdings gibt es in der Praxis Fälle, in denen eine Anlagestrategie **hohe Umsätze und damit hohe nicht vom Fondsvolumen abhängige Transaktionskosten** bedingt. Sofern eine solche Strategie mit einem kleinen Fondsvolumen verwirklicht wird, besteht die Gefahr, dass bei Misserfolg dieser Anlagestrategie der Fonds mit hohen Kosten belastet wird, ohne dass dieser Belastung entsprechende Gewinne aus der Anlagestrategie gegenüberstehen, selbst wenn bei Außerachtlassung der Kosten die Vermögensgegenstände ohne Verlust veräußert werden. Hierdurch kann das Fondsvolumen allein durch die entstandenen Transaktionskosten relativ schnell aufgezehrt werden. Die KVG hat daher auch den Erfolg der von ihr verfolgten Anlagestrategien zu beobachten.

ee) Automatische Devisenkonvertierung

112 Eine Devisenkonvertierung ist nötig, wenn für den Fonds, dessen Anteile auf Euro lauten, nicht in Euro denominierte Anlagegegenstände erworben oder veräußert werden. Sofern für den Fonds kein Konto in der entsprechenden Währung geführt und die jeweilige Währung von der KVG aktiv gehandelt werden kann, vereinbart die KVG üblicherweise mit der Verwahrstelle, dass diese selbst oder ein von der Verwahrstelle beauftragter Devisenhändler, der oftmals zum selben Konzern wie die Verwahrstelle gehört, für eine bestimmte Transaktion automatisch die notwendigen Devisen beschafft oder bei einer Veräußerung in Euro konvertiert („**Auto-FX**").

113 Hierbei kann der Devisenhändler auf mehrfache Weise Geld verdienen:

- Da die Devisentransaktionen für ein bestimmtes Anschaffungs- oder Veräußerungsgeschäft durchgeführt werden, kann sich das Devisenhandelsvolumen gegenüber einem aktiven Devisenmanagement vervielfachen. Veräußert die KVG z.B. für 100 Mio Euro einen Vermögensgegenstand in einer Fremdwährung, um dann in derselben Fremdwährung für 90 Mio Euro einen neuen Vermögensgegenstand zu erwerben, wird zunächst die aus der Veräußerung erhaltene Fremdwährung gegen Euro getauscht und beim Erwerb des neuen Vermögensgegenstandes wieder angeschafft. Das gesamte Devisenhandelsvolumen beläuft sich auf 190 Mio Euro mit der entsprechenden Marge für den Devisenhändler, während bei einem aktiven Devisenmanagement der KVG nur die Differenz, also 10 Mio Euro hätten gehandelt werden müssen. Dem gegenüber kann bei Kursschwankungen innerhalb eines Tages mit Auto-FX sichergestellt werden, dass der zu dem jeweiligen Zeitpunkt marktgerechte Kurs zur Anwendung kommt.
- Der Devisenhändler verdient weiterhin am Spread, also der Spanne zwischen dem Kauf- und Verkaufskurs der Devise.
- Üblicherweise schlägt der Devisenhändler auf den Spread noch eine kundenindividuelle Marge auf.
- Schließlich kann der Devisenhändler selbst bei einem engen Spread festlegen, bei welchem Kurs er den Mittelkurs festsetzt. Dies macht er davon abhängig, ob die Nettoposition für alle Devisengeschäfte, die er zu einem bestimmten Zeitpunkt handelt, aus Sicht des Devisenhändlers einen Kauf oder einen Verkauf der Devise am Interbankenmarkt erfordert.

114 Sofern die KVG Auto-FX nutzen möchte, sollte sie daher **geeignete Systeme** einrichten, mit der sie die **Marktgerechtigkeit der gestellten Devisenkurse** anhand transparenter Referenzen überprüfen kann. Die KVG wird auch gehalten sein zu prüfen, ob der durch aktives Devisenmanagement erhöhte und auf die Verwaltungsvergütung umzulegende Aufwand die impliziten Kosten eines Auto-FX übersteigt, denn nur dann scheint die Nutzung von Auto-FX auch gerechtfertigt zu sein.

b) Vergütung der KVG

§ 26 Abs. 5 KAGB bezieht sich nicht nur auf Kosten, die auf Seiten Dritter entstehen und dem Fonds belastet werden, sondern **auch auf die Kosten der Verwaltungsvergütung der KVG.** Für die performanceabhängige Vergütung ergibt sich dies aus den Gesetzesmaterialien; es ist aber kein Grund ersichtlich, die nicht-performanceabhängige Verwaltungsvergütung nicht den Anforderungen des § 26 Abs. 5 KAGB zu unterwerfen. 115

aa) Nicht-performanceabhängige Verwaltungsvergütung und Aufwendungsersatz

Die Verwaltungsvergütung für Publikumsfonds berechnet sich üblicherweise als **Prozentsatz** des Fondsvolumens. Im Spezialfondsbereich sind auch **absolute Beträge** anzutreffen. In der Vergangenheit war schließlich auch die Berechnung der Vergütung anhand der **Bruttoerträge des Fonds** ein gängiges Verfahren.[136] Die zusätzliche Verwaltungsvergütung für den Erwerb, die Veräußerung oder die Verwaltung von Vermögensgegenständen i.S.v. §§ 101 Abs. 2 Nr. 1, 270 Abs. 4 KAGB wird hier den Transaktionskosten zugeordnet (s. Rz. 105). Bei der Verwaltungsvergütung sind auf Grund der Transparenz und der gegebenen Wettbewerbssituation die ausgewiesenen Prozentsätze i.d.R. nicht überhöht. 116

Jedoch stellt sich unter dem Blickpunkt des § 26 Abs. 5 KAGB die Frage, inwieweit die **Verwaltungsvergütung aufgesplittet** werden darf und bestimmte Kostenkomponenten statt in der Verwaltungsvergütung inkludiert als Aufwendungen oder separat als **zusätzliche Verwaltungsvergütung** in Rechnung gestellt werden können, damit die Verwaltungsvergütung auf den ersten Blick möglichst niedrig erscheint. Hierdurch wird die **Vergleichbarkeit der Verwaltungsvergütung** erschwert. Denn im Unterschied zur Verwaltungsvergütung, bei der der Anleger den prozentualen Anteil der Belastung je Fondsanteil von vornherein kennt, ist dies bei der zusätzlichen Verwaltungsvergütung und den Aufwendungen nicht der Fall.[137] Für den Aufwendungsersatz gelten auch andere Regeln als für die Verwaltungsvergütung.[138] Es besteht zusätzlich die Gefahr, dass die KVG bei der über den üblichen Umfang hinausgehenden Möglichkeit der Aufwandsbelastung für diese Aufwände nicht in dem Umfang auf geringere Kosten achtet, wie dies der Fall wäre, wenn sie die entsprechenden Aufwände aus der Verwaltungsvergütung zahlen muss. 117

Bei einer mitunter üblichen pauschal berechneten „**Administrationsgebühr**", die nach § 162 Abs. 2 Nr. 13 KAGB zusätzlich zur Verwaltungsvergütung erhoben wird, besteht diese Gefahr zwar nicht; hierbei hat die KVG sowohl die Chance als auch das Risiko, dass die Administrationsgebühr die Aufwendungen übersteigt bzw. nicht erreicht und ist deswegen an möglichst geringen Aufwendungen interessiert. Allerdings wird der Anleger ggf. zugunsten der KVG mit Kosten belastet, die die tatsächlich notwendigen Aufwendungen übersteigen. Der **BGH** hat in zwei Urteilen aus dem Jahr 2016[139] auch Aufwandsposten bzw. eine pauschale Administrationsgebühr unter AGB-rechtlichen Gesichtspunkten für zulässig gehalten, die zu den gesetzlichen Aufgaben einer KVG gehören. In diesen Fällen ging es um den Druck und Versand der Jahres- und Halbjahresberichte, sowie um die Bekanntmachung dieser Berichte, der Ausgabe- und Rücknahmepreise, der Ausschüttungen und des Auflösungsberichts. Der BGH hat dies wenig überzeugend damit begründet, dass bei einer InvAG diese die entsprechenden Kosten auf Grund ihrer Rechtspersönlichkeit unmittelbar treffen und nur deswegen, weil ein Sondervermögen keine eigene Rechtspersönlichkeit habe, nicht anderes gelten könne und schließlich eine Art **Umkehr der Argumentationslast** vorgenommen und festgestellt, dass eine Verlagerung der Kosten auf die das Sondervermögen verwaltende Kapitalanlagegesellschaft in den Regelungen des InvG und den Merkmalen des Sondervermögens keine Grundlage habe. Bei einer Administrationsgebühr komme hinzu, dass diese gesetzlich (jetzt § 162 Abs. 2 Nr. 13 KAGB) vorgesehen ist. Der BGH übersieht hier, dass bei einer InvAG, die kein Investmentbetriebsvermögen gebildet hat, diese auch keine Verwaltungsvergütung an sich selbst zahlt, aus der die entsprechenden Kosten beglichen werden können, während bei einer InvAG, die ein Investmentbetriebsvermögen bildet, die BaFin ganz vergleichbare Kostenregelungen verlangt, die zwischen Verwaltungsvergütung und Aufwendungsersatz unterscheiden. 118

Eine Aufsplittung der Verwaltungskosten ist daher nur bedingt zulässig und darf **nicht zu einem Verlust der Vergleichbarkeit und der Aussagekraft der Vergütungshöhe** führen. Sie muss grundsätzlich alle gesetzlichen Aufgaben der kollektiven Vermögensverwaltung umfassen, sofern sie keine externen Aufwände darstellen.[140] 119

---

136 Siehe *vom Berge und Herrendorf*, S. 77.

137 Siehe auch *von Diest*, S. 11.

138 *Poppe/Stabenow* in Rieken/Braunberger/Dräger, S. 130.

139 BGH v. 19.5.2016 – III ZR 399/14, ZIP 2016, 2227 bzw. BGH v. 22.9.2016 – III ZR 264/15, AG 2016, 856 = ZIP 2016, 2224.

140 Siehe zu dieser Thematik ausführlich *Poppe/Stabenow* in Rieken/Braunberger/Dräger, S. 129 ff.

bb) Performanceabhängige Vergütung

120 Bei der performanceabhängigen Vergütung[141] stehen ebenso wie bei der Verwaltungsvergütung nicht deren Höhe, sondern die **Transparenz der Berechnung und die Verhinderung von Anreizen zu kurzfristigen Spekulationen** im Vordergrund. Daneben wird auch kritisiert, dass hierdurch in gewisser Weise eine asymmetrische Risiko-Rendite-Aufteilung zwischen KVG und Anleger in der Weise erfolgt, dass in Jahren einer hohen Performance die KVG hieran zusätzlich zur Verwaltungsvergütung mitverdient, während sie in Jahren mit negativer Performance das entsprechende Risiko nicht trägt.[142] Die Kritik hat die BaFin adressiert, indem sie für Publikumsfonds die Festlegung von Mindestfristen für Abrechnungsperioden, Verlustvortragsregeln und die Vereinbarung von Höchststandsregelungen (High-Water-Marks) verlangt; dies hat Eingang in die Muster-Kostenklauseln für Anlagebedingungen gefunden.[143]

121 Daneben wird auch insbesondere für den deutschen Markt kritisiert, dass die KVGen bei Einführung der **performanceabhängigen Vergütung diese zusätzlich zur Verwaltungsvergütung** erhoben haben.[144] Einem solchen Einwand könnte damit sinnvoll begegnet werden, dass nicht etwa performanceabhängige Vergütungen verboten werden, sondern dass bei Publikumsfonds die performanceabhängige Vergütung nur bei einer Anteilklasse, nicht für den gesamten Fonds, erhoben werden darf, während eine zweite ansonsten identische Anteilklasse ohne performanceabhängige Vergütung angeboten werden muss.

122 Gegen die Kritik an der performanceabhängigen Vergütung regt sich seit einiger Zeit Widerstand seitens der institutionellen Anleger. Diese sehen den Nutzen dieser Vergütung darin, dass die KVG für die über die allgemeine Marktrendite hinausgehende erzielte Rendite („alpha"), also für den Sinn des aktiven Managements bezahlt wird, während eine KVG, die nicht performanceabhängig vergütet wird, weniger auf die Erzielung von Rendite zugunsten der bestehenden Anleger als auf die Einwerbung neuer Anlegergelder achtet, weil ihre Vergütung vom Fondsvolumen abhängt. Diese Fokussierung der KVG auf Marketing anstatt auf Performance wirkt sich dann entsprechend nachteilig auf die bestehenden Anleger aus.

cc) Vergütungsstruktur bei Anteilklassen

123 Bei der Bildung von Anteilklassen darf die Vergütung der KVG für die unterschiedlichen Anteilklassen (s. Rz. 85) nicht dazu führen, dass eine Anteilklasse eine andere quersubventioniert. Z.B. darf die KVG keine besonders preiswerte institutionelle Anteilklasse anbieten, die sich auch bei größeren realistisch erwartbaren Volumina prinzipiell nicht selbst tragen kann, sondern dauerhaft von einer dementsprechend teureren Retail-Anteilklasse finanziert wird. Dies geht über die Anforderung des § 96 Abs. 1 Satz 3 KAGB hinaus, der nur die Kosten „bei Einführung neuer Anteilklassen" erfasst (s. § 96 Rz. 15).

c) Ausgabeaufschlag und Rücknahmeabschlag

124 Auch wenn § 26 Abs. 5 KAGB nur Kosten, Gebühren und Praktiken „bei Investmentvermögen" anspricht, so ist aus den entsprechenden europäischen Regeln (s. Rz. 92) ableitbar, dass auch unmittelbar den Anleger treffende Kosten diesen unangemessen benachteiligen können. Dass Ausgabeaufschläge und Rücknahmeabschläge[145] zulässig sind, ergibt sich aus zahlreichen gesetzlichen Regelungen, z.B. § 71 Abs. 2, 3, § 165 Abs. 2 Nr. 8 KAGB. Allerdings hat die Erhebung dieser Aufschläge die Wirkung, dass der Anleger faktisch in seinem Recht auf Rückgabe eingeschränkt werden kann, weil die erhobenen Aufschläge durch die Wertsteigerung der Fondsanteile verdient werden müssen. Die BaFin verlangt daher in ihrer Aufsichtspraxis, dass die Summe der Prozentpunkte aus Ausgabeaufschlag und Rücknahmeabschlag 10 % nicht übersteigen darf. Näher § 98 Rz. 15. Da der Rücknahmeabschlag ein Mittel darstellen kann, die Benachteiligung der verbleibenden Anleger durch die rücknahmebedingten Transaktionskosten zu kompensieren (s. Rz. 109 f.), sollte er auch regelmäßig dem Fondsvermögen zugute kommen.

VII. Verhinderung der Beeinträchtigung der Marktstabilität und Marktintegrität und missbräuchlicher Marktpraktiken (§ 26 Abs. 6 KAGB)

125 Gemäß § 26 Abs. 6 KAGB hat die KVG angemessene Grundsätze und Verfahren anzuwenden, um eine Beeinträchtigung der Marktstabilität und Marktintegrität zu verhindern; ebenso sind missbräuchliche Markt-

141 Siehe hierzu *Zetzsche*, Prinzipien, S. 707 ff.
142 Siehe schon *Gläbe*, S. 255 f. zum erfolgsabhängigen Honorar bei Anlageberatern.
143 *von Diest*, S. 11.
144 *Sven Giegold* im Interview mit Finanzen.net vom 26.6.2013.
145 Siehe hierzu *Zetzsche*, Prinzipien, S. 711 f.

praktiken zu verhindern, insbesondere die **kurzfristige, systematische Spekulation mit Investmentanteilen durch Ausnutzung von Kursdifferenzen** an Börsen und anderen organisierten Märkten und damit verbundene Möglichkeiten, **Arbitragegewinne** zu erzielen. Beide Verhaltensanforderungen wurden aus § 9 Abs. 3 b InvG übernommen, der durch das OGAW-IV-UmsG in das InvG eingefügt wurde und bereits dort für alle Arten von im InvG regulierten Fondsarten galt. Die Vorschrift diente der Umsetzung zweier ganz verschiedener Regelungen der OGAW Regulierung: Satz 1 setzt Art. 22 Abs. 2 der OGAW-Durchführungsrichtlinie 2010/43/EG, Satz 2 setzte ursprünglich Art. 60 Abs. 2 OGAW-RL um, der sich dort aber nur auf Master- und Feederfonds bezieht.

Der Gesetzgeber hat jedoch die dort enthaltenen Pflichten zum Treffen von **Maßnahmen gegen Market Timing und Late Trading verallgemeinert.**[146] Der Bezug auf Master- und Feederfonds findet sich nun in § 172 Abs. 2 KAGB. Inwieweit beide Pflichten aufeinander bezogen sind,[147] ist nicht klar. Während Satz 1 sich primär auf das Anlageverhalten der KVG bezieht, regelt Satz 2 missbräuchliches Verhalten der Anleger mit den Fondsanteilen. Allerdings führt ErwGr. 39 AIFM-VO aus, dass AIFM im besten Interesse der AIF, der Anleger der AIF und der Integrität des Marktes handeln müssen und „daher" angemessene Grundsätze und Verfahren anwenden, die es ihnen ermöglichen, unzulässige Praktiken wie Market Timing oder Late Trading zu verhindern. 126

1. Verhinderung der Beeinträchtigung der Marktstabilität und Marktintegrität (§ 26 Abs. 6 Satz 1 KAGB)

Was der Richtliniengeber unter der Beeinträchtigung der Marktstabilität und Marktintegrität versteht, lässt sich aus verschiedenen Äußerungen in den Erwägungsgründen zur OGAW- und zur AIFM-RL ableiten. So führt Erw. 74 OGAW-RL aus, dass bestimmte rechtswidrige Handlungen wie z.B. **Betrugsdelikte oder Insiderdelikte**, selbst wenn sie andere Unternehmen als OGAW oder Unternehmen, die an ihrer Geschäftstätigkeit mitwirken, betreffen, die Stabilität des Finanzsystems und seine Integrität beeinträchtigen könnten. Ebenso werden **Hebelfinanzierungen** als potentielle Bedrohung wahrgenommen.[148] Darüber hinaus kann auch **Marktmanipulation** i.S.v. Art. 5 Nr. 2 Marktmissbrauchs-Richtlinie zum die Marktstabilität und Marktintegrität beeinträchtigenden Verhalten gezählt werden.[149] Auch dürfte es unter dem Gesichtspunkt der Beeinträchtigung der Marktintegrität sehr problematisch sein, wenn eine KVG als **räuberischer Aktionär** (Berufskläger) auftritt. Unzulässig ist es schließlich, wenn sich eine KVG an **Sammelklagen ohne Kostenrisiko** lediglich in der Hoffnung auf eine Zahlung beteiligt, ohne ernsthaft geprüft zu haben, ob der geltend gemachte Anspruch wirklich begründet sein kann. Die KVG entscheidet dann nämlich letztlich nicht selbst darüber, an welchen Sammelklagen sie teilnimmt; vielmehr werden nur solche Prozesse geführt, für die der Prozessfinanzierer eine Finanzierungszusage erteilt hat. Diese Zusage ist jedoch von einer Kosten-Nutzen-Analyse des Prozessfinanzierers abhängig, für den die Interessen der Anleger keine Rolle spielen. Damit wird die Teilnahme an der Sammelklage vom Motiv des Prozessfinanzierers, Einnahmen zu erzielen, abhängig gemacht.[150] 127

2. Missbräuchliche Marktpraktiken (§ 26 Abs. 6 Satz 2 KAGB)

Der Begriff der missbräuchlichen Marktpraktiken bezieht sich, wie die Entstehungsgeschichte zeigt, auf **Market Timing und Late Trading mit Fondsanteilen,**[151] während **sonstige missbräuchliche Marktpraktiken** entweder von § 26 Abs. 6 Satz 1 KAGB oder, wenn sie zum Nachteil der Anleger eingesetzt werden, von § 26 Abs. 1 und Abs. 2 KAGB erfasst werden. 128

a) Market Timing

Market Timing wird in § 26 Abs. 2 Satz 2 KAGB als „kurzfristige, systematische Spekulation mit Investmentanteilen durch Ausnutzung von Kursdifferenzen an Börsen und anderen organisierten Märkten und damit verbundene Möglichkeiten, Arbitragegewinne zu erzielen" definiert. Hierbei beziehen sich die Kursdifferenzen auf die der im Fonds enthaltenen Wertpapiere. Da die KVG die Berechnung des Anteilwertes auf **Basis von Kursen der Wertpapiere vornimmt, die nicht mehr die neuesten Marktentwicklungen widerspiegeln**, z.B. Vortagesschlusskurse, können Anleger **Informationen über zwischenzeitlich stattgefundene** 129

146 BT-Drucks. 17/4510, 61, zu § 9 Abs. 3 b InvG.
147 So *Steffen* in Baur/Tappen, § 26 KAGB Rz. 101, 103.
148 ErwGr. 50, 51 und Art. 25 Abs. 3 Satz 2 AIFM-RL sowie ErwGr. 133 AIFM-VO.
149 *Steffen* in Baur/Tappen, § 26 KAGB Rz. 103.
150 Zur vergleichbaren Situation bei finanzierten Gewinnabschöpfungsklagen eines Verbraucherverbandes siehe BGH v. 13.9.2018 – I ZR 26/17, Rz. 42.
151 Siehe hierzu *Zetzsche*, Prinzipien, S. 51, 256 ff., 398 ff., 711 f., 762 f.

Marktereignisse nutzen, um kurzfristig in einen Fonds zu investieren.[152] Insofern ist die gesetzliche Beschreibung unzutreffend, geht es doch gerade um sichere Gewinne in Form von der Ausnutzung feststehender Bewertungen, also das Gegenteil von „Spekulation" als unsicherer Gewinn.[153] Eine wirksame Maßnahme ist die Festlegung eines Orderannahmeschlusses für Zeichnungen und Rückgaben von Anteilen, der zeitlich vor der Feststellung der relevanten Kurswerte liegt.

b) Late Trading

130 Late Trading ist die Zeichnung oder Rückgabe von Anteilen nach dem von der KVG festgesetzten Orderannahmeschluss oder sogar nach der Feststellung und Veröffentlichung des Anteilwertes. Zumindest im letzten Fall kann mit einer gewissen Berechtigung von Insiderhandel zu Lasten der übrigen Fondsanleger gesprochen werden.[154] Sofern dies nicht allen Anlegern gleichermaßen gestattet wird, liegt bereits eine **unzulässige Bevorzugung einzelner Anleger** vor, die auf diese Weise Marktgeschehnisse nach dem Orderannahmeschluss bei ihrer Investitionsentscheidung berücksichtigen können, wie es den übrigen Anlegern nicht möglich ist.

VIII. Beurteilungskriterien für die Aufsicht über die Einhaltung der Verhaltensvorschriften (§ 26 Abs. 7 KAGB)

131 § 26 Abs. 7 KAGB enthält Verweise auf Kriterien für die BaFin, nach denen sie zu beurteilen hat, ob die KVG ihre Pflichten nach § 26 KAGB erfüllt. Hierbei wird in den Sätzen 1–3 zwischen AIF-KVGen, OGAW-KVGen und solche AIF-KVGen, die nicht ausschließlich Spezial-AIF verwalten, unterschieden. Sätze 2 und 3 wurden durch das 2. FiMaNoG in das Gesetz eingefügt.

132 Für **AIF-KVGen** wird in § 26 Abs. 7 Satz 1 KAGB auf Art. 16–29 AIFM-VO verwiesen (s. Rz. 52 ff.). Hiermit wird Art. 12 Abs. 3 AIFM-RL umgesetzt. Für **OGAW-KVGen** sind die maßgeblichen Kriterien in Art. 21 lit. a–c, Art. 22 Abs. 1 bis 4 und Art. 23 in der OGAW-Durchführungsverordnung 2016/438 (EU) enthalten; diese beziehen sich auf die Auswahl der Verwahrstelle und auf Interessenkonflikte bei der Zugehörigkeit von KVG und Verwahrstelle zum selben Konzern. Dieselben Vorschriften haben auch **AIF-KVGen, die nicht ausschließlich Spezial-AIF verwalten**, zu beachten; zusätzlich ordnet § 26 Abs. 7 Satz 3 KAGB auch die Geltung von Art. 21 lit. a)–c) OGAW-Durchführungsverordnung 2016/438 (EU) an, die personelle Verflechtungen der Leitungsorgane von KVG und Verwahrstelle regeln. Hintergrund sind die wie bei OGAW-Anlegern gleiche Schutzwürdigkeit und Schutzbedürftigkeit der Anleger in Publikums-AIF.[155]

IX. Verordnungsermächtigung (§ 26 Abs. 8 KAGB)

133 Mit Bezug auf Publikums-AIF und OGAWs enthält § 26 Abs. 8 Satz 1 KAGB eine Verordnungsermächtigung für das BMF, die diese nach Satz 2 auf die BaFin übertragen kann. Hiernach können in dieser Verordnung nähere Bestimmungen zu Verhaltensregeln, die den Anforderungen nach § 26 Abs. 1 und 2 Nr. 1 und 2 KAGB entsprechen, und über die Mittel und Verfahren, die für eine ordnungsgemäße Geschäftstätigkeit solcher Kapitalverwaltungsgesellschaften erforderlich sind, erlassen werden. Das BMF hat von der Übertragungsbefugnis an die BaFin[156] und diese durch Erlass der **KAVerOV** Gebrauch gemacht. Nähere Bestimmungen zu den Verhaltensregeln in § 26 KAGB finden sich in § 2 KAVerOV (s. Rz. 81 ff.).

§ 27 Interessenkonflikte; Verordnungsermächtigung

(1) Eine Kapitalverwaltungsgesellschaft hat alle angemessenen Maßnahmen zu treffen, um Interessenkonflikte zu ermitteln, die im Zusammenhang mit der Verwaltung von Investmentvermögen auftreten zwischen

152 Siehe hierzu ausführlich *Schäfer*, S. 167 ff.
153 Siehe hierzu *Zetzsche*, Prinzipien, S. 398 ff., 762 f.
154 So *Zetzsche*, Prinzipien, S. 762.
155 BT-Drucks. 18/10936, S. 274.
156 § 1 Nr. 3a der Verordnung zur Übertragung von Befugnissen zum Erlass von Rechtsverordnungen auf die Bundesanstalt für Finanzdienstleistungsaufsicht.

1. der Kapitalverwaltungsgesellschaft sowie ihren Führungskräften, Mitarbeitern oder jeder anderen Person, die über ein Kontrollverhältnis direkt oder indirekt mit der Kapitalverwaltungsgesellschaft verbunden ist, und dem von ihr verwalteten Investmentvermögen oder den Anlegern dieses Investmentvermögens,
2. dem Investmentvermögen oder den Anlegern dieses Investmentvermögens und einem anderen Investmentvermögen oder den Anlegern jenes Investmentvermögens,
3. dem Investmentvermögen oder den Anlegern dieses Investmentvermögens und einem anderen Kunden der Kapitalverwaltungsgesellschaft,
4. zwei Kunden der Kapitalverwaltungsgesellschaft.

(2) Eine Kapitalverwaltungsgesellschaft muss wirksame organisatorische und administrative Vorkehrungen, die es ermöglichen, alle angemessenen Maßnahmen zur Ermittlung, Vorbeugung, Beilegung und Beobachtung von Interessenkonflikten zu ergreifen, treffen und beibehalten, um zu verhindern, dass Interessenkonflikte den Interessen der Investmentvermögen und ihrer Anleger schaden.

(3) [1]Innerhalb ihrer eigenen Betriebsabläufe haben AIF-Kapitalverwaltungsgesellschaften Aufgaben und Verantwortungsbereiche, die als miteinander unvereinbar angesehen werden könnten oder potenziell systematische Interessenkonflikte hervorrufen könnten, zu trennen. [2]AIF-Kapitalverwaltungsgesellschaften haben zu prüfen, ob die Bedingungen der Ausübung ihrer Tätigkeit wesentliche andere Interessenkonflikte nach sich ziehen könnten und legen diese den Anlegern der AIF gegenüber offen.

(4) Reichen die von der AIF-Kapitalverwaltungsgesellschaft zur Ermittlung, Vorbeugung, Beilegung und Beobachtung von Interessenkonflikten getroffenen organisatorischen Vorkehrungen nicht aus, um nach vernünftigem Ermessen zu gewährleisten, dass das Risiko einer Beeinträchtigung von Anlegerinteressen vermieden wird, so setzt die AIF-Kapitalverwaltungsgesellschaft die Anleger, bevor sie in ihrem Auftrag Geschäfte tätigt, unmissverständlich über die allgemeine Art und die Quellen der Interessenkonflikte in Kenntnis und entwickelt angemessene Strategien und Verfahren.

(5) Im Hinblick auf AIF-Kapitalverwaltungsgesellschaften bestimmen sich die Arten der in Absatz 1 genannten Interessenkonflikte und die angemessenen Maßnahmen, die hinsichtlich der Strukturen und der organisatorischen und administrativen Verfahren von einer AIF-Kapitalverwaltungsgesellschaft erwartet werden, um Interessenkonflikte zu ermitteln, ihnen vorzubeugen, sie zu steuern, zu beobachten und offenzulegen nach den Artikeln 30 bis 37 der Delegierten Verordnung (EU) Nr. 231/2013.

(6) [1]Das Bundesministerium der Finanzen wird ermächtigt, durch Rechtsverordnung, die nicht der Zustimmung des Bundesrates bedarf, für Kapitalverwaltungsgesellschaften in Bezug auf Publikums-AIF zusätzliche Bestimmungen zu den in den Artikeln 30 bis 37 der Delegierten Verordnung (EU) Nr. 231/2013 aufgeführten Maßnahmen und Verfahren nach Absatz 5 und in Bezug auf OGAW jeweils nähere Bestimmungen zu erlassen

1. über die Maßnahmen, die eine solche Kapitalverwaltungsgesellschaft zu ergreifen hat, um
   a) Interessenkonflikte zu erkennen, ihnen vorzubeugen, mit ihnen umzugehen und sie offenzulegen sowie
   b) geeignete Kriterien zur Abgrenzung der Arten von Interessenkonflikten festzulegen, die den Interessen des Investmentvermögens schaden könnten und
2. über die Strukturen und organisatorischen Anforderungen, die zur Verringerung von Interessenkonflikten nach Absatz 1 erforderlich sind.

[2]Das Bundesministerium der Finanzen kann die Ermächtigung durch Rechtsverordnung auf die Bundesanstalt übertragen.

In der Fassung vom 4.7.2013 (BGBl. I 2013, S. 1981).

Schrifttum: *Reiss*, Pflichten der Kapitalanlagegesellschaft und der Depotbank gegenüber dem Anleger und die Rechte des Anlegers bei Pflichtverletzungen, 2006; *Schäfer*, Corporate Governance bei Kapitalanlagegesellschaften – Fund Governance, 2009; *Schmolke*, Die Regelung von Interessenkonflikten im neuen Investmentrecht – Reformvorschläge im Lichte des Regierungsentwurfs zur Änderung des Investmentgesetzes, WM 2007, 1909; *Zetzsche*, Prinzipien der kollektiven Vermögensanlage, 2015.

I. Grundlagen

1 § 26 Abs. 2 Nr. 3 KAGB enthält **allgemeine Grundregeln zum Umgang mit Interessenkonflikten**, die zuallererst auf die Vermeidung von Interessenkonflikten und in zweiter Linie auf die Vermeidung der nachteiligen Auswirkungen von unvermeidbaren Interessenkonflikten auf die Anleger bzw. die verwalteten Investmentvermögen abstellen. Die Vorschrift hat ihr Vorbild in den Vorschriften für Wertpapierdienstleistungsunternehmen (s. nach aktuellem Recht § 80 Abs. 1 Satz 2 WpHG und Art. 33–35 Delegierte Verordnung (EU) 2017/565). Bereits vor der Schaffung ausdifferenzierter Vorschriften zum Umgang mit Interessenkonflikten wurde daher vorgeschlagen, für organisatorische Maßnahmen zur Ausschaltung von Interessenkonflikten bei KVGen auf die für Wertpapierdienstleistungsunternehmen geltenden Regeln zurückzugreifen.[1]

2 § 27 KAGB enthält spezifische abgestufte Regeln zum Umgang mit Interessenkonflikten (Rz. 7), die die Regeln des § 26 Abs. 2 Nr. 3 KAGB konkretisieren.[2] Zusammengenommen handelt es sich bei §§ 26 Abs. 2 Nr. 3 i.V.m. 27 KAGB – neben der Pflicht zur Gleichbehandlung der Anleger – um die gesetzliche Ausgestaltung einer **zentralen Nebenpflicht** einer KVG als einem in Anlagebeziehungen tätigen Intermediär.[3] Mit dieser Regelung wird Art. 14 Abs. 1 Unterabs. 1 AIFM-Richtlinie umgesetzt und der Anwendungsbereich des § 27 Abs. 1 und 2 KAGB auf OGAWs ausgedehnt.[4]

1. Anwendungsbereich

3 § 27 **Abs. 1 und 2** KAGB gelten für alle **lizenzierten OGAW- und AIF-KVGen**. Für nach § 2 Abs. 4 KAGB **registrierte KVGen** gelten diese Absätze nach § 2 Abs. 4 Satz 1 Nr. 4 KAGB im Hinblick auf die Vergabe von Gelddarlehen; für nach § 2 Abs. 5 KAGB registrierte KVGen gelten diese Absätze gem. § 2 Abs. 5 Satz 1 Nr. 3 KAGB ebenfalls. § 27 **Abs. 3 und 4** KAGB gelten direkt nur für **AIF-KVGen**. Über den Umweg von § 27 Abs. 6 KAG i.V.m. § 3 Abs. 1 Nr. 2 KAVerOV, die für OGAWs Art. 30–37 AIFM-VO für entsprechend anwendbar erklären, gelten einzelne Aspekte auch für diese. Für AIF-KVGen nach § 2 Abs. 6 KAGB (**Europäische Risikokapitalfonds** nach § 337 KAGB) und § 2 Abs. 7 KAGB (**Europäische Fonds für soziales Unternehmertum** nach § 338 KAGB) gilt § 27 KAGB nicht. Allerdings enthalten Art. 9 der EuVECA-VO[5] und Art. 9 EuSEF-VO[6] entsprechende Regeln zum Umgang mit Interessenkonflikten. Für **Verwalter langfristi-**

1 *Reiss*, S. 271 f.
2 Siehe *Steffen* in Baur/Tappen, § 27 KAGB Rz. 1.
3 Näher *Zetzsche*, Prinzipien der kollektiven Vermögensanlage, S. 589 ff., 662 ff.
4 BT-Drucks. 17/12294, 218.
5 Verordnung (EU) Nr. 345/2013 des Europäischen Parlaments und des Rates vom 17.4.2013 über Europäische Risikokapitalfonds.
6 Verordnung (EU) Nr. 346/2013 des Europäischen Parlaments und des Rates vom 17.4.2013 über Europäische Fonds für soziales Unternehmertum.

ger Investmentfonds gemäß der ELTIF-VO[7] gilt § 27 KAGB, soweit er sich auf AIF-KVGen bezieht;[8] siehe Art. 7 Abs. 2 ELTIF-VO. Entsprechendes gilt nach § 338b KAGB für **Verwalter von Geldmarktfonds** gemäß der MMF-VO[9], die sowohl als OGAWs oder AIFs ausgestaltet sein können.

§ 27 KAGB gilt grundsätzlich auch für **ausländische Zweigniederlassungen** einer KVG. Gemäß § 50 Abs. 4 Satz 2 KAGB gilt allerdings § 27 Abs. 1 KAGB nicht für ausländische Zweigniederlassungen von **OGAW-KVGen**; stattdessen gilt die entsprechende Vorschrift des Aufnahmemitgliedstaates. Umgekehrt gilt Abs. 1 gem. § 51 Abs. 4 Satz 1 KAGB für **inländische Zweigniederlassungen von EU-OGAW-KVGen**. Bei **AIF-KVGen** ist die Regelung insofern asymmetrisch, als **ausländische Zweigstellen inländischer AIF-KVGen** mangels Ausnahmevorschrift in § 53 KAGB auch § 27 Abs. 1 KAGB zu beachten haben, während **inländische Zweigniederlassungen von EU- und ausländische AIF-KVGen** gem. §§ 54 Abs. 4 Satz 1, 66 Abs. 4 KAGB ebenfalls diesen Anforderungen unterliegen. 4

Erbringt eine KVG **Dienstleistungen nach § 20 Abs. 2 Nr. 1–3 oder Abs. 3 Nr. 2–5 KAGB**, muss sie gem. § 5 Abs. 4 KAGB zusätzlich auch die einschlägigen Regeln des WpHG über Interessenkonflikte, insb. §§ 63 Abs. 2, 80 Abs. 1 Satz 2 Nr. 2 WpHG, beachten. 5

2. Rechtsentwicklung

Abgesehen von der sehr allgemein gefassten Regel in § 9 Abs. 1 Satz 1 KAGG, die Interessen der Anteilinhaber zu wahren, sah das **KAGG** zunächst keine spezifische Regelung zum Umgang mit Interessenkonflikten vor (s. hierzu § 26 Rz. 5); eine solche wurde erst mit dem **4. FMFG** durch Einfügung der Sätze 6 und 7 in § 10 Abs. 1 KAGG eingeführt. Hiernach war die KAG verpflichtet, sich um die Vermeidung von Interessenkonflikten zu bemühen und hatte dafür zu sorgen, dass unvermeidbare Konflikte unter der gebotenen Wahrung der Interessen der Anteilinhaber gelöst werden.[10] Der Gesetzgeber hatte damit insbesondere Interessenkonflikte zwischen unterschiedlichen Gruppen von Anteilinhabern, zwischen der KAG und Anteilinhabern oder zwischen Anteilinhabern und Kunden der KAG, für die die KAG eine individuelle Portfolio- oder Grundstücksverwaltung gem. § 1 Abs. 6 Nr. 2 und 2a KAGG betrieb, aber auch bei der Aufteilung von im Paket erworbenen Aktien auf mehrere Fonds im Auge, die vermieden oder gerecht gelöst werden mussten.[11] § 10 Abs. 1 Satz 7 KAGG sah vor, dass die BaFin Richtlinien zur Beurteilung darüber erlassen konnte, ob die KAG dieser Pflicht nachkommt. § 9 Abs. 2 Nr. 3 **InvG** übernahm § 10 Abs. 1 Satz 6 KAGG, allerdings mit dem Hinweis des Gesetzgebers, dass hiermit Art. 5h Satz 3 lit. d OGAW-RL 85/611/EWG (in der Fassung durch die OGAW-VerwalterRL 2001/107/EG) umgesetzt wird und diese Regel dem bisherigen § 10 Abs. 1 Satz 6 KAGG entspricht. Inwieweit der Gesetzgeber hiermit den bisherigen nationalen Kontext dieser Regel aufgegeben hat, ist unklar (siehe § 26 Rz. 14). Als Organisations-, nicht als Verhaltensanforderung wurde in § 9 Abs. 3 InvG die Bestimmung aufgenommen, dass die KAG so organisiert sein muss, dass das Risiko von Interessenkonflikten zwischen der Gesellschaft und den Anlegern, zwischen verschiedenen Anlegern, zwischen einem Anleger und einem Investmentvermögen oder zwischen zwei Investmentvermögen möglichst gering ist. Dies entspricht im Wesentlichen den derzeitigen Verhaltensanforderungen des § 27 Abs. 1 KAGB und diente der Umsetzung von Art. 5f Abs. 1 Satz 2 lit. b) Satz 1 der OGAW-RL 85/611/EWG in der Fassung durch die OGAW-VerwalterRL 2001/107/EG (jetzt Art. 12 Abs. 1 Satz 2 lit. b) OGAW-RL). Die Richtlinienkompetenz der BaFin aus § 10 Abs. 1 Satz 7 KAGG wurde in § 9 Abs. 5 InvG übernommen, allerdings auf Art. 5 f Abs. 2 OGAW-RL 85/611/EWG in der Fassung durch die OGAW-VerwalterRL 2001/107/EG (jetzt Art. 12 OGAW-Richtlinie) gestützt.[12] Hiervon hat die BaFin indirekt durch Verweis auf Teil 1 Abschnitt II der damaligen **BVI-Wohlverhaltensrichtlinien** zur Auslegung von § 9 InvG Gebrauch gemacht.[13] Auf Grund der durch das OGAW-IV-UmsG in das InvG eingefügten Verordnungsermächtigung wurde die **InvVerOV** erlassen, die in den §§ 15–19 Regeln zum Umgang mit Interessenkonflikten enthielt, womit Art. 17–21 OGAW-DRL 2010/43/EU umgesetzt wurde. Nach Erlass des KAGB und der daraufhin erlassenen KAVerOV, die in § 3 Abs. 1 in Bezug auf den Umgang mit Interessenkonflikten auch für OGAWs auf Art. 30–37 AIFM-Verordnung verweist, hat die BaFin erklärt, dass sie die BVI-Wohlverhaltensregeln nicht mehr zur Auslegung der für die Wohlverhaltensregeln relevanten Vorschriften nach dem KAGB he- 6

7 Verordnung (EU) Nr. 760/2015 des Europäischen Parlaments und des Rates vom 29.4.2015 über europäische langfristige Investmentfonds.
8 Siehe BT-Drucks. 18/6744, 67, zu Nr. 81.
9 Verordnung (EU) 2017/1131 des Europäischen Parlaments und des Rates vom 14. Juni 2017 über Geldmarktfonds.
10 BGBl. I 2002, 2010, 2040.
11 BT-Drucks. 14/8017, 102.
12 BT-Drucks. 15/1553, 79.
13 BaFin, Schreiben vom 20.1.2010, Gz: WA 41 – Wp 2136 – 2008/0009.

ranzieht,[14] womit auch die darin enthaltenen Regeln zum Umgang mit Interessenkonflikten erfasst waren. Dies wird insoweit kritisch gesehen, als damit den KVGen weitere Handlungs- und Ermessensspielräume als bisher eröffnet werden.[15] Vor dem Hintergrund eines europaweiten Level Playing Field ist dies jedoch zu begrüßen, da andernfalls deutsche KVGen in anderen Ländern nicht existierenden zusätzlichen Vorschriften unterliegen würden, und zwar auch dann, wenn sie nicht BVI-Mitglied sind.

II. Regelungsinhalt

7 § 27 KAGB enthält **nicht die Pflicht zur Vermeidung von Interessenkonflikten**; diese ergibt sich unmittelbar aus § 26 Abs. 2 Nr. 3 KAGB, der zwei verschiedene komplementäre Pflichten enthält: Maßnahmen zur Vermeidung von Interessenkonflikten und bei deren Unvermeidbarkeit Maßnahmen zur Ermittlung, Beilegung, Beobachtung und gegebenenfalls Offenlegung dieser Interessenkonflikte zu treffen. Die einzelnen Regeln des § 27 sind insoweit als **Ausführungsbestimmungen zu § 26 Abs. 2 Nr. 3 KAGB** verstehen, die nicht zwangsläufig aufeinander aufbauen, sondern teilweise auch nebeneinander zu betrachten sind. § 27 Abs. 1 KAGB enthält zwei Regelungen: die Pflicht zum Treffen aller angemessenen Maßnahmen zur Ermittlung von Interessenkonflikten und die Bestimmung der relevanten Beteiligten, zwischen denen Interessenkonflikte relevant sind. § 27 Abs. 2 KAGB statuiert die Pflicht zum Treffen und zur Beibehaltung wirksamer organisatorischer und administrativer Vorkehrungen zum Umgang mit Interessenkonflikten. Für AIF-KVGen regelt § 27 Abs. 3 KAGB eine Pflicht zur Trennung von Aufgaben und Verantwortungsbereichen sowie eine Pflicht zur Offenlegung anderer Interessenkonflikte und § 27 Abs. 4 KAGB eine Pflicht zur Information der Anleger über unvermeidbare Interessenkonflikte. § 27 Abs. 5 KAGB verweist für AIF-KVGen mit Bezug auf die relevanten Interessenkonflikte und die angemessenen Maßnahmen zum Umgang mit Interessenkonflikten auf Art. 30–37 AIFM-VO. Schließlich enthält § 27 Abs. 6 KAGB eine Ermächtigungsvorschrift zum Erlass einer Rechtsverordnung, für Publikums-AIF weitere Bestimmungen als nach der AIFM-Verordnung und für OGAWs entsprechende Vorschriften vorzusehen.

8 Aus der Gesamtschau der Regelungen ergibt sich eine gewisse **logische Reihenfolge für den Umgang mit Interessenkonflikten** für eine KVG: zunächst muss die KVG die organisatorischen und administrativen Maßnahmen zur Ermittlung von Interessenkonflikten treffen, anschließend auf dieser Basis die relevanten Interessenkonflikte ermitteln. Erst dann kann sie diese vermeiden, ansonsten steuern („verwalten") oder ggf. offenlegen. Alles in allem drängt die Regelung **nicht auf Vermeidung von Konflikten um jeden Preis**, sondern auf die **sachgemäße organisatorische Ermittlung, Erfassung und Behandlung** von für die Anleger und das Investmentvermögen potentiell schädlichen Konflikten.[16]

III. Treffen angemessener Maßnahmen zur Ermittlung relevanter Interessenkonflikte (§ 27 Abs. 1 KAGB)

1. Regelungskontext

9 Ausgangspunkt für den Umgang mit Interessenkonflikten ist die Ermittlung, ob und wo Interessenkonflikte auftreten. Daher bestimmt § 27 Abs. 1 KAGB dass eine KVG alle angemessenen Maßnahmen zu treffen hat, um Interessenkonflikte zwischen näher definierten Beteiligten zu ermitteln, die im Zusammenhang mit der Verwaltung von Investmentvermögen auftreten. Auf dieser Basis kann entschieden werden, ob ein Interessenkonflikt vorliegt, und, sofern dies der Fall ist, ob dieser vermieden werden kann, wobei an die Unvermeidbarkeit eines Interessenkonflikts eine Offenlegungspflicht geknüpft ist. Der Wortlaut von § 27 Abs. 1 KAGB, der von tatsächlichen „Interessenkonflikten …, die … auftreten" anstatt von potentiellen Interessenkonflikten spricht, die auftreten können, während nach § 27 Abs. 3 KAGB auch diese potentiellen Interessenkonflikte relevant sind, zeigt, dass § 27 Abs. 1 KAGB keine Grundregel darstellt, sondern im Kontext mit § 27 Abs. 2 und 3 KAGB verstanden werden will, um die Anforderung des § 26 Abs. 2 Nr. 3 KAGB zur Vermeidung von Interessenkonflikten zu erfüllen. § 27 Abs. 2 KAGB ist die gesetzliche Grundlage zur Schaffung der organisatorischen und administrativen Voraussetzungen für den Umgang mit Interessenkonflikten einschließlich deren Ermittlung und stellt damit die Pflicht zur Erfüllung struktureller Maßnahmen auf, um auf dieser Basis den Anforderungen des § 27 Abs. 1 KAGB gerecht werden zu können. § 27 Abs. 3 Satz 1 KAGB wiederum stellt eine organisatorische Pflicht zur Vermeidung von Interessenkonflikten durch Trennung von miteinander unvereinbaren Aufgaben und Bereichen auf, die die KVG erst auf Basis der gem.

14 BaFin, Schreiben vom 19.3.2014, Gz: WA 41 – Wp 2100 – 2024/0001.
15 *Steffen* in Baur/Tappen, § 27 KAGB Rz. 10 a.E.
16 Vgl. *Zetzsche*, Prinzipien der kollektiven Vermögensanlage, S. 738 („Organisations- statt Ergebnisregulierung").

§ 27 Abs. 1 KAGB getroffenen Maßnahmen erfüllen kann, weil ansonsten die Unvereinbarkeit nicht festgestellt werden kann.

2. Relevante Interessenkonflikte

Die relevanten Interessenkonflikte werden nach den gesetzlichen Regelungen mehrdimensional bestimmt: 10
§ 27 Abs. 1 KAGB legt die **relevanten Beteiligten** fest, zwischen denen Interessenkonflikte zu ermitteln sind und ist für die Zwecke des § 27 KAGB abschließend. Art. 17 OGAW-DRL 2010/43/EU und Art. 30 AIFM-VO schreiben die **Berücksichtigung bestimmter Umstände** bei der Ermittlung, ob Interessenkonflikte vorliegen, vor. In verschiedenen gesetzlichen Regelungen, z.B. § 36 Abs. 3 Nr. 2 KAGB, Art. 32 AIFM-VO, werden schließlich **bestimmte Arten** von Interessenkonflikten angesprochen, die gem. § 27 Abs. 5 KAGB für AIF-KVGen und über den Umweg des § 27 Abs. 6 KAGB i.V.m. § 3 Abs. 1 KAVerOV auch für OGAW-KVGen relevant sind. Hiermit wird der gesetzliche Rahmen gesteckt, der als Mindestmaß für die Reichweite des Interessenkonfliktmanagements dient. Die Berücksichtigung von Interessen sonstiger Dritter durch die KVG (siehe § 26 Rz. 47 ff.) ist insoweit keine Frage im Rahmen des Interessenkonfliktmanagements, sondern erschöpft sich in der Frage, ob das Anlegerinteresse durch eine bestimmte Handlung der KVG ausreichend gewahrt wird oder nicht.

a) Relevante Beteiligte an einem Interessenkonflikt

Die in § 27 Abs. 1 Nr. 1–4 KAGB genannten relevanten Beteiligten finden sich in anderer sprachlicher Form im Wesentlichen bereits in der Regierungsbegründung zum 4. FMFG (siehe Rz. 6). Während dort das Investmentvermögen mangels Rechtspersönlichkeit eines Sondervermögens als relevanter Beteiligter nicht angesprochen wird, bestimmt Abs. 1 auch das Investmentvermögen als solches zu einem relevanten Beteiligten. Ob dieser expliziten Erwähnung überhaupt eine eigenständige Bedeutung gegenüber dem Interesse der Anleger zukommt, ist allerdings fraglich, da die Interessen eines Investmentvermögens den Interessen seiner Anleger an keiner Stelle als potentiell gegensätzlich gegenübergestellt werden. 11

Nach § 27 Abs. 1 KAGB sind Maßnahmen zur Ermittlung von Interessenkonflikten zwischen folgenden Beteiligten zu ermitteln: 12

- zwischen der **KVG** sowie ihren Führungskräften, Mitarbeitern oder jeder anderen Person, die über ein Kontrollverhältnis direkt oder indirekt mit der KVG verbunden ist, und dem von ihr verwalteten **Investmentvermögen** oder den Anlegern dieses Investmentvermögens,
- zwischen dem **Investmentvermögen** oder den Anlegern dieses Investmentvermögens und einem **anderen Investmentvermögen** oder den Anlegern jenes Investmentvermögens,
- dem **Investmentvermögen** oder den Anlegern dieses Investmentvermögens und einem **anderen Kunden** der KVG,
- **zwei Kunden** der KVG.

Die beiden letzten Fälle betreffen praktisch nur die externe KVG,[17] da Kunden im Gegensatz zu Anlegern Kunden von Dienst- und Nebendienstleistungen nach § 20 Abs. 2, 3 KAGB sind.[18] Da auch hierdurch Interessenkonflikte auftreten können, soll gem. ErwGr. 48 Satz 2 AIFM-VO der AIFM nicht nur die Tätigkeit der gemeinsamen Portfolioverwaltung berücksichtigen, sondern auch alle anderen Tätigkeiten, für die er zugelassen ist. 13

b) Berücksichtigung relevanter Umstände

Gemäß Art. 30 AIFM-VO und Art. 17 OGAW-DRL 2010/43/EU i.V.m. § 3 Abs. 1 Nr. 1 KAVerOV hat die KVG bei der Ermittlung der Arten von Interessenkonflikte zu berücksichtigen ob die KVG, eine nach Art. 3 Abs. 1 Nr. 3 OGAW-DRL 2010/43/EU bzw. Art. 1 Nr. 2 AIFM-VO relevante Person oder eine direkt oder indirekt über ein Kontrollverhältnis mit der KVG verbundene Person 14

- zu Lasten des Investmentvermögens oder seiner Anleger voraussichtlich einen **finanziellen Vorteil** erzielt oder einen finanziellen Verlust vermeidet;
- **am Ergebnis einer** für das Investmentvermögen oder seine Anleger oder einen Kunden erbrachten **Dienstleistung oder Tätigkeit oder** eines für das Investmentvermögen oder einen Kunden getätigten **Geschäfts ein dem Interesse des Investmentvermögens gegenläufiges Interesse hat**;

17 So auch *Steffen* in Baur/Tappen, § 27 KAGB Rz. 15 a.E.
18 Siehe auch *Geurts/Schubert* in Moritz/Klebeck/Jesch, § 27 KAGB Rz. 11; *Steck* in Emde/Dornseifer/Dreibus/Hölscher, § 9 InvG Rz. 75.

- einen **finanziellen oder sonstigen Anreiz** hat,
  - die Interessen eines anderen Investmentvermögens, eines Kunden oder einer Gruppe von Kunden über die Interessen des Investmentvermögens zu stellen;
  - die Interessen eines Anlegers über die Interessen eines anderen Anlegers oder einer Gruppe von Anlegern desselben Investmentvermögens zu stellen;
- für das oder ein anderes Investmentvermögen oder Kunden **dieselben Leistungen** erbringt;
- aktuell oder künftig von einer anderen Person als dem Investmentvermögen oder seinen Anlegern in Bezug auf Leistungen der gemeinsamen Portfolioverwaltung, die für das Investmentvermögen erbracht werden, **zusätzlich** zu der hierfür üblichen Provision oder Gebühr **einen Anreiz** in Form von Geld, Gütern oder Dienstleistungen erhält.

15 Die beiden erstgenannten Fälle überschneiden sich dann, wenn der finanzielle Vorteil gerade durch ein Geschäft mit dem Investmentvermögen entsteht. Dies kann z.B. auftreten, wenn die KVG mit einem mit ihr verbunden Broker **unnötige Wertpapiergeschäfte** (Churning, näher § 26 Rz. 105), **Wertpapiergeschäfte zu überhöhten Entgelten** durchführt oder aus dem Bestand der KVG oder einer mit ihr verbundenen Gegenpartei **Vermögensgegenstände zu überhöhten Preisen** erwirbt, wobei diese Fälle auch von § 26 Abs. 5 KAGB und § 168 Abs. 7 KAGB erfasst sind. Ebenso kann auch das **Frontrunning** oder die **nachträgliche Zuweisung von Transaktionen** zu einem Investmentvermögen hierunter gefasst werden. Der dritte Fall betrifft finanziell motivierte **Verstöße gegen die Anlegergleichbehandlung** (siehe näher § 26 Rz. 84). Interessenkonflikte bei der Erbringung derselben Leistung für verschiedene Fonds bzw. Kunden können bei **Blocktrades** oder bei der Festlegung einer sachlich nicht gerechtfertigten Reihenfolge bei der Tätigung von Transaktionen, sofern diese Reihenfolge auf den Preis oder die Zuteilungsquote einen Einfluss hat, eine Rolle spielen. Der letzte oben genannte Fall ist insbesondere bei **Rückvergütungen**, die nicht dem Investmentvermögen zufließen, relevant, z.B. bei rückwirkend gewährten Rabatten auf Transaktionskosten bei Erreichen bestimmter Staffeln. Siehe dazu auch Rz. 35.

c) Gesetzlich besonders behandelte Arten von Interessenkonflikten

16 An verschiedenen Stellen in der nationalen und europäischen Regulierung werden besondere Interessenkonflikte aufgeführt, die eine besondere Behandlung oder Beobachtung erfordern.

aa) KAGB

17 Nach § 29 Abs. 1 Satz 3 KAGB muss eine KVG für den Fall, dass auf Grund der Art, des Umfangs und der Komplexität ihrer Geschäfte und der von ihr verwalteten Investmentvermögen die Einrichtung einer hierarchisch und funktionell **unabhängigen Risikocontrollingfunktion unverhältnismäßig** ist, in der Lage sein nachzuweisen, dass besondere Schutzvorkehrungen gegen Interessenkonflikte ein unabhängiges Risikocontrolling ermöglichen. Art. 43 Abs. 1 AIFM-VO stellt hierzu spezielle Anforderungen an diese Schutzvorkehrungen auf. Gemäß Art. 43 Abs. 2 AIFM-VO muss in diesem Fall die Ausübung der Risikocontrollingfunktion außerdem regelmäßig von der Innenrevision überprüft werden und ein ggf. vorhandener Risikoausschuss über angemessene Mittel verfügen, außerdem gewährleistet werden, dass seine nicht unabhängigen Mitglieder keinen unzulässigen Einfluss auf die Ausübung der Risikokontrollingfunktion haben. Siehe dazu auch § 29 Rz. 36 ff. Art. 12 Abs. 2 Unterabs. 3 OGAW-DRL 2010/43/EU verlangt für eine OGAW-KVG, dass diese nachweisen können muss, dass angemessene Maßnahmen zum Schutz vor Interessenkonflikten getroffen wurden, um ein unabhängiges Risikomanagement zu ermöglichen.

18 Bei der **Auslagerung der Portfolioverwaltung oder des Risikomanagements** muss die KVG nach § 36 Abs. 3 Nr. 2 KAGB darauf achten, dass das beauftragte Unternehmen keine Interessen hat, die mit denen der KVG oder der Anleger des Investmentvermögens im Konflikt stehen könnten, es sei denn die übertragenen Aufgaben werden funktional oder hierarchisch von den anderen potentiell dazu im Interessenkonflikt stehenden Aufgaben getrennt und die potentiellen Interessenkonflikte werden ordnungsgemäß ermittelt, gesteuert, beobachtet und den Anlegern des Investmentvermögens gegenüber offengelegt.

19 Gemäß § 172 Abs. 1 KAGB muss eine KVG bei der **Verwaltung von Masterfonds und Feederfonds** so organisiert sein, dass das Risiko von Interessenkonflikten zwischen Feederfonds und Masterfonds oder zwischen Feederfonds und anderen Anlegern des Masterfonds möglichst gering ist. Hierzu gehört insbesondere die Festlegung geeigneter Regelungen zu den Kosten und Gebühren festlegen, die der Feederfonds zu tragen hat.

20 Sofern eine AIF-KVG selbst als **Bewerter** agiert, muss gem. § 216 Abs. 1 Satz 1 Nr. 2 KAGB die Bewertungsaufgabe von der Portfolioverwaltung und der Vergütungspolitik funktional unabhängig sein. Des

Weiteren müssen die Vergütungspolitik und andere Maßnahmen sicherstellen, dass Interessenkonflikte gemindert und ein unzulässiger Einfluss auf die Mitarbeiter verhindert werden.

bb) Europarecht

Art. 32 AIFM-VO spricht zwei **Interessenkonflikte im Zusammenhang mit der Rücknahme von Anlagen** an: 1. solche, die zwischen Anlegern, die ihre Anlagen zurücknehmen wollen, und Anlegern, die ihre Anlagen im AIF aufrechterhalten wollen, auftreten und 2. sowie solche im Zusammenhang mit der Zielsetzung der KVG, in illiquide Vermögenswerte zu investieren, und den Rücknahmegrundsätzen des AIFs. Beide Arten von Interessenkonflikten haben insoweit einen sachlichen Zusammenhang als dass auch der erste angesprochene Konflikt insbesondere dann einen praktischen Effekt haben kann, wenn illiquide Vermögensgegenstände zur Bedienung von Anteilrückgaben veräußert werden müssten. Beide Fälle müssen auch im Rahmen des **Liquiditätsmanagements nach § 30 Abs. 3 KAGB** berücksichtigt werden. Art. 32 gilt über § 3 Abs. 1 KAVerOV auch für **OGAWs**, wobei hier die Anlage in illiquide Vermögensgegenstände auf Grund der gesetzlichen Anlagebeschränkungen praktisch weit weniger Relevanz haben dürfte als bei AIFs.[19] 21

Der **Interessenkonflikt zwischen Anlegern, die ihre Anlagen zurücknehmen wollen, und Anlegern, die ihre Anlagen im AIF aufrechterhalten wollen**, kann in der Weise tragend werden, dass die KVG zugunsten der rückgabewilligen Anleger für die Bedienung von Rückgaben einen Liquiditätspuffer vorhalten muss, der die potentielle Rendite schmälert. Sie kann umgekehrt zugunsten der weiterhin investierten Anleger für Rückgabefristen oder, soweit zulässig, wie in § 227 Abs. 5 KAGB auch Fristen, bis zu denen der Rücknahmepreis gezahlt werden muss, festlegen. Ebenso kann die KVG mit Rücknahmeabschlägen zugunsten des Investmentvermögens steuern, dass rückgabebedingte Transaktionskosten die weiterhin investierten Anleger nicht beeinträchtigen. Ob für die Ermittlung und Steuerung derartiger Interessenkonflikte eine grundsätzliche Kenntnis der Anlegerstruktur erforderlich ist oder ob der KVG Umstände bekannt sind oder hätten sein müssen,[20] ist zweifelhaft. Bei Publikumsfonds dürfte es vielmehr ausreichend sein, dass Rücknahmequoten je Rücknahmetermin ermittelt werden, aus denen ein Erwartungswert für die Prognose künftiger Rückgaben errechnet werden kann, der mit einem angemessenen Puffer der erforderlichen Liquiditätshaltung zugrunde gelegt wird. 22

Konflikte im Zusammenhang mit der Zielsetzung der KVG, in illiquide Vermögenswerte zu investieren, und den Rücknahmegrundsätzen des AIFs können zunächst dadurch gesteuert werden, dass die KVG die grundsätzliche Entscheidung trifft, ob ein Fonds, der in illiquide Vermögensgegenstände investiert, überhaupt als offenes oder besser als geschlossenes Investmentvermögen aufgelegt werden soll. Für offene Fonds erfolgt die Steuerung von Interessenkonflikten dann gem. § 30 Abs. 3 KAGB. 23

Gemäß Art. 12 ELTIF-VO darf ein ELTIF nicht in ansonsten zulässige Anlagevermögenswerte investieren, an denen der Verwalter des ELTIF eine direkte oder indirekte Beteiligung hält oder übernimmt, es sei denn, diese Beteiligung geht nicht über das Halten von Anteilen der von diesem Verwalter verwalteten ELTIF, EuSEF oder EuVECA hinaus. Hiermit soll der Gefahr begegnet werden, dass der Verwalter seine eigenen Interessen über die Interessen der ELTIF-Anleger stellt.[21] 24

IV. Wirksame organisatorische und administrative Vorkehrungen zum Umgang mit Interessenkonflikten (§ 27 Abs. 2 KAGB)

§ 27 Abs. 2 KAGB verlangt in Umsetzung von Art. 14 Abs. 1 Unterabs. 2 AIFM-RL, dass eine KVG wirksame organisatorische und administrative Vorkehrungen, die es ermöglichen, alle angemessenen Maßnahmen zur Ermittlung, Vorbeugung, Beilegung und Beobachtung von Interessenkonflikten zu ergreifen, treffen und beibehalten muss, um zu verhindern, dass Interessenkonflikte den Interessen der Investmentvermögen und ihrer Anleger schaden. Eine entsprechende Vorlage findet sich in der OGAW-RL nicht, lediglich Art. 23 Abs. 2 Unterabs. 2 lit. d) OGAW-RL stellt vergleichbare Anforderungen an eine Verwahrstelle nach Art. 23 Abs. 2 lit. c) OGAW-RL. Nur indirekt kommt in Art. 20 Abs. 2 OGAW-DRL 2010/43/EU zum Ausdruck, dass **auch für OGAW-KVGen** organisatorische und administrative Vorkehrungen zum Umgang mit Interessenkonflikten vorhanden sein müssen; insofern ist es im Ergebnis konsequent, dass der Gesetzgeber, allerdings ohne Verweis auf diese Vorschrift, explizit die Beachtung dieser Vorgaben auch für deutsche OGAW-KVGen verlangt.[22] 25

---

19 So zu Recht *Steffen* in Baur/Tappen, § 27 KAGB Rz. 23.
20 So *Steffen* in Baur/Tappen, § 27 KAGB Rz. 21.
21 ErwGr. 25 zur ELTIF-VO.
22 BT-Drucks. 17/12294, 218.

26 Die für erforderlich gehaltenen Vorkehrungen werden teilweise in den Durchführungsrichtlinien und -verordnungen ausgeführt. Hierzu gehören:

- die Festlegung von **Grundsätzen für den Umgang mit Interessenkonflikten** nach Art. 18 OGAW-DRL 2010/43/EU und Art. 31 AIFM-VO;
- das Führen von **Aufzeichnungen über Interessenkonflikte** nach Art. 20 Abs. 1 OGAW-DRL 2010/43/EU und Art. 35 AIFM-VO;
- die **Information der Geschäftsleitung über unzureichende vorbeugende Maßnahmen** nach Art. 20 Abs. 2 OGAW-DRL 2010/43/EU und Art. 34 AIFM-VO;
- die Ausarbeitung von **Strategien für die Ausübung von Stimmrechten** nach Art. 21 OGAW-DRL 2010/43/EU und Art. 37 AIFM-VO.

27 Soweit die für OGAW-KVGen geltenden Anforderungen hinter denen für AIF-KVGen zurückbleiben, wird dies vom deutschen Gesetzgeber in der Weise **pauschal korrigiert**, als § 3 Abs. 1 Nr. 2 KAVerOV auch für OGAW-KVGen die Geltung von Art. 30–37 AIFM-VO anordnet. Gleichzeitig dient der Verweis auch der Umsetzung der entsprechenden Regelungen in der OGAW-DRL 2010/43/EU, die als Richtlinienvorschriften nicht unmittelbar gelten; diese Umsetzung war bis zum Inkrafttreten der KAVerOV in der InvVerOV geregelt.

1. Grundsätze für den Umgang mit Interessenkonflikten

a) Allgemeines

28 Die KVG muss nach Art. 18 OGAW-DRL 2010/43/EU und Art. 31 AIFM-VO wirksame Grundsätze für den Umgang mit Interessenkonflikten festlegen, umsetzen und anwenden.[23] Diese Grundsätze müssen **schriftlich festgelegt** werden. Gemäß Nr. 6.3 a) KAMaRisk sind die Grundsätze für den Umgang mit Interessenkonflikten nach Art. 31 AIFM-VO **Bestandteil der Organisationsrichtlinien** einer KVG; dies gilt nach Nr. 6.3.q) KAMaRisk insbesondere für Verfahren und Maßnahmen zur Vermeidung einer unangemessenen Beeinträchtigung von Anlegerinteressen durch Transaktionskosten.

29 Die Grundsätze müssen

- der Größe und Organisation der KVG sowie
- der Art, dem Umfang und der Komplexität ihrer Geschäfte

angemessen sein. Die Berücksichtigung der Größe und der Organisation der KVG findet sich neben dem Umgang mit Interessenkonflikten (auch in Art. 33 Abs. 1 AIFM-VO) ansonsten nicht in der AIFM-VO, während die Art, der Umfang und die Komplexität der Geschäfte bzw. des verwalteten AIF unter verschiedenen Aspekten berücksichtigt werden müssen (z.B. für Grundsätze und Verfahren der Compliance-Funktion nach Art. 61 Abs. 1 Unterabs. 2 AIFM-VO). Dies zeigt, dass der Richtliniengeber davon ausgeht, dass mit Bezug auf Interessenkonflikte auch lediglich die **Größe und Organisation der KVG unabhängig von deren Geschäftstätigkeit** Einfluss auf das Entstehen von und den Umgang mit Interessenkonflikten haben können.

30 Inwieweit aus dem Angemessenheitserfordernis ein **Proportionalitätsgrundsatz** abzuleiten ist,[24] bedarf differenzierter Betrachtung. Einerseits kann sicherlich gesagt werden, dass mit Bezug auf den **Umfang und die Komplexität der Geschäfte** einer KVG der größere Umfang und die größere Komplexität entsprechend ausdifferenzierte Grundsätze erfordern. Für die **Art der Geschäfte** kann dies nicht ohne weiteres gesagt werden, da diese in Abgrenzung zur Komplexität gerade keine graduelle Abstufung, sondern die Angemessenheit der Grundsätze für die Art der Geschäfte im Blick hat. So können sich auch bei vergleichbarer Komplexität aus Geschäften für einen Immobilienfonds ganz andere Arten von Interessenkonflikten ergeben als aus Geschäften in Finanzinstrumenten für Wertpapierfonds. Mit Bezug auf die **Größe und Organisation der KVG** kannt das Angemessenheitserfordernis umgekehrt proportional bei kleineren KVGen zu erhöhten Anforderungen führen, wenn eine ausreichende Größe und ausdifferenzierte Organisationsstruktur die Trennung von Auf-

---

23 Art. 18 Abs. 1 Unterabs. 1 OGAW-DRL 2010/43/EU spricht demgegenüber von „... festzulegen, einzuhalten und aufrechtzuerhalten." Die unterschiedliche Wortwahl ist aber eher sprachlicher als inhaltlicher Natur. Die englischen Fassungen sind hier ähnlicher; so spricht die englische Fassung in Art. 31 AIFM-VO von „establish, implement and apply", währen die englische Fassung von Art. 18 OGAW-DRL 2010/43/EU die Begriffe „establish, implement and maintain" verwendet. Allerdings ist ein Unterschied dahingehend feststellbar, als das „Aufrechterhalten" von Grundsätzen anders als das „Anwenden" nicht zwangsläufig die tatsächliche Anwendung bei der kollektiven Vermögensverwaltung impliziert.

24 So *Steffen* in Baur/Tappen, § 27 KAGB Rz. 26. Zur Proportionalität als Rechtsgrundsatz des europäischen Verfassungsrechts und dessen Einfluss auf die Anwendung des Finanzmarktrechts vgl. *Zetzsche/Preiner* in Enzyklopädie EuR, Bd. 6 (Eur. Unternehmensrecht), § 7 Rz. 106 ff.

gaben, die miteinander im Interessenkonflikt stehen könnten, möglich ist, so dass es zu solchen Konflikten von vornherein nicht kommt, während bei kleineren KVGen die Konzentration einer Vielzahl von Aufgaben auf die gleichen Mitarbeiter gerade eine Regelung zum Umgang mit Interessenkonflikten erforderlich macht. Die explizite Regelung des § 29 Abs. 1 Satz 3 KAGB (siehe Rz. 17) ist dafür nur ein Beispiel. Eine weitere Hilfestellung bei der Auslegung dieser Merkmale geben Rz. 29 f. bzw. Rz. 25 f. der ESMA-Leitlinien für solide Vergütungspolitiken unter Beücksichtigung der AIFMD bzw. der OGAW-RL.

Art. 31 Abs. 2 AIFM-VO schreibt den **Inhalt der Grundsätze** dahingehend vor, dass hierin festgelegt wird, 31

- **unter welchen Umständen** im Hinblick auf die Leistungen, die von der oder im Auftrag der KVG erbracht werden, einschließlich der Tätigkeiten ihrer Beauftragten, Unterbeauftragten, externen Bewerter oder Gegenparteien, **ein Interessenkonflikt**, der den Interessen des verwalteten Investmentvermögens oder seiner Anleger erheblich schaden könnte, **vorliegt oder entstehen könnte**;
- welche **Verfahren für die Prävention, Steuerung und Überwachung der Interessenkonflikte** einzuhalten und welche Maßnahmen zu treffen sind (s. hierzu Rz. 34 f.).

Während Art. 31 Abs. 2 lit. a) AIFM-VO bei den relevanten Interessenkonflikten nur auf die AIFs und deren Anleger (in der englischen Fassung: „its investors“) abstellt, bezieht sich Art. 18 Abs. 2 lit. a) OGAW-DRL 2010/43/EU auf **OGAWs und Kunden** (in der englischen Fassung: „one or more other clients“) und erfasst damit auch Kunden für andere Dienstleistungen als die der kollektiven Portfolioverwaltung. Soweit Dienst- und Nebendienstleistungen **außerhalb der kollektiven Portfolioverwaltung** erbracht werden dürfen, ist fraglich, inwieweit eine AIF-KVG die daraus entstehenden Interessenkonflikte in den Grundsätzen behandeln muss. Für das bisherige Recht verweist *Steffen* darauf, dass diese Fälle durch den in § 5 Abs. 2 KAGB enthaltenen Verweis auf den früheren § 33 WpHG i.V.m. § 13 Abs. 2 WpDVerOV abgedeckt wurden. Ein entsprechender Verweis auf Art. 34 MiFID-DurchführungsVO 2017/565/EU findet sich in § 80 Abs. 1 Satz 3 WpHG jedoch nicht; hier gelten nur die allgemeinen Bestimmungen des § 80 Abs. 1 Satz 2 Nr. 2 WpHG. 32

Sofern die KVG einer **Gruppe** angehört, müssen diese Grundsätze darüber hinaus allen Umständen Rechnung tragen, die der KVG bekannt sind oder sein sollten und die aufgrund der Struktur und der Geschäftstätigkeiten anderer Gruppenmitglieder zu einem Interessenkonflikt Anlass geben könnten. Man wird hier zur einheitlichen Handhabung dieses Begriffs in Art. 31 Abs. 1 AIFM-VO, Art. 18 Abs. 1 Unterabs. 2 OGAW-DVO 2010/43/EU und Art. 34 Abs. 1 Unterabs. 2 MiFID-DurchführungsVO 2017/565/EU auf Art. 2 Nr. 11 Richtlinie 2013/34/EU zurückgreifen können, wonach der Begriff der Gruppe ein Mutter- und alle Tochterunternehmen erfasst. Diese sind nach § 1 Abs. 19 Nr. 26, 35 KAGB Mutter- und Tochterunternehmen nach § 290 HGB. Besondere praktische Relevanz hat diese Bestimmung für KVGen, die **Tochter- oder Schwestergesellschaften von Verwahrstellen oder Wertpapier- oder Devisenhändlern** sind. Auch insoweit mögliche Interessenkonflikte (s. hierzu § 26 Rz. 26) sind in den Grundsätzen zu adressieren. 33

b) Maßnahmen, insb. Unabhängigkeit relevanter Personen

Art. 33 Abs. 1 AIFM-VO sowie Art. 19 OGAW-DRL 2010/43/EU verlangen, dass die oben genannten Verfahren für die Prävention, Steuerung und Überwachung der Interessenkonflikte gem. Art. 21 Abs. 2 lit. b) AIFM-VO bzw. Art. 18 Abs. 2 lit. b) OGAW-DRL 2010/43/EU so gestaltet werden, dass nach Art. 1 Nr. 2 AIFM-VO bzw. Art. 3 Nr. 3 OGAW-DRL 2010/43/EU relevante Personen, die **verschiedene Geschäftstätigkeiten** ausführen, die das Risiko eines Interessenkonflikts nach sich ziehen, diese Tätigkeiten mit einem Grad an **Unabhängigkeit** ausführen, der der Größe und dem Betätigungsfeld der KVG und der Gruppe, der sie angehört, sowie der Erheblichkeit des Risikos, dass die Interessen des Fonds oder seiner Anleger geschädigt werden, angemessen ist. Hierzu gehören gem. Art. 33 Abs. 2 Unterabs. 1 AIFM-VO bzw. Art. 19 Abs. 2 Unterabs. 1 OGAW-DRL 2010/43/EU folgende Maßnahmen: 34

- **Informationsbarrieren** (sog. Chinese Walls) zwischen relevanten Personen;
- **gesonderte Beaufsichtigung** relevanter Personen;
- Beseitigung jeder direkten Verbindung zwischen der **Vergütung** relevanter Personen;
- **Verhinderung oder Einschränkung ungebührlichen Einflusses** auf relevante Personen;
- **Verhinderung der gleichzeitigen oder anschließenden Beteiligung** einer relevanten Person **an einer anderen gemeinsamen Portfolioverwaltung** oder anderen Tätigkeiten nach Art. 6 Abs. 2, 4 AIFM-RL.

Auch die Etablierung aller Maßnahmen kann nicht verhindern, dass bei Ausübung **derselben Geschäftstätigkeit** Interessenkonflikte auftreten können. Besonders relevant ist dies im Rahmen der Vermögensverwaltung für mehrere Fonds oder auch für individuelle Portfolien, wenn es um die **Zuweisung von Geschäftschancen** an die verschiedenen Fonds bzw. Portfolien geht. Siehe dazu auch Rz. 15 a.E. Hier sollten 35 die schriftlichen Grundsätze sachlich nachvollziehbare Maßnahmen festlegen, die dem einzelnen Mitarbeiter der KVG einen Interessenkonflikt ersparen.

2. Führen von Aufzeichnungen über Interessenkonflikte

36 Art. 20 Abs. 1 OGAW-DRL 2010/43/EU und Art. 35 AIFM-VO verlangen, dass die KVG Aufzeichnungen darüber führt, bei welchen Arten der von der KVG erbrachten Tätigkeiten ein Interessenkonflikt aufgetreten ist bzw. bei laufender Tätigkeit noch auftreten könnte, bei dem das Risiko, dass die Interessen eines oder mehrerer von ihr verwalteten Investmentvermögen oder der Anleger Schaden nehmen, erheblich ist, und dass sie diese Aufzeichnungen regelmäßig aktualisiert. Gemäß Art. 35 Abs. 2 AIFM-VO erhält die Geschäftsleitung regelmäßig, mindestens aber einmal jährlich, schriftliche Berichte über diese Tätigkeiten; auch diese Anforderung gilt nach § 3 Abs. 1 KAVerOV für OGAW-KVGen entsprechend. Gemäß ErwGr. 17 zur OGAW-DRL 2010/43/EU sollte in diesen Berichten die **Entscheidung der KVG** unter Berücksichtigung der internen Grundsätze und Verfahren, die zur Ermittlung, Vorbeugung und Regelung von Interessenkonflikten beschlossen wurden, **erläutert und begründet** werden, selbst wenn die Entscheidung darin besteht, nichts zu unternehmen.

3. Information der Geschäftsleitung über unzureichende vorbeugende Maßnahmen

37 Die Anforderung nach Art. 20 Abs. 2 OGAW-DRL 2010/43/EU und Art. 34 AIFM-VO ist eine Vorstufe zur Anforderung nach § 27 Abs. 4 KAGB. Beide Regelungen betreffen den Fall, dass die Vorkehrungen gegen Interessenkonflikte nicht ausreichen, um das Risiko der Schädigung von Anlegern auszuschließen. Während hier eine **interne Kommunikationspflicht** gegenüber der Geschäftsleitung oder einer anderen zuständigen internen Stelle adressiert wird, bestimmt § 27 Abs. 4 KAGB die **externe Kommunikation** gegenüber dem Anleger. Art. 20 Abs. 2 OGAW-DRL 2010/43/EU wird durch Verweis in § 3 Abs. 1 KAVerOV auf Art. 34 AIFM-VO umgesetzt. Diese Vorschrift soll sicherstellen, dass in einem solchen Fall alle zur Gewährleistung einer fairen Behandlung des Fonds und seiner Anteilinhaber notwendigen Entscheidungen getroffen werden können.[25] Allerdings bezieht sich Art. 34 AIFM-VO auf den Einzelfall, während § 27 Abs. 4 KAGB auf die „allgemeine Art und die Quellen der Interessenkonflikte" abstellt, so dass diese Informationspflicht nicht immer erst dann entsteht, wenn ein Fall des Art. 34 AIFM-VO vorliegt, siehe hierzu Rz. 52.

38 Da die **andere interne Stelle nicht festgelegt** ist, kann es sich auch um den für den jeweiligen Bereich zuständigen Geschäftsleiter handeln.[26] Daneben kommt z.B. auch die Complianceabteilung oder die zuständige Fachbereichsleitung in Betracht, wobei auch mehrstufige Eskalationsverfahren je nach Bedeutung und Art des Interessenkonflikts sinnvoll erscheinen.

4. Ausarbeitung von Strategien für die Ausübung von Stimmrechten

39 Eine weitere erforderliche Maßnahme ist nach Art. 21 OGAW-DRL 2010/43/EU und Art. 37 AIFM-VO die Ausarbeitung von wirksamen und angemessenen Strategien zur Ausübung von Stimmrechten. Diese muss **ausschließlich zum Nutzen der verwalteten Investmentvermögen** erfolgen. Art. 21 OGAW-DRL 2010/43/EU wird wiederum durch Verweis von § 3 Abs. 1 KAVerOV auf Art. 37 AIFM-VO umgesetzt. Ergänzend hierzu enthält § 94 KAGB Regelungen dazu, wer bei Sondervermögen das Stimmrecht ausübt, siehe hierzu § 94 Rz. 1 ff.

40 Vorgeschriebener **Inhalt** dieser Strategie ist, **wann und wie die Stimmrechte ausgeübt** werden sollen sowie Maßnahmen und Verfahren, die

- eine Verfolgung maßgeblicher **Kapitalmaßnahmen** ermöglichen;
- die **Ausübung von Stimmrechten in Einklang mit den Anlagezielen und der Anlagepolitik des jeweiligen AIF** sicherstellen;
- **Interessenkonflikte**, die aus der Ausübung von Stimmrechten resultieren, verhindern oder regeln.

41 Für den Fall einer **extern verwalteten Investmentgesellschaft** stellt sich die Frage, ob dieser oder der KVG das Stimmrecht zusteht. § 94 KAGB hilft hier nicht weiter, da sich dieser nur auf Sondervermögen bezieht und nach § 108 Abs. 4, 124 Abs. 2, 140 Abs. 3 und 149 Abs. 2 KAGB nicht analog auf Investmentgesellschaften angewandt werden kann. Ordnet man das Stimmrecht als Teil der Portfolioverwaltung und damit als Teil der kollektiven Portfolioverwaltung i.S.d. § 1 Abs. 19 Nr. 24 KAGB ein, müsste dieses im Falle einer externen

25 ErwGr. 15 zur OGAW-DRL 2010/43/EU.
26 Siehe auch Begründung zu § 18 Abs. 2 InvVerOV.

Verwaltung der KVG zustehen.[27] Dagegen sieht ErwGr. 16 Satz 4 OGAW-DRL 2010/43/EU vor, dass die Möglichkeit, dass eine extern verwaltete Investmentgesellschaft selbst abstimmt oder ihrer KVG spezielle Anweisungen für die Stimmabgabe erteilt, nicht ausgeschlossen werden sollte. Dies ist natürlich schwierig mit der Anforderung in Einklang zu bringen, dass die Ausübung von Stimmrechten in Einklang mit den Anlagezielen und der Anlagepolitik des jeweiligen AIF sicherstellen soll, da die Verwaltungsgesellschaft, nicht aber die von ihr verwaltete Investmentgesellschaft dieser Anforderung unterliegt. Als (lediglich praktische) Lösung bietet sich an, dass eine KVG das Mandat für die Verwaltung einer extern verwalteten Investmentgesellschaft nur dann übernimmt, wenn die Stimmrechtsausübung im Verwaltungsvertrag geregelt wird.

Art. 37 AIFM-VO enthält **keine Pflicht zur Ausübung von Stimmrechten** (s. hierzu § 94 Rz. 6 ff.). Dies er- 42
gibt sich bereits daraus, dass die Strategien gerade regeln sollen, wann ein Stimmrecht ausgeübt werden soll, was ohne eine entsprechende Freiheit, dies nicht zu tun, eine überflüssige Regelung darstellen würde. Die Möglichkeit der Ausübung von Stimmrechten kann sich nur dann zu einer entsprechenden Pflicht verdichten, wenn die Nichtausübung einen Verstoß gegen die Beachtung des typisierten Anlegerinteresses darstellen würde. ErwGr. 16 Satz 3 OGAW-DRL 2010/43/EU sieht explizit den Fall vor, dass die Entscheidung, Stimmrechte nicht auszuüben, unter bestimmten Umständen so gesehen werden kann, dass dies ausschließlich zum Nutzen des verwalteten Fonds erfolgt.[28] Dies heißt aber auch, dass nicht nur bei der tatsächlichen Stimmausübung, sondern auch bei der Nicht-Ausübung nach dem Nutzen für den Fonds gefragt werden muss.

Die Frage, **wie die Stimmrechte ausgeübt werden**, betrifft u.a. folgende Umstände: 43

- ob die KVG die **Stimmrechte selbst ausübt**, wann gem. § 94 Satz 4 KAGB ein **Bevollmächtigter** bestellt wird oder ob ein **unabhängiger Stimmrechtsvertreter** gem. § 94 Satz 5 KAGB bestellt wird;
- Aufstellung von **Kriterien für das Stimmrechtsverhalten**, also ob dem Vorschlag der Aktiengesellschaft gefolgt wird, ob dagegen gestimmt wird oder ob sich der Stimme enthalten wird;
- ob und wie auf **externe Richtlinien** wie den BVI-Analyse-Leitlinien für Hauptversammlungen oder **spezialisierte Dienstleister** wie der Ivox Glass Lewis GmbH zur Bewertung von Stimmrechtsvorschlägen der Zielgesellschaft zurückgegriffen wird.

Hierbei kann die KVG **von Fonds zu Fonds unterschiedlich agieren**, da die Ausübung von Stimmrechten in 44
Einklang mit den Anlagezielen und der Anlagepolitik des jeweiligen Fonds stehen muss. Dies betrifft auch das Abstimmungsverhalten mit Bezug auf dasselbe Zielunternehmen, wenn mehrere von derselben KVG verwaltete Fonds in dieses Zielunternehmen investiert sind. Die Möglichkeit der uneinheitlichen Stimmabgabe richtet sich nach dem jeweils auf die Zielgesellschaft anwendbaren Recht.[29]

Sofern die KVG ihr **Stimmverhalten nach externen Richtlinien oder den Vorschlägen externer Dienst-** 45
leister (sog. Stimmrechtsberater[30]) ausrichtet, darf dies nicht dazu führen, dass sie pauschale Regeln aufstellt, die sich ausschließlich an der Praktikabilität der Prozesse für die Stimmrechtsausübung, nicht aber, wie vorgeschrieben, am Nutzen für den Fonds orientieren. So dürfte es unzulässig sein, externen Vorabbewertungen dieser Richtlinien oder Dienstleister blind zu folgen und bei dort als „kritisch" gekennzeichneten Stimmvorschlägen des Managements der Zielgesellschaft sich immer der Stimme zu enthalten oder gegen die Vorschläge zu stimmen. Ob ein Vorschlag wirklich kritisch ist, kann nämlich auch von den zu berücksichtigenden Anlagezielen und der Anlagepolitik des jeweiligen Fonds abhängen. Auch bei negativ oder kritisch bewerteten Wahlvorschlägen hat sich die KVG über die Gründe zu informieren und kann den Wahlvorschlag nicht nur wegen dieser Bewertung ablehnen, wenn dadurch z.B. die Besetzung eines Gesellschaftsorgans und ggf. das Treffen wichtiger Entscheidungen bei der Zielgesellschaft verhindert wird.

Gemäß Art. 37 Abs. 3 AIFM-VO muss den Anlegern **auf Wunsch** eine **zusammenfassende Beschreibung** 46
der Strategien und der Einzelheiten zu den auf der Grundlage dieser Strategien ergriffenen Maßnahmen

---

27 Siehe BaFin, Auslegungsentscheidung zu den Tätigkeiten einer Kapitalverwaltungsgesellschaft und der von ihr extern verwalteten AIF-Investmentgesellschaft, Gz: WA 41-Wp 2100-2016/0001, vom 21.12.2017, II.4., Abs. 2: „Eine extern verwaltete AIF-Investmentgesellschaft kann keine Tätigkeiten der kollektiven Vermögensverwaltung durchführen, wenn sie eine externe KVG damit beauftragt hat. Die kollektive Verwaltung der AIF-Investmentgesellschaft obliegt ausschließlich der externen KVG, die gemäß § 17 Absatz 2 Nummer 1 und Absatz 3 KAGB hierfür verantwortlich ist."

28 Als Beispiel wird von der CESR hierfür die Verfolgung von passiven Anlagestrategien bei Index-Fonds genannt, CESR's technical advice to the European Commission on the level 2 measures related to the UCITS management company passport vom 28.10.2010, S. 32, Rz. 71.

29 Zum deutschen Aktienrecht s. z.B. *Arnold* in MünchKomm. AktG, 4. Aufl. 2018, § 133 AktG Rz. 27. Auch Art. 13 Abs. 4 Aktionärsrechte-RL 2007/36/EG sieht die Möglichkeit der uneinheitlichen Stimmabgabe vor.

30 Dazu ausf. *Zetzsche* in KölnKomm. AktG, 3. Aufl. 2016, Nach § 135 AktG Rz. 4 ff.

zur Verfügung gestellt werden. Gleiches gilt nach § 3 Abs. 2 Satz 2 KAVerOV für OGAWs und Publikums-AIFs mit Bezug auf die Einzelheiten zu den aufgrund dieser Strategien getroffenen Maßnahmen. Für OGAWs und Publikums-AIFs schreibt § 3 Abs. 2 KAVerOV darüber hinaus vor, dass eine Kurzbeschreibung der Strategie **auf der Internetseite zu veröffentlichen** ist. Hiermit trägt der Gesetzgeber ErwGr. 16 Satz 2 OGAW-DRL 2010/43/EU Rechnung und weitet diese Anforderung auf Publikums-AIFs aus.

V. Aufgabentrennung (§ 27 Abs. 3 KAGB)

47 § 27 Abs. 3 KAGB verlangt von AIF-KVGen, dass sie innerhalb ihrer eigenen Betriebsabläufe Aufgaben und Verantwortungsbereiche, die **als miteinander unvereinbar angesehen werden** könnten oder potentiell systematische Interessenkonflikte hervorrufen könnten, voneinander trennen müssen. Hiermit wird Art. 14 Abs. 1 Unterabs. 3 AIFM-RL umgesetzt. Generell kann hier die Forderung erhoben werden, dass eine kontrollierende oder bewertende Funktion nicht im selben Bereich angesiedelt sein darf wie die Funktion, die zu kontrollieren ist bzw. die Risiken eingeht, die eine neutrale Bewertung erfordern.

48 Die in § 27 Abs. 3 KAGB geforderte Aufgabentrennung bedeutet nicht, dass in operativen Bereichen oder im Portfoliomanagement keine Kontrolltätigkeiten durchgeführt werden dürfen. Wenn beispielsweise innerhalb des Portfoliomanagements kontrolliert wird, ob sich ein Mitarbeiter an die für ihn geltenden Regeln hält, ist dies zulässig, wenn damit nicht die Innenrevisions- oder Compliance-Funktion ersetzt werden soll (s. hierzu Rz. 49). Ebenso ist bei Übertragung von Aufgaben auf einen Dritten möglich, dass derselbe Bereich („Provider Management") für die Übertragung von Aufgaben verantwortlich ist und gleichzeitig das Outsourcing-Controlling nach Art. 75 lit. f) AIFM-VO vornimmt. Denn hier kontrolliert sich dieser Bereich nicht selbst, sondern einen Dritten; das Outsourcing-Controlling dient nicht der Überwachung der Übertragung von Tätigkeiten durch die KVG, sondern der Überwachung der Ausführung dieser Tätigkeiten durch diesen Dritten.

49 Für einige Bereiche ergeben sich darüber hinaus direkt und indirekt aus den gesetzlichen Regelungen und Vorgaben der BaFin bestimmte Anforderungen an die Aufgabentrennung. Die Unabhängigkeit der **Risikocontrollingfunktion** ist explizit in § 29 Abs. 1 Satz 1 KAGB vorgeschrieben und gilt unmittelbar auch für OGAW-KVGen. Eine besondere Stellung innerhalb der KVG hat diesbezüglich auch das **Portfoliomanagement**. So verlangt die BaFin in Nr. 4.5.6. KAMaRisk eine Trennung der **Rechtsabteilung** und in Nr. 5.1.1. KAMaRisk bei der Vergabe von Darlehen eine Trennung des Bereiches **Marktfolge** vom Portfoliomanagement. Für diese beiden Bereiche kann insoweit auch auf den sich auf die funktionale und hierarchische Trennung der Portfolioverwaltung und des Risikomanagements im Falle einer Aufgabenübertragung beziehenden Art. 80 Abs. 2 AIFM-VO verwiesen werden. Auch für die **Innenrevision** gilt gem. Art. 62 Abs. 1 AIFM-VO und § 4 Abs. 1 KAVerOV unter Berücksichtigung der Art, des Umfangs und der Komplexität der Geschäfte der KVG die Anforderung der Trennung von den übrigen Funktionen und Aufgaben einer KVG. Unter Berücksichtigung von Art. 61 Abs. 3 Unterabs. 1 lit. c) AIFM-VO, aber auch der (nur für die Übertragung von Aufgaben geltenden) Kriterien in Art. 80 Abs. 2 lit. a) AIFM-VO dürfte auch die **Compliancefunktion** nach Art. 61 Abs. 2 AIFM-VO getrennt vom Portfoliomanagement zu organisieren sein. Für die **Bewertungsfunktion** schreibt § 216 Abs. 1 Satz 1 Nr. 2 KAGB die funktionale Unabhängigkeit von der Portfolioverwaltung vor.

50 Soweit potentielle Interessenkonflikte nicht systematischer Natur sind, verlangt Abs. 3 Satz 2 keine Aufgabentrennung, sondern eine Offenlegung gegenüber den Anlegern. Zur Art und Weise der Offenlegung s. Rz. 51 ff.

VI. Offenlegung unvermeidbarer Interessenkonflikte (§ 27 Abs. 4 KAGB)

51 § 27 Abs. 4 KAGB verlangt die Offenlegung der **allgemeinen Art und der Quellen der Interessenkonflikte,** sofern die von der AIF-KVG zum Umgang mit Interessenkonflikten getroffenen organisatorischen Vorkehrungen nicht ausreichen, um die Vermeidung des Risikos einer Beeinträchtigung von Anlegerinteressen zu gewährleisten.

52 Die Offenlegung muss **vor der Tätigung von Geschäften im Auftrag der Anleger** erfolgen. Damit ist wohl insbesondere der Erwerb und die Veräußerung von Vermögensgegenständen im Rahmen des Portfoliomanagements gemeint. Da sich die Offenlegung auf die allgemeine Art und die Quellen der Interessenkonflikte bezieht, können diese auch in allgemeiner Form und müssen daher nicht jedesmal vor einer konkreten Transaktion erfolgen. Wenn beispielsweise eine KVG eine Konzerngesellschaft als Broker und/oder Verwahrstelle nutzt, können daraus resultierende Interessenkonflikte in allgemeiner Form beschrieben werden.

Die am Ende von § 27 Abs. 4 KAGB angesprochenen angemessenen Strategien und Verfahren sollen sicherstellen, dass auch nach Offenlegung eines Konflikts Geschäfte nur unter gebotener Wahrung des Anlegerinteresses getätigt werden.[31] Dies zeigt, dass die Offenlegung gegenüber dem Anleger allein nicht als ausreichende Maßnahme zur Interessenkonfliktbewältigung angesehen wird.[32] 53

VII. Art und Weise der Offenlegung von Interessenkonflikten

Sofern nach § 27 Abs. 3, 4 KAGB Interessenkonflikte offengelegt werden müssen, bestimmt Art. 36 AIFM-VO für AIFM-KVGen, dass die offenzulegenden Informationen auf einem **dauerhaften Datenträger** i.S.d. §§ 1 Abs. 19 Nr. 8, 167 KAGB oder auf einer **Website** zur Verfügung gestellt werden müssen. Für OGAW-KVGen gilt dies nach § 3 Abs. 1 KAVerOV entsprechend. Ob hiermit Art. 20 Abs. 3 OGAW-DRL 2010/43/EU ordnungsgemäß umgesetzt wurde, ist allerdings zweifelhaft.[33] 54

Bei der Offenlegung auf einer Website sind **die weiteren Anforderungen des Art. 36 Abs. 2 AIFM-VO** zu beachten: 55

- Information des Anlegers über die Website und Zustimmung des Anlegers zur Information in dieser Form;
- die Informationen müssen sich auf dem neuesten Stand befinden; dies nicht lediglich im Zeitpunkt der Veröffentlichung der Informationen, sondern permanent;
- Gewährleistung der laufenden Abfrage durch den Anleger.

VIII. Ausführungsbestimmungen für den Umgang mit Interessenkonflikten (§ 27 Abs. 5 KAGB)

§ 27 Abs. 5 KAGB verweist mit Bezug auf die allgemeinen Anforderungen des § 27 Abs. 1–4 KAGB für AIF-KVGen auf die Ausführungsbestimmungen der Art. 30–37 AIFM-VO. Insofern wird auf die Kommentierung in Rz. 10–46 Bezug genommen. 56

IX. Verordnungsermächtigung (§ 27 Abs. 6 KAGB)

Die in § 27 Abs. 6 KAGB enthaltende Verordnungsermächtigung dient der **Umsetzung der Art. 17–21 OGAW-DRL 2010/43/EU für OGAWs** auf Verordnungsebene und der Sicherstellung eines gleichen anlegerschützenden Niveaus für OGAWs und Publikums-AIF. Das BMF hat diese Verordnungsermächtigung gem. Satz 2 auf die BaFin übertragen.[34] Diese hat hiervon durch Erlass von § 3 KAVerOV Gebrauch gemacht. Auf die obenstehende Kommentierung wird insoweit verwiesen. 57

X. Bußgeldvorschriften

Nach § 340 Abs. 2 Nr. 6 KAGB handelt **ordnungswidrig**, wer entgegen § 27 Abs. 1 und 2 KAGB, auch i.V.m. § 3 KAVerOV, eine dort bezeichnete Maßnahme zum Umgang mit Interessenkonflikten nicht trifft. Dieser Verstoß kann nach § 340 Abs. 7 Satz 1 Nr. 1 mit einer Geldbuße bis zu 5 Millionen Euro und nach § 340 Abs. 7 Satz 2 KAGB darüber hinaus mit einer Geldbuße bis zur Höhe des Zweifachen des aus dem Verstoß gezogenen wirtschaftlichen Vorteils geahndet werden. 58

---

31 *Beckmann* in Beckmann/Scholtz/Vollmer, § 27 KAGB Rz. 424, mit Verweis auf die Regierungsbegründung zu § 31 WpHG in der Fassung des FRUG, BT-Drucks. 16/4028, 63.

32 So auch *Steck* in Emde/Dornseifer/Dreibus/Hölscher, § 9 InvG Rz. 105; hierzu auch *Schäfer*, S. 113 f., *Zetzsche*, Prinzipien, S. 746.

33 Siehe hierzu näher *Steffen* in Baur/Tappen, § 27 KAGB Rz. 46 ff.

34 § 1 Nr. 3a Verordnung zur Übertragung von Befugnissen zum Erlass von Rechtsverordnungen auf die Bundesanstalt für Finanzdienstleistungsaufsicht.

§ 28 Allgemeine Organisationspflichten; Verordnungsermächtigung

(1) [1]Die Kapitalverwaltungsgesellschaft muss über eine ordnungsgemäße Geschäftsorganisation verfügen, die die Einhaltung der von der Kapitalverwaltungsgesellschaft zu beachtenden gesetzlichen Bestimmungen gewährleistet. [2]Eine ordnungsgemäße Geschäftsorganisation umfasst insbesondere

1. ein angemessenes Risikomanagementsystem;

2. angemessene und geeignete personelle und technische Ressourcen;

3. geeignete Regelungen für die persönlichen Geschäfte der Mitarbeiter;

4. geeignete Regelungen für die Anlage des eigenen Vermögens der Kapitalverwaltungsgesellschaft;

5. angemessene Kontroll- und Sicherheitsvorkehrungen für den Einsatz der elektronischen Datenverarbeitung; für die Verarbeitung und Nutzung personenbezogener Daten ist § 9 des Bundesdatenschutzgesetzes entsprechend anzuwenden;

6. eine vollständige Dokumentation der ausgeführten Geschäfte, die insbesondere gewährleistet, dass jedes das Investmentvermögen betreffende Geschäft nach Herkunft, Kontrahent sowie Art und Abschlusszeitpunkt und -ort rekonstruiert werden kann;

7. angemessene Kontrollverfahren, die insbesondere das Bestehen einer internen Revision voraussetzen und gewährleisten, dass das Vermögen der von der Kapitalverwaltungsgesellschaft verwalteten Investmentvermögen in Übereinstimmung mit den Anlagebedingungen, der Satzung oder dem Gesellschaftsvertrag des Investmentvermögens sowie den jeweils geltenden rechtlichen Bestimmungen angelegt wird;

8. eine ordnungsgemäße Verwaltung und Buchhaltung und

9. einen Prozess, der es den Mitarbeitern unter Wahrung der Vertraulichkeit ihrer Identität ermöglicht, potenzielle oder tatsächliche Verstöße gegen dieses Gesetz, gegen auf Grund dieses Gesetzes erlassene Rechtsverordnungen oder gegen unmittelbar geltende Vorschriften in Rechtsakten der Europäischen Union über Europäische Risikokapitalfonds, Europäische Fonds für soziales Unternehmertum, europäische langfristige Investmentfonds oder Geldmarktfonds, Marktmissbrauch oder über Basisinformationsblätter für verpackte Anlageprodukte für Kleinanleger und Versicherungsanlageprodukte sowie etwaige strafbare Handlungen innerhalb der Kapitalverwaltungsgesellschaft an geeignete Stellen zu melden.

[3]Die §§ 77, 78 und 80 Absatz 2 und 3 des Wertpapierhandelsgesetzes gelten entsprechend. [4]Die §§ 24c und 25h bis 25m des Kreditwesengesetzes sowie § 93 Absatz 7 und 8 in Verbindung mit § 93b der Abgabenordnung gelten entsprechend.

(2) [1]Eine ordnungsgemäße Geschäftsorganisation von OGAW-Kapitalverwaltungsgesellschaften umfasst zusätzlich zu den in Absatz 1 genannten Kriterien insbesondere

1. geeignete Verfahren und Vorkehrungen, die gewährleisten, dass die OGAW-Kapitalverwaltungsgesellschaft ordnungsgemäß mit Anlegerbeschwerden umgeht und dass Anleger und Aktionäre der von ihr verwalteten OGAW ihre Rechte uneingeschränkt wahrnehmen können; dies gilt insbesondere, falls die OGAW-Kapitalverwaltungsgesellschaft EU-OGAW verwaltet; Anleger und Aktionäre eines von ihr verwalteten EU-OGAW müssen die Möglichkeit erhalten, Beschwerde in der Amtssprache oder einer der Amtssprachen des Herkunftsstaates des EU-OGAW einzureichen und

2. geeignete Verfahren und Vorkehrungen, die gewährleisten, dass die OGAW-Kapitalverwaltungsgesellschaft ihren Informationspflichten gegenüber den Anlegern, Aktionären der von ihr verwalteten OGAW und Kunden, ihren Vertriebsgesellschaften sowie der Bundesanstalt oder den zuständigen Stellen des Herkunftsstaates des EU-OGAW nachkommt.

[2]Für AIF-Kapitalverwaltungsgesellschaften, die inländische Publikums-AIF verwalten, gilt Satz 1 Nummer 1 Halbsatz 1 und Satz 1 Nummer 2 entsprechend.

(3) Im Hinblick auf AIF-Kapitalverwaltungsgesellschaften bestimmen sich die in Absatz 1 Satz 2 Nummer 1 bis 8 genannten Verfahren und Regelungen nach den Artikeln 57 bis 66 der Delegierten Verordnung (EU) Nr. 231/2013.

(4) [1]Das Bundesministerium der Finanzen wird ermächtigt, durch Rechtsverordnung, die nicht der Zustimmung des Bundesrates bedarf, nähere Bestimmungen für Kapitalverwaltungsgesellschaften, die OGAW oder Publikums-AIF verwalten, zu den Verfahren und Vorkehrungen für eine ordnungs-

gemäße Geschäftsorganisation nach den Absätzen 1 und 2 zu erlassen. [2]Das Bundesministerium der Finanzen kann die Ermächtigung durch Rechtsverordnung auf die Bundesanstalt übertragen.

In der Fassung vom 4.7.2013 (BGBl. I 2013, S. 1981), zuletzt geändert durch das Gesetz zur Ausübung von Optionen der EU-Prospektverordnung und zur Anpassung weiterer Finanzmarktgesetze vom 10.7.2018 (BGBl. I 2018, S. 1102). Geplant ist eine Änderung des Abs. 1 Satz 2 Nr. 5 durch das Zweite Gesetz zur Anpassung des Datenschutzrechts an die Verordnung (EU) 2016/679 und zur Umsetzung der Richtlinie (EU) 2016/680 (Zweites Datenschutz-Anpassungs- und Umsetzungsgesetz EU – 2. DSAnpUG-EU), (RegE, BT-Drucks. 19/4674; s. Rz. 9, 38).

Schrifttum: Siehe zunächst Schrifttum zu § 26 KAGB. Ferner *Möllers/Kloyer*, Das neue Kapitalanlagegesetzbuch, 2013; *Zetzsche*, Prinzipien der kollektiven Vermögensanlage, 2015; *Zetzsche/Eckner*, Appointment, Authorization and Organization of the AIFM, in Zetzsche (Hrsg.), AIFMD, 2. Aufl. 2015, S. 193.

I. Einführung

§ 28 KAGB regelt die grundsätzlichen regulatorischen **Anforderungen an eine ordnungsgemäße Geschäftsorganisation einer KVG**. Als mit § 9a InvG eingeführter eigenständiger Regelung diente diese Vorschrift der Kompensation des Wegfalls der Kreditinstitutseigenschaft einer KVG mit Inkrafttreten des InvÄndG.[1] Bis dahin war die ordnungsgemäße Geschäftsorganisation auch für KVGen in § 25a KWG (mit-)geregelt. Während dort allerdings eine ordnungsgemäße Geschäftsorganisation vor allem das Risikomanagement meint und die einzelnen dort aufgeführten Maßnahmen dem Risikomanagement zugeordnet werden, stellt § 28 KAGB die Maßnahmen neben das Risikomanagement.[2] So gehört nach § 25a Abs. 1 Satz 3 Nr. 4 KWG eine angemessene personelle und technischorganisatorische Ausstattung des Instituts zum Risikomanagement, während 1

1 BT-Drucks. 16/5576, S. 61.
2 *Kort/Lehmann* in Möllers/Koyer, Rz. 490 ff., vertreten dagegen einen umfassenden Compliance-Begriff, der das Risikomanagement als Teil davon erfasst.

nach § 28 Abs. 1 Satz 2 Nr. 2 KAGB angemessene und geeignete personelle und technische Ressourcen neben dem Risikomanagement zur ordnungsgemäßen Geschäftsorganisation einer KVG gehören. Mit dieser unterschiedlichen Einordnung dürften jedoch keine inhaltlichen Abweichungen verbunden sein, sofern diese nicht durch die gegenüber einem Institut i.S.d. KWG unterschiedlichen Tätigkeiten einer KVG bedingt sind.

2 Allerdings erlaubt eine getrennte Regelung die **sachgerechte Berücksichtigung von Unterschieden** der aus den unterschiedlichen Tätigkeiten resultierenden Anforderungen;[3] gleichermaßen können hiermit unterschiedliche Anforderungen auf europarechtlicher Ebene einfacher umgesetzt werden. Die unterschiedlichen Anforderungen sind insbesondere dadurch bedingt, dass die relevanten Risiken bei einem Institut i.S.d. KWG dieses selbst treffen, während bei der kollektiven Vermögensverwaltung weniger die Risiken der verwaltenden KVG als die Risiken der von dieser verwalteten Fonds im Mittelpunkt stehen. Sofern aber gleichartige Anforderungen sachgerecht erscheinen, wie z.B. das Treffen von Maßnahmen zur Verhinderung von Geldwäsche und Terrorismusfinanzierung, hält der Gesetzgeber an der bisherigen Verweistechnik fest, s. § 28 Abs. 1 Satz 4 KAGB.

1. Anwendungsbereich

3 § 28 **Abs. 1** KAGB gilt für alle **lizenzierten OGAW- und AIF-KVGen.** Dies gilt auch für § 28 Abs. 1 Satz 3 KAGB, der sich mit dem Verweis auf das WpHG nicht auf Dienst- und Nebendienstleistungen einer KVG nach § 20 Abs. 2, 3 KAGB (insoweit gilt § 5 Abs. 2 KAGB), sondern auf Tätigkeiten im Rahmen der kollektiven Vermögensverwaltung bezieht (siehe dazu näher Rz. 61 ff.). Für nach § 2 Abs. 4, 4a KAGB **registrierte KVGen** gelten diese Absätze nicht, es sei denn, sie haben beschlossen, sich dem KAGB in seiner Gesamtheit zu unterwerfen. Für nach § 2 Abs. 5 KAGB registrierte KVGen gilt § 28 Abs. 1 KAGB gem. § 2 Abs. 5 Satz 1 Nr. 3 KAGB ebenfalls. § 28 **Abs. 2** KAGB gilt für **OGAW-KVGen,** gem. Abs. 2 Satz 2 gilt Satz 1 Nr. 1 Halbs. 1 und Satz 1 Nr. 2 auch für **AIF-KVGen, die Publikums-AIF** verwalten. § 28 **Abs. 3** KAGB gilt direkt nur für **AIF-KVGen**. Über den Umweg von § 28 Abs. 4 KAGB i.V.m. § 4 Abs. 1 KAVerOV, die für **OGAW-KVGen** Art. 57–66 AIFM-VO für entsprechend anwendbar erklären, gelten die wesentlichen dort genannten Regelungen auch für diese. Für AIF-KVGen nach § 2 Abs. 6 KAGB (**Europäische Risikokapitalfonds** nach § 337 KAGB) und § 2 Abs. 7 KAGB (**Europäische Fonds für soziales Unternehmertum** nach § 338 KAGB) gilt § 28 KAGB nicht. Für diese sehen Art. 10 Abs. 1 EuVECA-VO und Art. 11 Abs. 1 EuSEF-VO gesonderte Vorschriften vor.

2. Rechtsentwicklung

4 Da eine KVG bis zum Inkrafttreten des InvÄndG 2007 als Spezialkreditinstitut auch dem Anwendungsbereich des KWG unterlag, gab es bis dahin im KAGG und InvG keine spezifische Regelung zu den Organisationsanforderungen. Die KVG war insoweit den Organisationsanforderungen des § 25a KWG unterworfen, bei denen der Gesetzgeber davon ausging, dass die für OGAW-KVGen umzusetzenden Regelungen der Art. 5f Abs. 1 Satz 2,[4] 21 Abs. 1 Satz 1[5] OGAW-RL hierin aufgingen.[6] Da seit Inkrafttreten des InvÄndG die KVG nicht mehr als Kreditinstitut galt, musste zum Ausgleich die Umsetzung in einem neuen § 9a InvG geregelt werden. Da die u.a. für § 25a KWG geltenden Banken-MaRisk[7] nur teilweise Anwendung auf KVGen fanden,[8] hat die BaFin 2010 die speziell auf die Fondsverwaltung zugeschnittenen InvMaRisk veröffentlicht,[9] die auch Ausführungen zur internen Organisation einer KVG enthalten haben.

5 Das **OGAW-IV-UmsG** erweiterte § 9a InvG durch Anfügung einer Verordnungsermächtigung in einem neuen Abs. 2 und eine Ergänzung der bisherigen nun in Abs. 1 befindlichen Regelung um die Nr. 7–9. Diese erweiterten die Anforderungen an eine ordnungsgemäße Geschäftsorganisation um eine ordnungsgemäße Verwaltung und Buchhaltung, geeignete Verfahren und Vorkehrungen zum Umgang mit Anlegerbeschwerden und zur Erfüllung der Informationspflichten gegenüber den Anlegern und Kunden sowie gegenüber der

---

3 *Steck* in Emde/Dornseifer/Dreibus/Hölscher, § 9a InvG Rz. 1.
4 In der Fassung durch RL 2001/107/EG, jetzt Art. 12 Abs. 1 Unterabs. 2 lit. a) OGAW-RL.
5 In der Fassung durch RL 2001/108/EG, jetzt Art. 51 Abs. 1 Unterabs. 1 OGAW-RL.
6 BT-Drucks. 16/5576, S. 61.
7 BaFin, Rundschreiben 5/2007 (BA), Mindestanforderungen an das Risikomanagement (MaRisk).
8 Gemäß AT 2.1. Nr. 3 der MaRisk 2007 wurden die darin enthaltenen Anforderungen abgestuft auf KVGen angewandt: Teile der Aufbau- und Ablauforganisation galten von vornherein nicht für KVGen, bestimmte Teile der Aufbau- und Ablauforganisation und die Anforderungen an das Risikomanagement galten nur für das Eigengeschäft einer KVG und nur sinngemäß, nicht aber für die Fondsverwaltung. Außerdem wurde in Bezug auf den allgemeinen Teil der MaRisk ein Vorrang der speziellen Regelwerke für KVGen statuiert.
9 BaFin, Rundschreiben 5/2010 (WA) vom 30.6.2010 zu den Mindestanforderungen an das Risikomanagement für Investmentgesellschaften (InvMaRisk).

BaFin und den zuständigen Stellen des Herkunftsstaates im Falle eines EU-Investmentvermögens. Die OGAW-IV-DRL 2010/43/EU führte neue Organisationsanforderungen ein, die auf der MiFID I und der MiFID-DRL 2006/73/EG beruhten. Diese hat die BaFin durch Erlass der InvVerOV, die u.a. auf dem neu eingeführten § 9a Abs. 2 InvG beruhte, umgesetzt, insb. durch §§ 3–14 InvVerOV. Entsprechend dem damaligen Ansatz des Gesetzgebers und der BaFin wurden die auf europarechtlicher Ebene nur für OGAW-KVGen geltenden Anforderungen für alle KVGen bzw. alle bis dahin regulierten Fondstypen für anwendbar erklärt, wobei nur bei der Verwaltung von Spezialfonds gewisse Ausnahmen von den Anforderungen gemacht wurden.[10]

Mit Inkrafttreten der **AIFM-VO** galten für die Verwaltung von AIFs die darin geregelten Organisationsanforderungen der Art. 57–66 unmittelbar. Für OGAWs wurden die einschlägigen Regelungen der InvVerOV durch § 4 KAVerOV mit einem Verweis auf Art. 57–66 AIFM-VO ersetzt. Dennoch hat die BaFin die InvMaRisk zunächst noch nicht unverzüglich aufgehoben, sondern lediglich erklärt, dass diese weitergelten, soweit sie nicht im Widerspruch zu den gesetzlichen Regelungen stehen.[11] Zwischenzeitlich wurde die InvMaRisk durch die KAMaRisk[12] abgelöst, die der Konkretisierung von u.a. Art. 57–66 AIFM-VO dient.[13] 6

§ 28 Abs. 1 Satz 4 KAGB wurde durch das Gesetz zur Anpassung von Gesetzen auf dem Gebiet des Finanzmarktes vom 15.7.2014[14] (**„KAGB-Reparaturgesetz“**) eingefügt. Diese Regelung war bisher in § 18 Abs. 6 KAGB enthalten und galt nur für externe KVGen. Da durch eine Änderung des § 2 Abs. 1 Nr. 6 GWG (jetzt § 2 Abs. 1 Nr. 9 GWG) durch das AIFM-StAnpG[15] auch intern verwaltete KVGen in den Kreis der Verpflichteten i.S.d. GWG einbezogen wurden, wurde die bisherige Regelung des § 18 Abs. 6 nach § 28 Abs. 1 KAGB übertragen und der Anwendungsbereich auf intern verwaltete KVGen ausgeweitet.[16] Des Weiteren hat der Gesetzgeber mit diesem Gesetz die zunächst nur für OGAW-KVGen geltenden Organisationsanforderung zur Erfüllung ihrer Informationspflichten nach § 28 Abs. 2 Satz 1 Nr. 2 KAGB durch eine Erweiterung des in § 28 Abs. 2 Satz 2 KAGB enthaltenen Verweises auf KVGen, die Publikums-AIF verwalten, ausgedehnt. Dies wurde damit gerechtfertigt, dass insoweit ebenso zahlreiche Informationspflichten bestehen, deren Erfüllung durch geeignete Vorkehrungen und Verfahren zu gewährleisten ist.[17] 7

§ 28 Abs. 1 Satz 2 Nr. 9 KAGB wurde durch das **OGAW-V-UmsG** eingefügt und dient der Umsetzung von Art. 99d Abs. 5 OGAW-RL[18] zum Schutz von Whistleblowern. Die Ausdehnung der auf europäischer Ebene nur für OGAW-KVGen geltenden Vorgaben auf AIF-KVGen wurde vom Gesetzgeber mit der vergleichbaren Interessenlage gerechtfertigt. Da die AIFM-VO keine Vorgaben zum Whistleblowerschutz enthält, wurde der in § 28 Abs. 3 enthaltene Verweis auf § 28 Abs. 1 KAGB auf § 28 Abs. 1 Satz 2 Nr. 1–8 KAGB beschränkt. Mit dem **2. FiMaNoG** wurde der Verweis in § 28 Abs. 1 Satz 3 KAGB auf das geänderte WpHG angepasst. Es handelte sich hierbei lediglich um Folgeänderungen wegen der zur Umsetzung der neugefassten MiFID geänderten Nummerierung des Wertpapierhandelsgesetzes.[19] Allerdings erfolgte die Umsetzung der Vorgaben der MiFID hiermit nur unvollständig. Siehe hierzu näher Rz. 61. 8

Schließlich wurde mit dem **Gesetz zur Ausübung von Optionen der EU-Prospektverordnung und zur Anpassung weiterer Finanzmarktgesetze**[20] § 28 Abs. 1 Nr. 9 KAGB um Geldmarktfonds ergänzt, um Rechtsverstöße gegen die MMF-VO[21] in den Whistleblowerschutz einzubeziehen.[22] Mit dem geplanten 2. DSAnpUG-EU soll § 28 Abs. 1 Satz 2 Nr. 5 KAGB an die **DSGVO** angepasst werden, siehe dazu Rz. 38. 9

10 Siehe z.B. §§ 5 Abs. 2 Satz 3, 20 Abs. 6 InvVerOV.
11 BaFin, Häufige Fragen zum Thema Auslagerung gem. § 36 KAGB in der Fassung vom 12.5.2018, dort Antwort zu Frage 12 (mittlerweile geändert).
12 BaFin, Rundschreiben 01/2017 (WA) – Mindestanforderungen an das Risikomanagement von Kapitalverwaltungsgesellschaften – „KAMaRisk“ in der Fassung vom 10.1.2017.
13 Siehe Nr. 1.1 KAMaRisk.
14 BGBl. I 2014, S. 934.
15 BGBl. I 2013, S. 4318.
16 BT-Drucks. 18/1305, 45 f.
17 BT-Drucks. 18/1305, 46.
18 BT-Drucks. 18/6744, 47.
19 BT-Drucks. 18/10936, 280.
20 Vom 10.7.2018 (BGBl. I 2018, S. 1102).
21 Verordnung (EU) 2017/1131 des Europäischen Parlaments und des Rates vom 14. Juni 2017 über Geldmarktfonds.
22 BT-Drucks. 19/2435, S. 58.

II. Regelungszweck und -inhalt

10 Zweck der Erfüllung der Organisationsanforderungen ist nach § 28 Abs. 1 Satz 1 KAGB die Gewährleistung der **Einhaltung der von der KVG zu beachtenden gesetzlichen Bestimmungen**. Hierzu werden bestimmte Maßnahmen in nicht abschließender Weise (§ 28 Abs. 1 Satz 2 KAGB: „insbesondere") aufgezählt. Wie sich aus den einzelnen Maßnahmen ergibt (hierzu Rz. 11), sind die gesetzlichen Bestimmungen nicht nur diejenigen der Fondsverwaltung, sondern auch alle sonstigen einschlägigen Regelungen. Dies betrifft die KVG neben ihrer Funktion als Fondsverwaltungsgesellschaft insbesondere auch in ihrer Eigenschaft als operativ tätiges Unternehmen, als Arbeitgeber und als Kapitalmarktteilnehmer.

11 Die in § 28 KAGB geregelten Organisationspflichten haben **keine einheitliche Richtung**. Sie beziehen sich teilweise auf Anforderungen an die KVG als Unternehmen, die unabhängig von ihrer Verwaltungstätigkeit sind, z.B. § 28 Abs. 1 Satz 2 Nr. 4 KAGB über die Anlage des Eigenvermögens, und teilweise explizit auf die Verwaltung von Fonds wie in § 28 Abs. 1 Satz 2 Nr. 7 KAGB. In der Regel wird aber offengelassen, worauf sich diese Anforderungen beziehen; so kann sich die Anforderung an die ordnungsgemäße Verwaltung und Buchhaltung nach § 28 Abs. 1 Satz 2 Nr. 8 KAGB sowohl auf die Buchhaltung im Rahmen der Fondsadministration nach Anhang II Spiegelstrich 2 lit. a) OGAW-RL bzw. Anhang I Nr. 2 lit. a) i) AIFM-RL als auch auf die Buchhaltung des davon zu unterscheidenden Eigenvermögens der KVG beziehen. Insofern ist die Zuschreibung **eines dualistischen Charakters dieser Vorschrift**[23] durchaus treffend. Für den Zweck der Vorschrift, die gesamte Geschäftsorganisation einer KVG zu regeln, ist das nicht unbedingt ein Kritikpunkt. Für die Auslegung der Anforderungen wäre allerdings eine eindeutige Trennung der unternehmens- von den fondsverwaltungsbezogenen Anforderungen durchaus wünschenswert.

III. Anforderungen an die ordnungsgemäße Geschäftsorganisation für OGAW- und AIF-KVGen (§ 28 Abs. 1 KAGB)

1. Grundsätzliche Anforderungen an die ordnungsgemäße Geschäftsorganisation (§ 28 Abs. 1 Satz 1 KAGB)

a) Einführung

12 § 28 Abs. 1 Satz 1 KAGB richtet sich an alle KVGen und stellt insoweit die **Grundnorm für die Anforderungen an eine ordnungsgemäße Geschäftsorganisation** einer KVG dar. Die Zielrichtung dieser Vorschrift ist umfassend und damit allerdings auch dahingehend redundant, dass gesetzlichen Pflichten von jedem ihrer Adressaten einzuhalten sind. § 28 Abs. 1 Satz 1 KAGB geht insoweit darüber hinaus, als dass die ansonsten implizit vorausgesetzte Anforderung an eine zur Erfüllung gesetzlicher Anforderungen geeignete Geschäftsorganisation explizit verlangt wird. Auf Grund der Bußgeldbewehrung in § 340 Abs. 2 Nr. 7 KAGB kann diese sehr allgemeine Anforderung allerdings nicht als bloßer Programmsatz verstanden werden. Vergleichbare Anforderungen allgemeiner Art finden sich in § 25a Abs. 1 Satz 1 KWG für Institute und § 23 Abs. 1 VAG für Versicherungsunternehmen.

b) Allgemeine europarechtliche Anforderungen

13 Allgemeine Anforderungen an die Geschäftsorganisation enthalten Art. 4 OGAW-DRL 2010/43/EU und Art. 57 AIFM-VO. Auf Grund der inhaltlich nahezu identischen Regelungen wurde die Umsetzung von Art. 4 OGAW-DRL 2010/43/EU durch einen in § 4 Abs. 1 KAVerOV enthaltenen für OGAW-KVGen geltenden Verweis auf die Anwendung des Art. 57 AIFM-VO geregelt.[24] Während allerdings Art. 4 Abs. 1 OGAW-DRL 2010/43/EU von den Mitgliedstaaten verlangt, die OGAW-KVGen auf die Einhaltung dieser Anforderungen zu verpflichten, regelt Art. 57 Abs. 1 AIFM-VO lediglich, dass die AIF-KVGen „gehalten" sind, die entsprechenden Anforderungen einzuhalten. Aus dieser Begrifflichkeit wird teilweise geschlossen, dass für AIF-KVGen eine **explizite Umsetzungspflicht** nicht bestünde.[25] Dies ist aber nicht zutreffend. Bereits aus dem Begriff „gehalten" eine Unverbindlichkeit abzuleiten, hat nirgendwo eine Stütze. In der englischen Fassung von Art. 57 AIFM-VO wird in allen Absätzen gleichermaßen der Wortlaut „AIFM shall" und damit der juristische Imperativ verwendet. Die französische Fassung verwendet richtigerweise in allen Absätzen des Art. 57 AIFM-VO gleichermaßen den Indikativ als juristischen Imperativ. Auch Erwägungsgrund 70 Satz 1 zur AIFM-VO spricht schließlich davon, dass AIFM „verpflichtet" sein sollen, die in Art. 57 Abs. 1 AIFM-VO aufgeführten Anforderungen zu erfüllen. Art. 57 Abs. 1 AIFM-VO ist damit für AIF-KVGen in gleicher

---

23 So *Geurts/Schubert* in Moritz/Klebeck/Jesch, § 28 KAGB Rz. 1.
24 Begr. zu § 4 Abs. 1 KAVerOV vom 22.7.2013.
25 *Steffen* in Baur/Tappen, § 28 KAGB Rz. 14.

Weise verbindlich wie Art. 57 Abs. 2–6 AIFM-VO; Art. 57 Abs. 1 AIFM-VO ist daher in der deutschen Fassung eher als sprachlich missglückt als als unverbindlich zu betrachten. Sofern im Folgenden nur auf Art. 57–66 AIFM-VO verwiesen wird, gilt dies für OGAW-KVGen durch den in § 4 Abs. 1 KAVerOV enthaltenen Verweis gleichermaßen.

Art. 57 Abs. 1 Unterabs. 2 AIFM-VO verlangt, dass AIF-KVGen bei Erfüllung der dort in Unterabs. 1 aufgeführten Anforderungen der Art, dem Umfang und der Komplexität ihrer Geschäfte sowie der Art und dem Spektrum der im Zuge dieser Geschäfte erbrachten Dienstleistungen und Tätigkeiten Rechnung tragen. Diese als **Proportionalitätsgrundsatz**[26] oder Grundsatz der Verhältnismäßigkeit[27] bezeichnete Verpflichtung ist nicht einseitig als Erleichterungsmöglichkeit zu verstehen, sondern kann auch umgekehrt entsprechend der zu berücksichtigenden Umstände zu erhöhten Maßstäben für die Erfüllung dieser Anforderungen führen. 14

Die in Art. 57 Abs. 1 Unterabs. 1 AIFM-VO geregelten Anforderungen umfassen: 15

- gem. lit. a) die Schaffung, Umsetzung und Aufrechterhaltung von **Entscheidungsprozessen und eine Organisationsstruktur**, bei der Berichtspflichten klar festgelegt und dokumentiert und Funktionen und Aufgaben klar zugewiesen und dokumentiert sind;
- gem. lit. b) die Sicherstellung, dass alle **relevanten Personen**[28] **Kenntnis der Verfahren** haben, die für eine ordnungsgemäße Erfüllung ihrer Aufgaben einzuhalten sind;
- gem. lit. c) die Schaffung, Umsetzung und Aufrechterhaltung von angemessenen internen **Kontrollmechanismen zur Sicherstellung der Einhaltung von Beschlüssen und Verfahren** auf allen Ebenen des AIFM;
- gem. lit. d) die Schaffung, Umsetzung und Aufrechterhaltung einer wirksamen internen **Berichterstattung und Weitergabe von Informationen** auf allen maßgeblichen Ebenen des AIFM sowie eines **wirksamen Informationsflusses** mit allen beteiligten Dritten;
- gem. lit. e) das Führen angemessener und systematischer **Aufzeichnungen über die Geschäftstätigkeit und interne Organisation.**

Gemäß Art. 57 Abs. 2 AIFM-VO sind AIF-KVGen verpflichtet, Systeme und Verfahren einzurichten, umzusetzen und aufrechtzuerhalten, die die **Sicherheit, die Integrität und die Vertraulichkeit der Informationen** gewährleisten, wobei sie hierbei der Art der besagten Informationen Rechnung zu tragen haben. Diese Anforderung wird in § 28 Abs. 1 Satz 2 Nr. 5 KAGB und Art. 58 Abs. 2 AIFM-VO gesondert angesprochen. Siehe hierzu näher Rz. 37 f. 16

Art. 57 Abs. 3 AIFM-VO verlangt von der KVG die Festlegung, Umsetzung und Aufrechterhaltung einer angemessenen **Notfallplanung**, die bei einer Störung ihrer Systeme und Verfahren gewährleisten soll, dass wesentliche Daten und Funktionen erhalten bleiben und Dienstleistungen und Tätigkeiten fortgeführt werden oder – sollte dies nicht möglich sein – diese Daten und Funktionen bald zurückgewonnen und die Dienstleistungen und Tätigkeiten bald wieder aufgenommen werden. Bei größeren KVGen ist es mittlerweile üblich, dass Ausweicharbeitsplätze für den Notfall zur Verfügung stehen und abteilungsweise jährlich ein Notfallszenario besprochen wird, bei dem die dann einzuhaltenden Kommunikationswege festgelegt bzw. repetiert werden. Nr. 8.2 **KAMaRisk** enthält nähere Ausführungen zu den Anforderungen an das Notfallkonzept einer KVG. Hierzu gehört auch die **Festlegung der Kommunikationswege** im Notfall. 17

Bei einer **Übertragung von Funktionen** auf einen Dritten muss die KVG nach Art. 75 lit. l) AIFM-VO sicherstellen, dass dieser Dritte ebenfalls eine entsprechende Notfallplanung besitzt. Das Notfallkonzept muss gem. Nr. 8.2.4 KAMaRisk auch Pläne für den Fall umfassen, dass die Verwahrstelle ihre **Verwahrstellenfunktionen** nicht bzw. nur noch sehr eingeschränkt wahrnehmen kann. Das Notfallkonzept muss hierzu Maßnahmen vorsehen, die die unverzügliche Einleitung eines Verwahrstellenwechsels ermöglichen. Hierzu bieten größere Verwahrstellen auf Nachfragen schriftlich die Bereitschaft an, im Notfall der beauftragten Verwahrstelle zur Verfügung zu stehen. 18

Art. 57 Abs. 4 AIFM-VO verlangt die Festlegung, Umsetzung und Aufrechterhaltung von **Rechnungslegungsgrundsätzen und -verfahren und Bewertungsregeln**, die es ihnen ermöglichen, der zuständigen Behörde auf Verlangen rechtzeitig Abschlüsse vorzulegen, die ein den tatsächlichen Verhältnissen entsprechendes Bild ihrer Vermögens- und Finanzlage vermitteln und mit allen geltenden Rechnungslegungsstandards und -vorschriften in Einklang stehen. Entsprechende Vorgaben finden sich in § 28 Abs. 1 Satz 2 Nr. 8 KAGB und Art. 59 AIFM-VO. Siehe dazu näher unter Rz. 55 ff. 19

---

26 *Steffen* in Baur/Tappen, § 28 KAGB, Rz. 14.
27 ErwGr. 70 Satz 3 zur AIFM-VO.
28 Legaldefinition in Art. 1 Nr. 2 AIFM-VO.

20 Gemäß Art. 57 Abs. 5 AIFM-VO müssen KVGen angemessene Grundsätze und Verfahren zur **Offenlegung der Rücknahmebestimmungen** für einen Fonds gegenüber den Anlegern, bevor diese in den Fonds investieren, mit hinreichender Ausführlichkeit umsetzen, sowie wenn wesentliche Änderungen vorgenommen werden. Diese Anforderung wird üblicherweise in der gesetzlich vorgeschriebenen Anlegerinformation, für Publikumsfonds gem. § 165 Abs. 2 Nr. 21, 22 KAGB im Verkaufsprospekt, für Spezialfonds gem. § 307 Abs. 1 Nr. 12 KAGB im Informationsdokument, erfolgen.

21 Schließlich verlangt Art. 57 Abs. 6 AIFM-VO die regelmäßige **Überwachung und Bewertung der Angemessenheit und Wirksamkeit** der nach Art. 57 Abs. 1–5 AIFM-VO geschaffenen Systeme, internen Kontrollmechanismen und Vorkehrungen und die Ergreifung der zur Abstellung etwaiger Mängel erforderlichen Maßnahmen.

2. Besondere Anforderungen an die ordnungsgemäße Geschäftsorganisation (§ 28 Abs. 1 Satz 2 KAGB)

22 § 28 Abs. 1 Satz 2 KAGB stellt auf Basis der Anforderungen von Art. 12 Abs. 1 Unterabs. 2 lit. a), Art. 51 Abs. 1 Unterabs. 1 OGAW-RL sowie Art. 15 Abs. 2 Unterabs. 1 und Art. 18 Abs. 1 Unterabs. 2 AIFM-RL **besondere Anforderungen** an die Geschäftsorganisation auf.

a) Angemessenes Risikomanagementsystem (§ 28 Abs. 1 Satz 2 Nr. 1 KAGB)

23 Während die europäischen Vorgaben das Risikomanagementsystem im Zusammenhang mit der Risikocontrollingfunktion als Teil der erlaubnispflichtigen Tätigkeit,[29] nicht aber mit den allgemeinen Anforderungen an die Geschäftsorganisation behandeln, ordnet der Gesetzgeber das Risikomanagementsystem der ordnungsgemäßen Geschäftsorganisation zu. Im Unterschied zu den europarechtlichen Vorgaben, die in Art. 51 Abs. 1 Unterabs. 1 OGAW-RL und Art. 15 Abs. 2 Unterabs. 1 AIFM-RL das Risikomanagementsystem auf die Überwachung, Messung bzw. Bewertung und Steuerung der Risiken der verwalteten Fonds beziehen, **fehlt diese Zwecksetzung** in § 28 Abs. 1 Satz 2 Nr. 1 KAGB. Ob dies bedeutet, dass der Gesetzgeber das Risikomanagementsystem auch auf **die Risiken aus Nebendienstleistungen**, der Anlage des Eigenvermögens und sonstige operationelle Risiken der KVG anwenden will, ist unklar.

24 Nach Nr. 4.1.2. KAMaRisk stellt das Risikomanagementsystem die Gesamtheit aller Maßnahmen zur Erfassung, Messung, Steuerung, Überwachung und Kommunikation von Risiken (Risikocontrolling und Risikosteuerung) dar und ist nicht als abschließende Organisationseinheit aufzufassen, sondern als Gesamtheit von umfangreichen formalen Strukturen und Prozessen zu verstehen. Nr. 4.1.1 KAMaRisk schreibt zwar zunächst vor, dass die dort genannten Anforderungen im Zusammenhang mit der Verwaltung von Investmentvermögen gelten, aber darüber hinaus deren Anwendung auch sinngemäß auf die Verwaltung von Individualportfolios erwartet wird und dass für Dienst- und Nebendienstleistungen und die Anlage des eigenen Vermögens bestimmte Anforderungen der KAMaRisk zu beachten sind.

25 Für die spezifischen Anforderungen an das Risikomanagementsystem wird auf die Kommentierung zu § 29 KAGB verwiesen.

b) Angemessene und geeignete personelle und technische Ressourcen (§ 28 Abs. 1 Satz 2 Nr. 2 KAGB)

26 Diese Vorschrift setzt Art. 18 Abs. 1 Unterabs. 1 AIFM-RL um. Art. 14 Abs. 1 lit. c) OGAW-RL spricht insoweit nur von „Mittel und Verfahren"; jedoch stellt Art. 5 OGAW-DRL 2010/43/EU klar, dass auch für OGAW-KVGen die **Verpflichtung zur Beschäftigung geeigneter Mitarbeiter** besteht. Die Umsetzung in deutsches Recht erfolgt hier nicht durch Verweis auf Art. 22 AIFM-VO in § 4 Abs. 1 KAVerOV, sondern direkt in § 4 Abs. 2 KAVerOV.

27 Die Anforderung an angemessene und geeignete **personelle Ressourcen** wird in Art. 22 AIFM-VO dahingehend präzisiert, dass eine KVG eine **ausreichende Zahl** von Mitarbeiterinnen und Mitarbeitern, die über die **Kompetenzen, Kenntnisse und Erfahrungen** verfügen, die zur Erfüllung der ihnen zugewiesenen Pflichten erforderlich sind, beschäftigen muss, wobei der Art, dem Umfang und der Komplexität der Geschäfte sowie der Art und dem Spektrum der im Zuge dieser Geschäfte erbrachten Dienstleistungen und Tätigkeiten Rechnung zu tragen ist. Speziell für das **Leitungsgremium** werden nach Art. 21 AIFM-VO Kenntnisse, Kompetenzen und Erfahrungen, die für das Verständnis der Tätigkeiten des AIFM erforderlich sind, erwartet. § 4 Abs. 2 KAVerOV übernimmt die in Art. 5 OGAW-DRL 2010/43/EU nur für OGAW-KVGen geltenden Vorgaben auch für KVGen, die Publikums-AIF verwalten.

---

29 Siehe hierzu *Tollmann* in Möllers/Kloyer, Rz. 1087 ff.; *Zetzsche/Eckner*, AIFMD, S. 194 ff.

Soweit **relevante Personen**[30] mehrere Aufgaben wahrnehmen, verlangt § 4 Abs. 2 Satz 1 Nr. 2 KAVerOV, dass die KVG sicherstellen muss, dass die Menge oder Vielfalt der von einer relevanten Person wahrgenommenen Aufgaben diese in keiner Weise daran hindert, sämtliche Aufgaben gründlich, redlich und professionell zu erledigen. Die KVG hat daher bei der Aufgabenzuteilung im Geschäftsbetrieb **laufend darauf zu achten**, dass die jeder einzelnen Person übertragene Menge und Vielfalt an Tätigkeiten und Verantwortung diese auch in Stresssituationen nicht überfordert oder dazu verleitet, einzelne Aufgaben weniger gründlich, redlich und professionell zu bearbeiten, als dies geboten wäre.[31] Anders als die Begründung zur KAVerOV stellt die KAVerOV diese Anforderung an die KVG nur mit Bezug auf relevante Personen. 28

Soweit sich die Anforderung auf **technische Ressourcen** bezieht, gibt es keine entsprechenden allgemeinen Ausführungsvorschriften. Lediglich punktuell finden sich **wenig konkrete Anforderungen** an die ausreichende technische Organisation oder Ausstattung, wie z.B. in Erwägungsgrund 74 zur AIFM-VO für die Compliance-Funktion, Art. 73 Abs. 2 lit. a) AIFM-VO für externe Bewerter und Art. 98 Abs. 2 lit. d) AIFM-VO für die Unterverwahrung, wobei sich diese Anforderung an die Verwahrstelle und nicht an die KVG richtet. 29

c) Geeignete Regelungen für die persönlichen Geschäfte der Mitarbeiter (§ 28 Abs. 1 Satz 2 Nr. 3 KAGB)

Derartige Regelungen gehören nach Nr. 6.3. lit. e) KAMaRisk zu den **internen Organisationsrichtlinien einer KVG**: Art. 13 OGAW-DRL 2010/43/EU und Art. 63 AIFM-VO enthalten hierzu detaillierte Ausführungsvorschriften. Zweck der Regelung ist nach diesen Vorschriften die Verhinderung persönlicher Geschäfte von **relevanten Personen**, deren Tätigkeiten zu einem Interessenkonflikt Anlass geben könnten, oder die Zugang zu Insider-Informationen oder zu anderen vertraulichen Informationen über einen AIF oder über die mit oder für einen Fonds getätigten Geschäfte haben. 30

Zu den relevanten Geschäften gehören nach Art. 63 Abs. 1 lit. a)–c) AIFM-VO 31

- bestimmte **Geschäfte des Mitarbeiters für eigene Rechnung**,
- die **Beratung oder Veranlassung Dritter** zu einem persönlichen Geschäft,
- die **Weitergabe von Informationen**, die einen Dritten zu einem persönlichen Geschäft veranlassen oder veranlassen dürften.

Hiermit werden im Wesentlichen die relevanten Formen von Insidergeschäften nach Art. 14 Marktmissbrauchs-VO 596/2014/EU beschrieben. Ein Geschäft ist nach Art. 63 Abs. 1 lit. a) i)–iii) AIFM-VO dann relevant, wenn 32

- es unter Art. 2 Abs. 1 Marktmissbrauchs-RL 2003/6/EG[32] fällt;
- es mit dem Missbrauch oder der vorschriftswidrigen Weitergabe vertraulicher Informationen einhergeht;
- es mit einer Pflicht kollidiert, die der KVG aus der OGAW- oder AIFM-RL erwächst, oder damit kollidieren könnte.

Art. 63 Abs. 2 AIFM-VO verlangt 33

- die **Kenntnis der Beschränkungen** bei persönlichen Geschäften und die Maßnahmen, die die KVG im Hinblick auf persönliche Geschäfte und Informationsweitergabe getroffen hat, bei jeder relevanten Person;
- die **unverzügliche Unterrichtung der KVG über jedes persönliche Geschäft** einer solchen relevanten Person, und zwar entweder durch Meldung des Geschäfts oder durch andere Verfahren, die dem AIFM die Feststellung solcher Geschäfte ermöglichen; neben der Meldung des Geschäfts kommen auch die Übersendung von Zweitschriften durch das ausführende Kreditinstitut oder ein Zustimmungserfordernis durch die KVG in Betracht; im Falle einer **Auslagerung** von Aufgaben muss nach Art. 63 Abs. 2 Unterabs. 2 AIFM-VO, z.B. durch entsprechende Regelungen im Auslagerungsvertrag und entsprechende Kontrollen, sichergestellt werden, dass der Beauftragte persönliche Geschäfte aller relevanten Personen festhält und der KVG diese Informationen auf Verlangen unverzüglich vorlegt;
- dass die **Dokumentation** eines der KVG gemeldeten oder von ihr festgestellten persönlichen Geschäfts sowie jede Erlaubnis und jedes Verbot im Zusammenhang mit einem solchen Geschäft festgehalten wird.

---

30 Art. 1 Abs. 2 AIFM-VO.
31 BaFin, Begründung zu Abs. 2 Nr. 2 KAVerOV.
32 Jetzt Art. 14 Marktmissbrauchs-VO 596/2014/EU.

d) Geeignete Regelungen für die Anlage des eigenen Vermögens der KVG (§ 28 Abs. 1 Satz 2 Nr. 4 KAGB)

34 Diese Anforderung bezieht sich auf das Vermögen der KVG, das als Gesellschaftsvermögen nicht in Form von Investmentvermögen verwaltet wird, betrifft also auch im Falle des § 92 Abs. 1 Satz 1 Alt. 1 KAGB nicht das Sondervermögen und bei Investmentgesellschaften nur das (Investment-)Betriebsvermögen. Art. 12 Abs. 1 Unterabs. 2 lit. a) OGAW-RL und Art. 18 Abs. 1 Unterabs. 2 AIFM-RL sprechen insoweit von der „Anlage auf eigene Rechnung" bzw. „Anlage auf dem eigenen Konto" im Gegensatz zur Anlage für Rechnung der Anleger. Diese Regelungen gehören nach Nr. 6.3 lit. g) KAMaRisk zu den **Organisationsrichtlinien** einer KVG.

35 § 28 Abs. 1 Nr. 4 KAGB geht über § 25 Abs. 7 KAGB, wonach Eigenmittel in liquiden Mitteln zu halten oder in Vermögensgegenstände zu investieren sind, die kurzfristig unmittelbar in Bankguthaben umgewandelt werden können und keine spekulativen Positionen enthalten, insoweit hinaus, als hier das gesamte Eigenvermögen erfasst wird, während sich § 25 Abs. 7 KAGB nur auf das Vermögen in Höhe der notwendigen Eigenmittel bezieht. In ihren FAQ zur Anlage von Eigenmitteln gem. § 25 Abs. 7 KAGB[33] führt die BaFin in Antwort zu Frage 1 entsprechend aus, dass für die über die Mindestanforderungen des § 25 KAGB hinausgehenden Eigenmitteln, die die Kapitalverwaltungsgesellschaft freiwillig vorhält, die Vorgaben des § 25 Abs. 7 KAGB nicht gelten. Aus § 28 Abs. 1 Satz 2 Nr. 4 KAGB lässt sich dagegen **keine Beschränkung auf das Vermögen in Höhe der gesamten vorhanden oder notwendigen Eigenmittel** oder des bilanziellen Eigenkapitals entnehmen, die Vorschrift verlangt vielmehr einen isolierten Blick auf die Aktivseite der Bilanz der KVG.[34]

36 Aus dem Wortlaut von Art. 12 Abs. 1 Unterabs. 2 lit. a) OGAW-RL und Art. 18 Abs. 1 Unterabs. 2 AIFM-RL lässt sich allerdings dahingehend eine Einschränkung entnehmen, dass die Anforderungen nicht für alle Arten von Vermögensgegenständen, z.B. ein im Eigentum der KVG stehendes Bürogebäude oder die technische Infrastruktur, sondern **nur Kapitalanlagen** gemeint sind. Art. 12 Abs. 1 Unterabs. 2 lit. a) OGAW-RL beschränkt die Anforderung sogar nur auf Finanzinstrumente. Aus Art. 18 Abs. 1 Unterabs. 2 AIFM-RL lässt sich eine entsprechende Einschränkung daraus entnehmen, dass die Anforderungen nur für solche Anlagen des Eigenvermögens gelten, die sich „auf dem eigenen Konto" der KVG befinden.

e) Angemessene Kontroll- und Sicherheitsvorkehrungen für den Einsatz der elektronischen Datenverarbeitung (§ 28 Abs. 1 Satz 2 Nr. 5 KAGB)

37 Für die nach § 28 Abs. 1 Satz 2 Nr. 5 KAGB verlangte Angemessenheit der Kontroll- und Sicherheitsvorkehrungen für den EDV-Einsatz verlangt Art. 58 Abs. 2 AIFM-VO die Gewährleistung eines hohen Maßes an Sicherheit sowie, dass die KVG gegebenenfalls für die Integrität und vertrauliche Behandlung der aufgezeichneten Daten sorgt. Ergänzend führt Nr. 8.1.3 **KAMaRisk** aus, dass die IT-Systeme (Hardware- und Software-Komponenten) und die zugehörigen IT-Prozesse die Integrität, die Verfügbarkeit, die Authentizität sowie die Vertraulichkeit der Daten sicherstellen müssen. Für die Rechtevergabe wird verlangt, dass sicherzustellen ist, dass jeder Mitarbeiter nur über die Rechte verfügt, die er für seine Tätigkeit benötigt (Prinzip der minimalen Rechte). Die BaFin erwartet generell, dass die beaufsichtigten Unternehmen angemessene IT-Sicherheitsmaßnahmen definieren und umsetzen sowie regelmäßig und anlassbezogen überprüfen.[35] Geeignete, allerdings auf die Verarbeitung personenbezogener Daten durch die für die Verhütung, Ermittlung, Aufdeckung, Verfolgung oder Ahndung von Straftaten oder Ordnungswidrigkeiten zuständigen öffentlichen Stellen bezogene Maßnahmen finden sich in § 64 Abs. 3 Satz 1 BDSG. Hierin sind Maßnahmen aufgeführt, die im Prinzip auch ganz allgemein der Sicherheit der elektronischen Datenverarbeitung dienen. So ist das von der BaFin verlangte Prinzip der minimalen Rechte in § 64 Abs. 3 Satz 1 Nr. 5 BDSG als Zugriffskontrolle geregelt. Die in § 64 Abs. 3 Satz 1 Nr. 3 (Speicherkontrolle) und Nr. 7 (Eingabekontrolle) BDSG aufgeführten Maßnahmen können so auch der Erfüllung der in Art. 66 Abs. 3 lit. b) und c) AIFM-VO aufgeführten Anforderungen dienen.

38 Der Verweis auf § 9 BDSG a.F. für die Verarbeitung und Nutzung personenbezogener Daten beinhaltete die Anforderung, die technischen und organisatorischen Maßnahmen zu treffen, die erforderlich sind, um die Ausführung der Vorschriften dieses Gesetzes zu gewährleisten. Der Regierungsentwurf für das sog. Omni-

---

33 BaFin, FAQ zur Anlage von Eigenmitteln gem. § 25 Abs. 7 KAGB, Gz: 41-Wp 2137-2013/0025, vom 28.6.2016, geändert am 31.8.2016.

34 Unzutreffend *Geurts/Schubert* in Moritz/Klebeck/Jesch, § 28 KAGB Rz. 46 und *Steck* in Emde/Dornseifer/Dreibus/Hölscher, § 9a InvG Rz. 44.

35 BaFin, Stellungnahme zum Heartbleed-Bug vom 17.4.2014, https://www.bafin.de/SharedDocs/Veroeffentlichungen/DE/Meldung/2014/meldung_140417_heartbleed-bug.html.

busgesetz zur Anpassung des Datenschutzrechts an die DSGVO[36] sieht in Art. 96 Nr. 2 künftig einen Verweis auf Art. 24, 25 und 32 DSGVO vor. Die darin verlangten **technischen und organisatorischen Maßnahmen** entsprechen weitgehend den bisher in der Anlage zu § 9 BDSG a.F. vorgesehenen Maßnahmen.

f) Vollständige Dokumentation der ausgeführten Geschäfte (§ 28 Abs. 1 Satz 2 Nr. 6 KAGB)

§ 28 Abs. 1 Satz 2 Nr. 6 KAGB verlangt eine vollständige Dokumentation der ausgeführten Geschäfte, die insbesondere gewährleistet, dass **jedes das Investmentvermögen betreffende Geschäft nach Herkunft, Kontrahent sowie Art und Abschlusszeitpunkt und -ort rekonstruiert** werden kann. Konkretisierungen finden sich in Art. 58 Abs. 1, 64–66 AIFM-VO, wobei Art. 58 Abs. 1 AIFM-VO die technischen Voraussetzungen und Art. 64–66 den Inhalt und die Durchführung der Dokumentation regeln. Die Regelung des Art. 65 AIFM-VO zeigt, dass ein „das Investmentvermögen betreffende Geschäft“ **auch Anteilscheingeschäfte**, also die Ausgabe und Rücknahme von Anteilen erfasst. Art. 66 Abs. 1 Unterabs. 1 AIFM-VO regelt eine Aufbewahrungspflicht der Dokumentation für fünf Jahre, wobei die Aufsichtsbehörden im Falle des Art. 66 Abs. 1 Unterabs. 2 AIFM-VO auch die Aufbewahrung für einen längeren Zeitraum verlangen können. 39

g) Angemessene Kontrollverfahren (§ 28 Abs. 1 Satz 2 Nr. 7 KAGB)

Eine ordnungsgemäße Geschäftsorganisation umfasst nach § 28 Abs. 1 Satz 2 Nr. 7 KAGB auch **angemessene Kontrollverfahren**, die insbesondere das Bestehen einer internen Revision voraussetzen und gewährleisten, dass das Vermögen der von der KVG verwalteten Investmentvermögen in Übereinstimmung mit den Anlagebedingungen, der Satzung oder dem Gesellschaftsvertrag des Investmentvermögens sowie den jeweils geltenden rechtlichen Bestimmungen angelegt wird. Art. 9–11 OGAW-DRL 2010/43/EU und Art. 60–62 AIFM-VO sehen hierfür die Kontrolle durch die Geschäftsleitung sowie die Einrichtung einer Compliance- und einer Innenrevisionsfunktion mit jeweils unterschiedlich ausgerichteten Verantwortungsbereichen vor. 40

aa) Kontrolle durch die Leitungs- und Aufsichtsfunktion (Art. 60 AIFM-VO)

Die Kontrolle durch die Leitungs- und Aufsichtsfunktion nach Art. 9 OGAW-DRL 2010/43/EU bzw. Art. 60 AIFM-VO unterscheidet sich von der Kontrolle durch die Innenrevision und Compliance dadurch, dass die **Geschäftsleitung eine übergeordnete Zuständigkeit hat und die Gesamtverantwortung dafür trägt**, dass die KVG ihre aufsichtsrechtlichen Pflichten erfüllt. Gemäß Nr. 3.1 KAMaRisk sind alle Geschäftsleiter i.S.d. § 1 Abs. 19 Nr. 15 KAGB unabhängig von der internen Zuständigkeitsregelung für die ordnungsgemäße Geschäftsorganisation und deren Weiterentwicklung verantwortlich. 41

Art. 60 Abs. 2 AIFM-VO stellt einen **Katalog von Zuständigkeiten der Geschäftsleitung** auf, wobei sich diese weniger auf operative Tätigkeiten der Geschäftsleitungsmitglieder als auf Verantwortlichkeiten und Überwachungsaufgaben beziehen. 42

Eine **Verantwortungszuweisung** gibt es für 43

- die Umsetzung der in den konstitutiven Dokumenten des Fonds festgelegte Anlagepolitik,
- die Übereinstimmung der Festlegung und Umsetzung der Bewertungsgrundsätze und -verfahren mit Art. 19 AIFM-RL,
- die Einrichtung einer wirksamen Compliance-Funktion,
- die Festlegung und Anwendung der Vergütungspolitik.

Die Geschäftsleitung hat eine **Prüfungs- und Überwachungsaufgabe** für 44

- die Genehmigung der Anlagestrategien,
- die Einhaltung der allgemeinen Anlagepolitik, der Anlagestrategien und der Risikolimits für ein Investmentvermögen,
- die Angemessenheit der Portfoliomanagementverfahren,
- die Grundsätze für das Risikomanagement sowie die zur Umsetzung dieser Grundsätze genutzten Vorkehrungen, Verfahren und Methoden, wobei hier auch der Geschäftsleitung auch die Aufgabe deren Billigung zukommt,

36 Regierungsentwurf eines Zweiten Gesetzes zur Anpassung des Datenschutzrechts an die Verordnung (EU) 2016/679 und zur Umsetzung der Richtlinie (EU) 2016/680 (Zweites Datenschutz-Anpassungs- und Umsetzungsgesetz EU – 2. DSAnpUG-EU), BT-Drucks. 19/4674.

- die Wirksamkeit der Grundsätze, Vorkehrungen und Verfahren, die zur Erfüllung der in der AIFM-RL festgelegten Pflichten eingeführt wurden (Art. 60 Abs. 3 lit. a) AIFM-VO).

45 Schließlich hat die Geschäftsleitung nach Art. 60 Abs. 3 lit. b) AIFM-VO die **Verpflichtung zum Ergreifen von angemessenen Maßnahmen** zur Beseitigung etwaiger Mängel.

46 Art. 60 Abs. 4, 5 AIFM-VO regelt **Berichtspflichten an die Geschäftsleitung** zu Fragen der Rechtsbefolgung, der Innenrevision und des Risikomanagements und zur Umsetzung der in Art. 60 Abs. 2 lit. b)–e) AIFM-VO genannten Anlagestrategien und internen Verfahren für Anlageentscheidungen. Schließlich sieht Art. 60 Abs. 4 AIFM-VO **Berichte an das Leitungsgremium oder die Aufsichtsfunktion** zu Fragen der Rechtsbefolgung, der Innenrevision und des Risikomanagements vor.

bb) Ständige Compliance-Funktion (Art. 61 AIFM-VO)

47 Art. 61 Abs. 2 AIFM-VO verlangt die Einrichtung einer ständigen und unabhängigen Compliance-Funktion, deren Zweck es nach Art. 61 Abs. 1 AIFM-VO ist, jedes Risiko einer etwaigen Missachtung der in der OGAW- und der AIFM-RL festgelegten Pflichten durch die betreffende KVG sowie die damit verbundenen Risiken aufzudecken und angemessene Maßnahmen und Verfahren einzurichten, um diese Risiken auf ein Mindestmaß zu beschränken und die zuständigen Behörden in die Lage zu versetzen, ihre Befugnisse im Rahmen dieser Richtlinie wirksam auszuüben.

48 Hierzu hat die Compliance-Funktion folgende Aufgaben:

- **Überwachung und regelmäßige Bewertung** der Angemessenheit und Wirksamkeit der festgelegten Maßnahmen, Grundsätze und Verfahren zur Beachtung der aufsichtsrechtlichen Vorgaben, sowie der Schritte, die zur Beseitigung etwaiger Defizite der KVG bei der Wahrnehmung ihrer Pflichten unternommen wurden;
- **Beratung und Unterstützung** der für Dienstleistungen und Tätigkeiten zuständigen relevanten Personen im Hinblick auf die Erfüllung der in der OGAW- und der AIFM-RL für KVGen festgelegten Pflichten.

49 Zur ordnungsgemäßen und unabhängigen Wahrnehmung der Aufgaben der Compliance-Funktion hat die KVG nach Art. 61 Abs. 3 AIFM-VO sicherzustellen, dass

- die Compliance-Funktion über die notwendigen **Befugnisse, Ressourcen und Fachkenntnisse** verfügt und Zugang zu allen einschlägigen Informationen hat;
- ein **Compliance-Beauftragter** benannt wird, der für die Compliance-Funktion und die Erstellung der Berichte verantwortlich ist, die der Geschäftsleitung regelmäßig, mindestens aber einmal jährlich, zu Fragen der Rechtsbefolgung vorgelegt werden und in denen insbesondere angegeben wird, ob die zur Beseitigung etwaiger Mängel erforderlichen Abhilfemaßnahmen getroffen wurden; gem. Erläuterung zu Nr. 11.4 KAMaRisk ist dem Compliance-Beauftragten ein **Vertreter** zuzuordnen, der ausreichend qualifiziert sein muss, um die Aufgaben des Compliance-Beauftragten während dessen Abwesenheit auszuführen;
- Personen, die in die Compliance-Funktion eingebunden sind, nicht in die von ihnen überwachten Dienstleistungen oder Tätigkeiten eingebunden sind;
- das Verfahren, nach dem die **Bezüge eines Compliance-Beauftragten** und anderer in die Compliance-Funktion eingebundenen Personen bestimmt werden, weder deren Objektivität beeinträchtigt noch dies wahrscheinlich erscheinen lässt.

50 Für die beiden letzten Punkte sieht Art. 61 Abs. 3 Unterabs. 2 AIFM-VO die Anwendung des Grundsatzes der Verhältnismäßigkeit vor, wonach die Beachtung dieser Anforderungen nicht notwendig ist, wenn die Erfüllung dieser Anforderungen mit Blick auf die Art, den Umfang und die Komplexität der Geschäfte der KVG sowie die Art und das Spektrum ihrer Dienstleistungen und Tätigkeiten unverhältnismäßig ist und die Compliance-Funktion dennoch ihre Aufgabe erfüllt.

51 Nr. 11 **KAMaRisk** enthält Ausführungen zur Compliance-Funktion. Es wird hierin u.a. klargestellt, dass Überwachungshandlungen nicht nur anlassbezogen, sondern regelmäßig zu erfolgen haben, in die alle wesentlichen Bereiche unter Berücksichtigung des Risikogehalts der Geschäftsbereiche regelmäßig einzubeziehen sind. In den Erläuterungen zu Nr. 11.3 KAMaRisk wird auf Erwägungsgrund 74 AIFM-VO hingewiesen, wonach eine KVG **nicht dazu verpflichtet, eine unabhängige Compliance-Stelle einzurichten**, wenn eine solche Anforderung angesichts der Größe der KVG oder der Art, des Umfangs oder der Komplexität ihrer Geschäfte unverhältnismäßig wäre.

cc) Ständige Innenrevisionsfunktion (Art. 62 AIFM-VO)

Als **weitere Kontrollinstanz**, die auch explizit in § 28 Abs. 1 Satz 2 Nr. 7 KAGB erwähnt ist, verlangt Art. 62 AIFM-VO die Errichtung einer ständigen Innenrevisionsfunktion, die, soweit dies angesichts der Art, des Umfangs und der Komplexität der Geschäfte der KVG sowie der Art und des Spektrums der im Zuge dieser Geschäfte erbrachten Fondsverwaltung angemessen und verhältnismäßig ist, von den übrigen Funktionen und Tätigkeiten der KVG getrennt und unabhängig ist. Unter diesem Gesichtspunkt können die **Aufgaben der Internen Revision** gem. Nr. 12.1.1 KAMaRisk auch **von einem Geschäftsleiter erfüllt** werden. 52

Die Innenrevisionsfunktion hat folgende **Aufgaben**: 53

- Erstellung, Umsetzung und Aufrechterhaltung eines Revisionsprogramms mit dem Ziel, die Angemessenheit und Wirksamkeit der Systeme, internen Kontrollmechanismen und Vorkehrungen der KVG zu prüfen und zu bewerten;
- auf dieser Grundlage die Abgabe von Empfehlungen;
- Überprüfung der Einhaltung der Empfehlungen;
- Berichterstattung zu Fragen der Innenrevision.

Die KAMaRisk enthalten unter Nr. 12 weitere Anforderungen zur Unabhängigkeit, den Aufgaben, den Grundsätzen für die Interne Revision, zur Prüfungsplanung und -durchführung, zu Berichtspflichten sowie zur Reaktion auf festgestellte Mängel. 54

h) Ordnungsgemäße Verwaltung und Buchhaltung (§ 28 Abs. 1 Satz 2 Nr. 8 KAGB)

Auch eine ordnungsgemäße Verwaltung und Buchhaltung gehört nach § 28 Abs. 1 Satz 2 Nr. 8 KAGB zur ordnungsgemäßen Geschäftsorganisation. Die Formulierung lässt offen, ob sich diese Anforderung auf die KVG als Unternehmen oder auf die Fondsverwaltung und -buchhaltung bezieht. Auch ein Blick auf Art. 57 Abs. 4 AIFM-VO und Art. 59 Abs. 1 AIFM-VO vermittelt kein eindeutiges Bild. So bezieht sich Art. 57 Abs. 4 AIFM-VO auf „ein den tatsächlichen Verhältnissen entsprechendes Bild ihrer (der AIFM) Vermögens- und Finanzlage" und damit auf die KVG, wobei bei einer intern verwalteten KVG die Unternehmens- und die Fondsbuchhaltung mindestens teilweise zusammenfallen. Demgegenüber bezieht sich Art. 59 Abs. 1 AIFM-VO auf die Rechnungslegung des AIF, um aber gleichzeitig auf Art. 57 Abs. 4 AIFM-VO zu verweisen, der sich jedoch, wie ausgeführt, auf die KVG bezieht. Da aber Art. 12 Abs. 1 Unterabs. 2 lit. a) OGAW-RL bzw. Art. 18 Abs. 1 Unterabs. 2 AIFM-RL auch für die Erfüllung dieser Anforderung verlangen, dass die Art der von der KVG verwalteten Fonds zu berücksichtigen ist, sollte zumindest die Fondsbuchhaltung von dieser Anforderung erfasst sein. 55

Hierfür verlangt Art. 59 Abs. 1 AIFM-VO, dass die Rechnungslegung so ausgelegt ist, dass alle Vermögenswerte und Verbindlichkeiten des Fonds jederzeit direkt ermittelt werden können. Besteht ein Fonds aus mehreren **Teilfonds**, müssen für jeden Teilfonds getrennte Konten geführt werden. Diese Anforderung ergibt sich bereits aus §§ 96 Abs. 3, 117 Abs. 2, 132 Abs. 1 KAGB, wonach jeder Teilfonds ein selbstständiges Investmentvermögen darstellt. 56

Schließlich verlangt Art. 59 Abs. 2 AIFM-VO, dass eine KVG für die Festlegung, Umsetzung und Aufrechterhaltung von **Rechnungslegungs- und Bewertungsgrundsätzen** sorgt, um sicherzustellen, dass der Nettoinventarwert jedes AIF auf der Grundlage der geltenden Rechnungslegungsstandards und -vorschriften genau berechnet wird. 57

i) Prozess zur vertraulichen Meldung von Gesetzesverstößen (Whistleblowing) (§ 28 Abs. 1 Satz 2 Nr. 9 KAGB)

Mit dem OGAW-V-UmsG ist die Anforderung des § 28 Abs. 1 Satz 2 Nr. 9 KAGB ins Gesetz gekommen, die einen Prozess verlangt, der es den Mitarbeitern unter Wahrung der Vertraulichkeit ihrer Identität ermöglicht, potentielle oder tatsächliche Verstöße gegen das KAGB, gegen auf Grund des KAGB erlassene Rechtsverordnungen oder gegen unmittelbar geltende Vorschriften in Rechtsakten der Europäischen Union über Europäische Risikokapitalfonds, Europäische Fonds für soziales Unternehmertum, europäische langfristige Investmentfonds oder Geldmarktfonds, Marktmissbrauch oder über Basisinformationsblätter für verpackte Anlageprodukte für Kleinanleger und Versicherungsanlageprodukte sowie etwaige strafbare Handlungen innerhalb der KVG an geeignete Stellen zu melden. Zur **Rechtsentwicklung** s. Rz. 8 f. 58

Mit der **Möglichkeit der anonymen Meldung von Gesetzesverstößen** sollen Mitarbeiter nach Art. 99d Abs. 1 OGAW-RL ermutigt werden, potentielle und tatsächliche Gesetzesverstöße zu melden. Da sich der 59

Wortlaut der Regelung an § 25a Abs. 1 Satz 6 Nr. 3 KWG orientiert,[37] kann sich für die Auslegung der Regelung an dieser Vorschrift orientiert werden.[38]

60 Es ist **nicht vorgeschrieben**, dass **die geeignete Stelle innerhalb der KVG angesiedelt** sein muss; sofern aber eine Stelle außerhalb der KVG beauftragt wird, unterliegt diese Beauftragung nach Ansicht des Gesetzgebers den Anforderungen an eine Auslagerung.[39] Dies ist zweifelhaft, da sich § 36 KAGB auf „Aufgaben" bezieht, die in Anhang II zur OGAW-RL aufgelistet sind (s. § 36 Rz. 43 f.).

3. Organisationspflichten des WpHG für Handelstätigkeiten (§ 28 Abs. 1 Satz 3 KAGB)

61 Nach § 28 Abs. 1 Satz 3 KAGB gelten die §§ 77, 78 und 80 Abs. 2, 3 WpHG entsprechend. Diese Vorschrift ist ohne den historischen Kontext kaum verständlich. Zunächst wurde durch das Hochfrequenzhandelsgesetz in § 9a Abs. 1 InvG ein Verweis auf den damaligen § 33 Abs. 1a WpHG eingefügt mit dem Ziel, auch (externe) KAGen und selbstverwaltete InvAGen den für Wertpapierdienstleistungsunternehmen geltenden Regeln für den Hochfrequenzhandel zu unterwerfen, um den algorithmischen Hochfrequenzhandel umfassend zu regulieren.[40] Dies betraf den **Hochfrequenzhandel im Rahmen der kollektiven Vermögensverwaltung**, nicht als Dienst- oder Nebendienstleistung;[41] für letzteres war in § 5 Abs. 3 InvG bereits ein Verweis auf § 33 WpHG a.F. enthalten.[42] Der Gesetzgeber hat hiermit den Vorrang der Fondsregulierung gegenüber der Regulierung als Bankgeschäft oder Finanzdienstleistung nach § 2 Abs. 1 Nr. 3b, Abs. 6 Satz 1 Nr. 5a KWG für den Fall anerkannt, dass dieselbe Handlung von verschiedenen Regulierungskreisen erfasst wird. Ausschlaggebend dafür, ob eine Tätigkeit als kollektive Vermögensverwaltung oder als Bankgeschäft bzw. Finanzdienstleistung einzustufen ist, ist für den Fall, dass sie unter beide Tatbestände fällt, die rechtliche Ausgestaltung der Geschäftsbeziehung.[43] Das bedeutet: findet die Anlagetätigkeit durch eine als Investmentvermögen ausgestaltete Rechtseinheit statt, gilt ausschließlich das KAGB, eine gleichzeitige Regulierung dieser Tätigkeit als Bankgeschäft oder Finanzdienstleistung ist dabei irrelevant.

62 Die Ausweitung der Regulierung algorithmischen Handelns auf europäischer Ebene durch MiFID II, verbunden mit der Erkenntnis, dass auch anderweitig regulierte Unternehmen den entsprechenden Organisationsanforderungen unterworfen werden sollen, führte dazu, dass wegen des in Art. 2 Abs. 1 lit. i) MiFID II geregelten **Vorrangs der Fondsregulierung** in Art. 1 Abs. 5 MiFID II die Geltung der in Art. 17 MiFID II geregelten **Organisationsanforderungen auch für Verwaltungsgesellschaften separat angeordnet wurde**, ohne dass dies bedeutet, dass Verwaltungsgesellschaften eine Lizenz nach MiFID II benötigen würden.[44] Gesetzestechnisch wurde dies zwar durch einen Verweis auf MiFID II gelöst; ebenso gut hätte der Gesetzgeber die entsprechenden Organisationsanforderungen hieraus abschreiben und direkt in den für KVGen relevanten Regelungen verankern können.

63 Die **Umsetzung der diesbezüglichen Regelungen der MiFID II in deutsches Recht** erfolgte jedoch **nicht an einheitlicher Stelle und unvollständig**. So wurde Art. 1 Abs. 5 MiFID II in § 3 Abs. 3 Satz 1 WpHG umgesetzt.[45] Die Umsetzung von Art. 17 Abs. 1–6 MiFID II erfolgte dagegen an verschiedenen Stellen des Gesetzes. Art. 17 Abs. 2 Sätze 2, 3 MiFID II wurde in § 6 Abs. 4 WpHG, Art. 17 Abs. 3 MiFID II in § 80 Abs. 4 WpHG umgesetzt. Auf diesen wird in § 28 Abs. 1 Satz 3 KAGB entgegen Art. 1 Abs. 5 MiFID II nicht verwiesen mit der Folge, dass KVGen, die im Rahmen der kollektiven Vermögensverwaltung algorithmischen Handel unter Verfolgung einer Market-Making-Strategie betreiben, derzeit den gesetzlichen Anforderungen des § 80 Abs. 4 WpHG nicht unterliegen. Auf Grund der Anforderungen aus § 26c BörsG ergeben sich entsprechende Anforderungen aber auch aus den jeweiligen Börsenordnungen. Die Erfüllung derartiger Verpflichtungen widerspricht nicht dem ausschließlichen Handeln im Anlegerinteresse nach § 26 Abs 1 KAGB, sondern dient ihm gerade durch die Wahrnehmung von Ertragschancen für das Investmentvermögen in Form

37 BT-Drucks. 18/6744, S. 47.

38 So auch *Geurts/Schubert* in Moritz/Klebeck/Jesch, § 28 KAGB Rz. 72.

39 BT-Drucks. 18/6744, S. 47.

40 BT-Drucks. 17/11631, S. 18.

41 BaFin, Häufig gestellte Fragen (FAQs) zum Hochfrequenzhandelsgesetz, Stand: 28.2.2014, Frage 42. Unzutreffend *Geurts/Schubert* in Moritz/Klebeck/Jesch, § 28 KAGB Rz. 7, 52.

42 BT-Drucks. 17/11631, S. 18.

43 Beschluss des BVerwG v. 18.1.2017 – 8 B 16.16, unter 3. b) bb)), Rz. 24; s. auch BGH v. 20.9.2011 – XI ZR 434/10, AG 2011, 904 Rz. 33.

44 ErwGr. 63 Satz 5 der MiFID II führt dazu aus: „Allerdings sollten nach dem Unionsrecht für den Finanzsektor zugelassene und beaufsichtigte Unternehmen, die vom Geltungsbereich dieser Richtlinie ausgenommen sind, aber dennoch algorithmische oder hochfrequente algorithmische Handelstechniken anwenden, nicht verpflichtet sein, eine Zulassung nach dieser Richtlinie zu erlangen, und nur den Maßnahmen und Kontrollen unterliegen, die darauf ausgerichtet sind, das sich aus diesen Handelsarten ergebende spezifische Risiko zu bekämpfen."

45 BT-Drucks. 18/10963, 225 oben.

der Ausübung von Market-Making-Strategien; siehe hierzu § 26 Rz. 40, 44. Dass ein Fonds in seiner Intermediärsfunktion[46] neben der Möglichkeit der Kapitalanlage für einen Anleger auch weitere Funktionen erfüllt, ist ein üblicher Umstand und spricht daher nicht gegen die Zulässigkeit solcher Tätigkeiten. Die Funktion der Liquiditätsbereitstellung durch einen Fonds als Market Maker ist in diesem Rahmen genauso zu werten wie die Funktion der kurzfristigen bzw. langfristigen Unternehmensfinanzierung durch Geldmarktfonds[47] bzw. ELTIFs.[48]

Für die **Verweise auf §§ 77, 78 WpHG** ist allerdings schwer vorstellbar, wie die dort aufgeführten Tätigkeiten in Rahmen der kollektiven Vermögensverwaltung betrieben werden können. Sowohl das Anbieten eines direkten elektronischen Zugangs zu einem Handelsplatz als auch das Handeln als General-Clearing-Mitglied für andere Personen dienen anders als der algorithmische Handel nicht der Anlage des Fondsvermögens. 64

4. Verhinderung von Geldwäsche (§ 28 Abs. 1 Satz 4 KAGB)

Gemäß § 2 Abs. 1 Nr. 9 GWG sind KVGen **Verpflichtete i.S.d. GWG**, die den Anforderungen an das Risikomanagement nach § 4 ff. GWG und den Sorgfaltspflichten nach § 10 GWG unterliegen. Durch den Verweis auf §§ 24c und 25h–25m KWG und § 93 Abs. 7, 8 i.V.m. § 93b AO finden darüber hinaus die Organisationsvorschriften für Institute zur Verhinderung von Geldwäsche und Terrorismusfinanzierung auch auf KVGen Anwendung. Zur Rechtsentwicklung s. Rz. 7. 65

IV. Zusätzliche Anforderungen an OGAW- und Publikums-AIF-KVGen (§ 28 Abs. 2 KAGB)

§ 28 Abs. 2 Satz 1 KAGB stellt für **OGAW-KVGen** zusätzliche Anforderungen an die ordnungsgemäße Geschäftsorganisation auf, die nach Satz 2 teilweise auch für **Publikums-AIF-KVGen** gelten. Diese Regelungen werden durch weitere Anforderungen nach § 4 Abs. 3, 4 KAVerOV ergänzt. 66

1. Verfahren zum Umgang mit Anlegerbeschwerden (§ 28 Abs. 2 Satz 1 Nr. 1 KAGB)

§ 28 Abs. 2 Satz 1 Nr. 1 KAGB verlangt geeignete Verfahren und Vorkehrungen, die gewährleisten, dass die OGAW-KVG ordnungsgemäß mit **Anlegerbeschwerden** umgeht und dass Anleger und Aktionäre der von ihr verwalteten OGAW ihre Rechte uneingeschränkt wahrnehmen können. Hiermit wird Art. 15 Unterabs. 1 OGAW-RL umgesetzt. Des Weiteren müssen Anleger und Aktionäre eines von der KVG verwalteten **EU-OGAW** die Möglichkeit erhalten, Beschwerden in der Amtssprache oder einer der Amtssprachen des Herkunftsstaates des EU-OGAW einzureichen. 67

Als Beschwerde ist in Abgrenzung zu einem Auskunftsersuchen jede **Äußerung der Unzufriedenheit über eine Dienstleistung** zu verstehen.[49] Hiermit sind zwei Abgrenzungen zu sonstigen negativ konnotierten Äußerungen verbunden: 1. Der Bezug zu einer relevanten Dienstleistung, 2. eine konkrete Unzufriedenheit hiermit. 68

Diese **Dienstleistungen** können hiernach Wertpapierdienstleistungen im Rahmen der MiFID, der OGAW- und der AIFM-Richtlinie, Bankdienstleistungen nach CRD und eine Dienstleistung der gemeinsamen Portfolioverwaltung im Rahmen der OGAW-RL sein. Nicht erwähnt ist damit die Verwaltung von AIF. Auf Grund der expliziten Anordnung der Geltung von § 28 Abs. 2 Satz 2 KAGB und § 4 Abs. 3 KAVerOV für Publikums-AIF-KVGen dürfte jedoch eine Beschwerde über die Verwaltung von Publikums-AIF möglich sein. „Beschwerden" über das Verhalten einer KVG, das sich nicht auf eine Dienstleistung in diesem Sinne bezieht, sind daher von § 28 Abs. 2 Satz 1 Nr. 1 KAGB nicht erfasst. Hierzu würden bspw. Unmutsäußerungen über die schwierige telefonische Erreichbarkeit oder die Gestaltung des Internetauftritts einer KVG, jedenfalls soweit hiermit keine Verletzung einer Informationspflicht der KVG gegenüber dem Anleger verbunden ist, gehören. Auch Beschwerden über die Organisation einer KVG, die sich auf die Dienstleistung nicht auswirkt, sind hiermit nicht gemeint. Beschwerden über einen nur begrenzten Dienstleistungsumfang, der den Erwartungen eines Anlegers nicht entspricht, sind ebenso wenig erfasst, da hiermit ein Eingriff in die Geschäftsausrichtung einer KVG möglich wäre. 69

46 Siehe hierzu *Zetzsche*, Prinzipien, S. 107 f.
47 Siehe ErwGr. 1 zur Geldmarktfonds-VO (EU) 2017/1131.
48 Siehe ErwGr. 1 zur ELTIF-VO (EU) 2015/760.
49 Joint Committee, Leitlinien zur Beschwerdeabwicklung für den Wertpapierhandel (ESMA) und das Bankwesen (EBA) vom 27.5.2014, JC 2014 43, S. 6 f.

70 Ein zweites Kriterium ist die **Äußerung der Unzufriedenheit** über eine Dienstleistung. Hierunter fallen nicht kritische Nachfragen, bloße Bitten um weitergehende Informationen oder Vorschläge zu Prozess- oder Serviceverbesserungen.

71 § 4 Abs. 3 KAVerOV stellt weitere Anforderungen an das Beschwerdeverfahren auf und setzt damit Art. 6 OGAW-DRL 2010/43/EU um. Diese Anforderungen sind:

- die Einrichtung und Anwendung **wirksamer und transparenter Verfahren für die angemessene und unverzügliche Bearbeitung von Anlegerbeschwerden;**
- die **Dokumentation** jeder Beschwerde und der aufgrund der Beschwerde getroffenen Maßnahmen;
- **Kostenfreiheit** der Beschwerde;[50]
- Zurverfügungstellung von **Informationen über die Beschwerdeverfahren** kostenfrei auf der Internetseite der KVG.

72 Regelungen zum Beschwerde- und Kommunikationsmanagement sind nach Nr. 6.3. lit. u) KAMaRisk **Bestandteil der Organisationsrichtlinien** einer KVG.

2. Verfahren zur Erfüllung von Informationspflichten (§ 28 Abs. 2 Satz 1 Nr. 2 KAGB)

73 § 28 Abs. 2 Satz 1 Nr. 2 KAGB verlangt geeignete Verfahren und Vorkehrungen, die gewährleisten, dass die OGAW-KVG ihren **Informationspflichten gegenüber den Anlegern, Aktionären**[51] der von ihr verwalteten OGAW und Kunden, ihren Vertriebsgesellschaften sowie der BaFin oder den zuständigen Stellen des Herkunftsstaates des EU-OGAW nachkommt. Hiermit wird Art. 15 Unterabs. 2 OGAW-RL umgesetzt.

74 Die OGAW-KVG hat zur Erfüllung dieser Pflicht gem. § 4 Abs. 4 KAVerOV einer Person, die in Bezug auf Anteile an dem jeweiligen Investmentvermögen Anlageberatung, Anlage- oder Abschlussvermittlung erbringt, die wesentlichen Anlegerinformationen und den Verkaufsprospekt für dieses Investmentvermögen **auf Anfrage zur Verfügung zu stellen**. Hiermit soll gewährleistet werden, dass der Anleger unabhängig vom Vertriebsweg ausreichend informiert wird.[52] Die Pflicht zur Zurverfügungstellung der Verkaufsprospekte geht über die Anforderung des Art. 80 Abs. 2 OGAW-RL hinaus, der diese Anforderung nur auf die wesentlichen Anlegerinformationen bezieht.

3. Verpflichtungen für Publikums-AIF-KVGen (§ 28 Abs. 2 Satz 2 KAGB)

75 § 28 Abs. 2 Satz 2 KAGB verpflichtet Publikums-AIF-KVGen zur Erfüllung der Anforderungen nach § 28 Abs. 2 Satz 1 Nr. 1 Halbs. 1 und Satz 1 Nr. 2 KAGB. Publikums-AIF-KVGen müssen daher ebenfalls **Verfahren zum Umgang mit Anlegerbeschwerden** und zur **Sicherstellung, dass sie ihren Informationspflichten gegenüber den Anlegern nachkommt**, vorsehen.

V. Ausführungsbestimmungen für AIF-KVGen (§ 28 Abs. 3 KAGB)

76 In Ausführung von Art. 18 Abs. 2 AIFM-RL bestimmt § 28 Abs. 3 KAGB, dass sich die Anforderungen an die ordnungsgemäße Geschäftsorganisation nach § 28 Abs. 1 Satz 2 Nr. 1–8 KAGB nach den Art. 57–66 AIFM-VO richten, die in der obigen Kommentierung entsprechend berücksichtigt wurden. Ein Verweis auf § 28 Abs. 1 Satz 2 Nr. 9 KAGB erfolgte mangels Vorgaben zum Whistleblowerschutz in der AIFM-RL nicht (s. Rz. 8).

VI. Verordnungsermächtigung (§ 28 Abs. 4 KAGB)

77 Die in § 28 Abs. 4 KAGB enthaltene Verordnungsermächtigung dient der Umsetzung der Art. 4–11, 13–16 OGAW-DRL 2010/43/EU für OGAWs auf Verordnungsebene und der **Sicherstellung eines gleichen anlegerschützenden Niveaus für OGAWs und Publikums-AIF**. Das BMF hat diese Verordnungsermächtigung gem. Satz 2 auf die BaFin übertragen. Diese hat hiervon durch Erlass von § 4 KAVerOV Gebrauch gemacht. Auf die obenstehende Kommentierung wird insoweit verwiesen.

---

50 Die Kosten des Beschwerdeführers müssen aber nicht ersetzt werden, *Steffen* in Baur/Tappen, § 28 KAGB Rz. 64 a.E.

51 Gemeint sind offensichtlich die Aktionäre einer OGAW-InvAG; dies umfasst bei intern verwalteten OGAWs nach der derzeitigen BaFin-Praxis die Anlageaktionäre der TGVs, bei extern verwalteten OGAW-InvAGen können dies auch Unternehmensaktionäre sein.

52 ErwGr. 61 zur OGAW-RL.

VII. Bußgeldvorschriften

Gemäß § 340 Abs. 2 Nr. 7 KAGB handelt **ordnungswidrig**, wer entgegen § 28 Abs. 1 Satz 1 und 2 KAGB, auch i.V.m. § 4 KAVerOV, eine dort bezeichnete Vorgabe für eine ordnungsgemäße Geschäftsorganisation nicht erfüllt. Diese Ordnungswidrigkeit kann nach § 340 Abs. 7 Satz 1 Nr. 1 KAGB mit einer **Geldbuße bis zu 5 Millionen Euro** geahndet werden; gegenüber einer juristischen Person oder einer Personenvereinigung kann über diesen Betrag hinaus eine Geldbuße in Höhe bis zu 10 Prozent des jährlichen Gesamtumsatzes verhängt werden. 78

Ebenso handelt gem. § 340 Abs. 2 Nr. 8 KAGB ordnungswidrig, wer entgegen § 28 Abs. 1 Satz 4 KAGB i.V.m. § 24c KWG eine Datei nicht, nicht richtig oder nicht vollständig führt oder nicht gewährleistet, dass die BaFin jederzeit Daten automatisiert abrufen kann. Die Geldbuße für einen Verstoß beträgt nach § 340 Abs. 7 Satz 1 Nr. 2 KAGB **bis zu 1 Million Euro**; gegenüber einer juristischen Person oder einer Personenvereinigung kann über diesen Betrag hinaus eine Geldbuße in Höhe bis zu 2 Prozent des jährlichen Gesamtumsatzes verhängt werden. 79

§ 29 Risikomanagement; Verordnungsermächtigung

(1) [1]Die Kapitalverwaltungsgesellschaft hat eine dauerhafte Risikocontrollingfunktion einzurichten und aufrechtzuerhalten, die von den operativen Bereichen hierarchisch und funktionell unabhängig ist (Funktionstrennung). [2]Die Bundesanstalt überwacht die Funktionstrennung nach dem Prinzip der Verhältnismäßigkeit. [3]Die Kapitalverwaltungsgesellschaften, bei denen auf Grund der Art, des Umfangs und der Komplexität ihrer Geschäfte und der von ihnen verwalteten Investmentvermögen die Einrichtung einer hierarchisch und funktionell unabhängigen Risikocontrollingfunktion unverhältnismäßig ist, müssen zumindest in der Lage sein nachzuweisen, dass besondere Schutzvorkehrungen gegen Interessenkonflikte ein unabhängiges Risikocontrolling ermöglichen und dass der Risikomanagementprozess den Anforderungen der Absätze 1 bis 6 genügt und durchgehend wirksam ist.

(2) [1]Die Kapitalverwaltungsgesellschaft muss über angemessene Risikomanagementsysteme verfügen, die insbesondere gewährleisten, dass die für die jeweiligen Anlagestrategien wesentlichen Risiken der Investmentvermögen jederzeit erfasst, gemessen, gesteuert und überwacht werden können. [2]Die Kapitalverwaltungsgesellschaft hat die Risikomanagementsysteme regelmäßig, mindestens jedoch einmal jährlich, zu überprüfen und erforderlichenfalls anzupassen.

(2a) [1]Die Kapitalverwaltungsgesellschaft stützt sich bei der Bewertung der Kreditqualität der Vermögensgegenstände der Investmentvermögen nicht ausschließlich oder automatisch auf Ratings, die von einer Ratingagentur gemäß Artikel 3 Absatz 1 Buchstabe b der Verordnung (EG) Nr. 1060/2009 in der jeweils geltenden Fassung abgegeben wurden. [2]Die Risikomanagementsysteme nach Absatz 2 haben dies sicherzustellen. [3]Die Bundesanstalt überwacht die Angemessenheit der Prozesse der Kapitalverwaltungsgesellschaften zur Beurteilung der Kreditqualität und die Nutzung von Referenzen auf Ratings im Sinne von Satz 1 im Rahmen der Anlagestrategie der Investmentvermögen; bei der Überwachung berücksichtigt die Bundesanstalt Art, Umfang und Komplexität der Investmentvermögen. [4]Soweit angemessen, wirkt die Bundesanstalt auf die Verminderung des Einflusses solcher Referenzen hin, um eine ausschließliche oder automatische Reaktion auf solche Ratings zu reduzieren.

(3) Die Kapitalverwaltungsgesellschaft unterliegt zumindest den folgenden Verpflichtungen:

1. **sie tätigt Anlagen für Rechnung des Investmentvermögens entsprechend der Anlagestrategie, den Zielen und dem Risikoprofil des Investmentvermögens auf Basis angemessener, dokumentierter und regelmäßig aktualisierter Sorgfaltsprüfungsprozesse;**
2. **sie gewährleistet, dass die mit den einzelnen Anlagepositionen des Investmentvermögens verbundenen Risiken sowie deren jeweilige Wirkung auf das Gesamtrisikoprofil des Investmentvermögens laufend ordnungsgemäß erfasst, gemessen, gesteuert und überwacht werden können; sie nutzt hierzu unter anderem angemessene Stresstests;**
3. **sie gewährleistet, dass die Risikoprofile der Investmentvermögen der Größe, der Zusammensetzung sowie den Anlagestrategien und Anlagezielen entsprechen, wie sie in den Anlagebedingungen, dem Verkaufsprospekt und den sonstigen Verkaufsunterlagen des Investmentvermögens festgelegt sind.**

(4) Die Kapitalverwaltungsgesellschaft legt ein Höchstmaß an Leverage fest, den sie für jedes der von ihr verwalteten Investmentvermögen einsetzen kann, sowie den Umfang des Rechts der Wiederverwendung von Sicherheiten oder sonstigen Garantien, die im Rahmen der Vereinbarung über den Leverage gewährt werden könnten, wobei sie Folgendes berücksichtigt:

1. die Art des Investmentvermögens,
2. die Anlagestrategie des Investmentvermögens,
3. die Herkunft des Leverage des Investmentvermögens,
4. jede andere Verbindung oder relevante Beziehung zu anderen Finanzdienstleistungsinstituten, die potenziell ein Systemrisiko darstellen,
5. die Notwendigkeit, das Risiko gegenüber jedem einzelnen Kontrahenten zu begrenzen,
6. das Ausmaß, bis zu dem das Leverage abgesichert ist,
7. das Verhältnis von Aktiva und Passiva,
8. Umfang, Art und Ausmaß der Geschäftstätigkeiten der Kapitalverwaltungsgesellschaft auf den betreffenden Märkten.

(5) Für AIF-Kapitalverwaltungsgesellschaften bestimmen sich für die von ihnen verwalteten AIF die Kriterien für

1. die Risikomanagementsysteme,
2. die angemessenen zeitlichen Abstände zwischen den Überprüfungen des Risikomanagementsystems,
3. die Art und Weise, in der die funktionale und hierarchische Trennung zwischen der Risikocontrollingfunktion und den operativen Abteilungen, einschließlich der Portfolioverwaltung, zu erfolgen hat,
4. die besonderen Schutzvorkehrungen gegen Interessenkonflikte gemäß Absatz 1 Satz 3,
5. die Anforderungen nach Absatz 3 und
6. die Anforderungen, die ein Originator, ein Sponsor oder ein ursprünglicher Kreditgeber erfüllen muss, damit eine AIF-Kapitalverwaltungsgesellschaft im Namen von AIF in Wertpapiere oder andere Finanzinstrumente dieses Typs, die nach dem 1. Januar 2011 emittiert werden, investieren darf, einschließlich der Anforderungen, die gewährleisten, dass der Originator, der Sponsor oder der ursprüngliche Kreditgeber einen materiellen Nettoanteil von mindestens 5 Prozent behält sowie
7. die qualitativen Anforderungen, die AIF-Kapitalverwaltungsgesellschaften, die im Namen eines oder mehrerer AIF in Wertpapiere oder andere Finanzinstrumente im Sinne von Nummer 6 investieren, erfüllen müssen

nach den Artikeln 38 bis 45 und 50 bis 56 der Delegierten Verordnung (EU) Nr. 231/2013.

(5a) [1]AIF-Kapitalverwaltungsgesellschaften, die für Rechnung des AIF Gelddarlehen gewähren oder in unverbriefte Darlehensforderungen investieren, haben darüber hinaus über eine diesen Geschäften und deren Umfang angemessene Aufbau- und Ablauforganisation zu verfügen, die insbesondere Prozesse für die Kreditbearbeitung, die Kreditbearbeitungskontrolle und die Behandlung von Problemkrediten sowie Verfahren zur Früherkennung von Risiken vorsieht. [2]Satz 1 ist nicht anzuwenden, wenn die Darlehensvergabe zulässig ist nach § 3 Absatz 2 in Verbindung mit § 4 Absatz 7 des Gesetzes über Unternehmensbeteiligungsgesellschaften, §§ 240, 261 Absatz 1 Nummer 8, § 282 Absatz 2 Satz 3, § 284 Absatz 5 oder § 285 Absatz 3.

[(Geplante Einfügung:) (5b) [1]Die Kriterien für die Anforderungen, die ein Originator, ein Sponsor oder ein ursprünglicher Kreditgeber erfüllen muss, damit eine Kapitalverwaltungsgesellschaft im Namen von durch sie verwaltete Investmentvermögen in Verbriefungen investieren darf, bestimmen sich nach der Verordnung (EU) 2017/2402. [2]Für OGAW-Kapitalverwaltungsgesellschaften gilt Artikel 43 Absatz 5 und 6 der Verordnung (EU) 2017/2402 entsprechend. [3]Sind Kapitalverwaltungsgesellschaften eine Verbriefung eingegangen, die die Anforderungen der Verordnung (EU) 2402/2017 nicht mehr erfüllt, so handeln sie im besten Interesse der Anleger in den einschlägigen Investmentvermögen und ergreifen gegebenenfalls Korrekturmaßnahmen.]

(6) [1]Das Bundesministerium der Finanzen wird ermächtigt, durch Rechtsverordnung, die nicht der Zustimmung des Bundesrates bedarf, nähere Bestimmungen für Kapitalverwaltungsgesellschaften, die OGAW oder Publikums-AIF verwalten, zu den Risikomanagementsystemen und -verfahren zu erlassen. [2]Das Bundesministerium der Finanzen kann die Ermächtigung durch Rechtsverordnung auf die Bundesanstalt übertragen.

In der Fassung vom 4.7.2013 (BGBl. I 2013, S. 1981), zuletzt geändert durch das Gesetz zur Umsetzung der Richtlinie 2014/91/EU des Europäischen Parlaments und des Rates vom 23. Juli 2014 zur Änderung der Richtlinie 2009/65/EG zur Koordinierung der Rechts- und Verwaltungsvorschriften betreffend bestimmte Organismen für gemeinsame Anlagen in Wertpapieren (OGAW) im Hinblick auf die Aufgaben der Verwahrstelle, die Vergütungspolitik und Sanktionen vom 3.3.2016 (BGBl. I 2016, S. 348). Geplant sind Änderungen in Abs. 5 und die Einfügung eines neuen Abs. 5b durch das Gesetz zur Anpassung von Finanzmarktgesetzen an die Verordnung (EU) 2017/2402 und an die durch die Verordnung (EU) 2017/2401 geänderte Verordnung (EU) Nr. 575/2013 (RegE, BT-Drucks. 19/4460, s. Rz. 6, 172 ff.).

Schrifttum:

Verwaltungsleitlinien und EU-Rechtsquellen: BaFin, Rundschreiben 01/2017 (WA) – Mindestanforderungen an das Risikomanagement von Kapitalverwaltungsgesellschaften (KAMaRisk); BaFin, Leverage-Begrenzung gem. § 29 Abs. 4 KAGB, WA 41 Wp 2137-2013/0029 (6/2014); BaFin, Hinweise zur Verwendung externer Ratings und zur Durchführung eigener Kreditrisikobewertungen, 23.10.2013, geändert am 24.4.2014; BaFin, Bundesministerium der Finanzen und Deutsche Bundesbank, German action plan to reduce overreliance on CRA ratings (4/2014); BaFin, Erläuterungen zur Derivateverordnung in der Fassung vom 16.7.2013 (7/2013); CESR, Risk management principles for UCITS, CESR/09-178 (2/2009); CESR's technical advice to the European Commission on the level 2 measures related to the UCITS management company passport, CESR/09-963 (10/2009); CESR, Guidelines on Risk Measurement and the Calculation of Global Exposure and Counterparty Risk for UCITS, CESR/10-788 (7/2010); EBA, Draft Regulatory Technical Standards On the retention of net economic interest and other requirements relating to exposures to transferred credit risk (Articles 405, 406, 408 and 409) of Regulation (EU) No 575/2013, EBA/RTS/2013/12 (12/2013); EBA/EIOPA/ESMA, Final Report on mechanistic references to credit ratings in the ESAs' guidelines and recommendations, JC2012/004 (2/2014); ESMA's technical advice to the European Commission on possible implementing measures of the Alternative Investment Fund Managers Directive, Final Report, ESMA/2011/379 (11/2011); ESMA, Questions and Answers – Risk Measurement and Calculation of Global Exposure and Counterparty Risk for UCITS, ESMA/2012/429 (7/2012); ESMA, Leitlinien zur Risikomessung und zur Berechnung des Gesamtrisikos für bestimmte Arten strukturierter OGAW, ESMA/2012/197 (3/2012); ESMA, Leitlinien für ETFs und andere OGAW-Themen, ESMA/2013/973 (8/2014).

Ökonomische Literatur: *Albrecht/Maurer*, Investment- und Risikomanagement, 3. Aufl. 2008; *Allen/Carletti/Krahnen/Tyrell* (Hrsg.), Liquidity and Crises, 2011; *Duan/Laere*, A public good approach to credit ratings – From concept to reality, Journal of Banking & Finance 36 (2012), 3239; *Crouhy/Jarrow/Turnbull*, The Subprime Credit Crisis of 2007, The Journal of Derivatives, Fall 2008, 81; *Hull*, Risk Management and Financial Institutions, 4. Aufl. 2015; *Krinsman*, Subprime Mortgage Meltdown – How Did It Happen and How Will It End?, The Journal of Structured Finance Summer 2007, 13; *Zagst/Goldbrunner/Schlosser*, Zu nah an der Sonne – Die schlimmsten Pleiten der Finanzgeschichte, 2009.

Juristische Literatur zum Risiko- und Liquiditätsmanagement: *Binder*, Organisationspflichten und das Finanzdienstleistungs-Unternehmensrecht: Bestandsaufnahme, Probleme, Konsequenzen, ZGR 2015, 667; *Eizenhöfer*, Risikosteuerung in Spezialfonds – Vorteile von Value-at-Risk-basierten Lösungen, Kreditwesen 2014, 854; *Hannemann/Schneider/Weigl*, Mindestanforderungen an das Risikomanagement – Kommentar, 4. Aufl. 2013; *Jünemann/Wirtz*, Regulatorisches Regime und Rechtsformwahl für „kleine Spezial-AIFM", RdF 2018, 109; *Kark*, Compliance-Risikomanagement – Früherkennung, Prävention und operative Umsetzung, 2013; *Kort/Lehmann*, Risikomanagement und Compliance im neuen KAGB – juristische und ökonomische Aspekte, in Möllers/Kloyer (Hrsg.), Das neue KAGB, 2014, Rz. 515 ff.; *Kort*, Die Regelung von Risikomanagement und Compliance im neuen KAGB, AG 2013, 582; *Kraushaar*, Die Kreditaufnahme durch Kapitalverwaltungsgesellschaften für OGAW- und AIF-Sondervermögen, BKR 2017, 496; *Sprengnether/Wächter*, Risikomanagement nach dem Kapitalanlagegesetzbuch (KAGB), WM 2014, 877; *Timmerbeil/Spachmüller*, Anforderung an das Risikomanagement nach der AIFM-Richtlinie, DB 2012, 1425; *Ulrich*, Private Equity (LBO) vor und nach dem Inkrafttreten des KAGB, 2018; *Veil*, Sanktionsrisiken für Emittenten und Geschäftsleiter im Kapitalmarktrecht, ZGR 2016, 305; *Zetzsche*, Prinzipien der kollektiven Vermögensanlage, 2015; *Zetzsche*, Fondsregulierung im Umbruch – ein rechtsvergleichender Rundblick zur Umsetzung der AIFM-Richtlinie, ZBB 2014, 22; *Zetzsche/Eckner*, Risk Management, in Zetzsche (Hrsg,), AIFMD, 2. Aufl. 2015, S. 325-392; *Zetzsche/Eckner*, Appointment, Authorization and Organization of the AIFM, in Zetzsche (Hrsg.), AIFMD, S. 193-243; *Zetzsche/Eckner*, Securitizations, in Zetzsche (Hrsg.), AIFMD, 2. Aufl. 2015, S. 607-625.

Juristische Literatur zu Ratings im Kontext von Investmentfonds: *Schroeter*, Ratings – Bonitätsbeurteilungen durch Dritte im System des Finanzmarkt-, Gesellschafts- und Vertragsrechts, 2014, S. 335 ff.

Juristische Literatur zu Kreditfonds und Verbriefungen: *Friedrich/Bühler*, Bankaufsichtsrechtliche Aspekte der Verwaltung von Darlehensfonds, WM 2015, 911; *Glander/Bauerfeind*, Erweiterte Zulässigkeit von Kreditfonds – Vergabe, Restrukturierung und Prolongation von Darlehen durch AIFs, ZfgK 68 (2015), 838; *Hanten/v. Tilig*, Kreditfonds, WM 2015, 2122; *Hellgardt*, Der europäische Rechtsrahmen für Verbriefungen, EuZW 2018, 709; *Heisch/Bühler*, Loan Origination Funds im Spannungsfeld von Aufsichts- und Steuerrecht, BB 2015, 1986; *Majcen*, Kreditfonds: Schnelles Wachstum im dichter werdenden regulatorischen Umfeld, ZFR 2016, 55; *Thom*, Venture Debt: Gewährung von Gelddarlehen durch Investmentfonds nach dem KAGB – ein Erfolgsrezept?, WM 2018, 502; *Zetzsche/Marte*, Kreditfonds zwischen Anleger- und Systemschutz, RdF 2015, 4; *Zetzsche*, Finanzintermediation durch Investmentfonds – Zur Behandlung von Systemrisiken im Nicht-Banken-Sektor am Beispiel von Kreditfonds, ZVglRW 146 (2017), 269; *Zander*, Einführung von Kreditfonds durch das OGAW V-Umsetzungsgesetz, DB 2016, 331.

A. Entwicklung, Rechtsquellen und Anwendungsbereich

§§ 29, 30 KAGB legen die Grundsätze für das Risiko- und Liquiditätsmanagement fest. Gemeint sind **Struktur-, Organisations- und Verhaltensanforderungen, die die KVG zur Kenntnis von und zum bewussten Umgang mit Risiken** anhalten sollen. Risikomanagement meint nicht Risikovermeidung; dies wäre gleichzusetzen mit einem Verzicht auf Rendite. Es geht um **Risikooptimierung:** Anleger sollen prinzipiell nur diejenigen Risiken tragen, für die sie vergütet werden. § 29 Abs. 1 KAGB stellt mit der dauerhaften **Risikocontrollingfunktion** eine Organisationsanforderung (dazu § 29 Rz. 19 ff.), nach §§ 29 Abs. 2, 30 Abs. 1 KAGB wird von der KVG die Einrichtung **angemessener Risiko- und Liquiditätsmanagementsysteme** verlangt (dazu § 29 Rz. 52 ff., § 30 Rz. 4). § 29 Abs. 3 und 5 sowie § 30 Abs. 3 und 4 KAGB i.V.m. den einschlägigen Vorschriften der AIFM-DVO betreffen **allgemeine inhaltliche Grundsätze** zum Risikomanagement (dazu § 29 Rz. 77 ff.). Zu **einzelnen Risikomanagementtechniken** verhalten sich § 29 Abs. 2a (zum **Rückgriff auf Ratings**, dazu § 29 Rz. 70 ff.), § 29 Abs. 4 KAGB (zu **Leverage**, Wiederverwendung von Sicherheiten und Pensionsgeschäften, dazu § 29 Rz. 93 ff.) sowie § 29 Abs. 5 Nr. 6 KAGB (zur **Verbriefung**, dazu § 29 Rz. 103 ff.). Mit den **Stresstests** spricht zudem § 30 Abs. 2 KAGB eine bestimmte Liquiditätsmanagementtechnik an. Die Zulässigkeit sonstiger Risiko- und Liquiditätsmanagementtechniken ist aus den allgemeinen Grundsätzen abzuleiten. Vgl. dazu § 29 Rz. 77 ff. und § 30 Rz. 12 ff. 1

I. Entwicklung

Die gegenüber der weniger detaillierten Vorgängernorm § 9a InvG[1] umfangreichen Anforderungen in §§ 29, 30 seit Inkrafttreten des KAGB im Jahr 2013 gehen auf Art. 12 Abs. 1 Buchst. a, Art. 14 Abs. 1 Buchst. c, 51 Abs. 1 OGAW-RL sowie die Art. 15, 16, 17 AIFM-RL[2] zurück.[3] Der deutsche Gesetzgeber hat sich nach dem **Bild der großen Verwaltungsgesellschaft** (Einl. Rz. 97) um ein **Einheitsrecht für AIF- und** 2

1 Vgl. zur Entwicklung der Vorschrift *Josek/Steffen* in Baur/Tappen, § 29 KAGB Rz. 4-15.
2 Vgl. dazu *Zetzsche/Eckner*, Risk Management, in Zetzsche, AIFMD, 2. Aufl. 2015, S. 325-392.
3 Ausf. zur historischen Entwicklung der Organisationspflichten ab der zweiten Hälfte der 1990er Jahre *Binder*, ZGR 2015, 667 (680 ff.).

OGAW-KVG bemüht, indem er die Vorgaben der Art. 15, 16 AIFM-RL nebst den Vorschriften der AIFM-DVO grds. auch auf OGAW-KVG erstreckt hat.

3 Art. 15, 16 AIFM-RL **betreffend AIF** wird durch die unmittelbar geltende Verordnung (EU) Nr. 231/2013 (‚AIFM-DVO'), insb. deren ErwGr. 34, 51 bis 64 sowie Art. 13, 38 bis 45 und 50 bis 56 AIFM-DVO für das Risikomanagement nebst Verbriefung sowie Art. 46 bis 49 AIFM-DVO für das Liquiditätsmanagement umfangreich konkretisiert. **Für OGAW** sind die Details der Art. 38 bis 45 OGAW-DRL[4] sowie Art. 11 OGAW Eligible Assets-Richtlinie[5] in der nach §§ 30 Abs. 6, 29 Abs. 5 erlassenen KAVerOV (§§ 5, 6) umgesetzt, die teils wieder auf die AIFM-DVO verweist. Die bereits umfangreichen Vorgaben auf Ebene 1 und 2 der europäischen Gesetzgebungshierarchie[6] werden weiter konkretisiert durch die ESMA-Leitlinien zu börsengehandelten Indexfonds (Exchange-Traded Funds, ETF) und anderen OGAW-Themen, ESMA/2014/937 (insb. S. 6, 8 ff.), sowie die ESMA-Leitlinien zur Risikomessung und zur Berechnung des Gesamtrisikos für bestimmte Arten strukturierter OGAW, ESMA/2012/197. Des Weiteren gelten einige Leitlinien des ESMA-Vorgängers CESR fort, insbesondere die Leitlinien zur Risikomessung und zur Berechnung des Gesamtrisikos und des Kontrahentenausfallrisikos für OGAW (CESR/10-788, sog. Allgemeine Leitlinien). Die vorgenannten Rechtsakte wurden teils in die im Jahr 2013 neu gefasste **DerivateV**[7] (dazu Rz. 8) überführt, sowie in Verlautbarungen der BaFin, insbesondere das **für die Praxis sehr wichtige Rundschreiben 01/2017** (WA) – Mindestanforderungen an das Risikomanagement von Kapitalverwaltungsgesellschaften (**KAMaRisk**).[8]

4 Im Jahr 2014 wurden mit Art. 3 Nr. 4 des Gesetzes zur **Verringerung der Abhängigkeit von Ratings**[9] Art. 2 und 3 der Richtlinie 2013/14/EU[10] umgesetzt und infolgedessen ein neuer § 29 Abs. 2a eingefügt. Damit soll dem Missstand begegnet werden, dass Verwalter von OGAW und AIF auf Ratings zurückgreifen, ohne die Bonität der Emittenten dieser Instrumente einer eigenen Bonitätsprüfung zu unterziehen. Gesteigerte Risikomanagementanforderungen sollen die Qualität der Anlageentscheidung verbessern und ein befürchtetes Herdenverhalten institutioneller Anleger reduzieren. Ziel ist eine Bewertung von Anlagegegenständen unter Berücksichtigung ihrer jeweiligen Besonderheiten.[11] Die europäische Diskussion ist mit Erlass der Richtlinie 2013/14/EU keineswegs abgeschlossen.[12] Von ihrer Befugnis zum Erlass von harmonisierenden Ausführungsbestimmungen hat die Europäische Kommission noch keinen Gebrauch gemacht (Stand Oktober 2018). Gem. ihrem Bericht an das Europäische Parlament und den Rat gibt es einstweilen keine realistischen Alternativen zu externen Ratings. Die Aufsichtsbehörden sollten sich jedoch weiterhin für die Verringerung des automatischen Rückgriffs auf Ratings einsetzen, indem sie sicherstellen, dass Marktteil-

---

4 Richtlinie 2010/43/EU der Kommission vom 1.7.2010 zur Durchführung der Richtlinie 2009/65/EG des Europäischen Parlaments und des Rates im Hinblick auf organisatorische Anforderungen, Interessenkonflikte, Wohlverhalten, Risikomanagement und den Inhalt der Vereinbarung zwischen Verwahrstelle und Verwaltungsgesellschaft, ABl. EU Nr. L 176 v. 10.7.2010, S. 42.

5 Richtlinie 2007/16/EG der Kommission vom 19.3.2017 zur Durchführung der Richtlinie 85/611/EWG des Rates zur Koordinierung der Rechts- und Verwaltungsvorschriften betreffend bestimmte Organismen für gemeinsame Anlagen in Wertpapieren (OGAW) im Hinblick auf die Erläuterung gewisser Definitionen, ABl. EU Nr. L 79 v. 20.3.2007, S. 11. Gem. Art. 11 OGAW Eligible-Assets-RL müssen OGAW, die Techniken für eine effiziente Portfolioverwaltung anwenden, dafür sorgen, dass die Risiken, die sich daraus ergeben, durch das Risikomanagement des OGAW in angemessener Weise erfasst werden.

6 Vgl. zum Lamfalussy-Verfahren *Zetzsche/Eckner*, Europäisches Kapitalmarktrecht: Grundlagen, in Enzyklopädie EurR, Bd. 6, § 7.A. Rz. 32 ff., 84 f., 104 ff.

7 Verordnung über Risikomanagement und Risikomessung beim Einsatz von Derivaten, Wertpapier-Darlehen und Pensionsgeschäften in Investmentvermögen nach dem Kapitalanlagegesetzbuch (Derivateverordnung – DerivateV) vom 16.7.2013 (BGBl. I 2013, S. 2463), zuletzt geändert durch Art. 1 der Verordnung vom 26.2.2015 (BGBl. I 2015, S. 181).

8 https://www.bafin.de/SharedDocs/Downloads/DE/Rundschreiben/dl_rs_1701_KAMaRisk.pdf.

9 Gesetz zur Verringerung der Abhängigkeit von Ratings vom 10.12.2014 (BGBl. I 2014, S. 2085).

10 Richtlinie 2013/14/EU vom 21.5.2013 zur Änderung der Richtlinie 2003/41/EG über die Tätigkeiten und die Beaufsichtigung von Einrichtungen der betrieblichen Altersvorsorge, der Richtlinie 2009/65/EG zur Koordinierung der Rechts- und Verwaltungsvorschriften betreffend bestimmte Organismen für gemeinsame Anlagen in Wertpapieren (OGAW) und der Richtlinie 2011/61/EU über die Verwalter alternativer Investmentfonds im Hinblick auf übermäßigen Rückgriff auf Ratings, ABl. EU Nr. L 145 vom 31.5.2013, S. 1.

11 ErwGr. 2 Richtlinie 2013/14/EU.

12 Vgl. Europäische Kommission, Bericht der Kommission an das Europäische Parlament und den Rat über Alternativen zu externen Ratings, die Situation am Ratingmarkt, Wettbewerb und Unternehmensführung in der Ratingbranche, die Situation am Markt für Ratings strukturierter Finanzinstrumente und die Realisierbarkeit einer Europäischen Ratingagentur, 19.10.2016, COM(2016) 664 final.

nehmer alternative Instrumente ergänzend heranziehen; auch die Überprüfung der Regulierung kleiner Rating-Agenturen wird zur Erhöhung des Wettbewerbs in diesem Sektor angeregt.[13]

Im Jahr 2016 hat der deutsche Gesetzgeber durch Art. 1 Nr. 14 OGAW V-UmsG[14] in § 29 Abs. 5a KAGB Sondervorschriften für KVG eingefügt, die **Kreditfonds** verwalten. Das Verhältnis dieser Vorschriften zu Art. 15, 16 AIFM-RL ist konfliktbehaftet; teils dürfte ein Verstoß gegen das im Bereich der Verwalterorganisation vollharmonisierte europäische Recht gegeben sein (näher Rz. 124). § 29 Abs. 5a wird durch Verlautbarungen der BaFin konkretisiert.[15] 5

Nach einem im Jahr 2018 vorgelegten Entwurf[16] sollen § 29 Abs. 5 Nr. 6 und 7 KAGB gestrichen und ein neuer § 29 Abs. 5b KAGB geschaffen werden, um die Vorschrift an die **STS-Verordnung** (EU) 2017/2402[17] anzupassen. Darauf abgestimmte Bußgeldtatbestände sollen in § 340 Abs. 6b bis 6d KAGB eingefügt werden. Ausweislich der Begründung der Bundesregierung[18] soll insb. § 29 Abs. 5b Satz 3 KAGB n.F. den Gesetzestext an Art. 38 und 41 der STS-Verordnung anpassen, welche Art. 17 AIFM-RL und Art. 50a OGAW-RL ändern und mit einem identischen Wortlaut versehen.[19] Zugleich werden einige Anforderungen an OGAW-KVG aus § 5 Abs. 1 Nr. 6 und 7 der KAVerOV in § 29 Abs. 5b KAGB übernommen, weil die Anforderungen der STS-Verordnung auch für OGAW-KVG gelten. § 29 Abs. 5 Satz 3 soll künftig Art. 54 AIFM-VO ersetzen und Art. 50a der OGAW-RL umsetzen. S. dazu ausf. Rz. 172 ff. 6

II. Kontext und Anwendungsbereich

Die Regelungen der §§ 29, 30 KAGB richten sich an **interne und externe KVG** (zu § 1 Abs. 12 und 13 KAGB: § 1 Rz. 147). Die §§ 29, 30 KAGB gelten nach europäischen Vorgaben für alle nach den §§ 17 ff. KAGB **zugelassenen KVG**. Während Art. 15, 16 AIFM-RL i.V.m. Art. 38-56 AIFM-DVO nur für **AIF-KVG** gelten, schreiben § 29 Abs. 6 und § 30 Abs. 4 KAGB i.V.m. § 5 Abs. 1 und § 6 KAVerOV die entsprechende Geltung für **OGAW-KVG** vor, so dass auf AIF- und OGAW-KVG im Ergebnis dasselbe Recht anzuwenden ist. Für nach § 44 Abs. 1 KAGB **registrierungspflichtige AIF-KVG** i.S.v. § 2 Abs. 4, 4a und 5 KAGB schreibt das den §§ 29, 30 KAGB zugrunde liegende europäische Recht die Geltung der §§ 29, 30 KAGB nicht vor. Der deutsche Gesetzgeber hat als Teil seines gegen Kreditfonds gerichteten Goldplatings (vgl. zu § 29 Abs. 5a § 29 Rz. 111 ff.) die Geltung der **§ 29 Abs. 1, 2, 5 und 5a und § 30 Abs. 1 bis 4 KAGB** angeordnet – beschränkt auf sog. **kleine AIFM** gem. § 2 Abs. 4 KAGB (Spezial-AIF) und § 2 Abs. 5 KAGB (AIF) (dazu § 2 Rz. 77 ff.). Keinerlei Anwendungsbereich haben die §§ 29, 30 KAGB daher nur für Verwalter von Kleinst-AIF mit einem Anlagevermögen unter 5 Mio. Euro gem. § 2 Abs. 4a KAGB. 7

Die §§ 29, 30 KAGB sind grds. Teil der **Verwalterregulierung.**[20] Daher gelten sie auch für die **Zweigniederlassungen** deutscher KVG im Ausland. Umgekehrt finden sie auf Zweigniederlassungen von EU-KVG nach § 51 und § 54 KAGB keine Anwendung; insoweit gilt das Recht am Sitz der Hauptverwaltung. Daraus folgt freilich nicht, dass bei der grenzüberschreitenden Fondsverwaltung sämtliche Risikomanagementvorschriften des Heimatstaates übernommen werden können. Gem. § 52 Abs. 5 KAGB gilt bei der Verwaltung eines 8

---

13 S. auch Europäische Kommission, Bericht an das Europäische Parlament und den Rat über Alternativen zu externen Ratings, die Situation am Ratingmarkt, Wettbewerb und Unternehmensführung in der Ratingbranche, die Situation am Markt für Ratings strukturierter Finanzinstrumente und die Realisierbarkeit einer Europäischen Ratingagentur, 19.10.2016, COM(2016) 664 final, S. 24.

14 Vgl. dazu BT-Drucks. 18/6744, 29.

15 Vgl. insbesondere KAMaRisk, S. 27 ff.

16 Vgl. Art. 4 des Entwurfs eines Gesetzes zur Anpassung von Finanzmarktgesetzen an die Verordnung (EU) 2017/2402 und an die durch die Verordnung (EU) 2017/2401 geänderte Verordnung (EU) Nr. 575/2013, BR-Drucks. 374/18.

17 Verordnung (EU) 2017/2402 des Europäischen Parlaments und des Rates vom 12. Dezember 2017 zur Festlegung eines allgemeinen Rahmens für Verbriefungen und zur Schaffung eines spezifischen Rahmens für einfache, transparente und standardisierte Verbriefung und zur Änderung der Richtlinien 2009/65/EG, 2009/138/EG, 2011/61/EU und der Verordnungen (EG) Nr. 1060/2009 und (EU) Nr. 648/2012, ABl. EU Nr. L 347 v. 28.12.2017, S. 35. Vgl. dazu *Hellgardt*, EuZW 2018, 709.

18 BR-Drucks. 374/18, 31.

19 „Sind [OGAW-Verwaltungsgesellschaften/AIFM] oder intern verwaltete [OGAW/AIFM] eine Verbriefung eingegangen, die die Anforderungen der Verordnung (EU) 2017/2402 des Europäischen Parlaments und des Rates nicht mehr erfüllt, so handeln sie im besten Interesse der Anleger in den einschlägigen OGAW und ergreifen gegebenenfalls Korrekturmaßnahmen."

20 Zur Differenzierung zwischen Produkt-, Verwalter- und Vertriebsregulierung vgl. *Moloney*, EC Securities Regulation, 3rd ed. 2014, S. 289; *Zetzsche*, ZBB 2014, 22 f.; zur Zuordnung des Risikomanagements zur Verwalterregulierung *Zetzsche/Eckner*, Risk Management, in Zetzsche, AIFMD, S. 323, 336 ff.

inländischen OGAW u.a. die Vorschrift des § 197 KAGB und somit auch die nach § 197 Abs. 3 KAGB erlassene DerivateV, die u.a. Regelungen zu Risiko-Messsystemen sowie Stresstests auf Fondsebene enthält (dazu § 197 Rz. 39 ff.). Systematisch erklärt sich dies mit einer Zuordnung der DerivateV zur Produktregulierung des Fonds, historisch handelt es sich um ein Relikt des für die OGAW-RL 85/611/EWG (‚OGAW I') typischen Fokus auf das Produkt.[21]

9 Die §§ 29, 30 KAGB betreffen inhaltlich **alle Tätigkeiten im Kontext des Kerngeschäfts kollektive Vermögensverwaltung sowie der nach § 20 Abs. 2, 3 und 8 bis 10 KAGB zulässigen Dienstleistungen und Nebendienstleistungen**, insbesondere Finanzportfolioverwaltung, Anlageberatung und Anteilsverwahrung und technische Verwaltung, Abschluss von Altersvorsorgeverträgen und Mindestzahlungszusagen sowie die Gewährung von Gelddarlehen nach europäischem Recht, dem KAGB oder an Konzerngesellschaften für eigene Rechnung. Sie gelten selbstredend nur für die einschlägige Dienstleistung, so etwa die Spezialausprägung des Risikomanagements für die Gewährung von Gelddarlehen gem. § 29 Abs. 5a KAGB für die KVG, denen dieses nach § 20 Abs. 8 bis 10 KAGB gestattet ist respektive die dieses Geschäft nach § 2 Abs. Satz 1 Nr. 4 und § 2 Abs. 5 Satz 1 Nr. 8 KAGB ausüben.

10 Die §§ 29, 30 KAGB stehen im Kontext mit den allgemeinen Verhaltensregeln der §§ 26 ff. KAGB sowie den in §§ 28, 36 KAGB geregelten Organisationspflichten und Anforderungen an die Auslagerung durch KVG. Daraus ergeben sich **Abgrenzungsprobleme**. So umfasst eine ordnungsgemäße Geschäftsorganisation nach § 28 Abs. 1 KAGB auch ein ordnungsgemäßes Risikomanagementsystem. Wie dieses beschaffen ist, regeln dann die §§ 29, 30 KAGB. Nach § 26 Abs. 2 Nr. 3 KAGB muss die KVG alle angemessenen Maßnahmen zur Vermeidung von Interessenkonflikten treffen. Dass Interessenkonflikte zu Schäden der Anleger führen können, ist gleichwohl auch als operatives Risiko im Rahmen des Risikomanagements zu beachten (Rz. 63). Des Weiteren stellen sich Abgrenzungsprobleme im Verhältnis zu den im WpHG geregelten MiFID-Zusatzdienstleistungen der KVG gem. § 20 Abs. 2 Nr. 1 bis 3 und Abs. 3 Nr. 1 bis 5 KAGB. Es gelten dann sowohl die §§ 29, 30 KAGB als auch gem. § 5 Abs. 2 KAGB die maßgeblichen Vorschriften des WpHG. Jedenfalls für das Aufsichtsrecht ist der Konflikt aufgelöst: Die KAMaRisk ist allein maßgeblich, die für das WpHG einschlägige MARisk tritt zurück.[22]

III. Ergänzung durch KAMaRisk

11 Das Regelgeflecht zum Risiko- und Liquiditätsmanagement ist wie folgt sortiert: Auf erster Ebene steht das Gesetz, soweit es die AIFM-RL und OGAW-RL umsetzt. Die danach erlassenen Rahmenvorschriften greifen mit den unmittelbar geltenden Vorschriften der AIFM-DVO und teils durch Verordnung der BaFin umgesetzten Umsetzungsrechtsakten zur OGAW-RL ineinander, welche jeweils unmittelbar gelten, die AIFM-DVO und STS-Verordnung kraft europäischen, die KAVerOV und DerivateV kraft nationalen Rechts. Hinzu tritt – mit aufsichtsrechtlichem Gehalt – das als **KAMaRisk** bekannte BaFin-Rundschreiben. Dieses kann im Bereich der unmittelbar geltenden Vorschriften nur Konkretisierungen und im Bereich von Regelungslücken Ergänzungen vorsehen, beides jedoch nicht mit Gesetzeswirkung, sondern über den Umweg einer verschriftlichten **Verwaltungsrechtsansicht**. Im Verwaltungsprozess kommt den KAMaRisk nur insoweit Bedeutung zu, wie sich daraus eine **Selbstbindung der Verwaltung** im Hinblick auf Art. 3 Abs. 1 GG ergibt. Eine weitergehende, von der BaFin in Anspruch genommene Regelungswirkung[23] kommt den KAMaRisk nicht zu. Gerichte dürfen somit von den KAMaRisk abweichen, sie müssen eine solche Abweichung weder einem höheren noch einem europäischen Gericht vorlegen. Gleichwohl empfiehlt es sich aus Sicht der aufsichtsunterworfenen KVG, den KAMaRisk zu folgen, soweit sich aus dem spezifischen Geschäftskontext keine Abweichungen rechtfertigen, da mit der Befolgung infolge der Selbstbindungswirkung eine wünschenswerte Verminderung des Risikos von gegen die KVG oder ihre Organe gerichteten Aufsichtsmaßnahmen einhergeht.

12 Über die Konkretisierung auslegungsbedürftiger Rechtsbegriffe hinaus hat die KAMaRisk als von der BaFin für nötig gehaltener **Lückenfüllung** insbesondere Bedeutung im Bereich der **Kreditfonds** (näher zu § 29 Abs. 5a § 29 Rz. 111 ff.). Insoweit gehen die detaillierten Vorgaben der KAMaRisk über das rudimentäre Gerüst des Gesetzes deutlich hinaus,[24] was angesichts des engmaschigen europäischen Rechts für zugelassene und beaufsichtigte AIFM Zweifel an der Vereinbarkeit mit höherrangigem Recht aufwirft. Diese Frage stellt sich nicht in dem zweiten Bereich detaillierter, gesetzesersetzender KAMaRisk-Regelungen, der die di-

21 Vgl. *Zetzsche*, Prinzipien der kollektiven Vermögensanlage, 2015, S. 363 f.
22 KAMaRisk, Nr. 2, Tz. 3.
23 Vgl. KAMaRisk, Nr. 2, Tz. 1.
24 So auch *Thom*, WM 2018, 502 (506 f.).

rekte oder „entsprechende" Geltung von § 29 Abs. 1, 2, 5 und 5a KAGB und § 30 Abs. 1 und 4 KAGB für bestimmte **registrierungspflichtige AIF-KVGs** betrifft, obwohl auf diese gem. §§ 2 Abs. 4 bis 5 KAGB die §§ 29, 30 KAGB nur anzuwenden sind in Bezug auf eine Vergabe von Gelddarlehen. Soweit ersichtlich, fordert die BaFin mit Ausnahme der Anforderungen an die Auslagerung die Einhaltung der ganzen KAMaRisk, so etwa die Einhaltung der umfangreichen, für zulassungspflichtige AIF-KVG geschaffenen Dokumentationspflichten gem. Abschnitt 7 KAMaRisk.[25] Dies macht das Regelungsgefüge des ‚kleinen AIFM' rechtsvergleichend unattraktiv. Dieser Ansatz ist mit Blick auf das **Proportionalitätsgebot** zu hinterfragen.

Die KAMaRisk löst den Konflikt zwischen der nach dem KWG erlassenen ‚**MARisk**' und der nach dem KAGB erlassenen KAMaRisk im Bereich der **Organisationsvorschriften** für MiFID-Zusatzdienstleistungen gem. § 20 Abs. 2 Nr. 1 bis 3 und Abs. 3 Nr. 1 bis 5 KAGB **zugunsten der KAMaRisk** auf. Nur deren Organisationsvorgaben sind zu beachten.[26] Die Konkretisierungen zu den WpHG-Verhaltenspflichten im 11. Abschnitt des WpHG gelten jedoch weiterhin.[27] 13

IV. Regelungsadressat

Die §§ 29, 30 KAGB richten sich an die **Geschäftsleiter** gem. § 1 Abs. 19 Nr. 15 KAGB (s. § 1 Rz. 181). Diese sind **als Ganzes** und **unabhängig von ihrer internen Zuständigkeitsregelung** für eine ordnungsgemäße Geschäftsorganisation sowie deren Anpassung an neue Gegebenheiten verantwortlich. Sie sind zugleich die **Adressaten des Bußgeldtatbestands** nach § 340 Abs. 2 Nr. 9 KAGB im Fall des Verstoßes gegen § 29 Abs. 2 Satz 1 KAGB (dazu § 340 Rz. 60). Ihnen obliegt die Erstellung, Billigung, laufende Überprüfung und ggf. Aktualisierung der Grundsätze für das Risikomanagement sowie die zur Umsetzung dieser Grundsätze genutzten Vorkehrungen, Verfahren und Methoden, und zwar sowohl in Bezug auf die KVG im Verhältnis zu ihren Kunden (also zu Investmentvermögen, Fonds und ggf. Kunden der individuellen Vermögensverwaltung) als auch in Bezug auf die Risikolimits und Risikokontrolle innerhalb der Investmentvermögen (arg. ex Art. 60 Abs. 2 Buchst. g AIFM-DVO). Dies gilt auch im Fall der Auslagerung der Risikocontrolling-Funktion an Dritte gem. Art. 60 Abs. 2 Buchst. e AIFM-DVO. Daraus folgen **Mindestanforderungen an die Ausbildung, Erfahrung und Vertretungsregelungen der Geschäftsleiter** sowie den **Informationsfluss innerhalb der KVG**, nämlich von den Einheiten des operativen Geschäfts zu denen des Internen Kontrollsystems, und vom Internen Kontrollsystem zu allen Mitgliedern der Geschäftsleitung. Fällt etwa der Risikovorstand wegen Krankheit aus, liegt die Verantwortlichkeit auf den übrigen Schultern; die Aufgabe kann nicht bis zur Genesung aufgeschoben werden. 14

B. Normzweck

§§ 29, 30 KAGB sind die zentralen Vorschriften zur Risikoorganisation, -messung und -handhabung durch KVG. Die Vorschriften haben verschiedene Ausprägungen. Erstens enthalten sie zahlreiche **Organisationsvorgaben**, vgl. z.B. § 29 Abs. 1 KAGB (Risikocontrolling als hierarchisch und funktional eigenständige Funktion der KVG). Zweitens geht es um inhaltliche Vorgaben zum **Risikomanagementverfahren i.w.S.**, insbesondere zur **Risikomessung und Risikoerfassung**; in diesem Kontext steht die Regelung des § 29 Abs. 2a KAGB zu Ratings. Drittens geht es um die Handhabung und den Umgang mit erkannten Risiken (**Risikomanagement i.e.S.**). Viertens werden einige für wichtig erachtete Risiken speziell adressiert, so Risiken aus Leverage (Rz. 93 ff.) und Verbriefungspositionen (Rz. 103 ff.). 15

Für die Einhaltung dieser Vorgaben muss die KVG ständig Sorge tragen und dafür angemessene Ressourcen vorhalten (§ 23 Nr. 8 KAGB). Daher definieren die §§ 29, 30 KAGB implizit **Zulassungsvoraussetzungen.**[28] §§ 29, 30 KAGB sind von der BaFin überwachte, bei Verstoß bußgeldrechtlich sanktionierte (Rz. 211) **Vor-** 16

---

25 KAMaRisk, Nr. 2, Tz. 2; einschränkend *Jünemann/Wirtz*, RdF 2018, 109 (114), die davon ausgehen, dass sich die „(ohnehin nur teilweise) Anwendbarkeit der KAMaRisk auf den Fall der Vergabe von Gelddarlehen beschränken" würde und die KAMaRisk „keine grundsätzliche Anwendung auf kleine Spezial-AIFM" fände.

26 KAMaRisk, Nr. 2, Tz. 3.

27 Vgl. dazu aus KAMaRisk, Nr. 2, Tz. 3 zur Rechtslage vor der MiFID II-Umsetzung („So finden etwa die Anforderungen in BT 2, BT 3, BT 4, BT 6 und BT 8 des Rundschreibens 4/2010 (WA) – MaComp (vgl. AT 3.1 MaComp) auf Kapitalverwaltungsgesellschaften Anwendung, soweit die entsprechenden Regelungen der [jetzt §§ 68, 70, 80, 82 Abs. 1-9 und 13, 83 und 84 WpHG] über § 5 Abs. 2 KAGB gelten. Dagegen finden die Anforderungen in AT 1 und BT 1 der MaComp keine Anwendung auf Kapitalverwaltungsgesellschaften, da entsprechende Organisationspflichten ausreichend durch dieses Rundschreiben geregelt sind.").

28 Ebenso *Geurts/Schubert* in Moritz/Klebeck/Jesch, § 29 KAGB Rz. 5.

schriften des Aufsichtsrechts. Die zivilrechtliche Wirkung der Vorschrift ist umstritten, im Ergebnis aber jedenfalls zu bejahen, soweit sich eine Missachtung der Risikomanagementvorgaben unmittelbar auf das Fondsvermögen auswirkt (Rz. 213 ff.).

17 Das Gesetz versteht als **Risiko** jedes nachteilige Ereignis in der Zukunft. Dem stehen Chancen als vorteilhafte Ereignisse gegenüber. Die Risiko-Chancen-Relation bestimmt die Profitabilität der Anlagestrategie: Optimal wäre ein hohes Chancenpotential bei geringen Risiken. Jedoch sind risikofreie Erträge eine unrealistische Hoffnung, weil kein Risikokapitalgeber Renditen anböte, wenn der Chance keine Risiken gegenüberstünden („There is no free lunch on the markets."). Mit anderen Worten: Jede Ertragschance ist risikobehaftet. Die Anlagestrategien unterscheiden sich nur darin, welche Art von Risiken in welchem Umfang genommen werden. Die §§ 29, 30 KAGB sollen daher **nicht jegliche Risiken ausschließen**, sondern nur sicherstellen, dass die **Anleger nur mit Anlagerisiken** und dort auch nur jenen Risiken belastet werden, die sie **nach den konstituierenden Dokumenten erwarten dürfen und tragen müssen.** Innerhalb des derart zugewiesenen Risikobündels gewährleisten die §§ 29, 30, dass die Anleger einen **optimalen Umgang mit Risiken** durch die KVG erwarten dürfen: Soweit beeinflussbar, muss die KVG Handlungsoptionen zur Optimierung der Risiko-Rendite-Relation nutzen.[29]

18 Die §§ 29, 30 KAGB dienen dem **Schutz der Fondsanleger** und der **Sicherung der Finanzstabilität.**[30] Mit Ausnahme von § 29 Abs. 1 KAGB, dessen Wortlaut auch die KVG erfasst (Rz. 19), ist der **Erhalt der KVG nur Reflex** insoweit, als deren Schieflage sich auf die – grds. separate – Fondsbilanz auswirken kann. Jedoch fällt die Bilanz des Fonds (zugunsten der Anleger) mit der dem Gesetz nach zulässigen, (aber von der BaFin nicht goutierten) intern verwalteten InvGes ohne Teilvermögen. Dann erstreckt sich der Schutzzweck auf deren Erhalt. Neben die §§ 29, 30 KAGB treten gesellschaftsrechtliche Vorgaben, die auf **Erhalt des Unternehmensträgers** gerichtet sind.[31] Gerät das Anlegerinteresse mit dem Unternehmensinteresse in **Konflikt, dringt** auf Grund der §§ 29, 30 KAGB **das Anlegerinteresse grds. durch.** So kann die Geschäftsleitung auf die Einhaltung der §§ 29, 30 KAGB nicht ganz oder teilweise verzichten, um Kosten zu sparen und den eigenen Ertrag zu steigern.

C. Risikocontrollingfunktion (§ 29 Abs. 1, Abs. 5 Nr. 3 und 5 KAGB, Art. 39, 42 bis 43 AIFM-DVO)

19 § 29 Abs. 1 KAGB setzt Art. 15 Abs. 1 AIFM-RL um.[32] Die dortige Regelung wird über den Anwendungsbereich der AIFM-RL hinaus auch für OGAW-KVG übernommen, weil sich die (ähnlichen) Anforderungen der Vorgängernorm § 9a Abs. 1 Nr. 1 InvG und der zugehörigen Rechtsverordnung ebenfalls an alle KVG richteten.[33] Auch die AIFM-DVO gilt gem. § 5 Abs. 1 Nr. 3 KAVerOV für OGAW-KVG. § 29 Abs. 1 KAGB betrifft sowohl **externe als auch interne KVG.** Die Vorschrift findet keine Anwendung auf **registrierungspflichtige AIF-KVG** (arg. § 2 Abs. 4 bis 5 und § 44 KAGB). Jedoch können sich ähnliche Pflichten aus den vertraglichen Abreden zur Fondsverwaltung ergeben.[34]

I. Risikocontrollingfunktion (§ 29 Abs. 1 Satz 1 KAGB und Art. 39 AIFM-DVO)

1. Strategische Kernfunktion

20 Nach § 29 Abs. 1 Satz 1 KAGB muss die KVG eine **dauerhafte Risikocontrollingfunktion** einrichten; die AIFM-DVO verwendet bedeutungsidentisch den Begriff der Risikomanagement-Funktion.[35] Die Risikocontrollingfunktion ist keine nachgelagerte Organisationseinheit,[36] sondern **strategische Kernfunktion** der KVG: Durch die Risikocontrollingfunktion wird das Risikomanagement zum Instrument der Unterneh-

29 *Geurts/Schubert* in Moritz/Klebeck/Jesch, § 29 KAGB Rz. 9; *Zetzsche*, Prinzipien der kollektiven Vermögensanlage, 2015, S. 655 ff.

30 *Geurts/Schubert* in Moritz/Klebeck/Jesch, § 29 KAGB Rz. 11; kritisch, ob dieser Zweck erreicht werden kann *Binder*, ZGR 2015, 667, 706 ff.

31 Für die InvAG z.B. *Kort*, AG 2013, 582 (583).

32 Vgl. dazu *Josek* in Dornseifer/Jesch/Klebeck/Tollmann, Art. 15 AIFM-RL Rz. 141-151; *Zetzsche/Eckner*, Risk Management, in Zetzsche, AIFMD, S. 323 ff.

33 BT-Drucks. 791/12, 398 (Reg.-Begr. zu § 29 KAGB).

34 Grds. zutr. *Geurts/Schubert* in Moritz/Klebeck/Jesch, § 29 KAGB Rz. 12. Allerdings besteht im Verhältnis zu professionellen Anlegern vertraglicher Gestaltungsspielraum.

35 Vgl. hierzu *Ulrich*, S. 383.

36 Ebenso KAMaRisk, Nr. 4.5, Tz. 4.

menssteuerung.[37] Es geht dabei nicht nur um Risikovermeidung, sondern **finanzwirtschaftliche Optimierung.** Der Risikomanager kann mittels Informationsaufbereitung, Risikoüberwachung und -optimierung zur Rendite beitragen.[38] Gem. ErwGr. 51 AIFM-DVO ist ihre „[v]orrangige Aufgabe ... die Gestaltung der Risikopolitik des AIF, die Risiko-Überwachung und die Risiko-Messung, um sicherzustellen, dass das Risikoniveau laufend dem **Risikoprofil** des AIF entspricht. Die ständige Risikomanagement-Funktion sollte die nötige Autorität, Zugang zu allen relevanten Informationen und regelmäßig Kontakt mit der Geschäftsleitung und dem Leitungsgremium[39] des AIFM haben, um diese auf den neuesten Stand zu bringen, damit sie erforderlichenfalls umgehend Abhilfemaßnahmen einleiten können." Fehlt ein separat eingerichtetes Leitungsgremium, sind die vorgenannten Pflichten allein gegenüber der Geschäftsleitung zu erfüllen (arg. ErwGr. 42 AIFM-DVO).[40] S. dazu auch Art 39 Abs. 2 AIFM-DVO („Die Risikomanagement-Funktion verfügt über die notwendigen Befugnisse und über Zugang zu allen relevanten Informationen, die zur Erfüllung der in Abs. 1 vorgesehenen Aufgaben erforderlich sind.").

Die Risikocontrollingfunktion ist dem Wortlaut nach nicht – wie die Pflichten nach § 29 Abs. 2 bis 6 KAGB (Rz. 51 ff.) – auf Investmentvermögen beschränkt. Auch der Hinweis auf Interessenkonflikte (§ 29 Abs. 1 Satz 3 KAGB) resultiert aus der Tätigkeit als KVG. Daher erfasst der **Schutzzweck der Norm auch die KVG** selbst. Die Funktion muss auch Risiken berücksichtigen, die nur die KVG betreffen, neben drohender Interessenkonflikte z.B. das key people risk.[41] 21

2. Aufgaben (Art. 39 AIFM-DVO)

Art. 39 AIFM-DVO regelt die **Aufgaben der Risikocontrollingfunktion** im Einzelnen.[42] 22

a) Die Risikocontrollingfunktion hat **wirksame Grundsätze und Verfahren für das Risikomanagement umzusetzen**, um alle Risiken, die für die jeweilige Anlagestrategie eines jeden AIF wesentlich sind und denen jeder AIF unterliegt oder unterliegen kann, zu ermitteln, messen, steuern und zu überwachen. Ihr obliegt die **Erkennung von Risiken und Risikokonzentrationen** sowie deren **fortlaufende Erfassung**, Messung, Steuerung und Überwachung der wesentlichen Risiken eines Investmentvermögens unter Verwendung von **hinreichend fortgeschrittenen Risikomesstechniken.**[43] Gemeint ist damit eine sog. „state of the art"-Anforderung: Statt irgendwelcher Risikomesstechniken sind die nach dem Stand von Wissenschaft und Praxis für die jeweiligen Risiken eines Investmentvermögens als adäquat angesehenen Messtechniken anzuwenden. *Beispiel*: Die ausschließliche Verwendung von *Delta*[44] zur Absicherung von Vermögenspositionen bei komplexen Optionsstrategien, die auf die Erzielung von Volatilitätsrisikoprämien abzielen, ist inadäquat, weil es weitere, finanzmathematisch anerkannte Messtechniken gibt. Vgl. dazu Art. 45 AIFM-DVO, § 29 Abs. 3 Nr. 1 und 2 KAGB (Rz. 85) sowie KAMaRisk, Nr. 4.8. 23

b) Die Risikocontrollingfunktion hat zu gewährleisten, dass das gem. §§ 165 Abs. 2 Nr. 3 und 173 Abs. 1 Nr. 2, 3 i.V.m. § 270 Abs. 1 KAGB den Anlegern offengelegte bzw. gem. § 22 Abs. 1 Nr. 10 Buchst. c, § 35 Abs. 2 Nr. 3 und § 300 Abs. 1 Nr. 3 KAGB der Aufsicht gegenüber dargelegte **Risikoprofil** des AIF im Einklang mit den gem. Art. 44 AIFM-DVO festgelegten Risikolimits steht. Das Risikoprofil bildet damit die der KVG vorgegebene **Leitlinie für sämtliche Anlage- und Risikomanagemententscheidungen**. Vgl. dazu Art. 44 AIFM-DVO, § 29 Abs. 3 Nr. 3 KAGB (Rz. 91 f.) sowie KAMaRisk, Nr. 4.8. 24

c) Die Risikocontrollingfunktion hat die **Einhaltung dieser Risikolimits zu überwachen** und **Geschäftsleitung und Aufsichtsrat** der KVG rechtzeitig **zu unterrichten**, wenn das Risikoprofil des AIF ihrer Auffassung nach nicht mit diesen Limits im Einklang steht oder ein wesentliches Risiko besteht, dass das Risikoprofil nicht im Einklang mit den Limits stehen könnte. 25

---

37 S. dazu *Geurts/Schubert* in Moritz/Klebeck/Jesch, § 29 KAGB Rz. 37.

38 *Zetzsche/Eckner*, Risk Management, in Zetzsche, AIFMD, S. 388 f.

39 Näher zum Leitungsgremium und der Abgrenzung zur Geschäftsleitung *Ulrich*, S. 384 f.

40 Ebenso *Ulrich*, S. 384.

41 Zu pauschal daher *Geurts/Schubert* in Moritz/Klebeck/Jesch, § 29 KAGB Rz. 11; *Kort/Lehmann* in Möllers/Kloyer, Rz. 518; *Kort*, AG 2013, 583.

42 Vgl. dazu *Josek* in Dornseifer/Jesch/Klebeck/Tollmann, Art. 15 AIFM-RL Rz. 140 ff.; *Zetzsche/Eckner*, Risk Management, in Zetzsche, AIFMD, S. 325 ff.

43 KAMaRisk, Nr. 4.8, Tz. 1; zu LBO-Fonds *Ulrich*, S. 418 f.

44 *Delta* bezeichnet die partielle Ableitung einer Optionswertfunktion nach dem Kurs des Basiswerts (S_t), um das Wertverhalten einer Option in Abhängigkeit von Kursänderungen des Basisobjekts zu beschreiben. Vgl. *Wilkens*, Optionsbewertung und Risikomanagement unter gemischten Verteilungen, 2013, S. 184 ff.

26 d) Die Risikocontrollingfunktion hat der **Geschäftsleitung und dem Aufsichtsrat** regelmäßig in angemessenen Abständen **Aktualisierungen** bereitzustellen zur i) Übereinstimmung der festgelegten Risikolimits mit dem den Anlegern offengelegten Risikoprofil des AIF und der Einhaltung der Risikolimits, sowie ii) Angemessenheit und Wirksamkeit des Risikomanagement-Prozesses, wobei insbesondere angegeben wird, ob bei tatsächlichen oder zu erwartenden Mängeln angemessene Abhilfemaßnahmen eingeleitet wurden oder werden. Die BaFin verlangt insoweit eine Berichterstattung auch zur Kontrolltätigkeit als solcher.[45]

27 e) Die Risikocontrollingfunktion hat **der Geschäftsleitung** regelmäßig über den aktuellen Risikostand bei jedem verwalteten AIF und jede tatsächliche oder vorhersehbare Überschreitung der Risikolimits **zu berichten**, um angemessene Maßnahmen zu ermöglichen. Bei kritischen Sachverhalten ist eine unverzügliche Information geboten.[46]

3. Zusammenarbeit mit anderen Bereichen

28 Die Funktion arbeitet schon **im Vorfeld der Anlagetätigkeit** mit der Anlageverwaltung/dem Fondsmanagement zusammen, indem sie bei der Festlegung des Risikoprofils und der Ausarbeitung der grundsätzlichen Anlagestrategie des Investmentvermögens mitwirkt (ErwGr. 51 AIFM-DVO). Im Rahmen der so abgesteckten Kompetenzen treffen die für die Anlageverwaltung zuständigen Abteilungen ihre Anlageentscheidungen. Bei Anlageentscheidungen mit potentiell erheblichen Auswirkungen ist die Funktion ebenfalls einzubeziehen. Sodann obliegt ihr die Erfassung, laufende Messung und Überwachung der Risiken (einschließlich der Überwachung und Sicherstellung der Einhaltung der Risikolimits), die Implementierung der Risikomanagement-Leitlinien und die Risikoberichterstattung an die Geschäftsleitung und den Aufsichtsrat.[47] Darüber hinaus obliegen der Risikocontrollingfunktion **unterstützende Aufgaben**. Sie unterstützt die **Geschäftsleitung der KVG** bei der Festlegung und Revision des Risikoprofils der einzelnen Investmentvermögen.[48] Sie hat ggf. **die Bewertung** schwer bewertbarer („komplexer") und illiquider Vermögensgegenstände zu unterstützen.[49] Die Zuständigkeit des ggf. externen Bewerters nach § 212 KAGB bleibt davon unberührt.

4. Auslagerung

29 Bei den Aufgaben der Risikocontrolling-Funktion bleibt es auch im Fall der **Auslagerung der Anlageentscheidung an einen externen Asset Manager:** Dieser hat mit dem Risikomanager der KVG eng zusammenzuarbeiten. Das Risikomanagement ist dann nicht delegierbare Kernaufgabe der KVG. Zulässig bleibt die Auslagerung unwesentlicher Tätigkeiten, die das Risikomanagement unterstützen, etwa die Zulieferung von Marktdaten und die externe Berechnung von Risikokennziffern.[50] Vgl. näher bei § 36 Rz. 36 ff.

II. Dauerhafte Einrichtung und Unterhaltung (§ 29 Abs. 1 Satz 1 KAGB)

30 Während das in § 29 Abs. 2 KAGB angesprochene Risikomanagement den Inhalt der Tätigkeit beschreibt (dazu Rz. 52 ff.), geht es bei der dauerhaften Risikocontrollingfunktion um das dafür eingesetzte **Personal**. Die Funktion muss jedenfalls auf Geschäftsleitungsebene **dauerhaft** zugeteilt sein, es muss immer zumindest eine Person oder Abteilung geben, der die Aufgaben obliegen. Danach ist z.B. eine vollständig digitale Risikosteuerung derzeit unzulässig. Zulässig ist aber der Einsatz vor dem Zugriff der operativen Einheiten geschützter IT-Systeme, die von einem unabhängigen Geschäftsleitungsmitglied letztverantwortet werden. Im Übrigen erlangt im Bereich IT-gestützter Risikomanagementsysteme (sog. RegTech[51]) der Verhältnismäßigkeitsvorbehalt nach § 29 Abs. 1 Satz 4 KAGB (Rz. 46 ff.) Bedeutung.

---

45 KAMaRisk, Nr. 4.9, Tz. 2.
46 KAMaRisk, Nr. 4.9, Tz. 2.
47 Vgl. Art. 39 Abs. 1 AIFM-DVO; § 29 Abs. 6 KAGB i.V.m. § 5 Abs. 1 Nr. 3 KAVerOV.
48 KAMaRisk, Nr. 4.5, Tz. 4.
49 KAMaRisk, Nr. 4.5, Tz. 5.
50 Vgl. arg. ex Anhang II.1. AIFM-RL sowie dazu *Josek* in Dornseifer/Jesch/Klebeck/Tollmann, Art. 15 AIFM-RL Rz. 44 ff.; *Zetzsche*, ZBB 2014, 22 (25); *Zetzsche/Eckner*, Risk Management, in Zetzsche, AIFMD, S. 341 ff.; *Partsch/Mullmaier*, Delegation, in Zetzsche, AIFMD, S. 284 f.
51 Vgl. dazu *Arner/Barberis/Buckley*, FinTech, RegTech and the Reconceptualization of Financial Regulation, 37:3 Northwestern Journal of International Law & Business 371 (2017).

III. Funktionstrennung (§ 29 Abs. 1 Satz 1, Abs. 5 Nr. 3 KAGB und Art 42 AIFM-DVO)

Die Funktion muss von den operativen Bereichen hierarchisch und funktionell unabhängig sein (**Funktionstrennung**).[52] Der Renditeorientierung des Anlageverwalters soll eine Risikobetrachtung mit dem Ziel der **Optimierung des Risiko-Chancen-Profils** (Rz. 1) gegenübergestellt werden. Ohne Funktionstrennung könnten z.B. Vergütungsanreize oder strategische Überlegungen zur Eingehung übermäßiger Risiken anhalten,[53] was sich auf die Qualifizierung und Quantifizierung der eingegangenen Risiken nachteilig auswirken könnte.[54] Die Funktionstrennung soll die Führungskräfte der KVG für Risiken sensibilisieren. Die Einhaltung der Funktionstrennung ist von der Geschäftsleitung und – falls vorhanden – dem Aufsichtsrat der KVG zu überprüfen.[55] 31

Hierarchische Unabhängigkeit bedeutet, dass der Vorgesetzte für das operative Geschäft nicht weisungsberechtigt gegenüber Personen sein darf, welchen die Funktion obliegt. Die Funktionstrennung/Unabhängigkeit ist bis zur Geschäftsleitung der KVG zu realisieren.[56] So müssen z.B. der operative und der Risikovorstand oder Geschäftsführer unterschiedliche Personen sein. Mitarbeiter, die die Risikomanagement-Funktion darstellen, dürfen keine kollidierenden Aufgaben wahrnehmen oder einer für kollidierende Aufgaben zuständigen Person unterstehen.[57] Die hierarchische Unabhängigkeit muss auch im **Verhinderungsfall** gesichert sein. Die Vertretung obliegt geeigneten unabhängigen Mitarbeitern unterhalb der Geschäftsleitungsebene.[58] Infolgedessen müssen mindestens zwei Mitarbeiter derart unabhängig sein.[59] 32

Die hierarchische Unabhängigkeit wird nicht zuletzt im **Vergütungsmodell** für das mit dem Risikocontrolling betraute Personal realisiert. Flexible Gehaltskomponenten sind nach Erreichung der Risikomanagement-Ziele festzusetzen, unabhängig von den Tätigkeiten (und Ergebnissen) der operativen Einheiten, insbesondere der Portfolioverwaltung; die Vergütung höherer Führungskräfte ist unmittelbar vom Vergütungsausschuss zumindest zu überprüfen (i.d.R. aber auch festzusetzen), sofern ein solcher Ausschuss eingerichtet wurde.[60] Diesem Erfordernis kann freilich nicht überzeugend Rechnung getragen werden, wenn die Anlageentscheidung das Gros des Ertrags der KVG erwirtschaftet, während Risikomanagement-Tätigkeiten nicht separat vergütet werden; dies gilt zumal viele Vergütungsmodelle volumenbezogen sind, so dass die Erweiterung des Anlagevolumens in einem Fonds letztlich allen Mitarbeitern zu Gute kommt. Daher sollten Risikomanagement- und andere Tätigkeiten des internen Kontrollsystems ein Anteil an der Gesamtvergütung der KVG zugewiesen werden, Gratifikationen sollten in Abhängigkeit von der Vermeidung gewisser Risikolagen stehen. Jedenfalls darf das Risikomanagement nicht nach dem Ertrag einzelner Investmentvermögen vergütet werden. 33

Funktionelle Unabhängigkeit ist gegeben, wenn die operativen von den Risikocontrolling-Aufgaben getrennt sind. Das geht, soweit es um Risiken auf Ebene der KVG geht, eher als bei Risiken der Investmentvermögen. Dort muss ein Risikomanager nah am Geschäft sein, um Risiken früh zu erkennen. Funktionelle Unabhängigkeit lässt sich dort nur realisieren, indem man die Datenquellen weitestgehend unabhängig organisiert, also der Risikomanager Direkt-Zugriff auf die Daten beim Broker oder der Verwahrstelle hat. 34

Zum **operativen Geschäft** einer KVG gehören die Portfolioverwaltung, die Fondsadministration und der Vertrieb (s. § 1 Rz. 202). **Kritische operative Bereiche** sind der **Vertrieb und die Portfolioverwaltung** (in der Diktion der BaFin „Fondsmanagement"). Nach ErwGr. 89 AIFM-DVO sind zudem **Market-Making- und Underwriting-Tätigkeiten** mit dem Risikomanagement unvereinbar. Die nach Ansicht der BaFin für Kreditentscheidungen von AIF-KVG einzurichtende Abteilung „Marktfolge"[61] darf dagegen hierarchisch und funktional mit dem Risikomanagement verbunden sein;[62] sie ist regelmäßig Teil des Risikomanage- 35

---

52 Vgl. dazu *Josek* in Dornseifer/Jesch/Klebeck/Tollmann, Art. 15 AIFM-RL Rz. 152 ff.; *Zetzsche/Eckner*, Risk Management, in Zetzsche, AIFMD, S. 328, 348 f.
53 *Kort/Lehmann* in Möllers/Kloyer, Rz. 517.
54 *Geurts/Schubert* in Moritz/Klebeck/Jesch, § 29 KAGB Rz. 36.
55 Art. 42 Abs. 2 Satz 2 AIFM-DVO.
56 Vgl. Art. 42 Abs. 2 Satz 1 AIFM-DVO und § 29 Abs. 6 KAGB i.V.m. § 5 Abs. 1 KAVerOV.
57 ErwGr. 53 und Art. 42 Abs. 1 Buchst. a und b AIFM-DVO i.V.m. § 5 Abs. 1 KAVerOV.
58 KAMaRisk, Nr 4.5, Tz. 2.
59 Dies erhöht das Mindestpersonal einer KVG auf vier Personen (je hauptamtliche Person und Vertreter im Fondsmanagement einerseits und Risikomanagement und andere Aufgaben des internen Kontrollsystems andererseits).
60 Art. 42 Abs. 1 Buchst. c und d AIFM-DVO i.V.m. § 5 Abs. 1 Nr. 1 KAVerOV.
61 KAMaRisk, Nr. 4.3, Tz. 1.
62 KAMaRisk, Nr. 4.5, Tz. 1.

ments. Unschädlich ist eine hierarchische oder funktionelle Bündelung mit den Abteilungen für Compliance und interne Revision, der Rechtsabteilung[63] und dem Rechnungswesen der Gesellschaft.

IV. Prävention bei Interessenkonflikten und Verhältnismäßigkeit (§ 29 Abs. 1 Satz 2 und 3, Abs. 5 Nr. 4 KAGB und Art. 43 AIFM-DVO)

1. Für alle KVG geltende Mindestanforderung

36 § 29 Abs. 1 Satz 3 KAGB scheint den Grundsatz der Verhältnismäßigkeit für die Risikocontrollingfunktion mittels eines **Regelbeispiels** zu konkretisieren. Nach Art, Umfang und Komplexität der Geschäfte einer KVG kann danach die Einrichtung einer hierarchisch und funktionell unabhängigen Risikocontrollingfunktion unverhältnismäßig sein. Rechtsfolge scheint zu sein, dass das Risikomanagement von hierarchisch und funktionell abhängigen Personen erbracht werden darf, wenn 1) besondere Schutzvorkehrungen gegen Interessenkonflikte ein (gemeint ist: inhaltlich) unabhängiges Risikocontrolling ermöglichen und 2) der Risikomanagementprozess den Anforderungen des § 29 Abs. 1 bis 6 KAGB genügt und durchgehend wirksam ist. Der Normtext ist so schwer verständlich, zumal er keinerlei Erleichterungen bewirkt; u.a. müsste nach § 29 Abs. 5 Nr. 3 KAGB wiederum die Funktionstrennung gewährleistet sein.

37 § 29 Abs. 1 Satz 2 und 3 KAGB setzen Art. 15 Abs. 1, 2. Unterabs. AIFM-RL unsauber um. Die Vorschrift lautet: „Die funktionelle und hierarchische Trennung der Funktionen des Risikomanagements … wird von den zuständigen Behörden des Herkunftsmitgliedstaats des AIFM in Übereinstimmung mit dem Verhältnismäßigkeitsprinzip überwacht, in dem Sinn, dass der AIFM in jedem Fall in der Lage sein muss nachzuweisen, dass besondere Schutzvorkehrungen gegen Interessenkonflikte eine unabhängige Ausübung von Risikomanagementmaßnahmen ermöglichen und dass das Risikomanagement den Anforderungen dieses Artikels genügt und durchgehend wirksam ist." Dagegen trennen § 29 Abs. 1 Satz 2 und 3 die Frage der Überwachung und Verhältnismäßigkeit von den Schutzvorkehrungen gegen Interessenkonflikte und fügen den in seiner Reichweite zweifelhaften Verweis auf § 29 Abs. 1 bis 6 KAGB ein, der gegenüber der europäischen Rechtslage Doppelungen und Erweiterungen vorsieht. Vor allem kommt es zu einer sprachlichen Bedeutungsverschiebung, wonach nicht klar zu erkennen ist, dass die **Schutzvorkehrungen gegen Interessenkonflikte allgemeingültige Mindestanforderung für alle AIF-KVG** sind. Es handelt sich um den auch bei Anwendung des Verhältnismäßigkeitsgrundsatzes **nicht disponiblen Kern** der Funktionsvorgaben. Freilich muss bei der Anwendung der Norm die Verhältnismäßigkeit berücksichtigt werden.

2. Konfliktprävention (Art. 43 AIFM-DVO, § 4 DerivateV)

38 Art. 43 AIFM-DVO regelt die Schutzvorkehrungen im Detail, die von Geschäftsleitung und Aufsichtsrat eingerichtet und regelmäßig überprüft werden müssen. Im Fall von Mängeln sind zeitnah Abhilfemaßnahmen zu treffen (Art. 43 Abs. 3 AIFM-DVO). Im Einzelnen ist Folgendes geboten:

39 a) Entscheidungen des Risikomanagements müssen auf einer **zuverlässigen, von diesem überwachten Datenbasis** getroffen werden. Diese Vorgaben lassen sich angesichts weniger Datenlieferanten für **Marktdaten**[64] nicht vollständig realisieren, weshalb das europäische Recht dies unter Angemessenheitsvorbehalt stellt. Der Überwachungsvorgabe ist genügt, wenn die KVG für Marktdaten auf zwei unabhängige Datenquellen zugreift. Soweit es um Schäden aus internen Vorgängen (sog. **operative Risiken**) geht, hat die KVG Schäden zu dokumentieren und in einer internen Datenbank zu erfassen (Art. 13 AIFM-DVO) sowie diesbezügliche Deckungspflichten gem. § 25 Abs. 6 KAGB zu beachten. Näher dazu § 25 Rz. 37 ff.

40 b) Die **Vergütung** des Risikomanagement-Personals muss die Erreichung von Risikomanagement-Zielen widerspiegeln und von den Leistungen ggf. anderer Geschäftsbereiche unabhängig sein, in denen sie tätig sind. S. dazu Rz. 33.

41 c) Die **Unabhängigkeit** des Risikomanagements muss **unabhängig überprüft** werden. Nicht gemeint ist hier die strukturelle Unabhängigkeit, es geht um **Entscheidungsunabhängigkeit.** Dies ist, wie aus Art. 43 Abs. 2 AIFM-DVO folgt, jedenfalls gewährleistet, wenn die Prüfung durch die interne Revision oder den externen Wirtschaftsprüfer im Rahmen der Abschlussprüfung erfolgt. Im Umkehrschluss aus Art. 43 Abs. 2 AIFM-DVO muss es jedoch auch **andere Prüfungsmethoden** geben, etwa durch ein unabhängiges Mitglied des Aufsichtsrats oder einen externen Dritten (Rechtsanwalt).

63 S. dazu KAMaRisk, Nr. 4.5, Tz. 6 („Wesentliche Rechtsrisiken sind in einer vom Fondsmanagement unabhängigen Stelle (z.B. Rechtsabteilung) zu beurteilen.").

64 Vgl. *Zetzsche/Eckner*, Risk Management, in Zetzsche, AIFMD, S. 343-345.

d) Das Risikomanagement muss **im Leitungsgremium** oder – falls vorhanden – in der Aufsichtsfunktion mit **denselben Befugnissen** wie die Funktion Portfolioverwaltung vertreten sein. Die Vorgabe ist in der Geschäftsleitung am einfachsten zu realisieren, indem ein Mitglied die Anlageentscheidungen, ein anderes das Risikomanagement verantwortet. Sind mehrere Anlagestrategien in der Geschäftsleitung mit eigenen Mitgliedern vertreten und Mehrheitsentscheidungen der statutarisch zulässige Entscheidungsmodus, ist an Vetorechte bei Überschreitung gewisser Schwellenwerte zu denken. Im Aufsichtsrat stellt sich die Frage nur, wenn operativ Tätige dort Einsitz nehmen, etwa der Gesellschafter oder Geschäftsleiter eines externen Asset Managers bei einer InvAG oder InvKG. Dessen Einfluss kann durch eine ausreichende Anzahl geeigneter unabhängiger Aufsichtsratsmitglieder (z.B. im Investmentrecht oder Risikomanagement kundige Hochschullehrer) und in größeren Einheiten durch sachgerechte Besetzung von Aufsichtsratsausschüssen gemindert werden. *Beispiel*: Im Risikoausschuss, dem Veto-Rechte zustehen, ist besagte Person nicht vertreten. 42

e) **Kollidierende Aufgaben** sind ordnungsgemäß **voneinander zu trennen**. Dabei geht es nicht um abstrakte, sondern konkrete Interessenkonflikte. *Beispiel*: Der Asset Manager möchte die Leverage-Quote erhöhen. In die Risikoentscheidung sind weitere, inhaltlich möglichst unabhängige Personen einzubinden. 43

Falls vorhanden, muss der **Risikoausschuss** über angemessene Mittel verfügen und seine nicht unabhängigen Mitglieder keinen unzulässigen Einfluss auf die Ausübung der Risikomanagement-Funktion haben (Art. 43 Abs. 2 Buchst. b AIFM-DVO). 44

§ 4 DerivateV konkretisiert die Anforderungen für konfliktträchtige Geschäfte beim Derivateeinsatz (dazu Anh. zu § 29: DerivateV Rz. 13), insbesondere **Geschäfte mit verbundenen Unternehmen**. Danach hat die KVG „insbesondere für Geschäfte, bei denen Interessenkonflikte nicht auszuschließen sind, z.B. Geschäfte mit dem Mutter-, Schwester- oder Tochterunternehmen," durch ein angemessenes Kontrollverfahren sicherzustellen, dass diese Geschäfte **zu marktgerechten Konditionen** abgeschlossen werden. Das festgelegte Kontrollverfahren ist von der KVG zu **dokumentieren**. Der Prüfungsbericht gemäß den §§ 102, 121 Abs. 3, 136 Abs. 3 KAGB hat Angaben darüber zu enthalten, ob das festgelegte Kontrollverfahren angemessen und zweckdienlich ist. 45

3. Verhältnismäßigkeit

§ 29 Abs. 1 Satz 2 KAGB spricht die Verhältnismäßigkeit nur als Überwachungsmaßstab der BaFin an, tatsächlich wird damit jedoch nur Bezug auf einen **allgemeinen Grundsatz des Finanzmarktrechts** genommen,[65] der auch für die beaufsichtigte KVG gilt. Danach sollen Kosten und Nutzen der Regulierung miteinander im Einklang stehen. Eine Regulierung, die so kostenintensiv ist, dass beaufsichtigte Intermediäre wirtschaftlich destabilisiert werden, ist nicht nur zweck-, sondern auch rechtswidrig. Der Grundsatz der Verhältnismäßigkeit gebietet insbesondere, dass auch **Gesellschaften mit wenig Personal prinzipiell zulässig** sind, wenn von ihnen keine zusätzlichen Risiken ausgehen. Zumeist sind bei solchen Gesellschaften einzelne Mitarbeiter neben den Risikokontroll- mit operativen Aufgaben (z.B. Anlageverwaltung, Vertrieb) betraut oder in der Geschäftsleitung beide Bereiche nicht klar getrennt, weil die Gründer-Gesellschafter mehrere Funktionen wahrnehmen und immer im Vertrieb eingebunden sind. Dies goutiert § 29 Abs. 1 Satz 3 KAGB mit der Vorgabe, auf vollständig unabhängige Funktionen könne verzichtet werden, wenn die KVG nachweist, dass die besonderen Schutzvorkehrungen gegen Interessenkonflikte (Rz. 38 ff.) ein unabhängiges Risikocontrolling ermöglichen und der Risikomanagementprozess bestimmten Anforderungen genügt. Weitere Beispiele, in denen eine unabhängige Risikocontrollingfunktion unverhältnismäßig ist, sind KVG, die **wenige Geschäfte ohne Einsatz von Leverage** tätigen, wie dies etwa bei bestimmten Private Equity Fonds denkbar ist.[66] 46

Der Verhältnismäßigkeitsvorbehalt nach § 29 Abs. 1 Satz 2 und 3 KAGB erlangt mit dem Vordringen **IT-gestützter Risikomanagementsysteme (sog. RegTech**[67]) immer größere Bedeutung. Es ist das Ziel zahlreicher Finanztechnologie-Unternehmen (FinTech) die Fixkosten von Finanzintermediären durch technische Realisation von Risikocontrollingfunktionen zu reduzieren. Wird infolgedessen das Risikomanagement vollständig technisiert und der Betrieb der Software ausgelagert, wäre es wenig wirkungsvoll, von einer IT-technisch gerüsteten, gleichwohl aber personell kleinen KVG die Anstellung eines unabhängigen Geschäftsleitungsmitglieds zu verlangen, welches die Prozesse, die es nicht programmiert hat, überwachen soll. Näher liegt es, die **Verlässlichkeit der IT-Systeme und des mit dem Betrieb beauftragten Dienstleisters** zu 47

---

65 Vgl. *Zetzsche/Preiner* in Enzyklopädie Europarecht, Bd. 6, § 7.B. Rz. 111 (zum Proportionalitätsprinzip als Rechtssetzungs- und Rechtsauslegungsgrundsatz des Europäischen Bank und Finanzmarktrechts).
66 Vgl. näher für Private Equity Fonds *Ulrich*, S. 393 ff.
67 Dazu vgl. die Nachweise oben (Rz. 30 Fn. 51).

überprüfen und beides zusammen an die Stelle einer unabhängigen Risikocontrollingfunktion treten zu lassen. Diesen Spielraum eröffnet § 29 Abs. 1 Satz 2 und 3 KAGB.[68]

48 Die **BaFin verzichtet auf harte Vorgaben**. Letztlich ist es der KVG überlassen, welche konkrete Ausgestaltung des Risikomanagementsystems für sie auf Grund von Art, Umfang, Komplexität und Risikogehalt ihrer Aktivitäten und der verwalteten Investmentvermögen angemessen ist.[69] Der KVG obliegt gegenüber der Behörde eine Darlegungslast, der sie im Zulassungsverfahren und bei nachfolgenden Änderungen nachkommen muss. Teilt die BaFin die Ansicht der KVG nicht, kommt es in der Regel zu Nachbesserungen, so dass sich die Angemessenheit des Risikomanagementsystems i.d.R. aus einem **Diskurs zwischen KVG und BaFin** ergibt. Dies ist angesichts der vielfältigen Aufstellung von KVGs, von Finanzgroßkonzernen bis zu Kleinsteinheiten, der richtige Ansatz.

V. Überwachung durch BaFin (§ 29 Abs. 1 Satz 2 KAGB)

49 § 29 Abs. 1 Satz 2 KAGB, wonach die BaFin die Funktionstrennung nach dem Prinzip der Verhältnismäßigkeit überwacht und insbesondere im Rahmen der Zulassung die von der KVG einzureichenden Organisationsdiagramme auf Querverbindungen prüft, verstärkt **Art. 42 Abs. 3 AIFM-DVO**, wonach die zuständigen Behörden des Herkunftsmitgliedstaats der KVG zu überprüfen haben, in welcher Form die Funktionstrennung umgesetzt wurde.

50 Wesentliche Bedeutung hat dabei die **indirekte Aufsicht** durch den Wirtschaftsprüfer. Solche Prüfungen sind auf Basis eines **risikoorientierten Prüfungsansatzes** durchzuführen.[70] In den Prüfberichten, die der BaFin einzureichen sind, ist auch auf die Schutzvorkehrungen gegen Interessenkonflikte (Rz. 101 ff.) einzugehen.

D. Risikomanagementsystem und -verfahren (§ 29 Abs. 2 KAGB, Art. 40 AIFM-DVO)

51 § 29 Abs. 2 KAGB dient der Umsetzung von Art. 15 Abs. 2 AIFM-RL sowie Art. 51 Abs. 1 OGAW-RL.[71]

I. Aufbau eines Risikomanagementsystems

52 Risikomanagementsysteme werden z.B. in Art. 38 AIFM-DVO **sehr breit definiert**.[72] Die ständige Risikocontrolling-Funktion (Rz. 19 ff.) stellt dabei nur einen (allerdings wichtigen) Teil eines Risikomanagementsystems dar. Neben den relevanten Elementen der Organisationsstruktur einer KVG umfasst ein Risikomanagementsystem auch Prozesse, Strategien und Vorkehrungen rund um das Management von Risiken. Das Risikomanagement folgt einem klar strukturierten Prozess, dessen einzelne Prozessschritte in einer logischen, von der Sache her vorgegebenen Reihenfolge stehen:[73]

a) Risikoidentifikation/-erfassung
b) Definition des angestrebten und des maximal zulässigen Risikoniveaus
c) Risikomessung und -überwachung
d) Risikoreporting
e) Risikosteuerung (d.h. Risikoerhöhung oder -reduktion)

53 Ad a) In einem ersten Schritt sind **Risiken zu identifizieren** und zu erfassen. Dieser Schritt ist denklogisch Voraussetzung für alle weiteren Schritte: Nur identifizierte Risiken können gemessen, gesteuert etc. werden. Die Risikoidentifikation ist bei offensichtlichen Risiken oft trivial; zum Aufspüren weniger offensichtlicher Risiken existieren dedizierte und **systematische Risikoidentifikationsmethoden**.

---

68 So wohl auch KAMaRisk, Nr. 4.5, Tz. 7 (Hinweis, dass bei IT-gestütztem Risikomanagement auf die entsprechenden Systeme abzustellen sei).

69 Vgl. § 29 Abs. 5 KAGB und KAMaRisk, Nr. 1.2.

70 KAMaRisk, Nr. 3, Tz. 1; Nr. 4.1, Tz. 1; Nr. 4.3, Tz. 1; Nr. 4.5; Nr. 12.2, Tz. 2; Nr. 12.4, Tz. 2.

71 Vgl. dazu *Josek* in Dornseifer/Jesch/Klebeck/Tollmann, Art. 15 AIFM-RL Rz. 176, 194 ff.; *Zetzsche/Eckner*, Risk Management, in Zetzsche, AIFMD, S. 348 ff.

72 Zur finanzwirtschaftlichen Sicht von Risiko, Risikomanagement allgemein sowie in Finanzinstitutionen im Besonderen s. z.B. *Albrecht/Maurer*, Investment- und Risikomanagement, 3. Aufl. 2008; *Hull*, Risk Management and Financial Institutions, 4. Aufl. 2015.

73 Vgl. KAMaRisk, S. 8. Punkt b) der Aufzählung ist dort nicht genannt, ist aber unbedingt nötig als Referenzmaßstab für die Risikosteuerung (Punkt e) der Aufzählung.

Ad b) Für alle identifizierten Risiken ist festzulegen, welches **Risikoniveau** (bzw. Ausmaß an Risiko) für die jeweiligen Risiken angestrebt wird, und welches Risikoniveau jeweils als maximal zulässig erachtet wird. Beide **Festlegungen sind Aufgabe des Managements, nicht der Risikocontrollingfunktion.**[74] Voraussetzung dafür ist die Auswahl bzw. Festlegung eines für die jeweilige Risikokategorie geeigneten **Risikomaßes,** wenn das zu verwendende Risikomaß nicht bereits durch die Regulierung fest vorgegeben ist. Ein relevantes Kriterium für die Festlegung von Zielrisikoniveaus für einzelne Risiken ist beispielsweise, inwieweit das entsprechende Risiko am Markt vergütet wird (wie hoch also eine etwaige Risikoprämie ist, die am Markt für die Übernahme dieses Risikos bezahlt wird). Bei sog. **reinen Risiken** gibt es keine Risikoprämie, was bedeutet, dass für diese Risiken eine vollständige Elimination anzustreben ist, wenn dies kostenfrei möglich ist. Da die Reduktion von Risiken typischerweise mit Kosten verbunden sowie eine vollständige Elimination von Risiken typischerweise nicht möglich ist, sind die genannten Risikoniveaus auch für reine Risiken üblicherweise nicht Null. Maximal zulässige Risikoniveaus dienen der Begrenzung von Verlusten im Falle sehr negativer Entwicklungen und werden häufig in Form sog. **Risikolimits** ausgedrückt, die als Vorgaben vom Fondsmanagement zu beachten sind. Die Vorgabe von Risikolimits ist in bestimmten Fällen vorgeschrieben.[75] Die Überwachung der Einhaltung dieser Limits sowie die unverzügliche Meldung von Limitüberschreitungen sind wesentliche Aufgaben der Risikocontrollingfunktion. 54

Ad c) Die **Messung aller identifizierten Risiken** ermöglicht den laufenden Vergleich des tatsächlich vorhandenen Risikoniveaus mit dem vom Management festgelegten angestrebten sowie dem maximal zulässigen Risikoniveau (**Risikoüberwachung**). Die Risikomessung und laufende Überwachung der Einhaltung von Limits innerhalb des Risikomanagementprozesses ist dabei zu unterscheiden von ähnlichen oder möglicherweise identischen Maßnahmen, die seitens des Fondsmanagements durchgeführt werden und als Basis für die Ableitung von Anlageentscheidungen dienen: Auch wenn Anlageentscheidungen in der Regel unter Berücksichtigung von Risikoaspekten getroffen werden, so ist die Messung und Beurteilung von Risiken durch das Fondsmanagement im Rahmen bzw. als Vorbereitung von Anlageentscheidungen nicht ausreichend.[76] Wesentlicher Sinn und Zweck der Regelungen zum Risikomanagement ist, eine **unabhängige, gesonderte Beurteilung sämtlicher relevanter Risiken** sicherzustellen. Die Unabhängigkeit der Risikocontrollingfunktion vermeidet dabei potentielle Interessenkonflikte und negative Anreizeffekte. Die gesonderte Beurteilung bildet nicht nur ein zusätzliches Sicherheitsnetz, sondern trägt auch zur Qualitätsentwicklung bei, indem bei größeren Abweichungen zwischen der Risikobeurteilung durch das Fondsmanagement einerseits sowie die Risikocontrollingfunktion andererseits ein **Dialog** zwischen beiden in Gang kommt, in dessen Rahmen etwaige Fehler einer der beiden Seiten, die diesen Abweichungen zugrunde liegen, entdeckt und korrigiert werden können. Nicht allen derartigen Abweichungen müssen jedoch Fehler zugrunde liegen: Alternative Erklärungen sind z.B. Unterschiede in den verwendeten Inputgrößen, die z.B. dadurch entstehen, dass in der Regulierung bestimmte Parameter zur Risikomessung vorgegeben sind,[77] die aus der Sicht des Fondsmanagements nicht als sinnvolle Grundlage für Anlageentscheidungen empfunden werden. In diesen Fällen kann es durchaus zu größeren Abweichungen zwischen den Risikomessungen der Risikocontrollingfunktion sowie jenen des Fondsmanagements kommen. 55

Ad d) Die Risikocontrollingfunktion trifft selbst keine Anlageentscheidungen, sondern stellt ihre im Rahmen des Risikomanagementprozesses gewonnenen Erkenntnisse anderen Entscheidungsträgern (z.B. Fondsmanagement, Management der KVG, in Ausnahmefällen auch direkt übergeordneten Organen) im Rahmen von **Risikoberichten** zur Verfügung. Diese Reports sind zielgruppengerecht auszugestalten und dienen den Adressaten als Grundlage für deren Entscheidungen. 56

Ad e) Die in der Aufzählung bei d) genannten Risikoberichte ermöglichen einen Soll-/Ist-Vergleich für Risiken auf unterschiedlichen Aggregierungsebenen, der wiederum Grundlage für **risikosteuernde Maßnahmen** ist. Wird das aktuelle Risikoniveau als zu hoch im Vergleich zum Zielniveau eingeschätzt, können risikoreduzierende Maßnahmen getroffen werden (Hedging). Die meisten im Rahmen von Anlageentscheidungen relevanten Risiken werden in Form von Risikoprämien entlohnt. Ein geringeres als das geplante Risikoniveau würde damit zu geringeren als den erwarteten Anlageerträgen führen. In vielen Fällen kommt es deshalb zu risikoerhöhenden Maßnahmen, um das tatsächliche Risikoniveau dem Zielniveau wieder anzunähern. 57

---

74 Vgl. KAMaRisk, AT 4.2, Tz. 2.

75 Vgl. Art. 44 AIFM-DVO, dazu Rz. 82 ff.; § 13 Abs. 2 Nr. 5 DerivateV, dazu Anh. zu § 29: DerivateV Rz. 27 f.

76 So ist die ex-ante-Anlagegrenzprüfung vor jedem Geschäftsabschluss (vgl. KAMaRisk, S. 17) auf Basis der Risikomessung der Risikocontrollingfunktion vorzunehmen, weil diese auch den Risikolimits zugrunde liegt. Etwaige zusätzliche, durch das Fondsmanagement vorgenommene Risikoberechnungen können diese nicht ersetzen.

77 Z.B. ist für die Value at Risk-Berechnung in der DerivateV eine Schätzung der Risikofaktoren auf historischer Basis vorgegeben, und auch das zugehörige Zeitintervall ist (in der Regel) auf mindestens ein Jahr Handelstage fixiert.

58 Die Prozessschritte a) bis e) stellen einen **Kreislauf** dar; Risikomanagement ist eine Aufgabe, die niemals „beendet" ist. Der hier dargestellte Prozess beinhaltet nicht den (übergeordneten) Qualitätssicherungsprozess betr. das Risikomanagement (§ 29 Abs. 2 Satz 2). Gem. Art. 40 der AIFM-DVO ist das Risikomanagementsystem im Form sog. **Grundsätze für das Risikomanagement** (Risk Management Policy[78]) zu beschreiben. Die Mindestinhalte sind ebenfalls dort festgelegt und umfassen u.a. Verfahren zur Messung und Bewertung sämtlicher Risiken (inkl. Liquiditätsrisiken) aller von der KVG verwalteten Fonds, Organisation und Verantwortlichkeiten, Risikolimits, Risikoreporting, potentielle Interessenskonflikte sowie diesbezügliche Schutzvorkehrungen. Die Grundsätze können separates **Dokument** oder Teil eines internen **Organisationshandbuchs** sein.[79]

II. Risiken (§ 5 Abs. 3 KAVerOV)

59 Weder §§ 29, 30 KAGB noch die AIFM-DVO definieren Risiken. Sie legen aber diverse **Risikokategorien** zugrunde. Diese sind in § 5 Abs. 3 KAVerOV definiert.

60 **Marktrisiko** ist gem. § 5 Abs. 3 Nr. 1 KAVerOV das Verlustrisiko für ein Investmentvermögen, das aus Schwankungen beim Marktwert von Positionen im Portfolio des Investmentvermögens resultiert, die zurückzuführen sind auf Veränderungen a) bei Marktvariablen wie Zinssätzen, Wechselkursen, Aktien- und Rohstoffpreisen oder b) bei der Bonität eines Emittenten. Diese Definition des Marktrisikos entspricht der in **der Finanzwirtschaft üblichen Sicht.**[80] Die Abgrenzungsproblematik zum Kreditrisiko (in einer breiteren Definition) wird in § 5 Abs. 3 Nr. 1 KAVerOV so aufgelöst, dass z.B. durch eine Bonitätsverschlechterung ausgelöste Kursverluste bei Unternehmensanleihen dem Marktrisiko zugeschlagen werden, und das **Kreditrisiko definitorisch auf das Kontrahentenrisiko reduziert** wird.

61 **Liquiditätsrisiko** ist gem. § 5 Abs. 3 Nr. 2 KAVerOV das Risiko, dass eine Position im Portfolio des Investmentvermögens nicht innerhalb hinreichend kurzer Zeit mit begrenzten Kosten veräußert, liquidiert oder geschlossen werden kann und dass dadurch die Erfüllung von Rückgabeverlangen der Anleger oder von sonstigen Zahlungsverpflichtungen beeinträchtigt wird. Diese Definition vereint die **beiden üblicherweise unterschiedenen Ausprägungen von Liquiditätsrisiko**, das „liquidity trading risk" und das „liquidity funding risk".[81] Bemerkenswert ist die Einschränkung durch die Verwendung des Worts „dadurch". Es dürfte sich um ein **Redaktionsversehen** handeln. Die Beeinträchtigung von Zahlungsverpflichtungen („liquidity funding risk") ist auch dann als Liquiditätsrisiko anzusehen, wenn sie nicht durch Schwierigkeiten bei der Veräußerung von Vermögenswerten („liquidity trading risk") ausgelöst wird.

62 Gem. § 5 Abs. 3 Nr. 3 KAVerOV ist das **Kontrahentenrisiko** das Verlustrisiko für ein Investmentvermögen, das aus der Tatsache resultiert, dass die Gegenpartei eines Geschäfts bei der Abwicklung von Leistungsansprüchen ihren Verpflichtungen möglicherweise nicht nachkommen kann.[82] Diese Definition weicht von den üblichen Definitionen des Kontrahentenrisikos (engl. „counterparty credit risk") ab, da die Vorschrift nur auf einen der möglichen Gründe für die Nichterfüllung von Verpflichtungen abstellt („nicht nachkommen kann"); **die verzögerte Erfüllung** wird nicht explizit genannt wird.[83] Sie dürfte jedoch als Nichterfüllung im weiteren Sinn ebenfalls als Kontrahentenrisiko zu erfassen sein.

63 Gem. § 5 Abs. 3 Nr. 4 KAVerOV ist das **Operationelle Risiko** das Verlustrisiko für ein Investmentvermögen, das aus unzureichenden internen Prozessen sowie aus menschlichem oder Systemversagen bei der Kapitalverwaltungsgesellschaft oder aus externen Ereignissen resultiert; darin eingeschlossen sind Rechts-, Dokumentations- und Reputationsrisiken sowie Risiken, die aus den für ein Investmentvermögen betriebenen Handels-, Abrechnungs- und Bewertungsverfahren resultieren.[84] Die Definition des operationellem Risikos der KAVerOV ist deutlich breiter als z.B. jene im Basler Akkord, wo z.B. Reputationsrisiken aufgrund ihrer äußerst schwierigen Bewertung bewusst ausgeklammert wurden. Der auch im Übrigen breit angelegte Wortlaut verdeutlicht, dass die Definition des operationellen Risikos **Auffangcharakter** hat und alle Risikogruppen erfasst, die nicht zu den Risiken nach § 5 Abs. 3 Nr. 1 bis 3 KAVerOV erfasst sind. Dies verdeut-

---

78 Vgl. KAMaRisk, Nr. 4.4.

79 Zutr. *Josek/Steffen* in Baur/Tappen, § 29 KAGB Rz. 33.

80 Vgl. z.B. *Lhabitant/Tinguely*, S. 346.

81 *Hull*, Ch. 24, S. 499 ff.

82 Z.B. *Lhabitant/Tinguely*, S. 346 (dort als „credit risk" bezeichnet, aber der erste Satz macht klar, dass (nur) counterparty credit risk gemeint ist).

83 Für breitere Definitionen s. z.B. *Lhabitant/Tinguely*, S. 346 (dort als „credit risk" bezeichnet, aber der erste Satz macht klar, dass (nur) counterparty credit risk gemeint ist).

84 Die hier verwendete Definition von operationellem Risiko ist deutlich breiter als z.B. jene im Basler Akkord, wo z.B. Reputationsrisiken aufgrund ihrer äußerst schwierigen Bewertung bewusst ausgeklammert wurden.

licht, dass das Risikomanagement im Grundsatz **alle Risiken in den Blick zu nehmen**, diese freilich aber nach eigenen Erkenntnissen **zu gewichten** hat.

III. Angemessenheit von Risikomanagementsystemen und wesentliche Risiken der Investmentvermögen (§ 29 Abs. 2 Satz 1 KAGB)

Die Frage der **Angemessenheit von Risikomanagementsystemen** ist aus ökonomischer Sicht nach der **Komplexität** der innerhalb einzelner Investmentvermögen verfolgten **Anlagestrategien sowie nach den dabei verwendeten Instrumenten zu beurteilen**:[85] Bei einfachen Strategien auf Standardinstrumenten mit geringer Komplexität und einer geringen Zahl an relevanten Risikoarten kann mit recht einfachen Systemen operiert werden (Beispiel: wenn sich die Anlagestrategie eines Fonds auf das Kaufen und Halten von Schweizer Bundesanleihen beschränkt und die Zielduration mit geringen Abweichungen vorgegeben ist, kann ein einfaches Risikomanagementsystem als angemessen angesehen werden, das sich im Wesentlichen auf die Einhaltung dieser Vorgaben beschränkt). Potentielle Verlustrisiken steigen tendenziell sowohl mit der Komplexität der verfolgten Strategien als auch mit der Komplexität der dabei verwendeten Instrumente. Daraus folgt, dass bereits eine **erhöhte Komplexität der Strategien oder der Instrumente** ausreicht, um **deutlich höhere Anforderungen an Risikomanagementsysteme** zu stellen, und dass die höchsten Anforderungen aus einer Kombination von erhöhter Komplexität bei Strategien und Instrumenten resultieren. Der in § 29 Abs. 2 Satz 1 KAGB gewählte Begriff der Anlagestrategien ist daher sinnvoll so zu interpretieren, dass er die verwendeten Instrumente mitumfasst (eine simple buy-and-hold-Strategie auf Staatsanleihen birgt andere Risiken als eine hinsichtlich der Handelshäufigkeit vergleichbare Strategie mit Aktienoptionen, was zu einer unterschiedlichen Interpretation von Angemessenheit in den beiden Fällen führt). 64

Weitere Faktoren für die Angemessenheit von Risikomanagementsystemen sind die wesentlichen **Risikoarten** sowie die **Verfügbarkeit von Daten**. Beide Aspekte sind entscheidend für die Angemessenheit von verwendeten Risikomaßen und Risikomessmethoden. Bei **liquiden Finanzinstrumenten** mit häufiger Preisbildung und guter Datenverfügbarkeit ist die Verwendung **quantitativer Methoden** auf dem Stand der Technik erwartbar. Risikotreiber bei solchen Instrumenten (und damit bei den Strategien, die auf diesen Instrumenten basieren) sind häufig finanzwirtschaftliche Risiken, insb. Markt-, Kredit- und Liquiditätsrisiken.[86] Die hohe Frequenz der Datenverfügbarkeit ermöglicht dabei eine Messung in geringen Zeitabständen (z.B. täglich, bei komplexen Strategien auch intra-day). Bei **illiquiden Finanzinstrumenten**, bei denen eine Bewertung nur in größeren Zeitabständen erfolgt, ist hingegen die Verwendung von komplexeren quantitativen Methoden an sich als auch die Frequenz deren Einsatzes deutlich eingeschränkt oder nicht sinnvoll möglich (z.B. im Bereich Private Equity). Das hat Folgen für das Risikomanagementsystem bis hin zur Organisation des Risikocontrollings, der erforderlichen Kompetenzen der dort tätigen Personen sowie der konkreten Ausgestaltung des Risikomanagementprozesses sowie Frequenz und Inhalt der erstellten Risikoberichte. Insbesondere resultiert daraus ein stärkerer Rückgriff auf qualitative Beurteilungskriterien. **Weitere Kriterien** für die Beurteilung der Angemessenheit sind – wo existent – **branchenübliche Vorgehensweisen** sowie **Regulierungen in verwandten Bereichen** für vergleichbare Anlagestrategien/-instrumente (wenn beispielsweise für die Verwendung von Derivaten in OGAW detaillierte Anforderungen hinsichtlich der Ausgestaltung von Risikomanagementsystemen bestehen,[87] erschiene es nicht nachvollziehbar, im Falle ähnlicher Strategien von AIF geringere Anforderungen an deren Risikomanagementsystem zu stellen). 65

Die **Wesentlichkeit von Risiken** ist ebenfalls aus ökonomischer Sicht zu beurteilen, und zwar auf Basis von **Eintrittswahrscheinlichkeit von Verlusten** sowie dem **potentiellen Ausmaß dieser Verluste** bedingt auf deren Eintritt: Risiken sind dann wesentlich, wenn dem Investmentvermögen daraus erhebliche Verluste drohen. Eintrittswahrscheinlichkeit und Ausmaß potentieller Verluste hängen wiederum sowohl von den gewählten Anlagestrategien, als auch von den dabei verwendeten Instrumenten ab. Sind sowohl Eintrittswahrscheinlichkeit als auch potentielles Ausmaß gering, so können die entsprechenden Risiken als unwesentlich klassifiziert werden, in allen anderen Fällen sind sie wesentlich. Entlohnte Risiken, die einen nicht vernachlässigbaren Beitrag zum erwarteten Ertrag einer Anlagestrategie leisten, sind jedenfalls wesentlich. 66

---

85 So auch z.B. CESR/10-788, S. 5, Punkt 4 in der Aufzählung, wo sowohl die Verwendung komplexer Instrumente als auch die Verfolgung komplexer Strategien (alternativ, nicht kumulativ!) als Anknüpfungspunkt für die Verwendung komplexerer Risikomanagementmethoden (dort: Value at Risk vs. Commitment-Ansatz) herangezogen werden, analog § 5 (3) DerivateV. Vgl. dazu auch die Definition „Komplexer Produkte" in den Erläuterungen der BaFin zu den KAMaRisk, S. 46.

86 Vgl. Art. 44 AIFM-DVO.

87 Vgl. CESR/10-788.

Alle wesentlichen Risiken sind in den bei Rz. 52 ff. beschriebenen Risikomanagementprozess einzubeziehen. Nicht zu folgen ist dem Schluss, dass aus der vorgeschriebenen Limitierung von Risiken in Art. 44 AIFM-DVO ableitbar sei, dass diese Risiken grundsätzlich als wesentlich einzustufen sind.[88] Je nach Anlagestrategie können diese Risiken wesentlich (im ökonomischen Sinne) sein oder auch nicht. Da die **Festlegung von Risikolimits** den Risikoappetit des Managements (innerhalb der Grenzen des kommunizierten Risikoprofils eines Investmentvermögens) widerspiegelt, ist diese **Aufgabe des Managements.**[89] Die Überwachung der Einhaltung der Risikolimits ist hingegen Aufgabe der Risikocontrollingfunktion.

IV. Anpassungspflicht (§ 29 Abs. 2 Satz 2 KAGB, Art. 41 AIFM-DVO)

67 Finanzwirtschaftliches Risikomanagement ist ein dynamisches Feld, in dem sich durch wissenschaftlichen Fortschritt, neue Regulierungen sowie veränderte Marktbedingungen immer wieder ein **Bedarf nach Anpassung** ergibt. Darüber hinaus können **Änderungen in den Anlagestrategien, neue Strategien sowie Marktveränderungen** neue Risiken entstehen lassen bzw. die relative Bedeutung von Risiken verändern. § 29 Abs. 2 Satz 2 KAGB stellt sicher, dass ein einmal eingerichtetes Risikomanagementsystem in regelmäßigen Abständen – zumindest einmal **jährlich – überprüft** und wenn nötig bzw. sinnvoll angepasst wird. Zusätzlich zur regelmäßigen Überprüfung sind unter bestimmten Umständen außerplanmäßige Überprüfungen angezeigt.[90]

68 **Wesentliche Änderungen** des Systems im organisatorischen Aufbau, bei den verwendeten Methoden etc. sind **der BaFin zu melden.**[91] Wann derartige Meldungen gegeben sind, muss die KVG in Ausübung ihrer Geschäftsleitungskompetenz entscheiden, wobei ihr ein gewisser **Ermessensspielraum** zuzubilligen ist.[92] Von der Meldepflicht erfasst sind jedenfalls **grundlegende Veränderungen von Aufbau und Ablauforganisation, wesentliche Methodenänderungen** (z.B. Einführung neuer Kennzahlen) sowie die **Auslagerung wesentlicher Komponenten** des Risikomanagementsystems, und erst Recht die **Auslagerung** des ganzen Risikomanagements (dazu § 36 Rz. 36 ff.). Keine Meldepflicht besteht bei Anpassung an gesetzliche Regelungen, der Änderung einzelner Parameter, neuen Bezugsquellen für Marktdaten, den aus der Berücksichtigung neuer Fonds resultierenden Anpassungen sowie der Ergänzung und Erweiterung von Stresstestszenarien.[93] Bei **Austausch von wesentlichem Personal** und einer **Umstrukturierung der Zuständigkeit des Risikoausschusses** kann in Abhängigkeit von der Aufbau- und Ablauforganisation der KVG und der Art des Eingriffes eine Meldepflicht bestehen; es kommt auf den Einzelfall an.[94] Generell gilt: Wird eine Prüfung nach Art. 41 Abs. 2 AIFM-DVO (dazu Rz. 69) durchgeführt, wenn auch nur vorsorglich, ist eine Meldung an die BaFin geboten.

69 Art. 41 AIFM-DVO konkretisiert die **Vorgaben zur Qualitätssicherung** und stellt in Abs. 2 insb. Kriterien dafür auf, wann **außerplanmäßige Überprüfungen** des Risikomanagement-Systems nötig sind. Art. 41 Abs. 2 lit. a) AIFM-DVO nennt dabei zuerst **wesentliche Änderungen der Grundsätze für das Risikomanagement** sowie der in Art. 45 AIFM-DVO vorgesehenen Vorkehrungen, Prozesse und Verfahren. Davon wären etwa grundlegende Veränderungen in der Organisation des Risikocontrollings umfasst wie etwa eine Auslagerung wesentlicher Komponenten des Risikomanagement-Prozesses,[95] die Einführung neuer bzw. wesentliche Änderung bestehender Risikomessverfahren bzw. die Erweiterung des Risikomanagementsystems um neue, bislang nicht mitumfasste Risikoarten. Art. 41 Abs. 2 lit. b) AIFM-DVO verlangt außerplanmäßige Überprüfungen, falls **interne oder externe Ereignisse** darauf hinweisen, dass eine zusätzliche Überprüfung notwendig ist. Intern könnten entsprechende Hinweise z.B. aus einer statistisch unplausiblen Anzahl an Überschreitungen des prognostizierten Value-at-Risk kommen. Externe Ereignisse wären z.B. neue Erkenntnisse, die darauf hindeuten, dass bisher allgemein akzeptierte Vorgangsweisen angesichts aktueller Marktentwicklungen nicht mehr als zuverlässig angesehen werden können. Art. 41 Abs. 2 lit. c) AIFM-DVO nennt letztlich **wesentliche Änderungen an der Anlagestrategie und den Zielen eines von dem AIFM verwalteten AIF** als Auslöser für außerplanmäßige Überprüfungen. Wenn beispielsweise neue, bisher nicht im Visier stehende Risikoprämien lukriert werden sollen, indem man neue Risikoarten bzw. bestehende Risiken in

88 *Josek/Steffen* in Baur/Tappen, § 29 KAGB Rz. 34.
89 Vgl. MaRisk, AT 4.2, Tz. 2. Anderer Ansicht offenbar *Josek/Steffens* in Baur/Tappen, § 29 KAGB Rz. 34 („Festlegung von Risikolimiten muss nicht notwendigerweise durch die Risiko-Controlling-Funktion erfolgen“).
90 Vgl. Art. 41 Abs. 2 AIFM-DVO.
91 Art. 41 Abs. 4 AIFM-DVO.
92 *Josek/Steffen* in Baur/Tappen, § 29 KAGB Rz. 57.
93 *Josek/Steffen* in Baur/Tappen, § 29 KAGB Rz. 57.
94 A.A. *Josek/Steffen* in Baur/Tappen, § 29 KAGB Rz. 57.
95 Vgl. *Josek/Steffen* in Baur/Tappen, § 29 KAGB Rz. 57.

größerem Ausmaß eingeht, ist außerplanmäßig zu prüfen, ob das bestehende Risikomanagementsystem für diese neue Strategie geeignet ist.

E. Risikomanagement in Bezug auf Ratings (§ 29 Abs. 2a KAGB)

I. Hintergrund in der RL 2013/34/EU

§ 29 Abs. 2a KAGB setzt Art. 2 Nr. 1 und Nr. 2 und Art. 3 Nr. 1 und Nr. 2 der Richtlinie 2013/14/EU um, 70
durch welche Art. 51 Abs. 1 der OGAW-RL und Art. 15 AIFM-RL ergänzt wurden (Rz. 5). Die Vorschrift dient der **Vermeidung von Systemrisiken** aus gleichlaufenden Anlageentscheidungen einer Vielzahl institutioneller Anleger, dürfte zum Schutz dieser Anleger indes nichts beitragen.[96] Danach müssen KVG bei ihren Risikomanagementsystemen insbesondere sicherstellen, dass die Bewertung von Vermögensgegenständen nicht ausschließlich oder automatisch aufgrund von Ratings für den Emittenten oder den Vermögensgegenstand selbst erfolgt.[97] Die BaFin hat zu überwachen, ob die Risikomanagementprozesse die Vorgaben zu Ratings erfüllen und auf eine Verminderung des Einflusses von Ratingreferenzen hinzuwirken.[98] Im Anschluss an die europäische Rechtssetzung haben sich sowohl die Europäischen Aufsichtsbehörden[99] als auch die in Deutschland mit Finanzmarktfragen befassten Behörden[100] zur Umsetzung geäußert.

II. Ökonomische Bewertung

Ratings haben in der Praxis eine wichtige Bedeutung bei der Einschätzung von Kreditrisiken.[101] Auch wenn 71
sie aus rechtlicher Sicht lediglich ökonomisch fundierte Werturteile („Meinungen") darstellen, kommt ihnen aufgrund der seitens vieler Marktteilnehmer den Ratingagenturen zugeschriebenen Expertise ein hoher Stellenwert zu, auch und insbesondere im Hinblick auf Anlageentscheidungen. Ratings und **Ratingagenturen** stehen aus verschiedenen Gründen **in der Kritik**. Als Beispiele seien potentielle negative Anreizeffekte des sog. „Issuer pays"-Modells genannt, also die Gefahr, dass Ratingagenturen zu optimistische Ratings vergeben, weil das zu beurteilende Unternehmen den Ratingprozess bezahlt und im Falle eines nicht zufriedenstellenden Ratings eine andere Agentur beauftragen könnte. So fielen etwa im Zuge der von den USA ausgegangenen **Subprime-Krise** bestimmte Mortgage-Backed Securities in erheblicher Zahl aus, die zuvor von Ratingagenturen mit AAA bewertet worden waren.[102] Des Weiteren ist bekannt, dass Ratings erst mit einiger zeitlicher Verzögerung auf Änderungen in der Kreditwürdigkeit reagieren, u.a. deshalb, weil Ratingagenturen allzu häufige Veränderungen in Ratings vermeiden möchten. Auch können rein ratingbasierte Regeln, wie z.B. ein Verbot des Haltens von Schuldtiteln mit einem Rating unterhalb von „Investment Grade" zu einem (durch Herabstufung ausgelösten) gleichzeitigen Verkauf einer Vielzahl von Investoren führen. In diesem Zusammenhang wird vom Ziel der „Verringerung der **für die Finanzmarktstabilität bedrohlichen Herdentrieb- und Klippeneffekte**, die sich aktuell aus den für Ratingagenturen geltenden und in Gesetzen, Regulierungen und Marktpraktiken verankerten Schwellenwerten ergeben," gesprochen.[103] Hinzu kommt noch eine systemische Risikokomponente, die daraus resultieren könnte, dass viele Ratingsysteme im Wesentlichen auf ähnlichen Modellen basieren.

§ 29 Abs. 2a KAGB möchte daher eine **zu starke Abhängigkeit der Risikomanagementsysteme von externen Ratings vermeiden**, insbesondere regelbasierte Transaktionen, die sich ausschließlich auf externe Ratings stützen. Je nach Referenzentität/Emittent stehen unterschiedliche **Alternativen** zur Verfügung, mit 72
denen der Intention nach einer alternativen bzw. zusätzlichen Einschätzung der Kreditqualität entsprochen werden kann. Generell reagieren Marktpreise rascher auf Veränderungen der Kreditqualität als Ratings. In-

96 Zutr. *Schoeter*, Ratings, S. 372.
97 BT-Drucks. 18/1774, 24.
98 BT-Drucks. 18/1774, 24. Vgl. zum Hintergrund erschöpfend *Schroeter*, Ratings, S. 58 ff.
99 EBA/EIOPA/ESMA, Final Report on mechanistic references to credit ratings in the ESAs' guidelines and recommendations, JC2014/004 (2/2014).
100 BaFin, Bundesministerium der Finanzen und Deutsche Bundesbank, German action plan to reduce overreliance on CRA ratings (4/2014), Annex IV. Dazu *Josek/Steffen* in Baur/Tappen, § 29 KAGB Rz. 65.
101 Zu Ratings und deren Problemen s. z.B. *Albrecht/Maurer*, S. 913 ff.; *Schroeter*, Ratings, S. 58 ff.
102 S. dazu z.B. *Hull*, Abschnitt 6.4.
103 S. auch Europäische Kommission, Bericht an das Europäische Parlament und den Rat über Alternativen zu externen Ratings, die Situation am Ratingmarkt, Wettbewerb und Unternehmensführung in der Ratingbranche, die Situation am Markt für Ratings strukturierter Finanzinstrumente und die Realisierbarkeit einer Europäischen Ratingagentur, COM(2016) 664 final, S. 4.

strumente, deren Preise auf solche Veränderungen reagieren, eignen sich daher grundsätzlich zur Gewinnung der aktuellen Markteinschätzungen der Kreditqualität, z.B. Credit Default Swaps oder Unternehmensanleihen. **Ausfallwahrscheinlichkeiten**, die aus den Preisen solcher Instrumente extrahiert wurden, **stellen daher eine wertvolle Alternative zu Ratings dar**, die sowohl zeitnäher auf Veränderungen der Kreditqualität reagiert als auch eine andere, granularere Art von Information liefert: Ratings fassen „ähnliche" Kreditqualitäten zu Klassen bzw. Ratingkategorien zusammen; für Emittenten bzw. Wertpapiere innerhalb der Ratingkategorien wird Homogenität unterstellt. Auf Basis historischer Daten können für einzelne Ratingklassen Ausfallwahrscheinlichkeiten geschätzt werden.

73 Dies ist u.a. auch deshalb problematisch, weil die **mit einer Ratingklasse verbundenen Ausfallwahrscheinlichkeiten im Zeitablauf nicht konstant** sind, sondern von der allgemeinen wirtschaftlichen Lage abhängen: Durch den sog. „Through-the-cycle-rating-Ansatz" entspricht eine bestimmte Ratingklasse in Phasen der Hochkonjunktur einer geringeren Ausfallwahrscheinlichkeit als in Abschwungs- oder gar Rezessionsphasen.[104] Im Gegensatz dazu können aus Marktpreisen von kreditrisikosensitiven Finanzinstrumenten – wenn verfügbar – Ausfallwahrscheinlichkeiten für einzelne Emittenten direkt ermittelt werden. Dies erfordert geeignete Modelle, das entsprechende Know-how und Ressourcen innerhalb des AIFM. So könnten z.B. mithilfe moderner Verfahren **für einzelne Emittenten tagesaktuell Ausfallwahrscheinlichkeiten und weitere Risikokennzahlen** ermittelt und publiziert werden.[105] Die so ermittelten Daten **weisen die oben genannten Nachteile klassischer Ratings** (zeitliche Verzögerung in der Reaktion, Gruppierung ähnlicher Risiken in Ratingkategorien, „through-the-cycle-rating") **nicht auf**, was sie ebenfalls als interessante Alternative zu klassischen Ratings i.S.v. § 29 Abs. 2a KAGB erscheinen lässt.[106] Zudem kann bei ihrer Verwendung die geforderte gemeinsame Betrachtung von Risiken recht einfach umgesetzt werden, weil auf Basis von Vergangenheitsdaten historische Abhängigkeiten zwischen Ausfallwahrscheinlichkeiten ermittelt werden können.

III. Organisatorische Konsequenzen

74 Gem. § 29 Abs. 2a KAGB ist bei Rückgriff auf externe Ratings nunmehr **immer auch eine eigene Kreditrisikobewertung** – sog. **internes Rating** – in Form einer eigenen Einschätzung zum Anlageobjekt geboten. Die BaFin erachtet es für ausreichend, wenn die eigene Kreditrisikobewertung in Form einer **Plausibilisierung der externen Ratingbeurteilungen** vorgenommen wird. Beispielsweise kann eine solche plausibilisierende Kreditrisikobewertung nach Ansicht der BaFin anhand des Ratingberichts der externen Agentur erfolgen. Diese ist nachprüfbar zu dokumentieren. Bei einer im Vergleich zum externen Rating besseren eigenen Bewertung der Forderung ist neben der beschriebenen qualitativen Beurteilung eine **angemessene quantitative Bewertung** hinzuzufügen.[107] Als intern gelten auch Kreditrisikobewertungen, die im Auftrag und Interesse der KVG von Externen erstellt werden.[108]

75 Grundsätzlich sind **ratingbasierte Systeme** zur Bewertung von Vermögensgegenständen **weniger komplex als marktpreisbasierte Systeme**, weil sie im Wesentlichen nur auf einem Mapping von Ratings auf (historische) Ausfallwahrscheinlichkeiten bzw. allgemeiner Migrationswahrscheinlichkeiten (also Wahrscheinlichkeiten für den Wechsel in eine andere Ratingklasse) basieren.[109] Aufgrund der relativ geringen Anzahl von Ratingveränderungen im Zeitablauf ergeben sich auch vergleichsweise wenige Bewertungsanpassungen im Vergleich zu marktpreisbasierten Systemen. Letztere sind komplexer, weil die „Umrechnung" von Marktpreisen in Ausfallwahrscheinlichkeiten auf Modellen basiert, die regelmäßig überprüft und angepasst werden müssen, und für die laufend Modellparameter zu schätzen sind. Ratings basieren letztlich ebenfalls zumindest teilweise auf solchen Modellen, allerdings sind die internen Prozesse der Ratingagenturen für die Marktteilnehmer nur bedingt transparent. Eine Verminderung der Abhängigkeit von Ratings via selbst durchgeführter, z.B. **marktpreisbasierter Ermittlung von Ausfallwahrscheinlichkeiten stellt daher deutlich**

---

104 Vgl. *Topp/Perl*, „Through-the-Cycle Ratings Versus Point-in-Time Ratings and Implications of the Mapping Between Both Rating Types", Financial Markets, Institutions and Instruments, Vol. 19 (1) 2010, 47-61.

105 Diesen Ansatz verfolgt das Risk Management Institute an der National University of Singapore mit seiner „Credit Research Initiative", vgl. dazu *Duan/Laere*, Journal of Banking & Finance 36 (2012), 3239 (3243 ff.).

106 https://www.rmicri.org/en/.

107 BaFin, Hinweise zur Verwendung externer Ratings und zur Durchführung eigener Kreditrisikobewertungen, 23.10.2013, geändert am 24.4.2014, I.2. (in Bezug auf Versicherungsunternehmen und Einrichtungen der betrieblichen Altersversorgungen, aber allgemein zur Auslegung von Art. 5a CRA); dazu krit. *Schroeter*, Ratings, S. 371.

108 Kritisch dazu *Schroeter*, Ratings, S. 354 f., 371 f. insbesondere unter Hinweis auf die begrenzte Datenbasis und die Abhängigkeit von Drittdatenlieferanten.

109 Zum Zusammenhang zwischen Ratingklassen und Ausfallwahrscheinlichkeiten vgl. z.B. *Albrecht/Maurer*, S. 913 ff.

erhöhte Anforderungen an das Risikomanagement. Die oben (Rz. 73) beschriebene Alternative der Verwendung extern ermittelter Ausfallwahrscheinlichkeiten (allenfalls zusätzlich zu klassischen Ratings) kann daher insbesondere geboten sein, wenn den diesbezüglichen regulatorischen Anforderungen entsprochen werden soll, ohne selbst umfangreiche zusätzliche Expertise in diesem Bereich aufzubauen.

Auch wenn das Gesetz selbst auf Rating-bezogene Vorgaben (sog. hardwiring) nunmehr verzichtet, ist auch nach Einfügung von § 29 Abs. 2a KAGB eine **Anlagestrategie, die auf externe Ratings als Investmentkriterien** abstellt,[110] weiterhin zulässig.[111] Dies ist insbesondere für Geldmarktfonds üblich. Jedoch darf sich das Risikomanagement auch dann nicht ausschließlich auf externe Ratings verlassen, sondern muss diese ggf. um weitere Risikokriterien, insbesondere **interne Ratings** ergänzen. Ausreichend ist auch dann, das externe Rating mit einer eigenen Kreditrisikobeurteilung zu plausibilisieren.[112] 76

F. Allgemeine Risikomanagement-Anforderungen (§ 29 Abs. 3 KAGB, Art. 18 bis 20, 44, 45 AIFM-DVO)

§ 29 Abs. 3 KAGB setzt Art. 15 Abs. 3 AIFM-RL um, wird jedoch ebenso wie § 29 Abs. 1 KAGB auf OGAW-KVG erweitert (vgl. Rz. 19). Danach muss die KVG einen **Sorgfaltsprüfungsprozess** und eine **Risikomessung und -steuerung** vorsehen und sicherstellen, dass die Risikoprofile des Fonds Größe, Zusammensetzung und Anlagevorgaben der konstituierenden Dokumente entsprechen. Die Vorschrift wird durch umfangreiche Vorgaben der AIFM-DVO konkretisiert. 77

I. Sorgfaltsprüfungsprozess (§ 29 Abs. 3 Nr. 1 KAGB, Art. 18-20, 44 AIFM-DVO)

Gem. § 29 Abs. 3 Nr. 1 KAGB hat die KVG Anlagen für Rechnung des Investmentvermögens entsprechend der Anlagestrategie, den Zielen und dem Risikoprofil des Investmentvermögens auf Basis angemessener, dokumentierter und regelmäßig aktualisierter Sorgfaltsprüfungsprozesse zu tätigen. Die aus der Verwendung wertungsoffener unbestimmter Rechtsbegriffe resultierende Rechtsunsicherheit wird durch Bezugnahme auf die umfangreichen Art. 18 bis 20, 44 AIFM-DVO-Vorschriften reduziert. Soweit mit Art. 18 bis 20 AIFM-DVO **reine Sorgfaltspflichten** in Bezug genommen wurden, wäre eine Regelung bei § 26 KAGB systemkonform gewesen.[113] 78

1. Sorgfaltspflichten gem. Art. 19, 20 AIFM-DVO

Art. 18 AIFM-DVO regelt **Organisationsanforderungen** und richtet sich **an die Geschäftsleitung der AIF-KVG/des AIFM.** Gem. Art. 18 AIFM-DVO muss der AIFM bei der Auswahl und laufenden Überwachung der Anlagen große Sorgfalt walten lassen und gewährleisten, dass hinsichtlich der Vermögenswerte, in die der AIF investiert, ausreichende Kenntnisse und ausreichendes Verständnis vorhanden ist. Dafür sind schriftliche Grundsätze und Verfahren festzulegen und umzusetzen sowie sonstige Vorkehrungen zu treffen, um zu gewährleisten, dass Anlageentscheidungen, die für AIF getroffen werden, mit deren Zielen, Anlagestrategien und ggf. Risikolimits übereinstimmen. Gem. Art. 18 Abs. 4 AIFM-DVO müssen die Grundsätze und Verfahren regelmäßig überprüft und aktualisiert werden. In Abhängigkeit von der Anlagestrategie kann eine jährliche Überprüfung genügen, bei außerordentlichen Ereignissen wie dem Verlust von wichtigen Mitarbeitern oder einer Fusion mit anderen KVG kann eine spontane Überprüfung geboten sein. Es empfiehlt sich zudem, die Überprüfung zum Standardpunkt der Bilanzsitzung des Aufsichts-/Verwaltungsrats zu machen, so dass das Aufsichtsorgan nachweisen kann, seinen Überwachungspflichten genügt zu haben. S. auch § 26 Rz. 45 ff. 79

Art. 19 AIFM-DVO konkretisiert die Anforderungen für die **Anlage in eingeschränkt liquide Vermögenswerte.** Bei Anlage in eingeschränkt liquide Vermögenswerte geht dem Erwerb zumeist eine Verhandlungsphase mit Due Diligence voraus. AIFM müssen dann zusätzlich zu den Standardanforderungen nach 80

---

110 Dazu *Schroeter*, Ratings, S. 336 ff. mit internationalem Rechtsvergleich, sowie S. 369 ff. zu internen Anlagerichtlinien.

111 BaFin, Bundesministerium der Finanzen und Deutsche Bundesbank, German action plan to reduce overreliance on CRA ratings (4/2014), Annex IV, S. 21, 28.

112 Vgl. speziell zum Risikomanagement von Geldmarktfonds noch *Zetzsche/Preiner* in Gebauer/Teichmann, Europäisches Privat- und Unternehmensrecht, Bd. 6, § 7 Rz. 15 sowie die Kommentierung von *Zetzsche/Nast* zur MMF-VO (in diesem Werk).

113 Zutr. *Josek/Steffen* in Baur/Tappen, § 29 KAGB Rz. 14.

Art. 18 AIFM-DVO den in Art. 19 Abs. 1 AIFM-DVO aufgeführten **Dokumentationspflichten** genügen. Diese unterstützen einerseits das Liquiditätsmanagement des AIF und sollen andererseits absichern, dass der Erwerb zu marktgängigen Preisen erfolgte (sog. **Marktkonformitätsprüfung**). Dafür hat der AIFM einen auf die Laufzeit des AIF und die Marktbedingungen abgestimmten **Geschäftsplan** aufzustellen und regelmäßig zu aktualisieren. Die Wertentwicklung des AIF ist sodann unter Berücksichtigung des Geschäftsplan zu überwachen. Des Weiteren haben sie die ausgewählten Transaktionen unter Berücksichtigung evtl. vorhandener Gelegenheiten und damit insgesamt verbundener Risiken, insbesondere aller relevanten rechtlichen, steuerlichen, finanziellen oder sonstigen den Wert beeinflussenden Faktoren, Human- und Materialressourcen und Strategien, einschließlich Ausstiegsstrategien zu **bewerten**. Vor Ausführung einer Transaktion ist diese mit der gebotenen Sorgfalt zu prüfen.[114] Diese Tätigkeiten sind zu dokumentieren, die diesbezüglichen Unterlagen sind aus regulatorischer Sicht mindestens fünf Jahre lang aufzubewahren. Aus Sicht der KVG sollten die Unterlagen jedoch mindestens solange aufbewahrt werden, bis die Liquidation des AIF abgeschlossen ist, da die Dokumente zum Nachweis der eigenen Sorgfalt in gerichtlichen Auseinandersetzungen bedeutsam sein können, die sich typischerweise an die Liquidation anschließen. Bei dem Erwerb von Unternehmensbeteiligungen ergeben sich zwangsläufig **Überschneidungen zwischen der Risikokontrolle auf Ebene des AIF einerseits und der Portfoliogesellschaft** (vgl. § 91 Abs. 2 AktG, § 43 Abs. 1 GmbHG) andererseits.[115] Diese Überschneidungen sind allerdings hinzunehmen, da AIF und Portfoliogesellschaft jeweils verschiedenartige Pflichten zu erfüllen haben und die regulatorischen Anforderungen des KAGB nicht auf die gesellschaftsrechtlichen Pflichten der Portfoliogesellschaft ausstrahlen.[116]

81 Art. 20 AIFM-DVO betrifft speziell die **Auswahl von Gegenparteien und Prime Brokern**.[117] Dazu § 31 Rz. 23 ff.

2. Risikolimits gem. Art. 44 AIFM-DVO

82 Art. 44 AIFM-DVO schreibt für jeden von einer KVG verwalteten Fonds die **Festsetzung von (quantitativen und/oder qualitativen) Risikolimits** vor. Eine Beschränkung auf qualitative Limits ist im Einzelfall zulässig, muss aber seitens der KVG gegenüber der Aufsicht gerechtfertigt werden. Art. 44 Abs. 2 AIFM-DVO gibt fünf Risikoarten vor, für die jedenfalls Limits zu definieren sind, was aufgrund der fehlenden Bezugnahme auf die jeweilige Anlagestrategie auf den ersten Blick wenig zielführend erscheint. Dieses Problem wird jedoch dadurch abgemildert, dass für Risikoarten in dieser Aufzählung, die für eine gegebene Strategie wenig relevant sind, mit qualitativen Risikolimits das Auslangen gefunden werden kann (vgl. Art. 44 Abs. 1 AIFM-DVO).

83 Risikolimits können nur dann ihre Wirkung entfalten, wenn den Entscheidungsträgern die aktuelle Limitausnutzung bekannt ist. Aus diesem Grund findet sich in den KAMaRisk die Vorgabe, dass **Geschäfte „unverzüglich" auf die entsprechenden Limits anzurechnen** sind und dem **Fondsmanagement zeitnahe Informationen über die** jeweils aktuelle **Limitausnutzung** zur Verfügung zu stellen sind,[118] was eine wesentliche Voraussetzung für die geforderte ex-ante Anlagegrenzprüfung[119] darstellt. Etwaige Überschreitungen von Limits und aus diesem Grund getroffene Maßnahmen sind zu dokumentieren.[120] Die Messung der Risiken und die Überwachung des Limitsystems ist Aufgabe der Risikocontrolling-Funktion, vgl. Art. 39 Abs. 1 lit. c AIFM Level 2-VO.

84 Die Einhaltung von Risikolimits stellt dabei ein Beispiel für die in § 29 Abs. 3 Nr. 1 KAGB geforderten **Sorgfaltsprüfungsprozesse** dar, die von der KVG beim Tätigen von Anlagen einzuhalten sind. Wie auch bei der Einhaltung von Anlagestrategie, Zielen und Risikoprofil ist entscheidend, dass entsprechende Prozesse existieren, die deren Einhaltung im Tagesgeschäft sicherstellen.[121] Die entsprechenden Prozesse haben darüber hinaus auch die Einhaltung rechtlicher Vorgaben sicherzustellen, wie z.B. Verbot von Gelddarlehen, Verpfändung/Belastung von Vermögensgegenständen, die zum Sondervermögen gehören, und weitere.[122]

114 Zu den Auswirkungen des Art. 19 Abs. 1 lit. d AIFM-VO auf die Pflicht zur Vornahme einer Due-Diligence *Ulrich*, S. 397 ff.
115 *Ulrich*, S. 406 ff.
116 Zutr. *Ulrich*, S. 406 ff.
117 Näher *Zetzsche*, (Prime) Brokerage, in Zetzsche, AIFMD, S. 573 ff.
118 Vgl. KAMaRisk, Nr. 4.8, Tz. 4.
119 Vgl. KAMaRisk, Nr. 4.6, Tz. 3.
120 Vgl. KAMaRisk, Nr. 4.8, Tz. 5.
121 Vgl. KAMaRisk, Nr. 4.6, Tz. 2.
122 Vgl. KAMaRisk, Nr. 4.6, Tz. 5.

II. Risikomessung und -steuerung (§ 29 Abs. 3 Nr. 2 KAGB, Art. 45 AIFM-DVO)

85 Art. 45 AIFM-DVO regelt einige Details betreffend **Risikomessung und verwendete Methoden**. Insbesondere wird ein **Backtesting** zwingend vorgeschrieben. Dabei wird regelmäßig geprüft, wie gut das Risikomanagementsystem in der Vergangenheit funktioniert hat, um so frühzeitig Hinweise auf allfällige Fehler im System zu erhalten. Zudem wird die periodische Durchführung von Stresstests vorgegeben. Der Wortlaut ist nicht so streng zu interpretieren, dass sich die Risikomessung allein auf quantitative Methoden bezieht, während Risikobewertung auch qualitative Methoden umfasst.[123] Dies schon deshalb nicht, weil sich die Methodenangemessenheit allein nach der Anlagestrategie bestimmt (Rz. 64 ff.), es aber für alle Anlagestrategien bei der Pflicht gem. Art. 45 AIFMD-DVO bleibt.[124]

86 § 29 Abs. 3 Nr. 2 KAGB nimmt Bezug auf den Risikomanagementprozess (Rz. 54 ff.) und betont nochmals **essentielle Prozessschritte**.[125] Dies ist so zu interpretieren, dass ein Risikomanagementsystem, das auf einem Risikomanagementprozess basiert, bei dem einer oder mehrere der genannten Schritte fehlen, als unvollständig und damit unzureichend angesehen werden muss.

87 Die **Messung der Risiken** wird in diesem Absatz gesondert von der Messung von deren Wirkung auf das Gesamtrisikoprofil des Investmentvermögens genannt (sog. Risikoattribution). Aus ökonomischer Sicht ist diese Bestimmung sinnvoll so zu interpretieren, dass **Risiken sowohl gesondert**, z.B. nach Risikoart, **betrachtet und gemessen werden, als auch in ihrer Kombination** innerhalb des Investmentvermögens. Aufgrund unterschiedlicher Abhängigkeiten zwischen Risikoarten können Einzelrisiken einander verstärken oder abschwächen, weshalb eine **Gesamtbetrachtung sinnvoll und notwendig** ist.[126] Umgekehrt wäre bei einer ausschließlich gesamthaften Betrachtung des Risikos eines Investmentvermögens nicht klar, welchen Beitrag die Einzelrisiken zum Gesamtrisiko leisten, was die Risikosteuerung deutlich erschweren würde. In den KAMaRisk wird neben der Interaktion von Risiken noch die Identifikation und Adressierung von Risikokonzentrationen besonders hervorgehoben.[127]

88 **Risikomessverfahren** können grob danach klassifiziert werden, ob sie die Messung von Risiken unter „normalen Marktbedingungen" oder unter „außergewöhnlichen Marktbedingungen" zum Ziel haben.[128] Ein Value at Risk zum 95 %-Niveau mit einem Horizont von 10 Handelstagen stellt beispielsweise jenen Verlust dar, der unter normalen Marktbedingungen nur in einer von 20 solcher 10-Tagesperioden überschritten wird. Dieses Risikomaß ist nicht dafür konstruiert und auch nicht geeignet, um die Frage zu beantworten, in welcher Höhe sich potentielle Verluste voraussichtlich bewegen werden, die mit geringerer Häufigkeit oder unter außergewöhnlichen Marktbedingungen eintreten (z.B. krisenhafte Entwicklungen). Deren Ermittlung ist das Ziel sog. **Stresstests.** Stresstests zielen auf die Ermittlung von Verlusten ab, die eintreten könnten, wenn bestimmte, für das Investmentvermögen bzw. die jeweilige Anlagestrategie nachteilige **Entwicklungen eintreten, die eine geringere Eintrittswahrscheinlichkeit als die üblichen Value at Risk-Niveaus von 1 % oder 5 % aufweisen**, deren Eintreten aber nicht derart unplausibel ist, dass eine Betrachtung unterbleibt.[129] Die hier angesprochenen Stresstests sind auf das jeweilige Investmentvermögen bzw. die jeweilige Strategie zugeschnitten. Sie sind nicht zu verwechseln mit makroökonomischen Stresstests, wie sie z.B. die Europäische Zentralbank im Bankenbereich durchführt, bei denen die gleichen vorgegebenen Stressszenarien auf unterschiedliche Institute angewendet werden, und die eine deutlich andere Zielsetzung verfolgen.

89 Auch bei Stresstests ist das **Zusammenspiel von Risiken und Risikofaktoren** zu betrachten und **bei der Erstellung von Stressszenarien zu berücksichtigen**. Bei einer Anlagestrategie, die in Unternehmensanleihen investiert, würde sich ein guter Stresstest beispielsweise nicht auf die isolierte Betrachtung der Auswirkungen eines Zinsanstiegs und des Anstiegs von Kreditrisikoprämien beschränken, sondern insbesondere auch die Kombination beider nachteiliger Entwicklungen auf das Investmentvermögen untersuchen.[130] Das Ergebnis von **Stresstests ist sorgsam** zu bewerten. Selbst das Ergebnis einer Stressanfälligkeit gibt i.d.R. zu sofortiger Anpassung des Portfolios keinen Anlass, da es um die Modellierung von Extremszenarien

---

123 So aber *Josek/Steffen* in Bauer/Tappen, § 29 KAGB Rz. 39.
124 Zu beteiligungsspezifischen Risiken im Bereich LBO *Ulrich*, S. 409 ff.
125 Vgl. auch KAMaRisk, Nr. 4.8, Tz. 1: „... fortlaufende Erfassung, Messung, Steuerung und Überwachung der wesentlichen Risiken eines Investmentvermögens ...".
126 Vgl. KAMaRisk, Nr. 4.3, Tz. 7: „Wechselwirkungen zwischen den unterschiedlichen Risikoarten sind zu berücksichtigen.", sowie TA 4.8, Nr. 1, letzter Satz.
127 Vgl. KAMaRisk, Nr. 4.8, Tz. 2.
128 Zur Risikomessung bei LBO Fonds *Ulrich*, S. 412 ff.
129 Vgl. KAMaRisk, Nr. 4.3, Tz. 11: „Außergewöhnliche, aber plausibel mögliche Ereignisse".
130 Vgl. KAMaRisk, Nr. 4.8, Tz. 6: „... Änderungen der wertbestimmenden Faktoren und ihrer Zusammenhänge ...".

geht. Eine parallele zur Anlagegrenzverletzung ist nicht zu ziehen. Belegt die Modellrechnung Stressanfälligkeit, ist jedoch den **Ursachen behutsam entgegenzuwirken;** des Weiteren sind die Faktoren, die zu einer Realisierung des Stressszenarios führen können, besonders zu beobachten.

90 Zur **Angemessenheit von Stresstests** wird auf die Ausführungen zur Angemessenheit in Rz. 64 ff. verwiesen. Auch hier sind die wesentlichen Faktoren die Komplexität der Anlagestrategie und der verwendeten Instrumente, Datenverfügbarkeit, und die wesentlichen Risikoarten im Investmentvermögen. Die Angemessenheit erstreckt sich sowohl auf die Frequenz der Durchführung von Stresstests als auch auf den Sophistizierungsgrad der Methoden zur Erstellung der Stressszenarien.

III. Risikoprofile (§ 29 Abs. 3 Nr. 3 KAGB)

91 Der im KAGB mehrfach verwendete Begriff „Risikoprofil" (Rz. 24) ist im Gesetz nicht definiert. Gemeint ist das **Ausmaß des Risikos hinsichtlich verschiedener relevanter Risikoarten bzw. Risikodimensionen/ Risikomaße** inklusive des sich daraus ergebenden Gesamtrisikos eines Investmentvermögens.[131] Das Risikoprofil und der **synthetische Risiko- und Renditeindikator (SRRI)**, der gem. Art. 8 der Verordnung (EU) Nr. 583/2010 in die Produktinformationsblätter aufzunehmen ist, sind nicht identisch. Der Indikator ist nur eine näherungsweise Abbildung des Volatilitätsanteils des Risikoprofils innerhalb eines gewissen Zeitraums. Allerdings weisen starke Veränderungen des Indikators darauf hin, dass sich das Risikoprofil geändert hat,[132] zumal wenn diese mit Attributen definiert wurden, die auf geringe Volatilität hinweisen (z.B. „sichere Anlage", „Werterhaltung" etc.). Das Gesetz stellt für § 29 Abs. 3 Nr. 3 KAGB nur auf das **Risikoprofil des Fonds** ab. Fragen des Risikoprofils der KVG, welche zumeist operationelle Risiken betreffen, werden aber von Art. 13 AIFM-DVO geregelt. Dazu § 25 Rz. 9 ff.

92 Da sowohl das Gesamtrisiko als auch dessen Zusammensetzung wesentlich für die Renditechancen eines Investmentvermögens sind, kommt dem Risikoprofil für die Anlageentscheidung von Investoren erhebliche Bedeutung zu. Eine **Abweichung des tatsächlichen Risikoprofils von seiner Beschreibung** in den genannten relevanten Fondsdokumenten **ist daher durch geeignete Prozesse** innerhalb der KVG **auszuschließen.** Etwaige derartige Abweichungen müssen in den Risikoberichten zu den jeweiligen Investmentvermögen transparent werden und zu entsprechenden gegensteuernden Maßnahmen führen. Damit bildet das Risikoprofil die zentrale, der KVG vorgegebene **Leitlinie für sämtliche Anlage- und Risikomanagemententscheidungen.** Die Veränderung des tatsächlichen Risikoprofils des Fonds als tiefgreifende Strukturveränderung ist grds. unzulässig.[133]

G. Verschuldungsgrenze und Pensionsgeschäfte (§ 29 Abs. 4 KAGB)

93 § 29 Abs. 4 KAGB setzt Art. 15 Abs. 4 AIFM-RL um, wird jedoch auf OGAW-KVG erweitert (s. auch Rz. 19, 77). Obwohl das Marktrisikopotential für OGAW bereits gesetzlich beschränkt ist, sind OGAW-KVG auch nach den Vorschriften der DerivateV verpflichtet, das Leverage zu überwachen und in den Prospekten anzugeben.[134] Danach ist für jeden Fonds ein **Höchstmaß an Leverage** sowie der **Umfang der Wiederverwendung von Sicherheiten** festzusetzen.[135]

94 Leverage eines Investmentvermögens bedeutet **Erhöhung des Investitionsgrades eines Investmentvermögens**[136] und kann beispielsweise durch Kreditaufnahme erfolgen oder durch Derivate, bei denen häufig durch nur teilweise Besicherung ein sog. Hebeleffekt entsteht.[137] Das durch den Leverage entstehende Risiko kommt zum Risiko der Vermögensanlagen hinzu, so dass durch ein hohes Maß an Leverage beispielsweise bestehende Begrenzungen des Marktrisikos[138] in ihrer Wirkung eingeschränkt werden könnten. Die Berechnung des Leverage von AIF ist in Form der Bruttomethode und des Commitment-Ansatzes regulatorisch vorgegeben.[139] Aus Gründen der Vergleichbarkeit und Prozessökonomie innerhalb einer KVG emp-

131 Vgl. KAMaRisk, Nr. 4.3, Tz. 1.
132 Zutr. *Josek/Steffen* in Baur/Tappen, § 29 KAGB Rz. 53.
133 Ähnlich *Josek/Steffen* in Baur/Tappen, § 29 KAGB Rz. 52; *Ulrich*, S. 385.
134 Vgl. BT-Drucks. 791/12, 398 (Begr zu § 29).
135 Vgl. dazu BaFin, Leverage-Begrenzung gem. § 29 Abs. 4 KAGB, WA 41 Wp 2137-2013/0029 (6/2014), abrufbar https://bvai.de/rundmails/rundmail-xxxxxxi-juni-2014/.
136 Vgl. § 1 Abs. 19 Nr. 25 KAGB.
137 Ausf. Zur Kreditaufnahme durch KVG *Kraushaar*, BKR 2017, 496.
138 Vgl. z.B. Art. 51 OGAW-Richtlinie.
139 Art. 6 ff. AIFM-DVO.

fiehlt es sich, diese Vorgaben auch für Investmentvermögen außerhalb des Geltungsbereichs dieser Regeln analog anzuwenden, insoweit dem nicht zwingend andere Regeln entgegenstehen. Das **vorgegebene Risikomaß** ist auch für die geforderte Festlegung des **Höchstmaßes an Leverage** zu verwenden.

§ 29 Abs. 4 KAGB nennt **Kriterien**, die bei der **Festlegung des Höchstmaßes an Leverage** für jeden Fonds zu berücksichtigen sind. Wesentlicher **Zweck dieser Regelung ist die Transparenz** des sich aus dem Leverage ergebenden Risikos sowie der Einhaltung des festgelegten Höchstmaßes gegenüber den Anlegern sowie der Aufsicht (etwaiges Systemrisiko, das explizit in Nr. 4 der Aufzählung der Kriterien in § 29 Abs. 4 KAGB genannt ist). Der Hintergrund der Aufzählung von acht Kriterien bleibt in diesem Zusammenhang unklar: Es handelt sich zweifellos um Kriterien, die für diesen Zweck relevant sein können, allerdings nicht in jedem Einzelfall sein müssen. Durch die detaillierte Auflistung ergibt sich jedoch für KVGs, dass diese im Zweifel nachweisen müssen, alle genannten Kriterien berücksichtigt oder zumindest deren Berücksichtigung in Erwägung gezogen zu haben. 95

Nach dem maßgeblichen **Auslegungsschreiben der BaFin**[140] kann die Leverage-Berechnung grundsätzlich ohne Verrechnung von Absicherungsgeschäften erfolgen (**Brutto-Methode**) oder Absicherungsgeschäfte berücksichtigen (**Netto-Methode**). Für **OGAW** muss entsprechend der einschlägigen CESR Guidelines auf eine Bruttoberechnung abgestellt werden. Zusätzlich kann die Berechnung des Leverage-Anrechnungsbetrages nach dem Einfachen Ansatz gem. §§ 15 ff. DerivateV erfolgen (näher Anh. zu § 29: DerivateV Rz. 34 ff.). Für **AIF** werden die allgemeinen Bestimmungen zur Berechnung des Leverage in Art. 6 bis 11 der AIFM-DVO konkretisiert. Danach sind für AIF **zwingend beide Methoden zur Berechnung des Leverage** anzuwenden. Allerdings kann gem. Art. 8 Nr. 3 (a) und (b) AIFM-DVO eine Verrechnung von Absicherungsgeschäften nach der Commitment-Methode nur erfolgen, wenn die Geschäfte mit dem alleinigen Ziel der Risikoeliminierung bzw. des Risikoausgleiches abgeschlossen wurden. Ist dieses Ziel nicht eindeutig definierbar, so können keine Verrechnungen stattfinden und die Anwendung der Brutto- und Commitment-Methoden führt zu einem identischen Ergebnis. Nach Ansicht der BaFin muss für **OGAW** aufgrund der o.g. Verpflichtung zur Berechnung des Leverage nach der Brutto-Methode auch **lediglich eine Begrenzung des Leverage nach der Brutto-Methode** erfolgen. Eine Begrenzung nach dem Einfachen Ansatz (Commitment-Methode) soll aber möglich sein. Weil für **AIF** zwingend beide Berechnungsmethoden anzuwenden sind (s.o.), sind auch **beide Leveragekennziffern zu begrenzen**; Vorgaben bzgl. der Höhe der Begrenzung gibt es aber nicht. Auch kann es möglich sein, dass beide Begrenzungskennziffern identisch sind. Gem. § 165 Abs. 2 Nr. 6 KAGB muss der **Verkaufsprospekt** eines Investmentvermögens **Angaben zum maximalen Umfang des Leverage** (Leveragebegrenzung) enthalten. Bei OGAW kann die Angabe des maximalen Umfangs des Leverage durch die Angabe des maximalen Marktrisikopotentials ersetzt werden. Falls jedoch der maximale Leverage angegeben wird, ist zwingend die o.g. Begrenzung nach der Brutto-Methode anzugeben. Wahlweise kann auch die freiwillige Begrenzung nach dem Einfachen Ansatz angegeben werden. Für AIF müssen in dem Verkaufsprospekt zwingend **beide Berechnungsmethoden genannt** werden. Zudem müssen auch **beide Begrenzungskennziffern** genannt werden und es muss klargestellt werden, dass es sich hier um **festgelegte Begrenzungen** handelt (Stichwörter z.B. Höchstmaß, Limit, Begrenzung, begrenzen etc.) und dass diese Begrenzungen bei bestimmten Marktentwicklungen übertroffen werden können. Der **Formulierungsvorschlag** der BaFin[141] lautet diesbezüglich wie folgt: „Die Gesellschaft erwartet, dass das nach der Brutto-Methode berechnete Risiko des AIF seinen Nettoinventarwert um maximal das 5-fache und das nach der Commitment-Methode berechnete Risiko des AIF seinen Nettoinventarwert um maximal das 3-fache nicht übersteigt. Abhängig von den Marktbedingungen kann der Leverage jedoch schwanken, so dass es trotz der ständigen Überwachung durch die Gesellschaft zu Überschreitungen der angegebenen Höchstmaße kommen kann.“ 96

H. Anforderungen für alle AIF-KVGs (§ 29 Abs. 5 KAGB i.V.m. Art. 38, 50-56 AIFM-DVO)

§ 29 Abs. 5 KAGB setzt Art. 15 Abs. 5 und Art. 17 AIFM-RL um. Die Konkretisierung erfolgt durch Art. 38 ff., 50 bis 56 AIFM-DVO. 97

---

140 BaFin, Leverage-Begrenzung gem. § 29 Abs. 4 KAGB, WA 41 Wp 2137-2013/0029 (6/2014), abrufbar https://bvai.de/rundmails/rundmail-xxxxxxi-juni-2014/.

141 BaFin, Leverage-Begrenzung gem. § 29 Abs. 4 KAGB, WA 41 Wp 2137-2013/0029 (6/2014), abrufbar https://bvai.de/rundmails/rundmail-xxxxxxi-juni-2014/.

I. Funktion des Risikomanagement-Systems (§ 29 Abs. 5 Nr. 1 KAGB, Art. 38 und 40 AIFM-DVO)

98 Art. 38 AIFM-DVO definiert **Risikomanagement-Systeme** sowie deren Funktion.[142] Die Vorschrift stellt klar, dass die ständige Risikomanagement-Funktion im Zentrum des Risikomanagement-Systems steht, aber eben nur einen Teil davon ausmacht. Art. 39 AIFM-DVO listet die **Aufgaben der ständigen Risikomanagement-Funktion** auf.[143] Neben jenen Aufgaben, die sich auch bereits aus anderen Regelungen ergeben, wird hier insbesondere auch auf das Risikoreporting näher eingegangen. Bemerkenswert ist, dass gem. Buchst. e) die Risikomanagement-Funktion der Geschäftsleitung des AIFM nicht nur über tatsächliche, sondern auch über „jede vorhersehbare" Überschreitung von Risikolimits **Bericht erstatten** muss. „Vorhersehbarkeit" könnte in einer weiten Interpretation so verstanden werden, dass die Limitüberschreitung eintreten wird, wenn keine Maßnahmen (z.B. Trades) getroffen werden. Abhängig von der Art der Limits sowie der gewählten Strategien kann eine solche weite Interpretation der Vorhersehbarkeit zu einer Vielzahl an im Ergebnis wenig informativen Meldungen führen (Beispiel: Day-trading mit Verbot offener Positionen am Ende des Tages – in diesem Fall würde jeder Trade zu einer Meldung führen, wenn man eine derart weite Interpretation zugrunde läge).

99 Art. 40 AIFM-DVO stellt sicher, dass es für alle von einem AIFM verwalteten AIF eine gemeinsame **grundsätzliche Herangehensweise beim Risikomanagement** gibt. Dies ist eine wesentliche Voraussetzung für die effiziente Funktion des Risikomanagements hinweg über alle AIF. S. dazu näher Rz. 58.

II. Regelmäßige Überprüfung (§ 29 Abs. 5 Nr. 2 KAGB, Art. 41 AIFM-DVO)

100 § 29 Abs. 5 Nr. 2 KAGB zur **Bewertung, Überwachung und Überprüfung** des Risikomanagementsystems wird durch Art. 41 AIFM-DVO konkretisiert. Art. 41 AIFM-DVO regelt die Qualitätssicherung von Risikomanagement-Systemen und stellt in Abs. 2 insb. Kriterien dafür auf, wann außerplanmäßige Überprüfungen des Risikomanagement-Systems nötig sind. Dazu Rz. 69.

III. Funktionstrennung und Schutz vor Interessenkonflikten (§ 29 Abs. 5 Nr. 3 und 4 KAGB, Art. 42-43 AIFM-DVO)

101 Art. 42 und 43 AIFM-DVO regeln die **Funktionstrennung** sowie den **Schutz vor Interessenskonflikten** und nehmen dabei insb. auf **potentielle Konflikte zwischen Portfolioverwaltung und Risikomanagement** Bezug, wobei das Bestreben erkennbar ist, das Risikomanagement organisatorisch mindestens gleichrangig wie die Portfolioverwaltung anzusiedeln. Näher Rz. 31 ff. und Rz. 36 ff.

IV. Allgemeine Anforderungen (§ 29 Abs. 5 Nr. 5 KAGB, Art. 44-45 AIFM-DVO)

102 § 29 Abs. 5 Nr. 5 KAGB verweist auf Abs. 3, der durch Art. 44, 45 AIFM-DVO konkretisiert ist. S. dazu Rz. 82 ff. und Rz. 85 ff.

V. Anlagen in Verbriefungspositionen (§ 29 Abs. 5 Nr. 6 und 7 i.V.m. Art. 50 ff. AIFM-DVO)

103 Die Art. 50-56 AIFM-DVO enthalten Spezialvorschriften für **Anlagen in Verbriefungspositionen.**[144] Sie sind vor dem Hintergrund der Erfahrungen aus der sog. **Subprime-Krise**[145] zu sehen, die deutlich gemacht hat, dass von solchen Positionen erhebliche Risiken für einzelne Investmentvermögen sowie für das gesamte Finanzsystem ausgehen können. Der Verweis auf Art. 50 bis 56 AIFM-DVO ist im systematischen Kontext des § 29 deplatziert, da es sich primär um Vorschriften handelt, die **die Anlageentscheidung betreffen.**[146] Man wird aus der systematischen Stellung des Verweises jedoch abzulesen haben, dass auch das

---

142 Diese Definition lehnt sich eng an in der Finanzwirtschaft übliche Definitionen an, vgl. z.B. Zagst et al., S. 93.

143 Im Wesentlichen gleichlautend KAMaRisk, Nr. 4.8, Tz. 1.

144 Dazu umfassend *Zetzsche/Eckner*, Securitizations, in Zetzsche, AIFMD, S. 607 ff.

145 Zur Subprime-Krise von 2007, ihren Ursachen sowie den daraus zu ziehenden Lehren vgl. *Hull*, Ch. 6; *Crouhy/Jarrow/Turnbull*, The Journal of Derivatives, Fall 2008, 81 ff.; *Krinsman*, The Journal of Structured Finance Summer 2007, 13 (2), 13 ff.

146 Zutr. *Josek/Steffen* in Baur/Tappen, § 29 KAGB Rz. 23.

Risikomanagement diese Vorgaben zu beachten hat, zumal insbesondere der Selbstbehalt (dazu Rz. 109) Interessenkonflikten auf Seiten des Sponsors, Originators etc. entstehenden Risiko entgegenwirkt. Die Regelung in § 29 Abs. 5 Nr. 6 und 7 KAGB ist zwecks Anpassung an die **STS-Verordnung**[147] künftig in einem neuen **§ 29 Abs. 5b KAGB** geregelt.[148] Dazu ausf. Rz. 172 ff. Die bisherige Regelung beansprucht weiter Geltung für Verbriefungen, die vor dem 1.1.2019 emittiert wurden (vgl. Art. 43 Abs. 5 und 6 STS-Verordnung i.V.m. § 29 Abs. 5b Satz 2 KAGB n.F.). Gem. ErwGr. 49 der STS-Verordnung gelten die Altregelungen auch dann, wenn in dem bis spätestens 31.12.2018 verbrieften Portfolio **neue Risikopositionen hinzugefügt oder ersetzt werden.** Daher wird im Folgenden die alte Rechtslage kommentiert. Vgl. zur neuen Rechtslage ausf. Rz. 172 ff.

1. Anwendungsbereich (Art. 50, 56 AIFM-DVO)

Die Zusatzvorschriften der Art. 50 ff. AIFM-DVO gelten **nur für bestimmte Anlagen in Verbriefungspositionen.**[149] Dies folgt aus Art. 50 AIFM-DVO, der auf das CRD-Regelwerk Bezug nimmt, sowie aus dem Verweis in Art. 56 AIFM-DVO auf die EBA-Leitlinien zur Verbriefung.[150] Danach muss der Anlagegegenstand aus einer **Tranchierung** hervorgegangen sein. Tranchen sind „vertraglich festgelegte Segmente des mit ein oder mehreren Risikopositionen verbundenen Kreditrisikos, wobei eine Position in diesem Segment [...] mit einem größeren oder geringeren Verlustrisiko behaftet ist als eine Position gleicher Höhe in jedem anderen dieser Segmente" (Art. 4 Abs. 1 Ziff. 67 CRR). Dafür müssen die Verlustrisiken ungleich verteilt sein, also die Tranchen in einem **Subordinationsverhältnis** stehen.[151] Das Rangverhältnis kann auf Ebene der Struktur (Zweckgesellschaft, Fonds) oder der einzelnen Forderung erzeugt werden.[152] Umgekehrt sind **die Verbriefungsregeln nicht anwendbar, wenn Tranchierung mit Subordination** gegeben ist. 104

Regelungsgrund der Verbriefungsvorschriften ist nicht der Risikotransfer – dieser ist bei jedem Erwerb eines Anlagegegenstands gegeben –, sondern die **das übliche Erwerbsrisiko übersteigende, zusätzliche Informationsasymmetrie** aus der Bündelung und anschließenden Neuverteilung einer Vielzahl von Zahlungsströmen durch den Veräußerer. Danach bestimmt sich der Anwendungsbereich: Keine zusätzlichen Informationsprobleme entstehen bei einer Abtretung ganzer Forderungen sowie sog. **1:1-Verbriefungen**, bei denen die Zweckgesellschaft nur eine Anteilsgattung emittiert. Gleiches gilt bei sog. **100/0 Verbriefungen**, bei denen der ganze Zahlungsstrom in einer Schuldtranche gebündelt ist, während auf das Eigenkapital bei normalem Verlauf keinerlei Anteil am Zahlungsstrom entfällt. Aus dem gleichen Grund sind die Verbriefungsregeln nicht anwendbar auf den Erwerb von **Credit Linked Notes** und **Covered Bonds**, insb. klassische Pfandbriefe.[153] Auch ein **Preisnachlass** erzeugt keine Informationsasymmetrie, weil grds. alle Vorteile auf den Erwerber der Verbriefungsposition entfallen. In allen diesen Fällen ist der Anwendungsbereich der Art. 50 ff. AIFM-DVO nicht eröffnet. Im Gegensatz zu § 2 Abs. 1 Nr. 7 KAGB zum Anwendungsbereich des Fondsrecht (s. § 2 Rz. 44 ff.) ist ferner keine Voraussetzung der Art. 51 ff. AIFM-DVO, dass die Verbriefungsposition durch Übertragung von einer Bankbilanz entstanden ist. So kann durch **Zeichnung vor- oder nachrangiger Tranchen von Konsortialkrediten** ein Subordinationsverhältnis entstehen. Gleiches gilt für den Erwerb von **Fondsanteilen an einem (anderen) Kreditfonds**, wenn der andere Fonds den Zahlungsstrom aus Forderungen auf mehrere Teilfonds nach Maßgabe des Ausfallrisikos verteilt. 105

---

147 Verordnung (EU) 2017/2402 des Europäischen Parlaments und des Rates vom 12. Dezember 2017 zur Festlegung eines allgemeinen Rahmens für Verbriefungen und zur Schaffung eines spezifischen Rahmens für einfache, transparente und standardisierte Verbriefung und zur Änderung der Richtlinien 2009/65/EG, 2009/138/EG, 2011/61/EU und der Verordnungen (EG) Nr. 1060/2009 und (EU) Nr. 648/2012, ABl. EU Nr. L 347 v. 28.12.17, S. 35.

148 Vgl. Art. 4 Nr. 6 des Entwurfs eines Gesetzes zur Anpassung von Finanzmarktgesetzen an die Verordnung (EU) 2017/2402 und an die durch die Verordnung (EU) 2017/2401 geänderte Verordnung (EU) Nr. 575/2013, BR-Drucks. 374/18.

149 S. dazu *Zetzsche/Marte*, RdF 2015, 7 f.; *Zetzsche/Eckner*, Securitizations, in Zetzsche, AIFMD, S. 608-612.

150 Die für Fonds einschlägigen Rechtsquellen zitieren die CEBS, Guidelines to Article 122a of the Capital Requirements Directive, 31.12.2010. Diese Leitlinien sind u.E. im Licht der neueren Richtlinien auszulegen. Dies nimmt insbesondere auf EBA/RTS/2013/12 zum Selbstbehalt in Bezug.

151 Ausführlich *Lackhoff*, WM 2012, 1851 (1855); CEBS (Fn. 132), Rz. 22; EBA/RTS/2013/12 geht für die Selbstbehaltregeln von der Existenz verschiedener Tranchen und Subordination aus, erfasst jedoch auch Tranchen, die *pari passu* mit anderen Tranchen stehen.

152 *Findeisen/König/Primozic* in Meyer/Primozic (Hrsg.), Die Verbriefungstransaktion, 2011, S. 81 (86 f.); EBA, Q&A on Guidelines to Article 122a CRD, 29.9.2011, abrufbar unter www.eba.europa.eu/documents/10180/16325/EBA-BS-2011-126-rev1QA-on-guidelines-Artt122a.pdf (Abruf: 20.1.2015), Question 2.

153 Im Ergebnis wie hier *Josek/Steffen* in Baur/Tappen, § 29 KAGB Rz. 100-102.

2. Anforderung an Originator und Sponsor, Due Diligence (Art. 52 AIFM-DVO)

106 Art. 52 AIFM-DVO normiert **besondere Due Diligence-Anforderungen** für den AIFM **hinsichtlich Sponsoren und Originatoren**. Art. 52 Buchst. a) AIFM-DVO bezieht sich auf die **Prozesse rund um die Vergabe von Krediten** in Bezug auf zu verbriefende Forderungen. Insb. wird gefordert, dass die Kriterien für zu verbriefende Forderungen jenen entsprechen, die auch für von Sponsor bzw. Originator selbst gehaltene Forderungen gelten. So soll verhindert werden, dass nur oder vorwiegend „problembehaftete" Forderungen verbrieft werden, was sich negativ auf die Qualität der Verbriefungen auswirken würde. Art. 52 Buchst. b) bis d) AIFM-DVO stipulieren **Mindestanforderungen an das Risikomanagement des Sponsors bzw. Originators** wie z.B. Diversifikation und Existenz schriftlicher Grundsätze sowie von Risikolimits. Art. 52 Buchst. e) bis g) AIFM-DVO normieren **Transparenzanforderungen**, also im wesentlichen problemlosen Zugang des AIFM zu allen relevanten Daten, die für die Bewertung und Risikoeinschätzung der der Verbriefung zugrunde liegenden Einzelforderungen notwendig sind, sowie hinsichtlich des von Sponsor bzw. Originator gehaltenen Nettoanteils gem. Art. 51 AIFM-DVO, der sicherstellen soll, dass Sponsor bzw. Originator einen Anteil des mit der Verbriefung verbundenen Risikos selbst tragen (vgl. dazu Rz. 109).[154]

3. Mindestqualifikation der AIF-KVG (Art. 53 AIFM-DVO)

107 Art. 53 AIFM-DVO stellt sicher, dass AIFM **bereits vor dem Eingehen von Verbriefungspositionen** der Aufsicht gegenüber nachweisen müssen, dass sie hinsichtlich jeder einzelnen Verbriefungsposition über die dafür erforderlichen **Kenntnisse** verfügen, also genau das Konstrukt, in das investiert werden soll, im Detail durchschauen und verstehen. Des Weiteren müssen sie **Prozesse** implementiert haben, um eine Reihe definierter, als wesentlich erachteter Informationen erfassen und analysieren zu können. Dazu gehören nicht nur Detailinformationen über die Verbriefungspositionen sowie deren zugrunde liegende Forderungen, sondern auch z.B. die **Reputation von Sponsor bzw. Originator** sowie Verluste, die diese bei früheren Verbriefungen erlitten haben, sowie **Grundsätze zur Bewertung der verbrieften Forderungen** sowie die **Sicherstellung der Unabhängigkeit der Bewertung.**[155]

108 Diese Anforderungen sind in einer **Due Diligence-Richtlinie** festzulegen. Pflichtinhalt der Richtlinie sollte u.a. sein, das Ergebnis der Analyse zu dokumentieren, insbesondere ob sich die Verbriefung **auf das Risikoprofil des Fonds** auswirkt (arg. Art. 53 Abs. 3 bis 5 AIFM-DVO). Besonderes Augenmerk ist auf **Wieder-Verbriefungen** zu legen. Hier ist eine Durchschau geboten;[156] sind die Informationen nicht zu erlangen, ist von der Anlage Abstand zu nehmen. Ergibt sich die Wieder-Verbriefung erst im Anlageverlauf, ist nach den Grundsätzen für Korrektivmaßnahmen (Art. 54 AIFMD-VO, dazu Rz. 110) zu verfahren.

4. Selbstbehalt (Art. 51 AIFM-DVO)

109 Eine aus ökonomischer Sicht empfehlenswerte Risikomanagement-Maßnahme ist die Übernahme eines nicht unwesentlichen Teils der Risiken aus der Verbriefung durch Originator, Sponsor oder ursprüngliche Kreditnehmer. Diesen „Selbstbehalt" schreibt Art. 51 AIFM-DVO vor (s. dort für Detailregelungen). Der danach gebotene **5 %-Risikoselbstbehalt**[157] mindert die Interessenkonflikte zwischen den Originatoren und Sponsoren des *Orginate-to-Distribute-Modells* einerseits, den Anlegern andererseits.[158] Die Anforderungen sind aus der Bankenregulierung gem. Art. 405 CRR bekannt.[159]

5. Korrektivmaßnahmen (Art. 54 AIFM-DVO)

110 Art. 54 AIFM-DVO verpflichtet den AIFM zu **Korrektivmaßnahmen im besten Interesse der Anleger**, falls die Anforderungen an den Selbstbehalt nicht dauerhaft eingehalten werden. Dies betrifft sowohl die **Nichteinhaltung der Festlegung oder Offenlegung des Selbstbehalts** (Art. 54 Abs. 1 AIFM-DVO), als auch die **materielle Nichteinhaltung der Untergrenze von 5 %** (Art. 54 Abs. 2 AIFM-DVO). Als Korrek-

---

154 Näher *Zetzsche/Eckner*, Securitizations, in Zetzsche, AIFMD, S. 613 ff.
155 Näher *Zetzsche/Eckner*, Securitizations, in Zetzsche, AIFMD, S. 620 ff.
156 *Josek/Steffen* in Baur/Tappen, § 29 KAGB Rz. 103.
157 Zu den Formen vgl. *Zetzsche/Eckner*, Securitizations, in Zetzsche, AIFMD, S. 613 ff.
158 ErwGr. 24 RL 2009/111/EG; ErwGr. 1 Delegierte Verordnung (EU) Nr. 625/2014 der Kommission vom 13.3.2014 zur Ergänzung der Verordnung (EU) Nr. 575/2013 des Europäischen Parlaments und des Rates durch technische Regulierungsstandards zur Präzisierung der Anforderungen, denen Anleger, Sponsoren, ursprüngliche Kreditgeber und Originatoren in Bezug auf Risikopositionen aus übertragenen Kreditrisiken unterliegen, ABl. EU Nr. L 174 v. 13.6.2014, S. 16; *Gerth* in Boos/Fischer/Schulte-Mattler, KWG/CRR, 5. Aufl. 2016, Art. 405 CRR Rz. 1 m.w.N.
159 Näher *Gerth* in Boos/Fischer/Schulte-Mattler, KWG/CRR, 5. Aufl. 2016, Art. 405 CRR Rz. 2 ff.; *Josek/Steffen* in Baur/Tappen, § 29 KAGB Rz. 101; *Zetzsche/Eckner*, Securitizations, in Zetzsche, AIFMD, S. 613 ff.

tivmaßnahmen kommt eine Kompensation auf Fondsebene nicht in Betracht, da es um Interessenkonflikte auf Seiten des Originators geht, gegen welche Kapital im Fonds nicht hilft. Die KVG hat den Sponsor/Originator zur **Beseitigung des Verstoßes** unter Bezugnahme auf die übernommenen Verpflichtungen (Art. 52 AIFM-DVO) aufzufordern. Ggf. kommt eine Schadensersatzforderung aus Vertragsverletzung in Betracht, mit Beibringung des Selbstbehalts als Naturalrestitution (§ 249 Abs. 1 BGB). In Betracht kommt des Weiteren eine Veräußerung der potentiell konfliktbehafteten Position. Kommt ein **werthaltiger Verkauf** mangels Liquidität im Markt nicht in Betracht – die Verpflichtung auf das beste Anlegerinteresse untersagt Notverkäufe –, ist als Korrektiv für bestehende Investments die Abstandnahme von weiteren Erwerben aus Tranchen desselben Originators geboten. Dies ist organisatorisch z.B. durch eine „schwarze Liste" unzuverlässiger Originatoren abzubilden. Eine **Glattstellung (hedging) des Risikos** aus der Verbriefungsposition[160] ist hingegen eher selten eine geeignete Maßnahme, weil die Anlagechance entfällt, die Transaktionskosten und das Anschlussrisiko indes im Fonds verbleiben. Eine auf Nettoverlust hinauslaufende Pflicht ist Art. 54 AIFM-DVO nicht zu entnehmen. Wohl aber kann ein Teil des Ausfallsrisikos aus der Verbriefung über einen **Credit Default Swap** oder eine andere Art Kreditausfallversicherung herausgenommen werden, wenn solche Produkte vergleichsweise günstig zu haben sind. Aber auch dann ist zu prüfen, ob Originator und Sponsor mit den Mehrkosten belastet werden können (zur zivilrechtlichen Wirkung der §§ 29, 30 KAGB unter Rz. 213 ff.).

I. Anforderungen für Kreditfondsverwalter (§ 29 Abs. 5a KAGB)

I. Tätigkeit von Kreditfonds

Kreditfonds investieren überwiegend in unverbriefte Darlehensforderungen. Originäre Kreditfonds vergeben 111
die Darlehen selbst, sekundäre Kreditfonds erwerben die Darlehensforderungen oder Risikotranchen aus Kreditportfolios von einem Gläubiger, Originator oder Sponsor. Der regulatorische **Fokus** liegt – entsprechend dem von ESRB, Europäischer Kommission und ESMA[161] – **auf der Erstvergabe von Krediten** („loan origination").

Das Wachstum der Kreditfonds speist sich aus zwei Quellen: Einerseits **reduzieren Kreditinstitute ihr ei-** 112
genmittelrelevantes Risiko, um den Eigenmittel- und Liquiditätsvorgaben sowie dem Großkreditregime von CRD IV/CRR besser zu entsprechen. Andererseits suchen institutionelle Anleger im Niedrigzinsumfeld dringend Anlagen. **Kredittypische Zinserträge bieten eine interessante Rendite.**[162]

Die aufsichtsrechtliche Zulässigkeit von Kreditfonds ist mittlerweile grundsätzlich geklärt. Solche Fonds sind 113
in den meisten Staaten Europas unter den Vorgaben der AIFM-RL zulässig. Zur Abgrenzung von Kreditinstituten dürfen sich Alternative Investmentfonds (AIF) nicht durch Kredite beim Publikum refinanzieren. Als Finanzierungsquelle dienen nur das Anlegerkapital und Kredite ausgewählter z.B. institutioneller Anleger. Auch die BaFin hat ihre (zu) restriktive Position, die von einer Parallelwirkung von KWG und KAGB ausging, im Jahr 2015 aufgegeben.[163] Im Rahmen der dt. OGAW V-Umsetzung wurde eine im Ergebnis wenig attraktive (rein national wirkende) Verwalter- und Produktregulierung für Fonds geschaffen, „die Gelddarlehen vergeben".[164] Insbesondere ist § 14 KWG zu Großkrediten entsprechend anwendbar (§ 34 Abs. 6 KAGB). Aber als rechtssystematisches Fazit ist zu vermerken: Das **Investmentrecht** (KAGB/AIFM-RL) ist ***lex specialis* zum Bankrecht** (KWG/CRD IV/CRR). Damit stellt sich die häufig unsachlich diskutierte Frage, ob das europäische Investmentrecht Systemrisiken angemessen begegnet;[165] dies ist grds. zu bejahen.[166] Die

160 Dafür *Josek/Steffen* in Baur/Tappen, § 29 KAGB Rz. 104.

161 Vgl. ESRB, Pressemitteilung des „ESRB General Board meeting in Frankfurt", 20.3.2014, online https://www.esrb.europa.eu/news/pr/date/2014/html/pr140331.en.html; Europäische Kommission, CMU, S. 10-11; ESMA/2016/596, S. 3.

162 *Hanten/v. Tiling*, WM 2015, 2122.

163 Vgl. BaFin v. 12.5.2015, Änderung der Verwaltungspraxis zur Vergabe von Darlehen usw. für Rechnung des Investmentvermögens, WA 41-Wp 2011 - 2015/0001.

164 Vgl. insbesondere §§ 2 Abs. 4 Nr. 4 und Abs. 5 Nr. 8, 20 Abs. 8 bis 10, 29 Abs. 5a, 34 Abs. 6, 48a, 261 Abs. 1 Nr. 8, 282 Abs. 2, 284 Abs. 5, 285 Abs. 2 und 3 KAGB.

165 Vgl. zu Risiken für die Anleger ESRB, Pressemitteilung des „ESRB General Board meeting in Frankfurt", 20.3.2014, online https://www.esrb.europa.eu/news/pr/date/2014/html/pr140331.en.html: „ESRB members noted also the need to ensure appropriate levels of consumer protection if investment funds that originate loans were to be offered to retail investors."; ESMA/2016/596, S. 6 f.; zu Risiken für die Kreditnehmer BaFin, BaFin v. 12.5.2015, Änderung der Verwaltungspraxis zur Vergabe von Darlehen usw. für Rechnung des Investmentvermögens, WA 41-Wp 2011 - 2015/0001, IV.1.a) (2). Sehr pauschal *Zander*, DB 2016, 331 (332).

166 *Zetzsche/Marte*, RdF 2015, 4 (12); *Zetzsche*, ZVglRW 146 (2017), 269 ff.

Qualität der Diskussion leidet unter einem Unverständnis zur Funktionsweise und Regulierung von Investmentfonds im Allgemeinen sowie dem Einfluss von Brancheninteressen, die darauf abzielen, Fonds als unwillkommene Wettbewerber von Banken fernzuhalten.

II. Hintergrund des § 29 Abs. 5a KAGB

114 § 29 Abs. 5a KAGB wurde mit dem OGAW V-UmsG[167] eingeführt und betrifft **die interne Organisation und das Risikomanagement durch KVG**, die für Rechnung des (Kredit-)Fonds Gelddarlehen vergeben oder in unverbriefte Gelddarlehen investieren. Sie steht im Kontext mit § 20 Abs. 8 bis 10 KAGB. Danach dürfen **OGAW-KVG** für Rechnung des OGAW weder Gelddarlehen gewähren noch Verpflichtungen aus einem Bürgschafts- oder einem Garantievertrag eingehen. **AIF-KVG** dürfen dies, soweit es durch Europarecht,[168] nach §§ 3 Abs. 2, 4 Abs. 7 UBGG oder das KAGB gestattet ist. Das KAGB gestattet die Darlehensgewährung **in zwei Fällen**.

115 (1) Zulässig ist die Darlehensgewährung durch **offene Publikums-AIF** nach § 240 KAGB (Darlehensgewährung durch offenen Immobilienfonds an Immobiliengesellschaft bis zu 50 % des Wertes der von der Immobilien-Gesellschaft gehaltenen Grundstücke bzw. 25 % des Fondsvermögens, dazu § 240 Rz. 16 ff.) sowie § 261 Abs. 1 Nr. 8 KAGB (entsprechend § 285 Abs. 3 Satz 1 und 3 KAGB Darlehensgewährung an bestehende Beteiligungen, bis zu höchstens 30 Prozent des aggregierten und des noch nicht eingeforderten Fondskapitals und gem. § 285 Abs. 3 Satz 1 Nr. 3 KAGB bis zur Höhe der Anschaffungskosten der an dem Unternehmen gehaltenen Beteiligungen, dazu § 261 Rz. 19).

116 (2) Zulässig ist die Darlehensgewährung durch **Spezial-AIF** gem. § 285 Abs. 3 i.V.m. § 282 Abs. 2 Satz 3 und § 284 Abs. 5 KAGB (Gelddarlehen an bereits gehaltene Beteiligungen bis zu höchstens 50 Prozent des aggregierten eingebrachten und noch nicht eingeforderten Fondskapitals, dazu § 285 Rz. 24), oder § 285 Abs. 2 KAGB (Gelddarlehen durch geschlossenen Spezial-AIF, an denen keine Beteiligung besteht, bis zu 30 % des Fondskapitals, dazu § 285 Rz. 12).

117 § 29 Abs. 5a Satz 1 KAGB rechtfertigt die Regierungsbegründung mit **Risiken für die Stabilität des Finanzsystems** sowie der **Vermeidung von Regulierungsarbitrage** zwischen dem Banken- und dem Fondssektor.[169] Der **Anlegerschutz** ist danach kein Regelungszweck, ebenso wenig wie der **Verbraucherschutz**. Dies hat Konsequenzen für die Normanwendung.

III. Anwendungsbereich

1. Sachlicher Anwendungsbereich: Relevante Darlehensvergabe

118 Die Vorschrift erfasst nur **bestimmte Darlehensvergaben.** Erfasst ist die **Darlehensgewährung für Rechnung des AIF** sowie die **Investition in unverbriefte Darlehensforderungen.** Die Wortwahl ist unglücklich, weil sie suggeriert, dass eine *verbriefte* Darlehensgewährung für AIF nach der ersten Variante erfasst sein könnte. Gemeint ist: Die erste Variante erfasst die Erstvergabe von Darlehen, bei der der Fonds der erste Gläubiger dieser Forderung ist (sog. originärer Kreditfonds), die zweite die Zession bestehender unverbriefter Darlehensforderungen vom bisherigen Gläubiger (sekundärer Kreditfonds).[170] Dazu näher § 20 Rz. 116 ff. **Sachdarlehen** lösen keine Sonderpflichten aus. Der Fonds kann somit einen Gegenstand (z.B. Immobilie, Maschine) erwerben und diesen der Zielgesellschaft zur Verfügung stellen, die dafür eine Vergütung leistet.

119 Keine Sonderpflichten ruft der Erwerb von Schuldverschreibungen sowie von Wertpapieren mit Schuldkomponente hervor; es handelt sich um **verbriefte Darlehensforderungen,** und zwar gleich ob diese anlässlich des Kapitalzuflusses an den Schuldner geschaffen werden oder diese bereits zuvor existieren.[171] Die Differenzierung ist nicht ökonomisch begründet. Jeweils ist der Anlagebetrag auf den Darlehensbetrag be-

167 Vgl. BGBl. I 2016, S. 348 ff., dazu BT-Drucks. 18/6744, 42.

168 Dies ist KVG, die Fonds nach der EuVECA-Verordnung (EU) Nr. 345/2013, der EuSEF-Verordnung (EU) Nr. 346/2013 und der ELTIF-Verordnung (EU) 2015/760 auflegen, in Bezug auf diese Fonds erlaubt. Dazu *Zetzsche/Preiner*, Art. 3 EuVECA-VO Rz. 14.

169 BT-Drucks. 18/6744, 43 („Um die Gefahr für die Finanzmarktstabilität und Regulierungsarbitrage zu vermeiden, werden an Kapitalverwaltungsgesellschaften von AIF, die in unverbriefte Darlehen investieren, (wie auch für darlehensvergebende AIF) besondere Anforderungen an das Risiko- und Liquiditätsmanagement gestellt, vgl. § 29 Abs. 5a …“).

170 Zur Terminologie *Zetzsche/Marte*, RdF 2015, 4 ff.

171 Allg. BT-Drucks. 18/6744, 47.

grenzt – dies unterscheidet die Darlehensvergabe etwa vom Derivateerwerb. Zudem ist es zu geringen Kosten möglich, mittels Verbriefungsplattformen eine unverbriefte in eine verbriefte Darlehensforderung umzuwandeln. Der Gesetzgeber dürfte mit seiner Begrenzung auf unverbriefte Darlehensforderungen Konflikte mit dem europäischen Regelwerk für OGAW vermieden haben, welches die Investition in Wertpapiere abschließend regelt. Dies mindert die Effizienz der Regelung, aber zugleich die praktische Relevanz der (wohl gegebenen) Europarechtswidrigkeit der Norm (dazu Rz. 124)

Keine relevante Darlehensgewährung ist die der Kreditvergabe nachfolgende **Änderung der Darlehensbedingungen** (§ 20 Abs. 9 Satz 2 KAGB), insbesondere die Prolongierung, die Tilgungsaussetzung/Stundung, Anpassung der Raten (Restrukturierung), Aufgabe von Sicherheiten und Zinsänderung (etwa bei flexiblen Darlehenszinssätzen).[172] Keine Änderung der Darlehensbedingung in diesem Sinn ist nach Sinn und Zweck der Regelung die **Aufstockung der Kreditsumme** aus einem bestehenden Schuldverhältnis. 120

2. Personaler Anwendungsbereich

Nach § 29 Abs. 5a KAGB müssen AIF-KVG, die Kreditfonds verwalten, über die allgemeinen Anforderungen nach Abs. 1 bis 6 hinaus „über eine diesen Geschäften und deren Umfang **angemessene Aufbau- und Ablauforganisation** ... verfügen, die insbesondere Prozesse für die Kreditbearbeitung, die Kreditbearbeitungskontrolle und die Behandlung von Problemkrediten sowie Verfahren zur Früherkennung von Risiken vorsieht." Die Vorschrift gilt neben den nach §§ 20 ff. KAGB zugelassenen AIF-KVG gem. § 2 Abs. 4 Satz 1 Nr. 4 und Abs. 5 Nr. 8 KAGB auch für **registrierungspflichtige AIF-KVG** nach § 2 Abs. 4 und 5 KAGB, soweit der sachliche Anwendungsbereich eröffnet ist. 121

Keine gesonderte Kreditvergabeorganisation, sondern **die allgemeinen Anforderungen nach § 29 Abs. 1 bis 6** KAGB genügen jedoch gem. § 29 Abs. 5a Satz 2 KAGB für die Vergabe von **Gesellschafterdarlehen** 1) nach §§ 3 Abs. 2, 4 Abs. 7 UBGG, 2) gem. § 240 KAGB betr. offene Immobilienfonds an Immobiliengesellschaften, an denen der Fonds beteiligt ist, sowie 3) an bestehende Beteiligungen bis zu 30 % bzw. bei Spezial-AIF 50 % des Fondskapitals gem. § 261 Abs. 1 Nr. 8, § 282 Abs. 2 Satz 3, § 284 Abs. 5 und § 285 Abs. 3 KAGB. Dadurch soll praktischen Bedürfnissen insbesondere im Bereich Private Equity, Venture Capital sowie zur Strukturierung über Zweckgesellschaften Rechnung getragen werden, weil Situationen auftreten können, in denen der Einsatz von Darlehen als flexibles Element der Unternehmensfinanzierung angezeigt ist und nicht erschwert werden soll. Solche Gesellschafterdarlehen, die nur anlässlich einer bestehenden Beteiligung gewährt werden und im Umfang begrenzt sind, stellten deutlich verringerte Finanzmarktrisiken in Form der Regulierungsarbitrage und des exzessiven Kreditwachstums dar.[173] Richtig ist daran, dass der Darlehensgeber den Darlehensnehmer weit besser kennt, über bessere Informationen verfügt und deshalb geringere Anlagerisiken gegeben sind.[174] Mit dem offiziösen Schutzzweck der Norm (Rz. 18) hat dies freilich nichts zu tun. 122

Der Anwendungsbereich der Zusatzpflichten nach § 29 Abs. 5a Satz 1 KAGB ist dem Wortlaut nach, der allein auf die Verwaltung von AIF abstellt, bei der Verwaltung von EuVECAFs, EuSEFs und ELTIFs nach den jeweiligen Verordnungen eröffnet,[175] denn auch dann handelt es sich um AIF (s. § 1 Rz. 112 f.), die Gelddarlehen gewähren oder in unverbriefte Darlehensforderungen investieren. Allerdings wollte der Gesetzgeber diesen Fall wohl nicht erfassen, wie aus der Regierungsbegründung hervorgeht, die auf diese Fälle jedoch nur unzureichend eingeht.[176] Aufgrund der vorrangigen abschließenden Regelung durch europäisches Verordnungsrecht ist der zu weite Wortlaut des § 29 Abs. 5a KAGB europarechtskonform zu reduzieren. Jedenfalls handelt es sich dann auch um Gesellschafterdarlehen, so dass die ausdrückliche Privilegierung von Gesellschafterdarlehen (Rz. 122) auch insoweit greift. 123

Es bleibt damit als **einziger Anwendungsfall des § 29 Abs. 5a KAGB** die **Kreditvergabe durch geschlossene Spezial-AIF, an denen keine Beteiligung besteht**, bis zu 30 % des Fondskapitals gem. § 285 Abs. 2 KAGB (dazu § 285 Rz. 12). Jedoch handelt es sich dann um AIFM, deren Organisationspflichten vollständig europäisch harmonisiert sind, nämlich durch die AIFM-DVO 231/2013. In den Organisationspflichten als Kernbereich der Verwalterregulierung steht dem deutschen Gesetzgeber **keine Regelungshoheit** zu.[177] 124

---

172 S. auch BT-Drucks. 18/6744, 42.
173 BT-Drucks. 18/6744, 47.
174 *Geurts/Scheubert* in Moritz/Klebeck/Jesch, § 29 KAGB Rz. 101.
175 Dies ist KVG, die Fonds nach der EuVECA-Verordnung (EU) Nr. 345/2013, der EuSEF-Verordnung (EU) Nr. 346/2013 und der ELTIF-Verordnung (EU) 2015/760 auflegen, in Bezug auf diese Fonds erlaubt. Dazu *Zetzsche/Preiner*, Art. 3 EuVECA-VO Rz. 14.
176 Vgl. BT-Drucks. 18/6744, 42.
177 Vgl. *Zetzsche/Marte*, RdF 2015, 4.

Auf Art. 41 AIFM-RL kann sich der Gesetzgeber bei Spezial-AIF nicht berufen, soweit diese auf professionelle Anleger beschränkt sind. Auch ist in Organisationspflichten keine zulässige Produktregulierung zu sehen. Die Vorschrift ist daher europarechtswidrig.

125 § 29 Abs. 5a Satz 1 KAGB ist für zugelassene AIF-KVG zudem **sinnlos**, aus zwei Gründen: Erstens können Kreditfonds-Verwalter ohne Beachtung von § 29 Abs. 5a Satz 1 KAGB mittels europäischen Passes in Deutschland Fondsanteile vertreiben. Zweitens sorgen die strengen Grenzen des § 285 Abs. 2 KAGB (insgesamt 30 % des Fondskapitals, dabei maximal 20 % des Fondskapitals an einen Schuldner, dazu § 285 Rz. 12 und 15) dafür, dass kaum nennenswerte originäre Kreditfondsstrategien verfolgt werden können; die originäre Kreditvergabe kommt nur als Portfoliobeimischung in Betracht. Insgesamt lädt der restriktive Ansatz des KAGB zu einer Verlagerung der Verwaltung von Kreditfonds ins Ausland ein. Dabei hilft wenig, dass die Anwendung von § 29 Abs. 5a KAGB selbst dem Proportionalitätsprimat verpflichtet sein soll.[178] Für **registrierungspflichtige AIF-KVG** hat die Regelung einen eigenen Regelungsgehalt. Dort dürften aber weder Regulierungsarbitrage noch exzessives Kreditwachstum im relevanten Umfang drohen, so dass sich die Sinnfrage auch insoweit stellt.

126 Bereits nicht zur Anwendung des § 285 Abs. 2 KAGB kommt es in den Fällen des § 20 Abs. 10 KAGB: Die Darlehensvergabe **an bestimmte Personenkreise ist privilegiert.** So dürfen **externe KVG** ihren **Mutter-, Tochter- und Schwesterunternehmen** Gelddarlehen **für eigene Rechnung** gewähren (§ 20 Abs. 10 KAGB). Für § 29 Abs. 5a KAGB bedeutet dies: Für solche Darlehen muss es keine gesonderte Kreditorganisation geben. Nach Ansicht der BaFin hat die Vergabe von Gelddarlehen an verbundene Unternehmen für eigene Rechnung nach § 20 Abs. 10 KAGB aber den Vorgaben für das interne Kontrollsystem zu entsprechen.[179] Selbstverständlich dürfen sich Konzerngesellschaften aber freiwillig entsprechende Organisationsvorgaben auferlegen. Für nicht explizit genannte Konzerngesellschaften (z.B. Enkelgesellschaften) ist ebenso zu verfahren.

127 Ebenfalls keine Darlehensgewährung, die die Pflichten des § 29 Abs. 5a KAGB auslöst, ist die **Kreditvergabe für Rechnung der KVG** an den Fonds, wohl aber die im Hinblick auf Interessenkonflikte (§§ 26 Abs. 1, 2 und 7, § 27 Abs. 1, 2 und 5 KAGB) ohnedies inkriminierte **Kreditvergabe durch den Fonds** an die KVG oder andere Fonds, denn andere von derselben KVG verwaltete Fonds sind keine mit der KVG verbundenen Unternehmen. Näher § 1 Rz. 175 f. (zu § 1 Abs. 19 Nr. 10) sowie § 20 Rz. 107 ff.

IV. Organisationspflichten von Kreditfonds auf Grund der Geltung der § 29 Abs. 1 bis 6 KAGB

128 Wie aus dem Wort „darüber hinaus" folgt, gelten **für Verwalter originärer und sekundärer Kredit-AIF die Vorgaben der § 29 Abs. 1 bis 6 KAGB.** § 29 Abs. 5a Satz 1 KAGB gilt nur zusätzlich. § 29 Abs. 1 bis 6 KAGB verweisen wiederum auf die Vorgaben der AIFM-RL. Diese sind sehr detailliert, müssen aber in Bezug auf die Verwaltung von Kreditfonds sachgerecht ausgelegt werden. Tut man dies, bleibt kaum Raum für Systemschutz und Regulierungsarbitrage als Regelungsmotive des § 29 Abs. 5a KAGB (Rz. 110).[180]

1. Funktionstrennung nach § 29 Abs. 1 KAGB bei Kreditfonds

a) Grundsatz

129 Die Funktionstrennung nach § 29 Abs. 1 KAGB (Rz. 31 ff.) gilt auch für AIF-KVG, die das Darlehensgeschäft betreiben. Für diese Zwecke ist die Entscheidung über die Vergabe von Darlehen und Wiederanlage von Sicherheiten für Rechnung des AIF **Teil der Anlageentscheidung**[181] und obliegt den dafür tätigen Organisationseinheiten (ggf. einem externen Asset Manager). Diese Einheiten haben eine Initiativfunktion und schlagen eine Anlageentscheidung vor (sog. Erst-Votum). Ob die Anlageentscheidung unter Risikogesichtspunkten für den AIF tragbar ist, ist Teil des von der Anlageentscheidung organisatorisch und hierarchisch getrennten **Risikomanagements.**[182] Die BaFin verlangt dafür zwar (ohne gesetzliche Grundlage) die Einrichtung eines Bereichs „Marktfolge",[183] lässt aber zu, dass dieselbe Organisationseinheit für die Ri-

178 BT-Drucks. 18/6744, 42.
179 KAMaRisk, Nr. 4, Tz. 1 i.V.m. Nr. 4.3.
180 Bereits *Zetzsche*, ZVglRW 146 (2017), 269 (280 f.) in Bezug auf das Risikomanagement. Sinnvoll könnten jedoch produktbezogene Anpassungen und die Einbeziehung in den Abwicklungsmechanismus sein.
181 KAMaRisk, Nr. 4.3., re. Sp.
182 Grds. auch KAMaRisk, Nr. 5.1 (wonach die Risikotragfähigkeit dem Organisationsteil „Marktfolge" zugeordnet ist).
183 KAMaRisk, Nr. 4.3.

sikocontrolling-Funktion und den Bereich Marktfolge verantwortlich zeichnet.[184] Dies dürfte nicht nur angesichts der engen Grenzen, die AIF bei der Kreditvergabe gesetzt sind, die einzig realistische Gestaltung, sondern auch von Anh. I.2. AIFM-RL und Art. 3 Abs. 3, 2. Unterabs., Art. 26 Abs. 7, Art. 43 Abs. 1 AIFM-RL so erzwungen sein, wonach die **Verwalterregulierung vollharmonisiert** ist (näher Einl., Rz. 68). Danach ist das Risikomanagement Hauptaufgabe des AIFM,[185] von Marktfolge ist dort jedoch nichts zu lesen. Die Anforderungen der BaFin an den Bereich „Marktfolge" ist daher europarechtskonform als spezielle Risikomanagementtätigkeit auszulegen und an Art. 39 ff. AIFM-DVO zu messen. Eigene Mitarbeiter, die nur Marktfolge- und nicht auch andere Risikomanagementtätigkeiten betreiben, darf die BaFin nicht verlangen: Eine AIF-KVG ist auch nach dem OGAW V-UmsG kein Kreditinstitut.

Das **Risikomanagement** (sub specie „Marktfolge") hat die Anlageentscheidung auf Grundlage aller wesentlichen Darlehensunterlagen auf Plausibilität zu prüfen, i.e. Prüfung auf Nachvollziehbarkeit und Vertretbarkeit der Darlehensentscheidung unter Berücksichtigung von Höhe, Form und Komplexität des Darlehensgeschäfts.[186] Fällt das Erst-Votum (etwa eines externen Asset Managers) positiv aus, wird die Risikokontrolle durch ein weiteres Votum der Risikomanagement-Abteilung ausgeübt. Fällt dieses ebenfalls positiv aus, darf der Kredit aus investmentrechtlicher Sicht vergeben werden. Für ein negatives Votum bedarf es klarer Entscheidungsregeln: entweder endgültige Ablehnung oder Eskalation (Entscheidung durch höhere Führungsebene, Geschäftsleitung).[187] Hinzu können Zustimmungspflichten aus z.B. Satzung oder Gesellschaftsvertrag einer InvKG oder InvAG kommen, etwa des Anlegerausschusses oder Aufsichtsrats bei Überschreitung von Risikolimits. 130

Die Einschätzung zur **Werthaltigkeit von Sicherheiten** ist nicht Teil der Anlageentscheidung/des Fondsmanagements. Gibt das Fondsmanagement oder ein Sachverständiger eine Ersteinschätzung, muss diese vom Risikomanagement auf Plausibilität überprüft werden.[188] Dies kann unter Einschaltung der Rechtsabteilung erfolgen.[189] Diese trifft freilich keine Aussagen zum wirtschaftlichen Wert der Sicherheit, so dass die Rechtsabteilung allein nicht genügt. Im Übrigen können die Teilprozesse bei der Darlehensbearbeitung nach Opportunität wahlweise der Anlageentscheidung oder dem Risikomanagement zugeschlagen werden.[190] 131

Durch **Vorgabe von Risikobudgets** unter Beteiligung des Risikomanagements kann die Ablauforganisation dergestalt vereinfacht werden, dass die einzelne Risikoentscheidung innerhalb des Risikobudgets bei Beachtung der Risikolimits (etwa auch in Bezug auf Diversifikation etc.) nicht mehr als risikorelevant gilt und daher nur das Votum der Abteilung für die Anlageentscheidung genügt.[191] Ebenfalls erlaubt die BaFin Erleichterungen über **Bagatellgrenzen** bei zusätzlichen Darlehensanträgen über relativ geringe Beträge, selbst wenn das Gesamtobligo des Darlehensnehmers risikorelevant ist.[192] Risikolimits sollten so aber nicht aufgeweicht werden. Zudem bleiben die Anforderungen an die Umsetzung der Darlehensentscheidung im Bereich Risikokontrolle etc. im Übrigen bestehen. 132

b) Erleichterung bei von Dritten initiierten Darlehensgeschäften

Die BaFin gewährt **zwei weitere Erleichterungen** in Bezug auf die Funktionstrennung. Für beide Ausnahmen darf bei CRR-Kreditinstituten gem. § 1 Abs. 3d Satz 1 KWG davon ausgegangen werden, dass das Institut die Vorgaben zur Funktionstrennung und Votierung erfüllt. Beide Ausnahmen sind ebenso in der MaRisk zu finden.[193] 133

Erstens soll bei von Dritten initiierten Darlehensgeschäften, insbesondere der Beteiligung an **Konsortialkrediten unter Führung eines Dritten**, allein das zustimmende Votum aus dem Bereich Anlageentscheidung/Fondsmanagement genügen, wenn der Dritte seinerseits eine Entscheidung auf der Grundlage der Funktionstrennung getroffen hat.[194] Diese erste Ausnahme macht sich die Funktion von Fonds als Risikokapitalanbieter zu Nutze, die Risiken eingehen können, die für Banken nicht mehr tragbar sind. I.d.R. ist Konsortialführer ein CRR-Institut, welches nunmehr auch auf Fonds als Konsorten zurückgreifen kann. 134

184 KAMaRisk, Nr. 4.5.
185 Vgl. *Zetzsche/Eckner*, Risk Management, in Zetzsche, AIFMD, S. 336 ff.
186 KAMaRisk, Nr. 5.1, Tz. 2, re. Sp.
187 KAMaRisk, Nr. 5.1.
188 KAMaRisk, Nr. 5.1, Tz. 5, re. Sp.
189 KAMaRisk, Nr. 5.1, Tz. 5, re. Sp.
190 KAMaRisk, Nr. 5.1.
191 Wohl auch KAMaRisk, Nr. 5.1, durch Hinweis auf Möglichkeit nicht-risikorelevanter Geschäfte.
192 KAMaRisk, Nr. 5.1, Tz. 3, re. Sp.
193 MaRisk, BTO 1.1, Tz. 1.
194 KAMaRisk, Nr. 5.1.

Durch ein größeres Angebot an Risikokapitalgebern sollte der Wettbewerb um Zinseinnahmen aus Kreditgroßrisiken zu niedrigeren Kreditkonditionen führen.

135 Zudem soll eine Funktionstrennung **im sekundären Kreditgeschäft** nicht erforderlich sein, i.e. wenn der Fonds eine Darlehensforderung im Wege der Abtretung von dem originären Darlehensgeber erwirbt und man davon ausgehen kann, dass dieser die Vorgaben zur Funktionstrennung und Votierung erfüllt. Diese zweite Ausnahme erleichtert das Darlehensgeschäft, wenn eine sog. Fronting-Bank das Darlehen vergibt, wie es auch bereits vor dem OGAW V-UmsG gängige Praxis war.

136 Der Verlass auf den den Vorgaben der Funktionstrennung und Votierung unterstellten Dritten erfasst auch die **Prüfung der Sicherheiten**, die **Bewertung des Adressatenausfallrisikos** sowie die mit dem Objekt/Projekt verbundene **Risikoeinschätzung und Kontrolle**; insoweit genügt eine Plausibilisierung der vom Dritten übermittelten Unterlagen durch die KVG.[195]

137 Diese Erleichterungen erklären sich im Bankbereich mit durch die CRR stark vereinheitlichten Risikomessungs- und -budgetierungsvorschriften. Die **Übertragung auf den Fondsbereich**, wo jeder Fonds seine eigene Bilanz bildet und *insofern* ein eigenes Risikoprofil ausbildet, die Risikobetrachtung daher auch bei per se guten Investments eine Ablehnung gebieten kann, **drängt sich freilich nicht auf**. Wie mehrfach im deutschen Finanzmarktrecht zu bemerken, ist die Unterscheidung zwischen on-balance-Geschäft der Banken und off-balance-Geschäften der Fonds nicht im regulatorischen Fundus verankert.[196]

c) Kleine AIF-KVG

138 Soweit **§ 29 Abs. 1 KAGB eine Abweichung von der Funktionstrennung erlaubt** (Rz. 129 ff.), gilt dies auch für kleine AIF-KVG, die das Darlehensgeschäft betreiben. Die weiterhin erforderlichen Schutzvorkehrungen gegen Interessenkonflikte sowie das Gebot des unabhängigen Risikocontrollings (Rz. 20 ff./36) sieht die BaFin als gegeben an, wenn die Bearbeitung und die Beschlussfassung von risikorelevanten Darlehensgeschäften von der Geschäftsleitung selbst durchgeführt werden. Abwesende Geschäftsleiter müssen im Nachhinein über Entscheidungen im risikorelevanten Geschäft informiert werden.[197]

2. Vorgaben nach § 29 Abs. 2 bis 5 KAGB, Art. 39 ff. AIFM-DVO

139 Die Anlagestrategie determiniert die Risikopolitik. Bei Kreditfonds geht es bei den vom Risikomanagement zu steuernden Risiken auch ohne besondere gesetzliche Regelung um **banktypische Risiken**. So muss die Bonität der Kreditnehmer laufend überwacht werden. Daneben sind Zins-, Währungs-, Branchen- oder Länderrisiken, aber auch höhere Gewalt wie Naturkatastrophen oder Streiks typische Risiken gem. Art. 45 Abs. 1 Buchst. a AIFM-DVO. Als Risikomanagement-Methoden kommen in Betracht etwa der Einsatz von Derivaten zur Absicherung des Zinsniveaus oder bestimmter Ausfallrisiken (durch CDS). In periodischen Stresstests ist zudem zu prüfen, wie sich veränderte Marktbedingungen auf das Kreditportfolio auswirken (Art. 45 Abs. 3 Buchst. c AIFM-DVO).

3. Risikomanagement vs. Hilfsdienstleistung

140 Die Abgrenzung zwischen operativem Geschäft und Risikomanagement entscheidet über die notwendige **organisatorische und personelle Aufstellung der AIF-KVG** sowie die **Anforderungen an die Auslagerung.** Die Trennlinie zwischen Anlage- und Risikomanagement einerseits, und den nicht zulassungspflichtigen Hilfsdienstleistungen andererseits ist fließend, muss für Auslagerungszwecke indes genau bestimmt sein.

141 Wichtigste Aufgabe des Risikomanagements eines Kreditfonds ist die **Kreditüberwachung**: Der AIFM muss mögliche Risiken jederzeit ermitteln, messen und steuern können (Art. 45 Abs. 1 Buchst. a AIFM-DVO). Die in Art. 18 Abs. 1, 19 Abs. 1 Buchst. e, 45 Abs. 1 Buchst. a AIFM-DVO explizit statuierte Pflicht zur Überwachung der Anlagegenstände umfasst in der Haltephase von Kreditfonds die Aktualisierung der Bonität des Schuldners, Überwachung der Zahlungen des Schuldners, Wertentwicklung der Sicherheiten i.V.m. festgelegten Risikolimits, Identifikation von Problemkrediten, Überprüfung der Ratingkriterien etc.

142 Die Kreditüberwachung basiert auf einer **soliden Kreditadministration**. Dazu zählt die Pflege der Datenbestände, das Mahnwesen, die Limit- und Zahlungsstromverwaltung. Die Kreditadministration ist wesent-

---

195 KAMaRisk, Nr. 5.1, Tz. 5, re. Sp., sowie Nr. 5.2, Tz. 2.

196 Siehe bereits *Zetzsche*, ZVglRW 146 (2017), 269 ff.

197 KAMaRisk, Nr. 5.1; zur generellen Anwendbarkeit der KAMaRisk bei kleinen Spezial-AIFM *Jünemann/Wirtz*, RdF 2018, 109, 114.

liche unterstützende Aufgaben, aber nicht Teil des Risikomanagements i.e.S., da Erkenntnisse für die Verwaltung erst aus der Analyse und Interpretation der Daten gewonnen werden.[198]

Kreditportfolio-Spezialisten finden sich **häufiger bei Kreditinstituten** und seltener bei Fonds. Der so ge- 143
nerierte Expertisenzuwachs (gem. Art. 76 Abs. 1 Buchst. b AIFM-DVO) dürfte neben Kostenreduktionen durch Skaleneffekte (Art. 76 Abs. 1 Buchst. c AIFM-DVO) Motiv für die Auslagerung an Kreditinstitute sein. Für die Auslagerung wesentlicher Aufgaben wie die Daten-, Limit- und Zahlungsstromverwaltung sind die allgemeinen Grundsätze des § 36 KAGB und die AIFM-DVO, für die Kerntätigkeiten Portfolio- und Risikomanagement daneben die strengeren Anforderungen des § 36 Abs. 3 KAGB heranzuziehen.[199]

V. Angemessene Aufbau- und Ablauforganisation nach § 29 Abs. 5a Satz 1 KAGB

1. Geringer gesetzlicher Regelungsgehalt

§ 29 Abs. 5a Satz 1 KAGB soll sicherstellen, dass „**angemessene Mindestanforderungen an das Risiko- 144
management** erfüllt werden, wobei jedoch auch zu berücksichtigen ist, welchen Anteil diese Geschäfte an den Vermögensgegenständen des AIF ausmachen."[200] Erfasst sein sollen „die „bankentypischen" Geschäfte der Darlehensvergabe und der Restrukturierung unverbriefter Darlehensforderungen," aber „auch an das Halten unverbriefter Darlehensforderungen [sollen] besondere Anforderungen z.B. bezüglich der Überwachung des Kreditportfolios zu stellen" sein.[201]

Das Gesetz gebietet eine „angemessene Ablauforganisation" – was aber schon Gegenstand des § 29 Abs. 1 145
bis 6 KAGB ist (Rz. 128) – und beschränkt sich darüber hinaus auf ein Regelbeispiel („insbesondere **Prozesse für die Kreditbearbeitung, die Kreditbearbeitungskontrolle und die Behandlung von Problemkrediten sowie Verfahren zur Früherkennung von Risiken.**").

Zu der Frage, wie die Pflichten im Einzelnen aussehen, ist der Regierungsbegründung nur der Hinweis zu 146
entnehmen, „die Anforderungen könnten sich, soweit geeignet, an dem Rundschreiben 10/2012 (BA) – Mindestanforderungen an das Risikomanagement – MaRisk orientieren." Die BaFin hat diesen im Gesetzeswortlaut nicht artikulierten Auslegungsauftrag ihrerseits **unter Missachtung des Verhältnismäßigkeitsgebots** durch eine exzessive Detailmasse und -tiefe in den KAMaRisk ausgeführt. Wegen der marginalen gesetzlichen Basis kann die Mehrheit der Rechtsansichten der Behörde nicht im Gesetzeswortlaut verankert werden. Dies eröffnet im Verstoßfall Spielraum für prozessuale Angriffe. Als praktische Auswirkung ist zu vermerken, dass deutsche Kreditfonds nicht konkurrenzfähig sind.[202]

2. Proportionalitätsgebot, Zusammenwirken mit § 29 Abs. 1 bis 6 KAGB und AIFM-DVO

a) Proportionalität durch Zusammenwirken mit Pflichten nach § 29 Abs. 1 bis 6 KAGB

Die Anwendung des § 29 Abs. 5a Satz 1 KAGB steht seinerseits unter dem Primat des Proportionalitäts- 147
prinzips:[203] Die KVG hat in Bezug auf diese Grundsätze **der Art, dem Umfang und der Komplexität ihrer Geschäfte** sowie der Art und dem Spektrum der im Zuge dieser Geschäfte erbrachten Dienstleistungen und Tätigkeiten Rechnung zu tragen. Diesen Ansatz bestätigt die BaFin:[204] „Daraus folgt insbesondere, dass für KVG, bei denen die Darlehensvergabe oder die Investition in unverbriefte Darlehensforderungen für Rechnung des AIF **nur einen geringen Teil der Anlagetätigkeit des jeweiligen AIF** ausmacht, geringere Anforderungen in Bezug auf die Aufbau- und Ablauforganisation gelten als für solche Kapitalverwaltungsgesellschaften, bei denen diese Tätigkeiten als Schwerpunkt der Anlagetätigkeit des jeweiligen AIF anzusehen sind."

---

198 Vgl. dazu *Zetzsche/Eckner*, Risk Management, in Zetzsche, AIFMD, S. 196 f.

199 ErwGr. 82 AIFM-DVO; ESMA, Final report, ESMA's technical advice to the European Commission on possible implementing measures of the Alternative Investment Fund Managers Directive, 16.11.2011, ESMA/2011/379, Box 63 Ziff. 1, S. 123; dazu *Zetzsche*, Prinzipien der kollektiven Vermögensanlage, 2015, S. 681 ff.; *Partsch/Mullmaier*, in Zetzsche, AIFMD, S. 284 ff.; *Zetzsche/Eckner*, Risk Management, in Zetzsche, AIFMD, S. 341 ff. Zu Details zur Auslagerung bei Kreditfonds vgl. *Zetzsche/Marte*, RdF 2015, 8 ff.

200 BT-Drucks. 18/6744, 47.

201 BT-Drucks. 18/6744, 47.

202 Ähnlich *Thom*, WM 2018, 502 (507).

203 BT-Drucks. 18/6744, 42, die dies aus § 26 Abs. 7, § 27 Abs. 5, § 29 Abs. 5 und 5a sowie § 30 Abs. 4 KAGB sowie den Verweisen auf die AIFM-DVO ableitet.

204 KAMaRisk, Nr. 5, Tz. 5; kritisch mit Hinblick auf das Fehlen geeigneter Parameter zur Konkretisierung dieser Anforderungen *Thom*, WM 2018, 502 (506 f.).

148 In Anbetracht der engmaschigen Risikomanagementpflichten nach § 29 Abs. 1 bis 5 KAGB (Rz. 52 ff.) und der Restriktionen bei der Kreditvergabe nach § 285 Abs. 2 KAGB, die originäre Kreditfonds-Strategien auf 30 % des Fondsvolumens begrenzt (Rz. 124 f. sowie § 285 Rz. 12, 15), ist **kaum ein Fall denkbar, in dem die Grundpflichten nach § 29 Abs. 1 bis 5 KAGB nicht ausreichen**, um das geringe Zusatzrisiko aus dem originären Kreditgeschäft zu erfassen, auf welches § 29 Abs. 5a KAGB begrenzt ist (Rz. 124). Allenfalls in dem seltenen Fall, dass zusätzlich zu umfangreichen Investitionen in verbriefte Darlehensforderungen originäre Kreditinvestitionen getätigt werden, ist eine bankähnliche Kreditorganisation gerechtfertigt, wie sie § 29 Abs. 5a Satz 1 KAGB gebietet. Dies folgt dann jedoch aus der Gesamtschau auf die Strategie unter Berücksichtigung der von § 29 Abs. 5a Satz 1 KAGB erfassten Positionen, nicht aber wegen derselben, sondern bereits aus der Auslegung der Vorgaben der AIFM-DVO (dazu Rz. 64 ff.).

149 So verstanden, ist § 29 Abs. 5a Satz 1 KAGB deklaratorisch in dem Sinne, dass sie stipuliert, was die AIFM-DVO ohnedies bei großvolumiger Kredittätigkeit gebietet. Einen eigenen Bedeutungsgehalt erlangt § 29 Abs. 5a KAGB nur insoweit, als sie die **Inhalte der AIFM-DVO für die Verwaltung originärer Kreditfonds konkretisieren soll.** Dabei geht das Gesetz „auf Nummer sicher“: Wer die AIFM-DVO nicht richtig auslegt, wird über § 29 Abs. 5a Satz 1 KAGB auf die richtige Spur gebracht. Während dies beim Risikomanagement kaum zu Neuerungen führt, stellen die **überraschend ausführlichen Anforderungen an die Kreditadministration** den Kern des § 29 Abs. 5a Satz 1 KAGB dar. Insoweit wird – mit wenig Augenmaß – das für Kreditinstitute geforderte Maß auf Investmentvermögen übertragen. Damit wird in der Tat das Arbitragerisiko vollständig behoben, zugleich aber die Tätigkeit der AIF-KVG so eingeschränkt, dass sie auch für risikoreiche Kredite, für die Kreditinstitute nicht zur Verfügung stehen, nicht als Darlehensgeber einspringen können.

150 Die BaFin versteht das Proportionalitätsgebot des Weiteren so, dass sie **von Dritten initiierte Geschäfte weitgehend von Zusatzvorgaben freistellt** (Rz. 133 ff.). Diese Verfahrensvorgaben der BaFin führen im Ergebnis zu einer Kreditvergabe durch Fonds ausschließlich in (von Banken geführten) Konsortien und unter Einschaltung von Fronting-Banken. Damit hat man eine Chance zur Schließung der Finanzierungslücke von kleinen und mittleren Unternehmen vertan, die von risikoorientierten, durch Eigenkapital der Anleger finanzierten Fonds Kredite hätten erhalten können. Der andere Bereich, in dem die Zusatzpflichten des § 29 Abs. 5a Satz 1 KAGB nicht gelten, ist der Bereich der **Gesellschafterdarlehen**. Marktreaktion könnte die Eingehung von Kleinstbeteiligungen sein, um sodann zu vereinfachten Bedingungen Kredite vergeben zu können.

3. Regelbeispiel: bankähnliche Organisation

151 Nach § 29 Abs. 5a Satz 1 KAGB sollen insbesondere Prozesse **für die Kreditbearbeitung,** deren **Kontrolle, die Behandlung von Problemkrediten** sowie Verfahren zur **Früherkennung von Risiken** geschaffen werden. Wie aus diesen Vorgaben nebst dem Verweis der Regierungsbegründung auf die MaRisk, insbesondere deren Abschnitte BTO1 zum Kreditgeschäft erhellt, ist an bankähnliche Strukturen gedacht.

a) Organisationsvorgaben

aa) Einführung interner Prozesse

152 Die KVG hat Prozesse für die Darlehensbearbeitung (inkl. Weiterbearbeitung), die Darlehensbearbeitungskontrolle, die Intensivbetreuung und die Darlehensbearbeitung bei Sanierungs- und Abwicklungsengagements einzurichten. Prozess meint die **Regelung von Abläufen und Zuständigkeiten** mit Zuweisung einer Kompetenz bei Konflikten. Pflichtinhalte der Kompetenzordnung sind: a) Verfahren bei Limitüberschreitung[205] und b) die Überwachung der zeitnahen Einreichung und Auswertung von Darlehensunterlagen nebst Mahnverfahren.[206] Die **Verantwortung** für die Prozessentwicklung und Qualität muss außerhalb des Bereichs Anlageentscheidung (von der BaFin das sog. Fondsmanagement) angesiedelt sein.[207] Werden die Prozesse im Bereich Fondsmanagement entwickelt, muss die Qualitätssicherung von diesem Bereich unabhängig zumindest auf Basis „einer materiellen Plausibilitätsprüfung“ erfolgen.[208] Die Plausibilitätsprüfung verlangt eine Folgenbetrachtung der bei solchen Anlagestrategien üblichen Abläufe sowie allgemein bekannter Risiken im Fall der Planabweichung.

205 KAMaRisk, Nr. 5.2, Tz. 7.
206 KAMaRisk, Nr. 5.2, Tz. 8.
207 KAMaRisk, Nr. 5.2 sowie Nr. 5.2.4, Tz. 1 und 5.2.5, Tz. 1.
208 KAMaRisk, Nr. 5.2.

Inhaltlicher Schwerpunkt im Kreditgeschäft ist das **Adressrisiko.**[209] Branchen- und ggf. Länderrisiken sind in angemessener Weise zu berücksichtigen. Kritische Punkte eines Engagements sind hervorzuheben und ggf. unter der Annahme verschiedener Szenarien darzustellen. Für die Verwendung von **Ratings** gilt § 29 Abs. 2a KAGB (Rz. 70 ff.). Ein eigenes Urteil über das Adressrisiko unter Einbeziehung eigener Erkenntnisse bleibt erforderlich.[210] Die BaFin fordert, „soweit erforderlich", eine **Differenzierung der Prozesse nach Arten der** ausgereichten **Darlehen,** akzeptierten **Sicherheiten** sowie den Verfahren zur Wertermittlung, Verwaltung und Verwertung dieser Sicherheiten.[211] Die Wertermittlung muss nach „gängigen Verfahren" erfolgen, etwa aufgrund des Zahlungsstroms-, Markt- oder Liquidationswerts; eine Pauschalbewertung „über den Daumen gepeilt" ist keine gängige Methode. 153

bb) Vertragsunterlagen

Nach Möglichkeit soll die KVG standardisierte Darlehensverträge verwenden;[212] deren Art, Umfang, Komplexität und Risikogehalt hängt vom Darlehensgeschäft ab. Vertragliche Vereinbarungen sind auf der Grundlage rechtlich geprüfter Unterlagen abzuschließen.[213] 154

cc) Drittinitiierte Darlehen

Bei drittinitiierten Darlehen (insbesondere Konsortien und sekundäres Kreditengagement) hält die BaFin Erleichterungen für zulässig. Unter anderem genügt dann grds. eine Plausibilisierung der vom Dritten eingebrachten Unterlagen.[214] 155

b) Darlehensbearbeitung

aa) Darlehensgewährung

Darlehensgewährung meint die Vorgänge bis zur Bereitstellung des Darlehens bzw. bis zur Investition.[215] Dabei steht die Bonität unter besonderer **Berücksichtigung der Kapitaldienstfähigkeit** des Darlehensnehmers (der Projektgesellschaft sein kann) im Mittelpunkt. Grundsätzlich gilt: je risikoreicher, umso intensiver die Prüfung des Engagements. Als Schritte kommen in Betracht z.B. Kreditwürdigkeitsprüfung, Risikoeinstufung im Risikoklassifizierungsverfahren oder eine Beurteilung auf der Grundlage eines vereinfachten Verfahrens.[216] 156

Die Kapitaldienstfähigkeit ist unter Berücksichtigung der **aktuellen und zukünftigen wirtschaftlichen Verhältnisse des Darlehensnehmers** zu ermitteln. Risiken für die zukünftige Vermögens- und ggf. Liquiditätslage müssen in die Betrachtung einfließen. Dies gilt auch bei Einsatz eines vereinfachten Verfahrens.[217] 157

bb) Sicherheiten

Zu prüfen sind **Werthaltigkeit (Bonität) und rechtlicher Bestand (Verität)** der Sicherheiten. Der Wertansatz muss hinsichtlich wertbeeinflussender Umstände nachvollziehbar und in den Annahmen und Parametern begründet sein. Bei der Überprüfung der Werthaltigkeit kann auf bereits vorhandene Sicherheitenwerte zurückgegriffen werden, sofern keine Anhaltspunkte für Wertveränderungen vorliegen.[218] Bei von Dritten beeinflussten Sicherheiten (z.B. Garantie oder Bürgschaft) ist das Adressrisiko des Dritten einzubeziehen.[219] Zur Überprüfung der Werthaltigkeit muss ab einer unter Risikogesichtspunkten festgelegten Grenze eine Objektbesichtigung erfolgen.[220] 158

cc) Einzelfälle

Für **Objekt-/Projektfinanzierungen** müssen die technische Machbarkeit und Entwicklung sowie die mit dem Objekt/Projekt verbundenen rechtlichen Risiken in die Beurteilung einbezogen werden. Der Rückgriff 159

209 KAMaRisk, Nr. 5.2, Tz. 4.
210 KAMaRisk, Nr. 5.2, Tz. 5.
211 KAMaRisk, Nr. 5.2, Tz. 3.
212 KAMaRisk, Nr. 5.2, Tz. 9.
213 KAMaRisk, Nr. 5.2, Tz. 10.
214 Vgl. zur Darlehensvergabe und -weiterverarbeitung KAMaRisk, Nr. 5.2.1, Tz. 2 und Nr. 5.2.2, Tz. 2.
215 KAMaRisk, Nr. 5.2.1, Tz. 10.
216 KAMaRisk, Nr. 5.2.1, Tz. 10.
217 KAMaRisk, Nr. 5.2.1, Tz. 2.
218 KAMaRisk, Nr. 5.2.1, Tz. 3.
219 KAMaRisk, Nr. 5.2.1, Tz. 4.
220 KAMaRisk, Nr. 5.2.1, Tz. 4.

auf qualifizierte, unabhängige Sachverständige ist zulässig. Ziel ist eine wirtschaftliche Betrachtung aufgrund einer Projektanalyse unter Berücksichtigung z.B. von Finanzierungsstruktur/Eigenkapitalquote, Sicherheitenkonzept und Vor- und Nachkalkulation.[221] Die BaFin verlangt in der Entwicklungsphase des Projektes/Objektes regelmäßige Besichtigungen und Bautenstandskontrollen.[222]

160 **Fremdwährungsdarlehen** sollen nur an Darlehensnehmer vergeben werden, die das Darlehen auch bei besonders ungünstigen Entwicklungen zurückzahlen können. Gleiches gilt für die Investition in Fremdwährungsdarlehen.[223]

dd) Weiterbearbeitung von Darlehensgeschäften

161 Weiterbearbeitung von Darlehensgeschäften meint die Überwachung der vertraglichen Vereinbarungen.[224] Dazu ist das Adressrisiko jährlich neu zu bewerten, die Intensität kann variieren. Soweit im Risikofrüherkennungsverfahren (Rz. 170) **erhöhte Risiken** festgestellt wurden, ist die Kapitaldienstfähigkeit erneut zu prüfen.[225] Für die Überprüfung der **Sicherheiten** im Rahmen der Weiterbearbeitung ist eine Risikogrenze festzulegen, ab der in angemessenen Abständen eine Überprüfung zu erfolgen hat. Marktschwankungskonzepte genügen zur Überprüfung der Werthaltigkeit von Immobiliensicherheiten nicht.[226] Außerordentliche Überprüfungen sind unverzüglich durchzuführen, wenn der KVG Informationen bekannt werden, die auf eine **wesentliche negative Änderung der Risikoeinschätzung** von Engagements oder Sicherheiten hindeuten. Derartige Informationen sind unverzüglich an alle einzubindenden Organisationseinheiten weiterzuleiten.[227]

c) Kreditbearbeitungskontrolle

162 Für die Bearbeitung von Darlehensgeschäften erfordert die BaFin prozessunabhängige Kontrollen zur Überwachung der Vorgaben der Organisationsrichtlinien. Die Kontrollen können auch im Rahmen des **üblichen Vier-Augen-Prinzips** erfolgen. Es muss also kein separater Prüfvorgang aufgesetzt werden, es genügt die Einbeziehung in die üblichen Geschäftsabläufe. Insbesondere ist zu kontrollieren, ob die Entscheidung der Darlehensvergabe oder -investition entsprechend der festgelegten Kompetenzordnung erfolgte und ob vor der Valutierung die Voraussetzungen beziehungsweise Auflagen aus dem Darlehensvertrag erfüllt sind.[228]

d) Problemkredite

163 Die BaFin legt ein Drei-Stufenverhältnis von der **Normalbetreuung** über die **Intensivbetreuung** bis hin zur **Restrukturierung** zugrunde. Jeweils intensiviert sich die Kontrollintensität. Für die Intensivbetreuung sind **Eintrittskriterien** sowie **Überprüfungsintervalle** festzulegen, um den Status als Intensivbetreuung oder Restrukturierungsfall zu rechtfertigen. Zuständig ist i.d.R. das Risikomanagement, die Abteilung für Anlageentscheidungen darf nicht zuständig sein.[229]

164 Die **Eintrittskriterien für die Intensivbetreuung** sollen problembehaftete Engagements zügig identifizieren helfen, um frühzeitig geeignete Maßnahmen einleiten zu können.[230] Der erfolgreiche Abschluss dieser Maßnahmen kann die Rückführung in die Normalbetreuung, das Scheitern die Restrukturierung (Rz. 166 f.) gebieten. Als Eintrittskriterien in Betracht kommen Leistungsstörungen wie Zahlungsstockungen sowie der Verfall von Sicherheiten in Betracht. Als geeignete Maßnahmen kommt eine Ratenanpassung, teilweise Kreditrückführung, Stellung zusätzlicher Sicherheiten (z.B. Sicherungszession), in geeigneten Fällen aber auch nur ein Abwarten in Betracht (*Beispiel*: Mittelstandsunternehmen wartet auf großen Zahlungseingang durch Großkunden mit exzellenter Bonität).

165 Die BaFin erkennt jedoch **Ausnahmen** von der Pflicht zur Intensivbetreuung und Problembearbeitung **unterhalb vordefinierter Risikolimits an.** Nur wenn die derart für einzelne Kredite vorgegebene Größenordnung überschritten wird, ist eine Intensivbetreuung geboten. Bei der Ermittlung, ob die Schwellenwerte er-

---

221 KAMaRisk, Nr. 5.2, Tz. 6, re. Sp.
222 KAMaRisk, Nr. 5.2, Tz. 6.
223 KAMaRisk, Nr. 5.2.1, Tz. 1.
224 KAMaRisk, Nr. 5.2.2, Tz. 1.
225 KAMaRisk, Nr. 5.2.2, Tz. 4.
226 KAMaRisk, Nr. 5.2.2, Tz. 4.
227 KAMaRisk, Nr. 5.2.2, Tz. 5.
228 KAMaRisk, Nr. 5.2.3.
229 KAMaRisk, Nr. 5.2.4, Tz. 1 sowie Nr. 5.2.5, Tz. 1.
230 KAMaRisk, Nr. 5.2.4, Tz. 1 und 2 sowie Nr. 5.2.5, Tz. 1.

reicht wurden, sind Zugeständnisse an den Schuldner zur Abwendung einer Problemsituation (*forbearance*) zu berücksichtigen.[231] Als weitere Ausnahme anerkannt ist die Unmöglichkeit **der Intensivbetreuung mangels Zugriffs** auf den Schuldner, insbesondere bei **drittinitiierten Geschäften** (Rz. 155), sofern der Drittinitiator einen angemessenen Informationsfluss sicherstellt.[232]

Mit Erfüllung der **Eintrittskriterien für die Restrukturierung** ist der Fall grds. an den Spezialbereich für Abwicklungen abzugeben.[233] Als Eintrittskriterien in Betracht kommen nachhaltige Leistungsstörungen, der nachhaltige Sicherheitenverfall sowie ein Scheitern der Maßnahmen im Rahmen der Intensivbetreuung. Der KVG steht jedoch Ermessen zu, den Kredit in der Intensivbetreuung zu belassen, wenn das Adressatenausfallrisiko verringert werden kann.[234] Ein teilweiser Forderungsverzicht oder debt-to-equity-Swap erfüllen dieses Ziel ebenfalls. 166

Alternativ stehen der KVG die Sanierung (Fortsetzung der Geschäftstätigkeit) oder Abwicklung zur Wahl. Die KVG kann den Schuldner in der **Sanierung** begleiten, wenn ein Sanierungskonzept vorgelegt wurde, sie von den Erfolgsaussichten des Konzepts überzeugt ist und dessen Umsetzung überwacht.[235] Die **Abwicklung** zielt auf Verwertung der Sicherheiten. Die BaFin verlangt dafür ebenfalls ein Abwicklungskonzept.[236] 167

Das Votum des Risikomanagements genügt für die Entscheidung über Sanierungsdarlehen sowie Engagement in sog. **Abbauportfolien**; die Abteilung für Anlageentscheidungen ist nicht einzubeziehen.[237] Die Geschäftsleitungsebene ist bei bedeutenden Engagements über den Stand der Sanierung[238] und wohl auch Abwicklung regelmäßig zu informieren. Der Zugriff auf externe Spezialisten mit Fachkenntnissen und Sanierungserfahrung ist zulässig,[239] aber nicht geboten. Er erleichtert jedoch die Vorgänge, weil etwa nichtstandardisierte Verträge nicht durch unabhängige Dritte geprüft werden müssen.[240] 168

e) Früherkennung von Risiken

Die KVG hat ein **Verfahren zur Früherkennung von Risiken** einzurichten, mit dem Darlehensnehmer rechtzeitig identifiziert werden können, bei deren Engagements sich erhöhte Risiken abzeichnen. Damit soll die Gesellschaft in die Lage versetzt werden, in einem möglichst frühen Stadium Gegenmaßnahmen einzuleiten (z.B. Intensivbetreuung von Engagements).[241] Dafür soll die KVG Indikatoren auf Basis quantitativer und qualitativer Risikomerkmale entwickeln.[242] Wenn die KVG bereits ein Risikoklassifizierungsverfahren verwendet und dieses Risikoklassifizierungsverfahren zur Früherkennung von Risiken geeignet ist, kann dieses „gleichzeitig" zur Früherkennung eingesetzt werden.[243] 169

Soll das Risikoklassifizierungsverfahren als Risikofrüherkennungsverfahren dienen, hat es **eine geeignete indikatoren-, eine zeitraum- und eine prozessbezogene Komponente** zu enthalten. Geeignet sind indikatorenbezogene Komponenten, wenn die verwendeten Indikatoren **Prädiktorwirkung** haben, also eine **Verschlechterung der Kreditqualität vorhersagen** können, im Gegensatz zu Indikatoren, mit denen, nur bereits eingetretene Verschlechterungen festgestellt werden können. *Beispiel* unter Betrachtung des Kontoverlaufs: Die Feststellung „Girokonto im Minus" stellt das Problem erst dann fest, wenn es eingetreten ist, dagegen kann der Abwärtstrend beim Girokontostand ein Frühindikator sein, der anschlägt, bevor das Problem eintritt. Geeignet sind zeitraumbezogene Komponenten, wenn das **Verfahren bei laufender Anwendung wirksam ist.** Dafür ist die nur einmal jährliche Betrachtung des Indikators zu wenig, da es eine Zeitpunktstatt Zeitraumbetrachtung ist. Ob die laufende Anwendung eine tägliche, wöchentliche oder monatliche Betrachtung bedeutet, ist von der Risikosensitivität, der Anlagestrategie und der Größe des Engagements abhängig festzusetzen. Eine prozessbezogene Komponente ist geeignet, wenn die aufgrund des Frühindikators **signalisierten Probleme** in sinnvollen Maßnahmen zur Problembeseitigung münden (z.B. Intensivie- 170

231 KAMaRisk, Nr. 5.2.4, Tz. 1.
232 KAMaRisk, Nr. 5.2.4, Tz. 1.
233 KAMaRisk, Nr. 5.2.5, Tz. 1.
234 KAMaRisk, Nr. 5.2.5, Tz. 2.
235 KAMaRisk, Nr. 5.2.5, Tz. 3 und 4.
236 KAMaRisk, Nr. 5.2.5, Tz. 6.
237 KAMaRisk, Nr. 5.2.5, Tz. 1, re. Sp.
238 KAMaRisk, Nr. 5.2.5, Tz. 5.
239 KAMaRisk, Nr. 5.2.5, Tz. 5.
240 KAMaRisk, Nr. 5.2.5, Tz. 1, re. Sp.
241 KAMaRisk, Nr. 5.3, Tz. 1.
242 KAMaRisk, Nr. 5.3, Tz. 2.
243 KAMaRisk, Nr. 5.3, Tz. 3.

rung des Kontaktes mit dem Darlehensnehmer, Hereinnahme neuer Sicherheiten, Tilgungsaussetzungen), so dass Verluste vermieden werden können.

171 Die KVG darf **einzelne Arten von Darlehensgeschäften** aus seinem Früherkennungsverfahren ausnehmen.[244] Grund ist, dass gewisse per se risikoreiche Engagements die Risikoindikatoren per se erfüllen und daher die Aussagekraft des Verfahrens beeinträchtigen. Solche Engagements bedürften der strengen Nachverfolgung durch die Geschäftsleitung. Weitere Ausnahmen erlaubt die BaFin bei **Zugriffshindernissen auf die erforderliche Datenbasis**, etwa bei der Beteiligung an einem Konsortium oder bei sekundärem Krediterwerb unter Einschaltung von Fronting-Banken (Rz. 155).[245] Solche Zugriffshindernisse entstehen etwa aufgrund des Datenschutzrechts oder der mit Vertragspartnern vereinbarten Vertraulichkeit, sie können aber auch das Resultat tatsächlicher Gegebenheiten wie inkompatibler IT-Systeme sein. Sie beeinträchtigen insbesondere quantitative Systeme. Die KAMaRisk fordert dann eine Umstellung auf qualitative Systeme dergestalt, dass die KVG sicherzustellen hat, dass sie über wesentliche Vorkommnisse bei dem Darlehensnehmer informiert wird.[246] Solche Abreden sind Standardinhalt von Konsortialabreden, so dass wiederum der Fonds als Teilnehmer am Kreditkonsortium gefördert wird. Aus dem gleichen Grund goutiert die KAMaRisk entsprechende Ausnahmen bei der Intensivbetreuung und Restrukturierung.[247]

J. Verbriefung nach der STS-Verordnung (EU) 2017/2402 (Vorgriff auf § 29 Abs. 5b KAGB n.F.)

I. Modifikation des Verbriefungsrechts für Verwaltungsgesellschaften

172 Vgl. zum wirtschaftlichen Hintergrund der Verbriefung sowie zur Rechtslage, die für Verbriefungen gilt, die bis einschließlich 31.12.2018 emittiert wurden, Rz. 103 ff. Die **STS-Verordnung** (EU) 2017/2402[248] **modifiziert das Verbriefungsrecht** unter Beteiligung von KVG, mit Wirkung ab 1.1.2019. Die STS-Verordnung prägt eine **Dualität von Anleger- und Marktfunktionsschutz**: Wie aus ErwGr. 9 der STS-Verordnung erhellt, ist **Regelungsmotiv** der STS-Verordnung **primär der Anlegerschutz** und gleichsam als Reflex auch der Marktfunktionsschutz: „Investitionen in Verbriefungen oder aus ihnen entstehende Risikopositionen setzen **den Anleger** nicht nur den mit den verbrieften Darlehen oder Risikopositionen verbundenen **Kreditrisiken aus**; die Strukturierung von Verbriefungen könnte darüber hinaus auch weitere Risiken wie Agency- und Modellrisiken, rechtliche und operationelle Risiken, Gegenparteirisiken, Forderungsverwaltungsrisiken, Liquiditätsrisiken und Konzentrationsrisiken nach sich ziehen. Es ist somit unerlässlich, dass für institutionelle Anleger verhältnismäßige Sorgfaltspflichten („Due Diligence") gelten, durch die im **Interesse der Endanleger** gewährleistet wird, dass die institutionellen Anleger die aus den unterschiedlichen Arten von Verbriefungen entstehenden Risiken korrekt bewerten. Auf diese Weise können Sorgfaltspflichten auch das **Vertrauen in den Markt** und zwischen einzelnen Originatoren, Sponsoren und Anlegern festigen. Es ist ebenfalls erforderlich, dass Anleger im Hinblick auf STS-Verbriefungen **angemessene Sorgfalt** walten lassen. Zur Information stehen ihnen die von den verbriefenden Parteien offengelegten Informationen, insbesondere die STS-Meldung und die in diesem Zusammenhang offengelegten Informationen, dank derer Anleger sämtliche einschlägigen Informationen über die Einhaltung der STS-Kriterien erhalten dürften, zur Verfügung. Institutionelle Anleger sollten sich auf die STS-Meldung und auf die von Originatoren, Sponsoren und Verbriefungszweckgesellschaften offengelegten Informationen, ob eine Verbriefung die STS-Anforderungen erfüllt, in angemessener Weise stützen können. Sie sollten sich allerdings nicht ausschließlich und mechanistisch auf diese Meldung oder Informationen verlassen." Zugleich belegt ErwGr. 4 der STS-Verordnung die aus Sicht des Regelsetzers hohe Bedeutung effizienter Verbriefungsmärkte für die **Stabilität des Finanzsystems.**

173 Die STS-Verordnung gilt gem. Art. 1 Abs. 2 STS-Verordnung u.a. für „**institutionelle Anleger**". Institutionelle Anleger sind gem. Art. 2 Nr. 12 Buchst. d) bis f) STS-Verordnung u.a. **AIFM und OGAW-Verwaltungsgesellschaften** sowie intern verwaltete Investmentgesellschaften. Diesen legen Art. 5 bis 8 STS-Verordnung

244 KAMaRisk, Nr. 5.3, Tz. 3.
245 KAMaRisk, Nr. 5.3, Tz. 3, re. Sp.
246 KAMaRisk, Nr. 5.3, Tz. 3, re. Sp.
247 KAMaRisk, Nr. 5.2.4, Tz. 1, re. Sp.
248 Verordnung (EU) 2017/2402 des Europäischen Parlaments und des Rates vom 12. Dezember 2017 zur Festlegung eines allgemeinen Rahmens für Verbriefungen und zur Schaffung eines spezifischen Rahmens für einfache, transparente und standardisierte Verbriefung und zur Änderung der Richtlinien 2009/65/EG, 2009/138/EG, 2011/61/EU und der Verordnungen (EG) Nr. 1060/2009 und (EU) Nr. 648/2012, ABl. EU Nr. L 347 v. 28.12.2017, S. 35. Vgl. dazu *Hellgardt*, EuZW 2018, 709.

unmittelbar geltende Verhaltenspflichten auf (dazu Rz. 183 ff.). Die STS-Verordnung ist Teil der **Verwalterregulierung** (arg. Art. 29 Abs. 1 Buchst. b) und c) STS-Verordnung). Es ist somit die Behörde für die Überwachung zuständig, unter deren Aufsicht die AIF- oder OGAW-KVG bzw. Verwaltungsgesellschaft steht.

Des Weiteren ändern Art. 38 und 41 der STS-Verordnung den **Wortlaut von Art. 17 AIFM-RL, Art. 50a** 174
OGAW-RL. Diese lauten künftig – mit Ausnahme der Bezeichnung des Fondsmanagers – identisch: „Sind [OGAW-Verwaltungsgesellschaften/AIFM] oder intern verwaltete [OGAW/AIFM] eine Verbriefung eingegangen, die die Anforderungen der Verordnung (EU) 2017/2402 des Europäischen Parlaments und des Rates nicht mehr erfüllt, so handeln sie im besten Interesse der Anleger in den einschlägigen [OGAW/AIF] und ergreifen gegebenenfalls Korrekturmaßnahmen." Näher Rz. 178.

II. Umsetzung im KAGB

Die durch die STS-Verordnung erforderlichen Anpassungen des KAGB wurden in einem **neuen § 29** 175
Abs. 5b KAGB zusammengeführt. Dieser lautet i.d.F. des Regierungsentwurfs:[249]

„Die Kriterien für die Anforderungen, die ein Originator, ein Sponsor oder ein ursprünglicher Kreditgeber erfüllen muss, damit eine Kapitalverwaltungsgesellschaft im Namen von durch sie verwaltete Investmentvermögen in Verbriefungen investieren darf, bestimmen sich nach der Verordnung (EU) 2017/2402. Für OGAW-Kapitalverwaltungsgesellschaften gilt Artikel 43 Abs. 5 und 6 der Verordnung (EU) 2017/2402 entsprechend. Sind Kapitalverwaltungsgesellschaften eine Verbriefung eingegangen, die die Anforderungen der Verordnung (EU) 2402/2017 nicht mehr erfüllt, so handeln sie im besten Interesse der Anleger in den einschlägigen Investmentvermögen und ergreifen gegebenenfalls Korrekturmaßnahmen."

§ 29 Abs. 5b Satz 1 KAGB n.F. ist **deklaratorisch**. Nach der Fassung des Regierungsentwurfs sind kleine 176
AIFM – europarechtskonform – nicht Gegenstand der Regelung. Weil der deutsche Gesetzgeber OGAW-KVG jedoch mittels § 5 Abs. 1 Nr. 6 und 7 KAVerOV Zusatzregelungen zur Verbriefung unterworfen hat, indem er die Art. 50 ff. AIFM-DVO für entsprechend anwendbar erklärte (unten Rz. 214 ff.), weist Satz 1 nunmehr auf die Geltung der Verordnung hin. Zugleich werden § 5 Abs. 1 Nr. 6 und 7 KAVerOV gestrichen.[250]

§ 29 Abs. 5b Satz 2 KAGB n.F. trifft eine **Übergangsregelung**, die erforderlich ist, weil in § 5 KAVerOV 177
über das europäische Recht hinaus bereits Sorgfaltspflichten durch Verweis auf die AIFM-DVO angeordnet waren. Nach Art. 43 Abs. 5 und 6 STS-Verordnung, die gem. § 29 Abs. 5b Satz 2 KAGB n.F. entsprechend für OGAW-KVG gelten, sind auf Verbriefungen, die vor dem 1.1.2019 emittiert wurden, weiterhin die Art. 50 bis 56 AIFM-DVO anzuwenden. Aus ErwGr. 49 der STS-Verordnung folgt, dass die bisherigen Regelungen auch dann gelten, wenn in dem bis spätestens 31.12.2018 verbrieften Portfolio **neue Risikopositionen hinzugefügt oder ersetzt werden**.

§ 29 Abs. 5b Satz 3 KAGB n.F. übernimmt den Wortlaut von Art. 50a OGAW-RL und Art. 17 AIFM-RL 178
i.d.F. der STS-Verordnung (Rz. 174). Die Vorschrift soll ausweislich der Regierungsbegründung[251] künftig die etwas ausführlicher geregelte Pflicht zu Korrekturmaßnahmen gem. Art. 54 AIFM-VO (dazu Rz. 110) ersetzen. Die Vorschrift ist für sich allein betrachtet unverständlich. Sie versteht sich nur vor dem Hintergrund des Regelungsansatzes der STS-Verordnung.

Als **Folgeänderung** wurden § 29 Abs. 5 Nr. 6 und 7 KAGB gestrichen. Auf die STS-Verordnung und § 29 179
Abs. 5b KAGB n.F. abgestimmte Bußgeldtatbestände finden sich nun in § 340 Abs. 6b bis 6d KAGB.

III. Für KVG erhebliche Regelungen der STS-Verordnung

KVG haben die STS-Verordnung ab dem 1.1.2019 zu beachten. Daher wird im Folgenden eine erläuternde 180
Kurzübersicht zum Inhalt der für diese erheblichen Regelungen der STS-Verordnung gegeben. Die STS-Verordnung ist in **sechs Kapital untergliedert**. Dem Kapitel 1 mit Allgemeinen Bestimmungen folgt Kapi-

249 Vgl. Art. 4 Nr. 6 des Entwurfs eines Gesetzes zur Anpassung von Finanzmarktgesetzen an die Verordnung (EU) 2017/2402 und an die durch die Verordnung (EU) 2017/2401 geänderte Verordnung (EU) Nr. 575/2013, BR-Drucks. 374/18.

250 Vgl. Art. 8 des Entwurfs eines Gesetzes zur Anpassung von Finanzmarktgesetzen an die Verordnung (EU) 2017/2402 und an die durch die Verordnung (EU) 2017/2401 geänderte Verordnung (EU) Nr. 575/2013, BR-Drucks. 374/18.

251 BR-Drucks. 374/18, S. 31.

tel 2 mit Bestimmungen für alle Verbriefungen sowie Kapitel 3 mit Bedingungen und Verfahren für die Registrierung eines Verbriefungsregisters. Kapitel 4 bündelt die Voraussetzungen für die angestrebte „einfache, transparente und standardisierte Verbriefung", Kapitel 5 regelt deren Beaufsichtigung. Kapitel 6 regelt Folgeänderungen einer Reihe europäischer Rechtsakte, die Verbriefungen regeln, nebst Übergangsbestimmungen und Inkrafttreten.

1. Definitionen

181 Die STS-Verordnung beruht auf eigenen **Definitionen**, auf welche sich § 1 Abs. 19 Nr. 36 KAGB n.F. bezieht (vgl. § 1 Rz. 255). **Verbriefungszweckgesellschaft** ist gem. Art. 2 Nr. 2 der STS-Verordnung[252] ein Unternehmen, eine Treuhandgesellschaft oder eine andere Einrichtung, das/die kein Originator i.S.v. Art. 2 Nr. 3 STS-Verordnung oder Sponsor i.S.v. Art. 2 Nr. 5 STS-Verordnung ist und für den Zweck der Durchführung einer oder mehrerer Verbriefungen errichtet wurde, dessen/deren Tätigkeit auf das zu diesem Zweck Notwendige beschränkt ist und dessen/deren Struktur darauf ausgelegt ist, die eigenen Verpflichtungen von denen des Originators zu trennen. **Verbriefung** definiert Art. 2 Nr. 1 der STS-Verordnung als eine Transaktion oder eine Struktur, durch die das mit einer Risikoposition oder einem Pool von Risikopositionen verbundene Kreditrisiko in Tranchen unterteilt wird, und die alle der folgenden Merkmale aufweist: a) die im Rahmen der Transaktion oder der Struktur getätigten Zahlungen hängen von der Wertentwicklung der Risikoposition oder des Pools von Risikopositionen ab; b) die Rangfolge der Tranchen entscheidet über die Verteilung der Verluste während der Laufzeit der Transaktion oder der Struktur; c) die Transaktion oder die Struktur begründet keine Risikopositionen, die alle der unter Art. 147 Abs. 8 der Verordnung (EU) Nr. 575/2013 aufgeführten Merkmale aufweisen.

182 Für KVG sind von besonderer Bedeutung:

- Art. 5 STS-Verordnung mit **Sorgfaltspflichten für institutionelle Anleger**, wenn diese Anlagen in Verbriefungspositionen tätigen,
- Art. 6 STS-Verordnung zum **Risikoselbstbehalt**,
- Art. 7 STS-Verordnung mit **Transparenzanforderungen** an Originatoren, Sponsoren und Verbriefungszweckgesellschaften,
- Art. 8 STS-Verordnung mit dem **Verbot der Wiederverbriefung**.

2. Sorgfaltspflichten für institutionelle Anleger (Art. 5 STS-Verordnung)

183 Art. 5 Abs. 1 STS-Verordnung zu **Sorgfaltspflichten für institutionelle Anleger** entspricht, bei näherer Konkretisierung des regionalen Anwendungsbereichs und unter Berücksichtigung der für EU-Institute ohnedies geltenden Pflichten, Art. 52 AIFM-DVO (dazu Rz. 106): Art. 5 Abs. 1 **Buchst. a und b** STS-Verordnung korrespondieren mit dem Inhalt des Art. 52 Buchst. a und b AIFM-DVO, Art. 5 Abs. 1 **Buchst. c und d STS-Verordnung** mit Art. 52 Buchst. g AIFM-DVO, Art. 5 Abs. 1 **Buchst. e STS-Verordnung** mit Art. 52 Buchst. e und f AIFM-DVO. Für Details wird auf Art. 52 AIFM-DVO (Rz. 106) verwiesen.

184 Art. 5 Abs. 3 und 4 STS-Verordnung mit **Sorgfaltspflichten für institutionelle Anleger** entsprechen grds. Art. 53 AIFM-DVO (dazu Rz. 107 f.). Wiederum trägt die STS-Verordnung dem regionalen Anwendungsbereich und ohnedies geltenden Regularien detailliert Rechnung. Art. 5 Abs. 5 STS-Verordnung sieht eine Klarstellung für die **Delegation der Portfolioverwaltung** an Dritte vor: Einerseits besteht ein **Weisungsrecht der delegierenden KVG** qua unmittelbar geltender Verordnungsregelung (dies anstelle von potentiell unsicheren vertraglichen Regelungen). Andererseits müssen die Mitgliedstaaten den **Katalog empfindlicher Sanktionen gem. Art. 32 STS-Verordnung auf den Delegierten erstrecken**. Dies stößt an Grenzen, wenn der Delegierte in einem Drittstaat ansässig ist (s. dazu § 340 Abs. 6b bis 6d KAGB n.F.). Bei Nichtbefolgung der Weisungen ist aufgrund der Schutzgesetzqualität ein **Schadensersatzanspruch** auch dann zuzusprechen, wenn dies im Vertrag zwischen dem Delegierten und dem Delegierenden explizit anders geregelt ist.

185 Sonderregelungen gelten jeweils für Verbriefungstransaktionen in Bezug auf **vollständig unterstützte Asset Backed Commercial Paper (ABCP)** i.S.d. Art. 2 Nr. 22 STS-Verordnung. Insoweit ist die Pflicht zum **Liquiditätsmanagement** intensiviert, wobei die Solvenz und Liquidität des Sponsors im Mittelpunkt steht (vgl. Art. 5 Abs. 2 und 4 Buchst. b, c und f STS-Verordnung). Dies deshalb, weil sich mittels ABCP-Pro-

252 Verordnung (EU) 2017/2402 des Europäischen Parlaments und des Rates vom 12. Dezember 2017 zur Festlegung eines allgemeinen Rahmens für Verbriefungen und zur Schaffung eines spezifischen Rahmens für einfache, transparente und standardisierte Verbriefung und zur Änderung der Richtlinien 2009/65/EG, 2009/138/EG, 2011/61/EU und der Verordnungen (EG) Nr. 1060/2009 und (EU) Nr. 648/2012, ABl. EU Nr. L 347 v. 28.12.2017, S. 35.

grammen realwirtschaftliche Unternehmen – und nicht etwa Kreditinstitute und Wertpapierfirmen – als „Originatoren“ durch die Veräußerung von Handels- und Leasingforderungen refinanzieren.

3. Risikoselbstbehalt (Art. 6 STS-Verordnung)

Art. 6 Abs. 1 und 3 STS-Verordnung zum Risikoselbstbehalt entspricht **Art. 51 AIFM-DVO** (dazu Rz. 109). 186
Hinzu kommen einige Ergänzungen:

- die Untersagung von Verbriefungsportfolios **nach negativer Selektion** in Art. 6 Abs. 2 STS-Verordnung. Dieses Verbot richtet sich an den Originator (!) und soll einer Aussonderung und Verbriefung ausschließlich „schlechter Forderungen“ (bzw. hoher Risiken) entgegenwirken. Das Verbot ist inhaltlich schwer zu greifen, weil die Feststellung vergleichbarer Vermögenswerte schwierig ist. Im Zweifel ist statt auf schlechtere Bonität auf eine Unterrendite abzustellen. Neben der öffentlich-rechtlichen Sanktion liegt ein Schadensersatzanspruch gegen den Originator nahe.
- das Recht auf **konsolidierte Betrachtung** bei gemischten Finanzholdinggesellschaften in Art. 6 Abs. 4 STS-Verordnung;
- die Rückausnahmen vom Selbstbehaltgebot für **Forderungen gegenüber öffentlichen Gläubigern und für bestimmte Indizes** in Art. 6 Abs. 5 und 6 STS-Verordnung. Ohne die zuerst genannte Ausnahme würden Kredite an die öffentliche Hand verteuert, während es bei den Ausnahmen für bestimmte Index-Verbriefungen darum geht, Situationen abzugrenzen, bei denen Risiken aus Interessenkonflikte infolge der Verbriefung eher gering sind.
- die Ermächtigung zur Erarbeitung **technischer Regulierungsstandards** durch EBA in Art. 6 Abs. 7 STS-Verordnung.[253]

4. Transparenzanforderungen (Art. 7 STS-Verordnung)

Art. 7 STS-Verordnung erweitert die gem. Art. 52, 53 AIFM-VO (Rz. 106 ff.) bestehenden **Mindestanforderungen an die von Originator und Sponsor beizubringenden Unterlagen und von diesen gegenüber institutionellen Anlegern einzugehenden Informationspflichten.** Details regeln technische Regulierungs- und Durchführungsstandards der ESMA.[254] Ein Verständnis dieser Offenlegungspflichten als Schutzgesetz zu Gunsten der Anleger trifft den Kern. 187

5. Verbot der Wiederverbriefung (Art. 8 STS-Verordnung)

Im Grundsatz darf eine Verbriefung nicht **auf bereits verbriefte Risikopositionen zurückgreifen**. Dies hat der institutionelle Anleger durch Zusicherungen, Due Diligence etc. sicherzustellen. Dieser Grundsatz gilt mit zwei **Ausnahmen**: Erstens gelten **ABCP-Programme** nicht als Wiederverbriefung, sofern keine der ABCP-Transaktionen im Rahmen dieses Programms eine Wiederverbriefung ist und die Bonitätsverbesserung keine zweite Tranchierungsebene auf Programmebene schafft; zweitens ist eine **Wiederverbriefung mit behördlicher Genehmigung** zulässig (Art. 8 Abs. 2 und 3 STS-Verordnung). 188

IV. Korrektivmaßnahmen (Art. 17 AIFM-RL, Art. 50a OGAW-RL)

Art. 38 und 41 der STS-Verordnung ändern den **Wortlaut von Art. 17 AIFM-RL, Art. 50a OGAW-RL**. Die Umsetzung in § 29 Abs. 5b Satz 3 KAGB soll nach dem Regierungsentwurf lauten: „Sind Kapitalverwaltungsgesellschaften eine Verbriefung eingegangen, die die Anforderungen der Verordnung (EU) 2402/2017 nicht mehr erfüllt, so handeln sie im besten Interesse der Anleger in den einschlägigen Investmentvermögen und ergreifen gegebenenfalls Korrekturmaßnahmen.“ Wie aus z.B. Art. 5 und 7 STS-Verordnung erhellt, ist damit nicht gemeint, dass KVG nur noch in sog. STS-Verbriefungen gem. Art. 19 ff. STS-Verordnungen investieren dürfen, sondern dass **die allgemeinen qualitativen Anforderungen der STS-Verordnung bei jeder Anlage in Verbriefungspositionen ständig zu erfüllen** sind; wenn dies nicht (mehr) möglich ist (etwa weil Originator oder Sponsor keine Informationen liefern oder den Selbstbehalt nicht nachweisen), ist ein Ausstieg aus der Anlage zu prüfen. 189

---

253 Vgl. dazu EBA/RTS/2018/01, Final Draft Regulatory Technical Standards – Specifying the requirements for originators, sponsors and original lenders relating to risk retention pursuant to Article 6(7) of Regulation (EU) 2017/2402 (31 July 2018).

254 ESMA33-128-474, Final Report – Technical standards on disclosure requirements under the Securitisation Regulation (22 August 2018).

190 Vgl. zu den Varianten, wie dem besten Anlegerinteresse zu entsprechen ist, die Ausführungen zu Art. 54 AIFM-DVO (Rz. 110). Im Verhältnis zu Art. 54 AIFM-DVO ist § 29 Abs. 5b Satz 3 KAGB n.F. offener formuliert, was die Frage hervorruft, ob auch **kleinste oder nur vorübergehende Verstöße** die Korrekturpflicht auslösen. Dies wäre erkennbar unverhältnismäßig. Nur Verstöße von gewisser Relevanz begründen Verhaltenspflichten. Dies folgt aus dem Kriterium des besten Anlegerinteresses; diesem ist nicht gedient, wenn die Kosten der Korrekturmaßnahmen den Nutzen übersteigen. Die KVG hat somit immer potenzielle, aus dem **Verstoß resultierende Risiken zu prüfen** und darauf – nicht auf den Verstoß selbst – zu reagieren.

K. Verordnungsermächtigung (§ 29 Abs. 6 KAGB) und § 5 KAVerOV

Verordnung zur Konkretisierung der Verhaltensregeln und Organisationsregeln nach dem Kapitalanlagegesetzbuch (Kapitalanlage-Verhaltens- und -Organisationsverordnung – KAVerOV)

vom 16.7.2013 (BGBl. I 2013, S. 2460). Geplant sind Änderungen durch Art. 8 des Gesetzes zur Anpassung von Finanzmarktgesetzen an die Verordnung (EU) 2017/2402 und an die durch die Verordnung (EU) 2017/2401 geänderte Verordnung (EU) Nr. 575/2013 (RegE, BT-Drucks. 19/4460, s. Rz. 193).

(Auszug)

§ 5

Risikomanagement

(1) Bei OGAW-Kapitalverwaltungsgesellschaften bestimmen sich die Kriterien für

1. die Risikomanagementsysteme,

2. die angemessenen zeitlichen Abstände zwischen den Überprüfungen des Risikomanagementsystems,

3. die Art und Weise, in der die funktionale und hierarchische Trennung zwischen der Risikocontrolling-Funktion einerseits und den operativen Abteilungen einschließlich der Portfolioverwaltung andererseits zu erfolgen hat,

4. die besonderen Schutzvorkehrungen gegen Interessenkonflikte gemäß § 29 Absatz 1 Satz 3 des Kapitalanlagegesetzbuches,

5. die Anforderungen nach § 29 Absatz 3 des Kapitalanlagegesetzbuches und

6. die Anforderungen, die ein Originator, ein Sponsor oder ein ursprünglicher Kreditgeber erfüllen muss, damit eine OGAW-Kapitalverwaltungsgesellschaft im Namen von OGAW in Verbriefungspositionen, die nach dem 1. Januar 2011 emittiert werden, investieren darf; darin eingeschlossen sind die Anforderungen, die gewährleisten, dass der Originator, der Sponsor oder der ursprüngliche Kreditgeber einen materiellen Nettoanteil von mindestens 5 Prozent behält, sowie

7. die qualitativen Anforderungen, die OGAW-Kapitalverwaltungsgesellschaften erfüllen müssen, die im Namen eines oder mehrerer OGAW in Wertpapiere oder andere, in Nummer 6 genannte Finanzinstrumente investieren,

entsprechend den Artikeln 38 bis 45 und den Artikeln 50 bis 56 der Verordnung (EU) Nr. 231/2013.

(2) Die Kapitalverwaltungsgesellschaft von OGAW oder Publikums-AIF hat in Umsetzung ihrer nach Absatz 1 in Verbindung mit Artikel 40 der Verordnung (EU) Nr. 231/2013 festgelegten Risikomanagementgrundsätze vor dem Erwerb eines Vermögensgegenstandes für einen OGAW oder Publikums-AIF, soweit es der Art des Vermögensgegenstandes angemessen ist, Prognosen abzugeben und Analysen durchzuführen über die Auswirkungen des Erwerbs auf die Zusammensetzung des Investmentvermögens, auf dessen Liquidität und auf dessen Risiko- und Ertragsprofil. Die Analysen dürfen sich quantitativ wie qualitativ nur auf verlässliche und aktuelle Daten stützen.

(3) Für die Zwecke dieser Verordnung werden die in Artikel 44 Absatz 2 der Verordnung (EU) Nr. 231/2013 genannten Begriffe folgendermaßen definiert:

1. Marktrisiko ist das Verlustrisiko für ein Investmentvermögen, das aus Schwankungen beim Marktwert von Positionen im Portfolio des Investmentvermögens resultiert, die zurückzuführen sind auf Veränderungen
   a) bei Marktvariablen wie Zinssätzen, Wechselkursen, Aktien- und Rohstoffpreisen oder
   b) bei der Bonität eines Emittenten;

2. Liquiditätsrisiko ist das Risiko, dass eine Position im Portfolio des Investmentvermögens nicht innerhalb hinreichend kurzer Zeit mit begrenzten Kosten veräußert, liquidiert oder geschlossen werden kann und dass dadurch die Erfüllung von Rückgabeverlangen der Anleger oder von sonstigen Zahlungsverpflichtungen beeinträchtigt wird;

3. Kontrahentenrisiko ist das Verlustrisiko für ein Investmentvermögen, das aus der Tatsache resultiert, dass die Gegenpartei eines Geschäfts bei der Abwicklung von Leistungsansprüchen ihren Verpflichtungen möglicherweise nicht nachkommen kann;

4. **Operationelles Risiko ist das Verlustrisiko für ein Investmentvermögen, das aus unzureichenden internen Prozessen sowie aus menschlichem oder Systemversagen bei der Kapitalverwaltungsgesellschaft oder aus externen Ereignissen resultiert; darin eingeschlossen sind Rechts-, Dokumentations- und Reputationsrisiken sowie Risiken, die aus den für ein Investmentvermögen betriebenen Handels-, Abrechnungs- und Bewertungsverfahren resultieren.**

I. Normhintergrund und Bedeutung

§ 29 Abs. 6 KAGB ermächtigt das Bundesministerium der Finanzen, durch Rechtsverordnung, die nicht der Zustimmung des Bundesrates bedarf, für KVG, die **OGAW oder Publikums-AIF verwalten**, nähere Bestimmungen zu den Risikomanagementsystemen und -verfahren zu erlassen. Das Bundesministerium der Finanzen hat von der durch § 29 Abs. 6 Satz 2 KAGB i.V.m. § 1 Nr. 3a BaFinBefugV[255] eingeräumten Befugnis Gebrauch gemacht, die BaFin zum Erlass der Rechtsverordnung zu ermächtigen. Die BaFin hat darauf – im Einvernehmen mit dem Bundesministerium der Justiz und für Verbraucherschutz – **§ 5 KAVerOV**[256] erlassen. 191

Soweit es die Verwaltung von **Publikums-AIF** betrifft, meint der Gesetzgeber § 29 Abs. 6 KAGB sowie § 5 KAVerOV auf Art. 43 AIFM-RL stützen zu können. Danach können Mitgliedstaaten „unbeschadet anderer Rechtsakte der Union“ AIFM gestatten, in ihrem Hoheitsgebiet Anteile an von ihnen gemäß dieser Richtlinie verwalteten AIF an Kleinanleger zu vertreiben. In solchen Fällen dürfen die Mitgliedstaaten den AIFM oder AIF Auflagen unterwerfen, die strenger sind als jene, die für AIF gelten, die in ihrem Hoheitsgebiet gemäß dieser Richtlinie an professionelle Anleger vertrieben werden. Allerdings können die Mitgliedstaaten strengere oder zusätzliche Auflagen im Vergleich zu auf nationaler Ebene vertriebenen AIF nicht für EU-AIF vorsehen, die ihren Sitz in einem anderen Mitgliedstaat haben und grenzübergreifend vertrieben werden.“ Der letzte Satz beruht auf dem Rechtsgedanken der **europaweit einheitlichen (und maximalen) Regulierung des Fondsverwalters**, der einen europäischen Fondsbinnenmarkt erst ermöglicht (dazu Einl., Rz. 89 ff.). In § 5 KAVerOV statuierte Zusatzpflichten diskriminieren somit heimische AIF-KVG im Vergleich zu ausländischen AIF-KVG. Es ist deshalb zu begrüßen, dass sich § 5 Abs. 2 und 3 KAVerOV für Publikums-AIF auf Klarstellungen zu Art. 45 Abs. 3 Buchst. b und c AIFM-DVO und Definitionen beschränkt, die in der AIFM-DVO fehlen. 192

Soweit es **OGAW** betrifft, setzt § 5 KAVerOV zugleich einen Teil der Organisationsbestimmungen gem. Art. 12, Art. 23 Abs. 4 und Art. 38 bis 32 der OGAW-DRL[257] zum Risikomanagement um. Die BaFin hat für OGAW die **entsprechende Geltung der Art. 38 bis 45 der AIFM-DVO** sowie der **Verbriefungsregeln in Art. 50 ff. AIFM-DVO** verordnet. Diese Anordnung liegt im Rahmen der vom europäischen Regelsetzer artikulierten Intention.[258] Sie wird mit Wirkung zum 1.1.2019 durch die unmittelbar geltende STS-Verordnung ersetzt (Rz. 172 ff.). § 5 KAVerOV richtet sich – ebenso wie die ab 1.1.2019 geltenden STS-Verordnung (arg. Art. 1 Abs. 2 STS-Verordnung) – an die **OGAW-KVG**, ist also Teil der **Verwalterregulierung**. Dies hat Bedeutung für den grenzüberschreitenden Dienstleistungsverkehr (§§ 50, 51 AIFM-DVO): § 5 KAVerOV gilt nicht für EU-OGAW-KVG, die inländische OGAW im Wege des **grenzüberschreitenden Dienstleistungs-** 193

255 Verordnung zur Übertragung von Befugnissen zum Erlass von Rechtsverordnungen auf die Bundesanstalt für Finanzdienstleistungsaufsicht vom 13.12.2002 (BGBl. I 2003, S. 3), die zuletzt durch Art. 4 Abs. 78 des Gesetzes vom 18.7.2016 (BGBl. I 2016, S. 1666) geändert worden ist – BaFinBefugV.

256 Verordnung zur Konkretisierung der Verhaltensregeln und Organisationsregeln nach dem Kapitalanlagegesetzbuch (Kapitalanlage-Verhaltens- und -Organisationsverordnung – KAVerOV) vom 16.7.2013 (BGBl. I 2013, S. 2460).

257 Richtlinie 2010/43/EU der Kommission vom 1.7.2010 zur Durchführung der Richtlinie 2009/65/EG des Europäischen Parlaments und des Rates im Hinblick auf organisatorische Anforderungen, Interessenkonflikte, Wohlverhalten, Risikomanagement und den Inhalt der Vereinbarung zwischen Verwahrstelle und Verwaltungsgesellschaft (ABl. EU Nr. L 176 v. 10.7.2010, S. 42).

258 Vgl. ErwGr. 51 der AIFM-DVO („Im Sinne der Kohärenz sollten deren Aufgaben und Zuständigkeiten ähnlich geartet sein wie jene, die die Richtlinie 2010/43/EU der Kommission vom 1 Juli 2010 zur Durchführung der Richtlinie 2009/65/EG des Europäischen Parlaments und des Rates im Hinblick auf organisatorische Anforderungen, Interessenkonflikte, Wohlverhalten, Risikomanagement und den Inhalt der Vereinbarung zwischen Verwahrstelle und Verwaltungsgesellschaft für die ständige Risikomanagement-Funktion von OGAW-Verwaltungsgesellschaften vorsieht.“) sowie ErwGr. 56 AIFM-DVO („Aus Gründen der Kohärenz bauen die Anforderungen für die Ermittlung, Messung und Überwachung von Risiken auf vergleichbaren Bestimmungen der Richtlinie 2010/43/EU auf.“).

verkehrs oder über inländische Zweigniederlassungen verwalten,[259] und schon gar nicht für den **Vertrieb von OGAW** im Inland. Da die OGAW-Verwaltung in Luxemburg, teils auch Irland, weitgehend gebündelt ist, ist der Sinn einer rein nationalen Regelung zweifelhaft.

194 Jeweils mitzulesen sind die Bestimmungen der **DerivateV** (dazu Anh. zu § 29: DerivateV), der zahlreichen ESMA- und CESR-Werke[260] sowie der **KAMaRisk.**

II. Verweis auf AIFM-DVO für OGAW-KVG (§ 5 Abs. 1 KAVerOV)

1. Verfassungsmäßigkeit

195 Für OGAW-KVG statuiert § 5 Abs. 1 KAVerOV mit wenigen in § 5 Abs. 2 KAVerOV bestimmten Ausnahmen eine entsprechende Geltung der Art. 35 bis 45 zum Risikomanagement und der Art. 50 bis 56 AIFM-DVO zur Verbriefung. Die pauschale Verweisungstechnik hat **Zweifel an der Verfassungsmäßigkeit** hervorgerufen.[261] Die großflächige Verlagerung der Normsetzung in Europa und im Inland auf die Exekutive begegnet (noch überwindbaren) Bedenken unter dem Blickwinkel der Gewaltenteilung und des Wesentlichkeitsgebots.

196 Nicht mehr zumutbare Herausforderungen ruft jedoch die **Intransparenz und im Ergebnis Unbestimmtheit des Regelungsgeflechts** hervor. Angesichts des Zusammenspiels einer Vielzahl europäischer Rechtsakte auf „Level 1 bis 3" für OGAW sowie zumindest zweier formeller Regelungsebenen (Gesetz, zwei sich überschneidende Verordnungen) und einer informellen Regelungsebene (KAMaRisk) kommt die pauschale Anordnung einer „entsprechenden" Geltung der AIFM-DVO für OGAW bei zahlreichen Überschneidungen mit der DerivateV einer **Regelungsverweigerung** gleich. Die BaFin als Verordnungsgeber verlagert die Frage, welche der zahlreichen Normen für OGAW in welcher Weise anzuwenden sind, auf die OGAW-KVG. Dies stößt in Anbetracht der – seit der OGAW V-RL – deutlich erhöhten Bußgelder (vgl. § 340 Abs. 2 Nr. 9 i.V.m. Abs. 7 und 8 KAGB) auf Bedenken hinsichtlich der Bestimmtheit. Infolgedessen ist ein **Verstoß gegen manche Vorgaben der § 29 Abs. 2 Satz 1 KAGB im Ergebnis sanktionsfrei**, zieht also weder Bußgelder noch die Unzuverlässigkeit der Geschäftsleiter nach sich, sofern nicht die BaFin zuvor die abstrakten intransparenten Pflichten durch Ordnungsverfügung in Bezug auf die betroffene OGAW-KVG und mit Blick auf deren Anlagestrategie konkretisiert hat.

197 Freilich stellt sich das Problem häufig nicht in dieser Form, weil die BaFin ihre Verwaltungsansicht über die KAMaRisk konkretisiert hat und die KVG Unterlagen zum Risikomanagementverfahren als Teil ihres Erlaubnisantrags und bei jeder nachfolgenden Änderung einzureichen und diese sodann im laufenden Geschäft einzuhalten hat (§ 21 Abs. 1 Nr. 7 i.V.m. § 28 Abs. 1 Nr. 1 KAGB). Nur kraft dieser aus **dem Erlaubnisverfahren resultierenden Selbstverpflichtung, die durch Erlaubniserteilung von der BaFin goutiert wird,** wirkt sich die in § 5 Abs. 1 KAVerOV angelegte Unbestimmtheit nicht aus.

2. Verhältnis zum OGAW-Regelwerk

198 Selbst dann bleibt das Problem der **Abweichung durch Verweis auf die AIFM-DVO von der OGAW-RL und OGAW-DRL.** Letztere sind nicht pauschal das weniger strengere, teils ist es schlicht ein anderes europäisches Regelwerk. Diese Konkretisierungen sind Teil des europäischen Wortverständnisses, was im Wege der europarechtskonformen Auslegung zu beachten ist. Daher beinhaltet der Pauschalverweis auf die AIFM-DVO **keinen Effizienzgewinn.** Die Nutzer müssen stets das **gesamte OGAW-Regelwerk** im Blick behalten, was aus dem Wortlaut kaum erkennbar ist.

199 Dieses besteht neben der **DerivateV**, in welcher Vereinbarungen unter den nationalen Aufsichtsbehörden im Kontext CESR/ESMA umgesetzt wurden, und **§ 5 Abs. 2 und 3 KAVerOV**, in der sich weitere Vorschriften der OGAW-DRL finden, insbesondere aus einer Vielzahl Verlautbarungen von ESMA und ihrem Vorläufer CESR. Im Einzelnen handelt es sich um

---

259 Ausdrücklich Art. 19 Abs. 1 OGAW-RL, s. auch arg. §§ 50 Abs. 4, 51 Abs. 4 KAGB sowie § 1 Abs. 2 KAVerOV; der zu weit geratene § 50 Abs. 4 Satz 1 KAGB ist europarechtskonform zu reduzieren, soweit es die Geltung von § 30 KAGB betrifft.

260 Vgl. die Aufstellung zu den Verwaltungsverlautbarungen vor dem Literaturverzeichnis zu dieser Kommentierung.

261 Erwogen von *Sprengnether/Wächter*, WM 2014, 877 (884), aber im Ergebnis verworfen. Deutlicher *Geurts/Schubert* in Moritz/Klebeck/Jesch, § 30 KAGB Rz. 98 („mit Prinzip der Gewaltenteilung und dem den Gesetzgeber verpflichtenden Wesentlichkeitsgebot … kaum vereinbar.").

- die CESR-Leitlinien zur Risikomessung und zur Berechnung des Gesamtrisikos und des Kontrahentenausfallrisikos für OGAW, CESR/10-788 (sog. Allgemeine Leitlinien),
- CESR, Technical advice to the European Commission on the level 2 measures related to the UCITS management company passport, CESR/09-963,
- die ESMA-Leitlinien zur Risikomessung und zur Berechnung des Gesamtrisikos für bestimmte Arten strukturierter OGAW, ESMA/2012/197,
- die ESMA-Leitlinien zu börsengehandelten Indexfonds (Exchange-Traded Funds, ETF) und anderen OGAW-Themen, ESMA/2014/937.

Die Regelwerke sind in der nachfolgenden Tabelle zusammengeführt. 200

Gegenstand	AIFM-DVO	DerivateV	KAVerOV	KAMaRisk	OGAW-DRL	ESMA/CESR
Risikocontrollingfunktion, Risikomanagementsystem (RMS)	Art. 38, 39, 40	§ 13	§ 5 Abs. 2, 3	Nr. 4	Art. 12 Abs. 1, 3 und 4, Art. 23 Abs. 4	CESR/09-963, IV.I.
zeitliche Abstände zur Überprüfung des RMS	Art. 41	§ 13 Abs. 4 Nr. 2	(-)	Nr. 4.2	Art. 39	(-)
Funktionale und hierarchische Trennung	Art. 41 Abs. 1 Buchst. e und Art. 42	(-)	(-)	Nr. 4.6–4.8	Art. 12 Abs. 2	CESR/09-963, IV.I.2.
Schutzvorkehrungen gg. Interessenkonflikte (§ 29 Abs. 1 Satz 3 KAGB)	Art. 40 Abs. 4, 43	§ 4	(-)	Nr. 4.3, 4.5, 4.7, Nr. 10, Nr. 12.2	Art. 13	(-)
Anforderungen nach § 29 Abs. 3 KAGB (Kohärenzprinzip, Sorgfaltsprüfung, ordentliche Erfassung, Messung, Steuerung und Überwachung der mit Anlagepositionen verbundenen Risiken und deren Wirkung)	Art. 40, 44, 45	§§ 2, 3, 5–32	§ 5 Abs. 2, 3	Nr. 4–Nr. 8	Art. 23 Abs. 3, Art. 39–43	CESR/09-963, IV. CESR/10-788 ESMA/ 2012/197, V. ESMA/ 2014/947
Investition in Verbriefungspositionen (bis 1.1.2019; ab 1.1.2019 gilt die STS-Verordnung unmittelbar, näher Rz. 172 ff.)	Art. 50–56	§§ 33, 34	(-)	(-)	(-)	

Von den zuvor genannten Vorschriften finden insbesondere die Details der Allgemeinen Richtlinien (CESR/10-788) und der Leitlinien zu bestimmten strukturierten OGAW (ESMA/2012/197) und Indexfonds (ESMA/2014/937) in den Verweisen auf die AIFM-DVO keine Entsprechung. Diese sind zum Teil in die **DerivateV** aufgenommen worden. Vgl. dazu die Kommentierung der DerivateV. 201

III. Prognose und Analyse vor Anlagen durch OGAW-KVG und Publikums-AIF (§ 5 Abs. 2 KAVerOV)

1. Auswirkungen auf die Portfoliozusammensetzung

§ 5 Abs. 2 KAVerOV setzt **Art. 23 Abs. 4 OGAW-DRL** um, erweitert jedoch die Risikomanagement-Anforderungen über die AIFM-DVO hinaus, indem die Vorschrift auch für alle Publikums-AIF gilt; dies geschah, weil die AIFM-DVO keine entsprechende Vorschrift enthält, ein entsprechende Regelung aber bereits in § 20 Abs. 4 InvVerOV enthalten war.[262] Gem. § 5 Abs. 2 KAVerOV muss die KVG, die OGAW oder Publi- 202

262 *BaFin*, Begründung zur Kapitalanlage-Verhaltens- und -Organisationsverordnung – KAVerOV, 22.7.2013, Zu § 5 KAVerOV (Risikomanagement), dort zu Abs. 2.

kums-AIF verwaltet, vor dem Erwerb eines Vermögensgegenstandes für den Fonds, soweit es der Art des Vermögensgegenstandes angemessen ist, Prognosen abgeben und Analysen durchführen über die Auswirkungen des Erwerbs auf die Zusammensetzung des Investmentvermögens, auf dessen Liquidität und auf dessen Risiko- und Ertragsprofil. Gemeint ist nicht die Vornahme einer Due Diligence in Bezug auf den Vermögensgegenstand,[263] sondern eine Prognose der Auswirkungen des Erwerbs auf die im Portfolio bereits vorhandenen Risiken, unter hypothetischer Hinzufügung des noch zu erwerbenden Gegenstands. Deshalb ist der in der Literatur gebräuchliche Begriff der **Pre-Investment Due Diligence**[264] zumindest missverständlich.

2. Ausprägung des § 29 Abs. 2 KAGB

203 Die BaFin versteht die Prüfungs- und Prognosepflicht als **Ausprägung des § 29 Abs. 2 KAGB.**[265] Dies trifft zu, weil es im Kern um Folgepflichten einer Änderung der Portfoliozusammensetzung geht. Insoweit ist § 5 Abs. 2 KAVerOV letztlich deklaratorisch. Daher ist auch AIFM-KVG, die Spezialfonds verwalten, die Prognose und Analyse anzuraten. Gleiches gilt, wenngleich in § 5 Abs. 2 KAVerOV nicht explizit erwähnt, **beim Verkauf eines Anlagegegenstands**, denn auch dann ändert sich die Portfoliozusammensetzung, so dass es zu suboptimaler Diversifikation und unvorhergesehenen Risiken kommen kann.

3. Anwendungsbereich

204 Prognose und Analyse sind geboten, wenn es nach der **Art des Vermögensgegenstands angemessen** ist. Die Angemessenheit ist das Ergebnis einer Risikobetrachtung: Sind erhebliche neue Risiken zu erwarten, sind Prognose und Analyse geboten. Dies ist immer der Fall bei Erwerb einer **neuen Art von Vermögensgegenständen**, z.B. zzgl. zu Wertpapieren Derivaten (bei OGAW) oder Private Equity Beteiligungen (AIF). Darauf beschränkt sich der Wortlaut. Versteht man die Norm als Konkretisierung von § 29 Abs. 2 KAGB (Rz. 51 ff.), ist bei Anwendung des § 29 Abs. 2 KAGB die Prüfung auf drei weitere Fälle zu erstrecken: **komplexe Anlagen,**[266] zu denen neben strukturierten Produkten auch komplexe rechtliche Konstrukte zählen (Verbriefungsstrukturen[267]), den Eintritt in **neue Anlageregionen**[268] sowie bei bestehenden Arten von Vermögensgegenständen die **erhebliche Anteilsveränderung** (Aufstockung oder Abschmelzung des Anteils).

4. Durchführung von Prognose und Analyse

205 **Wie Prognosen und Analysen durchzuführen** sind, unterscheidet sich je nach Anlagestrategie. Für eine Technik-basierte algorithmische Strategie gilt anderes als im klassischen Private Equity-Geschäft. Die **KVG** hat die Vorgehensweise daher **selbst für jeden Fonds festzulegen**. Zu beachten sind die Standardisierungsansätze der **DerivateV**. Vgl. Rz. 31 sowie Anh. zu § 29: DerivateV.

206 Im Schrifttum wird teils mit Blick auf Vorgängerregelwerke eine **3-Schritt-Prüfung** empfohlen,[269] bestehend aus 1) Prüfung der **Erwerbbarkeit** des betreffenden Vermögensgegenstandes nach der OGAW-EAD, 2) **Kohärenzprüfung** (Übereinstimmung der Anlageentscheidung mit dem Risikoprofil, der Anlagestrategie und den Anlagezielen des Investmentvermögens sowie mit den Grundsätzen zum Interessenkonfliktmanagement) sowie 3) Prüfung der Vereinbarkeit der Anlage mit den Anforderungen an die **Wertberechnung** des Investmentvermögens und die **Liquidität** der Anlage. Diese Prüfungsfolge bedarf im Hinblick auf die Einbeziehung von AIF der Erweiterung; statt nur auf die OGAW-EAD ist generell die Erwerbbarkeit nach Gesetz und konstituierenden Fondsdokumenten zu prüfen. Am Beispiel der Anlage in andere Investmentvermögen bedeutet dies die Berücksichtigung der Vertragsbedingungen bzw. Satzung sowie Verkaufsprospekt des zu erwerbenden Investmentvermögens; der Bewertungsverfahren; der Verbreitung von Anlegerinformationen;

---

263 So aber *Eckner* in Beckmann/Scholtz/Vollmer, Investment, § 5 KAVerOV Rz. 131. Gegen die dortige Auslegung spricht die Herkunft in der OGAW-DRL, die sich auf weitgehend standardisierte Vermögensgegenstände beschränkt.

264 Vgl. *Josek/Steffen* in Baur/Tappen, § 29 KAGB Rz. 76.

265 *BaFin*, Begründung zur Kapitalanlage-Verhaltens- und -Organisationsverordnung – KAVerOV, 22.7.2013, Zu § 5 KAVerOV (Risikomanagement), dort zu Abs. 2.

266 So unter Rückgriff auf Abschn. 8 Ziff. 2 und 3 der aufgehobenen InvMaRisk *Eckner* in Beckmann/Scholtz/Vollmer, Investment, § 5 KAVerOV Rz. 134.

267 *Josek/Steffen* in Baur/Tappen, § 29 KAGB Rz. 76.

268 So unter Rückgriff auf Abschn. 8 Ziff. 2 und 3 der aufgehobenen InvMaRisk *Eckner* in Beckmann/Scholtz/Vollmer, Investment, § 5 KAVerOV Rz. 134.

269 *Eckner* in Beckmann/Scholtz/Vollmer, Investment, § 5 KAVerOV Rz. 136-138.

der Zeichnungs- und Rücknahmebedingungen; der Kosten und Gebühren sowie der Verwahrungsvereinbarungen.[270]

207 § 5 Abs. 2 Satz 2 KAVerOV gibt schließlich vor, dass sich die **Analysen** nur auf **quantitativ wie qualitativ verlässliche und aktuelle Daten stützen** dürfen. Solche Daten müssen zuerst ermittelt oder am Markt erworben werden. Im Umkehrschluss benötigt man für **Prognosen** keine vollständige, aktuelle Datenbasis. Dies versteht sich vor dem Hintergrund des Prognoserisikos als in die Zukunft gerichtete Blickweise.

5. Dokumentation

208 Die KVG muss die Vorgehensweise bei der Prognose und Analyse als Teil seiner allgemeinen Risikomanagement-Leitlinien in einer **Ablaufbeschreibung** festlegen; dies folgt bereits aus § 29 Abs. 2 KAGB.[271] Zudem ist der Prüfprozess **im Einzelfall** angemessen zu dokumentieren.[272] In Abhängigkeit von Komplexität und Risiko kann eine Abhakliste genügen oder eine umfassendere Darstellung erforderlich sein. Zu weit geht es, **für jede Einzelfallentscheidung** die Gründe für die getroffene Entscheidung anhand Prüfliste oder sonstiger Kriterien zu dokumentieren und aufzubewahren,[273] jedoch hat die KVG dieser Vorgabe für **einzelne Kategorien** nachzukommen (z.B. illiquide Anlagen oder strukturierte Produkte einer bestimmten Art), von denen dann Rückschlüsse auf Einzelfallentscheidungen möglich sind.

IV. Definitionen (§ 5 Abs. 3 KAVerOV)

209 Die KAVerOV definiert gewisse Risikokategorien, insbesondere das Marktrisiko, Liquiditätsrisiko, Kontrahentenrisiko und das operationelle Risiko. S. dazu Rz. 59 ff. Wenngleich die Verordnungsmacht auch OGAW- und Publikums-AIF-KVG beschränkt ist, dürften die Definitionen Allgemeingültigkeit beanspruchen.

V. Berichtspflichten (KAMaRisk)

210 Die **Berichtspflichten der Risikomanagementfunktion gem. Art. 39 Abs. 1 Buchst. d, e AIFM-DVO gelten** nach § 29 Abs. 6 KAGB i.V.m. § 5 Abs. 1 KAVerOV entsprechend für OGAW-KVG. Nach Ansicht der BaFin sind Geschäftsleiter und Aufsichtsrat des Weiteren über die Ergebnisse aus den Kontrolltätigkeiten (KAMaRisk, Nr. 4.7, Tz. 4) in regelmäßigen Abständen, bei kritischen Sachverhalten unverzüglich zu informieren.[274]

L. Durchsetzung, Wirkung und Sanktionen

I. Aufsichtsrecht

211 Die Einhaltung von §§ 29, 30 KAGB ist **Zulassungsbedingung** (Rz. 16). Bei Verstoß kann die Zulassung eingeschränkt oder entzogen werden, vgl. § 22 Abs. 1 Nr. 7, 23 Nr. 8 KAGB. Die aufsichtsrechtliche Durchsetzung in Bezug auf einzelne AIF erfolgt insbesondere über **Meldepflichten** gegenüber der BaFin (vgl. § 35 KAGB i.V.m. Anhang IV Nr. 13 AIFM-DVO). Danach sind für jeden Fonds anzugeben u.a. 1) die **zehn wichtigsten Risiken des AIF** zum Berichtsdatum, aufgegliedert nach Art, Name, Wert der Vermögenswerte/Verbindlichkeiten, deren Anteil am Bruttomarktwert des Fonds, ob es sich um eine Long- oder Short-Position handelt sowie ggf. der Name der Gegenpartei; 2) die **fünf wichtigsten Portfoliokonzentrationen,** 3) bei Private Equity Fonds die typische Geschäfts- und Positionsgröße, 4) die wichtigsten Märkte, auf denen der AIF handelt, sowie 5) die **Anlegerkonzentration**, mit Angabe des ungefähren Prozentsatzes des AIF-Kapitals im wirtschaftlichen Eigentum der fünf Anteilsinhaber mit der höchsten Beteiligung sowie einer Aufschlüsselung nach Anlegerstatus (professioneller oder Kleinanleger). Näher § 35 Rz. 18 ff. Daraus

---

270 Vgl. *Eckner* in Beckmann/Scholtz/Vollmer, Investment, § 5 KAVerOV Rz. 140.
271 Für lediglich Empfehlung dagegen *Eckner* in Beckmann/Scholtz/Vollmer, Investment, § 5 KAVerOV Rz. 133.
272 *CESR*, Technical advice to the European Commission on the level 2 measures related to the UCITS management company passport", CESR/09-963, S. 65 Rz. 10 ff.; KAMaRisk, Nr. 7, Tz. 3.
273 So aber *Josek/Steffen* in Baur/Tappen, § 29 KAGB Rz. 77 unter Hinweis auf CESR/09-963, S. 65 Rz. 10 ff.
274 KAMaRisk, Nr. 4.9, Tz. 2.

folgt, dass diese Daten für jeden Fonds auch von der KVG regelmäßig zu erfassen und auszuwerten sind, so dass sie einen **Mindeststandard** der für das Risikomanagement **erforderlichen Datensätze** bilden.

II. Ordnungswidrigkeiten und Strafrecht

212 Ordnungswidrig verhält sich gem. **§ 340 Abs. 2 Nr. 9 KAGB**, wer entgegen § 29 Abs. 2 Satz 1 KAGB, auch in Verbindung mit einer Rechtsverordnung nach § 29 Abs. 6 KAGB, eine dort bezeichnete Vorgabe für ein angemessenes Risikomanagementsystem nicht erfüllt.[275] Die angesprochene Verordnung ist die KAVerOV. Die DerivateV ist nicht aufgrund § 29 Abs. 6 KAGB erlassen und daher auch nicht nach dieser Vorschrift sanktionierbar. Die KAMaRisk ist keine Verordnung, sondern eine Verwaltungsmeinung. Diese hat, zumal wenn sie sich auf eine Aufsichtskoordination im Rahmen der ESMA oder sogar eine diesbezüglich offiziöse Rechtsmeinung stützen kann, jedoch eine starke europarechtliche Unterstützung. Mit Wirkung ab dem 1.1.2019 greifen zudem bei Verstoß gegen die Vorgaben der STS-Verordnung die Bußgeldtatbestände gem. **§ 340 Abs. 6b, 6c und 6d KAGB.**[276]

III. Zivilrecht?

213 Die Unterscheidung zwischen Off- und On-Balance-Intermediation (i.e. Fonds vs. Bank) ist bislang unzureichend verarbeitet. Unterschiede z.B. bei den **zivilrechtlichen Wirkungen für die Verletzung (vermeintlich) öffentlich-rechtlicher Organisationsvorschriften** drängen sich auf, denn die Verletzung wirkt sich bei Off-Balance-Intermediation unmittelbar im Anlegervermögen aus, bei der On-Balance-Intermediation ist die Auswirkung höchst indirekt und muss eine Reihe von Bündel- und Kompensationsfaktoren berücksichtigen.[277] Der BGH, der dem WpHG-Aufsichtsrecht bekanntlich keine privatrechtliche Direktwirkung im Sinne eines zwingenden Vertragsrechts zuweist,[278] hat diesen Unterschied bislang vernachlässigt. Rechtsprechung zum KAGB, wo die zivilrechtliche Wirkung der Organisationsvorschriften ebenfalls diskutiert wird,[279] ist nicht bekannt. Richtigerweise ist das **Risikomanagement** ein **essentieller Teil der Gesamtorganisation der KVG** zum Schutz der Anleger, dem auch eine zivilrechtlich-vertragliche Komponente zukommt.[280] Ein defizitäres Risikomanagement führt auch unmittelbar zu Schäden, indem z.B. Absicherungen fehlerhaft vorgenommen (Beispiel: für sich allein zulässige Teilrisiken werden nicht gehedged) werden. Dies unterscheidet die Fonds- von der Bankbilanz, wo sich eine Schädigung des Einlegers nur ausnahmsweise und indirekt, nämlich im Fall der Bankinsolvenz, realisiert. Von daher ist entgegen der wohl h.M. eine zivilrechtliche Wirkung der §§ 29, 30 KAGB geboten. Diese Wirkung ist zu unterscheiden von der Frage, wer den Schaden **geltend machen** kann (Aktivlegitimation). I.d.R. wird es sich um einen **Kollektivschaden** handeln, bei dem sich die Aktivlegitimation nach den §§ 78, 89 KAGB richtet. Siehe im Einzelnen § 78 Rz. 10 f.

---

275 Ausf. zum öffentlich-rechtlichen Sanktionsregime im Kapitalmarktrecht *Veil*, ZGR 2016, 305 (307 ff.).

276 Vgl. Art. 4 Nr. 10 des Entwurfs eines Gesetzes zur Anpassung von Finanzmarktgesetzen an die Verordnung (EU) 2017/2402 und an die durch die Verordnung (EU) 2017/2401 geänderte Verordnung (EU) Nr. 575/2013, BR-Drucks. 374/18.

277 Näher *Zetzsche* in Towfigh et al., S. 159.

278 Vgl. BGH v. 17.9.2013 – XI ZR 332/12, AG 2013, 803 = WM 2013, 1983 Rz. 16 ff. („Die Verhaltens-, Organisations- und Transparenzpflichten der §§ 31 ff. WpHG [sind] ausschließlich öffentlich-rechtlicher Natur und wirken auf das zivilrechtliche Schuldverhältnis zwischen Wertpapierdienstleistungsunternehmen und Kunde grundsätzlich nicht ein."); zu Harmonisierungsbemühungen über allgemeine „Transparenzgedanken" BGH v. 3.6.2014 – XI ZR 147/12, ZBB 2014, 412 Rz. 41 ff.; dazu *Freitag*, ZBB 2014, 357.

279 *Köndgen* in Berger/Steck/Lübbehüsen, § 9 InvG Rz. 7 und Vor §§ 20 ff. InvG Rz. 1 f.; § 28 InvG Rz. 4, befürwortet eine vertragliche Einordnung von Anlagegrenzen und Wohlverhaltensregeln, steht einer Privatrechtswirkung von Organisationsvorschriften aber zurückhaltend gegenüber, vgl. *Köndgen* in Berger/Steck/Lübbehüsen, § 9a Rz. 4 sowie *Köndgen* in Berger/Steck/Lübbehüsen, § 28 InvG Rz. 5 a.E. Restriktiv zur Schutzgesetzeigenschaft der §§ 26 ff. KAGB (unter Orientierung an der Judikatur zum 11. Abschnitt des WpHG) auch *Möllers* in Möllers/Kloyer, Das neue KAGB, 2013, S. 247, 256; für Schutzgesetzeigenschaft in bestimmten Fällen *Reiss*, Pflichten der Kapitalanlagegesellschaft und Depotbank gegenüber dem Anleger, 2006, S. 152 ff.; für weitreichende Privatrechtswirkung *Zetzsche*, Prinzipien der kollektiven Vermögensanlage, 2015, S. 589 ff., 802 ff.; *Zetzsche* in Möllers/Kloyer, Das neue KAGB, 2013, S. 131, 151 f.; *Binder*, ZGR 2015, 667 (705 f.).

280 Ausf. *Zetzsche*, Prinzipien der kollektiven Vermögensanlage, 2015, S. 460 ff.

So kommt eine zivilrechtliche Direktwirkung insbesondere aus zweierlei Sicht in Betracht. Einerseits können **Anleger** durch **Verstöße gegen Risikomanagementvorschriften geschädigt** sein. Wird z.B. die maximale Leveragegrenze nach § 29 Abs. 4 KAGB nicht gesetzt und kommt es infolge von Leverageeinsatz zu Verlusten, kommt es nicht mehr darauf an, ob die KVG wegen sonstiger Anlagegrenzverletzung haftbar ist. Bereits der Verzicht auf die Steuerung von Leveragerisiken rechtfertigt die Haftung, weil die Leveragegrenze die Maximalverluste der Anleger hätte eindämmen sollen. Aus dem gleichen Grund ist eine Haftung gerechtfertigt, wenn es infolge des Einsatzes von Sicherungstechniken zu einer Umkehrung des Anlageprofils kommt, etwa aus einer risikoreichen, potentiell ertragreichen Anlage eine risiko- und ertragsarme Struktur wird. Für die Frage der **Kausalität** ist zu unterstellen, dass das Risikomanagement gem. den konstituierenden Dokumenten des Fonds und den internen Leitlinien der KVG gesetzeskonform und wirksam war. Da es sich beim Risikomanagement um interne Organisationsmaßnahmen der KVG handelt, dürften in vielen Fällen zudem die Voraussetzungen für eine Beweislastumkehr nach allgemeinen Grundsätzen gegeben sein. Häufig wird jedoch bereits der Anlagegrenzverstoß als solcher zur Haftung der KVG genügen, so dass es auf Verfehlungen beim Risikomanagement nicht ankommt. 214

Eine zivilrechtliche Wirkung kann aber auch **Folgen gegenüber anderen Marktteilnehmern** hervorrufen, etwa im Bereich der Verbriefungsregeln. So dürften die Anforderungen an Sponsor, Originator und Selbstbehalt (Art. 51, 52 AIFM-DVO) **zwingender Vertragsinhalt** und Grundlage eine Haftung im Fall des Verstoßes sein. 215

Anhang zu § 29: Derivateverordnung (DerivateV)

Verordnung über Risikomanagement und Risikomessung beim Einsatz von Derivaten, Wertpapier-Darlehen und Pensionsgeschäften in Investmentvermögen nach dem Kapitalanlagegesetzbuch (Derivateverordnung – DerivateV)

vom 16.7.2013 (BGBl. I 2013, S. 2463), zuletzt geändert durch die Verordnung zur Änderung der Derivateverordnung v. 26.2.2015 (BGBl. I 2015, S. 181).

Eingangsformel

Auf Grund des § 197 Absatz 3 Satz 1 und des § 204 Absatz 3 Satz 1 des Kapitalanlagegesetzbuches vom 4. Juli 2013 (BGBl. I S. 1981) sowie des § 106 Satz 1, des § 120 Absatz 8 Satz 1, des § 121 Absatz 4 Satz 1, des § 135 Absatz 11 Satz 1 und des § 136 Absatz 4 Satz 1 des Kapitalanlagegesetzbuches vom 4. Juli 2013 (BGBl. I S. 1981) im Einvernehmen mit dem Bundesministerium der Justiz, jeweils in Verbindung mit § 1 Nummer 3a der Verordnung zur Übertragung von Befugnissen zum Erlass von Rechtsverordnungen auf die Bundesanstalt für Finanzdienstleistungsaufsicht, der zuletzt durch Artikel 1 der Verordnung vom 11. Juli 2013 (BGBl. I S. 2231) geändert worden ist, verordnet die Bundesanstalt für Finanzdienstleistungsaufsicht:

Abschnitt 1: Allgemeine Vorschriften

§ 1
Anwendungsbereich

(1) Diese Verordnung ist anzuwenden auf

1. **den Einsatz von Derivaten in Investmentvermögen gemäß § 197 des Kapitalanlagegesetzbuches,**
2. **den Einsatz von Wertpapier-Darlehen und Pensionsgeschäften gemäß den §§ 200 bis 203 des Kapitalanlagegesetzbuches,**
3. **das Risikomanagement und die Berechnung des Marktrisikopotenzials dieser Derivate und Geschäfte sowie die Anrechnung dieser Derivate und Geschäfte auf die Anlagegrenzen.**

(2) Diese Verordnung ist nur anzuwenden für offene inländische Publikumsinvestmentvermögen gemäß den §§ 162 bis 260 des Kapitalanlagesetzbuches und für offene inländische Spezial-AIF mit festen Anlagebedingungen gemäß § 284 des Kapitalanlagegesetzbuches, es sei denn, die Anlagebedingungen dieser Investmentvermögen schließen eine Investition in Derivate, Wertpapier-Darlehen und Pensionsgeschäfte aus.

§ 2
Einsatz von Derivaten, Wertpapier-Darlehen und Pensionsgeschäften

(1) Der Einsatz von Derivaten, Wertpapier-Darlehen und Pensionsgeschäften darf

1. **nicht zu einer Veränderung des Anlagecharakters führen, der**
   a) **nach dem Kapitalanlagegesetzbuch und den jeweiligen Anlagebedingungen zulässig ist sowie**
   b) **bei Publikumsinvestmentvermögen im Verkaufsprospekt und in den wesentlichen Anlegerinformationen gemäß den §§ 165 und 166 des Kapitalanlagegesetzbuches beschrieben ist und**
2. **nicht mit wesentlichen zusätzlichen Risiken im Vergleich zum ursprünglichen, in den Verkaufsunterlagen beschriebenen Risikoprofil verbunden sein.**

(2) Die Kapitalverwaltungsgesellschaft darf für ein Investmentvermögen mit Ausnahme von Sonstigen Investmentvermögen nach § 220 des Kapitalanlagegesetzbuches und Spezial-AIF nach § 284 des Kapitalanlagegesetzbuches nur Derivate abschließen, wenn

1. **die Basiswerte dieser Derivate nach Maßgabe des Kapitalanlagegesetzbuches und der jeweiligen Anlagebedingungen für das Investmentvermögen erworben werden dürfen oder**
2. **die Risiken, die diese Basiswerte repräsentieren, auch durch die nach dem Kapitalanlagegesetzbuch und den jeweiligen Anlagebedingungen zulässigen Vermögensgegenstände im Investmentvermögen hätten entstehen können.**

(3) Besitzt ein Vertragspartner eines derivativen Geschäftes einen Ermessensspielraum bei der Zusammensetzung oder Verwaltung des Anlageportfolios des Investmentvermögens oder bei der Zusammensetzung oder Verwaltung der Basiswerte oder des Basiswertes des Derivates, so gilt das Geschäft als Auslagerungsvereinbarung in Bezug auf die Portfolioverwaltung und muss den Anforderungen des § 36 des Kapitalanlagegesetzbuches entsprechen.

§ 3
Liefer- und Zahlungsverpflichtungen; Deckung

(1) Die Kapitalverwaltungsgesellschaft muss sicherstellen, dass

1. **sie allen für Rechnung eines Investmentvermögens eingegangenen, bedingten und unbedingten Liefer- und Zahlungsverpflichtungen aus Derivaten, Wertpapier-Darlehen und Pensionsgeschäften in vollem Umfang nachkommen kann und**
2. **eine ausreichende Deckung der derivativen Geschäfte vorhanden ist.**

(2) Für die Zwecke des Absatzes 1 Nummer 2 ist die Deckung im Rahmen des Risikomanagementprozesses laufend zu überwachen.

§ 4
Interessenkonflikte

(1) Die Kapitalverwaltungsgesellschaft hat insbesondere für Geschäfte, bei denen Interessenkonflikte nicht auszuschließen sind, zum Beispiel Geschäfte mit dem Mutter-, Schwester- oder Tochterunternehmen, durch ein angemessenes Kontrollverfahren sicherzustellen, dass diese Geschäfte zu marktgerechten Konditionen abgeschlossen werden. Das festgelegte Kontrollverfahren ist von der Kapitalverwaltungsgesellschaft zu dokumentieren.

(2) Der Prüfungsbericht gemäß den §§ 102, 121 Absatz 3 und § 136 Absatz 3 des Kapitalanlagegesetzbuches hat Angaben darüber zu enthalten, ob das festgelegte Kontrollverfahren angemessen und zweckdienlich ist.

Abschnitt 2: Marktrisiko

Unterabschnitt 1: Anwendungsvorschriften für den qualifizierten und den einfachen Ansatz

§ 5
Grundlagen und Abgrenzung

(1) Die Kapitalverwaltungsgesellschaft hat die Auslastung der nach § 197 Absatz 2 des Kapitalanlagegesetzbuches festgesetzten Marktrisikogrenze für den Einsatz von Derivaten (Grenzauslastung) mindestens auf täglicher Basis zu ermitteln. Die Marktrisikogrenze muss laufend eingehalten werden. Abhängig von der Anlagestrategie kann auch eine untertägige Berechnung der Auslastung notwendig sein.

(2) Zur Ermittlung der Grenzauslastung kann das Marktrisiko des Investmentvermögens oder der Investitionsgrad durch Leverage herangezogen werden; hierbei ist entweder der qualifizierte Ansatz nach den §§ 7 bis 14 oder der einfache Ansatz nach den §§ 15 bis 22 anzuwenden. Die Methode ist in eigener Verantwortung auf Basis der Analyse des Risikoprofils des Investmentvermögens einschließlich der eingesetzten Derivate zu wählen. Die gewählte Methode muss der verfolgten Anlagestrategie sowie der Art und Komplexität der eingesetzten Derivate und deren Anteil im Investmentvermögen angemessen sein. Die Anwendung des einfachen Ansatzes befreit die Kapitalverwaltungsgesellschaft nicht von der Verpflichtung zur Implementierung eines angemessenen Risikomanagementprozesses einschließlich Risikomessung und Begrenzung. Bei Anwendung des qualifizierten Ansatzes ist zusätzlich regelmäßig der Leverage des Investmentvermögens zu überwachen und sind darüber hinaus, soweit angemessen, weitere Risikokennziffern unter Berücksichtigung des Risikoprofils und der Anlagestrategie des jeweiligen Investmentvermögens zu nutzen.

(3) Die Kapitalverwaltungsgesellschaft muss den qualifizierten Ansatz anwenden, wenn

1. durch den einfachen Ansatz nicht alle im Investmentvermögen enthaltenen Marktrisiken hinreichend genau erfasst und bemessen werden können,
2. die Anlagestrategie des Investmentvermögens über einen zu vernachlässigenden Anteil hinaus auf komplexen Strategien basiert oder
3. das Investmentvermögen über einen zu vernachlässigenden Anteil hinaus in komplexe Derivate investiert ist.

§ 6
Aufzeichnungs- und Anzeigepflichten

Die Entscheidung der Kapitalverwaltungsgesellschaft für den einfachen Ansatz oder den qualifizierten Ansatz sowie für eine der Methoden des qualifizierten Ansatzes zur Ermittlung der Grenzauslastung nach § 7 Absatz 1 oder Absatz 2 und die der Entscheidung zugrunde liegenden Annahmen sind zu dokumentieren. Der Abschlussprüfer hat das in den einzelnen Investmentvermögen zur Ermittlung der Grenzauslastung nach § 197 Absatz 2 des Kapitalanlagegesetzbuches angewendete Verfahren im Prüfungsbericht gemäß den §§ 102, 121 Absatz 3 und § 136 Absatz 3 des Kapitalanlagegesetzbuches aufzuführen. Die Kapitalverwaltungsgesellschaft hat den Wechsel zwischen dem einfachen und dem qualifizierten Ansatz sowie den Wechsel der Methode zur Ermittlung der Grenzauslastung innerhalb des qualifizierten Ansatzes nach § 7 Absatz 1 oder Absatz 2 für ein Investmentvermögen der Bundesanstalt für Finanzdienstleistungsaufsicht (Bundesanstalt) unverzüglich anzuzeigen.

Unterabschnitt 2: Qualifizierter Ansatz

§ 7
Risikobegrenzung

(1) Der einem Investmentvermögen zuzuordnende potenzielle Risikobetrag für das Marktrisiko darf zu keinem Zeitpunkt das Zweifache des potenziellen Risikobetrags für das Marktrisiko des zugehörigen Vergleichsvermögens übersteigen.

(2) Alternativ darf der einem Investmentvermögen zuzuordnende potenzielle Risikobetrag für das Marktrisiko zu keinem Zeitpunkt 20 Prozent des Wertes des Investmentvermögens übersteigen.

§ 8
Abgrenzung

Im Rahmen des qualifizierten Ansatzes kann die Kapitalverwaltungsgesellschaft den potenziellen Risikobetrag entweder relativ im Verhältnis zu dem zugehörigen Vergleichsvermögen nach § 7 Absatz 1 oder absolut nach § 7 Absatz 2 begrenzen. Dabei wählt sie die Methode entsprechend § 5 Absatz 2 in eigener Verantwortung. Die Methode muss bezüglich des Risikoprofils und der Anlagestrategie des Investmentvermögens angemessen sein. Die Methode ist in der Regel kontinuierlich zu verwenden.

§ 9
Zugehöriges Vergleichsvermögen

(1) Das zugehörige Vergleichsvermögen ist regelmäßig ein derivatefreies Vermögen, das keinen Leverage aufweist und dessen Marktwert dem aktuellen Marktwert des Investmentvermögens entspricht.

(2) Die Zusammensetzung des Vergleichsvermögens muss

1. den Anlagebedingungen des Investmentvermögens und den Angaben des Verkaufsprospektes und den wesentlichen Anlegerinformationen zu den Anlagezielen und der Anlagepolitik des Investmentvermögens entsprechen sowie
2. die Anlagegrenzen des Kapitalanlagegesetzbuches einhalten; hiervon ausgenommen sind die Ausstellergrenzen nach den §§ 206 und 207 des Kapitalanlagegesetzbuches.

(3) Wenn für das Investmentvermögen ein derivatefreier Vergleichsmaßstab definiert ist, so muss das zugehörige Vergleichsvermögen diesen Vergleichsmaßstab möglichst genau nachbilden. In begründeten Einzelfällen darf von Absatz 2 abgewichen werden.

(4) Im Zweifelsfall sind für das Vergleichsvermögen diejenigen Vermögensgegenstände zu wählen, die den geringeren potenziellen Risikobetrag für das Marktrisiko ergeben.

(5) Die Kapitalverwaltungsgesellschaft muss Richtlinien für die Zusammensetzung des Vergleichsvermögens und für die Änderungen dieser Zusammensetzung erstellen. Die Festlegung der Zusammensetzung des Vergleichsvermögens ist innerhalb des Risikomanagementprozesses zu berücksichtigen. Die Zusammensetzung und jede Änderung der Zusammensetzung des Vergleichsvermögens sind nachvollziehbar zu dokumentieren. Sofern für das Vergleichsvermögen ein Index verwendet wird, müssen dessen Zusammensetzung und Entwicklung transparent sein. Der Prüfungsbericht gemäß den §§ 102, 121 Absatz 3 und § 136 Absatz 3 des Kapitalanlagegesetzbuches hat Angaben darüber zu enthalten, ob das Vergleichsvermögen gemäß den Absätzen 1 bis 4 ordnungsgemäß ist.

(6) Nimmt die Kapitalverwaltungsgesellschaft eine wesentliche Änderung des Vergleichsmaßstabs im Sinne des Absatzes 3 vor, ist dies der Bundesanstalt unverzüglich und nachvollziehbar anzuzeigen; von der Anzeigepflicht ausgenommen sind Änderungen von Vergleichsmaßstäben für Spezial-AIF nach § 284 des Kapitalanlagegesetzbuches.

§ 10
Potenzieller Risikobetrag für das Marktrisiko

(1) Der potenzielle Risikobetrag für das Marktrisiko ist mit Hilfe eines geeigneten eigenen Risikomodells im Sinne des § 1 Absatz 13 des Kreditwesengesetzes zu ermitteln.

(2) Ein Risikomodell ist dann als geeignet anzusehen, wenn

1. es dem Risikoprofil und der Anlagestrategie des Investmentvermögens sowie der Komplexität der eingesetzten Derivate angemessen Rechnung trägt,
2. bei der Ermittlung der risikobeschreibenden Kennzahlen die quantitativen Größen nach § 11 zugrunde gelegt, mindestens die Risikofaktoren nach § 12 erfasst und die qualitativen Anforderungen nach § 13 eingehalten werden und
3. es eine befriedigende Prognosegüte aufweist.

In begründeten Einzelfällen kann die Bundesanstalt ein Risikomodell auf Antrag auch bei Abweichungen von Absatz 2 als geeignet bestätigen.

(3) Der Prüfungsbericht gemäß den §§ 102, 121 Absatz 3 und § 136 Absatz 3 des Kapitalanlagegesetzbuches hat Angaben darüber zu enthalten, ob die Anforderungen nach Absatz 2 eingehalten sind. Das Recht der Bundesanstalt, die Einhaltung der Anforderungen nach Absatz 2 zu überprüfen oder eine Eignungsprüfung zu wiederholen, bleibt unberührt. Sind die Anforderungen nicht eingehalten, kann die Bundesanstalt geeignete Maßnahmen veranlassen.

§ 11
Quantitative Vorgaben

Bei der Ermittlung des potenziellen Risikobetrags für das Marktrisiko ist

1. anzunehmen, dass die zum Geschäftsschluss im Investmentvermögen befindlichen Finanzinstrumente oder Finanzinstrumentsgruppen weitere 20 Arbeitstage im Investmentvermögen gehalten werden,
2. ein einseitiges Prognoseintervall mit einem Wahrscheinlichkeitsniveau in Höhe von 99 Prozent zugrunde zu legen und
3. ein effektiver historischer Beobachtungszeitraum von mindestens einem Jahr zugrunde zu legen.

Abweichend von Satz 1 Nummer 1 ist die Annahme einer Haltedauer von weniger als 20 Arbeitstagen zulässig. Eine Abweichung von Satz 1 Nummer 2 ist bis zu einem Wahrscheinlichkeitsniveau von 95 Prozent zulässig. Bei einer Abweichung von Satz 1 Nummer 1 und 2 ist der Prozentsatz in § 7 Absatz 2 entsprechend anzupassen. Eine Abweichung von Satz 1 Nummer 3 ist nur aufgrund außergewöhnlicher Marktbedingungen und nach vorheriger Zustimmung der Bundesanstalt im Sinne des § 10 Absatz 2 Satz 2 zulässig.

§ 12
Zu erfassende Risikofaktoren

(1) Bei der Ermittlung des potenziellen Risikobetrags für das Marktrisiko sind alle nicht nur unerheblichen Marktrisikofaktoren in einer dem Umfang und der Struktur des Investmentvermögens angemessenen Weise zu berücksichtigen. Dabei sind sowohl das allgemeine als auch das besondere Marktrisiko zu berücksichtigen.

(2) Die den einbezogenen Optionsgeschäften eigentümlichen Risiken, die nicht in linearem Zusammenhang mit den Kurs-, Preis- oder Zinssatzschwankungen stehen, sind in angemessener Weise zu berücksichtigen.

(3) Bei der Ermittlung des potenziellen Risikobetrags ist Folgendes gesondert in angemessener Weise zu berücksichtigen:

1. besondere Zinsänderungsrisiken für die nicht gleichförmige Entwicklung kurzfristiger und langfristiger Zinssätze (Zinsstrukturrisiken) und
2. die nicht gleichförmige Entwicklung der Zinssätze verschiedener, auf die gleiche Währung lautender zinsbezogener Finanzinstrumente mit vergleichbarer Restlaufzeit (Spreadrisiken).

Bei der Ermittlung der Zinsstrukturrisiken sind eine dem Umfang des Investmentvermögens angemessene Anzahl und eine der Struktur des Investmentvermögens angemessene Verteilung von zeitmäßig bestimmten Zinsrisikozonen zu berücksichtigen. Die Anzahl der Zinsrisikozonen muss mindestens sechs betragen, sofern im jeweiligen Markt verfügbar.

(4) Bei der Ermittlung der Aktienkursrisiken sind Unterschiede in der Entwicklung der Kurse oder Preise von Produktgruppen und Produkten sowie Unterschiede in der Entwicklung von Kassa- und Terminpreisen in angemessener Weise zu berücksichtigen.

§ 13
Qualitative Anforderungen; Risikocontrolling

(1) Die Arbeits- und Ablauforganisation der Kapitalverwaltungsgesellschaft ist so zu gestalten, dass eine zeitnahe Ermittlung des potenziellen Risikobetrags für das Marktrisiko, insbesondere durch eine vollständige Erfassung aller Positionen des Investmentvermögens, gewährleistet ist; diese ist ausführlich zu dokumentieren.

(2) Die Risikocontrollingfunktion nach § 29 Absatz 1 des Kapitalanlagegesetzbuches ist zuständig und verantwortlich für

1. die Erstellung, Überprüfung, Pflege und Weiterentwicklung der Risikomodelle,
2. die Überwachung des Prozesses zur Bestimmung und Zusammensetzung des Vergleichsvermögens nach § 9,
3. die Sicherstellung der Eignung des Risikomodells für das jeweilige Investmentvermögen,
4. die laufende Validierung des Risikomodells,
5. die Validierung und Implementierung eines dokumentierten und durch die Geschäftsleiter genehmigten Systems von Obergrenzen (Limite) von potenziellen Risikobeträgen für jedes Investmentvermögen in Übereinstimmung mit dessen Risikoprofil,
6. die tägliche Ermittlung, Analyse und Kommentierung der potenziellen Risikobeträge und die Überwachung der Obergrenzen nach Nummer 5,
7. die regelmäßige Überwachung des Leverage des Investmentvermögens sowie
8. die regelmäßige Berichterstattung an die Geschäftsleiter bezüglich der aktuellen potenziellen Risikobeträge, der Prognosegüte nach § 14 und der Ergebnisse der Stresstests nach den §§ 28 bis 32.

(3) Die mathematisch-statistischen Verfahren zur Ermittlung des potenziellen Risikobetrags für das Marktrisiko müssen eine hohe Präzision aufweisen. Sie müssen mit den für die aktuelle Risikosteuerung angewendeten Verfahren übereinstimmen; zulässig sind nur Abweichungen von den in den §§ 11 und 12 Absatz 3 Satz 2 vorgeschriebenen quantitativen Vorgaben.

(4) Die Kapitalverwaltungsgesellschaft muss über geeignete Verfahren zur Validierung des Risikomodells verfügen. Die Angemessenheit muss in folgenden Fällen validiert und überprüft werden:

1. bei der Entwicklung des Risikomodells,
2. in regelmäßigen zeitlichen Abständen (laufende Validierung) und
3. bei jeder wesentlichen Änderung, die dazu führen könnte, dass das Risikomodell nicht mehr angemessen ist.

Personen, die direkt in den Entwicklungsprozess des Risikomodells eingebunden sind, dürfen nicht in die Validierung bei der Entwicklung und bei wesentlichen Änderungen einbezogen sein. Die laufende Validierung ist durch die Risikocontrollingfunktion entsprechend Absatz 2 Nummer 4 durchzuführen. Validierung und Überprüfung der Angemessenheit sind angemessen zu dokumentieren und das Risikomodell ist bei Bedarf anzupassen.

(5) Die für die Zeitreihenanalysen verwendeten empirischen Daten der Entwicklung von Preisen, Kursen und Zinssätzen sowie deren Zusammenhänge sind regelmäßig, mindestens aber dreimonatlich zu aktualisieren; bei Bedarf sind sie unverzüglich zu aktualisieren.

(6) Das Risikomodell einschließlich der zugehörigen Prozesse und der mathematisch-statistischen Verfahren ist zu dokumentieren. Die Dokumentation beinhaltet zumindest die durch das Risikomodell erfassten Risiken, die mathematisch-statistischen Verfahren, Annahmen und Grundlagen, die Daten, die Angemessenheit der Risikobewertung, die Verfahren zur Validierung des Risikomodells, die Verfahren zur Ermittlung der Prognosegüte

nach § 14, die Verfahren bezüglich der Stresstests nach den §§ 28 bis 34, den Gültigkeitsrahmen des Risikomodells sowie die operationelle Implementierung.

(7) Die Einhaltung der Anforderungen nach den Absätzen 1 bis 6 sowie des § 14 ist regelmäßig, mindestens aber einmal jährlich, von der Internen Revision zu überprüfen.

§ 14
Prognosegüte

Die Prognosegüte eines Risikomodells ist mittels eines täglichen Vergleichs des anhand des Risikomodells auf der Basis einer Haltedauer von einem Arbeitstag ermittelten potenziellen Risikobetrags für das Marktrisiko mit der Wertveränderung der in die modellmäßige Berechnung einbezogenen einzelnen Finanzinstrumente oder Finanzinstrumentsgruppen nachweislich zu ermitteln (Backtesting). Bei der Ermittlung der Prognosegüte sind die Finanzinstrumente oder Finanzinstrumentsgruppen, die sich zum Geschäftsschluss des Vortages im Investmentvermögen befunden haben, mit den jeweiligen Marktpreisen zum Geschäftsschluss neu zu bewerten. Die negative Differenz zum Bewertungsergebnis des Vortages ist festzustellen. Übersteigt der Absolutbetrag der nach Satz 2 ermittelten Wertveränderung den modellmäßig ermittelten potenziellen Risikobetrag für das Marktrisiko, so sind die Geschäftsleiter mindestens vierteljährlich und die Bundesanstalt vierteljährlich hierüber sowie über die Größe der Differenz, den Grund ihres Entstehens und gegebenenfalls eingeleitete Maßnahmen zur Verbesserung der Prognosegüte zu unterrichten. Die Anzeige hat auch die zugrunde gelegten Parameter nach § 11 Satz 1 Nummer 2 und 3 in Verbindung mit § 11 Satz 3 und 4 zu umfassen. Übersteigt die Zahl der Ausnahmen ein nicht angemessenes Niveau, kann die Bundesanstalt geeignete Maßnahmen veranlassen.

Unterabschnitt 3: Einfacher Ansatz

§ 15
Risikobegrenzung

(1) Der Anrechnungsbetrag für das Marktrisiko nach § 16 Absatz 3 darf zu keinem Zeitpunkt den Wert des Investmentvermögens übersteigen.

(2) Enthält das Investmentvermögen unmittelbar oder mittelbar Vermögensgegenstände nach § 196 des Kapitalanlagegesetzbuches, die Derivate enthalten, so ist in Absatz 1 der Wert des Investmentvermögens um den Wert dieser Vermögensgegenstände zu vermindern.

§ 16
Anrechnungsbetrag für das Marktrisiko

(1) Der Anrechnungsbetrag für das Marktrisiko für Grundformen von Derivaten ist regelmäßig jeweils das Basiswertäquivalent. Dabei ist der Marktwert des Basiswertes zugrunde zu legen. Führt dies zu einer konservativeren Ermittlung, kann alternativ der Nominalwert oder der börsentäglich ermittelte Terminpreis bei Finanzterminkontrakten zugrunde gelegt werden.

(2) Zur Bestimmung des Anrechnungsbetrags für das Marktrisiko hat die Kapitalverwaltungsgesellschaft die einzelnen Anrechnungsbeträge der jeweiligen Derivate und derivativer Komponenten sowie die einzelnen Anrechnungsbeträge für Wertpapier-Darlehen und Pensionsgeschäfte zu ermitteln. Des Weiteren hat sie mögliche Absicherungsgeschäfte nach § 19 zu identifizieren. Hierzu werden zunächst die Anrechnungsbeträge zwischen marktgegenläufigen Derivaten entsprechend den Vorgaben nach § 19 verrechnet. Der aus der Verrechnung resultierende Anrechnungsbetrag der einzelnen Derivate kann des Weiteren entsprechend § 19 mit den Marktwerten entsprechender nichtderivativer Vermögensgegenstände nach den §§ 193 bis 196, 198 und 231 des Kapitalanlagegesetzbuches verrechnet werden. Der aus der Verrechnung resultierende absolute Wert ist der Anrechnungsbetrag des jeweiligen Derivates.

(3) Der Anrechnungsbetrag für das Marktrisiko ist sodann zu ermitteln als Summe der absoluten Werte

1. der Anrechnungsbeträge der einzelnen Derivate und derivativen Komponenten nach den Absätzen 7 bis 9, die nicht in Verrechnungen nach § 19 einbezogen wurden,
2. der Anrechnungsbeträge, die aus Verrechnungen nach § 19 resultieren, und
3. der Anrechnungsbeträge aus der Wiederanlage von Sicherheiten nach § 21.

(4) Bei der Ermittlung des Anrechnungsbetrags ist die Basiswährung des Investmentvermögens unter Nutzung der aktuellen Wechselkurse zugrunde zu legen.

(5) Soweit ein Währungsderivat aus zwei Vertragsseiten besteht, die nicht in der Basiswährung des Investmentvermögens zu erfüllen sind, sind beide Vertragsseiten bei der Ermittlung des Anrechnungsbetrags mit einzubeziehen.

(6) Stellt ein Vermögensgegenstand eine Kombination von Derivaten oder eine Kombination von nach den §§ 193 bis 196 und 198 des Kapitalanlagegesetzbuches zulässigen Vermögensgegenständen mit Derivaten dar, ist sein Anrechnungsbetrag für das Marktrisiko die Summe der einzelnen Komponenten des Vermögensgegenstandes. Enthält ein Index, in den das Investmentvermögen investiert, Derivate oder weist der Index Leverage auf, so sind die Anrechnungsbeträge der entsprechenden Vermögensgegenstände in dem Index zu ermitteln und in die Berechnung nach Absatz 3 einzubeziehen.

(7) Der Anrechnungsbetrag für das Marktrisiko für Grundformen von Derivaten ist bei

1. Finanzterminkontrakten die Anzahl der Kontrakte multipliziert mit dem Kontraktwert multipliziert mit dem Marktwert des Basiswertes, wobei der Marktwert des Basiswertes
   a) dem Marktwert der günstigsten lieferbaren Referenzanleihe entspricht, sofern der Basiswert eine Anleihe ist, oder
   b) dem aktuellen Stand des Basiswertes entspricht, sofern der Basiswert ein Finanzindex, Wechselkurs oder Zinssatz ist,
2. Optionen die Anzahl der Kontrakte multipliziert mit dem Kontraktwert multipliziert mit dem Marktwert des zugrunde liegenden Basiswertes multipliziert mit dem zugehörigen Delta nach § 18 Absatz 1, wobei der Marktwert des Basiswertes dem aktuellen Stand des Basiswertes entspricht, sofern der Basiswert ein Finanzindex, Wechselkurs oder Zinssatz ist,
3. Swaptions der Anrechnungsbetrag des Swaps multipliziert mit dem zugehörigen Delta,
4. Zinsswaps und Inflationsswaps
   a) der Marktwert des zugrunde liegenden Basiswertes oder
   b) der Nominalwert der festen Vertragsseite,
5. Währungsswaps, Zins-Währungsswaps und außerbörslichen Währungstermingeschäften der Nominalwert der Währungsseite oder -seiten,
6. Total Return Swaps der Marktwert des zugrunde liegenden Basiswertes; bei komplexen Total Return Swaps sind die Marktwerte beider Vertragsseiten zu addieren,
7. Credit Default Swaps, die sich auf einen einzelnen Basiswert beziehen (Single Name Credit Default Swaps),
   a) bezüglich des Verkäufers oder Sicherungsgebers der höhere Betrag des Marktwertes des zugrunde liegenden Basiswertes und des Nominalwertes des Credit Default Swaps und
   b) bezüglich des Käufers oder Sicherungsnehmers der Marktwert des zugrunde liegenden Basiswertes,
8. finanziellen Differenzgeschäften der Marktwert des zugrunde liegenden Basiswertes.

(8) Der Anrechnungsbetrag für das Marktrisiko für derivative Komponenten ist bei

1. Wandelanleihen die Anzahl der zugrunde liegenden Basiswerte multipliziert mit dem Marktwert der zugrunde liegenden Basiswerte multipliziert mit dem zugehörigen Delta,
2. Credit Linked Notes der Marktwert des zugrunde liegenden Basiswertes und
3. Optionsscheinen und Bezugsrechten die Anzahl multipliziert mit dem Kontraktwert multipliziert mit dem Marktwert des zugrunde liegenden Basiswertes multipliziert mit dem zugehörigen Delta.

(9) Der Anrechnungsbetrag für das Marktrisiko für komplexe Derivate ist bei

1. Finanzterminkontrakten, die sich auf die realisierte Varianz (realisierte Volatilität zum Quadrat eines Vermögensgegenstandes) beziehen (Varianz-Swaps), der Varianz-Nominalwert multipliziert mit der aktuellen Varianz zum Bestimmungszeitpunkt; ist eine Kappung der Volatilität vorgesehen, bestimmt sich der Anrechnungsbetrag als Varianz-Nominalwert multipliziert mit dem geringeren Betrag der aktuellen Varianz oder der Volatilitätskappungsgrenze zum Quadrat; die aktuelle Varianz bestimmt sich jeweils als Funktion der quadrierten realisierten und impliziten Volatilität; der Varianz-Nominalwert bestimmt sich als Nominalwert dividiert durch das Zweifache des vereinbarten Varianzpreises (Bezugspreis),
2. Finanzterminkontrakten, die sich auf die realisierte Volatilität eines Vermögensgegenstandes beziehen (Volatilitäts-Swaps), der Nominalwert multipliziert mit der aktuellen Volatilität zum Bestimmungszeitpunkt; ist eine Kappung der Volatilität vorgesehen, bestimmt sich der Anrechnungsbetrag als Nominalwert multipliziert mit dem geringeren Betrag der aktuellen Volatilität oder der Volatilitätskappungsgrenze; die aktuelle Volatilität bestimmt sich jeweils als Funktion der realisierten und impliziten Volatilität,
3. Schwellenoptionen die Anzahl der Kontrakte multipliziert mit dem Kontraktwert multipliziert mit dem Marktwert des zugrunde liegenden Basiswertes multipliziert mit dem maximalen Delta; das maximale Delta ist der höchste positive oder der niedrigste negative Wert, den das Delta unter Berücksichtigung aller potenziellen Marktszenarien erreichen kann.

§ 17
Unberücksichtigte Derivate

Bei der Ermittlung des Anrechnungsbetrags nach § 16 Absatz 3 dürfen unberücksichtigt bleiben:

1. Swaps, die die Entwicklung von Basiswerten, die in dem Investmentvermögen direkt gehalten werden, gegen die Entwicklung von anderen Basiswerten tauschen, sofern
   a) das Marktrisiko der getauschten Basiswerte aus dem Investmentvermögen vollständig eliminiert wird, so dass diese Vermögensgegenstände keinen Einfluss auf die Veränderung des Wertes des Investmentvermögens haben, und
   b) der Swap weder Optionsrechte einräumt noch Leverage oder sonstige zusätzliche Risiken enthält, die über die direkte Investition der relevanten Basiswerte hinausgehen, und
2. Derivate, die weder zusätzliches Marktrisikopotenzial noch Leverage generieren und denen entsprechende risikolose liquide Mittel zugeordnet werden können, so dass die Kombination aus Derivat und risikolosen liquiden Mitteln der direkten Investition in den zugrunde liegenden Basiswert äquivalent ist.

§ 18
Zugehöriges Delta

(1) Das zugehörige Delta ist das Verhältnis der Veränderung des Wertes des Derivates zu einer als geringfügig angenommenen Veränderung des Wertes des Basiswertes.

(2) Die Kapitalverwaltungsgesellschaft ist verpflichtet, die zugehörigen Deltas auf geeignete und anerkannte Weise börsentäglich zu ermitteln, zu dokumentieren und der Verwahrstelle mitzuteilen.

§ 19
Anerkennung von Absicherungsgeschäften

(1) Bei der Ermittlung des Anrechnungsbetrags für das Marktrisiko nach § 16 Absatz 3 können Absicherungsgeschäfte berücksichtigt werden. Dem Anrechnungsbetrag von marktgegenläufigen Derivaten wird hierzu ein negatives Vorzeichen zugeordnet. Die Anrechnungsbeträge von marktgegenläufigen Derivaten können mit den entsprechenden positiven Anrechnungsbeträgen von Derivaten sowie mit den Marktwerten von entsprechenden nichtderivativen Vermögensgegenständen nach den §§ 193 bis 196, 198 und 231 des Kapitalanlagegesetzbuches addiert und somit verrechnet werden. Der aus der Verrechnung resultierende Anrechnungsbetrag ist als absoluter Wert in die Summe nach § 16 Absatz 3 einzubeziehen. Verrechnungen dürfen nur unter der Voraussetzung erfolgen, dass

1. das derivative Geschäft einzig zum Zweck der Absicherung abgeschlossen worden ist,
2. durch die Verrechnung wesentliche Risiken nicht vernachlässigt werden,
3. der Anrechnungsbetrag der Derivate nach den Vorgaben des § 16 Absatz 1 Satz 1 ermittelt wird und
4. sich die Derivate beziehen auf
   a) den gleichen Basiswert oder einen Basiswert, der exakt dem abzusichernden nichtderivativen Vermögensgegenstand nach den §§ 193 bis 196 und 198 des Kapitalanlagegesetzbuches im Investmentvermögen entspricht, oder
   b) einen Basiswert, der nicht exakt dem abzusichernden nichtderivativen Vermögensgegenstand nach den §§ 193 bis 196, 198 und 231 des Kapitalanlagegesetzbuches im Investmentvermögen entspricht, sofern
      aa) das derivative Geschäft nicht auf einer Anlagestrategie beruht, die der Gewinnerzielung dient,
      bb) das Derivat zu einer nachweisbaren Reduktion des Risikos des Investmentvermögens führt,
      cc) das allgemeine und das besondere Marktrisiko des Derivates ausgeglichen werden,
      dd) die zu verrechnenden Derivate, Basiswerte oder Vermögensgegenstände der gleichen Art von Finanzinstrumenten angehören und
      ee) davon ausgegangen werden kann, dass die Absicherungsstrategie auch unter außergewöhnlichen Marktbedingungen effizient ist.

(2) Für Investmentvermögen, die überwiegend in Derivate investiert sind, die sich auf Zinssätze beziehen (Zinsderivate), kann zum Zweck der Verrechnung von Anrechnungsbeträgen die Korrelation zwischen Laufzeitsegmenten der Zinsstrukturkurve nach der in § 20 beschriebenen Methode berücksichtigt werden. Die Methode nach § 20 darf nicht angewendet werden, wenn die Anwendung zu einer falschen Ermittlung des Risikoprofils des Investmentvermögens und zu überhöhtem Leverage führt und wenn wesentliche Risiken unberücksichtigt bleiben.

§ 20
Absicherungen bei Zinsderivaten

(1) Zur Verrechnung von Zinsderivaten nach § 19 Absatz 2 sind die Zinsderivate entsprechend den restlichen Zinsbindungsfristen der zugrunde liegenden Basiswerte den folgenden Laufzeitbändern zuzuordnen:

Laufzeitband	Restliche Zinsbindungsfrist
1	bis zu 2 Jahren
2	über 2 bis zu 7 Jahren
3	über 7 bis zu 15 Jahren
4	über 15 Jahre

(2) Jedes Zinsderivat ist in das entsprechende Basiswertäquivalent umzurechnen. Das Basiswertäquivalent ergibt sich in diesem Fall entgegen den Vorgaben aus § 16 aus der Duration des Zinsderivats dividiert durch die Zielduration des Investmentvermögens multipliziert mit dem Marktwert des zugrunde liegenden Basiswertes. Die Zielduration des Investmentvermögens entspricht dem erwarteten Risikoniveau und der Duration des Investmentvermögens unter regulären Marktbedingungen und ergibt sich aus der Anlagestrategie.

(3) Für jedes Laufzeitband sind die sich betragsmäßig entsprechenden Summen der Basiswertäquivalente mit gegenläufigen Zinsbindungsrichtungen (ausgeglichene Bandpositionen) sowie die verbleibenden Unterschiedsbeträge (offene Bandpositionen) zu ermitteln. Für jedes Laufzeitband sind die offenen Bandpositionen getrennt nach der Zinsbindungsrichtung zusammenzufassen.

(4) Für zwei unmittelbar aneinander angrenzende Laufzeitbänder sind die sich betragsmäßig entsprechenden Summen der nach Absatz 3 Satz 2 zusammengefassten offenen Bandpositionen mit gegenläufigen Zinsbindungsrichtungen (ausgeglichene Position zweier angrenzender Bänder) sowie die verbleibenden Unterschiedsbeträge (offene Position zweier angrenzender Bänder) zu ermitteln. Für jedes Laufzeitband sind die offenen Positionen zweier angrenzender Bänder getrennt nach der Zinsbindungsrichtung zusammenzufassen.

(5) Für zwei nicht unmittelbar aneinander angrenzende Laufzeitbänder sind die sich betragsmäßig entsprechenden Summen der nach Absatz 4 Satz 2 zusammengefassten offenen Positionen zweier angrenzender Bänder mit gegenläufigen Zinsbindungsrichtungen (ausgeglichene Position zweier nicht angrenzender Bänder) sowie die verbleibenden Unterschiedsbeträge (offene Position zweier nicht angrenzender Bänder) zu ermitteln. Satz 1 gilt nicht für Laufzeitband 1 in Verbindung mit Laufzeitband 4.

(6) Der Anrechnungsbetrag für das Marktrisiko ist sodann zu ermitteln als Summe der

1. mit 0 Prozent gewichteten Summe der ausgeglichenen Bandpositionen,
2. mit 40 Prozent gewichteten Summe der ausgeglichenen Positionen zweier angrenzender Bänder,
3. mit 75 Prozent gewichteten Summe der ausgeglichenen Positionen zweier nicht angrenzender Bänder und
4. mit 100 Prozent gewichteten verbleibenden offenen Positionen.

§ 21
Wiederanlage von Sicherheiten

(1) Die Anlage von Sicherheiten im Rahmen von Derivaten, von Wertpapier-Darlehen nach den §§ 200 bis 202 des Kapitalanlagegesetzbuches und von Pensionsgeschäften nach § 203 des Kapitalanlagegesetzbuches muss bei der Ermittlung des Anrechnungsbetrags für das Marktrisiko nach § 16 Absatz 3 mit den zugehörigen Anrechnungsbeträgen einbezogen werden. Ausgenommen hiervon ist die Anlage in risikolose Mittel.

(2) Der zugehörige Anrechnungsbetrag entspricht bei Sicherheiten in Form von Bankguthaben dem Betrag der Sicherheiten oder bei Sicherheiten in Form von anderen Vermögensgegenständen dem Marktwert.

(3) Die Absätze 1 und 2 gelten für die Nutzung von Sicherheiten zu zusätzlichen Pensionsgeschäften entsprechend.

(4) In Pension genommene Wertpapiere oder empfangene Beträge nach § 203 des Kapitalanlagegesetzbuches gelten als Sicherheiten im Sinne der Absätze 1 bis 3.

§ 22
Ermittlung des Anrechnungsbetrags für strukturierte Investmentvermögen

Der Anrechnungsbetrag für das Marktrisiko für strukturierte Investmentvermögen kann alternativ für die einzelnen Auszahlungsprofile getrennt ermittelt werden, sofern

1. das Investmentvermögen passiv und entsprechend einer festgelegten Auszahlung nach Ablauf der Dauer des Investmentvermögens verwaltet wird und die Investitionen des Investmentvermögens der Sicherstellung der festgelegten Auszahlungen dienen,
2. die festgelegte Auszahlung in eine begrenzte Anzahl voneinander getrennter Szenarien unterteilt ist, die sich nach der Wertentwicklung der Basisinstrumente bestimmen und zu unterschiedlichen Auszahlungsprofilen führen,
3. während der Laufzeit des Investmentvermögens zu jedem Zeitpunkt nur ein Auszahlungsprofil relevant sein kann,
4. die gemäß § 5 Absatz 2 gewählte Methode angemessen ist und keine wesentlichen Risiken unberücksichtigt bleiben,
5. das Investmentvermögen eine begrenzte Dauer von höchstens neun Jahren hat,
6. nach einem anfänglichen Vertriebszeitraum keine weiteren Anteile des Investmentvermögens ausgegeben werden,
7. der maximale Verlust, der durch den Wechsel zwischen Auszahlungsprofilen entsteht, auf 100 Prozent des ersten Ausgabepreises begrenzt ist und
8. der Einfluss der Wertentwicklung eines Basisinstruments auf das Auszahlungsprofil bei einem Wechsel zwischen Szenarien die jeweiligen Anlagegrenzen nach den §§ 206 und 207 des Kapitalanlagegesetzbuches bezogen auf den anfänglichen Wert des Investmentvermögens nicht übersteigt.

Abschnitt 3: Kreditrisiko und Liquiditätsrisiko

Unterabschnitt 1: Emittentenrisiko

§ 23
Grundsatz

(1) Bei der Berechnung der Auslastung der Anlagegrenzen nach den §§ 206 und 207 des Kapitalanlagegesetzbuches (Ausstellergrenzen) sind Derivate sowie derivative Komponenten, die von Wertpapieren, Geldmarktinstrumenten oder Investmentanteilen gemäß § 196 des Kapitalanlagegesetzbuches abgeleitet sind, einzubeziehen.

(2) Bei Pensionsgeschäften sind alle Vermögensgegenstände, die Gegenstand des Pensionsgeschäftes sind, in die Ausstellergrenzen einzubeziehen.

§ 24
Anwendung des einfachen Ansatzes

(1) Für die Berechnung der Ausstellergrenzen nach § 23 Absatz 1 ist grundsätzlich der einfache Ansatz nach § 16 anzuwenden. Dazu sind für die Derivate und derivativen Komponenten im Sinne des § 23 Absatz 1 die Anrechnungsbeträge für das Marktrisiko gemäß § 16 dem Aussteller des jeweiligen Basiswertes zuzurechnen. Sind die Voraussetzungen des § 19 Absatz 1 Satz 5 Nummer 1 bis 3, 4 Buchstabe a erfüllt, können Derivate, deren Wertentwicklung entgegengesetzt zu der Wertentwicklung des Basiswertes verläuft, entsprechend verrechnet werden.

(2) Bei der Berechnung nach § 23 Absatz 1 dürfen unberücksichtigt bleiben:

1. Credit Default Swaps, sofern sie ausschließlich und nachvollziehbar der Absicherung des Kreditrisikos von genau zuordenbaren Vermögensgegenständen des Investmentvermögens dienen, und
2. die Vermögensgegenstände, denen die Credit Default Swaps nach Nummer 1 direkt zugeordnet sind.

Sichert ein Kreditderivat nur einen Teil des Kreditrisikos des zugeordneten Vermögensgegenstandes ab, so ist der verbleibende Teil in die Berechnung der Auslastung der Ausstellergrenzen einzubeziehen.

(3) Die Ausstellergrenzen müssen nach Anrechnung und Verrechnung der Derivate eingehalten werden, so dass das tatsächliche Exposure des Investmentvermögens gemäß den Ausstellergrenzen diversifiziert ist. Unabhängig von Verrechnungen müssen beim Einsatz von Total Return Swaps oder Derivaten mit ähnlichen Eigenschaften, die das tatsächliche Exposure des Investmentvermögens überwiegend beeinflussen, zusätzlich sowohl die direkt von dem Investmentvermögen gehaltenen Vermögensgegenstände (Grundinvestment) als auch die Basiswerte der Derivate den Ausstellergrenzen entsprechen.

Unterabschnitt 2: Liquiditätsrisiko und Kontrahentenrisiko

§ 25
Abschluss und Bewertung eines OTC-Derivates

(1) Derivate, die nicht zum Handel an einer Börse zugelassen oder in einen anderen organisierten Markt einbezogen sind (OTC-Derivate), darf die Kapitalverwaltungsgesellschaft nur mit geeigneten Kreditinstituten oder Finanzdienstleistungsinstituten auf der Grundlage standardisierter Rahmenverträge abschließen.

(2) Die Kapitalverwaltungsgesellschaft hat eine transparente und faire Bewertung der OTC-Derivate auf täglicher Basis sicherzustellen. Die Bewertung muss den Risiken der OTC-Derivate sowie der Art und Komplexität der OTC-Derivate Rechnung tragen und die Vorgaben der §§ 24 und 26 der Kapitalanlage-Rechnungslegungs- und Bewertungsverordnung erfüllen. Sehen Verfahren für die Bewertung von OTC-Derivaten vor, dass Dritte bestimmte Aufgaben durchführen, müssen die Anforderungen des § 36 des Kapitalanlagegesetzbuches erfüllt werden. Die Risikocontrollingfunktion nach § 29 Absatz 1 des Kapitalanlagegesetzbuches ist bei der Bewertung von OTC-Derivaten angemessen zu beteiligen. Die OTC-Derivate müssen jederzeit zu einem angemessenen Zeitwert veräußert, liquidiert oder durch ein Gegengeschäft glattgestellt werden können.

§ 26
Kündbarkeit von Wertpapier-Darlehen und Pensionsgeschäften

(1) Die Kapitalverwaltungsgesellschaft muss berechtigt sein, jederzeit ein Wertpapier-Darlehen zu kündigen und zu beenden. Alle im Rahmen des Wertpapier-Darlehens übertragenen Wertpapiere müssen jederzeit zurückübertragen werden können.

(2) Die Kapitalverwaltungsgesellschaft muss berechtigt sein, jederzeit

1. ein Pensionsgeschäft zu kündigen und zu beenden,
2. bei einem einfachen Pensionsgeschäft (Repo-Geschäft) die zugrunde liegenden Wertpapiere zurückzufordern und
3. bei einem umgekehrten Pensionsgeschäft (Reverse-Repo-Geschäft)
   a) den vollen Geldbetrag zurückzufordern oder
   b) den angelaufenen Geldbetrag in Höhe des Marktwertes des Reverse-Repo-Geschäftes zurückzufordern; anzusetzen ist der Marktwert des Reverse-Repo-Geschäftes bei der Bewertung des Nettoinventarwertes des Investmentvermögens.

(3) Pensionsgeschäfte mit einer Laufzeit von bis zu einer Woche gelten als Geschäfte, bei denen der volle Geldbetrag oder die zugrunde liegenden Wertpapiere jederzeit zurückgefordert werden können.

(4) Eine AIF-Kapitalverwaltungsgesellschaft darf bei Sonstigen Investmentvermögen unter den Voraussetzungen des § 221 Absatz 7 des Kapitalanlagegesetzbuches von den Absätzen 1 und 2 abweichen. Eine AIF-Kapitalverwaltungsgesellschaft kann bei Spezial-AIF mit festen Anlagebedingungen unter den Voraussetzungen des § 284 Absatz 2 des Kapitalanlagegesetzbuches von den Absätzen 1 und 2 abweichen.

(5) Wertpapier-Darlehen und Pensionsgeschäfte sind im Rahmen des Liquiditätsrisikomanagementprozesses zu berücksichtigen. Es ist sicherzustellen, dass den Rücknahmeverpflichtungen, die durch Wertpapier-Darlehen und Pensionsgeschäfte auftreten können, nachgekommen werden kann.

§ 27
Anrechnungsbetrag für das Kontrahentenrisiko

(1) Derivate, Wertpapier-Darlehen und Pensionsgeschäfte dürfen nur insoweit abgeschlossen werden, als der Anrechnungsbetrag für das Kontrahentenrisiko des Vertragspartners 5 Prozent des Wertes des Investmentvermögens nicht überschreitet. Wenn der Vertragspartner ein Kreditinstitut mit Sitz in einem Mitgliedstaat der Europäischen Union oder einem anderen Vertragsstaat des Abkommens über den Europäischen Wirtschaftsraum ist oder seinen Sitz in einem Drittstaat hat und Aufsichtsbestimmungen unterliegt, die nach Ansicht der Bundesanstalt denjenigen des Gemeinschaftsrechtes gleichwertig sind, darf der Anrechnungsbetrag bis zu 10 Prozent des Wertes des Investmentvermögens betragen. Überschreitet der Anrechnungsbetrag für das Kontrahentenrisiko die Grenze nach Satz 1 oder Satz 2, darf die Kapitalverwaltungsgesellschaft weitere Geschäfte mit dem Vertragspartner nur tätigen, wenn der Anrechnungsbetrag dadurch nicht erhöht wird. Die Grenze gemäß § 200 Absatz 1 des Kapitalanlagegesetzbuches bleibt unberührt.

(2) Die Kapitalverwaltungsgesellschaft kann bei Spezial-AIF mit festen Anlagebedingungen unter den Voraussetzungen des § 284 Absatz 2 des Kapitalanlagegesetzbuches von Absatz 1 abweichen. Der Grundsatz der Risikomischung nach § 282 Absatz 1 des Kapitalanlagegesetzbuches bleibt hiervon unberührt.

(3) Derivate, bei denen eine zentrale Clearingstelle einer Börse oder eines anderen organisierten Marktes Vertragspartner ist, dürfen bei der Ermittlung des Anrechnungsbetrags nach Absatz 1 unberücksichtigt bleiben, wenn die Derivate einer täglichen Bewertung zu Marktkursen mit täglichem Marginausgleich unterliegen. Ansprüche an einen Zwischenhändler sind bei der Ermittlung des Anrechnungsbetrags nach Absatz 1 zu berücksichtigen, auch wenn das Derivat an einer Börse oder einem anderen organisierten Markt gehandelt wird.

(4) Der Anrechnungsbetrag für das Kontrahentenrisiko ist zu ermitteln aus der Summe der aktuellen, positiven Wiederbeschaffungswerte der Derivatpositionen, der Wertpapier-Darlehen und der Pensionsgeschäfte, die bezüglich eines Vertragspartners bestehen, zuzüglich des Wertes der von der Kapitalverwaltungsgesellschaft für Rechnung des Investmentvermögens gestellten Sicherheiten bezüglich eines Vertragspartners; diese Sicherheiten können bei rechtlich wirksamen zweiseitigen Aufrechnungsvereinbarungen saldiert werden.

(5) Bei rechtlich wirksamen zweiseitigen Aufrechnungsvereinbarungen und Schuldumwandlungsverträgen dürfen die positiven Wiederbeschaffungswerte und die negativen Wiederbeschaffungswerte der Derivatpositionen des Investmentvermögens bezüglich eines Vertragspartners saldiert werden.

(6) Bei der Berechnung des Anrechnungsbetrags für das Kontrahentenrisiko dürfen die Marktwerte der von dem Vertragspartner gestellten Sicherheiten unter Berücksichtigung hinreichender Sicherheitsmargenabschläge (Haircuts) abgezogen werden.

(7) Alle von einem Vertragspartner gestellten Sicherheiten

1. müssen aus Vermögensgegenständen bestehen, die für das Investmentvermögen nach Maßgabe des Kapitalanlagegesetzbuches erworben werden dürfen,
2. müssen hochliquide sein; Vermögensgegenstände, die keine Barmittel sind, gelten als hochliquide, wenn sie kurzfristig und nahe dem der Bewertung zugrunde gelegten Preis veräußert werden können und an einem liquiden Markt mit transparenten Preisfeststellungen gehandelt werden,
3. müssen einer zumindest börsentäglichen Bewertung unterliegen,
4. müssen von Emittenten mit einer hohen Kreditqualität ausgegeben werden und weitere Haircuts müssen vorgenommen werden, sofern nicht die höchste Bonität vorliegt und die Preise volatil sind,
5. dürfen nicht von einem Emittenten ausgegeben werden, der Vertragspartner selbst oder ein konzernangehöriges Unternehmen im Sinne des § 290 des Handelsgesetzbuchs ist,
6. müssen in Bezug auf Länder, Märkte und Emittenten angemessen risikodiversifiziert sein,
7. dürfen keinen wesentlichen operationellen Risiken oder Rechtsrisiken im Hinblick auf ihre Verwaltung und Verwahrung unterliegen,
8. müssen bei einer Verwahrstelle verwahrt werden, die der wirksamen öffentlichen Aufsicht unterliegt und vom Sicherungsgeber unabhängig ist oder vor einem Ausfall eines Beteiligten rechtlich geschützt sein, sofern sie nicht übertragen wurden,
9. müssen durch die Kapitalverwaltungsgesellschaft ohne Zustimmung des Sicherungsgebers überprüft werden können,
10. müssen für das Investmentvermögen unverzüglich verwertet werden können und
11. müssen rechtlichen Vorkehrungen für den Fall der Insolvenz des Sicherungsgebers unterliegen.

Von einer angemessenen Diversifizierung gemäß Satz 1 Nummer 6 kann im Hinblick auf die Emittentenkonzentration ausgegangen werden, wenn der Wert der von einem Vertragspartner gestellten Sicherheiten desselben Emittenten 20 Prozent des Wertes des Investmentvermögens nicht übersteigt. Stellen mehrere Vertragspartner Sicherheiten, sind die Werte der Sicherheiten desselben Emittenten zu aggregieren; ihr Gesamtwert darf 20 Prozent des Wertes des Investmentvermögens nicht übersteigen. Abweichend von den Sätzen 2 und 3 liegt eine angemessene Diversifizierung im Hinblick auf die Emittentenkonzentration auch dann vor, wenn es sich bei den zugunsten eines Investmentvermögens gestellten Sicherheiten ausschließlich um Wertpapiere oder Geldmarktinstrumente handelt, die begeben oder garantiert werden vom Bund, von einem Land, von einem anderen Mitgliedstaat der Europäischen Union oder dessen Gebietskörperschaften, von einem anderen Vertragsstaat des Abkommens über den Europäischen Wirtschaftsraum oder von den Gebietskörperschaften dieses Vertragsstaats, von einem Drittstaat oder von einer internationalen Organisation, der der Bund, ein anderer Mitgliedstaat der Europäischen Union oder ein anderer Vertragsstaat des Abkommens über den Europäischen Wirtschaftsraum angehört. Die nach Satz 4 gestellten Sicherheiten müssen Wertpapiere oder Geldmarktinstrumente umfassen, die im Rahmen von mindestens sechs verschiedenen Emissionen begeben worden sind, wobei der Wert der im Rahmen derselben Emission begebenen Wertpapiere oder Geldmarktinstrumente 30 Prozent des Wertes des Investmentvermögens nicht überschreiten darf. Die Kapitalverwaltungsgesellschaft kann bei Spezial-AIF mit festen Anlagebedingungen unter den Voraussetzungen des § 284 Absatz 2 des Kapitalanlagegesetzbuches von den Sätzen 2 bis 5 abweichen.

(8) Sicherheiten dürfen nicht wiederverwendet werden. Sicherheiten in Form von Bankguthaben dürfen nur in der Währung des Guthabens

1. unterhalten werden auf Sperrkonten
   a) bei der Verwahrstelle oder
   b) mit Zustimmung der Verwahrstelle bei anderen Kreditinstituten mit Sitz in einem Mitgliedstaat der Europäischen Union oder einem anderen Vertragsstaat des Abkommens über den Europäischen Wirtschaftsraum oder bei anderen Kreditinstituten mit Sitz in einem Drittstaat nach Maßgabe des § 195 Satz 2 zweiter Halbsatz des Kapitalanlagegesetzbuches oder
2. angelegt werden
   a) in Schuldverschreibungen, die eine hohe Qualität aufweisen und die vom Bund, von einem Land, der Europäischen Union, einem Mitgliedstaat der Europäischen Union oder seinen Gebietskörperschaften, einem anderen Vertragsstaat des Abkommens über den Europäischen Wirtschaftsraum oder einem Drittstaat ausgegeben worden sind,
   b) in Geldmarktfonds mit kurzer Laufzeitstruktur entsprechend den Richtlinien, die von der Bundesanstalt auf Grundlage von § 4 Absatz 2 des Kapitalanlagegesetzbuches erlassen worden sind, oder
   c) im Wege eines umgekehrten Pensionsgeschäftes mit einem Kreditinstitut, das die jederzeitige Rückforderung des aufgelaufenen Guthabens gewährleistet.

Bei der Anlage der Sicherheiten in Form von Bankguthaben ist neben der Anrechnung auf die Anlagegrenzen gemäß den §§ 206 und 207 des Kapitalanlagegesetzbuches auch die Diversifizierung nach Absatz 7 Satz 2 zu beachten. Die Kapitalverwaltungsgesellschaft kann bei Spezial-AIF mit festen Anlagebedingungen unter den Voraussetzungen des § 284 Absatz 2 des Kapitalanlagegesetzbuches von den Anforderungen der Sätze 1 bis 3 abweichen. Sicherheiten in Form von anderen Vermögensgegenständen dürfen nicht veräußert, übertragen, verpfändet oder investiert werden.

(9) Eine Kapitalverwaltungsgesellschaft muss über eine eindeutige Haircut-Strategie verfügen, die auf alle als Sicherheiten entgegengenommenen Arten von Vermögensgegenständen abgestimmt ist. Bei der Erarbeitung der Haircut-Strategie sind die Eigenschaften der Vermögensgegenstände wie das Ausfallrisiko des Emittenten, die Preisvolatilität und die Ergebnisse der gemäß § 32 durchgeführten Stresstests zu berücksichtigen. Die Haircut-Strategie ist zu dokumentieren. Sie dient der Rechtfertigung der Anwendung eines bestimmten Bewertungsabschlags auf einen Vermögensgegenstand.

(10) Risiken im Zusammenhang mit der Sicherheitenverwaltung, insbesondere operationelle und rechtliche Risiken, sind durch das Risikomanagement zu ermitteln, zu steuern und zu minimieren.

(11) Vermögensgegenstände, die das Investmentvermögen im Rahmen von Pensionsgeschäften erhält, gelten als Sicherheiten im Sinne dieser Vorschrift.

(12) Der Anrechnungsbetrag für das Kontrahentenrisiko ist bei der Berechnung der Auslastung der Anlagegrenzen nach § 206 Absatz 5 des Kapitalanlagegesetzbuches zu berücksichtigen.

(13) Konzernangehörige Unternehmen im Sinne des § 290 des Handelsgesetzbuchs gelten als ein Vertragspartner.

(14) Die Kapitalverwaltungsgesellschaft kann bei Nutzung eines organisierten Wertpapier-Darlehenssystems gemäß § 202 des Kapitalanlagegesetzbuches von Absatz 7 Satz 1 Nummer 5, 6 und 10 sowie Absatz 9 abweichen, wenn die Wahrung der Interessen der Anleger mittels einer entsprechenden Anwendung der Vorgaben durch System gewährleistet ist.

Abschnitt 4: Stresstests

§ 28
Allgemeine Vorschriften

(1) Die Kapitalverwaltungsgesellschaft hat für jedes Investmentvermögen Stresstests nach Maßgabe des § 30 durchzuführen. Ein Stresstest ist nur dann geeignet, wenn er die Anforderungen des § 29 erfüllt.

(2) In einem Stresstest sind mögliche außergewöhnlich große Wertverluste des Investmentvermögens zu ermitteln, die aufgrund von ungewöhnlichen Änderungen der wertbestimmenden Parameter und ihrer Zusammenhänge entstehen können. Umgekehrt sind, soweit angemessen, die Änderungen der wertbestimmenden Parameter und ihrer Zusammenhänge zu ermitteln, die einen außergewöhnlich großen oder vermögensbedrohenden Wertverlust des Investmentvermögens zur Folge hätten.

(3) Ist eine genaue Bemessung der potenziellen Wertverluste des Investmentvermögens oder der Änderungen der wertbestimmenden Parameter und ihrer Zusammenhänge für einzelne Risikoarten nicht möglich, so darf die Kapitalverwaltungsgesellschaft an Stelle der Bemessung eine qualifizierte Schätzung setzen.

(4) Die Stresstests müssen risikoadäquat in das Risikomanagement für das Investmentvermögen integriert sein. Die Ergebnisse der Stresstests müssen bei den Anlageentscheidungen für das Investmentvermögen angemessen berücksichtigt werden.

(5) Die Auslagerung der Durchführung von Stresstests bestimmt sich nach § 36 des Kapitalanlagegesetzbuches.

§ 29
Qualitative Anforderungen

(1) Die Stresstests müssen sich auf alle Risiken erstrecken, die den Wert oder die Schwankungen des Wertes des Investmentvermögens nicht nur unwesentlich beeinflussen. Besonderes Gewicht muss auf denjenigen Risiken liegen, denen die im jeweiligen Investmentvermögen angewendete Methode nach den §§ 5 bis 22 nicht oder nur unvollständig Rechnung trägt.

(2) Die Stresstests müssen geeignet sein, mögliche Situationen zu analysieren, in denen der Wert des Investmentvermögens infolge des Einsatzes von Derivaten oder infolge einer Kreditaufnahme zu Lasten des Investmentvermögens mit negativem Vorzeichen behaftet ist.

(3) Die Stresstests müssen so gestaltet und durchgeführt werden, dass sie auch diejenigen Risiken angemessen berücksichtigen, die möglicherweise erst infolge einer Stresssituation Bedeutung erlangen, beispielsweise das Risiko ungewöhnlicher Korrelationsveränderungen oder illiquider Märkte.

§ 30
Häufigkeit, Anpassung

(1) Die Stresstests sind mindestens monatlich durchzuführen. Darüber hinaus sind Stresstests dann durchzuführen, wenn nicht ausgeschlossen werden kann, dass sich ihre Ergebnisse durch eine Änderung des Wertes oder der Zusammensetzung des Investmentvermögens oder durch eine Änderung in den Marktgegebenheiten wesentlich ändern.

(2) Die Gestaltung der Stresstests ist fortlaufend an die Zusammensetzung des Investmentvermögens und an die für das Investmentvermögen relevanten Marktgegebenheiten anzupassen. Bei jeder Änderung der Gestaltung der Stresstests sind der bisherige und der geänderte Stresstest mindestens einmal parallel durchzuführen.

§ 31
Dokumentation, Überprüfung

(1) Die Kapitalverwaltungsgesellschaft muss eine nachvollziehbare Richtlinie für die Gestaltung und die fortlaufende Anpassung der Stresstests erstellen. Auf Grundlage der Richtlinie ist für jedes Investmentvermögen ein Programm für die Durchführung von Stresstests zu entwickeln. Die Geeignetheit des Programms für das Investmentvermögen ist im Programm darzulegen. Die durchgeführten Stresstests und deren Ergebnisse sind für jedes Investmentvermögen nachvollziehbar zu dokumentieren. In der Dokumentation sind Abweichungen von dem Programm gemäß Satz 2 zu begründen.

(2) Der Prüfungsbericht gemäß den §§ 102, 121 Absatz 3 und § 136 Absatz 3 des Kapitalanlagegesetzbuches hat Angaben darüber zu enthalten, ob die Stresstests gemäß § 29 ordnungsgemäß gestaltet und gemäß § 30 ordnungsgemäß durchgeführt wurden. Die Prüfungspflicht erstreckt sich auch auf § 28 Absatz 4 und 5.

§ 32
Zusätzliche Stresstests im Rahmen der Sicherheitenverwaltung

(1) Die Kapitalverwaltungsgesellschaft hat für jedes Investmentvermögen, für das Sicherheiten in Höhe von mindestens 30 Prozent des Wertes des Investmentvermögens gestellt werden, geeignete Stresstests durchzuführen, die sowohl normale als auch außergewöhnliche Liquiditätsbedingungen berücksichtigen, um das mit den Sicherheiten verbundene Liquiditätsrisiko zu bewerten.

(2) Die Strategie für diese Stresstests ist in der Richtlinie gemäß § 31 festzuschreiben. Die Strategie muss insbesondere enthalten:

1. ein Konzept für die Stresstest-Szenarioanalyse, einschließlich Kalibrierungs-, Zertifizierungs- und Sensitivitätsanalyse,
2. den empirischen Ansatz für die Folgenabschätzung, einschließlich Backtesting von Liquiditätsrisikoschätzungen,
3. Berichtshäufigkeit, Meldegrenzen und Verlusttoleranzschwellen und
4. Maßnahmen zur Eindämmung von Verlusten, einschließlich Haircut-Strategie und Gap-Risiko-Schutz.

Abschnitt 5: Strukturierte Produkte mit derivativer Komponente

§ 33
Erwerb strukturierter Produkte

(1) Ein strukturiertes Produkt darf für ein Investmentvermögen nur erworben werden, wenn sichergestellt ist, dass nur solche Komponenten Einfluss auf das Risikoprofil und die Preisbildung des Produktes haben, die auch direkt für das Investmentvermögen erworben werden dürfen.

(2) Bei Anwendung des einfachen Ansatzes ist ein strukturiertes Produkt für die Ermittlung der Anrechnungsbeträge für das Marktrisiko gemäß § 16 und für die Einbeziehung bei der Berechnung der Auslastung der Ausstellergrenzen gemäß den §§ 23 und 24 in seine Komponenten zu zerlegen und als Kombination dieser Komponenten gemäß § 16 Absatz 6 auf die jeweiligen Anlagegrenzen anzurechnen. Die Zerlegung ist nachvollziehbar zu dokumentieren.

§ 34
Organisation

(1) Die Kapitalverwaltungsgesellschaft hat die Investition in strukturierte Produkte in einer Richtlinie zu regeln, die eine detaillierte Beschreibung der Arbeitsabläufe, Verantwortungsbereiche und Kontrollen enthält. Die Richtlinie ist regelmäßig zu aktualisieren. In der Richtlinie muss mindestens Folgendes näher bestimmt sein:

1. eine formalisierte Ordnungsmäßigkeitsprüfung vor Erwerb des Produktes, in der die Struktur und das vollständige Risikoprofil des Produktes analysiert und beurteilt werden;
2. Maßnahmen für den Fall, dass das Produkt während seiner Laufzeit die nach Nummer 1 festgestellten Qualitätsmerkmale unterschreitet;
3. die Abbildung der speziellen Risikostruktur der Produkte im Risikomanagementsystem und im Risikomesssystem, insbesondere die Zerlegung strukturierter Produkte nach § 33 Absatz 2;
4. eine ordnungsgemäße Preisfeststellung, insbesondere bei illiquiden Produkten.

(2) Für Produkte, mit denen die Kapitalverwaltungsgesellschaft bereits hinreichend Erfahrung hat, darf die Richtlinie ein vereinfachtes Verfahren vorsehen, soweit dies im Einzelfall angemessen ist. Die Kapitalverwaltungsgesellschaft hat die ordnungsgemäße Durchführung des in der Richtlinie festgelegten Verfahrens für jedes Investmentvermögen zu dokumentieren. Der Prüfungsbericht gemäß den §§ 102, 121 Absatz 3 und § 136 Absatz 3 des Kapitalanlagegesetzbuches hat Angaben darüber zu enthalten, ob die Kapitalverwaltungsgesellschaft das in der Richtlinie festgelegte Verfahren gemäß Absatz 1 ordnungsgemäß gestaltet und durchgeführt hat. Unzulänglichkeiten des Verfahrens sind im Prüfungsbericht aufzuzeigen.

Abschnitt 6: Besondere Veröffentlichungs- und Meldebestimmungen

§ 35
Angaben im Verkaufsprospekt eines Publikumsinvestmentvermögens

(1) Der Verkaufsprospekt eines Publikumsinvestmentvermögens gemäß § 165 des Kapitalanlagegesetzbuches muss beim Einsatz von Total Return Swaps oder anderen Derivaten, die einen wesentlichen Einfluss auf die Anlagestrategie des Investmentvermögens haben, die folgenden Angaben enthalten:

1. Informationen zur zugrunde liegenden Strategie und zur Zusammensetzung des Anlageportfolios oder des Indexes nach Einsatz des Derivates,
2. Informationen zu den Vertragspartnern bei OTC-Derivaten,
3. eine Beschreibung des Kontrahentenrisikos und der Auswirkungen, die ein Ausfall des Vertragspartners auf die Erträge der Anleger hat,
4. den Umfang, in dem der Vertragspartner einen Ermessensspielraum bei der Zusammensetzung oder Verwaltung des Anlageportfolios des Investmentvermögens oder der Basiswerte der Derivate besitzt, sowie Angaben darüber, ob der Vertragspartner Geschäften im Zusammenhang mit dem Anlageportfolio des Investmentvermögens zustimmen muss,
5. den Vertragspartner, der die Portfolioverwaltung im Sinne des § 2 Absatz 3 übernimmt.

(2) Der Verkaufsprospekt eines Publikumsinvestmentvermögens gemäß § 165 des Kapitalanlagegesetzbuches muss die folgenden Angaben enthalten, wenn das Investmentvermögen unter Einsatz von Leverage einen Index nachbildet oder wenn der nachgebildete Index selbst Leverage aufweist:

1. eine Beschreibung der Leverage-Strategie und Informationen über die Art und Weise, wie diese Strategie umgesetzt wird, insbesondere darüber, inwiefern sich der Leverage aus dem Index oder aus dessen Abbildung ergibt,
2. eine Darstellung der Kosten des Leverage, sofern relevant,
3. eine Beschreibung des umgekehrten Leverage (Reverse-Leverage), sofern relevant,
4. Informationen darüber, ob und in welchem Ausmaß die Wertentwicklung des Investmentvermögens mittel- bis langfristig vom Vielfachen der Indexentwicklung abweichen kann.

(3) Der Verkaufsprospekt eines Publikumsinvestmentvermögens gemäß § 165 des Kapitalanlagegesetzbuches muss beim Einsatz von Wertpapier-Darlehen und Pensionsgeschäften die folgenden Angaben enthalten:

1. Informationen zur Absicht, Wertpapier-Darlehen und Pensionsgeschäfte einzusetzen,
2. die ausführliche Beschreibung der Risiken, die mit dem Einsatz von Wertpapier-Darlehen und Pensionsgeschäften verbunden sind, einschließlich des Kontrahentenrisikos,
3. die ausführliche Beschreibung der möglichen Interessenkonflikte,
4. die Darstellung der möglichen Auswirkungen der Risiken und Interessenkonflikte nach den Nummern 2 und 3 auf die Entwicklung des Investmentvermögens,

5. eine Beschreibung des Vorgehens bezüglich der direkten und indirekten Kosten und Gebühren, die durch den Einsatz der Geschäfte entstehen und die Erträge des Investmentvermögens reduzieren,
6. das Unternehmen, das zur Durchführung der Wertpapier-Darlehen oder Pensionsgeschäfte eingebunden wird und an das Gebühren nach Nummer 5 gezahlt werden, oder die Angabe, dass die Kapitalverwaltungsgesellschaft selbst die Geschäfte tätigt,
7. die Angabe, ob und gegebenenfalls auf welche Weise das Unternehmen nach Nummer 6 mit der Kapitalverwaltungsgesellschaft oder der Verwahrstelle des Investmentvermögens verbunden ist.

Die Angaben nach Satz 1 Nummer 6 und 7 können alternativ zusammen im Jahresbericht erfolgen.

(4) Der Verkaufsprospekt eines Publikumsinvestmentvermögens gemäß § 165 des Kapitalanlagegesetzbuches muss eindeutige Informationen zur Sicherheitenstrategie enthalten. Hierzu zählen Angaben zu zulässigen Arten von Sicherheiten, zum erforderlichen Umfang der Besicherung und zur Haircut-Strategie sowie, im Fall von Barsicherheiten, zur Strategie für die Anlage der Sicherheiten einschließlich der damit verbundenen Risiken. Sofern die Sicherheitenstrategie eine erhöhte Emittentenkonzentration nach § 27 Absatz 7 Satz 4 vorsieht, muss der Verkaufsprospekt gesonderte Darlegungen hierzu enthalten und dabei die Emittenten oder Garanten derjenigen Sicherheiten benennen, deren Wert mehr als 20 Prozent des Wertes des Investmentvermögens ausmachen kann.

(5) Die zur Ermittlung der Grenzauslastung nach § 5 angewendete Methode ist im Verkaufsprospekt eines Publikumsinvestmentvermögens darzustellen.

(6) Sofern der qualifizierte Ansatz nach den §§ 7 bis 14 angewendet wird, muss der Verkaufsprospekt eines OGAW Angaben zu dem erwarteten Umfang des Leverage enthalten sowie auf die Möglichkeit eines höheren Leverage hinweisen.

(7) Sofern die Grenzauslastung nach § 7 Absatz 1 ermittelt wird, muss der Verkaufsprospekt eines Publikumsinvestmentvermögens Angaben zu dem Vergleichsvermögen nach § 9 enthalten.

(8) Sofern der Anrechnungsbetrag nach § 22 für strukturierte Investmentvermögen ermittelt wird, muss der Verkaufsprospekt eines Publikumsinvestmentvermögens

1. eine nachvollziehbare Beschreibung der Auszahlungsprofile, der Szenarien und Basisinstrumente enthalten sowie
2. einen Warnhinweis an hervorgehobener Stelle enthalten, dass Anteilsrückgaben vor Ablauf der Dauer des Investmentvermögens nicht zu der festgelegten Auszahlung führen und dass daraus möglicherweise signifikante Verluste resultieren.

§ 36
Angaben in den wesentlichen Anlegerinformationen

Die Informationen nach § 35 Absatz 2 sind in zusammengefasster Form auch in den wesentlichen Anlegerinformationen gemäß § 166 des Kapitalanlagegesetzbuches darzustellen.

§ 37
Angaben im Jahresbericht

(1) Der Jahresbericht eines Investmentvermögens muss beim Einsatz von Derivaten die folgenden Angaben enthalten:

1. das Exposure, das durch Derivate erzielt wird,
2. die Vertragspartner der derivativen Geschäfte,
3. die Art und Höhe der entgegengenommenen Sicherheiten.

(2) Der Jahresbericht eines Investmentvermögens muss beim Einsatz von Wertpapier-Darlehen und Pensionsgeschäften die folgenden Angaben enthalten:

1. das Exposure, das durch Wertpapier-Darlehen und Pensionsgeschäfte erzielt wird,
2. die Vertragspartner der Wertpapier-Darlehen und Pensionsgeschäfte,
3. die Art und Höhe der entgegengenommenen Sicherheiten,
4. die Erträge, die sich aus den Wertpapier-Darlehen und Pensionsgeschäften für den gesamten Berichtszeitraum ergeben, einschließlich der angefallenen direkten und indirekten Kosten und Gebühren.

(3) Die zur Ermittlung der Grenzauslastung nach § 5 angewendete Methode ist im Jahresbericht des Investmentvermögens darzustellen.

(4) Sofern der qualifizierte Ansatz nach den §§ 7 bis 14 angewendet wird, sind die für das Investmentvermögen im Geschäftsjahr ermittelten potenziellen Risikobeträge für das Marktrisiko im Jahresbericht zu benennen. Dabei sind mindestens der kleinste, der größte und der durchschnittliche potenzielle Risikobetrag anzugeben. Die Darstellung muss auch Angaben zum Risikomodell nach § 10 und zu den Parametern nach § 11 enthalten. Im Jahresbericht eines OGAW ist auch der im Geschäftsjahr genutzte Umfang des Leverage anzugeben.

(5) Sofern die Grenzauslastung nach § 7 Absatz 1 ermittelt wird, muss der Jahresbericht die Zusammensetzung des Vergleichsvermögens nach § 9 enthalten.

(6) Weisen die zugunsten des Investmentvermögens gestellten Sicherheiten im Berichtszeitraum eine erhöhte Emittentenkonzentration nach § 27 Absatz 7 Satz 4 auf, so sind im Jahresbericht die Emittenten oder Garanten derjenigen Sicherheiten zu benennen, deren Wert mehr als 20 Prozent des Wertes des Investmentvermögens ausgemacht haben. Dabei ist anzugeben, ob sämtliche Sicherheiten in Form von Wertpapieren gestellt wurden, die

der Bund, ein anderer Mitgliedstaat der Europäischen Union oder ein anderer Vertragsstaat des Abkommens über den Europäischen Wirtschaftsraum begeben oder garantiert hat.

§ 38
Berichte über Derivate

(1) Die Kapitalverwaltungsgesellschaft hat für jeden OGAW zum Ende des Kalenderjahres oder des Geschäftsjahres (Berichtsstichtag) und zusätzlich jederzeit auf Anforderung der Bundesanstalt einen Bericht über die verwendeten Derivate und strukturierten Produkte mit derivativer Komponente zu erstellen. Für offene Publikums-AIF gemäß § 214 des Kapitalanlagegesetzbuches und für Spezial-AIF nach § 284 des Kapitalanlagegesetzbuches ist der Bericht nur auf Anforderung der Bundesanstalt zu erstellen. Der Bericht ist der Bundesanstalt jeweils unverzüglich einzureichen.

(2) Der Bericht muss enthalten:

1. eine Aufstellung der in der Berichtsperiode eingesetzten Arten von Derivaten und strukturierten Produkten mit derivativer Komponente einschließlich der wesentlichen Risiken, die ihnen zugrunde liegen, die nach § 5 Absatz 2 gewählte Methode zur Bemessung dieser Risiken, den Zweck des Einsatzes der Arten von Derivaten und derivativen Komponenten in Bezug auf die Anlagestrategie sowie das Risikoprofil des Investmentvermögens,
2. die Angaben nach § 36,
3. eine Aufstellung der zum Berichtsstichtag im Investmentvermögen eingesetzten Derivate, ihre jeweiligen Anrechnungsbeträge für das Marktrisiko nach § 7 oder § 16, für das Emittentenrisiko nach § 23 sowie für das Kontrahentenrisiko nach § 27 einschließlich der Darstellung eventueller Verrechnungen sowie die Darstellung der Auslastung der jeweiligen Grenzen und
4. gegebenenfalls weitere Informationen, die die Bundesanstalt bei der Anforderung festlegt.

(3) Die Bundesanstalt kann der Deutschen Bundesbank, der Europäischen Wertpapier- und Marktaufsichtsbehörde und dem Europäischen Ausschuss für Systemrisiken die nach den Absätzen 1 und 2 eingehenden Informationen zum Zweck der Überwachung von Systemrisiken übermitteln.

Abschnitt 7: Schlussbestimmungen

§ 39
Anwendbarkeit

Die Vorschriften dieser Verordnung sind entsprechend anzuwenden

1. auf die Tätigkeit einer EU-OGAW-Verwaltungsgesellschaft, die inländische OGAW verwaltet, und
2. auf die Tätigkeit einer EU-AIF-Verwaltungsgesellschaft, die inländische offene Spezial-AIF mit festen Anlagebedingungen verwaltet.

§ 40
Übergangsbestimmung

(1) Die Derivateverordnung vom 6. Februar 2004 (BGBl. I S. 153) in der bis zum 21. Juli 2013 geltenden Fassung ist auf die am 21. Juli 2013 bestehenden AIF-Kapitalverwaltungsgesellschaften und AIF weiterhin anzuwenden, solange für diese nach den Übergangsvorschriften der §§ 345 bis 350 des Kapitalanlagegesetzbuches weiterhin die Vorschriften des Investmentgesetzes anwendbar sind. Eine OGAW-Kapitalverwaltungsgesellschaft wendet die Derivateverordnung vom 6. Februar 2004 (BGBl. I S. 153) in der bis zum 21. Juli 2013 geltenden Fassung auf die am 21. Juli 2013 bestehenden OGAW noch bis zum Inkrafttreten der Änderung der Anlagebedingungen dieser OGAW gemäß § 355 Absatz 2 des Kapitalanlagegesetzbuches an, längstens jedoch bis zum 18. Februar 2014. Sind für am 21. Juli 2013 bestehende OGAW keine Änderungen der Anlagebedingungen gemäß § 355 Absatz 2 des Kapitalanlagegesetzbuches erforderlich, darf die OGAW-Kapitalverwaltungsgesellschaft die Derivateverordnung vom 6. Februar 2004 (BGBl. I S. 153) in der bis zum 21. Juli 2013 geltenden Fassung noch bis zum 18. Februar 2014 auf diese OGAW anwenden.

(2) Auf Verkaufsprospekte von Investmentvermögen, die vor dem 1. Oktober 2014 aufgelegt wurden, ist § 35 Absatz 4 Satz 3 anzuwenden, wenn die Verkaufsprospekte nach dem 4. März 2015 aus einem anderen Grund geändert oder ersetzt werden, spätestens aber ab dem 1. Oktober 2015.

§ 41
Inkrafttreten, Außerkrafttreten

Diese Verordnung tritt am 22. Juli 2013 in Kraft. Gleichzeitig tritt die Derivateverordnung vom 6. Februar 2004 (BGBl. I S. 153), die durch Artikel 1 der Verordnung vom 28. Juni 2011 (BGBl. I S. 1278) geändert worden ist, außer Kraft.

A. Anwendungsbereich der DerivateV (§§ 1, 39 DerivateV)

1 Im Rahmen der **Verwaltung offener inländischer Publikumsfonds** (§§ 162 bis 260 KAGB), insbesondere OGAW bei Anlageentscheidungen gem. §§ 197, 200 bis 203, sowie **offener inländischer Spezial-AIF mit**

festen Anlagebedingungen (§ 284 KAGB) sind **Zusatzanforderungen an das Risikomanagement** gem. DerivateV zu beachten, wenn die **Investition in Derivate, Wertpapier-Darlehen und Pensionsgeschäfte gem. §§ 200-203 KAGB**[1] nach den Anlagebedingungen des Fonds zulässig ist (§ 1 Abs. 2 DerivateV). Vgl. zu diesen Begriffen die Erläuterungen zu §§ 200 bis 202 KAGB. Die DerivateV sieht in diesem Fall insbesondere Regelungen zur Bestimmung der Marktrisikogrenze, der Anrechnung von Derivaten auf die Anlagegrenzen sowie die Bestimmung des Kontrahentenrisikos vor.

Die **Derivateverordnung von 2013** ersetzt die Derivateverordnung vom 6.2.2004 (BGBl. I 2004, S. 153), die durch Art. 1 der Verordnung vom 28.6.2011 (BGBl. I 2011, S. 1278) geändert worden war. Dabei wurden die Vorschriften für den Einsatz von Derivaten, Wertpapier-Darlehen und Pensionsgeschäften an die neuen Vorgaben des KAGB angepasst. Die DerivateV setzt insbesondere die europäisch harmonisierten Anforderungen gem. **CESR/10-788** (Guidelines on Risk Measurement and the Calculation of Global Exposure and Counterparty Risk for UCITS) und die **strukturierte OGAW und Indexfonds betreffenden ESMA-Leitlinien** ESMA/2012/197 (nachfolgend aktualisiert als ESMA/2014/937) um. Themen im Anwendungsbereich der DerivateV definiert zudem ESMA/2014/937 mit Leitlinien zu ETFs und anderen OGAW-Themen.[2] 2

Die DerivateV von 2013 wurde aufgrund der Verordnungsermächtigungen gem. §§ 197 Abs. 3 Satz 1, 204 Abs. 3 Satz 1 KAGB zu **Risikomesssystemen für OGAW** in Umsetzung von Art. 51 Abs. 2 OGAW-RL sowie Art. 12, 23 Abs. 4, 38 ff. OGAW-DRL erlassen. Die zusätzlichen **Berichts- und Prüfungspflichten** der DerivateV[3] sind auf §§ 106 Satz 1, § 120 Abs. 8 Satz 1, 121 Abs. 4 Satz 1, 135 Abs. 11 Satz 1 sowie § 136 Abs. 4 Satz 1 KAGB gestützt. 3

§ 284 Abs. 2 Nr. 3 KAGB, der auf § 197 Abs. 2 KAGB verweist, erstreckt die für OGAW geltenden Regeln auf **inländische Spezial-AIF mit festen Anlagebedingungen**. Die **Ausdehnung des Anwendungsbereichs** ist wenig **sinnvoll**, da AIFMs aus anderen EU/EWR-Staaten nicht an dieselben Regeln gebunden sind. Die Ausweitung auf Spezial-AIF ist ebenso wie die Erstreckung der DerivateV auf EU-KVG, die inländische Investmentvermögen verwalten (vgl. § 39 KAGB), mit Blick auf die zwingende Verwalterregulierung der AIFM-RL (Einl. Rz. 62) zudem **europarechtswidrig**, soweit das Regelwerk für AIFMs und OGAW-KVGs die Vorgaben der DerivateV nicht deckt. Auch mit Art. 43 AIFM-RL lässt sich § 284 Abs. 2 Nr. 3 KAGB nicht rechtfertigen, soweit die DerivateV Spezial-AIF miterfasst, weil Art. 43 AIFM-RL nur produktbezogene Regelung zulässt, es hier aber um Verwalterregulierung geht. Jedoch sind viele Vorgaben der DerivateV als Prinzip in §§ 29, 30 KAGB i.V.m. Art. 39 ff. AIFM-DVO angelegt. Soweit man die DerivateV als **Konkretisierung der AIFM-DVO** versteht, lässt sie sich europarechtlich aufrechterhalten. Jedoch findet diese Auslegung ihre Grenze, wo es um darüber hinausgehende Zusatzanforderungen geht (z.B. in § 38 DerivateV, dazu Rz. 71). 4

Keine Anwendung findet die DerivateV auf **Single-Hedgefonds** gem. § 283 KAGB. Dies lässt sich damit erklären, dass die Aufsichtsbehörden nach den in § 35 Abs. 4 und 5 KAGB umgesetzten Vorgaben gem. Art. 24 AIFM-RL über europäisch harmonisierte Berichtswege und Methoden zur Leverage-Beschränkung verfügen. Näher Rz. 72 sowie § 35 Rz. 28 ff. Des Weiteren nicht anzuwenden ist die DerivateV auf **geschlossene AIF**. Für geschlossene Publikums-AIF dürfen besagte Geschäfte nicht getätigt bzw. **Derivate nur zu Absicherungszwecken** eingesetzt werden.[4] Die Verordnungsermächtigung des § 197 KAGB greift hier nicht. Bezüglich der **Kontrahentenrisiken**, die auch hier beim Einsatz von Derivaten entstehen können, ist das Diversifikationsgebot bzgl. Ausfallrisiken gem. § 262 KAGB zu beachten.[5] 5

Aufbau: Die DerivateV stipuliert in §§ 2 bis 4 DerivateV allgemeine Anforderungen, in §§ 5 bis 22 DerivateV solche zur Berechnung des Marktrisikos mittels des Einfachen oder Qualifizierten Ansatzes, in §§ 23 bis 27 DerivateV solche zur Berechnung des Kredit- und Liquiditätsrisikos, in §§ 28 bis 32 DerivateV zu Stresstests und in §§ 33, 34 DerivateV für strukturierte Produkte Zusatzanforderungen. In §§ 35 ff. DerivateV finden sich erweiterte Berichts- und Transparenzpflichten. 6

---

1 Mit der DerivateV von 2013 wurden erstmals Wertpapier-Darlehen und Pensionsgeschäfte zu Anwendungsgründen erklärt. Vgl. BaFin, Begründung zu § 1 DerivateV 2013.

2 Vgl. den Vergleich zwischen der DerivateV 2011 und 2013 bei *Josek* in Baur/Tappen, § 197 KAGB Rz. 71 a.E.

3 Insbesondere § 13 Abs. 7 DerivateV („Die Einhaltung der Anforderungen nach den Abs. 1 bis 6 sowie des § 14 ist regelmäßig, mindestens aber einmal jährlich, von der Internen Revision zu überprüfen."); §§ 35 bis 37 DerivateV (mit zusätzlichen Angabepflichten im Verkaufsprospekt eines Publikumsinvestmentvermögens); § 38 DerivateV (an die BaFin und Bundesbank gerichteter Bericht über die verwendeten Derivate und strukturierten Produkte mit derivativer Komponente).

4 BaFin, Erläuterung zu § 1 DerivateV 2013.

5 BaFin, Erläuterung zu § 1 DerivateV 2013.

B. Allgemeine Anforderungen (§§ 2 bis 4 DerivateV)

I. Einsatz von Derivaten etc. (§ 2 DerivateV)

7 Gemäß § 2 Abs. 1 DerivateV darf der Einsatz von Derivaten, Wertpapier-Darlehen und Pensionsgeschäften nicht zu einer **Veränderung des Anlagecharakters** führen. Dieser richtet sich nach dem rechtlich Zulässigen sowie den in den konstituierenden Dokumenten, bei Publikumsfonds unter Heranziehung der Anlegerpublikationen bestimmten Erwartungen. Maßgeblich sind insbesondere das **Risikoprofil** gem. § 165 Abs. 2 Nr. 3 KAGB sowie das **Anlegerprofil**[6] gem. § 165 Abs. 2 Nr. 10 KAGB. *Beispiel*: Erweckt ein Fonds den Eindruck, auf Stabilität ausgerichtet zu sein, darf er nicht infolge des Derivateeinsatzes einen spekulativen Charakter erhalten. Des Weiteren darf der Derivateeinsatz nicht dem ursprünglichen, in den Verkaufsunterlagen beschriebenen Risikoprofil **wesentliche Risiken hinzufügen**. Indikator ist u.a. eine Erhöhung des Volatilitätsindikators, der für die Anlegerinformationen verwendet wird. Die Regelung geht auf die CESR-Leitlinien zur Eligible Assets-Richtlinie zurück.[7] Die BaFin betont, dass das System der **Prospekthaftung** gem. § 306 KAGB von § 2 Abs. 1 DerivateV unberührt bleibe, die Vorschrift vielmehr verdeutliche, dass für die Frage, ob der Verkaufsprospekt eines Investmentvermögens eine unrichtige Tatsache im Hinblick auf die Beschreibungen des Anlagecharakters des Investmentvermögens enthält, die besonderen Eigenschaften von Derivaten, Wertpapier-Darlehen und Pensionsgeschäften zu beachten sind.[8]

8 **Publikumsfonds** nach §§ 162 bis 219 KAGB dürfen gem. § 2 Abs. 2 DerivateV Derivatkontrakte nur abschließen, wenn 1. die Basiswerte dieser Derivate selbst zulässige Anlagegegenstände sind (unzulässig daher: OGAW erwirbt Derivat auf physische Goldlieferung) und 2. die Risiken, die diese Basiswerte repräsentieren, auch durch die zulässigen Vermögensgegenstände im Investmentvermögen entstehen können. Für den ersten Schritt muss bei abstrakten Basiswerten wie Zinssätzen, Währungskursen, Indizes auf die mit dem Basiswert verbundenen Risiken abgestellt werden.[9] **Sonstige Investmentvermögen** nach § 220 KAGB und **Spezial-AIF** nach § 284 KAGB unterliegen dieser Restriktion nicht. Den Begriff der Derivate will die BaFin weit verstanden wissen, er soll Wertpapierdarlehen und Pensionsgeschäfte einschließen.[10]

9 Sofern über das Derivat dem Vertragspartner Ermessen eingeräumt wird, ordnet § 2 Abs. 3 DerivateV, der die ESMA-Leitlinien zu ETF umsetzt, die **entsprechende Geltung der Vorschriften zur Auslagerung** (§ 36 KAGB) an. *Beispiel*: Ein Investmentvermögen erwirbt vom Vertragspartner einen Swap auf ein durch den Swap-Kontrahenten verwaltetes Basket oder auf eine Schuldverschreibung, die von einer Zweckgesellschaft emittiert wird, deren Anlagetätigkeit ihrerseits vom Vertragspartner verwaltet wird. Dann gilt das ganze Konstrukt als Auslagerung der Anlageentscheidung. Diese Vorschrift bezweckt, **Umgehungen des § 36 KAGB zu verhindern**, wonach im Grundsatz nur zugelassene und beaufsichtigte Rechtsträger die Portfolioverwaltung übernehmen dürfen und zudem weitere Schutzvorschriften zugunsten der Anleger, insbesondere sämtliche KAGB-Anlagerestriktionen fortgelten.[11] Der Begriff des Vertragspartners ist seinerseits umgehungsanfällig. Es muss daher jeder rechtsgeschäftliche Bezug zwischen Fonds und Vertragspartner genügen und als Vertragspartner auch derjenige gelten, der von einer dazwischen geschalteten Person im Auftrag des Fonds das Mandat bzw. Anlageermessen erhält.

10 Nach der Erläuterung der BaFin zu § 2 Abs. 3 DerivateV soll wesentliches Kriterium der **Einfluss bzw. Ermessensspielraum** des Kontrahenten sein. Danach stellen keine Auslagerung dar: 1) passive bzw. regelgebundene Änderungen des Basiswertes, die vorbestimmt sind; 2) ein sehr eingeschränkter Ermessenspielraum des Vertragspartners, der für die Zusammensetzung oder Verwaltung unwesentlich ist, z.B. eingeschränkte Ermessenspielräume eines Swap-Kontrahenten im Fall von Schadensersatzklagen, Kapitalmaßnahmen und anderer *corporate actions* bezüglich eines Vermögensgegenstandes des zugrunde liegenden

---

6 Dafür BaFin, Begründung zur DerivateV i.d.F. vom 28.6.2011, S. 2 (a.F.), auf welche BaFin, Begründung zu § 2 DerivateV 2013, verweist.

7 Gemäß Nr. 24 der CESR's Eligible-Assets-Leitlinien (Dokumenten-Nr. CESR/07-044b) durften Techniken und Instrumente, die Wertpapiere oder Geldmarktinstrumente zum Gegenstand haben, nicht a) zu einer Veränderung des erklärten Anlageziels des OGAW führen, b) mit wesentlichen zusätzlichen Risiken im Vergleich zur ursprünglichen, in den Verkaufsdokumenten beschriebenen Risikostrategie verbunden sein.

8 BaFin, Erläuterung zu § 2 DerivateV 2013.

9 Vgl. BaFin, Begründung zu § 2 DerivateV i.d. Fassung vom 28.6.2011 (a.F.), S. 2, auf welche BaFin, Begründung zu § 2 DerivateV 2013, verweist.

10 BaFin, Erläuterung zu § 2 DerivateV 2013.

11 Vgl. BaFin, Erläuterung zu § 2 DerivateV 2013, mit dem Beispiel, dass physische Leerverkäufe oder Kreditaufnahmen des Kontrahenten bei der Verwaltung (weiterhin) unzulässig sind.

Baskets oder die Reinvestition von ausgeschütteten Dividenden sowie die Auswahl der zu liefernden Anleihe bei Zinstermingeschäften.

II. Liefer- und Zahlungspflichten, Deckung (§ 3 DerivateV)

Die KVG muss gem. § 3 DerivateV sicherstellen, dass 1. sie allen für Rechnung eines Investmentvermögens 11 eingegangenen, bedingten und unbedingten **Liefer- und Zahlungsverpflichtungen** aus Derivaten, Wertpapier-Darlehen und Pensionsgeschäften **in vollem Umfang nachkommen kann** und 2. eine ausreichende Deckung der derivativen Geschäfte vorhanden ist.[12] Die Vorschrift gilt auch für synthetische Leerverkaufspositionen. Für die Deckung sind der Basiswert oder ausreichend liquide Mittel vorzuhalten; letzteres ist bei Derivaten mit Barausgleich die einzige Deckungsform, während bei illiquiden Basiswerten eine physische Deckung vorzuziehen sein kann. Die **Höhe der Deckung** richtet sich nach dem Marktrisiko unter Berücksichtigung von **Sicherheitsmargenabschlägen**/Haircuts.[13] Art und Höhe der Deckung (sowie die dazu getroffenen Annahmen) sind im Rahmen des Risikomanagementprozesses laufend zu überwachen. Damit nimmt § 3 DerivateV das Liquiditäts- und Sicherheitenmanagement als Teilbereich des Risikomanagements heraus. Es kommt zu Überschneidungen mit den allgemeineren Vorschriften (z.B.) der Art. 46 ff. AIFM-DVO (dazu § 30 Rz. 4 ff.).

Es ist das Ziel jeglichen Risikomanagements, dass die Pflichtigen ihren Leistungspflichten nachkommen 12 können. § 3 DerivateV suggeriert darüber hinaus, dass das Scheitern der Ambitionen per se als pflichtwidrig anzusehen ist, da in diesem Fall die KVG im Ergebnis die Leistungsfähigkeit des Fonds nicht sichergestellt hat, die Risikobegrenzungsmaßnahmen somit nicht sicher und wirksam waren. Ein solches Verständnis von § 3 DerivateV wäre überzogen. Der Inhalt der Norm beschränkt sich darauf, **ruinöse Spekulationen zu Lasten des Fonds und der Gegenparteien zu untersagen**. Zulässig bleiben risikoreiche Geschäfte **mit positivem Erwartungswert**, sofern der potentielle Maximalverlust **bei Zugrundelegung vernünftiger Annahmen** gedeckt werden kann.

III. Interessenkonflikte (§ 4 DerivateV)

Zu **Interessenkonflikten** (§ 4 DerivateV) vgl. bereits § 29 Rz. 36 ff. § 4 DerivateV trägt dem Umstand Rech- 13 nung, dass eine KVG häufig mit anderen Konzerngesellschaften gesellschaftsrechtlich oder geschäftlich verbunden ist. Diese Verbundenheit darf sich nicht zu Lasten des Investmentvermögens auswirken.[14] Dies soll neben einem angemessenen, auf die KVG und deren Rolle im Konzern zugeschnittenen internen Kontrollverfahren § 4 Abs. 2 DerivateV durch eine eigenständige **Bewertung des Kontrollverfahrens im Prüfungsbericht** sicherstellen. Dafür ist die Zweckdienlichkeit und Angemessenheit des Verfahrens mit Bezug zur spezifischen Lage der KVG zu überprüfen. § 4 DerivateV ist nicht auf Derivate beschränkt, sondern erfasst sämtliche „**Geschäfte**“. Da die Konfliktlage identisch ist beim Erwerb strukturierter Produkte, erstreckt sich die Regelung auch auf solche.[15]

C. Berechnung des Marktrisikos (§§ 5 bis 22 DerivateV)

I. Tägliche Berechnung der Grenzauslastung (§ 5 Abs. 1 DerivateV)

Die KVG hat gem. § 5 DerivateV die Auslastung der gem. § 197 Abs. 2 KAGB festgesetzten Marktrisikogrenze 14 (vgl. § 197 Rz. 38) für den Einsatz von Derivaten (sog. **Grenzauslastung**) **mindestens täglich** zu ermitteln. Sie muss – trotz nur täglicher Ermittlung – dennoch „laufend“ eingehalten werden. Dies ist z.B. so umsetzbar, dass durch eine hinreichend konservative Grenzauslastungspolitik sichergestellt wird, dass zwischen den Berechnungszeitpunkten keine Grenzüberschreitungen vorkommen können.[16] § 5 Abs. 1 Satz 3 DerivateV

12 Nr. 2 setzt Box 28 der CESR Leitlinie CESR/10-788 um. Vgl. BaFin, Begründung zu § 4 DerivateV i.d. Fassung vom 28.6.2011 (a.F.), S. 3, auf welche BaFin, Begründung zu § 3 DerivateV 2013, verweist.

13 Vgl. BaFin, Erläuterung zu § 3 DerivateV.

14 Vgl. Begründung zu § 5 DerivateV i.d. Fassung vom 28.6.2011 (a.F.), S. 3, auf welche BaFin, Begründung zu § 4 DerivateV 2013, verweist.

15 Vgl. Begründung zu § 5 DerivateV i.d. Fassung vom 28.6.2011 (a.F.), S. 3, auf welche BaFin, Begründung zu § 4 DerivateV 2013, verweist.

16 Vgl. Begründung zu § 8 DerivateV i.d. Fassung vom 28.6.2011 (a.F.), S. 6 f., auf welche BaFin, Begründung zu § 7 DerivateV 2013, verweist.

stellt klar, dass abhängig von der Anlagestrategie auch eine untertägige Berechnung der Grenzauslastung notwendig sein kann.[17]

II. Differenzierung Qualifizierter und Einfacher Ansatz

15 Für die Ermittlung der Grenzauslastung stehen gem. § 5 DerivateV **zwei grundsätzlich unterschiedliche Ansätze** zur Verfügung. Zum einen kann das Marktrisiko des Investmentvermögens in Form des sog. Value at Risk „direkt" ermittelt werden. Dieser Ansatz ist in gewisser Weise „sophistizierter" als die gleich zu beschreibende Alternative und wird deswegen als „**Qualifizierter Ansatz**" bezeichnet. Die andere Möglichkeit besteht in einer indirekten Ermittlung des Marktrisikos über die Quantifizierung der leverageerhöhenden Wirkung von Derivaten.[18] S. dazu auch § 1 Rz. 207 ff. Diese Methode ist in vielen Fällen einfacher in der Umsetzung und wird deshalb als „**Einfacher Ansatz**" bezeichnet.

16 **Aus ökonomischer Sicht weist der Einfache Ansatz erhebliche Nachteile auf.** Ursache ist, dass bei der indirekten Ermittlung des Marktrisikos eine Reihe von vereinfachenden Annahmen getroffen wird. So wird beispielsweise der Risikobeitrag eines Derivats unter stark vereinfachenden Annahmen in ein sog. „Basiswertäquivalent" umgerechnet. Des Weiteren findet die Aggregation von Einzelpositionen nach festgelegten Regeln statt, die ebenfalls eine **starke Vereinfachung der Realität** darstellen. Die Diskrepanz zwischen tatsächlichem Risiko und jenem Risiko, das indirekt mittels Einfachem Ansatz ermittelt wird, ist dabei tendenziell umso höher, je mehr der Wert des Investmentvermögens von sog. **Nichtlinearitäten**[19] beeinflusst wird. Nichtlinearitäten können dabei sowohl aus den verwendeten Instrumenten (bzw. deren Auszahlungsfunktionen) als auch den verfolgten Anlagestrategien entstehen. Die Qualität der Ergebnisse des Einfachen Ansatzes nimmt im Grundsatz sowohl mit steigender Komplexität der verwendeten Instrumente als auch mit steigender Komplexität der verfolgten Strategien rasch ab. Dies spricht dafür, den **Einfachen Ansatz nur in Ausnahmefällen zu verwenden**, etwa dann, wenn Volumen und Komplexität der eingesetzten Instrumente gering ist, vorwiegend lineare Instrumente verwendet werden, und die Instrumente ausschließlich zu Absicherungszwecken eingesetzt werden.

17 § 5 Abs. 2 und 3 DerivateV **schränken konsequenterweise den Anwendungsbereich des Einfachen Ansatzes deutlich ein:**[20] Als Kriterien für die Angemessenheit wird in Abs. 2 das Risikoprofil des Investmentvermögens genannt, insb. die verfolgte Anlagestrategie sowie Art und Komplexität der eingesetzten Derivate und deren Anteil im Investmentvermögen. Damit werden die **Vorgaben der Abstimmung unter den Aufsichtsbehörden des damaligen CESR in CESR/10-788**[21] über weite Strecken beinahe wörtlich in die DerivateV übernommen. Entsprechend müssen KVG den Qualifizierten Ansatz einsetzen, sobald komplexe Instrumente und/oder komplexe Strategien in nicht vernachlässigbarem Ausmaß den Wert des Investmentvermögens beeinflussen.[22] Als Auffangtatbestand muss der Qualifizierte Ansatz gem. Abs. 3 immer dann angewendet werden, wenn durch den Einfachen Ansatz nicht alle im Investmentvermögen enthaltenen Marktrisiken hinreichend genau erfasst und bemessen werden können.[23]

18 Derivate können grob in sog. **lineare Instrumente** (Forwards, Futures, Standardtypen von Swaps) und **nichtlineare Instrumente** (Optionen) unterteilt werden.[24] Die **Vereinfachungen des Einfachen Ansatzes**

---

17 Beispiel der BaFin sind Investmentvermögen, die in signifikantem Umfang Derivatepositionen untertägig eingehen und wieder schließen, Erl. zur DerivateV, Zu § 5 Abs. 1, 16.07.2013, abrufbar unter https://www.bafin.de/SharedDocs/Veroeffentlichungen/DE/Aufsichtsrecht/Verordnung/DerivateV_Erlaeuterungen.html.

18 Vgl. Begründung zu § 6 DerivateV i.d. Fassung vom 28.6.2011 (a.F.), S. 4, auf welche BaFin, Begründung zu § 5 DerivateV 2013, verweist.

19 Nichtlinearitäten sind mit Derivaten verbundene oder aus diesen entstehende Risiken, die sich abweichend von („nicht linear") den unterliegenden Marktrisikofaktoren ändern. In solchen Fällen muss das nicht lineare Risiko separat erfasst und beobachtet werden. Dagegen genügt es bei linearen Risiken, den Basiswert zu beobachten und aus dessen Wertentwicklung Folgerungen für die Risikoexposition zu treffen. Nichtlinearitäten entstehen u.a. bei Verwendung nichtlinearer Instrumente, insbesondere Optionen. Dazu unten Rz. 18.

20 Vgl. Begründung zu § 6 DerivateV i.d. Fassung vom 28.6.2011 (a.F.), S. 5, auf welche BaFin, Begründung zu § 5 DerivateV 2013, verweist.

21 Der Einfache Ansatz in der DerivateV entspricht dem Commitment-Ansatz in CESR/10-788, der Qualifizierte Ansatz in der DerivateV entspricht dem Value at Risk-Ansatz in CESR/10-788.

22 In der Begründung zu § 6 DerivateV i.d. Fassung vom 28.6.2011 (a.F.), S. 5, wird dafür ein Anteil von 1 % für komplexe Produkte genannt. Darauf verweist BaFin, Begründung zu § 5 DerivateV 2013.

23 Vgl. näher zu den einzelnen, für den Einfachen Ansatz nicht in Frage kommenden Strategien BaFin, Erläuterungen zur DerivateV, Zu § 5 Abs. 3.

24 Vgl. *Hull*, Abschnitt 8.1.

sind insb. bei nichtlinearen Instrumenten[25] (auch bei Standardtypen von Optionen) **so gravierend, dass bereits** auf Ebene des einzelnen Instruments bzw. der Einzelposition **massive Fehler resultieren**. Für ein Beispiel vgl. Rz. 36. Diese Fehler sind systematische Folge des Einfachen Ansatzes und erfordern daher eine konsequente Beobachtung durch das Risikomanagement. Die Risikocontrollingfunktion wird sich auch bei Verwendung des Einfachen Ansatzes nicht darauf berufen können, dass diese Modellfehler nicht vorhersehbar waren. Denn § 29 Abs. 2 KAGB verlangt als höherrangige Norm die jederzeitige Erfassung aller wesentlichen Risiken, wozu richtigerweise auch **Modellrisiken** zählen (zur Erfassung von Modellrisiken als operationelle Risiken § 29 Rz. 63). Diesen Grundsatz erkennt auch die DerivateV an, wonach bei Stresstests die Modellgrenzen zu beachten sind (Rz. 56).

Die **Dokumentations-, Prüf- und Anzeigepflichten des § 6 DerivateV** dienen der **Rechtsdurchsetzung**. 19
Sie sollen Schutzbehauptungen vorbauen, wonach die KVG den jeweils anderen Ansatz bzw. die jeweils andere Methode habe praktizieren wollen. Zugleich resultiert aus der Erklärung die Pflicht, die für den jeweiligen Ansatz erforderlichen Ressourcen vorzuhalten sowie die Grenzen des gewählten Ansatzes im Blick zu behalten. Gemäß § 6 DerivateV hat die KVG die Entscheidung für einen der Ansätze inkl. der zugrunde liegenden Annahmen zu **dokumentieren**. Ebenso ist zu dokumentieren, welche Methode des Qualifizierten Ansatzes zur Ermittlung der Grenzauslastung gem. § 197 Abs. 2 KAGB i.V.m. § 7 Abs. 1 oder 2 DerivateV verwendet wird. Der Abschlussprüfer hat in seinem Prüfungsbericht je Fonds das **tatsächlich angewendete Verfahren** aufzuführen. Der Wechsel vom Einfachen zum Qualifizierten Ansatz sowie ein Wechsel der Methode zur Ermittlung der Grenzauslastung für ein Investmentvermögen sind der BaFin unverzüglich anzuzeigen.

III. Publizitätspflicht (§ 35 Abs. 5 DerivateV)

Die zur Ermittlung der Grenzauslastung nach § 5 angewendete **Methode** ist im **Verkaufsprospekt eines** 20
Publikumsinvestmentvermögens darzustellen (§ 35 Abs. 5 DerivateV) und im **Jahresbericht (je-)des Investmentvermögens** darzustellen (§ 37 Abs. 3 DerivateV). Die BaFin scheint neben der Bezeichnung als Einfacher Ansatz, relativer oder absoluter Value at Risk Ansatz eine kurze und verständliche Beschreibung zu verlangen.[26] Freilich ist das wenig sinnvoll, da das allgemeine Anlegerpublikum mit einer kurzen und verständlichen (?!) Beschreibung wenig wird anfangen können, wenn es – wie anzunehmen – den konkreten Risikomanagement-Kontext nicht versteht. Der kundige Leser ist mit dem Fachbegriff hingegen ausreichend informiert. Zudem ist von Erläuterungen im Wortlaut des § 35 Abs. 5 DerivateV auch nach deren Reform im Jahr 2013 nichts zu lesen. Daher genügt die Verwendung des Fachbegriffs Einfacher Ansatz/Qualifizierter Ansatz nebst einem Verweis auf die einschlägige Norm der DerivateV (§ 7 Abs. 1 *oder* § 7 Abs. 2 DerivateV). Einzelerläuterungen sind nicht erforderlich. Sollte die Methode jedoch **vom Marktüblichen abweichen**, z.B. weil bei der Aufteilung von derivativen Komponenten besondere Annahmen getroffen werden, sind weitere Angaben geboten. Dieselben Angabepflichten sind auch für Spezial-AIF aus allgemeinen Prospektgrundsätzen abzuleiten.

IV. Qualifizierter Ansatz

1. Vorgaben der §§ 7 bis 12 DerivateV

§ 7 DerivateV definiert die **Risikogrenzen bei Verwendung des Qualifizierten Ansatzes**. Für den Qualifzierten Ansatz existieren **zwei Varianten**, die in CESR/10-788 als **Relative VaR bzw. Absolute VaR** bezeichnet werden.[27] Beim Relative VaR (entspricht im Wesentlichen § 7 Abs. 1 DerivateV) wird das Risiko relativ zu einem Vergleichsvermögen definiert und auf 200 % des Risikos (im Sinne von Value at Risk) des Vergleichsvermögens begrenzt.[28] Beim Absolute VaR (entspricht im Wesentlichen § 7 Abs. 2 DerivateV) wird das Risiko als Anteil am Wert des Investmentvermögens definiert und auf 20 % dieses Wertes beschränkt.[29] Abweichend von CESR/10-788 werden in der DerivateV **auch andere Methoden als der Value at Risk** zugelassen, vgl. Rz. 25. 21

25 Die Besonderheiten nichtlinearer Risiken werden in § 12 Abs. 2 DerivateV explizit erwähnt.

26 Vgl. Begründung zu § 28a DerivateV i.d. Fassung vom 28.6.2011 (a.F.), S. 42, auf welche BaFin, Begründung zu § 35 DerivateV 2013, verweist.

27 Vgl. CESR/10-788, S. 23.

28 Vgl. CESR/10-788, Box 12 auf S. 24, Punkt 1; zur aus Sicht der BaFin notw. Dichte der Überprüfungszeitpunkte (u.a. mind. geschäftstäglich auf einheitlicher Datenbasis) s. BaFin, Erläuterungen zur DerivateV, Zu § 7 Abs. 1.

29 Vgl. CESR/10-788, Box 15 auf S. 26, Punkt 1.

22 Gemäß § 8 DerivateV muss die KVG bei Verwendung des Qualifizierten Ansatzes eine **Entscheidung für eine der beiden Risikogrenzen** (entweder gem. § 7 Abs. 1 oder Abs. 2 DerivateV) treffen. Für die Auswahl zwischen den beiden Varianten hält § 8 DerivateV lediglich fest, dass die Methode des Risikoprofils und der Anlagestrategie des Investmentvermögens angemessen sein muss. CESR/10-788 ist diesbezüglich deutlicher:[30] Wenn für das Investmentvermögen ein (derivatefreier) Vergleichsmaßstab definiert ist, dann erscheint der Relative VaR insb. auch aus Risikokommunikationssicht besser geeignet. Wenn hingegen das Renditeziel des Investmentvermögens nicht relativ zu einer Benchmark definiert ist, sondern z.B. eine sog. „Absolute Return"-Strategie verfolgt wird, so ist dem Absolute VaR der Vorzug zu geben. Die Existenz derart **klarer Kriterien für die Angemessenheit** schränkt den Spielraum der KVG bei der Auswahl zwischen den beiden Varianten deutlich ein.[31]

23 Bei Verwendung des Relative VaR ist das in § 9 DerivateV definierte **„zugehörige Vergleichsvermögen"** von Bedeutung.[32] Als Beispiel sei ein Aktienfonds angenommen, der in große deutsche Unternehmen investiert, als Renditeziel das Übertreffen der DAX-Rendite definiert und gem. Anlagerichtlinien DAX-Optionen sowohl zur Absicherung als auch zur Renditeerzielung verwenden darf. In diesem Fall wird als zugehöriges Vergleichsvermögen der DAX selbst gewählt und für die Marktrisikoermittlung der Qualifizierte Ansatz in der Variante „Relative VaR" verwendet werden. Für weniger klare Konstellationen enthält § 9 DerivateV eine Reihe von Anhaltspunkten zur Definition des zugehörigen Vergleichsvermögens.[33] Das in § 9 DerivateV definierte **zugehörige Vergleichsvermögen kommt ausschließlich bei Verwendung des Relative VaR zur Anwendung.** Für Investmentvermögen, bei denen entweder Absolute VaR oder der Einfache Ansatz zur Ermittlung von Marktrisiko bzw. Leverage herangezogen werden, ist § 9 DerivateV daher gegenstandslos.

24 § 10 DerivateV legt fest, dass ein „geeignetes eigenes Risikomodell" für die Ermittlung des Marktrisikos zu verwenden ist. Diese Vorschrift orientiert sich an der Bankenregulierung, wo mit der **Zulassung proprietärer Risikomodelle** gute Erfahrungen gemacht wurden. § 10 Abs. 2 DerivateV beschreibt die Voraussetzungen, die erfüllt sein müssen, damit ein solches Modell als geeignet anzusehen ist. Die **Anforderungen beziehen sich auf die Art des Modells** sowie die **zu verwendenden Inputparameter** (§ 11 DerivateV), die **mindestens zu erfassenden Risikofaktoren** (§ 12 DerivateV) sowie **qualitative Anforderungen** (§ 13 DerivateV).

25 § 11 DerivateV schreibt die Verwendung eines Modells zur Ermittlung des Risikos auf Basis eines einseitigen Prognoseintervalls vor. Während in CESR/10-788 die **Verwendung des Risikomaßes Value at Risk** vorgegeben wird,[34] ist die hier verwendete Formulierung offener und **erlaubt beispielsweise auch die Verwendung des sog. Conditional Value at Risk**, der aus theoretischer Sicht gewisse Vorzüge gegenüber dem Value at Risk aufweist (u.a. ist er im Gegensatz zum Value at Risk ein sog. kohärentes Risikomaß).[35] Aufgrund der Dominanz des Value at Risk in der Regulierung von Banken und Versicherungen und der sich daraus ergebenden Verbreitung des VaR in der Praxis ist davon auszugehen, dass die Mehrzahl der KVGs auch weiterhin bei Verwendung des Qualifizierten Ansatzes auf VaR zurückgreifen wird. Die Inputparameter selbst sowie die Möglichkeit zur Verwendung leicht abweichender Parameter samt entsprechender Skalierung sind wiederum 1:1 aus CESR/10-788 übernommen.[36] Die dort ermöglichte Verwendung kürzerer als jährlicher Schätzintervalle für Risikofaktoren setzt allerdings neben außergewöhnlichen Marktbedingungen die vorherige Zustimmung der Bundesanstalt voraus.

26 **Derivate und Derivatstrategien können besondere Risiken aufweisen**, die sich von jenen der Basisinstrumente qualitativ und quantitativ unterscheiden. § 12 DerivateV macht für verschiedene Typen von Risiken Vorgaben, wie diese (mindestens) zu berücksichtigen sind. § 12 Abs. 2 DerivateV nennt die **nichtlinearen**

30 Vgl. insb. CESR/10-788, Rz. 43 und 44, ähnlich deutlich auch die Begründung zu § 8a DerivateV i.d. Fassung vom 28.6.2011 (a.F.), S. 7, auf welche BaFin, Begründung zu § 8 DerivateV 2013, verweist.

31 Vgl. auch die Begründung zu § 6 DerivateV i.d.F. vom 28.6.2011 (a.F.), S. 5, auf welche BaFin, Begründung zu § 5 DerivateV 2013, verweist.

32 In § 9 Abs. 5 DerivateV 2013 wurde gegenüber der DerivateV 2011 die Vorgabe ergänzt, dass die Zusammensetzung und Entwicklung eines Indizes transparent sein muss, wenn dieser für ein Vergleichsvermögen verwendet wird. Vgl. BaFin, Begründung zu § 9 DerivateV 2013.

33 Zur Problematik der Festlegung eines „passenden" zugehörigen Vergleichsvermögens vgl. die umfangreichen Ausführungen in der Begründung zu § 9 DerivateV i.d.F. vom 28.6.2011 (a.F.), S. 8 ff., auf welche BaFin, Begründung zu § 9 DerivateV 2013, verweist. In § 9 Abs. 5 DerivateV 2013 wurde gegenüber der DerivateV 2011 jedoch die Selbstverständlichkeit als Vorgabe ergänzt, dass die Zusammensetzung und Entwicklung eines Indizes transparent sein muss, wenn dieser für ein Vergleichsvermögen verwendet wird; vgl. BaFin, Begründung zu § 9 DerivateV 2013; zur Konstruktion des Vergleichsvermögens s. auch BaFin, Erläuterungen zur DerivateV, Zu § 9 Abs. 2.

34 Vgl. CESR/10-788, S. 22 ff.

35 Vgl. *Hull*, S. 259 ff.

36 Vgl. CESR/10-788, Box 15 auf S. 26.

Risiken von Optionen, die angemessen zu berücksichtigen sind. § 12 Abs. 3 DerivateV hebt insb. **Zinsstruktur- und Spreadrisiken** hervor und macht Mindestvorgaben für die Verwendung sog. Zinsrisikozonen (Laufzeitsegmente zinsrisikosensitiver Instrumente). § 12 Abs. 4 DerivateV geht auf **Aktienkursrisiken** ein und fordert die angemessene Berücksichtigung von Unterschieden in der Preisentwicklung unterschiedlicher Produkte/Produktgruppen (zu denken ist dabei etwa an temporäre Bewertungsunterschiede zwischen offenen und geschlossenen Fonds) sowie von Unterschieden in Kassa- und Terminpreisen (also z.B. imperfekte Korrelation zwischen Basiswert und Future).

2. Risikocontrolling nach § 13 Abs. 1 und 2 DerivateV

Gemäß § 13 Abs. 1 DerivateV ist die Arbeits- und Ablauforganisation der KVG bei Verwendung des Qualifizierten Ansatzes (Rz. 21 ff.) so zu gestalten, dass eine **zeitnahe Ermittlung des potentiellen Risikobetrags für das Marktrisiko**, insbesondere durch eine vollständige Erfassung aller Positionen des Investmentvermögens, gewährleistet ist; diese ist ausführlich zu dokumentieren. Vgl. zum Marktrisiko näher Rz. 15. 27

§ 13 Abs. 2 DerivateV konkretisiert die (nach Art. 39 AIFM-DVO schon recht präzise beschriebene) Verantwortung der Risikocontrollingfunktion der KVG beim Derivateeinsatz. Danach verantwortet die Risikocontrollingfunktion 1. die **Erstellung, Überprüfung, Pflege und Weiterentwicklung der Risikomodelle** (dazu Rz. 24 ff.), 2. die **Überwachung des Prozesses zur Bestimmung und Zusammensetzung des Vergleichsvermögens nach § 9** DerivateV (dazu Rz. 23), 3. die **Eignung des Risikomodells** für das jeweilige Investmentvermögen (dazu Rz. 25 f.), 4. die laufende **Validierung des Risikomodells** (dazu Rz. 29), 5. die Validierung und Implementierung eines dokumentierten und durch die Geschäftsleiter genehmigten **Limitsystems** von potentiellen Risikobeträgen für jedes Investmentvermögen in Übereinstimmung mit dessen Risikoprofil (dazu Rz. 7), 6. die **tägliche Ermittlung, Analyse und Kommentierung der potentiellen Risikobeträge** und die Überwachung der Obergrenzen nach Nr. 5 (dazu Rz. 14), 7. die **regelmäßige Überwachung des Leverage** (dazu § 1 Rz. 207 ff.) des Investmentvermögens sowie 8. die **regelmäßige Berichterstattung an die Geschäftsleiter** bezüglich der aktuellen potentiellen Risikobeträge, der Prognosegüte nach § 14 DerivateV und der Ergebnisse der Stresstests nach den §§ 28 bis 32 DerivateV (dazu Rz. 51 ff.). 28

3. Qualifizierte Anforderungen an das Risikomanagement (§§ 13, 14 DerivateV)

Die in § 13 Abs. 3 bis 7 DerivateV genannten Anforderungen an das Risikomanagement **konkretisieren die in anderen Bestimmungen allgemeiner formulierten Anforderungen an die Risikocontrollingfunktion** (dazu § 29 Rz. 19 ff.) aufgrund des gesteigerten Risikopotentials von Derivaten und auf diesen basierenden Strategien. § 13 Abs. 3 DerivateV fordert neben einer „hohen Präzision" insbesondere die **Kongruenz zwischen den für die aktuelle Risikosteuerung verwendeten Methoden** sowie jenen, die für die Ermittlung des Marktrisikos verwendet werden. So soll vermieden werden, dass die zur Entscheidungsunterstützung verwendeten Verfahren von jenen abweichen, die zur Ermittlung der Auslastung von Wertgrenzen verwendet werden. § 13 Abs. 4 DerviateV regelt über die üblichen Anforderungen zur Validierung von Risikomanagementsystemen hinaus, dass mit der Validierung im Zuge der Entwicklung und bei wesentlichen Änderungen keine Personen involviert werden dürfen, die direkt in den Entwicklungsprozess des Risikomodells eingebunden sind. Dies ist ein übliches Vorgehen, um eine unabhängige Validierung sicherzustellen, und muss sich trotz der Formulierung von § 13 Abs. 4 DerivateV („… sind.") denklogisch auch auf Personen erstrecken, die in der Vergangenheit in die Entwicklung des Risikomodells eingebunden waren.[37] 29

§ 13 Abs. 5 DerivateV gibt als **Mindestfrequenz für die Aktualisierung von Daten**, die in diesem Zusammenhang verwendet werden, **drei Monate** vor, weist aber auch darauf hin, dass diese **„bei Bedarf" unverzüglich** zu aktualisieren sind (gemeint ist wohl, wenn aufgrund aktueller Marktentwicklungen davon auszugehen ist, dass eine unverzügliche Aktualisierung wesentlichen Einfluss auf die Ergebnisse hätte, was z.B. bei krisenhaften Entwicklungen regelmäßig der Fall sein wird).[38] § 13 Abs. 6 DerivateV stipuliert umfangreiche Dokumentationspflichten, und § 13 Abs. 7 DerivateV fordert eine regelmäßige, mindestens aber **jährliche Prüfung** der Einhaltung der in den §§ 13 und 14 DerivateV enthaltenen Vorgaben durch die Interne Revision. 30

§ 14 DerivateV greift die **laufende Überwachung der Prognosegüte** gesondert heraus. Die im Qualifizierten Ansatz beschriebenen Verfahren liefern probabilistische Aussagen wie z.B. „mit einer Wahrscheinlichkeit von 99 % wird ein Verlust von 10 Mio. nicht überschritten werden". Ein höherer Verlust („Ausnahme") sollte also nur in einem von 100 Fällen beobachtet werden. Übersteigt die Zahl der beobachteten Ausnah- 31

37 Vgl. Begründung zu § 13 DerivateV i.d.F. vom 28.6.2011 (a.F.), S. 17, auf welche BaFin, Begründung zu § 13 DerivateV 2013, verweist.
38 Vgl. auch CESR/10-788, Box 15 auf S. 26, Punkt 2 (d).

men ein angemessenes Niveau,[39] kann die Bundesanstalt geeignete Maßnahmen treffen. Ein derart gehäuftes Auftreten von Ausnahmen kann auf Fehler des Risikosystems hindeuten oder durch deutliche Änderungen im Marktumfeld verursacht sein.

4. Erweiterte Publizitätspflichten (§ 35 Abs. 6, 7, § 37 Abs. 4, 5 DerivateV)

32 Der **Verkaufsprospekt eines OGAW** muss bei Verwendung des Qualifizierten Ansatzes Angaben zu dem **erwarteten Umfang** des Leverage (dazu § 1 Rz. 207 ff.) enthalten sowie auf die **Möglichkeit eines höheren Leverage** hinweisen, § 35 Abs. 6 DerivateV. Der zweite Hinweis trägt der Volatilität von Derivaten Rechnung, die eine punktgenaue Einhaltung des angestrebten Umfangs unmöglich machen kann. Im **Jahresbericht (je-)des Investmentvermögens** sind gem. § 37 Abs. 4 DerivateV die im Geschäftsjahr ermittelten **potentiellen Risikobeträge für das Marktrisiko** (dazu Rz. 14 ff.) unter **Angabe des kleinsten, größten und durchschnittlichen potentiellen Risikobetrags** zu nennen. Wie bei Rz. 25 ausgeführt werden die meisten KVGs den potentiellen Risikobeitrag in Form des Value at Risk messen. Es ist daher der kleinste, größte, und durchschnittliche VaR anzugeben, der während des Geschäftsjahrs gemessen wurde. Die Darstellung muss auch Angaben zum Risikomodell nach § 10 DerivateV (dazu Rz. 24) und zu den Parametern nach § 11 DerivateV enthalten (dazu Rz. 25). Im **Jahresbericht eines OGAW** ist auch der im Geschäftsjahr **genutzte Umfang** des Leverage anzugeben.

33 Bei Ermittlung der Grenzauslastung mittels des **Relative VaR** (zu § 7 Abs. 1 DerivateV Rz. 19) muss der **Verkaufsprospekt eines Publikumsinvestmentvermögens** Angaben zu dem Vergleichsvermögen nach § 9 DerivateV enthalten (dazu Rz. 23). Ohne diese Angabe wären die Messmethode und deren Grenzen nicht nachvollziehbar. Entsprechend ist im Jahresbericht **die Zusammensetzung des Vergleichsvermögens** anzugeben.

V. Einfacher Ansatz (§§ 15 bis 22 DerivateV)

1. Vorgaben der §§ 15 bis 19 DerivateV

34 § 15 DerivateV definiert die **Risikogrenze** bei Verwendung des Einfachen Ansatzes. Dahinter steht die Quantifizierung des Marktrisikos über die Umrechnung der Risikoexposition (*exposure*) von Derivaten in Basiswertäquivalente.[40] Die Grenze wird auf das **Doppelte des Werts des Investmentvermögens** festgelegt, was einer Begrenzung des durch Derivate vermittelten Leverage („durch Derivate verursachten Marktrisikos") auf 100 % des Investmentvermögens entspricht. Diese Grenze entspricht Art. 54 Abs. 2 OGAW-RL/§ 29 Abs. 5 KAGB. § 15 Abs. 2 DerivateV vermindert das Investmentvermögen um Bestandteile, die selbst bereits Derivate enthalten. Die Nichtberücksichtigung des Anteils an Derivaten in diesen Bestandteilen entspricht einer konservativen Vorgangsweise, die wegen der starken Komplexitätsreduktion des Einfachen Ansatzes und seiner damit verbundenen Unzulänglichkeiten gerechtfertigt ist.[41]

35 § 16 DerivateV beschreibt für eine Reihe gängiger Derivate im Detail, wie die **Umrechnung in Basiswertäquivalente** vorzunehmen ist.[42] Dabei soll die Wertänderung des Derivats mittels einer kleinen Änderung im Preis des Basiswerts ermitteln werden („zugehöriges Delta" gem. § 18 DerivateV). Dies ist gleichzeitig die **große Schwäche des Einfachen Ansatzes**: Während bei sog. „linearen Instrumenten" (z.B. Forwards, Futures) die Preisänderung im Derivat proportional zu Preisänderungen im Basiswert ist, ist dies bei nichtlinearen Instrumenten (z.B. Optionen) nicht der Fall. Ein Delta von 1.000 Euro bei einem Forwardkontrakt bedeutet bei einem Kursverlust im Basiswert i.H.v. 10 Euro somit einen Verlust beim Forwardkontrakt von 10.000 Euro. Das gleiche Delta bei einer Optionsposition kann – je nach Richtung und Ausmaß der Nichtlinearität in der Preisfunktion der Option – mit einem deutlich kleineren, aber auch erheblich größeren Verlust einhergehen. Optionspositionen können auch so konstruiert sein, dass die größten Verluste genau dann auftreten, wenn sich der Preis des Basiswerts überhaupt nicht ändert (!). Dies verdeutlicht nochmals, dass der **Einfache Ansatz nur sehr eingeschränkt sinnvoll anwendbar** und wenig aussagekräftig ist. Sobald nichtlineare Instrumente mit einem (im Vergleich zum Wert des Investmentvermögens) nicht unerheblichen Risikopotential eingesetzt oder lineare Instrumente in Form von Strategien verwendet werden,

39 Der letzte Satz von § 14 DerivateV spricht – offensichtlich fehlerhaft – vom Übersteigen eines „nicht" angemessenen Niveaus. Es dürfte sich um eine Redaktionsversehen handeln.

40 Vgl. CESR/10-788, Box 2 auf S. 7 ff.

41 Vgl. BaFin, Erläuterungen zur DerivateV, Zu § 15 Abs. 2, wonach ansonsten beliebige Marktrisikoanhäufungen durch Kaskadeneffekte im Investmentvermögen denkbar seien, ohne dass die Grenze des Absatzes 1 verletzt wäre.

42 Vgl. CESR/10-788, Box 2 auf S. 7 ff., Punkte 6 ff.

die zu einem nichtlinearen Auszahlungsprofil führen, und diese Strategien nicht nur einen vernachlässigbaren Anteil am Investmentvermögen ausmachen, ist die **Verwendung des Qualifizierten Ansatzes geboten.**[43]

§ 17 DerivateV nimmt **bestimmte Derivate von der Berücksichtigung im Einfachen Ansatz aus.**[44] Die ökonomische Begründung und damit gleichzeitig die Voraussetzung dafür ist, dass durch diese Derivate weder zusätzliches Marktrisiko noch zusätzlicher Leverage generiert wird. Aufgrund der Herangehensweise des Einfachen Ansatzes (Annäherung des Marktrisikos über generierten Leverage) ist die Nichtberücksichtigung solcher Instrumente konsequent. 36

§ 19 DerivateV erkennt an, dass die **Risiken bestimmter Derivatpositionen gegenläufig** sind, und daher **einander aufheben oder zumindest reduzieren** können.[45] Die Vorschrift definiert, unter welchen Bedingungen diese risikoreduzierende Wirkung bei der Verwendung des Einfachen Ansatzes berücksichtigt werden darf.[46] Diese Bedingungen sind wiederum recht konservativ definiert, was dem Wesen des Einfachen Ansatzes entspricht: Grundvoraussetzung ist nach § 19 Abs. 1 Nr. 1 DerivateV etwa, dass das derivative Geschäft einzig zum Zweck der Absicherung geschlossen worden ist, was Geschäftsabschlüsse im Zuge von renditegenerierenden Strategien von vornherein ausschließt. § 19 Abs. 2 DerivateV verweist auf die Sonderregeln in § 20 DerivateV für Zinsderivate und darauf basierende Strategien. Eine Berücksichtigung von risikoreduzierenden Wirkungen mittels der in § 19 DerivateV beschriebenen Verrechnung ist grundsätzlich nicht zulässig, wenn dadurch wesentliche Risiken vernachlässigt würden (§ 19 Abs. 1 Nr. 2 sowie Abs. 2 letzter Satz DerivateV). 37

2. Sonderregeln für Zinsderivate, Wiederanlage von Sicherheiten und strukturierte Investmentvermögen (§§ 20 bis 22 DerivateV)

§ 20 DerivateV enthält **Sonderregeln für die Ermittlung der berücksichtigungsfähigen risikoreduzierenden Wirkung von Zinsderivaten** bei Verwendung des Einfachen Ansatzes.[47] Diese Sonderregeln basieren auf einer Einteilung von Zinsderivaten in **vier vorgegebene Laufzeitsegmente**. Abweichend von den Vorgaben zur Berücksichtigung des Marktrisikos in § 16 DerivateV ist die risikoreduzierende Wirkung hier auf Basis der Duration des Zinsderivats in Relation zur Zielduration des Investmentvermögens zu ermitteln. Die verbleibenden Absätze schränken die Verrechenbarkeit von Risiken danach ein, ob die jeweiligen Laufzeitsegmente aneinander angrenzen oder nicht. Die Regeln sind zum einen so komplex, dass sich die Frage stellt, warum jemand deren Anwendung der Verwendung des Qualifizierten Ansatzes vorziehen sollte. Zum andern sind nur wenige Fälle vorstellbar, in denen Zinsderivate in einer Form eingesetzt werden, die die Anwendung des Einfachen Ansatzes gem. § 5 Abs. 2 und 3 DerivateV als angemessen erscheinen lässt (vgl. Rz. 17).[48] 38

Zur **Wiederanlage von Sicherheiten** vgl. bereits § 29 Rz. 129. § 21 Abs. 1 DerivateV legt fest, dass die Anlage von Sicherheiten bei der Ermittlung des Marktrisikos nach dem Einfachen Ansatz zu berücksichtigen ist. Aufgrund der damit verbundenen **Erhöhung des Leverage** entspricht dies dem Grundgedanken des Einfachen Ansatzes.[49] § 21 Abs. 2 DerivateV regelt die Höhe des anzurechnenden Betrags. § 21 Abs. 3 DerivateV stellt klar, dass die Nutzung von Sicherheiten für zusätzliche Pensionsgeschäfte analog zu behandeln ist.[50] 39

§ 22 DerivateV enthält Sonderregeln, die für **strukturierte Investmentvermögen** die **getrennte Ermittlung des Marktrisikos** für die einzelnen Auszahlungsprofile erlauben, wenn eine Reihe von in § 22 DerivateV genannten Bedingungen erfüllt sind. § 22 DerivateV geht zurück auf die **ESMA-Leitlinien zu strukturierten OGAW** (ESMA/2012/197). Der Begriff der strukturierten Investmentvermögen ist kein solcher des KAGB oder der DerivateV. Er findet sich in Art. 78 Abs. 7 Buchst. b Buchst. v) OGAW-RL im Kontext der wesentlichen Anlegerinformationen. Danach darf die Kommission bei **strukturierten OGAW mit Kapitalschutz und vergleichbaren OGAW** die wesentlichen Informationen für Anleger bezogen auf die besonde- 40

43 Vgl. auch die Begründung zu § 6 DerivateV i.d.F. vom 28.6.2011 (a.F.), S. 4 ff. auf welche BaFin, Begründung zu § 5 DerivateV 2013, verweist.
44 Vgl. CESR/10-788, Box 3 auf S. 12.
45 In CESR/10-788, Abschnitt 2.1.3 auf S. 13 ff., als „Netting“ und „Hedging“ bezeichnet.
46 Vgl. CESR/10-788, Box 5, Box 6, Box 8, S. 13 ff.
47 In CESR/10-788 als „duration-netting“ bezeichnet, vgl. Box 7, S. 15 ff.
48 Vgl. CESR/10-788, Box 7 auf S. 15 ff., Punkt 1: „... cannot be used if it would lead to an incorrect assessment of the risk profile ...“.
49 Vgl. CESR/10-788, Box 9 auf S. 20.
50 § 21 DerivateV basiert auf den Regelungen des § 17c DerivateV 2011, welche um die Wiederanlage von Sicherheiten erweitert wurde, die aus derivativen Geschäften resultieren. Vgl. BaFin, Begründung zu § 21 DerivateV 2013.

ren Merkmale solcher OGAW festlegen. In Anlehnung an die ESMA-Leitlinie[51] definiert die BaFin strukturierte Investmentvermögen als Investmentvermögen mit formelbasierter Anlagestrategie, bei dem ein **festgelegtes Auszahlungsprofil** in mehreren Szenarien unterteilt werden kann und die **definierte Auszahlung zu einem festgelegten Zeitpunkt** erfolgt.[52] Ein Beispiel dafür ist ein Produkt, das die Partizipation an der Wertentwicklung eines Index ermöglicht, sofern der Index zu einem bestimmten Zeitpunkt zwischen 80 % und 120 % seines Ausgangswertes liegt, andernfalls es zu einer Auszahlung von 80 % (bei Unterschreiten dieser Schwelle) bzw. 120 % (bei Überschreiten dieser Schwelle) kommt. Hier ist eine Unterteilung in drei Szenarien möglich, für die das Marktrisiko getrennt ermittelt werden kann.[53]

41 Bei den unter § 22 DerivateV fallenden strukturierten Investmentvermögen ist die Auszahlung an den Investor in Abhängigkeit von der Entwicklung eines Basiswerts (z.B. eines Aktienindex) klar definiert. Der funktionale Zusammenhang zwischen der Auszahlung und dem Wert des Basiswerts wird als **Auszahlungsprofil** bezeichnet. Die geforderte Unterteilbarkeit in mehrere Szenarien führt dazu, dass für jedes Szenario eine **Berechnungsformel für die Auszahlung in Abhängigkeit vom Basiswert angegeben werden kann.** Eine wesentliche Bedingung für den Erhalt dieser definierten Auszahlung ist regelmäßig das Halten des Instruments bis Fälligkeit.[54]

3. Erweiterte Publizitätspflichten (§ 35 Abs. 8 DerivateV)

42 § 35 Abs. 8 DerivateV geht zurück auf die **ESMA-Leitlinien zu strukturierten OGAW.**[55] Sofern der Anrechnungsbetrag gem. § 22 DerivateV für strukturierte Investmentvermögen ermittelt wird (dazu Rz. 40), muss der Verkaufsprospekt eines Publikumsinvestmentvermögens eine **nachvollziehbare Beschreibung der Auszahlungsprofile,** der Szenarien und Basisinstrumente sowie einen **Warnhinweis an hervorgehobener Stelle** enthalten, dass Anteilsrückgaben vor Ablauf der Dauer des Investmentvermögens nicht zu der festgelegten Auszahlung führen und dass daraus möglicherweise **signifikante Verluste** resultieren.

D. Kredit- und Liquiditätsrisiko (§§ 23 bis 27 DerivateV)

I. Emittentenrisiko (§§ 23, 24 DerivateV)

43 § 23 DerivateV stellt klar, dass auch **Derivate** bei der **Berechnung der Auslastung von Anlagegrenzen zu berücksichtigen** sind; bei **Pensionsgeschäften** sind alle Vermögensgegenstände zu diesem Zweck einzubeziehen, die Gegenstand des Pensionsgeschäftes sind.[56] Dies ist erforderlich, um ein Unterlaufen des Zwecks der Anlagegrenzen gem. §§ 206, 207 KAGB mittels Derivaten zu verhindern.

44 § 24 DerivateV schreibt die **Verwendung des Einfachen Ansatzes für die Berechnung der Ausstellergrenzen** vor[57] und ermöglicht die **Verrechnung**, i.e. finanzmathematische Berücksichtigung gegenläufiger Risiken, unter den Voraussetzungen des § 19 DerivateV. Gem. § 24 Abs. 2 DerivateV dürfen Credit Default Swaps zur Absicherung des Kreditrisikos genau definierter Vermögensgegenstände sowie diese Vermögensgegenstände selbst unberücksichtigt gelassen werden. Während grds. die Ausstellergrenzen nach Anrechnung und Verrechnung der Derivate eingehalten werden müssen, enthält der letzte Satz in § 24 Abs. 3 DerivateV eine Sonderbestimmung, welche auf die ESMA-Leitlinien zu ETF zurückgeht: Wenn Total Return Swaps oder vergleichbare Derivate verwendet werden, die das tatsächliche Exposure des Investmentvermögens überwiegend beeinflussen, müssen die Ausstellergrenzen **sowohl beim Grundinvestment als auch durch die Basiswerte der Derivate** eingehalten werden. Zweck ist die Vermeidung einer **Risikokonzentration**, die durch ein Unterlaufen der Anlagegrenzen mithilfe von Derivaten sonst möglich wäre.

---

51 Vgl. ESMA/2012/197, S. 4-5.

52 Vgl. dazu Begründung zu § 17d DerivateV vom 28.6.2011 (a.F.), S. 30, auf welche BaFin, Begründung zu § 22 DerivateV 2013, verweist.

53 Vgl. dazu ausführlich die Begründung zu § 17d DerivateV i.d.F. vom 28.6.2011 (a.F.), S. 30 f., auf welche BaFin, Begründung zu § 22 DerivateV 2013, verweist.

54 Vgl. ESMA/2012/197, Punkt 13 b) auf S. 5.

55 ESMA/2012/197, S. 5.

56 § 23 DerivateV übernimmt die Regelungen des § 18 DerivateV 2011. Abs. 2 wurde zusätzlich eingefügt und hat klarstellenden Charakter. Vgl. BaFin, Begründung zu § 23 DerivateV 2013.

57 Vgl. Begründung zu § 18 DerivateV i.d.F. vom 28.6.2011 (a.F.), S. 32, auf welche BaFin, Begründung zu § 23 DerivateV 2013, verweist.

II. Liquiditätsrisiko und Kontrahentenrisiko (§§ 25 bis 27 DerivateV)

OTC-Derivate bergen verschiedene Risiken, die über jene von börsengehandelten Derivaten hinausgehen. 45
Dies gilt insbesondere für Liquiditäts-, Gegenpartei- und Bewertungsrisiken. Auf jene gehen die §§ 25 bis 27 DerivateV gesondert ein.

§ 25 DerivateV **beschränkt die zulässigen Gegenparteien von OTC-Derivaten** auf geeignete Kreditinstitu- 46
te oder Finanzdienstleistungsinstitute.[58] Insbesondere unregulierte Zweck- oder operative Gesellschaften scheiden als Gegenpartei aus. Eine transparente und faire **Bewertung auf täglicher Basis** ist sicherzustellen. Dies wird in vielen Fällen nur über eine modellbasierte Bewertung möglich sein, in die die Risikocontrollingfunktion einzubeziehen ist.[59] **Modellrisiken**, also den Risiken, die sich aus der Verwendung falscher oder inadäquater Modelle ergeben, kommt hier eine besondere Bedeutung zu. Potentiellen Liquiditätsrisiken aufgrund der fehlenden Einbindung in einen organisierten Markt begegnet § 25 Abs. 2 DerivateV mit der Vorgabe, dass OTC-Derivate jederzeit zu einem angemessenen Zeitwert veräußerbar oder glattstellbar sein müssen. Dies wird häufig über entsprechende Rahmenvereinbarungen mit den Emittenten sichergestellt (vgl. § 25 Abs. 1 DerivateV).

Zur Begrenzung von Liquiditätsrisiken im Investmentvermögen müssen **Pensionsgeschäfte jederzeit** gem. 47
§ 26 DerivateV von der KVG **kündbar** sein. Die Vorschrift geht auf die ESMA Leitlinien zu ETF zurück.

§ 27 DerivateV, der eine Mischung aus § 22 DerivateV 2011 und der ESMA-Leitlinien zu ETF darstellt, re- 48
gelt die **Ermittlung des Anrechnungsbetrags für das Kontrahentenrisiko.** Die darin enthaltenen Bestimmungen orientieren sich grundsätzlich an jenen in CESR/10-788 (Abschnitt 4). Sie regeln zudem qualitative Anforderungen an Sicherheiten, bei deren Erfüllung das Kontrahentenrisiko nicht berücksichtigt werden muss. Ein wesentlicher **Unterschied zu CESR/10-788** besteht in der Möglichkeit, Derivate bei der Ermittlung des Anrechnungsbetrags für das Kontrahentenrisiko dann unberücksichtigt zu lassen, wenn diese mit der zentralen Clearingstelle einer Börse oder eines anderen organisierten Marktes abgeschlossen werden[60] und die Derivate einer täglichen Bewertung mit Marginausgleich unterliegen. Mit dieser Bestimmung wird die hohe **Effektivität zentraler Clearingstellen** bei der Reduktion von Kontrahentenrisiko anerkannt und gleichzeitig ein Anreiz geschaffen, diese Form der Abwicklung zu nutzen. Hinsichtlich der von einem Vertragspartner gestellten Sicherheiten enthält § 27 Abs. 7 Satz 1 Punkt 6 i.V.m. Satz 2 und 3 DerivateV ein **Diversifikationsgebot** (maximal 20 % des Investmentvermögens als Obergrenze je Emittent). Satz 4 erlaubt eine Überschreitung dieser Grenze (und damit eine **erhöhte Emittentenkonzentration**) für bestimmte öffentliche Emittenten, darunter Bund, Länder, und Mitgliedstaaten der Europäischen Union und des EWR sowie von Drittstaaten und internationalen Organisationen. Diese **Emittenten werden damit quasi ex lege als ausfallssicher definiert**, obwohl die ökonomische Realität anders aussieht (so wäre etwa eine Besicherung mit 100 % griechischen, türkischen, schweizerischen etc. Staatsanleihen gem. dieser Ausnahmeregel zulässig, solange die weiteren Bedingungen in § 27 Abs. 7 DerivateV eingehalten werden).

III. Erweiterte Publizitätspflichten (§ 35 Abs. 4, § 37 Abs. 6 DerivateV)

Im **Verkaufsprospekt eines Publikumsinvestmentvermögens** gem. § 165 KAGB sind eindeutige Informa- 49
tionen zur Sicherheitenstrategie aufzunehmen. Gemeint sind Angaben zu den zulässigen Arten von Sicherheiten, zum erforderlichen Umfang der Besicherung und zur Haircut-Strategie (also welche Abschläge in Abhängigkeit von Wertpapierkategorie, Emittent, Markt etc. vorgenommen werden, z.B. generell 10 % für Staatsanleihen, 40 % für Aktien, etc.) sowie, im Fall von Barsicherheiten, Vorgaben für die Anlage der Sicherheiten einschließlich der damit verbundenen Risiken (vgl. § 35 Abs. 4 DerivateV). Bei einer **erhöhten Emittentenkonzentration** nach § 27 Abs. 7 Satz 4 DerivateV (dazu Rz. 48) muss der Verkaufsprospekt gesonderte Darlegungen hierzu enthalten und dabei die Emittenten oder Garanten derjenigen Sicherheiten benennen, deren Wert mehr als 20 % des Wertes des Investmentvermögens ausmachen kann.

Gemäß § 37 Abs. 6 DerivateV sind im Fall einer **erhöhten Emittentenkonzentration** nach § 27 Abs. 7 50
Satz 4 DerivateV (Rz. 48) im **Jahresbericht jedes Investmentvermögens** die Emittenten oder Garanten derjenigen Sicherheiten zu benennen, deren Wert **mehr als 20 % des Wertes** des Investmentvermögens

58 Vgl. Begründung zu § 21 DerivateV i.d.F. vom 28.6.2011 (a.F.), S. 32 f., auf welche BaFin, Begründung zu § 25 DerivateV 2013, verweist.

59 Vgl. Begründung zu § 21 DerivateV i.d.F. vom 28.6.2011 (a.F.), S. 34, auf welche BaFin, Begründung zu § 25 DerivateV 2013, verweist.

60 Vgl. Begründung zu § 22 DerivateV i.d.F. vom 28.6.2011 (a.F.), S. 34, auf welche BaFin, Begründung zu § 27 DerivateV 2013, verweist.

ausgemacht haben. Dabei ist anzugeben, ob sämtliche Sicherheiten in Form von Wertpapieren gestellt wurden, die der Bund, ein anderer Mitgliedstaat der Europäischen Union oder ein anderer Vertragsstaat des Abkommens über den Europäischen Wirtschaftsraum begeben oder garantiert hat. Die Angabe informiert über den Grad des durch Sicherheiten erzeugten Risikos und erleichtert die Prospektkontrolle.

E. Stresstests (§§ 28 bis 32 DerivateV)

51 §§ 28 bis 32 DerivateV schreiben die **Durchführung von Stresstests** detailliert vor. Dies verwundert, weil Stresstests bereits Gegenstand des Gesetzestexts (§ 30 Abs. 2 KAGB) sowie von Art. 48 AIFM-DVO sind. Vgl. zu Stresstests bereits § 29 Rz. 88 ff. Über diese Vorgaben hinaus bzw. davon abweichend schreiben die §§ 28 bis 32 DerivateV Folgendes vor:

I. Allgemeine Vorschriften (§ 28 DerivateV)

52 § 28 Abs. 2 DerivateV beschreibt die beiden regulatorisch geforderten Aspekte **von Stresstests:**[61] Zum einen kann die **maximale Verlusthöhe** von Interesse sein, die in Szenarien entsteht, die zwar als sehr unwahrscheinlich, aber nicht als völlig unplausibel eingestuft werden. Zum andern ist interessant, **welche Szenarien** (i.e. welche Kombinationen von Rahmenbedingungen) zu solchen hohen Verlusten führen.

53 § 28 Abs. 4 DerivateV betont, dass die **Ergebnisse von Stresstests im Rahmen der Anlageentscheidung** berücksichtigt werden müssen. Bei einem funktionierenden Risikomanagementsystem, das eine rasche Kommunikation der wesentlichen Erkenntnisse an die relevanten Abteilungen der KVG mitumfasst, sollte dies selbstverständlich sein.

II. Qualitative Anforderungen (§ 29 DerivateV)

54 § 29 Abs. 1 DerivateV nimmt auf die Entscheidung für den Einfachen oder Qualifizierten Ansatz Bezug und fordert, dass die **Stresstests besonderes Gewicht auf diejenigen Risiken legen, denen der von der KVG gewählte Ansatz nur unzureichend Rechnung trägt.**[62] Zu den Schwächen des Einfachen Ansatzes und den daraus bereits mit Blick auf § 29 Abs. 2 DerivateV resultierenden Rechtsfolgen Rz. 18 (zu § 5 DerivateV). Bei dessen Verwendung sollten Stresstests insbesondere auf Risiken besonderes Gewicht legen, die sich aus nichtlinearen Auszahlungsprofilen (gleich, ob durch Instrumente und/oder Strategien verursacht) ergeben. § 29 Abs. 2 DerivateV erwähnt als potentielle Szenarien insbesondere Situationen, in denen durch Kreditaufnahme oder Derivateeinsatz der Wert des Investmentvermögens negativ wird.[63]

III. Häufigkeit, Anpassung (§ 30 DerivateV)

55 § 30 DerivateV legt eine **monatliche Durchführung als Mindestfrequenz für Stresstests** bei der Verwendung von Derivaten fest, fordert aber eine (häufigere) Durchführung immer dann, wenn eine wesentliche Änderung der Ergebnisse nicht ausgeschlossen werden kann. Eine solche Änderung kann sowohl durch veränderte Marktbedingungen als auch durch Anlageentscheidungen ausgelöst werden. Beide Auslöser können neben einer häufigeren Durchführung auch eine Anpassung der Stresstests erfordern.[64]

IV. Dokumentation, Überprüfung (§ 31 DerivateV)

56 § 31 DerivateV fordert eine **Richtlinie für die Gestaltung und fortlaufende Anpassung von Stresstests** sowie ein Programm für Stresstests betr. jedes einzelne Investmentvermögen. Gemeint ist ein **Prüfprogramm**;

---

61 Vgl. Begründung zu § 23 DerivateV i.d.F. vom 28.6.2011 (a.F.), S. 36 ff., auf welche BaFin, Begründung zu § 28 DerivateV 2013, verweist.

62 Vgl. dazu die ausführlichen Überlegungen in der Begründung zu § 24 DerivateV i.d.F. vom 28.6.2011 (a.F.), S. 38 f., auf welche BaFin, Begründung zu § 29 DerivateV 2013, verweist.

63 Vgl. zur Kreditaufnahme durch KVG *Kraushaar*, BKR 2017, 496.

64 Vgl. Begründung zu § 25 DerivateV i.d.F. vom 28.6.2011 (a.F.), S. 39 f., auf welche BaFin, Begründung zu § 30 DerivateV 2013, verweist.

dessen Geeignetheit für den betreffenden Fonds ist im Programm selbst nachvollziehbar zu begründen.[65] Die dem Programm zugrunde liegenden Überlegungen sind so festzuhalten, dass deren interne Konsistenz und Korrektheit extern überprüfbar sind. Die durchgeführten Stresstests und deren Ergebnisse sind für jedes Investmentvermögen **nachvollziehbar zu dokumentieren**, ggf. vorgenommene Abweichungen von dem Programm sind zu **begründen**. Die Begründungspflicht zielt auf eine ordnungsgemäße Ermessensausübung bei angemessenem Ressourceneinsatz. Unzulässig ist danach die Abweichung vom Programm, weil die KVG nicht über ausreichend Personal für das selbst definierte Programm verfügt. Zulässig ist eine Abweichung, wenn die für einen Stresstest erforderlichen Daten aufgrund einer außerordentlichen Marktsituation ausnahmsweise derzeit nicht erhältlich sind. Dann muss eine möglichst ebenso geeignete Methode an die Stelle der im Plan genannten Methode treten. Gemäß § 31 Abs. 2 DerivateV müssen in den Prüfbericht Angaben zur Ordnungsmäßigkeit der Stresstests aufgenommen werden, wobei sich die Prüfungspflicht auch auf die Pflichten nach § 28 Abs. 4 und 5 DerivateV erstreckt. Zur Prüfung der Integration der Stresstests ins Risikomanagement für das Investmentvermögen bzw. der Berücksichtigung ihrer Ergebnisse bei Anlageentscheidungen sind dem Prüfer die notwendigen Informationen zur Verfügung zu stellen; gleiches gilt für eine etwaige Auslagerung der Durchführung von Stresstests.

V. Zusätzliche Stresstests im Rahmen der Sicherheitenverwaltung (§ 32 DerivateV)

Im Zuge der **Bestellung von Sicherheiten** können sich **besondere Liquiditätsrisiken** ergeben. Aus diesem Grund enthält § 32 DerivateV Sonderregeln für das Liquiditätsrisikomanagement von Investmentvermögen, für die Sicherheiten i.H.v. mindestens 30 % des Werts des Investmentvermögens gestellt werden. Für solche Investmentvermögen ist eine eigene Strategie für Liquiditätsstresstests festzuschreiben. § 32 Abs. 2 DerivateV stellt insoweit erhöhte Anforderungen u.a. betr. Analyse, Backtesting, und ex ante definierte Maßnahmen zur Eindämmung von Verlusten. Diese Sonderregeln gehen auf die ESMA-Leitlinien zu ETFs zurück. 57

F. Strukturierte Produkte mit derivativer Komponente (§§ 33, 34 DerivateV)

§§ 33, 34 DerivateV treffen **Sonderregeln für den Erwerb strukturierter Produkte** mit derivativer Komponente. §§ 33, 34 DerivateV **wirken im Ergebnis der Neigung entgegen, strukturierte Produkte zu erwerben.** Da die Strukturierung ihrerseits kostenintensiv ist, erlangt ein OGAW aus dem Erwerb eines strukturierten Produkts i.d.R. keinen Vorteil, so dass die Pflicht im besten Anlegerinteresse zu handeln gebieten kann, statt des Bündels die gebündelten Derivate einzeln zu erwerben, um die Transaktionskosten des OGAW zu senken. 58

I. Erwerb strukturierter Produkte (§ 33 DerivateV)

Gemäß § 33 Abs. 1 DerivateV darf die OGAW-KVG ein strukturiertes Produkt mit derivativer Komponente für den OGAW nur erwerben, wenn sichergestellt ist, dass nur solche Komponenten **Einfluss auf das Risikoprofil und die Preisbildung des Produktes** haben, die auch direkt für das Investmentvermögen erworben werden dürfen. Weder Gesetz noch DerivateV definieren das strukturierte Produkt mit derivativer Komponente. Gemeint sind „Wertpapiere und Geldmarktinstrumente, in die ein Derivat eingebettet ist", gem. Art. 10 Abs. 1 der Eligible Assets-Richtlinie 2007/16/EG; die Begriffe wurden in einem Fragenkatalog[66] festgelegt, der anzuwenden ist.[67] § 33 DerivateV erfasst daher derivative Komponenten, die sich ihrerseits **auf Finanzinstrumente beziehen**, wenn kraft dieser Komponenten einige oder alle Zahlungsströme des Basiswerts verändert werden und daher in ähnlicher Weise wie ein eigenständiges Derivat variieren, die wirtschaftlichen Merkmale und Risiken der Komponenten nicht eng mit den wirtschaftlichen Merkmalen und Risiken des Basiswerts verbunden sind und einen signifikanten Einfluss auf das Risikoprofil und die Preisgestaltung des Wertpapiers haben. Lässt sich die derivative Komponente unabhängig vom Wertpapier oder Geldmarktinstrument übertragen, ist sie nicht nach § 33 DerivateV, sondern als eigenes Finanzinstrument nach § 2 DerivateV zu behandeln (Art. 10 Abs. 3 Eligible Assets-Richtlinie 2007/16/EG). 59

---

65 Vgl. Begründung zu § 26 DerivateV i.d.F. vom 28.6.2011 (a.F.), S. 40, auf welche BaFin, Begründung zu § 31 DerivateV 2013, verweist.

66 Vgl. BaFin, Fragenkatalog zu erwerbbaren Vermögensgegenständen (Eligible Assets) („FAQ Eligible Assets"), WA 41-Wp 2137-2013/0001, 22.7.2013, zuletzt geändert am 5.7.2016.

67 Vgl. BaFin, Erläuterung zu § 33 DerivateV.

60 Der in § 33 DerivateV statuierte **Zerlegungsgrundsatz**[68] zielt auf eine **Effektivierung der offiziösen Anlagepolitik und Anlagegrenzen.** Mit Derivaten ließe sich ohne eine solche Vorschrift die Anlagecharakteristik eines OGAW umkehren. Die eingebetteten derivativen Komponenten können die Zahlungsströme des Gesamtinstruments substantiell beeinflussen, so dass sich im Vergleich zum isoliert betrachteten Basiswert ein vollkommen verändertes Rendite-Risiko-Profil ergibt. Durch Festschreibung, dass nur Einzelkomponenten, die als solche erworben werden können, in ein Finanzinstrument eingebettet werden dürfen, wird die Gefahr der Umgehung von Anlagegrenzen und Anlegerprofil eingedämmt. Vgl. zur identischen Regelung zu § 2 Abs. 1 DerivateV oben Rz. 7. Zumeist gibt es **mehrere Möglichkeiten der Zerlegung.** Dann muss die KVG sämtliche Komponenten zuordnen.[69] Ist dieser Vorgabe Rechnung getragen, steht die spezifische Zerlegungsart im Ermessen der KVG.

61 Die Regelung in § 33 speziell für strukturierte Produkte mit derivativer Komponente neben § 2 DerivateV erklärt sich damit, dass strukturierte Produkte rechtlich als Wertpapiere zu kategorisieren sind, so dass man vertreten könnte, § 2 DerivateV zu Derivaten sei nicht anwendbar. Im Gegensatz zu den in § 2 DerivateV erfassten Fällen ist das **Verlustpotential bei strukturierten Produkten i.d.R. auf den Anlagebetrag beschränkt.** Dies zeigt, dass Ratio von §§ 2, 33 DerivateV nicht die potentiell unbegrenzte Haftung, sondern der **Einfluss des Derivats auf die Anlagecharakteristik** ist.

62 Für strukturierte Produkte mit derivativer Komponente trifft § 33 Abs. 2 DerivateV einige Sonderregeln für die Anwendung des Einfachen Ansatzes (Rz. 34 ff.). Insbesondere wird der sog. **Zerlegungsgrundsatz** konkretisiert.[70] Dann ist das strukturierte Produkt für die Ermittlung der Anrechnungsbeträge für das Marktrisiko gem. § 16 DerivateV (Rz. 35) und für die Einbeziehung bei der Berechnung der Auslastung der Ausstellergrenzen gem. §§ 23, 24 DerivateV (Rz. 43 ff.) in seine Komponenten zu zerlegen und als Kombination dieser Komponenten gem. § 16 Abs. 6 DerivateV auf die **jeweiligen Anlagegrenzen anzurechnen.** Die Zerlegung ist nachvollziehbar zu dokumentieren. Zweck der Vorschrift ist es, die aus der Strukturierung entstehende **Bündelung für die Zwecke der Risikomodellierung rückabzuwickeln,** um so alle Teilrisiken angemessen zu erfassen.

II. Organisation (§ 34 DerivateV)

63 Gemäß § 34 DerivateV muss die KVG die **Abläufe beim Erwerb strukturierter Produkte in** einer **separaten Richtlinie** regeln, die eine detaillierte Beschreibung der Arbeitsabläufe, Verantwortungsbereiche und Kontrollen enthält und regelmäßig zu aktualisieren ist. § 34 Abs. 1 Satz 2 DerivateV enthält einen Detailkatalog von Mindestinhalten der Richtlinie, der darauf abzielt, dass nur **risiko- und bewertungstechnisch sauber erfasste und durchdrungene strukturierte Produkte** erworben werden dürfen. Dadurch soll einerseits das Risiko reduziert werden, dass mit der KVG verbundene Personen aus der Intransparenz des strukturierten Produktes Vorteile erlangen, andererseits soll dieser die Portfolio- und Risikomanagementfunktion der KVG sensibilisieren, welche Risiken in den Produkten gebündelt sind, so dass die KVG nur solche Produkte erwirbt, deren Risikoprofil und Wirkungsweise sie vollständig verstanden hat.[71] Der Ratio entsprechend, kann das Verfahren für bekannte Produkte **vereinfacht werden** (§ 34 Abs. 2 DerivateV).

64 Nach Erläuterung der BaFin zu § 34 DerivateV kann **§ 197 Abs. 1 KAGB erweiternd** so **ausgelegt werden,** dass auch Kreditforderungen Basiswert eines Kreditderivats sein können, wenn die Derivate in Wertpapiere verpackt oder mit Wertpapieren kombiniert sind; man könne in einem übertragenen Sinn Wertpapiere und Geldmarktinstrumente als handelbare Forderungsrechte begreifen. Über eine wertpapiermäßige Verbriefung der Derivate könnten die Elemente Handelbarkeit und Kreditwürdigkeit des Schuldners bei entsprechender Strukturierung (z.B. durch Kreditsicherungsinstrumente wie Subordination) auf den Basiswert „durchschlagen“. Freilich darf bei der Verpackung auf keinen Basiswert referenziert werden, der nicht selbst als Anlagegegenstand zulässig ist (also z.B. nicht Waren).

65 Die **Rechtsdurchsetzung** erleichternde Vorschriften flankieren den Regelungsinhalt. Die Einhaltung des Verfahrens ist zu **dokumentieren.** Der **Prüfungsbericht** gem. §§ 102, 121 Abs. 3, 136 Abs. 3 KAGB hat An-

---

68 Vgl. dazu Begründung zu § 27 DerivateV vom 28.6.2011 (a.F.), S. 41, auf welche BaFin, Begründung zu § 33 DerivateV 2013, verweist.

69 Vgl. dazu Begründung zu § 27 DerivateV vom 28.6.2011 (a.F.), S. 41, auf welche BaFin, Begründung zu § 33 DerivateV 2013, verweist.

70 Vgl. dazu Begründung zu § 27 DerivateV vom 28.6.2011 (a.F.), S. 41, auf welche BaFin, Begründung zu § 33 DerivateV 2013, verweist.

71 Vgl. dazu Begründung zu § 28 DerivateV vom 28.6.2011 (a.F.), S. 41 f., auf welche BaFin, Begründung zu § 34 DerivateV 2013, verweist.

gaben darüber zu enthalten, ob die KVG entsprechend der Richtlinie verfahren ist. Unzulänglichkeiten des Verfahrens sind im Prüfungsbericht aufzuzeigen.

G. Besondere Veröffentlichungs- und Meldebestimmungen (§§ 35 bis 38 DerivateV)

I. Verkaufsprospekt (§ 35 DerivateV)

Gemäß § 35 DerivateV sind in den **Verkaufsprospekt** eines Publikumsinvestmentvermögens gem. § 165 KAGB beim Einsatz von **Total Return Swaps** und **anderen Derivaten mit wesentlichem Einfluss auf die Anlagestrategie** des Fonds, beim Einsatz von **Leverage zur Nachbildung** oder beim **Einsatz von Wertpapier-Darlehen und Pensionsgeschäften** sowie zur **Sicherheitenstrategie** diverse Zusatzangaben aufzunehmen. Während § 35 Abs. 1 bis 4 und 9 DerivateV auf die ESMA-Leitlinien zu ETFs zurückgehen, wurden in Abs. 5 bis 8 § 28a Abs. 1 bis 4 DerivateV 2011 übernommen. An den Angabepflichten zu den Gegenparteien, deren Beziehungen zur KVG und Verwahrstelle sowie den Kosten gem. § 35 Abs. 3 Nr. 6 und 7 DerivateV **überrascht**, dass diese keine Entsprechung in § 35 Abs. 1 und 2 DerivateV finden. Denn auch für Total Return Swaps und andere Derivate (Abs. 1) sowie den Einsatz von Leverage (Abs. 2) ist auf professionelle Gegenparteien und Prime Broker zurückzugreifen. Häufig wird es zwar zur Anwendung des § 35 Abs. 3 DerivateV kommen, wenn Pensionsgeschäfte zur Absicherung der Geschäfte nach § 35 Abs. 1 und 2 DerivateV eingesetzt werden. Überzeugender ist indes eine **analoge Anwendung von § 35 Abs. 3 Nr. 6 und 7 DerivateV** auf alle Fälle des Abs. 1 und 2, in denen die KVG nicht selbst auf börsengehandelte Standardprodukte zugreift. 66

Beim **Einsatz von Leverage** insbesondere durch Nachbildung von Indizes ist anzugeben entweder die **erwartete maximale Hebelwirkung** oder die **üblicherweise erwartete Hebelwirkung**, jedoch verbunden mit dem Hinweis, dass die Hebelwirkung Schwankungen unterliegt.[72] Woraus sich die Quelle des Leverage speist, ist unerheblich. Nach der CESR-Leitlinie 10-788 kann zum Zweck der einfachen Ermittlung auf die Summe der Nominalbeträge ohne Verrechnungen abgestellt werden. Alternativ kann der Einfache Ansatz ohne Herausrechnung der Investmentanteile zur Anwendung kommen. Der Leverage ist gem. Erläuterung der BaFin wie folgt zu berechnen: **Division des Gesamtexposures des OGAW[73] durch dessen Nettoinventarwert**. Zum Zwecke der einfachen Ermittlung wird bei der Berechnung des Leverage-Anrechnungsbetrages gem. CESR-Leitlinie auf eine **Bruttoberechnung**, d.h. ohne Verrechnungen resp. Anerkennung von Absicherungsgeschäften, abgestellt. Er ist demnach definiert als „sum of the notionals of derivatives used". Zusätzlich kann die Berechnung des Leverage-Anrechnungsbetrages nach dem Einfachen Ansatz nach §§ 15 ff. DerivateV erfolgen. Von der Angabe des Umfangs des Leverage gem. Bruttomethode darf jedoch auch dann nicht abgewichen werden. Ferner findet § 15 DerivateV in Bezug auf die Herausrechnung der Investmentanteile keine Anwendung.[74] 67

Vgl. zu den Angabepflichten hinsichtlich der zur Ermittlung der Grenzauslastung eingesetzten Methode nach § 35 Abs. 5 DerivateV bei § 5 DerivateV Rz. 19, zu den Angabepflichten beim Qualifizierten Ansatz Rz. 32 und beim Einfachen Ansatz Rz. 42 sowie zum Einsatz von Sicherheiten Rz. 49. 68

II. Wesentliche Anlegerinformationen, Jahresbericht (§§ 36, 37 DerivateV)

Gemäß § 36 DerivateV sind die nach § 35 Abs. 2 DerivateV beim **Einsatz von Leverage** gebotenen Maßnahmen auch in die **wesentlichen Anlegerinformationen** aufzunehmen. Gemäß § 37 Abs. 1 und 2 DerivateV sind im **Jahresbericht** das Exposure, die Vertragspartner nebst Art und Höhe der Sicherheiten und bei Wertpapier-Darlehen und Pensionsgeschäften zudem die Erträge im Berichtszeitraum anzugeben. Im Jahresbericht ist die **tatsächlich genutzte Hebelwirkung** darzustellen; anzugeben ist ein Durchschnittswert 69

72 Vgl. Begründung zu § 29 DerivateV vom 28.6.2011 (a.F.), S. 42 f.

73 Das Gesamtexposure ist dabei zu verstehen als Anrechnungsbetrag + Nettoinventarwert – (i) Barmittel, (ii) Barmitteläquivalente, bei denen es sich um hochliquide, auf die Basiswährung des OGAW lautende Finanzinvestitionen handelt, die jederzeit in festgelegte Barbeträge umgewandelt werden können, und nur unwesentlichen Wertschwankungen unterliegen und deren Rendite nicht über die einer erstklassigen Staatsanleihe mit dreimonatiger Laufzeit hinausgeht, und (iii) Barkredite, die Barmittel- oder Barmitteläquivalente im oben genannten Sinne bleiben und bei denen die zahlbaren Beträge bekannt sind. Vgl. BaFin, Erläuterung zu § 35 DerivateV.

74 Vgl. BaFin, Erläuterung zu § 35 DerivateV.

auf Basis einer mind. zweimal monatlich erfolgten Berechnung.[75] § 37 DerivateV geht auf die CESR-Leitlinie CESR 10/788 (§ 28b DerivateV 2011) sowie die ESMA-Leitlinien zu ETF zurück. Auch hier verwundert die **unterschiedliche Behandlung wirtschaftlich vergleichbarer Risikoexpositionen**. Da durch Derivate aber häufig zugleich Leverage generiert wird und zu deren Absicherung Pensionsgeschäfte getätigt werden, dürfte es häufig zur Kumulation der Angabepflichten in den Anlegerinformationen kommen.

70 Vgl. zu den **Angabepflichten im Jahresbericht** zur Ermittlung der Grenzauslastung eingesetzten Methode nach § 37 Abs. 3 DerivateV bei § 5 DerivateV (Rz. 19), zu den Angabepflichten beim Qualifizierten Ansatz Rz. 32 sowie beim Einfachen Ansatz Rz. 42 sowie zum Einsatz von Sicherheiten Rz. 49.

III. Berichte über Derivate (§ 38 DerivateV)

71 Gemäß § 38 Abs. 1 Satz 1 DerivateV hat die KVG für jeden OGAW zum Ende des Kalenderjahres oder des Geschäftsjahres (Berichtsstichtag) und zusätzlich jederzeit auf Anforderung der BaFin **einen Bericht über die verwendeten Derivate und strukturierten Produkte mit derivativer Komponente zu erstellen** und bei dieser einzureichen. Der Bericht muss die in § 38 Abs. 2 DerivateV genannten Details enthalten. Die Vorschrift setzt Art. 45 OGAW-DRL um (s.a. § 28c DerivateV 2011).

72 Des Weiteren kann die BaFin für **offene Publikums-AIF** (§§ 214 ff. KAGB) und **Spezial-AIF** (§ 284 KAGB) den gleichen Bericht anfordern. Daran verwundert, dass **Single-Hedgefonds** (§ 283 KAGB) offensichtlich ausgeklammert sind, obwohl diese Fonds besonders häufig Derivate und Leverage einsetzen. Dies könnte sich damit erklären, dass Zweck des § 38 DerivateV **nicht der Systemschutz, sondern der Anlegerschutz** ist. Mit einer solchen Auslegung unvereinbar ist indes die Weitergabebefugnis an die auf Systemrisiken spezialisierten Aufsichtsbehörden gem. § 38 Abs. 3 DerivateV. Überzeugender ist die Erklärung, dass **sämtliche AIF bereits der Berichtspflicht nach § 24 Abs. 4 und 5 AIFM-RL**[76] unterstehen, wenn sie in beträchtlichem Umfang Leverage einsetzen. Die Regelung ist in § 35 Abs. 4 und 5 KAGB umgesetzt (dazu § 35 Rz. 28 ff.) und dürfte im Regelfall alle Hedgefonds erfassen, da deren Geschäftsstrategie auf den i.S.v. Art. 11 AIFM-DVO beträchtlichen Einsatz von Leverage ausgerichtet ist (vgl. § 283 Abs. 1 Nr. 1 KAGB, näher § 283 Rz. 16 ff.). Somit postuliert die DerivateV Zusatzpflichten für AIF-KVGs in einem Bereich, der von der AIFM-RL bereits abschließend geregelt ist. Zu den europarechtlichen Angriffspunkten Rz. 4.

§ 30 Liquiditätsmanagement; Verordnungsermächtigung

(1) [1]Die Kapitalverwaltungsgesellschaft muss über ein angemessenes Liquiditätsmanagementsystem für jedes von ihr verwaltete Investmentvermögen verfügen, es sei denn, es handelt sich um ein geschlossenes Investmentvermögen, für das kein Leverage eingesetzt wird. [2]Die Kapitalverwaltungsgesellschaft hat Verfahren festzulegen, die es ihr ermöglichen, die Liquiditätsrisiken der Investmentvermögen zu überwachen und hat zu gewährleisten, dass sich das Liquiditätsprofil der Anlagen des Investmentvermögens mit den zugrundeliegenden Verbindlichkeiten des Investmentvermögens deckt.

(2) Die Kapitalverwaltungsgesellschaft hat regelmäßig Stresstests durchzuführen und dabei sowohl normale als auch außergewöhnliche Liquiditätsbedingungen zugrunde zu legen, die die Bewertung und Überwachung der Liquiditätsrisiken der Investmentvermögen ermöglichen.

(3) Die Kapitalverwaltungsgesellschaft hat zu gewährleisten, dass die Anlagestrategie, das Liquiditätsprofil und die Rücknahmegrundsätze eines jeden von ihr verwalteten Investmentvermögens übereinstimmen.

(4) Für AIF-Kapitalverwaltungsgesellschaften bestimmen sich für die von ihnen verwalteten AIF die Kriterien für die Liquiditätsmanagementsysteme und -verfahren und die Übereinstimmung von Anlagestrategie, Liquiditätsprofil und Rücknahmegrundsätzen nach Absatz 3 nach den Artikeln 46 bis 49 der Delegierten Verordnung (EU) Nr. 231/2013.

(5) [1]Das Bundesministerium der Finanzen wird ermächtigt, durch Rechtsverordnung, die nicht der Zustimmung des Bundesrates bedarf, für Kapitalverwaltungsgesellschaften in Bezug auf Publikums-AIF zusätzliche Bestimmungen zu den in den Artikeln 46 bis 49 der Delegierten Verordnung (EU)

75 Vgl. Begründung zu § 28b DerivateV vom 28.6.2011 (a.F.), S. 43, auf welche BaFin, Begründung zu § 37 DerivateV 2013, verweist.

76 Vgl. dazu *Dornseifer*, Hedge Funds and Systemic Risk Report, in Zetzsche, AIFMD, 2. Aufl. 2015, S. 627 f.

Nr. 231/2013 aufgeführten Kriterien nach Absatz 4 und in Bezug auf OGAW nähere Bestimmungen zu den Liquiditätsmanagementsystemen und -verfahren zu erlassen. [2]Das Bundesministerium der Finanzen kann die Ermächtigung durch Rechtsverordnung auf die Bundesanstalt übertragen.

In der Fassung vom 4.7.2013 (BGBl. I 2013, 1981).

Schrifttum: S. neben der zu § 29 genannten Literatur *Allen/Carletti/Krahnen/Tyrell* (Hrsg.), Liquidity and Crises, 2011; *Klebeck*, Side Pockets and Liquidity Management, in Zetzsche, AIFMD, 2. Aufl. 2015, S. 311; *Klebeck*, Side Pockets, ZBB 2012, 30.

A. Normhintergrund und Rechtsquellen

§ 30 KAGB setzt Art. 16 AIFM-RL um, erfasst jedoch neben AIF-KVG auch OGAW-KVG. Die für AIF-KVG geltenden Bestimmungen der Art. 46 bis 49 AIFM-DVO werden über § 30 Abs. 5 KAGB i.V.m. § 6 KAVerOV ebenfalls auf OGAW-KVG übertragen. Ergänzend bezieht sich die KAMaRisk an einigen Stellen[1] auf Liquiditätsrisiken.[2] 1

Das Liquiditätsmanagement ist Teil des Risikomanagementsystems i.w.S., welches durch § 29 Abs. 1 und 2 KAGB geregelt ist. Jedoch wird mit § 30 KAGB ein regulatorischer **Schwerpunkt auf Liquiditätsrisiken** gelegt, die damit als Risikokategorie gegenüber anderen Risiken hervorgehoben werden. Zum Normhintergrund zwischen Organisationsgebot und Verfahrensvorschrift im Übrigen vgl. § 29 Rz. 1 ff. 2

B. Anwendungsbereich

Es gilt im Grundsatz das zu § 29 KAGB Gesagte (dort Rz. 7 ff.). § 30 Abs. 1 Satz 1 KAGB befreit die KVG jedoch von der Pflicht zur Einrichtung eines Liquiditätsmanagements, soweit es sich um ein **geschlossenes Investmentvermögen** handelt, für das **kein Leverage** eingesetzt wird. In solchen Fällen werfen Liquiditätsrisiken keine komplexen Fragen auf. Dieselbe Definition ermöglicht bei registrierungspflichtigen AIFM die Inanspruchnahme höherer Stellenwerte. Vgl. § 44 Rz. 4. 3

C. Angemessenes Liquiditätsmanagement (§ 30 Abs. 1 KAGB, Art. 46, 47 AIFM-DVO)

I. Liquiditätsmanagementsystem

Liquiditätsrisiken eines Investmentvermögens können **aus der Anlagestrategie** des Investmentvermögens **oder aus Anteilsrücknahmen** entstehen. Nur dann, wenn bei einem Investmentvermögen kein Leverage eingesetzt wird und Rücknahmen ausgeschlossen sind, besteht kein signifikantes Liquiditätsrisiko (*Beispiel*: 4

1 Vgl. KAMaRisk, Nr. 4.8, Nr. 7.
2 Vgl. zur Entwicklung *Josek/Steffens* in Baur/Tappen, § 30 KAGB Rz. 2 ff.

geschlossener Aktienfonds mit Standardwerten ohne Leverage; die Gebühren für die Portfolioverwaltung und Verwahrung werden aus den Dividenden zu bestreiten sein). In allen anderen Fällen muss ein angemessenes Liquiditätsmanagementsystem eingerichtet werden, wobei sich die **Angemessenheit nach dem Ausmaß der eingegangenen Liquiditätsrisiken** richtet.[3] Im Falle von Leverage hängt dieses Ausmaß von dessen Umfang sowie von der Vorhersehbarkeit von Liquiditätsanforderungen ab: Fremdkapital in fester Höhe und mit geringem Umfang im Verhältnis zum Investmentvermögen führt zu niedrigeren Anforderungen an das Liquiditätsmanagement im Vergleich zu umfangreichen Derivatpositionen, die binnen kurzer Zeit via Margin Calls zu umfangreichen Liquiditätsbedürfnissen führen können. Für **potentiellen Liquiditätsbedarf aus Anteilsrücknahmen** ist die Angemessenheit vor dem Hintergrund der Liquidität der Anlagen zu beurteilen, wobei die Abhängigkeit der beiden Risikofaktoren zu beachten ist. So können erhöhte Anteilsrücknahmen aufgrund von adversen Marktbedingungen zu niedriger Liquidität der Anlagen führen. Risikomindernde Faktoren wie Rücknahmebeschränkungen sind zu berücksichtigen.

II. Nachweispflicht (Art. 46 AIFM-DVO)

5 Art. 46 AIFM-DVO normiert, dass AIFM den zuständigen Behörden ihres Herkunftsmitgliedstaats gegenüber die **Existenz eines angemessenen Liquiditätsmanagementsystems** und wirksamer Verfahren gem. Art. 16 Abs. 1 AIFM-RL **nachweisen** können müssen.

III. Liquiditätsrisikoüberwachung und -steuerung (Art. 47 AIFM-DVO)

6 Art. 47 AIFM-DVO enthält zahlreiche **Konkretisierungen**, die beim Liquiditätsmanagement von AIF zu beachten sind. Genannt werden insbesondere die **relative Liquidität der Vermögensgegenstände am Markt** sowie der Zusammenhang zwischen Liquiditätsrisiko und anderen Risiken, die beide für die Höhe der vorzuhaltenden Liquidität von Bedeutung sind (Art. 47 Nr. 1 Buchst. a AIFM-DVO). Bedeutsame Einzelrisiken sind im Hinblick auf ihren **Grenzbeitrag zum gesamten Liquiditätsrisiko** zu analysieren, und zwar sowohl anlageseitig wie auch rücknahmeseitig (Art. 47 Nr. 1 Buchst. b AIFM-DVO). Wird in andere Kollektivanlagen investiert (**Zielfonds**), ist der dort verfolgte Liquiditätsmanagementansatz ebenfalls zu überwachen (Art. 47 Nr. 1 Buchst. c AIFM-DVO, mit Ausnahmen für gehandelte Fonds).[4] Analog zu anderen Risiken wird auch hier die Notwendigkeit einer **ex ante-Prüfung** betont (Art. 47 Nr. 1 Buchst. d AIFM-DVO: „... zu investieren beabsichtigt.") Des Weiteren wird betont, dass sowohl Mess- als auch Steuerungsverfahren **sowohl normale als auch außergewöhnliche Umstände** berücksichtigen müssen bzw. unter solchen eingesetzt werden können (Art. 47 Nr. 1 Buchst. e AIFM-DVO). Explizit ist auch von vorzusehenden **Eskalationsmaßnahmen** die Rede, die **bei Liquiditätsengpässen** oder anderen Notsituationen des AIF zum Einsatz kommen sollen (Art. 47 Nr. 3 AIFM-DVO). Alle diese Maßnahmen verstehen sich vor dem Hintergrund der Erfahrungen der Finanzkrise, in denen die Liquidität zahlreicher, auch ehemals liquider Instrumente schlagartig und deutlich zurückging. Ein wesentliches Ziel dieser Regelungen ist somit die Vermeidung systemischer Risiken in solchen Phasen fehlender Liquidität an den Finanzmärkten.

7 Aus den **Meldepflichten der KVG** (vgl. § 35 i.V.m. Nr. 19 bis 25 des Meldeformulars in Anhang IV AIFM-DVO[5]) ergeben sich **weitere Konkretisierungen** zu der Frage, welche Daten für jeden AIF zu erfassen und auszuwerten sind. Danach hat die KVG ein **Anleger-Liquiditätsprofil** zu erstellen, das den Anteil des Kapital ausweist, welches innerhalb von 1, 2–7, 8–30, 31–90, 91–180, 181–365 und mehr als 365 Tagen zurückzuzahlen ist. Weitere Angaben sind zu den **Rückzahlungsrechten und -pflichten an die Anleger** erforderlich, u.a. zur Häufigkeit, zu Meldefristen, Lock-up-Fristen etc., zu **besonderen Regelungen** (Rz. 15 ff.) sowie **Vorzugsbehandlungen einzelner Anleger** etwa bei Informationen, Liquidität, Gebühren, eine **Aufschlüsselung der Beteiligungen am AIF** nach Anlegergruppen, in Prozent vom NAV des Fondsvermögens, unter Anwendung des Look-Through-Prinzips sowie Zusatzangaben zur **Liquidität aus Finanzierungen** (aufgenommene Kredite und Kreditlinien).

3 Kritisch *Thom*, WM 2018, 502 (507), der das Fehlen geeigneter Parameter für die Umsetzung eines *„angemessenen"* Liquiditätsmanagements anmerkt.
4 Näher *Josek/Steffen* in Baur/Tappen, § 30 KAGB Rz. 31 f.
5 S.a. *Josek/Steffen* in Baur/Tappen, § 30 KAGB Rz. 24 bis 30.

D. Stresstests (§ 30 Abs. 2 KAGB, Art. 48 AIFM-DVO)

I. Grundlagen

Zu den Zielen und Anforderungen von Stresstests im Allgemeinen vgl. § 29 Rz. 81 ff. Aufgrund der besonderen Bedeutung des Liquiditätsrisikos werden diese in § 30 Abs. 2 KAGB nochmals gesondert hervorgehoben. Vor dem Hintergrund des allgemeinen Verständnisses von **Stresstests als Szenarioanalysen auf Basis von Szenarien mit negativen Auswirkungen** und sehr geringer, aber nicht vernachlässigbarer Eintrittswahrscheinlichkeit ist die Vorgabe, bei Stresstests „sowohl normale als auch außergewöhnliche Liquiditätsbedingungen zugrunde zu legen“, auf den ersten Blick schwer interpretierbar. Ereignisse mit sehr geringer, aber nicht vernachlässigbarer Eintrittswahrscheinlichkeit, die zu hohen Verlusten führen, treten üblicherweise unter außergewöhnlichen Marktbedingungen auf. Eine aus ökonomischer Perspektive sinnvolle Interpretation ist, dass im Rahmen der hier angesprochenen Stresstests sowohl Szenarien unter normalen Marktbedingungen, aber mit Eintrittswahrscheinlichkeiten jenseits von üblichen Value at Risk-Niveaus untersucht werden sollen, also auch Szenarien unter außergewöhnlichen Liquiditätsbedingungen. In diesem Sinne statuiert § 30 Abs. 2 KAGB für Stresstests im Bereich Liquiditätsrisiko differenziertere Anforderungen, die über die bei § 29 Rz. 88 ff. beschriebenen Anforderungen an Stresstests für andere Risikoarten hinausgehen. Die in Rz. 4 genannten Abhängigkeiten sind bei den Stresstests jedenfalls zu berücksichtigen.[6] 8

II. Art. 48 AIFM-DVO

Zu Stresstests in Bezug auf Liquidität s. Rz. 8. Art. 48 AIFM-DVO normiert, dass die Risikolimits auch für das Liquiditätsrisiko festzulegen sind (Art. 48 Abs. 1 AIFM-DVO) und dass **alle potentiellen Ursachen von Liquiditätsrisiko** Gegenstand von Stresstests sein müssen (Art. 48 Abs. 2 AIFM-DVO).[7] Diese dürfen sich also nicht etwa auf **extreme Liquiditätsumstände an Märkten** beschränken, sondern müssen beispielsweise auch **atypische Rücknahmeforderungen, Nachschuss- bzw. Besicherungsforderungen** sowie **Bewertungssensitivitäten** unter Stressbedingungen berücksichtigen. Unklar bleibt, aus welchem Grund Art. 48 Abs. 3 AIFM-DVO gesondert normiert, dass AIFM „im Hinblick auf das Ergebnis von Stresstests im besten Interesse der Anleger handeln“ sollen, weil diese Vorgabe für AIFM als delegierte Vermögensverwalter generell gilt. 9

E. Übereinstimmungsgebot (§ 30 Abs. 3 KAGB, Art. 49 AIFM-DVO)

I. § 30 Abs. 3 KAGB

Wesentliches **Ziel** der geforderten Übereinstimmung von Anlagestrategie und Liquiditätsprofil ist es, **leverageinduzierten Liquiditätsbedarf jederzeit abdecken zu können**, und zwar auch dann, wenn die Liquidität der Anlagen vom üblichen Marktniveau abweicht. Es ist also zu gewährleisten, dass **auch bei Liquiditätsengpässen auf den Anlagemärkten keine Illiquidität im Investmentvermögen** entsteht in dem Sinne, dass laufende Verbindlichkeiten nicht mehr bedient werden können. Dies kann auf verschiedenen Wegen erreicht werden (fristenkongruentes Asset-Liability-Management, Kreditlinien etc.). Die Übereinstimmung von Anlagestrategie und Rücknahmegrundsätzen erfordert bei illiquiden Anlagen im Regelfall entsprechende **Rücknahmebeschränkungen** (z.B. sog. Gates), die sicherstellen, dass dem Investmentvermögen keine Verluste aus rücknahmebedingten Notverkäufen von Anlagen entstehen. § 30 Abs. 3 KAGB ist nach zutreffender Ansicht der ESMA auf alle AIF-KVG anzuwenden;[8] dem Abdeckungsgebot kann für geschlossene AIF ohne Leverage indes leichter Rechnung getragen werden als für offene AIF oder AIF, die Leverage einsetzen. 10

II. Art. 49 AIFM-DVO

Art. 49 Abs. 1 AIFM-DVO versucht zu definieren, unter welchen Umständen **Anlagestrategie, Liquiditätsprofil und Rücknahmegrundsätze von AIF als kohärent angesehen** werden können. Dieser Absatz ist sprachlich verunglückt, weil er alle von einem AIFM verwaltete AIF einzubeziehen scheint, aber jeder AIF 11

6 Näher *Josek/Steffen* in Baur/Tappen, § 30 KAGB Rz. 39 ff.

7 Vgl. auch KAMaRisk, Nr. 4.8. Tz. 6, re. Sp.

8 A.A. *Ulrich*, S. 386 f. Dabei übersieht Ulrich, dass auch geschlossene AIF Liquiditätsrisiken ausgesetzt sein können, etwa aus Gebühren oder Fixkosten (Darlehenszinsen, Mieten) im Zeitpunkt der Liquidation.

gesondert zu beurteilen ist. Art. 49 Abs. 2 AIFM-DVO nimmt explizit Bezug auf mögliche Auswirkungen der Veräußerung von Vermögensanlagen des AIF auf Marktpreise und Spreads, die bei der Bewertung der Kohärenz von Anlagestrategie, Liquiditätsprofil und Rücknahmegrundsätzen von AIF „mitzuberücksichtigen sind". Damit wird zwar klar, dass diese Aspekte Beachtung finden müssen, allerdings bleibt unklar, ab welchem Ausmaß von Auswirkungen auf Preise und Spreads eine Kohärenz allenfalls nicht mehr gegeben sein könnte.

F. Einzelne Liquiditätsmanagementtechniken und „besondere Regelungen" gem. Art. 108 AIFM-DVO

12 Weder § 30 KAGB, noch die AIFMD-DVO oder die KAMaRisk regeln abschließend die **im Einzelnen zulässigen Liquiditätsmanagementtechniken**, obwohl dies nach Ansicht der ESMA[9] zur Auslegung von Art. 23 Abs. 4 Buchst. a AIFM-RL (umgesetzt in §§ 35 Abs. 2 Nr. 1 und § 300 Abs. 1 Nr. 1 KAGB) und Art. 108 Abs. 2 Buchst. a AIFM-DVO dem nationalen Recht überlassen sein sollte.[10] Zutreffend dürfte ein Verständnis sein, wonach der KVG zwar das Liquiditätsmanagement als Teil der Verwalterregulierung kraft europäischen Rechts obliegt, die dafür einzusetzenden Techniken und insbesondere die in Art. 23 Abs. 4 Buchst. a AIFM-RL und Art. 108 Abs. 2 Buchst. a AIFM-DVO angesprochenen **besonderen Regelungen für schwer zu liquidierende Vermögensgegenstände** aber solche des Fonds (also des Produkts) und nicht solche der Verwalterregulierung sind.[11] Weil die Produktregulierung europaweit nicht harmonisiert ist, obliegt es dem deutschen Gesetzgeber diese Fragen zu regeln (dazu Einl. Rz. 73 ff.). Der deutsche Gesetzgeber hat diese Aufgabe recht stiefmütterlich umgesetzt. Als allgemeinen Grundsatz wird man zunächst die Balance zwischen Ausgaben und Einnahmen des Fonds für immer zulässig halten müssen (Rz. 13). An verschiedenen Stellen im KAGB geregelt[12] und damit für zulässig erklärt ist die Aussetzung der Rücknahme bei offenen Investmentvermögen (Rz. 14). Näher zu betrachten ist die Zulässigkeitsfrage bei den sonstigen Liquiditätsmanagementtechniken, insbesondere den in Art. 108 Abs. 2 Buchst. a AIFM-DVO angesprochenen „besonderen Regelungen" für schwer veräußerbare Vermögensgegenstände.

I. Ausgeglichener Liquiditätsstatus („Kohärenz" von Einnahmen und Ausgaben)

13 Als einfaches Verfahren zur Vermeidung von Liquiditätsengpässen durch Rücknahmebegehren kann man sicherstellen, dass die **kurzfristig verfügbare Liquidität niemals geringer ist als die durchschnittlichen Rücknahmebegehren**. Dabei handelt es sich lediglich um eine (im Regelfall nicht ausreichende) Minimalanforderung, weil selbst bei ihrer Erfüllung an Tagen mit überdurchschnittlich hohen Rücknahmebegehren Liquiditätsengpässe auftreten könnten. Analog zum Value at Risk-Prinzip kann zusätzlich jener Liquiditätsbedarf ermittelt werden, der ausreicht, um Rücknahmebegehren in einer Höhe nachzukommen, die nur in z.B. 1 % der Fälle überschritten wird.[13] Ein höherer Detaillierungsgrad in der Planung berücksichtigt die Liquidierbarkeit geldnaher Assets unter normalen sowie unter krisenhaften Marktbedingungen.[14]

II. Aussetzung der Rücknahme

14 Mit den bei Rz. 13 beschriebenen Maßnahmen zur Orientierung der vorgehaltenen Liquidität an Rücknahmebegehren, deren Höhe nur mit einer geringen vorgegebenen Wahrscheinlichkeit überschritten wird, ist noch nicht für alle plausiblen, nachteiligen Entwicklungen vorgesorgt. Bei krisenhafter Entwicklung der Liquidität von Vermögensgegenständen und/oder bei außergewöhnlich hohen Rücknahmebegehren kann es trotz dieser Maßnahmen zu temporären Liquiditätsengpässen kommen. Eine naheliegende Maßnahme ist

9 Vgl. ESMA/2011/379, S. 78.
10 A.A. *Josek/Steffens* in Baur/Tappen, § 30 KAGB Rz. 9, der meint, der Gesetzgeber müsse solche Instrumente explizit zulassen.
11 Zutreffend *Klebeck*, Liquidity Management and Side Pockets, in Zetzsche, AIFMD, 2. Aufl. 2015, S. 319–320.
12 Vgl. insbesondere § 98 Abs. 2 KAGB (i.V.m. § 116 Abs. 2 KAGB a.E.). Dazu *Zetzsche*, § 98 Rz. 18 ff.; *Zetzsche/Nast*, § 98 Rz. 18 ff.
13 Sog. liquiditätsadjustierter Value at Risk, s. z.B. *Hull*, S. 504. Unklar diesbezüglich *Josek/Steffens* in Baur/Tappen, § 30 KAGB Rz. 5, die von kurzfristigen Mittelabflüssen sprechen, „die durch Anteilrückgaben von Anlegern ausgelöst werden können". Dort wird nicht deutlich, ob vom Durchschnitt, vom schlimmstmöglichen Fall, oder einer Situation dazwischen die Rede ist.
14 Zur optimalen Veräußerung illiquider Positionen s. z.B. *Hull*, S. 505.

die **temporäre Aussetzung von Anteilsrücknahmen**, die sowohl gemäß Gesetz[15] als auch internationalen Standards[16] **nur für außergewöhnliche Umstände vorgesehen** ist. Diese kann (mit weitreichenden Meldepflichten) durch die KVG selbst erfolgen[17] oder durch die Aufsicht angeordnet werden.[18]

III. „Besondere Regelungen", insbesondere Side Pockets, Gates u.a.

Insbesondere bei Anlagestrategien mit Vermögensgegenständen von geringer Liquidität ist die **Beschränkung der Rücknahmemöglichkeiten von Anteilseignern sinnvoll** (Ausschluss der Rücknahme für eine bestimmte Zeit ab Zeichnung, Beschränkung der monatlichen/quartalsweisen/jährlichen Rücknahmen auf einen bestimmten Teil des seitens eines Anlegers investierten Kapitals, längere Kündigungsfristen). Schutzmaßnahmen gegen temporäre Illiquidität von Vermögensgegenständen bieten z.B. **Kreditlinien**, die für diesen Zweck zugesichert werden, oder **Pools aus liquiden Vermögenswerten**. Die Zulässigkeit dieser Instrumente wird vom KAGB teils eingeschränkt. 15

So versteht man unter **Side Pockets** die Auslagerung längerfristig illiquider Vermögensgegenstände durch Spaltung des Investmentvermögens bei gleichzeitiger (typischerweise ebenfalls langfristiger) Aussetzung von Rückzahlungen für den schwer liquidierbaren Teil des Vermögens. Ab der Bildung von Side Pockets beziehen sich Anteilsausgaben und -rücknahmen auf das Anteilsvermögen exklusive Side Pockets. Letztere werden separat behandelt. Ziel der Bildung von Side Pockets ist, den aus Liquiditätssicht „gesunden" Teil des Investmentvermögens nicht mit den absehbar längerfristigen Liquiditätsproblemen einzelner Vermögensgegenstände zu belasten und so allen Anlegern die Rücknahmerechte in Bezug auf den liquiden Teil zu erhalten. Ohne Side Pockets käme es zu einem Windhundrennen um den liquiden Teil des Vermögens, der letztlich zur Liquidation des Fonds führen müsste. Als **Gates** werden **maximale Rückgabebeträge** beschrieben. *Beispiel*: maximal 10 % des eigenen Bestands oder bis zu einer Maximalsumme von 1 Mio. Euro. Des Weiteren sind **Rücknahmefristen** verbreitet, z.B. das Erfordernis, dass eine Anteilsrückgabe ab einer bestimmten Höhe mit einer Frist von 3, 6 oder 12 Monaten anzuzeigen ist. 16

Die **Zulässigkeit** von Side Pockets,[19] Gates und weiteren Instrumenten ist in Deutschland umstritten.[20] Vom dogmatischen Ausgangspunkt her sind solche Gestaltungen bei einer konkreten (gesellschafts- oder fonds-)vertraglichen bzw. statutarischen Grundlage **zulässig**. Dies folgt daraus, dass das KAGB bei der Produktgestaltung i.d.R. Vertragsfreiheit einräumt, die auf der Produktebene zu nutzen ist. Gemäß § 162 Abs. 2 Nr. 4 KAGB haben die Anlagebedingungen auch zu regeln – und dies ist den Anlegern gem. § 165 Abs. 2 Nr. 21, 22 KAGB mitzuteilen –, „unter welchen Voraussetzungen, zu welchen Bedingungen und bei welchen Stellen die Anleger die Rücknahme, gegebenenfalls den Umtausch der Anteile oder Aktien von der Verwaltungsgesellschaft verlangen können," sowie die „Voraussetzungen, unter denen die Rücknahme und gegebenenfalls der Umtausch der Anteile oder Aktien ausgesetzt werden kann." Dies schließt vorbehaltlich einer entgegenstehenden gesetzlichen Regelung die Einführung der dargestellten besonderen Regelungen **im Grundsatz** ein. 17

Der Grundsatz, wonach diese Instrumente bei konkreter Grundlage in den konstituierenden Dokumenten zulässig sind, ist einzuschränken, **soweit dem Gesetz entgegenstehende Regelungen zu entnehmen** sind. Dies ist z.B. bei **OGAW** der Fall, wo der europäische Regelsetzer prinzipiell von jederzeitiger Rückgabe ausgeht; gem. Art. 1 Abs. 2 Buchst. b OGAW-RL, auf welchen § 1 Abs. 2 KAGB verweist, sind Investmentvermögen, „deren Anteile auf Verlangen der Anteilinhaber unmittelbar oder mittelbar zu Lasten des Vermögens dieser Organismen zurückgenommen oder ausgezahlt werden." Auf diesen in § 98 Abs. 1, § 116 Abs. 2 Satz 1 KAGB geregelten Grundsatz wird für bestimmte Publikums-AIF verwiesen.[21] Kraft nationalen Rechts ist ein entgegenstehender Gesetzesbefehl anzunehmen z.B. bei den **offenen Publikums-Investmentvermögen**, soweit die in §§ 255–260 KAGB ausdifferenzierte gesetzliche Regelung abschließend ist. Obgleich gegenüber §§ 98 Abs. 1, 116 Abs. 2 Satz 1 KAGB eine Erweiterung, sind **weitere Einschränkungen an vielen Stellen** im 18

15 § 98 KAGB.
16 IOSCO Principles of Redemptions in CIS.
17 § 98 Abs. 2 KAGB.
18 § 98 Abs. 3 KAGB.
19 Vgl. *Klebeck* in Zetzsche, AIFMD, 2. Aufl. 2015, S. 311 ff.; *Klebeck*, ZBB 2012, 30 ff.; *Josek* in Dornseifer/Jesch/Klebeck/Tollmann, Art. 16 AIFM-RL Rz. 3, 21.
20 Vgl. dazu aus internationaler Sicht IOSCO, *Principles on Suspensions of Redemptions in Collective Investment Schemes – Final Report*, FR02/12, (January 2012).
21 Vgl. z.B. mit Modifikationen in § 223 Abs. 2 KAGB.

KAGB anzutreffen, so z.B. in § 223 Abs. 1 KAGB, wonach bei **Sonstigen Investmentvermögen** die Rücknahme von Anteilen oder Aktien höchstens einmal halbjährlich und mindestens einmal jährlich zu einem in den Anlagebedingungen bestimmten Termin erfolgen kann und muss, wenn zum Zeitpunkt der Rückgabe der Anteile oder Aktien die Summe der Werte der zurückgegebenen Anteile oder Aktien einen in den Anlagebedingungen bestimmten Betrag überschreitet, oder für **Dach-Hedgefonds** in § 227 KAGB, der mit den Modifikationen des § 283 Abs. 3 KAGB auch für Spezial-Hedgefonds gilt. Die entsprechenden gesetzlichen Regelungen sind indes **kein striktes Verbot von Side Pockets**; denn das übergeordnete Prinzip des ganzen Investmentrechts – die Verpflichtung zum Handeln im Anlegerinteresse gem. § 26 Abs. 1 KAGB – steht einer solchen strikten Interpretation entgegen. Wohl aber ist diesen Regelungen zu entnehmen, dass die Bildung von Side Pockets **auf Ausnahmefälle beschränkt** sein muss, bei denen das Side Pocket im Grundsatz die einzig sinnvoll Maßnahme zum Schutz der Anlegerinteressen ist. S. dazu näher für OGAW bei Rz. 27.

19 Die Vertragsfreiheit zur Einführung spezieller Regelungen für illiquide Vermögensgegenstände besteht im Wesentlichen nur für **Spezial-AIF mit festen Anlagebedingungen** (§ 284 KAGB) uneingeschränkt. Weiterhin zulässig sind zudem die Aufnahme von das Liquiditätsmanagement **begleitenden und fördernden Zusatzregeln** in die konstituierenden Dokumente, etwa frühzeitige Hinweis- und Informationspflichten **für qualifizierte** (professionelle und semiprofessionelle) **Anleger**, sowie nur schuldrechtlich wirkende, **durch Individualverhandlungen** mit Anlegern ausgehandelte Vinkulierungsabreden für besondere Fälle, mit Rechtsfolge Schadensersatz bei Zuwiderhandlung. Eine mit Blick auf die AGB-Kontrolle zweifelhafte Abweichung vom gesetzlichen Leitbild ist darin nicht zu sehen, schon weil das Gesetz für qualifizierte Anleger Spezialregelungen erlaubt und sich die AGB-Kontrolle auf Individualvereinbarungen nicht erstreckt.

G. Entsprechende Geltung für OGAW, Verordnungsermächtigung (§ 30 Abs. 5 KAGB) und § 6 KAVerOV

Verordnung zur Konkretisierung der Verhaltensregeln und Organisationsregeln nach dem Kapitalanlagegesetzbuch (Kapitalanlage-Verhaltens- und -Organisationsverordnung – KAVerOV)
vom 16.7.2013 (BGBl. I 2013, S. 2460).
(Auszug)

§ 6
Liquiditätsmanagement

Für OGAW-Kapitalverwaltungsgesellschaften bestimmen sich die Kriterien für

1. **die Liquiditätsmanagementsysteme und -verfahren und**
2. **die Übereinstimmung von Anlagestrategie, Liquiditätsprofil und Rücknahmegrundsätzen nach § 30 Absatz 3 des Kapitalanlagegesetzbuches**

entsprechend den Artikeln 46 bis 49 der Verordnung (EU) Nr. 231/2013.

20 § 30 Abs. 5 KAGB ermächtigt das Bundesministerium der Finanzen, durch Rechtsverordnung, die nicht der Zustimmung des Bundesrates bedarf, für **AIF-KVG, die Publikums-AIF verwalten**, über die Art. 46–49 AIFM-DVO und § 30 Abs. 4 KAGB hinausgehende Bestimmungen sowie in Bezug auf **OGAW** nähere Bestimmungen zu den Liquiditätsmanagementsystemen und -verfahren zu erlassen. Das Bundesministerium der Finanzen hat von der durch § 30 Abs. 5 Satz 2 KAGB i.V.m. § 1 Nr. 3a BaFinBefugV[22] eingeräumten Befugnis Gebrauch gemacht, die BaFin zum Erlass der Rechtsverordnung zu ermächtigen. Die BaFin hat darauf – im Einvernehmen mit dem Bundesministerium der Justiz und für Verbraucherschutz – **§ 6 KAVerOV**[23] erlassen.

21 Soweit es die Verwaltung von **Publikums-AIF** betrifft, meint der Gesetzgeber § 30 Abs. 5 KAGB sowie die § 6 KAVerOV auf Art. 43 AIFM-RL stützen zu können. Danach können Mitgliedstaaten „unbeschadet anderer Rechtsakte der Union" AIFM gestatten, in ihrem Hoheitsgebiet Anteile an von ihnen gemäß dieser Richtlinie verwalteten AIF an Kleinanleger zu vertreiben. In solchen Fällen dürfen die Mitgliedstaaten den AIFM oder AIF Auflagen unterwerfen, die strenger sind als jene, die für AIF gelten, die in ihrem Hoheitsgebiet ge-

---

22 Verordnung zur Übertragung von Befugnissen zum Erlass von Rechtsverordnungen auf die Bundesanstalt für Finanzdienstleistungsaufsicht vom 13.12.2002 (BGBl. I 2003, S. 3), die zuletzt durch Art. 4 Abs. 78 des Gesetzes vom 18.7.2016 (BGBl. I 2016, S. 1666) geändert worden ist – BaFinBefugV.

23 Verordnung zur Konkretisierung der Verhaltensregeln und Organisationsregeln nach dem Kapitalanlagegesetzbuch (Kapitalanlage-Verhaltens- und -Organisationsverordnung – KAVerOV) vom 16.7.2013 (BGBl. I 2013, S. 2460).

mäß dieser Richtlinie an professionelle Anleger vertrieben werden. Allerdings können die Mitgliedstaaten strengere oder zusätzliche Auflagen im Vergleich zu auf nationaler Ebene vertriebenen AIF nicht für EU-AIF vorsehen, die ihren Sitz in einem anderen Mitgliedstaat haben und grenzübergreifend vertrieben werden." Der letzte Satz beruht auf dem Rechtsgedanken der **europaweit einheitlichen (und maximalen) Regulierung des Fondsverwalters**, der einen einheitlichen europäischen Fondsbinnenmarkt erst ermöglicht (Einl. Rz. 89 ff.). In § 6 KAVerOV statuierte Zusatzpflichten diskriminieren die heimischen AIF-KVG im Vergleich zu ausländischen AIF-KVG. Es ist deshalb zu begrüßen, dass § 6 KAVerOV für das Liquiditätsmanagement von KVG, die Publikums-AIF verwalten, keine Zusatzpflichten vorsieht.[24] Es gelten auch für die Verwaltung von Publikums-AIF nur die Regeln der AIFM-DVO.[25] Dazu Rz. 4 ff. § 6 KAVerOV ist insoweit lediglich deklaratorisch, über die Europarechtskonformität braucht kein Wort verloren werden.

Soweit es **OGAW** betrifft, setzt die KAVerOV zugleich die Organisationsbestimmungen der OGAW-DRL[26] um. Die OGAW-DRL behandelt das Risikomanagement (dazu § 29 Rz. 198 ff.), auf Spezialbestimmungen zum Liquiditätsmanagement wurde verzichtet. Ursache ist einerseits, dass bei Anlage in liquide Finanzinstrumente (vgl. die OGAW-Definition in Art. 1 Abs. 2 Buchst. a OGAW-RL) das Liquiditätsmanagement eine kleinere Herausforderung darstellt, andererseits, dass bei Erlass der OGAW-RL das Liquiditätsmanagement regulatorisch als ein Teil des Risikomanagements erfasst wurde; dies geht aus zahlreichen Verweisen auf Liquiditätsrisiken im Kontext des Risikomanagements hervor.[27] Die BaFin sah dennoch die Notwendigkeit, für OGAW die **entsprechende Geltung der Art. 46–49 der AIFM-DVO** zu verordnen. Diese Anordnung richtet sich an die KVG, die OGAW verwaltet, ist also Teil der **Verwalterregulierung**. Dies hat Bedeutung für den grenzüberschreitenden Dienstleistungsverkehr (§§ 50, 51 KAGB): § 6 KAVerOV gilt nicht für EU-OGAW-KVG, die inländische OGAW im Wege des **grenzüberschreitenden Dienstleistungsverkehrs oder über inländische Zweigniederlassungen** verwalten,[28] und schon gar nicht für den **Vertrieb von OGAW** im Inland. Da die OGAW-Verwaltung in Luxemburg, teils auch Irland, weitgehend gebündelt ist, ist der Sinn einer rein nationalen Regelung zweifelhaft. 22

Gemäß § 6 KAVerOV bestimmen sich die **Kriterien für OGAW-KVG** für 1. die Liquiditätsmanagementsysteme und -verfahren und 2. die Übereinstimmung von Anlagestrategie, Liquiditätsprofil und Rücknahmegrundsätzen nach § 30 Abs. 3 KAGB entsprechend dem vierten Abschnitt (Art. 46–49) AIFM-DVO zum Liquiditätsmanagement durch AIF. Art. 46 AIFM-DVO betrifft das Liquiditätsmanagementsystem- und verfahren (Rz. 5), Art. 47 AIFM-DVO die Liquiditätsrisikoüberwachung und -steuerung (Rz. 6), Art. 48 AIFM-DVO Limits- und Stresstests (Rz. 9) und Art. 49 AIFM-DVO die Kohärenz von Anlagestrategie, Liquiditätsprofil und Rücknahmegrundsätzen (Rz. 11). 23

Der **Zusatzgehalt** der entsprechend geltenden Vorschriften ist rätselhaft. Da der OGAW-Regelsetzer das Liquiditätsmanagement in einem weiteren Risikomanagementbegriff verankert hat (Rz. 22), gilt es Doppelungen gegenüber der OGAW-DRL zu vermeiden. Dann folgt aus der „entsprechenden" Geltung das Gebot der europarechtskonformen Reduktion. Im Konfliktfall geht die OGAW-DRL vor. Freilich ist die OGAW-DRL in Fragen des Liquiditätsmanagements wenig detailliert und bei Richtlinien obliegt dem nationalen Gesetzgeber die **Konkretisierungsbefugnis**.[29] Daher ist, soweit die in § 29 Abs. 1–4 und 6 KAGB umgesetzten Art. 12 Abs. 1 Buchst. a, 14 Abs. 1 Buchst. c und 51 Abs. 1 OGAW-RL sowie den in § 5 KAVerOV umgesetzten Vorschriften der OGAW-DRL keine klaren Regelungen zur Liquidität vorsehen, § 6 KAVerOV **nationale Konkretisierung**. 24

§ 5 Abs. 2 KAVerOV, der Art. 23 Abs. 4 OGAW-DRL umsetzt, verlangt u.a. auf Grund verlässlicher und aktueller Daten erstellte **Prognosen und Analysen zur Liquidität** (dazu § 29 Abs. 6 KAGB, s. § 29 Rz. 191 ff.). § 5 Abs. 3 Nr. 2 KAVerOV **definiert das Liquiditätsrisiko** als „Risiko, dass eine Position im Portfolio des In- 25

24 Die BaFin sah für solche Zusatzpflichten „keinen Bedarf." Vgl. Begründung zu § 6 KAVerOV.

25 Delegierte Verordnung (EU) Nr. 231/2013 der Kommission vom 19.12.2012 zur Ergänzung der Richtlinie 2011/61/EU des Europäischen Parlaments und des Rates im Hinblick auf Ausnahmen, die Bedingungen für die Ausübung der Tätigkeit, Verwahrstellen, Hebelfinanzierung, Transparenz und Beaufsichtigung (ABl. EU Nr. L 83 v. 19.12.2012, S. 1).

26 Richtlinie 2010/43/EU der Kommission vom 1.7.2010 zur Durchführung der Richtlinie 2009/65/EG des Europäischen Parlaments und des Rates im Hinblick auf organisatorische Anforderungen, Interessenkonflikte, Wohlverhalten, Risikomanagement und den Inhalt der Vereinbarung zwischen Verwahrstelle und Verwaltungsgesellschaft (ABl. EU Nr. L 176 v. 10.7.2010, S. 42).

27 Vgl. z.B. Art. 23 Abs. 4, 1. Unterabs. OGAW-DRL sowie Art. 38 OGAW-DRL, wonach die Risikomanagement-Grundsätze u.a. das Liquiditäts- und Kontrahentenrisiko umfassen.

28 Ausdrücklich Art. 19 Abs. 1 OGAW-RL, s. auch arg. §§ 50 Abs. 4, 51 Abs. 4 sowie § 1 Abs. 2 KAVerOV; der zu weit geratene § 50 Abs. 4 Satz 1 KAGB ist europarechtskonform zu reduzieren, soweit es die Geltung von § 30 KAGB betrifft.

29 Vgl. „Wahl der Form und Mittel" gem. Art. 288 Abs. 3 AEUV.

vestmentvermögens nicht innerhalb hinreichend kurzer Zeit mit begrenzten Kosten veräußert, liquidiert oder geschlossen werden kann und dass dadurch die Erfüllung von Rückgabeverlangen der Anleger oder von sonstigen Zahlungsverpflichtungen beeinträchtigt wird." Damit lässt § 5 KAVerOV Lücken insbesondere im Bereich der aus der Analyse und Prognose abzuleitenden Maßnahmen, etwa der Harmonisierung des prognostizierten Veräußerungszeitraums und der Rücknahmefristen. Zu diesem sog. **Liquiditätsmanagement im engeren Sinn** macht die **OGAW-DRL konkrete Vorgaben**: Danach muss die OGAW-KVG als Teil der Risikomanagement-Grundsätze Verfahren zur Bewertung u.a. auch von Liquiditätsrisiken erstellen sowie angemessene Methoden, Mittel und Vorkehrungen zu Messung und Management von Risiken, insbesondere für Liquiditätsrisiken anwenden, um jederzeit Rücknahmebegehren bedienen zu können. Des Weiteren sind Stresstests durchzuführen, die die Bewertung des Liquiditätsrisikos des OGAW unter außergewöhnlichen Umständen ermöglichen, und die Liquiditätsprofile der OGAW-Anlagen mit den Rücknahmegrundsätzen der Fonds abzustimmen (Kohärenz).[30]

26 Der Verzicht auf eine Übernahme der OGAW-DRL im Sinne der Einheitlichkeit der Bestimmungen für AIF- und OGAW-KVG entspricht dem deutschen Ideal der **‚großen Verwaltungsgesellschaft'** (s. dazu Einl. Rz. 97); dies stößt jedoch an europarechtliche Grenzen. Die BaFin ging bei Erlass von § 6 KAVerOV davon aus, dass die OGAW-Vorschriften hinter denen der AIFM-RL zurückbleiben, und wollte das strengere Niveau verordnen.[31] Diese Annahme trifft jedoch nicht in Gänze zu. Es gibt einzelne Aspekte, in denen die für AIF als im Grundsatz Fonds für professionelle Anleger konzipierten Art. 46–49 AIFM-DVO generöser als die OGAW-DRL sind. So genügt bei der Kohärenz die Gewährleistung der Rücknahme *unter fairen Bedingungen*, während Art. 84 OGAW-RL nur vorbehaltlose Rechtsansprüche der Anleger kennt. Die teils strengeren europäischen Grundsätze sind bei der entsprechenden Anwendung der Art. 46–49 AIFM-DVO mitzulesen, so dass dem Gesetzesanwender Kenntnis der und Rückgriff auf die europäischen Primärtexte nicht erspart bleiben. Wieweit die Entsprechung reicht, gibt im Einzelfall Rätsel auf. Die vom deutschen Gesetzgeber verwendete Verweisungstechnik bedeutet aus Sicht der Betroffenen **kein Effizienzgewinn**.

27 Eine **inhaltliche Botschaft** ist dem Verweis auf die AIFM-DVO indes zu entnehmen: Nach der AIFM-DVO zulässige Liquiditätsmanagementtechniken sollen, soweit das nationale Ermessen reicht, grds. auch OGAW-KVG offenstehen. Dies könnte u.a. die umstrittene Bildung sog. **Side Pockets** aus illiquid gewordenen Gegenständen zur Gewährleistung der Liquidität und Rücknahmerechte der Anleger im Übrigen betreffen (Rz. 16). Zwar ist im Bereich der Rücknahmerechte etc. die europäische Regulierung grds. besonders dicht. Da **Side Pockets** ein aus Sicht der Anleger schädliches Windhundrennen vermeiden können, ist die Bildung von Side Pockets aus europäischer Sicht **in Ausnahmefällen** (*Beispiel*: ein eigentlich marktgängiges Derivat wird illiquid, weil die Gegenpartei einem Moratorium unterliegt) und bei entsprechend konkreter statutarischer Regelung (dazu Rz. 17) **zulässig**. Da das Side Pocket i.d.R. keine Rücknahmerechte gewähren kann, ein OGAW aber Rücknahmerechte oder alternative Anteilsliquidität über einen Sekundärhandel (dazu § 1 Rz. 108) anbieten muss und zugleich die Umwandlung von OGAW in AIF unzulässig ist, muss die KVG die Anteilsliquidität in Bezug auf das Side Pocket über den Sekundärmarkt gewährleisten. S. zur Zulässigkeit von Side Pockets auch noch Rz. 18 f.

H. Durchsetzung, Wirkung und Sanktionen

28 Es wird auf die Ausführungen zu § 29 Rz. 211 ff. verwiesen. Obwohl § 340 Abs. 2 Nr. 9 KAGB das Liquiditätsmanagement nicht nennt, ist es vom weiten Begriff des Risikomanagementsystems (§ 29 Rz. 51 ff.) miterfasst. Bei den **Meldepflichten** gem. § 35 KAGB i.V.m. Anhang IV der AIFM-DVO sind umfangreiche **Angaben zum Liquiditätsprofil** jedes AIF (dort Nr. 19–25) zu machen. Da diese Meldepflichten zugleich die Mindestdaten für das Liquiditätsmanagement darstellen (§ 29 Rz. 211), werden diese im Kontext der Angemessenheit des Liquiditätsmanagements behandelt (Rz. 4).

30 Vgl. Art. 38 Abs. 1, 40 OGAW-DRL.

31 BaFin, Begründung zu § 6 KAVerOV. Deshalb unterstellen *Geurts/Schubert* in Moritz/Klebeck/Jesch, § 30 KAGB Rz. 55 dem Gesetzgeber die Missachtung einer auf das Risikomanagement fokussierten OGAW VI-RL und bezweifeln die Vereinbarkeit der KAVerOV mit höherrangigem Recht.

§ 31 Primebroker

(1) [1]Nimmt die AIF-Kapitalverwaltungsgesellschaft für Rechnung des AIF die Dienstleistungen eines Primebrokers in Anspruch, müssen die Bedingungen in einem schriftlichen Vertrag vereinbart werden. [2]Insbesondere muss die Möglichkeit einer Übertragung und Wiederverwendung von Vermögensgegenständen des AIF in diesem Vertrag vereinbart werden und den Anlagebedingungen, der Satzung oder des Gesellschaftsvertrages des AIF entsprechen. [3]In dem Vertrag muss festgelegt werden, dass die Verwahrstelle über den Vertrag in Kenntnis gesetzt wird.

(2) Die AIF-Kapitalverwaltungsgesellschaft hat die Auswahl und Benennung der Primebroker, mit denen ein Vertrag geschlossen wird, mit der gebotenen Sachkenntnis, Sorgfalt und Gewissenhaftigkeit vorzunehmen.

In der Fassung vom 4.7.2013 (BGBl. I 2013, S. 1981).

Schrifttum: *Eckold/Balzer*, Investmentgeschäft und -vertrieb, in Assmann/Schütze (Hrsg.), Handbuch des Kapitalanlagerechts, 4. Aufl. 2015, § 22; *Isik*, Die Schriftform im EU-Recht, 2013; *Köndgen/Schmies*, Investmentgeschäft, in Schimansky/Bunte/Lwowski (Hrsg.), Bankrechts-Handbuch, 5. Aufl. 2017, § 113; *Moroni/Wibbeke*, OGAW V: Die Sprunglatte für OGAW-Verwahrstellen liegt höher, RdF 2015, 187; *Zetzsche*, Prinzipien der kollektiven Vermögensanlage, 2015; *Zetzsche*, (Prime) Brokerage, in Zetzsche (ed.), The AIFM Directive, 2012, S. 489 ff.; *Zetzsche*, Aktivlegitimation gem. §§ 78, 89 KAGB im Investment-Drei- und -Viereck, in Casper/Klöhn/Roth/Schmies (Hrsg.), FS für Johannes Köndgen zum 70. Geburtstag, 2016, S. 676.

Materialien: BaFin, Begründung zur Kapitalanlage-Verhaltens- und -Organisationsverordnung – KAVerOV, 22.7.2013, online abrufbar unter: https://www.bafin.de/SharedDocs/Veroeffentlichungen/DE/Aufsichtsrecht/Verordnung/KAVerOV_Begr%C3%BCndung.html; ESMA, Final Report – ESMA's technical advice to the European Commission on possible implementing measures of the Alternative Investment Fund Managers Directive, ESMA/2011/379, 16.11.2011; Zentraler Kreditausschuss (ZKA), Erläuterungen zur „Auslegung des Bundesministeriums der Finanzen zur Thematik Primebroker nach dem Investmentgesetz", 1.6.2004.

I. Inhaltsübersicht und Entstehungsgeschichte

Die Vorschrift des § 31 KAGB statuiert in Abs. 1 bestimmte Anforderungen an die Form und den Inhalt von Vereinbarungen zwischen AIF-KVG und Primebroker, welche Dienstleistungen für Rechnung des AIF zum Gegenstand haben: Eine solche Vereinbarung hat schriftlich zu erfolgen (§ 31 Abs. 1 Satz 1 KAGB). Soll die Möglichkeit einer Übertragung oder Wiederverwendung von Vermögensgegenständen vereinbart werden, hat dies erstens in diesem schriftlichen Vertrag zu erfolgen und muss zweitens den Anlagebedingungen, der Satzung oder dem Gesellschaftsvertrag des AIF entsprechen (§ 31 Abs. 1 Satz 2 KAGB).[1] Schließlich muss der Vertrag regeln, dass er der Verwahrstelle zur Kenntnis zu bringen ist (§ 31 Abs. 1 Satz 3 KAGB). § 31 Abs. 2 KAGB enthält allgemeine Sorgfaltsanforderungen für die Auswahl des Primebrokers durch die AIF-KVG. 1

1 Zur Lesart des § 31 Abs. 1 Satz 2 KAGB noch ausführlich in Rz. 15 ff.

2 § 31 KAGB nimmt allein die **vertraglichen Beziehungen zwischen AIF-KVGen und Primebrokern** in Bezug. Ausweislich des Wortlauts der Norm sind OGAW-KVGen von der Regelung hingegen nicht betroffen.[2] Dies erklärt sich zumindest teilweise daraus, dass die in § 31 Abs. 1 Satz 2 KAGB angesprochene Rehypothecation[3] durch den Primebroker für OGAW nicht zulässig ist. § 70 Abs. 5 Satz 1 Nr. 1 KAGB erlaubt eine Wiederverwendung der Vermögensgegenstände des OGAW nur für dessen (eigene) Rechnung.[4] Überdies ist das Leveraging bei OGAW stark eingeschränkt,[5] dessen Unterstützung, etwa durch Hingabe von Darlehen, zu den Hauptgeschäftsfeldern von Primebrokern gehört.[6] Die Vorgaben des § 31 KAGB sollen jedoch gerade die mit diesen Dienstleistungen verbundenen Risiken einhegen.[7] Ferner sind vertragliche Beziehungen zwischen Primebroker und Verwahrstelle im Rahmen einer Unterverwahrung (*sub-custody*) nicht von § 31 KAGB erfasst. Zur Vermeidung von Interessenkollisionen, die aus der Übernahme von Aufgaben der Verwahrstelle resultieren, macht § 85 Abs. 4 Nr. 2 KAGB spezielle Vorgaben.[8] § 31 KAGB findet über den Verweis in § 54 Abs. 4 Satz 1 KAGB auf inländische Zweigniederlassungen von EU-AIF-Verwaltungsgesellschaften mit „EU-Verwaltungspass" Anwendung.[9]

3 Die in § 31 Abs. 2 KAGB abstrakt aufgestellten **Sorgfaltsanforderungen** bei der Auswahl und Benennung der Primebroker werden **durch Art. 20 DelVO (EU) Nr. 231/2013[10] näher konkretisiert.**[11]

4 § 31 KAGB dient der **Umsetzung von Art. 14 Abs. 3 AIFM-RL**[12] und ist seit der Einführung des KAGB durch das AIFM-Umsetzungsgesetz[13] nicht geändert worden. Die Vorschrift steht in der Nachfolge des § 112 Abs. 3 InvG,[14] der jedoch selbst keine ausdrückliche Regelung zur Bewirtschaftung von Vermögensgegenständen des Fonds durch den Primebroker traf, sondern nur von der Möglichkeit der „Verwahrung" dieser Gegenstände sprach[15] und den Primebroker zugleich von den Vorgaben der §§ 20 bis 29 InvG befreite.[16]

II. Normzweck

5 Die Vorgaben des § 31 KAGB dienen der **Einhegung spezieller Risiken**, die mit der Inanspruchnahme eines Primebrokers für Rechnung des AIF einhergehen, und damit letztlich dem **Schutz der Anleger**. Konkret ist nach den Einzelregelungen des § 31 KAGB zu unterscheiden: § 31 Abs. 1 Satz 1 und 2 KAGB sollen sicherstellen, dass eine „Übertragung und Wiederverwendung von Vermögensgegenständen des AIF" (sog. **Rehypothecation**)[17] durch den Primebroker nachweislich (Schriftform des § 31 Abs. 1 Satz 1 KAGB) nur im Einklang mit den Anlagebedingungen bzw. der Satzung oder dem Gesellschaftsvertrag des AIF stattfinden. Dies geschieht vor dem Hintergrund der besonderen Risiken dieser Praxis für die Anleger, genauer: der mit dem Insolvenzrisiko des Primebrokers einhergehenden (potentiellen) Verluste.[18] Die Informationspflicht

---

2 *Geurts/Schubert* in Moritz/Klebeck/Jesch, § 31 KAGB Rz. 1, 30; *Steffen* in Baur/Tappen, § 31 KAGB Rz. 1.
3 Dazu noch näher in Rz. 10.
4 S. auch *Koch* in Moritz/Klebeck/Jesch, § 70 KAGB Rz. 22, 29, der freilich eine teleologische Reduktion des § 70 Abs. 5 KAGB erwägt; vgl. ferner *Moroni/Wibbeke*, RdF 2015, 187 (190); *Geurts/Schubert* in Moritz/Klebeck/Jesch, § 31 KAGB Rz. 1: „OGAW-KVGen werden durch die Norm nicht adressiert, da hier der Einsatz von Primebrokern nicht im Bereich des Regelungszwecks der Norm erfolgt."
5 S. die Regelungen in §§ 197 Abs. 2, 199 ff., 205 KAGB; dazu etwa *Eckold/Balzer*, in Assmann/Schütze, § 22 Rz. 53.
6 *Geurts/Schubert* in Moritz/Klebeck/Jesch, § 31 KAGB Rz. 14 ff.; *Sittmann/Springer* in Weitnauer/Boxberger/Anders, § 31 KAGB Rz. 5.
7 *Geurts/Schubert* in Moritz/Klebeck/Jesch, § 31 KAGB Rz. 18.
8 S. näher § 85 Rz. 24 ff.; ferner *Geurts/Schubert* in Moritz/Klebeck/Jesch, § 31 KAGB Rz. 8, 13; *Sittmann/Springer* in Weitnauer/Boxberger/Anders, § 31 KAGB Rz. 4, 13 ff.
9 S. auch *Geurts/Schubert* in Moritz/Klebeck/Jesch, § 31 KAGB Rz. 1.
10 DelVO (EU) Nr. 231/2013, ABl. EU Nr. L 83 v. 22.3.2013, S. 1.
11 S. hier nur *Geurts/Schubert* in Moritz/Klebeck/Jesch, § 31 KAGB Rz. 4; *Steffen* in Baur/Tappen, § 31 KAGB Rz. 11; dazu näher in Rz. 23 f.
12 S. Begr. RegE AIFM-UmsG, BT-Drucks. 17/12294, S. 219. Zu Art. 14 Abs. 3 AIFM-RL etwa *Zetzsche*, (Prime) Brokerage, S. 489, 501-503.
13 Gesetz zur Umsetzung der RL 2011/61/EU über die Verwalter alternativer Investmentfonds v. 4.7.2013, BGBl. I 2013, S. 1981.
14 S. nur *Steffen* in Baur/Tappen, § 31 KAGB Rz. 2; *Sittmann/Springer* in Weitnauer/Boxberger/Anders, § 31 KAGB Rz. 4.
15 S. zur Verwahrung als Definitionsmerkmal des Primebrokers nach § 2 Abs. 15 InvG auch *Verfürth/Emde* in Emde/Dornseifer/Dreibus/Hölscher, § 2 InvG Rz. 195.
16 S. dazu nur *Verfürth/Emde* in Emde/Dornseifer/Dreibus/Hölscher, § 112 InvG Rz. 41 ff., 45.
17 S. dazu noch näher in Rz. 10.
18 *Sittmann/Springer* in Weitnauer/Boxberger/Anders, § 31 KAGB Rz. 2; s. dazu näher etwa *Tollmann* in Dornseifer/Jesch/Klebeck/Tollmann, Art. 21 AIFM-RL Rz. 307 f.

des § 31 Abs. 1 Satz 3 KAGB soll der Verwahrstelle eine effektive Kontrolle darüber ermöglichen, ob und inwiefern sie Vermögensgegenstände des AIF an den Primebroker herausgeben muss bzw. darf.[19]

Die in § 31 Abs. 2 KAGB statuierten Sorgfaltsanforderungen bei der Auswahl und Benennung von Primebrokern soll ebenfalls die mit deren Einsatz verbundenen Risiken für das Anlagevermögen und damit für die Anleger eindämmen: Hierbei geht es vor allem um die Gewährleistung ausreichender Bonität sowie einer möglichst hohen Qualität des Primebrokers in organisatorischer, fachlicher und personeller Hinsicht.[20] 6

§ 31 KAGB dient **nicht**, jedenfalls nicht vornehmlich, der **Vermeidung von Interessenkonflikten in der Person des Primebrokers.** Ein solcher Interessenkonflikt entsteht erst dann, wenn der Primebroker nicht nur die Rolle als Gegenpartei des AIF bzw. des AIFM einnimmt, an welche die Regelung des § 31 KAGB anknüpft, sondern auch diejenige eines (Unter-)Verwahrers.[21] Der Einhegung dieses Konflikts dient die Regelung in § 85 Abs. 4 Nr. 2 KAGB.[22] Hieran ändert auch nichts, dass § 31 KAGB der Umsetzung von Abs. 3 des Art. 14 AIFM-RL dient,[23] der mit „Interessenkonflikte" überschrieben ist.[24] Dies betrifft nämlich **Interessenkonflikte in der Person des AIFM**, wie sich aus den übrigen Regelungen des Art. 14 AIFM-RL klar ergibt. Insofern geht Art. 14 Abs. 3 AIFM-RL offenbar davon aus, dass ein AIFM, der sich der Dienste eines Primebrokers bedient, möglicherweise dazu neigt, die Vorgaben der Anlagebedingungen bzw. der Satzung oder des Gesellschaftsvertrags des AIF zur Erlangung anderweitiger Vorteile zu ignorieren.[25] 7

III. Primebroker

1. Begriff

Der Begriff des Primebrokers ist in § 1 Abs. 19 Nr. 30 KAGB definiert. Die Vorschrift nimmt ihrerseits an Art. 4 Abs. 1 lit. af) AIFM-RL[26] Maß.[27] Danach ist ein Primebroker (1) ein Kreditinstitut i.S.d. Art. 4 Abs. 1 Nr. 1 CRR,[28] (2) eine Wertpapierfirma i.S.d. Art. 4 Abs. 1 Nr. 1 MiFID II[29] oder (3) eine andere Einheit, die einer Regulierungsaufsicht und ständigen Überwachung unterliegt und professionellen Anlegern Dienstleistungen anbietet, in erster Linie, um als Gegenpartei Geschäfte mit Finanzinstrumenten i.S.d. AIFM-RL[30] zu finanzieren oder durchzuführen, und die möglicherweise auch andere Dienstleistungen wie Clearing und Abwicklung von Geschäften, Verwahrungsdienstleistungen, Wertpapier-Darlehen und individuell angepasste Technologien und Einrichtungen zur betrieblichen Unterstützung anbietet.[31] 8

Die Definition des Primebrokers in § 1 Abs. 19 Nr. 30 KAGB löst die bisherige des § 2 Abs. 15 InvG ab. Dort wurde der „Prime Broker" als Unternehmen definiert, das Vermögensgegenstände von Hedgefonds[32] 9

---

19 S. *Sittmann/Springer* in Weitnauer/Boxberger/Anders, § 31 KAGB Rz. 8; vgl. auch *Tollmann* in Dornseifer/Jesch/Klebeck/Tollmann, Art. 14 AIFM-RL Rz. 36 sowie Art. 21 AIFM-RL Rz. 304; *Geurts/Schubert* in Moritz/Klebeck/Jesch, § 31 KAGB Rz. 24 ff.

20 Vgl. *Sittmann/Springer* in Weitnauer/Boxberger/Anders, § 31 KAGB Rz. 8.

21 Klar *Zetzsche*, (Prime) Brokerage, S. 489, 504: „[E]ven a prime broker acting as counterparty for the same AIF may become a sub-depository, in which case the conflicts of interests requirements become relevant." Vgl. zu diesem Konflikt etwa *Tollmann* in Dornseifer/Jesch/Klebeck/Tollmann, Art. 21 AIFM-RL Rz. 309 ff.

22 Vgl. auch *Sittmann/Springer* in Weitnauer/Boxberger/Anders, § 31 KAGB Rz. 13 ff.; *Schäfer* in Moritz/Klebeck/Jesch, § 85 KAGB Rz. 17 ff.; ausführlich zu § 85 Abs. 4 Nr. 2 KAGB in diesem Kommentar s. § 85 Rz. 24 ff.

23 S. in Rz. 4.

24 S. zum problematischen Verhältnis von Art. 14 Abs. 3 und Art. 21 AIFM-RL nur *Zetzsche*, (Prime) Brokerage, S. 489, 502; vgl. auch *Zetzsche*, ebenda, S. 504.

25 Vgl. auch *Geurts/Schubert* in Moritz/Klebeck/Jesch, § 31 KAGB Rz. 1: „Vermeidung von Interessenkonflikten"; *Steffen* in Baur/Tappen, § 31 KAGB Rz. 1; zu Art. 14 Abs. 3 AIFM-RL auch *Zetzsche*, (Prime) Brokerage, S. 489, 501-502.

26 RL 2011/61/EU v. 8.6.2011, ABl. EU Nr. L 174 v. 1.7.2011, S. 1, in der Fassung nach Änderung durch RL 2014/65/EU v. 15.5.2014, ABl. EU Nr. L 173 v. 12.6.2014, S. 349; s. zu Art. 4 Abs. 1 lit. af) AIFM-RL nur *Tollmann* in Dornseifer/Jesch/Klebeck/Tollmann, Art. 4 AIFM-RL Rz. 213 ff.; ferner *Zetzsche*, (Prime) Brokerage, S. 489, 499-500. Dort auch zur Ausweitung des Begriffs gegenüber dem herkömmlichen Verständnis.

27 Der Verweis auf die frühere Definition in § 2 Abs. 15 InvG bei *Geurts/Schubert* in Moritz/Klebeck/Jesch, § 31 KAGB Rz. 1 bleibt insofern unklar.

28 VO (EU) Nr. 575/2013, ABl. EU Nr. L 176 v. 27.6.2013, S. 1, in der Fassung nach Änderung durch die VO (EU) Nr. 2016/1014, ABl. EU Nr. L 171 v. 29.6.2016, S. 153.

29 RL 2014/65/EU v. 15.5.2014, ABl. EU Nr. L 173 v. 12.6.2014, S. 349.

30 Diese verweist in Art. 4 Abs. 1 lit. n) für die Definition des Finanzinstruments auf die MiFID I. Ab dem 3.1.2018 ist dies als Verweis auf den Anhang I der MiFID II zu lesen (s. dort Art. 94 Abs. 2 mit Anhang IV).

31 S. auch die Kommentierung zu § 1 Rz. 219.

32 Genauer: Sondervermögen i.S.d. § 112 Abs. 1 InvG oder von Investmentaktiengesellschaften, deren Satzung eine dem § 112 Abs. 1 InvG vergleichbare Anlageform vorsieht.

verwahrt und sich diese ganz oder teilweise zur Nutzung auf eigene Rechnung übertragen lässt und ggf. sonstige mit derartigen Investmentvermögen verbundene Dienstleistungen erbringt.

2. Funktion und Aufgaben

10 Die Definition des Primebrokers in § 1 Abs. 19 Nr. 30 KAGB ist keine Kopfgeburt, sondern verweist auf einen vorfindlichen, als Primebroker bezeichneten Akteur der Investmentpraxis, der sich durch bestimmte „Kernfunktionen" auszeichnet.[33] Der Primebroker stellt nach diesem herkömmlich gewachsenen Verständnis gewisse Dienstleistungen zur Verfügung, auf die insbesondere Hedgefonds angewiesen sind. Hedgefonds sind ihrerseits durch den Einsatz von Leverage gekennzeichnet, d.h. durch die Erhöhung des Investitionsgrades des Investmentvermögens, sei es durch Kreditaufnahme, Wertpapier-Darlehen, in Derivate eingebettete Hebelfinanzierung oder auf andere Weise.[34] Primebroker **verschaffen** Hedgefonds **die Möglichkeit zum Leverage**, indem sie entweder selbst als Kreditgeber, Wertpapierverleiher oder Gegenpartei eines Derivatekontrakts bereit stehen oder entsprechende Leistungen vermitteln.[35] Der Primebroker lässt sich für die Übernahme der mit diesen Geschäften verbundenen Risiken typischerweise Vermögensgegenstände des Fonds zur Sicherheit übertragen, die er im Rahmen seiner Geschäftstätigkeit für eigene Rechnung anderweitig verwendet, etwa zur Sicherheit übertragene Finanzinstrumente im Wege der Wertpapierleihe an Dritte weiterreicht.[36] Diese **Wiederverwendungspraxis**, im Fachjargon **„Rehypothecation"**, ist in § 31 Abs. 1 Satz 2 KAGB als Inhalt des Vertrages zwischen AIF-Kapitalverwaltungsgesellschaft und Primebroker ausdrücklich angesprochen.[37] Regelungsbedarf besteht hier insofern, als der Rückübertragungsanspruch in Bezug auf den überlassenen Vermögensgegenstand dem Insolvenzrisiko des Primebrokers unterliegt.[38] Freilich wird das damit verbundene Verlustrisiko für den Fonds dadurch gemindert, dass regelmäßig ein sog. Close-out Netting vereinbart wird, das zu einer Saldierung der gegenseitigen Ansprüche führt.[39]

11 Weitere, von Primebrokern wahrgenommene Aufgaben und Funktionen sind etwa (1) das Clearing/Settlement, also die Abwicklung und Abrechnung von Geschäften des Fonds über Finanzinstrumente, (2) Stellung von Sicherheiten gegenüber Dritten, (3) diverse Unterstützungsdienstleistungen, etwa bei der Berechnung von Margins oder der Risikoanalyse sowie (4) (Unter-)Verwahrung von Vermögensgegenständen für den Fonds.[40]

12 Die Unterverwahrung von Vermögensgegenständen ist nicht Gegenstand der in § 31 geregelten vertraglichen Beziehungen zwischen AIFM-Kapitalverwaltungsgesellschaft und Primebroker, sondern zwischen letzterem und der Verwahrstelle.[41] In der Praxis können sowohl die Beziehungen des Primebrokers zur Verwaltungsgesellschaft als auch diejenigen zur Verwahrstelle freilich in einer einzigen Vereinbarung aller drei Parteien geregelt werden.[42]

---

33 S. dazu etwa *Zetzsche*, (Prime) Brokerage, S. 489, 490-498 m.w.N. Zum Begriff der „Kernfunktionen" etwa *Sittmann/Springer* in Weitnauer/Boxberger/Anders, § 31 KAGB Rz. 5 f.; *Kaiser*, Hedgefonds, 2009, S. 69.

34 Vgl. die Begriffsbestimmung in § 1 Abs. 19 Nr. 25 KAGB; s. daneben nur *Köndgen/Schmies* in Schimansky/Bunte/Lwowski, § 113 Rz. 21.

35 *Zetzsche*, (Prime) Brokerage, S. 489, 501 m.w.N.: „AIFMD is particularly targeted at regulating hedge fund managers most of which tailor exposures through leverage and derivatives. Prime brokers provide and organize AIFM's access to both"; s. auch die Auflistung der „Kernfunktionen" des Primebrokers bei *Sittmann/Springer* in Weitnauer/Boxberger/Anders, § 31 KAGB Rz. 5.

36 S. nur ZKA, Erläuterungen zur „Auslegung des Bundesministeriums der Finanzen zur Thematik Primebroker nach dem Investmentgesetz", 1.6.2004, S. 5 f.; ferner *Sittmann/Springer* in Weitnauer/Boxberger/Anders, § 31 KAGB Rz. 2; *Zetzsche*, (Prime) Brokerage, S. 489, 490; *Geurts/Schubert* in Moritz/Klebeck/Jesch, § 31 KAGB Rz. 21 ff.

37 S. hier nur *Sittmann/Springer* in Weitnauer/Boxberger/Anders, § 31 KAGB Rz. 7; *Geurts/Schubert* in Moritz/Klebeck/Jesch, § 31 KAGB Rz. 21 ff.; *Steffen* in Baur/Tappen§ 31 KAGB Rz. 8.

38 Zum Normzweck bereits Rz. 5 ff.

39 S. dazu nur ZKA, Erläuterungen zur „Auslegung des Bundesministeriums der Finanzen zur Thematik Primebroker nach dem Investmentgesetz", 1.6.2004, S. 6; *Tollmann* in Dornseifer/Jesch/Klebeck/Tollmann, Art. 21 AIFM-RL Rz. 307.

40 S. hierzu etwa die Aufgabenliste bei *Sittmann/Springer* in Weitnauer/Boxberger/Anders, § 31 KAGB Rz. 5; ferner *Zetzsche*, (Prime) Brokerage, S. 489, 501.

41 S. dazu bereits in Rz. 2. Zur Regelung der daraus potentiell resultierenden Interessenkonflikte s. Rz. 7.

42 S. etwa *Zetzsche*, (Prime) Brokerage, S. 489, 516; ZKA, Erläuterungen zur „Auslegung des Bundesministeriums der Finanzen zur Thematik Primebroker nach dem Investmentgesetz", 1.6.2004, S. 4.

IV. Schriftlicher Vertrag zwischen AIF-KVG und Primebroker (§ 31 Abs. 1 KAGB)

1. Schriftlichkeitserfordernis (§ 31 Abs. 1 Satz 1 KAGB)

§ 31 Abs. 1 Satz 1 KAGB verlangt, dass Vereinbarungen zwischen der für Rechnung des AIF handelnden KVG und dem Primebroker „in einem schriftlichen Vertrag" getroffen werden müssen. Das deutsche Umsetzungsrecht[43] nimmt damit **§ 126 BGB** in Bezug. Es gilt also die dort beschriebene **gesetzliche Schriftform.**[44] Ein **Verstoß** gegen das Schriftformerfordernis **führt** gem. § 125 Satz 1 BGB **zur Nichtigkeit** der Vereinbarung.[45] 13

Die Rechtsfolge des § 125 Satz 1 BGB **entspricht** auch dem **in der AIFM-RL vorgegebenen Schutzzweck.** Das Schriftformerfordernis soll sicherstellen, dass die vertraglichen Beziehungen zwischen AIF-Kapitalverwaltungsgesellschaft und Primebroker **transparent und nachweisbar** sind. Dies dient wiederum – im Verein mit der Vorgabe des § 31 Abs. 1 Satz 3 KAGB[46] – der **effektiven Kontrolle durch die Verwahrstelle,** ob und inwiefern sie Vermögensgegenstände des AIF – im Einklang mit den Anlagebedingungen oder der Satzung bzw. des Gesellschaftsvertrags des AIF (§ 31 Abs. 1 Satz 2 KAGB) – an den Primebroker herausgeben darf. Darüber hinaus erleichtert das Formerfordernis die **Geltendmachung etwaiger Haftungsansprüche** gegen die KVG.[47] Die Nichtigkeit der Vereinbarung bei Formmängeln hält die KVG effektiv zur Einhaltung der Schriftform an. Nicht intendierte Härten für die zu schützenden Anleger sind ebenfalls nicht zu erwarten. Insbesondere wäre eine Rehypothecation der zur Sicherheit überlassenen Vermögensgegenstände durch den Primebroker ohne entsprechende Vereinbarung mit der KVG unzulässig.[48] Insofern sprechen auch keine unionsrechtlichen Bedenken gegen die Anwendung des § 125 Satz 1 BGB. 14

2. Übertragung und Wiederverwendung von Vermögensgegenständen des AIF (§ 31 Abs. 1 Satz 2 KAGB)

Die Regelungen des § 31 Abs. 1 Satz 2 KAGB stellt **zwei Voraussetzungen** für die Übertragung von Vermögensgegenständen des AIF an den Primebroker und die Wiederverwendung dieser Vermögensgegenstände durch den Primebroker, also die bereits mehrfach angesprochene Rehypothecation, auf. Zum Ersten hat eine entsprechende Vereinbarung mit dem Primebroker in dem in § 31 Abs. 1 Satz 1 KAGB angesprochenen schriftlichen Vertrag zu erfolgen. Geschieht dies nicht, ist eine entsprechende Übereinkunft gem. § 125 Satz 1 BGB nichtig.[49] 15

Zum Zweiten darf eine Vereinbarung über die Übertragung und Wiederverwendung der Vermögensgegenstände des AIF nur getroffen werden, wenn dies **mit den Anlagebedingungen oder der Satzung bzw. dem Gesellschaftsvertrag des AIF vereinbar** ist. Die **Rechtsfolgen** eines Verstoßes gegen diese Vorgabe sind nicht abschließend geklärt. So könnte man § 31 Abs. 1 Satz 2 KAGB als Verbotsgesetz i.S.d. § 134 BGB einordnen und deshalb von der Nichtigkeit der Vereinbarung ausgehen. Allerdings richtet sich § 31 Abs. 1 Satz 2 KAGB an die AIF-KVG und nicht an den Primebroker. Bei der Regelung handelt sich also insofern um ein einseitiges Verbotsgesetz, dessen Verletzung nach allgemeinen Rechtsprechungsgrundsätzen regelmäßig nicht zur Nichtigkeit nach § 134 BGB führt.[50] Spricht bereits dies gegen eine Nichtigkeit der gegen die inhaltlichen Vorgaben des § 31 Abs. 1 Satz 2 KAGB verstoßenden schuldrechtlichen Übertragungs- und Wiederverwendungsvereinbarung,[51] lassen sich zudem systematische Gründe für die **Wirksamkeit der schuldrechtlichen Vereinbarung** anführen. Das KAGB ordnet nämlich an anderer Stelle die Unwirksamkeit gesetzwidriger Vereinbarungen ausdrücklich an.[52] Insofern liegt für § 31 Abs. 1 Satz 2 KAGB ein Gegenschluss nahe. Für **dingliche Rechtsgeschäfte,** die in Ausführung der Übertragungs- und Wiederverwendungsvereinbarung getrof- 16

43 Art. 14 Abs. 3 Satz 1 AIFM-RL spricht ebenfalls vom „schriftlichen Vertrag".

44 So auch *Geurts/Schubert* in Moritz/Klebeck/Jesch, § 31 KAGB Rz. 19; wohl auch *Sittmann/Springer* in Weitnauer/Boxberger/Anders, § 31 KAGB Rz. 7 mit Fn. 16. Zum unionsrechtlichen Schriftformbegriff und der Rechtsfolge der Nichtigkeit bei Verstoß *Isik*, Die Schriftform im EU-Recht, 2013, S. 281 f.

45 S. wiederum *Geurts/Schubert* in Moritz/Klebeck/Jesch, § 31 KAGB Rz. 19; wohl auch *Sittmann/Springer* in Weitnauer/Boxberger/Anders, § 31 KAGB Rz. 7 mit Fn. 16.

46 S. dazu noch in Rz. 18 ff.

47 S. auch *Geurts/Schubert* in Moritz/Klebeck/Jesch, § 31 KAGB Rz. 20; vgl. zum Normzweck des § 31 auch in Rz. 5 ff.

48 S. auch zur Unzulässigkeit einer anderweitigen Vereinbarung der Rehypothecation § 31 Abs. 1 Satz 2 KAGB. Dazu sogleich in Rz. 16.

49 Vgl. bereits in Rz. 13.

50 S. etwa BGHZ 46, 24, 26; 89, 369, 373; 143, 283, 287 und st. Rspr.; dazu *Ellenberger* in Palandt, § 134 BGB Rz. 9; ferner *Armbrüster* in MünchKomm. BGB, 7. Aufl. 2015, § 134 BGB Rz. 48.

51 So auch *Geurts/Schubert* in Moritz/Klebeck/Jesch, § 31 KAGB Rz. 23.

52 S. etwa §§ 93 Abs. 2 Satz 3, 127 Abs. 3 Satz 5, 152 Abs. 3 Satz 5, 306 Abs. 6 Satz 1 KAGB.

fen werden, gilt dasselbe. Denn dies wäre selbst bei Anwendung des § 134 BGB auf die schuldrechtliche Vereinbarung die Regel.[53] In der Sache gilt es auch in Ansehung des § 31 Abs. 1 Satz 2 KAGB den Verkehrsschutz zu beachten. Entsprechend wird von einem „Grundsatz der Wirksamkeit" dinglicher Rechtsgeschäfte bei Verstoß gegen die aufsichtsrechtlichen Normen des KAGB ausgegangen.[54] Anderes sollte also nur gelten, wenn das Gesetz ausdrücklich die Unwirksamkeit anordnet.[55] Durch den Verstoß geschädigte Anleger sind folglich in erster Linie auf Schadenersatzansprüche gegen die KVG verwiesen.[56]

17 Aus der Regelung des § 31 Abs. 1 Satz 2 KAGB ergibt sich schließlich auch, dass die **Wiederverwendung von Vermögensgegenständen** des AIF, die zur Sicherheit an den Primebroker übertragen worden sind, **im Grundsatz zulässig** ist.[57] Das Gesetz nimmt hier also auf die vorfindlichen Marktgepflogenheiten Rücksicht. Die mit der Rehypothecation verbundenen Effizienzgewinne kommen letztlich über günstigere Konditionen der Primebroker auch den Anlegern des AIF zugute.[58]

3. Unterrichtung der Verwahrstelle über den Vertrag (§ 31 Abs. 1 Satz 3 KAGB)

a) Kenntnisgabe an die Verwahrstelle

18 § 31 Abs. 1 Satz 3 KAGB verlangt, dass in dem schriftlichen Vertrag i.S.d. § 31 Abs. 1 Satz 1 KAGB festgelegt wird, dass die Verwahrstelle „über den Vertrag" in Kenntnis gesetzt wird. Beim Wort genommen schwebt dem Gesetz offenbar eine **vertragliche Verpflichtung** der AIF-KVG gegenüber der nicht am Vertrag beteiligten Verwahrstelle nach Art eines Vertrags zugunsten Dritter vor. Davon abgesehen wird man aus § 31 Abs. 1 Satz 3 KAGB wohl **auch eine gesetzliche Pflicht** der AIF-KVG zur Unterrichtung der Verwahrstelle herauslesen können (und nicht nur eine gesetzliche Pflicht zu einer entsprechenden vertraglichen Verpflichtung).

19 Was den **Umfang der Unterrichtungspflicht** anbetrifft, ist im Schrifttum diskutiert worden, ob allein der Hinweis auf die Existenz des Vertrages ausreicht.[59] Vergegenwärtigt man sich den Zweck der Informationspflicht, kommt ein solcher Minimalumfang indes nicht ernsthaft in Betracht: Die Informationspflicht des § 31 Abs. 1 Satz 3 KAGB soll der Verwahrstelle eine effektive Kontrolle darüber ermöglichen, ob und inwiefern sie Vermögensgegenstände des AIF an den Primebroker herausgeben muss bzw. darf.[60] Dies kann sie aber nur bei Kenntnis über den **Inhalt des Vertrages** bzw. der maßgeblichen Vertragspassagen.[61] Über Vertragsinhalte, welche die Funktion und Aufgaben der Verwahrstelle nicht berühren, muss hingegen nicht informiert werden.[62]

20 In der Praxis sind Verstöße gegen die Informationspflicht kaum zu erwarten. Denn ohne einen entsprechenden Nachweis der Zulässigkeit wird die Verwahrstelle die Vermögensgegenstände des AIF nicht an den Primebroker übertragen, allein schon um etwaige Haftungsrisiken zu vermeiden.[63]

b) Kein implizites Verbot der Übernahme von Aufgaben der Verwahrstelle

21 § 31 Abs. 1 Satz 3 KAGB geht vom Regelfall aus, dass Verwahrstelle und Primebroker personenverschieden sind. Diesen Grundsatz schreibt § 85 Abs. 4 Nr. 2 KAGB als gesetzliches Gebot fest. Zugleich erlaubt § 85 Abs. 4 Nr. 2 KAGB ausnahmsweise eine Vereinigung beider Funktionen „unter einem Dach", sofern nur die dort niedergelegten Voraussetzungen vorliegen, namentlich eine funktionale und hierarchische Trennung der Ausführung der Aufgaben als Verwahrstelle einerseits und der Aufgaben als Primebroker andererseits gewährleistet ist. An der Zulässigkeit dieser Personeneinheit bei funktional-hierarchischer Trennung will

---

53 S. nur *Ellenberger* in Palandt, § 134 BGB Rz. 13 m.N. aus der Rspr.

54 So *Geurts/Schubert* in Moritz/Klebeck/Jesch, § 31 KAGB Rz. 23, der hierfür in Fn. 22 beispielhaft auf die §§ 75 Abs. 2 Satz 2, 84 Abs. 2 Satz 2, 205 Satz 2, 242, 260 Abs. 5, 265 Satz 2 KAGB verweist.

55 S. wiederum *Geurts/Schubert* in Moritz/Klebeck/Jesch, § 31 KAGB Rz. 23 in Fn. 22, der insofern auf §§ 75 Abs. 2 Satz 3, 84 Abs. 2 Satz 3, 93 Abs. 4 Satz 1 Halbs. 2 KAGB hinweist.

56 Vgl. auch *Geurts/Schubert* in Moritz/Klebeck/Jesch, § 31 KAGB Rz. 23.

57 *Geurts/Schubert* in Moritz/Klebeck/Jesch, § 31 KAGB Rz. 21; *Sittmann/Springer* in Weitnauer/Boxberger/Anders, § 31 KAGB Rz. 7; *Steffen* in Baur/Tappen, § 31 KAGB Rz. 8.

58 Vgl. *Zetzsche*, (Prime) Brokerage, S. 489, 491.

59 So *Zentis* in Dornseifer/Jesch/Klebeck/Tollmann, Art. 14 AIFM-RL Rz. 36 zu Art. 14 Abs. 3 AIFM-RL; dies aufnehmend *Geurts/Schubert* in Moritz/Klebeck/Jesch, § 31 KAGB Rz. 24.

60 S. zum Zweck des § 31 Abs. 1 Satz 3 KAGB bereits in Rz. 5.

61 S. etwa *Sittmann/Springer* in Weitnauer/Boxberger/Anders, § 31 KAGB Rz. 8; vgl. auch *Tollmann* in Dornseifer/Jesch/Klebeck/Tollmann, Art. 14 AIFM-RL Rz. 36 für Art. 14 Abs. 3 Satz 3 AIFM-RL; im Ergebnis ebenso *Geurts/Schubert* in Moritz/Klebeck/Jesch, § 31 KAGB Rz. 24 f.; offenlassend *Steffen* in Baur/Tappen, § 31 KAGB Rz. 10.

62 So folgerichtig *Sittmann/Springer* in Weitnauer/Boxberger/Anders, § 31 KAGB Rz. 8; wohl weitergehend *Geurts/Schubert* in Moritz/Klebeck/Jesch, § 31 KAGB Rz. 24.

63 Ganz richtig *Geurts/Schubert* in Moritz/Klebeck/Jesch, § 31 KAGB Rz. 27.

§ 31 Abs. 1 Satz 3 KAGB nichts ändern. In diesem Fall hat die Funktionseinheit „Primebroker" die Funktionseinheit „Verwahrstelle" über den Inhalt der Vereinbarung mit der AIF-KVG zu unterrichten.[64]

c) Exkurs: Berichtspflichten des Primebrokers gegenüber der Verwahrstelle

Zur Sicherstellung der Kontrollaufgaben der Verwahrstelle nach § 83 KAGB hat der AIFM bzw. die AIF-KVG zudem eine Vereinbarung mit dem bestellten Primebroker zu treffen, worin sich der Primebroker dazu verpflichtet, der Verwahrstelle bestimmte Informationen auf einem dauerhaften Datenträger spätestens zum Geschäftsschluss des auf den betreffenden Geschäftstag folgenden Tages zur Verfügung zu stellen (s. § 83 Abs. 7 KAGB, Art. 91 DelVO (EU) Nr. 231/2013). Zu diesen Informationen gehören der Wert der den AIF betreffenden und vom Primebroker gehaltenen Vermögenswerte nebst einer Liste aller Institute, bei denen der Primebroker Geldmittel des AIF auf einem im Namen des AIF oder des für ihn handelnden AIFM eröffneten Kontos hält oder halten kann (Art. 91 Abs. 1 lit. a), Abs. 3 DelVO (EU) Nr. 231/2013), sowie alle weiteren Angaben, die erforderlich sind, um sicherzustellen, dass die Verwahrstelle des AIF über aktuelle und exakte Informationen über den Wert der Vermögensgegenstände verfügt, deren Verwahrung an den Primebroker übertragen wurden (Art. 91 Abs. 1 lit. b) DelVO (EU) Nr. 231/2013).[65] 22

V. Anforderungen an die Auswahl und Benennung des Primebrokers (§ 31 Abs. 2 KAGB)

1. Konkretisierung durch Art. 20 DelVO (EU) Nr. 231/2013

Gemäß § 31 Abs. 2 KAGB hat die AIF-KVG die Auswahl und Benennung des Primebrokers „mit der gebotenen Sachkenntnis, Sorgfalt und Gewissenhaftigkeit" vorzunehmen. Die Bestimmung setzt Art. 14 Abs. 3 Unterabs. 2 AIFM-RL um. Die Vorschrift wiederholt letztlich nur die allgemeinen Sorgfaltsanforderungen des Art. 12 AIFM-RL für den speziellen Fall der Auswahlentscheidung über den Primebroker.[66] Hieraus erklärt sich auch, dass die Regelung zur gebotenen Sorgfalt bei der Auswahl und Bestellung von Gegenparteien und Primebrokern in Art. 20 DelVO (EU) Nr. 231/2013[67] als Konkretisierung des Art. 12 Abs. 1 AIFM-RL – und nicht des Art. 13 Abs. 3 Unterabs. 2 AIFM-RL – ausgewiesen ist,[68] aber zugleich Art. 13 Abs. 3 Unterabs. 2 AIFM-RL und damit § 31 Abs. 2 KAGB näher ausgestaltet.[69] 23

Demnach hat die AIF-KVG bei der Auswahl des Primebrokers „dem gesamten Spektrum und der Qualität der angebotenen Dienste" Rechnung zu tragen (Art. 20 Abs. 1 DelVO (EU) Nr. 231/2013). Tatsächlich ergeben sich Qualitätsunterschiede zwischen den Primebrokern regelmäßig weniger in Bezug auf die Wahrnehmung der Kernaufgaben als bei den werthaltigen Zusatzleistungen wie etwa der Risikoanalyse oder den verwendeten technologischen Standards.[70] Ferner dürfen AIF-KVGen nur solche Primebroker auswählen, die (1) der laufenden Aufsicht einer öffentlichen Stelle unterliegen, (2) finanziell solide sind und (3) über die Organisationsstruktur und die Ressourcen verfügen, die sie für die gegenüber dem AIFM oder der AIF zu erbringenden Leistungen benötigen (Art. 20 Abs. 2 und 3 DelVO (EU) Nr. 231/2013). Die Liste der nach diesen Kriterien ausgewählten Primebroker ist durch die Geschäftsleitung der KVG zu genehmigen. Der Rückgriff auf Primebroker, die nicht auf dieser Liste stehen, ist ausnahmsweise zulässig, jedoch gesondert zu begründen (Art. 20 Abs. 4 DelVO (EU) Nr. 231/2013). In Art. 20 Abs. 4 DelVO (EU) Nr. 231/2013 klingt auch an, dass die AIF-KVG nicht nur zur sorgfältigen Auswahl, sondern auch zu einer anschließenden Überwachung der ausgewählten Primebroker verpflichtet ist.[71] 24

64 Unstr., s. etwa *Sittmann/Springer* in Weitnauer/Boxberger/Anders, § 31 KAGB Rz. 13 mit Ausführungen zur Handhabung von (internen) Interessenkonflikten in Rz. 14 f.; *Geurts/Schubert* in Moritz/Klebeck/Jesch, § 31 KAGB Rz. 26; vgl. auch *Zentis* in Dornseifer/Jesch/Klebeck/Tollmann, Art. 14 AIFM-RL Rz. 37 zu Art. 14 Abs. 3 Satz 3 AIFM-RL.

65 S. zum Ganzen etwa *Sittmann/Springer* in Weitnauer/Boxberger/Anders, § 31 KAGB Rz. 9 ff.

66 S. *Zentis* in Dornseifer/Jesch/Klebeck/Tollmann, Art. 14 AIFM-RL Rz. 38.

67 DelVO (EU) Nr. 231/2013 v. 19.12.2012, ABl. EU Nr. L 83 v. 22.3.2013, S. 1.

68 Die Regelung in Art. 20 DelVO (EU) Nr. 231/2013 beruht damit auf der Ermächtigung in Art. 12 Abs. 3 AIFM-RL.

69 S. *Zentis* in Dornseifer/Jesch/Klebeck/Tollmann, Art. 14 AIFM-RL Rz. 38; ferner *Geurts/Schubert* in Moritz/Klebeck/Jesch, § 31 KAGB Rz. 29; *Sittmann/Springer* in Weitnauer/Boxberger/Anders, § 31 KAGB Rz. 16.

70 S. *Sittmann/Springer* in Weitnauer/Boxberger/Anders, § 31 KAGB Rz. 6.

71 S. auch *Sittmann/Springer* in Weitnauer/Boxberger/Anders, § 31 KAGB Rz. 16; ferner ESMA, Final Report – ESMA's technical advice to the European Commission on possible implementing measures of the Alternative Investment Fund Managers Directive, 16. November 2011, ESMA/2011/379, S. 44 f.

2. Sorgfaltsverstoß und Haftung

25 Verstößt die AIF-KVG gegen die in § 31 Abs. 2 KAGB niedergelegten Sorgfaltsanforderungen und entstehen den Anlegern bzw. dem Investmentvermögen hierdurch Schäden, haftet die AIF-KVG wegen Auswahlverschulden auf Schadensersatz.[72] Dies ergibt sich bereits daraus, dass die in der (aufsichtsrechtlichen) Vorschrift niedergelegten Sorgfaltsanforderungen – zumindest auch – den zivilrechtlichen Sorgfaltsstandards entsprechen, ja diese prägen.[73] Letzere ergeben sich bei externer KVG vor allem aus dem als Geschäftsbesorgungsvertrag zu qualifizierenden Investment- und Verwaltungsvertrag zwischen KVG und den Anlegern oder der Investmentgesellschaft (Investment-AG bzw. Investment-KG).[74] Im letzteren Fall wird überdies ein gesetzliches Schuldverhältnis zwischen KVG und Anlegern auf der Grundlage des § 26 Abs. 1 KAGB angenommen.[75] Bei der internen KVG kommen hingegen die gesellschaftsrechtlichen Haftungsmechanismen des Aktien- oder KG-Rechts zum Einsatz.[76] Daneben kommt eine Haftung der KVG für fremdes Verschulden in Betracht, wenn und soweit der Primebroker als deren Erfüllungsgehilfe tätig wird.[77]

3. Exkurs: Anwendung des Art. 20 DelVO (EU) Nr. 231/2013 auf OGAW

26 § 2 Abs. 1 KAVerOV erstreckt die Vorgaben des Art. 20 DelVO (EU) Nr. 231/2013 zur Auswahl und Bestellung von Gegenparteien und Primebrokern für die genaue Bestimmung der in § 26 Abs. 1 und 2 KAGB genannten Pflichten[78] auch auf OGAW-KVGen. Die BaFin begründet dies damit, dass Art. 20 DelVO (EU) Nr. 231/2013 letztlich nur die bereits nach Art. 22 und 23 der RL 2010/43/EU vorgegebenen Sorgfaltsanforderungen konkretisieren würde und eine entsprechende Erstreckung auf OGAW-KVGen im Hinblick auf die Entwicklungen an den Märkten und die Erfahrungen der Aufsichtspraxis sachlich geboten sei.[79]

§ 32 Entschädigungseinrichtung

Sofern die Kapitalverwaltungsgesellschaft die Erlaubnis zur Erbringung der Finanzportfolioverwaltung im Sinne des § 20 Absatz 2 Nummer 1 oder Absatz 3 Nummer 2 hat, hat sie die betroffenen Kunden, die nicht Institute im Sinne des Kreditwesengesetzes sind, über die Zugehörigkeit zu einer Einrichtung zur Sicherung der Ansprüche der Kunden (Entschädigungseinrichtung) in geeigneter Weise zu informieren; § 23a Absatz 1 Satz 2 und 12 sowie Absatz 2 des Kreditwesengesetzes findet entsprechend Anwendung.

In der Fassung vom 4.7.2013 (BGBl. I 2013, S. 1981), zuletzt geändert durch das DGSD-Umsetzungsgesetz vom 28.5.2015 (BGBl. I 2015, S. 786).

---

72 Vgl. ZKA, Erläuterungen zur „Auslegung des Bundesministeriums der Finanzen zur Thematik Primebroker nach dem Investmentgesetz", 1.6.2004, S. 3 f. zur Haftung der Depotbank bei fehlerhaften Auswahl des Primebrokers im Rahmen der Bestellung nach § 112 Abs. 3 S. 2 InvG; ohne Festlegung *Geurts/Schubert* in Moritz/Klebeck/Jesch, § 31 KAGB Rz. 33.

73 Vgl. allgemein zur „Ausstrahlungswirkung" des Kapitalanlagerechts auf das Zivilrecht nur *Winterhalder* in Weitnauer/Boxberger/Anders, § 17 KAGB Rz. 47b m.w.N.; zumindest im Ergebnis wie hier *Köndgen/Schmies* in Schimansky/Bunte/Lwowski, § 113 Rz. 114.

74 S. allgemein zur Haftung der externen KVG etwa *Winterhalder* in Weitnauer/Boxberger/Anders, § 17 KAGB Rz. 40 ff.

75 S. dazu hier nur *Winterhalder* in Weitnauer/Boxberger/Anders, § 17 KAGB Rz. 47; *Köndgen/Schmies* in Schimansky/Bunte/Lwowski, § 113 Rz. 244; ferner *Zetzsche*, Prinzipien der kollektiven Vermögensanlage, 2015, S. 684 m.w.N. in Fn. 151; s. aber auch *Zetzsche*, FS Köndgen, S. 696 f.: Ansprüche aus berechtigendem Vertrag zugunsten Dritter (der Anleger).

76 *Köndgen/Schmies* in Schimansky/Bunte/Lwowski, § 113 Rz. 114.

77 Vgl. ZKA, Erläuterungen zur „Auslegung des Bundesministeriums der Finanzen zur Thematik Primebroker nach dem Investmentgesetz", 1.6.2004, S. 3 f. zur Haftung der Depotbank unter dem InvG; ferner *Geurts/Schubert* in Moritz/Klebeck/Jesch, § 31 KAGB Rz. 33.

78 S. dazu ausführlich in diesem Kommentar § 26.

79 BaFin, Begründung zur Kapitalanlage-Verhaltens- und Organisationsverordnung – KAVerOV, 22.7.2013; kritisch *Geurts/Schubert* in Moritz/Klebeck/Jesch, § 31 KAGB Rz. 31 f.

Schrifttum: *Binder/Glos/Riepe* (Hrsg.), Handbuch Bankenaufsichtsrecht, 2018; *Maunz/Dürig*, Grundgesetz, Loseblatt, Stand: Januar 2018; *Middelschulte*, Unbestimmte Rechtsbegriffe und das Bestimmtheitsgebot, 2007.

I. Inhalt der Norm

Die Norm regelt Informationspflichten der KVG über die **Zuordnung zu einer Sicherungseinrichtung.** Diese Zuordnung ergibt sich aus § 6 Abs. 1 Satz 1 AnlEntG, der deutlich macht, dass die Zuordnung kraft Gesetzes erfolgt.[1] Für den Inhalt der Informationspflichten verweist der Gesetzgeber auf § 23a Abs. 1 Satz 2 und 12 sowie Abs. 2 KWG. 1

II. Verortung in der AIFMD und OGAW IV-RL und im InvG sowie anderen Gesetzen

Die Regelung setzt Art. 12 Abs. 2 lit. b) der OGAW-RL sowie Art. 12 Abs. 2 lit. b) der AIFM-RL um. Die Vorschriften verweisen auf die Anlegerentschädigungs-RL[2]. Die Vorschrift entspricht, ausweislich der Gesetzesbegründung[3] im Wesentlichen der Regelung des durch das AIFM-RL-UmsetzungsG aufgehobenen § 19b InvG. Die Regelung lässt § 23a Abs. 1 Satz 2 sowie Abs. 2 KWG, wohl in der Fassung vom 1.7.2011, entsprechende Anwendung finden. 2

Einstweilen frei. 3

III. Die Tatbestandsmerkmale im Einzelnen

1. Kapitalverwaltungsgesellschaft als Verpflichtete

a) Kapitalverwaltungsgesellschaft

Verpflichtet sind ausschließlich KVGen i.S.v. § 17 KAGB. Lediglich registrierungspflichtigen KVGen trifft diese Pflicht aufgrund des fehlenden Verweises auf § 20 Abs. 2 Nr. 1 oder Abs. 3 Nr. 2 KAGB in § 2 Abs. 4 und Abs. 5 KAGB nicht. Daraus ergibt sich, dass Verpflichtungsvoraussetzung **satzungsmäßiger Sitz und Hauptverwaltung im Inland** ist. Daraus wiederum folgt zunächst, dass Zweigniederlassungen von europäischen OGAW Verwaltungsgesellschaften und von europäischen AIF Verwaltungsgesellschaften keine entsprechende Pflicht nach deutschem Recht haben; diese Pflicht ergibt sich für diese Gesellschaften nach dem Heimatlandrecht, welches die benannten Vorschriften der OGAW-RL und der AIFM-RL umgesetzt haben muss. Ausländische AIF-Verwaltungsgesellschaften, also Unternehmen, die ihren Sitz in einem Drittstaat haben, fallen ebenfalls nicht unter die Verpflichtung der Vorschrift. Allerdings werden BaFin und ESMA im Rahmen der Referenzmitgliedstaatenprüfung nach § 58 KAGB prüfen, ob die Heimatlandjurisdiktion vergleichbare Verpflichtungen enthält. 4

b) Innehaben einer Erlaubnis zum Erbringen der Finanzportfolioverwaltung

Die Vorschrift beschränkt die Pflicht auf KVGen, die eine **Erlaubnis zum Erbringen der Finanzportfolioverwaltung** i.S.v. § 20 Abs. 2 Nr. 1 und Abs. 3 Nr. 2 KAGB haben. Die Erlaubnis kann sich zum einen aus dem Wortlaut des Erlaubnisbescheides ergeben, zum anderen aus der Übergangsvorschrift des § 144 InvG, mit welchem bereits erteilte Erlaubnisse und Genehmigungen als nach dem InvG erteilt gelten. 5

Interessant ist, dass das AnlEntG KVGen, die die Anlageberatung, die Verwaltung von Anteilen an Investmentvermögen oder die Anlagevermittlung erbringen dürfen, zu den nach AnlEntG verpflichteten Instituten zählt. Die Beschränkung der Informationspflicht auf KVGen, die eine Erlaubnis zum Erbringen von Finanzportfolioverwaltung innehaben, begründet allerdings einen Wertungswiderspruch: einerseits sind die KVGen, die Nebentätigkeiten mit Ausnahme der Finanzportfolioverwaltung erbringen, der EdW zugeordnet; andererseits sind diese nicht zur Anlegerinformation nach § 32 KAGB verpflichtet. 6

---

1 *Hanten* in Binder/Glos/Riepe, Handbuch Bankaufsichtsrecht, § 19 Rz. 119.
2 Richtlinie 97/9/EG des Europäischen Parlaments und des Rates vom 3.3.1997 über Systeme für die Entschädigung der Anleger.
3 BT-Drucks. 17/12294, 219.

7 Das Tatbestandsmerkmal der Finanzportfolioverwaltung beruht auf Art. 4 Abs. 1 Nr. 9 der MiFID[4] und wurde zunächst im KWG in § 1 Abs. 1a Satz 2 Nr. 3 **legal definiert**. Der Einschub „ (...) einschließlich der Portfolioverwaltung fremder Investmentvermögen (...)“ wurde durch das Gesetz zur Änderung des Einlagensicherungs- und Anlegerentschädigungsgesetzes und anderen Gesetze vom 25.6.2009[5] in das InvG aufgenommen. Die Änderung ist aus fiskalischen Erwägungen vorgenommen worden. Vor dieser Einfügung war unklar[6], ob die Erträge aus der Verwaltung fremder Sondervermögen in die Bemessungsgrundlage für die Zwecke der Berechnungen der Abgaben auf Grundlage des damaligen Einlagensicherungs- und Anlegerentschädigungsgesetzes[7], heutigen Anlegerentschädigungsgesetzes[8] aufzunehmen waren. Über die Frage der Zulässigkeit der „klarstellenden“ Erweiterung des Tatbestandsmerkmals der Finanzportfolioverwaltung lässt sich unter europäischen[9] und verfassungsrechtlichen[10] Aspekten streiten.

2. Verpflichtungsinhalt

a) „Über die Zugehörigkeit zu einer Entschädigungseinrichtung“

8 Der Terminus „Zugehörigkeit“ entspricht nicht der Terminologie des AnlEntG – das Gesetz verwendet den Terminus der „Zuordnung“ in § 6 Abs. 1 AnlEntG.

b) Entsprechungsverweis

9 § 23a Abs. 1 Satz 2 und 5 sowie Abs. 2 KWG findet entsprechende Anwendung. Bei dem Hinweis auf die Vorschriften des KWG handelt es sich um eine **Analogieverweisung,**[11] die verwandt werden soll, wenn der Bezugstext nicht wörtlich passt. Dies muss, so die Vorstellung des BMJ, in der Ausgangsnorm zum Ausdruck gebracht werden, damit keine Unklarheiten entstehen können. Der Gesetzgeber hat dies durch die Nutzung der Worte „(...) findet entsprechende Anwendung (...)“ versucht. Dem Wortlaut nach ist unklar, ob der Verweis auf die Vorschriften des KWG **eine starre oder eine dynamische** Verweisung begründen soll. Das KAGB in der gegenwärtigen Fassung vom 4.7.2013 hat die letzte Änderung des § 23a KWG in der Fassung vom 3.7.2015 nicht nachvollzogen. Dies spricht an sich für eine starre Verweisung. Die besseren Gründe sprechen jedoch dafür, als Verweisnorm die Fassung des KWG zum Zeitpunkt des Inkrafttretens des KAGB in Bezug zu nehmen. Eine derartige Gesetzgebungstechnik ist jedoch unter Aspekten der nach Art. 20 Abs. 3 GG garantierten Rechtssicherheit[12], zumindest zweifelhaft.

10 Die Internetseite des einschlägigen Anlegerentschädigungssystems wird auf dem Informationsbogen angegeben.

3. Informationsempfänger

11 Informiert werden müssen Kunden, die nicht Institute sind. Damit ist der **Adressatenkreis** der Informationspflicht weiter gefasst als der persönliche Schutzumfang des AnlEntG. Denn es müssen auch die Kunden informiert werden, denen entsprechend § 6 EinSiG kein Entschädigungsanspruch zusteht. Die Bestimmung hat nach einem Urteil des BGH **anlegerschützende Bedeutung** und dient dazu, „Kapitalanleger für den Gesichtspunkt der Einlagensicherung zu sensibilisieren und ihnen eine eigenverantwortliche, sachkundige Entscheidung bei der Auswahl des Kreditinstituts zu ermöglichen“.[13]

12 Die Informationspflicht über ausgeschlossene Gläubigergruppen besteht auch insoweit nicht, als deren Vermögenswerte außerhalb der gesetzlichen Verpflichtung mindestens im gleichen Umfang entschädigt werden. Dies ist bei den Instituten, die einer ergänzenden Einlagensicherungseinrichtung angehören – also bei

---

4 Richtlinie 2004/39/EG des Europäischen Parlaments und des Rates vom 21. April 2004 über Märkte für Finanzinstrumente (MiFID), ABl. EU Nr. L 345 v. 30.4.2004, S. 1.

5 BGBl. I, 1528, 1682.

6 VG Berlin v. 17.3.2009 – 1 A 246.08 und nachgehend OVG Brandenburg v. 1.4.2010 – OVG 1 S 52.09.

7 BGBl. I 1998, S. 1842.

8 BGBl. I 2015, S. 786.

9 Es stellt sich die Frage, ob die Verwaltung fremder Sondervermögen einen MiFID-Tatbestand erfüllt; nur unter dieser Voraussetzung wäre die Einbeziehung in das Anlegerentschädigungsgesetz zulässig. Das Gesetz beruht auf der Anlegerentschädigungs-RL, die ihrerseits ausschließlich auf MiFID-Tatbestände verweist.

10 Es stellt sich die Frage, ob die unterschiedliche Behandlung von Erträgen aus der Verwaltung eigener und der Verwaltung fremder Sondervermögen im Hinblick auf deren Einbeziehung in die Bemessungsgrundlage nach dem AnlEntG mit dem Gleichheitssatz in Art. 3 Abs. 1 GG vereinbar ist.

11 BMJV, Handbuch der Rechtsförmlichkeit, 3. Aufl. 2008, Rz. 232.

12 Zum Bestimmtheitsgrundsatz vgl. *Grzeszick* in Maunz/Dürig, Art. 20 GG Rz. 58 ff.; *Middelschulte*, Unbestimmte Rechtsbegriffe und das Bestimmtheitsgebot, passim.

13 BGH v. 14.7.2009 – XI ZR 152/08, ZIP 2009, 1654 (1655).

Mitgliedern des Bundesverbandes Deutscher Banken und des Bundesverbandes Öffentlicher Banken – der Fall. Die Mitglieder des Bundesverbandes Deutscher Banken oder der bei der Kreditanstalt für Wiederaufbau errichteten Einrichtung für Wertpapierhandelsunternehmen müssen ihren Kunden deutlich machen, dass weitere Gläubigergruppen nicht geschützt sind, es sei denn, es werden entsprechende Ergänzungssicherungen unterhalten.

§ 33 Werbung

Auf die Werbung von Kapitalverwaltungsgesellschaften und extern verwalteten Investmentgesellschaften findet § 23 des Kreditwesengesetzes entsprechend Anwendung.

In der Fassung vom 4.7.2013 (BGBl. I 2013, S. 1981).

Schrifttum: *Brenncke*, Regelung der Werbung im Bank- und Kapitalmarktrecht, 2013; *Kugele*, VwVfG Kommentar, 2014; *Köhler/Bornkamm/Feddersen*, UWG Kommentar, 36. Aufl. 2018; *Paal/Poelzig*, Effizienz durch Verständigung, 2015.

I. Inhalt der Norm

1. Regelungsbereich

§ 33 KAGB beinhaltet eine **Analogieverweisung**[1] auf die Vorschrift des § 23 KWG, der sich mit der Missstandsaufsicht in Bezug auf Werbemaßnahmen befasst. Die Analogieverweisung trägt nicht weit, da etwa § 23 Abs. 1 Satz 2 KWG konkrete Geschäftsgegenstände des Bankgeschäfts behandelt, die nicht für eine Analogie zum Investmentrecht geeignet sind. 1

Die Norm ermächtigt die BaFin, gegen **missständige Arten der Werbung** vorzugehen. Auf diese Weise soll das Vertrauen in der Öffentlichkeit in die Funktionsfähigkeit und Stabilität des Finanzsystems sowie das Vertrauen der Öffentlichkeit in die Sicherheit der intermediären Vermögenswerte sichergestellt werden.[2] 2

2. Verhältnis zu § 302 KAGB

Während § 33 KAGB die Werbung durch KVGen und extern verwalteten Investmentgesellschaften behandelt, befasst sich die Vorschrift des § 302 KAGB mit der Werbung für AIF und OGAW, ohne Rücksicht darauf, durch wen die Werbungsmaßnahme erfolgt. Die Werbung für ein AIF oder ein OGAW durch eine KVG etwa würde sowohl von § 33 KAGB als auch von § 302 KAGB erfasst. Den § 302 Abs. 7 KAGB als – verdrängende – spezialgesetzliche Norm zu betrachten,[3] trifft deshalb nicht zu. 3

II. Verortung in der AIFMD und OGAW IV-RL und im InvG sowie anderen Gesetzen

§ 33 KAGB übernimmt die frühere Regelung des § 19a InvG.[4] § 19a InvG wiederum wurde mit dem Investmentänderungsgesetz im Dezember 2007 in das InvG eingefügt.[5] Die Regelung ist eine **auf nationaler Ebene geschaffene Norm**; vergleichbare Vorschriften finden sich weder in der OGAW IV-RL noch in der AIFMD. Die AIFMD erwähnt die Werbung von AIFM für sich als Dienstleister nicht. Die Richtlinien befas- 4

1 Zur Verweisungstechnik vgl. BMJV, Handbuch der Rechtsförmlichkeit, 3. Aufl. 2008, Rz. 232.
2 *Brenncke* in Moritz/Klebeck/Jesch, § 33 KAGB Rz. 21.
3 So aber *Brenncke* in Moritz/Klebeck/Jesch, § 33 KAGB Rz. 14.
4 Begr. RegE, BT-Drucks. 17/12294, 219.
5 BGBl. I 2007, S. 3089, 3098.

sen sich nicht mit der Werbung von Unternehmen, sondern nur mit der Werbung für Produkte. § 33 KAGB mit der Bezugnahme auf Werbung durch Unternehmen hat also keine Anknüpfung in den Richtlinien.

III. Die Tatbestandsmerkmale im Einzelnen

1. Adressaten der Missstandsaufsicht

5 Adressaten der Missstandsaufsicht sind **Kapitalverwaltungsgesellschaften** (§ 17 Abs. 1 KAGB) und **extern verwaltete Investmentgesellschaften** (§ 1 Abs. 13 KAGB). Daraus folgt, dass sich die Adressaten der Missstandsaufsicht auf Unternehmen mit Sitz in Inland beschränken. Zweigniederlassungen und AIF-Verwaltungsgesellschaften, deren Referenzmitgliedstaat die Bundesrepublik ist, sind keine Adressaten der Missstandsaufsicht durch die BaFin. Die für diese Unternehmen relevante Missstandsaufsicht richtet sich nach dem Recht des Herkunftsstaats. Dass die deutsche Missstandsaufsicht Zweigniederlassungen und AIF-Verwaltungsgesellschaften, deren Referenzmitgliedstaat die Bundesrepublik ist, nicht erfasst, lässt sich schwer begründen. Da Missstände in der Werbung nicht harmonisiert beaufsichtigt werden, spricht viel dafür, hier eine **Residualaufsicht des Aufnahmestaates** aufzunehmen. Dies entspricht auch der Systematik des § 23 KWG, der in der Residualaufsicht des § 53b Abs. 3 KWG – dort Satz 1 Nr. 3 – aufgenommen wurde.

2. Werbung

6 Die Eingriffsbefugnis setzt einen Missstand in der Werbung voraus. Werbung ist **ein Instrument der Absatzförderung** und dient der Kommunikation mit Kunden und der Information über Unternehmen und Produkte. Werbung ist auf die Verhaltensbeeinflussung potentieller Kunden ausgerichtet. Die Werbung kann in der Leistungswerbung für einzelne Produkte (etwa OGAW oder AIF) oder für das Unternehmen insgesamt bestehen. Als **Werbemittel** kommen Anzeigen, Prospekte, Spots in Rundfunk oder Fernsehen, Plakatwerbung, Telefonwerbung, Werbung im Internet oder öffentliche Veranstaltungen sowie Werbegeschenke in Betracht. Zudem gibt es besonders gestaltete werbliche Angebote, die ein über den Produktnutzen hinausgehende Werbeeffekt erzielen sollen. Hier kommt Bonusversprechen oder Sonderangebot in Betracht. § 33 KAGB i.V.m. § 23 KWG ist seinem Schutzzweck entsprechend auszulegen, ist jedoch nicht so umfassend wie der Tatbestand der geschäftlichen Handlung (früher der Wettbewerbshandlung) nach § 2 Abs. 1 Satz 1 UWG.[6]

3. Missstand

7 Das Tatbestandsmerkmal des Missstands – zumindest insoweit greift die Analogieverweisung auf § 23 KWG – sollte wegen des Verweises an den Zwecken von § 6 Abs. 2 KWG ausgerichtet werden. Ein Missstand liegt vor, wenn Werbemaßnahmen **Nachteile für das Vertrauen** in den relevanten Wirtschaftsbereich begründen oder die ordnungsgemäße Geschäftsabwicklung beeinträchtigen könnten. Ein einzelner Verstoß gegen eine Norm aus dem UWG ist weder hinreichend noch erforderlich, um einen Missstand zu begründen.[7] Ein Missstand verlangt die Beanstandbarkeit der Werbung des einzelnen Unternehmens oder der Branche.

8 Die Praxis der BaFin hat **bislang keine Maßnahmen** nach § 33 KAGB ergriffen. Die in Betracht kommenden Beispiele für Missstände sind daher hypothetisch. So wäre etwa das Werben mit der Zugehörigkeit zu einer Sicherungseinrichtung eher nicht missständig, während die unzutreffende Werbung mit einer Zugehörigkeit als Missstand anzusehen wäre. Bloße Werbung mit der Aufsicht durch die BaFin dürfte, wenn sie zu Informationszwecken betrieben wird, nicht als Missstand anzusehen sein. Jedoch weist BaFin in Erlaubnis- oder Freistellungbescheiden gelegentlich darauf hin, dass mit diesen nicht geworben werden darf. Fraglich ist, ob die fehlende Missstandspraxis der BaFin auf beanstandungsfreie Führung der Branche oder auf eine Betriebsblindheit der Aufsicht zurückzuführen sind.

4. Rechtsfolge: Untersagung der Werbung

a) Bestimmte Arten der Werbung

9 § 33 KAGB i.V.m. § 23 Abs. 1 KWG ermächtigt die BaFin, **bestimmte Arten** der Werbung zu untersagen. Die Untersagung kann durch Einzelverfügung (§ 35 Satz 1 VwVfG) oder Allgemeinverfügung (§ 35 Satz 2 VwVfG) erfolgen. Um der nach § 37 Abs. 1 VwVfG erforderlichen Bestimmtheit zu genügen, müssen **kon-**

6 Zum Tatbestand der geschäftlichen Handlung vgl. *Köhler* in Köhler/Bornkamm/Feddersen, § 1 UWG Rz. 3 ff.
7 *Stawitzke* in Boos/Fischer/Schulte-Mattler, § 23 KWG Rz. 8.

krete Maßnahmen im Einzelfall und die beanstandete Werbung abstrakt beschrieben werden. Werbemittel, Werbeträger, Werbeumfang, Werbeinhalt sind zu benennen.[8]

b) Allgemeine Maßnahmen

Für den Erlass allgemeiner Maßnahmen ist nach § 33 KAGB i.V.m. § 23 KWG eine **Anhörung der Spitzenverbände** der „Institute" und des Verbraucherschutzes durchzuführen. Bislang besteht keine Marktpraxis zu der Frage, welche Verbände als Spitzenverbände zu qualifizieren sind. In Betracht kommen die deutsche Kreditwirtschaft (DK)[9] als Spitzenverband der Kreditinstitute, der Bundesverband Investment und Asset Management e.V. (BVI)[10] und auch kleinere Verbände, wie etwa der Bundesverband Alternative Investments e.V. (BAI)[11] oder der Verband der Auslandsbanken in Deutschland e.V. (VAB).[12] 10

c) Ermessen

Die Unterlassung einer solchen Anhörung führt jedoch nicht zu einer Nichtigkeit oder Angreifbarkeit der ohne Anhörung erlassene Allgemeinverfügung. Vielmehr handelt es sich um einen nach § 45 Abs. 1 Nr. 3 VwVfG heilbaren Verfahrensverstoß. 11

§ 33 KAGB i.V.m. § 23 Abs. 1 KWG ist eine „Kann-Vorschrift", deren Ausübung die allgemeinen **Verhältnismäßigkeitsregeln** zu beachten hat.[13] Je nach Schwere des Missstands kann ein Handlungszwang für die BaFin bestehen. Der Erlass des Verwaltungsaktes selber muss die Vorgaben des § 35 S. 1 VwVfG beachten. Die Ausübung des Ermessens richtet sich nach den mit dem KWG, insbesondere § 23 Abs. 1 KWG, verfolgten Zielen, also insbesondere nach der gesamtwirtschaftlichen Zielsetzung des § 23 KWG.[14] Tritt ein Missstand in der Werbung auf, besteht eine Gefahr für das hochwertige Schutzgut des Vertrauens der Öffentlichkeit in das Finanzsystem und damit eine Gefahr für die Gesamtwirtschaft. 12

Die BaFin ist auch bei der Wahl ihres Verwaltungshandelns an ihr Ermessen gebunden. So muss sie etwa nicht zwingend zur Untersagungsverfügung (Verwaltungsakt) greifen, sondern kann mit Mitteln des rechtsunverbindlichen **informellen Verwaltungshandelns** (z.B. Schreiben, Bekanntmachungen, Mitteilungen oder Verlautbarungen) gegen einen Missstand bei der Werbung einschreiten.[15] Hier kommt auch der in der Praxis wirksame Hinweis an die Geschäftsleiter in Betracht, dass die Beibehaltung des Missstandes Zweifel an der – aufsichtsrechtlich erforderlichen – Zuverlässigkeit der Geschäftsleiter begründet.[16] Bei gleicher Eignung stellen informelle Verwaltungsmaßnahmen das mildere Aufsichtsmittel dar. 13

d) Verfahren

Untersagungsverfügungen nach § 33 KAGB i.V.m. § 23 KWG kann die BaFin mit **Zwangsmitteln** nach den Bestimmungen des VwVG durchsetzen (s. § 17 Satz 1 FinDAG). Anders als im KWG (§ 56 Abs. 2 Nr. 3 Buchst. e) KWG) begründet ein Verstoß gegen eine Untersagungsverfügung nach § 33 KAGB i.V.m. § 23 KWG keine Ordnungswidrigkeit. Der Katalog der Bußgeldvorschriften in § 340 KAGB nennt den § 33 KAGB nicht; die Analogieverweisung des § 33 KAGB auf § 23 KWG verweist nicht auf den Bußgeldkatalog des KWG. Den Betroffenen einer Untersagungsverfügung oder eines schlichthoheitlichen Verwaltungshandelns der BaFin steht der **Rechtsschutz nach der VwGO** offen.[17] Widerspruch und Anfechtungsklage gegen eine Untersagungsverfügung der BaFin nach § 33 KAGB i.V.m. § 23 KWG haben aufschiebende Wirkung, weil § 7 KAGB nicht auf § 33 KAGB verweist. Die BaFin kann jedoch die sofortige Vollziehbarkeit gem. § 80 Abs. 2 Nr. 4 VwGO anordnen; gegen eine solche Anordnung kann der Antrag auf Wiederherstellung der aufschiebenden Wirkung des Widerspruchs nach § 80 Abs. 5 VwGO gestellt werden. 14

---

8 *Brenncke* in Moritz/Klebeck/Jesch, § 33 KAGB Rz. 42.
9 https://die-dk.de/.
10 https://www.bvi.de/start/.
11 https://bvai.de/baistartseite.html.
12 https://www.vab.de/Deutsch/Startseite/.
13 *Kugele*, § 40 VwVfG Rz. 7.
14 Begr. RegE, BT-Drucks. III/1114, S. 25.
15 Dazu *Brenncke*, Regelung der Werbung, S. 477 ff.
16 Zur Hinweispraxis der BaFin etwa *Hanten*, Don't Mess With the Regulator, in Paal/Poelzig, Effizienz durch Verständigung, S. 81 ff.
17 Zu den verwaltungsrechtlichen Rechtsschutzmöglichkeiten gegen Aufsichtsmaßnahmen der BaFin nach dem KWG s. *Fett*, WM 1999, 613 (618); *Habetha/Schwennicke* in Schwennicke/Auerbach, § 6 KWG Rz. 30.

§ 34 Anzeigepflichten von Verwaltungsgesellschaften gegenüber der Bundesanstalt und der Bundesbank

(1) Eine Kapitalverwaltungsgesellschaft hat der Bundesanstalt alle wesentlichen Änderungen der Voraussetzungen für die Erlaubnis, insbesondere wesentliche Änderungen der nach § 21 Absatz 1 und § 22 Absatz 1 vorgelegten Angaben, vor Umsetzung der Änderung mitzuteilen.

(2) [1]Beschließt die Bundesanstalt, Beschränkungen vorzuschreiben oder eine nach Absatz 1 mitgeteilte Änderung abzulehnen, so setzt sie eine Kapitalverwaltungsgesellschaft innerhalb eines Monats nach Erhalt der Mitteilung davon in Kenntnis. [2]Die Bundesanstalt kann diesen Zeitraum um bis zu einen Monat verlängern, wenn sie dies auf Grund der besonderen Umstände des Einzelfalls der Kapitalverwaltungsgesellschaft für notwendig erachtet. [3]Sie hat die Kapitalverwaltungsgesellschaft über die Verlängerung der Frist nach Satz 2 zu informieren.

(3) Unbeschadet der Bestimmungen des Absatz 1 hat eine Kapitalverwaltungsgesellschaft der Bundesanstalt unverzüglich anzuzeigen:

1. den Vollzug der Bestellung einer Person zum Geschäftsleiter;
2. das Ausscheiden eines Geschäftsleiters;
3. die Übernahme und die Aufgabe einer unmittelbaren oder mittelbaren Beteiligung an einem anderen Unternehmen; als Beteiligung gilt das unmittelbare oder mittelbare Halten von mindestens 25 Prozent der Anteile am Kapital oder Stimmrechte des anderen Unternehmens;
4. die Änderung der Rechtsform und der Firma;
5. bei externen OGAW-Kapitalverwaltungsgesellschaften und AIF-Kapitalverwaltungsgesellschaften, die Publikums-AIF verwalten, sowie bei extern verwalteten Investmentgesellschaften, die Publikums-AIF sind, jede Änderung ihrer Satzung oder ihres Gesellschaftsvertrages;
6. die Absenkung der Eigenmittel unter die in § 25 vorgesehenen Schwellen;
7. die Verlegung der Niederlassung oder des Sitzes, die Errichtung, Verlegung oder Schließung einer Zweigstelle in einem Drittstaat sowie die Aufnahme oder Beendigung der Erbringung grenzüberschreitender Dienstleistungen ohne Errichtung einer Zweigstelle;
8. die Einstellung des Geschäftsbetriebes;
9. die Absicht ihrer Geschäftsleiter, eine Entscheidung über die Auflösung der Kapitalverwaltungsgesellschaft herbeizuführen;
10. den Erwerb oder die Aufgabe einer bedeutenden Beteiligung an der eigenen Gesellschaft, das Erreichen, das Über- und Unterschreiten der Beteiligungsschwellen von 20 Prozent, 30 Prozent und 50 Prozent der Stimmrechte oder des Kapitals sowie die Tatsache, dass die Kapitalverwaltungsgesellschaft Tochterunternehmen eines anderen Unternehmens wird oder nicht mehr ist, soweit die Kapitalverwaltungsgesellschaft von der bevorstehenden Änderung dieser Beteiligungsverhältnisse Kenntnis erlangt;
11. die Absicht der Vereinigung mit einer anderen Kapitalverwaltungsgesellschaft.

(4) Die Kapitalverwaltungsgesellschaft hat der Bundesanstalt jährlich anzuzeigen:

1. den Namen und die Anschrift der an ihr bedeutend beteiligten Inhaber sowie die Höhe ihrer Beteiligung,
2. die Errichtung, Verlegung oder Schließung einer inländischen Zweigstelle und
3. die Begründung, Änderung oder die Beendigung einer engen Verbindung.

(5) [1]Die Geschäftsleiter der Kapitalverwaltungsgesellschaft haben der Bundesanstalt unverzüglich anzuzeigen:

1. die Aufnahme und die Beendigung einer Tätigkeit als Geschäftsleiter oder als Aufsichtsrats- oder Verwaltungsratsmitglied eines anderen Unternehmens und
2. die Übernahme und die Aufgabe einer unmittelbaren Beteiligung an einem Unternehmen sowie Veränderungen in der Höhe der Beteiligung.

[2]Als unmittelbare Beteiligung im Sinne des Satzes 1 Nummer 2 gilt das Halten von mindestens 25 Prozent der Anteile am Kapital des Unternehmens.

(6) Für AIF-Kapitalverwaltungsgesellschaften, die für Rechnung eines AIF Gelddarlehen gewähren oder unverbriefte Darlehensforderungen erwerben, gilt § 14 des Kreditwesengesetzes entsprechend.

In der Fassung vom 4.7.2013 (BGBl. I 2013, S. 1981), zuletzt geändert durch das Gesetz zur Umsetzung der Richtlinie 2014/91/EU des Europäischen Parlaments und des Rates vom 23. Juli 2014 zur Änderung der Richtlinie 2009/65/EG zur Koordinierung der Rechts- und Verwaltungsvorschriften betreffend bestimmte Organismen für gemeinsame Anlagen in Wertpapieren (OGAW) im Hinblick auf die Aufgaben der Verwahrstelle, die Vergütungspolitik und Sanktionen vom 3.3.2016 (BGBl. I 2016, S. 348).

Schrifttum: *Emde/Dreibus*, Der Regierungsentwurf für ein Kapitalanlagegesetzbuch, BKR 2013, 89; *Habersack/Mülbert/Schlitt* (Hrsg.), Handbuch der Kapitalmarktinformation, 2. Aufl. 2013; *Köhler*, Rulemaking in der Bankenunion, Dissertation Ludwig-Maximilians-Universität, München [im Erscheinen]; *Kugele*, VwVfG Kommentar, 2014; *Middelschulte*, Unbestimmte Rechtsbegriffe und das Bestimmtheitsgebot, 2007; *Alexander* in Müller-Gugenberger (Hrsg.), Wirtschaftsstrafrecht: Handbuch des Wirtschaftsstraf- und -ordnungswidrigkeitenrechts, 6. Aufl. 2015.

I. Inhalt der Norm

1. Grundlagen

Zur Ergänzung sieht § 34 Abs. 1 KAGB **anlassbezogene Informationsmitteilungspflichten** der KVGen vor. 1
Die Erfüllung dieser Pflichten ermöglicht es der BaFin, über Veränderungen bei den KVGen unterrichtet zu sein und hierauf reagieren zu können. Die anlassbezogenen Informationsmitteilungspflichten werden durch die **periodischen Informationsmitteilungspflichten** nach § 34 Abs. 3 KAGB ergänzt, die eine jährliche Aktualisierung der bei der BaFin vorhandenen Informationen gewährleisten sollen.

Die BaFin wird durch § 34 KAGB auch ermächtigt, in Aussicht gestellte Änderungen zu beschränken oder 2
zu untersagen. Eine Erlaubnis der BaFin ist nicht erforderlich. Die Vorschrift statuiert eine **Zustimmungsfiktion nach Fristablauf.** Ob eine solche Funktion für ein zügiges Verwaltungsverfahren sorgt[1] ist zweifelhaft. Die Anzeigepflichten der Geschäftsleiter können es der BaFin ermöglichen, potentielle Interessenkon-

1 *Geurts/Schubert* in Moritz/Klebeck/Jesch, § 34 KAGB Rz. 11.

flikte zu erkennen und frühzeitig einzugreifen.[2] Die Anzeigepflichten nach § 34 KAGB sind unabhängig davon, ob der BaFin der jeweils zu meldende Sachverhalt aus anderen Quellen bekannt ist.[3]

3 Die Anzeige- und Mitteilungspflichten in § 34 KAGB dienen insgesamt **ausschließlich der Information der BaFin** und nicht der Öffentlichkeit[4] oder der individuellen Anleger.[5]

2. Systematisches Verhältnis von § 34 Abs. 3 zu Abs. 1 KAGB

4 Die Einfügung der § 34 Abs. 1 und 2 KAGB in Anlehnung an den bisherigen § 19c Abs. 1 InvG führt zu **systematischen Unklarheiten**. Das Verhältnis der Vorschriften lässt sich aus dem Wortlaut nicht unmittelbar entnehmen, ist jedoch von besonderer praktischer Relevanz, weil sich Rechtsfolgen und Anzeigefristen unterscheiden.

5 Änderungen, die nach § 34 Abs. 1 KAGB mitzuteilen sind, dürfen erst nach Fristablauf gem. Abs. 2 vollzogen und müssen vor Vollzug angezeigt werden. Änderungen nach Abs. 3 dürfen vollzogen werden, müssen jedoch unverzüglich angezeigt werden.

6 Da § 34 Abs. 1 KAGB an **wesentliche** Änderungen („insbesondere") erlaubnisbezogener Angaben anknüpft und sich teilweise mit Angaben nach Abs. 3 überschneidet, liegt der Schluss nahe, dass Abs. 3 unwesentliche Änderungen einer zusätzlichen Anzeigepflicht unterwirft. Dies widerspricht jedoch der Systematik der in Abs. 3 genannten Sachverhalte und zudem der Begründung des Regierungsentwurfs:[6] Defizite bei Angaben nach § 34 Abs. 3 KAGB können ein Bußgeldtatbestand nach § 340 Abs. 2 Nr. 2 KAGB begründen; § 34 Abs. 1 KAGB begründet keine derartige Rechtsfolge. § 34 Abs. 3 KAGB begründet auch keine bloße Konkretisierung von Abs. 1, da der Absatz *unbeschadet der Bestimmungen des Absatzes 1* gilt.

3. Verhältnis der Vorschrift zu anderen Normen

7 Die Norm regelt die Anzeigepflichten von Verwaltungsgesellschaften oder Geschäftsleitern **nicht abschließend**. Es können sich zusätzlich aus anderen Normen des KAGB weitere Anzeigepflichten ergeben, so etwa aus § 19 KAGB interessierte Erwerber einer bedeutenden Beteiligung oder aus §§ 18, 35, 36, 38, 49 KAGB für KVGs. Gänzlich gesonderte Regeln gelten auch für grenzüberschreitende Sachverhalte oder für Anzeigen als Bedingung für den Vertrieb.

4. Verhältnis der Vorschrift zu anderen Gesetzen

8 **Weitere Anzeigepflichten** können sich aus anderen Gesetzen wie etwa dem GWG (vgl. § 6 Abs. 7 GWG) und WpHG (vgl. § 23 WpHG) ergeben. Zusätzlich ist zu merken, dass § 34 Abs. 3 KAGB weitgehend den Anzeigepflichten des § 34 Abs. 1 Satz 1 KWG folgt, insoweit also auf die Auslegung des Inhaltsähnlichen, älteres Gesetzes verwiesen werden kann.[7]

5. Ausnahme für lediglich registrierungspflichtige KVGs

9 Die nach § 2 Abs. 4–5 KAGB nur lediglich registrierungspflichtige KVGs fallen nicht unter § 34 KAGB, sondern sind nach § 44 Abs. 7 KAGB i.V.m. Art. 2–5 AIFM-DVO[8] zur Information verpflichtet. Die Konsequenzen für den Wegfall der Voraussetzungen für die Privilegierung sind in § 44 Abs. 6 KAGB geregelt, die Möglichkeit der BaFin zur Aufhebung der Registrierung wegen unzutreffender Angaben findet sich in § 44 Abs. 5 KAGB.

---

2 Begr. RegE, BT-Drucks. 16/5576, S. 65; *Steck* in Berger/Steck/Lübbehüsen, § 19c InvG Rz. 4.
3 *Beckmann* in Beckmann/Scholtz/Vollmer, § 19c InvG Rz. 18 m.w.N.
4 Hinsichtlich der Mitteilungen in Bezug auf bedeutende Beteiligungen *Weber-Rey/Benzler* in Habersack/Mülbert/Schlitt, Hdb. der Kapitalmarktinformation, § 20 Rz. 200.
5 Ob dies nach EuGH v. 19.6.2018 – C-15/16, ECLI:EU:C:2018:464 – Baumeister, noch zutrifft, muss abgewartet werden.
6 Diese unterwirft die in ihrer aufsichtlichen Wichtigkeit als weniger wichtig eingeschätzten Satzungsänderungen von Spezial-AIF-KVGen *lediglich* einer Anzeigepflicht aus § 34 Abs. 1 KAGB; Begr. RegE, BT-Drucks. 17/12294, S. 219.
7 Zu den Anzeigepflichten in KWG insb. *Braun* in Boos/Fischer/Schulte-Mattler, § 24 KWG Rz. 53 ff.
8 Delegierte Verordnung (EU) Nr. 231/2013 der Kommission vom 19. Dezember 2012 zur Ergänzung der Richtlinie 2011/61/EU des Europäischen Parlaments und des Rates im Hinblick auf Ausnahmen, die Bedingungen für die Ausübung der Tätigkeit, Verwahrstellen, Hebelfinanzierung, Transparenz und Beaufsichtigung (AIFM-DVO), ABl. EU Nr. L 83 v. 22.3.2013, S. 1.

II. Verortung in der AIFMD und OGAW-IV-RL und in InvG a.F. sowie anderen Gesetzen

Die Norm dient der Umsetzung von Art. 10 sowie von Art. 6 Abs. 7 AIFMD. In der OGAW IV-RL sind Anzeigepflichten nicht detailliert geregelt.[9] Dennoch lassen sich auch hier aus der Pflicht zur Gewährleistung der Einhaltung der Bestimmungen der OGAW-IV-RL gewisse gesetzliche und behördliche Kontrollpflichten der Mitgliedstaaten herleiten.[10] Der Gesetzgeber hat sich im KAGB in diesem Punkt für einen **Gleichlauf zwischen AIF- und OGAW-KVGen** entschieden. Für AIF, die von AIF-Verwaltungsgesellschaften verwaltet werden, gelten erweiterte Meldepflichten gem. § 35 KAGB. Die Norm erweitert die bisherige Regelung des mit dem InvÄndG 2007 eingeführten § 19c InvG.[11] 10

Sie enthält Elemente aus **anderen vergleichbaren Normen des Aufsichtsrechts**, insbesondere aus § 24 KWG.[12] Die Möglichkeit der BaFin zum Erlass einer Anzeigeverordnung oder für eine Freistellung der KVGs von einzelnen Anzeigepflichten besteht, im Unterschied zum KWG, mangels Verordnungsermächtigung, nicht.[13] Der Verweis auf § 24 Abs. 3 Satz 1 Nr. 1 und 2 KWG hinsichtlich der Regelung von Anzeigepflichten durch Geschäftsleiter wurde durch die Übernahme des Wortlauts der Verweisnorm ersetzt. Warum der Gesetzgeber auf die Verweistechnik in diesem Fall verzichtet hat, erschließt sich nicht. In anderen Fällen – etwa §§ 3 Abs. 5, 5 Abs. 8a, 13 Abs. 5, 16 Abs. 6 usw. – blieb der Verweis auf Normen des KWG erhalten. 11

III. Die Tatbestandsmerkmale im Einzelnen

1. Mitteilung wesentlicher Änderungen (§ 34 Abs. 1 KAGB)

Nach § 34 Abs. 1 KAGB sind der BaFin alle **wesentlichen Änderungen** der Voraussetzungen für die Erlaubnis vor Umsetzung der Änderung mitzuteilen. Bei der Auslegung der Vorschrift fragt sich, wann eine Änderung anzunehmen ist, wann diese als wesentlich anzusehen ist und zu welchem spätestens Zeitpunkt die Absicht der Änderung mitzuteilen ist. 12

a) Definition der Änderung

Eine Änderung i.S.d. § 34 Abs. 1 KAGB setzt zunächst voraus, dass es sich nicht um eine Änderung handelt, die von anderen, spezielleren Mitteilungspflichten erfasst ist. Um überhaupt einen gesetzlichen Anknüpfungspunkt zu haben, muss es sich bei den änderungsrelevanten Tatsachen um solche handeln, die im Erlaubnisantrag nach §§ 21 Abs. 1 und 22 Abs. 1 KAGB mitgeteilt wurden. Damit entfallen solche Tatsachen, die bei Gelegenheit des Erlaubnisverfahrens mitgeteilt wurden, die aber nicht Voraussetzung für die Erlaubniserteilung waren. 13

Ausgenommen sind auch **Änderungen der Anlagebedingungen**, die nach §§ 162, 267 KAGB prinzipiell der Genehmigung der BaFin bedürfen oder bei Spezial-AIF nach § 273 KAGB jedenfalls einer gesonderten Vorlagepflicht unterliegen. 14

b) Wesentlichkeit der Änderung

aa) Definition der Wesentlichkeit

Eine Änderung ist nur dann wesentlich, wenn diese die **Voraussetzungen für die Erlaubnis** betrifft. § 34 Abs. 3 KAGB dokumentiert eine – **unvollständige** – Liste wesentlicher Änderungen. Dass § 34 Abs. 3 KAGB kein Numerus Clausus der wesentlichen Änderungen begründet, ergibt sich aus der unglücklich gewählte Formulierung „unbeschadet". „Unbeschadet" bedeutet, dass neben der genannten Vorschrift weitere Rechtsnormen anwendbar sein sollen.[14] 15

§ 34 Abs. 1 KAGB definiert als wesentliche Änderungen „insbesondere" Änderungen des nach § 21 Abs. 1 und § 22 Abs. 1 KAGB vorgelegten Angaben. Nicht ersichtlich ist, welche weiteren Angaben die Vorschrift umfassen sollte. §§ 21 Abs. 1 und 22 Abs. 1 KAGB regeln die Angaben für die Erlaubniserteilung abschließend. Das Füllsel **„insbesondere"** impliziert, dass neben den Angaben nach §§ 21 Abs. 1 und 22 Abs. 1 KAGB noch weitere Voraussetzungen für die Erlaubnis zu fordern sein könnten. Erlaubnisvoraussetzungen, 16

9 Begr. RegE, BT-Drucks. 16/5576, S. 64.
10 Begr. RegE, BT-Drucks. 16/5576, S. 64.
11 Ebenso *Emde/Dreibus*, BKR 2013, 89 (92).
12 Begr. RegE, BT-Drucks. 16/5576, 64.
13 Begr. RegE, BT-Drucks. 16/5576, 64.
14 Vgl. BMJV, Handbuch der Rechtsförmlichkeit, 3. Aufl. 2008, Rz. 87.

neben denen der §§ 21 und 22 KAGB, sind gesetzlich nicht geregelt. Außergesetzliche Erlaubnisvoraussetzungen sind mit dem Vorbehalt des Gesetztes nicht vereinbar. Diesem Ansatz folgend bilden die §§ 21 Abs. 1, 22 Abs. 1 und 34 Abs. 3 KAGB den Numerus Clausus der in Betracht kommenden „wesentlichen Änderungen". Insoweit ist die in der Literatur vertretene Auffassung, bei „wesentlichen Änderungen" handele es sich um einen unbestimmten Rechtsbegriff,[15] schwer vertretbar. Die Ankündigung der ESMA, die Verwaltungspraxis der Anzeigepflichten durch Stellungnahmen zu einzelnen divergierend auszulegenden Fragen weiter zu konkretisieren,[16] dürfte hieran auch nichts ändern, weil die nationale Behörde nicht über die Vorgaben anwendbaren nationalen Rechts hinausgehen darf.[17] Im Rahmen des im KAGB verankerten comply-or-explain-Verfahrens wird sich die BaFin die ESMA-Stellungnahmen nur insoweit eigenmachen, als sie mit dem geltenden Recht vereinbar sind. Zusammenfassend sind wesentliche Änderungen solche, die **Angaben nach den §§ 21 Abs. 1, 22 Abs. 1 und 34 Abs. 3 KAGB betreffen.** Im Einzelnen handelt es sich hierbei um: Nachweis über erforderliche Mittel zum Geschäftsbetrieb; Angabe der Geschäftsleiter; Angaben zur Beurteilung der Zuverlässigkeit und der fachlichen Eignung der Geschäftsleiter; Inhaber bedeutender Beteiligungen; enge Verbindungen; tragfähiger Geschäftsplan sowie Satzung oder Gesellschaftervertrag; Angaben über Vergütungspolitik und Vergütungspraxis; Auslagerungsvereinbarungen; Anlagestrategien; Beauftragen der Verwahrstelle; der Vollzug der Bestellung einer Person zum Geschäftsleiter; das Ausscheiden eines Geschäftsleiters; die Übernahme und die Aufgabe einer unmittelbaren oder mittelbaren Beteiligung an einem anderen Unternehmen; die Änderung der Rechtsform und der Firma; Änderung der Satzung oder des Gesellschaftsvertrages; die Absenkung der Eigenmittel unter der vorgesehenen Schwellen; die Verlegung der Niederlassung oder des Sitzes, die Errichtung, Verlegung oder Schließung einer Zweigstelle in einem Drittstaat sowie die Aufnahme oder Beendigung der Erbringung grenzüberschreitender Dienstleistungen ohne Errichtung einer Zweigstelle; die Einstellung des Geschäftsbetriebes; die Absicht, eine Entscheidung über die Auflösung der Kapitalverwaltungsgesellschaft herbeizuführen; den Erwerb oder die Aufgabe einer bedeutenden Beteiligung an der eigenen Gesellschaft, das Erreichen, das Über- und Unterschreiten der Beteiligungsschwellen von 20 Prozent, 30 Prozent und 50 Prozent der Stimmrechte oder des Kapitals sowie die Tatsache, dass die Kapitalverwaltungsgesellschaft Tochterunternehmen eines anderen Unternehmens wird oder nicht mehr ist, soweit die Kapitalverwaltungsgesellschaft von der bevorstehenden Änderung dieser Beteiligungsverhältnisse Kenntnis erlangt; die Absicht der Vereinigung mit einer anderen Kapitalverwaltungsgesellschaft.

bb) Anzeigezeitpunkt

17 Für die wesentlichen Änderungen nach § 34 Abs. 1 KAGB verlangt die Vorschrift eine **Anzeige vor Umsetzung** der Änderung. Im Gegensatz zu § 34 Abs. 3 KAGB besteht keine Pflicht zur unverzüglichen Anzeige. Dies bedeutet, dass die Anzeigetatbestände nach § 34 Abs. 1 KAGB, solange diese nicht nach § 34 Abs. 3 durch lex specialis geregelt werden, zu irgendeinem Zeitpunkt vor Umsetzung der Änderung mitzuteilen sind. Aus Gründen der Einheitlichkeit der Anzeigepraxis empfiehlt es sich jedoch, die Anzeigezeitpunkte der Änderungen nach § 34 Abs. 1 KAGB mit denen der Änderung nach § 34 Abs. 3 KAGB gleich zu behandeln. Als **In-Gang-Setzungszeitpunkt** der Anzeigeflicht kann in den Fällen, in denen ein Gremiumentscheidung notwendig ist, die Fassung der Gremiumentscheidung gesehen werden. In allen anderen Fällen – der Eintritt des mitteilungspflichtigen Vorgangs. § 34 Abs. 1 KAGB ist insoweit nicht nachvollziehbar, als etwa der Wegfall des Geschäftsleiters von Todes wegen (§ 21 Abs. 1 Nr. 2 KAGB) oder die Unterschreitung der zum Geschäftsbetrieb erforderlichen Mittel in einer Verlustsituation (§ 21 Abs. 1 Nr. 1 KAGB) kaum „vor Umsetzung der Änderung" mitgeteilt werden können.

c) Mitteilung

18 Die Mitteilung, zu der § 34 Abs. 1 KAGB verpflichtet, beinhaltet die **Mitteilung des Sachverhalts** und, soweit dies erforderlich ist, die Einreichung der den Sachverhalt dokumentierenden Unterlagen.

2. Untersagung der Änderungen

19 Nach § 34 Abs. 2 KAGB kann die BaFin **Beschränkungen** der mitgeteilten Änderungen vorschreiben oder diese **ablehnen**. Die Zustimmungsfiktion setzt ein Monat nach Erhalt der Mitteilung ein. Zwar ist die BaFin berechtigt, diesen Zeitraum bis zu einem Monat zu verlängern; über die Verlängerung der Frist hat sie

15 *Geurts/Schubert* in Moritz/Klebeck/Jesch, § 34 KAGB Rz. 23.

16 Rede des ESMA-Präsidenten Steven Maijoor v. 10.6.2014, ESMA/2014/619, 9: „(...) we are continuing our efforts to clarify the reporting obligations on AIFMs and, at the same time, building an IT system that will facilitate the centralization of the data that is reported. (...)".

17 Dazu für die EBA *Köhler*, Rulemaking in der Bankenunion, S. 115.

die KVG zu unterrichten. Die Vorschrift schweigt zu der Frage, zu welchem Zeitpunkt die BaFin über die Verlängerung der Frist zu unterrichten hat. Um der Wirkung der Zustimmungsfiktion nach einem Monat zum Recht zu verhelfen, muss die BaFin vor Ablauf der Zustimmungsfiktion über die Verlängerung unterrichten. In der Praxis empfiehlt es sich, bei der BaFin mit Einreichung der Änderungsanzeige ausdrücklich zu fragen, ob eine Fristverlängerung in Betracht gezogen wird.

3. Eingriffsmöglichkeiten der BaFin (§ 34 Abs. 2 KAGB)

§ 34 Abs. 2 KAGB ermächtigt die BaFin, Änderungen zu beschränken oder diese abzulehnen. Im Rahmen 20 des **Verhältnismäßigkeitsprinzips**[18] verlangt die Erforderlichkeit der gewählten Maßnahme die Anwendung des milderen Mittels und somit zunächst die Beschränkung.

4. Konkrete anzeigepflichtige Fallgruppen (§ 34 Abs. 3 KAGB)

§ 34 Abs. 3 KAGB nummeriert anzeigepflichtige Sachverhalte, die **unverzüglich** anzuzeigen sind und auf 21 die Abs. 2 – Beschränkung oder Untersagung – nicht anwendbar ist.

a) Form und Frist der Anzeige

§ 34 Abs. 3 KAGB verlangt eine unverzügliche Anzeige. § 121 BGB ist für die Unverzüglichkeit entschei- 22 dend. Bei § 34 Abs. 3 KAGB handelt es sich überwiegend – mit Ausnahme der Nr. 9 und 11 – um **Vollzugsanzeigen**, d.h., dass nicht bereits die Absicht der Änderung, sondern deren Vollzug anzuzeigen ist.

b) Vollzug der Bestellung einer Person zum Geschäftsleiter (§ 34 Abs. 3 Nr. 1 KAGB)

Die Bestellung liegt dann vor, wenn das zuständige Gremium den **Beschluss über die Bestellung** gefasst 23 hat.[19] Interessant ist hier, dass die Absicht der Bestellung des Geschäftsleiters in Gegensatz zu § 24 Abs. 1 Nr. 1 KWG nicht mitzuteilen ist. Die Regelung ist deshalb unglücklich, weil die Beurteilung der Zuverlässigkeit, der fachlichen Eignung und der ausreichenden zeitlichen Verfügbarkeit der Geschäftsleiter Gegenstand der Prüfung durch die BaFin ist, vgl. §§ 21 Abs. 3 und 4 sowie 22 Abs. 1 Nr. 3 und 4 KAGB. § 19c Abs. 1 Nr. 1 InvG sah noch vor, die Absicht der Bestellung anzuzeigen. Zu den Gründen, warum das KAGB nur auf den Vollzug der Bestellung rekurriert, sagt die Gesetzesbegründung, dass die Absichtsanzeige bereits durch § 34 Abs. 1 KAGB i.V.m. mit den §§ 21 Abs. 1 Nr. 2 und 22 Abs. 1 Nr. 2 KAGB geboten sei.[20] Dies trifft zu, begründet aber nicht, warum die entsprechende Anzeige nicht mit den Eignungsnachweisen vorzulegen ist. Aus praktischen Gründen ist es deshalb, über die Anforderungen des § 34 Abs. 1 i.V.m. §§ 21 Abs. 1 Nr. 2 und 22 Abs. 1 Nr. 2 KAGB hinaus anzuraten, die Absicht der Bestellung des Geschäftsleiters unter Beifügung der aussagefähigen Unterlagen zur Zuverlässigkeit, fachlichen Eignung und zeitlichen Verfügbarkeit anzuzeigen.

c) Ausscheiden eines Geschäftsleiters (§ 34 Abs. 3 Nr. 2 KAGB)

§ 34 Abs. 3 Nr. 2 KAGB bestimmt, dass das Ausscheiden des Geschäftsleiters **unverzüglich** anzuzeigen ist. 24 Nicht ganz klar lässt sich der Regelung entnehmen, ob sich das „Ausscheiden" auf die dienstvertragliche oder die organschaftliche Stellung bezieht. Aus Gründen der Praktikabilität dürfte der zeitlich vorangehende Sachverhalt anzuzeigen sein. Soweit etwa ein Geschäftsleiter seinen Dienstvertrag kündigt, jedoch noch nicht abberufen ist, sollte bereits die Kündigung zum Gegenstand der Anzeige gemacht werden.

d) Beteiligung an einem anderen Unternehmen (§ 34 Abs. 3 Nr. 3 KAGB)

Nr. 3 regelt die Anzeigepflicht in Bezug auf Beteiligungen an andere Unternehmen. Als Beteiligung gilt das 25 **Halten von mind. 25 % der Anteile am Kapital oder an Stimmrechte** eines anderen Unternehmens. Eine Beherrschung in sonstiger Weise fällt nicht unter den Beteiligungsbegriff. Die Regelung soll sicherstellen, dass eine KVG nicht gegen das Beteiligungsverbot nach § 20 Abs. 6 KAGB verstößt.[21] Einem solchen Regelungsansatz steht entgegen, dass das Beteiligungsverbot des § 20 Abs. 6 KAGB absolut gilt und nicht erst bei Überschreiten der 25 %-Grenze.

18 Dazu vgl. *Kugele*, § 40 VwVfG Rz. 7.
19 Vgl. *Braun* in Boos/Fischer/Schulte-Mattler, § 24 KWG Rz. 62.
20 Begr. RegE, BT-Drucks. 17/12294, 219.
21 *Baumann* in Weitnauer/Boxberger/Anders, § 34 KAGB Rz. 6.

e) Änderung der Rechtsform und der Firma (§ 34 Abs. 3 Nr. 4 KAGB)

26 Anzeigepflichtig sind ferner **Änderungen der Rechtsform und der Firma** der KVG. Da externe KVGen nur in der Rechtsform der AG, GmbH sowie GmbH & Co. KG[22] betrieben werden dürfen, kommen nur diese Wechsel in die genannten Rechtsformen in Betracht. Auch hier gilt, dass bereits der relevante **Organbeschluss** und nicht erst die Eintragung der Firmenänderung oder des Formwechsels in das Handelsregister anzeigepflichtig ist.

f) Satzung oder Gesellschaftsvertrag (§ 34 Abs. 3 Nr. 5 KAGB)

27 Das gleiche gilt für die **Änderung von Satzung oder Gesellschaftsvertrag** bei externen OGAW-KVGen oder bei AIF-KVGen, die Publikums-AIF verwalten sowie bei extern verwalteten Investmentgesellschaften, die Publikums-AIF sind. Für andere KVGen sind die Anzeigepflichten des § 34 Abs. 1 KAGB relevant. Der Satzungsgegenstand dürfte als wesentliche Änderung der Voraussetzung für die Erlaubnis anzusehen und damit nach Abs. 1 anzeigepflichtig sein.

g) Absenkung der Eigenmittel unter die in § 25 KAGB vorgesehenen Schwellen (§ 34 Abs. 3 Nr. 6 KAGB)

28 Nach § 34 Abs. 3 Nr. 6 KAGB ist auch die **Absenkung der Eigenmittel** unter die in § 25 KAGB vorgesehenen Schwellenwerte anzuzeigen. Dies ermöglicht der BaFin eine Prüfung, ob Tatsachen vorliegen, die nach § 23 Nr. 1 KAGB zur Erlaubnisversagung ermächtigt hätten. Die Eigenmittel werden über den in § 1 Abs. 19 Nr. 9 KAGB enthaltenen Verweis gem. Art. 72 VO (EU) Nr. 575/2013 definiert. Die Eigenmittel eines Instituts ergeben sich hiernach aus der Summe von Kernkapital und Ergänzungskapital.

29 Die BaFin kann bei kritischer Absenkung der Eigenmittel Maßnahmen nach §§ 39 Abs. 3 Nr. 2, 41 KAGB ergreifen und hierdurch rechtzeitig eine Fehlentwicklung der KVG verhindern und ggf. vorhandene Anlegeransprüche schützen.

h) Sitzverlegung, Zweigstelle in einem Drittstaat und Dienstleistung (§ 34 Abs. 3 Nr. 7 KAGB)

30 Anzuzeigen ist auch die **Verlegung der Niederlassung oder des Sitzes**, die **Errichtung, Verlegung oder Schließung einer Zweigstelle** in einem Drittstaat sowie die **Aufnahme oder Beendigung der Erbringung grenzüberschreitender Dienstleistungen** ohne Errichtung einer Zweigstelle. Der Begriff „Niederlassung" bezieht sich auf inländische Betriebsstätte. Bei einem Sitz wird der Satzungssitz der Gesellschaft in Bezug genommen. Maßnahmen in Bezug auf Zweigstellen in einem Drittstaat und in Bezug auf grenzüberschreitende Dienstleistungen ohne Errichtung einer Zweigstelle betreffen Leistungen, die in einem Drittstaat erbracht werden. Insoweit ist die Vorschrift des § 34 Abs. 3 Nr. 7 KAGB eine Parallelvorschrift zum Anzeigeverfahren im Rahmen des europäischen Passes nach §§ 49 ff. und §§ 53 ff. KAGB.

i) Einstellung des Geschäftsbetriebes (§ 34 Abs. 3 Nr. 8 KAGB)

31 Nach § 34 Abs. 3 Nr. 8 KAGB ist die **Einstellung des Geschäftsbetriebes** anzuzeigen. Diese Vorschrift findet ihre Parallelvorschrift in § 24 Abs. 1 Nr. 7 KWG. Diese Anzeigepflicht wird durch die tatsächliche Aufgabe des Geschäftsbetriebes begründet und nicht erst mit der Eintragung der Liquidation nach § 157 Abs. 1 HGB.

j) Absicht der Geschäftsleiter zur Entscheidung über Auflösung der KVG (§ 34 Abs. 3 Nr. 9 KAGB)

32 § 34 Abs. 3 Nr. 9 KAGB verpflichtet die Geschäftsleiter zu einer **Anzeige ihrer Absicht**, eine Entscheidung über die Auflösung der KVG herbeizuführen. Die hinreichende Konkretisierung der Absicht dürfte mit der Erstellung einer entsprechenden Beschlussvorlage für das Entscheidungsgremium (z.B. Hauptversammlung oder Gesellschafterversammlung nach §§ 119 Abs. 1 Nr. 8 i.V.m. 262 Abs. 1 Nr. 2 AktG, § 60 Abs. 1 Nr. 2 GmbHG) vorliegen. Bei der Herbeiführung solcher Entscheidung sind die Vorschriften der §§ 99 und 100 KAGB zu beachten, die sich mit Kündigung und Verlust des Verwaltungsrechts sowie mit der Abwicklung des Sondervermögens befassen.

---

22 Ob diesbezüglich auch andere europäische Rechtsformen mit Sitz und Hauptverwaltung in Deutschland als Rechtsform der KVG zulässig sind, bei der persönlich haftender Gesellschafter ausschließlich eine Gesellschaft mit beschränkter Haftung ist, oder ob die Norm überhaupt europarechtskonform ist, ist im Einzelnen umstritten. Siehe hierzu die Kommentierung zu § 18 KAGB.

k) Bedeutende Beteiligungen und Konzernstrukturänderungen bei der KVG (§ 34 Abs. 3 Nr. 10 KAGB)

Nach § 34 Abs. 3 Nr. 10 KAGB ist weiterhin der **Erwerb oder die Aufgabe** einer bedeutenden Beteiligung an der eigenen Gesellschaft, das Erreichen, das Über- und Unterschreiten der Beteiligungsschwellen von 20 %, 30 % und 50 % der Stimmrechte oder des Kapitals sowie die Tatsache, dass die KVG Tochterunternehmen eines anderen Unternehmens wird oder nicht mehr ist, soweit sie von der bevorstehenden Änderung dieser Beteiligungsverhältnisse Kenntnis erlangt, anzuzeigen. 33

Der **Begriff der bedeutenden Beteiligung** ist in § 1 Abs. 19 Nr. 6 Satz 1 KAGB definiert. Diese besteht, wenn unmittelbar oder mittelbar über ein oder mehrere Tochterunternehmen oder über ein gleichartiges Verhältnis oder im Zusammenwirken mit anderen Personen oder Unternehmen mindestens 10 % des Kapitals oder der Stimmrechte einer Verwaltungsgesellschaft im Eigen- oder Fremdinteresse gehalten werden oder wenn auf die Geschäftsführung einer Verwaltungsgesellschaft ein maßgeblicher Einfluss ausgeübt werden kann. 34

Bei der Vorschrift handelt es sich um die **Parallelnorm zu § 19 KAGB**, der eine Anzeigepflicht interessierter Erwerber begründet. Voraussetzung für eine solche Passivanzeige ist, dass die KVG von einer Änderung der Beteiligungsstruktur Kenntnis erlangt. Im Fall eines Verfahrens nach § 19 KAGB sollte aus Gründen der Kohärenz auf einen Gleichlauf des Verfahrens nach § 34 Abs. 3 Nr. 10 KAGB geachtet werden. 35

l) Absicht der Vereinigung mit einer anderen KVG (§ 34 Abs. 3 Nr. 11 KAGB)

Die **Absicht der Vereinigung** mit einer anderen KVG ist anzeigepflichtig. Die Absicht dürfte spätestens dann bestehen, wenn die entsprechenden Beschlüsse gefasst sind. **Der Begriff der Vereinigung** ist im KAGB nicht geregelt. Hierbei dürfte es sich um Maßnahmen nach dem UmwG, etwa Verschmelzung, Abspaltung oder Ausgliederung nach §§ 2 ff., 132 ff., 152 ff. UmwG, handeln. Diese Anzeige kann ihre Parallele wiederum in § 19 KAGB finden, weil die Verschmelzung oder eine andere umwandlungsrechtliche Maßnahme zu Inhaberkontrolle Anlass geben kann. Fraglich ist, wie sich die Gesamt- oder die partielle Gesamtrechtsnachfolge einer Umwandlungsmaßnahme auf den Fortbestand der Erlaubnis zur Verwaltung bestimmter Investmentvermögen auswirkt. Durch die Verschmelzung werden verschiedene Rechtsverhältnisse berührt – Anteilsscheninhaber (oder sonstiger Investor), Verwahrstelle, Auslagerungsunternehmen – die an die Rechtsnachfolge eingebunden werden müssen. Die Frage, ob eine **Zustimmungsbedürftigkeit** der jeweiligen Beteiligten besteht, hängt von der Ausgestaltung der jeweiligen Verträge ab. Zusätzlich zur Anzeige der Absicht der Vereinigung nach Nr. 11 ist die Absicht zur Einstellung des Geschäftsbetriebs nach § 34 Abs. 2 Nr. 8 KAGB zu beachten; die Abgabe des gesamten Geschäftsbetriebes oder eines Betriebsteils auf das aufnehmende Unternehmen im Rahmen der Verschmelzung führt beim abgebenden Unternehmen regelmäßig zur Einstellung des Geschäftsbetriebes. 36

5. Sammelanzeige (§ 34 Abs. 4 KAGB)

§ 34 Abs. 4 KAGB verpflichtet KVGs zu **jährlichen Sammelanzeigen** an die BaFin. Diese Verpflichtung bestand bereits nach § 19 Abs. 2 InvG. Diese Mitteilungsplichten beziehen sich auf die Inhaber bedeutender Beteiligungen (Nr. 1), die Errichtung, Verlegung oder Schließung inländischer Zweigstellen (Nr. 2) sowie enge Verbindungen (Nr. 3). 37

a) Bedeutende Beteiligung (§ 34 Abs. 4 Nr. 1 KAGB)

Nach § 34 Abs. 4 Nr. 1 KAGB sind der BaFin **die Namen und die Anschrift** bedeutender beteiligter Inhaber, sowie **die Höhe der Beteiligung** mitzuteilen. Diese Anzeigepflicht ist eine Ergänzungsnorm zu § 34 Abs. 3 Nr. 3 KAGB, der die ad hoc Pflicht der Anzeige von Passivbeteiligungen regelt und die Komplementärnorm zu § 19 KAGB der Regelungen zum Erwerb von Aktivbeteiligungen trifft. 38

b) Errichtung, Verlegung oder Schließung inländischer Zweigstellen (§ 34 Abs. 4 Nr. 2 KAGB)

Jährlich anzuzeigen ist weiterhin die Errichtung, Verlegung oder Schließung einer inländischen Zweigstelle. Die Vorschrift bezieht sich ausschließlich auf inländische Betriebsteile, sodass § 34 Abs. 2 Nr. 7 KAGB keine Ergänzungsnorm begründet. **Der Terminus der Zweigstelle** ist im KAGB nicht definiert, insbesondere ist die Bezugnahme[23] auf den Begriff der „Zweigniederlassung", § 1 Abs. 19 Nr. 38 KAGB irreführend. Es ist nicht ersichtlich, warum der Gesetzgeber den Begriff der „Zweigstelle" gewählt hat. Dieser wird in der üblichen aufsichtsrechtliche Terminologie nur für inländische Betriebsstätten, die ihren Hauptsitz im Drittland 39

---

23 *Geurts/Schubert* in Moritz/Klebeck/Jesch, § 34 KAGB Rz. 63.

haben, verwandt.[24] Eine Erklärung kann daran zu finden sein, dass die Vorschrift des § 19c InvG den Terminus bereits auf Inlandsbetriebstätte verwandte. Unter begreiflichen Aspekten wäre es wünschenswert, wenn zwischen inländische Betriebstätten und Betriebsstätten im Drittlandsgebiet oder im EEA-Ausland unterschieden würde. Für die Frage des **Zeitpunkts der Anzeigepflicht** scheint das Gesetz nicht auf die Eintragung, Verrichtung oder Schließung abzustellen, sondern auf die Beschlussfassung über einen solchen Vorgang. Für eine solche Auslegung spricht, dass der Gesetzgeber anderenfalls die Worte „Eintragung der …" vorangestellt hätte.

c) Enge Verbindungen (§ 34 Abs. 4 Nr. 3 KAGB)

40 Auch die Begründung, Änderung oder die Beendigung einer engen Verbindung i.S.d. § 1 Abs. 19 Nr. 10 KAGB ist von der KVG **jährlich** anzuzeigen. Für die Definition der engen Verbindung wird auf die Kommentierung zu § 1 Abs. 19 Nr. 10 KAGB verwiesen.

6. Anzeigepflichten von Geschäftsleitern (§ 34 Abs. 5 KAGB)

41 § 34 Abs. 5 KAGB regelt die Anzeigepflichten der Geschäftsleiter von KVG und übernimmt mit sprachlichen Anpassungen die Regelung des § 19c Abs. 3 InvG.

42 § 34 Abs. 5 Satz 1 KAGB verpflichtet die Geschäftsleiter, **persönlich** Anzeigen zu erstatten. Anzeigepflichtig sind nach § 34 Abs. 5 Satz 1 Nr. 1 KAGB die **Aufnahme** und die **Beendigung** einer Tätigkeit als Geschäftsleiter oder als Aufsichtsrats- oder Verwaltungsratsmitglied eines anderen Unternehmens.

43 Weiter sind nach § 34 Abs. 5 Satz 1 Nr. 2 KAGB die Übernahme und die Aufgabe einer unmittelbaren Beteiligung **an einem anderen Unternehmen** anzeigepflichtig. Diese Anzeigepflichten finden sich gleichen Inhalts in § 24 Abs. 3 KWG; der in § 19c Abs. 3 InvG noch verwandte Verweis auf die Vorschrift des KWG ist weggefallen. Über den Grund des Wegfalls schweigt die Gesetzesbegründung.

7. Meldepflichten in Bezug auf Darlehensforderungen (§ 34 Abs. 6 KAGB)

44 Durch das OGAW-V-UmsG vom 3.3.2016, welches am 18.3.2016 in Kraft trat, wurde AIF-KVGen gestattet, Darlehen zu vergeben. Zur Herstellung eines **level playing fields** mit den bislang insoweit alleinberechtigten Kreditinstituten[25] wurden die Anforderungen an die Darlehensvergaben weitgehend an die Anforderung nach KWG angepasst. Dazu zählt die Anwendung des § 14 KWG für Millionenkredite und die Anwendung des § 18 BBankG.[26]

45 Zu beachten ist ferner, dass § 34 Abs. 6 über § 2 Abs. 4 Nr. 4 KAGB und Abs. 5 Nr. 8 KAGB auch auf AIF-KVG Anwendung finden, die auf Grundlage der De-minimes-Regelung über eine Registrierung tätig werden, soweit diese Gelddarlehen vergeben oder erwerben.

46 Die Anzeigepflicht nach § 34 Abs. 3 Nr. 6 KAGB gilt nicht für intern verwaltete Investmentgesellschaften. Vielmehr wird diese durch die Vorschrift des spezielleren § 155 KAGB und die Parallelvorschriften zu den anderen Investmentgesellschaften verdrängt (vgl. § 155 Rz. 9–14).

47 **Verstöße** gegen die Pflicht zur vollständigen und rechtzeitigen Anzeige nach den § 34 Abs. 3, 4 oder 5 KAGB sind nunmehr gem. § 340 Abs. 2 Nr. 10 KAGB bußgeldbewehrt. Auf eine Bußgeldbewährung von Verstößen gegen die Anzeigepflichten nach § 34 Abs. 1 KAGB wurde verzichtet. Ebenso wenig sind die Verstöße gegen die Vorschriften nach § 34 Abs. 6 KAGB sanktionsbewehrt. Hier ergibt sich eine Regelungsdiskrepanz: während Kreditinstitute, die ihren Meldepflichten nach § 14 KWG nicht nachkommen, nach § 56 Abs. 2 Nr. 1 lit. d KWG ordnungswidrig handeln, ist dies für KVG nicht ausdrücklich geregelt. Da § 14 KWG in seinem Wortlaut nur für die Kreditinstitute und Wertpapierfirmen gilt und KVG nicht als solche zu qualifizieren sind, findet der Verweis des § 56 KWG auf KVGen keine Anwendung. Erwägen ließe sich allenfalls, ob die entsprechungsnorm des § 35 Abs. 6 KAGB über die Bezugnahme auf den § 14 KWG in den Ordnungswidrigkeitstatbestand des § 56 Abs. 2 Nr. 1 lit. d KWG hineinführt. Da die Entsprechungsnorm jedoch nur auf den Blankettatbestand[27] verweist, wäre die Annahme einer Ordnungswidrigkeit mit dem Bestimmtheitsgrundsatz nach Art. 20 Abs. 3 GG nicht zu vereinbaren.[28]

---

24 Vgl. etwa § 24 Abs. 1 Nr. 6 oder § 53 Abs. 1 KWG. Soweit von inländischen Betriebsstätten gesprochen wird, verwendet das KWG den Terminus „inländische Zweigstellen", vgl. etwa § 24 Abs. 1a Nr. 4 KWG.

25 Anderer Auffassung dazu *Zetzsche/Marte*, RdF 2015, 4.

26 Dazu auch *Hanten/von Tiling*, WM 2015, 2122 (2125 ff.).

27 Dazu vgl. *Alexander* in Müller-Gugenberger, Handbuch des Wirtschaftsstraf- und -ordnungswidrigkeitenrechts, S. 505 f.

28 *Middelschulte*, Unbestimmte Rechtsbegriffe und das Bestimmtheitsgebot, 2007, passim.

§ 35 Meldepflichten von AIF-Verwaltungsgesellschaften

(1) [1]Eine AIF-Kapitalverwaltungsgesellschaft unterrichtet die Bundesanstalt regelmäßig über die wichtigsten Märkte und Instrumente, auf beziehungsweise mit denen sie für Rechnung der von ihr verwalteten AIF handelt. [2]Sie legt Informationen zu den wichtigsten Instrumenten, mit denen sie handelt, zu den Märkten, in denen sie Mitglied ist oder am Handel aktiv teilnimmt, sowie zu den größten Risiken und Konzentrationen jedes von ihr verwalteten AIF vor.

(2) Die AIF-Kapitalverwaltungsgesellschaft legt der Bundesanstalt für jeden von ihr verwalteten inländischen AIF und EU-AIF sowie für jeden AIF, der von ihr in einem Mitgliedstaat der Europäischen Union oder einem anderen Vertragsstaat des Abkommens über den Europäischen Wirtschaftsraum vertrieben wird, die folgenden Informationen vor:

1. den prozentualen Anteil der Vermögensgegenstände des AIF, die schwer zu liquidieren sind und für die deshalb besondere Regelungen gelten;
2. jegliche neuen Vorkehrungen zum Liquiditätsmanagement des AIF;
3. das aktuelle Risikoprofil des AIF und Angaben zu den Risikomanagementsystemen, die von der AIF-Kapitalverwaltungsgesellschaft zur Steuerung des Marktrisikos, des Liquiditätsrisikos, des Kontrahentenrisikos sowie sonstiger Risiken, einschließlich des operationellen Risikos, eingesetzt werden;
4. Angaben zu den wichtigsten Kategorien von Vermögensgegenständen, in die der AIF investiert hat, und
5. die Ergebnisse der nach § 29 Absatz 3 Nummer 2 und § 30 Absatz 2 durchgeführten Stresstests.

(3) Eine AIF-Kapitalverwaltungsgesellschaft legt der Bundesanstalt auf Verlangen die folgenden Unterlagen vor:

1. einen Jahresbericht über jeden von der AIF-Kapitalverwaltungsgesellschaft verwalteten inländischen Spezial-AIF und EU-AIF sowie für jeden AIF, der von ihr in einem Mitgliedstaat der Europäischen Union oder Vertragsstaat des Abkommens über den Europäischen Wirtschaftsraum vertrieben wird, für jedes Geschäftsjahr gemäß § 67 Absatz 1 Satz 1, § 101 Absatz 1 Satz 1, § 120 Absatz 1, § 135 Absatz 1 Satz 1, § 148 Absatz 1 oder § 158,
2. zum Ende jedes Quartals eine detaillierte Aufstellung sämtlicher von der AIF-Kapitalverwaltungsgesellschaft verwalteten AIF.

(4) [1]Eine AIF-Kapitalverwaltungsgesellschaft, die mindestens einen AIF verwaltet, der in beträchtlichem Umfang Leverage einsetzt, stellt der Bundesanstalt für jeden von ihr verwalteten AIF Folgendes zur Verfügung:

1. den Gesamtumfang des eingesetzten Leverage sowie eine Aufschlüsselung nach Leverage, der durch Kreditaufnahme oder Wertpapier-Darlehen begründet wird, und Leverage, der durch den Einsatz von Derivaten oder auf andere Weise zustande kommt,
2. den Umfang, in dem Vermögensgegenstände des Investmentvermögens in Zusammenhang mit dem Einsatz von Leverage wieder verwendet wurden,
3. die Identität der fünf größten Finanzierungsgeber, von denen Kredite oder Wertpapier-Darlehen aufgenommen wurden, sowie den Umfang dieser jeweils aufgenommenen Kredite oder Wertpapier-Darlehen.

[2]Die Kriterien zur Bestimmung, wann davon auszugehen ist, dass für die Zwecke des Satzes 1 Leverage in beträchtlichem Umfang eingesetzt wird, bestimmt sich nach Artikel 111 der Delegierten Verordnung (EU) Nr. 231/2013. Die Bundesanstalt nutzt die Informationen nach Satz 1, um festzustellen, inwieweit die Nutzung von Leverage zur Entstehung von Systemrisiken im Finanzsystem, zur Entstehung des Risikos von Marktstörungen oder zur Entstehung von Risiken für das langfristige Wirtschaftswachstum beiträgt. Die Bundesanstalt leitet die Informationen gemäß § 9 weiter.

(5) [1]Die Bundesanstalt kann für AIF-Kapitalverwaltungsgesellschaften regelmäßig oder ad hoc zusätzliche Meldepflichten festlegen, sofern dies für die wirksame Überwachung von Systemrisiken erforderlich ist oder die Bundesanstalt durch die Europäische Wertpapier- und Marktaufsichtsbehörde ersucht wurde, solche zusätzlichen Meldepflichten aufzuerlegen. [2]Die Bundesanstalt informiert die Europäische Wertpapier- und Marktaufsichtsbehörde über die zusätzlichen Meldepflichten nach Satz 1 Halbsatz 2 erste Alternative.

(6) Für eine ausländische AIF-Verwaltungsgesellschaft,

1. die, vor dem Zeitpunkt, der in dem auf Grundlage des Artikels 66 Absatz 3 in Verbindung mit Artikel 67 Absatz 6 der Richtlinie 2011/61/EU erlassenen delegierten Rechtsakt genannt ist, nach § 317 oder § 330 ausländische AIF im Geltungsbereich dieses Gesetzes vertreibt oder

2. deren Referenzmitgliedstaat die Bundesrepublik Deutschland gemäß § 56 ist,

gelten die Absätze 1 bis 5 gemäß § 58 Absatz 11, § 317 Absatz 1 Nummer. 3 und § 330 Absatz 1 Satz 1 Nummer 1 Buchstabe a und Nummer. 2 entsprechend mit der Maßgabe, dass die Angaben gemäß Absatz 4 auf die von ihr verwalteten inländischen Spezial-AIF, EU-AIF und die von ihr in einem Mitgliedstaat der Europäischen Union oder Vertragsstaat des Abkommens über den Europäischen Wirtschaftsraum vertriebenen AIF beschränkt sind.

(7) Eine EU-AIF-Verwaltungsgesellschaft und eine ausländische AIF-Verwaltungsgesellschaft legen der Bundesanstalt auf Verlangen einen Jahresbericht über jeden von ihr verwalteten inländischen Spezial-AIF für jedes Geschäftsjahr gemäß § 101 Absatz 1 Satz 1, § 120 Absatz 1, § 135 Absatz 1 Satz 1, § 148 Absatz 1 oder § 158 vor.

(8) Die Kriterien zur Konkretisierung der Meldepflichten nach dieser Vorschrift bestimmen sich nach Artikel 110 der Delegierten Verordnung (EU) Nr. 231/2013.

(9) AIF-Verwaltungsgesellschaften haben die Meldungen nach den Absätzen 1, 2 und 3 Nummer 2 und den Absätzen 4 bis 6 elektronisch über das Melde- und Veröffentlichungssystem der Bundesanstalt zu übermitteln.

(10) Die Bundesanstalt kann durch Allgemeinverfügung nähere Bestimmungen über Art, Umfang, Form und Turnus der einzureichenden Meldungen nach Absatz 9 und über die zulässigen Datenträger, Datenstrukturen und Übertragungswege festlegen.

In der Fassung vom 4.7.2013 (BGBl. I 2013, S. 1981), zuletzt geändert durch das Gesetz zur Umsetzung der Richtlinie 2014/91/EU des Europäischen Parlaments und des Rates vom 23. Juli 2014 zur Änderung der Richtlinie 2009/65/EG zur Koordinierung der Rechts- und Verwaltungsvorschriften betreffend bestimmte Organismen für gemeinsame Anlagen in Wertpapieren (OGAW) im Hinblick auf die Aufgaben der Verwahrstelle, die Vergütungspolitik und Sanktionen vom 3.3.2016 (BGBl. I 2016, S. 348).

Schrifttum: *Beckmann/Scholtz/Vollmer*, Investment, Loseblatt, Stand: November 2017; *Geurts/Schubert*, KAGB kompakt, 2014; *Hanten/Stump*, Finanzinstrumentsdefinition als Gateway in die Beaufsichtigung am Beispiel von Kryptowährungen, Initial Coin Offerings und Kundenbindungsprogrammen, RdF 2018, 189; *Hoffmann-Riem/Schmidt-Aßmann/Voßkuhle*, Grundlagen des Verwaltungsrechts, Band 2, 2. Aufl. 2012.

I. Inhalt der Norm

1. Übersicht

Die Verpflichtungen nach § 35 KAGB wurden durch das KAGB erstmals aufgenommen und betreffen ausschließlich AIF Verwaltungsgesellschaften. 1

Die **Berichtspflichten** beziehen sich auf AIF, die von AIF-KVGen, EU-AIF Verwaltungsgesellschaften und ausländischen Verwaltungsgesellschaften verwaltet oder vertrieben werden (§ 35 Abs. 1-5, Abs. 7 und Abs. 8 KAGB). 2

2. Austausch mit anderen Stellen

Die BaFin stellt die gemäß § 35 KAGB von der KVG übermittelten Informationen und Unterlagen der Bundesbank gemäß § 13 Abs. 2 Nr. 2 KAGB zur Verfügung. Darüber hinaus werden die erhobenen Daten an andere europäische Stellen gemäß § 8 Abs. 5 S. 1 KAGB sowie an die EU-Kommission übermittelt, § 12 Abs. 6 Nrn. 2 und 15 KAGB. 3

3. Feststellungen bei der Abschlussprüfung

Der Abschlussprüfer hat die **Einhaltung der Mitteilungspflichten** nach § 35 KAGB bei der Prüfung des Jahresabschlusses zu prüfen und festzustellen, ob die externe KVG die Meldepflichten nach § 35 KAGB erfüllt. Die Prüfungspflicht ergibt sich aus § 38 Abs. 3 Satz 2 KAGB. Die Bezugnahmen zwischen § 38 KAGB und § 35 KAGB sind deshalb schwierig, weil § 38 Abs. 1 Satz 1 KAGB bestimmt, dass der Abschlussprüfer auch die **wirtschaftlichen Verhältnisse** der KVG zu prüfen hat; Satz 2 schließt an, dass der Abschlussprüfer *insbesondere* festzustellen habe, ob die KVG Anzeigepflichten nach einer Reihe von Vorschriften, unter anderem § 35 KAGB, erfüllt hat. Es ist nicht unmittelbar ersichtlich, dass die Erfüllung von Verhaltenspflichten zu den wirtschaftlichen[1] Verhältnissen der KVG gehört. Für interne AIF-KVGen und Investmentgesellschaften ergibt sich die Prüfungspflicht hstl. der Erfüllung der nach § 35 KAGB bestehenden Pflichten im Rahmen der Abschlussprüfung aus § 121 Abs. 3 Satz 2 KAGB. Für die InvAG mvK, die InvAG mfK, die offene InvKG sowie für die geschlossene InvKG ergibt sich dies aus den §§ 148 Abs. 1, 136 Abs. 3 Satz 2, sowie 159 KAGB. 4

4. Einhaltung der Norm als Vertriebsvoraussetzung

Ausländische Verwaltungsgesellschaften müssen gegenüber der BaFin eine Verpflichtungserklärung abgeben, nach der sie die Berichtspflichten nach § 35 KAGB erfüllen (§ 320 Abs. 1 Satz 2 Nr. 7 lit. e KAGB) werden. Dies ist Voraussetzung für den Vertrieb von EU-AIF oder von ausländischen AIF an Privatanleger im Inland und dient dem Nachweis der Erfüllung der in § 317 KAGB genannten Pflichten. Auch eine ausländische AIF-Verwaltungsgesellschaft, die von ihr verwaltete ausländische AIF oder EU-AIF an semiprofessionelle und professionelle Anleger im Inland zu vertreiben beabsichtigt, muss die Berichtspflichten des § 35 KAGB erfüllen (§ 330 Abs. 1 Nr. 1 lit. a KAGB). 5

5. Relevante Formate der ESMA

Die Dateien für die Berichtspflichten und die Anleitung dazu hat die ESMA im XSD-Format online zur Verfügung gestellt, damit eine elektronische Übermittlung möglich ist.[2] 6

6. Sinn und Zweck der Norm

Die Informationspflichten sollen es der BaFin und anderen Aufsichtsbehörden ermöglichen, die grenzüberschreitende, laufende Aufsicht auch durch die Sammlung von Informationen zu koordinieren. Hierbei sind die folgenden Aspekte zu berücksichtigen: 7

a) Transparenz und Standardisierung im Binnenmarkt

§ 35 KAGB soll über die Investitionsrisiken von AIF-KVGen Transparenz schaffen und so die Grundlage für eine laufende Aufsicht durch die BaFin sicherstellen. Durch die **europaweite Vereinheitlichung des Be-** 8

1 Zum Begriff der „wirtschatlichen Verhältnisse" vgl. *von Tiling/Brühl* in Emde/Dornseifer/Dreibus/Hölscher, § 19f InvG Rz. 35 f.

2 ESMA/2013/1361, abrufbar in der überarbeiteten Version v. 25.3.2014, https://www.esma.europa.eu/document/aifmd-reporting-xml-documents-v12-updated (zuletzt aufgerufen am 20.8.2018).

richtsblatts und die digitale Erfassung können BaFin und ESMA – letzte jedenfalls mittelbar – relevante Informationen selbst und ohne weiteren Aufwand erfassen. Dies ermöglicht eine **Standardisierung des Berichtswesens** im EWR.

b) System des Informationsflusses zwischen den europäischen Aufsichtsbehörden

9 Zur besseren Einordnung der unterschiedlichen Mitteilungsebenen des § 35 KAGB kann im Aufsichtssystem des Gesetzes wie folgt unterschieden werden:

- **Informationspflichten der Regulierungsadressaten** – im KAGB adressierte Personen und Gesellschaften gegenüber der BaFin.
- **Horizontalen innerstaatlichen** Informationsaustausch zwischen innerstaatlichen Behörden, d.h. vorliegend der BaFin und der Bundesbank,
- **horizontalen europäischen** Informationsaustausch zwischen deutschen und europäischen Aufsichtsbehörden im Falle grenzüberschreitender Sachverhalte,
- **vertikalen europäischen** Informationsaustausch zwischen der BaFin und der ESMA sowie
- **horizontalen Informationsaustausch** durch Abkommen **mit den zuständigen Behörden in Drittstaaten**, sobald das System des Referenzmitgliedstaats Anwendung findet.[3]

c) Grund für die Beschränkung auf AIF

10 Für OGAW bestehen keine vergleichbaren Anzeigepflichten. Da die OGAW-IV-RL und §§ 193 ff. KAGB genaue Vorgaben für Anlage- und Ausstellergrenzen treffen, werden Risikokonzentrationen bereits gesetzlich vermieden.[4] Auch für registrierungspflichtige KVGen bestehen keine vergleichbaren Anzeigepflichten, weil deren wirtschaftliche Bedeutung keine makroökonomische Auwirkung erwarten lässt. Darum erübrigen sich Anzeigepflichten.

II. Verortung in der AIFMD und OGAW-IV-RL sowie im InvG a.F. sowie anderen Gesetzen

11 Die zentrale europarechtliche Norm für die Informationspflichten gegenüber Behörden ist **Art. 24 AIFMD.** § 35 Abs. 5 KAGB setzt Art. 25 Abs. 1 AIFMD um. § 35 Abs. 7 KAGB dient der Umsetzung von Art. 22 Abs. 1 Unterabs. 1 Satz 3 AIFMD. Die letztgenannte Norm verweist für weitere Konkretisierungen auf Art. 110 AIFM-DVO[5] und für die Bestimmung von Leverage auf Art. 111 AIFM-DVO. Zentrales Dokumentationsmittel ist das in **Anhang IV der AIFM-DVO** benannte **Berichtsformular.**

III. Die Tatbestandsmerkmale im Einzelnen

1. Grundsatz der Meldepflicht (§ 35 Abs. 1 KAGB)

12 Der Wortlaut des § 35 Abs. 1 KAGB entspricht dem Wortlaut von Art. 24 Abs. 1 AIFMD. Die Norm bestimmt, dass wichtige Märkte und Instrumente meldepflichtig sind. Das Gleiche gilt für Risiken und Konzentrationen im jeweiligen Portfolio des AIF.

a) Märkte

13 Unter Markt versteht das Gesetz – § 35 Abs. 1 KAGB – den Platz, an dem die KVG für Rechnung des AIF handelt, d.h. der Platz, an dem das Geschäft ausgeführt wurde.

14 Die wichtigsten Märkte sind jeweils mit ihren **Market Identifier Codes (MIC-Code)** anzugeben, sofern solche verfügbar sind.[6] Durch den MIC-Code werden Börsen und andere Handelsplätze durch eine vierstellige Identifikationsnummer nach ISO 10383 eindeutig eingeordnet, z.B. XFRA für die Deutsche Börse AG. Bei außerbörslich gehandelten notierten Derivaten lautet die Angabe „XOFF" und bei OTC-Derivaten „XXXX".

3 Zum System vgl. die Kommentierung zu § 9 Rz. 27 sowie *Geurts/Schubert*, KAGB kompakt, S. 221 ff.
4 Ebenso *Beckmann* in Beckmann/Scholtz/Vollmer, § 35 InvG Rz. 11.
5 Delegierte Verordnung (EU) Nr. 231/2013 der Kommission vom 19. Dezember 2012 zur Ergänzung der Richtlinie 2011/61/EU des Europäischen Parlaments und des Rates im Hinblick auf Ausnahmen, die Bedingungen für die Ausübung der Tätigkeit, Verwahrstellen, Hebelfinanzierung, Transparenz und Beaufsichtigung, ABl. EU Nr. L 83 v. 22.3.2013, S. 1.
6 Abrufbar unter www.iso15022.org/MIC/homepageMIC.htm (zuletzt aufgerufen am 20.8.2018).

Das Berichtsblatt verlangt für den jeweiligen AIF nur die Angabe der jeweils drei wichtigsten Märkte. Für die Verwaltungsgesellschaft sind jedoch die fünf wichtigsten Märkte zu benennen. 15

b) Instrumente

Der **Instrumentsbegriff** in § 35 Abs. 1 KAGB entspricht nicht dem Finanzinstrumentsbegriff[7] des § 1 Abs. 11 KWG.[8] Dem Zweck der Vorschrift zugrunde gelegt, dürfte der Instrumentsbegriff identisch mit dem Begriff der möglichen Anlagegegenstäne sein.[9] 16

Auf dem Formblatt für die Berichterstattung sind jeweils nur die **fünf wichtigsten Anlagegegenstände** anzugeben, ihre Art oder ihr Code, der berechnete Wert und die Long-/Short-Position. Darüber hinaus sind in dem Berichtsblatt auch **geographische und sektorale Anlageschwerpunkte** anzugeben. 17

c) Risiken und Konzentrationen

§ 35 Abs. 1 Satz 2 KAGB übernimmt Art. 24 Abs. 1 AIFMD wörtlich und ergänzt diesen um Risiken und Konzentrationen. 18

Nähere Vorgaben zur Berichterstattung finden sich in Art. 110 der AIFM-DVO sowie im **Formblatt zur Berichterstattung.**[10] 19

2. Informationen zu Liquidität und Risikoprofil (§ 35 Abs. 2 KAGB)

a) Gegenstände der Informationspflicht

Gegenstände der Informationspflicht sind jeweils von der AIF-KVG **verwaltete inländische AIF**, § 1 Abs. 7 KAGB, **verwaltete EU-AIF**, d.h. nach der allgemeinen Bestimmung zu EU-Investmentvermögen gem. § 1 Abs. 8 KAGB im EWR-Raum[11] ansässige AIF sowie im EWR-Raum **vertriebene AIF**. 20

b) Inhalt der Information

Weiterhin sind zuätzliche konkrete Informationen nach § 35 Abs. 2 Nr. 1–4 KAGB mitzuteilen; Nr. 5 bezieht sich auf die Ergebnisse der Stresstests nach §§ 29 Abs. 3 Nr. 2 sowie 30 Abs. 2 KAGB. 21

aa) Anteil schwer liquidierbarer Vermögensgegenstände

§ 35 Abs. 2 Nr. 1 KAGB verlangt Informationen in Bezug auf die schwer liquidierbaren Vermögensgegenstände. Diese Information verschafft der Aufsicht, und mittelbar dem Anleger, Kenntnisse über die Liquiditätslage im Investmentvermögen. 22

bb) Neue Vorkehrungen zum Liquiditätsmanagement des AIF

Neue Vorkehrungen zum Liquiditätsmanagement des AIF sind nach § 35 Abs. 2 Nr. 2 KAGB anzugeben. Das grundsätzliche Liquiditätsmanagement der AIF richtet sich nach § 30 KAGB. 23

cc) Aktuelles Risikoprofil und Angaben zum Risikomanagementsystem

§ 35 Abs. 2 Nr. 3 KAGB bezieht sich sowohl auf die Risikoprofile der AIF, als auch auf die Risikoprofile der KVGen und zwar hinsichtlich der Markt-, Liquiditäts-, Kontrahenten und sonstiger Risiken einschließlich der operationellen Risiken und der Risikomanagementsysteme. 24

dd) Wichtigste Kategorien von Vermögensgegenständen

§ 35 Abs. 2 Nr. 4 KAGB erfordert Angaben zu den wichtigsten Kategorien von Vermögensgegenständen, in den der AIF investiert hat. Eine Legaldefinition des Begriffs der Kategorie findet sich weder im KAGB, noch in der AIFMD, noch in den Delegiertenverordnungen. Es spricht vieles dafür, die Aufstellung des Berichtsformulars unter „Gehandelte Einzelrisiken und wichtigste Vermögenskategorien, in die der AIF investiert 25

7 Zum Begriff des Finanzinstruments vgl. *Hanten/Stump*, RdF 2018, 189.

8 A.A. offenbar *Geurts/Schubert* in Moritz/Klebeck/Jesch, § 35 KAGB Rz. 23, die übersehen, dass AIF sich gerade dadurch auszeichnen, dass ihr Anlagehorizont nicht auf Finanzinstrumente beschränkt ist.

9 Zum Begriff: *Zetzsche*, Prinzipien, S. 112 ff.

10 Anhang IV der AIFM-DVO, abgedruckt im Textanhang am Ende des Werks.

11 Dieser umfasst die Mitgliedstaaten der Europäischen Union sowie Liechtenstein, Island und Norwegen.

ist" zugrunde zu legen und die dort benannten Arten von Vermögengegenständen unter den Begriff zu fassen. Dies entspricht etwa den Angaben zu Art. 110 Abs. 2e) AIFM-DVO.

c) Ergebnisse der Stresstests

26 § 35 Abs. 2 Nr. 5 KAGB verlangt eine Angabe der Ergebnisse der nach § 29 Abs. 3 Nr. 2 KAGB (**Stresstest auf Anlageposition mit Wirkung auf das Gesamtrisikoprofil**) und § 30 Abs. 2 KAGB (**Liquiditätsstresstest**) durchgeführten Stresstests. Auch diese Ergebnisse sind in das Formblatt aufzunehmen.

3. Informationen auf Verlangen (§ 35 Abs. 3 KAGB)

27 Gem. § 35 Abs. 3 KAGB hat die AIF-KVG auf Verlangen der BaFin weitere Unterlagen vorzulegen. Hierbei handelt es sich um den **Jahresbericht** über die von der KVG verwalteten Spezial-AIF oder EU-AIF sowie der von der KVG im EWR vertriebenen AIF. § 35 Abs. 3 Nr. 2 KAGB verpflichtet die AIF-KVG, zu Ende eines jeden Quartals eine **detaillierte Aufstellung** sämtlicher von ihr verwalteten AIF vorzulegen.

4. Einsatz von Leverage (§ 35 Abs. 4 KAGB)

28 § 35 Abs. 4 KAGB betrifft AIF-KVGen, die **mindestens einen AIF verwalten**, der in erheblichem Umfang **Leverage** einsetzt.

a) Legaldefinition von Leverage

29 Der Begriff Leverage wird in § 1 Abs. 19 Nr. 25 Satz 1 KAGB **legal definiert** und erfasst jede Methode, mit der die Verwaltungsgesellschaft den Investitionsgrad eines von ihr verwalteten Investmentvermögens durch Kreditaufnahme, Wertpapierdarlehen, in Derivate eingebettete Hebelfinanzierung oder auf andere Weise erhöht. Ob der Leverage in **beträchtlichem Umfang** eingesetzt wird, richtet sich nach den Kriterien, die **Art. 111 AIFM-DVO** aufstellt. Dies wiederum wird durch die Multiplikation des Nettoinventarwerts (nach der **Commitment-Methode** gem. Art. 8 AIFM-DVO berechnet) mit Faktor 3 bestimmt. Anders gesagt: Wenn der Leverage den nach Art. 8 AIFM-DVO berechneten Nettoinventarwert um das Dreifache übersteigt, ist von einem beträchtlichen Umfang i.S.v. § 35 Abs. 4 Satz 2 KAGB auszugehen. Die Informationspflichten beziehen sich auf Einzelheiten des eingesetzten Leverage hstl. **der Entstehung** (Kreditaufnahme, Wertpapierdarlehen oder Einsatz von Derivaten), Nr. 1, **den Umfang der für den Leverage verwendeten Vermögensgegenständen**, Nr. 2 und **die fünf größten Primebroker**, Nr. 3.

5. Zusätzliche regelmäßige oder Ad-hoc-Meldepflichten (§ 35 Abs. 5 KAGB)

30 § 35 Abs. 5 KAGB berechtigt die BaFin, AIF-KVGen zusätzliche regelmäßige oder ad hoc zu erfüllende Meldepflichten aufzuerlegen, sofern dies für die **wirksame Überwachung von Systemrisiken** erforderlich ist oder die **ESMA** darum ersucht hat. Der Begriff der Systemrisiken ist auch in dieser Vorschrift nicht legal definiert, wird jedoch im Gesetz mehrfach verwandt (z.B. in § 44 Abs. 1 Satz 1 Nr. 4 lit. b und § 317 Abs. 2 Nr. 1 lit. a KAGB), sodass eine zumindest systematische Auslegung zur Anerkenntnis führen könnte. Bislang haben weder BaFin noch ESMA von der Möglichkeit Gebrauch gemacht.

6. Ausländische Verwaltungsgesellschaften (§ 35 Abs. 6 KAGB)

31 Gem. § 35 Abs. 6 KAGB gelten die Meldepflichten der Abs. 1-5 auch für **ausländische Verwaltungsgesellschaften gem. § 1 Abs. 18 KAGB**, die vor dem Zeitpunkt des Erlasses delegierter Rechtsakte nach § 317 KAGB oder § 330 KAGB ausländische AIF in Deutschland vertrieben haben und deren Referenzmitgliedstaat Deutschland ist. Soweit die Tatbestandsmerkmale von § 35 Abs. 6 Nr. 1 und 2 KAGB vorliegen, finden die Abs. 1 bis 5 Anwendung. Letzteres gilt jedoch nur insoweit, als die Angaben gem. Abs. 4 auf die von der KVG verwalteten inländischen Spezial-AIF, EU-AIF und die von ihr in einem Mitgliedstaat des EWR vertriebenen AIF beschränkt sind.

7. EU-AIF- und ausländische Verwaltungsgesellschaften (§ 35 Abs. 7 KAGB)

32 § 35 Abs. 7 KAGB erfasst EU-AIF-Verwaltungsgesellschaften und ausländische Verwaltungsgesellschaften, die **inländische AIF** verwalten. Die Norm orientiert sich an **§ 35 Abs. 3 KAGB** und erlaubt der BaFin, Jahresberichte anzufordern und verpflichtet die Behörde hierzu, wenn die ESMA einen solchen Jahresbericht anfordert. Diese Vorschrift betrifft nur ausländische AIF-Verwaltungsgesellschaften, die ihren **Referenzmitgliedstaat nicht in Deutschland** haben. In den Fällen des deutschen Referenzmitgliedstaats wären die ent-

sprechende AIF-Verwaltungsgesellschaften bereits auf Grund von § 58 Abs. 11 KAGB i.V.m. § 35 Abs. 3 Satz 1 KAGB erfasst.

8. Form der Berichterstattung

§ 35 Abs. 8 KAGB **konkretisiert** die Meldevorschriften und verweist hierzu auf Art. 110 der AIFM-DVO. Die Information zu Übermittlung erfolgt üblicherweise über das **MVP-Portal** der BaFin oder die **Meldeplattform MVP.**[12] Dies ergibt sich aus § 35 Abs. 9 KAGB, der durch das OGAW-V-UmsG[13] eingefügt wurde. 33

9. Häufigkeit der Berichterstattung

Nach Art. 110 Abs. 3 AIFM-DVO richtet sich der Turnus der Informationsmitteilung an die BaFin nach der Größe der verwalteten AIF oder nach dem Umfang des gesamten Vermögens aller von der Verwaltungsgesellschaft verwalteten AIF und danach, ob Leverage eingesetzt wird. 34

10. Weitere Änderungen durch das OGAW-V-UmsG

§ 35 Abs. 10 KAGB stellt der BaFin eine Ermächtigungsgrundlage zur Verfügung, um weitere technische Meldevorgaben im Wege der Allgemeinverfügung anordnen zu können.[14] Als Beispiel hierfür nennt der Gesetzgeber etwa Format und Übertragungsweg der Meldungen.[15] 35

Gemäß dem mit dem OGAW-V-UmsG eingefügten § 340 Abs. 2 Nr. 11 und 12 KAGB ist eine Bußgeldvorschrift mit Bezug zu den Übermittlungs- und Vorlagepflichten des § 35 KAGB eingefügt worden. 36

§ 36 Auslagerung

(1) [1]Die Kapitalverwaltungsgesellschaft kann Aufgaben auf ein anderes Unternehmen (Auslagerungsunternehmen) unter den folgenden Bedingungen auslagern:

1. **die Kapitalverwaltungsgesellschaft muss in der Lage sein, ihre gesamte Auslagerungsstruktur anhand von objektiven Gründen zu rechtfertigen;**
2. **das Auslagerungsunternehmen muss über ausreichende Ressourcen für die Ausführung der ihm übertragenen Aufgaben verfügen und die Personen, die die Geschäfte des Auslagerungsunternehmens tatsächlich leiten, müssen zuverlässig sein und über ausreichende Erfahrung verfügen;**
3. **sofern die Auslagerung bei einer OGAW-Kapitalverwaltungsgesellschaft die Portfolioverwaltung und bei einer AIF-Kapitalverwaltungsgesellschaft die Portfolioverwaltung oder das Risikomanagement betrifft, dürfen damit nur Auslagerungsunternehmen beauftragt werden, die für die Zwecke der Vermögensverwaltung oder Finanzportfolioverwaltung zugelassen oder registriert sind und einer Aufsicht unterliegen; § 2 Absatz 6 Satz 1 Nummer 5 des Kreditwesengesetzes findet insoweit keine Anwendung; kann diese Bedingung bei AIF-Kapitalverwaltungsgesellschaften nicht erfüllt werden, kann eine Auslagerung nach Genehmigung durch die Bundesanstalt erfolgen;**
4. **wird die Portfolioverwaltung oder das Risikomanagement auf ein Unternehmen mit Sitz in einem Drittstaat ausgelagert, muss die Zusammenarbeit zwischen der Bundesanstalt und der zuständigen Aufsichtsbehörde des Drittstaates sichergestellt sein;**
5. **die Auslagerung darf die Wirksamkeit der Beaufsichtigung der Kapitalverwaltungsgesellschaft nicht beeinträchtigen; insbesondere darf sie weder die Kapitalverwaltungsgesellschaft daran hindern, im Interesse ihrer Anleger zu handeln, noch darf sie verhindern, dass das Investmentvermögen im Interesse der Anleger verwaltet wird;**

---

12 Siehe hierzu *Beckmann* in Beckmann/Scholtz/Vollmer, § 35 InvG Rz. 29.

13 Gesetz zur Umsetzung der Richtlinie 2014/91/EU des Europäischen Parlaments und des Rates vom 23. Juli 2014 zur Änderung der Richtlinie 2009/65/EG zur Koordinierung der Rechts- und Verwaltungsvorschriften betreffend bestimmte Organismen für gemeinsame Anlagen in Wertpapieren (OGAW) im Hinblick auf die Aufgaben der Verwahrstelle, die Vergütungspolitik und Sanktionen vom 3.3.2016, BGBl. I 2016, S. 348.

14 Es erscheint fraglich, ob für die Anordnung der Kommunikationsform die Schaffung einer solchen Ermächtigungsgrundlage erforderlich war. Vgl. *Bumke* in Hoffmann-Riem/Schmidt-Aßmann/Voßkuhle, Grundlage des Verwaltungsrechts, § 35 Rz. 17 zu den Ansätzen zur Ablösung des Verwaltungsakts.

15 Begr. RegE, BT-Drucks. 18/6744, S. 48.

6. die Kapitalverwaltungsgesellschaft muss darlegen können, dass das Auslagerungsunternehmen
   a) unter Berücksichtigung der ihm übertragenen Aufgaben über die erforderliche Qualifikation verfügt,
   b) in der Lage ist, die übernommenen Aufgaben ordnungsgemäß wahrzunehmen und
   c) sorgfältig ausgewählt wurde;
7. die Kapitalverwaltungsgesellschaft muss in der Lage sein, die ausgelagerten Aufgaben jederzeit wirksam zu überwachen; sie hat sich insbesondere die erforderlichen Weisungsbefugnisse und die Kündigungsrechte vertraglich zu sichern und
8. die Kapitalverwaltungsgesellschaft überprüft fortwährend die vom Auslagerungsunternehmen erbrachten Dienstleistungen.

[2]Die Genehmigung der Auslagerung nach Satz 1 Nummer 3 durch die Bundesanstalt ist innerhalb einer Frist von vier Wochen nach Eingang des Genehmigungsantrags zu erteilen, wenn die Voraussetzungen für die Genehmigung erfüllt sind. [3]Sind die Voraussetzungen für die Genehmigung nicht erfüllt, hat die Bundesanstalt dies dem Antragsteller innerhalb der Frist nach Satz 2 unter Angabe der Gründe mitzuteilen und fehlende oder geänderte Angaben oder Unterlagen anzufordern. [4]Mit dem Eingang der angeforderten Angaben oder Unterlagen beginnt der Lauf der in Satz 2 genannten Frist erneut.

(2) Die Kapitalverwaltungsgesellschaft hat der Bundesanstalt eine Auslagerung anzuzeigen, bevor die Auslagerungsvereinbarung in Kraft tritt.

(3) Die Portfolioverwaltung oder das Risikomanagement darf nicht ausgelagert werden auf

1. die Verwahrstelle oder einen Unterverwahrer oder
2. ein anderes Unternehmen, dessen Interessen mit denen der Kapitalverwaltungsgesellschaft oder der Anleger des Investmentvermögens im Konflikt stehen könnten, außer wenn ein solches Unternehmen
   a) die Ausführung seiner Aufgaben bei der Portfolioverwaltung oder dem Risikomanagement funktional und hierarchisch von seinen anderen potenziell dazu im Interessenkonflikt stehenden Aufgaben trennt und
   b) die potenziellen Interessenkonflikte ordnungsgemäß ermittelt, steuert, beobachtet und den Anlegern des Investmentvermögens gegenüber offenlegt.

(4) Die Kapitalverwaltungsgesellschaft hat ein Verschulden des Auslagerungsunternehmens in gleichem Umfang zu vertreten wie eigenes Verschulden.

(5) Die Kapitalverwaltungsgesellschaft darf Aufgaben nicht in einem Umfang übertragen, der dazu führt, dass sie nicht länger als Verwaltungsgesellschaft angesehen werden kann und zu einer Briefkastenfirma wird.

(6) [1]Das Auslagerungsunternehmen darf die auf ihn ausgelagerten Aufgaben unter den folgenden Bedingungen weiter übertragen (Unterauslagerung):

1. die Kapitalverwaltungsgesellschaft hat der Unterauslagerung vorher zuzustimmen,
2. die Kapitalverwaltungsgesellschaft hat der Bundesanstalt die Unterauslagerung anzuzeigen, bevor die Unterauslagerungsvereinbarung in Kraft tritt,
3. die in Absatz 1 Nummer 2 bis 8 festgelegten Bedingungen werden auf das Verhältnis zwischen Auslagerungsunternehmen und Unterauslagerungsunternehmen entsprechend angewendet.

[2]Satz 1 gilt entsprechend bei jeder weiteren Unterauslagerung.

(7) Absatz 3 gilt entsprechend bei jeder Unterauslagerung der Portfolioverwaltung oder des Risikomanagements.

(8) Bei OGAW-Kapitalverwaltungsgesellschaften muss die Auslagerung mit den von der OGAW-Kapitalverwaltungsgesellschaft regelmäßig festgesetzten Vorgaben für die Verteilung der Anlagen in Einklang stehen.

(9) Die Kapitalverwaltungsgesellschaft hat im Verkaufsprospekt nach § 165 oder § 269 die Aufgaben aufzulisten, die sie ausgelagert hat.

(10) [1]Im Hinblick auf AIF-Kapitalverwaltungsgesellschaften bestimmen sich die Bedingungen zur Erfüllung der Anforderungen nach den Absätzen 1 bis 3 und 6 und 7 sowie die Umstände, unter denen angenommen wird, dass die AIF-Kapitalverwaltungsgesellschaft im Sinne von Absatz 5 ihre Funktionen in einem Umfang übertragen hat, der sie zu einer Briefkastenfirma werden lässt, so dass

sie nicht länger als Verwalter des AIF angesehen werden kann, nach den Artikeln 75 bis 82 der Delegierten Verordnung (EU) Nr. 231/2013. [2]Für OGAW-Kapitalverwaltungsgesellschaften sind die Artikel 75 bis 82 der Delegierten Verordnung (EU) Nr. 231/2013 hinsichtlich der Bedingungen zur Erfüllung der Anforderungen nach den Absätzen 1 bis 3 und 6 und 7 sowie der Umstände, unter denen angenommen wird, dass die OGAW-Kapitalverwaltungsgesellschaft im Sinne von Absatz 5 ihre Funktionen in einem Umfang übertragen hat, der sie zu einer Briefkastenfirma werden lässt, so dass sie nicht länger als Verwalter des OGAW angesehen werden kann, entsprechend anzuwenden.

In der Fassung vom 4.7.2013 (BGBl. I 2013, S. 1981).

Schrifttum: *Burghard/Heimann*, Das neue Kapitalanlagegesetzbuch, WM 2014, 821; *Emde/Dreibus*, Der Regierungsentwurf für ein Kapitalanlagengesetzbuch, BKR 2013, 89; *Dieterich*, Outsourcing bei Kapitalanlagegesellschaften, 2004; *Gringel*, Die Schließung und Abwicklung offener Immobilienfonds, ZBB 2012, 106; *Hanten*, Aufsichtsrechtliche Aspekte des Outsourcing bei Kapitalanlagegesellschaften, ZBB 2003, 291; *Klebeck*, Auslagerung von Anlageverwaltungsfunktionen, RdF 2012, 225; *Klebeck/Zollinger*, Compliance-Funktion nach der AIFM-Richtlinie, BB 2013, 459; *Kraushaar*, Die Funktion der Verwahrstelle bei der Abwicklung von Wertpapierfonds, WM 2016, 1377; *Kurz*, MiFID II – Auswirkungen auf den Vertrieb von Finanzinstrumenten, DB 2014, 1182; *Seidenschwann*, Die Master-Kapitalverwaltungsgesellschaft, 2016; *Teuber/Schröer* (Hrsg.), MiFID II/MiFIR – Umsetzung in der Bankpraxis, 2015; *Weiser/Hüwel*, Verwaltung alternativer Investmentfonds und Auslagerung nach dem KAGB-E, BB 2013, 1091; *Wollenhaupt/Beck*, Das neue Kapitalanlagegesetzbuch (KAGB) – Überblick über die Neuregelung des deutschen Investmentrechts nach der Umsetzung der AIFM-RL, DB 2013, 1950; *Wrogemann*, Spezialfonds im KAGB – Halte- und Erwerbsverbot für Privatanleger?, BKR 2017, 501; *Zetzsche* (Hrsg.), The Alternative Investment Fund Managers Directive, 2. Aufl. 2015; *Zetzsche*, Fondsregulierung im Umbruch – ein rechtsvergleichender Rundblick zur Umsetzung der AIFM-Richtlinie, ZBB 2014, 22; *Zetzsche/Lehmann*, Das Vereinigte Königreich als Drittstaat? – Die Auswirkungen des Brexit auf das Finanzmarktrecht, AG 2017, 651.

I. Hintergrund

1 § 36 KAGB beruht auf europäischem Recht, was im Bereich der Finanzmarktregulierung im sog. **Lamfalussy-Verfahren** zustande kommt.[1] Im Ergebnis muss daher insbesondere bei der Auslegung ein komplexes Zusammenspiel von vielen verschiedenen Regelungen auf unterschiedlichen Ebenen berücksichtigt werden. In § 36 KAGB werden zum einen die Vorgaben des Art. 13 OGAW-RL[2] und zum anderen die des Art. 20 AIFM-RL[3] umgesetzt.[4] Ergänzt wird diese Regelung durch Art. 75-82 Level 2-VO,[5] die ein delegierter, unmittelbar geltender Rechtsakt ist und zur Auslegung des national umgesetzten Rechts heranzuziehen ist.[6]

2 Daneben sind noch **Empfehlungen, Leitlinien und Verlautbarungen der EU-Kommission**, anderer internationaler Behörden, wie z.B. der ESMA,[7] sowie nationaler Behörden, wie der BaFin, zu beachten. Seitens der BaFin sind hier insbesondere die BaFin FAQ zur Auslagerung nach § 36 KAGB[8] und die KAMaRisk[9] zu nennen.

3 § 36 KAGB basiert auf dem aufgehobenen **§ 16 Abs. 2 InvG**. Für die kollektive Vermögensverwaltung vertrat das BaKred noch zum KAGG lange Zeit die Ansicht, dass die Anlageverwaltung, bestehend aus Anlageentscheidung, Risiko- und Liquiditätsmanagement als Kerntätigkeit der KVG nicht auf externe Anlageverwalter ausgelagert werden dürfe.[10] Inzwischen ist das Aufsichtsrecht aber längst deutlich auslagerungsfreundlicher gestaltet.

II. Regelungsinhalt

4 In § 36 KAGB werden die Voraussetzungen dafür festgelegt, nach denen eine KVG Aufgaben auf ein anderes Unternehmen, das sog. **Auslagerungsunternehmen**, auslagern darf. Insgesamt darf die Auslagerung nicht zu einer Beeinträchtigung der Ordnungsmäßigkeit der Geschäfte bzw. Dienstleistungen führen. Die Regelung ist sowohl auf OGAW-KVGen als auch auf AIF-KVGen anwendbar und präziser gefasst als die Vorgängernorm, § 16 InvG.[11] Im Vergleich zu § 16 InvG haben sich die Anforderungen an die Auslagerung nach § 36 KAGB verschärft.[12]

5 Die Auslagerung von Dienstleistungen ist in der Asset-Management-Industrie weit verbreitet. Hiervon profitieren zum einen die beteiligten Wertpapierdienstleistungsunternehmen, KVGen und Kreditinstitute, da sich jeder auf seine Kerndienstleistungen konzentrieren kann. Somit werden im Idealfall die Qualität der

1 Zum Lamfalussy-Verfahren ausführlich *Seidenschwann*, Die Master-Kapitalverwaltungsgesellschaft, S. 171 ff.
2 Richtlinie 2009/65/EG des Europäischen Parlaments und des Rates vom 13. Juli 2009 zur Koordinierung der Rechts- und Verwaltungsvorschriften betreffend bestimmte Organismen für gemeinsame Anlagen in Wertpapieren (OGAW), ABl. EG Nr. L 302 v. 17.11.2009, S. 32.
3 Richtlinie 2011/61/EU des Europäischen Parlaments und des Rates vom 8. Juni 2011 über die Verwalter alternativer Investmentfonds und zur Änderung der Richtlinien 2003/41/EG und 2009/65/EG und der Verordnungen (EG) Nr. 1060/2009 und (EU) Nr. 1095/2010 (AIFM-RL), ABl. EU Nr. L 174 v. 1.7.2011, S. 1.
4 Begr. RegE AIFM-UmsG v. 6.2.2013, BT-Drucks. 17/12294, 220 ff.
5 Delegierte Verordnung (EU) Nr. 231/2013 („AIFM Level 2-VO“).
6 *Hanten* in Baur/Tappen, § 36 KAGB Rz. 6.
7 Siehe beispielsweise ESMA's technical advice to the European Commission on possible implementing measures of the AIFMD („Report ESMA/2011/379“).
8 BaFin-Schreiben vom 10.7.2013 – WA 41-Wp 2137-2013/0036, zuletzt geändert am 12.5.2014, „Häufige Fragen zum Thema Auslagerung gem. § 36 KAGB“, das zunächst auch unter dem KAGB weitergegolten hatte.
9 BaFin Rundschreiben 01/2017 (WA) – Mindestanforderungen an das Risikomanagement von Kapitalverwaltungsgesellschaften – „KAMaRisk“ in der Fassung vom 10.1.2017. Hierdurch wurde das BaFin Rundschreiben 5/2010 (WA) vom 30.6.2010 zu den Mindestanforderungen an das Risikomanagement für Investmentgesellschaften (InvMaRisk) in Folge der Einführung des KAGB abgelöst.
10 Vgl. zur Entwicklung *Zetzsche*, Prinzipien der kollektiven Vermögensanlage, S. 687 f. m.w.N.
11 Vgl. *Volhard/Jang* in Weitnauer/Boxberger/Anders, § 36 KAGB Rz. 2; *Hanten* in Baur/Tappen, § 36 KAGB Rz. 5.
12 *Emde/Dreibus*, BKR 2013, 89 (92 f.); *Klebeck/Zollinger*, BB 2013, 459 (464); *Weiser/Hüwel*, BB 2013, 1091 (1094).

Dienstleistung und die Effizienz gesteigert.[13] Zum anderen kommt dies natürlich auch den Anlegern zugute. Sie profitieren von einem verbesserten und in der Regel kostengünstigeren Angebot.[14] Bestes Beispiel hierfür sind die sog. **Master-KVGen**, die sich ganz auf die Administration der entsprechenden Vermögenswerte konzentrieren.[15] Das aktive Management wird bei diesem Geschäftsmodell regelmäßig auf spezialisierte Asset-Manager ausgelagert. Die Auslagerung des Portfoliomanagements hat in den vergangenen Jahren insgesamt stetig zugenommen. Bei Wertpapierspezialfonds mit einem Volumen von ca. 1,5 Billionen Euro entfallen ca. 41 % auf konzernfremde Asset Manager.[16] Dabei sitzen die Kooperationspartner meist in den USA oder in England. Ca. 43 % des ins Ausland ausgelagerten Portfoliomanagements entfällt auf diese beiden Länder.[17] Frankreich folgt mit einem Anteil von 6 %. Alle übrigen EU-Länder erreichen zusammen 13 %. Die verbleibenden 38 % verteilen sich auf Drittstaaten weltweit.

Nach welchen Vorgaben die Auslagerung von Aufgaben der KVG möglich ist, regelt § 36 KAGB. Denn natürlich erschwert jede Auslagerung eine effiziente Aufsicht und erhöht das operative Risiko des auslagernden Unternehmens.[18] Den **Besonderheiten der Auslagerung des Portfolio- und Risikomanagements** wird dadurch Rechnung getragen, dass sie mit einem Lizenzvorbehalt und ggf. auch einem Genehmigungsvorbehalt seitens der BaFin behaftet sind. Das auslagernde Unternehmen muss sicherstellen, dass die übertragenen Aufgaben wirkungsvoll und unter Einhaltung der geltenden Rechts- und Verwaltungsvorschriften ausgeführt werden. Insgesamt soll § 36 KAGB sicherstellen, dass die aufsichtsrechtlichen Vorgaben des KAGB nicht durch eine Auslagerung umgangen werden.[19] 6

III. Begriff der Auslagerung

Weder im KAGB, der KAVerOV noch in der AIFM-RL oder der Level 2-VO ist der Begriff der Auslagerung definiert.[20] Auch im InvG sowie in der OGAW-RL findet sich **keine Legaldefinition**. Der ESMA-Report[21] wählt die folgende Begriffsbestimmung: „(...) performing a task, which would otherwise be undertaken by the AIFM and which is critical or important for the proper performance of the functions it provides to an AIF."[22] Keine sachgerechte Abgrenzung bietet auch Art. 20 Abs. 1 AIFM-RL, wonach eine Auslagerung dann vorliegt, wenn die KVG Dritten Aufgaben zur Ausübung in ihrem Namen übertragen will. Diese Abgrenzung ist zu eng, da auch Sachverhalte als Auslagerung zu qualifizieren sind, die keine Tätigkeit „im Namen" des Auslagerungsunternehmens erfordern.[23] 7

1. Wesentlichkeit

Gemäß der **InvMaRisk** vom 30.6.2010[24] bezeichnete eine Auslagerung die Beauftragung eines anderen Unternehmens mit der Wahrnehmung von Aufgaben (Auslagerungsunternehmen), die zur Durchführung der Geschäfte der Gesellschaft **wesentlich** sind und die ansonsten von der Gesellschaft selbst erbracht würden.[25] Wichtige Voraussetzung für die Qualifizierung der Wahrnehmung von Aufgaben einer Gesellschaft durch ein anderes Unternehmen als Auslagerung war demnach die Frage, ob es sich bei diesen Aufgaben um für die Gesellschaft wesentliche handelte. Die BaFin ordnete beispielsweise die folgenden Aufgaben nicht als wesentlich ein: die Wartung technischer Geräte oder sonstige allgemeine Service- und Unterstützungsleistungen (z.B. Hausverwaltung, Kantine, Reinigungsdienst, Sicherheitsdienst, usw.). Dagegen waren Aufgaben des Risikomanagements/Risikocontrollings, des Rechnungswesens, der Managementinformationssysteme, der in- 8

13 Zu Gründen für die Auslagerung ausführlich *Zetzsche*, Prinzipien der kollektiven Vermögensanlage, S. 688 ff.

14 Vgl. auch *Klebeck*, RdF 2012, 225 ff.; *Weiser/Hüwel*, BB 2013, 1091 (1093).

15 Hierzu ausführlich auch unter Berücksichtigung wirtschaftlicher Aspekte *Seidenschwann*, Die Master-Kapitalverwaltungsgesellschaft.

16 BVI-Mitteilung 3/2018, S. 10.

17 BVI-Mitteilung 13/2018, S. 4.

18 *Tollmann* in Dornseifer/Jesch/Klebeck/Tollmann, Art. 20 AIFM-RL Rz. 6.

19 *Tollmann* in Dornseifer/Jesch/Klebeck/Tollmann, Art. 20 AIFM-RL Rz. 17 f.

20 Hierzu kritisch *Partsch/Mullmaier* in Zetzsche, The Alternative Investment Fund Managers Directive, S. 217, 218 f.

21 ESMA's technical advice to the European Commission on possible implementing measures of the Alternative Investment Fund Managers Directive, ESMA/2011/379 vom 16.11.2011.

22 ESMA-Report/2011/379, S. 123, Box 63.

23 *Hanten* in Baur/Tappen, § 36 KAGB Rz. 21 f.; *Partsch/Mullmaier* in Zetzsche, The Alternative Investment Fund Managers Directive, S. 217, 218 f.; *Weiser/Hüwel*, BB 2013, 1091 (1094).

24 BaFin-Rundschreiben 5/2010 (WA) v. 30.6.2010 zu den Mindestanforderungen an das Risikomanagement für Investmentgesellschaften – InvMaRisk, Gz. WA 41-Wp 2136-2008/0009.

25 InvMaRisk, Ziff. 9.1.

ternen Revision oder von Compliance als wesentlich einzustufen.[26] Diese auf Grundlage des InvG entwickelten Grundsätze stehen aber im Widerspruch zu den Regelungen des KAGB und konnten daher nicht mehr auf Recht erhalten werden.[27] Die Vorgaben der AIFM-Richtlinie stellen nicht auf das Kriterium der Wesentlichkeit bei der Übertragung von Aufgaben ab. Daher ist es unter dem KAGB zu einer **Verschärfung der Auslagerungsregeln** gegenüber der Verwaltungspraxis nach dem InvG gekommen.[28]

9 Nunmehr konkretisieren die **KAMaRisk** vom 10.1.2017[29] die Vorgaben der Level 2-VO zur AIFM-Richtlinie[30] u.a. zur Auslagerung. Entsprechend der europäischen Vorgaben ist die Wesentlichkeit einer Dienstleistung danach kein Kriterium mehr für die Qualifizierung als Auslagerung. Eine Auslagerung liegt demnach vor, wenn ein anderes Unternehmen mit der Wahrnehmung von Aufgaben beauftragt wird (Auslagerungsunternehmen), die ansonsten von der Gesellschaft selbst erbracht würden.[31] Somit beziehen sich die Vorgaben zur Auslagerung in § 36 KAGB nicht nur auf Aufgaben im Bereich des Portfolio- und Risikomanagements, sondern gelten auch für andere Tätigkeiten einer KVG.

2. Abgrenzung von Auslagerungsverhältnissen

10 Trotz des nunmehr aufgrund der entsprechenden EU-Vorgaben im Vergleich zu § 16 InvG verschärften Ansatzes, der die Wesentlichkeit nicht mehr zur zwingenden Voraussetzung für eine Auslagerung macht, dient dieses Kriterium nach wie vor als gutes Differenzierungsmerkmal. Unterstützende Aufgaben, wie Reinigungsdienste, Catering, etc. oder weitere technische bzw. administrative Funktionen, wie der Kauf handelsüblicher Standard-Software und die Inanspruchnahme von Software-Anbietern beim Betrieb handelsüblicher Systeme, die Inanspruchnahme von Zeitarbeitskräften oder die Durchführung der Lohn- und Gehaltsabrechnung, sind nicht als wesentlich und damit nicht als Auslagerung im engeren Sinne einzuordnen.[32] Sinnvoll ist auch, zwischen der Auslagerung von Kernaufgaben (Core Functions), kritischen Funktionen (Critical Functions) und Hilfsfunktionen (Ancilliary Functions) zu unterscheiden.[33] Auch die BaFin verlangt eine **Risikoanalyse**, in der das auslagernde Unternehmen festlegt, welche Aufgaben unter Risikogesichtspunkten überhaupt ausgelagert werden können.[34] Bei der Risikoanalyse sind alle relevanten Aspekte im Zusammenhang mit der Auslagerung zu berücksichtigen (z.B. Risiken der Auslagerung, Eignung des Auslagerungsunternehmens), wobei die Intensität der Analyse von Art, Umfang, Komplexität und Risikogehalt der ausgelagerten Aufgaben abhängt. Bei gruppeninternen Auslagerungen können wirksame Vorkehrungen, insbesondere ein Risikomanagement auf Gruppenebene sowie Durchgriffsrechte, bei der Erstellung und Anpassung der Risikoanalyse risikomindernd berücksichtigt werden.[35]

3. Sonstiger Fremdbezug von Leistungen

11 Sachverhalte, die nicht als Auslagerung eingeordnet werden, werden von der BaFin unter dem Begriff „sonstiger Fremdbezug von Leistungen“ zusammengefasst.[36]

a) Fremdbezug von Leistungen

12 Nicht jeder **Fremdbezug von Leistungen** gilt als Auslagerung. Dies ist nicht der Fall, wenn die Leistungen typischerweise von einem anderen Unternehmen bezogen werden und aufgrund tatsächlicher Gegebenheiten oder rechtlicher Vorgaben regelmäßig weder zum Zeitpunkt des Fremdbezugs noch in der Zukunft von der Gesellschaft selbst erbracht werden oder erbracht werden können.[37] Beispielsweise die Nutzung von

---

26 *Volhard/Jang* in Weitnauer/Boxberger/Anders, § 36 KAGB Rz. 9.
27 BaFin, FAQ Auslagerung Ziff. 12.
28 BaFin, FAQ Auslagerung Ziff. 3; *Volhard/Jang* in Weitnauer/Boxberger/Anders, § 36 KAGB Rz. 10; **a.A.** *Döser/Herkströter* in Beckmann/Scholtz/Vollmer, vor 405 Rz. 142; *Weiser/Hüwel*, BB 2013, 1091 (1094).
29 BaFin Rundschreiben 01/2017 (WA) – Mindestanforderungen an das Risikomanagement von Kapitalverwaltungsgesellschaften – „KAMaRisk“ in der Fassung vom 10.1.2017.
30 Delegierte Verordnung (EU) Nr. 231/2013 („AIFM Level 2-VO“).
31 KAMaRisk, Ziff. 10.1.
32 Vgl. ErwGr. 82 der Level 2-VO; ESMA Report 2011/379, S. 123, Box 63; *Hanten* in Baur/Tappen, § 36 KAGB Rz. 23 f.
33 Siehe *Partsch/Mullmaier* in Zetzsche, The Alternative Investment Fund Managers Directive, S. 217 ff.; vgl. auch *Klebeck*, RdF 2012, 225 (230).
34 KAMaRisk, Ziff. 10.2.
35 KAMaRisk, Ziff. 10.2.
36 KAMaRisk, Ziff. 10.1.
37 KAMaRisk, Ziff. 10.1; BaFin, FAQ Auslagerung, Ziff. 12.

Clearingstellen im Rahmen des Zahlungsverkehrs und der Wertpapierabwicklung, die Einschaltung von Korrespondenzbanken.[38]

Der Vertrieb von **Investmentanteilen** ist in Anhang 1 der AIFM-Richtlinie aufgeführt. Die ESMA ist nach ihrem Fragen-Antworten-Katalog vom 16.11.2016[39] der Auffassung, dass es sich stets um eine Auslagerung handelt, wenn Funktionen, die im Anhang 1 der AIFM-Richtlinie genannt sind, durch einen Dritten wahrgenommen werden. Die BaFin hat jedoch ausdrücklich bestätigt, dass sie gleichwohl bei ihrer bisherigen Auffassung bleibt, dass der Vertrieb durch Dritte keine ausgelagerte Tätigkeit ist. 13

b) Grenzen der Auslagerung

Ebenfalls nicht als Auslagerung eingeordnet wird die bloße Entgegennahme von Informationen (z.B. Nutzung von Bloomberg oder Reuters) oder die Abgabe von Anlageempfehlungen Dritter in Bezug auf Vermögensgegenstände unter Verwaltung der KVG.[40] Solche Organisationsstrukturen sind insbesondere im Institutionellen Geschäft recht beliebt, da dadurch die Expertise von spezialisierten Portfoliomanagern bei überschaubarem administrativem Aufwand effizient genutzt werden kann. In der Vergangenheit war die Umsetzung von Anlageempfehlungen im Rahmen eines sog. „Echoverfahrens" häufig anzutreffen. Danach wurde der Anlagevorschlag über die Eingabe der entsprechenden Kauf- oder Verkaufsentscheidung sowie der anschließenden Post-Trade-Kontrolle als eigene Entscheidung dokumentiert.[41] Dies reicht jedoch aus heutiger aufsichtsrechtlicher Sicht nicht aus. Die Beratung gilt solange nicht als Auslagerung, wie die eigentliche Anlageentscheidung der KVG auf Basis einer eigenen Analyse der Anlage für das Investmentvermögen beruht.[42] Die Grenze zu einer Auslagerung ist aber dann erreicht, wenn entsprechende Empfehlungen lediglich noch einer formellen Kontrolle, beispielsweise im Hinblick auf die Einhaltung gesetzlicher oder vertraglicher Anlagerichtlinien, unterzogen werden.[43] Nach Ansicht der BaFin trifft die KVG in diesem Fall keine eigene Anlageentscheidung mehr, sondern setzt lediglich die Entscheidung der Beratungsgesellschaft um. Dies ist aber nur zulässig, sofern die Portfolioverwaltung auch ordnungsgemäß ausgelagert wurde. Insbesondere wenn keine entsprechende Lizenz zur Portfolioverwaltung nach KWG vorliegt, dürfen die Grenzen einer Beratung daher nicht überschritten werden, um keine Leistung ohne Lizenz zu erbringen, die auch noch nicht ordentlich ausgelagert wurde. 14

Entgegen wohl anderer Auffassung in der Literatur[44] sind die sog. **„Master-KVG-Modelle"**[45] aber nach wie vor zulässig.[46] Es ist weiterhin möglich, dass beispielsweise die Portfolioverwaltung vollständig von externen Asset Managern erbracht wird. Die Grenzen des Verbots der Briefkastenfirma (s. hierzu Rz. 107) dürfen aber natürlich nicht verletzt werden. Daher ist es notwendig, dass insbesondere Risikomanagementfunktionen in ausreichendem Umfang bei der Master-KVG verbleiben. 15

Die **Ausführung von Aufträgen durch Dritte**, beispielsweise von Wertpapierkauf- oder – verkaufsaufträgen durch Broker, ist ebenfalls nicht als Auslagerung einzuordnen. Diese werden typischerweise nicht von der KVG selbst erbracht. Voraussetzung hierfür ist jedoch, dass der Ermessensspielraum des ausführenden Dritten auf die Sicherstellung der bestmöglichen Ausführung sowie die Art und Weise der Ausführung im Rahmen der Ausführungsgrundsätze beschränkt ist.[47] 16

c) Interne Revision

Falls die Interne Revision vollständig ausgelagert wird, hat die Geschäftsleitung des auslagernden Unternehmens einen **Revisionsbeauftragten** zu benennen, der eine ordnungsgemäße Interne Revision gewährleisten muss.[48] Der Revisionsbeauftragte hat den Prüfungsplan gemeinsam mit dem beauftragten Dritten 17

---

38 Für weitere Beispiele s. auch ErwGr. 82 der AIFM Level 2-VO.

39 ESMA/2016/1576.

40 KAMaRisk, Ziff. 10.1; BaFin, FAQ Auslagerung, Ziff. 12.

41 *Koch* in Moritz/Klebeck/Jesch, § 36 KAGB Rz. 105.

42 BaFin-Erläuterungen KAMaRisk, Ziff. 9.1.

43 BaFin-Erläuterungen KAMaRisk, Ziff. 9.1; BaFin, FAQ Auslagerung, Ziff. 13.

44 *Volhard/Jang* in Weitnauer/Boxberger/Anders, § 36 KAGB Rz. 7; Tollmann in Dornseifer/Jesch/Klebeck/Tollmann, Art. 5 AIFM-RL Rz. 11; Art. 20 AIFM-RL Rz. 132; *Tollmann* in Möllers/Kloyer, Das neue KAGB, Rz. 1060 ff.

45 Hierzu ausführlich *Seidenschwann*, Die Master-Kapitalverwaltungsgesellschaft.

46 So auch *Koch* in Moritz/Klebeck/Jesch, § 36 KAGB Rz. 104; *Wollenhaupt/Beck*, DB 2013, 1950 (1956); *Burghard/Heimann*, WM 2014, 821 (828); *Zetzsche*, ZBB 2014, 22 (25); *Seidenschwann*, Die Master-Kapitalverwaltungsgesellschaft, S. 306 f.

47 *Volhard/Jang* in Weitnauer/Boxberger/Anders, § 36 KAGB Rz. 8; KAMaRisk, Ziff. 10.1; BaFin, FAQ Auslagerung, Ziff. 13.

48 KAMaRisk, Ziff. 10.7.

des Auslagerungsunternehmens zu erstellen. Er hat, ggf. gemeinsam mit dem beauftragten Dritten, den Gesamtbericht zu verfassen und zu prüfen, ob die festgestellten Mängel beseitigt wurden. Die Aufgaben des Revisionsbeauftragten können in Abhängigkeit von Art, Umfang, Komplexität und Risikogehalt der Geschäftsaktivitäten von einer Organisationseinheit, einem Mitarbeiter oder einem Geschäftsleiter wahrgenommen werden.[49] Dabei sind natürlich ausreichende Kenntnisse und die erforderliche Unabhängigkeit sicherzustellen.

d) MaRisk

18 Die BaFin hat am 27.10.2017 die finalen überarbeiteten **Mindestanforderungen an das Risikomanagement (MaRisk)** als Rundschreiben 09/2017 veröffentlicht. Auch wenn die MaRisk auf KVGen nicht direkt anwendbar sind, so präzisiert die BaFin hier gerade im Hinblick auf die Auslagerung in AT 9 ihre Verwaltungspraxis erneut. Insbesondere macht sie deutlich, dass der isolierte Bezug von Software sowie die damit verbundenen Unterstützungsleistungen nicht als Auslagerung, sondern als sonstiger Fremdbezug klassifiziert wird. Das gilt allerdings nicht für Software für das Risikomanagement und für bankgeschäftliche Aufgaben von wesentlicher Bedeutung. Die oftmals umfangreichen Unterstützungsleistungen der Softwareanbieter in diesem Bereich fallen in den Anwendungsbereich des AT 9. Unterstützungsleistungen werden von der BaFin näher definiert. Und zwar handelt es sich um Programmierung, Testen, Freigabe, Implementieren, Wartung sowie sonstige Unterstützungsleistungen, die über eine reine Beratung hinausgehen. Bei gruppeninternen Auslagerungen in Kontroll- und Kernbereichen muss nur noch über Kenntnisse verfügt werden, die jedoch nicht fundiert sein müssen. Eine vollständige Auslagerung von Risikocontrolling-Funktionen, Compliance und interner Revision ist nur bei in Bezug auf den nationalen Finanzsektor und die Bedeutung innerhalb der Gruppe nicht wesentlichen Tochterunternehmen möglich.[50] Wie sich die Wesentlichkeit im Einzelnen genau bemessen soll, ist jedoch nicht erläutert. Mögliche Kriterien sind beispielsweise der Anteil an den Gesamterlösen, der Anteil am Gesamtergebnis oder die Anzahl der Mitarbeiter.

19 Diese Grundsätze sollten auch in Bezug auf die Aufsichtspraxis zu den **KAMaRisk** berücksichtigt werden. Die BaFin hat in diesem Zusammenhang zum Ausdruck gebracht, dass künftig das Management besonderer, mit Auslagerungen verbundener Risiken, effektiver gestaltet werden soll und vor allem einem möglichen Kontrollverlust entgegengewirkt werden soll.[51]

20 Bei umfangreichen Auslagerungslösungen ist künftig ein **zentrales Auslagerungsmanagement** erforderlich, damit eine Stelle einen Gesamtüberblick über ausgelagerte Prozesse und Aktivitäten hat und so ein möglichst einheitlicher Umgang mit besonderen Risiken aus Auslagerungen und deren Überwachung sichergestellt werden kann.[52]

4. Bestandsschutz für Altfälle?

21 Fraglich war bei Einführung des KAGB, wie Verhältnisse einzuordnen sind, die bereits vor dem Inkrafttreten des KAGB, d.h. vor dem 22.7.2013, bestanden. Nach Auffassung der BaFin galt für solche Verträge kein **Bestandsschutz.**[53] Eine nach § 36 Abs. 1 Nr. 3 KAGB erforderliche Genehmigung der Auslagerung wurde damit nicht fingiert (vgl. Rz. 36 ff.). Somit war auch bei diesen Auslagerungsverträgen eine Genehmigung der BaFin einzuholen. Dies wurde damit begründet, dass die strengen Anforderungen an die Auslagerung von den bisherigen Auslagerungsverträgen nicht zwingend berücksichtigt waren, so dass sie einer Anpassung und entsprechenden Überprüfung anhand der neuen Rechtslage bedurften.

IV. Bedingungen für eine Auslagerung (§ 36 Abs. 1 KAGB)

22 In § 36 Abs. 1 KAGB werden umfangreiche Bedingungen an die Zulässigkeit der Auslagerung von Aufgaben auf ein Auslagerungsunternehmen festgelegt.

1. Rechtfertigung (§ 36 Abs. 1 Nr. 1 KAGB)

23 Die KVG muss in der Lage sein, ihre gesamte Auslagerungsstruktur anhand von **objektiven Gründen** zu rechtfertigen. Damit wird Art. 20 Abs. 1 lit. a AIFM-RL umgesetzt. Konkretisiert wird dies durch Art. 76

49 KAMaRisk, Ziff. 10.7.
50 MaRisk, AT 9 Rz. 2.
51 Schreiben der BaFin an die Verbände der Kreditwirtschaft vom 27.10.2017 zur MaRisk-Novelle 2017, S. 5.
52 Schreiben der BaFin an die Verbände der Kreditwirtschaft vom 27.10.2017 zur MaRisk-Novelle 2017, S. 5.
53 BaFin, FAQ Auslagerung Ziff. 8.

Level 2-VO. Objektive Gründe sind nach Art. 76 Abs. 1 Satz 2 Level 2-VO etwa die Optimierung von Geschäftsfunktionen und -verfahren, Kosteneinsparungen, entsprechende Fachkenntnisse eines Auslagerungsunternehmens sowie der Zugang des Auslagerungsunternehmens zu den globalen Handelsmöglichkeiten.[54] Dabei handelt es sich nicht um einen abschließenden Kriterienkatalog.[55] Dies spielt in der Praxis jedoch keine Rolle, da sich praktisch jeder objektive Grund unter die genannten Kriterien subsumieren lässt. Der Nachweis objektiver Rechtfertigungsgründe bezieht sich sowohl auf die gesamte Auslagerungsstruktur als auch auf einzelne konkrete Auslagerungen.[56] Auch aus Sicht der BaFin können sowohl die Erzielung betriebswirtschaftlicher Vorteile als auch die Erschließung von besonderem Fachwissen objektive Gründe für eine Auslagerung sein.[57] Die Gründe müssen nicht zwingend auch zu Vorteilen beim Investor führen. Kosteneinsparungen auf Ebene der KVG sind beispielsweise absolut ausreichend.[58]

Die objektiven Gründe müssen der BaFin gem. Art. 76 Abs. 1 Satz 1 Level 2-VO detailliert **beschrieben, erläutert und nachgewiesen** werden. Nach dem InvG musste die Auslagerung hingegen nur nachvollziehbar begründet und dokumentiert werden.[59] Die Anforderungen an die Rechtfertigung werden somit unter dem KAGB deutlich verschärft, was in der Praxis zu einem deutlich höheren administrativen Aufwand führt.[60] Die Anzeige ist rechtzeitig vor dem Wirksamwerden der Auslagerungsvereinbarung zu erstatten.[61] Damit ist sie spätestens einen Tag vor dem Wirksamwerden der Auslagerungsvereinbarung einzureichen.[62] 24

Neben der Rechtfertigung jeder einzelnen Auslagerung muss die KVG nach § 36 Abs. 1 Satz 1 Nr. 1 KAGB auch in der Lage sein, ihre gesamte **Auslagerungsstruktur** anhand von objektiven Gründen zu rechtfertigen. Dabei ist die Auslagerungsstruktur mehr als die bloße Summe der Einzelauslagerungen und wird in der Praxis regelmäßig in einer umfassenden Auslagerungsstrategie festgelegt und begründet. Auch nach Art. 76 Abs. 2 Level 2-VO muss die KVG der BaFin als zuständiger Behörde weitere Erläuterungen und Dokumente liefern, die belegen, dass die gesamte Struktur der Auslagerung durch objektive Gründe gerechtfertigt ist. Die Einbettung der einzelnen Auslagerungen in eine solche Auslagerungsstrategie baut außerdem der Gefahr vor, dass das auslagernde Unternehmen sich schleichend zu einer nach § 36 Abs. 5 KAGB verbotenen Briefkastenfirma entwickelt.[63] 25

Weiterhin ist zu beachten, dass gem. Art. 75 lit. b Level 2-VO die Auslagerung nicht dazu führen darf, dass sich die Pflichten der KVG gegenüber dem Investmentvermögen und seinen Anlegern ändert. Außerdem ist nach Art. 75 lit. g Level 2-VO zu gewährleisten, dass die Kontinuität und Qualität der ausgelagerten Funktionen auch im Falle der Beendigung der Auslagerung gewährleistet sind. Dies kann entweder dadurch geschehen, dass die KVG die Funktionen wieder selber übernimmt oder sie an ein anderes Auslagerungsunternehmen übertragen werden. 26

2. Anforderungen an Auslagerungsunternehmen (§ 36 Abs. 1 Nr. 2 KAGB)

Das Auslagerungsunternehmen muss über ausreichende Ressourcen verfügen und die Personen, die die Geschäfte des Auslagerungsunternehmens tatsächlich leiten, müssen zuverlässig sein und über ausreichende Erfahrung verfügen. Damit wird Art. 20 Abs. 1 lit. b AIFM-RL umgesetzt. 27

a) Allgemeine Anforderungen

Die Konkretisierung in Art. 77 Abs. 1 Level 2-VO legt zunächst **allgemeine Anforderungen** an das Auslagerungsunternehmen fest. Danach muss es ausreichende Ressourcen vorhalten, Mitarbeiter mit Kompetenzen, Kenntnissen und Fähigkeiten, die zur ordnungsgemäßen Erfüllung der ihnen zugewiesenen Aufgaben erforderlich sind, in ausreichender Stärke beschäftigen und über eine für die Ausführung der übertragenen Aufgaben geeignete Organisationsstruktur verfügen. Diese unbestimmten Rechtsbegriffe werden weder in Art. 20 AIFM-RL noch in Art. 77 Level 2-VO oder seitens der ESMA konkretisiert. 28

54 Vgl. *Tollmann* in Dornseifer/Jesch/Klebeck/Tollmann, Art. 20 AIFM-RL Rz. 47 ff.
55 *Hanten* in Baur/Tappen, § 36 KAGB Rz. 34; a.A. *Weiser/Hüwel*, BB 2013, 1091 (1095).
56 BaFin, FAQ Auslagerung Ziff. 10; *Hanten* in Baur/Tappen, § 36 KAGB Rz. 39.
57 BaFin, FAQ Auslagerung Ziff. 9.
58 Vgl. auch *Hanten* in Baur/Tappen, § 36 KAGB Rz. 36.
59 InvMaRisk, Ziff. 9.3.
60 *Döser/Herkströter* in Beckmann/Scholtz/Vollmer, vor 405 Rz. 143.
61 BaFin, FAQ Auslagerung Ziff. 6.
62 *Hanten* in Baur/Tappen, § 36 KAGB Rz. 42.
63 *Hanten* in Baur/Tappen, § 36 KAGB Rz. 46.

29 **Ausreichende Mitarbeiterressourcen** sind dann vorhanden, wenn so viele Mitarbeiter mit den notwendigen fachlichen Kenntnissen beschäftigt werden, dass eine zuverlässige Ausübung der übertragenen Aufgaben jederzeit in der vereinbarten Qualität sichergestellt ist.[64]

30 Eine **geeignete Organisationsstruktur** ist dann gegeben, wenn sie so aufgebaut ist, dass Probleme bei Abläufen oder mit Mitarbeitern jederzeit frühzeitig durch Kontrollmechanismen erkannt und verhindert werden. Typischerweise gehört hierzu u.a. eine adäquate Aufbauorganisation, ein ausreichender Versicherungsschutz, eine Interne Revision, eine Compliance-Funktion sowie angemessene Business Risk Controll-Funktionen.

31 Auch muss gewährleistet sein, dass das Auslagerungsunternehmen über **ausreichende finanzielle Ressourcen** verfügt, damit das Auslagerungsunternehmen die ihm übertragenen Aufgaben dauerhaft erbringen kann. Unternehmen mit wirtschaftlichen Schwierigkeiten scheiden somit von vornherein als Auslagerungsunternehmen aus.[65] Ferner muss das Auslagerungsunternehmen über die entsprechenden technischen Ressourcen verfügen, um die ihm übertragenen Aufgaben ordnungsgemäß zu erbringen.[66] Besonders hervorzuheben ist hier die notwendige IT-Infrastruktur sowie die Kompatibilität der Schnittstellen zwischen Auslagerungsunternehmen und KVG.[67]

32 Der BVI hat zur Überprüfung entsprechender Punkte einen **Musterfragebogen** entwickelt, auf dessen Basis in der Praxis laufend entsprechende Due-Diligences sowohl bei erstmaliger Übertragung von Aufgaben als auch im Rahmen der laufenden Überwachung der Auslagerungsunternehmen durchgeführt werden.[68] Die KVGen haben diesen Musterfragebogen in der Regel als Ausgangspunkt für die Entwicklung eigener Fragebögen genutzt. Dabei weichen die Fragebögen, beispielsweise aufgrund institutseigener Vorgaben seitens des jeweiligen Mutterkonzerns, zum Teil in Inhalt und Form erheblich von dem BVI-Musterfragebogen ab. Dies relativiert die Vorteile eines Musterfragebogens in Sachen Einheitlichkeit und Standardisierung zum Teil wieder deutlich. Die entsprechende Dokumentation der Erfüllung der Überprüfungspflichten ist auch notwendig, da sich die Jahresabschlussprüfung der KVGen nach § 38 Abs. 3 KAGB auch auf alle Vorgaben des § 36 KAGB bezieht.

b) Mitarbeiter

33 In Art. 77 Abs. 2 Level 2-VO werden die Anforderungen an die beim Auslagerungsunternehmen beschäftigten Mitarbeiter weiter konkretisiert. Notwendig sind angemessene theoretische Kenntnisse und geeignete praktische Erfahrungen in der Ausübung der betreffenden Aufgaben. Außerdem müssen die berufliche Ausbildung und die Art der von ihnen in der Vergangenheit ausgeführten Funktionen der Art der im Rahmen der Auslagerung geführten Geschäfte angemessen sein. Auch dies wird über die in Praxis üblichen Fragebögen zur Auslagerung abgefragt.

c) Geschäftsleiter

34 Auch die Personen, die die Geschäfte des Auslagerungsunternehmens tatsächlich leiten, müssen nach § 36 Abs. 1 Satz 1 Nr. 2 KAGB zuverlässig sein und über ausreichende Erfahrung verfügen. In Art. 77 Abs. 3 Level 2-VO werden die Anforderungen an die Geschäftsleiter des Auslagerungsunternehmens konkretisiert. Personen, die die Geschäfte des Auslagerungsunternehmens tatsächlich führen, gelten danach als unzuverlässig, wenn sie in Fragen, die für ihre Reputation oder die ordnungsgemäße Ausführung der übertragenen Aufgaben wichtig sind, negativ bewertet werden. Eine solche negative Bewertung ist bei strafbaren Handlungen sowie gerichtlichen Verfahren oder Verwaltungssanktionen mit Bezug auf die Ausführung der übertragenen Aufgaben vorzunehmen. Besondere Bedeutung haben dabei natürlich Verstöße gegen Geldwäschevorschriften, Betrug, Finanzkriminalität oder Insolvenz. Unterliegt das Auslagerungsunternehmen EU-Regulierungsvorschriften und wurde in diesem Zusammenhang ein Zulassungsverfahren durchgeführt, welches die Zuverlässigkeit überprüft, kann auf dieses Ergebnis vorliegend abgestellt werden, sofern keine gegenteiligen Informationen vorliegen.[69] Auch § 16 Abs. 1 Satz 2 InvG stellte bereits auf die ausreichende Qualifikation des Auslagerungsunternehmens ab, die u.a. die Erfahrung, Eignung und Zuverlässigkeit umfasste.[70]

---

64 Siehe auch *Hanten* in Baur/Tappen, § 36 KAGB Rz. 49.
65 *Tollmann* in Dornseifer/Jesch/Klebeck/Tollmann, Art. 20 AIFM-RL Rz. 61.
66 *Partsch/Mullmaier* in Zetzsche, The Alternative Investment Fund Managers Directive, S. 217-236, 224.
67 *Tollmann* in Dornseifer/Jesch/Klebeck/Tollmann, Art. 20 AIFM-RL Rz. 64.
68 BVI-Fragebogen zur Abfrage von für das laufende Auslagerungscontrolling relevanten Informationen.
69 *Volhard/Jang* in Weitnauer/Boxberger/Anders, § 36 KAGB Rz. 18.
70 Vgl. *Steck* in Berger/Steck/Lübbehusen, § 16 InvG Rz. 15 m.w.N.; *Döser/Reul-Langer* in Emde/Dornseifer/Dreibus/Hölscher, § 16 InvG Rz. 59.

Die **ausreichende Erfahrung** derjenigen, die die Geschäfte des Auslagerungsunternehmens tatsächlich leiten, ist nach Art. 77 Abs. 2 Level 2-VO insbesondere anhand angemessener theoretischer Kenntnisse und geeigneter praktischer Erfahrungen in der Ausübung der betreffenden Aufgaben zu bewerten. Dabei spielen sowohl die Ausbildung als auch die in der Vergangenheit ausgeübten Funktionen eine erhebliche Rolle. Damit werden keine über die allgemeinen Anforderungen an Mitarbeiter hinausgehenden Anforderungen an die fachliche Eignung der Geschäftsleiter gestellt. Dies ist ungewöhnlich, da alle EU-Finanzrichtlinien von den Geschäftsleitern beaufsichtigter Institute eine besondere fachliche Eignung verlangen.[71] Andererseits ist dies vielleicht auch gerade der Grund dafür, dass keine erneute zusätzliche „privatrechtliche" Geschäftsleitereignungsprüfung verlangt wird. Daraus folgt aber auch, dass bei einer Auslagerung auf nicht beaufsichtigte oder Drittstaatenunternehmen bei der Auswahl-Due-Diligence besonderes Augenmerk auf die ausreichende Erfahrung und damit die Lebensläufe der Geschäftsleiter gelegt werden sollte. 35

3. Auslagerung von Portfolioverwaltung oder Risikomanagement (§ 36 Abs. 1 Nr. 3 KAGB)

Die **Portfolioverwaltung** oder das **Risikomanagement** dürfen nur an solche Auslagerungsunternehmen ausgelagert werden, die für Zwecke der Vermögensverwaltung oder Finanzportfolioverwaltung zugelassen oder registriert sind und einer Aufsicht unterliegen. Bei OGAW-KVGen gelten diese besonderen Erlaubnisanforderungen aber nur, wenn die Portfolioverwaltung ausgelagert werden soll. Der Begriff Portfolioverwaltung ist dabei nicht legaldefiniert. Er beschreibt die Verwaltung von Portfolios mit Ermessensspielraum.[72] Abzugrenzen hiervon ist die Beratung der KVG oder Anlagevorschläge, die im Hinblick auf von ihr verwaltete Portfolien unterbreitet werden. 36

Hingegen kann bei **AIF-KVGen** eine Auslagerung von Portfolioverwaltung oder Risikomanagement auch ohne Vorliegen einer entsprechenden Erlaubnis als Vermögensverwalter oder Finanzportfolioverwalter erfolgen. Dies stellt auch die Begründung zu § 36 KAGB ausdrücklich klar. Voraussetzung hierfür ist allerdings eine vorherige Genehmigung der Auslagerung durch die BaFin. Die hier getroffene Unterscheidung zwischen OGAW-KVGen und AIF-KVGen beruht darauf, dass vorliegend sowohl die OGAW-RL als auch die AIFM-RL umgesetzt wird. 37

Grund für diese zusätzliche Anforderung bei der Auslagerung der Portfolioverwaltung oder dem Risikomanagement insgesamt ist die Tatsache, dass es sich bei beiden Aufgaben um **Kernfunktionen** der Tätigkeit einer KVG handelt.[73] 38

Die Auslagerung der Portfolioverwaltung muss nach Art. 75 lit. i Level 2-VO im **Einklang mit der Anlagepolitik des Investmentvermögens** erfolgen. Daher muss die KVG das Auslagerungsunternehmen zum einen anweisen, die Anlagepolitik entsprechend umzusetzen, und zum anderen laufend überwachen, ob die gewünschte Anlagepolitik auch umgesetzt wird.[74] 39

a) Unternehmen

Die Portfolioverwaltung oder das Risikomanagement können nach Art. 78 Abs. 2 Level 2-VO an die folgenden **Unternehmen** ausgelagert werden: 40

- gemäß der OGAW-Richtlinie zugelassene Verwaltungsgesellschaften;
- gemäß der MiFID für die Portfolioverwaltung zugelassene Wertpapierfirmen;
- gemäß der Banken-Richtlinie zugelassene Kreditinstitute, die gemäß der MiFID für die Portfolioverwaltung zugelassen sind;
- gemäß der AIFM-Richtlinie zugelassene AIFM; sowie
- Unternehmen eines Drittlandes, die für die Zwecke der Vermögensverwaltung in ihrem Heimatland zugelassen oder registriert sind und in den betreffenden Ländern von einer zuständigen Behörde wirksam beaufsichtigt werden.

In diesem Zusammenhang wird die Verwendung des nicht definierten Begriffs „Vermögensverwaltung" neben der legaldefinierten Finanzportfolioverwaltung (§ 1 Abs. 1a Satz 2 Nr. 3 KWG) in Art. 20 Abs. 1 lit. c AIFM-RL in der Literatur kritisch beurteilt.[75] 41

71 *Hanten* in Baur/Tappen, § 36 KAGB Rz. 60.
72 Vgl. BaFin-Merkblatt – Hinweise zum Tatbestand der Finanzportfolioverwaltung vom 3.1.2011, zuletzt geändert am 30.8.2013; s. auch *Hanten* in Baur/Tappen, § 36 KAGB Rz. 75.
73 *Volhard/Jang* in Weitnauer/Boxberger/Anders, § 36 KAGB Rz. 20.
74 *Volhard/Jang* in Weitnauer/Boxberger/Anders, § 36 KAGB Rz. 20.
75 *Partsch/Mullmaier* in Zetzsche, The Alternative Fund Managers Directive, S. 217, 230.

b) Konzernprivileg

42 Nach § 36 Abs. 1 Satz 1 Nr. 3 KAGB findet das **Konzernprivileg** des § 2 Abs. 6 Satz 1 Nr. 5 KWG ausdrücklich keine Anwendung. Somit muss auch bei der Auslagerung der Portfolioverwaltung oder des Risikomanagements auf ein Konzernunternehmen das beschriebene Lizenzerfordernis eingehalten werden. Diese Regelung ist überflüssig, da das Konzernprivileg die Qualifikation als Finanzdienstleistungsinstitut und damit auch die Auslagerungsvoraussetzungen nach § 36 Abs. 1 Satz 1 Nr. 3 Halbsatz 1 KAGB gerade ausschließt.[76]

c) Ausnahmegenehmigung

43 Bei einer Auslagerung auf eine **AIF-KVG**, die das Lizenzerfordernis nicht erfüllt, kann eine Auslagerung auch mit Ausnahmegenehmigung durch die BaFin erfolgen. Diese Genehmigungsmöglichkeit geht auf Art. 20 Abs. 1 lit. c Var. 2 AIFM-RL zurück. Hintergrund der Ausnahme ist, dass die Erlaubnisse für Vermögensverwaltung und Finanzportfolioverwaltung solchen Auslagerungsunternehmen nicht offen ständen, die sich im Wesentlichen mit Anlagegegenständen beschäftigen, die keine Finanzinstrumente sind. Daher auch die Beschränkung auf AIF-KVGen. Die Genehmigungsvoraussetzungen entsprechen dabei den Anforderungen an ein Auslagerungsunternehmen gem. Art. 36 und Art. 75 bis 82 Level 2-VO.[77]

44 Die Voraussetzungen sind in einem **schriftlichen Genehmigungsantrag** darzulegen. Einzureichen sind dabei der Auslagerungsvertrag und die notwendigen Unterlagen, um die Zuverlässigkeit und Eignung der Geschäftsleiter des Auslagerungsunternehmens nachzuweisen. Gemäß § 36 Abs. 1 Satz 2 KAGB hat die BaFin die Genehmigung innerhalb von vier Wochen nach Eingang des Genehmigungsantrages zu erteilen, wenn die Voraussetzungen für die Genehmigung erfüllt sind. Damit ist in der Praxis der Fristbeginn nicht sicher zu bestimmen, da die Voraussetzungen für die Genehmigung nicht ausdrücklich geregelt sind, sondern sich aus § 36 Abs. 1 Satz 2 KAGB und aus den Art. 75 bis 82 Level 2-VO herleiten.[78] Sind hingegen die Voraussetzungen nicht erfüllt, hat die BaFin dies dem Antragsteller innerhalb der Vierwochenfrist unter Angabe der Gründe mitzuteilen und fehlende oder geänderte Angaben oder Unterlagen anzufordern. Mit dem Eingang der angeforderten Angaben oder Unterlagen beginnt der Lauf der Vierwochenfrist erneut.[79]

4. Beachtung von MiFID II bei Auslagerung der Portfolioverwaltung

45 Grundsätzlich fallen die Regelungen zur kollektiven Vermögensverwaltung in Bezug auf Publikumsfonds oder Spezial-AIF's nicht unter **MiFID II**.[80] Die Anforderungen an die Leistungen, die von einer KVG in diesem Zusammenhang erbracht werden, sind vollumfänglich im KAGB geregelt. Fraglich ist jedoch, wie die Situation zu beurteilen ist, wenn ein Auslagerungsunternehmen von einer KVG beauftragt wird, entsprechende Aufgaben im Portfoliomanagement wahrzunehmen? Welches Regelwerk kommt dann zur Anwendung? Nur die Regeln zur kollektiven Vermögensverwaltung, die auch im zugrundeliegenden Rechtsverhältnis zwischen Investor und KVG maßgeblich sind oder auch die Regelungen des WpHG zur Finanzportfolioverwaltung? Soweit es sich bei den Auslagerungsunternehmen um KVGen handelt, regelt § 5 Abs. 2 KAGB ausdrücklich, dass dann die **Wohlverhaltensvorschriften des WpHG** entsprechend anwendbar sind. Sofern es sich beim Auslagerungsunternehmen um Wertpapierdienstleistungsunternehmen handelt, gelten die entsprechenden Vorgaben des WpHG unmittelbar.

46 KVGen übertragen regelmäßig, die von ihnen selbst zu erfüllenden Pflichten, u.a. nach dem KAGB, im Innenverhältnis auf die beauftragten Auslagerungsunternehmen. Zusätzlich zu diesen regelmäßig vertraglich übernommenen Pflichten haben Auslagerungsunternehmen zusätzlich auch noch die regulatorischen Vorgaben nach dem WpHG zu beachten haben, obwohl das Grundverhältnis zwischen Investor und KVG den Regelungen zur kollektiven Vermögensverwaltung unterliegt. Dies spielte in der Praxis bislang kaum eine Rolle, da es einen weitest gehenden Gleichlauf der Anforderungen des KAGB und des WpHG an die Vermögensverwaltung gegenüber einem professionellen Kunden bzw. einer geeigneten Gegenpartei gab. Dies ändert sich jedoch mit in Kraft treten von MiFID II zum 3.1.2018.[81] Nach dem 2. FiMaNoG müssen bei der Dienstleistung Finanzportfolioverwaltung, zu der auch die Verwaltung fremder Fonds gehört, infolge der Umsetzung der MiFID II-Vorgaben die §§ 63 bis 68, 70, 80, 82 Abs. 1 bis 9 und 13, 83 und 84 WpHG

76 *Hanten* in Baur/Tappen, § 36 KAGB Rz. 83; **a.A.** *Weiser/Hüwel*, BB 2013, 1091 (1095 f.).
77 BaFin, FAQ Auslagerung, Ziff. 5.
78 BaFin, FAQ Auslagerung, Ziff. 5.
79 Zum unbestimmten Fristbeginn kritisch *Hanten* in Baur/Tappen, § 36 KAGB Rz. 86.
80 RL 2014/65/EU v. 15.5.2014, ABl. EU Nr. L 173 v. 12.6.2014.
81 MiFID II wird überwiegend über das 2. FiMaNoG in deutsches Recht umgesetzt, BGBl. I 2017, S. 1693 v. 24.6.2017.

sowie die entsprechenden Regelungen der MiFID-Durchführungsverordnung (DVO) beachtet werden. Die BaFin hat weiterhin im März 2018 deutlich gemacht, daß sie grundsätzlich die Leitlinien sowie Fragen und Antworten der EU-Aufsichtsbehörden zu MiFID II in ihre Verwaltungspraxis übernehmen wird.

Zusammengefasst steigen dann insbesondere die **Transparenz- und Dokumentationsanforderungen** auch bei einer Vermögensverwaltung gegenüber professionellen Kunden und geeigneten Gegenparteien. Die Pflicht zur Durchführung einer Geeignetheits- und Angemessenheitsprüfung gilt demgegenüber auch weiterhin nicht im Verhältnis zu geeigneten Gegenparteien.[82] Art. 30 Abs. 1 i.V.m. Art. 24 Abs. 4 und 5, 25 Abs. 6 MiFID II legt fest, dass insbesondere die Pflicht zur Aufklärung und zur regelmäßigen Berichterstattung, die sich auf die Kosten der Wertpapierdienstleistung bezieht, auch gegenüber geeigneten Gegenparteien anwendbar ist. Somit gelten die Regelungen von MiFID II zur individuellen Portfolioverwaltung bei der Auslagerung des Portfoliomanagements auch für das Auslagerungsunternehmen. Es erbringt die Wertpapierdienstleistung der individuellen Portfolioverwaltung über das jeweilige Fondsportfolio gegenüber der auslagernden KVG. Es würde den Rahmen dieser Bearbeitung sprengen, hier vollumfänglich auf die zu beachtenden Pflichten nach MiFID II einzugehen. Die wesentlichen Pflichten sollen jedoch kurz beschrieben werden. 47

a) Zulässigkeit von Zuwendungen

Nach Art. 24 Abs. 8 Satz 1 MiFID II besteht ein **Verbot der Annahme** von Gebühren, Provisionen oder anderer Vorteile für eigene Zwecke. Dies gilt selbst dann, wenn die Zuwendungen dazu dienen sollen, die Qualität der für den Kunden erbrachten Dienstleistung zu verbessern und eine Offenlegung erfolgt. Eine Durchleitung an den Kunden, hier die auslagernde KVG, ist zulässig, muss aber in vollem Umfang und so schnell wie möglich erfolgen.[83] Dementsprechend muss das Auslagerungsunternehmen interne Grundsätze zur Zuordnung und Weiterleitung der Zuwendungen an Kunden (inklusive der auslagernden KVG) aufstellen.[84] 48

Weiterhin zulässig sind nach Art. 24 Abs. 8 Satz 2 MiFID II **kleinere, nicht-monetäre Vorteile**, wie Produktinformationen, Teilnahme an Veranstaltungen, oder vom Emittenten bezahltes Research,[85] die die Servicequalität für den Kunden verbessern können und die von ihrem Umfang oder ihrer Art her nicht vermuten lassen, dass sie die Einhaltung der Pflicht, im bestmöglichen Kundeninteresse zu handeln, beeinträchtigen. Im Hinblick auf die Finanzportfolioverwaltung bedeutet dies ein striktes Zuwendungsverbot, das u.a. zur Folge hat, dass bislang bestehende Gebührenmodelle überprüft werden müssen.[86] 49

Nicht unter das Zuwendungsverbot fällt eine Vergütung des Vermögensverwalters, die er von einer KVG für die Beratung eines Sondervermögens (**Fondsadvisory**) oder das **ausgelagerte Fondsmanagement** erhält.[87] Setzt der Vermögensverwalter somit im Rahmen der ausgelagerten Finanzportfolioverwaltung Fonds ein, die von ihm im Rahmen eines Advisory beraten oder einer Portfolioverwaltung gemanagt werden, können entsprechende Gebühren für diese Dienstleistungen weiterhin vereinnahmt werden. Die Vergütung erfolgt für eine gesonderte Dienstleistung, die unabhängig und losgelöst von der hier in Rede stehenden Finanzportfolioverwaltung erbracht wird. Gleichwohl würde es zu einer „doppelten" Vergütung des Portfoliomanagers kommen. Daher sollte diese Tatsache den Kunden gegenüber mindestens offengelegt werden. Regelmäßig wird in der Praxis auf eine „doppelte Vergütung" bei entsprechendem Einsatz von Fonds verzichtet. Beispielsweise kann die Gebühr für die ausgelagerte Finanzportfolioverwaltung im entsprechenden selbstgemanagten/beratenen Fonds ausgesetzt werden. 50

Die Vorgaben für das Verbot von Zuwendungen in der Finanzportfolioverwaltung gelten auch **konzernintern**, beispielsweise wenn eine Einheit einer anderen für die Erbringung der Finanzportfolioverwaltung gegenüber einem externen Kunden Zahlungen zukommen lässt. Dies ist jedoch von dem dargestellten Fall zu unterscheiden, wonach eine Konzerneinheit von einer anderen für die ausgelagerte Finanzportfolioverwaltung eine Vergütung erhält. Dies stellt keine Zuwendung, sondern die ordnungsgemäße Vergütung für eine Wertpapierdienstleistung dar. 51

82 *Kurz*, DB 2014, 1182 (1185).
83 Art. 48 Abs. 1 Unterabs. 1 Level 2-Entwurf der Kommission vom 13.5.2015.
84 Art. 48 Abs. 1 Unterabs. 2 Level 2-Entwurf der Kommission vom 13.5.2015.
85 Art. 48 Abs. 2 Unterabs. 1 und 3 (a) bis (d) des Level 2-Entwurf der Kommission vom 13.5.2015.
86 *Kurz*, DB 2014, 1182 (1184).
87 *Balzer* in Teuber/Schröer, MiFID II/MiFIR, Rz. 51.

b) Kundenreporting

52 Ab dem 3.1.2018 haben Berichte für professionelle Kunden den gleichen Anforderungen wie Berichte an private Kunden zu entsprechen (vgl. Art. 60 Abs. 1 DVO, ErwGr. 93 Satz 1).[88] Bislang gab es für periodische Berichte an professionelle Kunden nach § 9 Abs. 1 WpDVerOV keine inhaltlichen Vorgaben.

53 Darin enthalten müssen auch Angaben zu **Kosten** sein. Wie dargestellt sind dies alle Gebühren und Entgelte, aufgeschlüsselt zumindest nach Verwaltungskosten und Kosten der Geschäftsführung gem. Art. 60 Abs. 2d) DVO. Alle Berichte sind einmal im Quartal zu erbringen, es sei denn, der Kunde nutzt entweder Online-Systeme, die aktuelle Portfolio-Bewertungen ermöglichen oder der Kunde erhält Abrechnungen über jede Transaktion (Art. 60 Abs. 3 DVO).

54 Dementsprechend müssen Finanzportfolioverwalter als Auslagerungsunternehmen grundsätzlich auch im Falle der Auslagerung seitens einer KVG dieser gegenüber entsprechende Reportinganforderungen erfüllen. In der Praxis dürften aber nahezu alle KVGen im Verhältnis zu ihren ausgelagerten Asset Managern sowohl Online-Systeme einsetzen als auch Abrechnungen über jede Transaktion erhalten, da sie diese entsprechend für die jeweiligen Sondervermögen verbuchen müssen, inklusive Kosten etc. Daher wird sich hier im Verhältnis zwischen KVG und Asset Manager durch MiFID II nicht wirklich viel ändern.

55 Nach § 9 Abs. 5 i.V.m. § 8 Abs. 6 WpDVerOV ist bislang ein **Verlustschwellenreporting** nur gegenüber Privatkunden bei Überschreitung von vereinbarten Schwellenwerten notwendig. Unter MiFID II ist künftig nach Art. 62 Abs. 1 DVO eine Berichterstattung gegenüber den Kunden am Ende eines Geschäftstages notwendig, wenn der Wert des verwalteten Portfolios gemessen am Anfang des Berichtszeitraumes um 10 % fällt, sowie bei jedem weiteren Verlust um 10 %. Dies gilt künftig nicht nur für Privatkunden sondern auch gegenüber professionellen Kunden. Es besteht keine Opt-out-Möglichkeit, weder für Privat- noch für professionelle Kunden. Im Hinblick auf die hier in Rede stehenden Auslagerungsverhältnisse führt dies zu der paradoxen Situation, dass ein Asset Manager eine auslagernde KVG über das Überschreiten entsprechender Verlustschwellen gesondert informieren muss, obwohl die KVG ihrerseits im Rahmen ihrer treuhänderischen Pflichten gegenüber den Investoren zum einen bestens hierüber informiert sein sollte und zum anderen dies selbst nach den Vorgaben des KAGB überwacht. Hier sollte der Gesetzgeber schnellstmöglich nacharbeiten, um diese sicherlich nicht beabsichtigte Folge in den hier in Rede stehenden Auslagerungsverhältnissen zu beseitigen. Ansonsten werden bürokratische Prozesse aufgebaut und gepflegt, die lediglich die Kosten der Dienstleistung erhöhen, ohne einen Mehrwert für die Kunden zu schaffen.

56 Weiterhin sind künftig wesentlich mehr Details im Hinblick auf die Aufzeichnungspflichten bei Handelsentscheidungen der Portfoliomanager zu beachten. Auch bislang mussten Informationen zu den Mandatsentscheidungen aufgezeichnet werden. Künftig müssen nach Art. 74, 75 DVO bestimmte Aufzeichnungspflichten bei jeder getroffenen „ersten" Handelsentscheidung sowie unmittelbar nach dem Treffen der Handelsentscheidung erfüllt werden. Dies umfasst ca. 40 Positionen, wobei einige Details aktuell noch unklar sind und einige erst nach Ausführung der Entscheidung aufgezeichnet werden (vgl. Anhang IV DVO). Hier gilt es, die weitere Entwicklung abzuwarten.

c) Best Execution

57 Nach § 33a Abs. 6, Abs. 1, Abs. 8 WpHG a.F. waren Asset Manager bislang auch als Auslagerungsunternehmen verpflichtet, alle angemessenen Maßnahmen zu ergreifen, um **Best Execution** zu erreichen und verpflichtet, ihre Kunden – und insofern auch die auslagernden KVGen – allgemein hierüber zu informieren. Künftig werden nach Art. 27 Abs. 1 Satz 1 MiFID II, Art. 65 Abs. 1 DVO alle hinreichenden Maßnahmen gefordert, um Best Execution zu erreichen. Nach Ansicht der ESMA müssen hierfür die internen Vorkehrungen gestärkt werden, um erfolgreich und dauerhaft eine bestmögliche Ausführung von Transaktionen zu gewährleisten.[89]

58 Die Kunden sind nach Art. 65 Abs. 6 Satz 1 i.V.m. Abs. 5, Art. 66 Abs. 2-9 DVO ausführlich über die **Grundsätze der Auftragsweiterleitung bzw. Auftragsausführung** zu informieren. Ferner sind die Kunden und damit vorliegend die KVGen detailliert über die eingesetzten Ausführungsplätze zu informieren. Auf Wunsch einer KVG sind nach Art. 65 Abs. 6 Unterabs. 2 DVO vom Asset Manager Listen der Ausführungsbroker zu übermitteln.

---

88 Delegierte Verordnung (EU) 2017/565 vom 25. April 2016 in Bezug auf die organisatorischen Anforderungen an Wertpapierfirmen und die Bedingungen für die Ausübung ihrer Tätigkeit sowie in Bezug auf die Definition bestimmter Begriffe, ABl. EU Nr. L 87 v. 31.3.2017, S. 1.

89 ESMA Q&A vom 16.12.2016, Antwort 1.1.

Zusätzlich ist beim Handel mit **OTC-Instrumenten** die Preisfairness nach Art. 64 Abs. 4 DVO durch Vergleich der Marktpreise zu überprüfen. Nach Ansicht der ESMA ist eine ex-ante-Prüfung nach intern festgelegten Verfahren und Bewertungssystemen erforderlich.[90] Dies bedeutet für die meisten Asset Manager, dass sie im Hinblick auf das in Kraft treten von MiFID II ihre internen Prozesse zur Einrichtung von ex-post und ex-ante Kontrollen überprüfen müssen, um die geforderte Ausführungsqualität sicherzustellen. 59

Außerdem sollen die Asset Manager die auslagernden KVGen über die Auswahlgrundsätze für Broker und die Verfahren zur Überprüfung der Best-Execution-Ergebnisse informieren. Dabei sollen Informationen über die **TOP-5-Ausführungsplätze** nach Art. 65 Abs. 8 DVO i.V.m. Art. 27 Abs. 6 MiFID II und RTS 28 für jede Art von Finanzinstrument auf Grundlage der Handelsvolumina veröffentlicht werden. Erste rudimentäre Berichte sind schon bis Ende April 2018 erforderlich.[91] Dementsprechend sind von den Asset Managern die technischen Vorkehrungen zu schaffen, um die quantitativen Daten für die TOP-5-Berichte zu erhalten und entsprechende Qualitätsanalysen zu erstellen. 60

d) Geeignetheitstest

Nach Art. 54 Abs. 7 DVO sollen die Portfoliomanager **Kundenangaben** auf Konsistenz prüfen und Verfahren und Grundsätze vorhalten, um die Kundendaten auf dem aktuellen Stand zu halten. In der hier in Rede stehenden Auslagerungssituation bezieht sich dies im Verhältnis zwischen Asset Manager und KVG auf die Daten der jeweiligen auslagernden KVG, denn sie ist Kunde i.S.v. Art. 54 Abs. 7 DVO. Ferner sollen die Asset Manager nach Art. 54 Abs. 9 DVO Verfahren und Grundsätze vorhalten, um Finanzinstrumente für Anleger, insbesondere mit Rücksicht auf Kosten und Komplexität auszusuchen. Bei einem Austausch von Anlagen („switching investments“) sind weitere Informationen einzuholen, um nachzuweisen, dass der Nutzen des Austausches die Kosten überwiegt (Art. 54 Abs. 11 DVO). 61

Dementsprechend sind von den Asset Managern interne Organisationsmaßnahmen notwendig, um sicherzustellen, dass die Daten der auslagernden KVGen stets aktuell sind und eine Auswahl der Finanzinstrumente nach den gesetzlichen Vorgaben gewährleistet ist. Im institutionellen Geschäft gegenüber auslagernden KVGen sollten diese hier genannten Aspekte des Verbraucherschutzes jedoch nicht gelten, sofern die Transaktionen eines Asset Managers als Auslagerungsunternehmen im Einklang mit den vereinbarten Anlagerichtlinien erfolgen. Denn hier hat der Endkunde ja bereits der KVG einen Auftrag erteilt, eine bestimmte Anlagestrategie über entsprechende Anlagerichtlinien umzusetzen. In diesem Fall ist es ohne Mehrwert für den Kunden, wenn Dokumentationen zum Kosten-/Nutzen, beispielweise beim Switchen von Investments zwischen Asset Manager und KVG erfolgen. 62

e) Bestimmung des Zielmarktes

Bei Auslagerung der Portfolioverwaltung müssen auch die Vorgaben von MiFID II für die Bestimmung des **Zielmarktes** eingehalten werden. Für die Umsetzung der entsprechenden Bestimmungen hat die ESMA Leitlinien zur Produktüberwachung veröffentlicht.[92] Demnach ist jedes Finanzinstrument, das im Rahmen der Finanzportfolioverwaltung eingesetzt wird, umfassend im Hinblick auf seinen Zielmarkt zu prüfen (Nr. 48 Product Governance Guidelines). Es können aber auch Produkte außerhalb des Zielmarktes erworben werden, soweit das Gesamtportfolio für den Kunden geeignet ist. Maßstab für die Prüfung sind die Anlagerichtlinien für das Sondervermögen. Diese legen den jeweiligen Zielmarkt für die Finanzportfolioverwaltung fest, anhand derer das einzelne Produkt zu prüfen ist. 63

f) Kostentransparenz

Grundsätzlich ist die Pflicht zur aggregierten **Kostenoffenlegung ex-ante und ex-post** nach Art. 50 Abs. 5 und Abs. 9 DVO vom 24.4.2016 bei Auslagerung des Portfoliomanagements nicht anwendbar, da das Auslagerungsunternehmen im Rahmen seiner Finanzportfolioverwaltung Finanzinstrumente weder anbietet noch empfiehlt bzw. verpflichtet ist, dem Anleger OGAW- bzw. PRIIPs- Informationsblätter zur Verfügung zu stellen. Nach ErwGr. 75 Satz 1 DVO soll aber „die Bezugnahme auf empfohlene oder vertriebene Finanzinstrumente insbesondere Wertpapierfirmen, die Anlageberatung oder Portfolioverwaltungsdienstleistungen erbringen (…) umfassen.“ Eine aggregierte ex-ante Offenlegung sollte danach jedenfalls vor Abschluss des Portfoliomanagementvertrages stattfinden, nicht etwa bei jeder einzelnen Transaktion. Bis zum Inkrafttreten von MiFID II am 3.1.2018 war gem. § 5 Abs. 5a) WpDVerOV a.F. eine Offenlegung des Gesamtprozesses der Produkte und Dienstleistungen notwendig bzw. Informationen über die Grundlage der Berech- 64

90 ESMA Q&A vom 16.12.2016, Antwort 1.2.
91 Q&A ESMA vom 16.12.2016, Antwort 1.6.
92 Final Report – Guidelines on MiFID II product governance requirements, Annex IV.

nung, falls eine Offenlegung des Gesamtprozesses nicht möglich war. Dies hatte vor Erbringung der Dienstleistung zu erfolgen (§ 5 Abs. 3 Satz 1 Halbsatz 2 WpDVerOV).

65 Fraglich ist aber, wie eine aggregierte Kostenoffenlegung bei einer ausgelagerten Finanzportfolioverwaltung tatsächlich erfolgen soll? Die entsprechende Berechnung der Gesamtkosten für Zwecke der notwendigen ex-ante Offenlegung sollte auf Grundlage von Musterportfolien für bestimmte Anlagestrategien möglich sein. Nach Ansicht der BaFin sind im Verhältnis zu professionellen Kunden grobe Schätzungen möglich.[93]

66 Unklar ist das Verhältnis der ex-post Kosteninformation nach Art. 50 Abs. 9 DVO zu der Kostenoffenlegung im Rahmen periodischer Berichte nach Art. 60 Abs. 2 lit. d DVO. Derzeit ist aufgrund fehlender anderweitiger Hinweise davon auszugehen, dass die Pflicht zur aggregierten Kosteninformation und die quartalsweise Berichtspflicht nebeneinander gelten. Dies gilt künftig im Unterschied zur Rechtslage bis zum 3.1.2018 auch für professionelle Kunden. Außerdem herrscht weiterhin Unsicherheit, wann der erste Bericht nach Art. 50 Abs. 9 DVO erstellt werden muss. Die EFAMA ist der Auffassung, dass dies erst ein Jahr nach Geltung von MiFID II, d.h. Ende des 1. Quartals 2019, fällig sein soll.

67 Insgesamt sind die entsprechenden Informationspflichten des Portfolioverwalters an die KVG vom BVI in einem Side-Letter zum **Muster-Auslagerungsvertrag** aufgenommen worden, um eine gewisse standardisierte Handhabung zu ermöglichen. Dies ist insbesondere wichtig, da die KVG ihrerseits die Transaktionskosten ihrer Fonds unter MiFID II bzw. PRIIPs berechnen und ausweisen muss. Daher sollten entsprechende Berechnungsmethoden und zu liefernde Informationen auch vertraglich zwischen Portfolioverwalter und KVG vereinbart werden.

68 Fraglich ist jedoch insbesondere, ob die Berechnung der **impliziten Transaktionskosten** für Auslagerungen des Portfoliomanagements bei einem Spezial-AIF wirklich notwendig ist. Die KVGen benötigen diese Informationen weder selbst noch werden sie an die Anleger weitergegeben. Im Verhältnis zu professionellen Kunden und geeigneten Gegenparteien sollte daher im Allgemeinen die Möglichkeit eines Verzichts auf bestimmte Kosteninformationen seitens des Gesetzgebers in Betracht gezogen werden.

5. Exkurs: Advisory-Dienstleistungen

69 Weiterhin ist es fraglich, ob auch im sog. **Advisory-Verhältnis** gegenüber professionellen Kunden bzw. geeigneten Gegenparteien eine ex-ante-Offenlegung der Kosten vor jeder Anlageberatung notwendig ist? Im Gegensatz zu einer ausgelagerten Portfolioverwaltung beschränkt sich die Dienstleistung hier auf Beratungs-/Empfehlungsdienstleistungen gegenüber einer KVG. Solche Advisory-Dienstleistungen können in der Praxis auch Gegenstand zusätzlicher vertraglicher Pflichten in Ergänzung zur ausgelagerten Portfolioverwaltung sein.

70 Grundsätzlich gelten unter MiFID II auch in solchen Advisory-Verhältnissen gegenüber professionellen Kunden ex-ante-Pflichten zur Offenlegung von Kosten. Die BaFin hat jedoch mitgeteilt, dass sie sich in diesen Fällen vorstellen kann, eine **Offenlegung der Kosten** in allgemeiner Form vor Abschluss des Vertrages über die Anlageberatung zuzulassen.[94] Voraussetzung hierfür ist allerdings, dass der Vertrag über die Anlageberatung eine konkrete Allokationsstrategie für die laufenden Anlageempfehlungen vorsieht und die Offenlegung auf Grundlage einer Muster-Allokation des Kundenvermögens erfolgt, ähnlich den Musterportfolien einer Portfolioverwaltung. Dann könnte eine eigentlich notwendige ex-ante-Kosteninformation vor jeder einzelnen Anlageempfehlung unterbleiben.[95] Es wäre demnach lediglich einmal im Jahr ein ex-post-Kostenreporting nach Art. 50 Abs. 9 DVO zur MiFID II erforderlich.

71 Es dürfte jedoch das klare Verständnis der BaFin sein, dass diese Auslegung der Transparenzpflichten nur bei professionellen Kunden oder geeigneten Gegenparteien angemessen ist. Die BaFin hat weiterhin deutlich gemacht, dass diese Handhabung unter dem Vorbehalt steht, dass die ESMA keine transaktionsbezogene Offenlegung der Kosten im Rahmen der Portfolioverwaltung einfordert.[96] Dies wird angabegemäß bei der ESMA diskutiert. Es ist aber aktuell nicht geplant, eine konkrete Auslegung über die Q&As vorzugeben. Insbesondere in dieser Fragestellung ist aber sehr genau auf die Entwicklung im Rahmen der laufenden Aufsichtspraxis zu achten.

93 BVI-Mitteilung 14/2017 vom 10.4.2017.
94 BVI-Mitteilung 14/2017 vom 10.4.2017.
95 Nach ErwGr. 75 Satz 1 DVO soll „die Bezugnahme auf empfohlene und vertriebene Finanzinstrumente insbesondere Wertpapierfirmen, die Anlageberatung oder Portfolioverwaltungsdienstleistungen erbringen (…), umfassen."
96 BVI-Mitteilung 14/2017 vom 10.4.2017.

Nach Ansicht der BaFin ist es in diesen Advisory-Verhältnissen zu professionellen Kunden möglich, den ex-ante-Kostennachweis vor dem Vertragsschluss über die Beratungsleistung zu tätigen, sofern zum einen eine laufende Beratung mit festgelegter Anlagestrategie vereinbart wird und zum anderen die Offenlegung auf Grundlage einer Muster-Allokation des Kundenvermögens erfolgt. 72

6. Sicherstellung der Zusammenarbeit mit entsprechender Aufsichtsbehörde bei Auslagerung in Drittstaat (§ 36 Abs. 1 Nr. 4 KAGB)

Erfolgt die Auslagerung der Portfolioverwaltung und des Risikomanagements auf ein Unternehmen mit Sitz in einem Drittstaat, muss zwischen der BaFin und der zuständigen Aufsichtsbehörde des Drittstaates eine **Kooperationsvereinbarung** bestehen. Nach Art. 78 Abs. 2 lit. b Level 2-VO muss diese auch als „Memorandum of Understanding" bezeichnete Vereinbarung der BaFin verschiedene Maßnahmen gegenüber dem Auslagerungsunternehmen ermöglichen.[97] Die BaFin muss beispielsweise auf ihr Verlangen hin vom Auslagerungsunternehmen alle für ihre Aufsicht erforderlichen Informationen sowie Zugang zum Unternehmen erhalten können. Auch muss sie in der Lage sein, in den Geschäftsräumen des Auslagerungsunternehmens Ermittlungen durchzuführen. Nähere Einzelheiten sowie die Aufsichtsbehörden der Länder, mit denen die BaFin zurzeit entsprechende Kooperationsvereinbarungen abgeschlossen hat, finden sich im „BaFin Merkblatt zu Vereinbarungen über die Zusammenarbeit zwischen der Bundesanstalt und zuständigen Stellen eines Drittstaats im Rahmen der AIFM Richtlinie 2011/61/EU".[98] Die BaFin schließt entsprechende Kooperationsvereinbarungen nur ab, wenn auch ein konkreter Bedarf, also der entsprechende Wunsch nach Auslagerung in ein entsprechendes Drittland, besteht. In der Praxis arbeitet die BaFin hier eng mit den Branchenverbänden, wie z.B. dem BVI, zusammen, um den Bedarf der Branche zu ermitteln. Sollte der Wunsch nach Auslagerung in ein Land bestehen, mit dessen Aufsichtsbehörde noch keine Vereinbarung besteht, sollte die BaFin frühzeitig angesprochen werden, um eine Kooperationsvereinbarung auf den Weg zu bringen. Denn diese und damit die Sicherstellung der Zusammenarbeit ist zwingende Voraussetzung für die Genehmigung einer Auslagerung. Dieser Vorbehalt gilt jedoch nur für die Auslagerung der Portfolioverwaltung und des Risikomanagements. Alle anderen Auslagerungen in einen Drittstaat müssen nur die übrigen Voraussetzungen von § 36 KAGB erfüllen. 73

Die jüngsten Vorschläge der EU-Kommission zur **Reform des europäischen Systems der Finanzmarktaufsicht** sehen weitreichende Veränderungen bei Kompetenzen und Finanzierung der europäischen Aufsichtsbehörden (ESAs) vor. Dabei soll u.a. die Auslagerung in Drittstaaten intensiver koordiniert werden. Bei Auslagerungen in Drittstaaten sollen die ESAs regelmäßig von den nationalen Aufsichtsbehörden unterrichtet werden. Hier bleibt die weitere Entwicklung abzuwarten, wobei fraglich ist, ob tatsächlich eine Notwendigkeit für gestärkte Kompetenzen der ESAs im Zusammenhang mit Auslagerungen in Drittstaaten besteht, da sowohl die OGAW- als auch die AIFM-Richtlinie bereits über ein umfassendes und erprobtes Regelwerk verfügt. 74

7. Exkurs: Brexit

Die britische Regierung hat am 29.3.2017 einen Antrag nach **Art. 50 EU-Vertrag**/Lissabon-Vertrag gestellt, um aus der Europäischen Union auszutreten. Vorausgegangen war ein Volksentscheid, bei dem sich die britische Bevölkerung am 23.6.2016 mehrheitlich für einen entsprechenden Austritt entschieden hat. Der Austritt wird nach Art. 50 EU-Vertrag an dem Datum vollzogen, das in einer entsprechenden Vereinbarung zwischen der EU und der britischen Regierung vereinbart wird, oder zwei Jahre nach der Antragsstellung, also am 30.3.2019. Art. 50 EU-Vertrag ermöglicht es der EU-Kommission weiterhin, in Übereinstimmung mit den EU-Mitgliedstaaten, die Frist von zwei Jahren zu verlängern. Die EU- Staats- und Regierungschefs haben zwischenzeitlich eine EU-UK-Vereinbarung gebilligt, die eine Übergangszeit von 21 Monaten zwischen dem formellen Austritt des Vereinigten Königreichs im März 2019 und Ende 2020 vorsieht. 75

Britische Asset-Manager, die über eine MiFID-Zulassung verfügen, können ihre Dienstleistung (individuelle Vermögensverwaltung, Anlageberatung) bislang aufgrund eines EU-Passes regelmäßig europaweit anbieten, ohne eine eigenständige Niederlassung in den einzelnen Mitgliedstaaten zu errichten. Außerdem vertreiben englische Fondsgesellschaften mit Zulassung zur kollektiven Vermögensverwaltung nach den UCITS/AIFM-Richtlinien regelmäßig in UK oder Luxemburg/Irland aufgelegte Fonds über einen EU-Pass an Kunden in Kontinentaleuropa. Bei Bedarf für deutsche Spezial-AIF nach einem britischen Asset-Manager, beispielsweise für das Management englischer Aktien, wird die Portfolioverwaltung regelmäßig von der KVG auf einen Asset-Manager in das Vereinigte Königreich ausgelagert. 76

---

97 Vgl. zu dieser Vereinbarung *Klebeck*, RdF 2012, 225 (231).
98 Vom 22.7.2013, geändert am 10.2.2014.

77 Es ist sehr wahrscheinlich, dass der Brexit auch Einfluss auf Auslagerungsverhältnisse von und nach Großbritannien haben wird. Es lässt sich derzeit aber noch nicht vorhersagen, welchen rechtlichen Status das Vereinigte Königreich nach Wirksamkeit des Austritts aus der EU haben wird.[99] Die von der britischen Regierung am 12.7.2018 in einem Weißbuch veröffentlichten Vorschläge sind vom Chefunterhändler der EU-Kommission in weiten Teilen kritisiert und zurückgewiesen worden. Die EU-Kommission ihrerseits hat alle Akteure aufgerufen, verstärkte Anstrengungen bei der Vorbereitung auf sämtliche Eventualitäten zu unternehmen. Sie hat ausdrücklich betont, daß für den Fall, daß kein Austrittsabkommen und damit auch keine Übergangsregelung beschlossen wird, nicht klar ist, ob Verhandlungen über den Drittstaatenstatus des Vereinigten Königreichs geführt werden.[100] Entsprechende Memoranda of Understanding sind jedoch wie dargestellt für die Auslagerung wesentlicher Funktionen notwendig (vgl. Rz. 73 f.).

a) ESMA-Stellungnahme vom 31.5.2017

78 Bei Sachverhalten, in denen britische Unternehmen derzeit Aufgaben auf ein Auslagerungsunternehmen in Deutschland bzw. auf ein Unternehmen in der Europäischen Union auslagern, gibt es vielfach Überlegungen, diese Aufgaben komplett auf Unternehmen in Deutschland bzw. Europa zu verlagern oder in diesem Zusammenhang neue Unternehmen mit Sitz in der EU zu gründen bzw. aus England in die EU zu verlagern. Die **ESMA** hat am 31.5.2017 eine **Stellungnahme** zum Umgang mit der entsprechenden Verlagerung von Unternehmen, Aktivitäten und Funktionen veröffentlicht.[101] Diese Stellungnahme richtet sich an die nationalen Aufsichtsbehörden und soll zu einem konsistenten Umgang mit den zunehmenden Anfragen aus England zur Frage der Verlagerung der Geschäftsaktivitäten nach Europa führen.[102] Dabei sollen die folgenden neun Prinzipien gelten:

1. Keine automatische Anerkennung der vorhandenen Zulassungen;
2. Zulassungen durch Nationale Aufsichtsbehörden der verbleibenden 27 Mitgliedstaaten sollen gründlich und effizient sein;
3. Nationale Aufsichtsbehörden sollen in der Lage sein, objektive Gründe für den Standortwechsel zu identifizieren;
4. Besonderes Augenmerk soll auf die Vermeidung von Letter-Box-Entities gelegt werden;
5. Auslagerung in Drittstaaten ist nur unter strengen Voraussetzungen möglich (Fähigkeit, die ausgelagerten Funktionen zu beaufsichtigen und Weisungen zu erteilen, muss bei dem auslagernden Unternehmen verbleiben);
6. Nationale Aufsichtsbehörden sollen sicherstellen, dass die Substanzanforderungen erfüllt sind (zentrale Aktivitäten und Funktionen, die für das ordnungsgemäße Funktionieren des Unternehmens wesentlich sind, dürfen nicht außerhalb der EU ausgelagert werden);
7. Nationale Aufsichtsbehörden sollen eine solide Governance der EU-Einheiten sicherstellen;
8. Nationale Aufsichtsbehörden müssen in der Lage sein, das EU-Recht wirksam zu beaufsichtigen und durchzusetzen;
9. Nationale Aufsichtsbehörden sollen zusammenarbeiten, um eine wirksame Überwachung durch die ESMA zu ermöglichen.

79 Die ESMA plant zudem, ein besonderes Forum (sog. **Supervisory Coordination Network**) einzurichten, um den NCAs einen ständigen Austausch und die Diskussion von Sachverhalten im Zusammenhang mit der Verlagerung von Aktivitäten aus UK zu ermöglichen. Zudem erwägt sie, weitere Maßnahmen zur Verbesserung der Aufsichtskonvergenz zu ergreifen. Konkret kündigt die ESMA an, zusätzliche sektorspezifische Vorgaben zur Anwendung der allgemeinen Prinzipien aus der Stellungnahme für die Bereiche Asset Management, Wertpapierfirmen und Sekundärmärkte zu entwickeln.

80 Insgesamt versucht die ESMA, mit diesen Maßnahmen **Regulierungsarbitrage** zu verhindern. Ein „race to the bottom" insbesondere im Hinblick auf die Substanzanforderungen wäre zum einen gesamtwirtschaftlich schädlich. Zum anderen würde es auch die Aufsichtseffizienz negativ beeinflussen, wenn infolge einer Minimalausstattung europäischer Tochtergesellschaften von britischen Mutterkonzernen ein Zugriff der Aufsichts- bzw. Abwicklungsbehörden auf Vermögensgegenstände und Geschäftsbeziehungen in der Krise der Tochter unrealistisch erscheint.[103]

---

99 *Zetzsche/Lehmann*, AG 2017, 651 (651) m.w.N.
100 Mitteilung EU-Kommission vom 19.7.2018, COM (2018) 556, S. 5.
101 ESMA 42-110-433 vom 31.5.2017.
102 *Zetzsche/Lehmann*, AG 2017, 651 (659).
103 *Zetzsche/Lehmann*, AG 2017, 651 (659).

Die Stellungnahme der ESMA hat den Charakter einer **unverbindlichen Empfehlung** an die nationalen Aufsichtsbehörden. Insgesamt stimmen die neun Prinzipien mit der bestehenden Rechtslage überein. Es werden keine neuen Anforderungen definiert. Die nationalen Aufsichtsbehörden werden hingegen ermutigt, die bestehenden Grundsätze konsequent anzuwenden. Es wird deutlich gemacht, dass es kein „Grandfathering“ oder automatische Anerkennung von bestehenden Regelungen geben soll. Darauf aufbauend hat die BaFin in Workshops ihre Handhabung der entsprechenden Themen den Marktteilnehmern erläutert. 81

b) Auslagerung nach UK

Sofern eine KVG Aufgaben auf ein **Auslagerungsunternehmen in Großbritannien** ausgelagert hat, ist derzeit noch nicht abzusehen, wie dies zukünftig zu behandeln ist. Möglich ist, dass im Laufe der Verhandlungen über den Brexit und in einer entsprechenden Vereinbarung zwischen EU und dem Vereinigten Königreich Regelungen hierzu getroffen werden. Falls dies nicht der Fall ist, wäre mit dem Wegfall der EU-Zugehörigkeit Großbritanniens die entsprechende Auslagerung als Auslagerung auf ein Unternehmen mit Sitz in einem Drittstaat anzusehen. Demzufolge wäre Voraussetzung für einen Fortbestand der Auslagerung die Sicherstellung der Zusammenarbeit zwischen der BaFin und der zuständigen Aufsichtsbehörde in UK.[104] Das Vereinigte Königreich würde damit wie jeder andere Drittstaat auch in Zukunft den extraterritorial wirkenden Vorschriften des EU-Finanzmarktrechts unterliegen. 82

Wie dargestellt ist die ESMA in ihrer Stellungnahme zum Umgang mit Verlagerungen im Zusammenhang mit dem Brexit auch auf Risiken aus **Rückauslagerungsverhältnissen** auf britische Muttergesellschaften eingegangen. Dabei wurde insbesondere auf das Verbot der Briefkastenfirma (s. Rz. 107 ff.) hingewiesen. Somit müssen die Ressourcen von etwaig neu gegründeten eigenständigen kontinentaleuropäischen Vermögensverwaltungs- oder Kapitalverwaltungsgesellschaften so beschaffen sein, dass das operative Geschäft und das interne Kontrollsystem im Grundsatz unabhängig vom britischen Mutterhaus funktioniert.[105] 83

8. Keine Beeinträchtigung der Wirksamkeit der Beaufsichtigung und Vermeidung von Interessenkonflikten (§ 36 Abs. 1 Nr. 5 KAGB)

a) Wirksamkeit der Aufsicht

Ferner darf keine **Beeinträchtigung der Wirksamkeit der Beaufsichtigung** vorliegen. Nach Art. 79 Level 2-VO ist dies dann der Fall, wenn das auslagernde Unternehmen, deren Abschlussprüfer oder die BaFin keinen Zugang zu den mit den übertragenen Funktionen zusammenhängenden Daten, Informationen oder Räumlichkeiten des Auslagerungsunternehmens haben. Außerdem muss das Auslagerungsunternehmen auch im konkreten Fall mit der BaFin zusammenarbeiten. Anderenfalls liegt ebenfalls eine entsprechende Beeinträchtigung vor. Aber auch die auslagernde KVG muss der BaFin auf deren Verlangen alle Informationen zur Verfügung stellen, die diese zur ordnungsgemäßen Überwachung benötigt. Geschieht dies nicht, ist gem. Art. 79 Level 2-VO auch von einer Beeinträchtigung der Wirksamkeit der Beaufsichtigung auszugehen. Insgesamt wird hierdurch Art. 20 Abs. 1 lit. e AIFM-RL umgesetzt. 84

b) Vermeidung von Interessenkonflikten

aa) Interessenkonflikt

Fraglich ist, wann ein entsprechender **Interessenkonflikt** vorliegt. In Art. 80 Abs. 1 lit. a und lit. b Level 2-VO sind Fallgruppen geregelt, in denen das Auslagerungsunternehmen und der AIFM oder ein Anleger des AIF und das Auslagerungsunternehmen einer Gruppe angehören oder zwischen diesen eine sonstige Vertragsbeziehung besteht. Wichtig ist in diesen Fällen, ob und wenn ja in welchem Umfang eine Kontrolle besteht oder die Möglichkeit, das Handeln des anderen zu beeinflussen. Zu eng wäre es, für das Tatbestandsmerkmal „Gruppe“ eine konzernmäßige Beherrschung vorauszusetzen. Gesellschaftsrechtliche Verflechtungen sollten bereits bei nicht unerheblichen Minderheitsbeteiligungen besonders berücksichtigt werden.[106] Hinzukommen müssen aber auch Nachteile für das Sondervermögen oder den Anleger. Nach Art. 80 Abs. 1 lit. c bis lit. f Level 2-VO muss sich die KVG über die Wahrscheinlichkeit, dass das Auslagerungsunternehmen zu Lasten des Sondervermögens oder der Anleger Sondervorteile erzielt oder an Dritte oder einzelne Anleger weitergibt, Klarheit verschaffen. Beispielsweise dürfen sich die zwischen Anleger und KVG vereinbarten Gebühren nicht durch die Auslagerung zum Nachteil für den Anleger oder das Sondervermögen erhöhen. Auch 85

---

104 Vgl. BVI – Wohlverhaltensregeln in der Fassung vom 6.10.2016, https://www.bvi.de/regulierung/selbstregulierung/wohlverhaltensregeln/.

105 *Zetzsche/Lehmann*, AG 2017, 651 (659) m.w.N.

106 So auch *Hanten* in Baur/Tappen, § 36 KAGB Rz. 97.

muss die KVG etwa sicherstellen, dass das Auslagerungsunternehmen keine Beratung zum eigenen Vorteil erbringt oder Zuwendungen, beispielsweise in Form von „Kick-Backs", erhält.[107]

bb) Funktionale und hierarchische Trennung

86 Weiterhin wird nach Art. 80 Abs. 2 Level 2-VO eine funktionale und hierarchische Trennung der Portfolioverwaltung oder des Risikomanagements von anderen dazu im Interessenkonflikt stehenden Aufgaben verlangt. Auch wenn Art. 80 Abs. 2 Level 2-VO offen lässt, ob sich diese Anforderung auf das auslagernde Unternehmen oder das Auslagerungsunternehmen bezieht, dürfte klar sein, dass sich dies Erfordernis insbesondere an das Auslagerungsunternehmen richtet, da die **Funktionstrennung** für die KVG als auslagerndem Unternehmen bereits in Art. 42 Level 2-VO und in §§ 26 ff. KAGB geregelt ist.[108] Insgesamt gehen die Anforderungen über den bisherigen § 16 Abs. 2 Satz 3 InvG hinaus. Art. 80 Abs. 3 Level 2-VO verlangt, dass das auslagernde Unternehmen überwacht, dass das Auslagerungsunternehmen angemessene Maßnahmen zur Ermittlung, Steuerung und Beobachtung potentieller Interessenkonflikte ergreift und diese ggf. offenlegt. Insofern müssen die beschriebenen Kriterien zum einen bei der Auswahl des Auslagerungsunternehmens überprüft werden. Dies geschieht in der Praxis in der Regel mit den üblicherweise verwendeten Fragebögen. Zum anderen sollte der Auslagerungsvertrag entsprechende laufende Überwachungsmöglichkeiten vorsehen. Sollten Interessenkonflikte auftreten, müssen sie vom Auslagerungsunternehmen gegenüber dem auslagernden Unternehmen offengelegt werden. Denn das auslagernde Unternehmen ist seinerseits nach Art. 36 Level 2-VO verpflichtet, diese gegenüber den Anlegern und dem Sondervermögen transparent zu machen.

9. Darlegungspflichten (§ 36 Abs. 1 Nr. 6 KAGB)

a) Qualifikation des Auslagerungsunternehmens

87 Die KVG muss darlegen können, dass das Auslagerungsunternehmen über die erforderliche Qualifikation verfügt, es demzufolge in der Lage ist, die übernommenen Aufgaben ordnungsgemäß wahrzunehmen und sorgfältig ausgewählt wurde. Dies dient der Umsetzung von Art. 20 Abs. 1 lit. f AIFM-RL und entspricht im Wesentlichen § 16 Abs. 1 Satz 2 InvG a.F. Zur entsprechenden Dokumentation ist es in der Praxis üblich, seitens des auslagernden Unternehmens Fragebögen an das Auslagerungsunternehmen zur Beantwortung zu versenden. In diesen **Due-Diligence-Fragebögen** werden umfangreiche Erkundigungen sowohl im Hinblick auf die zu übertragenden Aufgaben als auch das Unternehmen insgesamt eingeholt. Dies dient zum einen dazu, den hier in Rede stehenden Darlegungspflichten nachzukommen. Zum anderen werden hierdurch die unter Rz. 91 näher dargelegten Überwachungs- und Überprüfungspflichten erfüllt. Daher werden die Angaben in den Fragebögen üblicherweise nicht nur einmalig vor einer entsprechenden Auslagerung eingeholt, sondern regelmäßig auch während der Dauer einer Auslagerung wiederholt bzw. aktualisiert.

b) Auslagerungsvertrag

88 Weiterer Bestandteil dieser Darlegungspflichten ist auch der Auslagerungsvertrag selbst. In ihm sichert das Auslagerungsunternehmen in der Regel zu, über die erforderlichen Qualifikationen zu verfügen und in der Lage zu sein, die übernommenen Aufgaben ordnungsgemäß wahrzunehmen. Der Auslagerungsvertrag bedarf gem. Art. 75 lit. d Level 2-VO der Schriftform. Er muss nach Art. 75 lit. h Level 2-VO die jeweiligen Rechte und Pflichten der Parteien eindeutig regeln. Insbesondere müssen der KVG die ihr zustehenden Weisungs-, Kündigungs-, Informations-, Ermittlungs- und Zugangsrechte zugesichert werden. Dieses Erfordernis ergibt sich ebenfalls aus Ziff. 10.4 KAMaRisk. Folgende weitere Bestandteile muss ein Auslagerungsvertrag nach Ziff. 10.4 KAMaRisk sowie der jeweils benannten Vorschrift in der Level 2-VO aufweisen:

- Festlegung von Informations- und Prüfungsrechten der Internen Revision sowie externer Prüfer (Art. 75 lit. h Level 2-VO);
- Sicherstellung der Informations- und Prüfungsrechte sowie der Kontrollmöglichkeiten der BaFin (Art. 79 Level 2-VO)
- Weisungs- und Überwachungsrechte (Art. 75 lit. f Level 2-VO);
- Regelungen, die sicherstellen, dass datenschutzrechtliche Bestimmungen beachtet werden (Art. 75 lit. k Level 2-VO);
- Kündigungsrechte und angemessene Kündigungsfristen (Art. 75 lit. h Level 2-VO);
- Regelungen über die Möglichkeit und die Modalitäten einer Weiterverlagerung, die sicherstellen, dass eine Weiterverlagerung nur mit Zustimmung des auslagernden Unternehmens erfolgen kann und dass

107 *Hanten* in Baur/Tappen, § 36 KAGB Rz. 99 ff.
108 So auch *Hanten* in Baur/Tappen, § 36 KAGB Rz. 103.

das auslagernde Unternehmen die aufsichtsrechtlichen Anforderungen weiterhin einhält (Art. 75 lit. h Level 2-VO);

- Verpflichtung des Auslagerungsunternehmens, die Gesellschaft über Entwicklungen zu informieren, die die ordnungsgemäße Erledigung der ausgelagerten Aufgaben beeinträchtigen können (Art. 75 lit. l Level 2-VO).

Jüngst hat die EBA neue Leitlinien für Auslagerungsvereinbarungen zur Konsultation gestellt.[109] Darin sind u.a. auch die im Dezember 2017 veröffentlichten Empfehlungen zu Auslagerungen an Anbieter von Cloud-Dienstleistungen integriert worden. Diese Leitlinien sollen ab 30.6.2019 gelten und auf Auslagerungsverträge Anwendung finden, die ab diesem Zeitpunkt in Kraft treten. Bereits bestehende Verträge sollen bis zum 31.12.2020 angepasst werden.

c) BVI-Wohlverhaltensregeln

Die Mitglieder des BVI haben sich in Ergänzung zu den gesetzlichen Pflichten bei der Verwaltung der ihnen anvertrauten Vermögenswerte mit den **BVI-Wohlverhaltensregeln**[110] zusätzliche freiwillige Grundsätze und Kodizes gegeben. Die einzelnen KVGen informieren ihre Anleger regelmäßig in geeigneter Weise, ob und in wie weit sie diese Wohlverhaltensregeln einhalten. Sie können von diesen Wohlverhaltensregeln abweichen, sind dann aber verpflichtet, dies jährlich offenzulegen und Abweichungen zu begründen („comply or explain“). 89

Für Vermögensverwalter, die im Wege der Auslagerung Fonds verwalten, gelten die fondsbezogenen Wohlverhaltensrichtlinien grundsätzlich nicht. Die Pflicht zur Einhaltung obliegt der fondsauflegenden KVG. Es besteht jedoch die Möglichkeit, entsprechende Auslagerungsunternehmen zur Einhaltung der fondsbezogenen Wohlverhaltensrichtlinien vertraglich zu verpflichten, bspw. im Auslagerungsvertrag, was in der Praxis auch regelmäßig erfolgt. In diesem Fall sollten die jeweils zu beachtenden Pflichten aber hinreichend konkretisiert werden, z.B. durch Aufzählung der einzelnen Pflichten, die beachtet werden sollen. Beispielsweise könnte das Auslagerungsunternehmen von der KVG im Auslagerungsvertrag verpflichtet werden, festgelegte Schwellenwerte des Portfolioumschlagssatzes einzuhalten bzw. sich verpflichten, bei Überschreiten bestimmte Maßnahmen oder Datenlieferungen zur Berechnung der Portfolioumschlagsrate durchzuführen.[111] 90

10. Überwachungs- und Überprüfungspflicht (§ 36 Abs. 1 Nr. 7 und 8 KAGB)

Die KVG hat die Verpflichtung, die ausgelagerten Aufgaben jederzeit wirksam zu überwachen und die Erbringung der Dienstleistung durch das Auslagerungsunternehmen **fortwährend zu überprüfen**. Dies dient der Umsetzung von Art. 20 Abs. 1 lit. f sowie Art. 20 Abs. 1 Halbsatz 2 AIFM-RL. Die Wirksamkeit der Überwachung durch die KVG muss durch die Gewährung von Kündigungs- und Weisungsrechten vertraglich gesichert werden. Auf diese Weise ist es der KVG möglich, bei einem etwaigen Fehlverhalten des Auslagerungsunternehmens die notwendigen Maßnahmen zu ergreifen. Andererseits muss die KVG natürlich auch selber über ausreichend Ressourcen sowohl in personeller wie fachlicher Hinsicht verfügen (Art. 75 lit. f Level 2-VO). Die KVG muss insgesamt ein fortlaufendes **Auslagerungscontrolling** betreiben (Art. 75 lit. e Level 2-VO). Dies stellt eine Verschärfung zum bisherigen § 16 Abs. 1a Satz 1 InvG dar, der die KAG nur verpflichtete, Maßnahmen zu ergreifen, die eine jederzeitige wirksame Überwachung ermöglichen, aber keine Verpflichtung zur fortwährenden Überwachung statuierte.[112] Die Auffassung, dass die Überwachung in der gleichen Weise gestaltet werden müsse, wie sie gestaltet würde, wenn die ausgelagerten Bereiche im auslagernden Unternehmen verblieben wären,[113] geht aber sicherlich zu weit. Dem auslagernden Unternehmen ist es schlichtweg nicht möglich, denselben Grad an Kontrolle auf das Auslagerungsunternehmen aufzuwenden, wie auf die eigenen Prozesse und Abläufe. 91

Insbesondere wenn der Abschlussprüfer des auslagernden Unternehmens oder der Investmentvermögen anhand des **Prüfungsberichts des Abschlussprüfers** des Auslagerungsunternehmens nicht oder nicht vollständig beurteilen kann, ob die erbrachten Dienstleistungen ordnungsgemäß durchgeführt wurden, hat das 92

109 EBA/CP/2018/11 vom 22.6.2018.
110 BVI – Wohlverhaltensregeln in der Fassung vom 6.10.2016, https://www.bvi.de/regulierung/selbstregulierung/wohlverhaltensregeln/.
111 Vgl. Grundsatz I.1. BVI-Wohlverhaltensrichtlinie.
112 *Hanten* in Baur/Tappen, § 36 KAGB Rz. 117.
113 *Hanten* in Baur/Tappen, § 36 KAGB Rz. 117.

auslagernde Unternehmen den Abschlussprüfer zu beauftragen, eigene Prüfungshandlungen in dem Auslagerungsunternehmen vorzunehmen.[114]

V. Anzeigepflicht (§ 36 Abs. 2 KAGB)

93 Bevor eine Auslagerungsvereinbarung in Kraft tritt, ist diese von der KVG bei der BaFin anzuzeigen. Nach Art. 76 Abs. 1 Satz 1 Level 2-VO sowie dem FAQ der BaFin zur Auslagerung nach § 36 KAGB[115] umfasst die **Anzeige** die eindeutige Benennung des Auslagerungsunternehmen (Name und Sitz), eine Beschreibung der ausgelagerten Funktion bzw. Tätigkeit, den Zeitpunkt, zu dem die Auslagerung in Kraft tritt, sowie eine detaillierte Beschreibung, Erläuterung und Nachweise der objektiven Gründe für die Auslagerung. Außerdem müssen bei fondsspezifischen Auslagerungen die Investmentvermögen und bei objektspezifischen Auslagerungen die spezifischen Vermögensgegenstände angezeigt werden.[116] Die Auslagerungsverträge und weitere Unterlagen, die die Einhaltung der Voraussetzungen des § 36 KAGB und der Art. 75 bis 82 Level 2-VO darlegen, wie z.B. Unterlagen zur Feststellung der Zuverlässigkeit oder Eignung der Geschäftsleiter, sind hingegen nicht einzureichen. Die BaFin behält sich jedoch vor, weitere Unterlagen jederzeit nachzufordern.[117]

94 Soll die Portfolioverwaltung oder das Risikomanagement auf ein Auslagerungsunternehmen mit Sitz im **Ausland** ausgelagert werden, ist unter Berücksichtigung der Vorgaben des Art. 78 Level 2-VO darzulegen, ob das Auslagerungsunternehmen zum Zwecke der Vermögensverwaltung zugelassen oder registriert ist und einer Aufsicht unterliegt. Die KVG hat in diesen Fällen die zuständige Aufsichtsbehörde und die jeweilige Zulassungs- oder Registrierungsnummer des Auslagerungsunternehmens anzugeben, falls möglich.[118]

95 Die Anzeige ist vor und damit spätestens einen Tag vor dem Inkrafttreten der Auslagerungsvereinbarung der BaFin zur Kenntnis zu geben. Somit ist **keine Vorlauffrist** für Auslagerungsanzeigen einzuhalten. Stellt die BaFin jedoch nach dem Wirksamwerden der Auslagerung fest, dass die Angaben der KVG nicht zutreffend waren oder dass die Voraussetzungen für eine Auslagerung aus anderen Gründen nicht gegeben waren, wird die BaFin die Auslagerung ex-post aufgreifen und der KVG auflegen, die Auslagerung rückgängig zu machen oder die gesetzlichen Voraussetzungen dadurch zu erfüllen, dass die Aufgaben auf ein anderes, geeignetes Unternehmen ausgelagert werden.[119]

96 Sollte es zu **Änderungen** in einem Auslagerungsvertrag kommen, so sind nur wesentliche Änderungen anzuzeigen, die Einfluss auf die Erlaubnisvoraussetzungen haben könnten.[120] Dabei gilt die Ablehnungsfrist von einem Monat nach § 34 Abs. 2 KAGB. Somit können wesentliche Änderungen nicht vor einem Monat nach entsprechender Anzeige nach § 34 KAGB wirksam werden.[121] Dies gilt auch für Unterauslagerungen i.S.v. § 36 Abs. 6 Nr. 2 KAGB.[122]

VI. Einschränkung der Auslagerung (§ 36 Abs. 3 KAGB)

97 Aufgrund entsprechender Interessenkonflikte dürfen die Portfolioverwaltung und das Risikomanagement nicht auf bestimmte Auslagerungsunternehmen, insbesondere die **Verwahrstelle oder einen Unterverwahrer** (§ 36 Abs. 3 Nr. 1 KAGB), bzw. auf ein anderes Unternehmen mit Interessenkonflikten (§ 36 Abs. 3 Nr. 2 KAGB) ausgelagert werden. Dies entspricht einer generalisierenden Zusammenfassung der Vorgaben aus Art. 80 Abs. 2 Level 2-VO und inhaltlich weitgehend den Vorgaben des aufgehobenen § 16 Abs. 2 Satz 3 InvG.[123]

98 Mit dem Verbot der Auslagerung der Portfolioverwaltung und des Risikomanagements auf die Verwahrstelle und den Unterverwahrer wird Art. 20 Abs. 2 lit. a AIFM-RL umgesetzt. Die Verwahrstelle hat nach dem KAGB die Aufgabe, die KVG zu überwachen. Bei einer entsprechenden Auslagerung des Portfoliomanage-

114 BaFin-Schreiben KAMaRisk, Ziff. 10.6.
115 BaFin-Schreiben „Häufige Fragen zum Thema Auslagerung gem. § 36 KAGB", WA 41-Wp 2137-2013/0036, vom 10.7.2013, geändert am 12.5.2014 (BaFin, FAQ Auslagerung).
116 BaFin, FAQ Auslagerung, Ziff. 6.
117 BaFin, FAQ Auslagerung, Ziff. 6.
118 BaFin, FAQ Auslagerung, Ziff. 6.
119 BaFin, FAQ Auslagerung, Ziff. 6.
120 BaFin, FAQ Auslagerung, Ziff. 6.
121 BaFin, FAQ Auslagerung, Ziff. 7.
122 BaFin, FAQ Auslagerung, Ziff. 7.
123 *Hanten* in Baur/Tappen, § 36 KAGB Rz. 119.

ments oder des Risikomanagements würde somit die Verwahrstelle sich selber überwachen.[124] Wird jedoch beabsichtigt, andere Aufgaben als das Portfoliomanagement oder das Risikomanagement auf die Verwahrstelle auszulagern, so ist dies grundsätzlich möglich, sofern die Kontrollfunktion der Verwahrstelle beachtet wird.[125] Dies ist insbesondere bei der sog. Divisionslösung der Fall. Dabei vereinbaren die auslagernde KVG und die Verwahrstelle, dass die Verwahrstelle zur Vermeidung von Interessenkonflikten entsprechende organisatorische Vorkehrungen schafft und es wird ein **Eskalationsprozess** festlegt.[126] Die organisatorischen Vorkehrungen umfassen insbesondere eine personelle, funktionale und hierarchische Trennung bis auf Geschäftsführer- bzw. Vorstandsebene innerhalb der Verwahrstelle zwischen Verwahrung und Kontrolle einerseits sowie eingelagerten (z.B. Fondsbuchhaltung, administrative Aufgaben der KVG) und sonstigen Dienstleistungen (z.B. Ausführung von Handelsaufträgen) für die KVG andererseits sowie die Offenlegung von möglichen Interessenkonflikten generell.[127] In der Praxis bedeutet dies, dass eine Leitung entsprechender Bereiche durch dieselbe Person ausgeschlossen ist. Weiterhin darf es auch keine gegenseitige Vertretung geben. Ein Eskalationsprozess ist aufzusetzen bei Verstößen gegen Gesetz oder sonstigen Regelverstößen, wie z.B. Anlagegrenzverletzungen. Dabei sind Verfahren und Schnittstellen festzulegen, jeweils differenziert nach Art des Regelverstoßes, sowie das weitere Vorgehen zwischen KVG und Verwahrstelle abzustimmen. Bei etwaigen Divergenzen muss die BaFin informiert werden.[128] Beispielsweise wenn ein beanstandeter Regelverstoß nicht behoben wird. Darüber hinaus muss die getroffene Vereinbarung sowohl im Hinblick auf die Ausgestaltung der Divisionslösung als auch auf den Eskalationsprozess den Anforderungen des Verwahrstellen-Rundschreibens[129] entsprechen.[130]

Darüber hinaus ist die Auslagerung nicht an Unternehmen erlaubt, deren Interessen mit denen der KVG oder den Anlegern des Investmentvermögens im Konflikt stehen könnten. Ein Interessenkonflikt liegt vor, wenn eines der in Art. 80 Abs. 1 Level 2-VO genannten Merkmale erfüllt ist. 99

Im Unterschied zum generellen Auslagerungsverbot auf Verwahr- und Unterverwahrstelle ist eine Auslagerung auf ein anderes Unternehmen mit möglichen Interessenkonflikten jedoch zulässig, wenn das Auslagerungsunternehmen eine **konfliktvermeidende funktionale und hierarchische Trennung** vornimmt und potentielle Interessenkonflikte ordnungsgemäß ermittelt, steuert, beobachtet und den Anlegern gegenüber offenlegt. Die entsprechenden Vorgaben finden sich im Detail in Art. 80 Abs. 2 Level 2-VO. 100

Das Verbot der Auslagerung der Portfolioverwaltung und des Risikomanagements und die hier genannten Einschränkungen der Auslagerung gelten entsprechend auch für jede **Unterauslagerung**. 101

VII. Verschulden (§ 36 Abs. 4 KAGB)

Die KVG hat ein **Verschulden** des Auslagerungsunternehmens in gleichem Umfang zu vertreten wie eigenes Verschulden. Damit wird Art. 20 Abs. 3 Halbsatz1 AIFM-RL umgesetzt. Die KVG selbst haftet grundsätzlich für jede Verletzung der gesetzlichen oder vertraglichen Pflichten, die von ihr vorsätzlich oder fahrlässig verursacht wurde. Sie ist nicht verantwortlich für den wirtschaftlichen Erfolg einer Investmentstrategie. Auch im aufgehobenen § 16 Abs. 3 InvG befand sich bereits diese Verschuldensregelung. 102

Zivilrechtlich wird das Auslagerungsunternehmen als **Erfüllungsgehilfe** der auslagernden KVG i.S.v. § 278 BGB tätig, da sich die KVG für die Erfüllung ihrer Pflichten gegenüber dem Investmentvermögen bzw. den Anlegern mit dem Auslagerungsunternehmen einer Hilfsperson bedient.[131] 103

Eine vertraglich mögliche Einschränkung der Haftung des Erfüllungsgehilfen auf ein bloßes **Auswahl- und Überwachungsverschulden** i.S.v. § 831 BGB ist grundsätzlich unwirksam.[132] Folglich ist es für eine KVG im Regelfall nicht möglich, die Haftung für ein Verschulden eines Auslagerungsunternehmens mit der Begründung abzulehnen, dass sie das Auslagerungsunternehmen ordnungsgemäß überwacht habe. Nach 104

124 *Volhard/Jang* in Weitnauer/Boxberger/Anders, § 36 KAGB Rz. 37.
125 BaFin-Schreiben KAMaRisk, Ziff. 10.5.
126 BaFin-Schreiben KAMaRisk, Ziff. 10.5.
127 BaFin-Seminar zum KAGB am 6.10.2014.
128 BaFin-Seminar zum KAGB am 6.10.2014.
129 BaFin-Rundschreiben 08/2015 (WA) – Aufgaben und Pflichten der Verwahrstelle nach Kapitel 1 Abschnitt 3 des KAGB – WA 41 Wp 2137-2013/0068.
130 BaFin-Schreiben KAMaRisk, Ziff. 10.5.
131 *Koch* in Moritz/Klebeck/Jesch, § 36 KAGB Rz. 91; *Zetzsche*, Prinzipien der kollektiven Vermögensanlage, S. 693.
132 *Hanten* in Baur/Tappen, § 36 KAGB Rz. 120; *Volhard/Jang* in Weitnauer/Boxberger/Anders, § 36 KAGB Rz. 43; *Tollmann* in Dornseifer/Jesch/Klebeck/Tollmann, Art. 20 AIFM-RL Rz. 142.

Art. 75 lit. a Level 2-VO darf die Auslagerung nicht dazu führen, dass die Verantwortung oder Haftung der KVG umgangen wird.

105 Die KVG haftet auch für das Verschulden eines **Unterauslagerungsunternehmens.**[133] Es besteht eine laufende Überwachungspflicht des Auslagerungsunternehmens über das Unterauslagerungsunternehmen nach § 36 Abs. 6 Satz 1 Nr. 3 i.V.m. Abs. 1 Satz 1 Nr. 8 KAGB. Somit ist ein Verschulden des Unterauslagerungsunternehmens mittelbar über das Auslagerungsunternehmen ebenfalls der KVG zuzurechnen.

106 Fraglich ist aber, ob eine KVG von diesen Grundsätzen abweichende vertragliche Regelungen treffen kann. **Haftungsbeschränkende Vereinbarungen** sind grundsätzlich zulässig, sofern insbesondere die Vorschriften für AGB gewahrt werden.[134] Beispielsweise sind bei institutionellen Anlegern Fallgestaltungen denkbar, bei denen genauer geprüft werden muss, ob die Haftung der auslagernden KVG für das Auslagerungsunternehmen zwangsläufig die Regel ist oder nicht durch vertragliche Regelungen eingeschränkt werden kann, insbesondere auf die **Abtretung von Ansprüchen** gegen das Auslagerungsunternehmen oder entsprechender Versicherungsansprüche sowie eine Haftungsbegrenzung auf die Deckungssumme einer Berufshaftpflichtversicherung. In der Praxis haben institutionelle Anleger sehr großen Einfluss auf die Auswahl des Auslagerungsunternehmens durch die KVG. Typischerweise regeln die KVG, die Verwahrstelle und der institutionelle Anleger die Auflage eines Spezial-AIF im Rahmen einer **Drei-Parteien-Vereinbarung**. Darin wird u.a. die Abweichung von bestimmten Vorgaben des KAGB geregelt. Daneben überträgt eine KVG regelmäßig ihr obliegende Pflichten aus einer solchen Drei-Parteien-Vereinbarung bei einer Auslagerung im Innenverhältnis auf das Auslagerungsunternehmen und behält sich entsprechende Rückgriffsrechte vor, sollte das Auslagerungsunternehmen diese Pflichten verletzten. Diese Regelungen im Innenverhältnis zwischen auslagernder KVG und Auslagerungsunternehmen haben aber ohne weiteres keine Auswirkungen auf das Verhältnis zum Anleger.[135] In der Regel wählt der institutionelle Anleger nach den Vorgaben dieser Drei-Parteien-Vereinbarung auch das Unternehmen aus, das mit der Portfolioverwaltung beauftragt werden soll. Das Auslagerungsunternehmen wird somit lediglich formal dem gesetzlichen Leitbild folgend von der auslagernden KVG bestimmt. Erst in der vom institutionellen Anleger gewünschten Konstellation ist dieser bereit, die entsprechende Anlage zu tätigen und ein Anteilsscheingeschäft zum Erwerb entsprechender Fondsanteile durchzuführen. Wenn nun beispielsweise in solch einer Konstellation die auslagernde KVG all ihren gesetzlichen und vertraglichen Pflichten nachkommt, sie insbesondere weder bei der formalen Auswahl des Auslagerungsunternehmens noch im Rahmen des Auslagerungscontrollings irgendwelche Besonderheiten oder Auffälligkeiten feststellen konnte, und es dann aber bei dem vom institutionellen Anleger vorgegebenen Auslagerungsunternehmen zu einem Verschulden kommt, infolgedessen dem Anleger ein Schaden entsteht, ist fraglich, ob dieser Schaden vollumfänglich von der auslagernden KVG zu tragen ist. Dies ist beispielsweise in Folge der Verwicklung des Auslagerungsunternehmens in einen vorsätzlichen Betrug oder eine Untreue möglich, was von der auslagernden KVG regelmäßig nicht bemerkt werden kann. Es sollte in diesen Konstellationen möglich sein, die Haftung der auslagernden KVG gegenüber einem institutionelle Anleger beispielsweise auf die Abtretung der Ansprüche gegen das Auslagerungsunternehmen, die Abtretung der Ansprüche gegen eine Berufshaftpflichtversicherung oder eine Begrenzung auf die Deckungssumme einer Versicherung vertraglich begrenzen zu können. Die Verantwortung der auslagernden KVG besteht hier wie dargestellt gerade nicht in der Auswahl des Auslagerungsunternehmens, denn diese erfolgt durch den institutionellen Anleger. Somit stellt dies auch keinen Verstoß gegen Art. 75 lit. a Level 2-VO dar. Der Gesetzgeber beabsichtigt den Schutz der Anleger in den Fallgestaltungen, bei denen eine KVG die Entscheidung für die Auslagerung von Aufgaben auf ein Auslagerungsunternehmen initiiert. Es ist nicht ersichtlich, warum vorliegend die auslagernde KVG über ins Leere laufende Regressansprüche im Innenverhältnis letztlich das Solvenzrisiko des vom institutionellen Anleger vorgegebenen Auslagerungsunternehmen tragen soll. Sicherlich handelt es sich um Ausnahmefälle, bei denen der auslagernden KVG tatsächlich keinerlei Verschulden nachgewiesen werden kann. Nach der hier vertretenen Ansicht sind dies aber Fallgestaltungen, bei denen die grundsätzliche Ratio der gesetzlichen Regelungen in AIFM- und OGAW-RL, wonach das Verbot eines vertraglichen Haftungsausschlusses gerechtfertigt ist, um die Einschränkung der vertraglichen Gestaltungsfreiheit zu Lasten der Anleger zu reduzieren,[136] unbillig wäre. Es sollte vielmehr stärker nach der Schutzwürdigkeit der Anleger differenziert werden. Hätte sich der institutionelle Anleger vorliegend nicht einer Auslagerung im Rahmen eines Spezial-AIF bedient und direkt den Portfoliomanager beauftragt, hätte er einen etwaigen Schaden bzw. das Solvenzrisiko im Hinblick auf den

---

133 *Volhard/Jang* in Weitnauer/Boxberger/Anders, § 36 KAGB Rz. 44.

134 *Döser/Reul-Langer* in Emde/Dornseifer/Dreibus/Hölscher, § 16 InvG Rz. 112; *Zetzsche*, Prinzipien der kollektiven Vermögensanlage, S. 673.

135 *Hanten* in Baur/Tappen, § 36 KAGB Rz. 120; *Weiser/Hüwel*, BB 2013, 1091 (1092).

136 *Zetzsche*, Prinzipien der kollektiven Vermögensanlage, S. 602 f.

von ihm ausgewählten Asset Manager ebenfalls vollumfänglich tragen müssen. Auch das KAGB differenziert grundsätzlich nach der Schutzbedürftigkeit, indem es den deutschen Spezial-AIF lediglich professionellen und semi-professionellen Anlegern zugänglich macht, da in dieser Konstruktion einige Regeln des KAGB abbedungen werden können, wie beispielsweise § 284 Abs. 2 KAGB.[137] Es sollte in diesen eng begrenzten Ausnahmefällen zulässig sein, im Rahmen der Vertragsfreiheit Vereinbarungen zu schließen, wonach letztlich das Solvenzrisiko des Auslagerungsunternehmens vom institutionellen Anleger selbst getragen wird. Es sollte im Hinblick auf die Haftung somit stärker zwischen qualifizierten Anlegern, die als kundig, engagiert und potentiell risikotragfähig gelten, und beispielsweise Privatanlegern differenziert werden, die regelmäßig unkundiger, passiver und risikoavers sind. Sind ausschließlich qualifizierte Anleger beteiligt, ist privatautonomen Gestaltungen grundsätzlich nicht unter der Prämisse des Anlegerschutzes entgegenzutreten.[138] Wie im hier diskutierten Beispielsfall agieren die beteiligten Vertragsparteien auf derselben Augenhöhe und sind nicht disparat. Natürlich darf die Beziehung des institutionellen Anlegers zur auslagernden KVG und zum Auslagerungsunternehmen nicht als Einmischung in oder mit der Übernahme der Anlageentscheidungen verwechselt werden. Das Kernkriterium der Fremdverwaltung als konstitutives Element der Kollektivanlage bleibt auch vorliegend unberührt.[139] Zulässig sind daher nach der hier vertretenen Auffassung vertragliche Vereinbarungen, wonach beispielsweise bei Auswahl des Auslagerungsunternehmens durch den institutionellen Anleger derselbe auf die Abtretung der Haftungsansprüche gegen das Auslagerungsunternehmen beschränkt ist oder die Haftungssumme auf die Versicherungssumme einer Berufshaftpflichtversicherung beschränkt wird. Ein qualifizierter Anleger, der den Verzicht auf anlegerschützende Regelungen vorher akzeptiert hat, kann den Anlegerschutz nachher nicht zu seinen Gunsten einwenden.[140] Der Verzicht auf anlegerschützende Regelungen ist in qualifizierten Anlagebeziehungen auch keine unangemessene Benachteiligung gem. § 307 Abs. 2 Satz 1 BGB. Anlegerschützende Vorschriften sind für qualifizierte Anlagebeziehungen ius dispositivum, das eingreift, wenn das Gesetz nicht zwingend gilt und die Parteien nichts anderes regeln.[141]

VIII. Verbot der Briefkastenfirma (§ 36 Abs. 5 KAGB)

Die Auslagerung darf nicht dazu führen, dass die KVG zu einer **Briefkastenfirma** wird. Damit wird Art. 20 Abs. 3 Halbs. 2 AIFM-RL umgesetzt. Die Regelung fand sich auch schon in Art. 5g OGAW-Änderungsrichtlinie.[142] In Deutschland war die Diskussion um die Auslagerung seit der Umsetzung der Wertpapierdienstleistungs-RL mit einer etwas anderen Perspektive von der Frage beherrscht, ob es Kernbereiche gibt, die nicht auslagerungsfähig sind.[143] 107

1. Briefkastenfirma

Der **Begriff Briefkastenfirma** wurde bereits in Art. 13 Abs. 2 Satz 2 OGAW-RL und in ErwGr. 19 der Umsetzungs-RL der MiFID[144] sowie auch schon von der BaFin in den MaComp verwandt.[145] In Art. 82 Abs. 1 lit. d Level 2-VO wird konkretisiert, wann eine KVG zu einer Briefkastenfirma wird. Es gelten quantitative und qualitative Kriterien. Dies ist dann der Fall, wenn eine der folgenden Situationen vorliegt: 108

- Fehlen der Fachkenntnisse und Ressourcen für eine wirksame Überwachung und Risikosteuerung;
- Fehlen der Geschäftsleitungsfunktion, insbesondere im Zusammenhang mit der Umsetzung der allgemeinen Anlagepolitik und der Anlagestrategien;

---

137 Zum Halte- und Erwerbsverbot von Spezialfonds für Privatanleger vgl. *Wrogemann*, BKR 2017, 501 ff.

138 Vgl. *Zetzsche*, Prinzipien der kollektiven Vermögensanlage, S. 628.

139 Vgl. *Zetzsche*, Prinzipien der kollektiven Vermögensanlage, S. 628.

140 *Zetzsche*, Prinzipien der kollektiven Vermögensanlage, S. 641.

141 *Zetzsche*, Prinzipien der kollektiven Vermögensanlage, S. 641.

142 Richtlinie 2001/107/EG des Europäischen Parlaments und des Rates vom 21. Februar 2001 zur Änderung der Richtlinie 85/611/EWG des Rates zur Koordinierung der Rechts- und Verwaltungsvorschriften betreffend bestimmte Organismen für gemeinsame Anlagen in Wertpapieren (OGAW) zwecks Festlegung von Bestimmungen für Verwaltungsgesellschaften und vereinfachte Prospekte (OGAW III), ABl. EG Nr. L 41, S. 20.

143 Vgl. *Hanten* in Baur/Tappen, § 36 KAGB Rz. 122 mit zahlreichen weiteren Nachweisen zur allgemeinen Auslagerungsdiskussion.

144 Richtlinie 2006/73/EG der Kommission vom 10. August 2006 zur Durchführung der Richtlinie 2004/39/EG des Europäischen Parlaments und des Rates in Bezug auf die organisatorischen Anforderungen an Wertpapierfirmen und die Bedingungen für die Ausübung ihrer Tätigkeit sowie in Bezug auf die Definition bestimmter Begriffe für die Zwecke der genannten Richtlinie, ABl. EG Nr. L 241, S. 26.

145 Vgl. auch *Partsch/Mullmaier* in Zetzsche, The Alternative Investment Fund Managers Directive, S. 217, 228 f.; *Hanten* in Baur/Tappen, § 36 KAGB Rz. 121.

– Verlust der Überwachungsrechte oder der tatsächlichen Möglichkeit der Überwachung;
– Übertragung der Funktion der Anlageverwaltung in einem Umfang, der die Wahrnehmung solcher Funktionen durch den AIFM deutlich überschreitet; bei der Ermittlung des Übertragungsumfangs bewerten die zuständigen Behörden die gesamte Übertragungsstruktur, wobei sie neben den im Rahmen der Übertragung verwalteten Vermögenswerten auch folgenden quantitativen Aspekten Rechnung tragen:
  i) den Arten von Vermögenswerten, in die der AIF oder der für ihn handelnde AIFM investiert hat, und der Bedeutung, der im Rahmen der Übertragung verwalteten Vermögenswerte für das Risiko- und Renditeprofil des AIF;
  ii) der Bedeutung der im Rahmen der Übertragung verwalteten Vermögenswerte für den Erfolg der Anlagestrategie des AIF;
  iii) der geografischen und sektoralen Verteilung der Anlagen des AIF;
  iv) dem Risikoprofil des AIF;
  v) der Art der Anlagestrategien des AIF oder des für ihn handelnden AIFM;
  vi) der Arten der übertragenen Aufgaben im Vergleich zu den verbleibenden Aufgaben; und
  vii) die Konfiguration der Beauftragten und deren Unterbeauftragten, ihres geografischen Tätigkeitsbereichs und ihrer Unternehmensstruktur, wozu auch zählt, ob die Aufgaben einem Unternehmen übertragen wurden, das der gleichen Unternehmensgruppe angehört wie der AIFM.

2. Vollauslagerung Portfolioverwaltung und Risikomanagement

109 Nach Auffassung der BaFin ist es grundsätzlich möglich, dass die Portfolioverwaltung oder das Risikomanagement ausgelagert werden. Eine **vollständige Auslagerung** beider Funktionen und damit eine Beschränkung auf rein administrative Tätigkeiten ist demnach bei einer KVG nicht zulässig, jedenfalls nicht für alle Investmentvermögen.[146] Somit ist es möglich, dass jeweils Teile der Portfolioverwaltung und/oder des Risikomanagements ausgelagert werden. Beispielsweise kann eine KVG, die mehrere Investmentvermögen verwaltet, bezüglich einiger dieser Investmentvermögen die Portfolioverwaltung und das Risikomanagement vollständig auslagern, wenn im Rahmen der gesamten Auslagerungsstruktur der KVG quantitativ die ausgelagerten Anlageverwaltungsfunktionen die zurückbehaltenen Portfolioverwaltungs- und Risikomanagementfunktionen insgesamt nicht deutlich übersteigen.[147] Grundsätzlich können beim auslagernden Unternehmen verbleibende administrative Tätigkeiten das auf ein Auslagerungsunternehmen ausgelagerte Portfolio- und Risikomanagement quantitativ nicht aufwiegen. Die Master-KVG-Modelle, die sich in der Praxis etabliert haben, konzentrieren sich regelmäßig auf administrative Tätigkeiten. Die Auslagerungen umfassen in der Regel aber nur die Portfolioverwaltung und diese oftmals auch nicht für alle Investmentvermögen. Die Risikomanagementfunktionen verbleiben bei diesen Modellen regelmäßig zum größten Teil bei der KVG. Daher ist das Master-KVG Konzept sowohl nach Auffassung der BaFin als auch der weit überwiegenden Ansicht der Literatur zulässig.[148]

110 Unklar ist jedoch, wann der Umfang der zulässigen Auslagerung der Anlageverwaltungsfunktionen **überschritten** ist. Auch wenn die Mehrheit der Anlageverwaltungsfunktionen übertragen wird, sollte dies nicht zwangsläufig zu einer Briefkastenfirma[149] führen. Wie beschrieben müssen nach Art. 82 Abs. 1 lit. d Ziff. i) bis vii) Level 2-VO neben den quantitativen Kriterien auch die qualitativen Aspekte berücksichtigt werden. In jedem Fall muss die KVG ihren entsprechenden Überwachungsfunktionen nachkommen, die in Bezug auf Intensität, Qualität und Umfang umso höher sein müssen, desto größer der Umfang der Auslagerung ist.[150]

IX. Voraussetzungen einer Unterauslagerung (§ 36 Abs. 6 KAGB)

111 Unter bestimmten Voraussetzungen darf das Auslagerungsunternehmen die ausgelagerten Aufgaben weiter übertragen. Dies wird als „**Unterauslagerung**" legaldefiniert. Damit wird Art. 20 Abs. 4 AIFM-RL umgesetzt.

---

146 BaFin, FAQ Auslagerung, Ziff. 11.
147 BaFin, FAQ Auslagerung, Ziff. 11.
148 *Zetzsche*, ZBB 2014, 22 (25); *Seidenschwann*, Die Master-Kapitalverwaltungsgesellschaft, S. 51 m.w.N, 306 f.; a.A. *Tollmann*, Der materielle Managerbegriff der AIFM-Richtlinie und des KAGB: Konsequenzen für die Auslagerung und bestimmte Geschäftsmodelle, in Möllers/Kloyer, Das neue KAGB, 2013, Rz. 1060 ff.; *Tollmann* in Dornseifer/Jesch/Klebeck/Tollmann, Art. 20 AIFM-RL Rz. 132 und Art. 5 AIFM-RL Rz. 11.
149 Zum Verbot der Briefkastenfirma vgl. Rz. 107.
150 *Weiser/Hüwel*, BB 2013, 1091 (1097).

1. Zustimmung (§ 36 Abs. 6 Nr. 1 KAGB)

Die KVG muss der Unterauslagerung vorher zustimmen. Es ist eine **Zustimmung** im Einzelfall und keine Generalzustimmung, bspw. als Blankozustimmung im Auslagerungsvertrag, notwendig. Dies ergibt sich aus § 36 Abs. 6 Satz 2 KAGB, wonach Satz 1 entsprechend bei jeder weiteren Unterauslagerung gilt (vgl. auch Art. 81 Abs. 1 Satz 2 Level 2-VO). Das Zustimmungserfordernis muss nach Art. 75 lit. h Level 2-VO im Auslagerungsvertrag festgelegt sein und bedarf nach Art. 81 Abs. 1 Satz 1 Level 2-VO der Schriftform. Insgesamt dient dieses Zustimmungserfordernis dem Schutz der KVG, da sie für das Verschulden des Unterauslagerungsunternehmens haftet. 112

2. Anzeige (§ 36 Abs. 6 Nr. 2 KAGB)

Die Unterauslagerung muss rechtzeitig vor Inkrafttreten der entsprechenden Vereinbarung gegenüber der BaFin **angezeigt** werden. Nach Art. 81 Abs. 2 Level 2-VO muss die Anzeige Angaben zum Beauftragten, den Namen der zuständigen Behörde, bei der der Unterbeauftragte zugelassen oder registriert ist, Angaben zu den übertragenen Funktionen und den von der Unterbeauftragung betroffenen Investmentvermögen, eine Kopie der schriftlichen Zustimmung der KVG und das geplante Datum des Wirksamwerdens der Unterbeauftragung beinhalten. 113

3. Vorliegen der Bedingungen gemäß § 36 Abs. 1 Nr. 2 bis 8 KAGB (§ 36 Abs. 6 Nr. 3 KAGB)

Auch das Unterauslagerungsunternehmen muss die Bedingungen der Erstauslagerung nach § 36 Abs. 1 Nr. 2 bis 8 KAGB erfüllen. Die Unterauslagerung ist somit nur an solche Unternehmen zulässig, die die generellen Anforderungen an Auslagerungsunternehmen erfüllen. Dies ist von der KVG bei der Erteilung der Zustimmung zu prüfen. Auch das Auslagerungsunternehmen muss das Unterauslagerungsunternehmen aufgrund des Verweises auf § 36 Abs. 1 Nr. 8 KAGB wirksam überwachen. 114

4. Einschränkung der Unterauslagerung (§ 36 Abs. 7 KAGB)

Wie bei der Erstauslagerung gelten über den entsprechenden Verweis in § 36 Abs. 7 KAGB auf § 36 Abs. 3 KAGB auch bei der Unterauslagerung Einschränkungen im Hinblick auf die Auslagerung der Portfolioverwaltung und des Risikomanagements. Damit wird Art. 20 Abs. 5 Unterabs. 1 AIFM-RL umgesetzt. 115

X. Vorgabe für OGAW-Kapitalverwaltungsgesellschaften (§ 36 Abs. 8 KAGB)

Wie bereits in § 16 Abs. 2 InvG[151] legt § 36 Abs. 8 KAGB fest, dass die Auslagerung mit den von der OGAW-KVG regelmäßig festgesetzten **Vorgaben für die Verteilung von Anlagen** in Einklang stehen muss. Bei Auslagerung des Portfoliomanagements wird auf diese Weise gewährleistet, dass die mit den Investoren vereinbarten Anlagegrundsätze eingehalten werden. Mit dieser Bestimmung wird Art. 13 Abs. 1 lit. c OGAW-IV-RL umgesetzt. 116

XI. Verkaufsprospekt (§ 36 Abs. 9 KAGB)

Bei Publikumsinvestmentvermögen hat die KVG im **Verkaufsprospekt** Angaben über etwaig ausgelagerte Aufgaben zu machen. Dies gilt sowohl bei offenen Publikumsinvestmentvermögen nach § 165 Abs. 2 Nr. 35 KAGB als auch bei geschlossenen inländischen Publikums-AIF nach § 269 Abs. 1 i.V.m. § 165 Abs. 2 Nr. 35 KAGB. Diese Regelung dient dem Anlegerschutz, da es für die Anleger bei der Verwaltung ihrer Gelder besonders wichtig ist, wer welche Aufgaben konkret wahrnimmt.[152] Mit dieser Bestimmung wird Art. 13 Abs. 1 lit. i OGAW-IV-RL umgesetzt. Die Einbeziehung von offenen AIF-Publikumsinvestmentvermögen, wie bspw. offenen Immobilienfonds, und geschlossenen Publikumsinvestmentvermögen ist nicht in der AIFM-RL oder der Level 2-VO begründet, sondern eine Entscheidung des nationalen Gesetzgebers.[153] Das Erfordernis ist aber auf die besonders schutzbedürftigen Anleger von Publikumssondervermögen beschränkt. 117

---

151 Zur Regelung unter dem InvG vgl. *Steck* in Berger/Steck/Lübbehüsen, § 16 InvG Rz. 28; *Dieterich*, Outsourcing bei Kapitalanlagegesellschaften, S. 189; *Hanten*, ZBB 2003, 291 ff.; *Seidenschwann*, Die Master-Kapitalverwaltungsgesellschaft, S. 47 ff. m.w.N.

152 *Volhard/Jang* in Weitnauer/Boxberger/Anders, § 36 KAGB Rz. 57 m.w.N. zur identischen Rechtslage unter § 16 Abs. 4 InvG.

153 *Hanten* in Baur/Tappen, § 36 KAGB Rz. 133.

118 In der Praxis gerade im Hinblick auf das Portfoliomanagement häufiger vorkommende **Beratungsverhältnisse** sind von dieser Vorgabe ausdrücklich nicht erfasst. Somit besteht keine Verpflichtung, diese gegenüber den Anlegern transparent zu machen. Gleichwohl dürfte es im Interesse des Anlegerschutzes sein, wenn gerade im Zusammenhang mit dem für die Anleger sehr wichtigen Portfoliomanagement solche Beratungsverhältnisse auch im Verkaufsprospekt offengelegt werden.

XII. Verweis (§ 36 Abs. 10 KAGB)

119 In § 36 Abs. 10 Satz 1 KAGB wird für AIF-KVGen im Hinblick auf die Bedingungen zur Erfüllung der Anforderungen nach den Abs. 1 bis 3 sowie 6 und 7 auf Art. 75 bis 82 Level 2-VO verwiesen. Dies wäre eigentlich nicht erforderlich, da die Level 2-VO unmittelbar geltendes Recht ist. Somit kommt diesem Verweis lediglich **klarstellende Wirkung** zu. Nach § 36 Abs. 10 Satz 2 KAGB kommen Art. 75 bis 82 Level 2-VO aber auch für OGAW-KVGen zur Anwendung. Dies geht über die Anforderungen der Richtlinie hinaus.[154]

XIII. Beendiung der Auslagerung

120 Nach Art. 75 Satz 1 lit. g Level 2-VO hat die AIF-Verwaltungsgesellschaft sicherzustellen, dass die Kontinuität und Qualität der übertragenen Funktionen oder Aufgaben auch im Falle der Beendigung der Übertragung gewährleistet sind, indem das auslagernde Unternehmen entweder die übertragenen Funktionen oder Aufgaben einem anderen Dritten überträgt oder sie selbst ausübt. Dies beinhaltet insbesondere die Erstellung eines **Notfallkonzeptes**, in dem festgelegt ist, auf welche Weise (Übertragung auf ein anderes Unternehmen oder Eingliederung in die Gesellschaft) und in welchem Zeitrahmen die Übertragung oder die Eingliederung stattfinden soll.[155] Die einzelnen Maßnahmen sind detailliert zu dokumentieren. Sieht das Notfallkonzept die Möglichkeit zur Übertragung des ausgelagerten Bereichs auf ein anderes Unternehmen vor, ist bereits im Vorfeld festzustellen und zu dokumentieren, welche Unternehmen über die entsprechende Qualifikation verfügen, um die in Frage stehenden Aufgaben zügig zu übernehmen.[156]

XIV. Umsatzsteuerliche Behandlung der Auslagerung von Fondsdienstleistungen

121 Grundsätzlich ist die Verwaltung von Investmentfonds im Sinne des Investmentsteuergesetzes nach § 4 Nr. 8 lit. h UStG von der **Umsatzsteuer befreit**. Nicht unter die Steuerbefreiung fallen Leistungen der Vermögensverwaltung mit Wertpapieren, bei der die mit den Leistungen beauftragte Bank auf Grund eigenen Ermessens über den Kauf und Verkauf von Wertpapieren entscheidet und diese Entscheidung durch den Kauf und Verkauf der Wertpapiere vollzieht.[157]

122 Für Tätigkeiten im Rahmen der Verwaltung von Investmentfonds, die nach § 36 Abs. 1 KAGB auf ein anderes Unternehmen ausgelagert worden sind, kann ebenfalls die Steuerbefreiung in Betracht kommen. Beauftragt eine KVG einen Dritten mit der Verwaltung des Investmentfonds, erbringt dieser eine Leistung gegenüber der KVG, indem er die ihr insoweit obliegende Pflicht erfüllt. Der Dritte wird ausschließlich auf Grund der vertraglichen Vereinbarung zwischen ihm und der KVG tätig, so dass er auch nur ihr gegenüber zur Leistung verpflichtet ist. Somit ist auch diese Tätigkeit von der Steuerbefreiung erfasst.

123 **Externe Fondsadministratoren** können auch umsatzsteuerfreie Leistungen an auslagernde KVGen erbringen. Hierfür muss kein Gesamtpaket an Leistungen mehr vorliegen, wie dies bis zum neuen Umsatzsteuer-Anwendungserlass (UStAE) zur umsatzsteuerlichen Behandlung der Verwaltung von Investmentfonds aus 2015 der Fall war.[158] Die Fondsbuchhaltung, die Bewertung und Preisfestsetzung, das Fonds-Controlling oder die Ausgabe und Rücknahme von Anteilen kann von einem Dritten umsatzsteuerfrei erbracht werden, wenn die vom EuGH aufgestellten Kriterien für ausgelagerte Tätigkeiten eingehalten werden. Gleiches gilt für ein etwaig ausgelagertes Risikomanagement. Diese Grundsätze gelten für Leistungen, die nach dem

154 Vgl. *Hanten* in Baur/Tappen, § 36 KAGB Rz. 134 m.w.N., der Zweifel an der Ordnungsmäßigkeit des Verweises aufgrund der fehlenden Klarstellung des Gesetzgebers über die bewusste Abweichung von der Richtlinie äußert.

155 BaFin-Schreiben KAMaRisk, Ziff. 10.3.

156 BaFin-Schreiben KAMaRisk, Ziff. 10.3.

157 Vgl. EuGH v. 19.7.2012 – C-44/11, ECLI:EU:C:2012:484, BStBl. II 2012, 945; BFH v. 11.10.2012 – V R 9/10, BStBl. II 2014, 279.

158 Siehe zur alten Rechtslage nach dem BMF, Schr. v. 6.8.2010; *Hanten* in Baur/Tappen, § 36 KAGB Rz. 30 m.w.N.

24.12.2013 ausgeführt worden sind, d.h. ab einem Tag nach Inkrafttreten des AIFM-Steueranpassungsgesetzes.

XV. Rückauslagerung von Abwicklungsaufgaben

Auch die Verwahrstelle ist vorbehaltlich aufsichtsrechtlicher Vorgaben berechtigt, Aufgaben der Abwicklung auf Dritte zu übertragen.[159] Dies ist insbesondere dann sinnvoll, wenn die Verwahrstelle Aufgaben wahrnehmen soll, für die sie nicht über die notwendigen Kenntnisse und Erfahrungen verfügt, z.B. im Hinblick auf besondere Marktgegebenheiten. Bei einer solchen **Drittbeauftragung** hat die Verwahrstelle zu beachten, dass sie die Kontrolle über den Auslagerungsprozess behält und jederzeit in der Lage ist, wirksam einzugreifen.[160] Dabei ist die Verwahrstelle auch berechtigt, einzelne Aufgaben an die KVG „rückauszulagern".[161] Da die KVG nach der Vorstellung des Gesetzgebers aber keine Abwicklungstätigkeiten verrichten darf, ist in jedem Einzelfall zu prüfen, ob die KVG die jeweilige Auslagerungstätigkeit der Verwahrstelle zum Vorteil der Anleger erfüllen kann und keine Interessenkonflikte bestehen. Dies kann insbesondere dann der Fall sein, wenn die KVG durch ihre Verwaltungstätigkeit eine viel größere Expertise über einzelne Vermögensgegenstände des Sondervermögens besitzt. 124

§ 37 Vergütungssysteme; Verordnungsermächtigung

(1) [1]Kapitalverwaltungsgesellschaften legen jeweils für Geschäftsleiter, Mitarbeiter, deren Tätigkeiten einen wesentlichen Einfluss auf das Risikoprofil der Verwaltungsgesellschaft oder der verwalteten Investmentvermögen haben (Risikoträger), Mitarbeiter mit Kontrollfunktionen und alle Mitarbeiter, die eine Gesamtvergütung erhalten, auf Grund derer sie sich in derselben Einkommensstufe befinden wie Geschäftsleiter und Risikoträger, ein Vergütungssystem fest, das mit einem soliden und wirksamen Risikomanagementsystem vereinbar und diesem förderlich ist, keine Anreize setzt zur Eingehung von Risiken, die nicht mit dem Risikoprofil, den Anlagebedingungen, der Satzung oder dem Gesellschaftsvertrag der von ihnen verwalteten Investmentvermögen vereinbar sind, und das die Kapitalverwaltungsgesellschaft nicht daran hindert, pflichtgemäß im besten Interesse des Investmentvermögens zu handeln. [2]Die Kapitalverwaltungsgesellschaften wenden das Vergütungssystem an.

(2) Die Anforderungen an das Vergütungssystem bestimmen sich für AIF-Kapitalverwaltungsgesellschaften näher nach Anhang II der Richtlinie 2011/61/EU und für OGAW-Kapitalverwaltungsgesellschaften näher nach Artikel 14a Absatz 2 und Artikel 14b Absatz 1, 3 und 4 der Richtlinie 2009/65/EG.

(3) [1]Das Bundesministerium der Finanzen wird ermächtigt, durch Rechtsverordnung, die nicht der Zustimmung des Bundesrates bedarf, zur Ausgestaltung und Ergänzung der Vorgaben nach Anhang II der Richtlinie 2011/61/EU sowie nach Artikel 14a Absatz 2 und Artikel 14b der Richtlinie 2009/65/EG nähere Bestimmungen zu erlassen über

1. **die Ausgestaltung der Vergütungssysteme, einschließlich der Entscheidungsprozesse und Verantwortlichkeiten, der Zusammensetzung der Vergütung, der Ausgestaltung positiver und negativer Vergütungsparameter, der Leistungszeiträume sowie der Berücksichtigung der Anlagestrategie, der Ziele, der Werte und der langfristigen Interessen der Kapitalverwaltungsgesellschaften und der verwalteten Investmentvermögen,**
2. **die Überwachung der Angemessenheit und Transparenz der Vergütungssysteme durch die Kapitalverwaltungsgesellschaft und die Weiterentwicklung der Vergütungssysteme,**
3. **die Möglichkeit, die Auszahlung variabler Vergütungsbestandteile zu untersagen oder auf einen bestimmten Anteil des Jahresergebnisses zu beschränken,**
4. **die Offenlegung der Ausgestaltung der Vergütungssysteme und der Zusammensetzung der Vergütung sowie das Offenlegungsmedium und die Häufigkeit der Offenlegung.**

159 *Gringel*, ZBB 2012, 106 (116).
160 *Kraushaar*, WM 2016, 1377 (1380).
161 *Kraushaar*, WM 2016, 1377 (1380); *Gringel*, ZBB 2012, 106 (116); *Paul*, Das neue Recht der offenen Immobilienfonds, Arbeitspapier 2011 des Instituts für deutsches und internationales Recht des Spar-, Giro- und Kreditwesens der Universität Mainz, S. 15.

[2]Die Regelungen haben sich insbesondere an Größe und Vergütungsstruktur der Kapitalverwaltungsgesellschaft und der von ihr verwalteten Investmentvermögen sowie ihrer internen Organisation und der Art, des Umfangs, der Komplexität, des Risikogehalts und der Internationalität ihrer Geschäfte zu orientieren. [3]Im Rahmen der Bestimmungen nach Satz 1 Nummer 4 müssen die auf Offenlegung der Vergütung bezogenen handelsrechtlichen Bestimmungen nach § 340a Absatz 1 und 2 in Verbindung mit § 340l Absatz 1 Satz 1 des Handelsgesetzbuchs unberührt bleiben. [4]Das Bundesministerium der Finanzen kann die Ermächtigung durch Rechtsverordnung auf die Bundesanstalt übertragen.

In der Fassung vom 4.7.2013 (BGBl. I 2013, S. 1981), zuletzt geändert durch das Gesetz zur Umsetzung der Richtlinie 2014/91/EU des Europäischen Parlaments und des Rates vom 23. Juli 2014 zur Änderung der Richtlinie 2009/65/EG zur Koordinierung der Rechts- und Verwaltungsvorschriften betreffend bestimmte Organismen für gemeinsame Anlagen in Wertpapieren (OGAW) im Hinblick auf die Aufgaben der Verwahrstelle, die Vergütungspolitik und Sanktionen vom 3.3.2016 (BGBl. I 2016, S. 348).

Schrifttum: *Becker*, ESMA Leitlinien „Vergütungsgrundsätze und -verfahren (MIFID)" und BT 8 der MaComp – neue Vergütungsvorgaben für Wertpapierdienstleistungsunternehmen, BKR 2014, 151; *Birnbaum/Kütemeier*, In der Diskussion – die MaComp, WM 2011, 293; *Boxberger/Klebeck*, Anforderungen an die Vergütungssysteme von AIF-Kapitalverwaltungsgesellschaften, BKR 2013, 441; *Insam/Heisterhagen/Hinrichs*, Neue Vergütungsregelungen für Manager von Kapitalverwaltungsgesellschaften: Variable Vergütung (to be) reloaded, DStR 2014, 913; *Merkelbach*, Neue Vergütungsregeln für Banken – Institutsvergütungsverordnung 2.0, WM 2014, 1990; *Mujan*, Neue Anforderungen an Boni in Fonds- und Portfolioverwaltungen – Institutsvergütungsverordnung 2.0?, BB 2013, 1653; *Rieble/Schmittlein*, Vergütung von Vorständen und Führungskräften – Vergütungsregulierung durch VorstAG und Aufsichtsrecht, 2011; *Schäfer*, Die MaComp und die Aufgaben von Compliance, BKR 2011, 187; *Spindler/Tancredi*, Die Richtlinie über Alternative Investmentfonds (AIFM-Richtlinie), WM 2011, 1393 (Teil I); *Zetzsche* (Hrsg.), The Alternative Investment Fund Managers Directive, 2. Aufl. 2015.

I. Regelungshintergrund und -inhalt

1 In § 37 KAGB sind die **Anforderungen an Vergütungssysteme** von KVGen geregelt. Ursprünglich regelte § 37 KAGB nur die Vergütungssysteme von AIF-KVGen und setzte damit Art. 13 Abs. 1 Unterabs. 1 AIFM-RL[1] um.[2] Mit dem OGAW-V-Umsetzungsgesetz[3] wurde jedoch in Umsetzung der in die OGAW-RL eingefügten Art. 14a und 14b der Anwendungsbereich auch auf OGAW-KVGen erweitert. Eine materielle Än-

1 Richtlinie 2011/61/EU des Europäischen Parlaments und des Rates vom 8. Juni 2011 über die Verwalter alternativer Investmentfonds und zur Änderung der Richtlinien 2003/41/EG und 2009/65/EG und der Verordnungen (EG) Nr. 1060/2009 und (EU) Nr. 1095/2010, ABl. EU Nr. L 174 v. 1.7.2011, S. 1 (AIFM-RL).
2 BT-Drucks. 17/12294, 222.
3 Gesetz zur Umsetzung der Richtlinie 2014/91/EU des Europäischen Parlaments und des Rates vom 23. Juli 2014 zur Änderung der Richtlinie 2009/65/EG zur Koordinierung der Rechts- und Verwaltungsvorschriften betreffend

derung für AIF-KVGen war damit nicht verbunden.[4] Die Vorgaben an die Vergütungssysteme in der OGAW-RL entsprechen nun im Wesentlichen den Vorgaben in Art. 13 und Anhang II der AIFM-RL. OGAW-V verfolgt eine Angleichung der Anforderungen an Vergütungssysteme von OGAW-Gesellschaften an die Regelungen der AIFM-RL.[5] Insgesamt basiert die Regulierung des Vergütungssystems von KVGen damit auf europäischen Vorgaben.

Bezweckt werden soll zusammengefasst eine **Kongruenz zwischen Vergütungsanreizen und Risiken**. Als eine der wesentlichen Lehren aus der Finanzkrise soll die Honorierung kurzfristiger Gewinne ohne eine entsprechende Verantwortung für ggf. auch später eintretende Misserfolge nicht mehr möglich sein. Die öffentliche Berichterstattung über die Ursachen der Finanzkrise war geprägt von der Diskussion über Bonifikationen in Millionenhöhe, die losgelöst von den mittel- bis langfristigen Auswirkungen auf das Kunden- und Unternehmensinteresse gewährt worden waren.[6] Erreicht werden soll eine entsprechende Veränderung durch ein angemessenes und transparentes Vergütungssystem, das Folgeschäden für den gesamten Finanzmarkt aufgrund von Fehlanreizen zum Eingehen unverhältnismäßiger Risiken vermeidet.[7] Das Handeln der Marktteilnehmer soll wieder an nachhaltigen Kriterien und insbesondere den Kundeninteressen ausgerichtet werden. 2

Vorausgegangen waren schon branchenspezifische Regelungen für Banken,[8] Wertpapierdienstleistungsunternehmen[9] und Versicherungen, die nunmehr auch auf die Fondsindustrie als weiterer wesentlicher Bestandteil des europäischen Finanzmarktes ausgedehnt worden sind. Zurückführen lassen sich diese Regelungen alle auf einen **Beschluss der G20** auf ihrem Gipfel in London am 2.4.2009, wo als Reaktion auf die Finanzmarktkrise die Unterstützung der vom Financial Stability Board (FSB) vorgeschlagenen Vergütungsprinzipien beschlossen wurde.[10] Dem schloss sich die EU-Kommission am 30.4.2009 mit ihrer Empfehlung zur Vergütungspolitik im Finanzdienstleistungssektor an. 3

Das Versicherungsaufsichtsgesetz (§ 64b Abs. 5 VAG), die Versicherungsvergütungsverordnung, das Kreditwesengesetz (§ 25a Abs. 5 KWG) und die Institutsvergütungsverordnung haben aber im Wesentlichen **interne systemische Risiken** für das jeweilige Institut im Fokus. Wohingegen sich § 37 KAGB auf vergütungsbezogene Risiken konzentriert, die für das Kundeninteresse bestehen.[11] 4

Insgesamt wird in § 37 KAGB kein bestimmtes Vergütungssystem vorgeschrieben, sondern ein **prinzipienbasierter Ansatz** statuiert. Dabei müssen gem. § 37 Abs. 2 KAGB für AIF-KVGen auch die Vorgaben des Anhang II der AIFM-RL beachtet werden und für OGAW-KVGen die durch OGAW-V in die Richtlinie 2009/65/EG eingefügten Art. 14a Abs. 2 und Art. 14b Abs. 1, 3 und 4. Die Vorgaben des Anhang II der AIFM-RL werden wiederum durch die von der ESMA veröffentlichten „Leitlinien für solide Vergütungspolitiken unter der Berücksichtigung der AIFMD" konkretisiert.[12] 5

Mit den „**Leitlinien für solide Vergütungspolitiken unter Berücksichtigung der OGAW-Richtlinie**" hat die ESMA auch für OGAW-KVGen eine entsprechende Erweiterung ihrer Vergütungsrichtlinien vorgenommen.[13] Diese Leitlinien sind auf KVGen aber nur mittelbar anwendbar, da sie unmittelbar nur für die nationalen Aufsichtsbehörden gelten.[14] Insofern besteht also eine gewisse Gefahr von unterschiedlichen Verwaltungshandhabungen in den jeweiligen Mitgliedstaaten.[15] Die Leitlinien sind keine Rechtsnormen, entfalten aber faktische Bindungswirkung.[16] Bis zum Erlass einer Rechtsverordnung nach § 37 Abs. 3 KAGB wird die 6

bestimmte Organismen für gemeinsame Anlagen in Wertpapieren (OGAW) im Hinblick auf die Aufgaben der Verwahrstelle, die Vergütungspolitik und Sanktionen (ABl. EU Nr. L 257 v. 28.8.2014, S. 186) (OGAW-V-RL).

4 Vgl. *Rieble* in Moritz/Klebeck/Jesch, § 37 KAGB Rz. 9e.
5 Hierzu *Klebeck/Boxberger*, GWR 2014, 253 ff.
6 Vgl. auch *Rieble* in Moritz/Klebeck/Jesch, § 37 KAGB Rz. 5.
7 *Boxberger/Klebeck*, BKR 2013, 441 (441).
8 Vgl. *Merkelbach*, WM 2014, 1990 ff.
9 Vgl. *Becker*, BKR 2014, 151 ff.; *Schäfer*, BKR 2011, 187 ff.; *Birnbaum/Kütemeier*, WM 2011, 293 ff.
10 FSB-Principles and Standards for Sound Compensation Practices; abrufbar unter www.financialstabilityboard.org.
11 *Becker*, BKR 2014, 151 (153).
12 ESMA-Leitlinien „Guidelines on sound remuneration policies under the AIFMD" vom 11.2.2013, ESMA/2013/201; deutsche Übersetzung vom 3.7.2013, ESMA/2013/232; zuletzt geändert am 14.10.2016, ESMA/2016/579-DE.
13 ESMA/2016/575-DE vom 14.10.2016.
14 Zur faktischen Bindungswirkung der ESMA-Leitlinien *Rieble* in Moritz/Klebeck/Jesch, § 37 KAGB Rz. 26; *Becker*, BKR 2014, 151 (152).
15 *Boxberger/Klebeck*, BKR 2013, 441 (443).
16 *Kirchner/Hesser* in Baur/Tappen, § 37 KAGB Rz. 8; *Insam/Heisterhagen/Hinrichs*, DStR 2014, 913.

BaFin die ESMA-Leitlinien zur Konkretisierung der in § 37 KAGB und Anhang II AIFM-RL sowie Art. 14a Abs. 2 und Art. 14b Abs. 1, 3 und 4 OGAW-V-RL vorgesehenen Pflichten heranziehen.[17]

7 Der einzelnen KVG obliegt es, dass jeweils bestehende Vergütungsmodell auf die Vereinbarkeit mit § 37 KAGB sowie den Vorgaben von Anhang II der AIFM-RL bzw. Art. 14a Abs. 2 und Art. 14b Abs. 1, 3 und 4 OGAW-V-RL und den ESMA-Leitlinien zu überprüfen. Dabei kann in **existierende Vergütungsvereinbarungen** zur aufsichtsrechtskonformen Anpassung nur im Rahmen des zivil- und arbeitsrechtlich Möglichen eingegriffen werden.[18] Auch dies kann unterbleiben, wenn die KVG nachweist, dass sie auf Basis einer nachvollziehbaren juristischen Beurteilung der Rechtslage und unter Berücksichtigung der konkreten Erfolgsaussichten im Einzelfall alles unternommen hat, um die existierenden vertraglichen Vereinbarungen, Betriebsvereinbarungen oder betrieblichen Übungen im Sinne dieser Regelungen anzupassen.[19]

8 Für **deutsche Aktiengesellschaften** gilt außerdem das Gesetz zur Angemessenheit der Vorstandsvergütung vom 31.7.2009 (VorstAG),[20] das umfangreiche Anpassungen des AktG bewirkt hat und generell die Vergütung von Vorstandsmitgliedern in Bezug auf Höhe, Ausrichtung und Transparenz reguliert.[21] Bei **börsennotierten Aktiengesellschaften** ist insbesondere § 120 Abs. 4 AktG zu beachten. Da das VorstAG dem allgemeinen Schutz der Gesellschaft vor vergütungsbedingten Fehlanreizen dient und § 37 KAGB das Allgemeininteresse an einer funktionierenden Finanzwirtschaft im Blick hat, somit unterschiedliche Schutzzwecke bei beiden Regelungen bestehen, gelten die Vorgaben für Vorstandsmitglieder von KVGen, die als Aktiengesellschaft organisiert sind, nebeneinander.[22]

II. Anwendungsbereich

1. Erfasste Unternehmen

9 Die Regelungen für Vergütungssysteme nach § 37 KAGB sind anwendbar auf alle KVGen nach § 17 KAGB. Auf Verwalter oder auch sog. **„kleine" AIF-KVGen**, die lediglich einer Registrierung bei der BaFin gem. §§ 2 Abs. 4 bis 5 i.V.m. § 44 Abs. 1 KAGB unterliegen, finden diese Regelungen zur Vergütung keine Anwendung.[23] Außerdem nimmt § 2 Abs. 2 KAGB **Institute mit KWG-Erlaubnis** vom Anwendungsbereich des KAGB insgesamt aus. Somit gilt auch in diesem Zusammenhang ausschließlich die Vergütungsregulierung nach § 25a Abs. 5 KWG nebst InstitutsVergV. Die Regelungen richten sich an die externe KVG oder, bei interner Verwaltung, an den AIF bzw. OGAW.[24] Sofern AIF bzw. OGAW eine externe KVG bestellt haben, unterliegen sie selbst nicht den Vergütungsregeln des § 37 KAGB.[25]

2. Gruppenregelung für bankkonzernzugehörige KVGen

10 Nach § 27 Abs. 2 Satz 1 InstitutsVergV werden **bankkonzernzugehörige KVGen** nicht in den Geltungsbereich der vom übergeordneten Unternehmen festzulegenden und durchzusetzenden Gruppen-Vergütungsstrategie einbezogen. Damit erkennt die BaFin an, dass für die entsprechenden KVGen bereits spezifische Vergütungsregelungen in der OGAW- und AIFM-Richtlinie sowie hier in § 37 KAGB gelten. Dies bedeutet insbesondere, dass bankkonzernzugehörige KVGen keine Risikoträger mit wesentlichem Einfluss auf die Bankengruppe identifizieren müssen, für die dann auch eine Begrenzung der variablen Vergütung auf 200 % der Fixvergütung („Bonuscap") gelten würde. Daher gilt dieser Bonuscap derzeit nicht für entsprechende Mitarbeiter bankkonzernzugehöriger KVGen.[26]

10a In der Praxis unterwerfen sich jedoch auch bankkonzernangehörige KVGen oftmals **freiwillig** solchen gruppen- oder konzernweit geltenden Vergütungsregelungen. Im Konsultationsentwurf zur Überarbeitung der InstitutsVergV war noch vorgesehen, bankkonzernzugehörige KVGen in den Geltungsbereich der von übergeordneten Unternehmen festzulegenden und durchzusetzenden Gruppen-Vergütungsstrategie ein-

17 BaFin-Schreiben vom 22.7.2013 zur Anwendung der ESMA-Leitlinien für solide Vergütungspolitiken, Gz. WA 41-Wp2137-2013/0037.
18 *Mujan*, BB 2013, 1653 ff.; *Boxberger* in Weitnauer/Boxberger/Anders, § 37 KAGB Rz. 4; hierzu näher Rz. 35.
19 *Boxberger* in Dornseifer/Jesch/Klebeck/Tollmann, Art. 13 AIFM-RL Rz. 32.
20 BGBl. I 2009, S. 2509.
21 Ausführlich zum VorstAG *Rieble/Schmittlein*, Vergütung von Vorständen und Führungskräften, 2011.
22 *Rieble* in Moritz/Klebeck/Jesch, § 37 KAGB Rz. 31.
23 *Boxberger* in Weitnauer/Boxberger/Anders, § 37 KAGB Rz. 6; *Rieble* in Moritz/Klebeck/Jesch, § 37 KAGB Rz. 33.
24 *Boxberger/Klebeck*, BKR 2013, 441 (444).
25 *Spindler/Tancredi*, WM 2011, 1393 (1395 f.).
26 *Rieble* in Moritz/Klebeck/Jesch, § 37 KAGB Rz. 30a.

zubeziehen. Damit wären für bankkonzernzugehörige Fondsgesellschaften entsprechende Wettbewerbsnachteile begründet worden. Weiterhin sollte die Pflicht zur Identifizierung von Risikoträgern auf alle Institute, und damit auch auf unbedeutende Institute, wie z.B. Vermögensverwalter mit einer KWG-Lizenz und einer Bilanzsumme unterhalb von 15 Mrd. €, ausgedehnt werden. Dies wurde aber in der am 4.8.2017 in Kraft getretenen InstitutsVergV letztlich nicht umgesetzt. Damit weicht die BaFin derzeit bewusst von den Leitlinien der EBA ab. Dies bietet der BaFin aber die Gelegenheit, erst die weitere Entwicklung auf EU-Ebene infolge der Vorschläge zur Überarbeitung der CRD (CRD V) abzuwarten (siehe auch Rz. 78 ff.).

3. Persönlicher Anwendungsbereich

Die **betroffenen Mitarbeiter** der KVG sind im Wortlaut von § 37 Abs. 1 KAGB beschrieben. Das Vergütungssystem muss Geschäftsleiter, Mitarbeiter, deren Tätigkeit einen wesentlichen Einfluss auf das Risikoprofil der KVG oder der verwalteten Investmentvermögen haben (Risikoträger), Mitarbeiter mit Kontrollfunktionen und alle Mitarbeiter, die eine Gesamtvergütung in entsprechender Höhe erhalten, umfassen. Vielfach werden Mitarbeiter in der Praxis in mehrere der genannten Kategorien fallen. Insgesamt umfasst die Norm damit Mitarbeiter mit Risikopotential, sog. „Risk Taker". Nicht erfasst werden Mitarbeiter, die keine Entscheidungsbefugnisse haben und lediglich unterstützende Aufgaben wahrnehmen. Sie haben weder auf das Risikoprofil der KVG noch auf das der von ihr verwalteten Sondervermögen einen eigenen direkten Einfluss. Auch nach den ESMA-Leitlinien muss die KVG die Einordnung der Mitarbeiter durch eine entsprechende Funktions- und Verantwortlichkeitsanalyse ermitteln und für Dritte nachvollziehbar dokumentieren.[27] Auf die Anwendung auf Auslagerungsunternehmen in entsprechenden Auslagerungsverhältnissen, insbesondere im Hinblick auf das Portfolio- und Risikomanagement wird unten gesondert eingegangen (vgl. Rz. 55 ff.). 11

a) Geschäftsleiter

Geschäftsleiter sind in § 1 Abs. 19 Nr. 15 KAGB **legaldefiniert**. Somit sind natürliche Personen erfasst, die nach Gesetz, Satzung oder Gesellschaftsvertrag zur Führung der Geschäfte und zur Vertretung einer KVG berufen sind sowie diejenigen natürlichen Personen, die die Geschäfte der KVG tatsächlich leiten. Dies sind beispielsweise Vorstände, Geschäftsführer oder geschäftsführende und nichtgeschäftsführende Gesellschafter.[28] Erfasst sind auch Interims-Manager, wenn ein entsprechender Anstellungsvertrag zur KVG besteht.[29] Ausschlaggebend ist allein die formale Stellung als Geschäftsleiter, unabhängig davon, ob ein Verantwortungsbereich u.U. rein tatsächlich als risikoarm einzustufen ist.[30] 12

b) Risikoträger

Risikoträger sind nach der Legaldefinition in § 37 Abs. 1 KAGB Mitarbeiter, deren Tätigkeiten einen wesentlichen Einfluss auf das Risikoprofil der Verwaltungsgesellschaft oder der verwalteten Investmentvermögen haben. Dies ist quasi als **Auffangtatbestand** zu verstehen.[31] Zum einen sind damit Führungskräfte der KVG erfasst, wie z.B. die Leiter Personal, Accounting etc., die Entscheidungs- und Weisungsbefugnisse in Bezug auf die KVG selber haben. Zum anderen beispielsweise aber auch der verantwortliche Portfoliomanager (Chief Investment Officer), der die Investmententscheidungen für einzelne Investmentvermögen maßgeblich beeinflusst. Insgesamt sind alle Mitarbeiter erfasst, die mit entsprechender Entscheidungsbefugnis die Übernahme von Anlagerisiken mit maßgeblicher Wirkung auf die KVG oder die von ihr verwalteten Investmentvermögen ausgestattet sind.[32] Als Risikoträger einzuordnen sind auch alle arbeitnehmerähnlichen Personen, sog. „freie Mitarbeiter" oder „Freelancer/Contractor", die aufgrund eines Dienstvertrages mit der KVG für diese tätig sind und vergütet werden.[33] Neben der Mitarbeitereigenschaft muss aber auch immer ein gewisses „Gefährdungspotential" hinzukommen, damit die Vergütung diesen Regeln unterfällt. 13

c) Mitarbeiter mit Kontrollfunktionen

Außerdem werden Mitarbeiter mit **Kontrollfunktionen** erfasst. Darunter fallen insbesondere die Bereiche Risikomanagement und Compliance. Ihnen kommt u.a. die Aufgabe zu, dass Zusammenspiel zwischen va- 14

27 ESMA-Leitlinien, Tz. 19.
28 *Kirchner/Hesser* in Baur/Tappen, § 37 KAGB Rz. 10; *Boxberger/Klebeck*, BKR 2013, 441 (444).
29 *Rieble* in Moritz/Klebeck/Jesch, § 37 KAGB Rz. 36.
30 *Rieble* in Moritz/Klebeck/Jesch, § 37 KAGB Rz. 37.
31 *Boxberger* in Weitnauer/Boxberger/Anders, § 37 KAGB Rz. 7.
32 ESMA-Leitlinien, Tz. 20.
33 *Kirchner/Hesser* in Baur/Tappen, § 37 KAGB Rz. 11; *Rieble* in Moritz/Klebeck/Jesch, § 37 KAGB Rz. 39.

riabler Vergütung und Risikoprofil der KVG bzw. des AIF oder OGAW zu beurteilen, und auch zu überwachen, ob durch die Ausgestaltung der Vergütungsstrukturen Gefahren für die „Rechtstreue" der Mitarbeiter bestehen könnten.[34] Ebenso sind beispielsweise Mitarbeiter in der Internen Revision oder der Rechtsabteilung erfasst. Auch sie sollen nicht durch falsche Anreizstrukturen davon abgehalten werden, wichtige Kontrollen durchzuführen.[35]

d) Mitarbeiter mit hoher Gesamtvergütung

15 Ferner sind Mitarbeiter in das Vergütungssystem aufzunehmen, die sich in derselben Einkommensstufe wie Geschäftsleiter oder Risikoträger befinden. Demnach muss die geringste Einkommensstufe der vorgenannten Positionen ermittelt werden und alle diejenigen, die nicht schon ohnehin in eine der genannten Kategorien fallen, und über dasselbe Einkommen verfügen, in das Vergütungssystem aufgenommen werden. Damit kommt die Sichtweise des Gesetzgebers zum Ausdruck, dass diejenigen, die eine **hohe Vergütung** erhalten, in der Regel auch entsprechenden Einfluss in einer Gesellschaft haben, auch wenn sie unter Umständen formal nicht in eine der genannten Kategorien fallen. Der Anwendungsbereich soll durch dieses Tatbestandsmerkmal somit bewusst weiter gehalten werden. Dabei sollte dem Geiste der Regelung folgend der Begriff Mitarbeiter nicht rein arbeitsrechtlich verstanden werden, sondern beispielsweise auch Selbstständige, sog. Contractor, erfassen, die sich formal nicht in einem Anstellungsverhältnis zur Gesellschaft befinden. Zu weit ginge es aber sicherlich, Rechtsanwälte oder Berater einschlägiger Beratungsgesellschaften, die typischerweise Mandats- oder projektbezogen eingesetzt werden, ebenfalls einzubeziehen. Diese sind bei einem anderen Unternehmen angestellt und dementsprechend auch in die dortige Arbeitsorganisation einbezogen.[36]

4. Sachlicher Anwendungsbereich

16 Erfasst werden alle Vergütungen, die die entsprechenden Mitarbeiter im Rahmen ihrer Tätigkeit erhalten. Somit sind alle monetären oder **monetär bewertbaren Leistungen** einbezogen.[37] Darunter fallen sowohl fixe als auch insbesondere variable Bestandteile, die in der Regel erfolgsabhängig ausgestaltet sind. In welcher Form die Vergütung gewährt wird, ist unerheblich. Es kommt somit nicht darauf an, ob es sich um bare, unbare, Fondsanteile oder sonstige geldwerte Vorteile handelt. Unbare Leistungen können beispielsweise Optionsrechte, Mitarbeiterrabatte, Dienstwagen oder mobile Kommunikationssysteme sein.

17 Erfasst wird auch der sog. **Carried Interest.**[38] Dies sind nach § 1 Abs. 19 Nr. 7 KAGB Anteile an den Gewinnen des AIF, den eine AIF-KVG als Vergütung für die Verwaltung des AIF erhält. Der Carried Interest umfasst nicht den Anteil der AIF-KVG an den Gewinnen des AIF, den die AIF-KVG als Gewinn für Anlagen der AIF-KVG in den AIF bezieht.[39] Nicht als Vergütung zu qualifizieren sind damit anteilige Renditen einer von Mitarbeitern in den AIF getätigten Anlage, sog. Co-Investments.[40] Entsprechende Zahlungen stellen keine Gegenleistung für die berufliche Tätigkeit dar, sofern die Mitarbeiter ihren Anteil auch effektiv geleistet haben und nicht etwa von der AIF-KVG ein Darlehen gewährt wurde, das noch nicht zurückgezahlt ist.[41]

18 Leistungen, die Teil einer **allgemein verbindlichen Regelung** sind und somit nicht diskretionär, bilden keinen Anreiz zur Eingehung von Risikopositionen und unterstehen damit nicht dieser Regulierung.[42]

19 Auch durch die Vergütung für **Nebentätigkeiten** dürfen sich keine Interessenkonflikte ergeben. Daher sollten diese in entsprechende Vergütungssysteme einbezogen werden.

5. MaComp/MiFID

20 Wenn **KVGen auch WpHG-relevante Dienst- und Nebendienstleistungen** i.S.v. § 20 Abs. 2 Nr. 1, 2 und 3 KAGB und Abs. 3 Nr. 2, 3, 4 und 5 KAGB ausüben, findet gem. § 5 Abs. 2 KAGB i.V.m. §§ 63 ff. WpHG

---

34 *Boxberger* in Weitnauer/Boxberger/Anders, § 37 KAGB Rz. 12.
35 *Rieble* in Moritz/Klebeck/Jesch, § 37 KAGB Rz. 46.
36 Vgl. *Rieble* in Moritz/Klebeck/Jesch, § 37 KAGB Rz. 40a.
37 *Rieble* in Moritz/Klebeck/Jesch, § 37 KAGB Rz. 83; *Boxberger* in Weitnauer/Boxberger/Anders, § 37 KAGB Rz. 9.
38 Ausführlich *Boxberger* in Dornseifer/Jesch/Klebeck/Tollmann, Art. 13 AIFM-RL Rz. 44; *Boxberger/Klebeck*, BKR 2013, 441 (447).
39 Vgl. *Boxberger* in Jesch/Striegel/Boxberger, Rechtshandbuch Private Equity, S. 132 ff.
40 *Rieble* in Moritz/Klebeck/Jesch, § 37 KAGB Rz. 88.
41 *Kirchner/Hesser* in Baur/Tappen, § 37 KAGB Rz. 21.
42 ESMA-Leitlinien, Tz. 15-18.

ebenfalls das Rundschreiben MaComp (5/2018 WA)[43] Anwendung. Dies jedoch mit der Maßgabe, dass die Anforderungen in AT und in BT1 der MaComp nicht zur Anwendung kommen.[44] Einschlägig ist hier die Erweiterung des MaComp-Rundschreibens um das Modul BT 8, welches auf den ESMA-Leitlinien Vergütungsgrundsätze und -verfahren (MiFID) basiert. Die Regelungen finden daher grundsätzlich auch auf KVGen Anwendung, die als OGAW-KVGen Finanzportfolioverwaltung (Verwaltung einzelner in Finanzinstrumenten angelegter Vermögen für andere mit Entscheidungsspielraum), Anlageberatung oder die Verwahrung und Verwaltung von Anteilen an inländischen Investmentvermögen, EU-Investmentvermögen oder ausländischen AIF für andere erbringen oder die als AIF-KVGen Finanzportfolioverwaltung, die Anlageberatung, die Verwahrung und Verwaltung von Anteilen an inländischen Investmentvermögen, EU-Investmentvermögen oder ausländischen AIF für andere oder die Anlagevermittlung (Vermittlung von Geschäften über die Anschaffung und Veräußerung von Finanzinstrumenten) erbringen. Sofern eine Anforderung des BT 8 dem KAGB und damit § 37 KAGB widerspricht, tritt die Anwendung des BT 8 insoweit zurück.[45]

Eine der wesentlichen Vorgaben des MaComp-Moduls BT 8 ist, dass die **Compliance-Funktion** im Rahmen der Festlegung der Grundsätze für Vertriebsziele bei der Ausgestaltung des Vergütungssystems für relevante Personen im Sinne des BT 8 einzubeziehen ist. 21

Mit dem Modul BT 8 hat die BaFin die **ESMA-Leitlinien** zu den MiFID-Vergütungsgrundsätzen in ihrer Aufsichtspraxis umgesetzt. Auch danach darf die Vergütung von Mitarbeitern keine Anreize setzen, die sich vorteilhaft auf den Mitarbeiter und nachteilig auf die Kundeninteressen auswirken. Bei der Bemessung der variablen Vergütung dürfen nicht nur quantitative Kriterien, wie z.B. das Verkaufsvolumen oder Erlösziele, zugrunde gelegt werden. Es sind geeignete Kriterien zu definieren, die die Mitarbeiter bestärken, im Interesse der Kunden zu handeln. Diese Regelungen gelten ergänzend zu den bestehenden Vergütungsvorgaben. 22

Die **Überwachung des Vergütungssystems** durch die Compliance-Funktion erfolgt im Einzelnen nach BT 8.2.2. MaComp i.V.m. BT 1.2.1. MaComp. Die für Institute unter BT 8.3.1 Tz. 3 Satz 2 MaComp geregelte Kappungsgrenze gilt für KVGen nicht. Somit wird ein Bonus-Cap für KVGen nicht durch die Hintertür des WpHG und die MaComp eingeführt. 23

Auch mit Umsetzung der **MiFID-II-Vorgaben** muss die Geschäftsleitung eines entsprechenden Unternehmens Vergütungsregelungen für Personen aufstellen, verabschieden und überwachen, die in die Erbringung von Wertpapierdienst- und Nebendienstleistungen gegenüber Kunden einbezogen sind.[46] Die Regeln müssen auf ein verantwortungsvolles Geschäftsgebaren, die faire Behandlung der Kunden und auf die Vermeidung von Interessenkonflikten in der Kundenbeziehung abzielen.[47] Die Vergütung darf nicht in einer Weise erfolgen, die mit der Pflicht in Konflikt steht, im besten Interesse der Kunden zu handeln.[48] Die ESMA wird ermächtigt, die EU-Kommission beim Erlass entsprechender Vorschriften technisch zu beraten.[49] 24

III. Anforderungen an das Vergütungssystem

Das Vergütungssystem muss nach § 37 Abs. 1 KAGB mit einem soliden und wirksamen **Risikomanagementsystem** vereinbar und diesem förderlich sein. Es darf keine Anreize zur Eingehung von Risiken setzen, die nicht mit dem Risikoprofil, den Anlagebedingungen, der Satzung oder dem Gesellschaftsvertrag der verwalteten Investmentvermögen vereinbar sind. Das Vergütungssystem muss insbesondere darauf ausgerichtet sein, dass Bonifikationen keine Auslöser für das Eingehen unverhältnismäßiger Risiken sind. Die Anforderungen bestimmen sich im Detail gem. § 37 Abs. 2 KAGB nach Anhang II der Richtlinie 2011/61/EU.[50] 25

Wesentlicher Baustein des Vergütungssystems muss die **strikte Trennung** von operativen Funktionen, wie beispielsweise dem Portfoliomanagement, und den Kontrollfunktionen sein.[51] Zur Vermeidung von Interes- 26

43 Rundschreiben 5/2018 (WA) – Mindestanforderungen an die Compliance-Funktion und weitere Verhaltens-, Organisations- und Transparenzpflichten – MaComp – Gz. WA 31-Wp 2002-2017/0011 vom 19.4.2018, zuletzt geändert am 9.5.2018.

44 MaComp AT 3.1; siehe hierzu auch Abschnitt 2, Tz. 3 des Rundschreiben 01/2017 (WA) – Mindestanforderungen an das Risikomanagement von Kapitalverwaltungsgesellschaften (KAMaRisk) vom 10.1.2017.

45 MaComp BT 8.1.1.

46 Vgl. Art. 9 Abs. 3 lit. c MiFID.

47 *Becker*, BKR 2014, 151 (158).

48 ErwGr. 52a MiFID.

49 Art. 16 Abs. 12, 23 Abs. 3 und 24 Abs. 9 MiFID.

50 Anhang II der Richtlinie 2011/61/EU vom 8. Juni 2011 über die Verwalter alternativer Investmentfonds und zur Änderung der Richtlinien 2003/41/EG und 2009/65/EG und der Verordnungen (EG) Nr. 1060/2009 und (EU) Nr. 1095/2010 (1), ABl. EU Nr. L 174 v. 1.7.2011, S. 1 (70-71).

51 ESMA-Leitlinien, Tz. 42.

senkonflikten muss eine variable Vergütung der Mitarbeiter mit Risikokontrollfunktionen auf einer funktionsspezifischen Zielsetzung basieren und darf nicht nur durch finanzielle Ziele der KVG insgesamt bestimmt werden.[52]

27 Im Vergleich zu den Vorgaben des alten § 41 InvG sind diejenigen des Anhang II wesentlich umfangreicher und strikter. Die **Zielsetzung des InvG** bestand im Wesentlichen in der Transparenz der Vergütung gegenüber den Anlegern. Daher standen seinerzeit Methode, Höhe und Grund der Vergütungen aus dem Sondervermögen im Vordergrund, aber keine materiellen Vorgaben, wie die Vergütungspolitik ausgestaltet sein muss. Diese sind nunmehr in Anhang II detailliert geregelt.[53]

1. Vergütungsausschuss

28 Nach Anhang II Nr. 3 AIFM-RL ist ein **Vergütungsausschuss** einzurichten, sofern die Verwaltungsgesellschaft aufgrund ihrer Größe oder der Größe der verwalteten Vermögen, ihrer internen Organisation und der Art, des Umfangs und der Komplexität ihrer Geschäfte von erheblicher Bedeutung ist.[54] Insgesamt wird die Einrichtung eines Vergütungsausschusses auch von ESMA empfohlen.[55] Falls erwogen wird, keinen Vergütungsausschuss einzurichten, sollte eine nachfolgend beschriebene Proportionalitätsanalyse[56] durchgeführt werden.

29 Die Einrichtung eines Vergütungsausschusses ist nach ESMA nicht erforderlich, bei AIFM, die unter 1,25 Mrd. € verwalten und die weniger als 50 Mitarbeiter beschäftigen.[57] Ebenso wenig bei KVGen, die Teil von Banken-, Versicherungen und ähnlichen Instituten sind, und die bereits über einen vergleichbaren Vergütungsausschuss verfügen, der u.a. auch für die Einhaltung der ESMA-Leitlinien durch den AIFM verantwortlich ist.[58] Dies ist in der Praxis typischerweise bei Vergütungsausschüssen des **Aufsichtsrates des Mutterkonzerns** der Fall, der ein entsprechendes System für den gesamten Konzern unter Einschluss aller Tochtergesellschaften vorsieht.

30 Ist hingegen ein Vergütungsausschuss einzurichten, so ist die entsprechende **Einrichtung Aufgabe der Geschäftsleitung**. Der Vergütungsausschuss ist ein beratendes Gremium, dem die Überwachung der Angemessenheit der Vergütung obliegt. Dabei sollte er in der Zusammensetzung unabhängig von „senior executives" sein. Der Vorsitzende darf kein Mitglied der Geschäftsführung sein. Ein angemessener Teil der Mitglieder sollte Erfahrungen im Risikomanagement bzw. mit sonstigen Kontrollaufgaben haben.[59] Sofern die Geschäftsleitung überhaupt Mitglied im Vergütungsausschuss ist, sollte sie nicht an den Sitzungen des Ausschusses teilnehmen, in denen über die eigene Vergütung befunden wird.

31 Aufgabe des Vergütungsausschusses ist die Vorbereitung von **Empfehlungen an die Kontrollfunktion** zur Vergütung der Geschäftsleitung, der Risikoträger und der höchstbezahlten Mitarbeiter.[60] Darüber hinaus hat er die Kontrollfunktion hinsichtlich der Gestaltung der gesamten Vergütungsstruktur der KVG zu beraten. Im Rahmen dessen kann beispielsweise auch die Ernennung von externen Vergütungsberatern erfolgen, die von der Kontrollfunktion zur Beratung herangezogen werden. Die Kernaufgabe besteht aber sicherlich in der regelmäßigen Überprüfung der Vergütungsmechanismen.[61] Dabei soll sichergestellt werden, dass das Vergütungssystem (i) mit allen Risikoarten, der Liquiditätslage sowie allen Arten der verwalteten Vermögensgegenstände im Einklang steht und (ii) die Vergütungspolitik insgesamt mit der Geschäftsstrategie, den Zielen, Werten und Interessen der KVG, der von ihr verwalteten Sondervermögen sowie der Anleger vereinbar ist. Weiterhin sollten auch verschiedene Szenarien geprüft werden, um zu testen, wie das Vergütungssystem auf zukünftige externe und interne Ereignisse reagieren wird. Daneben sollte aber auch ein Blick zurück vorgenommen und ermittelt werden, ob sich das bestehende Vergütungssystem bewährt hat oder ob ggf. Anpassungen notwendig sind.[62]

---

52 ESMA-Leitlinien, Tz. 71, 76.
53 Vgl. *Rieble* in Moritz/Klebeck/Jesch, § 37 KAGB Rz. 20.
54 Vgl. zum Vergütungsausschuss *Boxberger* in Dornseifer/Jesch/Klebeck/Tollmann, Art. 13 AIFM-RL Rz. 33 f.; *Camara* in Zetzsche, AIFMD, S. 293 (303).
55 ESMA-Leitlinien, Tz. 52-57.
56 Vgl. zum Proportionalitätsgrundsatz allgemein Rz. 51 ff.
57 ESMA Leitlinien, Tz. 55.
58 ESMA Leitlinien, Tz. 55.
59 ESMA Leitlinien, Tz. 60.
60 ESMA-Leitlinien, Tz. 62.
61 ESMA-Leitlinien, Tz. 62.
62 ESMA-Leitlinien, Tz. 62.

Bei KVGen, die zur Einrichtung eines Vergütungsauschusses verpflichtet sind, sollte die Vergütung von leitenden Mitarbeitern, die an der **Spitze von Kontrollfunktionen** stehen, wie z.B. Legal, Risk, Compliance, Internal Audit, direkt vom Vergütungsausschuss überwacht werden.[63] 32

Insgesamt die gleichen Grundsätze gelten auch für **OGAW-KVGen**. In Art. 14b Abs. 4 OGAW-RL ist ein Vergütungsausschuss vorgeschrieben, sofern die KVG hinsichtlich ihrer Größe oder der Größe der von ihr verwalteten OGAW, ihrer internen Organisation und der Art, des Umfanges und der Komplexität ihrer Geschäfte von erheblicher Bedeutung ist. 33

2. Arbeitsvertragliche Auswirkungen

Die Vergütungsvorgaben des § 37 KAGB beschränken die üblichen Dienst- bzw. Arbeitsverträge oder den Anstellungsvertrag eines Organmitgliedes nicht.[64] Dies bedeutet, dass die **individuellen Vertragsbedingungen** der Vergütungsregulierung vorgehen, sofern der Vertrag einmal wirksam zustande gekommen ist.[65] Demzufolge darf die BaFin den Vollzug wirksamer und bindender Verträge nicht untersagen und kein Ordnungsmittel gegen die KVG verfügen, sofern diese im Hinblick auf die Vergütungsregulierung etwas nicht tut, was sie individualvertraglich auch nicht tun darf.[66] 34

Daher sind die regulatorischen Vergütungsvorgaben in jeden Arbeitsvertrag **individuell** einzubeziehen. Die Organe der KVG sind verpflichtet, auf eine entsprechende Vergütungsvereinbarung hinzuwirken. Dabei kann ein Änderungsvorbehalt aufgenommen werden, der allerdings im Hinblick auf das Transparenzgebot des § 307 Abs. 1 Satz 2 BGB die Gründe einer möglichen Änderung, wie z.B. eine Anpassung aufgrund geänderter regulatorischer Vorgaben, erkennen lassen muss.[67] Bei regulierungswidrigen Altverträgen wird allgemein eine Hinwirkungspflicht für das vergütungsregulierte Unternehmen analog § 14 InstitutsVergV im Hinblick auf eine regulierungskonforme Anpassung angenommen.[68] Eine etwaige Verschärfung von Regulierungsvorgaben oder auch aufsichtsrechtliche Maßnahmen der BaFin gegen die KVG wegen fehlerhafter Umsetzung der Vergütungsregulierung führen aber nicht zu einer Störung der Geschäftsgrundlage mit dem Arbeitnehmer bzw. Organ und begründen damit auch keinen Anpassungsanspruch aus § 313 Abs. 1 BGB.[69] Organmitglieder können aber kraft gesellschaftsrechtlicher Treuepflicht verpflichtet sein, einer Änderung ihrer Vergütungsregelung zuzustimmen.[70] 35

Grundsätzlich könnten die Vergütungen von Risikoträgern auch in arbeitsrechtlichen **Kollektivverträgen** geregelt sein. Dies kommt aber praktisch kaum vor, da Risikoträger als Führungskräfte typischerweise außertarifliche Angestellte bzw. auch Leitende Angestellte i.S.v. § 5 Abs. 3 BetrVG sind. Somit scheiden in der Regel sowohl Tarifvertrag als auch Betriebsvereinbarung aus. Auch Vereinbarungen mit einem Sprecherausschuss der Leitenden Angestellten nach § 28 SprAuG sind eher theoretischer Natur.[71] 36

IV. Individuelle Vergütungsermittlung

1. Verhältnis fixer zu variabler Vergütung

Konkrete **Vorgaben** für das Verhältnis der fixen zur variablen Vergütung machen weder Anhang II der AIFM-RL noch die ESMA-Leitlinien. Eine Begrenzung der variablen Vergütung, wie in § 25a Abs. 5 Satz 2 ff. KWG, auf 100 % des Fixgehaltes bzw. max. 200 % durch Beschluss der Anteilseigner, gibt es bei KVGen nicht. Eine analoge Anwendung dieser Vorschriften auf KVGen scheidet aus.[72] Die Fixvergütung muss so auskömmlich sein, dass die variable Vergütung bei etwaiger schlechter Performance auch vollständig entfallen kann, ohne dass der betroffene Mitarbeiter dann seinen den Umständen nach angemessenen Lebensunterhalt nicht mehr 37

63 ESMA-Leitlinien OGAW-KVG, ESMA 2016/575 – DE vom 14.10.2016, Tz. 75.
64 *Rieble* in Moritz/Klebeck/Jesch, § 37 KAGB Rz. 61.
65 Vgl. auch AIFM-RL, ErwGr. 28; *Mujan*, BB 2013, 1653 ff.
66 *Rieble* in Moritz/Klebeck/Jesch, § 37 KAGB Rz. 63.
67 *Kirchner/Hesser* in Baur/Tappen, § 37 KAGB Rz. 44.
68 *Boxberger* in Dornseifer/Jesch/Klebeck/Tollmann, Art. 13 AIFM-RL Rz. 32; *Mujan*, BB 2013, 1653 (1656); *Kirchner/Hesser* in Baur/Tappen, § 37 KAGB Rz. 45; *Rieble* in Moritz/Klebeck/Jesch, § 37 KAGB Rz. 65.
69 *Kirchner/Hesser* in Baur/Tappen, § 37 KAGB Rz. 44; *Klebeck/Kolbe*, BB 2014, 707 (713); *Mujan*, BB 2013, 1653 (1657).
70 *Rieble* in Moritz/Klebeck/Jesch, § 37 KAGB Rz. 71.
71 *Rieble* in Moritz/Klebeck/Jesch, § 37 KAGB Rz. 82.
72 *Kirchner/Hesser* in Baur/Tappen, § 37 KAGB Rz. 34; *Rieble* in Moritz/Klebeck/Jesch, § 37 KAGB Rz. 82.

bestreiten kann.[73] Anders ausgedrückt kann eine zu niedrige Fixvergütung unerwünschte Anreize auslösen, um im Hinblick auf eine hohe variable Vergütung unverhältnismäßig große Risiken einzugehen.

2. Vergütung von Kontrollfuktionen

38 Für Mitarbeiter in Kontrollabteilungen empfiehlt ESMA sogar, ausschließlich eine Fixvergütung zu vereinbaren und auf einen variablen Bonus ganz zu verzichten.[74]

a) Mitarbeiter mit Kontrollfunktionen

39 Somit stellt sich zunächst die Frage, welche Abteilungen bzw. Bereiche als solche mit Kontrollfunktionen anzusehen sind. Eine entsprechende Differenzierung wird heute typischerweise nach dem sog. **Three-Lines-of-Defence-Modell** vorgenommen. Dabei ist die sog. First-Line-of-Defence das jeweilige Business, also die Mitarbeiter, die in Vertrieb, im Client-Service, in der Produktgestaltung, Marketing, Portfoliomanagement, etc. diejenigen sind, die die Dienstleistung der KVG gegenüber dem Kunden direkt erbringen. Die sog. Second- und Third-Line-of-Defence sind dann diejenigen, die innerhalb der jeweiligen Gesellschaft darauf achten, dass die Dienstleistung ordnungsgemäß erbracht wird und sich möglichst keine Risiken verwirklichen. Hierzu zählen etwa Legal, Compliance, Risk und Internal Audit. Die Bereiche der Second- und Third-Line sind demgemäß als solche mit Kontrollfunktionen zu verstehen.

b) Vergütungsstruktur bei Kontrollfunktionen

40 Beziehen Mitarbeiter mit Kontrollfunktionen eine variable Vergütung, sollte diese auf **funktionsspezifischen Zielsetzungen** basieren und nicht nur durch die Leistungskriterien auf Ebene der KVG bestimmt werden.[75] Zielsetzung könnte daher beispielsweise die Komplettierung eines neuen Risikomanagementsystems oder die Abarbeitung eines für das jeweilige Geschäftsjahr entwickelten Audit-Plans sein und sollte sich nicht nur am Ergebnis der KVG orientieren. Durch die Vergütungsstruktur sollte die Unabhängigkeit der Mitarbeiter mit Kontrollfunktionen nicht beeinträchtigt werden. Umfasst die Vergütung auch eine Komponente, die von Leistungskriterien auf Ebene der KVG beeinflusst wird, wie bzw. der erzielte Jahresgewinn, steigen die entsprechenden Risiken eines Interessenkonflikts. Mitarbeiter mit Kontrollfunktionen sollten nicht in die Lage versetzt werden, z.B. durch die Genehmigung einer Transaktion, das Treffen von Entscheidungen oder das Aussprechen von Empfehlungen den Anstieg oder Rückgang ihrer erfolgsabhängigen Vergütung direkt zu beeinflussen.[76]

41 Andererseits sollte ebenfalls nicht nur die Anzahl der abgelehnten Transaktionen, negativen Empfehlungen, etc. ausschlaggebend sein, denn eine entsprechende „**Geschäftsverhinderung**" stürzt eine KVG ebenfalls in eine schwierige Situation, die weder zum Wohl der Gesellschaft noch der Mitarbeiter oder Kunden ist.

3. Bemessung der variablen Vergütung

42 Für die konkrete **Berechnung der Höhe** einer variablen Vergütung sind in der Regel drei Faktoren zu berücksichtigen: 1. die Leistung des Mitarbeiters unter Berücksichtigung finanzieller und nicht-finanzieller Kriterien, 2. die Leistung seiner Abteilung und 3. das Gesamtergebnis der KVG.[77] Um die entsprechende Bestimmung soweit wie möglich zu objektivieren, sollte daher sowohl ein allgemeiner Businessplan für die KVG, ggf. auch heruntergebrochen auf Abteilungen/Bereiche, aufgestellt werden, als auch eine individuelle Zielvereinbarung mit dem Mitarbeiter vereinbart werden.[78] Bei der Beurteilung der Leistung des einzelnen Mitarbeiters sind dann wiederum die entsprechenden Ergebnisse am Ende eines Beurteilungszeitraumes in das Verhältnis zu aktuellen und möglichen zukünftigen Risiken zu setzen. Für die Erstellung einer prüfungsrelevanten Dokumentation der variablen Vergütung ist es dementsprechend wichtig, dass die jeweils individuelle Summe zu den drei Faktoren in Beziehung steht. In der Praxis bedeutet dies, dass bei einem negativen Unternehmensergebnis nur noch ein sehr geringer Spielraum für eine variable Vergütung besteht. Es muss zwar nicht zwangsläufig zu einem Ausfall des Bonus kommen, jedoch wird der Begründungsaufwand für die Zahlung einer variablen Vergütung sehr hoch. Beispielsweise kann ein Bonus insbesondere dann gerechtfer-

---

73 Anhang II Nr. 1 lit. j AIFM-RL; *Boxberger* in Dornseifer/Jesch/Klebeck/Tollmann, Art. 13 AIFM-RL Rz. 31; *Rieble* in Moritz/Klebeck/Jesch, § 37 KAGB Rz. 90.
74 ESMA-Leitlinien, Tz. 45.
75 ESMA-Leitlinien Tz. 73.
76 ESMA-Leitlinien, Tz. 78.
77 Anhang II Nr. 1 lit. g AIFM-RL; ESMA-Leitlinien, Tz. 101.
78 *Insam/Heisterhagen/Hinrichs*, DStR 2014, 913 (915).

tigt sein, wenn es durch die Leistung des Mitarbeiters gelungen ist, den Verlust nicht noch zu erhöhen und daher ein hohes Interesse daran besteht, den Mitarbeiter durch die Zahlung einer Bonifikation im Unternehmen zu halten. Aber natürlich darf der Bonus erst vollständig ausgekehrt werden, wenn sich die den Vergütungs- oder Bonus-Pool zugewiesenen Gewinne nicht mehr durch den Eintritt negativer Marktentwicklungen oder sonstiger Ereignisse, wie z.B. Strafzahlungen oder Schadensersatzzahlungen, geschmälert werden können. Daher wird die variable Vergütung regelmäßig an positive Ergebnisse über einen mehrjährigen Referenzzeitraum geknüpft.[79] Leistungskriterien für die Bonuskalkulation eines Mitarbeiters können beispielsweise die folgenden qualitativen und quantitativen sowie finanziellen und nicht-finanziellen Ziele sein: Erreichen strategischer Ziele, Zusammenarbeit mit anderen Abteilungen und den Kontrollfunktionen, EBITDA, Anlegerzufriedenheit, Führungsstärke, Teamarbeit, Wertzuwachs, Einhaltung interner und externer Vorgaben, Absolute Returns, Relative Returns, Sharpe ratio, Einhaltung der Risikomanagementstrategie, Motivation, Kreativität.

4. Zusammensetzung der variablen Vergütung

Die variable Vergütung muss zu mindestens **50 % aus Anteilen des AIF** oder gleichwertigen Beteiligungen 43
oder aus mit Anteilen verknüpften Instrumenten oder gleichwertigen unbaren Instrumenten bestehen (sog. nachhaltiger Vergütungsanteil), es sei denn, es entfallen weniger als 50 % des verwalteten Gesamtportfolios auf den AIF.[80] Auch bei einem OGAW muss gem. Art. 14b OGAW-V-RL je nach rechtlicher Struktur und Satzung oder den jeweiligen Vertragsbedingungen ein erheblicher Anteil, mindestens jedoch 50 % der variablen Vergütungskomponente, aus Anteilen des betreffenden OGAW, gleichwertigen Beteiligungen oder mit Anteilen verknüpften Instrumenten oder gleichwertigen unbaren Instrumenten mit Anreizen bestehen, die gleichermaßen wirksam sind. Der Mindestwert kommt nicht zur Anwendung, wenn weniger als 50 % des von der KVG verwalteten Gesamtportfolios auf OGAW entfallen.

V. Auszahlung der variablen Vergütung

Die variable Vergütung soll teilweise im Voraus (kurzfristig) und teilweise hinausgeschoben (langfristig) 44
ausbezahlt werden.[81] Die kurzfristige Komponente stellt dabei eine Honorierung für die Leistung des Mitarbeiters im gerade zurückliegenden Beurteilungszeitraum dar und wird unmittelbar nach Abschluss des Beurteilungsverfahrens ausbezahlt. Die langfristige Komponente erkennt die nachhaltigen Ergebnisse an, indem ein Teil der variablen Vergütung aufgrund der Ungewissheit von etwaig notwendigen ex-post Risikoanpassungen zurückbehalten wird.[82] Dabei ist ein Zurückbehaltungszeitraum von drei bis fünf Jahren vorzusehen („**Deferral**"), es sei denn, der Lebenszyklus des AIF ist kürzer.[83] Durch diese Streckung der Auszahlung wird sichergestellt, dass die variable Vergütung streng an den Erfolg sowohl des Mitarbeiters als auch des Unternehmens gekoppelt wird. Der Anteil, der zurückgestellt werden soll, beträgt zwischen 40 % und 60 %.[84] Dies richtet sich im Einzelfall danach, wie groß der Einfluss des Mitarbeiters auf das Risikoprofil der Sondervermögen sowie nach der Höhe der variablen Vergütung. Der zurückgestellte variable Vergütungsanteil ist in gleichmäßigen, in der Regel jährlichen Raten zu gewähren, wobei die erste Rate frühestens 12 Monate nach dem Ende des jeweiligen Beurteilungszeitraums ausgekehrt werden darf.[85]

In der Vergütungspolitik sollten weiterhin auch Regelungen zu einer **Sperrfrist** („Retention Period") fest- 45
gelegt werden.[86] Die Sperrfrist ist vom Zurückstellungszeitraum unabhängig. Sie kann länger oder kürzer sein als der Zurückstellungszeitraum der Instrumente, die nicht vorab ausbezahlt werden.[87]

Ferner dürfen Mitarbeiter keine persönlichen **Hedging-Strategien** oder vergütungs- und haftungsbezogene 46
Versicherungen eingehen, die sie bei einem Verlust oder Minderung der variablen Vergütung entschädigen. Die Ziele der Vergütungsregulierung sollen nicht durch derartige Absicherungen unterlaufen werden.[88] Nicht hierunter fallen die sog. D&O-Versicherungen, die nur das Risiko, dass sich ein Mitarbeiter schadens-

79 Anhang II Nr. 1 lit. h AIFM-RL; *Insam/Heisterhagen/Hinrichs*, DStR 2014, 913 (915).
80 Anhang II Nr. 1 lit. m AIFM-RL.
81 *Rieble* in Moritz/Klebeck/Jesch, § 37 KAGB Rz. 97.
82 Anhang II Nr. 1 lit. n AIFM-RL; ESMA-Leitlinien, Tz. 125.
83 Anhang II Nr. 1 lit. n AIFM-RL; ESMA-Leitlinien, Tz. 127.
84 ESMA-Leitlinien, Tz. 130.
85 Anhang II Nr. 1 lit. n AIFM-RL; ESMA-Leitlinien, Tz. 129.
86 ESMA-Leitlinien, Tz. 137.
87 *Kirchner/Hesser* in Baur/Tappen, § 37 KAGB Rz. 37.
88 Anhang II Nr. 1 lit. q AIFM-RL; ESMA-Leitlinien, Tz. 90 f.

ersatzpflichtig macht, versichern.[89] In der Praxis sollten die KVGen mit den Mitarbeitern entsprechende Vereinbarungen abschließen, wie bspw. über die Untersagung von relevanten Options- oder Derivatetransaktionen.[90]

47 Als Ultima-Ratio der ex-post-Berücksichtigung der Risiken bei der variablen Vergütung sollte die Vergütungspolitik der KVG die Anwendung von **Malusvereinbarungen** oder Rückzahlung/-forderungsvereinbarungen („**Clawback**") vorsehen.[91] Diese müssen aber auch in jedem Fall individualvertraglich mit den etwaig betroffenen Mitarbeitern vereinbart werden.[92] Malusvereinbarungen bezeichnen solche Vereinbarungen, nach der die KVG die Auszahlung eines Teils bis zur gesamten Höhe eines zurückgestellten Teils der variablen Vergütung unter bestimmten Voraussetzungen verweigern kann. Bei Clawback-Vereinbarungen erklärt sich der Betroffene bereit, einen Teil bis zur gesamten Höhe der bereits ausbezahlten variablen Vergütung unter bestimmten Voraussetzungen zurückzuerstatten. Negative Leistungen sind zwingend zu berücksichtigen und können zur Kürzung oder vollumfänglichen Streichung der variablen Vergütung bzw. zur entsprechenden Rückforderung führen.[93]

48 **Kriterien für die Anwendung** von Malus- und Clawback-Regelungen sind beispielsweise schwerwiegende Fehler des Mitarbeiters, ein wesentlicher Rückgang der finanziellen Leistungen des AIF, der AIF-KVG oder des Geschäftsbereichs, ein wesentliches Versagen des Risikomanagements oder eine wesentliche Änderung der finanziellen Situation der AIF-KVG insgesamt.[94]

VI. Freiwillige Pensionszahlungen und vorzeitiges Ausscheiden

49 Auch im Hinblick auf diskretionäre **Pensionszahlungen** oder Zahlungen im Rahmen eines vorzeitigen **Ausscheidens** aus den Diensten der KVG muss berücksichtigt werden, ob sich Risiken, die dem Mitarbeiter zumindest auch zugeordnet werden müssen, nach dem Ausscheiden noch realisieren können. Dementsprechend darf es keinen „goldenen Handschlag" ohne Rücksicht auf etwaige Verluste bei einer vorzeitigen Vertragsbeendigung geben. Ein Versagen eines Mitarbeiters darf nicht belohnt werden.[95] Keine Abfindungszahlung in diesem Sinne stellt allerdings die etwaige Auszahlung der restlichen Fixvergütung für eine verbleibende Restlaufzeit eines Vertrages dar.[96]

50 Die ermessensabhängigen Altersvorsorgeleistungen sind bei einem Ausscheiden eines Mitarbeiters der KVG vor Eintritt in den Ruhestand für einen Zeitraum von fünf Jahren zurückzustellen und vor Auszahlung einer entsprechenden Beurteilung zu unterziehen.[97] Auch nach Eintritt in den Ruhestand sollen entsprechende Leistungen einer fünfjährigen Sperrfrist unterliegen.[98]

VII. Proportionalitätsgrundsatz

51 Die regulatorischen Anforderungen an Vergütungsregelungen müssen von KVGen nicht immer in der gleichen Art und Weise oder in demselben Umfang erfüllt werden.[99] Um der Heterogenität der höchst unterschiedlichen KVGen Rechnung zu tragen, sieht der Gesetzgeber den **Grundsatz der Proportionalität** bzw. Verhältnismäßigkeit vor.[100] Verankert ist der Proportionalitätsgrundsatz in Anhang II Nr. 1 sowie Art. 13 Abs. 2 AIFM-RL und Art. 14 lit. b Abs. 1 OGAW-RL. Konkretisiert wird er weiterhin in den ESMA-Leitlinien[101] und schließlich auch entsprechend in § 37 Abs. 3 Satz 2 KAGB umgesetzt. Demnach setzen die KVGen die Vorgaben an die Vergütung in Abhängigkeit von ihrer Größe und Vergütungsstruktur und der entsprechend verwalteten Sondervermögen sowie ihrer internen Organisation und der Art, des Umfangs, der Komplexität, des Risikogehalts und der Internationalität ihrer Geschäfte um. Dieser Grundsatz wird nicht nur in

89 *Rieble* in Moritz/Klebeck/Jesch, § 37 KAGB Rz. 102.
90 ESMA-Leitlinien, Tz. 92; *Boxberger* in Dornseifer/Jesch/Klebeck/Tollmann, Art. 13 AIFM-RL Rz. 31.
91 ESMA-Leitlinien, Tz. 148 ff.
92 Vgl. insbesondere die zu Widerrufsvorbehalten ergangene Rechtsprechung des BAG, BAG v. 20.4.2011 – 5 AZR 191/10, NZA 2011, 796; *Mujan*, BB 2013, 1653 (1658).
93 Anhang II Nr. 1 lit. o AIFM-RL; ESMA-Leitlinien, Tz. 94.
94 *Rieble* in Moritz/Klebeck/Jesch, § 37 KAGB Rz. 101.
95 Anhang II Nr. 1 lit. k AIFM-RL; ESMA-Leitlinien, Tz. 87.
96 *Rieble* in Moritz/Klebeck/Jesch, § 37 KAGB Rz. 109.
97 ESMA-Leitlinien, Tz. 86.
98 ESMA-Leitlinien, Tz. 85; kritisch *Rieble* in Moritz/Klebeck/Jesch, § 37 KAGB Rz. 110.
99 *Boxberger* in Dornseifer/Jesch/Klebeck/Tollmann, Art. 13 AIFM-RL Rz. 28.
100 *Camara* in Zetzsche, AIFMD, S. 293 (303); BT-Drucks. 17/12294, 222.
101 ESMA-Leitlinien, Tz. 23-31.

Bezug auf die Vergütung angewendet, sondern auch bei Regelungen zu Interessenkonflikten,[102] Risikomanagement,[103] Liquiditätsmanagement[104] und Organisationsanforderungen.[105]

Insgesamt bedeutet dies bezogen auf die Vergütungsregeln nach den ESMA-Leitlinien,[106] dass bei „komplexen" KVGen lediglich einzelne Regelungen für einzelne identifizierte Mitarbeiter abdingbar sind. Bei „nicht komplexen" KVGen sind hingegen zusätzlich auch Anhang II Nr. 1 lit. m, lit. n, lit. o und Nr. 3 AIFM-RL abdingbar. 52

Im Hinblick auf die Einrichtung eines Vergütungsausschusses[107] sowie die Auszahlung der variablen Vergütung in Form von Instrumenten, Sperrfrist, Zurückstellung, ex-post-Anpassung ist auch ein **Teildispens** möglich.[108] Die Anforderungen zum Mindestzurückstellungszeitraum, zum zurückzustellenden Mindestanteil der variablen Vergütung und dem in Form von Instrumenten auszubezahlenden Mindestanteil der variablen Vergütung, sind hingegen entweder vollumfänglich oder gar nicht anwendbar.[109] 53

Insgesamt liegt die **Anwendung** des Grundsatzes in der Verantwortung der jeweiligen KVG und ist mit gewissen Rechtsunsicherheiten verbunden. Die BaFin muss durch ihre Verwaltungspraxis sicherstellen, dass die Anwendung des Proportionalitätsgrundsatzes bzw. Verhältnismäßigkeitsgrundsatzes nicht zu einer Aushöhlung des Zwecks der Vergütungsregulierung führt oder der Wettbewerb zwischen den KVGen beeinträchtigt wird.[110] In der Praxis empfiehlt es sich, die etwaige Nichtanwendung einzelner Vergütungsvorgaben in Form einer Proportionalitäts-/Verhältnismäßigkeitsanalyse zu dokumentieren und im Vorfeld mit der BaFin abzustimmen.[111] 54

VIII. Vergütungssysteme bei ausgelagertem Portfolio- oder Risikomanagement

Sofern die KVG das Portfolio- oder Risikomanagement gem. § 36 KAGB an ein anderes Unternehmen auslagert, stellt sich die Frage, welche Vergütungsregelungen dieses **Auslagerungsunternehmen** einzuhalten hat. 55

Die ESMA Leitlinien sehen vor, dass im Fall der Auslagerung des Portfolio- und Risikomanagements sichergestellt werden muss, dass das Auslagerungsunternehmen **vergleichbare** aufsichtsrechtliche Vorgaben zu Vergütungsgrundsätzen hat oder angemessene vertragliche Vereinbarungen getroffen worden sind, um Umgehungsmöglichkeiten der Vergütungsregelungen zu vermeiden.[112] 56

Wird beispielsweise das Portfoliomanagement im Rahmen einer **Master-KVG-Konstruktion** auf andere Unternehmen ausgelagert, so verfügen diese Auslagerungsunternehmen typischerweise zumindest über eine Erlaubnis zur Finanzportfolioverwaltung nach § 2 Abs. 2 KWG, womit sie in den Anwendungsbereich der InstitutsVergV fallen. Die InstitutsVergV enthält entsprechend vergleichbare Vergütungsgrundsätze, so dass eine weitere Überprüfung im Rahmen einer Auslagerungs-Due-Diligence leichter fällt (vgl. hierzu § 36 Rz. 87, 91). 57

Insbesondere bei der Auslagerung des Portfolio- oder Risikomanagements in Drittstaaten, wie z.B. den USA, stellt sich aber die Frage, ob dort vergleichbare Vergütungsgrundsätze bestehen und wenn nicht, ob angemessene vertragliche Vereinbarungen geschlossen werden müssen, um **Umgehungsmöglichkeiten** der Vergütungsregelungen zu vermeiden. Diese Vereinbarungen sollten Zahlungen an die Mitarbeiter des Auslagerungsunternehmens abdecken, die für die KVG Portfolio- oder Risikomanagementdienstleistungen erbringen und einen wesentlichen Einfluss auf das Risikoprofil des Investmentvermögens haben. Typischerweise fällt der Portfoliomanager des Auslagerungsunternehmens aber nicht in diese Kategorie, da er aufgrund der vertraglichen Regelungen zwischen der KVG und dem Auslagerungsunternehmen regelmäßig keine Möglichkeit hat, auf das Risikoprofil des Fonds Einfluss zu nehmen. Nach dem BVI-Musterauslagerungsvertrag, der hier exemplarisch für die in der Praxis sehr häufig anzutreffenden Regelungen herangezo- 58

102 Art. 14 Abs. 2 AIFMD-RL.
103 Art. 15 AIFMD-RL.
104 Art. 16 AIFMD-RL.
105 Art. 18 AIFMD-RL.
106 ESMA-Leitlinien, Tz. 23-31.
107 Vgl. ESMA-Leitlinien, Tz. 52-57.
108 ESMA-Leitlinien, Tz. 26.
109 ESMA-Leitlinien, Tz. 27; *Rieble* in Moritz/Klebeck/Jesch, § 37 KAGB Rz. 111.
110 *Boxberger* in Dornseifer/Jesch/Klebeck/Tollmann, Art. 13 AIFM-RL Rz. 29; kritisch auch *Insam/Heisterhagen/Hinrichs*, DStR 2014, 913 (917).
111 *Boxberger* in Weitnauer/Boxberger/Anders, § 37 KAGB Rz. 17.
112 ESMA-Leitlinien, Tz. 18.

gen werden soll, hat das Auslagerungsunternehmen nämlich die Verpflichtung, Anlageentscheidungen mit wesentlichen Auswirkungen auf das Risikoprofil des Sondervermögens nur mit Zustimmung der KVG auszuführen. Unter Risikoprofil sind die für einen Fonds zu erfassenden wesentlichen Risiken zu verstehen, die von der KVG im Rahmen von Anlagerichtlinien vorgegeben werden. Der Fondsmanager des Auslagerungsunternehmens ist aber verpflichtet, seine Investmententscheidungen nur innerhalb der von der KVG vorgegebenen Anlageziele und Risikolimite zu treffen. Daher hat er keine Möglichkeit, im vorgenannten Sinne auf das Risikoprofil des Fonds wesentlich Einfluss zu nehmen. Sofern das Letztentscheidungsrecht bei der KVG verbleiben muss, wie bei der Auslagerung im Rahmen der Verwaltung von Immobilien, erfolgt keine Auslagerung des Portfoliomanagements (z.B. beim Facility Management). Somit besteht auch hier keine Verpflichtung zur vertraglichen Regelung von Vergütungsgrundsätzen. Eine gesonderte Auslagerung des Risikomanagements kommt in der Praxis nur sehr selten vor, so dass dementsprechende vertragliche Vereinbarungen mit Auslagerungsunternehmen in Drittstaaten über die anzuwendenden Vergütungsgrundsätze ebenfalls sehr selten sind, falls in dem entsprechenden Drittstaat keine mit § 37 KAGB vergleichbaren Regelungen gelten.

59 Grundsätzlich können mit dem Auslagerungsunternehmen geeignete **vertragliche Vereinbarungen** getroffen werden, die sicherstellen, dass keine Umgehung der Vorgaben aus den ESMA-Leitlinien erfolgt.[113] Diese Vereinbarungen sollen wie dargestellt die Zahlungen an die Mitarbeiter des Auslagerungsunternehmens abdecken, die für die KVG Portfolio- oder Risikomanagementdienstleistungen erbringen und einen wesentlichen Einfluss auf das Risikoprofil des verwalteten Sondervermögens haben. Daher muss auch beim Auslagerungsunternehmen zwingend ermittelt werden, welche Personen aufgrund ihrer Tätigkeit einen wesentlichen Einfluss auf das Risikoprofil der verwalteten Investmentvermögen haben.[114] Dies kann beispielsweise bei der Auslagerung der Risikomessung auf Basis vorgegebener Algorithmen an nicht lizenzierte Unternehmen der Fall sein.

60 Auch bei **Auslagerung sonstiger Dienstleistungen** im Sinne von Anhang I Nr. 2 AIFM-RL, insbesondere dem Vertrieb, an Unternehmen, die nicht in den Anwendungsbereich des KAGB fallen, hat die KVG zumindest hinsichtlich variabler Vergütungskomponenten sicherzustellen, dass keine Umgehung der ESMA-Leitlinien erfolgt.[115]

61 In der Praxis sind bei der Auslagerung insbesondere des Portfolio- oder Risikomanagements in entsprechenden Fragebögen im Rahmen der **Due Diligence** eines Auslagerungsunternehmens regelmäßig Fragen nach den entsprechenden Vergütungsgrundsätzen enthalten, um zu ermitteln, ob diese mit den hier dargestellten Regelungen vergleichbar sind. Idealerweise ist dies der Fall, denn dann erübrigt sich sowohl die Analyse, ob die Mitarbeiter des Auslagerungsunternehmens, die für die KVG Portfolio- oder Risikomanagementdienstleistungen erbringen, einen wesentlichen Einfluss auf das Risikoprofil des verwalteten Sondervermögens haben, als auch ggf. die Verhandlung vertraglicher Vereinbarungen.

IX. Transparenzanforderungen an das Vergütungssystem

1. Erlaubnisantrag

62 Der Erlaubnisantrag für eine AIF-KVG muss gem. §§ 20, 22 Abs. 1 Nr. 8 KAGB sowie dem BaFin-Merkblatt „Erlaubnisverfahren“[116] eine Reihe von **Mindestangaben** im Zusammenhang mit dem Vergütungssystem enthalten. Danach sind mindestens erforderlich:

- eine Auflistung der Mitarbeiter(gruppen), die in den Anwendungsbereich der Vergütungspolitik und -praxis fallen, wobei die Angabe der jeweils funktionalen Stellung ausreichend ist;
- die Angabe, ob ein Vergütungsausschuss errichtet wird und falls nicht, die Angabe der Gründe für die Nicht-Errichtung; und
- eine Darstellung der Ausgestaltung der variablen und festen Vergütung (z.B. Angabe der zugrunde zu legenden Parameter).

113 ESMA-Leitlinien, Tz. 18; unter Hinweis auf eine Kompetenzüberschreitung der ESMA ablehnend *Rieble* in Moritz/Klebeck/Jesch, § 37 KAGB Rz. 58 ff.

114 Vgl. ESMA, Q&A vom 17.2.2014, ESMA/2014/163; *Kirchner/Hesser* in Baur/Tappen, § 37 KAGB Rz. 13; *Boxberger/Klebeck*, BKR 2013, 441 (445).

115 *Boxberger* in Weitnauer/Boxberger/Anders, § 37 KAGB Rz. 11.

116 Merkblatt der BaFin zum Erlaubnisverfahren für eine AIF-Kapitalverwaltungsgesellschaft nach § 22 KAGB-E, abrufbar unter www.bafin.de/SharedDocs/Veroeffentlichungen/DE/Merkblatt/WA/mb_130322_erlaubnisverfahren_aif-22kagb.html.

Die BaFin erteilt die entsprechende Erlaubnis erst, wenn alle gesetzlichen Vorgaben erfüllt sind (vgl. hierzu § 22 KAGB). Daher müssen AIF-KVGen ihre Vergütungsstruktur bereits vor Antragstellung an den Vorgaben des § 37 KAGB ausrichten.[117] 63

Eine Auflistung der entsprechenden Mitarbeiter, ob ein Vergütungsausschuss eingerichtet wurde bzw. eine Begründung für die Nichteinrichtung sowie die Darstellung der Ausgestaltung der grundlegenden Parameter der variablen und festen Vergütung. 64

2. Jahresbericht

Weiterhin sind Mindestangaben zur Vergütungspolitik im **Jahresbericht** nach §§ 67 Abs. 3 Nr. 5 und 6, 101 Abs. 3 Satz 1 Nr. 1 und 2, 135 Abs. 7, 158 Satz 1 KAGB zu veröffentlichen. Der Jahresbericht ist von der KVG für jedes von ihr verwaltete Sondervermögen spätestens sechs Monate nach Ende des Geschäftsjahres zu erstellen und ist sowohl im Bundesanzeiger zu veröffentlichen als auch auf Anfrage den Anlegern vorzulegen, §§ 67 Abs. 1, 101 Abs. 1 Satz 1, 135 Abs. 1, 158 Satz 1, 299 Abs. 1 Satz 1 Nr. 3 lit. f. und lit. g KAGB. Im Hinblick auf die Vergütung sind Angaben zu folgenden Punkten notwendig: 65

- zur Gesamtsumme der im abgelaufenen Geschäftsjahr gezahlten Vergütungen, gegliedert in feste und variable Vergütungen, die Zahl der Begünstigten und ggf. die vom AIF gezahlten Carried Interest;
- zur Gesamtsumme der im abgelaufenen Geschäftsjahr gezahlten Vergütungen, aufgegliedert nach Führungskräften und Mitarbeitern der AIF-KVG, deren Tätigkeit sich wesentlich auf das Risikoprofil des AIF auswirkt.

Rückschlüsse auf die **Vergütung einzelner Mitarbeiter** sollen vermieden werden.[118] Dies ist aber auch nicht notwendig, denn die Anleger sollen in die Lage versetzt werden, die entsprechenden Risikoanreize zu bewerten und sich einen Eindruck vom Risikoprofil der KVG zu verschaffen.[119] Ggf. kann auch ein eigener Vergütungsreport analog zu den Vorgaben der Institutsvergütungsverordnung als Anhang zum Jahresbericht oder separat erstellt werden.[120] 66

3. ESMA-Leitlinien

Auch die **ESMA-Leitlinien** sehen mit Verweis auf Empfehlung 2009/384/EG der EU-Kommission vom 30.4.2009 zur Vergütungspolitik im Finanzdienstleistungssektor eine zusätzliche Offenlegung von Informationen über die Vergütungspolitik vor.[121] Danach sollen mindestens einmal jährlich im Jahresbericht, einem Vergütungsreport als Anhang zum Jahresbericht oder separat die folgenden Angaben gemacht werden: 67

- Informationen über den Beschlussfassungsprozess, auf den sich die Vergütungspolitik stützt, ggf. einschließlich der Informationen über Gremien, deren Zusammensetzung und Mandat (z.B. Vergütungsausschuss, externe Berater);
- Informationen über die Verknüpfung zwischen Vergütung und Leistung, Parameter für erfolgsabhängige Zahlungen, Gestaltung und Struktur des Vergütungsverfahrens, Angaben über die eingesetzten Formen der variablen Vergütung (Barmittel, Aktien, Optionen, etc.) sowie eine Begründung für ihren Einsatz und ihre Zuordnung zu verschiedenen Mitarbeiterkategorien, Parameter zur Risikobewertung.[122]

Nach dem **Proportionalitätsgrundsatz** (vgl. Rz. 51 ff.) kann bei kleinen oder nichtkomplexen AIF-KVGen lediglich die Offenlegung einiger qualitativer oder grundlegender quantitativer Informationen erwartet werden.[123] Auch sollen nach Ansicht der ESMA zumindest die Informationen zur Vergütungspolitik, die extern bekannt gegeben werden, auch intern offengelegt werden.[124] 68

X. Vergütungsverordnung

§ 37 Abs. 3 Satz 1 KAGB enthält wie § 25a Abs. 6 KWG und § 64b Abs. 5 VAG eine **Verordnungsermächtigung**. Demnach kann die BaFin in Folge der entsprechenden Übertragung der Befugnis seitens des Bundes- 69

117 *Kirchner/Hesser* in Baur/Tappen, § 37 KAGB Rz. 5; *Boxberger/Klebeck*, BKR 2013, 441 (449).
118 *Rieble* in Moritz/Klebeck/Jesch, § 37 KAGB Rz. 122.
119 *Boxberger* in Weitnauer/Boxberger/Anders, § 37 KAGB Rz. 30.
120 *Boxberger* in Weitnauer/Boxberger/Anders, § 37 KAGB Rz. 31.
121 ESMA-Leitlinien, Tz. 162.
122 ESMA-Leitlinien, Tz. 160, 163, 165 ff.
123 ESMA-Leitlinien, Tz. 162.
124 ESMA-Leitlinien, Tz. 170.

ministeriums der Finanzen gem. § 37 Abs. 3 Satz 4 KAGB[125] eine KAGB-Vergütungsverordnung erlassen. Diese dürfte sich sehr stark an den Grundsätzen der Institutsvergütungsverordnung orientieren.[126] Das wäre zu begrüßen, denn vielfach sind entsprechende KVGen Teil eines Finanzdienstleistungskonzerns, bei dem typischerweise das jeweilige Mutterunternehmen der InstitutsVergV unterliegt. Es besteht dann das nachvollziehbare Bestreben, entsprechend erfasste Mitarbeiter in Leitungs-, Kontroll- und Risikomanagement-Funktionen auch konzernweit einheitlich zu behandeln.

70 In der Verordnung sollen nähere **Einzelheiten** zu Entscheidungsprozessen und Verantwortlichkeiten, der Zusammensetzung der Vergütung, der Ausgestaltung der Vergütungsparameter und der Leistungszeiträume geregelt werden (§ 37 Abs. 3 Satz 1 Nr. 1 KAGB).

71 Auch Vorgaben für die **Überwachung** der Umsetzung und die Weiterentwicklung der Vergütungssysteme sollen in der Rechtsverordnung enthalten sein (§ 37 Abs. 3 Satz 1 Nr. 2 KAGB). Weiterhin soll die BaFin befugt werden, im Falle der Unterschreitung oder drohenden Unterschreitung bestimmter aufsichtsrechtlicher Anforderungen, die Auszahlung variabler Vergütungsbestandteile zu untersagen oder zu beschränken (§ 37 Abs. 3 Satz 1 Nr. 3 KAGB). Nähere Bestimmungen über die Offenlegungspflichten in diesem Zusammenhang sollen ebenfalls im Wege einer Rechtsverordnung ergehen (§ 37 Abs. 3 Satz 1 Nr. 4 KAGB).

72 Nach § 37 Abs. 3 Satz 2 KAGB haben sich die Regelungen insbesondere an Größe und Vergütungsstruktur der KVG und der von ihr verwalteten Investmentvermögen sowie ihrer internen Organisation und der Art, des Umfangs, der Komplexität, des Risikogehalts und der Internationalität ihrer Geschäfte zu orientieren. Insgesamt ist damit bei der Ausgestaltung der Regelungen und damit letztlich der Vergütungssysteme dem **Proportionalitätsgrundsatz** (vgl. hierzu Rz. 51 ff.) Rechnung zu tragen.

73 Soweit Regelungen zur **Offenlegung** in Betracht kommen, bleiben nach § 37 Abs. 3 Satz 3 KAGB die handelsrechtlichen Regelungen unberührt, deren Schwerpunkt die Vergütungshöhe und nicht die Vergütungssystematik betrifft, insbesondere § 285 Nr. 9 lit. a i.V.m. §§ 340a Abs. 1 und 340l i.V.m. § 325 HGB.

74 Die BaFin hat der ESMA auf Verlangen gem. Art. 35 der Verordnung (EU) Nr. 1095/2010 Auskünfte über die Vergütungssysteme zu erteilen.

75 Mit Schreiben vom 22.7.2013 hat die **BaFin** erklärt, dass sie ab sofort im Rahmen ihrer Verwaltungspraxis bis zum Erlass einer Rechtsverordnung auf der Grundlage von § 37 KAGB die ESMA-Leitlinien zur Konkretisierung der in § 37 KAGB vorgesehenen Pflichten heranziehen wird.[127] Die Verabschiedung einer entsprechenden eigenen Rechtsverordnung ist derzeit nicht in Sicht.

XI. Auswirkungen bei Verstößen

1. Zivilrechtliche Außenwirkung?

76 Fraglich ist, ob ein Verstoß gegen § 37 KAGB zu zivilrechtlichen Folgen führt. Kann beispielsweise ein Anleger über die Verwahrstelle einen Anspruch auf Schadensersatz gegen die KVG durchsetzen? Stellt § 37 KAGB ein **Verbotsgesetz** i.S.d. § 134 BGB dar?

§ 37 richtet sich in seinem Wortlaut nur an das Institut. Dies lässt darauf schließen, dass keine Ausgestaltung der Norm als Verbotsgesetz i.S.d. § 134 BGB gewollt ist.[128] Dafür spricht auch, dass bei entsprechenden Verstößen keine ausdrückliche zivilrechtliche Wirkung angeordnet wird. Hingegen sieht die InstitutsVergV in einigen Fällen ausdrückliche zivilrechtliche Wirkungen vor. So kann die BaFin beispielsweise anordnen, dass ein Institut den Jahresgesamtbetrag, den es für die variable Vergütung aller Geschäftsleiter und Mitarbeiter vorsieht, auf einen bestimmten Anteil des Jahresergebnisses beschränkt oder völlig streicht (§ 45 Abs. 2 Satz 1 Nr. 5a KWG). Auch das ganze oder teilweise Erlöschen von Ansprüchen auf die Gewährung variabler Vergütungsbestandteile ist durch Anordnung der BaFin möglich (§ 45 Abs. 5 Satz 5 KWG). Eine entsprechende Ermächtigung sieht grundsätzlich auch § 37 Abs. 3 Nr. 3 KAGB vor. Da vorliegend bei KVGen keinerlei derartigen zivilrechtlichen Außenwirkungen vom Gesetzgeber vorgesehen sind, auch nicht in den möglichen genannten Ausnahmefällen, ergibt sich im Umkehrschluss, dass Verstöße gegen die aufsichtsrechtlichen Anforderungen gerade keine zivilrechtliche Auswirkung haben sollen.

125 BGBl. I 2013, S. 2231.

126 So auch *Boxberger* in Weitnauer/Boxberger/Anders, § 37 KAGB Rz. 32; *Mujan*, BB 2013, 1653 (1656).

127 Kritisch aufgrund fehlender rechtlicher Bindungswirkung für AIF-KVGen *Rieble* in Moritz/Klebeck/Jesch, § 37 KAGB Rz. 24.

128 So auch *Rieble* in Moritz/Klebeck/Jesch, § 37 KAGB Rz. 61.

2. Aufsichtsrechtliche Maßnahmen

Bei Verstößen gegen § 37 KAGB sind aber **aufsichtsrechtliche Maßnahmen** möglich. Diese können grundsätzlich von Beanstandungen bis hin zu Anordnungen reichen. Zuständige Aufsichtsbehörde ist die BaFin nach § 5 Abs. 1 KAGB. Da eine spezialgesetzliche Eingriffsermächtigung fehlt, ergeben sich die Eingriffsbefugnisse der BaFin zur Durchsetzung der Vergütungsregeln aus der Generalklausel des § 5 Abs. 6 KAGB.[129] Nach § 5 Abs. 6 Satz 1 KAGB kann die BaFin alle Anordnungen treffen, die zur Durchsetzung der Vergütungsvorgaben des § 37 KAGB geeignet und erforderlich sind.[130] Dazu zählen insbesondere Auskunfts-, Vorlage- und Vorladungsersuchen nach § 5 Abs. 6 Satz 3 KAGB. Die BaFin darf dabei jedoch nicht, quasi als der bessere Unternehmer, die Entscheidung, welches Vergütungssystem das „beste" ist, an sich ziehen. Ihre Aufgabe beschränkt sich auf die Beanstandung und Beseitigung riskanter Fehlanreize in einem Vergütungssystem.[131] 77

XII. Ausblick

Zum 1.8.2017 ist die **Novelle der Institutsvergütungsverordnung** in Kraft getreten. Erfreulicherweise ist dabei die bestehende Gruppenregel für bankkonzernzugehörige KVGen beibehalten worden.[132] Demnach werden diese Gesellschaften nach den Vergütungsregeln unter dem OGAW- und AIFM-Regime behandelt. Ferner gelten für unbedeutende CRR-Institute und unbedeutende Nicht-CRR-Institute, zu denen in der Regel die Asset-Manager mit einer KWG-Lizenz gehören, in Umsetzung des Proportionalitätsgrundsatzes weiterhin gewisse Erleichterungen. Nunmehr hat die BaFin am 15.2.2018 auch eine Auslegungshilfe zur InstitutsVergV veröffentlicht. Darin wird noch einmal bestätigt, dass die InstitutsVergV nicht für KVGen gilt, auch wenn sie einem Bankkonzern angehören. Auch wird erläutert, dass Mitarbeiter einer KVG bei der Ermittlung der Gruppen-Risikoträger außen vor gelassen werden können, weil sie aus dem Geltungsbereich der gruppenweiten Vergütungsstrategie ausgenommen sind.[133] 78

Auch die Regelungen zu **MiFID II** enthalten Vorgaben für die Vergütung von Personen im Zusammenhang mit der Erbringung von Wertpapierdienst- und Nebendienstleistungen. Wie dargestellt (vgl. Rz. 20) gilt dies auch für KVGen, die entsprechende Wertpapierdienst- oder Nebendienstleistungen erbringen. Da die genannten Regelungen im Einklang mit den ESMA-Leitlinien stehen, hat die ESMA deren wesentliche Inhalte in die MiFID-Durchführungsvorschriften integriert und damit auch gesetzlich verankert. 79

Die Vergütungsregelung von Instituten in der Richtlinie 2013/36/EU (CRD IV) enthält in Art. 92 Abs. 1 CRD eine Regelung, wonach die Art. 92 Abs. 2 CRD (Vergütungspolicy), Art. 93 CRD (Institut mit staatlicher Unterstützung), Art. 94 CRD (variable Vergütung) und Art. 95 CRD (Vergütungsausschuss) nur auf Institute auf Ebene der Gruppe des Mutterunternehmens und der Tochterunternehmen (einschließlich Offshore) Anwendung finden. Da bankkonzernzugehörige KVGen keine Institute im Sinne der CRD sind, gelten die Regeln daher nicht für KVGen, auch wenn sie einem Bankkonzern angehören. Inzwischen hat die EU-Kommission Vorschläge zur Anpassung der entsprechenden Vergütungsregeln von Instituten als Teil eines Gesamtpaketes zur fünften Überarbeitung der CRD (**CRD V**) unterbreitet.[134] Danach soll Art. 92 Abs. 1 CRD gestrichen werden. Weiterhin soll die Gruppenregelung in Art. 109 CRD dahingehend verschärft werden, dass alle Tochtergesellschaften, und damit auch KVGen, die bisher nicht der CRD unterliegen, diese Anforderungen implementieren müssen. Auch soll demnach die Anwendung des Proportionalitätsgrundsatzes eingeschränkt werden und nicht mehr für den Bonuscap gelten. Dieser wäre demnach auch für die bankkonzernangehörigen KVGen verbindlich. Es bleibt abzuwarten, wie EU-Parlament und EU-Rat auf diese Vorschläge reagieren. Nicht auszuschließen ist, dass insbesondere die Vorschläge zur Anwendung des Proportionalitätsgrundsatzes auch auf von der EU-Kommission bereits angekündigte Anpassungen der Vergütungsregeln in der OGAW- und AIFM- Richtlinie ausstrahlen werden. 80

Weiterhin ist zu beachten, dass die **EBA** Ende 2016 auf Anfrage der EU-Kommission einen Überblick über die Anwendung des Proportionalitätsgrundsatzes bei den Vergütungsregeln in den einzelnen EU-Mitgliedsstaaten veröffentlicht hat.[135] Danach haben die meisten Länder Ausnahmen festgelegt, wonach die betroffe- 81

129 *Rieble* in Moritz/Klebeck/Jesch, § 37 KAGB Rz. 127.
130 *Rieble* in Moritz/Klebeck/Jesch, § 37 KAGB Rz. 127.
131 *Rieble* in Moritz/Klebeck/Jesch, § 37 KAGB Rz. 128.
132 Zur Gruppenregel bei bankkonzernangehörigen KVGen vgl. Rz. 10 ff.
133 Vgl. BaFin, Auslegungshilfe zur InstitutsVergV, Abschnitt 4 „Ergänzende Vorschriften für Gruppen".
134 Siehe www.eba.europa.eu/regulation-and-policy/remuneration/guideline-on-sound-remuneration-policies/-/regulatory-activity/consultation-paper.
135 BVI/Newsletter 7/2016.

nen Institute die strengen Regeln zur Auszahlung der Boni nicht anwenden müssen. Es bleibt abzuwarten, wie die EU-Kommission diese Ergebnisse in ihre weiteren Überlegungen zur Überarbeitung der Vergütungsregeln berücksichtigen wird. Dies hätte dann ggf. auch Auswirkungen auf bankkonzernangehörige KVGen.

82 Ein weiteres Diskussionspapier der EBA[136] ist ebenfalls im Hinblick auf künftige Veränderungen der Vergütungspolitik zu berücksichtigen. Zwar sind hiervon KVGen in der Regel nicht direkt betroffen, da sie nicht vom Anwendungsbereich der CRD/CRR umfasst sind. Es könnten sich hier aber **indirekte Auswirkungen** ergeben und zwar wiederum über die Gruppenregelung der Art. 109 CRD sowie für den Fall, dass KVGen MiFID-Dienstleistungen zusätzlich oder als Nebendienstleistung erbringen, wie z.B. die Finanzportfolioverwaltung, Anlageberatung, Anteilscheinverwahrung oder Anlagevermittlung bei AIF-KVGen. Die von der EBA vorgeschlagene Regelung zur Vergütung von MiFID-Firmen könnte auch auf KVGen übertragen werden, falls sie entsprechend MiFID-Dienst- oder Nebendienstleistungen erbringen. Hier sollte aber seitens der EU-Kommission berücksichtigt werden, dass die KVGen bereits nach OGAW- und AIFM-RL Anforderungen erfüllen müssen, die auch die vorgenannten MiFID-Dienstleistungen abdecken.

83 Die Vorgaben an Vergütungssysteme für KVGen werden sich insgesamt auch in Zukunft inhaltlich kaum von den Anforderungen anderer Finanzmarktakteure unterscheiden. Allen ist ein gewisser **Mindeststandard** gemeinsam, der insbesondere den Schutz der Kundeninteressen bezweckt. Es ist jedoch zu erwarten, dass die hohe Frequenz gravierender Änderungen in Zukunft zurückgehen wird, da mit Implementierung der Vorgaben von CRD IV, AIFMD, OGAW-V und MiFID II die wesentlichen Lehren aus der Finanzkrise gezogen sein sollten. Anpassungsbedarf aufgrund praktischer Erfahrungen mit den neuen Regelungen wird es aber natürlich auch in Zukunft immer wieder geben.

§ 38 Jahresabschluss, Lagebericht, Prüfungsbericht und Abschlussprüfer der externen Kapitalverwaltungsgesellschaft; Verordnungsermächtigung

(1) [1]Für den Jahresabschluss, den Lagebericht und den Prüfungsbericht einer externen Kapitalverwaltungsgesellschaft gelten die §§ 340a bis 340o des Handelsgesetzbuchs entsprechend. [2]§ 26 des Kreditwesengesetzes ist mit der Maßgabe entsprechend anzuwenden, dass die dort geregelten Pflichten gegenüber der Deutschen Bundesbank nicht gelten.

(2) Auf die Bestellung eines Abschlussprüfers ist § 28 des Kreditwesengesetzes mit der Maßgabe entsprechend anzuwenden, dass die dort geregelten Pflichten gegenüber der Deutschen Bundesbank nicht gelten.

(3) [1]Bei der Prüfung des Jahresabschlusses hat der Abschlussprüfer auch die wirtschaftlichen Verhältnisse der externen Kapitalverwaltungsgesellschaft zu prüfen. [2]Er hat insbesondere festzustellen, ob die externe Kapitalverwaltungsgesellschaft die Anzeigepflichten nach den §§ 34, 35, 49 und 53 und die Anforderungen nach den §§ 25 bis 30, 36 und 37 sowie die Anforderungen nach Artikel 4 Absatz 1, 2 und 3 Unterabsatz 2, Artikel 9 Absatz 1 bis 4 sowie Artikel 11 Absatz 1 bis 10, 11 Unterabsatz 1 und Absatz 12 der Verordnung (EU) Nr. 648/2012 des Europäischen Parlaments und des Rates vom 4. Juli 2012 über OTC-Derivate, zentrale Gegenparteien und Transaktionsregister (ABl. L 201 vom 27.7.2012, S. 1; L 321 vom 30.11.2013, S. 6) die zuletzt durch die Verordnung (EU) 2015/2365 geändert worden ist, sowie die Anforderungen nach den Artikeln 4 und 15 der Verordnung (EU) 2015/2365 und nach Artikel 16 Absatz 1 bis 4, Artikel 23 Absatz 3 und 10 und Artikel 28 Absatz 2 der Verordnung (EU) 2016/1011, nach Artikel 28 Absatz 1 bis 3 der Verordnung (EU) Nr. 600/2014 sowie nach den Artikeln 4 bis 6, 9 bis 21, 23 bis 34 und 36 der Verordnung (EU) 2017/1131 erfüllt hat.

(4) [1]Der Abschlussprüfer hat zu prüfen, ob die externe Kapitalverwaltungsgesellschaft ihren Verpflichtungen nach dem Geldwäschegesetz nachgekommen ist. [2]Soweit die externe Kapitalverwaltungsgesellschaft Nebendienstleistungen nach § 20 Absatz 2 oder 3 erbringt, hat der Abschlussprüfer diese Nebendienstleistungen besonders zu prüfen. [3]Werden Nebendienstleistungen im Sinne des § 20 Absatz 2 Nummer 1 bis 3 oder Absatz 3 Nummer 2 bis 5 erbracht, umfasst die Prüfung auch die Einhaltung der in § 5 Absatz 2 genannten Vorschriften des Wertpapierhandelsgesetzes. [4]Die Prüfung kann auch ein geeigneter Prüfer im Sinne des § 89 Absatz 1 Satz 6 des Wertpapierhandelsgesetzes vor-

136 EBA'S Discussion Paper „Designing a new prudential regime for investment firms".

nehmen. [5]§ 89 Absatz 4 und 5 des Wertpapierhandelsgesetzes gilt entsprechend. [6]Die Bundesanstalt kann auf Antrag von der gesonderten Prüfung der in § 5 Absatz 2 genannten Vorschriften des Wertpapierhandelsgesetzes ganz oder teilweise absehen, soweit dies aus besonderen Gründen, insbesondere wegen der Art und des Umfangs der betriebenen Geschäfte, angezeigt ist. [7]§ 29 Absatz 3 des Kreditwesengesetzes ist mit der Maßgabe entsprechend anzuwenden, dass die dort geregelten Pflichten gegenüber der Deutschen Bundesbank nicht gelten.

(5) [1]Das Bundesministerium der Finanzen wird ermächtigt, im Einvernehmen mit dem Bundesministerium der Justiz und für Verbraucherschutz durch Rechtsverordnung, die nicht der Zustimmung des Bundesrates bedarf, nähere Bestimmungen über den Zeitpunkt der Prüfung, weitere Inhalte, Umfang und Darstellungen des Prüfungsberichts zu erlassen, soweit dies zur Erfüllung der Aufgaben der Bundesanstalt erforderlich ist, insbesondere um einheitliche Unterlagen zur Beurteilung der Tätigkeit der externen Kapitalverwaltungsgesellschaft zu erhalten. [2]Das Bundesministerium der Finanzen kann die Ermächtigung durch Rechtsverordnung auf die Bundesanstalt übertragen.

In der Fassung vom 4.7.2013 (BGBl. I 2013, S. 1981), zuletzt geändert durch das Gesetz zur Ausübung von Optionen der EU-Prospektverordnung und zur Anpassung weiterer Finanzmarktgesetze vom 10.7.2018 (BGBl. I 2018, S. 1102). Geplant ist eine textliche Einfügung in Abs. 3 Satz 2 durch Gesetz zur Anpassung von Finanzmarktgesetzen an die Verordnung (EU) 2017/2402 und an die durch die Verordnung (EU) 2017/2401 geänderte Verordnung (EU) Nr. 575/2013 (RegE, BT-Drucks. 19/4460).

I. Vorbemerkung

§ 38 Abs. 1-5 KAGB wurde fast wortgleich aus den §§ 19d ff. Investmentgesetz übernommen. 1

§ 38 Abs. 1 KAGB regelt den **Jahresabschluss**, den **Lagebericht** sowie den **Prüfungsbericht** der externen Kapitalanlagegesellschaft. 2

Ohne diese Vorschrift würden die externen Kapitalverwaltungsgesellschaften handelsrechtlich lediglich den allgemeinen Vorschriften des Dritten Buches des HGB „Handelsbücher" und aufgrund der vorgegebenen Rechtsformen insbesondere dem 2. Abschnitt „Ergänzende Vorschriften für Kapitalgesellschaften (Aktiengesellschaften, Kommanditgesellschaften auf Aktien und Gesellschaften mit beschränkter Haftung) sowie bestimmte Personenhandelsgesellschaften" unterliegen. 3

Aufgrund § 267 HGB „Umschreibung der Größenklassen" würde eine Vielzahl von externen Kapitalanlagegesellschaften als „Kleine Kapitalgesellschaften" in den Genuss **handelsrechtlicher Befreiungsvorschriften** fallen. 4

Mit dem Verweis auf § 340a HGB finden auf **externe Kapitalanlagegesellschaften** weitgehend Regeln Anwendung, die auch von anderen **Unternehmen der Finanzindustrie** zu beachten sind. 5

Eine andere Behandlung ließe sich nur schwer rechtfertigen, da sie in Bezug auf die Rechnungslegung eine Ungleichbehandlung in der Finanzindustrie, auch bei vergleichbarer Tätigkeit, der **Vermögensverwaltung**, verursachen würde. 6

Hinzu kommt, dass externe Kapitalanlagegesellschaften gem. § 20 Abs. 2 KAGB neben der kollektiven Vermögensverwaltung **Dienstleistungen wie die Finanzportfolioverwaltung, die Anlageberatung, den Vertrieb von Anteilen an Investmentvermögen** etc. erbringen dürfen. Externe Kapitalanlagegesellschaften stehen somit im Wettbewerb mit Finanzdienstleistungsunternehmen. Deren Dienstleistungen erfordern gem. § 1 Abs. 1a KWG eine Genehmigung als Finanzdienstleistungsinstitut. 7

Aufgrund dieser Genehmigung unterliegen diese Unternehmen den Vorschriften des vierten Abschnittes des HGB „Ergänzende Vorschriften für Unternehmen bestimmter Geschäftszweige", insbesondere „Ergänzende Vorschriften für Kreditinstitute und Finanzdienstleistungsinstitute" (§ 340 Abs. 4 HGB). 8

Schließlich wäre eine **abweichende Behandlung** in der Rechnungslegung für Kapitalanlagegesellschaften im Vergleich zu anderen Unternehmen der Finanzindustrie **nur schwer zu rechtfertigen**, wenn man bedenkt, welche Investmentvolumina auch kleinere KVGen verwalten. 9

10 Gleichzeitig bleibt der Gesetzgeber mit der Vorschrift des § 38 Abs. 1 KAGB der Linie treu, eine Kapitalverwaltungsgesellschaft, auch wenn sie formal **keine Bankgeschäfte** i.S.d. § 1 KWG betreibt, dennoch so zu behandeln.

II. Jahresabschluss und Lagebericht

11 Aufgrund der Regelung des § 38 Abs. 1 KAGB i.V.m. § 340a Abs. 1 HGB gelten für **externe Kapitalverwaltungsgesellschaften** die auch für **große Kapitalgesellschaften** geltenden Vorschriften des Ersten Unterabschnitts des Zweiten Abschnitts des Dritten Buches HGB, soweit in den Vorschriften dieses Unterabschnitts nichts anderes bestimmt ist.

12 Entsprechend müssen externe Kapitalverwaltungsgesellschaften einen **Lagebericht** nach den **für große Kapitalgesellschaften** geltenden Bestimmungen aufstellen.

13 Externe Kapitalverwaltungsgesellschaften unterliegen entsprechend auch der **Verordnung über die Rechnungslegung der Kreditinstitute und Finanzdienstleistungsinstitute.**

14 Form und Inhalt des Jahresabschlusses einer externen Kapitalverwaltungsgesellschaft stellen sich somit deutlich anders als die der handelsrechtlichen Jahresabschlüsse dar. Die Abweichungen zeigen sich zum einen in der **liquiditätsorientierten Gliederungsstruktur** der Rechnungslegungsverordnung, aber auch in Verwendung inhaltlich **vom HGB abweichender Posten** wie z.B. Forderungen an Kreditinstitute oder auf Provisionserträge.

15 Da Kapitalverwaltungsgesellschaften zwar rechtlich keine Bankgeschäfte betreiben, jedoch zumindest in Teilen ökonomisch gleiche Tätigkeiten ausüben, lässt sich das Gliederungsschema der Rechnungslegungsverordnung von Kreditinstituten auf Kapitalverwaltungsgesellschaften übertragen.[1]

16 Mit dieser Vorgehensweise entsteht jedoch zugleich ein großer **Schwachpunkt in der Rechnungslegung der externen Kapitalanlagegesellschaft.**

17 Zunächst ist zu bedenken, dass diese Unternehmen ein Geschäft betreiben, dass nur wenig Niederschlag in der **Bilanz** findet. Dies und die Beschreibung der Posteninhalte haben eine durchweg negative Auswirkung auf die GuV, wie sich an nachstehenden für externe Kapitalanlagegesellschaften relevanten Posten zeigen lässt.

18 Gemäß § 14 RechKredV enthalten **„Forderungen an Kreditinstitute"** alle Arten von Forderungen aus Bankgeschäften sowie alle Forderungen **von Finanzdienstleistungsinstituten** an in- und ausländische Kreditinstitute.

19 Der Regelungsgeber unterscheidet somit zwischen allen Arten von Forderungen aus Bankgeschäften sowie allen Forderungen an in- und ausländische Kreditinstitute. Letztere dürfen in diesem Posten jedoch nur von Finanzdienstleistungsinstituten verbucht werden.

20 Da externe Kapitalanlagegesellschaften bereits mangels Genehmigung keine Bankgeschäfte betreiben dürfen und auch keine Finanzdienstleistungsinstitute sind, wäre dieser Posten für sie gesperrt. Damit stellt sich die Frage, wo die Eigenanlagen z.B. in Termingeldern, aber auch die laufenden Kontokorrente verbucht werden sollen.

21 Zunächst einmal löst sich diese Lücke insofern auf, als die Kapitalanlagegesellschaften vormals als Kreditinstitute klassifiziert waren. Die RechKredV ist nach Wegfall dieses Status für Kapitalanlagegesellschaften vermutlich aus Versehen nicht angepasst worden.

22 Alternative lässt sich auch von der These ausgehen, dass die **Praxis** sich dahingehend entwickelt hat, dass **externe Kapitalanlagegesellschaften vergleichbar den Finanzdienstleistungsinstituten** sämtliche Geldeinlagen bei Banken unter Forderungen an Kreditinstituten verbuchen. Dies wird von der Aufsicht auch nicht beanstandet.

23 Gemäß § 15 RechKredV dient der Posten **„Forderungen an Kunden"** der Aufnahme aller Arten von Vermögensgegenständen die Forderungen an in- und ausländische Nichtbanken (Kunden) darstellen.

24 Die maßgeblichen, hier auszuweisenden Forderungen betreffen offensichtlich die Provisionsforderungen aus der Verwaltung der Investmentvermögen. Damit stellt sich die Frage, ob die externe Kapitalanlagegesellschaft eingedenk ihrer Treuhändereigenschaft die **Investmentvermögen als Kunde** sehen sollte und entsprechend die Provisionsforderungen als solche ausweisen kann.

---

1 Abweichend *Distler* in Emde/Dornseifer/Dreibus/Hölscher, § 19d InvG Rz. 12 ff.

Die Praxis geht hier **unterschiedliche Wege.** Es gibt externe Kapitalanlagegesellschaften, die die Provisionsforderungen aus der Verwaltung der Investmentvermögen in diesem Posten ausweisen. Andere weisen die Forderungen als „Sonstige Vermögensgegenstände" aus. 25

Letztere Handhabung ist dem reinen Wortlaut der RechKredV nach nicht zu beanstanden, führt aber zu einem deutlichen **Absinken der Transparenz.** Die Haupteinnahmequelle verschwindet im Sonstigen. 26

Berücksichtigt man zudem die **liquiditätsorientierte Struktur** der Bilanz nach RechKredV läuft dieser Ausweis sogar der Intention der Gliederung zu wider. 27

Gemäß § 17 RechKredV dient der Posten **„Aktien und andere nicht festverzinsliche Wertpapiere"** u.a. der Aufnahme von Anteilen an Investmentvermögen. 28

In der betrieblichen Praxis halten externe Kapitalanlagegesellschaften solche Anteile 29

- zur Eigenanlage
- aufgrund von gegebenem Seed Money
- zur Verbuchung von Anteilen im Rahmen von Bonusprogrammen.

In der Regel verbuchen die externen Kapitalanlagegesellschaften diese Anteile zusammengefasst in dem Posten „Aktien und andere nicht festverzinsliche Wertpapiere". Sofern nicht im Anhang oder Lagebericht weitere Erörterungen gegeben werden, bleiben für den Bilanzleser sowohl der Charakter als auch die beabsichtigte Fristigkeit des Postens **intransparent.** 30

Gemäß § 20 RechKredV dient der Posten „Sonstige Vermögensgegenstände" der Aufnahme von Forderungen und sonstigen Vermögensgegenständen, die einem anderen Posten nicht zu zuordnen sind. 31

Der Inhalt dieses Posten hängt somit entscheidend von den Verbuchungsentscheidungen insbesondere in Bezug auf die Forderungen an Kunden ab. 32

Die Diskussion um die Verbuchung auf der Passivseite verläuft weitgehend parallel zu den vorstehenden Überlegungen zu der Aktivseite. 33

Bezüglich der Posten der **Gewinn- und Verlustrechnung** ergeben sich weniger Abgrenzungsschwierigkeiten. Dies hängt im Wesentlichen damit zusammen, dass die beiden maßgeblichen Posten bei einer externen Kapitalanlagegesellschaft die **Provisionserträge** sowie die **Allgemeinen Verwaltungsaufwendungen** sind. 34

Diese beiden Posten sind ohnehin in der RechKredV einerseits weit definiert und haben andererseits wenig konkurrierende Posten. 35

Bezüglich der Kommentierung der weiteren Posten wird daher an dieser Stelle auf die einschlägigen KWG-Kommentierungen verwiesen. 36

III. Prüfungsbericht

Auch der Prüfungsbericht ist aufgrund des § 38 Abs. 1 KAGB **nach den Vorschriften für Kreditinstitute** zu erstellen. 37

Hiervon gibt es jedoch insofern eine bedeutsame Abweichung, als für externe Kapitalverwaltungsgesellschaften nicht die Prüfungsberichtsverordnung für Kreditinstitute, sondern die **KAPrüfbV** Anwendung findet. 38

§ 7 KAPrüfbV verlangt, dass der Bericht über die Prüfung der externen Kapitalverwaltungsgesellschaft so zu verfassen ist, dass er den für die Prüfung eines Investmentvermögens zuständigen Abschlussprüfer in die Lage versetzt, den Bericht im Rahmen seiner Prüfung zu verwerten. 39

Die für den Abschlussprüfer des Investmentvermögens relevanten Prüfungsergebnisse können in einem **gesonderten Teil** des Berichts zusammengefasst werden. Da der Verordnungsgeber nicht von einem besonderen Berichtsband spricht, hat der Abschlussprüfer des Investmentvermögens einen Anspruch auf Herausgabe des gesamten Prüfungsberichtes der externen Kapitalverwaltungsgesellschaft. 40

IV. Bestellung des Abschlussprüfers

Die Bestellung des Abschlussprüfers erfolgt gem. § 38 Abs. 2 KAGB i.V.m. § 28 KWG und somit mit **deutlichen Abweichungen zu den handelsrechtlichen Vorgaben.** 41

42 Insbesondere greift der Gesetzgeber in die Autonomie der Gesellschafter der externen Kapitalverwaltungsgesellschaft ein, da die BaFin innerhalb eines Monats nach Zugang der Anzeige die **Bestellung eines anderen Prüfers** verlangen kann, wenn dies zur Erreichung des Prüfungszwecks geboten ist.

43 Hat das Institut eine Wirtschaftsprüfungsgesellschaft zum Prüfer bestellt, die in einem der beiden vorangegangenen Geschäftsjahre Prüfer des Instituts war, kann die Bundesanstalt den **Wechsel des verantwortlichen Prüfungss** verlangen, wenn die vorangegangene Prüfung einschließlich des Prüfungsberichts den Prüfungszweck nicht erfüllt hat. Die Verwendung des spezifischen Ausdrucks „Wirtschaftsprüfungsgesellschaft" in § 28 KWG anstelle des in § 102 KAGB verwendeten allgemeineren Begriffes des Abschlussprüfers stellt vermutlich einen redaktionellen Fehler dar.

44 Denkbar wäre allerdings, dass diese Formulierung seitens der Aufsicht genutzt wird, um dieselbe Wirtschaftsprüfungsgesellschaft aber eine **andere Person als Prüfer** zu fordern.

V. Prüfung und Prüfungsumfang

45 Über den § 38 Abs. 3-5 KAGB ist der Umfang der Prüfung geregelt und zugleich die **Grundlage für die KAPrüfbV** geschaffen.

46 § 38 Abs. 3 KAGB verlangt u.a. die **Prüfung der wirtschaftlichen Verhältnisse**, der **Anzeigepflichten** sowie bestimmter Anforderungen der sog. **EMIR-Verordnung.** Diesbezüglich sei an dieser Stelle auf die einschlägigen Kommentare verwiesen.

47 Die KAPrüfbV wählt eine etwas andere Struktur für die Anforderungen an die Prüfung, die, da detaillierter, hier im Vordergrund stehen soll. Sie gliedert in

48 Allgemeines
- § 5 Zusammenfassung des Prüfungsergebnisses,
- § 6 Berichtszeitraum,
- § 7 Prüfungs- und Berichtsgrundsätze für externe Kapitalverwaltungsgesellschaften,
- § 8 Darstellung der rechtlichen, wirtschaftlichen und organisatorischen Grundlagen,
- § 9 Ausländische Zweigstellen und Zweigniederlassungen.

49 Aufsichtsrechtliche Vorgaben
- § 10 Eigenmittel,
- § 11 Anzeigewesen und Meldepflichten,
- § 12 Darstellung und Beurteilung der getroffenen Vorkehrungen zur Verhinderung von Geldwäsche und Terrorismusfinanzierung,
- § 14 Pflichten nach der Verordnung (EU) Nr. 648/2012.

50 Abschlussorientierte Berichterstattung
- Lage der externen Kapitalverwaltungsgesellschaft
  a. § 15 Geschäftliche Entwicklung im Berichtsjahr,
  b. § 16 Beurteilung der Vermögens- und Finanzlage,
  c. § 17 Beurteilung der Ertragslage,
  d. § 18 Risikolage.
- §§ 19–20 Erläuterungen zur Rechnungslegung

51 Der Abschnitt 1 **„Allgemeines"** enthält unter § 5 KAPrüfbV **„Zusammenfassung des Prüfungsergebnisses"** abweichend von seiner Bezeichnung eindeutige und relevante Anforderungen an Stellungnahmen, die der Abschlussprüfer auf jeden Fall zu treffen hat.

52 Unter § 6 KAPrüfbV **„Berichtszeitraum"** wird die Begründung von Prüfungsunterbrechungen gefordert. Diese Anforderung ist relevant, da z.B. aufgrund der Aufteilung der Prüfung in verschiedene Prüfungsabschnitte die Länge der Prüfung keinen Hinweis auf Prüfungserschwernisse bietet.

53 Die Überschrift § 7 KAPrüfbV **„Prüfungs- und Berichtsgrundsätze für externe Kapitalverwaltungsgesellschaften"** ist dem Verordnungsgeber misslungen. Im Kern geht es hier um die Kooperation des Abschlussprüfers der Kapitalverwaltungsgesellschaft mit dem Prüfer des Investmentvermögens. Der Abschlussprüfer ist verpflichtet dem Prüfer der Investmentvermögen relevante Informationen im Prüfungsbericht zur Verfügung zu stellen. Dies lässt gleichzeitig den Schluss zu, dass der Prüfer der Kapitalverwaltungsgesellschaft

den Prüfungsbericht aushändigen muss, auch wenn dieser Informationen enthält, die für den Prüfer der Investmentvermögen nicht bestimmt sind.

Die Anforderung der § 8 KAPrüfbV „**Darstellung der rechtlichen, wirtschaftlichen und organisatorischen Grundlagen**" unter „Allgemeines" erscheint ebenfalls wenig geglückt. 54

Bereits die Anforderung in § 8 Abs. 1 KAPrüfbV über die Ausschöpfung und Überschreitung der Erlaubnisse zu berichten, passt weder in den Kontext allgemeiner Darstellungen noch stellt es eine Grundlage dar. 55

Unklar bleibt insbesondere, ob der Prüfer hierzu explizite Prüfungshandlungen z.B. forensischer Natur vornehmen muss. Wahrscheinlicher erscheint, dass er seine aus den Prüfungshandlungen gewonnenen Erkenntnisse auf mögliche **Verletzungen der Erlaubnisse** prüfen muss. 56

Auch die Forderung in § 8 Abs. 2 KAPrüfbV über bestimmte, explizit aufgeführte **Änderungen** zu berichten geht über den Kontext einer allgemeinen bzw. Grundlagen bezogenen Darstellung hinaus. 57

Der Abschlussprüfer wird in der praktischen Umsetzung allerdings tatsächlich zunächst die rechtlichen, wirtschaftlichen und organisatorischen Grundlagen darstellen und darauf aufbauend seiner Pflicht über die Berichterstattung bezüglich Änderungen nachkommen. 58

In diesem Kontext verwundert insbesondere der § 8 Abs. 5 KAPrüfbV. Dieser führt aus, dass, soweit der Abschlussprüfer nur verpflichtet ist, über Änderungen zu berichten, er darüber hinaus in angemessenen Abständen vollständig zu berichten hat. Angemessene Abstände sind in der Regel drei bis fünf Jahre. Da nicht anzunehmen ist, dass der Abschlussprüfer alle drei bis fünf Jahre die Struktur seines Prüfungsberichtes ändern wird, hätte der Verordnungsgeber gleich eine Darstellung der rechtlichen, wirtschaftlichen und organisatorischen Grundlagen unter Aufzeigen der Änderungen fordern können. 59

Lediglich die § 8 Abs. 3, 4 KAPrüfbV verlangt tatsächlich die **Darstellung von Grundlagen.** Es besteht eine Pflicht bezüglich Berichterstattung über **Auslagerungen** (Abs. 3) sowie über die **Geschäftsorganisation** mit einigen ergänzend aufgeführten Aspekten (Abs. 4). 60

Anzumerken ist zudem, dass § 8 KAPrüfbV mit seinen Detailvorschriften nicht mehr auf die wirtschaftlichen Verhältnisse eingeht. Dies ist auch nicht erforderlich, da dieser Bereich unter der „Abschlussorientierten Berichterstattung" im Unterabschnitt 1 „Geschäftliche Entwicklung im Berichtsjahr" unmfänglich aufgegriffen wird. 61

Bezüglich des Abschnitts 2 „**Aufsichtsrechtliche Vorgaben**" wird an dieser Stelle auf die einschlägigen Kapitel innerhalb dieses Kommentars bzw. auf Kommentare zu GwG und EMIR verwiesen. 62

Bezüglich der Anforderungen des GwG sei allerdings auf die Anlagen 1 und 2 des GwG verwiesen. Ob vor deren Hintergrund das Schreiben des Bundesaufsichtsamtes für das Kreditwesen „Bestellung von Geschäftsleitern eines Kreditinstituts zu leitenden Personen i.S.d. § 14 Abs. 2 Nr. 1 GwG" vom 3.6.1994[2] noch haltbar ist, ist noch zu klären. In diesem werden Kapitalanlagegesellschaften als Unternehmen mit strukturell geringer „Geldwäscheanfälligkeit" bezeichnet. 63

Die „**Abschlussorientierte Berichterstattung**" des Abschnitt 3, Kapitel 2 KAPrüfbV fokussiert sich stark auf die Lage der Kapitalverwaltungsgesellschaft. 64

Bei der Darstellung insbesondere der **geschäftlichen Entwicklung** gem. § 15 KAPrüfbV verlangt die KAPrüfbV eine analytische Darstellung durch Verwendung von Kennzahlen. Die konkrete Ausgestaltung bleibt jedoch dem Abschlussprüfer vorbehalten. 65

Auch § 16 KAPrüfbV „Beurteilung der Vermögens- und Finanzlage" sowie § 17 KAPrüfbV „Beurteilung der Ertragslage" verlangt neben einigen explizit zu machenden Angaben eine **analytische Darstellung,** durch die Forderung nach einer Hervorhebung der Besonderheiten, die für die Beurteilung der Vermögens- und Finanzlage von Bedeutung sind, insbesondere Art und Umfang bilanzunwirksamer Ansprüche und Verpflichtungen. Die konkrete Ausgestaltung bleibt auch hier dem Abschlussprüfer der vorbehalten. 66

Der Abschlussprüfer muss sich somit mit der Zielsetzung seiner analytischen Aussagen auseinandersetzen. 67

Da die Investmentvermögen getrennt vom Vermögen der KVGen verwahrt werden, kann die Prüfung der wirtschaftlichen Verhältnisse sich in ihrem Kern nicht auf deren wirtschaftliche Überlebensfähigkeit beziehen. Vielmehr ist anzunehmen, dass die Aufsicht über die organisatorischen **Überlebensfähigkeit der KVG** informiert sein möchte. 68

---

2 CMBS C.40.5.

69 Ist die KVG nicht in der Lage, qualifiziertes Personal an sich zu binden und in relevante Software zu investieren, kann das Investmentvermögen und damit der Investor Schaden erleiden. Unzureichende wirtschaftliche Verhältnisse können zumindest eine Quelle organisatorischer Schwächen sein.

Unterabschnitt 3
Weitere Maßnahmen der Aufsichtsbehörde

§ 39 Erlöschen und Aufhebung der Erlaubnis

(1) [1]Die Erlaubnis erlischt, wenn die Kapitalverwaltungsgesellschaft

1. von ihr nicht innerhalb eines Jahres seit ihrer Erteilung Gebrauch macht,

2. den Geschäftsbetrieb, auf den sich die Erlaubnis bezieht, seit mehr als sechs Monaten nicht mehr ausübt oder

3. ausdrücklich auf sie verzichtet.

[2]Bei Investmentaktiengesellschaften mit veränderlichem Kapital, bei Investmentaktiengesellschaften mit fixem Kapital, bei offenen Investmentkommanditgesellschaften oder bei geschlossenen Investmentkommanditgesellschaften muss der Verzicht im Sinne von Satz 1 Nummer 3 gegenüber der Bundesanstalt durch Vorlage eines Handelsregisterauszuges nachgewiesen werden, aus dem sich die entsprechende Änderung des Unternehmensgegenstandes wie auch die Änderung der Firma ergibt.

(2) Soweit die externe Kapitalverwaltungsgesellschaft auch über die Erlaubnis zur Finanzportfolioverwaltung nach § 20 Absatz 2 Nummer 1 oder Absatz 3 Nummer 2 verfügt, erlischt diese Erlaubnis, wenn die Kapitalverwaltungsgesellschaft nach § 11 des Anlegerentschädigungsgesetzes von der Entschädigungseinrichtung ausgeschlossen wird.

(3) Die Bundesanstalt kann die Erlaubnis außer nach den Vorschriften des Verwaltungsverfahrensgesetzes aufheben oder, soweit dies im Einzelfall ausreichend ist, aussetzen, wenn

1. die Kapitalverwaltungsgesellschaft die Erlaubnis auf Grund falscher Erklärungen oder auf sonstige rechtswidrige Weise erwirkt hat,

2. die Eigenmittel der Kapitalverwaltungsgesellschaft unter die in § 25 vorgesehenen Schwellen absinken und die Gesellschaft nicht innerhalb einer von der Bundesanstalt zu bestimmenden Frist diesen Mangel behoben hat,

3. der Bundesanstalt Tatsachen bekannt werden, die eine Versagung der Erlaubnis nach § 23 Nummer 2 bis 11 rechtfertigen würden,

4. die externe Kapitalverwaltungsgesellschaft auch über die Erlaubnis zur Finanzportfolioverwaltung nach § 20 Absatz 2 Nummer 1 oder Absatz 3 Nummer 2 verfügt und die Verordnung (EU) Nr. 575/2013 nicht mehr erfüllt,

5. gegen die Kapitalverwaltungsgesellschaft auf Grund einer Ordnungswidrigkeit nach § 340 Absatz 1 Nummer 1, 4 oder 5 oder Absatz 2 Nummer 1 Buchstabe a, d, e oder f, Nummer 3 bis 7, 9, 10, 13, 35, 76, 77 oder 81 oder auf Grund einer wiederholten Ordnungswidrigkeit nach § 340 Absatz 1 Nummer 2 oder 3 oder Absatz 2 Nummer 24, 31, 32, 37, 38, 40, 41, 49, 50 bis 63, 65, 72, 73, 78 oder 79 oder auf Grund einer Ordnungswidrigkeit oder auf Grund einer wiederholten Ordnungswidrigkeit nach § 120 Absatz 10 des Wertpapierhandelsgesetzes eine Geldbuße festgesetzt werden kann,

6. die Kapitalverwaltungsgesellschaft nachhaltig gegen die Bestimmungen dieses Gesetzes verstößt,

7. die Kapitalverwaltungsgesellschaft schwerwiegend, wiederholt oder systematisch gegen die Bestimmungen des Geldwäschegesetzes verstoßen hat.

(4) § 38 des Kreditwesengesetzes ist entsprechend anzuwenden, wenn die Bundesanstalt die Erlaubnis der Kapitalverwaltungsgesellschaft aufhebt oder die Erlaubnis erlischt.

In der Fassung vom 4.7.2013 (BGBl. I 2013, S. 1981), zuletzt geändert durch das Zweite Finanzmarktnovellierungsgesetz (2. FiMaNoG) vom 23.6.2017 (BGBl. I 2017, S. 1693).

Schrifttum: *Böhme*, Staatshaftung für fehlerhafte Bankenaufsicht nach deutschem und europäischem Recht, 2009; *Erbs/Kohlhaas*, Strafrechtliche Nebengesetze, Loseblattsammlung, Stand: 4/2018; *Fuchs*, Unzureichende Einlagensicherung und Staatshaftung im europäischen Wirtschaftsraum, EWS 2010, 516; *Fischer-Lescano*, Rechtskraft, 2013; *Herring/Fiedler*, Der Sonderbeauftragte in der Bankenaufsicht, § 45c KWG – Neuregelung durch das Restrukturierungsgesetz, WM 2011, 1311; *Hoffmann-Riem/Schmidt-Aßmann/Voßkuhle*, Grundlagen des Verwaltungsrechts, Band 2, 2. Aufl. 2012; *Krull*, Der „Hängebeschluss" im System des vorläufigen Rechtsschutzes der Verwaltungsgerichtsordnung, Dissertation Georg-August-Universität Göttingen, Hamburg 2016; *Kümper*, Risikoverteilung im Staatshaftungsrecht, 2011; *Laars*, NomosBundesrecht, Finanzdienstleistungsaufsichtsgesetz (FinDAG), Kommentar, 4. Online-Aufl. 2017; *Luz/Neus/Schaber/Schneider/Wagner/Weber (Hrsg.)*, Kreditwesengesetz (KWG), Band 1, 3. Aufl. 2015; *Maunz/Dürig*, Grundgesetz Kommentar, Loseblatt, Stand: April 2018; *Möllers/Kloyer*, Das neue Kapitalanlagegesetzbuch, 2013; *Nicolaysen*, Keine Staatshaftung für die Bankenaufsicht, in GS für Wolfgang Martens, 1987, S. 663; *Redeker/von Oertzen*, VwGO Kommentar, 16. Aufl. 2014; *Säcker/Rixecker/Oetker/Limperg*, Münchener Kommentar zum BGB, Band 6, 7. Aufl. 2017; *Schwennicke/Auerbach*, KWG Kommentar, 2009; *Triantafyllou*, Zur Verantwortung des Staates für die Geldwirtschaft, EuR 2010, 585; *Unkel*, Die Rechtsfigur des Sonderbeauftragten als öffentlich-rechtlich bestellter Verwaltungsmittler – Ein Beitrag zum Versicherungsaufsichtsrecht und zum Problem der Inländerdiskriminierung, Dissertation Heinrich-Heine-Universität Düsseldorf, Karlsruhe, 2011.

I. Inhalt der Norm

§ 39 KAGB regelt die Tatbestandsvoraussetzungen des **Erlöschens der Erlaubnis** nach § 20 KAGB. Im weiteren Sinne behandelt die Norm eine Frage der Rechtskraft,[1] die sich auf einen Verwaltungsakt bezieht, und ist damit im Kontext der §§ 48 und 49 VwVfG zu sehen. Das KAGB orientiert sich am, deutlich älteren, § 35 KWG. 1

§ 39 Abs. 1 und 2 KAGB definieren Tatbestände, in denen Erlaubnisse ohne Verwaltungsakt der BaFin – also **ipso iure** – erlöschen. § 39 Abs. 1 Satz 1 behandelt in den Fällen der Nr. 1 und Nr. 2 den **Untätigkeitsablauf** und in Nr. 3 den **Verzicht.** § 39 Abs. 2 befasst sich nur mit der Erlaubnis zum Erbringen der Finanzportfolioverwaltung nach § 20 Abs. 2 Nr. 1 und Abs. 3 Nr. 2 KAGB. 2

II. Verortung in der AIFMD und OGAW sowie im InvG sowie anderen Gesetzen

Fraglich ist, ob §§ 39 bis 42 KAGB einen **drittschützenden Charakter** haben. In diesem Fall könnte das Nichtergreifen geeigneter und erforderlicher Maßnahmen zu einem Amtshaftungsanspruch nach § 839 BGB i.V.m. Art. 34 GG für den Anleger gegenüber der BaFin führen. So waren Rechtsprechung und Literatur lange Zeit der Auffassung, dass eine der Aufgaben der BaFin jedenfalls im Bereich der Bankenaufsicht auch der Schutz der Einlagegläubiger der Bank sei.[2] Erst das Dritte Gesetz zur Änderung des Gesetzes über das Kreditwesen vom 20.12.1984[3] fügte in § 6 KWG a.F. – heute § 4 Abs. 4 FinDAG – einen neuen Absatz 3

1 Zu den Grundsatzfragen: *Fischer-Lescano*, Rechtskraft, insbesondere S. 19 ff.
2 BGH v. 15.2.1979 – III ZR 108/76, BGHZ 74, 144 = NJW 1979, 1354; BGH v. 12.7.1979 – III ZR 154/77, BGHZ 75, 120 = NJW 1979, 1879; BGH v. 21.10.1982 – III ZR 20/82, ZIP 1982, 1301 = NJW 1983, 563; s. dazu noch *Papier* in Maunz/Dürig, Art. 34 GG Rz. 188 m.w.N.
3 BGBl. I 1984, S. 1693.

ein, nach dem die BaFin ihre Aufgaben nur im öffentlichen Interesse wahrnimmt und folglich keine Pflicht habe, privatrechtliche Ansprüche der Gläubiger zu prüfen oder für ihre Durchsetzung zu sorgen.[4] Dies hat zur Folge, dass die von der Aufsichtstätigkeit mittelbar betroffenen Kunden und Kundinnen der zu beaufsichtigenden KVGen keinen eigenen Anspruch gegen die BaFin haben, aufsichtlich tätig zu werden oder gar bestimmte Maßnahmen zu ergreifen.[5] Zwar wird insoweit von Rechtsprechung und Teilen der Literatur vertreten, dass § 4 Abs. 4 FinDAG verfassungsgemäß sei und auch mit den Vorgaben des EU-Rechts im Einklang stehe.[6] Zu der Frage, ob ein einfaches Gesetz Verfassungsbestimmungen, die diese Möglichkeit selbst nicht eröffnen, einschränken darf, hat sich das BVerfG noch nicht geäußert.[7]

3a Grundlage für die Bestimmungen im Hinblick auf ein automatisches Erlöschen der Erlaubnis in § 39 Abs. 1 KAGB ist **Art. 11 lit. a der AIFMD**. Das Gesetz übernimmt ferner wesentliche Regelungen aus §§ 17, 17b und 97 InvG. § 17 InvG findet sich in weiten Passagen wieder in § 39 Abs. 1 Satz 1, Abs. 2 und Abs. 3 Nr. 1–3 KAGB. § 97 Abs. 2 Satz 2 InvG entspricht § 39 Abs. 1 Satz 2 KAGB. § 17b InvG entspricht § 39 Abs. 4 KAGB und § 17 Abs. 2 Satz 1 Nr. 4 InvG wurde im Wesentlichen in § 39 Abs. 3 Nr. 5 KAGB übernommen.

III. Tatbestandsmerkmale im Einzelnen

1. Erlöschen der Erlaubnis (§ 39 Abs. 1 KAGB)

a) Adressaten der Norm

4 § 39 Abs. 1 KAGB gilt sowohl für externe als auch für interne KVGen, sofern die Voraussetzungen für ein Erlöschen der Erlaubnis ipso iure vorliegen.[8]

b) Erlöschen Ipso Iure und Umfang des Erlöschens

5 Die Erlaubnis erlischt ipso iure, also **ohne Verwaltungsakt** der BaFin, wenn einer der drei Erlöschenstatbestände des § 39 Abs. 1 Satz 1 KAGB erfüllt ist. Der erste Untätigkeitstatbestand ist dann erfüllt, wenn von einer erteilten Erlaubnis **nicht** innerhalb eines Jahres seit Erteilung **Gebrauch gemacht wird** (Nr. 1), wenn der Geschäftsbetrieb, auf den sich die Erlaubnis bezieht, seit mehr als sechs Monaten **nicht mehr ausgeübt wird** (Nr. 2) oder wenn die KVG **ausdrücklich auf die Erlaubnis verzichtet** (Nr. 3). In all diesen Fällen ist für das Erlöschen der Erlaubnis keine Mitwirkung der BaFin erforderlich. Eine entsprechende, durchaus übliche, Mitteilung der BaFin wäre deklaratorisch und erfüllte damit immer noch den wichtigen Zweck der Verwaltungsklarheit.[9]

6 Solche **gesetzlichen Automatismen** sind dem Besonderen Verwaltungsrecht, insbesondere dem Gewerberecht nicht völlig fremd. So finden sich derartige Fristen auch in der Gewerbeordnung, § 49 Abs. 2 GewO, und im Gaststättengesetz, § 8 Abs. 1 GastG. Als ratio legis lässt sich annehmen,[10] dass die Behörde die Erlaubnis aufgrund des Vorliegens bestimmter Sachverhalte erteilt, deren Fortbestand nach gewissem Zeitablauf nicht mehr als sicher angenommen werden kann. Die Vorschrift soll verhindern, dass sich zwischen dem Zeitpunkt der Genehmigung und dem Zeitpunkt der Aufnahme des Betriebs die tatsächlichen Voraussetzungen, die der Erlaubnis zu Grunde gelegen haben, zu stark verändern.[11] Ferner soll die Regelung der **Schaffung „klarer Rechtsverhältnisse“**, da sich durch Zeitablauf die tatsächlichen Verhältnisse, die Grund-

4 *Laars* in NomosBundesrecht, § 4 FinDAG Rz. 6; *Fuchs*, EWS 2010, 516 (521); *Böhme*, Staatshaftung für fehlerhafte Bankenaufsicht nach deutschem und europäischem Recht, passim; *Kümper*, Risikoverteilung im Staatshaftungsrecht, S. 67 ff.; *Triantafyllou*, EuR 2010, 585 (590 ff.).

5 VG Frankfurt a.M. v. 25.1.2011 – 9 K 4327/10.F.

6 VG Frankfurt a.M. v. 25.1.2011 – 9 K 4327/10.F sowie *Schwennicke/Auerbach*, § 6 KWG Rz. 31 ff. m.w.N.

7 Zur verfassungsrechtliche Disskussion vgl. *Kümper*, Risikoverteilung im Staatshaftungsrecht, S. 67 ff.; *Böhme*, Staatshaftung für fehlerhafte Bankenaufsicht nach deutschem und europäischem Recht, S. 58 ff.; *Nicolaysen* in GS für Wolfgang Martens, S. 663 (668 ff.); *Papier/Shirvani* in MünchKomm. BGB, 7. Aufl. 2017, § 839 BGB Rz. 255; *Papier* in Maunz/Dürig, Art. 34 GG Rz. 190.

8 Vgl. auch *Heck/Goldbach/Kloster* in Baur/Tappen, § 39 KAGB Rz. 4 sowie Begr. RegE, BT-Drucks. 17/12294, S. 223.

9 Vgl. *Holzapfel* in Emde/Dornseifer/Dreibus/Hölscher, § 17 InvG Rz. 2.

10 Anders etwa *Müller-Grune* in Beck/Samm/Kokemoor, § 35 KWG Rz. 21, der Verwaltungsökonomie als ratio legis erkennt. Diese Meinung ist fernliegend. Es ist nicht ersichtlich, dass das „Nichtgebrauchmachen“ zu irgendeinem Zeitpunkt wesentlichen Aufwand erfordert hätte. Eine Ausnahme gilt wahrscheinlich für die Fälle des KWG, in denen im Rahmen von Übergangsvorschriften eine Erlaubnisfiktion geschaffen wurde. In diesen Fällen lässt sich die Frage stellen, ob von der Erlaubnisfiktion Gebrauch gemacht wurde. Allerdings lässt sich für den Fall der Erlaubnisfiktion trefflich darüber streiten, ob eine solche unter den Wortlaut der Vorschrift zu fassen ist.

11 *Ambs* in Erbs/Kohlhaas, § 49 GewO Rz. 1.

lage für die Erteilung der Erlaubnis waren, so stark geändert haben könnten, dass eine erstmalige Aufnahme nicht mehr gerechtfertigt ist, dienen.[12] Der Gesetzgeber meinte, sich für diesen Fall eines Gesetzesautomatismus bedienen zu müssen. Es hätte ihm offen gestanden, eine Widerrufsmöglichkeit mit Kann-Regelung anzuordnen; auch hätte den Aufsichtsbehörden die Möglichkeit eingeräumt werden können, den Erlaubnisbescheid unter die auflösende Bedingung der Aufnahme der Geschäfte innerhalb eines Jahres nach Erteilung der Erlaubnis zu stellen, § 36 Abs. 2 Nr. 2 VwVfG. Auf diese Regelungen hat der Gesetzgeber verzichtet und eine Schafott-Regelung geschaffen. Das Problem derartiger Regelungen besteht darin, dass **die Rechtsfolge sich nicht** durch übereinstimmende Erklärung von Erlaubnisinhaber und Behörde **beseitigen lässt**. Darüber hinaus hat der Gesetzgeber des KAGB, im Gegensatz zum Gesetzgeber des GastG – dort § 8 Satz 2 – darauf verzichtet, die Behörde zu ermächtigen, die Frist zu verlängern, wenn ein wichtiger Grund vorliegt. Dass die Erlöschensregelung tatsächlich in irgendeiner Weise der Verwaltungsökonomie oder der Schaffung klarer Rechtsverhältnisse dient, ist nicht ersichtlich.

aa) Nichtgebrauch der Erlaubnis innerhalb eines Jahres seit ihrer Erteilung (§ 39 Abs. 1 Satz 1 Nr. 1 KAGB)

Nach § 39 Abs. 1 Satz 1 Nr. 1 KAGB erlischt die Erlaubnis, wenn von ihr **nicht innerhalb eines Jahres** seit 7
ihrer Erteilung Gebrauch gemacht wird. Von diesem Tatbestandsmerkmal sind Sachverhalte umfasst, bei denen von einer erteilten Erlaubnis **von Anfang an** kein Gebrauch gemacht wird. Hiervon zu unterscheiden sind Fallkonstellationen, in denen von der Erlaubnis zwar anfänglich Gebrauch gemacht wurde, dies jedoch später über einen bestimmten Zeitraum nicht mehr erfolgt, vgl. § 39 Abs. 1 Satz 1 Nr. 2 KAGB.

Die **Fristberechnung** für ein Vorliegen des Erlöschenstatbestands gem. § 39 Abs. 1 Satz 1 Nr. 1 KAGB folgt 8
den allgemeinen Regelungen der Vorschrift des § 31 Abs. 1 VwVfG in Verbindung mit §§ 187 ff. BGB. Maßgeblich für den Beginn der Jahresfrist ist grundsätzlich der **Zugang der jeweiligen Erlaubnis** bei der KVG. Etwas anderes gilt dann, wenn die Erlaubnis, was nicht üblich, rechtlich aber möglich ist, unter einer aufschiebenden Bedingung erteilt wurde. In diesen Fällen beginnt die Jahresfrist erst mit Eintritt der Bedingung zu laufen. Wegen des Erlöschens der Erlaubnis als automatische Rechtsfolge des Nichtgebrauchs ist eine Verlängerung der Jahresfrist durch die BaFin grundsätzlich nicht möglich.[13]

Lediglich **vorbereitende Handlungen**, beispielsweise im Hinblick auf die Einrichtung des erforderlichen 9
Geschäftsbetriebs der KVG, wie etwa die Anmietung von geeigneten Geschäftslokalen oder die Einstellung von Personal, erfüllen das Tatbestandsmerkmal des „Gebrauch-Machens“ gem. § 39 Abs. 1 Satz 1 Nr. 1 KAGB nicht.[14] Anders gesagt: Die KVG muss **erlaubnispflichtige Geschäfte** erbringen, um das Erlöschen der Erlaubnis abzuwenden.

Unstreitig ist, dass der Erlöschenstatbestand des § 39 Abs. 1 Satz 1 Nr. 1 KAGB dann nicht eintritt, wenn in- 10
nerhalb der Jahresfrist von der erteilten Erlaubnis nur **teilweise** und nicht in jeder Hinsicht Gebrauch gemacht wurde. Dies ist insbesondere für Erlaubnisse relevant, die sich auf die Erbringung mehrerer erlaubnispflichtiger Tätigkeiten der KVG beziehen.[15]

Fraglich ist hier allenfalls, ob KVGen, die innerhalb der Jahresfrist keine kollektive Vermögensverwaltung 11
und **nur andere Dienstleistungen und Nebendienstleistungen** im Sinne von § 20 Abs. 2 und 3 KAGB erbringen, vor dem Erlöschen der Erlaubnis geschützt sind. Der praktische Fall ergibt sich dann, wenn die KVG zunächst die Finanzportfolioverwaltung für das Sondervermögen einer anderen KVG, in diesem Falle als auslagerndes Unternehmen, übernimmt und zunächst kein eigenes Sondervermögen verwaltet. Dies wird man bejahen müssen.[16] Erstens spricht die extreme Rechtsfolge – Erlöschen einer sehr aufwändig erlangten Erlaubnis ipso iure – für eine **enge Auslegung** der Tatbestandsvoraussetzungen des § 39 Abs. 1 Satz 1 Nr. 1 KAGB. Zweitens handelt es sich bei der Erlöschensvorschrift – systemtatisch – um eine **Ausnahmevorschrift**. Auch dies gebietet eine enge Auslegung. Darüber hinaus ist auch bei der Erbringung der Finanzportfolioverwaltung oder anderer, jedenfalls nach dem KWG erlaubnispflichtiger Leistungen wegen ihrer Ähnlichkeit sichergestellt, dass sich die tatsächlichen Voraussetzungen der Erlaubnis nicht zu stark verändern können. Die abweichende Meinung macht nicht deutlich, worin der Unterschied zwischen ei-

12 *Ambs* in Erbs/Kohlhaas, § 49 GewO Rz. 2.
13 Vgl. auch *Beckmann* in Beckmann/Scholtz/Vollmer, § 39 KAGB Rz. 15.
14 Vgl. auch *Fischer* in Boos/Fischer/Schulte-Mattler, § 35 KWG Rz. 6.
15 Verschiedene Literaturstellen, die dies problematisieren und zu dem Ergebnis gelangen, dass ein nur teilweises Gebrauch-Machen nicht zu einem Erlöschen ipso iure führt, verkennen, dass die gegenteilige Ansicht – zurecht – von niemandem vertreten wird.
16 A.A. *Beckmann* in Beckmann/Scholtz/Vollmer, § 39 KAGB Rz. 13; *Holzapfel* in Emde/Dornseifer/Dreibus/Hölscher, § 17 InvG Rz. 3.

nem teilweisen Gebrauchmachen von der Erlaubnis, was den Erlöschenstatbestand ausschließen soll, und dem Gebrauchmachen von der Erlaubnis durch Erbringen von Nebendienstleistungen liegen soll. Ein Argument kann im Wortlaut des § 20 Abs. 4 und 7 KAGB zu sehen sein, die es den externen KVGen untersagen, ausschließlich Nebenleistungen zu erbringen, und den internen verwalteten KVGen die Erbringung von Nebengeschäften ausdrücklich untersagen. Ob dieses Wortlautargument über das Erfordernis enger Auslegung der Tatbestandsvoraussetzungen des § 39 Abs. 1 Satz 1 Nr. 1 KAGB hinweghilft, ist damit nicht geklärt.

12 Ausdrückliche **Rechtsmittel** gegen Erlöschenstatbestände ipso iure bestehen nicht. Bislang sind Zweifel an der Vereinbarkeit dieser Erlöschenstatbestände mit höherrangigem Recht, etwa aus Art. 12 Abs. 1 GG, nicht angemeldet worden. Erwägen ließe sich allenfalls, der BaFin eine **Hinweisobliegenheit** zuzuweisen, welche die Behörde verpflichtet, die KVG auf die Rechtsfolge des Nichtgebrauchmachens hinzuweisen. Einige, wenn auch nicht alle, dem Verfasser bekannten Erlaubnisbescheide weisen demgemäß auch ausdrücklich auf den gesetzlichen Automatismus des Erlöschens hin. Alleine aus dieser – teilweisen – Verwaltungspraxis ließe sich – recht besehen – unter **Aspekten des Gleichbehandlungsgebots** aus Art. 3 Abs. 1 GG, eine grundsätzliche Hinweispflicht der BaFin ableiten. Soweit ein solcher Hinweis nicht erfolgt ist, kommt daher durchaus in Betracht, die Wiedereinsetzung in den vorherigen Stand nach § 32 VwVfG zu beantragen, wenn man annimmt, dass die Frist nach § 39 KAGB keine Präklusionsfrist ist. Der Behörde wäre aus Gründen der **Verwaltungssicherheit** anzuraten, entsprechende Hinweise in die Erlaubnisbescheide aufzunehmen. Ist kein Hinweis auf den Erlöschenstatbestand erteilt worden und behauptet die BaFin, dass einer der gesetzlichen Erlöschenstatbestände eingetreten sei, kann die KVG im Wege einer – eventuell vorbeugenden – **Feststellungsklage gem. § 43 VwGO** mit dem Begehren vorgehen, durch das Gericht feststellen zu lassen, dass die jeweiligen Erlöschenstatbestände nicht gegeben sind.[17] Zuständig wäre das Verwaltungsgericht Frankfurt am Main. Ein Vorverfahren ist für die Feststellungsklage nicht vorgesehen.

13 Für den Fall, dass die BaFin im Erlaubnisbescheid auf die Erlöschensandrohung hingewiesen hat, stehen der KVG weder die Anfechtungsklage noch die Verpflichtungsklage nach der VwGo zur Verfügung. Die Anfechtungsklage scheidet mangels – aufhebendem – Verwaltungsakt aus; die Verpflichtungsklage, etwa auf Neuerteilung der Erlaubnis, ist die offenkundig unzutreffende Klageart. Für eine **Feststellungsklage** nach § 43 Abs. 2 VwGO könnte es am relevanten Rechtsverhältnis fehlen. Nach Rechtsprechung des BVerwG und des BVerfG ist eine Feststellungsklage dann erforderlich und auch zulässig, wenn die Verletzung subjektiver Rechte durch eine rechtswidrige – allerdings untergesetzliche – Norm gerügt wird.[18] Im vorliegenden Fall müsste jedoch die Verletzung eines subjektiven Rechts unmittelbar durch eine gesetzliche Norm beziehen. Das Verwaltungsgericht wäre gehindert, im Rahmen einer Feststellungsklage die Verfassungswidrigkeit einfach – gesetzlichen Rechts festzustellen und müsste die Frage dem BVerfG im Rahmen der konkreten Normenkontrolle zur Entscheidung vorlegen.

14 Im Ergebnis könnte diese Konstellation – unstreitiger Ablauf der Jahresfrist – einer der wenigen Sachverhalte sein, bei denen, mangels statthafter Klageart eine **Verfassungsbeschwerde** ohne Vorbefassung der Fachgerichte nach § 90 Abs. 2 BVerfGG zulässig sein könnte. Hierfür spricht, auch teleologisch, dass es keine sachnähere Fachgerichtsbarkeit gäbe, die einem „sachfernen" Senat des BVerfG Fallanschauung hinsichtlich der tatsächlichen oder rechtlichen Seite zu vermitteln hätte. Die einzige Rechtsfrage würde lauten, ob die Schafott-Regelung des § 39 Abs. 1 Nr. 1 mit Art. 12 Abs. 1 GG zu vereinbaren ist. Zur Beantwortung dieser Frage wäre alleine das BVerfG berufen. Fraglich ist allenfalls, ob der KVG zugemutet werden könnte, zur Herstellung einer anderen Prozesssituation die Erteilung einer neuen Erlaubnis mit dem Hinweis zu beantragen, dass die Erlaubnis nicht erloschen ist und sodann gegen einen abweisenden Verwaltungsakt der BaFin, diesmal im Rahmen der Verpflichtungsklage, vorginge.

Unter Praktikabilitätsaspekten regt die BaFin jedoch häufig an, für den Fall der Drohung mit einem unerwünschten Erlöschen doch zumindest durch *ein* erlaubnispflichtiges Geschäft von der Erlaubnis Gebrauch zu machen und auf diese Weise die Schafott-Regelung auszuhebeln.

bb) Nichtausübung des Geschäftsbetriebs seit mehr als sechs Monaten (§ 39 Abs. 1 Satz 1 Nr. 2 KAGB)

15 Im Unterschied zu § 39 Abs. 1 Satz 1 Nr. 1 KAGB setzt Nr. 2 voraus, dass der von der Erlaubnis betroffene Geschäftsbetrieb **tatsächlich aufgenommen wurde**. Ist dies zu verneinen, besteht für Nr. 2 kein Anwendungsbereich. Die Bestimmung bezieht sich hierbei auf den von der Erlaubnis betroffenen Geschäftsbetrieb

17 So auch *Weitnauer* in Weitnauer/Boxberger/Anders, § 39 KAGB Rz. 4; *Heck/Goldbach/Kloster* in Baur/Tappen, § 39 KAGB Rz. 5; ebenso *Steck* in Berger/Steck/Lübbehüsen, § 17 InvG Rz. 2.

18 *Wolff* in Wolff/Decker, § 43 VwGO Rz. 9.

in seiner Gesamtheit. Auch hier gilt, dass die Einstellung lediglich einzelner von der Erlaubnis umfassten Tätigkeiten des erlaubten Tätigkeitsbereichs nicht zu einem Wegfall der Erlaubnis gem. § 39 Abs. 1 Satz 1 Nr. 2 KAGB führt.[19]

Die Einstellung von Dienstleistungen i.S.v. § 20 Abs. 2 und 3 KAGB führt nicht zu einer Verwirklichung des Erlöschenstatbestandes nach § 39 Abs. 1 Satz 1 Nr. 2 KAGB.[20] 16

Wie im Falle von § 39 Abs. 1 Satz 1 Nr. 1 KAGB gilt auch bei Nr. 2 für die **Berechnung der maßgeblichen Fristen** die Vorschrift des § 31 Abs. 1 VwVfG in Verbindung mit §§ 187 ff. BGB. Nach Literaturmeinungen ist für den Beginn des Sechsmonatszeitraums auf den Zeitpunkt abzustellen, zu dem die letzte erlaubnispflichtige Tätigkeit des Geschäftsbetriebs der betroffenen KVG eingestellt wurde.[21] Hier fällt es etwas schwer, praktische Fälle zu generieren. In Betracht kommt allenfalls eine KVG, die ihre Sondervermögen auflöst und zunächst keine neuen Sondervermögen auflegt und auch keine Dienstleistungen nach § 20 Abs. 2 und 3 KAGB erbringt. Zudem gilt, dass die Frist durch die zwischenzeitliche Wiederaufnahme des Geschäftsbetriebs vor Ablauf des Sechsmonatszeitraums unterbrochen und allenfalls eine neue Sechsmonatsfrist in Gang gesetzt wird.[22] 17

cc) Verzicht auf die Erlaubnis (§ 39 Abs. 1 Satz 1 Nr. 3 KAGB)

Verzichtet die KVG **ausdrücklich** auf die ihr erteilte Erlaubnis, so erlischt diese gemäß § 39 Abs. 1 Satz 1 Nr. 3 KAGB. Diese Rechtsfolge tritt mit **Zugang der wirksamen Willenserklärung** gegenüber der BaFin ein. Mit dieser Erklärung erledigt sich die als Verwaltungsakt erteilte Erlaubnis i.S.d. § 43 Abs. 2 letzter Fall VwVfG („Erledigung auf andere Weise").[23] § 39 Abs. 1 Satz 1 Nr. 3 KAGB folgt dem verwaltungsrechtlichen Grundsatz, dass der Empfänger auf einen ihn **begünstigenden Verwaltungsakt** verzichten kann.[24] Die Verzichtserklärung ist bedingungsfeindlich.[25] Die Erklärung ist deshalb besonders gefährlich, weil neben der fehlenden Widerruflichkeit droht, dass Restleistungen an die Anleger erbracht werden müssen und dies nur auf Grundlage einer noch bestehenden Erlaubnis geschehen darf. Fraglich ist allerdings, ob und welche **Prüfungs- und Kontrollrechte die BaFin** gegenüber einem Unternehmen ausüben kann, das durch Verzicht keine Erlaubnis mehr innehat; die gleiche Frage stellt sich auch bei den anderen Erlöschensgründen. Im Ergebnis sollte folgendes gelten: Solange noch – ursprünglich – erlaubnispflichtige Geschäfte abgewickelt werden, muss auch noch eine Aufsichts- und Kontrollmöglichkeit der BaFin bestehen. Die entsprechende Ermächtigungsgrundlage lässt sich der Vorschrift des § 5 KAGB jedoch nicht entnehmen. Allerdings verweist die Vorschrift des § 39 Abs. 4 KAGB in vollem Umfang auf § 38 KWG, der sich mit der Aufhebung und Erlöschen der Erlaubnis sowie mit Maßnahmen bei der Abwicklung eines Instituts befasst. So stellt § 38 Abs. 2 Satz 1 KWG auch klar, dass die BaFin auch während der Abwicklung Weisungen erlassen kann. 18

Für **Investmentaktiengesellschaften** mit veränderlichem oder fixem Kapital und für **geschlossene Investmentkommanditgesellschaften** gilt, dass gegenüber der BaFin der Nachweis über den Verzicht zusätzlich in der Weise zu führen ist, dass ein Handelsregisterauszug vorgelegt wird, aus dem sich eine entsprechende Änderung des Unternehmensgegenstands sowie die Änderung der Firma der KVG ergibt. Bei den genannten KVGen ist somit über den bloßen Verzicht hinaus jeweils auch eine Änderung der Satzung oder des Gesellschaftsvertrags mit entsprechender Handelsregistereintragung erforderlich. Mit diesen Bestimmungen trägt § 39 Abs. 1 Satz 2 KAGB den für die genannten KVGen geltenden, einschränkenden Bestimmungen hinsichtlich Unternehmensgegenstandes und Firma in den §§ 110 Abs. 2, 142, 125 Abs. 2 und § 150 Abs. 2 und § 3 Abs. 2 und 3 KAGB Rechnung.[26] Der Nachweis hat jedoch nur deklaratorische Wirkung; anders gesagt: Der Nachweis ist nicht erforderlich, um das Erlöschen herbeizuführen.[27] Die Nichtvorlage der Erklärung ist ordnungswidrigkeitenrechtlich nicht sanktioniert; dem numerus clausus der Ordnungswidrigkeitenstatbestände des § 340 KAGB fehlt jede Bezugnahme auf § 39 Abs. 1 Satz 2 KAGB. 19

---

19 So auch *Heck/Goldbach/Kloster* in Baur/Tappen, § 39 KAGB Rz. 11.
20 So auch *Weitnauer* in Weitnauer/Boxberger/Anders, § 39 KAGB Rz. 6 m.w.N.
21 Vgl. *Heck/Goldbach/Kloster* in Baur/Tappen, § 39 KAGB Rz. 12.
22 So auch *Beckmann* in Beckmann/Scholtz/Vollmer, § 39 KAGB Rz. 25.
23 Vgl. auch *Holzapfel* in Emde/Dornseifer/Dreibus/Hölscher, § 17 InvG Rz. 4.
24 So auch *Holzapfel* in Emde/Dornseifer/Dreibus/Hölscher, § 17 InvG Rz. 4; *Heck/Goldbach/Kloster* in Baur/Tappen, § 17 InvG Rz. 4.
25 So auch *Beckmann* in Beckmann/Scholtz/Vollmer, § 39 KAGB Rz. 40.
26 Vgl. auch *Beckmann* in Beckmann/Scholtz/Vollmer, § 39 KAGB Rz. 41.
27 So auch *Heck/Goldbach/Kloster* in Baur/Tappen, § 39 KAGB Rz. 15.

2. Ausschluss aus der Entschädigungseinrichtung (§ 39 Abs. 2 KAGB)

20 § 39 Abs. 2 KAGB – Erlöschen wegen Ausschluss aus der Entschädigungseinrichtung – betrifft solche externen KVGen, die zusätzlich über eine **Erlaubnis zur Finanzportfolioverwaltung** gem. § 20 Abs. 2 Nr. 1 oder Abs. 3 Nr. 2 KAGB verfügen. Interessant ist, dass KVGen, die sonstige Finanzdienstleistungen als Nebendienstleistungen betreiben und demzufolge auch einer Entschädigungseinrichtung zugeordnet sind, ihre Erlaubnis – jedenfalls ex lege – nicht verlieren, wenn sie aus der Entschädigungseinrichtung ausgeschlossen würden.

21 Der Ausschluss aus der Entschädigungseinrichtung richtet sich nach § 11 AnlEG. Bislang gab es allerdings kein Ausschlussverfahren.

22 Das Erlöschen der Erlaubnis zur Finanzportfolioverwaltung gem. § 39 Abs. 2 KAGB hat zwar **keine unmittelbaren Auswirkungen** auf andere Nebendienstleistungserlaubnisse gem. § 20 KAGB. Diese bestehen uneingeschränkt fort.[28] Die Umstände, die zum Ausschluss aus der Entschädigungseinrichtung führen, können jedoch Tatsachen begründen, aus denen sich ergibt, dass die Geschäftsleiter nicht zuverlässig sind. Insoweit kann der Wegfall der Erlaubnis zum Erbringen der Finanzportfolioverwaltung durch Ausschluss aus der Entschädigungseinrichtung zum Widerruf der Erlaubnis zum Betreiben der kollektiven Vermögensverwaltung führen.

3. Aufhebung der Erlaubnis (§ 39 Abs. 3 KAGB)

23 § 39 Abs. 3 KAGB regelt Spezialfälle der Aufhebung der Erlaubnis. Es handelt sich nicht um eine verdrängende Lex Specialis zu §§ 48 und 49 VwVfG („Rücknahme und Widerruf von Verwaltungsakten"). Die hier geregelten Aufhebungstatbestände finden sich auch nicht im KWG wieder, sodass hier keine systematische Behandlung im Rahmen eines Gleichklangs erfolgen muss.

24 Die Vorschrift sieht **fünf Tatbestandsgruppen** vor, bei deren Verwirklichung die BaFin die Erlaubnis aufheben kann. Ob eine Aufhebung zu Recht erfolgt, ist eine Frage der zutreffenden Ermessensausübung im Rahmen der **Kann-Regelung** und des allgemeinen Verwaltungsrechts. Vor Aufhebung der Erlaubnis muss die KVG nach § 28 Abs. 1 VwVfG grundsätzlich angehört werden. Sodann hat die BaFin umfassend abzuwägen, vor Erlass des Bescheides zu beantworten, ob nicht **mildere Mittel** in Betracht kommen. Zu denken ist dabei etwa an eine lediglich teilweise Aufhebung der erteilten Erlaubnis oder eine Beschränkung der Erlaubnis auf bestimmte Geschäftsarten.[29] § 40 KAGB trägt dem Rechnung und ermöglicht zum Beispiel in Abs. 2 die Bestellung eines Sonderbeauftragten.[30]

25 Die Aufhebungsgründe des § 39 Abs. 3 KAGB sind als **Ergänzung zu den Vorschriften des VwVfG** zu sehen und begründen keine Lex Specialis. Die §§ 48 und 49 VwVfG über die Rücknahme eines rechtswidrig ergangenen Verwaltungsakts und den Widerruf eines rechtmäßig ergangenen Verwaltungsakts bleiben deshalb unberührt.[31]

26 In der Literatur wird vertreten, dass die im VwVfG geregelten **Aufhebungsfristen** nicht maßgeblich seien. Das ergäbe sich bereits aus dem Wortlaut, der keinerlei zeitliche Einschränkungen hinsichtlich der Ausübung der Aufhebungsbefugnis durch die BaFin vorsähe; auch widerspräche „dem regulatorischen Sinn des Abs. 3"[32] eine solche Einschränkung zuzulassen.

27 Zur Stützung dieser Meinung wird vorgetragen, dass der Wortlaut des § 39 KAGB keine Einschränkungen vorsähe und auch der gesetzgeberische Regelungswille in § 39 Abs. 3 KAGB erkennbar darauf gerichtet sei, der BaFin ein effektives Instrumentarium zur **Kontrolle des Agierens von KVGen** an die Hand zu geben. Dieser Intention würde es zuwiderlaufen, wenn die BaFin an abschließende Fristen für die Ausübung ihrer Kompetenzen gebunden wäre. Es müsse ihr möglich sein, auch nach Ablauf der Jahresfrist des VwVfG noch entsprechend tätig werden zu können. In vielen Fällen würde sich beispielsweise nicht innerhalb eines Jahres zeigen, ob etwa ergriffene, weniger einschneidende Maßnahmen der BaFin zu einer Beseitigung der erkannten Missstände führen. Die BaFin könnte in derartigen Fallkonstellationen andernfalls gezwungen

---

28 So auch *Heck/Goldbach/Kloster* in Baur/Tappen, § 39 KAGB Rz. 19.

29 So insbesondere auch *Fischer* in Boos/Fischer/Schulte-Mattler, § 35 KWG Rz. 12.

30 Zu den Einzelheiten vgl. § 40 Rz. 17 ff.; zur ursprünglichen Entwicklung in der Versicherungsaufsicht vgl. *Unkel*, Die Rechtsfigur des Sonderbeauftragten, S. 114; zur Kommentierung der Figur im KWG vgl. *Lindermann* in Boos/Fischer/Schulte-Mattler, § 45c KWG Rz. 11 ff. sowie *Herring/Fiedler*, WM 2011, 1311.

31 So auch *Weitnauer* in Weitnauer/Boxberger/Anders, § 39 KAGB Rz. 10; ebenso *Bußalb* in Möllers/Kloyer, Das neue Kapitalanlagegesetzbuch, Rz. 602 m.w.N.

32 Die Maßgeblichkeit der Jahresfrist gem. § 48 Abs. 4 Satz 1 bzw. § 49 Abs. 2 Satz 2 VwVfG wird u.a. bei *Heck/Goldbach/Kloster* in Baur/Tappen, § 39 KAGB Rz. 24 thematisiert.

sein, allzu rasch zu dem Mittel der Entziehung einer Erlaubnis zu greifen, lediglich um ein Überschreiten der Jahresfrist nicht zu riskieren. Dies könne nicht Sinn des § 39 Abs. 3 KAGB sein.[33]

Diese Meinung trifft nicht zu. Selbstverständlich besteht ein Bedürfnis nach effektiver Beaufsichtigung.[34] 28
Dieses Gebot kann jedoch bestehende Gesetze nicht missachten, Ermächtigungsgrundlagen schaffen oder Fristen, an die die Verwaltung gebunden ist, verlängern. Derartige Auffassungen, auch wenn es sich um Mindermeinungen handeln mag, plädieren für eine Rechtsungebundenheit der BaFin, für die sich im deutschen Verwaltungsrecht keine Gründe finden lassen. Dem muss an dieser Stelle deshalb deutlichst widersprochen werden. Das Investmentaufsichtsrecht kennt keinen Ausnahmezustand; die BaFin ist nicht Behörde eines Maßnahmenstaats, sondern eines Rechtsstaats und verhält sich auch entsprechend. Die – zum Glück – immer noch überwiegende Meinung will die in § 48 Abs. 4 und § 49 Abs. 2 Satz 2 VwVfG geregelte **Jahresfrist** ab dem Zeitpunkt der Kenntniserlangung über die zugrunde liegenden Tatsachen **auch auf die Aufhebung einer Erlaubnis nach § 39 Abs. 3 KAGB** anwenden. Da Abs. 3 ebenso wie § 17 InvG eine ausdrückliche Regelung über die Nichtanwendbarkeit dieser Fristregelungen wie § 35 Abs. 3 KWG nicht enthalte – so das zutreffende Argument –, müsse die in den genannten Vorschriften des VwVfG geregelte Jahresfrist auch für die Aufhebung einer Erlaubnis nach § 39 Abs. 3 KAGB gelten.[35]

Das **Rechtsmittel** ist auch hier zunächst der Widerspruch, der nach § 7 Abs. 1 KAGB i.V.m. § 80 Abs. 2 Nr. 3 28a
VwGO keine aufschiebende Wirkung hat und der Antrag auf Anordnung der aufschiebenden Wirkung nach § 80 V Abs. 1 Satz 1 VwGO. Aus diesem Grund kommt hier der Antrag nach § 80 Abs. 4 VwGO in Betracht, der die BaFin veranlassen soll, die Vollziehung des Verwaltungsakts auszusetzen.

Soweit die BaFin dem Widerspruch nicht abhilft und dem Antrag nach § 80 Abs. 4 VwGO nicht entspricht, 29
muss vor Erhebung der, solange der Widerspruchsbescheid nicht erlassen, noch nicht zulässigen Anfechtungsklage, beim Verwaltungsgericht Frankfurt am Main, vgl. § 1 Abs. 3 FinDAG, ein sogenannter **Hängebeschluss**[36] beantragt werden, mit dem das Verwaltungsgericht anordnet, dass die BaFin nicht vollstrecken darf, solange über die Rechtsmittel im einstweiligen Rechtsschutz noch nicht entschieden wurde.

Diese Überlegungen sind nicht nur theoretisch, weil die Entscheidungsdauern im einstweiligen Rechts- 30
schutz und Hauptsacheverfahren in den gegenwärtigen Praxen von BaFin und Verwaltungsgericht Frankfurt am Main so erheblich sind, dass eine Aussetzung der Vollziehung nach § 80 Abs. 4 VwGO durch die BaFin oder der Hängebeschluss des Verwaltungsgerichts Frankfurt am Main zumindest einen nicht unerheblichen Zeitgewinn bedeuten müssen.

a) Rechtswidrige Erwirkung der Erlaubnis (§ 39 Abs. 3 Nr. 1 KAGB)

Eine Aufhebung der Erlaubnis durch die BaFin kommt gem. § 39 Abs. 3 Nr. 1 KAGB dann in Betracht, wenn 31
die Antragstellerin die Erlaubnis aufgrund **falscher Erklärungen oder auf sonstige rechtswidrige Weise** erwirkt hat. Diese Vorschrift ergänzt § 48 VwVfG, der die Rücknahme rechtswidriger Verwaltungsakte regelt. Das Tatbestandsmerkmal der falschen Erklärungen in § 39 Abs. 3 Nr. 1 KAGB ist lediglich als ein Beispielsfall für den generellen Aufhebungsgrund der rechtswidrigen Erwirkung zu verstehen ist. Das maßgebliche Verhalten der KVG muss hinsichtlich der Erlaubniserteilung kausal oder zumindest mitursächlich gewesen sein.[37]

Fraglich ist allerdings, was unter einer falschen Erklärung zu verstehen ist. Der „tragfähige Geschäftsplan“ 32
im Sinne von § 21 Abs. 1 Nr. 7 KAGB ist, wie eine ex post Betrachtung regelmäßig zeigen wird, in aller Regel falsch, nämlich falsch vorhergesagt. Deshalb muss **das Tatbestandsmerkmal der falschen Erklärung** zumindest auch mit einer subjektiven Komponente versehen werden. Soweit die Antragstellerin nach bestem Wissen Annahmen zum Geschäftsplan getroffen hat und sich diese im Nachhinein als falsch herausstellen, darf dies nicht Anlass für einen Widerruf sein.

In Betracht kommen als tatbestandserfüllende Verhaltensweisen neben der Abgabe falscher Erklärungen 33
insbesondere **arglistige Täuschungshandlungen, Drohungen, Bestechung oder Erpressung.**[38]

33 So insbesondere auch *Beckmann* in Beckmann/Scholtz/Vollmer, § 39 KAGB Rz. 80 ff.; weitere Überlegungen auch bei *Fischer* in Boos/Fischer/Schulte-Mattler, § 35 KWG Rz. 11.

34 Dazu etwa *Pitschas* in Hoffmann-Riem/Schmidt-Aßmann/Voßkuhle, GVR, Band 2, § 42 Rz. 111 ff.

35 Vgl. insbesondere *Holzapfel* in Emde/Dornseifer/Dreibus/Hölscher, § 17 InvG Rz. 16; *Steck* in Berger/Steck/Lübbehüsen, § 17 InvG Rz. 12.

36 Dazu vgl. *Redeker/von* Oertzen, § 80 VwGO Rz. 57b sowie *Krull*, Der „Hängebeschluss“ im System des vorläufigen Rechtsschutzes der Verwaltungsgerichtsordnung, passim.

37 Vgl. auch *Beckmann* in Beckmann/Scholtz/Vollmer, § 39 KAGB Rz. 96.

38 Vgl. auch *Beckmann* in Beckmann/Scholtz/Vollmer, § 39 KAGB Rz. 92 ff.

34 In der Literatur wird vertreten, dass das Verhalten zielgerichtet auf die Erlangung der Erlaubnis gerichtet sein muss. Die fraglichen Handlungen müssen sich bei der Erlaubniserteilung auf die Willensbildung bei der BaFin ausgewirkt haben. Wäre dies tatsächlich nicht der Fall gewesen, komme eine Aufhebung der Erlaubnis nach § 39 Abs. 3 Nr. 1 KAGB nicht in Betracht.[39] Diese Einschränkung ist nicht nachvollziehbar. Insbesondere spricht die abweichende Wortwahl vom InvG („Erhalten") zum KAGB („Erwirken") nicht für eine solche Anforderung.[40] Verwaltungsprozessual müsste die BaFin im Fall der Anfechtungslage beweisen, dass die – falsche – Erklärung entscheidend für die Erteilung der Erlaubnis gewesen sei. Das dürfte kaum möglich sein. Ob man, wenn man anderer Meinung ist, einen Auffanggrund für die Aufhebung nutzen kann, etwa § 39 Abs. 3 Nr. 6 KAGB[41] („nachhaltige Verstöße"), kann bezweifelt werden, weil dies zumindest mehrfache Verstöße verlangt.

b) Absinken der Eigenmittel (§ 39 Abs. 3 Nr. 2 KAGB)

35 § 39 Abs. 3 Nr. 2 KAGB knüpft für diesen Aufhebungstatbestand an die **Bestimmungen gem. § 25 KAGB** über die Kapitalanforderungen für KVGen an. Die Vorschrift gilt hierbei sowohl für interne als auch für externe KVGen. Dies ergibt sich aus § 25 Abs. 1 KAGB, der die Kapitalausstattung für beide Formen der KVGen regelt.

36 Diese Eigenmittelvorschrift erweitert die Möglichkeit der BaFin, die Erlaubnis nach § 25 i.V.m. § 23 Nr. 1 KAGB zu versagen, um die Möglichkeit, die Erlaubnis aufzuheben, wenn zu einem späteren Zeitpunkt die Eigenmittel der KVG unter die in § 25 KAGB vorgegebenen Mindestgrenzen fallen. Die Vorschrift befasst sich sowohl mit dem Unterschreiten des notwendigen Anfangskapitals, als auch mit dem Unterschreiten der notwendigen zusätzlichen Eigenmittel (§ 25 Abs. 1 Nr. 2 KAGB).

37 Vor Aufhebung der Erlaubnis hat die BaFin **mildere Mittel**, also insbesondere Maßnahmen bei unzureichenden Eigenmitteln gem. § 41 KAGB in Betracht zu ziehen.

38 Sofern Gläubigerinteressen in diesem Zusammenhang gefährdet sind, kommen neben etwa vorrangigen Maßnahmen gem. § 41 KAGB auch solche gem. § 42 KAGB (Maßnahmen bei Gefahr) in Betracht.[42]

39 Die BaFin hat die betroffenen KVGen vor Aufhebung grundsätzlich gem. § 28 VwVfG anzuhören und gem. § § 39 Abs. 3 Nr. 2 KAGB vor Aufhebung der Erlaubnis eine Frist zu setzen, innerhalb derer sie den aufgetretenen Mangel an Eigenmitteln zu beseitigen hat. Diese Frist muss nach pflichtgemäßem Ermessen der BaFin angemessen sein, um der KVG geeignete Gegenmaßnahmen zu ermöglichen.[43]

c) Tatsachen, die eine Versagung der Erlaubnis rechtfertigen würden (§ 39 Abs. 3 Nr. 3 KAGB)

40 § 39 Abs. 3 Nr. 3 KAGB bezieht sich auf **Versagungsgründe gem. § 23 Nr. 2–11 KAGB**. § 23 Nr. 1 KAGB – die nicht im Einklang mit § 25 KAGB stehende Kapitalausstattung der Kapitalverwaltungsgesellschaft – ist in § 39 Abs. 3 Nr. 2 KAGB behandelt, so dass eine Bezugnahme darauf in § 39 Abs. 3 Nr. 3 KAGB KAGB nicht erforderlich ist.[44] Mit der Bezugnahme auf § 23 Nr. 2–11 KAGB gilt § 39 Abs. 3 Nr. 3 KAGB für externe wie für interne KVGen.

41 Obwohl der Wortlaut von § 39 Abs. 3 Nr. 3 KAGB darauf abstellt, dass der BaFin Tatsachen „... bekannt werden ...", die eine Versagung der Erlaubnis nach § 23 Nr. 2–11 KAGB rechtfertigen würden, ist davon auszugehen, dass auch Fallkonstellationen für eine Aufhebung nach dieser Vorschrift in Betracht kommen, bei denen die BaFin die Versagungstatsachen im Zeitpunkt der Erlaubniserteilung zwar objektiv **bereits kannte**, sie damals jedoch **nicht oder fehlerhaft gewürdigt** hat.[45] Problematisch sind jedoch die Fälle, in denen die BaFin Tatsachen im Erlaubnisverfahren bereits gewürdigt hat, nach Erlaubniserteilung jedoch ihre Verwaltungsauffassung ändert. In diesen Fällen ist die einschränkende Vorschrift des § 49 Abs. 2 Nrn. 4 und 5 VwGO zu beachten, der den Widerruf rechtmäßiger, begünstigender Verwaltungsakte stark einschränkt.[46]

---

39 Vgl. auch *Beckmann* in Beckmann/Scholtz/Vollmer, § 39 KAGB Rz. 96.

40 *Kloyer* in Moritz/Klebeck/Jesch, § 39 KAGB Rz. 24 m.w.N.

41 *Kloyer* in Moritz/Klebeck/Jesch, § 39 KAGB Rz. 36.

42 Vgl. auch *Beckmann* in Beckmann/Scholtz/Vollmer, § 39 KAGB Rz. 112.

43 Vgl. u.a. *Schmitz* in Luz/Neus/Schaber/Scharpf/Schneider/Weber, § 35 KWG Rz. 29; *Fischer* in Boos/Fischer/Schulte-Mattler, § 35 KWG Rz. 21 f.

44 Vgl. auch *Heck/Goldbach/Kloster* in Baur/Tappen, § 39 KAGB Rz. 35.

45 So auch *Beckmann* in Beckmann/Scholtz/Vollmer, § 39 KAGB Rz. 128; a.A. *Heck/Goldbach/Kloster* in Baur/Tappen, § 39 KAGB Rz. 33 m.w.N.

46 *Bumke* in Hoffmann-Riem/Schmidt-Aßmann/Voßkuhle, GVR, Band 2, § 35 Rz. 208 schränkt dies auf Regelungsmaterien ein, bei denen ein erhebliches öffentliches Interesse an einer flexiblen Anpassung und Umgestaltung

Da es nach dem Wortlaut von § 39 Abs. 3 Nr. 3 KAGB lediglich auf das spätere Bekanntwerden der fraglichen Tatsachen ankommt, spielt es auch keine Rolle, ob diese bereits zum Zeitpunkt der Erlaubniserteilung gegeben waren, oder sich erst später einstellten. 42

d) Finanzportfolioverwaltung unter Verstoß gegen Vorgaben der CRR-VO (EU) Nr. 575/2013 (§ 39 Abs. 3 Nr. 4 KAGB)

Nach § 39 Abs. 3 Nr. 4 KAGB kann die Erlaubnis auch aufgehoben werden, wenn eine KVG, die Finanzportfolioverwaltung gem. § 20 Abs. 2 Nr. 1 oder Abs. 3 Nr. 2 KAGB erbringen darf und die Bestimmungen der Verordnung (EU) Nr. 575/2013 („**CRR**") nicht mehr erfüllt. Die Bestimmung bezieht sich auf **externe KVGen**, da nur diese gem. § 20 Abs. 2 Nr. 1 KAGB (OGAW-KVGen) und § 20 Abs. 3 Nr. 2 KAGB (AIF-KVGen) Finanzportfolioverwaltung erbringen dürfen.[47] 43

e) Nachhaltiger Verstoß gegen die Bestimmungen des KAGB (§ 39 Abs. 3 Nr. 6 KAGB)

§ 39 Abs. 3 Nr. 6 KAGB stellt einen **Auffangtatbestand** dar. Die Regelung bezieht sich hierbei wiederum auf interne wie auch auf externe KVGen und entspricht im Wesentlichen dem bisherigen § 17 Abs. 2 Satz 1 Nr. 4 InvG. Ein nachhaltiger Verstoß gegen die Bestimmungen des KAGB wird regelmäßig dann anzunehmen sein, wenn es sich etwa um **wiederholte Verletzungen** der Verhaltens- und Organisationspflichten gem. §§ 26 ff. KAGB über einen gewissen Zeitraum hinweg handelt.[48] Dabei werden geringfügige Verstöße gegen diese Pflichten für eine Aufhebung der Erlaubnis nach § 39 Abs. 3 Nr. 6 KAGB nicht ausreichen. Das gilt insbesondere dann, wenn die BaFin im Rahmen ihrer Ermessensausübung zu einem milderen, gleich wirksamen Mittel gelangt. Da wiederholte Verstöße gegen die Pflichten nach dem KAGB die Zuverlässigkeit der Geschäftsleitung in Zweifel geraten lässt, ist deren Abberufung gemäß § 40 KAGB als milderes Mittel in Betracht zu ziehen.[49] 44

Als **milderes Mittel** kommt ebenfalls in Betracht, nur Teile der Erlaubnis, nämlich für solche Geschäfte, zu entziehen, hinsichtlich derer es zu Verstößen gekommen ist.[50] 45

4. Folgen der Aufhebung oder des Erlöschens der Erlaubnis (§ 39 Abs. 4 KAGB)

Wird die Erlaubnis nach § 39 Abs. 1–3 KAGB aufgehoben oder erlischt sie, darf die betroffene KVG die von der Aufhebung oder dem Erlöschen der Erlaubnis erfassten **Tätigkeiten nicht mehr ausüben**. Der KVG fehlt fortan die für ihre diesbezügliche Geschäftstätigkeit erforderliche Gewerbeerlaubnis. Der Fortsetzung der betroffenen Tätigkeiten ist gem. **§ 339 KAGB** untersagt, wobei sich dieses Verbot auch auf die Fortsetzung von Altgeschäft erstreckt.[51] Der Wegfall der Erlaubnis lässt den gesellschaftsrechtlichen Bestand der KVG unberührt. Eine Änderung des Satzungszwecks dürfte notwendig sein. Fraglich ist in diesen Fällen immer, ob die BaFin ein Antragsrecht zum Handelsregister genießt und ob der Wegfall auch schon zu einem Zeitpunkt eingetragen werden darf, zu dem der Aufhebungsbescheid noch nicht bestandskräftig ist. Nicht erlaubnispflichtige Geschäfte darf die KVG uneingeschränkt fortführen.[52] 46

§ 39 Abs. 4 KAGB ordnet für den Fall einer Aufhebung oder des Erlöschens der Erlaubnis die **entsprechende Anwendung des § 38 KWG** an.[53] Auch hier handelt es sich wieder um eine Analogieverweisung.[54] Mit dieser Verweisung eröffnet § 39 Abs. 4 KAGB der BaFin u.a. die Möglichkeit, zu bestimmen, dass die KVG infolge der Aufhebung oder des Erlöschens der Erlaubnis abzuwickeln ist (§ 38 Abs. 1 Satz 1 KWG). Gemäß § 38 Abs. 1 Satz 2 KWG wirkt diese Bestimmung wie ein **Auflösungsbeschluss**. Die betroffene KVG tritt damit in die Liquidationsphase ein. Umstritten ist in diesem Zusammenhang, in welchem Umfang die BaFin die Einstellung und Abwicklung des Geschäftsbetriebs der KVG anordnen darf, wenn diese nicht nur erlaubnispflichtige, sondern auch erlaubnisfreie Tätigkeiten ausübt.[55] Denn auch die Anordnungen der BaFin gem. § 38 KWG stehen im pflichtgemäßen Ermessen der Behörde. Es wird vertreten, dass man sich im 47

---

des Verwaltungsakts besteht und nimmt nur BImSchG, WHG, GentTG und das AMG in Bezug, die ausdrückliche Sonderregelungen zum Widerruf treffen.

47 Begr. RegE, BT-Drucks. 17/12294, S. 223.

48 Vgl. auch *Beckmann* in Beckmann/Scholtz/Vollmer, § 39 KAGB Rz. 174.

49 So auch *Heck/Goldbach/Kloster* in Baur/Tappen, § 39 KAGB Rz. 39; *Beckmann* in Beckmann/Scholtz/Vollmer, § 39 KAGB Rz. 170.

50 So beispielsweise auch *Beckmann* in Beckmann/Scholtz/Vollmer, § 39 KAGB Rz. 175.

51 Vgl. hierzu auch *Beckmann* in Beckmann/Scholtz/Vollmer, § 39 KAGB Rz. 200 f.

52 Vgl. auch *Beckmann* in Beckmann/Scholtz/Vollmer, § 39 KAGB Rz. 203.

53 Vgl. hierzu insbesondere auch *Beckmann* in Beckmann/Scholtz/Vollmer, § 39 KAGB Rz. 220 ff.

54 BMJV, Handbuch der Rechtsförmlichkeit, 3. Aufl. 2008, Rz. 232.

55 Vgl. zum Meinungsstand insbesondere *Beckmann* in Beckmann/Scholtz/Vollmer, § 39 KAGB Rz. 290 ff.

Interesse des Vertrauens in die Funktionsfähigkeit der Kapitalmärkte der Ansicht anschließen müsse, wonach überwiegende Interessen für eine vollständige Abwicklung der betroffenen KVG sprechen, selbst wenn sie neben den in Rede stehenden erlaubnispflichtigen Tätigkeiten auch erlaubnisfreie Tätigkeiten ausübt. Andernfalls sei es „dem kreativen Gestaltungsgeschick der Gesellschafter betroffener KVGen" überlassen, den Verkehrsschutz durch entsprechende Kontrollmöglichkeiten der BaFin zu unterlaufen.[56]

48 Diese Auffassung überzeugt nicht, denn **der Wegfall der Erlaubnis ist gem. § 39 Abs. 4 i.V.m. § 38 Abs. 1 Satz 3 KWG im** für die KVG zuständige **Handelsregister einzutragen**. Dies genügt, um den Verkehrsschutz sicher zu stellen. Jedermann ist in der Lage, Einsicht in das Handelsregister zu nehmen und den Wegfall der Erlaubnis nachzuvollziehen. Zudem führt die BaFin selbst eine Unternehmensdatenbank der tätigen KVGen, die zur online-Ansicht zur Verfügung steht.[57]

49 Nach § 38 Abs. 3 KWG ist die Aufhebung oder das Erlöschen der Erlaubnis **zusätzlich im Bundesanzeiger bekanntzumachen**. Die BaFin hat nach diesen Bestimmungen darüber hinaus auch weitere zuständige Stellen in anderen Staaten des EWR zu unterrichten, sofern die KVG grenzüberschreitend tätig war. Die BaFin hat auf diese Weise die Möglichkeit, weitreichende und weitergehende Maßnahmen zu treffen, um dem Erlöschen oder der Aufhebung der Erlaubnis zur Durchsetzung zu verhelfen. Diese Maßnahmen stellen sicher, dass der Wegfall der Erlaubnis in hinreichender Weise öffentlich wird und somit kein Vertrauen in den Fortbestand der Erlaubnis mehr in Betracht kommt.

5. Änderungen im Rahmen des OGAW-V-UmsG

50 Im Zuge des OGAW-V-UmsG wurde § 39 Abs. 3 KAGB insofern ergänzt, als die BaFin die Erlaubnis nicht nur aufheben, sondern **auch aussetzen** kann, soweit dies im Einzelfall ausreichend erscheint. Die Aussetzung ist nach der Begründung zum Regierungsentwurf als auflösend bedingter Entzug der Erlaubnis vorgesehen.[58] Diese Struktur vereinfacht das Verwaltungsstreitverfahren nicht. Allerdings meint der deutsche Gesetzgeber damit die Neufassung von **Art. 99 Abs. 6 lit. c OGAW-IV-RL** umzusetzen, die im Rahmen der OGAW-V-RL fällig wurde.[59] Der BaFin sollte hier hinsichtlich der Gestaltung der Verwaltungsverfahren eine größere Flexibilität eingeräumt werden, die es ihr erlauben soll, besondere Konstellationen danach zu entscheiden, ob das mildere Mittel der Aussetzung im konkreten Fall genauso effizient ist, wie die endgültige Aufhebung der Erlaubnis,[60] was bei einem nur vorübergehenden Verstoß in Betracht kommen soll.[61] Ob diese Änderung notwendig war oder ob diese Regelung auch unter dem geltenden VwVfG hätte getroffen werden können, lässt sich diskutieren. Es ist nicht klar, warum die BaFin die Aussetzung nicht auch unter Anwendung der vor OGAW-V-RL bestehenden Regelungen des VwVfG hätte umsetzen können.

51 Darüber hinaus wurde die Befugnis der BaFin zur Aufhebung oder Aussetzung einer Erlaubnis durch die durch Art. 1 des Gesetzes vom 3.3.2016[62] eingefügte Nr. 5 in § 39 Abs. 3 KAGB ergänzt, die Art. 99 Abs. 6 lit. c) OGAW-V-RL umsetzt. Die BaFin kann auf dieser Grundlage beim Vorliegen von schwerwiegenden, mit einer Geldbuße belegten Ordnungswidrigkeiten die Aussetzung oder die Aufhebung der Erlaubnis anordnen. Dabei stellt die Entwurfsbegründung klar, dass die BaFin **alle maßgeblichen Umstände des Einzelfalls** zu berücksichtigen hat, wie u.a. die Schwere, Dauer oder Wiederholung des Verstoßes, den Grad der Verantwortlichkeit für den Verstoß, den Schaden für Dritte oder die Folgen für das Funktionieren der Märkte und der Wirtschaft im Allgemeinen.[63] Interessant ist hier, dass der Gesetzgeber einen, sicher nicht abgeschlossenen, Katalog der Erwägungsgründe im Rahmen einer Verhältnismäßigkeitsprüfung vorgegeben hat. Der BaFin bleiben die weiteren Maßnahmen nach §§ 5, 15, 16 sowie 40–43 KAGB unbenommen, insbesondere die Möglichkeit, der verantwortlichen Person ein ordnungswidriges Verhalten zu untersagen.[64]

---

56 So wohl *Beckmann* in Beckmann/Scholtz/Vollmer, § 39 KAGB Rz. 294 und *Kloyer* in Moritz/Klebeck/Jesch, § 39 KAGB Rz. 40.

57 Abrufbar unter: https://portal.mvp.bafin.de/database/InstInfo/.

58 BT-Drucks. 437/15, S. 58.

59 BT-Drucks. 437/15, S. 58.

60 BT-Drucks. 437/15, S. 58.

61 BT-Drucks. 437/15, S. 58.

62 Gesetz zur Umsetzung der Richtlinie 2014/91/EU des Europäischen Parlaments und des Rates vom 23. Juli 2014 zur Änderung der Richtlinie 2009/65/EG zur Koordinierung der Rechts- und Verwaltungsvorschriften betreffend bestimmte Organismen für gemeinsame Anlagen in Wertpapieren (OGAW) im Hinblick auf die Aufgaben der Verwahrstelle, die Vergütungspolitik und Sanktionen (RL2014/91/EU-UG, k.a.Abk.), BGBl. I 2016, S. 348.

63 BT-Drucks. 437/15, S. 59; die genannten Umstände sind u.a. in dem Art. 99c OGAW-V-RL aufgeführt.

64 BT-Drucks. 437/15, S. 58 f.

§ 40 Abberufung von Geschäftsleitern; Tätigkeitsverbot

(1) In den Fällen des § 39 Absatz 3 kann die Bundesanstalt statt der Aufhebung der Erlaubnis die Abberufung der verantwortlichen Geschäftsleiter verlangen und ihnen oder einer anderen verantwortlichen natürlichen Person, die in der Kapitalverwaltungsgesellschaft tätig ist, die Ausübung ihrer Tätigkeit untersagen.

(2) [1]Die Bundesanstalt kann die Organbefugnisse abberufener Geschäftsleiter so lange auf einen geeigneten Sonderbeauftragten übertragen, bis die Kapitalverwaltungsgesellschaft über neue Geschäftsleiter verfügt, die den in § 23 Nummer 3 genannten Anforderungen genügen. [2]§ 45c Absatz 6 und 7 des Kreditwesengesetzes ist entsprechend anzuwenden.

In der Fassung vom 4.7.2013 (BGBl. I 2013, S. 1981), zuletzt geändert durch das Gesetz zur Umsetzung der Richtlinie 2014/91/EU des Europäischen Parlaments und des Rates vom 23. Juli 2014 zur Änderung der Richtlinie 2009/65/EG zur Koordinierung der Rechts- und Verwaltungsvorschriften betreffend bestimmte Organismen für gemeinsame Anlagen in Wertpapieren (OGAW) im Hinblick auf die Aufgaben der Verwahrstelle, die Vergütungspolitik und Sanktionen vom 3.3.2016 (BGBl. I 2016, S. 348).

Schrifttum: *Binder/Glos/Riepe* (Hrsg.), Handbuch Bankenaufsichtsrecht, 2018; *Casper/Klöhn/Roth/Schmies* (Hrsg.), Festschrift für Johannes Köndgen, 2016; *Goette/Goette*, Managerhaftung: Abgrenzung unternehmerischer Entscheidungen nach Maßgabe der Business Judgement Rule von pflichtverletzendem Handeln, DStR 2016, 815; *Herring/Fiedler*, Der Sonderbeauftragte in der Bankenaufsicht, § 45c KWG – Neuregelung durch das Restrukturierungsgesetz, WM 2011, 1311; *Krull*, Der „Hängebeschluss" im System des vorläufigen Rechtsschutzes der Verwaltungsgerichtsordnung, Dissertation Georg-August-Universität Göttingen, Hamburg 2016; *Luz/Neus/Schaber/Schneider/Wagner/Weber* (Hrsg.), KWG, Band 1, 3. Aufl. 2015; *Maunz/Dürig*, Grundgesetz Kommentar, Loseblatt, Stand: Januar 2018; *Paal/Poelzig*, Effizienz durch Verständigung, 2015; *Redeker/von Oertzen*, VwGO Kommentar, 16. Aufl. 2014; *Unkel*, Die Rechtsfigur des Sonderbeauftragten als öffentlich-rechtlich bestellter Verwaltungsmittler – Ein Beitrag zum Versicherungsaufsichtsrecht und zum Problem der Inländerdiskriminierung, Dissertation Heinrich-Heine-Universität Düsseldorf, Karlsruhe, 2011; *Christoph Weber*, Privatautonomie und Außeneinfluß im Gesellschaftsrecht, Habilitationsschrift Johannes Gutenberg-Universität Mainz, Tübingen 2000.

I. Inhalt der Norm

§ 40 KAGB ermöglicht der BaFin in den Fällen des § 39 Abs. 3 KAGB anstelle der Aufhebung der Erlaubnis die **Abberufung des Geschäftsleiters** zu verlangen und ihnen die **Tätigkeit als Geschäftsleiter zu untersagen**. Zur Drittbezogenheit der §§ 39 bis 42 KAGB vgl. § 39 Rz. 3. 1

II. Verortung in der AIFMD und OGAW sowie im InvG sowie anderen Gesetzen

Grundlage für den § 40 KAGB ist **Art. 11 der AIFMD**. Ferner entspricht die Vorschrift der Formulierung in § 17a InvG und ist lediglich redaktionell angepasst. 2

III. Die Tatbestandsmerkmale im Einzelnen

1. Abberufung und Tätigkeitsuntersagung (§ 40 Abs. 1 KAGB)

Hinsichtlich der aufsichtsrechtlichen Praxis ist vor weiteren Ausführungen folgendes zu beachten: **Vor einem Abberufungsverlangen** legt die BaFin den betroffenen Geschäftsleitern, zur Kenntnis des zur Abberu- 3 fung ermächtigten Organs, mit der Begründung des zu erwartenden Abberufungsverlangens nahe, das Amt niederzulegen. Auf diese Weise wird der Verwaltungsakt und der Eintritt in das Verwaltungsstreitverfahren vermieden.

a) Adressaten der Norm

4 § 40 Abs. 1 KAGB ermächtigt die BaFin, als – angeblich – **milderes Mittel gegenüber § 39 Abs. 3 KAGB** (Aufheben oder Aussetzen der Erlaubnis) die Abberufung der verantwortlichen Geschäftsleiter zu verlangen und diesen oder anderen verantwortlichen natürlichen Personen, die in der KVG tätig sind, die Ausübung ihrer Tätigkeit zu untersagen. Ob die Abberufung und Tätigkeitsuntersagung wirklich als milderes Mittel anzusehen ist, richtet sich nach der Perspektive: Der abberufene Geschäftsleiter mit Tätigkeitsverbot, das auf ein Berufsverbot[1] hinauslaufen dürfte, wird seine Abberufung, gemessen an der Aufhebung der Erlaubnis, kaum als milderes Mittel betrachten. § 40 Abs. 2 KAGB regelt die vorübergehende Übertragung der Befugnisse auf einen **Sonderbeauftragten** nach Abberufung.[2] Die Regelung hat strukturelle Ähnlichkeit mit der sehr viel älteren Vorschrift des § 36 KWG, sodass auf dessen Anwendungspraxis und Kommentierung zurückgegriffen werden kann. Das gleiche gilt für die Verweisung des § 40 Abs. 2 KAGB auf zwei Absätze des § 47c KWG.

5 Geschäftsleiter im Sinne der Vorschrift sind, so die **Legaldefinition** in § 1 Abs. 19 Nr. 15 KAGB diejenigen natürlichen Personen, die nach Gesetz, Satzung oder Gesellschaftsvertrag zur Führung der Geschäfte und zur Vertretung einer KVG berufen sind, sowie diejenigen natürlichen Personen, die die Geschäfte der KVG tatsächlich leiten.[3] Neben den **Organmitgliedern** der jeweiligen KVG bezieht der Begriff des Geschäftsleiters somit auch diejenigen natürlichen Personen ein, die faktisch **Leitungsfunktion** ausüben, ohne Organmitglied zu sein.[4] Dies ist bei KVGen in den Fällen besonders gut leistender Portfoliomanager fast regelmäßig der Fall.

b) Verantwortlichkeit der Geschäftsleiter

6 Die für die Maßnahmen nach § 40 Abs. 1 KAGB maßgebliche Frage nach der **Verantwortlichkeit der jeweiligen Geschäftsleiter** beantwortet sich zunächst nach der Rechtsform der betroffenen KVG. Bei einer InvAG ist für die Geschäftsführung gem. § 76 Abs. 1 AktG der Vorstand verantwortlich, während die Geschäftsführung bei einer InvKG gem. § 164 HGB regelmäßig bei dem persönlich haftenden Gesellschafter liegt. Ist dies beispielsweise eine GmbH, so obliegt die Geschäftsführung gem. § 35 GmbHG den Geschäftsführern.

7 Der **Verantwortlichkeitsbereich der Mitglieder dieser Geschäftsführungsorgane** i.S.d. § 40 Abs. 1 KAGB entspricht nach dem gesetzlichen Leitbild in § 93 Abs. 1 AktG und § 43 Abs. 1 GmbHG[5] zunächst dem Gedanken der Gesamtverantwortlichkeit des Gremiums.[6] Die Praxis der Ressortzuständigkeit nach Geschäftsverteilungsplänen legt eine andere Herangehensweise nahe.[7] Lässt sich eine Verantwortlichkeit einzelner Geschäftsleiter nach Maßgabe der Zuständigkeitsverteilung für den relevanten Verstoß ausmachen, kann die BaFin gem. § 40 Abs. 1 KAGB von der KVG die Abberufung dieses oder dieser Geschäftsleiter verlangen. Unberührt hiervon bleibt jedoch die Möglichkeit, je nach Konstellation des Einzelfalls neben den **Vorgaben des Geschäftsverteilungsplans** innerhalb der betroffenen Geschäftsführungsorgane auch **weitere verantwortliche Geschäftsleiter**, wie insbesondere den Vorstandsvorsitzenden, aus deren Organisationsverantwortung und Kontrollaufgabe heraus als „verantwortliche Geschäftsleiter" i.S.d. § 40 Abs. 1 KAGB **zu identifizieren.**[8] Auch diese können Gegenstand des Abberufungsverlangens der BaFin sein.[9]

---

1 Zu den weiteren Reaktionsmöglichkeiten in der Praxis der BaFin in Bezug auf Fehlverhalten von Geschäftsleitern vgl. *Hanten*, Don't mess with the regulator, S. 85 ff. m.w.H., in Paal/Poelzig, Effizienz durch Verständigung, S. 73.

2 Zu dieser – recht neuen – Rechtsfigur vgl. *Unkel*, Die Rechtsfigur des Sonderbeauftragten, S. 114 zur ursprünglichen Entwicklung in der Versicherungsaufsicht sowie *Lindermann* in Boos/Fischer/Schulte-Mattler, § 45c KWG Rz. 11 ff. und *Herring/Fiedler*, WM 2011, 1311 zur Kommentierung der Figur im KWG.

3 Vgl. auch *Beckmann* in Beckmann/Scholtz/Vollmer, § 40 KAGB Rz. 13.

4 Vgl. auch *Heck/Goldbach/Kloster* in Baur/Tappen, § 40 KAGB Rz. 4; *Weitnauer* in Weitnauer/Boxberger/Anders, § 40 KAGB Rz. 3.

5 So auch *Holzapfel* in Emde/Dornseifer/Dreibus/Hölscher, § 17a InvG Rz. 7.

6 Vgl. auch *Beckmann* in Beckmann/Scholtz/Vollmer, § 40 KAGB Rz. 14.

7 Vgl. auch *Holzapfel* in Emde/Dornseifer/Dreibus/Hölscher, § 17a InvG Rz. 7; *Beckmann* in Beckmann/Scholtz/Vollmer, § 40 KAGB Rz. 14.

8 So insbesondere auch *Fischer* in Boos/Fischer/Schulte-Mattler, § 36 KWG Rz. 17 ff. m.w.N.

9 So auch *Heck/Goldbach/Kloster* in Baur/Tappen, § 40 KAGB Rz. 5.

Der Verantwortlichkeitsmaßstab im Sinne eines Verschuldens bestimmt sich je nach Rechtsform der KVG nach Maßgabe der gesetzlichen Bestimmungen, etwa gem. § 93 Abs. 1 AktG, § 43 Abs. 1 GmbHG oder § 161 Abs. 2 i.V.m. § 128 HGB. Bei Sondersituationen und bestimmten Aufgabenfeldern kann hinsichtlich des anzulegenden Sorgfaltsmaßstabs je nach Einzelfall eine Differenzierung notwendig sein.[10] 8

c) Abberufungsverlangen

Da das Abberufungsverlangen vom **zuständigen Organ der Gesellschaft** umzusetzen ist, ist der das Abberufungsverlangen beinhaltende Verwaltungsakt auch an dieses Organ adressiert.[11] Hinsichtlich des Tätigkeitsverbots ist der Verwaltungsakt an die **relevanten natürlichen Personen** zu adressieren. **Rechtsmittel** gegen die Verwaltungsakte sind Widerspruch und, dem folgend, die Anfechtungsklage. Beide Rechtsmittel haben nach § 7 Abs. 1 KAGB keine aufschiebende Wirkung und müssten, erforderlichenfalls, um Maßnahmen im einstweiligen Rechtsschutz ergänzt werden. Zu beachten ist, dass die Abberufung des Geschäftsleiters zunächst **alleine die Organstellung**, nicht aber das Dienstverhältnis betrifft. Auf dieses Verhältnis hat die BaFin grundsätzlich keinen Zugriff. Die Mitglieder des Verwaltungsorgans, soweit diese für den Abschluss des Dienstvertrages mit den Geschäftsleitern zuständig sind, werden die Frage beantworten müssen, ob die Abberufung aufgrund eines Verlangens der BaFin einen **Grund für die Kündigung des Dienstvertrages** darstellt. Diese richtet sich zum einen nach dem Dienstvertrag, der durchaus regeln kann, dass das Abberufungsverlangen der BaFin, unabhängig von der Bestandskraft des Abberufungsverlangens, einen vertraglich benannten, außerordentlichen Kündigungsgrund darstellt. Darüber hinaus kommt durchaus in Betracht, das Abberufungsverlangen als wichtigen Grund im Sinne von § 626 BGB zu qualifizieren. 9

Mit dem Abberufungsverlangen fordert die BaFin das zuständige Organ auf, die Bestellung der identifizierten Geschäftsleiter zu widerrufen, diese „abzuberufen".[12] **Das Verlangen der BaFin** selbst kann keine Abberufung begründen.[13] Die Behörde greift somit nicht unmittelbar, sondern nur mittelbar in die internen Zuständigkeiten für einen derartigen Widerruf der Bestellung ein. Nicht unmittelbar einsichtig ist, warum der Gesetzgeber die Abberufung für diesen Fall in der Entscheidungsbefugnis des abberufungsberechtigten Organs belässt und **keine Möglichkeit der unmittelbaren Abberufung** durch die BaFin geschaffen hat. Die Gesetzesbegründung („Alternativen: Keine"[14]) schweigt zu dieser Frage. Für die Entscheidung lässt sich ins Feld führen, die gesetzlich grundsätzlich gewünschte **Organautonomie im Gesellschaftsrecht**[15] auch im Aufsichtsrecht fortzuführen. Daraus folgt das Problem, dass § 40 KAGB keine entsprechende Regelung für den Fall vorsieht, dass das zur Abberufung berechtigte Organ der Weisung der BaFin keine Folge leistet. Die Weigerung ist nicht sanktioniert und kann dann allenfalls die Aufhebung der Erlaubnis zur Folge haben. 10

Während bei einer als Komplementärin einer InvKG fungierenden GmbH der Widerruf einer Geschäftsführerbestellung gem. § 38 Abs. 1 GmbHG grundsätzlich jederzeit und ohne wichtigen Grund durch die Gesellschafterversammlung möglich ist, erfordert § 84 Abs. 3 Satz 1 AktG für den Widerruf einer Bestellung zum Vorstandsmitglied einer AG durch den Aufsichtsrat einen **wichtigen Grund**. Ein solcher ist gem. § 84 Abs. 3 Satz 2 AktG regelmäßig im Falle einer groben Pflichtverletzung oder bei Unfähigkeit zur ordnungsmäßigen Geschäftsführung gegeben. Das Abberufungsverlangen kann selbst bereits einen derartigen wichtigen Grund darstellen. Bei der Beurteilung kommt es weniger darauf an, ob die dem Abberufungsverlangen zugrunde gelegten Feststellungen – etwa ein Fehlverhalten oder die mangelnde Qualifikation des Vorstandsmitglieds – zutreffend sind. Vielmehr wird bereits der **Umstand des Abberufungsverlangens** selbst als wichtiger Grund für den Widerruf der Bestellung gelten müssen. Erstens kann die Nichtabberufung die Wahrscheinlichkeit der Aufhebung einer Erlaubnis steigern und damit die Unternehmensexistenz in Frage stellen. Zweitens wird der derartig „angezählte" Geschäftsleiter kaum in der Lage sein, in einer derartigen Drucksituation seinen dienstvertraglich geschuldeten Pflichten nachzukommen. 11

---

10 Zum Maßstab der Business Judgement Rule vgl. etwa *Fischer* in Boos/Fischer/Schulte-Mattler, § 36 KWG Rz. 27 ff. mit weiteren Beispielen und *Goette/Goette*, DStR 2016, 815.

11 A.A., allerdings ohne Erklärung, *Kloyer* in Moritz/Klebeck/Jesch, § 40 KAGB Rz. 6.

12 Vgl. auch *Beckmann* in Beckmann/Scholtz/Vollmer, § 40 KAGB Rz. 30.

13 Vgl. auch *Schmitz* in Luz/Neus/Schaber/Scharpf/Schneider/Weber, § 36 KWG Rz. 9; *Holzapfel* in Emde/Dornseifer/Dreibus/Hölscher, § 17a InvG Rz. 4.

14 Zu diesem Konzept vgl. *Binder* in FS Köndgen, S. 65 ff.

15 Dazu vgl. umfassend *Weber*, Privatautonomie und Außeneinfluß im Gesellschaftsrecht, passim und insbesondere S. 46 ff.

d) Untersagung der Ausübung der Geschäftsleitertätigkeit

12 Während sich das Abberufungsverlangen an die zuständigen Organe richtet, richtet sich die die Untersagung der Tätigkeit gem. § 40 Abs. 1 KAGB unmittelbar an die betroffenen Geschäftsleiter.[16] Hierdurch werden auch Fälle erfasst, in denen die verantwortlichen Geschäftsleiter i.S.d. Legaldefinition in § 1 Abs. 19 Nr. 15 KAGB nicht Mitglieder der Geschäftsführungsorgane der betroffenen KVG sind, sondern **Personen mit faktischer Leitungsfunktionen** innerhalb der KVG.[17] Ein Abberufungsverlangen ginge bei diesen Personen ins Leere, da ihrer Tätigkeit kein gesellschaftsrechtlicher Bestellungsakt vorangeht.[18]

13 In den Fällen der Tätigkeitsuntersagung wird die Maßnahme mit **Zustellung bei den betroffenen Geschäftsleitern** wirksam.[19] **Rechtsmittel** sind auch hier Widerspruch und, nachfolgend, Anfechtungsklage. Wegen der fehlenden aufschiebenden Wirkung müssen auch hier die Instrumente des einsteiligen Rechtsschutzes in Betracht gezogen werden.

14 Der Wortlaut von § 40 Abs. 1 KAGB („und") erweckt den Anschein, dass ein Abberufungsverlangen stets mit einer individuellen Tätigkeitsuntersagung zu verbinden ist. Jedoch wird man der BaFin einen **Ermessensspielraum** dahin einräumen müssen, ob und in welcher Weise sie die beiden Maßnahmen verbindet.[20] In der Praxis kommt häufig in Betracht, Geschäftsleiter bis zur Abberufung oder bis zur Bestellung eines Sonderbeauftragten weiterwirken zu lassen.

15 Nicht eindeutig ist der Wortlaut des § 40 Abs. 1 KAGB auch insoweit, als er schlicht von einer Untersagung der Tätigkeit des verantwortlichen Geschäftsleiters spricht. Ob sich diese Befugnis zur Untersagung gegenständlich nur auf die **konkrete Tätigkeit** innerhalb der betroffenen KVG bezieht **oder darüber hinausgeht**, möglicherweise sogar im Sinne eines **umfassenden Berufsverbots** für den betroffenen Geschäftsleiter zu verstehen sein soll, wird aus dem Wortlaut nicht hinreichend klar. Richtigerweise wird man diese Befugnis der BaFin im Sinne einer **pflichtgemäßen Ermessensausübung** dahin verstehen müssen, dass sie sich regelmäßig nur auf die konkrete Tätigkeit des Geschäftsleiters bei der betroffenen KVG beziehen darf, um die Gefahr einer Beeinträchtigung des verfassungsmäßig gewährleisteten Rechts auf Berufsfreiheit möglichst gering zu halten.[21] Allerdings bedeutet die Untersagung der Tätigkeit eine Vorbewertung der fachlichen und persönlichen Eignung im Sinne von § 23 Nr. 3 KAGB. Aus dem Erlass eines Tätigkeitsverbots könnten bereits Tatsachen abgeleitet werden, die gegen die gesetzlich vorgesehene Geschäftsleiterqualifikation sprechen.

e) Tätigkeitsuntersagung gegenüber anderen verantwortlichen natürlichen Personen

16 In Bezug auf die verantwortlichen anderen natürlichen Personen besteht keine Möglichkeit, diese über die gesellschaftsrechtlich indizierte Abberufung aus ihrer Position zu entfernen. Die gesetzlich angeordnete Eingriffsbefugnis der BaFin beschränkt sich auf eine Tätigkeitsuntersagung. Diese entfaltet im Gegensatz zur Abberufungsanordnung, die eines Zwischenaktes durch Verwaltungsorgan, Gesellschafterversammlung oder Hauptversammlung bedarf, sofortige Wirkung. Dem Wortlaut nach kann die Untersagungsanordnung auch gegen Mitglieder des Verwaltungsorgans der KVG gerichtet werden. In diesen Fällen entsteht die interessante Konstellation, dass die BaFin zwar die Tätigkeiten untersagen kann, jedoch mangels Ermächtigungsgrundlage nicht deren Abberufung.

2. Übertragung von Befugnissen auf Sonderbeauftragte (§ 40 Abs. 2 KAGB)

17 Gemäß § 40 Abs. 2 KAGB kann die BaFin **Organbefugnisse** abberufener Geschäftsleiter **für einen Übergangszeitraum auf geeignete Sonderbeauftragte übertragen**, bis die betroffene KVG neue Geschäftsleiter hat, die den in § 23 Nr. 3 KAGB genannten Anforderungen genügen. Nach § 40 Abs. 2 KAGB ist § 45c Abs. 6 und 7 KWG – also das Normwerk des KWG – zum Sonderbeauftragten entsprechend anzuwenden. Auch hier handelt es sich wiederum um eine Analogieverweisung;[22] die Verwendung der Analogieverweisung auf eine derartig komplexe Vorschrift wie dem § 45c KWG sollte überdacht werden.

---

16 So auch *Steck* in Berger/Steck/Lübbehüsen, § 17a InvG Rz. 2.

17 Vgl. auch *Holzapfel* in Emde/Dornseifer/Dreibus/Hölscher, § 17a InvG Rz. 6.

18 *Heck/Goldbach/Kloster* in Baur/Tappen, § 40 KAGB Rz. 13.

19 So insbesondere auch *Beckmann* in Beckmann/Scholtz/Vollmer, § 40 KAGB Rz. 53.

20 Mit einer Übersicht über den Meinungsstand hinsichtlich des Verhältnisses von Abberufungsverlangen und Tätigkeitsverbot insbesondere *Schmitz* in Luz/Neus/Schaber/Scharpf/Schneider/Weber, § 36 KWG Rz. 14 ff.

21 Ebenfalls für einen strengen Maßstab bei der Interpretation einer generellen Tätigkeitsuntersagung wohl *Heck/Goldbach/Kloster* in Baur/Tappen, § 40 KAGB Rz. 14.

22 BMJV, Handbuch der Rechtsförmlichkeit, 3. Aufl. 2008, Rz. 232.

a) Hintergrund der Vorschrift

Im geltenden Recht findet sich die Rechtsfigur im VAG – dort § 307 – und im KWG, dort § 45c. Die genaue **rechtliche Herkunft** der Figur ist schwer zu ermitteln.[23] 18

b) Bestellung zum Sonderbeauftragten

Die **Bestellung zum Sonderbeauftragten** erfolgt durch Verwaltungsakt, der sowohl an den vorgesehenen Sonderbeauftragten als auch an die KVG gerichtet ist. Vor Bestellung werden Sonderbeauftragter und KVG angehört. 19

Ein **typisches Bestellungsschreiben** an den Sonderbeauftragten lautet wie folgt: 20

„Bestellung zum Sonderbeauftragten gemäß § 40 Abs. 2 KAGB

Anrede,

gemäß § 40 Abs. 2 KAGB bestelle ich Sie mit sofortiger Wirkung zum Sonderbeauftragten der XY KVG GmbH und übertrage Ihnen sämtliche Befugnisse, die der Geschäftsleitung der XY KVG (Rechtsform) nach Gesetz, Satzung und Geschäftsordnung zustehen.

Ihre Vergütung setze ich auf [...] pro Stunde zzgl. Umsatzsteuer sowie eventueller Auslagen fest. Die XY KVG (Rechtsform) ist gemäß § 40 Abs. 2 Satz 2 KAGB in Verbindung mit § 45c Abs. 6 KWG dazu verpflichtet, die durch Ihre Bestellung entstehenden Kosten, einschließlich Ihrer Vergütung, zu tragen.

Die Anordnung Ihrer Bestellung zum Sonderbeauftragten der XY KVG (Rechtsform), welche ich mit Schreiben vom heutigen Tage dem Institut habe zukommen lassen, füge ich Ihnen als Duplikat bei. Zudem füge ich Ihnen als Duplikat mein Schreiben vom heutigen Tage an die XY KVG (Rechtsform) bei, mit welchem ich weitere investmentaufsichtsrechtliche Maßnahmen angeordnet habe.

Mit freundlichen Grüßen

Rechtmittelbelehrung:

(...)“

Teilweise wird vertreten, dass die **Einsetzung eines Sonderbeauftragten** gem. § 40 Abs. 2 KAGB nur in den Fällen möglich sein soll, in denen die Abberufung der verantwortlichen Geschäftsleiter auf ein entsprechendes Abberufungsverlangen der BaFin i.S.d. Abs. 1 zurückzuführen ist.[24] Begründet wird diese Auffassung damit, dass § 40 Abs. 2 KAGB systematisch hinter Abs. 1 angesiedelt ist und daher auf Abs. 1 aufbaut.[25] Dem lässt sich entgegenhalten, dass sich aus dem Wortlaut des § 40 Abs. 2 KAGB kein Bezug zu Abs. 1 ergibt. Darüber hinaus kann der **Regelungszweck** von Abs. 2 unabhängig davon erreicht werden, ob die Abberufung unqualifizierter Geschäftsleiter aus gesellschaftsinternen Gründen oder aufgrund eines Abberufungsverlangens seitens der BaFin nach Abs. 1 erfolgte. Darum mag die Befugnis der BaFin zur Einsetzung eines geeigneten Sonderbeauftragten auch dann bestehen, wenn die Abberufung nicht auf deren Abberufungsverlangen zurückzuführen ist.[26] Problematisch ist allerdings der Fall, in dem der **Geschäftsleiter sein Amt niederlegt**. In diesen Fällen könnte, soweit die Bestellung eines Sonderbeauftragten gewünscht ist, ein nachträglicher Abberufungsbeschluss in Betracht kommen. 21

c) Stellung des Sonderbeauftragten

Fraglich ist, wie der Sonderbeauftragte zu qualifizieren ist. Teilweise wird vertreten, seine Stellung begründe eine **Organstellung**; nach anderer Auffassung handelt es sich um eine **kommissarische Stellung**. Diese eher dogmatische Frage braucht nicht beantwortet zu werden, weil die Organbefugnisse, wenn auch nur über einen Verwaltungsakt, auf den Sonderbeauftragten übertragen werden. Allerdings stellt sich die Frage in Bezug auf die **Eintragungsfähigkeit und -pflichtigkeit** der Organstellung in das Handelsregister. Ein Teil der Kommentarliteratur vertritt ohne Begründung, dass der Sonderbeauftragte nach „§ 39 GmbHG bzw. § 81 AktG“ zum Handelsregister anzumelden sei.[27] Dem ist zweierlei entgegenzuhalten: Die Vorschriften sprechen ausdrücklich von „Geschäftsführer“ und „Vorstand“. Andere „organnahe“ Rollen, wie etwa Liquidatoren, Prokuristen und Insolvenzverwalter, sind hinsichtlich ihrer Eintragungsfähigkeit ausdrücklich behandelt. Es liegt fern, dass die Eintragung des Sonderbeauftragten, der ja eine **gesellschaftsrechtlich gerade nicht vorgesehene Rolle einnimmt**, im Wege der Analogie gesellschaftsrechtlicher Bestimmungen, eintra- 22

---

23 Zum Hintergrund vgl. *Bauer-Weiler* in Binder/Glos/Riepe, Handbuch Bankenaufsichtsrecht, § 16 Rz. 25 ff. sowie in Bezug auf die verwaltungsaufsichtliche Regelung *Unke*, Die Rechtsfigur des Sonderbeauftragten als öffentlich-rechtlich bestellter Verwaltungsvermittler, S. 114 ff.; *Herring/Fiedler*, WM 2011, 1311 (1311).

24 So *Weitnauer* in Weitnauer/Boxberger/Anders, § 40 KAGB Rz. 10.

25 So etwa *Beckmann* in Beckmann/Scholtz/Vollmer, § 40 KAGB Rz. 74.

26 So ausdrücklich auch *Heck/Goldbach/Kloster* in Baur/Tappen, § 40 KAGB Rz. 19 m.w.N.

27 Etwa *Heck/Goldbacher/Kloster* in Baur/Tappen, § 40 KAGB Rz. 17.

gungspflichtig werden sollte. Darüber hinaus spricht der Gesetzeswortlaut über die Verweise gegen eine Eintragungsfähigkeit. Die Verweise des § 40 Abs. 2 KAGB führen zur entsprechenden Anwendung von § 47c Abs. 6 und 7 KWG. Die Eintragungspflicht hinsichtlich des nach KWG bestellten Sonderbeauftragten ist in § 47c Abs. 4 KWG geregelt, auf den § 40 Abs. 2 KAGB ja gerade nicht verweist. Die zweite relevante organschaftliche Frage, nämlich **ob und wie Sonderbeauftragte haften**, braucht auch nicht nach den Vorgaben des Gesellschaftsrecht geklärt zu werden, weil Haftungsmaßstab (Vorsatz und Fahrlässigkeit) und Höchsthaftung (grds. 1 Mio. EUR) gesetzlich geregelt sind, § 40 Abs. 2 KAGB i.V.m. § 47 Abs. 7 KWG. Diese Haftungsbeschränkungen machen die Leistungen des Sonderbeauftragten für diesen versicherungsfähig.

d) Qualifikationsanforderungen

22a Über die **Qualifikationsanforderungen des Sonderbeauftragten** gehen die Meinungen auseinander. Das Gesetz verlang lediglich einen „geeigneten" Sonderbeauftragten. Da dieser Organbefugnisse wahrnehmen soll, spricht vieles dafür, die Kriterien des § 21 Abs. 1 Nr. 3 und 4 sowie § 22 Abs. 2 Nr. 3 und 4 KAGB, also der **Geschäftsleitereignung** auch an den Sonderbeauftragten anzulegen. Dem entspricht auch die Auswahl von Sonderbeauftragten durch die BaFin. Die Auswahl erfolgt üblicherweise aus dem Kreise inaktiver früherer Geschäftsleiter, deren aufsichtsrechtlicher „Registerauszug" bei der BaFin keine wesentlichen Schwächen zu erkennen gibt. Strittig ist wohl, ob und in welchem Umfang auch juristische Personen zu Sonderbeauftragten bestellt werden können.[28]

e) Vergütung des Sonderbeauftragten

23 Die **Vergütung des Sonderbeauftragten** wird von der BaFin festgesetzt und fällt der KVG zur Last, vgl. §§ 40 Abs. 2 i.V.m. 47 Abs. 6 Satz 2 KWG. Die Höhe der Vergütung wird in der Regel **nach Zeitaufwand** berechnet. Die Stundensätze bewegen sich im deutlich unteren Bereich der Stundensätze für Rechtsanwälte und Wirtschaftsprüfer.

f) Aufgabenspektrum des Sonderbeauftragten

24 Die organnahe Stellung des Sonderbeauftragten („Übertragung der Organbefugnisse abberufener Geschäftsleiter") zeichnet sich durch eine besondere **Konfliktsituation** aus: Einerseits geht die Bestellung von der BaFin aus; andererseits hat der Sonderbeauftragte durch seine organnahe Stellung die Interessen der KVG zu vertreten. Hierbei handelt es sich um einen Interessenkonflikt, der nur schwer beherrschbar ist. Problematisch ist jedoch, dass der Sonderbeauftragte, da seine Abberufung wiederum von einem Verwaltungsakt der BaFin abhängig ist, im Falle eines Konflikts sein Mandat, anders als etwa ein Aufsichtsrat, nicht niederlegen kann. Alles in allem scheint die Rolle des Sonderbeauftragten unausgegoren und könnte im Rahmen einer Novelle, die jedoch VAG, KWG und KAGB gleichermaßen behandeln müsste, überarbeitet werden.

3. Rechtsschutz

25 Die **Rechtsmittel** sind auch hier zunächst der Widerspruch, der nach § 7 Abs. 1 KAGB keine aufschiebende Wirkung hat. Aus diesem Grunde kommt hier der Antrag nach § 80 Abs. 4 VwGO in Betracht, der die BaFin veranlassen soll, die Vollziehung auszusetzen.

Soweit die BaFin dem Widerspruch nicht abhilft und dem Antrag nach § 80 Abs. 4 VwGO nicht entspricht, muss vor Erhebung der, solange der Widerspruchsbescheid nicht erlassen, noch nicht zulässigen Anfechtungsklage, beim Verwaltungsgericht Frankfurt am Main ein sogenannter **Hängebeschluss**[29] beantragt werden, mit dem das Verwaltungsgericht anordnet, dass die BaFin nicht vollstrecken darf, solange über die Rechtsmittel im einstweiligen Rechtsschutz noch nicht entschieden wurde.

Diese Überlegungen sind nicht nur theoretisch, weil die Entscheidungsdauern im einstweiligen Rechtsschutz und Hauptsacheverfahren in den gegenwärtigen Praxen von BaFin und Verwaltungsgericht Frankfurt am Main so erheblich sind, dass eine Aussetzung der Vollziehung nach § 80 Abs. 4 VwGO durch die BaFin oder der Hängebeschluss des Verwaltungsgerichts Frankfurt am Main zumindest einen nicht unerheblichen Zeitgewinn bedeuten müssen.

28 Vgl. *Lindemann* in Boos/Fischer/Schulte-Mattler, § 45c KWG Rz. 14.

29 Dazu vgl. *Redeker/von* Oertzen, § 80 VwGO Rz. 57b sowie *Krull*, Der „Hängebeschluss" im System des vorläufigen Rechtsschutzes der Verwaltungsgerichtsordnung, passim.

4. Änderungen im Rahmen des OGAW-V-UmsG

Im Zuge des OGAW-V-UmsG ergaben sich auch einige Neuerungen für § 40 KAGB. Zur Klarstellung wurde bereits in der **Überschrift** die Möglichkeit der BaFin aufgenommen, Tätigkeitsverbote auszusprechen.[30] 26

Weitergehend wurde § 40 Abs. 1 KAGB dahin ergänzt, dass die BaFin nicht nur den verantwortlichen Geschäftsleitern die Ausübung ihrer Tätigkeit untersagen kann, sondern auch **anderen verantwortlichen**, natürlichen Personen, die in der KVG tätig sind. Folglich kommt es für die Eingriffsmöglichkeiten der BaFin nicht mehr nur darauf an, dass der tatsächliche Geschäftsleiter sich gesetzestreu verhält. Die BaFin kann nun auch gegen **Mitarbeiter der KVG** vorgehen und diesen gegenüber ein Tätigkeitsverbot aussprechen. Damit lassen sich Umgehungsszenarien vermeiden, bei denen Mitarbeiter nicht als Geschäftsleiter handeln, jedoch deren tatsächliche Aufgabe erfüllen. Mit dieser Ergänzung setzte der deutsche Gesetzgeber die Neufassung von **Art. 99 Abs. 6 lit. c der OGAW-IV-RL** um, die mit der OGAW-V-RL erfolgt war.[31] 27

Die Begründung zum Regierungsentwurf weist ausdrücklich darauf hin, dass die BaFin ein **dauerhaftes Tätigkeitsverbot** nur dann aussprechen darf, wenn ein besonders schwerwiegender Verstoß vorliegt. Hintergrund dieser verwaltungsrechtlichen Selbstverständlichkeit sind die Anforderungen, die Art. 12 Abs. 1 GG an dauerhafte Berufsverbote stellt.[32] 28

§ 41 Maßnahmen bei unzureichenden Eigenmitteln

[1]Entsprechen bei einer Kapitalverwaltungsgesellschaft die Eigenmittel nicht den Anforderungen des § 25, kann die Bundesanstalt Anordnungen treffen, die geeignet und erforderlich sind, um Verstöße gegen § 25 zu unterbinden. [2]Sie kann insbesondere Entnahmen durch Gesellschafter und die Ausschüttung von Gewinnen untersagen oder beschränken. [3]Beschlüsse über die Gewinnausschüttung sind insoweit nichtig, als sie einer Anordnung nach Satz 1 widersprechen. [4]§ 45 Absatz 5 Satz 1 des Kreditwesengesetzes ist entsprechend anzuwenden.

In der Fassung vom 4.7.2013 (BGBl. I 2013, S. 1981).

Schrifttum: *Gehrlein*, Einverständliche verdeckte Gewinnentnahmen der Gesellschafter als Untreue (§ 266 StGB) zu Lasten der GmbH, NJW 2000, 1089; *Goette/Goette*, Managerhaftung: Abgrenzung unternehmerischer Entscheidungen nach Maßgabe der Business Judgement Rule von pflichtverletzendem Handeln, DStR 2016, 815; *Krekeler/Werner*, Verdeckte Gewinnausschüttung als Untreue, StraFo 2003, 374; *Rüthers/Fischer/Birk*, Rechtstheorie, 10. Aufl. 2018; *Kopp/Ramsauer*, VwVfG, Kommentar, 19. Aufl. 2018; *Quaas/Zuck/Funke-Kaiser*, Prozesse in Verwaltungssachen, 3. Aufl. 2018.

I. Inhalt der Norm

§ 41 KAGB schafft eine **Ermächtigungsgrundlage** zur Behebung von Verstößen gegen die Eigenmittelanforderungen, die sich aus § 25 KAGB ergeben. Insoweit dürfte die Regelung die Vorschrift des **§ 5 Abs. 6** 1

30 BT-Drucks. 437/15, S. 59.
31 BT-Drucks. 437/15, S. 59.
32 Zum Berufsverbot als allein schrankenrechtlich legitimierbare Ausnahme vgl. *Scholz* in Maunz/Dürig, Art. 12 GG Rz. 21 sowie BVerfG v. 16.2.1965 – 1 BvL 15/62, BVerfGE 18, 353 (364); zu den Anforderungen an den objektiven Zulassungsbeschränkungen vgl. *Scholz* in Maunz/Dürig, Art. 12 GG Rz. 363 ff.

KAGB ergänzen. Die in der Literatur gelegentlich anzutreffende Qualifikation als „lex specialis"[1] bringt keinen methodischen oder inhaltlichen Mehrwert. Vertreten wird jedenfalls nicht, dass § 5 Abs. 6 KAGB nicht neben § 41 KAGB anwendbar wäre.[2]

2 § 41 KAGB ermächtigt die BaFin, die geeigneten und erforderlichen Anordnungen zu treffen, wenn die Eigenmittel der betroffenen KVG nicht mehr den Anforderungen des § 25 KAGB entsprechen. § 34 Abs. 3 Nr. 6 KAGB etwa verpflichtet KVGen, ein Absinken der Eigenmittel unter die in § 25 KAGB vorgesehenen Schwellen gegenüber der BaFin unverzüglich anzuzeigen. Die in § 41 KAGB genannten Maßnahmen sind, im Vergleich mit der Aufhebung der Erlaubnis, jedenfalls aus Sicht der KVG, das **mildere Mittel** und werden deshalb, ggf. gemeinsam mit einem Abberufungsverlangen, **vor Aufhebung der Erlaubnis anzuordnen** sein.

3 Die Vorschrift lässt nach ihrem Wortlaut nicht erkennen, wer **Adressat oder ggf. Benachteiligter** aus der Anordnung ist. Deutlich ist, dass die Anordnungen, etwa durch das Verbot von Entnahmen oder Ausschüttung, zum Nachteil der Gesellschafter oder sonstiger Berechtigter wirken.

4 Die Eigenmittelanforderungen, die sowohl dem **Schutz von Anlegern und Gläubigern** als auch dem **Eigenerhaltinteresse der KVG** dienen, können durch die Anordnung, Entnahmen oder Gewinnausschüttungen zu untersagen oder zu beschränken, sichergestellt werden. Der Verweis auf § 45 Abs. 5 Satz 1 KWG[3] in § 41 Satz 4 KAGB stellt klar, dass die BaFin der KVG vor der Anordnung entsprechender Maßnahmen gem. § 41 KAGB der jeweiligen KVG eine angemessene Frist zu setzen hat, innerhalb derer sie die Eigenmittel selbst wieder soll auffüllen können.[4] Diese Regelung geht, im Interesse der KVG, über die Anhörungspflicht nach § 28 VwVfG hinaus. § 42 KAGB schließt die Fristsetzungspflicht für den Fall aus, dass eine der in § 42 Nrn. 1 bis 3 KAGB genannten Gefahren droht. Satz 4 der Vorschrift nimmt, durch starre Verweisung, § 45 Abs. 5 Satz 1 KWG in Bezug und ordnet dessen entsprechende Anwendung an. Über die Frage, ob dieser Verweis notwendig und – technisch – sinnvoll war, lässt sich streiten.

II. Verortung in der AIFMD und OGAW sowie im InvG sowie anderen Gesetzen

5 **Grundlage des § 41 KAGB ist Art. 11 der AIFMD.** Der Wortlaut von § 41 KAGB entspricht im Wesentlichen dem früheren § 19i InvG.

III. Die Tatbestandsmerkmale im Einzelnen

1. Voraussetzungen für Anordnungen (§ 41 Satz 1 KAGB)

6 „Anordnungen" der BaFin nach § 41 Satz 1 KAGB setzen voraus, dass die Eigenmittel der KVG die Anforderungen des § 25 KAGB nicht erfüllen. Dabei ist es unerheblich, ob diese Anforderungen durch die betroffene KVG jemals erfüllt waren. In jedem Fall muss jedoch das **Unterschreiten der Mindestanforderungen nach § 25 KAGB** für Maßnahmen gem. § 41 KAGB **bereits eingetreten sein.**[5] Anders gesagt: Allein die Gefahr des Unterschreitens der Eigenmittel reicht für Anordnungen nach § 41 KAGB, jedenfalls nach dem Wortlaut der Vorschrift, nicht aus.

2. Fristsetzung (§ 41 Satz 4 KAGB i.V.m. § 45 Abs. 5 Satz 1 KWG)

7 Die BaFin ist gem. § 41 Satz 4 KAGB i.V.m. § 45 Abs. 5 Satz 1 KWG verpflichtet, der KVG vor Anordnung der Maßnahmen eine **angemessene Frist** zu setzen, innerhalb derer die KVG die Mängel behoben hat. Die Angemessenheit der Frist richtet sich zum einen nach der **Gefahrenlage** und zum anderen nach den **zeitlichen Erfordernissen**, um die Verstöße zu beheben, also Durchführung von Kapitalmaßnahmen oder Reduktion der verwalteten Vermögensgegenständen. Beide Maßnahmen haben Einfluss auf die nach § 25 KAGB erforderlichen Eigenmittel.

---

1 So etwa *Weitnauer* in Weitnauer/Boxberger/Anders, § 41 KAGB Rz. 1 und *Kloyer* in Moritz/Klebeck/Jesch, § 41 KAGB Rz. 1; zum methodischen Hintergrund der lex specialis etwa *Rüthers/Fischer/Birk*, Rechtstheorie, Rz. 771.

2 Zur Drittbezogenheit der §§ 39 bis 42 KAGB vgl. § 39 Rz. 3.

3 § 45 Abs. 5 Satz 1 KWG: Die Bundesanstalt darf die in den Absätzen 2 und 3 bezeichneten Anordnungen erst treffen, wenn das Institut oder die gemischte Finanzholding-Gesellschaft den Mangel nicht innerhalb einer von der Bundesanstalt zu bestimmenden Frist behoben hat.

4 Vgl. *Beckmann* in Beckmann/Scholtz/Vollmer, § 41 KAGB Rz. 18.

5 Vgl. auch *Heck/Goldbach/Kloster* in Baur/Tappen, § 41 KAGB Rz. 5; vgl. auch *Beckmann* in Beckmann/Scholtz/Vollmer, § 41 KAGB Rz. 11.

3. Anordnungen der BaFin im Einzelnen

a) Grundsätzliches

§ 41 Satz 1 KAGB setzt für die Anordnungen der BaFin voraus, dass diese **geeignet und erforderlich** sind, um Verstöße gegen § 25 KAGB zu unterbinden. Es ist nicht nachvollziehbar, warum der Gesetzgeber die Ermächtigungsgrundlage noch einmal ausdrücklich mit dem Erfordernis der **Beachtung der Verhältnismäßigkeit** („geeignet und erforderlich")[6] versehen hat. Im Ergebnis hat dieses redundante Tatbestandsmerkmal keine rechtliche Bedeutung. Bei einer Gesetzesreform sollte in Betracht gezogen werden, diese rechtliche Selbstverständlichkeit zu streichen und Satz 1 entsprechend redaktionell zu ändern. § 41 Satz 2 KAGB benennt als Anordnungen beispielhaft, dies ergibt sich aus dem Tatbestandsmerkmal „insbesondere", die Untersagung oder Beschränkung von Entnahmen durch die Gesellschafter oder von Ausschüttungen von Gewinnen. Problematisch ist, dass die ausdrücklich genannten Anordnungen zwar die KVG zum Adressaten haben, jedoch zum Nachteil Dritter, insbesondere der Gesellschafter, wirken können. Im Fall der Entnahme- oder Ausschüttungsbeschränkung kann zwar die Eigenmittelsituation der KVG verbessert werden; die Anordnung ist jedoch zweischneidig: Einerseits adressiert sie das – partielle – Auszahlungsverbot an die KVG, andererseits greift sie in die Rechte der Gesellschafter der KVG ein. Im Falle einer solchen Anordnung läge eine belastende Drittwirkung vor, die die betroffenen Gesellschafter in das Verwaltungs-(streit)verfahren einbezöge. Sie wären als Beteiligte i.S.v. § 13 Abs. 2 Satz 1 VwVfG hinzuzuziehen.[7] 8

b) Untersagung oder Beschränkung von Entnahmen

Nach § 41 Satz 2 KAGB kann, zum Beispiel, wenn geeignet und erforderlich, die Entnahme durch Gesellschafter untersagt oder beschränkt werden. 9

aa) Begriff der Entnahme

Das Tatbestandmerkmal der Entnahme ist im KAGB **nicht legaldefiniert**. Systematisch lässt sich auf Regelungen des HGB und des EStG zurückgreifen, die erkennen lassen, dass der Begriff im Recht der Personengesellschaften angesiedelt ist. Entnahmen sind jede unmittelbare oder mittelbare vermögenswerte **Leistung aus dem Vermögen der Gesellschafter an den Gesellschafter** in seiner Eigenschaft als Gesellschafter,[8] cum grano salis also Verfügungen des Gesellschafters zu Lasten seines Kapitalanteils. 10

bb) Einzelfälle

Besonders interne KVGen i.S.v. § 17 Abs. 2 Nr. 2 KVG in der Rechtsform von InvKGs nutzen häufig geschlossene Fonds, bei denen in der Anfangsphase der Fondslaufzeit gewinnunabhängige Entnahmen durch die Gesellschafter gestattet sind. Zur Vermeidung des Wiederauflebens der Haftung des Kommanditisten nach § 172 Abs. 4 HGB i.V.m. § 171 Abs. 1 HGB wird die Haftsumme des Kommanditisten vertraglich unterhalb seiner Kommanditeinlage vereinbart. In derartigen Strukturen mag die Untersagung oder Beschränkung von Gesellschafterentnahmen i.S.d. in § 41 Satz 2 KAGB genannten Variante zu einer Sicherung oder Stärkung der Eigenmittelsituation der betroffenen internen KVG gem. § 25 KAGB führen. Im Falle externer KVGen entfaltet eine derartige Anordnung jedoch keine Wirkung, welche die vom Investmentvermögen getrennte Eigenmittelsituation der KVG verbessert. Das Entnahmeverbot verbessert die **Eigenmittelsituation des Investmentvermögens** und nicht die Eigenmittelsituation der KVG, die von der Entnahme nicht unmittelbar berührt wird.[9] 11

Fraglich ist noch, ob und inwiefern **Gegenleistungen für Dienstleistungen von Gesellschaftern** als Entnahmen anzusehen sind. Dies wird in der Literatur für unangemessene gewinnunabhängige Zuwendungen an Gesellschafter bejaht.[10] Herleiten ließe sich das handelsrechtlich dadurch, dass die Gegenleistung zwar nominell nicht an den Gesellschafter in seiner Eigenschaft als Gesellschafter gezahlt wird, jedoch die Unangemessenheit wiederum dazu führt, dass die Zahlung dem Empfänger als Gesellschafter zuzurechnen ist. Dem lässt sich allerdings handelsrechtlich entgegenhalten, dass derartige Zahlungen in der allgemeinen Buchführung der KVG über die Gewinn- und Verlustrechnung gebucht werden und damit, im zweiten Schritt, das Gesellschaftskapital und nicht den Kapitalanteil des Gegenleistungsempfängers berühren. Eine 12

---

6 Dazu vgl. *Kugele*, § 40 VwVfG Rz. 7.
7 Zur Stellung etwa *Kopp/Ramsauer*, § 13 VwVfG Rz. 28 ff.; zum Erfordernis eines eigenen Rechts vgl. *Sendekamp* in Quaas/Zuck/Funke-Kaiser, Prozesse in Verwaltungssachen, § 3 Rz. 37.
8 *Priester* in MünchKomm. HGB, 4. Aufl. 2016, § 122 HGB Rz. 5 m.w.N.
9 Vgl. zu alledem auch *Heck/Goldbach/Kloster* in Baur/Tappen, § 41 KAGB Rz. 16 ff.
10 Etwa *Weitnauer* in Weitnauer/Boxberger/Anders, § 41 KAGB Rz. 8.

derartige Zahlung ließe sich jedoch durch anderslautende Anordnungen der BaFin vermeiden, sodass die Frage der handelsrechtlichen Qualifikation als Entnahme nicht gestellt zu werden braucht.[11]

c) Untersagung oder Beschränkung von Gewinnausschüttungen

13 Unter Gewinnausschüttungen i.S.d. § 41 Satz 2 KAGB können neben **regulären Gewinnausschüttungen** im Sinne der Ergebnisverwendung, insbesondere auf der Basis festgestellter Jahresabschlüsse auch **Vorabgewinne** sein. Ob **„verdeckte Gewinnausschüttungen"** zu den Gewinnausschüttungen im Sinne der Vorschrift zu zählen sind,[12] kann auch hier dahin stehen. Die BaFin könnte hinsichtlich dieser Zahlungen Anordnungen treffen, ohne diese als Gewinnausschüttungen qualifizieren zu müssen.

4. Rechtsfolgen bei Verstoß gegen Anordnungen der BaFin

14 Bei den Anordnungen gem. § 41 KAGB handelt es sich um nach § 7 Abs. 1 KAGB **sofort vollziehbare Anordnungen**. Der Verstoß kann als Ordnungswidrigkeit einzustufen sein, der gem. **§ 340 Abs. 7 KAGB** mit einer Geldbuße von bis zu 5 Mio. Euro geahndet werden kann; verstößt eine juristischen Person oder eine Personenvereinigung gegen § 41 KAGB, kann über diesen Betrag hinaus eine Geldbuße in Höhe bis zu 10 Prozent des jährlichen Gesamtumsatzes verhängt werden. Betroffener des Verfahrens kann sowohl die KVG als auch deren Geschäftsleitung sein.

5. Grenzfälle

15 Problematisch sind die Fälle, in denen Ausschüttungen, Entnahmen oder andere Zahlungen **bereits vollzogen** wurden. Zum einen wird darauf hingewiesen, dass jedenfalls Ausschüttungsbeschlüsse, die gegen die Anordnung verstoßen, **nichtig** seien[13] und deshalb darauf nicht gezahlt werden dürfe. Demgegenüber seien Leistungen, die vor der Anordnung gezahlt wurden, nicht zurück zu gewähren, weil die Beschränkungen erst ab ihrer Anordnung gelten.[14] Dem lässt sich entgegenhalten, dass schon die **Verletzung des § 25 KAGB den Verstoß gegen ein gesetzliches Verbot begründet** und deshalb Nichtigkeit i.S.d. § 134 BGB entsprechender Rechtsgeschäfte bewirkt, mit der Folge, dass der KVG zumindest ein Kondiktionsanspruch gegen den Begünstigten zur Seite stehen könnte, der von der Geschäftsleitung, spätestens auf Anordnung der BaFin nach § 41 KAGB hin, geltend zu machen wäre. Darüber hinaus läge eine solche Geltendmachung auch ansonsten im ureigenen Interesse der Geschäftsleitung, da derartige Zahlungen auch Schadensersatzansprüche gegen die Geschäftsleitung und schlimmstenfalls eine Qualifikation der Zahlung als Untreue im Sinne von § 266 StGB zur Folge haben könnte.[15] Der Hinweis in § 41 Satz 3 KAGB, wonach Gewinnverwendungsbeschlüsse, die einer Anordnung nach § 41 Satz 1 und Satz 2 KAGB widersprechen, nichtig sind,[16] haben insoweit nur bestätigenden Charakter. Begründet die Ausschüttung einen Verstoß gegen § 25 KAGB wäre der Beschluss nach § 134 BGB in Verbindung mit § 25 KAGB nichtig. Insoweit würde es eines Rückgriffs auf § 41 Satz 3 KAGB nicht bedürfen. Ordnet die BaFin ein Ausschüttungsverbot an und verstößt die Ausschüttung nicht gegen § 25 KAGB, etwa weil sich die Situation zwischen Erlass der Anordnung und Beschluss verbessert hat, ergibt sich die Nichtigkeit des Beschlusses unmittelbar aus § 41 Satz 3 KAGB.

6. Rechtsbehelfe

16 Anordnungen nach § 41 KAGB sind **sofort vollziehbar**. Gemäß § 7 Satz 1 KAGB haben Widerspruch oder Anfechtungsklage keine aufschiebende Wirkung.[17]

§ 42 Maßnahmen bei Gefahr

Die Bundesanstalt kann zur Abwendung einer Gefahr in folgenden Fällen geeignete und erforderliche Maßnahmen ergreifen:

---

11 Vgl. *Weitnauer* in Weitnauer/Boxberger/Anders, § 41 KAGB Rz. 8.
12 Wohl dafür *Beckmann* in Beckmann/Scholtz/Vollmer, § 41 KAGB Rz. 35 und *Priester* in MünchKomm. HGB, 4. Aufl. 2016, § 122 HGB Rz. 15.
13 *Weitnauer* in Weitnauer/Boxberger/Anders, § 41 KAGB Rz. 9.
14 *Weitnauer* in Weitnauer/Boxberger/Anders, § 41 KAGB Rz. 11.
15 Zu dieser Frage vgl. *Krekeler/Werner*, StraFo 2003, 374 sowie *Gehrlein*, NJW 2000, 1089. Zur Handhabung der Business Judgement Rule vgl. *Goette/Goette* in DStR 2016, 815.
16 Dazu etwa *Beckmann* in Beckmann/Scholtz/Vollmer, § 41 KAGB Rz. 64, 65.
17 Vgl. auch *Beckmann* in Beckmann/Scholtz/Vollmer, § 41 KAGB Rz. 66.

1. bei einer Gefahr für die Erfüllung der Verpflichtungen einer Kapitalverwaltungsgesellschaft gegenüber ihren Gläubigern,
2. bei einer Gefahr für die Sicherheit der Vermögensgegenstände, die der Kapitalverwaltungsgesellschaft anvertraut sind, oder
3. beim begründeten Verdacht, dass eine wirksame Aufsicht über die Kapitalverwaltungsgesellschaft nach den Bestimmungen dieses Gesetzes nicht möglich ist.

In der Fassung vom 4.7.2013 (BGBl. I 2013, S. 1981).

Schrifttum: *Acker*, Die Wertpapierleihe: Grundlagen, Abwicklung und Risiken eines neuen Bankprodukts, 2012; *Jaeckel*, Gefahrenabwehrrecht und Risikodogmatik, 2010; *Pieroth/Schlink/Kniesel*, Polizei- und Ordnungsrecht, 9. Aufl. 2016; *Schwennicke/Auerbach*, KWG Kommentar, 3. Aufl. 2016.

I. Inhalt der Norm

1 § 42 KAGB ist eine **allgemeine Gefahrenabwehrnorm** und verfolgt sowohl **Gläubiger- und Anlegerschutz** (Nrn. 1 und 2) als auch **Aufsichtseffizienz** (Nr. 3).[1] Zu diesem Zweck wird der BaFin eine recht weitgehende, und nur durch das allgemeines Verhältnismäßigkeitsgebot beschränkte, Ermächtigungsgrundlage zur Verfügung gestellt. Die §§ 39 bis 41 KAGB begründen **speziellere Ermächtigungsgrundlagen**,[2] mit der Folge, dass bei Eingriffen von §§ 39 bis 41 KAGB kein Anwendungsbereich für § 42 KAGB mehr bleibt.[3]

II. Verortung in der AIFMD und OGAW sowie im InvG sowie anderen Gesetzen

2 § 42 KAGB setzt **Art. 11 AIFMD** um und **§ 19j InvG** fort. Sie ähnelt in der Struktur der – älteren Parallelnorm in § 46 KWG. Der Gesetzgeber hat, im Gegensatz etwa zu §§ 40 und 41 KAGB auf Verweise in die Parallelnorm des KWG verzichtet.

III. Die Tatbestandsmerkmale im Einzelnen

1. Gefahr für die Erfüllung von Verpflichtungen gegenüber Gläubigern (§ 42 Nr. 1 KAGB)

3 Der Wortlaut der Vorschrift ist weit und erfasst sowohl Anleger, die aus dem **Geschäftsbesorgungs- oder Treuhandverhältnis** zu Gläubigern werden, als auch Gläubiger, deren Ansprüche sich aus dem Betrieb der KVG ergeben, also etwa der Arbeitnehmer oder Vermieter der KVG. Auch Schadensersatzansprüche gegen die KVG dürften erfasst sein.[4]

4 Voraussetzung für ein Einschreiten der BaFin nach § 42 Nr. 1 KAGB ist das **Vorliegen einer Gefahr.** Einige Stellen in der Kommentarliteratur wollen hier Tatsachen genügen lassen, die eine Besorgnis begründen, dass die Gesellschaft in erheblichen Schwierigkeiten steckt.[5] Unter Berücksichtigung der Gefahrenabwehrdogmatik des Besonderen Verwaltungsrechts bedarf es hier einer genaueren Bestimmung des für die Vorschrift relevanten Gefahrenbegriffs.[6] Die bankaufsichtsrechtliche Literatur, die die Fragen etwas genauer betrachtet hat, gelangt zu dem Ergebnis, dass das Tatbestandsmerkmal der Gefahr im Lichte des allgemeinen

1 Vgl. auch *Weitnauer* in Weitnauer/Boxberger/Anders, § 42 KAGB Rz. 1 und 2.
2 Vgl. auch *Weitnauer* in Weitnauer/Boxberger/Anders, § 42 KAGB Rz. 2.
3 Zur Drittbezogenheit der §§ 39 bis 41 KAGB vgl. § 39 Rz. 3.
4 Dies ergibt sich zumindest aus der Gesetzesbegründung zu § 19j InvG, vgl. BT-Drucksache 16/5576, S. 66.
5 So etwa *Weitnauer* in Weitnauer/Boxberger/Anders, § 42 KAGB Rz. 5. Ganz ähnlich *Lindemann* in Boos/Fischer/Schulte-Mattler, § 46 KWG Rz. 49.
6 Zur Dogmatik des Gefahrenbegriffs, insbesondere im Technologie-Bereich vgl. *Jaeckel*, Gefahrenabwehrrecht und Risikodogmatik, passim.

Polizei- und Ordnungsrechts[7] auszulegen sei und eine **konkrete Gefahr im Sinne des allgemeinen Polizei- und Ordnungsrechts** verlange.[8] So liegt eine konkrete Gefahr jedenfalls dann vor, wenn die Aufsicht nach – eigener – Beurteilung erkennt, dass das Unternehmen in erheblichen Schwierigkeiten ist, dass es fällige Verpflichtungen nicht erfüllt oder das schwerwiegende organisatorische Mängel bestehen.[9] Aus den verschiedenen Eingriffsnormen, also §§ 39, 40 und 41 KAGB, lässt sich zudem ableiten, dass die dort angesprochenen Tatbestände wegen der Spezialität der §§ 39, 40 und 41 KAGB gegenüber der Norm des § 42 KAGB auch dessen Gefahrenbegriff einschränken.[10] Ob das Vorliegen einer Gefahr für die Erfüllung der Verpflichtungen des Instituts mit dem Vorliegen von Insolvenzgründen nach § 17 InsO gleichzusetzen ist, ist in der bankaufsichtsrechtlichen Literatur umstritten.[11] Für das KAGB lässt sich aber festhalten, dass § 43 KAGB für den Fall des Vorliegens eines Insolvenzgrundes eine lex specialis schafft, sodass sich vertreten lässt, dass § 42 KAGB allenfalls Situationen in Insolvenz***nähe*** behandelt.

2. Gefahr für die Sicherheit der Vermögensgegenstände (§ 42 Nr. 2 KAGB)

5 § 42 Nr. 2 KAGB befasst sich mit der **Gefahr für die Sicherheit der Vermögensgegenstände**, die der KVG anvertraut sind. Bei dieser Norm handelt es sich um eine Regelung, die der Trennung von Vermögen der KVG und Treuhandvermögen Rechnung trägt. Anders gesagt, braucht die konkrete Gefährdung der Vermögenslage der KVG noch keine Auswirkung auf die Sicherheit der ihr anvertrauten Vermögensgegenstände zu haben und umgekehrt. Für den Gefahrenbegriff gilt das zu Nr. 1 Ausgeführte. In Bezug auf Gefährdung der Vermögensgegenstände lassen sich noch eine Reihe anderer Konstellationen in Betracht ziehen. Hier sind in erster Linie **Eingriffe von dritter Seite** in Betracht zu ziehen. Zu denken ist etwa an Fehler des Auslagerungsunternehmens,[12] besonders im Bereich des Portfolio- und des Risikomanagements, an Fehler der Verwahrstelle und in Bezug auf sonstige Verfügungen über die Vermögensgegenstände. In Betracht zu ziehen ist hier zum Beispiel die **Wertpapierleihe**[13] und hier die Fälle, in denen der Entleiher zu einer Rückgabe der Wertpapiere außer Stande ist.

3. Verdacht der Unmöglichkeit wirksamer Aufsicht (§ 42 Nr. 3 KAGB)

6 § 42 Nr. 3 KAGB eröffnet der BaFin auch dann Eingriffsmöglichkeiten, wenn der **„begründete Verdacht“** vorliegt, dass eine wirksame Aufsicht über die KVG nach den Bestimmungen des KAGB nicht möglich ist.

7 § 46 KWG, als Parallelnorm zu § 42 KAGB verweist hinsichtlich des „begründeten Verdachts“ einer Gefährdung effizienter Aufsicht auf die Wertungen des **§ 33 Abs. 3 Satz 2 KWG.**[14] Die dort genannten Verdachtsfälle:

- wenn die **Struktur des Beteiligungsgeflechts** oder eine **mangelhafte wirtschaftliche Transparenz** der um die KVG bestehenden Unternehmensverbindungen eine effiziente Aufsicht nicht gewährleisten könnten (§ 33 Abs. 3 Satz 2 Nr. 1 KWG),
- wenn **Drittstaateneinfluss** besteht (§ 33 Abs. 3 Satz 2 Nr. 2 KWG) oder
- wenn die KVG zu einer **Gruppe mit Sitz in einem Drittstaat** zählt, welcher entweder selbst keine wirksame Aufsicht sicherstellt oder eine befriedigende Zusammenarbeit mit den Aufsichtsbehörden dieses Drittstaates nicht gegeben ist (§ 33 Abs. 3 Satz 2 Nr. 3 KWG),

können einen solchen Verdacht sicherlich begründen. Allerdings ist zu beachten, dass die fehlende Strukturübersicht gemäß §§ 21 Abs. 1 Nrn. 5 und 6 sowie 23 i.V.m. § 39 Abs. 3 Nr. 3 KAGB einen Grund für den Widerruf der Erlaubnis darstellen könnte, sodass zu fragen ist, welche Norm hier den Vorrang genießt. Abgesehen davon, gibt es einen sehr wichtigen Fall, in dem die Vorschrift besondere Berechtigung hat: Soweit die KVG gemäß **§ 36 KAGB auslagert** und die BaFin Schwierigkeiten hat, die Überwachung des Auslagerungsunternehmens, etwa durch Sonderprüfungen, sicherzustellen, kommen Maßnahmen nach § 42

---

7 Zum allgemeinen Gefahrenbegriff im Polizei- und Ordnungsrecht vgl. *Kingreen/Poscher* in Pieroth/Schlink/Kniesel, Rz. 1 ff.

8 *Bauer-Weiler* in Binder/Glos/Riepe, Handbuch Bankenaufsichtsrecht, § 16 Rz. 93.

9 *Bauer-Weiler* in Binder/Glos/Riepe, Handbuch Bankenaufsichtsrecht, § 16, Rz. 94, die für das KWG auf die Ausführungen bei *Schwennicke/Auerbach*, § 46 KWG Rz. 7 und *Beck/Samm/Kokemoor*, § 46 KWG Rz. 26 verweist.

10 Soweit ersichtlich, hat die Dogmatik des Verwaltungsrechts bislang nichts Spezifisches zum aufsichtsrechtlichen Gefahrenabwehrrecht entwickelt.

11 Nachweise bei *Bauer-Weiler* in Binder/Glos/Riepe, Handbuch Bankenaufsichtsrecht, § 16 Rz. 93, dort Fn. 105.

12 Zum Begriff vgl. § 36 Rz. 4 sowie *Hanten/Valcheva* in Baur/Tappen/Mehrkhah, § 36 KAGB Rz. 21.

13 Zu den Grundsätzen der Wertpapierleihe vgl. *Acker*, die Wertpapierleihe, passim.

14 Vgl. hierzu ausführlich auch *von Goldbeck* in Luz/Neus/Schaber/Scharpf/Schneider/Weber, § 33 KWG Rz. 42 ff.; *Fischer* in Boos/Fischer/Schulte-Mattler, § 33 KWG Rz. 87 ff.

Nr. 3 KAGB in Betracht. Insbesondere könnte die BaFin in diesem Fall auch die „Wiedereinlagerung" anordnen.

4. Maßnahmen der BaFin

Wie in § 41 KAGB verlangt die Regelung des § 42 KAGB, dass die Maßnahmen geeignet und erforderlich, kurz, **verhältnismäßig** sein müssen. Es ist auch hier nicht nachvollziehbar, warum der Gesetzgeber die Ermächtigungsgrundlage noch einmal ausdrücklich mit dem Erfordernis der Beachtung der Verhältnismäßigkeit versehen hat. Im Ergebnis hat die Wiederholung einer ohnehin bestehenden Voraussetzung keine rechtliche Bedeutung. Bei einer Gesetzesreform sollte auch hier in Betracht gezogen werden, die Vorschrift entsprechend redaktionell zu ändern. Weitere Vorgaben macht der Wortlaut nicht.[15] Den in Betracht kommenden Maßnahmen, die sich jedoch an die KVG zu richten haben, ist daher im Rahmen der Verhältnismäßigkeit keine Grenze gesetzt. 8

Eine **Konkretisierung der möglichen Maßnahmen** lässt sich der Parallelnorm des § 46 Abs. 1 Satz 2 KWG nur in Grenzen entnehmen, da diese Maßnahmen sich nicht auf die Geschäfte von KVGen, sondern auf Bankgeschäfte beziehen. Die im KWG aufgezählten und in Betracht kommenden einstweiligen **Anweisungen an die Geschäftsleitung** (§ 46 Abs. 1 Satz 2 Nr. 1 KWG), eine **Untersagung der Tätigkeit von Inhabern oder Geschäftsleitern** (§ 46 Abs. 1 Satz 2 Nr. 3 KWG), eine **Schließung der KVG** (§ 46 Abs. 1 Satz 2 Nr. 5 KWG) oder ein **Verbot der Entgegennahme von Zahlungen**, die nicht zur Erfüllung von Verbindlichkeiten gegenüber der Kapitalverwaltungsgesellschaft bestimmt sind (§ 46 Abs. 1 Satz 2 Nr. 6 KWG), mögen in Betracht kommen.[16] Ein Verbot der Annahme von Kundengeldern oder der Gewährung von Krediten (§ 46 Abs. 1 Satz 2 Nr. 2 KWG) und vorübergehende Veräußerungs- und Zahlungsverbote (§ 46 Abs. 1 Satz 2 Nr. 4 KWG) kommen deshalb nicht in Betracht, weil es sich um Bankgeschäfte handelt, die nicht zum Geschäftsbetrieb einer KVG gehören. 9

5. Rechtsfolgen und Rechtsmittel

Die Anordnungen der BaFin gem. § 42 KAGB sind gem. § 7 Abs. 1 KAGB **sofort vollziehbar.** Rechtsmittel sind auch hier **Widerspruch, Antrag auf Aussetzung der Vollziehung** nach § 80 Abs. 4 VwGO und, im gerichtlichen Rechtsschutz **Antrag auf Herstellung der aufschiebenden Wirkung** nach § 80 Abs. 5 VwGO, verbunden mit der **Anfechtungsklage** gegen einen ablehnenden Widerspruchsbescheid. 10

§ 43 Insolvenzantrag, Unterrichtung der Gläubiger im Insolvenzverfahren

(1) Auf den Fall der Zahlungsunfähigkeit, der Überschuldung oder der drohenden Zahlungsunfähigkeit einer Kapitalverwaltungsgesellschaft ist § 46b Absatz 1, 1a und 3 des Kreditwesengesetzes entsprechend anzuwenden.

(2) Die Gläubiger sind über die Eröffnung des Insolvenzverfahrens in entsprechender Anwendung des § 46f des Kreditwesengesetzes zu unterrichten.

In der Fassung vom 4.7.2013 (BGBl. I 2013, S. 1981), zuletzt geändert durch das Gesetz zur Erleichterung der Bewältigung von Konzerninsolvenzen vom 13.4.2017 (BGBl. I 2017, S. 866).

Schrifttum: *Binder*, Bankeninsolvenzen im Spannungsfeld zwischen Bankaufsichts- und Insolvenzrecht. Regelungsziele, Anwendungsprobleme und Reformansätze, dargestellt am Beispiel des deutschen und des englischen Rechts,

15 Vgl. etwa auch *Beckmann* in Beckmann/Scholtz/Vollmer, § 42 KAGB Rz. 70.
16 Vgl. auch *Heck/Goldbach/Kloster* in Baur/Tappen, § 42 KAGB Rz. 16 ff.

Berlin 2005 (Dissertation Albert-Ludwigs-Universität Freiburg); *Köndgen*, Systembrüche im Kapitalanlagegesetzbuch, Kritisches aus Sicht der Gesetzgebungslehre, in FS Baums, Band 1, 2017, S. 707; *Maunz/Dürig*, Grundgesetz-Kommentar, Loseblatt, Stand: Januar 2018; *Nerlich/Römermann*, Insolvenzordnung, Kommentar, Loseblatt, Stand: Juni 2018; *Spindler/Stilz* (Hrsg.), Kommentar zum AktG, Band 1, 3. Aufl. 2015.

I. Inhalt der Norm

1 Die Norm regelt **die Rechtsfolgen** (§ 43 Abs. 1 KAGB) von Zahlungsunfähigkeit, Überschuldung oder drohender Zahlungsunfähigkeit einer Kapitalverwaltungsgesellschaft **und die daraus folgenden Unterrichtungspflichten** gegenüber Gläubigern im Fall Eröffnung des Insolvenzverfahrens (§ 43 Abs. 2 KAGB). Die Norm verweist in beiden Absätzen auf Regelungen des KWG, verwendet also eine Verweistechnik mit Elementen der dynamischen Außenverweisung[1], d.h. den Verweis auf Rechtsnormen außerhalb des Gesetzes in der jeweils geltenden Fassung. Zudem handelt es sich um eine Analogieverweisung[2], die dann verwandt wird, wenn der Bezugstext nicht wörtlich passt. In diesen Fällen, in denen also die Bezugsnorm nicht wörtlich bei der Ausgangsnorm mitgelesen werden, kann nur eine „entsprechende" oder „sinngemäße" Geltung oder Anwendung geregelt werden („gilt entsprechend"). Um den Regelungsinhalt der Ausgangsnorm verständlich zu machen, kann es erforderlich sein, Abwandlungen ausdrücklich anzugeben. Von letzterem macht die Regelung allerdings keinen Gebrauch. Die Analogieverweisung spart zudem die Einbeziehung des vollständigen insolvenznahen Regelwerks des KWG[3] aus. Dies führt zur systematischen Schwierigkeit, dass die Verweisnorm im Lichte der KWG-Systematik, einschließlich etwa der Möglichkeit des Moratoriums oder als Bestandteil der Single Resolution Mechanism[4], ausgelegt werden kann. Dies führt dazu, dass die Verweisnorm für Zwecke des KAGB anders auszulegen ist, als das „Original".

2 Die Norm gilt dem Wortlaut nach für **externe und interne KVGen.**[5]

II. Verortung in der AIFMD und OGAW sowie im InvG sowie anderen Gesetzen

3 Die gesetzliche Regelung setzt **Art. 11 der AIFMD** um und übernimmt im Wesentlichen in § 43 Abs. 1 KAGB den früheren **§ 19k InvG** und in § 43 Abs. 2 KAGB den früheren **§ 19l InvG.**[6]

III. Tatbestandsmerkmale im Einzelnen

1. Informationspflichten und Verfahrenseinleitung (§ 43 Abs. 1 KAGB)

a) Normadressaten

4 Die Verweisnorm des § 43 Abs. 1 KAGB auf § 46b Abs. 1 Satz 1 KWG verpflichtet die Geschäftsleiter für den Fall, dass die KVG **zahlungsunfähig** wird, **Zahlungsunfähigkeit droht** oder **Überschuldung eintritt**, dies der Bundesanstalt unter Beifügung aussagefähiger Unterlagen unverzüglich anzuzeigen:

„(1) [1]Wird ein Institut, das eine Erlaubnis zum Geschäftsbetrieb im Inland besitzt, oder eine nach § 10a als übergeordnetes Unternehmen geltende Finanzholding-Gesellschaft oder gemischte Finanzholding-Gesellschaft zahlungsunfähig oder tritt Überschuldung ein, so haben die Geschäftsleiter, bei einem in der Rechtsform des Einzelkaufmanns betriebenen Institut der Inhaber und die Personen, die die Geschäfte der Finanzholding-Gesellschaft oder der gemischten Finanzholding-Gesellschaft tatsächlich führen, dies der Bundesanstalt unter Beifügung aussagefähiger Unterlagen unverzüglich anzuzeigen; die im ersten Halbsatz bezeichneten Personen haben eine solche Anzeige unter Beifügung entsprechender Unterlagen auch dann vorzunehmen, wenn das Institut oder die nach § 10a als übergeordnetes Unternehmen geltende Finanzholding-Gesellschaft oder gemischte Finanzholding-Gesellschaft voraussichtlich nicht in der Lage sein wird, die bestehenden Zahlungspflichten im Zeitpunkt der Fälligkeit zu erfüllen (drohende Zahlungsunfähigkeit). [2]Soweit diese Personen nach anderen Rechtsvorschriften verpflichtet sind, bei Zahlungsunfähigkeit oder Überschuldung die Eröffnung des Insolvenzverfahrens zu beantragen, tritt an die Stelle der Antragspflicht die Anzeigepflicht nach Satz 1. [3]Das Insolvenzverfahren über das Vermögen eines Instituts oder einer nach

1 BMJV, Handbuch der Rechtsförmlichkeit, 3. Aufl. 2008, Rz. 235.
2 BMJV, Handbuch der Rechtsförmlichkeit, 3. Aufl. 2008, Rz. 232.
3 Zur Struktur der insolvenznahen Vorschriften des KWG vgl. *Binder* in Binder/Glos/Riepe, Handbuch Bankenaufsichtsrecht, § 17 passim sowie *Skauradszun* in Beck/Samm/Kokemoor, § 46b KWG Rz. 2.
4 Zum Wechselspiel von SRM, SAG und KWG vgl. *Binder* in Binder/Glos/Riepe, Handbuch Bankenaufsichtsrecht, § 18, insbesondere Rz. 1 bis 9; darüber hinaus das umfassende Literaturverzeichnis zum Thema, a.a.O., S. 806 bis 809.
5 Vgl. insbesondere *Beckmann* in Beckmann/Scholtz/Vollmer, § 43 KAGB Rz. 4.
6 Vgl. auch *Weitnauer* in Weitnauer/Boxberger/Anders, § 43 KAGB Rz. 1; *Heck/Goldbach/Kloster* in Baur/Tappen, § 43 KAGB Rz. 1 ff.

§ 10a als übergeordnetes Unternehmen geltenden Finanzholding-Gesellschaft oder gemischten Finanzholding-Gesellschaft findet im Fall der Zahlungsunfähigkeit, der Überschuldung oder unter den Voraussetzungen des Satzes 5 auch im Fall der drohenden Zahlungsunfähigkeit statt. [4]Der Antrag auf Eröffnung des Insolvenzverfahrens über das Vermögen des Instituts oder der nach § 10a als übergeordnetes Unternehmen geltenden Finanzholding-Gesellschaft oder gemischten Finanzholding-Gesellschaft kann nur von der Bundesanstalt gestellt werden. [5]Im Fall der drohenden Zahlungsunfähigkeit darf die Bundesanstalt den Antrag jedoch nur mit Zustimmung des Instituts und im Fall einer nach § 10a als übergeordnetes Unternehmen geltenden Finanzholding-Gesellschaft oder gemischten Finanzholding-Gesellschaft mit deren Zustimmung stellen. [6]Vor der Bestellung des Insolvenzverwalters hat das Insolvenzgericht die Bundesanstalt zu dessen Eignung zu hören. [7]Der Bundesanstalt ist der Eröffnungsbeschluss besonders zuzustellen. [8]Das Insolvenzgericht übersendet der Bundesanstalt alle weiteren, das Verfahren betreffenden Beschlüsse und erteilt auf Anfrage Auskunft zum Stand und Fortgang des Verfahrens. [9]Die Bundesanstalt kann Einsicht in die Insolvenzakten nehmen."

§ 46b Abs. 1 KWG gilt nach seinem Wortlaut nur für Institute, die eine **Erlaubnis zum Geschäftsbetrieb** 5
im Inland besitzen. Durch den Verweis beschränken sich die Pflichten daher auf KVGen, die eine Erlaubnis zum Geschäftsbetrieb im Inland besitzen. Damit gelten die Pflichten nicht für Zweigniederlassungen von OGAW oder AIF-Kapitalverwaltungsgesellschaften, obwohl diese Gegenstand der Partikularinsolvenz sein könnten.[7] Ferner gelten die Pflichten nicht für nach § 44 KAGB registrierte KVGen; dies ergibt sich einmal daraus, dass diese KVGen keine Erlaubnis haben, sondern nur registriert sind, und ferner daraus, dass § 2 Abs. 4 KAGB die Vorschrift des § 43 KAGB nicht nennt. Die Vorschrift gilt außerdem nicht für KVGen, welche die Geschäfte einer KVG unerlaubt betreiben. Schließlich gelten die Pflichten auch nicht für KVGen, denen die Erlaubnis nach § 35 KAGB entzogen wurde. Nach anderer Auffassung sei unklar, ob sich die Anwendbarkeit dieser Regelungen nur auf KVGen bezieht, die eine Erlaubnis gem. § 20 KAGB haben, oder ob diese Verpflichtungen auch unabhängig von dem Vorliegen einer Erlaubnis gelten sollen.[8] Vom Sinn und Zweck der Regelung her – so diese Meinung – soll man die Bezugnahme auf § 46b Abs. 1 KWG dahin gehend zu verstehen haben, dass es auf das Vorliegen einer Erlaubnis i.S.d. § 20 KAGB nicht ankommen dürfe.[9] Ein anderes Ergebnis würde zu dem – angeblich eigenartigen – Ergebnis führen, dass beispielsweise Geschäftsleiter einer KVG, der aufgrund § 39 Abs. 3 Nr. 3 KAGB die Erlaubnis entzogen wurde, nicht mehr zu den Mitteilungen gem. § 46b Abs. 1 KWG verpflichtet wären. Dies würde der gesetzlich intendierten Stärkung des Vertrauens in eine effiziente Aufsicht der BaFin zuwiderlaufen. Es sei daher festzuhalten, dass die Verweisung in § 43 Abs. 1 KAGB auf § 46b Abs. 1 KWG auch für diejenigen KVGs gilt, die **nicht oder nicht mehr über eine Erlaubnis i.S.d. § 20 KAGB** verfügten.[10] Die Auffassung, dass auch Geschäftsleiter von Unternehmen, die nicht oder nicht mehr über eine Erlaubnis nach § 20 KAGB verfügten, auch zur Anzeige verpflichtet seien, ist strikt abzulehnen. Eine andere Auffassung würde den Wortlaut der ohnehin schwer bestimmbaren Verweisnorm überschreiten und damit, insbesondere wegen der Strafbewehrung des § 43 KAGB, das verfassungsrechtlich geschützte Bestimmtheitsgebot[11] verletzen. Die teleologischen Argumente, die für eine andere Auslegung ins Feld geführt werden, gehen fehl. Im Fall der entzogenen Erlaubnis befindet sich die KVG ohnehin unter ständiger Beobachtung der BaFin, sodass einer Anzeige der Geschäftsleiter nur noch symbolischer Charakter zukommen würde. Im Fall des unerlaubten Betreibens der Geschäfte einer KVG lässt sich von deren Geschäftsleitern, kaum verlangen, dass diese zwar die Erlaubnispflicht – strafbewehrt – verletzten, andererseits aber die Anforderungen des KAGB befolgen.

b) Insolvenzschuldner

Als **potentieller Involvenzschuldner** kommt nur die KVG in Betracht. Im Fall der externen KVG i.S.v. § 17 6
Abs. 2 Nr. 1 KAGB ist dies selbsterklärend. Das Sondervermögen wäre von der Insolvenz nicht betroffen. Insoweit bestünde ein Aussonderungsrecht nach § 47 InsO (hierzu § 92 Rz. 11). Problematischer ist der Fall der internen Kapitalverwaltungsgesellschaft, also der Fall, in dem das Investmentvermögen selber als KVG zugelassen ist. Eine Aus- oder Absonderung nach § 47 InsO kommt hier nicht in Betracht, sodass das Investmentvermögen selbst Insolvenzschuldner und zugleich Insolvenzmasse wäre.[12]

---

7 Zur Partikularinsolvenz vgl. *Binder*, Bankeninsolvenzen im Spannungsfeld zwischen Bankaufsichts- und Insolvenzrecht, S. S. 677 ff.; *Binder* in Binder/Glos/Riepe, Handbuch Bankenaufsichtsrecht, § 17 Rz. 56 ff.

8 Für die Erforderlichkeit einer Erlaubnis etwa *Heck/Goldbach/Kloster* in Baur/Tappen, § 43 KAGB Rz. 10; für die generelle Anwendbarkeit von § 46b Abs. 1 KWG, auch ohne Erlaubnis, etwa *Weitnauer* in Weitnauer/Boxberger/Anders, § 43 KAGB Rz. 3.

9 So insbesondere auch *Beckmann* in Beckmann/Scholtz/Vollmer, § 43 KAGB Rz. 3.

10 So im Ergebnis auch *Weitnauer* in Weitnauer/Boxberger/Anders, § 43 KAGB Rz. 3.

11 Zum Bestimmtheitsgebot vgl. *Grzeszick* in Maunz/Dürig, Art. 20 GG Rz. 58 ff.

12 Zur dogmatischen Problematik sehr deutlich *Köndgen* in FS Baums, S. 707, 716 ff.

c) Insolvenzeröffnungsgründe

7 Im Fall der drei von der InsO vorgesehenen **Insolvenzeröffnungsgründe**, nämlich der Zahlungsunfähigkeit (§ 17 Abs. 2 Satz 1 InsO), der Überschuldung (§ 19 Abs. 2 Satz 1 InsO) und der drohenden Zahlungsunfähigkeit (§ 18 Abs. 2 InsO), treffen die Geschäftsleiter umfassende **Informationspflichten** über den Eintritt des Insolvenzeröffnungsgrundes gegenüber der BaFin (§ 43 Abs. 1 KAGB i.V.m. § 46b Abs. 1 KWG).[13] Den entsprechenden Informationen sind unverzüglich auch aussagefähige Unterlagen beizufügen.

8 Hinsichtlich der **Tatbestandsvoraussetzungen für die Einleitung des Insolvenzverfahrens** gelten die Grundsätze des allgemeinen Insolvenzrechts. Die Analogieverweisung des § 43 Abs. 1 KAGB auf § 46b Abs. 1 KWG, also eine Norm des Bankrechts, lässt in Betracht ziehen, dass auch die Insolvenzpraxis der Kreditinstitute zur Anwendung kommt. So gilt etwa im Bankinsolvenzrecht, dass lediglich abstrakt fällige Verbindlichkeiten, also etwa Sichteinlagen, noch keine Zahlungsunfähigkeit i.S.v. § 17 Abs. 2 InsO begründen.[14] Hier ist jedoch zu beachten, dass der Analogieverweis nicht dazu verpflichtet, die wirtschaftlichen Hintergründe der Verweisnorm bei der Auslegung zu berücksichtigen. Hinzutritt, dass die Besonderheiten des im KWG geregelten Bankgeschäfts für KVGen keine Entsprechung finden. Fristentransformation oder Einlagengeschäft mit „Dauerbodensatz“ finden in Geschäften nach dem KAGB nicht statt.

d) Pflichten der Geschäftsleiter

9 Die Anzeige muss unter Beifügung aussagefähiger Unterlagen und unverzüglich erfolgen. Mit dem Tatbestandsmerkmal der **„Unverzüglichkeit“** gibt der Wortlaut von § 46b Abs. 1 Satz 1 KWG keinen Anhaltspunkt für einen den Geschäftsleitern eingeräumten Zeitrahmen, wie dies die InsO mit dem Hinweis auf maximal drei Wochen vorsieht.[15] Es ist daher davon auszugehen, dass im Interesse einer Entscheidungsfindung auf Ebene der BaFin regelmäßig sofortiges Handeln der Geschäftsleiter erforderlich sein wird und dass jedenfalls ein Verstreichenlassen der Dreiwochenfrist eine Verletzung der Unverzüglichkeit begründet.

10 Die **aussagefähigen Unterlagen** sollten sich jederzeit der Buchführung der KVG entnehmen lassen. Eine Zwischenbilanz, die den Überschuldungsstatus abbilden soll, muss jederzeit erstellbar sein.[16] Das gleiche gilt umso mehr für die Feststellung der Zahlungsunfähigkeit.

e) Antragszuständigkeit der BaFin

11 Der Analogieverweis des § 43 Abs. 1 KAGB auf § 46b Abs. 1 KWG stellt durch Satz 2 der Verweisnorm klar, dass die bei Vorliegen eines Insolvenzeröffnungsgrundes wegen ihrer Organstellung verpflichteten Geschäftsleiter lediglich zu der **Anzeige gegenüber der BaFin** i.S.d. § 46b Abs. 1 Satz 1 KWG verpflichtet sind. Die Anzeigepflicht tritt an die Stelle der insolvenzrechtlichen Antragspflicht.[17]

12 Nach § 46b Abs. 1 Satz 4 KWG ist **ausschließlich die BaFin berechtigt**, den Antrag auf Eröffnung des Insolvenzverfahrens über das Vermögen der KVG zu stellen.[18] Den Geschäftsleitern der betroffenen KVG wird damit das Recht und die Pflicht zur Antragsstellung nach der InsO entzogen.[19] An deren Stelle treten die **Anzeigepflichten** nach § 43 Abs. 1 KAGB in Verbindung mit § 46b Abs. 1 Satz 1 KWG. Damit können sich Geschäftsleiter von KVGen nicht mehr nach den Strafnormen der InsO[20] strafbar machen. An deren Stelle tritt die Strafvorschrift des § 339 KAGB, der in Abs. 2 die Verletzung der Pflichten nach § 43 Abs. 1 KAGB unter Strafe stellt.

13 § 46b Abs. 1 Satz 5 KWG begründet insoweit eine Besonderheit, als die BaFin im Falle einer nur drohenden Zahlungsunfähigkeit, die in § 46b Abs. 1 Satz 1 Halbsatz 2 KWG eigens legaldefiniert ist, den **Insolvenz-**

13 Vgl. insbesondere *Lindemann* in Boos/Fischer/Schulte-Mattler, § 46b KWG Rz. 7 ff.; *Willemsen/Rechel* in Luz/Neus/Schaber/Scharpf/Schneider/Weber, § 46b KWG Rz. 4f.

14 Dazu *Binder* in Binder/Glos/Riepe, Handbuch Bankenaufsichtsrecht, § 17 Rz. 51.

15 Vgl. u.a. *Beckmann* in Beckmann/Scholtz/Vollmer, § 43 KAGB Rz. 11.

16 Zu den Pflichten der geschäftsführenden Organe zu Erstellung einer Zwischenbilanz im Fall des Überschuldungsverdachts vgl. BGH 20.2.1995 – II ZR 9/94, ZIP 1995, 560 (561) sowie *Fleischer* in Spindler/Stilz, § 92 AktG Rz. 9 m.w.N.

17 Vgl. auch *Heck/Goldbach/Kloster* in Baur/Tappen, § 43 KAGB Rz. 17.

18 Zum Hintergrund der „Antragsmonopolisierung“ *Gondert*, WM 2018, 845 passim (und zur Situation nach KAGB S. 847); ansonsten umfassend zur Eröffnung des Insolvenzverfahrens nach KWG *Binder* in Binder/Glos/Riepe, Handbuch Bankenaufsichtsrecht, § 17 Rz. 48 ff.

19 Vgl. auch *Heck/Goldbach/Kloster* in Baur/Tappen, § 43 KAGB Rz. 5.

20 Zur Strafbarkeit der Verletzung der Antragspflicht aus § 15a Abs. 4 und 5 InsO vgl. *Mönning* in Nerlich/Römermann, § 15a InsO Rz. 37 ff.

antrag nur mit Zustimmung der KVG stellen darf (§ 46b Abs. 1 Satz 5 KWG).[21] Diese Einschränkung wird in der bankaufsichtsrechtlichen Literatur in Zweifel gezogen.[22] Erstens werde nicht klar, auf wessen Zustimmung es ankomme.[23] Allerdings werden auf diese Weise, so die teleologische Kritik weiter, die Möglichkeiten der BaFin, möglichst frühzeitig eine Verfahrenseinleitung auszulösen, unnötig eingeschränkt.[24] Der Kritik ist entgegenzuhalten, dass die drohende Zahlungsunfähigkeit, im Gegensatz zur Zahlungsunfähigkeit und Überschuldung, nur in einer Prognose, die den Geschäftsleitern obliegt, zum Ausdruck kommt. Es liegt deshalb nahe, den Prognoseverantwortlichen auch ein Zustimmungsrecht in Bezug auf den Insolvenzantrag einzuräumen.

Das **Antragsmonopol der BaFin** verdrängt auch das Insolvenzantragsrecht der Gläubiger nach § 14 InsO.[25] 14

2. Unterrichtung der Gläubiger (§ 43 Abs. 2 KAGB)

§ 43 Abs. 2 KAGB beinhaltet eine umfassende **Analogieverweisung** („entsprechend“) auf § 46f KWG.[26] Die 15
dort geregelten **Unterrichtungs- und Informationspflichten** richten sich an die Geschäftsstelle des Insolvenzgerichts (§ 46f Abs. 1 KWG) und an den Insolvenzverwalter (§ 46f Abs. 3 KWG). Während das Insolvenzgericht die Gläubiger mit einem vom Bundesministerium der Justiz und für Verbraucherschutz veröffentlichten, standardisierten Formblatt über wesentliche Punkte im Zusammenhang mit der Geltendmachung von Forderungen zu informieren hat, ist der Insolvenzverwalter verpflichtet, die Gläubiger regelmäßig in geeigneter Form über den Fortgang des Insolvenzverfahrens zu unterrichten. § 46f Abs. 2 KWG regelt die **Geltendmachung von Insolvenzforderungen** für Gläubiger mit gewöhnlichem Aufenthalt, Wohnsitz oder Sitz in einem anderen Staat des EWR.[27] Soweit die KVG nach § 6 Abs. 1 AnlEntG der Entschädigungseinrichtung der Wertpapierhandelsunternehmen zugeordnet ist, werden die Gläubiger, sobald die BaFin den Entschädigungsfall nach §§ 1 Abs. 4, 5 Abs. 1 AnlEntG feststellte, ebenfalls unterrichtet. Der Entschädigungsfall wird zudem im Bundesanzeiger veröffentlicht.

3. Rechtsfolgen und Rechtsmittel

Rechtsmittel hinsichtlich der Entscheidung des Insolvenzgerichts über den Antrag auf Eröffnung eines In- 16
solvenzverfahrens richten sich nach § 34 InsO. Nach dieser Vorschrift können sowohl die KVG als potentielle Insolvenzschuldnerin als auch die BaFin als Antragstellerin sofortige **Beschwerde bei dem zuständigen Insolvenzgericht** erheben.[28] Die Beschwerde des Gläubigers gegen die Eröffnung des Insolvenzverfahrens ist unzulässig.[29]

§ 339 Abs. 2 KAGB sieht für die Geschäftsleiter, die entgegen § 43 Abs. 1 KAGB i.V.m. § 46b Abs. 1 Satz 1 17
KWG eine Anzeige nicht, nicht richtig, nicht vollständig oder nicht rechtzeitig erstatten, Freiheitsstrafe bis zu drei Jahren oder Geldstrafe, im Falle der Fahrlässigkeit gem. **§ 339 Abs. 3 Satz 2 KAGB** Freiheitsstrafe von bis zu einem Jahr vor.

Hinsichtlich des **Zustimmungsrechts der KVG zum Insolvenzantrag** für den Fall einer nur drohenden Zah- 18
lungsunfähigkeit ist folgende Konstellation relevant: Die KVG verweigert die Zustimmung zum Antrag mit der Folge, dass der Insolvenzantrag unzulässig wäre und vom Insolvenzgericht zurückgewiesen werden müsste. Soweit die drohende Zahlungsunfähigkeit mit einer Verletzung der Eigenmittelanforderungen nach § 25 KAGB einhergeht, könnte die BaFin die Zustimmung auf Grund der Ermächtigungsgrundlage des § 41 Satz 1 KAGB anordnen. Soweit nur die Liquidität der KVG betroffen ist, kommt in Betracht, Abberufung der Geschäftsleiter zu verlangen und einen Sonderbeauftragten zu bestellen, § 40 Abs. 1 und 2 KAGB (vgl. § 40 Rz. 17 ff.), der die Zustimmung dann erteilen würde.

---

21 Vgl. nur *Lindemann* in Boos/Fischer/Schulte-Mattler, § 46b KWG Rz. 10b.
22 Dazu *Binder* in Binder/Glos/Riepe, Handbuch Bankenaufsichtsrecht, § 17 Rz. 50.
23 Die Kritik stammt von *Binder* in Binder/Glos/Riepe, Handbuch Bankenaufsichtsrecht, § 17 Rz. 50; dass diese Geschäftsleiteraufgabe ist, begründet *Skauradszun* in Beck/Samm/Kokemoor, § 46b KWG Rz. 45 f.
24 *Binder* in Binder/Glos/Riepe, Handbuch Bankenaufsichtsrecht, § 17 Rz. 50.
25 So auch *Heck/Goldbach/Kloster* in Baur/Tappen, § 43 KAGB Rz. 20; *Lindemann* in Boos/Fischer/Schulte-Mattler, § 46b KWG Rz. 11.
26 Vgl. eingehend *Lindemann* in Boos/Fischer/Schulte-Mattler, § 46f KWG Rz. 3, 6; *Redenius-Hövermann* in Luz/Neus/Schaber/Scharpf/Schneider/Weber, § 46f KWG Rz. 6.
27 Vgl. *Lindemann* in Boos/Fischer/Schulte-Mattler, § 46f KWG Rz. 5; *Redenius-Hövermann* in Luz/Neus/Schaber/Scharpf/Schneider/Weber, § 46f KWG Rz. 5.
28 Vgl. *Beckmann* in Beckmann/Scholtz/Vollmer, § 43 KAGB Rz. 76, 77.
29 *Mönning* in Nerlich/Römermann, § 34 InsO Rz. 20.

Unterabschnitt 4
Pflichten für registrierungspflichtige AIF-Kapitalverwaltungsgesellschaften

§ 44 Registrierung und Berichtspflichten

(1) AIF-Kapitalverwaltungsgesellschaften, die die Bedingungen nach § 2 Absatz 4, 4a oder 5 erfüllen,

1. sind zur Registrierung bei der Bundesanstalt verpflichtet,
2. weisen sich und die von ihnen zum Zeitpunkt der Registrierung verwalteten AIF gegenüber der Bundesanstalt aus,
3. legen der Bundesanstalt zum Zeitpunkt ihrer Registrierung Informationen zu den Anlagestrategien der von ihnen verwalteten AIF vor,
4. unterrichten die Bundesanstalt regelmäßig über
   a) die wichtigsten Instrumente, mit denen sie handeln und
   b) die größten Risiken und die Konzentrationen der von ihnen verwalteten AIF,

   um der Bundesanstalt eine effektive Überwachung der Systemrisiken zu ermöglichen,
5. teilen der Bundesanstalt unverzüglich mit, wenn die in § 2 Absatz 4, 4a oder 5 genannten Voraussetzungen nicht mehr erfüllt sind,
6. müssen juristische Personen oder Personenhandelsgesellschaften sein und
7. [1]dürfen nur AIF in der Rechtsform
   a) einer juristischen Person oder
   b) einer Personenhandelsgesellschaft, bei der persönlich haftender Gesellschafter ausschließlich eine Aktiengesellschaft, eine Gesellschaft mit beschränkter Haftung oder eine Kommanditgesellschaft ist, bei der persönlich haftender Gesellschafter ausschließlich eine Gesellschaft mit beschränkter Haftung ist, und

   bei der die Nachschusspflicht der Anleger ausgeschlossen ist, verwalten. [2]Wird der AIF im Fall von § 2 Absatz 4 als offener AIF in der Rechtsform der Investmentaktiengesellschaft mit veränderlichem Kapital oder der offenen Investmentkommanditgesellschaft aufgelegt, gelten die §§ 108 bis 123 oder die §§ 124 bis 138. [3]Wird der AIF im Fall von § 2 Absatz 4 als geschlossener AIF in der Rechtsform der Investmentaktiengesellschaft mit fixem Kapital oder als geschlossene Investmentkommanditgesellschaft aufgelegt, gelten die §§ 140 bis 148 oder die §§ 149 bis 161. [4]Wird der AIF im Fall von § 2 Absatz 4a oder Absatz 5 in der Rechtsform der Investmentaktiengesellschaft mit fixem Kapital oder der geschlossenen Investmentkommanditgesellschaft aufgelegt, gelten die §§ 140 bis 148 oder die §§ 149 bis 161.

(2) [weggefallen]

(3) AIF-Kapitalverwaltungsgesellschaften, die die Bedingungen nach § 2 Absatz 5 erfüllen, legen der Bundesanstalt mit dem Antrag auf Registrierung zusätzlich zu den in Absatz 1 genannten Angaben folgende Informationen vor:

1. die Angabe der Geschäftsleiter,
2. Angaben zur Beurteilung der Zuverlässigkeit der Geschäftsleiter,
3. Angaben zur Beurteilung der fachlichen Eignung der Geschäftsleiter.

(4) [1]Die Bundesanstalt bestätigt der AIF-Kapitalverwaltungsgesellschaft die Registrierung innerhalb einer Frist von zwei Wochen nach Eingang des vollständigen Registrierungsantrags, wenn die Voraussetzungen für die Registrierung erfüllt sind. [2]Bei Registrierungsanträgen von AIF-Kapitalverwaltungsgesellschaften, die die Bedingungen nach § 2 Absatz 5 erfüllen, kann die Bundesanstalt diesen Zeitraum um bis zu zwei Wochen verlängern, wenn sie dies auf Grund der besonderen Umstände des Einzelfalls für notwendig erachtet. [3]Die Registrierung gilt als bestätigt, wenn über den Registrierungsantrag nicht innerhalb der Frist nach Satz 1 entschieden worden ist und die Bundesanstalt die Frist nicht gemäß Satz 2 verlängert hat. [4]Die Bundesanstalt versagt der AIF-Kapitalverwaltungsgesellschaft die Registrierung, wenn

1. die Bedingungen des § 2 Absatz 4, 4a oder 5 nicht erfüllt sind,
2. nicht alle zum Zeitpunkt der Registrierung erforderlichen Informationen gemäß Absatz 1, 3 und 7 vorgelegt wurden,
3. die AIF-Kapitalverwaltungsgesellschaft, die die Bedingungen nach § 2 Absatz 4, 4a oder 5 erfüllt, keine juristische Person oder Personenhandelsgesellschaft ist,
4. die AIF-Kapitalverwaltungsgesellschaft, die die Bedingungen nach § 2 Absatz 4, 4a oder 5 erfüllt, AIF in einer anderen als den in Absatz 1 Nummer 7 genannten Rechtsformen verwaltet,
5. die Hauptverwaltung oder der satzungsmäßige Sitz der AIF-Kapitalverwaltungsgesellschaft sich nicht im Inland befindet,
6. bei AIF-Kapitalverwaltungsgesellschaften, die die Bedingungen nach § 2 Absatz 5 erfüllen, Tatsachen vorliegen, aus denen sich ergibt, dass die Geschäftsleiter der AIF-Kapitalverwaltungsgesellschaft nicht zuverlässig sind oder die zur Leitung erforderliche fachliche Eignung nicht haben.

(5) [1]Die Bundesanstalt kann die Registrierung außer nach den Vorschriften des Verwaltungsverfahrensgesetzes aufheben, wenn
1. die AIF-Kapitalverwaltungsgesellschaft die Registrierung auf Grund falscher Erklärungen oder auf sonstige rechtswidrige Weise erwirkt hat,
2. der Bundesanstalt Tatsachen bekannt werden, die eine Versagung der Registrierung nach Absatz 4 rechtfertigen würden,
3. die AIF-Kapitalverwaltungsgesellschaft nachhaltig gegen die Bestimmungen dieser Vorschrift oder die weiteren gemäß § 2 Absatz 4, 4a oder 5 anzuwendenden Bestimmungen dieses Gesetzes verstößt,
4. die AIF-Kapitalverwaltungsgesellschaft schwerwiegend, wiederholt oder systematisch gegen die Bestimmungen des Geldwäschegesetzes verstoßen hat.

[2]Statt der Aufhebung der Registrierung kann die Bundesanstalt die Abberufung der verantwortlichen Geschäftsleiter verlangen und ihnen die Ausübung ihrer Tätigkeit untersagen. [3]§ 40 Absatz 2 findet entsprechend Anwendung.

(5a) [1]Die Registrierung erlischt, wenn die AIF-Kapitalverwaltungsgesellschaft
1. von ihr nicht innerhalb eines Jahres seit ihrer Erteilung Gebrauch macht,
2. den Geschäftsbetrieb, auf den sich die Registrierung bezieht, seit mehr als sechs Monaten nicht mehr ausübt oder
3. ausdrücklich auf sie verzichtet.

[2]§ 39 Absatz 1 Satz 2 findet entsprechend Anwendung.

(6) [1]Sind die in § 2 Absatz 4 oder 5 genannten Voraussetzungen nicht mehr erfüllt, hat die AIF-Kapitalverwaltungsgesellschaft die Erlaubnis nach den §§ 20 und 22 innerhalb von 30 Kalendertagen zu beantragen. [2]Sind die in § 2 Absatz 4a genannten Voraussetzungen nicht mehr erfüllt, hat die AIF-Kapitalverwaltungsgesellschaft innerhalb von 30 Kalendertagen
1. eine Registrierung nach Absatz 1 Nummer 1 und den Absätzen 3 und 4 zu beantragen, wenn sie die Voraussetzungen nach § 2 Absatz 5 Satz 1 erfüllt, oder
2. die Erlaubnis nach den §§ 20 und 22 zu beantragen, wenn sie nicht die in Nummer 1 genannten Voraussetzungen erfüllt.

(7) Nähere Bestimmungen zu den Pflichten der AIF-Kapitalverwaltungsgesellschaften zur Registrierung und zur Vorlage von Informationen, um eine effektive Überwachung von Systemrisiken zu ermöglichen und zur Mitteilungspflicht gegenüber den zuständigen Behörden nach Absatz 1 ergeben sich aus den Artikeln 2 bis 5 der Delegierten Verordnung (EU) Nr. 231/2013.

(8) AIF-Kapitalverwaltungsgesellschaften haben die Meldungen nach Absatz 1 Nummer 4 elektronisch über das Melde- und Veröffentlichungssystem der Bundesanstalt zu übermitteln.

(9) Die Bundesanstalt kann durch Allgemeinverfügung nähere Bestimmungen über Art, Umfang, Form und Turnus der einzureichenden Meldungen nach Absatz 8 und über die zulässigen Datenträger, Datenstrukturen und Übertragungswege festlegen.

In der Fassung vom 4.7.2013 (BGBl. I 2013, S. 1981), zuletzt geändert durch das Gesetz zur Umsetzung der Vierten EU-Geldwäscherichtlinie, zur Ausführung der EU-Geldtransferverordnung und zur Neuorganisation der Zentralstelle für Finanztransaktionsuntersuchungen vom 23.6.2017 (BGBl. I 2017, S. 1822).

Schrifttum: *BaFin*, Liste der zugelassenen Kapitalverwaltungsgesellschaften, registrierten Kapitalverwaltungsgesellschaften und zugelassenen Investmentgesellschaften v. 15.12.2015, abrufbar unter www.bafin.de; *BaFin*, Merkblatt Einzelne Hinweise zur Registrierung nach § 44 KAGB i.V.m. Art. 2 bis 5 der Delegierten Verordnung 231/2013 v. 30.8.2013; *Boxberger*, Regulierung „light" unter dem KAGB-Regime, GWR 2013, 415; ESMA, Guidelines on reporting obligations under Articles 3(3)d and 24(1), (2) and (4) of the AIFMD, ESMA 2013/1339 v. 15.11.2013; *Jünemann/Wirtz*, Regulatorisches Regime und Rechtsformwahl für „kleine Spezial-AIFM", RdF 2018, 109; *Nelle/Klebeck*, Der „kleine" AIFM – Chancen und Risiken der neuen Regulierung für deutsche Fondsmanager, BB 2013, 2499; *Siering/Izzo-Wagner*, Die EuVECA-VO – eine Sackgasse der Verwaltungspraxis? Die aktuelle Aufsichtspraxis als großes Problem für die Venture Capital Branche, BKR 2015, 101; *Siering/Izzo-Wagner*, „Praktische Hürden" der EuVECA-Verordnung, BKR 2014, 242; *Weitnauer*, Die Verordnung über Europäische Risikokapitalfonds („EuVECA-VO"), GWR 2014, 139.

I. Allgemeines

1. Entstehungsgeschichte, Regelungszweck

1 Bei § 44 KAGB handelt es sich um eine **Privilegierung** bestimmter AIF-Kapitalverwaltungsgesellschaften (i.S.d. § 1 Abs. 16 KAGB), wodurch „kleine" Kapitalverwaltungsgesellschaften (entsprechend den Ausnahmen des § 2 Abs. 4, 4a und 5 KAGB) von bestimmten Vorschriften des KAGB befreit werden.[1] Insbesondere müssen diese AIF-Kapitalverwaltungsgesellschaften **keine Erlaubnis** beantragen. Allerdings sind sie auch nicht vollständig der Aufsicht entzogen, sondern müssen sich entsprechend dieser Vorschrift bei der BaFin **registrieren** und unterliegen bestimmten Berichtspflichten.[2]

2 Die Vorschrift hat erhebliche praktische Bedeutung, da von den ca. 460 Kapitalverwaltungsgesellschaften mit Sitz in Deutschland ca. 70 % „nur" der Registrierungspflicht nach § 44 KAGB unterliegen.[3]

3 § 44 KAGB setzt im Wesentlichen Art. 3 Abs. 2 bis 6 AIFM-RL[4] um. Der Gesetzgeber hat allerdings den Anwendungsbereich des § 44 KAGB auf Kapitalverwaltungsgesellschaften i.S.d. § 2 Abs. 4, 4a und 5 KAGB erweitert.[5] Die Vorschrift wurde durch das **OGAW V-UmsG**[6] einigen Änderungen unterzogen. Zunächst wurden in Folge der Aufhebung des § 2 Abs. 4b KAGB der Abs. 2 komplett und in Abs. 3 bis 6 die entspre-

---

1 *Tusch* in Baur/Tappen, § 44 KAGB Rz. 1; *Tollmann* in Dornseifer/Jesch/Klebeck/Tollmann, Art. 3 AIFM-RL Rz. 19 f., 49; *Nelle/Klebeck*, BB 2013, 2499.
2 *Boxberger* in Weitnauer/Boxberger/Anders, § 44 KAGB Rz. 1; *Tusch* in Baur/Tappen, § 44 KAGB Rz. 1 f.; *Boxberger*, GWR 2013, 415; *Nelle/Klebeck*, BB 2013, 2499 (2500).
3 BaFin, Unternehmensdatenbank, abrufbar: www.bafin.de (Stand: 6.6.2018).
4 Richtlinie 2011/61/EU des Europäischen Parlaments und des Rates vom 8. Juni 2011 über die Verwalter alternativer Investmentfonds und zur Änderung der Richtlinien 2003/41/EG und 2009/65/EG und der Verordnungen (EG) Nr. 1060/2009 und (EU) Nr. 1095/2010, ABl. EU Nr. L 174 v. 1.7.2011, S. 1.
5 *Boxberger* in Weitnauer/Boxberger/Anders, § 44 KAGB Rz. 3, 5 ff.; *Klebeck/Kunschke* in Beckmann/Scholtz/Vollmer, § 44 KAGB Rz. 37; *Tusch* in Baur/Tappen, § 44 KAGB Rz. 4.
6 BGBl. I 2016, S. 348 ff.

chenden Verweise auf § 2 Abs. 4b KAGB gestrichen.[7] Der neue Abs. 5a regelt das Erlöschen der Registrierung von Gesetzes wegen. Abs. 8 stellt die Pflicht zur Übermittlung bestimmter Meldungen auf elektronischem Wege klar. Abs. 9 enthält eine Ermächtigungsgrundlage für die BaFin in Form einer Allgemeinverfügung nähere Einzelheiten zu bestimmten Aspekten der Registrierung zu regeln. Durch das **4. AMLD-UmsG**[8] wurde Abs. 5 Satz 1 zudem um eine Nr. 4 erweitert.

2. Anwendungsbereich

Der Anwendungsbereich von § 44 KAGB erstreckt sich durch den Verweis auf § 2 KAGB auf Kapitalverwaltungsgesellschaften, die ausschließlich folgende AIF verwalten: **kleine Spezial-AIF** (§ 2 Abs. 4 KAGB), **kleine, intern verwaltete, geschlossene Publikums-AIF** (§ 2 Abs. 4a KAGB) und **kleine, geschlossene AIF** (§ 2 Abs. 5 KAGB).[9] 4

Damit ist an dieser Stelle auch die Unterscheidung zwischen professionellen, semiprofessionellen und Privatanlegern relevant (vgl. § 1 Abs. 19 Nr. 31-33 KAGB). Richtet sich der AIF auch an Privatanleger und wird er infolgedessen als Publikums-AIF eingestuft, erfolgt eine verschärfte Regulierung.[10] 5

Zur Berechnung der Schwellenwerte wird eine Konzernbetrachtung vorgenommen, um Gestaltungen zur Umgehung der Erlaubnispflicht zu verhindern (vgl. auch § 2 Abs. 4 Nr. 1 KAGB).[11] 6

Außerdem wird der Anwendungsbereich des § 44 KAGB durch Verweise in § 337 Abs. 1 Nr. 1 KAGB und § 338 Abs. 1 Nr. 1 KAGB auch auf bestimmte **Europäische Risikokapitalfonds** i.S.d. § 2 Abs. 6 KAGB i.V.m. der EuVECA-VO[12] und bestimmte **Europäische Fonds für soziales Unternehmertum** i.S.d. § 2 Abs. 7 KAGB i.V.m. der EuSEF-VO[13] ausgeweitet. Dabei ist nicht zuletzt die Möglichkeit eines Opt-In für Risikokapitalfonds gegeben, so dass diese sich selbst der Registrierung unterwerfen können.[14] 7

Alle AIF-Kapitalverwaltungsgesellschaften sind erfasst, es kommt nicht darauf an, ob sie EU-Investmentvermögen (§ 1 Abs. 8 KAGB) oder ausländische AIF (§ 1 Abs. 9 KAGB) verwalten, solange sie ihren **Sitz und ihre Hauptverwaltung im Inland** haben. AIF-Kapitalverwaltungsgesellschaften mit Sitz und Hauptverwaltung im EU-Ausland können die Erlaubnispflicht dennoch **vermeiden**, wenn sie entweder eine selbständige Tochtergesellschaft im Inland gründen oder Gebrauch vom sog. „Europäischen Pass" nach § 54 KAGB machen und über eine Zweigniederlassung oder durch grenzüberschreitenden Dienstleistungsverkehr in Deutschland agieren.[15] 8

Für AIF-Kapitalverwaltungsgesellschaften nach § 2 Abs. 4 und 4a KAGB gilt lediglich § 44 Abs. 1, 4 bis 9 KAGB. Hinzuweisen ist darauf, dass das OGAW-V Umsetzungsgesetz auch zu Änderungen in § 2 Abs. 4 KAGB geführt hat. Zusätzlich wird nun auch auf die Vorschriften zur Darlehensausreichung durch Kapitalverwaltungsgesellschaften auf Rechnung von AIFs verwiesen. 9

AIF-Kapitalverwaltungsgesellschaften i.S.d. § 2 Abs. 5 KAGB sind nur von § 44 Abs. 1, 4 bis 9 KAGB erfasst. Auf Europäische Risikokapitalfonds und Europäische Fonds für soziales Unternehmertum ist nur § 44 Abs. 1 Nr. 1, 2, 5 bis 7, Abs. 4 bis 7 KAGB anwendbar.[16] 10

Institute, die bereits gem. § 1 Abs. 1b **KWG lizenziert** sind, benötigen nach § 2 Abs. 2 KAGB keine zusätzliche Erlaubnis nach dem KAGB für Wertpapierdienstleistungen, die sie für AIF erbringen. Fraglich ist, ob auch eine Registrierung gem. § 44 KAGB für KWG-lizenzierte Unternehmen entbehrlich ist. Für eine Registrierungspflicht ist der Wortlaut des § 2 Abs. 2 KAGB anzuführen, denn dieser nimmt die Institute ausdrücklich nur von der Erlaubnispflicht aus. Allerdings spricht gegen eine Registrierungspflicht, dass sonst die „kleinen" AIF-Kapitalver-waltungsgesellschaften einer strengeren Aufsicht als die großen AIF-Kapital- 11

7 Begr. RegE, BT-Drucks. 18/6744, 50.
8 BGBl. I 2017, S. 1822 ff.
9 *Hartrott* in Moritz/Klebeck/Jesch, § 44 KAGB Rz. 8.
10 *Klebeck/Kunschke* in Beckmann/Scholtz/Vollmer, § 44 KAGB Rz. 32.
11 *Klebeck/Kunschke* in Beckmann/Scholtz/Vollmer, § 44 KAGB Rz. 34.
12 Verordnung (EU) Nr. 345/2013 des Europäischen Parlaments und des Rates vom 17. April 2013 über Europäische Risikokapitalfonds, ABl. EU Nr. L 115 v. 25.4.2013, S. 1.
13 Verordnung (EU) Nr. 346/2013 des Europäischen Parlaments und des Rates vom 17. April 2013 über Europäische Fonds für soziales Unternehmertum, ABl. EU Nr. L 115 v. 25.4.2013, S. 18.
14 *Siering/Izzo-Wagner*, BKR 2015, 101 (101); *Siering/Izzo-Wagner*, BKR 2014, 242 (243); *Klebeck/Kunschke* in Beckmann/Scholtz/Vollmer, § 44 KAGB Rz. 24; *Boxberger* in Weitnauer/Boxberger/Anders, § 44 KAGB Rz. 9 f.; *Tusch* in Baur/Tappen, § 44 KAGB Rz. 11; *Boxberger*, GWR 2013, 415 (416); *Weitnauer*, GWR 2014, 139 (139).
15 *Tusch* in Baur/Tappen, § 44 KAGB Rz. 13 f.
16 *Klebeck/Kunschke* in Beckmann/Scholtz/Vollmer, § 44 KAGB Rz. 27; *Tusch* in Baur/Tappen, § 44 KAGB Rz. 12.

verwaltungsgesellschaften unterliegen würden, bei denen in derselben Konstellation eine KWG-Erlaubnis ausreichen würde.[17] Eine Registrierungspflicht ist für diese Fälle also zu verneinen.

II. Inhalt der Vorschrift

1. Registrierungspflicht (§ 44 Abs. 1 Nr. 1 bis 3 KAGB)

12 § 44 Abs. 1 Nr. 1 KAGB normiert eine Registrierungspflicht bei der BaFin. Diese Pflicht tritt ein, sobald ein Unternehmen mindestens einen AIF verwaltet oder hinreichend konkret zu verwalten beabsichtigt.[18] Nach Auffassung der BaFin muss die Registrierung allerdings in jedem Fall spätestens **vier Wochen** vor der Auflage des ersten AIF erfolgen,[19] was sich aus der Registrierungsfiktion des § 44 Abs. 4 Satz 3 KAGB ergibt.[20] Nach dieser gilt die Registrierung als bestätigt, wenn die BaFin über den Antrag nicht innerhalb von maximal vier Wochen entscheidet. Die Verletzung der vierwöchigen Frist durch die Kapitalverwaltungsgesellschaft zieht jedoch keine Konsequenzen nach sich und stellt keinen Versagungsgrund i.S.d. § 44 Abs. 4 KAGB dar.[21]

13 Das Unternehmen hat sich und die bei der Registrierung verwalteten AIF gem. § 44 Abs. 1 Nr. 2 KAGB gegenüber der BaFin auszuweisen.[22] Hinsichtlich des **Ausweises** des Unternehmens sollte ein Auszug aus dem Handelsregister genügen. Bezüglich der verwalteten AIF muss der errechnete Gesamtwert der verwalteten Vermögenswerte mitgeteilt werden, um der BaFin eine Prüfung der relevanten Schwellenwerte des § 2 Abs. 4, 4a und 5 zu ermöglichen.[23]

14 Zu den **Anlagestrategien** der verwalteten AIF muss das Unternehmen ebenfalls Informationen übermitteln (§ 44 Abs. 1 Nr. 3 KAGB). Die hier umgesetzten Vorgaben des Art. 3 Abs. 3 lit. c AIFM-RL werden durch Art. 5 Abs. 2 AIFM-DVO[24] konkretisiert. Danach ist für jeden AIF entweder die **Emissionsunterlage**, ein maßgeblicher Auszug aus der Emissionsunterlage oder eine allgemeine Beschreibung der Anlagestrategie vorzulegen.

15 Dabei muss auf die wichtigsten **Vermögenswertkategorien** Bezug genommen werden, in die der AIF investieren darf, die Risikoprofile und sonstigen Eigenschaften der AIF, welche die AIF-Kapitalverwaltungsgesellschaft verwaltet (einschließlich der Angaben zu den Mitgliedstaaten und Drittstaaten, in denen sich der Sitz solcher AIF befindet und der industriellen, geografischen und sonstigen Marktsektoren oder speziellen Vermögenswertgattungen, die im Mittelpunkt der Anlagestrategie stehen) sowie eine Beschreibung der Grundsätze, die der AIF in Bezug auf Kreditaufnahme und Hebelfinanzierung anwendet. Hierzu ist es möglich, auf die Kategorisierung der Anlagestrategien im **Formblatt** für die Berichterstattung in der Delegierten Verordnung (EU) Nr. 231/2013 in Anhang IV zurückzugreifen.[25]

2. Berichtspflichten (§ 44 Abs. 1 Nr. 4 KAGB)

a) Inhalt

16 Gemäß § 44 Abs. 1 Nr. 4 KAGB muss das Unternehmen die BaFin regelmäßig über die wichtigsten **Instrumente**, mit denen es handelt, die größten **Risiken** und die **Konzentrationen** der von ihm verwalteten AIF,

---

17 *Tusch* in Baur/Tappen, § 44 KAGB Rz. 15; vgl. auch *Klebeck/Kunschke* in Beckmann/Scholtz/Vollmer, § 44 KAGB Rz. 78.

18 *Tusch* in Baur/Tappen, § 44 KAGB Rz. 28; BaFin, Merkblatt „Einzelne Hinweise zur Registrierung nach § 44 KAGB i.V.m. Art. 2 bis 5 der Delegierten Verordnung 231/2013" v. 30.8.2013, Ziff. 1.; *Patzner/Schneider-Deters* in Patzner/Döser/Kempf, § 44 KAGB Rz. 2; *Klebeck/Kunschke* in Beckmann/Scholtz/Vollmer, § 44 KAGB Rz. 43.

19 BaFin, Merkblatt „Einzelne Hinweise zur Registrierung nach § 44 KAGB i.V.m. Art. 2 bis 5 der Delegierten Verordnung 231/2013" v. 30.8.2013, Ziff. 1.

20 *Tusch* in Baur/Tappen, § 44 KAGB Rz. 29.

21 *Tusch* in Baur/Tappen, § 44 KAGB Rz. 29.

22 *Hartrott* in Moritz/Klebeck/Jesch, § 44 KAGB Rz. 23.

23 *Nelle/Klebeck*, BB 2013, 2499 (2500); *Tusch* in Baur/Tappen, § 44 KAGB Rz. 31.

24 Delegierte Verordnung (EU) Nr. 231/2013 der Kommission vom 19. Dezember 2012 zur Ergänzung der Richtlinie 2011/61/EU des Europäischen Parlaments und des Rates im Hinblick auf Ausnahmen, die Bedingungen für die Ausübung der Tätigkeit, Verwahrstellen, Hebelfinanzierung, Transparenz und Beaufsichtigung, ABl. EU Nr. L 83 v. 22.3.2013, S. 1.

25 *Klebeck/Kunschke* in Beckmann/Scholtz/Vollmer, § 44 KAGB Rz. 44 f.; BaFin, Merkblatt „Einzelne Hinweise zur Registrierung nach § 44 KAGB i.V.m. Art. 2 bis 5 der Delegierten Verordnung 231/2013" v. 30.8.2013, Ziff. 2.; *Tusch* in Baur/Tappen, § 44 KAGB Rz. 32; *Boxberger* in Weitnauer/Boxberger/Anders, § 44 KAGB Rz. 24.

informieren.[26] Hierdurch soll eine effektive Überwachung von Systemrisiken durch die BaFin gewährleistet werden.[27]

Diese Berichtspflichten werden durch Art. 110 Abs. 1 AIFM-DVO **konkretisiert**. Unter der Unterrichtung über die wichtigsten Instrumente wird eine Aufschlüsselung von Finanzinstrumenten und anderen Vermögenswerten, der Anlagestrategien und des geografischen und sektoralen Anlageschwerpunkts, verstanden. Zu den größten Risiken zählen die Märkte, in denen das Unternehmen Mitglied ist bzw. in denen es aktiv Handel betreibt. Hinsichtlich der „Konzentrationen" der verwalteten AIF müssen insbesondere Angaben zur Diversifizierung des Portfolios und die größten Engagements des AIF mitgeteilt werden (Art. 110 Abs. 1 lit. c AIFM-DVO).[28] 17

Eine weitere Konkretisierung erfahren die Berichtspflichten des § 44 KAGB durch die **ESMA Berichts-Leitlinie**, welche auch Hinweise bezüglich des Ausfüllens des Formblatts in Anhang IV der AIFM-DVO enthält.[29] Die ESMA Berichts-Leitlinie vereinheitlicht das Format, in dem die erforderlichen Informationen den nationalen Aufsichtsbehörden mitgeteilt werden, und erleichtert damit auch den Austausch der nationalen Aufsichtsbehörden untereinander.[30] 18

b) Zeitpunkt

Gemäß § 44 Abs. 1 Nr. 4 KAGB müssen die Berichtspflichten **„regelmäßig"** erfüllt werden. Art. 5 Abs. 5 Satz 1 AIFM-DVO und die ESMA Berichts-Leitlinie (Annex II, Ziffer V. 8., S. 19) führen dies genauer aus und legen für die Berichtspflichten einen **jährlichen** Turnus fest.[31] Der jährliche Bericht muss am letzten Geschäftstag im Dezember an die BaFin übermittelt werden. Es wird also über den Stand zum 31.12. berichtet. Sofern es sich beim letzten Geschäftstag nicht um einen Bankarbeitstag handelt, soll sich der Bericht auf den letzten Bankarbeitstag davor beziehen.[32] 19

Im **ersten Jahr** der Registrierung gilt die Berichtspflicht ebenfalls schon. Sofern zum Ende des Jahres, in dem die Registrierung erfolgt ist, noch keine neuen, über die im Registrierungsantrag angegebenen hinausgehenden, Informationen vorliegen, genügt eine diesbezügliche Mitteilung an die BaFin.[33] 20

c) Wegfall der Registrierungspflicht

Wenn die in § 2 Abs. 4, 4a und 5 KAGB genannten Voraussetzungen nicht länger vorliegen und die Kapitalverwaltungsgesellschaft somit nicht mehr registrierungspflichtig ist, muss sie dies der BaFin unverzüglich mitteilen (§ 44 Abs. 1 Nr. 5 KAGB). 21

3. Rechtliche Verfassung der AIF-Kapitalverwaltungsgesellschaft (§ 44 Abs. 1 Nr. 6 KAGB)

Auch AIF-Kapitalverwaltungsgesellschaften, die lediglich der Registrierungspflicht nach § 44 KAGB unterliegen, müssen als juristische Personen oder Personenhandelsgesellschaften verfasst sein. Freilich sind der Firmierung als Personenhandelsgesellschaft Grenzen aus § 1 Abs. 11, 12 KAGB (für interne Kapitalverwaltungsgesellschaften) und aus § 18 Abs. 1 KAGB gesetzt. Natürliche Personen, die bislang das Portfolio eines Fonds verwaltet haben, müssen nun zwingend eine juristische Person oder Personenhandelsgesellschaft zu diesem Zweck gründen.[34] 22

---

26 *Hartrott* in Moritz/Klebeck/Jesch, § 44 KAGB Rz. 25.
27 *Boxberger*, GWR 2013, 415 (417); *Tusch* in Baur/Tappen, § 44 KAGB Rz. 37.
28 Vgl. *Klebeck/Kunschke* in Beckmann/Scholtz/Vollmer, § 44 KAGB Rz. 48; *Tusch* in Baur/Tappen, § 44 KAGB Rz. 35.
29 ESMA 2013/1339, Guidelines on reporting obligations under Articles 3(3)d and 24(1), (2) and (4) of the AIFMD v. 15.11.2013; *Tusch* in Baur/Tappen, § 44 KAGB Rz. 37.
30 *Tusch* in Baur/Tappen, § 44 KAGB Rz. 37.
31 *Klebeck/Kunschke* in Beckmann/Scholtz/Vollmer, § 44 KAGB Rz. 50.
32 ESMA 2013/1339, Guidelines on reporting obligations under Articles 3(3)d and 24(1), (2) and (4) of the AIFMD v. 15.11.2013, Annex II, Ziffer V. 8./9., S. 19; *Tusch* in Baur/Tappen, § 44 KAGB Rz. 38.
33 ESMA 2013/1339, Guidelines on reporting obligations under Articles 3(3)d and 24(1), (2) and (4) of the AIFMD v. 15.11.2013, Annex II, Ziffer VII. 11., S. 20.
34 U.a. *Boxberger* in Weitnauer/Boxberger/Anders, § 44 KAGB Rz. 26; *Klebeck/Kunschke* in Beckmann/Scholtz/Vollmer, § 44 KAGB Rz. 52; *Nelle/Klebeck*, BB 2013, 2499 (2500).

4. Rechtliche Verfassung des AIF (§ 44 Abs. 1 Nr. 7 KAGB)

23 Diese Vorschrift geht nicht auf europarechtliche Vorgaben zurück. Sie wurde vom Gesetzgeber eingefügt, um Anleger vor einer möglichen persönlichen Haftung zu schützen.[35]

24 Daher müssen auch die verwalteten AIF in der **Rechtsform** einer juristischen Person oder einer Personenhandelsgesellschaft, jeweils mit Ausschluss einer Nachschusspflicht der Anleger, verfasst sein. Im letzteren Fall muss der persönlich haftende Gesellschafter entweder eine Aktiengesellschaft, eine Gesellschaft mit beschränkter Haftung oder eine Kommanditgesellschaft (mit ausschließlich einer GmbH als persönlich haftendem Gesellschafter) sein.[36] Klargestellt ist damit, dass auch die Rechtsformen der Investmentaktiengesellschaft und -kommanditgesellschaft für AIF zulässig sind.[37]

25 Sofern kleine, **offene Spezial-AIF** i.S.d. § 2 Abs. 4 KAGB als Investmentaktiengesellschaft verfasst sind, müssen sie zusätzlich die §§ 108-123 KAGB und, sofern sie als Investmentkommanditgesellschaft verfasst sind, die §§ 124-138 beachten.[38] Kleine, **geschlossene Spezial-AIF** i.S.d. § 1 Abs. 5 KAGB sowie geschlossene Publikums-AIF i.S.d. § 2 Abs. 4a, 5 KAGB müssen, sofern sie als Investmentaktiengesellschaft mit fixem Kapital verfasst sind, zusätzlich die §§ 140-148 KAGB, als Investmentkommanditgesellschaft die §§ 149-161 KAGB beachten.[39]

25a Fraglich ist das Verhältnis von § 44 Abs. 1 Nr. 7 Satz 2-4 KAGB zu Abs. 1 Nr. 7 Satz 1 im Hinblick auf die zulässige Rechtsform. Denkbar sind eine **kumulative** und eine **alternative Lesart.**[40] Versteht man Abs. 1 Nr. 7 Satz 2–4 kumulativ zu Satz 1, würden die Regelungen für die Investmentkommanditgesellschaft und die Investmentaktiengesellschaft auch dann zur Anwendung kommen, wenn eine Kommanditgesellschaft (als Personenhandelsgesellschaft) oder Aktiengesellschaft (als juristische Person) als Rechtsform gewählt werden. Richtigerweise ist allerdings eine alternative Lesart geboten. Dies hat zur Konsequenz, dass für AIF alle Rechtsformen offen stehen, welche die Anforderungen des Abs. 1 Nr. 7 Satz 1 erfüllen. Daraus folgt, dass ein AIF beispielsweise auch in der Form einer GmbH oder UG gegründet werden kann. Nur wenn die Rechtsform der Investmentkommanditgesellschaft oder Investmentaktiengesellschaft gewählt wird, kommen die zusätzlichen Anforderungen nach dem KAGB an die jeweilige Rechtsform gemäß Abs. 1 Nr. 7 Satz 2-4 zur Anwendung.[41] Hierfür spricht neben dem Wortlaut, dass im Bereich der kleinen Spezial-AIFM insoweit das Regulierungsinteresse fehlt.[42]

25b Ferner stellt sich die Folgefrage, wie mit **Verweisen in den Vorschriften**, auf die § 44 Abs. 1 Nr. 7 Satz 2-4 verweisen, umzugehen ist. Relevant wird dies insbesondere für die Frage nach etwaigen Anfangs- und Mindestkapitalanforderungen gemäß § 25 KAGB. So verweisen Abs. 1 Nr. 7 Satz 2 und Satz 3 auf § 155 KAGB, der wiederum auf die Kapitalanforderungen nach § 25 KAGB verweist. Allerdings kann eine Anwendbarkeit der Anfangs- und Mindestkapitalvorschriften auf kleine AIF-Kapitalverwaltungsgesellschaften nicht gewollt sein. Eine andere Lesart würde die Privilegierung für kleine AIF-Kapitalverwaltungsgesellschaften in großen Teilen leerlaufen lassen.[43] Daher ist im Rahmen eines Registrierungsantrags trotz des Verweises in Abs. 1 Nr. 7 Satz 3 und 4 auf § 153 Abs. 2 KAGB auch keine Zuverlässigkeits- und Eignungsprüfung der Geschäftsführer durchzuführen.[44]

5. Registrierungsunterlagen (§ 44 Abs. 3 KAGB)

26 Für AIF-Kapitalverwaltungsgesellschaften, die kleine, geschlossene Publikums-AIF i.S.d. § 2 Abs. 5 KAGB verwalten, sieht § 44 Abs. 3 KAGB eine Prüfung der fachlichen und persönlichen Eignung der Geschäftsleiter vor („**fit & proper-Test**").[45] Diese Überprüfung dient dem Anlegerschutz. Anleger „kleiner", geschlosse-

35 Begr. RegE. BT-Drucks. 18/1305, 46; *Klebeck/Kunschke* in Beckmann/Scholtz/Vollmer, § 44 KAGB Rz. 57; *Tusch* in Baur/Tappen, § 44 KAGB Rz. 45; *Boxberger* in Weitnauer/Boxberger/Anders, § 44 KAGB Rz. 27; *Boxberger*, GWR 2013, 415 (416); *Hartrott* in Moritz/Klebeck/Jesch, § 44 KAGB Rz. 33.

36 *Tusch* in Baur/Tappen, § 44 KAGB Rz. 43; *Klebeck/Kunschke* in Beckmann/Scholtz/Vollmer, § 44 KAGB Rz. 55 f.; *Boxberger*, GWR 2013, 415 (416).

37 *Klebeck/Kunschke* in Beckmann/Scholtz/Vollmer, § 44 KAGB Rz. 58.

38 *Tusch* in Baur/Tappen, § 44 KAGB Rz. 45.

39 *Tusch* in Baur/Tappen, § 44 KAGB Rz. 45.

40 *Jünemann/Wirtz*, RdF 2018, 109 (111).

41 So auch *Jünemann/Wirtz*, RdF 2018, 109 (111 f.).

42 *Jünemann/Wirtz*, RdF 2018, 109 (112).

43 Vgl. ausführlich *Jünemann/Wirtz*, RdF 2018, 109 (112 f.).

44 *Jünemann/Wirtz*, RdF 2018, 109 (113).

45 *Tusch* in Baur/Tappen, § 44 KAGB Rz. 49.

ner Publikums-AIFs sollen keinen geringeren Schutz erhalten, als die Anleger in „große" AIF, deren Geschäftsleiter ausnahmslos einer Eignungsprüfung unterliegen.[46]

Maßstäbe, anhand derer die persönliche und fachliche Eignung der Geschäftsleiter zu überprüfen ist, werden durch das Gesetz an dieser Stelle nicht vorgegeben. Es kann aber auf die Kriterien des § 22 Abs. 1 Nr. 2-4 KAGB zur Eignungsprüfung der Geschäftsleiter im Erlaubnisverfahren abgestellt werden (vgl. § 22 Rz. 3).[47] 27

6. Registrierungsverfahren (§ 44 Abs. 4 KAGB)

Sofern die Voraussetzungen für die Registrierung erfüllt sind, muss die BaFin die Registrierung innerhalb von **zwei Wochen** nach Eingang des vollständigen Registrierungsantrags bestätigen. Es handelt sich somit um eine gebundene Entscheidung; der BaFin wird kein Ermessen eingeräumt.[48] Ohne erfolgte Registrierung bei der BaFin ist die angestrebte Tätigkeit der AIF-Kapitalverwaltungsgesellschaft verboten, es handelt sich um ein Verbot mit Erlaubnis- bzw. vorliegend Registrierungsvorbehalt (beachte hierzu aber die gesetzliche Fiktion in § 44 Abs. 4 Satz 3 KAGB).[49] 28

Eine Ablehnung des Registrierungsantrags durch die BaFin ist nur zulässig, wenn einer oder mehrere der in § 44 Abs. 4 Satz 4 KAGB genannten **Ablehnungsgründe** vorliegen. Die Aufzählung ist abschließend. 29

Ein Ablehnungsgrund kann darin liegen, dass die Voraussetzungen des § 2 Abs. 4, 4a, 5 KAGB nicht gegeben sind, der Antragsteller nicht alle erforderlichen Informationen gem. Abs. 1-3, 7 eingereicht hat, der Antragsteller oder der AIF das in § 44 Abs. 1 Nr. 6 und 7 KAGB vorgesehene Rechtsformerfordernis nicht erfüllt, sich Hauptverwaltung oder Sitz des Antragstellers nicht im Inland befinden (§ 44 Abs. 4 Satz 4 Nr. 5 KAGB) oder die Geschäftsleitung des Antragstellers den „fit and proper-Test" nicht besteht (§ 44 Abs. 4 Satz 4 Nr. 6 KAGB). 30

Gemäß § 44 Abs. 4 Satz 2 KAGB kann die BaFin die **Frist** hinsichtlich der Entscheidung um bis zu zwei weitere Wochen **verlängern**, wenn es sich um Registrierungsanträge von AIF-Kapitalverwaltungs-gesellschaften handelt, die kleine, genossenschaftlich verfasste Publikums-AIF (§ 2 Abs. 5 KAGB) oder kleine, geschlossene Publikums-AIF verwalten und die BaFin die Fristverlängerung im Einzelfall für erforderlich erachtet. 31

Für den Fall, dass die BaFin den vollständigen[50] Registrierungsantrag nicht fristgerecht bestätigt, gilt die Registrierung gem. § 44 Abs. 4 Satz 3 KAGB kraft Gesetzes als bestätigt (**gesetzliche Fiktion**). Hierbei handelt es sich um einen fiktiven Verwaltungsakt (§ 42a VwVfG), der mittels der §§ 48, 49 VwVfG, 44 Abs. 5 KAGB aufgehoben bzw. zurückgenommen werden kann.[51] 32

Für die Registrierung werden **Registrierungsgebühren** erhoben (Tz. 4 ff. Gebührenverzeichnis, Anlage 1 zu § 2 Abs. 1 FinDAGKosten-Verordnung). Sie sind erheblich geringer bemessen als die Gebühren des Erlaubnisverfahrens. 33

7. Nachträgliche Aufhebung der Registrierung und Abberufung von Geschäftsleitern (§ 44 Abs. 5 KAGB)

a) Nachträgliche Aufhebung der Registrierung

Die BaFin kann gem. § 44 Abs. 5 Satz 1 KAGB die Registrierung bzw. ihre Bestätigung der Registrierung aufheben. Die Vorschrift dient der Umsetzung von Art. 46 Abs. 2 lit. k AIFM-RL.[52] Die Aufhebung der Registrierung stellt dabei die **ultima ratio** dar. § 44 Abs. 5 Satz 2 sieht die Abberufung der Geschäftsleiter als weitere, weniger stark eingreifende Maßnahme vor.[53] 34

---

46 *Klebeck/Kunschke* in Beckmann/Scholtz/Vollmer, § 44 KAGB Rz. 59; *Tusch* in Baur/Tappen, § 44 KAGB Rz. 49; *Boxberger* in Weitnauer/Boxberger/Anders, § 44 KAGB Rz. 29; Beschlussempfehlung und Bericht des Finanzausschusses, BT-Drucks. 17/13395, 403 f.

47 *Tusch* in Baur/Tappen, § 44 KAGB Rz. 51; *Klebeck/Kunschke* in Beckmann/Scholtz/Vollmer, § 44 KAGB Rz. 61; *Boxberger* in Weitnauer/Boxberger/Anders, § 44 KAGB Rz. 29.

48 *Klebeck/Kunschke* in Beckmann/Scholtz/Vollmer, § 44 KAGB Rz. 71; *Boxberger* in Weitnauer/Boxberger/Anders, § 44 KAGB Rz. 36.

49 *Nelle/Klebeck*, BB 2013, 2499 (2502); *Tusch* in Baur/Tappen, § 44 KAGB Rz. 52; *Klebeck/Kunschke* in Beckmann/Scholtz/Vollmer, § 44 KAGB Rz. 69 f.

50 *Klebeck/Kunschke* in Beckmann/Scholtz/Vollmer, § 44 KAGB Rz. 70; *Boxberger* in Weitnauer/Boxberger/Anders, § 44 KAGB Rz. 33; *Nelle/Klebeck*, BB 2013, 2499 (2502).

51 *Tusch* in Baur/Tappen, § 44 KAGB Rz. 61 f.

52 *Kunschke/Machhausen* in Dornseifer/Jesch/Klebeck/Tollmann, Art. 46 AIFM-RL Rz. 8; *Tusch* in Baur/Tappen, § 44 KAGB Rz. 64.

53 Vgl. *Klebeck/Kunschke* in Beckmann/Scholtz/Vollmer, § 44 KAGB Rz. 73; *Nelle/Klebeck*, BB 2013, 2499 (2502).

35 Eine grundsätzliche Aufhebungsbefugnis der BaFin ergibt sich, wie § 44 Abs. 5 Satz 1 KAGB zutreffend feststellt, bereits aus den **§§ 48, 49 VwVfG.** Des Weiteren nennt § 44 Abs. 5 Satz 1 KAGB vier mögliche **Aufhebungsgründe.** Grundsätzlich gehen diese Aufhebungsgründe den Regelungen in den §§ 48, 49 VwVfG als lex specialis vor.[54]

36 Zum einen kann die BaFin die Registrierung aufheben, wenn die AIF-Kapitalverwaltungsgesellschaft die Registrierung mittels **falscher Erklärungen** oder auf sonstige, **rechtswidrige Weise** erlangt hat (§ 44 Abs. 5 Satz 1 Nr. 1 KAGB). Dieser Aufhebungsgrund erfasst jede falsche Erklärung im Registrierungsverfahren. Die allgemeine Rücknahmebefugnis gem. § 48 Abs. 1 Satz 2 i.V.m. Abs. 2 Satz 3 Nr. 2 VwVfG verlangt hingegen, dass die fraglichen Angaben in wesentlicher Beziehung unrichtig oder unvollständig waren.[55]

37 Zum anderen ist eine Aufhebung zulässig, wenn der BaFin **Tatsachen** bekannt werden, die eine **Versagung der Registrierung** nach § 44 Abs. 4 KAGB rechtfertigen würden (§ 44 Abs. 5 Satz 1 Nr. 2 KAGB). Die Voraussetzungen des Registrierungsverfahrens müssen somit während der gesamten Zeit der Registrierung aufrechterhalten werden.[56]

38 Außerdem kann eine Aufhebung der Registrierung erfolgen, sofern die AIF-Kapitalverwaltungsgesellschaft **nachhaltig** gegen die Bestimmungen der §§ 44, 2 Abs. 4, 4a oder 5 KAGB verstößt. Es spricht einiges dafür, die notwendige Nachhaltigkeit des Verstoßes im Regelfall erst dann anzunehmen, wenn die BaFin bereits eine entsprechende **Anordnung** erlassen und die AIF-Kapitalverwaltungsgesellschaft dieser Anordnung nicht Folge geleistet hat. Zu den **relevanten Vorschriften**, deren Nichtbeachtung eine nachträgliche Aufhebung der Registrierung rechtfertigen kann, gehören (für AIF-Kapitalverwaltungsgesellschaften nach den Maßgaben des § 2 Abs. 4, 4a KAGB), neben § 44 KAGB selbst, die §§ 1-17, 42 KAGB. Für AIF-Kapitalverwaltungsgesellschaften gem. § 2 Abs. 5 KAGB werden, über §§ 44, 1-17, 42 KAGB hinaus, noch die §§ 26-28, 45-48, 80-90, 169, 261-270, 271 Abs. 1 und 4, 272, 293, 295-297, 300-306, 314, 316 KAGB einbezogen, welche einen umfangreichen Katalog an möglichen Verstößen, die zu einer Aufhebung der Registrierung durch die BaFin führen können, aufstellen.[57]

39 Mit dem Gesetz zur Umsetzung der Vierten EU-Geldwäscherichtlinie, zur Ausführung der EU-Geldtransferverordnung und zur Neuorganisation der Zentralstelle für Finanztransaktionsuntersuchungen[58] wurde § 44 Abs. 5 KAGB um eine Nr. 4 erweitert. Danach kann die BaFin die Registrierung aufheben, wenn die AIF-Kapitalverwaltungsgesellschaft **schwerwiegend, wiederholt** oder **systematisch** gegen die Bestimmungen des **Geldwäschegesetzes** verstößt.

39a Der **einseitige Verzicht** der registrierten AIF-Kapitalverwaltungsgesellschaft auf die Registrierung ist in § 44 Abs. 5a KAGB geregelt.

b) Abberufung von Geschäftsleitern

40 Statt der Aufhebung der Registrierung kann die BaFin auch die **Abberufung der verantwortlichen Geschäftsleiter** verlangen und diesen die Ausübung ihrer Tätigkeit untersagen (§ 44 Abs. 5 Satz 2 KAGB).

41 Nach der Abberufung kann die BaFin gem. § 40 Abs. 2 KAGB die Organbefugnisse der abberufenen Geschäftsleiter vorübergehend auf einen **Sonderbeauftragten** übertragen, bis die AIF-Kapitalverwaltungsgesellschaft neue Geschäftsleiter berufen hat, die auch die Voraussetzungen des § 23 Nr. 3 KAGB erfüllen.[59] Hinsichtlich der entstehenden **Kosten** für den Sonderbeauftragten und dessen **Haftung** gilt § 45c Abs. 6 und 7 KWG entsprechend.

8. Erlöschen der Registrierung (§ 44 Abs. 5a KAGB)

42 Der durch das OGAW V-UmsG neu geschaffene § 44 Abs. 5a KAGB bestimmt, dass die Registrierung von Gesetzes wegen erlischt, sofern die Kapitalverwaltungsgesellschaft nicht innerhalb eines Jahres nach Erteilung Gebrauch von der Registrierung macht, den Geschäftsbetrieb seit mehr als sechs Monaten nicht mehr ausübt oder ausdrücklich auf die Registrierung verzichtet. Zweck dieser Regelung ist es, Vorratsregistrierungen zu verhindern und eine Prüfung der Registrierungsvoraussetzungen im unmittelbaren Vorfeld der Tätigkeitsaufnahme sicherzustellen. Außerdem sollen Registrierungsgesellschaften, die gar nicht mehr tätig

54 *Hartrott* in Moritz/Klebeck/Jesch, § 44 KAGB Rz. 55, 59.
55 *Tusch* in Baur/Tappen, § 44 KAGB Rz. 66.
56 *Tusch* in Baur/Tappen, § 44 KAGB Rz. 67.
57 *Tusch* in Baur/Tappen, § 44 KAGB Rz. 68.
58 BGBl. I 2017, S. 1822 f.
59 *Tusch* in Baur/Tappen, § 44 KAGB Rz. 73.

sind, vermieden werden. Unter einem „Gebrauchmachen" versteht man jedenfalls Vertriebs- und Absatztätigkeiten.[60]

9. Nachträglicher Wegfall der Privilegierung (§ 44 Abs. 6 KAGB)

a) Voraussetzungen in § 2 Abs. 4, 5 KAGB (§ 44 Abs. 6 Satz 1 KAGB)

Sofern die Voraussetzungen des § 2 Abs. 4 oder 5 KAGB wegfallen, hat die AIF-Kapitalverwaltungsgesell- 43
schaft **30 Kalendertage** Zeit, um eine **Erlaubnis** nach §§ 20, 22 KAGB zu beantragen. Der Geschäftsbetrieb kann aber aufgrund der Registrierung fortgesetzt werden, solange die BaFin über den gestellten Erlaubnisantrag entscheidet.[61]

Probleme können sich einerseits daraus ergeben, dass § 22 Abs. 1 KAGB einen umfangreichen Katalog an für 44
den Erlaubnisantrag zu erbringenden Informationen vorsieht[62] und anderseits auch daraus, dass die AIF-Kapitalverwaltungsgesellschaft sämtliche KAGB-Vorgaben umgesetzt haben muss.[63] Die Frist von 30 Kalendertagen könnte daher in einigen Fällen zu **knapp bemessen** sein. Teilweise wird daher vertreten, dass die Stellung eines Antrags für die Einhaltung der Frist ausreiche, es auf die Vollständigkeit der Unterlagen aber nicht ankomme, da ansonsten das Risiko der Strafbarkeit nach § 339 Abs. 1 Nr. 1 KAGB unverhältnismäßig hoch sei.[64]

Zu beachten ist außerdem, dass es für den **Fristbeginn** nicht auf die Kenntnis des Wegfalls der Registrie- 45
rungsvoraussetzungen ankommt.[65] Um eine Strafbarkeit wegen Betriebs einer AIF-Kapitalverwaltungsgesellschaft ohne Erlaubnis gem. § 339 Abs. 1 Nr. 1 KAGB in den Fällen des nachträglichen Wegfalls der Privilegierung zu vermeiden, müssen die AIF-Kapitalverwaltungsgesellschaften nach Art. 3 AIFM-DVO entsprechende **Verfahren einrichten**, um sich stets einen aktuellen Überblick über die verwalteten Vermögenswerte zu verschaffen und für jeden AIF die Beobachtung der Zeichnungen und Rücknahmen sowie gegebenenfalls der Kapitalabrufe, Kapitalausschüttungen und des Werts der Anlageobjekte zu ermöglichen.[66]

b) Ausnahme hinsichtlich der Frist

Gemäß Art. 4 Abs. 3 AIFM-DVO gilt die Frist von 30 Kalendertagen zur Beantragung einer Erlaubnis nicht, 46
wenn die AIF-Kapitalverwaltungsgesellschaft die Überschreitung des maßgeblichen Schwellenwertes für die verwalteten Vermögenswerte für **lediglich vorübergehend** hält.

Vorübergehend ist eine Überschreitung des maßgeblichen Schwellenwertes für die verwalteten Vermögens- 47
werte dann, wenn sie voraussichtlich nicht länger als drei Monate andauern wird (Art. 4 Abs. 4 AIFM-DVO).[67]

Eine vorübergehende Überschreitung der Schwellenwerte hat die AIF-Kapitalverwaltungsgesellschaft der Ba- 48
Fin umgehend **mitzuteilen** (Art. 4 Abs. 3 Satz 1 AIFM-DVO). Die Mitteilung muss eine Beschreibung der Situation sowie Belege dafür enthalten, weshalb die Situation als vorübergehend zu betrachten ist (Art. 4 Abs. 3 Satz 2 AIFM-DVO).

Die BaFin **prüft** die Erläuterungen und teilt der AIF-Kapitalverwaltungsgesellschaft das Ergebnis der Prü- 49
fung mit. Sofern die BaFin die Überschreitung der Schwelle nicht für nur vorübergehend hält, beginnt die Frist von 30 Kalendertagen für die Stellung eines Erlaubnisantrags. Stimmt die BaFin der Einschätzung der AIF-Kapitalverwaltungsgesellschaft hingegen zu, darf diese den Geschäftsbetrieb für weitere drei Monate ab der Überschreitung des Schwellenwertes aufrechterhalten. Gemäß Art. 4 Abs. 5 AIFM-DVO wird nach Ablauf dieser drei Monate kontrolliert, ob die Überschreitung tatsächlich als nur vorübergehend einzustufen war.[68]

---

60 Begr. RegE, BT-Drucks. 18/6744, 50.

61 *Tollmann* in Dornseifer/Jesch/Klebeck/Tollmann, Art. 3 AIFM-RL Rz. 56; *Tusch* in Baur/Tappen, § 44 KAGB Rz. 78.

62 *Tusch* in Baur/Tappen, § 44 KAGB Rz. 78.

63 *Boxberger* in Weitnauer/Boxberger/Anders, § 44 KAGB Rz. 41.

64 *Tusch* in Baur/Tappen, § 44 KAGB Rz. 78; *Boxberger* in Weitnauer/Boxberger/Anders, § 44 KAGB Rz. 41.

65 *Tusch* in Baur/Tappen, § 44 KAGB Rz. 79.

66 *Nelle/Klebeck*, BB 2013, 2499 (2502); *Tusch* in Baur/Tappen, § 44 KAGB Rz. 79; *Boxberger* in Weitnauer/Boxberger/Anders, § 44 KAGB Rz. 40; *Klebeck/Kunschke* in Beckmann/Scholtz/Vollmer, § 44 KAGB Rz. 77.

67 Dazu *Boxberger* in Weitnauer/Boxberger/Anders, § 44 KAGB Rz. 40; *Tusch* in Baur/Tappen, § 44 KAGB Rz. 80; *Klebeck/Kunschke* in Beckmann/Scholtz/Vollmer, § 44 KAGB Rz. 76; *Tollmann* in Dornseifer/Jesch/Klebeck/Tollmann, Art. 3 AIFM-RL Rz. 41.

68 *Tusch* in Baur/Tappen, § 44 KAGB Rz. 80.

c) Voraussetzungen in § 2 Abs. 4a KAGB (§ 44 Abs. 6 Satz 2 KAGB)

50 Kapitalverwaltungsgesellschaften, die kleine, intern verwaltete geschlossene Publikums-AIF i.S.d. § 2 Abs. 4a KAGB (verwaltete Vermögenswerte bis zu € 5 Mio. und maximal fünf Anleger) verwalten, können **alternativ** zur Beantragung einer Erlaubnis auch die **Registrierung neu beantragen**, sofern die Voraussetzungen von § 2 Abs. 5 KAGB gegeben sind.[69]

10. Konkretisierung des Registrierungsverfahrens (§ 44 Abs. 7 KAGB)

51 § 44 Abs. 7 KAGB enthält einen (deklaratorischen) **Verweis** auf Art. 2 bis 5 AIFM-DVO, die im Hinblick auf die Registrierung und die Vorlage von Informationen zu beachten sind.

52 Art. 2 AIFM-DVO hat die Berechnung des Gesamtwerts der verwalteten Vermögenswerte zum Gegenstand. Art. 3 AIFM-DVO enthält die Verpflichtung der registrierten AIF-Kapitalverwaltungsgesellschaften, den ermittelten Gesamtwert laufend zu überwachen. Art. 4 AIFM-DVO regelt eine Privilegierung für den Fall, dass die Schwellenwerte für kleine AIF nur vorübergehend überschritten werden. Art. 5 AIFM-DVO nennt die Informationen, welche zur Registrierung nach § 44 KAGB vorzulegen sind.[70]

11. Elektronische Übermittlung von Meldungen (§ 44 Abs. 8 KAGB)

53 Durch das OGAW V-UmsG neu angefügt wurde § 44 Abs. 8 KAGB. Er stellt klar, dass die Meldungen nach § 44 Abs. 1 Nr. 4 KAGB elektronisch über das Melde- und Veröffentlichungssystem der BaFin zu übermitteln sind.[71] Gemäß § 44 Abs. 1 Nr. 4 KAGB muss das Unternehmen die BaFin regelmäßig über die wichtigsten **Instrumente**, mit denen es handelt, die größten **Risiken** und die **Konzentrationen** der von ihm verwalteten AIF informieren. Hierdurch soll eine effektive Überwachung von Systemrisiken durch die BaFin gewährleistet werden.[72]

12. Ermächtigung der BaFin zu konkretisierenden Allgemeinverfügungen (§ 44 Abs. 9 KAGB)

54 § 44 Abs. 9 KAGB enthält eine Ermächtigungsgrundlage für die BaFin, wonach diese im Wege der Allgemeinverfügung (§ 35 Satz 2 VwVfG) die technischen Einzelheiten zu den Meldungen nach § 44 Abs. 8 KAGB, z.B. Turnus, Format, Umfang und Übertragungsweg der Meldungen, konkretisieren kann.[73] § 44 Abs. 9 KAGB wurde ebenfalls durch das OGAW V-UmsG eingeführt.

§ 45 Erstellung und Bekanntmachung von Jahresberichten

(1) [1]Eine AIF-Kapitalverwaltungsgesellschaft, die die Voraussetzungen von § 2 Absatz 5 erfüllt, hat für jeden von ihr verwalteten geschlossenen inländischen Publikums-AIF, der nicht verpflichtet ist, nach den Vorschriften des Handelsgesetzbuchs einen Jahresabschluss offenzulegen, für den Schluss eines jeden Geschäftsjahres einen Jahresbericht zu erstellen und spätestens sechs Monate nach Ablauf des Geschäftsjahres beim Betreiber des Bundesanzeigers elektronisch einzureichen sowie den Anlegern auf Anforderung auch in Papierform zur Verfügung zu stellen.

(2) Der Jahresbericht im Sinne des Absatzes 1 besteht mindestens aus

1. **dem nach Maßgabe des § 46 aufgestellten und von einem Abschlussprüfer geprüften Jahresabschluss,**
2. **dem nach Maßgabe des § 46 aufgestellten und von einem Abschlussprüfer geprüften Lagebericht,**
3. **einer den Vorgaben des § 264 Absatz 2 Satz 3 beziehungsweise des § 289 Absatz 1 Satz 5 des Handelsgesetzbuchs entsprechenden Erklärung der gesetzlichen Vertreter des geschlossenen inländischen Publikums-AIF sowie**
4. **den Bestätigungen des Abschlussprüfers nach § 47.**

---

69 *Tusch* in Baur/Tappen, § 44 KAGB Rz. 81.
70 *Tusch* in Baur/Tappen, § 44 KAGB Rz. 82.
71 Begr. RegE, BT-Drucks. 18/6744, 50.
72 *Tusch* in Baur/Tappen, § 44 KAGB Rz. 37; *Boxberger*, GWR 2013, 415 (417).
73 Begr. RegE, BT-Drucks. 18/6744, 50.

(3) [1]Der Jahresbericht im Sinne des Absatzes 1 ist unverzüglich nach der elektronischen Einreichung im Bundesanzeiger bekannt zu machen. [2]§ 325 Absatz 1 Satz 2, Absatz 2 bis 2b, 5 und 6 sowie die §§ 328 und 329 Absatz 1, 2 und 4 des Handelsgesetzbuchs gelten entsprechend. [3]Die Ordnungsgeldvorschriften der §§ 335 bis 335b des Handelsgesetzbuchs sind auf die Verletzung von Pflichten des vertretungsberechtigten Organs der AIF-Kapitalverwaltungsgesellschaft im Sinne des Absatzes 1 entsprechend anzuwenden. [4]An die Stelle der Pflichten nach § 335 Absatz 1 Satz 1 Nummer 1 und 2 des Handelsgesetzbuchs treten im Falle der Erstellung eines Jahresberichts die Pflichten nach Absatz 1. [5]Offenlegung im Sinne des § 325 Absatz 1 Satz 1 des Handelsgesetzbuchs sind die Einreichung und Bekanntmachung des Jahresberichts gemäß den Absätzen 1 und 2.

(4) Die Bekanntmachung ist über die Internetseite des Unternehmensregisters zugänglich zu machen; die Unterlagen sind in entsprechender Anwendung des § 8b Absatz 3 Satz 1 Nummer 1 des Handelsgesetzbuchs vom Betreiber des Bundesanzeigers zu übermitteln.

In der Fassung vom 4.7.2013 (BGBl. I 2013, S. 1981), zuletzt geändert durch das Zweite Finanzmarktnovellierungsgesetz (2. FiMaNoG) vom 23.6.2017 (BGBl. I 2017, S. 1693).

§ 45 KAGB richtet sich an geschlossene Investmentkommanditgesellschaften, sofern die verwalteten Vermögensgegenstände der verwalteten inländischen geschlossenen AIF einschließlich der durch den Einsatz von Leverage erworbenen Vermögensgegenstände insgesamt **nicht den Wert von 100 Millionen Euro überschreiten.** 1

Die unter die Vorschriften des § 45 KAGB fallenden AIF-KVGen müssen **für jedes AIF einen Jahresbericht**, der die nachstehenden Elemente enthalten muss 2

- einen aufgestellten und von einem Abschlussprüfer geprüften Jahresabschluss,
- einen Lagebericht,
- eine Ordnungsmäßigkeitserklärung gem. § 264 Abs. 2 Satz 3 HGB bzw. § 289 Abs. 1 Satz 5 HGB,
- einen Bestätigungsvermerk des Abschlussprüfers gem. § 47 KAGB.

§ 45 KAGB verlangt zusätzlich zu § 160 (Offenlegung und Vorlage von Berichten) die **Einreichung beim Bundesanzeiger.**

§ 46 Inhalt von Jahresabschlüssen und Lageberichten

[1]Bei einem geschlossenen inländischen Publikums-AIF, der von einer AIF-Kapitalverwaltungsgesellschaft verwaltet wird, die die Voraussetzungen des § 2 Absatz 5 erfüllt, sind für den Jahresabschluss die Bestimmungen des Ersten Unterabschnitts des Zweiten Abschnitts des Dritten Buches des Handelsgesetzbuchs und für den Lagebericht die Bestimmungen des § 289 des Handelsgesetzbuchs einzuhalten, soweit sich aus dem entsprechend anwendbaren § 135 Absatz 3 bis 11 nichts anderes ergibt. [2]§ 264 Absatz 1 Satz 4 Halbsatz 1, Absatz 3, 4 und § 264b des Handelsgesetzbuchs sind nicht anzuwenden.

In der Fassung vom 4.7.2013 (BGBl. I 2013, S. 1981).

Aufgrund des Verweises auf das HGB wird an dieser Stelle auf die einschlägigen Kommentierungen des HGB verwiesen. 1

§ 47 Prüfung und Bestätigung des Abschlussprüfers

(1) [1]Der Jahresabschluss und der Lagebericht eines geschlossenen inländischen Publikums-AIF im Sinne des § 46 sind durch einen Abschlussprüfer nach Maßgabe der Bestimmungen des Dritten Unterabschnitts des Zweiten Abschnitts des Dritten Buches des Handelsgesetzbuchs zu prüfen. [2]Der Jahresabschluss und der Lagebericht müssen mit dem Bestätigungsvermerk oder einem Vermerk über die Versagung der Bestätigung versehen sein.

(2) Der Abschlussprüfer hat bei seiner Prüfung auch festzustellen, ob die AIF-Kapitalverwaltungsgesellschaft, die die Voraussetzungen von § 2 Absatz 5 erfüllt, die Bestimmungen eines dem AIF zu-

grunde liegenden Gesellschaftsvertrags, eines Treuhandverhältnisses oder einer Satzung sowie der Anlagebedingungen beachtet hat.

(3) [1]Die Zuweisung von Gewinnen, Verlusten, Einnahmen, Ausgaben, Einlagen und Entnahmen zu den einzelnen Kapitalkonten ist vom Abschlussprüfer zu prüfen und deren Ordnungsmäßigkeit zu bestätigen. [2]Dies gilt auch für den Fall, dass der Anteil oder die Aktie am AIF für den Anleger durch einen Treuhänder gehalten wird.

In der Fassung vom 4.7.2013 (BGBl. I 2013, S. 1981), zuletzt geändert durch das Gesetz zur Umsetzung der Richtlinie 2014/91/EU des Europäischen Parlaments und des Rates vom 23. Juli 2014 zur Änderung der Richtlinie 2009/65/EG zur Koordinierung der Rechts- und Verwaltungsvorschriften betreffend bestimmte Organismen für gemeinsame Anlagen in Wertpapieren (OGAW) im Hinblick auf die Aufgaben der Verwahrstelle, die Vergütungspolitik und Sanktionen vom 3.3.2016 (BGBl. I 2016, S. 348).

1 Aufgrund des Verweises auf das HGB wird an dieser Stelle auf die einschlägigen Kommentierungen verwiesen.

§ 48 Verkürzung der handelsrechtlichen Offenlegungsfrist

(1) Ist der geschlossene inländische Publikums-AIF im Sinne des § 46 nach den Vorschriften des Handelsgesetzbuchs zur Offenlegung des Jahresabschlusses verpflichtet, tritt an die Stelle des Ablaufs des zwölften Monats des dem Abschlussstichtag nachfolgenden Geschäftsjahres im Sinne des § 325 Absatz 1a des Handelsgesetzbuchs der Ablauf des sechsten Monats.

(2) § 326 des Handelsgesetzbuchs über die größenabhängigen Erleichterungen für kleine Kapitalgesellschaften ist nicht anzuwenden.

In der Fassung vom 4.7.2013 (BGBl. I 2013, S. 1981), zuletzt geändert durch das Bilanzrichtlinie-Umsetzungsgesetz vom 17.7.2015 (BGBl. I 2015, S. 1245).

1 Aufgrund des Verweises auf das HGB wird an dieser Stelle auf die einschlägigen Kommentierungen verwiesen.

§ 48a Jahresbericht, Lagebericht und Prüfung von Spezial-AIF, die Darlehen nach § 285 Absatz 2 vergeben; Verordnungsermächtigung

(1) [1]Für die Erstellung, den Inhalt und die Prüfung und Bestätigung des Jahresberichts und des Lageberichts eines geschlossenen inländischen Spezial-AIF, für dessen Rechnung eine AIF-Kapitalverwaltungsgesellschaft, die die Voraussetzungen des § 2 Absatz 4 erfüllt, Gelddarlehen gemäß § 285 Absatz 2 vergibt, gelten § 45 Absatz 2 sowie die §§ 46, 47 und 48 Absatz entsprechend. [2]Der Abschlussprüfer hat bei seiner Prüfung auch festzustellen, ob die AIF-Kapitalverwaltungsgesellschaft die Bestimmungen dieses Gesetzes beachtet hat. Der Prüfungsbericht ist der Bundesanstalt auf Verlangen vom Abschlussprüfer einzureichen.

(2) [1]Das Bundesministerium der Finanzen wird ermächtigt, im Einvernehmen mit dem Bundesministerium der Justiz und für Verbraucherschutz durch Rechtsverordnung, die nicht der Zustimmung des Bundesrates bedarf, nähere Bestimmungen über weitere Inhalte, Umfang und Darstellung des Prüfungsberichts des Abschlussprüfers zu erlassen, soweit dies zur Erfüllung der Aufgaben der Bundesanstalt erforderlich ist, insbesondere um einheitliche Unterlagen zur Beurteilung der Tätigkeit von AIF-Kapitalverwaltungsgesellschaften, die Gelddarlehen gemäß § 285 Absatz 2 für Rechnung von inländischen geschlossenen Spezial-AIF vergeben, zu erhalten. [2]Das Bundesministerium der Finanzen kann die Ermächtigung durch Rechtsverordnung auf die Bundesanstalt übertragen.

In der Fassung vom 3.3.2016 (BGBl. I 2016, S. 348), zuletzt geändert durch das Zweite Finanzmarktnovellierungsgesetz (2. FiMaNoG) vom 23.6.2017 (BGBl. I 2017, S. 1693).

Aufgrund des Verweises auf das KAGB wird an dieser Stelle auf die einschlägigen Kommentierungen verwiesen. 1

Eine dem Verbraucherschutz dienende Rechtsverordnung mit ausschließlichem Bezug zu Spezial-AIF ist derzeit noch nicht erlassen. 2

Unterabschnitt 5
Grenzüberschreitender Dienstleistungsverkehr bei OGAW-Verwaltungsgesellschaften

§ 49 Zweigniederlassung und grenzüberschreitender Dienstleistungsverkehr durch OGAW-Kapitalverwaltungsgesellschaften; Verordnungsermächtigung

(1) [1]Eine OGAW-Kapitalverwaltungsgesellschaft hat der Bundesanstalt die Absicht, eine Zweigniederlassung in einem anderen Mitgliedstaat der Europäischen Union oder in einem anderen Vertragsstaat des Abkommens über den Europäischen Wirtschaftsraum zu errichten, um die kollektive Vermögensverwaltung oder Tätigkeiten nach § 20 Absatz 2 Nummer 1, 2, 3 oder 4 auszuüben, unverzüglich anzuzeigen. [2]Das Anzeigeschreiben muss neben der Erklärung der Absicht nach Satz 1 Folgendes enthalten:

1. die Bezeichnung des Staates, in dem die Zweigniederlassung errichtet werden soll,

2. einen Geschäftsplan,

a) aus dem die geplanten Dienstleistungen und Nebendienstleistungen gemäß Artikel 6 Absatz 2 und 3 der Richtlinie 2009/65/EG und der organisatorische Aufbau der Zweigniederlassung hervorgehen,

b) der eine Beschreibung des Risikomanagementverfahrens umfasst, das von der OGAW-Kapitalverwaltungsgesellschaft erarbeitet wurde und

c) der eine Beschreibung der Verfahren und Vereinbarungen zur Einhaltung von Artikel 15 der Richtlinie 2009/65/EG enthält,

3. die Anschrift, unter der Unterlagen der OGAW-Kapitalverwaltungsgesellschaft im Aufnahmemitgliedstaat angefordert und Schriftstücke zugestellt werden können und

4. die Namen der Personen, die die Zweigniederlassung leiten werden.

(2) [1]Besteht in Anbetracht der geplanten Tätigkeiten kein Grund, die Angemessenheit der Organisationsstruktur und der Finanzlage der OGAW-Kapitalverwaltungsgesellschaft anzuzweifeln, übermittelt die Bundesanstalt die Angaben nach Absatz 1 Satz 2 innerhalb von zwei Monaten nach Eingang der vollständigen Unterlagen den zuständigen Stellen des Aufnahmemitgliedstaates der OGAW-Kapitalverwaltungsgesellschaft und teilt dies der anzeigenden OGAW-Kapitalverwaltungsgesellschaft unverzüglich mit. [2]Sie unterrichtet die zuständigen Stellen des Aufnahmemitgliedstaates der OGAW-Kapitalverwaltungsgesellschaft gegebenenfalls über die Sicherungseinrichtung, der die OGAW-Kapitalverwaltungsgesellschaft angehört. [3]Lehnt die Bundesanstalt es ab, die Anzeige nach Absatz 1 an die zuständigen Stellen des Aufnahmemitgliedstaates der OGAW-Kapitalverwaltungsgesellschaft weiterzuleiten, teilt sie dies der OGAW-Kapitalverwaltungsgesellschaft unverzüglich, spätestens jedoch innerhalb von zwei Monaten nach Eingang der vollständigen Anzeige nach Absatz 1 Satz 2 unter Angabe der Gründe mit.

(3) Die OGAW-Kapitalverwaltungsgesellschaft darf erst die Zweigniederlassung errichten und ihre Tätigkeit aufnehmen, wenn ihr eine Mitteilung der zuständigen Stelle des Aufnahmemitgliedstaates über die Meldepflichten und die anzuwendenden Bestimmungen zugegangen ist oder, sofern diese Stelle sich nicht äußert, wenn seit der Übermittlung der Angaben durch die Bundesanstalt an die zuständige Stelle des Aufnahmemitgliedstaates der OGAW-Kapitalverwaltungsgesellschaft nach Absatz 2 Satz 1 zwei Monate vergangen sind.

(4) [1]Ändern sich die Verhältnisse, die nach Absatz 1 Satz 2 Nummer 2 bis 4 angezeigt wurden, hat die OGAW-Kapitalverwaltungsgesellschaft der Bundesanstalt und den zuständigen Stellen des Aufnahmemitgliedstaates der OGAW-Kapitalverwaltungsgesellschaft die Änderungen mindestens einen

Monat vor dem Wirksamwerden der Änderungen schriftlich anzuzeigen. [2]Die Bundesanstalt entscheidet innerhalb eines Monats nach Eingang der Änderungsanzeige, ob hinsichtlich der Änderungen nach Satz 1 Gründe bestehen, die Angemessenheit der Organisationsstruktur und der Finanzlage der OGAW-Kapitalverwaltungsgesellschaft anzuzweifeln. [3]Die Bundesanstalt teilt den zuständigen Stellen des Aufnahmemitgliedstaates der OGAW-Kapitalverwaltungsgesellschaft Änderungen ihrer Einschätzung an der Angemessenheit der Organisationsstruktur und der Finanzlage der OGAW-Kapitalverwaltungsgesellschaft sowie Änderungen der Sicherungseinrichtung unverzüglich mit.

(5) [1]Absatz 1 Satz 1 gilt entsprechend für die Absicht, im Wege des grenzüberschreitenden Dienstleistungsverkehrs in einem anderen Mitgliedstaat der Europäischen Union oder einem anderen Vertragsstaat des Abkommens über den Europäischen Wirtschaftsraum die kollektive Vermögensverwaltung oder Tätigkeiten nach § 20 Absatz 2 Nummer 1, 2, 3 oder 4 auszuüben. [2]Die Anzeige muss neben der Erklärung der Absicht nach Satz 1 Folgendes enthalten:

1. **die Bezeichnung des Staates, in dem die grenzüberschreitende Dienstleistung ausgeübt werden soll und**
2. **einen Geschäftsplan,**
   a) **aus dem die geplanten Dienstleistungen und Nebendienstleistungen gemäß Artikel 6 Absatz 2 und 3 der Richtlinie 2009/65/EG hervorgehen,**
   b) **der eine Beschreibung des Risikomanagementverfahrens umfasst, das von der OGAW-Kapitalverwaltungsgesellschaft erarbeitet wurde und**
   c) **der eine Beschreibung der Verfahren und Vereinbarungen zur Einhaltung von Artikel 15 der Richtlinie 2009/65/EG enthält.**

(6) [1]Die Bundesanstalt übermittelt die Angaben nach Absatz 5 Satz 2 innerhalb eines Monats nach Eingang der vollständigen Unterlagen den zuständigen Stellen des Aufnahmemitgliedstaates der OGAW-Kapitalverwaltungsgesellschaft und teilt dies der anzeigenden OGAW-Kapitalverwaltungsgesellschaft unverzüglich mit. [2]Die Bundesanstalt unterrichtet die zuständigen Stellen des Aufnahmemitgliedstaates der OGAW-Kapitalverwaltungsgesellschaft gegebenenfalls über die Sicherungseinrichtung, der die OGAW-Kapitalverwaltungsgesellschaft angehört. [3]Unmittelbar nachdem die Bundesanstalt die zuständigen Stellen des Aufnahmemitgliedstaates der OGAW-Kapitalverwaltungsgesellschaft unterrichtet hat, kann die OGAW-Kapitalverwaltungsgesellschaft ihre Tätigkeit im Aufnahmemitgliedstaat aufnehmen. [4]Ändern sich die Verhältnisse, die nach Absatz 5 Satz 2 Nummer 2 angezeigt wurden, hat die OGAW-Kapitalverwaltungsgesellschaft der Bundesanstalt und den zuständigen Stellen des Aufnahmemitgliedstaates der OGAW-Kapitalverwaltungsgesellschaft die Änderungen vor dem Wirksamwerden der Änderungen schriftlich anzuzeigen.

(7) OGAW-Kapitalverwaltungsgesellschaften, die beabsichtigen, gemäß Absatz 1 eine Zweigniederlassung zu errichten oder gemäß Absatz 5 im Wege des grenzüberschreitenden Dienstleistungsverkehrs Tätigkeiten nach § 20 Absatz 2 Nummer 1, 2, 3 oder 4 auszuüben, müssen mindestens einen OGAW verwalten.

(8) Das Bundesministerium der Finanzen wird ermächtigt, durch Rechtsverordnung, die nicht der Zustimmung des Bundesrates bedarf, zu bestimmen, dass die Absätze 1 bis 4 für die Errichtung einer Zweigniederlassung in einem Drittstaat entsprechend anzuwenden sind, soweit dies im Bereich des Niederlassungsrechts auf Grund von Abkommen der Europäischen Union mit Drittstaaten erforderlich ist.

In der Fassung vom 4.7.2013 (BGBl. I 2013, S. 1981).

Schrifttum: *Baur/Boegl*, Die neue europäische Finanzmarktaufsicht – Der Grundstein ist gelegt, BKR 2011, 177; *Blankenheim*, Die Umsetzung der OGAW-IV-Richtlinie in das Investmentgesetz ZBB/JBB 2011, 344; *Boxberger/Klebeck*, Anforderungen an die Vergütungssysteme von AIF-Kapitalverwaltungsgesellschaften, BKR 2013, 441; *Bujotzek/Steinmüller*, Neuerungen im Investmentrecht durch das OGAW-IV-Umsetzungsgesetz (Teil 2), DB 2011, 2305; *Bußalb/Unzicker*, Auswirkungen der AIFM-Richtlinie auf geschlossene Fonds, BKR 2012, 309; *Cruccolini*, Die Umsetzung der AIFM-Richtlinie und noch mehr ..., BetrAV 2013, 567; *Eichhorn/Klebeck*, Drittstaatenregulierung der MiFID II und MiFIR, RdF 2014, 189; *Emde/Dreibus*, Der Regierungsentwurf für ein Kapitalanlagegesetzbuch, BKR 2013, 89; *Fleischer/Schmolke*, Die Reform der Transparenzrichtlinie: Mindest- oder Vollharmonisierung der kapitalmarktrechtlichen Beteiligungspublizität?, NZG 2010, 1241; *Hammen*, Fondsregulierung in Europa und Deutschland – das „äußere" System einer Erlaubnisbedürftigkeit von Fonds, CFlaw 2013, 135; *Hanten*, Aufsichtsrechtliche Erlaubnispflicht bei grenzüberschreitenden Bankgeschäften und Finanzdienstleistungen, WM 2003, 1412; *Herring/Loff*, Die Verwaltung alternativer Investmentvermögen nach dem KAGB-E, DB 2012, 2029; *Hoffmann/Detzen*, ESMA – Praktische Implikationen und kritische Würdigung der neuen Europäischen Wertpapier- und Marktaufsichtsbehörde, DB 2011, 1261; *Jaecklin/Gamper/Shah*, Domiciles of Alternative Investment Funds, 2011; *Jesch*, BB-Gesetzgebungs- Rechtsprechungsreport zur Fondsregulierung 2013, BB 2013, 3075; *Jesch/Alten*, Erlaubnisantrag für Kapitalverwaltungsgesellschaften nach §§ 21 ff. KAGB – bisherige Erkenntnisse und offene Fragen, RdF 2013, 191; *Jutzi/Feuz*, MiFID II, AIFMD und UCITSD: Auswirkungen des EU-Vermögensverwaltungsrechts auf das grenzüberschreitende Geschäft Schweizer Finanzintermediäre – Unter besonderer Berücksichtigung des Schweizer Vermögensverwalters kollektiver Kapitalanlagen, Jusletter (15. April 2016), 1; *Kammel*, Alternative Investment Fund Manager Richtlinie – „Another European Mess"?, ÖBA 2011, 18; *Kind/Haag*, Der Begriff des Alternative Investment Fund nach der AIFM-Richtlinie – geschlossene Fonds und private Vermögensanlagegesellschaften im Anwendungsbereich?, DStR 2010, 1526; *Klebeck/Boxberger*, Management von Offshore-Fonds unter dem KAGB, GWR 2014, 75; *Klebeck*, Auslagerung von Anlageverwaltungsfunktionen, RdF 2012, 225; *Klebeck*, Neue Richtlinie für Verwalter von alternativen Investmentfonds?, DStR 2009, 2154; *Klebeck/Eichhorn*, OGAW-Konformität von AIF, RdF 2014, 16; *Klebeck/Frick*, Compliance bei grenzüberschreitenden Finanzdienstleistungen, CB 2013, 312; *Klebeck/Loff*, Gesetzliche Vertreter und Repräsentanten im KAGB, DB 2014, 2635; *Klebeck/Meyer*, Drittstaatenregulierung der AIFM-Richtlinie, RdF 2012, 95; *Klebeck/Zollinger*, Compliance-Funktion nach der AIFM-Richtlinie, BB 2013, 459; *Kobbach/Anders*, Umsetzung der AIFM-RL aus Sicht der Verwahrstellen, NZG 2012, 1170; *Kort*, Die Regelung von Risikomanagement und Compliance im neuen KAGB, AG 2013, 582; *Kolbe*, Arbeitnehmer-Beteiligung nach der geplanten Richtlinie über die Verwalter alternativer Investmentfonds, DB 2009, 1874; *Köndgen/Schmies*, Die Neuerungen des deutschen Investmentrechts, WM Sonderbeilage Nr. 1 zu 11/2004, 1; *Kramer/Recknagel*, Die AIFM-Richtlinie – Neuer Rechtsrahmen für die Verwaltung alternativer Investmentfonds, DB 2011, 2077; *Krause/Klebeck*, Family Office und AIFM-Richtlinie, BB 2012, 2063; *Krause/Klebeck*, Fonds(anteil)sbegriff nach der AIFM-Richtlinie und dem Entwurf des KAGB, RdF 2013, 4; *Kumpan*, Börsenmacht Hedge-Fonds – Die Regelungen in den USA und mögliche Implikationen für Deutschland, ZHR 170 (2006), 39; *Kuntz*, Zweigniederlassungsfreiheit und der Begriff von EU-Auslandsgesellschaften im Handels- und Gesellschaftsrecht, Bank- und Versicherungsrecht, ZBB 2005, 412; *Kurth*, Problematik grenzüberschreitender Wertpapieraufsicht, WM 2000, 1521; *Kurz*, Vertrieb von Finanzprodukten in Deutschland, DB 2013, 501; *Lehmann*, Die Regulierung und Überwachung von Hedgefonds als internationales Zuständigkeitsproblem, ZIP 2007, 1889; *Lehne*, Standpunkte: Finanzmarktkrise – Schafft die neue EU-Richtlinie mehr Stabilität? Die AIFM-Richtlinie aus Sicht des europäischen Gesetzgebers, DB 2010, 81; *Lezzi*, Regulierung und Aufsicht über kollektive Kapitalanlagen für alternative Anlage, Schweizer Schriften zum Finanzmarktrecht (2012); *von Livonius*, Aktuelle Rechtsfragen des Vertriebs von Finanzprodukten, BKR 2005, 12; *Loff/Lembke*, Zugang von Drittstaaten-Finanzmarktakteuren in die EU, RdF 2016, 101; *Loff/Klebeck*, Fundraising nach der AIFM-Richtlinie und Umsetzung in Deutschland durch das KAGB, BKR 2012, 352; *Manger-Nestler*, Rechtsschutz in der europäischen Bankaufsicht, ZfgKrW 2012, 38; *Möllers/Hailer*, Management- u. Vertriebsvergütungen bei Alternativen Investmentfonds – Überlegungen zur Umsetzung der Vergütungsvorgaben der AIFM-RL in das deutsche Recht, ZBB 2012, 178; *Möllers/Harrer/Krüger*, Die Regelung von Hedgefonds und Private Equity durch die neue AIFM-Richtlinie, WM 2011, 1537; *Nelle/Klebeck*, Der „kleine" AIFM – Chancen und Risiken der neuen Regulierung für deutsche Fondsmanager, BB 2013, 2499; *Nietsch/Graef*, Aufsicht über Hedgefonds nach dem AIFM-Richtlinienvorschlag, ZBB 2010, 12; *Patzner/Döser/Kempf*, Investmentrecht, 2. Aufl. 2015; *Reiter/Plumridge*, Das neue Investmentgesetz, WM 2012, 343; *Pfenninger/Keller*, Hedge Fund Regulierung in der Schweiz und der EU, in Reutter/Werlen, Kapitalmarkttransaktionen VI, Bd. 115 (2011) 71; *Schwärzle/Schatzmann*, Internationale Amtshilfe in Steuersachen, SAM 2010, 67; *Siekmann*, Die Europäisierung der Finanzmarktaufsicht, Institute for Monetary and Financial Stability, Working Papier Series No. 47 (2011); *Schmolke*, Der Lamfalussy-Prozess im Europäischen Kapitalmarktrecht – eine Zwischenbilanz, NZG 2005, 912; *Sieber/Brünger/Satzger/von Heintschel-Heinegg*, Europäisches Strafrecht, 2011; *Sonder*, Rechtsschutz gegen Maßnahmen der neuen europäischen Finanzaufsichtsagenturen, BKR 2012, 8; *Spindler*, Die europäische Regulierung von „Alternativen Investments" – oder: gezähmte „Heuschrecken"?, DB Standpunkte 2010, 85; *Spindler/Tancredi*, Die Richtlinie über Alternative Investmentfonds (AIFM-

Richtlinie) – Teil I, WM 2011, 1441; *Spindler/Tancredi*, Die Richtlinie über Alternative Investmentfonds (AIFM-Richtlinie) – Teil II, WM 2011, 1441; *Steck/Fischer*, Aktuelle Praxisfragen der Investmentaktiengesellschaft, ZBB 2009, 188; *Terhechte*, Verwaltungsrecht der Europäischen Union, 2011; *Timmerbeil/Spachmüller*, Anforderungen an das Risikomanagement nach der AIFM-Richtlinie, DB 2012, 1425; *Volhard/Jang*, Der Vertrieb von Alternativen Investmentfonds, DB 2013, 273; *Volhard/Kruschke*, Zur geplanten Regulierung der Vergütungsstrukturen bei Private Equity Fonds durch die AIFM-RL, DB 2011, 2645; *Volhard/Kruschke*, Die Regulierung von Private Equity Fonds-Manager durch den Europäischen Gesetzgeber – Ausgewählte Aspekte der AIFM-Richtlinie und der VC-Verordnung, EWS 2012, 21; *Walla*, Die europäische Wertpapier- und Marktaufsichtsbehörde (ESMA) als Akteur bei der Regulierung der Kapitalmärkte Europas, Grundlagen, erste Erfahrungen und Ausblick, BKR 2012, 265; *Wallach*, Alternative Investment Fund Managers Directive – ein neues Kapitel des europäischen Investmentrechts, RdF 2011, 80; *Wallach*, Umsetzung der AIFM-RL in deutsches Recht – erste umfassende Regulierung des deutschen Investmentrechts, RdF 2013, 92; *Weiser/Jang*, Die nationale Umsetzung der AIFM-Richtlinie und ihre Auswirkungen auf die Fondsbranche in Deutschland, BB 2011, 1219; *Weiser/Hüwel*, Verwaltung alternativer Investmentfonds und Auslagerung nach KAGB-E, BB 2013, 1091; *Weisner/Friedrichsen/Heimberg*, Neue Anforderungen an Erlaubnis und Tätigkeit der „freien“ Anlageberater und -vermittler, DStR 2012, 1034; *Weitnauer*, Die AIFM-Richtlinie und ihre Umsetzung, BKR 2011, 143; *Wilhelmi*, Möglichkeiten und Grenzen der wirtschaftsrechtlichen Regelung von Hedgefonds, WM 2008, 861; *Zetzsche*, Die Europäische Regulierung von Hedgefonds und Private Equity – ein Zwischenstand, NZG 2009, 692; *Zetzsche/Marte*, The AIFMD's Cross-Border Dimension, Equivalence and Third Country Rules, in Zetzsche (Hrsg.), The Alternative Investment Fund Managers Directive, 2. Aufl. 2015, S. 433 ff.; *Zetzsche*, Fondsregulierung im Umbruch – ein rechtsvergleichender Rundblick zur Umsetzung der AIFM-Richtlinie, ZBB 2014, 22; *Zetzsche*, „Drittstaaten“ im Europäischen Bank- und Finanzmarktrecht, in Bachmann/Breig (Hrsg.), Finanzmarktregulierung zwischen Innovation und Kontinuität, 2014, S. 48 ff.; *Zetzsche*, Competitiveness of Financial Centers in Light of Financial and Tax Law Equivalence Requirements, in Buckley, Arner & Avgouleas, Reconceptualising Global Finance and Its Regulation, 2016, S. 390.

I. Entstehungsgeschichte

1 § 49 KAGB entspricht inhaltlich dem **aufgehobenen § 12 InvG,**[1] dessen letzte Fassung auf Art. 17 und 18 OGAW-RL beruhte. Erstmals wurde die Vorschrift durch das InvModG zur Umsetzung von Art. 6a und Art. 6b der Richtlinie 2001/107/EG geschaffen.[2]

2 Art. 17 und 18 OGAW-RL dienen der **Harmonisierung und Beschleunigung der Anzeigeverfahren** zur Erbringung von kollektiver Vermögensverwaltung oder Dienstleistungen nach § 20 Abs. 2 Nr. 1, 2, 3 oder 4 KAGB durch die Errichtung von Zweigniederlassungen als rechtlich unselbständiger Niederlassungen der OGAW-KVG (§ 1 Rz. 154) in anderen EU-Mitgliedstaaten oder im EWR (Art. 17 OGAW-RL) und im Wege des grenzüberschreitenden Dienstleistungsverkehrs (Art. 18 OGAW-RL).

3 Parallel ausgestaltetes **Regelungsvorbild** im deutschen Bank- und Finanzdienstleistungsaufsichtsrecht ist **§ 24a KWG**, der die Voraussetzungen für die Errichtung einer Zweigniederlassung und die Erbringung grenzüberschreitender Dienstleistungen für CRR-Kreditinstitute und Wertpapierhandelsunternehmen regelt. Wie § 24a KWG verleiht § 49 KAGB dem **Prinzip der Herkunftsmitgliedstaatsbehörde** (i.e. die nach dem Recht des Herkunftsmitgliedstaats zuständige Aufsichtsbehörde) und des **Europäischen Passes** Geltung.[3] Sinn und Zweck des Europäischen Passes und der Kontrolle durch den Herkunftsmitgliedstaat ist, dass die in ihrem Herkunftsmitgliedstaat zugelassene OGAW-KVG befugt sein soll, die Dienstleistungen, für die sie eine Zulassung in ihrem Herkunftsmitgliedstaat erhalten hat, in der gesamten europäischen Gemeinschaft durch Gründung von Zweigniederlassungen oder im Rahmen des freien Dienstleistungsverkehrs zu erbringen.[4]

II. Sinn und Zweck der Norm

4 Über § 49 KAGB ist es der OGAW-KVG (§ 1 Rz. 154) gestattet, die von ihrer deutschen Erlaubnis nach § 20 KAGB erfassten Dienstleistungen auch grenzüberschreitend in einem anderen EU-Mitglied- oder EWR-Staat zu erbringen (sog. **outbound-Dienstleistung**). Die Errichtung einer Zweigniederlassung unterliegt ebenso wie die Erbringung dieser Dienstleistungen im Wege des grenzüberschreitenden Dienstleistungsverkehrs dort keinem gesonderten Erlaubnisvorbehalt. Es ist lediglich ein **Anzeigeverfahren** (sog. **Notifikati-**

1 BT-Drucks. 17/12294, S. 224.
2 BT-Drucks. 15/1553, S. 80.
3 *Daemgen* in Moritz/Klebeck/Jesch, § 49 KAGB Rz. 3; *Tusch* in Baur/Tappen, § 49 KAGB Rz. 9; *Klebeck/Kunschke* in Beckmann/Scholtz/Vollmer, § 49 KAGB Rz. 9.
4 ErwGr. 11 OGAW-RL.

on) zu durchlaufen. Über die Notifikation erhält die BaFin als Herkunftsmitgliedstaatsbehörde Kenntnis von allen grenzüberschreitenden Sachverhalten und Tätigkeiten und kann diese beurteilen. Die Vorschrift konkretisiert damit die europäischen Grundfreiheiten im Bereich der regulierten Finanzdienstleistungen. Das **Prinzip der Herkunftsstaatsaufsicht** setzt voraus, dass der Aufnahmemitgliedstaat auf eine kompetente Prüfung der Herkunftsmitgliedstaatsbehörde vertrauen darf und muss.[5] Bei der **Errichtung einer Zweigniederlassung wird eine physische Präsenz** in dem Aufnahmemitgliedstaat errichtet. Die Zweigniederlassung hat **keine eigene Rechtspersönlichkeit**, sondern ist ein rechtlich unselbständiger Teil der OGAW-KVG. Die Präsenz erfordert einen erhöhten organisatorischen Aufwand auf Seiten der KVG. Damit korrespondiert eine aufwendigere Prüfung der Angemessenheit der Organisationsstruktur durch die Herkunftsmitgliedstaatsbehörde. Dies erklärt die **längeren Prüfungsfristen** der Aufsichtsbehörden, wenn die OGAW-KVG über eine Zweigstelle und nicht bloß im Wege des grenzüberschreitenden Dienstleistungsverkehrs tätig werden möchte. Das Übermittlungsverfahren in Bezug auf die Angaben der Anzeige der OGAW-KVG stellt wie von der OGAW-RL gefordert die Information der Aufsichtsbehörde des Herkunftsmitgliedstaats sicher.[6]

III. Erfasste grenzüberschreitende Tätigkeiten

1. Errichtung einer Zweigniederlassung

Das KAGB übernimmt die Definition der OGAW VI-RL. Gem. Art. 2 Abs. 1 lit. g) OGAW IV-RL ist Zweigniederlassung eine Niederlassung, die einen **rechtlich unselbständigen Teil** einer Verwaltungsgesellschaft bildet und **Dienstleistungen erbringt, für die der Verwaltungsgesellschaft eine Zulassung erteilt** wurde. § 1 Abs. 19 Nr. 38 KAGB definiert Zweigniederlassung in Bezug auf eine Verwaltungsgesellschaft als eine Betriebsstelle, die einen rechtlich unselbstständigen Teil der Verwaltungsgesellschaft bildet und die die Dienstleistungen erbringt, für die der Verwaltungsgesellschaft eine Zulassung oder Genehmigung erteilt wurde; **alle Betriebsstellen** einer Verwaltungsgesellschaft mit satzungsmäßigem Sitz in einem anderen **EU-Mitgliedstaat**, einem anderen **EWR-Vertragsstaat** oder einem **Drittstaat**, die sich in ein und demselben Mitgliedstaat oder Vertragsstaat befinden, gelten als eine einzige Zweigniederlassung. S. dazu § 1 Rz. 251. 5

Eine Zweigniederlassung verfügt beiden Definitionen zufolge über **keine eigene Rechtspersönlichkeit**, sondern ist ein rechtlich unselbständiger Teil der OGAW-KVG als juristischer Person.[7] 6

Von der bloß grenzüberschreitend erbrachten Dienstleistung unterscheidet sich die Erbringung von Dienstleistungen über eine Zweigniederlassung dadurch, dass über die Zweigniederlassung eine **dauerhafte physische Präsenz** im Aufnahmemitgliedstaat begründet wird. Die näheren Anforderungen an die physische Präsenz ergeben sich aus den Aufgaben der Zweigniederlassung, sind aber bislang nicht europäisch im Sinne einer „Mindestsubstanz" harmonisiert. 7

2. Grenzüberschreitender Dienstleistungsverkehr

Unter den Begriff des grenzüberschreitenden Dienstleistungsverkehrs fällt jede Tätigkeit der OGAW-KVG, mit der sich diese **zielgerichtet an den Markt in einem anderen EU/EWR-Staat wendet**, um gegenüber Unternehmen, natürlichen und/oder juristischen Personen, die ihren gewöhnlichen Aufenthalt dort haben, widerholt und geschäftsmäßig die in § 20 Abs. 2 Nr. 1, 2, 3, oder 4 KAGB genannten Tätigkeiten anzubieten.[8] 8

Nicht umfasst vom Begriff des grenzüberschreitenden Dienstleistungsverkehrs im Sinne des § 49 Abs. 5 KAGB sind Tätigkeiten der OGAW-KVG, die im Rahmen der **passiven Dienstleistungsfreiheit** erbracht werden. Dabei wird die Dienstleistung vom Dienstleistungsempfänger nachgefragt, d.h. auf seine Initiative hin vom Dienstleistungserbringer erbracht (sog. *reverse solicitation*).[9] Recht klar ist der Fall, dass sich der Anleger auf eigene Initiative hin in den Herkunftsstaat begibt und dort etwa um einen Erwerb eines Fonds- 9

5 Zu § 24a KWG: BT-Drucks. 14/8017, S. 122.
6 Vgl. dazu statt vieler: *Daemgen* in Moritz/Klebeck/Jesch, § 49 KAGB Rz. 4.
7 *Nietsch* in Emde/Dornseifer/Dreibus/Hölscher, § 12 InvG Rz. 5; *Daemgen* in Moritz/Klebeck/Jesch, § 49 KAGB Rz. 15.
8 *Blankenheim* in Beckmann/Scholtz/Vollmer, § 12 InvG Rz. 12; *Nietsch* in Emde/Dornseifer/Dreibus/Hölscher, § 12 InvG Rz. 32.
9 BaFin, Merkblatt zur Erlaubnispflicht von grenzüberschreitend betriebenen Geschäften, Stand: 1.4.2005, Fn. 1.

anteils nachsucht. Schwieriger sind Fälle zu bewerten, wo der Anleger in dessen Heimatland kontaktiert wird, um die Nachfrage hervorzurufen. Insoweit ist im Sinne des bei OGAW erheblichen Schutzes der Publikumsanleger grds. eine strenge Linie zu befürworten.

IV. Regelungsgehalt des § 49 KAGB

1. Inhalt der Absichtsanzeigen zur Aufnahme der grenzüberschreitenden Tätigkeiten (§ 49 Abs. 1 Satz 2, Abs. 5 Satz 2 KAGB)

a) Errichtung einer Zweigniederlassung (§ 49 Abs. 1 Satz 2 KAGB)

10 Eine OGAW-KVG, die eine Zweigniederlassung in einem anderen EU-Mitgliedstaat oder EWR-Staat errichten möchte, um dort kollektive Vermögensverwaltung oder Tätigkeiten nach § 20 Abs. 2 Nr. 1, 2, 3 oder 4 KAGB zu erbringen, muss diese **Absicht unverzüglich gegenüber der BaFin anzeigen.**

Diese **Absichtsanzeige** muss folgenden **Inhalt** haben:

- die **Erklärung der Absicht**, eine Zweigniederlassung zu errichten, um über diese kollektive Vermögensverwaltung oder Tätigkeiten nach § 20 Abs. 2 Nr. 1, 2, 3 oder 4 KAGB zu erbringen,
- die **Bezeichnung des Staates**, in dem die Zweigniederlassung errichtet werden soll,
- einen **Geschäftsplan**,
  - mit Angabe der geplanten **Dienstleistungen und Nebendienstleistungen** gem. Art. 6 Abs. 2 und 3 OGAW IV-RL (vgl. § 20 Abs. 2 KAGB) und des organisatorischen Aufbaus der Zweigniederlassung,
  - mit Beschreibung des von der OGAW-KVG in Bezug auf den OGAW angewendeten **Risikomanagementverfahrens** (vgl. dazu die Kommentierung zu § 29 KAGB),
  - mit Beschreibung der **Verfahren und Vereinbarungen** zur Einhaltung der Zulassungsbedingungen für OGAW gem. Art. 5 OGAW IV-RL (vgl. §§ 162 ff. KAGB).
- die **Adresse der OGAW-KVG im Aufnahmemitgliedstaat** für die Anforderung und Zustellung von Schriftstücken, und
- die Namen der **Leiter der Zweigniederlassung.**

11 Zur genauen inhaltlichen Ausgestaltung kann **§ 12 AnzV**[10] exemplarisch herangezogen werden.[11] § 12 AnzV konkretisiert die Vorgaben für Anzeigen nach § 24a Abs. 1 KWG.

b) Grenzüberschreitender Dienstleistungsverkehr (§ 49 Abs. 5 Satz 2 KAGB)

12 Die **Absichtsanzeige** zur grenzüberschreitenden Erbringung von Dienstleistungen muss folgenden **Inhalt** haben:

- die **Erklärung der Absicht** nach § 49 Abs. 5 Satz 1 KAGB,
- die Bezeichnung des **Staates**, in dem die grenzüberschreitende Dienstleistung ausgeübt werden soll, und
- einen **Geschäftsplan**,
  - mit Angabe der **geplanten Dienstleistungen und Nebendienstleistungen** gem. Art. 6 Abs. 2 und 3 OGAW IV-RL (vgl. § 20 Abs. 2 KAGB),
  - mit Beschreibung des von der OGAW-KVG in Bezug auf den OGAW angewendeten **Risikomanagementverfahrens,**
  - mit Beschreibung der **Verfahren und Vereinbarungen zur Einhaltung von Art. 15 OGAW-RL.**

2. Form der Absichtsanzeige

13 Formelle Anforderungen an die Absichtsanzeige stellt das KAGB nicht. Im Grundsatz gilt daher **Formfreiheit** für die abzugebende Anzeige.

14 Im Gegensatz zu § 24a KWG i.V.m. § 12 AnzV trifft das KAGB **keine Aussage zur Sprache** der Anzeige. Hier sind **zwei Fälle** zu unterscheiden. Erstens: Die BaFin darf Anzeigen in jeder Sprache entgegennehmen,

10 Anzeigenverordnung vom 19.12.2006 (BGBl. I 2016, S. 3245), die zuletzt durch Art. 24 Abs. 30 des Gesetzes vom 23.6.2017 (BGBl. I 2017, S. 1693) geändert worden ist.

11 *Daemgen* in Moritz/Klebeck/Jesch, § 49 KAGB Rz. 24.

die sie weiterverarbeiten kann. Zweitens: Fraglich ist, ob sie eine Anzeige in englischer Sprache entgegennehmen muss. Nach einer Ansicht soll insoweit unter Formgesichtspunkten auf die Norm des § 12 AnzV zurückzugreifen sein:[12] Beide Anzeigeverfahren seien vergleichbar, und der Gesetzesbegründung zu § 49 KAGB[13] sei der Wille zur Schaffung einer mit § 24a KWG vergleichbaren Norm zu entnehmen. Dieser scheinbar einfachen Lösung steht gegenüber, dass der Wortlaut des § 49 KAGB keine von der deutschen Sprache abweichende Anzeige erfordert.[14] Vor dem Hintergrund des Art. 20 Abs. 3 GG ist es der BaFin ohne gesetzliche Ermächtigung untersagt, die Anforderungen an die Absichtsanzeige einseitig zu erhöhen. Jedoch könnte aufgrund einer **europarechtskonformen Auslegung** unmittelbar oder „entsprechend"[15] auf Art. 93 Abs. 4 Satz 1 OGAW IV-RL zurückzugreifen sein. Danach ist eine Anzeige wegen grenzüberschreitenden *Vertriebs* von OGAW in einer „in der internationalen Finanzwelt gebräuchlichen Sprache" (Englisch) abzufassen. Dies hätte den Telos der Norm auf ihrer Seite: § 49 KAGB verfolgt das Ziel der Realisierung eines Binnenmarktes unter staatlicher Aufsicht. Dafür müssen den Behörden Anzeigen in ihnen verständlicher Sprache zugehen. Jedoch ist die Geltung des Art. 93 OGAW IV-RL auf **Vertriebshandlungen** beschränkt; nur insoweit kommt eine europarechtskonforme Auslegung in Betracht. Bei der **grenzüberschreitenden Portfolioverwaltung** (ggf. über eine Zweigniederlassung) muss es bei der Feststellung bleiben, dass der Fall nicht geregelt ist, die OGAW-KVG unter Rückgriff auf § 23 Abs. 1 VwVfG daher auch deutsche Anzeigen einreichen darf. Diese hat die BaFin ggf. zu übersetzen. Aus Sicht der Praxis empfiehlt sich zur Vermeidung von Verzögerungen eine Vorabstimmung mit der BaFin.[16]

3. Verfahren

a) Errichtung einer Zweigniederlassung (§ 49 Abs. 2 und 3 KAGB)

Die BaFin prüft die Absichtsanzeige zur Errichtung einer Zweigniederlassung bzgl. der **Angemessenheit der Organisationsstruktur und der Finanzlage der OGAW-KVG** in Anbetracht der geplanten grenzüberschreitend zu erbringenden Dienstleistungen. Prüfungskompetenz und -umfang der BaFin sind grundsätzlich auf diese Punkte beschränkt. 15

Hat die BaFin **keine Zweifel** an der Angemessenheit der Organisationsstruktur und der Finanzlage der OGAW-KVG in Bezug auf die geplanten Tätigkeiten, übermittelt sie die Angaben der Absichtsanzeige innerhalb von zwei Monaten nach Eingang der vollständigen Unterlagen an die Aufnahmemitgliedstaatsbehörde. Die vorstehende Zwei-Monats-Frist beginnt zu dem Zeitpunkt, zu dem der BaFin eine **vollständige Absichtsanzeige** vorliegt. Das vollständige Vorliegen der Anzeige auf Behördenebene setzt den Fristlauf in Gang. Aus diesem Grund hat die BaFin die Weiterleitung der Angaben der Absichtsanzeige an die Aufnahmemitgliedstaatsbehörde unverzüglich **der OGAW-KVG mitzuteilen**. 16

Gem. § 49 Abs. 3 KAGB darf die OGAW-KVG die Zweigniederlassung erst dann im Aufnahmemitgliedstaat errichten und ihre Tätigkeiten dort aufnehmen, wenn ihr eine **Mitteilung der Aufnahmemitgliedstaatsbehörde** über die dortigen Meldepflichten und anzuwendenden nationalen Bestimmungen **zugegangen** ist. Falls der OGAW-KVG innerhalb von zwei Monaten seit der Übermittlung der Angaben durch die BaFin an die Aufnahmemitgliedstaatsbehörde keine solche Mitteilung zugeht, kann sie die Zweigniederlassung errichten und ihre Tätigkeiten aufnehmen. 17

Im Ergebnis kann eine OGAW-KVG daher **spätestens vier Monate ab dem Zugang der vollständigen Absichtsanzeige** gegenüber der BaFin ihre Zweigniederlassung errichten und ihre Tätigkeiten im Aufnahmemitgliedstaat aufnehmen. 18

12 *Daemgen* in Moritz/Klebeck/Jesch, § 49 KAGB Rz. 24; *Klebeck/Kunschke* in Beckmann/Scholtz/Vollmer, § 49 KAGB Rz. 23; im Ausgangspunkt auch *Nietsch* in Emde/Dornseifer/Dreibus/Hölscher, § 12 InvG Rz. 12.
13 BT-Drucks. 15/1553, S. 80.
14 So auch *Tusch* in Baur/Tappen, § 49 KAGB Rz. 26.
15 *Nietsch* in Emde/Dornseifer/Dreibus/Hölscher, § 12 InvG Rz. 16; *Wilkowski/Grulke* in Weitnauer/Boxberger/Anders, § 49 KAGB Rz. 7.
16 So im Ergebnis auch *Tusch* in Baur/Tappen, § 49 KAGB Rz. 26.

19 **Graphik 1:** Errichtung einer Zweigniederlassung

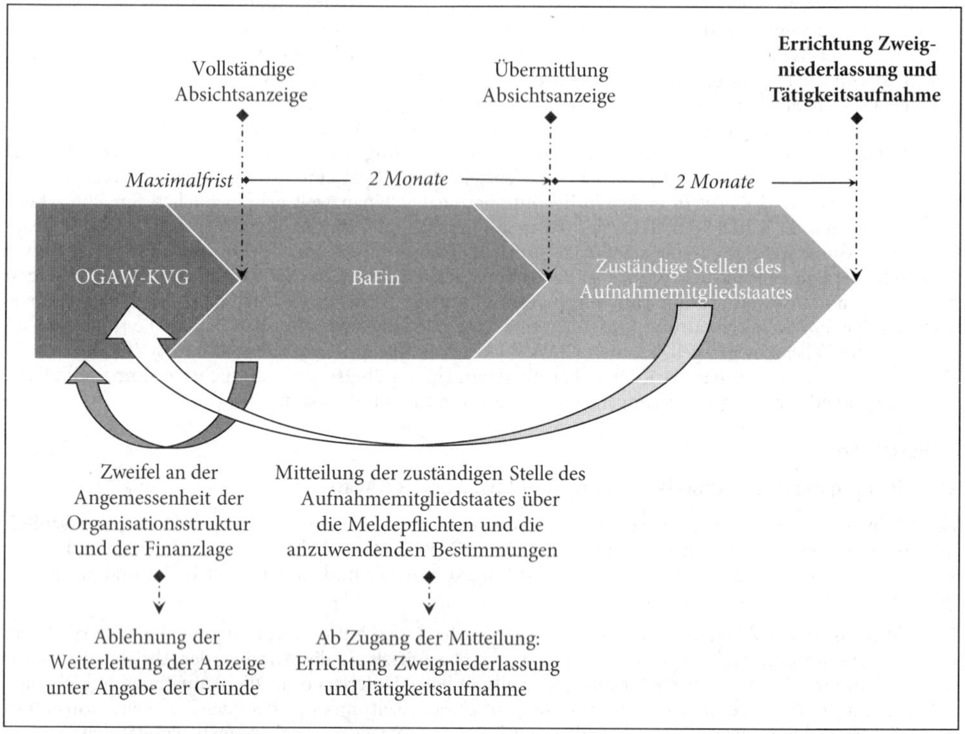

b) Änderungen in Bezug auf die Zweigniederlassung (§ 49 Abs. 4 KAGB)

20 **Änderungen der notifikationspflichtigen Informationen** (Rz. 11) müssen einen Monat vor ihrem geplanten Wirksamwerden schriftlich gegenüber der BaFin und der Aufnahmemitgliedstaatsbehörde angezeigt werden. Es besteht insofern eine **doppelte Anzeigepflicht** gegenüber der BaFin als Herkunftsmitgliedstaatsbehörde und der Aufsichtsbehörde des jeweiligen Aufnahmemitgliedstaats. Die BaFin prüft innerhalb dieses Monats erneut, ob die Angemessenheit der Organisationsstruktur und der Finanzlage der OGAW-KVG durch die Änderungen beeinträchtigt wird. Die BaFin teilt der **Aufnahmemitgliedstaatsbehörde** sodann **unverzüglich** etwaige Änderungen ihrer ursprünglichen Einschätzung zur Angemessenheit der Organisationsstruktur und der Finanzlage der OGAW-KVG sowie Änderungen der Sicherungseinrichtung mit.

c) Aufnahme des grenzüberschreitenden Dienstleistungsverkehrs (§ 49 Abs. 5 KAGB)

21 Das Verfahren zur grenzüberschreitenden Erbringung von Dienstleistungen ist gegenüber dem Verfahren zur Errichtung einer Zweigniederlassung **vereinfacht und verkürzt.**

22 Die Angaben der Absichtsanzeige nach § 49 Abs. 5 Satz 2 KAGB werden von der BaFin **innerhalb eines Monats** nach Eingang der vollständigen Unterlagen an die Aufnahmemitgliedstaatsbehörde **übermittelt.** Die BaFin führt **keine materielle Prüfung** der eingereichten Unterlagen und der darin enthaltenen Angaben in Bezug auf die Angemessenheit der Organisationsstruktur und der Finanzlage der OGAW-KVG durch.

23 Die BaFin muss diese Übermittlung (Rz. 22) der **OGAW-KVG unverzüglich mitteilen. Unmittelbar nachdem die BaFin** die Aufnahmemitgliedstaatsbehörde **unterrichtet** hat (tatsächlich aber, wenn die OGAW-KVG infolge Übermittlung davon erfährt), kann die OGAW-KVG ihre grenzüberschreitenden Tätigkeiten aufnehmen.

Graphik 2: Aufnahme der grenzüberschreitenden Tätigkeit im Wege des grenzüberschreitenden Dienstleistungsverkehrs 24

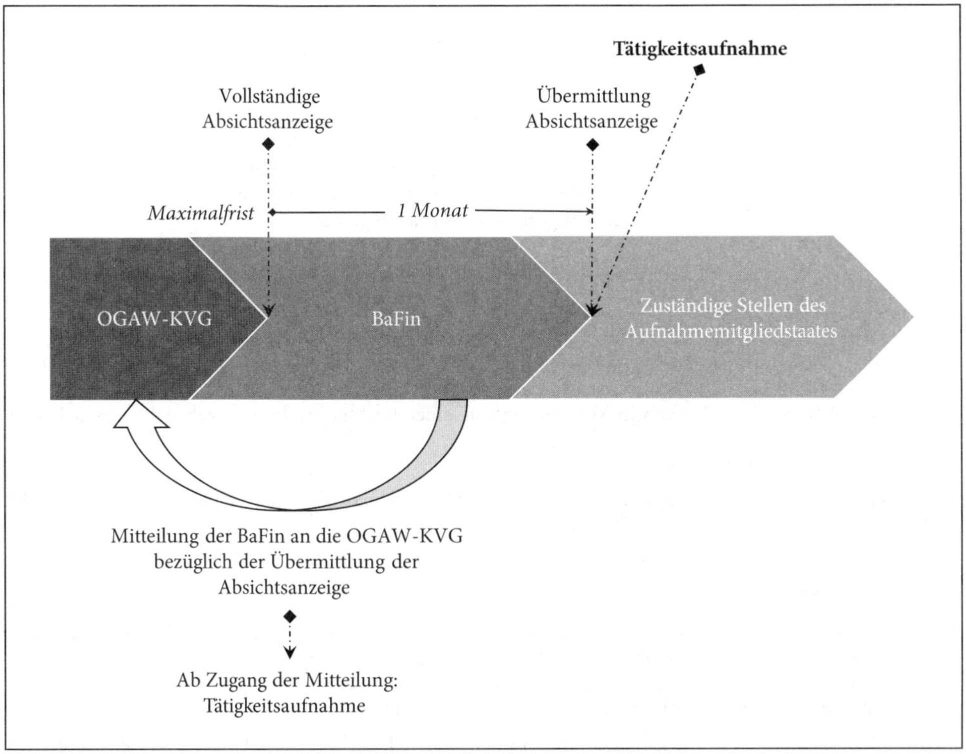

d) Änderungen beim grenzüberschreitenden Dienstleistungsverkehr (§ 49 Abs. 6 Satz 4 KAGB)

Bei **Änderungen der** für den grenzüberschreitenden Dienstleistungsverkehr **angezeigten Verhältnisse** muss lediglich sichergestellt werden, dass die Änderungen vor dem Wirksamwerden der Änderungen schriftlich gegenüber der BaFin und der Aufnahmemitgliedstaatsbehörde angezeigt werden. 25

V. Mindestanforderung für grenzüberschreitende Tätigkeiten (§ 49 Abs. 7 KAGB)

In § 49 Abs. 7 KAGB schafft der deutsche Gesetzgeber eine **Mindestanforderung**, um unter dem Europäischen Pass grenzüberschreitend tätig werden zu können. 26

Eine **OGAW-KVG**, die beabsichtigt, über eine Zweigniederlassung oder im Wege des grenzüberschreitenden Dienstleistungsverkehrs Finanzportfolioverwaltung oder Finanzportfolioverwaltung und Anlageberatung, die Verwahrung und Verwaltung von Anteilen an inländischen Investmentvermögen, **EU-Investmentvermögen oder ausländischen AIF für andere und/oder den Vertrieb von Anteilen oder Aktien an fremden Investmentvermögen zu erbringen**, muss **mindestens einen OGAW verwalten**. 27

Mit Blick auf § 1 Abs. 15 KAGB scheint § 49 Abs. 7 KAGB keinen eigenen Regelungsgehalt zu haben. Gem. § 1 Abs. 15 KAGB ist eine OGAW-KVG eine KVG gem. § 17 KAGB, die mindestens einen OGAW verwaltet. Der Definition der OGAW-KVG ist also immanent, dass mindestens ein OGAW verwaltet wird. § 49 Abs. 7 KAGB hat auch **kein Pendant auf europäischer Ebene**. Die Regelung stammt vielmehr noch aus der Zeit, in der das deutsche Investmentrecht (damals das InvG) noch nicht zwischen einer OGAW-KVG und AIF-KVG unterschied. Seinerzeit war es erforderlich, als Mindestanforderung für die Inanspruchnahme der Vorteile des Europäischen Passes die Verwaltung mindestens eines OGAW zu fordern. Die Nutzung des Europäischen Passes ist allerdings nur für Fälle vorgesehen, in denen eine Harmonisierung der Verwalterregulierung herbeigeführt wurde. Früher sollte sichergestellt werden, dass nur unter der OGAW IV-RL zulässige 28

Dienstleistungen grenzüberschreitend erbracht werden dürfen. Dieses Anliegen hat sich mit Umsetzung der AIFM-RL erledigt. Heute stellt die Norm eine **Inländerdiskriminierung** dar.

VI. Verordnungsermächtigung in Bezug auf Zweigniederlassungen in Drittstaaten (§ 49 Abs. 8 KAGB)

29 § 49 Abs. 8 KAGB ermächtigt das Bundesministerium der Finanzen, durch Rechtsverordnung, die nicht der Zustimmung des Bundesrates bedarf, zu bestimmen, dass die § 49 Abs. 1 bis 4 KAGB für die **Errichtung einer Zweigniederlassung in einem Drittstaat entsprechend anzuwenden** sind, soweit dies im Bereich des Niederlassungsrechts aufgrund von Abkommen der Europäischen Union mit Drittstaaten erforderlich ist. Bisher wurde von dieser Ermächtigung kein Gebrauch gemacht.

VII. Verstöße gegen Anzeigepflichten (§ 340 Abs. 2 Nr. 16 KAGB)

30 Werden **Anzeigen** entgegen

- § 49 Abs. 1 Satz 1 KAGB, auch in Verbindung mit § 49 Abs. 5 KAGB oder einer Rechtsverordnung nach § 49 Abs. 8 KAGB,
- § 49 Abs. 4 Satz 1 KAGB, auch in Verbindung mit einer Rechtsverordnung nach § 49 Abs. 8 KAGB, oder
- § 49 Abs. 6 Satz 4 KGB

nicht, nicht richtig, nicht vollständig, nicht in der vorgeschriebenen Weise oder nicht rechtzeitig gemacht, ist dies gem. § 340 Abs. 2 Nr. 16 KAGB ordnungswidrig.

VIII. Rechtsschutz

31 Art. 17 Abs. 3 Unterabs. 2 OGAW IV-RL trifft eine ausdrückliche Regelung für den Fall, dass die Herkunftsmitgliedstaatsbehörde die **Übermittlung** der Angaben der Absichtsanzeige zur Errichtung einer Zweigniederlassung **ablehnen**. Für den Fall einer Ablehnung oder Nichtäußerung sieht die OGAW IV-RL vor, dass die **Gerichte des Herkunftsmitgliedstaates** angerufen werden können.

32 Im KAGB ist eine solche **Rechtsschutzanordnung entbehrlich**. Lehnt die BaFin die Weiterleitung einer Absichtsanzeige ab, muss sie dies gem. § 49 Abs. 2 Satz 3 KAGB der OGAW-KVG unverzüglich, spätestens jedoch innerhalb von zwei Monaten nach Eingang der vollständigen Anzeige der Absicht der Errichtung einer Zweigniederlassung mitteilen. Eine solche Mitteilung stellt einen (belastenden) **Verwaltungsakt** im Sinne des § 35 VwVfG dar. Gegen diesen kann Widerspruch eingelegt und sodann **Anfechtungsklage** nach § 42 Abs. 1 Alt. 1 VwGO erhoben werden.[17]

33 Wird die Absichtsanzeige ohne ablehnenden Bescheid von der BaFin schlicht nicht an die Herkunftsmitgliedstaatsbehörde weitergeleitet, liegt also eine **Untätigkeit der Behörde** vor, ist die **allgemeine Leistungsklage** auf Vornahme der Übermittlung der Anzeige statthaft. Die Verpflichtungsklage ist nicht statthafter Rechtsbehelf, da keine Verurteilung zum Erlass eines abgelehnten oder unterlassenen Verwaltungsakts begehrt wird (§ 42 Abs. 1 Alt. 2 VwGO).[18] Die OGAW-KVG ist rechtsschutzbedürftig, dass sie sich ohne die Übermittlung der Absichtsanzeige durch die BaFin an die Aufnahmemitgliedstaatsbehörde einem Einschreiten dieser Stellen in Bezug auf ihre Tätigkeiten im Aufnahmemitgliedstaat ausgesetzt sähe.

§ 50 Besonderheiten für die Verwaltung von EU-OGAW durch OGAW-Kapitalverwaltungsgesellschaften

(1) [1]Beabsichtigt eine OGAW-Kapitalverwaltungsgesellschaft, über eine Zweigniederlassung oder im Wege des grenzüberschreitenden Dienstleistungsverkehrs EU-OGAW zu verwalten, fügt die Bundesanstalt der Anzeige nach § 49 Absatz 1 Satz 2 oder § 49 Absatz 5 Satz 2 eine Bescheinigung darüber bei, dass die OGAW-Kapitalverwaltungsgesellschaft eine Erlaubnis zum Geschäftsbetrieb erhalten

17 BT-Drucks. 15/1553, S. 80.
18 So auch *Nietsch* in Emde/Dornseifer/Dreibus/Hölscher, § 12 InvG Rz. 41.

hat, die einer Zulassung gemäß der Richtlinie 2009/65/EG entspricht, sowie eine Beschreibung des Umfangs dieser Erlaubnis. [2]In diesem Fall hat die OGAW-Kapitalverwaltungsgesellschaft den zuständigen Stellen des Aufnahmemitgliedstaates darüber hinaus folgende Unterlagen zu übermitteln:

1. den schriftlichen Vertrag mit der Verwahrstelle im Sinne des § 68 Absatz 1 Satz 2 und

2. Angaben über die Auslagerung von Aufgaben nach § 36 bezüglich der Aufgaben der Portfolioverwaltung und der administrativen Tätigkeiten im Sinne des Anhang II der Richtlinie 2009/65/EG.

[3]Verwaltet die OGAW-Kapitalverwaltungsgesellschaft in diesem Aufnahmemitgliedstaat bereits EU-OGAW der gleichen Art, ist ein Hinweis auf die bereits übermittelten Unterlagen ausreichend, sofern sich keine Änderungen ergeben.

(2) [1]Die Bundesanstalt unterrichtet die zuständigen Stellen des Aufnahmemitgliedstaates der OGAW-Kapitalverwaltungsgesellschaft über jede Änderung des Umfangs der Erlaubnis der OGAW-Kapitalverwaltungsgesellschaft. [2]Sie aktualisiert die Informationen, die in der Bescheinigung nach Absatz 1 Satz 1 enthalten sind. [3]Alle nachfolgenden inhaltlichen Änderungen zu den Unterlagen nach Absatz 1 Satz 2 hat die OGAW-Kapitalverwaltungsgesellschaft den zuständigen Stellen des Aufnahmemitgliedstaates unmittelbar mitzuteilen.

(3) Fordert die zuständige Stelle des Aufnahmemitgliedstaates der OGAW-Kapitalverwaltungsgesellschaft von der Bundesanstalt auf Grundlage der Bescheinigung nach Absatz 1 Satz 1 Auskünfte darüber an, ob die Art des EU-OGAW, dessen Verwaltung beabsichtigt ist, von der Erlaubnis der OGAW-Kapitalverwaltungsgesellschaft erfasst ist oder fordert sie Erläuterungen zu den nach Absatz 1 Satz 2 übermittelten Unterlagen an, gibt die Bundesanstalt ihre Stellungnahme binnen zehn Arbeitstagen ab.

(4) [1]Auf die Tätigkeit einer OGAW-Kapitalverwaltungsgesellschaft, die EU-OGAW verwaltet, sind die §§ 1 bis 43 sowie die im Herkunftsmitgliedstaat des EU-OGAW anzuwendenden Vorschriften, die Artikel 19 Absatz 3 und 4 der Richtlinie 2009/65/EG umsetzen, entsprechend anzuwenden. [2]Soweit diese Tätigkeit über eine Zweigniederlassung ausgeübt wird, sind § 26 Absatz 2 in Verbindung mit einer Rechtsverordnung nach § 26 Absatz 8 sowie § 27 Absatz 1 in Verbindung mit einer Rechtsverordnung nach § 27 Absatz 6 nicht anzuwenden.

In der Fassung vom 4.7.2013 (BGBl. I 2013, S. 1981), zuletzt geändert durch das Zweite Finanzmarktnovellierungsgesetz (2. FiMaNoG) vom 23.6.2017 (BGBl. I 2017, S. 1693).

Schrifttum: S. bei § 49.

I. Entstehungsgeschichte

§ 50 KAGB entspricht **inhaltlich dem aufgehobenen § 12a InvG.**[1] Die Vorschrift setzt Art. 17 ff. OGAW IV-RL[2] für die Fälle um, in denen EU-OGAW (§ 1 Rz. 142) von einer OGAW-KVG (§ 1 Rz. 154) verwaltet werden (**outbound-Dienstleistung**).[3] 1

1 BT-Drucks. 17/12294, S. 224.
2 BT-Drucks. 17/4510, S. 63.
3 BT-Drucks. 17/4510 S. 63.

Tabelle 1: In § 50 KAGB umgesetzte Vorschriften der OGAW IV-RL

§ 50 KAGB/§ 12a InvG	**OGAW IV-RL**
§ 52 Abs. 1 KAGB/§ 12a Abs. 1 InvG	Art. 17 Abs. 3 Unterabs. 3, Art. 18 Abs. 2 Unterabs. 3, Art. 20 Abs. 1 Unterabs. 1 und 2
§ 52 Abs. 2 KAGB/§ 12a Abs. 2 InvG	Art. 17 Abs. 9 Unterabs. 2, Art. 18 Abs. 4 Satz 2, Art. 20 Abs. 4
§ 53 Abs. 3 KAGB/§ 12a Abs. 3 InvG	Art. 20 Abs. 2
§ 53 Abs. 4 KAGB/§ 13a Abs. 4 InvG	Art. 19 Abs. 1 und 2, Art. 17 Abs. 4 und 5

II. Sinn und Zweck der Norm

2 Die OGAW IV-RL ermöglicht über den sog. Verwalterpass die **Verwaltung von OGAW aus einem anderen Herkunftsmitgliedstaat**. Daher muss der Herkunftsmitgliedstaat der OGAW-KVG nicht mit dem Herkunftsmitgliedstaat des OGAW übereinstimmen. Dabei geht das Gesetz zweigleisig vor. § 49 KAGB regelt den Verwalterpass als solchen, betrifft also primär die Organisation und Zulassung der KVG. § 50 KAGB regelt die speziell auf den verwalteten EU-OGAW abgestimmten Informations- und Anzeigepflichten.

3 § 50 KAGB wird von § 52 KAGB gespiegelt. § 50 KAGB enthält die Regelungen für die Verwaltung von EU-OGAW (§ 1 Rz. 142) durch eine OGAW-KVG (§ 1 Rz. 154), sog. **outbound-Dienstleistung**. § 52 KAGB enthält die Parallelregelungen für die Verwaltung inländischer OGAW (§ 1 Rz. 138) durch eine EU-OGAW-Verwaltungsgesellschaft (§ 1 Rz. 156 f.), sog. **inbound-Dienstleistung**.

4 § 50 KAGB ergänzt § 49 KAGB um das **Verfahren bei grenzüberschreitender Verwaltung von EU-OGAW in Bezug auf den OGAW (das Produkt)**.[4] Der Wortlaut des § 50 KAGB bezieht sich nur auf die Fälle der Verwaltung von EU-OGAW. Im Wege richtlinienkonformer Auslegung sind unter § 50 KAGB auch die Fälle zu subsumieren, in denen **EU-OGAW neu aufgelegt** werden sollen (Fall zukünftiger Verwaltung).[5]

5 § 50 Abs. 1 KAGB schreibt für die Aufnahme der grenzüberschreitenden Portfolioverwaltung die **Übermittlung über § 49 KAGB hinausgehender Informationen an die Aufnahmemitgliedstaatsbehörde** vor. § 50 Abs. 2 KAGB regelt die Zuständigkeit für **Änderungsmitteilungen**.

6 § 50 KAGB begründet sowohl **Pflichten der OGAW-KVG als auch der BaFin** als der zuständigen (Herkunftsstaats-)Aufsichtsbehörde der KVG.

III. Zusätzlich von der OGAW-KVG zu übermittelnde Unterlagen

1. Absichtsanzeigen (§ 50 Abs. 1 Satz 2 KAGB)

7 § 50 Abs. 1 KAGB **ergänzt § 49 KAGB** für die Fälle, in denen über eine Zweigniederlassung oder im Wege des grenzüberschreitenden Dienstleistungsverkehrs von einer OGAW-KVG ein oder mehrere EU-OGAW verwaltet werden sollen.

8 Die OGAW-KVG muss **der Aufnahmemitgliedstaatsbehörde – zusätzlich zu ihrer Anzeige nach § 49 KAGB** gegenüber der BaFin – weitere Unterlagen einreichen. Bei diesen zusätzlich im Aufnahmemitgliedstaat einzureichenden Unterlagen handelt es sich um

- den Verwahrstellenvertrag und
- Angaben zu Auslagerungen.

9 Falls die OGAW-KVG im Aufnahmemitgliedstaat bereits EU-OGAW der gleichen Art verwaltet, ist ein **Hinweis auf bereits übermittelte Unterlagen ausreichend**, wenn diese noch zutreffen. Da Auslagerungen häufig fondsspezifisch, in Abhängigkeit von der Anlagestrategie und dem Fondspromotor beauftragt werden, sind insoweit abweichende Angaben für jeden OGAW separat mitzuteilen.

---

4 *Daemgen* in Moritz/Klebeck/Jesch, § 50 KAGB Rz. 5; *Tusch* in Baur/Tappen, § 50 KAGB Rz. 3.

5 So auch *Nietsch* in Emde/Dornseifer/Dreibus/Hölscher, § 12a InvG Rz. 7; *Daemgen* in Moritz/Klebeck/Jesch, § 50 KAGB Rz. 5.

2. Änderungsanzeigen (§ 50 Abs. 2 Satz 3 KAGB)

Die OGAW-KVG ist verpflichtet, **inhaltliche Änderungen** von gem. § 50 Abs. 1 Satz 2 KAGB eingereichten Unterlagen unmittelbar der Aufnahmemitgliedstaatsbehörde zu melden. § 50 Abs. 2 Satz 3 KAGB ergänzt § 49 Abs. 4 KAGB (Zweigniederlassung) und § 49 Abs. 6 KAGB (grenzüberschreitender Dienstleistungsverkehr).[6] 10

IV. Ergänzung der an die Aufnahmemitgliedstaatsbehörde von der BaFin zu übermittelnden Unterlagen

1. Absichtsanzeigen (§ 50 Abs. 1 Satz 1 KAGB)

Die BaFin fügt Absichtsanzeigen nach § 49 KAGB in den Fällen der beabsichtigten Verwaltung von EU-OGAW eine Bescheinigung darüber bei, dass die OGAW-KVG eine Erlaubnis zum Geschäftsbetrieb erhalten hat, die einer Zulassung gem. Art. 6 ff. OGAW IV-RL entspricht, sowie eine **Beschreibung des Umfangs dieser Erlaubnis**. Hinsichtlich der Pflichten nach § 50 Abs. 1 Satz 1 KAGB **steht der BaFin kein Ermessen zu.** Bei Weiterleitung der Anzeige nach § 49 KAGB an die Aufnahmemitgliedstaatsbehörde muss sie die Vorgaben des § 50 Abs. 1 Satz 1 KAGB beachten. 11

2. Änderungsanzeigen (§ 50 Abs. 2 Satz 1 und 2 KAGB)

§ 50 Abs. 2 Satz 1 KAGB verpflichtet die **BaFin**, der Aufnahmemitgliedstaatsbehörde jede **Änderung des Umfangs der Erlaubnis der OGAW-KVG** ohne jegliche Mitwirkung der OGAW-KVG **mitzuteilen.** Die BaFin ist ferner gem. § 50 Abs. 2 Satz 2 KAGB verpflichtet, die **Informationen** gem. Abs. 1 Satz 1 automatisch gegenüber der Aufnahmemitgliedstaatsbehörde **zu aktualisieren.** Damit begründet § 50 Abs. 2 KAGB sowohl für die BaFin als auch die OGAW-Kapitalverwaltungsgesellschaft eine Informationspflicht gegenüber der Aufnahmemitgliedstaatsbehörde. 12

V. Auskunftsanspruch der Aufnahmemitgliedstaatsbehörde gegen die BaFin (§ 50 Abs. 3 KAGB)

Gem. Art. 20 Abs. 3 OGAW IV-RL können die zuständigen Aufsichtsbehörden des Herkunftsmitgliedstaates des EU-OGAW (also des Investmentvermögens), den Antrag der OGAW-KVG auf Verwaltung eines EU-OGAW ablehnen, wenn 13

- die OGAW-KVG den **Bestimmungen gem. Art. 19 Abs. 3 und 4 OGAW IV-RL nicht entspricht.** Vgl. dazu die Einzelaufzählung unten (Rz. 20). Insoweit ist gem. Art. 19 Abs. 5 OGAW IV-RL das Recht des Aufnahmestaates einschlägig und die Aufnahmestaatsbehörde zuständig, weil es um **den OGAW betreffende Regelungen** geht. Die Verwaltungsgesellschaft hat dafür zu sorgen, dass die konstituierenden Dokumente des OGAW diesen Vorgaben des Rechts des Aufnahmestaats entsprechen;
- die OGAW-KVG von den zuständigen Behörden ihres Herkunftsmitgliedstaates **keine Zulassung** zur Verwaltung der Art von OGAW erhalten hat, für die eine Zulassung beantragt wird, oder
- die OGAW-KVG die **Unterlagen nach Art. 20 Abs. 1 OGAW IV-RL** (insb. Verwahrstellenvertrag und Auslagerungsverträge) nicht eingereicht hat.

Diese Vorschriften **durchbrechen** das **Prinzip der alleinigen Aufsicht des Herkunftsmitgliedstaates.** Dieser Vorgabe trägt § 50 Abs. 3 KAGB Rechnung,[7] indem die Aufnahmemitgliedstaatsbehörde einen Auskunftsanspruch gegenüber der BaFin hat. Diese muss einem Auskunftsersuchen der Aufnahmemitgliedstaatsbehörde zum Erlaubnisumfang der OGAW-KVG oder einem Ersuchen in Bezug auf Erläuterungen zu den nach § 50 Abs. 1 Satz 2 KAGB von der OGAW-KVG übermittelten Unterlagen innerhalb von zehn Arbeitstagen nachkommen. 14

VI. Anwendbares Recht (§ 50 Abs. 4 KAGB)

Bei der grenzüberschreitenden Portfolioverwaltung bleibt trotz der Regelung des § 50 Abs. 3 KAGB die **Aufsichtszuständigkeit der BaFin** für die **Organisation der KVG** (vgl. Art. 19 Abs. 1 OGAW IV-RL) erhal- 15

6 *Wilkowski/Grulke* in Weitnauer/Boxberger/Anders, § 50 KAGB Rz. 4; *Daemgen* in Moritz/Klebeck/Jesch, § 50 KAGB Rn. 4.
7 BT-Drucks. 17/4510 S. 63.

ten. Insoweit bleibt das Herkunftsstaatsprinzip unberührt (vgl. 10. ErwGr. OGAW IV-RL). § 50 Abs. 4 KAGB regelt, welche Rechtsvorschriften bei der grenzüberschreitenden Verwaltung von OGAW zu den Organisationsvorschriften zählen.

16 Die alleinige Kompetenz der BaFin als Aufsichtsbehörde des Herkunftsmitgliedstaates in Bezug auf die Organisation der grenzüberschreitend tätigen OGAW-KVG **vermeidet Zuständigkeitskonflikte**: Ohne Kompetenzzuweisung an die Herkunftsstaatsbehörde würde ein und dieselbe juristische Person potentiell zwei unterschiedlichen Aufsichtsregimen unterliegen. Es müssten innerhalb derselben juristischen Person potentiell unterschiedliche Organisationsanforderungen erfüllt und unterschiedliche behördliche Kontrollansätze/-praktiken beachtet werden.[8]

1. Anwendung deutschen Rechts als Recht des Herkunftsmitgliedstaates

17 Gem. § 50 Abs. 4 KAGB sind die **§§ 1 bis 43 KAGB** anzuwenden. Diese Vorschriften sind die deutschen Umsetzungsvorschriften zur „Organisation – einschließlich der Übertragungsvereinbarungen, Risikomanagement-Verfahren, aufsichts- und überwachungsrechtlichen Bestimmungen, Verfahren nach Art. 12 OGAW IV-RL und Offenlegungspflichten –" (vgl. Art. 19 Abs. 1 Satz 1 OGAW IV-RL).

18 Diese Bestimmungen dürfen gem. Art. 19 Abs. 1 Satz 2 OGAW IV-RL **nicht strenger sein**, als die Regeln, die für OGAW-KVG gelten, die ihre Tätigkeiten ausschließlich in ihrem Herkunftsmitgliedstaat ausüben. Die Regelung soll sicherstellen, dass die grenzüberschreitende Tätigkeit der OGAW-KVG als Ausprägung der europäischen Grundfreiheiten nicht unattraktiver gemacht wird als die Verwaltung inländischer OGAW. Sie trägt damit zur **effizienten Durchsetzung des Systems der europäischen Pässe** bei.

2. Anwendung des Rechts des Aufnahmemitgliedstaates

19 Gem. Art. 19 Abs. 3 OGAW IV-RL unterliegt eine OGAW-KVG, die durch die Gründung einer Zweigniederlassung oder nach Maßgabe der Dienstleistungsfreiheit grenzüberschreitend die Aufgabe der gemeinsamen Portfolioverwaltung ausübt, den Bestimmungen des Herkunftsmitgliedstaates des OGAW in Bezug auf die **Gründung und die Geschäftstätigkeit des OGAW**. Diese sind in den konstituierenden Dokumenten des OGAW zu berücksichtigen und umzusetzen (Art. 19 Abs. 4 OGAW IV-RL).

20 Die Bestimmungen des Herkunftsmitgliedstaates des OGAW sind jedenfalls in Bezug auf **folgende Regelungsgegenstände** anzuwenden:
- die Errichtung und Zulassung des OGAW,
- die Ausgabe und Veräußerung von Anteilen und Aktien,
- Anlagepolitik und Beschränkungen einschließlich der Berechnung des gesamten Kreditrisikos und der Verschuldung,
- Beschränkungen in Bezug auf Kreditaufnahme, Kreditgewährung und Leerverkäufe,
- die Bewertung der Vermögenswerte und die Rechnungsführung des OGAW,
- die Berechnung des Ausgabepreises und/oder des Auszahlungspreises sowie für den Fall fehlerhafter Berechnung des Nettobestandswerts und für entsprechende Entschädigungen der Anleger,
- die Ausschüttung oder Wiederanlage der Erträge,
- die Offenlegungs- und Berichtspflichten des OGAW einschließlich des Prospekts, der wesentlichen Informationen für die Anleger und der regelmäßigen Berichte,
- die Modalitäten der Vermarktung,
- die Beziehung zu den Anteilinhabern,
- Verschmelzung und Umstrukturierung des OGAW,
- Auflösung und Liquidation des OGAW,
- gegebenenfalls der Inhalt des Verzeichnisses der Anteilinhaber,
- die Gebühren für die Zulassung und Aufsicht des OGAW und
- die Ausübung der Stimmrechte der Anteilinhaber und weiterer Rechte der Anteilinhaber in Bezug auf die vorstehenden Punkte.

21 Der Katalog in Art. 19 Abs. 3 OGAW IV-RL enthält insofern **Regelbeispiele** (s. Rz. 20). Weitere Regelungen, die zur Gründung und Geschäftstätigkeit zählen, unterliegen ebenfalls den Vorschriften des OGAW-

8 Vgl. dazu *Tusch* in Baur/Tappen, § 50 KAGB Rz. 23; *Daemgen* in Moritz/Klebeck/Jesch, § 50 KAGB Rz. 15; *Wilkowski/Grulke* in Weitnauer/Boxberger/Anders, § 50 KAGB Rz. 7.

Staates (arg. „insbesondere"). So spricht der Katalog etwa nicht Anlageklassen, Teilinvestmentvermögen und nur indirekt (über Umstrukturierungen) die Bildung sog. *side pockets* an.

3. Wohlverhaltensregeln des Aufnahmemitgliedstaates

Für den Fall, dass EU-OGAW über eine Zweigniederlassung im Aufnahmemitgliedstaat verwaltet werden, enthält § 50 Abs. 4 Satz 2 KAGB eine **Spezialregelung**, die Art. 17 Abs. 4 OGAW IV-RL umsetzt. Gem. Art. 17 Abs. 4 OGAW IV-RL muss die OGAW-KVG, die im Aufnahmemitgliedstaat ihre Geschäftstätigkeit über eine Zweigniederlassung ausübt, die vom Aufnahmemitgliedstaat gem. Art. 14 OGAW IV-RL festgelegten **Wohlverhaltensregeln** einhalten. 22

VII. Rechtsschutz

Die Aufgabe der BaFin im Rahmen des § 50 KAGB beschränkt sich auf die **Bescheinigung der Erlaubnis der OGAW-KVG** sowie der **Beschreibung des Umfangs dieser Erlaubnis sowie auf Auskünfte** im zwischenbehördlichen Verkehr. Verweigert die BaFin die Ausstellung oder Weiterleitung einer solchen Bescheinigung, ist vor dem Hintergrund der Rechtschutzgarantie des Art. 19 Abs. 4 GG gegen die BaFin vorzugehen. Statthafter **Rechtsbehelf ist die allgemeine Leistungsklage in Gestalt der Unterlassungsklage.**[9] 23

Das Rechtsmittel richtet sich nach der **Rechtsnatur des begehrten Verwaltungshandelns.** Die Rechtsnatur der von der BaFin im Rahmen des § 50 KAGB abzugebenden Erklärung ist nicht ganz eindeutig geklärt. In Betracht kommt einerseits ein schlicht-hoheitliches Handeln in Form einer bloßen Wissenserklärung gegenüber der Aufnahmemitgliedstaatsbehörde. Dann wäre die allgemeine Leistungsklage eröffnet. Andererseits kommt aber auch eine Einstufung als feststellender Verwaltungsakt in Betracht, gerichtet auf Feststellung des Bestehens der Erlaubnis zum Betreiben erlaubnispflichtigen Geschäfts sowie das Ermöglichen der Tätigkeitsaufnahme im Ausland und die Herbeiführung behördlicher Bindungswirkung. In diesem Fall wäre statthaftes Rechtsmittel die Verpflichtungsklage nach § 42 Abs. 1 Var. 2 VwGO. 24

Für die Abgrenzung der bloßen Wissenserklärungen vom feststellenden Verwaltungsakt ist darauf abzustellen, ob die Behörde nur ihre Auffassung zu Rechts- oder Tatsachenfragen mitteilen möchte oder ob sie diese gegenüber dem Betroffenen verbindlich festsetzen will. Der feststellende Verwaltungsakt schreibt das Ergebnis eines behördlichen Subsumtionsvorgangs fest. Einer Festsetzung von Ge- und Verboten in der jeweiligen behördlichen Maßnahme bedarf es nicht, wenn **die Rechtsfolgen im Gesetz geregelt und dadurch gleichsam „vor die Klammer gezogen"** sind.[10] 25

Zwar ließe sich daran denken, dass die Bescheinigung die rechtlich erhebliche Tatsache feststellt, dass eine Erlaubnis erteilt wurde. Insoweit kann sicherlich auch von einer erheblichen Eigenschaft des Adressaten gesprochen werden. Auch handelt es sich nicht um eine Mitteilung der Behörde bezüglich der Rechtslage, sondern um eine **Bestätigung** einer solchen **zur Verifizierung bei der Aufnahmemitgliedstaatsbehörde,** der eine gewisse Publizitäts- und Bindungswirkung zukommt. Die ausländische Stelle überprüft ihrerseits nicht mehr die Voraussetzungen der Erlaubniserteilung, sondern ist an die Bescheinigung der BaFin gebunden. Die Bescheinigung soll also die Tätigkeitsaufnahme im Mitgliedstaat ermöglichen. Insoweit ließe sich also argumentieren, der Bescheinigung komme Regelungswirkung und Außenwirkung i.S.d. § 35 VwVfG zu. Dann müsste man von einem feststellenden Verwaltungsakt ausgehen. 26

Allerdings verkennt diese Sichtweise, dass es sich bei der Bescheinigung und Erklärung der BaFin um eine **bloße Wiederholung, also eine Dokumentation der ursprünglichen Entscheidung zur Erlaubniserteilung** handelt. Es existiert keine ungewisse Rechtslage, die einer verbindlichen Feststellung im Einzelfall bedürfte, im Gegenteil: Die BaFin hat bereits in einem Verwaltungsakt die entsprechende Erlaubnis erteilt. Es handelt sich um eine Mitwirkungshandlung zwischen Behörden zur Vorbereitung einer finalen Entscheidung durch die ausländische Behörde, also um ein bloßes Übermitteln von Informationen im (insoweit europaweit) behördeninternen Bereich. Der Bescheinigung und Erklärung der BaFin kommt als solcher also **keine Außenwirkung** zu. Die BaFin setzt bei der Mitteilung **keine eigenen Rechtsfolgen**. Es handelt sich mithin nicht um eine behördliche Regelung eines Einzelfalls auf dem Gebiet des öffentlichen Rechts, die auf unmittelbare Rechtswirkung nach außen gerichtet ist. Statthafter Rechtsbehelf ist daher bei einer Unterlassung der Ausstellung der Bescheinigung oder anderer Mitwirkungshandlungen durch die BaFin mangels 27

9 So i.E. auch *Nietsch* in Emde/Dornseifer/Dreibus/Hölscher, § 12a InvG Rz. 22.

10 Vgl. BVerwG v. 5.11.2009 – 4 C 3.09, BVerwGE 135, 209; BVerwG v. 20.11.2003 – 3 C 29/02, NVwZ 2004, 349 (350); BVerwG v. 23.10.1968 – IV C 101.67, BVerwGE 30, 287 (289); *von Alemann/Scheffczy* in BeckOK/VwVfG, § 35 VwVfG Rr. 162.

Verwaltungsaktseigenschaft des unterlassenen Handelns nicht die Verpflichtungsklage, sondern die allgemeine Leistungsklage in Gestalt der Unterlassungsklage.[11]

28 **Behördliche Anordnungen der Aufnahmemitgliedstaatsbehörde** sind nach den dort geltenden rechtlichen Vorgaben zu beurteilen. Etwaige Rechtsbehelfe unterliegen dem Recht des Aufnahmemitgliedstaates.

§ 51 Inländische Zweigniederlassungen und grenzüberschreitender Dienstleistungsverkehr von EU-OGAW-Verwaltungsgesellschaften

(1) [1]Eine EU-OGAW-Verwaltungsgesellschaft darf ohne Erlaubnis der Bundesanstalt über eine inländische Zweigniederlassung oder im Wege des grenzüberschreitenden Dienstleistungsverkehrs im Inland die kollektive Vermögensverwaltung von inländischen OGAW sowie Dienstleistungen und Nebendienstleistungen nach § 20 Absatz 2 Nummer 1, 2, 3 oder 4 erbringen, wenn die zuständigen Stellen des Herkunftsmitgliedstaates der EU-OGAW-Verwaltungsgesellschaft

1. durch ihre Erlaubnis die im Inland beabsichtigten Tätigkeiten abgedeckt haben und

2. der Bundesanstalt eine Anzeige über die Absicht der EU-OGAW-Verwaltungsgesellschaft übermittelt haben,

a) eine inländische Zweigniederlassung im Sinne des Artikels 17 Absatz 3 Unterabsatz 1 der Richtlinie 2009/65/EG zu errichten oder

b) Tätigkeiten im Wege des grenzüberschreitenden Dienstleistungsverkehrs im Sinne des Artikels 18 Absatz 2 Unterabsatz 1 der Richtlinie 2009/65/EG zu erbringen.

[2]Beabsichtigt eine EU-OGAW-Verwaltungsgesellschaft, die Anteile eines von ihr verwalteten EU-OGAW im Inland zu vertreiben, ohne eine inländische Zweigniederlassung zu errichten oder im Wege des grenzüberschreitenden Dienstleistungsverkehrs über diesen Vertrieb hinaus weitere Tätigkeiten zu erbringen, unterliegt dieser Vertrieb lediglich den §§ 293, 294, 297, 298, 301 bis 306 sowie 309 bis 311. [3]§ 53 des Kreditwesengesetzes ist im Fall des Satzes 1 nicht anzuwenden.

(2) [1]Die Bundesanstalt hat eine EU-OGAW-Verwaltungsgesellschaft, die beabsichtigt, eine Zweigniederlassung im Inland zu errichten, innerhalb von zwei Monaten nach Eingang der Anzeige gemäß Absatz 1 Satz 1 auf Folgendes hinzuweisen:

1. die Meldungen an die Bundesanstalt, die für ihre geplanten Tätigkeiten vorgeschrieben sind und

2. die nach Absatz 4 Satz 1 anzuwendenden Bestimmungen.

[2]Nach Eingang der Mitteilung der Bundesanstalt, spätestens nach Ablauf der in Satz 1 genannten Frist, kann die Zweigniederlassung errichtet werden und ihre Tätigkeit aufnehmen. [3]Ändern sich die Verhältnisse, die die EU-OGAW-Verwaltungsgesellschaft entsprechend Artikel 17 Absatz 2 Buchstabe b bis d der Richtlinie 2009/65/EG der zuständigen Stelle ihres Herkunftsmitgliedstaates angezeigt hat, hat die EU-OGAW-Verwaltungsgesellschaft dies der Bundesanstalt mindestens einen Monat vor dem Wirksamwerden der Änderungen schriftlich anzuzeigen. [4]§ 35 Absatz 3 und 5 des Wertpapierhandelsgesetzes sowie die §§ 293, 294, 309 bis 311 bleiben unberührt.

(3) [1]Die Bundesanstalt hat eine EU-OGAW-Verwaltungsgesellschaft, die beabsichtigt, im Inland im Wege des grenzüberschreitenden Dienstleistungsverkehrs tätig zu werden, innerhalb eines Monats nach Eingang der Anzeige gemäß Absatz 1 Satz 1 auf Folgendes hinzuweisen:

1. die Meldungen an die Bundesanstalt, die für ihre geplanten Tätigkeiten vorgeschriebenen sind, und

2. die nach Absatz 4 Satz 3 anzuwendenden Bestimmungen.

[2]Die EU-OGAW-Verwaltungsgesellschaft kann ihre Tätigkeit unmittelbar nach Unterrichtung der Bundesanstalt durch die zuständigen Stellen des Herkunftsmitgliedstaates der EU-OGAW-Verwaltungsgesellschaft aufnehmen. [3]Ändern sich die Verhältnisse, die die EU-OGAW-Verwaltungsgesellschaft entsprechend Artikel 18 Absatz 1 Buchstabe b der Richtlinie 2009/65/EG der zuständigen Stelle ihres Herkunftsmitgliedstaates angezeigt hat, hat die EU-OGAW-Verwaltungsgesellschaft dies der Bundesanstalt vor dem Wirksamwerden der Änderungen schriftlich anzuzeigen. [4]§ 35 Absatz 3

11 So i.E. auch *Nietsch* in Emde/Dornseifer/Dreibus/Hölscher, § 12a InvG Rz. 22.

und 5 des Wertpapierhandelsgesetzes sowie die §§ 293, 294 und die §§ 309 bis 311 bleiben unberührt.

(4) [1]Auf die Zweigniederlassungen im Sinne des Absatzes 1 Satz 1 sind § 3 Absatz 1, 4 und 5, die §§ 14, 26 Absatz 2, auch in Verbindung mit einer Rechtsverordnung nach § 26 Absatz 8, und § 27 Absatz 1, auch in Verbindung mit einer Rechtsverordnung nach § 27 Absatz 6, die §§ 33, 34 Absatz 3 Nummer 8 sowie die §§ 293, 294 Absatz 1, § 295 Absatz 1 bis 5 und 8, die §§ 297, 301 bis 306, 312 und 313 dieses Gesetzes anzuwenden. [2]Soweit diese Zweigniederlassungen Dienst- und Nebendienstleistungen im Sinne des § 20 Absatz 2 Nummer 1, 2, 3 oder 4 erbringen, sind darüber hinaus §§ 63 bis 68, 70, 82 Absatz 1 bis 9 und 13 und § 83 des Wertpapierhandelsgesetzes sowie § 18 des Gesetzes über die Deutsche Bundesbank mit der Maßgabe entsprechend anzuwenden, dass mehrere Niederlassungen derselben EU-OGAW-Verwaltungsgesellschaft als eine Zweigniederlassung gelten. [3]Soweit diese Zweigniederlassungen Dienst- und Nebendienstleistungen im Sinne des § 20 Absatz 2 Nummer 1, 2, 3 oder 4 erbringen, hat ein geeigneter Prüfer mindestens einmal jährlich zu prüfen, ob sie die in Satz 2 genannten Vorschriften des Wertpapierhandelsgesetzes einhalten; § 38 Absatz 4 Satz 4 bis 6 und Absatz 5 gilt entsprechend. [4]Auf die Tätigkeiten im Wege des grenzüberschreitenden Dienstleistungsverkehrs nach Absatz 1 Satz 1 sind die §§ 14, 293, 294 Absatz 1, § 295 Absatz 1 bis 5 und 8, die §§ 297, 301 bis 306, 312 und 313 dieses Gesetzes entsprechend anzuwenden.

(5) [1]Kommt eine EU-OGAW-Verwaltungsgesellschaft ihren Verpflichtungen nach Absatz 4 und § 52 Absatz 4 nicht nach, fordert die Bundesanstalt diese auf, den Mangel innerhalb einer bestimmten Frist zu beheben. [2]Kommt die EU-OGAW-Verwaltungsgesellschaft der Aufforderung nicht nach, unterrichtet die Bundesanstalt die zuständigen Stellen des Herkunftsmitgliedstaates der EU-OGAW-Verwaltungsgesellschaft. [3]Ergreift der Herkunftsmitgliedstaat keine Maßnahmen oder erweisen sich die Maßnahmen als unzureichend, kann die Bundesanstalt

1. nach der Unterrichtung der zuständigen Stellen des Herkunftsmitgliedstaates der EU-OGAW-Verwaltungsgesellschaft die erforderlichen Maßnahmen selbst ergreifen und falls erforderlich die Durchführung neuer Geschäfte im Inland untersagen sowie
2. die Europäische Wertpapier- und Marktaufsichtsbehörde unterrichten, wenn die zuständige Stelle des Herkunftsmitgliedstaates der EU-OGAW-Verwaltungsgesellschaft nach Ansicht der Bundesanstalt nicht in angemessener Weise tätig geworden ist.

(6) [1]In dringenden Fällen kann die Bundesanstalt vor Einleitung des in Absatz 5 vorgesehenen Verfahrens die erforderlichen Maßnahmen ergreifen. [2]Sie hat die Europäische Kommission und die zuständigen Stellen des Herkunftsmitgliedstaates der EU-OGAW-Verwaltungsgesellschaft hiervon unverzüglich zu unterrichten. Die Bundesanstalt hat die Maßnahmen zu ändern oder aufzuheben, wenn die Europäische Kommission dies nach Anhörung der zuständigen Stellen des Herkunftsmitgliedstaates der EU-OGAW-Verwaltungsgesellschaft und der Bundesanstalt beschließt.

(7) [1]Die zuständigen Stellen des Herkunftsmitgliedstaates der EU-OGAW-Verwaltungsgesellschaft können nach vorheriger Unterrichtung der Bundesanstalt selbst oder durch ihre Beauftragten die Informationen, die für die aufsichtliche Überwachung der Zweigniederlassung erforderlich sind, bei der Zweigniederlassung prüfen. [2]Auf Ersuchen der zuständigen Stellen des Herkunftsmitgliedstaates der EU-OGAW-Verwaltungsgesellschaft hat die Bundesanstalt

1. die Richtigkeit der Daten zu überprüfen, die von der EU-OGAW-Verwaltungsgesellschaft für die zuständigen Stellen des Herkunftsmitgliedstaates der EU-OGAW-Verwaltungsgesellschaft zu aufsichtlichen Zwecken übermittelt wurden, oder
2. zu gestatten, dass die ersuchende Stelle, ein Wirtschaftsprüfer oder ein Sachverständiger diese Daten überprüft.

[3]Die Bundesanstalt kann nach pflichtgemäßem Ermessen gegenüber Aufsichtsstellen in Drittstaaten entsprechend verfahren, wenn Gegenseitigkeit gewährleistet ist. [4]§ 5 Absatz 2 des Verwaltungsverfahrensgesetzes über die Grenzen der Amtshilfe gilt entsprechend. [5]Die EU-OGAW-Verwaltungsgesellschaften im Sinne des Absatzes 1 Satz 1 haben die Prüfung zu dulden.

(8) Die §§ 24c und 25h bis 25m des Kreditwesengesetzes sowie § 93 Absatz 7 und 8 in Verbindung mit § 93b der Abgabenordnung gelten für die Zweigniederlassungen im Sinne des Absatzes 1 Satz 1 entsprechend.

Schrifttum: S. bei § 49.

I. Entstehungsgeschichte

1 § 51 KAGB entspricht inhaltlich weitgehend dem aufgehobenen § 13 InvG.[1]

II. Sinn und Zweck der Norm

2 § 51 setzt die Vorgaben der OGAW IV-RL zum Europäischen Pass für eine **EU-OGAW-Verwaltungsgesellschaft** (§ 1 Rz. 156 f.) um, die über die Errichtung einer Zweigniederlassung oder im Wege des grenzüberschreitenden Dienstleistungsverkehrs im Inland tätig werden möchte (**inbound-Dienstleistung**).[2] § 51 KAGB ist die Parallelnorm zu § 49 KAGB für **grenzüberschreitende Tätigkeiten nach Deutschland herein.**[3] Wie die inländische OGAW-KVG in anderen Mitgliedstaaten unterliegt die EU-OGAW-Verwaltungsgesellschaft in Deutschland keinem Erlaubnisvorbehalt (sog. **Verwalterpass**). Sie muss lediglich ein **Anzeigeverfahren vor der Herkunftsmitgliedstaatsbehörde** durchlaufen. Die Aufsichtsbehörde des Herkunftsmitgliedstaates setzt sodann die BaFin über die beabsichtigten grenzüberschreitenden Tätigkeiten in Kenntnis. Die BaFin ist daran weitgehend gebunden.

3 § 51 KAGB gilt nur für **EU-OGAW-Verwaltungsgesellschaften.**[4] Vgl. zur Definition § 1 Rz. 156 f.

4 § 51 KAGB soll die grenzüberschreitende Portfolioverwaltung ermöglichen[5] und sicherstellen, dass die BaFin über die grenzüberschreitende Tätigkeit von EU-OGAW-Verwaltungsgesellschaften in Deutschland im Wege der sog. „Regulator-to-Regulator"-Notifikation informiert ist.[6] Die Vorschrift **konkretisiert die europäischen Grundfreiheiten** im Bereich der regulierten Finanzdienstleistungen.

1 BT-Drucks. 17/12294, S. 224.
2 BT-Drucks. 17/4510, S. 63.
3 *Tusch* in Baur/Tappen, § 51 KAGB Rz. 1; *Klebeck/Kunschke* in Beckmann/Scholtz/Vollmer, § 51 KAGB Rz. 1; *Daemgen* in Moritz/Klebeck/Jesch, § 51 KAGB Rz. 2.
4 *Tusch* in Baur/Tappen, § 51 KAGB Rz. 6.
5 BT-Drucks. 17/4510, S. 63.
6 *Daemgen* in Moritz/Klebeck/Jesch, § 51 KAGB Rz. 3; *Klebeck/Kunschke* in Beckmann/Scholtz/Vollmer, § 51 KAGB Rz. 23.

III. Regelungsinhalt und Arten der grenzüberschreitenden Tätigkeiten

EU-OGAW-Verwaltungsgesellschaften können in Deutschland über die Errichtung einer Zweigniederlassung oder im Wege des grenzüberschreitenden Dienstleistungsverkehrs tätig werden. 5

1. Errichtung einer Zweigniederlassung

Für den Begriff der Zweigniederlassung gelten die Ausführungen unter § 49 Rz. 5 f. und § 1 Rz. 251 f. Eine EU-OGAW-Verwaltungsgesellschaft, die über eine Zweigniederlassung in Deutschland tätig werden möchte, richtet somit in Deutschland eine **dauerhafte physische Präsenz** ein. Sie ist **im deutschen Handelsregister** gem. §§ 13d ff. HGB **einzutragen** und gem. § 325a Abs. 1 HGB[7] in den dort beschriebenen Sprachen zur **Offenlegung ihrer Rechnungslegung** verpflichtet. 6

2. Grenzüberschreitender Dienstleitungsverkehr

Vgl. zu Definition und Grenzen des grenzüberschreitenden Dienstleistungsverkehrs § 49 Rz. 8 und 9. In Zweifelsfällen, ob **ein zielgerichtetes Wenden an den deutschen Markt** vorliegt, ist das BaFin-Merkblatt zur Erlaubnispflicht von grenzüberschreitend betriebenen Geschäften[8] heranzuziehen. Dieses wird derzeit unter dem Einfluss des Brexit überarbeitet. 7

IV. Zugang zum inländischen Markt (§ 51 Abs. 1 KAGB)

§ 51 Abs. 1 KAGB eröffnet EU-OGAW-Verwaltungsgesellschaften den Zugang zum deutschen Markt **ohne zusätzliche Erlaubnis der BaFin** (s. auch ErwGr. 12 OGAW IV-RL), wenn die EU-OGAW-Verwaltungsgesellschaft in ihrem Herkunftsmitgliedstaat für die Tätigkeiten, die sie in Deutschland erbringen möchte, über eine Erlaubnis der dort zuständigen Stellen verfügt. Die EU-OGAW-Verwaltungsgesellschaft hat der Herkunftsmitgliedstaatsbehörde eine **Absichtsanzeige** für die beabsichtigten grenzüberschreitenden Tätigkeiten zu übermitteln, welche diese an die BaFin – bei einer Zweigniederlassung nach vorausgegangener Prüfung – weiterleitet. 8

1. Errichtung einer Zweigniederlassung

Eine EU-OGAW-Verwaltungsgesellschaft kann in Deutschland eine Zweigniederlassung errichten, wenn a) ihre **Erlaubnis** im Herkunftsmitgliedstaat **die im Inland beabsichtigten Tätigkeiten abdeckt**, b) der BaFin die **Absichtsanzeige** zur Errichtung der Zweigniederlassung gem. Art. 17 Abs. 3 Unterabs. 1 OGAW IV-RL **zugegangen** ist, und c) ihr entweder die BaFin **Hinweise** zur Tätigkeit **übermittelt** hat oder die **2-Monats-Frist** des § 51 Abs. 2 Satz 1 KAGB **abgelaufen** ist. 9

Nach Eingang der Absichtsanzeige, welche die Herkunftsstaatsbehörde der EU-OGAW-Verwaltungsgesellschaft zu übersenden hat, muss die BaFin gem. § 51 Abs. 2 Satz 1 KAGB innerhalb von zwei Monaten die EU-OGAW-KVG auf Folgendes hinweisen: 10

- gegenüber der BaFin bestehende **Meldepflichten** für die inländischen Tätigkeiten und
- die nach § 51 Abs. 4 Satz 1 KAGB anzuwendenden **gesetzlichen Bestimmungen.**

Die Zweigniederlassung kann nach Zugang dieser Hinweise bei der EU-OGAW-Verwaltungsgesellschaft, spätestens aber nach Ablauf der hierfür vorgesehenen Zweimonatsfrist errichtet werden und ihre Tätigkeiten aufnehmen. 11

---

7 Vgl. dazu *Zetzsche* in Hachmeister/Kahle/Mock/Schüppen, Bilanzrecht, § 325a HGB Rz. 1 ff.

8 BaFin, Merkblatt zur Erlaubnispflicht von grenzüberschreitend betriebenen Geschäften, Stand: 1.4.2005, Fn. 1.

12 **Graphik 1:** Errichtung einer inländischen Zweigniederlassung

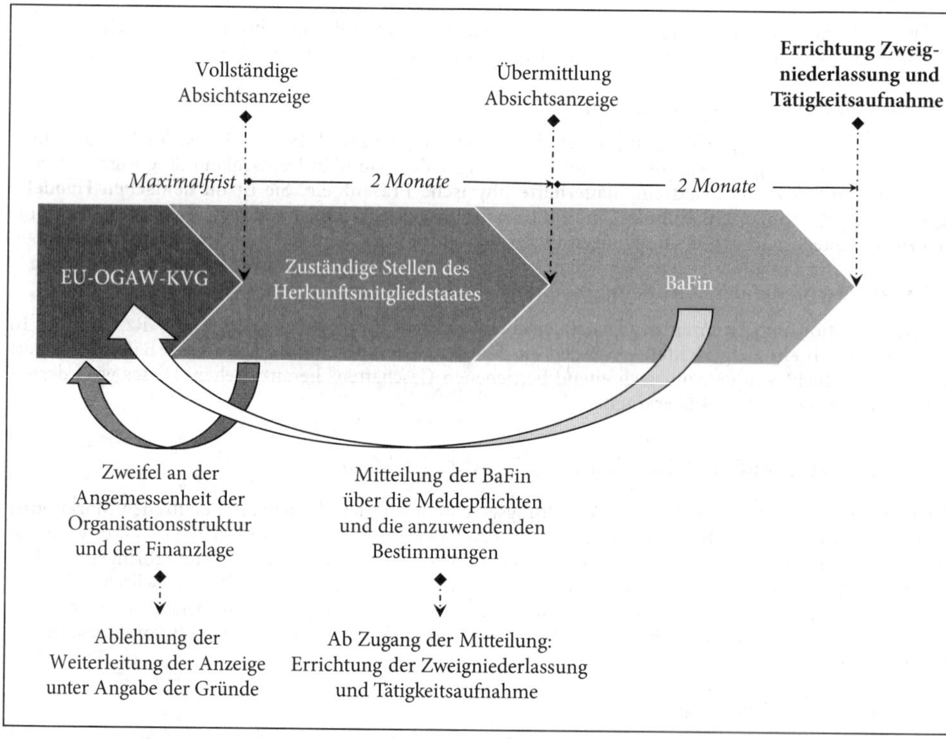

2. Grenzüberschreitender Dienstleistungsverkehr

13 Eine EU-OGAW-Verwaltungsgesellschaft kann in Deutschland grenzüberschreitend tätig werden, wenn a) die **Erlaubnis** der Herkunftsmitgliedstaatsbehörde **die im Inland beabsichtigten Tätigkeiten erfasst**, und b) der **BaFin** eine Absichtsanzeige mit Angabe der grenzüberschreitenden Tätigkeiten gem. Art. 18 Abs. 2 Unterabs. 1 OGAW IV-RL übermittelt wurde.

14 Gem. § 51 Abs. 3 KAGB muss die BaFin die EU-OGAW-Verwaltungsgesellschaft innerhalb eines Monats nach Eingang der vorstehenden Anzeige auf Folgendes hinweisen:

- die Meldungen an die BaFin, die für die geplanten Tätigkeiten vorgeschrieben sind und
- die nach Abs. 4 Satz 3 anzuwendenden Bestimmungen.

15 Die EU-OGAW-Verwaltungsgesellschaft kann ihre Tätigkeit **unmittelbar** nach der Unterrichtung der BaFin durch die Herkunftsmitgliedstaatsbehörde aufnehmen. Der **Zeitpunkt des Zugangs** der Hinweise der BaFin nach § 51 Abs. 3 KAGB hat keinen Einfluss auf die Möglichkeit zur Tätigkeitsaufnahme im Inland.

Graphik 2: Zugang zum inländischen Markt im Wege des grenzüberschreitenden Dienstleistungsverkehrs 16

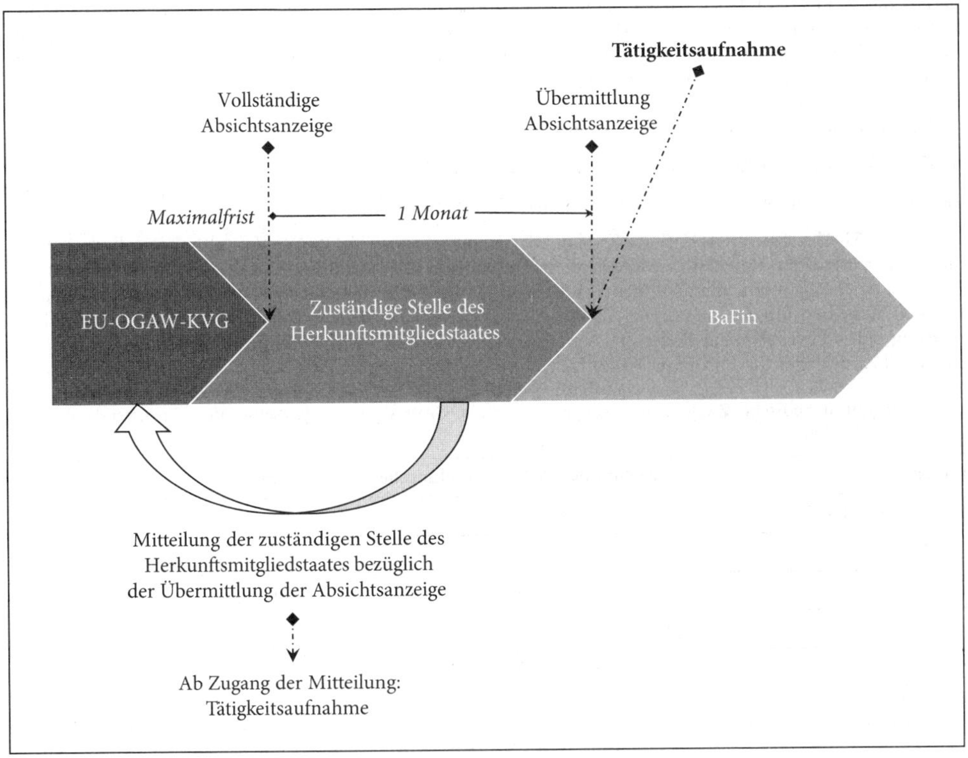

V. Änderungsanzeige (§ 51 Abs. 2 Satz 3 KAGB)

Bei Änderung der gem. § 51 Abs. 1 Satz 1 Nr. 2 (und ggf. Abs. 3 Satz 1) KAGB angezeigten Verhältnisse hat die EU-OGAW-Verwaltungsgesellschaft dies der BaFin **mindestens einen Monat vor dem Wirksamwerden der Änderungen schriftlich anzuzeigen**. Zusätzlich sind die Änderungen entsprechend der nationalen Umsetzung von Art. 17 Abs. 8 und Art. 18 Abs. 4 OGAW IV-RL gegenüber der Herkunftsmitgliedstaatsbehörde anzuzeigen. 17

VI. Zusätzlich anwendbare Vorschriften deutschen Rechts (§ 51 Abs. 4 und Abs. 8 KAGB)

Bei grenzüberschreitenden Tätigkeiten kommen sowohl **Vorschriften des Herkunftsmitgliedstaates als auch Vorschriften des Aufnahmemitgliedstaates** zur Anwendung. Gem. dem europarechtlich festgeschriebenen **Grundsatz der Herkunftsstaatsaufsicht** sind nur die Herkunftsmitgliedstaatsbehörden der Verwaltungsgesellschaft für die Beaufsichtigung der **Organisation der Verwaltungsgesellschaft** zuständig. Die Ausführungen in § 50 Rz. 13 f., 17 f. gelten *vice versa*. Dies schließt Verfahren und Ressourcen zur Wahrnehmung der administrativen Tätigkeiten gem. Anhang II OGAW IV-RL ein. Insofern gilt nur das Recht des Herkunftsmitgliedstaates der Verwaltungsgesellschaft.[9] 18

Neben die Organisationskontrolle durch die Herkunftsmitgliedstaatsbehörde tritt das inländische Recht in Bezug auf die **produktbezogenen Vorschriften** und evtl. **allgemeingültige**, für den deutschen Markt an- 19

9 Vgl. dazu *Willowski/Grulke* in Weitnauer/Boxberger/Anders, § 51 KAGB Rz. 10; *Klebeck/Kunschke* in Beckmann/Scholtz/Vollmer, § 51 KAGB Rz. 38.

zuwendende **Rechtsnormen** (etwa des Steuer-, Verbraucherschutz- und Zivilrechts). Die **Kontrollkompetenz der BaFin** richtet sich nach allgemeinen Grundsätzen. § 51 KAGB begründet etwa keine Zuständigkeit im Steuer- und Zivilrecht. § 51 Abs. 4 und 8 KAGB differenziert in Bezug auf die anwendbaren inländischen Normen danach, ob die EU-OGAW-Verwaltungsgesellschaft über einer Zweigniederlassung oder im Wege des grenzüberschreitenden Dienstleistungsverkehrs tätig wird.

1. Tätigkeit über eine Zweigniederlassung

a) Gem. § 51 Abs. 4 KAGB anwendbare Normen des KAGB

aa) Allgemein anwendbare Normen (§ 51 Abs. 4 Satz 1 KAGB)

20 Die über § 51 Abs. 4 Satz 1 KAGB auf Zweigniederlassungen von EU-OGAW-Verwaltungsgesellschaften für anwendbar erklärten Normen des KAGB dienen einerseits dem **Anlegerschutz**. Zweites Anliegen ist der Abgleich der auf Zweigniederlassungen von EU-OGAW-Verwaltungsgesellschaften anwendbaren Vorgaben mit den Vorgaben für die inländische Tätigkeit einer deutschen OGAW-KVG. Dabei geht es um die **Herstellung eines Level Playing Fields.** Dieser zweite Aspekt beruht nicht auf europäischen Vorgaben.[10] Im Einzelfall kann daher die Europarechtskonformität in Zweifel stehen.

21 **Tabelle 1:** Auf inländische Zweigniederlassungen von EU-OGAW-Verwaltungsgesellschaften anzuwendende Vorschriften

Norm	**Regelungsinhalt bzw. Regelungsbezug der Norm**
§ 3 Abs. 1, 4 und 5	Bezeichnungsschutz
§ 14	Auskünfte und Prüfungen
§ 26 Abs. 2	Wohlverhaltensregeln
§ 27 Abs. 1	Interessenkonflikte
§ 33	Werbung
§ 34 Abs. 3 Nr. 8	Anzeigepflicht bei Einstellung des Geschäftsbetriebs
§ 293	Allgemeine Vertriebsvorschriften
§ 294 Abs. 1	Auf den Vertrieb und den Erwerb von OGAW anwendbare Vorschriften
§ 295 Abs. 1 bis 5 und 8	Auf den Vertrieb und den Erwerb von AIF anwendbare Vorschriften *(wohl Redaktionsversehen)*
§ 297	Verkaufsunterlagen und Hinweispflichten
§ 301	Sonstige Veröffentlichungspflichten
§ 302	Werbung
§ 303	Maßgebliche Sprachfassung
§ 304	Kostenvorausbelastung
§ 305	Widerrufsrecht
§ 306	Prospekthaftung und Haftung für die wesentlichen Anlegerinformationen
§ 312	Anzeigepflicht für den Vertrieb von inländischen OGAW in anderen Mitgliedstaaten der EU oder in Vertragsstaaten des Abkommens über den Europäischen Wirtschaftsraum
§ 313	Veröffentlichungspflichten beim Vertrieb von inländischen OGAW in anderen Mitgliedstaaten der EU oder in Vertragsstaaten des Abkommens über den Europäischen Wirtschaftsraum

10 *Daemgen* in Moritz/Klebeck/Jesch, § 51 KAGB Rz. 41.

bb) Anwendbare Normen bei der Erbringung von Dienst- und Nebendienstleistungen nach § 20 Abs. 2 Nr. 1, 2, 3 oder 4 KAGB (§ 51 Abs. 4 Satz 2 und 3 KAGB)

Erbringt die Zweigniederlassung der EU-OGAW-Verwaltungsgesellschaft Dienst- oder Nebendienstleistungen i.S.d. § 20 Abs. 1 Nr. 1, 2, 3 oder 4 KAGB, muss sie über die Vorgaben des § 51 Abs. 4 Satz 1 KAGB hinaus gem. § 51 Abs. 4 Satz 2 KAGB weitere inländische Vorgaben des WpHG und des Gesetzes über die Deutsche Bundesbank beachten. 22

Tabelle 2: Auf Zweigniederlassungen anwendbare, dienstleistungsspezifische Vorschriften des deutschen Rechts 23

Norm	Regelungsinhalt bzw. Regelungsbezug der Norm
§ 63 WpHG	Allgemeine Verhaltensregeln
§ 64 WpHG	Besondere Verhaltensregeln bei der Erbringung von Anlageberatung und Finanzportfolioverwaltung
§ 65 WpHG	Selbstauskunft bei der Vermittlung des Vertragsschlusses über eine Vermögensanlage im Sinne des § 2a Vermögensanlagegesetz
§ 66 WpHG	Ausnahmen für Immobiliarverbraucherdarlehensverträge
§ 67 WpHG	Kunden
§ 68 WpHG	Geschäfte mit geeigneten Gegenparteien
§ 70 WpHG	Zuwendungen und Gebühren
§ 82 Abs. 1 bis 9, 13 WpHG	Bestmögliche Ausführung von Kundenaufträgen
§ 83 WpHG	Aufzeichnungs- und Aufbewahrungspflicht
§ 18 BBankG	Statistische Erhebungen

Soweit diese Zweigniederlassungen Dienst- und Nebendienstleistungen im Sinne des § 20 Abs. 2 Nr. 1, 2, 3 oder 4 KAGB erbringen, hat ein **geeigneter Prüfer mindestens einmal jährlich** die Einhaltung der in Rz. 23 genannten Vorschriften des WpHG **zu prüfen**. § 38 Abs. 4 Satz 4 bis 6 und Abs. 5 KAGB gilt entsprechend. 24

b) Analoge Anwendung bestimmter Vorschriften des KWG und der AO (§ 51 Abs. 8 KAGB)

§ 51 Abs. 8 KAGB ordnet die analoge Anwendung der §§ 24c, 25h bis 25m KWG an (dazu Rz. 26). Daneben gelten **§ 93 Abs. 7 und 8 i.V.m. § 93b AO entsprechend**, die den **automatisierten Abruf von Kontoinformationen** regeln. 25

Tabelle 3: Entsprechend geltende KWG-Vorschriften 26

Norm	Regelungsinhalt bzw. Regelungsbezug der Norm
§ 24c KWG	Automatisierter Abruf von Kontoinformationen
§ 25h KWG	Interne Sicherungsmaßnahmen
§ 25i KWG	Allgemeine Sorgfaltspflichten in Bezug auf E-Geld
§ 25j KWG	Zeitpunkt der Identitätsprüfung
§ 25k KWG	Verstärkte Sorgfaltspflichten
§ 25l KWG	Geldwäscherechtliche Pflichten für Finanzholdinggesellschaften
§ 25m KWG	Verbotene Geschäfte

2. Tätigkeit im Wege des grenzüberschreitenden Dienstleistungsverkehrs (§ 51 Abs. 4 Satz 4 KAGB)

EU-OGAW-Verwaltungsgesellschaften, die im Wege des grenzüberschreitenden Dienstleistungsverkehrs im Inland tätig sind, unterliegen in weitaus geringerem Umfang inländischen Vorgaben als die inländische Zweigniederlassung einer EU-OGAW-Verwaltungsgesellschaft. Über organisatorische Anforderungen hi- 27 naus bleibt es weitgehend bei der Herkunftsstaatsbehörde.[11] § 51 Abs. 4 Satz 4 KAGB ordnet lediglich die Anwendung der §§ 14, 293, 294 Abs. 1, § 295 Abs. 1 bis 5 und 8, die §§ 297, 301 bis 306, 312 und 313 KAGB an.

VII. Befugnisse der BaFin bei Verstößen gegen § 51 Abs. 4 KAGB und § 52 Abs. 4 KAGB (§ 51 Abs. 5 und 6 KAGB)

1. Regelverfahren

28 Hält die EU-OGAW-Verwaltungsgesellschaft die über § 51 Abs. 4 KAGB auf sie anwendbaren deutschen Rechtsnormen oder Verpflichtungen gem. § 52 Abs. 4 KAGB nicht ein, kommt es gem. § 51 Abs. 4 KAGB zu einem **dreistufigen Verfahren**.

29 Auf der **ersten Stufe** fordert die BaFin die EU-OGAW-Verwaltungsgesellschaft auf, den festgestellten Mangel innerhalb einer **bestimmten Frist zu beheben**. In der Praxis ergeht diese Aufforderung gegenüber der Zweigniederlassung. Dies kann auch **formlos**, d.h. mündlich bzw. telefonisch geschehen. Kommt die EU-OGAW-Verwaltungsgesellschaft dieser Aufforderung nicht nach, unterrichtet die BaFin als **zweite Stufe** die Herkunftsmitgliedstaatsbehörde der EU-OGAW-Verwaltungsgesellschaft. Ergreift die Herkunftsmitgliedstaatsbehörde keine Maßnahmen oder erweisen sich die Maßnahmen als unzureichend, ist die BaFin auf einer **dritten Stufe** gem. § 51 Abs. 5 Satz 3 KAGB ermächtigt, nach Unterrichtung der Herkunftsmitgliedstaatsbehörde die **erforderlichen Maßnahmen selbst zu ergreifen** und falls erforderlich die **Durchführung neuer Geschäfte im Inland zu untersagen**. Des Weiteren muss die BaFin die ESMA unterrichten, wenn die Herkunftsmitgliedstaatsbehörde nach Ansicht der BaFin nicht in angemessener Weise tätig geworden ist.

30 Die nach Rz. 29 **zulässigen Maßnahmen** werden im KAGB **nicht konkretisiert**. Sie sind daher an den allgemeinen verwaltungsrechtlichen Vorgaben für behördliches Handeln zu messen. Da § 51 Abs. 5 KAGB Art. 21 Abs. 5 OGAW IV-RL umsetzt und dieser zu geeigneten Maßnahmen einschließlich der Maßnahmen gem. **Art. 98, 99 OGAW IV-RL** ermächtigt, sind Maßnahmen nach Art. 98, 99 OGAW IV-RL grds. von der Ermächtigungsgrundlage des § 51 Abs. 5 Satz 3 KAGB gedeckt. Die BaFin darf also insbesondere **Verfügungen und Sanktionen** gegenüber der Verwaltungsgesellschaft erlassen. Aussagekraft hat zudem der **Detailkatalog gem. Art. 98 Abs. 2 OGAW IV-RL**. Danach hat die BaFin zumindest die Befugnis:
- Unterlagen aller Art einzusehen und Kopien davon zu erhalten,
- von jeder Person Auskünfte zu verlangen und, falls notwendig, eine Person einzubestellen und zu befragen, um Informationen zu erhalten,
- Ermittlungen vor Ort durchzuführen,
- bereits existierende Aufzeichnungen von Telefongesprächen und Datenübermittlungen anzufordern,
- vorzuschreiben, dass Praktiken, die gegen die nach der OGAW IV-RL erlassenen Vorschriften verstoßen, unterbunden werden,
- das Einfrieren oder die Beschlagnahme von Vermögenwerten zu verlangen,
- von zugelassenen Investmentgesellschaften, Verwaltungsgesellschaften und Verwahrstellen die Erteilung von Auskünften zu verlangen,
- jegliche Art von Maßnahme zu ergreifen, um sicherzustellen, dass Investmentgesellschaften, Verwaltungsgesellschaften oder Verwahrstellen weiterhin den Anforderungen der OGAW IV-RL entsprechen,
- im Interesse der Anteilinhaber oder der Öffentlichkeit die Aussetzung der Ausgabe, Rücknahme oder Auszahlung von Anteilen zu verlangen,
- die einem OGAW, einer Verwaltungsgesellschaft oder einer Verwahrstelle erteilte Zulassung zu entziehen,
- eine Sache zwecks strafrechtlicher Verfolgung an ein Gericht zu verweisen und Überprüfungen oder Ermittlungen durch Wirtschaftsprüfer oder Sachverständige vornehmen zu lassen.

2. Verfahren in dringenden Fällen (§ 51 Abs. 6 KAGB)

31 § 51 Abs. 6 KAGB sieht eine **Eilbefugnis** in dringenden Fällen vor. Gem. § 51 Abs. 6 KAGB kann die BaFin ohne Einhaltung des in § 51 Abs. 5 KAGB vorgesehenen dreistufigen Regelverfahrens **in dringenden Fällen**

11 *Willowski/Grulke* in Weitnauer/Boxberger/Anders, § 51 KAGB Rz. 10; *Klebeck/Kunschke* in Beckmann/Scholtz/Vollmer, § 51 KAGB Rz. 38.

erforderliche Maßnahmen ergreifen. Sie hat die Europäische Kommission und die Herkunftsmitgliedstaatsbehörde der EU-OGAW-Verwaltungsgesellschaft unverzüglich hiervon zu unterrichten.

Wann die Voraussetzungen für einen solchen direkten, **mit besonderer Dringlichkeit** begründeten Eingriff der BaFin bestehen, konkretisiert das KAGB nicht näher. Nach dem § 52 Abs. 6 KAGB zugrundeliegenden Art. 21 Abs. 7 OGAW IV-RL kann in dringenden Fällen die Aufnahmemitgliedstaatsbehörde der Verwaltungsgesellschaft vor der Einleitung des in Art. 21 Abs. 3, 4 oder 5 OGAW IV-RL vorgesehenen Verfahrens **Sicherungsmaßnahmen** ergreifen, die **zum Schutz der Interessen der Anleger** (des OGAW) **oder sonstiger Dienstleistungsempfänger** (etwa Anlageberatungskunden) notwendig sind. Diese Kriterien können als Anhaltspunkt für die Anwendung des § 51 Abs. 6 KAGB herangezogen werden. Die entsprechende Heranziehung des § 46 Abs. 1 Satz 1 KWG geht demgegenüber zu weit, da § 46 Abs. 1 Satz 1 KWG von einem institutsbedrohenden Zustand ausgeht und eine Gefahr für die Erfüllung der Verpflichtungen eines Instituts gegenüber seinen Gläubigern, insbesondere für die Sicherheit der ihm anvertrauten Vermögenswerte, oder den begründeten Verdacht fordert, dass eine wirksame Aufsicht über das Institut nicht möglich ist.[12] 32

Nach der hier vertretenen Ansicht ist die BaFin in geeigneten Fällen etwa befugt, weitere Risikomanagementmaßnahmen (etwa strengere Limits) zu verfügen. Zu beachten ist dabei, dass die BaFin ohnedies im Regelfall berechtigt ist, Maßnahmen in Bezug auf den OGAW (etwa eine **Aussetzung der Anteilsrücknahme**) zu verfügen und durchzusetzen, wenn über die Zweigniederlassung oder grenzüberschreitend **inländische OGAW verwaltet** werden. Des Weiteren sind die **Standardbefugnisse** der BaFin **in Bezug auf inländische Zweigniederlassungen** zu berücksichtigen (Rz. 20 ff.). So kann die BaFin z.B. Näheres zum Umgang mit Interessenkonflikten anordnen, ohne die Bedingungen nach § 51 Abs. 6 KAGB einzuhalten. Dieselbe Befugnis steht ihr bei grenzüberschreitender Portfolioverwaltung nur unter den dargelegten Bedingungen des § 51 Abs. 6 KAGB zu. 33

VIII. Überwachung der Zweigniederlassung durch die Behörden des Herkunftsmitgliedstaats (§ 51 Abs. 7 Satz 1 und 3 KAGB)

1. Zweigniederlassungen von EU-OGAW-Verwaltungsgesellschaften

§ 51 Abs. 7 KAGB regelt die aufsichtliche Überwachung der Zweigniederlassung durch die Herkunftsstaatsbehörde der EU-OGAW-Verwaltungsgesellschaft und trägt damit dem Gedanken der Herkunftsstaatsaufsicht Rechnung.[13] Die Herkunftsstaatsbehörde der EU-OGAW-Verwaltungsgesellschaft kann nach vorheriger Unterrichtung der BaFin selbst oder durch ihre Beauftragten die **für die Überwachung der Zweigniederlassung erforderlichen Informationen** am Ort der inländischen Zweigniederlassung prüfen. Auf Ersuchen der Herkunftsmitgliedstaatsbehörde der EU-OGAW-Verwaltungsgesellschaft hat die BaFin die Richtigkeit der Daten zu überprüfen, die von der EU-OGAW-Verwaltungsgesellschaft an ihre Herkunftsstaatsbehörde übermittelt wurden, oder zu gestatten, dass die ersuchende Herkunftsstaatsbehörde, ein Wirtschaftsprüfer oder ein Sachverständiger diese Daten überprüft. Die EU-OGAW-Verwaltungsgesellschaft muss eine solche Prüfung dulden. 34

2. Drittstaatenregelung (§ 51 Abs. 7 Satz 3 KAGB)

Die BaFin kann nach pflichtgemäßem Ermessen gegenüber Aufsichtsstellen in Drittstaaten entsprechend § 51 Abs. 7 Satz 1 KAGB verfahren, wenn **Gegenseitigkeit** gewährleistet ist. § 5 Abs. 2 VwVfG über die Grenzen der Amtshilfe gilt entsprechend.[14] Diese Vorschrift stellt aus Sicht des Drittstaats ein **Privileg im Verhältnis zu anderen Drittstaaten** dar: Da Zweigniederlassungen ausländischer OGAW-Verwaltungsgesellschaften aus Drittstaaten nicht vom europäischen Pass profitieren, bedürfen sie in Deutschland einer separaten Zulassung und unterstehen der Vollaufsicht durch die BaFin als OGAW-KVG. Indem die BaFin die Prüfung auch durch Aufsichtsbehörden des Drittstaats zulässt, erkennt sie eine **Teilzuständigkeit der Drittstaatsbehörde für die Zweigniederlassung** an. Dies funktioniert nur, wenn die Drittstaatsbehörde umgekehrt ebenso verfährt, man also insgesamt ein partnerschaftliches Verhältnis pflegt und die BaFin entsprechende Befugnisse in Bezug auf die Zweigstellen deutscher KVGen in diesem Drittstaat hat.[15] Dies ist Ausdruck des Rechtsbegriffs der Gegenseitigkeit. 35

---

12 A.A. *Vahldiek* in Emde/Dornseifer/Dreibus/Hölscher, § 13 InvG Rz. 121; *Beckmann* in Beckmann/Scholtz/Vollmer, § 13 InvG Rz. 28; *Daemgen* in Moritz/Klebeck/Jesch, § 51 KAGB Rz. 59.

13 *Klebeck/Kunschke* in Beckmann/Scholtz/Vollmer, § 51 KAGB Rz. 60.

14 So auch *Klebeck/Kunschke* in Beckmann/Scholtz/Vollmer, § 51 KAGB Rz. 48.

15 *Tusch* in Baur/Tappen, § 51 KAGB Rz. 50.

§ 52 Besonderheiten für die Verwaltung inländischer OGAW durch EU-OGAW-Verwaltungsgesellschaften

(1) [1]Die Verwaltung eines inländischen OGAW durch eine EU-OGAW-Verwaltungsgesellschaft über eine Zweigniederlassung oder im Wege des grenzüberschreitenden Dienstleistungsverkehrs setzt voraus, dass die zuständigen Stellen des Herkunftsmitgliedstaates der EU-OGAW-Verwaltungsgesellschaft der Anzeige nach § 51 Absatz 1 Satz 1 eine Bescheinigung darüber beigefügt haben, dass die EU-OGAW-Verwaltungsgesellschaft in ihrem Herkunftsmitgliedstaat eine Zulassung gemäß der Richtlinie 2009/65/EG erhalten hat, eine Beschreibung des Umfangs dieser Zulassung sowie Einzelheiten darüber, auf welche Arten von OGAW diese Zulassung beschränkt ist. [2]Die EU-OGAW-Verwaltungsgesellschaft hat der Bundesanstalt darüber hinaus folgende Unterlagen zu übermitteln:

1. **die schriftliche Vereinbarung mit der Verwahrstelle im Sinne des Artikels 23 oder des Artikels 33 der Richtlinie 2009/65/EG und**
2. **Angaben über die Auslagerung von Aufgaben bezüglich der Portfolioverwaltung und der administrativen Tätigkeiten im Sinne des Anhang II der Richtlinie 2009/65/EG.**

[3]Verwaltet die EU-OGAW-Verwaltungsgesellschaft bereits inländische OGAW der gleichen Art, ist ein Hinweis auf die bereits übermittelten Unterlagen ausreichend, sofern sich keine Änderungen ergeben. [4]Die §§ 162 und 163 bleiben unberührt. [5]Satz 2 findet keine Anwendung, sofern die EU-OGAW-Verwaltungsgesellschaft im Inland lediglich EU-OGAW vertreiben will.

(2) Soweit es die Ausübung der Aufsicht über die EU-OGAW-Verwaltungsgesellschaft bei der Verwaltung eines inländischen OGAW erfordert, kann die Bundesanstalt von den zuständigen Stellen des Herkunftsmitgliedstaates der EU-OGAW-Verwaltungsgesellschaft Erläuterungen zu den Unterlagen nach Absatz 1 anfordern sowie auf Grundlage der Bescheinigung nach Absatz 1 Satz 1 Auskünfte darüber anfordern, ob die Art des inländischen OGAW, dessen Verwaltung beabsichtigt ist, von der Zulassung der EU-OGAW-Verwaltungsgesellschaft erfasst ist.

(3) Die EU-OGAW-Verwaltungsgesellschaft hat der Bundesanstalt alle nachfolgenden inhaltlichen Änderungen zu den Unterlagen nach Absatz 1 Satz 2 unmittelbar mitzuteilen.

(4) [1]Die Bundesanstalt kann die Verwaltung eines inländischen OGAW untersagen, wenn

1. **die EU-OGAW-Verwaltungsgesellschaft den Anforderungen des Artikels 19 Absatz 3 und 4 der Richtlinie 2009/65/EG nicht entspricht,**
2. **die EU-OGAW-Verwaltungsgesellschaft von den zuständigen Stellen ihres Herkunftsmitgliedstaates keine Zulassung zur Verwaltung der Art von OGAW erhalten hat, deren Verwaltung im Inland beabsichtigt wird, oder**
3. **die EU-OGAW-Verwaltungsgesellschaft die Unterlagen nach Absatz 1 nicht eingereicht hat.**

[2]Vor einer Untersagung hat die Bundesanstalt die zuständigen Stellen des Herkunftsmitgliedstaates der EU-OGAW-Verwaltungsgesellschaft anzuhören.

(5) Auf die Tätigkeit einer EU-OGAW-Verwaltungsgesellschaft, die inländische OGAW verwaltet, sind ungeachtet der Anforderungen nach § 51 Absatz 4 die §§ 68 bis 79, 91 bis 123, 162 bis 213, 293, 294 Absatz 1, die §§ 301 bis 306, 312 und 313 entsprechend anzuwenden.

In der Fassung vom 4.7.2013 (BGBl. I 2013, S. 1981), zuletzt geändert durch das Gesetz zur Anpassung von Gesetzen auf dem Gebiet des Finanzmarktes vom 15.7.2014 (BGBl. I 2014, S. 934). Geplant ist eine Änderung des Abs. 1 Satz 2 Nr. 1 durch das Gesetz zur Anpassung von Finanzmarktgesetzen an die Verordnung (EU) 2017/2402 und an die durch die Verordnung (EU) 2017/2401 geänderte Verordnung (EU) Nr. 575/2013 (RegE, BT-Drucks. 19/4460; s. Rz. 1).

Schrifttum: S. bei § 49.

I. Entstehungsgeschichte

1 § 52 KAGB entspricht inhaltlich weitgehend dem aufgehobenen § 13a InvG.[1] Die Vorschrift setzt Art. 17 ff. OGAW IV-RL für die Fälle um, in **denen inländische OGAW durch EU-OGAW-Verwaltungsgesellschaften verwaltet werden.**[2] Als (verspätete) Reaktion auf die OGAW V-RL steht derzeit eine redaktionelle Änderung an. Der Verweis auf Art. 23, 33 OGAW IV-RL wird zu Art. 22 Abs. 2 OGAW IV-RL n.F., weil die Art. 23, 33 OGAW IV-RL a.F. aufgehoben wurden.[3]

2 **Tabelle 1:** Umsetzung der OGAW IV-RL im KAGB

§ 52 KAGB/§ 13a InvG	**OGAW IV-RL**
§ 52 Abs. 1 KAGB/§ 13a Abs. 1 InvG	Art. 17 Abs. 3 Unterabs. 3, Art. 18 Abs. 2 Unterabs. 3, Art. 20 Abs. 1 OGAW IV-RL für die grenzüberschreitende Verwaltung inländischer OGAW
§ 52 Abs. 2 KAGB/§ 13a Abs. 2 InvG	Art. 20 Abs. 2 OGAW IV-RL
§ 53 Abs. 3 KAGB/§ 13a Abs. 3 InvG	Art. 17 Abs. 9 Unterabs. 2, Art. 18 Abs. 4 Satz 2 und Art. 20 Abs. 4 OGAW IV-RL
§ 53 Abs. 4 KAGB/§ 13a Abs. 4 InvG	Art. 20 Abs. 3 OGAW IV-RL
§ 53 Abs. 5 KAGB/§ 13a Abs. 5 InvG	Art. 19 Abs. 3 bis 5 OGAW IV-RL

3 Während §§ 49, 51 KAGB die Befugnis der OGAW-Verwaltungsgesellschaft zur Verwaltung von OGAW im Inland regeln (sog. **Verwalterpass**), liefern §§ 50, 52 KAGB den Produktpass. § 52 KAGB ist das **Spiegelbild zu § 50 KAGB** zur Verwaltung von EU-OGAW durch eine inländische OGAW-KVG. **§ 52 KAGB regelt den „Produktpass" für inländische OGAW**, während § 50 KAGB den „Produktpass" für EU-OGAW regelt, die von inländischen KVG verwaltet werden sollen.

II. Sinn und Zweck der Norm

4 Die Norm des **§ 52 KAGB ergänzt § 51 KAGB** durch **produktbezogene Regelungen**. Der Wortlaut des § 52 KAGB bezieht sich wie der Wortlaut des § 50 KAGB für EU-OGAW nur auf die Fälle der **Verwaltung von inländischen OGAW**. Bei richtlinienkonformer Auslegung wird man unter § 52 KAGB aber auch die Fälle subsumieren müssen, in denen inländische OGAW erstmals neu aufgelegt werden sollen.[4]

5 § 52 Abs. 1 KAGB legt fest, **welche zusätzlichen**, über die Anforderungen des § 51 KAGB hinausgehenden **Informationen der BaFin zu übermitteln sind**, wenn inländische OGAW von einer EU-OGAW-Verwaltungsgesellschaft verwaltet werden sollen. § 50 Abs. 2 KAGB bestimmt, wer für welche Änderungsmitteilungen gegenüber der BaFin bei der Verwaltung inländischer OGAW zuständig ist.

6 § 52 KAGB begründet sowohl Pflichten der EU-OGAW-Verwaltungsgesellschaft als auch ihrer Herkunftsmitgliedstaatsbehörde.

1 BT-Drucks. 17/12294, S. 224.
2 BT-Drucks. 17/4510, S. 64.
3 Vgl. Art. 3 Nr. 2 des Entwurfs eines Gesetzes zur Anpassung von Finanzmarktgesetzen an die Verordnung (EU) 2017/2402 und an die durch die Verordnung (EU) 2017/2401 geänderte Verordnung (EU) Nr. 575/2013, BR-Drucks. 374/18, 29.
4 So auch *Daemgen* in Moritz/Klebeck/Jesch, § 52 KAGB Rz. 3.

III. Zusätzliche von der EU-OGAW-Verwaltungsgesellschaft zu übermittelnde Unterlagen

1. Absichtsanzeigen (§ 52 Abs. 1 Satz 2 KAGB)

7 § 52 Abs. 1 KAGB ergänzt § 51 KAGB für die Fälle, in denen über eine Zweigniederlassung oder im Wege des grenzüberschreitenden Dienstleistungsverkehrs von einer EU-OGAW-Verwaltungsgesellschaft inländische OGAW verwaltet werden sollen.

8 Die EU-OGAW-Verwaltungsgesellschaft muss der **BaFin als zuständiger Aufnahmemitgliedstaatsbehörde** – zusätzlich zu ihrer Anzeige nach § 51 KAGB gegenüber ihrer Herkunftsstaatsbehörde – weitere Unterlagen übermitteln. Bei diesen zusätzlich bei der BaFin einzureichenden Unterlagen handelt es sich um

- den **Verwahrstellenvertrag** i.S.d. Art. 22 Abs. 2 OGAW IV-RL n.F. (vgl. dazu Rz. 1) sowie
- Angaben zu **Auslagerungstatbeständen.**

9 Falls die EU-OGAW-Verwaltungsgesellschaft bereits inländische OGAW der gleichen Art verwaltet, ist gem. § 52 Abs. 1 Satz 3 KAGB ein **Hinweis auf die** insofern bereits **übermittelten Unterlagen** ausreichend, falls diese inhaltlich noch vollumfänglich zutreffen.

10 **Unberührt bleiben §§ 162 und 163 KAGB** in Bezug auf die Anlagebedingungen und die Genehmigung der Anlagebedingungen des inländischen OGAW.

11 Gem. § 52 Abs. 1 Satz 4 KAGB findet § 52 Abs. 1 Satz 2 KAGB keine Anwendung, sofern die OGAW-Verwaltungsgesellschaft im Inland **lediglich EU-OGAW vertreiben** möchte. Dies ergibt sich bereits aus der Gesamtsystematik der Regelungen der OGAW IV-RL und hat daher lediglich **klarstellenden Charakter.**[5]

2. Änderungsanzeigen (§ 52 Abs. 3 KAGB)

12 Die EU-OGAW-Verwaltungsgesellschaft muss **inhaltliche Änderungen** von gem. § 52 Abs. 1 Satz 2 KAGB eingereichten Unterlagen **unmittelbar der BaFin mitteilen.** Insofern stellt § 50 Abs. 2 Satz 3 KAGB eine Ergänzung zu § 51 Abs. 2 Satz 3 KAGB (Zweigniederlassung) und § 51 Abs. 3 Satz 3 KAGB (grenzüberschreitender Dienstleistungsverkehr) dar.

13 Abweichend von § 13a Abs. 3 Satz 2 InvG muss die Herkunftsmitgliedstaatsbehörde der EU-OGAW-Verwaltungsgesellschaft **nicht mehr nach deutschem Recht** die in der Bescheinigung nach § 52 Abs. 1 Satz 1 KAGB enthaltenen Informationen **aktualisieren und die BaFin** über Änderungen des Erlaubnisumfangs der EU-OGAW-Verwaltungsgesellschaft **informieren.** Die diesbezüglichen Pflichten der Herkunftsmitgliedstaatsbehörde aus Art. 17 Abs. 9 Unterabs. 2, 18 Abs. 4 Satz 2 OGAW IV-RL sind **von den jeweiligen Herkunftsmitgliedstaaten in nationales Recht umzusetzen.**

IV. Ergänzung der an die BaFin zu übermittelnden Unterlagen (§ 52 Abs. 1 Satz 1 KAGB)

14 Die Herkunftsmitgliedstaatsbehörde der EU-OGAW-Verwaltungsgesellschaft fügt den **Absichtsanzeigen** nach § 51 KAGB zur Verwaltung inländischer OGAW eine Bescheinigung bei, dass die EU-OGAW-Verwaltungsgesellschaft in ihrem Herkunftsmitgliedstaat eine Erlaubnis gem. Art. 6 ff. OGAW IV-RL erhalten hat, eine Beschreibung des Umfangs dieser Erlaubnis sowie ggf. Angaben dazu, auf welche Arten von OGAW die Erlaubnis beschränkt ist.

V. Auskunftsanspruch der BaFin gegenüber der Herkunftsmitgliedstaatsbehörde (§ 52 Abs. 2 KAGB)

15 Gemäß Art. 20 Abs. 3 OGAW IV-RL kann die Herkunftsmitgliedstaatsbehörde des OGAW **den Antrag** der KVG auf Verwaltung eines OGAW aus einem anderen Mitgliedstaat **ablehnen,** wenn

- die KVG den in Umsetzung von **Art. 19 Abs. 3 und 4 OGAW IV-RL erlassenen Bestimmungen** (vgl. dazu Rz. 20 sowie § 50 Rz. 13, 20) **im Herkunftsstaat des OGAW** nicht entspricht,
- die KVG von den zuständigen Behörden ihres Herkunftsmitgliedstaates **keine Zulassung** zur Verwaltung der Art von OGAW erhalten hat, für die eine Zulassung beantragt wird, oder

5 BT-Drucks. 17/12294, S. 224.

- die KVG die Unterlagen nach Art. 20 Abs. 1 OGAW IV-RL (insb. **Verwahrstellenvertrag und Auslagerungsverträge**) nicht eingereicht hat.

16 Die **Prüfung** der Zulässigkeit der Verwaltung eines inländischen OGAW liegt gem. den Vorgaben der OGAW IV-RL bei der **Herkunftsmitgliedstaatsbehörde des OGAW** (aus Sicht der Verwaltungsgesellschaft also **beim Aufnahmemitgliedstaat**). Hier wie in § 50 Abs. 3 KAGB ist das Prinzip der alleinigen Aufsicht des Herkunftsmitgliedstaates durchbrochen. § 52 Abs. 3 KAGB trägt dem Rechnung, indem der BaFin ein Auskunftsanspruch gegenüber der Herkunftsmitgliedstaatsbehörde der EU-OGAW-Verwaltungsgesellschaft eingeräumt wird. Diese muss ein **Auskunftsersuchen** der BaFin innerhalb von **10 Arbeitstagen nach Erhalt der Anfrage beantworten**, ob die Art des inländischen OGAW, dessen Verwaltung die EU-OGAW-Verwaltungsgesellschaft beabsichtigt, von der Erlaubnis der EU-OGAW-Verwaltungsgesellschaft erfasst ist (vgl. Art. 20 Abs. 2 Satz 2 OGAW IV-RL).

VI. Untersagungsrecht der BaFin (§ 52 Abs. 4 KAGB)

17 § 52 Abs. 4 Satz 1 KAGB ermächtigt die BaFin dazu, die Verwaltung eines inländischen OGAW durch eine EU-OGAW-Verwaltungsgesellschaft zu untersagen, wenn bestimmte Voraussetzungen vorliegen. Eine solche **Untersagungsverfügung** der BaFin stellt eine **Ermessensentscheidung** der BaFin dar. Insofern ist die BaFin an die allgemeinen für belastende Verwaltungsakte geltenden verwaltungsrechtlichen Vorgaben, insbesondere den Grundsatz der Verhältnismäßigkeit gebunden.

18 Vor einer Untersagung der Verwaltung des inländischen OGAW muss die BaFin die Herkunftsmitgliedstaatsbehörde der EU-OGAW-Verwaltungsgesellschaft **anhören.** Dabei ist dem Grundsatz der Herkunftsstaatsaufsicht und dem Verhältnismäßigkeitsgrundsatz Rechnung zu tragen.

1. Nichterfüllung der Anforderungen des Art. 19 Abs. 3 und 4 OGAW IV-RL (§ 52 Abs. 4 Satz 1 Nr. 1 KAGB)

19 Die Nichterfüllung der Anforderungen des Art. 19 Abs. und 4 OGAW IV-RL stellt einen **Untersagungsgrund** nach § 52 Abs. 4 Satz 1 Nr. 1 KAGB dar.

20 Gem. Art. 19 Abs. 3 OGAW IV-RL unterliegt die EU-OGAW-Verwaltungsgesellschaft, die durch die Gründung einer Zweigniederlassung oder im Wege der **Dienstleistungsfreiheit** grenzüberschreitend die **gemeinsame Portfolioverwaltung** betreibt, den Bestimmungen des Herkunftsmitgliedstaates des OGAW für die Gründung und die Geschäftstätigkeit des OGAW. Zum Verständnis des Katalogs aus Art. 19 Abs. 3 OGAWRL als **Regelbeispiel** vgl. § 50 Rz. 20 f. Es gelten insbesondere die Vorgaben des Herkunftsmitgliedstaates betr.:

- die Errichtung und Zulassung des OGAW,
- die Ausgabe und Veräußerung von Anteilen und Aktien,
- Anlagepolitik und Beschränkungen einschließlich der Berechnung des gesamten Kreditrisikos und der Verschuldung,
- Beschränkungen in Bezug auf Kreditaufnahme, Kreditgewährung und Leerverkäufe,
- die Bewertung der Vermögenswerte und die Rechnungsführung des OGAW,
- die Berechnung des Ausgabepreises und/oder des Auszahlungspreises sowie für den Fall fehlerhafter Berechnung des Nettobestandswerts und für entsprechende Entschädigungen der Anleger,
- die Ausschüttung oder Wiederanlage der Erträge,
- die Offenlegungs- und Berichtspflichten des OGAW einschließlich des Prospekts, der wesentlichen Informationen für die Anleger und der regelmäßigen Berichte,
- die Modalitäten der Vermarktung,
- die Beziehung zu den Anteilinhabern,
- Verschmelzung und Umstrukturierung des OGAW,
- Auflösung und Liquidation des OGAW,
- gegebenenfalls den Inhalt des Verzeichnisses der Anteilinhaber,
- die Gebühren für die Zulassung und Aufsicht des OGAW und
- die Ausübung der Stimmrechte der Anteilinhaber und weiterer Rechte der Anteilinhaber in Bezug auf die vorstehenden Punkte.

21 Gem. Art. 19 Abs. 4 OGAW IV-RL muss die EU-OGAW-Verwaltungsgesellschaft bei der Gestaltung der konstituierenden Dokumenten des OGAW diesen Rechtsvorschriften nachkommen.

22 Einem Verstoß gegen Vorgaben des Art. 19 Abs. 3 und 4 OGAW IV-RL kann man häufig mit einem **milderen Mittel als der Untersagung** der Verwaltung des inländischen OGAW begegnen, nämlich durch **Anpassung binnen vorgegebener Frist**. Vor dem Erlass einer Untersagungsverfügung ist die Verhältnismäßigkeit der Maßnahme in den Blick zu nehmen.[6]

2. Fehlende Erlaubnis der Herkunftsmitgliedstaatsbehörde zur Verwaltung der Art des inländischen OGAW (§ 52 Abs. 4 Satz 1 Nr. 2 KAGB)

23 Verfügt die EU-OGAW-Verwaltungsgesellschaft nicht über eine Erlaubnis der Herkunftsmitgliedstaatsbehörde zur Verwaltung der Art von OGAW, deren Verwaltung im Inland beabsichtigt wird, kann die BaFin ihr die Verwaltung des inländischen OGAW untersagen. Ob eine solche Erlaubnis vorliegt, überprüft die BaFin auf der Basis der ihr vom Herkunftsmitgliedstaat der EU-OGAW-Verwaltungsgesellschaft übermittelten Unterlagen, gegebenenfalls unter Rückgriff auf ihr **Auskunftsrecht** nach § 52 Abs. 2 KAGB.

24 Unter § 52 Abs. 4 Satz 1 Nr. 2 KAGB ist der **Ermessenspielraum der BaFin deutlich reduzierter** als im Falle des § 52 Abs. 4 Satz 1 Nr. 1 KAGB. Inländische OGAW dürfen nur von Verwaltungsgesellschaften verwaltet werden, die hierzu eine Erlaubnis haben.

3. Nichteinreichung der Unterlagen nach § 52 Abs. 1 KAGB durch die EU-OGAW-Verwaltungsgesellschaft (§ 52 Abs. 4 Satz 1 Nr. 3 KAGB)

25 Die Nichteinreichung der Unterlagen nach § 52 Abs. 1 KAGB durch die EU-OGAW-Verwaltungsgesellschaft ermächtigt die BaFin dazu, der EU-OGAW-Verwaltungsgesellschaft die Verwaltung des jeweiligen inländischen OGAW zu untersagen. Verhältnismäßig ist zunächst nur die **vorläufige Untersagung** (nach vorheriger Androhung), weil die EU-OGAW-Verwaltungsgesellschaft auf entsprechende Androhung zumeist liefern wird.

VII. Anwendbares Recht (§ 52 Abs. 5 KAGB)

26 Auf die inländische Tätigkeit einer EU-OGAW-Verwaltungsgesellschaft, die inländische OGAW verwaltet, sind ungeachtet der Anforderungen nach § 51 Abs. 4 KAGB entsprechend anzuwenden:
- die Vorgaben zur **Verwahrstelle** nach §§ 68 bis 79 KAGB,
- die **allgemeinen Vorschriften für offene inländische Investmentvermögen**, die allgemeinen Vorschriften für Sondervermögen und die allgemeinen Vorschriften für Investmentaktiengesellschaften mit veränderlichem Kapital nach §§ 91 bis 123 KAGB,
- die allgemeinen Vorschriften für **offene Publikumsinvestmentvermögen** nach §§ 162 bis 213 KAGB und
- die **vertriebsbezogenen Vorschriften** der §§ 293, 294 Abs., die §§ 301 bis 306, 312 und 313 KAGB.

VIII. Rechtsschutz

27 Eine Untersagungsverfügung der BaFin nach § 52 Abs. 4 VwGO ist **belastender Verwaltungsakt** i.S.d. § 35 VwVfG. Dagegen sind der **Widerspruch** nach § 70 VwGO und die **Anfechtungsklage** nach § 42 Abs. 1 Alt. 1 VwGO der statthafte Rechtsbehelf.

6 So auch *Daemgen* in Moritz/Klebeck/Jesch, § 52 KAGB Rz. 15.

Unterabschnitt 6
Grenzüberschreitender Dienstleistungsverkehr und Drittstaatenbezug bei AIF-Verwaltungsgesellschaften

§ 53 Verwaltung von EU-AIF durch AIF-Kapitalverwaltungsgesellschaften

(1) Beabsichtigt eine AIF-Kapitalverwaltungsgesellschaft, die über eine Erlaubnis nach den §§ 20, 22 verfügt, erstmals im Wege des grenzüberschreitenden Dienstleistungsverkehrs oder über eine Zweigniederlassung EU-AIF zu verwalten oder Dienst- und Nebendienstleistungen nach § 20 Absatz 3 Nummer 2 bis 5 zu erbringen, so übermittelt sie der Bundesanstalt folgende Angaben:

1. den Mitgliedstaat der Europäischen Union oder den Vertragsstaat des Abkommens über den Europäischen Wirtschaftsraum, in dem sie EU-AIF im Wege des grenzüberschreitenden Dienstleistungsverkehrs oder über eine Zweigniederlassung zu verwalten oder Dienst- und Nebendienstleistungen nach § 20 Absatz 3 Nummer 2 bis 5 zu erbringen beabsichtigt,
2. einen Geschäftsplan, aus dem insbesondere hervorgeht, welche EU-AIF sie zu verwalten oder welche Dienst- und Nebendienstleistungen sie zu erbringen beabsichtigt.

(2) Beabsichtigt die AIF-Kapitalverwaltungsgesellschaft, eine Zweigniederlassung in einem anderen Mitgliedstaat der Europäischen Union oder in einem anderen Vertragsstaat des Abkommens über den Europäischen Wirtschaftsraum zu errichten, so hat sie der Bundesanstalt zusätzlich zu den Angaben nach Absatz 1 folgende Informationen zu übermitteln:

1. den organisatorischen Aufbau der Zweigniederlassung,
2. die Anschrift, unter der im Herkunftsmitgliedstaat des EU-AIF Unterlagen angefordert werden können, sowie
3. die Namen und Kontaktangaben der Geschäftsführer der Zweigniederlassung.

(3) Besteht kein Grund zur Annahme, dass die Verwaltung des EU-AIF durch die AIF-Kapitalverwaltungsgesellschaft oder die Erbringung von Dienst- und Nebendienstleistungen nach § 20 Absatz 3 Nummer 2 bis 5 gegen dieses Gesetz verstößt oder verstoßen wird, übermittelt die Bundesanstalt binnen eines Monats nach dem Eingang der vollständigen Unterlagen nach Absatz 1 oder binnen zwei Monaten nach dem Eingang der vollständigen Unterlagen nach Absatz 2 diese zusammen mit einer Bescheinigung über die Erlaubnis der betreffenden AIF-Kapitalverwaltungsgesellschaft an die zuständigen Behörden des Aufnahmemitgliedstaates der AIF-Kapitalverwaltungsgesellschaft.

(4) [1]Die Bundesanstalt unterrichtet die AIF-Kapitalverwaltungsgesellschaft unverzüglich über die Übermittlung der Unterlagen. [2]Die AIF-Kapitalverwaltungsgesellschaft darf erst unmittelbar nach dem Eingang der Übermittlungsmeldung in dem jeweiligen Aufnahmemitgliedstaat mit der Verwaltung von EU-AIF oder der Erbringung von Dienst- und Nebendienstleistungen beginnen.

(5) [1]Eine Änderung der nach Absatz 1 oder Absatz 2 übermittelten Angaben hat die AIF-Kapitalverwaltungsgesellschaft der Bundesanstalt mindestens einen Monat vor der Durchführung der geplanten Änderungen schriftlich anzuzeigen. [2]Im Fall von ungeplanten Änderungen hat die AIF-Kapitalverwaltungsgesellschaft die Änderung der Bundesanstalt unmittelbar nach dem Eintritt der Änderung schriftlich anzuzeigen.

(6) Würde die geplante Änderung dazu führen, dass die AIF-Kapitalverwaltungsgesellschaft, die Verwaltung des EU-AIF oder die Erbringung der Dienst- und Nebendienstleistungen durch diese nunmehr gegen dieses Gesetz verstößt, untersagt die Bundesanstalt der AIF-Kapitalverwaltungsgesellschaft unverzüglich die Änderung.

(7) Wird eine geplante Änderung ungeachtet der Absätze 5 und 6 durchgeführt oder würde eine durch einen unvorhersehbaren Umstand ausgelöste Änderung dazu führen, dass die AIF-Kapitalverwaltungsgesellschaft, die Verwaltung des EU-AIF oder die Erbringung der Dienst- und Nebendienstleistungen durch diese nunmehr gegen dieses Gesetz verstößt, ergreift die Bundesanstalt alle erforderlichen Maßnahmen.

(8) Über Änderungen, die im Einklang mit diesem Gesetz stehen, unterrichtet die Bundesanstalt unverzüglich die zuständigen Stellen des Aufnahmemitgliedstaates der AIF-Kapitalverwaltungsgesellschaft.

In der Fassung vom 4.7.2013 (BGBl. I 2013, S. 1981), zuletzt geändert durch das Gesetz zur Anpassung von Gesetzen auf dem Gebiet des Finanzmarktes vom 15.7.2014 (BGBl. I 2014, S. 934).

Schrifttum: S. bei § 49.

I. Entstehungsgeschichte und europäischer Hintergrund

1 § 53 KAGB setzt Art. 33 AIFM-RL zum **Europäischen Pass für Verwalter von AIFs (AIFM/AIF-KVG)** um. Gem. Art. 33 Abs. 1 AIFM-RL darf ein EU-AIFM mit Sitz in einem anderen Mitgliedstaat entweder direkt oder indirekt **über eine Zweigniederlassung EU-AIF** (§ 1 Rz. 142) **verwalten**, sofern der AIFM für die Verwaltung dieser Art von AIF in seinem Heimatmitgliedstaat zugelassen ist. Dabei ist der EU-AIF i.d.R. anders definiert als der Spezial-AIF, weil nach der europäischen Definition vom europäischen Pass nur AIF erfasst sind, die **nur an professionelle Anleger** (§ 1 Rz. 225 ff.) **vertrieben werden dürfen**.

2 Der europäische Pass gem. Art. 33 Abs. 1 AIFM-RL umfasst neben der Verwaltung von EU-AIF auch die von der Erlaubnis des AIFM umfassten **Dienst- und Nebendienstleistungen gem. § 20 Abs. 3 KAGB.**[1] Dies wurde durch Anpassung der AIFM-RL i.R.d. MiFID II explizit klargestellt. Für OGAW ist § 49 KAGB das Pendant zu § 53 KAGB, im Bereich der CRR-Kreditinstitute und Wertpapierhandelsunternehmen § 24a KWG.

3 Art. 33 Abs. 7 und 8 AIFM-RL ermächtigen die ESMA zur Ausarbeitung von technischen **Regulierungs- und Durchführungsstandards** zum Europäischen Pass und die Europäische Kommission zum Erlass dieser Standards auf Basis der Verordnung (EU) Nr. 1095/2010.

II. Sinn und Zweck der Norm

4 Gem. § 53 KAGB darf die AIF-KVG (§ 1 Rz. 152) die Dienstleistungen, die von ihrer deutschen Erlaubnis nach §§ 20, 22 KAGB erfasst sind, auch **grenzüberschreitend** erbringen. Die **Errichtung einer Zweigniederlassung** in einem anderen EU/EWR-Staat unterliegt ebenso wie die Erbringung dieser Dienstleistungen im Wege des grenzüberschreitenden Dienstleistungsverkehrs **keinem Erlaubnisvorbehalt**. Es ist lediglich ein **Anzeigeverfahren gegenüber der BaFin** zu durchlaufen. Über dieses wird sichergestellt, dass die BaFin als Herkunftsmitgliedstaatsbehörde Kenntnis von allen grenzüberschreitenden Sachverhalten und Tätigkeiten erhält und diese beurteilen kann. Das **Prinzip der Herkunftsstaatsaufsicht** setzt voraus, dass der Aufnahmemitgliedstaat auf eine kompetente Prüfung der Herkunftsstaatsbehörde vertrauen darf und muss.[2]

5 § 53 KAGB findet keine Anwendung auf eine AIF-KVG, die lediglich registriert ist (sog. **„kleine KVG/kleiner AIFM"**) gem. § 2 Abs. 4 bis 5 KAGB. Dies ergibt sich zum einem aus Art. 3 Abs. 4 AIFM-RL und zum

1 ESMA, Questions and Answers, Application of the AIFMD, 5 October 2017, ESMA34-32-352, Section V, Question 1.
2 Zu § 24a KWG, BT-Drucks. 14/8017, S. 122.

anderen aus der Freistellung der lediglich registrierten KVG gem. § 2 Abs. 4, 4a oder 5 KAGB, wonach keine Erlaubnis nach § 20 KAGB erforderlich ist.

III. Arten grenzüberschreitender Tätigkeiten

1. Errichtung einer Zweigniederlassung

Der Begriff der Zweigniederlassung ist sowohl in Art. 4 Abs. 1 Buchst. c Halbsatz 1 AIFM-RL als auch § 1 Abs. 19 Nr. 38 KAGB definiert. In Art. 4 Abs. 1 Buchst. c) Halbsatz 1 AIFM-RL ist der Begriff der Zweigniederlassung in Bezug auf einen AIFM definiert als eine **Betriebsstelle, die einen rechtlich unselbstständigen Teil eines AIFM bildet** und die die Dienstleistungen erbringt, für die dem AIFM eine Zulassung erteilt wurde. Vgl. zu § 1 Abs. 19 Nr. 38 KAGB § 1 Rz. 251 ff. 6

Eine Zweigniederlassung verfügt beiden Definitionen zufolge über **keine eigene Rechtspersönlichkeit**, sondern ist ein rechtlich unselbständiger Teil der AIF-KVG als juristischer Person.[3] Von der bloß grenzüberschreitend erbrachten Dienstleistung unterscheidet sich die Erbringung von Dienstleistungen über eine Zweigniederlassung dadurch, dass über die Zweigniederlassung eine **dauerhafte physische Präsenz** im Aufnahmemitgliedstaat begründet wird. 7

2. Grenzüberschreitender Dienstleistungsverkehr

Unter den Begriff des grenzüberschreitenden Dienstleistungsverkehrs fällt jede Tätigkeit der AIF-KVG, mit der sich diese **zielgerichtet an den Markt in einem anderen EU-Mitgliedstaat wendet**, um gegenüber Unternehmen, natürlichen und/oder juristischen Personen, die ihren gewöhnlichen Aufenthalt in diesem EU-Mitgliedstaat haben, widerholt und geschäftsmäßig die von ihrer Erlaubnis erfassten Tätigkeiten nach § 20 Abs. 2 KAGB anzubieten.[4] 8

Nicht umfasst vom Begriff des grenzüberschreitenden Dienstleistungsverkehrs i.S.d. § 53 KAGB sind Tätigkeiten der AIF-KVG, die im Rahmen der **passiven Dienstleistungsfreiheit** erbracht werden. Dazu zählen die Fälle, in denen die Dienstleistung vom Dienstleistungsempfänger nachgefragt, d.h. auf seine Initiative hin vom Dienstleistungserbringer erbracht wird (sog. *reverse solicitation*).[5] Die Grenzbereiche sind umstritten, zumal die BaFin bei professionellen Anlegern bislang eine eher großzügige Haltung an den Tag gelegt hat, die unter dem Eindruck des Brexit überprüft und möglicherweise europaweit (strenger) harmonisiert wird. 8a

IV. Regelungsgehalt des § 53 KAG

Beabsichtigt eine AIF-KVG grenzüberschreitend im Wege des grenzüberschreitenden Dienstleistungsverkehrs oder über eine Zweigniederlassung EU-AIF zu verwalten oder (MiFID-)Dienst- und Nebendienstleistungen nach § 20 Abs. 3 Nr. 2 bis 5 KAGB zu erbringen, muss sie eine entsprechende Absichtsanzeige gegenüber der BaFin abgeben. 9

1. Inhalt der Absichtsanzeige zur Aufnahme grenzüberschreitender Tätigkeiten (§ 53 Abs. 1 Satz 2, Abs. 2 KAGB)

a) Grenzüberschreitender Dienstleistungsverkehr (§ 53 Abs. 1 Satz 2 KAGB)

Die Absichtsanzeige der AIF-KVG zur grenzüberschreitenden Erbringung von Dienstleistungen muss folgende **Angaben** enthalten: 10

- den **EU/EWR-Staat**, in dem sie EU-AIF im Wege des grenzüberschreitenden Dienstleistungsverkehrs zu verwalten oder Dienst- und Nebendienstleistungen nach § 20 Absatz 3 Nummer 2 bis 5 KAGB zu erbringen beabsichtigt, und
- einen **Geschäftsplan**, aus dem insbesondere hervorgeht, welche EU-AIF sie zu verwalten oder welche Dienst- und Nebendienstleistungen sie zu erbringen beabsichtigt.

---

3 *Nietsch* in Emde/Dornseifer/Dreibus/Hölscher, § 12 InvG Rz. 5; *Daemgen* in Moritz/Klebeck/Jesch, § 49 KAGB Rz. 15.
4 *Blankenheim* in Beckmann/Scholtz/Vollmer, § 12 InvG Rz. 12; *Nietsch* in Emde/Dornseifer/Dreibus/Hölscher, § 12 InvG Rz. 32.
5 BaFin, Merkblatt zur Erlaubnispflicht von grenzüberschreitend betriebenen Geschäften, Stand: 1.4.2005, Fn. 1.

11 Das KAGB und die AIFM-RL enthalten keine weiteren Vorgaben in Bezug auf den bei **der BaFin einzureichenden Geschäftsplan**. Insofern liegt es nahe, auf die Vorgaben des § 49 Abs. 1 Satz 2 Nr. 2 KAGB zurückzugreifen (vgl. § 49 Rz. 10 f.). Diese Vorgaben stellen für die OGAW-KVG einen gewissen Standard dar, anhand dessen sich die Verwaltungspraxis der BaFin in den letzten Jahren entwickelt hat.[6] Vor diesem Hintergrund sollte ein Geschäftsplan i.S.d. § 53 Abs. 1 Satz 2 Nr. 2 KAGB insbesondere beinhalten:

- die **Dienst- und Nebendienstleistungen**, die erbracht werden sollen, und
- eine **Beschreibung des Risikomanagementverfahrens** der AIF-KVG mit besonderem Bezug zu den beabsichtigten grenzüberschreitenden Tätigkeiten.

b) Errichtung einer Zweigniederlassung (§ 53 Abs. 1 Satz 2 und Abs. 2 KAGB)

12 Eine AIF-KVG, die eine Zweigniederlassung in einem anderen EU/EWR-Staat errichten möchte, um dort EU-AIFs zu verwalten oder Dienst- und Nebendienstleistungen nach § 20 Abs. 3 Nr. 2 bis 5 KAGB zu erbringen, muss diese Absicht mit einer – im Vergleich zu einer Anzeige zur Erbringung von grenzüberschreitenden Dienstleistungen – **erweiterten Absichtsanzeige** gegenüber der BaFin vor Errichtung der Zweigniederlassung anzeigen.

13 Diese Absichtsanzeige muss folgenden **Inhalt** haben:

- den **EU/EWR-Staat**, in dem die AIF-KVG EU-AIF über die Zweigniederlassung zu verwalten oder Dienst- und Nebendienstleistungen nach § 20 Abs. 3 Nr. 2 bis 5 KAGB zu erbringen beabsichtigt,
- einen **Geschäftsplan**, aus dem insbesondere hervorgeht, welche EU-AIF die AIF-KVG zu verwalten oder welche Dienst- und Nebendienstleistungen sie zu erbringen beabsichtigt,
- die **Organisation der Zweigniederlassung**,
- die **Anschrift**, unter der im Herkunftsmitgliedstaat des EU-AIF Unterlagen angefordert werden können, sowie
- die Namen und Kontaktangaben der **Geschäftsleiter der Zweigniederlassung**.

In Bezug auf die inhaltlichen Anforderungen an den Geschäftsplan gelten die Ausführungen unter Rz. 11.

2. Form der Absichtsanzeige

14 Formelle Anforderungen an die Absichtsanzeige stellt das KAGB nicht. Im Grundsatz besteht daher **Formfreiheit** für die abzugebende Anzeige. Im Übrigen gelten die Ausführungen unter § 49 Rz. 13 f. entsprechend. Die BaFin stellt auf ihrer Homepage ein Musterformular für Absichtsanzeigen nach § 53 KAGB zur Verfügung.[7]

3. Verfahren (§ 53 Abs. 3 und 4 KAGB)

a) Prüfung der Absichtsanzeige durch die BaFin

15 Die BaFin prüft die Absichtsanzeige der AIF-KVG im Hinblick darauf, ob ein Grund zu der Annahme besteht, dass die Verwaltung des EU-AIF durch die AIF-KVG oder die Erbringung von Dienst- oder Nebendienstleistungen nach § 20 Abs. 3 Nr. 2 bis 5 KAGB **gegen das KAGB verstößt oder verstoßen wird**. Genauere Vorgaben zum Prüfungsumfang oder -maßstab der BaFin enthält das KAGB nicht.

16 Gem. Art. 33 Abs. 4 Satz 2 AIFM-RL muss die Herkunftsmitgliedstaatsbehörde prüfen, ob die Verwaltung des AIF durch den AIFM der AIFM-RL entspricht und weiterhin entsprechen wird und ob der AIFM sich im Allgemeinen an die AIFM-RL hält.

17 Der Wortlaut des § 53 Abs. 3 KAGB und des Art. 33 Abs. 4 Satz 2 AIFM-RL fordern eine **prognostische, in die Zukunft gerichtete unbeschränkte Prüfung der BaFin** von Verstößen gegen das KAGB. Praktisch muss aber eine Eingrenzung der Prüfung durch die BaFin erfolgen, um die Prüfung praktikabel zu machen. Aus diesem Grund erfolgt bei der beabsichtigten Errichtung einer Zweigniederlassung ein **Rückgriff auf den Prüfungsumfang nach § 49 Abs. 2 KAGB**.[8] Es kommt zu einer Prüfungskonzentration auf die **Angemessenheit der Organisationsstruktur und der Finanzlage der AIF-KVG**. In Bezug auf im Wege des

6 *Engler* in Moritz/Klebeck/Jesch, § 53 KAGB Rz. 39.
7 BaFin, Anzeigeschreiben auf der Grundlage von § 53 KAGB, Stand: 2.9.2015.
8 So auch *Engler* in Moritz/Klebeck/Jesch, § 53 KAGB Rz. 50.

grenzüberschreitenden Dienstleistungsverkehrs erbrachte Leistungen liefert § 49 Abs. 5 KAGB als Parallelnorm aus dem OGAW-Bereich keine Anhaltspunkte für den Prüfungsumfang der BaFin. Die BaFin trifft also insofern eine **Prognoseentscheidung**, die sich lediglich an allgemeinen verwaltungsrechtlichen Grundsätzen messen lassen muss.

b) Weiterleitung der Absichtsanzeige durch die BaFin

Kommt die BaFin zu dem Ergebnis, dass kein Grund zu der Annahme besteht, dass die AIF-KVG durch die in der Absichtsanzeige angezeigten Tätigkeiten gegen das KAGB verstößt oder verstoßen wird, leitet sie 18

- **binnen eines Monats nach dem Eingang der vollständigen Unterlagen** nach § 53 Abs. 1 KAGB für Tätigkeiten im Wege des grenzüberschreitenden Dienstleistungsverkehrs und
- **binnen zwei Monaten nach Eingang der vollständigen Unterlagen** nach § 53 Abs. 1 und 2 KAGB für Tätigkeiten über eine Zweigniederlassung

die vollständigen Unterlagen der Anzeige zusammen mit einer Bescheinigung über die Erlaubnis der betreffenden AIF-KVG **an die Aufnahmemitgliedstaatsbehörde** weiter.

Die BaFin **unterrichtet die AIF-KVG unverzüglich** über die Übermittlung der Unterlagen an die Behörden des Aufnahmemitgliedstaates. Nach dem Eingang der Übermittlungsmeldung in dem jeweiligen Aufnahmemitgliedstaat darf die AIF-KVG unmittelbar mit der Verwaltung von EU-AIF oder der Erbringung von Dienst- und Nebendienstleistungen beginnen. Im Bereich der grenzüberschreitenden Tätigkeit über die Errichtung einer Zweigniederlassung liegt hierin ein **Hauptunterschied zur OGAW-KVG** (vgl. § 49 Rz. 21 ff.). 19

Graphik 1: Verfahren zur Aufnahme der grenzüberschreitenden Tätigkeit im Wege des grenzüberschreitenden Dienstleistungsverkehrs 20

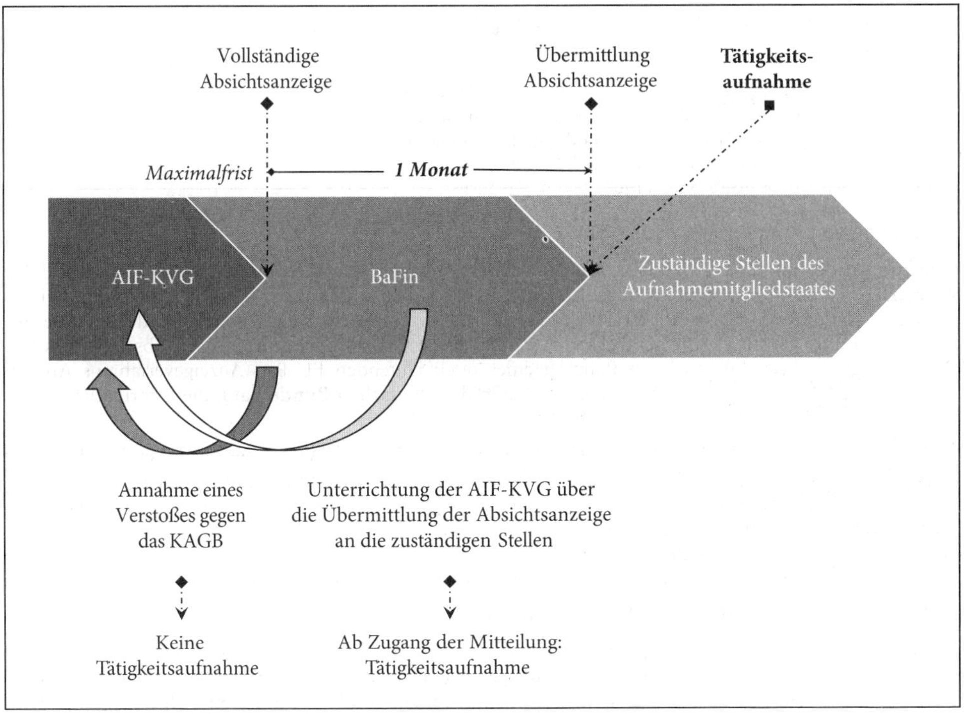

20a **Graphik 2:** Verfahren zur Errichtung einer Zweigniederlassung durch die AIF-KVG

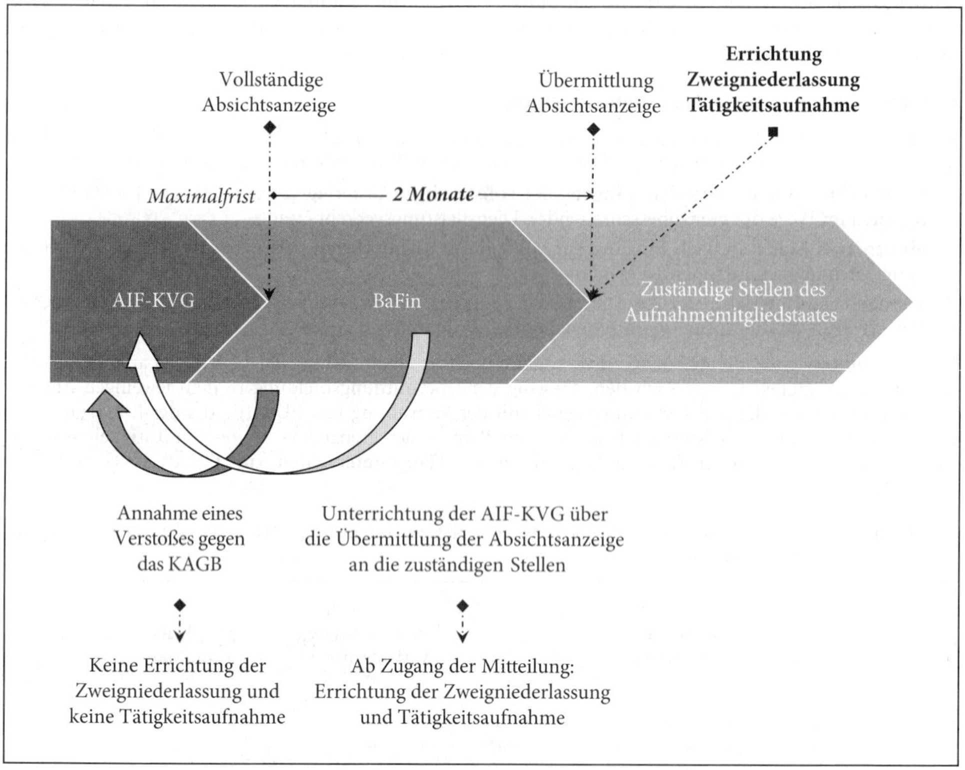

4. Anzeige von Änderungen (§ 53 Abs. 5 KAGB)

21 Änderungen der im Rahmen einer **Absichtsanzeige** gemachten Angaben muss die AIF-KVG der BaFin **mindestens einen Monat vor der Durchführung** der geplanten Änderungen schriftlich **anzeigen**. Bei ungeplanten Änderungen muss die AIF-KVG diese der BaFin unmittelbar nach dem Eintritt der Änderung unmittelbar anzeigen. Die Anzeigepflichten des § 53 Abs. 5 KAGB finden sowohl nach Abschluss des EU-Pass-Anzeigeverfahrens als auch im Rahmen eines noch laufenden EU-Pass-Anzeigeverfahrens Anwendung.[9] Gem. § 13 Abs. 2 Nr. 2 KAGB stellt die BaFin der **Deutschen Bundesbank** die Informationen und Unterlagen nach § 53 Abs. 5 KAGB zur Verfügung.

22 Abweichend von § 49 Abs. 4 KAGB betr. OGAW-KVG muss die AIF-KVG Änderungen der Angaben ihrer EU-Pass-Anzeige nicht gegenüber den zuständigen Stellen des Aufnahmemitgliedstaates anzeigen. Das **Prinzip der Herkunftsstaatsaufsicht** wird insofern für AIFM konsequenter als für OGAW-KVG umgesetzt.[10] Einzig die BaFin als Herkunftsstaatsaufsicht fungiert als Adressat der AIF-KVG.

5. Eingriffsbefugnisse der BaFin bei Änderungen (§ 53 Abs. 6 und 7 KAGB)

a) Untersagung der Änderung (§ 53 Abs. 6 KAGB)

23 Wenn eine geplante Änderung dazu führen würde, dass die AIF-KVG, die Verwaltung des EU-AIF oder die Erbringung der Dienst- oder Nebendienstleistung gegen das KAGB verstößt, muss die BaFin die Änderung unverzüglich untersagen. **Der BaFin steht kein Ermessen zu.** Die BaFin **muss** eine **Untersagungsverfügung** erlassen.

---

9 *Engler* in Moritz/Klebeck/Jesch, § 53 KAGB Rz. 57.
10 So auch *Engler in* Moritz/Klebeck/Jesch, § 53 KAGB Rz. 58.

Beurteilungsmaßstab für die BaFin ist dabei **nur das KAGB.** Verstöße gegen Rechtsvorschriften des Aufnahmemitgliedstaates sind nicht von der Ermächtigungsgrundlage des § 53 Abs. 6 KAGB gedeckt.[11] 24

b) Anordnung erforderlicher Maßnahmen (§ 53 Abs. 7 KAGB)

Wird eine **geplante Änderung ohne Änderungsanzeige** nach § 53 Abs. 5 KAGB und unter Verstoß gegen eine Untersagungsverfügung nach § 53 Abs. 6 KAGB durchgeführt oder würde eine durch einen **unvorhersehbaren Umstand ausgelöste Änderung** dazu führen, dass die AIF-KVG, die Verwaltung des EU-AIF oder die Erbringung der Dienst- und Nebendienstleistungen durch diese nunmehr gegen dieses Gesetz verstößt, ergreift die BaFin **alle erforderlichen Maßnahmen.** 25

Konkretisierungen hinsichtlich des Begriffs der „erforderlichen Maßnahme" oder Beispiele für erforderliche Maßnahmen enthält § 53 Abs. 7 KAGB nicht. Insofern kann allerdings Art. 33 Abs. 6 AIFM-RL, der durch § 53 Abs. 7 KAGB umgesetzt wird, zur Konkretisierung und Auslegung des Begriffs herangezogen werden.[12] Gem. Art. 33 Abs. 6 AIFM-RL muss die Herkunftsmitgliedstaatsbehörde des AIFM alle **gebotenen Maßnahmen gem. Art. 46 AIFM-RL** ergreifen, wenn eine geplante Änderung ungeachtet von Art. 33 Abs. 6 Unterabs. 1 und 2 AIFM-RL durchgeführt wird oder wenn eine durch einen unvorhersehbaren Umstand ausgelöste Änderung dazu führen würde, dass die Verwaltung des AIF durch den AIFM oder der AIFM im Allgemeinen gegen die AIFM-RL verstößt. § 53 Abs. 7 KAGB kann also dahingehend ausgelegt werden, dass die **in Art. 46 Abs. 2 AIFM-RL genannten Maßnahmen und Sanktionen** jedenfalls gedeckt sind, wenn ansonsten alle verwaltungsrechtlich zu beachtenden Vorgaben erfüllt sind. Gem. **Art. 46 Abs. 2 AIFM-RL** sind die zuständigen Behörden befugt: 26

- Unterlagen aller Art einzusehen und eine Kopie von ihnen zu erhalten,
- von jeder mit den Tätigkeiten des AIFM oder des AIF in Verbindung stehenden Person Auskünfte zu verlangen und gegebenenfalls eine Person zum Zwecke der Informationserlangung vorzuladen und zu vernehmen,
- angekündigte und unangekündigte Ermittlungen vor Ort durchzuführen,
- bereits existierende Aufzeichnungen von Telefongesprächen und Datenübermittlungen anzufordern,
- vorzuschreiben, dass Praktiken, die gegen die nach dieser Richtlinie erlassenen Vorschriften verstoßen, unterlassen werden,
- Vermögenswerte einzufrieren und zu beschlagnahmen,
- ein vorübergehendes Verbot der Ausübung der Berufstätigkeit auszusprechen,
- von zugelassenen AIFM, Verwahrstellen oder Wirtschaftsprüfern Auskünfte zu verlangen,
- jegliche Art von Maßnahmen zu ergreifen, um sicherzustellen, dass AIFM oder Verwahrstellen sich weiterhin an die auf sie anwendbaren Anforderungen dieser Richtlinie halten,
- im Interesse der Anteilinhaber oder der Öffentlichkeit die Aussetzung der Ausgabe, Rücknahme oder Auszahlung von Anteilen zu verlangen,
- die einem AIFM oder einer Verwahrstelle erteilte Zulassung zu entziehen,
- Angelegenheiten den Strafverfolgungsbehörden zu übermitteln sowie
- Überprüfungen oder Ermittlungen durch Wirtschaftsprüfer oder Sachverständige vornehmen zu lassen.

6. Unterrichtung der zuständigen Stellen des Aufnahmemitgliedstaates (§ 53 Abs. 8 KAGB)

Über Änderungen, die im Einklang mit den Vorgaben des KAGB stehen, unterrichtet die BaFin **unverzüglich** die zuständigen Stellen des Aufnahmemitgliedstaates der AIF-KVG. 27

V. Verstöße gegen Anzeigepflichten (§ 340 Abs. 2 Nr. 17 bis 19 KAGB)

Werden Anzeigen entgegen § 53 Abs. 1 KAGB, auch in Verbindung mit § 53 Abs. 2 KAGB nicht, nicht richtig, nicht vollständig, nicht in der vorgeschriebenen Weise oder nicht rechtzeitig macht, so stellt dies nach § 340 Abs. 2 Nr. 17 KAGB eine **Ordnungswidrigkeit** dar. Gleiches gilt gem. § 340 Abs. 2 Nr. 18 KAGB für denjenigen, der entgegen § 53 Abs. 4 Satz 2 KAGB mit der Verwaltung von EU-AIF beginnt. Gem. § 340 Abs. 2 Nr. 19 KAGB begeht auch derjenige eine Ordnungswidrigkeit, der entgegen § 53 Abs. 5 KAGB eine Anzeige nicht, nicht richtig, nicht vollständig, nicht in der vorgeschriebenen Weise oder nicht rechtzeitig erstattet. 28

11 So auch *Engler in* Moritz/Klebeck/Jesch, § 53 KAGB Rz. 61.
12 BT-Drucks. 12/12294, 225.

VI. Rechtsschutz

29 Wird eine Absichtsanzeige einer AIF-KVG ohne ablehnenden Bescheid von der BaFin nicht an die Aufnahmemitgliedstaatsbehörde weitergeleitet, liegt also eine **Untätigkeit der Behörde** vor, ist die **allgemeine Leistungsklage** auf Vornahme der Übermittlung der Anzeige der statthafte Rechtsbehelf. Die Verpflichtungsklage ist nicht statthafter Rechtsbehelf, da entgegen § 42 Abs. 1 Alt. 2 VwGO die Verurteilung zum Erlass eines abgelehnten oder unterlassenen Verwaltungsakts begehrt wird.[13] Das Rechtsschutzbedürfnis der AIF-KVG ergibt sich daraus, dass sie sich ohne die Übermittlung der Absichtsanzeige durch die BaFin an die zuständigen Stellen des Aufnahmemitgliedstaates in diesem nicht tätig werden dürfte.

30 Gegen Verwaltungsakte der BaFin nach § 53 Abs. 6 oder 7 KAGB sind **Widerspruch** nach § 70 VwGO und **Anfechtungsklage** nach § 42 Abs. 1 Alt. 1 VwGO der statthafte Rechtsbehelf.

§ 54 Zweigniederlassung und grenzüberschreitender Dienstleistungsverkehr von EU-AIF-Verwaltungsgesellschaften im Inland

(1) Die Verwaltung eines inländischen Spezial-AIF oder die Erbringung von Dienst- und Nebendienstleistungen nach Artikel 6 Absatz 4 der Richtlinie 2011/61/EU durch eine EU-AIF-Verwaltungsgesellschaft im Inland über eine Zweigniederlassung oder im Wege des grenzüberschreitenden Dienstleistungsverkehrs setzt voraus, dass die zuständigen Stellen des Herkunftsmitgliedstaates der EU-AIF-Verwaltungsgesellschaft der Bundesanstalt folgende Angaben und Unterlagen übermittelt haben:

1. eine Bescheinigung darüber, dass die EU-AIF-Verwaltungsgesellschaft eine Zulassung gemäß der Richtlinie 2011/61/EU erhalten hat, durch die die im Inland beabsichtigten Tätigkeiten abgedeckt sind,

2. die Anzeige der Absicht der EU-AIF-Verwaltungsgesellschaft, in der Bundesrepublik Deutschland über eine Zweigniederlassung oder im Wege des grenzüberschreitenden Dienstleistungsverkehrs inländische Spezial-AIF zu verwalten oder Dienst- und Nebendienstleistungen nach Artikel 6 Absatz 4 der Richtlinie 2011/61/EU zu erbringen sowie

3. einen Geschäftsplan, aus dem insbesondere hervorgeht, welche inländischen Spezial-AIF die EU-AIF-Verwaltungsgesellschaft zu verwalten und welche Dienst- und Nebendienstleistungen nach Artikel 6 Absatz 4 der Richtlinie 2011/61/EU sie zu erbringen beabsichtigt.

(2) Die Errichtung einer Zweigniederlassung durch eine EU-AIF-Verwaltungsgesellschaft setzt voraus, dass die zuständigen Stellen des Herkunftsmitgliedstaates der EU-AIF-Verwaltungsgesellschaft der Bundesanstalt zusätzlich zu den Angaben nach Absatz 1 folgende Informationen übermittelt haben:

1. den organisatorischen Aufbau der Zweigniederlassung,

2. die Anschrift, unter der im Inland Unterlagen angefordert werden können, sowie

3. die Namen und Kontaktangaben der Geschäftsführer der Zweigniederlassung.

(3) Die EU-AIF-Verwaltungsgesellschaft kann unmittelbar nach dem Erhalt der Übermittlungsmeldung durch ihren Herkunftsmitgliedstaat gemäß Artikel 33 Absatz 4 der Richtlinie 2011/61/EU mit der Verwaltung von inländischen Spezial-AIF oder der Erbringung von Dienst- und Nebendienstleistungen nach Artikel 6 Absatz 4 der Richtlinie 2011/61/EU im Inland beginnen.

(4) [1]Auf die Zweigniederlassungen im Sinne des Absatzes 1 sind § 3 Absatz 1, 4 und 5, die §§ 14, 26 Absatz 2, 3 und 7, § 27 Absatz 1 bis 4, § 28 Absatz 1 Satz 4, die §§ 31, 33, 34 Absatz 3 Nummer 8 sowie die §§ 293, 294 Absatz 1, § 295 Absatz 1 bis 5 und 8, die §§ 297, 302 bis 308 entsprechend anzuwenden. [2]Soweit diese Zweigniederlassungen Dienst- und Nebendienstleistungen im Sinne des Artikels 6 Absatz 4 der Richtlinie 2011/61/EU erbringen, sind darüber hinaus §§ 63 bis 68, 70, 82 Absatz 1 bis 9 und 13 und § 83 des Wertpapierhandelsgesetzes sowie § 18 des Gesetzes über die Deutsche Bundesbank mit der Maßgabe entsprechend anzuwenden, dass mehrere Niederlassungen derselben EU-AIF-Verwaltungsgesellschaft als eine Zweigniederlassung gelten. [3]Soweit diese Zweig-

13 Vgl. auch *Nietsch* in Emde/Dornseifer/Dreibus/Hölscher, § 12 InvG Rz. 41.

niederlassungen Dienst- und Nebendienstleistungen im Sinne des Artikels 6 Absatz 4 der Richtlinie 2011/61/EU erbringen, hat ein geeigneter Prüfer mindestens einmal jährlich zu prüfen, ob sie die in Satz 2 genannten Vorschriften des Wertpapierhandelsgesetzes einhalten; § 38 Absatz 4 Satz 4 bis 6 und Absatz 5 gilt entsprechend. [4]Auf die Tätigkeiten im Wege des grenzüberschreitenden Dienstleistungsverkehrs nach Absatz 1 Satz 1 sind die §§ 14, 294 Absatz 1, § 295 Absatz 1 bis 5 und 8, die §§ 297, 302 bis 308 entsprechend anzuwenden.

(5) Auf die Tätigkeit einer EU-AIF-Verwaltungsgesellschaft, die inländische Spezial-AIF verwaltet, sind ungeachtet der Anforderungen nach Absatz 4 die §§ 80 bis 161, 273 Satz 1 und §§ 274 bis 292 entsprechend anzuwenden.

In der Fassung vom 4.7.2013 (BGBl. I 2013, S. 1981), zuletzt geändert durch das Zweite Finanzmarktnovellierungsgesetz (2. FiMaNoG) vom 23.6.2017 (BGBl. I 2017, S. 1693).

Schrifttum: S. bei § 49.

I. Entstehungsgeschichte und europäischer Hintergrund

1 § 54 KAGB setzt Art. 33 AIFM-RL um.[1] Art. 33 AIFM-RL eröffnet einer AIF-KVG den **Europäischen Verwalterpass**. Gem. Art. 33 Abs. 1 AIFM-RL kann ein zugelassener EU-AIFM (§ 1 Rz. 156 f.) einen **inländischen Spezial-AIF** (§ 1 Rz. 138) mit Sitz in einem anderen Mitgliedstaat entweder direkt oder indirekt über eine Zweigniederlassung (§ 1 Rz. 251 f.) **verwalten**, sofern der AIFM für die Verwaltung dieser Art von AIF in seinem Herkunftsmitgliedstaat zugelassen ist. Im Übrigen gelten die Ausführungen unter § 53 Rz. 2 ff.

Für OGAW-KVG ist **§ 51 KAGB das Pendant zu § 54 KAGB**, im Bereich der CRR-Kreditinstitute und Wertpapierhandelsunternehmen findet § 54 KAGB seine Entsprechung in § 53b KWG.

II. Sinn und Zweck der Norm

2 **§ 54 KAGB ermöglicht die grenzüberschreitende Portfolioverwaltung**[2] und stellt zugleich die Kenntnis der BaFin über die beabsichtigte Tätigkeit von EU-AIF-Verwaltungsgesellschaften sicher. Die Vorschrift ist damit Ausprägung der europäischen Grundfreiheiten im Bereich regulierter Finanzdienstleistungen.

3 Gem. § 54 KAGB darf die **EU-AIF-Verwaltungsgesellschaft** die **Dienstleistungen und Nebendienstleistungen** nach Art. 6 Abs. 4 AIFM-RL auch **grenzüberschreitend im deutschen Inland** erbringen, soweit

1 BT-Drucks. 17/12294, S. 225.
2 BT-Drucks. 17/4510, S. 63.

diese von ihrer Erlaubnis im Herkunftsstaat erfasst sind. Die Errichtung einer Zweigniederlassung in Deutschland unterliegt ebenso wie die Erbringung dieser Dienstleistungen im Wege des grenzüberschreitenden Dienstleistungsverkehrs **keinem Erlaubnisvorbehalt.** Es ist lediglich ein **Anzeigeverfahren gegenüber der Herkunftsmitgliedstaatsaufsichtbehörde der EU-AIF-Verwaltungsgesellschaft** durchzuführen. So erlangt die Herkunftsstaatsaufsichtsbehörde der EU-AIF-Verwaltungsgesellschaft Kenntnis von allen grenzüberschreitenden Sachverhalten und Tätigkeiten und kann diese beurteilen. Das **Prinzip der Herkunftsstaatsaufsicht** setzt voraus, dass Deutschland als Aufnahmemitgliedstaat auf eine kompetente Prüfung der Herkunftsstaatsbehörde vertrauen darf und muss.[3]

4 § 54 KAGB gilt nur für **EU-AIF-Verwaltungsgesellschaften**, vgl. dazu § 1 Abs. 17 KAGB (s. § 1 Rz. 156 f.).

III. Arten grenzüberschreitender Tätigkeiten

5 Es gelten die Ausführungen unter § 53 Rz. 8 ff.

IV. Regelungsgehalt des § 54 KAGB

6 Beabsichtigt eine EU-AIF-Verwaltungsgesellschaft grenzüberschreitend im Wege des **grenzüberschreitenden Dienstleistungsverkehrs** oder durch die **Errichtung einer Zweigniederlassung** (dazu § 53 Rz. 6 f.) inländische Spezial-AIF zu verwalten oder (MiFID-)Dienst- und Nebendienstleistungen nach Art. 6 Abs. 4 AIFM-RL (entspricht grds. § 20 Abs. 3 KAGB) zu erbringen, muss sie eine entsprechende **Absichtsanzeige** gegenüber ihrer Herkunftsmitgliedstaatsaufsichtsbehörde abgeben.

1. Produktbezogener Zugang zum inländischen Markt

7 § 54 KAGB eröffnet EU-AIF-Verwaltungsgesellschaften den Zugang zum deutschen Markt in Bezug auf inländische Spezial-AIF **ohne zusätzliche Erlaubnis der BaFin.**[4] Dafür muss die EU-AIF-Verwaltungsgesellschaft in ihrem Herkunftsmitgliedstaat für die Tätigkeiten, die sie in Deutschland erbringen möchte, über eine Erlaubnis ihrer Herkunftsmitgliedstaatsbehörde verfügen und dieser eine Absichtsanzeige übermitteln. Diese **Anzeige leitet die Herkunftsmitgliedstaatsbehörde an die BaFin weiter.** Die Weiterleitung findet nur dann gem. Art. 33 Abs. 4 Satz 2 KAGB nicht statt, wenn die Verwaltung des AIF durch den AIFM nicht der AIFM-RL entspricht, nicht entsprechen wird oder wenn die EU-AIF-Verwaltungsgesellschaft sich im Allgemeinen nicht an die AIFM-RL hält.

8 § 54 Abs. 1 KAGB **deckt nur die Verwaltung inländischer Spezial-AIF ab** und umfasst nicht die grenzüberschreitende Verwaltung inländischer Publikums-AIF.[5] Vgl. zu Spezial-AIF § 1 Abs. 6 KAGB (s. § 1 Rz. 123 ff.). Art. 33 Abs. 1 AIFM-RL enthält keine Beschränkung auf Spezial-AIF. Jedoch ist primärer Regelungsgegenstand der AIFM-RL nur die Verwaltung von AIF für professionelle Anleger. Es steht den Mitgliedstaaten frei, AIF auch als Anlagemöglichkeit für Privatanleger zuzulassen.[6] In diesem Sinne hat der deutsche Gesetzgeber einen Mittelweg gewählt und mit dem Spezial-AIF einen AIF, dessen Anleger nicht nur professionelle Anleger, sondern auch semiprofessionelle Anleger sein können, zum Gegenstand der grenzüberschreitenden Verwaltung nach Deutschland hinein gemacht.[7]

2. Übermittlung des Inhalts der Absichtsanzeige zur Aufnahme grenzüberschreitender Tätigkeiten (§ 54 Abs. 1 und 2 KAGB)

9 Hinsichtlich der **Angaben und Unterlagen**, die die Herkunftsmitgliedstaatsbehörde der EU-AIF-Verwaltungsgesellschaft der BaFin übermittelt, ist zwischen der grenzüberschreitenden Tätigkeit im Wege des grenzüberschreitenden Dienstleistungsverkehrs und der grenzüberschreitenden Tätigkeit durch die Errichtung einer Zweigniederlassung zu unterscheiden. Dabei genügt die eine Art nicht, um die andere Art grenzüberschreitender Tätigkeit zu erfüllen. So inkludiert z.B. die Anzeige des grenzüberschreitenden Dienstleistungsverkehrs nicht die Tätigkeit im Wege der Zweigniederlassung, et vice versa. Wegen der **un-**

3 Zu § 24a KWG: BT-Drucks. 14/8017, S. 122.
4 Diese Absicht verfolgte bereits die OGAW IV-Richtlinie 2009/65/EG für OGAW.
5 So auch *Engler* in Moritz/Klebeck/Jesch, § 54 KAGB Rz. 14.
6 BT-Drucks. 17/12295, S. 1.
7 Vgl. auch *Engler* in Moritz/Klebeck/Jesch, § 43 KAGB Rz. 20 ff.

terschiedlichen anwendbaren Rechtsordnungen und Aufsichtszuständigkeiten (unten Rz. 20 ff.) handelt es sich um ein **Aliud**.

a) Grenzüberschreitender Dienstleistungsverkehr (§ 54 Abs. 1 KAGB)

Beim grenzüberschreitenden Dienstleistungsverkehr übermittelt die Herkunftsmitgliedstaatsbehörde der EU-AIF-Verwaltungsgesellschaft der BaFin folgende Angaben und Unterlagen: 10

- eine Bescheinigung darüber, dass die EU-AIF-Verwaltungsgesellschaft eine **Zulassung gem. der AIFM-RL** erhalten hat, durch die die im Inland beabsichtigten Tätigkeiten abgedeckt sind,
- die **Anzeige der Absicht** der EU-AIF-Verwaltungsgesellschaft, in Deutschland inländische Spezial-AIF zu verwalten oder Dienst- und Nebendienstleistungen nach Art. 6 Abs. 4 AIFM-RL zu erbringen, sowie
- ein **Geschäftsplan**, aus dem insbesondere hervorgeht, welche inländischen Spezial-AIF die EU-AIF-Verwaltungsgesellschaft zu verwalten und welche Dienst- und Nebendienstleistungen nach Art. 6 Abs. 4 AIFM-RL sie zu erbringen beabsichtigt.

b) Errichtung einer Zweigniederlassung (§ 54 Abs. 1 und 2 KAGB)

Eine EU-AIF-Verwaltungsgesellschaft, die eine Zweigniederlassung in Deutschland errichten möchte, um dort inländische Spezial-AIF zu verwalten oder Dienst- und Nebendienstleistungen nach Art. 6 Abs. 4 AIFM-RL zu erbringen, muss diese Absicht mit einer – im Vergleich zu einer Anzeige zur Erbringung von grenzüberschreitenden Dienstleistungen – **erweiterten Absichtsanzeige** gegenüber der Herkunftsmitgliedstaatsbehörde vor Errichtung der Zweigniederlassung anzeigen. 11

Die mit der erweiterten Absichtsanzeige erhaltenen Angaben übermittelt die Herkunftsmitgliedstaatsbehörde der BaFin, und zwar: 12

- eine Bescheinigung darüber, dass die EU-AIF-Verwaltungsgesellschaft eine **Zulassung** gem. AIFM-RL erhalten hat, durch die die im Inland beabsichtigten Tätigkeiten abgedeckt sind,
- die **Anzeige der Absicht** der EU-AIF-Verwaltungsgesellschaft, in Deutschland über eine Zweigniederlassung inländische Spezial-AIF zu verwalten oder Dienst- und Nebendienstleistungen nach Art. 6 Abs. 4 AIFM-RL zu erbringen,
- einen **Geschäftsplan**, aus dem insbesondere hervorgeht, welche inländischen Spezial-AIF die EU-AIF-Verwaltungsgesellschaft zu verwalten und welche Dienst- und Nebendienstleistungen nach Art. 6 Abs. 4 AIFM-RL sie zu erbringen beabsichtigt,
- die **Organisation** der Zweigniederlassung,
- die **Anschrift**, unter der im Inland Unterlagen angefordert werden können, sowie
- die Namen und Kontaktangaben der **Geschäftsführer** der Zweigniederlassung.

3. Form der Absichtsanzeige

Formelle Anforderungen an die Absichtsanzeige im Herkunftsmitgliedstaat enthalten **weder das KAGB noch die AIFM-RL.** Etwaige diesbezügliche Anforderungen unterliegen dem Recht des Herkunftsmitgliedstaates. 13

4. Verfahren (Art. 33 Abs. 4 Unterabs. 2 AIFM-RL und § 54 Abs. 3 KAGB)

a) Prüfung und Weiterleitung der Absichtsanzeige durch die Herkunftsmitgliedstaatsbehörde (Art. 33 Abs. 4 Unterabs. 1 bis 3 AIFM-RL)

Aufgrund des **Prinzips der Herkunftsstaatsaufsicht** prüft nicht die BaFin, sondern die Herkunftsmitgliedstaatsbehörde die Absichtsanzeige der EU-AIF-Verwaltungsgesellschaft. Die Herkunftsmitgliedstaatsbehörde prüft gem. Art. 33 Abs. 4 Unterabs. 1 AIFM-RL, ob die Verwaltung des AIF durch die EU-AIF-Verwaltungsgesellschaft **den Vorgaben der AIFM-RL entspricht** und weiterhin entsprechen wird, sowie ob sich die EU-AIF-Verwaltungsgesellschaft im Allgemeinen an die AIFM-RL hält. 14

Bei positivem Prüfungsergebnis übermittelt die Herkunftsmitgliedstaatsbehörde sodann entsprechend den Vorgaben der AIFM-RL 15

- im Falle des grenzüberschreitenden Dienstleistungsverkehrs **binnen eines Monats** nach dem Eingang der vollständigen Anzeigeunterlagen bzw.

– im Falle der Zweigniederlassung **binnen zwei Monaten** nach dem Eingang der vollständigen Unterlagen

die vollständigen Unterlagen an die BaFin als Aufnahmemitgliedstaatsbehörde.

b) Geschäftsaufnahme im Inland (§ 54 Abs. 3 KAGB)

16 Die EU-AIF-Verwaltungsgesellschaft kann **unmittelbar nach dem Erhalt der Übermittlung** durch ihre Herkunftsmitgliedstaatsbehörde gem. Art. 33 Abs. 4 Unterabs. 3 AIFM-RL mit der Verwaltung von inländischen Spezial-AIF oder der Erbringung von Dienst- und Nebendienstleistungen nach Art. 6 Abs. 4 AIFM-RL im Inland beginnen.

17 Im Unterschied zur EU-OGAW-KVG, die gem. § 51 Abs. 2 oder 3 KAGB bei grenzüberschreitenden Tätigkeiten eine Mitteilung der BaFin erhält, **erhält die EU-AIF-Verwaltungsgesellschaft keine Mitteilung der BaFin,** nachdem diese die Übermittlung der Herkunftsmitgliedstaatsbehörde erhalten hat; sie muss vor Aufnahme der Tätigkeit keine Frist abwarten.[8] Dies bedeutet für die EU-AIF-Verwaltungsgesellschaft verglichen mit der **EU-OGAW-KVG die Möglichkeit zur schnelleren Geschäftsaufnahme**, allerdings muss sich die EU-AIF-Verwaltungsgesellschaft selbst informieren, welche Vorschriften sie nach deutschem Recht einhalten muss. Sie erhält kein diesbezügliches Informationsschreiben der BaFin.[9]

c) Zusammenfassung Verfahren

18 **Graphik 1:** Zugang zum inländischen Markt für EU-AIF-Verwaltungsgesellschaften im Wege des grenzüberschreitenden Dienstleistungsverkehrs

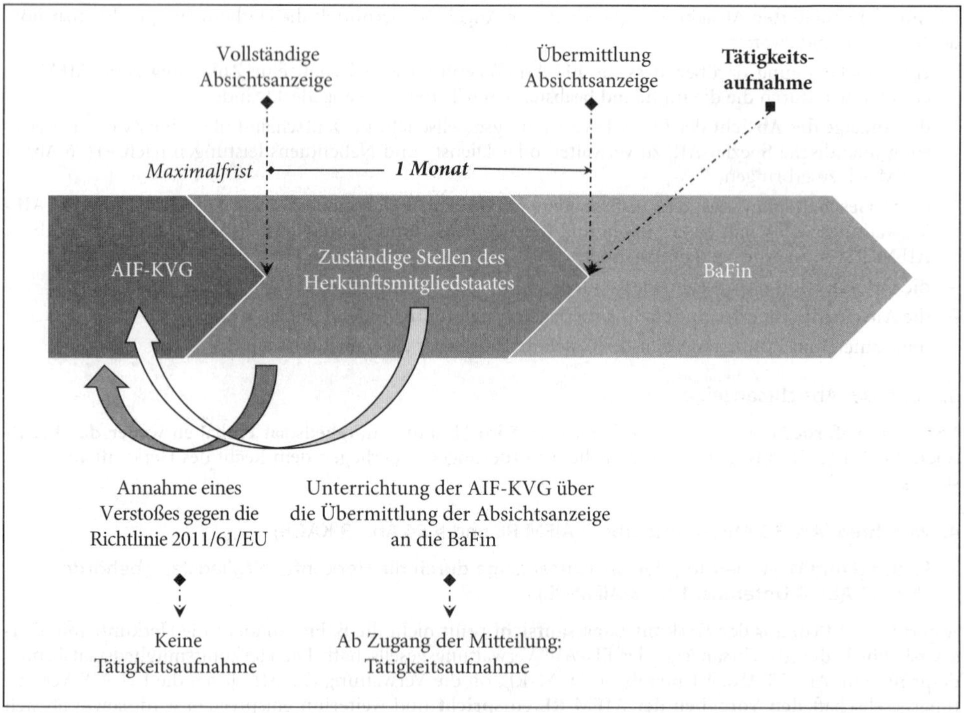

8 Vgl. *Engler* in Moritz/Klebeck/Jesch, § 54 KAGB Rz. 50.

9 So auch *Engler in* Moritz/Klebeck/Jesch, § 54 KAGB Rz. 51.

Graphik 2: Zugang zum inländischen Markt für EU-AIF-Verwaltungsgesellschaften mittels Zweigniederlassung 19

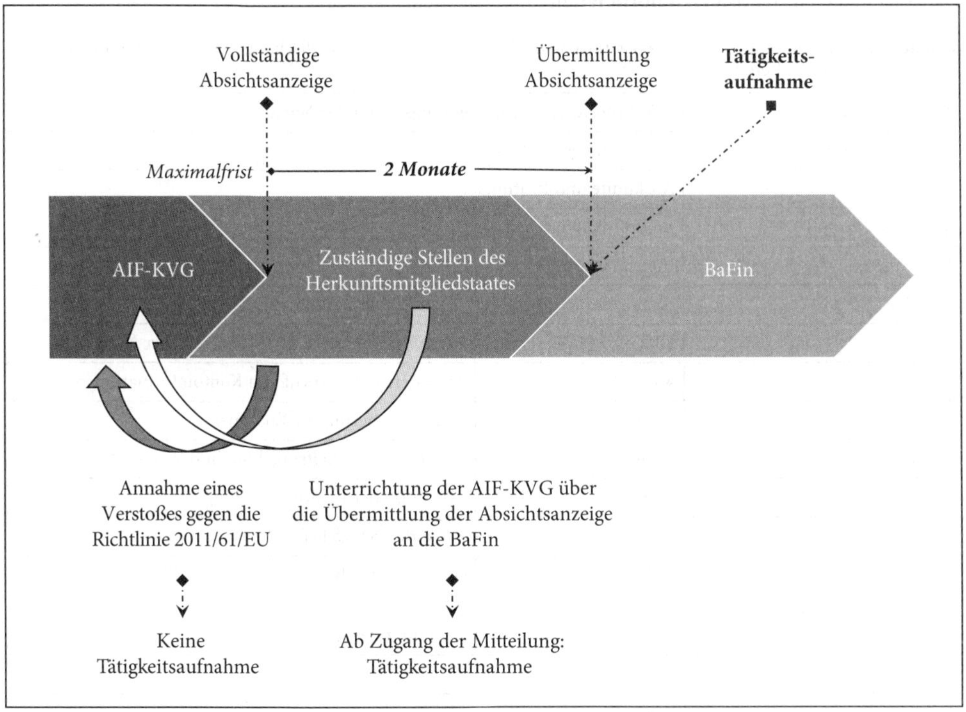

V. Zusätzlich auf die EU-AIF-Verwaltungsgesellschaft anwendbare Vorschriften deutschen Rechts (§ 54 Abs. 4 und 5 KAGB)

Bei grenzüberschreitenden Tätigkeiten kommen sowohl Vorschriften des Herkunftsmitgliedstaates als auch Vorschriften des Aufnahmemitgliedstaates zur Anwendung. 20

Die **Aufsicht über einen AIFM** obliegt grundsätzlich gem. Art. 45 Abs. 1 AIFM-RL der Herkunftsmitgliedstaatsbehörde des AIFM, unabhängig davon, ob der AIFM AIF in einem anderen Mitgliedstaat verwaltet und/oder vertreibt. 21

Gem. Art. 45 Abs. 2 AIFM-RL obliegt allerdings die Aufsicht über die **allgemeinen Verhaltensgrundsätze des Art. 12 AIFM-RL** (vgl. § 26 KAGB) und die Vorgaben **zur Ermittlung und Vermeidung von Interessenkonflikten gem. Art. 14 AIFM-RL** (vgl. § 27 KAGB) der **Aufnahmemitgliedstaatsbehörde**, wenn der AIFM AIF **über eine Zweigniederlassung** in diesem verwaltet und/oder vertreibt. Die BaFin tritt dann in Bezug auf die Kontrolle allgemein gültiger, für den deutschen Markt anzuwendender Rechtsnormen neben die allgemeine Organisationskontrolle durch die Herkunftsmitgliedstaatsbehörde. 22

§ 54 Abs. 4 und Abs. 5 KAGB differenzieren in Bezug auf die anwendbaren inländischen Vorschriften danach, ob die EU-AIF-Verwaltungsgesellschaft über einer Zweigniederlassung oder im Wege des grenzüberschreitenden Dienstleistungsverkehrs tätig wird und ob sie inländische Spezial-AIF verwaltet. 23

1. Zweigniederlassung (§ 54 Abs. 4 Satz 1 und 2 KAGB)

a) Allgemein anwendbare Normen (§ 54 Abs. 4 Satz 1 KAGB)

Die über § 54 Abs. 4 Satz 1 KAGB auf Zweigniederlassungen einer EU-Verwaltungsgesellschaft für anwendbar erklärten Normen des KAGB dienen im Wesentlichen dem **Anlegerschutz und der Harmonisierung** der auf Zweigniederlassungen von EU-AIF-Verwaltungsgesellschaften anwendbaren Vorgaben mit den 24

Kernvorgaben für die inländische Tätigkeit einer AIF-KVG; sie beruhen nicht auf europäischen Vorgaben.[10] Daher kann die **Europarechtskonformität** im Einzelfall zweifelhaft sein.

25 **Tabelle 1:** Auf inländische Zweigniederlassungen von EU-AIF-Verwaltungsgesellschaften entsprechend anzuwendende Vorschriften des KAGB

KAGB-Norm	Regelungsinhalt bzw. Regelungsbezug der Norm	
§ 3 Abs. 1, 4 und 5	Bezeichnungsschutz	
§ 14	Auskünfte und Prüfungen	
§ 26 Abs. 2, 3 und 7	Wohlverhaltensregeln	
§ 27 Abs. 1 bis 4	Interessenkonflikte	
§ 28 Abs. 1 Satz 4	Analoge Anwendung der §§ 24c, 25h bis 25m KWG	
	KWG-Norm	*Regelungsinhalt bzw. Regelungsbezug der Norm*
	§ 24c	Automatisierter Abruf von Kontoinformationen
	§ 25h	Interne Sicherungsmaßnahmen
	§ 25i	Allgemeine Sorgfaltspflichten in Bezug auf E-Geld
	§ 25j	Zeitpunkt der Identitätsprüfung
	§ 25k	Verstärkte Sorgfaltspflichten
	§ 25l	Geldwäscherechtliche Pflichten für Finanzholding-gesellschaften
	§ 25m	Zeitpunkt der Identitätsprüfung
§ 31	Primebroker	
§ 33	Werbung	
§ 34 Abs. 3 Nr. 8	Anzeigepflicht bei Einstellung des Geschäftsbetriebs	
§ 293	Allgemeine Vertriebsvorschriften	
§ 294 Abs. 1	Auf den Vertrieb und den Erwerb von OGAW anwendbare Vorschriften *(wohl Redaktionsversehen)*	
§ 295 Abs. 1 bis 5 und 8	Auf den Vertrieb und den Erwerb von AIF anwendbare Vorschriften	
§ 297	Verkaufsunterlagen und Hinweispflichten	
§ 302	Werbung	
§ 303	Maßgebliche Sprachfassung	
§ 304	Kostenvorausbelastung	
§ 305	Widerrufsrecht	
§ 306	Prospekthaftung und Haftung für die wesentlichen Anlegerinformationen	
§ 307	Informationspflichten gegenüber semiprofessionellen und professionellen Anlegern und Haftung	
§ 308	Sonstige Informationspflichten	

b) Anwendbare Normen bei der Erbringung von Dienst- und Nebendienstleistungen i.S.d. Art. 6 Abs. 4 AIFM-RL (§ 54 Abs. 3 Satz 2 und 3 KAGB)

26 Erbringt die Zweigniederlassung der EU-AIF-Verwaltungsgesellschaft Dienst- oder Nebendienstleistungen i.S.d. Art. 6 Abs. 4 AIFM-RL (vgl. § 20 Abs. 3 KAGB), muss sie über die Vorgaben des § 54 Abs. 4 Satz 1

10 Vgl. *Daemgen* in Moritz/Klebeck/Jesch, § 51 KAGB Rz. 41.

KAGB hinaus gem. § 54 Abs. 4 Satz 2 KAGB weitere Vorschriften des deutschen Rechts beachten, nämliche solche des **WpHG und des Gesetzes über die Deutsche Bundesbank.**

Tabelle 2: Bei Erbringung von Dienst- und Nebendienstleistungen anzuwendende Vorschriften 27

Norm	**Regelungsinhalt bzw. Regelungsbezug der Norm**
§ 63 WpHG	Allgemeine Verhaltensregeln
§ 64 WpHG	Besondere Verhaltensregeln bei der Erbringung von Anlageberatung und Finanzportfolioverwaltung
§ 65 WpHG	Selbstauskunft bei der Vermittlung des Vertragsschlusses über eine Vermögensanlage im Sinne des § 2a Vermögensanlagegesetz
§ 66 WpHG	Ausnahmen für Immobiliarverbraucherdarlehensverträge
§ 67 WpHG	Kunden
§ 68 WpHG	Geschäfte mit geeigneten Gegenparteien
§ 70 WpHG	Zuwendungen und Gebühren
§ 82 Abs. 1 bis 9 und 13 WpHG	Bestmögliche Ausführung von Kundenaufträgen
§ 83 WpHG	Aufzeichnungs- und Aufbewahrungspflicht
§ 18 BBankG	Statistische Erhebungen

2. Grenzüberschreitender Dienstleistungsverkehr (§ 54 Abs. 4 Satz 3 KAGB)

28 EU-AIF-Verwaltungsgesellschaften, die im Wege des grenzüberschreitenden Dienstleistungsverkehrs im Inland tätig werden, unterliegen **in weitaus geringerem Umfang inländischen Vorschriften** als die inländische Zweigniederlassung einer EU-AIF-Verwaltungsgesellschaft. Über die Organisation der KVG hinaus erstreckt sich die **Herkunftsstaatsaufsicht** auf alle Vertriebshandlungen, was sich vor dem Hintergrund versteht, dass **keine inländische physische Präsenz** besteht. § 54 Abs. 4 Satz 3 KAGB ordnet lediglich die entsprechende Anwendung der §§ 14, 294 Abs. 1, § 295 Abs. 1 bis 5 und 8, die §§ 297, 302 bis 308 KAGB an.

3. Verwaltung inländischer Spezial-AIF (§ 54 Abs. 5 KAGB)

29 Auf die Tätigkeit von **EU-AIF-Verwaltungsgesellschaften, die inländische Spezial-AIF verwalten**, sind gem. § 54 Abs. 5 KAGB §§ 80 bis 161, 273 Satz 1 und §§ 274 bis 292 KAGB entsprechend anzuwenden. Es handelt sich um die Vorschriften zu den **AIF-Verwahrstellen** (§§ 80 bis 90 KAGB), den **Rechtsformen** (§§ 91 bis 161 KAGB), die **Anlagevorschriften für Spezial-AIF nebst Bewertung und Spezialvorschriften zu Hedgefonds** (§§ 273 bis 279, 282 bis 286 KAGB), zu **Master-Feeder-Strukturen und Verschmelzungen** (§§ 280, 281 KAGB) sowie **zum Kontrollerwerb an Unternehmen** (§§ 287 bis 292 KAGB). § 54 Abs. 5 KAGB soll klarstellen, dass bei der Verwaltung inländischer Spezial-AIF durch EU-AIF-Verwaltungsgesellschaften die fondsbezogenen Regelungen des KAGB entsprechend gelten.[11] Ein Verweis auf § 273 Satz 2 KAGB, der bestimmt, dass die **Anlagebedingungen** von Spezial-AIF der BaFin vorzulegen sind, fehlt, da die Anlagebedingungen der BaFin gem. Art. 25 Abs. 2 i.V.m. Art. 7 AIFM-RL durch die Herkunftsmitgliedstaatsbehörde der EU-AIF-Verwaltungsgesellschaft zur Verfügung gestellt werden.[12]

30 Soweit § 54 Abs. 5 KAGB die Spezialvorschriften zu Hedgefonds (§ 283 KAGB) und zum Kontrollerwerb an Unternehmen (§§ 287 bis 292 KAGB) erfasst, geht dies zu weit, weil es sich nach den Vorgaben der AIFM-RL um **Verwalterregulierung** handelt, sich die Regelungsbefugnis also nach dem Recht des Herkunftsmitgliedstaats des EU-AIFM richtet. Näher § 287 Rz. 7.

11 BT-Drucks. 17/12294, S. 225.
12 BT-Drucks. 17/12294, S. 225.

VI. Eingriffsbefugnisse der BaFin wegen unzulässiger Tätigkeiten

31 § 54 KAGB enthält keine spezielle Ermächtigungsgrundlage der BaFin für ein Einschreiten gegen Tätigkeiten unter Verstoß gegen die Vorgaben des § 54 KAGB. Für ein solches Einschreiten muss die BaFin auf **allgemeine Ermächtigungsgrundlagen** wie § 5 Abs. 6 KAGB oder § 11 KAGB zurückgreifen.

§ 55 Bedingungen für AIF-Kapitalverwaltungsgesellschaften, welche ausländische AIF verwalten, die weder in den Mitgliedstaaten der Europäischen Union noch in den Vertragsstaaten des Abkommens über den Europäischen Wirtschaftsraum vertrieben werden

(1) Die Verwaltung von ausländischen AIF, die weder in den Mitgliedstaaten der Europäischen Union noch in den Vertragsstaaten des Abkommens über den Europäischen Wirtschaftsraum vertrieben werden, durch eine nach diesem Gesetz zugelassene AIF-Kapitalverwaltungsgesellschaft ist zulässig, wenn

1. die AIF-Kapitalverwaltungsgesellschaft alle in der Richtlinie 2011/61/EU für diese AIF festgelegten Anforderungen mit Ausnahme der Anforderungen der §§ 67 und 80 bis 90 erfüllt und

2. geeignete Vereinbarungen über die Zusammenarbeit zwischen der Bundesanstalt und den Aufsichtsbehörden des Drittstaates bestehen, in dem der ausländische AIF seinen Sitz hat, durch die ein effizienter Informationsaustausch gewährleistet wird, der es der Bundesanstalt ermöglicht, ihre Aufgaben nach diesem Gesetz wahrzunehmen.

(2) Nähere Bestimmungen zu den in Absatz 1 Nummer 2 genannten Vereinbarungen über die Zusammenarbeit richten sich nach den Artikeln 113 bis 115 der Delegierten Verordnung (EU) Nr. 231/2013 sowie nach den Leitlinien der Europäischen Wertpapier- und Marktaufsichtsbehörde.

In der Fassung vom 4.7.2013 (BGBl. I 2013, S. 1981).

Schrifttum: S. bei § 49.

I. Entstehungsgeschichte

1 § 55 Abs. 1 KAGB setzt Art. 34 Abs. 1 AIFM-RL, § 55 Abs. 2 Art. 34 Abs. 2 und 3 AIFM-RL um. Die Vorschrift hat Bedeutung für sog. **Off-Shore-Fonds**, die von AIFM mit Sitz im Binnenmarkt verwaltet werden. Sie soll **Regulierungsarbitrage** entgegenwirken, die möglich wäre, wenn AIFM mit Sitz im Binnenmarkt bei der Verwaltung von Fonds mit Sitz in Drittstaaten die AIFM-RL nicht beachten müssten. Der europäische Gesetzgeber wollte **ein harmonisiertes Pass-System** für EU-AIFM, die Nicht-EU-AIF verwalten, schaffen. Im Einklang mit Art. 34 AIFM-RL legt § 55 KAGB die Bedingungen fest, unter denen eine **inländische AIF-KVG** (§ 1 Rz. 155) Nicht-EU-AIF, also **ausländische AIF gem. § 1 Abs. 9 KAGB** (dazu § 1 Rz. 143 ff.) **verwalten darf**, die nicht in der EU oder dem EWR vertrieben werden.

II. Sinn und Zweck der Norm

2 Vgl. zur **Ratio und zum System der Einbeziehung von Drittstaaten in das System der Europäischen Pässe** Vor §§ 56-66 Rz. 2 ff. § 55 KAGB ist Ausprägung der **Verwalterregulierung** als Grundansatz der AIFM-

RL (Einl. Rz. 62 ff.). Die Vorschrift regelt die Voraussetzungen, unter denen die **Verwaltung ausländischer AIF** durch KVG und EU-AIF-Verwaltungsgesellschaften zulässig ist, sofern die AIF **nicht im Binnenmarkt vertrieben** werden; der Vertrieb solcher Anteile ist in § 322 KAGB geregelt. Soweit die Vertriebsdefinition nicht erfüllt ist (dazu Rz. 5 ff.), ist § 55 KAGB anwendbar. Zur Regelung bei Anwendbarkeit des § 322 KAGB s. Rz. 16.

Da die verwalteten AIFs nicht in der EU oder dem EWR vertrieben werden, wird die AIF-KVG von einigen **dem Anlegerschutz dienenden Vorgaben der AIFM-RL** bzw. den deutschen Umsetzungsnormen **freigestellt.**[1] So muss die AIF-KVG die Anforderungen an die Verwahrung und die Anforderungen an den Jahresbericht in Bezug auf ausländische AIFs nicht anwenden. Dies vermeidet Konflikte mit dem Recht des Drittstaats, das diese Fragen ebenfalls regelt. 3

III. Anwendungsbereich

§ 55 KAGB **gilt für inländische AIF-KVG** (§ 1 Rz. 155), die einen **ausländischen AIF** (zu § 1 Abs. 9 KAGB § 1 Rz. 143 f.) **verwalten** (vgl. zu § 1 Abs. 12, 13 KAGB § 1 Rz. 147 ff.), **ohne dass der ausländische AIF** im Binnenmarkt vertrieben wird (vgl. zu § 293 Abs. 1 Satz 1 und 3 KAGB § 293 Rz. 4 ff., 33 ff.). Normadressat des § 55 KAGB ist ausschließlich eine inländische AIF-KVG i.S.d. § 1 Abs. 16 KAGB. Es muss sich um eine **zugelassene AIF-KVG**, d.h. eine AIF-KVG handeln, die über eine Erlaubnis nach § 20 KAGB verfügt. Für **nur registrierungspflichtige („kleine") AIFM** gem. § 2 Abs. 4 bis 5 KAGB gilt die AIFM-RL nicht, so dass deren Vorschriften auch nicht bei Verwaltung ausländischer AIF anzuwenden sind. Welche Vorschriften auf kleine AIFM anzuwenden sind, ist allein dem nationalen Gesetzgeber überlassen. 4

IV. Zulässige Tätigkeit

§ 55 Abs. 1 KAGB erfasst nur die Verwaltung von ausländischen AIF. Sein Anwendungsbereich ist nicht mehr eröffnet, wenn die AIF-KVG den ausländischen AIF in der EU oder dem EWR **vertreibt.** 5

Unter den im Rahmen des § 55 Abs. 1 KAGB ausgeschlossenen Vertrieb fällt nur der **aktive, auf Initiative der AIF-KVG stattfindende Vertrieb**. Art. 4 Abs. 1 Buchst. x) AIFM-RL definiert „Vertrieb" als das direkte oder indirekte, auf Initiative des AIFM oder in dessen Auftrag erfolgende Anbieten oder Platzieren von Anteilen an einem vom AIFM verwalteten AIF an Anleger oder bei Anlegern mit Wohnsitz oder Sitz in der Union (bzw. dem EWR). § 293 Abs. 1 Satz 1 KAGB definiert Vertrieb als das direkte oder indirekte Anbieten oder Platzieren von Anteilen oder Aktien eines Investmentvermögens, wobei die **Einschränkungen des § 293 Abs. 1 Satz 2 KAGB** zu beachten sind. 6

§ 55 Abs. 1 KAGB **schränkt die passive Dienstleistungsfreiheit nicht ein.**[2] Es handelt sich insoweit um eine Ausprägung der allgemeinen Handlungsfreiheit aus Art. 2 Abs. 1 GG,[3] vor allem aber der europäischen Grundfreiheiten, die es dem Empfänger der Dienstleistung überlässt, sich den Dienstleistungserbringer grds. frei zu wählen. Zur passiven Dienstleistungsfreiheit ist es daher zu zählen, wenn **der Dienstleistungsempfänger die Dienstleistung nachfragt**, d.h. diese aufgrund seiner Initiative hin vom Dienstleistungserbringer erbracht wird.[4] Deutsche oder europäische Anleger dürfen folglich im Anwendungsbereich des § 55 KAGB in ausländische AIF investieren, gerade wenn diese ansonsten keinerlei Berührungspunkte zum Inland haben. 7

Vor diesem Hintergrund ist ein **Hinweis in den konstituierenden Dokumenten des AIF entbehrlich**, wonach EU/EWR-Anleger in den AIF nicht investieren dürfen.[5] Es darf diesen gegenüber nur kein aktiver Vertrieb stattfinden. 8

1 BT-Drucks. 17/12294, 225; Erwägungsgrund 61 der Richtlinie 2011/61/EU.
2 So auch *Engler* in Moritz/Klebeck/Jesch, § 55 KAGB Rz. 12.
3 BaFin, Merkblatt zur Erlaubnispflicht von grenzüberschreitend betriebenen Geschäften, Stand: 1.4.2005, Fn. 1.
4 BaFin, Merkblatt zur Erlaubnispflicht von grenzüberschreitend betriebenen Geschäften, Stand: 1.4.2005, Fn. 1.
5 So auch *Engler* in Moritz/Klebeck/Jesch, § 55 KAGB Rz. 12; *Klebeck/Brocker* in Dornseifer/Jesch/Klebeck/Tollmann, Art. 34 AIFM-RL Rz. 5.

V. Zulässigkeitsvoraussetzungen

9 Voraussetzung für die Verwaltung ausländischer AIF durch eine deutsche AIF-KVG ist gem. § 55 Abs. 1 KAGB, dass

1. die AIF-KVG die **in der AIFM-RL für diese AIF festgelegten Anforderungen** mit Ausnahme der Anforderungen der §§ 67, 80 bis 90 KAGB **erfüllt**, und
2. **geeignete Vereinbarungen über die Zusammenarbeit** zwischen der BaFin und den Aufsichtsbehörden des Drittstaates bestehen, in dem der ausländische AIF seinen Sitz hat, durch die ein **effizienter Informationsaustausch** gewährleistet wird, der es der BaFin ermöglicht, ihre Aufgaben nach dem KAGB wahrzunehmen.

1. Erfüllung der Vorgaben der Richtlinie 2011/61/EU (§ 55 Abs. 1 Nr. 1 KAGB)

10 Die AIF-KVG muss bis auf die in § 55 Abs. 1 Nr. 1 KAGB genannten Ausnahmen (§§ 67, 80 bis 90 KAGB) alle Vorgaben der AIFM-RL (nicht: des KAGB) beachten. In der AIFM-RL findet sich die **Verwalterregulierung**. Die vom deutschen Gesetzgeber der AIFM-RL hinzugefügte nationale **Produktregulierung** (insbesondere zu den Rechtsformen gem. §§ 91 bis 161 KAGB, zu den Anlagebedingungen gem. §§ 162 ff. KAGB sowie den Fondstypen gem. §§ 214 ff. KAGB ist nicht zu beachten. Dies gilt deshalb, weil nach dem Herkunftslandprinzip solche Regelungen im Investmentrecht des Sitzstaats des Fonds zu finden sind.

11 Innerhalb des Binnenmarktes grundsätzlich zulässig ist es, die **intern verwaltete Investmentgesellschaft** in einem und das Teilgesellschaftsvermögen in einem anderen Staat anzusiedeln. Erkennt das ausländische Recht diese Gestaltung an, ist § 55 KAGB entsprechend anzuwenden.

12 Der deutsche Gesetzgeber ordnet in § 55 Abs. 1 Nr. 1 KAGB die Anwendung der Vorgaben der AIFM-RL an. Die AIFM-RL gilt mit zwei Ausnahmen betr. 1. die **Anforderungen an die AIF-Verwahrstelle** (Art. 21 AIFM-RL, umgesetzt in §§ 80 bis 90 KAGB) und 2. die Anforderungen an den **Jahresbericht** (Art. 22 AIFM-RL, umgesetzt in § 67 KAGB). Gem. ErwGr. 61 AIFM-RL sollen die in Art. 21 und 22 AIFM-RL genannten Anforderungen nicht gelten, weil diese Vorschriften zum Schutz von Anlegern im Binnenmarkt in die AIFM-RL aufgenommen wurden. Dies trifft den Kern nicht ganz, es geht vielmehr darum, **zwei Arten von Regelungskonflikten** zu vermeiden.

a) Ausnahme Jahresbericht

13 Die Ausnahme von den Vorschriften zum Jahresbericht erklärt sich damit, dass es zu einem **Konflikt zwischen den Rechnungslegungsvorschriften** am Sitz des Verwalters und jenen am Sitz des Fonds kommen kann.

b) Ausnahme Verwahrstellenrecht

14 Die Ausnahme vom Verwahrstellenrecht erklärt sich damit, dass sich nach europäischem Recht **der Ort der Verwahrstelle grds. nach dem Ort des Fonds richtet**, vgl. Art. 21 Abs. 5 AIFM-RL, § 80 Abs. 6 KAGB (**sog. Kongruenzgebot**); in Einzelfällen wird der Ort des Fonds sogar nur über den Ort der Verwahrstelle zu ermitteln sein.[6] Ein ausländischer Fonds könnte daher auch eine ausländische Verwahrstelle haben, die dann dem ausländischen Recht untersteht. Dieses dürfte in vielen Details von Art. 21 AIFM-RL abweichen. Die Nichtgeltung des Art. 21 AIFM-RL beugt dem **Konflikt zwischen dem EU- und ausländischen Verwahrstellenrecht** vor. Dies ist zugleich der Hintergrund der Bezugnahmen auf § 55 Abs. 1 Nr. 1 KAGB in § 80 Abs. 1 Satz 1 und § 80 Abs. 6 Satz 3 KAGB.

15 Art. 21 Abs. 5 AIFM-RL (= § 80 Abs. 6 KAGB) erlaubt davon abweichend **die Bestellung einer Verwahrstelle im Herkunftsstaat des AIFM**. Die besseren Argumente sprechen in diesem Fall für eine **teleologische Reduktion von § 55 Abs. 1 Nr. 1 KAGB** dahingehend, dass in solchen Fällen das Verwahrstellenrecht der AIFM-RL (Art. 21 AIFM-RL = §§ 80 bis 90 KAGB) anzuwenden ist, weil der befürchtete Regelungskonflikt nicht eintreten kann.[7] Diese Ansicht bestätigt § 90 KAGB.

16 Wird der ausländische AIF **im Inland an inländische (semi-)professionelle Anleger vertrieben**, muss die inländische AIF-KVG gem. § 322 Abs. 1 Nr. 4 KAGB bei der Verwaltung eines ausländischen AIF abweichend von § 55 Abs. 1 Nr. 1 KAGB **alle in der AIFM-RL für diese AIF festgelegten Anforderungen erfüllen**. Näher § 322 Rz. 13. § 55 KAGB regelt nur die Verwaltung ohne Vertrieb. Werden die Anteile im Bin-

---

6 Zur Geltung dieses Grundsatzes *Zetzsche/Marte* in Zetzsche, AIFMD, S. 431 (konkret S. 441).
7 Zur Geltung dieses Grundsatzes *Zetzsche/Marte* in Zetzsche, AIFMD, S. 441 f.

nenmarkt vertrieben, sollen die Anleger von den anlegerschützenden Wirkungen des Art. 21 AIFM-RL profitieren (arg. ex ErwGr. 61 AIFM-RL). Investieren inländische Anleger in den ausländischen AIF ohne vorhergehenden inländischen Vertrieb – z.B. (semi-)professionelle Anleger auf deren eigenes Betreiben hin (arg. § 293 Abs. 1 Satz 3 KAGB) –, bleibt es bei der Regelung des § 55 Abs. 1 Nr. 1 KAGB.[8]

2. Vereinbarung über die Zusammenarbeit zwischen BaFin und der Drittstaatenaufsicht (§ 55 Abs. 1 Nr. 2, Abs. 2 KAGB)

Die Verwaltung eines ausländischen AIF durch eine AIF-KVG setzt die Existenz eines **Aufsichtskooperationsabkommens** voraus. ESMA hat gem. Art. 34 Abs. 3 AIFM-RL Richtlinien zum Abschluss von Aufsichtskooperationsabkommen für alle derzeit 31 zuständigen Aufsichtsbehörden im Binnenmarkt erarbeitet (sog. **Model MoU**).[9] ESMA verhandelt diese Abkommen für alle Aufsichtsbehörden im Binnenmarkt i.d.R. vor, so dass der Abschluss durch die Behörden letztlich eine Formalie darstellt. Dies gewährleistet, dass alle Aufsichtsbehörden über dieselben Befugnisse zur Informationsweitergabe verfügen und kleinen EU/EWR-Mitgliedstaaten die effektive Aufsichtskooperation zum selben Zeitpunkt wie großen Mitgliedstaaten eröffnet ist, die aus Sicht der Drittstaaten eine größere Priorität genießen. Die Liste der Länder, mit denen Aufsichtskooperationsabkommen durch ESMA verhandelt wurden, ist auf der Internetseite von ESMA abrufbar.[10] 17

Die Liste der **von der BaFin abgeschlossenen Aufsichtskooperationsabkommen** sind auf der Internetseite der BaFin zugänglich.[11] Derzeit hat die BaFin mit Aufsichtsbehörden aus folgenden Drittstaaten Kooperationsvereinbarungen i.S.d. § 55 Nr. 2 KAGB abgeschlossen: Australien (ASIC), Bermuda (BMA), Cayman Islands (CIMA), Guernsey (GFSC), Hong Kong (SFC), Hong Kong (HKMA), Indien (SEBI), Japan (JFSA), Japan (METI), Japan (MAFF), Jersey (JFSC), Kanada (AMF), Kanada (OSC), Kanada (ASC), Kanada (BCSC), Kanada (OSFI), Republik Korea (FSS), Republik Korea (FSC), Schweiz (FINMA), Singapur (MAS), USA (SEC), USA (CFTC), USA (FED/CC). 18

Die BaFin schließt MoUs nur mit Aufsichtsbehörden solcher **Länder ab, bei denen ein geschäftlicher Kontakt einer AIF-KVG dies erforderlich macht**. Daher ist ggf. eine vorherige Kontaktaufnahme mit der BaFin geboten, um den Abschluss eines MoU anzuregen. Die Notwendigkeit des vorherigen MoU-Abschlusses kann ein Geschäftsvorhaben verzögern. Andere Standorte (insb. Luxemburg) sind insoweit aktiver und besser vernetzt. 19

Die Details der Kooperationsabkommen richten sich nach Art. 113 bis 115 AIFM-VO (s. auch § 55 Abs. 2 KAGB). Solche Abkommen legen den **besonderen Rahmen für die Konsultation, Kooperation und den Informationsaustausch für Aufsichts- und Durchsetzungszwecke** zwischen den zuständigen Behörden der EU und Drittland-Aufsichtsbehörden fest (Art. 113 Abs. 3 AIFM-VO) und ermöglichen die **Informationsübermittlung innerhalb des europäischen Aufsichtssystems** (Art. 113 Abs. 4 AIFM-VO) unter Beachtung des Datenschutzrechts (Art. 115 AIFM-VO). Inhalt der Aufsichtskooperationsabkommen sind insbesondere (vgl. Art. 114 AIFM-VO) der **Informationszugang** der zuständigen Behörden im Binnenmarkt, Bestimmungen zur Durchführung von **Ermittlungen vor Ort** entweder unmittelbar von der zuständigen Behörde im Binnenmarkt oder von der zuständigen Behörde des Drittlands mit Hilfe der zuständigen Behörde im Binnenmarkt und **Amtshilfe** bei der Durchsetzung des Unionsrechts sowie der zusätzlichen nationalen Rechtsvorschriften. So besteht z.B. eine Informationspflicht im Fall aufsichtserheblicher Ereignisse (*material event*[12]). Bei den aus Sicht der Aufsichtsunterworfenen unbeliebten **On-site Visits** werden sich die Aufsichtsbehörden bei der Auswertung der gefundenen Informationen gegenseitig unterstützen.[13] Bei einem **Amtshilfeersuchen** muss die ersuchende Behörde ihre Informationen und ihre Aufsichtsbemühungen und -anliegen offenlegen, die von ihr erbetenen Informationen begründen und auf eine evtl. erbetene Vertraulichkeit hinweisen.[14] 20

---

8 *Wilkowski/Grulke* in Weitnauer/Boxberger/Anders, § 55 KAGB Rz. 7.

9 Vgl. ESMA, Guidelines on the model MoU concerning consultation, cooperation and the exchange of information related to the supervision of AIFMD entities, 18 July 2013, ESMA/2013/998.

10 Vgl. https://www.esma.europa.eu/document/guidelines-model-mou-concerning-consultation-cooperation-and-exchange-information-related (zuletzt abgerufen am 15.10.2018).

11 Vgl. BaFin, Merkblatt zu Vereinbarungen über die Zusammenarbeit zwischen der Bundesanstalt und zuständigen Stellen eines Drittstaats im Rahmen der AIFM Richtlinie 2011/61/EU, Datum: 22.7.2013, Stand der MoU: 10.12.2015, online https://www.bafin.de/SharedDocs/Veroeffentlichungen/DE/Merkblatt/WA/mb_130722_internat_koopvereinbarungen_kagb.html (zuletzt abgerufen: 15.10.2018).

12 Vgl. Art. 3 Abs. 3 ESMA Model MoU, ESMA/2013/998, S. 8.

13 Vgl. Art. 4 Abs. 1 Buchst. c ESMA Model MoU, ESMA/2013/998, S. 8.

14 Vgl. Art. 4 Abs. 1 Buchst. c ESMA Model MoU, ESMA/2013/998, S. 9.

21 Aufsichtskooperationsabkommen sind als Verträge zwischen Verwaltungsträgern grds. **Verwaltungsinnenrecht.** Eine beaufsichtigte KVG kann sich auf solche Vorschriften nicht berufen. Jedoch muss die BaFin Bindungen aus dem **Grundsatz der Gleichbehandlung** (Art. 3 Abs. 1 GG), dem **Rechtsstaatsgebot** (Art. 20 GG), ggf. dem **Datenschutz** sowie dem **Selbstbelastungsverbot** auch im Aufsichtskooperationsverfahren beachten. Eine Information, die die BaFin von einer aufsichtsunterworfenen KVG nicht unmittelbar erlangen dürfte, darf sie auch nicht von einer kooperierenden Behörde erfragen.

22 Das Abkommen nach § 55 Abs. 1 Nr. 2 i.V.m. Abs. 2 KAGB ist **kein Abkommen gem. Art. 35 AIFM-RL** (vgl. § 58 Abs. 7 Nr. 6 KAGB).[15] Die Vereinbarungen nach Art. 35 AIFM-RL gehen inhaltlich weiter und knüpfen an einen Informationsaustausch in Steuerfragen an. Fragen der Bekämpfung von Geldwäsche und Terrorismusfinanzierung richten sich dagegen nach den FATF-Standards und sind nicht ausschließlich eine Frage von Vereinbarungen.[16]

Vorbemerkungen vor §§ 56 bis 66

Schrifttum: S. bei § 49.

I. Aufbau der §§ 56 bis 66 KAGB

1 Während §§ 49 bis 52 KAGB die grenzüberschreitende Tätigkeit in Bezug auf OGAW regeln, betreffen die §§ 53 bis 67 KAGB die grenzüberschreitende Tätigkeit in Bezug auf AIF. Davon behandeln §§ 53, 54 KAGB die **grenzüberschreitende Tätigkeit innerhalb von EU und EWR** (also durch EU-Verwaltungsgesellschaften bzw. in Bezug auf EU-AIF), es handelt sich um eine Umsetzung von Kapitel VI (Art. 31 bis 33) der AIFM-RL. **§ 55 KAGB** steht am Anfang der **Vorschriften mit Drittstaatenbezug** (§§ 55 bis 67 KAGB). Diese setzen Kapitel VII (Art. 34 bis 42) der AIFM-RL um.[1] Verwaltungsgesellschaften oder Investmentvermögen **mit Sitz** (dazu § 1 Rz. 247 ff.) **in einem Drittstaat** bezeichnet das KAGB als **„ausländische"** (dazu § 1 Rz. 158 ff.). Während es bei § 55 KAGB also um eine inländische AIF-KVG geht, die einen **auslän-**

15 *Wilkowski/Grulke* in Weitnauer/Boxberger/Anders, § 55 KAGB Rz. 12.
16 Vgl. FATF, International Standards on Combating Money Laundering and the Financing of Terrorism & Proliferation – The FATF Recommendations, Update Feb. 2018.
1 Vgl. dazu *Zetzsche/Marte* in Zetzsche, AIFMD, S. 431.

dischen AIF verwaltet, geht es bei den §§ 56 bis 66 KAGB um **ausländische Verwaltungsgesellschaften (sog. Drittstaats-AIFM)**, die inländische Spezial-AIF, EU-AIF oder ausländische AIF verwalten.

II. AIFM-Drittstaatenpass im Europäischen Passsystem

1. Ratio und Herausforderungen des Marktzugangs aus Drittstaaten

Das europäische Investmentrecht kennt eine Befugnis zur grenzüberschreitenden Tätigkeit (sog. europäische Pässe) für einerseits den **Vertrieb von Anteilen** an Investmentvermögen (umgesetzt in §§ 309 ff. KAGB für OGAW und §§ 316 ff. KAGB) und andererseits die **grenzüberschreitende Verwaltung** von Investmentvermögen; letztere sind umgesetzt im Abschnitt 2 „Verwaltungsgesellschaften" des Kapitels 1 („Allgemeine Bestimmungen für Investmentvermögen und Verwaltungsgesellschaften"), und dort im Unterabschnitt 5 (= §§ 48 ff. zu OGAW) und 6 (= §§ 53 ff. zu AIF). Für die Verwaltung gibt es zwei Grundtypen, die **„unmittelbare" Verwaltung des Investmentvermögens im Wege des grenzüberschreitenden Verkehrs** sowie die **Verwaltung über eine Zweigniederlassung**. Die Regelungen zur **Verwaltung im Wege des grenzüberschreitenden Verkehrs** folgen **dem strengen Herkunftsstaatsprinzip**. Die **Verwalterregulierung** besteht also nur aus dem am Sitz des Verwalters geltenden Rechts. Die Herkunftsstaatsbehörde des Verwalters ist im Grundsatz für die Aufsicht allein zuständig. **Bei der Verwaltung des Fonds über eine Zweigniederlassung kommt** es zu einer **Kompetenzteilung zwischen der Herkunftsland- und der Aufnahmestaatbehörde.** Näher dazu § 53 Rz. 4. 2

Die **Übertragung dieses Regelungsansatzes in ein Drittstaatengefüge fällt** aus drei Gründen **schwer**: Erstens ist der **Regelungsrahmen** im Binnenmarkt durch umzusetzende Richtlinien und unmittelbar geltende Verordnungen weitgehend harmonisiert; dies gilt nicht für Drittstaaten, die ihr Recht prinzipiell frei wählen können. Das gleiche gilt für die **Durchsetzung des gesetzten Rechts mittels Aufsicht.** Zweitens gewährleisten innerhalb des Binnenmarkts die Europäischen Aufsichtsbehörden ein Mindestniveau, zudem fungiert die Europäische Kommission resp. die EFTA-Überwachungsbehörde als „Hüter der Verträge". Beides zusammen wirkt **Regulierungsarbitrage** entgegen.[2] Drittens gewährleistet der Europäische Pass **gegenseitigen Marktzugang**, so dass in einem Staat geschaffene Risiken notwendigerweise auch andere dem Binnenmarkt angehörige Staaten treffen können. Bei Nichterfüllung der europäischen Aufsichtsaufgaben droht der Verlust des „lead regulator"-Status. Daraus entsteht eine Risikosymmetrie: Das grds. egoistische Interesse an einer florierenden Binnenwirtschaft durch einen laxen Regulierungsansatz wird durch das **Interesse an einem reibungsfreien Binnenmarkt** mit gegenseitigem Marktzugang gemindert.[3] 3

Des ungeachtet ist die Einbindung von Produkten und Verwaltern aus Drittstaaten prinzipiell wünschenswert, weil dies eine **regionale Diversifizierung** (mit dem Effekt verminderter systemischer Risiken) sowie **Innovation und geringere Gesamtkosten als Folge eines intensivierten Wettbewerbs** fördert.[4] Der Europäische Regelsetzer hat daher seit der AIFM-RL in allen europäischen Rechtsakten des Investmentrechts, bei denen sich das Produkt an professionelle Anleger (§ 1 Rz. 225 ff.) richtet, eine Marktzugangsregelung für Anbieter aus Drittstaaten eingefügt. Damit wird – anders als bei Publikumsfonds (insb. OGAW) – der **Marktzugang aus Drittstaaten weitgehend harmonisiert**, was zugleich einem gewissen Wildwuchs entgegen wirkt.[5] 4

2. Drei Säulen des Drittstaaten-Zugangs zum Binnenmarkt

Dieses Marktzugangsreglement beruht mit der Äquivalenz, der Reziprozität und der Behördenkooperation auf **drei Säulen.** Als vierte Säule kommen in bestimmten Fällen einige Vorschriften zum Schutz gesellschaftspolitischer Interessen hinzu. 5

a) Äquivalenz/Gleichwertigkeit

Erste Säule ist das sog. **Äquivalenzprinzip**, wonach **Recht und Aufsicht** über Fonds und Verwalter prinzipiell äquivalent („gleichwertig") zu jenen des EU-Rechts sein müssen, um Marktzugang zu erhalten.[6] Die 6

2 Näher *Zetzsche/Eckner* in Enzyklopädie EuR, Bd. 6, § 7 Rz. 96, 122 f.

3 *Zetzsche*, Drittstaaten, S. 54 ff., 60 ff.

4 *Zetzsche*, Drittstaaten, S. 54 ff., 60 ff.

5 Zutr. *Klebeck* in Weitnauer/Boxberger/Anders, § 56 KAGB Rz. 6.

6 Vgl. dazu Europäische Kommission, Implications of Brexit on EU Financial Services, 2017, S. 23 ff.; *Ferran*, The UK as a Third Country Actor in EU Financial Services Regulation, 3:1, JFR 2017, 40 ff.; *Lehmann*, Legal Fragmentation, Extraterritoriality and Uncertainty in Global Financial Regulation, OJLS 2017, 406, 430 f.; *Moloney*, Brexit, the EU and its Investment Banker: Rethinking ‚Equivalence' for the EU Capital Market, LSE Legal Studies Working

„Gleichwertigkeit" ist ein **offener und auslegungsfähiger Begriff**, dem durchaus politische Verhandlungsmasse innewohnt. Nach Ansicht der Kommission sind Äquivalenzfeststellungen **Ermessensentscheidungen zur Förderung öffentlicher Interessen** und der Funktionsfähigkeit der Finanzmärkte in der EU unter Berücksichtigung weiterer politischer Präferenzen;[7] sie sollen nicht einzelnen Marktteilnehmern zu Gute kommen.[8]

7 Folglich ist die **Äquivalenzfeststellung nicht justiziabel**. Dies gilt gleichermaßen für vermeintlich benachteiligte EU- und Drittstaaten-AIFM. So wird, wenn die ESMA-Feststellungen zur AIFM-RL umgesetzt werden (Rz. 24), ein EU-AIFM nicht rügen können, dass Schweizer und US-Verwahrstellen nicht garantieähnlich, sondern nach den Grundsätzen der Verschuldenshaftung für die Existenz der Verwahrgegenstände einstehen müssen, obwohl dies gravierende Kostenunterschiede gegenüber EU-Verwahrstellen bedeutet. Ebenso wenig ist rügefähig, dass Schweizer und US-Asset Manager kollektiver Kapitalanlagen geringeren Vorgaben an die Vergütungssysteme unterliegen als EU-AIFM. Umgekehrt kann ein Asset Manager aus Hongkong nicht Zugang zum europäischen Binnenmarkt mit dem Argument begehren, er sei gleichwertig reguliert.

b) Reziprozität

8 Zweiter Regelungsbestandteil ist der **gegenseitige Marktzugang (Reziprozität)**, was einerseits zur Risikosymmetrie beiträgt, andererseits EU-Intermediären Geschäftschancen auf den Drittmärkten eröffnet. EU-Intermediäre müssen ihre Dienste im Drittstaat anbieten können.[9] Hintergrund des Reziprozitätskriteriums ist die mit dem Marktzugang bei Finanzdienstleistungen verbundene Risikoverlagerung: Die Produktrisiken trägt regelmäßig der Dienstleistungsempfänger, während die Erträge beim Anbieter liegen. Unter solchen Umständen hat eine Aufsicht im Herkunftsstaat wenig Anlass, für die rechtmäßige Erbringung von Dienstleistungen im Vertriebsstaat zu sorgen. Dies liegt anders, wenn die Risiken symmetrisch verteilt sind. Bereits die Gefahr einer Risikoverwirklichung auch im eigenen Land wird die Kooperationsbereitschaft erhöhen.[10]

9 Die zweite Voraussetzung hat **Konsequenzen insbesondere im Verhältnis der EU zu den USA**. Nach Ansicht der ESMA sind etwa der amerikanische Rechtsrahmen und die Aufsicht über AIFM den europäischen Pendants grundsätzlich gleichwertig. Jedoch ist die *substituted compliance* nach US-Recht auf ganz wenige Fälle im Derivatebereich beschränkt, so dass zugelassene EU-AIFM und AIF-KVG ihre Produkte in den USA nur mit separater US-Zulassung vertreiben dürfen.[11] Konsequent wäre die Verweigerung des EU-Marktzugangs für US-Vermögensverwalter.

c) Behördenkooperation

10 Dritter Regelungsbestandteil ist die **Aufsichtskooperation**, da ohne behördliche Zusammenarbeit Regulierungsarbitrage und Anlegerrisiken drohen. Näher dazu § 55 Rz. 15 ff.

Paper No. 5/2017; *Moloney*, Brexit: An Uncertain Future for the City?, 17 German Law Journal 75 (2016); *Quaglia*, „The Politics of ‚Third Country Equivalence' in Post-Crisis Financial Services Regulation in the European Union", 38 Western European Politics (2015) 167; *Sethe*, Das Drittstaatenregime von MiFIR und MiFID II, SZW 2014, 621; *Sethe/Weber*, Äquivalenz als Regelungskriterium im Finanzmarktrecht, SJZ 110 (2014), 569; *Zetzsche*, Drittstaaten, S. 60; *Zetzsche*, Competitiveness, S. 391 ff.

7 Vgl. Europäische Kommission, Commission Staff Working Document – EU equivalence decisions in financial services policy: an assessment, SWD (2017) 102, S. 9 ff. Für Justiziabilität de lege ferenda *Zetzsche*, Drittstaaten, S. 127, 136; *Moloney*, Brexit, the EU and its Investment Banker (2017), S. 15.

8 Zur Verankerung in der Tradition des deutschen Investmentrechts, insb. §§ 135 ff. InvG a.F. *Klebeck* in Weitnauer/Boxberger/Anders, § 56 KAGB Rz. 4.

9 Vgl. *Zetzsche*, Drittstaaten, S. 62 ff.

10 Vgl. *Zetzsche*, Drittstaaten, S. 60 ff.; *Zetzsche*, Competitiveness, S. 398 ff.

11 Vgl. ESMA, ESMA's advice to the European Parliament, the Council and the Commission on the application of the AIFMD passport to non-EU AIFMs and AIFs, 12 September 2016, ESMA/2016/1140, S. 26 („ESMA is of the view that the market access conditions which would apply to U.S funds dedicated to professional investors in the EU in the event that the AIFMD passport is extended to the U.S would be different from the market access conditions applicable to EU funds dedicated to professional investors in the U.S. This is due to registration requirements under the U.S regulatory framework (which generate additional costs), and particularly in the case of funds marketed by managers involving public offerings.").

d) Schutz gesellschaftspolitischer Interessen

11 Hinzu treten speziell **bei ausländischen AIF** Regelungen zum **Schutz der gesellschaftspolitischen Interessen**, so etwa eine Kooperation des Herkunftsstaats in Besteuerungsfragen und die Bekämpfung von Geldwäsche und Terrorismusfinanzierung.[12] Der Drittstaat darf nicht auf der „schwarzen“ Liste der Arbeitsgruppe „Finanzielle Maßnahmen gegen Geldwäsche und Terrorismusfinanzierung“ (= Financial Action Task Force [FATF]) stehen. Er muss den Standards des OECD-Musterabkommens zur Vermeidung der Doppelbesteuerung von Einkommen und Vermögen entsprechen und auf Anfrage einen wirksamen Informationsaustausch in Steuerangelegenheiten gem. Art. 26 OECD-Musterabkommen gewährleisten.

3. Rechtliche Anknüpfungspunkte

12 Das Marktzugangsreglement muss im Fondswesen zwischen der **Regulierung des Verwalters, des Investmentvermögens sowie des Vertriebs differenzieren**. Als Sitzstaat ist zwischen einem Sitz im Inland, sonstwo im Binnenmarkt sowie in Drittstaaten zu differenzieren. Aus einem der drei Bezugspunkte muss sich ein Inlandsbezug ergeben. Ist jede der drei Kategorien Verwalter, Investmentvermögen oder Vertrieb einem anderen Staat zuzuordnen, trifft das KAGB mangels Regulierungsanknüpfungspunkt keine Regelung.

13 Die folgenden Übersichten in Tabelle 1 bis 3 zeigen in Bezug auf AIF, welche Konstellation das KAGB regelt, wobei jeweils – gemäß dem Ansatz, dass die AIFM-RL Verwalterregulierung ist – Ausgangspunkt der Betrachtung der **Sitz des AIFM** ist.

14 **Tabelle 1:** Sitz des AIFM im Inland („AIF-KVG“)

Verwalter	Investmentvermögen	Vertrieb	Vertrieb an	Normen des KAGB
Inland	Inländische Publikums-AIF	Inland	Privatanleger	§ 295 Abs. 1 Satz 1 i.V.m. § 316, § 295 Abs. 4 i.V.m. §§ 297 ff.
Inland	Inländische Publikums-AIF	Inland	Professionelle Anleger, Semiprofessionelle Anleger	§ 295 Abs. 1 Satz 1 i.V.m. § 316, § 295 Abs. 5 Nr. 1 i.V.m. §§ 307 f.
Inland	Inländische Spezial-AIF	Inland	Professionelle Anleger, Semiprofessionelle Anleger	§ 295 Abs. 1 Satz 3 i.V.m. § 316, § 295 Abs. 2, 3 i.V.m. dort genannten Vorschriften aus den §§ 321 ff. sowie § 295 Abs. 5 Nr. 1 i.V.m. §§ 307 f.
Inland	Inländische Publikums- und Spezial-AIF	Sonstige EU/EWR	Privatanleger, Semiprofessionelle Anleger	(-); s. Recht des EU-Staats
Inland	Inländische Publikums- und Spezial-AIF	Sonstige EU/EWR	Professionelle Anleger	§ 295 Abs. 6 i.V.m. §§ 331 f.
Inland	Inländische Publikums- und Spezial-AIF	Drittstaat	Alle Anleger	(-); s. Recht des Drittstaats
Inland	EU-AIF: § 53 KAGB	Inland	Privatanleger	§ 295 Abs. 1 Satz 2 i.V.m. §§ 317 ff., § 295 Abs. 4 i.V.m. §§ 297 ff.
Inland	EU-AIF: § 53 KAGB	Inland	Professionelle Anleger, Semiprofessionelle Anleger	§ 295 Abs. 1 Satz 3, § 295 Abs. 2 und 3 i.V.m. dort genannten Vorschriften aus den §§ 321 ff. sowie § 295 Abs. 5 Nr. 2 i.V.m. §§ 307 f.
Inland	EU-AIF: § 53 KAGB	Sonstige EU	Professionelle Anleger	§ 295 Abs. 6 i.V.m. §§ 331 f.
Inland	EU-AIF: § 53 KAGB	Sonstige EU	Privatanleger, Semiprofessionelle Anleger	(-); s. Recht des EU-Staats

12 Vgl. Art. 21 Abs. 6 Buchst. c und d, Art. 35 Abs. 2 Buchst. b und c, Art. 36 Abs. 1 Buchst. c, Art. 37 Abs. 7 Buchst. e und f, Art. 30 Abs. 2 Buchst. b und f, Art. 42 Abs. 1 Buchst. c AIFM-RL. Dazu *Zetzsche/Marte* in Zetzsche, AIFMD, S. 463-465.

Verwalter	Investmentvermögen	Vertrieb	Vertrieb an	Normen des KAGB
Inland	EU-AIF: § 53 KAGB	Drittstaat	Alle Anleger	(-); s. Recht des Drittstaats
Inland	Ausländische AIF: § 55 KAGB	Inland	Privatanleger	§ 295 Abs. 1 Satz 2 i.V.m. §§ 317 ff., § 295 Abs. 4 i.V.m. §§ 297 ff.
Inland	Ausländische AIF: § 55 KAGB	Inland	Professionelle Anleger, Semiprofessionelle Anleger	§ 295 Abs. 1 Satz 3, § 295 Abs. 2 und 3 i.V.m. dort genannten Vorschriften aus den §§ 321 ff. sowie § 295 Abs. 5 Nr. 4 i.V.m. §§ 307 f.
Inland	Ausländische AIF: § 55 KAGB	Sonstige EU/EWR	Professionelle Anleger	§ 295 Abs. 6 i.V.m. §§ 331 f.
Inland	Ausländische AIF: § 55 KAGB	Sonstige EU/EWR	Privatanleger, Semiprofessionelle Anleger	(-); s. Recht des EU-Staats
Inland	Ausländische AIF: § 55 KAGB	Drittstaat	Alle Anleger	(-); s. Recht des Drittstaats

15 **Tabelle 2:** Sitz des AIFM in einem sonstigen EU/EWR-Staat („AIF-EU-Verwaltungsgesellschaft")

Verwalter	Investmentvermögen	Vertrieb	Vertrieb an	Normen des KAGB
Sonstige EU/EWR	Inländische Publikums-AIF: § 54 KAGB	Inland	Privatanleger	§ 295 Abs. 1 Satz 1 i.V.m. § 316, § 295 Abs. 4 i.V.m. §§ 297 ff.
Sonstige EU/EWR	Inländische Publikums-AIF: § 54 KAGB	Inland	Professionelle Anleger, Semiprofessionelle Anleger	§ 295 Abs. 1 Satz 1 i.V.m. § 316, § 295 Abs. 5 Nr. 1 i.V.m. §§ 307 f.
Sonstige EU/EWR	Inländische Spezial-AIF: § 54 KAGB	Inland	Professionelle Anleger, Semiprofessionelle Anleger	§ 295 Abs. 1 Satz 3 i.V.m. § 316, § 295 Abs. 2, 3 i.V.m. dort genannten Vorschriften aus den §§ 321 ff. sowie § 295 Abs. 5 Nr. 1 i.V.m. §§ 307 f.
Sonstige EU/EWR	Inländische Publikums- und Spezial-AIF: § 54 KAGB	Sonstige EU/EWR	Alle Anleger	(-); s. Recht des EU-Staats
Sonstige EU/EWR	Inländische Publikums- und Spezial-AIF: § 54 KAGB	Drittstaat	Alle Anleger	(-); s. Recht des Drittstaats
Sonstige EU/EWR	EU-AIF	Inland	Privatanleger	§ 295 Abs. 1 Satz 2 i.V.m. §§ 317 ff., § 295 Abs. 4 i.V.m. §§ 297 ff.
Sonstige EU/EWR	EU-AIF	Inland	Professionelle Anleger, Semiprofessionelle Anleger	§ 295 Abs. 1 Satz 3, § 295 Abs. 2 und 3 i.V.m. dort genannten Vorschriften aus den §§ 321 ff. sowie § 295 Abs. 5 Nr. 3 i.V.m. §§ 307 f.
Sonstige EU/EWR	EU-AIF	Sonstige EU/EWR	Alle Anleger	(-); s. Recht des EU-Staats
Sonstige EU/EWR	EU-AIF	Drittstaat	Alle Anleger	(-); s. Recht des Drittstaats
Sonstige EU/EWR	Ausländische AIF	Inland	Privatanleger	§ 295 Abs. 1 Satz 2 i.V.m. §§ 317 ff., § 295 Abs. 4 i.V.m. §§ 297 ff.

Verwalter	Investmentvermögen	Vertrieb	Vertrieb an	Normen des KAGB
Sonstige EU/EWR	Ausländische AIF	Inland	Professionelle Anleger, Semiprofessionelle Anleger	§ 295 Abs. 1 Satz 3, § 295 Abs. 2 und 3 i.V.m. dort genannten Vorschriften aus den §§ 321 ff. sowie § 295 Abs. 5 Nr. 4 i.V.m. §§ 307 f.
Sonstige EU/EWR	Ausländische AIF	Sonstige EU/EWR	Alle Anleger	(-); s. Recht des EU-Staats
Sonstige EU/EWR	Ausländische AIF	Drittstaat	Alle Anleger	(-); s. Recht des Drittstaats

Tabelle 3: Sitz des AIFM in einem Drittstaat („ausländische AIF-Verwaltungsgesellschaft") 16

Verwalter	Investmentvermögen	Vertrieb	Vertrieb an	Normen des KAGB
Drittstaat	Inländische Publikums-AIF: §§ 56-66 KAGB	Inland	Privatanleger	§ 295 Abs. 1 Satz 1 i.V.m. § 316, § 295 Abs. 4 i.V.m. §§ 297 ff.
Drittstaat	Inländische Publikums-AIF: §§ 56-66 KAGB	Inland	Professionelle Anleger, Semiprofessionelle Anleger	§ 295 Abs. 1 Satz 1 i.V.m. § 316, § 295 Abs. 5 Nr. 4 i.V.m. §§ 307 f.
Drittstaat	Inländische Spezial-AIF: §§ 56-66 KAGB	Inland	Professionelle Anleger, Semiprofessionelle Anleger	§ 295 Abs. 1 Satz 3 i.V.m. § 316, § 295 Abs. 2, 3 i.V.m. dort genannten Vorschriften aus den §§ 321 ff. sowie § 295 Abs. 5 Nr. 1 i.V.m. §§ 307 f.
Drittstaat	Inländische Publikums- und Spezial-AIF: §§ 56-66 KAGB	Sonstige EU/EWR	Alle Anleger	(-); s. Recht des EU-Staats
Drittstaat	Inländische Publikums- und Spezial-AIF: §§ 56-66 KAGB	Drittstaat	Alle Anleger	(-); s. Recht des Drittstaats
Drittstaat	EU-AIF	Inland	Privatanleger	§ 295 Abs. 1 Satz 2 i.V.m. §§ 317 ff., § 295 Abs. 4 i.V.m. §§ 297 ff.
Drittstaat	EU-AIF	Inland	Professionelle Anleger, Semiprofessionelle Anleger	§ 295 Abs. 1 Satz 3, § 295 Abs. 2 und 3 i.V.m. dort genannten Vorschriften aus den §§ 321 ff. sowie § 295 Abs. 5 Nr. 3 i.V.m. §§ 307 f.
Drittstaat	EU-AIF	Sonstige EU/EWR	Alle Anleger	(-); s. Recht des EU-Staats
Drittstaat	EU-AIF	Drittstaat	Alle Anleger	(-); s. Recht des Drittstaats
Drittstaat	Ausländische AIF	Inland	Privatanleger	§ 295 Abs. 1 Satz 2 i.V.m. §§ 317 ff., § 295 Abs. 4 i.V.m. §§ 297 ff.
Drittstaat	Ausländische AIF	Inland	Professionelle Anleger, Semiprofessionelle Anleger	§ 295 Abs. 1 Satz 3, § 295 Abs. 2 und 3 i.V.m. dort genannten Vorschriften aus den §§ 321 ff. sowie § 295 Abs. 5 Nr. 4 i.V.m. §§ 307 f.
Drittstaat	Ausländische AIF	Sonstige EU/EWR	Alle Anleger	(-); s. Recht des EU-Staats
Drittstaat	Ausländische AIF	Drittstaat	Alle Anleger	(-); s. Recht des Drittstaats

III. Aufbau und Geltung der §§ 55 bis 67 KAGB

1. Umsetzung von Kapitel VII AIFM-RL

17 Der Aufbau der §§ 55 bis 66 KAGB ist nicht nach Sinneinheiten geordnet, sondern erklärt sich im Wesentlichen mit der **Regelungsreihenfolge im Kapitel VII AIFM-RL**. Dazu im Folgenden Rz. 12. Tabelle 4 zeigt, welche Vorschriften des Kapitel VII AIFM-RL wo umgesetzt sind.

18 **Tabelle 4:** Umsetzung der Art. 34 bis 41 AIFM-RL im KAGB

Vorschrift	Inhalt	Umgesetzte Vorschrift der AIFM-RL
§ 55 KAGB	Bedingungen für AIF-KVG, welche ausländische AIF verwalten, die in EU/EWR nicht vertrieben werden	Abs. 1: Art. 34 Abs. 1 RL Abs. 2: Art. 34 Abs. 2, 3 RL
§ 56 KAGB	Bestimmung der Bundesrepublik Deutschland als Referenzmitgliedstaat einer ausländischen AIF-Verwaltungsgesellschaft	Abs. 1: Art. 37 Abs. 4 AIFM-RL Abs. 2 Satz 1: Art. 37 Abs. 4 Unterabs. 2 Satz 1, 2 RL Abs. 2 Satz 2: Art. 37 Abs. 4 Unterabs. 2 Satz 3 RL Abs. 2 Satz 3: Art. 37 Abs. 14 RL Abs. 3: Art. 37 Abs. 4 Unterabs. 2 Satz 4 RL Abs. 4: Art. 37 Abs. 4 Unterabs. 2 Satz 5 RL Abs. 5: Art. 37 Abs. 4 Unterabs. 3 RL
§ 57 KAGB	Zulässigkeit der Verwaltung von inländischen Spezial-AIF und EU-AIF sowie des Vertriebs von AIF gemäß den §§ 325, 326, 333 oder 334 durch ausländische AIF-Verwaltungsgesellschaften	Abs. 1: Art. 37 Abs. 1 RL Abs. 2: Art. 37 Abs. 2 RL Abs. 3: Art. 37 Abs. 3 RL
§ 58 KAGB	Erteilung der Erlaubnis für eine ausländische AIF-Verwaltungsgesellschaft	Abs. 1: Art. 37 Abs. 5 Unterabs. 1 RL Abs. 2: Art. 37 Abs. 5 Unterabs. 2 Satz 1, 2 RL Abs. 3: Art. 37 Abs. 5 Unterabs. 2 Satz 3, 4 RL Abs. 4 Satz 1: Art. 37 Abs. 5 Unterabs. 3 RL Abs. 4 Satz 2: Art. 37 Abs. 5 Unterabs. 4 RL Abs. 5: Art. 37 Abs. 5 Unterabs. 5 RL Abs. 6: Art. 37 Abs. 5 Unterabs. 6 RL Abs. 7: Art. 37 Abs. 7 Unterabs. 1 RL Abs. 8: Art. 37 Abs. 15, 16 RL Abs. 9: Art. 37 Abs. 8 Unterabs. 1 RL Abs. 10: Art. 37 Abs. 8 Unterabs. 2 RL Abs. 11: Art. 37 Abs. 2 RL
§ 59 KAGB	Befreiung einer ausländischen AIF-Verwaltungsgesellschaft von Bestimmungen der AIFM-RL	Abs. 1: Art. 37 Abs. 9 Unterabs. 1 RL Abs. 2 Satz 1, 2: Art. 37 Abs. 9 Unterabs. 2 RL Abs. 2 Satz 3: Art. 37 Abs. 9 Unterabs. 3 RL Abs. 3: Art. 37 Abs. 9 Unterabs. 4 RL Abs. 4: Art. 37 Abs. 9 Unterabs. 5 RL
§ 60 KAGB	Unterrichtung der Europäischen Wertpapier- und Marktaufsichtsbehörde im Hinblick auf die Erlaubnis einer ausländischen AIF-Verwaltungsgesellschaft durch die Bundesanstalt	Abs. 1: Art. 37 Abs. 10 Unterabs. 1 RL Abs. 2: Art. 37 Abs. 10 Unterabs. 2 RL
§ 61 KAGB	Änderung des Referenzmitgliedstaates einer ausländischen AIF-Verwaltungsgesellschaft	Abs. 1: Art. 37 Abs. 11 Unterabs. 1 RL Abs. 2: Art. 37 Abs. 11 Unterabs. 2 RL Abs. 3: Art. 37 Abs. 11 Unterabs. 4 RL Abs. 4: Art. 37 Abs. 11 Unterabs. 5 RL Abs. 5: Art. 37 Abs. 11 Unterabs. 6 RL Abs. 6: Art. 37 Abs. 12 Unterabs. 1 RL Abs. 7: Art. 37 Abs. 12 Unterabs. 2 RL Abs. 8: Auslegung von Art. 37 Abs. 11, 12 RL

Vorschrift	Inhalt	Umgesetzte Vorschrift der AIFM-RL
§ 62 KAGB	Rechtsstreitigkeiten	Abs. 1: Art. 37 Abs. 13 Unterabs. 1 RL Abs. 2: Art. 37 Abs. 13 Unterabs. 2 RL
§ 63 KAGB	Verweismöglichkeiten der Bundesanstalt an die Europäische Wertpapier- und Marktaufsichtsbehörde	Nr. 1: Art. 37 Abs. 6 RL Nr. 2: Art. 37 Abs. 7 Unterabs. 2 RL Nr. 3: Art. 37 Abs. 7 Unterabs. 3 RL Nr. 4: Art. 37 Abs. 8 Unterabs. 2 RL Nr. 5: Art. 37 Abs. 9 Unterabs. 6 RL Nr. 6: Art. 37 Abs. 12 Unterabs. 3 RL Nr. 7: Art. 37 Abs. 19 RL
§ 64 KAGB	Vergleichende Analyse der Zulassung von und der Aufsicht über ausländische AIF-Verwaltungsgesellschaften	Abs. 1: Art. 38 Abs. 4 und 5 RL Abs. 2: Art. 38 Abs. 6 RL
§ 65 KAGB	Verwaltung von EU-AIF durch ausländische AIF-Verwaltungsgesellschaften, für die die Bundesrepublik Deutschland Referenzmitgliedstaat ist	Abs. 1: Art. 41 Abs. 2 RL Abs. 2: Art. 41 Abs. 3 RL Abs. 3: Art. 41 Abs. 4 Unterabs. 1 und 2 RL Abs. 4: Art. 41 Abs. 4 6 Unterabs. 3 und 4 RL Abs. 5: Art. 41 Abs. 6 Unterabs. 1 RL Abs. 6: Art. 41 Abs. 6 Unterabs. 2 RL Abs. 7: Art. 41 Abs. 6 Unterabs. 3 RL Abs. 8: Art. 41 Abs. 6 Unterabs. 4 RL
§ 66 KAGB	Inländische Zweigniederlassung und grenzüberschreitender Dienstleistungsverkehr von ausländischen AIF-Verwaltungsgesellschaften, deren Referenzmitgliedstaat nicht die Bundesrepublik Deutschland ist	Abs. 1: Art. 41 Abs. 1, 4 RL Abs. 2: Art. 41 Abs. 3 und 4 RL Abs. 3: Art. 41 Abs. 4 Unterabs. 3 RL Abs. 4: Art. 6 Abs. 6 und Art. 41 Abs. 5 RL Abs. 5: (-), s. dazu § 54 Rz. 30.
§ 67 KAGB	Jahresbericht für EU-AIF und ausländische AIF	Art. 22 AIFM-RL (s. näher bei § 67)

Kapitel VII AIFM-RL wird durch **Vorschriften aus drei unmittelbar geltenden Durchführungs-VO** der Europäischen Kommission ergänzt. Dies sind: 19

- die Durchführungsverordnung (EU) Nr. 448/2013 der Kommission vom 15.5.2013 zur **Festlegung eines Verfahrens für die Bestimmung des Referenzmitgliedstaats eines Nicht-EU-AIFM** gemäß der Richtlinie 2011/61/EU des Europäischen Parlaments und des Rates (ABl. EU Nr. L 132 v. 16.5.2013, S. 3);
- Art. 1 der Delegierten Verordnung (EU) Nr. 694/2014 der Kommission vom 17.12.2013 zur Ergänzung der Richtlinie 2011/61/EU des Europäischen Parlaments und des Rates im Hinblick auf technische Regulierungsstandards zur **Bestimmung der Arten von Verwaltern alternativer Investmentfonds** (ABl. EU Nr. L 183 v. 24.6.2014, S. 18); sowie
- Art. 1 Buchst. b, Art. 8 ff. der Delegierten Verordnung (EU) 2015/514 der Kommission vom 18.12.2014 über die nach Art. 67 Abs. 3 der Richtlinie 2011/61/EU des Europäischen Parlaments und des Rates von den zuständigen Behörden **an die Europäische Wertpapier- und Marktaufsichtsbehörde zu übermittelnden Informationen** (ABl. EU Nr. L 82 v. 27.3.2015, S. 5).

Kapitel VII AIFM-RL steht zudem im engen Kontext mit den sog. ESA-Verordnungen, insbesondere Art. 19 der **ESMA-Verordnung,**[13] auf die § 63 KAGB verweist. 20

13 Verordnung (EU) Nr. 1095/2010 des Europäischen Parlaments und des Rates vom 24.11.2010 zur Errichtung einer Europäischen Aufsichtsbehörde (Europäische Wertpapier- und Marktaufsichtsbehörde), zur Änderung des Beschlusses Nr. 716/2009/EG und zur Aufhebung des Beschlusses 2009/77/EG der Kommission, ABl. EU Nr. L 331 v. 15.12.2010, S. 84.

2. Abgestuftes Inkrafttreten

a) § 55 KAGB betr. ausländische AIFM

21 § 55 KAGB zur **Verwaltung ausländischer AIF** (§ 1 Rz. 143 f.) durch KVG und EU-Verwaltungsgesellschaften gilt seit Inkrafttreten des KAGB am 22.7.2013.[14]

b) Einbeziehung des EWR

22 Gemäß § 344 Abs. 2 und 3 KAGB gelten die Vorschriften des KAGB, die sich auf **EWR-Vertragsstaaten** beziehen (dies sind aus dem sechsten Unterabschnitt einerseits die §§ 53 bis 55 KAGB, andererseits bezieht das Referenzstaatssystem der AIFM-RL in §§ 56 bis 66 KAGB auch die EWR-Vertragsstaaten ein), ab dem Zeitpunkt, ab dem die für die entsprechende Vorschrift des KAGB maßgeblichen Artikel der AIFM-RL gem. Art. 7 des EWR-Abkommens **für die Vertragsparteien verbindlich sind *und* in dem betreffenden anderen Vertragsstaat** des EWR-Abkommens Teil des innerstaatlichen Rechts oder in innerstaatliches Recht **umgesetzt** sind. Die **AIFM-RL nebst fünf unmittelbar geltenden Begleitrechtsakten**[15] wurde nach längeren Verhandlungen über den Status der Europäischen Aufsichtsbehörden im EWR-Abkommen mit ungewöhnlich langer Verzögerung erst zum 1.10.2016 als Anhang IX, Nr. 31bb. bis bbe. in das EWR-Abkommen übernommen.[16] Diese Diskussion mündete, soweit EWR-Vertragsstaaten betroffen sind, die nicht zugleich EU-Staaten sind[17], in einer stärkeren Funktion der EFTA-Überwachungsbehörde (dem Äquivalent der Europäischen Kommission im EWR-Gefüge) im Verhältnis zur ESMA.[18] Die AIFM-RL wurde zum 19.12.2012 im **Fürstentum Liechtenstein**, zum 1.7.2014 in **Norwegen** und sie wird voraussichtlich im Jahr 2018 in **Island** umgesetzt. Seither läuft das Europapassverfahren im Verhältnis zum EWR störungsfrei.

c) Vertriebs- und Verwalterpass für Drittstaaten-AIFM

23 Art. 35 AIFM-RL zum Vertrieb ausländischer AIF durch ausländische AIFM sowie die **in §§ 56 bis 66 KAGB umgesetzten Art. 37 bis 41 AIFM-RL** zur Verwaltung inländischer AIF und EU-AIF durch ausländische AIFM sind derzeit (Stand Oktober 2018) **noch nicht in Kraft getreten.** Hintergrund ist die in §§ 334, 295 KAGB umgesetzte Regelung des **Art. 67 AIFM-RL.** § 334 Abs. 1 KAGB verweist für das Inkrafttreten auf den in § 295 Abs. 2 Nr. 1 KAGB in Bezug genommenen Zeitpunkt. Dies meint den Zeitpunkt, der in einem delegierten Rechtsakt der Europäischen Kommission auf Grundlage des Art. 66 Abs. 3 i.V.m. 67 Abs. 6 AIFM-RL bestimmt ist. Voraussetzung für diesen delegierten Rechtsakt ist eine **länderspezifische Einschätzung der ESMA** und ein nachfolgender **Äquivalenzbeschluss der Europäischen Kommission**.

24 Gemäß Art. 67 Abs. 1 AIFM-RL hatte die ESMA bis zum 22.7.2015 eine **Stellungnahme zur Funktionsweise des Passes für EU-AIFM** sowie „eine **Empfehlung** zur Anwendung des Passes auf den Vertrieb von Nicht-EU-AIF durch EU-AIFM in den Mitgliedstaaten und **zur Verwaltung und/oder zum Vertrieb von AIF durch Nicht-EU-AIFM in den Mitgliedstaaten** gemäß den Bestimmungen der Art. 35 sowie 37 bis

---

14 Art. 28 Abs. 2 des AIFM-UmsG, BGBl. I 2013, S. 2164.

15 1) Delegierte Verordnung (EU) Nr. 231/2013 der Kommission vom 19.12.2012 zur Ergänzung der Richtlinie 2011/61/EU des Europäischen Parlaments und des Rates im Hinblick auf Ausnahmen, die Bedingungen für die Ausübung der Tätigkeit, Verwahrstellen, Hebelfinanzierung, Transparenz und Beaufsichtigung (ABl. EU Nr. L 83 v. 22.3.2013, S. 1); 2) Durchführungsverordnung (EU) Nr. 447/2013 der Kommission vom 15.5.2013 zur Festlegung des Verfahrens für AIFM, die beschließen, sich der Richtlinie 2011/61/EU des Europäischen Parlaments und des Rates zu unterwerfen (ABl. EU Nr. L 132 v. 16.5.2013, S. 1); 3) Durchführungsverordnung (EU) Nr. 448/2013 der Kommission vom 15.5.2013 zur Festlegung eines Verfahrens für die Bestimmung des Referenzmitgliedstaats eines Nicht-EU-AIFM gemäß der Richtlinie 2011/61/EU des Europäischen Parlaments und des Rates (ABl. EU Nr. L 132 v. 16.5.2013, S. 3); 4) Delegierte Verordnung (EU) Nr. 694/2014 der Kommission vom 17.12.2013 zur Ergänzung der Richtlinie 2011/61/EU des Europäischen Parlaments und des Rates im Hinblick auf technische Regulierungsstandards zur Bestimmung der Arten von Verwaltern alternativer Investmentfonds (ABl. EU Nr. L 183 v. 24.6.2014, S. 18); 5) Delegierte Verordnung (EU) 2015/514 der Kommission vom 18.12.2014 über die nach Art. 67 Abs. 3 der Richtlinie 2011/61/EU des Europäischen Parlaments und des Rates von den zuständigen Behörden an die Europäische Wertpapier- und Marktaufsichtsbehörde zu übermittelnden Informationen (ABl. EU Nr. L 82 v. 27.3.2015, S. 5).

16 Vgl. Beschluss des Gemeinsamen EWR-Ausschusses Nr. 202/2016 vom 30.9.2016 zur Änderung von Anhang IX (Finanzdienstleistungen) des EWR-Abkommens [2017/279], OJ L46/30 v. 23.2.2017.

17 Neben der EU sind auch alle EU-Staaten EWR-Vertragsstaaten, vgl. Präambel des Abkommens über den Europäischen Wirtschaftsraum – Schlussakte, ABl. EG Nr. L 1 v. 3.1.1994, S. 1.

18 Vgl. dazu die Modifikationen in Art. 1 bb., insbesondere Buchst. d und j des Beschlusses des Gemeinsamen EWR-Ausschusses Nr. 202/2016 vom 30.9.2016 zur Änderung von Anhang IX (Finanzdienstleistungen) des EWR-Abkommens [2017/279], OJ L46/30 v. 23.2.2017.

41" AIFM-RL abzugeben. Nach einer ersten Einschätzung zu zwölf Rechtsordnungen am 30.7.2015[19] folgte eine zweite Einschätzung am 19.7.2016, deren Finalversion am 12.8.2016 veröffentlicht wurde.[20] Die Resultate sind in der nachfolgenden Tabelle abgebildet.[21]

Tabelle 5: ESMAs Äquivalenzeinschätzungen 25

Land	Einschätzung	Dokument
Australien	Überwiegend positiv, aber Gegenseitigkeit des Marktzugangs unsicher	ESMA/2016/1140, S. 58 f.
Bermuda	Derzeit wegen Reformen keine Stellungnahme möglich	ESMA/2016/1140, S. 68 f.
Cayman Islands	Derzeit wegen Reformen keine Stellungnahme möglich	ESMA/2016/1140, S. 81 f.
Isle of Man	Derzeit keine Stellungnahme möglich	ESMA/2016/1140, S. 88 f.
Jersey	Empfehlung zur Öffnung für Drittstaatenpass	ESMA/2016/1140, S. 33 f.
Guernseys	Empfehlung zur Öffnung für Drittstaatenpass	ESMA/2016/1140, S. 27 f.
Hongkong	Positiv, aber Gegenseitigkeit des Marktzugangs nicht gesichert	ESMA/2016/1140, S. 39 f.
Japan	Empfehlung zur Öffnung für Drittstaatenpass	ESMA/2016/1140, S. 96 f.
Kanada	Empfehlung zur Öffnung für Drittstaatenpass	ESMA/2016/1140, S. 74 f.
Schweiz	Empfehlung zur Öffnung für Drittstaatenpass	ESMA/2016/1140, S. 46 f.
Singapur	Positiv, aber Gegenseitigkeit des Marktzugangs nicht gesichert	ESMA/2016/1140, S. 52 f.
USA	In Bezug auf Anlegerschutz und Systemische Risiken positiv, aber im Hinblick auf Regulierungsarbitrage Bedenken, da Marktzugangsbedingungen für EU-Verwalter in den USA aufwendig sind	ESMA/2016/1140, S. 18 f.

Zu **weiteren Drittstaaten** hat die ESMA Informationen gesammelt, jedoch noch keine Bewertung durchgeführt, da entweder das für den Drittstaatenzugang erforderliche Memorandum of Understanding mit den zuständigen Aufsichtsbehörden bislang nicht geschlossen wurde oder der Umfang der gegenseitigen Marktbeziehungen eine solche Bewertung bislang nicht rechtfertigte.[22] Sollten die Art. 37 ff. AIFM-RL in Kraft gesetzt werden, stellt sich die Frage, ob Produkte und Verwalter aus nicht bewerteten Drittstaaten jedenfalls noch über die nach nationalem Recht erlassenen Privatplatzierungsregeln (vgl. das sog. **NPPR Regime** gem. Art. 36, 42 AIFM-RL, für Deutschland § 330 KAGB) Marktzugang erhalten. Nach der Systematik der AIFM-RL ist dies nicht der Fall.[23] 26

Die Äquivalenzeinschätzungen sollen gem. Art. 67 Abs. 2 AIFM-RL bestimmte Faktoren einbeziehen, die u.a. Probleme im Bereich des Anlegerschutzes betreffen. Eine positive Empfehlung soll ergehen, wenn die ESMA der Auffassung ist, „dass in Bezug auf **Anlegerschutz, Marktstörung, Wettbewerb und Überwachung der Systemrisiken** keine erheblichen Hindernisse vorliegen, die die Anwendung" des Drittstaatenpasses rechtfertigen (Art. 67 Abs. 4 AIFM-RL). 27

Die **Methodik der Äquivalenzeinschätzung ist jedoch nicht nachvollziehbar.** Insbesondere bleibt die **Gewichtung einzelner Regelungen durch die ESMA** unklar, zudem ist nicht recht ersichtlich, **aufgrund welcher Informationen** die ESMA Entscheidungen trifft. So fehlen z.B. im Schweizer KAG eine verschuldensunabhängige Haftung der Verwahrstelle entsprechend § 88 KAGB/Art. 21 AIFM-RL ebenso wie Detailanforderungen an das Vergütungssystem, welche nach Art und Umfang den Vorgaben der ESMA gem. Art. 13 i.V.m. Anhang II AIFM-RL entsprechen. Die positive Empfehlung der ESMA zur Öffnung des Marktzugangs ist unter dem Blickwinkel des **Wettbewerbs** wegen der mit den Regelungen verbundenen unterschiedlichen Kosten für EU-Intermediäre nicht nachvollziehbar. Zudem ist es widersprüchlich, wenn 28

19 Vgl. ESMA's advice to the European Parliament, the Council and the Commission on the application of the AIFMD passport to non-EU AIFMs and AIFs, ESMA/2015/1236.
20 Vgl. ESMA's advice to the European Parliament, the Council and the Commission on the application of the AIFMD passport to non-EU AIFMs and AIFs, ESMA/2016/1140.
21 Dazu *Klebeck* in Weitnauer/Boxberger/Anders, § 57 KAGB Rz. 23 ff.
22 ESMA/2016/1140, S. 105 f.
23 Zutr. *Klebeck* in Weitnauer/Boxberger/Anders, § 57 KAGB Rz. 29.

zahlreiche EU-Dokumente die Wichtigkeit beider Regelungsaspekte für den **Anlegerschutz**[24] betonen, die ESMA dies aber bei ihrer Empfehlung nicht berücksichtigt, jedenfalls aber nicht erörtert.

29 Gemäß Art. 67 Abs. 6 AIFM-RL hatte die Kommission **binnen drei Monaten nach Zugang der ESMA-Einschätzung** einen delegierten Rechtsakt zu erlassen. Die EU-Kommission hat sich zum Drittstaatenpass nach Eingang der ESMA-Stellungnahmen nicht offiziell verhalten.[25] Dies versteht sich einerseits damit, dass die ESMA zunächst als Resultat ihrer Prüfungen empfohlen hatte, mit der Öffnung des Drittstaatenzugangs bis zur Bewertung einer hinreichenden Anzahl an Drittstaaten abzuwarten.[26] Seit Sommer 2016 lag diese vor,[27] jedoch nehmen seither die komplexen Brexit-Verhandlungen die Ressourcen der EU-Kommission in Anspruch; danach wird eine neue Kommission besetzt. **Auf absehbare Zeit steht der Verwalterpass (Art. 37 bis 41 AIFM-RL) nicht zur Verfügung.** Dies rechtfertigt eine überblicksweise Abhandlung der §§ 56 bis 66 KAGB. Die nationale **Fragmentierung der Marktzugangsregelungen beim Vertrieb** (geregelt durch Art. 35 AIFM-RL) wird ebenfalls nicht zeitnah behoben. Weiterhin und entgegen Art. 68 Abs. 6 AIFM-RL ist ein Vertriebszugang über nationale Vorschriften zu Private Placements (sog. **NPPR Regime** gem. Art. 36, 42 AIFM-RL) eröffnet.

IV. Übersicht über die §§ 56 bis 66 KAGB

30 Die §§ 56 bis 66 KAGB betreffen **die Verwaltung inländischer oder EU-AIF** (dazu § 1 Rz. 137 ff.) durch **ausländische AIF-Verwaltungsgesellschaften** (vgl. § 1 Abs. 18 KAGB, dazu § 1 Rz. 158 ff.). Sie führen insbesondere einen **sog. EU-Verwalterpass** ein. Damit kann der ausländische AIFM mittels Hilfszulassung in einem Referenzstaat (vgl. Rz. 31) inländische Spezial-AIF oder EU-AIF gleich einer inländischen KVG oder einem EU-AIFM verwalten. Weil derzeit ein Inkrafttreten der Regelungen zum Verwalterpass für Drittstaaten-AIFM nicht abzusehen ist, beschränkt sich diese Kommentierung der §§ 56 bis 66 KAGB auf eine **Übersichtsdarstellung mit punktuellen Vertiefungen**, wo sich bereits heute Rechtsfragen abzeichnen.

1. Referenzmitgliedstaat als Anknüpfungspunkt von Recht und Aufsicht

a) Bestimmung des Referenzstaats (§ 56 KAGB)

31 § 56 KAGB regelt das Verfahren zur Bestimmung des **Referenzmitgliedstaats** einer ausländischen KVG in der EU. Die danach anzuwendenden Kriterien sollen eine **lückenlose Aufsicht** über die Aktivitäten des AIFM im Binnenmarkt gewährleisten; dies steht einer freien Wahl des Referenzmitgliedstaats durch den ausländischen AIFM entgegen. Es gilt sowohl negative Kompetenzkonflikte (keine Aufsichtszuständigkeit begründet) als auch positive Kompetenzkonflikte (mehr als eine Behörde zuständig) zu vermeiden.[28] Die Vorschrift versucht, den **Schwerpunkt der Aktivitäten im Binnenmarkt** zu ermitteln, um so eine effektive Aufsicht über diese Aktivitäten zu ermöglichen.[29]

32 Inhaltlich verweist § 56 Abs. 1 KAGB auf **Art. 37 Abs. 4 AIFM-RL.**[30] Die dortigen Kriterien richten sich entweder nach dem **Zulassungs- bzw. Registrierungsort von EU-AIF** oder nach dem Ort, an dem ein **leistungsfähiger Vertrieb** aufgebaut wird oder aufgebaut werden soll. Wegen der Möglichkeit zum Vertrieb im grenzüberschreitenden Verkehr (z.B. mittels ortsunabhängiger Kommunikation) ist nicht auf den Ort der Anleger oder die Vertriebssprache,[31] sondern die Ansässigkeit des Vertriebspersonals oder der dazu benötigten Infrastruktur und Organisation des AIFM (insb. Vertriebscompliance) abzustellen. Personal und Ressourcen des mittelbaren Vertriebs sind dafür auszuklammern, es kommt allein auf den AIFM an. Sind diese Kriterien **für mehrere Staaten im Binnenmarkt** erfüllt, muss das **Gesamtvolumen (AuM)**[32] **der in**

---

24 Vgl. z.B. Erw. 24 bis 27 AIFM-RL zur Vergütungspolitik, Erw. 44 bis 46, 61 AIFM-RL zur Haftung der Verwahrstelle.

25 Kritisch dazu *Klebeck* in Weitnauer/Boxberger/Anders, § 57 KAGB Rz. 18 ff.

26 ESMA/2015/1236, S. 7; ESMA/2015/1235, S. 6.

27 Vgl. ESMA/2016/1140.

28 *Klebeck/Frick* in Dornseifer/Jesch/Klebeck/Tollmann, Art. 37 Rz. 187.

29 *Klebeck/Meyer*, RdF 2012, 95 (96 f.); *Engler* in Moritz/Klebeck/Jesch, § 56 Rz. 4.

30 Vgl. dazu *Klebeck/Frick* in Dornseifer/Jesch/Klebeck/Tollmann, Art. 37 Rz. 184 ff.; *Zetzsche/Marte* in Zetzsche, AIFMD, S. 431.

31 So aber ESMA, Final Report vom 16.11.2011, ESMA/2011/379, S. 246, wonach es auf das Zielland des Vertriebs ankommen und bei verschiedenen Ländern die Mehrheit der Anleger maßgeblich sein soll; als Indizien seien die Sprache der an die Anleger gerichteten Dokument heranzuziehen. Die Ansichten der ESMA sind unverbindlicher Rechtsnatur.

32 Für Größe und Anzahl AIF *Wallach*, RdF 2011, 86; *Klebeck/Frick* in Dornseifer/Jesch/Klebeck/Tollmann, Art. 37 Rz. 190 f.

einem Staat ansässigen AIF den Ausschlag geben, weil dies über die Risikoexposition eines Mitgliedstaats und ggf. dessen Verwahrstellen am meisten aussagt.

Die o.g. Kriterien binden auch die **Aufsichtsbehörden im Verfahren nach § 56 Abs. 2 KAGB**. Die Details des Verfahrens sowie der einzureichenden Unterlagen richten sich nach der **Durchführungsverordnung (EU) Nr. 448/2013** zur Festlegung eines Verfahrens für die Bestimmung des Referenzmitgliedstaats eines Nicht-EU-AIFM.[33] Kommt es zur Bestimmung von Deutschland als Referenzstaat, endet das Verfahren nach § 56 Abs. 2 KAGB **durch feststellenden Verwaltungsakt der BaFin**.[34] Auf die Wahl des ausländischen AIFM kommt es nur bei dilatorischer Entscheidung der Aufsichtsbehörden über den Referenzstaat an, vgl. § 56 Abs. 4 KAGB i.V.m. Art. 1 Abs. 14 DVO (EU) Nr. 448/2013. 33

Der Referenzmitgliedstaat ist bei ausländischen AIF-Verwaltungsgesellschaften **regulatorischer Anknüpfungspunkt für das EU-Recht**.[35] Das dortige Recht kommt zur Anwendung für alle Aktivitäten im Binnenmarkt. Der **Drittstaaten-AIFM hat in diesem Staat** grds. **alle Anforderungen der AIFM-RL zu erfüllen**, also z.B. die notwendige Organisation und IT vorzuhalten.[36] 34

Der ausländische AIFM hat im Referenzmitgliedstaat zu Aufsichtszwecken einen ständigen **gesetzlichen Vertreter** (vgl. § 1 Abs. 19 Nr. 16 KAGB, dazu § 1 Rz. 184 ff.) zu bestellen, der als Anlaufstelle für die Korrespondenz zur Verfügung steht und dem Compliance-Aufgaben bzgl. des EU-Rechts obliegen (§ 57 Abs. 3 KAGB).[37] Dieser ist vom Vertriebsrepräsentanten beim Vertrieb von Publikums-EU-AIF durch EU-AIFM gem. §§ 317 bis 320 KAGB zu unterscheiden.[38] 35

Der Vertreter muss **hinreichend ausgestattet** sein, was in sachlicher und personeller Hinsicht zu verstehen ist. Aus seinen Aufgaben[39] – insb. der ständigen Compliance-Funktion – ergeben sich **Mindestanforderung an die Qualifikation (Erfahrung und Kenntnisse im Investmentrecht) und Zuverlässigkeit**, ohne dass eine Zulassung als Kreditinstitut oder Wertpapierfirma wie bei der OGAW-Zahlstelle zu fordern wäre. Auch eine Verfassung als juristische Person ist nicht zu fordern. Vertreter kann auch z.B. ein Rechtsanwalt, Wirtschaftsprüfer, Steuerberater oder ein spezialisierter Anbieter sein. Bei Bestellung der **Verwahrstelle** ist den offensichtlichen Interessenkonflikten Rechnung zu tragen. Bei funktionaler und hierarchischer Trennung der Bereiche und entsprechenden Informationsbarrieren zur Verwahrstellenfunktion ist die Benennung der Verwahrstelle gleichwohl zulässig.[40] Auch im Übrigen ist zu fordern, dass der Vertreter **in Compliance-Fragen weisungsunabhängig** ist.[41] Hält man den Vertreter für einen Compliance-Verantwortlichen, hat dieser die Geschäftsleitung regelmäßig (mind. jährlich) über Compliance-relevante Themen zu informieren.[42] Dies muss erst Recht bei gravierenden Verstößen gelten. Gegenüber der BaFin kann einem gesetzlichen Vertreter dagegen eine Meldepflicht bei gravierenden Verstößen nur obliegen, wenn und soweit die Compliance-Beauftragten inländischer AIF-KVG selbst meldepflichtig sind.[43] Direkte Meldungen des Compliance-Beauftragten bei Verstößen gegenüber der BaFin sieht das KAGB derzeit allerdings grundsätzlich nicht vor. 36

Bestellung, Beendigung und Wechsel des Vertreters bedürfen **keiner Zulassung** durch die BaFin.[44] Bestellung und Wechsel sind der BaFin anzuzeigen und dabei die die Qualifikation belegenden Umstände sowie die dem Vertreter eingeräumte Vertretungsmacht darzulegen, die den zur Erfüllung seiner Aufgaben notwendigen Umfang umfassen muss. Teilt die BaFin die Einschätzung zur Qualifikation nicht, kann sie mittels des üblichen Aufsichtsinstrumentariums vorgehen. Im Übrigen gilt zwischen AIFM und Vertreter Vertragsrecht. Empfehlenswert ist die Regelung des Aufgabenkreises, der Vertretungsbefugnis im Innenverhältnis, der Vergütung und Haftung.[45] Eine separate Begründungspflicht bei Ernennung oder Abberufung 37

---

33 ABl. EU Nr. L 132 v. 16.5.2013, S. 3.
34 *Klebeck* in Weitnauer/Boxberger/Anders, § 56 KAGB Rz. 53.
35 Näher *Zetzsche/Marte* in Zetzsche, AIFMD, S. 431.
36 *Klebeck* in Weitnauer/Boxberger/Anders, § 56 KAGB Rz. 9.
37 Die Funktion des Vertreters entspricht der des Repräsentanten nach § 136 InvG und findet seine Entsprechung in anderen Rechtsordnungen, dort aber für Vertriebsfragen, vgl. für die Schweiz Art. 123 ff. KAG.
38 *Klebeck/Loff*, DB 2014, 2635.
39 Dazu im Detail *Klebeck* in Weitnauer/Boxberger/Anders, § 57 KAGB Rz. 60 ff.; *Klebeck/Zollinger*, BB 2013, 459 (462); *Klebeck/Loff*, DB 2014, 2635 (263).
40 I.E. mit anderer Begründung auch *Klebeck* in Weitnauer/Boxberger/Anders, § 57 KAGB Rz. 51; *Geurts* in Baur/Tappen, § 57 KAGB Rz. 21.
41 *Klebeck/Zollinger*, BB 2013, 459 (461).
42 *Klebeck/Zollinger*, BB 2013, 459 (462).
43 Str., vgl. *Klebeck/Zollinger*, BB 2013, 459 (463).
44 I.E. mit anderer Begründung auch *Klebeck* in Weitnauer/Boxberger/Anders, § 57 KAGB Rz. 54 f.
45 *Klebeck/Loff*, DB 2014, 2635 (2637).

besteht nicht.[46] Der gesetzliche Vertreter ist nicht Adressat des Sanktionskatalogs des KAGB; allerdings steht nach Verstößen seine Zuverlässigkeit in Zweifel. Allenfalls sind aufsichtsrechtliche Maßnahmen gegen ihn zu richten.

b) Änderung des Referenzstaats (§ 61 KAGB)

38 § 61 KAGB legt die Anforderungen für die **Änderung des Referenzmitgliedstaats** des ausländischen AIFM fest. Hauptgrund für die Änderung des Referenzmitgliedstaats ist die **Änderung der Vertriebsstrategie**, insbesondere, dass der Vertrieb von einem anderen Staat im Binnenmarkt aus organisiert werden soll. Das festgelegte Verfahren soll Regulierungsarbitrage vorbeugen. Beim Wechsel des Referenzstaats kommt es zugleich zum Wechsel des gesetzlichen Vertreters.

2. Zulassung und Verwalterpass des ausländischen AIFM (§§ 57, 58, 60 KAGB)

a) Erlaubnispflicht und Verfahren (§§ 57, 58 KAGB)

39 § 57 KAGB statuiert eine Erlaubnispflicht für die grenzüberschreitende Verwaltung inländischer Spezial-AIF sowie von EU-AIF durch ausländische AIF-Verwaltungsgesellschaften (sog. **Verwalterpass**). Aus § 57 Abs. 1 KAGB folgt zugleich, dass der AIFM im Inland lediglich Spezial-AIF verwalten darf. Die **Verwaltung inländischer Publikumsinvestmentvermögen ist nicht zulässig**.[47]

40 Nach § 57 Abs. 1 Satz 2 und 3 KAGB hat insbesondere die **BaFin**, wenn Deutschland Referenzmitgliedstaat ist, die **Aufsichtsbefugnisse über den ausländischen AIFM, als ob der ausländische AIFM eine deutsche AIF-KVG** wäre (§ 57 Abs. 1 Satz 2 und 3 KAGB).[48] Dabei handelt es sich um eine **Erweiterung des** grds. an den Sitz des AIFM anknüpfenden **Territorialitätsprinzips**. § 58 KAGB regelt sodann **Erlaubnisverfahren** und **Entzug der Erlaubnis** in Bezug auf ausländische AIFM. In Bezug auf das Erlaubnisverfahren ist als Konsequenz des Wortlauts von § 57 Abs. 2 Satz 1 KAGB umstritten, ob der ausländische AIFM den zwingenden Inhalt der AIFM-RL selbst[49] oder deren nationale Umsetzung (**German goldplating**) beachten muss. Man wird beide Aspekte aus Sicht der BaFin nicht auseinanderhalten können. Bei zutreffendem Verständnis der **Verwalterregulierung der AIFM-RL als Vollharmonisierung** (Einl. Rz. 68) sollte es keinen Unterschied machen. Auch löst die Literaturansicht, die sich für die Direktwirkung der AIFM-RL ausspricht, das zugrunde liegende Problem nicht, welches in einer unterschiedlichen Auslegung der Verwalterregulierung zwischen den Aufsichtsbehörden der EU-Länder und eher selten in zusätzlichem geschriebenen Recht besteht.

41 Für die **Aufhebung oder Aussetzung der Erlaubnis** gelten dieselben Gründe und Begründungspflichten wie bei der AIF-KVG (§ 58 i.V.m. § 39 KAGB). Aufgrund des Kooperationsgebots mit der Herkunftsmitgliedstaatsbehörde kann die BaFin unter dem Blickwinkel der Zuverlässigkeit der Geschäftsleitung und der angemessenen Organisation (insb. Compliance) auch Verstöße im Herkunftsland des AIFM berücksichtigen.

42 Für den Verwalterpass gilt ein strenges **Gesetzesförmigkeitsprinzip**. Im Grundsatz sollen für EU-AIFM und Drittstaaten-AIFM dieselben Regeln gelten. Die Mitgliedstaaten dürfen weder zusätzliche Anforderungen vorsehen noch Drittstaatenfirmen durch Privilegien „anlocken".[50] Auf dieser Grundlage kann Anbietern aus Drittstaaten eine Art europäischer Pass für den gesamten Binnenmarkt erteilt werden, der Direktzugang im Wege des grenzüberschreitenden Verkehrs oder Zugang mittels einer (unselbständigen) Niederlassung zu professionellen Kunden und Anlegern ermöglicht.

b) Information der ESMA (§ 60 KAGB)

43 Gemäß § 60 KAGB hat die BaFin über die Erlaubnis und deren Entzug ESMA zu informieren. Die ESMA führt ein **Register über alle ausländischen AIFM**, die in einem Referenzstaat eine Erlaubnis erhalten haben (§ 60 Abs. 2 KAGB). In das Register werden auch die abgelehnten Zulassungsanträge nebst Ablehnungsgründen aufgenommen. Die Angaben sind vertraulich und nur den zuständigen Behörden zugänglich.[51] Obwohl eine ablehnende Entscheidung keine Bindungswirkung entfaltet, kommt einer einmaligen Ableh-

---

46 A.A. wohl *Klebeck/Zollinger*, BB 2013, 459 (463).
47 BR-Drucks. 791/12, S. 412.
48 BR-Drucks. 791/12, S. 412.
49 Dafür *Klebeck* in Weitnauer/Boxberger/Anders, § 57 KAGB Rz. 32 f.
50 Vgl. Erw. 64 AIFM-RL; *Zetzsche/Lehmann*, AG 2017, 651; *Engler* in Moritz/Klebeck/Jesch, § 56 KAGB Rz. 3; *Klebeck* in Weitnauer/Boxberger/Anders, § 56 KAGB Rz. 7.
51 *Klebeck* in Weitnauer/Boxberger/Anders, § 60 KAGB Rz. 2.

nung erhebliche **Prangerwirkung** zu. Dies bewegt den betroffenen AIFM i.d.R. zum Rückzug des Zulassungsantrags vor Ablehnung. Die Meldung an die ESMA und die Eintragung im Register sind Realakt; den Betroffenen steht grds. **Rechtsschutz** offen gegen die BaFin mittels Leistungsklage, gerichtet auf Unterlassung bzw. Korrektur unzutreffender Meldungen und Eintragungen. Der Gerichtsstand richtet sich nach § 62 Abs. 1 KAGB. Damit nicht geregelt ist, ob der AIFM auch direkt gegen die ESMA vorgehen kann. Dies dürfte durch § 62 Abs. 1 KAGB gesperrt sein.[52]

3. Notifikation ausländischer AIFM (§§ 65, 66 KAGB)

a) Out bound (§ 65 KAGB)

44 Nach § 65 KAGB kann der ausländische AIFM mit Deutschland als Referenzmitgliedstaat nicht nur inländische Spezial-AIF, sondern **auch EU-AIF verwalten (sog. out bound-Regelung)**. Dafür steht ihm die Wahl zwischen dem grenzüberschreitenden Verkehr und die Gründung einer Zweigniederlassung zur Verfügung. Die Vorschrift überträgt die Verwaltungsformen und Regelungstechnik des § 53 KAGB in das Drittstaatenregime.

b) In bound (§ 66 KAGB)

45 Ebenso kann ein ausländischer AIFM mit einem anderen Staat im Binnenmarkt als Referenzmitgliedstaat **inländische Spezial-AIF verwalten (sog. in bound-Regelung)**. § 66 KAGB überträgt die Verwaltungsformen des § 54 KAGB in das Drittstaatenregime.

4. Widersprüchliche Regelungen und Streitschlichtung (§§ 57 Abs. 2 Satz 2, 59, 63, 64 KAGB)

a) Verdrängung von EU-Recht durch gleichwertiges ausländisches Recht (§ 57 Abs. 2 Satz 2 KAGB)

46 Aus der Geltung des deutschen Rechts können **Konflikte zwischen deutschem und ausländischem Aufsichtsrecht** resultieren. Soweit es das **Aufsichtsrecht** betrifft, führt § 57 Abs. 2 Satz 2 KAGB diese Konflikte einer Lösung zu, wonach ein **gleichwertiges ausländisches Recht** an die Stelle des deutschen und EU-Rechts treten kann. Die **Reichweite des Dispenses** von EU-Recht ist **unsicher.**[53] Neben einer Unvereinbarkeit wegen Widersprüchlichkeit (*Beispiel*: Wirtschaftsprüfer in zwei Ländern zum gleichen Gegenstand) dürfte auch eine wirtschaftliche Unmöglichkeit gemeint sein, z.B. die Rechnung der Risikobudgets für den Hebeleinsatz nach zwei unterschiedlichen, in sich widersprüchlichen Modellen. Zu den Verfahrensanforderungen vgl. § 58 Abs. 9 Nr. 1 Buchst. c KAGB (**qualifiziertes Rechtsgutachten**).

b) Verfahren bei Regelkonflikt (§ 59 KAGB)

47 § 59 KAGB regelt die **Verfahrensanforderungen** für die Auflösung des Regelungskonflikts **im europäischen Aufsichtssystem**. Um eine einheitliche Anwendung in Europa zu gewährleisten, muss sich die BaFin mit der ESMA ins Benehmen setzen, der die Aufgabe zukommt, einen Überblick über die Behandlung derselben Frage innerhalb des Binnenmarkts zusammenzustellen (dazu § 64 KAGB).

c) Streitschlichtung und vergleichende Analyse (§§ 63, 64 KAGB)

48 § 63 KAGB bündelt die Vorschriften der AIFM-RL in Bezug auf ausländische AIFM zur **Streitschlichtung durch die ESMA**. § 64 KAGB verpflichtet die BaFin, an einer **von der ESMA betriebenen vergleichenden Analyse** zur Zulassung von und Aufsicht über ausländische AIFM mitzuwirken.

5. Gerichtsstand und anwendbares Recht (§ 62 KAGB)

49 **Rechtsstreitigkeiten zwischen dem ausländischen AIFM** und der BaFin sind, soweit es das Aufsichtsrecht betrifft, gem. § 62 Abs. 1 KAGB vor deutschen Verwaltungsgerichten und nach deutschem Recht zu führen. Dies bedeutet zweierlei: Erstens ist Rechtsschutz eröffnet, und zwar gegen die BaFin. Zweitens kann der ausländische AIFM nur gegen die BaFin und nicht etwa andere (ggf. europäische) Aufsichtsbehörden vorgehen.

50 Im **Privatrechtsverhältnis** zwischen dem ausländischen AIFM und seinen Anlegern gilt § 62 Abs. 2 KAGB. Die Vorschrift soll Art. 37 Abs. 3 Unterabs. 2 AIFM-RL umsetzen, ist jedoch **missglückt.**[54] Nach § 62 Abs. 2

52 Vgl. zum Rechtsschutz gegen Maßnahmen der ESAs *Sonder*, BKR 2012, 8 ff.

53 Dazu *Klebeck* in Weitnauer/Boxberger/Anders, § 57 KAGB Rz. 36 f.; *Geurts* in Baur/Tappen, § 57 KAGB Rz. 14.

54 Ausf. *Zetzsche*, Das grenzüberschreitende Investmentdreieck, in Zetzsche/Lehmann, Grenzüberschreitende Finanzdienstleistungen, 2018, § 7 Rz. 63 f.

KAGB werden „alle Streitigkeiten, die zwischen der ausländischen AIF-Verwaltungsgesellschaft oder dem AIF einerseits und Anlegern des jeweiligen AIF, die ihren Sitz in der Europäischen Union oder in einem Vertragsstaat des Abkommens über den Europäischen Wirtschaftsraum haben, andererseits auftreten, … nach dem Recht des jeweiligen Mitgliedstaates der Europäischen Union … beigelegt, **in dem der Anleger seinen Sitz hat und unterliegen dessen Gerichtsbarkeit.“** (*Hervorhebung durch Verf.*). Gemäß Art. 37 Abs. 13 Unterabs. 2 AIFM-RL werden alle zwischen dem AIFM oder dem AIF und EU-Anlegern des jeweiligen AIF auftretenden Streitigkeiten **nach dem Recht eines EU/EWR-Mitgliedstaats** beigelegt und unterliegen dessen Gerichtsbarkeit (*Hervorhebung durch Verf.*).

51 Die im KAGB vorgesehene Anknüpfung an den Sitz des Anlegers ruft **Probleme** hervor, da die Vorschrift im Kontext eines Verwalterpasses steht und daher mehrere Staaten betroffen sein können. Dies widerspricht dem im internationalen Investmentrecht ganz herrschenden Grundsatz, dass **Fragen der kollektiven Anlagebeziehung nur *einem* Recht** unterstellt sein sollen, um **Widersprüche zu vermeiden.**[55] § 62 Abs. 2 KAGB ist europarechtswidrig. Die Vorschrift ist ihrem Zweck nach dahingehend zu korrigieren, dass eine Rechtswahlklausel das **Recht und Gericht eines EU/EWR-Staats** (z.B. des Referenzstaats) bestimmen muss und abweichende Klauseln, die nur das Recht eines Drittstaats vorsehen, unzulässig sind.

52 Aber auch dann sind nicht sämtliche Fragen geklärt. So widerspricht die zwingende Rechtswahl, die professionelle Anleger trifft, den Usancen im professionellen Geschäftsverkehr, wo Rechtswahl und Gerichtsstand regelmäßig frei zu wählen sind.[56] Bei der Auslegung ist eine Orientierung an Art. 46 Abs. 6 MiFIR geboten, die als spätere Vorschrift als eine Art Auslegungshinweis herangezogen werden kann. Die dort dem EU-Kunden eingeräumte Wahlmöglichkeit erfasst das Gewollte präziser als Art. 37 Abs. 13 Unterabs. 2 AIFMD.[57] Zur Vermeidung von Umgehungen müssen auch **Schiedsvereinbarungen** unwirksam sein.

§ 56 Bestimmung der Bundesrepublik Deutschland als Referenzmitgliedstaat einer ausländischen AIF-Verwaltungsgesellschaft

(1) Die Bundesrepublik Deutschland ist Referenzmitgliedstaat einer ausländischen AIF-Verwaltungsgesellschaft,

1. **wenn sie gemäß den in Artikel 37 Absatz 4 der Richtlinie 2011/61/EU genannten Kriterien Referenzmitgliedstaat sein kann und kein anderer Mitgliedstaat der Europäischen Union oder Vertragsstaat des Abkommens über den Europäischen Wirtschaftsraum als Referenzmitgliedstaat in Betracht kommt oder**
2. **falls gemäß den in Artikel 37 Absatz 4 der Richtlinie 2011/61/EU genannten Kriterien sowohl die Bundesrepublik Deutschland als auch ein anderer Mitgliedstaat der Europäischen Union oder ein anderer Vertragsstaat des Abkommens über den Europäischen Wirtschaftsraum als Referenzmitgliedstaat in Betracht kommt, wenn die Bundesrepublik Deutschland gemäß dem Verfahren nach Absatz 2 oder durch Entscheidung der ausländischen AIF-Verwaltungsgesellschaft nach Absatz 4 als Referenzmitgliedstaat festgelegt worden ist.**

(2) [1]In den Fällen, in denen gemäß Artikel 37 Absatz 4 der Richtlinie 2011/61/EU neben der Bundesrepublik Deutschland weitere Mitgliedstaaten der Europäischen Union oder weitere Vertragsstaaten des Abkommens über den Europäischen Wirtschaftsraum als Referenzmitgliedstaat in Betracht kommen, hat die ausländische AIF-Verwaltungsgesellschaft bei der Bundesanstalt zu beantragen, dass diese sich mit den zuständigen Stellen aller in Betracht kommenden Mitgliedstaaten der Europäischen Union oder Vertragsstaaten des Abkommens über den Europäischen Wirtschaftsraum über die Festlegung des Referenzmitgliedstaates für die ausländische AIF-Verwaltungsgesellschaft einigt. [2]Die Bundesanstalt und die anderen zuständigen Stellen legen innerhalb eines Monats nach Eingang eines Antrags nach Satz 1 gemeinsam den Referenzmitgliedstaat für die ausländische AIF-Verwaltungsgesellschaft fest.

---

55 Vgl. dazu *Zetzsche*, Das grenzüberschreitende Investmentdreieck, in Zetzsche/Lehmann, Grenzüberschreitende Finanzdienstleistungen, 2018, § 7 Rz. 64.

56 *Zetzsche*, Das grenzüberschreitende Investmentdreieck, in Zetzsche/Lehmann, Grenzüberschreitende Finanzdienstleistungen, 2018, § 7 Rz. 64 f.

57 *Zetzsche/Lehmann*, AG 2017, 651.

(3) Wird die Bundesrepublik Deutschland nach Absatz 2 als Referenzmitgliedstaat festgelegt, setzt die Bundesanstalt die ausländische AIF-Verwaltungsgesellschaft unverzüglich von dieser Festlegung in Kenntnis.

(4) Wird die ausländische AIF-Verwaltungsgesellschaft nicht innerhalb von sieben Tagen nach Erlass der Entscheidung gemäß Absatz 2 Satz 2 ordnungsgemäß über die Entscheidung der zuständigen Stellen informiert oder haben die betreffenden zuständigen Stellen innerhalb der in Absatz 2 Satz 2 genannten Monatsfrist keine Entscheidung getroffen, kann die ausländische AIF-Verwaltungsgesellschaft selbst ihren Referenzmitgliedstaat gemäß den in Artikel 37 Absatz 4 der Richtlinie 2011/61/EU aufgeführten Kriterien festlegen.

(5) Die ausländische AIF-Verwaltungsgesellschaft muss in der Lage sein, ihre Absicht zu belegen, in einem bestimmten Mitgliedstaat der Europäischen Union oder einem bestimmten Vertragsstaat des Abkommens über den Europäischen Wirtschaftsraum einen leistungsfähigen Vertrieb aufzubauen, indem sie gegenüber den zuständigen Stellen des von ihr angegebenen Mitgliedstaates der Europäischen Union oder Vertragsstaates des Abkommens über den Europäischen Wirtschaftsraum ihre Vertriebsstrategie offenlegt.

In der Fassung vom 4.7.2013 (BGBl. I 2013, S. 1981).

§ 56 KAGB nicht gesondert kommentiert. S. dazu Vor §§ 56–66. 1

§ 57 Zulässigkeit der Verwaltung von inländischen Spezial-AIF und EU-AIF sowie des Vertriebs von AIF gemäß den §§ 325, 326, 333 oder 334 durch ausländische AIF-Verwaltungsgesellschaften

(1) [1]Eine ausländische AIF-Verwaltungsgesellschaft, für die die Bundesrepublik Deutschland Referenzmitgliedstaat nach § 56 ist und die beabsichtigt, inländische Spezial-AIF oder EU-AIF zu verwalten oder von ihr verwaltete AIF gemäß Artikel 39 oder 40 der Richtlinie 2011/61/EU in den Mitgliedstaaten der Europäischen Union oder Vertragsstaaten des Abkommens über den Europäischen Wirtschaftsraum zu vertreiben, bedarf der Erlaubnis der Bundesanstalt. [2]Die Bundesanstalt hat gegenüber ausländischen AIF-Verwaltungsgesellschaften, für die die Bundesrepublik Deutschland Referenzmitgliedstaat nach § 56 ist, die Befugnisse, die ihr nach diesem Gesetz gegenüber AIF-Kapitalverwaltungsgesellschaften zustehen. [3]Ausländische AIF-Verwaltungsgesellschaften, denen die Bundesanstalt eine Erlaubnis nach § 58 erteilt hat, unterliegen der Aufsicht der Bundesanstalt nach dem vorliegenden Gesetz.

(2) [1]Eine ausländische AIF-Verwaltungsgesellschaft, die beabsichtigt, eine Erlaubnis gemäß Absatz 1 einzuholen, ist verpflichtet, die gleichen Bestimmungen nach diesem Gesetz einzuhalten wie AIF-Kapitalverwaltungsgesellschaften, die Spezial-AIF verwalten, mit Ausnahme der §§ 53, 54, 321, 323 und 331. [2]Soweit die Einhaltung einer der in Satz 1 genannten Bestimmungen dieses Gesetzes mit der Einhaltung der Rechtsvorschriften des Drittstaates unvereinbar ist, denen die ausländische AIF-Verwaltungsgesellschaft oder der in den Mitgliedstaaten der Europäischen Union oder Vertragsstaaten des Abkommens über den Europäischen Wirtschaftsraum vertriebene ausländische AIF unterliegt, besteht für die ausländische AIF-Verwaltungsgesellschaft keine Verpflichtung, sich an die Bestimmungen dieses Gesetzes zu halten, wenn sie belegen kann, dass

1. **es nicht möglich ist, die Einhaltung der Bestimmungen dieses Gesetzes mit der Einhaltung einer verpflichtenden Rechtsvorschrift, der die ausländische AIF-Verwaltungsgesellschaft oder der in den Mitgliedstaaten der Europäischen Union oder den Vertragsstaaten des Abkommens über den Europäischen Wirtschaftsraum vertriebene ausländische AIF unterliegt, zu verbinden,**
2. **die Rechtsvorschriften des Drittstaates, denen die ausländische AIF-Verwaltungsgesellschaft oder der ausländische AIF unterliegt, eine gleichwertige Bestimmung mit dem gleichen Regelungszweck und dem gleichen Schutzniveau für die Anleger des betreffenden AIF enthalten und**
3. **die ausländische AIF-Verwaltungsgesellschaft oder der ausländische AIF die in Nummer 2 genannte gleichwertige Bestimmung erfüllt.**

(3) [1]Eine ausländische AIF-Verwaltungsgesellschaft, die beabsichtigt, eine Erlaubnis gemäß Absatz 1 einzuholen, muss über einen gesetzlichen Vertreter mit Sitz in der Bundesrepublik Deutschland verfügen. [2]Der gesetzliche Vertreter ist die Kontaktstelle für die ausländische AIF-Verwaltungsgesellschaft in den Mitgliedstaaten der Europäischen Union oder den Vertragsstaaten des Abkommens über den Europäischen Wirtschaftsraum. [3]Sämtliche Korrespondenz zwischen den zuständigen Stellen und der ausländischen AIF-Verwaltungsgesellschaft und zwischen den EU-Anlegern des betreffenden AIF und der ausländische AIF-Verwaltungsgesellschaft gemäß der Richtlinie 2011/61/EU erfolgt über diesen gesetzlichen Vertreter. [4]Der gesetzliche Vertreter nimmt gemeinsam mit der ausländischen AIF-Verwaltungsgesellschaft die Compliance-Funktion in Bezug auf die von der ausländischen AIF-Verwaltungsgesellschaft gemäß der Richtlinie 2011/61/EU ausgeführten Verwaltungs- und Vertriebstätigkeiten wahr.

In der Fassung vom 4.7.2013 (BGBl. I 2013, S. 1981).

1 § 57 KAGB nicht gesondert kommentiert. S. dazu Vor §§ 56–66.

§ 58 Erteilung der Erlaubnis für eine ausländische AIF-Verwaltungsgesellschaft

(1) Beabsichtigt eine ausländische AIF-Verwaltungsgesellschaft, inländische Spezial-AIF oder EU-AIF zu verwalten oder von ihr verwaltete AIF gemäß Artikel 39 oder 40 der Richtlinie 2011/61/EU in den Mitgliedstaaten der Europäischen Union oder Vertragsstaaten des Abkommens über den Europäischen Wirtschaftsraum zu vertreiben und gibt sie die Bundesrepublik Deutschland als Referenzmitgliedstaat an, hat sie bei der Bundesanstalt einen Antrag auf Erteilung einer Erlaubnis zu stellen.

(2) [1]Nach Eingang eines Antrags auf Erteilung einer Erlaubnis gemäß Absatz 1 beurteilt die Bundesanstalt, ob die Entscheidung der ausländischen AIF-Verwaltungsgesellschaft hinsichtlich ihres Referenzmitgliedstaates die Kriterien gemäß § 56 einhält. [2]Ist dies nicht der Fall, lehnt sie den Antrag der ausländischen AIF-Verwaltungsgesellschaft auf Erteilung einer Erlaubnis unter Angabe der Gründe für die Ablehnung ab. [3]Sind die Kriterien gemäß § 56 eingehalten worden, führt die Bundesanstalt das Verfahren nach den Absätzen 3 bis 6 durch.

(3) [1]Ist die Bundesanstalt der Auffassung, dass die Entscheidung einer ausländischen AIF-Verwaltungsgesellschaft hinsichtlich ihres Referenzmitgliedstaates die Kriterien gemäß Artikel 37 Absatz 4 der Richtlinie 2011/61/EU einhält, setzt sie die Europäische Wertpapier- und Marktaufsichtsbehörde von diesem Umstand in Kenntnis und ersucht sie, eine Empfehlung zu ihrer Beurteilung auszusprechen. [2]In ihrer Mitteilung an die Europäische Wertpapier- und Marktaufsichtsbehörde legt die Bundesanstalt der Europäischen Wertpapier- und Marktaufsichtsbehörde die Begründung der ausländischen AIF-Verwaltungsgesellschaft für deren Entscheidung hinsichtlich des Referenzmitgliedstaates und Informationen über die Vertriebsstrategie der ausländischen AIF-Verwaltungsgesellschaft vor.

(4) [1]Innerhalb eines Monats nach Eingang der Mitteilung gemäß Absatz 3 spricht die Europäische Wertpapier- und Marktaufsichtsbehörde eine an die Bundesanstalt gerichtete Empfehlung zu deren Beurteilung hinsichtlich des Referenzmitgliedstaates gemäß den in Artikel 37 Absatz 4 der Richtlinie 2011/61/EU genannten Kriterien aus. [2]Während die Europäische Wertpapier- und Marktaufsichtsbehörde gemäß Artikel 37 Absatz 5 Unterabsatz 3 der Richtlinie 2011/61/EU die Beurteilung der Bundesanstalt prüft, wird die Frist nach § 22 Absatz 2 Satz 1 oder 2 gehemmt.

(5) Schlägt die Bundesanstalt entgegen der Empfehlung der Europäischen Wertpapier- und Marktaufsichtsbehörde gemäß Absatz 4 vor, die Erlaubnis als Referenzmitgliedstaat zu erteilen, setzt sie die Europäische Wertpapier- und Marktaufsichtsbehörde davon unter Angabe ihrer Gründe in Kenntnis.

(6) [1]Wenn die Bundesanstalt entgegen der Empfehlung der Europäischen Wertpapier- und Marktaufsichtsbehörde gemäß Absatz 4 vorschlägt, die Erlaubnis als Referenzmitgliedstaat zu erteilen und die ausländische AIF-Verwaltungsgesellschaft beabsichtigt, Anteile von durch sie verwalteten AIF in anderen Mitgliedstaaten der Europäischen Union oder in anderen Vertragsstaaten des Ab-

kommens über den Europäischen Wirtschaftsraum als der Bundesrepublik Deutschland zu vertreiben, setzt die Bundesanstalt davon auch die zuständigen Stellen der betreffenden Mitgliedstaaten der Europäischen Union und der betreffenden Vertragsstaaten des Abkommens über den Europäischen Wirtschaftsraum unter Angabe ihrer Gründe in Kenntnis. [2]Gegebenenfalls setzt die Bundesanstalt davon auch die zuständigen Stellen der Herkunftsmitgliedstaaten der von der ausländischen AIF-Verwaltungsgesellschaft verwalteten AIF unter Angabe ihrer Gründe in Kenntnis.

(7) Unbeschadet des Absatzes 9 erteilt die Bundesanstalt die Erlaubnis erst dann, wenn die folgenden zusätzlichen Bedingungen eingehalten sind:

1. die Bundesrepublik Deutschland wird als Referenzmitgliedstaat von der ausländischen AIF-Verwaltungsgesellschaft gemäß den Kriterien nach § 56 angegeben und durch die Offenlegung der Vertriebsstrategie bestätigt und das Verfahren gemäß den Absätzen 3 bis 6 wurde von der Bundesanstalt durchgeführt;
2. die ausländische AIF-Verwaltungsgesellschaft hat einen gesetzlichen Vertreter mit Sitz in der Bundesrepublik Deutschland ernannt;
3. der gesetzliche Vertreter ist, zusammen mit der ausländischen AIF-Verwaltungsgesellschaft, die Kontaktperson der ausländischen AIF-Verwaltungsgesellschaft für die Anleger der betreffenden AIF, für die Europäische Wertpapier- und Marktaufsichtsbehörde und für die zuständigen Stellen im Hinblick auf die Tätigkeiten, für die die ausländische AIF-Verwaltungsgesellschaft in den Mitgliedstaaten der Europäischen Union oder Vertragsstaaten des Abkommens über den Europäischen Wirtschaftsraum eine Erlaubnis hat und er ist zumindest hinreichend ausgestattet, um die Compliance-Funktion gemäß der Richtlinie 2011/61/EU wahrnehmen zu können;
4. es bestehen geeignete Vereinbarungen über die Zusammenarbeit zwischen der Bundesanstalt, den zuständigen Stellen des Herkunftsmitgliedstaates der betreffenden EU-AIF und den Aufsichtsbehörden des Drittstaates, in dem die ausländische AIF-Verwaltungsgesellschaft ihren satzungsmäßigen Sitz hat, damit zumindest ein effizienter Informationsaustausch gewährleistet ist, der es den zuständigen Stellen ermöglicht, ihre Aufgaben gemäß der Richtlinie 2011/61/EU wahrzunehmen;
5. der Drittstaat, in dem die ausländische AIF-Verwaltungsgesellschaft ihren satzungsmäßigen Sitz hat, steht nicht auf der Liste der nicht kooperativen Länder und Gebiete, die von der Arbeitsgruppe „Finanzielle Maßnahmen gegen die Geldwäsche und die Terrorismusfinanzierung" aufgestellt wurde;
6. der Drittstaat, in dem die ausländische AIF-Verwaltungsgesellschaft ihren satzungsmäßigen Sitz hat, hat mit der Bundesrepublik Deutschland eine Vereinbarung unterzeichnet, die den Standards gemäß Artikel 26 des OECD-Musterabkommens zur Vermeidung der Doppelbesteuerung von Einkommen und Vermögen vollständig entspricht und einen wirksamen Informationsaustausch in Steuerangelegenheiten, gegebenenfalls einschließlich multilateraler Abkommen über die Besteuerung, gewährleistet;
7. die auf ausländische AIF-Verwaltungsgesellschaften anwendbaren Rechts- und Verwaltungsvorschriften eines Drittstaates oder die Beschränkungen der Aufsichts- und Ermittlungsbefugnisse der Aufsichtsbehörden dieses Drittstaates hindern die zuständigen Stellen nicht an der effektiven Wahrnehmung ihrer Aufsichtsfunktionen gemäß der Richtlinie 2011/61/EU.

(8) Die in Absatz 7 Nummer 4 genannten Vereinbarungen über Zusammenarbeit werden durch die Artikel 113 bis 115 der Delegierten Verordnung (EU) Nr. 231/2013 sowie durch die Leitlinien der Europäischen Wertpapier- und Marktaufsichtsbehörde konkretisiert.

(9) [1]Die Erlaubnis durch die Bundesanstalt wird im Einklang mit den für die Erlaubnis von AIF-Kapitalverwaltungsgesellschaften geltenden Vorschriften dieses Gesetzes erteilt. [2]Diese gelten vorbehaltlich folgender Kriterien entsprechend:

1. die Angaben gemäß § 22 Absatz 1 Nummer 1 bis 9 werden durch folgende Angaben und Unterlagen ergänzt:
   a) eine Begründung der ausländischen AIF-Verwaltungsgesellschaft für die von ihr vorgenommene Beurteilung bezüglich des Referenzmitgliedstaates gemäß den Kriterien nach Artikel 37 Absatz 4 der Richtlinie 2011/61/EU sowie Angaben zur Vertriebsstrategie;
   b) eine Liste der Bestimmungen der Richtlinie 2011/61/EU, deren Einhaltung der ausländischen AIF-Verwaltungsgesellschaft unmöglich ist, da ihre Einhaltung durch die ausländische AIF-Verwaltungsgesellschaft gemäß § 57 Absatz 2 Satz 2 nicht vereinbar ist mit der Einhaltung ei-

ner zwingenden Rechtsvorschrift des Drittstaates, der die ausländische AIF-Verwaltungsgesellschaft oder der in den Mitgliedstaaten der Europäischen Union oder Vertragsstaaten des Abkommens über den Europäischen Wirtschaftsraum vertriebene ausländische AIF unterliegt;

c) schriftliche Belege auf der Grundlage der von der Europäischen Wertpapier- und Marktaufsichtsbehörde ausgearbeiteten technischen Regulierungsstandards gemäß Artikel 37 Absatz 23 Buchstabe b der Richtlinie 2011/61/EU, dass die betreffenden Rechtsvorschriften des Drittstaates Vorschriften enthalten, die den Vorschriften, die nicht eingehalten werden können, gleichwertig sind, denselben regulatorischen Zweck verfolgen und den Anlegern der betreffenden AIF dasselbe Maß an Schutz bieten und dass die ausländische AIF-Verwaltungsgesellschaft sich an diese gleichwertigen Vorschriften hält; diese schriftlichen Belege werden durch ein Rechtsgutachten zum Bestehen der betreffenden inkompatiblen zwingenden Vorschrift im Recht des Drittstaates untermauert, das auch eine Beschreibung des Regulierungszwecks und der Merkmale des Anlegerschutzes enthält, die mit der Vorschrift angestrebt werden, und

d) den Namen des gesetzlichen Vertreters der ausländischen AIF-Verwaltungsgesellschaft und den Ort, an dem er seinen Sitz hat;

2. die Angaben gemäß § 22 Absatz 1 Nummer 10 bis 14 können beschränkt werden auf die inländischen Spezial-AIF oder EU-AIF, die die ausländische AIF-Verwaltungsgesellschaft zu verwalten beabsichtigt, und auf die von der ausländischen AIF-Verwaltungsgesellschaft verwalteten AIF, die sie mit einem Pass in den Mitgliedstaaten der Europäischen Union oder Vertragsstaaten des Abkommens über den Europäischen Wirtschaftsraum zu vertreiben beabsichtigt;

3. § 23 Nummer 7 findet keine Anwendung;

4. ein Erlaubnisantrag gilt als vollständig, wenn zusätzlich zu den in § 22 Absatz 3 genannten Angaben und Verweisen die Angaben gemäß Nummer 1 vorgelegt wurden;

5. die Bundesanstalt beschränkt die Erlaubnis in Bezug auf die Verwaltung von inländischen AIF auf die Verwaltung von inländischen Spezial-AIF; in Bezug auf die Verwaltung von EU-AIF kann die Bundesanstalt die Erlaubnis auf die Verwaltung von bestimmten Arten von EU-AIF und auf Spezial-EU-AIF beschränken.

(10) Hinsichtlich des Erlöschens oder der Aufhebung der Erlaubnis einer ausländischen AIF-Verwaltungsgesellschaft gilt § 39 entsprechend.

(11) Ausländische AIF-Verwaltungsgesellschaften, denen die Bundesanstalt die Erlaubnis nach den Vorschriften dieses Gesetzes erteilt hat, haben die für AIF-Kapitalverwaltungsgesellschaften, die Spezial-AIF verwalten, geltenden Vorschriften entsprechend einzuhalten, soweit sich aus diesem Gesetz nichts anderes ergibt.

In der Fassung vom 4.7.2013 (BGBl. I 2013, S. 1981).

1 § 58 KAGB nicht gesondert kommentiert. S. dazu Vor §§ 56–66.

§ 59 Befreiung einer ausländischen AIF-Verwaltungsgesellschaft von Bestimmungen der Richtlinie 2011/61/EU

(1) [1]Ist die Bundesanstalt der Auffassung, dass die ausländische AIF-Verwaltungsgesellschaft gemäß § 57 Absatz 2 Satz 2 von der Einhaltung bestimmter Vorschriften der Richtlinie 2011/61/EU befreit werden kann, so setzt sie die Europäische Wertpapier- und Marktaufsichtsbehörde hiervon unverzüglich in Kenntnis. [2]Zur Begründung dieser Beurteilung zieht sie die von der ausländischen AIF-Verwaltungsgesellschaft gemäß § 58 Absatz 9 Nummer 1 Buchstabe b und c vorgelegten Angaben heran.

(2) [1]Innerhalb eines Monats nach Eingang der Mitteilung nach Absatz 1 spricht die Europäische Wertpapier- und Marktaufsichtsbehörde eine an die Bundesanstalt gerichtete Empfehlung hinsichtlich der Anwendung der Ausnahme von der Einhaltung der Richtlinie 2011/61/EU auf Grund der Unvereinbarkeit gemäß § 57 Absatz 2 Satz 2 aus. [2]Während der Überprüfung durch die Europäische

Wertpapier- und Marktaufsichtsbehörde gemäß Artikel 37 Absatz 9 Unterabsatz 2 der Richtlinie 2011/61/EU wird die Frist nach § 22 Absatz 2 Satz 1 oder 2 gehemmt.

(3) Wenn die Bundesanstalt entgegen der Empfehlung der Europäischen Wertpapier- und Marktaufsichtsbehörde gemäß Absatz 2 vorschlägt, die Erlaubnis zu erteilen, setzt sie die Europäische Wertpapier- und Marktaufsichtsbehörde davon unter Angabe ihrer Gründe in Kenntnis.

(4) Wenn die Bundesanstalt entgegen der Empfehlung der Europäischen Wertpapier- und Marktaufsichtsbehörde gemäß Absatz 2 vorschlägt, die Erlaubnis zu erteilen und die ausländische AIF-Verwaltungsgesellschaft beabsichtigt, Anteile von durch sie verwalteten AIF in anderen Mitgliedstaaten der Europäischen Union oder Vertragsstaaten des Abkommens über den Europäischen Wirtschaftsraum als der Bundesrepublik Deutschland zu vertreiben, setzt die Bundesanstalt davon auch die zuständigen Stellen der betreffenden Mitgliedstaaten der Europäischen Union oder Vertragsstaaten des Abkommens über den Europäischen Wirtschaftsraum unter Angabe ihrer Gründe in Kenntnis.

In der Fassung vom 4.7.2013 (BGBl. I 2013, S. 1981).

§ 59 KAGB nicht gesondert kommentiert. S. dazu Vor §§ 56–66. 1

§ 60 Unterrichtung der Europäischen Wertpapier- und Marktaufsichtsbehörde im Hinblick auf die Erlaubnis einer ausländischen AIF-Verwaltungsgesellschaft durch die Bundesanstalt

(1) Die Bundesanstalt unterrichtet die Europäische Wertpapier- und Marktaufsichtsbehörde unverzüglich über das Ergebnis des Erlaubnisverfahrens, über Änderungen hinsichtlich der Erlaubnis der ausländischen AIF-Verwaltungsgesellschaft und über einen Entzug der Erlaubnis.

(2) [1]Die Bundesanstalt unterrichtet die Europäische Wertpapier- und Marktaufsichtsbehörde von den Erlaubnisanträgen, die sie abgelehnt hat und legt dabei Angaben zu den ausländischen AIF-Verwaltungsgesellschaften, die eine Erlaubnis beantragt haben sowie die Gründe für die Ablehnung vor. [2]Wenn die Europäische Wertpapier- und Marktaufsichtsbehörde, die ein zentrales Verzeichnis dieser Angaben führt, Informationen aus diesem Verzeichnis der Bundesanstalt auf Anfrage zur Verfügung gestellt hat, behandelt die Bundesanstalt diese Informationen vertraulich.

In der Fassung vom 4.7.2013 (BGBl. I 2013, S. 1981).

§ 60 KAGB nicht gesondert kommentiert. S. dazu Vor §§ 56–66. 1

§ 61 Änderung des Referenzmitgliedstaates einer ausländischen AIF-Verwaltungsgesellschaft

(1) [1]Die weitere Geschäftsentwicklung einer ausländischen AIF-Verwaltungsgesellschaft in den Mitgliedstaaten der Europäischen Union und den Vertragsstaaten des Abkommens über den Europäischen Wirtschaftsraum hat keine Auswirkungen auf die Bestimmung des Referenzmitgliedstaates. [2]Wenn eine durch die Bundesanstalt zugelassene ausländische AIF-Verwaltungsgesellschaft jedoch innerhalb von zwei Jahren nach ihrer Erstzulassung ihre Vertriebsstrategie ändert und wenn diese Änderung, falls die geänderte Vertriebsstrategie die ursprüngliche Vertriebsstrategie gewesen wäre, die Festlegung des Referenzmitgliedstaates beeinflusst hätte, hat die ausländische AIF-Verwaltungsgesellschaft die Bundesanstalt von dieser Änderung vor ihrer Durchführung in Kenntnis zu setzen und ihren neuen Referenzmitgliedstaat gemäß den Kriterien nach Artikel 37 Absatz 4 der Richtlinie 2011/61/EU und entsprechend der neuen Strategie anzugeben. [3]Die ausländische AIF-Verwaltungsgesellschaft hat ihre Beurteilung zu begründen, indem sie ihre neue Vertriebsstrategie der Bundesanstalt gegenüber offenlegt. [4]Zugleich hat die ausländische AIF-Verwaltungsgesellschaft Angaben zu ihrem gesetzlichen Vertreter, einschließlich zu dessen Name und dem Ort, an dem er seinen Sitz

hat, vorzulegen. [5]Der gesetzliche Vertreter muss seinen Sitz in dem neuen Referenzmitgliedstaat haben.

(2) [1]Die Bundesanstalt beurteilt, ob die Festlegung durch die ausländische AIF-Verwaltungsgesellschaft gemäß Absatz 1 zutreffend ist und setzt die Europäische Wertpapier- und Marktaufsichtsbehörde von dieser Beurteilung in Kenntnis. [2]In ihrer Meldung an die Europäische Wertpapier- und Marktaufsichtsbehörde legt die Bundesanstalt die Begründung der ausländischen AIF-Verwaltungsgesellschaft für ihre Beurteilung hinsichtlich des Referenzmitgliedstaates und Informationen über die neue Vertriebsstrategie der ausländischen AIF-Verwaltungsgesellschaft vor.

(3) Nachdem die Bundesanstalt die Empfehlung der Europäischen Wertpapier- und Marktaufsichtsbehörde im Hinblick auf ihre Beurteilung gemäß Absatz 2 erhalten hat, setzt sie die ausländische AIF-Verwaltungsgesellschaft, deren ursprünglichen gesetzlichen Vertreter und die Europäische Wertpapier- und Marktaufsichtsbehörde von ihrer Entscheidung in Kenntnis.

(4) [1]Ist die Bundesanstalt mit der von der ausländischen AIF-Verwaltungsgesellschaft vorgenommenen Beurteilung einverstanden, so setzt sie auch die zuständigen Stellen des neuen Referenzmitgliedstaates von der Änderung in Kenntnis. [2]Die Bundesanstalt übermittelt den zuständigen Stellen des neuen Referenzmitgliedstaates unverzüglich eine Abschrift der Erlaubnis- und Aufsichtsunterlagen der ausländischen AIF-Verwaltungsgesellschaft. [3]Ab dem Zeitpunkt des Zugangs der Zulassungs- und Aufsichtsunterlagen sind die zuständigen Stellen des neuen Referenzmitgliedstaates für Zulassung und Aufsicht der ausländischen AIF-Verwaltungsgesellschaft zuständig.

(5) Wenn die abschließende Entscheidung der Bundesanstalt im Widerspruch zu den Empfehlungen der Europäischen Wertpapier- und Marktaufsichtsbehörde gemäß Absatz 3 steht, gilt Folgendes:

1. **die Bundesanstalt setzt die Europäische Wertpapier- und Marktaufsichtsbehörde davon unter Angabe ihrer Gründe in Kenntnis;**
2. **[1]wenn die ausländische AIF-Verwaltungsgesellschaft Anteile von durch sie verwalteten AIF in anderen Mitgliedstaaten der Europäischen Union oder Vertragsstaaten des Abkommens über den Europäischen Wirtschaftsraum als der Bundesrepublik Deutschland vertreibt, setzt die Bundesanstalt davon auch die zuständigen Stellen dieser anderen Mitgliedstaaten der Europäischen Union oder Vertragsstaaten des Abkommens über den Europäischen Wirtschaftsraum unter Angabe ihrer Gründe in Kenntnis. [2]Gegebenenfalls setzt die Bundesanstalt davon auch die zuständigen Stellen der Herkunftsmitgliedstaaten der von der ausländischen AIF-Verwaltungsgesellschaft verwalteten AIF unter Angabe ihrer Gründe in Kenntnis.**

(6) [1]Erweist sich anhand des tatsächlichen Verlaufs der Geschäftsentwicklung der ausländischen AIF-Verwaltungsgesellschaft in den Mitgliedstaaten der Europäischen Union oder Vertragsstaaten des Abkommens über den Europäischen Wirtschaftsraum innerhalb von zwei Jahren nach Erteilung ihrer Erlaubnis, dass der von der ausländischen AIF-Verwaltungsgesellschaft zum Zeitpunkt ihrer Erlaubnis vorgelegten Vertriebsstrategie nicht gefolgt worden ist, die ausländische AIF-Verwaltungsgesellschaft diesbezüglich falsche Angaben gemacht hat oder die ausländische AIF-Verwaltungsgesellschaft sich bei der Änderung ihrer Vertriebsstrategie nicht an die Absätze 1 bis 5 gehalten hat, so fordert die Bundesanstalt die ausländische Verwaltungsgesellschaft auf, den Referenzmitgliedstaat gemäß ihrer tatsächlichen Vertriebsstrategie anzugeben. [2]Das Verfahren nach den Absätzen 1 bis 5 ist entsprechend anzuwenden. [3]Kommt die ausländische AIF-Verwaltungsgesellschaft der Aufforderung der Bundesanstalt nicht nach, so entzieht sie ihr die Erlaubnis.

(7) [1]Ändert die ausländische AIF-Verwaltungsgesellschaft ihre Vertriebsstrategie nach Ablauf der in Absatz 1 genannten Zeitspanne und will sie ihren Referenzmitgliedstaat entsprechend ihrer neuen Vertriebsstrategie ändern, so kann sie bei der Bundesanstalt einen Antrag auf Änderung ihres Referenzmitgliedstaates stellen. [2]Das Verfahren nach den Absätzen 1 bis 5 gilt entsprechend.

(8) [1]Sofern die Bundesrepublik Deutschland gemäß den Absätzen 1 bis 7 als neuer Referenzmitgliedstaat festgelegt wird, gilt die Zulassung des bisherigen Referenzmitgliedstaates als Erlaubnis im Sinne des § 58. [2]§ 39 ist entsprechend anzuwenden.

In der Fassung vom 4.7.2013 (BGBl. I 2013, S. 1981).

1 § 61 KAGB nicht gesondert kommentiert. S. dazu Vor §§ 56–66.

§ 62 Rechtsstreitigkeiten

(1) Sofern die Bundesrepublik Deutschland Referenzmitgliedstaat einer ausländischen AIF-Verwaltungsgesellschaft ist oder als solcher in Betracht kommt, werden alle zwischen der Bundesanstalt und der ausländischen AIF-Verwaltungsgesellschaft auftretenden Streitigkeiten nach deutschem Recht beigelegt und unterliegen deutscher Gerichtsbarkeit.

(2) Alle Streitigkeiten, die zwischen der ausländischen AIF-Verwaltungsgesellschaft oder dem AIF einerseits und Anlegern des jeweiligen AIF, die ihren Sitz in der Europäischen Union oder in einem Vertragsstaat des Abkommens über den Europäischen Wirtschaftsraum haben, andererseits auftreten, werden nach dem Recht des jeweiligen Mitgliedstaates der Europäischen Union oder des Vertragsstaates des Abkommens über den Europäischen Wirtschaftsraum beigelegt, in dem der Anleger seinen Sitz hat und unterliegen dessen Gerichtsbarkeit.

In der Fassung vom 4.7.2013 (BGBl. I 2013, S. 1981).

§ 62 KAGB nicht gesondert kommentiert. S. dazu Vor §§ 56–66. 1

§ 63 Verweismöglichkeiten der Bundesanstalt an die Europäische Wertpapier- und Marktaufsichtsbehörde

Die Bundesanstalt kann die folgenden Angelegenheiten der Europäischen Wertpapier- und Marktaufsichtsbehörde zur Kenntnis bringen, die im Rahmen der ihr durch Artikel 19 der Verordnung (EU) Nr. 1095/2010 übertragenen Befugnisse tätig werden kann:

1. **wenn die Bundesanstalt nicht mit der Entscheidung einer ausländischen AIF-Verwaltungsgesellschaft hinsichtlich ihres Referenzmitgliedstaates einverstanden ist,**
2. **wenn die Bundesanstalt nicht mit der Bewertung der Anwendung von Artikel 37 Absatz 7 Unterabsatz 1 Buchstabe a bis e und g der Richtlinie 2011/61/EU durch die zuständigen Stellen des Referenzmitgliedstaates einer ausländischen AIF-Verwaltungsgesellschaft einverstanden ist,**
3. **wenn eine für einen EU-AIF zuständige Stelle die gemäß Artikel 37 Absatz 7 Unterabsatz 1 Buchstabe d der Richtlinie 2011/61/EU geforderten Vereinbarungen über Zusammenarbeit nicht innerhalb eines angemessenen Zeitraums abschließt,**
4. **wenn die Bundesanstalt nicht mit einer von den zuständigen Stellen des Referenzmitgliedstaates einer ausländischen AIF-Verwaltungsgesellschaft erteilten Zulassung einverstanden ist,**
5. **wenn die Bundesanstalt nicht mit der Bewertung der Anwendung von Artikel 37 Absatz 9 der Richtlinie 2011/61/EU durch die zuständigen Stellen des Referenzmitgliedstaates einer ausländischen AIF-Verwaltungsgesellschaft einverstanden ist,**
6. **wenn die Bundesanstalt nicht mit der Beurteilung hinsichtlich der Festlegung des Referenzmitgliedstaates nach Artikel 37 Absatz 11 oder Absatz 12 der Richtlinie 2011/61/EU einverstanden ist,**
7. **wenn eine zuständige Stelle einen Antrag auf Informationsaustausch gemäß den auf Grundlage von Artikel 37 Absatz 17 der Richtlinie 2011/61/EU von der Europäischen Kommission erlassenen technischen Regulierungsstandards ablehnt.**

In der Fassung vom 4.7.2013 (BGBl. I 2013, S. 1981).

§ 63 KAGB nicht gesondert kommentiert. S. dazu Vor §§ 56–66. 1

§ 64 Vergleichende Analyse der Zulassung von und der Aufsicht über ausländische AIF-Verwaltungsgesellschaften

(1) Sofern die Europäische Wertpapier- und Marktaufsichtsbehörde nach Artikel 38 Absatz 4 der Richtlinie 2011/61/EU Leitlinien und Empfehlungen herausgibt, um einheitliche, effiziente und

wirksame Praktiken für die Aufsicht über ausländische AIF-Verwaltungsgesellschaften zu schaffen, unternimmt die Bundesanstalt alle erforderlichen Anstrengungen, um diesen Leitlinien und Empfehlungen nachzukommen.

(2) [1]Die Bundesanstalt bestätigt binnen zwei Monaten nach der Herausgabe einer Leitlinie oder Empfehlung, ob sie dieser Leitlinie oder Empfehlung nachkommt oder nachzukommen beabsichtigt. [2]Wenn sie der Leitlinie oder Empfehlung nicht nachkommt oder nachzukommen beabsichtigt, teilt sie dies der Europäischen Wertpapier- und Marktaufsichtsbehörde unter Angabe der Gründe mit.

In der Fassung vom 4.7.2013 (BGBl. I 2013, S. 1981).

1 § 64 KAGB nicht gesondert kommentiert. S. dazu Vor §§ 56–66.

§ 65 Verwaltung von EU-AIF durch ausländische AIF-Verwaltungsgesellschaften, für die die Bundesrepublik Deutschland Referenzmitgliedstaat ist

(1) Die Verwaltung eines EU-AIF durch eine ausländische AIF-Verwaltungsgesellschaft, für die die Bundesrepublik Deutschland gemäß § 56 Referenzmitgliedsstaat ist und die über eine Erlaubnis nach § 58 verfügt, im Wege des grenzüberschreitenden Dienstleistungsverkehrs oder über eine Zweigniederlassung setzt voraus, dass sie der Bundesanstalt folgende Angaben übermittelt hat:

1. **den Mitgliedstaat der Europäischen Union oder den Vertragsstaat des Abkommens über den Europäischen Wirtschaftsraum, in dem sie EU-AIF im Wege des grenzüberschreitenden Dienstleistungsverkehrs oder über eine Zweigniederlassung zu verwalten beabsichtigt;**
2. **einen Geschäftsplan, aus dem insbesondere hervorgeht, welche Arten von EU-AIF sie zu verwalten beabsichtigt.**

(2) Die Errichtung einer Zweigniederlassung durch eine ausländische AIF-Verwaltungsgesellschaft in einem anderen Mitgliedstaat der Europäischen Union oder einem anderen Vertragsstaat des Abkommens über den Europäischen Wirtschaftsraum setzt voraus, dass sie der Bundesanstalt zusätzlich zu den Angaben nach Absatz 1 folgende Informationen übermittelt hat:

1. **den organisatorischen Aufbau der Zweigniederlassung,**
2. **die Anschrift, unter der im Herkunftsmitgliedstaat des EU-AIF Unterlagen angefordert werden können sowie**
3. **die Namen und Kontaktangaben der Geschäftsführer der Zweigniederlassung.**

(3) Besteht kein Grund zur Annahme, dass die ausländische AIF-Verwaltungsgesellschaft oder die Verwaltung des EU-AIF durch diese gegen dieses Gesetz verstößt oder verstoßen wird, übermittelt die Bundesanstalt die vollständigen Unterlagen binnen eines Monats nach dem Eingang der vollständigen Unterlagen nach Absatz 1 oder gegebenenfalls binnen zwei Monaten nach dem Eingang der vollständigen Unterlagen nach Absatz 2 zusammen mit einer Bescheinigung über die Erlaubnis der betreffenden ausländischen AIF-Verwaltungsgesellschaft an die zuständigen Stellen des Aufnahmemitgliedstaates der ausländischen AIF-Verwaltungsgesellschaft.

(4) [1]Die Bundesanstalt unterrichtet die ausländische AIF-Verwaltungsgesellschaft unverzüglich über die Übermittlung der Unterlagen. [2]Die ausländische AIF-Verwaltungsgesellschaft darf erst nach Eingang der Übermittlungsmeldung mit der Verwaltung von EU-AIF im jeweiligen Aufnahmemitgliedstaat beginnen. [3]Die Bundesanstalt teilt zudem der Europäischen Wertpapier- und Marktaufsichtsbehörde mit, dass die ausländische AIF-Verwaltungsgesellschaft in den jeweiligen Aufnahmemitgliedstaaten mit der Verwaltung des EU-AIF beginnen kann.

(5) Eine Änderung der nach Absatz 1 oder gegebenenfalls nach Absatz 2 übermittelten Angaben hat die ausländische AIF-Verwaltungsgesellschaft der Bundesanstalt mindestens einen Monat vor der Durchführung der Änderung, oder, bei ungeplanten Änderungen, unverzüglich nach Eintreten der Änderung, schriftlich anzuzeigen.

(6) Sollte die geplante Änderung dazu führen, dass die ausländische AIF-Verwaltungsgesellschaft oder die Verwaltung des EU-AIF durch diese nunmehr gegen dieses Gesetz verstößt, untersagt die Bundesanstalt der ausländischen AIF-Verwaltungsgesellschaft unverzüglich die Änderung.

(7) Wird eine geplante Änderung ungeachtet der Absätze 5 und 6 durchgeführt oder führt eine durch einen ungeplanten Umstand ausgelöste Änderung dazu, dass die ausländische AIF-Verwaltungsgesellschaft oder die Verwaltung des EU-AIF durch diese nunmehr gegen dieses Gesetz verstößt, so ergreift die Bundesanstalt alle erforderlichen Maßnahmen.

(8) Über Änderungen, die im Einklang mit diesem Gesetz stehen, unterrichtet die Bundesanstalt unverzüglich die zuständigen Behörden des Aufnahmemitgliedstaates der ausländischen AIF-Verwaltungsgesellschaft von diesen Änderungen.

In der Fassung vom 4.7.2013 (BGBl. I 2013, S. 1981).

§ 65 KAGB nicht gesondert kommentiert. S. dazu Vor §§ 56–66. 1

§ 66 Inländische Zweigniederlassung und grenzüberschreitender Dienstleistungsverkehr von ausländischen AIF-Verwaltungsgesellschaften, deren Referenzmitgliedstaat nicht die Bundesrepublik Deutschland ist

(1) Beabsichtigt eine ausländische AIF-Verwaltungsgesellschaft, deren Referenzmitgliedstaat nicht die Bundesrepublik Deutschland ist, erstmals im Wege des grenzüberschreitenden Dienstleistungsverkehrs oder über eine Zweigniederlassung inländische Spezial-AIF zu verwalten, so ist dies nur zulässig, wenn die zuständigen Stellen des Referenzmitgliedstaates der ausländischen AIF-Verwaltungsgesellschaft der Bundesanstalt folgende Angaben und Unterlagen übermittelt haben:

1. **eine Bescheinigung darüber, dass die ausländische AIF-Verwaltungsgesellschaft eine Zulassung gemäß der Richtlinie 2011/61/EU erhalten hat, durch die die im Inland beabsichtigten Tätigkeiten abgedeckt sind,**
2. **die Anzeige der Absicht der ausländischen AIF-Verwaltungsgesellschaft, in der Bundesrepublik Deutschland im Wege des grenzüberschreitenden Dienstleistungsverkehrs oder über eine Zweigniederlassung inländische Spezial-AIF zu verwalten sowie**
3. **einen Geschäftsplan, aus dem insbesondere hervorgeht, welche inländischen Spezial-AIF die ausländische AIF-Verwaltungsgesellschaft zu verwalten beabsichtigt.**

(2) Beabsichtigt die ausländische AIF-Verwaltungsgesellschaft die Errichtung einer Zweigniederlassung, so ist dies nur zulässig, wenn die zuständigen Stellen des Referenzmitgliedsstaates der Bundesanstalt zusätzlich zu den Angaben nach Absatz 1 folgende Informationen übermittelt haben:

1. **den organisatorischen Aufbau der Zweigniederlassung,**
2. **die Anschrift, unter der im Inland Unterlagen angefordert werden können sowie**
3. **die Namen und Kontaktangaben der Geschäftsführer der Zweigniederlassung.**

(3) Die ausländische AIF-Verwaltungsgesellschaft kann unmittelbar nach dem Erhalt der Übermittlungsmeldung durch ihren Referenzmitgliedstaat gemäß Artikel 41 Absatz 4 der Richtlinie 2011/61/EU mit der Verwaltung von inländischen Spezial-AIF im Inland beginnen.

(4) [1]Auf die Zweigniederlassungen im Sinne des Absatzes 1 sind § 3 Absatz 1, 4 und 5, die §§ 14, 26 Absatz 2, 3 und 7, § 27 Absatz 1 bis 4, § 28 Absatz 1 Satz 4, die §§ 33, 34 Absatz 3 Nummer 8 sowie die §§ 293, 295 Absatz 5, §§ 307 und 308 entsprechend anzuwenden. [2]Auf die Tätigkeiten im Wege des grenzüberschreitenden Dienstleistungsverkehrs nach Absatz 1 Satz 1 sind die §§ 14, 293, 295 Absatz 5, §§ 307 und 308 entsprechend anzuwenden.

(5) Auf die Tätigkeit einer ausländischen AIF-Verwaltungsgesellschaft, deren Referenzmitgliedstaat nicht die Bundesrepublik Deutschland ist und die inländische Spezial-AIF verwaltet, sind ungeachtet der Anforderungen nach Absatz 4 die §§ 80 bis 161, 273 Satz 1 und §§ 274 bis 292 entsprechend anzuwenden.

In der Fassung vom 4.7.2013 (BGBl. I 2013, S. 1981), zuletzt geändert durch Gesetz zur Anpassung von Gesetzen auf dem Gebiet des Finanzmarktes vom 15.7.2014 (BGBl. I 2014, S. 934).

1 § 66 KAGB nicht gesondert kommentiert. S. dazu Vor §§ 56–66.

§ 67 Jahresbericht für EU-AIF und ausländische AIF

(1) [1]Jede AIF-Kapitalverwaltungsgesellschaft ist verpflichtet, für jeden von ihr verwalteten EU-AIF und für jeden von ihr in der Europäischen Union oder in einem anderen Vertragsstaat des Abkommens über den Europäischen Wirtschaftsraum vertriebenen EU-AIF oder ausländischen AIF für jedes Geschäftsjahr spätestens sechs Monate nach Ende des Geschäftsjahres einen Jahresbericht gemäß Absatz 3 zu erstellen. [2]Dieser Jahresbericht ist den Anlegern auf Anfrage vorzulegen.

(2) [1]Ist der EU-AIF oder ausländische AIF nach der Richtlinie 2004/109/EG des Europäischen Parlaments und des Rates vom 15. Dezember 2004 zur Harmonisierung der Transparenzanforderungen in Bezug auf Informationen über Emittenten, deren Wertpapiere zum Handel auf einem geregelten Markt zugelassen sind (ABl. L 390 vom 31.12.2004, S. 38), verpflichtet, Jahresfinanzberichte zu veröffentlichen, so sind Anlegern auf Anfrage lediglich die Angaben nach Absatz 3 Nummer 4 bis 6 zusätzlich vorzulegen. [2]Die Vorlage kann gesondert spätestens vier Monate nach Ende des Geschäftsjahres oder in Form einer Ergänzung bei der Veröffentlichung des Jahresfinanzberichts erfolgen.

(3) [1]Der Jahresbericht muss mindestens Folgendes enthalten:

1. **eine Bilanz oder eine Vermögensübersicht;**
2. **eine Aufstellung der Erträge und Aufwendungen des Geschäftsjahres;**
3. **einen Bericht über die Tätigkeiten im abgelaufenen Geschäftsjahr;**
4. **jede während des abgelaufenen Geschäftsjahres eingetretene wesentliche Änderung hinsichtlich der nach § 307 Absatz 1 oder Absatz 2 Satz 1 und § 308 Absatz 1 bis 4 zur Verfügung zu stellenden Informationen;**
5. **die Gesamtsumme der im abgelaufenen Geschäftsjahr gezahlten Vergütungen, gegliedert in feste und variable von der Kapitalverwaltungsgesellschaft an ihre Mitarbeiter gezahlte Vergütungen, die Zahl der Begünstigten und gegebenenfalls die vom AIF gezahlten Carried Interest;**
6. **die Gesamtsumme der im abgelaufenen Geschäftsjahr gezahlten Vergütungen, aufgegliedert nach Führungskräften und Mitarbeitern der Kapitalverwaltungsgesellschaft, deren Tätigkeit sich wesentlich auf das Risikoprofil des AIF auswirkt.**

[2]Inhalt und Form des Jahresberichts bestimmen sich im Übrigen nach den Artikeln 103 bis 107 der Delegierten Verordnung (EU) Nr. 231/2013.

(4) [1]Die im Jahresbericht enthaltenen Zahlenangaben werden gemäß den Rechnungslegungsstandards des Herkunftsmitgliedstaates des AIF oder gemäß den Rechnungslegungsstandards des Drittstaates, in dem der ausländische AIF seinen Sitz hat, oder gemäß den in den Anlagebedingungen, der Satzung oder dem Gesellschaftsvertrag des AIF festgelegten Rechnungslegungsstandards erstellt. [2]Dies gilt nicht im Fall des Absatzes 2.

(5) [1]Die im Jahresbericht enthaltenen Zahlenangaben werden von einer oder mehreren Personen geprüft, die gemäß der Richtlinie 2006/43/EG des Europäischen Parlaments und des Rates vom 17. Mai 2006 über Abschlussprüfungen von Jahresabschlüssen und konsolidierten Abschlüssen (ABl. L 157 vom 9.6.2006, S. 87) gesetzlich zur Abschlussprüfung zugelassen sind. [2]Der Abschlussprüfer hat das Ergebnis der Prüfung in einem Bestätigungsvermerk zusammenzufassen. [3]Der Bestätigungsvermerk des Abschlussprüfers einschließlich etwaiger Einschränkungen ist in jedem Jahresbericht vollständig wiederzugeben. [4]Abweichend von den Sätzen 1 und 2 können AIF-Kapitalverwaltungsgesellschaften, die ausländische AIF verwalten, die Jahresberichte dieser AIF einer Prüfung entsprechend den internationalen Prüfungsstandards unterziehen, die in dem Staat verbindlich vorgeschrieben oder zugelassen sind, in dem der ausländische AIF seinen satzungsmäßigen Sitz hat.

In der Fassung vom 4.7.2013 (BGBl. I 2013, S. 1981), zuletzt geändert durch das Gesetz zur Umsetzung der Richtlinie 2014/91/EU des Europäischen Parlaments und des Rates vom 23. Juli 2014 zur Änderung der Richtlinie 2009/65/EG zur Koordinierung der Rechts- und Verwaltungsvorschriften betreffend bestimmte Organismen für gemeinsame Anlagen in Wertpapieren (OGAW) im Hinblick auf die Aufgaben der Verwahrstelle, die Vergütungspolitik und Sanktionen vom 3.3.2016 (BGBl. I 2016, S. 348).

Trotz der zunehmenden Verbreitung internationaler Rechnungslegungsstandards stellt die Rechnungslegung ein zur Zeit noch weitgehend auf **nationalen Normen** beruhendes Themengebiet dar. 1

Dies stößt zwangsläufig auf Schwierigkeiten, wenn Investmentprodukte eines Landes in einem anderen Land vertrieben werden und die Veröffentlichungspflichten **nicht harmonisiert** sind. 2

Da die Rechnungslegung jedoch der Rechtfertigung der Kapitalanlagegesellschaft und nicht dem Investorenschutz dient, wählt § 67 KAGB den Weg, die Rechnungslegung einschließlich der Prüfung an die **Normen des Herkunftslandes** zu knüpfen. 3

Hierzu bestehen **zwei Ausnahmen**. Zum einen sind dies die Fälle des § 67 Abs. 2 KAGB und zum anderen – und vermutlich bedeutender – die Aufzählung des § 67 Abs. 3 KAGB. 4

§ 67 Abs. 3 KAGB nennt die **mindestens vorzulegenden Dokumente**. Da es aber nicht selbstverständlich ist, dass ein EU-AIF oder ein ausländischer AIF nach dem Recht des Herkunftslandes eine Bilanz erstellen muss, werden hier möglicherweise nationale Normen „überstimmt". 5

Abschnitt 3
Verwahrstelle

Vorbemerkungen vor §§ 68 ff.

Schrifttum: *Böhme*, Die Vertretung der extern verwalteten Investmentkommanditgesellschaft, BB 2014, 2380; *Boxberger*, Vertretungsbefugnis einer externen Kapitalverwaltungsgesellschaft, GWR 2016, 1; *Clerc*, The AIF Depositary's Liability for Lost Assets, in Zetzsche (Hrsg.), The Alternative Investment Fund Managers Directive, 2015, S. 521; *Einsele*, Wertpapiere im elektronischen Bankgeschäft, WM 2011, 7; *Esters*, Die Haftung des privaten Depotverwalters, 1991; *Gießler*, Der Steuerberater als Verwahrstelle, DStR 2013, 1912; *Hooghiemstra*, Depositary Regulation, in Zetzsche (Hrsg.), The Alternative Investment Fund Managers Directive, 2015, S. 479; *Höverkamp/Hugger*, Die Reichweite der Haftung der Depotbanken vor dem Hintergrund des Madoff-Skandals, in FS Hopt, 2010, S. 2015; *Kobbach/Anders*, Umsetzung der AIFM-Richtlinie aus Sicht der Verwahrstelle, NZG 2012, 1170; *Micheler*, Custody chains and asset values: why crypto-securities are worth contemplating, Cambridge Law Journal, S. 505; *Moroni/Wibbeke*, OGAW V: Die Sprunglatte für OGAW-Verwahrstellen liegt höher, RdF 2015, 187; *Müller*, Die Überwachung der Geschäftstätigkeit der Kapitalanlagegesellschaft durch die Depotbank, DB 1975, 485; *Ohl*, Die Rechtsbeziehungen im Investmentdreieck, 1989; *Paech*, Grenzüberschreitende Wertpapierverfügungen – Rechtssicherheit und Effizienz durch Kompatibilität des Depotrechts – Erläuterungen zum UNIDROIT-Konventionsentwurf, WM 2005, 1101; *Patz*, Das Zusammenwirken zwischen Verwahrstelle, Bewerter, Abschlussprüfer und BaFin bei der Aufsicht über Investmentvermögen nach dem KAGB – Zuständigkeiten bei der Überprüfung der Einhaltung der Bewertungsmaßstäbe und -verfahren für Vermögensgegenstände von AIF und OGAW, BKR 2015, 193; *Pfannschmidt*, Personelle Verflechtungen zwischen Depotbank und Investmentgesellschaft in der Schweiz und ihre Beurteilung nach dem AuslInvestmentG, WM 1970, 922; *Reiss*, Pflichten der Kapitalanlagegesellschaft und der Depotbank gegenüber dem Anleger und die Rechte des Anlegers bei Pflichtverletzungen, 2006; *Schröder/Rahn*, Das KAGB und Private-Equity-Transaktionen – Pflichten für Manager von Private-Equity-Fonds und deren Verwahrstellen, GWR 2014, 49; *Schultheiß*, Die Haftung von Verwahrstellen und externen Bewertern unter dem KAGB, WM 2015, 603; *Seegebarth*, Stellung und Haftung der Depotbank im Investment-Dreieck, 2004; *Siena*, Depositary Liability – A Fine Mess and How to Get Out of It, in Zetzsche (Hrsg.), The Alternative Investment Fund Managers Directive, 2015, S. 431; *Zetzsche*, Fondsregulierung im Umbruch – ein rechtsvergleichender Rundblick zur Umsetzung der AIFM-Richtlinie, ZBB 2014, 22; *Zetzsche*, Verordnung über europäische langfristige Investmentfonds (ELTIF-VO) – Langfristigkeit im Sinne der Kleinanleger?, ZBB 2015, 362; *Zetzsche*, Aktivlegitimation gemäß §§ 78, 89 KAGB im Investment-Drei- und -Viereck, in FS Köndgen, 2016, S. 677; *Zetzsche*, Die allgemeine Kontrollpflicht der Verwahrstelle im Investmentdreieck, ZFR 2017, 107.

I. Regelungsgegenstand und Systematik

1 Die **§§ 68 bis 90 KAGB** enthalten Vorschriften betreffend die Verwahrstellen, d.h. die OGAW-Verwahrstelle und die AIF-Verwahrstelle.[1] Das KAGB schreibt vor, dass neben der Verwaltungsgesellschaft und den Anlegern eine Verwahrstelle eingeschaltet wird, die verwahrfähige Vermögensgegenstände des Investmentfonds

1 Aus der rein dogmatischen Perspektive gibt es zwei getrennte Regelungskreise für die zwei Typen von Verwahrstellen. Da die jeweils anwendbaren Vorschriften sich jedoch nur im Detail unterscheiden und beide Regelungskreise dieselben Ziele verfolgen, wird vorliegend aus Gründen der Vereinfachung auch schlicht „die Verwahrstelle" genannt.

verwahrt und für nicht verwahrfähige Vermögensgegenstände das Eigentum des Investmentfonds an diesen Vermögensgegenständen überprüft und überwacht. Daneben führt die Verwahrstelle investmentspezifische Kontrollfunktionen aus. Sowohl im deutschen als auch im europäischen Investmentrecht spielt die Verwahrstelle **von Beginn an als Instrument des Anlegerschutzes** eine entscheidende Rolle. Die Einschaltung einer Verwahrstelle für die Trennung von Vermögensverwaltung und Vermögensverwahrung führte zur der Kreierung des sog. **„Investmentdreiecks"** zwischen Verwaltungsgesellschaft, Verwahrstelle und Anleger.

2 Aufgrund der unterschiedlichen europarechtlichen Grundlagen hat der Gesetzgeber die **OGAW-Verwahrstelle und die AIF-Verwahrstelle getrennt geregelt.** Dabei wird in den §§ 68 bis 79 KAGB zunächst die OGAW-Verwahrstelle geregelt. Diese Regelungen setzen die Vorgaben der OGAW-RL in der Fassung der OGAW V-RL um und wurden hierfür durch das OGAW V-UmsG geändert. In den §§ 80 bis 90 KAGB werden die Vorschriften der AIFM-RL betreffend die Verwahrung des Vermögens von AIF umgesetzt. Der europäische Richtliniengeber stellte bereits in der AIFM-RL klar, dass es aufgrund der unterschiedlichen Struktur getrennter Regelungen für OGAW und AIF bedarf. Erwägungsgrund 47 der AIFM-RL lautet:

„Diese Richtlinie sollte künftigen Gesetzgebungsmaßnahmen hinsichtlich der Verwahrstelle in der Richtlinie 2009/65/EG nicht vorgreifen, da OGAW und AIF sich sowohl in Bezug auf die von ihnen verfolgten Anlagestrategien als auch in der Art des Anlegers, für den sie bestimmt sind, unterscheiden."

3 Während die §§ 80 ff. KAGB Vorschriften für die Verwahrung von kollektiven Kapitalanlagen im weiteren Sinn, nämlich AIF, enthalten, dienen die §§ 68 ff. KAGB der **Regelung des Verwahrverhältnisses für OGAW** und somit einer spezifischen Produktregulierung. Infolgedessen lassen sich die Vorschriften der §§ 68 ff. KAGB als die spezielleren Vorschriften gegenüber den §§ 80 ff. KAGB begreifen. Obwohl die OGAW-Regelungen die weitaus älteren Regelungen darstellen, wurde durch die AIFM-RL mit Blick auf den Anlegerschutz zunächst ein neuer Standard gesetzt. Dies war jedoch auch dem (faktischen) Umstand geschuldet, dass die OGAW-RL deutlich weniger detaillierte Regelungen betreffend die OGAW-Verwahrstelle enthielt, als sie die AIFM-RL für die AIF-Verwahrstelle vorgibt.[2]

4 Gleichzeitig machte der europäische Richtliniengeber in Erwägungsgrund 47 der AIFM-RL deutlich, dass mit den detaillierten Regelungen der AIF-Verwahrstelle künftigen Gesetzgebungsmaßnahmen hinsichtlich der OGAW-Verwahrstelle nicht vorgegriffen werden sollte. OGAW und AIF seien sowohl in Bezug auf die von ihnen verfolgten Anlagestrategien als auch in der Art des Anlegers, für den sie bestimmt sind, zu unterscheiden. Infolgedessen entschied sich der deutsche Gesetzgeber im Rahmen des AIFM-UmsG dafür, die **Regelungen betreffend die OGAW-Verwahrstelle und die AIF-Verwahrstelle zu trennen** und die Regelungen der OGAW-Verwahrstelle auch nur in bestimmten Bereichen an den durch die AIFM-RL neu geschaffenen „allgemeineren" Standard anzupassen.[3] Durch das Inkrafttreten der OGAW V-RL und deren Umsetzung in den §§ 68 ff. KAGB konnte der Anlegerschutz in Bezug auf die Verwahrung der Vermögensgegenstände speziell für OGAW als grundsätzlich „risikoarmes" Retail-Produkt reguliert und angepasst werden.

5 Im Folgenden wird zunächst die Entwicklungsgeschichte der Verwahrstelle sowohl auf deutscher als auch auf europäischer Ebene beleuchtet und anschließend auf den Sinn und Zweck der Verwahrstelle als Instrument des Anlegerschutzes eingegangen.

II. Entstehungsgeschichte

1. Ursprünge der Verwahrstelle (als „Depotbank") im deutschen Investmentrecht

a) Das Gesetz über Kapitalanlagegesellschaften von 1957

6 Das **deutsche Investmentrecht** war von Beginn an durch das typische Dreiecksverhältnis von Kapitalanlagegesellschaft, Depotbank[4] und Anleger geprägt (zu diesem sog. Investment-Dreieck eingehend Rz. 55). Das „Gesetz über Kapitalanlagegesellschaften", welches als erste gesetzliche Regelung des Investmentsparens in Deutschland im Jahre 1957 in Kraft trat, bezweckte die Steigerung der Attraktivität des Investmentspa-

2 Für einen Überblick zu den Änderungen durch die AIFM-RL vgl. unter Rz. 32 ff.

3 Begr. RegE, BT-Drucks. 17/12294, S. 189.

4 Der deutsche Gesetzgeber bezeichnete zu Beginn die Verwahrstelle als Depotbank. Die Begrifflichkeit der Verwahrstelle stammt aus der Feder des europäischen Gesetzgebers. Bis zur Umsetzung der AIFM-RL und der Einführung des KAGB wurde die Verwahrstelle in Deutschland als Depotbank bezeichnet. In dem Abschnitt betreffend die ursprüngliche deutsche Regelung wird daher von der Depotbank gesprochen.

rens durch einen besseren Schutz der Investmentsparer und der Beseitigung steuerrechtlicher Nachteile, die sich aus der Zwischenschaltung der Kapitalanlagegesellschaft ergeben, zu steigern.[5]

Der im Jahre **1955** ursprünglich eingebrachte **Entwurf** für ein Gesetz über Kapitalanlagegesellschaften[6] sah zwar zunächst vor, dass das Anlagevermögen Treugut sei, welches von der **Gesellschaft als Treuhänder** für die jeweiligen Inhaber der Anteilscheine als Treugeber verwaltet werde.[7] Dieser eingebrachte Entwurf enthielt somit lediglich die Beziehung zwischen Kapitalanalagegesellschaft und Anleger. Die Kapitalanlagegesellschaft sollte sowohl die Geschäfte des Sondervermögens betreiben, diese ausführen und zudem die Vermögensgegenstände des Sondervermögens verwahren und verwalten. Bei sämtlichen Verfügungen und der Ausübung dieser Rechte wäre die Kapitalanlagegesellschaft allein verantwortlich und nur an die Vorgaben der Anlagebedingungen gebunden gewesen.[8] 7

Bereits die **Beschlussfassung** des Ausschusses für Geld und Kredit (22. Ausschuss) vom 10.1.1957 enthielt hingegen folgende Regelung in **§ 10 Abs. 1 Satz 1 des Gesetzesentwurfs:** 8

„Mit der Verwahrung von Sondervermögen sowie mit der Ausgabe und Rücknahme von Anteilscheinen hat die Kapitalanlagegesellschaft ein anderes Kreditinstitut (**Depotbank**) zu beauftragen." (Hervorhebungen der Bearbeiter)

Die Vorschrift des § 10 des Gesetzesentwurfs wurde letztlich in § 11 des Gesetzes über Kapitalanalagegesellschaften vom 16.4.1957[9] (**KAGG 1957**) umgesetzt. Damit findet sich in Deutschland weit vor der europäischen Regelung die Einrichtung einer Depotbank als Instrument des Anlegerschutzes. 9

Im Einzelnen wurde zur **Sicherung der Anleger** vorgesehen, dass sowohl für die verwahrten Wertpapiere als auch für das Geld des Sondervermögens gesperrte Depots bzw. Konten einzurichten seien. In § 11 Abs. 5 KAGG 1957 war geregelt, dass auch die Ausgabe und Rücknahme der Anteilscheine über die Depotbank erfolgen sollte. Mit diesem Mechanismus kam der Depotbank die Aufgabe zu, zu kontrollieren, ob die Gegenwerte für die durchgeführten Geschäfte jeweils wieder in die für das Sondervermögen geführten gesperrten Depots bzw. Konten gelangten. Gleichzeitig hatte die Depotbank kein sachliches Mitspracherecht bei der „Geschäftsführung" des Sondervermögens durch die Kapitalanlagegesellschaft. Vielmehr durfte die Depotbank sämtliche Verfügungen nur auf **Weisung der Kapitalanlagegesellschaft** durchführen (vgl. § 11 Abs. 3 KAGG 1957). Ihre Kontrollfunktion sollte die Depotbank durch eine formelle Überwachung der Kapitalanlagegesellschaft erfüllen.[10] Im Rahmen ihrer Kontrollfunktion sollte die Depotbank als Kontrollinstrument der Kapitalanlagegesellschaft agieren und gewährleisten, dass die Kapitalanlagegesellschaft die Interessen der Anleger achtet und die Vermögenswerte geschützt werden. 10

Die **Regelungen in Bezug auf die Depotbank im KAGG 1957** beliefen sich auf einen einzigen Paragraphen. In § 11 KAGG 1957 wurden Regelungen betreffend die Aufgaben der Depotbank getroffen und in § 11 Abs. 1 Satz 2 KAGG 1957 zudem ein Widerspruchsrecht der Bankaufsichtsbehörde hinsichtlich der Auswahl der Depotbank vorgesehen. Detailliertere Regelungen insbesondere zu den Anforderungen an geeignete Einrichtungen, die als Depotbank agieren durften, der Haftung der Depotbank oder der Unterverwahrung wurden nicht getroffen. Bezüglich eventueller Missbrauchsgefahren und des Schutzes der Anleger wurde primär auf das Instrument der Publizität zurückgegriffen. So hieß es in dem schriftlichen Bericht des Ausschusses für Geld und Kredit hinsichtlich allgemeiner Schutzbestimmungen:[11] 11

„Der Entwurf sieht im übrigen bewußt davon ab, ähnlich dem nordamerikanischen Gesetz für jeden denkbaren Mißbrauch Sicherungsvorschriften aufzustellen, die unter Umständen doch umgangen werden können. **Als allgemeinen Schutz vor Mißbräuchen hält der Entwurf eine weitgehende Publizität der Sondervermögen und die damit verbundene Überwachung der Kapitalanlagegesellschaft durch die öffentliche Meinung für erforderlich und ausreichend.** § 18 Abs. 1 bestimmt deshalb, daß die zum Sondervermögen gehörenden Werte zweimal jährlich im Bundesanzeiger veröffentlicht werden, wodurch eine **Kontrolle der Öffentlichkeit ermöglicht** wird. Im Hinblick auf diese Publizität wird es sich eine **Kapitalanlagegesellschaft kaum erlauben können, die Geschäfte in einer den Interessen der Anteilinhaber zuwiderlaufenden Weise zu führen.** Außerdem würde jeder Mißbrauch im Wert der Anteilscheine sehr bald zum Ausdruck kommen." (Hervorhebungen der Bearbeiter)

---

5 Schriftlicher Bericht des Ausschusses für Geld und Kredit (22. Ausschuss) über den von den Abgeordneten Neuburger, Häussler, Scharnberg und Fraktion der CDU/CSU eingebrachten Entwurf eines Gesetzes über Kapitalanlagegesellschaften, BT-Drucks. II/2973, S. 2.

6 Antrag der Abgeordneten *Neuburger, Häussler, Scharnberg,* Dr. *Krone* und Fraktion der CDU/CSU, BT-Drucks. II/1585.

7 Vgl. § 2 des Antrags betreffend den Entwurf eines Gesetzes über Kapitalanlagegesellschaften, BT-Drucks. II/1585, S. 1.

8 Vgl. insbesondere § 2 Abs. 3 des am 9.7.1955 eingebrachten Entwurfs.

9 Verkündet im BGBl. I 1957, S. 378.

10 Begr. RegE, BT-Drucks. II/297, S. 3.

11 Begr. RegE, BT-Drucks. II/297, S. 3.

b) Die Neufassung des Gesetzes über Kapitalanlagegesellschaften von 1970

12 Aufgrund des „Gesetzes über den Vertrieb ausländischer Investmentanteile, über die Besteuerung ihrer Erträge sowie zur Änderung und Ergänzung des Gesetzes über Kapitalanlagegesellschaften" wurde das KAGG 1957 als Gesetz über Kapitalanlagegesellschaften am 14.1.1970 mit neuem Datum, unter neuer Überschrift und in neuer Paragraphenfolge bekannt gemacht (**KAGG 1970**).[12] In der Neufassung wurden die ursprünglichen Regelungen des § 11 KAGG 1957 in § 12 KAGG 1970 weitgehend übernommen. Die Gesetzesänderung diente vorwiegend dazu, den Vertrieb ausländischer Investmentanteile im Geltungsbereich jenes Gesetzes zu regeln, um die Maßnahmen zum Schutz des „Sparers" und die Förderung des Wertpapiersparens fortzusetzen.[13] Dennoch wurden nach über zehn Jahren KAGG auch einige **Änderungen an den Regelungen betreffend die Depotbank** vorgenommen, um das Ziel des Anlegerschutzes noch weiter zu stärken. Im Zuge der Neufassung des KAGG 1970 betonte der deutsche Gesetzgeber die für den Anlegerschutz besondere Wichtigkeit der der Verwahrstelle übertragenen Aufgaben.[14] Das Hauptaugenmerk lag bei diesen Änderungen auf den Vorschriften hinsichtlich der Anforderungen an die Depotbank, des Unabhängigkeitsprinzips zwischen der Kapitalanlagegesellschaft und der Depotbank und den Befugnissen der Bankenaufsicht.

13 Nach Maßgabe des § 12 Abs. 1 Satz 2 KAGG 1970 durften Geschäftsleiter, Prokuristen und die zum gesamten Geschäftsbetrieb ermächtigten Handlungsbevollmächtigten der Depotbank nicht gleichzeitig Angestellte der Kapitalanlagegesellschaft sein. Die Entwurfsbegründung hebt diesbezüglich das Merkmal der *unbeeinflussten* Tätigkeit der Depotbank im Interesse der Anleger hervor.[15] Das auch heute in den Vorschriften der Verwahrstelle verankerte zentrale Prinzip der **Unabhängigkeit zwischen Verwaltungsgesellschaft und Verwahrstelle** findet ihren Ursprung darin, dass eine wichtige Voraussetzung dafür, dass die Depotbank ihre Kontroll- und Treuhandaufgaben erfüllen kann, ihre Unabhängigkeit von der Verwaltungsgesellschaft ist. Um den gewünschten Schutz der Anleger zu erreichen, müssen die Aufgaben der beiden Einheiten getrennt sein. Ist eine unbeeinflusste Tätigkeit der Depotbank nicht gewährleistet, kann diese die ihr zukommende Kontrollfunktion nicht wahrnehmen. Diese erforderliche Unabhängigkeit ist bei abstrakter Betrachtung gerade nicht gewährleistet, wenn letztlich Personenidentität zwischen den verantwortlichen Personen besteht.

14 Außerdem wurden mit der Neufassung des KAGG **die an eine Depotbank gestellten Anforderungen** verschärft. Nach dem neuen § 12 Abs. 1 Satz 5 KAGG 1970 musste die Depotbank ein haftendes **Eigenkapital von mindestens zehn Millionen Deutsche Mark** aufweisen. Von dieser Regelung sollten nur Wertpapiersammelbanken, die als Depotbanken agierten, aufgrund der ebenfalls sehr strengen Anforderungen im anzuwendenden Depotgesetz[16] ausgenommen sein. Begründet wurde dies mit den für Zwecke des Anlegerschutzes wichtigen Aufgaben der Depotbank. Diese würden es erforderlich machen, dass gewisse Mindestanforderungen an die Depotbank gestellt werden, um den Anlegerschutz auch in dieser Richtung zu gewährleisten.[17] Als Folgeänderung wurden in dem neuen § 12 Abs. 2 Satz 2 KAGG 1970 die **Befugnisse der Bankaufsichtsbehörde** dahingehend neu gefasst, dass ein Wechsel der Depotbank auch im Falle der Nichterfüllung prudentieller Anforderungen auferlegt werden konnte.[18]

15 Mit diesen Ergänzungen bezüglich des Unabhängigkeitsprinzips und der besonderen Anforderungen an die als Verwahrstelle geeigneten Einrichtungen wurden bereits im Jahre 1970 zwei Elemente in das KAGG aufgenommen, die auch heute in den aktuellen Vorschriften zentrale Instrumente des Anlegerschutzes hinsichtlich der Verwahrung der Vermögensgegenstände sind.

2. Ursprünge und Entwicklung der Verwahrstelle im europäischen Investmentrecht

a) OGAW I-Richtlinie

16 Am 20.12.1985 wurde die Richtlinie 85/611 verabschiedet (**OGAW I-RL**).[19] Ziel war es, mit dieser Richtlinie die Nachteile, die sich aus den sehr unterschiedlichen Regelungen der Mitgliedstaaten betreffend das Investmentwesen ergaben, zu vermindern, den Vertrieb von OGAW-Anteilen im Gebiet aller Mitgliedstaa-

12 BT-Drucks. I 9/1970 v. 4.2.1970, S. 127.
13 Begr. RegE, BT-Drucks. V/3494, S. 14.
14 Begr. RegE, BT-Drucks. V/3494, S. 28.
15 Begr. RegE, BT-Drucks. V/3494, S. 28.
16 Gesetz über die Verwahrung und Anschaffung von Wertpapieren vom 4.2.1937 (RGBl. I, S. 171).
17 Begr. RegE, BT-Drucks. V/3494, S. 28.
18 Begr. RegE, BT-Drucks. V/3494, S. 28.
19 Richtlinie des Rates vom 20.12.1985 zur Koordinierung der Rechts- und Verwaltungsvorschriften betreffend bestimmte Organismen für gemeinsame Anlagen in Wertpapieren (OGAW) (85/611/EWG).

ten zu erleichtern und einen wirksameren und einheitlicheren Schutz der Anleger zu gewährleisten.[20] Der Anwendungsbereich der harmonisierenden Vorschriften beschränkte sich auf Organismen für gemeinsame Anlagen des nicht geschlossenen Typs, die ihre Anteile beim Publikum in der Gemeinschaft vertreiben und deren einziges Ziel die Anlage in Wertpapiere ist.[21]

Mit dieser Richtlinie wurde das Dreiecksverhältnis für harmonisierte Wertpapierfonds auch auf europäischer Ebene umgesetzt. So sah Art. 7 Abs. 1 OGAW I-RL vor:

„Die Verwahrung des Vermögens des Investmentfonds ist einer **Verwahrstelle** zu übertragen." (Hervorhebungen der Bearbeiter)

Art. 8 OGAW I-RL schrieb bestimmte **Eigenschaften einer als Verwahrstelle agierenden Einrichtung** vor. 17
Diese Regelungen wurden jedoch lediglich als Mindestanforderungen formuliert. Die genauere Bestimmung geeigneter Einrichtungen war gem. Art. 8 Abs. 3 OGAW I-RL Aufgabe der Mitgliedstaaten. Danach musste eine als Verwahrstelle agierende Einrichtung ihren satzungsmäßigen Sitz in dem Mitgliedstaat der Verwaltungsgesellschaft haben oder in diesem niedergelassen sein. Weiterhin musste die Einrichtung einer öffentlichen Aufsicht unterliegen und ausreichende finanzielle und organisatorische Garantien bieten, um eine ordnungsgemäße Ausführung ihrer Tätigkeiten gewährleisten zu können.

Die OGAW I-RL sah weiterhin besondere Befugnisse der zuständigen Behörde des jeweiligen Mitgliedstaa- 18
tes vor. Den zuständigen Behörden wurde in Art. 4 Abs. 2 OGAW I-RL ein **Einwilligungsvorbehalt** eingeräumt:

„Die Zulassung eines Investmentfonds ist nur dann erteilt, wenn die zuständigen Stellen einerseits der Verwaltungsgesellschaft die Zulassung erteilen und andererseits die Vertragsbedingungen genehmigen sowie der **Wahl der Verwahrstelle zustimmen.**" (Hervorhebungen der Bearbeiter)

Die genaue **Rolle der Verwahrstelle und ihre Rechte und Pflichten** bestimmte Art. 7 Abs. 3 OGAW I-RL. 19
Auch nach der europäischen Regelung kam der Verwahrstelle eine Kontrollfunktion zum Zwecke des Anlegerschutzes zu. Insbesondere die Ausweitung und Harmonisierung der Kontrollbefugnisse führte zu einer Stärkung der Rolle der Verwahrstelle als Instanz des Anlegerschutzes in dem Investmentdreieck.[22] Im Einzelnen sollte die Verwahrstelle sowohl dafür sorgen, dass der Verkauf, die Ausgabe, die Rücknahme, die Auszahlung und die Aufhebung der Anteile, die für Rechnung des Investmentfonds oder durch die Verwaltungsgesellschaft vorgenommen wurden, als auch, dass die Berechnung des Wertes der Anteile den gesetzlichen Vorschriften oder Vertragsbedingungen des Investmentfonds gemäß erfolgte. Gleichzeitig war die Verwahrstelle auch nach den europäischen Vorschriften verpflichtet, den Weisungen der Verwaltungsgesellschaft Folge zu leisten, es sei denn, dass diese gegen die gesetzlichen Vorschriften oder die Vertragsbedingungen des Investmentfonds verstießen. Schließlich hatte die Verwahrstelle dafür Sorge zu tragen, dass ihr bei Geschäften, die sich auf das Vermögen des Investmentfonds beziehen, der Gegenwert innerhalb der üblichen Fristen übertragen wird und die Erträge des Investmentfonds gemäß den gesetzlichen Vorschriften und den Vertragsbedingungen des Investmentfonds verwendet werden.

Mit Art. 10 OGAW I-RL wurde das **Unabhängigkeitsprinzip** auch auf europäischer Ebene manifestiert. 20
Danach durften die Aufgaben der Verwaltungsgesellschaft und der Verwahrstelle nicht von ein und derselben Gesellschaft wahrgenommen werden. Die Verwaltungsgesellschaft und die Verwahrstelle sollten bei der Wahrnehmung ihrer Aufgaben voneinander unabhängig und ausschließlich im Interesse der Anteilinhaber handeln.

Ohne auf die Einzelheiten der Ausgestaltung einzugehen, ergab sich aus Art. 7 Abs. 2 OGAW I-RL, dass ei- 21
ne **Unterverwahrung** durch die Übertragung sämtlicher oder Teile der Vermögensgegenstände, deren Verwahrung eine Verwahrstelle übernommen hatte, auf einen Dritten möglich sein sollte. Ausdrücklich geregelt wurde lediglich, dass sich eine solche Unterverwahrung nicht auf die Haftung der Verwahrstelle auswirkte.

Die **Haftung der Verwahrstelle** wurde in Art. 9 OGAW I-RL geregelt. Danach haftete die Verwahrstelle 22
nach dem Recht des Staates, in dem sich der satzungsmäßige Sitz der Verwaltungsgesellschaft befand, der Verwaltungsgesellschaft und den Anteilinhabern gegenüber für Schäden des Investmentfonds, die durch eine schuldhafte Nicht- oder Schlechterfüllung der Pflichten der Verwahrstelle verursacht wurden.

Bereits in der OGAW I-RL wurde zwischen Investmentfonds und **Investmentgesellschaften** unterschieden. 23
Die hier beschriebenen Vorschriften der Art. 7 ff. OGAW I-RL bezogen sich lediglich auf die Verwahrung der Vermögenswerte von Investmentfonds. In Art. 14 ff. OGAW I-RL fanden sich jedoch nahezu entspre-

---

20 ErwGr. 1 und 2 der OGAW I-RL.
21 Vgl. Art. 1 Abs. 1 und 2 OGAW I-RL.
22 So auch *Köndgen* in Berger/Steck/Lübbehüsen, Vor §§ 20-29 InvG Rz. 1.

chende Bestimmungen betreffend die Verwahrung der Vermögenswerte von Investmentgesellschaften. Allerdings gab es insbesondere bei den Aufgaben kleinere Unterschiede, die sich aus der anderen Struktur der Investmentgesellschaften ergaben. Gemäß Art. 14 Abs. 3 OGAW I-RL zählte es nicht zu den ausdrücklichen Aufgaben der Verwahrstelle einer Investmentgesellschaft, dafür zu sorgen, dass die Berechnung des Wertes der Anteile den gesetzlichen Vorschriften oder Vertragsbedingungen gemäß erfolgte (anders bei Investmentfonds Art. 7 Abs. 3 Buchst. b OGAW I-RL). Außerdem entfiel auch die Art. 7 Abs. 3 Buchst. c OGAW I-RL entsprechende Vorschrift, dass die Verwahrstelle den Weisungen der Verwaltungsgesellschaft Folge zu leisten habe. In Art. 7 Abs. 4 bis 6 OGAW I-RL war zudem die Möglichkeit vorgesehen, bei bestimmten Strukturen der Investmentgesellschaften eine Ausnahme für die Notwendigkeit der Einschaltung einer Verwahrstelle auf nationaler Ebene einzurichten.

24 Rückblickend beinhalteten die mit der OGAW I-RL im Jahr 1985 etablierten Vorschriften für Verwahrstellen zumindest **Mindestanforderungen** bezüglich sämtlicher Mittel, die auch in den heutigen aktuellen Vorschriften als Elemente des Anlegerschutzes bezüglich der Verwahrung der relevanten Vermögenswerte eine zentrale Rolle spielen. Namentlich handelte es sich bei diesen Elementen neben den Aufgaben, welche der Verwahrstelle zum Schutz der Anleger übertragen wurden, um die besonderen Anforderungen an die Verwahrstelle, die Befugnisse der jeweiligen Aufsichtsbehörde, das Unabhängigkeitsprinzip, die Regeln betreffend die Möglichkeit der Unterverwahrung und die Haftung der Verwahrstelle.

b) Umsetzung der OGAW I-RL in Deutschland

25 Die in der OGAW I-RL getroffenen Regelungen wurden in Deutschland im Rahmen des „Gesetzes zur Verbesserung der Rahmendbedingungen der Finanzmärkte (Finanzmarktförderungsgesetz)“ vom 22.2.1990[23] (**1. FMFG**) umgesetzt. Aufgrund der Änderungen der Vorschriften betreffend die Depotbank und des höheren Grades an Detailliertheit – und nicht zuletzt zum Zwecke der besseren Übersichtlichkeit[24] – wurde der ursprünglich einzige Paragraph über die Verwahrstelle durch insgesamt vier Vorschriften (§§ 12 bis 12c KAGG) ersetzt. Dabei sind die folgenden Änderungen aufgrund ihrer Bedeutung im System des Anlegerschutzes mit Blick auf die Verwahrstelle besonders hervorzuheben:

26 Hinsichtlich der **Eignung einer Einrichtung als Verwahrstelle** wurde entsprechend der Vorgaben der OGAW I-RL[25] neben der Erweiterung des Kreises der zulässigen Einrichtungen vorgesehen, dass die Depotbank einer **Einlagensicherungseinrichtung** angeschlossen sein muss (§ 12 Abs. 3 KAGG).

27 Die das **Prinzip der Unabhängigkeit** zwischen Verwaltungsgesellschaft und Verwahrstelle betreffenden Vorschriften wurden dahingehend ergänzt, dass auch Geschäftsleiter, Prokuristen und zum gesamten Geschäftsbetrieb ermächtigte Handlungsbevollmächtigte der Kapitalanlagegesellschaft nicht gleichzeitig Angestellte der Depotbank sein durften. Vor dieser Regelung sah das KAGG lediglich vor, dass Depotbank-Handlungsbevollmächtigte nicht bei der Kapitalanlagegesellschaft angestellt sein durften. Diese Regelung sollte verhindern, dass Angestellte einer Depotbank, die Anteilseignerin der Kapitalanlagegesellschaft ist, Funktionen in der Kapitalanlagegesellschaft übernehmen konnten.[26] Entsprechend der Vorgängerregelung und Art. 7 Abs. 3 Buchst. c OGAW-RL wurde zudem ausdrücklich in § 12 Abs. 2 Satz 1 KAGG formuliert, dass die Depotbank unabhängig von der Kapitalanlagegesellschaft und ausschließlich im Interesse der Anleger zu handeln habe.

28 Den Vorgaben der OGAW I-RL folgend wurden in § 12 Abs. 3 KAGG die **Befugnisse der Aufsichtsbehörde** dahingehend geändert, dass ihr nicht länger im Rahmen des Anzeigeverfahrens bloß ein Widerspruchsrecht zustand, sondern bezüglich der Verwahrstelle ein **Genehmigungsverfahren** durchzuführen war.[27] Als Gründe, welche die Auferlegung eines Wechsels der Depotbank rechtfertigen, wurde in § 12 Abs. 4 KAGG die Verletzung vertraglicher oder gesetzlicher Pflichten durch die Depotbank aufgenommen. Gleichzeitig wurde der Grundsatz, dass der Teil des Sondervermögens, der nach den Vertragsbedingungen höchstens in Bankguthaben gehalten werden darf, die Hälfte der übrigen Verbindlichkeiten der Depotbank übersteigt,[28] gestrichen. Die Sicherung durch die Voraussetzung, dass die Verwahrstelle an eine Einlagensicherungseinrichtung angeschlossen sein musste, sollte einen ausreichenden Schutz der Anleger bieten.[29]

---

23 BGBl. I 1990, S. 266.
24 Begr. RegE, BT-Drucks. 11/5411, S. 31.
25 Art. 8 Abs. 2 OGAW I-RL.
26 Begr. RegE, BT-Drucks. 11/5411, S. 31.
27 Begr. RegE, BT-Drucks. 11/5411, S. 31; auch *Köndgen* in Berger/Steck/Lübbehüsen, § 21 InvG Rz. 1.
28 Ex § 12 Abs. 2 Satz 2 KAGG.
29 Begr. RegE, BT-Drucks. 11/5411, S. 31.

c) Weiterentwicklung der Vorschriften in Europa und Deutschland

An den Änderungen aufgrund der OGAW I-RL lässt sich bereits im Jahre 1990 erkennen, dass das Investmentrecht allgemein, aber auch die Vorschriften betreffend die Verwahrstelle, stets in dem **Spannungsverhältnis** zwischen Förderung des Finanzplatzes und der Wettbewerbsfähigkeit einerseits und dem Anlegerschutz andererseits stehen. Verdeutlicht wird dies etwa auch durch die Änderungen des KAGG aufgrund anderer Gesetzesvorhaben und insbesondere der weiteren Finanzmarktförderungsgesetze.[30] 29

So zielte das **Gesetz zur Fortentwicklung des Finanzplatzes Deutschland,**[31] das am 1.4.1998 in Kraft trat, auf eine umfangreiche Liberalisierung und Deregulierung des KAGG zugunsten der Wettbewerbsfähigkeit ab. Dagegen bezweckte das Gesetz zur weiteren Fortentwicklung des Finanzplatzes Deutschland vom 21.6.2002,[32] das am 1.7.2002 in Kraft trat, die Neuregelungen zur Aufsicht über den Finanzmarkt, die Stärkung des Anlegerschutzes sowie gleichzeitig die Erweiterung der Geschäftsmöglichkeiten von Kapitalanlagegesellschaften und die Stärkung der Wettbewerbsfähigkeit des deutschen Kapitalmarkts im internationalen Vergleich.[33] 30

Sowohl in der Änderungsrichtlinie 2001/107/EG und 2001/108 als auch in der Änderungsrichtlinie 2009/65/EG (**OGAW IV-RL**) wurden die Regelungen zum Dreiecksverhältnis und zur Ausgestaltung der Verwahrstelle beibehalten. Auch mit der Neufassung des deutschen Investmentrechts im Zuge des InvModG sowie des OGAW IV-UmsG wurden die Verwahrstellen-Vorschriften im Wesentlichen unberührt beibehalten.[34] 31

3. Änderungen durch die Umsetzung der AIFM-Richtlinie

a) Regelungen betreffend die AIF-Verwahrstelle gem. Art. 21 AIFM-RL

Neue Regelungen betreffend die Verwahrstelle sah schließlich die Richtlinie 2011/61/EU[35] (**AIFM-RL**) vor.[36] Während bereits mit der OGAW I-RL weitgehend einheitliche Regelungen in Europa für die Verwahrung der Vermögensgegenstände von OGAW und die Anforderungen an die Verwahrstellen galten, wurden erstmals durch die AIFM-RL **harmonisierende Vorschriften** für eine Verwahrstelle für AIF etabliert.[37] Die gesamte AIFM-RL, aber insbesondere die Vorschriften betreffend die AIF-Verwahrstelle standen unter dem Stern der damals „jüngsten Entwicklungen".[38] Bei dieser Formulierung ging der europäische Gesetzgeber nicht weiter darauf ein, welche Ereignisse mit diesen „jüngsten Entwicklungen" gemeint waren. Es kann hier jedoch wohl eine Verknüpfung zu der Insolvenz von *Lehman Brothers International Europe* und dem sog. **„Madoff-Fall"**[39] hergestellt werden. Diese einschneidenden Ereignisse verdeutlichten die Notwendigkeit der Trennung von Vermögensverwaltungsfunktion und Vermögensverwahrungsfunktion, um die Anleger zu schützen. Insbesondere die strikte Trennung der Vermögenswerte der Anleger von denen des Verwalters stand dabei im Mittelpunkt. Ziel war es, einen einheitlichen Anlegerschutz durch allgemein geltende Regelungen zu erreichen. Bereits der sog. Impact Assessment betreffend einen Vorschlag für die AIFM-RL vom 30.4.2009[40] machte deutlich, dass der Verwahrstelle in Bezug auf den Anlegerschutz eine bedeutende Rolle zukommt.[41] Gleichzeitig sollte jedoch auf die unterschiedlichen Modelle von AIF Rücksicht genommen und die Regelungen in bestimmten Fällen an deren Besonderheiten angepasst werden.[42] 32

30 Zweites, Drittes und Viertes Finanzmarktförderungsgesetz (FMFG).

31 Drittes FMFG, BGBl. I 1992, S. 529.

32 Viertes FMFG BGBl. I 2009, S. 2010.

33 Begr. RegE, BT-Drucks. 14/8017, S. 65.

34 Vgl. auch *Köndgen* in Berger/Steck/Lübbehüsen, § 20 InvG Rz. 1.

35 Richtlinie 2011/61/EU des Europäischen Parlaments und des Rates vom 8.6.2011 über die Verwalter alternativer Investmentfonds und zur Änderung der Richtlinien 2003/41/EG und 2009/65/EG und der Verordnung (EG) Nr. 1060/2009 und (EU) Nr. 1095/2010, ABl. EU Nr. L 175 vom 1.7.2011, S. 1.

36 Zu den Verwahrstellen-Regelungen betreffend ELTIF vgl. *Zetzsche*, ZBB/JBB 2015, 362 ff.

37 Vgl. auch *Tollmann* in Dornseifer/Jesch/Klebeck/Tollmann, Art. 21 AIFM-RL Rz. 4.

38 ErwGr. 32 der AIFM-RL, ABl. EU Nr. L 175 vom 1.7.2011, S. 5.

39 Zu der Insolvenz von Lehman Brothers eingehend unter Rz. 63 und zum Madoff-Fall eingehend unter Rz. 64 ff.

40 Commission Staff Working Document accompanying the proposal for a Directive of the European Parliament and of the Council on Alternative Investment Fund Managers and amending Directives 2004/39/EC and 2009/.../EC (SEC (2009) 576) vom 30.4.2009.

41 Im Originalton des Impact Assessment, S. 32 f.; im englischen Original heißt es: „Likewise, the depositary performs an essential role in protecting the interests of investors, in particular through the safe-keeping of fund asstes."

42 ErwGr. 33 der AIFM-RL, ABl. EU Nr. L 175 vom 1.7.2011, S. 5.

33 Die Vorschriften für die AIF-Verwahrstellen wurden in **Art. 21 AIFM-RL** zusammengefasst. Der europäische Gesetzgeber formulierte in insgesamt 17 Absätzen die Anforderungen an als AIF-Verwahrstellen geeignete Einrichtungen, die Befugnisse der Aufsichtsbehörden, die Aufgaben, welche der Verwahrstelle übertragen werden, das Prinzip der Unabhängigkeit von der Verwaltungsgesellschaft, besondere Anforderungen an eine Unterverwahrung und insbesondere die Haftung der Verwahrstelle.

34 Die **als AIF-Verwahrstelle geeigneten Einrichtungen** sind in Art. 21 Abs. 3 der AIFM-RL genannt. Danach sind grundsätzlich Kreditinstitute, Wertpapierfirmen oder OGAW-Verwahrstellen als Verwahrstelle geeignete Einrichtungen im Sinne der AIFM-RL. Aus den Überlegungen, dass es bestimmte Ausgestaltungen von AIF gibt, die aufgrund ihrer (Liquiditäts-)Struktur anders behandelt werden können – und aus dem Gesichtspunkt der Verhältnismäßigkeit auch anders behandelt werden müssen –, ergab sich etwa für Private-Equity-Fonds, Risikokapital-Fonds und Immobilienfonds eine Ausnahme hinsichtlich der als Verwahrstelle geeigneten Einrichtungen gem. Art. 21 Abs. 3 Unterabs. 2 AIFM-RL.

35 Entsprechend der bekannten Regelungen der OGAW-RL soll auch die Verwahrstelle eines AIF ihren Sitz grundsätzlich im Herkunftsmitgliedstaat des AIFM haben. Bei Nicht-EU-AIF gelten gem. Art. 21 Abs. 5 Buchst. b und Abs. 6 AIFM-RL besondere Regelungen. Der in ErwGr. 36 der AIFM-RL angesprochene **Depotbank-Pass**, mit dem Verwahrstellen die Möglichkeit bekommen sollen, ihre Leistungen in einem anderen Mitgliedstaat als ihrem Herkunftsmitgliedstaat anzubieten, ist in den Regelungen der AIFM-RL noch nicht enthalten. Mit den Erwägungsgründen wird die Kommission zunächst aufgefordert, die Möglichkeiten zu prüfen, einen geeigneten horizontalen Gesetzgebungsvorschlag vorzulegen, in dem u.a. der Depotbank-Pass geregelt wird.

36 Bezüglich der AIF-Verwahrstellen sieht die AIFM-RL **kein eigenes Genehmigungsverfahren** durch die Aufsichtsbehörde vor. Anders als bereits Art. 5 Abs. 2 OGAW I-RL[43] soll das Vorliegen der Anforderungen an die Verwahrstelle nach Art. 21 der AIFM-RL und insbesondere die Eignung der gewählten Einrichtung als AIF-Verwahrstelle Teil des Zulassungsverfahrens des AIFM gem. Art. 7 Abs. 2 Buchst. d AIFM-RL sein. Gemäß Art. 10 Abs. 1 i.V.m. Art. 7 Abs. 2 Buchst. d AIFM-RL stellt der Wechsel der Verwahrstelle eine wesentliche Änderung dar, die der AIFM bei der Aufsichtsbehörde anzeigen muss. Im Wege der Widerspruchslösung hat die Behörde die Befugnis, die neue Verwahrstelle abzulehnen.[44] In der Systematik der Befugnisse der Aufsichtsbehörde betreffend die Verwahrstelle fehlt eine dem bis zur Einführung des KAGB geltenden § 21 Abs. 2 InvG entsprechende Vorschrift, wonach die Aufsichtsbehörde dem AIFM den Wechsel der Verwahrstelle auferlegen kann. Es kann jedoch keinen Zweifel daran geben, dass den zuständigen Aufsichtsbehörden diese Befugnis auch für die AIF-Verwahrstelle zustehen muss. Anderenfalls könnte ein Unterlaufen der Vorgaben des Art. 21 AIFM-RL nicht konsequent geahndet werden. Die Befugnis, den Wechsel der Verwahrstelle aufzuerlegen folgt somit aus europarechtlicher Sicht aus Art. 46 Abs. 2 Buchst. i AIFM-RL. Danach ist die Aufsichtsbehörde befugt, „jegliche Maßnahmen zu ergreifen, um sicherzustellen, dass AIFM oder Verwahrstellen sich weiterhin an die auf sie anwendbaren Anforderungen dieser Richtlinie halten".[45]

37 Gemäß Art. 21 Abs. 7 AIFM-RL hat die Verwahrstelle eines AIF den **Cashflow** zu überwachen. Ihr kommt damit – entsprechend der bekannten Vorschriften der OGAW-RL und des InvG – die **Funktion einer Zahlstelle** zu. Entsprechend des ErwGr. 37 der AIFM-RL wird in den Vorschriften betreffend die Ausgestaltung der Aufgaben der Verwahrstelle zwischen verwahrfähigen Vermögenswerten und nicht-verwahrfähigen Vermögenswerten unterschieden. Die Verwahrstelle ist gem. Art. 21 Abs. 7 der AIFM-RL verpflichtet, bezüglich nicht-verwahrfähiger Vermögenswerte die Eigentumsverhältnisse für diese Vermögenswerte zu überprüfen. An dieser Stelle geht die AIFM-RL bezüglich der Aufgaben der Verwahrstelle über den damals geltenden Standard der OGAW-RL hinaus. Dies ist insbesondere auch dem Umstand geschuldet, dass Vermögenswerte, bei denen die Möglichkeit der Verwahrung nicht besteht, für die von der AIFM-RL erfassten geschlossenen Fonds eine besondere Bedeutung besitzen. Um auch für diese AIF-Strukturen einen zufriedenstellenden Anlegerschutz zu erreichen, für die verwahrfähige Vermögensgegenstände kaum eine Rolle spielen, war der Anlegerschutz bei Vermögenswerten, die nicht in Verwahrung genommen werden können, besonders wichtig.

38 Die Vorschriften der AIFM-RL sind stark darauf ausgerichtet, die erforderliche **Unabhängigkeit der Verwahrstelle** sicherzustellen und artikulieren dieses Prinzip ausdrücklich. So lautet Art. 21 Abs. 10 Unterabs. 1 AIFM-RL sowie der ErwGr. 38 der AIFM-RL:

---

43 Umgesetzt bis zur Einführung des KAGB in § 21 InvG.
44 Vgl. auch *Tollmann* in Dornseifer/Jesch/Klebeck/Tollmann, Art. 21 AIFM-RL Rz. 26.
45 So auch *Tollmann* in Dornseifer/Jesch/Klebeck/Tollmann, Art. 21 AIFM-RL Rz. 27.

„Der AIFM und die Verwahrstelle handeln im Rahmen ihrer jeweiligen Aufgaben ehrlich, redlich, professionell, **unabhängig und im Interesse des AIF und seiner Anleger.**“ (Hervorhebungen der Bearbeiter)

Gemäß Art. 21 Abs. 10 Unterabs. 2 AIFM-RL darf die Verwahrstelle keine Aufgaben wahrnehmen, die **Interessenkonflikte** zwischen dem AIF, den Anlegern des AIF, dem AIFM und der Verwahrstelle hervorrufen könnte. Auch als Lehre aus dem Madoff-Skandal (eingehend dazu Rz. 64 ff.) folgt, dass das Unabhängigkeitsprinzip in der AIFM-RL auch auf die Unterverwahrer erstreckt wird. Art. 21 Abs. 11 Buchst. d, v AIFM-RL setzt als Bedingung für die Zulässigkeit einer Unterverwahrung voraus:

„Die Verwahrstelle gewährleistet, dass der Dritte jederzeit bei der Ausführung der ihm übertragenen Aufgaben die folgenden Bedingungen einhält: [...] v) der **Dritte hält sich an die allgemeinen Verpflichtungen und Verbote gemäß den Absätzen 8 und 10.**“ (Hervorhebungen der Bearbeiter)

Indem der als Unterverwahrer agierende Dritte an das **Verbot der Interessenkonflikte** gebunden ist, wird verhindert, dass etwa der Unterverwahrer zugleich als Auslagerungsunternehmen oder als Fondsmanager für den AIF tätig werden kann. Obwohl die Vorschriften betreffend das Unabhängigkeitsprinzip insbesondere durch die Erstreckung auf Unterverwahrer explizit präzisiert wurden, stellt etwa die Zugehörigkeit der Verwahrstelle und des AIFM zu dem gleichen Konzern weiterhin kein Verstoß gegen das Unabhängigkeitsprinzip dar.[46]

Abgesehen von der Anwendung des Verbots der Interessenkonflikte auf den Unterverwahrer, wurden auch weitere Vorschriften und **Anforderungen an die Unterverwahrung** verschärft. Nach Art. 21 Abs. 11 AIFM-RL ist eine Unterverwahrung allgemein nur zulässig, wenn nicht die Umgehung der AIFM-RL beabsichtigt ist, ein objektiver Grund für die Unterverwahrung besteht und die Verwahrstelle bei der Auswahl und der Überwachung des Unterverwahrers mit der gebotenen Sachkenntnis, Sorgfalt und Gewissenhaftigkeit vorgeht. Die gegenüber den Vorschriften der zum Zeitpunkt des Erlasses der AIFM-RL geltenden OGAW-RL sehr detaillierten Ausführungen zu der Unterverwahrung sollen für deutlich erhöhte Anforderungen an den Unterverwahrer und dessen Überwachung durch die Verwahrstelle sorgen. 39

Besonderes Augenmerk ist auf die Vorschriften der **Haftung der AIF-Verwahrstelle** zu legen. Art. 21 Abs. 12 Unterabs. 1 AIFM-RL bestimmt, dass die Verwahrstelle für das Abhandenkommen durch die Verwahrstelle selbst oder durch einen Unterverwahrer, dem die Verwahrung von verwahrfähigen Vermögensgegenständen übertragen wurde, haftet. Eine Haftung scheidet nach Art. 21 Abs. 12 Unterabs. 2 AIFM-RL nur aus, wenn sie nachweisen kann, „dass das Abhandenkommen auf **höhere Gewalt** zurückzuführen ist, deren Konsequenzen trotz aller angemessenen Gegenmaßnahmen unabwendbar waren“. (Hervorhebung der Bearbeiter) 40

Auch die in Art. 21 Abs. 13 und 14 AIFM-RL normierten Sondertatbestände für die Haftungsbefreiung der Verwahrstelle stellen aufgrund des Ausnahmecharakters trotz der eintretenden Erleichterungen weiterhin einen neuen **hohen Standard** bezüglich der Verpflichtung der Verwahrstelle dar.

Die bereits sehr detaillierten Ausführungen zu den Vorschriften betreffend die Verwahrstelle in der AIFM-RL werden ergänzt durch die Vorschriften der „**Delegierten Verordnung (EU) Nr. 231/2013 der Kommission vom 19.12.2012** zur Ergänzung der AIFM-RL im Hinblick auf Ausnahmen, die Bedingungen für die Ausübung der Tätigkeit, Verwahrstellen, Hebelfinanzierung, Transparenz und Beaufsichtigung“,[47] sprich: die AIFM-VO. Sowohl in den ErwGr. 94 ff. als auch in den Art. 83 ff. der AIFM-VO werden eindeutige Ziele beschrieben und Bestimmungen getroffen, die den Grad der Harmonisierung der Vorgaben der AIFM-RL weiter stärken. 41

b) Das Kapitalanlagegesetzbuch in Deutschland

In Deutschland wurde mit dem **KAGB** unter Aufhebung des Investmentgesetzes (InvG) ein umfassendes Regelwerk eingeführt, welches die Regeln der AIFM-RL für die Verwalter von AIF und für die AIF selbst sowie die Regeln für OGAW-Verwalter und die OGAW selbst zusammenfasst. Ziel war es, ein geschlossenes Regelwerk für sämtliche Investmentfonds und ihre Verwalter zu schaffen.[48] 42

Die Regelungen betreffend die Verwahrstelle wurden in Abschnitt 3 des KAGB aufgenommen. Mit dem KAGB hat sich der deutsche Gesetzgeber dazu entschlossen, seine ursprüngliche **Terminologie** aufzugeben und statt der ursprünglichen Bezeichnung „Depotbank“ fortan entsprechend der europäischen Vorgabe von „Verwahrstelle“ zu sprechen.[49] Da die AIFM-RL im Vergleich zur OGAW-RL bei Erlass des KAGB sehr 43

46 Bereits kritisiert in Bezug auf § 22 Abs. 2 InvG von *Köndgen* in Berger/Steck/Lübbehüsen, § 22 InvG Rz. 7, 3, 9.
47 ABl. EU Nr. L 83, S. 1.
48 Begr. RegE, BT-Drucks. 17/12294, S. 2.
49 S. auch Rz. 32 ff.

detaillierte Regelungen betreffend die Verwahrstelle enthielt, erfolgten im KAGB separate Regelungen für OGAW-Verwahrstellen (§§ 68 ff. KAGB) und AIF-Verwahrstellen (§§ 80 ff. KAGB).

44 Zum Zeitpunkt der Erarbeitung und schließlich der **Verabschiedung des KAGB** lag der Entwurf vom 3.7.2012 für die später beschlossene OGAW V-RL (eingehend dazu Rz. 47 ff.) bereits vor. Somit wurden in bestimmten Bereichen vereinzelt Regelungen der AIFM-RL auf die OGAW-Verwahrstelle übertragen, um auch bei diesen Investmentfonds den Anlegerschutz zu stärken. Dabei achtete der Gesetzgeber jedoch darauf, dass lediglich eine Anpassung auf Niveau der AIFM-RL vorgenommen wurde. An den Stellen an denen der Entwurf der OGAW V-RL neue, noch schärfere Regelungen vorschlug, wurden diese zugunsten der Wettbewerbsfähigkeit des deutschen Kapitalmarktes nicht bereits vorab im KAGB umgesetzt. Hier wollte der Gesetzgeber die tatsächliche Entwicklung im europäischen Gesetzgebungsverfahren abwarten.[50]

45 Die **grundsätzliche Systematik** im Dreiecksverhältnis wird für die OGAW-Verwahrstelle beibehalten. Besonders betont wird dabei jedoch das **Prinzip der Unabhängigkeit**. Danach handeln sowohl die OGAW-Verwaltungsgesellschaft (§ 26 Abs. 1 KAGB) als auch die OGAW-Verwahrstelle (§ 70 Abs. 1 KAGB) bei Wahrnehmung ihrer Aufgaben unabhängig von der Verwahrstelle bzw. der Verwaltungsgesellschaft und ausschließlich im Interesse der Anleger. Entsprechend der europarechtlichen Grundlagen umfassen die Vorschriften der Verwahrstellen jeweils Ausführungen zu den Anforderungen an geeignete Einrichtungen, die Aufgaben der Verwahrstelle, die Befugnisse der Aufsichtsbehörde, der Unabhängigkeit von der Verwaltungsgesellschaft, den Anforderungen an eine zulässige Unterverwahrung und schließlich zu der Haftung der Verwahrstelle.

46 Während an vielen Stellen die Vorschriften des ursprünglichen InvG in den Vorschriften der §§ 68 bis 79 KAGB aufgenommen wurden, sind insbesondere die Vorschriften zur Unterverwahrung und der Haftung der Verwahrstelle an die strengeren Vorschriften der AIFM-RL angelehnt worden. Mit der Vorschrift des § 77 Abs. 1 Satz 2 KAGB enthält das deutsche Investmentrecht erstmals neben dem allgemein-zivilrechtlichen Haftungsrecht ein eigenes **Spezialhaftungsrecht für die Verwahrstelle**. Art. 24 Satz 1 der OGAW IV-RL bestimmte bei Erlass des KAGB für die OGAW-Verwahrstelle, dass sich die Haftung nach dem Recht des Herkunftsmitgliedstaats des OGAW richtet.

4. Änderungen durch die OGAW V-RL

a) Richtlinie 2014/91/EU

47 Nach den detaillierteren Regelungen in der AIFM-RL betreffend die Verwahrstelle wurden durch die „Richtlinie 2014/91/EU des Europäischen Parlaments und des Rates vom 23.7.2014"[51] (sprich, die **OGAW V-RL**) insbesondere die Regeln der OGAW-Verwahrstellen stark überarbeitet. Ein Hauptziel der Richtlinie ist zum Zwecke des Anlegerschutzes die Harmonisierung der bisherigen nationalen Bestimmungen mit Blick auf die Aufgaben und die Haftung der Verwahrstellen.[52] Im Mittelpunkt der neuen Regelungen stehen die Eignung einer Einrichtung als Verwahrstelle, die Übertragung der Verwahrfunktionen oder einzelner Aufgaben im Rahmen der Verwahrfunktionen an Dritte und die Haftung der Verwahrstelle. Hierzu wurde das Kapitel 4 (Art. 22 ff.) der OGAW-RL erheblich geändert und überarbeitet. Art. 23 Abs. 1 OGAW-RL lautet zwar weiterhin: „Die Verwahrstelle hat entweder ihren satzungsmäßigen Sitz im Herkunftsmitgliedstaat des OGAW oder ist dort niedergelassen." Sämtliche anderen Vorschriften wurden jedoch neu gefasst und durch weitere Regelungen ergänzt.

48 Die neue Regelung sieht die Klarstellung vor, dass ein OGAW nur **eine einzige Verwahrstelle** beauftragen kann. Nur diese Konstruktion stelle sicher, dass sowohl die Anleger als auch die Verwaltungsgesellschaft eine Anlaufstelle bei Unklarheiten oder Beschwerden haben und darüber hinaus die Verwahrstelle so am besten ihrer Kontrollfunktion nachkommen könne, da sichergestellt werde, dass sie einen Überblick über sämtliche Vermögensgegenstände des OGAW habe.[53]

49 Ein weiteres **Ziel der Harmonisierung** ist es, zu bewirken, dass die Anforderungen an die Verwahrstelle, die Erfüllung ihrer Aufgaben und ihre Haftung nicht mehr von der Rechtsform des OGAW abhängen. Nach den neuen Regelungen laufen die Vorschriften einer Verwahrstelle für einen OGAW und einer Verwahrstelle

50 Begr. RegE, BT-Drucks. 17/12294, S. 189.

51 Richtlinie 2014/91/EU des Europäischen Parlaments und des Rates vom 23.7.2014 zur Änderung der Richtlinie 2009/65/EG zur Koordinierung der Rechts- und Verwaltungsvorschriften betreffend bestimmte Organismen für gemeinsame Anlage in Wertpapieren (OGAW) im Hinblick auf die Aufgaben der Verwahrstelle, die Vergütungspolitik und Sanktionen, ABl. EU Nr. L 257 vom 28.8.2014, S. 186.

52 ErwGr. 1 der OGAW V-RL, ABl. EU Nr. L 257 vom 28.8.2014, S. 186.

53 ErwGr. 12 der OGAW V-RL, ABl. EU Nr. L 257 vom 28.8.2014, S. 188.

für eine Investmentgesellschaft weitestgehend gleich.[54] In diesem Zuge wurde auch die Ausnahmebestimmung für Investmentgesellschaften gestrichen, wonach eine Ernennung einer Verwahrstelle u.U. entbehrlich war. Da bisher von dieser Regelung ohnehin kein Gebrauch gemacht wurde, war es konsequent für den gewünschten Gleichlauf der Regelungen für OGAW-Verwahrstellen diese Ausnahme zugunsten des Anlegerschutzes zu streichen.[55]

Bei den **Überwachungspflichten** der Verwahrstelle unterscheidet die OGAW V-RL zwischen den verwahrfähigen Vermögensgegenständen und den nicht-verwahrfähigen Vermögensgegenständen eines OGAW. Um den Anlegerschutz auch bezüglich nicht-verwahrfähiger Vermögensgegenständen sicherzustellen, ist die Verwahrstelle verpflichtet, die Eigentumsverhältnisse zu überprüfen. Durch diese Regelungen soll erreicht werden, dass Anleger in OGAW keiner Schutzlücke ausgesetzt sind, sondern die Vorzüge des Investmentdreiecks auch hier vollständig greifen. 50

Neben der Harmonisierung und der Sicherstellung, dass der Anlegerschutz möglichst flächendeckend in der Beziehung zwischen Verwaltungsgesellschaft, Verwahrstelle und Anleger verwirklicht wird, zielen die neuen Regelungen außerdem auf die **Verhinderung von missbräuchlichen Verhaltensweisen** und Schäden der Anleger durch den Ausfall der Verwahrstelle ab (insbesondere zum Madoff-Fall eingehend Rz. 64 ff.). Hierfür wurden die Anforderungen an die Verwahrung der Vermögensgegenstände des OGAW und die Trennung von dem Eigenvermögen der Verwahrstelle neu gefasst. 51

Ein weiteres wichtiges Merkmal der neuen Regelungen ist die **Haftung der Verwahrstelle.** In der OGAW V-RL sind Vorschriften vorgesehen, wonach die Verwahrstelle sowohl für den Verlust von Vermögensgegenständen des OGAW, als auch für den Fall haftet, dass sie ihren Pflichten nicht nachkommt. Diese Haftung ist unabhängig davon, ob sie die Vermögensgegenstände selbst verwahrt hat oder die Verwahrung an einen Dritten im Rahmen der Unterverwahrung abgegeben hat. Die Haftung soll auch nicht durch Vereinbarungen zu Lasten der Anleger beschränkt werden können. Vielmehr kann eine Haftung nur ausscheiden, wenn der Verlust „auf äußere Ereignisse, die nach vernünftigem Ermessen nicht kontrolliert werden können und deren Konsequenzen trotz aller angemessenen Anstrengungen nicht hätten vermieden werden können" zurückzuführen ist.[56] Diesbezüglich wurde der Kommission bereits im Rahmen der Erwägungsgründe der AIFM-RL aufgegeben, den Vorschlag der Kommission zur Änderung der Richtlinie 97/9/EG vom 12.7.2010 hinsichtlich etwaiger Ergebnisse der Untersuchung (i) in welchen Fällen der Ausfall einer OGAW-Verwahrstelle oder eines Dritten, dem die Verwahraufgaben übertragen wurde, Verluste für die OGAW-Anteilinhaber zur Folge haben könnte, (ii) mit welcher Art von Maßnahmen – ungeachtet der Vermittlungskette zwischen den Anlegern und den von dem Ausfall betroffenen übertragbaren Wertpapieren – ein hohes Maß an Anlegerschutz angemessen gewährleistet werden könnte, zu ergänzen.[57] 52

Auch wird anstelle des früheren Wortlauts nun gleichlautend mit dem Wortlaut des Art. 21 Abs. 10 AIFM-RL verlangt, dass die Verwahrstelle bei der Wahrnehmung ihrer Aufgaben ehrlich, redlich, professionell, unabhängig und im Interesse der OGAW und der OGAW-Anleger handeln soll. Hierdurch rückt noch einmal mehr das Ziel in den Fokus, einen breiten Anlegerschutz zu gewährleisten und den Anleger auch vor den Gefahren einer „missbräuchlich" agierenden Verwahrstelle zu schützen. 53

b) OGAW V-Umsetzungsgesetz

Die **OGAW V-Richtlinie** musste bis zum 18.3.2016 von den Mitgliedstaaten in nationales Recht umgesetzt werden. In Deutschland erfolgte dies durch das OGAW V-UmsG und die überarbeitende Implementierung der Richtlinienvorschriften in die §§ 68 bis 79 KAGB. Einige der Vorschriften der OGAW V-RL betreffend die OGAW-Verwahrstelle fanden sich bereits in der durch das AIFM-UmsG beschlossenen Fassung des KAGB. Zu dem Zeitpunkt der Umsetzung der AIFM-RL lag schon der Entwurf der OGAW V-RL vor und der deutsche Gesetzgeber hatte einige Vorschriften der AIFM-RL bereits bei der Umsetzung auch auf die OGAW-Verwahrstellen angewendet, um bereits zu diesem Zeitpunkt einen einheitlichen Anlegerschutz zu gewährleisten (hierzu auch schon Rz. 44). Die vollständige Implementation des OGAW V-Rahmenwerks inklusive zahlreicher Hinweise auf direkt geltende Level-II Verordnungen erfolgte durch das 2. FiMaNoG. 54

54 ErwGr. 14 der OGAW V-RL, ABl. EU Nr. L 257 vom 28.8.2014, S. 188.
55 ErwGr. 32 der OGAW V-RL, ABl. EU Nr. L 257 vom 28.8.2014, S. 190.
56 ErwGr. 26 der OGAW V-RL, ABl. EU Nr. L 257 vom 28.8.2014, S. 189.
57 ErwGr. 30, 31 der OGAW V-RL, ABl. EU Nr. L 257 vom 28.8.2014, S. 190.

III. Regelungszweck

1. Investmentdreieck

55 Das sog. **Investmentdreieck** spielt, wie bereits unter I. (Rz. 1, 2) und II. (Rz. 16, 19, 45, 50) angerissen, sowohl im deutschen als auch im europäischen Investmentrecht eine zentrale Rolle für den Anlegerschutz. Das dreiseitige Rechtsverhältnis zwischen Verwaltungsgesellschaft, Verwahrstelle und Investmentvermögen (d.h. letztlich dem Anleger) findet seine historischen Wurzeln bereits in der Systematik des Investmentrechts in den USA. Die Struktur der Verwaltungsgesellschaften diente bereits den deutschen Kapitalverwaltungsgesellschaften nach dem KAGG 1957 als Vorbild.

56 Der **Schutz der Anleger** soll insbesondere durch die Übertragung verschiedener Aufgaben an die Verwahrstelle gewährleistet werden, indem die Verwahrstelle bei Wahrnehmung ihrer Aufgaben ausschließlich im Interesse der Anleger und des Investmentfonds handeln soll. Die Verwahrstelle agiert zunächst als Treuhänder für die Vermögenswerte des Investmentfonds. Mit Blick auf diese Verpflichtung ist insbesondere das Spannungsverhältnis zwischen den aufgrund des Vergütungssystems der Verwahrstelle bestehenden Anreizen der Maximierung des Fondsvolumens einerseits und den Interessen der Anleger andererseits problematisch.

57 Durch die **Ausübung der Kontrollfunktion** seitens der Verwahrstelle erfolgt die Überwachung, ob die Anlagen der Investoren entsprechend der gesetzlichen Vorschriften und der Anlagebedingungen verwendet werden. Als von der Verwaltungsgesellschaft unabhängiges Organ stellt die Verwahrstelle letztlich eine allein im Interesse des Investmentfonds und der Anleger handelnde Kontrollinstanz dar. Dabei hat die Verwahrstelle selbst keine Entscheidungsbefugnis mit Blick auf die Verwaltung der Vermögenswerte des Investmentfonds. Durch die gesetzlichen Vorschriften folgt eine strikte Trennung zwischen Verwaltungsaufgaben und Verwahraufgaben.

58 Dass die **Ernennung der Verwahrstelle** gem. § 21 KAGB Voraussetzung für die Zulassung des AIFM ist, führt dazu, dass die Verwaltungsgesellschaft praktisch verpflichtet ist, eine als Verwahrstelle agierende Einrichtung für die von der Verwaltungsgesellschaft verwalteten Investmentfonds noch vor der tatsächlichen Aufnahme der Geschäftstätigkeit zu beauftragen. Anderenfalls ist die Verwaltungsgesellschaft von der BaFin als nicht „funktionsfähig" und damit nicht zulässig zu bewerten.

59 Die Aufgabenzuweisung an die Verwahrstelle führt dazu, dass alle Geschäfte, welche die Verwaltungsgesellschaft für Rechnung des Investmentfonds tätigt, wirtschaftlich durch die Depotbank abgewickelt werden. Indem alle Zahlungsein- und -ausgänge des Investmentfonds über die Verwahrstelle abzuwickeln sind, kommt ihr insbesondere die Aufgabe einer umfassenden **„Zahlstelle"** zu.

60 Als **Kontrollinstanz** gegenüber der Verwaltungsgesellschaft hat die Verwahrstelle zu überwachen, zu welchen Zwecken Geldmittel des Investmentfonds verwendet werden. Dabei ist gem. § 83 Abs. 1 KAGB eine angewiesene Verfügung durch die AIF-Verwahrstelle nur freizugeben, wenn die Auszahlung nachweisbar zur Anschaffung neuer Vermögensgegenstände oder zur Erfüllung zulässiger Zahlungsverpflichtungen erfolgt.[58] Mit diesen Vorschriften soll sichergestellt werden, dass die Verwaltungsgesellschaft keine Möglichkeit hat, Anleger mit eingehenden Geldern anderer Anleger auszuzahlen und ein sog. Schneeballsystem aufzubauen.[59]

61 Im Rahmen ihrer **Verwahrfunktion** stellt die Verwahrstelle die Überwachung sicher, dass sich die Vermögenswerte des Investmentfonds bis zum Austausch gegen einen eingehenden Kaufpreis tatsächlich im Besitz des Investmentfonds befinden. Im Rahmen der AIFM-RL wurde diese Funktion betreffend die nichtverwahrfähigen Gegenstände auch auf der europäischen Ebene ausgebaut. Indem die Verwahrstelle zur Überprüfung der Eigentumsprüfung und zur Überwachung auch dieser Vermögenswerte verpflichtet ist, wird auch an dieser Stelle missbräuchlichen und kriminellen Verhaltensweisen, die sich zu Lasten der Anleger auswirken könnten, entgegengewirkt.

62 Letztlich dient die strikte Trennung Verwahrstelle und Verwaltungsgesellschaft auch dem Schutz vor **Insolvenzrisiken** betreffend die Verwaltungsgesellschaft. Durch Verwahrung bei einer Verwahrstelle sind die Vermögensgegenstände, die vom Investmentfonds oder für Rechnung des Investmentfonds gehalten werden, von der Vermögensmasse der Verwaltungsgesellschaft besonders getrennt und damit unterscheidbar. Anderenfalls wäre eine Insolvenz der Verwaltungsgesellschaft mit hohen Risiken für die Anleger verbunden, da der langwierige Prozess der Aussonderung zunächst eine Phase der Illiquidität mit sich bringt, bis die

58 Setzt die Vorschrift des Art. 21 Abs. 9 lit. d und e der AIFM-RL um.

59 So auch *Tollmann* in Dornseifer/Jesch/Klebeck/Tollmann, Art. 21 AIFM-RL Rz. 21; zum Madoff-Fall s. sogleich unter Rz. 64 ff.

Vermögenswerte tatsächlich einwandfrei zugeordnet werden können. Während dieser Zeit wäre der Anleger einem unmitigierten Markpreisrisiko ausgesetzt.

Im Hinblick auf für den Anleger bestehende Insolvenzrisiken, machte die **Insolvenz von Lehman Brother International Europe** zudem deutlich, dass der Anleger nicht ausreichend vor Risiken in dem Fall der Insolvenz der Verwahrstelle geschützt war.[60] Die Insolvenz wirkte sich insbesondere deswegen so stark auf die betroffenen Anleger aus, weil die Vermögenswerte des Investmentfonds nicht stets strikt von den Vermögenswerten der Verwahrstelle zu separieren waren. Mit der Regelung des Art. 21 Abs. 8 Buchst. a Ziffer ii) der AIFM-RL wird nun europaweit sichergestellt, dass die Vermögensgegenstände des Investmentfonds nicht nur von den Vermögenswerten der Verwaltungsgesellschaft, sondern insbesondere auch von denen der Verwahrstelle dauerhaft so getrennt aufzubewahren sind, dass jederzeit eine Unterscheidbarkeit gegeben ist und das Risiko der langfristigen Illiquidität im Rahmen des Prozesses der Aussonderung im Falle der Insolvenz für die Anleger möglichst gering gehalten wird. 63

2. Die Auswirkungen des Madoff-Falls

Sowohl die AIFM-RL als auch die neuen Bestimmungen der OGAW V-RL spielen auf „jüngste Entwicklungen"[61] an und zielen darauf ab, aus diesen Erfahrungen zu lernen und einen **wirkungsvollen Anlegerschutz** zu gewährleisten. Wie soeben unter III.1. dargestellt, dient die Verwahrstelle der Kontrolle der Verwaltungsgesellschaft, um den Anleger vor missbräuchlichen Verhaltensweisen zu schützen. Die Verwaltungsgesellschaft soll durch die Verwahrstelle daran gehindert werden, das Vermögen der Anleger entgegen der gesetzlichen Vorschriften oder der einschlägigen Anlagebedingungen einzusetzen oder zu verwenden. Gleichzeitig soll durch die **Trennung der Vermögenswerte** des Investmentfonds und der Verwahrstelle das Risiko schwerwiegender Auswirkungen auf den Anleger im Falle einer Insolvenz der Verwaltungsgesellschaft verringert werden. 64

Durch den sog. **Madoff-Skandal** wurde die (zumindest in einigen Mitgliedstaaten) partielle „Mangelhaftigkeit" der bisher geltenden Regelungen in Bezug auf die **Unterverwahrung und die Haftung der Verwahrstelle** für den Unterwahrer ersichtlich.[62] 65

Unter dem Begriff des „Madoff-Falls" oder des „Madoff-Skandals" wird das im Jahr 2008 aufgedeckte Schnellballsystem der „**Bernard L. Madoff Investment Securities LLC"-Gesellschaft** (BMIS) als wohl bisher größtes aufgedecktes **Schnellballsystem** verstanden. Nach den Angaben des Insolvenzverwalters der BLMIS beläuft sich der entstandene Schaden auf etwa 20 Mrd. $. Der Fondsmanager verwendete dabei die Anlegergelder nicht für Investitionen, sondern verwendete einen Teil des neu investierten Gelds, um Rückzahlungen an andere Anleger zu bedienen, d.h. mit dem Zweck das Schneeballsystem so am Laufen zu halten und unterschlug gleichzeitig einen anderen Teil der Investitionsgelder. Zudem wurde durch die Höhe der Auszahlungen als auch die ausgewiesenen (d.h. behaupteten) Guthaben den Anlegern eine deutlich überdurchschnittliche Rendite vorgetäuscht. Dass dieser Skandal derartig große Kreise ziehen konnte, wurde nur dadurch ermöglicht, dass entgegen des entstehenden Interessenkonflikts für einige Investmentfonds Madoff-Gesellschaften als Fondsmanager von der jeweiligen Verwaltungsgesellschaft eingesetzt und gleichzeitig eine Madoff-Gesellschaft mit der (Unter-)Verwahrung der Vermögensgegenstände eben dieser Fonds beauftragt wurde. So ergab sich die Möglichkeit, dass vermeintlich getätigte Investments und bestehende Guthaben, welche aus den Depotauszügen der Kunden hervorgingen, komplett fingiert waren. Dabei stellte letztlich jede Abhebung eines Investors lediglich den Transfer von Investitionsgeldern anderer Investoren dar.[63] Die Kontrolle der Verwendung der Kundengelder, die Aufgabe der Verwahrstelle gegenüber der Verwaltungsgesellschaft ist, entfiel aufgrund der Verflechtungen zwischen den beiden Instanzen. Eine tatsächliche Trennung der Verwaltungsaufgaben einerseits und der Verwahraufgaben andererseits war in diesem System gerade nicht gegeben. Nach Auffliegen des **Schneelball-Systems** und Liquidation der Investmentfonds stellte sich schnell die Frage nach der Haftung der für die Investmentfonds bestellten Verwahrstelle insbesondere für den Umstand, dass die Auswahl von Madoff-Gesellschaften als Unterverwahrer aufgrund des entstehenden Interessenkonflikts fehlerhaft war. 66

---

60 Vgl. hierzu auch *Tollmann* in Dornseifer/Jesch/Klebeck/Tollmann, Art. 21 AIFM-RL Rz. 8, sowie zu weiteren Auswirkungen des Madoff-Falls *Moroni/Wibbeke*, RdF 2015, 187, 189 f.

61 S. nur ErwGr. 32 der AIFM-RL; nach ErwGr. 1 der OGAW V-RL sollte mit den Änderungen den „Entwicklungen auf dem Markt und den bisherigen Erfahrungen der Marktteilnehmer […]" Rechnung getragen werden.

62 So auch *Tollmann* in Dornseifer/Jesch/Klebeck/Tollmann, Art. 21 AIFM-RL Rz. 8 und 11.

63 Darstellungen des Insolvenzverwalters abrufbar unter www.madofftrustee.com; der englische Originalton lautet: „In the BLMIS Ponzi scheme, the investments and balances that appeared month after month and year after year on customer statements were completely farbricated. […] Any customer withdrawal from BKMIS was actually a transfer by Madoff of other people's money to that customer."

67 Mit der Deutlichkeit, in der in dem vorliegenden Fall entgegen Sinn und Zweck des Investment-Dreiecks eine Verflechtung der Verwahraufgaben mit den Verwaltungsaufgaben und dem damit einhergehenden Wegfall der Kontrollinstanz erfolgte, kamen erhebliche **Zweifel an der Wirksamkeit der bisherigen Vorschriften** betreffend die Verwahrstelle, die Unterverwahrung und die Haftung der Verwahrstelle auf. Die AIFM-RL, die den wirksamen Anlegerschutz als wesentliches Ziel nennt, ebenso wie die OGAW V-RL sollen mit dem neu geschaffenen Standard derartige Systeme verhindern und Anleger vor missbräuchlichen und kriminellen Verhaltensweisen schützen.

68 Dabei sind folgende Vorschriften insbesondere als aus dem Madoff-Skandal gezogene **Lehre** zu erkennen: Die verschärften Vorschriften in Bezug auf Interessenkonflikte werden auch auf der europäischen Ebene explizit auf etwaige Unterverwahrer erstreckt und die Haftung der Verwahrstelle in Bezug auf die Unterverwahrung verschärft. Durch die strengen Haftungsvorschriften zu Lasten der Verwahrstelle soll insbesondere erreicht werden, dass die Verwahrstelle ihre Sorgfaltspflichten bei der Unterverwahrung tatsächlich einhält.

Unterabschnitt 1
Vorschriften für OGAW-Verwahrstellen

§ 68 Beauftragung und jährliche Prüfung; Verordnungsermächtigung

(1) [1]Die OGAW-Kapitalverwaltungsgesellschaft hat sicherzustellen, dass für jeden von ihr verwalteten OGAW eine Verwahrstelle im Sinne des Absatzes 2 beauftragt wird. [2]Die Beauftragung der Verwahrstelle ist in einem schriftlichen Vertrag zu vereinbaren. [3]Der Vertrag regelt unter anderem den Informationsaustausch, der für erforderlich erachtet wird, damit die Verwahrstelle nach den Vorschriften dieses Gesetzes und gemäß den anderen einschlägigen Rechts- und Verwaltungsvorschriften ihren Aufgaben für den OGAW, für den sie als Verwahrstelle beauftragt wurde, nachkommen kann.

(2) Die Verwahrstelle ist ein Kreditinstitut im Sinne des Artikels 4 Absatz 1 Nummer 1 der Verordnung (EU) Nr. 575/2013 mit satzungsmäßigem Sitz in der Europäischen Union oder in einem anderen Vertragsstaat des Abkommens über den Europäischen Wirtschaftsraum, das gemäß § 32 des Kreditwesengesetzes oder den im Herkunftsmitgliedstaat des EU-OGAW anzuwendenden Vorschriften, die die Richtlinie 2013/36/EU des Europäischen Parlaments und des Rates vom 26 Juni 2013 über den Zugang zur Tätigkeit von Kreditinstituten und die Beaufsichtigung von Kreditinstituten und Wertpapierfirmen, zur Änderung der Richtlinie 2002/87/EG und zur Aufhebung der Richtlinien 2006/48/EG und 2006/49/EG (Amtsblatt L 176 vom 27.6.2013, S. 338) umsetzen, zugelassen ist.

(3) [1]Verwaltet die OGAW-Kapitalverwaltungsgesellschaft inländische OGAW, muss die Verwahrstelle ihren Sitz im Geltungsbereich dieses Gesetzes haben. [2]Bei der Verwahrstelle für einen inländischen OGAW muss es sich um ein CRR-Kreditinstitut im Sinne des § 1 Absatz 3d des Kreditwesengesetzes handeln, das über die Erlaubnis zum Betreiben des Depotgeschäfts nach § 1 Absatz 1 Satz 2 Nummer 5 des Kreditwesengesetzes verfügt. [3]Als Verwahrstelle für inländische OGAW kann auch eine Zweigniederlassung eines CRR-Kreditinstitut im Sinne des § 53b Absatz 1 Satz 1 des Kreditwesengesetzes im Geltungsbereich dieses Gesetzes beauftragt werden.

(4) [1]Mindestens ein Geschäftsleiter des Kreditinstituts, das als Verwahrstelle beauftragt werden soll, muss über die für die Verwahrstellenaufgaben erforderliche Erfahrung verfügen. [2]Das Kreditinstitut muss bereit und in der Lage sein, die für die Erfüllung der Verwahrstellenaufgaben erforderlichen organisatorischen Vorkehrungen zu schaffen. [3]Diese umfassen einen Prozess, der es den Mitarbeitern unter Wahrung der Vertraulichkeit ihrer Identität ermöglicht, potenzielle oder tatsächliche Verstöße gegen dieses Gesetz oder gegen auf Grund dieses Gesetzes erlassene Rechtsverordnungen sowie etwaige strafbare Handlungen innerhalb der Verwahrstelle an geeignete Stellen im Sinne des § 25a Absatz 1 Satz 6 Nummer 3 des Kreditwesengesetzes zu melden.

(5) [1]Die Verwahrstelle muss ein Anfangskapital von mindestens 5 Millionen Euro haben. [2]Hiervon unberührt bleiben etwaige Eigenmittelanforderungen nach dem Kreditwesengesetz.

(6) [1]Für nähere Einzelheiten zum Mindestinhalt des Vertrags nach Absatz 1 wird auf Artikel 2 der Delegierten Verordnung (EU) 2016/438 verwiesen. [2]Der Vertrag unterliegt dem Recht des Herkunftsmitgliedstaates des OGAW.

(7) [1]Die ordnungsgemäße Erfüllung der gesetzlichen oder vertraglichen Pflichten als Verwahrstelle durch das Kreditinstitut oder die Zweigniederlassung ist durch einen geeigneten Abschlussprüfer einmal jährlich zu prüfen. Geeignete Prüfer sind Wirtschaftsprüfer, die hinsichtlich des Prüfungsgegenstandes über ausreichende Erfahrung verfügen. [2]Die Verwahrstelle hat den Prüfer spätestens zwei Monate nach Ablauf des Kalenderjahres zu bestellen, auf das sich die Prüfung erstreckt. [3]Die Verwahrstelle hat den Prüfer vor der Erteilung des Prüfungsauftrags der Bundesanstalt anzuzeigen. [4]Die Bundesanstalt kann innerhalb eines Monats nach Zugang der Anzeige die Bestellung eines anderen Prüfers verlangen, wenn dies zur Erreichung des Prüfungszwecks geboten ist. [5]Der Prüfer hat den Prüfungsbericht unverzüglich nach Beendigung der Prüfung der Bundesanstalt einzureichen.

(7a) [1]Die Prüfung nach Absatz 7 ist insbesondere auf die ordnungsgemäße Erfüllung der in den §§ 70 bis 79 genannten Pflichten zu erstrecken. [2]Die für diese Aufgaben vorgehaltene Organisation ist in Grundzügen zu beschreiben und auf ihre Angemessenheit zu beurteilen. [3]Die beauftragenden Kapitalverwaltungsgesellschaften sowie die Anzahl der für diese verwahrten inländischen Investmentvermögen und das Netto-Fondsvermögen sind zu nennen. [4]Über wesentliche Vorkommnisse, insbesondere bei der Ausgabe und Rücknahme von Anteilen eines Investmentvermögens, bei aufgetretenen Interessenkollisionen im Sinne des § 70, der Ausübung der Kontrollfunktionen nach § 76 und der Belastung der Investmentvermögen mit Vergütungen und Aufwendungsersatz nach § 79 ist zu berichten. [5]Sofern Anleger gegenüber der Verwahrstelle oder durch die Verwahrstelle gegenüber einer Kapitalverwaltungsgesellschaft Ansprüche nach § 78 geltend gemacht haben, ist auch hierüber zu berichten.

(8) [1]Das Bundesministerium der Finanzen wird ermächtigt, durch Rechtsverordnung, die nicht der Zustimmung des Bundesrates bedarf, nähere Bestimmungen über Art, Umfang und Zeitpunkt der Prüfung nach Absatz 7 Satz 1 zu erlassen, soweit dies zur Erfüllung der Aufgaben der Bundesanstalt erforderlich ist, insbesondere um einheitliche Unterlagen zur Beurteilung der Tätigkeit als Verwahrstelle zu erhalten. [2]Das Bundesministerium der Finanzen kann die Ermächtigung durch Rechtsverordnung auf die Bundesanstalt übertragen.

In der Fassung vom 4.7.2013 (BGBl. I 2013, S. 1981), zuletzt geändert durch das Zweite Finanzmarktnovellierungsgesetz (2. FiMaNoG) vom 23.6.2017 (BGBl. I 2017, S. 1693).

Schrifttum: S. Vor §§ 68 ff.

I. Überblick, Entstehungsgeschichte und Regelungszweck

§ 68 KAGB betrifft die Anforderungen an die OGAW-Verwahrstelle, deren Bestellung und Prüfung. § 68 KAGB ist die Parallelvorschrift zu § 80 KAGB betreffend die AIF-Verwahrstelle. 1

Bei § 68 KAGB handelt es sich gegenüber § 80 KAGB um die speziellere Vorschrift, da § 80 KAGB kollektive Kapitalanlagen im weiteren Sinne betrifft (sprich AIF) und § 68 KAGB eine spezifische Produktregulierung (sprich OGAW). 2

II. Pflicht zur Bestellung einer Verwahrstelle sowie zum Abschluss eines Verwahrstellenvertrags und inhaltliche Anforderungen an denselben (§ 68 Abs. 1 Satz 2 sowie Satz 3 i.V.m. Abs. 6 KAGB)

§ 68 Abs. 1 KAGB regelt neben der allgemeinen Pflicht einer OGAW-Kapitalverwaltungsgesellschaft zur Bestellung einer Verwahrstelle, die formalen und inhaltlichen Anforderungen an den mit der Verwahrstelle 3 zu schließenden Verwahrstellenvertrag. § 68 Abs. 1 Satz 1 KAGB ordnet zunächst an, dass die OGAW-Kapitalverwaltungsgesellschaft sicherzustellen hat, dass für jeden von ihr verwalteten OGAW eine Verwahrstelle i.S.d. Abs. 2 der Vorschrift beauftragt wird.

4 **Satz 1** ist ausweislich der Gesetzesbegründung an *Art. 21 Abs. 1 der AIFM-RL* angelehnt.[1] Bereits § 20 Abs. 2c Satz 1 InvG lautete: „Die Depotbank und die Kapitalanlagegesellschaft haben eine Vereinbarung abzuschließen, um sicherzustellen, dass die Depotbank ihre Pflichten nach diesem Gesetz erfüllen kann."[2] § 68 Abs. 1 Satz 1 KAGB ist daher lediglich insofern an die entsprechenden Vorgaben der AIFM-RL angelehnt, als dass allein die OGAW-Kapitalverwaltungsgesellschaft eine Pflicht zur Sicherstellung der Bestellung einer Verwahrstelle trifft. Eine Parallelvorschrift findet sich in § 80 Abs. 1 Satz 1 KAGB für die entsprechende Pflicht der AIF-Kapitalverwaltungsgesellschaft.[3]

5 **Satz 2 und 3** des § 68 Abs. 1 KAGB sind ausweislich der Gesetzesbegründung an Art. 21 Abs. 2 der AIFM-RL angelehnt und entsprechen im Wesentlichen der Regelung des aufgehobenen § 20 Abs. 2c Satz 1 InvG.[4] Einen wirklichen „Mehrwert" schafft die entsprechende Aufnahme des (wesentlichen) Wortlauts des Art. 21 Abs. 2 der AIFM-RL an dieser Stelle der Regelungen betreffend die OGAW-Verwahrstelle nicht. Schon früher bestand insbesondere keine Rechtsunsicherheit in Bezug auf den selbstverständlich in den Verwahrstellenvertrag (bzw. vormals Depotbankvertrag) aufzunehmenden organisationsprozessualen Aspekt des Informationsaustausches innerhalb des Investmentdreiecks.

6 Wie auch im Bereich der AIF gilt, dass für jeden OGAW nur eine Verwahrstelle bestellt werden kann, die OGAW-Kapitalverwaltungsgesellschaft für mehrere von ihr verwaltete OGAW jedoch unterschiedliche Verwahrstellen bestellen kann.[5] Die Bestellung sowie jeder Wechsel der Verwahrstelle bedürfen der Zustimmung der BaFin (§ 69 Abs. 1 Satz 1 KAGB).

7 Nach Maßgabe des § 68 Abs. 1 Satz 2 und 3 KAGB ist die **Beauftragung der Verwahrstelle** in einem schriftlichen Verwahrstellenvertrag zu vereinbaren. Der Vertrag regelt u.a. den Informationsaustausch, der für erforderlich erachtet wird, damit die Verwahrstelle nach den Vorschriften dieses Gesetzes und gemäß den anderen einschlägigen Rechts- und Verwaltungsvorschriften ihren Aufgaben für den OGAW, für den sie als Verwahrstelle beauftragt wurde, nachkommen kann. Wegen der Rechtsnatur des Verwahrstellenvertrags und des Verhältnisses zwischen der Verwahrstelle und den Anlegern wird auf die Kommentierung des § 80 Abs. 1 KAGB verwiesen (§ 80 Rz. 12–28).

8 § 68 Abs. 1 Satz 2 und 3 KAGB stehen in einem systematischen Zusammenhang zu § 68 Abs. 6 KAGB. § 68 Abs. 6 Satz 1 KAGB verweist wegen der Inhalte bezüglich des in dem Verwahrstellenvertrag zu vereinbarenden Informationsaustausches auf Vorgaben der OGAW-Durchführungsverordnung.[6] Die Vorschrift entspricht im Wesentlichen der Regelung des aufgehobenen § 20 Abs. 2c Satz 2 bis 5 InvG.[7] § 20 Abs. 2c InvG wurde durch das OGAW-IV-UmsG in das InvG eingefügt.[8]

---

1 Begr. RegE, BT-Drucks. 17/12294, 229.

2 Dies ist wegen des Erfordernisses der Implementation des Investmentdreiecks eine investmentrechtliche Selbstverständlichkeit.

3 Vgl. die Kommentierung dort auch wegen des materiellen Gehalts der Anordnung, dass die Bestellung „sicherzustellen" ist.

4 Begr. RegE, BT-Drucks. 17/12294, 229.

5 Vgl. die Kommentierung des § 80 Abs. 1 KAGB (§ 80 Rz. 6 m.w.N.).

6 Delegierte Verordnung (EU) 2016/438 der Kommission vom 17.12.2015 zur Ergänzung der Richtlinie 2009/65/EG des Europäischen Parlaments und des Rates in Bezug auf die Pflichten der Verwahrstellen (ABl. Nr. L 78 vom 24.3.2016, S. 11).

7 Vgl. auch Begr. RegE, BT-Drucks. 17/12294, 229.

8 Die Gesetzesbegründung lautet (BT-Drucks. 17/4510, 66): „Durch die neue Vorgabe in den Sätzen 1 und 2 wird die Verpflichtung nach Artikel 23 Absatz 5 der Richtlinie 2009/65/EG, wonach die Verwahrstelle und die Verwaltungsgesellschaft eine schriftliche Vereinbarung über den Informationsaustausch zu unterzeichnen haben, wenn sie sich in unterschiedlichen Mitgliedstaaten befinden, auch bei reinen Inlandssachverhalten gefordert. Mit dieser Vorgabe wird der Empfehlung in „CESR's technical advice to the European Commission on the level 2 measures related to the UCITS management company passport", Ref. CESR/09-963, S. 88 Rechnung getragen. Die Einzelheiten, die in der Vereinbarung über den Informationsaustausch nach Artikel 23 Absatz 5 der Richtlinie 2009/65/EG enthalten sein müssen, sind in Artikel 30 ff. der Richtlinie 2010/43/EU geregelt. Satz 3 dient der Umsetzung von Artikel 34 der Richtlinie 2010/43/EU, wonach die Vereinbarung über den Informationsaustausch dem Recht des Herkunftsstaates des OGAW unterliegt. Satz 4 dient der Umsetzung von Artikel 36 der Richtlinie 2010/43/EU. Satz 5 dient der Umsetzung von Artikel 37 der Richtlinie 2010/43/EU, wonach auch weiterhin „Service Level Agreements" zulässig sind."

§ 68 Abs. 6 KAGB hatte zunächst die folgende Fassung: 9

„Der Vertrag nach Absatz 1 muss insbesondere die Inhalte über den Informationsaustausch berücksichtigen, die in den Artikeln 30 bis 33 und 35 der Richtlinie 2010/43/EU der Kommission vom 1. Juli 2010 zur Durchführung der Richtlinie 2009/65/EG des Europäischen Parlaments und des Rates im Hinblick auf organisatorische Anforderungen, Interessenkonflikte, Wohlverhalten, Risikomanagement und den Inhalt der Vereinbarung zwischen Verwahrstelle und Verwaltungsgesellschaft (ABl. Nr. L 176 vom 10.7.2010, S. 42) genannt sind. Der Vertrag unterliegt dem Recht des Herkunftsmitgliedstaates des OGAW. Der Vertrag kann auch verschiedene OGAW betreffen; in diesem Fall hat er eine Liste aller OGAW zu enthalten, auf die sich der Vertrag bezieht. Über die in Artikel 30 Buchstabe c und d der Richtlinie 2010/43/EU genannten Mittel und Verfahren kann auch ein gesonderter schriftlicher Vertrag geschlossen werden."

Die heutige Fassung wurde durch das 2. FiMaNoG eingeführt. In der Gesetzesbegründung des 2. FiMaNoG führt der Gesetzgeber aus:[9]

„Der neu gefasste Absatz 6 verweist auf Artikel 2 der Delegierten Verordnung (EU) 2016/438, in dem die Mindestangaben des Verwahrstellenvertrages aufgeführt werden. Der bisherige Verweis auf die in der Richtlinie 2010/43/EU enthaltenen Regelungen zum Verwahrstellenvertrag (Artikel 30 bis 33 und 35 der Richtlinie 2010/43/EU) wird aufgehoben, da die Regelungen des Art. 2 der Delegierten Verordnung (EU) 2016/438 vorgehen. Der bisherige Absatz 6 Satz 2 wird zur Umsetzung des Artikel 34 der Richtlinie 2010/43/EU beibehalten, da diese Richtlinie nicht aufgehoben wurde und Artikel 2 Absatz 5 der Delegierten Verordnung (EU) 2016/438 nicht eindeutig entnommen werden kann, dass die Vertragsparteien das anwendbare Recht frei bestimmen könnten."

Art. 2 der OGAW-Durchführungsverordnung listet die folgenden Kategorien von Regelungsbereichen als 10
Mindestinhalte des Verwahrstellenvertrags auf:[10]

- eine Beschreibung der Dienstleistungen, die von der Verwahrstelle zu erbringen sind, sowie der Verfahren, die von der Verwahrstelle für jeden der verschiedenen Vermögenswerte, in welche der OGAW investieren kann und welche der Verwahrstelle anvertraut werden, zu übernehmen sind;

  Es handelt sich um eine zivilrechtliche Banalität, dass die Hauptleistungspflichten der Verwahrstelle zu beschreiben sind.
- eine Beschreibung der Art und Weise, wie die Verwahrungs- und Aufsichtsfunktionen in Abhängigkeit von den verschiedenen Vermögenswerten und den geografischen Regionen, in denen der OGAW zu investieren beabsichtigt, einschließlich in Bezug auf die Verwahrungspflichten, Länderlisten und Verfahren zum Hinzufügen oder Streichen von Ländern aus den Listen, durchzuführen sind. Dies steht im Einklang mit den Informationen, die in den Regeln, der Satzung und dem Emissionsprospekt des OGAW in Bezug auf die Vermögenswerte, in die der OGAW investieren kann, enthalten sind;

  In diesem Zusammenhang sind insbesondere Darstellung zu Unterverwahrverhältnissen in Drittstaaten relevant.
- den Gültigkeitszeitraum und die Bedingungen für die Änderung und Kündigung des Vertrags, einschließlich der Situationen, die zur Kündigung des Vertrags führen könnten, sowie Einzelheiten in Bezug auf das Kündigungsverfahren und das Verfahren, im Rahmen dessen die Verwahrstelle alle relevanten Informationen an ihren Nachfolger übermittelt;

  Es handelt sich zunächst um eine zivilrechtliche Banalität, dass ein Dauerschuldverhältnis eine Kündigungsklausel enthält. Durch die Regelungen betreffend die Weitergabe der relevanten Informationen an den Nachfolger werden jedoch auch prozesssichernde Elemente für einen Wechsel der Verwahrstelle berücksichtigt.
- die Geheimhaltungspflichten, die gemäß den einschlägigen Rechtsvorschriften für die Parteien gelten. Diese Pflichten verhindern nicht den Zugang der zuständigen Behörden zu den relevanten Dokumenten und Informationen;
- die Mittel und Verfahren, die von der Verwahrstelle eingesetzt werden, um der Verwaltungs- oder Investmentgesellschaft alle relevanten Informationen zu übermitteln, die diese zur Erfüllung ihrer Pflichten, einschließlich der Ausübung der an die Vermögenswerte geknüpften Rechte, benötigt, und ferner um der Verwaltungs- oder Investmentgesellschaft einen zeitnahen und exakten Überblick über die Konten des OGAW zu ermöglichen;

  Insbesondere in diesem Bereich ist ein technisches SLA aufzunehmen, das die relevanten technischen Schnittstellen exakt definiert.
- die Mittel und Verfahren, die von der Verwaltungs- oder Investmentgesellschaft zur Übermittlung aller relevanten Informationen eingesetzt werden und mit denen sie sicherstellt, dass die Verwahrstelle Zugang zu allen für die Erfüllung ihrer Pflichten erforderlichen Informationen hat. Hierin eingeschlossen

9 Begr. RegE, BT-Drucks. 18/10936, 276.
10 Zu der Wiedergabe des Gesetzeswortlauts folgen, wo angezeigt, jeweils kurze Praxisanmerkungen.

sind die Verfahren, um zu gewährleisten, dass die Verwahrstelle Informationen von anderen Parteien, die von der Verwaltungs- oder Investmentgesellschaft bestellt wurden, erhält;

Es handelt sich um die reziproke Anordnung zum vorherigen Punkt aus der Sicht der Kapitalverwaltungsgesellschaft.

- die zu beachtenden Verfahren, wenn eine Änderung der Regeln, der Satzung oder des Emissionsprospekts des OGAW in Betracht gezogen wird, unter detaillierter Beschreibung der Situationen, in denen die Verwahrstelle zu informieren ist oder die vorherige Genehmigung der Verwahrstelle erforderlich ist, um mit der Änderung fortfahren zu können;
- alle erforderlichen Informationen, die zwischen der Investment- oder Verwaltungsgesellschaft oder Dritten, die im Namen des OGAW einerseits und der Verwahrstelle andererseits handeln, im Zusammenhang mit dem Verkauf, der Zeichnung, der Auszahlung, der Ausgabe, der Annullierung und der Rücknahme von Anteilen des OGAW ausgetauscht werden müssen;
- alle erforderlichen Informationen, die zwischen der Investment- oder Verwaltungsgesellschaft oder Dritten, die im Namen des OGAW und der Verwahrstelle handeln, im Zusammenhang mit der Erfüllung der Pflichten der Verwahrstelle ausgetauscht werden müssen;

  Diese Anordnung stellt sicher, dass auch Auslagerungsverhältnisse sowie der reine Drittbezug von Leistungen korrekt abgebildet werden.
- sofern die Vertragsparteien die Bestellung von Dritten für die Erfüllung eines Teils ihrer Pflichten bestellen, eine Verpflichtung zur regelmäßigen Bereitstellung der Angaben zu den bestellten Dritten sowie auf Anfrage von Informationen über die Kriterien, die bei der Auswahl solcher Dritten herangezogen wurden, sowie die geplanten Maßnahmen zur Überwachung der von den ausgewählten Dritten durchgeführten Tätigkeiten;
- Informationen über die Aufgaben und Verantwortlichkeiten der Vertragsparteien in Bezug auf die Pflichten, um Geldwäsche und Terrorismusfinanzierung zu verhindern;

  Sowohl die Kapitalverwaltungsgesellschaft als auch die Verwahrstelle sind Verpflichtete unter dem GWG. Diese Tatsache kann nicht abweichend vom GWG geregelt werden. Jedoch ist im Einzelfall zu prüfen, inwiefern sich Effizienten (insbesondere) auf der Grundlage des § 17 GWG (Ausführung der Sorgfaltspflichten durch Dritte, vertragliche Auslagerung) heben lassen.
- Informationen über alle Geldkonten, die auf den Namen der Investment- oder Verwaltungsgesellschaft, die im Namen des OGAW handelt, eröffnet wurden, sowie der Verfahren, um zu gewährleisten, dass die Verwahrstelle von der Eröffnung neuer Konten in Kenntnis gesetzt wird;
- Einzelheiten über die Eskalationsverfahren der Verwahrstelle, einschließlich der Identifizierung der Personen, die von der Verwahrstelle innerhalb der Verwaltungs- oder Investmentgesellschaft zu kontaktieren sind, wenn sie ein solches Verfahren einleitet;
- eine Verpflichtung vonseiten der Verwahrstelle anzuzeigen, dass die Sonderverwahrung von Vermögenswerten nicht mehr ausreicht, um die Absicherung gegenüber der Insolvenz von Dritten, denen die Verwahrungsfunktionen gem. Art. 22a der Richtlinie 2009/65/EG in einem bestimmten Rechtskreis übertragen wurden, zu gewährleisten;
- die Verfahren zur Gewährleistung, dass die Verwahrstelle in Bezug auf ihre Pflichten die Möglichkeit hat, das Verhalten der Verwaltungs- oder Investmentgesellschaft zu überprüfen und die Qualität der erhaltenen Informationen, einschließlich durch Zugang zu den Büchern der Verwaltungs- oder Investmentgesellschaft und durch Vor-Ort-Besuche, zu bewerten;
- die Verfahren, um sicherzustellen, dass die Verwaltungs- oder Investmentgesellschaft in der Lage ist, die Leistung der Verwahrstelle im Hinblick auf ihre Pflichten zu überprüfen.

Bei den letzten beiden Punkten handelt es sich um reziproke Anordnungen.

11 Über die gesetzlichen Anforderungen hinaus, sind zudem in dem Verwahrstellenrundschreiben Regelungen betreffend den OGAW-Verwahrstellenvertrag enthalten: Die BaFin empfiehlt, bei der Gestaltung eines OGAW-Verwahrstellenvertrages „CESR's technical advice to the European Commission on the level 2 measures related to the UCITS management company passport, Section III"[11] (**Technical Advice**) zu berücksichtigen. Der Technical Advice enthält im Wesentlichen Redundanzen zu den entsprechenden Anforderungen der OGAW-Durchführungsrichtlinie.[12] Nichtsdestotrotz kann der Technical Advice quasi als

---

11 CESR/09-963; abrufbar unter: http://www.esma.europa.eu/system/files/09_963.pdf (zuletzt abgerufen zum Stichtag dieser Kommentierung).

12 VerwahrstellenRS, Ziff. 12; vgl. auch *Karcher* in Baur/Tappen, § 68 KAGB Rz. 40.

„Handbuch" im Rahmen der Verhandlung eines Verwahrstellenvertrags dienen, an dem sich die Entwicklung der entsprechenden Vorgaben der OGAW-Durchführungsrichtlinie nachvollziehen lässt.

Nach Maßgabe des Verwahrstellenrundschreibens muss ferner sichergestellt sein, dass die Kapitalverwaltungsgesellschaft mit ihren Anlegern nur solche vertraglichen Änderungsvereinbarungen trifft oder nur solche Produkte für das Investmentvermögen erwirbt, die von den mit der Verwahrstelle im **Verwahrstellenvertrag** vereinbarten Dienstleistungen abgedeckt sind und damit von ihr in organisatorischer und personell-fachlicher Hinsicht kontrolliert werden können. Diese Anforderung ergibt sich aus dem Wesen des Investmentdreiecks. Die konkrete Ausübung des Investmentgeschäfts einer Kapitalverwaltungsgesellschaft (zugunsten der Anleger) ist in dem Verwahrstellenvertrag zu reflektieren und die Verwahrstelle hat entsprechende Prozesse und Ressourcen vorzuhalten. In diesem Zusammenhang nennt das Verwahrstellenrundschreiben die folgenden im Verwahrstellenvertrag zu adressierenden Punkte:[13] 12

- „was die Verwahrstelle im Rahmen ihrer Verwahrstellenfunktionen leisten kann,
- dass die Kapitalverwaltungsgesellschaft die Verwahrstelle unverzüglich über etwaige beabsichtigte Änderungen der Anlagebedingungen eines Investmentvermögens oder den Erwerb eines neuen (i. d. R. komplexen) Produktes in Kenntnis setzt, soweit dies Auswirkungen auf die ordnungsgemäße Wahrnehmung der Funktionen der Verwahrstelle haben könnte,
- dass die Verwahrstelle die Kapitalverwaltungsgesellschaft unverzüglich informiert, wenn sie ihren Verwahrstellenfunktionen in Bezug auf die Änderung oder den Erwerb eines neuen Produktes nicht vollumfänglich nachkommen kann; in diesem Fall hat die Kapitalverwaltungsgesellschaft der Verwahrstelle einen angemessenen Zeitraum zur Anpassung ihrer Systeme zu gewähren. Findet eine solche Anpassung innerhalb dieses Zeitraums nicht statt oder ist eine solche nicht möglich, hat die Kapitalverwaltungsgesellschaft von der jeweiligen Änderung oder von dem jeweiligen Erwerb abzusehen, bis sie eine neue geeignete Verwahrstelle mit der Wahrnehmung der Verwahrstellenfunktionen für das betroffene Investmentvermögen beauftragt hat."

Zum einen ist demnach (selbstverständlich) der Leistungsumfang der Verwahrstelle genau zu bestimmen, wobei die (sehr technischen) Details in SLAs niedergelegt werden können. Zudem handelt es sich bei den Anforderungen der BaFin um die Notwendigkeit der Implementation eines zwischen der Kapitalverwaltungsgesellschaft und der Verwahrstelle abgestimmten „Neue-Produkte-Prozesses". 13

III. Eignung als OGAW-Verwahrstelle (§ 68 Abs. 2 sowie Abs. 5 KAGB)

§ 68 Abs. 2 KAGB legt fest, welche Voraussetzungen eine Einrichtung erfüllen muss, um als Verwahrstelle eines OGAW beauftragt werden zu können. Anders als § 80 Abs. 2 KAGB, nach dem für AIF drei Kategorien von Einrichtungen in Betracht kommen, ordnet § 68 Abs. 2 KAGB an, dass nur ein (CRR-)Kreditinstitut i.S.d. § 4 Abs. 1 Nr. 1 der CRR mit satzungsmäßigem Sitz in der EU und einer Zulassung nach § 32 KWG (oder den im Herkunftsmitgliedstaat des EU-OGAW anzuwendenden Vorschriften, die die CRD-IV-RL umsetzen), als Verwahrstelle für einen OGAW geeignet ist. 14

Die Vorschrift ist an Art. 21 Abs. 3 Buchst. a der AIFM-RL angelehnt.[14] Wegen der Einzelheiten betreffend die Klassifikation als CRR-Kreditinstitut wird auf die Kommentierung des § 80 Abs. 2 Nr. 1 KAGB verwiesen (§ 80 Rz. 36 f.). 15

§ 68 Abs. 5 KAGB legt kumulativ zu den Voraussetzungen des § 68 Abs. 2 KAGB die Höhe des Anfangskapitals der Verwahrstelle fest, über das die Verwahrstelle mindestens verfügen muss. Die Verwahrstelle muss ein Anfangskapital von mindestens 5 Mio. Euro haben. Diese Regelung entspricht ausweislich der Gesetzesbegründung *Art. 9 Abs. 1 der Bankenrichtlinie* sowie § 33 Abs. 1 Buchst. d des KWG. 16

Die Regelung betreffend das Anfangskapital der Kreditinstitute ist heutzutage in Art. 12 der CRD-IV-RL festgelegt. Nach Maßgabe des Art. 12 Abs. 2 der CRD-IV-RL muss das Anfangskapital einen oder mehrere der in Art. 26 Abs. 1 Buchst. a bis e der CRR genannten Bestandteile umfassen. Das Anfangskapital muss daher zwingend aus den zulässigen Positionen des harten Kernkapitals bestehen. 17

§ 68 Abs. 5 Satz 2 KAGB stellt klar, dass etwaige Eigenmittelanforderungen nach dem *Kreditwesengesetz* unberührt bleiben. Dies ist heutzutage als ein Verweis auf die Anforderungen der CRR zu verstehen. 18

13 VerwahrstellenRS, Ziff. 12.

14 Begr. RegE, BT-Drucks. 17/12294, 229.

IV. Besondere Anforderungen an die OGAW-Verwahrstelle im Fall der Verwaltung inländischer OGAW (§ 68 Abs. 3 KAGB)

19 Wird ein inländischer OGAW verwaltet, stellt **§ 68 Abs. 3 KAGB** besondere Anforderungen an die Verwahrstelle. In diesem Fall muss es sich bei der Verwahrstelle um ein CRR-Kreditinstitut i.S.d. § 1 Abs. 3d des KWG handeln, welches die Erlaubnis zum Betreiben des Depotgeschäfts nach § 1 Abs. 1 Satz 2 Nr. 5 KWG verfügt. Auch Zweigniederlassungen können als OGAW-Verwahrstelle beauftragt werden. Die Vorschrift entspricht im Wesentlichen[15] der Regelung des § 80 Abs. 7 Satz 1 KAGB, so dass auf die dortige Kommentierung verwiesen werden kann (§ 80 Rz. 38 f.). Satz 1 des § 68 Abs. 3 KAGB übernimmt im Wesentlichen die Regelung des aufgehobenen § 20 Abs. 1 Satz 2 Halbs. 1 InvG. Satz 3 entspricht im Wesentlichen der Regelung des aufgehobenen § 20 Abs. 2 Satz 1 InvG.[16]

V. Organisatorische Anforderungen sowie Anforderungen an die Geschäftsleiter (§ 68 Abs. 4 KAGB)

20 **§ 68 Abs. 4 Satz 1 und Satz 2 KAGB** entsprechen im Wesentlichen § 80 Abs. 9 Satz 1 und 2 KAGB. Insofern wird auf die dortige Kommentierung verwiesen (§ 80 Rz. 135 f.).

21 Darüber hinaus ordnet § 68 Abs. 4 Satz 3 KAGB an, dass die internen Prozesse der OGAW-Verwahrstelle einen Prozess umfassen müssen, der es den Mitarbeitern unter Wahrung der Vertraulichkeit ihrer Identität ermöglicht, potentielle oder tatsächliche Verstöße gegen das KAGB oder gegen auf Grund des KAGBs erlassene Rechtsverordnungen sowie etwaige strafbare Handlungen innerhalb der Verwahrstelle an geeignete Stellen i.S.d. § 25a Abs. 1 Satz 6 Nr. 3 KWG zu melden.

22 § 68 Abs. 4 Satz 3 KAGB wurde durch das OGAW-V-UmsG eingefügt und setzt Art. 99d der OGAW-V-Richtlinie um. Der Wortlaut orientiert sich dabei an § 25a Abs. 1 Satz 6 Nr. 3 KWG, auf den bezüglich der „geeigneten Stellen“ auch Bezug genommen wird. Es handelt sich um einen **„Whistle-Blower“-Paragraphen**. Institutsinternen Informanten soll die Möglichkeit gegeben werden, eklatante Missstände „anzuzeigen“ ohne als „Verräter“ ungeschützt dastehen zu müssen.[17] Die geeignete Stelle an die sich Mitarbeiter bei Verstößen gegen Gesetze oder investmentrechtliche Regelungen wenden können, kann – wie im Bereich des Kreditwesens auch – sowohl innerhalb als auch außerhalb der Verwahrstelle eingerichtet werden.[18]

VI. Prüfungspflicht, Eignung des Prüfers sowie Verfahren der Bestellung (§ 68 Abs. 7 und 7a KAGB) sowie Verordnungsermächtigung (§ 68 Abs. 8 KAGB)

23 **§ 68 Abs. 7 KAGB** regelt die Details der Prüfungspflicht, Eignung des Prüfers und der Durchführung der Prüfung bis hin zur Einreichung des Prüfungsberichts bei der BaFin. Abs. 7a der Vorschrift wurde durch das 2. FiMaNoG eingefügt.

24 Die **Verwahrstellenprüfung** ist ein wesentliches Element der laufenden Aufsicht über die Verwahrstellen. Hervorzuheben sind § 68 Abs. 7 Satz 3 und Satz 4 KAGB, wonach die Verwahrstelle den Prüfer vor der Erteilung des Prüfungsauftrags der BaFin anzuzeigen hat und die BaFin innerhalb eines Monats nach Zugang der Anzeige die Bestellung eines anderen Prüfers verlangen kann, wenn dies zur Erreichung des Prüfungszwecks geboten ist. In diesem Zusammenhang kann aus der Tatsache, dass die Verwahrstelle seit langem denselben Prüfer bestellt hat, noch nicht geschlossen werden, dass zur Erreichung des Prüfungszwecks das Auferlegen eines Prüferwechsels notwendig ist. Es müssen weitere Umstände hinzukommen. Eine andere Auffassung würde lediglich Ausdruck eines allgemeinen Misstrauens gegenüber der Geschäftsbeziehung zwischen einer Verwahrstelle und einem bestimmten Wirtschaftsprüfer darstellen, was mit der standesrechtlichen Überwachung des Wirtschaftsprüfers nicht zu vereinbaren ist und darüber hinaus auch grundrechtlichen Bedenken begegnen würde.

25 Die unter **§ 68 Abs. 8 KAGB** erlassene Rechtsverordnung ist die **WpDPV**. Diese gilt (u.a.) auch für die Prüfung der Verwahrstellenfunktion nach § 68 Abs. 7 und 8 des KAGB (§ 1 Abs. 2 WpDPV).

---

15 Jedoch reicht es für die OGAW-Verwahrstelle – im Gegensatz zur AIF-Verwahrstelle – nicht aus, dass das CRR-Kreditinstitut über die Erlaubnis zur Erbringung des eingeschränkten Verwahrgeschäfts verfügt.

16 Begr. RegE, BT-Drucks. 17/12294, 229.

17 *Hellstern* in Luz/Neus/Schaber/Schneider/Wagner/Weber, § 25a KWG Rz. 19; vgl. dort auch wegen der Fundierung in der „EBA Guideline on Internal Governance“.

18 Vgl. im Bereich des Kreditwesens: *Hellstern* in Luz/Neus/Schaber/Schneider/Wagner/Weber, § 25a KWG Rz. 19.

Hinzuweisen ist auf eine Besonderheit der Prüfung einer zur Verwahrstelle bestellten **Zweigniederlassung.** Die BaFin führt in dem VerwahrstellenRS aus:[19] „Soll die Zweigniederlassung eines ausländischen Instituts als Verwahrstelle beauftragt werden und ist vorgesehen, dass einzelne Verwahrstellenaufgaben von einer Haupt- oder Schwesterniederlassung im Ausland wahrgenommen werden, so muss die Kapitalverwaltungsgesellschaft für einen Nachweis der Zweigniederlassung sorgen, dass die organisatorischen Vorkehrungen der ausländischen Niederlassung geeignet sind, die jeweiligen Verwahrstellenaufgaben im Einklang mit den Vorschriften des KAGB wahrzunehmen. Ferner hat eine Kapitalverwaltungsgesellschaft in diesen Fällen eine Bestätigung der Zweigniederlassung beizubringen, wonach die in § 68 Absatz 7 Satz 1 KAGB vorgesehene Verwahrstellenprüfung auch die Prüfung der Systeme und organisatorischen Vorkehrungen der ausländischen Niederlassung insoweit umfasst, wie diese – anstelle der Zweigniederlassung – bestimmte Verwahrstellenaufgaben erbringen soll. Der Prüfungsauftrag der Zweigniederlassung zur Verwahrstellenprüfung hat daher auch die für sie in der/den ausländischen Niederlassung/en erbrachten Verwahrstellentätigkeiten zu umfassen“. In diesem Zusammenhang ist zu beachten, dass die wiedergegebenen Ausführungen der BaFin noch nichts über die Zulässigkeit der Erbringung von Leistungen „im Ausland“ bei der Bestellung einer Zweigniederlassung zur Verwahrstelle aussagen. Diesbezüglich wird auf die Kommentierung des § 80 Abs. 9 Satz 2 KAGB verwiesen. 26

§ 69 Aufsicht

(1) [1]Die Auswahl sowie jeder Wechsel der Verwahrstelle bedürfen der Genehmigung der Bundesanstalt. [2]Die Bundesanstalt kann die Genehmigung mit Nebenbestimmungen verbinden. [3]Erlässt die Bundesanstalt eine Übertragungsanordnung nach § 107 Absatz 1 des Sanierungs- und Abwicklungsgesetzes gegenüber einer Verwahrstelle mit der Folge, dass deren Verwahrstellenaufgaben auf einen übernehmenden Rechtsträger übergehen, gilt der durch die Anordnung herbeigeführte Verwahrstellenwechsel als genehmigt, sobald der Verwahrstelle die Anordnung gemäß § 114 Absatz 1 des Sanierungs- und Abwicklungsgesetzes bekannt gegeben wird. [4]Die Bundesanstalt hat die OGAW-Verwaltungsgesellschaften, die die Verwahrstelle beauftragt haben, unverzüglich nach Bekanntgabe der Übertragungsanordnung über den Wechsel der Verwahrstelle zu unterrichten.

(2) [1]Die Bundesanstalt kann der OGAW-Kapitalverwaltungsgesellschaft jederzeit einen Wechsel der Verwahrstelle auferlegen. [2]Dies gilt insbesondere dann, wenn die Verwahrstelle ihre gesetzlichen oder vertraglichen Pflichten nicht ordnungsgemäß erfüllt oder ihr Anfangskapital die nach § 68 Absatz 5 vorgeschriebene Mindesthöhe unterschreitet. [3]Für nähere Einzelheiten zu den Meldepflichten der OGAW-Kapitalverwaltungsgesellschaft gegenüber der Bundesanstalt oder der EU-OGAW-Verwaltungsgesellschaft gegenüber der zuständigen Behörde in Bezug auf die Vorgaben des § 73 Absatz 1 Nummer 4 Buchstabe d sowie zu den Pflichten der OGAW-Kapitalverwaltungsgesellschaft oder der EU-OGAW-Verwaltungsgesellschaft zur Prüfung angemessener Maßnahmen zum Schutz der Vermögenswerte des inländischen OGAW wird auf Artikel 15 Absatz 9 der Delegierten Verordnung (EU) 2016/438 verwiesen.

(3) [1]Die Verwahrstelle stellt der Bundesanstalt auf Anfrage alle Informationen zur Verfügung, welche die Verwahrstelle im Rahmen der Erfüllung ihrer Aufgaben erhalten hat und die die Bundesanstalt oder die zuständigen Behörden des Herkunftsmitgliedstaates des OGAW oder der OGAW-Verwaltungsgesellschaft benötigen können. [2]Im Fall eines EU-OGAW oder einer EU-OGAW-Verwaltungsgesellschaft stellt die Bundesanstalt den zuständigen Behörden des Herkunftsmitgliedstaates des EU-OGAW oder der EU-OGAW-Verwaltungsgesellschaft die erhaltenen Informationen unverzüglich zur Verfügung.

(4) [1]Erlässt die Bundesanstalt gegenüber der Verwahrstelle Maßnahmen auf Grundlage des § 46 Absatz 1 Satz 2 Nummer 4 bis 6 des Kreditwesengesetzes oder wird ein Moratorium nach § 46g des Kreditwesengesetzes erlassen, hat die OGAW-Kapitalverwaltungsgesellschaft unverzüglich eine neue Verwahrstelle zu beauftragen; Absatz 1 bleibt unberührt. [2]Bis zur Beauftragung der neuen Verwahrstelle kann die OGAW-Kapitalverwaltungsgesellschaft mit Genehmigung der Bundesanstalt bei einem anderen Kreditinstitut im Sinne des § 68 Absatz 3 ein Sperrkonto errichten, über das die OGAW-Kapitalverwaltungsgesellschaft Zahlungen für Rechnung des inländischen OGAW tätigen oder entgegennehmen kann.

19 VerwahrstellenRS, Ziff. 2.3.

In der Fassung vom 4.7.2013 (BGBl. I 2013, S. 1981), zuletzt geändert durch das Zweite Finanzmarktnovellierungsgesetz (2. FiMaNoG) vom 23.6.2017 (BGBl. I 2017, S. 1693).

Schrifttum: S. Vor §§ 68 ff.

I. Genehmigung der Bestellung und des Wechsels (§ 69 Abs. 1 Satz 1 und 2 KAGB)

1 § 69 KAGB regelt bestimmte Maßnahmen, die der **Aufsicht der BaFin** unterliegen und aus denen sich Informationspflichten der Verwahrstelle dieser gegenüber ergeben. Die Norm entspricht im Wesentlichen dem aufgehobenen § 21 InvG.[1] Die Verweise auf das Abwicklungsrecht wurden durch das OGAW-V-UmsG eingefügt.

2 Die Pflicht zur **Genehmigung der Bestellung und des Wechsels der Verwahrstelle** knüpft an die allgemeine Pflicht der Kapitalverwaltungsgesellschaft an, gem. § 68 Abs. 1 KAGB eine geeignete Verwahrstelle für den OGAW zu beauftragen. Dadurch wird zum Schutze der Anleger sichergestellt, dass die ausgewählte Verwahrstelle die gesetzlichen Anforderungen, insbesondere nach § 68 Abs. 2 bis 5 KAGB, erfüllt. Bei dem Wechsel der Verwahrstelle handelt es sich im Grundsatz um die Auswahl einer neuen Verwahrstelle aufgrund der vertraglichen Beendigung (z.B. durch Kündigung) des Verwahrstellenvertrages, so dass diese ebenfalls zuvor der Genehmigung der BaFin bedarf. Der Antrag auf Genehmigung ist seitens der Kapitalverwaltungsgesellschaft zu stellen. Insbesondere die Lebensläufe der für die Verwahrstellenfunktion zuständigen Geschäftsleiter, der Geschäftsplan, eine Darstellung der organisatorischen Vorkehrungen einschließlich der personellen Struktur und Ausstattung, Verwahrstellenvertrag und gegebenenfalls die Bestätigung der Zweigniederlassung über die Prüfung nach § 68 Abs. 7 Satz 1 KAGB, sind der BaFin im Genehmigungsverfahren durch die Kapitalverwaltungsgesellschaft oder Verwahrstelle vorzulegen. Sofern das betreffende Institut bereits mit Genehmigung der BaFin als Verwahrstelle für Investmentvermögen gleicher Art tätig ist und die BaFin nicht ausdrücklich die Unterlagen anfordert, ist die Vorlage entbehrlich.[2]

3 § 69 Abs. 1 Satz 2 KAGB bestimmt, dass die BaFin gegebenenfalls auch dazu ermächtigt ist, die Genehmigung mit **Nebenbestimmungen** zu verbinden. Daraus ergibt sich, dass es sich bei der Genehmigung um einen gebundenen Verwaltungsakt handelt, denn nur bei einem Anspruch auf den Erlass eines Verwaltungsaktes bedarf es einer ausdrücklichen Zulassung von Nebenbestimmungen durch Rechtsvorschrift (vgl. § 36 Abs. 1 VwVfG). Der BaFin als Behörde steht folglich kein Ermessen bezüglich der Genehmigung zu. Vielmehr muss sie diese erteilen, wenn die in § 68 Abs. 2 bis 5 KAGB genannten Voraussetzungen erfüllt sind.[3]

4 Gegen die **Ablehnung des Genehmigungsantrags** ist gem. § 70 VwGO zunächst Widerspruch einzulegen. Hilft die Behörde diesem nicht ab, kann der Verwaltungsrechtsweg beschritten werden. Fraglich ist lediglich, welche Klageart statthaft ist. Teilweise wird für eine Anfechtungsklage plädiert,[4] größtenteils aber wohl eher von einer Verpflichtungsklage in Form der Versagungsgegenklage, gerichtet auf Erlass der abgelehnten Genehmigung, ausgegangen.[5] Dies überzeugt, denn die Statthaftigkeit der Klage richtet sich gem. § 88 VwGO nach dem Klägerbegehren. Dem Kläger ist jedoch mit einer bloßen Anfechtung nicht gedient. Vielmehr kann er erst durch die Verpflichtungsklage den begehrten Verwaltungsakt erhalten.

1 Begr. RegE, BT-Drucks. 17/12294, S. 229.
2 VerwahrstellenRS, Ziff. 2.4.
3 *Köndgen* in Berger/Steck/Lübbehüsen, § 21 InvG Rz. 5.
4 *Beckmann* in Beckmann/Scholtz/Vollmer, § 21 InvG Rz. 11.
5 *Karcher* in Baur/Tappen, § 69 KAGB Rz. 10; *Köndgen* in Berger/Steck/Lübbehüsen, § 21 InvG Rz. 6.

II. Verfahren für den Fall der Übertragungsanordnung (§ 69 Abs. 1 Satz 3 bis 5 KAGB)

Sofern die **Abwicklungsvoraussetzungen** nach § 62 oder § 64 des durch das BRRD-UmsG eingeführte Sanierungs- und Abwicklungsgesetz (**SAG**) erfüllt sind, ist die BaFin nach §§ 107 ff. SAG befugt, im Wege einer Übertragungsanordnung Anteile, das gesamte oder nur einen Teil des Vermögens des Kreditinstituts, einschließlich seiner Verbindlichkeiten, auf einen übernehmenden Rechtsträger auszugliedern. § 69 Abs. 1 Satz 3 bis 5 KAGB stellt für diesen Fall klar, dass der durch die Anordnung herbeigeführte Verwahrstellenwechsel als genehmigt gilt, sobald die Anordnung der Verwahrstelle gegenüber gem. § 114 SAG bekannt gegeben wird. 5

Die BaFin hat die OGAW-Kapitalverwaltungsgesellschaft umgehend über den Wechsel zu informieren. Die Vorschrift hat im Rahmen des OGAW V-UmsG eine redaktionelle Änderung erfahren. Die §§ 48a ff. KWG wurden aufgehoben und durch die §§ 107 ff. SAG ersetzt.[6] 6

III. Befugnis der BaFin zum Auferlegen eines Wechsels der OGAW-Verwahrstelle (§ 69 Abs. 2 KAGB)

§ 69 Abs. 2 Satz 1 und 2 KAGB ermächtigen die BaFin, der OGAW-Kapitalverwaltungsgesellschaft jederzeit einen **Wechsel der Verwahrstelle** aufzuerlegen, insbesondere dann, wenn diese ihre gesetzlichen oder vertraglichen Pflichten nicht ordnungsgemäß erfüllt oder die in § 68 Abs. 5 KAGB vorgeschriebene Mindesthöhe des Anfangskapitals unterschreitet. Allerdings können auch Verstöße außerhalb des KAGB einen angeordneten Wechsel rechtfertigen. 7

Bei ihrer Entscheidung hat die BaFin die Grundsätze pflichtgemäßen Ermessens, insbesondere den **Verhältnismäßigkeitsgrundsatz** zu beachten und den Schutz der Anleger gegen die Folgen für die Verwahrstelle und Kapitalverwaltungsgesellschaft, unter Berücksichtigung der Schwere des Verstoßes, abzuwägen.[7] Rechtsfolge dieser Anordnung ist die rechtliche Unmöglichkeit der Verwahrstellenleistung, die durch eine Kündigung aus wichtigem Grund gem. § 314 BGB seitens der Kapitalverwaltungsgesellschaft geltend zu machen ist. In der Praxis wird nichtsdestotrotz eine entsprechende klarstellende Kündigungsklausel aufgenommen.[8] Zugleich hat sie eine neue Verwahrstelle zu beauftragen, die wiederum der Genehmigung der BaFin bedarf. 8

Die Klarstellungen betreffend die **Informationspflichten** in § 69 Abs. 2 Satz 3 KAGB wurden durch das 2. FiMaNoG eingeführt. In der Gesetzesbegründung des 2. FiMaNoG führt der Gesetzgeber aus:[9] „Die Einfügung des Satzes 3 in Absatz 2 erfolgt vor dem Hintergrund der Delegierten Verordnung (EU) 2016/438, die die Europäische Kommission auf Grund der neu eingefügten Artikel 26b Buchstabe e in Verbindung mit Artikel 22a Absatz 3 Buchstabe d der Richtlinie 2009/65/EG erlassen hat. In dieser Verordnung werden die Schritte festgelegt, die ein Unterverwahrer zur Sicherstellung der Insolvenzfestigkeit der Vermögensgegenstände des OGAW unternehmen muss, damit eine Unterverwahrung zulässig ist. Die Verordnung sieht in diesem Zusammenhang in Artikel 15 Absatz 9 Mitteilungspflichten der OGAW-Kapitalverwaltungsgesellschaft bzw. der EUOGAW-Verwaltungsgesellschaft gegenüber der zuständigen Aufsichtsbehörde vor, die hier in Bezug genommen werden." Nach Maßgabe der Anordnung in der Delegierten Verordnung hat eine entsprechende Mitteilung unverzüglich an die BaFin zu erfolgen, wenn die Sonderverwahrung der Vermögenswerte eines OGAW im Falle der Insolvenz der Dritten, denen die Verwahrungsfunktionen gem. Art. 22a der OGAW-RL übertragen wurden, d.h. eines Unterverwahrers, nicht mehr im geltenden Insolvenzrecht und in der Rechtsprechung anerkannt wird oder darin nicht mehr sichergestellt wird, dass die Vermögenswerte der OGAW-Kunden der Verwahrstelle nicht Teil des Vermögens des Unterverwahrers im Falle der Insolvenz sind und nicht für die Ausschüttung oder Realisierung zugunsten von Gläubigern jener Unterverwahrer zur Verfügung stehen. 9

---

6 Begr. RegE, BT-Drucks. 18/6744, S. 53.

7 *Beckmann* in Beckmann/Scholtz/Vollmer, § 21 InvG Rz. 15 f.; *Köndgen* in Berger/Steck/Lübbehüsen, § 21 InvG Rz. 7 f.

8 Vgl. statt aller: *Koch* in Moritz/Klebeck/Jesch, § 69 KAGB Rz. 20.

9 Begr. RegE, BT-Drucks. 18/10936, S. 276.

IV. Pflicht zur Bereitstellung von Informationen auf Anordnung der BaFin (§ 69 Abs. 3 KAGB)

10 § 69 Abs. 3 KAGB verpflichtet die Verwahrstelle, auf Anordnung der BaFin, alle **Informationen zur Verfügung zu stellen**, die sie zur Erfüllung ihrer Aufgaben erhalten hat und welche die BaFin bzw. die jeweils zuständige Behörde des Herkunftsstaates des OGAW oder dessen Verwaltungsgesellschaft benötigen könnten. Im letzteren Fall hat die BaFin der zuständigen Behörde die erhaltenen Informationen unverzüglich zu Verfügung zu stellen. Die Regelung entspricht § 86 KAGB, auf dessen Kommentierung verwiesen werden kann.

V. Regelungen im Zusammenhang mit Maßnahmen der BaFin auf der Grundlage des KWG (§ 69 Abs. 4 KAGB)

11 § 69 Abs. 4 KAGB schreibt ausdrücklich einen **Verwahrstellenwechsel** vor, wenn die BaFin gegenüber der Verwahrstelle Maßnahmen nach § 46 Abs. 1 Satz 2 Nr. 4 bis 6 KWG oder ein Moratorium nach § 46g KWG erlässt, wobei die Auswahl der neuen Verwahrstelle wieder nach § 69 Abs. 1 Satz 1 KAGB genehmigungspflichtig ist. Bei den Maßnahmen nach § 46 Abs. 1 Satz 2 Nr. 4 bis 6 KWG handelt es sich um vorübergehende Veräußerungs- und Zahlungsverbote, die Schließung des Instituts oder das Verbot der Entgegennahme von Zahlungen, die nicht zur Erfüllung von Verbindlichkeiten gegenüber dem Institut bestimmt sind, welche die BaFin treffen kann, wenn Gefahr für die Erfüllung der Verpflichtungen eines Instituts gegenüber seinen Gläubigern, insbesondere für die Sicherheit der ihm anvertrauten Vermögenswerte oder der begründete Verdacht, dass eine wirksame Aufsicht über das Institut nicht möglich ist, besteht. Bei einem Moratorium nach § 46g KWG gewährt die Bundesregierung der Verwahrstelle durch Rechtsverordnung einen Aufschub für die Erfüllung ihrer Verbindlichkeiten, wenn wirtschaftliche Schwierigkeiten bei Kreditinstituten zu befürchten sind, die schwerwiegende Gefahren für die Gesamtwirtschaft, insbesondere den geordneten Ablauf des allgemeinen Zahlungsverkehrs erwarten lassen.

12 Damit die OGAW-Kapitalverwaltungsgesellschaft finanziell handlungsfähig bleibt, erlaubt Satz 2 der Vorschrift dieser für die Übergangszeit, vorbehaltlich einer entsprechenden Genehmigung der BaFin, bei einem anderen Kreditinstitut i.S.d. § 68 Abs. 3 KAGB ein **Sperrkonto** zu errichten.

13 Die Verwahrstelle hat für dieses Szenario im Vorfeld ein **Notfallkonzept** zu entwickeln. Die im Notfallkonzept festgelegten Maßnahmen müssen dazu geeignet sein, das Ausmaß möglicher Schäden zu reduzieren. Die Wirksamkeit und Angemessenheit des Notfallkonzeptes ist regelmäßig durch Notfalltests zu überprüfen. Kann die Verwahrstelle ihre Verwahrstellenfunktion nicht mehr oder nur noch sehr eingeschränkt wahrnehmen, müssen die Maßnahmen auch eine unverzügliche Einleitung eines Verwahrstellenwechsels vorsehen.[10]

§ 70 Interessenkollision

(1) Die Verwahrstelle handelt bei der Wahrnehmung ihrer Aufgaben ehrlich, redlich, professionell, unabhängig und ausschließlich im Interesse des inländischen OGAW und seiner Anleger.

(2) [1]Die Verwahrstelle darf keine Aufgaben in Bezug auf den inländischen OGAW oder die für Rechnung des inländischen OGAW tätige OGAW-Verwaltungsgesellschaft wahrnehmen, die Interessenkonflikte zwischen dem inländischen OGAW, den Anlegern des inländischen OGAW, der OGAW-Verwaltungsgesellschaft und ihr selbst schaffen könnten. [2]Dies gilt nicht, wenn eine funktionale und hierarchische Trennung der Ausführung ihrer Aufgaben als Verwahrstelle von ihren potenziell dazu in Konflikt stehenden Aufgaben vorgenommen wurde und die potenziellen Interessenkonflikte ordnungsgemäß ermittelt, gesteuert, beobachtet und den Anlegern des inländischen OGAW gegenüber offengelegt werden. [3]Die Verwahrstelle hat durch Vorschriften zu Organisation und Verfahren sicherzustellen, dass bei der Wahrnehmung ihrer Aufgaben Interessenkonflikte zwischen der Verwahrstelle und der OGAW-Verwaltungsgesellschaft vermieden werden. [4]Die Einhaltung dieser Vorschriften ist von einer bis auf Ebene der Geschäftsführung unabhängigen Stelle zu überwachen.

(3) Zur Vermeidung von Interessenkonflikten zwischen der Verwahrstelle, der OGAW-Kapitalverwaltungsgesellschaft oder dem inländischen OGAW oder seinen Anlegern darf eine OGAW-Kapital-

10 BaFin Rundschreiben 5/2010 vom 30.6.2010 – Geschäftszeichen WA-41 Wp 2136-2008/0009, Ziff. 7.3.

verwaltungsgesellschaft nicht die Aufgaben einer Verwahrstelle und eine Verwahrstelle nicht die Aufgaben einer OGAW-Kapitalverwaltungsgesellschaft wahrnehmen.

(4) Für nähere Einzelheiten zu den Anforderungen an Verwahrstellen zur Erfüllung ihrer Pflicht, im Sinne des Absatzes 1 bei der Wahrnehmung ihrer Aufgaben unabhängig von der OGAW-Kapitalverwaltungsgesellschaft zu handeln, wird auf Artikel 21 Buchstabe a bis c und e, Artikel 22 Absatz 5, die Artikel 23 und 24 der Delegierten Verordnung (EU) 2016/438 verwiesen.

(5) [1]Die von der Verwahrstelle verwahrten Vermögensgegenstände dürfen nur wiederverwendet werden, sofern die Verwahrstelle sicherstellt, dass

1. die Wiederverwendung der Vermögensgegenstände für Rechnung des inländischen OGAW erfolgt,

2. die Verwahrstelle den Weisungen der im Namen des inländischen OGAW handelnden OGAW-Verwaltungsgesellschaft Folge leistet,

3. die Wiederverwendung dem inländischen OGAW zugutekommt sowie im Interesse der Anleger liegt und

4. die Transaktion durch liquide Sicherheiten hoher Qualität gedeckt ist,

(a) die der inländische OGAW gemäß einer Vereinbarung über eine Vollrechtsübertragung erhalten hat und

(b) deren Verkehrswert jederzeit mindestens so hoch ist wie der Verkehrswert der wiederverwendeten Vermögensgegenstände zuzüglich eines Zuschlags.

[2]Als Wiederverwendung gilt jede Transaktion verwahrter Vermögensgegenstände, einschließlich Übertragung, Verpfändung, Verkauf und Leihe; hinsichtlich der Weiterverwendung von als Sicherheit erhaltenen Finanzinstrumenten wird auf Artikel 15 der Verordnung (EU) 2015/2365 verwiesen.

In der Fassung vom 4.7.2013 (BGBl. I 2013, S. 1981), zuletzt geändert durch das Zweite Finanzmarktnovellierungsgesetz (2. FiMaNoG) vom 23.6.2017 (BGBl. I 2017, S. 1693).

Schrifttum: S. Vor §§ 68 ff.

I. Überblick, Entstehungsgeschichte und Regelungszweck

1 § 70 KAGB regelt im Wesentlichen die Vermeidung und Steuerung von potentiellen **Interessenkonflikten**, die zwischen Kapitalverwaltungsgesellschaft und der Verwahrstelle bei der Ausübung ihrer jeweiligen Tätigkeiten auftreten können. Die Norm geht im Wesentlichen auf § 22 des aufgehobenen InvG zurück.

2 § 70 Abs. 1 KAGB enthält ein **allgemeines Gebot der Interessenwahrung** im Verhältnis der Verwahrstelle zu dem inländischen OGAW und seinen Anlegern. Die Verwahrstelle ist ausschließlich dem Schutze der Anleger verpflichtet und muss in deren Interesse handeln. Die Abs. 2 bis 5 der Vorschrift konkretisieren dieses Gebot durch einzelne Ge- und Verbote. § 70 Abs. 2 KAGB regelt die organisatorischen Anforderungen an die Vermeidung und Steuerung von Interessenkonflikten.

3 § 70 Abs. 1 KAGB wurde im Zuge des OGAW V-UmsG neu gefasst. Die vormalige Fassung lautete: „Bei der Wahrnehmung ihrer Aufgaben handelt die Verwahrstelle unabhängig von der OGAW-Verwaltungsgesellschaft und ausschließlich im Interesse der Anleger." Die **Neufassung** dient der Umsetzung des neu gefassten Art. 25 der OGAW-RL. Gegenüber der vorherigen Fassung ergeben sich trotzdem keine materiellen Änderungen. § 70 Abs. 2 Satz 1 KAGB ist an Art. 21 Abs. 10 Unterabs. 2 der OGAW-RL angelehnt.[1]

4 Satz 2 des § 70 Abs. 2 KAGB wurde ebenfalls **im Rahmen des OGAW V-UmsG geändert** und dient der Umsetzung des Abs. 2 Unterabs. 2 des neu gefassten Art. 25 der OGAW-RL.[2] In § 70 Abs. 2 Satz 2 KAGB wurde das Wort „Aufgaben" durch die Wörter „Ausführung ihrer Aufgaben als Verwahrstelle von ihren potenziell dazu in Konflikt stehenden Aufgaben" ersetzt. Materiell handelt es sich dabei nur um eine sprach-

1 Begr. RegE, BT-Drucks. 17/12294, S. 230.
2 Begr. RegE, BT-Drucks. 18/6744 (Vorabfassung), S 53.

liche Klarstellung. § 70 Abs. 2 Satz 3 und 4 KAGB entsprechen dem aufgehobenen § 22 Abs. 1 Satz 3 und 4 InvG.[3]

5 Sowohl Abs. 1 als auch Abs. 2 der Vorschrift sind mit dem Wortlaut der **Parallelvorschrift** in § 85 Abs. 1 und 2 KAGB nahezu identisch, so dass auf die dortige Kommentierung verwiesen wird (§ 85 Rz. 8 ff.).

6 § 70 Abs. 3 KAGB bestimmt, dass zur **Vermeidung von Interessenkonflikten** eine OGAW-Kapitalverwaltungsgesellschaft nicht die Aufgaben einer Verwahrstelle und eine Verwahrstelle nicht die Aufgaben einer OGAW-Kapitalverwaltungsgesellschaft wahrnehmen darf. Entsprechendes ist in § 85 Abs. 4 Nr. 1 KAGB für die AIF-Verwahrstelle geregelt. Auch hier stellt die Vorschrift klar, was sich eigentlich schon aus dem Gebot der wechselseitigen Unabhängigkeit beider Institutionen und damit letztlich dem Grundgedanken der Errichtung eines „Investmentdreiecks" ergibt: Das Gesetz räumt beiden Institutionen im Verhältnis zueinander eine selbständige, am Interesse der Anteilinhaber ausgerichtete Stellung ein und verpflichtet jede von ihnen zur Überwachung der Tätigkeit der jeweils anderen.[4] Die Vorschrift wurde durch das OGAW V-UmsG ergänzt, was der Umsetzung des Abs. 1 des neu gefassten Art. 25 der OGAW-RL dient:[5] Nach den Wörtern „die Aufgaben einer Verwahrstelle" wurden die Wörter „und eine Verwahrstelle nicht die Aufgaben einer OGAW-Kapitalverwaltungsgesellschaft" eingefügt, was lediglich der Erhöhung der Normklarheit dient. Auch bisher war es bei Beachtung der sog. „Divisionslösung" zulässig, dass die Verwahrstelle (Depotbank) Aufgaben der Kapitalverwaltungsgesellschaft (KVG) einlagert. Verboten ist damit lediglich die „originäre Übernahme" von Aufgaben.

7 § 70 Abs. 4 KAGB wurde durch das 2. FiMaNoG neu gefasst. Hinsichtlich der Anforderungen an Verwahrstellen, zur Erfüllung ihrer Pflichten i.S.d. § 70 Abs. 1 KAGB bei der Wahrnehmung unabhängig von der OGAW-Kapitalverwaltungsgesellschaft zu handeln, sind zudem die Art. 20 Buchst. a bis c und e, Art. 21 Abs. 2, Art. 22 Abs. 1 und Art. 23 der **Delegierten Verordnung (EU) Nr. 2016/438**, die die Europäische Kommission auf Grund des neu eingefügten Art. 26b Buchst. h i.V.m. dem neu gefassten Art. 25 Abs. 2 der OGAW-RL zur Festlegung der Bedingungen zur Erfüllung des Gebots der Unabhängigkeit zwischen Verwaltungsgesellschaft und Verwahrstelle erlassen hat, zu berücksichtigen. Art. 21 Buchst. a bis c und e, Art. 22 Abs. 2, Art. 23 und Art. 24 bestimmen die Anforderungen an die Unabhängigkeit der Verwahrstelle näher.[6]

8 § 70 Abs. 5 KAGB stellt eine wesentliche Neuerung dar (vgl. auch III., Rz. 16 ff.).

II. Anforderungen an die Unabhängigkeit nach Maßgabe der Delegierten Verordnung

9 **§ 70 Abs. 4 KAGB lautete zunächst**: „Geschäftsleiter, Prokuristen und die zum gesamten Geschäftsbetrieb ermächtigten Handlungsbevollmächtigten der Verwahrstelle dürfen nicht gleichzeitig Angestellte der OGAW-Kapitalverwaltungsgesellschaft sein. Geschäftsleiter, Prokuristen und die zum gesamten Geschäftsbetrieb ermächtigten Handlungsbevollmächtigten der OGAW-Kapitalverwaltungsgesellschaft dürfen nicht gleichzeitig Angestellte der Verwahrstelle sein."

10 Die heutige Fassung wurde durch das **2. FiMaNoG** eingeführt. In der Gesetzesbegründung des 2. FiMaNoG führt der Gesetzgeber aus:[7] „Der neu gefasste Abs. 4 verweist auf die Delegierte Verordnung (EU) 2016/438, die die Europäische Kommission auf Grund des neu eingefügten Art. 26b Buchstabe h in Verbindung mit dem neu gefassten Art. 25 Abs. 2 der Richtlinie 2009/65/EG zur Festlegung der Bedingungen zur Erfüllung des Gebotes der Unabhängigkeit zwischen Verwaltungsgesellschaft und Verwahrstelle erlassen hat. In den in Bezug genommenen Art. 21 Buchstabe a bis c und e, Art. 22 Abs. 5, Art. 23 und 24 werden die Anforderungen an die Unabhängigkeit der Verwahrstelle näher bestimmt."

11 Die Delegierte Verordnung (EU) Nr. 2016/438 der Kommission vom 17.12.2015 zur Ergänzung der Richtlinie 2009/65/EG des Europäischen Parlaments und des Rates in Bezug auf die Pflichten der Verwahrstellen (**Delegierte Verordnung**) enthält zum Schutz der Anleger insbesondere Anforderungen betreffend die Unabhängigkeit der Verwahrstelle von der Verwaltungsgesellschaft und Bestimmungen betreffend Interessenkonflikte.

3 Begr. RegE, BT-Drucks. 17/12294, S. 230.
4 BGH v. 18.9.2001 – XI ZR 337/00, WM 2001, 2053 (2054).
5 Begr. RegE, BT-Drucks. 18/6744, S 53.
6 Begr. RegE, BT-Drucks. 18/6744, S 53.
7 Begr. RegE, BT-Drucks. 18/10936, S. 276.

In Art. 21 der Delegierten Verordnung werden zunächst **grundsätzliche Anforderungen** an die Verwaltungsgesellschaft und die Verwahrstelle festgehalten. Danach darf ein Mitglied des Leitungsorgans der einen zu keinem Zeitpunkt gleichzeitig auch Mitglied des „Leitungsorgans" (sprich der Geschäftsleitung) der anderen oder auch nur Mitarbeiter der anderen sein. Beispielsweise kann eine Person, die Mitarbeiter der Verwahrstelle ist nicht auch gleichzeitig dem Leitungsorgan der Verwaltungsgesellschaft angehören. 12

Neben der Unabhängigkeit des jeweiligen Leitungsorgans bestimmt Art. 21 Buchst. e, dass auch die **„Aufsichtsorgane"** (sprich der jeweilige Aufsichtsrat) voneinander unabhängig sein müssen. Das Aufsichtsorgan der Verwahrstelle darf höchstens zu einem Drittel aus Mitgliedern bestehen, die gleichzeitig Mitglieder des Leitungs- oder Aufsichtsorgans oder Mitarbeiter der Verwaltungsgesellschaft sind. In Bezug auf die Unabhängigkeit von Verwahrstellen zu der eine Verbindung oder Gruppenverbindung seitens der Verwaltungsgesellschaft besteht, gibt Art. 24 der Delegierten Verordnung besondere Vorgaben vor: Soweit dies eine geringere Anforderung darstellt, soll es nach Art. 24 der Delegierten Verordnung genügen, wenn mindestens zwei Mitglieder des Leitungs- bzw. Aufsichtsorgans der jeweiligen Gesellschaft unabhängig voneinander sind. 13

Nach Maßgabe des Art. 22 Abs. 1 der Delegierten Verordnung ist die Verwaltungsgesellschaft verpflichtet, die Verwahrstelle nach **objektiven Kriterien** und ausschließlich im Sinne des alleinigen Interesses des OGAW und seiner Anleger auszuwählen. Soweit die Verwaltungsgesellschaft eine Verwahrstelle auswählt, zu der eine Verbindung oder Gruppenverbindung besteht, muss die Verwaltungsgesellschaft folgendes vorhalten, um die ordnungsgemäße Auswahl der Verwahrstelle nachzuweisen: 14

- eine Bewertung, in der die Vorzüge der Bestellung einer Verwahrstelle mit Verbindung oder Gruppenverbindung mit den Vorzügen der Bestellung einer Verwahrstelle ohne eine solche Verbindung oder Gruppenverbindung mit der Verwaltungsgesellschaft verglichen werden; dabei sind insbesondere die folgenden Kriterien zu berücksichtigen: (i) die Kosten, (ii) das Fachwissen, (iii) die finanzielle Leistungsfähigkeit und (iv) die Qualität der von allen bewerteten Verwahrstellen bereitgestellten Dienstleistungen, und
- einen Bericht auf der Grundlage dieser Bewertung, in dem beschrieben wird, inwiefern die Bestellung dem vorgeschriebenen Auswahlprozess genügt.

Für den Fall der Bestellung einer Verwahrstelle zu der eine **Verbindung oder Gruppenverbindung** besteht, schreibt Art. 23 der Delegierten Verordnung mit Blick auf etwaige Interessenkonflikte vor, dass die Verwaltungsgesellschaft und die Verwahrstelle Richtlinien und Verfahren implementieren müssen, um sicherzustellen, dass alle aus dieser Verbindung resultierenden Interessenkonflikte erkannt werden und alle angemessenen Maßnahmen zur Vermeidung solcher Interessenkonflikte ergriffen werden. Für den Fall, dass ein Interessenkonflikt nicht vermieden werden kann, soll dieser durch die Verwaltungsgesellschaft und die Verwahrstelle geregelt, überwacht und offengelegt werden, um nachteilige Auswirkungen auf die Interessen des OGAW und seine Anleger zu verhindern. 15

III. Anforderungen an die Rehypothekation (§ 70 Abs. 5 KAGB)

§ 70 Abs. 5 KAGB wurde im Rahmen des **OGAW V-UmsG gestrichen und neu gefasst**. § 80 Abs. 5 KAGB a.F. lautete: „Die Verwahrstelle darf die zum inländischen OGAW gehörenden Vermögensgegenstände nicht wiederverwenden." Galt zuvor noch das Verbot der Rehypothekation, ist eine Wiederverwendung der verwahrten Vermögensgegenstände nunmehr unter bestimmten Bedingungen zulässig. 16

So muss die Verwahrstelle sicherstellen, dass die **Wiederverwendung der Vermögensgegenstände** für Rechnung des inländischen OGAW erfolgt (§ 70 Abs. 5 Satz 1 Nr. 1 KAGB), die Verwahrstelle den Weisungen der im Namen des inländischen OGAW handelnden OGAW-Verwaltungsgesellschaft Folge leistet (§ 70 Abs. 5 Satz 1 Nr. 2 KAGB) und die Wiederverwendung dem inländischen OGAW zugutekommt sowie im Interesse der Anleger liegt (§ 70 Abs. 5 Satz 1 Nr. 3 KAGB). Die Rehypothekation ist (u.a.) im Interesse der Anleger, wenn durch diese Form des „efficient portfolio management" Zusatzerträge für das Investmentvermögen generiert werden. 17

Ferner hat die Verwahrstelle sicherzustellen, dass die Transaktion durch **liquide Sicherheiten hoher Qualität** gedeckt ist, die der inländische OGAW gemäß einer Vereinbarung über eine Vollrechtsübertragung erhalten hat (§ 70 Abs. 5 Satz 1 Nr. 4 Buchst. a KAGB) und deren Verkehrswert jederzeit mindestens so hoch ist wie der Verkehrswert der wiederverwendeten Vermögensgegenstände zuzüglich eines Zuschlags (§ 70 Abs. 5 Satz 1 Nr. 4 Buchst. b KAGB). Diese Pflicht zur Vollbesicherung dient den Interessen der Anleger und minimiert den zusätzlichen „Leverage" im Finanzsystem. Der „Zuschlag" kann, bis zur Herausbildung einer anderweitigen Verwaltungspraxis z.B. durch „Hinzurechnung" der Haircuts nach Maßgabe des 18

Art. 224 CRR bemessen werden. Der Gesetzeswortlaut kennt in diesem Zusammenhang keine Begrenzung auf Schuldinstrumente.

19 § 70 Abs. 5 Satz 2 KAGB konkretisiert den **Begriff der „Wiederverwendung"**, wonach jede Transaktion verwahrter Vermögensgegenstände, einschließlich Übertragung, Verpfändung, Verkauf und Leihe, als solche gilt. Damit sind augenscheinlich die üblichen Transaktionsarten Wertpapierpension, („Repo") und Wertpapierleihe („Securities Lending") gemeint. Dies könnte bei Gelegenheit klargestellt werden.

20 Über den Verweis in § 85 Abs. 3 KAGB gilt die Norm entsprechend für **Publikums-AIF**.

21 Die **Neufassung** dient der Umsetzung des neu gefassten Art. 22 Abs. 7 der OGAW-RL. In der Gesetzesbegründung wird darauf hingewiesen, dass es einer Regelung, die eine Geltung des § 80 Abs. 5 KAGB auch für einen **Unterverwahrer** anordnet, nicht bedarf, da § 73 Abs. 1 Nr. 4 Buchst. d KAGB bestimmt, dass die Pflichten nach § 70 Abs. 5 Satz 1 KAGB auch vom Unterverwahrer einzuhalten sind.[8] Gemeint sein dürfte der neue § 73 Abs. 1 Nr. 4 Buchst. e KAGB.

22 Der zweite Halbsatz des § 70 Abs. 5 KAGB wurde durch das **2. FiMaNoG** eingefügt. Die in Bezug genommene Verordnung (EU) 2015/2365 ist die sog. „SFTR".[9] Art. 15 derselben enthält Bestimmungen, die eine zivilrechtliche Risikoaufklärung gegenüber den Gegenparteien sowie Zustimmungserfordernisse betreffen.

§ 71 Ausgabe und Rücknahme von Anteilen oder Aktien eines inländischen OGAW

(1) [1]Die Verwahrstelle hat die Anteile oder Aktien eines inländischen OGAW auszugeben und zurückzunehmen. [2]Anteile oder Aktien dürfen nur gegen volle Leistung des Ausgabepreises ausgegeben werden. [3]Sacheinlagen sind vorbehaltlich von § 180 Absatz 4 sowie § 190 Absatz 1 und 2 unzulässig.

(2) [1]Der Preis für die Ausgabe von Anteilen oder Aktien (Ausgabepreis) muss dem Nettoinventarwert des Anteils oder der Aktie am inländischen OGAW zuzüglich eines in den Anlagebedingungen festzusetzenden Aufschlags gemäß § 165 Absatz 2 Nummer 8 entsprechen. [2]Der Ausgabepreis ist an die Verwahrstelle zu entrichten und von dieser abzüglich des Aufschlags unverzüglich auf einem für den inländischen OGAW eingerichteten gesperrten Konto zu verbuchen.

(3) [1]Der Preis für die Rücknahme von Anteilen oder Aktien (Rücknahmepreis) muss dem Nettoinventarwert des Anteils oder der Aktie am inländischen OGAW abzüglich eines in den Anlagebedingungen festzusetzenden Abschlags gemäß § 165 Absatz 2 Nummer 8 entsprechen. [2]Der Rücknahmepreis ist, abzüglich des Abschlags, von dem gesperrten Konto an den Anleger zu zahlen.

(4) Der Ausgabeaufschlag nach Maßgabe von Absatz 2 Satz 1 und der Rücknahmeabschlag nach Maßgabe von Absatz 3 Satz 1 können an die OGAW-Verwaltungsgesellschaft ausgezahlt werden.

In der Fassung vom 4.7.2013 (BGBl. I 2013, S. 1981).

Schrifttum: S. Vor §§ 68 ff.

8 Begr. RegE, BT-Drucks. 18/6744, S. 54.

9 Verordnung (EU) 2015/2365 des Europäischen Parlaments und des Rates vom 25.11.2015 über die Transparenz von Wertpapierfinanzierungsgeschäften und der Weiterverwendung sowie zur Änderung der Verordnung (EU) Nr. 648/2012 (Text von Bedeutung für den EWR).

I. Überblick, Entstehungsgeschichte und Regelungszweck

Die Vorschrift regelt die Ausgabe und Rücknahme von Anteilen und Aktien durch die Verwahrstelle und korrespondiert mit der Kontrollpflicht nach § 76 Abs. 1 Nr. 1 KAGB.[1] § 71 KAGB geht im Wesentlichen auf den aufgehobenen § 23 InvG zurück.[2] Zweck der Vorschrift ist es, die Verwahrung des Investmentvermögens, insbesondere die rechtliche und physische Sonderung des Portfolios vom Eigenvermögen der Kapitalverwaltungsgesellschaft bereits beim Zufluss und später auch beim Abfluss von Anlegergeldern zu sichern.[3] 1

§ 71 Abs. 2 und 3 KAGB bestimmen, dass sowohl der Ausgabe- als auch Rücknahmepreis dem Nettoinventarwert des Anteils oder der Aktie am inländischen OGAW abzüglich eines in den Anlagebedingungen festzusetzenden (Ausgabe-)Aufschlags gem. § 165 Abs. 2 Nr. 8 KAGB[4] entsprechen muss. Der Ausgabepreis ist an die Verwahrstelle zu entrichten, den diese, abzüglich eines etwaigen Aufschlags, unverzüglich auf einem für den inländischen OGAW eingerichteten gesperrten Konto zu verbuchen hat (§ 71 Abs. 2 Satz 2 KAGB). § 71 Abs. 3 Satz 2 KAGB bestimmt umgekehrt für den Rücknahmepreis, dass dieser, abzüglich eines etwaigen (Rücknahme-)Abschlags, von dem Sperrkonto des inländischen OGAW an den Anleger zu zahlen ist. 2

Nach Maßgabe des **§ 71 Abs. 4 KAGB** kann der Ausgabe- bzw. Rücknahmeabschlag auch direkt an die OGAW-Kapitalverwaltungsgesellschaft ausgezahlt werden. Die Abs. 2 bis 4 der Vorschrift entsprechen im Wesentlichen der Regelung des aufgehobenen § 23 Abs. 2 InvG.[5] 3

II. Ausgabe und Rücknahme der Anteile oder Aktien (§ 71 Abs. 1 Satz 1 KAGB)

Zum Schutz der Anleger bestimmt **§ 71 Abs. 1 Satz 1 KAGB**, dass die Anteile und Aktien nicht durch die OGAW-Kapitalgesellschaft selbst, sondern durch die Verwahrstelle ausgegeben und zurückgenommen werden. Damit soll sichergestellt werden, dass die Kapitalverwaltungsgesellschaft nicht selbst über die Anlegergelder verfügt.[6] Die Ausgabe darf nur gegen volle Leistung des Ausgabepreises ausgegeben werden (§ 71 Abs. 1 Satz 2 KAGB). Ferner ist grundsätzlich die Leistung einer Sacheinlage unzulässig, sofern es sich nicht um eine Umwandlung des OGAW in einen Feederfonds (§ 180 Abs. 4 KAGB)[7] oder Verschmelzung durch Aufnahme respektive Neugründung (§ 190 Abs. 1 und 2 KAGB)[8] handelt. 4

War es früher im Rahmen des § 23 InvG noch streitig, ob die **Ausgabe und Rückgabe der Anteile oder Aktien** zur originären Pflicht der Verwahrstelle gehört oder ob sie hierbei lediglich als Stellvertreterin der Kapitalverwaltungsgesellschaft handelt, besteht heute weitestgehend Einigkeit darüber, dass sich die Zuständigkeit der Verwahrstelle ausschließlich auf die technische Abwicklung beschränkt. Die BaFin führt in dem VerwahrstellenRS[9] aus: 5

„Dabei ist nur die Entscheidung über die grundsätzliche Aufnahme, den Umfang und die Einstellung der Anteilsausgabe in einem Fonds als originäre Aufgabe der Kapitalverwaltungsgesellschaft (KVG) anzusehen, welche unter den Voraussetzungen eines Auslagerungsverhältnisses bei Einhaltung der Divisionslösung auf die Verwahrstelle oder einen Dritten übertragen werden darf. Das im Rahmen dieser Vorgaben durchgeführte börsentägliche Geschäft der Entgegennahme einzelner Kundenaufträge und deren Bedienung dient der technischen Abwicklung und kann daher wie bisher üblich durch die Verwahrstellen durchgeführt werden, ohne dass es dazu der Begründung eines gesonderten Auslagerungsverhältnisses bedarf." (Hervorhebungen der Bearbeiter)

Die obigen Ausführungen der BaFin finden sich in dem Abschnitt „Divisionslösung" des VerwahrstellenRS und sind in Ausführungen zur AIF-Verwahrstelle „eingebettet". Es ist jedoch nicht ersichtlich, dass im Bereich der OGAW eine grundsätzlich andere Aufgabenverteilung im Investmentdreieck gilt.

Wenn das Gesetz in § 71 Abs. 1 Satz 1 KAGB von der **„Ausgabe der Anteile oder Aktien"** spricht, so ist damit nicht etwa die Aushändigung effektiver Stücke (oder gar der Globalurkunde, in der die Anteile bzw. Aktien verbrieft sind) gemeint. Vielmehr betrifft die Ausgabe den Erwerb des „Anteils" an dem Investment- 6

1 Danach hat die Verwahrstelle sicherzustellen, dass die Ausgabe und Rücknahme von Anteilen und die Ermittlung des Wertes der Anteile den Vorschriften dieses Gesetzes und den Anlagebedingungen entsprechen.
2 Begr. RegE, BT-Drucks. 17/12294, S. 230.
3 *Köndgen* in Berger/Steck/Lübbehüsen, § 23 InvG Rz. 2.
4 Diese Vorschrift legt die Mindestangaben im Verkaufsprospekt fest. Weitere Details finden sich zudem in § 165 Abs. 3 KAGB.
5 Begr. RegE, BT-Drucks. 17/12294, S. 230.
6 *Karcher* in Baur/Tappen, § 71 KAGB Rz. 1.
7 Wegen der Einzelheiten vgl. die Kommentierung dort (§ 180 Rz. 18).
8 Wegen der Einzelheiten vgl. die Kommentierung dort (§ 190 Rz. 3).
9 Ziff. 9 (Divisionslösung).

vermögen selbst, d.h. es ist zwischen dem „Anteil“ und dem „Anteilschein“ oder der „Aktie“, sprich dem Verbriefungsträger, zu unterscheiden. Der Anteil ist die Mitberechtigung an dem Investmentvermögen (ob nun nach Maßgabe der Miteigentums- oder der Treuhandlösung).

7 Fraglich ist insoweit, **zu welchem Zeitpunkt der „Anteil“ entsteht**. Maßgeblich hierfür ist nicht etwa die Verbriefung. Vielmehr kommen als mögliche Zeitpunkte entweder bereits der Eingang des Ausgabepreises bei der Verwahrstelle oder erst die Verbuchung der Barleistung auf dem für den OGAW eingerichteten Sperrkonto in Betracht. Für die erste Annahme spricht, dass zu diesem Zeitpunkt bereits ein Anspruch der Kapitalverwaltungsgesellschaft gegen die Verwahrstelle auf die Umbuchung des Ausgabepreises auf das für den OGAW eingerichtete Sperrkonto, entsteht.[10] Dies erscheint auch sachgerecht, da die Gefahr einer nicht ordnungsgemäßen Verbuchung nicht dem Anleger zuzurechnen ist. In Anbetracht der Tatsache, dass nicht die Anleger, sondern die Kapitalverwaltungsgesellschaft die Verwahrstelle aussucht und beauftragt, wäre es unbillig, das Insolvenzrisiko der Verwahrstelle auf die Anleger abzuwälzen. Dies stünde im Übrigen im Widerspruch zu dem allgemeinen zivilrechtlichen Grundsatz, dass jeder nur das Insolvenzrisiko seines Vertragspartners zu tragen hat, nicht jedoch das von Dritten. Vertragspartner der Anleger ist nicht die Verwahrstelle, sondern die Kapitalverwaltungsgesellschaft, die bei der technischen Abwicklung der Ausgabe lediglich von der Verwahrstelle „vertreten“ wird. Zwar „wächst“ das Investmentvermögen erst mit der Verbuchung auf dem Sperrkonto des OGAW an, jedoch sind die Gelder bereits mit der Einzahlung bei der Verwahrstelle in das Investmentdreieck gelangt, so dass sich die Kapitalverwaltungsgesellschaft im Falle der Insolvenz der Verwahrstelle so behandeln lassen muss, als ob das Investmentvermögen bereits angewachsen wäre.[11]

8 Früher wurden die **Anteilsscheine** in Form effektiver Stücke häufig nicht durch die Verwahrstelle selbst, sondern durch andere Kreditinstitute als sog. Konsignationslagerstellen ausgegeben und zurückgenommen.[12] Hinsichtlich einiger „Altfonds“ sind noch effektive Stücke im Umlauf. Die Verwahrstelle unterhält in solchen Fällen meistens zwei Unterkonten bei der Clearstream Banking AG: ein Konto über nicht begebene effektive Stücke sowie eines über begebene Stücke.[13] Das Bundesaufsichtsamt für Kreditwesen hatte seinerzeit keine Bedenken gegen diese Praxis geäußert, sofern die in dem Merkblatt betreffend Konsignationsverträge aufgeführten Voraussetzungen erfüllt sind. Insbesondere muss sichergestellt sein, dass die Verwahrstelle weiterhin die Kontrolle über die Ausgabe und Rücknahme der Anteile hat und der Gegenwert dem Investmentvermögen auch tatsächlich zufließt. Die Höhe des tatsächlichen Anteilsumlaufs ist zudem für die Berechnung des zutreffenden NAV/Anteil elementar.[14]

III. Volle Leistung des Ausgabepreises und Verbot der Sacheinlage (§ 71 Abs. 1 Satz 2 und 3 KAGB)

9 **§ 71 Abs. 1 Satz 2 und 3 KAGB** sollen den Schutz des Investmentvermögens sicherstellen, indem Satz 2 der Vorschrift die **Anteilsausgabe nur Zug um Zug** gegen Zahlung des vollen Ausgabepreises in bar zulässt und Satz 3 die **Leistung durch Sacheinlage grundsätzlich verbietet**. Hierdurch soll zum einen gewährleistet werden, dass dem OGAW auch tatsächlich der Ausgabepreis zufließt und somit diesem zur Anlage zur Verfügung steht.[15] Zudem könnte ein möglicher „Call on Capital“ seitens der Kapitalverwaltungsgesellschaft im Retail-Sektor zu einer angeforderten Einzahlungspflicht führen, die für den Privatanleger im Rahmen der persönlichen „Liquiditätsplanung“ zur Unzeit kommt.

10 Zum anderen soll das Investmentvermögen vor möglichen Schäden geschützt werden, die sich aus einer **Fehlbewertung der Einlage** ergeben könnten.[16] Das Verbot der Sacheinlage soll in diesem Zusammenhang komplexe Bewertungsfragen bzw. Unklarheit über die Bewertung verhindern.[17] Insoweit scheidet die Vereinbarung von Teilzahlungen und Stundungen aus. „Sparpläne“ werden aber dadurch möglich, dass den jeweiligen Raten entsprechend „kleine“ Anteile ausgegeben werden oder zivilrechtliche Berechtigungen an einem größeren Anteil an mehrere Berechtigte „verteilt“ werden.

---

10 *Canaris*, Bankvertragsrecht, Rz. 2400; *Karcher* in Baur/Tappen, § 71 KAGB Rz. 12; a.A. *Beckmann* in Beckmann/Scholtz/Vollmer, § 23 InvG Rz. 3 f.; *Köndgen* in Berger/Steck/Lübbehüsen, § 23 InvG Rz. 4.
11 Was ggf. eine Pflicht zur Leistung in das Investmentvermögen zur Folge hat.
12 *Beckmann* in Beckmann/Scholtz/Vollmer, § 23 InvG Rz. 4.
13 *Karcher* in Baur/Tappen, § 71 KAGB Rz. 16.
14 Wegen weiterer Einzelheiten und auch wegen eines Auszugs aus der Verlautbarung des BaKred vgl. *Karcher* in Baur/Tappen, § 71 KAGB Rz. 16 ff.
15 *Karcher* in Baur/Tappen, § 71 KAGB Rz. 4.
16 *Beckmann* in Beckmann/Scholtz/Vollmer, § 23 InvG Rz. 6.
17 Statt aller: *Koch* in Moritz/Klebeck/Jesch, § 71 KAGB Rz. 3.

Die **Übertragung von Vermögenswerten**, wie Wertpapieren, Grundstücken oder Forderungen würde eine verbotene Sacheinlage i.S.d. § 71 Abs. 1 Satz 3 KAGB darstellen.[18] Eine Ausnahme von diesem Verbot gilt zum einen dann, wenn die Anteilsausgabe im Rahmen der Umwandlung des OGAW in einen Feederfonds nach Maßgabe des § 180 Abs. 1 KAGB erfolgt. Nach § 180 Abs. 4 KAGB ist in diesen Fällen die Übertragung von Vermögenswerten des in den Feederfonds umgewandelten Investmentvermögens an den Masterfonds gegen Ausgabe von Anteilen am Masterfonds zulässig. Eine weitere Ausnahme bildet § 190 Abs. 1 und 2 KAGB. Im Rahmen einer Verschmelzung durch Aufnahme bzw. Neugründung gehen alle Vermögensgegenstände und Verbindlichkeiten des übertragenden Sondervermögens auf das übernehmende Sondervermögen oder den übernehmenden OGAW bzw. im Falle der Neugründung auf das neu gegründete Sondervermögen oder den neu gegründeten EU-OGAW über. In beiden Fällen gelten die neuen Anteile des übernehmenden oder neu gegründeten Sondervermögens mit Beginn des Tages, der dem Übertragungsstichtag folgt, als bei den Anlegern des übertragenden Sondervermögens oder EU-OGAW ausgegeben (§ 190 Abs. 3 KAGB). 11

Werden die Anteile eines OGAW dennoch unter Verstoß gegen § 71 Abs. 1 Satz 2 oder Satz 3 KAGB ausgegeben, hat dies die **Nichtigkeit des Veräußerungsgeschäfts** zur Folge, so dass dem Erwerber ein entsprechender Kondiktionsanspruch zusteht. Zu beachten ist jedoch, dass bei einem gutgläubigen Zweiterwerber ein entsprechender Anspruch ausscheidet (vgl. § 794 BGB).[19] Zwar führen grundsätzlich einseitige Gebote und Verbote nicht zur Nichtigkeit eines verbotswidrigen Rechtsgeschäfts. Indes dient das Verbot nicht nur dem Schutz der Gemeinschaft der Anleger, sondern darüber hinaus dem Erhalt des öffentlichen Vertrauens in die Funktionsfähigkeit des Investmentwesens.[20] Für den besonderen Fall, dass die auf die Anteile gezahlten Beträge nicht dem Sondervermögen zugeflossen sind, enthält § 93 Abs. 7 KAGB eine Sondervorschrift: Sind Anteile in den Verkehr gelangt, ohne dass der Anteilswert dem Sondervermögen zugeflossen ist, so hat die Kapitalverwaltungsgesellschaft aus ihrem eigenen Vermögen den fehlenden Betrag in das Sondervermögen einzulegen. Ferner stellen die Vorschriften Schutzgesetze i.S.d. § 823 Abs. 2 BGB zugunsten der Anteilsinhaber dar, so dass im Falle eines Schadens entsprechende Ansprüche gegen die Verwahrstelle geltend gemacht werden können.[21] 12

IV. Anforderungen an den Ausgabepreis sowie Pflicht zur Verbuchung auf ein gesperrtes Konto (§ 71 Abs. 2 KAGB)

Nach Maßgabe des **§ 71 Abs. 2 Satz 1 KAGB** muss der Ausgabepreis dem Nettoinventarwert des Anteils oder der Aktie zuzüglich eines in den Anlagebedingungen festzusetzenden Ausgabeaufschlags entsprechen. Durch den Ausgabeaufschlag sollen die Ausgabekosten und die anteiligen Wertpapierankaufsspesen abgegolten werden;[22] in einem erweiterten Sinne auch die Vertriebskosten.[23] Der Verweis auf die Angaben im Verkaufsprospekt (§ 165 Abs. 2 Nr. 8 KAGB) erklärt sich aus dem Umstand heraus, dass in den Anlagebedingungen meist der Höchstpreis des erhobenen Ausgabeabschlags („bis zu X %) angegeben ist. Jedoch darf die Kapitalverwaltungsgesellschaft auch einen niedrigeren Abschlag ansetzen, der in dem jeweils aktuellen Verkaufsprospekt angegeben ist.[24] Die Verwahrstelle hat bei der Bemessung des Ausgabepreises jedoch in keinem Fall ein Ermessen.[25] 13

§ 71 Abs. 2 Satz 2 KAGB bestimmt, dass der Ausgabepreis an die Verwahrstelle zu entrichten ist und nach Abzug eines etwaigen Ausgabeaufschlags unverzüglich auf dem zugunsten des OGAW eingerichteten Sperrkonto zu verbuchen ist. So soll sichergestellt werden, dass die Gegenleistung für die Ausgabe der Anteile oder Aktien ohne Verfügungsmöglichkeit der Kapitalverwaltungsgesellschaft direkt in das Investmentvermögen gelangt.[26] 14

---

18 *Beckmann* in Beckmann/Scholtz/Vollmer, § 23 InvG Rz. 6; *Köndgen* in Berger/Steck/Lübbehüsen, § 23 InvG Rz. 8.
19 *Karcher* in Baur/Tappen, § 71 KAGB Rz. 8 f.
20 *Beckmann* in Beckmann/Scholtz/Vollmer, § 23 InvG Rz. 7.
21 *Beckmann* in Beckmann/Scholtz/Vollmer, § 23 InvG Rz. 7; vgl. auch *Koch* in Moritz/Klebeck/Jesch, § 71 KAGB Rz. 5.
22 *Beckmann* in Beckmann/Scholtz/Vollmer, § 23 InvG Rz. 12.
23 *Koch* in Moritz/Klebeck/Jesch, § 71 KAGB Rz. 13.m.w.N.
24 *Karcher* in Baur/Tappen, § 71 KAGB Rz. 26.
25 *Koch* in Moritz/Klebeck/Jesch, § 71 KAGB Rz. 9 m.w.N.
26 *Beckmann* in Beckmann/Scholtz/Vollmer, § 23 InvG Rz. 13.

V. Anforderungen an den Rücknahmepreis sowie Auszahlung an den Anleger (§ 71 Abs. 3 KAGB)

15 Die **Anforderungen an den Rücknahmepreis** entsprechen weitestgehend denen des Ausgabepreises. Auch hier setzt sich der Rücknahmepreis gem. § 71 Abs. 3 KAGB aus dem Nettoinventarwert des Anteils oder der Aktie abzüglich eines in den Anlagebedingungen festzusetzenden Rücknahmeabschlags zusammen. Ebenfalls trägt der Verweis auf § 165 Abs. 2 Nr. 8 KAGB dem Umstand Rechnung, dass der jeweils aktuelle Verkaufsprospekt den gültigen Rücknahmeaufschlag enthält, der unter dem in den Anlagebedingungen festgesetzten liegen kann.

16 Der Rücknahmepreis wird, abzüglich eines etwaigen (Rücknahme-)Abschlags, aus dem Sperrkonto des OGAW an den Anleger gezahlt. Hierdurch wird sichergestellt, dass der Anleger seinen **vertragsgemäßen Rücknahmepreis** erhält, das Fondsvermögen des OGAW jedoch nur maximal mit dem Abfluss des Anteilswerts belastet wird.[27] Ökonomisch bildet der Rücknahmeabschlag also zum einen die Liquiditätskosten der Anteilsrückgabe ab, mit denen das Investmentvermögen – und damit die im Investmentvermögen verbleibenden Anleger – nicht belastet werden sollen. Zum anderen kann der Rücknahmeabschlag jedoch auch als „verhaltenslenkendes Element" verstanden werden: der Anleger soll zum fortgeführten Investment animiert werden. Damit stabilisiert der Rücknahmeabschlag die Liquidität der Fondsausgangsseite.

VI. Verfahren in Bezug auf Ausgabeaufschlag und Rücknahmeabschlag (§ 71 Abs. 4 KAGB)

17 **§ 71 Abs. 4 KAGB** bestimmt, dass lediglich der Anteilswert zwingend auf dem zugunsten des OGAW eingerichteten Sperrkonto zu verbuchen ist (siehe Rz. 14). Sofern ein Ausgabe- und/oder Rücknahmeabschlag seitens der Verwahrstelle einbehalten wurde, dürfen diese Beträge an die Kapitalverwaltungsgesellschaft ausgezahlt werden.

18 Insoweit handelt es sich um einen Aufwendungsersatz, welcher der Kapitalverwaltungsgesellschaft gebührt.[28] Es handelt sich dabei um eine vertraglich fixierte Typisierung, die keines konkreten Aufwendungsnachweises bedarf.

§ 72 Verwahrung

(1) Die Verwahrstelle hat die Vermögensgegenstände des inländischen OGAW oder der für Rechnung des inländischen OGAW handelnden OGAW-Verwaltungsgesellschaft wie folgt zu verwahren:

1. für Finanzinstrumente im Sinne des Anhang I Abschnitt C der Richtlinie 2014/65/EU des Europäischen Parlaments und des Rates vom 15.5.2014 über Märkte für Finanzinstrumente sowie zur Änderung der Richtlinien 2002/92/EG und 2011/61/EU (Amtsblatt L 173 vom 12.6.2014, S. 349), die in Verwahrung genommen werden können, gilt:

a) die Verwahrstelle verwahrt sämtliche Finanzinstrumente, die im Depot auf einem Konto für Finanzinstrumente verbucht werden können, und sämtliche Finanzinstrumente, die der Verwahrstelle physisch übergeben werden können;

b) die Verwahrstelle stellt sicher, dass alle Finanzinstrumente, die im Depot auf einem Konto für Finanzinstrumente verbucht werden können, nach den in Artikel 16 der Richtlinie 2006/73/EG der Kommission vom 10. August 2006 zur Durchführung der Richtlinie 2014/65/EU des Europäischen Parlaments und des Rates in Bezug auf die organisatorischen Anforderungen an Wertpapierfirmen und die Bedingungen für die Ausübung ihrer Tätigkeit sowie in Bezug auf die Definition bestimmter Begriffe für die Zwecke der genannten Richtlinie (ABl. L 241 vom 2.9.2006, S. 26) festgelegten Grundsätzen in den Büchern der Verwahrstelle auf gesonderten Konten, die im Namen des inländischen OGAW oder der für ihn tätigen OGAW-Verwaltungsgesellschaft eröffnet wurden, registriert werden, sodass die Finanzinstrumente jederzeit nach geltendem Recht eindeutig als zum inländischen OGAW gehörend identifiziert werden können;

27 *Beckmann* in Beckmann/Scholtz/Vollmer, § 23 InvG Rz. 16.
28 *Köndgen* in Berger/Steck/Lübbehüsen, § 23 InvG Rz. 2.

2. für sonstige Vermögensgegenstände gilt:
   a) die Verwahrstelle prüft das Eigentum des inländischen OGAW oder der für Rechnung des inländischen OGAW tätigen OGAW-Verwaltungsgesellschaft an solchen Vermögensgegenständen und führt Aufzeichnungen derjenigen Vermögensgegenstände, bei denen sie sich vergewissert hat, dass der inländische OGAW oder die für Rechnung des inländischen OGAW tätige OGAW-Verwaltungsgesellschaft an diesen Vermögensgegenständen das Eigentum hat;
   b) die Beurteilung, ob der inländische OGAW oder die für Rechnung des inländischen OGAW tätige OGAW-Verwaltungsgesellschaft Eigentümer ist, beruht auf Informationen oder Unterlagen, die vom inländischen OGAW oder von der OGAW-Verwaltungsgesellschaft vorgelegt werden und, soweit verfügbar, auf externen Nachweisen;
   c) die Verwahrstelle hält ihre Aufzeichnungen auf dem neuesten Stand;
3. die Verwahrstelle übermittelt der OGAW-Verwaltungsgesellschaft regelmäßig eine umfassende Aufstellung sämtlicher Vermögensgegenstände des inländischen OGAW.

(2) [1]Die zum inländischen OGAW gehörenden Guthaben nach § 195 sind auf Sperrkonten zu verwahren. [2]Die Verwahrstelle ist berechtigt und verpflichtet, auf Anweisung der OGAW-Verwaltungsgesellschaft auf den Sperrkonten vorhandene Guthaben nach § 195

1. auf andere Sperrkonten bei Kreditinstituten mit Sitz in einem Mitgliedstaat der Europäischen Union oder einem anderen Vertragsstaat des Abkommens über den Europäischen Wirtschaftsraum oder
2. auf andere Sperrkonten bei Kreditinstituten mit Sitz in Drittstaaten, deren Aufsichtsbestimmungen nach Auffassung der Bundesanstalt denjenigen des Rechts der Europäischen Union gleichwertig sind, zu übertragen.

(3) Für nähere Einzelheiten zu den Verwahrpflichten nach Absatz 1 wird auf die Artikel 12 bis 14 der Delegierten Verordnung (EU) 2016/438 verwiesen.

In der Fassung vom 4.7.2013 (BGBl. I 2013, S. 1981), zuletzt geändert durch das Zweite Finanzmarktnovellierungsgesetz (2. FiMaNoG) vom 23.6.2017 (BGBl. I 2017, S. 1693).

Schrifttum: S. Vor §§ 68 ff.

I. Überblick, Entstehungsgeschichte und Regelungszweck

1 § 72 KAGB regelt die Art und Weise der Verwahrung der Vermögensgegenstände eines inländischen OGAW bzw. der Vermögensgegenstände der für Rechnung des inländischen OGAW handelnden Verwaltungsgesellschaft, d.h. die Vorschrift definiert einen Verwahrstandard.

2 § 72 Abs. 1 KAGB unterscheidet dabei zwischen der **Verwahrung von Finanzinstrumenten** im Sinne der MiFID II, die in Verwahrung genommen werden können (sog. „verwahrfähige Vermögensgenstände"; Abs. 1 Nr. 1 der Vorschrift) und der **Verwahrung sonstiger Vermögensgegenstände** (sog. „nichtverwahrfähige Vermögensgegenstände"; Abs. 1 Nr. 2 der Vorschrift). Hinsichtlich der verwahrfähigen Vermögensgegenstände hat die Verwahrstelle sicherzustellen, dass die Finanzinstrumente nach den in Art. 16 der MiFID-DV festgelegten Grundsätzen in den Büchern der Verwahrstelle registriert werden, so dass sie jederzeit als zum inländischen OGAW gehörend identifiziert werden können.

3 Für **sonstige Vermögensgegenstände** beschränkt sich die Pflicht auf die Prüfung der Eigentumsverhältnisse des OGAW an den Vermögensgegenständen und Führung von Aufzeichnungen über diese, die stets auf dem neuesten Stand zu halten sind. Ferner ist die Verwahrstelle zur regelmäßigen Übermittlung einer umfassenden Aufstellung sämtlicher Vermögensgegenstände des inländischen OGAW an die OGAW-Verwaltungsgesellschaft verpflichtet (Abs. 1 Nr. 3 der Vorschrift). Die Neufassung des § 72 Abs. 1 KAGB dient der Umsetzung der Abs. 5 und 6 des neu gefassten Art. 22 der OGAW-RL.[1]

1 Begr. RegE, BT-Drucks. 18/6744, S. 54.

4 § 72 Abs. 2 Satz 1 KAGB bestimmt, dass die zum inländischen OGAW gehörenden Guthaben nach § 195 KAGB (Bankguthaben) auf **Sperrkonten** zu verwahren sind. § 72 Abs. 2 Satz 2 KAGB verpflichtet und berechtigt die Verwahrstelle, dieses Guthaben, vorbehaltlich einer entsprechenden Anweisung der OGAW-Verwaltungsgesellschaft, auf andere Sperrkonten bei Kreditinstituten eines EU-Mitgliedsstaats oder Vertragsstaates des EWR (Satz 2 Nr. 1 der Vorschrift) oder auf andere Sperrkonten eines ausländischen Kreditinstituts zu übertragen, sofern die dort geltenden Aufsichtsbestimmungen, nach Auffassung der BaFin, denen der EU gleichwertig sind. Die Ergänzung in § 72 Abs. 2 KAGB im Rahmen des OGAW V-UmsG – es wurde jeweils der Wortlaut „nach § 195“ eingefügt – erfolgte aus Klarstellungsgründen, um die Abgrenzung der Aufgaben der Verwahrstelle in ihrer Zahlstellenfunktion (§ 74 KAGB) zu erleichtern.

5 Die zunächst erfolgte Streichung des Abs. 3[2] aus der ursprünglichen KAGB-Fassung dieser Vorschrift diente der Umsetzung der Abs. 5 und 6 des neu gefassten Art. 22 der OGAW-RL, d.h. die Regelung wurde durch den Regelungsgehalt des neuen § 72 Abs. 1 Nr. 2 KAGB ersetzt.[3] Die heutige Fassung des Abs. 3 der Vorschrift wurde durch das **2. FiMaNoG** eingefügt. In der Gesetzesbegründung des 2. FiMaNoG führt der Gesetzgeber lapidar aus:[4] „Der angefügte Absatz 3 verweist auf Artikel 12 bis 14 der Delegierten Verordnung (EU) 2016/438, in denen die Verwahrpflichten nach § 72 Absatz 1 näher bestimmt werden.“ Im Hinblick auf die unmittelbare Geltung der Delegierten Verordnung kommt § 72 Abs. 3 KAGB lediglich eine Hinweisfunktion zu.

II. Verwahrstandard (§ 72 Abs. 1 KAGB)

6 Nach der Umsetzung der OGAW-V-RL entspricht der Verwahrstandard in Bezug auf verwahrfähige Vermögensgegenstände bis auf minimale Unterschiede im Wortlaut[5] dem Verwahrstandard der AIFM-RL, so dass auf die Kommentierung des § 81 Abs. 1 Nr. 1 KAGB verwiesen wird.

III. Anforderungen an die Verwahrung von Guthaben (§ 72 Abs. 2 KAGB)

7 Die Vorschrift hat eine **Parallelvorschrift** in § 83 Abs. 6 Satz 2 und 3 KAGB. Der Wortlaut ist im Detail jedoch nicht identisch. Es bleibt abzuwarten, ob die BaFin im Rahmen der Überarbeitung des VerwahrstellenRS im Zuge der OGAW-V-Umsetzung wesentliche Unterschiede in der Verwaltungspraxis identifiziert.

8 Nach **§ 72 Abs. 2 KAGB** müssen die zu einem inländischen OGAW gehörenden Bankguthaben auf Sperrkonten verwahrt werden. Diese Guthaben sind keine verwahrfähigen Gegenstände i.S.d. § 72 Abs. 1 KAGB. Ebenfalls auf Sperrkonten zu verbuchen sind die im Rahmen von Wertpapierdarlehen gewährten Guthaben (§ 200 Abs. 2 Satz 3 Nr. 1 KAGB). Die Sperrkonten sind als „Anlagekonten“ für die Liquidität des Investmentvermögens von den gesperrten Abwicklungskonten im Anwendungsbereich des § 74 KAGB zu unterscheiden.[6]

9 Nach Maßgabe der Ziff. 4.2 Satz 1 VerwahrstellenRS gilt das unter Ziffer. 4.1.1 VerwahrstellenRS[7] für Sperrdepots Gesagte hinsichtlich der Rechtsnatur der Sperrkonten entsprechend. Der Begriff des Sperrkontos setzt dementsprechend voraus, dass besondere Einschränkungen für die Verfügungsmacht des Berechtigten bestehen.

10 Insbesondere muss mit Blick auf eine **Insolvenz der Verwahrstelle** stets die eindeutige Zuordnung der Guthaben als dem OGAW gehörend sichergestellt sein. Nur in diesem Fall ist ein Aussonderungsrecht nach § 47 InsO gewährleistet.

11 Es muss zusätzlich sichergestellt sein, dass die Kapitalverwaltungsgesellschaft nur unter Mitwirkung der Verwahrstellenfunktion des Instituts über das **Sperrkonto**, als dessen Inhaberin sie selbst oder das Investmentvermögen geführt wird, verfügen darf. Die Verwahrstelle hat keine eigene Verfügungsbefugnis und darf über das Sperrkonto nur auf Weisung der Kapitalverwaltungsgesellschaft verfügen. Dies geschieht, indem die Kapitalverwaltungsgesellschaft die Verwahrstelle anweist, auf dem Sperrkonto verbuchte Beträge

2 Diese Vorschrift lautete vormals: „Nicht verwahrfähige Vermögensgegenstände sind laufend von der Verwahrstelle zu überwachen.“

3 Begr. RegE, BT-Drucks. 18/6744, S. 54.

4 Begr. RegE, BT-Drucks. 18/10936, S. 276.

5 So ist das Zitat der Richtlinie 2006/73/EG in § 81 Abs. 1 Nr. 1 Buchst. b KAGB kürzer als in § 72 Abs. 1 Nr. 1 Buchst. b KAGB.

6 In diesem Sinne auch *Moericke* in Baur/Tappen, § 72 KAGB Rz. 17.

7 Es handelt sich um die Ausführungen in dem VerwahrstellenRS vor Anpassung an das OGAW-V-UmsG; Änderungen der Verwaltungspraxis sind dementsprechend nicht ausgeschlossen.

zum Zweck der Erfüllung einer entsprechenden vertraglichen Verpflichtung an einen Dritten zu überweisen.

Diese Interpretation der BaFin ist sachgerecht und erfordert, dass in dem Fall, dass die Sperrkonten bei einem **Drittinstitut** eröffnet wurden, seitens der Kapitalverwaltungsgesellschaft sowie der Verwahrstelle eine entsprechende vertragliche Vereinbarung mit dem Drittinstitut getroffen wird. 12

Da **Äquivalenzprüfungen** in einer Vielzahl von Rechtsbereichen erforderlich sind, wäre es der Rechtsklarheit sehr dienlich, wenn die BaFin in einem Update des VerwahrstellenRS einen Link zu einer Liste derjenigen Jurisdiktionen aufnimmt, die „nach ihrer Auffassung" die Voraussetzungen des § 72 Abs. 2 Nr. 2 KAGB erfüllen. 13

Dies sind h.E. jedenfalls diejenigen **Jurisdiktionen**, welche die Anforderungen des **Art. 107 Abs. 3 i.V.m. Abs. 4 CRR** erfüllen. Danach werden Risikopositionen gegenüber Drittland-Wertpapierfirmen und Risikopositionen gegenüber Drittland-Kreditinstituten sowie Forderungen gegenüber Drittland-Clearinghäusern und -Börsen nur dann wie Risikopositionen gegenüber einem Institut behandelt, wenn die aufsichtlichen und rechtlichen Anforderungen des Drittlandes an das betreffende Unternehmen denen der Union zumindest gleichwertig sind. 14

(Mindestens) diese unter den Regelungen der CRR indentifizierten Jurisdiktionen müssen erst recht auch im Investmentwesen anzuerkennen sein. Der Durchführungsrechtsakt i.S.d. Art. 107 Abs. 4 CRR ist der Durchführungsbeschluss der Kommission vom 12.12.2014 über die Gleichwertigkeit der aufsichtlichen und rechtlichen Anforderungen bestimmter Drittländer und Gebiete für die Zwecke der Behandlung von Risikopositionen gemäß der Verordnung (EU) Nr. 575/2013 des Europäischen Paralments und des Rates.[8] Mindestens **äquivalent hinsichtlich der prudentiellen Regulierung** und Aufsicht sind damit die folgenden Drittjurisdiktionen: (1) Australien, (2) Brasilien, (3) Kanada, (4) China, (5) Guernsey, (6) Hongkong, (7) Indien, (8) Insel Man, (9) Japan, (10) Jersey, (11) Mexiko, (12) Monaco, (13) Saudi-Arabien, (14) Singapur, (15) Südafrika, (16) Schweiz und (17) die Vereinigten Staaten. 15

IV. Verweis auf die Delegierte Verordnung

Abs. 3 der Vorschrift weist auf die unmittelbare Geltung der **Art. 12 bis 14 der Delegierten Verordnung** hin. Jene Vorschriften betreffen (i) Zu verwahrende Vermögensgegenstände, (ii) Verwahrpflichten in Bezug auf verwahrte Vermögenswerte, sowie (iii) Verwahrpflichten in Bezug auf die Eigentumsprüfung und Aufzeichnung. 16

Es fällt auf, dass die Vorschriften der Delegierten Verordnung nicht etwa genau den Anordnungen des § 72 Abs. 1 KAGB zuweisbare granulare Prozessanforderungen beschreiben. Vielmehr handelt es sich zu einem großen Teil um redundante Anordnungen, lediglich mit abweichendem Wortlaut. 17

Dies ist der **Normklarheit** nicht dienlich. Es sollte auf Seiten des Gesetzgebers geprüft werden, ob § 72 KAGB nicht insgesamt als Rudiment erscheint, dessen Existenz sich im Wesentlichen aus der Tatsache des dem KAGB nachfolgenden Erlasses der Delegierten Verordnung ergibt. In diesem Zuge könnte § 72 KAGB ggf. wesentlich gekürzt werden. 18

§ 73 Unterverwahrung

(1) Die Verwahrstelle kann die Verwahraufgaben nach § 72 unter den folgenden Bedingungen auf ein anderes Unternehmen (Unterverwahrer) auslagern:

1. **die Aufgaben werden nicht in der Absicht übertragen, die Vorschriften dieses Gesetzes zu umgehen;**
2. **die Verwahrstelle kann darlegen, dass es einen objektiven Grund für die Unterverwahrung gibt;**
3. **die Verwahrstelle geht mit der gebotenen Sachkenntnis, Sorgfalt und Gewissenhaftigkeit vor**
   (a) **bei der Auswahl und Bestellung eines Unterverwahrers, dem sie Teile ihrer Aufgaben übertragen möchte, und**

8 ABl. EU Nr. L 359 vom 16.12.2014, S. 155.

(b) bei der laufenden Kontrolle und regelmäßigen Überprüfung von Unterverwahrern, denen sie Teile ihrer Aufgaben übertragen hat, und von Vorkehrungen des Unterverwahrers hinsichtlich der ihm übertragenen Aufgaben;

4. die Verwahrstelle stellt sicher, dass der Unterverwahrer jederzeit bei der Ausführung der ihm übertragenen Aufgaben die folgenden Bedingungen einhält:

(a) der Unterverwahrer verfügt über eine Organisationsstruktur und die Fachkenntnisse, die für die Art und die Komplexität der ihm anvertrauten Vermögensgegenstände des inländischen OGAW oder der für dessen Rechnung handelnden OGAW-Verwaltungsgesellschaft angemessen und geeignet sind,

(b) in Bezug auf die Verwahraufgaben nach § 72 Absatz 1 Nummer 1 unterliegt der Unterverwahrer einer wirksamen Regulierung der Aufsichtsanforderungen, einschließlich Mindesteigenkapitalanforderungen, und einer Aufsicht in der betreffenden Jurisdiktion sowie einer regelmäßigen externen Rechnungsprüfung durch die sichergestellt wird, dass sich die Finanzinstrumente in seinem Besitz befinden,

(c) der Unterverwahrer trennt die Vermögensgegenstände der Kunden der Verwahrstelle von seinen eigenen Vermögensgegenständen und von den Vermögensgegenständen der Verwahrstelle in einer solchen Weise, dass sie zu jeder Zeit eindeutig den Kunden einer bestimmten Verwahrstelle zugeordnet werden können,

(d) der Unterverwahrer unternimmt alle notwendigen Schritte, um zu gewährleisten, dass im Fall seiner Insolvenz die von ihm unterverwahrten Vermögensgegenstände des inländischen OGAW nicht an seine Gläubiger ausgeschüttet oder zu deren Gunsten verwendet werden können,

(e) der Unterverwahrer hält die Pflichten und Verbote nach § 68 Absatz 1 Satz 2 und 3 und nach den §§ 70 und 72 ein.

(2) Wenn nach den Rechtsvorschriften eines Drittstaates vorgeschrieben ist, dass bestimmte Finanzinstrumente von einer ortsansässigen Einrichtung verwahrt werden müssen und wenn es keine ortsansässigen Einrichtungen gibt, die die Anforderungen für eine Beauftragung nach Absatz 1 Nummer 4 Buchstabe b erfüllen, dass der Unterverwahrer in Bezug auf die Verwahraufgaben nach § 72 Absatz 1 Nummer 1 einer wirksamen Regulierung der Aufsichtsanforderungen, einschließlich Mindesteigenkapitalanforderungen, und einer Aufsicht in der betreffenden Jurisdiktion unterliegt, darf die Verwahrstelle ihre Verwahraufgaben an eine solche ortsansässige Einrichtung nur insoweit und so lange übertragen, als es von dem Recht des Drittstaates gefordert wird und es keine ortsansässigen Einrichtungen gibt, die die Anforderungen für eine Unterverwahrung erfüllen; der erste Halbsatz gilt vorbehaltlich der folgenden Bedingungen:

1. die OGAW-Verwaltungsgesellschaft hat die Anleger des jeweiligen inländischen OGAW vor Tätigung ihrer Anlage ordnungsgemäß unterrichtet

(a) darüber, dass eine solche Unterverwahrung auf Grund rechtlicher Vorgaben im Recht des Drittstaates erforderlich ist,

(b) über die Risiken, die mit einer solchen Übertragung verbunden sind, und

(c) über die Umstände, die die Übertragung rechtfertigen und

2. der inländische OGAW oder die für Rechnung des inländischen OGAW tätige OGAW-Verwaltungsgesellschaft muss die Verwahrstelle anweisen, die Verwahrung dieser Finanzinstrumente einer solchen ortsansässigen Einrichtung zu übertragen.

(3) [1]Der Unterverwahrer kann unter den Voraussetzungen nach den Absätzen 1 und 2 die Verwahraufgaben nach § 72 auf ein anderes Unternehmen unterauslagern. [2]§ 77 Absatz 3 und 4 gilt entsprechend für die jeweils Beteiligten.

(4) Mit Ausnahme der Verwahraufgaben nach § 72 darf die Verwahrstelle ihre nach diesem Unterabschnitt festgelegten Aufgaben nicht auslagern.

(5) Die Erbringung von Dienstleistungen nach der Richtlinie 98/26/EG durch Wertpapierliefer- und Abrechnungssysteme, wie es für die Zwecke jener Richtlinie vorgesehen ist, oder die Erbringung ähnlicher Dienstleistungen durch Wertpapierliefer- und Abrechnungssysteme von Drittstaaten wird für Zwecke dieser Vorschrift nicht als Auslagerung von Verwahraufgaben angesehen.

(6) [1]Für nähere Einzelheiten zu den Pflichten einer Verwahrstelle nach Absatz 1 Nummer 3 sowie zu der Trennungspflicht nach Absatz 1 Nummer 4 Buchstabe c wird auf Artikel 15 Absatz 1 bis 8

und Artikel 16 der Delegierten Verordnung (EU) 2016/438 verwiesen. [2]Für nähere Einzelheiten zu den notwendigen Schritten, die der Unterverwahrer sowie die ein Unternehmen, auf das der Unterverwahrer Verwahraufgaben nach Absatz 3 unterausgelagert hat, nach Absatz 1 Nummer 4 Buchstabe d unternehmen muss, wird auf Artikel 17 der Delegierten Verordnung (EU) 2016/438 verwiesen. [3]Für nähere Einzelheiten zu den Pflichten der Verwahrstelle zur Sicherstellung, dass der Unterverwahrer die Bedingungen nach Absatz 1 Nummer 4 Buchstabe d einhält, wird auf Artikel 15 Absatz 1 bis 8, die Artikel 16 und 17 der Delegierten Verordnung (EU) 2016/438 verwiesen.

In der Fassung vom 4.7.2013 (BGBl. I 2013, S. 1981), zuletzt geändert durch das Zweite Finanzmarktnovellierungsgesetz (2. FiMaNoG) vom 23.6.2017 (BGBl. I 2017, S. 1693).

Schrifttum: S. Vor §§ 68 ff.

I. Die Unterverwahrung im Fall von OGAW

1 § 73 KAGB regelt und begrenzt gleichzeitig die Übertragung der Verwahraufgaben der Verwahrstelle auf Dritte, sog. Unterverwahrer. Im Zuge dieser Strukturierungsmaßnahmen entstehen sog. Verwahrketten. Es handelt sich dabei nicht um Auslagerungen im technischen Sinne, sondern um eine lange bekannte und praktizierte besondere Form der Verwahrung.

2 Entsprechendes regelt § 82 KAGB für AIF. Da **§ 73 Abs. 1 Nr. 1 bis 4 Buchst. c KAGB** und die entsprechenden Vorschriften des § 82 KAGB nahezu wortgleich sind, kann auf die dortige Kommentierung verwiesen werden (§ 82 Rz. 9 ff.).

3 **§ 73 Abs. 1 Nr. 4 KAGB** wurde um einen **Buchst. d** erweitert bzw. wurde im Rahmen des OGAW V-UmsG der bisherige Buchst. d zu Buchst. e. Gemäß der neuen Regelung hat der Unterverwahrer alle notwendigen Schritte zu unternehmen, die im Falle seiner Insolvenz gewährleisten, dass die von ihm unterverwahrten Vermögensgegenstände des inländischen OGAW nicht an seine Gläubiger ausgeschüttet oder zu deren Gunsten verwendet werden können.

4 Die Frage, welche Maßnahmen bei einer Verwahrung in Drittstaaten im Einzelnen zu treffen sind, kann nicht abstrakt beantwortet werden. Vielmehr sind die Rechtsvorschriften des Sitzstaates des Unterverwahrers einschlägig. Dieser hat sicherzustellen, dass nach Maßgabe der einschlägigen Vorschriften eine Aussonderungsfähigkeit hergestellt wird.

5 **§ 73 Abs. 1 Nr. 4 Buchst. e KAGB** bestimmt, dass die Pflichten und Verbote nach § 68 Abs. 1 Satz 2 und 3, nach § 70 und nach § 72 KAGB ebenfalls vom Unterverwahrer einzuhalten sind. Die Ergänzung bzw. Änderung in § 73 Abs. 1 Nr. 4 Buchst. d und e KAGB dient der Umsetzung des Abs. 3 Buchst. d und e des neugefassten Art. 22a der OGAW Richtlinie.[1]

6 **§ 73 Abs. 2 KAGB** enthält Sonderregelungen im Zusammenhang mit der Pflicht zur Unterverwahrung in einem Drittstaat. Durch das OGAW V-UmsG wurde jedoch der Satzteil vor Nr. 1 in § 73 Abs. 2 KAGB insoweit erweitert, als dass der Unterverwahrer in Bezug auf die Verwahraufgaben nach § 72 Abs. 1 Nr. 1 KAGB einer wirksamen Regulierung der Aufsichtsanforderungen, einschließlich Mindesteigenkapitalanforderungen, und einer Aufsicht in der betreffenden Jurisdiktion unterliegen muss.

7 Ferner wurde in **§ 73 Abs. 2 Nr. 1 KAGB** ein neuer **Buchst. b** eingefügt bzw. wurde aus dem bisherigen Buchst. b Buchst. c. Danach hat die OGAW-Verwaltungsgesellschaft die Anleger des inländischen OGAW auch über die Risiken zu unterrichten, die mit solch einer Übertragung verbunden sind. § 73 Abs. 2 KAGB ist an Art. 21 Abs. 11 Unterabs. 3 der AIFM-RL angelehnt.[2] Die Änderung im Satzteil vor Nr. 1 dient der Umsetzung des § 73 Abs. 3 Unterabs. 2 Halbs. 1 KAGB des neu gefassten Art. 22a der OGAW-Richtlinie.

8 Die Einfügung des **§ 73 Abs. 2 Nr. 1 Buchst. b KAGB** dient der Anpassung an Abs. 3 Unterabs. 2 Buchst. a des neu gefassten Art. 22a OGAW-RL.[3] Im Übrigen ist die Regelung identisch mit der für AIF in § 82 Abs. 2 KAGB. Hinsichtlich des § 73 Abs. 3 bis 5 KAGB wird auf die Kommentierung des § 82 Abs. 3 bis 5 KAGB verwiesen (§ 82 Rz. 56 ff.). Die Vorschriften sind jeweils an Art. 21 Abs. 11 Unterabs. 1, 4 und 5 der

1 Begr. RegE, BT-Drucks. 18/6744, S. 65.
2 Begr. RegE, BT-Drucks. 17/12294, S. 230.
3 Begr. RegE, BT-Drucks. 18/6744, S. 65.

AIFM-RL angelehnt.[4] Insofern wird jeweils auf die dortige Kommentierung verwiesen (wegen partieller Besonderheiten, die sich aus der Delegierten Verordnung ergeben, vgl. II., Rz. 9 ff.).

II. Delegierte Verordnung

9 **§ 73 Abs. 6 KAGB** wurde durch das 2. FiMaNoG eingefügt. In der Gesetzesbegründung des 2. FiMaNoG führt der Gesetzgeber aus:[5]

„Die Einfügung des Absatz 6 erfolgt vor dem Hintergrund der Delegierten Verordnung (EU) 2016/438, die die Europäische Kommission auf Grund der neu eingefügten Artikel 26b Buchstabe c, d und e in Verbindung mit Artikel 22a Abs. 2 Buchstabe c und Abs. 3 Buchstabe c und d der Richtlinie 2009/65/EG erlassen hat. In dieser Verordnung werden in den Artikel 15 bis 17 die Pflichten, die eine Verwahrstelle bei der Auswahl und Bestellung sowie bei der laufenden Kontrolle und Überprüfung eines Unterverwahrers zu erfüllen hat, näher bestimmt. Zudem werden die Pflicht zur Trennung der Vermögensgegenstände konkretisiert, die Schritte festgelegt, die ein Unterverwahrer zur Sicherstellung der Insolvenzfestigkeit der Vermögensgegenstände des OGAW unternehmen muss, und die hierauf bezogenen Überwachungspflichten der Verwahrstelle bestimmt. Für den Fall, dass der Unterverwahrer Verwahraufgaben nach § 72 auf ein anderes Unternehmen unterauslagert, gelten die Pflichten auch entsprechend für dieses Unternehmen, vgl. Artikel 15 Absatz 4, 16 Absatz 2 und 17 Absatz 4 der Delegierten Verordnung (EU) 2016/438."

10 § 73 Abs. 6 KAGB hat keinen eigenständigen materiellen Gehalt, sondern verweist auf die unmittelbare Geltung der benannten Delegierten Verordnung.[6]

11 Aus dem **Regelungsgehalt des Art. 15 Abs. 1 bis 8 der Delegierten Verordnung**, der u.a. einen Sorgfaltsstandard (Due Diligence) für die Auswahl von Unterverwahrern definiert, ist hervorzuheben, dass Art. 15 Abs. 2 Buchst. b Delegierte Verordnung ein Einholen von Rechtsgutachten hinsichtlich der Durchsetzbarkeit der relevanten vertraglichen Vereinbarungen erfordert (Enforceability Opinion). Ferner werden granulare Anforderungen an die periodische Überprüfung und laufende Überwachung des Unterverwahrverhältnisses, sowie die Entwicklung von Notfallplänen gestellt. Die durch Art. 15 der Delegierten Verordnung definierten organisatorischen Anforderungen bringen in Summe erhebliche verwahrstelleninterne Dokumentationserfordernisse mit sich.

12 Die in Bezug genommenen **Art. 16 und Art. 17 der Delegierten Verordnung** betreffen Sonderverwahrpflichten auf der Ebene des Unterverwahrers sowie den Insolvenzschutz der OGAW-Vermögenswerte bei der Übertragung der Verwahrungsfunktionen. Art. 16 der Delegierten Verordnung legt der Verwahrstelle des OGAW weitergehende Due Diligence-Pflichten auf. Es sind spezifische organisationsprozessuale Anforderungen auf der Ebene des Unterverwahrers durch die Verwahrstelle zu verifizieren.

13 **Art. 17 der Delegierten Verordnung**, der Sondervorschriften für den Fall der Unterverwahrung in einem Drittstaat betrifft, enthält in Abs. 2 Buchst. a insbesondere ein weiteres Erfordernis zur Einholung eines unabhängigen Rechtsgutachtens hinsichtlich der Insolvenzfestigkeit der Unterverwahrung (Insolvency Opinion).

§ 74 Zahlung und Lieferung

(1) Die Verwahrstelle hat folgende Geldbeträge auf einem für den inländischen OGAW eingerichteten gesperrten Konto zu verbuchen:

1. den Kaufpreis aus dem Verkauf von Vermögensgegenständen des inländischen OGAW,

2. die anfallenden Erträge,

3. Entgelte für Wertpapier-Darlehen und

4. den Optionspreis, den ein Dritter für das ihm eingeräumte Optionsrecht zahlt, sowie

5. sonstige dem inländischen OGAW zustehende Geldbeträge.

(2) Aus den gesperrten Konten oder Depots führt die Verwahrstelle auf Weisung der OGAW-Verwaltungsgesellschaft oder eines Unternehmens, das die Aufgaben der OGAW-Verwaltungsgesellschaft nach Maßgabe von § 36 Absatz 1 Satz 1 Nummer 3 oder 4 wahrnimmt, folgende Tätigkeiten durch:

---

4 Begr. RegE, BT-Drucks. 17612294, S. 230.

5 Begr. RegE, BT-Drucks. 18/10936, S. 275.

6 Wegen der Fortentwicklung der Verwahrstandards durch die Entwürfe von Delegierten Verordnungen zur Präzisierung der Sammelverwahrung von Vermögensgegenständen der OGAW und AIF aus Juli 2018 siehe die Kommentierung bei § 82 Rz. 25a.

1. die Bezahlung des Kaufpreises beim Erwerb von Wertpapieren oder sonstigen Vermögensgegenständen, die Leistung und Rückgewähr von Sicherheiten für Derivate, Wertpapier-Darlehen und Pensionsgeschäfte, Zahlungen von Transaktionskosten und sonstigen Gebühren sowie die Begleichung sonstiger durch die Verwaltung des inländischen OGAW bedingter Verpflichtungen,

2. die Lieferung beim Verkauf von Vermögensgegenständen sowie die Lieferung bei der darlehensweisen Übertragung von Wertpapieren sowie etwaiger weiterer Lieferpflichten,

3. die Ausschüttung der Gewinnanteile an die Anleger.

(3) [1]Die gesperrten Konten sind auf den Namen des inländischen OGAW, auf den Namen der OGAW-Verwaltungsgesellschaft, die für Rechnung des inländischen OGAW tätig ist, oder auf den Namen der Verwahrstelle, die für Rechnung des inländischen OGAW tätig ist, zu eröffnen und gemäß den in Artikel 16 der Richtlinie 2006/73/EG festgelegten Grundsätzen zu führen. [2]Sofern Geldkonten auf den Namen der Verwahrstelle, die für Rechnung des inländischen OGAW handelt, eröffnet werden, sind keine Geldmittel der Verwahrstelle selbst auf solchen Konten zu verbuchen.

(4) Für nähere Einzelheiten zu den Anforderungen an die Überwachung der Zahlungsströme des OGAW wird auf Artikel 10 Absatz 1 der Delegierten Verordnung (EU) 2016/438 verwiesen.

In der Fassung vom 4.7.2013 (BGBl. I 2013, S. 1981), zuletzt geändert durch das Zweite Finanzmarktnovellierungsgesetz (2. FiMaNoG) vom 23.6.2017 (BGBl. I 2017, S. 1693).

Schrifttum: S. Vor §§ 68 ff.

I. Überblick, Entstehungsgeschichte und Regelungszweck

1 Die Vorschrift regelt die Aufgaben der OGAW-Verwahrstelle, die sie in ihrer Funktion als Zahlstelle für den inländischen OGAW wahrzunehmen hat.[1] Ähnliches (u.a. das sog. Cash Monitoring nach Maßgabe der AIFM-RL) regelt § 83 Abs. 6 KAGB im Hinblick auf AIF-Verwahrstellen. Die Vorschriften in Abs. 1 und 2 entsprechen im Wesentlichen der Regelung des aufgehobenen § 25 InvG.[2] § 74 Abs. 3 KAGB hingegen wurde durch das OGAW V-UmsG neu eingefügt und dient der Umsetzung von Unterabs. 1 Buchst. a und c sowie Unterabs. 2 des Abs. 4 des neu gefassten Art. 22 der OGAW-RL.[3] § 74 Abs. 4 KAGB, der auf Art. 10 Abs. 1 der Delegierten Verordnung (EU) 2016/438 verweist, in dem die Pflichten der OGAW-Verwahrstelle im Hinblick auf die Überwachung der Zahlungsströme des OGAW näher bestimmt werden, wurde durch das 2. FiMaNoG eingefügt.[4]

II. Pflicht zur Verbuchung bestimmter Beträge auf einem gesperrten Konto (§ 74 Abs. 1 KAGB)

2 Nach Maßgabe des § 74 Abs. 1 KAGB hat die Verwahrstelle die in den Nr. 1 bis 5 der Vorschrift genannten Geldbeträge auf einem für den inländischen OGAW eingerichteten **Sperrkonto** zu verbuchen. Insoweit könnte man die Norm als Konkretisierung der Pflicht der Verwahrstelle nach § 72 Abs. 2 KAGB verstehen, wonach das zum inländischen OGAW gehörende Guthaben auf gesperrten Konten zu verwahren ist.

3 Jedoch ist hierbei zu berücksichtigen, dass § 72 Abs. 2 KAGB sich auf die Verwahrung von Kapitalanlagen bezieht und in diesem Rahmen die Verwahrung auch auf Konten anderer Kreditinstitute gestattet. Hingegen handelt es sich bei dem Konto nach § 74 Abs. 1 KAGB um das **laufende Konto**, über das die Ver-

1 Vgl. Begr. RegE, BT-Drucks. 15/1553, S. 84 (zu § 25 InvG).
2 Begr. RegE, BT-Drucks. 17/12294, S. 230.
3 Begr. RegE, BT-Drucks. 18/6744, S. 55.
4 Wegen der Gesetzesbegründung vgl. Begr. RegE, BT-Drucks. 18/10936, S. 276.

wahrstelle aufgrund ihrer „Zahlstellenfunktion" den laufenden Zahlungsverkehr des OGAW abwickelt und Zahlungsein- und ausgänge verbucht.

4 Der **Katalog der Nr. 1 bis 5 des § 74 Abs. 1 KAGB** ist nicht abschließend, was sich aus dessen Nr. 5 ergibt und ist bei teleologischer Betrachtung zudem weit auszulegen. Bei sämtlichen Transaktionen für Rechnung des OGAW ist sicherzustellen, dass der Zahlungsweg – ohne zwischenzeitliche Verfügungsgewalt der Kapitalverwaltungsgesellschaft – direkt auf das Sperrkonto erfolgt.[5] Für die Kapitalverwaltungsgesellschaft folgt diese Pflicht bereits aus § 26 Abs. 1 und 2 KAGB i.V.m. § 2 Abs. 1 KAVerOV[6] (hinsichtlich der AIF i.V.m. Art. 25 AIFM-VO).[7] Hintergrund ist, dass die Geldbeträge erst mit der Verbuchung auf dem laufenden Konto in das „Vermögen" des inländischen OGAW gelangen (d.h. im Fall eines Sondervermögens in den Rechnungskreis, welcher das Sondervermögen der Kapitalverwaltungsgesellschaft bestimmt).[8]

5 *Argumentum e contrario* ergibt sich aus § 72 Abs. 2 KAGB, dass im Rahmen des § 74 KAGB die Führung dieses Abwicklungskontos nicht auf andere Kreditinstitute übertragen werden kann.[9]

III. Durchführung bestimmter Transaktionen auf Weisung (§ 74 Abs. 2 KAGB)

6 § 74 Abs. 2 KAGB stellt klar, dass die Verwahrstelle nicht frei nach ihrem **Ermessen** über das zugunsten des OGAW eingerichtete Sperrkonto verfügen kann. Dies ergibt sich ganz grundsätzlich schon aus der Tatsache, dass es nach Maßgabe der Zuweisung von Verantwortlichkeiten im Investmentdreieck nicht Aufgabe der Verwahrstelle ist, Entscheidungen im Hinblick auf die Zusammensetzung der Vermögensgegenstände des Investmentvermögens oder auch der zugeordneten Zahlungsströme zu treffen. Vielmehr ist sie lediglich das „ausführende Organ" der Kapitalverwaltungsgesellschaft, deren Weisungen sie unterliegt und welche sie ausschließlich auf ihre Rechtmäßigkeit hin überprüfen darf.

7 Die **Zweckmäßigkeit** des Handelns der Kapitalverwaltungsgesellschaft unterfällt nicht der Kontrollpflicht der Verwahrstelle. Diese hat damit nicht zu überprüfen, ob bestimmte Anlageentscheidungen der Kapitalverwaltungsgesellschaft wirtschaftlich sinnvoll sind.[10]

8 Alle in § 74 Abs. 2 Nr. 1 bis 3 KAGB genannten Tätigkeiten betreffen **Zahlungsausgänge**. So hat die Verwahrstelle u.a. auf Weisung der Kapitalgesellschaft Auszahlungen aus den gesperrten Konten zur Erfüllung von Zahlungsverpflichtungen auszuführen, die sich aus dem Kauf von Wertpapieren oder sonstigen Vermögensgegenständen ergeben. Ferner hat sie die Leistung und Rückgewähr von Sicherheiten für Derivate, Wertpapierdarlehen und Pensionsgeschäften sowie Zahlungen von Transaktionskosten und sonstigen Gebühren durchzuführen und alle sonstigen durch die Verwaltung des OGAW bedingten Verpflichtungen zu begleichen. Im Rahmen ihrer Rechtmäßigkeitskontrolle hat die Verwahrstelle vor Ausführung der jeweiligen Auszahlung zu prüfen, ob das Rechtsgeschäft nach den Anlagebedingungen und den gesetzlichen Vorschriften zulässig ist (z.B. die Einhaltung der Anlagegrenzen).[11]

9 Nach Maßgabe des § 74 Abs. 2 Nr. 2 KAGB obliegt der Verwahrstelle auch die **Erfüllung von Lieferverpflichtungen**, die sich aus dem Verkauf von Vermögensgegenständen, der Übertragung von Wertpapieren im Rahmen eines Darlehens sowie etwaiger sonstiger Verpflichtungen ergeben. Zu beachten ist, dass sich die Lieferpflichten nur auf verwahrfähige Vermögensgegenstände beziehen können, da sich aus Abs. 2 unmissverständlich ergibt, dass auch die Lieferverpflichtungen aus dem Depot des OGAW zu erfüllen sind.[12] Was unter dem Begriff der „Lieferung" zu verstehen ist wird vom Gesetz nicht definiert und bedarf insoweit der Auslegung des Rechtsanwenders. Da es sich u.a. um die Lieferung verwahrfähiger Vermögensgegenstände handelt (bewegliche Sachen, § 90 BGB), ist primär zunächst die Verschaffung des Besitzes – z.B. durch Veranlassung einer hinreichenden Besitzmittlung – an den jeweiligen Vermögensgegenständen

5 *Beckmann* in Beckmann/Scholtz/Vollmer, § 25 InvG Rz. 3; *Dreibus* in Emde/Dornseifer/Dreibus/Hölscher, § 25 InvG Rz. 6.
6 Verordnung zur Konkretisierung der Verhaltensregeln und Organisationsregeln nach dem Kapitalanlagegesetzbuch (Kapitalanlage-Verhaltens- und -Organisationsverordnung).
7 *Dreibus* in Emde/Dornseifer/Dreibus/Hölscher, § 25 InvG Rz. 6; *Karcher* in Baur/Tappen, § 74 KAGB Rz. 3.
8 *Beckmann* in Beckmann/Scholtz/Vollmer, § 25 InvG Rz. 3.
9 *Köndgen* in Berger/Steck/Lübbehüsen, § 25 InvG Rz. 3 f.; *Beckmann* in Beckmann/Scholtz/Vollmer, § 25 InvG Rz. 1, 8; *Karcher* in Baur/Tappen, § 74 KAGB Rz. 2 f.
10 BaFin VerwahrstellenRS, Ziff. 7.1.3.
11 *Beckmann* in Beckmann/Scholtz/Vollmer, § 25 InvG Rz. 3.
12 *Köndgen* in Berger/Steck/Lübbehüsen, § 25 InvG Rz. 7; *Dreibus* in Emde/Dornseifer/Dreibus/Hölscher, § 25 InvG Rz. 12.

geschuldet.[13] Darüber hinaus kann sie die Mitwirkung der Verwahrstelle bei der rechtsgeschäftlichen Übertragung auf den Erwerber durch Abtretung (§§ 398 ff. BGB) oder Übereignung (§ 929 BGB) umfassen.[14]

Im Rahmen von **Wertpapierdarlehen** ist § 76 Abs. 1 Nr. 4 KAGB zu beachten. Vor der Lieferung der verliehenen Wertpapiere hat sich die Verwahrstelle zu vergewissern, dass die erforderlichen Sicherheiten für Wertpapierdarlehen nach Maßgabe des § 200 Abs. 2 KAGB rechtswirksam bestellt und jederzeit bei der Verwahrstelle vorhanden sind. Bei alledem handelt die Verwahrstelle nicht aus eigenem Recht, sondern lediglich als Vertreterin der Kapitalverwaltungsgesellschaft. 10

Sowohl bei der Verbuchung der Geldbeträge nach Maßgabe des § 74 Abs. 2 Nr. 1 KAGB, als auch der Erfüllung der Lieferverpflichtungen nach Abs. 2 Nr. 2 der Vorschrift, ist stets die Kontrollpflicht nach § 76 Abs. 1 Nr. 2 KAGB zu beachten, wonach die Verwahrstelle sicherzustellen hat, dass der Gegenwert innerhalb der üblichen Fristen in ihre Verwahrung gelangt. 11

Auch die **Ausschüttung der Gewinnanteile** an die Anteilsinhaber unterfällt der Zuständigkeit der Verwahrstelle (§ 74 Abs. 2 Nr. 3 KAGB) und ist auf Weisung der Kapitalverwaltungsgesellschaft auszuführen. Die „Entscheidung“[15] über Ertragsverwendung unterfällt insoweit als Geschäftsführungsmaßnahme der Zuständigkeit der Kapitalverwaltungsgesellschaft, die jedoch gem. § 76 Abs. 1 Nr. 3 KAGB der Kontrolle durch die Verwahrstelle unterliegt.[16] 12

IV. Anforderungen an die gesperrten Konten (§ 73 Abs. 3 KAGB)

§ 74 Abs. 3 KAGB bestimmt, dass die **gesperrten Konten** auf den Namen des inländischen OGAW, auf den Namen der OGAW-Verwaltungsgesellschaft oder der Verwahrstelle, die beide für Rechnung des inländischen OGAW tätig werden, zu eröffnen und nach Maßgabe der in Art. 16 der MiFID-Durchführungsrichtlinie festgelegten Grundsätze zu führen sind. Werden Geldkonten auf den Namen der für Rechnung des OGAW handelnden Verwahrstelle eröffnet, sind deren Geldmittel nicht auf solchen Konten zu verbuchen. Der Gesetzgeber führt in der Gesetzesbegründung zum OGAW-V-UmsG unter Verdeutlichung der unterschiedlichen Aufgaben von OGAW-Verwahrstelle und AIF-Verwahrstelle aus[17]: 13

„Der angefügte Absatz 3 dient der Umsetzung von Unterabsatz 1 Buchstabe a und c und Unterabsatz 2 des Absatz 4 des neu gefassten Artikel 22 der Richtlinie 2009/65/EG. Die übrigen Vorgaben des Absatz 4 des neu gefassten Artikel 22 der Richtlinie 2009/65/EG werden bereits durch die bestehenden Regelungen des § 68 Absatz 2, § 74 und des § 71 Absatz 1 Satz 2 sichergestellt. An der bisherigen Rechtslage, dass die OGAW-Verwahrstelle als Zahlstelle tätig werden muss **und sich nicht wie eine AIF-Verwahrstelle auf die Überwachung des Zahlungsverkehrs beschränken kann, wird festgehalten.**“ (Hervorhebungen der Bearbeiter)

Art. 16 der MiFID-Durchführungsrichtlinie betrifft den Schutz des Kundenvermögens – speziell, wie hier relevant, den Schutz der Gelder von Kunden. Diese Vorschrift erfordert insbesondere, dass (i) die notwendigen Aufzeichnungen ordnungsgemäß geführt werden, (ii) Missbrauch organisatorisch verhindert wird, und (iii) der Insolvenzschutz[18] gewährleistet ist. 14

V. Verweis auf die Delegierte Verordnung (§ 74 Abs. 4 KAGB)

§ 74 Abs. 4 KAGB verweist für nähere Einzelheiten zu den Anforderungen an die Überwachung der Zahlungsströme des OGAW auf Art. 10 Abs. 1 der Delegierten Verordnung (EU) 2016/438 (**Delegierte Verordnung**). 15

Diese Klarstellung wurde durch das 2. FiMaNoG eingeführt.[19] Zu dem **Pflichtenkatalog der OGAW-Verwahrstelle** unter der Delegierten Verordnung zählen die folgenden Punkte: 16

---

13 *Dreibus* in Emde/Dornseifer/Dreibus/Hölscher, § 25 InvG Rz. 12.

14 *Beckmann* in Beckmann/Scholtz/Vollmer, § 25 InvG Rz. 15.

15 Ob und in welcher Höhe die Erträge ausgeschüttet werden, ergibt sich aus den Anlagebedingungen (§ 162 Abs. 2 Nr. 6 KAGB) und dem Verkaufsprospekt (§ 165 Abs. 2 Nr. 14 KAGB). Es ist jedoch nicht ausgeschlossen, dass diese vertraglichen Vorgaben der Geschäftsleitung der Kapitalverwaltungsgesellschaft z.B. hinsichtlich zurückzubehaltender Beträge ein kaufmännisches Ermessen einräumen.

16 *Dreibus* in Emde/Dornseifer/Dreibus/Hölscher, § 25 InvG Rz. 13.

17 Begr. RegE, BT-Drucks. 18/6744, S. 55.

18 Was nach deutschem Verständnis hinsichtlich des Anspruchs auf Auszahlung des Tagessaldos im Ergebnis Einlagensicherung bedeutet.

19 Wegen der Gesetzesbegründung vgl. Begr. RegE, BT-Drucks. 18/10936, S. 276.

a. Die Verwahrstelle muss sicherstellen, dass sämtliche Gelder des OGAW auf Konten verbucht werden, die entweder bei einer Zentralbank oder einem gemäß der Richtlinie 2013/36/EU des Europäischen Parlaments und des Rates (1) zugelassenen Kreditinstitut oder einem in einem Drittland zugelassenen Kreditinstitut eröffnet wurden, wenn die Geldkonten für die Transaktionen des OGAW erforderlich sind, vorausgesetzt, dass die Aufsichts- und Regulierungsanforderungen, die in diesem Drittland auf Kreditinstitute Anwendung finden, nach Ansicht der zuständigen Behörden des Herkunftsmitgliedsstaats des OGAW mindestens den Anforderungen gleichkommen, die in der Union angewendet werden.
b. Die Verwahrstelle muss über wirksame und angemessene Verfahren zum Abgleich aller Cashflows verfügen und diesen Abgleich täglich oder bei geringer Häufigkeit der Bargeldbewegungen bei deren Eintreten vornehmem.
c. Ferner muss die Verwahrstelle angemessene Verfahren umsetzen, um am Ende jedes Geschäftstags bedeutende Cashflows und insbesondere Cashflows, die nicht mit den Transaktionen des OGAW im Einklang stehen, zu identifizieren.
d. In regelmäßigen Abständen muss die Verwahrstelle die genannten Verfahren auf Angemessenheit überprüfen, einschließlich mindestens einmal im Jahr einer vollständigen Überprüfung des Abstimmungsprozesses. Sie muss sicherstellen, dass die im Namen der Investmentgesellschaft, der für den OGAW handelnden Verwaltungsgesellschaft oder der für den OGAW handelnden Verwahrstelle eröffneten Geldkonten in den Abstimmungsprozess einbezogen werden.
e. Die Verwahrstelle muss die Ergebnisse der Abstimmungen sowie die Maßnahmen, die infolge der durch die Abstimmungsverfahren identifizierten Diskrepanzen ergriffen werden, kontinuierlich überwachen und die Verwaltungs- oder Investmentgesellschaft informieren, wenn eine Diskrepanz nicht unverzüglich beseitigt wurde, und auch die zuständigen Behörden davon in Kenntnis setzen, wenn die Situation nicht beseitigt werden kann.
f. Letztlich obliegt es der Verwahrstelle, zu prüfen, dass die eigenen Aufzeichnungen der Cash-Positionen mit denjenigen des OGAW übereinstimmen.

§ 75 Zustimmungspflichtige Geschäfte

(1) Die OGAW-Kapitalverwaltungsgesellschaft darf die nachstehenden Geschäfte nur mit Zustimmung der Verwahrstelle durchführen:

1. die Aufnahme von Krediten nach Maßgabe des § 199, soweit es sich nicht um valutarische Überziehungen handelt,

2. die Anlage von Mitteln des inländischen OGAW in Bankguthaben bei anderen Kreditinstituten sowie Verfügungen über solche Bankguthaben.

(2) [1]Die Verwahrstelle hat den Geschäften nach Absatz 1 zuzustimmen, wenn diese den dort genannten Anforderungen entsprechen und mit den weiteren Vorschriften dieses Gesetzes und mit den Anlagebedingungen übereinstimmen. [2]Stimmt sie einer Verfügung zu, obwohl die Bedingungen von Satz 1 nicht erfüllt sind, berührt dies nicht die Wirksamkeit der Verfügung. [3]Eine Verfügung ohne Zustimmung der Verwahrstelle ist gegenüber den Anlegern unwirksam. [4]Die Vorschriften zugunsten derjenigen, welche Rechte von einem Nichtberechtigten herleiten, sind entsprechend anzuwenden.

In der Fassung vom 4.7.2013 (BGBl. I 2013, S. 1981).

Schrifttum: S. Vor §§ 68 ff.

I. Überblick, Entstehungsgeschichte

1 § 75 KAGB enthält in Abs. 1 einen Zustimmungsvorbehalt zugunsten der Verwahrstelle bezüglich der Durchführung bestimmter Geschäfte durch die OGAW-Kapitalverwaltungsgesellschaft. § 75 Abs. 2 KAGB regelt die Voraussetzungen für die Zustimmungspflicht der Verwahrstelle, sowie die Wirkungen und Rechtsfolgen einer zu Unrecht erteilten oder fehlenden Zustimmung.

Abs. 1 der Vorschrift entspricht im Wesentlichen der Regelung des aufgehobenen § 26 Abs. 1 Nr. 1 und 2 InvG; Abs. 2 der Vorschrift dem aufgehobenen § 26 Abs. 2 InvG.[1] 2

Materiell inhaltsgleiche Vorschriften für AIF finden sich in § 84 Abs. 1 Nr. 1, 2 und Abs. 2 KAGB. Im Unterschied zu AIF können für einen OGAW ausschließlich kurzfristige Kredite i.S.d. § 199 KAGB aufgenommen werden. Im Übrigen wird auf die entsprechende Kommentierung zu § 84 KAGB verwiesen (§ 84 Rz. 11–21 und 35 ff.). 3

II. Prüfung der Kurzfristigkeit der Kreditaufnahme

Nach Maßgabe des **§ 199 KAGB** darf die OGAW-Kapitalverwaltungsgesellschaft für gemeinschaftliche Rechnung der Anleger kurzfristige Kredite nur bis zur Höhe von 10 % des Wertes des inländischen OGAW und nur aufnehmen, wenn die Bedingungen der Kreditaufnahme marktüblich sind und dies in den Anlagebedingungen vorgesehen ist. Wegen der Einzelheiten der Kreditaufnahme nach Maßgabe des § 199 KAGB wird auf die entsprechende Kommentierung verwiesen. 4

Aus dem Erfordernis der **„Kurzfristigkeit"** ergibt sich eine Besonderheit hinsichtlich der Ausgestaltung des zugeordneten Organisationsprozesses der Verwahrstelle. Die **„Zustimmung"** im Sinne der Vorschrift ist wie in den §§ 182 ff. BGB zu verstehen, d.h. es kann sich um eine Einwilligung oder eine Genehmigung handeln. Grundsätzlich sollte die Verwahrstelle ihre Zustimmung nach Maßgabe der Verwaltungspraxis der BaFin bereits vor der Verfügung erteilen.[2] Hinsichtlich der Prüfung der Kurzfristigkeit führt die BaFin in dem VerwahrstellenRS aus: „Etwas anderes gilt in den Fällen, in denen eine Überprüfung von bestimmten Voraussetzungen – z.B. der ‚Kurzfristigkeit' nach §§ 199 […] KAGB, wenn der Kredit im Rahmen eines Kontokorrentkredits in Anspruch genommen wird – erst nach der Verfügung (im Beispielsfall: nach der Kreditaufnahme) möglich ist. **Da die Verwahrstelle ihre Zustimmung zu einem Geschäft nur insgesamt geben oder verweigern kann, kommt in diesen Fällen nur eine Genehmigung der Verfügung in Betracht.**" (Hervorhebungen der Bearbeiter). 5

§ 76 Kontrollfunktion

(1) Die Verwahrstelle hat sicherzustellen, dass

1. die Ausgabe und Rücknahme von Anteilen oder Aktien des inländischen OGAW und die Ermittlung des Wertes der Anteile oder Aktien des inländischen OGAW den Vorschriften dieses Gesetzes und den Anlagebedingungen oder der Satzung entsprechen,

2. bei den für gemeinschaftliche Rechnung der Anleger getätigten Geschäften mit Vermögenswerten des inländischen OGAW der Gegenwert innerhalb der üblichen Fristen an den inländischen OGAW oder für Rechnung des inländischen OGAW überwiesen wird,

3. die Erträge des inländischen OGAW gemäß den Vorschriften dieses Gesetzes und den Anlagebedingungen oder der Satzung verwendet werden und

4. die erforderlichen Sicherheiten für Wertpapier-Darlehen nach Maßgabe des § 200 Absatz 2 rechtswirksam bestellt und jederzeit vorhanden sind.

(2) Die Verwahrstelle hat die Weisungen der OGAW-Verwaltungsgesellschaft auszuführen, sofern diese nicht gegen gesetzliche Vorschriften, die Anlagebedingungen oder die Satzung verstoßen.

(3) Für nähere Einzelheiten zu den Pflichten der Verwahrstelle nach den Absätzen 1 und 2 wird auf die Artikel 3 bis 8 der Delegierten Verordnung (EU) 2016/438 verwiesen.

In der Fassung vom 23.6.2017 (BGBl. I 2017, S. 1693), zuletzt geändert durch das Zweite Finanzmarktnovellierungsgesetz (2. FiMaNoG) vom 23.6.2017 (BGBl. I 2017, S. 1693).

Schrifttum: S. Vor §§ 68 ff.

1 Begr. RegE, BT-Drucks. 17/12294, S. 230.
2 VerwahrstellenRS, Ziff. 6.1.

I. Überblick über die Parallelvorschrift zu § 83 KAGB

1 Neben der Verwahrfunktion, weist das Gesetz der Verwahrstelle spezifische Kontrollfunktionen zu. Die in § 76 Abs. 1 Nr. 1 bis 4 KAGB statuieren weitreichende explizit benannte Kontrollpflichten seitens der Verwahrstelle.

2 So hat die **Verwahrstelle** u.a. sicherzustellen, dass die Ausgabe und Rücknahme von Anteilen des inländischen OGAW, sowie deren Wertermittlung den Vorschriften des KAGB und den Anlagebedingungen bzw. der Satzung entsprechen.[1]

3 Die Anforderung des **§ 76 Abs. 1 Nr. 2 KAGB** stellt sicher, dass bei der Abwicklung von Geschäften mit Vermögenswerten des OGAW das Sondervermögen nicht geschädigt wird, indem die Verwahrstelle verpflichtet wird, sicherzustellen, dass der Gegenwert nach erfolgter Leistung innerhalb der üblichen Fristen an den inländischen OGAW oder für dessen Rechnung überwiesen wird.

4 Ferner hat die Verwahrstelle zu kontrollieren, ob die Verwendung der Erträge des OGAW nach Maßgabe des KAGB und den Anlagebedingungen oder der Satzung erfolgt (siehe § 162 Abs. 2 Nr. 6 KAGB) und bei der Vergabe von Wertpapier-Darlehen nach § 200 Abs. 2 KAGB die erforderlichen Sicherheiten rechtzeitig bestellt und jederzeit vorhanden sind (**§ 76 Abs. 1 Nr. 3 und 4 KAGB**).

5 Die Vorschrift entspricht im Wesentlichen den Regelungen des aufgehobenen § 27 Abs. 1 Nr. 1 bis 4 InvG.[2]

6 Im Rahmen des OGAW V-UmsG wurde der Wortlaut der Nr. 1 bis 3 teilweise geändert bzw. ergänzt. Die Änderungen dienen der Anpassung an die Buchst. a, b, d und e des neu gefassten Art. 22 Abs. 3 der OGAW-RL.[3]

7 Im Übrigen ist der Wortlaut nahezu identisch mit dem des § 83 Abs. 1 KAGB, so dass auf die dortige Kommentierung verwiesen wird (§ 83 Rz. 6 ff.).

8 **§ 76 Abs. 2 KAGB** regelt den **Umfang und die Grenzen des Weisungsrechts** der Kapitalverwaltungsgesellschaft gegenüber der Verwahrstelle, indem sie dieses auf eine reine Rechtmäßigkeitskontrolle hinsichtlich der Vereinbarkeit der jeweiligen Weisung mit den gesetzlichen Vorschriften und den Anlagebedingungen oder der Satzung, beschränkt.

9 § 76 Abs. 2 KAGB entspricht im Wesentlichen der Regelung des aufgehobenen § 22 Abs. 1 Satz 2 InvG.

10 Auch hier wurde der Wortlaut durch das OGAW V-UmsG geändert. Die Änderung dient der Anpassung an den Buchst. c des neu gefassten Art. 22 Abs. 3 der OGAW-RL.[4]

11 § 76 Abs. 2 KAGB entspricht dem Wortlaut nach der Parallelvorschrift des § 83 Abs. 5 KAGB. Diesbezüglich wird auf die Kommentierung des § 83 Abs. 5 KAGB verwiesen (§ 83 Rz. 30 ff.).

II. Verweis auf die Art. 3 bis 8 der Delegierten Verordnung (EU) 2016/438

12 **§ 76 Abs. 3 KAGB** wurde durch das 2. FiMaNoG am 25.6.2017 neu eingefügt. Er verweist auf die **Art. 3 bis 8 der Delegierten Verordnung (EU) 2016/438**, in denen die Kontrollfunktionen der Verwahrstelle, z.B. bezüglich der Zeichnung und Rücknahme von Aktien oder Anteilen des OGAW, sowie die Pflichten hinsichtlich der Ausführung von Weisungen der OGAW-Kapitalverwaltungsgesellschaft näher bestimmt werden.[5]

13 Im Hinblick auf die unmittelbare Geltung der Delegierten Verordnung kommt § 76 Abs. 3 KAGB lediglich eine Hinweisfunktion zu, d.h. die Vorschrift hat selbst keinen materiellen Gehalt.

14 **Art. 3 der Delegierten Verordnung (EU) 2016/438** legt zunächst allgemeine Anforderungen an die „Aufsichtspflichten" der Verwahrstelle fest, d.h. definiert einen spezifischen Sorgfaltsmaßstab (Due-Diligence-Standard). Dieser Sorgfaltsmaßstab umfasst eine Risikobewertung (ex ante) sowie laufende Kontrollen (ex post).

15 **Art. 4 der Delegierten Verordnung (EU) 2016/438** legt prinzipienbasierte Anforderungen an die Prozesse „Zeichnungsaufträge" und „Auszahlungsaufträge" sowie einen regelmäßigen „Reconciliation"-Prozess fest.

---

1 In diesem Zusammenhang ist § 71 KAGB zu beachten, wonach die Verwahrstelle selbst für die Ausgabe und Rücknahme der Anteile oder Aktien zuständig ist.
2 Begr. RegE, BT-Drucks. 17/12294, S. 230.
3 Begr. RegE BT-Drucks. 18/6744, S. 67.
4 Begr. RegE, BT-Drucks. 18/6744, S. 67.
5 S. BT-Drucks. 18/10936, S. 276.

Hinsichtlich der in Art. 5 Delegierten Verordnung (EU) 2016/438 normierten Bewertung von Anteilen oder Aktien führt die Gesetzesbegründung aus: 16

„Artikel 5 der Delegierten Verordnung (EU) 2016/438 regelt die Pflichten der Verwahrstelle in Bezug auf Bewertung von Anteilen oder Aktien. Hier ist zu berücksichtigen, dass nach dem KAGB (§ 212) der Wert des OGAW und der Nettoinventarwert je Anteil oder Aktie auch von der Verwahrstelle unter Mitwirkung der OGAW-Kapitalverwaltungsgesellschaft ermittelt werden kann. In diesem Fall treffen die Vorgaben, die die Verwahrstelle nach Artikel 5 der Delegierten Verordnung (EU) 2016/438 überwachen soll, die Verwahrstelle bereits unmittelbar und auch der OGAW-Kapitalverwaltungsgesellschaft kommen Überwachungsaufgaben zu. Entsprechend impliziert die in § 212 geregelte Pflicht zur Mitwirkung, dass die OGAW-Kapitalverwaltungsgesellschaft die von der Verwahrstelle ermittelten Wertansätze für Vermögensgegenstände in geeigneter Weise auf Plausibilität prüft und dafür sorgt, dass Auffälligkeiten geklärt und gegebenenfalls erforderliche Abhilfemaßnahmen im besten Interesse der Anleger ergriffen werden."[6]

Art. 6 der Delegierten Verordnung (EU) 2016/438 betrifft den Umfang der Prüfungspflicht der Verwahrstelle im Hinblick auf Weisungen der Verwaltungsgesellschaft und normiert diesbezüglich eine reine Legalitätsprüfung. 17

Art. 7 der Delegierten Verordnung (EU) 2016/438 konkretisiert die Pflichten der Verwahrstelle in Bezug auf die fristgerechte Abrechnung der Transaktionen. Im Abgleich zu § 76 Abs. 1 Nr. 2 KAGB bleibt der weiterführende Erkenntniswert jener Vorschrift äußert fraglich. 18

Art. 8 der Delegierten Verordnung (EU) 2016/438 legt Detailpflichten der Verwahrstelle in Bezug auf die Berechnung und Ausschüttung der Erträge des OGAW fest. Die **Verwahrstelle handelt ordnungsgemäß**, wenn sie 19

a) sicherstellt, dass die Berechnung der Nettoerträge im Einklang mit den Regeln und der Satzung des OGAW sowie den geltenden nationalen Rechtsvorschriften bei jeder Ausschüttung der Erträge durchgeführt wird;
b) gewährleistet, dass angemessene Maßnahmen ergriffen werden, wenn die Prüfer des OGAW Vorbehalte gegenüber den Jahresabschlüssen geäußert haben. Die Verwaltungs- oder Investmentgesellschaft stellt der Verwahrstelle alle Informationen über die Vorbehalte gegenüber den Abschlüssen bereit;
c) die Dividendenzahlungen bei der Ausschüttung der Erträge auf Vollständigkeit und Genauigkeit prüft.

Zudem normiert Art. 8 der Delegierten Verordnung (EU) 2016/438 Anforderungen an einen Eskalations- und Abhilfeprozess zwischen Verwahrstelle und Verwaltungsgesellschaft. Dem Wortlaut des Art. 8 Abs. 2 der Delegierten Verordnung (EU) 2016/438 ist diesbezüglich zu entnehmen, dass die Verwahrstelle die Verwaltungsgesellschaft überstimmen kann. 20

§ 77 Haftung

(1) [1]Die Verwahrstelle haftet gegenüber dem inländischen OGAW oder gegenüber den Anlegern des inländischen OGAW für das Abhandenkommen eines verwahrten Finanzinstrumentes durch die Verwahrstelle oder durch einen Unterverwahrer, dem die Verwahrung von Finanzinstrumenten nach § 72 Absatz 1 Nummer 1 übertragen wurde. [2]Im Fall eines solchen Abhandenkommens hat die Verwahrstelle dem inländischen OGAW oder der für Rechnung des inländischen OGAW handelnden OGAW-Verwaltungsgesellschaft unverzüglich ein Finanzinstrument gleicher Art zurückzugeben oder einen entsprechenden Betrag zu erstatten. [3]Die Verwahrstelle haftet nicht, wenn sie nachweisen kann, dass das Abhandenkommen auf äußere Ereignisse zurückzuführen ist, deren Konsequenzen trotz aller angemessenen Gegenmaßnahmen unabwendbar waren. Weitergehende Ansprüche, die sich aus den Vorschriften des bürgerlichen Rechts auf Grund von Verträgen oder unerlaubten Handlungen ergeben, bleiben unberührt.

(2) Die Verwahrstelle haftet auch gegenüber dem inländischen OGAW oder den Anlegern des inländischen OGAW für sämtliche sonstigen Verluste, die diese dadurch erleiden, dass die Verwahrstelle fahrlässig oder vorsätzlich ihre Verpflichtungen nach diesem Gesetz nicht erfüllt.

(3) Die Haftung der Verwahrstelle bleibt von einer etwaigen Übertragung gemäß § 73 unberührt.

(4) Eine Vereinbarung, mit der die Haftung der Verwahrstelle nach den Absätzen 1, 2 oder 3 aufgehoben oder begrenzt werden soll, ist nichtig.

6 BT-Drucks. 18/10936, S. 276.

(5) Für nähere Einzelheiten zu den Voraussetzungen, unter denen verwahrte Finanzinstrumente als abhandengekommen anzusehen sind, wird auf Artikel 18 der Delegierten Verordnung (EU) 2016/438 verwiesen. Für nähere Einzelheiten zu Voraussetzungen, unter denen die Verwahrstelle nach Absatz 1 Satz 3 von einer Haftung befreit ist, wird auf Artikel 19 der Delegierten Verordnung (EU) 2016/438 verwiesen.

In der Fassung vom 23.67.2017 (BGBl. I 2017, 1693), zuletzt geändert durch das Zweite Finanzmarktnovellierungsgesetz (2. FiMaNoG) vom 23.6.2017 (BGBl. I 2017, S. 1693).

Schrifttum: S. Vor §§ 68 ff.

I. Überblick, Entstehungsgeschichte und Regelungszweck

1 § 77 KAGB regelt die **Haftung der Verwahrstelle** gegenüber dem inländischen OGAW und dessen Anlegern für das Abhandenkommen der von ihr verwahrten Finanzinstrumente und für alle sonstigen Verluste, welche der OGAW oder dessen Anleger durch die Pflichtverletzung der Verwahrstelle erleiden.

2 Während die Haftung für AIF-Verwahrstellen gem. § 88 KAGB auf den europarechtlichen Vorgaben des Art. 21 der AIFM-RL beruht, fehlte es lange Zeit an solch einer Vorgabe für die Haftung von OGAW-Verwahrstellen.

3 **Art. 24 Unterabs. 1 der OGAW-RL**[1] bestimmte lediglich, dass die Depotbank für die schuldhafte Nicht- oder Schlechterfüllung ihrer Pflichten nach dem Recht des Staates hafte, in dem sich der satzungsmäßige Sitz der Verwaltungsgesellschaft befindet.

4 In Deutschland richtete sich die Haftung der Depotbank daher nach den **allgemeinen zivilrechtlichen Grundsätzen** (§§ 280 ff. BGB; §§ 823 ff. BGB) sowie § 3 Abs. 2 Satz 1 DepotG.[2]

5 Ausgangspunkt der zivilrechtlichen Haftung beziehungsweise Anspruchsgrundlagen des Anlegers gegen die Depotbank war die Annahme eines gesetzlichen Schuldverhältnisses[3] in Form einer **Treuhand** zwischen Anleger und Depotbank.[4] So konnte ein eventueller Schadensersatzanspruch aus § 280 BGB in Verbindung mit einem gesetzlichen Schuldverhältnis zwischen dem Anleger und der Depotbank begründet werden respektive ein Anspruch aus § 823 Abs. 2 BGB einschlägig sein, wobei die §§ 23 ff. InvG als Schutzgesetze im Sinne der Norm angesehen wurden.[5]

6 Im Übrigen regelte lediglich **§ 3 Abs. 2 Satz 1 DepotG** für die Fälle der Unterverwahrung gem. § 24 InvG, dass die Verwahrstelle grundsätzlich für ein Verschulden des Drittverwahrers wie für eigenes Verschulden (entsprechend § 278 BGB)[6] hafte, wobei bei genauerer Betrachtung die Haftung der Depotbank maßgeblich davon abhing, ob die Drittverwahrung im In- oder Ausland stattfand.[7]

---

1 Richtlinie 2009/65/EG des Europäischen Parlaments und des Rates vom 13.7.2009 zur Koordinierung der Rechts- und Verwaltungsvorschriften betreffend bestimmte Organismen für gemeinsame Anlagen in Wertpapieren (OGAW).

2 *Moericke* in Bauer/Tappen, § 77 KAGB Rz. 3, vgl. auch *Hövekamp/Hugger*, Die Reichweite der Haftung der Depotbanken, FS Hopt, 2010, S. 2015.

3 Die Frage nach dem Schuldverhältnis zwischen Anleger und Depotbank ist in der Literatur umstritten: Während die herrschende Ansicht von einem gesetzlichen Schuldverhältnis ausgeht, wird zum Teil vertreten, es handele sich bei dem Vertrag zwischen der Kapitalverwaltungsgesellschaft und Depotbank um einen Vertrag zugunsten Dritter i.S.d. § 328 BGB.

4 *Hövekamp/Hugger*, Die Reichweite der Haftung der Depotbanken, FS Hopt, 2010, S. 2017.

5 *Reiss*, Pflichten der Kapitalanlagegesellschaft und der Depotbank gegenüber dem Anleger und die Rechte des Anlegers bei Pflichtverletzungen, S. 359.

6 *Hopt* in Baumbach/Hopt, HGB, § 3 DepotG Rz. 3.

7 Sofern die Drittverwahrung im Ausland nicht über eine Wertpapiersammelbank erfolgte, sollte die Depotbank die Möglichkeit haben, ihre Haftung vertraglich auf ein Auswahlverschulden des Zwischenverwahrerers zu reduzieren (vgl. auch Nr. 19 Abs. 2 der Sonderbedingungen für Wertpapiergeschäfte). Begründet wurde dies u.a. damit, dass in diesen Fällen ein „weitergeleiteter Auftrag" vorliege und das besondere Risiko bei der Einschaltung von ausländischen Drittverwahrern beim Kunden bleiben müsse, wenn dieser eine Aufbewahrung im Ausland verlangt und die Risiken auch dann zu tragen hätte, wenn er sich ein eigenes Verwarkonto bei einem ausländischen Verwah-

Wesentliches Ziel der **AIFM-RL** war es, durch strenge und EU-weit einheitliche Regelungen zur Verwahrung, Unterverwahrung und zur Vermeidung von Interessenkonflikten ein hohes Anlegerschutzniveau sicherzustellen.[8] 7

Vor dem Hintergrund des Madoff-Skandals,[9] der u.a. erheblichen Einfluss auf die Depotbankregelungen der AIFM-RL hatte, wurde in Art. 21 AIFM-RL ein eigenes Haftungsregime für Depotbanken geschaffen und erstmals eine **verschuldensunabhängige Haftung** der Depotbank für den Verlust von verwahrten Finanzinstrumenten eingeführt. 8

Dadurch entstand die paradoxe Situation, dass die AIFM-RL deutlich schärfere und detailliertere Regelungen enthielt als die OGAW-RL, obwohl letztere primär dem Schutz von Kleinanlegern dienen sollte.[10] 9

Da der Gesetzgeber jedoch einen mindestens **gleichwertigen Schutz** von OGAW- und AIF-Anlegern gewährleisten wollte und ein niedrigerer Haftungsstandard von OGAW-Verwahrstellen gegenüber AIF-Verwahrstellen im Übrigen nicht sachgerecht gewesen wäre, wurde im Zuge der Umsetzung der AIFM-RL durch Erlass des KAGB das Haftungsregime für AIF-Verwahrstellen auf OGAW zunächst übertragen. Dabei war dem Gesetzgeber bewusst, dass die Regelungen des § 77 KAGB erneut überarbeitet werden müssten.[11] 10

§ 77 Abs. 1 bis 3 KAGB ist annähernd wortgleich mit der Vorschrift des § 88 Abs. 1 bis 3 KAGB, so dass wegen der Details auf die dortige Kommentierung verwiesen wird (§ 88 Rz. 8–23). 11

II. Möglichkeit der Haftungsbefreiung

§ 77 Abs. 4 KAGB wurde im Zuge des OGAW V-UmsG gestrichen und neu gefasst. Zuvor war noch eine vertragliche Haftungsbefreiung, wie sie auch § 88 Abs. 4 KAGB für AIF vorsieht, möglich. 12

Nunmehr ist jede **Vereinbarung**, mit der die Haftung der Verwahrstelle nach Maßgabe des § 77 Abs. 1, 2 oder 3 KAGB aufgehoben oder begrenzt werden soll, **nichtig**. Gleiches gilt für Publikums-AIF (vgl. hierzu die Kommentierung zu § 88 Abs. 4 KAGB, § 88 Rz. 24 ff.). Die Neufassung dient der Umsetzung der Abs. 3 und 4 des neugefassten Art. 24 der OGAW-RL.[12] Diese europäischen Vorschriften lauten: 13

„(3) Die Haftung der in Absatz 1 genannten Verwahrstelle kann nicht im Wege einer Vereinbarung aufgehoben oder begrenzt werden.

(4) Eine Vereinbarung, die gegen Absatz 3 verstößt, ist nichtig."

Es wird deutlich, dass der europäische Gesetzgeber hier eine vollständige zivilrechtliche Nichtigkeit im Auge hat (**§ 134 BGB**). 14

Auch der bisherige § 77 Abs. 5 KAGB, der eine weitere Möglichkeit der Haftungsbefreiung vorsah, wurde im Rahmen des OGAW V-UmsG ersatzlos gestrichen, da eine vertragliche Haftungsbefreiung nach Abs. 3 und 4 des neu gefassten Art. 24 der OGAW-RL nicht mehr möglich ist.[13] 15

Der ehemalige § 77 Abs. 6 KAGB, der durch das OGAW V-UmsG zu Abs. 5 wurde und hinsichtlich näherer Bestimmungen zum Haftungsregime auf die Art. 100 bis 102 der AIFM-VO verwies, wurde durch das **2. FiMaNoG** gestrichen und neu gefasst. Er enthält nun hinsichtlich der Voraussetzungen, wann ein Finanzinstrument als abhandengekommen anzusehen ist, einen Verweis auf Art. 18 der Delegierten Verordnung (EU) 2016/438 sowie hinsichtlich der Voraussetzungen der Haftungsbefreiung der Verwahrstelle nach Abs. 1 Satz 3 einen Verweis auf Art. 19 der Delegierten Verordnung (EU) 2016/438. 16

Eine **Haftungsbefreiung** der Verwahrstelle ist mithin nur unter den in **Art. 19 Abs. 1 Delegierten Verordnung (EU) 2016/438** genannten engen Voraussetzungen möglich, die allesamt daran anknüpfen, dass die 17

---

rer eingerichtett hätte (ausführlich hierzu: *Hövekamp/Hugger*, Die Reichweite der Haftung der Depotbanken, FS Hopt, 2010, S. 2015).

8 *Tollmann* in Dornseifer/Jesch/Klebeck/Tollmann, Art. 21 AIFM-RL Rz. 11.

9 Bei dem Madoff-Skandal handelt es sich um das größte jemals aufgedeckte Schneeballsystem. Dabei sind viele Anleger dadurch zu Schaden gekommen, dass einige luxemburgischen Investmentfonds Madoff als Auslagerungsunternehmen oder Fondsverwalter beauftragt und die Depotbanken darüber hinaus eine Madoff-Gesellschaft mit der Unterverwahrung betraut haben, obwohl dies wegen des damit einhergehenden Interessenkonflikts unzulässig war. Da nach luxemburgischen Recht jedoch einzig die Verwaltungsgesellschaft klagebefugt war, wurden die von Anlegern erhobenen Schadensersatzklagen gegen die Depotbank abgwiesen (ausführlich hierzu *Specht* in Dornseifer/Jesch/Klebeck/Tollmann, Art. 21 AIFM-RL Rz. 8 f.).

10 *Tollmann* in Dornseifer/Jesch/Klebeck/Tollmann, Art. 21 AIFM-RL Rz. 372.

11 Begr. RegE, BT-Drucks. 17/12294, S. 231.

12 Begr. RegE BT-Drucks.18/6744, S. 67.

13 Begr. RegE BT-Drucks.18/6744, S. 67.

Verwahrstelle für den Verlust überhaupt nicht verantwortlich ist. Im Einzelnen ist dies der Fall, wenn a) das Ereignis, das zu dem Verlust geführt hat, nicht das Ergebnis einer Handlung oder Unterlassung der Verwahrstelle oder von Dritten, denen die Verwahrung von verwahrten Finanzinstrumenten gem. Art. 22 Abs. 5 Buchst. a der Richtlinie 2009/65/EG übertragen wurde ist; b) die Verwahrstelle das Eintreten des Ereignisses, das zu dem Verlust geführt hat, trotz Anwendung sämtlicher Vorsichtsmaßnahmen, die einer umsichtigen Verwahrstelle nach gängiger Branchenpraxis obliegen, nach vernünftigem Ermessen nicht verhindern konnte oder c) die Verwahrstelle den Verlust trotz gebührender und umfassender Sorgfalt nicht verhindern konnte, was umfassend dokumentiert werden muss.

§ 78 Geltendmachung von Ansprüchen der Anleger; Verordnungsermächtigung

(1) [1]Die Verwahrstelle ist berechtigt und verpflichtet, im eigenen Namen

1. Ansprüche der Anleger wegen Verletzung der Vorschriften dieses Gesetzes oder der Anlagebedingungen gegen die OGAW-Kapitalverwaltungsgesellschaft geltend zu machen und

2. im Wege einer Klage nach § 771 der Zivilprozessordnung Widerspruch zu erheben, wenn in einen inländischen OGAW wegen eines Anspruchs vollstreckt wird, für den der inländische OGAW nicht haftet; die Anleger können nicht selbst Widerspruch gegen die Zwangsvollstreckung erheben.

[2]Satz 1 Nummer 1 schließt die Geltendmachung von Ansprüchen gegen die OGAW-Kapitalverwaltungsgesellschaft durch die Anleger nicht aus.

(2) [1]Die OGAW-Kapitalverwaltungsgesellschaft ist berechtigt und verpflichtet, im eigenen Namen Ansprüche der Anleger gegen die Verwahrstelle geltend zu machen. [2]Satz 1 schließt die Geltendmachung von Ansprüchen gegen die Verwahrstelle durch die Anleger nicht aus.

(3) [1]Die OGAW-Kapitalverwaltungsgesellschaft hat unter Beteiligung der Verwahrstelle für die Fälle einer fehlerhaften Berechnung von Anteilswerten und ohne Beteiligung der Verwahrstelle für die Fälle einer Verletzung von Anlagegrenzen oder Erwerbsvorgaben bei einem inländischen OGAW geeignete Entschädigungsverfahren für die betroffenen Anleger vorzusehen. [2]Die Verfahren müssen insbesondere die Erstellung eines Entschädigungsplans umfassen sowie die Prüfung des Entschädigungsplans und der Entschädigungsmaßnahmen durch einen Wirtschaftsprüfer vorsehen. [3]Das Bundesministerium der Finanzen wird ermächtigt, durch Rechtsverordnung, die nicht der Zustimmung des Bundesrates bedarf, nähere Bestimmungen zu den Entschädigungsverfahren und deren Durchführung zu erlassen, insbesondere zu

1. Einzelheiten des Verfahrens einschließlich der Beteiligung der depotführenden Stellen des Anlegers und einer Mindesthöhe der fehlerhaften Berechnung des Anteilswertes, ab der das Entschädigungsverfahren durchzuführen ist, sowie gegebenenfalls zu den Einzelheiten eines vereinfachten Entschädigungsverfahrens bei Unterschreitung einer bestimmten Gesamtschadenshöhe,

2. den gegenüber einem betroffenen Anleger oder inländischen OGAW vorzunehmenden Entschädigungsmaßnahmen sowie gegebenenfalls zu Bagatellgrenzen, bei denen solche Entschädigungsmaßnahmen einen unverhältnismäßigen Aufwand verursachen würden,

3. Meldepflichten gegenüber der Bundesanstalt und gegebenenfalls gegenüber den zuständigen Stellen des Herkunftsstaates der einen inländischen OGAW verwaltenden EU-OGAW-Verwaltungsgesellschaft,

4. Informationspflichten gegenüber den betroffenen Anlegern,

5. Inhalt und Aufbau des zu erstellenden Entschädigungsplans und Einzelheiten der Entschädigungsmaßnahmen sowie

6. Inhalt und Umfang der Prüfung des Entschädigungsplans und der Entschädigungsmaßnahmen durch einen Wirtschaftsprüfer.

[4]Das Bundesministerium der Finanzen kann diese Ermächtigung durch Rechtsverordnung auf die Bundesanstalt übertragen.

In der Fassung vom 4.7.2013 (BGBl. I 2013, S. 1981), zuletzt geändert durch das Gesetz zur Umsetzung der Richtlinie 2014/91/EU des Europäischen Parlaments und des Rates vom 23. Juli 2014 zur Änderung der Richtlinie 2009/65/EG zur Koordinierung der Rechts- und Verwaltungsvorschriften betreffend bestimmte Organismen für gemeinsame Anlagen in Wertpapieren (OGAW) im Hinblick auf die Aufgaben der Verwahrstelle, die Vergütungspolitik und Sanktionen vom 3.3.2016 (BGBl. I 2016, S. 348).

Schrifttum: *Baum*, Schutz und Sicherung des Investmentsparens bei Kapitalanlage-Gesellschaften und Investment-Trusts, Diss. Mainz 1959; *Bösch/Rayroux/Winzeler/Stupp*, Baseler Kommentar zum KAG („BSK-KAG"), 2. Aufl. 2016; *Campbell/Büchler*, Die Haftung der Verwaltungsgesellschaft einer fremdverwalteten Investmentaktiengesellschaft, ILF Working Paper 101 (2009); *Casper*, Die Investmentkommanditgesellschaft: große Schwester der Publikums-KG oder Kuckuckskind?, ZHR 179 (2015), 60; *Geibel*, Investmentgeschäft, in Derleder/Knobs/Bamberger, Deutsches und europäisches Bank- und Kapitalmarktrecht, 3. Aufl. 2017, § 61; *Hamrahan/Ramsey*, Regulation of Mutual Funds in Australia, in Birdthistle/Morley, Research Handbook on the Regulation of Mutual Funds, 2018, S. 414; *Klett*, Die Trust-Struktur im Vertragsmodell des Investmentrechts, 2016; *Klett*, Die Prozessführungsbefugnis von Kapitalverwaltungsgesellschaften unter deutschem und US-amerikanischem Recht, WM 2018, 892; *Köndgen/Schmies* in Bankrechts-Handbuch, 5. Aufl. 2017, § 113; *Ohl*, Die Rechtsbeziehungen innerhalb des Investment-Dreiecks, 1987; *Reuschle*, Möglichkeiten und Grenzen kollektiver Rechtsverfolgung, WM 2004, 966; *Reiss*, Pflichten der Kapitalanlagegesellschaft und der Depotbank gegenüber dem Anleger und die Rechte der Anleger bei Pflichtverletzungen, 2006; *Reuter*, Investmentfonds und die Rechtsstellung der Anteilinhaber, Diss. Frankfurt/M., 1965; *Schäfer*, Corporate Governance bei Kapitalanlagegesellschaften – Fund Governance, 2009; *Schultheiß*, Die Haftung von Verwahrstellen und externen Bewertern unter dem KAGB, WM 2015, 606; *Wallach*, Die Regulierung von Personengesellschaften im Kapitalanlagegesetzbuch, ZGR 2014, 289; *Zetzsche*, Die allgemeine Kontrollpflicht der Verwahrstelle im Investmentdreieck, ZFR 2017, 212; *Zetzsche*, Aktivlegitimation der §§ 78, 89 KAGB im Investment-Drei- und –Viereck in FS Köndgen, 2016, S. 677; *Zetzsche*, Prinzipien der kollektiven Vermögensanlage, 2015; *Zetzsche*, Das Gesellschaftsrecht des KAGB, AG 2013, 613; *Zetzsche*, Das grenzüberschreitende Investmentdreieck, in Zetzsche/Lehmann Grenzüberschreitende Finanzdienstleistungen, 2018; *Zimmer/Höft*, „Private Enforcement" im öffentlichen Interesse? Ansätze zur Effektuierung der Rechtsdurchsetzung bei Streu- und Massenschäden im kapitalmarkt-, Wettbewerbs- und Kartellrecht, ZGR 2009, 662.

I. Inhalt und Entwicklung

1 § 78 KAGB regelt die Berechtigung zur Geltendmachung von Ansprüchen (**Aktivlegitimation**) bei OGAW. Kein Regelungsgegenstand ist die **Anspruchsgrundlage**. § 78 KAGB setzt privatrechtlich begründete und gesetzliche Ansprüche voraus, regelt aber nicht ob und in welchem Umfang Ansprüche bestehen.[1]

2 § 78 Abs. 1 KAGB betrifft die **Aktivlegitimation der Verwahrstelle**, § 78 Abs. 2 KAGB die der KVG. § 78 Abs. 3 KAGB sieht ein **Entschädigungsverfahren** bei fehlerhafter Berechnung des Anteilswertes (sog. NAV Error), sowie bei Verletzung von Anlagegrenzen oder Erwerbsvorgaben vor. Es handelt sich um typische **Streuschäden**, bei denen eine privatrechtliche Geltendmachung durch einzelne Anleger unwahrscheinlich ist. Zur (sehr umstrittenen) **Passivlegitimation** verhält sich die Vorschrift nicht; Aussagen zur Passivlegitimation müssen auf der Basis einer eigenständigen, §§ 78, 89 KAGB außer Acht lassenden Wertung separat begründet werden.

1 *Herring* in Baur/Tappen, § 78 KAGB Rz. 5.

3 § 78 KAGB wurde weitgehend unverändert[2] aus § 28 InvG[3] und dessen Vorgängernormen § 12c KAGG 1990,[4] § 12 Abs. 8 KAGG 1970[5] und § 11 Abs. 7 KAGG 1957[6] übernommen. § 78 Abs. 2 Satz 2 KAGB setzt zudem Art. 24 Abs. 5 der **OGAW IV-RL 2009/65/EG** i.d.F. der OGAW V-RL 2014/91/EU um (näher Rz. 38), § 78 Abs. 3 KAGB zudem Art. 19 Abs. 3 Buchst. f OGAW IV-RL 2009/65/EG (näher Rz. 57).

4 § 78 Abs. 1 und 2 KAGB etablieren ein **Konzept gegenseitiger Kontrolle („checks and balances")** im Verhältnis von KVG und Verwahrstelle, indem beiden kundigen Intermediären eine Rechtsstellung zur Durchsetzung der Anlegeransprüche eingeräumt wird. Die Vorschrift ist ein **wesentlicher Baustein zur effektiven Durchsetzung investmentrechtlicher Pflichten** im sog. **Investmentdreieck** (s. dazu Einl. Rz. 91 ff.). Der Verwahrstelle und der KVG wird die Klageberechtigung aus Gründen der prozeduralen Effizienz eingeräumt. Eine Geltendmachung der Ansprüche durch die Gesamtheit der Anteilinhaber stößt wegen der großen Zahl der Berechtigten und mangelnden Faktenwissens auf erhebliche Schwierigkeiten.[7] Zudem rufen Rechtsverfolgungskosten Passivitätsanreize hervor. Beides rechtfertigt die Bündelung in der Hand eines kundigen, informierten und zur Handlung verpflichteten Intermediärs.

5 Dieses **investmentrechtliche Kontrollmodell ist nicht perfekt**. Bei Ansprüchen gegen Dritte wie delegierte Vermögensverwalter oder Fondsinitiatoren hat der Verwalter ein Eigeninteresse am Zusammenhalt des Fondsvermögens, weil er über Erfolgszusagen und volumenbezogene Gebühren davon profitiert. Der bei Verlust des Kunden befürchtete Einnahmeverlust ist im Verhältnis zu dem für die KVG existenzgefährenden Schadenspotential gering. Insoweit wird die KVG von sich aus tätig werden. Ganz anders bei Verstößen der KVG und Verwahrstelle, solange es gelingt, den **Schaden zu verheimlichen**: Beide Intermediäre sind in ihrem Elan gehemmt, weil sie zugleich behaupten müssten, gegen ihre eigenen (Kontroll-)Pflichten verstoßen zu haben.[8] Die kraft bankrechtlicher Vorgaben wirtschaftlich solide Verwahrstelle muss fürchten, für die Verstöße des finanziell schmalbrüstigen Verwalters in Haftung genommen zu werden. Wenn die KVG die Geltendmachung des Anspruchs gegen die Verwahrstelle pflichtwidrig unterlässt, wird die Verwahrstelle gleichfalls nicht einschreiten.[9] Die Situation verschärft sich, wenn – wie häufig – Verwalter und Verwahrer der gleichen Unternehmensgruppe angehören oder sonst wie institutionell voneinander abhängig sind.[10] Auf eine angemessene Schadensregulierung dringen dann im Einzelfall schwer zu prognostizierende Reputationsanreize und die (in Deutschland früher häufig unbegründete) Furcht vor der Finanzmarktaufsicht. Daher verwundert nicht, dass über die **erfolgreiche kollektive Rechtsverfolgung durch KVG und Verwahrstelle „nichts bekannt"** ist.[11]

6 Gegen diese rechtspolitische Kritik wird dreierlei eingewandt:[12] 1) Fehlende Gerichtsverfahren könnten statt Nachweis des Systemversagens ebenso Beleg für die **wirksame Fehlervermeidung durch die Aufgabenteilung zwischen Verwahrstelle und KVG**, unterstützt durch Wirtschaftsprüfer und regelmäßige Depotprüfung sein. 2) **Interessenkonflikte sind abgemildert**, seitdem viele Bankkonzerne ihre Verwahrstellenfunktion eingestellt haben und sich das Verwahrstellengeschäft global konzentriert hat. Dennoch käme es nicht zu mehr Gerichtsverfahren. 3) Langwierige Gerichtsverfahren lägen keinesfalls im Anlegerinteresse. Eine geräuschlose (zugleich aber intransparente), ggf. über Schiedsverfahren organisierte Schadensbeseitigung würde ebenfalls Gerichtsverfahren vermeiden.

7 Auf die Anleger, die parallel zur KVG und Verwahrstelle klagen könnten, ist gleichfalls kein Verlass. Der Gesetzgeber hat daher im Jahr 2011[13] das privatrechtliche Kontrollmodell um ein **öffentlich-rechtliches**

---

2 Vgl. BT-Drucks. 17/12294, 231, 238.

3 Eingeführt durch das Gesetz zur Modernisierung des Investmentwesens und zur Besteuerung von Investmentvermögen (*Investmentmodernisierungsgesetz*) vom 15.12.2003, BGBl. I 2003, S. 2676.

4 Vgl. Art. 1 des Gesetzes zur Förderung der Rahmenbedingungen der Finanzmärkte (Finanzmarktförderungsgesetz) vom 22.2.1990, BGBl. I 1990, S. 266; die das KAGG betreffenden Änderungen wurden in den Bundestag noch eingebracht als Investment-Richtlinie-Gesetz, vgl. dazu BT-Drucks. 11/5411.

5 Vgl. die Neufassung des Gesetzes über Kapitalanlagegesellschaften vom 14.1.1970, BGBl. I 1970, S. 127.

6 Vgl. Gesetz über Kapitalanlagegesellschaften vom 16.4.1957, BGBl. I 1957, S. 378.

7 Vgl. BT-Drucks. 11/5411, 32.

8 *Köndgen* in Berger/Steck/Lübbehüsen, § 28 InvG Rz. 15.

9 *Köndgen* in Berger/Steck/Lübbehüsen, § 28 InvG Rz. 15.

10 Vgl. *Schmolke*, WM 2007, 1909 f.; *Reiss*, S. 312 f.; *Alfes* in Emde/Dornseifer/Dreibus/Hölscher, § 28 InvG Rz. 4.

11 *Köndgen* in Berger/Steck/Lübbehüsen, § 28 InvG Rz. 3; *Alfes* in Emde/Dornseifer/Dreibus/Hölscher, § 28 InvG Rz. 4.

12 *Schäfer* in Moritz/Klebeck/Jesch, § 78 Rz. 4; *Klusak* in Weitnauer/Boxberger/Anders, § 78 KAGB Rz. 2.

13 Vgl. § 28 Abs. 3 i.d.F. Art. 1 Nr. 28 OGAW-IV-Umsetzungsgesetz (OGAW-IV-UmsG) vom 22.6.2011, BGBl. I 2011, S. 1126; dazu Begr. RegE zum OGAW IV-UmsG, BT-Drucks. 17/4510, 67.

Kompensationsmodell für Streuschäden[14] aus unzutreffenden Anteilswertberechnungen (sog. „NAV error") und Anlagegrenzverstößen erweitert. Vgl. zu § 78 Abs. 3 KAGB Rz. 57.

II. Anwendungsbereich

§ 78 KAGB ist Teil der **Produktregulierung** und gilt für **inländische OGAW**, und zwar auch dann, wenn diese von einer EU-KVG grenzüberschreitend verwaltet werden (§ 52 Abs. 5 KAGB). Verwaltet eine deutsche KVG einen ausländischen OGAW, gilt das am Sitzstaat des OGAW geltende Recht. 8

§ 78 KAGB beansprucht Geltung für **sämtliche Rechtsformen**, in denen OGAW errichtet werden können. OGAW können in **Vertrags-, Trust oder Satzungsform** errichtet sein (vgl. Art. 1 Abs. 3 OGAW-RL). Dafür spricht auch die Entstehungsgeschichte. Die Investmentgesellschaft wurde durch §§ 51 ff. KAGG i.d.F. des 3. Finanzmarktförderungsgesetzes,[15] deren Fremdverwaltung erstmals mit § 96 Abs. 4 InvG i.d.F. des Investmentänderungsgesetzes[16] zulässig. Sowohl 1998, als auch 2007 blieb die Regelung zur Aktivlegitimation unberührt. Die Regelung gilt daher **auch für OGAW-Investmentgesellschaften.**[17] Dies wirft die Frage auf, wie die gesetzlich durch § 78 KAGB geregelte Aktivlegitimation mit der Gesellschaftsverfassung und den Kompetenzen der Gesellschaftsorgane vereinbar ist und in welchem Umfang daneben die Anleger aktivlegitimiert sind (dazu Rz. 52). 9

Es ist zwischen **Individualansprüchen**, die nur einzelnen Anlegern zustehen,[18] und Ansprüchen insbesondere aus Schädigungen, die alle Fondsanleger in gleicher Weise treffen („**Kollektivansprüche**"[19]), zu unterscheiden. § 78 KAGB gilt nur für **Kollektivansprüche.**[20] Individualansprüche haben die Anleger selbst und ohne Unterstützung durch die Verwahrstelle respektive KVG geltend zu machen. Die auf Individualansprüche geleisteten Zahlungen zählen nicht zum Fondsvermögen.[21] 10

Zu **Kollektivschäden** kann es kommen durch Handlungen: 11

1) **der KVG**, z.B. durch Eingehung übermäßiger Risiken oder Erwerb von Vermögensgegenständen unter Verstoß gegen die Anlagebedingungen;
2) **der Verwahrstelle**, z.B. durch Verlust der verwahrten Finanzinstrumente oder eine unzureichende Sicherung der Eigentumsrechte an nicht verwahrfähigen Vermögensgegenständen;
3) **der Anleger**, indem sie z.B. massenhaft Anteile zurückgeben und zum Notverkauf illiquider Vermögensgegenstände zwingen oder eine zur Weiterfinanzierung der Anlage erteilte Zusage nicht einhalten;
4) **einer der zahlreichen Personen, die die KVG oder Verwahrstelle zur Erfüllung ihrer Pflichten hinzuziehen**, z.B. externe Bewerter (die einzelne Vermögensgegenstände des Fonds unzutreffend bewerten), spezialisierte Vermögensverwalter, Risikomanager, Vertriebsbeauftragte, Unter-Verwahrstellen, Prime Broker oder Zentralverwahrer;
5) **Dritter**, etwa bei einem durch Fahrlässigkeit verursachten Brand einer im Fondsvermögen stehenden Immobilie oder einer verspäteten Ad-hoc-Mitteilung des Vorstands einer börsennotierten AG, deren Aktien im Fondsvermögen stehen, sowie

---

14 Dazu *Zimmer/Höft*, ZGR 2009, 662.

15 Vgl. Gesetz zur weiteren Fortentwicklung des Finanzplatzes Deutschland (Drittes Finanzmarktförderungsgesetz) vom 24.3.1998, BGBl. I 1998, S. 529; zur Inv-Ges BT-Drucks. 13/8933, 126 ff.

16 Vgl. Gesetz zur Änderung des Investmentgesetzes und zur Anpassung anderer Vorschriften (Investmentänderungsgesetz) vom 21.12.2007, BGBl. I 2007, S. 3089; zur Inv-AG BT-Drucks. 16/5576, 85.

17 Die Frage wird im Schrifttum häufig nicht diskutiert. Eindeutig und insoweit wie hier *Köndgen/Schmies* in Bankrechts-Handbuch, § 113 Rz. 248.

18 Individuell ist der Schaden z.B. beim Erwerb eines ungeeigneten Fondsanteils nach fehlerhafter Anlageberatung durch die KVG (vgl. § 20 Abs. 3 Nr. 1 KAGB), aus Prospekthaftung (§ 306 Abs. 1 KAGB) oder infolge Verweigerung der Anteilsrücknahme entgegen der in § 162 Abs. 2 Nr. 4 KAGB statuierten Bedingungen eines offenen Fonds. Weitere Individualansprüche resultieren z.B. aus § 297 KAGB (Informationsanspruch).

19 Zutreffend weist *Köndgen* in Berger/Steck/Lübbehüsen, § 28 InvG Rz. 17 darauf hin, dass der alle Anleger gleich treffende Schaden beim Sondervermögen kein solcher eines Kollektivs ist und deshalb eine *actio pro socio* ausscheidet; beim Sondervermögen fehlt dem Fonds die Rechtsfähigkeit und die rechtliche Verselbständigung der Vielzahl der Anlegerberechtigungen.

20 *Schäfer* in Moritz/Klebeck/Jesch, § 78 KAGB Rz. 16; *Alfes* in Emde/Dornseifer/Dreibus/Hölscher, § 28 InvG Rz. 21; *Reiss*, S. 347.

21 *Schäfer* in Moritz/Klebeck/Jesch, § 78 KAGB Rz. 14; *Köndgen* in Berger/Steck/Lübbehüsen, § 28 InvG Rz. 17; *Alfes* in Emde/Dornseifer/Dreibus/Hölscher, § 28 InvG Rz. 33; *Schäfer* in Moritz/Klebeck/Jesch, § 78 KAGB Rz. 19; a.A. *Reiss*, S. 304.

6) der **Investmentgesellschaft** durch das nachteilige Handeln ihrer Organe (*Beispiel*: übermäßige Repräsentationsausgaben; sinnlose Anmietung von Büroflächen; Überschreitung ihrer nach der Binnenverfassung obliegenden Kompetenzen, z.B. bei externer Verwaltung Eingehung einer Anlageverbindlichkeit im Namen der Investmentgesellschaft).

12 Die §§ 78, 89 KAGB verhalten sich ausdrücklich zu Ansprüchen gegen die KVG und die Verwahrstelle. Die **übrigen Ansprüche des Fonds** sind grds. **von der KVG** geltend zu machen, und zwar unabhängig von der sachenrechtlichen Zuordnung und unabhängig davon, ob der OGAW als vertraglicher Fonds oder als Investmentgesellschaft konstituiert ist (näher Rz. 47); die Inanspruchnahme folgt dann den Vertragsbeziehungen. Komplikationen ruft die Berücksichtigung der **Investmentgesellschaft** als weiterer Entität in der Investmentbeziehung hervor; das Investmentdreieck wird zum Investmentviereck (dazu näher Rz. 45).

13 § 78 KAGB umfasst grds. **sämtliche Anspruchsziele**, gleich ob **Erfüllung**, Auskunft und Rechnungslegung (§ 666 BGB), die Vornahme gewisser Handlungen (z.B. Interessenwahrungspflicht aus § 26 Abs. 2 Nr. 1 KAGB, ordnungsgemäßes Konfliktmanagement gem. § 27 KAGB, Beteiligung an einer Massenklage), **Schadensersatz** oder **Herausgabe** in Rede stehen.[22] Die Aktivlegitimation der Verwahrstelle aus § 78 Abs. 1 KAGB ist auf Fälle der Verletzung des KAGB oder der Anlagebedingungen beschränkt (näher Rz. 20), während Abs. 2 für die KVG keine solche Beschränkung vorsieht (Rz. 34).

III. Geltungsgründe der Aktivlegitimation im vertraglichen Fonds

14 Die Aktivlegitimation von KVG, Verwahrstelle und Anleger gem. §§ 78 Abs. 1 und 2, 89 Abs. 1 und 2 KAGB lässt sich weder mit der Rechtsinhaberschaft an den Vermögensgegenständen noch mit den Vertragsbeziehungen abschließend erklären: Nach den Wertungen des Schuld- und Sachenrechts dürften die KVG beim Miteigentumsmodell und die Anleger beim Treuhandmodell nicht aktivlegitimiert sein. Daher ist die privatrechtliche um eine investmentrechtliche Perspektive zu ergänzen. Grund für die Zuweisung der Aktivlegitimation in §§ 78, 89 KAGB ist die **investmentrechtliche Aufgabenteilung**.[23]

15 **Pflichtaufgaben des Verwalters** sind (jedenfalls) das **Portfolio- und Risikomanagement**.[24] Eine der beiden Tätigkeiten ist selbst zu erbringen (vgl. §§ 17 Abs. 1 Satz 2, 23 Nr. 9 KAGB). Wird die andere ausgelagert, bleibt die Verantwortung bei der KVG (§ 36 Abs. 4 KAGB). Eine investmentrechtliche Definition der Portfolioverwaltung sucht man vergeblich.[25] Gemeint ist eine **Wertoptimierung durch wirtschaftliche Vermögensverwaltung**.[26] Dabei muss die KVG die Vermögensgegenstände des Fonds bestmöglich im Anlegerinteresse einsetzen (§ 26 Abs. 2 Nr. 2 KAGB). Schadensersatzforderungen sind – ebenso wie andere Forderungen z.B. aus Derivaten – Vermögensgegenstände des Fonds. Der sachgemäße Umgang kann das Fondsvermögen mehren, sachwidriges Verhalten dieses schmälern. Die Portfolioverwaltung geht damit über die Anlageentscheidung i.e. Sinn (Erwerben/Halten/Veräußern) hinaus und erfasst **alle Verfügungen über Vermögensgegenstände des Fonds**, wie z.B. der in einem Vergleich enthaltene Teilverzicht. Dafür spricht nicht zuletzt der Rechtsgedanke aus § 92 Abs. 2 KAGB, wonach Surrogate ebenfalls zum Investmentvermögen gehören. Die Aktivlegitimation des Verwalters erklärt sich einzig stimmig als ***Annexkompetenz* zur Portfolioverwaltung**: Wird dem Fondsvermögen ein Schaden (egal von wem) zugefügt, ist die Ersatzforderung ein Vermögensgegenstand, **über dessen Nutzung und Geltendmachung der Verwalter entscheidet**. Die KVG benötigt somit keinerlei statutarische Ermächtigung zur Geltendmachung von Kollektivansprüchen gegen die Verwahrstelle oder Dritte, sie obliegt der KVG kraft ihrer Zuständigkeit für die Portfolioverwaltung. Die Regelung des § 78 Abs. 2 Satz 1 KAGB ist damit **im Kern deklaratorisch**.

16 Der **Verwahrstelle** obliegt eine konservierende, auf Zusammenhaltung der Vermögensgegenstände angelegte Funktion, die sich aus der Verwahrung (*custody*) und der nur im europäischen Fondsrecht ausgepräg-

22 *Herring* in Baur/Tappen, § 78 KAGB Rz. 5 f.

23 Dies wirft bei grenzüberschreitenden Klageverfahren Probleme auf. Vgl. dazu *Klett*, WM 2018, 892; *Zetzsche* in Zetzsche/Lehmann, Grenzüberschreitende Finanzdienstleistungen, S. 261 ff.

24 Vgl. Anhang II.1. AIFM-RL; Anhang II., 1. SpStr. OGAW-RL. Auf den Grundsatzstreit um die Mindestaufgaben der KVG wird hier nicht eingegangen.

25 Eine Orientierung an der Finanzportfolioverwaltung gem. § 1 Abs. 1a Nr. 3 KWG bzw. § 2 Abs. 3 Nr. 7 WpHG hilft nicht, auch dort bleibt offen, was zur Verwaltung zählt.

26 Vgl. *Zetzsche*, Prinzipien der kollektiven Vermögensverwaltung, S. 93 f.

ten[27] Rechtmäßigkeitskontrolle der KVG zusammensetzt.[28] Die Aktivlegitimation der Depotbank ist dann **Ausprägung der investmentrechtlichen Kontrollpflichten.**[29]

IV. Aktivlegitimation der Verwahrstelle (§ 78 Abs. 1 KAGB)

1. Prozessstandschaft der Verwahrstelle (§ 78 Abs. 1 Satz 1 KAGB)

§ 11 Abs. 7 KAGG[30] regelte im Jahr 1957 erstmals die Aktivlegitimation der Verwahrstelle, die heute in § 78 Abs. 1 Satz 1 KAGB zu finden ist: „Die Depotbank ist berechtigt und verpflichtet, im eigenen Namen (...) Ansprüche der Anteilinhaber gegen die Kapitalanlagegesellschaft geltend zu machen (...).“ Die sprachlich zu weite Fassung – man konnte denken, die Aktivlegitimation erfasse neben Kollektivansprüchen auch Individualansprüche der Anleger – wurde mit dem **InvModG (2003)**[31] präziser gefasst, das Klagerecht auf Ansprüche aus der Verletzung des Gesetzes und der Fondsstatuten beschränkt. Die Vorschrift hat keine ausdrückliche europarechtliche Grundlage, ihr Inhalt folgt aus den im europäischem Recht festgelegten Aufgaben von Verwahrstelle und KVG. 17

a) Handeln im eigenen Namen

§ 78 Abs. 1 Satz 1 KAGB enthält eine **Berechtigung und Verpflichtung**, Ansprüche des Anlegerkollektivs (Rz. 11) im eigenen Namen geltend zu machen. Der Verwahrstelle steht **kein Ermessen** zu, ob sie die Ansprüche geltend macht.[32] Sie muss jeden **Anspruch** geltend machen und durchsetzen.[33] § 78 Abs. 1 Satz 1 KAGB berechtigt und verpflichtet die Verwahrstelle, die wirtschaftlichen Interessen der Anleger **im Wege der gesetzlichen Prozessstandschaft** gegenüber der KVG wahrzunehmen.[34] 18

Der Verwahrstelle obliegt die Pflicht auch dann, wenn der **Fonds aufgelöst** ist, sonst könnte sich die KVG durch Auflösung des Fonds der Rechtsverfolgung durch die Verwahrstelle entziehen. Aus dem gleichen Grund bleibt bei einem **Wechsel der Verwahrstelle** die alte Verwahrstelle für die Durchsetzung während ihrer Amtszeit entstandener Ansprüche in der Pflicht; die neue Verwahrstelle würde über Informationsnachteile bei der Rechtsverfolgung verfügen. 19

b) Ansprüche der Anleger (§ 78 Abs. 1 Satz 1 Nr. 1 KAGB)

Die Aktivlegitimation der Verwahrstelle nach § 78 Abs. 1 KAGB ist begrenzt auf Ansprüche wegen **Verletzung der Vorschriften „dieses Gesetzes“** (i.e. KAGB) sowie der **Anlagebedingungen** (§ 162 KAGB). In Betracht kommt insbesondere ein Verstoß gegen Anlagegrenzen, Erwerbsverbote oder das Belastungsverbot gem. § 93 Abs. 4 KAGB. Ebenfalls erfasst sind Verstöße gegen Zustimmungspflichten nach § 75 KAGB (da- 20

27 Keine Kontrollfunktion hat der custodian insbesondere nach US-amerikanischem und australischem Investmentrecht. Vgl. für Australien *Hamrahan/Ramsey* in Birdthistle/Morley, S. 414, 417 ff.

28 Vgl. zu den Verwahrstellenaufgaben *Hooghiemstra* in Zetzsche, AIFMD, S. 494 f., 503 ff.; *Zetzsche*, Prinzipien der kollektiven Vermögensverwaltung, S. 524 f., 674 f.

29 Vgl. den Bericht des Bundestagsabgeordneten *Neubürger* zu den Beratungsergebnissen der beteiligten Ausschüsse vor der abschließenden Beratung im Deutschen Bundestag, BT-Drucks. 2/2973: „Da auch die Ausgabe und Rücknahme der Anteilscheine über die Depotbank erfolgt, kann und soll sie überwachen und sicherstellen, daß die Gegenwerte für die auf Weisung der Kapitalanlagegesellschaft durchgeführten Geschäfte stets wieder in die gesperrten Konten bzw. Depots des Sondervermögens gelangen (§ 10 Abs. 5).“ Näher *Zetzsche*, Prinzipien der kollektiven Vermögensverwaltung, S. 679.

30 Die Regelung war im ursprünglichen Gesetzentwurf der CDU-Fraktion noch nicht enthalten, vgl. Antrag der Abgeordneten *Neubürger*, *Häussler*, *Scharnberg*, Dr. *Krone* und Fraktion der CDU/CSU, Entwurf eines Gesetzes über Kapitalanlagegesellschaften, 9.7.1955, BT-Drucks. 2/1585.

31 Investmentmodernisierungsgesetz vom 15.12.2003, BGBl. I 2003, S. 2676, vgl. dazu BT-Drucks. 15/1553, 85: Die Regelung „ist konkretisiert worden, um die Rechtsgründe, wegen derer der Depotbank eine Klagebefugnis für Ansprüche gegenüber einer Kapitalanlagegesellschaft zusteht. Klargestellt wird damit, dass die Depotbank nicht eine umfassende Überwachungspflicht gegenüber der Kapitalanlagegesellschaft hat, sondern sich die Tätigkeit der Depotbank auf diejenigen Kontroll- und Treuhandaufgaben beschränkt, die sich aus dem Gesetz und den Vertragsbedingungen ergeben.“ Dazu BGH v. 18.9.2001 – XI ZR 337/00, ZIP 2001, 1952, 1. Ls.

32 *Schäfer* in Moritz/Klebeck/Jesch, § 78 KAGB Rz. 11; *Alfes* in Emde/Dornseifer/Dreibus/Hölscher, § 28 InvG Rz. 14.

33 Leicht abweichend, weil auf erkennbare Pflichtverletzungen abstellend, *Klusak* in Weitnauer/Boxberger/Anders, § 78 KAGB Rz. 13; *Schäfer* in Moritz/Klebeck/Jesch, § 78 KAGB Rz. 11, 17. Die Frage der Erkennbarkeit ist jedoch nur eine solche des Verschuldens, was für die Frage der Ersatzpflicht der Verwahrstelle bei Nichtgeltendmachung von Relevanz ist. Dazu Rz. 34 f.

34 Vgl. BT-Drucks. 11/5411, 32.

zu noch näher § 89 Rz. 5 ff.). Nicht von § 78 Abs. 1 Satz 1 Nr. 1 KAGB erfasst sind sonstige gesetzliche oder auch vertragliche Regelungen etwa aus dem Verwahrstellen- oder Investmentvertrag.

21 Eine Berechtigung zur Geltendmachung **sonstiger Ansprüche** (etwa wegen Verletzung des GwG, des WpHG oder des Steuerrechts) über § 78 Abs. 1 Satz 1 Nr. 1 KAGB hinaus **für die Anleger** kann sich aus dem zwischen KVG und Verwahrstelle geschlossenen **Verwahrstellenvertrag** ergeben. Dieser sieht regelmäßig eine Verpflichtung zur Einhaltung für die Fondsverwaltung wesentlicher Bestimmungen und eine Schadloshaltung der Verwahrstelle gegenüber der KVG vor. Zwar ist der Verwahrstellenvertrag nach zutreffender Ansicht ein solcher zugunsten der Anleger.[35] Jedoch findet sich dort eher selten die Pflicht der Verwahrstelle, aus solchen Verletzungen resultierende Schäden der Anleger für diese geltend machen zu dürfen oder zu müssen. Dies gilt für Publikums- wie für Spezialfonds.

c) Drittwiderspruchsklage (§ 78 Abs. 1 Satz 1 Nr. 2 KAGB)

22 § 78 Abs. 1 Satz 1 Nr. 2 KAGB betrifft i.d.R. **Vollstreckungsversuche der Gläubiger der KVG oder der Verwahrstelle** in das zugunsten des Fonds von der KVG gehaltene, sog. Treuhandvermögen. Dabei wird unterstellt, dass die KVG selbst kein Interesse an der Erhebung der Drittwiderspruchsklage hat, weil sie durch die ungerechtfertigte Zwangsvollstreckung in das Fondsvermögen von ihrer persönlichen Schuld befreit wird.[36] Dies könnte ebenso umgekehrt gelten, wenn es sich um Gläubiger der Verwahrstelle handelt. In diesen Fällen kann die KVG nach § 78 Abs. 2 Satz 1 KAGB tätig werden, indem sie die Verwahrstelle auf Erhebung der Drittwiderspruchsklage in Anspruch nimmt.

23 Der Halbs. 2 von § 78 Abs. 1 Satz 1 Nr. 2 KAGB ordnet eine **verdrängende Prozessstandschaft** der Verwahrstelle an; Anleger können keine Drittwiderspruchsklage erheben. Der Ausschuss der Geltendmachung durch die Anleger erklärt sich damit, dass der Verwahrstelle die Bewahrung des Fondsvermögens obliegt, Anleger passiv bleiben dürfen und den Anlegern i.d.R. eine Zwangsvollstreckung in das bei der Verwahrstelle verwahrte Sondervermögen nicht bekannt wird.[37] Zu einer Konkurrenz zwischen Anleger und Verwahrstelle käme es ohne diese Regelung ohnedies nur bei Sondervermögen in der Form des Miteigentumsmodells. Durch § 78 Abs. 1 Satz 1 Nr. 2 Halbs. 2 KAGB sind die Anleger (namentlich bei Spezialfonds, vgl. den vom Wortlaut identischen § 89 Abs. 2 Satz 2 KAGB) nicht gehindert, die die Verwahrstelle auf Erhebung der Drittwiderspruchsklage in Anspruch zu nehmen.

d) Vergütung

24 Die Verwahrstelle hat nach § 79 Abs. 2 i.V.m. § 162 Abs. 2 Nr. 11 KAGB lediglich Anspruch auf die **vereinbarte Vergütung**. Sie wird für die Rechtsverfolgung nach § 78 KAGB nur dann vergütet, wenn dies im Verwahrstellenvertrag und den Anlagebedingungen vereinbart wurde. Dies ist typischerweise der Fall. Die KVG darf ihrerseits für diese Kosten nur dann Regress beim Fondsvermögen nehmen, wenn sie das Tätigwerden der Verwahrstelle nicht selbst verschuldet hat.[38] Ist keine Vergütung vorgesehen, mindert dies den Drang der Intermediäre, den Rechtsweg zu beschreiten. Weil die KVG auf die Vertragsbedingungen Einfluss hat, könnte sie so die Verwahrstelle zu zügeln suchen. Dies erklärt, dass parallel die Anleger tätig werden können (§ 78 Abs. 1 Satz 2 KAGB).

2. Kein Ausschluss von Ansprüchen der Anleger (§ 78 Abs. 1 Satz 2 KAGB)

25 Gemäß § 78 Abs. 1 Satz 2 KAGB schließt Abs. 1 Satz 1 Nr. 1 die Geltendmachung von Ansprüchen gegen die KVG durch die Anleger nicht aus. Die Regelung geht zurück auf **§ 12c Abs. 2 KAGG i.d.F. von 1990**; damals wurde erstmals die Aktivlegitimation der Anleger angesprochen, was jedoch als „Klarstellung" beabsichtigt war.[39] Zu diesem Zweck wurde die mit §§ 78 Abs. 1 Satz 2, 89 Abs. 1 Satz 2 KAGB – mit Ausnahme terminologischer Anpassungen (KAG wurde zu KVG) – identische Vorschrift eingefügt. Bei „Untätigkeit der Depotbank [sollte] den Anteilinhabern die Verfolgung ihrer Ansprüche" möglich sein.[40] Das InvModG (2003) brachte keine Änderungen.

26 Publikumsanleger eines OGAW verfügen **regelmäßig nicht über die Tatsachenkenntnis**, um Ansprüche selbst geltend zu machen; zudem lohnt aus Sicht des einzelnen Anlegers der Aufwand für die Geltendma-

---

35 Vgl. *Zetzsche*, Prinzipien der kollektiven Vermögensanlage, S. 511 ff.
36 *Herring* in Baur/Tappen, § 78 KAGB Rz. 13 m.w.N.
37 Vgl. *Baum*, S. 145 f.; *Reuter*, S. 155.
38 *Geßler*, S. 22; *Schäcker*, S. 126; *Herring* in Baur/Tappen, § 78 KAGB Rz. 14.
39 Vgl. BT-Drucks. 11/5411, 32.
40 Vgl. BT-Drucks. 11/5411, 32.

chung im Verhältnis zu dem auf ihn entfallenden Teil eines Ersatzanspruchs nicht.[41] Anders verhält es sich insbesondere bei **Spezialfonds in der Hand weniger (semi-)professioneller Anleger**; dort kommt dem Klagerecht der Anleger eine „gesteigerte Bedeutung"[42] zu. Im Übrigen dürfen die Erwartungen nicht überspannt werden. Kleinanleger sind unzureichend informiert, i.d.R. nicht organisiert, ihre Schäden sind zudem atomisiert.[43] Das Informationsdefizit können kundige Anlegeranwälte nur selten kompensieren.

Vor Anpassung des § 78 Abs. 2 Satz 2 KAGB durch das OGAW V-UmsG (2016) (s. Rz. 3) war umstritten, ob Anleger nur im Wege der **actio pro socio** analog §§ 432, 1011, 2039 BGB auf Leistung an die Anlegergemeinschaft oder auch **nur für sich selbst Ansprüche** geltend machen können. Die nur Kollektivansprüche befürwortende, **unter dem KAGG herrschende Ansicht**[44] konnte insbesondere fünf Argumente anführen: 27

1) Bis zum OGAW V-RL-UmsG sprach der Wortlautvergleich zwischen § 78 Abs. 1 Satz 2 und Abs. 2 Satz 2 KAGB für eine Differenzierung. Zu § 78 Abs. 2 Satz 2 KAGB sprach das Gesetz von „der Anleger", in § 78 Abs. 1 Satz 2 KAGB wurden „die Anleger" angesprochen, was als Hinweis auf die Gemeinschaft der Anleger verstanden wurde.
2) Der Ansicht vom Individualanspruch fehlte ein überzeugendes Konzept für die **Behandlung einer Abfindung einzelner Anleger pro rata beim Schadensausgleich in Bezug auf das ganze Fondsvermögen.** Wenn dem Ersatzpflichtigen ein Zurückbehaltungs- und ggf. Aufrechnungsrecht, gestützt auf einen Bereicherungsanspruch, gewährt wurde, so wies dies Schwächen auf, weil die Gegenseitigkeit der jeweiligen Rechtsposition nicht gegeben war – ein Einzelner hatte die Leistung empfangen, jetzt sollte aber vom Anspruch der ganzen Gemeinschaft dieser Teil abgezogen werden. Im Ergebnis erhielt der weiterhin Beteiligte, auf dessen Anspruch geleistet wurde, eine Überkompensation, bestehend aus seinem Ersatz zzgl. des Anteils am Ersatz, der auf seinen Anteil am Fondsvermögen entfiel.
3) Die Anwendung des § 432 BGB ist **Konsequenz der Gleichbehandlungspflicht** in kollektiven Anlagebeziehungen, die auf nahezu alle Rechtspositionen der Anleger ausstrahlt. Die Anleger sind kraft Vereinbarung Gläubiger einer unteilbaren Leistung („Mitgläubiger" oder „Gesamtleistungsgläubiger" gem. § 432 BGB). Die Gleichbehandlung durch den Verwalter gewährleistet, dass alle Anleger nur gemeinsam Gewinn und Verlust erzielen *können*. Dies muss auch im Fall von Schädigungen gelten.
4) Die berufene europarechtliche **Direkthaftung gegenüber den Anlegern** aus § 77 Abs. 1 und 3 KAGB war in **ihren Konturen und in Bezug auf ihre Abwicklung** keineswegs deutlich; es ging jeweils um „die Anleger".
5) Der einzelne **Anlegerschaden ist marginal**, weshalb nur eine actio pro socio hinreichende Anreize zur Klageerhebung setzt.

Das **Meinungsbild unter dem KAGB, kurz vor Inkrafttreten des OGAW V-UmsG** neigte überwiegend der Ansicht zu, eine **Geltendmachung von Individualansprüchen sei zulässig.**[45] Dafür wurde angeführt: 28

1) Der Ersatzanspruch sei weder „Anspruch des Sondervermögens" und auch nicht Surrogat eines Vermögensgegenstands des Sondervermögens; daher müsse dem einzelnen Anleger Klage auf Leistung möglich sein.
2) Der Investmentvertrag zwischen Anleger und KVG werde individuell geschlossen und der Schaden trete ebenfalls individuell ein. Daher müsse ein konkreter Ersatzanspruch auch individuell geltend zu machen sein. Die Gegenansicht vermische schuldrechtliche und dingliche Ebene.
3) Es sei rechtspolitisch nicht überzeugend, den einzelnen Anleger zum Sachwalter der Anlegergemeinschaft zu machen.

---

41 *Schäfer* in Moritz/Klebeck/Jesch, § 78 KAGB Rz. 2; *Schäfer*, Fund Governance, S. 29 ff.; *Klusak* in Weitnauer/Boxberger/Anders, § 78 KAGB Rz. 1.

42 *Köndgen* in Berger/Steck/Lübbehüsen, § 28 InvG Rz. 3.

43 Vgl. zum Schweizer Recht in *van Planta/Bärtschi* in BSK-KAG, 2009, Rz. 55 f.

44 Zum KAGG: OLG Frankfurt v. 19.12.1996 – 16 U 109/96, NJW 1997, 745 (747); *Canaris*, Bankvertragsrecht, Rz. 2437; *Schödermeier/Baltzer* in Brinkhaus/Scherer, § 12c KAGG Rz. 18; *Klenk*, Investmentanteil, S. 95 f. (analog § 1011 BGB); zum InvG: *Beckmann* in Beckmann/Scholtz/Vollmer, § 28 InvG Rz. 35; *Alfes* in Emde/Dornseifer/Dreibus/Hölscher, § 28 InvG Rz. 34; *Baur/Ziegler*, Das Investmentgeschaft Rz. 9/650. I.E., bei anderer Begründung auch *Reiss*, Pflichten, S. 346 ff.

45 Für Leistung auch an sich selbst insbesondere OLG Frankfurt v. 2.7.2008 – 23 U 55/07, BKR 2008, 341 (344); *Köndgen* in Berger/Steck/Lübbehüsen, § 28 InvG Rz. 17; *Klusak* in Weitnauer/Boxberger/Anders, § 78 KAGB Rz. 12; *Schäfer* in Moritz/Klebeck/Jesch, § 78 KAGB Rz. 20; *Herring* in Baur/Tappen, § 78 KAGB Rz. 18; *Zetzsche*, Prinzipien der kollektiven Vermögensanlage, S. 796 ff.; *Köndgen/Schmies* in Bankrechts-Handbuch, § 113 Rz. 251; wohl auch *Geibel* in Derleder/Knobs/Bamberger, § 61 Rz. 107; a.A. *Klett*, S. 200 f.

4) Dem Schutzzweck der Norm sei nur gedient, wenn Ansprüche tatsächlich geltend gemacht werden. Der Zwang zur actio pro socio verteuere deren Durchsetzung, so dass es zu weniger Rechtsdurchsetzung komme. Auch das Gebot des effektiven Rechtsschutzes spreche für das Individualklagerecht.
5) Die Anlegergemeinschaft verfüge als solche weder über eine Klagebefugnis, noch sei sie „societas".
6) Praktische Schwierigkeiten kämen hinzu: Die Anlegergemeinschaft habe kein gemeinsames Konto, so dass eine praktische Abwicklung unmöglich sei. Auch stellten die automatisch hohen Prozesskosten ein Klagehindernis dar.
7) Der Gegenansicht misslinge es, ein überzeugendes Konzept für die Behandlung ehemaliger Anleger vorzulegen, die vor Ausscheiden geschädigt worden seien. Bei solchen sei eine actio pro socio sinnlos, weil sie im Erfolgsfall von einer Leistung an die Anlegergemeinschaft nichts hätten.
8) Aus § 77 Abs. 1 und 3 KAGB folge eine Direkthaftung der Verwahrstelle gegenüber den Anlegern; dann müsste auch eine individuelle Geltendmachung möglich sein.
9) Ein Individualanspruch müsse nach der den §§ 420, 432 BGB zugrundeliegenden Dogmatik zwingend sein. § 432 BGB rechtfertigt sich mit der Gläubigerschaft an einer unteilbaren Leistung. Unteilbarkeit sei für die Primärleistungspflicht (i.e. die kollektive Portfolioverwaltung) gegeben, dagegen seien Ersatzansprüche als Geldleistung grds. teilbar, so dass die Anwendung des § 432 BGB insoweit keine Grundlage habe.

29 Im Rahmen des OGAW V-UmsG (2016) wurde § 78 Abs. 2 Satz 2 KAGB angepasst. In diesem Kontext ist den Gesetzesmaterialien zu entnehmen, dass eine **individuelle Geltendmachung** auf anteilige Auszahlung von Gemeinschaftsansprüchen unerwünscht ist (ausführlich Rz. 38 ff.). Bezeichnenderweise wurde, **um eine individuelle Geltendmachung von Ansprüchen gegen die Verwahrstelle auszuschließen**, der Wortlaut des § 78 Abs. 1 Satz 2 KAGB auch für Abs. 2 Satz 2 übernommen. Dies hat Rückwirkungen auf die Auslegung des § 78 Abs. 1 Satz 2 KAGB. Angesichts der deutlichen Aussagen kann nicht mehr überzeugend vertreten werden, dass die individuelle Geltendmachung bei § 78 Abs. 1 Satz 2 KAGB innerhalb des Normbefehls liegt. Die systematische Auslegung ergibt nunmehr, dass ein **Zwang zur Geltendmachung von Ansprüchen für die Anlegergemeinschaft** besteht. Infolge Anwendung von § 78 Abs. 1 Satz 2 KAGB sind daher alle Anleger bei Klageerhebung auch **notwendige Streitgenossen (§ 62 Abs. 1 ZPO)**.

30 Mit der so neu veranlassten Auslegung haben sich die **praktischen Probleme**, die insbesondere die Behandlung ausgeschiedener Anleger aufwirft, **nicht erledigt**. Die damit zusammenhängenden Fragen stellen sich ebenso im Kontext des – jetzt wortgleichen – § 78 Abs. 2 Satz 2 KAGB und werden dort (Rz. 38 ff.) einheitlich für § 78 Abs. 1 Satz 2 und Abs. 2 Satz 2 KAGB behandelt.

31 Für die Ansprüche der Anleger sieht § 78 Abs. 1 Satz 2 KAGB **keine Begrenzung analog Abs. 1 Nr. 1** vor. Daher können die Anleger für die Gemeinschaft (s.o.) auch wegen Verletzung anderer Vorschriften als solche des KAGB gegen die KVG vorgehen. Dies betrifft insbesondere Ansprüche wegen Verletzung der Vorschriften des Geldwäsche- und Steuerrechts.

V. Aktivlegitimation der KVG (§ 78 Abs. 2 KAGB)

1. Handeln im eigenen Namen (§ 78 Abs. 2 Satz 1 KAGB)

32 Erstmals wurde in § 12c Abs. 3 Satz 2 KAGG 1990 „vorsorglich"[46] geregelt, dass die Klageberechtigung der **KVG gegen die Verwahrstelle** „die Geltendmachung dieser Ansprüche durch die Anteilinhaber [ebenfalls] nicht" ausschließt. Gemäß § 28 Abs. 2 Satz 2 InvG 2003 kann der Anleger trotz Aktivlegitimation der KVG dann „einen eigenen Schadensersatzanspruch gegen die Depotbank geltend machen." Vgl. dazu §§ 78 Abs. 2 Satz 2, 89 Abs. 2 Satz 2 KAGB. Dies sollte den Meinungsstreit um die Aktivlegitimation der Anleger gegenüber der Depotbank beenden, hat aber die Frage neu entfacht, welchen eigenen Anspruch der Anleger so geltend machen kann.[47]

33 Nach § 78 Abs. 2 Satz 1 KAGB ist die OGAW-KVG **berechtigt und verpflichtet**, im eigenen Namen Ansprüche der Anleger gegen die Verwahrstelle geltend zu machen. Ebenso wie § 78 Abs. 1 KAGB (Rz. 17) ist Rechtsfolge eine gesetzliche Prozessstandschaft.

34 § 78 Abs. 2 KAGB umfasst **sämtliche Anspruchsgrundlagen**, die einen Kollektivanspruch begründen. Anders als § 78 Abs. 1 Satz 1 Nr. 1 KAGB („dieses Gesetzes") sieht Abs. 2 **keine Beschränkung auf An-**

46 Vgl. BT-Drucks. 11/5411, 32.
47 Dazu *Köndgen* in Berger/Steck/Lübbehüsen, § 28 InvG Rz. 17 (Betonung des „eigen" nicht bezweckt).

spruchsgrundlagen wegen Verletzung des KAGB oder der Anlagebedingungen vor.[48] Auch der Zweck spricht gegen eine solche Eingrenzung. Ob eine Pflicht der Verwahrstelle im KWG, im GwG oder im WpHG geregelt ist, kann keine Rolle spielen. Allein maßgeblich ist, dass es durch die Pflichtverletzung zu einem **Kollektivschaden** (Rz. 10 f.) kommt. Die gleiche Ratio wäre für § 78 Abs. 1 Satz 1 Nr. 1 KAGB einschlägig, insoweit steht aber der eindeutige Wortlaut des Abs. 1 Satz 1 Nr. 1 entgegen.

Beispielhaft zu nennen sind Ansprüche gegen die Verwahrstelle wegen des **Abhandenkommens von Finanzinstrumenten** oder **verschuldensabhängige Ansprüche wegen fehlerhafter Erfüllung** der zahlreichen Vorgaben der OGAW V-DVO, die zusammengefasst als Kontrollpflichten bezeichnet werden.[49] Des Weiteren können solche Ansprüche nach hier vertretener Ansicht insbesondere aus dem **Verwahrstellenvertrag** entstehen, der nach zutreffender Ansicht ein solcher zugunsten der Anleger ist (Rz. 21, 46). 35

Die Aktivlegitimation der KVG richtet sich gegen **gegenwärtige und ehemalige Verwahrstellen.**[50] **Verliert die KVG ihr Verwaltungsrecht** (gleich ob infolge Pflichtverletzung oder „Übertragung" der Portfolioverwaltung), bleibt ihr Verfolgungsrecht für Ansprüche, die während ihrer Amtszeit entstanden sind, bestehen. Es tritt jedoch die Aktivlegitimation der neuen KVG hinzu: je mehr Aktivlegitimierte, umso wahrscheinlicher die Geltendmachung. 36

Nicht aufgrund Prozessstandschaft, sondern **aus eigenem Recht klagt die KVG**, soweit sie **eigene Ansprüche** geltend macht. Solche Ansprüche können solche aus dem Verwahrstellenvertrag sein. Allerdings ist der Verwahrstellenvertrag nach zutreffender Ansicht[51] ein Vertrag, an dem die Anleger beteiligt sind und ihnen Rechte daraus zustehen, so dass auch den Anlegern bei Verletzung desselben Ansprüche entstehen können. Diese Ansprüche kann die KVG ebenfalls geltend machen. Die KVG muss stets genau schauen, aus welchem Recht sie gegen die Verwahrstelle vorgeht. 37

2. Ansprüche der Anleger gegen die Verwahrstelle (§ 78 Abs. 2 Satz 2 KAGB)

Nach § 78 Abs. 2 Satz 2 KAGB schließt Satz 1 die Geltendmachung von Ansprüchen gegen die Verwahrstelle durch die Anleger nicht aus. Die Vorschrift setzt **Art. 24 Abs. 5 der Richtlinie 2009/65/EG** um.[52] Art. 24 Abs. 5 i.d.F. der OGAW V-RL 2014/91/EU lautet: „Anteilinhaber des OGAW können die Haftung der Verwahrstelle [für den Verlust verwahrter Finanzinstrumente und für sämtliche sonstigen, durch schuldhafte Nichterfüllung von Richtlinienpflichten erlittenen Verluste[53]] unmittelbar oder mittelbar über die Verwaltungsgesellschaft oder die Investmentgesellschaft geltend machen, vorausgesetzt, dass dies weder zur Verdopplung von Regressansprüchen noch zur Ungleichbehandlung der Anteilinhaber führt." 38

§ 78 Abs. 2 Satz 2 KAGB hat **den heutigen Wortlaut durch Art. 1 Nr. 30 OGAW V-RL-UmsG**[54] erlangt. Der Wortlaut entspricht § 78 Abs. 1 Satz 2 KAGB ebenso wie der Regelung des früheren § 12c Abs. 3 Satz 2 KAGG (1990), die erst mit dem InvModG (2003) aufgegeben worden war. Die von 2003 bis 2013 geltende, in § 28 Abs. 2 Satz 2 InvG enthaltene Regelung lautete: „Der Anleger kann daneben einen eigenen Schadensersatzanspruch gegen die Verwahrstelle geltend machen." Der Wortlaut wurde aufgegeben, weil aus dem Wortlaut teilweise gefolgert wurde, dass die Ansprüche nicht von der Gemeinschaft der Anleger, sondern nur von der OGAW-KVG geltend gemacht werden können. Zudem verweist die Regierungsbegründung[55] auf „praktische Probleme", die daraus entstanden, dass ein Anleger auf Grund dieser Regelung **den auf seinen Anteil entfallenden Teil der Ansprüche der Gemeinschaft der Anleger** als eigenen Anspruch geltend machte[56] und daneben die OGAW-KVG die Ansprüche der Gemeinschaft der Anleger durchsetzt. Die Neufassung des § 78 Abs. 2 Satz 2 KAGB sollte somit die **individuelle Geltendmachung von Kollektivansprüchen zur anteiligen Leistung an den einzelnen Anleger beseitigen.** Infolge Anwendung von § 78 39

48 *Schäfer* in Moritz/Klebeck/Jesch, § 78 KAGB Rz. 8.
49 Vgl. dazu *Zetzsche*, ZFR 2017, 212.
50 *Schäfer* in Moritz/Klebeck/Jesch, § 78 KAGB Rz. 25.
51 *Zetzsche*, Prinzipien der kollektiven Vermögensanlage, S. 508 ff.; a.A. *Schäfer* in Moritz/Klebeck/Jesch, § 78 KAGB Rz. 27.
52 BT-Drucks. 18/6744, 54.
53 Ergänzungen durch Vf.
54 BGBl. I 2016, S. 348.
55 BT-Drucks. 18/6744, 54.
56 Nach h.M. hatte der Anleger ein Wahlrecht, ob er die Ansprüche nur individuell für sich selbst oder auch für die Anlegergemeinschaft geltend machte, vgl. *Schäfer* in Moritz/Klebeck/Jesch, § 78 KAGB Rz. 29; *Alfes* in Emde/Dornseifer/Dreibus/Hölscher, § 28 InvG Rz. 42; *Schultheiß*, WM 2015, 603 (606); *Hövekamp/Hugger* in FS Hopt, 2011, S. 2018; dagegen ausschließlich für Individualklagerecht *Köndgen* in Berger/Steck/Lübbehüsen, § 28 InvG Rz. 17; *Köndgen/Schmies* in Bankrechts-Handbuch, § 113 Rz. 251; *Klett*, S. 216.

Abs. 2 Satz 2 KAGB sind daher alle Anleger bei Klageerhebung auch **notwendige Streitgenossen (§ 62 Abs. 1 ZPO)**.

40 § 78 Abs. 2 (Satz 1 und 2) KAGB bezieht sich – ebenso wie Abs. 1 (Rz. 27 f.) – nur auf **Kollektivansprüche**.[57] Konsequent können Anleger weiterhin **Individualansprüche individuell geltend machen**. Zur Unterscheidung zwischen Kollektiv- und Individualansprüchen oben Rz. 10 f.

41 Dem heutigen (wenngleich weiterhin nicht eindeutigen) Wortlaut ist der **Normbefehl** zu entnehmen, dass Kollektivansprüche ausschließlich zugunsten der Anlegergemeinschaft geltend gemacht werden können. Es besteht ein **Zwang zur actio pro socio**. Dies **erzeugt in Bezug auf § 78 Abs. 2 Satz 1 und 2 KAGB Anspruchsidentität**: Leistungsinhalt und -berechtigte sind identisch, lediglich mehrere Personen (die KVG und jeder Anleger) sind je einzeln und unabhängig voneinander zur Geltendmachung desselben Anspruchs berechtigt (und im Fall der KVG verpflichtet). Leistet die Verwahrstelle auf Inanspruchnahme der KVG und folgt die Klage eines Anlegers auf Leistung an das Kollektiv nach, ist die Klage von Anfang an unbegründet. Gleiches gilt umgekehrt, wenn ein Anleger Klage erhoben und die Verwahrstelle daraufhin Ersatz geleistet hat. Deshalb trifft die Feststellung der Regierungsbegründung zu, dass eine „**Verdoppelung von Regressansprüchen oder eine Ungleichbehandlung der Anleger“ nicht zu befürchten** ist, „so dass es keiner Umsetzung der entsprechenden Vorgaben des Absatzes 5 des neu gefassten Artikels 24 der Richtlinie 2009/65/EG“ bedürfe.[58] Weil die KVG zur Inanspruchnahme der Verwahrstelle verpflichtet ist, dürfte die Annahme, dass Anleger die Inanspruchnahme durch die KVG er- und abwarten, lebensnah sein. Um entbehrliche Prozesskosten zu sparen, dürften Anleger nur tätig werden, wenn die KVG zu erkennen gibt, dass sie nicht vorgehen wird oder wenn Verjährung droht.

42 Dennoch sind mit der Regelung nicht alle Fragen beantwortet. Insbesondere bleibt die **Stellung ehemaliger Anleger**, die ihre Anteile nach Schädigung zurückgegeben haben, und **nach der Schädigung beitretender (hier sog. zukünftiger) Anleger** ungeklärt. Kein Problem besteht, sobald der Ersatzanspruch als Vermögenswert des Fonds bei der NAV-Berechnung berücksichtigt wird. Dies wird eine KVG allenfalls tun, wenn gute Chancen auf Realisierung, etwa wegen sich abzeichnender Anerkennung bestehen. Für die Behandlung früherer und beitretender Anleger stellen sich drei Alternativen.

(1) Nach der ersten (Extrem-)Lösung enthalten ehemalige Anleger **keinerlei Entschädigung**; nach Schädigung beitretende Anleger profitieren vom Ersatzanspruch. Dies könnte man der Finanzverfassung einer Gesellschaft entsprechend, die bei Investmentvermögen in weiten Teilen durch die Regelungen der §§ 92 bis 94 KAGB nachempfunden wird,[59] für systemgerecht erklären: Kommt es überraschend zu einer Steuerrückerstattung für das ganze Geschäftsjahr wegen einer entlastenden Steuerreform kurz vor Jahresende, partizipieren daran die Anteilseigner, die zu Jahresanfang verkauft haben, nicht, aber ebenso wenig zahlen sie nicht nach für eine belastende Steuerreform, die erst zum Jahresende bekannt wird. Dann stellt sich die Frage nicht, ob ehemalige Anleger Ansprüche nach § 78 Abs. 2 Satz 2 KAGB stellen können. Eine solche Deutung generiert Fehlanreize, weil Schadensverursachung und -kompensation auseinanderfallen; die zukünftigen Anleger wären sicher bereit, sich mit der Verwahrstelle auf dem Rücken der ehemaligen Anleger „günstig“ zu einigen, da sie ja nicht geschädigt wurden. Es ist somit nach einer sachgerechten Lösung zu suchen.

(2) **Zweitens** könnte man ehemalige Anleger nicht mehr zur „Gemeinschaft der Anleger“ zählen, so dass sie von dem aus § 78 Abs. 2 Satz 2 KAGB folgenden Zwang zur actio pro socio nicht erfasst sind. Deren Schadensanteil wäre dann individuell geltend zu machen. *Beispiel*: Fondsvermögen ist um 100 geschädigt worden. Anleger A hatte 1 % zum Zeitpunkt der Schädigung, die er anschließend veräußert hat: 99 ist an die Anlegergemeinschaft, 1 an A zu leisten.

(3) **Drittens** könnte man auch die ehemaligen Anleger nur auf Leistung an die Gemeinschaft klagen lassen und sodann für die weitere Auseinandersetzung auf das Binnenverhältnis zwischen ehemaligen, zukünftigen und nach Schadensereignis beitretenden Anlegern verweisen. Damit wird das Problem jedoch nur verlagert; es ist nicht gesagt, wie die Auseinandersetzung unter diesen Gruppen zu erfolgen hat.

43 Im zweiten und dritten Fall bedarf es einer **Trennung des Fondsvermögens von dem gemeinschaftlichen Vermögen der Anleger im Schadenszeitpunkt**. Denn: Leistet die Verwahrstelle nur den Schadensanteil *gegenwärtiger* Anleger an das Fondsvermögen und hält die Verwahrstelle den Anteil für ehemalige Anleger zurück, würde der Schaden gegenwärtiger Anleger nicht vollkompensiert, weil die zukünftigen Anleger mitprofitieren. Anders verhielte es sich mit den ehemaligen Anlegern. Wird dagegen der ganze Schaden an das

57 BT-Drucks. 18/6744, 54.
58 BT-Drucks. 18/6744, 54.
59 *Zetzsche*, Prinzipien der kollektiven Vermögensanlage, S. 840 ff.

Fondsvermögen geleistet, entfällt die Kompensation der *ehemaligen* Anleger. In beiden Fällen droht die von der Richtlinie abgelehnte Anlegerungleichbehandlung. Zur sauberen Lösung führt einzig die **rechtliche Trennung der Anlegergemeinschaft im Schadenszeitpunkt von der** sich weiter dynamisch entwickelnden **Gemeinschaft der Fondsanleger, i.e. dem Fonds.** Danach ist die **Anlegerbeteiligung in der Schadenssekunde eingefroren** und **(nur) der Schaden dieser Anleger** – außerhalb des Fondsvermögens(!) – zu kompensieren. Vor diesem Hintergrund versteht sich die Formulierung von Art. 24 Abs. 5 OGAW-RL, der auf „die **Anleger des OGAW**" abstellt, gemeint ist: **im Zeitpunkt der Schädigung.** Damit kommt man – bei anderem Weg – im Ergebnis zu demselben Schluss, der sich bei Orientierung am investmentrechtlichen Schuldverhältnis und richtiger Anwendung der §§ 420, 432 BGB ergeben hätte: Bei unteilbaren Leistungen (z.B. nachzuholende Handlung) ist diese an alle Anleger zugleich (i.e. „den Fonds") zu erbringen. **Teilbare (Geld-)Leistungen** sind sofort an die **zum Zeitpunkt der Schädigung partizipierenden Anleger auszuschütten**, ein Zwischenerwerb des Fonds (und seiner Gläubiger) findet nicht statt.[60] Zugleich folgt daraus, dass einzig eine Auslegung europarechtskonform ist, wonach **auch die ehemaligen Anleger (nur) auf Leistung an die Gemeinschaft der Anleger (nicht des Fonds) klagen können.**

Des Weiteren folgt daraus, dass **die KVG auch Ansprüche ehemaliger Anleger** mitzuverfolgen hat: Das Gesetz spricht in § 78 Abs. 2 Satz 1 KAGB nicht von Ansprüchen des Fonds, sondern von **Ansprüchen der Anleger.** Dass die Bereitschaft dazu gebremst ist, weil es sich um ehemalige Anleger handelt, an denen die KVG nicht mehr verdient, wird am **Extremfall der Fondsliquidation** offensichtlich. Gerade dies rechtfertigt, parallel die Anleger selbst klagen zu lassen. 44

VI. Fremdverwaltete Investmentgesellschaften

Im Investment-Viereck, in dem eine Investmentgesellschaft von einer KVG fremdverwaltet wird, tritt die Investmentgesellschaft als vierte Beteiligte zwischen die Anleger einerseits, die KVG und Verwahrstelle andererseits. Dies manifestiert sich in vier Variationen. Erstens bei der **Zuordnung der Vermögensgegenstände.** Das Fondsvermögen ist der Investmentgesellschaft zugeordnet; es handelt sich um **Gesellschaftsvermögen *der Investment-Gesellschaft*.** Die Anleger sind nur wirtschaftlich, KVGs gar nicht dinglich berechtigt. Zweitens bei der **Person der Vertragspartner.** Verwahrer und Verwalter schließen i.d.R. mit der Investmentgesellschaft den Vermögensverwaltungs- und Administrationsvertrag resp. den Verwahrstellenvertrag; ein Vertragsschluss mit dem Verwalter im Namen der Investmentgesellschaft ist selten. Der Anleger ist nicht Vertragspartei. Drittens bei der **Art der Beteiligung.** Die Anleger werden infolge der Zeichnung Gesellschafter. Ihnen stehen neben den finanziellen Rechten ggf. Einflussrechte zu. Viertens bei der **Verfassung des Anlegerkollektivs.** Die Investmentgesellschaft verfügt über eigene Geschäftsführungs- und Vertretungsorgane (Vorstand resp. Komplementär). Diese können für *alle* Anleger handeln. 45

1. Geltungsgrund der Aktivlegitimation

Die Aktivlegitimation im Investmentviereck lässt sich vor dem Hintergrund der Regelungen der §§ 78, 89 KAGB so erklären, dass **auch die Rechtsbeziehungen unter den Beteiligten bei der Investmentgesellschaft investmentrechtlich überformt** sind. Ebenso wie bei Sondervermögen (Rz. 17 f., 32 f.) überlagert die investmentrechtliche Funktionszuteilung die (jetzt gesellschafts-)rechtliche Organisationsverfassung. So obliegt der KVG nach wie vor die **kollektive Portfolioverwaltung,**[61] der Verwahrstelle nach wie vor die Kontrolle, deren Annex die Klagerechte aus §§ 78, 89 KAGB sind. Auch die Aktivlegitimation der Anleger fügt sich bei einem Verständnis der Verwaltungs- und Verwahrungsverträge, die bei der Investmentgesellschaft häufig deren Organe mit der KVG und Verwahrstelle schließen, als **(echtem) Vertrag zugunsten der jeweiligen Anleger**[62] nahtlos ein. 46

60 Näher *Zetzsche*, Prinzipien der kollektiven Vermögensverwaltung, S. 795 ff.

61 Die BaFin leitet aus der kollektiven Portfolioverwaltung eine sehr starke Rechtsstellung der KVG insbesondere im Verhältnis zur Investmentgesellschaft ab. Vgl. BaFin, Auslegungsentscheidung zu den Tätigkeiten einer Kapitalverwaltungsgesellschaft und der von ihr extern verwalteten AIF-Investmentgesellschaft, 21.12.2017, WA 41-Wp 2100-2016/0001.

62 *Zetzsche* in FS Köndgen, 2016, S. 677; *Zetzsche*, Prinzipien der kollektiven Vermögensanlage, S. 511 ff.; immerhin für Vertrag *mit Schutzwirkung Wallach*, Der Konzern 2007, 487 (494); *Dornseifer*, AG 2008, 53 (59) Fn. 38 (allerdings wird dabei das Interesse der Anleger an der Primärleistung untergewichtet); **a.A.** *Campell/Müchler*, ILF Working Paper No. 101, 4/2009, S. 9 f.; *Fischer/Steck* in Berger/Steck/Lübbehüsen, § 96 InvG Rz. 37.

2. Funktion der Gesellschaftsorgane

a) Keine Aktivlegitimation für die Anleger im Bereich der kollektiven Portfolioverwaltung

47 Gemäß § 78 Abs. 1 und 2 KAGB können Fondsanleger und gesetzlicher Prozessstandschafter Klage erheben. Würde daneben die gesellschaftsrechtliche Organisationsverfassung gelten, so würden die Organe der Investmentgesellschaft hinzutreten, so dass 1) die Anleger, 2) Verwahrer und Verwalter und 3) die Organe der Investmentgesellschaft für denselben Schaden aktivlegitimiert sind. Dies könnte man für eine Verbesserung des Zustands halten, weil eine weitere, mit den Details vertraute und zwecks Haftungsvermeidung interessierte Partei zu den passiven Anlegern und befangenen Intermediären hinzutritt.

48 Im **Bereich der kollektiven Portfolioverwaltung** (zur Frage, was jenseits davon gilt, Rz. 49) ist eine **investmentrechtliche Aktivlegitimation der Gesellschaftsorgane für Schäden der Anleger aus vier Gründen** abzulehnen:

1) Der **Wortlaut** der §§ 78, 89 KAGB und die **Gesetzesmaterialien** erwähnen auch nach Umsetzung der OGAW V-RL die Organe der Investmentgesellschaft mit keiner Silbe.

2) Investmentrechtlicher Geltungsgrund der Aktivlegitimation sind die kollektive Portfolioverwaltung durch die KVG und die Kontrollpflichten der Verwahrstelle. Dies bestätigen §§ 112 Abs. 1 Satz 2, 144 Satz 2 KAGB, wonach **die KVG** bei der Fremdverwaltung **neben der „allgemeinen Verwaltungstätigkeit" die „Anlage und Verwaltung der Mittel" durchzuführen** hat.[63] Zwar obliegt den Organen der Investmentgesellschaft eine allgemeine Kontrollpflicht, jedoch fehlt den Organen der fremdverwalteten Investmentgesellschaft die Kontrollpflicht gerade *in Bezug auf die Anlagegegenstände*. Die Verantwortung für die Verwaltung und Verwahrung würde bei Einmischung der Gesellschaftsorgane verwässert.

3) Der deutsche Gesetzgeber hat sich zur Schließung von Effizienzlücken (Rz. 57) für **ein öffentlich-rechtliches Konzept** entschieden. Eine Aktivlegitimation der Organe der Investmentgesellschaft verspräche demgegenüber keinen Effizienzgewinn: Die Organmitglieder werden teils aus den Initiatoren des Fonds, teils aus dem Umfeld von Verwalter und Verwahrer gewählt. Dass diese Einschätzung vom Gesetzgeber geteilt wird, bestätigt ein Blick auf die Details des Entschädigungsplans. Dieser ist gem. §§ 78 Abs. 3, 89 Abs. 3 KAGB allenfalls unter Mitwirkung der Verwahrstelle zu erstellen, die Organe der Investmentgesellschaft werden nicht erwähnt. Anderes gilt für das Luxemburgische Vorbild. Dort müssen die „dirigeants" den Entschädigungsplan erstellen.[64] Dies sind bei vertraglichen Fonds ohne Rechtspersönlichkeit (FCP) die Organe der Verwaltungsgesellschaft, bei der intern und fremdverwalteten Investmentgesellschaft aber die Gesellschaftsorgane.[65]

4) Durch Hinzutreten der Organe der Investmentgesellschaft erhöht sich die **Komplexität**. Deren Ausschließung aus dem Kreis der Aktivlegitimation vermeidet z.B. die Frage, ob von Organen der Investmentgesellschaft – wohl häufig unter Berücksichtigung des Eigeninteresses – abgeschlossene Vergleiche der KVG entgegengehalten werden können.

Anleger, KVG und Verwahrstelle sind exklusiv aktivlegitimiert.[66]

b) Verbleibende Aktivlegitimation der Gesellschaftsorgane

49 Aus dem zuvor Gesagten folgt lediglich, dass die Organe der Investmentgesellschaft nicht berechtigt sind, **Schäden der Anleger** (i.e. ihrer Aktionäre und Anlagekommanditisten) geltend zu machen. Die §§ 78, 89 KAGB **verdrängen somit die gesellschaftsrechtliche Aufgabenteilung.**

50 Weiterhin berechtigt und auf gesellschaftsrechtlicher Grundlage verpflichtet sind die Organe der Investmentgesellschaft jedoch, die **Eigeninteressen der Gesellschaft** zu vertreten. Diese sind i.d.R. deckungsgleich mit den **Interessen der Gründungsgesellschafter der Investmentgesellschaft** bzw. den Unterneh-

---

63 Die im Übrigen gleichlautenden §§ 144 Satz 2, 154 Abs. 1 Satz 2 KAGB verzichten auf den Bezug zur „allgemeinen Verwaltungstätigkeit".

64 CSSF 02/77, NAV error and violation of investment limit, sub II., S. 10.

65 Grund für diese Regelung ist die Ausfallhaftung der Verwaltungsgesellschaft, wenn der Schadensersatz von dem grds. pflichtigen Verursacher nicht erlangt werden kann. Das CSSF Circular 2002/77 statuiert noch eine Einstandspflicht des Promoters. Das Promoterkonzept, nach dem jeder Fonds einen Promoter haben musste, hat die CSSF mit dem CSSF Circular 2012/45 aufgegeben. Seitdem tritt an die Stelle des Promoters die „Verwaltungsgesellschaft", vgl. *Müller* in Baur/Tappen, OGAW/OGA Rz. 52.

66 I.E. auch BaFin, Auslegungsentscheidung zu den Tätigkeiten einer Kapitalverwaltungsgesellschaft und der von ihr extern verwalteten AIF-Investmentgesellschaft, Geschäftszeichen WA 41-Wp 2100-2016/0001, 21.12.2017, Frage 2 (Inv-Ges darf nur ausdrücklich vom KAGB genannte Aufgaben ausüben; Rest obliegt KVG); *Hüwel* in Baur/Tappen, § 89 KAGB Rz. 41 ff.

mensgesellschaftern, soweit diese nicht Anleger im funktionalen Sinn sind (dazu § 150 Rz. 21).[67] Auf dieser Grundlage üben die Gesellschaftsorgane insbesondere ihre Überwachungspflichten aus. Bleibt die Verwahrstelle etwa untätig, muss die Investmentgesellschaft als Vertragspartnerin aus eigenem (vertraglich begründeten) Recht auf Erfüllung des Verwahrungsvertrags dringen; gleiches gilt *vice versa* für die KVG aus dem Vermögensverwaltungs- und Administrationsvertrag. Ein eigenes Recht dazu hat sie, wenn **der Gesellschaft, also dem Investmentbetriebsvermögen** (im Gegensatz zum Anlage-Teilgesellschaftsvermögen) **aus der Vertragsverletzung Schaden** droht. Dies ist der Fall, wenn infolge der Vertragsverletzung die Investmentgesellschaft in Haftung genommen werden kann oder bei offenen Investmentvermögen Anlagegelder abgezogen werden oder dies droht (was wichtig für Vornahmeansprüche oder Unterlassungsklagen ist), da sich die Investmentgesellschaft i.d.R. über einen Anteil an den Anlagegeldern finanziert. Bei geschlossenen Investmentvermögen sind Reputationseffekte zu berücksichtigen. Dies mag **in vielen Fällen zu einer Aktivlegitimation der Organe führen,** wenn Anlegerinteressen bedroht sind, jedoch auf vertraglicher Grundlage und bis zur Höhe des der Gesellschaft drohenden Schadens.

Sind die Interessen der Gründungs- und Anlagegesellschafter ausnahmsweise identisch, weil die geschlossene Investmentgesellschaft **nur ein Gesellschaftsvermögen hat, das zugleich Anlagevermögen** ist, und die Interessen der Gründungsgesellschafter mit denen der Anlagegesellschafter ausnahmsweise deckungsgleich sind, können ausnahmsweise die Organe der Investmentgesellschaft auch die Anlegerinteressen vertreten, dies aber nicht qua originärer Rechtszuweisung, sondern qua Reflex. 51

3. Aktivlegitimation der Anleger-Gesellschafter?

§§ 78, 89 KAGB gibt für die Frage, ob Anlage-Gesellschafter gegenüber KVG und Verwahrstelle selbst aktivlegitimiert sind, bei der Investmentgesellschaft nichts her: Denn § 78 Abs. 1 Satz 2 KAGB „schließt solche Ansprüche nicht aus", **gewährt solche Ansprüche aber nicht.**[68] 52

Gegen ein solches Klagerecht können jedenfalls nicht die **Unterschiede zwischen Investmentgesellschaft und Sondervermögen** angeführt werden: 53

1) Dass eine anlegerfremde Person Verträge mit Wirkung für die Anleger schließt, ist vom Verwahrstellenvertrag im Investmentdreieck bekannt.
2) Die dingliche Rechtsinhaberschaft der Anleger ist beim Treuhandmodell ebenfalls nicht gegeben.
3) Die Bezeichnung als Gesellschafter oder Vertragspartner ist eine terminologische Frage, der Gesellschaftsvertrag ist ebenfalls (mehrseitiger) Vertrag.
4) Ein eigenes Geschäftsführungs- und Vertretungsorgan schließt, wie §§ 78 Abs. 2 Satz 1, 89 Abs. 2 Satz 1 KAGB belegen, die Aktivlegitimation der Anleger nicht aus.

Gegen ein Anlegerklagerecht spricht bei der Investmentgesellschaft die **gesellschaftsrechtliche Organisationsverfassung.** Dies gilt allerdings nur für die unmodifizierte, nicht die **investmentrechtlich überformte Ausprägung.** Zuvor (Rz. 47) wurde gezeigt, dass die Gesellschaftsorgane für die Durchsetzung von Ansprüchen wegen Schädigungen des Fondsvermögens per se grds. **nicht aktivlegitimiert** sind. Dann kann deren Kompetenz die der Anleger auch nicht verdrängen. 54

Für ein Klagerecht der Anleger-Gesellschafter spricht die **investmentrechtliche Grundordnung,** nach der Anleger mit der KVG und ggf. der Investmentgesellschaft einen Investmentvertrag schließen und nach hier vertretener Ansicht der Verwahrungsvertrag mit der Verwahrstelle ein echter berechtigender Vertrag zu ihren Gunsten ist. Diese Ansicht bestätigt nunmehr § 77 Abs. 1 und 2 KAGB: Gemäß Art. 24 Abs. 5 OGAW V-RL[69] können Anteilinhaber des OGAW die Haftung der Verwahrstelle „unmittelbar oder mittelbar über die Verwaltungsgesellschaft oder die Investmentgesellschaft geltend machen." § 77 Abs. 1 und 2 KAGB sehen keine rechtsformbezogene Differenzierung vor, und dies im Einklang mit dem europäischen Recht: Gemäß ErwGr. 28 OGAW V-RL soll die Geltendmachung weder „von der Rechtsform des OGAW (Unternehmensform oder Vertragsform) noch von der Art der Rechtsbeziehung zwischen Verwahrstelle, Verwaltungsgesellschaft und Anteilinhabern abhängen". Die im Investment-Viereck zwischen Anleger und Vermögensgegenstand stehende Körperschaft ist für Zwecke der Anspruchsgeltendmachung hinwegzuden- 55

---

67 Vgl. dazu *Wallach*, ZGR 2014, 289; *Zetzsche*, AG 2013, 613 f.

68 Anderes Verständnis bei mit der hier vertretenen Ansicht identischem Ergebnis insoweit bei *Köndgen/Schmies* in Bankrechts-Handbuch, § 113 Rz. 248.

69 Richtlinie 2014/91/EU des Europäischen Parlaments und des Rates vom 23.7.2014 zur Änderung der Richtlinie 2009/65/EG zur Koordinierung der Rechts- und Verwaltungsvorschriften betreffend bestimmte Organismen für gemeinsame Anlagen in Wertpapieren (OGAW) im Hinblick auf die Aufgaben der Verwahrstelle, die Vergütungspolitik und Sanktionen, ABl. EU Nr. L 257 v. 28.8.2014, S. 186.

ken.[70] Wie der Vergleich mit Art. 9 OGAW I-RL und Art. 21 Abs. 15 AIFM-RL belegt, bedeutet Art. 24 Abs. 5 OGAW V-RL eine **Hinwendung zum investmentrechtlichen Konzept.**

56 Der Ersatzanspruch ist durch das fondsrechtliche Kardinalprinzip der Anlegergleichbehandlung und das schadensrechtliche Bereicherungsverbot (*ni perte, ni profit*), i.e. die doppelte Geltendmachung desselben Schadens begrenzt. Das **Verbot der Geltendmachung** des Reflexschadens wirkt sich aufgrund der Zuweisung der Aktivlegitimation **materiell-, nicht prozessrechtlich** aus: Der Anleger darf denselben Schaden auf verschiedene Arten geltend machen, wohl weil er nur so die KVG dazu anhält, ihm zuvor zu kommen. Am Ende darf er den **Schaden aber nur einmal erhalten.** Es gilt dieselbe Regelung, wie oben zu § 78 Abs. 2 Satz 2 KAGB dargelegt. Vgl. Rz. 38, 42.

VII. Entschädigungsverfahren (§ 78 Abs. 3 KAGB)

57 § 78 Abs. 3 KAGB wurde durch das OGAW IV-RL-Umsetzungsgesetz im Jahr 2011 eingeführt. Die Vorschrift wurde zunächst als § 28 Abs. 3 InvG a.F. in das Gesetz eingefügt und ist als §§ 78 Abs. 3, 89 Abs. 3 KAGB nur terminologisch verändert in das KAGB übernommen worden. Das in § 78 Abs. 3 KAGB geregelte Entschädigungsverfahren soll das investmentrechtliche Kontrollsystem um eine **öffentlich-rechtliche Komponente** ergänzen, welche von einer privatrechtlichen Anspruchsverfolgung unabhängig ist. Eine solche ist bei den durch § 78 Abs. 3 KAGB erfassten **Streuschäden** unwahrscheinlich, nicht zuletzt, weil die Anleger von der Schädigung nichts erfahren.[71] Es setzt zugleich Art. 19 Abs. 3 Buchst. f der OGAW-RL 2009/65/EG um. Die Norm bestimmt, dass sich u.a. das für den Fall fehlerhafter Berechnung des Nettobestandswerts und für entsprechende Anlegerentschädigungen einzurichtende Verfahren nach dem Herkunftsmitgliedstaat des OGAW richtet. Die Regierungsbegründung zum OGAW IV-UmsG entnimmt der Vorschrift zugleich (keineswegs zwingend) eine **Pflicht zur Schaffung eines solchen Entschädigungsverfahrens.**

58 Das Entschädigungsverfahren ist vorsorglich zu erstellen. Dies widerspricht dem Ziel, das Verfahren möglichst sachgerecht und einzelfallbezogen zu gestalten. Daher genügt es, wenn das **konkrete Verfahren nach Eintritt eines Entschädigungsfalls bestimmt wird.** Jedoch muss die KVG ein vorformuliertes Verfahren bereithalten, das auf den konkreten Fall schnell angepasst werden kann.

59 Der **Entschädigungsfall** tritt in zwei Situationen ein. Erstens geht es um die fehlerhafte Berechnung von Anteilswerten (sog. **NAV Error**). Dieser Fehler kann die Folge einer zunächst fehlerhaften, dann korrigierten Bewertung, der Außerachtlassung von Vermögensgegenständen oder einer falschen Aufsummierung von Einzelwerten sein. Zweitens geht es um die **Verletzung von Anlagegrenzen oder Erwerbsvorgaben.** Dies kann die Auswahl der Gegenstände oder den Umfang des Erwerbs betreffen. Für OGAW ergeben sich Anlagegrenzen und Erwerbsvorgaben insb. aus §§ 192 ff. KAGB. Die Vorschrift gilt entsprechend für Publikums-AIF. Dort folgen Anlagegrenzen und Erwerbsvorgaben aus den Fondstypen (§§ 241 ff. KAGB).

60 **Rechtsfolge** ist die Erstellung eines **Verfahrens mit Entschädigungsmaßnahmen** gem. den Vorgaben nach § 78 Abs. 3 Satz 2 KAGB. Entschädigungsplan und -maßnahmen müssen durch einen Wirtschaftsprüfer geprüft werden (§ 78 Abs. 3 Satz 2 KAGB). Es muss sich nicht um den Prüfer des Fonds oder Verwalter handeln, jedoch ist es wenig sachgerecht, mit dem Fonds unvertraute Personen zur Prüfung heranzuziehen.

61 Die **Verwahrstelle** ist nur **am Kompensationsverfahren in Bezug auf die Anteilsfehlbewertung** (NAV-Error) zu beteiligen, nicht aber an der Kompensation für die Anlagegrenz- und Erwerbsvorgabenverletzung. Diese Aufgabenteilung versteht sich vor dem Hintergrund des § 76 Abs. 2 KAGB, woraus eine Pflicht der Verwahrstelle zur Anlagegrenzüberwachung abzuleiten ist. Eine Einbeziehung der Verwahrstelle in das Entschädigungsverfahren könnte bedeuten, dass die Frage nach der Verteilung der Verantwortlichkeit vorrangig zu klären wäre, was die Kompensation der Anleger verzögern könnte. Allerdings nehmen die OGAW-Verwahrstellen auch häufig Aufgaben bei der Anteilsbewertung gem. §§ 168 ff. KAGB (als Delegierte der KVG) war, so dass die befürchteten Konflikte ebenfalls auftreten. Vorzugswürdig wäre es, die Verwahrstelle generell einzubeziehen.

62 Die **Ermächtigung zum Erlass einer Rechtsverordnung** nach § 78 Abs. 3 Satz 3 KAGB wurde bislang (Stand Oktober 2018) nicht ausgeübt. Die Umsetzungsverordnung der BaFIN zum Entschädigungsplanver-

---

70 I.E. auch *Köndgen/Schmies* in Bankrechts-Handbuch, § 113 Rz. 248.

71 Begr. RegE zum OGAW IV-UmsG, BT-Drucks. 17/4510, 67; *Köndgen/Schmies* in Bankrechts-Handbuch, § 113 Rz. 247; *Zetzsche* in FS Köndgen, 2016, S. 677 ff.

fahren wurde bislang nicht verabschiedet.[72] Jedoch wird seit dem Jahr 2002 das im CSSF Circular 02/77 geregelte Planverfahren in Luxemburg erfolgreich praktiziert, welches Pate für das deutsche Planverfahren stehen soll.[73]

VIII. Sanktion

§ 78 Abs. 1 und 2 KAGB ist **Schutzgesetz** i.S.v. § 823 Abs. 2 BGB.[74] Macht eine Verwahrstelle oder KVG ihr erkennbare Ansprüche nicht geltend, macht sie sich ersatzpflichtig. Ein Anspruch der Anleger auf Geltendmachung folgt zudem aus **§ 280 Abs. 1 BGB i.V.m. dem Investment- und Verwahrungsvertrag**. Beide Verträge begründen nach zutreffender Ansicht ein Vertragsverhältnis, aus dem Anleger Direktansprüche ableiten können.[75] Den Anlegern kommt daher die Vermutung des § 280 Abs. 1 Satz 2 BGB zu Gute. 63

§ 79 Vergütung, Aufwendungsersatz

(1) Die Verwahrstelle darf der OGAW-Verwaltungsgesellschaft aus den zu einem inländischen OGAW gehörenden Konten nur die für die Verwaltung des inländischen OGAW zustehende Vergütung und den ihr zustehenden Ersatz von Aufwendungen auszahlen.

(2) Die Verwahrstelle darf die Vergütung, die ihr für die Verwahrung des inländischen OGAW und die Wahrnehmung der Aufgaben nach Maßgabe dieses Gesetzes zusteht, nur mit Zustimmung der OGAW-Verwaltungsgesellschaft entnehmen.

In der Fassung vom 4.7.2013 (BGBl. I 2013, S. 1981).

Schrifttum: S. Vor §§ 68 ff.

I. Überblick, Entstehungsgeschichte

§ 79 KAGB regelt die Art und Weise der Befriedigung von Vergütungs- und Aufwendungsersatzansprüchen sowohl der Kapitalverwaltungsgesellschaft als auch der Verwahrstelle in Bezug auf inländische OGAW. 1

Der Wortlaut der Norm ist in weiten Teilen identisch mit der Parallelvorschrift des § 89a KAGB betreffend die AIF-Verwahrstelle. 2

Die Vorschrift entspricht im Wesentlichen der Regelung des aufgehobenen § 29 Abs. 1 und 2 InvG.[1] § 29 Abs. 1 und 2 InvG entsprachen wiederum § 12c Abs. 1 Satz 1 und Satz 2 KAGG. 3

Anlässlich der Überführung in das InvG wurde klargestellt, dass die Depotbank (Verwahrstelle) nicht nur für die Aufgaben der Verwahrung vergütet wird, sondern auch für die Wahrnehmung weiterer Aufgaben vergütet wird, was durch den auch in das KAGB übernommenen Wortlaut „und die Wahrnehmung der Aufgaben nach Maßgabe dieses Gesetzes“ zum Ausdruck kommt.[2] 4

72 Vgl. zum Entwurf einer Anteilwertfehler- und Anlagegrenzverletzungsverordnung *Herring* in Baur/Tappen, § 78 KAGB Rz. 30 ff.; *Klusak* in Weitnauer/Boxberger/Anders, § 78 KAGB Rz. 24 ff.

73 Vgl. BT-Drucks. 17/4510, 67. Die von der Begr. RegE in Anspruch genommene Vorschrift des Art. 19 Abs. 3 Buchst. f OGAW IV-RL regelt dagegen kein Entschädigungsverfahren, gebietet nur die Anwendung des Rechts am Ort des OGAW in Bezug auf Entschädigungsverfahren vor.

74 *Reiss*, S. 359; *Schäfer* in Moritz/Klebeck/Jesch, § 78 KAGB Rz. 12; *Köndgen* in Berger/Steck/Lübbehüsen, § 28 InvG Rz. 4; *Alfes* in Emde/Dornseifer/Dreibus/Hölscher, § 28 InvG Rz. 16.

75 Vgl. die Nachweise bei Rz. 46 sowie Einl. Rz. 91 ff.

1 Begr. RegE, BT-Drucks. 17/12294, S. 231.

2 Vgl. auch Begr. RegE, BT-Drucks. 15/1553, S. 85.

II. Abwicklung der Vergütungs- und Aufwendungsersatzansprüche der Kapitalverwaltungsgesellschaft

5 Die Vorschrift begründet keinen Anspruch auf Vergütung oder Aufwendungsersatz, sondern setzt diesen voraus und regelt daher lediglich die **Auszahlungsmodalitäten.**[3] Nach welcher Methode, in welcher Höhe und auf Grund welcher Berechnung die Vergütungen und Aufwendungserstattungen an die Verwaltungsgesellschaft, die Verwahrstelle oder Dritte zu leisten sind, ist abschließend in den Anlagebedingungen festgelegt.

6 Die Verwahrstelle darf der Kapitalverwaltungsgesellschaft nur die ihr für die Verwaltung des OGAW „zustehende" Vergütung oder den ihr „zustehenden" Ersatz von Aufwendungen aus dem Sperrkonto des OGAW auszahlen. Daraus ergibt sich für die Verwahrstelle eine entsprechende **Kontrollpflicht**, ob und inwieweit die geltend gemachten Auszahlungsansprüche seitens der Verwaltungsgesellschaft überhaupt bestehen.

7 Eine Einschränkung oder Abbedingung dieser Prüfungspflicht ist nicht zulässig, da sie aus Gründen des Anlegerschutzes nicht zur Disposition der Vertragsparteien steht.

8 Die BaFin führt in dem **VerwahrstellenRS** – auch bezüglich § 89a KAGB – aus[4]:

> „Die §§ 79 und 89a KAGB legen fest, dass die Verwahrstelle der Kapitalverwaltungsgesellschaft aus den zu einem inländischen OGAW oder AIF gehörenden Konten nur die für die Verwaltung des OGAW oder AIF ‚zustehende' Vergütung und den ihr ‚zustehenden' Ersatz von Aufwendungen auszahlen darf. Da die Verwahrstelle ohne eine Kontrolle nicht wissen kann, ob und inwieweit die Ansprüche der Kapitalverwaltungsgesellschaft gerechtfertigt sind, hat sie zu überprüfen, inwieweit die von der Kapitalverwaltungsgesellschaft geltend gemachten Auszahlungsansprüche bestehen."

9 Neben der Vergütung für ihre Verwaltungstätigkeit, die sich nach dem Fondsvolumen richtet, kann auch eine **erfolgsabhängige Vergütung** oder **Pauschalgebühr** nach § 162 Abs. 2 Nr. 13 KAGB vereinbart werden.[5] Die Definition des „Erfolgsfalls" und „Erfolgszeitraums" sollte dabei exakt in den Vertragsbedingungen festgelegt werden.[6] Gleiches gilt für die Fälligkeit der Vergütung.

10 Macht die Verwaltungsgesellschaft Vergütungsansprüche für die Verwaltung des OGAW geltend, beschränkt sich die Prüfungspflicht auf eine reine **Rechtmäßigkeitskontrolle.**[7] Die Verwahrstelle prüft den Anspruch ausschließlich auf die richtige Berechnung anhand der in den Anlagebedingungen festgesetzten Berechnungsgrundlage/-methode.[8]

11 In Bezug auf **Spezial-AIF** weist die BaFin darauf hin, dass es nicht zulässig ist, in der sog. „Dreiervereinbarung" in Bezug auf die Verwaltungsvergütung oder den Aufwendungsersatz eine eingeschränkte Prüfungspflicht zu vereinbaren, da § 79 Abs. 1 und § 83 Abs. 6 KAGB zu den nicht abdingbaren Vorschriften gehören.[9]

12 Wird dagegen Aufwendungsersatz geltend gemacht, so hat die Verwahrstelle die von der Kapitalverwaltungsgesellschaft vorgelegten Rechnungen auf ihre rechnerische Richtigkeit und Plausibilität hin zu überprüfen.[10] **Rechtsgrundlage** für den Aufwendungsersatz ist das Rechtsverhältnis zwischen Kapitalverwaltungsgesellschaft und den Anlegern, welches als allgemeiner Geschäftsbesorgungsvertrag zu qualifizieren ist.[11]

13 Ersatzfähig sind jedoch nur solche Aufwendungen, welche der Geschäftsbesorger (Kapitalverwaltungsgesellschaft) für erforderlich halten durfte (vgl. §§ 675, 670 BGB).

14 Streitig ist insoweit, ob **Aufwendungen**, die zwar nicht ausdrücklich in den Anlagebedingungen genannt sind, aber nach § 670 BGB grundsätzlich erstattungsfähig wären, investmentrechtlich anzuerkennen sind. Berücksichtigt man den Normzweck des § 162 Abs. 2 Nr. 11 KAGB, der den Anlegern bei ihrer Anlageent-

---

3 In diesem Sinne auch *Dreibus* in Emde/Dornseifer/Dreibus/Hölscher, § 29 InvG Rz. 1; *Köndgen* in Berger/Steck/Lübbehüsen, § 29 InvG Rz. 2.
4 VerwahrstellenRS, Ziff. 7.6.
5 VerwahrstellenRS, Ziff. 7.6.1.
6 Vgl. bereits *Köndgen* in Berger/Steck/Lübbehüsen, § 29 InvG Rz. 4.
7 *Dreibus* in Emde/Dornseifer/Dreibus/Hölscher, § 29 InvG Rz. 1.
8 VerwahrstellenRS, Ziff. 7.6.1.
9 VerwahrstellenRS, Ziff. 7.6.1.
10 VerwahrstellenRS, Ziff. 7.6.2.
11 *Rozok* in Emde/Dornseifer/Dreibus/Hölscher, § 41 InvG Rz. 14; *Köndgen* in Berger/Steck/Lübbehüsen, § 29 InvG Rz. 6.

scheidung die notwendige Kostentransparenz verschaffen soll, ist die Festlegungen der erstattungsfähigen Aufwendungen in den Anlagebedingungen als zulässige Konkretisierung des § 670 BGB anzusehen.[12]

Die BaFin führt in dem **VerwahrstellenRS** aus, dass zu den Aufwendungen u.a. Prüfungskosten durch den Abschlussprüfer des Investmentvermögens, Kosten, die im Zusammenhang mit dem Erwerb und der Veräußerung von Vermögensgegenständen entstanden sind (Transaktionskosten, z.B. Broker-, Liefer-, Fremdwährungs- oder Notarkosten), sowie Kosten der Bekanntmachung der Jahres- und Halbjahresberichte, der Ausgabe- und Rücknahmepreise und ggf. der Ausschüttungen und des Auflösungsberichtes zählen.[13] 15

Ziff. 7.6.3 des VerwahrstellenRS enthält den Grundsatz der Prüfung ***ex-ante***. Nur in begründeten Ausnahmefällen, wie z.B. im Falle bestimmter Transaktionskosten ist auch eine Prüfung *ex-post* zulässig. 16

III. Abwicklung der Vergütungs- und Aufwendungsersatzansprüche der Verwahrstelle (§ 79 Abs. 2 KAGB)

§ 79 Abs. 2 KAGB regelt wiederum die **Zahlungsmodalitäten** hinsichtlich der Vergütungsansprüche der Verwahrstelle für die Wahrnehmung der ihr gesetzlich zugewiesenen Aufgaben. Auch wenn die Verwahrstelle zum Schutz der Anleger ihre Verwahrstellenaufgaben wahrnimmt, bleibt ihr Schuldner ausschließlich die Kapitalverwaltungsgesellschaft: Nur mit der Kapitalverwaltungsgesellschaft verbindet sie der Verwahrstellenvertrag, der Rechtsgrundlage für die Vergütung der Verwahrstelle ist. Gleichwohl darf die Verwahrstelle ihre Vergütung dem Investmentvermögen unter Zustimmung der Kapitalverwaltungsgesellschaft selbst entnehmen. 17

Wirtschaftlich tragen somit letztlich doch die Anleger des OGAW – und im Fall des § 89a KAGB die Anleger des AIF – die Vergütung der Verwahrstelle, was sich aus dem zivilrechtlichen Wesen des Investmentdreiecks ergibt.[14] 18

Der **Zustimmungsvorbehalt** soll ein Selbstkontrahieren der Verwahrstelle verhindern.[15] Im Rahmen der Zustimmung hat die Kapitalverwaltungsgesellschaft zu prüfen, ob die Höhe der Vergütung im Einklang mit den Anlagebedingungen bzw. dem Verwahrstellenvertrag steht, wobei die Anlagebedingungen den Betrag festlegen, den die Kapitalverwaltungsgesellschaft und die Verwahrstelle maximal zu Lasten des Investmentvermögens im Verwahrstellenvertrag festlegen dürfen. 19

Anders als § 79 Abs. 1 KAGB nennt § 79 Abs. 2 KAGB **nicht ausdrücklich einen Anspruch auf Aufwendungsersatz** zugunsten der Verwahrstelle, obwohl dieser in § 162 Abs. 2 Nr. 11 KAGB ausdrücklich auch für die Verwahrstelle genannt ist und in den Anlagebedingungen zu konkretisieren ist. Danach müssen die Anlagebedingungen auch Angaben dazu enthalten, nach welcher Methode, in welcher Höhe und auf Grund welcher Berechnung die Vergütungen und Aufwendungserstattungen aus dem Investmentvermögen an die Verwaltungsgesellschaft, die Verwahrstelle und Dritte zu leisten sind. 20

Die Literatur sieht darin ein **Redaktionsversehen** des Gesetzgebers und „gewährt" auch der Verwahrstelle einen Anspruch auf Ersatz ihrer Aufwendungen.[16] Tatsächlich ist § 79 Abs. 2 **keine Anspruchsgrundlage** für die Verwahrstelle. Damit lässt sich im Hinblick auf den Wortlaut der Vorschrift (zumindest) vertreten, dass der – anderweitig begründete – Aufwendungsersatzanspruch der Verwahrstelle nicht dem Zustimmungserfordernis seitens der Kapitalverwaltungsgesellschaft unterliegt. Eine Klarstellung seitens des Gesetzgebers ist wünschenswert. 21

Die **Zustimmung** kann im Voraus (Einwilligung) oder nachträglich (Genehmigung) erfolgen.[17] Eine anderweitige Verwaltungsauffassung der BaFin ist aus dem VerwahrstellenRS nicht ersichtlich. 22

---

12 *Köndgen* in Berger/Steck/Lübbehüsen, § 29 InvG Rz. 6; *Rozok* in Emde/Dornseifer/Dreibus/Hölscher, § 41 InvG Rz. 14; *Herring* in Baur/Tappen, § 79 KAGB Rz. 3.

13 Vgl. auch VerwahrstellenRS, Ziff. 7.6.2.

14 Vgl. hierzu auch *Dreibus* in Emde/Dornseifer/Dreibus/Hölscher, § 29 Rz. 8.*Köndgen* in Berger/Steck/Lübbehüsen, § 29 InvG Rz. 9.

15 *Köndgen* in Berger/Steck/Lübbehüsen, § 29 InvG Rz. 2.

16 *Dreibus* in Emde/Dornseifer/Dreibus/Hölscher, § 29 InvG Rz. 9; *Herring* in Baur/Tappen, § 79 KAGB Rz. 5; *Köndgen* in Berger/Steck/Lübbehüsen, § 29 InvG Rz. 10.

17 So bereits *Beckmann* in Beckmann/Scholtz/Vollmer, § 29 InvG Rz. 6; *Köndgen* in Berger/Steck/Lübbehüsen, § 29 InvG Rz. 10.

Unterabschnitt 2
Vorschriften für AIF-Verwahrstellen

§ 80 Beauftragung

(1) [1]Die AIF-Kapitalverwaltungsgesellschaft hat sicherzustellen, dass für jeden von ihr verwalteten AIF eine Verwahrstelle im Sinne des Absatzes 2 oder, sofern die Voraussetzungen nach den Absätzen 3 und 4 erfüllt sind, eine Verwahrstelle im Sinne des Absatzes 3 beauftragt wird; § 55 bleibt unberührt. [2]Die Beauftragung der Verwahrstelle ist in einem schriftlichen Vertrag zu vereinbaren. [3]Der Vertrag regelt unter anderem den Informationsaustausch, der für erforderlich erachtet wird, damit die Verwahrstelle nach den Vorschriften dieses Gesetzes und gemäß den anderen einschlägigen Rechts- und Verwaltungsvorschriften ihren Aufgaben für den AIF, für den sie als Verwahrstelle beauftragt wurde, nachkommen kann.

(2) Die Verwahrstelle ist

1. ein Kreditinstitut im Sinne des Artikels 4 Absatz 1 Nummer 1 der Verordnung (EU) Nr. 575/2013 mit satzungsmäßigem Sitz in der Europäischen Union oder in einem anderen Vertragsstaat des Abkommens über den Europäischen Wirtschaftsraum, das gemäß § 32 des Kreditwesengesetzes oder den im Herkunftsmitgliedstaat des EU-AIF anzuwendenden Vorschriften, die die Richtlinie 2013/36/EU umsetzen, zugelassen ist;2. eine Wertpapierfirma im Sinne des Artikels 4 Absatz 1 Nummer 2 der Verordnung (EU) Nr. 575/2013 mit satzungsmäßigem Sitz in der Europäischen Union oder in einem anderen Vertragsstaat des Abkommens über den Europäischen Wirtschaftsraum, für die die Eigenkapitalanforderungen gemäß Artikel 92 der Verordnung (EU) Nr. 575/2013, einschließlich der Kapitalanforderungen für operationelle Risiken, gelten, die gemäß den Vorschriften, die die Richtlinie 2014/65/EU umsetzen, zugelassen ist und die auch die Nebendienstleistungen wie Verwahrung und Verwaltung von Finanzinstrumenten für Rechnung von Kunden gemäß Anhang I Abschnitt B Nummer 1 der Richtlinie 2014/65/EU erbringt; solche Wertpapierfirmen müssen in jedem Fall über Eigenmittel verfügen, die den in Artikel 28 Absatz 2 der Richtlinie 2013/36/EU genannten Betrag des Anfangskapitals nicht unterschreiten oder3. eine andere Kategorie von Einrichtungen, die einer Beaufsichtigung und ständigen Überwachung unterliegen und die am 21. Juli 2011 unter eine der von den Mitgliedstaaten der Europäischen Union oder den anderen Vertragsstaaten des Abkommens über den Europäischen Wirtschaftsraum gemäß Artikel 23 Absatz 3 der Richtlinie 2009/65/EG festgelegten Kategorien von Einrichtungen fallen, aus denen eine Verwahrstelle gewählt werden kann.

(3) [1]Abweichend von Absatz 2 kann die Verwahrstelle für geschlossene AIF anstelle der in § 80 Absatz 2 Nummer 1 bis 3 genannten Einrichtungen auch ein Treuhänder sein, der die Aufgaben einer Verwahrstelle im Rahmen seiner beruflichen oder geschäftlichen Tätigkeit wahrnimmt, wenn

1. bei den geschlossenen AIF innerhalb von fünf Jahren nach Tätigung der ersten Anlagen keine Rücknahmerechte ausgeübt werden können,
2. die geschlossenen AIF im Einklang mit ihrer Hauptanlagestrategie in der Regel

(a) nicht in Vermögensgegenstände investieren, die nach § 81 Absatz 1 Nummer 1 verwahrt werden müssen, oder

(b) in Emittenten oder nicht börsennotierte Unternehmen investieren, um nach § 261 Absatz 7, den §§ 287, 288 möglicherweise die Kontrolle über solche Unternehmen zu erlangen.

[2]In Bezug auf die berufliche oder geschäftliche Tätigkeit muss der Treuhänder

1. einer gesetzlich anerkannten obligatorischen berufsmäßigen Registrierung oder
2. Rechts- und Verwaltungsvorschriften oder berufsständischen Regeln unterliegen,

die ausreichend finanzielle und berufliche Garantien bieten können, um es ihm zu ermöglichen, die relevanten Aufgaben einer Verwahrstelle wirksam auszuführen und die mit diesen Funktionen einhergehenden Verpflichtungen zu erfüllen. [3]Die ausreichende finanzielle und berufliche Garantie ist laufend zu gewährleisten. [4]Der Treuhänder hat Änderungen, die seine finanziellen und beruflichen Garantien betreffen, der Bundesanstalt unverzüglich anzuzeigen. [5]Sofern der Treuhänder zum Zwecke der finanziellen Garantie eine Versicherung abschließt, ist das Versicherungsunternehmen im Versicherungsvertrag zu verpflichten, der Bundesanstalt den Beginn und die Beendigung oder Kündigung des Versicherungsvertrages sowie Umstände, die den vorgeschriebenen Versicherungsschutz beeinträchtigen, unverzüglich mitzuteilen.

(4) [1]Der Treuhänder im Sinne von Absatz 3 muss der Bundesanstalt vor Beauftragung benannt werden. Hat die Bundesanstalt gegen die Beauftragung Bedenken, kann sie verlangen, dass binnen angemessener Frist ein anderer Treuhänder benannt wird. [2]Unterbleibt dies oder hat die Bundesanstalt auch gegen die Beauftragung des neu vorgeschlagenen Treuhänders Bedenken, so hat die AIF-Kapitalverwaltungsgesellschaft eine Verwahrstelle im Sinne von Absatz 2 zu beauftragen.

(5) Unbeschadet von Absatz 6 Satz 3 kann die Verwahrstelle für ausländische AIF auch ein Kreditinstitut oder ein Unternehmen sein, das den in Absatz 2 Satz 1 Nummer 1 und 2 genannten Unternehmen vergleichbar ist, sofern die Bedingungen des Absatz 8 Satz 1 Nummer 2 eingehalten sind.

(6) [1]Verwaltet die AIF-Kapitalverwaltungsgesellschaft einen inländischen AIF, muss die Verwahrstelle ihren satzungsmäßigen Sitz oder ihre satzungsmäßige Zweigniederlassung im Geltungsbereich dieses Gesetzes haben. [2]Verwaltet die AIF-Kapitalverwaltungsgesellschaft einen EU-AIF, muss die Verwahrstelle ihren satzungsmäßigen Sitz oder ihre satzungsmäßige Zweigniederlassung im Herkunftsmitgliedstaat des EU-AIF haben. [3]Bei ausländischen AIF kann die Verwahrstelle ihren satzungsmäßigen Sitz oder ihre satzungsmäßige Zweigniederlassung in dem Drittstaat haben, in dem der ausländische AIF seinen Sitz hat oder im Geltungsbereich dieses Gesetzes, wenn die AIF-Kapitalverwaltungsgesellschaft einen ausländischen AIF verwaltet oder in dem Referenzmitgliedstaat der ausländischen AIF-Verwaltungsgesellschaft, die den ausländischen AIF verwaltet; § 55 bleibt unberührt.

(7) [1]Wird für den inländischen AIF eine Verwahrstelle im Sinne des Absatzes 2 Nummer 1 beauftragt, muss es sich um ein CRR-Kreditinstitut im Sinne des § 1 Absatz 3d des Kreditwesengesetzes handeln, das über die Erlaubnis zum Betreiben des Depotgeschäfts nach § 1 Absatz 1 Satz 2 Nummer 5 des Kreditwesengesetzes oder zur Erbringung des eingeschränkten Verwahrgeschäfts nach § 1 Absatz 1a Satz 2 Nummer 12 des Kreditwesengesetzes verfügt. [2]Wird für den inländischen AIF eine Verwahrstelle im Sinne des Absatzes 2 Nummer 2 beauftragt, muss es sich um ein Finanzdienstleistungsinstitut handeln, das über die Erlaubnis zum eingeschränkten Verwahrgeschäft nach § 1 Absatz 1a Satz 2 Nummer 12 des Kreditwesengesetzes verfügt; wird das in § 83 Absatz 6 Satz 2 aufgeführte Geldkonto bei der Verwahrstelle eröffnet, muss es sich bei der Verwahrstelle um ein Kreditinstitut handeln, das über die Erlaubnis zum Betreiben des Einlagengeschäfts nach § 1 Absatz 1 Satz 2 Nummer 1 des Kreditwesengesetzes verfügt.

(8) [1]Unbeschadet der Anforderungen der Absätze 2 bis 5 unterliegt die Beauftragung einer Verwahrstelle mit Sitz in einem Drittstaat den folgenden Bedingungen:

1. zwischen den zuständigen Behörden des Mitgliedstaates der Europäischen Union oder des anderen Vertragsstaates des Abkommens über den Europäischen Wirtschaftsraum, in dem die Anteile des ausländischen AIF gehandelt werden sollen, und, falls es sich um unterschiedliche Behörden handelt, den Behörden des Herkunftsmitgliedstaates der AIF-Kapitalverwaltungsgesellschaft oder der EU-AIF-Verwaltungsgesellschaft bestehen Vereinbarungen über die Zusammenarbeit und den Informationsaustausch mit den zuständigen Behörden der Verwahrstelle,
2. die Verwahrstelle unterliegt einer wirksamen Regulierung der Aufsichtsanforderungen, einschließlich Mindesteigenkapitalanforderungen, und einer Aufsicht, die jeweils den Rechtsvorschriften der Europäischen Union entsprechen und die wirksam durchgesetzt werden,
3. der Drittstaat, in dem die Verwahrstelle ihren Sitz hat, steht nicht auf der Liste der nicht kooperativen Länder und Gebiete, die von der Arbeitsgruppe „Finanzielle Maßnahmen gegen die Geldwäsche und die Terrorismusfinanzierung“ aufgestellt wurde,
4. die Mitgliedstaaten der Europäischen Union oder die anderen Vertragsstaaten des Abkommens über den Europäischen Wirtschaftsraum, in denen die Anteile des ausländischen AIF vertrieben werden sollen, und, soweit verschieden, der Herkunftsmitgliedstaat der AIF-Kapitalverwaltungsgesellschaft oder EU-AIF-Verwaltungsgesellschaft haben mit dem Drittstaat, in dem die Verwahrstelle ihren Sitz hat, eine Vereinbarung abgeschlossen, die den Standards des Artikel 26 des OECD-Musterabkommens zur Vermeidung der Doppelbesteuerung von Einkommen und Vermögen vollständig entspricht und einen wirksamen Informationsaustausch in Steuerangelegenheiten, einschließlich multilateraler Steuerabkommen, gewährleistet,

5. die Verwahrstelle haftet vertraglich gegenüber dem ausländischen AIF oder gegenüber den Anlegern des ausländischen AIF entsprechend § 88 Absatz 1 bis 4 und erklärt sich ausdrücklich zur Einhaltung von § 82 bereit.

²Ist eine zuständige Behörde eines anderen Mitgliedstaates der Europäischen Union oder eines anderen Vertragsstaates des Abkommens über den Europäischen Wirtschaftsraum nicht mit der Bewertung der Anwendung von Satz 1 Nummer 1, 3 oder 5 durch die zuständigen Behörden des Herkunftsmitgliedstaates der AIF-Kapitalverwaltungsgesellschaft oder EU-AIF-Verwaltungsgesellschaft einverstanden, kann die betreffende zuständige Behörde die Angelegenheit der Europäischen Wertpapier- und Marktaufsichtsbehörde zur Kenntnis bringen; diese kann nach den ihr durch Artikel 19 der Verordnung (EU) Nr. 1095/2010 übertragenen Befugnisse tätig werden.

(9) Mindestens ein Geschäftsleiter der Einrichtung, die als Verwahrstelle beauftragt werden soll, muss über die für die Verwahrstellenaufgaben erforderliche Erfahrung verfügen. Diese Einrichtung muss bereit und in der Lage sein, die für die Erfüllung der Verwahrstellenaufgaben erforderlichen organisatorischen Vorkehrungen zu schaffen. Wird eine natürliche Person als Treuhänder nach den Absätzen 3 und 4 mit der Verwahrstellenfunktion beauftragt, muss dieser über die für die Verwahrstellenaufgaben erforderliche Erfahrung verfügen sowie die für die Erfüllung der Verwahrstellenaufgaben notwendigen organisatorischen Vorkehrungen schaffen.

(10) Die in den in Absatz 1 genannten schriftlichen Vertrag aufzunehmenden Einzelheiten und die allgemeinen Kriterien zur Bewertung, ob die Anforderungen an die aufsichtliche Regulierung und an die Aufsicht in Drittstaaten nach Absatz 8 Satz 1 Nummer 2 den Rechtsvorschriften der Europäischen Union entsprechen und wirksam durchgesetzt werden, bestimmen sich nach den Artikel 83 und 84 der Delegierten Verordnung (EU) Nr. 231/2013.

In der Fassung vom 4.7.2013 (BGBl. I 2013, S. 1981), zuletzt geändert durch das Zweite Finanzmarktnovellierungsgesetz (2. FiMaNoG) vom 23.6.2017 (BGBl. I 2017, S. 1693).

Schrifttum: S. Vor §§ 68 ff.

I. Überblick, Entstehungsgeschichte und Regelungszweck

Die §§ 80 ff. KAGB dienen der **Umsetzung des Art. 21 der AIFM-RL.** § 80 KAGB regelt neben der Pflicht zur Beauftragung einer Verwahrstelle, welche Einrichtungen überhaupt als Verwahrstellen in Betracht kommen und welche Voraussetzungen sie im Einzelnen erfüllen müssen. 1

Die Vorschrift enthält zudem in diesem Zusammenhang auch die **Umsetzung des Drittstaatenregimes.** Klarstellend wird insbesondere hinsichtlich der in einen Verwahrstellenvertrag aufzunehmenden Regelungen auf die jeweiligen Regelungen der AIFM-VO verwiesen. 2

II. Pflicht zur Bestellung einer AIF-Verwahrstelle (§ 80 Abs. 1 Satz 1 und Satz 2 KAGB)

§ 80 Abs. 1 Satz 1 Halbs. 1 KAGB verpflichtet die AIF-Kapitalverwaltungsgesellschaft, sicherzustellen, dass für jeden von ihr verwalteten AIF eine Verwahrstelle i.S.d. Abs. 2 der Vorschrift oder, sofern die Voraussetzungen nach Abs. 3 und 4 der Vorschrift erfüllt sind, eine Verwahrstelle i.S.d. Abs. 3 der Vorschrift, beauftragt wird. § 80 Abs. 1 Satz 1 Halbs. 1 KAGB dient der **Umsetzung von Art. 21 Abs. 1 der AIFM-RL.** 3

Der Gesetzgeber führt in der Gesetzesbegründung aus, dass die Verwendung des Begriffes **„sicherstellen“** verdeutlichen soll, dass auch in den Fällen, in denen die Verwahrstelle nicht von der AIF-Kapitalverwaltungsgesellschaft, sondern von der extern verwalteten Investmentgesellschaft beauftragt wird, die AIF-Kapitalverwaltungsgesellschaft dafür verantwortlich ist, dass eine Beauftragung stattfindet.[1] Diese Aussage des Gesetzgebers steht in dem erweiterten Kontext, dass die AIFM-RL niemand anderem als dem AIFM Pflichten auferlegt. Der **AIFM** ist der **einzige Adressat der Richtlinie.**[2] Dieses Regulierungsprinzip kommt sehr anschaulich in ErwGr 11 der AIFM-RL zum Ausdruck: „Mehrere Bestimmungen dieser Richtlinie verpflichten **AIFM, die Einhaltung von Anforderungen sicherzustellen, für welche die AIFM bei einigen Fondsstrukturen nicht verantwortlich sind.** Ein Beispiel hierfür sind Fondsstrukturen, bei denen der AIF oder ein anderes im Namen des AIF handelndes Unternehmen für die **Bestellung der Verwahrstelle** zuständig ist. In diesen Fällen hat der AIFM keine letztendliche Kontrolle darüber, ob tatsächlich eine Verwahrstelle bestellt wird, es sei denn, dass der AIF intern verwaltet wird. Da diese Richtlinie keine Regelung für die AIF enthält, kann sie einen AIF nicht verpflichten, eine Verwahrstelle zu bestellen. In den Fällen, in denen ein AIFM nicht sicherstellt, dass der AIF oder ein anderes im Namen des AIF handelndes Unternehmen die geltenden Anforderungen einhält, sollten die zuständigen Behörden es dem AIFM zur Auflage machen, die notwendigen Schritte zu unternehmen, um dem abzuhelfen. Falls die Anforderungen trotz dieser Schritte weiterhin nicht eingehalten werden und sofern es einen EU-AIFM oder einen zugelassenen Nicht-EU-AIFM betrifft, der einen EU-AIF verwaltet, sollte der AIFM als Verwalter des betreffenden AIF zurücktreten. Falls der AIFM nicht zurücktritt, **sollten die zuständigen Behörden seines Herkunftsmitgliedstaats verlangen, dass er zurücktritt** und der Vertrieb des betroffenen AIF in der Union sollte nicht länger gestattet sein. Dasselbe Verbot sollte für zugelassene Nicht-EU-AIFM gelten, die in der Union Nicht-EU-AIF vertreiben.“ (Hervorhebungen der Bearbeiter). Aus dem Zitat des ErwGr der Richtlinie ist zugleich ein **„aufsichtsrechtliches Programm“** ersichtlich: Ist nicht sichergestellt, dass eine der gesetzlich zulässigen Verwahrstellen bestellt wird, so muss der AIFM (in der Terminologie des KAGB die „AIF-Kapitalverwaltungsgesellschaft“) in letzter Konsequenz seine eigene Funktion als Verwalter des betreffenden Investmentvermögens niederlegen. 4

Bei der **Bestellung einer externen** AIF-Kapitalverwaltungsgesellschaft wird durch den Wortlaut „sicherstellen“ zudem zum Ausdruck gebracht, dass auch in den Fällen, in denen die Verwahrstelle nicht von der AIF-Kapitalverwaltungsgesellschaft, sondern von der extern verwalteten Investmentgesellschaft beauftragt wird, die **AIF-Kapitalverwaltungsgesellschaft dafür verantwortlich** ist, dass eine Beauftragung stattfindet.[3] Dies bedeutet jedoch nicht, dass die externe AIF-Kapitalverwaltungsgesellschaft zugleich auch die gesetzliche Vertreterin der extern verwalteten Investmentgesellschaft ist.[4] 5

1 Begr. RegE, BT-Drucks. 17/12294, S. 231.

2 Die bedeutet natürlich nicht, dass z.B. über die Anforderungen betreffend die Risikomanagementsysteme des AIFM nicht auch eine indirekte Regulierung der AIF stattfindet, vgl. zu einer Manager- vs. einer Produktregulierung auch *Tollmann* in Dornseifer/Jesch/Klebeck/Tollmann, Art. 2 AIFM-RL Rz. 24.

3 Begr. RegE, BT-Drucks. 17/12294, S. 231.

4 Der AIF-Kapitalverwaltungsgesellschaft muss vielmehr ein umfassendes Vertretungsrecht eingeräumt werden; vgl. hierzu OLG München v. 1.10.2015 – 23 U 1570/15 (rechtskräftig; LG Landshut), ZIP 2015, 2224 = BB 2015, 2769 = NZG 2015, 1430 sowie grundsätzlich zu Fragen der Aktivlegitimation und Vertretung: *Zetzsche* in FS Köndgen, 2016, S. 677 ff.

6 Für **jedes Investmentvermögen** kann nur eine **einzige Verwahrstelle** bestellt werden. Der AIF-Kapitalverwaltungsgesellschaft bleibt es aber unbenommen, für mehrere von ihr verwaltete Investmentvermögen unterschiedliche Verwahrstellen zu bestellen[5] – so z.B. unterschiedliche Verwahrstellen für die TGVs einer InvAG (sog. „Verwahrstellen-Panel"). Anzumerken bleibt, dass die Auswahl und jeder Wechsel einer Verwahrstelle für **Publikums-AIF** (so auch für OGAW – § 69 Abs. 1 Satz 1 KAGB) nach Maßgabe des § 87 KAGB der **Zustimmung der BaFin** bedarf.

7 Bei **Spezial-AIF** muss die Verwahrstelle nach Maßgabe des § 22 Abs. 1 Nr. 13 KAGB der BaFin zunächst im Rahmen des Erlaubnisantrags der Kapitalverwaltungsgesellschaft und danach aufgrund der Anzeigepflicht nach § 34 Abs. 1 KAGB vor der Bestellung angezeigt werden.[6]

8 Gemäß **§ 80 Abs. 1 Satz 1 Halbs. 2 KAGB bleibt § 55 KAGB unberührt.** Danach müssen EU-AIF-Kapitalgesellschaften, die ausländische AIF verwalten, welche nicht in der Europäischen Union vertrieben werden, keine Verwahrstelle für die von ihnen verwalteten Nicht-EU-AIF beauftragen. Abs. 1 Satz 1 Halbs. 2 der Vorschrift dient ausweislich der Gesetzesbegründung der Umsetzung von Art. 34 Abs. 1 Buchst. b der AIFM-RL.[7] Tatsächlich dürfte es sich um einen Verweis auf Art. 34 Abs. 1 Buchst. a der AIFM-RL[8] handeln. Zudem setzt die Vorschrift die Vorgaben nicht um, sondern hat vielmehr nur eine **klarstellende Funktion**, da § 55 KAGB[9] *lex specialis* ist. Eine – ebenfalls lediglich klarstellende Parallelvorschrift – findet sich ferner in § 80 Abs. 6 a.E. KAGB.

III. Pflicht zum Abschluss eines Verwahrstellenvertrags und inhaltliche Anforderungen an denselben (§ 80 Abs. 1 Satz 1 sowie Satz 3 i.V.m. Abs. 10 KAGB)

1. Allgemeines

9 **§ 80 Abs. 1 Satz 2 und 3 KAGB** regeln die Pflicht zum Abschluss eines **schriftlichen** Verwahrstellenvertrages, der inhaltlich u.a. den Informationsaustausch zwischen den Parteien zu regeln hat, welcher erforderlich ist, damit die Verwahrstelle die ihr durch das Gesetz zugewiesenen Aufgaben und Pflichten in Bezug auf das Investmentvermögen erfüllen kann. Satz 2 und 3 der Vorschrift setzen Art. 21 Abs. 2 der AIFM-RL um.[10]

10 **Abs. 10** der Vorschrift **verweist** für die in den Verwahrstellenvertrag aufzunehmenden Einzelheiten **auf Art. 83 AIFM-VO.** Art. 83 AIFM-VO geht auf Art. 21 Abs. 17 Buchst. a AIFM-RL zurück. Als „Startpunkt" der Ausarbeitung des heutigen Wortlauts des Art. 83 AIFM-VO hatte die ESMA auf die Art. 30 ff. der Durchführungsrichtlinie 2010/43/EU[11] zurückgegriffen, jedoch ausweislich des entsprechenden **ESMA-Advice**[12] die notwendigen Modifikationen durchgeführt. Dabei wurde auch die Möglichkeit des Erlasses eines gesetzlich vorgegebenen **Musterverwahrstellenvertrags** erörtert. In diesem Zusammenhang ist zutreffend, dass ein solcher (gesetzlicher) Mustervertrag zum einen die Vertragsfreiheit über Gebühr einschränken würde und zudem die Vorgaben des Art. 21 der AIFM-RL selbst in der Zusammenschau mit den Vorgaben des Art. 83 AIFM-VO hinsichtlich der Anforderungen eine hinreichende Rechtssicherheit bieten.[13]

11 Betrachtet man die einzelnen nach Maßgabe des Art. 83 AIFM-VO zwischen den Parteien zu vereinbarenden Punkte, so ergibt sich in der Gesamtschau nahezu ein Mustervertrag. Der Verwahrstellenvertrag ist im Detail **sehr „prozessgetrieben"**, so dass es sich auch weiterhin empfiehlt, die Details in Service-Level-

5 Vgl. in diesem Sinne auch *Karcher* in Baur/Tappen, § 80 KAGB Rz. 2 a.E., sowie zur Parallelvorschrift des § 68 Abs. 1 KAGB, § 68 Rz. 8.
6 Vgl. auch VerwahrstellenRS, Ziff. 2.
7 Begr. RegE, BT-Drucks. 17/12294, S. 231.
8 Diese Vorschrift betrifft die Nichtanwendung des (u.a.) Art. 21 AIFM-RL (Verwahrstelle).
9 Wegen weiterer Einzelheiten, vgl. die Kommentierung des § 55 KAGB sowie durchaus kritisch zu dem fehlenden Verwahrstellenerfordernis, wenn ein Vertrieb in der EU wegen *reverse solicitation* entfällt: *Boxberger* in Weitnauer/Boxberger/Anders, § 80 KAGB Rz. 3.
10 Vgl. auch Begr. RegE, BT-Drucks. 17/12294, S. 231.
11 Richtlinie 2010/43/EU der Kommission vom 1.7.2010 zur Durchführung der Richtlinie 2009/65/EG des Europäischen Parlaments und des Rates im Hinblick auf organisatorische Anforderungen, Interessenkonflikte, Wohlverhalten, Risikomanagement und den Inhalt der Vereinbarung zwischen Verwahrstelle und Verwaltungsgesellschaft, ABl. EU Nr. L 176 v. 10.7.2010, S. 42.
12 Vgl. wegen der Details, ESMA's technical advice to the European Commission on possible implementing measures of the Alternative Investment Fund Managers Directive – Final Report v. 16.11.2011, S. 141 ff., abrufbar unter: http://www.esma.europa.eu/system/files/2011_379.pdf.
13 ESMA Advice, S. 143.

Agreements (**SLAs**), also letztlich flexibel anpassbaren Anlagen des Verwahrstellenvertrags aufzunehmen. Zudem ist es zweckmäßig,[14] den Verwahrstellenvertrag für AIF nach Maßgabe eines Rahmenvertrags aufzubauen, was mangels entgegenstehender Anordnung im KAGB gem. Art. 83 Abs. 5 AIFM-VO zulässig ist: „**Vorbehaltlich anders lautender Vorgaben des einzelstaatlichen Rechts** besteht keine Verpflichtung, für jeden AIF eine eigene schriftliche Vereinbarung zu schließen; der AIFM und die Verwahrstelle können in einer Rahmenvereinbarung alle vom betreffenden AIFM verwalteten AIF auflisten, für die die Vereinbarung gilt." (Hervorhebungen der Bearbeiter)

2. Rechtsnatur des Verwahrstellenvertrags

12 Der Verwahrstellenvertrag **begründet Rechtsbeziehungen** sowohl zwischen den vertragsschließenden Parteien, also Kapitalverwaltungsgesellschaft und Verwahrstelle, als auch zwischen Verwahrstelle und den Anlegern, die ihrerseits in vertraglicher Beziehung zur Kapitalverwaltungsgesellschaft stehen (sog. „**Investmentdreieck**").[15] Zur Vermeidung von Interessenkonflikten müssen Kapitalverwaltungsgesellschaft und Verwahrstelle voneinander unabhängig sein, bzw. muss es sich um zwei rechtlich selbständige Gesellschaften handeln, die beide jeweils im Interesse der Anleger zu handeln verpflichtet sind (vgl. §§ 70, 85 KAGB).[16]

13 Die **Rechtsnatur** des Verwahrstellenvertrags ist **streitig**. Vereinzelt wird vertreten, Verwahrstelle und Kapitalverwaltungsgesellschaft begründeten eine **Gesellschaft bürgerlichen Rechts**.[17] Gleichwohl differenziert diese Ansicht zwischen der Überwachungsfunktion gegenüber der Kapitalverwaltungsgesellschaft seitens der Verwahrstelle und der Zusammenarbeit beider Institute. Die Vorschriften zur „Überwachung" der Tätigkeit der Kapitalverwaltungsgesellschaft, d.h. im Kern der Kontrollfunktion, regeln danach nicht den Abschluss eines auf Geschäftsbesorgung oder Verwahrung gerichteten Dienstvertrages, sondern stellten vielmehr Zuständigkeitsvorschriften dar, welche die Verwahrstelle zudem zur eigenständigen Verwahrung der Vermögensgegenstände berechtige. Die Kontrollbefugnisse ergäben sich daher nicht aus vertraglichen Absprachen, sondern seien ihr vielmehr kraft Gesetzes zugewiesen. Neben der Überwachung der Kapitalverwaltungsgesellschaft arbeite die Verwahrstelle aber auch mit dieser zusammen. Diese Zusammenarbeit erstrecke sich auf die Erreichung eines gemeinsamen Zwecks. Jedoch handele es sich bei der Gesellschaft bürgerlichen Rechts um eine **reine Innengesellschaft**, in der das Gesetz nach außen hin im Verhältnis zu der Aufsichtsbehörde und zu den Anlegern die Vertretungsbefugnis, im eigenen Namen zu handeln, der Kapitalverwaltungsgesellschaft zuweise. Daher entspreche das Verhältnis zwischen Verwahrstelle und Kapitalverwaltungsgesellschaft dem eines **Innenkonsortiums**.[18]

14 Bei eingehender Würdigung ergibt sich das Folgende: Eine Gesellschaft bürgerlichen Rechts i.S.d. § 705 BGB entsteht durch Abschluss eines Gesellschaftervertrages durch mindestens zwei Gesellschafter, die sich darin verpflichten, den gemeinsamen Zweck der Gesellschaft in der vertraglich vereinbarten Weise zu fördern. In dem Verwahrstellenvertrag klingt eine gemeinsame Zweckverfolgung regelmäßig nicht an, so dass der **Verwahrstellenvertrag nicht** als **Gesellschaftsvertrag** gewertet werden kann. Der Vertragsschluss zur Errichtung einer Gesellschaft bürgerlichen Rechts ist jedoch auch formlos wirksam und kann auch konkludent erfolgen bzw. sich aus den Umständen ergeben.[19] Damit könnte die Gesellschaft immerhin quasi „**neben**" dem Verwahrstellenvertrag existieren.

15 Nach der entsprechenden Ansicht in der Literatur soll **gemeinsamer Zweck** der Gesellschaft die **Gewinnung von einer möglichst großen Zahl von Geldanlegern** für eine Beteiligung am Investmentvermögen sein. Jedoch gehört der Gleichbehandlungsgrundsatz, neben der Treuepflicht, zu den zentralen Rechtssätzen des Gesellschaftsrechts und erfasst die mitgliedschaftliche Stellung der einzelnen Gesellschafter und ihre aus dem Gesellschaftsvertrag resultierenden Rechte und Pflichten in jeglicher Hinsicht. Daraus und aus einer Gesamtschau der §§ 705 ff. BGB ergibt sich, dass die Gesellschafter sich im Gesellschaftsvertrag als gleichrangige Partner zu einer Zweckgemeinschaft zusammengeschlossen haben.[20]

16 Die Ansicht, Verwahrstelle und Kapitalverwaltungsgesellschaft bildeten eine Gesellschaft bürgerlichen Rechts, verkennt, dass die **Verwahrstelle** gegenüber der Kapitalverwaltungsgesellschaft **weisungsgebunden** ist bzw. die Weisung ausschließlich auf ihre Rechtmäßigkeit hin überprüfen kann (vgl. auch § 76 Abs. 2, 83

14 So auch aus den Praxishinweisen von *De Blasi* in Moritz/Klebeck/Jesch, § 80 KAGB Rz. 28, ersichtlich.
15 Statt aller *Karcher* in Baur/Tappen, § 68 KAGB Rz. 10.
16 Vgl. auch eingehend zum Investmentdreieck, Vor 68 ff. Rz. 55 ff.
17 *Ohl*, Die Rechtsbeziehungen im Investmentdreieck, S. 88 ff.
18 *Ohl*, Die Rechtsbeziehungen im Investmentdreieck, S. 88 ff.
19 *Ulmer/Schäfer* in MünchKomm. BGB, 7. Aufl. 2017, § 705 BGB Rz. 1.
20 *Ulmer/Schäfer* in MünchKomm. BGB, 7. Aufl. 2017, § 705 BGB Rz. 244.

Abs. 5 KAGB).[21] Verwahrstelle und Kapitalverwaltungsgesellschaft sind somit keine gleichrangigen Partner, sondern stehen gegenseitig in einem **Subordinationsverhältnis**. Dies ist jedoch mit dem gesetzlichen Leitbild der Gesellschaft bürgerlichen Rechts, als Zusammenschluss gleichberechtigter Gesellschafter, die sich im Gesellschaftsvertrag zur Förderung des gemeinsamen Zwecks durch gemeinschaftliches Zusammenwirken verpflichten, nicht vereinbar (vgl. auch §§ 705, 709, 714 BGB). Auch der Wortlaut „Beauftragung" steht der Annahme einer Gesellschaft bürgerlichen Rechts entgegen.

17 **Vorzugswürdiger** erscheint daher die heute größtenteils vertretene Ansicht, den Verwahrstellenvertrag als **gemischttypischen Vertrag** zu qualifizieren.[22] Gemischte Verträge zeichnen sich dadurch aus, dass sie in einem Vertrag Elemente verschiedener gesetzlich geregelter Vertragstypen miteinander kombinieren. Dies ist letztlich Ausfluss der im BGB herrschenden Vertragsfreiheit, die es den Parteien ermöglicht, beliebige Leistungspflichten im Rahmen der durch die §§ 134 und 138 BGB gezogenen Grenzen zu begründen und auszugestalten.[23]

18 Der Verwahrstellenvertrag stellt überwiegend einen **entgeltlichen Geschäftsbesorgungsvertrag** nach §§ 675 ff. BGB dar, beinhaltet aber daneben auch Elemente eines **Zahlungsdienstevertrages** (als Sonderfall des § 675 BGB) nach §§ 675c ff. BGB und des **Verwahrungsvertrages** i.S.d. §§ 688 ff. BGB. So stellt die Pflicht zur Ausgabe und Rücknahme der Anteile oder Aktien gem. § 71 KAGB eine auf eine Dienstleistung gerichtete, entgeltliche Geschäftsbesorgung dar, während alle Tätigkeiten im Zusammenhang mit Zahlungen bzw. Buchungen (z.B. § 74, 79, 89a KAGB) dem Zahlungsdienstevertrag zuzuordnen sind.[24]

19 Die Pflicht zur Verwahrung der Vermögensgegenstände des **Sondervermögens** (§§ 72, 81 KAGB) entspricht wiederum den vertragstypischen Pflichten eine Verwahrers i.S.d. § 688 BGB, sofern es sich nicht um nichtverwahrfähige Vermögensgegenstände eines AIF handelt.

3. Verhältnis zwischen Verwahrstelle und Anlegern

20 Der Verwahrstellenvertrag verpflichtet in erster Linie Kapitalverwaltungsgesellschaft und Verwahrstelle und begründet zwischen beiden ein Rechtsverhältnis, also eine Sonderbeziehung zwischen mindestens zwei Parteien, aus der sich gegenseitige Rechte und Pflichten ergeben. Diese resultieren zum einen aus den gesetzlichen Vorschriften, können aber auch schuldrechtlich aus dem Verwahrstellenvertrag selbst begründet werden. Neben der rechtlichen Beziehung zwischen Verwahrstelle und Kapitalverwaltungsgesellschaft stellt sich vor allem die Frage, wie das Verhältnis zwischen Verwahrstelle und den Anlegern rechtlich zu beurteilen ist. Dies ist insbesondere im Rahmen einer **möglichen Haftung** der Verwahrstelle gegenüber den Anlegern von zentraler Bedeutung.

21 Die **gesetzlichen Vorschriften über die Pflichten der Verwahrstelle** stellen, soweit sie nicht ausschließlich das Aufsichtsrecht betreffen und somit öffentlich-rechtlicher Natur sind, **Schutzgesetze i.S.d. § 823 Abs. 2 BGB** dar.[25] Insoweit kommen neben vertraglichen Ansprüchen auch solche aus Delikt in Betracht. Zu berücksichtigen ist jedoch, dass insbesondere die Möglichkeit der Exkulpation nach § 831 Abs. 1 Satz 2 BGB die Durchsetzung deliktischer Ansprüche im Gegensatz zu vertraglichen in der Praxis häufig erschweren dürfte.

22 Man könnte die Verwahrstelle zunächst als **Erfüllungsgehilfin i.S.d. § 278 BGB** einstufen, so dass ein etwaiges Verschulden der Kapitalverwaltungsgesellschaft zugerechnet bzw. diese für das Verschulden der Verwahrstelle haften würde. Erfüllungsgehilfe i.S.d. § 278 BGB ist jede Person, die mit Wissen und Wollen des Schuldners zur Erfüllung einer seiner – aus einem bestehenden (gesetzlichen oder vertraglichen) Schuldverhältnis – obliegenden Verbindlichkeit als dessen Hilfsperson tätig wird, ohne weisungsgebunden zu sein.[26] Gegen die Annahme, die Verwahrstelle sei Erfüllungsgehilfin der Kapitalverwaltungsgesellschaft, spricht schon die Definition selbst. Denn die Verwahrstelle wird nicht im Rechts- und Pflichtenkreis der Kapitalverwaltungsgesellschaft tätig. Vielmehr werden ihr durch das Gesetz **eigenständige Aufgaben** zuge-

21 Begr. RegE, BT-Drucks. 17/12294, S. 231; *Karcher* in Baur/Tappen, § 76 KAGB Rz. 8 f.

22 *Canaris*, Bankvertragsrecht, Rz. 2355; *Beckmann* in Beckmann/Scholtz/Vollmer, § 20 InvG Rz. 30; *De Blasi* in Moritz/Klebeck/Jesch, § 80 KAGB Rz. 8; *Dreibus* in Emde/Dornseifer/Dreibus/Hölscher, vor §§ 20-29 InvG Rz. 8; *Karcher* in Baur/Tappen, § 68 KAGB Rz. 11; *Köndgen* in Berger/Steck/Lübbehüsen, Vor §§ 20-29 InvG Rz. 2; *Schultheiß*, WM 2015, 603 (604).

23 *Emmerich* in MünchKomm. BGB, 7. Aufl. 2016, § 311 BGB Rz. 24 ff.

24 *Canaris*, Bankvertragsrecht, Rz. 2355; vgl. zu den einzelnen Elementen auch anschaulich *De Blasi* in Moritz/Klebeck/Jesch, § 80 KAGB Rz. 8.

25 *Dreibus* in Emde/Dornseifer/Dreibus/Hölscher, vor §§ 20-29 InvG Rz. 10; *Karcher* in Baur/Tappen, § 68 Rz. 17.

26 BGH v. 21.4.1954 – VI ZR 55/53, BGHZ 13, 111 (113); BGH v. 4.3.1987 – IVa ZR 122/85, BGHZ 100, 117 (122); BGH v. 25.10.2006 – VIII ZR 102/06, NJW 2007, 428.

wiesen. Die Kontrollpflichten der Verwahrstelle gegenüber der Kapitalverwaltungsgesellschaft sowie die rechtlich unabhängige Stellung gegenüber dieser sprechen ebenfalls gegen die Annahme, die Verwahrstelle übe ihre Aufgaben als Erfüllungsgehilfin der Verwaltungsgesellschaft aus.[27] Dies ergibt sich nicht zuletzt auch aus den §§ 78 Abs. 2, 89 Abs. 2 KAGB, wonach die Kapitalverwaltungsgesellschaft gerade nicht für ein Verschulden der Verwahrstelle einzustehen hat.

Die Meinungen zur rechtlichen Beurteilung der Rechtsbeziehung zwischen Verwahrstelle und den Anlegern reichen ferner von der Annahme eines **Vertrages zugunsten Dritter** i.S.d. § 328 BGB über die Konstruktion eines **atypischen gesetzlichen Schuldverhältnisses** hin zu der Annahme eines **Vertrages mit Schutzwirkung zugunsten Dritter**. 23

Die **früher überwiegende Ansicht** nahm einen **Vertrag zugunsten Dritter i.S.d. § 328 BGB** an.[28] Danach kann durch Vertrag eine Leistung an einen Dritten mit der Wirkung bedungen werden, dass der Dritte unmittelbar das Recht erwirbt, die Leistung zu fordern. Ferner hat er nach § 333 BGB das Recht, die Drittberechtigung zurückzuweisen. Andererseits kann der Versprechende Einwendungen aus dem Vertrag auch gegenüber dem Dritten erheben (§ 334 BGB). Gegen die Konstruktion des Verwahrstellenvertrages als berechtigenden Vertrag zugunsten Dritter i.S.d. § 328 BGB spricht zunächst, dass begünstigte Dritte des Vertrages nicht der einzelne Anleger, sondern die **Gemeinschaft der Anleger** ist, bei der es sich nach allgemeiner Meinung um eine **Bruchteilsgemeinschaft** i.S.d. §§ 741 ff. BGB handelt.[29] Die Verwahrstelle nimmt ihre Aufgaben im Interesse „der Anleger" wahr und macht die Ansprüche „der Anleger" gegen die Kapitalverwaltungsgesellschaft geltend (§§ 78, 89 KAGB). Ansprüche gegenüber der Verwahrstelle sind folglich gemeinschaftliche Rechte der Anleger, über die sie nach einer Auffassung in der Literatur – was im Rahmen der hier diskutierten Fragen nicht abschließend zu klären ist – nur nach § 747 Satz 2 BGB gemeinschaftlich verfügen können.[30] Gegen die Annahme eines Vertrages zugunsten Dritter spricht ferner, dass die Drittberechtigung der Anteilsinhaber nicht von einem entsprechenden Willen der Kapitalverwaltungsgesellschaft und der Verwahrstelle abhängen kann. Auch steht den Anteilinhabern kein Zurückweisungsrecht der Drittberechtigung i.S.d. § 333 BGB zu. Letztlich müssten sich die Anleger gem. § 334 BGB Einwendungen aus dem Rechtsverhältnis zwischen Verwahrstelle und Kapitalverwaltungsgesellschaft entgegen halten lassen, was den Anlegerschutz in unbilliger Weise verkürzen würde.[31] Daher besteht heute zumindest Einigkeit darüber, dass den Anlegern keine primären Leistungsansprüche gegen die Verwahrstelle zustehen, sondern **ausschließlich Schadensersatzansprüche aus der Verletzung von Schutzpflichten**, welche der Verwahrstelle gegenüber den Anlegern obliegen. Streitig ist jedoch, woraus sich diese Schutzpflichten ergeben. 24

Teilweise wird der **Rechtsgrund** für etwaige Schadensersatzansprüche in einem Schuldverhältnis i.S.d. § 241 Abs. 2 BGB durch geschäftliche Kontakte zwischen Verwahrstelle und den Anlegern i.S.v. **§ 311 Abs. 2 Nr. 3 BGB** gesehen. Danach entsteht ein Schuldverhältnis mit Pflichten nach § 241 Abs. 2 BGB auch durch **„ähnliche geschäftliche Kontakte"**. Diese sollen sich durch die Ausgabe und Rücknahme der Anteile oder Aktien, der Verwahrung der Vermögensgegenstände und der Ausschüttung der Gewinnanteile an die Anleger ergeben.[32] Die Beziehung zwischen Verwahrstelle und den Anlegern als „ähnliche geschäftliche Kontakte" i.S.d. § 311 Abs. 2 Nr. 3 BGB zu qualifizieren, erscheint jedoch bedenklich. Denn aus der bloßen Tätigkeit einer Verwahrstelle und der Ausübung ihrer Verwahrstellenpflichten kann noch kein Schuldverhältnis in diesem Sinne, mit der Folge einer Haftung aus *culpa in contrahendo* bzw. positiver Vertragsverletzung, hergeleitet werden. Grundsätzlich kann eine Haftung nach § 311 Abs. 2 BGB nur die Partei des angebahnten Vertrages treffen. Gegenüber einem Vertreter oder Verhandlungsgehilfen kommen in der Regel nur deliktische Ansprüche in Betracht. Eine Dritthaftung kommt ausnahmsweise dann in Frage, wenn der Dritte ein unmittelbares eigenes wirtschaftliches Interesse am Vertragsschluss hat oder besonderes persönliches Vertrauen in Anspruch genommen und dadurch die Vertragsverhandlungen beeinflusst hat. Die Verwahrstelle handelt aufgrund der Beauftragung durch die Kapitalverwaltungsgesellschaft. Insbesondere bei 25

---

27 In diesem Sinne auch *Dreibus* in Emde/Dornseifer/Dreibus/Hölscher, vor §§ 20-29 InvG Rz. 9; sowie *Beckmann* in Beckmann/Scholtz/Vollmer, § 20 InvG Rz. 26.

28 Diese Ansicht befindet sich jüngst wieder im Vordringen, vgl. *Zetzsche* in FS Köndgen, 2016, S. 677 (696 f.).

29 *Tollmann* in Dornseifer/Jesch/Klebeck/Tollmann, Art. 2 AIFM-RL Rz. 51; *Schmidt* in MünchKomm. BGB, 7. Aufl. 2017, § 741 BGB Rz. 50; *Köndgen* in Berger/Steck/Lübbehüsen, Vor §§ 20-29 InvG Rz. 11; *Beckmann* in Beckmann/Scholtz/Vollmer, § 20 InvG Rz. 51; vgl. auch ESMA, Discussion paper- Key concepts of the Alternative Investment Fund Managers Directive and types of AIFM, S. 10 Rz. 28, abrufbar unter: http://www.esma.europa.eu/system/files/2012-117.pdf; dies hat Eingang gefunden in den Final Report der ESMA, Final Report – Guidelines on key concepts of AIFMD, S. 9 Rz. 35, abrufbar unter: https://www.esma.europa.eu/sites/default/files/library/2015/11/2013-600_final_report_on_guidelines_on_key_concepts_of_the_aifmd_0.pdf.

30 *Beckmann* in Beckmann/Scholtz/Vollmer, § 20 InvG Rz. 51.

31 *Canaris*, Bankvertragsrecht, Rz. 2462.

32 *Dreibus* in Emde/Dornseifer/Dreibus/Hölscher, vor §§ 20-29 InvG Rz. 10 f.

der Ausgabe und Rücknahme der Anteile oder Aktien handelt sie nicht im eigenen Namen, sondern als Vertreterin der Kapitalverwaltungsgesellschaft. Auch besteht dabei keinerlei wirtschaftliches Interesse der Verwahrstelle (das mittelbare Interesse an einer Provision oder ein entsprechendes Entgelt genügt nicht), noch nimmt sie bei der Wahrnehmung ihrer übrigen Aufgaben durch ihr Auftreten besonderes persönliches Vertrauen in Anspruch. Sofern mit dem Rückgriff auf § 311 Abs. 2 Nr. 3 BGB eine Verkürzung der Ansprüche der Anleger durch § 334 BGB verhindert werden soll, wird übersehen, dass Einwendungen der Verwahrstelle gegen die Kapitalverwaltungsgesellschaft spätestens im Rahmen von § 242 BGB berücksichtigt werden müssten, weil die Haftung der Verwahrstelle als Schuldnerin gegenüber den Anlegern (Dritten) nicht stärker sein kann als gegenüber der Kapitalverwaltungsgesellschaft als ihrer Gläubigerin.[33] Daher entsteht zwischen ihr und den Anlegern auch kein Schuldverhältnis i.S.d. § 311 Abs. 2 Nr. 3 BGB und damit **keine Eigenhaftung der Verwahrstelle.**[34]

26 Teilweise wird vertreten, der Vertrag zwischen Verwahrstelle und Kapitalverwaltungsgesellschaft sei ein **Vertrag mit Schutzwirkung zugunsten der Anleger.**[35] Der Vertrag mit Schutzwirkung zugunsten Dritter ist in der Literatur und Rechtsprechung allgemein anerkannt und stellt eine Ausnahme vom (formalen) Gläubigerinteresse dar, indem es eine gesetzliche Lücke in all jenen Fällen schließt, in denen der Geschädigte selbst nicht Vertragspartei ist. Ob sich dieses Institut aus ergänzender Auslegung des Hauptvertrages (§§ 133, 157 BGB) herleitet oder sich als rechtsfortbildende gesetzliche Ausgestaltung des Vertragsverhältnisses nach Treu und Glauben (§ 242 BGB) ergibt, mag dahingestellt bleiben. Jedenfalls handelt es sich nach der heute herrschenden Meinung um ein vertragsähnliches, gesetzliches Schuldverhältnis.[36] Der Vertrag mit Schutzwirkung zugunsten Dritter führt zur Einbeziehung des Dritten in die Leistungs- und Nebenpflichten des von den Hauptparteien abgeschlossenen Vertrages mit der Folge, dass ihm bei einer Pflichtverletzung ein eigener Anspruch aus § 280 Abs. 1 BGB zusteht. Dies setzt jedoch voraus, dass der Dritte überhaupt in den Vertrag zwischen den beiden Hauptparteien einbezogen wurde. Voraussetzung hierfür ist die **Leistungsnähe** des Dritten, das **Einbeziehungsinteresse** des Gläubigers, dessen **Erkennbarkeit** für den Schuldner und die **Schutzbedürftigkeit** des Dritten. Leistungsnähe liegt vor, wenn der Dritte bestimmungsgemäß mit den Gefahren der Leistung in gleichem Maße wie der Gläubiger in Berührung kommt. Ferner muss der Gläubiger ein eigenes Interesse daran haben, den Dritten in den Vertrag einzubeziehen. Um die Haftung nicht ausufern zu lassen, muss das Einbeziehungsinteresse des Gläubigers für den Schuldner auch erkennbar sein und der Dritte sich als schutzbedürftig erweisen, was vorliegt, sollten ihm keine gleichwertigen Ansprüche originär zustehen.[37] Die Leistungsnähe der Anleger ergibt sich schon aus dem Umstand, dass die Gefahren der vertraglichen Leistungserfüllung bzw. ein Schaden durch eine Pflichtverletzung seitens der Verwahrstelle im Ergebnis wirtschaftlich hauptsächlich die Anleger trifft. Fraglich ist, ob die Einbeziehung der Anleger in den Vertrag im Interesse der Kapitalgesellschaft und für die Verwahrstelle auch erkennbar ist. Zu berücksichtigen ist, dass die Kapitalverwaltungsgesellschaft ausschließlich im Interesse der Anleger handelt und sie dadurch eine rechtliche Schutz- und Fürsorgepflicht gegenüber diesen hat. Da bei der Ausübung der von der Verwahrstelle zu erbringenden Leistung bzw. aus dem Verwahrstellenvertrag zwischen ihr und der Kapitalverwaltungsgesellschaft eine spezifische Drittwirkung gegenüber den Anlegern entsteht, folgt daraus ein für die Verwahrstelle erkennbares, berufstypisches Interesse der Kapitalverwaltungsgesellschaft, die Anleger in die Schutzwirkungen des Verwahrstellenvertrages miteinzubeziehen bzw. dass die gesetzlich vorgeschriebene Leistungspflicht der Verwahrstelle mit drittschützender Wirkung zugunsten der Anleger zum Vertragsinhalt wird.[38] Auch sind die Anleger schutzwürdig, da ihnen keine direkten vertraglichen Ansprüche gegen die Verwahrstelle zustehen und etwaige deliktische Ansprüche aus den genannten Gründen nicht als gleichwertig zu sehen bzw. in der Praxis häufig wertlos sind. Damit lässt sich die Annahme eines Vertrags mit Schutzwirkung zugunsten Dritter zunächst durchaus begründen.

27 In der **Literatur** wird darüber hinaus zunehmend die Ansicht vertreten, dass sich die Rechte und Pflichten der Verwahrstelle schon **aus den gesetzlichen Bestimmungen des KAGBs ergeben** würden und nicht erst mit Abschluss eines Verwahrstellenvertrages begründet werden. Die unmittelbare Wirkung dieser Rechte und Pflichten begründe ein gesetzliches Schuldverhältnis *sui generis* bzw. ein **atypisches gesetzliches Schuldverhältnis** zwischen Verwahrstelle und den Anlegern.[39] Dagegen ist einzuwenden, dass gesetzliche

33 *Karcher* in Baur/Tappen, § 68 KAGB Rz. 14.
34 *Beckmann* in Beckmann/Scholtz/Vollmer, § 20 InvG Rz. 39 f.; *Karcher* in Baur/Tappen, § 68 KAGB Rz. 14.
35 Vgl. auch heute noch m.w.N. *De Blasi* in Moritz/Klebeck/Jesch, § 80 KAGB Rz. 7.
36 Statt aller *Gottwald* in MünchKomm. BGB, 7. Aufl. 2016, § 328 BGB Rz. 164 ff.
37 Statt aller *Gottwald* in MünchKomm. BGB, 7. Aufl. 2016, § 328 BGB Rz. 164 ff.
38 *Beckmann* in Beckmann/Scholtz/Vollmer, § 20 InvG Rz. 49 f.
39 *Canaris*, Bankvertragsrecht, Rz. 2464 f.; *Schultheiß*, Die Haftung von Verwahrstellen und externen Bewertern unter dem KAGB; *Köndgen* in Berger/Steck/Lübbehüsen, Vor §§ 20-20 InvG, Rz. 9 f.; *Bauer/Ziegler*, Bankrecht und Bankpraxis, Rz. 9/120.

Schuldverhältnisse außerhalb von Delikt und Bereicherung bisher nur als Schutzpflichtverhältnis ohne primäre Leistungspflichten durch einen geschäftlichen Kontakt der Parteien begründet werden.[40] Ein „rechtsgeschäftlicher Kontakt" zwischen Verwahrstelle und Anlegern könnte insbesondere durch die Ausgabe und Rücknahme der Anteile oder Aktien, sowie auch durch die Verwahrung des Investmentvermögens in Betracht kommen, wodurch die Verwahrstelle in der Tat eine gesteigerte Einflussmöglichkeit auf die Rechtsgüter der Anleger hat. Andererseits beruht die Rechtsstellung der Anleger allein auf dem Abschluss des Vertrages mit der Kapitalverwaltungsgesellschaft in Verbindung mit dem von ihr abgeschlossenen Verwahrstellenvertrag. Zudem sind öffentlich-rechtliche Normen nicht darauf angelegt, schuldrechtliche Beziehungen zu begründen. Vielmehr sollen sie einer unter staatlicher Aufsicht stehenden Verwahrstelle bestimmte Verhaltensweisen im Geschäftsverkehr auferlegen und gegebenenfalls die Aufsichtsbehörde zu entsprechenden Maßnahmen ermächtigen.[41] Das Gesetz selbst spricht von der „Beauftragung" der Verwahrstelle durch die Kapitalgesellschaft und verpflichtet diese in §§ 68, 81 KAGB zum Abschluss eines schriftlichen Vertrages. Dadurch bringt der Gesetzgeber zum Ausdruck, dass das Verhältnis zwischen Verwahrstelle und den Anlegern bzw. die Rechte und Pflichten der Verwahrstelle eine **schuldrechtliche Grundlage** haben, deren Inhalt sich freilich nach den gesetzlichen Bestimmungen richten kann.[42]

Zwar sprechen einige gewichtige Argumente für die Einordnung des Verwahrstellenvertrages als Vertrag 28
mit Schutzwirkung zugunsten Dritter. Zu berücksichtigen ist jedoch, dass dieses Institut selbst letztlich das Ergebnis ergänzender Vertragsauslegung bzw. richterlicher Rechtsfortbildung ist. Tatsächlich braucht es solch einer „Überkonstruktion" nicht, da **gute Gründe für die Annahme eines gesetzlichen Schuldverhältnisses sprechen.** Dieses ist letztlich als treuhänderisches Rechtsverhältnis ausgestaltet, da die Verwahrstelle ihre Aufgaben im eigenen Namen, aber im Interesse der Anteilsinhaber erfüllt. Dies kommt insbesondere bei der Geltendmachung von Schadensersatzansprüchen der Anleger gegen die Kapitalverwaltungsgesellschaft zum Ausdruck, da hierfür allein die Verwahrstelle zuständig ist bzw. vom Gesetz gar dazu verpflichtet wird (§§ 78, 89 KAGB). Im Ergebnis kann damit angenommen werden, dass es sich bei dem Rechtsverhältnis zwischen Verwahrstelle und Anlegern um ein gesetzliches Schuldverhältnis ohne primäre Leistungspflichten handelt, dessen Verletzung der Haftung nach Maßgabe des § 280 BGB unterliegt.[43]

4. Sonderfragen im Zusammenhang mit Investmentgesellschaften

Mit Einführung des KAGB wurde die **Investmentkommanditgesellschaft**[44] als neue Gesellschaftsform für 29
Investmentfonds geschaffen. Die Investmentkommanditgesellschaft ist als Rechtsform sowohl für offene als auch geschlossene Investmentfonds zulässig. Da sie im Gegensatz zum Sondervermögen über eine **eigene Rechtspersönlichkeit** verfügt, kann sie sowohl intern als auch extern verwaltet werden. Die interne Verwaltung wird jedoch wegen des hohen Aufwands der Zulassung als Kapitalverwaltungsgesellschaft gem. § 20 KAGB die Ausnahme bleiben und die Verwaltung durch eine externe Kapitalverwaltungsgesellschaft der Regelfall sein.[45] Gegenstand kontroverser Diskussionen ist insbesondere die Frage nach der Abgrenzung der jeweiligen Kompetenzen der Vertretungsorgane der Investmentkommanditgesellschaft und den Kompetenzen der externen Kapitalverwaltungsgesellschaft. Dabei ist zwischen der Geschäftsführungs-, Verfügungs- und Vertretungsbefugnis zu unterscheiden.[46] Es stellt sich insbesondere die Frage, wer die Investmentkommanditgesellschaft im Rechtsverkehr **nach außen hin vertritt.**[47]

Nach Maßgabe des **§ 154 Abs. 1 Satz 2 KAGB** obliegt der Kapitalverwaltungsgesellschaft insbesondere die 30
Anlage und Verwaltung des Kommanditanlagevermögens. Eine etwaige Vertretungsbefugnis lässt sich hieraus jedoch nicht ableiten. Auch sonst ist dem KAGB eine Zuweisung der Vertretungsbefugnis weder an die Kommandit- noch an die Kapitalverwaltungsgesellschaft zu entnehmen. Mangels einer entsprechenden Regelung müsste es somit bei **§§ 125 Abs. 1, 170 HGB** bleiben, die gem. § 149 Abs. 1 Satz 2 KAGB weiterhin auch grundsätzlich anwendbar bleiben. Danach wird die Investmentkommanditgesellschaft im Rechtsverkehr **von ihrem Komplementär nach außen hin vertreten.**

---

40 *Köndgen/Schmies* in Schimansky/Bunte/Lwowski, Bankrechts-Hdb., § 113 Rz. 133 ff.; *Köndgen* in Berger/Steck/Lübbehüsen, Vor §§ 20-20 InvG, Rz. 9 f.
41 *Beckmann* in Beckmann/Scholtz/Vollmer, § 20 InvG Rz. 45 f.
42 *Beckmann* in Beckmann/Scholtz/Vollmer, § 20 InvG Rz. 39 f.; *Karcher* in Baur/Tappen, § 68 KAGB Rz. 12.
43 *Canaris*, Bankvertragsrecht, Rz. 2464.
44 Es wird exemplarisch die Investmentkommanditgesellschaft behandelt.
45 Zudem darf die intern verwaltete Kapitalverwaltungsgesellschaft keine Nebendienstleistungen erbringen (vgl. § 20 Abs. 7 KAGB).
46 *Böhme*, BB 2014, 2380.
47 Vgl. auch in einem erweiterten Kontext zur grundsätzlichen Frage nach der Aktivlegitimation im Rahmen der §§ 78 und 89 KAGB, *Zetzsche* in FS Köndgen, 2016, S. 677 ff.

31 Zwar könnte man aus der Formulierung „insbesondere“ den Schluss ziehen, dass die Verwaltungsbefugnis auch die Verfügungsbefugnis betreffend das Investmentvermögen umfasst und die Vertretungsbefugnis als **„Annexkompetenz“ der Kapitalverwaltungsgesellschaft** zusteht, d.h. die externe Kapitalverwaltungsgesellschaft den Verwahrstellenvertrag aus eigenem Recht für Rechnung der Investmentgesellschaft abschließen kann. Dem steht jedoch der **eindeutige Wortlaut des § 154 Abs. 1 Satz 2 KAGB entgegen**, der sich ausschließlich auf die Anlage und Verwaltung des Kommanditanlagevermögens bezieht.

32 Man kann die Ziehung einer **Parallele zu § 93 Abs. 1 KAGB** erwägen, wonach für das Sondervermögen eine Verfügungsbefugnis kraft Gesetzes besteht. Dem ist jedoch entgegenzuhalten, dass eine entsprechende Parallelvorschrift für geschlossene Investmentkommanditgesellschaften fehlt. Aus der Verweisung des § 149 Abs. 2 KAGB auf § 93 Abs. 7 KAGB lässt sich zudem der Umkehrschluss ziehen, dass nach dem Willen des Gesetzgebers die Vorschrift des § 93 Abs. 1 KAGB gerade nicht auf die Investmentkommanditgesellschaft anwendbar ist. Vielmehr **verweist § 149 Abs. 1 Satz 2 KAGB ausdrücklich auf die Vorschriften des HGB**, so dass auch eine analoge Anwendung, mangels planwidriger Regelungslücke, ausscheidet.

33 Die Vorschrift des **§ 154 Abs. 1 KAG**, sowie auch die Parallelvorschriften für offene Investmentkommanditgesellschaften respektive Investmentaktiengesellschaften (§§ 112, 129, 144 KAGB), basiert im Wesentlichen auf der aufgehobenen Regelung des § 96 Abs. 4 InvG. Der Gesetzgeber führt in seiner Gesetzesbegründung[48] hierzu eindeutig aus:

> „Die Fremdverwaltung lässt im Übrigen die Organisationsstruktur der Investmentaktiengesellschaft, aber auch die allgemeinen Rechte und Pflichten der Organe der Gesellschaft unberührt; die benannte Kapitalanlagegesellschaft übernimmt auch keine aktienrechtlichen oder sonstigen allgemeinen Zuständigkeiten und Aufgaben der Investmentaktiengesellschaft, **insbesondere nicht deren Vertretung.**“

34 Somit spricht sowohl die **Gesetzeshistorie**, als auch der **Wortlaut des § 154 Abs. 1 Satz 2** dafür, dass die extern verwaltete Investmentkommanditgesellschaft durch ihre Organe **gesetzlich vertreten** wird. Dies wurde bereits durch das OLG München bestätigt.[49]

35 Daraus folgt des Weiteren, dass bei Abschluss des Verwahrstellenvertrages nicht die Kapitalverwaltungsgesellschaft, sondern vielmehr die **Investmentkommanditgesellschaft Vertragspartner** der Verwahrstelle wird und gegebenenfalls zur Kündigung des Verwahrstellenvertrages berechtigt ist. Aus dieser Erkenntnis resultiert für die Praxis, dass der AIF-Kapitalverwaltungsgesellschaft für den Abschluss und die „Administration“ des Verwahrstellenvertrags ein umfassendes Vertretungsrecht seitens der Investmentgesellschaft einzuräumen ist.

IV. Eignung als AIF-Verwahrstelle (§ 80 Abs. 2 i.V.m. Abs. 7 KAGB)

36 **§ 80 Abs. 2 KAGB** legt die Kategorien der Einrichtungen fest, welche als Verwahrstelle für AIF beauftragt werden können. Dabei kommen **drei Kategorien** von Einrichtungen in Betracht. Nach Maßgabe der **Nr. 1** des § 80 Abs. 2 KAGB können **alle Kreditinstitute i.S.d. Art. 4 Abs. 1 Nr. 1 CRR** mit Sitz in der EU oder in einem anderen Vertragsstaat des Abkommens des EWR, welches gem. § 32 KWG oder den im Herkunftsmitgliedstaat des EU-AIF anzuwendenden Vorschriften, welche die CRD IV umsetzen, zugelassen ist, als Verwahrstelle beauftragt werden.

37 Dabei handelt es sich um Unternehmen, deren Tätigkeit darin besteht, Einlagen oder andere rückzahlbare Gelder des Publikums entgegenzunehmen **und** Kredite für eigene Rechnung zu gewähren. In der Terminologie des KWG sind dies **„CRR-Kreditinstitute“** (vgl. § 1 Abs. 3d KWG). Diese Einheiten verfügen also sowohl über eine Erlaubnis zum Kreditgeschäft als auch zum Einlagengeschäft. Es handelt sich um „Banken“ im klassischen Sinne, welche das Zinsdifferenzgeschäft betreiben dürfen.

38 **§ 80 Abs. 7 Satz 1 KAGB** steht in einem systematischen Zusammenhang mit Abs. 2 Nr. 1 der Vorschrift hinsichtlich der Eignung als AIF-Verwahrstelle. § 80 Abs. 7 Satz 1 KAGB behandelt die **Anforderungen**, die ein inländisches Institut erfüllen muss, wenn es als Verwahrstelle für AIF fungieren soll. Soll für den inländischen AIF eine Verwahrstelle i.S.d. § 80 Abs. 2 Nr. 1 KAGB beauftragt werden, muss es sich ausweislich des Wortlauts der Vorschrift um ein CRR-Kreditinstitut i.S.d. § 1 Abs. 3d des KWG handeln. Dies ist keine materielle Anordnung, sondern lediglich eine Klarstellung, da die Einheiten i.S.d. Art. 4 Abs. 1 Nr. 1 CRR

48 Begr. RefE BT-Drucks. 17/4510, S. 80.

49 Der Leitsatz lautet: „Eine externe Kapitalverwaltungsgesellschaft kann eine geschlossene Investmentfondsgesellschaft im Sinne von § 1 Absatz 1, 3, 5 KAGB in der Rechtsform der GmbH & Co. KG nicht gem. § 51 ZPO gesetzlich vertreten.“ – OLG München v. 1.10.2015 – 23 U 1570/15 (rechtskräftig; LG Landshut), ZIP 2015, 2224 = BB 2015, 2769 = NZG 2015, 1430.

(vgl. bereits die Anordnung des § 80 Abs. 2 Nr. 1 KAGB) in der Terminologie des KWG die CRR-Kreditinstitute sind.

Das CRR-Kreditinstitut muss nach Maßgabe des § 80 Abs. 7 Satz 1 KAGB zum **Betreiben des Depotgeschäfts** gem. § 1 Abs. 1 Satz 2 Nr. 5 KWG zugelassen sein **oder** alternativ das **eingeschränkte Verwahrgeschäft** nach § 1 Abs. 1a Satz 2 Nr. 12 KWG erbringen dürfen. Der Gesetzgeber führt in der Gesetzesbegründung zu § 80 Abs. 7 Satz 1 KAGB aus, dass sich diese Anforderung zwar nicht aus der AIFM-RL selbst ergäbe, sie aber deshalb notwendig sei, weil eine Verwahrstelle die zum Investmentvermögen gehörenden Vermögensgegenstände verwahrt und damit die erlaubnispflichtige Finanzdienstleistung des eingeschränkten Verwahrgeschäfts nach § 1 Abs. 1a Satz 2 Nr. 12 KWG und generell das Depotgeschäft nach § 1 Abs. 1 Satz 2 Nr. 5 KWG erbringe. Kreditinstitute, welche die Erlaubnis zum Depotgeschäft nach § 1 Abs. 1 Satz 2 Nr. 5 KWG besitzen, benötigten allerdings keine zusätzliche Erlaubnis für das eingeschränkte Verwahrgeschäft für AIF, da es sich beim letzteren nur um einen Unterfall des Depotgeschäfts handle.[50] 39

Das **Depotgeschäft** ist nach Maßgabe des **§ 1 Abs. 1 Nr. 5 KWG** *die Verwahrung und die Verwaltung von Wertpapieren für andere*. Die BaFin hat sich zu den Einzelheiten dieses Bankgeschäfts in dem „Merkblatt – Hinweise zum Tatbestand des Depotgeschäfts"[51] geäußert. Das **eingeschränkte Verwahrgeschäft** ist nach Maßgabe des **§ 1 Abs. 1a Satz 2 Nr. 12 KWG** „die Verwahrung und die Verwaltung von Wertpapieren ausschließlich für alternative Investmentfonds (AIF) im Sinne des § 1 Absatz 3 des Kapitalanlagegesetzbuchs". 40

Der Gesetzgeber führt in der Gesetzesbegründung zu § 1 Abs. 1a Satz 2 Nr. 12 KWG aus[52]: „Gemäß Artikel 21 Absatz 3 Buchstabe b der Richtlinie 2011/61/EU kann eine Wertpapierfirma, die gemäß der Richtlinie 2004/39/EG zugelassen ist und die auch die Nebendienstleistungen wie Verwahrung und Verwaltung von Finanzinstrumenten für Rechnung von Kunden gemäß Anhang I Abschnitt B Nummer 1 der Richtlinie 2004/39/EG erbringen darf, als Verwahrstelle für einen AIF beauftragt werden. **Gemäß § 1 Absatz 1 Satz 2 Nummer 5** wurde die **Verwahrung und die Verwaltung von Wertpapieren für andere (Depotgeschäft)** bisher allerdings **ausschließlich als Bankgeschäft** qualifiziert. Hierdurch kämen jedoch **als Verwahrstelle für AIF im Inland keine Finanzdienstleistungsinstitute, sondern ausschließlich Kreditinstitute, die zum Depotgeschäft** nach § 1 Absatz 1 Satz 2 Nummer 5 **zugelassen sind,** in Betracht. Um jedoch für die AIF/AIFM die in der Richtlinie 2011/61/EU vorgesehene **breitere Auswahl an Verwahrstellen sicherzustellen** und die Möglichkeit nach Artikel 21 Absatz 3 Buchstabe b aufgrund von zusätzlichen nationalen Anforderungen nicht leer laufen zu lassen, wird für die Verwahrung und Verwaltung von Wertpapieren für AIF ein **neuer Tatbestand** als Finanzdienstleistung eingeführt. Das generelle Depotgeschäft qualifiziert weiterhin als Bankgeschäft, jedoch wird als Unterfall des Depotgeschäfts, das ausschließlich für AIF betrieben wird, das **‚eingeschränkte Verwahrgeschäft'** als Finanzdienstleistung eingefügt. Entsprechend wird eine Ausnahme in § 2 Absatz 1 eingefügt, damit Unternehmen, die lediglich das eingeschränkte **Verwahrgeschäft als Unterfall des Depotgeschäfts** erbringen, nicht als Kreditinstitute, sondern als Finanzdienstleistungsinstitute gelten. Sobald jedoch das Depotgeschäft nicht ausschließlich für AIF betrieben wird, ist diese Ausnahme nicht einschlägig. Da in diesem Fall der Tatbestand des § 1 Absatz 1 Satz 1 Nummer 5 erfüllt ist, wäre ein solches Unternehmen weiterhin als Kreditinstitut zu qualifizieren. Wer allerdings die Erlaubnis zum Betreiben des Depotgeschäfts hat, benötigt **keine zusätzliche Erlaubnis** zum eingeschränkten Verwahrgeschäft." (Hervorhebungen der Bearbeiter) 41

Der Logik des Gesetzes folgend könnte demnach auch ein Kreditinstitut (das bisher nicht über eine Erlaubnis zum Depotgeschäft verfügt) lediglich die Erlaubnis zum „eingeschränkten Verwahrgeschäft" erlangen und sodann als AIF-Verwahrstelle fungieren. Es ist jedoch fraglich, ob der organisatorische Aufwand zur Erlangung des „Volldepotgeschäfts" (sprich des Depotgeschäfts i.S.d. § 1 Abs. 1 Nr. 5 KWG) gegenüber dem „eingeschränkten Verwahrgeschäft" ein substantielles Mehr darstellt und einem originären Kreditinstitut nicht an der Erlangung der höherwertigen Erlaubnis „Depotgeschäft" gelegen ist. Das Merkblatt der BaFin „**Merkblatt – Hinweise zum Tatbestand des eingeschränkten Verwahrgeschäfts**"[53] gibt im Wesentlichen den Wortlaut der soeben zitierten Gesetzesbegründung wieder. Das Merkblatt enthält jedoch keine Hinweise darauf, dass die Erlaubniserteilung betreffend das eingeschränkte Verwahrgeschäft materiell weniger strengen Anforderungen im Vergleich zum Depotgeschäft unterliegt. 42

---

50 In diesem Sinne Begr. RegE, BT-Drucks. 17/12294, S. 232.

51 Stand Februar 2014, abrufbar unter: http://www.bafin.de/SharedDocs/Veroeffentlichungen/DE/Merkblatt/mb_090106_tatbestand_depotgeschaeft.html;jsessionid=5C6FEE13ABD1A527A7257AA0DC8A581F.1_cid372?nn=2818474#doc2676110bodyText2.

52 Begr. RegE, BT-Drucks. 17/12294, S. 313 f.

53 Stand Juli 2013, abrufbar unter: https://www.bafin.de/SharedDocs/Veroeffentlichungen/DE/Merkblatt/mb_130717_tatbestand_verwahrgeschaeft.html (zuletzt abgerufen zum Stichtag dieser Publikation).

43 Das Depotgeschäft nach § 1 Abs. 1 Satz 2 Nr. 5 KWG als erlaubnispflichtiges Bankgeschäft bzw. das eingeschränkte Verwahrgeschäft nach § 1 Abs. 1a Satz 2 Nr. 12 KWG als erlaubnispflichtige Finanzdienstleistung sind jedoch **nicht identisch mit den Tätigkeiten einer Verwahrstelle unter dem KAGB**. Bereits der Anwendungsbereich des Depotgeschäfts nach dem KWG in Bezug auf die verwahrten Gegenstände ist durch die Beschränkung auf Wertpapiere deutlich enger. Während der Anwendungsbereich des Verwahrgeschäfts nach dem KWG mit der Beschränkung auf Wertpapiere grundsätzlich dem des Depotgesetzes entspricht, sind Gegenstand der Verwahrung durch eine Verwahrstelle sämtliche verwahrfähige und nicht verwahrfähige Gegenstände eines OGAW oder eines AIF. Gleichzeitig kann ein Institut das Depotgeschäft dadurch erbringen, indem es Wertpapiere für andere verwaltet.

44 Nach dem Merkblatt „Depotgeschäft" der BaFin bedeutet **verwalten** „im weitesten Sinne die **laufende Wahrnehmung der Rechte aus dem Wertpapier**. Sie umfasst insbesondere die Inkassotätigkeit, Benachrichtigungs- und Prüfungspflichten und bei entsprechender schriftlicher Bevollmächtigung die Ausübung des Auftragsstimmrechts und die Einziehung des Gegenwerts bei Fälligkeit."[54] Die Verwahrstelle im Sinne des KAGB übernimmt neben der Verwahrung, als der Inobhutnahme von Vermögensgegenständen, insbesondere **Kontrollpflichten** gegenüber der Kapitalverwaltungsgesellschaft. Diese Kontrollaufgaben führen zwar teilweise dazu, dass die Verwaltungsgesellschaft bestimmte Tätigkeiten lediglich mit Zustimmung der Verwahrstelle wahrnehmen kann (vgl. hierzu **§ 84 KAGB**), zu keinem Zeitpunkt übt die Verwahrstelle ein selbständiges Verwaltungsrecht in Bezug auf die verwahrten Vermögensgegenstände aus. Vielmehr ist die Verwahrstelle nach dem KAGB an die Weisungen der Verwaltungsgesellschaft gebunden und – abhängig von der Überprüfung dieser Weisungen im Rahmen der Kontrollbefugnisse der Verwahrstelle – auch nicht in jedem Fall verpflichtet, diesen Folge zu leisten. Die Verwahrstelle erfüllt den Tatbestand des Depotgeschäfts bzw. des eingeschränkten Verwahrgeschäfts regelmäßig über die Alternative der „Verwahrung" und nicht der „Verwaltung" von Wertpapieren für andere.

45 Als **zweite Kategorie zulässiger AIF-Verwahrstellen** nennt **§ 80 Abs. 2 Nr. 2 KAGB** Wertpapierdienstleistungsunternehmen i.S.d. Art. 4 Abs. 1 Nr. 2 CRR mit satzungsmäßigen Sitz in der EU oder einem anderen Vertragsstaat des Abkommens über den EWR, für welche die Eigenkapitalanforderungen des Art. 92 CRR, einschließlich der Kapitalanforderungen für operationelle Risiken, gelten, sie gemäß den Umsetzungsvorschriften zur MiFID zugelassen sind und daneben auch für Rechnung von Kunden gem. Anh.1 Abschnitt B Nr. 1 der MiFID Nebendienstleistungen der Verwahrung und Verwaltung von Finanzinstrumenten erbringen dürfen. Ferner dürfen die Eigenmittel der Wertpapierfirma das Anfangskapital nach Art. 28 Abs. 2 der CRD IV-RL nicht unterschreiten.

46 **Art. 4 Abs. 1 Nr. 2 CRR** definiert einen spezifischen, prudentiellen Begriff der **„Wertpapierfirma"**. Demnach ist eine „Wertpapierfirma" im Sinne der CRR zunächst eine Person i.S.d. Art. 4 Abs. 1 Nr. 1 MiFID – d.h. eine juristische (oder sonstige nach Maßgabe der MiFID zulässige) Person, die im Rahmen ihrer üblichen beruflichen oder gewerblichen Tätigkeit gewerbsmäßig eine oder mehrere Wertpapierdienstleistungen für Dritte erbringt und/oder eine oder mehrere Anlagetätigkeiten ausübt – mit Ausnahme von a) Kreditinstituten, b) lokalen Firmen und c) Firmen, denen nicht erlaubt ist, die in Abschnitt B Nr. 1 der MiFID genannte Nebendienstleistung zu erbringen, die lediglich eine oder mehrere der in Anhang I Abschnitt A Nr. 1, 2, 4 und 5 der MiFID genannten Wertpapierdienstleistungen und Anlagetätigkeiten erbringen und die weder Geld noch Wertpapiere ihrer Kunden halten dürfen, und deshalb zu keinem Zeitpunkt Schuldner dieser Kunden sein dürfen. Die CRR definiert dabei die **„lokale Firma"** in Art. 4 Abs. 1 Nr. 4 CRR in negativer Abgrenzung zur „Wertpapierfirma" als eine Firma, die auf Finanztermin- oder Options- oder anderen Derivatemärkten und auf Kassamärkten für eigene Rechnung mit dem alleinigen Ziel der Absicherung von Positionen auf Derivatemärkten tätig ist oder die für Rechnung anderer Mitglieder dieser Märkte handelt und die über eine Garantie seitens der Clearingmitglieder der genannten Märkte verfügt, wobei die Verantwortung für die Erfüllung der von einer solchen Firma abgeschlossenen Geschäfte von Clearingmitgliedern der selben Märkte übernommen wird.

Der **Verweis auf Art. 92 CRR** bedeutet, dass es sich um eine prudentiell beaufsichtigte Wertpapierfirma als Teilmenge der „Institute" im Sinne der CRR handeln muss (Institute sind nach Maßgabe des Art. 4 Abs. 1 Nr. 3 CRR die (CRR-)Kreditinstitute und die Wertpapierfirmen im Sinne der CRR).

47 Damit kommt bei unbefangener Betrachtung eine Wertpapierfirma, die den erleichterten Eigenmittelanforderungen an Wertpapierfirmen mit beschränkter Zulassung für die Erbringung von Finanzdienstleistungen unterliegt (Art. 95 ff. CRR) nicht in Betracht. Jedoch kann der expliziten Nennung der **Mindestkapitalanforderungen** des Art. 28 Abs. 2 der CRD-IV-RL im Gesetzeswortlaut des § 80 Abs. 2 Nr. 2 KAGB entnommen werden, dass prudentielle Erleichterungen für Wertpapierfirmen nach Maßgabe der CRR un-

54 BaFin Rundschreiben – Tatbestand des Verwahrgeschäfts, Abschnitt 1. b), bb).

schädlich sind, sofern die Anforderungen an das Mindestkapital (730.000 Euro) erfüllt werden und der geforderte Erlaubnisumfang vorliegt.

48 § 80 Abs. 2 Nr. 2 KAGB steht in einem **systematischen Zusammenhang** mit § 80 Abs. 7 Satz 2 und Satz 3 KAGB. Soll für den inländischen AIF eine Verwahrstelle i.S.d. § 80 Abs. 2 Nr. 2 KAGB beauftragt werden, legt § 80 Abs. 7 Satz 2 KAGB fest, dass es sich – über die Vorgaben des § 80 Abs. 2 Nr. 2 KAGB hinaus – um ein Finanzdienstleistungsinstitut handeln muss, das zum Betreiben des eingeschränkten Verwahrgeschäfts gem. § 1 Abs. 1a Satz 2 Nr. 12 KWG zugelassen ist. Soll jedoch das in § 83 Abs. 6 Satz 2 KAGB (vgl. § 83 Rz. 44 ff.) aufgeführte Geldkonto bei der Verwahrstelle geführt werden, muss es sich bei der Verwahrstelle wiederum zwingend um ein Kreditinstitut handeln, das zum Betreiben des Einlagengeschäfts nach § 1 Abs. 1 Satz 1 Nr. 1 KWG zugelassen ist (§ 80 Abs. 7 Satz 3 KAGB). Der Gesetzgeber führt in der Gesetzesbegründung zum KAGB zusammenfassend aus: „Eine Verwahrstelle im Sinne des Absatzes 2 Nummer 2 ist eine **Wertpapierfirma mit satzungsmäßigem Sitz in der Union**, die gemäß der Richtlinie 2014/65/EU (MiFID-II-RL) zugelassen ist, **und die auch die Nebendienstleistungen wie Verwahrung und Verwaltung von Finanzinstrumenten für Rechnung von Kunden für andere gemäß der MiFID-II-RL erbringt und bestimmte Anfangskapital- und Eigenmittelanforderungen erfüllt.** Da nach § 1 Abatz 1 Satz 2 Nummer 5 KWG die Verwahrung und Verwaltung von Wertpapieren für andere (Depotgeschäft) bisher ausschließlich als Bankgeschäft qualifiziert, müsste die Verwahrstelle im Inland allerdings ein Kreditinstitut sein, das zum Depotgeschäft zugelassen ist. Um jedoch den AIF/AIFM die in der Richtlinie 2011/61/EU vorgesehene breitere Auswahl an Verwahrstellen zu gewähren und die Möglichkeit nach Artikel 21 Absatz 3 Buchstabe b aufgrund von zusätzlichen nationalen Anforderungen nicht leer laufen zu lassen, wird für die Verwahrung und Verwaltung von Wertpapieren für AIF ein neuer Tatbestand als Finanzdienstleistung eingeführt. Das generelle Depotgeschäft qualifiziert weiterhin als Bankgeschäft, jedoch wird als Unterfall des Depotgeschäfts, das ausschließlich für AIF betrieben wird, das **‚eingeschränkte Verwahrgeschäft' als Finanzdienstleistung eingefügt.** Entsprechend wird eine Ausnahme in § 2 Absatz 1 KWG eingefügt, damit Unternehmen, die lediglich das eingeschränkte Verwahrgeschäft als Unterfall des Depotgeschäfts erbringen, nicht als Kreditinstitute, sondern als Finanzdienstleistungsinstitute gelten. Soll jedoch das in § 83 Absatz 6 Satz 2 aufgeführte Geldkonto bei der Verwahrstelle geführt werden, muss es sich bei der Verwahrstelle wiederum zwingend um ein Kreditinstitut handeln, das zum Betreiben des Einlagengeschäfts nach § 1 Absatz 1 Satz 1 Nummer 1 KWG zugelassen ist." (Hervorhebungen der Bearbeiter)

49 In dem **VerwahrstellenRS** führt die BaFin klarstellend aus, dass eine Erlaubnis für das eingeschränkte Verwahrgeschäft nur erteilt werden kann, wenn die Erlaubnis zur Erbringung mindestens einer Finanzdienstleistung i.S.d. § 1 Abs. 1a Satz 2 Nr. 1 bis 4 KWG vorliegt oder gleichzeitig erteilt wird (**§ 32 Abs. 1b KWG**).[55] Die Notwendigkeit der Innehabung einer weiteren entsprechenden Erlaubnis ergibt sich aus der Tatsache, dass es sich bei der Verwahrung und Verwaltung von Finanzinstrumenten für Rechnung von Kunden um eine reine Nebendienstleistung im Sinne der MiFID II handelt (Anhang I Abschnitt B der Richtlinie 2014/65/EU), die bei isoliertem Erbringen keinem europarechtlichen Erlaubnisvorbehalt unterliegt: Gemäß Art. 6 Abs. 1 Satz 3 der MiFID II darf die Zulassung nicht lediglich für die Erbringung von Nebendienstleistungen erteilt werden. Insofern ist es erforderlich, dass gleichzeitig mindestens eine Erlaubnis für einen der genannten Finanzdienstleistungen vorliegt.[56]

50 Als **dritte Kategorie** kommen gem. § 80 Abs. 2 **Nr. 3** KAGB **sonstige Einrichtungen** in Betracht, die einer Beaufsichtigung und ständigen Überwachung unterliegen und die am 21.7.2011 unter eine der von den Mitgliedstaaten der Europäischen Union oder den anderen Vertragsstaaten des Abkommens über den EWR gem. Art. 23 Abs. 3 der OGAW-RL festgelegten Kategorien von Einrichtungen fallen, aus denen eine Verwahrstelle gewählt werden kann. Der Vorschrift liegt augenscheinlich der Gedanke zugrunde, dass die Verwahrstelle des hochregulierten Retail-Produkts „OGAW" *erst recht* für einen AIF hinreichend ist. Nach Maßgabe des Art. 23 Abs. 3 der OGAW-IV-RL bestimmen die Mitgliedstaaten die in Art. 23 Abs. 2 der OGAW-IV-RL bezeichneten Kategorien von Einrichtungen, aus denen die Verwahrstellen gewählt werden können. Art. 23 Abs. 2 der OGAW-IV-RL wiederum ordnet an, dass die Verwahrstelle eine Einrichtung sein muss, die einer Beaufsichtigung und ständigen Überwachung unterliegt. Diese Einrichtung muss ferner ausreichende finanzielle und berufliche Garantien bieten, um die ihr als Verwahrstelle obliegenden Tätigkeiten ordnungsgemäß ausführen zu können und den sich daraus ergebenden Verpflichtungen nachzukommen. *Karcher*[57] weist zurecht darauf hin, dass die OGAW-Bestimmungen in der Fassung der OGAW-V-RL eine wesentliche Modifikation erfahren: Während die Mitgliedstaaten weiter die relevanten Einrichtungen nach Maßgabe des Art. 23 Abs. 2 der OGAW-V-RL bestimmen (eine Anpassung des Verwei-

55 VerwahrstellenRS, Ziff. 2.1.2.
56 Vgl. auch Begr.RegE, BT-Drucks. 17/12294, S. 316.
57 *Karcher* in Baur/Tappen, § 80 KAGB Rz. 14, vgl. dort auch eingehender zur Entstehungsgeschichte.

ses im Wortlaut des KAGB ist daher nicht einmal notwendig), wurde der zugeordnete Abs. 2 dieser Vorschrift der OGAW-RL wesentlich verschärft, materiell aufgewertet:

51 **Art. 23 Abs. 2 Unterabs. 1 Buchst. c der OGAW-V-RL** erklärt eine andere von der zuständigen Behörde nach dem Recht des betreffenden Mitgliedstaats zur Durchführung von Verwahrtätigkeiten im Rahmen dieser Richtlinie zugelassene juristische Person, die Eigenmittelanforderungen unterliegt, welche die entsprechend dem gewählten Ansatz gem. Art. 315 oder Art. 317 der CRR errechneten Anforderungen nicht unterschreiten, und die über Eigenmittel verfügt, die den in Art. 28 Abs. 2 CRD-IV-RL genannten Betrag des Anfangskapitals nicht unterschreiten, zur grundsätzlich zulässigen Verwahrstelle im Sinne der OGAW-RL; wenn und soweit die Mitgliedstaaten diese Möglichkeit der Bestellung im Wege der Umsetzung der Richtlinie einräumen. Dem Verweis auf die CRR und auch auf die CRD-IV-RL ist zu entnehmen, dass auch die OGAW-Verwahrstelle nunmehr in jedem Fall einer formal vollwertigen prudentiellen Aufsicht unterliegen muss. Jedoch enthält Art. 23 Abs. 2 Unterabs. 2 der OGAW-V-RL weiterreichende Anforderungen. Eine OGAW-Verwahrstelle, die weder Zentralbank, noch Kreditinstitut im europarechtlichen Sinne ist, muss die folgenden **Mindestanforderungen** erfüllen:

(a) Sie verfügt über die **notwendige Ausstattung**, um Finanzinstrumente zu verwahren, die im Depot auf einem Konto für Finanzinstrumente verbucht werden können;

(b) sie legt **Strategien und Verfahren** fest, die ausreichen, um sicherzustellen, dass die juristische Person, ihre Geschäftsleitung und ihre Beschäftigten den Verpflichtungen nach dieser Richtlinie nachkommen;

(c) sie verfügt über eine **ordnungsgemäße Verwaltung und Buchhaltung**, interne Kontrollmechanismen, wirksame Verfahren zur Risikobewertung sowie wirksame Kontroll- und Sicherheitsmechanismen für Datenverarbeitungssysteme;

(d) sie trifft wirksame organisatorische und administrative Vorkehrungen zur Ergreifung aller angemessenen **Maßnahmen zur Vorbeugung von Interessenkonflikten** und behält diese bei;

(e) sie sorgt dafür, dass **Aufzeichnungen** über alle ihre Dienstleistungen, Tätigkeiten und Geschäfte geführt werden, die ausreichen, um der zuständigen Behörde zu ermöglichen, ihrer Aufsichtspflicht nachzukommen und die in dieser Richtlinie vorgesehenen Durchsetzungsmaßnahmen zu ergreifen;

(f) sie trifft angemessene Vorkehrungen, um die **Kontinuität und Vorschriftsmäßigkeit** ihrer Verwahrfunktionen zu **gewährleisten**. Zu diesem Zweck greift sie – auch im Hinblick auf die Durchführung ihrer Verwahrtätigkeiten – auf geeignete und verhältnismäßige Systeme, Ressourcen und Verfahren zurück;

(g) sämtliche Mitglieder ihres Leitungsorgans und ihrer Geschäftsleitung müssen, zu jeder Zeit ausreichend gut beleumundet sein und ausreichende Kenntnisse, Fähigkeiten und Erfahrungen besitzen.

(h) Ihr Leitungsorgan verfügt kollektiv über die zum Verständnis der Tätigkeiten der Verwahrstelle samt ihrer Hauptrisiken **notwendigen Kenntnisse, Fähigkeiten und Erfahrungen**.

(i) Jedes Mitglied ihres Leitungsorgans und der Geschäftsleitung handelt **aufrichtig und integer**.

52 Bei den unter den Buchstaben a bis i genannten Anforderungen handelt es sich in Summe um **prinzipienbasierte Vorgaben**, die den innerorganisatorischen Aufbau dieser europarechtlichen Alternative der Verwahrstelle betreffen. Diese Anforderungen stehen den sonst im Finanzsektor üblichen Anforderungen in diesem Bereich um nichts nach.

V. Möglichkeit der Bestellung eines Treuhänders für geschlossene AIF (§ 80 Abs. 3 und Abs. 4 KAGB)

1. Allgemeines

53 **§ 80 Abs. 3 KAGB** enthält im Hinblick auf die zulässigen Verwahrstellen eine **Sonderregelung** für bestimmte „geschlossene" AIF. Danach besteht unter bestimmten Bedingungen die Möglichkeit, alternativ zu den in § 80 Abs. 2 Nr. 1 bis 3 KAGB genannten Einrichtungen einen Treuhänder als Verwahrstelle zu beauftragen, welcher die Verwahraufgaben im Rahmen seiner beruflichen oder geschäftlichen Tätigkeit wahrnimmt.[58]

54 Dies gilt jedoch nur für solche AIF, bei denen innerhalb von fünf Jahren nach Tätigung der ersten Anlage **keine Rücknahmerechte ausgeübt werden können** (Satz 1 Nr. 1 der Vorschrift) und es **nicht zur Hauptanlagestrategie** des AIF gehört, in Vermögensgegenstände **zu investieren**, die gem. § 81 Abs. 1 Nr. 1 KAGB

58 Einen Überblick über die Umsetzung dieser Optionalität in verschiedenen Mitgliedstaaten bietet *Zetzsche*, ZBB 2014, 22 (28).

verwahrt werden müssen (Satz 1 Nr. 2 Buchst. a der Vorschrift) oder deren Hauptanlagestrategie darauf ausgerichtet ist, in Emittenten oder nicht börsennotierte Unternehmen zu investieren, um nach § 261 Abs. 7 KAGB und den §§ 287, 288 KAGB möglicherweise die Kontrolle über solche Unternehmen zu erlangen.

§ 80 Abs. 3 Satz 2 ff. KAGB regeln die an den Treuhänder zu stellenden Anforderungen. Er muss einer gesetzlich anerkannten obligatorischen berufsmäßigen **Registrierung** oder Rechts- und Verwaltungsvorschriften oder berufsständischen Regeln unterliegen. Diese müssen **ausreichend finanzielle und berufliche Garantien** bieten, um es ihm zu ermöglichen, die relevanten Aufgaben einer Verwahrstelle wirksam auszuführen und die mit diesen Funktionen einhergehenden Verpflichtungen zu erfüllen. Die Garantie ist fortlaufend zu gewährleisten. Ferner trifft ihn die Pflicht, Änderungen hinsichtlich seiner beruflichen oder finanziellen Garantien unverzüglich der BaFin mitzuteilen. Schließt er zum Zwecke der finanziellen Garantie eine Versicherung ab, muss der Versicherungsvertrag die Versicherung dazu verpflichten, Beginn und Kündigung des Vertrages sowie alle Umstände, die den vorgeschriebenen Versicherungsschutz beeinträchtigen, unverzüglich der BaFin mitzuteilen. 55

§ 80 Abs. 3 KAGB dient der **Umsetzung der fakultativen Ausnahmeregelung des Art. 21 Abs. 3 Unterabs. 3 der AIFM-RL.**[59] Die Ausnahmeregelung soll dazu dienen, die gegenwärtigen Praktiken bei bestimmten Arten von „geschlossenen" Fonds zu berücksichtigen. § 80 Abs. 3 KAGB verwendet in Anlehnung an das Treuhänder-Modell nach Maßgabe der §§ 70 ff. VAG (a.F.) den Begriff „Treuhänder" für die Stelle, die als Verwahrstelle für jene AIF fungieren kann. Durch die Verwendung dieses Begriffes soll ausweislich der Gesetzesbegründung zudem deutlich werden, dass die Verwahrstellenfunktion für die AIF i.S.d. § 80 Abs. 3 KAGB nicht auf bestimmte Berufsgruppen beschränkt ist. Vielmehr kommen grundsätzlich mehrere Berufsgruppen in Betracht.[60] 56

2. „Geschlossener AIF"

Im Hinblick auf die Definition des „geschlossenen AIF" stellt sich die Frage, ob es sich bei dem Investmentvermögen im Anwendungsbereich des § 80 Abs. 3 KAGB tatsächlich um einen solchen handelt. 57

Nach Maßgabe des **§ 1 Abs. 5 KAGB** sind geschlossene AIF alle AIF, die keine offenen AIF sind. § 1 Abs. 4 KAGB definiert die „offenen Investmentvermögen", mithin auch AIF, als OGAW und AIF, die die Voraussetzungen von Art. 1 Abs. 2 der Delegierten Verordnung (EU) Nr. 694/2014 der Kommission vom 17.12.2013 zur Ergänzung der Richtlinie 2011/61/EU des Europäischen Parlaments und des Rates im Hinblick auf technische Regulierungsstandards zur Bestimmung der Arten von Verwaltern alternativer Investmentfonds[61] erfüllen. 58

Mithin ist für die Bestimmung des „geschlossenen AIF" in Abgrenzung zu den „offenen AIF" auf die Bestimmungen der **Verordnung (EU) Nr. 694/2014 abzustellen.** Der Logik der AIFM-RL folgend, dass nur der AIFM Regulierungsgegenstand ist, definiert Art. 1 Abs. 2 Unterabs. 1 der Verordnung (EU) Nr. 694/2014 den AIFM eines offenen AIF als einen „AIFM, der einen AIF verwaltet, dessen Anteile vor Beginn der Liquidations- oder Auslaufphase auf Ersuchen eines Anteilseigners direkt oder indirekt aus den Vermögenswerten des AIF und nach den Verfahren und mit der Häufigkeit, die in den Vertragsbedingungen oder der Satzung, dem Prospekt oder den Emissionsunterlagen festgelegt sind, zurückgekauft oder zurückgenommen werden". In Abgrenzung hierzu bestimmt Art. 1 Abs. 3 der Verordnung (EU) Nr. 694/2014, dass der AIFM eines geschlossenen AIF ein AIFM ist, der andere als offene AIF verwaltet. 59

---

59 Die Vorschrift lautet: „Zusätzlich können die Mitgliedstaaten zulassen, dass für AIF, bei denen innerhalb von fünf Jahren nach Tätigung der ersten Anlagen keine Rücknahmerechte ausgeübt werden können, und die im Einklang mit ihrer Hauptanlagestrategie in der Regel nicht in Vermögenswerte investieren, die gemäß Absatz8 Buchstabe a verwahrt werden müssen, oder in der Regel in Emittenten oder nicht börsennotierte Unternehmen investieren, um gemäß Artikel 26 möglicherweise die Kontrolle über solche Unternehmen zu erlangen, die Verwahrstelle eine Stelle sein kann, die Aufgaben einer Verwahrstelle im Rahmen ihrer beruflichen oder geschäftlichen Tätigkeit wahrnimmt, für die diese Stelle einer gesetzlich anerkannten obligatorischen berufsmäßigen Registrierung oder Rechts- und Verwaltungsvorschriften oder berufsständischen Regeln unterliegt, die ausreichend finanzielle und berufliche Garantien bieten können, um es ihr zu ermöglichen, die relevanten Aufgaben einer Verwahrstelle wirksam auszuführen und die mit diesen Funktionen einhergehenden Verpflichtungen zu erfüllen."

60 Begr. RegE, BT-Drucks. 17/12294, S. 232; *Giesler* sieht einen der Hauptvorteile der „berufsständischen Verwahrstellen-Treuhänder", in der Möglichkeit, individuelle strukturierte Kontrollprozesse für illiquide Vermögensgegenstände anbieten zu können, in DStR, 2013, 1912 (1915).

61 ABl. EU Nr. L 183 v. 24.6.2014, S. 18.

60 Das Gesetz geht implizit davon aus, dass es sich bei einem AIF, bei dem nach **Ablauf von fünf Jahren die Rückgabe der Anteile** oder Aktien möglich ist, um einen **geschlossenen AIF** handelt. Dies ist mit Art. 1 Abs. 2 der Delegierten Verordnung (EU) Nr. 694/2014 nicht zu vereinbaren.

61 Es ist zu erwägen, ob über diesen Umstand **Art. 1 Abs. 5 der Delegierten Verordnung (EU) Nr. 694/2014** hinweghilft: „Für die Zwecke von Artikel 61 Absätze 3 und 4 der Richtlinie 2011/61/EU wird ein AIFM, der einen AIF verwaltet, dessen Anteile vor Beginn der Liquidations- oder Auslaufphase erst nach einer Wartezeit von mindestens fünf Jahren, während der Rücknahmerechte nicht ausgeübt werden können, auf Ersuchen eines Anteilseigners direkt oder indirekt aus den Vermögenswerten des AIF zurückgenommen oder zurückgekauft werden, als AIFM eines geschlossenen AIF betrachtet." Art. 61 Abs. 3 und 4 der AIFM-RL normieren lediglich bestimmte Übergangsvorschriften. Man könnte eine **analoge Anwendung** des Art. 1 Abs. 5 der Delegierten Verordnung (EU) Nr. 694/2014 in dem Sinne erwägen, dass ein an sich offenes Investmentvermögen im Anwendungsbereich des § 80 Abs. 3 KAGB in Bezug auf die Zulässigkeit der Bestellung eines Treuhänders als geschlossener AIF gilt. Aus der europarechtlichen Perspektive scheint dies nicht geboten, denn Art. 21 Abs. 3 der AIFM-RL geht nicht davon aus, dass es sich bei dem AIF, der in den Anwendungsbereich dieser Öffnungsklausel fällt, zwingend um einen solchen des geschlossenen Typs handeln muss.[62]

62 Aus der **Teleologie des Art. 21 Abs. 3 der AIFM-RL** ergibt sich u.E. jedoch, dass sich die Bestellung des Treuhänders insbesondere aus der Illiquidität der Vermögensgegenstände im Fondsvermögen ergibt. Damit zielt die Vorschrift strukturell, d.h. aus der Warte des Liquiditätsrisikomanagements auf den AIF des geschlossenen Typs. Eine gesetzgeberische Klarstellung, wie § 80 Abs. 3 KAGB mit den Wertungen der Delegierten Verordnung (EU) Nr. 694/2014 zu vereinbaren ist, ist damit sehr wünschenswert. In der Zwischenzeit kann nur angeraten werden, bei einem Investmentvermögen im Anwendungsbereich des § 80 Abs. 3 KAGB die Rückgabemöglichkeit zur Gänze auszuschließen.

63 In diesem Zusammenhang ist auf **Art. 1 Abs. 4 der Delegierten Verordnung (EU) Nr. 694/2014** hinzuweisen: „Führt eine Änderung der Rücknahmegrundsätze eines AIF dazu, dass sich die Art der vom AIFM verwalteten AIF ändert, so wendet der AIFM auf den betreffenden AIF die für die neue Art von AIF geltenden Bestimmungen an." Dem könnte als maximal ungünstige Rechtsfolge das allgemeine Prinzip zu entnehmen sein, dass ein „falsch klassifiziertes" Investmentvermögen an die eigentlich geltenden Regeln anzupassen ist.

64 Da die derzeitige Unsicherheit jedoch durch den Gesetzgeber selbst hervorgerufen wurde, kann angenommen werden, dass die einmal unter dem KAGB mit den Anlegern **vereinbarten Produktregeln** für den AIF **bis zum Ende seiner Laufzeit beibehalten werden dürfen.**

3. Spezifische Fragen zur Anwendung auf Private Equity/Venture Capital Fonds

65 Nach Maßgabe des **§ 80 Abs. 3 Nr. 2 KAGB** darf die **Hauptanlagestrategie des AIF** in der Regel nicht darauf gerichtet sein, in verwahrfähige Finanzinstrumente i.S.d. § 81 Abs. 1 Nr. 1 KAGB oder in Emittenten oder nicht börsennotierte Unternehmen zu investieren, um nach § 261 Abs. 7, den §§ 287, 288 KAGB möglicherweise die Kontrolle über solche Unternehmen zu erlangen.

66 Fraglich ist, ob **Private Equity Fonds** auch dann einen Treuhänder als Verwahrstelle bestellen können, wenn sie (auch) Anteile an börsennotierten Unternehmen und somit verwahrfähige Finanzinstrumente erwerben. Der Wortlaut des § 80 Abs. 3 Nr. 2 KAGB verwendet hinsichtlich der Ausrichtung der Hauptanlagestrategie die Formulierung **„in der Regel"**. Dies impliziert, dass auch Ausnahmen hiervon zulässig sind. Vor dem Hintergrund des Art. 21 Abs. 3 Unterabs. 3 sowie Erwägungsgrund 34 der AIFM-Richtlinie, wonach es maßgeblich darauf ankommt, ob der AIF überwiegend Anteile an nicht börsennotierten Unternehmen oder z.B. Schuldverschreibungen oder sonstige Wertpapiere solcher Unternehmen erwirbt,[63] ist dies

---

62 Die Vorschrift lautet: „Zusätzlich können die Mitgliedstaaten zulassen, dass für AIF, bei denen innerhalb von fünf Jahren nach Tätigung der ersten Anlagen keine Rücknahmerechte ausgeübt werden können, und die im Einklang mit ihrer Hauptanlagestrategie in der Regel nicht in Vermögenswerte investieren, die gemäß Absatz 8 Buchstabe a verwahrt werden müssen, oder in der Regel in Emittenten oder nicht börsennotierte Unternehmen investieren, um gemäß Artikel 26 möglicherweise die Kontrolle über solche Unternehmen zu erlangen, die Verwahrstelle eine Stelle sein kann, die Aufgaben einer Verwahrstelle im Rahmen ihrer beruflichen oder geschäftlichen Tätigkeit wahrnimmt, für die diese Stelle einer gesetzlich anerkannten obligatorischen berufsmäßigen Registrierung oder Rechts- und Verwaltungsvorschriften oder berufsständischen Regeln unterliegt, die ausreichend finanzielle und berufliche Garantien bieten können, um es ihr zu ermöglichen, die relevanten Aufgaben einer Verwahrstelle wirksam auszuführen und die mit diesen Funktionen einhergehenden Verpflichtungen zu erfüllen."

63 Dem gleichgestellt soll auch der Erwerb von Kreditforderungen börsennotierter Unternehmen sein, weil dieser teilweise als Alternative zum unmittelbaren Kontrollerwerb durch einige Private Equity Fonds genutzt wird.

dahingehend zu verstehen, dass ein Private Equity Fonds auch dann einen Treuhänder als Verwahrstelle bestellen kann, wenn der Gesellschaftsvertrag eine Beschränkung solcher Anlagen auf unter 50 % vorschreibt.[64] Dies bedeutet umgekehrt, dass ein Treuhänder als Verwahrstelle für solche Private Equity, Venture Capital Fonds und geschlossene Immobilienfonds **ausscheidet**, deren **Anlagestrategie** hauptsächlich darauf ausgerichtet ist, **überwiegend in börsennotierte Unternehmen** anzulegen bzw. Schuldverschreibungen und sonstige Wertpapiere derartiger Unternehmen respektive Kreditforderungen erwerben zu wollen.[65]

4. Zulässige Vermögensgegenstände im Anwendungsbereich des § 80 Abs. 3 KAGB

Nach Maßgabe des § 80 Abs. 3 **Nr. 2 KAGB muss (darf)** der „geschlossene" AIF im Einklang mit seiner Hauptanlagestrategie in der Regel a) nicht in Vermögensgegenstände investieren, die nach § 81 Abs. 1 Nr. 1 KAGB verwahrt werden müssen, oder b) **in Emittenten oder nicht börsennotierte Unternehmen** investieren, um nach § 261 Abs. 7 KAGB, den §§ 287, 288 KAGB möglicherweise die Kontrolle über solche Unternehmen zu erlangen. Die Hauptanlagestrategie muss in den Anlagebedingungen festgelegt sein.[66] 67

§ 81 Abs. 2 Nr. 1 KAGB weist darauf hin, dass sich die Art der Finanzinstrumente, die nach Maßgabe des § 81 Abs. 1 Nr. 1 KAGB von der Verwahrstelle verwahrt werden sollen, **nach Art. 88 der AIFM-VO bestimmt**. Dies sind vornehmlich Wertpapiere, einschließlich solcher, in die Derivate eingebettet sind, sowie Geldmarktinstrumente und Anteile an Investmentvermögen. Wegen der Einzelheiten betreffend diese Finanzinstrumente wird auf die Kommentierung des § 81 KAGB verwiesen (§ 81 Rz. 10). 68

Fraglich ist, unter welchen Umständen davon ausgegangen werden kann, dass ein entsprechendes Investmentvermögen „in der Regel" nicht in schädliche Finanzinstrumente investiert. Die BaFin hat sich zu dieser Frage wie folgt geäußert[67]: 69

„Ein Treuhänder kommt nach § 80 Absatz 3 Satz 1 KAGB als Verwahrstelle für bestimmte AIF in Betracht, bei denen die Anleger innerhalb der ersten fünf Jahre nach Tätigung der ersten Anlagen keine Rückgaberechte ausüben können. Der AIF muss entweder in seinen Anlagebedingungen auf eine Hauptanlagestrategie festgelegt sein, nach der er in der Regel nicht in verwahrfähige Finanzinstrumente im Sinne der Richtlinie 2011/61/EU investiert; verwahrfähige Finanzinstrumente dürfen daher bei diesen Fonds **nur in Ausnahmefällen und dann auch nur in – gemessen am Fondsvolumen** – geringem Umfang erworben werden." (Hervorhebungen der Bearbeiter)

Um **„Ausnahmefälle"** im Sinne der obigen Ausführungen der BaFin kann es sich u.E. handeln, wenn im Rahmen von Umschichtungen im Fondsvermögen zwischenzeitlich Liquidität frei wird und im Interesse der Anleger in verzinsliche Instrumente angelegt werden soll. Dies ist jedoch nicht der einzige denkbare „Ausnahmefall". So muss sicherlich insbesondere in der ersten Investitionsphase und auch im Rahmen der Abwicklung des betroffenen Investmentvermögens eine liberale Handhabung der Vorgaben befürwortet werden. 70

Ein gewisser Grad an Rechtsunsicherheit verbleibt jedoch stets, da nicht bestimmt ist, wann ein „– gemessen am Fondsvolumen – geringer Umfang" angenommen werden kann (es gibt keine explizit quantifizierte Marginal- bzw. Relevanzgrenze)[68]. Die Herausbildung einer Verwaltungspraxis ist zu beobachten. Bis auf weiteres ist es u.E. sehr gut vertretbar, nicht allein auf quantitative Erwägungen abzustellen, sondern **investmentrechtlich anzuerkennende Motive**, z.B. die genannten zwischenzeitlichen Liquiditätsanlagen, als qualitativ angemessen zu berücksichtigen. In diesem Zusammenhang ist anzumerken, dass der Wortlaut des § 80 Abs. 3 Nr. 2 Buchst. a KAGB („in der Regel") nicht notwendiger Weise auf quantitative Beschränkungen hinweist, sondern auch als eine rein zeitbezogene Anordnung verstanden werden kann. 71

Bei einem solchen Verständnis wäre sogar z.B. eine sehr umfangreiche Liquiditätsanlage in Wertpapiere kurzfristig zulässig, wobei sich das **Merkmal der Kurzfristigkeit** auf der Grundlage der Erfordernisse des Liquiditätsmanagements bestimmt, solange der Hauptinvestitionszweck nicht auf die Anlage von verwahrfähigen Vermögensgegenständen gerichtet ist. 72

Die BaFin stellt in dem VerwahrstellenRS im Zusammenhang mit den verwahrfähigen Vermögensgegenständen klar, dass der Treuhänder sicherstellen muss, dass die Finanzinstrumente des AIF gem. § 81 Abs. 1 KAGB auf Depots von **entsprechend lizenzierten Kreditinstituten** oder bei einer sonstigen nach § 80 Abs. 2 KAGB zulässigen Verwahrstelle verbucht werden. Hierzu muss der Treuhänder vertraglich ein Unterverwahrverhältnis mit einer solchen Stelle begründen. Diese Anordnung kennt **keine Geringfügigkeitsaus-** 73

64 *Tollmann* in Dornseifer/Jesch/Klebeck/Tollmann, Art. 21 AIFM-RL Rz. 49 f.
65 *Tollmann* in Dornseifer/Jesch/Klebeck/Tollmann, Art. 21 AIFM-RL Rz. 49 f.
66 TreuhänderRS, Ziff. I.
67 VerwahrstellenRS, Ziff. 2.1.3.
68 Vgl. zu dieser Terminologie auch *Boxberger* in Weitnauer/Boxberger/Anders, § 80 KAGB Rz. 15.

nahme.[69] Diese Anforderung der BaFin ist vor dem Hintergrund der abstrakten Gefahr von Untreuehandlungen nicht zu beanstanden.

74 Der **Verweis auf den § 261 Abs. 7 KAGB sowie die §§ 287, 288 KAGB** in § 80 Abs. 3 Satz 1 Nr. 2 Buchst. b KAGB zielt auf Private Equity, d.h. im Anwendungsbereich der Vorschrift kann es sich um einen AIF handeln, dessen Hauptanlagestrategie auf die Investition in Emittenten oder nicht börsennotierte Unternehmen mit dem Ziel der möglichen Kontrollerlangung gerichtet ist. Die BaFin hat klargestellt, dass bei diesen Investmentvermögen der Erwerb von Finanzinstrumenten in Form von Unternehmensanteilen kein Ausnahmefall – sondern gerade der Investitionsschwerpunkt – ist.[70]

5. Details der Anforderungen an den Treuhänder

75 Die BaFin hat die Anforderungen an den Treuhänder in einem **Merkblatt** konkretisiert.[71] Die BaFin substituiert damit das in Deutschland fehlende Berufsrecht professioneller Nur-Treuhänder.[72] In dem Merkblatt weist die BaFin in den Vorbemerkungen darauf hin, dass sich eine genauere Verwaltungspraxis erst im Rahmen der praktischen Anwendung über längere Zeit herausbilden können wird, so dass das Merkblatt zunächst nur den ersten Schritt darstellen kann, der durch spätere Überarbeitungen vervollständigt werden wird.

a) Allgemeine Anforderungen an den Treuhänder

76 Als Treuhänder können sowohl **natürliche Personen** als auch **Gesellschaften** beauftragt werden, sofern sie in Bezug auf ihre berufliche und geschäftliche Tätigkeit entweder einer gesetzlich anerkannten obligatorischen berufsmäßigen **Registrierung** oder Rechts- und Verwaltungsvorschriften oder berufsständischen Regeln unterliegen (vgl. § 80 Abs. 3 Satz 2 Nr. 1, 2 KAGB). Somit kommen augenscheinlich Rechtsanwälte, Steuerberater, sowie Wirtschafts- und Buchprüfer in Betracht. Sofern diese nicht als natürliche Person, sondern als Gesellschaft beauftragt werden sollen, reicht es nicht aus, dass einzelne Angestellte fachlich als Treuhänder qualifiziert sind. Vielmehr müsse die Gesellschaft selbst sowie ihre Gesellschafter oder zuständigen Organmitglieder diese Voraussetzungen erfüllen.[73]

77 Die BaFin scheint mit diesen Anforderungen **Umgehungsgestaltungen** begegnen zu wollen, unter denen reguläre Wirtschaftsunternehmen qualifiziertes Personal „pro forma“ als reguläre Arbeitnehmer einstellen könnten, die Kerntätigkeiten jedoch durch nicht entsprechend qualifiziertes Personal durchführen lassen würden. Es besteht insofern die Gefahr, dass die Voraussetzungen an Verwahrstellen mit höherstufigen Erlaubnissen i.S.d. § 80 Abs. 2 KAGB unterlaufen werden könnten.

b) Fachkenntnisse

78 Soll eine natürliche Person als Treuhänder beauftragt werden, muss sie neben den „allgemeinen“ Voraussetzungen eines Treuhänders (§ 80 Abs. 3 und 4 KAGB) nach Maßgabe des **§ 80 Abs. 9 Satz 3 KAGB** über die für die Verwahrstellenaufgabe erforderliche **Erfahrung** verfügen sowie die für die Verwahrstellentätigkeit erforderlichen organisatorischen Vorkehrungen schaffen („**Fitness and Properness**“)[74].

79 Bei Gesellschaften muss mindestens ein Gesellschafter oder ein zuständiges Organmitglied, der bzw. das auch organisatorisch innerhalb der Gesellschaft die Verantwortung für die Erfüllung der Verwahrstellenaufgaben trägt, über die hierfür erforderliche Erfahrung verfügen. Nach Ansicht der BaFin kommen insbesondere Personen in Betracht, die bereits eine **mehrjährige Tätigkeit** als Treuhänder in vergleichbaren Sachverhalten, als Mittelverwendungskontrolleur oder Berater für geschlossene Fonds oder in der Verwaltung geschlossener Fonds, vorweisen können. Mit dieser Anforderung möchte die BaFin augenscheinlich den vormals im „grauen Kapitalmarkt“ tätigen Personen eine Brücke in den hochregulierten Bereich bauen. Dies ist begrüßenswert. Anzumerken ist, dass die entsprechende Erfahrung nach Auffassung der BaFin durch reinen Zeitablauf aufgebaut werden kann. Auf eine Tätigkeit für wirtschaftlich erfolgreiche Fondsanbieter oder an eine bestimmte Größe der betreuten Investments kommt es nicht an.

---

69 VerwahrstellenRS, Ziff. 2.1.3.
70 Vgl. auch VerwahrstellenRS, Ziff. 2.1.3.
71 „Merkblatt zu den Anforderungen an Treuhänder als Verwahrstelle nach § 80 Abs. 3 KAGB“, ursprünglich vom 18.7.2013, GZ: WA 41-Wp 2137-2013/0080 (TreuhänderRS).
72 So *Zetzsche*, ZBB 2014, 22 (28).
73 TreuhänderRS, Ziff. III 1.
74 Vgl. zu dieser Terminologie *Zetzsche*, ZBB 2014, 22 (28).

Auch **juristische und wirtschaftliche Fachkenntnisse** in Bezug auf Vermögensgegenstände, die für den AIF erworben werden sollen, sowie einschlägige Kenntnisse über die rechtlichen und tatsächlichen Verhältnisse der Länder, in denen die Vermögensgegenstände belegen wären, qualifizieren den Betroffenen als geeigneten Treuhänder des AIF. Die Eignung einer Person bzw. der Nachweis für die notwendige Erfahrung hat die BaFin jedoch für jeden Einzelfall gesondert zu prüfen.[75] 80

c) Finanzielle Garantien

Neben den fachlichen Qualifikationen und organisatorischen Vorkehrungen, muss der Treuhänder gem. 81 § 80 Abs. 3 Satz 2 KAGB über **ausreichend finanzielle Garantien** verfügen, die es ihm erlauben, die Verwahrstellenaufgaben nach Maßgabe der gesetzlichen Vorschriften auszuführen und die damit einhergehenden Verpflichtungen zu erfüllen.

Verletzt der Treuhänder eine seiner **Pflichten** (z.B. Fehler bei der Verifikation des Eigentums an einem von 82 nur wenigen Sachwerten in einem geschlossenen Fonds), kann dies nach Ansicht der BaFin im Einzelfall zu **erheblichen Vermögensschäden** der Anleger führen. Da im Zweifel die reguläre **Berufshaftpflichtversicherung** diese Risiken nicht vollständig abdecken wird, kann nur eine **zusätzliche Haftpflichtversicherung** eine ausreichende finanzielle Absicherung zum Schutze der Anleger gewährleisten.[76] Diese kann entweder auf einen bestimmten Fonds bezogen sein (sog. „Objektversicherung") oder auf Gesellschaftsebene die Verwahrstellentätigkeit für alle Fonds gemeinsam abdecken. Auf jeden Fall müssen die Versicherungsbedingungen den Anlegern im Schadensfall ein direktes Forderungsrecht gegen die Versicherungsgesellschaft gewähren, so dass sie diese selbst in Anspruch nehmen können.[77] Der Versicherungsschutz ist der BaFin gegenüber durch explizite Bestätigung der Versicherungsgesellschaft **nachzuweisen.**[78]

Das Versicherungsunternehmen muss im Versicherungsvertrag verpflichtet werden, sowohl den Beginn 83 und die Beendigung oder Kündigung des Versicherungsvertrages als auch Umstände, die den vorgeschriebenen Versicherungsschutz beeinträchtigen, **unverzüglich mitzuteilen** (§ 80 Abs. 3 Satz 5 KAGB).

Hinsichtlich der **Mindestversicherungssumme** verlangt die BaFin für die Gesamtheit der Ansprüche aller 84 Anleger **10 % des in den AIF eingezahlten Kapitals**, mindestens jedoch eine Millionen Euro pro Fonds.[79] Dabei ist nach Auffassung der BaFin für das erste Jahr das für diesen Zeitraum angestrebte Kapitalvolumen zugrunde zu legen.[80] In den Folgejahren ist der Versicherungsschutz gegebenenfalls im Hinblick auf das Kapitalvolumen **entsprechend anzupassen** und im Rahmen der Anzeige nach § 80 Abs. 3 Satz 4 KAGB der BaFin gegenüber anzuzeigen.[81]

Um einen **umfassenden Schutz der Anleger** zu gewährleisten, muss der Treuhänder zusätzlich zur Haft- 85 pflichtversicherung ein **fixes Kapital von mindestens 150.000 Euro vorhalten.**[82] Der fixe Betrag erhöht sich auf 730.000 Euro, wenn die Haftpflichtversicherung Risiken aus der Verwahrung von Finanzinstrumenten nicht abdeckt, eine Investition in Finanzinstrumente aber nicht in den Anlagebedingungen des vom Treuhänder übernommenen Fonds ausgeschlossen ist.[83] Dies begründet die BaFin damit, dass eine Haftpflichtversicherung Schäden aus vorsätzlicher Pflichtverletzung des Treuhänders nicht abdecken würde. Diese Anforderung seitens der BaFin ist nicht unbedenklich, da nach Maßgabe des § 80 Abs. 3 Satz 2 KAGB die „Garantien" dem Wortlaut der Vorschrift nach im Wesentlichen aus (i) einer gesetzlich anerkannten obligatorischen berufsmäßigen Registrierung oder (ii) Rechts- und Verwaltungsvorschriften oder berufsständischen Regeln folgen. Das Abstellen auf eine zusätzliche Versicherung ist demnach überhaupt nur aus dem Argument erklärbar, dass diese regelmäßig zum Berufsstand gehört. Für die Notwendigkeit des Einsatzes quasi „eigenen Vermögens" des Treuhänders enthält die Vorschrift keine Hinweise.

Damit im Schadensfall ein schneller und direkter Zugriff auf das **fixe Kapital** möglich ist, muss es entweder 86 **in liquiden Mitteln** gehalten werden oder in Vermögensgegenstände investiert sein, die **kurzfristig unmittelbar in Bankguthaben umgewandelt** werden können und **keine spekulativen Positionen** enthalten.[84] Die Einhaltung dieser Vorschriften ist bei Beauftragung des Treuhänders zusammen mit dem Versiche-

---

75 TreuhänderRS, Ziff. III. 2.
76 TreuhänderRS, Ziff. III. 3.
77 TreuhänderRS, Ziff. III. 3.
78 TreuhänderRS, Ziff. III. 3.
79 TreuhänderRS, Ziff. III. 3.
80 TreuhänderRS, Ziff. III. 3.
81 TreuhänderRS, Ziff. III. 3.
82 TreuhänderRS, Ziff. III. 3.
83 TreuhänderRS, Ziff. III. 3.
84 TreuhänderRS, Ziff. III. 3.

rungsschutz und danach einmal jährlich gegenüber der BaFin nachzuweisen.[85] Erkennt man die Zulässigkeit der Anforderungen an das fixe Kapital an, so sind die Ausführungen der BaFin betreffend die Liquiditätsanlagen folgerichtig.

87 Die finanziellen und beruflichen Garantien sind laufend zu gewährleisten. Ferner ist der Treuhänder verpflichtet, **Änderungen** diesbezüglich umgehend der BaFin **anzuzeigen.**

d) Zuverlässigkeit

88 Zur beruflichen Garantie gehört auch die für die Verwahrstellenfunktion erforderliche **persönliche Zuverlässigkeit**. Als Nachweis verlangt die BaFin eine eigenhändig vom Treuhänder unterzeichnete **Straffreiheitserklärung**, in der er anzugeben hat, ob derzeit ein Strafverfahren gegen ihn geführt wird oder in der Vergangenheit bereits eines geführt worden ist, ob er oder ein von ihm geleitetes Unternehmen Schuldner eines Insolvenzverfahrens war oder in ein Verfahren zur Abgabe der eidesstattlichen Versicherung oder vergleichbaren Verfahrens verwickelt worden ist. Der Erklärung ist ein **polizeiliches Führungszeugnis** der Belegart „0" beizulegen.[86]

e) Verwahrstellenvertrag, organisatorische Vorkehrung

89 § 80 Abs. 1 KAGB verpflichtet die Kapitalverwaltungsgesellschaft zur Beauftragung einer Verwahrstelle. Einzelheiten zum notwendigen Inhalt des Verwahrstellenvertrags finden sich auch im Fall der Bestellung eines Treuhänders in **Art. 83 der AIFM-VO.**

90 Unter anderem ist vertraglich festzulegen, dass die Kapitalgesellschaft den Treuhänder **frühzeitig** über etwaige Änderungen der Anlagebedingungen und den beabsichtigten Erwerb von Vermögensgegenständen **informiert** und einen **gemeinsamen Zeitplan abstimmt**, damit dieser rechtzeitig die hierfür notwendigen Vorkehrungen treffen kann.[87]

91 Auch muss im Vertrag eine **geeignete Ansprechperson** oder zuständige Einheit benannt werden, an die sich der Treuhänder wenden kann. Zudem muss gewährleistet sein, dass der Treuhänder **Zugang zu allen Informationen und Dokumenten** der Kapitalverwaltungsgesellschaft oder gegebenenfalls von ihr beauftragten Unternehmen hat, die zur Wahrnehmung seiner Aufgaben notwendig sind.[88]

92 Der Vertrag muss einen **Eskalationsprozess** für den Fall vorsehen, dass der Treuhänder keinen oder nicht rechtzeitigen Zugang zu den benötigten Unterlagen bekommt oder dass er im Rahmen seiner Rechtmäßigkeitskontrolle Anhaltspunkte für Verstöße der Kapitalgesellschaft gegen ihre gesetzlichen oder vertraglichen Pflichten erkennt.[89]

93 Voraussetzung für die Tätigkeit als Treuhänder ist vor allem auch die für die Wahrnehmung der Verwahraufgaben **erforderliche Organisation**. Dies erfordert insbesondere, dass der Treuhänder über die hierfür notwendigen technischen Strukturen sowie in quantitativer wie qualitativer Hinsicht über ausreichend Personal verfügen muss.[90] Die Anforderungen sollten in diesem Zusammenhang nicht unterschätzt werden.

f) Sonstige Verpflichtungen

94 § 80 Abs. 3 Satz 1 KAGB erlaubt es dem Treuhänder, die Wahrnehmung der Verwahrstellenaufgaben „im Rahmen seiner beruflichen oder geschäftlichen Tätigkeit" wahrzunehmen. Dies erlaubt es ihm, die **Verwahrstellenfunktion neben seiner Erwerbstätigkeit** auszuüben, sofern er die notwendigen organisatorischen Voraussetzungen geschaffen hat, die ihn in die Lage versetzen, seinen Kontrollpflichten im gesetzlich geforderten Maße nachzukommen.

95 Bei den vorrangig in Betracht kommenden Berufsgruppen sieht die BaFin die ausreichende **inhaltliche Nähe** zu seiner sonstigen Erwerbstätigkeit, so dass in der Regel von einer Verwahrung „im Rahmen seiner beruflichen oder geschäftlichen Tätigkeit" ausgegangen werden kann. Hat die Geschäftstätigkeit keinerlei inhaltlichen Bezug zur Verwahrstellenfunktion, soll dies keinen geeigneten Rahmen in diesem Sinne darstellen.[91]

85 TreuhänderRS, Ziff. III. 3.
86 TreuhänderRS, Ziff. III. 4.
87 TreuhänderRS, Ziff. III. 5.
88 TreuhänderRS, Ziff. III. 5.
89 TreuhänderRS, Ziff. III. 5.
90 TreuhänderRS, Ziff. III. 6.
91 TreuhänderRS, Ziff. III. 7.

6. Rechte und Pflichten des Treuhänders

a) Verwahrung

Zentrale Pflicht des Treuhänders ist die Verwahrung. Zu beachten ist jedoch, dass sowohl bei der Verwahrung von Finanzinstrumenten als auch bei der Verwahrung von Geldern, diese nicht durch den Treuhänder selbst, sondern durch Dritte erfolgt. 96

Bei der Verwahrung von Finanzinstrumenten ergibt sich dies schon aus der Tatsache, dass es sich hierbei um ein nach dem KWG **erlaubnispflichtiges Geschäft** handelt. Sehen also die Anlagebedingungen des AIF ausnahmsweise Investitionen in verwahrfähige Finanzinstrumente vor, hat der Treuhänder sicherzustellen, dass diese gem. § 81 Abs. 1 KAGB auf Depots eines CRR-Kreditinstituts oder einer sonstigen nach § 80 Abs. 2 KAGB zulässigen Verwahrstelle verbucht werden. 97

Zwischen Treuhänder und dem Dritten besteht insoweit ein **Unterverwahrverhältnis i.S.d. § 82 KAGB**: In diesen Fällen **beschränkt** sich die **Kontrollpflicht** nicht allein auf den AIF und dessen Verwaltungsgesellschaft, sondern erstreckt sich nach Maßgabe der Art. 88 und 89 der AIFM-VO auch auf die depotführende Stelle. Diese ist berechtigt und verpflichtet, ihm den erforderlichen Kontrollprozess zu ermöglichen und ihn fortlaufend zu informieren. Der Treuhänder kann durch einen **Sperrvermerk** zu seinen Gunsten sicherstellen, dass der AIF nur unter seiner Mitwirkung über das Depot verfügen kann.[92] 98

Verwahrt der Treuhänder dem AIF gehörende Gelder hat er dafür zu sorgen, dass die gesamten Geldmittel des inländischen AIF auf einem **Geldkonto im Namen des AIF**, der **Verwaltungsgesellschaft** oder der für ihn handelnden **Verwahrstelle** geführt werden. In diesen Fällen muss er seine gesetzlichen Kontrollpflichten zur Überwachung sämtlicher Zahlungsströme durch Einsichtnahme in die beim Dritten geführten Konten erfüllen. Auch hier kann er durch einen entsprechenden Sperrvermerk sicherstellen, dass der AIF nur unter seiner Mitwirkung über das Konto verfügen darf.[93] 99

Eine **Unterverwahrung** i.S.d. § 82 KAGB kommt nur dann in Betracht, wenn der AIF ausnahmsweise **verwahrfähige Finanzinstrumente** hält, die der **Treuhänder selbst nicht verwahren darf**. Ansonsten kann lediglich die Verifikation der Eigentumsverhältnisse an Dritte delegiert werden, nicht jedoch die ihm gesetzlich obliegenden Kontrollaufgaben.[94] 100

b) Eigentumsverifikation

§ 81 Abs. 1 Nr. 2 Buchst. a KAGB verpflichtet die Verwahrstelle im Falle von „nichtverwahrfähigen Vermögensgegenständen", zur **Überprüfung der Eigentumsverhältnisse**, ob dem AIF bzw. der für dessen Rechnung handelnden Verwaltungsgesellschaft auch tatsächlich Eigentum an den erworbenen Vermögensgegenständen zusteht. Hierzu gehört auch die Kontrolle etwaiger Rechte Dritter (z.B. Grundpfandrechte), welche die Nutzbarkeit des jeweiligen Vermögensgegenstands beeinträchtigen könnten.[95] Gegebenenfalls erfordert die Eigentumsverifikation die **Unterstützung qualifizierter unabhängiger Dritter**.[96] 101

Bei der Prüfung hat er die **einschlägige Rechtslage** zugrunde zu legen und gegebenenfalls auch **ausländisches Recht zu berücksichtigen**.[97] Die Beurteilung der Eigentumsverhältnisse kann sich auf Informationen oder Unterlagen stützen, die vom AIF oder der Verwaltungsgesellschaft vorgelegt wurden und, soweit verfügbar, auf externen Nachweisen. Detailregelungen zur Eigentumsverifikation nach § 81 Abs. 1 Nr. 2 Buchst. a) KAGB finden sich daneben auch in Art. 90 AIFM-VO (§ 80 Abs. 2 KAGB). 102

c) Kontrolle

§ 83 KAGB regelt die Kontrollfunktion der Verwahrstelle, die in den **Art. 93 bis 97 AIFM-VO näher konkretisiert** werden. Nach § 83 Abs. 5 KAGB i.V.m. Art. 95 AIFM-VO unterliegt die Verwahrstelle den Weisungen der Verwaltungsgesellschaft bzw. ist auf eine reine Rechtmäßigkeitskontrolle beschränkt. Hinsichtlich der Kontrollpflichten ergeben sich insoweit keine Besonderheiten für den Treuhänder. 103

---

92 TreuhänderRS, Ziff. IV. 1.
93 TreuhänderRS, Ziff. IV. 2.
94 TreuhänderRS, Ziff. IV. 3.
95 TreuhänderRS, Ziff. IV. 4.
96 TreuhänderRS, Ziff. IV. 4.
97 TreuhänderRS, Ziff. IV. 4.

d) Interessenkollision

104 **§ 85 Abs. 2 KAGB** regelt die **Vermeidung und Steuerung von Interessenkonflikten.** Der Verwahrstelle ist es verboten, Aufgaben in Bezug auf den inländischen AIF oder die für Rechnung des inländischen AIF tätige AIF-Verwaltungsgesellschaft wahrzunehmen, die zu Interessenkonflikten zwischen dem inländischen AIF, dessen Anlegern, der AIF-Verwaltungsgesellschaft und ihr selbst führen könnten. Satz 2 jener Vorschrift macht hiervon jedoch eine **Ausnahme**, wenn die Verwahrstelle eine **funktionale und hierarchische Trennung** zwischen der Ausführung ihrer Aufgaben als Verwahrstelle und den potentiell dazu in Konflikt stehenden Aufgaben vorgenommen hat und die potentiellen Interessenkonflikte ordnungsgemäß ermittelt, gesteuert, beobachtet und gegenüber den Anlegern des inländischen AIF offengelegt wurden.

105 Im Falle einer **natürlichen Person** als Treuhänder können derartige Gefahren nicht durch entsprechende organisatorische Maßnahmen beseitigt werden. Daraus folgt, dass bei einer natürlichen Person als Treuhänder **strengere Anforderungen an ihre Unabhängigkeit** zu stellen sind.[98] So bestimmt § 80 Abs. 3 und 4 KAGB, dass der Treuhänder weder gleichzeitig Mitglied des Vorstands oder des Aufsichtsrats, Gesellschafter oder Angestellter der AIF-Kapitalverwaltungsgesellschaft oder eines mit ihr verbundenen Unternehmens sein darf.

106 Neben der persönlichen Unabhängigkeit muss der Treuhänder auch **wirtschaftlich unabhängig** sein. Bei den vorrangig in Betracht kommenden Berufsgruppen, die jeweils als natürliche Person als Treuhänder beauftragt werden, stehen Vertragsbeziehungen von nur geringer wirtschaftlicher Bedeutung der Beauftragung nicht entgegen.

107 Hat die Person jedoch im Rahmen ihrer Erwerbstätigkeit ein nicht unbedeutendes Mandat oder eine Tätigkeit als Abschlussprüfer für die Kapitalverwaltungsgesellschaft oder ein mit ihr verbundenes Unternehmen übernommen, ist die wirtschaftliche Unabhängigkeit nicht gewährleistet, so dass diese Person als Treuhänder ausscheidet.[99]

108 Wird hingegen eine **Gesellschaft** als Treuhänder beauftragt, kann sie potentiellen Interessenkonflikten durch die in § 85 Abs. 1 Satz 2 KAGB **geeigneten Maßnahmen vorbeugen.**[100]

7. Bestellung des Treuhänders

109 **§ 80 Abs. 4 KAGB** enthält Regelungen in Bezug auf die Bestellung des Treuhänders. Die Vorschrift legt fest, dass ein Treuhänder erst beauftragt werden darf, wenn er zuvor der **BaFin benannt** worden ist und diese gegen die Beauftragung **keine Bedenken geäußert** hat.

110 Andernfalls kann sie von der AIF-Kapitalverwaltungsgesellschaft verlangen, binnen einer **angemessenen Frist** einen **neuen Treuhänder zu beauftragen.** Kommt die AIF-Kapitalgesellschaft diesem Verlangen nicht nach oder bestehen auch gegen den neuen Treuhänder Bedenken, muss eine Verwahrstelle i.S.d. § 80 Abs. 2 KAGB beauftragt werden.

111 Die Regelung ist **an § 71 Abs. 2 des VAG angelehnt**, wonach der Treuhänder, der für das Sicherungsvermögen bestellt werden soll, vor der Bestellung der Aufsichtsbehörde benannt werden muss.[101]

112 Eine **formale Genehmigungspflicht** hängt davon ab, ob der Treuhänder die Verwahrfunktion ausschließlich für Spezial-AIF oder auch **Publikums-AIF** wahrnimmt. Für letztere schreibt § 87 i.V.m. § 69 Abs. 1, 2 und 4 KAGB dasselbe Genehmigungsverfahren vor, wie es auch Kreditinstitute eines OGAW durchlaufen müssen. Der **Antrag auf Genehmigung** ist von der Kapitalverwaltungsgesellschaft zu stellen.

113 Soll hingegen die Verwahrtätigkeit ausschließlich für einen **Spezial-AIF** erfolgen, reicht es gem. § 80 Abs. 4 KAGB aus, dass die Verwaltungsgesellschaft gegenüber der BaFin den Treuhänder schriftlich „benennt", d.h. **anzeigt.**

114 Dem Benennungsschreiben sind der **Lebenslauf des Treuhänders bzw.** bei Gesellschaften, die **Lebensläufe der verantwortlichen Gesellschafter** oder zuständigen Organmitglieder, einschließlich Angaben zu etwaigen Fachkenntnissen, der **Nachweis** finanzieller Garantien (Haftpflichtversicherung, Kapital), der Zuverlässigkeitsnachweis, **Verwahrstellenvertrag, Darstellung** der zur Ausübung der Verwahrstellenfunktion

98 TreuhänderRS, Ziff. IV. 7.
99 TreuhänderRS, Ziff. IV. 7.
100 TreuhänderRS, Ziff. IV. 7.
101 Begr. RegE, BT-Drucks. 17/12294, S. 232.

getroffenen organisatorischen Vorkehrungen und eine **Erklärung** zu sonstigen Verpflichtungen einzureichen.[102] Die genannten Unterlagen sind ebenso auch dem Genehmigungsantrag bei Publikums-AIF beizulegen.[103]

War der Treuhänder in der Vergangenheit bereits als genehmigter oder benannter Treuhänder eines anderen AIF tätig, kann auf die aus diesem Sachverhalt **eingereichten Unterlagen verwiesen** werden, sofern sie noch auf dem **aktuellen Stand** sind.[104] Diese Vereinfachung des Verwaltungsverfahrens ist zu begrüßen. Sollten nur geringfügige Änderungen zwecks Aktualisierungen notwendig sein, so kann aus Gründen der Verhältnismäßigkeit nicht die erneute Einreichung eines kompletten Satzes Dokumente gefordert werden. 115

Auch wenn die BaFin hierzu nicht verpflichtet, so empfiehlt sie jedoch ein **gemeinsames, erläuterndes Schreiben** des Treuhänders und der Kapitalverwaltungsgesellschaft, in dem diese unter Bezugnahme auf die beigefügten Unterlagen das Vorliegen aller gesetzlichen Voraussetzungen für die Beauftragung dieser Verwahrstelle begründen, vorzulegen. Das Schreiben sollte mindestens vier Wochen vor der beabsichtigten Bestellung eingereicht werden.[105] 116

Zu beachten bleibt, dass die BaFin bei „**Bedenken**" die Benennung eines alternativen Treuhänders verlangen kann und gegebenenfalls im Rahmen ihres Ermessens der Verwaltungsgesellschaft die Beauftragung einer Verwahrstelle i.S.d. § 80 Abs. 2 KAGB auferlegen kann. Ein Recht auf positive Unbedenklichkeitsbescheinigung besteht hingegen nicht.[106] 117

Fraglich ist, was unter „Bedenken" der BaFin zu verstehen ist. Der Wortlaut könnte „**subjektiv**" geprägt zu verstehen sein. Nicht fundierte Bedenken (z.B.) eines Referenten der BaFin im Sinne eines natürlichen Wortverständnisses sind hingegen aus grundrechtlichen Erwägungen nicht hinreichend. Vielmehr trifft die BaFin eine **Substantiierungslast**. 118

Die BaFin hat **objektiv belastbar darzulegen**, welche **tatsächlichen Anhaltspunkte** dafür vorliegen, dass der zu bestellende Treuhänder seinen Pflichten nicht den gesetzlichen Vorgaben entsprechend nachkommen wird. 119

VI. Möglichkeit der Bestellung „vergleichbarer Unternehmen" für ausländische AIF (§ 80 Abs. 5 KAGB)

§ 80 Abs. 5 KAGB erlaubt es, unbeschadet des Abs. 6 Satz 3 der Vorschrift, dass bei ausländischen AIF auch ein Kreditinstitut oder ein Unternehmen als Verwahrstelle beauftragt werden kann, wenn es einem CRR-Kreditinstitut bzw. einer CRR-Wertpapierfirma **vergleichbar** ist und die Bedingungen nach Maßgabe des § 80 Abs. 8 Satz 1 Nr. 2 KAGB eingehalten sind. 120

§ 80 Abs. 5 **setzt Art. 21 Abs. 3 Unterabs. 2 der AIFM-RL um.** Ausländische AIF sind nach Maßgabe des § 1 Abs. 9 KAGB solche AIF, welche dem **Recht eines Drittstaates unterliegen.** Die Anforderungen des § 80 Abs. 8 Satz 1 Nr. 2 KAGB sind in jedem Fall einzuhalten. Dies bedeutet, dass die Verwahrstelle einer **wirksamen Regulierung** der Aufsichtsanforderungen, einschließlich **Mindesteigenkapitalanforderungen**, und einer **Aufsicht**, die jeweils den Rechtsvorschriften der Europäischen Union entsprechen und die wirksam durchgesetzt werden, unterliegen muss. 121

Es handelt sich um eine **Spezialvorschrift** ausschließlich für ausländische AIF. Voraussetzung ist, dass für diese überhaupt eine Verwahrstelle zu bestellen ist, was sich nach Maßgabe des § 55 KAGB bemisst: Wenn nicht mindestens ein Vertrieb in den Mitgliedstaaten der Europäischen Union noch in den Vertragsstaaten des Abkommens über den Europäischen Wirtschaftsraum stattfindet, sind die §§ 80 bis 90 KAGB nicht anwendbar. Aus Gründen der Normklarheit hätte sich eine Integration der Vorschrift in § 80 Abs. 8 KAGB angeboten. 122

---

102 TreuhänderRS, Ziff. II. 1.
103 TreuhänderRS, Ziff. II. 2.
104 TreuhänderRS, Ziff. II. 2.
105 TreuhänderRS, Ziff. II. 1.
106 TreuhänderRS, Ziff. II. 1.

VII. Anforderungen an den Sitz der AIF-Verwahrstelle (§ 80 Abs. 6 KAGB)

123 **§ 80 Abs. 6 KAGB** regelt die jeweiligen Anforderungen an den satzungsmäßigen Sitz der Verwahrstelle. § 80 Abs. 6 **setzt Art. 21 Abs. 5 der AIFM-RL um.**[107] Dabei muss der Sitz der Verwahrstelle grundsätzlich mit dem des AIF identisch sein.

124 Wird ein **inländischer AIF** verwaltet, muss auch die Verwahrstelle bzw. deren Zweigniederlassung ihren satzungsmäßigen Sitz **in Deutschland** haben. Die „Zweigniederlassung" im Sinne der Vorschrift ist die Zweigniederlassung eines CRR-Kreditinstituts i.S.d. § 53b Abs. 1 Satz 1 KWG.[108]

125 Verwaltet die AIF-Kapitalverwaltungsgesellschaft einen **EU-AIF**, muss die Verwahrstelle ihren satzungsmäßigen Sitz oder ihre satzungsmäßige Zweigniederlassung im **Herkunftsmitgliedstaat** des EU-AIF haben.

126 Bei Verwaltung eines **ausländischen AIF** kann die Verwahrstelle ihren satzungsmäßigen Sitz bzw. ihre Zweigniederlassung **sowohl im Sitzstaat des ausländischen AIF als auch in Deutschland** haben, wenn der ausländische AIF von einer AIF-Kapitalverwaltungsgesellschaft verwaltet wird. Wird die Verwahrstelle von einer ausländischen AIF-Verwaltungsgesellschaft, die einen ausländischen AIF verwaltet, beauftragt, kann sie ihren satzungsmäßigen Sitz oder Zweigniederlassung in dem Referenzmitgliedsstaat der ausländischen AIF-Verwaltungsgesellschaft haben.

127 Verwaltet eine AIF-Kapitalverwaltungsgesellschaft einen **ausländischen AIF**, der **nicht** in der **Union vertrieben** werden soll, ist sie **nicht verpflichtet** eine **Verwahrstelle zu beauftragen**, vgl. § 55 KAGB. Die Pflicht zur Bestellung einer Verwahrstelle oder einer Einrichtung, die vergleichbare Tätigkeiten ausführt, kann sich jedoch aus dem Recht des maßgeblichen Drittstaats ergeben.

VIII. Besondere Anforderungen an die Bestellung einer Verwahrstelle mit Sitz in einem Drittstaat (§ 80 Abs. 8 i.V.m. Abs. 10 KAGB)

128 Soll eine Verwahrstelle mit **Sitz in einem Drittstaat** bestellt werden, müssen **zusätzlich** zu den Voraussetzungen des § 80 Abs. 2 bis 5 KAGB, **besondere Anforderungen** erfüllt werden, die Abs. 8 der Vorschrift näher bestimmt. § 80 Abs. 8 Nr. 1 bis 5 KAGB setzt Art. 21 Abs. 6 Buchst. a bis e, Satz 2 der Vorschrift Art. 21 Abs. 6 Unterabs. 2 der AIFM-RL um.[109]

129 **§ 80 Abs. 8 Satz 1 Nr. 1 KAGB** verlangt, dass zwischen den zuständigen Behörden des EU-Mitgliedstaates oder des anderen Vertragsstaates des EWR, in dem der ausländische AIF vertrieben werden soll und der Heimatbehörde der Verwahrstelle ein **Kooperationsabkommen** bestehen muss, dass die Zusammenarbeit und den Informationsaustausch regelt.

130 Zudem muss die Verwahrstelle in dem Drittstaat einer **wirksamen Aufsicht** unterliegen. Verwahrstellen müssen in dem Drittstaat **Mindesteigenkapitalanforderungen** unterliegen und die **Aufsicht** muss europäischen Rechtsstandards entsprechen und wirksam durchgesetzt werden können (§ 80 Abs. 8 Satz 1 Nr. 2 KAGB). **§ 80 Abs. 10 KAGB** weist in diesem Zusammenhang darauf hin, d.h. diese Vorschrift hat im Hinblick auf die unmittelbare Geltung der AIFM-VO **keinen materiellen Regelungsgehalt**, dass sich die allgemeinen Kriterien zur Bewertung, ob die Anforderungen an die aufsichtliche Regulierung und an die Aufsicht in den Rechtsvorschriften der Europäischen Union entsprechen und wirksam durchgesetzt werden, nach Art. 84 der AIFM-VO bestimmen.

131 Ferner darf der Drittstaat, in dem die Verwahrstelle ihren Sitz hat, **nicht auf der Liste der nicht kooperativen Länder und Gebiete**, die von der Arbeitsgruppe FATF aufgestellt wurden, stehen (§ 80 Abs. 8 Satz 1 Nr. 3 KAGB).

132 § 80 Abs. 8 Satz 1 Nr. 4 KAGB verlangt zusätzlich, dass zwischen dem EU-Mitgliedsstaat oder dem anderen Vertragsstaat des EWR, in dem der AIF vertrieben werden soll, und dem Drittstaat ein **Steuerabkommen** i.S.v. Art. 26 des OECD-Musterabkommens zur Vermeidung der Doppelbesteuerung von Einkommen und Vermögen vollständig entspricht und einen wirksamen Informationsaustausch in Steuerangelegenheiten, einschließlich multilateraler Steuerabkommen, gewährleistet.

133 Weiterhin stellt § 80 Abs. 8 Satz 1 Nr. 5 KAGB die Beauftragung der Verwahrstelle unter die Bedingung, dass diese vertraglich gegenüber dem ausländischen AIF oder dessen Anlegern entsprechend § 88 Abs. 1 bis 4 KAGB **haftet** und sich **ausdrücklich zur Einhaltung von § 82 KAGB bereit erklärt.**

---

107 Begr. RegE, BT-Drucks. 17/12294, S. 232.
108 Vgl. auch VerwahrstellenRS, Ziff. 2.1.1.
109 Begr. RegE, BT-Drucks. 17/12294, S. 232.

§ 80 Abs. 8 Satz 2 KAGB regelt ein **selbstständiges, grenzüberschreitendes Verfahren** für die Fälle, in denen **Meinungsverschiedenheiten zwischen den jeweiligen Behörden** hinsichtlich der Bewertung der Anwendung von § 80 Abs. 8 Satz 1 Nr. 1, 3 oder 5 KAGB bestehen. Die betreffende Behörde kann die Angelegenheit der ESMA unterbreiten, welche nach den ihr durch Art. 19 der Verordnung (EU) Nr. 1095/2010 übertragenen Befugnisse tätig werden kann. 134

IX. Organisatorische Anforderungen sowie Anforderungen an die Geschäftsleiter (§ 80 Abs. 9 KAGB)

§ 80 Abs. 9 KAGB enthält Anforderungen sowohl in organisatorischer, als auch personeller Hinsicht, welche an die Verwahrstelle zu stellen sind. 135

Nach **Satz 1** der Vorschrift muss mindestens ein **Geschäftsleiter** der beauftragten Verwahrstelle bereits über die zur Ausübung der Verwahrstellenfunktion **erforderliche Erfahrung** verfügen. Ferner muss die als Verwahrstelle beauftragte Einrichtung **organisatorische Vorkehrungen** schaffen, die für die Erfüllung der Verwahrstellenaufgaben erforderlich sind. § 80 Abs. 9 KAGB übernimmt im Wesentlichen die Regelung des aufgehobenen **§ 20 Abs. 2a InvG.**[110] 136

§ 81 Verwahrung

(1) Die Verwahrstelle hat die Vermögensgegenstände des inländischen AIF oder der für Rechnung des inländischen AIF handelnden AIF-Verwaltungsgesellschaft wie folgt zu verwahren:

1. **für Finanzinstrumente im Sinne der Richtlinie 2011/61/EU, die in Verwahrung genommen werden können, gilt:**
   a) **die Verwahrstelle verwahrt sämtliche Finanzinstrumente, die im Depot auf einem Konto für Finanzinstrumente verbucht werden können, und sämtliche Finanzinstrumente, die der Verwahrstelle physisch übergeben werden können;**
   b) **zu diesem Zweck stellt die Verwahrstelle sicher, dass alle Finanzinstrumente, die im Depot auf einem Konto für Finanzinstrumente verbucht werden können, nach den in Artikel 16 der Richtlinie 2006/73/EG festgelegten Grundsätzen in den Büchern der Verwahrstelle auf gesonderten Konten, die im Namen des inländischen AIF oder der für ihn tätigen AIF-Verwaltungsgesellschaft eröffnet wurden, registriert werden, so dass die Finanzinstrumente jederzeit nach geltendem Recht eindeutig als zum inländischen AIF gehörend identifiziert werden können;**
2. **für sonstige Vermögensgegenstände gilt:**
   a) **die Verwahrstelle prüft das Eigentum des inländischen AIF oder der für Rechnung des inländischen AIF tätigen AIF-Verwaltungsgesellschaft an solchen Vermögensgegenständen und führt Aufzeichnungen derjenigen Vermögensgegenstände, bei denen sie sich vergewissert hat, dass der inländische AIF oder die für Rechnung des inländischen AIF tätige AIF-Verwaltungsgesellschaft an diesen Vermögensgegenständen das Eigentum hat;**
   b) **die Beurteilung, ob der inländische AIF oder die für Rechnung des inländischen AIF tätige AIF-Verwaltungsgesellschaft Eigentümer oder Eigentümerin ist, beruht auf Informationen oder Unterlagen, die vom inländischen AIF oder von der AIF-Verwaltungsgesellschaft vorgelegt werden und, soweit verfügbar, auf externen Nachweisen;**
   c) **die Verwahrstelle hält ihre Aufzeichnungen auf dem neuesten Stand.**

(2) Die Bedingungen für die Ausübung der Aufgaben einer Verwahrstelle nach Absatz 1, einschließlich

1. **der Art der Finanzinstrumente, die nach Absatz 1 Nummer 1 von der Verwahrstelle verwahrt werden sollen,**
2. **der Bedingungen, unter denen die Verwahrstelle ihre Verwahraufgaben über bei einem Zentralverwahrer registrierte Finanzinstrumente ausüben kann, und**

110 Begr. RegE, BT-Drucks. 17/12294, S. 233.

3. der Bedingungen, unter denen die Verwahrstelle in nominativer Form emittierte und beim Emittenten oder bei einer Registrierstelle registrierte Finanzinstrumente nach Absatz 1 Nummer 2 zu verwahren hat,

bestimmen sich nach den Artikeln 85 bis 97 der Delegierten Verordnung (EU) Nummer 231/2013.

In der Fassung vom 4.7.2013 (BGBl. I 2013, S. 1981).

Schrifttum: S. Vor §§ 68 ff.

I. Überblick, Entstehungsgeschichte und Regelungszweck

1 § 81 KAGB regelt die **Art und Weise der Verwahrung** der Vermögensgegenstände eines inländischen AIF bzw. der Vermögensgegenstände der für Rechnung des inländischen AIF handelnden AIF-Verwaltungsgesellschaft, d.h. die Vorschrift definiert einen spezifischen Verwahrstandard. Für die OGAW-Verwahrstelle im Hinblick auf die Vermögensgegenstände eines OGAW findet sich eine Parallelvorschrift in § 72 KAGB.

2 Abs. 1 der Norm unterscheidet dabei zwischen der Verwahrung von Finanzinstrumenten i.S.d. AIFM-RL, die in Verwahrung genommen werden können (sog. **„verwahrfähige Vermögensgegenstände“**; § 81 Abs. 1 Nr. 1 KAGB) und der Verwahrung sonstiger Vermögensgegenstände (sog. **„nichtverwahrfähige Vermögensgegenstände“**; § 81 Abs. 1 Nr. 2 KAGB). § 81 Abs. 2 KAGB wiederum verweist für die Bedingungen der Ausübung dieser Aufgaben durch die Verwahrstelle auf die Art. 85 bis 97 der AIFM-VO.

3 § 81 Abs. 1 KAGB setzt Art. 21 Abs. 8 der AIFM-RL um. Ausweislich der Gesetzesbegründung dient § 81 Abs. 1 Nr. 1 KAGB der Umsetzung des Art. 21 Abs. 8 Buchst. a der AIFM-RL. § 81 Abs. 1 Nr. 2 KAGB dient demgemäß der Umsetzung des Art. 21 Abs. 8 Buchst. b der AIFM-RL.[1]

4 § 81 Abs. 2 KAGB verweist hinsichtlich der **Bedingungen für die Ausübung der Aufgaben** einer Verwahrstelle nach § 81 Abs. 1 KAGB, einschließlich der Art der Finanzinstrumente, die nach Abs. 1 Nr. 1 der Vorschrift von der Verwahrstelle verwahrt werden sollen, den Bedingungen, unter denen die Verwahrstelle ihre Verwahraufgaben über bei einem Zentralverwahrer registrierte Finanzinstrumente ausüben kann, und den Bedingungen, unter denen die Verwahrstelle in nominativer Form emittierte und beim Emittenten oder bei einer Registrierstelle registrierte Finanzinstrumente nach § 81 Abs. 1 Nr. 2 KAGB zu verwahren hat, auf die Art. 85 bis 97 der AIFM-VO.

II. Die Verwahrung von verwahrfähigen Vermögensgegenständen (§ 81 Abs. 1 Nr. 1 KAGB sowie entsprechende Vorschriften der AIFM-VO)

5 § 81 Abs. 1 Nr. 1 KAGB legt den Standard für die Verwahrung von verwahrfähigen Finanzinstrumenten im Sinne der AIFM-RL fest. Für die **Definition des Begriffs „Finanzinstrument“** verweist Art. 4 Abs. 1 Buchst. n der AIFM-RL auf den Anhang I Abschnitt C MiFID. Daraus folgt, dass sich die Finanzinstrumente im Sinne der AIFM-RL generell wie folgt kategorisieren lassen:

- Übertragbare Wertpapiere
- Geldmarktinstrumente
- Anteile an Organismen für gemeinsame Anlagen
- Optionen, Terminkontrakte, Swaps, Zinsausgleichsvereinbarungen und alle anderen Derivatkontrakte in Bezug auf Wertpapiere, Währungen, Zinssätze oder -erträge, oder andere Derivat-Instrumente, finanzielle Indizes oder Messgrößen, die effektiv geliefert oder bar abgerechnet werden können

1 Begr. RegE, BT-Drucks. 17/12294, S. 233.

- Optionen, Terminkontrakte, Swaps, Termingeschäfte und alle anderen Derivatkontrakte in Bezug auf Waren, die bar abgerechnet werden müssen oder auf Wunsch einer der Parteien (anders als wegen eines zurechenbaren oder anderen Beendigungsgrunds) bar abgerechnet werden können
- Optionen, Terminkontrakte, Swaps und alle anderen Derivatkontrakte in Bezug auf Waren, die effektiv geliefert werden können, vorausgesetzt, sie werden an einem geregelten Markt und/oder über ein MTF gehandelt
- Optionen, Terminkontrakte, Swaps, Termingeschäfte und alle anderen Derivatkontrakte in Bezug auf Waren, die effektiv geliefert werden können, die sonst nicht in Abschnitt C Nr. 6 MiFID genannt sind und nicht kommerziellen Zwecken dienen, die die Merkmale anderer derivativer Finanzinstrumente aufweisen, wobei u.a. berücksichtigt wird, ob Clearing und Abrechnung über anerkannte Clearingstellen erfolgen oder ob eine Margin-Einschussforderung besteht
- derivative Instrumente für den Transfer von Kreditrisiken
- finanzielle Differenzgeschäfte
- Optionen, Terminkontrakte, Swaps, Termingeschäfte und alle anderen Derivatkontrakte in Bezug auf Klimavariablen, Frachtsätze, Emissionsberechtigungen, Inflationsraten und andere offizielle Wirtschaftsstatistiken, die bar abgerechnet werden müssen oder auf Wunsch einer der Parteien (anders als wegen eines zurechenbaren oder anderen Beendigungsgrunds) bar abgerechnet werden können, sowie alle anderen Derivatkontrakte in Bezug auf Vermögenswerte, Rechte, Obligationen, Indizes und Messwerte, die sonst nicht im Abschnitt C genannt sind und die die Merkmale anderer derivativer Finanzinstrumente aufweisen, wobei u.a. berücksichtigt wird, ob sie auf einem geregelten Markt oder einem MTF gehandelt werden, ob Clearing und Abrechnung über anerkannte Clearingstellen erfolgen oder ob eine Margin-Einschussforderung besteht.

Die Klassifikation der Finanzinstrumente besagt jedoch noch nichts über deren Verwahrfähigkeit. Das Gesetz kennt keine allgemeine Definition des Begriffs der „Verwahrung". Auch die BaFin bleibt in dem VerwahrstellenRS vergleichsweise unspezifisch und führt aus, dass der Begriff der Verwahrung i.S.v. §§ 72 und 81 KAGB über den üblichen Sprachgebrauch in Bezug auf verwahrfähige Finanzinstrumente hinaus auch die Überwachung von Bankguthaben und sonstigen sog. nicht verwahrfähigen Vermögensgegenständen umfasst.[2] 6

Fraglich ist, wie weit der „übliche Sprachgebrauch" reicht. Nach bisherigem deutschem Rechtsverständnis ist die Verwahrung jedenfalls eine Tätigkeit im Anwendungsbereich des DepotG, das grundsätzlich zwischen der Sammelverwahrung und der Sonderverwahrung unterscheidet.[3] Nach Maßgabe des § 1 Abs. 2 DepotG ist Verwahrer, wem im Betrieb seines Gewerbes Wertpapiere unverschlossen zur Verwahrung anvertraut werden. Aus der Warte des Zivilrechts ist entscheidend, dass die **Aufbewahrungspflicht des Verwahrers eine Hauptleistungspflicht** gegenüber dem Hinterleger darstellt.[4] Die entsprechenden zivilrechtlichen Vereinbarungen zwischen dem Verwahrer und dem Hinterleger werden in Deutschland regelmäßig durch Einbeziehung der Sonderbedingungen für Wertpapiergeschäfte getroffen, die auch Regelungen in Bezug auf die Dienstleistungen im Rahmen der Verwahrung enthalten. 7

Im Hinblick auf ausländische Finanzinstrumente (Anschaffung im Ausland) wird regelmäßig vereinbart, dass die Bank sich nach pflichtgemäßem Ermessen unter Wahrung der Interessen des Kunden das Eigentum oder Miteigentum an den Wertpapieren oder **eine andere im Lagerland übliche, gleichwertige Rechtsstellung** verschaffen und diese Rechtsstellung treuhänderisch für den Kunden halten wird.[5] Hierüber erteilt sie dem Kunden eine sog. Gutschrift in Wertpapierrechnung (WR-Gutschrift) unter Angabe des ausländischen Staates, in dem sich die Wertpapiere befinden (Lagerland).[6] 8

Da nicht ersichtlich ist, dass durch die AIFM-RL eine Beschränkung auf eine bestimmte zivilrechtliche Grundlage der Verwahrung stattfinden sollte, können bei der (Unter-)Verwahrung der verwahrfähigen Vermögensgegenstände im Ausland, die im Übrigen alle Anforderungen nach dem KAGB und der AIFM-VO erfüllt u.E. grundsätzlich auch Verwahrverhältnisse in Form z.B. eines Trust oder gesellschaftsrechtlich geprägte Konstellationen in Betracht kommen. 9

---

2 VerwahrstellenRS, Ziff. 4.

3 Ebenfalls weitgehend auf die Terminologie und Standards des DepotG abstellend: *Schäfer* in Moritz/Klebeck/Jesch, § 81 KAGB Rz. 17 ff.

4 *Scherer* in Scherer, Vor § 1 DepotG Rz. 19.

5 Rechtsvergleichend zu den Ansprüchen der Hinterleger von Wertpapieren, *Siena* in Zetzsche, The Alternative Investment Fund Managers Directive, 2015, S. 568 ff.

6 Vgl. auch *Behrends* in Scherer, § 22 DepotG Rz. 2.

10 Der **Kreis der verwahrfähigen Vermögensgegenstände** wird in Art. 88 der AIFM-VO bestimmt. Finanzinstrumente, die der Verwahrstelle in physischer Form übergeben werden können, unterliegen in jedem Fall, ohne zusätzliche Anforderungen, den Verwahrpflichten der Verwahrstelle (Art. 88 Abs. 3 AIFM-VO). Wegen des anhaltenden Trends zur Dematerialisierung der Finanzinstrumente bildet der Standard nach Maßgabe des Art. 88 Abs. 3 AIFM-VO heutzutage sicherlich die Ausnahme: Denkbar in diesem Zusammengang ist die Übergabe effektiver Stücke.

11 Handelt es sich bei den Finanzinstrumenten um solche, welche der Verwahrstelle nicht physisch übergeben werden können, unterliegen diese nur dann den Verwahrpflichten der Verwahrstelle, wenn es sich dabei um Wertpapiere, einschließlich solchen, in die in Art. 51 Abs. 3 letzter Unterabs. der OGAW IV-RL und Art. 10 der Richtlinie 2007/16/EG der Kommission (sog. Eligible Assets-RL) genannte Derivate eingebettet sind, Geldmarktinstrumente oder Anteile an Organismen für gemeinsame Anlagen handelt und diese direkt oder indirekt im Namen der Verwahrstelle auf einem „Konto" (sprich: Depot) verbucht oder gehalten werden können.

12 Der **Verweis auf die Eligible Assets-RL** hat augenscheinlich nur eine klarstellende Funktion, da dort Wertpapiere behandelt werden, in die Derivate eingebettet sind, d.h. bei dem „Trägerinstrument" handelt es sich bereits *per se* um ein Wertpapier im Sinne der MiFID (und folglich der AIFM-RL). Keinesfalls kann aus jenem Verweis auf die Eligible Assets-RL geschlossen werden, dass es sich bei Derivatekontrakten um verwahrfähige Vermögensgegenstände handelt.

13 Als **Negativabgrenzung** werden Finanzinstrumente, die nach geltendem nationalem Recht beim Emittenten oder seinem Beauftragten (z.B. Register- oder Übertragungsstelle) ausschließlich direkt auf den Namen des AIF registriert sind, nicht verwahrt (Art. 88 Abs. 2 AIFM-VO). Bei derartigen Finanzinstrumenten ist es nicht möglich, die „Inverwahrungnahme" z.B. durch Mit-Registrierung der Verwahrstelle, transparent zu machen. Zudem kommt bereits bei der Tätigkeit der Register- oder Übertragungsstelle ein gewisses Element der Verwahrung zum Tragen (so z.B. bei einigen Wertpapieren in Luxemburg).

14 Für die **Verwahrung der (verwahrpflichtigen) Finanzinstrumente** hat die Verwahrstelle sicherzustellen, dass diese auf einem gesonderten Depot, welches im Namen des AIF oder der für ihn tätigen AIF-Verwaltungsgesellschaft geführt wird, verbucht werden. Hierbei hat sie die Grundsätze des Art. 16 der (MiFID-Durchführungs-)Richtlinie 2006/73/EG,[7] welche in § 14a Abs. 3 und 5 der WpDVerOV[8] umgesetzt wurden, sowie die hiermit zum Teil deckungsgleichen Anforderungen nach Art. 89 Abs. 1 AIFM-VO zu beachten:[9]

- Es muss gewährleistet sein, dass die Vermögensgegenstände jederzeit als dem AIF gehörend zugeordnet werden können. Hierzu verlangen die oben genannten Grundsätze vor allem eine korrekte Buchführung, anhand derer die dem AIF gehörenden Finanzinstrumente eindeutig identifiziert und von Vermögenswerten der Verwahrstelle, anderer Investmentvermögen, der Kapitalverwaltungsgesellschaft selbst und sonstigen Dritten abgegrenzt werden können.[10]
- Die Vermögenszuordnung soll eine Vermischung der Vermögensgegenstände (*commingling risk*)[11] verhindern und insbesondere den AIF vor möglichen Verlusten der Finanzinstrumente im Falle der Insolvenz der Verwahrstelle schützen.[12] Nur wenn die Vermögensgegenstände eindeutig dem AIF (bzw. dem AIFM handelnd für Rechnung desselben) zugeordnet werden können, gewährt § 47 InsO ein Aussonderungsrecht.
- Hat die Verwahrstelle Finanzinstrumente in Unterverwahrung gegeben, hat sie ihre eigenen Aufzeichnungen und Bücher mit denen des Unterverwahrers regelmäßig abzugleichen und sicherzustellen, dass sich die sonstigen Vermögenswerte des Unterverwahrers von denen des AIF trennen lassen.[13]
- Darüber hinaus hat sie entsprechende organisatorische Vorkehrungen zu treffen, um das Risiko eines Verlustes oder Teilverlustes von Finanzinstrumenten oder damit verbundenen Rechten durch Pflichtverletzungen so gering wie möglich zu halten.[14]

---

7 Richtlinie 2006/73/EG der Kommission vom 10.8.2006 zur Durchführung der Richtlinie 2004/39/EG des Europäischen Parlaments und des Rates in Bezug auf die organisatorischen Anforderungen an Wertpapierfirmen und die Bedingungen für die Ausübung ihrer Tätigkeit sowie in Bezug auf die Definition bestimmter Begriffe für die Zwecke der genannten Richtlinie.

8 Wertpapierdienstleistungs-Verhaltens und Organisationsverordnung.

9 Vgl. § 14a Abs. 3 Nr. 1WpDVerOV; BaFin VerwahrstellenRS, Ziff. 4.1.2.

10 VerwahrstellenRS, Ziff. 4.1.2.

11 Zum Begriff s. *Tollmann* in Dornseifer/Jesch/Klebeck/Tollmann, Art. 21 AIFM-RL Rz. 230 f.

12 *Tollmann* in Dornseifer/Jesch/Klebeck/Tollmann, Art. 21 AIFM-RL Rz. 230 f.

13 Vgl. § 14a Abs. 3 Nr. 2 WpDVerOV; VerwahrstellenRS, Ziff. 4.1.2.

14 Vgl. § 14a Abs. 3 Nr. 1 WpDVerOV.

III. Verfahren für nicht verwahrfähige Vermögensgegenstände (§ 81 Abs. 1 Nr. 2 KAGB sowie entsprechende Vorschriften der AIFM-VO)

Für sonstige (**nichtverwahrfähige) Vermögensgegenstände** hat die Verwahrstelle die Pflicht, zu prüfen, inwieweit der AIF oder die für dessen Rechnung handelnde Verwaltungsgesellschaft Eigentum erworben hat und ob gegebenenfalls Rechte Dritter (z.B. Belastungen eines Grundstücks) an den jeweiligen Vermögensgegenständen bestehen oder deren Nutzbarkeit beeinträchtigen. 15

Zu den nicht verwahrfähigen Vermögensgegenständen gehoren u.a. Beteiligungen an Unternehmen sowie Anteile an geschlossenen AIF, Edelmetalle, Darlehensforderungen, Sachwerte i.S.d. § 261 Abs. 2 KAGB sowie Derivatekontrakte.[15] 16

Die Prüfung basiert dabei grundsätzlich auf Informationen, Urkunden, Gutachten oder sonstigen Unterlagen, die von der Verwaltungsgesellschaft der Verwahrstelle vorzulegen sind (§ 81 Abs. 1 Nr. 2 Buchst. b KAGB. 17

Die Pflicht zur **Eigentumsverifikation** wird durch die Bestimmungen der AIFM-VO ergänzt und konkretisiert. Art. 90 Abs. 1 AIFM-VO verpflichtet die Kapitalverwaltungsgesellschaft, der Verwahrstelle sofortigen Zugang zu allen relevanten Informationen zu gewähren, die notwendig sind, damit sie ihrer Pflicht zur Eigentumsverifikation sowie ihrer Aufzeichnungspflicht nachkommen kann, einschließlich relevanter Informationen, die von Dritten vorzulegen sind (vgl. auch Art. 92 Abs. 4 AIFM-VO). Kann die Verwahrstelle selbst die Eigentumsverhältnisse nicht hinreichend prüfen, muss sie gegebenenfalls die Unterstützung qualifizierter, unabhängiger Dritter (z.B. eines Rechtsanwalts) in Anspruch nehmen.[16] Dies ist insbesondere dann geboten, wenn sie bei der Eigentumsverifikation ausländisches Recht zu berücksichtigen (z.B. bei ausländischen Immobilien) hat.[17] 18

Im Zusammenhang mit dem **Zugang zu Informationen** sollte schon im Vorfeld eine frühzeitige Abstimmung über die Transaktionen sowie die dafür notwendigen Unterlagen und gegebenenfalls die notwendige Expertise Dritter stattfinden, um unnötigen Zeit- und Kostenaufwand zu vermeiden.[18] Daher empfiehlt es sich schon zu Beginn der Verwahrtätigkeit entsprechende Regelungen im Verwahrstellenvertrag zu treffen.[19] Bei alledem unterliegen die Pflichten der Verwahrstelle im Rahmen der Eigentumsverifikation dem Grundsatz der Verhältnismäßigkeit. Dies bedeutet z.B., dass die Verwahrstelle sich auf Kopien von Dokumenten verlassen kann, welche die Kapitalverwaltungsgesellschaft beigebracht hat.[20] 19

Ferner ist die Verwahrstelle verpflichtet, über alle nichtverwahrfähigen Vermögensgegenstände des AIF ein **Bestandsverzeichnis** zu führen, welches den Grundsätzen einer ordnungsgemäßen Buchführung entspricht und stets auf dem aktuellsten Stand zu halten ist (§ 81 Abs. 1 Nr. 2 Buchst. c KAGB).[21] 20

Auch die **Aufzeichnungspflicht** wird durch die AIFM-VO (Art. 90 Abs. 2 Buchst. c derselben) konkretisiert: Die Verwahrstelle hat in ihren Aufzeichnungen im Namen des AIF Vermögenswerte, bei denen sie sich vergewissert hat, dass der AIF bzw. die für dessen Rechnung handelnde Kapitalverwaltungsgesellschaft Eigentum hat, mit Angabe des jeweiligen Nominalwertes zu verbuchen und jederzeit ein umfassendes und aktuelles Verzeichnis über die Vermögenswerte zu führen, dass sie unter Angabe des jeweiligen Nominalwertes jederzeit vorlegen kann: 21

- Zu diesem Zweck hat die Verwahrstelle sicherzustellen, dass geeignete Verfahren implementiert sind, die gewährleisten, dass verbuchte Vermögensgegenstände nicht zugewiesen, übertragen, ausgetauscht oder übergeben werden können, ohne dass die Verwahrstelle oder ihr Beauftragter über solche Transaktionen informiert wurde.
- Die Kapitalverwaltungsgesellschaft hat der Verwahrstelle sofortigen Zugang zu den schriftlichen Nachweisen jeder Transaktion oder Position des Dritten zu gewähren und bei jedem Verkauf oder Erwerb von Vermögenswerten oder bei Tätigkeiten von Unternehmen, die zur Ausgabe von Finanzinstrumenten führen mindestens einmal jährlich, unverzüglich die entsprechenden Zertifikate oder andere schriftlichen Nachweise vorzulegen.

---

15 VerwahrstellenRS, Ziff. 4.3.2; *Boxberger* in Weitnauer/Boxberger/Anders, § 81KAGB Rz. 9.
16 VerwahrstellenRS, Ziff. 4.3.2.
17 VerwahrstellenRS, Ziff. 4.3.2.
18 VerwahrstellenRS, Ziff. 4.3.2.
19 *Boxberger* inWeitnauer/Boxberger/Anders, § 81 KAGB Rz. 13.
20 Ebenso *Schröder/Rahn*, GWR 2014, 49 (53).
21 VerwahrstellenRS, Ziff. 4.3.2.

– Die Verwahrstelle muss zudem in jedem Fall sicherstellen, dass die Kapitalverwaltungsgesellschaft über geeignete Verfahren verfügt und diese auch anwendet, um festzustellen, ob Vermögenswerte, welche der von ihr verwaltete AIF erwirbt, ordnungsgemäß in dessen Namen oder im Namen der für ihn handelnden Kapitalverwaltungsgesellschaft verbucht werden, und um die Übereinstimmung der Positionen in den Aufzeichnungen der Kapitalverwaltungsgesellschaft und den Vermögenswerten, bei denen sich die Verwahrstelle über die Eigentümerschaft des AIF vergewissert hat, überprüfen zu können. Es handelt sich somit um eine spezifische Kontrollpflicht der Verwahrstelle. Darüber hinaus ist die Kapitalverwaltungsgesellschaft ihrerseits zur Mitwirkung verpflichtet, indem sie sicherzustellen hat, dass die Verwahrstelle hinsichtlich der Vermögenswerte alle relevanten Informationen erhält, die sie benötigt, um ihr eigenes Abgleich- und Prüfverfahren durchführen zu können.
– Ferner muss die Verwahrstelle einen Eskalationsprozess für den Fall definieren, dass sie Abweichungen feststellt. Das Verfahren muss u.a. die Unterrichtung der Kapitalverwaltungsgesellschaft über die Abweichung und gegebenenfalls die Unterrichtung der BaFin erfassen, falls die Situation nicht geklärt oder korrigiert werden kann (vgl. Art. 90 Abs. 4 AIFM-VO).

22 Diese soeben dargestellten gegenseitigen Verpflichtungen von Verwahrstelle und Kapitalverwaltungsgesellschaft machen die enorme **Bedeutung des Prozesses** deutlich. Trotz der detaillierten Beschreibung der Anforderungen bleibt es dabei, dass es sich um eine prinzipienbasierte Regulierung handelt, welche der Verwahrstelle (im Zusammenspiel mit der Kapitalverwaltungsgesellschaft) einen Freiraum bei der organisationsprozessualen Detailgestaltung lässt.

23 Auch im Rahmen der **Eigentumsverifikation** gilt gem. Art. 90 Abs. 5 AIFM-VO der sog. **„Look Through-Ansatz"**. Darunter ist die Situation zu verstehen, in der die Kapitalverwaltungsgesellschaft aus Strukturierungsgründen mittelbar über eine Objektgesellschaft in Vermögensgegenstände investiert. In diesen Fällen dient die Objektgesellschaft lediglich als Vehikel zur Umsetzung der Portfolioverwaltung. Die Rechte und Pflichten der Verwahrstelle, insbesondere ihre Kontrollfunktion erstreckt sich auch auf die Objektgesellschaft und „ihre" Vermögensgegenstände, da nach Ansicht der BaFin ansonsten der Anlegerschutz gefährdet wäre und die hierzu geschaffenen Vorgaben weitgehend ins Leere liefen oder gezielt umgangen werden könnten.[22] Die BaFin führt diesbezüglich in dem VerwahrstellenRS aus:

„Investiert die Kapitalverwaltungsgesellschaft für das Investmentvermögen aus Strukturierungsgründen mittelbar über eine Objektgesellschaft in Vermögensgegenstände, sodass die Portfolioverwaltung gemäß Anlagestrategie mittelbar über die Objektgesellschaft ausgeführt wird, so handelt es sich bei der Objektgesellschaft regelmäßig nicht um ein Investmentvermögen. Die Objektgesellschaft verfolgt in diesen Fällen keine eigene Anlagestrategie, sondern dient lediglich als Vehikel zur Umsetzung der Anlagestrategie der Portfolioverwaltung. In diesen Fällen sind die Tätigkeiten der Objektgesellschaft und die von ihr gehaltenen Vermögensgegenstände aus Sicht der Verwahrstelle wie Tätigkeiten und Vermögensgegenstände des Investmentvermögens bzw. der Kapitalverwaltungsgesellschaft anzusehen. Die Rechte und Pflichten der Verwahrstelle, insbesondere die Verwahr- und Kontrollpflichten, erstrecken sich uneingeschränkt auf die Vermögensgegenstände und Tätigkeiten dieser Objektgesellschaften. Betreffend die Verwahrpflichten sehen Art. 89 Abs. 3 und Art. 90 Abs. 5 der Level-2-Verordnung diesen ‚Look-Through-Ansatz' für direkt oder indirekt vom AIF oder AIFM kontrollierte Finanz- und Rechtsstrukturen explizit vor. Der Umfang der Verantwortung der Verwahrstelle ist damit aber nicht abschließend geregelt. Die Verwahrstelle muss auch ihre Kontrolltätigkeit auf die Ebene der Objektgesellschaften erstrecken, da diese Vorgaben zum Schutz der Anlegerinteressen in mehrstöckigen Anlagestrukturen sonst weitgehend leerliefe oder gezielt umgangen werden könnte. Eine Kontrolle der Zahlungsströme auf Ebene der Objektgesellschaften muss die Verwahrstelle jedoch nicht durchführen. Im Rahmen des Verwahrstellenvertrages ist sicherzustellen, dass die Objektgesellschaften in die Informations- und Kontrollbefugnisse der Verwahrstelle sowie von diesen beauftragten Dritten einbezogen und die Kapitalverwaltungsgesellschaften zu entsprechenden vertraglichen Vereinbarungen mit den Objektgesellschaften verpflichtet werden. Verbriefungszweckgesellschaften, in deren Emissionen ein Investmentvermögen investiert ist, sind nicht als Objektgesellschaften in diesem Sinne anzusehen."

24 Die Pflicht zur Eigentumsverifikation und Führung eines Bestandverzeichnisses gelten hingegen nicht für **Dachfonds oder Master-Feeder-Strukturen**, sofern die Zielfonds über eine Verwahrstelle verfügen, die bezüglich der Vermögenswerte dieser Fonds die Eigentumsverhältnisse überprüft und Aufzeichnungsfunktionen wahrnimmt (Art. 90 Abs. 5 Unterabs. 2 AIFM-VO).

22 VerwahrstellenRS, Ziff. 3.

§ 82 Unterverwahrung

(1) Die Verwahrstelle kann die Verwahraufgaben nach § 81 auf ein anderes Unternehmen (Unterverwahrer) unter den folgenden Bedingungen auslagern:

1. die Aufgaben werden nicht in der Absicht übertragen, die Vorschriften dieses Gesetzes zu umgehen;
2. die Verwahrstelle kann darlegen, dass es einen objektiven Grund für die Unterverwahrung gibt;
3. die Verwahrstelle geht mit der gebotenen Sachkenntnis, Sorgfalt und Gewissenhaftigkeit vor
   a) bei der Auswahl und Bestellung eines Unterverwahrers, dem sie Teile ihrer Aufgaben übertragen möchte, und
   b) bei der laufenden Kontrolle und regelmäßigen Überprüfung von Unterverwahrern, denen sie Teile ihrer Aufgaben übertragen hat, und von Vorkehrungen des Unterverwahrers hinsichtlich der ihm übertragenen Aufgaben;
4. die Verwahrstelle stellt sicher, dass der Unterverwahrer jederzeit bei der Ausführung der ihm übertragenen Aufgaben die folgenden Bedingungen einhält:
   a) der Unterverwahrer verfügt über eine Organisationsstruktur und die Fachkenntnisse, die für die Art und die Komplexität der ihm anvertrauten Vermögensgegenstände des inländischen AIF oder der für dessen Rechnung handelnden AIF-Verwaltungsgesellschaft angemessen und geeignet sind,
   b) in Bezug auf die Verwahraufgaben nach § 81 Absatz 1 Nummer 1 unterliegt der Unterverwahrer einer wirksamen aufsichtlichen Regulierung, einschließlich Mindesteigenkapitalanforderungen, und einer Aufsicht in der betreffenden Jurisdiktion sowie einer regelmäßigen externen Rechnungsprüfung, durch die sichergestellt wird, dass sich die Finanzinstrumente in seinem Besitz befinden,
   c) der Unterverwahrer trennt die Vermögensgegenstände der Kunden der Verwahrstelle von seinen eigenen Vermögensgegenständen und von den Vermögensgegenständen der Verwahrstelle in einer solchen Weise, dass sie zu jeder Zeit eindeutig den Kunden einer bestimmten Verwahrstelle zugeordnet werden können,
   d) im Hinblick auf Spezial-AIF darf der Unterverwahrer die Vermögensgegenstände nicht ohne vorherige Zustimmung des inländischen Spezial-AIF oder der für Rechnung des inländischen Spezial-AIF tätigen AIF-Verwaltungsgesellschaft und vorherige Mitteilung an die Verwahrstelle verwenden; bei Publikums-AIF ist eine Wiederverwendung nur unter den Voraussetzungen des § 70 Absatz 5 zulässig; hinsichtlich der Weiterverwendung von als Sicherheit erhaltenen Finanzinstrumenten wird auf Artikel 15 der Verordnung (EU) 2015/2365 sowohl für Spezial-AIF als auch für Publikums-AIF verwiesen und
   e) der Unterverwahrer hält die Pflichten und Verbote nach den §§ 81 und 85 Absatz 1, 2 und 5 ein.

(2) Wenn es nach den Rechtsvorschriften eines Drittstaates vorgeschrieben ist, dass bestimmte Finanzinstrumente von einer ortsansässigen Einrichtung verwahrt werden müssen und wenn es keine ortsansässigen Einrichtungen gibt, die die Anforderungen für eine Beauftragung nach Absatz 1 Nummer 4 Buchstabe b erfüllen, darf die Verwahrstelle ihre Verwahrstellenaufgaben an eine solche ortsansässige Einrichtung nur insoweit und so lange übertragen, als es von dem Recht des Drittstaates gefordert wird und es keine ortsansässigen Einrichtungen gibt, die die Anforderungen für eine Unterverwahrung erfüllen; der erste Halbsatz gilt vorbehaltlich der folgenden Bedingungen:

1. die AIF-Verwaltungsgesellschaft hat die Anleger des jeweiligen inländischen AIF vor Tätigung ihrer Anlage ordnungsgemäß unterrichtet
   a) darüber, dass eine solche Unterverwahrung auf Grund rechtlicher Vorgaben im Recht des Drittstaates erforderlich ist, und
   b) über die Umstände, die die Übertragung rechtfertigen, und
2. der inländische AIF oder die für Rechnung des inländischen AIF tätige AIF-Verwaltungsgesellschaft muss die Verwahrstelle anweisen, die Verwahrung dieser Finanzinstrumente einer solchen ortsansässigen Einrichtung zu übertragen.

(3) [1]Der Unterverwahrer kann unter den Voraussetzungen nach den Absätzen 1 und 2 die Verwahraufgaben nach § 81 auf ein anderes Unternehmen unterauslagern. [2]§ 88 Absatz 3 und 4 gilt entsprechend für die jeweils Beteiligten.

(4) Mit Ausnahme der Verwahraufgaben nach § 81 darf die Verwahrstelle ihre nach diesem Unterabschnitt festgelegten Aufgaben nicht auslagern.

(5) Die Erbringung von Dienstleistungen nach der Richtlinie 98/26/EG durch Wertpapierliefer- und Abrechnungssysteme, wie es für die Zwecke jener Richtlinie vorgesehen ist, oder die Erbringung ähnlicher Dienstleistungen durch Wertpapierliefer- und Abrechnungssysteme von Drittstaaten wird für Zwecke dieser Vorschrift nicht als Auslagerung von Verwahraufgaben angesehen.

(6) [1]Die Sorgfaltspflichten von Verwahrstellen nach Absatz 1 Nummer 3 sowie die Trennungspflicht nach Absatz 1 Nummer 4 Buchstabe c bestimmen sich nach den Artikeln 98 und 99 der Delegierten Verordnung (EU) Nr. 231/2013. [2]Für Verwahrstellen, die Vermögenswerte von Publikums-AIF verwahren, gelten zudem § 73 Absatz 1 Nummer 4 Buchstabe d, Artikel 15 Absatz 1 bis 8 und die Art. 16 und 17 der Delegierten Verordnung (EU) 2016/438 entsprechend.

In der Fassung vom 4.7.2013 (BGBl. I 2013, S. 1981), zuletzt geändert durch das Zweite Finanzmarktnovellierungsgesetz (2. FiMaNoG) vom 23.6.2017 (BGBl. I 2017, S. 1693).

Schrifttum: S. Vor §§ 68 ff.

I. Überblick, Entstehungsgeschichte und Regelungszweck

1 § 82 KAGB regelt und begrenzt zugleich die **Übertragung der Verwahrfunktion durch die Verwahrstelle auf Dritte**. Im Zuge dieser Strukturierungsmaßnahmen entstehen sog. Verwahrketten. Es handelt sich dabei nicht um Auslagerungen im technischen Sinne, sondern um eine lange bekannte und praktizierte besondere Form der Verwahrung.

2 Die Voraussetzungen unter denen die Verwahrstelle ihre Verwahraufgaben nach § 82 KAGB auf sog. **Unterverwahrer** übertragen darf, regelt Abs. 1 der Vorschrift. So darf die Unterverwahrung nicht zur Umgehung der Vorschriften des KAGB erfolgen (§ 82 Abs. 1 Nr. 1 KAGB). Da die Verwahrfunktion grundsätzlich der Verwahrstelle selbst obliegt, muss sie gem. § 82 Abs. 1 Nr. 2 KAGB einen objektiven Grund für die Unterverwahrung darlegen. Ferner hat die Verwahrstelle bei der Auswahl und Bestellung eines Unterverwahrers, dem sie Teile ihrer Aufgaben übertragen möchte, mit der gebotenen Sachkenntnis, Sorgfalt und Gewissenhaftigkeit vorzugehen (§ 82 Abs. 1 Nr. 3 Buchst. a KAGB). Gleiches gilt für die laufende Kontrolle und regelmäßige Überprüfung eines Unterverwahrers, welchem die Verwahrstelle ihre Aufgaben übertragen hat, sowie auch der Vorkehrungen des Unterverwahrers hinsichtlich der ihm übertragenen Aufgaben (§ 82 Abs. 1 Nr. 3 Buchst. b KAGB). § 82 Abs. 1 Nr. 4 KAGB ordnet an, dass die Verwahrstelle jederzeit sicherstellen muss, dass der Unterverwahrer (i) seine Aufgaben ordnungsgemäß und gewissenhaft erledigt, (ii) selbst einer prudentiellen Aufsicht unterliegt, (iii) die Segregationsanforderungen einhält, (iv) die An-

forderungen an die Zulässigkeit der Rehypothekation einhält und (v) die Anforderungen an die Verwahrstandards und das Management von Interessenkonflikten eingehalten werden.

§ 82 Abs. 1 KAGB dient der Umsetzung von Art. 21 Abs. 11 Unterabs. 2 der AIFM-RL.[1] § 82 Abs. 1 Nr. 4 Buchst. d Halbs. 2 KAGB wurde durch das OGAW V-UmsG dahingehend geändert, dass bei Publikums-AIF eine Wiederverwendung durch den Unterverwahrer für Rechnung des Publikums-AIF unter den entsprechend anwendbaren Voraussetzungen des § 70 Abs. 5 KAGB zulässig ist.[2] Die Wendung „hinsichtlich der Weiterverwendung von als Sicherheit erhaltenen Finanzinstrumenten wird auf Artikel 15 der Verordnung (EU) 2015/2365 sowohl für Spezial-AIF als auch für Publikums-AIF verwiesen" wurde durch das 2. FiMaNoG eingefügt und dient der Umsetzung der sogenannten Securities Financing Transactions Regulation – SFTR. 3

§ 82 Abs. 2 KAGB enthält Sonderregelungen hinsichtlich der Verwahrung in Drittstaaten. Verlangen die Rechtsvorschriften eines Drittstaates für bestimmte Finanzinstrumente die Verwahrung durch eine ortsansässige Einrichtung, fehlt es jedoch an einer, die die Anforderungen für eine Beauftragung nach Maßgabe des § 82 Abs. 1 Nr. 4 Buchst. b KAGB erfüllt, ist es der Verwahrstelle unter den in der Vorschrift genannten Voraussetzungen erlaubt, ihre Verwahraufgaben auf eine solche Einrichtung zu übertragen. § 82 Abs. 2 KAGB dient der Umsetzung des Art. 21 Abs. 11 Unterabs. 3 der AIFM-RL.[3] 4

§ 82 Abs. 3 KAGB erlaubt es auch dem Unterverwahrer unter den Voraussetzungen des § 82 Abs. 1 und 2 KAGB die ihm nach § 81 KAGB übertragenen Verwahraufgaben seinerseits auf Dritte auszulagern (sog. Verlängerung der Verwahrkette). Hinsichtlich der Haftung verweist die Norm auf § 88 Abs. 3 und 4 KAGB. § 82 Abs. 3 KAGB dient der Umsetzung des Art. 21 Abs. 11 Unterabs. 4 der AIFM-RL.[4] 5

§ 82 Abs. 4 KAGB beschränkt die „Auslagerung"[5] ausschließlich auf die Übertragung der Verwahraufgaben nach § 81 KAGB. Andere in den §§ 80 ff. KAGB festgelegte (investmentspezifische Kontroll-) Aufgaben sind somit nicht auslagerungsfähig. Die Norm dient der Umsetzung des Art. 21 Abs. 11 Unterabs. 1 der AIFM-RL.[6] § 82 Abs. 4 KAGB beinhaltet jedoch kein generelles Auslagerungsverbot. 6

Besonderheiten gelten hinsichtlich der Inanspruchnahme von Dienstleistungen durch Wertpapierliefer- und Abrechnungssysteme. **§ 82 Abs. 5 KAGB** stellt klar, dass die Erbringung von Dienstleistungen nach der Richtlinie 98/26/EG (Finalitätsrichtlinie) oder vergleichbare Dienstleistungen in Drittstaaten für Zwecke des § 82 KAGB nicht als Auslagerung von Verwahraufgaben anzusehen sind. § 82 Abs. 5 KAGB setzt Art. 21 Abs. 11 Unterabs. 5 der AIFM-RL um.[7] 7

Hinsichtlich der Sorgfaltspflichten nach § 82 Abs. 1 Nr. 3 KAGB sowie der Trennungspflicht nach § 82 Abs. 1 Nr. 4 Buchst. c KAGB verweist **§ 82 Abs. 6 Satz 1 KAGB** auf die Art. 98 und 99 der AIFM-VO. § 82 Abs. 6 Satz 1 KAGB geht auf § 82 Abs. 6 AIFM-UmsG zurück.[8] § 82 Satz 2 KAGB wurde durch das 2. FiMaNoG eingefügt. Vor dem Hintergrund der durch den Gesetzgeber angenommenen gleichen Schutzwürdigkeit und Schutzbedürftigkeit der Anleger sieht der neue § 82 Abs. 6 Satz 2 KAGB eine Erstreckung der neuen, durch delegierte Rechtsakte konkretisierten Vorgaben zur Sicherstellung der Insolvenzfestigkeit der Vermögensgegenstände eines OGAW im Falle der Unterverwahrung auch auf Publikums-AIF vor.[9] 8

II. Bedingungen für die Bestellung eines Unterverwahrers (§ 82 Abs. 1 KAGB i.V.m. § 82 Abs. 6 Satz 1 KAGB)

1. Umgehungsverbot (§ 82 Abs. 1 Nr. 1 KAGB)

§ 82 Abs. 1 KAGB regelt die Bedingungen für die Bestellung eines Unterverwahrers. Nach § 82 Abs. 1 Nr. 1 KAGB ist die Bestellung verboten, sofern sie in der Absicht erfolgt, die Vorschriften des KAGB zu umgehen. 9

1 Begr. RegE, BT-Drucks. 17/12294, S. 233.
2 Begr. RegE, BT-Drucks. 18/6744, S. 57.
3 Begr. RegE, BT-Drucks. 17/12294, S. 233.
4 Begr. RegE, BT-Drucks. 17/12294, S. 233.
5 Es handelt sich nicht um eine Auslagerung nach Maßgabe des § 36 KAGB, auch nicht entsprechend, sondern um eine besondere Erscheinungsform der Verwahrung.
6 Begr. RegE, BT-Drucks. 17/12294, S. 233.
7 Begr. RegE, BT-Drucks. 17/12294, S. 233.
8 Begr. RegE, BT-Drucks. 17/12294, S. 233.
9 Begr. RegE, BT-Drucks. 18/10936, S. 276.

10 Da die Verwahrstelle ausschließlich dem Interesse der Anleger verpflichtet ist, soll sich der Anlegerschutz durch die Bestellung eines Unterverwahrers nicht verringern und die Verwahrstelle sich nicht ihrer gesetzlichen Aufgaben und Pflichten, vor allem aber ihrer Haftung gegenüber den Anlegern, entziehen können.[10] Die praktische Bedeutung dieses **Umgehungsverbots** dürfte indes gering sein, da eine Umgehungsabsicht bzw. der Vorsatz hierzu in der Praxis wohl schwerlich nachzuweisen sein wird.[11]

2. Objektiver Grund für die Unterverwahrung (§ 82 Abs. 2 Nr. 2 KAGB)

11 Grundsätzlich ist es originäre Pflicht der Verwahrstelle, die Vermögenswerte des AIF selbst zu verwahren. Daher schränkt § 82 Abs. 1 Nr. 2 KAGB die **Zulässigkeit einer Unterverwahrung** insoweit ein, als dass die Verwahraufgaben nur dann auf Dritte übertragen werden dürfen, wenn ein objektiver Grund hierfür durch die Verwahrstelle dargelegt werden kann.[12] Es handelt sich jedoch aus Sicht der Verwahrstelle nicht um eine Auslagerung im technischen Sinne, sondern vielmehr um eine besondere Form der Verwahrung. Damit ist auch der Anwendungsbereich des § 25b KWG nicht eröffnet.[13]

12 Fraglich ist, was unter dem **Begriff des „objektiven Grundes"** zu verstehen ist.[14] Weder das KAGB selbst noch die AIFM-VO enthalten Anhaltspunkte für eine Konkretisierung dieses Begriffs, so dass es einer entsprechenden Auslegung des Rechtsanwenders bedarf.

13 Zunächst kann bereits aus dem Erfordernis des Vorliegens eines objektiven Grundes der Schluss gezogen werden, dass zumindest **allein subjektive Gründe nicht ausreichend** sind. So reicht es beispielsweise nicht aus, dass die Verwahrstelle kein Interesse mehr an der Verwahrung der Vermögenswerte des AIF hat oder eine Auslagerung dieser Tätigkeit für die Verwahrstelle sinnvoll erscheint.[15]

14 Zu berücksichtigen ist, dass AIF häufig weltweit anlegen und es über das Zumutbare hinausginge, von der Verwahrstelle zu verlangen, weltweit präsent zu sein und die Vermögensgegenstände selbst zu verwahren. Auch schreiben einige Rechtsordnungen anderer Staaten vor, dass eine Verwahrung nur durch ein in diesem Staat ansässige Einrichtung verwahrt werden darf. So dürfte ein objektiver Grund zumindest in den Fällen vorliegen, in denen sich die Verwahrstelle eines lokalen Unterverwahrers bedienen muss, wenn das Recht des betreffenden Staates die Verwahrung durch ortsansässige Einrichtungen verlangt und die Verwahrstelle selbst in diesem Land nicht präsent ist bzw. keine Niederlassung unterhält.[16] So liegt ein objektiver Grund für die Bestellung eines Unterverwahrers dann vor, wenn z.B. die Lieferung von an einer ausländischen Börse erworbenen Wertpapieren aus rechtlichen, tatsächlichen oder wirtschaftlichen Gründen nicht möglich ist.[17] Es handelt sich bei den soeben dargestellten Fallgestaltungen mithin um Umstände, bei denen sich der **objektive Grund aus Sicht der Verwahrstelle aus der konkreten Belegenheit des Vermögensgegenstands ergibt.**

15 Die Unterverwahrung kann auch **wirtschaftlich zugunsten des AIF** sein, wenn sie zu einer Senkung der Kosten führt und somit insgesamt die Effizienz des AIF steigert, so dass auch hierin ein objektiver Grund i.S.d. § 82 Abs. 1 Nr. 2 KAGB angenommen werden kann.

16 Zu berücksichtigen ist ferner, dass der ortsansässige Unterverwahrer meistens eine umfassendere Kenntnis über die Rechtsordnung des betreffenden Staates sowie dessen Märkte haben und somit insgesamt über ein besseres Know-how verfügen wird als die Verwahrstelle selbst.[18]

17 Zwar ist die Bestellung eines Unterverwahrers, anders als die Bestellung der Verwahrstelle nach Maßgabe des § 80 KAGB, nicht von einer Genehmigung seitens BaFin abhängig. Jedoch hat die Verwahrstelle den objektiven Grund „darzulegen". Daraus lässt sich schließen, dass die Verwahrstelle gegenüber der BaFin als zuständige Aufsichtsbehörde die **Beweislast** für das Vorliegen eines objektiven Grundes trifft und die **BaFin gegebenenfalls die Unterverwahrung unterbinden kann**, sofern die Verwahrstelle den entsprechenden

10 *Moericke* in Baur/Tappen, § 82 KAGB Rz. 8.
11 *Tollmann* in Dornseifer/Jesch/Klebeck/Tollmann, Art. 21 AIFM-RL Rz. 327.
12 Vgl. auch ErwGr. 39 der AIFM-RL.
13 Ebenso *Moericke* in Baur/Tappen, § 82 KAGB Rz. 44 f., sowie *Schäfer* in Moritz/Klebeck/Jesch, § 82 KAGB Rz. 35.
14 Vgl. zu dieser Fragestellung auch *Klusak* in Weitnauer/Boxberger/Anders, § 73 KAGB Rz. 8 f.; *Moericke* in Baur/Tappen, § 82 KAGB Rz. 10 f.; *Tollmann* in Dornseifer/Jesch/Klebeck/Tollmann, Art. 21 AIFM-RL Rz. 328.
15 *Tollmann* in Dornseifer/Jesch/Klebeck/Tollmann, Art. 21 AIFM-RL Rz. 329; *Moericke* in Baur/Tappen, § 82 KAGB Rz. 10 f.
16 *Tollmann* in Dornseifer/Jesch/Klebeck/Tollmann, Art. 21 AIFM-RL Rz. 331.
17 *Moericke* in Baur/Tappen, § 82 KAGB Rz. 10 f.
18 *Tollmann* in Dornseifer/Jesch/Klebeck/Tollmann, Art. 21 AIFM-RL Rz. 331 f.

Nachweis nicht erbringt oder nicht erbringen kann.[19] Diese „Nachweispflicht" ist jedoch nicht im Sinne einer Anzeigepflicht der Bestellung zu verstehen. Vielmehr muss der Nachweis (z.B.) im Rahmen einer aufsichtlichen Prüfung erbracht werden können.

3. Vorgehen der Verwahrstelle mit Sachkenntnis, Sorgfalt und Gewissenhaftigkeit (§ 82 Abs. 1 Nr. 3 KAGB)

Die Verwahrstelle muss sowohl vorab bei der Auswahl und Bestellung des Unterverwahrers, als auch später im Rahmen der laufenden Kontrolle und regelmäßigen Überprüfung des Dritten, auf den sie Teile ihrer Aufgaben übertragen hat, mit der entsprechenden **Sachkenntnis, Sorgfalt und Gewissenhaftigkeit** vorgehen (§ 82 Abs. 1 Nr. 3 KAGB).[20] In Bezug zur Eignung des Dritten als Unterverwahrer sowie auch in Bezug zu dem genannten Sorgfaltsmaßstab bei Auswahl, Bestellung und Überprüfung sind strenge Anforderungen zu stellen.[21] Dies gebietet letztlich auch der zu gewährleistende Anlegerschutz, der durch die Unterverwahrung nicht verringert werden darf. Die konkreten Sorgfaltspflichten, welche die Verwahrstelle diesbezüglich treffen, werden in Art. 98 der AIFM-VO näher konkretisiert. § 82 Abs. 6 Satz 1 KAGB dient im Hinblick auf die unmittelbare Geltung der AIFM-VO in diesem Zusammenhang nur der Herstellung von Normklarheit. Insbesondere die Anforderungen an die durchzuführende Due Diligence nach Maßgabe des Art. 98 Abs. 2 AIFM-VO sind weitreichend und erfordern eine sehr umfangreiche Offenlegung der internen Prozesse und Verfahren des für eine Bestellung in Betracht kommenden Unterverwahrers. 18

Wird ein **in der EU ansässiges Institut** als Unterverwahrer bestellt, kann grundsätzlich von einer sorgfältigen Auswahl ausgegangen werden, da diese Institute ihrerseits umfangreichen aufsichtsrechtlichen Regelungen unterliegen, die durch die jeweils zuständige Aufsichtsbehörde des Mitgliedstaates überwacht werden. Ferner darf die Unterverwahrung auch mit den sonstigen, dem Anlegerschutz dienenden Bestimmungen des KAGB nicht kollidieren, insbesondere dem Verbot von Interessenkollisionen. So empfiehlt auch die BaFin zur Vermeidung von Interessenkonflikten, dass sich Kapitalverwaltungsgesellschaft und Verwahrstelle gegenseitig regelmäßig Einzelheiten zu Dritten übermitteln, die sie jeweils mit einem Teil ihrer Aufgaben beauftragt haben und dieses Verfahren im Verwahrstellenvertrag zu fixieren.[22] 19

4. Anforderungen an den Unterverwahrer (§ 82 Abs. 1 Nr. 4 KAGB)

§ 82 Abs. 1 Nr. 4 KAGB nennt die Bedingungen, die der Unterverwahrer fortlaufend bei der Ausführung der ihm übertragenen Aufgaben erfüllen muss und deren Einhaltung von der Verwahrstelle sicherzustellen ist. 20

Nach Maßgabe des § 82 Abs. 1 Nr. 4 Buchst. a KAGB muss der Dritte über entsprechende **Organisationsstrukturen und Fachkenntnisse** verfügen, die für die Art und Komplexität der ihm anvertrauten Vermögensgegenstände angemessen und geeignet sind. Hinsichtlich der Organisationsstrukturen muss der Unterverwahrer quantitativ und qualitativ über ausreichende und angemessene technische und personelle Ressourcen verfügen. Dies erfordert personell vor allem die notwendigen Qualifikationen, um die übertragenen Aufgaben sachgerecht erfüllen zu können, was gegebenenfalls durch regelmäßige Aus- und Weiterbildungsmaßnahmen zu gewährleisten ist. Ferner ist stets das Gebot der Interessenwahrung bzw. das Verbot von Interessenkollisionen etwa durch personelle Verflechtungen zu berücksichtigen.[23] 21

Hinsichtlich der technischen Ressourcen ist insbesondere die **IT-Ausstattung** von maßgeblicher Bedeutung. Hierbei sind die speziellen Anforderungen aus Art. 58 Nr. 1 AIFM-VO heranzuziehen, wonach angemessene und ausreichende Vorkehrungen für geeignete elektronische Systeme getroffen werden müssen, um eine zeitnahe und ordnungsgemäße Aufzeichnung jedes Portfoliogeschäfts und jedes Zeichnungsauftrags oder gegebenenfalls Rücknahmeauftrags zu ermöglichen.[24] Sowohl hinsichtlich der organisatorischen als auch personellen Ressourcen orientieren sich die jeweiligen Anforderungen stets auch an der Komplexität der anvertrauten Vermögensgegenstände. 22

Ferner muss der mit der Unterverwahrung beauftragte Dritte in Bezug auf die Verwahraufgaben nach § 81 Abs. 1 Nr. 4 Buchst. b KAGB einer **wirksamen aufsichtlichen Regulierung** unterliegen, einschließlich Mindesteigenkapitalanforderungen, und einer Aufsicht in der betreffenden Jurisdiktion sowie einer regelmäßigen externen Rechnungsprüfung, durch die sichergestellt wird, dass die Finanzinstrumente sich in sei- 23

19 *Tollmann* in Dornseifer/Jesch/Klebeck/Tollmann, Art. 21 AIFM-RL Rz. 335.
20 Kritisch zu diesen Due Diligence-Anforderungen *Moroni/Wibbeke*, RdF 2015, 187 (191 f.).
21 Vgl. auch ErwGr. 39 der AIFM-RL.
22 Verwahrstellen-RS, Ziff. 5.5.
23 *Tollmann* in Dornseifer/Jesch/Klebeck/Tollmann, Art. 18 AIFM-RL Rz. 13 f.
24 *Tollmann* in Dornseifer/Jesch/Klebeck/Tollmann, Art. 18 AIFM-RL Rz. 16 f.

nem Besitz befinden. Innerhalb der EU sind diese Voraussetzungen nur bei solchen Unternehmen erfüllt, die auch selbst (abgesehen von ihrer Belegenheit) von der Kapitalverwaltungsgesellschaft für den AIF nach Maßgabe des § 80 KAGB als Verwahrstelle bestellt werden könnten oder als Wertpapiersammelbanken nach Maßgabe des § 1 Abs. 2 DepotG oder als Zentralverwahrer nach Art. 2 Abs. 11 Nr. 1 i.V.m. Art. 16 CSDR[25] zugelassen sind.[26]

24 § 82 Abs. 1 Nr. 4 Buchst. c KAGB fordert eine **strikte Segregierung der Vermögensgegenstände**. Der Unterverwahrer muss die Vermögensgegenstände der Kunden der Verwahrstelle von seinen eigenen Vermögensgegenständen und von den Vermögensgegenständen der Verwahrstelle in einer solchen Weise trennen, dass sie zu jeder Zeit eindeutig den Kunden einer bestimmten Verwahrstelle zugeordnet werden können. Nur so sind die Anleger des AIF vor dem Insolvenzrisiko der Verwahrstelle ausreichend geschützt. Denn ein Aussonderungsrecht nach § 47 InsO setzt stets voraus, dass der Betroffene auf Grund eines dinglichen oder persönlichen Rechts geltend machen kann, der jeweilige Gegenstand gehöre nicht zur Insolvenzmasse des Schuldners. Dies erfordert eine klare Unterscheidung der Vermögensgegenstände des AIF in der Insolvenzmasse.[27]

25 Mit Blick auf die Verwahrung von Vermögensgegenständen mehrerer Kunden auf einem sog. **„Omnibuskonto"** ging die ESMA im Rahmen der Konsultation für Richtlinien für die getrennte Verwahrung von Vermögensgegenständen[28] davon aus, dass dies nur insoweit zulässig sei, als es sich dabei um **Vermögensgegenstände von AIF derselben Verwahrstelle** handelt.[29] Durch diesen Ansatz sollte das Risiko der Anleger, welches bei dem sog. „Pooling" von Vermögensgegenständen insbesondere im Fall der Insolvenz einer beteiligten Partei entsteht, möglichst gering gehalten werden. Aufgrund dieses Ansatzes ließ die ESMA sämtliche Ausgestaltungsmöglichkeiten von Omnibuskonten, welche die Vermischung verschiedener Vermögenswerte zuließen, außer Betracht. Im Rahmen der Konsultation äußerten viele der teilnehmenden Unternehmen aufgrund des hohen (Kosten-) Aufwands und der Zweifel an der Wirksamkeit dieses Ansatzes mit Blick auf den Anlegerschutz Bedenken gegen den Vorschlag der ESMA.[30] Beispielsweise äußerte sich die Depositary and Trustee Association (DATA) wie folgt:

„Both of the options identified by ESMA would result in significant **increased costs** to our members, both one off and ongoing, which DATA considers **outweighs any perceived increase in investor protection** and which ultimately could be borne by investors. While it is not possible for DATA to quantify these costs at this stage, we do know that the extensive restructuring required to existing accounts and custodial arrangements is indicative of the significance of the cost impact." (Hervorhebungen durch die Verfasser)

Die Association of Global Custodians, European Committee argumentierte in die gleiche Richtung:

„An **omnibus account consisting solely of AIF assets will not provide greater protection for the assets of any individual AIF**, as compared to an omnibus account for multiple client categories, as those assets will still be pooled on an omnibus basis with other AIF assets. The segregation of assets by client type, rather than on the basis of other, economic factors – such as taxation status in the relevant jurisdiction – is essentially an arbitrary distinction which we do not believe would provide additional protection to clients inside or outside of the relevant omnibus account." (Hervorhebungen durch die Verfasser)

Aufgrund der Antworten im Rahmen der Konsultation veröffentlichte die ESMA am 15.7.2016 einen **„Call for Evidence"**[31] mit dem Informationen zu weiteren Möglichkeiten der **Ausgestaltung von Omnibuskonten** eingeholt werden sollten. Dabei standen insbesondere Varianten im Fokus, welche die ESMA im Rahmen der ursprünglichen Konsultation unberücksichtigt ließ, da sie die Vermischung verschiedener Vermögensgegenstände zulassen würden. Eine endgültige Stellungnahme der ESMA und damit weitere Empfehlungen zur Ausgestaltung von Omnibuskonten wurden am 20.7.2017 in der *Opinion – Asset segregation and application of depositary delegation rules to CSDs*[32] abgegeben. In dieser Opinion gibt die ESMA insbesondere die folgende Empfehlung ab[33]: „ESMA invites the EU institutions to consider legislative clarifications in the UCITS and AIFMD framework in order to prescribe the following minimum requirements at the level of the delegate: a minimum of 3 different segregated accounts per depositary should be required

25 VO (EU) Nr. 909/2014 (Central Securities Depositories Regulation).
26 VerwahrstellenRS, Ziff. 5.2.
27 *Tollmann* in Dornseifer/Jesch/Klebeck/Tollmann, Art. 21 AIFM-RL Rz. 354 f.
28 Vgl. auch http://www.esma.europa.eu/system/files/2014-1326_cp_-_guidelines_on_aifmd_asset_segregation.pdf.
29 VerwahrstellenRS, Ziff. 5.2.
30 Sämtliche Antworten im Rahmen dieser Konsultation sind unter folgendem Link abrufbar: https://www.esma.europa.eu/press-news/consultations/consultation-guidelines-asset-segregation-under-aifmd.
31 Abrufbar unter: https://www.esma.europa.eu/sites/default/files/library/2016-1137_call_for_evidence_asset_segregation.pdf.
32 ESMA34-45-277, abrufbar unter: https://www.esma.europa.eu/sites/default/files/library/esma34-45-277_opinion_34_on_asset_segregation_and_custody_services.pdf.
33 Opinion, para. 89.

at the level of the delegate as follows: 1) own assets of the delegate, 2) own assets of depositary, and 3) assets of depositary's clients."

In Fortentwicklung des auf der Ebene der ESMA durch die Opinion vom 20.7.2017 beendeten Verfahrens hat die Europäische Kommission zwei Delegierte Verordnungen erarbeitet. Dabei handelt es sich um die Delegierte Verordnung zur Änderung der Delegierten Verordnung (EU) 2016/438 in Bezug auf die Verwahrpflichten von Verwahrstellen hinsichtlich OGAW (C(2018) 4379 final)[34] und um die Delegierte Verordnung zur Änderung der Delegierten Verordnung (EU) Nr. 231/2013 in Bezug auf die Verwahrpflichten von Verwahrstellen im Hinblick auf AIF (C(2018) 4377 final)[35]. Mit dem Erlass der beiden Verordnungen wird der Opinion der ESMA vom 20.7.2017 gefolgt. Die Verordnungsvorschläge sollen jeweils zwanzig Tage nach ihrer Veröffentlichung im Amtsblatt der EU in Kraft treten. Für die Umsetzung der Vorgaben haben die Verwahrstellen **achtzehn Monate nach der Veröffentlichung im Amtsblatt der EU** Zeit. Mit den Verordnungsvorschlägen sollen die Vorgaben an die Verwahrung der Vermögensgegenstände durch Verwahrer und auch Unterverwahrer weiter präzisiert werden. Allem voran[36] wird **Art. 99 AIFM-VO**[37] geändert, um für den Fall der Einschaltung von Unterverwahrern die Trennungspflicht für Vermögenswerte präziser festzulegen. Ein Unterverwahrer kann demnach die Vermögensgegenstände von OGAW, AIF-Kunden sowie anderen Kunden einer Verwahrstelle auf demselben Sammelkonto halten, sofern seine eigenen Vermögensgegenstände, die eigenen Vermögensgegenstände der Verwahrstelle und die Vermögensgegenstände, die anderen Kunden des Unterverwahrers gehören, in davon getrennten Depots gehalten werden. Des Weiteren ist eine Neuerung bei der Übertragung der Verwahrfunktion auf einen in einem Drittland ansässigen Unterverwahrer zu beachten: Mit Geltung der Verordnungsvorschläge müssen die Verwahrstellen ein Rechtsgutachten von einer unabhängigen natürlichen oder juristischen Person einholen, in welchem bestätigt wird, dass nach geltendem Insolvenzrecht die zur Verwahrung übertragenen Vermögensgegenstände getrennt von den eigenen Vermögensgegenständen und solchen anderer Kunden gehalten werden und darüber hinaus die übertragenen Vermögensgegenstände im Falle einer Insolvenz nicht Teil des Vermögens des Unterverwahrers sind. Insgesamt soll somit ein ausgewogenes Verhältnis zwischen Anlegerschutz und dem Aufwand für die jeweiligen (Unter-)Verwahrer hergestellt werden. 25a

Detaillierte **Vorgaben zur Trennungspflicht** sind in Art. 99 der AIFM-VO bestimmt. Der Verweis in § 82 Abs. 6 Satz 1 KAGB hat im Hinblick auf die unmittelbare Geltung der AIFM-VO in diesem Zusammenhang nur eine klarstellende Funktion. Art. 99 der AIFM-VO enthält Detailanforderungen an die Sicherstellung der Integrität der Aufzeichnungen und Verfahren und enthält zudem Anforderungen an den Kontenabgleich. Zudem trifft die Verwahrstelle eine explizite Pflicht, die insolvenzrechtlichen Wirkungen der Segregation (Aussonderung) sicherzustellen – vgl. hierzu Art. 99 Abs. 2 AIFM-VO sowie die zukünftigen Änderungen durch die unter Rz. 25a besprochene Delegierte Verordnung. 26

Nach alter Rechtslage war eine **Wiederverwendung der Vermögensgegenstände** nur bei Spezial-AIF und dort auch nur vorbehaltlich der Zustimmung des Spezial-AIF bzw. für dessen Rechnung handelnde Verwaltungsgesellschaft zulässig. 27

Nach dem OGAW V-UmsG ist eine **Wiederverwendung nunmehr grundsätzlich auch bei OGAW und Publikums-AIF zulässig**, sofern die Bedingungen des § 70 Abs. 5 KAGB erfüllt sind. Da § 82 Abs. 1 Nr. 4 Buchst. d KAGB auf diese Vorschrift verweist und diese somit entsprechend auch auf Publikums-AIF Anwendung findet, wird auf die Kommentierung des § 70 Abs. 5 KAGB verwiesen. 28

Ferner stellt § 82 Abs. 1 Nr. 4 Buchst. e KAGB klar, dass die Verbote und Pflichten nach §§ 81, 85 Abs. 1, 2 und 5 KAGB nicht nur für die Verwahrstelle selbst, sondern gleichsam auch für den Unterverwahrer gelten. 29

5. Exkurs: Grenzüberschreitende Unterverwahrung

Im grenzüberschreitenden Wertpapierverkehr ist kollisionsrechtlich zunächst zwischen dem Recht am Papier (**Wertpapiersachstatut**) und dem Recht aus dem Papier (**Wertpapierrechtsstatut**) zu differenzieren. Während sich das Wertpapierrechtsstatut nach dem jeweils verbrieften Recht richtet, betrifft das Wert- 30

34 Abrufbar unter: http://ec.europa.eu/finance/docs/level-2-measures/ucits-directive-delegated-regulation-2018-4379_en.pdf.

35 Abrufbar unter: https://eur-lex.europa.eu/legal-content/DE/TXT/PDF/?uri=PI_COM:C(2018)4377&from=EN.

36 Vgl. Begründung sowie Erwägungsgrund Nr. 2 zu C(2018) 4379 final, S. 2, 4 sowie Begründung und Erwägungsgrund Nr. 2 zu C(2018) 4377 final, S. 2, 4. – flankierend werden die Anforderungen an den Kontenabgleich und die Kontoaufzeichnungen durch Anpassungen an Art. 89 AIFM-VO erhöht sowie erweiterte Mindestinhalte des Verwahrstellenvertrags festgelegt (Art. 98 AIFM-VO).

37 Und für OGAW Art. 16 der OGAW-VO.

papiersachstatut die dingliche Rechtslage.[38] Das deutsche internationale Privatrecht knüpft hierfür grundsätzlich an das *lex rei sitae*, also den Belegenheitsort des Wertpapiers an. Soweit man von dem ursprünglichen Konzept, der Verkörperung des verbrieften Rechts in einer Urkunde ausgeht, lässt sich das jeweils anwendbare Recht unproblematisch bestimmen.

31 Die moderne Praxis der Wertpapierverwahrung und Wertpapierverfügung hat jedoch zunehmend die traditionellen Rechtsgrundsätze in vielen Rechtsordnungen abgelöst. Heutzutage werden Wertpapierurkunden meistens bei Wertpapiersammelbanken (sog. **Central Securities Depository-CSD**) zentral verwahrt. Durch die Sammelverwahrung verliert der Eigentümer der Wertpapiere seine bisherige eigentumsrechtliche Position und wird ex lege Miteigentümer nach Bruchteilen an den zum Sammelbestand des Verwahrers gehörenden Wertpapieren derselben Art (vgl. § 6 Abs. 1 DepotG). Die Wertpapiersammelbank, in Deutschland die **Clearstream Banking AG**, verwahrt den Sammelbestand als Drittverwahrer i.S.d. § 3 DepotG, nicht jedoch unmittelbar für die Endkunden. (Erst-)Verwahrer sind vielmehr die jeweiligen Depotbanken, welche als Zwischenverwahrer die Wertpapiere bei der Clearstream Banking AG hinterlegen (vgl. § 5 DepotG).[39]

32 Im **internationalen Effektengiroverkehr** führt der Verzicht auf eine Urkunde im eigentlichen Sinne und der Übergang zu einem rein elektronisch geführten System von Buchrechten zu einer „Entmaterialisierung" und gleichzeitig zu einer „Immobilisierung", da zur Übertragung eines verbrieften Rechts keine Urkunden mehr physisch bewegt werden müssen.[40] Die Übertragung dieser „entmaterialisierten Werte" richtet sich nach denselben Vorschriften wie die über verbriefte Effekten und wird diesen somit gleichgestellt.[41]

33 Problematisch gestalten können sich Sachverhalte mit Auslandsbezug. Hierbei sind zunächst zwei Konstellationen zu unterscheiden: 1) Die Depotbank schafft ausländische Wertpapiere an und verwahrt diese bei der ausländischen Wertpapiersammelbank oder 2) Die Depotbank verwahrt ihre Wertpapiere bei der Clearstream Banking AG, welche Wertpapiere einem ausländischen Verwahrer im Rahmen einer bestehenden Kontoverbindung zur Sammelverwahrung anvertraut (Effektengiroverkehr unter gegenseitiger Kontoverbindung).

a) Drittverwahrung im Ausland

34 Nach Maßgabe des **§ 3 Abs. 1 Satz 1 DepotG** ist es einem Verwahrer gestattet, Wertpapiere unter seinem Namen einem anderen Verwahrer anzuvertrauen. In der Literatur ist teilweise streitig, ob eine Auslandverwahrung außerhalb des Anwendungsbereichs des § 5 Abs. 4 DepotG ohne Zustimmung des Hinterlegers hierzu überhaupt zulässig ist. Dies insbesondere vor dem Hintergrund, dass ausländische Rechtsordnungen mit der sachenrechtlich konstruierten Rechtsposition des Anlegers als (Mit-) Eigentümer inkompatibel sein können und die Depotbank ihre Pflicht zur (Mit-) Eigentumsverschaffung nicht erfüllen kann. Ferner ist möglich, dass ausländische Vorschriften in Fragen des Anlegerschutzes, insbesondere dem Schutz der Anleger vor Verlust ihrer Wertpapiere im Falle der Insolvenz eines Intermediärs, unterlegen sind. Dennoch ist nach herrschender Meinung eine **Drittverwahrung im Ausland unter bestimmten Bedingungen zulässig.** Insbesondere muss die inländische Depotbank sicherstellen, dass ihr als Hinterlegerin hinsichtlich der verwahrten Wertpapiere eine Rechtsstellung eingeräumt wird, welche dem DepotG vergleichbar ist. In der Praxis erfolgt dies durch Abgabe einer sog. Drei-Punkte Erklärung, in welcher die ausländische Verwahrstelle gegenüber der Depotbank a) ausdrücklich erklärt, zur Kenntnis genommen zu haben, dass Wertpapiere für Kunden (und nicht für die Depotbanken als Nostrogeschäft) verwahrt werden, b) zusichern, dass Pfand-, Zurückbehaltungs- und ähnliche Rechte an den verwahrten Werten nur wegen solcher Forderungen erhoben werden, die sich aus der Anschaffung, der Verwaltung und der Verwahrung der hinterlegten Wertpapiere ergeben, und sich dazu verpflichten, die inländische Depotbank unverzüglich von Pfändungen oder sonstigen Maßnahmen der Zwangsvollstreckung durch Dritte bezüglich der hinterlegten Wertpapiere zu unterrichten, sowie c) zusichern, dass die Wertpapiere nicht ohne Zustimmung der deutschen Depotbank außer Landes verbracht und/oder einem Dritten zur Verwahrung anvertraut werden.[42]

---

38 *Wendehorst* in MünchKomm. BGB, 7. Aufl. 2018, Art. 43 EGBGB Rz. 194 f.

39 *Wendehorst* in MünchKomm. BGB, 7. Aufl. 2018, Art. 43 EGBGB Rz. 207 ff.; *Binder* in Langenbucher/Bliesener/Spindler, Bankrechts-Kommentar, Kap. 38 Rz. 6.

40 *Binder* in Langenbucher/Bliesener/Spindler, Bankrechts-Kommentar, Kap. 38 Rz. 1 ff.

41 *Einsele*, WM 2011, 7.

42 *Binder* in Langenbucher/Bliesener/Spindler, Bankrechts-Kommentar, Kap. 38 Rz. 55a; *Klanten* in Schimansky/Bunte/Lwowski, Bankrechts-Handbuch, § 72 Rz. 144; vgl. auch BaFin Rundschreiben 6/2010 (WA) zu den Aufgaben und Pflichten der Depotbank nach §§ 20 ff. InvG vom 2.7.2010, abrufbar unter https://www.bafin.de/SharedDocs/Downloads/DE/Rundschreiben/dl_rs_101117_depotbankrs_bafinjournal_0710.pdf?__blob=publicationFile.

Soweit die o.g. Anforderungen an eine Drittverwahrung im Ausland erfüllt sind, erwirbt die inländische Depotbank für ihre inländischen Kunden **Treuhand(mit)eigentum bzw. eine funktionsäquivalente Rechtsposition** nach der jeweils anwendbaren Rechtsordnung an den betreffenden Werten und erteilt ihren Kunden darüber eine sog. Gutschrift in Wertpapierrechnung („Treuhand-WR-Gutschrift"). An die Stelle des depotrechtlichen Verwahrungs- tritt damit ein Treuhandverhältnis, das den Kunden in eine der Inlandsverwahrung wirtschaftlich zumindest vergleichbare Lage setzen soll.[43] 35

b) Effektengiroverkehr unter gegenseitiger Kontoverbindung

§ 5 Abs. 4 DepotG erlaubt es Wertpapiersammelbanken ausländischen Verwahrern, im Rahmen einer gegenseitigen Kontoverbindung, die zur Aufnahme eines grenzüberschreitenden Effektengiroverkehrs vereinbart wurden, Wertpapiere zur Sammelverwahrung anzuvertrauen, sofern die darin genannten Voraussetzungen erfüllt sind. Durch die gegenseitige Kontoverbindung bilden die im Ausland verwahrten Wertpapiere zusammen mit den im Inland durch die Clearstream, Banking AG verwahrten Wertpapiere derselben Gattung einen Girosammelbestand, der als Girosammelgutschrift verbucht wird.[44] Die „Belieferung" des Käufers mit (ausländischen) Effekten erfolgt durch bloße Buchung, ohne dass eine effektive Bewegung von Wertpapierurkunden zur Eigentumsübertragung erforderlich wäre. 36

Vorteile ergeben sich insbesondere hinsichtlich der Verwaltung der Wertpapiere sowie der Möglichkeit von Arbitragegeschäften.[45] 37

Diesen Vorteilen steht jedoch gleichzeitig die problematische Frage gegenüber, **welcher Rechtsordnung die Wertpapierverfügung unterstellt ist.**[46] Grundsätzlich ist hierfür das *lex rei sitae*, also der Belegenheitsort des Wertpapiers maßgeblich, Art. 43 EGBGB. Jedoch bestimmt dieses nur, welches Recht ausschließlich anwendbar ist, vermag jedoch die im Sachenrecht gründenden Unsicherheiten bzw. Inkompabilitäten der verschiedenen Rechtsordnungen diesbezüglich nicht überwinden.[47] Zudem wird im Rahmen der gegenseitigen Kontoverbindung der Sammelbestand, an dem die Miteigentumsanteile der Anleger bestehen, in verschiedenen Staaten verwahrt. Würde man allein auf den Grundsatz der *lex rei sitae* abstellen, müssten Verfügungen über die Miteigentumsanteile am Sammelbestand den sachenrechtlichen Anforderungen aller Staaten genügen, in denen der Sammelbestand verwahrt wird. Jedoch sind die verschiedenen Rechtsordnungen oft nicht miteinander kompatibel. So erhalten beispielsweise Anleger nach US-amerikanischen Recht lediglich sog. „security entitlements",[48] welche eine besondere Form des wirtschaftlichen Eigentums darstellen.[49] 38

Mit der Einführung des **§ 17a DepotG**, welcher u.a. die Vorgaben der EU-Finalitätsrichtlinie[50] umsetzen soll, wurde eine neue kollisionsrechtliche Norm geschaffen. Danach unterliegen Verfügungen über Wertpapiere oder Sammelbestandanteile, die mit rechtsbegründender Wirkung in ein Register eingetragen oder auf einem Konto verbucht werden, dem **Recht des Staates**, in dem unmittelbar zugunsten des Verfügungsempfängers die rechtsbegründende Eintragung vorgenommen wird, oder in dem sich die kontoführende Haupt- oder Zweigstelle des Verwahrers befindet, welche dem Verfügungsempfänger die rechtsbegründende Gutschrift erteilt. Sie stellt somit eine **Abweichung der *situs*-Regel** dar, da sie nicht an den „Heimatort" des Wertpapiers, sondern den Ort der Kontobuchung zugunsten des letzten Verfügungsempfängers anknüpft. Streitig ist jedoch, ob die Norm überhaupt das dargestellte Problem erfasst. Der Wortlaut der Norm verlangt, dass der Eintragung in das Register oder der Umbuchung auf ein Konto *rechtsbegründende* Wirkung zukommen muss. Daraus folgt jedoch ein Zirkelschluss. Denn die Frage, ob einer Registereintragung oder Umbuchung rechtsbegründende Wirkung zukommt, kann eigentlich nur dann beantwortet werden, wenn feststeht, welche Rechtsordnung überhaupt anzuwenden ist. 39

---

43 *Binder* in Langenbucher/Bliesener/Spindler Bankrechts-Kommentar, Kap. 38 Rz. 13.

44 *Einsele* in MünchKomm. HGB, 3. Aufl. 2014, Depotgeschäft Rz. 183 f.; *Binder* in Langenbucher/Bliesener/Spindler, Bankrechts-Kommentar, Kap. 38 Rz. 62 f.

45 *Einsele*, WM 2011, 7.

46 Eingehend zu weiteren Fragen des internationalen Effektenverkehrs *Siena* in Zetzsche, The Alternative Investment Fund Managers Directive, 2015, S. 539 ff.

47 *Paech*, WM 2005, 1101.

48 Das Recht security entitlement stellt ein Inbegriff von Rechten des Depotinhabers gegenüber seinem (jeweiligen) Intermediär dar (Art. 8–102 (a)(17) Uniform Commercial Code) und entsteht mit Gutschriftbuchung eines Intermediärs zugunsten seines Depotinhabers (vgl. Art. 8–501 (b)(1) Uniform Commercial Code).

49 *Einsele* in MünchKomm. HGB, 3. Aufl. 2014, Depotgeschäft Rz. 189.

50 Richtlinie 98/26/EG des Europäischen Parlaments und des Rates vom 19.5.1998 über die Wirksamkeit von Abrechnungen in Zahlungs- sowie Wertpapierliefer- und Abrechnungssystemen, ABl. EG Nr. L 166 vom 11.6.1998, S. 45.

40 Daher wird die **praktische Bedeutung des § 17a DepotG** zum Teil in Zweifel gezogen. Da sich die Übertragung von Miteigentumsanteilen am Sammelbestand nach den §§ 929 ff. BGB vollziehen und nur in sehr seltenen Fällen, gem. § 24 Abs. 2 Satz 1 DepotG, der Eintragung konstitutive Wirkung zukomme, komme der Umbuchung durch die Clearstream Banking AG höchstens eine verlautbarende (Verlautbarung des geänderten Besitzmittlungswillens), nicht jedoch rechtsbegründende Wirkung zu. Zudem sei mangels internationaler Anerkennung einer Anknüpfung an den Buchungsort stets damit zu rechnen, dass andernorts doch wieder die *lex rei sitae* herangezogen werde. Des Weiteren hinge die Anwendbarkeit der Norm davon ab, welche Wirkung ausländische Rechtsordnungen einer Registereintragung oder Umbuchung beimessen.[51]

41 Die wohl herrschende Ansicht versteht jedoch das **Adjektiv „rechtsbegründend"** nicht im technischen Sinne, sondern interpretiert dies vielmehr vor dem Hintergrund der Finalitätsrichtlinie.

42 Teilweise wird argumentiert, dass das **Merkmal der „rechtsbegründenden Wirkung"** ein Redaktionsfehler des deutschen Gesetzgebers sei.[52] Denn der Wortlaut der Richtlinie verlange nicht, dass ein Recht an einem Wertpapier „rechtsbegründend" verbucht oder eingetragen worden ist, sondern dass dieses lediglich „legally recorded" sein muss. Auch der Vergleich mit anderen Sprachversionen der Gemeinschaft zeige, dass eine Buchung oder Eintragung lediglich „gesetzlich" oder „rechtmäßig" sein muss.[53] Das Erfordernis der rechtsbegründenden Wirkung müsse, entgegen seinem eigentlichen Wortverständnis, lediglich als Abgrenzung bestimmter Wertpapier-Verwahrformen ausgelegt werden. Andere wiederum legen das Merkmal der rechtsbegründenden Wirkung, unabhängig von einem etwaigen Übersetzungsfehler, dahingehend aus, dass damit die den materiell-rechtlich wirksamen Erwerb dokumentierende Eintragung oder Buchung gemeint ist.[54] Da die juristische Konstruktion des Effektengiroverkehrs in den einzelnen Rechtsordnungen sehr unterschiedlich sei, dürfe die Definition der maßgeblichen Buchung nicht an system- und konstruktionsgebundenen Rechtsbegriffen festgemacht werden und Rechtsbegriffe in europäischen Regelwerken nicht system- und konstruktionsgebunden interpretiert werden.[55]

c) Anwendbarkeit auf das Investmentrecht?

43 Fraglich ist, ob die Lösungsansätze bezüglich der kollisionsrechtlichen Problematik im allgemeinen Wertpapierrecht, auch entsprechend auf das Investmentrecht übertragen werden können. Relevant wird dies insbesondere in den Konstellationen, in denen eine inländische Verwahrstelle **Vermögensgegenstände im Ausland durch einen Unterverwahrer** verwahren lässt.

44 Zunächst ist zwischen OGAW-Verwahrstellen und AIF-Verwahrstellen zu unterscheiden. Während für einen OGAW ausschließlich ein CRR-Kreditinstitut als Verwahrstelle fungieren darf, können für einen AIF Kreditinstitute, Wertpapierfirmen oder andere Einrichtungen, die einer ständigen Überwachung unterliegen, als Verwahrstelle beauftragt werden. Unter bestimmten Bedingungen kann sogar eine natürliche Person als Treuhänder die Vermögensgegenstände für den AIF verwahren.

45 § 17a DepotG ist unproblematisch dann anwendbar, wenn es sich bei der Verwahrstelle um ein **(CRR-)Kreditinstitut** handelt und es sich bei den verwahrfähigen Vermögensgegenständen um **Wertpapiere im Sinne des DepotG** handelt. Denn insoweit knüpft die Vorschrift des § 81 Abs. 1 KAGB nicht an den investmentrechtlichen, sondern vielmehr maßgeblich an den depotrechtlichen Wertpapierbegriff i.S.d. § 1 Abs. 1 DepotG an („alle Finanzinstrumente, die im Depot auf einem Konto für Finanzinstrumente verbucht werden können").[56] Bei der Unterverwahrung handelt es sich zudem immer zugleich auch um eine Drittverwahrung i.S.v. § 3 Abs. 1 Satz 1 DepotG, soweit es sich um Wertpapiere des DepotG handelt.[57]

46 Bei sog. **„nichtverwahrfähigen Vermögensgegenständen"** muss weiterhin auf das *lex rei sitae*, also auf den Belegenheitsort des jeweiligen Vermögensgegenstandes, abgestellt werden. So unterliegen ausländische Immobilien, wegen Art. 43 Abs. 1 EGBGB, dem dortigen Immobiliarsachenrecht.

---

51 *Einsele*, WM 2011, 7.
52 *Dittrich* in Scherer, § 17a DepotG Rz. 59 f.
53 *Dittrich* in Scherer, § 17a DepotG Rz. 59 f.
54 *Wendehorst* in MünchKomm. BGB, 7. Aufl. 2018, Art. 43 EGBGB Rz. 246.
55 *Wendehorst* in MünchKomm. BGB, 7. Aufl. 2018, Art. 43 EGBGB Rz. 246.
56 Wertpapiere i.S.d. § 1 Abs. 1 DepotG sind: Aktien, Kuxe, Zwischenscheine, Zins-, Gewinnanteil- und Erneuerungsscheine, auf den Inhaber lautende oder durch Indossament übertragbare Schuldverschreibungen, ferner andere Wertpapiere, wenn diese vertretbar sind, mit Ausnahme von Banknoten und Papiergeld.
57 BaFin, Verwahrstellen-RS, Ziff. 5.2.

6. Exkurs: Kooperation der BaFin mit anderen Aufsichtsbehörden

Überträgt eine inländische Verwahrstelle ihre Verwahrfunktion auf einen ausländischen Unterverwahrer, so untersteht dieser der Aufsichtsbehörde seines Herkunftsstaates. Es stellt sich daher die Frage, ob und gegebenenfalls welche **Eingriffsbefugnisse der BaFin** bei Verstößen des ausländischen Unterverwahrers gegen die Vorschriften der AIFM-Richtlinie zustehen. 47

Art. 50 der AIFM-Richtlinie statuiert allgemeine **Grundsätze für die Zusammenarbeit und die Informationsmitteilung** der nationalen Aufsichtsbehörden in den Mitgliedsstaaten untereinander sowie mit der ESMA und dem ESRB. Nach Maßgabe des Art. 50 Abs. 5 AIFM-Richtlinie ist die nationale Behörde verpflichtet, Verstöße eines nicht ihrer Aufsicht unterliegenden AIFM gegen die Richtlinie der ESMA sowie der zuständigen Behörde des Herkunftsstaates mitzuteilen. Die Verpflichtung der nationalen Behörden soll insbesondere verhindern, dass die jeweilige Aufsichtsbehörde unter dem Hinweis auf die eigene Unzuständigkeit sehenden Auges Rechtsverstöße geschehen lassen darf.[58] 48

Der deutsche Gesetzgeber hat diese Grundsätze in **§§ 9, 10 KAGB** umgesetzt. Nach Maßgabe des § 9 Abs. 10 KAGB hat die Bundesanstalt bei hinreichenden Anhaltspunkten für einen Verstoß gegen Bestimmungen der AIFM-Richtlinie durch eine AIF-Verwaltungsgesellschaft, die nicht ihrer Aufsicht unterliegt, dies der ESMA und den zuständigen Stellen des Herkunftsmitgliedstaates und des Aufnahmemitgliedstaates der betreffenden AIF-Verwaltungsgesellschaft mitzuteilen. Die gesetzliche Verpflichtung zur Kooperation besteht formell jedoch nur für die Auslagerung der Portfolioverwaltung. 49

Im Rahmen der **Beaufsichtigung eines Unterverwahrers** wird die BaFin in der Praxis auch mit den jeweils zuständigen Aufsichtsbehörden zusammenarbeiten. Da es jedoch hierfür keine gesetzliche Regelung gibt, stellt sich die Frage, auf welche **Rechtsgrundlage** sie diese Kooperation stützt. Man könnte insoweit an eine analoge Anwendung des § 9 Abs. 10 KAGB denken. Eine Analogie setzt eine planwidrige Regelungslücke sowie eine vergleichbare Interessenlage voraus. Eine planwidrige Regelungslücke liegt vor, da eine dem § 9 Abs. 10 KAGB vergleichbare Norm im Rahmen der Aufsicht eines ausländischen Unterverwahrers fehlt und davon ausgegangen werden kann, dass der Gesetzgeber diesen Sachverhalt, hätte er ihn vorausgesehen, geregelt hätte. Auch die Interessenlage ist vergleichbar. Denn auch im Rahmen der Unterverwahrung besteht das Bedürfnis nach einer Zusammenarbeit bzw. Koordinierung zwischen den jeweiligen Aufsichtsbehörden. Auch wenn die Verwahrstelle zwar grundsätzlich für ihren Unterverwahrer haftet, können dessen Verstöße sich dennoch zum Nachteil der Anleger auswirken (so z.B. bei Verlust eines Finanzinstruments). Folglich ist die BaFin auch bei Rechtsverstößen eines nicht ihrer Aufsicht unterliegenden Unterverwahrers verpflichtet, bei einem Rechtsverstoß sowohl die ESMA als auch die jeweils zuständige Aufsichtsbehörde hierüber zu unterrichten. 50

III. Sonderregelungen im Zusammenhang mit der Pflicht zur Verwahrung in einem Drittstaat (§ 82 Abs. 2 KAGB)

§ 82 Abs. 2 KAGB trägt dem Umstand Rechnung, dass die Rechtsordnungen einiger Drittstaaten vorschreiben, dass bestimmte Finanzinstrumente durch **ortsansässige Einrichtungen** verwahrt werden müssen. 51

Fehlt es jedoch dort an Einrichtungen, welche die prudentiellen Anforderungen nach § 82 Abs. 1 Nr. 4 Buchst. b KAGB erfüllen, kann die Verwahrstelle ihre **Aufgaben auf solch eine Einrichtung übertragen**. Die Übertragung darf jedoch nur insoweit und nur so lange erfolgen, als es von dem Recht des Drittstaates gefordert wird und es keine ortsansässige Einrichtung gibt, welche die Anforderungen für eine Unterverwahrung erfüllen würde. 52

Ferner müssen die Anleger des jeweiligen inländischen AIF vor Tätigung ihrer Anlage von der AIF-Verwaltungsgesellschaft darüber **ordnungsgemäß unterrichtet** werden, dass eine solche Unterverwahrung auf Grund der Rechtsvorschriften des Drittstaates erforderlich ist (§ 82 Abs. 2 Nr. 1 Buchst. a KAGB) und über die Umstände aufgeklärt werden, die diese Bestellung rechtfertigen (§ 82 Abs. 2 Nr. 1 Buchst. b KAGB). 53

Die Unterverwahrung nach Maßgabe des § 82 Abs. 2 Halbs. 1 KAGB darf **nicht eigenmächtig durch die Verwahrstelle** erfolgen. Vielmehr muss der inländische AIF bzw. für dessen Rechnung tätige AIF-Verwaltungsgesellschaft die Verwahrstelle entsprechend anweisen, die Verwahrung dieser Finanzinstrumente auf eine solche Einrichtung zu übertragen (§ 82 Abs. 2 Nr. 2 KAGB). 54

Die **strengen Anforderungen an die Übertragung der Verwahraufgaben** auf solche Einrichtungen erklärt sich daraus, dass eine Anlage in solchen Drittstaaten auch mit erheblichen operationellen Risiken verbun- 55

58 Vgl. zum Ganzen *Kunschke/Machhausen* in Dornseifer/Jesch/Klebeck/Tollmann, Art. 50 ff. AIFM-RL.

den sein kann. Durch die genannten Bedingungen soll ein angemessener Ausgleich zwischen der weltweiten Investitionsfreiheit und einem ausreichenden Anlegerschutz erreicht werden.[59]

IV. Weitere Verlängerungen der Verwahrkette (§ 82 Abs. 3 KAGB)

56 § 82 Abs. 3 KAGB berechtigt sowohl inländische als auch ausländische Unterverwahrer ihrerseits, die ihnen von der Verwahrstelle übertragenen **Verwahraufgaben auf einen Dritten zu übertragen**. In diesen Fällen trifft der unmittelbar durch die Verwahrstelle beauftragte Unterverwahrer (Unterverwahrer 1) mit seinem Unterverwahrer (Unterverwahrer 2) eine den Voraussetzungen des § 82 Abs. 1 und 2 KAGB entsprechende Vereinbarung. Somit unterliegt Unterverwahrer 2 denselben gesetzlichen Anforderungen und Bedingungen wie Unterverwahrer 1.

57 Im Verhältnis Verwahrstelle und unmittelbarer Unterverwahrer muss sichergestellt sein, dass der Unterverwahrer seine rechtlichen Verpflichtungen bezüglich der verwahrten Vermögensgegenstände kennt und sich selbst verpflichtet, bei Begründung eines weiteren Unterverwahrverhältnisses solch eine Vereinbarung mit dem „Unter-Unterverwahrer" abzuschließen.

58 Dies kann z.B. durch eine sog. **„Drei-Punkte-Erklärung"** des Unterverwahrers erfolgen.[60] Im Falle einer mehrstufigen Unterverwahrung hat die Verwahrstelle sämtliche Vereinbarungen oder Drei-Punkte Erklärungen zu dokumentieren.[61]

59 Ferner dürfen dem Anspruch der Verwahrstelle auf Auslieferung der Vermögensgegenstände keine rechtlichen Hindernisse entgegenstehen. Hinsichtlich der **Haftung** verweist die Vorschrift auf § 88 Abs. 3 und 4 KAGB. Danach bleibt die Verwahrstelle gegenüber den Anlegern des AIF für das Abhandenkommen verwahrter Finanzinstrumente und für sämtliche sonstigen Verluste aufgrund fahrlässiger oder vorsätzlicher Verletzungen ihrer gesetzlichen Pflichten Haftungsadressatin von etwaigen Ansprüchen seitens der Anleger, sofern eine Haftungsbefreiung nach Maßgabe des § 88 Abs. 4 KAGB ausscheidet.[62]

60 Mit dem Verweis auf das Haftungsregime des § 88 Abs. 3 und 4 KAGB stellt die Vorschrift klar, dass dieses auch bei einer etwaigen Unter-Unterverwahrung bzw. mehrstufigen Verwahrkette gilt.

V. Verbot der „Auslagerung" (§ 82 Abs. 4 KAGB)

61 § 82 Abs. 4 KAGB regelt den zulässigen **Umfang der Auslagerung** bzw. beschränkt die auslagerungsfähigen Tätigkeiten auf die Verwahraufgaben nach § 81 KAGB. Dies bedeutet im Umkehrschluss, dass die Kontrollfunktion, die neben der Verwahrung der Vermögensgegenstände zentrale Aufgabe der Verwahrstelle ist, nicht ausgelagert werden kann.

62 Wenn § 82 KAGB von „Auslagerung" spricht, stellt sich die Frage, **wie der Begriff zu verstehen ist**. Hintergrund ist der in der AIFM-RL verwendete Begriff „delegate", welches in der deutschen Fassung sowohl mit „übertragen" als auch „auslagern" übersetzt wird. Aus Erwägungsgrund 42 der AIFM-RL ergibt sich wenig präzise, dass die strengen Einschränkungen und Auflagen, denen die Übertragung von Aufgaben durch die Verwahrstelle unterliegt, für die Übertragung ihrer spezifischen Funktionen als Verwahrstelle, d.h. die Überwachung des Cashflows, die Verwahrung von Vermögenswerten und die Aufsichtsfunktionen, gelten solle. Daher besteht auch in der Literatur teilweise Uneinigkeit, in welchem Sinne der Begriff zu verstehen ist.[63] Klar ist jedenfalls, dass ein Institut, das neben z.B. dem Kredit und dem Einlagengeschäft auch die investmentrechtliche Verwahrstellenfunktion übernommen hat, keineswegs daran gehindert ist, die Funktionen, die nicht mit der Übernahme der Verwahrstellenfunktion im Sinne des KAGB im Zusammenhang stehen, nach Maßgabe des § 25b KWG i.V.m. der MaRisk auslagern kann.

63 Die **Übertragung von untergeordneten Hilfsaufgaben**, die mit den Verwahraufgaben zusammenhängen, wie etwa von der Verwahrstelle als Teil ihrer Verwahraufgaben ausgeführte Verwaltungsfunktionen oder technisch untergeordnete Funktionen, unterliegen nicht den in der AIFM-RL festgelegten spezifischen Einschränkungen und Auflagen und sind somit auch nicht von dem Verbot des § 82 Abs. 4 KAGB erfasst. Schon Erwägungsgrund 42 Satz 2 der AIFM-RL lautet diesbezüglich:

---

59 *Tollmann* in Dornseifer/Jesch/Klebeck/Tollmann, Art. 21 AIFM-RL Rz. 362.
60 VerwahrstellenRS, Ziff. 5.2.
61 VerwahrstellenRS, Ziff. 5.3.
62 Vgl. auch VerwahrstellenRS, Ziff. 5.4.
63 *Tollmann* in Dornseifer/Jesch/Klebeck/Tollmann, Art. 21 AIFM-RL Rz. 320; *Moericke* in Baur/Tappen, § 82 KAGB Rz. 44 f.; *Klusak* in Weitnauer/Boxberger/Anders, § 73 KAGB Rz. 26 f.

„Die Übertragung von Hilfsaufgaben, die mit den Verwahraufgaben zusammenhängen, wie etwa von der Verwahrstelle als Teil ihrer Verwahraufgaben ausgeführte Verwaltungsfunktionen oder technische Funktionen, unterliegt nicht den in dieser Richtlinie festgelegten spezifischen Einschränkungen und Auflagen."

Die **„Auslagerungsfähigkeit"**, bzw. der bloße Drittbezug von Leistungen ist organisationsprozessual im Einzelfall zu würdigen. Es lässt sich jedoch in jedem Fall festhalten, dass der Bezug von Software und IT-Dienstleistungen durch Dritte zulässig ist. Das entscheidende Kriterium ist zutreffender Weise, dass die ultimative Kontroll- und Entscheidungsbefugnis bei der Verwahrstelle verbleibt. Sofern dies gewährleistet ist, können auch Tätigkeiten, welche der Vorbereitung der Entscheidungen im Rahmen der Kontrollfunktion dienen, Gegenstand von Auslagerungsbeziehungen sein. Anders lässt sich die Fortgeltung des sog. Model 1 bei der Anlagegrenzkontrolle nicht erklären, bei der die Verwahrstelle Zugriff auf das Fondsbuchhaltungssystem und das Anlagegrenzprüfungssystem der Kapitalverwaltungsgesellschaft hat, jedoch eigene Aufgaben erfüllt.[64] 64

VI. Keine Auslagerung bei Durchführung von Leistungen im Rahmen von Zahlungs- sowie Wertpapierliefer- und -abrechnungssystemen (§ 82 Abs. 5 KAGB)

Eine Sonderregelung gilt gem. § 82 Abs. 5 KAGB für die **Erbringung von Dienstleistungen nach der Richtlinie 98/26/EG (Finalitätsrichtlinie)** durch Wertpapierliefer- und Abrechnungssysteme, wie es für die Zwecke jener Richtlinie vorgesehen ist, oder die Erbringung ähnlicher Dienstleistungen durch Wertpapierliefer- und Abrechnungssysteme von Drittstaaten. Solche Tätigkeiten werden für Zwecke des § 82 KAGB nicht als Auslagerung von Verwahraufgaben angesehen. Dabei ist als „System" im Sinne der Finalitätsrichtlinie eine förmliche Vereinbarung zu verstehen, die zwischen mindestens drei Teilnehmern (ohne Mitrechnung einer etwaigen Verrechnungsstelle, zentralen Vertragspartei oder Clearingstelle oder eines etwaigen indirekten Teilnehmers) getroffen wurde und gemeinsame Regeln und vereinheitlichte Vorgaben für die Ausführung von Zahlungs- bzw. Übertragungsaufträgen zwischen den Teilnehmern vorsieht, welche dem Recht des Mitgliedstaates eines der Teilnehmer unterliegt.[65] Die BaFin legt diese Ausnahmevorschrift eng aus und führt diesbezüglich aus[66]: 65

„Ein Unterverwahrverhältnis und die damit einhergehenden speziellen Anforderungen sind im Sinne von § 73 Absatz 5 und § 82 Absatz 5 KAGB ausgeschlossen, soweit es sich um Dienstleistungen handelt, die gerade in der Eigenschaft als Wertpapierliefer- und Abrechnungssystemen erbracht werden. Außerhalb dieses engen sachlichen Anwendungsbereichs der Ausnahmen nach § 73 Absatz 5 und § 82 Absatz 5 KAGB gelten die Pflichten nach dem KAGB uneingeschränkt. Unternehmen, die ein Wertpapierliefer- und Abrechnungssystem betreiben, können die Ausnahme insoweit nicht geltend machen, wie sie Dienstleistungen erbringen, die auch andere Institute im Rahmen des Depotgeschäfts offerieren."

VII. Einfügung durch das 2. FiMaNoG

Der Bestandteil „hinsichtlich der Weiterverwendung von als Sicherheit erhaltenen Finanzinstrumenten wird auf Art. 15 der Verordnung (EU) 2015/2365 sowohl für Spezial-AIF als auch für Publikums-AIF verwiesen" wurde in Abs. 2 Nr. 4 Buchst. d der Vorschrift durch das **2. FiMaNoG** eingefügt. Zudem wurde § 82 Abs. 6 Satz 2 KAGB angefügt. In der Gesetzesbegründung des 2. FiMaNoG führt der Gesetzgeber aus:[67] „Die Einfügung in Absatz 1 geht zurück auf Artikel 15 der Verordnung (EU) 2015/2365." Und hinsichtlich der Einfügung in Abs. 6 Satz 2 der Vorschrift: „Vor dem Hintergrund der gleichen Schutzwürdigkeit und Schutzbedürftigkeit der Anleger sieht der neue § 82 Absatz 6 Satz 2 eine Erstreckung der neuen, durch delegierte Rechtsakte konkretisierten Vorgaben zur Sicherstellung der Insolvenzfestigkeit der Vermögensgegenstände eines OGAW im Falle der Unterverwahrung auch auf Publikums-AIF vor".[68] 66

Art. 15 der sog. „SFTR" (Securities Financing Transaction Regulation) betrifft die Transparenz bei der Weiterverwendung von als Sicherheit erhaltenen Finanzinstrumenten (Rehypothekation) in Form von Risikoaufklärungen gegenüber den Gegenparteien sowie spezifische Zustimmungserfordernisse. 67

---

64 Wie hier *Moericke* in Baur/Tappen, § 82 KAGB Rz. 46, sowie *Schäfer* in Moritz/Klebeck/Jesch, § 82 KAGB Rz. 35; sowie zum sog. Modell 1; VerwahrstellenRS, Ziff. 7.4.1.

65 Vgl. Art. 2 Buchst. a) der Richtlinie 98/26/EG.

66 VerwahrstellenRS, Ziff. 5.6.

67 Begr. RegE, BT-Drucks. 18/10936, 276.

68 Es wird auf die Kommentierung des § 73 Abs. 1 Nr. 4 Buchst. d und § 73 Abs. 6 KAGB verwiesen (§ 73 Rz. 3 und Rz. 9).

§ 83 Kontrollfunktion

(1) Die Verwahrstelle hat sicherzustellen, dass

1. **die Ausgabe und Rücknahme von Anteilen oder Aktien des inländischen AIF und die Ermittlung des Wertes der Anteile oder Aktien des inländischen AIF den Vorschriften dieses Gesetzes und den Anlagebedingungen, der Satzung oder dem Gesellschaftsvertrag des inländischen AIF entsprechen,**
2. **bei den für gemeinschaftliche Rechnung der Anleger getätigten Geschäften der Gegenwert innerhalb der üblichen Fristen an den inländischen AIF oder für Rechnung des inländischen AIF überwiesen wird,**
3. **die Erträge des inländischen AIF nach den Vorschriften dieses Gesetzes und nach den Anlagebedingungen, der Satzung oder dem Gesellschaftsvertrag des inländischen AIF verwendet werden.**

(2) Verwahrt die Verwahrstelle Vermögenswerte von Publikums-AIF, hat sie zusätzlich zu den Kontrollpflichten nach Absatz 1 sicherzustellen, dass die erforderlichen Sicherheiten für Wertpapier-Darlehen nach Maßgabe des § 200 Absatz 2 rechtswirksam bestellt und jederzeit vorhanden sind.

(3) [1]Hält der Publikums-AIF Anteile oder Aktien an einer Gesellschaft im Sinne des § 1 Absatz 19 Nummer 22 oder des § 261 Absatz 1 Nummer 3, hat die Verwahrstelle die Vermögensaufstellung dieser Gesellschaft zum Bewertungszeitpunkt zu überprüfen. [2]Bei einem offenen Publikums-AIF, der Beteiligungen an einer Immobilien-Gesellschaft hält, hat die Verwahrstelle zudem zu überwachen, dass der Erwerb einer Beteiligung unter Beachtung der §§ 234 bis 238 erfolgt.

(4) Um die Verfügungsbeschränkung nach § 84 Absatz 1 Nummer 3 sicherzustellen, hat die Verwahrstelle Folgendes zu überwachen:

1. **bei inländischen Immobilien die Eintragung der Verfügungsbeschränkung in das Grundbuch,**
2. **bei EU- oder ausländischen Immobilien die Sicherstellung der Wirksamkeit der Verfügungsbeschränkung,**
3. **bei den sonstigen Vermögensgegenständen im Sinne des § 261 Absatz 2 Nummer 2 bis 8,**
   a) **sofern ein Register für den jeweiligen Vermögensgegenstand besteht, die Eintragung der Verfügungsbeschränkung in dieses Register oder,**
   b) **wenn kein Register besteht, die Sicherstellung der Wirksamkeit der Verfügungsbeschränkung.**

(5) Die Verwahrstelle hat die Weisungen der AIF-Verwaltungsgesellschaft auszuführen, sofern diese nicht gegen gesetzliche Vorschriften oder die Anlagebedingungen verstoßen.

(6) [1]Die Verwahrstelle hat sicherzustellen, dass die Zahlungsströme der inländischen AIF ordnungsgemäß überwacht werden und sorgt insbesondere dafür, dass sämtliche Zahlungen von Anlegern oder im Namen von Anlegern bei der Zeichnung von Anteilen eines inländischen AIF geleistet wurden. [2]Die Verwahrstelle hat dafür zu sorgen, dass die gesamten Geldmittel des inländischen AIF auf einem Geldkonto verbucht wurden, das für Rechnung des inländischen AIF, im Namen der AIF-Verwaltungsgesellschaft, die für Rechnung des inländischen AIF tätig ist, oder im Namen der Verwahrstelle, die für Rechnung des inländischen AIF tätig ist, bei einer der folgenden Stellen eröffnet wurde:

1. **einer Stelle nach Artikel 18 Absatz 1 Buchstabe a, b und c der Richtlinie 2006/73/EG oder**
2. **einer Stelle der gleichen Art in dem entsprechenden Markt, in dem Geldkonten verlangt werden, solange eine solche Stelle einer wirksamen Regulierung der Aufsichtsanforderungen und einer Aufsicht unterliegt, die jeweils den Rechtsvorschriften der Europäischen Union entsprechen, wirksam durchgesetzt werden und insbesondere mit den Grundsätzen nach Artikel 16 der Richtlinie 2006/73/EG übereinstimmen.**

[3]Sofern Geldkonten im Namen der Verwahrstelle, die für Rechnung des inländischen AIF handelt, eröffnet werden, sind keine Geldmittel der in Satz 2 genannten Stelle und keine Geldmittel der Verwahrstelle selbst auf solchen Konten zu verbuchen.

(7) Die Bedingungen für die Ausübung der Aufgaben einer Verwahrstelle nach den Absätzen 1, 5 und 6 bestimmen sich nach den Artikeln 85 bis 97 der Delegierten Verordnung (EU) Nr. 231/2013.

In der Fassung vom 4.7.2013 (BGBl. I 2013, S. 1981).

Schrifttum: S. Vor §§ 68 ff.

I. Überblick, Entstehungsgeschichte und Regelungszweck

1 Neben der Verwahrung zählt die Ausübung der Kontrollfunktion zu den zentralen Aufgaben der Verwahrstelle.[1] Welche Kontrollpflichten die Verwahrstelle im Hinblick auf AIF im Einzelnen treffen und wie sie diese Kontrollfunktion auszuüben hat, regelt § 83 KAGB. Eine parallele Vorschrift findet sich in § 76 KAGB für die OGAW-Verwahrstelle.

2 Die Vorschrift dient der **Umsetzung des Art. 21 Abs. 9 AIFM-RL**, welcher weitgehend der Regelung des aufgehobenen § 27 InvG entspricht.[2] Konkretisiert werden die Kontrollpflichten durch Art. 85 bis 97 AIFM-VO.

3 Da jede Kontrolle Informationen über den zu kontrollierenden Sachverhalt voraussetzt, muss der Verwahrstellenvertrag der Verwahrstelle **Zugang zu allen Informationen** der Kapitalverwaltungsgesellschaft gewähren, die für eine pflichtgemäße Ausübung der Kontrollfunktion notwendig sind.[3] Nähere Bestimmungen hierzu finden sich in Art. 85, 86 Buchst. f und 92 Abs. 4 der AIFM-VO.

4 Die Kontrollpflichten nach § 83 KAGB gelten, anders als die des § 84 KAGB, der ausschließlich auf Publikums-AIF anzuwenden ist, auch für **Spezial-AIF** und sind grundsätzlich in gleichem Umfang auszuüben, sofern keine anderweitigen Regelungen für Spezial-AIF gelten.[4]

5 **Sinn und Zweck der Vorschrift** ist es, die Anleger vor wirtschaftlichen Nachteilen zu schützen und insgesamt das Anlegerschutzniveau an dasjenige für OGAW anzupassen.[5] So sollen die Anleger vor betrügerischem Handeln der Kapitalgesellschaft, insbesondere vor sog. Schneeballsystemen,[6] und generell vor der zweckwidrigen Verwendung ihrer Gelder durch die Kapitalverwaltungsgesellschaft geschützt werden.[7] Auch die Pflicht der Verwahrstelle, sämtliche Geldmittel des AIF auf Geldkonten zu verbuchen, welches vom Vermögen der Kapitalverwaltungsgesellschaft und der Verwahrstelle zwingend zu trennen ist, soll den AIF bzw. dessen Anleger vor einer möglichen Insolvenz der Kapitalverwaltungsgesellschaft oder der Verwahrstelle schützen.[8] Die Kontrolle der Leistung des Gegenwerts bei der Zeichnung sowie die Überwachung der Zahlungsströme sollen sicherstellen, dass die Gelder dem AIF jederzeit zur Verfügung stehen und die Anleger vor Pflichtverletzungen durch die Kapitalverwaltungsgesellschaft (z.B. zweckwidrige Ertragsverwen-

1 Dazu, dass bereits § 12 Abs. 8 KAGG ein „umfassendes Überwachungsrecht" der Depotbank über die KAG voraussetzte, *Müller*, DB 1975, 485 (485).
2 Begr. RegE, BT-Drucks. 17/12294, S. 233.
3 VerwahrstellenRS, Ziff. 7.
4 VerwahrstellenRS, Ziff. 7; *Herring* in Baur/Tappen, § 83 KAGB Rz. 1.
5 VerwahrstellenRS, Ziff. 7.1.3.; *Tollmann/Specht* in Dornseifer/Jesch/Klebeck/Tollmann, Art. 21 AIFM-RL Rz. 254, 257; *Köndgen* in Berger/Steck/Lübbehüsen, § 27 InvG Rz. 3; sowie dazu, dass im Rahmen der Einführung des KAGB auch eine detaillierte gesetzgeberische Klarstellung der Aufgaben der Verwahrstelle im Rahmen der Abwicklung von Investmentvermögen sinnvoll gewesen wäre, *Kobbach/Anders*, NZG 2012, 1170 (1172).
6 Vgl. „Madoff-Skandal".
7 *Tollmann/Specht* in Dornseifer/Jesch/Klebeck/Tollmann, Art. 21 AIFM-RL Rz. 144.
8 *Tollmann/Specht* in Dornseifer/Jesch/Klebeck/Tollmann, Art. 21 AIFM-RL Rz. 145.

dung) ausreichend geschützt werden.[9] Die Ausgestaltung der Kontrollprozesse unterliegt dem allgemeinen Grundsatz der Verhältnismäßigkeit.[10]

II. Kontrollfunktion in Bezug auf die Ausgabe und Rücknahme von Anteilen sowie die Bewertung (§ 83 Abs. 1 Nr. 1 KAGB)

6 Gemäß § 83 Abs. 1 Nr. 1 KAGB hat die Verwahrstelle sicherzustellen, dass die Ausgabe und Rücknahme von Anteilen oder Aktien des inländischen AIF sowie deren Wertermittlung durch die AIF-Kapitalverwaltungsgesellschaft, den gesetzlichen Vorschriften und den Anlagebedingungen, der Satzung oder dem Gesellschaftsvertrag des inländischen AIF entspricht.

7 Anders als bei OGAW, fehlt es für AIF an einer dem § 71 KAGB vergleichbaren expliziten Zuordnung der Verantwortlichkeiten in diesem Zusammenhang. Im Bereich der OGAW ist die Verwahrstelle für die technische Abwicklung der Ausgabe und Rücknahme von Anteilen oder Aktien eines inländischen OGAW zuständig, handelt hierbei jedoch lediglich als Stellvertreterin der Kapitalverwaltungsgesellschaft.[11] Fraglich ist, ob dies auch im Rahmen von AIF gilt. Würde man die Ausgabe und Rücknahme der Anteile oder Aktien als originäre Pflicht der Kapitalverwaltungsgesellschaft begreifen, müsste die Einbindung der Verwahrstelle in die technische Abwicklung als Fall der Auslagerung seitens der Kapitalverwaltungsgesellschaft gesehen werden. Es ist jedoch weder dem Gesetz noch der Gesetzesbegründung zu entnehmen, warum die **technische Abwicklung** – anders kann dies hinsichtlich der grundsätzlichen Entscheidung zur Aufnahme bzw. Einstellung der Anteilsgeschäfte nicht beurteilt werden – durch die Verwahrstelle bei AIF anders behandelt werden sollte, als bei OGAW. Gegen eine Auslagerung spricht zudem die Intention des europäischen Gesetzgebers, das Anlegerschutzniveau dem für OGAW anzupassen. Auch die BaFin geht davon aus, dass es sich hierbei gerade nicht um einen Fall der Auslagerung handelt:[12]

> „So können bspw. die Ausgabe und Rücknahme von Anteilen, die Bewertung des Fondsvermögens oder die Führung eines Anlegerregisters von der Verwahrstelle wahrgenommen werden. Dies kann aber nicht (mehr) implizit mit der Bestellung im Verwahrstellenvertrag geschehen. Sondern die Kapitalverwaltungsgesellschaft muss für die Übertragung dieser Aufgaben einen eigenständigen Auslagerungsvertrag mit der Verwahrstelle schließen. Sie bleibt insoweit für das Auslagerungscontrolling gegenüber der Verwahrstelle verantwortlich.
>
> Dabei ist nur die **Entscheidung über die grundsätzliche Aufnahme, den Umfang und die Einstellung der Anteilsausgabe** in einem Fonds als **originäre Aufgabe** der Kapitalverwaltungsgesellschaft (KVG) anzusehen, welche unter den Voraussetzungen eines Auslagerungsverhältnisses bei Einhaltung der Divisionslösung auf die Verwahrstelle oder einen Dritten **übertragen** werden darf. Das im Rahmen dieser Vorgaben durchgeführte **börsentägliche Geschäft** der Entgegennahme einzelner Kundenaufträge und deren Bedienung **dient der technischen Abwicklung** und kann daher wie bisher üblich durch die **Verwahrstellen** durchgeführt werden, ohne dass es dazu der **Begründung eines gesonderten Auslagerungsverhältnisses** bedarf. Die Kontrollfunktion nach § 83 Abs. 1 Nr. 1 KAGB und Art. 93 Abs. 1 Nr. i) Level-2-VO erstreckt sich über die grundsätzlichen Entscheidungen der Anteilsausgabe und -rücknahme hinaus auch auf die Einzelauftragsbearbeitung, insbesondere wenn dieses Tagesgeschäft nicht von der Verwahrstelle, sondern von einem Drittdienstleister durchgeführt wird. Die Sicherstellung des Abgleichs von ausgegebenen Anteilen, Zeichnungserlösen und Rücknahmebeträgen kann aber auch wie bisher schlicht durch die Selbstvornahme dieser Vorgänge seitens der Verwahrstelle erfolgen, wodurch eine zusätzliche Kontrollebene entfällt." (Hervorhebungen der Bearbeiter)

8 **Art. 92 Abs. 2 und 93 AIFM-VO** konkretisieren die Pflichten der Verwahrstelle in Bezug auf die Zeichnung und Rücknahme der Anteile:

- Danach muss die Verwahrstelle sicherstellen, dass ein angemessenes **Überprüf- und Abgleichverfahren** vorhanden ist, umgesetzt und angewandt wird, um bei Zeichnungsaufträgen die Zeichnungserlöse und die Zahl der ausgegebenen Anteile mit den vom AIF erhaltenen Zeichnungserlösen abzugleichen bzw. bei Rücknahmeanträgen die ausbezahlten Rücknahmebeträgen und die Zahl der aufgehobenen Anteile mit den vom AIF ausbezahlten Rücknahmebeträgen abzugleichen.
- Die **Eignung dieses Abgleichverfahrens** ist regelmäßig zu prüfen. Hierzu hat sie regelmäßig die Übereinstimmung zwischen der Gesamtzahl der Anteile in den Büchern des AIF und der Gesamtzahl ausstehender Anteile im AIF-Register zu prüfen.

---

9 *Tollmann/Specht* in Dornseifer/Jesch/Klebeck/Tollmann, Art. 21 AIFM-RL Rz. 146 f.

10 Daraus folgt etwa, dass die Verwahrstelle keinen eigenen Risikomanagementprozesse zum Zwecke der Schattenrechnung im Sinne eines vollständigen qualitativen und quantitativen Nachvollziehens der Berechnungen der Kapitalverwaltungsgesellschaft einzurichten hat; zum Grundsatz der Verhältnismäßigkeit bei Anwendung der Kontrollprozesse vgl. auch *Patz*, BKR 2015, 193 (196).

11 S. Kommentierung zu § 71 KAGB (§ 71 Rz. 5).

12 VerwahrstellenRS, Ziff. 9; vgl. auch *Boxberger* in Weitnauer/Boxberger/Anders, § 83 KAGB Rz. 5.

– Darüber hinaus muss die Verwahrstelle gewährleisten und regelmäßig prüfen, dass die Verfahren den geltenden nationalen Rechtsvorschriften und den Vertragsbedingungen oder der Satzung des AIF entsprechen und ob diese Verfahren wirksam angewandt wurden, wobei die Häufigkeit der **Prüfungen durch die Verwahrstelle** auf die Häufigkeit der Zeichnungen und Auszahlungen abzustimmen ist.

Ferner hat die Verwahrstelle die Pflicht, die Berechnung der Anteilswerte des AIF nach Maßgabe der gesetzlichen Vorschriften und Anlagebedingungen **zu überwachen**. Folglich muss die Verwahrstelle nicht selbst den Anteilswert berechnen. Es reicht aus, wenn sie die Berechnung durch die Kapitalverwaltungsgesellschaft oder einen externen Bewerter überprüft.[13] Hierzu hat sie ein angemessenes System einzusetzen, mit dem sie die Plausibilität der Bewertung prüfen kann.[14] 9

Insbesondere hat sie sicherzustellen, dass die in § 168 KAGB vorgeschriebenen Berechnungs- und Bewertungsregeln den Vorschriften des 3. Abschnitts des KARBV[15] entsprechen.[16] 10

Auch **Art. 94 AIFM-VO** konkretisiert die Pflicht insoweit, als das die Verwahrstelle sicherstellen und kontinuierlich prüfen muss, ob die Verfahren zur Bewertung des AIF geeignet und entsprechend angewandt und umgesetzt werden. 11

Sofern die Berechnung nicht im Einklang mit den gesetzlichen Vorschriften oder den Vertragsbedingungen bzw. der Satzung erfolgt, hat sie den AIF und/oder die Kapitalverwaltungsgesellschaft **zu unterrichten und sicherzustellen**, dass zeitnah und im besten Interesse der Anleger des AIF Abhilfemaßnahmen ergriffen werden.[17] Sofern die Berechnung der Anteilswerte durch einen externen Bewerter erfolgt ist, muss sie zusätzlich prüfen, ob dessen Bestellung rechtmäßig erfolgte. 12

III. Kontrollfunktion in Bezug auf die Leistung des Gegenwerts (§ 83 Abs. 1 Nr. 2 KAGB)

Die Verwahrstelle hat nach **§ 83 Abs. 1 Nr. 2 KAGB** sicherzustellen, dass bei den für gemeinschaftliche Rechnung der Anleger getätigten Geschäften der Gegenwert innerhalb der üblichen Fristen an den inländischen AIF oder für Rechnung des inländischen AIF überwiesen wird. Grundsätzlich handelt es sich bei diesen Geschäften um Zug-um-Zug-Geschäfte (§ 320 BGB), so dass Vorleistungen seitens des AIF ausgeschlossen sind.[18] Das Erfordernis der Leistung des Gegenwertes dient der Erhaltung und Sicherung des Investmentvermögens und somit dem Schutz der Anleger. 13

Die Verwahrstelle hat im Rahmen ihrer Kontrollpflicht **zu prüfen**, ob der Gegenwert tatsächlich eingegangen ist und die eingeräumten Zahlungsfristen „marktüblich" sind. Hierzu hat die Verwahrstelle ein Verfahren zu schaffen, das es ihr ermöglicht, festzustellen, ob bei Transaktionen mit Vermögenswerten des AIF oder des für ihn handelnden AIFM dem AIF der Gegenwert innerhalb der üblichen Fristen überwiesen wurde. Ist dies nicht der Fall, hat sie die Kapitalverwaltungsgesellschaft zu unterrichten und, sofern dies möglich ist, gegebenenfalls die Rückgabe des Finanzinstruments durch die Gegenpartei verlangen. Art. 96 Abs. 1 AIFM-VO ordnet diesbezüglich an: 14

„Zur Einhaltung der Anforderungen von Artikel 21 Absatz 9 Buchstabe d der Richtlinie 2011/61/EU schafft die Verwahrstelle ein Verfahren, das es ihr ermöglicht festzustellen, ob bei Transaktionen mit Vermögenswerten des AIF oder des für ihn handelnden AIFM dem AIF der Gegenwert innerhalb der üblichen Fristen überwiesen wurde, und falls nicht, **den AIFM entsprechend zu unterrichten** und, sofern möglich, die Rückgabe der Finanzinstrumente durch die Gegenpartei zu verlangen, falls der Situation nicht abgeholfen wird." (Hervorhebungen der Bearbeiter)

Pauschale Vorgaben dazu, wann eine **„üblich Frist"** eingehalten ist, verbieten sich schon aufgrund der Vielzahl von für einen AIF erwerbbaren Vermögensgegenständen. Darüber hinaus ist die Liquidität nicht nur in den Asset-Klassen unterschiedlich (vgl. diesbezüglich auch Art. 96 Abs. 2 AIFM-VO). Vielmehr können sich auch nationale Unterschiede in den Usancen ergeben. 15

---

13 *Tollmann/Specht* in Dornseifer/Jesch/Klebeck/Tollmann, Art. 21 AIFM-RL Rz. 262, 263.
14 VerwahrstellenRS, Ziff. 7.2.
15 Kapitalanlage-Rechnungslegung- und Bewertungsverordnung.
16 VerwahrstellenRS, Ziff. 7.2.
17 Vgl. auch VerwahrstellenRS, Ziff. 7.2.
18 *Herring* in Baur/Tappen, § 83 KAGB Rz. 3 f.; *Tollmann/Specht* in Dornseifer/Jesch/Klebeck/Tollmann, Art. 21 AIFM-RL Rz. 269 f.

IV. Kontrollfunktion in Bezug auf die Ertragsverwendung (§ 83 Abs. 1 Nr. 3 KAGB)

16 Die Verwahrstelle hat schließlich zu kontrollieren, ob die Erträge des AIF nach den Vorschriften des KAGB und nach den Anlagebedingungen, der Satzung oder dem Gesellschaftsvertrag des inländischen AIF verwendet wurden (sprich: **Ausschüttung oder Thesaurierung**).

17 *Herring*[19] weist darauf hin, dass es für AIF an einer § 74 Abs. 3 Nr. 3 KAGB entsprechenden Vorschrift mangelt, wonach die Ertragsausschüttung durch die Verwahrstelle vorgenommen wird. Dies kann zur Folge haben, dass die Verwahrstelle eine Ausschüttung seitens der Kapitalverwaltungsgesellschaft zu kontrollieren hat.

V. Kontrollfunktion in Bezug auf die Wirksamkeit bestimmter Sicherheitenbestellungen bei Publikums-AIF (§ 83 Abs. 2 KAGB)

18 Zusätzlich zu den Kontrollpflichten nach Maßgabe des § 83 Abs. 1 KAGB ordnet § 83 Abs. 2 KAGB an, dass bei der Verwahrung von Vermögensgegenständen eines Publikums-AIF die Verwahrstelle sicherstellen muss, dass die **erforderlichen Sicherheiten** für Wertpapierdarlehen nach Maßgabe des § 200 Abs. 2 KAGB rechtswirksam bestellt und jederzeit bei der Verwahrstelle oder einem Unterverwahrer vorhanden sind.

19 Insbesondere darf die Verwahrstelle die Wertpapiere erst dann **auf den Entleiher übertragen**, wenn sie sich vor Übertragung oder Zug um Zug gegen Übertragung der Wertpapiere für Rechnung des AIF ausreichende Sicherheiten durch Geldzahlung oder durch Verpfändung oder Abtretung von Guthaben oder durch Übereignung oder Verpfändung von Wertpapieren oder Geldmarktinstrumenten hat gewähren lassen.

20 Hierzu muss die Verwahrstelle ***ex ante***, also noch vor der Lieferung der Wertpapiere an den Entleiher **prüfen**, ob die Sicherheiten nach dem KAGB erwerbbar und der Höhe nach ausreichend im Depot des jeweiligen Investmentvermögens vorhanden sind.[20] Erst wenn diese Voraussetzungen vor Abwicklung des Wertpapiergeschäfts erfüllt sind, dürfen die zu verleihenden Wertpapiere freigegeben und auf die jeweiligen Konten bzw. Depots des Entleihers übertragen werden.[21] Sofern nachträglich eine Untersicherung eintreten sollte, etwa weil die verliehenen Wertpapiere an Wert gewonnen oder die bestellten Sicherheiten an Wert verloren haben, erstreckt sich die Kontrolle durch die Verwahrstelle auch auf die als Nachbesicherung zu liefernden Wertpapiere.[22]

VI. Besondere Kontrollpflichten in Bezug auf Immobilien-Gesellschaften (§ 83 Abs. 3 KAGB)

21 Hält ein Publikums-AIF Beteiligungen an einer Immobilien-Gesellschaft i.S.d. § 1 Abs. 19 Nr. 2 oder § 261 Abs. 1 Nr. 3 KAGB, hat die Verwahrstelle die Vermögensaufstellung dieser Gesellschaft zum Bewertungszeitpunkt zu **überprüfen**. Sofern ein offener Publikums-AIF Beteiligungen an einer Immobilien-Gesellschaft hält, hat die Verwahrstelle zusätzlich sicherzustellen, dass die Voraussetzungen der §§ 234–238 KAGB erfüllt sind (wegen der Anforderungen an die Immobilien-Gesellschaften vgl. die Kommentierung dort, § 235 Rz. 1 ff.).

22 Die Vorschrift gilt ausschließlich für Publikums-AIF und ist nicht, auch nicht entsprechend, auf Spezial-AIF anwendbar.[23]

VII. Pflicht zur Sicherstellung von Verfügungsbeschränkungen (§ 83 Abs. 4 KAGB)

23 Verfügungen über zum Immobilien-Sondervermögen gehörende Immobilien und zum geschlossenen Publikums-AIF gehörende Vermögensgegenstände i.S.d. § 261 Abs. 1 Nr. 1 KAGB stehen gem. § 84 Abs. 1 Nr. 3 KAGB unter dem **Zustimmungsvorbehalt der Verwahrstelle**. Wie die Verfügungsbeschränkung sicherzustellen ist, regelt § 83 Abs. 4 KAGB und unterstellt die Einhaltung der jeweiligen Anforderungen der Kontrolle durch die Verwahrstelle:

19 *Herring* in Baur/Tappen, § 83 KAGB Rz. 16.
20 VerwahrstellenRS, Ziff. 7.3.
21 VerwahrstellenRS, Ziff. 7.3.
22 VerwahrstellenRS, Ziff. 7.3.
23 *Boxberger* in Weitnauer/Boxberger/Anders, § 83 KAGB Rz. 9.

Sofern es sich um **inländische Immobilien** handelt, hat die Verwahrstelle die Eintragung der Verfügungsbeschränkung in das Grundbuch zu überwachen (§ 83 Abs. 4 Nr. 1 KAGB). Die Stellung eines entsprechenden Antrags bzw. die Pflicht hierzu obliegt gem. § 246 Abs. 1 KAGB der Kapitalverwaltungsgesellschaft. Hierzu genügt die in der Form des § 29 GBO abgegebene Eintragsbewilligung der Kapitalverwaltungsgesellschaft als Betroffene i.S.d. § 19 GBO.[24] 24

Bei dem Zustimmungsvorbehalt handelt es sich um eine **relative Verfügungsbeschränkung** i.S.d. § 135 Abs. 1 BGB und wirkt folglich nur *inter partes*.[25] Die Eintragung in das Grundbuch dient daher vor allem dem Schutz der Anleger, indem sie einen (potentiellen) gutgläubigen Erwerb Dritter verhindert. 25

Bei **ausländischen Immobilien** wird es oftmals in den betreffenden Staaten an einem dem deutschen Grundbuch entsprechenden Grundstücksregister fehlen oder, wenn zwar ein öffentliches Register besteht, wird die Eintragung einer Verfügungsbeschränkung jedoch in Wirkung nicht der deutschen entsprechen.[26] Für diese Fälle ordnet § 83 Abs. 4 Nr. 2 KAGB an, dass die Wirksamkeit der Verfügungsbeschränkung „sicherzustellen" ist: 26

- Wie diese Sicherstellung erfolgen soll, wird nicht bestimmt und richtet sich wohl nach dem jeweiligen Rechtssystem des betreffenden Staates.
- So kann die Sicherstellung der Wirksamkeit der Verfügungsbeschränkung etwa durch die Einschaltung eines Treuhänders oder die Urkunden, welche zur Veräußerung des Grundstücks erforderlich sind, durch die Verwahrstelle verwahrt werden.
- Ist die Sicherstellung nicht möglich, muss der Erwerb der Immobilie unterbleiben.[27]

Bei **sonstigen Vermögensgegenständen bzw. Sachwerten** i.S.d. § 261 Abs. 2 Nr. 2 bis 8 KAGB (Schiffe, Luftfahrzeuge, etc.) ist die Verfügungsbeschränkung durch Eintragung in ein entsprechendes Register, wie beispielsweise das Schiffsregister oder Register für Luftfahrzeuge, sicherzustellen und von der Verwahrstelle zu überwachen. 27

Sofern es an einem Register für den betreffenden Sachwert fehlt, muss die Verfügungsbeschränkung durch anderweitige **effektive Maßnahmen** sichergestellt werden.[28] 28

Flankierend hat die **Verwahrstelle nach Maßgabe der AIFM-VO sicherzustellen**, dass Verfahren vorhanden sind, die gewährleisten, dass verbuchte Vermögenswerte nicht zugewiesen, übertragen, ausgetauscht oder übergeben werden können, ohne dass die Verwahrstelle oder ihr Beauftragter über solche Transaktionen informiert wurde und muss sie sofortigen Zugang zum schriftlichen Nachweis jeder Transaktion und Position haben (vgl. Art. 90 Abs. 2 Satz 1 Buchst. c und Satz 2 AIFM-VO). 29

VIII. Ausführung von Weisungen der AIF-Verwaltungsgesellschaft (§ 83 Abs. 5 KAGB)

§ 83 Abs. 5 KAGB schränkt die Kontrollfunktion der Verwahrstelle insoweit ein, dass sie Weisungen der Kapitalverwaltungsgesellschaft ausschließlich auf die Vereinbarkeit der Weisung mit den gesetzlichen Vorschriften oder Anlagebedingungen hin überprüft (sog. **Rechtmäßigkeitskontrolle**). 30

Folglich unterfällt nach herrschender Meinung die Wirtschaftlichkeit bzw. **Zweckmäßigkeit der Anlageentscheidung nicht der Überwachung durch die Verwahrstelle.**[29] Teilweise wird jedoch gefordert, dass die Verwahrstelle über die Rechtmäßigkeitskontrolle hinaus auch zu prüfen hat, ob die Anlageentscheidung der Kapitalverwaltungsgesellschaft wirtschaftlich vertretbar ist (Einhaltung der Sorgfalt eines ordentlichen Kaufmanns), insbesondere die Beachtung des „Grundsatzes der Risikomischung" beachtet wurde.[30] Für diese Ansicht spricht, dass die Verwahrstelle ausschließlich im Interesse des AIF bzw. seiner Anleger tätig wird (§ 85 Abs. 1 KAGB) und es deren Interesse entspricht, ob z.B. die erworbenen Gegenstände werthaltig 31

---

24 *Beckmann* in Beckmann/Scholtz/Vollmer, § 27 InvG Rz. 37.
25 *Beckmann* in Beckmann/Scholtz/Vollmer, § 27 InvG Rz. 36.
26 *Beckmann* in Beckmann/Scholtz/Vollmer, § 27 InvG Rz. 39.
27 *Beckmann* in Beckmann/Scholtz/Vollmer, § 27 InvG Rz. 39 f.
28 Begr. RegE, BT-Drucks. 17/12294, S. 233, 234; *Herring* in Baur/Tappen, § 83 KAGB Rz. 24; *Boxberger* in Weitnauer/Boxberger/Anders, § 83 KAGB Rz. 11.
29 BGH v. 18.9.2001 – XI ZR 337/00, WM 2001, 2053, 2054; VerwahrstellenRS, Ziff. 7.1.3., 7.4.; *Boxberger* in Weitnauer/Boxberger/Anders, § 83 KAGB Rz. 12 f.; *Herring* in Baur/Tappen, § 83 KAGB Rz. 8 f.; *Beckmann* in Beckmann/Scholtz/Vollmer, § 22 InvG Rz. 5 f.; *Zetzsche*, ZFR 2017/107, 213 f.
30 *Köndgen* in Berger/Steck/Lübbehüsen, § 22 InvG Rz. 5.

sind.[31] Dennoch überzeugt dies nicht. Denn das Gesetz weist der Kapitalverwaltungsgesellschaft die Verwaltung des Investmentvermögens zu, wobei die Kapitalverwaltungsgesellschaft hinsichtlich konkreter Vermögensdispositionen, soweit diese im Übrigen rechtmäßig sind, einen weiten Ermessensspielraum hat (vgl. § 1 Abs. 15, 16 KAGB). Zudem wird die Verwahrstelle häufig nicht über die personellen Ressourcen verfügen, um die Anlageentscheidung der Kapitalverwaltungsgesellschaft auf ihre Wirtschaftlichkeit hin überprüfen zu können.[32] Die BaFin führt in diesem Themenkreis speziell zur Kontrolle der Anlagegrundsätze differenzierend aus[33]:

„Da sich die Rechtmäßigkeitskontrolle der Verwahrstelle **nicht auf die wirtschaftliche Zweckmäßigkeit der Entscheidungen** der Portfolioverwaltung erstreckt, findet sie dort ihre Grenze, wo die vertraglichen Erwerbsvorgaben und Anlagegrenzen einen Entscheidungsspielraum der Kapitalverwaltungsgesellschaft im Hinblick auf die Anlage des Fondsvermögens zulassen. Demnach hat die Verwahrstelle zu prüfen, ob die Kapitalverwaltungsgesellschaft die vertragliche Vorgabe, z.B. 30 Prozent des Investmentvermögens in Wertpapiere mit einem AAA-Rating zu investieren, eingehalten hat. Die von der Kapitalverwaltungsgesellschaft im Rahmen dieser vertraglichen Vorgabe getroffene Entscheidung, z.B. 10 Prozent in der Automobilbranche und 20 Prozent in der Telekommunikationsbranche zu investieren, stellt dagegen eine von der Verwahrstelle nicht zu überprüfende Entscheidung im Rahmen der Anlagegrundsätze dar.

Auch Vorgaben hinsichtlich der Anlageziele, finanziellen Ziele oder Anlagepolitik des Fonds sind im Hinblick auf den regelmäßig eingeräumten Entscheidungsspielraum der Kapitalverwaltungsgesellschaft grundsätzlich als Anlagegrundsätze zu qualifizieren, die **von der Verwahrstelle nicht zu überprüfen sind.** So hat die Verwahrstelle z.B. bei sog. „Ethikfonds" nicht zu kontrollieren, ob die Anlage des Fonds ethischen Grundsätzen entspricht.[34] Gleiches gilt für sog. Scharia-konforme Produkte sowie dann, wenn z.B. in den Anlagebedingungen vorgesehen ist, dass nur in Aktien solcher Unternehmen investiert werden soll, die eine überdurchschnittliche Wachstumsrate erwarten lassen." (Hervorhebungen der Bearbeiter)

32 Auf den ersten Blick erscheint die Regelung in § 83 Abs. 5 KAGB als Durchbrechung des grundsätzlichen Prinzips der gegenseitigen Unabhängigkeit von Verwahrstelle und Kapitalverwaltungsgesellschaft (vgl. § 26 Abs. 1, § 85 Abs. 1 KAGB). Denn Unabhängigkeit bedeutet gleichzeitig auch Weisungsfreiheit.[35] Dieses Spannungsverhältnis kann jedoch dahingehend aufgelöst werden, dass beide Einheiten in ihrem jeweiligen Funktionsbereich (innerhalb des und beschränkt durch das Investmentdreieck) autonom agieren: Die Verwaltung des Investmentvermögens ist ausdrücklich der Kapitalverwaltungsgesellschaft zugewiesen. Sie wird durch die Existenz der Verwahrstelle und insbesondere durch die Verwahrung der Vermögensgegenstände durch dieselbe faktisch in ihrem Handlungsraum beschränkt. Folglich ergibt sich die grundsätzliche Notwendigkeit eines Weisungsrechts der Kapitalverwaltungsgesellschaft gegenüber der Verwahrstelle bereits aus der Struktur des Investmentdreiecks.[36]

33 Unter **„Weisungen"** sind alle verbindlichen Aufforderungen der Kapitalverwaltungsgesellschaft gegenüber der Verwahrstelle zu verstehen, die sich unmittelbar auf den Bestand der verwahrten Vermögensgegenstände des AIF auswirken (z.B. der Kauf oder Verkauf von Vermögensgegenständen).[37]

34 **Maßstab der Prüfung** ist die Vereinbarkeit mit den gesetzlichen Vorschriften und die jeweils gültigen Anlagebedingungen. Zu den **„gesetzlichen Vorschriften"** zählen neben dem KAGB (ausgelegt im Lichte der AIFM-RL) die auf der Grundlage des KAGB oder der AIFM-RL erlassenen Rechtsakte, sowie alle sonstigen Vorschriften, die kraft eines Verweises in den vorgenannten Rechtsquellen zur Anwendung kommen. Anlagebedingungen sind dagegen alle schriftlichen Vereinbarungen, welche das Rechtsverhältnis zischen der Kapitalverwaltungsgesellschaft und dem AIF bzw. dessen Anlegern bestimmen (vgl. § 162 Abs. 1 KAGB). Die BaFin führt diesbezüglich aus[38]:

„Die gesetzlichen Vorschriften, an denen die Weisungen zu messen sind, umfassen das KAGB und alle darunter erlassenen Rechtsverordnungen, Verordnungen der EU auf Grundlage der OGAW-Richtlinie und der AIFM-Richtlinie sowie sämtliche sonstige Vorschriften, die kraft eines Verweises in den vorgenannten Rechtsquellen zur Anwendung kommen. Dabei ist die von der BaFin in Richtlinien, Rundschreiben, Merkblättern, FAQs und sonstigen Veröffentlichungen vertretene Auslegung maßgeblich. Außerdem muss sich die Kontrolle auf die Einhaltung der jeweiligen An-

31 *Köndgen* in Berger/Steck/Lübbehüsen, § 22 InvG Rz. 5.
32 *Herring* in Baur/Tappen, § 83 KAGB Rz. 10 f.
33 VerwahrstellenRS, Ziff. 7.5.
34 *Zetzsche*, ZFR 2017/107, 2016 weist daraufhin, dass solche ethischen Anlagekriterien häufig als Anlagebeschränkungen Eingang in die Anlagebedingungen finden, was diese Kriterien wiederum voll überprüfbar werden lässt.
35 *Köndgen* in Berger/Steck/Lübbehüsen, § 22 InvG Rz. 3 f.
36 Vgl. zu diesem Themenkomplex auch: *Köndgen* in Berger/Steck/Lübbehüsen, § 22 InvG Rz. 3 f.; *Tollmann/Specht* in Dornseifer/Jesch/Klebeck/Tollmann, Art. 21 AIFM-RL Rz. 266.
37 VerwahrstellenRS, Ziff. 7.1.1.
38 VerwahrstellenRS, Ziff. 7.1.2.

lagebedingungen in ihrer Gesamtheit beziehen. Diese umfassen sämtliche schriftlichen Vereinbarungen, die das Rechtsverhältnis zwischen der Kapitalverwaltungsgesellschaft oder dem Investmentvermögen und dem Anleger in Bezug auf das jeweilige Investmentvermögen regeln. Bei Investmentvermögen in Gesellschaftsform sind zudem die Satzungen einzubeziehen. Im Verwahrstellenvertrag ist zudem nach Art. 83 Abs. 1 Buchstabe m) der Level-2-Verordnung genauer zu bestimmen, welche Aufgaben die Verwahrstelle in Bezug auf die Geldwäschebekämpfung hat."

Grundsätzlich ist die Verwahrstelle verpflichtet, vor der Abwicklung des von der Kapitalverwaltungsgesellschaft abgeschlossenen Geschäfts **zu überprüfen**, ob die Erfüllung dieses Rechtsgeschäfts mit den gesetzlichen Bestimmungen und Anlagebedingungen im Einklang steht (vgl. auch die Kommentierung zu § 84 KAGB, § 84 Rz. 35).[39] So muss sie in diesem Rahmen unter Umständen auch prüfen, ob die Vermögensgegenstände überhaupt nach dem KAGB erwerbbar sind. Erst danach darf sie das jeweilige Rechtsgeschäft technisch mitvollziehen. Da jedoch solch eine Prüfung auch eine gewisse Zeit beansprucht, kann die Erfüllung gegebenenfalls nicht rechtzeitig erfolgen. Dies kann wiederum Sekundäransprüche des Vertragspartners (Rücktritt, Schadensersatz) auslösen, und steht im Widerspruch zu den Interessen des AIF bzw. seinen Anlegern. Daher ist nach Ansicht der BaFin dem Sinn und Zweck der Vorschrift Genüge getan, wenn die Rechtmäßigkeitskontrolle gerade bei Geschäften, die üblicherweise innerhalb eines kurzen Zeitraums abgeschlossen werden (z.B. Wertpapiergeschäfte), nach Abwicklung des Geschäfts erfolgt.[40] Andernfalls würde die Fähigkeit der Kapitalverwaltungsgesellschaft auf die Gegebenheiten des Marktes rechtzeitig und schnell zu reagieren, über Gebühr eingeschränkt, was wiederum zu Lasten der Anleger gehen würde.[41] 35

Im Rahmen der Rechtmäßigkeitskontrolle hat die Verwahrstelle auch zu prüfen, ob die gesetzlich vorgeschriebenen und in den Anlagebedingungen festgesetzten **Anlagegrenzen** eingehalten werden. Zu den gesetzlichen Anlagegrenzen gehören die Bestimmungen der §§ 198, 206, 207, 210, 219, 221 und 261 KAGB.[42] 36

Die bisher im aufgehobenen § 27 Abs. 1 Nr. 5 InvG vorgesehene Pflicht der Depotbank, dafür zu sorgen, dass die für das jeweilige Sondervermögen geltenden gesetzlichen und vertraglichen festgelegten Anlagegrenzen eingehalten werden, wird nicht mehr ausdrücklich in § 83 Abs. 1 KAGB aufgeführt, da diese Pflicht als Unterfall der Rechtmäßigkeitskontrolle nach § 83 Abs. 5 KAGB anzusehen ist.[43] 37

Die **Kontrolle der Anlagegrenzen** wird durch **Art. 95 und Art. 92 Abs. 2 der AIFM-VO** konkretisiert. Danach hat die Verwahrstelle Verfahren zu schaffen, die zur Prüfung der Einhaltung der gesetzlichen Vorschriften und Anlagebedingungen durch den AIF bzw. für dessen Rechnung handelnde Kapitalverwaltungsgesellschaft geeignet sind. Dabei hat sie insbesondere zu überwachen, ob der AIF die in seinen Emissionsunterlagen festgelegten Anlagebeschränkungen und Beschränkungen von Hebelfinanzierungen einhält. Die Angemessenheit der Verfahren richtet sich nach Art, Umfang und Komplexität des AIF. 38

Die Kontrolle der Anlagegrenzen kann auf der **Grundlage verschiedener Modelle** oder einer Kombination dieser Modelle durchgeführt werden: Die Verwahrstelle hat Zugriff auf das Fondsbuchhaltungs- und Anlagegrenzprüfungssystem der Kapitalgesellschaft (Modell 1) oder sie verfügt selbst über solche Systeme (Modell 2).[44] 39

Einigen sich Kapitalverwaltungsgesellschaft und Verwahrstelle auf ein Modell, müssen bestimmte Punkte im **Verwahrstellenvertrag** im Vorfeld vereinbart werden. So muss das Anlagegrenzprüfungssystem der Kapitalverwaltungsgesellschaft bereits bei Beginn auf seine ordnungsgemäße Funktionalität hin durch die Verwahrstelle geprüft werden.[45] Anschließend sind regelmäßig (mindestens alle vier Monate) Stichproben ausreichend, wobei die BaFin bei „nichtverwahrfähigen Vermögensgegenständen" größere Prüfungsabstände zulässt, sofern sie angemessen sind.[46] Die Stichprobenprüfung ist für alle Arten von gesetzlichen oder vertraglichen Anlagegrenzen vorzunehmen.[47] Sowohl die anfängliche Kontrolle als auch die Stichprobenprüfung können von der Verwahrstelle selbst oder durch einen von ihr beauftragten Wirtschaftsprüfer durchgeführt werden.[48] Im Gegenzug hat die Kapitalverwaltungsgesellschaft die Verwahrstelle über alle wesentlichen Änderungen im Programm oder betreffend der Datenqualität und Datenquantität, die Einfluss 40

---

39 VerwahrstellenRS, Ziff. 7.1.4.
40 VerwahrstellenRS, Ziff. 7.1.4.
41 VerwahrstellenRS, Ziff. 7.1.4.
42 VerwahrstellenRS, Ziff. 7.4.
43 Begr. RegE, BT-Drucks. 17/12294, S. 233.
44 VerwahrstellenRS, Ziff. 7.4.1.
45 VerwahrstellenRS, Ziff. 7.4.1.1.
46 VerwahrstellenRS, Ziff. 7.4.1.1.
47 VerwahrstellenRS, Ziff. 7.4.1.1.
48 VerwahrstellenRS, Ziff. 7.4.1.1.

auf die Prüfung der Anlagegrenzen haben könnte, sowie Anlagegrenzen, die manuell zu überprüfen sind, unverzüglich zu informieren.[49]

41 Erfolgt die **Kontrolle der Anlagegrenze anhand des Modells 2**, muss die Verwahrstelle über ein eigenes (Schatten-) Fondsbuchhaltungssystem[50] sowie ein darauf aufbauendes Anlagegrenzprüfungssystem verfügen.[51] Bei diesem Modell trifft die Kapitalverwaltungsgesellschaft insoweit eine Mitwirkungspflicht, als das sie die Verwahrstelle über alle Geschäftsabschlüsse und Ereignisse umfassend zu informieren hat. Denn nur so kann sie ein ordnungsgemäßes und funktionierendes Anlagegrenzprüfungssystem gewährleisten.[52]

42 Die Verwahrstelle hat nach Art. 95 Buchst. b und Art. 92 Abs. 3 AIFM-VO vorab für den Fall eines Verstoßes gegen das Gesetz oder die Anlagebedingungen ein **Eskalationsverfahren** zu definieren, in welchem die einzelnen Verfahrensschritte und die jeweils zu kontaktierenden Personen festzulegen sind.[53] Stellt die Verwahrstelle einen Regelverstoß fest, hat sie zunächst die Kapitalgesellschaft darüber zu informieren, die ihrerseits die Verwahrstelle unterrichten muss, ob sie bereits Gegenmaßnahmen eingeleitet hat oder welche sie zu ergreifen beabsichtigt.[54]

43 Besteht **Uneinigkeit** zwischen Kapitalverwaltungsgesellschaft und Verwahrstelle über das Vorliegen eines Regelverstoßes oder ist die Verwahrstelle mit den ergriffenen oder beabsichtigten Abhilfemaßnahmen nicht einverstanden, hat sie die BaFin hierüber zu informieren.[55]

IX. Überwachung der Zahlungsströme und Anforderungen an Geldkonten (§ 83 Abs. 6 KAGB)

44 § 83 Abs. 6 KAGB regelt das sog. **„Cash-Monitoring"** durch die Verwahrstelle und dient der Umsetzung des Art. 21 Abs. 7 der AIFM-RL.[56] Ergänzt wird die Vorschrift durch die Art. 85 und Art. 86 der AIFM-VO, welche die Pflichten der Verwahrstelle bezüglich der Überwachung der Zahlungsströme des AIF konkretisieren.

45 Die Verwahrstelle hat sämtliche Zahlungsströme des AIFM zu überwachen und insbesondere sicherzustellen, dass sämtliche Zahlungen von Anlegern bei der Zeichnung der Anteile an den AIF geleistet wurden (sog. **„Zahlstellenfunktion"**)[57]. Der sog. „Cashflow" des AIF umfasst sowohl Zahlungseingänge als auch Zahlungsausgänge.[58] Hinsichtlich der Kontrolle der Leistung des Gegenwerts korrespondiert die Vorschrift insoweit mit § 83 Abs. 1 Nr. 2 KAGB.[59]

46 Ferner hat die Verwahrstelle sicherzustellen, dass die gesamten **Geldmittel** des inländischen AIF auf einem **Geldkonto** verbucht werden, das für Rechnung des inländischen AIF, im Namen der AIF-Verwaltungsgesellschaft, die für Rechnung des inländischen AIF tätig ist, oder im Namen der Verwahrstelle, die für Rechnung des inländischen AIF tätig ist. Bei dem Geldkonto muss es sich dem Wortlaut nach nicht zwingend um ein Sperrkonto handeln, wie es noch das Investmentgesetz vorschrieb. Jedoch verlangt die AIFM-RL bzw. das KAGB die Überwachung sämtlicher Zahlungsvorgänge. Insbesondere bei Zahlungsausgängen hat sich in der Vergangenheit die Einrichtung eines Sperrkontos als probates Mittel hierfür erwiesen.[60] Denn letztlich muss sichergestellt sein, dass die Kapitalverwaltungsgesellschaft nicht ohne Mitwirkung der Verwahrstelle über Gelder des AIF verfügen kann.[61] Ohne einen entsprechenden Sperrvermerk bzw. Zustimmungsvorbehalt zugunsten der Verwahrstelle wäre dies, insbesondere wenn das Geldkonto nicht selbst von der Verwahrstelle geführt wird, leicht zu umgehen.

---

49 VerwahrstellenRS, Ziff. 7.4.1.1.

50 Alternativ kann die Verwahrstelle auch auf ein fremdes Fondsbuchhaltungssystem und ein darauf aufbauendes eigenes Anlagegrenzprüfungssystem zugreifen. In diesem Fall hat die Verwahrstelle die unter Modell 1 aufgeführten Prüfungshandlungen entsprechend beim Fondsbuchhaltungssystem vorzunehmen (sog. Mischmodell).

51 VerwahrstellenRS, Ziff. 7.4.1.2.

52 VerwahrstellenRS, Ziff. 7.4.1.2.

53 VerwahrstellenRS, Ziff. 10.

54 VerwahrstellenRS, Ziff. 10.

55 VerwahrstellenRS, Ziff. 10.

56 Begr. RegE, BT-Drucks. 17/12294, S. 234.

57 *Köndgen* in Berger/Steck/Lübbehüsen, § 25 InvG Rz. 3 f.; *Tollmann/Specht* in Dornseifer/Jesch/Klebeck/Tollmann, Art. 21 AIFM-RL Rz. 142 f.; *Boxberger* in Weitnauer/Boxberger/Anders, § 83 KAGB Rz. 26 f.

58 *Tollmann/Specht* in Dornseifer/Jesch/Klebeck/Tollmann, Art. 21 AIFM-RL Rz. 149, 164 f.

59 *Herring* in Baur/Tappen, § 83 KAGB Rz. 26.

60 *Tollmann/Specht* in Dornseifer/Jesch/Klebeck/Tollmann, Art. 21 AIFM-RL Rz. 166; *Boxberger* in Weitnauer/Boxberger/Anders, § 83 KAGB Rz. 28.

61 Vgl. hierzu auch Kommentierung zu § 84 Abs. 1 Nr. 2 KAGB (§ 84 Rz. 20 ff.).

Das **Geldkonto** (bzw. die Geldkonten) muss (müssen) nicht zwingend von der Verwahrstelle selbst geführt werden. Als geeignete Stellen kommen Zentralbanken, nach der Bankenrichtlinie zugelassene EU-Kreditinstitute und in einem Drittland zugelassene Banken in Betracht (vgl. auch Art. 18 Abs. 1 Buchst. a, b und c der Richtlinie 2006/73/EG). Alternativ sind auch gleichartige Stellen geeignet, wenn sie einer wirksamen Regulierung der Aufsichtsanforderungen und einer Aufsicht unterliegen, die jeweils den Rechtsvorschriften der Europäischen Union entsprechen, wirksam durchgesetzt werden und insbesondere mit den Grundsätzen nach Art. 16 der Richtlinie 2006/73/EG übereinstimmen (sog. „Äquivalenzprinzip").[62] 47

Um eine ordnungsgemäße und wirksame Überwachung zu gewährleisten, verlangt Art. 86 der AIFM-VO von der Verwahrstelle, dass diese zumindest über **wirksame und angemessene Verfahren zum Abgleich aller Cashflows** verfügt und diesen Abgleich täglich oder bei geringer Häufigkeit der Bargeldbewegungen bei deren Eintreten vornimmt, sie über geeignete Verfahren verfügt, um bei Ende des Geschäftstags signifikante Cashflows zu ermitteln, insbesondere solche, die mit den Geschäften des AIF unvereinbar sein könnten, in regelmäßigen Abständen die Eignung dieser Verfahren überprüft, das Abgleichverfahren zu diesem Zweck zumindest einmal jährlich einer vollständigen Überprüfung unterzogen wird und sicherstellt, dass das Abgleichverfahren die im Namen des AIF, des für ihn handelnden AIFM oder der für ihn handelnden Verwahrstelle eröffneten Konten erfasst. 48

Ferner hat die Verwahrstelle die Ergebnisse des Abgleichs und von den Maßnahmen, die infolge der Feststellung jeglicher bei den Abgleichverfahren zutage tretenden Diskrepanzen ergriffen wurden, kontinuierlich **zu überwachen** und bei jeder Abweichung, die nicht unverzüglich behoben wurde, die Kapitalverwaltungsgesellschaft und, wenn die Situation nicht geklärt und gegebenenfalls korrigiert werden kann, die BaFin **zu unterrichten**. Zudem hat sie **zu überprüfen**, ob ihre eigenen Bar-Aufzeichnungen mit denen der Kapitalverwaltungsgesellschaft übereinstimmen. Die Kapitalverwaltungsgesellschaft ist ihrerseits verpflichtet, sicherzustellen, dass der Verwahrstelle alle Anweisungen und Informationen im Zusammenhang mit bei einem Dritten eröffneten Geldkonten übermittelt werden, damit die Verwahrstelle ihr eigenes Abgleichverfahren durchführen kann. 49

§ 84 Zustimmungspflichtige Geschäfte

(1) Die AIF-Kapitalverwaltungsgesellschaft darf die nachstehenden Geschäfte im Hinblick auf Publikums-AIF nur mit Zustimmung der Verwahrstelle durchführen:

1. **die Aufnahme von Krediten nach Maßgabe der §§ 199, 221 Absatz 6, der §§ 254 und 263 Absatz 1, soweit es sich nicht um valutarische Überziehungen handelt,**
2. **die Anlage von Mitteln des Publikums-AIF in Bankguthaben bei anderen Kreditinstituten sowie Verfügungen über solche Bankguthaben,**
3. **die Verfügung über zum Immobilien-Sondervermögen gehörende Immobilien und zum geschlossenen Publikums-AIF gehörende Vermögensgegenstände im Sinne des § 261 Absatz 1 Nummer 1,**
4. **die Belastung von in Nummer 3 genannten Vermögensgegenständen sowie die Abtretung von Forderungen aus Rechtsverhältnissen, die sich auf diese Vermögensgegenstände beziehen und**
5. **Verfügungen über Beteiligungen an Gesellschaften im Sinne des § 1 Absatz 19 Nummer 22 oder des § 261 Absatz 1 Nummer 3 oder, wenn es sich nicht um eine Minderheitsbeteiligung handelt, die Verfügung über zum Vermögen dieser Gesellschaften gehörende Vermögensgegenstände im Sinne des § 231 Absatz 1 oder des § 261 Absatz 1 Nummer 1 sowie Änderungen des Gesellschaftsvertrages oder der Satzung.**

(2) [1]Die Verwahrstelle hat den Geschäften nach Absatz 1 zuzustimmen, wenn diese den dort genannten Anforderungen entsprechen und mit den weiteren Vorschriften dieses Gesetzes und mit den Anlagebedingungen übereinstimmen. [2]Stimmt sie einer Verfügung zu, obwohl die Bedingungen von Satz 1 nicht erfüllt sind, berührt dies nicht die Wirksamkeit der Verfügung. [3]Eine Verfügung ohne Zustimmung der Verwahrstelle ist gegenüber den Anlegern unwirksam. [4]Die Vorschriften zugunsten derjenigen, welche Rechte von einem Nichtberechtigten herleiten, sind entsprechend anzuwenden.

In der Fassung vom 4.7.2013 (BGBl. I 2013, S. 1981).

62 *Tollmann/Specht* in Dornseifer/Jesch/Klebeck/Tollmann, Art. 21 AIFM-RL Rz. 178.

Schrifttum: S. Vor §§ 68 ff.

I. Überblick, Entstehungsgeschichte und Regelungszweck

1 § 84 Abs. 1 KAGB enthält einen **Zustimmungsvorbehalt** zugunsten der Verwahrstelle für die Vornahme der in Nr. 1 bis 5 der Vorschrift aufgeführten Geschäfte durch die AIF-Kapitalverwaltungsgesellschaft im Hinblick auf Publikums-AIF.

2 **Zustimmungspflichtig** ist die Aufnahme von Krediten nach Maßgabe der §§ 199, 221 Abs. 6, der §§ 254 und 263 Abs. 1 (Nr. 1) KAGB, die Anlage von Mitteln des AIF in Bankguthaben sowie Verfügungen hierüber (Nr. 2), die Verfügung über Grundstücke und grundstücksgleiche Rechte sowie nicht verwahrfähige Vermögensgegenstände (Nr. 3), die Belastung der in Nr. 3 genannten Vermögensgegenstände sowie die Abtretung der Forderung aus den sich darauf beziehenden Rechtverhältnissen (Nr. 4), und Verfügungen über Beteiligungen an Gesellschaften i.S.d. § 1 Abs. 19 Nr. 22 oder des § 261 Abs. 1 Nr. 3 KAGB (sog. Objektgesellschaften) und deren Vermögensgegenstände sowie Änderungen des Gesellschaftsvertrages bzw. der Satzung derselben.

3 Eine **parallele Regelung für OGAW** findet sich in **§ 75 Abs. 1 KAGB**, wobei § 84 Abs. 1 KAGB ergänzend Sondervorschriften für Verfügungen über Immobilien und sonstige nicht verwahrfähige Vermögensgegenstände enthält.

4 Die Zustimmungspflicht **gilt nicht für Spezial-AIF**, so dass die Norm ausschließlich auf Publikums-AIF Anwendung findet. Die Zustimmung muss nicht ausdrücklich erteilt werden, sondern kann **auch konkludent**, z.B. durch Ausführung einer Überweisung, erteilt werden.[1]

5 Der Zustimmungsvorbehalt bezieht sich **ausschließlich** auf das **Erfüllungsgeschäft**, nicht jedoch auf die zugrunde liegende vertragliche Verpflichtung.[2] Gemäß dem im deutschen Recht verankerten **Abstraktionsprinzip** kann erst der Vollzug des Erfüllungsgeschäfts für das Investmentvermögen (bei abstrakter Betrachtung) tatsächliche Vermögensabflüsse mit sich bringen.

6 Nichtdestotrotz können auch vertragliche Verpflichtungen bzw. deren Nichterfüllung **Schadensersatzansprüche** auslösen. Um schon im Vorfeld eine etwaige Schadensersatzpflicht der Kapitalverwaltungsgesellschaft zu vermeiden, empfiehlt es sich nach der Verwaltungsauffassung der BaFin, schon im Vorfeld, also vor Abschluss des Verpflichtungsgeschäfts, die Verwahrstelle mit einzubinden.[3]

7 Der Begriff der Zustimmung nach Maßgabe des § 84 KAGB entspricht dem der §§ 182 ff. BGB, welcher zwischen **Einwilligung** (vorherige Zustimmung) und **Genehmigung** (nachträgliche Zustimmung) unterscheidet. Hinsichtlich des Zeitpunkts der Zustimmung enthält die Norm keine Vorgaben. Jedoch sollte die Verwahrstelle grundsätzlich ihre Zustimmung bereits vor der Verfügung erteilen, sofern nicht die Überprüfung bestimmter Voraussetzungen erst im Nachhinein möglich ist.[4]

8 **§ 84 Abs. 2 KAGB** regelt die **Rechtsfolgen** pflichtwidrig erteilter oder nicht erteilter Zustimmungen. § 84 Abs. 2 Satz 1 KAGB verpflichtet die Verwahrstelle zur Zustimmung zu den in § 84 Abs. 1 Nr. 1 bis 5 KAGB genannten Geschäften, wenn diese mit den gesetzlichen Vorschriften und Anlagebedingungen übereinstimmen. Die Verwahrstelle hat ihre Zustimmung zu erteilen, wenn die Geschäfte den gesetzlichen Anforderungen entsprechen und mit den Anlagebedingungen des AIF übereinstimmen. Im Ergebnis prüft hier die Ver-

1 VerwahrstellenRS, Ziff. 6.
2 VerwahrstellenRS, Ziff. 6.
3 VerwahrstellenRS, Ziff. 6.1.
4 VerwahrstellenRS, Ziff. 6.1.

wahrstelle das jeweilige Geschäft ausschließlich auf seine Rechtmäßigkeit hin, nicht jedoch auf seine wirtschaftliche Zweckmäßigkeit. Dies ist eine direkte Folge der **Zuständigkeitsverteilung innerhalb des Investmentdreiecks**: Die Tätigkeiten der Verwahrstelle dürfen nicht in die Nähe des Portfoliomanagements gerückt werden.

Stimmt die Verwahrstelle dem beabsichtigten Geschäft zu, obwohl die maßgeblichen Bedingungen nicht erfüllt sind, handelt sie zwar **pflichtwidrig** gegenüber ihren Anlegern, die Wirksamkeit der Verfügung bleibt jedoch unberührt (§ 84 Abs. 1 Satz 2 KAGB). Nimmt die AIF-Kapitalverwaltungsgesellschaft jedoch ein zustimmungspflichtiges Geschäft ohne Zustimmung der Verwahrstelle vor, so ist die Verfügung den Anlegern gegenüber unwirksam (§ 84 Abs. 1 Satz 3 KAGB). Satz 4 des § 84 Abs. 2 KAGB verweist, ähnlich wie § 135 Abs. 2 BGB, auf die **Gutglaubensvorschriften** und ermöglicht somit einen Rechtserwerb kraft guten Glaubens. 9

§ 84 Abs. 1 KAGB ist weitgehend an die Regelung des aufgehobenen § 26 Abs. 1 Nr. 1 bis 5 InvG; Abs. 2 der Vorschrift ist an die Regelung des aufgehobenen§ 26 Abs. 2 InvG angelehnt.[5] 10

II. Zustimmungserfordernisse (§ 84 Abs. 1 KAGB)

1. Kreditaufnahme (§ 84 Abs. 1 Nr. 1 KAGB)

Die Aufnahme von Krediten nach Maßgabe der §§ 199, 221 Abs. 6, der §§ 254 und 263 Abs. 1 KAGB ist, soweit es sich nicht um „valutarische Überziehungen" handelt, **zustimmungspflichtig**. Die BaFin hat sich bereits im Jahr 2009 zum Begriff der „Kreditaufnahme" in einem **FAQ** geäußert[6]: 11

„Der Kreditbegriff umfasst alle Vorgänge, **die wirtschaftlich zu einer Fremdfinanzierung von Anlagen im Sondervermögen führen**. Es muss sich somit nicht um eine Darlehensaufnahme im klassischen Sinne mit einer entsprechenden Vertragsgestaltung handeln. Auch eine Kontoüberziehung ist grundsätzlich als Kreditaufnahme zu qualifizieren. Die Zulässigkeit des Erwerbs von Derivaten beurteilt sich dagegen nach § 51 InvG und stellt keine Kreditaufnahme im Sinne des § 53 InvG dar." (Hervorhebungen der Bearbeiter)

Es zeigt sich, dass die BaFin einen **wirtschaftlichen Kreditbegriff** zugrunde legt. Dies ist aus teleologischer Sicht nicht zu beanstanden, denn die quantitativen Grenzen der verschiedenen Fondstypen begrenzen die jeweils zulässigen Hebelwirkungen, d.h. die ökonomischen Aspekte stehen im Vordergrund. In diesem Zusammenhang ist die Abgrenzung zu den entsprechenden Wirkungen beim Einsatz von Derivaten folgerichtig, da die DerivateV hier einen eigenständigen Regelungskreis darstellt. 12

Der Begriff **„valutarische Überziehung"** meint insoweit eine kurzfristige, technisch bedingte Überziehung, die jedoch nicht als Kredit im Sinne der Norm anzusehen ist und deshalb vom Zustimmungserfordernis ausgenommen ist.[7] Dazu führt die BaFin aus[8]: 13

„Valutarische Sollsalden, die durch Wertpapiergeschäfte innerhalb üblicher Zeiten entstehen, weil das Konto mit dem Kaufgeschäft früher (buchhalterisch) belastet wird als mit der Gutschrift eines Verkaufsgeschäfts, **sind nicht als Kreditaufnahme einzuordnen**." (Hervorhebungen der Bearbeiter)

Den oben zitierten Ausführungen der BaFin ist zu entnehmen, dass es sich bei der valutarischen Überziehung um eine **temporäre Liquiditätsstockung** handelt, die durch Usancen im Settlement verursacht wird. Dies ist eine Frage des Liquiditätsrisikomanagementprozesses. Nach unserer Auffassung handelt es sich um ein Prinzip, das nicht lediglich im Zusammenhang mit dem Settlement von Wertpapiergeschäften relevant wird, sondern in Bezug auf alle zulässiger Weise im Investmentvermögen verbuchten Vermögensgegenstände Anwendung findet. 14

Soll ein Kredit nach **§§ 199, 221 Abs. 6 KAGB** aufgenommen werden, hat die Verwahrstelle vor Erteilung ihrer Einwilligung die Kurzfristigkeit der Kreditaufnahme, die quantitativen Grenzen, die Marktüblichkeit der Kreditbedingungen, sowie die Zulässigkeit einer Kreditaufnahme nach den Anlagebedingungen des AIF zu überprüfen. Ob ein Kredit als **„kurzfristig"** einzuordnen ist, entscheidet die BaFin nach wie vor unter Berücksichtigung aller Umstände des Einzelfalls, wobei Kredite mit einer längeren Laufzeit als einem Jahr jedenfalls nicht mehr als „kurzfristig" bezeichnet werden können.[9] 15

Sind in dem Kreditvertrag die Valutierung und die Laufzeit des Kredits bereits festgelegt, muss die Überprüfung *ex ante*, also vor der beabsichtigten Kreditaufnahme, d.h. vor der Valutierung des Kredits erfolgen. 16

5 Begr. RegE, BT-Drucks. 17/12294, S. 234.
6 Fragenkatalog zu § 53 Investmentgesetz vom 1.12.2009, GZ: WA 41-Wp 2136-2008/0053, Ziff. II.1.
7 *Boxberger* in Weitnauer/Boxberger/Anders, § 84 KAGB Rz. 11.
8 Fragenkatalog zu § 53 Investmentgesetz vom 1.12.2009, Ziff. II.2.
9 Fragenkatalog zu § 53 Investmentgesetz vom 1.12.2009, Ziff. II.8.

Die **Marktüblichkeit der Kreditbedingungen** kann anhand von **vergleichbaren Kreditangeboten** oder anhand interner Mechanismen (z.B. anhand von Referenzzinssätzen für die jeweils relevante Laufzeit) kontrolliert werden.[10] Selbstverständlich spielt jedoch auch der Risikogehalt des finanzierten Investments eine entscheidende Rolle. Dies kann erhebliche Marginaufschläge gegenüber den Referenzzinssätzen nach sich ziehen.

17 Wird der Kredit jedoch unter **Inanspruchnahme eines Kontokorrentkredits** oder einer anderen gewährten Kreditlinie aufgenommen, kann das Merkmal der Kurzfristigkeit und die Einhaltung der Prozent-Grenze erst *ex post*, beurteilt werden.[11] Dies entbindet die Verwahrstelle jedoch nicht von der Pflicht, die übrigen Voraussetzungen schon im Vorfeld der Kreditaufnahme zu überprüfen, um so mögliche Risiken, die sich aus einer (rechtmäßig) verweigerten Zustimmung ergeben können, zu minimieren.[12]

18 Neben der Möglichkeit zur Aufnahme kurzfristiger Kredite, kann die Kapitalverwaltungsgesellschaft nach Maßgabe des **§ 254 Abs. 1 KAGB** auch **langfristige Kredite** für gemeinschaftliche Rechnung der Anleger, jedoch maximal bis zur Höhe von 30 % des Verkehrswertes der im Investmentvermögen befindlichen Immobilien und nur dann aufnehmen, wenn dies in den **Anlagebedingungen** vorgesehen ist, die Kreditaufnahme mit einer ordnungsgemäßen Wirtschaftsführung vereinbar ist, die Bedingungen der Kreditaufnahme marktüblich sind, die Grenze nach § 260 Abs. 3 Nr. 3 KAGB nicht überschritten wird und die Kreditaufnahme nicht zur Finanzierung der Rücknahme von Anteilen erfolgt. Die genannten Voraussetzungen, mit Ausnahme der letzten, sind im Rahmen einer *ex ante* Prüfung vor Erteilung der notwendigen Einwilligung zu prüfen. Nach Erteilung der Zustimmung ist die Einhaltung der 30 %-Grenze als Anlagegrenze zu kontrollieren. Die Beurteilung der Marktüblichkeit der Kreditbedingungen kann auch hier durch Vergleichsangebote oder anhand interner Mechanismen erfolgen. Ob die Kreditaufnahme einer ordnungsgemäßen Wirtschaftsführung entspricht, ist anhand der von der Verwaltungsgesellschaft vorgelegten Prozessdokumentation zu plausibilisieren. Die Finanzierung der Rücknahmen von Anteilen ist nur durch eine kurzfristige Kreditaufnahme gem. § 199 KAGB möglich. Die Einhaltung dieses Verbots kann dagegen erst *ex post* nach der Kreditaufnahme kontrolliert werden.[13]

19 Letztlich erlaubt **§ 263 Abs. 1 KAGB** der Kapitalverwaltungsgesellschaft für einen geschlossenen inländischen Publikums-AIF eine Kreditaufnahme bis zur Höhe von **60 % des Verkehrswertes** der im Investmentvermögen befindlichen Vermögensgegenstände, wenn die Anlagebedingungen solch eine Kreditaufnahme vorsehen, die Kreditbedingungen marktüblich sind und die Grenze des § 263 Abs. 4 KAGB nicht überschritten wird. Auch hier sind die Voraussetzungen vor der Aufnahme des Kredits zu prüfen und nach Erteilung der Zustimmung die Einhaltung der Prozent-Grenze als Anlagegrenze zu kontrollieren.[14]

2. Anlage und Verfügung über Bankguthaben (§ 84 Abs. 1 Nr. 2 KAGB)

20 Die Anlage von Mitteln des Publikums-AIF in Bankguthaben bei anderen Kreditinstituten sowie Verfügungen über solche Bankguthaben sind **zustimmungspflichtig**. Der Zustimmungsvorbehalt zugunsten der Verwahrstelle soll sicherstellen, dass sie ihrer **gesetzlichen Kontrollpflicht** auch in den Fällen nachkommen kann, in denen das Bankguthaben bei anderen Kreditinstituten angelegt ist. Ohne dieses Zustimmungserfordernis würde sie im Zweifel keine Kenntnis von den Zahlungsein- und -ausgängen erhalten, so dass die ihr vom Gesetz zugewiesene Kontrollpflicht letztlich leerliefe. Teilweise wird in der Literatur eine **Parallele zu § 72 Abs. 2 KAGB** gezogen, wonach das Guthaben des OGAW auf sog. Sperrkonten zu verwahren ist.[15] Nach dieser Ansicht sollen die OGAW-Verwahrstellengrundsätze, zumindest bei gemischten Sondervermögen, entsprechende Anwendung finden.

21 Bei der **Verwahrung auf einem Sperrkonto** kann die Kapitalverwaltungsgesellschaft als Kontoinhaberin nur mit Zustimmung der Verwahrstelle über das Konto verfügen. Andererseits ist die Verwahrstelle selbst nicht verfügungsberechtigt, sondern handelt ausschließlich auf (rechtmäßige) Weisung der Kapitalgesellschaft. Geht man von einer entsprechenden Anwendung dieser Grundsätze aus, muss die Verwahrstelle vor Ausführung der ersten Überweisung einmalig von einem anderen Kreditinstitut bestätigen lassen, dass es sich bei dem Konto um ein Sperrkonto handelt. Bei allen darauffolgenden Überweisungen hat sie durch

10 VerwahrstellenRS, Ziff. 6.2.1.1.
11 VerwahrstellenRS, Ziff. 6.2.1.1.
12 VerwahrstellenRS, Ziff. 6.1.
13 VerwahrstellenRS, Ziff. 6.2.1.2.
14 VerwahrstellenRS, Ziff. 6.2.1.3.
15 *Boxberger* in Weitnauer/Boxberger/Anders, § 84 KAGB Rz. 19 f.

Kontrolle der Kontoauszüge, der Geschäftsbestätigung oder auf sonstige Weise sicherzustellen, dass die Überweisung auf das entsprechende Sperrkonto erfolgt ist.[16]

3. Verfügung über Immobilien und Sachwerte (§ 84 Abs. 1 Nr. 3 KAGB)

22 Die Verfügung über zum Immobilien-Investmentvermögen gehörende Immobilien und zum geschlossenen Publikums-AIF gehörende Vermögensgegenstände i.S.d. § 261 Abs. 1 Nr. 1 KAGB (Sachwerte) sind **zustimmungspflichtig.**

23 **§ 261 Abs. 2 KAGB** enthält eine – nicht abschließende – Auflistung derjenigen Vermögensgegenstände, die als **Sachwerte** im Sinne des KAGBs qualifizieren. Unter einer Verfügung ist die unmittelbare Einwirkung auf ein Recht durch dessen Aufhebung, Belastung, Übertragung oder inhaltliche Änderung zu verstehen.[17]

24 Bei den in **§ 261 Abs. 1 und 2 KAGB** genannten Sachwerten handelt es sich um sog. **nichtverwahrfähige Vermögensgegenstände.** Hier tritt an die Stelle der Verwahrung eine laufende Überwachungspflicht seitens der Verwahrstelle. Sollen Sachwerte i.S.d. § 261 Abs. 1, 2 KAGB veräußert werden, hat die Verwahrstelle *ex ante*, d.h. vor dem Erfüllungsgeschäft zu überprüfen, ob die Veräußerung **in den Anlagebedingungen vorgesehen** ist und die Gegenleistung den gem. § 249 Abs. 1 KAGB ermittelten Wert nicht oder nicht wesentlich unterschreitet (§ 260 Abs. 1 KAGB). Hinsichtlich der Wertermittlung sind die Wertverhältnisse zum Zeitpunkt des Abschlusses des Verpflichtungsgeschäfts zugrunde zu legen.

25 Für Verfügungen in einem **geschlossenen Investmentvermögen** gilt § 260 KAGB nicht. Allerdings darf die Verwahrstelle nur dann in das Rechtsgeschäft einwilligen, wenn die Einhaltung marktgerechter Preise nach § 271 Abs. 1 i.V.m. § 168 Abs. 7 KAGB gewährleistet ist.[18] Zu beachten ist stets, dass über den Verweis in § 261 Abs. 1 Nr. 1 auf Abs. 2 KAGB nicht nur Immobilen, sondern daneben auch die (nicht abschließend) aufgezählten Vermögensgegenstände erfasst sind.

26 **Abgesichert** wird der Zustimmungsvorbehalt durch § 83 Abs. 4 KAGB, wonach eine Verfügungsbeschränkung **im Grundbuch eingetragen** oder, bei ausländischen Immobilien, die Wirksamkeit der Verfügungsbeschränkung auf sonstige Weise sichergestellt werden muss. Bei den sonstigen Vermögensgegenständen i.S.d. § 261 Abs. 2 Nr. 2 bis 8 KAGB muss, sofern ein Register für den jeweiligen Vermögensgegenstand besteht, die Eintragung der Verfügungsbeschränkung in dieses Register erfolgen oder, wenn kein Register besteht, die Wirksamkeit der Verfügungsbeschränkung sichergestellt werden.

4. Belastung von Vermögensgegenständen (§ 84 Abs. 1 Nr. 4 KAGB)

27 Die **Belastung** von in § 84 Abs. 1 Nr. 3 KAGB genannten Vermögensgegenständen (Immobilien und Sachwerte) sowie die **Abtretung** von Forderungen aus Rechtsverhältnissen, die sich auf diese Vermögensgegenstände beziehen, ist **zustimmungspflichtig.**

28 Auch bei der Belastung von Immobilen bzw. sonstigen, „nichtverwahrfähigen Vermögensgegenständen", die zum Immobilen-Sondervermögen gehören bzw. Abtretung von Forderungen aus Rechtsverhältnissen, die sich auf diese Vermögensgegenstände beziehen, hat die Verwahrstelle im Rahmen einer *ex ante*-Prüfung zu kontrollieren, ob die Belastung oder Abtretung in den Anlagebedingungen vorgesehen ist, sie mit einer ordnungsgemäßen Wirtschaftsführung vereinbar ist, die Bedingungen, unter denen die Belastung erfolgen soll, marktüblich sind sowie die Belastung nach § 260 Abs. 3 KAGB insgesamt die 30 %-Grenze nicht überschreitet. Erfasst sind **nur dingliche Belastungen**; jedoch ist der gesamte „Kanon" der dinglichen Belastungen im Anwendungsbereich der Vorschrift, d.h. Dienstbarkeiten, Nießbrauch, Wohnrechte nach WEG, Vorkaufsrechte sowie Reallasten und Erbbaurechte.[19]

29 Auch hier sind bei der **Wertermittlung** die Wertverhältnisse zum Zeitpunkt des Abschlusses des Verpflichtungsgeschäfts maßgeblich.[20] Die Zustimmungspflicht wird auch hier durch § 83 Abs. 4 KAGB abgesichert.

30 Hinsichtlich der Frage nach der Vereinbarkeit mit einer **„ordnungsgemäßen Wirtschaftsführung"** bzw. der **„Marktüblichkeit"** lässt sich festhalten, dass eine Belastung durch fremdfinanzierte Immobilien sicherlich der Standard ist. Insofern dürfen die erforderlichen Prüfungshandlungen der Verwahrstelle in diesem Zusammenhang nicht überbewertet werden. Da die Verwahrstelle im Falle der Verwahrung von Immobilien und Sachwerten ohnehin über qualifiziertes Personal verfügen muss (vgl. § 80 Abs. 9 KAGB), lässt sich

16 VerwahrstellenRS, Ziff. 6.2.2.
17 *Bayreuther* in MünchKomm. BGB, 7. Aufl. 2015, § 185 BGB Rz. 3.
18 VerwahrstellenRS, Ziff. 6.2.3.
19 Statt aller: *Herring* in Baur/Tappen, § 84 KAGB Rz. 8 m.w.N.
20 VerwahrstellenRS, Ziff. 6.2.4.

sicherlich konstatieren, dass es sich um eine **„red flag"-Würdigung** handelt, d.h. dem qualifizierten Personal muss die intendierte Gestaltung als absolut unüblich auffallen.

5. Verfügungen über bestimmte Beteiligungen und zugrunde liegende Vermögensgegenstände (§ 84 Abs. 1 Nr. 5 KAGB)

31 Verfügungen über Beteiligungen an Gesellschaften i.S.d. § 1 Abs. 19 Nr. 22 oder des § 261 Abs. 1 Nr. 3 KAGB oder, wenn es sich nicht um eine Minderheitsbeteiligung handelt, die Verfügung über zum Vermögen dieser Gesellschaften gehörende Vermögensgegenstände i.S.d. § 231 Abs. 1 oder des § 261 Abs. 1 Nr. 1 KAGB sowie Änderungen des Gesellschaftsvertrages oder der Satzung, bedürfen der **Zustimmung der Verwahrstelle.** Die Immobilien-Gesellschaften i.S.d. § 1 Abs. 19 Nr. 22 KAGB sind Gesellschaften, die nach dem Gesellschaftsvertrag oder der Satzung nur Immobilien sowie die zur Bewirtschaftung der Immobilien erforderlichen Gegenstände erwerben dürfen.[21]

32 Soll eine **Beteiligung an einer Immobilien-Gesellschaft veräußert** werden, ist – wie auch bei Veräußerung von Immobilien – nach Auffassung der BaFin durch die Verwahrstelle *ex ante* zu prüfen, ob diese in den Anlagebedingungen vorgesehen ist und die Gegenleistung den Vorgaben des § 260 Abs. 1 KAGB entspricht.[22] Gleiches gilt für Verfügungen über Vermögensgegenstände, die zum Vermögen der Gesellschaften, an denen Mehrheitsbeteiligungen bestehen, gehören, sowie deren Änderung der Satzung oder des Gesellschaftsvertrages. Der **Verweis auf § 1 Abs. 19 Nr. 22 sowie 261 Abs. 1 Nr. 3 KAGB** – und im Umkehrschluss der fehlende Verweis auf § 1 Abs. 19 Nr. 22 sowie § 261 Abs. 1 Nr. 2 KAGB – stellt klar, dass Verfügungen in Bezug auf Anteile oder Aktien an ÖPP-Projektgesellschaften, die ihrerseits Immobilen errichten, halten und betreiben und zulässige Vermögensgegenstände von geschlossenen Publikums-AIF darstellen, nicht unter das Zustimmungserfordernis fallen.[23]

33 Die BaFin führt in **Ziff. 6.2.6 des VerwahrstellenRS** aus: „Die unter Nr. 6.2.1 und 6.2.3 bis 6.2.5 gemachten Ausführungen gelten entsprechend auch für Geschäfte von Immobilien-Gesellschaften, an denen eine Mehrheitsbeteiligung besteht." Dies kann man als eine spezifische Form eines **„look through"** bezeichnen.[24] Die genannten Ziffern betreffen (i) die Aufnahme von Krediten, (ii) Verfügungen über Immobilien, (iii) Belastungen von Immobilien sowie (iv) die Verfügung über Beteiligungen an Immobiliengesellschaften. § 84 Abs. 1 Nr. 5 KAGB erfasst dem Wortlaut nach an sich nur die „Verfügungen" über seitens der kontrollierten Immobilien-Gesellschaft gehaltenen Immobilien. Die Ziff. 6.2.6 des VerwahrstellenRS geht darüber hinaus. Dies lässt sich entweder durch eine **Analogiebildung** oder durch ein weites Verständnis vom Begriff der „Verfügung" rechtfertigen.[25] Immerhin erkennt die BaFin an dieser Stelle implizit die Bildung (u.E. unbegrenzt) mehrstöckiger Beteiligungsstrukturen an.

34 Die **„Mehrheitsbeteiligung"** dürfte sich entsprechend der Definition des § 1 Abs. 19 Nr. 6 KAGB bestimmen lassen, d.h. eine mehrheitliche Beteiligung besteht, wenn unmittelbar oder mittelbar über ein oder mehrere Tochterunternehmen oder über ein gleichartiges Verhältnis oder im Zusammenwirken mit anderen Personen oder Unternehmen **mindestens die Mehrheit des Kapitals oder der Stimmrechte** gehalten werden oder wenn auf die Geschäftsführung einer Immobilien-Gesellschaft ein maßgeblicher Einfluss ausgeübt werden kann.[26]

III. Voraussetzungen für eine Pflicht zur Zustimmung sowie Wirkungen bei tatsächlich nicht vorliegenden Voraussetzungen (§ 84 Abs. 2 Satz 1 und 2 KAGB)

35 **§ 84 Abs. 2 Satz 1 KAGB** stellt klar, dass die Erteilung der Zustimmung nicht im Ermessen der Verwahrstelle steht. Vielmehr ist sie zur Zustimmung **verpflichtet**, wenn die in § 80 Abs. 1 KAGB genannten Geschäfte den dort genannten Anforderungen entsprechen und mit den weiteren Vorschriften des KAGB und mit den Anlagebedingungen übereinstimmen. Anderenfalls hat sie die Zustimmung zu verweigern. Stimmt

21 § 261 Abs. 1 Nr. 3 KAGB ist nahezu wortgleich ausgestaltet; wegen der Einzelheiten vgl. die Kommentierung dort (§ 261 Rz. 11).
22 VerwahrstellenRS, Ziff. 6.2.5.
23 Vgl. auch *Boxberger* in Weitnauer/Boxberger/Anders, § 84 KAGB Rz. 24.
24 So etwa *Boxberger* in Weitnauer/Boxberger/Anders, § 84 KAGB Rz. 23.
25 Überzeugend *Herring* in Baur/Tappen, § 84 KAGB Rz. 8 m.w.N.
26 Sowie ferner: „Für die Berechnung des Anteils der Stimmrechte gelten § 22 Absatz 1 und 2, § 22a Absatz 1 und 2 in Verbindung mit der Rechtsverordnung nach Absatz 6 und § 23 des Wertpapierhandelsgesetzes entsprechend. Die mittelbar gehaltenen Beteiligungen sind den mittelbar beteiligten Personen und Unternehmen in vollem Umfang zuzurechnen."

sie einer Verfügung zu, obwohl die einschlägigen Bedingungen nicht erfüllt sind, berührt dies nicht die Wirksamkeit der Verfügung.

Es wird zu Recht darauf hingewiesen, dass der Terminus der „weiteren Vorschriften des KAGB" **unbestimmt** ist und eine entsprechende Klarstellung wünschenswert ist.[27] Beispiele sind nicht handgreiflich. 36

IV. Wirkungen gegenüber den Anlegern bei fehlender Zustimmung (§ 84 Abs. 2 Satz 3 und 4 KAGB)

Verfügt die Kapitalverwaltungsgesellschaft dennoch, sind die getroffenen Verfügungen gegenüber den Anlegern **schwebend unwirksam**. Insoweit handelt es sich um ein **relatives Verfügungsverbot** (vgl. § 135 Abs. 2 BGB). 37

Wie sich aus **§ 80 Abs. 2 Satz 3 KAGB** ergibt, gilt dieses jedoch nur für Verfügungen, nicht für sonstige Rechtsgeschäfte. (Zumindest) die analoge Anwendung auch auf die Änderungen von Satzungen oder Gesellschaftsverträgen der Immobilien-Gesellschaften ist aus Gesichtspunkten des Anlegerschutzes diskussionswürdig.[28] 38

Satz 4 der Vorschrift ermöglicht jedoch die Überwindung dieser relativen Unwirksamkeit, indem er auf die Gutglaubensvorschriften verweist und einen Rechtserwerb kraft guten Glaubens zulässt. 39

Zu beachten ist jedoch, dass bei Grundstücken der **gute Glaube** gem. § 892 Abs. 2 BGB **ausgeschlossen** ist bzw. der Erwerber bösgläubig ist, wenn die Verfügungsbeschränkung im Grundbuch eingetragen oder dem Erwerber positiv bekannt ist. 40

§ 85 Interessenkollision

(1) Bei der Wahrnehmung ihrer Aufgaben handelt die Verwahrstelle ehrlich, redlich, professionell, unabhängig und im Interesse des inländischen AIF und seiner Anleger.

(2) [1]Die Verwahrstelle darf keine Aufgaben in Bezug auf den inländischen AIF oder die für Rechnung des inländischen AIF tätige AIF-Verwaltungsgesellschaft wahrnehmen, die Interessenkonflikte zwischen dem inländischen AIF, den Anlegern des inländischen AIF, der AIF-Verwaltungsgesellschaft und ihr selbst schaffen könnten. [2]Dies gilt nicht, wenn eine funktionale und hierarchische Trennung der Ausführung ihrer Aufgaben als Verwahrstelle von ihren potenziell dazu in Konflikt stehenden Aufgaben vorgenommen wurde und die potenziellen Interessenkonflikte ordnungsgemäß ermittelt, gesteuert, beobachtet und den Anlegern des inländischen AIF gegenüber offengelegt werden. [3]Die Verwahrstelle hat durch Vorschriften zu Organisation und Verfahren sicherzustellen, dass bei der Wahrnehmung ihrer Aufgaben Interessenkonflikte zwischen der Verwahrstelle und der AIF-Verwaltungsgesellschaft vermieden werden. [4]Die Einhaltung dieser Vorschriften ist von einer bis einschließlich der Ebene der Geschäftsführung unabhängigen Stelle zu überwachen. Wird eine natürliche Person als Treuhänder nach § 80 Absatz 3 und 4 mit der Verwahrstellenfunktion beauftragt, gilt nur Satz 1.

(3) Im Hinblick auf Spezial-AIF darf die Verwahrstelle die in § 81 genannten Vermögensgegenstände nicht ohne vorherige Zustimmung des inländischen Spezial-AIF oder der für Rechnung des inländischen Spezial-AIF tätigen AIF-Verwaltungsgesellschaft wiederverwenden; bei Publikums-AIF ist eine Wiederverwendung nur unter den Voraussetzungen des § 70 Absatz 5 zulässig; hinsichtlich der Weiterverwendung von als Sicherheit erhaltenen Finanzinstrumenten wird auf Artikel 15 der Verordnung (EU) 2015/2365 sowohl für Spezial-AIF als auch für Publikums-AIF verwiesen.

(4) Zur Vermeidung von Interessenkonflikten zwischen der Verwahrstelle und der AIF-Kapitalverwaltungsgesellschaft oder dem inländischen AIF oder seinen Anlegern

1. **darf eine AIF-Kapitalverwaltungsgesellschaft nicht die Aufgaben einer Verwahrstelle wahrnehmen,**
2. **darf ein Primebroker, der als Kontrahent bei Geschäften für Rechnung des inländischen AIF auftritt, nicht die Aufgaben einer Verwahrstelle für diesen inländischen AIF wahrnehmen; dies gilt**

27 *Boxberger* in Weitnauer/Boxberger/Anders, § 84 KAGB Rz. 25 m.w.N.
28 Vgl. auch *Boxberger* in Weitnauer/Boxberger/Anders, § 84 KAGB Rz. 26.

nicht, wenn eine funktionale und hierarchische Trennung der Ausführung seiner Aufgaben als Verwahrstelle von seinen Aufgaben als Primebroker vorliegt und die potenziellen Interessenkonflikte ordnungsgemäß ermittelt, gesteuert, beobachtet und den Anlegern des inländischen AIF offengelegt werden. Unter Einhaltung der Bedingungen nach § 82 ist es zulässig, dass die Verwahrstelle einem solchen Primebroker ihre Verwahraufgaben überträgt.

(5) [1]Geschäftsleiter, Prokuristen und die zum gesamten Geschäftsbetrieb ermächtigten Handlungsbevollmächtigten der Verwahrstelle dürfen nicht gleichzeitig Angestellte der AIF-Kapitalverwaltungsgesellschaft sein. [2]Geschäftsleiter, Prokuristen und die zum gesamten Geschäftsbetrieb ermächtigten Handlungsbevollmächtigten der AIF-Kapitalverwaltungsgesellschaft dürfen nicht gleichzeitig Angestellte der Verwahrstelle sein. [3]Wird eine natürliche Person als Treuhänder nach § 80 Absatz 3 und 4 mit der Verwahrstellenfunktion beauftragt, darf dieser nicht gleichzeitig Mitglied des Vorstands oder des Aufsichtsrats, Gesellschafter oder Angestellter der AIF-Kapitalverwaltungsgesellschaft oder eines mit ihr verbundenen Unternehmens sein. [4]Für die Anforderungen an die Verwahrstelle, die Vermögenswerte von Publikums-AIF verwahrt, zur Erfüllung ihrer Pflicht, im Sinne des Absatzes 1 bei der Wahrnehmung ihrer Aufgaben unabhängig von der AIF-Kapitalverwaltungsgesellschaft zu handeln, gelten Artikel 21 Buchstabe a bis c und e, Artikel 22 Absatz 5, die Artikel 23 und 24 der Delegierten Verordnung (EU) 2016/438 entsprechend.

In der Fassung vom 4.7.2013 (BGBl. I 2013, S. 1981), zuletzt geändert durch das Zweite Finanzmarktnovellierungsgesetz (2. FiMaNoG) vom 23.6.2017 (BGBl. I 2017, S. 1693).

Schrifttum: S. Vor §§ 68 ff.

I. Überblick, Entstehungsgeschichte und Regelungszweck

1 § 85 Abs. 1 KAGB enthält ein **allgemeines Gebot der Interessenwahrung** für die Verwahrstelle, wonach diese bei Wahrnehmung ihrer Aufgaben ehrlich, redlich, professionell, unabhängig und im Interesse des inländischen AIF und seiner Anleger zu handeln hat. Abs. 1 der Vorschrift dient der Umsetzung des Art. 21 Abs. 10 Unterabs. 1 der AIFM-RL.[1]

2 **§ 85 Abs. 2 KAGB** regelt die **Vermeidung und Steuerung von Interessenkonflikten.** Nach Maßgabe des § 85 Abs. 2 Satz 1 KAGB ist es der Verwahrstelle grundsätzlich verboten, Aufgaben in Bezug auf den inländischen AIF oder die für Rechnung des inländischen AIF tätige AIF-Verwaltungsgesellschaft wahrzunehmen, die zu Interessenkonflikten zwischen dem inländischen AIF, dessen Anlegern, der AIF-Verwaltungsgesellschaft und ihr selbst führen könnten. **Satz 2** der Vorschrift macht hiervon jedoch eine **Ausnahme**, wenn die Verwahrstelle eine funktionale und hierarchische Trennung zwischen der Ausführung ihrer Aufgaben als Verwahrstelle und den potentiell dazu in Konflikt stehenden Aufgaben vorgenommen hat und die potentiellen Interessenkonflikte ordnungsgemäß ermittelt, gesteuert, beobachtet und gegenüber den Anlegern des inländischen AIF offengelegt wurden. Durch Vorschriften zur Organisation und Verfahren hat die Verwahrstelle sicherzustellen, dass Interessenkonflikte zwischen ihr und der AIF-Verwaltungsgesellschaft bei der Wahrnehmung ihrer Aufgaben vermieden werden (§ 85 Abs. 2 Satz 3 KAGB). Die **Überwachung** dieser Vorschriften obliegt einer bis einschließlich der Ebene der Geschäftsführung **unabhängigen Stelle** (§ 85 Abs. 2 Satz 4 KAGB). Eine Parallele zu den Sätzen 1 bis 4 des § 85 Abs. 2 KAGB findet sich für die OGAW-Verwahrstelle in § 70 Abs. 2 KAGB.

1 Begr. RegE, BT-Drucks. 17/12294, S. 234.

§ 85 Abs. 2 Satz 5 KAGB regelt den besonderen, AIF-spezifischen Fall, dass eine **natürliche Person als Treuhänder** die Funktion der Verwahrstelle ausübt (vgl. wegen der besonderen Voraussetzungen § 80 Abs. 3 KAGB). Wegen der hohen Gefahr von Interessenkonflikten, welche der Gesetzgeber in diesen Konstellationen sah, bleibt es hier bei dem Verbot nach Maßgabe des § 85 Abs. 2 Satz 1 KAGB.[2] Rein faktisch ist eine „hierarchische und organisatorische Trennung" bei einer (einzigen) natürlichen Person auch nicht vorstellbar. 3

§ 85 Abs. 2 KAGB dient der **Umsetzung des Art. 21 Abs. 10 Unterabs. 2 der AIFM-RL**. Dabei entsprechen die Sätze 2 und 3 des neuen § 85 Abs. 2 KAGB im Wesentlichen den Regelungen des aufgehobenen § 22 Abs. 1 Satz 3 InvG bzw. § 22 Abs. 1 Satz 4 InvG.[3] 4

Für **Spezial-AIF** macht § 85 Abs. 3 KAGB die **Wiederverwendung** der in Verwahrung befindlichen Vermögensgegenstände (§ 81 KAGB) durch die Verwahrstelle von der vorherigen **Zustimmung** des inländischen Spezial-AIF bzw. der für Rechnung des inländischen Spezial-AIF tätigen AIF-Verwaltungsgesellschaft abhängig. Bei **Publikums-AIF** ist eine Wiederverwendung nunmehr unter den Voraussetzungen des § 70 Abs. 5 KAGB – d.h. entsprechend den Vorgaben für OGAW – zulässig. Die Norm setzt Art. 21 Abs. 10 Unterabs. 3 der AIFM-RL um und wurde durch das OGAW V-UmsG dahingehend verändert, dass nunmehr auch bei Publikums-AIF eine Wiederverwendung der Vermögensgegenstände zulässig ist.[4] Im Rahmen der Einführung des 2. FiMaNoG wird für die Wiederverwendung von Finanzinstrument sowohl bei Spezial-AIF als auch bei Publikums-AIF auf die Regelungen des Artikels 15 der Verordnung (EU) 2015/2365 verwiesen.[5] 5

Auch die in **§ 85 Abs. 4 Nr. 1 und 2 KAGB** enthaltenen **Verbote** dienen der Vermeidung von Interessenkonflikten zwischen der Verwahrstelle und der AIF-Kapitalverwaltungsgesellschaft, dem inländischen AIF oder seinen Anlegern. So ist es der AIF-Kapitalgesellschaft untersagt, Aufgaben einer Verwahrstelle wahrzunehmen (§ 85 Abs. 4 Nr. 1 KAGB). Ebenso untersagt § 85 Abs. 4 Nr. 2 KAGB es **Primebrokern** grundsätzlich, die Aufgaben einer Verwahrstelle wahrzunehmen, wenn dieser Primebroker als Kontrahent bei Geschäften für Rechnung des inländischen AIF (dies sind in der Praxis vornehmlich Derivate sowie Finanzierungen) auftritt. Dieses Verbot gilt jedoch dann nicht, wenn eine funktionale und hierarchische Trennung der Ausführung seiner Aufgaben als Verwahrstelle von seinen Aufgaben als Primebroker vorliegt und die potentiellen Interessenkonflikte ordnungsgemäß ermittelt, gesteuert, beobachtet und den Anlegern des inländischen AIF offengelegt werden. Sofern die Bedingungen nach § 82 KAGB (**Unterverwahrung**) eingehalten sind, darf die Verwahrstelle ihre Aufgaben einem solchen Primebroker übertragen, d.h. der Primebroker ist unter Einhaltung der Anforderungen des § 82 KAGB zum Unterverwahrer der Verwahrstelle zu bestellen. § 85 Abs. 4 KAGB dient der Umsetzung von Art. 21 Abs. 4 der AIFM-RL.[6] 6

Der bisherige **§ 85 Abs. 5 Satz 1 KAGB** wurde durch das OGAW V-UmsG gestrichen und neu gefasst. Die **Neufassung** verweist nunmehr für die Anforderungen an die Verwahrstelle bezüglich der Erfüllung ihrer Pflichten nach Maßgabe des § 85 Abs. 1 KAGB auf die im Bereich der OGAW-Verwahrstelle geltende Verordnung. **§ 85 Abs. 5 Satz 2 KAGB** enthält wiederum eine – sich aus der Natur der Sache ergebende – **Sondervorschrift** für den Fall, dass eine natürliche Person zum Treuhänder bestellt ist (vgl. wegen der besonderen Voraussetzungen § 80 Abs. 3 KAGB). Dies blieb auch im Rahmen des 2. FiMaNoG unverändert bestehen. Allerdings wurde ein neu gefasster Satz 4 eingefügt, wonach die geltenden Art. 21 Buchst. a bis c und e, Art. 22 Absatz 5, die Artikel 23 und 24 der Delegierten Verordnung (EU) 2016/438 entsprechend auf Publikums-AIF Anwendung finden. Der Gesetzgeber sieht hier die Schutzbedürftigkeit und Schutzwürdigkeit der Anleger gleichermaßen als betroffen an.[7] 7

II. Allgemeine Anforderungen an die Vermeidung von Interessenkonflikten (§ 85 Abs. 1 KAGB)

§ 85 Abs. 1 KAGB enthält ein **allgemeines Gebot der Interessenwahrung** durch die Verwahrstelle, wonach diese bei Wahrnehmung ihrer Aufgaben ehrlich, redlich, professionell, unabhängig und im Interesse des inländischen AIF und seiner Anleger zu handeln hat. Um einen **bestmöglichen Schutz der Anleger** zu gewährleisten, müssen Verwahrstelle und Kapitalverwaltungsgesellschaft wechselseitig voneinander unabhän- 8

2 TreuhänderRS, Ziff. IV.7.
3 Begr. RegE, BT-Drucks. 17/12294, S. 234.
4 Begr. RegE, BT-Drucks. 17/12294, S. 234 sowie Begr. RegE, BT-Drucks. 18/6744, S. 68.
5 Begr. RegE, BT-Drucks. 18/10936, S. 276.
6 Begr. RegE, BT-Drucks. 17/12294, S. 234.
7 Begr. RegE, BT-Drucks. 18/10935, S. 276.

gig sein. Dies ergibt sich in der Konsequenz aus der gesetzlich vorgeschrieben Funktionsteilung zwischen der Kapitalverwaltungsgesellschaft und der von ihr rechtlich getrennten Verwahrstelle, d.h. dem **Investmentdreieck**. Grundsätzlich handeln beide innerhalb ihres Funktionsbereichs autonom.[8] So ist die Kapitalverwaltungsgesellschaft für die Verwaltung, also die Anlage des Investmentvermögens zuständig, während die Verwahrstelle zum einen Treuhänderin der Anleger, Kontrollinstanz der Kapitalverwaltungsgesellschaft und für die technische Abwicklung aller Geschäfte für Rechnung des AIF zuständig ist.[9]

9 § 85 Abs. 1 KAGB enthält **keinen Grundsatz**, dass eine **konzernmäßige Verflechtung** zwischen Kapitalverwaltungsgesellschaft und Verwahrstelle **verboten** wäre.[10] Ein solch einschneidender Eingriff gegenüber den beteiligten Gesellschaften hätte im Gesetz einen expliziten Niederschlag finden müssen. **Politische Forderungen** in diese Richtung begründen sich in einem generellen Misstrauen gegenüber entsprechenden konzernrechtlichen Zusammenhängen, das im Hinblick auf die bereits *de lege* hohen Anforderungen an die interessenkonfliktsneutrale Ausgestaltung des Investmentdreiecks nicht zu rechtfertigen ist. **Complianceverstöße**, die unmittelbar aus dem Umstand der gesellschaftsrechtlichen Verbundenheit zwischen Kapitalverwaltungsgesellschaft und Verwahrstelle resultieren, sind in der Praxis nicht bekannt.

10 Zwar kommt der Verwahrstelle innerhalb der Verwaltung und Bewirtschaftung des AIF primär eine **weisungsausführende Funktion** zu, jedoch ist sie auf eine **reine Rechtmäßigkeitskontrolle** beschränkt.[11] Das Gesetz geht nicht von einer umfassenden Unterordnung der Verwahrstelle unter die Kapitalverwaltungsgesellschaft aus, sondern räumt beiden Institutionen im Verhältnis zueinander eine selbständige, am Interesse der Anteilinhaber ausgerichtete Stellung ein und verpflichtet jede von ihnen zur Überwachung der Tätigkeit der jeweils anderen.[12]

11 Der Wortlaut „**ehrlich, redlich, professionell**" ist nach zutreffender Auffassung unbestimmt und an die entsprechenden Vorschriften der MiFID angelehnt (Art. 19 Abs. 1 derselben)[13], was jedoch nicht bedeutet, dass die Anordnungen keinen materiellen Gehalt hätten. Vielmehr stellen wesentliche Organisationsmängel zugleich einen Verstoß gegen die Vorgaben des § 85 Abs. 1 KAGB dar.

III. Organisatorische Anforderungen an die Vermeidung und Steuerung von Interessenkonflikten (§ 85 Abs. 2 KAGB)

12 **§ 85 Abs. 2 KAGB** enthält eine Reihe von **organisatorischen Anforderungen** an die Verwahrstelle, um potentielle Interessenkonflikte zu vermeiden, steuern zu können und so letztlich eine mögliche Beeinträchtigung der Anlegerinteressen zu verhindern. Interessenkonflikte können in verschiedenen Konstellationen entstehen. Gehören Kapitalverwaltungsgesellschaft und Verwahrstelle einem **Konzern** an – was nicht verboten ist (vgl. Rz. 9) –, liegt es nicht gänzlich fern, dass Interessenkonflikte, insbesondere durch **personelle Verflechtungen**, entstehen können. Auch muss die durchgängige Wahrnehmung der Kontrollfunktion in diesen Fällen sichergestellt sein und es dürfen keine Bedingungen im Rahmen der Geschäftsbeziehung zwischen Verwahrstelle und Kapitalverwaltungsgesellschaft vereinbart werden, die mit unabhängigen Dritten nicht vereinbart werden würden.[14] Es handelt sich demnach um eine besondere Ausprägung des „**arm'slenghts-principle**".

13 Auch wird in der Praxis die Verwahrstelle regelmäßig nicht nur für einen AIF, sondern für **mehrere AIF** mit unterschiedlichen Kapitalverwaltungsgesellschaften tätig. Auch hier muss sie unter Umständen verschiedene, häufig gegenläufige Interessen der AIFs und deren Anleger wahrnehmen, was letztlich ebenfalls zur Entstehung von Interessenkonflikten führen kann.[15]

14 Zu Interessenkonflikten kann es auch kommen, wenn die Verwahrstelle **Aufgaben der Kapitalverwaltungsgesellschaft einlagert**, insbesondere dann, wenn es sich um Aufgaben handelt, die zugleich von ihr zu kontrollieren sind bzw. damit im Zusammenhang stehen. In Betracht kommen beispielsweise die Kontrolle der Einhaltung der Anlagegrenzen, aber auch administrative Tätigkeiten wie die Ausgabe und Rücknahme von Anteilen, Bewertung des Fondsvermögens oder die Führung eines Anlegerregisters.[16]

---

8 *Köndgen* in Berger/Steck/Lübbehüsen, § 22 InvG Rz. 3 f.
9 *Beckmann* in Beckmann/Scholtz/Vollmer, § 22 InvG Rz. 1 f.
10 Statt aller *Boxberger* in Weitnauer/Boxberger/Anders, § 85 KAGB Rz. 5 f.
11 *Köndgen* in Berger/Steck/Lübbehüsen, § 22 InvG Rz. 4.
12 BGH v. 18.9.2001 – XI ZR 337/00, WM 2001, 2053 (2054).
13 Vgl. dazu *Boxberger* in Weitnauer/Boxberger/Anders, § 85 KAGB Rz. 5 f.
14 *Beckmann* in Beckmann/Scholtz/Vollmer, § 22 InvG Rz. 14 f.
15 *Boxberger* in Weitnauer/Boxberger/Anders, § 85 KAGB Rz. 5 f.
16 VerwahrstellenRS, Ziff. 9.

Soll die Verwahrstelle Aufgaben der Kapitalverwaltungsgesellschaft einlagern, hat sie durch die sog. **„Divisionslösung“** sicherzustellen, dass Interessenkonflikte vermieden werden. Das „Outsourcing“ kann jedoch nicht gleichzeitig mit der Bestellung im Verwahrstellenvertrag geschehen. Für die Übertragung der Aufgaben ist vielmehr ein eigenständiger **Auslagerungsvertrag** erforderlich, wobei die Kapitalverwaltungsgesellschaft weiterhin für das Auslagerungscontrolling gegenüber der Verwahrstelle verantwortlich bleibt.[17] Ferner muss nach der Divisionslösung der BaFin die Abteilung der Verwahrstelle, auf welche die Aufgaben der Kapitalverwaltungsgesellschaft ausgelagert werden („Abteilung A“), von derjenigen Abteilung der Verwahrstelle, welche die Verwahrstellenfunktion wahrnimmt und somit auch die Aufgaben der Kapitalgesellschaft kontrolliert („Abteilung B“), räumlich, personell sowie funktional und hierarchisch getrennt sein.[18] 15

Das **Beibehalten dieser Verwaltungspraxis**, auch unter Geltung des KAGB, ist zu begrüßen. Die Strukturen, in denen Kapitalverwaltungsgesellschaften und Verwahrstellen in der Praxis tatsächlich zusammenarbeiten, sind vergleichsweise heterogen, so dass eine **flexible Ausgestaltung** der jeweiligen Prozessstruktur ermöglicht wird. Man darf in diesem Zusammenhang nicht außer Acht lassen, dass die Kosten einer Anpassung an geänderte Compliance-Vorgaben für diese Prozesse nicht primär im Bereich der Personal-, sondern der (oft sehr hohen) IT-Kosten liegen. 16

Wird jedoch eine **natürliche Person als Treuhänder** mit der Verwahrstellenfunktion beauftragt, scheiden die Ausnahmen nach § 85 Abs. 2 Satz 2 bis 4 KAGB aus. Denn bei einer natürlichen Person lassen sich die **Gefahren**, die sich bei der Wahrnehmung der Aufgaben in Bezug auf den AIF oder dessen Verwaltungsgesellschaft durch den Treuhänder ergeben könnten, nicht durch organisatorische Maßnahmen, wie die in Satz 2 bis 4 genannten, beseitigen. Daher bleibt es in diesen Fällen beim Verbot nach § 85 Abs. 2 Satz 1 KAGB.[19] Dies ergibt sich aus der Natur der „Sache“. 17

IV. Regelungen betreffend die Rehypothekation (§ 85 Abs. 3 KAGB)

Verwahrt die Verwahrstelle Vermögensgegenstände eines **Spezial-AIF**, so ist eine **Wiederverwendung** dieser Gegenstände nur mit der **Einwilligung** des Spezial-AIF oder der für dessen Rechnung tätigen Verwaltungsgesellschaft zulässig. 18

Galt zuvor noch das **Verbot der Rehypothekation**, ist eine Wiederverwendung der verwahrten Vermögensgegenstände eines **Publikums-AIF** nunmehr unter den Voraussetzungen des § 70 Abs. 5 KAGB zulässig. Insoweit kann auf die dortige Kommentierung verwiesen werden. 19

Auch zu der zuvor strittigen Frage, was unter dem Begriff **„Wiederverwendung“** zu verstehen ist,[20] stellt **§ 70 Abs. 5 Halbs. 2 KAGB** nunmehr klar, das als Wiederverwendung jede Transaktion bezüglich verwahrter Vermögensgegenstände, einschließlich Übertragung, Verpfändung, Verkauf und Leihe gilt.[21] 20

Der letzte Halbsatz der Vorschrift wurde durch das 2. FiMaNoG eingefügt. Hinsichtlich der Weiterverwendung von als Sicherheit erhaltenen Finanzinstrumenten wird dort auf **Art. 15 der Verordnung (EU) 2015/2365** sowohl für Spezial-AIF als auch für Publikums-AIF verwiesen. Der Hinweis auf die sog. SFTR hat im Hinblick auf die unmittelbare Geltung dieser Verordnung keinen materiellen Gehalt. Die in Bezug genommene Vorschrift betrifft die Transparenz bei Weiterverwendung von als Sicherheit erhaltenen Finanzinstrumenten. 21

V. Verbot der Wahrnehmung von Aufgaben einer Verwahrstelle durch die AIF-Kapitalverwaltungsgesellschaft (§ 85 Abs. 4 Nr. 1 KAGB)

§ 85 Abs. 4 Nr. 1 KAGB untersagt der AIF-Kapitalverwaltungsgesellschaft die Wahrnehmung der Aufgaben einer Verwahrstelle. 22

Dies ergibt sich jedoch schon u.a. aus der grundsätzlichen Funktionsteilung zwischen beiden Institutionen bzw. der vom Gesetzgeber geforderten wechselseitigen Unabhängigkeit, so dass das Verbot **lediglich klarstellende Funktion** hat.[22] 23

17 VerwahrstellenRS, Ziff. 9.
18 VerwahrstellenRS, Ziff. 9.
19 TreuhänderRS, Ziff. IV. 7.
20 S. hierzu *Herring* in Baur/Tappen, § 85 KAGB Rz. 5.
21 Wegen der Einzelheiten vgl. ebenfalls die Kommentierung des § 70 Abs. 5 Satz 2 KAGB (§ 70 Rz. 16 ff.).
22 So auch *Herring* in Baur/Tappen, § 85 KAGB Rz. 5.

VI. Sonderregelungen betreffend den Primebroker (§ 85 Abs. 4 Nr. 2 KAGB)

24 § 85 Abs. 4 Nr. 2 KAGB enthält eine **Sonderregelung** betreffend den Primebroker. Primebroker treten regelmäßig als Gegenpartei des AIF auf und können daher nicht gleichzeitig im vollen Umfang die Interessen des AIF wahrnehmen, wie es einer Verwahrstelle obliegt.[23] Wegen des Begriffs des Primebrokers vgl. § 1 Abs. 19 Nr. 30 KAGB sowie die entsprechende Kommentierung.

25 Die Vorschrift gilt nur, wenn der Primebroker als **„Gegenpartei" des AIF** bzw. der für den AIF handelnden Kapitalverwaltungsgesellschaft auftritt, d.h. der Primebroker stellt als Dienstleistung ein bestimmtes Exposure zugunsten des Investmentvermögens her und/oder finanziert dieses fremd. Dies geschieht in der Praxis regelmäßig durch den Abschluss von (OTC-)Derivaten oder durch die Bereitstellung von Hebelfinanzierungen jeglicher Art (weitere multi-asset-solutions sind denkbar).

26 Daher können sie grundsätzlich nicht als Verwahrstelle oder Unterverwahrer i.S.d. § 82 KAGB bestellt werden. § 85 Abs. 4 Nr. 2 KAGB macht von diesem Grundsatz, ähnlich wie § 85 Abs. 2 Satz 2 bis 4 KAGB, eine **Ausnahme**, wenn eine **funktionale und hierarchische Trennung** der Ausführung seiner Aufgaben als Verwahrstelle von seinen Aufgaben als Primebroker gewährleistet ist und die potentiellen Interessenkonflikte ordnungsgemäß ermittelt, gesteuert, beobachtet und den Anlegern des inländischen AIF offengelegt werden.

27 Damit trägt die Vorschrift der **Praxis** Rechnung, dass viele AIF (insbesondere Hedgefonds) Dienste von Primebrokern in Anspruch nahmen. Um sicherzustellen, dass dies auch weiterhin möglich bleibt, hat der Gesetzgeber diesen Umstand berücksichtigt und unter den genannten Bedingungen für zulässig erklärt.

VII. Verbot personeller Verflechtungen (§ 85 Abs. 5 KAGB)

28 § 85 Abs. 5 Satz 1 und 2 KAGB wurden, ebenso wie die Parallelvorschrift in § 70 Abs. 4 Satz 1 KAGB, im Rahmen des OGAW V-UmsG gestrichen und **neu gefasst**. Mit Blick auf die Anforderungen an die Verwahrstelle zur Erfüllung ihrer Pflicht i.S.d. § 85 Abs. 1 KAGB bei der Wahrnehmung ihrer Aufgaben unabhängig von der Kapitalgesellschaft zu handeln, sind zudem die **Art. 20 Buchst. a bis c und e, Art. 21 Abs. 2, Art. 22 Abs. 1 und Art. 23 der Delegierten Verordnung (EU) Nr. 2016/438 zu berücksichtigen.**

29 Der **bisherige Satz 3** der Vorschrift wird Satz 2 und bleibt unverändert. Er behandelt den speziellen Fall, dass nach § 80 Abs. 3 und 4 KAGB eine **natürliche Person** mit der **Verwahrstellenfunktion beauftragt** wurde.[24] Die Vorschrift trägt dem Umstand Rechnung, dass bei personellen Verflechtungen die Gefahr von Interessenkonflikten erheblich größer ist. Insoweit ergänzt die Vorschrift § 85 Abs. 2 Satz 5 KAGB: Wird eine natürliche Person als Treuhänder nach § 80 Abs. 3 und 4 KAGB mit der Verwahrstellenfunktion beauftragt, darf dieser nicht gleichzeitig Mitglied des Vorstands oder des Aufsichtsrats, Gesellschafter oder Angestellter der AIF-Kapitalverwaltungsgesellschaft oder eines mit ihr verbundenen Unternehmens sein. Dies ergibt sich aus der Natur der „Sache", da eine natürliche Person keine strukturellen Trennungen *in persona* vornehmen kann.

30 **§ 85 Abs. 5 Satz 4** wurde durch das 2. FiMaNoG eingefügt. Nach Maßgabe dieser Vorschrift gelten Art. 21 Buchst. a bis c und e, Art. 22 Abs. 5, die Art. 23 und 24 der Delegierten Verordnung (EU) 2016/438 entsprechend für die Anforderungen an die Verwahrstelle, die Vermögenswerte von Publikums-AIF verwahrt, zur Erfüllung ihrer Pflicht i.S.d. § 85 Abs. 1 KAGB bei der Wahrnehmung ihrer Aufgaben unabhängig von der AIF-Kapitalverwaltungsgesellschaft zu handeln.

31 In der **Gesetzesbegründung** des 2. FiMaNoG führt der Gesetzgeber aus[25]:

„Der neue Satz 4 in Absatz 5 bestimmt, dass die Artikel 21 Buchstabe a bis c und e, Artikel 22 Abs. 5, Artikel 23 und Artikel 24 der Delegierten Verordnung (EU) 2016/438, die die Europäische Kommission auf Grund des neu eingefügten Artikel 26b Buchstabe h in Verbindung mit dem neu gefassten Artikel 25 Abs. 2 zur Festlegung der Bedingungen zur Erfüllung des Gebotes der Unabhängigkeit zwischen Verwaltungsgesellschaft und Verwahrstelle erlassen hat, auf Verwahrstellen, die Vermögenswerte von Publikums-AIF verwalten, entsprechend anzuwenden sind. Dies ist vor dem Hintergrund der gleichen **Schutzwürdigkeit und Schutzbedürftigkeit der Anleger** angezeigt."

23 Vgl. hierzu ErwGr. 43 der AIFM-RL.
24 Begr. RegE, BT-Drucks. 18/6744, S. 57.
25 Begr. RegE, BT-Drucks. 18/10936, S. 275.

Die in Bezug genommenen Vorschriften der Delegierten Verordnung (EU) 2016/438, sprich des **OGAW-Level II**[26], betreffen: 32

1. **Personelle Verflechtungsverbote** auf der Ebene der Leitungsorgane, Mitarbeiter und des Aufsichtsrats der Kapitalverwaltungsgesellschaft und jeweiligen Verwahrstelle (Art. 21 Buchst. a bis c und e der Delegierten Verordnung (EU) 2016/438). Der fehlende Verweis auch auf Art. 21 Buchst. d der Delegierten Verordnung (EU) 2016/438 ergibt sich daraus, dass diese Vorschrift allein für die KVG als Verpflichteten gilt, d.h. ein Verweis würde systematisch nicht zu § 85 KAGB passen.
2. Den **Due Diligence-Prozess** bei der Auswahl von Unterverwahrern (Art. 22 Abs. 5 der Delegierten Verordnung (EU) 2016/438).
3. **Besondere Anforderungen** an die Richtlinie und Verfahren für den Fall, dass Verbindungen oder Gruppenverbindungen im Sinne der Delegierten Verordnung zwischen Verwahrstelle und Kapitalverwaltungsgesellschaft bestehen (Art. 23 der Delegierten Verordnung (EU) 2016/438).
4. **Besondere Unabhängigkeitserfordernisse** auf der Ebene der Leitungsorgane und der Aufsichtsräte für den Fall von Gruppenverbindungen im Sinne der Delegierten Verordnung (Art. 24 der Delegierten Verordnung (EU) 2016/438).

§ 86 Informationspflichten gegenüber der Bundesanstalt

[1]Die Verwahrstelle stellt der Bundesanstalt auf Anfrage alle Informationen zur Verfügung, die sie im Rahmen der Erfüllung ihrer Aufgaben erhalten hat und die die zuständigen Behörden des AIF oder der AIF-Verwaltungsgesellschaft benötigen können. [2]Ist die Bundesanstalt nicht die zuständige Behörde des AIF oder der AIF-Verwaltungsgesellschaft, stellt sie den zuständigen Behörden des AIF und der AIF-Verwaltungsgesellschaft die erhaltenen Informationen unverzüglich zur Verfügung.

In der Fassung vom 4.7.2013 (BGBl. I 2013, S. 1981).

Schrifttum: S. Vor §§ 68 ff.

I. Überblick, Entstehungsgeschichte und Regelungszweck

1 § 86 KAGB verpflichtet die Verwahrstelle, der BaFin auf deren Anfrage **alle Informationen zur Verfügung zu stellen**, die sie im Rahmen der Erfüllung ihrer Aufgaben erhalten hat und welche die zuständigen Behörden des AIF oder der AIF-Verwaltungsgesellschaft benötigen können. Unterliegen der AIF oder die AIF-Verwaltungsgesellschaft nicht der Zuständigkeit der Bundesanstalt, leitet diese den zuständigen Behörden die erhaltenen Informationen unverzüglich weiter.

2 Die Norm setzt **Art. 21 Abs. 16 der AIFM-RL** um, der mit der Vorschrift nahezu wortgleich ist:[1] „Die Verwahrstelle stellt ihren zuständigen Behörden auf Anfrage alle Informationen zur Verfügung, die sie im Rahmen der Erfüllung ihrer Aufgaben erhalten hat und die die zuständigen Behörden des AIF oder des AIFM benötigen könnten. Unterscheiden sich die zuständigen Behörden des AIF oder des AIFM von denen der Verwahrstelle, stellen die zuständigen Behörden der Verwahrstelle den zuständigen Behörden des AIF und des AIFM die erhaltenen Informationen unverzüglich zur Verfügung."

26 Delegierte Verordnung (EU) 2016/438 der Kommission vom 17.12.2015 zur Ergänzung der Richtlinie 2009/65/EG des Europäischen Parlaments und des Rates in Bezug auf die Pflichten der Verwahrstellen, Abl. EU Nr. L 78 v. 24.3.2016, S. 11.

1 Begr. RegE, BT-Drucks. 17/12294, S. 234.

II. Informationspflicht gegenüber der BaFin (§ 86 Satz 1 KAGB)

3 Die **Auskunftspflicht** gegenüber der BaFin besteht **nur auf entsprechende Anfrage** an die Verwahrstelle. Diese ist nicht verpflichtet, von sich aus Informationen zur Verfügung zu stellen. **Hintergrund** der Regelung ist, dass die Verwahrstelle als Kontrollorgan und Treuhänder der Anleger über zahlreiche Informationen verfügt, die für die Sicherstellung einer effektiven Aufsicht über die Kapitalverwaltungsgesellschaft notwendig sind.[2]

4 Das Auskunftsrecht im Anwendungsbereich dieser Vorschrift besteht **nicht gegenüber Unterverwahrern oder sonstigen Dienstleistern** der Verwahrstelle.

5 Das Auskunftsrecht der BaFin ist ***lex specialis* gegenüber der allgemeinen Anordnungsbefugnis** des § 5 KAGB, entfaltet gegenüber dieser jedoch keine Sperrwirkungen. Insbesondere nach Maßgabe des § 5 Abs. 6 Satz 3 Nr. 1 KAGB kann die BaFin, soweit Anhaltspunkte dafür vorliegen, dass dies für die Überwachung eines Verbots oder Gebots des KAGBs erforderlich ist, **von jedermann Auskünfte einholen**, die Vorlage von Unterlagen und die Überlassung von Kopien verlangen sowie Personen laden und vernehmen.

6 Die Tatsache, dass die allgemeine Anordnungsbefugnis nach Maßgabe des § 5 Abs. 6 Satz 3 Nr. 1 KAGB Anhaltspunkte für die Erforderlichkeit der Maßnahme zur Überwachung der Einhaltung eines Verbots oder Gebots voraussetzt, lässt nicht den Rückschluss zu, dass ein Einschreiten auf der Grundlage des § 86 Satz 1 KAGB voraussetzungslos möglich wäre. Bei dem Ersuchen handelt es sich um einen **belastenden Verwaltungsakt.** Je nach Umfang der angeforderten Unterlagen kann es bei der betroffenen Verwahrstelle dementsprechend zu einer **Störung des laufenden Geschäftsbetriebs** kommen. Damit hat die BaFin darzulegen, inwiefern die konkret angeforderten Informationen für aufsichtsrechtliche Zwecke benötigt werden. Eine **„Ausforschung" ins Blaue hinein ist auf der Grundlage dieser Vorschrift nicht möglich.**[3]

7 Aus Gründen der Verhältnismäßigkeit kann es angezeigt sein, dass die BaFin sich zunächst (auf begründeter Basis) mit der Anforderung von **Stichproben** begnügt.

8 In welchem **Umfang oder in welcher Form** die Informationen zu übermitteln sind, lässt sich dem Gesetz nicht entnehmen. Aus dem **Wortlaut** der Norm ergibt sich lediglich, dass es sich um Informationen handeln muss, welche die Verwahrstelle im Rahmen der Erfüllung ihrer Aufgaben erhalten hat. Mit „Aufgaben" sind dabei nur die ihr durch das Gesetz zugewiesenen Aufgaben erfasst, nicht hingegen „freiwillig" übernommene Tätigkeiten wie z.B. vertraglich vereinbarte Serviceleistungen gegenüber der Kapitalverwaltungsgesellschaft. Es muss sich ein Zusammenhang mit den gesetzlichen Aufgaben der Verwahrstelle im Rahmen der kollektiven Vermögensverwaltung belegen lassen.

9 Aus dem Wortlaut „zur Verfügung stellen" und „erhalten hat", folgt, dass nur solche Informationen dem Anwendungsbereich der Vorschrift unterfallen, die in der Verwahrstelle zur Verfügung stehen. Eine Pflicht zur **aktiven Informationsbeschaffung bei Dritten lässt sich auf die Vorschrift nicht stützen.**

10 Die Pflicht, die Informationen „zur Verfügung zu stellen" gibt der BaFin **kein Betretungsrecht** hinsichtlich der Geschäftsräume der Verwahrstelle. Die Verwahrstelle hat das Recht, die Informationen in der Form zur Verfügung zu stellen, wie sie diese selbst „erhalten hat", d.h. es besteht insbesondere keine Pflicht, Ausdrucke von elektronisch vorhandenen Informationen auf eigene Kosten zu erstellen oder Daten in einem bestimmten Format zu übermitteln bzw. in ein bestimmtes Format zu konvertieren.

III. Weiterleitungspflicht der BaFin in bestimmten Fällen (§ 86 Satz 2 KAGB)

11 Nach **Maßgabe des § 86 Satz 2 KAGB** stellt die BaFin den zuständigen Behörden des AIF und der AIF-Verwaltungsgesellschaft die erhaltenen Informationen unverzüglich zur Verfügung, wenn die BaFin nicht die zuständige Behörde des AIF oder der AIF-Verwaltungsgesellschaft ist. § 86 Satz 2 KAGB trägt dem Umstand Rechnung, dass es bei **grenzüberschreitender Verwaltung von AIF** zu einem Auseinanderfallen zwischen den zuständigen Aufsichtsbehörden der AIF-Verwaltungsgesellschaft, des AIF und der Verwahrstelle kommen kann.

12 Zu einem **Auseinanderfallen zwischen den Aufsichtsbehörden** kommt es insbesondere dann, wenn eine AIF-Kapitalverwaltungsgesellschaft einen ausländischen AIF verwaltet oder eine ausländische AIF-Verwal-

---

2 *Tollman* in Dornseifer/Jesch/Klebeck/Tollmann, Art. 21 AIFM-RL Rz. 460.

3 Tendenziell anderer Auffassung: *Tollman* in Dornseifer/Jesch/Klebeck/Tollmann, Art. 21 AIFM-RL Rz. 464 f.

tungsgesellschaft, deren Referenzmitgliedstaat gem. § 56 KAGB die Bundesrepublik Deutschland ist, einen ausländischen AIF verwaltet und eine Verwahrstelle mit Sitz in der Bundesrepublik Deutschland beauftragt wird. Über den **Verweis in § 90 Halbs. 1 KAGB**, findet § 86 KAGB entsprechende Anwendung. *Möricke* weist in diesem Zusammenhang zu Recht darauf hin, dass in diesen Fällen erforderlich ist, dass die Anteile oder Aktien an dem ausländischen AIF in mindestens einem Mitgliedstaat der Europäischen Union und/oder mindestens in einem Vertragsstaat des Abkommens über den Europäischen Wirtschaftsraum vertrieben werden. Dies ergibt sich aus § 90 Halbs. 2 i.V.m. § 55 KAGB.[4]

Auch für den Fall, dass eine **EU- oder eine ausländische AIF-Verwaltungsgesellschaft** einen **inländischen Spezial-AIF verwaltet**, ist § 86 über den Verweis in § 54 Abs. 5 und § 66 Abs. 5 anzuwenden. 13

Entscheidend ist, dass es sich um einen der zulässigen grenzüberschreitenden Sachverhalte handelt und die **Verwahrstelle, sei es Rechtsträger oder Zweigniederlassung, im Inland belegen ist.** Nur in diesen Fällen kann die BaFin von der in ihrem Zuständigkeitsbereich liegenden Verwahrstelle nach Maßgabe der Home-Host-Kompetenzverteilung das Zurverfügungstellen von Informationen verlangen.[5] 14

§ 86 Satz 2 KAGB befreit die BaFin nicht von der Darlegungslast, warum die konkret angeforderten Informationen für aufsichtsrechtliche Zwecke benötigt werden. 15

§ 86 Satz 2 KAGB zielt auf den folgenden **aufsichtsrechtlichen Mechanismus**, das folgende Programm ab: 16

- Im Rahmen der **(originären) Aufsicht** der BaFin über die Verwahrstelle ergibt sich ein aufsichtsrechtliches Interesse an der Bereitstellung der Informationen, die auch im Hinblick auf die Aufsicht über den AIFM von Interesse sind.
- Um eine **umfassende Aufsicht** über das „Investmentdreieck" zu gewährleisten, ist es erforderlich, dass diese Informationen auch der Aufsichtsbehörde des AIFM zur Verfügung gestellt werden.
- Anders herum erfasst die Vorschrift aber nicht auch automatisch Fälle, in denen die Aufsichtsbehörde des AIFM quasi ein „Ersuchen" an die BaFin auf Informationsbeschaffung stellt. In einem solche Fall ist zunächst darzulegen, warum die entsprechenden Informationen nicht auch originär durch die Aufsichtsbehörde des AIFM beschafft werden können, da aufgrund des Informationsaustausches unter dem Verwahrstellenvertrag bei typisierender Betrachtung anzunehmen ist, dass diese Informationen mit hoher Wahrscheinlichkeit auch bei dem AIFM selbst vorliegen. Die Informationsbeschaffung bei dem AIFM – bzw. der vorhergehende Versuch dieser Informationsbeschaffung durch die Aufsichtsbehörde des AIFM – ist in einem solchen **„Ersuchensfall"** damit das mildere Mittel.

§ 87 Anwendbare Vorschriften für Publikums-AIF

Für Verwahrstellen, die mit der Verwahrung von Publikums-AIF beauftragt sind, gelten zusätzlich zu den Vorschriften dieses Unterabschnitts die Regelungen des § 69 Absatz 1, 2 und 4 entsprechend.

In der Fassung vom 4.7.2013 (BGBl. I 2013, S. 1981).

Schrifttum: S. Vor §§ 68 ff.

I. Überblick, Entstehungsgeschichte und Regelungszweck

§ 87 KAGB verweist für den Fall, dass die Verwahrstelle gem. § 80 KAGB mit der Verwahrung eines Publikum-AIF beauftragt wird, auf die **zusätzliche Anwendung der Regelungen des § 69 Abs. 1, 2 und 4 KAGB.** 1

4 Vgl. auch *Möricke* in Baur/Tappen, § 86 KAGB Rz. 7.
5 Zur Kooperation der Aufsichtsbehörden im Anwendungsbereich der AIFM-RL vgl. auch die Kommentierung des Kapitels IX der AIFM-RL von *Kunschke/Machhausen* in Dornseifer/Jesch/Klebeck/Tollmann.

2 Damit bedarf u.a. die Auswahl sowie jeder Wechsel der Verwahrstelle für einen Publikums-AIF der **Genehmigung der BaFin** (§ 69 Abs. 1 KAGB).

3 Zudem kann die BaFin der Kapitalverwaltungsgesellschaft des Publikums-AIF jederzeit einen **Wechsel** der Verwahrstelle **auferlegen** (§ 69 Abs. 2 KAGB).

4 Im Falle des Erlasses einschneidender Maßnahmen gegenüber der Verwahrstelle hat die AIF-Kapitalverwaltungsgesellschaft, die einen Publikums-AIF verwaltet, zudem **unverzüglich** eine neue Verwahrstelle **zu beauftragen** (§ 69 Abs. 4 KAGB). Die Vorschrift dient dem Schutz der Publikums-Investoren.

II. Entsprechende Anwendung des § 69 Abs. 1, 2 und 4 KAGB auf Publikums-AIF

5 Soll die Verwahrstelle Vermögensgegenstände eines Publikums-AIF verwalten, so bedarf die **Auswahl, sowie jeder Wechsel der Verwahrstelle der Genehmigung der BaFin**, die diese im Rahmen ihres Ermessens auch mit etwaigen Nebenbestimmungen verbinden darf. Folglich müssen Verwahrstellen eines Publikums-AIF, anders als im Falle eines Spezial-AIF, dasselbe Genehmigungsverfahren durchlaufen wie Kreditinstitute, die für einen OGAW als Verwahrstelle agieren sollen. Hinsichtlich der Einzelheiten des Genehmigungsverfahrens wird auf die Kommentierung des § 69 KAGB verwiesen (§ 69 Rz. 1 ff.).

6 Die Genehmigungspflicht dient zur **Stärkung des Anlegerschutzes**, da die Anteile eines Publikums-AIF durch Privatanleger i.S.d. § 1 Abs. 19 Nr. 31 KAGB gezeichnet werden können.[1]

7 Im Rahmen der Erteilung der Genehmigung **prüft die BaFin ausschließlich die Auswahl**, ob also die Verwahrstelle die gesetzlichen Anforderungen, insbesondere jene des § 80 KAGB, erfüllt.

8 Das Prüfungsrecht erstreckt sich dagegen weder auf die Umstände, die für einen Wechsel kausal waren, noch den Inhalt des Verwahrstellenvertrages. Die Erteilung der Genehmigung durch die BaFin kann **auch als aufschiebende Bedingung** für die Wirksamkeit des Verwahrstellenvertrages vereinbart werden.[2]

9 Daneben ist die BaFin nach Maßgabe des § 69 Abs. 2 KAGB befugt, nach ihrem Ermessen der Kapitalverwaltungsgesellschaft jederzeit einen **Wechsel der Verwahrstelle aufzuerlegen**, insbesondere, wenn diese ihre gesetzlichen oder vertraglichen Pflichten nicht ordnungsgemäß erfüllt.

10 § 69 Abs. 4 KAGB ordnet einen **Wechsel** der Verwahrstelle **ausdrücklich** dann an, wenn Maßnahmen gem. § 46 Abs. 1 Satz 2 Nr. 4 KWG bzw. ein Moratorium i.S.v. § 47 KWG angeordnet wurden (§ 69 Abs. 4 KAGB). Wegen weiterer Einzelheiten wird auf die Kommentierung des § 69 KAGB verwiesen (§ 69 Rz. 11 ff.).

11 Die BaFin hat sich in der **Verlautbarung „Zur Frage der Genehmigungspflicht für die Auswahl der Verwahrstelle nach Maßgabe des § 284 Absatz 1 und 2 KAGB“**[3] zur Frage des Genehmigungserfordernisses für die Auswahl der Verwahrstelle für offene inländische Spezial-AIF mit festen Anlagebedingungen, welche die Anlage in Immobilien vorsehen, nach Maßgabe des § 284 Abs. 1 und 2 des KAGB, geäußert.

12 Zusammengefasst enthält diese Verlautbarung die Auffassung, dass die Genehmigung der Verwahrstelle auch bei **offenen inländischen Spezial-AIF mit festen Anlagebedingungen**, welche die Anlage in Immobilien vorsehen, erforderlich ist, sofern die Anwendbarkeit des § 246 KAGB (Verfügungsbeschränkung) nicht abbedungen ist. Im Hinblick auf die ausführliche Herleitung der BaFin wird die Verlautbarung als **Anhang** zu dieser Kommentierung wiedergegeben.

1 *Moericke* in Baur/Tappen, § 87 KAGB Rz. 1 f.
2 *Boxberger* in Weitnauer/Boxberger/Anders, § 87 KAGB Rz. 1 ff.
3 Vom 7.10.2013, Geschäftszeichen WA 42-Wp 2136-2013/0284, abrufbar unter: http://www.bafin.de/SharedDocs/Veroeffentlichungen/DE/Auslegungsentscheidung/WA/ae_131007_verwahrstelle_284KAGB.html (zuletzt abgerufen zum Datum dieser Publikation).

Anhang zu § 87

Zur Frage der Genehmigungspflicht für die Auswahl der Verwahrstelle nach Maßgabe des § 284 Absatz 1 und 2 KAGB[1]

Geschäftszeichen WA 42-Wp 2136-2013/0284
7. Oktober 2013

Zur Frage der Genehmigungspflicht für die Auswahl der Verwahrstelle für offene inländische Spezial-AIF mit festen Anlagebedingungen, welche die Anlage in Immobilien vorsehen, nach Maßgabe des § 284 Absatz 1 und 2 des Kapitalanlagegesetzbuches (KAGB)

Nach dem Wortlaut des § 84 Absatz 1 Nr. 3 des Kapitalanlagegesetzbuches (KAGB) darf eine AIF-Kapitalverwaltungsgesellschaft im Hinblick auf Publikums-AIF Verfügungen über zum Immobilien-Sondervermögen gehörende Immobilien und zum geschlossenen Publikums-AIF gehörende Vermögensgegenstände im Sinne des § 261 Absatz 1 Nummer 1 KAGB nur mit Zustimmung der Verwahrstelle durchführen.

Gemäß § 83 Absatz 4 KAGB ist die Wirksamkeit der Verfügungsbeschränkung nach § 84 Absatz 1 Nummer 3 KAGB sicherzustellen, bei inländischen Immobilien durch die Eintragung der Verfügungsbeschränkung im Grundbuch. Hierüber hat die Verwahrstelle zu wachen.

Hiermit korrespondierend hat die AIF-Kapitalverwaltungsgesellschaft nach § 246 Absatz 1 KAGB ihrerseits dafür zu sorgen, dass die Wirksamkeit der Verfügungsbeschränkung nach § 84 Absatz 1 Nummer 3 KAGB sichergestellt ist, d.h. bei inländischen Immobilien die Eintragung der Verfügungsbeschränkung im Grundbuch erfolgt.

Es ist wesentlicher Bestanteil dieses Schutzmechanismus, dass im Hinblick auf Verfügungen über Fondsimmobilien bezüglich der Zustimmung der Verwahrstelle von den Grundbuchämtern überprüft wird, dass die von der AIF-Kapitalverwaltungsgesellschaft beigebrachte Zustimmungserklärung tatsächlich von der hierzu berufenen Verwahrstelle stammt.

Dabei sieht § 87 KAGB für Publikums-AIF durch Verweis auf § 69 Absatz 1, 2 und 4 KAGB u.a. vor, dass die Auswahl und jeder Wechsel der Verwahrstelle der Genehmigung durch die Bundesanstalt für Finanzdienstleistungsaufsicht (BaFin) bedürfen und zudem die BaFin auch der AIF-Kapitalverwaltungsgesellschaft jederzeit einen Wechsel der Verwahrstelle auferlegen kann.

Darauf aufbauend ist in § 246 Absatz 2 KAGB geregelt, dass hinsichtlich der grundbuchlichen Umsetzung von Transaktionen über Fondsimmobilien die AIF-Kapitalverwaltungsgesellschaft gegenüber dem Grundbuchamt die Bestellung der Verwahrstelle durch eine Bescheinigung der Bundesanstalt nachweisen kann, aus der sich ergibt, dass die BaFin die Auswahl als Verwahrstelle genehmigt hat und von ihrem Recht, der AIF-Kapitalverwaltungsgesellschaft einen Wechsel der Verwahrstelle aufzuerlegen, keinen Gebrauch gemacht hat.

§ 284 Absatz 1 KAGB legt für offene inländische Spezial-AIF mit festen Anlagebedingungen fest, dass auch auf diese § 246 KAGB grundsätzlich anwendbar ist, soweit sich aus § 284 Absatz 2 KAGB nichts anderes ergibt. Dieses bedeutet, dass ohne eine explizite Abbedingung der Anwendbarkeit des § 246 mit Zustimmung aller Anleger nach Maßgabe des § 284 Absatz 2 Nummer 1 KAGB die Vorgaben des § 246 KAGB ohne Einschränkungen anzuwenden sind.

Daraus ergibt sich, dass in diesem Fall über die Vorschrift des § 246 Absatz 1 KAGB auch die Regelungen der §§ 84 Absatz 1 Nummer 3 und 83 Absatz 4 Nummer 1 KAGB sowie über die Vorschrift des § 246 Absatz 2 KAGB die Regelungen der §§ 87 und 69 Absatz 1, 2 und 4 KAGB auf offene Spezial-AIF mit festen Anlagebedingungen mit Anlagemöglichkeit in Immobilien anzuwenden sind.

Diesem ist bei der Neuauflage von entsprechenden Fonds dadurch Rechnung zu tragen, dass die Anlagebedingungen Regelungen zur Anwendbarkeit des § 246 KAGB enthalten müssen. Entsprechend dem Vorstehenden ist gegebenenfalls bei der BaFin eine Genehmigung für die Auswahl der Verwahrstelle einzuholen.

Bezüglich der vor dem Inkrafttreten des KAGB am 22.07.2013 bereits aufgelegten Spezial-Sondervermögen mit Anlagemöglichkeit in Immobilien ist im Rahmen der Umstellung der Vertragsbedingungen auf Anlagebedingungen der § 246 KAGB explizit abzubedingen, wenn er keine Anwendung finden soll. Soll § 246 KAGB Anwendung finden, so ist eine Genehmigung der Verwahrstelle nicht erforderlich, da die bereits

1 Vom 7.10.2013, Geschäftszeichen WA 42-Wp 2136-2013/0284, abrufbar unter: http://www.bafin.de/SharedDocs/Veroeffentlichungen/DE/Auslegungsentscheidung/WA/ae_131007_verwahrstelle_284KAGB.html (zuletzt abgerufen zum Stichtag dieser Publikation).

nach § 91 Absatz 1 i.V.m. §§ 26 Absatz 1 Nummer 3, 27 Absatz 3 des Investmentgesetzes (InvG) erteilte Depotbankgenehmigung als Verwahrstellengenehmigung weiterhin Geltung entfaltet (entsprechend den Ausführungen im FAQ zu den Übergangsvorschriften vom 18.06.2013 – GZ: WA 41-Wp 2137-2013/0343 – unter Punkt I.2.). Lediglich im Falle eines Wechsels der Verwahrstelle wäre eine neue Verwahrstellengenehmigung einzuholen.

Wird hingegen im Rahmen der Umstellung die Anwendbarkeit des § 246 KAGB mit Zustimmung der Anleger nach § 284 Absatz 2 Nummer 1 KAGB abbedungen, so entfallen mit Inkrafttreten der Anlagebedingungen für die Zukunft sowohl die Genehmigungspflicht für die Verwahrstelle als auch der Zustimmungsvorbehalt und damit auch die Grundlage für einen entsprechenden Sperrvermerk im Grundbuch von Fondsimmobilien.

In diesem Fall erteilt die BaFin der AIF-Kapitalverwaltungsgesellschaft letztmalig eine entsprechende Bescheinigung nach § 246 Absatz 2 KAGB für den betreffenden Fonds, damit beim Grundbuchamt mit Zustimmung der bisherigen Depotbank eine Löschung der bisher zwingenden Sperrvermerke im Zuge der Umstellung der Fonds auf das KAGB vorgenommen werden kann.

§ 88 Haftung

(1) [1]Die Verwahrstelle haftet gegenüber dem inländischen AIF oder gegenüber den Anlegern des inländischen AIF für das Abhandenkommen eines verwahrten Finanzinstrumentes durch die Verwahrstelle oder durch einen Unterverwahrer, dem die Verwahrung von Finanzinstrumenten nach § 81 Absatz 1 Nummer 1 übertragen wurde. [2]Im Fall eines solchen Abhandenkommens hat die Verwahrstelle dem inländischen AIF oder der für Rechnung des inländischen AIF handelnden AIF-Verwaltungsgesellschaft unverzüglich ein Finanzinstrument gleicher Art zurückzugeben oder einen entsprechenden Betrag zu erstatten. [3]Die Verwahrstelle haftet nicht, wenn sie nachweisen kann, dass das Abhandenkommen auf äußere Ereignisse zurückzuführen ist, deren Konsequenzen trotz aller angemessenen Gegenmaßnahmen unabwendbar waren. [4]Weitergehende Ansprüche, die sich aus den Vorschriften des bürgerlichen Rechts auf Grund von Verträgen oder unerlaubten Handlungen ergeben, bleiben unberührt.

(2) Die Verwahrstelle haftet auch gegenüber dem inländischen AIF oder den Anlegern des inländischen AIF für sämtliche sonstigen Verluste, die diese dadurch erleiden, dass die Verwahrstelle ihre Verpflichtungen nach diesem Gesetz fahrlässig oder vorsätzlich nicht erfüllt.

(3) Die Haftung der Verwahrstelle bleibt von einer etwaigen Übertragung gemäß § 82 unberührt.

(4) Unbeschadet des Absatzes 3 kann sich die Verwahrstelle bei einem Abhandenkommen von Finanzinstrumenten eines inländischen Spezial-AIF, die von einem Unterverwahrer nach § 82 verwahrt wurden, von der Haftung befreien, wenn sie nachweisen kann, dass

1. **alle Bedingungen für die Auslagerung ihrer Verwahraufgaben nach § 82 erfüllt sind,**
2. **es einen schriftlichen Vertrag zwischen der Verwahrstelle und dem Unterverwahrer gibt,**
   a) **in dem die Haftung der Verwahrstelle ausdrücklich auf diesen Unterverwahrer übertragen wird und**
   b) **der es dem inländischen Spezial-AIF oder der für Rechnung des inländischen Spezial-AIF handelnden AIF-Verwaltungsgesellschaft ermöglicht, seinen oder ihren Anspruch wegen des Abhandenkommens von Finanzinstrumenten gegenüber dem Unterverwahrer geltend zu machen oder der es der Verwahrstelle ermöglicht, solch einen Anspruch für sie geltend zu machen und**
3. **es einen schriftlichen Vertrag zwischen der Verwahrstelle und dem inländischen Spezial-AIF oder der für Rechnung des inländischen Spezial-AIF handelnden AIF-Verwaltungsgesellschaft gibt, in dem eine Haftungsbefreiung der Verwahrstelle ausdrücklich gestattet ist und ein objektiver Grund für die vertragliche Vereinbarung einer solchen Haftungsbefreiung angegeben wird.**

(5) Wenn nach den Rechtsvorschriften eines Drittstaates vorgeschrieben ist, dass bestimmte Finanzinstrumente von einer ortsansässigen Einrichtung verwahrt werden müssen und es keine ortsansässigen Einrichtungen gibt, die die Anforderungen für eine Auslagerung nach § 82 Absatz 1 Nummer 4 Buchstabe b erfüllen, kann die Verwahrstelle sich bei der Verwahrung von Vermögenswerten von Spezial-AIF von der Haftung befreien, sofern die folgenden Bedingungen eingehalten sind:

1. die Anlagebedingungen, die Satzung oder der Gesellschaftsvertrag des betreffenden inländischen Spezial-AIF erlauben ausdrücklich eine Haftungsbefreiung unter den in diesem Absatz genannten Voraussetzungen,
2. die AIF-Verwaltungsgesellschaft hat die Anleger des entsprechenden inländischen Spezial-AIF vor Tätigung ihrer Anlage ordnungsgemäß über diese Haftungsbefreiung und die Umstände, die diese Haftungsbefreiung rechtfertigen, unterrichtet,
3. der inländische Spezial-AIF oder die für Rechnung des inländischen Spezial-AIF tätige AIF-Verwaltungsgesellschaft hat die Verwahrstelle angewiesen, die Verwahrung dieser Finanzinstrumente einer ortsansässigen Einrichtung zu übertragen,
4. es gibt einen schriftlichen Vertrag zwischen der Verwahrstelle und dem inländischen Spezial-AIF oder der für Rechnung des inländischen Spezial-AIF tätigen AIF-Verwaltungsgesellschaft, in dem solch eine Haftungsbefreiung ausdrücklich gestattet ist und
5. es gibt einen schriftlichen Vertrag zwischen der Verwahrstelle und dem Unterverwahrer,
   a) in dem die Haftung der Verwahrstelle ausdrücklich auf den Unterverwahrer übertragen wird und
   b) der es dem inländischen Spezial-AIF oder der für Rechnung des inländischen Spezial-AIF tätigen AIF-Verwaltungsgesellschaft ermöglicht, seinen oder ihren Anspruch wegen des Abhandenkommens von Finanzinstrumenten gegenüber dem Unterverwahrer geltend zu machen oder der es der Verwahrstelle ermöglicht, solch einen Anspruch für sie geltend zu machen.

(6) Die Artikel 100 bis 102 der Delegierten Verordnung (EU) Nr. 231/2013 bestimmen näher
1. die Bedingungen und Umstände, unter denen verwahrte Finanzinstrumente als abhandengekommen anzusehen sind,
2. was unter äußeren Ereignissen, deren Konsequenzen trotz aller angemessenen Gegenmaßnahmen nach Absatz 1 unabwendbar gewesen wären, zu verstehen ist sowie
3. die Bedingungen und Umstände, unter denen ein objektiver Grund für die vertragliche Vereinbarung einer Haftungsbefreiung nach Absatz 4 vorliegt.

In der Fassung vom 4.7.2013 (BGBl. I 2013, S. 1981), zuletzt geändert durch das Gesetz zur Umsetzung der Richtlinie 2014/91/EU des Europäischen Parlaments und des Rates vom 23. Juli 2014 zur Änderung der Richtlinie 2009/65/EG zur Koordinierung der Rechts- und Verwaltungsvorschriften betreffend bestimmte Organismen für gemeinsame Anlagen in Wertpapieren (OGAW) im Hinblick auf die Aufgaben der Verwahrstelle, die Vergütungspolitik und Sanktionen vom 3.3.2016 (BGBl. I 2016, S. 348).

Schrifttum: S. Vor §§ 68 ff.

I. Überblick, Entstehungsgeschichte und Regelungszweck

1 **§ 88 Abs. 1 KAGB** regelt die **Haftung der Verwahrstelle** gegenüber dem inländischen AIF und dessen Anlegern für das **Abhandenkommen** der von ihr direkt verwahrten oder in Unterverwahrung gegebenen verwahrfähigen Finanzinstrumente. § 88 Abs. 1 KAGB dient der **Umsetzung von Art. 21 Abs. 12 Unterabs. 1 und 2 der AIFM-RL.**[1] Die Vorschrift beinhaltet eine eigenständige Anspruchsgrundlage zu Gunsten der Anleger des Investmentvermögens und dient nicht lediglich der Modifikation eines zivilrechtlichen Haftungsmaßstabs, der seine materielle Grundlage etwa im Verwahrstellenvertrag hat.[2]

1 Begr. RegE, BT-Drucks. 17/12294, S. 234; vgl. *Siena* zu der Tatsache, dass die Anforderungen der Richtlinie im Kern auf französisches Recht zurückgehen, in Zetzsche, The Alternative Investment Fund Managers Directive, 2015, S. 532 ff.; zur Ausgestaltung der Haftung der Verwahrstelle in der Schweiz vgl. *Zetzsche*, ZBB/JBB 2014, 22 (29).
2 Ebenso *Schultheiß*, WM 2015, 603 (605 f.).

2 Die Verwahrstelle haftet nach Maßgabe des **§ 88 Abs. 2 KAGB** gegenüber dem inländischen AIF oder dessen Anlegern auch **für sämtliche sonstigen Verluste**, die diese dadurch erleiden, dass die Verwahrstelle eine ihrer **Pflichten** nach dem KAGB **vorsätzlich oder fahrlässig nicht erfüllt**. Anders als nach Maßgabe des § 88 Abs. 1 KAGB, handelt es sich hier um eine verschuldensabhängige Haftung. Die Norm dient der Umsetzung von Art. 21 Abs. 12 Unterabs. 3 der AIFM-RL.[3]

3 **§ 88 Abs. 3** enthält den Grundsatz, dass die Haftung der Verwahrstelle grundsätzlich von einer etwaigen **Übertragung** auf einen Unterverwahrer nach Maßgabe des § 82 KAGB **unberührt** bleibt. Die Norm dient der Umsetzung von Art. 21 Abs. 13 Unterabs. 1 der AIFM-RL.[4]

4 Jedoch erlaubt **§ 88 Abs. 4 KAGB** der Verwahrstelle, sich unter bestimmten Voraussetzungen von einer Haftung für das Abhandenkommen von Finanzinstrumenten eines inländischen AIF, die von einem Unterverwahrer verwahrt wurden, zu **befreien**.

5 Für die **Haftungsbefreiung** muss die Verwahrstelle gem. § 88 Abs. 4 Nr. 1 KAGB nachweisen, dass **alle Bedingungen für die Auslagerung** ihrer Verwahraufgaben nach § 82 KAGB **erfüllt** wurden. Ferner müssen Verwahrstelle und Unterverwahrer in einem schriftlichen Vertrag ausdrücklich vereinbaren, dass die **Haftung** der Verwahrstelle auf diesen Unterverwahrer **übertragen** wird (§ 88 Abs. 4 Nr. 2 Buchst. a KAGB) und dem inländischen AIF oder der für Rechnung des inländischen Spezial-AIF handelnden AIF-Verwaltungsgesellschaft es ermöglichen, selbst diesen Haftungsanspruch gegen den Unterverwahrer oder durch die Verwahrstelle geltend zu machen (§ 88 Abs. 4 Nr. 2 Buchst. b KAGB). Insoweit muss der **Vertrag** dem inländischen AIF bzw. der für Rechnung des inländischen Spezial-AIF handelnden AIF-Verwaltungsgesellschaft ein **eigenes Forderungsrecht** gewähren (vgl. auch § 328 BGB). Neben einem schriftlichen Vertrag zwischen Verwahrstelle und Unterverwahrer, muss die Verwahrstelle einen schriftlichen Vertrag zwischen ihr und dem inländischen Spezial-AIF bzw. der für Rechnung des inländischen Spezial-AIF handelnden AIF-Verwaltungsgesellschaft nachweisen, welcher die Haftungsbefreiung der Verwahrstelle ausdrücklich gestattet und einen objektiven Grund für die vertragliche Vereinbarung einer solchen Haftungsbefreiung angibt (§ 88 Abs. 4 Nr. 3 KAGB). Die Voraussetzungen des § 88 Abs. 4 Nr. 1 bis 3 KAGB müssen kumulativ vorliegen. § 88 Abs. 4 KAGB dient der Umsetzung des Art. 21 Abs. 13 Unterabs. 2 der AIFM-RL.[5]

6 Daneben kann sich die Verwahrstelle gem. **§ 88 Abs. 5 KAGB** von ihrer Haftung **befreien**, wenn nach den Rechtsvorschriften eines **Drittstaates** die Verwahrung bestimmter Finanzinstrumente durch eine ortsansässige Einrichtung vorgeschrieben ist und es keine ortsansässigen Einrichtungen gibt, welche die Anforderungen für eine Auslagerung nach § 82 Abs. 1 Nr. 4 Buchst. b KAGB erfüllen. Auch hier ist die Haftungsbefreiung der Verwahrstelle nur dann zulässig, wenn die in Nr. 1 bis 5 der Vorschrift genannten Bedingungen kumulativ erfüllt sind. § 88 Abs. 5 KAGB dient der Umsetzung des Art. 21 Abs. 14 der AIFM-RL.[6]

7 **§ 88 Abs. 6 KAGB** verweist hinsichtlich der näheren Bestimmungen zum Haftungsregime auf die Art. 100 bis 102 der AIFM-VO.

II. Haftung bei Abhandenkommen eines verwahrten Finanzinstruments (§ 88 Abs. 1, Abs. 3 KAGB i.V.m. § 88 Abs. 6 KAGB)

8 **§ 88 Abs. 1 KAGB** regelt die **Haftung** der Verwahrstelle gegenüber dem inländischen AIF oder dessen Anlegern für das **Abhandenkommen** eines von ihr verwahrten Finanzinstruments. Dabei haftet sie **verschuldensunabhängig**.[7] Folglich ist es unerheblich, ob das Finanzinstrument bei ihr selbst oder bei dem Unterverwahrer (vgl. § 88 Abs. 3 KAGB), dem die Verwahrung von Finanzinstrumenten übertragen wurde, abhandengekommen ist.

9 Dabei liegt ein „**Abhandenkommen**" im Sinne der Vorschrift erst dann vor, wenn das Finanzinstrument **endgültig** abhandengekommen ist. Hierzu wurden **Fallgruppen** bereits im ESMA-Advice[8] vorgeschlagen

3 Begr. RegE, BT-Drucks. 17/12294, S. 234.
4 Begr. RegE, BT-Drucks. 17/12294, S. 234.
5 Begr. RegE, BT-Drucks. 17/12294, S. 234.
6 Begr. RegE, BT-Drucks. 17/12294, S. 234.
7 Die Verwahrstelle erhält damit aus der ökonomischen Warte die Stellung einer Garantiegeberin oder auch einer Versicherung für die verwahrfähigen Vermögensgegenstände, vgl. hierzu und zu den nicht unproblematischen rechtspolitischen Implikationen, *Siena* in Zetzsche, The Alternative Investment Fund Managers Directive, 2015, S. 551 ff.
8 ESMA's technical advice to the European Commission on possible implementing measures of the Alternative Investment Fund Managers Directive (Final report), Box. 91, abrufbar unter: https://www.esma.europa.eu/sites/default/files/library/2015/11/2011_379.pdf (zuletzt abgerufen zum Stichtag dieser Publikation).

und später in **Art. 100 AIFM-VO** mit unmittelbarer Geltung umgesetzt. § 88 Abs. 6 Nr. 1 KAGB dient insofern lediglich der Normklarheit und hat keinen materiellen Gehalt.

Nach Maßgabe des **Art. 100 Abs. 1 der AIFM-VO** gilt ein Finanzinstrument als abhandengekommen, wenn in Bezug auf ein von der Verwahrstelle oder einem Dritten, dem die Verwahrung der verwahrten Finanzinstrumente übertragen wurde a) ein erklärtes **Eigentumsrecht** des AIF nachweislich **ungültig** ist, da es entweder **nicht mehr existiert** oder niemals existiert hat, b) der AIF das Eigentumsrecht an dem Finanzinstrument endgültig **eingebüßt** hat oder c) der AIF endgültig **außerstande** ist, mittelbar oder unmittelbar über das Finanzinstrument **zu verfügen**. 10

So kann der AIF seines (vermeintlichen) Eigentumsrechts z.B. dadurch „verlustig" werden, dass die Verwahrstelle aufgrund **gefälschter oder falscher Dokumente** die Wertpapiere in die Verwahrung miteinbezieht, an denen jedoch der AIF kein wirksames Eigentum hat.[9] 11

Das Finanzinstrument gilt jedoch dann **nicht als abhandengekommen**, wenn der AIF das Eigentumsrecht an einem bestimmten Instrument endgültig eingebüßt hat, dieses Instrument jedoch durch ein anderes Finanzinstrument oder andere Finanzinstrumente **ersetzt** oder in ein solches oder solche **umgewandelt wird** (Art. 100 Abs. 3 AIFM-VO). Das Abhandenkommen ist von der Kapitalverwaltungsgesellschaft des AIF (!) in einem dokumentierten Verfahren, welches der BaFin auf Anfrage zugänglich zu machen ist, festzustellen. Wurde ein Abhandenkommen festgestellt, sind die Anleger mittels eines dauerhaften Datenträgers[10] davon in Kenntnis zu setzen (Art. 100 Abs. 2 AIFM-VO). 12

Rechtsfolge eines solchen Abhandenkommens ist die **unverzügliche Rückgabe** eines Finanzinstruments gleicher Art oder die **Rückerstattung** eines entsprechenden Betrags an den inländischen AIF oder die für Rechnung des inländischen AIF handelnden AIF-Verwaltungsgesellschaft. 13

Da die Verwahrstelle nach Maßgabe des § 88 Abs. 1 Satz 1 KAGB verschuldensunabhängig haftet, erlaubt ihr **§ 88 Abs. 1 Satz 3 KAGB** sich unter bestimmten Voraussetzungen zu **exkulpieren**. Danach haftet die Verwahrstelle nicht, wenn sie **nachweisen** kann, dass das **Abhandenkommen auf äußere Ereignisse** zurückzuführen ist, deren Konsequenzen trotz aller angemessenen Gegenmaßnahmen **unabwendbar** waren. Fraglich ist jedoch, welche externen Ereignisse von der Exkulpationsmöglichkeit erfasst sind bzw. wann sie trotz angemessener Gegenmaßnahmen „unabwendbar" sind. Hierfür gelten unmittelbar die **Bestimmungen in Art. 101 AIFM-VO** (vgl. auch den Hinweis des Gesetzgebers in § 88 Abs. 6 Nr. 2 KAGB). 14

Der sog. **„Drei-Stufen-Ansatz"** (*three-step approach*) der ESMA[11] zur Ermittlung der Zulässigkeit der Exkulpation wurde unter Modifikationen in den Art. 101 AIFM-VO übernommen.[12] Der Ansatz der ESMA war wie folgt: Auf der **ersten Stufe** ist zunächst zu prüfen, ob es sich überhaupt um ein **externes Ereignis** (*external event*) handelt. Hierzu hat die ESMA **drei Kategorien** entwickelt, die als „externe Ereignisse" i.S.d. Art. 21 Abs. 12 der AIFM-RL gelten: a) hoheitliche Maßnahmen oder höhere Gewalt, b) Ereignisse, die auf die Insolvenz des Unterverwahrers zurückzuführen sind sowie c) sonstige Ereignisse, einschließlich operationeller Ausfälle, Betrug, etc.[13] Sofern dies zu bejahen ist, muss auf der **zweiten Stufe** geprüft werden, ob das Ereignis **außerhalb der zumutbaren Kontrolle** der Verwahrstelle liegt (*beyond reasonable control*). Bei hoheitlichen Maßnahmen oder höherer Gewalt ist grundsätzlich davon auszugehen (z.B. Entscheidung einer Regierung, die das Finanzinstrument betrifft, welches von der Verwahrstelle verwahrt wird, Naturkatastrophen, Krieg, etc.).[14] Nur wenn auch dies bejaht werden kann, stellt sich auf **dritter Stufe** die Frage, ob die Folgen **durch angemessene Gegenmaßnahmen hätten verhindert werden können** 15

9 *Specht* in Dornseifer/Jesch/Klebeck/Tollmann, Art. 21 AIFM-RL Rz. 384 f.

10 Dauerhafter Datenträger ist jedes Medium, das den Anlegern gestattet, Informationen für eine den Zwecken der Informationen angemessene Dauer zu speichern, einzusehen und unverändert wiederzugeben, § 1 Abs. 19 Nr. 8 KAGB.

11 ESMA's technical advice to the European Commission on possible implementing measures of the Alternative Investment Fund Managers Directive (Final report), abrufbar unter: https://www.esma.europa.eu/sites/default/files/library/2015/11/2011_379.pdf (zuletzt abgerufen zum Stichtag dieser Publikation).

12 *Moericke* in Baur/Tappen, § 88 KAGB Rz. 15 f.

13 ESMA's technical advice to the European Commission on possible implementing measures of the Alternative Investment Fund Managers Directive (Final report), S. 183, abrufbar unter: https://www.esma.europa.eu/sites/default/files/library/2015/11/2011_379.pdf (zuletzt abgerufen zum Stichtag dieser Publikation).

14 ESMA's technical advice to the European Commission on possible implementing measures of the Alternative Investment Fund Managers Directive (Final report), S. 185, abrufbar unter: https://www.esma.europa.eu/sites/default/files/library/2015/11/2011_379.pdf (zuletzt abgerufen zum Stichtag dieser Publikation).

(*could the consequences have been avoided with reasonable efforts?*).[15] Hierfür ist die **Verwahrstelle beweispflichtig.**[16]

16 **Art. 101 AIFM-VO** ist größtenteils an die **Ausführungen des Final Report der ESMA angelehnt.** Danach haftet die Verwahrstelle nicht, wenn sie nachweisen kann, dass a) die zu dem Abhandenkommen führenden Umstände nicht auf eine Handlung oder Unterlassung der Verwahrstelle oder ihres Unterverwahrers zurückzuführen sind, b) die Verwahrstelle die zu dem Abhandenkommen führenden Umstände nach billigem Ermessen nicht hätte abwenden können, obwohl sie alle branchenüblichen Schutzvorkehrungen, die einer mit gebotener Sorgfalt tätigen Verwahrstelle obliegen, getroffen hat und c) die Verwahrstelle das Abhandenkommen nicht hätte abwenden können, obwohl sie ihren Sorgfaltspflichten rigoros und umfassend nachgekommen ist (Art. 101 Abs. 1 Unterabs. 1 AIFM-VO).

17 Zu den **strengen Sorgfaltspflichten**, die *qua* Fiktion die Anforderungen des Art. 101 Abs. 1 Unterabs. 1 AIFM-VO erfüllen, gehören die Einrichtung, Umsetzung, Anwendung und Aufrechterhaltung von geeigneten und der Art und Komplexität der Vermögenswerte des AIF angemessenen Strukturen und Verfahren sowie entsprechende Fachkenntnisse, um äußere Umstände, die zu dem Abhandenkommen eines verwahrten Finanzinstruments führen können, frühzeitig zu erkennen und fortlaufend zu überwachen. Ferner muss eine **fortlaufende Bewertung** der erkannten äußeren Umstände erfolgt sein, die ein signifikantes Risiko für das Abhandenkommen eines verwahrten Finanzinstruments darstellen (z.B. wenn bei Erwerb des Finanzinstruments die Due Diligence ein erhöhtes Insolvenzrisiko des Emittenten ergeben hat)[17]. Letztlich muss die Verwahrstelle den AIFM über die erkannten signifikanten Risiken und die Einführung etwaiger geeigneter Maßnahmen **unterrichtet** haben, um das Abhandenkommen verwahrter Finanzinstrumente abzuwenden oder zu begrenzen, wenn tatsächliche oder potentielle äußere Umstände erkannt wurden, die als signifikantes Risiko für das Abhandenkommen eines verwahrten Finanzinstruments angesehen werden (Art. 101 Abs. 1 Unterabs. 2 AIFM-VO).

18 **Art. 101 Abs. 2 AIFM-VO** enthält einen **Katalog von externen unabwendbaren Ereignissen** (u.a. Naturereignisse, neue Gesetze, Krieg und Unruhen), bei deren Vorliegen die Anforderungen nach Maßgabe des Art. 101 Abs. 1 Unterabs. 1 Buchst. a und b AIFM-VO als erfüllt gelten.

19 Eine **Exkulpation** im Falle von **Buchungsfehlern, operativem Versagen, Betrug, oder einem Nichteinhalten der Trennungspflicht** seitens der Verwahrstelle ist auf **keinen Fall** möglich (Art. 101 Abs. 3 AIFM-VO). Die genannten Voraussetzungen zur erfolgreichen Exkulpation gelten ebenfalls für den Unterverwahrer im Falle einer vertraglichen Haftungsübertragung durch die Verwahrstelle (Art. 101 Abs. 4 AIFM-VO).

III. Haftung für sonstige Verluste (§ 88 Abs. 2 KAGB)

20 Nach Maßgabe des **§ 88 Abs. 2 KAGB haftet** die Verwahrstelle auch für alle **sonstigen Verluste**, die durch eine **vorsätzliche oder fahrlässige Verletzung** ihrer **gesetzlichen Pflichten** entstanden sind. Ungeklärt bleibt, was unter „sonstigen Verlusten" zu verstehen ist. Jedoch lässt sich zumindest aus § 88 Abs. 1 KAGB der Schluss ziehen, dass das Abhandenkommen von Finanzinstrumenten sich jedenfalls nicht unter die Vorschrift subsumieren lässt. Insoweit ist § 88 Abs. 1 KAGB *lex specialis* hierzu.[18]

21 Als **Pflichtverletzungen** kommen z.B. Fehler bei der Eigentumsverifikation (die Folgekosten nach sich ziehen aber noch keinen Verlust bedeuten) in Betracht, aber auch die nicht ordnungsgemäße Ausgabe und Rücknahme der Anteile. Es muss sich dabei um eine **originäre Pflicht** der Verwahrstelle nach dem KAGB handeln bzw. müssen die Pflichten sie aufgrund ihrer Funktion als AIF-Verwahrstelle treffen.

22 **Sonstige Pflichtverletzungen** (z.B. aus Verträgen, die sich auf Umstände außerhalb der gesetzlichen Pflichten der Verwahrstelle beziehen) sind hiervon nicht erfasst. Für sie gelten die **allgemeinen zivilrechtlichen Vorschriften.**[19]

---

15 Vgl. ESMA's technical advice to the European Commission on possible implementing measures of the Alternative Investment Fund Managers Directive (Final report), S. 184/185, abrufbar unter: https://www.esma.europa.eu/sites/default/files/library/2015/11/2011_379.pdf (zuletzt abgerufen zum Stichtag dieser Publikation).

16 ESMA's technical advice to the European Commission on possible implementing measures of the Alternative Investment Fund Managers Directive (Final report), S. 185, abrufbar unter: https://www.esma.europa.eu/sites/default/files/library/2015/11/2011_379.pdf (zuletzt abgerufen zum Stichtag dieser Publikation).

17 *Specht* in Dornseifer/Jesch/Klebeck/Tollmann, Art. 21 AIFM-RL Rz. 408.

18 *Boxberger* in Weitnauer/Boxberger/Anders, § 88 KAGB Rz. 7 f.

19 *Boxberger* in Weitnauer/Boxberger/Anders, § 88 KAGB Rz. 7 f.

Für die **Wertminderung** einer Anlage des AIF, die Folge einer **fehlerhaften Anlageentscheidung** ist, ist die Verwahrstelle jedoch **niemals haftbar.**[20] Die Haftung nach § 88 Abs. 2 KAGB trifft die Verwahrstelle nur bei einem etwaigen Verschulden ihrerseits oder eines Dritten, dessen Verhalten ihr zuzurechnen ist. **Ersatzfähig** ist nur der **Schaden** der **adäquat kausal auf der Pflichtverletzung beruht** („dadurch").[21] Da § 88 Abs. 2 KAGB im Gegensatz zu § 88 Abs. 1 KAGB keine spezifischen Regelungen hinsichtlich des Inhalts des Schadensersatzanspruchs enthält, sind **die allgemeinen zivilrechtlichen Regelungen** (§§ 249 ff. BGB) anzuwenden.[22] 23

IV. Voraussetzungen für eine Haftungsbefreiung bei Unterverwahrung (§ 88 Abs. 4 KAGB)

Hat die Verwahrstelle einem **Unterverwahrer** gem. § 82 KAGB ihre Verwahraufgaben übertragen, kann sie sich unter den Voraussetzungen des § 88 Abs. 4 KAGB bei Abhandenkommen eines Finanzinstruments **von ihrer Haftung befreien.** 24

Die Haftungsbefreiung ist dem **Wortlaut** nach nur auf den Fall des **Abhandenkommens** eines Finanzinstruments beschränkt und trägt somit dem Umstand Rechnung, dass in diesen Fällen die **Verwahrstelle grundsätzlich verschuldensunabhängig haftet.**[23] Eine entsprechende Anwendung auf die Haftung für sonstige Verluste i.S.d. § 88 Abs. 2 KAGB scheint somit ausgeschlossen. Es ist jedoch diskussionswürdig, ob die Haftung nach Maßgabe des § 88 Abs. 2 KAGB nicht erst recht ausgeschlossen werden kann. 25

War zuvor eine Haftungsbefreiung auch für inländische Publikums-AIF zulässig, ist diese nach der Umsetzung der OGAW V-Richtlinie **nur noch bei inländischen Spezial-AIF** möglich. Ausweislich der Regierungsbegründung soll hierdurch das gleiche Schutzniveau für Anleger von OGAW und Publikums-AIF geschaffen werden (vgl. § 77 Abs. 4 KAGB).[24] 26

Teilweise wird in der Haftungsbefreiung nach § 88 Abs. 4 KAGB auch eine **befreiende Schuldübernahme i.S.d. § 415 BGB** gesehen.[25] Eine Schuldübernahme wirkt nur dann befreiend, wenn sie entweder zwischen dem Schuldner (Verwahrstelle) und dem Übernehmer (Unterverwahrer) mit Zustimmung des Gläubigers (AIF bzw. für dessen Rechnung handelnde AIF-Verwaltungsgesellschaft) oder zwischen Schuldner und Gläubiger unter Zustimmung des Dritten vereinbart wird.[26] Rechtsfolge einer wirksamen Schuldübernahme ist, dass der Schuldner (Verwahrstelle) von seiner Haftung gegenüber dem Gläubiger (AIF bzw. AIF-Verwaltungsgesellschaft) befreit wird bzw. an dessen Stelle der Schuldübernehmer (Unterverwahrer) tritt. 27

Eine „**Enthaftung**" der Verwahrstelle kommt nur dann in Betracht, wenn die Verwahrstelle im **Schadensfall gem. § 88 Abs. 4 KAGB nachweisen** kann, dass alle Bedingungen für die Auslagerung ihrer Verwahraufgaben nach § 82 KAGB erfüllt wurden. Konkret bedeutet dies, dass a) die Begründung des Unterverwahrverhältnisses nicht in der Absicht begangen wurde, die Vorschriften des KAGB zu umgehen bzw. sich der eigenen Haftung zu entziehen, b) ein objektiver Grund für die Unterverwahrung vorlag, c) der Unterverwahrer sorgsam von der Verwahrstelle ausgewählt und laufend überwacht wurde und d) die Verwahrstelle sichergestellt hat, dass der Unterverwahrer jederzeit bei der Ausführung der ihm übertragenen Aufgaben die in § 88 Abs. 1 Nr. 4 KAGB genannten Bedingungen eingehalten werden.[27] Darüber hinaus muss die Verwahrstelle nachweisen, dass ein schriftlicher Vertrag sowohl mit dem Unterverwahrer, als auch mit dem inländischen Spezial-AIF abgeschlossen wurde. 28

In dem Vertrag zwischen Verwahrstelle und Unterverwahrer muss die **Übertragung der Haftung** auf den Unterverwahrer **ausdrücklich vereinbart** worden sein. Daneben muss der Vertrag es dem Spezial-AIF bzw. der für dessen Rechnung handelnden AIF-Verwaltungsgesellschaft ermöglichen, den Anspruch gegen den Unterverwahrer wegen Abhandenkommens des Finanzinstruments selbst oder durch die Verwahrstelle im 29

20 ESMA's technical advice to the European Commission on possible implementing measures of the Alternative Investment Fund Managers Directive (Final report), S. 178, abrufbar unter: https://www.esma.europa.eu/sites/default/files/library/2015/11/2011_379.pdf (zuletzt abgerufen zum Stichtag dieser Publikation).
21 *Boxberger* in Weitnauer/Boxberger/Anders, § 88 KAGB Rz. 11.
22 *Tollmann* in Dornseifer/Jesch/Klebeck/Tollmann, Art. 21 AIFM-RL Rz. 454.
23 *Tollmann* in Dornseifer/Jesch/Klebeck/Tollmann, Art. 21 AIFM-RL Rz. 416 f.
24 Begr. RegE, BT-Drucks. 18/6744, S. 57.
25 So auch *Tollmann* in Dornseifer/Jesch/Klebeck/Tollmann, Art. 21 AIFM-RL Rz. 417 f.
26 *Bydlinski* in MünchKomm. BGB, 7. Aufl. 2016, § 415 BGB Rz. 3 ff.
27 Vgl. hierzu die Kommentierung zu § 82 KAGB (§ 82 Rz. 11 ff.).

Namen des AIF geltend zu machen. Insoweit muss der Vertrag ein **eigenes Forderungsrecht des Spezial-AIF vorsehen** und entspricht somit einem **echten Vertrag zugunsten Dritter** i.S.d. § 328 BGB.[28]

30 Daneben ist ein **schriftlicher Vertrag** zwischen der Verwahrstelle und dem Spezial-AIF erforderlich, in dem eine **Haftungsbefreiung** der Verwahrstelle **ausdrücklich gestattet** ist und ein **objektiver Grund** für die vertragliche Vereinbarung einer solchen Haftungsbefreiung angegeben wird. Konkretisiert wird der objektive Grund in dem unmittelbar geltenden Art. 102 AIFM-VO (vgl. auch den Hinweis des Gesetzgebers in § 88 Abs. 6 Nr. 3 KAGB). Danach kann vom Vorliegen eines objektiven Grundes für die Haftungsbefreiung ausgegangen werden, wenn die Übertragung der Haftung auf den Unterverwahrer für die Verwahrstelle **unumgänglich** war. Dies soll insbesondere dann der Fall sein, wenn die Rechtsvorschriften eines Drittlands vorschreiben, dass bestimmte Finanzinstrumente von einer lokalen Einrichtung verwahrt werden, und es lokale Einrichtungen gibt, welche den Kriterien für eine Beauftragung gem. Art. 21 Abs. 11 der AIFM-RL genügen oder der AIFM darauf bestanden hat, Anlagen in einem besonderen Rechtsraum zu belassen, obwohl die Verwahrstelle vor dem damit verbundenen erhöhten Risiko gewarnt hat. Die objektiven Gründe für eine Haftungsbefreiung sind jedes Mal festzustellen, wenn sich die Verwahrstelle von ihrer Haftung befreien will und müssen sich im Übrigen auf genaue und konkrete Umstände einer bestimmten Tätigkeit beschränken sowie mit den „Grundsätzen und Entscheidungen der Verwahrstelle" (gemeint sind die internen Vorgaben der Verwahrstelle) vereinbar sein (vgl. Art. 102 AIFM-VO wegen der Einzelheiten).

V. Besondere Haftungsbefreiung bei Unterverwahrung in Drittstaaten (§ 88 Abs. 5 KAGB)

31 Fordern die **Rechtsvorschriften eines Drittstaates**, dass Finanzinstrumente zwingend durch eine **ortsansässige Einrichtung zu verwahren** sind und **fehlt** es an solchen **Einrichtungen**, welche die Anforderungen für eine Auslagerung nach § 82 Abs. 1 Nr. 4 Buchst. b KAGB erfüllen, ist eine **Enthaftung** der Verwahrstelle unter den Voraussetzungen des § 88 Abs. 5 KAGB zulässig. Da in diesen Fällen eine Unterverwahrung zwingend erforderlich ist, ist das Vorliegen eines objektiven Grundes entbehrlich.

32 Nach **§ 88 Abs. 5 Nr. 1 KAGB** müssen die **Anlagebedingungen**, die **Satzung** oder der **Gesellschaftsvertrag** des betreffenden inländischen Spezial-AIF **ausdrücklich** eine **Haftungsbefreiung** unter den in § 88 Abs. 5 KAGB genannten Voraussetzungen vorsehen. Hierdurch sollen sowohl die Anleger, als auch die BaFin als zuständige Aufsichtsbehörde, Kenntnis von dem Umstand erhalten, dass der Spezial-AIF berechtigt ist auch in solchen Drittstaaten zu investieren, in denen es an den in § 82 Abs. 1 Nr. 4 Buchst. b KAGB genannten Voraussetzungen, insbesondere an einer prudentiellen Regulierung fehlt und somit auch zu einer entsprechenden Haftungsübertragung berechtigt ist.[29]

33 Ferner muss die AIF-Verwaltungsgesellschaft die Anleger des betreffenden inländischen Spezial-AIF vor Erwerb der Anteile an dem Spezial-AIF ordnungsgemäß über die Haftungsbefreiung **unterrichten** und über die Umstände **aufklären**, die diese Haftungsbefreiung rechtfertigen (**§ 88 Abs. 5 Nr. 2 KAGB**). Was unter einer „ordnungsgemäßen Unterrichtung" zu verstehen ist, bleibt jedoch sowohl nach der AIFM-Richtlinie als auch nach dem KAGB offen. Daher wird **teilweise** dafür plädiert **§ 301 KAGB analog** anzuwenden, wonach dementsprechend ein gesonderter Hinweis auf der Internetseite der AIF-Verwaltungsgesellschaft erfolgen muss.[30] Die **Möglichkeit der Kenntnisnahme** dürfte hinreichend sein.

34 Weitere Voraussetzung ist, dass der inländische Spezial-AIF bzw. die für Rechnung des inländischen Spezial-AIF handelnde AIF-Verwaltungsgesellschaft die Verwahrstelle zur Übertragung der Verwahrung dieser Finanzinstrumente auf eine ortsansässige Einrichtung **angewiesen** hat (**§ 88 Abs. 5 Nr. 3 KAGB**).

35 Wie auch § 88 Abs. 4 Nr. 3 KAGB, fordert **§ 88 Abs. 5 Nr. 4 KAGB** einen **schriftlichen Vertrag zwischen Verwahrstelle und dem inländischen AIF** bzw. der für Rechnung des inländischen Spezial-AIF handelnden AIF-Verwaltungsgesellschaft, der **ausdrücklich** solch eine **Haftungsbefreiung gestattet**. Zusätzlich ist daneben auch hier ein schriftlicher Vertrag zwischen Verwahrstelle und dem Unterverwahrer erforderlich, in welchem die Haftung der Verwahrstelle ausdrücklich auf den Unterverwahrer übertragen wird (§ 88 Abs. 5 Nr. 5 Buchst. a KAGB) und dem inländischen Spezial-AIF bzw. der für den inländischen Spezial-AIF handelnden AIF-Verwaltungsgesellschaft ein eigenes Forderungsrecht gegen den Unterverwahrer gewährt oder es der Verwahrstelle ermöglicht, solch einen Anspruch für sie geltend zu machen (§ 88 Abs. 5 Nr. 5 Buchst. b KAGB).

28 So auch *Moericke* in Baur/Tappen, § 88 KAGB Rz. 15 f.
29 *Tollmann* in Dornseifer/Jesch/Klebeck/Tollmann, Art. 21 AIFM-RL Rz. 441.
30 *Moericke* in Baur/Tappen, § 88 KAGB Rz. 49 f.

§ 89 Geltendmachung von Ansprüchen der Anleger; Verordnungsermächtigung

(1) [1]Die Verwahrstelle ist berechtigt und verpflichtet, im eigenen Namen

1. Ansprüche der Anleger wegen Verletzung der Vorschriften dieses Gesetzes oder der Anlagebedingungen gegen die AIF-Kapitalverwaltungsgesellschaft geltend zu machen,

2. im Fall von Verfügungen nach Maßgabe des § 84 Absatz 2 Satz 3 und 4 Ansprüche der Anleger gegen den Erwerber eines Gegenstandes des Publikums-AIF im eigenen Namen geltend zu machen und

3. im Wege einer Klage nach § 771 der Zivilprozessordnung Widerspruch zu erheben, wenn in einen inländischen AIF wegen eines Anspruchs vollstreckt wird, für den der inländische AIF nicht haftet; die Anleger können nicht selbst Widerspruch gegen die Zwangsvollstreckung erheben.

[2]Satz 1 Nummer 1 schließt die Geltendmachung von Ansprüchen gegen die AIF-Kapitalverwaltungsgesellschaft durch die Anleger nicht aus.

(2) [1]Die AIF-Kapitalverwaltungsgesellschaft ist berechtigt und verpflichtet, im eigenen Namen Ansprüche der Anleger gegen die Verwahrstelle geltend zu machen. [2]Satz 1 schließt die Geltendmachung von Ansprüchen gegen die Verwahrstelle durch die Anleger nicht aus.

(3) [1]Die AIF-Kapitalverwaltungsgesellschaft hat für die Fälle einer fehlerhaften Berechnung von Anteilswerten oder einer Verletzung von Anlagegrenzen oder Erwerbsvorgaben bei einem inländischen AIF geeignete Entschädigungsverfahren für die betroffenen Anleger vorzusehen. [2]Die Verfahren müssen insbesondere die Erstellung eines Entschädigungsplans umfassen sowie die Prüfung des Entschädigungsplans und der Entschädigungsmaßnahmen durch einen Wirtschaftsprüfer vorsehen. [3]Das Bundesministerium der Finanzen wird ermächtigt, durch Rechtsverordnung, die nicht der Zustimmung des Bundesrates bedarf, nähere Bestimmungen zu den Entschädigungsverfahren und deren Durchführung zu erlassen, insbesondere zu

1. Einzelheiten des Verfahrens einschließlich, soweit erforderlich, der Beteiligung der depotführenden Stellen des Anlegers und einer Mindesthöhe der fehlerhaften Berechnung des Anteilswertes, ab der das Entschädigungsverfahren durchzuführen ist sowie gegebenenfalls zu den Einzelheiten eines vereinfachten Entschädigungsverfahrens bei Unterschreitung einer bestimmten Gesamtschadenshöhe,

2. den gegenüber einem betroffenen Anleger oder inländischen AIF vorzunehmenden Entschädigungsmaßnahmen sowie gegebenenfalls zu Bagatellgrenzen, bei denen solche Entschädigungsmaßnahmen einen unverhältnismäßigen Aufwand verursachen würden,

3. Meldepflichten gegenüber der Bundesanstalt und gegebenenfalls gegenüber den zuständigen Stellen des Herkunftsstaates der einen inländischen AIF verwaltenden EU-AIF-Verwaltungsgesellschaft,

4. Informationspflichten gegenüber den betroffenen Anlegern,

5. Inhalt und Aufbau des zu erstellenden Entschädigungsplans und zu den Einzelheiten der Entschädigungsmaßnahmen sowie

6. Inhalt und Umfang der Prüfung des Entschädigungsplans und der Entschädigungsmaßnahmen durch einen Wirtschaftsprüfer.

[4]Das Bundesministerium der Finanzen kann diese Ermächtigung durch Rechtsverordnung auf die Bundesanstalt übertragen.

In der Fassung vom 4.7.2013 (BGBl. I 2013, S. 1981), zuletzt geändert durch das Gesetz zur Umsetzung der Richtlinie 2014/91/EU des Europäischen Parlaments und des Rates vom 23. Juli 2014 zur Änderung der Richtlinie 2009/65/EG zur Koordinierung der Rechts- und Verwaltungsvorschriften betreffend bestimmte Organismen für gemeinsame Anlagen in Wertpapieren (OGAW) im Hinblick auf die Aufgaben der Verwahrstelle, die Vergütungspolitik und Sanktionen vom 3.3.2016 (BGBl. I 2016, S. 348).

Schrifttum: S. bei § 78.

I. Überblick und Inhalt

1 **§ 89 KAGB entspricht sehr weitgehend § 78 KAGB. Unterschiede** bestehen nur, soweit die Vorschrift von AIF-Verwahrstellen und AIF-KVG spricht, in Bezug auf die Ergänzung um einen § 89 Abs. 1 Satz 1 Nr. 2 KAGB sowie in Bezug auf die Funktion der Verwahrstelle bei den Entschädigungsverfahren nach § 89 Abs. 3 KAGB. Die große Übereinstimmung zwischen § 78 und § 89 KAGB ist bemerkenswert, weil § 89 KAGB neben (offenen und geschlossenen) **Publikums-AIF** auch für die insbesondere auf professionelle Anleger ausgerichteten **Spezial-AIF** gilt, bei denen sich i.d.R. **keine Streuschadenproblematik** (dazu § 78 Rz. 2) stellt, da die Anteilsinhaberschaft nicht selten in einer oder wenigen Händen gebündelt ist. Als Rechtfertigung für die starke Stellung von KVG und Verwahrstelle bleibt in solchen Fällen der **Informationsnachteil der Anleger** im Verhältnis zu den Intermediären.

2 Der folgenden Tabelle sind die Übereinstimmungen und der Kommentierungsort zu entnehmen.

§ 89	**§ 78**	**Kommentiert**
Abs. 1 Satz 1 Nr. 1	Abs. 1 Satz 1 Nr. 1	§ 78 Rz. 17
Abs. 1 Satz 1 Nr. 2	-	§ 89 Rz. 5
Abs. 1 Satz 1 Nr. 3	Abs. 1 Satz 1 Nr. 2	§ 78 Rz. 22
Abs. 1 Satz 2	Abs. 1 Satz 2	§ 78 Rz. 25
Abs. 2	Abs. 2	§ 78 Rz. 32
Abs. 3	Abs. 3	§ 78 Rz. 57, § 89 Rz. 9

II. Abweichender europäischer Hintergrund

3 Trotz des identischen Wortlauts könnten sich **Auslegungsunterschiede** aus dem abweichenden europarechtlichen Hintergrund ergeben. Dies betrifft insbesondere die Funktion der AIF-Verwahrstelle, die in Nuancen von der der OGAW-Verwahrstelle abweicht (Vor §§ 68 ff. Rz. 16 ff., 32 ff.) Dies könnte eine abweichende Auslegung in Fragen der Aktivlegitimation der KVG und der Anleger rechtfertigen. So wurde die Aktivlegitimation der Anleger auch auf Art. 24 Abs. 5 der Richtlinie 2009/65/EG i.d.F. der OGAW V-RL gestützt (vgl. § 78 Rz. 38 ff.). Die entsprechende Vorschrift in Art. 21 Abs. 12 AIFM-RL lautet: „**Die Verwahrstelle haftet gegenüber dem AIF oder gegenüber den Anlegern des AIF** für das Abhandenkommen durch die Verwahrstelle oder durch einen Dritten, dem die Verwahrung von Finanzinstrumenten, die gemäß Absatz 8 Buchstabe a verwahrt wurden, übertragen wurde. … Die Verwahrstelle haftet auch *gegenüber dem AIF oder den Anlegern des AIF* für sämtliche sonstigen Verluste, die diese infolge einer von der Verwahrstelle fahrlässig oder vorsätzlich verursachten Nichterfüllung ihrer Verpflichtungen aus dieser Richtlinie erleiden." Im Gegensatz zu Art. 24 Abs. 5 OGAW-RL nimmt Art. 21 Abs. 12 AIFM-RL statt der Perspektive der Anteilsinhaber die der Verwahrstelle ein. Diese haftet „dem AIF oder den Anlegern des AIF". Bei der OGAW-RL ging es dagegen nur darum, wie die Anleger des OGAW die Haftung geltend machen, was „unmittelbar oder mittelbar über die Verwaltungsgesellschaft oder die Investmentgesellschaft" möglich ist. Der Fonds wird nicht als Anspruchsberechtigter erwähnt. Der abweichende europarechtliche Hintergrund könnte dazu Anlass geben, über die (allein von der KVG?) geltend zu machende Aktivlegitimation allein des AIF zu sinnieren.

4 Solche **Überlegungen sind verfehlt**, weil sich der Gesetzgeber mittels einen identischen Wortlauts von § 78 und § 89 KAGB für einen Gleichlauf von OGAW und AIF entschieden hat. Diese bereits mit Inkrafttreten des KAGB getroffene Entscheidung wurde mit Übernahme des identischen Wortlauts in § 78 Abs. 2 Satz 2 und § 89 Abs. 2 Satz 2 KAGB durch **Art. 1 Nr. 30 und 34 des OGAW V-RL-UmsG** nebst identischer Begründung[1] fortgeführt. Dies ist mit dem Europarecht durchaus vereinbar, da der offene Wortlaut der AIFM-RL, der eine Haftung *gegenüber dem AIF oder den Anlegern des AIF* vorsieht, den Mitgliedstaaten Umsetzungsermessen einräumt. Dies hat der deutsche Gesetzgeber zugunsten einer Aktivlegitimation des AIF, die von der KVG wahrzunehmen ist, *und* parallel dazu einer Aktivlegitimation der Anleger ausgeübt. Damit ist § 89 KAGB im Grundsatz wie § 78 KAGB auszulegen.

1 Vgl. BT-Drucks. 18/6744, 54/55.

III. Regelung des § 89 Abs. 1 Satz 1 Nr. 2 KAGB

Gemäß § 89 Abs. 1 Satz 1 Nr. 2 KAGB hat die Verwahrstelle im Fall von Verfügungen nach Maßgabe des § 84 Abs. 2 Satz 3 und 4 KAGB **Ansprüche der Anleger gegen den Erwerber eines Gegenstandes des Publikums-AIF** im eigenen Namen geltend zu machen. Die Vorschrift wurde aus § 28 Abs. 1 Nr. 2 InvG in das KAGB übernommen, betraf damals aber nur Immobilien-Sondervermögen (Fall des § 84 Abs. 1 Nr. 3 und 4 KAGB). Der eindeutige Wortlaut erfasst nun **alle Publikums-AIF**. Desungeachtet beschränkt ein Teil des Schrifttums die Anwendung der Vorschrift weiterhin auf Immobilien-Sondervermögen,[2] was methodisch als teleologische Reduktion zu verstehen ist. 5

Nach § 84 Abs. 1 KAGB zustimmungspflichtige, von der KVG initiierte **Verfügungen, denen die Verwahrstelle nicht zugestimmt hat**, sind gegenüber den Anlegern, vorbehaltlich eines gutgläubigen Erwerbs, unwirksam (§ 84 Abs. 2 Satz 3, 4 KAGB). § 89 Abs. 1 Satz 1 Nr. 2 KAGB verpflichtet die Verwahrstelle gegen derart pflichtwidrige Verfügungen der KVG für die Anleger (i.e. treuhänderisch) einzuschreiten und die Rechte der Anleger geltend zu machen. Auf die KVG ist in solchen Fällen nicht zu hoffen, hat sie doch die Pflichtwidrigkeit zuvor begangen. 6

Zwar muss auch die OGAW-Verwahrstelle gewissen Geschäften zustimmen (vgl. § 75 Abs. 1 KAGB, der § 84 Abs. 1 Nr. 1 und Nr. 2 KAGB entspricht), jedoch geht es dort nicht um **Verfügungen in Bezug auf Gegenstände gem. § 84 Abs. 1 Nr. 3 bis 5 KAGB**. Desungeachtet wird auch die OGAW-Verwahrstelle gegen die OGAW-KVG vorgehen müssen, wenn diese ohne Zustimmung Geschäfte nach § 75 Abs. 1 KAGB tätigt, da es sich um eine **Gesetzesverletzung** (vgl. § 78 Abs. 1 Satz 1 Nr. 1 KAGB) handelt, aus denen den **Anlegern Ansprüche entstehen**. Die Regelung des § 89 Abs. 1 Satz 1 Nr. 2 KAGB ist damit letztlich **deklaratorisch**. Von daher kommt den Abweichungen zwischen § 78 und § 89 KAGB kein Gewicht zu, so dass man auch nicht rätseln muss, was z.B. mit „Gegenständen“ (z.B. nur Sachen oder alle Vermögensgegenstände?) genau gemeint ist. § 89 **Abs. 1 Satz 1 Nr. 1 KAGB als weitergehende Norm ermächtigt die Verwahrstelle jedenfalls zum Handeln.**[3] 7

„Ansprüche der Anleger“ sind weit, im Sinne einer **wirtschaftlichen Kompensation** zu verstehen.[4] 8

IV. Abweichungen in Bezug auf das Entschädigungsverfahren (§ 89 Abs. 3 KAGB)

Die KVG hat für **Publikums- und Spezial-AIF** ein Entschädigungsverfahren zu erstellen. Abweichend von § 78 Abs. 3 KAGB ist die AIF-Verwahrstelle in die Erarbeitung des Entschädigungsverfahrens für die fehlerhafte Berechnung von Anteilswerten nicht einzubeziehen (vgl. § 89 Abs. 3 Satz 1 KAGB). Zudem sind die depotführenden Stellen des Anlegers nur am Verfahren zu beteiligen, soweit dies erforderlich ist (vgl. Wortlaut § 89 Abs. 3 Satz 3 Nr. 1 KAGB). Hintergrund scheint die im Verhältnis zu § 212 KAGB für OGAW-Verwahrstellen **reduzierte Funktion der AIF-Verwahrstelle bei der Bewertung** zu sein:[5] Gemäß § 216 Abs. 1 Satz 2 KAGB darf die Verwahrstelle eines Publikums-AIF nur bei funktionaler und hierarchischer Trennung von den Verwahrfunktionen und speziellem Konfliktmanagement Bewerter sein. In der Tat sind Verwahrstellen bei illiquiden Vermögensgegenständen selten bereit, das Bewertungsrisiko zu tragen. Dennoch wird **die KVG nicht umhinkommen, die Verwahrstelle frühzeitig einzubeziehen**, da ohne die Verwahrstelle eine Anlegerentschädigung nicht durchzuführen ist.[6] Die Einbindung der Verwahrstelle nebst deren Berücksichtigung im Entschädigungsplan **schließt § 89 Abs. 3 KAGB nicht aus.** 9

§ 89a Vergütung, Aufwendungsersatz

(1) [1]Die Verwahrstelle darf der AIF-Verwaltungsgesellschaft aus den zu einem inländischen AIF gehörenden Konten nur die für die Verwaltung des inländischen AIF zustehende Vergütung und den ihr zustehenden Ersatz von Aufwendungen auszahlen. [2]Werden die Konten bei einer anderen Stelle

---

2 *Herring* in Baur/Tappen, § 89 KAGB Rz. 2.

3 A.A. *Schäfer* in Moritz/Klebeck/Jesch, § 89 KAGB Rz. 3 ff., der aus dem abweichenden Wortlaut von § 78 und § 89 KAGB ableitet, dass OGAW-Verwahrstellen bei Verstoß gegen die Zustimmungspflicht nicht als Prozessstandschafter ermächtigt sind.

4 Unstr., vgl. *Schäfer* in Moritz/Klebeck/Jesch, § 89 KAGB Rz. 6; *Dreibus* in Emde/Dornseifer/Dreibus/Hölscher, § 28 InvG Rz. 24.

5 Zutr. *Schäfer* in Moritz/Klebeck/Jesch, § 89 KAGB Rz. 7.

6 Zutr. *Herring* in Baur/Tappen, § 89 KAGB Rz. 3.

nach § 83 Absatz 6 Satz 2 geführt, bedarf die Auszahlung der der AIF-Verwaltungsgesellschaft für die Verwaltung des inländischen AIF zustehenden Vergütung und des ihr zustehenden Ersatzes von Aufwendungen der Zustimmung der Verwahrstelle.

(2) [1]Die Verwahrstelle darf die Vergütung, die ihr für die Verwahrung des inländischen AIF und die Wahrnehmung der Aufgaben nach Maßgabe dieses Gesetzes zusteht, nur mit Zustimmung der AIF-Verwaltungsgesellschaft entnehmen. [2]Entsprechendes gilt, wenn die zu einem inländischen AIF gehörenden Konten bei einer anderen Stelle nach § 83 Absatz 6 Satz 2 geführt werden.

In der Fassung vom 15.7.2014 (BGBl. I 2014, S. 934).

Schrifttum: S. Vor §§ 68 ff.

I. Überblick, Entstehungsgeschichte und Regelungszweck

1 § 89a KAGB regelt die **Art und Weise der Befriedigung von Vergütungs- und Aufwendungsersatzansprüchen** sowohl der Kapitalverwaltungsgesellschaft als auch der Verwahrstelle in Bezug auf inländische AIF.

2 Danach darf **die Verwahrstelle der AIF-Verwaltungsgesellschaft** aus den zu einem inländischen AIF gehörenden Konten nur die für die Verwaltung des inländischen AIF zustehende Vergütung und den ihr zustehenden Ersatz von Aufwendungen auszahlen. Werden die Konten bei einer anderen Stelle nach § 83 Abs. 6 Satz 2 KAGB geführt – d.h. bestimmten Drittinstituten –, bedarf es hierzu der Zustimmung der Verwahrstelle (§ 89a Abs. 1 KAGB).

3 **Umgekehrt darf die Verwahrstelle** ihren eigenen Vergütungsanspruch für das Verwahren des inländischen AIF und die Wahrnehmung der Aufgaben nach Maßgabe des KAGB nur mit Zustimmung der AIF-Verwaltungsgesellschaft befriedigen bzw. die Vergütung aus den bei ihr geführten Konten des inländischen AIF entnehmen (§ 89a Abs. 2 KAGB). Werden die Konten bei einer anderen Stelle als der Verwahrstelle geführt (§ 83 Abs. 6 Satz 2 KAGB), – d.h. bestimmten Drittinstituten –, erfordert die Auszahlung der Zustimmung der AIF-Verwaltungsgesellschaft.

4 Die Norm wurde erst **nachträglich** im Rahmen des Gesetzes zur Anpassung von Gesetzen auf dem Gebiet des Finanzmarkts (**FinMarktAnpG**) in das KAGB eingefügt.[1] In der **Gesetzesbegründung** führt der Gesetzgeber aus:[2]

„Die Regelung in § 89a entspricht im Wesentlichen der Regelung in § 79 für OGAW-Verwahrstellen und wurde aus dem bisherigen § 29 Investmentgesetz übernommen und ist auch für AIF-Verwahrstellen sachgerecht. Die Regelungen wurden vor dem Hintergrund ergänzt, dass die Konten des AIF gemäß § 83 Absatz 6 Satz 2 nicht zwingend bei der Verwahrstelle eingerichtet sein müssen."

II. Abwicklung der Vergütungs- und Aufwendungsersatzansprüche der AIF-Verwaltungsgesellschaft

5 Der feststellende Wortlaut „Werden die Konten bei einer anderen Stelle nach § 83 Absatz 6 Satz 2 geführt, **bedarf die Auszahlung** der der AIF-Verwaltungsgesellschaft für die Verwaltung des inländischen AIF zustehenden Vergütung und des ihr zustehenden Ersatzes von Aufwendungen **der Zustimmung** der Verwahrstelle." (§ 89a Abs. 1 KAGB) enthält bei teleologischer Betrachtung das Erfordernis der Implementierung eines entsprechenden Prozesses zwischen den beteiligten Parteien. Die Vorschrift kann daher auch so gelesen werden: „Werden die Konten bei einer anderen Stelle nach § 83 Absatz 6 Satz 2 geführt, hat die Verwahrstelle im Wege der zivilrechtlichen Vereinbarung mit der Stelle nach Maßgabe des § 83 Absatz 6 Satz 2 und ggf. der Kapitalverwaltungsgesellschaft sicherzustellen, dass die Auszahlung der der AIF-Verwaltungsgesellschaft für die Verwaltung des inländischen AIF zustehenden Vergütung und des ihr zustehenden Ersatzes von Aufwendungen der Zustimmung der Verwahrstelle bedarf." Entsprechendes gilt für die Anordnungen des § 89 Abs. 2 Satz 2 KAGB.

1 Vgl. Art. 2 Nr. 1 a) FinMarktAnpG.
2 Begr. RegE, BT-Drucks. 18/1305, S. 47.

Die BaFin führt in dem VerwahrstellenRS aus:[3] 6

„Wenn die Konten eines AIF nicht bei der Verwahrstelle geführt werden, ist vermittels einer **entsprechenden vertraglichen Vereinbarung mit der Kapitalverwaltungsgesellschaft** sicherzustellen, dass das kontoführende Institut die Vergütung oder den Aufwendungsersatz nur mit Zustimmung oder auf Anweisung der Verwahrstelle an die Kapitalverwaltungsgesellschaft auszahlt." (Hervorhebungen der Bearbeiter)

Unseres Erachtens kommt es im Ergebnis darauf an, dass das **Drittinstitut zivilrechtlich angehalten ist, das Zustimmungserfordernis zu beachten.** In der Praxis bieten sich Account Control Agreements an, die regelmäßig von allen Parteien unterzeichnet werden (hier: Verwahrstelle, Kapitalverwaltungsgesellschaft und Drittinstitut). Dies gilt im Hinblick auf die Notwendigkeit der gleichzeitigen Implementierung des aus § 89a Abs. 2 Satz 2 KAGB folgenden Prozesses umso mehr. Wieso die BaFin allein auf eine „entsprechende vertragliche Vereinbarung mit der Kapitalverwaltungsgesellschaft" abstellt, ist nicht ohne weiteres nachvollziehbar. 7

Eine Parallelvorschrift findet sich in § 79 KAGB, so dass hinsichtlich weiterer Einzelheiten auf die dortige Kommentierung verwiesen wird (§ 79 Rz. 5 ff.). 8

§ 90 Anwendbare Vorschriften für ausländische AIF

Verwaltet eine AIF-Kapitalverwaltungsgesellschaft einen ausländischen AIF und beauftragt sie eine Verwahrstelle mit Sitz in der Bundesrepublik Deutschland oder verwaltet eine ausländische AIF-Verwaltungsgesellschaft, deren Referenzmitgliedstaat die Bundesrepublik Deutschland nach § 56 ist, einen ausländischen AIF und beauftragt eine Verwahrstelle mit Sitz in der Bundesrepublik Deutschland, gelten die Vorschriften dieses Unterabschnitts entsprechend; § 55 bleibt unberührt.

In der Fassung vom 4.7.2013 (BGBl. I 2013, S. 1981).

Schrifttum: S. Vor §§ 68 ff.

I. Überblick, Entstehungsgeschichte

§ 90 KAGB bestimmt, dass die Vorschriften des Unterabschnitts „AIF-Verwahrstellen" (§§ 80 ff. KAGB) entsprechend für die Fälle gelten, in denen entweder eine AIF-Kapitalverwaltungsgesellschaft einen ausländischen AIF verwaltet und eine Verwahrstelle mit Sitz in der Bundesrepublik beauftragt hat (Alt. 1) oder eine ausländische AIF-Verwaltungsgesellschaft, deren Referenzmitgliedsstaat die Bundesrepublik Deutschland nach § 56 KAGB ist, einen ausländischen AIF verwaltet und eine Verwahrstelle mit Sitz in der Bundesrepublik Deutschland beauftragt hat (Alt. 2). 1

Im zweiten Fall (Alt. 2 der Vorschrift) besteht die **Pflicht zur Beauftragung** einer Verwahrstelle jedoch nur dann, wenn der **ausländische AIF auch in der Union vertrieben** werden soll, vgl. § 55 KAGB.[1] 2

In **ErwGr. 61 der AIFM-RL** wird in diesem Zusammenhang konkret ausgeführt, dass es (im politischen Sinne) „angemessen" ist, zugelassenen EU-AIFM die Verwaltung von Nicht-EU-AIF ohne deren Vertrieb auf dem Gebiet der Union zu gestatten, ohne dabei die strengen Anforderungen an die Verwahrung (und die Anforderungen bezüglich des Jahresberichts) nach der AIFM-RL auf sie anzuwenden. Dies ist nach Maßgabe der EwGr deshalb angemessen, da die Anforderungen an die Verwahrstelle zum **Schutz von Anlegern der Union** in die AIFM-RL aufgenommen wurden. 3

---

3 VerwahrstellenRS, Ziff. 7.6.

1 Begr. RegE, BT-Drucks. 17/12294, S. 235.

II. Bestellung einer Verwahrstelle im Inland im Fall der Verwaltung eines ausländischen AIF durch eine AIF-Kapitalverwaltungsgesellschaft (§ 90 Alt. 1 KAGB)

4 In seiner **ersten Alternative** regelt § 90 KAGB den Fall, dass eine nach dem KAGB zugelassene AIF-Kapitalverwaltungsgesellschaft einen **ausländischen AIF verwaltet und** eine **Verwahrstelle mit Sitz in der Bundesrepublik Deutschland beauftragt**.

5 Für diesen Fall erklärt die Norm zum **Schutz der Anleger** die **§§ 80 ff. KAGB** für **entsprechend anwendbar**.[2] Aus einem Umkehrschluss des § 55 Abs. 1 Nr. 1 KAGB, der nach Halbs. 2 daneben anwendbar bleibt, folgt jedoch, dass eine Verwahrstelle nur dann beauftragt werden muss, wenn die Anteile des ausländischen AIF auch in den Mitgliedsstaaten der Europäischen Union oder in den Vertragsstaaten des EWR vertrieben werden.

6 Wird der ausländische AIF bzw. dessen Anteile **ausschließlich in Drittstaaten** vertrieben, **gilt** der **Verweis** auf die §§ 80 ff. KAGB **nicht**.[3]

III. Bestellung einer Verwahrstelle im Inland im Fall der Verwaltung eines ausländischen AIF durch eine ausländische AIF-Verwaltungsgesellschaft, deren Referenzmitgliedstaat die Bundesrepublik Deutschland ist (§ 90 Alt. 2 KAGB)

7 Auch für den Fall, dass eine **ausländische AIF-Verwaltungsgesellschaft**, deren **Referenzstaat** die **Bundesrepublik Deutschland** ist (vgl. § 56 KAGB), einen ausländischen AIF verwaltet, verweist § 90 Halbs. 1 Alt. 2 KAGB auf die **entsprechende Anwendung** der §§ 80 ff. KAGB.

8 Die **Details der Bestimmung des Referenzmitgliedstaats** sind komplex. Dies liegt insbesondere daran, dass die Richtlinie in Art. 37 Abs. 4 ein detailliertes Entscheidungsschema vorgibt. Auch die formalen Anforderungen sind nicht zu unterschätzen. So ist z.B. nach Maßgabe des § 56 Abs. 5 KAGB erforderlich, dass die ausländische AIF-Verwaltungsgesellschaft in der Lage sein muss, ihre Absicht zu belegen, in einem bestimmten Mitgliedstaat der Europäischen Union oder einem bestimmten Vertragsstaat des Abkommens über den Europäischen Wirtschaftsraum einen leistungsfähigen Vertrieb aufzubauen, indem sie gegenüber den zuständigen Stellen des von ihr angegebenen Mitgliedstaates der Europäischen Union oder Vertragsstaates des Abkommens über den Europäischen Wirtschaftsraum ihre Vertriebsstrategie offenlegt. Wegen der Einzelheiten wird auf die Kommentierung des § 56 KAGB verweisen.

9 Zu berücksichtigen ist jedoch die **Übergangsvorschrift des § 344 Abs. 1 KAGB**, wonach für ausländische AIF-Verwaltungsgesellschaften die §§ 56 bis 66 KAGB erst ab dem in § 295 Abs. 2 Nr. 1 KAGB verwiesenen Zeitpunkt, d.h. der vollen Implementierung des **„Third-Country-Frameworks“**[4] anwendbar wird.

10 Nach dem **Konzept des Referenzmitgliedstaats** sollen auch Kapitalverwaltungsgesellschaften mit Sitz in einem Drittstaat die Vorteile der AIFM-RL (z.B. Vertrieb von Anteilen an einem AIF mit einem Europäischen Pass in der gesamten EU) nutzen. Um sicherzustellen, dass die ausländische Verwaltungsgesellschaft die Regelungen der AIFM-RL auch befolgt, soll nicht die Aufsichtsbehörde des Drittstaates, sondern die Aufsichtsbehörde des Referenzmitgliedstaates für die Einhaltung und Durchsetzung der Richtlinie zuständig sein.[5]

11 Die §§ 80 ff. KAGB werden dann relevant, wenn die Bundesrepublik Referenzmitgliedstaat einer solchen ausländischen AIF-Kapitalverwaltungsgesellschaft ist, die ihrerseits eine **Verwahrstelle** mit **Sitz in der Bundesrepublik beauftragt** hat. Denn dann hat sie die Beauftragung nach § 326 KAGB der BaFin **anzuzeigen**. Der Vertrieb von Anteilen des ausländischen AIF ist nur nach Maßgabe des § 322 Abs. 1 KAGB zulässig.

12 Auf § 90 KAGB wird u.a. auch im Rahmen des § 54 Abs. 5 KAGB sowie des § 66 Abs. 5 KAGB **verwiesen**, wenn eine EU-AIF-Verwaltungsgesellschaft bzw. ausländische AIF-Verwaltungsgesellschaft, deren Referenzmitgliedstaat nicht die Bundesrepublik ist, einen **inländischen Spezial-AIF verwaltet**.

2 Vgl. auch *Karcher* in Baur/Tappen, § 90 KAGB Rz. 1.
3 Zur Begründung vgl. die Ausführungen zum ErwGr. 61 der AIFM-RL, Rz. 3.
4 Wegen der Einzelheiten vgl. die Kommentierung des § 295 Abs. 2 Nr. 1 KAGB (§ 295 Rz. 19 ff.).
5 *Klebeck* in Weitnauer/Boxberger/Anders, § 56 KAGB Rz. 7 f.

Abschnitt 4
Offene inländische Investmentvermögen

Unterabschnitt 1
Allgemeine Vorschriften für offene inländische Investmentvermögen

§ 91 Rechtsform

(1) Offene inländische Investmentvermögen dürfen nur als Sondervermögen gemäß den Vorschriften des Unterabschnitts 2 oder als Investmentaktiengesellschaft mit veränderlichem Kapital gemäß den Vorschriften des Unterabschnitts 3 aufgelegt werden.

(2) Abweichend von Absatz 1 dürfen offene inländische Investmentvermögen, die nicht inländische OGAW sind und deren Anteile nach dem Gesellschaftsvertrag ausschließlich von professionellen und semiprofessionellen Anlegern erworben werden dürfen, zusätzlich als offene Investmentkommanditgesellschaft gemäß den Vorschriften des Unterabschnitts 4 aufgelegt werden.

(3) Abweichend von den Absätzen 1 und 2 dürfen offene inländische Investmentvermögen, die nach den Anlagebedingungen das bei ihnen eingelegte Geld in Immobilien anlegen, nur als Sondervermögen aufgelegt werden.

In der Fassung vom 4.7.2013 (BGBl. I 2013, S. 1981).

Schrifttum: *Admati/Pfleiderer*, The „Wall Street Walk" and Shareholder Activism: Exit as a Form of Voice (2009) 22 Rev. Fin. St. 2645; *Bauerfeind*, Die Möglichkeit der Sachauskehr aus kapitalanlagerechtlicher Perspektive, GWR 2018, 192; *Baum*, Schutz und Sicherung des Investmentsparers bei Kapitalanlage-Gesellschaften und Investment-Trusts, Mainz 1959; *Becker*, Zwangsvollstreckung in Wertpapiere, JuS 2005, 232; *Berger*, Der Aufrechnungsvertrag, 1996; *Berger*, Verpfändung und Verwertung von Aktien, WM 2009, 577; *Birdthistle*, The Supreme Court's Theory of the Fund, (2012) 37 J. Corp. L. 771; *Bitter*, Rechtsträgerschaft für fremde Rechnung, 2006; *Blenk*, Die Mitgliedschaft in der Investmentaktiengesellschaft, 2018; *Böhme*, Die Vertretung der extern verwalteten Investmentkommanditgesellschaft, BB 2014, 2380; *Bullard*, The Mutual Fund as a Firm: Frequent Trading, Fund Arbitrage and the SEC's Response to the Mutual Fund Scandal, (2005–06) 52 Hous. L. Rev. 1271; *Bullard*, Insider Trading in Mutual Funds, 84 Oregon L. Rev. (2005), S. 821; *Casper*, Die Investmentkommanditgesellschaft: große Schwester der Publikums-KG oder Kuckuckskind?, ZHR 179 (2015), 44; *v. Caemmerer*, Kapitalanlage- und Investmentgesellschaften, JZ 1957, 41; *Canaris*, Bankvertragsrecht, 2. Aufl. 1981; *Canaris*, Die Verdinglichung obligatorischer Rechte, FS Flume I, 1978, S. 371; *Coing*, Die Treuhand kraft privaten Rechtsgeschäfts, 1973; *Consbruch*, Investmentsparen gesetzlich geschützt, BB 1957, 337; *Demleitner*, Aufsichtsrechtliche Folgen eines verkannten AIF, BB 2014, 2058 ff.; *Ebner von Eschenbach*, Die Rechte des Anteilsinhabers nach dem Gesetz über Kapitalanlagegesellschaften, 1960; *Edmans/Manso*, Governance Through Trading and Intervention: A Theory of Multiple Blockholders, (2011) 24:7 Rev. Fin. St. 2395; *Eggers/de Raet*, Das Recht börsennotierter Gesellschaften zur Identifikation ihrer Aktionäre gemäß der EU-Aktionärsrichtlinie – Neue Rechte für Gesellschaften, neue Pflichten für Kreditinstitute, AG 2017, 464; *Ehricke*, Finanztermingeschäfte im Insolvenzverfahren, ZIP 2003, 273; *Eichhorn*, Die offene Investmentkommanditgesellschaft nach dem Kapitalanlagegesetzbuch, WM 2016, 110; *Einmahl*, Die Preispolitik großer deutscher Investmentfondsgesellschaften im Licht des AGB-Rechts, ZIP 2002, 381; *Einsele*, Wertpapierrecht als Schuldecht, 1995; *Einsele*, Bank- und Kapitalmarktrecht, 3. Aufl. 2014; *Einsele*, Grundsatzprobleme mediatisierter Vermögensbeteiligungen, AcP 214 (2014), 793; *Fehrenbach/Maetschke*, Zusätzliche Verwaltungsvergütung und AGB-rechtliche Transparenzkontrolle bei offenen Immobilienfonds, WM 2010, 1149; *Fischer/Friedrich*, Investmentaktiengesellschaft und Investmentkommanditgesellschaft unter dem Kapitalanlagegesetzbuch, ZBB 2013, 153; *Freitag*, Die „Investmentkommanditgesellschaft" nach dem Regulierungsentwurf für ein Kapitalanlagegesetzbuch, NZG 2013, 329; *Freitag/Fürbaß*, Wann ist ein Fonds eine Investmentgesellschaft? – Zivilrechtliche Fragen des Betriebs des materiellen Fondsgeschäfts im unzulässigen Rechtskleid, ZGR 2016, 729; *Fürbaß*, Das

Investmentsondervermögen. Ein Plädoyer für die Schaffung eines genuinen Fondsvehikels durch rechtliche Verselbstständigung, 2016; *Geibel*, Das Treuhandrecht als Gesellschaftsrecht, 2006; *Geibel*, Investmentgeschäft, in Derleder/Knobs/Bamberger, Deutsches und europäisches Bank- und Kapitalmarktrecht, 3. Aufl. 2017, § 61; *Gericke*, Rechtsfragen des Investmentsparens, DB 1959, 1276; *Geßler*, Das Recht der Investmentgesellschaften und ihrer Zertifikatsinhaber, WM 1957 Sonderbeilage Nr. 4 zu Teil IV B Nr. 20, S. 10 ff.; *Gläbe*, Der Schutz der Zertifikats-Inhaber von Investmentgesellschaften, 1975; *Görke/Ruhl*, Offene Immobilienfonds – Verfehlte Regulierung durch den Diskussionsentwurf des BMF zur Umsetzung der AIFM-Richtlinie, RdF 2012, 289; *Graulich*, Die Rechtsverhältnisse der Sondervermögen (Investmentfonds) nach dem Gesetz über Kapitalanlagegesellschaften im Vergleich zu den Rechtsverhältnissen anderer Sondervermögen des Privatrechts, Köln 1968; *Gringel*, Die Schließung und Abwicklung offener Immobilienfonds, ZBB 2012, 106; *Grundmann*, Der Treuhandvertrag, insbesondere die werbende Treuhand, 1997; *Gschossmann*, Rechtliche Grundlagen des Investmentgeschäfts, 1996; *Habersack/Mayer*, Globalverbriefte Aktien als Gegenstand sachenrechtlicher Verfügungen?, WM 2000, 1678; *Hallas*, Die Prüfung von Investmentfonds, 1997; *Hawelek*, Die persönliche Surrogation, 2010; *Hirschmann*, Exit, Voice and Loyalty: Responses to Decline in Firms, Organizations, and States, 1970; *Klenk*, Die rechtliche Behandlung des Investmentanteils unter Berücksichtigung der Anteilsberechtigung des Investmentsparers, 1967; *Klett*, Die Trust-Struktur im Vertragsmodell des Investmentrechts, 2016; *Klett*, Die Prozessführungsbefugnis von Kapitalverwaltungsgesellschaften unter deutschem und US-amerikanischem Recht, WM 2018, 892; *Köndgen/Schmies*, Investmentgeschäft, in Bankrechts-Handbuch, 3. Aufl. 2017, § 113; *König*, Anlegerschutz im Investmentrecht, 1998; *Kraushaar*, Die Kreditaufnahme durch Kapitalverwaltungsgesellschaften für OGAW- und AIF-Sondervermögen nach dem Kapitalanlagengesetzbuch, BKR 2017, 496; *Lang*, Das Investmentgesetz – Kein großer Wurf, aber ein Schritt in die richtige Richtung, WM 2004, 56; *Lehmann*, Finanzinstrumente, 2009; *Liebich/Mathews*, Treuhand und Treuhänder in Recht und Wirtschaft, 2. Aufl. 1983; *Löhnig*, Treuhand, 2006; *Mentz/Fröhling*, Die Formen der rechtsgeschäftlichen Übertragung von Aktien, NZG 2002, 201; *Micheler*, Wertpapierrecht zwischen Schuld- und Sachenrecht, 2004; *Möllers*, Umfang und Grenzen des Anlegerschutzes im Investmentgesetz – Der Trennungsgrundsatz und die Grenzen der Aufrechnung im InvG, BKR 2011, 353; *Morley*, The Separation of Funds and Managers: A Theory of Investment Fund Structure and Regulation, 123 Yale L.J. (2014), S. 1228; *Müller*, Die Rechtsstellung der Depotbank im Investmentgeschäft nach deutschem und schweizerischem Recht, 1969; *Müller*, Die Überwachung der Geschäftstätigkeit der Kapitalanlagegesellschaft durch die Depotbank, DB 1975, 485; *Nickel*, Der Vertrieb von Investmentanteilen nach dem InvG, ZBB 2004, 197, 202; *Niewerth/Rybarz*, Änderung der Rahmenbedingungen für Immobilienfonds – das AIFM-Umsetzungsgesetz und seine Folgen, WM 2013, 1154; *Ohl*, Rechtsbeziehungen innerhalb des Investment-Dreiecks, 1989; *v. Pannwitz*, Verfügungsmacht und Verfügungsbeschränkung er Kapitalanlagegesellschaft nach § 8 Abs. 1 und 2 KAGG, 1961; *Reiss*, Pflichten der Kapitalanlagegesellschaft und der Depotbank gegenüber dem Anleger und die Recht des Anlegers bei Pflichtverletzungen, 2006; *Reuter, G.*, Investmentfonds und die Rechtsstellung der Anteilsinhaber, 1965; *Roth, G.*, Treuhandmodell des Investmentrechts, 1972; *Sachtleber*, Zivilrechtliche Strukturen von open-end-Investmentfonds in Deutschland und England, 2011; *Schäcker*, Entwicklung und System des Investmentsparens, 1961; *F. Schäfer*, Anlegerschutz und die Sorgfalt eines ordentlichen Kaufmanns bei der Anlage der Sondervermögen durch Kapitalanlagegesellschaften, 1987; *L. Schäfer*, Corporate Governance bei Kapitalanlagegesellschaften – Fund Governance, 2009; *Schmolke*, Institutionelle Anleger und Corporate Governance – Traditionelle institutionelle Investoren vs. Hedgefonds, ZGR 2007, 701; *Schulze-Osterloh*, Das Prinzip der gesamthänderischen Bindung, 1972; *Sedlmaier*, Die Investment-Rechnungslegungs- und Bewertungsverordnung – Überblick und kritische Würdigung, WM 2010, 1437; *Staake*, Ungeschriebene Hauptversammlungskompetenzen in börsennotierten und nicht börsennotierten Aktiengesellschaften, 2009; *Steck/Schmitz*, Die Investmentaktiengesellschaft mit veränderlichem und fixem Grundkapital – Eine (neue) Rechtsform für Kapitalanlagen, AG 2004, 658; *Stumpf/Kotte*, Offene Immobilienfonds als Adressat von Anlegerklagen, BB 2013, 1613; *Thiel*, Der Schutz der Anleger von Wertpapierfonds im deutschen und amerikanischen Recht, 1982; *Vogel/Habbe*, Pflicht des Anlageberaters zur Aufklärung über die Möglichkeit der Aussetzung der Anteilsrücknahme bei Erwerb einer Beteiligung an einem offenen Immobilienfonds?, BKR 2016, 7; *vom Berge und Herrendorff*, Der Schutz des Investmentsparers, 1962; *Wagner*, Externe KVGs in geschlossenen Publikums-GmbH & Co. KGs: Wie verhält sich dies mit dem Gebot der Selbstorganschaft bzw. dem Verbot der Drittorganschaft?, BKR 2015, 410; *Wallach*, Die Investmentaktiengesellschaft mit veränderlichem Kapital im Gewand des Investmentmodernisierungsgesetzes 2007, Der Konzern 2007, 487; *Wallach*, Die Regulierung von Personengesellschaften im Kapitalanlagegesetzbuch, ZGR 2014, 289; *Wendt*, Treuhandverhältnisse nach dem Gesetz über Kapitalanlagegesellschaften, 1968; *Wiedemann*, Alte und neue Kommanditgesellschaften, NZG 2013, 1041; *Zetzsche*, Prinzipien der kollektiven Vermögensanlage, 2015; *Zetzsche*, Chapter 1 Introduction, in Zetzsche, The Alternative Investment Fund Managers Directive, 2nd Edition, 2015; *Zetzsche*, Das grenzüberschreitende Investmentdreieck – das IPR und IZPR der Investmentfonds, in Zetzsche/Lehmann, Grenzüberschreitende Finanzdienstleistungen, 2018, § 7 S. 199; *Zetzsche*, Das Gesellschaftsrecht des KAGB, AG 2013, 613; *Zetzsche*, Die Irrelevanz und Konvergenz des Organisationsstatuts von Investmentfonds, ZVglRWiss 2012, 371; *Zetzsche/Preiner*, Was ist ein AIF?, WM 2013, 2101; *Zöllner*, Die Zurückdrängung des Verkörperungselements bei den Wertpapieren, in Baur/Esser, Funktionswandel der Privatrechtsinstitutionen, 1974, S. 249; *Zöllner*, Wertpapierrecht, 1987.

I. Zweck und Entwicklung

1 Die einzige Vorschrift im Unterabschnitt 1 enthält eine **abschließende Aufzählung der zulässigen Rechtsformen** für offene inländische Investmentvermögen. Die Vorschrift ist anzuwenden, wenn inländische KVG, EU- und ausländische Verwaltungsgesellschaften (zu den Begriffen § 1 Rz. 150 ff.) inländische Investmentvermögen verwalten, vgl. §§ 52 Abs. 5, 54 Abs. 5, 66 Abs. 5 KAGB. Der Gesetzgeber beschränkt damit

bewusst die Gestaltungsfreiheit[1] (sog. **numerus clausus** für offene Investmentvermögen). Die nähere Ausgestaltung der einzelnen Rechtsformen ist den weiteren Unterabschnitten vorbehalten: Unterabschnitt 2 enthält in §§ 92 ff. KAGB allgemeine Vorschriften über Sondervermögen. Die §§ 108 ff. KAGB regeln in Unterabschnitt 3 allgemeine Bestimmungen über Investment-AGs mit veränderlichem Kapital. Schließlich trifft Unterabschnitt 4 allgemeine Regelungen für offene Investment-KGs. Zur Parallelregelung für geschlossene inländische Investmentvermögen vgl. die Kommentierung zu § 139 KAGB.

§ 91 KAGB findet keine Entsprechung im InvG oder dessen Vorgängerregelungen. Die Regelung beruht 2
teilweise auf **zwingenden Vorgaben des europäischen Gesetzgebers.** Das EU-Recht differenziert anders als der deutsche Gesetzgeber zwischen AIF und OGAW, wobei letztere zwingend offene Investmentvermögen sind (vgl. Art. 1 Abs. 2 Unterabs. 1 Buchst. b, Art. 3 Buchst. a OGAW-RL). Gemäß Art. 1 Abs. 3 OGAW-RL können **OGAW nur in Vertrags- und Satzungsform** sowie in der für deutsches Recht irrelevanten Trust-Form strukturiert werden. Die Ausgestaltung als Sondervermögen und offene Investment-AG (§ 91 Abs. 1, Abs. 3 KAGB) ist aus unionsrechtlicher Sicht nicht zu beanstanden. Auch die Zulassung der offenen Investment-KG als OGAW-Variante würde keinen durchgreifenden Bedenken hervorrufen.[2] Eine körperschaftliche Verfassung verlangt die OGAW-RL nicht. Der Unionsgesetzgeber hat es in Art. 27 Unterabs. 2 OGAW-RL den Mitgliedstaaten anheimgestellt, die Rechtsform der Investmentgesellschaft zu bestimmen. Der Begriff „Satzung" ist indes weit zu verstehen. Darüber hinaus steht die offene Investment-KG der Investment-AG wegen der umfassenden Verwalter- und Produktregulierung unter dem Gesichtspunkt des Anlegerschutzes in nichts nach. In Bezug auf AIF ist der deutsche Gesetzgeber nicht festgelegt. Die AIFM-RL betrifft die Manager-, nicht die Produktregulierung.[3] Letztere hat der Unionsgesetzgeber bewusst nicht detailliert ausgestaltet.[4]

Die durch § 91 KAGB bewirkte indifferente Einschränkung der Gestaltungsfreiheit ist weder notwendig 3
noch stringent. Der bereits durch das InvG formulierte *numerus clausus* der Rechtsformen ist ein **„Relikt überkommener Produktregulierung"**.[5] Insbesondere die Einschränkung für offene Spezial-AIF (§ 91 Abs. 2 KAGB) ist zweifelhaft.[6] Zwar überlässt die AIFM-RL den Mitgliedstaaten die Ausgestaltung der Investmentvehikel (vgl. Rz. 2). Der europäische AIF zeichnet sich jedoch als ein an professionelle Anleger gerichtetes Produkt aus. Vor diesem Hintergrund stößt die Einschränkung der Rechtsformfreiheit auf Unverständnis. Auch die Begrenzung von offenen Immobilienfonds auf das Sondervermögen (§ 91 Abs. 3 KAGB) ist zumindest diskussionswürdig. Der Gesetzgeber begründet diesen Rechtsformzwang mit einem pauschalen Verweis auf die unter dem InvG geltende Rechtslage.[7] Zutreffend ist, dass die §§ 66 ff. InvG Sondervorschriften für offene Immobilienfonds enthielten. Indes kannte das InvG für diese Investmentvermögen keinen allgemeinen Rechtsformzwang.[8] Warum professionellen und semi-professionellen Anlegern nicht auch andere Rechtsformen offenstehen sollen, ist nicht nachvollziehbar.[9] Nicht durchdacht sind auch die kollisionsrechtlichen Probleme, die mit der zwingenden Wahl zwischen Miteigentums- und Treuhandmodell (s. dazu § 92 Rz. 8 ff.) einhergehen können.[10]

II. Rechtsformzwang für offene Investmentvermögen (§ 91 Abs. 1 KAGB)

Nach § 91 Abs. 1 KAGB dürfen **offene** inländische Investmentvermögen (§ 1 Abs. 10 KAGB) nur als **Son-** 4
dervermögen (§ 92 Rz. 3 ff.) oder als **Investment-AG mit veränderlichem Kapital (§§ 108 ff. KAGB)** aufgelegt werden. Zwischen den beiden Rechtsformen besteht **Wahlfreiheit.**[11] Die Norm ist jedoch nicht ganz wörtlich zu nehmen, da – wie aus § 91 Abs. 2 KAGB folgt – die Beschränkung des § 91 Abs. 1 KAGB nur für offene Publikums-Investmentvermögen (dazu § 1 Rz. 115 ff., 135 f.) gilt. Für Spezial-Investmentver-

1 Vgl. Reg.Begr. (AIFM-UmsG) v. 6.2.2013, BT-Drucks. 17/1229, S. 235.
2 **A.A.** *Freitag* in Moritz/Klebeck/Jesch, § 91 KAGB Rz. 6; *Freitag*, NZG 2013, 329 (331 ff.).
3 Vgl. *Zetzsche* in Zetzsche, AIFMD, S. 17.
4 Vgl. Erw. 10 AIFM-RL.
5 *Zetzsche/Preiner*, WM 2013, 2101 (2102).
6 I.E. auch *Freitag* in Moritz/Klebeck/Jesch, § 91 KAGB Rz. 11.
7 Reg.Begr. (AIFM-UmsG) v. 6.2.2013, BT-Drucks. 17/1229, S. 235; in diesem Sinne auch *Lichtenstein* in Baur/Tappen, § 91 KAGB Rz. 36.
8 Zutreffend *Freitag* in Moritz/Klebeck/Jesch, § 91 KAGB Rz. 10.
9 So auch *Freitag* in Moritz/Klebeck/Jesch, § 91 KAGB Rz. 10.
10 Vgl. *Einsele*, AcP 214 (2014), 793 ff. Siehe zur Auflösung *Zetzsche* in Zetzsche/Lehmann, Grenzüberschreitende Finanzdienstleistungen, § 7 Rz. 142 ff.
11 *Anders* in Weitnauer/Boxberger/Anders, § 91 KAGB Rz. 6.

mögen ermöglicht § 91 Abs. 2 KAGB eine weitere Gestaltung als Investment-KG. Vorbehaltlich des § 91 Abs. 2 KAGB (dazu Rz. 12 ff.) sind andere Gestaltungen unzulässig.[12]

1. Verzicht auf Satzungsstrenge

5 Die Investment-AG mit veränderlichem Kapital (im Folgenden: offene Investment-AG) ist grundsätzlich eine **Sonderform der AG**, wenngleich erhebliche Abweichungen bestehen.[13] So ist das prägendste Element der AG – die **Satzungsstrenge** gem. § 23 Abs. 5 AktG – durch § 108 Abs. 2 KAGB abbedungen. Daher besteht im Innenverhältnis weitgehend Gestaltungsspielraum (§ 108 Abs. 2 Satz 1 KAGB). Näher § 108 Rz. 31 ff. Auch besteht keine Verpflichtung zur Abgabe einer Entsprechenserklärung gem. § 161 AktG. Die Anlagebedingungen sind nicht Bestandteil der Satzung und können ohne notarielle Beurkundung geändert werden (§ 111 Satz 2 KAGB). Dies relativiert die im Aktienrecht vorherrschende Ansicht, die aktienrechtliche Formenstrenge sei aus dem Blickwinkel des Anlegerschutzes per se unabdingbar.[14]

2. Statutarischer Unternehmensgegenstand

6 Satzungsmäßiger Unternehmensgegenstand (§ 23 Abs. 3 Nr. 2 AktG) ist allein die **Anlage und Verwaltung der Vermögensgegenstände** nach einer festen Anlagestrategie **und dem Grundsatz der Risikomischung** zur gemeinschaftlichen Kapitalanlage zum Nutzen der Aktionäre (§ 110 Abs. 2 Satz 1 KAGB). Zu den Auswirkungen auf die Geschäftsführungsbefugnis des Vorstandes bzw. der KVG § 110 Rz. 28 f. Die Übertragung der Geschäftsführung an eine (externe) KVG bleibt aber möglich (vgl. § 112 KAGB). Unter dem InvG war fraglich, ob das **Merkmal der Risikomischung** (§ 110 Abs. 2 Satz 1 KAGB; vgl. auch §§ 214, 282 Abs. 2 KAGB) eine Voraussetzung für den Anwendungsbereich des Gesetzes ist.[15] Diese Rechtsunsicherheit ist mit dem KAGB entfallen. Die Einführung des **materiellen Fondsbegriffs** (§ 1 Rz. 9 ff.) und die Aufnahme der Risikomischung in die besonderen Vorschriften stellen klar, dass es sich dabei um eine bloße Anlagevorschrift handelt.

3. Verfassung

7 Die Aktien einer offenen Investment-AG bestehen aus **Unternehmens- und Anlageaktien** (§ 109 Abs. 1 Satz 1 KAGB). Anlageaktien berechtigen nicht zur Teilnahme an der Hauptversammlung und gewähren kein Stimmrecht (§ 109 Abs. 3 Satz 2 KAGB). Der **Betrag des Gesellschaftskapitals muss mit dem Wert des Gesellschaftsvermögens übereinstimmen** (§ 110 Abs. 1 Satz 1 KAGB). Dies weicht in besonderem Maße von der Konzeption des aktienrechtlichen Grundkapitals ab. Entgegen der §§ 202 ff. AktG bedarf der Vorstand keiner Zustimmung der Anlageaktionäre (§ 115 KAGB). Das jederzeitige Recht auf „Exit" im Rahmen des § 116 KAGB findet im AktG ebenfalls keine Entsprechung, bezweckt jedoch im Kontext der offenen Investment-AG eine Disziplinierung der Verwaltung. Es gilt: **„Exit" statt „Voice"**.[16]

8 Die offene Investment-AG kann **Teilgesellschaftsvermögen** bilden (§ 117 KAGB).[17] Dies ist **keine „Gesellschaft in der Gesellschaft"**, sondern belegt die Nähe der offenen Investment-AG zur vertraglichen Ordnung.[18] Die Auflegung eines Teilgesellschaftsvermögens führt zu einer haftungs- und vermögensrechtlichen Trennung innerhalb des Gesellschaftsvermögens (§ 117 Abs. 2 Satz 1 KAGB). Der Gewinnanspruch und die Verlusttragung der Aktionäre ist auf den Anteil am jeweiligen Teilgesellschaftsvermögen begrenzt (§ 117 Abs. 3 KAGB). Die Anlagebedingungen regeln das Rechtsverhältnis der Anleger in Bezug auf das konkrete Teilgesellschaftsvermögen. Sie sind vertraglicher Natur. Mangels Satzungsqualität kann der Vorstand mit Zustimmung des Aufsichtsrats über die Auflegung neuer Teilgesellschaftsvermögen entscheiden. Ein Be-

---

12 Vgl. Reg.Begr. (AIFM-UmsG) v. 6.2.2013, BT-Drucks. 17/1229, S. 235.

13 Instruktiver Überblick bei *Köndgen/Schmies* in Bankrechts-Handbuch, § 113 Rz. 220 ff. S. zudem die Spezialabhandlungen u.a. von *Blenk*, Die Mitgliedschaft in der Investmentaktiengesellschaft, 2018; *Böhme*, BB 2014, 2380; *Casper*, ZHR 179 (2015), 44; *Eichhorn*, WM 2016, 110; *Freitag*, NZG 2013, 329; *Klett*, S. 120 f.; *Wagner*, BKR 2015, 410; *Wallach*, Der Konzern 2007, 487; *Wallach*, ZGR 2014, 289; *Wiedemann*, NZG 2013, 1041; *Zetzsche*, Prinzipien der kollektiven Vermögensanlage, 2015, S. 584 f.; *Zetzsche*, AG 2013, 613; *Zetzsche*, ZVglRWiss 2012, 371.

14 Vgl. *Zetzsche*, Prinzipien der kollektiven Vermögensanlage, 2015, S. 584.

15 Vgl. Reg.Begr. (InvModG) v. 20.8.2003, BR-Drucks. 609/03, S. 296, wonach „aus Gründen der Rechtssicherheit" ein formeller Investmentbegriff eingeführt wurde, von dem ein Bestandteil der Grundsatz der Risikomischung war. Dazu *Zetzsche*, Prinzipien der kollektiven Vermögensanlage, 2015, S. 122 f.

16 Dazu *Zetzsche*, Prinzipien der kollektiven Vermögensanlage, 2015, S. 778 f., 818; *Kalss*, S. 393 ff., 522 f.; *Schmolke*, ZGR 2007, 701 (707 ff.); *Staake*, S. 197 ff.

17 Vgl. dazu *Zetzsche*, Prinzipien der kollektiven Vermögensanlage, 2015, S. 585.

18 Dazu *Zetzsche*, Prinzipien der kollektiven Vermögensanlage, 2015, S. 585.

schluss der Hauptversammlung ist nicht erforderlich (§ 117 Abs. 1 Satz 2 KAGB). Gleichwohl regeln die Anlagebedingungen das Rechtsverhältnis der Anleger in Bezug auf das spezielle Teilgesellschaftsvermögen „auf vertraglicher Ebene“. Eine gewisse Parallele besteht zur Ausgabe von Schuldverschreibungen, wenngleich dort keine Pflicht zur **Vermögens- und damit Haftungstrennung** besteht. Näher § 117 Rz. 17 ff.

Es steht den Mitgliedstaaten gem. Art. 2 Abs. 2 und Art. 44 Abs. 2 der Gesellschaftsrechtsrichtlinie[19] frei, 9
das **Kapitalschutzsystem für Aktiengesellschaften** auf offene Investmentaktiengesellschaften anzuwenden. Wird die Investmentgesellschaft vom Kapitalschutzsystem befreit, muss die Bezeichnung „Investmentgesellschaft mit veränderlichem Kapital“ im Geschäftsverkehr führen. Jedoch fasst die Gesellschaftsrechtsrichtlinie den Begriff der Investmentgesellschaft (zu) eng[20] als Gesellschaften, deren Gegenstand es ausschließlich ist, **ihre Mittel** in verschiedenen Wertpapieren, in verschiedenen Grundstücken oder in anderen Werten **anzulegen** mit dem **einzigen Ziel, das Risiko der Investitionen zu verteilen** und ihre Aktionäre an dem **Gewinn aus der Verwaltung ihres Vermögens zu beteiligen**, die sich an **die Öffentlichkeit wenden**, um ihre eigenen Aktien unterzubringen, und deren **Satzung** bestimmt, dass ihre Aktien in den Grenzen eines Mindest- und eines Höchstkapitals jederzeit von der Gesellschaft ausgegeben, zurückgekauft oder weiterveräußert werden können. Ausnahmen von den **Ausschüttungsregeln** und vom **Erwerb eigener Aktien** gem. Art. 56, 61 der Gesellschaftsrechtsrichtlinie sind unter gewissen Bedingungen[21] zulässig für (geschlossene) Investmentaktiengesellschaften mit festem Kapital. Auch hier ist die Definition zu eng geraten.[22] Jedoch ist daraus nicht etwa zu folgern, dass z.B. Spezial-Investment-Aktiengesellschaften nicht von diesen Vorschriften befreit werden könnten, weil sie Anteile nicht an die Öffentlichkeit vertreiben. Die **Diskrepanz** erklärt sich ausschließlich **historisch**:[23] Die Befreiungen im europäischen Gesellschaftsrecht gehen auf die 1970er Jahre zurück, als nur ein OGAW-Äquivalent diskutiert wurde, aber noch lange nicht im europäischen Recht verankert war. Die Ausnahmen wurden an den Fortschritt des europäischen Investmentrechts seither nicht angepasst. Den modernen neueren Rechtsakten im Investmentrecht, insbesondere der AIFM-RL ist aber zu entnehmen, dass es offene Investmentaktiengesellschaften auch nur für professionelle Anleger geben sollte (dies ist der Kern der Spezial-AIFs). Mithin muss der zu enge Wortlaut des europäischen Gesellschaftsrechts durch den Inhalt der neueren AIFM-RL gemäß dem Grundsatz *lex posterior derogat legi priori* als erweitert gelten.

4. Abgrenzung zum Sondervermögen

Im **Gegensatz zum Sondervermögen** (§ 92 Rz. 3 ff.) besitzt die offene Investment-AG **eigene Rechtspersönlichkeit** (§ 110 Abs. 2 Satz 1 KAGB i.V.m. § 1 Abs. 1 Satz 1 AktG). Sie kann sich daher durch ihre Organe selbst verwalten und bedarf keiner für sie handelnden externen KVG (sog. intern verwaltete KVG, dazu § 1 Rz. 17, 147 f.). Gleichwohl behandelt namentlich das europäische Recht „den OGAW“ bzw. „den AIF“ häufig, als ob es sich um einen Rechtsträger handelt (s. dazu z.B. § 181 Rz. 23), so dass die zutreffende Abgrenzung an der **Trennlinie zwischen Teilrechtsfähigkeit und Rechtsfähigkeit** verläuft. 10

Der Unterschied zwischen Sondervermögen (§ 92 Rz. 3 ff.) und offener Investment-AG liegt in der **Haftung für Sozialverbindlichkeiten.**[24] Dies ist besonders deutlich, wenn letztere durch eine externe KVG verwaltet wird; die externe KVG haftet nicht für Sozialverbindlichkeiten. Zu einer Aufteilung der Sozialverbindlichkeiten kommt es aber auch bei der offenen Investment-AG mit mehreren Teilvermögen. Im Rah- 11

19 Richtlinie (EU) 2017/1132 des Europäischen Parlaments und des Rates vom 14.6.2017 über bestimmte Aspekte des Gesellschaftsrechts, ABl. EU Nr. L 169, S. 46.

20 Dazu *Freitag* in Moritz/Klebeck/Jesch, § 91 KAGB Rz. 22.

21 Vgl. Art. 56 Abs. 7 Gesellschaftsrechtsrichtlinie: „Soweit die Rechtsvorschriften der Mitgliedstaaten von dieser Möglichkeit Gebrauch machen: a) verpflichten sie diese Gesellschaften, die Bezeichnung „Investmentgesellschaft“ auf allen in Art. 26 genannten Dokumenten anzugeben; b) gestatten sie es einer solchen Gesellschaft, deren Nettoaktivvermögen den in Abs. 1 beschriebenen Betrag unterschreitet, nicht, eine Ausschüttung an die Aktionäre vorzunehmen, wenn bei Abschluss des letzten Geschäftsjahres das gesamte Aktivvermögen, wie es der Jahresabschluss ausweist, den eineinhalbfachen Betrag der gesamten Verbindlichkeiten der Gesellschaft, wie sie der Jahresabschluss ausweist, durch eine solche Ausschüttung unterschreitet oder unterschreiten würde und c) verpflichten sie diese Gesellschaften, die eine Ausschüttung vornehmen, wenn ihr Nettoaktivvermögen den in Abs. 1 beschriebenen Betrag unterschreitet, einen entsprechenden Vermerk in den Jahresabschluss aufzunehmen.“

22 Art. 56 Abs. 7 Gesellschaftsrechtsrichtlinie lautet: „Für die Zwecke dieses Absatzes bezeichnet der Ausdruck „Investmentgesellschaften mit festem Kapital“ nur Gesellschaften, a) deren Gegenstand es ausschließlich ist, ihre Mittel in verschiedenen Wertpapieren, in verschiedenen Grundstücken oder in anderen Werten anzulegen mit dem einzigen Ziel, das Risiko der Investitionen zu verteilen und ihre Aktionäre an dem Gewinn aus der Verwaltung ihres Vermögens zu beteiligen, und b) die sich an die Öffentlichkeit wenden, um ihre eigenen Aktien unterzubringen.“

23 Vgl. *Zetzsche*, Prinzipien der kollektiven Vermögensanlage, 2015, S. 355 ff.

24 Vgl. *Zetzsche*, Prinzipien der kollektiven Vermögensanlage, 2015, S. 585.

men der Verwaltung eines Sondervermögens besteht nach Vorleistungspflicht die Möglichkeit zum Aufwendungsersatzanspruch (§ 93 Abs. 3 KAGB, §§ 675 Abs. 1, 670 BGB). Die organisationsrechtlichen Besonderheiten der offenen Investment-AG zeigen sich daher besonders bei der Kapitalverfassung.[25]

III. Rechtsformzwang für offene Spezial-AIF (§ 91 Abs. 2 KAGB)

12 Alternativ zu § 91 Abs. 1 KAGB (s. Rz. 4) können **professionelle** (§ 1 Abs. 19 Nr. 32 KAGB, dazu § 1 Rz. 242 ff.) und **semiprofessionelle Anleger** (§ 1 Abs. 19 Nr. 33 KAGB, dazu § 1 Rz. 249 ff.) einen offenen Spezial-AIF als **offene Investment-KG** (§§ 124 ff.) auflegen. Der – schriftliche (§ 125 Abs. 1 KAGB) – Gesellschaftsvertrag hat ausdrücklich klarzustellen (§ 125 Abs. 1 Satz 2 KAGB), dass der Anlegerkreis **auf professionelle und semiprofessionelle Anleger begrenzt** ist (§ 127 Abs. 1 Satz 1 KAGB).

13 Der Gesetzgeber des KAGB möchte mit der Investment-KG **Wettbewerbsnachteile beim sog. Pension Asset Pooling ausgleichen.**[26] Dies hat insbesondere steuerliche Hintergründe. Doppelbesteuerungsabkommen (DBA) gewähren häufig Anlegern, nicht jedoch den Investmentvehikeln selbst Steuervorteile. Die offene Investment-AG und das Sondervermögen können als Körperschaftssteuersubjekte diese Begünstigungen nicht erzielen. Die offene Investment-KG ermöglicht es auf die Anleger selbst als Besteuerungssubjekt abzustellen. Näher Vor §§ 124–138 Rz. 3 ff.

1. Rückverweis auf HGB und BGB

14 Die offene Investment-KG ist vergleichbar der Investment-AG als **Sonderform der KG**[27] strukturiert. Die **Regelungssystematik gestaltet sich dreistufig**: **(1)** Auf der 1. Stufe gelten die besonderen Bestimmungen über die Investment-KG als *lex specialis* (§ 124 Abs. 1 Satz 2, Halbs. 2 KAGB). **(2)** Auf der 2. Stufe finden über § 124 Abs. 1 Satz 2, Halbs. 1 KAGB die §§ 161 ff. HGB bzw. die §§ 161 Abs. 2, 105 ff. HGB Anwendung. Die offene Investment-KG ist daher **selbstständige Trägerin von Rechten und Pflichten** (§ 124 Abs. 1 Satz 2, Halbs. 1 KAGB i.V.m. §§ 161 Abs. 2, 124 Abs. 1 HGB). **(3)** Subsidiär gelten die Bestimmungen über die BGB-Gesellschaft (vgl. § 124 Abs. 1 Satz 2, Halbs. 1 KAGB i.V.m. §§ 161 Abs. 2, 105 Abs. 3 HGB i.V.m. §§ 705 ff. BGB). Die Abweichungen vom HGB in den speziellen Vorschriften der §§ 124 ff. KAGB werden notwendig durch den Einsatz als Investmentvehikel.[28]

2. Unternehmensgegenstand

15 Der KVG obliegt die Anlage und Verwaltung des Kommanditanlagevermögens im Rahmen des Unternehmensgegenstandes (§ 129 Abs. 1 Satz 2 KAGB). Letzterer ist entsprechend der Investment-AG determiniert auf **die Anlage und Verwaltung des Anlagevermögens** nach einer festgelegten Anlagestrategie **und dem Grundsatz der Risikomischung zur gemeinschaftlichen Kapitalanlage** zum Nutzen der Anleger.

3. Verfassung

16 Nach dem Prinzip der **Selbstorganschaft** verwaltet sich die Investment-KG grundsätzlich selbst. Die Geschäftsführung muss den Anforderungen des § 128 KAGB entsprechen. Alternativ kann die Gesellschaft eine **externe KVG** bestellen (§ 129 Abs. 1 Satz 1 KAGB). Nur diese bedarf dann der Erlaubnis nach § 22 KAGB. Es handelt sich nicht um eine Auslagerung i.S.v. § 36 KAGB. Näher dazu § 1 Rz. 17, 149.

17 Die Anleger sind **auf eine Beteiligung als Kommanditist limitiert** (§ 127 Abs. 1 Satz 2 KAGB). Die **Ausgestaltung der offenen Investment-KG weicht zugunsten des Kommanditisten vom Leitbild des HGB ab:**[29] Entgegen § 176 Abs. 2 i.V.m. Abs. 1 Satz 1 HGB entsteht die Haftung des Kommanditisten erst mit Eintragung des Eintritts im Handelsregister (§ 127 Abs. 4 KAGB). Im Ergebnis bleibt der Beitrag des Kommanditisten auf die Leistung der Einlage beschränkt. Nachschusspflichten (§ 707 BGB) können nicht begründet werden (§ 127 Abs. 3 Satz 3 KAGB), Verluste müssen nicht ausgeglichen werden (§ 127 Abs. 3 Satz 2 KAGB). Entgegen § 172 Abs. 4 HGB lebt die Haftung selbst bei Rückzahlung der Einlage nur mit Zustimmung des Kommanditisten wieder auf (§ 127 Abs. 2 KAGB). Die Erfüllung des Abfindungsanspruchs gilt bereits nicht als Rückzahlung der Einlage (§ 133 Abs. 2 KAGB).

25 Vgl. *Zetzsche*, Prinzipien der kollektiven Vermögensanlage, 2015, S. 585. S.a. *Freitag* in Moritz/Klebeck/Jesch, § 91 KAGB Rz. 21: KVG in der Rechtsform einer AG, der ein oder mehrere Sondervermögen zugeordnet sind.
26 Vgl. Reg.Begr. (AIFM-UmsG) v. 6.2.2013, BT-Drucks. 17/1229, S. 235.
27 Vgl. Reg.Begr. (AIFM-UmsG) v. 6.2.2013, BT-Drucks. 17/1229, S. 241.
28 Vgl. Reg.Begr. (AIFM-UmsG) v. 6.2.2013, BT-Drucks. 17/1229, S. 241.
29 Dazu *Zetzsche*, AG 2013, 613 (624 f.); *Fischer/Friedrich*, ZBB 2013, 153; *Wallach*, ZGR 2014, 289 (314 ff.); *Casper*, ZHR 179 (2015), 44; *Eichhorn*, WM 2016, 110 (114 ff.).

IV. Rechtsformzwang für offene Immobilienfonds (§ 91 Abs. 3 KAGB)

§ 91 Abs. 3 KAGB enthält für **offene Immobilienfonds** gem. §§ 230 ff. KAGB eine **Rückausnahme** von den (bereits begrenzten) Wahlmöglichkeiten des § 91 Abs. 1 KAGB.[30] Offene Immobilienfonds sind **zwingend als Sondervermögen** gem. §§ 92 ff. KAGB aufzulegen. Die Investment-AG und -KG sind unzulässig. Zur Kritik s. Rz. 3. Keine derartigen Beschränkungen unterliegen **operative Unternehmen** mit Immobilienbezug (z.B. Immobilien-AG).[31] Näher zur Abgrenzung § 1 Rz. 74 ff. 18

V. Rechtsfolgen eines Verstoßes gegen den Rechtsformzwang

Die §§ 91 bis 161 KAGB statuieren einen *numerus clausus* der investmentrechtlichen Organisationsformen. 19
Im Fall des Verstoßes kann die BaFin gem. § 5 Abs. 6 KAGB **aufsichtsrechtlich einschreiten**[32] und ggf. gem. § 15 KAGB die Auflösung verfügen. Die §§ 339, 340 KAGB sehen **keinen Straf- und Bußgeldtatbestand** für die Verwendung unzulässiger Fondsvehikel vor, sofern nur die KVG eine Erlaubnis nach § 20 Abs. 1 Satz 1 KAGB vorweisen kann. Jedoch wird es dann zur Verwendung unzulässiger Vehikel wegen der Genehmigung bzw. Einreichungspflicht in Bezug auf die Anlagebedingungen selten kommen (wenngleich auch die Genehmigungs- und Einreichungspflicht nicht separat sanktioniert ist). Dabei schadet ein Verständnis der KAGB-Pflichten als nichtigkeitsbegründende Verbote (§ 134 BGB) den Anlegern mehr als ihnen zu nützen, weshalb dieses abzulehnen ist.[33]

Ohnedies ist von den §§ 91 ff. KAGB keine Norm in § 340 KAGB aufgeführt, i.e. zu Sanktionen kommt es 20
erst dann, wenn die BaFin ihre Rechtsansicht in einer vollziehbaren Anordnung konkretisiert hat und diese Anordnung nicht befolgt wurde (§ 340 Abs. 1 Nr. 1 KAGB). Damit kommt eine **Sanktionierung nur auf zivilrechtlichem Weg** in Betracht. Die §§ 91 bis 161 KAGB sind nicht nur Organisationsregeln, sondern zugleich Inhalt des Investmentvertrags zwischen einzelnem Anleger, KVG und Verwahrstelle, der eine **Individualbeziehung im Investmentdreieck** (resp. Viereck) begründet.[34] Die Vorschriften konturieren immer zugleich die zivilrechtlichen Rechte und Pflichten der Parteien, so dass jeder Verstoß gegen §§ 91 bis 161 KAGB eine Vertragspflichtverletzung i.S.v. §§ 675 Abs. 1, 280 Abs. 1 BGB darstellt. Ein Rückgriff auf die **Informationshaftung** (wegen fehlerhaften Prospekts, ggf. aus § 306 Abs. 5 KAGB[35]) oder die Schutzgesetzeigenschaft gem. § 823 BGB[36] einiger oder aller Regelungen der §§ 91 ff. KAGB bedarf es nicht, jedoch können insbesondere Beweiserleichterungen im Prospekthaftungsrecht für die Anleger günstig sein. Für die Vertragshaftung spricht dagegen die Verschuldensvermutung auf § 280 Abs. 1 Satz 2 BGB und die günstige Zurechnungsregel aus § 278 BGB.

VI. Kollektive Vermögensanlage als rechtsformübergreifendes Ordnungsproblem

Die Ausgestaltung der investmentrechtlichen Rechtsformen im Sinne einer Abweichung von den Regel- 21
rechtsformen deutet auf einen spezifischen Bedarf für kollektive Anlagegeschäfte, der zwischen Vertrag, Trust, Genossenschaft, Aktien- und Personengesellschaft angesiedelt ist. Die in §§ 91 ff. KAGB enthaltenen Rechtsformen sind nur dem Namen nach Vertrag, Miteigentum, Aktien- oder Personengesellschaft, der Sache nach aber **Rechtsformen sui generis**, wobei sich die Modifikationen **mit investmentrechtlichen Spezifika** – insbesondere der nahezu vollständigen Abhängigkeit von der Verwalterorganisation sowie dem Bedürfnis nach einer offenen Anlagebeziehung mit unterschiedlichen Anlageklassen und Teilfonds – erklären. Dies zieht eine **Derogation etablierter gesellschaftsrechtlicher Grundsätze** nach sich. Diese Derogation übersieht der Teil des Schrifttums, der etwa bei der offenen, und damit auf einen ständigen Mitgliederwechsel angelegten Investment-KG mit personengesellschaftsrechtlichen Treupflichtparametern operiert oder bei der offenen Investmentaktiengesellschaft auf einen wohlmeinenden Einfluss des Gründungsaktio-

30 Entgegen dem BMF-Diskussionsentwurf zum KAGB ist es weiterhin zulässig, offene Immobilienfonds aufzulegen. Aufgrund anhaltender Kritik und diverser Ungereimtheiten wurde ein Verbot offener Gestaltungsformen schließlich aufgegeben. Vgl. dazu *Görke/Ruhl*, RdF 2012, 289 ff.; *Niewerth/Rybarz*, WM 2013, 1154 (1160).

31 Vgl. *Anders* in Weitnauer/Boxberger/Anders, § 91 KAGB Rz. 9.

32 *Freitag/Fürbaß*, ZGR 2016, 729 (745); *Demleitner*, BB 2014, 2058 ff.

33 Ausführlich gegen Anwendung von § 134 BGB *Freitag/Fürbaß*, ZGR 2016, 729 (747 ff.).

34 Zum vertraglichen Regelung der Innenbeziehung von Kollektivanlagen ausführlich *Zetzsche*, Prinzipien der kollektiven Vermögensanlage, 2015, S. 507 ff., 551 ff., 569 ff.

35 Zu unzulässigen Anlagevehikeln *Freitag/Fürbaß*, ZGR 2016, 729 (750 ff.).

36 Zu unzulässigen Anlagevehikeln *Freitag/Fürbaß*, ZGR 2016, 729 (753 ff.).

nariats als Kompensationsfaktor gegenüber übermäßigem Verwaltereinfluss setzt.[37] Die **Fund Governance muss anderen Ansprüchen als die Corporate Governance genügen**, dementsprechend sind **andere Lösungswege angezeigt**. Folglich erklärt sich der Rückgriff auf gesellschaftsrechtliche Parameter nicht aus der Rechtsform heraus, sondern bedarf der Begründung mittels der investmentrechtlichen Kriterien des Anleger- und Marktfunktionsschutzes (dazu Einl. Rz. 1). Wo diese Begründung nicht auf der Hand liegt, muss der **rechtsförmige Ansatz zurücktreten**; er ist durch eine genuin **investmentrechtliche Auslegung** zu ersetzen.

VII. Grundzüge des Investmentvertragsrechts

22 Der Vertragsschluss beim Investmentvertrag zwischen Anleger, KVG und nach hier vertretener Ansicht auch der Verwahrstelle (i.S. eines **echten dreiseitigen Vertrags**[38]) richtet sich nach §§ 145 ff. BGB. Die Veröffentlichung des Prospekts bzw. der wesentlichen Anlegerinformationen nebst Bekanntgabe der Anlagebedingungen sind *invitatio ad offerendum*.[39] Das Angebot zum Vertragsschluss gibt der Anleger ab, die Annahme erfolgt durch KVG und Verwahrstelle mit der Aufforderung zur Einzahlung des Ausgabepreises für den Fondsanteil, spätestens aber mit Entgegennahme der Einzahlung. Vertriebsträger handeln als Bote, Stellvertreter oder Kommissionär der KVG.

23 Der Investmentvertrag zwischen Anleger und KVG ist nach h.L.[40] **Dienstvertrag mit Geschäftsbesorgungscharakter**, jedoch fehlt dem Vertrag mit der Pflicht des Geschäftsbesorgers, sich jederzeit den Weisungen des Geschäftsherrn zu unterwerfen, ein essentielles Element der Geschäftsbesorgung. An die Stelle tritt mit der kollektiven Vermögensverwaltung nach Maßgabe der Anlagebedingungen ein von der KVG entworfenes und allen Anlegern in identischer Weise angebotenes Konfektionsprodukt,[41] das durchaus – ähnlich den Versicherungen – als „**Rechtsprodukt**" bezeichnet werden kann. Zugleich führt die Kollektivbindung zu einer korporationsähnlichen Abschirmwirkung. Daher liegt es näher, den **Kapitalanlagevertrag als Vertrag sui generis** zu qualifizieren,[42] bei dem im Innenverhältnis, falls sich aus den §§ 91 ff. KAGB Lücken ergeben, § 675 Abs. 1 BGB und die Verweisungen auf das Auftragsrecht heranzuziehen sind.[43] Dies zeigt sich insbesondere in dem trotz zahlreicher Publizitätspflichten jedenfalls dem Grundsatz nach fortbestehenden Auskunftsrecht gem. § 666, Alt. 2 BGB.[44]

24 Die Vertragsbedingungen sind immer **schriftlich** niederzulegen (§§ 125 Abs. 1, 150 Abs. 1 KAGB; vgl. auch § 297 Abs. 6 Satz 2 KAGB). Investmentverträge sind damit kraft gesetzlicher Anordnung (vgl. §§ 162 Abs. 1, 111, 126, 132, 151 KAGB) **von der KVG vorformulierte Verträge**. Die insbesondere in den Anlagebedingungen formulierten Bedingungen sind jeder Anlagebeziehung zugrunde zu legen. Rechtsfolge ist ei-

---

37 Vgl. für einen eher starken Einfluss des Gesellschafts- auf das Investmentrecht *Casper*, ZHR 179 (2015), 44 ff.; *Geibel* in Derleder/Knobs/Bamberger, § 61 Rz. 135 f., 145 f., 148 f.; für ein Primat des Investmentrechts dagegen BaFin, Auslegungsentscheidung zu den Tätigkeiten einer KVG und der von ihr extern verwalteten AIF-Investmentgesellschaft, WA 41-Wp 2100-2016/0001; *Zetzsche*, ZVglRWiss 2012, 371; *Zetzsche*, AG 2013, 613 ff.

38 Vgl. *Zetzsche*, Prinzipien der kollektiven Vermögensanlage, 2015, S. 510 ff.

39 *Geibel* in Derleder/Knobs/Bamberger, § 61 Rz. 45; *Schmitz* in Berger/Steck/Lübbehüsen, § 43 InvG Rz. 8; *Klett*, S. 165 f.

40 *Canaris*, Bankvertragsrecht, Rz. 2352; *Geßler*, WM 1957, Sonderbeil. Nr. 4, S. 20; *Klett*, S. 168; *Liebich/Mathews*, S. 383; *G. Reuter*, Investmentfonds, S. 109; *Schäcker*, Investmentsparen, S. 56 f.; für vertragliche Beteiligungen *Liebich/Mathews*, S. 229.

41 *Köndgen/Schmies* in Bankrechts-Handbuch, § 113 Rz. 203; *v. Caemmerer*, JZ 1958, 44.

42 Näher *Köndgen/Schmies* in Bankrechts-Handbuch, § 113 Rz. 203; *Zetzsche*, Prinzipien der kollektiven Vermögensverwaltung, 2015, S. 576 f.

43 Näher *Köndgen/Schmies* in Bankrechts-Handbuch, § 113 Rz. 203.

44 *Köndgen/Schmies* in Bankrechts-Handbuch, § 113 Rz. 219; *Reiss*, S. 200 ff.; *Zetzsche*, Prinzipien der kollektiven Vermögensanlage, 2015, S. 48 f., 568, 706 f., 742 f., 780 f. (für Kollusion zwischen Bewahrer und Verwalter); *Kalss*, Anlegerinteressen, S. 280 ff.; *Klusak* in Weitnauer/Boxberger/Anders, § 78 KAGB Rz. 8; *Müller*, DB 1975, 485 (487); *Thiel*, Schutz, S. 108; *F. Schäfer*, Anlegerschutz, S. 43 f.; *L. Schäfer*, Fund Governance, S. 277 f. (soweit Informationsbedürfnis besteht und erwarteter Nutzen die Kosten übersteigt); de lege ferenda auch *G. Roth*, Treuhandmodell, S. 331; **ablehnend** OLG Frankfurt v. 29.3.2007 – 26 U 46/06 (n.v.), unter Bestätigung der Vorinstanz LG Frankfurt/M. v. 2.10.2006 – 2-19 O 110/06 (n.v.) – *Toros ./. Universal*; s.a. OLG Celle v. 14.8.2002 – 9 U 67/02, WM 2003, 325 Rz. 32 (obiter, der Fall betraf eine ausländische stille Gesellschaft und die Haftung nach dem AuslInvG); *König*, Anlegerschutz, 1998, S. 119 f.; *Grundmann*, Treuhandvertrag, S. 279 Fn. 189; *Hallas*, Prüfung, S. 52 (für Österreich); *G. Reuter*, Investmentfonds, S. 160 f.; *Wendt*, Treuhandverhältnisse, S. 60; wohl auch *Klett*, S. 180.

ne **AGB-Kontrolle nach Maßgabe der §§ 305 ff. BGB**, wobei die investmentrechtlichen Regelungen des KAGB als gesetzliches Leitbild heranzuziehen sind.[45]

Gegenüber § 305 Abs. 2 BGB ist die Regelung zur **Einbeziehung** der Bedingungen in das Vertragsverhältnis noch einmal **zu Lasten des Verwenders verschärft**, und zwar in **zweifacher Hinsicht**.[46] Erstens, indem die gegenständliche **Verfügbarkeit der Anlagebedingungen noch vor Vertragsschluss** verlangt wird, während gem. § 305 Abs. 2 BGB ein Hinweis auf die Verwendung der Klauseln sowie die zumutbare Möglichkeit der Kenntnisnahme genügt. Zweitens begründet ein Verstoß gegen die Aushändigungspflicht gem. § 297 KAGB einen **Schadensersatzanspruch** des Anlegers aus § 280 Abs. 1 BGB, der zur Lösung vom Vertrag berechtigen kann, wenn diese Rechtsfolge nicht schon aus dem Widerrufsrecht nach § 305 KAGB folgt. § 305 Abs. 2 BGB ist insoweit verdrängt; diese Regelung rechtfertigt sich damit, dass die Einheitlichkeit der Vielzahl parallel bestehender Vertragsbeziehungen unabhängig von der konkreten Form der Einbeziehung sicherzustellen ist.[47] Bei einem Verstoß gegen § 305 Abs. 2 BGB wird dagegen lediglich die unzureichend zur Verfügung gestellte Klausel nicht Vertragsgegenstand, der Vertrag bleibt als solches unberührt. Es tritt dispositives Gesetzesrecht an die Stelle der nicht einbezogenen Klausel. 25

Der Abschluss des Investmentvertrags hat Bedeutung für das **Entstehen des Sondervermögens** als solches (dazu § 92 Rz. 6 f.) sowie das **Entstehen des Anteils des einzelnen Anlegers** am Sondervermögen, wodurch das Sondervermögen erweitert wird (sog. Anwachsung); dies gebietet der Anlegerschutz, weil erst im Moment der Anwachsung die Abschirmwirkung (dazu § 93 Rz. 10 ff.) auch die Forderung gegen den Anleger auf Einzahlung aus dem Investmentvertrag erfasst. Bis dahin könnten Gläubiger der KVG den vertraglichen Anspruch pfänden. Aus § 71 Abs. 1 KAGB folgt nichts Anderes. Die Regelung betrifft nur die Ausgabe des für die Übertragung essentiellen (§ 95 Abs. 3 KAGB) Anteilsscheins, nicht die Entstehung des Anteils als solchem.[48] 26

Unterabschnitt 2
Allgemeine Vorschriften für Sondervermögen

§ 92 Sondervermögen

(1) [1]Die zum Sondervermögen gehörenden Vermögensgegenstände können nach Maßgabe der Anlagebedingungen im Eigentum der Kapitalverwaltungsgesellschaft oder im Miteigentum der Anleger stehen. [2]Das Sondervermögen ist von dem eigenen Vermögen der Kapitalverwaltungsgesellschaft getrennt zu halten.

(2) Zum Sondervermögen gehört auch alles, was die Kapitalverwaltungsgesellschaft auf Grund eines zum Sondervermögen gehörenden Rechts oder durch ein Rechtsgeschäft erwirbt, das sich auf das Sondervermögen bezieht, oder was derjenige, dem das Sondervermögen zusteht, als Ersatz für ein zum Sondervermögen gehörendes Recht erwirbt.

(3) [1]Die Kapitalverwaltungsgesellschaft darf mehrere Sondervermögen bilden. [2]Diese haben sich durch ihre Bezeichnung zu unterscheiden und sind getrennt zu halten.

(4) Auf das Rechtsverhältnis zwischen den Anlegern und der Kapitalverwaltungsgesellschaft ist das Depotgesetz nicht anzuwenden.

(5) Vermögen, die von der Kapitalverwaltungsgesellschaft gemäß § 20 Absatz 2 Nummer 1 oder gemäß § 20 Absatz 3 Nummer 1 oder 2 verwaltet werden, bilden keine Sondervermögen.

In der Fassung vom 4.7.2013 (BGBl. I 2013, S. 1981).

---

45 *Köndgen/Schmies* in Bankrechts-Handbuch, § 113 Rz. 211, 215, 219; *Einmahl*, ZIP 2002, 381 (383 f.); *Schmitz* in Berger/Steck/Lübbehüsen, § 41 InvG Rz. 11; *Rozok* in Emde/Dornseifer/Dreibus/Hölscher, § 41 InvG Rz. 15; *Zetzsche*, Prinzipien der kollektiven Vermögensanlage, 2015, S. 723 f.; **a.A.** *Fehrenbach/Maetschke*, WM 2010, 1149 (1151).

46 Zutr. *Köndgen/Schmies* in Bankrechts-Handbuch, § 113 Rz. 204 f.

47 *Klett*, S. 167 f.; *Sachtleber*, S. 31.

48 Zutr. *Klett*, S. 156 ff.

Schrifttum: S. bei § 91 KAGB.

I. Zweck und Entwicklung

1 Die §§ 92 ff. KAGB schaffen zwei Mischformen aus Vertrag, Trust und Gesellschaft, um spezifischen Bedürfnissen der Investmentbeziehung zu entsprechen; danach gilt für die Binnenbeziehung grds. **Vertragsrecht**, während sich die Außenbeziehung zu Gläubigern und Dritten, insbesondere durch Vermögenssonderung (Isolation), Surrogation der Vermögensgegenstände und beschränkter Anlegerhaftung am **Korporationsrecht** orientiert.[1] Näher § 91 Rz. 21 ff. § 92 KAGB ist die **Eingangsnorm** des – lückenhaften und durch das BGB-Vertrags- und Sachenrecht sowie den Dispositionen im Verhältnis KVG, Verwahrstelle und Anleger in den Anlagebedingungen zu ergänzenden – Normkonvoluts zu Sondervermögen. Die Vorschrift regelt die **Vermögenszuordnung innerhalb des Investmentdreiecks**, soweit sie das Verhältnis zwischen Anleger und KVG, und deren Rechtsbeziehung zum Sondervermögen betrifft. Vgl. §§ 68 ff. KAGB zum Verhältnis zur Verwahrstelle. Infolgedessen entsteht eine **korporationsähnliche Abschirmwirkung**, wodurch das **gemeinsam gebundene Vermögen der Anleger**, i.e. das Fondsvermögen als Gesamtheit geschützt wird. Der Schutz des einzelnen Anlegers ist dagegen nicht Zweck des § 92 KAGB.

2 Mit Ausnahme redaktioneller Anpassungen **entspricht § 92 KAGB dem früheren § 30 InvG**,[2] welcher wiederum im Wesentlichen auf die **§§ 6, 9 Abs. 7 KAGG** zurückgeht.[3] Das Miteigentumsmodell wurde schon vor einer investmentrechtlichen Ausgestaltung verwendet, das Treuhandmodell erst mit dem KAGG von 1959 geschaffen.[4] § 6 Abs. 1 Satz 1 KAGG stellte noch ausdrücklich klar, dass das eingelegte Geld und die damit angeschafften Vermögensgegenstände ein Sondervermögen bilden. Diese Regelung ist mit dem **InvModG**[5] entfallen, während der übrige Regelungsgehalt grds. erhalten blieb.[6] § 6 Abs. 1 Satz 2 und 3, Abs. 2, 3 und 4 KAGG wurden in **§ 30 Abs. 1 bis 3, 5 InvG**[7] übernommen, § 9 Abs. 7 KAGG in **§ 30 Abs. 4 InvG** integriert.

II. Sondervermögen

3 Gemäß § 1 Abs. 10 KAGB (dazu § 1 Rz. 145) ist das Sondervermögen gem. § 92 ff. KAGB ein **offenes inländisches Investmentvermögen (1.)** in **Vertragsform (2.)**, das von einer KVG für Rechnung der Anleger

1 Näher *Zetzsche*, Prinzipien der kollektiven Vermögensanlage, 2015, S. 848 f., 811 ff.; *Zetzsche*, ZVglRWiss 2012, 371; speziell die Nähe zum Trust wurde verschiedentlich hervorgehoben, vgl. zuletzt *Klett*, S. 143 ff.; zuvor insbesondere *Coing*, Treuhand, S. 24; *Bitter*, Rechtsträgerschaft, S. 38; *Köndgen/Schmies* in Bankrechts-Handbuch, § 113 Rz. 203; *v. Pannwitz*, S. 21; *G. Reuter*, Investmentfonds, S. 103; *G. Roth*, Treuhandmodell, S. 149; abweichend *Löhnig*, Treuhand, S. 764.

2 Vgl. Reg.Begr. (AIFM-UmsG) v. 6.2.2013, BT-Drucks. 17/1229, S. 235.

3 Gesetz über Kapitalanlagegesellschaften (KAGG) v. 16.4.1957, BGBl. I 1957, S. 378. Zur Entstehungsgeschichte vgl. *Zetzsche*, Prinzipien der kollektiven Vermögensanlage, 2015, S. 341 ff. Die Regelung zur individuellen Vermögensverwaltung gelangte in § 6 Abs. 4 KAGG (heute Abs. 5) durch das Begleitgesetz v. 22.10.1997 zum Gesetz zur Umsetzung von EG-Richtlinien zur Harmonisierung bank- und wertpapieraufsichtsrechtlicher Vorschriften, BGBl. I 1997, S. 2567.

4 *G. Roth*, Treuhandmodell, S. 129 f.; *Klett*, S. 99 ff.; *Zetzsche*, Prinzipien der kollektiven Vermögensanlage, 2015, S. 432 f.

5 Gesetz zur Modernisierung des Investmentwesens und zur Besteuerung von Investmentvermögen (InvModG) v. 15.12.2003, BGBl. I 2003, S. 2676.

6 Vgl. Reg.Begr. (InvModG) v. 19.9.2003, BT-Drucks. 15/1553, S. 85.

7 Gesetz zur Modernisierung des Investmentwesens und zur Besteuerung von Investmentvermögen (InvModG) v. 15.12.2003, BGBl. I 2003, S. 2676.

nach Maßgabe dieses Gesetzes und den Anlagebedingungen, nach denen sich das Rechtsverhältnis der KVG zu den Anlegern bestimmt, verwaltet wird.

1. Offenes inländisches Investmentsondervermögen

Ein **Investmentvermögen** gem. § 1 Abs. 1 KAGB ist ein Organismus für gemeinsame Anlagen (OGAW), das von einer Anzahl von Anlegern Kapital einsammelt, um es gemäß einer festgelegten Anlagestrategie zum Nutzen dieser Anleger zu investieren und die kein operativ tätiges Unternehmen außerhalb des Finanzsektors ist. Dem KAGB unterstellte Investmentvermögen sind zwingend **OGAW** (§ 1 Abs. 2 KAGB, dazu § 1 Rz. 99 ff.) **oder AIF** (§ 1 Abs. 3 KAGB, dazu § 1 Rz. 112 f.).[8] 4

Das Investmentvermögen respektive **das Sondervermögen ist den Anlegern wirtschaftlich zugeordnet**. Es umfasst die **Einlage der Anleger**, die i.d.R. gem. § 71 Abs. 1 Satz 3 KAGB in Geld zu leisten ist; zu ausnahmsweise zulässigen Sacheinlagen vgl. §§ 180 Abs. 4, 190 Abs. 1, 2 KAGB. Des Weiteren zählen dazu die mit der Einlage der Anleger **für das Investmentvermögen angeschafften Vermögensgegenstände**. Die zulässigen Vermögensgegenstände sind den Bestimmungen des Gesetzes (z.B. § 192 KAGB) oder den Anlagebedingungen (§§ 162 f. KAGB) zu entnehmen. Ein Verstoß macht den Erwerb nicht per se unwirksam (z.B. § 205 Satz 2 KAGB) und ist auch nicht nach § 340 KAGB bußgeldbewehrt, hat jedoch Auswirkungen auf die KVG-Pflichten sowie haftungsrechtliche Konsequenzen. Ferner gehören zum Sondervermögen die **Surrogate** des § 92 Abs. 2 (s. dazu Rz. 18 ff.). 5

2. Entstehung durch Vertragsschluss

Das Sondervermögen i.S.d. §§ 92 ff. KAGB ist ein Investmentsondervermögen in **Vertragsform** (§ 1 Abs. 10 KAGB). Das **Sondervermögen entsteht mit dem Vertragsschluss** zwischen mind. einem Anleger[9] und der KVG. Entstehung und Bestand des Sondervermögens sind von Art und Zeitpunkt der Kapitaleinzahlung durch die Anleger unabhängig; ob erst das Kapital eingesammelt (sog. Barmethode, *cash method*) oder erst die Vermögensgegenstände erworben und diese nachträglich an das Sondervermögen übertragen werden (sog. *appropriation method*) hat auf den Entstehungszeitpunkt keinen Einfluss.[10] Einerseits ist dies Konsequenz der vertraglichen Binnenordnung (Rz. 1 sowie § 91 Rz. 22 ff.), andererseits fallen Entstehungszeitpunkt und Abschirmwirkung zusammen. Würde man auf einen späteren Zeitpunkt als den Vertragsschluss abstellen, müsste man hinnehmen, dass Gläubiger der KVG den Anspruch gegen den Anleger auf Einzahlung aus dem Investmentvertrag pfänden und für eigene Rechnung verwerten könnten; dies hätte mit Anlegerschutz wenig zu tun. Würde man etwa bei der *appropriation method* auf die Anschaffung der Vermögensgegenstände abstellen, käme der KVG die für Anleger reservierte Abschirmwirkung gegen ihre Gläubiger zu Gute. Ebenfalls unabhängig ist die Entstehung von der Beteiligung weiterer Anleger. Zum Erlöschen des Schuldverhältnisses durch **Konfusion**, weil der Anleger beim Miteigentumsmodell zugleich Verpflichteter und Berechtigter ist, kommt es nicht, weil die Berechtigung des Anlegers durch Rechteübertragung an die KVG (insb. § 93 Abs. 1 KAGB) abgeschwächt ist, so dass die Wechselbezüglichkeit fehlt.[11] 6

Somit kommt es für die **Entstehung des Sondervermögens** allein auf den Vertragsschluss an; ab diesem Moment entstehen die Rechte und Pflichten aus §§ 91 ff. KAGB. Für das **Zustandekommen des Vertrages** gelten die §§ 130 ff., 145 ff. BGB. Auch der **Beitritt des einzelnen Anlegers** entsteht durch Abschluss des Investmentvertrags (dazu § 91 Rz. 22 ff.). Der Vertrag zwischen KVG und Anleger ist entgegen der h.M.[12] ein **geschäftsbesorgungsähnliches Verhältnis eigener Art.**[13] Für die rechtliche Qualifikation als Geschäfts- 7

---

8 Reg.Begr. (AIFM-UmsG) v. 6.2.2013, BT-Drucks. 17/1229, S. 188.

9 Es genügt, wenn die Anlagebedingungen (§ 162 KAGB) die Anzahl möglicher Anleger nicht auf einen Anleger begrenzen (§ 1 Abs. 1 Satz 2 KAGB). Der **„potentielle Mehr-Anleger-Fonds"** bildet das Abgrenzungskriterium zwischen kollektiver und individueller Vermögensanlage. Dazu *Zetzsche*, Prinzipien der kollektiven Vermögensanlage, 2015, S. 142 sowie § 1 KAGB Rz. 42.

10 Sehr str.; vgl. wie hier die wohl h.M., insb. *Klenk*, Rz. 24; *Gschossmann*, S. 89 f.; *Klett*, S. 151 ff.; *Anders* in Weitnauer/Boxberger/Anders, § 92 KAGB Rz. 5; *Nietsch* in Emde/Dornseifer/Dreibus/Hölscher, Vor §§ 30-39 InvG und §§ 41-45 InvG Rz. 19. Für Entstehung mit Einzahlung der Einlage z.B. *Reiss*, S. 103; *Schmitz* in Berger/Steck/Lübbehüsen, Vor §§ 30-45 InvG Rz. 12; für Entstehung erst mit Ausgabe des ersten Anteilsscheins und Einzahlung z.B. *Beckmann* in Beckmann/Scholtz/Vollmer, § 92 KAGB Rz. 100.

11 Zutr. *Klett*, S. 154 ff.

12 Geschäftsbesorgungsvertrag mit Dienstcharakter, §§ 675 Abs. 1, 611 BGB; vgl. aus dem jüngeren Schrifttum *Freitag* in Moritz/Klebeck/Jesch, § 91 KAGB Rz. 14; *Moroni* in Moritz/Klebeck/Jesch, § 92 KAGB Rz. 10; einschränkend *Köndgen/Schmies* in Bankrechts-Handbuch, § 113 Rz. 203. Vgl. auch die Nachweise bei *Zetzsche*, Prinzipien der kollektiven Vermögensanlage, 2015, S. 576 f.

13 Vgl. dazu und zu den nachfolgenden Ausführungen *Zetzsche*, Prinzipien der kollektiven Vermögensanlage, 2015, S. 551 ff., 576 f., 586.

besorgung fehlt es an der *individuellen* Interessenwahrnehmung. Diese erfolgt bestenfalls typisiert, orientiert an den Interessen des (potentiellen) Anlegerkollektivs. Näher § 91 Rz. 23.

III. Rechtsverhältnisse am Sondervermögen (§ 92 Abs. 1 Satz 1 KAGB)

8 § 92 Abs. 1 Satz 1 KAGB regelt, wer **Rechtsträger des Sondervermögens** ist. Die Anlagebedingungen „können" vorsehen, dass die zum Sondervermögen gehörenden Vermögensgegenstände entweder im **Eigentum der KVG** (§ 92 Abs. 1 Satz 1, Alt. 1 KAGB) oder im **„Miteigentum" der Anleger** stehen (§ 92 Abs. 1 Satz 1, Alt. 2 KAGB). Eine der beiden Angaben ist beim Sondervermögen **Pflicht**, vgl. § 162 Abs. 2 Nr. 3 KAGB. Für offene Immobilienfonds ist einzig das Treuhandmodell zulässig (§ 245 KAGB).

1. Miteigentumsmodell (§ 92 Abs. 1 Satz 1 Alt. 2 KAGB)

9 Das sog. Miteigentumsmodell (§ 92 Abs. 1 Satz 1 Alt. 2 KAGB) ist nach hier vertretener Ansicht – ebenso wie das Treuhandmodell (Rz. 13) – **Rechtszuweisung eigener Art.**[14] Die Vorschrift geht zurück auf § 30 Abs. 1 Satz 1 Alt. 2 InvG bzw. die Vorgängerregelung in § 6 Abs. 1 Satz 2 Alt. 2 KAGG.[15] Letztere wurde auf Betreiben des Ausschusses für Geld und Kredit dem damaligen Gesetzentwurf begründungslos beigefügt.[16] Die Bezeichnung der Beziehung der Anleger untereinander als Miteigentum ist dogmatisch unstimmig und trifft nicht den Kern. Den Anlegern ist zwar formal die Rechtsinhaberschaft zugewiesen. Die daraus erwachsenden materiellen **Rechte** werden jedoch ***in toto* von der KVG** wahrgenommen (§§ 93 Abs. 1, 94 Satz 1 KAGB). Erlischt das Verwaltungsrecht der KVG, gehen diese Rechte auf die Verwahrstelle über (§ 100 Abs. 1 Nr. 2 KAGB). Die Anleger können niemals – selbst bei Einigkeit aller Beteiligten – Miteigentümerrechte wahrnehmen. Diese „Entdinglichung"[17] ist dem BGB fremd. Das Anlagevermögen ist lediglich Berechnungsziffer für die Wertermittlung und dient als Sicherungsmittel in der Insolvenz der KVG. Ausführlich Rz. 11 f.

10 Diese Rechtszuweisung an die KVG bzw. Verwahrstelle erfolgt, ohne die Anleger in eine Sonderrechtsbeziehung zueinander zu bringen. Abzulehnen[18] sind daher sowohl die h.L., wonach die Anleger eine (schuldrechtliche) **Bruchteilsgemeinschaft (§§ 1008, 747 ff. BGB)** bilden,[19] als auch die Gegenauffassung, wonach das Vermögen mangels Verfügungsberechtigung der Anleger über ihren Anteil an den einzelnen Gegenständen ein solches **zur gesamten Hand**[20] sein soll.

11 Bei Berücksichtigung der Eigenarten der Anlegergemeinschaft erweist sich die **Bruchteilsgemeinschaft** als **ungeeignet, um das Verhältnis der Anleger zueinander sowie zur KVG zu erklären**: Der einem jeden Bruchteilseigentümer formal zustehende Aufhebungsanspruch bei Vorliegen eines wichtigen Grundes aus § 749 Abs. 2, 3 BGB sowie das Aufhebungsrecht des Vollstreckungsgläubigers (§ 751 Satz 2 BGB) können nach BGB-Grundsätzen nicht abbedungen werden. Desungeachtet erfolgt in § 99 Abs. 5 KAGB dessen (gesetzlicher) Ausschluss. An die Stelle der dinglichen Berechtigung tritt der Auszahlungsanspruch der Anleger gem. § 98 Abs. 1 KAGB (näher § 98 Rz. 6 ff.). Begreift man die Bestellung der KVG als eine Verwaltungsmaßnahme i.S.d. § 745 Abs. 1 BGB, müsste eine Aufhebung durch Einstimmigkeits- oder Mehrheitsbeschluss erfolgen können. Jedoch beschränken § 99 Abs. 3 und 4 KAGB und § 100b den Verlust des Verwaltungsrechts der KVG auf vier Fälle: die Zwangsauflösung, den Verlust der Verfügungsbefugnis, die Insolvenz sowie die von der KVG selbst initiierte Übertragung des Verwaltungsrechts. In der Insolvenz ist allgemeine Folge ein Aussonderungsanspruch nach §§ 47 ff. InsO. Jedoch verpflichtet § 100 KAGB die Verwahrstelle zur Verwertung für Rechnung und Erlösauskehr an die Anleger. Dies entspricht eher einer Absonderung (gem. §§ 50, 51 Nr. 1 InsO).

12 Auch die **Lehre von der Gesamthand vermag das Miteigentumsmodell nicht zu erklären**. Der Verlust der Verfügungsbefugnis über den Anteil am einzelnen Vermögensgegenstand (§ 95 Abs. 2 Satz 3 KAGB,

---

14 Vgl. dazu sowie zu nachfolgenden Ausführungen *Zetzsche*, Prinzipien der kollektiven Vermögensanlage, 2015, S. 572 ff., 579 ff.

15 Gesetz über Kapitalanlagegesellschaften v. 16.4.1957, BGBl. I 1957, S. 378, 379.

16 Neuburger-Bericht v. 10.1.1957, BT-Drucks. II/2973, S. 2.

17 *Canaris*, Bankvertragsrecht, Rz. 2396.

18 Vgl. dazu und zu nachfolgenden Ausführungen *Zetzsche*, Prinzipien der kollektiven Vermögensanlage, 2015, S. 577 ff.; i.E. ebenfalls gegen eine Einstufung als Bruchteilsgemeinschaft und Gesamthand *Klett*, S. 181 ff.

19 Vgl. aus dem jüngeren Schrifttum *Moroni* in Moritz/Klebeck/Jesch, § 92 KAGB Rz. 14; *Lichtenstein* in Baur/Tappen, § 92 KAGB Rz. 17 f.; *K. Schmidt* in MünchKomm. BGB, 7. Aufl. 2017, § 741 BGB Rz. 50; aus dem älteren Schrifttum *Schäcker*, S. 126 ff.; *Ohl*, S. 31; *Graulich*, S. 17 f.

20 *Canaris*, Bankvertragsrecht, Rz. 2397; *Fürbaß*, S. 93 ff., 96, 102 ff.; *Gschossmann*, S. 93 ff.; *Sachtleber*, S. 45 ff.; *Schulze-Osterloh*, S. 144 f.

§ 747 Satz 1 BGB) sowie die Nichtanwendbarkeit des § 6 Satz 1 DepotG auf das Anlagekollektiv sind gewichtige Gründe gegen die Annahme einer Bruchteilsgemeinschaft.[21] Dies belegt jedoch nicht das Vorliegen einer Gesamthand. Bei genauer Betrachtung hat das Anlagekollektiv mit den BGB-Gesamthandsgemeinschaften wenig gemein. So sprechen das Prinzip der Selbstorganschaft, die grundsätzlich unbegrenzte Haftung der Mitglieder sowie die wenig fungiblen Mitgliedschaftsanteile gegen die Annahme einer Gesamthand. Des Weiteren verfolgen die Anleger – wie bei allen Kollektivanlagen – keinen gemeinsamen Zweck i.S.v. § 705 BGB.[22] Sie sind lediglich durch den gemeinsamen Willen verbunden, jeweils individuell eine Rendite zu erwirtschaften. Die **Mitanlegerschaft** ist dabei nicht das eigentliche Ziel, vielmehr **nur Mittel zum Zweck**. Eine intensivierte Pflichtenbindung ist gerade nicht gewollt. Somit ist die Anlegerbeteiligung als **Rechtsbeziehung eigener Art** zu qualifizieren; damit ist zwar grds. nicht viel gewonnen, diese Erkenntnis steht jedoch Bemühungen entgegen, aus dem Charakter als Bruchteils- oder Gesamthandsgemeinschaft Rechtsfolgen abzuleiten.

2. Treuhandmodell (§ 92 Abs. 1 Satz 1 Alt. 1 KAGB)

13 Das sog. Treuhandmodell (§ 92 Abs. 1 Satz 1 Alt. 1 KAGB) ist nach hier vertretener Auffassung – wie das Miteigentumsmodell (Rz. 9 ff.) – **Rechtszuweisung eigener Art.**[23] Der KVG wird in formeller Hinsicht das Alleineigentum an den Vermögensgegenständen des Sondervermögens zugewiesen. Ihr stehen insbesondere alle aus dem Eigentum folgenden **Abwehrbefugnisse** (z.B. Herausgabe-, Unterlassungs- und Deliktsansprüche) zu. Dem Anleger wird eine **qualifizierte Rechtsstellung gegenüber der KVG** eingeräumt. Das Recht zur Geltendmachung von Beseitigungs-, Unterlassungs- und Deliktansprüchen gegen den Verwalter folgt aus §§ 78 Abs. 1 Satz 2, 89 Abs. 1 Satz 2 KAGB (dazu § 78 Rz. 25 ff.); Verfügungsschutz gewähren das Aufrechnungsverbot gem. § 93 Abs. 5 Satz 1 KAGB (dazu § 93 Rz. 40 ff.), der Surrogatanspruch aus § 92 Abs. 2 KAGB (sogleich Rz. 18 ff.) sowie die Begrenzung des Aufwendungsersatzes auf pflichtgemäße Aufwendungen; Insolvenz- und Zwangsvollstreckungsschutz folgen aus dem Trennungsgebot (§ 92 Abs. 1 Satz 2 KAGB, sogleich Rz. 16 f.), der Begrenzung auf Fondsverbindlichkeiten (§ 93 Abs. 2 KAGB, s. § 93 Rz. 10 ff.), dem Belastungsverbot (§ 93 Abs. 4 KAGB, s. § 93 Rz. 26 ff.) und der Bestimmung des § 99 Abs. 3 Satz 2 KAGB, wonach die Sondervermögen nicht zur Insolvenzmasse der KVG gehören (§ 99 Rz. 22). Selbst ein Abwehranspruch gegen Dritte lässt sich konstruieren, wenn man mit *Canaris* § 869 BGB analog auf alle Treuhandbeziehungen anwendet.[24]

14 Die durch das Treuhandmodell in § 92 Abs. 1 Satz 1 KAGB angeordnete Rechtsverteilung zwischen KVG und Anleger(n) stellt **eine Erweiterung des sachenrechtlichen *numerus clausus*** dar: Weder die KVG noch die Anleger besitzen ein qualifiziertes Übergewicht an Rechtszuständigkeit, das eine Klassifizierung als Eigentum mit seinen korrespondierenden Befugnissen zur Ausschließung anderer (§ 903 BGB) und Verfügung erlaubt. Konsequenz dieser Einordnung als „Nicht-" oder „Doppel-Eigentum" ist in Zwangsvollstreckung und Insolvenz ein **unüberwindbares Vollstreckungshindernis** in Bezug auf die Anlagegegenstände. Entweder hat der Schuldner (Verwalter oder Anleger) kein Eigentum, oder der jeweils andere Berechtigte kann immer sein Eigentum gegen den Vollstreckungs- oder Insolvenzbeschlag des Gläubigers des einen Berechtigten einwenden. In beiden Fällen ist der **Bestand der Gesamtheit der Anlagegegenstände gesichert** – und so dem auf **Schutz des Anlegerkollektivs** (Rz. 1) ausgerichteten Zweck des § 92 Abs. 1 Satz 1 Alt. 1 KAGB Rechnung getragen. Die Vollstreckung muss sich auf den **anteiligen Wert des Vollstreckungsschuldners am Kollektivvermögen** beschränken, übertragen wird ihm aber nicht dieser, sondern der Anteil selbst, und das Verwertungsrisiko in Bezug auf den Anteil trägt letztlich der Vollstreckungsgläubiger. Die Rechtsstellung der Anleger, gleich ob eigentums- oder treuhandrechtlich begründet, ist zu einem **„Wertsubstanzrecht ohne jeden Herrschaftscharakter** denaturiert".[25]

15 Wer von einer Bruchteilsgemeinschaft ausgeht, weist den Anlegern einen ideellen Bruchteil an den schuldrechtlichen Ansprüchen gegen die KVG zu.[26] Nach der Gegenauffassung stehen diese Ansprüche den Anlegern zur gesamten Hand zu.[27] Richtigerweise besteht jedoch beim Treuhandmodell ebenso wie beim Mit-

---

21 Vgl. *Fürbaß*, S. 93 ff.; *Schulze-Osterloh*, S. 144 f.; *Canaris*, Bankvertragsrecht, Rz. 2397.
22 Ausführlich *Zetzsche*, Prinzipien der kollektiven Vermögensanlage, 2015, S. 551 ff.
23 Vgl. dazu und zu nachfolgenden Ausführungen *Zetzsche*, Prinzipien der kollektiven Vermögensanlage, 2015, S. 572 ff., 579 ff.
24 *Canaris*, FS Flume I, S. 372, 422 f.
25 *Zöllner*, Wertpapierrecht, S. 189.
26 Vgl. *Beckmann* in Beckmann/Scholtz/Vollmer, § 92 Rz. 43; *Einsele*, Bank- und Kapitalmarktrecht, § 10 III Rz. 39; *Gringel*, ZBB 2012, 106 (114); **a.A.** *K. Schmidt* in MünchKomm. BGB, 7. Aufl. 2017, § 741 BGB Rz. 50, der die Annahme einer Bruchteilsgemeinschaft auf das sog. Miteigentumsmodell beschränkt.
27 Vgl. *Fürbaß*, S. 96 Fn. 80, 112 ff. m.w.N.

eigentumsmodell **zwischen den Anlegern kein Rechtsverhältnis** (s. ausführlich zum Miteigentumsmodell Rz. 10 ff.).

IV. Trennungsgebot (§ 92 Abs. 1 Satz 2 KAGB)

16 Das Sondervermögen ist **vom Vermögen der KVG getrennt zu halten** (§ 92 Abs. 1 Satz 2 KAGB). Die Trennung erfolgt nicht *ex lege*, sondern ist als **Verpflichtung an die KVG** zu verstehen, die Trennung in tatsächlicher Form zu organisieren. Die KVG hat eine klare Unterscheidung der Vermögensmassen und -sphären herbeizuführen. Notwendig sind insbesondere eine **getrennte Rechnungsstellung und -legung** sowie **separate Konto-/Depotführung.**[28] Ein Verstoß gegen das Prinzip der Vermögenstrennung kann Schadensersatzansprüche der Anleger gegen die KVG auslösen (§§ 280 Abs. 1, 241 Abs. 2 BGB) begründen. Diese sind von der Verwahrstelle im Wege der gesetzlichen Prozessstandschaft im eigenen Namen geltend zu machen (§ 78 Abs. 1 Satz 1 Nr. 1 KAGB, dazu § 78 Rz. 18 f.).

17 § 92 Abs. 1 Satz 2 KAGB enthält den **allgemeinen Grundsatz** der Vermögenstrennung. Dieser wird in einer Reihe von **Sondervorschriften** näher ausgestaltet. § 93 Abs. 2 KAGB stellt klar, dass das Sondervermögen nicht für Verbindlichkeiten der KVG haftet (vgl. § 93 Rz. 10 ff.). § 93 Abs. 5 Satz 1 KAGB enthält ein Aufrechnungsverbot der KVG mit Forderungen des Sondervermögens gegenüber Dritten (vgl. § 93 Rz. 41 ff.). § 93 Abs. 6 KAGB nimmt die KVG in Haftung für nicht voll eingezahlte Aktien (vgl. § 93 Rz. 49 ff.), i.e. sie muss dafür Sorge tragen, dass die Einzahlungspflichten in getrennter Form erfüllt werden. Das Sondervermögen gehört gem. § 99 Abs. 3 Satz 2 KAGB nicht zur Insolvenzmasse der KVG (vgl. § 99 Rz. 22). Die Einhaltung der Vermögenstrennung ist im Jahresbericht zu vermerken (dies folgt aus § 101 Abs. 1 Nr. 1 Satz 7 KAGB) und vom Abschlussprüfer zu prüfen (§ 102 Satz 5 KAGB).

V. Surrogation (§ 92 Abs. 2 KAGB)

1. Zweck

18 § 92 Abs. 2 KAGB enthält **zwei Ersetzungstatbestände zur Erhaltung der wirtschaftlichen Substanz** (im Sinne des Gesamt*wertes*) des Sondervermögens. Die Vorschrift trifft eine **Zuordnung im wirtschaftlichen Sinn.**[29] Sie stellt klar, dass neben den eingelegten Geldern und den damit angeschafften Vermögensgegenständen auch Surrogate dem Sondervermögen zugerechnet werden. Die Zuordnung der Surrogate zum Investmentsondervermögen ergibt sich bereits aus dem Sondervermögensprinzip. Die Erforderlichkeit von § 92 Abs. 2 KAGB darf daher bezweifelt werden.[30]

19 Der **formaljuristische Rechtsträger** des Sondervermögens sowie der ersetzten Objekte (KVG oder Anlegerkollektiv) ergibt sich hingegen aus § 92 Abs. 1 Satz 1 KAGB in Verbindung mit den jeweiligen Anlagebedingungen. § 92 Abs. 2 KAGB verhält sich dazu nicht. Die Vorschrift steht jedoch einem **Durchgangserwerb** der KVG entgegen.[31] Das Surrogat fällt nicht für eine sog. juristische Sekunde in das Eigenvermögen der KVG. Es wird verhindert, dass der ersetzte Gegenstand mit Sicherheiten Dritter (z.B. Pfändungspfandrecht) belastet wird. Die KVG kann zwar direkt Rechte, nicht aber Pflichten für das Sondervermögen begründen. Eine Haftung entsteht nur mittelbar über einen Aufwendungsersatzanspruch (dazu § 93 Rz. 22 f.).

2. Rechtssurrogation (§ 92 Abs. 2 Alt. 1 KAGB)

20 § 92 Abs. 2 Alt. 1 KAGB sieht einen Erwerb **auf Grund eines zum Sondervermögen gehörenden Rechts** vor (sog. Rechtssurrogation). Gemeint sind Sach- und Rechtsfrüchte i.S.d. § 99 BGB.[32] Zu den unmittelbaren Sachfrüchten (§ 99 Abs. 1 BGB) zählen die hier weniger relevanten Erzeugnisse einer Sache (z.B. Tierprodukte) sowie deren bestimmungsgemäße Ausbeute (z.B. Bodenschätze). Unmittelbare Rechtsfrüchte (§ 99 Abs. 2 BGB) sind die gezielten[33] Erträge, die das Recht seiner Bestimmung gemäß gewährt, z.B. Di-

---

28 *Moroni* in Moritz/Klebeck/Jesch, § 92 KAGB Rz. 18; *Beckmann* in Beckmann/Scholtz/Vollmer, § 92 KAGB Rz. 32.

29 *Moroni* in Moritz/Klebeck/Jesch, § 92 KAGB Rz. 20.

30 **A.A.** *Fürbaß*, S. 165 f., der die Vorschrift für die Abgrenzung zwischen dem Sondervermögen und dem allgemeinen Vermögen der KVG/Anleger für notwendig erachtet.

31 *Moroni* in Moritz/Klebeck/Jesch, § 92 KAGB Rz. 20; *Lichtenstein* in Baur/Tappen, § 92 KAGB Rz. 32; *Beckmann* in Beckmann/Scholtz/Vollmer, § 92 KAGB Rz. 87; *Klett*, S. 160.

32 Vgl. *Moroni* in Moritz/Klebeck/Jesch, § 92 KAGB Rz. 21; *Lichtenstein* in Baur/Tappen, § 92 KAGB Rz. 27.

33 Vgl. *Stresemann* in MünchKomm. BGB, 7. Aufl. 2015, § 99 BGB Rz. 8.

videnden[34] und Forderungszinsen,[35] mangels Fruchtqualität jedoch nicht Bezugsrechte.[36] Von den mittelbaren Sach- und Rechtsfrüchten (§ 99 Abs. 3 BGB) erfasst sind die Erträge, welche eine Sache oder ein Recht vermöge eines Rechtsverhältnisses gewährt. Zu den mittelbaren Früchten zählen z.B. Miet- oder Pachtzinsen,[37] Verzugszinsen[38] und Lizenzgebühren.[39]

3. Beziehungssurrogation (§ 92 Abs. 2 Alt. 2 KAGB)

Gemäß § 92 Abs. 2 Alt. 2 KAGB gehört auch dasjenige zum Sondervermögen, **was die KVG durch ein Rechtsgeschäft erwirbt**. Nicht entscheidend ist, ob die KVG subjektiv für das Sondervermögen handeln will; dies würde signifikante Anlegerschutzlücken eröffnen. Es genügt, dass die KVG objektiv nach außen erkennbar ein Rechtsgeschäft im Rahmen ihrer Verwaltungstätigkeit abschließt.[40] Ein entgegenstehender (kundgetaner) Wille ist unbeachtlich.[41] Der Bezug kann auf verschiedene Weise zustande kommen. Nicht allein entscheidend ist danach, ob das Rechtsgeschäft mit Geldern aus dem Sondervermögen oder mit Fremdmitteln bezahlt wird.[42] Kommt es zur Bezahlung mit Mitteln des Sondervermögens, ist dies aber ein deutlicher Fall des objektiven Bezugs, der gerade im Fall der Verwaltung mehrerer Sondervermögen durch eine KVG Klarheit schafft. Angesichts des Vorgesagten hat die Dokumentation des Geschäftsabschlusses allenfalls Indizwirkung (vgl. aber Nr. 4.4.3, Ziff. 7 InvMaRisk). 21

4. Ersatzsurrogation (§ 92 Abs. 2 Alt. 3 KAGB)

§ 92 Abs. 2 Alt. 3 KAGB erfasst dasjenige, was (die KVG oder die Anleger) als **Ersatz für ein zum Sondervermögen gehörendes Recht erwerben**. Erfasst werden z.B. Schadensersatzansprüche, Versicherungsleistungen sowie gesetzliche Ansprüche aus ungerechtfertigter Bereicherung,[43] soweit diese nicht bereits von Alt. 2 erfasst werden. 22

VI. Mehrere Sondervermögen (§ 92 Abs. 3 KAGB)

Die KVG darf gem. § 92 Abs. 3 Satz 1 KAGB **mehrere Sondervermögen** bilden. Dies ermöglicht es der KVG Fonds aufzulegen, die sich nach Vermögenswerten (z.B. Aktien, Anleihen) und Anlegerpublikum (z.B. offene Investmentvermögen; Spezial-AIF) unterscheiden. Es ist der KVG auch gestattet gleichzeitig Immobilienfonds zu verwalten.[44] Die Regelung ist erforderlich, weil in der Verwaltung mehrerer Sondervermögen ein Interessenkonflikt gem. § 26 Abs. 1 und 2 Nr. 3 KAGB gesehen werden kann, insbesondere, wenn es um die Zuordnung von **Geschäftschancen** geht.[45] 23

Der KVG ist es **analog § 181 BGB verwehrt, Rechtsgeschäfte zwischen den einzelnen Sondervermögen** zu schließen.[46] Mangels Vertretungsverhältnis ist die Vorschrift nicht direkt anwendbar: Im Fall des Treuhandmodells ist die KVG formal Rechtsinhaber, im Fall des Miteigentumsmodells im eigenen Namen gem. § 93 Abs. 1 KAGB verfügungsbefugt. Desungeachtet ist die Stellung der KVG mit der Mehrfach-Vertretung 24

---

34 OLG Bremen v. 20.4.1970 – 1 U 2/70, WM 1970, 1206 (1207); LG München I v. 10.12.2013 – 5 HK O 1387/10, WM 2014, 947 (954).

35 H.M.; vgl. *Stieper* in Staudinger, BGB, Neubearb. 2017, § 99 Rz. 17; *Marly* in Soergel, 13. Aufl. 2000, § 99 BGB Rz. 15; **a.A.** für Darlehenszinsen *Stresemann* in MünchKomm. BGB, 7. Aufl. 2015, § 99 BGB Rz. 6 (mittelbare Sachfrüchte).

36 BGH v. 20.04.1972 – II ZR 143/69, BGHZ 58, 316 (319); LG Kiel v. 30.4.2015 – 16 O 42/14, GmbHR 2015, 1044 (1046); *Stieper* in Staudinger, BGB, Neubearb. 2017, § 99 Rz. 17.

37 RG v. 3.2.1908 – V 261/07, RGZ 67, 378, 380; BGH v. 11.12.1985 – IVb ZR 82/84, NJW 1986, 1340.

38 BGH v. 3.6.1981 – IVa ZR 195/80, BGHZ 81, 8 (13).

39 *Stieper* in Staudinger, Neubearb. 2017, § 99 BGB Rz. 20.

40 H.M., vgl. *Geßler*, WM Sonderbeilage Nr. 4/1957, 1, 15; *Köndgen/Schmies* in Bankrechts-Handbuch, § 113 Rz. 106; *Beckmann* in Beckmann/Scholtz/Vollmer, § 92 KAGB Rz. 84 f.; ausf. auch *Klett*, S. 160 ff.; *Moroni* in Moritz/Klebeck/Jesch, § 92 KAGB Rz. 21; *Wendt*, S. 47; *vom Berge und Herrendorf*, S. 45; **a.A.** *Schmitz* in Berger/Steck/Lübbehüsen, § 30 InvG Rz. 24, 30; *Ebner von Eschenbach*, S. 48 f.; *Schäcker*, S. 90 f.

41 Vgl. BGH v. 6.5.1968 – III ZR 63/66, NJW 1968, 1824 (zu § 2041 BGB).

42 Ohne Einschränkung auch *Köndgen/Schmies* in Bankrechts-Handbuch, § 113 Rz. 106; **a.A.** *Lichtenstein* in Baur/Tappen, § 92 KAGB Rz. 31; *Beckmann* in Beckmann/Scholtz/Vollmer, § 92 KAGB Rz. 84 f.; *Geibel* in Derleder/Knobs/Bamberger, § 61 Rz. 67.

43 *Lichtenstein* in Baur/Tappen, § 92 KAGB Rz. 29; *Beckmann* in Beckmann/Scholtz/Vollmer, § 92 KAGB Rz. 86.

44 *Lichtenstein* in Baur/Tappen, § 92 KAGB Rz. 33; *Beckmann* in Beckmann/Scholtz/Vollmer, § 92 KAGB Rz. 101.

45 Dazu *Zetzsche*, Prinzipien der kollektiven Vermögensanlage, 2015, S. 745 ff.

46 Wie hier *Beckmann* in Beckmann/Scholtz/Vollmer, § 27 KAGB Rz. 84 und § 92 KAGB Rz. 104; *Geibel* in Derleder/Knobs/Bamberger, § 61 Rz. 96; **a.A.** *Lichtenstein* in Baur/Tappen, § 92 KAGB Rz. 34.

vergleichbar, zumal auch hier Interessenkonflikte und Missbrauch drohen. Derartigen Verwerfungen ist Einhalt zu gebieten, indem man der Verwahrstelle die Befugnis zur Genehmigung im eigenen Namen analog § 177 Abs. 1 BGB zugesteht.

25 Diese Sondervermögen haben sich durch **ihre Bezeichnung zu unterscheiden und sind getrennt zu halten**. Zusätzlich darf die Bezeichnung nicht irreführen (§ 4 Abs. 1 KAGB, dazu § 4 Rz. 4 ff.). § 92 Abs. 3 Satz 2 KAGB erklärt die Grundsätze der Vermögenstrennung zwischen KVG-Vermögen und Sondervermögen auf die Sondervermögen untereinander für anwendbar. S. dazu Rz. 16.

VII. Keine Anwendung des DepotG (§ 92 Abs. 4 KAGB)

26 Auf das Rechtsverhältnis **zwischen den Anlegern und der KVG findet das DepotG keine Anwendung**. Jedenfalls beim Miteigentumsmodell (s. Rz. 9 ff.) hat die Regelung nicht nur klarstellende Funktion.[47] Wegen der zu befürchtenden parallelen Anwendbarkeit beider Regelungswerke ist das DepotG, soweit das geschäftsbesorgungsähnliche Verhältnis zwischen Anleger und KVG betroffen ist, ausdrücklich ausgenommen. Die Regelungen des KAGB genießen uneingeschränkt Vorrang.

27 Soweit die KVG die **Verwahrung als Nebendienstleistung** (§ 20 Abs. 2 Nr. 3, Abs. 3 Nr. 4 KAGB) betreibt, bleibt das DepotG anwendbar.[48] Dies berührt nicht den Regelungsbereich des Investmentvertrages. Entsprechendes gilt für auf den Namen lautende Anteilsscheine, die gem. § 97 Abs. 1 Satz 1 KAGB in Sammelverwahrung genommen werden dürfen.[49] Ferner ist das DepotG anwendbar im Verhältnis zwischen KVG und Verwahrstelle sowie zwischen Verwahrstelle und Anleger.

VIII. Kein Sondervermögen bei individueller Vermögensverwaltung (§ 92 Abs. 5 KAGB)

28 Vermögen, das die **OGAW-KVG im Rahmen einer Finanzportfolioverwaltung** (§ 20 Abs. 2 Nr. 1 KAGB) betreut, ordnet das Gesetz der individuellen Vermögensverwaltung zu. § 92 Abs. 5 KAGB schließt die Bildung eines Sondervermögens zwischen den individuellen Anlegerkunden aus. Es handelt sich um ein individuelles Treuhandverhältnis, bei dem der Treugeber die Leitlinien vorgibt. Die §§ 92 ff. KAGB sind nicht anzuwenden.

29 Eine **AIF-KVG**, die Vermögen **im Rahmen einer individuellen Vermögensverwaltung und Anlageberatung** (§ 20 Abs. 3 Nr. 1 KAGB) oder im Rahmen einer **Finanzportfolioverwaltung** (§ 20 Abs. 3 Nr. 2 KAGB) betreut, betreibt grundsätzlich ebenfalls individuelle Vermögensverwaltung. Diese Tätigkeiten schließen die Bildung eines Sondervermögens aus. Bei Spezial-AIF (§ 1 Abs. 6 KAGB) können ausnahmsweise beide Regelungsbereiche berührt sein.[50] Denn an inländischen Spezial-AIF (§§ 279 ff. KAGB) ist regelmäßig nur ein Anleger beteiligt.[51] Werden die Anlagebedingungen des Spezial-AIF gem. § 273 Satz 2 KAGB zur BaFin eingereicht, ist § 92 Abs. 5 KAGB anzuwenden.

§ 93 Verfügungsbefugnis, Treuhänderschaft, Sicherheitsvorschriften

(1) Die Kapitalverwaltungsgesellschaft ist berechtigt, im eigenen Namen über die zu einem Sondervermögen gehörenden Gegenstände nach Maßgabe dieses Gesetzes und der Anlagebedingungen zu verfügen und alle Rechte aus ihnen auszuüben.

(2) [1]Das Sondervermögen haftet nicht für Verbindlichkeiten der Kapitalverwaltungsgesellschaft; dies gilt auch für Verbindlichkeiten der Kapitalverwaltungsgesellschaft aus Rechtsgeschäften, die sie für gemeinschaftliche Rechnung der Anleger tätigt. [2]Die Kapitalverwaltungsgesellschaft ist nicht be-

47 *Lichtenstein* in Baur/Tappen, § 92 KAGB Rz. 37; *Anders* in Weitnauer/Boxberger/Anders, § 92 KAGB Rz. 16; *Beckmann* in Beckmann/Scholtz/Vollmer, § 92 KAGB Rz. 110.
48 *Moroni* in Moritz/Klebeck/Jesch, § 92 KAGB Rz. 23.
49 *Anders* in Weitnauer/Boxberger/Anders, § 92 KAGB Rz. 17.
50 *Anders* in Weitnauer/Boxberger/Anders, § 92 KAGB Rz. 18.
51 Vgl. *Zetzsche*, Prinzipien der kollektiven Vermögensanlage, 2015, S. 140 m.w.N.

rechtigt, im Namen der Anleger Verbindlichkeiten einzugehen. [3]Von den Vorschriften dieses Absatzes abweichende Vereinbarungen sind unwirksam.

(3) Die Kapitalverwaltungsgesellschaft kann sich wegen ihrer Ansprüche auf Vergütung und auf Ersatz von Aufwendungen aus den für gemeinschaftliche Rechnung der Anleger getätigten Geschäften nur aus dem Sondervermögen befriedigen; die Anleger haften ihr nicht persönlich.

(4) [1]Gegenstände, die zu einem Sondervermögen gehören, dürfen nicht verpfändet oder sonst belastet, zur Sicherung übereignet oder zur Sicherung abgetreten werden; eine unter Verstoß gegen diese Vorschrift vorgenommene Verfügung ist gegenüber den Anlegern unwirksam. [2]Satz 1 ist nicht anzuwenden, wenn für Rechnung eines Sondervermögens nach den §§ 199, 221 Absatz 6, §§ 254, 274, 283 Absatz 1 Satz 1 Nummer 1, § 284 Absatz 4 Kredite aufgenommen, einem Dritten Optionsrechte eingeräumt oder Wertpapier-Pensionsgeschäfte nach § 203 oder Finanzterminkontrakte, Devisenterminkontrakte, Swaps oder ähnliche Geschäfte nach Maßgabe des § 197 abgeschlossen werden oder wenn für Rechnung eines Sondervermögens nach § 283 Absatz 1 Satz 1 Nummer 2 Leerverkäufe getätigt oder einem Sondervermögen im Sinne des § 283 Absatz 1 Wertpapier-Darlehen gewährt werden; hinsichtlich der Weiterverwendung von als Sicherheit erhaltenen Finanzinstrumenten wird auf Artikel 15 der Verordnung (EU) 2015/2365 verwiesen.

(5) [1]Forderungen gegen die Kapitalverwaltungsgesellschaft und Forderungen, die zu einem Sondervermögen gehören, können nicht gegeneinander aufgerechnet werden. [2]Dies gilt nicht für Rahmenverträge über Geschäfte nach § 197 Absatz 1 Satz 1, nach den §§ 200 und 203 oder mit Primebrokern, für die vereinbart ist, dass die auf Grund dieser Geschäfte oder des Rahmenvertrages für Rechnung des Sondervermögens begründeten Ansprüche und Forderungen selbsttätig oder durch Erklärung einer Partei aufgerechnet oder im Fall der Beendigung des Rahmenvertrages wegen Nichterfüllung oder Insolvenz durch eine einheitliche Ausgleichsforderung ersetzt werden.

(6) Werden nicht voll eingezahlte Aktien in ein Sondervermögen aufgenommen, so haftet die Kapitalverwaltungsgesellschaft für die Leistung der ausstehenden Einlagen nur mit dem eigenen Vermögen.

(7) Sind Anteile in den Verkehr gelangt, ohne dass der Anteilswert dem Sondervermögen zugeflossen ist, so hat die Kapitalverwaltungsgesellschaft aus ihrem eigenen Vermögen den fehlenden Betrag in das Sondervermögen einzulegen.

In der Fassung vom 4.7.2013 (BGBl. I 2013, S. 1981), zuletzt geändert durch das Zweite Finanzmarktnovellierungsgesetz (2. FiMaNoG) vom 23.6.2017 (BGBl. I 2017, S. 1693).

Schrifttum: S. bei § 91 KAGB.

I. Zweck und Entwicklung

1 Die Vorschrift definiert **wesentliche Konturen des Sondervermögens.** § 93 Abs. 1 KAGB normiert eine allgemeine Verfügungs- und Rechtsausübungsermächtigung der KVG, unabhängig davon, ob ihr formaljuristisch die Eigentümerstellung zugewiesen ist. § 93 Abs. 2 KAGB schirmt das Sondervermögen vom KVG-Vermögen ab. Aufwendungsersatzansprüche stehen der KVG nur gegen die Sondervermögensmasse zu, § 93 Abs. 3 KAGB. Die Abs. 4 und 5 enthalten Verfügungsverbote, um den Bestand des Sondervermögens zu wahren. § 93 Abs. 6 und 7 KAGB schließen eine gesamtschuldnerische Haftung der Anleger in bestimmten Konstellationen aus.

2 Die **Vorschrift basiert im Wesentlichen auf ihren Vorgängernormen.** § 93 **Abs. 1** KAGB war bereits in § 31 Abs. 1 InvG und § 9 Abs. 1 Satz 1 KAGG enthalten. § 93 **Abs. 2 und 3** KAGB entsprechen § 31 Abs. 2, 3 InvG und § 10 Abs. 2, 3 KAGG. § 93 **Abs. 4** Satz 1 KAGB geht zurück auf § 31 Abs. 5 Satz 1 InvG und § 9 Abs. 3 Satz 1 KAGG. § 93 Abs. 4 Satz 2 KAGB erlangte seinen jetzigen Kerngehalt durch das InvÄndG.[1] Auf dieses geht auch der Regelungsbereich des § 93 **Abs. 5** KAGB zurück, der seinerseits bereits in § 31 Abs. 6 InvG und § 9 Abs. 6 KAGG enthalten waren. Das InvÄndG beseitigte Rechtsunsicherheiten im Rahmen des Verfügungs- und Aufrechnungsverbotes. § 93 **Abs. 6** KAGB entspricht § 31 Abs. 7 InvG und § 10 Abs. 4 KAGG. § 93 **Abs. 7** KAGB übernimmt mit redaktionellen Änderungen § 36 Abs. 7 InvG, der auf § 21 Abs. 1 Satz 4 KAGG beruht. § 93 Abs. 4 a.F. KAGB wurde im Zuge des OGAW-V-UmsG[2] aufgehoben. Dessen Regelungsgehalt findet sich in § 20 Abs. 8 (OGAW) und Abs. 9 (AIF) KAGB wieder.

II. Verfügungs- und Rechtsausübungsermächtigung der KVG (§ 93 Abs. 1 KAGB)

1. Inhalt, Zweck

3 Die Vorschrift weist der KVG die Berechtigung zu, **im eigenen Namen** über die zu einem Sondervermögen gehörenden Gegenstände nach Maßgabe dieses Gesetzes und der Anlagebedingungen **zu verfügen und alle Rechte aus ihnen auszuüben.** Dies macht die rechtsgeschäftliche Zuweisung einer Verfügungsbefugnis nach § 185 Abs. 1 BGB in den Anlagebedingungen überflüssig.[3]

1 Gesetz zur Änderung des Investmentgesetzes und zur Anpassung anderer Vorschriften (Investmentänderungsgesetz) v. 21.12.2007, BGBl. I 2007, S. 3089.

2 Art. 1 Nr. 37 des Gesetzes zur Umsetzung der Richtlinie 2014/91/EU des Europäischen Parlaments und des Rates vom 23.7.2014 zur Änderung der Richtlinie 2009/65/EG zur Koordinierung der Rechts- und Verwaltungsvorschriften betreffend bestimmte Organismen für gemeinsame Anlagen in Wertpapieren (OGAW) im Hinblick auf die Aufgaben der Verwahrstelle, die Vergütungspolitik und Sanktionen v. 3.3.2016, BGBl. I 2016, S. 348.

3 *Klett*, S. 185.

2. Verfügungen (§ 93 Abs. 1, Alt. 1 KAGB)

Die KVG ist berechtigt, im eigenen Namen über die zu einem Sondervermögen gehörenden Gegenstände zu verfügen. In dogmatischer Hinsicht enthält die Vorschrift eine **gesetzliche Verfügungsermächtigung.**[4] Im Rahmen des Treuhandmodells (§ 92 Rz. 13 ff.) ergibt sich die Verfügungsbefugnis bereits aus der formellen Eigentümerstellung (§ 903 Satz 1 BGB).[5] Die Vorschrift erlangt eigenständige Bedeutung, soweit die Anlagebedingungen (§ 162 Abs. 2 Nr. 3 KAGB) *in puncto* Rechtsträgerschaft mehrdeutig oder unwirksam sind.[6] Letzteres wird nur äußerst selten der Fall sein. Auch wird sich entgegen § 139 BGB bei Nichtigkeit einer Anlagebedingung schwerlich die Gesamtnichtigkeit postulieren lassen. Bei zweifelhafter Rechtszuordnung wird der Rechtsverkehr vor der potentiellen Verfügung eines Nichtberechtigten geschützt. Beim **Miteigentumsmodell** (§ 92 Rz. 9 ff.) bewirkt die Vorschrift den **Ausschluss des Anlegerkollektivs von der** – theoretisch denkbaren – **gemeinschaftlichen Rechtsausübung.**[7] 4

Entsprechend der aus dem bürgerlichen Recht hergebrachten Definition[8] meint Verfügung die **unmittelbare rechtsgeschäftliche Einwirkung** auf ein bestehendes Recht **durch Übertragung, Belastung, Inhaltsänderung oder Aufhebung**. Die Art der Verfügung ist grundsätzlich nicht entscheidend:[9] In Betracht kommen z.B. die Übereignung einer Sache (§ 929 ff. BGB), die Abtretung (§§ 398 ff. BGB) oder der Erlass (§ 397 Abs. 1 BGB). Davon unberührt bleiben die gesetzlichen Einschränkungen (dazu Rz. 27 ff., 41 ff.). 5

Das Objekt der Verfügung sind die **„zu einem Sondervermögen gehörenden Gegenstände"**. Verfügungsgegenstand sind sämtliche Vermögensrechte des Sondervermögens.[10] Neben Sachen und Rechten kommt auch ein Bündel an Rechten (z.B. Aktie; Gesellschaftsanteil) als ein solches Vermögensrecht in Betracht.[11] Häufig wird es sich um Wertpapiere, Krediteinlagen und (bei Immobilienfonds) Grundstücke handeln. 6

3. Rechtsausübung in Bezug auf Vermögensgegenstände (§ 93 Abs. 1, Alt. 2 KAGB)

Die KVG ist berechtigt, im eigenen Namen alle **Rechte aus den zum Sondervermögen gehörenden Gegenständen** auszuüben. Es handelt sich dabei um eine gesetzliche Ermächtigung im weiteren Sinne.[12] Die Vorschrift enthält die Berechtigung im eigenen Namen alle Rechtshandlungen in Bezug auf ein zum Sondervermögen gehörendes Vermögensrecht wahrzunehmen. Dies ist von der gesetzlichen Verfügungsberechtigung (s. Rz. 4 ff.) strikt zu unterscheiden.[13] Im Rahmen des Treuhandmodells (§ 92 Rz. 13 ff.) hat sie – mit Ausnahme der unter Rz. 4 genannten Konstellationen – rein deklaratorische Wirkung. Beim Miteigentumsmodell (§ 92 Rz. 9 ff.) postuliert sie eine **allumfassende Rechtsausübungsermächtigung**, die dem deutschen Recht fremd und dem angloamerikanischen Trustrecht entlehnt ist. Sie umfasst z.B. die Ausübung von Stimmrechten, die Vermietung und die Verpachtung von Grundstücken sowie die **Berechtigung zur Prozessführung**;[14] beim Miteigentumsmodell handelt sie als gesetzlicher Prozessstandschafter. Die Prozessführungsbefugnis der KVG umfasst auch eine Einziehungsermächtigung bzgl. aller in Frage stehenden Ansprüche, sie darf also bei Treuhand- und Miteigentumslösung auf Leistung an sich selbst klagen; desungeachtet sind die Ansprüche dem Sondervermögen zuzuordnen.[15] § 93 Abs. 1, Alt. 2 KAGB berechtigt die KVG nicht zur Begründung von **Verpflichtungen im Namen der Anleger**, sie darf diese in Bezug auf das im Sondervermögen gebundene Vermögen nicht vertreten. Verpflichtungsermächtigungen sind der Rechtsordnung fremd, zudem gebietet der Anlegerschutz eine solche Restriktion: Die Abschirmung des Sonder- 7

---

4 H.M.; vgl. *Fürbaß*, S. 103; *Anders* in Weitnauer/Boxberger/Anders, § 93 KAGB Rz. 3; *Moroni* in Moritz/Klebeck/Jesch, § 93 KAGB Rz. 4 m.w.N.; **a.A.** noch *Siara/Tormann*, KAGG, 1957, § 8 Anm. 1.

5 *Fürbaß*, S. 114 f.

6 *Nietsch* in Emde/Dornseifer/Dreibus/Hölscher, § 31 InvG Rz. 5; *Moroni* in Moritz/Klebeck/Jesch, § 93 KAGB Rz. 4; *Fürbaß*, S. 115.

7 Vgl. LG München II v. 31.8.2009 – 8 T 1583/09, BeckRS 2011, 23059; *Canaris*, Bankvertragsrecht, Rz. 2396; *Nietsch* in Emde/Dornseifer/Dreibus/Hölscher, § 31 InvG Rz. 15; *Fürbaß*, S. 104; *Gläbe*, S. 173; *Klett*, S. 190 f. (mit Hinweis auf BGH v. 30.6.2011 – V ZB 200/10, ZIP 2011, 1610 Rz. 12 als Indiz für eine möglicherweise andere Ansicht des BGH); **a.A.** *Reiss*, S. 93 f.

8 Vgl. BGH v. 15.3.1951 – IV ZR 9/50, BGHZ 1, 294 (304); BGH v. 24.10.1979 – VIII ZR 289/78, BGHZ 75, 221 (226); *Gursky* in Staudinger, Neubearb. 2014, § 185 BGB Rz. 4.

9 *Gursky* in Staudinger, Neubearb. 2014, § 185 BGB Rz. 5.

10 Vgl. *Moroni* in Moritz/Klebeck/Jesch, § 93 KAGB Rz. 5.

11 Vgl. *Gursky* in Staudinger, Neubearb. 2014, § 185 BGB Rz. 6.

12 Zu den Ansätzen eines allgemeinen Rechtsinstituts der Ermächtigung vgl. *Gursky* in Staudinger, Neubearb. 2014, § 185 BGB Rz. 111 f. m.w.N.

13 Eine trennscharfe Abgrenzung wird bisher im Schrifttum, soweit ersichtlich, nicht getroffen.

14 Vgl. *Klett*, S. 192 ff.; *Klett*, WM 2018, 892 (895).

15 Näher *Klett*, S. 193 f.

vermögens geriete in Gefahr. Gläubiger können nur den Aufwendungsersatzanspruch (§ 93 Abs. 3 KAGB) der KVG gegen das Sondervermögen pfänden und so auf das Sondervermögen zugreifen.[16]

4. Nach Maßgabe des KAGB und der Anlagebedingungen

8 Die Ausübung der Ermächtigung erfolgt „**nach Maßgabe dieses Gesetzes**". Das KAGB setzt der KVG an verschiedenen Stellen gesetzliche Schranken. Gemeint sind damit zum einen die **absoluten Verfügungsverbote** (vgl. z.B. § 93 Abs. 5 KAGB; dazu Rz. 41 ff.), die die Verfügungsbefugnis der KVG ausschließen. Zum anderen die **relativen Verfügungsverbote** (z.B. § 84 Abs. 2 Satz 3 KAGB; § 93 Abs. 4 KAGB, dazu Rz. 27 ff.), die nur zur Unwirksamkeit gegenüber dem Anlegerkollektiv führen. Letztere können mithilfe der Gutglaubensvorschriften überwunden werden (§ 135 Abs. 2 BGB). Soweit das Gesetz der KVG darüber hinaus auferlegt, die Ermächtigung nach bestimmten Vorgaben auszuüben, wird **die Ausübungsbefugnis im Außenverhältnis dadurch nicht eingeschränkt.**

9 Die Ermächtigung der KVG ist im Außenverhältnis ebenfalls unbegrenzt, soweit sie „**nach Maßgabe der Anlagebedingungen**" gewissen Schranken unterliegt.[17] Dies folgt weniger aus dem Wortlaut der Vorschrift als aus ihrem Sinn und Zweck. Eine gegenteilige Auslegung führte im Ergebnis dazu, dass ein rechtsgeschäftliches Verfügungsverbot entstünde. Dies wäre indes mit § 137 Satz 1 BGB unvereinbar.[18] Die Richtigkeit dieser Auffassung belegt auch § 75 Abs. 2 Satz 2 KAGB, wonach eine Verfügung mit Zustimmung der Verwahrstelle selbst dann wirksam ist, wenn sie nicht dem KAGB oder den Anlagebedingungen entspricht.[19] Die Anleger sind auf **Schadensersatzansprüche** gegen die KVG (§§ 280 Abs. 1, 241 Abs. 2 BGB) im Innenverhältnis verwiesen.[20]

III. Haftungsausschluss für Verbindlichkeiten der KVG (§ 93 Abs. 2 KAGB)

1. Inhalt, Zweck

10 § 93 Abs. 2 KAGB enthält das **allgemeine Prinzip der Haftungsabschirmung** des Sondervermögens. Die Vorschrift ist die rechtliche Fortschreibung des Trennungsgrundsatzes (§ 92 Rz. 16). Der unmittelbare Zugriff auf das Sondervermögen und das Privatvermögen der Anleger wird versagt. Im Rahmen der Zwangsvollstreckung hat das zuständige Vollstreckungsorgan zu prüfen, ob der Gegenstand in die Vermögensmasse der KVG fällt. Ist dies nicht der Fall, ist die Verwahrstelle berechtigt und verpflichtet die Drittwiderspruchsklage (§ 771 ZPO) zu erheben (dazu § 78 Rz. 22 f.).

2. Verbindlichkeiten der KVG (§ 93 Abs. 2 Satz 1 Halbs. 1 KAGB)

11 Das Sondervermögen **haftet nicht für Verbindlichkeiten der KVG**. Gläubigern der KVG ist der Zugriff auf das Sondervermögen versagt. Erfasst sind etwa Forderungen aus Eigengeschäften der KVG, Sekundäransprüche sowie deliktische Schadensersatzansprüche zu Lasten der KVG. Dies gilt unabhängig davon, ob das Treuhand- oder das Miteigentumsmodell (§ 92 Rz. 9 ff.) gewählt wird.[21] Die Vorschrift schließt die **rechtliche Haftung** für Verbindlichkeiten der KVG aus.[22] Sie beantwortet indes nicht die Frage, ob die KVG berechtigt ist Sondervermögensgegenstände zu belasten. Die **gegenständliche Haftung** regelt der speziellere § 93 Abs. 4 KAGB (s. Rz. 27 ff.).[23] Sie erfasst indes nur die rechtsgeschäftliche Belastung von Sondervermögensgegenständen (s. Rz. 29).

---

16 Wie hier i.E. auch *Schmitz* in Berger/Steck/Lübbehüsen, § 31 InvG Rz. 7; *Nietsch* in Emde/Dornseifer/Dreibus/Hölscher, § 31 InvG Rz. 18; *Klett*, S. 191 f.

17 H.M., vgl. *Canaris*, Bankvertragsrecht, Rz. 2409; *Ebner von Eschenbach*, S. 60; *Klett*, S. 185 f.; *G. Roth*, Treuhandmodell, S. 134 f.; *Nietsch* in Emde/Dornseifer/Dreibus/Hölscher, § 31 InvG Rz. 11 *Moroni* in Moritz/Klebeck/Jesch, § 93 KAGB Rz. 6; *A. München* in Baur/Tappen, § 93 KAGB Rz. 10; jetzt auch *Beckmann* in Beckmann/Scholtz/Vollmer, § 93 KAGB Rz. 14; **a.A.** *von Caemmerer*, JZ 1958, 41 (45).

18 Wie hier *Canaris*, Bankvertragsrecht, Rz. 2409; *v. Pannwitz*, S. 53 f.; *Nietsch* in Emde/Dornseifer/Dreibus/Hölscher, § 31 InvG Rz. 11; dieses Argument ablehnend *Klett*, S. 187.

19 *Beckmann* in Beckmann/Scholtz/Vollmer § 93 KAGB Rz. 14.

20 *A. München* in Baur/Tappen, § 93 KAGB Rz. 10.

21 Beim Miteigentumsmodell hat die Vorschrift rein deklaratorische Wirkung vgl. *Beckmann* in Beckmann/Scholtz/Vollmer, § 93 KAGB Rz. 31.

22 *Moroni* in Moritz/Klebeck/Jesch, § 93 KAGB Rz. 7.

23 *Moroni* in Moritz/Klebeck/Jesch, § 93 KAGB Rz. 7.

Im Schrifttum wird teilweise vertreten, dass **gesetzliche Pfandrechte** nach § 93 Abs. 2 KAGB nicht entstehen können, soweit eine rechtliche Haftung für Verbindlichkeiten der KVG ausgeschlossen ist.[24] Das trifft im Ergebnis zu: Steht das Sondervermögen formal im Miteigentum der Anleger (§ 92 Rz. 9 ff.), sind die **Sondervermögensgegenstände** unter Berücksichtigung des § 93 Abs. 2 KAGB **schuldnerfremd**. Nach zutreffender h.M.[25] findet ein gutgläubiger Erwerb gesetzlicher Pfandrechte an Sachen Dritter nicht statt. Bei besitzlosen Pfandrechten ist dies generell nicht möglich. In diesem Fall kommt § 93 Abs. 2 KAGB keine Bedeutung zu. Steht das Eigentum formal der KVG zu (§ 92 Rz. 13 ff.), würde an Sondervermögensgegenständen indes ein gesetzliches Pfandrecht entstehen. Dass der Gesetzgeber beide Fälle unterschiedlich behandeln wollte, ist nicht ersichtlich. § 93 Abs. 2 KAGB ist dahingehend auszulegen, dass er einem gesetzlichen Pfandrecht an Sondervermögensgegenständen im Rahmen der Treuhandlösung entgegensteht. Bedeutung hat dies insbesondere beim Pfandrecht des Kommissionärs (§ 397 HGB), des Vermieters/Verpächters (§§ 562, 578 Abs. 1, 2, 581 Abs. 2 BGB) und des Werkunternehmers (§ 647 BGB). Diese Ausführungen gelten entsprechend, wenn die KVG Verbindlichkeiten für gemeinschaftliche Rechnung der Anleger eingeht (dazu sogleich, Rz. 13). *Beispiel:* Hat sich ein Fonds auf die Anlage in Luxus-Oldtimer spezialisiert und muss die KVG diesen aufwendig restaurieren lassen, haftet das Sondervermögen weder für die Verbindlichkeit (§ 631 Abs. 1 BGB), noch kann ein gesetzliches Pfandrecht (§ 647 BGB) entstehen. 12

3. Verbindlichkeiten aus Rechtsgeschäften für gemeinschaftliche Rechnung der Anleger (§ 93 Abs. 2 Satz 1 Halbs. 2 KAGB)

Das Sondervermögen haftet auch nicht für Verbindlichkeiten der KVG, die sie **für gemeinschaftliche Rechnung der Anleger tätigt**. Forderungsgegner der Gläubiger ist die KVG. Dies gilt selbst dann, wenn die KVG ihren Gläubigern den Bezug des Rechtsgeschäfts zum Sondervermögen offenbart.[26] Unmittelbare Ansprüche gegen das Sondervermögen können mangels Rechtsfähigkeit nicht begründet werden. Der KVG steht bei Rechtsgeschäften, die sie für Rechnung der Anleger tätigt, ein **Aufwendungsersatzanspruch** zu. Dieser ist auf Auszahlung und gegen die Verwahrstelle gerichtet.[27] Dieser Anspruch kann von den Gläubigern der KVG im Wege eines Pfändungs- und Überweisungsbeschlusses (§§ 829, 835 ZPO) erlangt werden.[28] 13

4. Keine Eingehung von Verbindlichkeiten im Namen der Anleger (§ 93 Abs. 2 Satz 2 KAGB)

Die KVG ist **nicht berechtigt, im Namen der Anleger** Verbindlichkeiten einzugehen. Sie kann keine Rechtsgeschäfte mit Wirkung unmittelbar für und gegen die Anleger abschließen (vgl. § 164 Abs. 1 Satz 1 BGB). Der KVG wird von Gesetzes wegen die Vertretungsmacht versagt. Auch die Begründung einer Vertretungsbefugnis durch allgemeine oder spezielle Geschäftsbedingungen (dazu sogleich § 93 Abs. 2 Satz 3 KAGB, Rz. 15) sowie nach Rechtsscheinsgrundsätzen ist nicht möglich.[29] Die Vorschrift schließt bereits das Vorliegen eines Rechtsscheins aus. Im Übrigen ist das Vertrauen des Rechtsverkehrs nicht schutzwürdig. Nach § 93 Abs. 2 Satz 2 KAGB ist damit nicht nur die Haftung, sondern bereits das **Entstehen einer Verbindlichkeit zu Lasten der Anleger** ausgeschlossen. 14

5. Verbot abweichender Vereinbarungen (§ 93 Abs. 2 Satz 3 KAGB)

Nach § 93 Abs. 2 Satz 3 KAGB sind **abweichende Vereinbarungen unwirksam**. § 93 Abs. 2 Satz 1 und 2 sind zwingendes Recht. Abweichungen sind weder individualvertraglich noch formularmäßig möglich. Die KVG kann sich nicht in den Anlagebedingungen (§ 162 KAGB) eine Vollmacht einräumen lassen, die es ermöglichen würde, die Anordnung in § 93 Abs. 2 Satz 2 KAGB zu umgehen.[30] Unzulässig sind auch Gestaltungen, die indirekt eine Haftung für Verbindlichkeiten der KVG begründen (z.B. Aufwendungsersatzanspruch für sämtliche Tätigkeiten). Ebenfalls unzulässig ist eine Vereinbarung, die es der KVG ermöglichen würde, sich ohne Mitwirkung der Verwahrstelle aus dem Sondervermögen zu befriedigen (vgl. Rz. 17). 15

---

24 Wie hier *A. München* in Baur/Tappen, § 93 KAGB Rz. 24; *Scherer* in Brinkhaus/Scherer, KAGG, § 9 Rz. 18 (zu § 10 Abs. 2 KAGG); unklar *Beckmann* in Beckmann/Scholtz/Vollmer, § 93 KAGB Rz. 56 (Rechtsmittel gegen kraft Gesetzes entstandenes Pfandrecht); **a.A.** *Schmitz* in Berger/Steck/Lübbehüsen, § 31 InvG Rz. 30.

25 BGH v. 21.12.1960 – VIII ZR 146/59, BGHZ 34, 153 (154); BGH v. 18.5.1983 – VIII ZR 86/82, BGHZ 87, 274 (280); *Busche* in MünchKomm. BGB, 7. Aufl. 2018, § 647 Rz. 11; *Peters/Jacoby* in Staudinger, Neubearb. 2014, § 647 BGB Rz. 15 f. m.w.N.

26 *Geibel* in Derleder/Knobs/Bamberger, § 61 Rz. 99.

27 *A. München* in Baur/Tappen, § 93 KAGB Rz. 12.

28 *Moroni* in Moritz/Klebeck/Jesch, § 93 KAGB Rz. 8; *Beckmann* in Beckmann/Scholtz/Vollmer, § 93 KAGB Rz. 33, 94.

29 *Moroni* in Moritz/Klebeck/Jesch, § 93 KAGB Rz. 9; *Anders* in Weitnauer/Boxberger/Anders, § 93 KAGB Rz. 6.

30 *Moroni* in Moritz/Klebeck/Jesch, § 93 KAGB Rz. 9; *Anders* in Weitnauer/Boxberger/Anders, § 93 KAGB Rz. 6.

IV. Vergütung und Aufwendungsersatz nur aus dem Sondervermögen (§ 93 Abs. 3 KAGB)

1. Inhalt, Zweck

16 Die KVG kann sich wegen ihrer Vergütungs- und Aufwendungsersatzansprüche nur aus dem Sondervermögen befriedigen. Eine persönliche Haftung der Anleger ist ausgeschlossen. Die **Haftung der Anleger ist auf den Anlagebetrag begrenzt**. Es handelt sich dabei um ein allgemeines Prinzip der Kollektivanlage (s. z.B. auch § 152 Abs. 3 Satz 1 KAGB, § 5b VermAnlG).[31] Die KVG fällt mit ihrem Ersatzanspruch aus, soweit das Sondervermögen verbraucht ist.[32] Näher Rz. 23. Fällige Vergütungs- und Aufwendungsersatzansprüche sind in der Anteilswertberechnung miteinzupreisen und bei der Anteilsausgabe anzugeben. Bei Verletzung dieser Pflicht kommen Schadensersatzansprüche der Neuanleger in Betracht.[33]

2. Befriedigung nur aus dem Sondervermögen

17 Die KVG kann sich nur aus dem Sondervermögen **befriedigen**. Genügt dieses nicht, fällt die KVG mit ihrem Restanspruch aus. Die Vorschrift besagt hingegen nichts über die **Modalitäten** dieses Vorgangs. Anders als der Wortlaut suggeriert kann sich die KVG den Ersatz nicht selbst gewähren. Der materiell-rechtliche **Anspruchsgegner ist** mangels Rechtsfähigkeit des Sondervermögens **die Verwahrstelle**.[34] Sie hat die Auszahlung im Rahmen ihrer Funktion freizugeben (vgl. §§ 79 Abs. 1, 89a Abs. 1 KAGB). Prozessual ist eine Klage auf Auszahlung gegen die Verwahrstelle zu richten (§ 253 Abs. 2 Nr. 1 ZPO).

3. Vergütungsansprüche (§ 93 Abs. 3 Halbs. 1 Alt. 1 KAGB)

18 Der Vergütungsanspruch (§§ 675 Abs. 1, 611 Abs. 1 BGB) steht in einem **synallagmatischen Verhältnis zur Verwaltung des Sondervermögens**.[35] Es ist zwischen den einzelnen **Vergütungsarten** zu unterscheiden.[36] In Betracht kommen die Erwerbskosten, die – regelmäßigen und erfolgsabhängigen[37] – Verwaltergebühren sowie die Veräußerungskosten. Zu den **Erwerbskosten** zählen Ausgabeaufschläge/Agios sowie (ggf. verdeckte) Innenprovisionen.[38] Die Vergütung kann während des Anlagezeitraums verändert werden.[39]

19 Während in anderen Rechtsordnungen (insb. USA) **Pauschalbeträge** vom verwalteten Vermögen sehr verbreitet sind (*wrap fee programs, All-In-Fees*), überwiegt in Deutschland eine **Dreiteilung aus Verwaltungs-, Verwahr- und transaktionsbezogenen Kosten**, nur gelegentlich sind Pauschalbeträge zu finden (dazu § 162 Rz. 103 ff.). Dies ist u.a. Folge der detaillierten Angabepflichten gem. §§ 101 Abs. 2 Nr. 2, 162 Abs. 2 Nr. 11 bis 13 (s. § 162 Rz. 90 ff.) sowie 165 Abs. 3 Nr. 7 KAGB. Zudem soll zur Abwehr der AGB-rechtlichen Unwirksamkeit zumindest bei Privatanlegerfonds in Bezug auf die enthaltene Aufwandskomponente (z.B. Transaktionskosten) der **Gegenbeweis zulässig** sein, dass die Kosten in der jeweiligen Höhe nicht entstanden sind (vgl. §§ 308 Nr. 7 und 309 Nr. 5 BGB).[40] Dies würde Pauschalgebühren unattraktiv machen, weil der Verwalter von Kosteneinsparungen nicht profitiert. Zur Diskussion vgl. § 162 Rz. 106.

20 Eine **unklare oder schwer verständliche Vergütungsregelung** verstößt gegen das **AGB-rechtliche Transparenzgebot** (§ 307 Abs. 1 Satz 2 BGB), das auf die Beschreibung der Leistungspflichten Anwendung findet – § 307 Abs. 3 Satz 1 BGB schließt nur eine Angemessenheitskontrolle, nicht aber eine Verständlichkeits- und Transparenzprüfung aus (§ 307 Abs. 1 Satz 2 BGB).[41] Die §§ 162 Abs. 2 Nr. 11 und 12, 165 Abs. 3

31 Vgl. *Zetzsche*, Prinzipien der kollektiven Vermögensanlage, 2015, S. 853 f.

32 *Zetzsche*, Prinzipien der kollektiven Vermögensanlage, 2015, S. 841; vgl. auch *Moroni* in Moritz/Klebeck/Jesch, § 93 KAGB Rz. 10; *Anders* in Weitnauer/Boxberger/Anders, § 93 KAGB Rz. 8.

33 *Moroni* in Moritz/Klebeck/Jesch, § 93 KAGB Rz. 12; *Beckmann* in Beckmann/Scholtz/Vollmer, § 93 KAGB Rz. 93; *Nietsch* in Emde/Dornseifer/Dreibus/Hölscher, § 31 InvG Rz. 27.

34 **A.A.** *Fürbaß*, S. 120 ff.

35 Vgl. dazu und zu den folgenden Ausführungen *Zetzsche*, Prinzipien der kollektiven Vermögensanlage, 2015, S. 701 ff.

36 Vgl. auch BaFin, Rundschreiben 08/2015 (WA), Abschnitt 7.6.1.

37 Vgl. *Zetzsche*, Prinzipien der kollektiven Vermögensanlage, 2015, S. 707 ff.

38 Näher dazu mit Blick auf Art. 24 AIFM-VO und § 2 Abs. 1 KAVerOV *Zetzsche*, Prinzipien der kollektiven Vermögensanlage, 2015, S. 729, 732 ff.

39 *Zetzsche*, Prinzipien der kollektiven Vermögensanlage, 2015, S. 725.

40 S. schon *Schmitz* in Berger/Steck/Lübbehüsen, § 41 InvG Rz. 30; **a.A.** *Polifke* in Weitnauer/Boxberger/Anders, § 162 KAGB Rz. 37.

41 Vgl. *Bachmann/Kunschke* in Beckmann/Scholtz/Vollmer, § 162 KAGB Rz. 78.

Nr. 4, 171 Abs. 2, 280 KAGB ersetzen die AGB-Kontrolle nicht (näher § 162 Rz. 96 f.). Kommt es damit zwar nicht zu einer Preis-, aber zu einer Verständlichkeits- und Transparenzprüfung, weicht die Rechtsfolge im Fall des Verstoßes von der aus vertriebsrechtlicher Sicht typischen Lösung vom Vertrag ab. Der Anleger wird grundsätzlich an dem Vertrag unter Auslassung der inkriminierten Klausel festgehalten. Dabei spricht der **Präventionsgedanke** gegen eine ergänzende Vertragsauslegung im Sinne einer geltungserhaltenden Reduktion. Neben dem Bestimmtheits- und Transparenzgebot für **Leistungsabreden** ist für **Preisnebenabreden** und **Zahlungsmodalitäten** eine AGB-Inhaltskontrolle weiterhin zulässig. So ist z.B. eine Gestaltung mit den Grundgedanken der gesetzlichen Regelung (§ 307 Abs. 2 Nr. 1 BGB) unvereinbar, die entgegen der Zweifelsfall-Regel des § 316 BGB die Bestimmung der Gegenleistung (Vergütung) in die Hände des Verwalters (als Leistenden) statt des Anlegers (als Leistungsempfänger) legt. Die Verwaltervergütung muss von Anfang an so festgelegt sein, dass der Anleger ermitteln kann, welche Vergütung er schuldet.

Das KAGB kennt **keinen Kontrollmaßstab für die absolute Gebührenhöhe.** Es ist nicht etwa aufgrund eines Treuhandverhältnisses von der KVG zu verlangen, die Anlegerinteressen bei der Festsetzung der Fondsgebühren zu wahren.[42] Andererseits sind die potentielle Intransparenz möglicher Gestaltungen und damit verbundene Gefahren einer Fehlsteuerung von Kapitalströmen nicht von der Hand zu weisen. Die AGB-Verständlichkeits- und Transparenzprüfung steht exzessiven, aber deutlich dargestellten Vergütungen nicht entgegen. Exzesskontrolle ist Preiskontrolle. Das Zivilrecht steht Preiskontrollen nicht zuletzt aus verfassungsrechtlichen Gründen zurückhaltend gegenüber. Subsidiär gelten die allgemeinen Schranken der **Sittenwidrigkeit** (§ 138 Abs. 1 BGB), des **Wuchers** (§ 138 Abs. 2 BGB) und des Grundsatzes von **Treu und Glauben** (§ 242 BGB). Im Einzelfall kann eine Preisvereinbarung, die in besonders grobem Missverhältnis zur Gestaltung der Anlage steht, wegen Wucherähnlichkeit objektiv sittenwidrig sein. Auffällig ist das Verhältnis von Leistung und Gegenleistung z.B. bei Vereinbarung einer 0 %-Erfolgsgrenze, verbunden mit sehr kurzen Erfolgsintervallen bei börsengehandelten Anlagegegenstanden und einer hohen Erfolgsbeteiligung oder wenn das **Entgelt das 4-fache des *Marktüblichen* übersteigt.** Die zulässige Höhe bestimmt sich nach der konkreten Anlagestrategie. Die Beweislast trägt, wer sich auf die Sittenwidrigkeit beruft, i.d.R. also der Anleger. 21

4. Aufwendungsersatz (§ 93 Abs. 3 Halbs. 1 Alt. 2 KAGB)

§ 93 Abs. 3 Halbs. 1 Alt. 2 KAGB **setzt Aufwendungsersatzansprüche** aus den für gemeinschaftliche Rechnung der Anleger getätigten Geschäften **voraus**, begründet diese aber selbst nicht. **Anspruchsgrundlage ist § 670 BGB.** Es handelt sich um die wesentliche Anspruchsgrundlage der KVG, um Aufwendungen für den Erwerb von Vermögensgegenständen sowie Dritten gezahlte Transaktionskosten aus dem Sondervermögen zurück zu erhalten.[43] Auch die **Eingehung einer Verbindlichkeit** zur Ausführung eines Auftrags ist Aufwendung i.S.v. § 670 BGB, mit der Folge eines Freistellungsanspruchs des Verwalters gem. § 257 BGB;[44] es entspricht sogar dem Regelfall, dass die KVG nicht in Vorleistung tritt, sondern bei der Verwahrstelle um Freistellung nachsucht.[45] 22

Selbstredend wird kein pflichtgemäßer Verwalter eine Anlage tätigen, um Verluste zu erzielen, aber die Gewinnerzielung scheitert gelegentlich auch bei gebotener Sorgfalt. Welche Aufwendungen gem. § 670 BGB den Umständen nach für erforderlich gehalten werden dürfen richtet sich nach dem zugrunde liegenden Auftragsverhältnis (i.e. dem Investmentvertrag). Die Höhe des Ersatzanspruchs bestimmt sich nach der pflichtgemäßen subjektiv-objektiven ex ante Betrachtung des Geschäftsbesorgers. Der Verwalter hat sich am Interesse des Auftraggebers zu orientieren und zu entscheiden, ob der Aufwand in einem vernünftigen Verhältnis zum angestrebten Erfolg steht. Liegt danach ein Geschäft im typisierten Anlegerinteresse und im Rahmen der vereinbarten Risiko-Rendite-Relation, sind auch aus **ex-post-Sicht unnütze und verlustbringende Aufwendungen** zu ersetzen. Der Geschäftsherr (also die Gemeinschaft der Anleger) trägt das Prognoserisiko für die Nützlichkeit der Aufwendung. 23

5. Keine persönliche Haftung der Anleger (§ 93 Abs. 3 Halbs. 2 KAGB)

Die **Anleger haften der KVG nicht persönlich** für die Vergütungs- und Aufwendungsersatzansprüche. Die Vorschrift enthält einen gesetzlichen Haftungsausschluss und schließt prozessual die Klag- sowie Voll- 24

42 Detailliert dagegen *Zetzsche*, Prinzipien der kollektiven Vermögensanlage, 2015, S. 725 ff. Dafür aber etwa noch *Beckmann* in Beckmann/Scholtz/Vollmer, § 43 InvG Rz. 86.

43 Vgl. dazu BaFin, Rundschreiben 08/2015 (WA), Abschnitt 7.6.2.

44 Wie hier *Beckmann* in Beckmann/Scholtz/Vollmer, § 93 KAGB Rz. 91; *Fürbaß*, S. 124 ff.; *Nietsch* in Emde/Dornseifer/Dreibus/Hölscher, § 31 InvG Rz. 26; **a.A.** *Schmitz* in Berger/Steck/Lübbehüsen, § 31 InvG Rz. 22.

45 Vgl. *Moroni* in Moritz/Klebeck/Jesch, § 93 KAGB Rz. 12.

streckbarkeit eines Anspruchs gegen das Vermögen der Anleger jenseits des Sondervermögens aus.[46] Sie ähnelt damit den unvollkommenen Verbindlichkeiten (z.B. § 762 BGB), schließt aber nicht bereits die Begründung eines Schuldverhältnisses aus. Eine Klage gegen einzelne Anleger ist durch Prozess-, nicht durch Sachurteil abzuweisen.

25 Eine **rechtsgeschäftliche Abweichung** von § 93 Abs. 3 Halbs. 2 KAGB ist in engen Grenzen möglich.[47] Die formularmäßige Abbedingung gegenüber risikoaversen **Privatanlegern** (§ 1 Abs. 19 Nr. 31 KAGB, s. § 1 Rz. 240 f.) scheitert aufgrund der Abweichung von einem wesentlichen **Grundgedanken der gesetzlichen Regelung** jedenfalls an § 307 Abs. 1 Satz 1, Abs. 2 Nr. 1 BGB. Des Weiteren ist eine dahingehende Anlagebedingung überraschend i.S.d. § 305c Abs. 1 BGB: Ein Privatanleger erwartet, dass seine Haftung auf den Anlagebetrag begrenzt ist (vgl. Rz. 16). Die gegenteilige Auffassung führte lediglich zu Regressansprüchen gegen die Vertriebsintermediäre wegen fehlerhafter Anlageberatung. **Individualvertraglich** können **Haftungserweiterungen** grundsätzlich vereinbart werden. Die Vorschrift schützt vor Überrumpelung, entzieht aber nicht die Vertragsfreiheit, soweit das strukturelle Gleichgewicht gewahrt ist. Der Nachweis einer Individualvereinbarung bedarf der Darlegung, dass die Regelung weder in formeller noch in materieller Hinsicht Teil des vorformulierten Investmentvertrages ist. Beim erstmaligen Abschluss mit dem Privatanleger unter Berücksichtigung der Geschäftsgepflogenheiten wird ein solcher Nachweis kaum gelinge. Bei Verbraucherverträgen ist zudem § 310 Abs. 3 Nr. 1, 2 BGB zu beachten.

26 Gegenüber risikotragfähigen **(semi-)professionellen Anlegern** (§ 1 Abs. 19 Nr. 32, 33 KAGB, dazu § 1 Rz. 242 ff.) ist nach hier vertretener Ansicht **auch eine formularvertragliche Abweichung** zulässig. Voraussetzung ist, dass sich der qualifizierte Anleger ein Bild von der Anlage machen und das Risiko abschätzen bzw. sich davor schützen kann (z.B. durch Vereinbarung eines Haftungshöchstbetrags). Anders als § 93 Abs. 2 Satz 3 KAGB enthält Abs. 3 keine vergleichbare Regelung. Eine Reduktion des teleologischen Gehalts ist daher möglich. Es ist nicht ersichtlich, weshalb der Schutz qualifizierter Anleger weiterreichen soll als derjenige von Aktionären, denen z.B. durch Satzung Nebenverpflichtungen auferlegt werden können (§ 55 AktG). Für **qualifizierte Anleger** sind daher **besondere Anlageklassen mit einer Einstandspflicht über den Anlagebetrag hinaus** denkbar. Eine unangemessene Benachteiligung der Anleger i.S.d. § 307 Abs. 1 Satz 1, Abs. 2 Nr. 1 BGB stellt dies nicht dar.

V. Verfügungsverbot (§ 93 Abs. 4 KAGB)

1. Inhalt, Zweck

27 Die Vorschrift bezweckt die Bewahrung des **Bestands des Sondervermögens und den Schutz vor Vermögensabfluss**. Dadurch wird eine Umgehung des Haftungsausschlusses (§ 93 Abs. 2 KAGB) verhindert (s. Rz. 10 ff.).[48] Sie dient damit **allein dem Schutz der Anleger**. Vor diesem Hintergrund normiert § 93 Abs. 4 Satz 1 Halbs. 1 KAGB ein sog. **(relatives) Verfügungsverbot**, das das rechtliche Verfügendürfen i.S.d. § 93 Abs. 1 KAGB begrenzt. Der KVG ist es danach untersagt, Sondervermögensgegenstände zu verpfänden oder sonst zu belasten, zur Sicherung zu übereignen oder zur Sicherung abzutreten. § 93 Abs. 4 Satz 1 Halbs. 2 KAGB statuiert eine sog. **Verfügungsbeschränkung**, die als materiell-rechtliche Folge eines Verstoßes gegen das Verfügungsverbot die sog. relative Unwirksamkeit anordnet. Die Vorschrift entspricht damit regelungstechnisch § 135 Abs. 1 Satz 1 BGB. Im Gegensatz zu den sog. **absoluten Verfügungsverboten**, die insbesondere dem Schutz allgemeiner bzw. öffentlicher Interessen dienen,[49] hat ein Verstoß nicht die Nichtigkeit der Verfügung zur Folge (§ 134 BGB).

2. Anwendungsbereich: Gegenstände, die zu einem Sondervermögen gehören

28 Das Belastungsverbot bezieht sich nur auf **Sondervermögensgegenstände**. Die KVG ist nicht gehindert, Gegenstände, die in ihrem Vermögen stehen, zu verpfänden (§§ 1204, 1273 BGB) oder zur Sicherheit zu übereignen (§§ 929 Satz 1, 930 BGB).[50] Ebenso steht es ihr frei, Sicherungszessionen (§ 398 BGB) an eige-

46 Vgl. *Zetzsche*, Prinzipien der kollektiven Vermögensanlage, 2015, S. 853; *Canaris*, Bankvertragsrecht, Rz. 2416; *Köndgen* in Berger/Steck/Lübbehüsen, § 29 InvG Rz. 7; *Dreibus* Emde/Dornseifer/Dreibus/Hölscher, § 29 InvG Rz. 3.

47 Vgl. *Zetzsche*, Prinzipien der kollektiven Vermögensanlage, 2015, S. 854 ff.

48 *Beckmann* in Beckmann/Scholtz/Vollmer, § 93 KAGB Rz. 50; *Nietsch* in Emde/Dornseifer/Dreibus/Hölscher, § 31 InvG Rz. 32.

49 Motive zum BGB, Allgemeiner Teil, S. 212.

50 *Moroni* in Moritz/Klebeck/Jesch, § 93 KAGB Rz. 19; *Beckmann* in Beckmann/Scholtz/Vollmer, § 93 KAGB Rz. 54.

nen Forderungen (z.B. Vergütungsansprüche) vorzunehmen.[51] Zum Sondervermögen zählen auch Sicherheiten, die der KVG von Dritten geleistet werden, soweit das Rechtsgeschäft für das Sondervermögen abgeschlossen wurde.[52] Die KVG ist angehalten im Zweifel die **wirtschaftliche Zuordnung des Gegenstandes** zu dokumentieren und zu belegen. Dies kann insbesondere beim Treuhandmodell (§ 92 Rz. 13 ff.) von entscheidender Bedeutung sein. Die Gefahr der **Belastung von Sondervermögensgegenständen** wird durch die Zustimmungspflicht der Verwahrstelle zu einzelnen Verfügungen relativiert (vgl. § 84 Abs. 1 Nr. 3, 4 KAGB). Einzelne Belastungen werden sich ohne Mitwirkung der Verwahrstelle nicht verwirklichen lassen.[53]

3. Reichweite des Verbots

a) Verpfändung

Sondervermögensgegenstände dürfen **nicht verpfändet werden**. Die Variante ist Regelbeispiel des generellen rechtsgeschäftlichen Belastungsverbots (s. sogleich Rz. 30). Sie trägt dem Grundsatz Rechnung, dass Sicherungsgeber und Schuldner der gesicherten Forderung nicht identisch sein müssen. Erfasst sind die rechtsgeschäftliche Verpfändung von Sachen (§§ 1204, 1205 BGB) sowie die Verpfändung von Rechten (§§ 1273, 1274 BGB). Die Vorschrift trifft **keine Aussage zum Entstehen gesetzlicher Pfandrechte**.[54] Weil das Sondervermögen gem. § 93 Abs. 2 Satz 1 KAGB nicht für Verbindlichkeiten der KVG und soweit es nicht für Verbindlichkeiten aus Rechtsgeschäften für gemeinschaftliche Rechnung der Anleger haftet, können gesetzliche Pfandrechte nicht entstehen (s. Rz. 12). 29

b) Sonstige Belastung

Sondervermögensgegenstände dürfen **nicht sonst belastet werden**. Die Vorschrift statuiert ein **generelles rechtsgeschäftliches Belastungsverbot**. Als sonstige Belastungen kommen z.B. in Betracht der Nießbrauch, insbesondere derjenige an Rechten (§ 1068 BGB), die Hypothek (§ 1113 BGB) und die Grundschuld (§ 1191 BGB). Die Umgehung von § 93 Abs. 2 Satz 1 KAGB soll nicht durch Gestaltungsmissbrauch der KVG ermöglicht werden. § 93 Abs. 4 Satz 2 KAGB enthält Ausnahmen dieses allgemeinen Verbots (s. Rz. 36 ff.). 30

c) Sicherungsübereignung

Sondervermögensgegenstände dürfen **nicht zur Sicherung übereignet werden**. Die Sicherungsübereignung und -zession (s. sogleich Rz. 32) sollen sämtliche Sicherungsformen im Sinne der Richtlinie 2002/47/EG[55] miteinschließen.[56] Die Sicherungsübereignung erfasst eine Konstellation, die wirtschaftlich dem Pfandrecht an beweglichen Sachen entspricht und der in der Praxis diesem gegenüber eine größere Bedeutung zukommt. Anders als das Pfandrecht ist die Sicherungsübereignung nicht vom Bestand der Forderung abhängig. Der Sicherungsnehmer wird gem. §§ 929 Satz 1, 930 BGB in vollem Umfang Eigentümer der sicherungsübereigneten Sache. Dem Sicherungsgeber fließt indes unmittelbar kein Vermögensvorteil zu. Der Gesetzgeber möchte diese Form der Sicherheitenbestellung ausgeschlossen wissen. Auf die Gestaltungsform kommt es nicht an, so dass auch eine Sicherungsübereignung unter auflösender Bedingung (§ 158 Abs. 2 BGB) erfasst wird. 31

d) Sicherungsabtretung

Sondervermögensgegenstände dürfen **nicht zur Sicherung abgetreten werden**. Die Vorschrift erfasst die sog. **Sicherungszession** (§ 398 BGB).[57] Es handelt sich dabei um eine nicht-akzessorische Vollrechtsübertragung, die wirtschaftlich dem Pfandrecht an Rechten bzw. Forderungen (§ 1273 BGB) entspricht. Letzteres wird in praxi von der Sicherungsabtretung aufgrund des umständlichen Verwertungsprozesses (§ 1282 BGB) und dem Ausschluss der „stillen" Zession (§ 1280 BGB) weitgehend verdrängt. Die Vorschrift um- 32

---

51 *Moroni* in Moritz/Klebeck/Jesch, § 93 KAGB Rz. 19; *Beckmann* in Beckmann/Scholtz/Vollmer, § 93 KAGB Rz. 54.

52 *Beckmann* in Beckmann/Scholtz/Vollmer, § 93 KAGB Rz. 54; *Nietsch* in Emde/Dornseifer/Dreibus/Hölscher, § 30 InvG Rz. 28; **a.A.** *Schmitz* in Berger/Steck/Lübbehüsen, § 31 InvG Rz. 29.

53 Vgl. dazu *Beckmann* in Beckmann/Scholtz/Vollmer, § 93 KAGB Rz. 61.

54 *Anders* in Weitnauer/Boxberger/Anders, § 93 KAGB Rz. 11; *Nietsch* in Emde/Dornseifer/Dreibus/Hölscher, § 31 InvG Rz. 34 f.; *Schmitz* in Berger/Steck/Lübbehüsen, § 31 InvG Rz. 29 f.

55 Richtlinie 2002/47/EG des Europäischen Parlaments und des Rates vom 6.6.2002 über Finanzsicherheiten, ABl. EU Nr. L 168, S. 43.

56 Reg.Begr. (InvModG) v. 19.9.2003, BT-Drucks. 15/1553, S. 85.

57 Vgl. dazu *Busche* in Staudinger, Neubearb. 2017, Einl. zu §§ 398 ff. BGB Rz. 65 ff.

fasst nicht nur die „echte" Sicherungsabtretung. Es genügt auch, wenn der Sicherungsnehmer berechtigt ist **aus der abgetretenen Forderung Befriedigung zu suchen** (vgl. § 364 Abs. 2 BGB). In letzterem Fall erfolgt die Zession nicht nur sicherungshalber.[58] Bei der „echten" Sicherungszession hingegen darf sich der Sicherungsnehmer erst aus der abgetretenen Forderung befriedigen, wenn eine Ablösung durch den Sicherungsgeber gescheitert ist.

e) Erwerb belasteter Gegenstände?

33 Im Schrifttum wird teilweise vertreten, der **Erwerb eines belasteten Gegenstandes** sei vom Verbot des § 93 Abs. 4 Satz 1 Halbs. 1 KAGB umfasst.[59] Andere gehen davon aus, dass die Belastung zwingend wertmindernd beim Erwerb des Gegenstandes anzurechnen sei. Nur in diesem Fall sei der Erwerb wirksam.[60] Beide Ansichten sind abzulehnen.[61] Der Wortlaut wendet sich eindeutig gegen einzelne Verfügungen. Der Anwendungsbereich ist nur eröffnet für Gegenstände, die bereits Bestandteil des Sondervermögens sind.[62] In systematischer Hinsicht ist § 93 Abs. 4 Satz 1 Halbs. 1 KAGB als Ausnahme von der weiten Verfügungs- und Rechtsausübungsermächtigung nach § 93 Abs. 1 KAGB zu sehen (s. dazu Rz. 3 ff.). Auch der Sinn und Zweck streitet gegen eine solche teleologische Extension. Die Vorschrift möchte insbesondere den vorhandenen Bestand des Sondervermögens schützen (s. Rz. 27). Erwirbt die KVG einen belasteten Gegenstand zu einem überteuerten Preis, reduziert sich entsprechend ihr Aufwendungsersatzanspruch. Die Eingehung einer solchen Verbindlichkeit darf sie unter Berücksichtigung des Anlegerinteresses regelmäßig nicht für erforderlich halten (vgl. §§ 675 Abs. 1, 670 BGB). Der Bestand des Sondervermögens ist bereits dadurch hinreichend geschützt.

4. Rechtsfolge bei Verstoß: Relative Unwirksamkeit

34 Eine unter Verstoß gegen diese Vorschrift vorgenommene Verfügung ist **gegenüber den Anlegern unwirksam**, § 93 Abs. 4 Satz 1 Halbs. 2 KAGB. Die Vorschrift ordnet die sog. relative Unwirksamkeit der Verfügung an. Die Rechtsfolge dieser sog. **Verfügungsbeschränkung** entspricht § 135 Abs. 1 Satz 1 BGB. Sie besagt indes nur, dass die Wirkung anlegerbezogen relativ ist. Die **konkrete Reichweite im Einzelfall ist nicht geregelt**. Die Verwahrstelle ist zur Geltendmachung der aus der Unwirksamkeit resultierenden Ansprüche berufen.[63]

35 Der **Erwerb vom Verbotsbetroffenen** ist gem. § 135 Abs. 2 BGB in Verbindung mit den jeweiligen Redlichkeitsvorschriften (z.B. §§ 892 Abs. 1 Satz 2, 932 Abs. 2, 1207 BGB) möglich.[64] Steht der gänzliche Mangel des Rechts in der Person des Vorgängers einem Rechtserwerb nicht entgegen, so kann auch ein teilweiser Mangel diesen nicht verhindern.[65] Anders als in den §§ 75 Abs. 2 Satz 4, 84 Abs. 2 Satz 4 KAGB hat der Gesetzgeber auf einen klarstellenden Hinweis verzichtet. Es ist jedoch nicht erkennbar, dass er diesen allgemeinen Grundsatz ausschließen wollte. Ein Umkehrschluss lässt sich aufgrund der systematischen Stellung der genannten Vorschriften nicht ziehen.[66] **Bezugspunkt der Redlichkeit** des Rechtsverkehrs ist das Nichtbestehen eines Verfügungsverbots.[67] Der Erwerber handelt regelmäßig bereits dann grob fahrlässig, wenn er weiß, dass er einen Sondervermögensgegenstand von der KVG erwirbt.[68] Bei der Abtretung von Forderungen besteht kein Redlichkeitsschutz.

58 Vgl. BGH v. 19.12.2013 – IX ZR 127/11, NJW 2014, 1239 Rz. 11.

59 *A. München* in Baur/Tappen, § 93 KAGB Rz. 29; aus dem älteren Schrifttum *Scherer* in Brinkhaus/Scherer, § 9 KAGG Rz. 19 a.E.; *Baur*, Investmentgesetze, § 9 Rz. 23; *v. Pannwitz*, S. 106 f.

60 In diesem Sinne wohl *Nietsch* in Emde/Dornseifer/Dreibus/Hölscher, § 31 InvG Rz. 40.

61 So auch *Fürbaß*, S. 107 f.; *Beckmann* in Beckmann/Scholtz/Vollmer, § 93 KAGB Rz. 55; *Schmitz* in Berger/Steck/Lübbehüsen, § 31 InvG Rz. 32.

62 *Fürbaß*, S. 107.

63 *A. München* in Baur/Tappen, § 93 KAGB Rz. 25 Fn. 15.

64 *A. München* in Baur/Tappen, § 93 KAGB Rz. 26; aus dem älteren Schrifttum *G. Roth*, Treuhandmodell, S. 133; *v. Pannwitz*, S. 105 f.; *Canaris*, Bankvertragsrecht, Rz. 2407; **a.A.** *Beckmann* in Beckmann/Scholtz/Vollmer, § 93 KAGB Rz. 62.

65 Motive zum BGB, Allgemeiner Teil, S. 213.

66 I.E. wie hier *Moroni* in Moritz/Klebeck/Jesch, § 93 KAGB Rz. 20; **a.A.** *Beckmann* in Beckmann/Scholtz/Vollmer, § 93 KAGB Rz. 62.

67 Vgl. RG v. 20.6.1917 – V 70/17, RGZ 90, 335 (338); *Mülbert*, AcP 214 (2014), 309 (319); *Kohler* in Staudinger, BGB, Neubearb. 2017, § 135 Rz. 70 m.w.N.

68 *Moroni* in Moritz/Klebeck/Jesch, § 93 KAGB Rz. 20; *Beckmann* in Beckmann/Scholtz/Vollmer, § 93 KAGB Rz. 63; *Canaris*, Bankvertragsrecht, Rz. 2407, wenn der Erwerber gewerbsmäßig im Bankwesen tätig ist.

5. Ausnahmen

a) Zweck der Ausnahmen

§ 93 Abs. 4 Satz 2 KAGB regelt **Ausnahmen vom Verfügungsverbot** des ersten Satzes. Zweck ist die Ermöglichung von Leverage (§ 1 Rz. 216 ff.), Derivaten und Leerverkäufen in dem nach dem Fondstypus und den Anlagebedingungen jeweils zulässigen Rahmen. Ferner soll der KVG nicht die Möglichkeit eines Erwerbs genommen werden, wenn dazu die Belastung eines Sondervermögensgegenstandes wirtschaftlich notwendig ist. 36

b) Kreditaufnahme

Das Verfügungsverbot ist nicht anzuwenden, wenn für Rechnung eines Sondervermögens **Kredite aufgenommen werden** (vgl. §§ 199, 221 Abs. 6, 254, 274, 283 Abs. 1 Satz 1 Nr. 1, 284 Abs. 4 KAGB). In diesen Fällen wäre die Kreditaufnahme ohne Grundpfandrechtsbestellung oder Sicherungszession wirtschaftlich nicht durchsetzbar. Damit diese Regelungen nicht leerlaufen ist eine Belastung möglich, wenn die Kreditaufnahme nach den genannten Vorschriften zulässig ist.[69] 37

c) Derivatgeschäfte

Das Verfügungsverbot greift nicht ein, wenn für Rechnung eines Sondervermögens **einem Dritten Optionsrechte eingeräumt (Alt. 1)** oder **Wertpapier-Pensionsgeschäfte** gem. § 203 KAGB **(Alt. 2)** oder **Finanz- und Devisenterminkontrakte, Swaps oder ähnliche Geschäfte** i.S.d. § 197 KAGB **(Alt. 3)** abgeschlossen werden. S. jeweils dort. 38

d) Leerverkäufe, Wertpapierdarlehen

Vom Verfügungsverbot ausgenommen sind auch **Leerverkäufe (§ 283 Abs. 1 Satz 1 Nr. 2 KAGB) oder Wertpapier-Darlehen**, die **für Rechnung eines Sondervermögens** getätigt bzw. einem Sondervermögen gewährt werden. 39

e) Verweis auf Verordnung (EU) 2015/2365 (§ 93 Abs. 4 Satz 2 Halbs. 2 KAGB)

Ist die **KVG als Gegenpartei** aufgetreten, kann sie die als Sicherheit erhaltenen Finanzinstrumente weiterverwenden, wenn die Voraussetzungen des Art. 15 Verordnung (EU) 2015/2365[70] gegeben sind. 40

VI. Aufrechnungsverbot (§ 93 Abs. 5 KAGB)

1. Inhalt, Zweck

§ 93 Abs. 5 Satz 1 KAGB bestimmt, dass **Forderungen gegen die KVG** und solche, die **wirtschaftlich dem Sondervermögen zugeordnet** sind, nicht gegeneinander aufgerechnet werden können. Die Vorschrift enthält ein **Aufrechnungsverbot zugunsten des Sondervermögens.** Das in § 93 Abs. 2 KAGB normierte allgemeine Prinzip der Haftungsabschirmung (s. Rz. 10 ff.) wird dadurch weiter ausdifferenziert. Bestimmen die Anlagebedingungen (§ 162 Abs. 2 Nr. 3 KAGB), dass die Sondervermögensgegenstände im Miteigentum der Anleger stehen (§ 92 Rz. 9 ff.), hat die Vorschrift **deklaratorische Wirkung.** Die KVG ist nicht formaler Rechtsinhaber. Mangels Gegenseitigkeit besteht ohnehin keine Aufrechnungslage (§ 387 BGB).[71] Im Rahmen des Treuhandmodells (§ 92 Rz. 13 ff.) ist das Eigentum formell der KVG zugewiesen. In diesem Fall ist die Aufrechnungserklärung (der KVG oder Gläubiger) nach § 134 BGB nichtig.[72] Es handelt sich um ein **absolutes Verfügungsverbot.** 41

---

69 Dazu *Kraushaar*, BKR 2017, 496 ff.

70 Verordnung (EU) 2015/2365 des Europäischen Parlaments und des Rates vom 25.11.2015 über die Transparenz von Wertpapierfinanzierungsgeschäften und der Weiterverwendung sowie zur Änderung der Verordnung (EU) Nr. 648/2012, ABl. EU Nr. L 337, S. 1.

71 *Moroni* in Moritz/Klebeck/Jesch, § 93 KAGB Rz. 22; *Beckmann* in Beckmann/Scholtz/Vollmer, § 93 KAGB Rz. 70; *A. München* in Baur/Tappen, § 93 KAGB Rz. 33; *Fürbaß*, S. 107; *Möllers*, BKR 2011, 353 (356); **a.A.** *Schmitz* in Berger/Steck/Lübbehüsen, § 31 InvG Rz. 36 (Forderungsinhaber allein die KVG als Treuhänder).

72 *Moroni* in Moritz/Klebeck/Jesch, § 93 KAGB Rz. 23; *Beckmann* in Beckmann/Scholtz/Vollmer, § 93 KAGB Rz. 70; *A. München* in Baur/Tappen, § 93 KAGB Rz. 33; *Fürbaß*, S. 116.

2. Aufrechnungsverbot (§ 93 Abs. 5 Satz 1 KAGB)

a) Adressaten

42 Das Aufrechnungsverbot richtet sich in personeller Hinsicht sowohl an die **KVG** als auch an die **Gläubiger der KVG**. Es ist daher unerheblich, wer die Aufrechnung erklärt. Gläubiger des Sondervermögens kann es mangels Rechtsfähigkeit desselben nicht geben. Die KVG ist auch dann an einer Aufrechnung gehindert, wenn ihr für das Geschäft ein Aufwendungsersatzanspruch zusteht.[73] Dieser entsteht erst mit Begleichung der fälligen Gläubigerforderung. Wäre die KVG in diesem Fall aufrechnungsbefugt, würde die formale Prüfungsmöglichkeit der Verwahrstelle abgeschnitten (vgl. §§ 79 Abs. 1, 89a Abs. 1 KAGB).[74] Im Ergebnis kehrte sich die Darlegungs- und Beweislast für die Erforderlichkeit der Aufwendungen (§§ 675 Abs. 1, 670 BGB) um. Eine **teleologische Reduktion** ist im Einzelfall denkbar, wenn eine Aufrechnung ausnahmsweise sinnvoll und angemessen erscheint (z.B. Hilfsaufrechnung im Gerichtsprozess).[75] Die Gläubiger der KVG sind ihrerseits auf das Vermögen der KVG beschränkt. Sie müssen sich erforderlichenfalls durch Pfändungs- und Überweisungsbeschluss (§§ 829, 835 ZPO) Zugriff auf die Vergütungs- und Aufwendungsersatzansprüche verschaffen.

b) Erfasste Forderungen

aa) Forderungen gegen die KVG

43 Der gegenständliche Anwendungsbereich des Aufrechnungsverbotes umfasst **Forderungen gegen die KVG** (**Gläubigerperspektive**). Der Entstehungsgrund der Forderung ist nicht entscheidend. Es kann sich um Forderungen handeln, die die KVG im eigenen Namen **für eigene Rechnung** tätigt (z.B. Büromaterial). Häufiger wird es um Forderungen gehen, die die KVG im eigenen Namen **für gemeinschaftliche Rechnung der Anleger** tätigt. Für beide Wirkungskreise haftet das Sondervermögen nicht, vgl. § 93 Abs. 2 Satz 1 KAGB.

bb) Forderungen, die zu einem Sondervermögen gehören

44 Das Aufrechnungsverbot erfasst **Forderungen, die gleichzeitig Sondervermögensgegenstände** sind (**Anlegerperspektive**). Diese müssen wirtschaftlich dem Sondervermögen zuzuordnen sein. Ob diese gem. § 92 Abs. 1 Satz 1 KAGB im Eigentum der KVG oder im Miteigentum der Anleger stehen, ist unerheblich. Ohne § 93 Abs. 5 Satz 1 KAGB könnte die KVG im Wege der Aufrechnung über diese Gegenstände verfügen (vgl. § 93 Abs. 1, Abs. 4 KAGB). Zum einen wird dadurch einem Missbrauch durch die KVG vorgebeugt. Zum anderen wird sichergestellt, dass dem Sondervermögen in tatsächlicher Hinsicht ein Gegenwert zufließt.

3. Ausnahmen (§ 93 Abs. 5 Satz 2 KAGB)

a) Rahmenverträge über Geschäfte

45 § 93 Abs. 5 Satz 2 KAGB nimmt einzelne **Aufrechnungsvereinbarungen, die auf Rahmenverträgen beruhen**, vom Anwendungsbereich des Aufrechnungsverbotes aus.[76] Vergleichbar mit § 93 Abs. 4 Satz 2 KAGB ist diese Ausnahme erforderlich, da ansonsten die genannten Geschäfte (Derivatkontrakte, Wertpapierdarlehen, Wertpapier-Pensionsgeschäfte, Primebroker-Einsatz) undurchführbar sind. Diesen liegen weitgehend **standardisierte Rahmenverträge** zugrunde, welche für Einzelabschlüsse Aufrechnungen vorsehen und bei Beendigung des Vertrages bzw. Insolvenz einer Partei eine **Gesamtsaldierung** der Positionen vornehmen; die bei der Saldierung entstehende einheitliche Ausgleichsforderung ersetzt die vormaligen Einzelansprüche. Aus dogmatischer Sicht kann die Aufrechnungsvereinbarung aufschiebend bedingt oder als vertragliches Aufrechnungsrecht einer Partei verstanden werden.[77]

b) Derivate

46 Das **Aufrechnungsverbot greift nicht** für **Derivatkontrakte** i.S.d. § 197 Abs. 1 Satz 1 KAGB. Das Gesetz differenziert nicht zwischen OTC- und börslich gehandelten Derivatkontrakten. Die Rahmenverträge sehen

---

73 *Moroni* in Moritz/Klebeck/Jesch, § 93 KAGB Rz. 23; **a.A.** *Schmitz* in Berger/Steck/Lübbehüsen, § 31 InvG Rz. 38.

74 *Moroni* in Moritz/Klebeck/Jesch, § 93 KAGB Rz. 23.

75 *Moroni* in Moritz/Klebeck/Jesch, § 93 KAGB Rz. 23 hält dies insbesondere auf Liegenschaftsverwaltungsebene für typisch und erforderlich.

76 Vgl. ausführlich zur Vorgängernorm § 31 Abs. 6 Satz 2 InvG und den einzelnen Aufrechnungsklauseln in Rahmenverträgen *Möllers*, BKR 2011, 353 ff.

77 Vgl. *Berger*, Der Aufrechnungsvertrag, 1996, S. 226 ff.; *Ehricke*, ZIP 2003, 273 (280).

üblicherweise für beide Arten ein sog. **Liquidationsnetting** (*close-out netting*) vor. Der Verweis auf § 197 Abs. 3 Nr. 3 KAGB wurde dementsprechend durch Bezugnahme auf § 197 Abs. 1 Satz 1 KAGB nachträglich geändert.[78]

c) Wertpapierdarlehen, Wertpapier-Pensionsgeschäfte

Ausgenommen vom Aufrechnungsverbot sind Aufrechnungsvereinbarungen in **Rahmenverträgen über Wertpapierdarlehens- und Wertpapier-Pensionsgeschäfte** (§§ 200, 203 KAGB). Vgl. dazu § 200 Rz. 10 ff. und § 203 Rz. 5 ff., 13. 47

d) Primebroker-Einsatz

Nicht vom Aufrechnungsverbot erfasst sind Aufrechnungsvereinbarungen in **Rahmenverträgen mit Primebrokern** (§ 1 Abs. 19 Nr. 30 KAGB, dazu § 1 Rz. 227 f.). Diese verwenden zur Durchführung ihrer Geschäfte spezielle Zahlungs- und Aufrechnungssysteme. Ein Aufrechnungsverbot würde den Einsatz von Primebrokern verhindern, obwohl deren Einsatz vom Gesetz an mehreren Stellen geregelt ist. Siehe dazu detailliert § 31 Rz. 5 ff. 48

VII. Haftung der KVG bei teileingezahlten Aktien (§ 93 Abs. 6 KAGB)

1. Inhalt, Zweck

§ 93 Abs. 6 KAGB weist unabhängig von den formalen Eigentumsverhältnissen – Miteigentums- oder Treuhandmodell (§ 92 Rz. 9 ff.) – die **Haftung für nicht voll eingezahlte Aktien** der KVG zu. Im Rahmen des Treuhandmodells ergibt sich dies schon aus ihrer Stellung als formaler Eigentümerin des Sondervermögens. Wird das Miteigentumsmodell gewählt, schließt § 93 Abs. 6 KAGB eine gesamtschuldnerische Haftung der Anleger (§ 69 Abs. 2 AktG) aus.[79] Die Vorschrift verwirklicht die in § 93 Abs. 2 KAGB postulierte haftungsrechtliche Abschirmung des Sondervermögens.[80] Die Vorschrift stellt zugleich klar, dass der Erwerb nicht voll eingezahlter Aktien zulässig ist. 49

2. Voraussetzungen

a) Nicht voll eingezahlte Aktien

Entgegen des ersten Anscheins erfasst die Vorschrift **Bar- und Sacheinlagen**. Nur Namensaktien dürfen vor Leistung des vollen Ausgabebetrags ausgegeben werden (§ 10 Abs. 2 Satz 1 AktG). Werden teileingezahlte Inhaberaktien ausgegeben, bleibt die Entstehung der Mitgliedschaft davon unberührt.[81] Die **Bareinlagepflicht** trifft originär den Übernehmer (§ 23 Abs. 2 Nr. 2 AktG), den Zeichner (§§ 185, 198 Abs. 2 Satz 1, 203 Abs. 1 AktG) oder den Gesamtrechtsnachfolger sowie derivativ den rechtsgeschäftlichen Erwerber. Die **Sacheinlagepflicht** trifft hingegen nur den Schuldner, der sich zu ihrer Leistung verpflichtet hat (§§ 54 Abs. 2, 65 Abs. 1 AktG), sowie dessen Gesamtrechtsnachfolger. Dieser bleibt auch nach einer Veräußerung zur Leistung der Sacheinlage verpflichtet. Den Erwerber trifft jedoch subsidiär die primäre Bareinlagepflicht.[82] 50

Zugunsten des rechtsgeschäftlichen Zweiterwerbers besteht die **Möglichkeit eines gutgläubigen lastenfreien Erwerbs**. Für Inhaberaktien folgt dies analog §§ 932, 936 BGB.[83] Anderes gilt bei der Ausübung eines mittelbaren Bezugsrechts. Hierbei handelt es sich um einen originären Erwerb.[84] Bei Namensaktien ergibt sich eine vergleichbare Möglichkeit aus § 68 Abs. 1 Satz 2 AktG, § 16 Abs. 2 WG. Den gutgläubigen rechtsgeschäftlichen Erwerber trifft keine Einzahlungspflicht. 51

---

78 Art. 2 Nr. 24 des Gesetzes zur Anpassung von Gesetzen auf dem Gebiet des Finanzmarktes v. 15.7.2014, BGBl. I 2014, S. 934.

79 *Moroni* in Moritz/Klebeck/Jesch, § 93 KAGB Rz. 26; *A. München* in Baur/Tappen, § 93 KAGB Rz. 35; *Anders* in Weitnauer/Boxberger/Anders, § 93 KAGB Rz. 16; *Beckmann* in Beckmann/Scholtz/Vollmer, § 93 KAGB Rz. 80.

80 *Moroni* in Moritz/Klebeck/Jesch, § 93 KAGB Rz. 25; *A. München* in Baur/Tappen, § 93 KAGB Rz. 35; *Beckmann* in Beckmann/Scholtz/Vollmer, § 93 KAGB Rz. 80.

81 Unstreitig; vgl. RG v. 29.3.1927 – 247/26, JR 1927, 791 Nr. 1306; *Hüffer/Koch*, § 10 AktG Rz. 9; *Dauner-Lieb* in KölnKomm. AktG, 3. Aufl. 2010, § 10 AktG Rz. 37 f.

82 Vgl. *Drygala* in KölnKomm. AktG, 3. Aufl. 2010, § 54 AktG Rz. 9 f., 11; *Bungeroth* in MünchKomm. AktG, 4. Aufl. 2016, § 54 AktG Rz. 21; *Cahn/v. Spannenberg* in Spindler/Stilz, AktG, 3. Aufl. 2015, § 54 AktG Rz. 13.

83 Vgl. *Drygala* in KölnKomm. AktG, 3. Aufl. 2010, § 54 AktG Rz. 17; *Bungeroth* in MünchKomm. AktG, § 54 AktG Rz. 15.

84 Vgl. BGH v. 5.4.1993 – II ZR 195/91, BGHZ 122, 180, 197 ff.

b) Aufnahme in ein Sondervermögen

52 Die Vorschrift setzt die **Aufnahme in ein Sondervermögen** voraus. Entstehungszeitpunkt ist die Vollendung des Rechtserwerbs für gemeinschaftliche Rechnung der Anleger. Die Aktien müssen eindeutig einem Sondervermögen wirtschaftlich zuzuordnen sein. Ab diesem Zeitpunkt besteht bei der Miteigentumslösung (§ 92 Rz. 9 ff.) die Gefahr, dass die Anleger gesamtschuldnerisch (§ 69 Abs. 2 AktG) für die ausstehende Einlagepflicht haften.

3. Rechtsfolge

53 Die **KVG haftet für die Leistung der ausstehenden Einlagen** (§ 54 Abs. 1, 2 AktG) **mit ihrem eigenen Vermögen.** Sie kann jedoch in Höhe des geleisteten Betrags einen **Aufwendungsersatzanspruch gegen die Verwahrstelle** gelten machen (s. Rz. 22 f.). Die KVG haftet auch für etwaige Zinsen (§ 63 Abs. 2 Satz 1 AktG), weitergehende Schadensersatzansprüche (vgl. § 63 Abs. 2 Satz 2 AktG i.V.m. §§ 280 Abs. 1, 2, 286 BGB) sowie verwirkte Vertragsstrafen (§ 63 Abs. 3 AktG). In diesem Falle besteht **kein Aufwendungsersatzanspruch**, soweit der Aktienerwerb für die Anlagestrategie nicht unverzichtbar ist. Hat die KVG geleistet, obwohl sie die Aktien gutgläubig lastenfrei erworben hat, ist sie auf die Geltendmachung eines Bereicherungsanspruchs (§ 812 Abs. 1 Satz 1 Alt. 1 BGB) gegen die AG verwiesen. Die Zahlung auf nichtbestehende Forderungen ist nicht erforderlich i.S.d. §§ 675 Abs. 1, 670 BGB.

4. Analoge Anwendbarkeit

54 Die Vorschrift ist **analog anwendbar** auf **vergleichbare Konstellationen.** Dies gilt insbesondere für die gesellschaftliche Haftung bei nicht voll eingezahlten Mitgliedschaftsanteilen oder etwaigen gesellschaftsrechtlichen Nachschusspflichten z.B. aus der Stellung als Personengesellschafter. Solche Pflichten könnten den Bestand des Sondervermögens bedrohen. Aber auch bei anderen gesetzlichen Haftungstatbeständen, die an das Eigentum an Sondervermögensgegenständen anknüpfen, ist eine entsprechende Anwendung angezeigt, um die Anleger zu schützen.[85] Freilich zieht der **Zweck der Schutznorm**, der darin besteht, die haftungsrechtliche Abschirmung des zu Anlagezwecken tätigen Sondervermögens zu gewährleisten (Rz. 49), der entsprechenden Anwendung auch eine Grenze. Weiterhin muss die in den Anlagebedingungen vereinbarte Anlagestrategie möglich bleiben, soweit der dingliche Bestand des Sondervermögens unberührt bleibt. Daraus kann sich eine **Begrenzung der Analogie** in Fällen ergeben, in denen eine abgestufte Kapitaleinzahlung **lediglich Vertragsbestandteil (Verpflichtungsebene)** ist, so etwa bei **Meilenstein-/*staging*-Abreden** im Venture Capital und Private Equity-Bereich. In solchen Fällen mag man zwar einen ähnlichen Fall vermuten, dieser kann jedoch die haftungsrechtliche Abschirmung mangels dinglicher Wirkung nicht bedrohen.

VIII. Haftung der KVG bei nicht einbezahlten, aber in den Verkehr gelangten Anteilen (§ 93 Abs. 7 KAGB)

1. Inhalt, Zweck

55 § 93 Abs. 7 KAGB normiert eine **verschuldensunabhängige Haftung der KVG,**[86] wenn Anteilsscheine in den Verkehr gelangt sind, ohne dass der Anteilswert dem Sondervermögen zugeflossen ist. Die Vorschrift sichert die tatsächliche Aufbringung des Sondervermögens und schützt gleichzeitig vor einer Verwässerung der Vermögensanlage, damit nicht bereits investierte Anleger andere Anleger mitfinanzieren.[87]

2. Voraussetzungen

a) Anteile in den Verkehr gelangt

56 Die Vorschrift setzt voraus, dass **Anteilsscheine in den Verkehr gelangt** sind. Das Gesetz sagt nicht, wie sich die Ausgabe der Anteilsscheine vollzieht. Anteile am Sondervermögen werden gem. § 95 Abs. 1 Satz 1 KAGB in Anteilscheinen verbrieft. Regelmäßig wird dies in einer Sammelurkunde geschehen (vgl. § 95

85 *Moroni* in Moritz/Klebeck/Jesch, § 93 KAGB Rz. 26; *Beckmann* in Beckmann/Scholtz/Vollmer, § 93 KAGB Rz. 81; *A. München* in Baur/Tappen, § 93 KAGB Rz. 35; *Anders* in Weitnauer/Boxberger/Anders, § 93 KAGB Rz. 18; *Nietsch* in Emde/Dornseifer/Dreibus/Hölscher, § 31 InvG Rz. 53; *Canaris*, Bankvertragsrecht, Rz. 2413.

86 *Moroni* in Moritz/Klebeck/Jesch, § 93 KAGB Rz. 27; *A. München* in Baur/Tappen, § 93 KAGB Rz. 38; *Anders* in Weitnauer/Boxberger/Anders, § 93 KAGB Rz. 19; *Beckmann* in Beckmann/Scholtz/Vollmer, § 93 KAGB Rz. 100; *Hölscher* in Emde/Dornseifer/Dreibus/Hölscher, § 36 InvG Rz. 226.

87 *Moroni* in Moritz/Klebeck/Jesch, § 93 KAGB Rz. 27; *Hölscher* in Emde/Dornseifer/Dreibus/Hölscher, § 36 InvG Rz. 226.

Abs. 1 Satz 3 Halbs. 1 KAGB). Die Anteilsausgabe findet bei OGAW unmittelbar durch die Verwahrstelle statt (vgl. dazu § 71 Rz. 4 ff.). Erforderlich ist, dass der vollständig ausgefertigte Anteilsschein den Machtbereich der Verwahrstelle verlässt. Der Wille der KVG oder der Verwahrstelle ist nicht entscheidend.[88] Erfasst werden daher auch Fälle, in denen die Anteilsscheine auf deliktische Art oder unter Verstoß gegen § 71 Abs. 1 Satz 2 KAGB erlangt wurden.[89]

b) Ohne dass der Anteilswert dem Sondervermögen zugeflossen ist

Der Anteilswert darf dem Sondervermögen **nicht zugeflossen sein.** Der Tatbestand setzt voraus, dass der Anteil einen Vermögenswert verkörpert. Ist dies nicht der Fall, besteht auch keine Zahlungspflicht der KVG. *Beispiel*: Nicht von der KVG und der Verwahrstelle unterzeichnete Anteilsscheine (§ 95 Abs. 1 Satz 5 KAGB) sind unwirksam. Auch können analog § 796 BGB dem Erst- oder Zweiterwerber bestimmte Einwendungen entgegengehalten werden.[90] In beiden Fällen ist die KVG nicht verpflichtet, den scheinbaren Vermögenswert einzuzahlen. 57

3. Rechtsfolge

Die KVG hat **aus ihrem eigenen Vermögen den fehlenden Betrag in das Sondervermögen einzulegen.** Der Anspruch ist von der Verwahrstelle geltend zu machen (§ 89 Abs. 1 Satz 1 Nr. 1 KAGB). Soweit die **Verwahrstelle** das Inverkehrgelangen der Anteilsscheine (mit-)verschuldet hat, **haftet sie neben der KVG** auf den fehlenden Betrag.[91] Im Verhältnis zur KVG ist sie allein verpflichtet (Rechtsgedanke des § 840 Abs. 3 BGB). 58

4. Entsprechende Anwendung

§ 93 Abs. 7 KAGB enthält ein **allgemeines Prinzip** der im KAGB geregelten Rechtsformen. Die Regelung ist entsprechend anwendbar gem. § 108 Abs. 4 KAGB auf die offene Investment-AG, § 124 Abs. 2 KAGB auf die offene Investment-KG, gem. § 140 Abs. 2 KAGB auf die geschlossene Investment-AG und gem. § 149 Abs. 2 KAGB auf die geschlossene Investment-KG. Ebenso hätte man die Regelung der Verwalterregulierung (§§ 23, 26 ff. KAGB) zuordnen können. Durch Verortung bei den Rechtsformen ist jedoch sichergestellt, dass die Regelung auch für die grenzüberschreitende Fondsverwaltung greift (vgl. §§ 52 Abs. 5, 54 Abs. 5, 66 Abs. 5 KAGB). 59

§ 94 Stimmrechtsausübung

[1]Die Kapitalverwaltungsgesellschaft bedarf zur Ausübung des Stimmrechts aus den zu einem Sondervermögen gehörenden Aktien keiner schriftlichen Vollmacht der Anleger. [2]§ 129 Absatz 3 des Aktiengesetzes ist entsprechend anzuwenden. [3]Die Kapitalverwaltungsgesellschaft soll das Stimmrecht aus Aktien von Gesellschaften, die ihren Sitz im Geltungsbereich dieses Gesetzes haben, im Regelfall selbst ausüben. [4]Das Stimmrecht kann für den Einzelfall durch einen Bevollmächtigten ausgeübt werden; dabei sollen ihm Weisungen für die Ausübung erteilt werden. [5]Ein unabhängiger Stimmrechtsvertreter kann auf Dauer und ohne Weisungen für die Stimmrechtsausübungen bevollmächtigt werden.

In der Fassung vom 4.7.2013 (BGBl. I 2013, S. 1981), zuletzt geändert durch das Gesetz zur Umsetzung der Transparenzrichtlinie-Änderungsrichtlinie vom 20.11.2015 (BGBl. I 2015, S. 2029).

88 *A. München* in Baur/Tappen, § 93 KAGB Rz. 38; *Beckmann* in Beckmann/Scholtz/Vollmer, § 93 KAGB Rz. 100.
89 *Beckmann* in Beckmann/Scholtz/Vollmer, § 93 KAGB Rz. 100.
90 *A. München* in Baur/Tappen, § 93 KAGB Rz. 39, 40.
91 *A. München* in Baur/Tappen, § 93 KAGB Rz. 40; *Hölscher* in Emde/Dornseifer/Dreibus/Hölscher, § 36 InvG Rz. 226.

Schrifttum: S. bei § 91 KAGB sowie *Dörrwächter*, Stimmrechts- und Vergütungsberatung – Interessenkonflikte und Unabhängigkeit, AG 2017, 409; *Dreibus/Schäfer*, Mitteilungspflichten über Stimmrechte gem. §§ 21, 22 WpHG bei inländischen Investmentfonds, NZG 2009, 1289; *Fleischer*, Zur Rolle und Regulierung von Stimmrechtsberatern (Proxy Advisors) im deutschen und europäischen Aktien- und Kapitalmarktrecht, AG 2012, 2; *Georgiev/Kolev*, Die überarbeitete Aktionärsrechterichtlinie (RL 2017/828/EU): Mehr Rechte und erhöhte Transparenz für die Aktionäre, GWR 2018, 107; *Klöhn/Schwarz*, Die Regulierung institutioneller Stimmrechtsberater, ZIP 2012, 149; *Schwarz*, Institutionelle Stimmberatung, 2013; *Simon/Zetzsche*, Das Vollmachtstimmrecht von Banken und geschäftsmäßigen Vertretern (§ 135 AktG n.F.) im Spannungsfeld von Corporate Governance, Präsenzsicherung und prozeduraler Effizienz, ZGR 2010, 918; *Strenger/Zetzsche*, Institutionelle Anleger, Verbesserung der Corporate Governance und Erleichterung der grenzüberschreitenden Stimmrechtsausübung, AG 2013, 397; *Strenger/Zetzsche*, Corporate Governance, Cross-Border Voting and the (draft) Securities Law Directive – enhancing investor activism by standardization –, Journal of Corporate Law Studies (JCLS) 13:2, 503 (2013); *Zetzsche*, Pflichten institutioneller Anleger bei der Stimmrechtsausübung – Anmerkungen zur Reform der Aktionärsrechte-Richtlinie (SRD II), FS Baums, 2017, S. 1505; *Zetzsche*, Langfristigkeit im Aktienrecht? – Der Vorschlag der Europäischen Kommission zur Reform der Aktionärsrechterichtlinie, NZG 2014, 1121; *Zetzsche/Preiner*, Verhaltenskodex für Stimmrechtsberater zwischen Vertrags- und Wettbewerbsrecht – Zur Einordnung der Best Practice Principles for Shareholder Voting Research & Analysis Providers, AG 2014, 685.

I. Zweck und Entwicklung

1 Die Vorschrift statuiert **Stimmrechtsmodi** sowie eine **indirekte Stimmpflicht**[1] der KVG in Bezug auf im Sondervermögen gehaltene Aktien. Die damit bezweckte Förderung der Stimmrechtsausübung wird als Zeichen einer guten Corporate Governance angesehen und dient gleichermaßen der Zielgesellschaft und den Anlegern.[2] Sie ist anzuwenden auf alle inländischen Sondervermögen, auch wenn diese im Wege der grenzüberschreitenden Vermögensverwaltung verwaltet werden, vgl. §§ 52 Abs. 5, 54 Abs. 5, 66 Abs. 5 KAGB. Die Vorschrift enthält **nichts zum Inhalt der Stimmrechtsausübung**. Die Stimmrechtsausübung muss im **besten Interesse von Anleger und Fonds** erfolgen (§ 26 Abs. 1 KAGB, Art. 37 AIFM-VO, Art. 21 RL 2010/43/EU), also grds. einem *shareholder value*-Ansatz folgen.[3]

2 Die Vorschrift wurde mit redaktionellen Anpassungen aus **§ 32 Abs. 1 InvG** übernommen, die ihrerseits aus § 9 Abs. 1 Satz 2 und 3 sowie § 10 Abs. 1 Satz 3 bis 5 KAGG stammen. § 9 Abs. 1 Satz 2 und 3 KAGG wurde gem. § 24 Abs. 1 Nr. 2 EGAktG 1965 eingefügt.[4] Die Regelung diente zwei Zwecken:[5] (1) Das unter § 135 AktG 1965 (wie unter § 114 AktG 1937) geltende Schriftformerfordernis sollte nicht für die KAG gelten; (2) Die für nicht erforderlich gehaltene, gesonderte Aufnahme der Sondervermögensaktien in das Teilnehmerverzeichnis sollte auch beim Treuhandmodell gelten. Durch Art. 1 Nr. 8 des 1. Finanzmarktförderungsgesetzes[6] wurde die bis dato allgemeine Verpflichtung zur Stimmrechtsausübung in § 10 Abs. 1 Satz 3 KAGG „aus Kostengründen" auf inländische Gesellschaften beschränkt.[7] Durch Art. 3 Nr. 11 des 4. Finanzmarktförderungsgesetzes[8] wurde § 10 Satz 5 KAGG eingefügt, wonach die KVG auch einen unabhängigen Stimmrechtsvertreter mit der Vertretung betrauen darf; die Vorschrift geht auf eine Anregung der Regierungskommission Corporate Governance zurück.[9] Die Vorschriften zur **Stimmrechtszurechnung bei Investmentbeziehungen gem. § 32 Abs. 2 bis 5 InvG**[10] wurden zunächst in § 94 Abs. 2 bis 5 KAGB übernommen, sodann aber mit dem Gesetz zur Umsetzung der Transparenzrichtlinie-Änderungsrichtlinie[11] in § 22a Abs. 3 bis 6 WpHG verschoben (heute § 35 Abs. 3 bis 6 WpHG[12]), diesbezügliche Vorschriften im WpÜG und AktG wurden angepasst.

---

1 Vgl. *Strenger/Zetzsche*, AG 2013, 397 ff.; *Strenger/Zetzsche*, Journal of Corporate Law Studies (JCLS) 13:2, 503-552 (2013).
2 Zu den Begründungsansätzen *Zetzsche* in FS Baums, 2017, S. 1505 ff.
3 *Köndgen/Schmies* in Bankrechts-Handbuch, § 113 Rz. 214; *Schäfer* in Moritz/Klebeck/Jesch, § 94 KAGB Rz. 7 ff.; *Beckmann* in Beckmann/Scholtz/Vollmer, § 94 Rz. 10 ff.
4 Einführungsgesetz zum Aktiengesetz v. 6.9.1965, BGBl. I 1965, S. 1185.
5 *Baur*, Investmentgesetze, KAGG, § 9 Anm. I.
6 Gesetz zur Verbesserung der Rahmenbedingungen der Finanzmärkte (Erstes Finanzmarktförderungsgesetz) v. 22.2.1990, BGBl. I 1990, S. 266.
7 Reg.Begr. (Investment-RL-Gesetz) v. 19.10.1989, BT-Drucks. 11/5411, S. 30.
8 Gesetz zur weiteren Fortentwicklung des Finanzplatzes Deutschland (Viertes Finanzmarktförderungsgesetz) v. 22.6.2002, BGBl. I 2002, S. 2010.
9 Reg.Begr. (4. FinzFördG) v. 18.1.2001, BT-Drucks. 14/8017, S. 102.
10 Dazu *Dreibus/Schäfer*, NZG 2009, 1289.
11 Gesetz zur Umsetzung der Transparenzrichtlinie-Änderungsrichtlinie v. 20.11.2015, BGBl. I 2015, S. 2029.
12 Näher *Uwe H. Schneider* in Assmann/Uwe H. Schneider/Mülbert, § 35 WpHG Rz. 13 ff.

§ 94 KAGB gilt nur für die Stimmrechtsausübung aus Aktien (i.e. Anteilsscheine einer AG und KGaA), nicht aber **aus Anteilen anderer Gesellschaftsformen**, und besagt auch nichts zu **Gläubigerrechten**. Jedoch folgt aus § 93 Abs. 1 KAGB auch insoweit die Befugnis der KVG zur Rechtsausübung. Umstritten ist der **Anwendungsbereich in regionaler Hinsicht**. Die Details zur Stimmrechtsausübung sollen nach h.M. nur inländische Aktien betreffen.[13] § 94 Satz 3 KAGB ist schon vom Wortlaut her auf inländische Aktien beschränkt, im Übrigen bestimmt sich der Geltungsbereich der Norm nach allgemeinen IPR-Grundsätzen. Danach sind die Vorschriften zur **Innenbeziehung zwischen Sondervermögen, Anlegern und KVG** (i.e. § 94 Sätze 1, 4 und 5 KAGB) auch anzuwenden, wenn es um ausländische Aktien im Sondervermögen geht: Insoweit handelt es sich um „Rechte und Pflichten im Zusammenhang mit einem Finanzinstrument" gem. Art. 6 Abs. 4 Buchst. d, Alt. 1 Rom I-VO,[14] mit der Rechtsfolge, dass die Vorschriften zum Vertragsstatut des Investmentvertrags zu zählen sind. Vorbehaltlich einer abweichenden Rechtswahl (Art. 3 Rom I-VO) ist darauf das **Recht am Ort der inländischen oder EU-KVG** anzuwenden (Art. 4 Abs. 1 Buchst. b Rom I-VO), im Verhältnis zu ausländischen KVG sind § 62 Abs. 2 KAGB bzw. Art. 37 Abs. 13 AIFM-RL zu berücksichtigen.[15] § 94 Satz 2 KAGB betrifft dagegen eine Ausnahme bzw. Klarstellung vom **Gesellschaftsstatut inländischer Aktiengesellschaften bzw. KGaA** und ist auf solche beschränkt. 3

II. Keine schriftliche Vollmacht für Stimmrechtsausübung (§ 94 Satz 1 KAGB)

§ 94 Satz 1 KAGB setzt die **Befugnis zur Stimmrechtsausübung** voraus. Diese folgt aus § 93 Abs. 1, Alt. 2 KAGB. Nach § 94 Satz 1 KAGB bedarf **die KVG zur Ausübung des Stimmrechts** aus den zu einem Sondervermögen gehörenden Aktien **keiner schriftlichen Vollmacht der Anleger**. Dass die Anleger Vollmacht erteilen (was bei Publikumsfonds unpraktikabel wäre), ist freilich nur für Sondervermögen nach dem Miteigentumsmodell (§ 92 Abs. 1 Satz 2, Alt. 2 KAGB, dazu § 92 Rz. 9) erwägenswert, beim Treuhandmodell (§ 92 Abs. 1 Satz 2, Alt. 1 KAGB, dazu § 92 Rz. 13) ist die KVG ohnedies im Außenverhältnis berechtigt.[16] Für die Ausübung des Stimmrechts **durch Bevollmächtigte der KVG** nach § 94 Sätze 4 und 5 KAGB gelten die dafür maßgeblichen Vorschriften.[17] 4

III. Entsprechende Geltung von § 129 Abs. 3 AktG (§ 94 Satz 2 KAGB)

§ 94 Satz 2 KAGB, wonach § 129 Abs. 3 AktG entsprechend anzuwenden ist, erfordert die **gesonderte Angabe der von der KVG vertretenen Aktien als „Fremdbesitz"** (Kennzeichen „F") im Teilnehmerverzeichnis.[18] Dadurch sind die Aktien im Sondervermögen von jenen im Eigenvermögen der KVG (die als Eigenbesitz zu melden sind) und den von der KVG ansonsten vertretenen Aktien (etwa aus der individuellen Vermögensverwaltung nach dem Vollmachtsmodell) getrennt anzumelden und offenzulegen.[19] Die Angabe ist **für jedes von der KVG verwaltete Sondervermögen** gesondert zu machen.[20] Dogmatisch setzt die Gleichsetzung mit dem Legitimationsaktionär eine „Ermächtigung" der KVG voraus, „im eigenen Namen das Stimmrecht für Aktien auszuüben, die ihm nicht gehören". Beim Treuhandmodell bedürfte es § 94 Satz 2 KAGB nicht, denn dort gilt § 129 Abs. 3 AktG unmittelbar; insoweit ist Satz 2 deklaratorisch. Die Wirkung von § 94 Satz 2 KAGB beschränkt sich daher – ebenso wie Satz 1 – auf das Miteigentumsmodell. 5

IV. Stimmpflicht (§ 94 Satz 3 KAGB)

Nach § 94 Satz 3 KAGB „soll" die KVG das Stimmrecht aus Aktien von Gesellschaften, die ihren Sitz (§ 5 AktG) im Geltungsbereich der KAGB haben, im Regelfall selbst ausüben. Die Vorschrift statuiert eine „in- 6

---

13 *Beckmann* in Beckmann/Scholtz/Vollmer, § 94 KAGB Rz. 15; *Taschke* in Baur/Tappen, § 94 KAGB Rz. 16; *Anders* in Weitnauer/Boxberger/Anders, § 94 KAGB Rz. 4; *Heinrich* Emde/Dornseifer/Dreibus/Hölscher, § 32 InvG Rz. 17; *Schmitz* in Berger/Steck/Lübbehüsen, § 32 InvG Rz. 7; **a.A.** *Schäfer* in Moritz/Klebeck/Jesch, § 94 KAGB Rz. 5.

14 Näher *Zetzsche*, Das grenzüberschreitende Investmentdreieck, in Zetzsche/Lehmann, § 7 Rz. 42 f.

15 Zum Bedeutungsgehalt dieser teilweise widersprüchlichen Vorschriften vgl. *Zetzsche*, Das grenzüberschreitende Investmentdreieck, in Zetzsche/Lehmann, § 7 Rz. 63 f.

16 *Schäfer* in Moritz/Klebeck/Jesch, § 94 KAGB Rz. 4; *Dreibus/Schäfer*, NZG 2009, 1289; *Beckmann* in Beckmann/Scholtz/Vollmer, § 94 KAGB Rz. 13 f.

17 Vgl. dazu *Tröger* in KölnKomm. AktG, 3. Aufl. 2017, § 134 AktG Rz. 153 ff.

18 Näher *Noack/Zetzsche* in KölnKomm. AktG, 3. Aufl. 2010, § 129 AktG Rz. 64 f.

19 *Schäfer* in Moritz/Klebeck/Jesch, § 94 KAGB Rz. 6.

20 Arg.: Gemäß § 129 Abs. 3 AktG ist jedes Ermächtigungsverhältnis gesondert offenzulegen, vgl. *Noack/Zetzsche* in KölnKomm. AktG, 3. Aufl. 2010, § 129 AktG Rz. 64.

direkte Stimmpflicht" dergestalt, dass **im Regelfall das Stimmrecht von der KVG für inländische Aktien auszuüben** ist und die **Nichtausübung der sachlichen Rechtfertigung bedarf.**[21] Jedenfalls erforderlich ist eine sachliche Auseinandersetzung mit dem Tagesordnungspunkt und Beschlussvorschlag der Verwaltung der Gesellschaft. Die Ausübung durch die KVG selbst meint nicht, dass die KVG selbst die Stimmentscheidung persönlich treffen muss. Sie kann auf Beauftragte zurückgreifen, die ihre **Weisungen zur Stimmrechtsausübung** erfüllen (arg. § 94 Sätze 4 und 5 KAGB).

7 **Zu ausländischen Aktien** verhält sich das Gesetz seit dem 1. Finanzmarktförderungsgesetz[22] nicht mehr. Daraus ist jedoch nicht abzuleiten, dass insoweit das Regel-Ausnahme-Verhältnis aus Zumutbarkeitsgründen umgekehrt sei, also die Stimmrechtsausübung zu rechtfertigen sei, wie es im Schrifttum vertreten wird.[23] Vielmehr gilt **Geschäftsbesorgungsrecht**, wonach es darauf ankommt, ob die Stimmrechtsausübung im (mutmaßlichen) Interesse der Anleger liegt. Wann dies der Fall ist, ist Tatsachenfrage, wobei Kosten und Nutzen der Stimmrechtsausübung in die Abwägung einzubeziehen sind. **Innerhalb des Binnenmarkts sind die Kosten der Stimmrechtsausübung** spätestens mit Umsetzung der Reform der Aktionärsrechte-Richtlinie **gesunken** sind. Daher ist im Regelfall davon auszugehen, dass die KVG die Stimmrechte aus Aktien von EU-Emittenten ausübt, es sei denn, es liegen besondere Umstände oder ein besonders kleiner Anteilsbesitz vor.

8 **Konkretisierungen von § 94 KAGB** finden sich in Wohlverhaltensregeln der Interessenverbände, speziell in V.5. bis 7. der Wohlverhaltensrichtlinien des BVI (Stand Mai 2018).[24]

V. Stimmrechtsausübung durch Bevollmächtigte (§ 94 Satz 4 und 5 KAGB)

9 § 94 Sätze 4 und 5 KAGB regeln, unter welchen Voraussetzungen die KVG Vertreter bevollmächtigen darf. § 94 Satz 4 KAGB betrifft die **Individualvollmacht** für eine Hauptversammlung, die mit Weisungen an den Vertreter erteilt werden muss. § 94 Satz 5 KAGB regelt den Fall der **Dauervollmacht**; diese kann ohne Weisungen erteilt werden. Als Vertreter kommt jedoch nur ein „unabhängiger Stimmrechtsvertreter" in Betracht. Die Regelung soll die Ausübung der mit dem Sondervermögen verbundenen Stimmrechte fördern und die Entwicklung eines Marktes für professionelle unabhängige Stimmrechtsvertreter unterstützen. Die daraus folgende Zunahme einer informierten Stimmrechtsausübung durch spezialisierte Finanzdienstleister dient außerdem der Gewährleistung guter Corporate Governance. Die Option einer Dauervollmacht entbindet die KVG freilich nicht von der mit der Pflicht zu sorgfältiger Verwaltung verbundenen Verpflichtung, das Abstimmungsverhalten des Vertreters z.B. durch allgemeine Richtlinien oder Abstimmungsvorgaben oder in besonderen Fällen durch konkrete Einzelweisungen zu lenken oder jedenfalls generell zu beobachten und zu kontrollieren.[25]

---

21 Detailliert *Strenger/Zetzsche*, AG 2013, 397 ff.; *Strenger/Zetzsche*, Journal of Corporate Law Studies (JCLS) 13:2, 503-552 (2013). S.a. *Schäfer* in Moritz/Klebeck/Jesch, § 94 KAGB Rz. 13; *Taschke* in Baur/Tappen, § 94 KAGB Rz. 23 f. m.w.N.

22 Gesetz zur Verbesserung der Rahmenbedingungen der Finanzmärkte (Erstes Finanzmarktförderungsgesetz) v. 22.2.1990, BGBl. I 1990, S. 266.

23 *Anders* in Weitnauer/Boxberger/Anders, § 94 KAGB Rz. 6 Fn. 8; *Schäfer* in Moritz/Klebeck/Jesch, § 94 KAGB Rz. 12, 17; *Schmitz* in Berger/Steck/Lübbehüsen, § 32 InvG Rz. 11; *Heinrich* Emde/Dornseifer/Dreibus/Hölscher, § 32 InvG Rz. 21; *Beckmann* in Beckmann/Scholtz/Vollmer, § 94 KAGB Rz. 32 (Ausübung nur, wenn HV im Inland abgehalten wird).

24 Die Wohlverhaltensrichtlinien des BVI lauten: „5. Die Fondsgesellschaft übt die mit den im Fonds gehaltenen Vermögensgegenständen verbundenen Aktionärs- und Gläubigerrechte treuhänderisch sowohl im In- als auch im Ausland aus, sofern dies nach Einschätzung der Fondsgesellschaft im Interesse der Anleger ist. Sie übt die Aktionärs- und Gläubigerrechte unabhängig von Interessen Dritter und ausschließlich im Interesse der Anleger aus. Sie berücksichtigt in angemessener Weise die vom europäischen Fondsverband EFAMA empfohlenen Prinzipien zur Ausübung der Stimmrechte in Portfoliounternehmen (sog. „EFAMA Code for External Governance", Stand 6.4.2011). 6. Sofern die Fondsgesellschaft Dritte mit der Analyse der Hauptversammlungsunterlagen betreut, weist sie diese an, bei der Analyse die Stimmrechtspolitik der Fondsgesellschaft zu berücksichtigen. Vorschläge für das Abstimmungsverhalten auf Basis der Analysen überprüft sie in angemessenem Umfang. 7. Beauftragt die Fondsgesellschaft einen Dritten mit der Ausübung der Stimmrechte vor Ort, prüft sie in angemessenem Umfang, ob sie im konkreten Fall für die Hauptversammlung ergänzende oder von ihrer Stimmrechtspolitik abweichende Vorgaben erteilen sollte. Soweit dies in Ergänzung oder Abweichung von der Stimmrechtspolitik notwendig ist, erteilt die Fondsgesellschaft konkrete Weisungen zu einzelnen Tagesordnungspunkten. Die Tätigkeiten der Dritten überwacht die Fondsgesellschaft auf geeignete Weise. Dies gilt auch, soweit die Fondsgesellschaft Dritte zur technischen Ausführung der Abstimmung der Tagesordnungspunkte der Hauptversammlung einschaltet."

25 Reg.Begr. (4. FinzFördG) v. 18.1.2001, BT-Drucks. 14/8017, S. 102; vgl. auch *Schäfer* in Moritz/Klebeck/Jesch, § 94 KAGB Rz. 16; *Beckmann* in Beckmann/Scholtz/Vollmer, § 94 KAGB Rz. 51.

Von wem der Vertreter nach § 94 Satz 5 KAGB unabhängig sein muss, regelt § 94 Satz 5 KAGB nicht. Nach den Regierungsmaterialien zu einem Vorentwurf soll Unabhängigkeit des Stimmrechtsvertreters nicht bedeuten, dass dieser **von der KVG** unabhängig zu sein hat, sondern dass er **über die Stimmrechtsausübung hinaus keine Eigeninteressen an der Zielgesellschaft**, in der die Stimmen auszuüben sind, **hat und von dieser unabhängig** ist. Zudem soll er unabhängig sein von Dritten, insbesondere von Gesellschaftern der KVG, welche ihrerseits anderweitige Interessen an der Stimmrechtsausübung haben könnten (insbesondere Kreditinstitute).[26] Sinnvoll ist es in der Tat, auf **Unabhängigkeit von der Gesellschaft** zu bestehen, in deren HV/Gesellschafterversammlung Stimmrechte ausgeübt werden. Der von der Gesellschaft benannte Stimmrechtsvertreter gem. § 134 Abs. 3 Satz 5 AktG scheidet als Vertreter aus. 10

Nach h.L. soll auch eine **Abhängigkeit von der Verwahrstelle** mit der Kontrollfunktion unvereinbar sein und eine Depotvollmacht gem. § 135 Abs. 1 AktG[27] oder Vollmacht an ein Kreditinstitut daher ausscheiden.[28] Daran verwundert, dass § 94 KAGB in den §§ 68 ff. KAGB nicht erwähnt wird und die Depotstimmrechtsabteilung bei Kreditinstituten funktional und hierarchisch von der Verwahrabteilung getrennt ist. Die tradierte Ansicht erklärt sich mit der lange anhaltenden Diskussion zum Mehrfacheinfluss von Kreditinstituten mittels des Depotstimmrecht,[29] berücksichtigt jedoch nicht die **zahlreichen** (und zuletzt im Jahr 2009 durchgeführten) **Reformen des § 135 AktG** seit Erlass des § 94 Satz 5 KAGB, die im Ergebnis eine **unabhängige Interessenwahrung durch die Depotbank**[30] bewirken. Zudem ist die Ausübung als Depotstimmrecht (durch die Verwahrstelle nebst deren Depotstimmrechtsabteilung) häufig die **kostengünstigste Variante,** worauf auch ausländische institutionelle Anleger zurückgreifen. Insbesondere wegen der Angreifbarkeit der Vertretungsalternativen – uninformierte Stimmabgabe oder über Stimmrechtsberater[31] – muss die Dauervertretung durch die Verwahrstelle (bzw. deren Depotstimmrechtsabteilung) zulässig sein. Unstreitig zulässig ist eine Ausübung des Stimmrechts durch die Verwahrstelle nach Weisung, da § 94 Satz 4 KAGB keine unabhängige Vertretung voraussetzt. 11

VI. Organisationsvorschriften zur Stimmrechtsausübung

Art. 37 AIFM-VO i.V.m. § 3 Abs. 1 Nr. 2 und Abs. 2 KAVerOV (die zugleich Art. 21 OGAW IV-Durchführungs-RL 2010/43/EU umsetzt) sind Organisationsvorschriften für die Stimmrechtsausübung sowie eine inhaltliche Leitlinie zu entnehmen. Die KVG hat eine wirksame und angemessene Strategie für die Stimmrechtsausübung (sog. **voting policy**) zu erstellen, wann und wie die mit den Instrumenten in den verwalteten Portfolios verbundenen Stimmrechte ausgeübt werden sollen, damit dies ausschließlich zum Nutzen des betreffenden Investmentvermögens geschieht (§ 94 Abs. 1 KAGB). Die voting policy hat gem. § 94 Abs. 2 KAGB Maßnahmen und Verfahren zu enthalten, die a) eine Verfolgung der maßgeblichen Corporate Events ermöglichen; b) sicherstellen, dass die Ausübung von Stimmrechten mit den Anlagezielen und der Anlagepolitik des jeweiligen OGAW in Einklang steht; c) Interessenkonflikte, die aus der Ausübung von Stimmrechten resultieren, verhindern oder regeln. Den Anlegern ist eine Kurzbeschreibung voting policy zur Verfügung gestellt (§ 94 Abs. 3 KAGB). S. **ausf. zu Stimmrechtsstrategien** und zu den Vorgaben der AIFM-VO § 27 Rz. 38 ff. 12

Kapitel Ib der reformierten Aktionärsrechte-RL 2017/828/EU enthält umfangreiche Vorgaben zur Stimmrechtsausübung auch durch Fondsgesellschaften, im Zusammenwirken mit institutionellen Anlegern und Stimmrechtsberatern.[32] Diese werden voraussichtlich im AktG umgesetzt und zielen auf eine **Abstimmung im Interesse der Endanleger** (z.B. Pensionäre, die in Pensionsfonds einzahlen, die wiederum Geld in Fondsanteile übergeben). 13

26 Reg.Begr. (Transparenz- und Publizitätsgesetz) v. 11.4.2002, BT-Drucks. 14/8769, S. 29 f. zum Entwurf eines Transparenz- und Publizitätsgesetzes (2002). Kreditinstituten generell die Eignung abzusprechen dürfte zu weit gehen, vgl. *Schäfer* in Moritz/Klebeck/Jesch, § 94 KAGB Rz. 15 m.w.N.

27 Dazu *Zetzsche* in KölnKomm. AktG, 3. Aufl. 2016, § 135 AktG Rz. 83 ff.

28 *Köndgen/Schmies* in Bankrechts-Handbuch, § 113 Rz. 214; *Taschke* in Baur/Tappen, § 94 KAGB Rz. 32; *Anders* in Weitnauer/Boxberger/Anders, § 94 KAGB Rz. 6; *Beckmann* in Beckmann/Scholtz/Vollmer, § 94 KAGB Rz. 54 ff.; *Heinrich* in Emde/Dornseifer/Dreibus/Hölscher, § 32 InvG Rz. 29; **a.A.** *Schäfer* in Moritz/Klebeck/Jesch, § 94 KAGB Rz. 15.

29 Dazu *Zetzsche* in KölnKomm. AktG, 3. Aufl. 2016, § 135 AktG Rz. 21 ff.

30 Dazu *Zetzsche* in KölnKomm. AktG, 3. Aufl. 2016, § 135 AktG Rz. 38 ff.; *Simon/Zetzsche*, ZGR 2010, 918 ff.

31 Vgl. dazu *Zetzsche* in KölnKomm. AktG, 3. Aufl. 2016, Nach § 135 AktG Rz. 76 ff.; *Zetzsche/Preiner*, AG 2014, 685 ff.; *Dörrwächter*, AG 2017, 409 ff.; *Schwarz*, Institutionelle Stimmberatung, 2013; *Klöhn/Schwarz*, ZIP 2012, 149 ff.; *Fleischer*, AG 2012, 2 ff.

32 Näher dazu *Zetzsche*, NZG 2014, 1121 (1123 ff.); *Zetzsche* in KölnKomm. AktG, 3. Aufl. 2016, Nach § 135 AktG Rz. 76 ff.; *Zetzsche* in FS Baums, 2017, S. 1505 ff.; *Georgiev/Kolev*, GWR 2018, 107 (108 ff.).

VII. Sanktionen

14 § 94 KAGB ist in den Katalogen von §§ 339, 340 KAGB nicht aufgeführt. Die BaFin kann die Einhaltung der Vorgaben mittels Missstandsaufsicht bewirken. Eine Sanktionierung erfolgt **zivilrechtlich im Verhältnis von Anlegern zur KVG** (Anspruchsgrundlagen: § 280 Abs. 1 BGB i.V.m. der Verletzung des Investmentvertrags; § 823 Abs. 2 BGB i.V.m. § 94 KAGB als Schutzgesetz[33]). Ein Schadensnachweis wird freilich selten gelingen. Ein Verstoß gegen § 94 KAGB betrifft grds. nur das **Innenverhältnis zwischen KVG und Anleger** (bereits Rz. 3). Daher stellt ein Verstoß gegen § 94 KAGB keinen Anfechtungsgrund gem. § 243 Abs. 1 AktG dar.

§ 95 Anteilscheine

(1) [1]Die Anteile an Sondervermögen werden in Anteilscheinen verbrieft. Die Anteilscheine können auf den Inhaber oder auf Namen lauten. [2]Lauten sie auf den Inhaber, sind sie in einer Sammelurkunde zu verbriefen und ist der Anspruch auf Einzelverbriefung auszuschließen; lauten sie auf den Namen, so gelten für sie die §§ 67 und 68 des Aktiengesetzes entsprechend. [3]Die Anteilscheine können über einen oder mehrere Anteile desselben Sondervermögens ausgestellt werden. [4]Die Anteilscheine sind von der Kapitalverwaltungsgesellschaft und von der Verwahrstelle zu unterzeichnen. [5]Die Unterzeichnung kann durch mechanische Vervielfältigung geschehen.

(2) [1]Stehen die zum Sondervermögen gehörenden Gegenstände den Anlegern gemeinschaftlich zu, so geht mit der Übertragung der in dem Anteilschein verbrieften Ansprüche auch der Anteil des Veräußerers an den zum Sondervermögen gehörenden Gegenständen auf den Erwerber über. Entsprechendes gilt für sonstige rechtsgeschäftliche Verfügungen sowie für Verfügungen, die im Wege der Zwangsvollstreckung oder Arrestvollziehung erfolgen. [2]Über den Anteil an den zum Sondervermögen gehörenden Gegenständen kann in keiner anderen Weise verfügt werden.

In der Fassung vom 4.7.2013 (BGBl. I 2013, S. 1981), zuletzt geändert durch das Gesetz zur Umsetzung der Richtlinie 2014/91/EU des Europäischen Parlaments und des Rates vom 23. Juli 2014 zur Änderung der Richtlinie 2009/65/EG zur Koordinierung der Rechts- und Verwaltungsvorschriften betreffend bestimmte Organismen für gemeinsame Anlagen in Wertpapieren (OGAW) im Hinblick auf die Aufgaben der Verwahrstelle, die Vergütungspolitik und Sanktionen vom 3.3.2016 (BGBl. I 2016, S. 348).

Schrifttum: S. bei § 91 KAGB.

I. Zweck und Entwicklung

1 Die Vorschrift regelt wertpapierrechtliche Fragen und steht in engem Zusammenhang mit § 97 KAGB. Sie schreibt in § 95 Abs. 1 KAGB die **Verbriefung von Anteilen am Investmentvermögen** vor und regelt Details, wie die Verbriefung zu erfolgen hat. § 95 Abs. 2 KAGB regelt, wie die **Anteilsübertragung** zu erfolgen hat. Was einen Anteil ausmacht, besagt § 95 KAGB nicht. § 95 KAGB gilt für **alle inländischen Sondervermögen**, auch wenn diese im Wege der grenzüberschreitenden Vermögensverwaltung verwaltet werden, vgl. §§ 52 Abs. 5, 54 Abs. 5, 66 Abs. 5 KAGB.

33 *Taschke* in Baur/Tappen, § 94 KAGB Rz. 29.

2 Die Vorschrift entspricht den redaktionell angepassten **§ 33 Abs. 1 und 2 InvG**. In § 95 **Abs. 1 Satz 3** KAGB wurde mit dem **OGAW-V-UmsG**[1] die Verpflichtung für Inhaberanteilsscheine zur Sammelverbriefung bei Ausschluss des Anspruchs auf Einzelverbriefung eingefügt (sog. **Zwangsgiro**, dazu Rz. 9 f.). Der Vorläufer von § 33 InvG war **§ 18 KAGG**,[2] welcher nahezu unverändert auf § 17 KAGG von 1957[3] beruhte. Durch die sog. KAGG-Novelle von 1970[4] wurde die Vorschrift mit den §§ 67, 68 AktG synchronisiert.

3 Die Norm setzt – ebenso wie das KAGB im Übrigen (vgl. § 168 Abs. 1 KAGB) – die Existenz von Anteilen voraus. **Anteil i.S.v. § 95 KAGB** ist das Bündel kollektiv gebundener Rechten und Pflichten, welches in der Person der Anleger durch Abschluss des Investmentvertrags gegenüber KVG, Verwahrstelle und ggf. Dritten entsteht;[5] dies kann beim Miteigentumsmodell (§ 92 Rz. 9) den Miteigentumsanteil am Sondervermögen umfassen. Der **Anteil entsteht** mit dem Abschluss des Investmentvertrags zwischen dem einzelnen Anleger und der KVG (dazu § 91 Rz. 22 ff., § 92 Rz. 6 f.). Der Anteil entsteht unabhängig von der Kapitaleinzahlung und Verbriefung, kann aber erst nach Kapitaleinzahlung (§ 71 Abs. 1 Satz 2 KAGB) verbrieft und erst nach der Verbriefung nur gem. § 95 Abs. 2 KAGB übertragen werden (vgl. Rz. 13 ff.). Der Anteil wird **in dem Umfang verbrieft, wie er rechtlich besteht**, i.e. er umfasst alle Ansprüche gegen die KVG, Verwahrstelle und Dritten.[6] Eine Verbriefung der dinglichen Position findet nicht statt (vgl. Rz. 26).[7]

4 Zur **Mindest- oder Maximalanteilsgröße** besagt § 95 KAGB ebenfalls nichts. § 95 Abs. 1 Satz 4 KAGB betrifft nur die Verbriefung existierender Anteile. § 21 Abs. 7 Satz 1 KAGG a.F. sah bei Erstausgabe noch die Begrenzung des Anteilswertes auf 50 € vor. Zweck der Vorschrift war es zu verhindern, dass Publikums-Sondervermögen (auch aus steuerlichen Gründen) ausschließlich für kapitalstarke Anleger geschaffen werden.[8] Der Gesetzgeber hat diese Regelung mit dem 4. Finanzmarktförderungsgesetz als nicht mehr zeitgemäß aufgehoben.[9] Eine **nachträgliche Teilung bzw. Zusammenlegung von Anteilen** ist nicht ausgeschlossen.[10] Sie bedarf grds. einer vertraglichen Regelung im Investmentvertrag resp. den Anlagebedingungen.

II. Verbriefungszwang (§ 95 Abs. 1 KAGB)

1. Verbriefung (§ 95 Abs. 1 Satz 1 KAGB)

5 **Anteilsscheine** (teils auch unscharf „Investmentzertifikate" genannt) sind verbriefte Anteile. § 95 KAGB bezieht sich nicht auf die Verbriefung gem. § 1 Abs. 19 Nr. 36 KAGB, sondern meint den Dokumentationsakt, mit dem Anteil und Papier verbunden werden. Der investmentrechtliche Anteilsschein ist **Finanzinstrument** gem. § 2 Abs. 4 Nr. 2 WpHG und auf Grund des Umstands, dass Zahlungsansprüche aus dem Investmentvertrag gegen den Emittenten verbrieft werden, WpHG-**Wertpapier** gem. § 2 Abs. 1 Nr. 3 Buchst. a WpHG (Schuldverschreibung). Der Verweis auf §§ 799 Abs. 2, 800 BGB steht dem nicht entgegen, weil es keine Kongruenz zwischen der WpHG- und der BGB-Terminologie der Schuldverschreibung gibt; man mag darin für Inhaberanteilsscheine im Gegenteil eine Bestätigung der Qualifikation als Inhaber-

1 Art. 1 Nr. 36 des Gesetzes zur Umsetzung der Richtlinie 2014/91/EU des Europäischen Parlaments und des Rates vom 23.7.2014 zur Änderung der Richtlinie 2009/65/EG zur Koordinierung der Rechts- und Verwaltungsvorschriften betreffend bestimmte Organismen für gemeinsame Anlagen in Wertpapieren (OGAW) im Hinblick auf die Aufgaben der Verwahrstelle, die Vergütungspolitik und Sanktionen (OGAW-V-UmsG) v. 3.3.2016, BGBl. I 2016, S. 348.

2 In der Fassung der Bekanntmachung v. 9.9.1998, BGBl. I 1998, S. 2726.

3 Gesetz über Kapitalanlagegesellschaften v. 16.4.1957, BGBl. I 1957, S. 378.

4 Neufassung des Gesetzes über Kapitalanlagegesellschaften (KAGG) v. 14.1.1970, BGBl. I 1970, S. 127.

5 Leicht abweichend *Schmitz* in Berger/Steck/Lübbehüsen, § 33 InvG Rz. 7; *Emde/Schott* in Emde/Dornseifer/Dreibus/Hölscher, § 33 InvG Rz. 3; *Anders* in Weitnauer/Boxberger/Anders, § 95 KAGB Rz. 3; *Lammel/Feller* in Baur/Tappen, § 95 KAGB Rz. 1.

6 Dies war unter § 17 KAGG 1957 noch str., was auf einen missverständlichen Wortlaut zurückging, wonach nur die Ansprüche gegen die KVG zu verbriefen war, ist aber heute weitgehend unstr. Näher *Klett*, S. 169 f.; *Schmitz* in Berger/Steck/Lübbehüsen, § 33 InvG Rz. 8; zur Gegenauffassung s. noch *Einsele*, S. 11.

7 Wie hier *Geibel* in Derleder/Knobs/Bamberger, § 61 Rz. 69; **a.A.** *Höring* in Moritz/Klebeck/Jesch, § 95 KAGB Rz. 5, 35; *Beckmann* in Beckmann/Scholtz/Vollmer, § 95 KAGB Rz. 21 f., 94; *Schott* in Emde/Dornseifer/Dreibus/Hölscher, § 33 InvG Rz. 4, 38 f. (Verbriefung auch der dinglichen Rechte beim Miteigentumsmodell; reine Klarstellungsfunktion).

8 Neuburger-Bericht v. 10.1.1957, BT-Drucks. II/2973, S. 3.

9 Art. 3 Nr. 17 Buchst. c des Gesetzes zur weiteren Fortentwicklung des Finanzplatzes Deutschland (Viertes Finanzmarktförderungsgesetz) v. 21.6.2001, BGBl. I 2001, S. 2010, 2316. Vgl. Reg.Begr. (4. FinzFördG) v. 18.1.2002, BT-Drucks. 14/8017, S. 104.

10 Wie hier *Geibel* in Derleder/Knobs/Bamberger, § 61 Rz. 70.

schuldverschreibung sehen. Im Sinne des DepotG handelt es sich nach h.M. um ein **Wertpapier eigener Art**[11] (arg. § 97 Abs. 2 Satz 2 KAGB, wonach manche der §§ 793 ff. BGB zu Schuldverschreibungen nur *entsprechend* gelten) sowie um ein **anderes vertretbares Wertpapier i.S.d. § 1 Abs. 1 Satz 1 DepotG**. Der Anteilsschein ist kein Traditionspapier;[12] vgl. zur Pfändung § 95 Abs. 2 Satz 3 KAGB, Rz. 22 f.

6 Anteilsscheine sind **deklaratorische Wertpapiere**, da der Anteil des Anlegers unabhängig von der Verbriefung existiert. Sie repräsentieren einen **Bruchteil am Sondervermögen** und sind als „quotale Beteiligung am Sondervermögen" zu bezeichnen.[13] Sie weisen eine Anteilsziffer aus („1/100/1.000 Anteile am Sondervermögen"[14]), sind aber – da das Sondervermögen keine fixe Kapitalziffer als Referenzwert kennt, sondern sich dynamisch in Abhängigkeit von Nachfrage und Anlageopportunitäten entwickelt – selbst **nennwertlos** (s. ebenso für Investment-AG § 109 Abs. 1 Satz 2 KAGB). Der Anteil berechnet sich mittels Division der Zahl der verbrieften Anteile durch die Gesamtzahl der Anteile desselben Sondervermögens. Die Verbriefung eines **Bruchteils eines Anteils am Sondervermögen** ist für Sondervermögen nicht vorgesehen (arg. nach § 95 Abs. 1 Satz 1 KAGB sind „Anteile eines Sondervermögens" Gegenstand der Verbriefung); nur ganze Anteile können verbrieft werden.[15] Dies weicht von der Parallelregelung für Investment-Aktiengesellschaften gem. § 109 Abs. 1 Satz 3, Halbs. 2 KAGB ab. Rechnerische Anteilsbruchteile, die bei der Abrechnung von Investmentkonten entstehen, sind keine Anteile, sondern Geldansprüche.[16] Von den Anteilsscheinen sind **Bestätigungen der Anteilsinhaberschaft** zu unterscheiden, wie sie z.B. von Depotbanken der Anleger oder der Verwahrstelle ausgestellt werden.

7 Die **Verbriefungsform** ist **im Verkaufsprospekt** bekanntzugeben (§ 165 Abs. 2 Nr. 25 KAGB), ist aber ausweislich § 162 KAGB nicht Pflichtbestandteil der **Anlagebedingungen.**[17] Gleiches gilt für den Ausschluss der Einzelverbriefung. Dies ist konsequent, weil sich seit Ausschluss der Einzelverbriefung bei Inhaberanteilsscheinen (§ 95 Abs. 1 Satz 3 KAGB) manche dispositive Regelung durch gesetzliche Regelung erledigt hat. Alternative Regelungsorte sind der **Investmentvertrag** sowie der nach hier vertretener Ansicht (§ 91 Rz. 22) die Anleger als Berechtigte einschließende **Verwahrstellenvertrag**. Die **Ausgabe des Anteilsscheins** obliegt bei OGAW gem. § 71 Abs. 1 Satz 1 KAGB der Verwahrstelle als gesetzlicher Vertreterin der KVG. Bei AIF kann dies die KVG tun, die dabei von der Verwahrstelle überwacht wird (§ 83 Abs. 1 Nr. 1 KAGB i.V.m. Anhang I.2. Buchst. a) vii) AIFM-RL). Die Ausgabe des Anteilsscheins setzt neben der Übergabe (meist ersetzt durch Surrogate) den Abschluss eines **wertpapierrechtlichen Begebungsvertrags** voraus; dieser ist in seinem rechtlichen Bestand von Mängeln des Investmentvertrags unabhängig.[18] Mängel des Begebungsvertrags lassen den Investmentvertrag unberührt, können aber ein Rückforderungsrecht der ausgebenden Stelle gegen den Anleger begründen. Dazu Rz. 15.

2. Namens- oder Inhaberpapiere (§ 95 Abs. 1 Satz 2, 3 KAGB)

8 Nach § 95 Abs. 1 Satz 2 KAGB können die Anteilscheine **auf den Inhaber oder auf Namen** lauten. Die KVG kennt bei Publikums-Sondervermögen regelmäßig ihre Anleger nicht. Dies ist auch nicht erforderlich, weil das Anlegerinteresse durch die konstituierenden Dokumente abstrakt bestimmt ist. Die Anlegerdaten ergeben sich aus der Depotbankkette – ausgehend von der Verwahrstelle bzw. dem Zentralverwahrer zur Depotbank des Anlegers,[19] jedoch sind die Anlegerdaten bislang nicht bei der Verwahrstelle aggregiert. Die Führung des Anteilsregisters und die Übertragung von Namensanteilsscheinen durch Indossament nach

---

11 Dazu *von Caemmerer*, JZ 1958, 41 (48); *Canaris*, Bankvertragsrecht, Rz. 2373. Ebenso *Lammel/Feller* in Baur/Tappen, § 95 KAGB Rz. 2; *Schmitz* in Berger/Steck/Lübbehüsen, § 33 InvG Rz. 9; *Höring* in Moritz/Klebeck/Jesch, § 95 KAGB Rz. 6; *Anders* in Weitnauer/Boxberger/Anders, § 95 KAGB Rz. 4; *Geibel* in Derleder/Knobs/Bamberger, § 61 Rz. 68; *Beckmann* in Beckmann/Scholtz/Vollmer, § 95 KAGB Rz. 30; *Marburger* in Staudinger, Neubearb. 2015, Vorb. zu §§ 793 BGB Rz. 63; *Wilhelmi* in Erman, § 793 BGB Rz. 12; **a.A.** z.B. *Gericke*, DB 1959, 1276 (1277); *Consbruch*, BB 1957, 337 (340); *Ebner von Eschenbach*, S. 160.

12 *Zöllner*, Wertpapierrecht, S. 190; *Lehmann*, Finanzinstrumente, S. 121 f.; *Klett*, S. 172; *Lammel/Feller* in Baur/Tappen, § 95 KAGB Rz. 3; **a.A.** noch im älteren Schrifttum, z.B. *Consbruch*, BB 1957, 337 (340); *Geßler*, WM Sonderbeilage Nr. 4/1957, 1 (25); *Gericke*, DB 1959, 1276.

13 *Lammel/Feller* in Baur/Tappen, § 95 KAGB Rz. 28.

14 *Lammel/Feller* in Baur/Tappen, § 95 KAGB Rz. 28.

15 *Beckmann* in Beckmann/Scholtz/Vollmer, § 95 KAGB Rz. 50; *Höring* in Moritz/Klebeck/Jesch, § 95 KAGB Rz. 13.

16 *Anders* in Weitnauer/Boxberger/Anders, § 95 KAGB Rz. 8 Fn. 14.

17 **A.A.** *Anders* in Weitnauer/Boxberger/Anders, § 95 KAGB Rz. 6.

18 *Canaris*, Bankvertragsrecht, Rz. 2374 f.

19 Näher dazu für Inhaberaktien *Noack/Zetzsche* in KölnKomm. AktG, 3. Aufl. 2010, § 123 AktG Rz. 127 ff.

den Vorgaben der §§ 67, 68 AktG[20] bereitet Mühe und Kosten, gleichwohl ist kein vollständiges Anteilsregister garantiert.[21] Regelfall ist daher der **Inhaberanteilsschein**. Dessen Eigentümer ist Anteilseigner. Legitimiert ist, wer die Urkunde vorlegt. Ausnahmsweise anzutreffen sind Namensanteilsscheine bei Spezial-AIF, bei stimmberechtigten Anteilsscheinen, deren Übertragung beschränkt ist, sowie Publikums-Sondervermögen in der Aufbauphase, in der erst ganz wenige, persönlich bekannte Anleger beteiligt sind.

Seit dem **OGAW-V-UmsG** sind Inhaberanteilsscheine gem. § 95 Abs. 1 Satz 3 KAGB **nur noch als Sammelurkunde zulässig** (sog. **Zwangsgiro**). Der Anspruch auf Einzelverbriefung ist auszuschließen, mit der Rechtsfolge, dass der Anleger auch nachträglich keine Einzelverbriefung seines Anteils verlangen kann (vgl. § 9a Abs. 3 Satz 2 DepotG, wonach die Ansprüche aus §§ 7, 8 Abs. 1 DepotG abbedungen sind). Die Inhaberanteile sind sodann bei einer gem. § 97 Abs. 1 KAGB bestimmten Stelle in Verwahrung zu geben. Die nach § 9a DepotG grds. eröffnete (wenngleich selten genutzte) Option der Hausverwahrung mit Zustimmung der Anleger wird ausgeschlossen. Damit wird die bis dato ganz überwiegende Praxis[22] nunmehr zur **einzigen Verbriefungsform**. Formaler Anlass war das US-amerikanische **FATCA-Abkommen**; für inländische Investmentvermögen gelten nur dann Erleichterungen bei den Meldepflichten, wenn eine geschlossene Depotbankkette vom Fonds zu den Anlegern reicht. Dafür ist es notwendig, die Ausgabe effektiver Stücke auszuschließen.[23] Weiteres Motiv ist die **Geldwäscheprävention**. Vgl. dazu die Analogbestimmung in § 10 Abs. 1 Satz 2 Nr. 2 AktG. Eine Restbedeutung kann effektiven Stücken noch im grenzüberschreitenden Vertrieb zukommen, vgl. § 309 Abs. 1 Satz 2 a.E. KAGB. 9

§ 95 Abs. 1 Satz 3 KAGB betrifft alle Rechte, die **nach dem Inkrafttreten des Gesetzes in einer Wertpapierurkunde verbrieft** werden. Rechte, die bereits verbrieft sind, werden von der Regelung nicht berührt. Wertpapiere, die zum Zeitpunkt des Inkrafttretens des Gesetzes bereits existieren, sind gem. § 358 Abs. 2 KAGB mit Ablauf des 31.12.2016 kraftlos geworden. An deren Stelle trat eine neu ausgestellte Wertpapiersammelurkunde oder eine bereits bestehende „Bis-zu-Urkunde", die um die in den kraftlosen Wertpapieren verbrieften Anteile zahlenmäßig angepasst wurde.[24] Näher § 358 KAGB. 10

3. Sammelverbriefung (§ 95 Abs. 1 Satz 4 KAGB)

Nach § 95 Abs. 1 Satz 4 KAGB können Anteilscheine über einen oder mehrere Anteile desselben Sondervermögens ausgestellt werden. Die Bündelung mehrerer (beginnend ab zwei) Anteile in einer Urkunde ist die Regel und führt zur Errichtung einer **Sammelurkunde** gem. § 9a Abs. 1 DepotG (sog. Dauerglobalurkunde[25]). Dafür muss es sich um Anteile derselben Anteilsklasse (dazu § 96 Rz. 4 ff.) und desselben Teilsondervermögens (dazu § 96 Rz. 20 ff.) handeln. Die Sammelurkunde ist grds. durch eine besonders qualifizierte Stelle zu verwahren. Vgl. näher zu Verwahrungsformen § 97 Abs. 1 KAGB, dort § 97 Rz. 3 ff. Das Gegenteil einer Sammelurkunde wäre die Verbriefung eines **Anteilsbruchteils**. Dazu Rz. 6. 11

4. Unterzeichnung (§ 95 Abs. 1 Satz 5, 6 KAGB)

Die (ggf. maschinelle) Mitunterzeichnung der Urkunde (vgl. auch § 13 Satz 1 AktG) durch die Verwahrstelle ist **Pflichtübernahme gegenüber den Anlegern** und löst unmittelbar Kontrollaufgaben im Zusammenhang mit der Anteilsausgabe (vgl. §§ 71, 83 Abs. 1 KAGB) aus. Vertragsrechtlich liegt darin zugleich die **Annahmeerklärung der Verwahrstelle in Bezug auf den** richtigerweise dreiseitigen **Investmentvertrag**[26] sowie – falls nicht anderweitig geschehen – die Annahmeerklärung in Bezug auf den Begebungsvertrag. Rechtsfolge einer fehlenden Unterschrift ist die **Nichtigkeit** der Urkunde; der Anteilsschein verbrieft dann keine Rechte (sog. Ausstellungsmangel).[27] Die strenge Rechtsfolge stellt sicher, dass die KVG nur unter Mitwirkung der Verwahrstelle wirksame Anteile in Umlauf bringen kann, so dass das vom Anleger eingezahlte Kapital auch von der Verwahrstelle zur Verwahrung beansprucht wird. Vertraglich können **weiter-** 12

---

20 Dazu *Lutter/Drygala* in KölnKomm. AktG, 3. Aufl. 2010, § 67 AktG Rz. 50 ff.; *Lutter/Drygala* in KölnKomm. AktG, 3. Aufl. 2010, § 68 AktG Rz. 7 ff.

21 Besserungen könnte die Umsetzung von Art. 3a ff. der reformierten Aktionärsrechte-RL 2017/828/EU bringen. Dazu *Noack*, NZG 2017, 561 ff.; *Eggers/de Raet*, AG 2017, 464 ff.

22 Vgl. *Höring* in Moritz/Klebeck/Jesch, § 95 KAGB Rz. 43.

23 Reg.Begr. (OGAW-V-UmsG) v. 18.11.2015, BT-Drucks. 18/6744, S. 55.

24 Reg.Begr. (OGAW-V-UmsG) v. 18.11.2015, BT-Drucks. 18/6744, S. 55.

25 Vgl. *Anders* in Weitnauer/Boxberger/Anders, § 95 KAGB Rz. 8; *Schott* in Emde/Dornseifer/Dreibus/Hölscher, § 33 InvG Rz. 15 ff.; *Höring* in Moritz/Klebeck/Jesch, § 95 KAGB Rz. 17 ff.

26 Vgl. zum Investmentvertrag als echtem dreiseitigen Vertragsverhältnis *Zetzsche*, Prinzipien der kollektiven Vermögensanlage, 2015, S. 510 ff.

27 *Beckmann* in Beckmann/Scholtz/Vollmer, § 95 KAGB Rz. 52; *Geßler*, S. 24; *Lammel/Feller* in Baur/Tappen, § 95 KAGB Rz. 27.

gehende Erfordernisse vorgesehen werden (z.B. handschriftliche Kontrollunterschrift).[28] Die gesetzliche Haftung für in den Verkehr gelangte Anteile (§ 93 Abs. 7 KAGB; dazu § 93 Rz. 55 ff.) lässt sich dadurch grds. nicht ausschließen.[29]

III. Übertragung der verbrieften Ansprüche (§ 95 Abs. 2 KAGB)

1. Übertragung von Investmentanteilen

13 Die Übertragung der Anteilsscheine folgt wertpapierrechtlichen Grundsätzen. Dabei ist zwischen Inhaber- und Namensanteilsscheinen zu differenzieren. Bei den gebräuchlichen **Inhaberanteilsscheinen** ist der jeweilige Inhaber berechtigt, das verbriefte Recht gegen Aushändigung des Inhaberpapiers geltend zu machen. Dabei gilt: das **Recht aus dem Papier folgt dem Recht am Papier**, i.e. mit der Übergabe des Inhaberpapiers an den Erwerber geht grds. das im Inhaberpapier verbriefte Recht auf den Erwerber über. **Namensanteilsscheine** sind Rektapapiere; die Leistung soll direkt (recta) an den im Papier benannten Empfänger erfolgen. Der im Papier verbriefte Anspruch ist grds. durch Einigung, Abtretung und Übergabe zu übertragen. **Das Recht am Papier folgt dem Recht aus dem Papier.**

a) Inhaberanteilsscheine

14 Zu unterscheiden ist bezüglich der **Anteilsausgabe** zwischen Erst- und Zweiterwerb. Beim **Ersterwerb** ist Kausalgeschäft der Investmentvertrag als geschäftsbesorgungsähnlicher Vertrag (§§ 675 i.V.m. §§ 611 f. BGB, vgl. § 91 Rz. 22 ff.). Das Erfüllungsgeschäft besteht nach h.L. aus einer Übertragung gem. §§ 929 ff. BGB, wobei der dingliche Begebungsvertrag[30] die Einigung darstellt und anschließend der Anteilsschein übergeben wird. Bei girosammelverwahrten Sammelurkunden erfolgt i.d.R.[31] die Übertragung durch Vereinbarung eines neuen Besitzmittlungsverhältnisses mit der Wertpapiersammelbank gem. § 929 Satz 1 BGB, wonach diese künftig auch dem Erwerber den Besitz vermittelt.[32] Die h.L. beruht freilich seit dem OGAW-V-UmsG auf einer **Vereinfachung der Verhältnisse**, weil wegen des Ausschlusses des Anspruchs auf Einzelverbriefung kein Herausgabeanspruch der Endanleger gegeben ist; dies gilt wegen des Zwangsgiros selbst dann, wenn alle Anleger zusammenwirken (was bei Publikumsfonds ohnedies unrealistisch ist). Dass Anleger daher niemals unmittelbaren Besitz an der Urkunde erlangen können, würde nach allgemeinen Regeln ein Besitzmittlungsverhältnis ausschließen.[33] Die Anwendung sachenrechtlicher Grundsätze lässt sich nur als ergebnisorientierte Fiktion rechtfertigen.

15 **Mängel des Begebungsvertrags** ziehen die üblichen Folgen nach sich (**Fehlen der Einigung**). Eine Überwindung solcher Mängel nach Rechtsscheingrundsätzen ist nicht geboten, weil Dritte nicht betroffen sind.[34] Als Mängel kommt neben den üblichen Mängeln eines Rechtsgeschäfts der Verstoß gegen KAGB-Vorschriften in Betracht, die als **Verbote gem. § 134 BGB** zu qualifizieren sind,[35] insb. § 71 KAGB:[36] bei OGAW Ausgabe nur gegen volle Leistung des Ausgabepreises; Beschränkung von Sacheinlagen, s. aber auch die Ausnahmen in §§ 180 Abs. 4, 190 Abs. 1 und 2 KAGB. **Mängel des Investmentvertrags** lassen den Begebungsvertrag unberührt (**Abstraktionsprinzip**).

16 Der **Ausgabepreis** ist schuldrechtlich Vorschuss i.S.v. §§ 675, 669 BGB, nach Veranlagung Aufwendungsersatz gem. §§ 675, 670 BGB. Mit Einzahlung wird der geleistete **Betrag zum Bestandteil des Sondervermögens.** Es entsteht ein neuer Anteil, auf dessen Verbriefung und Herausgabe der Urkunde der Anleger nunmehr einen schuldrechtlichen Anspruch hat, der durch Begebungsvertrag erfüllt wird.

---

28 *Beckmann* in Beckmann/Scholtz/Vollmer, § 95 KAGB Rz. 52.

29 **A.A.** *Beckmann* in Beckmann/Scholtz/Vollmer, § 95 KAGB Rz. 52.

30 *Klenk*, S. 36; *Canaris*, Bankvertragsrecht, Rz. 2374; *Klett*, S. 174.

31 Auch die übrigen in Rz. 17 beschriebenen Übertragungsformen sind möglich, praktisch aber eher selten.

32 *Habersack/Mayer*, WM 2000, 1678.

33 S. dazu im Kontext des aktienrechtlichen Parallelproblems *Habersack/Mayer*, WM 2000, 1678 (1680 f.); *Mentz/Fröhling*, NZG 2002, 201 (208 f.) m.w.N.

34 *Canaris*, Bankvertragsrecht, Rz. 2375; *Klenk*, S. 42. ff.; *Höring* in Moritz/Klebeck/Jesch, § 95 KAGB Rz. 31; *Beckmann* in Beckmann/Scholtz/Vollmer, § 95 KAGB Rz. 63; *Marburger* in Staudinger, BGB, Neubearb. 2015, § 793 Rz. 16.

35 Dies ist umstritten für die Beschränkung auf professionelle und semiprofessionelle Anleger bei Spezial-AIF gem. § 1 Abs. 6 KAGB, näher § 1 Rz. 134.

36 H.M.; vgl. *Beckmann* in Beckmann/Scholtz/Vollmer, § 95 KAGB Rz. 63; *Schott* in Emde/Dornseifer/Dreibus/Hölscher, § 33 InvG Rz. 22; *Schödermeier/Baltzer* in Brinkhaus/Scherer, § 18 KAGG Rz. 14; *Canaris*, Bankvertragsrecht, Rz. 2377; **a.A.** *Schmitz* in Berger/Steck/Lübbehüsen, § 31 InvG Rz. 20 (Haftung nach § 93 Abs. 7).

Beim **Zweiterwerb von Anlegern (ggf. auch über die Börse), KVG oder Verwahrstelle** ist das Kausalgeschäft i.d.R. ein Rechtskauf gem. §§ 453 Abs. 1, 433 BGB.[37] Für das dingliche Erfüllungsgeschäft stehen bei Inhaberanteilsscheinen **drei Alternativen** zur Verfügung:[38] **(1)** Die gängigste Alternative besteht aus Einigung und Übergabe gem. §§ 929 ff. BGB i.V.m. § 453 Abs. 3 BGB, und dort die Alternative des § 929 Satz 1 BGB (dazu Rz. 13). Die §§ 932 ff. BGB kommen grds. zur Anwendung, damit kann das fehlende **Eigentum des Veräußerers** überwunden werden; dies gilt selbst im Fall des Abhandenkommens (§ 935 Abs. 2 BGB). §§ 932 ff. BGB überwindet nicht die **fehlende** oder wegen Verstoß gegen ein Verbotsgesetz nichtige **Einigung**. Jedoch sollen Zweit- oder Dritterwerber im Fall fehlender Einigung nach **Rechtsscheingrundsätzen** geschützt sein.[39] **(2)** Zweitens zulässig ist die **Übertragung des Anteils durch Abtretung** ohne Übergabe des Anteilsscheins gem. §§ 398, 413 BGB.[40] Ein gutgläubiger Erwerb ist dann nur nach § 405 BGB möglich; dies setzt die Abtretung unter Vorlage des Anteilsscheins voraus. Die erforderliche *physische* Urkundenvorlegung[41] ist jedoch seit Ausschluss des Anspruchs auf Einzelverbriefung (vgl. § 95 Abs. 1 Satz 3 KAGB) nicht mehr möglich; der Verweis auf eine Bankbestätigung oder die Globalurkunde genügt nicht. **(3)** Drittens kann in Fällen der Einkaufskommission **depotrechtlich** nach § 18 Abs. 3 DepotG durch Versendung des Stückeverzeichnisses übertragen werden. Bei girosammelverwahrten Anteilscheinen erlangt der Anleger gem. § 24 Abs. 2 Satz 1 DepotG mit Eintragung des Übertragungsvermerks im Verwahrungsbuch des verfügungsberechtigten Kommissionärs Miteigentum am Sammelbestand, wenn er es nicht schon früher nach BGB-Vorschriften erlangt hat.[42] 17

Besonderheiten gelten für den **Zweiterwerb von der KVG**, da diese den Schutzpflichten der §§ 26 ff. KAGB sowie aus dem Vertrieb der Anteilsscheine unterliegt und etwaige in ihrer Sphäre begründete Mängel des Begebungsvertrags kennen muss. Zwar bleibt es dabei, dass ein Zweiterwerb nicht die fehlende Einigung ersetzen kann, jedoch erlangt der Erwerber **Schadensansprüche gegen die KVG.** Diese darf Naturalrestitution (§ 249 Abs. 1 BGB) und anderen Ersatz nur aus eigenem, nicht dem Sondervermögen leisten. Verfügt die KVG nicht über die Mittel, bleibt dem Anleger ggf. die Insolvenzquote. 18

Zur **Anteilsrücknahme** gem. § 98 Abs. 1 KAGB vgl. § 98 Rz. 6 ff. Diese ist grds. wie ein **Zweiterwerb** ausgestaltet, bestehend aus **Rechtskauf, abgeschlossen durch die KVG für Rechnung des Sondervermögens, und Rückübertragung des Anteilsscheins.** Es handelt sich um den Regelfall der Anteilsentäußerung, lediglich bei Exchange Traded Funds ist anderes beabsichtigt. Insoweit ist § 95 Abs. 2 Satz 1 KAGB nicht anzuwenden.[43] Der Anteil geht unter, die Rechte und Pflichten wachsen den verbleibenden Anlegern zu; diesen steht auch der „Besitz" an der Sammelurkunde zu. § 95 Abs. 2 Satz 1 KAGB ist dagegen anwendbar bei dem fälschlicherweise ebenso „Rückkauf" genannten **Erwerb durch die KVG für eigene Rechnung** (es handelt sich nicht um einen Rückkauf, weil die KVG die Anteile für fremde, nicht für eigene Rechnung ausgegeben hat).[44] Die KVG wird dann Anteilsinhaber, mit grds. allen Rechten und Pflichten. Einschränkungen sind (nur) zuzugestehen, soweit Rechte aus dem Anteilsbesitz gerade gegenüber der KVG individuell ausgeübt werden können. Freilich sind alle Leistungsansprüche i.S.e. Zuordnung zum Sondervermögen kollektiviert; Gegenbeispiel: anteilsgeknüpfte Sonderrechte (z.B. Einsitznahme in einem Gremium zur Kontrolle der KVG). Solche individualisierten Rechte entfallen durch Konfusion. Ebenso ist § 95 Abs. 2 Satz 1 KAGB anzuwenden, wenn die **Investmentaktiengesellschaft** Anteile eines ihr zugeordneten Teilvermögens (§ 96 Rz. 20 ff.) **für eigene Rechnung** erwirbt, weil die Teilvermögen und das Vermögen der Investmentaktiengesellschaft rechtlich und organisatorisch getrennt sind (näher § 96 Rz. 29). 19

---

37 *Canaris*, Bankvertragsrecht, Rz. 2352; *Höring* in Moritz/Klebeck/Jesch, § 95 KAGB Rz. 21; *Beckmann* in Beckmann/Scholtz/Vollmer, § 95 KAGB Rz. 72; *Geibel* in Derleder/Knobs/Bamberger, § 61 Rz. 71.

38 Vgl. *Zöllner*, Wertpapierrecht, S. 175.

39 *Klenk*, S. 42 ff.; *Höring* in Moritz/Klebeck/Jesch, § 95 KAGB Rz. 32, 33.

40 Dazu *Zöllner*, Wertpapierrecht, S. 175; *Zöllner*, Die Zurückdrängung des Verkörperungselements bei den Wertpapieren, S. 272 ff.; ausführliche Diskussion bei *Canaris*, Bankvertragsrecht, Rz. 2385; *Lehmann*, Finanzinstrumente, S. 16 ff.; *Micheler*, S. 131 ff.; *Klett*, S. 174 ff.

41 Vgl. *Busche* in Staudinger, BGB, Neubearb. 2017, § 405 Rz. 9 ff.

42 Dazu *Canaris*, Bankvertragsrecht, Rz. 2386; *Klenk*, S. 74; *Zöllner*, Wertpapierrecht, S. 175 f.

43 Zutr. *G. Reuter*, S. 138 Fn. 4; *Lammel/Feller* in Baur/Tappen, § 95 KAGB Rz. 34.

44 Zutr. *von Caemmerer*, JZ 1958, 41 (48); *Ebner von Eschenbach*, S. 113; *G. Reuter*, S. 136; *Lammel/Feller* in Baur/Tappen, § 95 KAGB Rz. 33. Ob der Rückkauf zulässig ist, ist eine andere, i.d.R. aber zu bejahende Frage. Ein Anteilserwerb durch die KVG kann im Einzelfall die Gefahr von Interessenkonflikten hervorrufen und schmälert die Liquidität der KVG (vgl. *Geibel* in Derleder/Knobs/Bamberger, § 61 Rz. 42), dies steht aber einer Zulässigkeit im Grundsatz nicht entgegen (ebenso *Behme* in Moritz/Klebeck/Jesch, § 98 KAGB Rz. 12), sondern erfordert hinreichende Sorgfaltsmaßnahmen, dass durch Interessenkonflikte verursachte Gefahren keine nachteiligen Auswirkungen auf das Sondervermögen haben. Eine Beteiligung in einem sinnvollen Umfang kann sogar die Interessenkonvergenz fördern und wird daher im Bereich von Private Equity ausdrücklich erwartet.

b) Namenanteilsscheine

20 Zum Kausalgeschäft und Begebungsvertrag gilt das zu Inhaberanteilsscheinen Gesagte (vgl. Rz. 14 f.). Übergeben wird durch **Indossament und Übergabe des Anteilsscheins** gem. § 68 Abs. 1 AktG analog i.V.m. Art. 12 f. WG.[45] **Gutgläubiger Erwerb** ist gem. § 68 Abs. 1 Satz 2 AktG, Art. 16 Abs. 2 WG möglich und überwindet neben der fehlenden Berechtigung (Eigentum) auch die fehlende Einigung.[46] **Rektaklauseln** gem. Art. 15 Abs. 2 WG sowie **negative Orderklauseln** („nicht an Order") sind unzulässig und wirkungslos.[47] Wurde das Indossament vergessen, wird der Gesamtakt in die – gleichfalls zulässige -Übertragung durch **Zession** umgedeutet,[48] dann kommt jedoch kein gutgläubiger Erwerb in Betracht. Ein die Übertragbarkeit förderndes und die Sammelverwahrfähigkeit erst ermöglichendes **Blankoindossament** ist zulässig (näher § 97 Abs. 1 KAGB), so dass Inhaber- und Namensanteilscheine vergleichbar fungibel sein können.[49] Eine **Vinkulierung** ist nur bei Namensanteilscheinen zulässig (§ 68 Abs. 2 AktG analog) und für Spezial-AIF mit Familienbeteiligung interessantes Gestaltungsinstrument.

21 Die **Eintragung in das Anteilsregister** (analog § 67 Abs. 2 AktG) ist für die Anteilsübertragung unerheblich, zieht jedoch die Legitimation des Registrierten zur Geltendmachung der Anlegerrechte nach sich, etwa im Fall der Klageerhebung; dies gilt grds. auch für die Ertragsausschüttung und Anteilsrücknahme, jedoch wird für beides i.d.R. die Vorlage bzw. Rückgabe der Urkunde verlangt (bzw. es werden diese Akte depotrechtlich substituiert).

c) Zwangsvollstreckung

22 Namensanteilsscheine, die **als effektive Stücke** ausgegeben werden, können gem. §§ 808 ff., 821 ZPO vom Gerichtsvollzieher gepfändet und verwertet werden und müssen von diesem ggf. gem. § 822 ZPO auf den Erwerber indossiert werden. Bei vinkulierten Namensanteilsscheinen kommt nur eine Rückgabe gem. § 98 Abs. 1 KAGB in Betracht.[50]

23 Eine Pfändung der Anteilsscheine als körperliche Sachen gem. § 808 ZPO ist bei **sammelverwahrten Anteilsscheinen** ausgeschlossen, da sich die Anteilsscheine nicht im Gewahrsam des Schuldners befinden; dazu gehören alle Inhaberanteilsscheine (§ 95 Abs. 1 Satz 3 KAGB, dazu Rz. 9). Stattdessen muss der Rechtspfleger des Vollstreckungsgerichts die quotalen pfändbaren Anteile des Vollstreckungsschuldners am Sammelbestand gem. §§ 857 Abs. 1, 829, 835 f. ZPO pfänden.[51] Nach Anordnung durch das Vollstreckungsgericht (§ 847 ZPO) verwertet der Gerichtsvollzieher die Anteilsscheine gem. § 821 ZPO; die „Herausgabe" wird vollstreckungsrechtlich substituiert. Für die Pfändung wegen eines Herausgabeanspruchs gelten §§ 857, 829, 835 f. ZPO i.V.m. §§ 883 f., 886 ZPO.

2. Bündelgebot (§ 95 Satz 1 und 2 KAGB)

24 § 95 Abs. 2 Satz 1 und 2 KAGB ordnet gewisse Rechtsfolgen an, die sicherstellen, dass **schuldrechtliche und dingliche Ansprüche der Anleger** bei rechtsgeschäftlicher Übertragung sowie bei Verfügungen, die im Wege der Zwangsvollstreckung oder Arrestvollziehung erfolgen, **nicht auseinanderfallen**. Jeweils geht mit der Übertragung der in dem Anteilschein verbrieften Ansprüche auch der Anteil des Veräußerers an den zum Sondervermögen gehörenden Gegenständen auf den Erwerber über. Dies gilt unabhängig von der Art (Inhaber- oder Namensscheine). Folglich kann nach § 95 Abs. 2 KAGB **über das Anteilsrecht nur als Ganzes verfügt** werden.

25 Erforderlich ist jeweils die Erfüllung der **Übertragungstatbestände in Bezug auf den Anteilschein** (Rz. 13 ff.). Übertragungstatbestände und Formvorschriften für die Übertragung der Vermögensgegenstände sind nicht einzuhalten.

---

45 Dazu *Zöllner*, Wertpapierrecht, S. 84 ff.

46 *Canaris*, Bankvertragsrecht, Rz. 2387; *Klenk*, S. 82; *Höring* in Moritz/Klebeck/Jesch, § 95 Rz. 32. Vgl. zum Verkehrsschutz nach Art. 16 WG *Zöllner*, Wertpapierrecht, S. 94.

47 Vgl. *Lutter/Drygala* in KölnKomm. AktG, § 68 AktG Rz. 8 m.w.N.; *Klenk*, S. 62.

48 *von Caemmerer*, JZ 1958, 72.

49 *Lammel/Feller* in Baur/Tappen, § 95 Rz. 18; *Höring* in Moritz/Klebeck/Jesch, § 95 Rz. 29 a.E.; *Beckmann* in Beckmann/Scholtz/Vollmer, § 95 Rz. 33.

50 *Klenk*, S. 79.

51 Vgl. BGH v. 16.7.2004 – IXa ZB 24/04, BGHZ 160, 121 (124); BGH v. 12.12.2007 – VII ZB 21/07, NJW-RR 2008, 494; *Gruber* in MünchKomm. ZPO, 5. Aufl. 2016, § 808 ZPO Rz. 4; *Becker* in Musielak/Voit, 15. Aufl. 2018, § 821 ZPO Rz. 5; *Becker*, JuS 2005, 232 (234 f.).

Der Anwendungsbereich des Bündelgebots erstreckt sich auf Fälle des **Zweiterwerbs**[52] der im **gemeinschaftlichen Eigentum der Anleger** stehenden Gegenstände, und somit auf Sondervermögen nach dem Miteigentumsmodell (§ 92 Rz. 9 ff.). Für das **Treuhandmodell** (§ 92 Rz. 13 ff.) bedarf es keiner Regelung, weil dort alle Ansprüche gegen die Person der KVG und Verwahrstelle ohnedies gebündelt sind, so dass es einer Bündelung qua Gesetz nicht bedarf. Dort ist jedoch eine „Verdinglichung" der Rechtsstellung der Anleger erforderlich, weil schuldrechtliche Ansprüche gegen die KVG keine Aussonderungsansprüche in der Insolvenz begründen würden. Der „quasidingliche Schutz" der Anleger (als Kollektiv) in Insolvenz, Zwangsvollstreckung und unberechtigter Verfügung folgt dort aus §§ 93 Abs. 5, 99 Abs. 3 KAGB; s. zur Geltendmachung §§ 78 Abs. 1, 89 Abs. 1 KAGB: § 78 Rz. 17 ff. 26

Sonstige rechtsgeschäftliche Verfügungen[53] nach § 95 Abs. 2 Satz 2, Alt. 1 KAGB sind z.B. die Bestellung eines Nießbrauchs (§§ 1032 Satz 1 i.V.m. 1081 Abs. 2 BGB) und die Bestellung eines Pfandrechts (§§ 1293, 1204 ff. BGB). § 95 Abs. 2 Satz 2, Alt. 2 KAGB erfasst auch **Verfügungen im Wege der Zwangsvollstreckung oder Arrestvollziehung** (dazu Rz. 21 f.). 27

3. Exklusivität

Nach § 95 Abs. 2 Satz 3 KAGB kann über den Anteil an den zum Sondervermögen gehörenden Gegenständen **in keiner anderen als der nach § 95 Abs. 2 Satz 2 und 3 KAGB bestimmten Weise verfügt** werden. Dies schließt insbesondere eine Übertragung durch Abtretung des Miteigentumsanteils aus. Die nach § 95 Abs. 1 KAGB verordnete Verbriefung sichert daher zugleich die Fungibilität des Anteils und beschränkt diese auf eine **einzige Übertragungsform.** Dies schließt sämtliche Formen der Übertragung individueller Ansprüche aus,[54] und zwar selbst dann, wenn der Spezial-AIF nur einen einzigen Anleger hat und dieser über den Gegenstand verfügt. Weil zugleich die **Verwahrstelle alleinigen Besitz** hat (§§ 72 Abs. 1, 81 Abs. 1 KAGB) und dies dem Rechtsverkehr bekannt sein muss, scheidet auch gutgläubiger Erwerb gem. §§ 932 ff. BGB aus. Die Vorschrift ist nicht nur an die Anleger gerichtet, sondern ein **allgemein wirkendes Verfügungsverbot** i.S.v. § 134 BGB. 28

§ 96 Anteilklassen und Teilsondervermögen; Verordnungsermächtigung

(1) [1]Die Anteile an einem Sondervermögen können unter Berücksichtigung der Festlegungen in der Rechtsverordnung nach Absatz 4 nach verschiedenen Ausgestaltungsmerkmalen, insbesondere hinsichtlich der Ertragsverwendung, des Ausgabeaufschlags, des Rücknahmeabschlags, der Währung des Anteilswertes, der Verwaltungsvergütung, der Mindestanlagesumme oder einer Kombination dieser Merkmale unterteilt werden (Anteilklassen). [2]Anteile einer Anteilklasse haben gleiche Ausgestaltungsmerkmale. [3]Die Kosten bei Einführung neuer Anteilklassen für bestehende Sondervermögen müssen zulasten der Anteilpreise der neuen Anteilklasse in Rechnung gestellt werden. [4]Der Wert des Anteils ist für jede Anteilklasse gesondert zu errechnen.

(2) [1]Unter Berücksichtigung der Festlegung in der Rechtsverordnung nach Absatz 4 können mehrere Sondervermögen, die sich hinsichtlich der Anlagepolitik oder eines anderen Ausstattungsmerkmals unterscheiden (Teilsondervermögen), zusammengefasst werden (Umbrella-Konstruktion). [2]Die Kosten für die Auflegung neuer Teilsondervermögen dürfen nur zulasten der Anteilpreise der neuen Teilsondervermögen in Rechnung gestellt werden. [3]Bei Publikumsteilsondervermögen sind die Anlagebedingungen und deren Änderungen durch die Bundesanstalt nach Maßgabe der §§ 162 und 163 zu genehmigen. [4]Bei Spezialteilsondervermögen sind die Anlagebedingungen und deren wesentliche Änderungen bei der Bundesanstalt gemäß § 273 vorzulegen.

(3) [1]Die jeweiligen Teilsondervermögen einer Umbrella-Konstruktion sind von den übrigen Teilsondervermögen der Umbrella-Konstruktion vermögensrechtlich und haftungsrechtlich getrennt. [2]Im Verhältnis der Anleger untereinander wird jedes Teilsondervermögen als eigenständiges Zweckver-

52 Str., wie hier *Canaris*, Bankvertragsrecht, Rz. 2391; *Lammel/Feller* in Baur/Tappen, § 95 KAGB Rz. 30; beim Ersterwerb ist die Bündelung zwangsläufige Folge der Kombination aus Investmentvertrag als Kausalgeschäft und Begebungsvertrag als dingliche Einigung in Bezug auf die Anteilsübertragung.

53 Dazu ausführlich *Lammel/Feller* in Baur/Tappen, § 95 KAGB Rz. 12 ff., 23 ff.

54 *Anders* in Weitnauer/Boxberger/Anders, § 95 KAGB Rz. 14 f.; *Schmitz* in Berger/Steck/Lübbehüsen, § 33 InvG Rz. 30.

mögen behandelt. [3]Die Rechte von Anlegern und Gläubigern im Hinblick auf ein Teilsondervermögen, insbesondere dessen Auflegung, Verwaltung, Übertragung und Auflösung, beschränken sich auf die Vermögensgegenstände dieses Teilsondervermögens. [4]Für die auf das einzelne Teilsondervermögen entfallenden Verbindlichkeiten haftet nur das betreffende Teilsondervermögen. [5]Absatz 1 Satz 4 gilt entsprechend.

(4) [1]Das Bundesministerium der Finanzen wird ermächtigt, durch Rechtsverordnung, die nicht der Zustimmung des Bundesrates bedarf, nähere Bestimmungen zur buchhalterischen Darstellung, Rechnungslegung und Ermittlung des Wertes jeder Anteilklasse oder jedes Teilsondervermögens zu erlassen. [2]Das Bundesministerium der Finanzen kann die Ermächtigung durch Rechtsverordnung auf die Bundesanstalt übertragen.

In der Fassung vom 4.7.2013 (BGBl. I 2013, S. 1981), zuletzt geändert durch das Gesetz zur Anpassung von Gesetzen auf dem Gebiet des Finanzmarktes vom 15.7.2014 (BGBl. I 2014, S. 934).

Schrifttum: S. bei § 91 KAGB.

I. Zweck und Entwicklung

1 § 96 KAGB ist Ausprägung der die KVG treffenden **Gleichbehandlungspflicht gegenüber den Anlegern:**[1] Den Anlegern wird im Verhältnis zu anderen Anlegern nicht die Vermeidung von Interessenkonflikten, sondern lediglich zugesagt, **solche Konflikte innerhalb eines Investmentvermögens durch Gleichbehandlung** aufzulösen. Ohne unterliegende Gleichbehandlungspflicht bedürfte es keiner Regelung, dass Anteilklassen und Teilfonds mit verschiedenen Rechten ausgestattet sein können. **Jenseits desselben Investmentvermögens** – im Verhältnis zu anderen Kunden und Kollektivanlagen – verpflichtet sich der Verwalter nicht zur Gleichbehandlung; ihm obliegt ggf. die ordnungsgemäße Verwaltung von Interessenkonflikten (§ 27 Abs. 1 Nr. 2 KAGB), im Übrigen nur die allgemeine Pflicht zur Fairness gegenüber jedem Marktteilnehmer und zum Schutz der Marktintegrität, vgl. §§ 26 ff. KAGB.

2 § 96 KAGB legt im Detail fest, **wie weit die Gleichbehandlungspflicht reicht**. Dabei ist zwischen **Anlageklassen** (§ 96 Abs. 1 KAGB) und **Teilinvestmentvermögen**[2] (in § 96 Abs. 2 und 3 KAGB werden diese Teilsondervermögen genannt, bei der Investment-AG spricht man von Teilgesellschaftsvermögen, vgl. § 117 KAGB) zu unterscheiden. Anlageklassen beziehen sich immer auf eine **identische Anlagepolitik**, einen **identischen Vermögensstock und damit ein und dieselbe Haftungsmasse**, jedoch kommen bei der Ausgabe zusätzliche vertragliche Vereinbarungen hinzu, so dass sich der Ertrag je Anteilklasse für die Anleger unterscheiden kann. Teilfonds sind der Sache nach **mehrere Investmentvermögen** mit unterschiedlicher Anlagepolitik und folglich Vermögensgegenständen, die unter einem gemeinsamen organisatorischen Dach

1 Näher *Zetzsche*, Prinzipien der kollektiven Vermögensanlage, 2015, S. 748 ff.
2 Vgl. zur Begriffswahl Beschlussempfehlung (AIFM-UmsG) v. 10.5.2013, BT-Drucks. 17/13395, S. 405.

zusammengefasst sind (sog. Umbrella), aber im Hinblick auf den Anlageerfolg und haftungsrechtlich getrennt sind. Beide Gestaltungen dienen dazu, **Anlegerbedürfnissen optimal zu entsprechen**; sie sind damit zugleich Ausprägung des Investmentfonds als **Geschäftsbesorgung** (nicht: Geschäftsbesorgungsvertrag, dazu § 91 Rz. 23) **für die Anleger.**[3]

§ 96 KAGB ist anzuwenden auf **alle inländischen Sondervermögen**, auch wenn diese im Wege der grenz- 3
überschreitenden Vermögensverwaltung verwaltet werden, vgl. §§ 52 Abs. 5, 54 Abs. 5, 66 Abs. 5 KAGB. Sie gilt zudem für die **Investmentgesellschaften** entsprechend, und zwar ganz für die offene Investment-AG (§§ 108 Abs. 4 KAGB) und nur in Bezug auf das Recht zur Bildung von Anteilklassen gem. § 96 Abs. 1 KAGB für die Investment-KG und geschlossene Investment-AG, vgl. §§ 124 Abs. 2, 140 Abs. 3, 149 Abs. 2 KAGB. Die Beschränkung des § 96 Abs. 2 und 3 KAGB auf offene Investment-AG, wodurch nur diese Teilgesellschaftsvermögen bilden können, ist der Sache nach unverständlich und **übermäßig restriktiv.**[4] Nicht klar gelöst ist zudem die Verteilung der Gemeinkosten bei der Investment-AG.[5]

II. Anteilklassen (§ 96 Abs. 1 KAGB)

1. Hintergrund

Bei Anteilklassen geht es um **eine identische Bezugsgröße bei abweichenden Rahmenbedingungen**. Die 4
Charakteristika der Anteilklasse orientieren sich an spezifischen Anlegerbedürfnissen. Mit den Differenzierungen bei den Rahmenbedingungen kann den **Bedürfnissen der Anleger optimal** entsprochen werden, **ohne zahlreiche kleinere bzw. zu kleine Investmentvermögen** aufzusetzen. So können die Vertragsbedingungen ein und desselben Sondervermögens in Abhängigkeit von der nachgefragten Anlagesumme, -währung, Haltedauer, Ertragsthesaurierung etc. unterschiedlich ausgestaltet werden. Je nach Variante des Anlagevertrags wird in Euro, Dollar oder Schweizer Franken abgerechnet, erhält der Anleger Zwischenausschüttungen oder nicht, ist die Mindestanlagesumme niedrig oder hoch, besteht ein tägliches, monatliches oder anderes Rückgaberecht etc. In Abhängigkeit von Komplexität, Kosten und Wettbewerb schwankt zudem die Verwaltervergütung.

Auf Seiten des Verwalters vereinfacht die Ausgabe von Anteilklassen die Geschäftsorganisation: Weni- 5
ger Investmentvermögen sind aufzulegen, weniger parallele Anlageentscheidungen zu organisieren, weniger Interessenkonflikte zu verwalten etc. Dies sollte sich in einem wettbewerbsgesteuerten Markt in niedrigeren Kosten wiederspiegeln.[6]

Dem stehen auf der Soll-Seite **intensivierte Interessenkonflikte** gegenüber. Insbesondere könnten Verwal- 6
ter Kosten dorthin zuweisen, wo es ihnen zur Förderung ihres eigenen Geschäfts statt des Anlegererfolgs opportun erscheint. So ist eine stärkere Kostenweitergabe an Privatanleger denkbar, wodurch der *Verwalter* im wettbewerbsintensiven Markt um qualifizierte Anleger Vorteile auf Kosten der Privatanleger erlangt.

2. Entwicklung

§ 96 KAGB ist das Ergebnis einer (übermäßig ängstlichen) **Rezeption luxemburgischen, englischen und** 7
irischen Rechts: Ausgehend von der korporationsähnlichen strengen Anteilsgleichheit wurde erstmals mit dem 4. Finanzmarktförderungsgesetz[7] eine Klassendifferenzierung in Bezug auf exklusiv bestimmte Merkmale zulässig.[8] Mit dem InvÄndG[9] wurde der Zusatz „insbesondere" eingefügt; der Katalog zulässiger Klassendifferenzierung wurde von einer Inhaltsbeschränkung zum **Regelbeispiel.**[10] Zugleich kam es für Investment-AG nach liechtensteinischem und Schweizer Vorbild zur Differenzierung zwischen Unternehmeraktien (mit Stimmrecht) und Anlageaktien (ohne Stimmrecht), die – sofern kein separates Teilgesellschaftsvermögen dafür begründet wird – jeweils identisch am Anlageerfolg partizipieren und sich außer in Bezug

3 Näher *Zetzsche*, Prinzipien der kollektiven Vermögensanlage, 2015, S. 755.
4 S. schon *Zetzsche*, AG 2013, 613 (617 ff.).
5 Näher *Zetzsche*, Prinzipien der kollektiven Vermögensanlage, 2015, S. 751 ff.
6 Vgl. Reg.Begr. (4. FinzFördG) v. 18.1.2002, BT-Drucks. 14/8017, S. 103 (zu § 18 KAGG).
7 Gesetz zur weiteren Fortentwicklung des Finanzplatzes Deutschland (Viertes Finanzmarktförderungsgesetz) v. 21.6.2002, BGBl. I 2002, S. 2010, 2316.
8 § 15 Abs. 1 Buchst. m) und §§ 18 Abs. 2, 19 Abs. 2 S. 3 a.E. KAGG, vgl. dazu Reg.Begr. (4. FinzFördG) v. 18.1.2002, BT-Drucks. 14/8017, S. 103 ff.
9 Gesetz zur Änderung des Investmentgesetzes und zur Anpassung anderer Vorschriften (Investmentänderungsgesetz) v. 21.12.2007, BGBl. I 2017, S. 3089.
10 Vgl. § 34 Abs. 1 InvG, dazu Reg.Begr. (InvÄndG) v. 11.6.2007, BT-Drucks. 16/5576, S. 68.

auf das abweichende Stimmrecht nicht unterscheiden.[11] Mit dem OGAW-IV-UmsG[12] entfiel die Beschränkung auf „Rechte", um damit an Standards anzuschließen, die an anderen europäischen Fondsstandorten schon damals galten.

3. Definition (§ 96 Abs. 1 Satz 1 KAGB) und Gestaltungsgrenzen

8 Gemäß § 96 Abs. 1 KAGB können Anteile an einem Sondervermögen **nach verschiedenen Ausgestaltungsmerkmalen**, insbesondere hinsichtlich der Ertragsverwendung, des Ausgabeaufschlags, des Rücknahmeabschlags, der Währung des Anteilswertes, der Verwaltungsvergütung, der Mindestanlagesumme oder einer **Kombination dieser Merkmale** unterteilt werden. Die abweichende Rahmengestaltung führt **aus Sicht des Anlegers zu einer abweichenden Wertentwicklung des angelegten Betrags**, jedoch bleibt die **Bezugsgröße aller Vertragsverhältnisse gleich**: Wer Thesaurierung präferiert, für den werden aus den Erträgen Anteile hinzuerworben. Wer geringere Kosten als ein anderer Anleger vereinbart hat, für den wird zur Deckung der Verwaltungsgebühren und -kosten ein geringerer Anteil an Anlagegegenstanden veräußert. Bei hoher Mindestanlagesumme erhält der Vermögensstock mehr Kapital und im Gegenzug der Anleger mehr Anteile als bei geringer Anlagesumme. Bei einer Fremdwährungsklasse wird der Anteilswert des Vermögensstocks jeweils in die Fremdwährung umgerechnet. Auch möglich sind Kurssicherungsgeschäfte durch Anlagetechniken gem. § 197 Abs. 1 KAGB, deren Wirkung und Kosten nur der jeweiligen Anteilklasse zuzuordnen sind. Im Fall längerer Rückgabebefristung hat der Verwalter länger Zeit, Vermögenswerte zu realisieren; die Liquidationskosten reduzieren sich.

9 Aus der Abgrenzung zu § 96 Abs. 2 KAGB sowie nur der Gleichstellung von „Teilfonds" mit AIF bzw. OGAW in den europäischen Regelwerken[13] folgt die **Grenze der Gestaltungsfreiheit**: Allen Anteilklassen liegt eine **identische Anlageentscheidung und ein gemeinsames Vermögen** zugrunde, die Anlageentscheidung wird lediglich in einen unterschiedlichen Rechtsrahmen eingebettet. Die BaFin genehmigt keine Vertragsbedingungen, bei denen die Ertragsverwendung im Ermessen der KVG steht.[14] Keine Grenze folgt aus der Anlegerzahl: Eine Anlageklasse kann auch nur von einem Anleger gehalten werden, weil die Anlageklasse kein Investmentvermögen, sondern nur Teil eines solchen ist. S. auch § 26 Rz. 83.

10 In den Regelbeispielen nicht erwähnt ist die Ausgestaltung, wonach unterschiedliche Anleger unterschiedliche Risiken der Anlage tragen und unterschiedliche Erträge aus demselben gemeinsamen Vermögen erhalten. Derartige **Wasserfall-Strukturen und Vorzugsanteile** sind bei Verbriefungen üblich. Gem. §§ 1 Abs. 2, 2 Abs. 2 Satz 2 KAVerOV soll eine wesentliche Benachteiligung von Anlegern eines OGAW oder Publikums-AIF i.S.d. Art. 23 Abs. 2 AIFM-VO insbesondere vorliegen, wenn die Anleger in Bezug auf die Gewinn- oder Verlustbeteiligung am Investmentvermögen ungleich behandelt werden. Daraus schließt die BaFin, wie man aus Praktikerkreisen hört, das Wasserfallstrukturen wegen Verstoßes gegen das Gleichbehandlungsgebot unzulässig seien. Der Wortlaut von § 96 KAGB, der mit „insbesondere" weitere Gestaltungsspielräume eröffnet, erzwingt eine solche Entscheidung nicht, und auch das Europarecht kann dafür nicht fruchtbar gemacht werden. Für Art. 23 Abs. 2 AIFM-VO fehlt dem deutschen Gesetzgeber die Konkretisierungsbefugnis. Die strengere Regelung in §§ 1, 2 KAVerOV erklärt sich im Fall von OGAW mit einer zu konkretisierenden europäischen Richtlinie und im Fall von Publikums-AIF mit Art. 41 AIFM-RL, wonach für solche Fonds strengere Produktregelungen national zulässig sind. Die Regeln gelten indes nicht für Spezial-AIF und können insoweit auch nicht aus Art. 23 Abs. 2 AIFM-VO abgeleitet werden. Aus dem Grundsatz der Anlegergleichbehandlung ist nichts anderes abzuleiten, da § 96 Abs. 1 KAGB dessen Reichweite gerade definieren soll; hier geht es um die Reichweite dieser Ausnahmen. Für mögliche Risiken infolge befürchteter Intransparenz hat der Europäische Regelsetzer im Kontext von Verbriefungsstrukturen mit der STS-Verordnung[15] einen Standard gesetzt. Es besteht daher kein Grund, für Anteilklassen von Spezial-AIF

11 Vgl. § 96 Abs. 1 bis 1d InvG.

12 Gesetz zur Umsetzung der Richtlinie 2009/65/EG zur Koordinierung der Rechts- und Verwaltungsvorschriften betreffend bestimmte Organismen für gemeinsame Anlagen in Wertpapieren (OGAW-IV-Umsetzungsgesetz – OGAW-IV-UmsG) v. 22.6.2011, BGBl. I 2011, S. 1126. Dazu Reg.Begr. (OGAW-IV-UmsG) v. 24.1.2011, BT-Drucks. 17/4510, S. 67.

13 Vgl. z.B. Art. 1 Abs. 2 Unterabs. 2, 49, 91 Abs. 4 OGAW-RL, Art. 4 Abs. 1 Buchst. a) AIFM-RL. Zum unionsrechtlichen Begriff „investment compartment" vgl. *Zetzsche/Nast*, in Lehmann/Kumpan, Financial Services Law, UCITS Directive, Art. 49 Rz. 2.

14 *Schmitz* in Berger/Steck/Lübbehüsen, § 34 InvG Rz. 9.

15 Verordnung (EU) 2017/2402 des Europäischen Parlaments und des Rates vom 12.12.2017 zur Festlegung eines allgemeinen Rahmens für Verbriefungen und zur Schaffung eines spezifischen Rahmens für einfache, transparente und standardisierte Verbriefung, ABl. EU Nr. L 347, S. 35.

unter denselben Transparenzvoraussetzungen Wasserfall-Strukturen und Vorzugsanteile per se zu untersagen, zumal solche Gestaltungen an anderen Fondsstandorten etabliert sind.[16] S. dazu auch § 26 Rz. 79 f.

4. Nachträgliche Einführung und Schließung; Zusammenlegung

Die **nachträgliche Einführung von Anteilklassen** steht grds. im Ermessen der KVG und kann jederzeit erfolgen.[17] Hat die KVG zunächst auf die Befugnis zur Bildung von Anteilklassen verzichtet, müssen ggf. zunächst die Vertragsbedingungen geändert werden. Wird eine solche Anteilklasse nachträglich eingeführt, folgen Begrenzungen aus dem **Verbot des Vertrags zu Lasten Dritter.**[18] Wird nachträglich die Ertrags- oder Kostenbeteiligung zu Lasten bestehender Klassen verändert, ist dies nur zulässig, wenn sämtliche Anleger der Änderung zustimmen. Jedoch ist nichts gegen eine neue Anlageklasse einzuwenden, die im Verhältnis zu bestehenden Klassen schlechter gestellt wird. Dies eröffnet z.B. in Sanierungssituationen Gestaltungsoptionen. 11

Auch die Schließung von Anteilklassen steht im Ermessen der KVG. Für die **nachträgliche Schließung von Anteilklassen** gilt in Bezug auf **Publikumsinvestmentvermögen** § 99 Abs. 1 KAGB analog.[19] Vgl. dazu § 99 Rz. 4 ff. Dies führt zur „Schließung" der Anteilsklasse und deren Auflösung ohne Abwicklung des gesamten betreffenden Investmentvermögens. Die analoge Anwendung des § 99 Abs. 1 KAGB ist für Publikumsinvestmentvermögen zwingend, weil die KVG ohne die Auslegung die Verwaltung des gesamten Investmentvermögens kündigen und das ganze Investmentvermögen von der Verwahrstelle abwickeln lassen müsste. Dies ist erkennbar unverhältnismäßig, wenn etwa die Nachfrage nach einer bestimmten Währungsanteilsklasse versiegt, das Investmentvermögen im Übrigen aber floriert. Für **Spezial-Sondervermögen** kann mit Zustimmung der Anleger eine abweichende (ggf. bessere) Lösung als die durch analoge Anwendung des § 99 Abs. 1 KAGB ausgelösten Rechtsfolgen gefunden werden (Rechtsgedanke des § 281 Abs. 1 Satz 2 Nr. 2 KAGB). 12

Die **Zusammenlegung von Anteilklassen** ist nach allgemeinen Vertragsgrundsätzen mit Zustimmung aller Anleger immer und auch ohne deren Zustimmung entsprechend der §§ 181 ff. KAGB zulässig.[20] Begründen lässt sich dies mit einem Erst-recht-Schluss: Ist die Verschmelzung von rechtlich selbstständigen (Teil-)Investmentvermögen möglich, kann gegen eine Zusammenlegung einzelner Anteilklassen unter denselben Voraussetzungen nichts zu erinnern sein.[21] 13

5. Anteile derselben Anteilklasse (§ 96 Abs. 1 Satz 2 KAGB)

Gemäß § 96 Abs. 1 Satz 2 KAGB gewähren „Anteile einer Klasse" **gleiche Ausgestaltungsmerkmale**. „Klasse" meint also die Summe der identisch ausgestalteten Anlagebeziehungen. Dies kommt regelmäßig durch eine spezifische Bezeichnung (Class A, B, C) zum Ausdruck. 14

6. Kostenverteilung (§ 96 Abs. 1 Satz 3 KAGB)

Die Kosten bei Einführung neuer Anteilklassen für bestehende Sondervermögen müssen zu Lasten der **Anteilpreise der neuen Anteilklasse** in Rechnung gestellt werden. Es handelt sich um eine Ausprägung des Verbots des Vertrags zu Lasten dritter. 15

7. Gesonderte Wertberechnung (§ 96 Abs. 1 Satz 4 KAGB)

Nach § 96 Abs. 1 Satz 4 KAGB ist der Wert des Anteils für jede Anteilklasse gesondert zu errechnen. Die Vorschrift statuiert eine **Ausnahme von § 168 Abs. 1 KAGB**. Danach muss sich der Wert des Anteils aus der Teilung des Wertes des Sondervermögens durch die Zahl der in Verkehr gelangten Anteile ergeben; die- 16

---

16 Ausführlich *Zetzsche*, Prinzipien der kollektiven Vermögensanlage, 2015, S. 757 f.

17 Unstr., vgl. *Schott* in Emde/Dornseifer/Dreibus/Hölscher, § 34 InvG Rz. 6, 16; *Anders* in Weitnauer/Boxberger/Anders, § 96 KAGB Rz. 6.

18 Angedeutet in § 96 Abs. 1 Satz 3 KAGB sowie Reg.Begr. (4. FinzFördG) v. 18.1.2002, BT-Drucks. 14/8017, S. 103 (zu § 18 Abs. 2 KAGG): „Auf diesem Wege wird auch ausgeschlossen werden, dass Anteilsinhaber bestehender Sondervermögen durch die Einführung von Anteilklassen Nachteile erleiden."

19 *Höring* in Moritz/Klebeck/Jesch, § 96 KAGB Rz. 19 f.; *Beckmann* in Beckmann/Scholtz/Vollmer, § 96 KAGB Rz. 19.

20 Wie hier *Beckmann* in Beckmann/Scholtz/Vollmer, § 96 KAGB Rz. 20; *Höring* in Moritz/Klebeck/Jesch, § 96 KAGB Rz. 20; **a.A.** *Schmitz* in Berger/Steck/Lübbehüsen, § 34 InvG Rz. 18.

21 Auch das Bundesministerium für Finanzen ging bezüglich § 14 InvStG a.F. (§ 23 InvStG n.F.) davon aus, dass Anteilklassen zum Ende des Geschäftsjahres des Investmentvermögens steuerneutral zusammengelegt werden können. Vgl. BMF v. 18.9.20019 – IV C 1-S 1980-1/08/10019, Rz. 233a.

ses sog. Proportionalitätsgebot gilt auch für Spezial-AIF, arg. ex. § 284 Abs. 2 KAGB. Für Anteilklassen bedarf es Modifikationen des § 168 Abs. 1 KAGB, weil der Anteilswert durch die Zusatzvereinbarungen verändert wird. Zur Anteilswertberechnung sogleich Rz. 18 f.

8. Transparenz und Bewertung

17 Das Gesetz begegnet den potentiellen Interessenkonflikten der KVG (Rz. 6) mit **gesteigerten Rechnungslegungs- und Offenlegungspflichten**. In den **Vertragsbedingungen und im Prospekt** ist darüber zu informieren, ob und unter welchen Voraussetzungen Anteile mit unterschiedlichen Rechten ausgegeben werden und wie sich der Anteilswert jeweils berechnet, vgl. §§ 162 Abs. 2 Nr. 9, 165 Abs. 2 Nr. 27 KAGB. Zulässig ist eine Gestaltung, bei der konkret beschriebene Anteilklassen angekündigt oder generell der KVG die Befugnis zur Schaffung von Anteilklassen eingeräumt wird.

18 Im Turnus der gesetzlich gebotenen **Anteilswertberechnung** ist der Wert des einzelnen Anteils jeder Klasse zu jedem Bewertungstermin (jeweils separat) nach § 15 Abs. 2 KARBV zu ermitteln und darüber Buch zu führen (vgl. § 96 Abs. 1 Satz 4 KAGB, s. zudem §§ 14 und 15 KARBV). Die Pflicht zur separaten Berechnung besteht auch für Anlageklassen von Spezial-AIF, weil qualifizierte Anleger in die einzelnen Transaktionen und Geschäfte, die für die Berechnung erforderlich sind, sowie deren Verhältnis zu anderen Anteilklassen grundsätzlich keinen Einblick haben. Gemäß § 15 Abs. 2 KARBV ist bei **erstmaliger Ausgabe** von Anteilen einer Anteilklasse der Wert der Anteile auf der Grundlage des Wertes zu berechnen, der für das gesamte Sondervermögen nach § 168 Abs. 1 Satz 1 KAGB ermittelt wurde. Der Wert einer Anteilklasse ergibt sich aus dem Wert der Anteilklasse am vorangehenden Bewertungstag zzgl. der auf die Anteilklasse bezogenen anteiligen Nettowertveränderung des Sondervermögens, die sich gegenüber dem vorangehenden Bewertungstag ergibt. Die §§ 212, 217, 286 KAGB sind zu berücksichtigen. Wird nach den Vertragsbedingungen ein **Ertragsausgleichsverfahren** durchgeführt, ist der Ertragsausgleich für jede einzelne Anteilklasse zu berechnen.

19 Konsequenz sind gesteigerte Anforderungen an die **Buchhaltung und Rechnungslegung** (§§ 101 Abs. 1 Nr. 3, 166 Abs. 5 Satz 5 bis 7 KAGB sowie §§ 14 und 15 KARBV). Gemäß § 14 KARBV ist bei Sondervermögen mit einer Wertentwicklung von weniger als drei Geschäftsjahren die Wertentwicklung für die Zeit seit der Auflegung anzugeben, wobei bei mehreren Anteilklassen die Wertentwicklung für die **Anteilklasse mit der höchsten Gesamtkostenquote** genügt. Gemäß § 15 Abs. 1 KARBV ist bei mehreren Anteilklassen zu erläutern, unter welchen Voraussetzungen Anteile mit unterschiedlichen Ausgestaltungsmerkmalen ausgegeben werden und welche Ausgestaltungsmerkmale den Anteilklassen im Einzelnen zugeordnet werden. Für jede Anteilklasse ist zudem die **Anzahl ihrer am Berichtsstichtag umlaufenden Anteile** und der **am Berichtsstichtag gem. dem Ertragsausgleichsverfahren** nach § 15 Abs. 2 Satz 4 KARBV (Rz. 18) **ermittelte Nettoinventarwert** je Anteil anzugeben. Bei mehreren Anteilklassen sind die Angaben nach den §§ 11, 12 und 13 KARBV je Anteilklasse anzugeben.

III. Umbrella-Konstruktion (§ 96 Abs. 2 KAGB)

1. Hintergrund

20 Grundsätzlich müssen alle Anleger aufgrund der **Gleichbehandlungspflicht** des Verwalters zu gleichen Konditionen beteiligt werden (Rz. 1). Innerhalb der Anlage ist der Verwalter an seine Verwaltungs- und Gleichbehandlungspflicht gegenüber den anderen Anlegern gebunden, er kann **nur eine Anlagestrategie** realisieren. Dem an einem Wechsel der Anlagestrategie interessierten Anleger bleibt nur ein Wechsel der Anlage (i.e. Anteilsveräußerung). Müssen Anleger in bestehenden Fonds für den Wechsel die gleichen Ausgabeaufschläge und Rücknahmeabschläge wie neu hinzutretende Anleger bezahlen, besteht keinerlei Anreiz, innerhalb derselben Fondsgruppe zu wechseln. Die Bildung eines gemeinsamen Schirms (Umbrella) ermöglicht einen **Kompromiss aus dem Anlegerinteresse an der Kosteneinsparung und dem Verwalterinteresse am Erhalt der Anlagebeziehung**: Ohne die aufwendige und mit Rechtsfolgen verbundene Bildung separater Anteilklassen speziell für wechselwillige Fondseigner kann der Anleger zwischen Fonds unterschiedlicher Anlagepolitik zu Vorzugskonditionen wechseln.[22] Als Risiken drohen **intensivierte Interessenkonflikte** in der Person des Verwalters. Denn ein Fondswachstum wird bei Umbrella-Fonds überwiegend mit Anlegern generiert, die ihre Anlagestrategie häufiger wechseln. Dann ist der Verwalter motiviert, die Wechselkosten dieser zu Lasten anderer Anleger zu senken. Jedoch darf die KVG mehrere Kollektivanlagen parallel verwalten (§ 92 Abs. 3 Satz 1 KAGB). Im Verhältnis dazu entstehen **aus der Bildung von Teilsondervermögen nur in geringfügigem Maße *zusätzliche* Gefahren.**

22 Reg.Begr. (InvModG) v. 19.9.2003, BT-Drucks. 15/1553, S. 86.

2. Entwicklung

Die Furcht vor Interessenkonflikten innerhalb einer Fondsfamilie hat die Zulässigkeit von Teilfonds hierzulande verzögert, aber letztlich nicht verhindert. Mit dem **InvModG**[23] wurde unter Rezeption luxemburgischen, britischen und irischen Rechts eine Regelung in § 34 Abs. 2 InvG eingefügt.[24] Die Regelungen zu Teilgesellschaftsvermögen von Investment-AG wurden mit dem **InvÄndG**[25] und dem **OGAW IV-UmsG**[26] liberalisiert. Das KAGB erlaubt nun Teilgesellschaftsvermögen für alle offenen Fonds, gleich ob Sondervermögen oder Investmentgesellschaft. 21

3. Definition (§ 96 Abs. 2 Satz 1 KAGB)

§ 96 Abs. 2 Satz 1 KAGB definiert **Teilsondervermögen** als mehrere Sondervermögen, die sich **hinsichtlich der Anlagepolitik** oder anderer Merkmale[27] unterscheiden. Weil die gemeinsame Anlagepolitik die entscheidende Determinante der Anteilklasse gem. § 96 Abs. 1 KAGB ist, kommt der Rückgriff auf Anteilklassen nicht in Betracht. Rechtsfolge der unterschiedlichen Anteilklasse ist die rechtliche und organisatorische Trennung der Teilsondervermögen voneinander (vgl. § 96 Abs. 3 KAGB). Es steht der KVG aber auch frei, **Merkmale, die mittels Anteilklassen abgebildet werden** können (Rz. 8), als Teilfonds auszugestalten. Dies geschieht häufig in sog. Feederfonds (dazu § 1 Rz. 178 f.), wo für verschiedene Währungs-, Anleger- und Steuerregionen eigene Teilvehikel aufgesetzt werden. 22

Die **Zusammenfassung der Teilsondervermögen** bezeichnet die Legaldefinition in § 96 Abs. 2 Satz 1 KAGB als **Umbrella-Konstruktion.** Zusammenfassung meint nicht, wie aus § 96 Abs. 3 KAGB folgt, die haftungsrechtliche Verknüpfung, sondern es geht um **eine vertragliche Behandlung mehrere Teilsondervermögen als „wirtschaftliches Ganzes“.** Dies zeigt sich insbesondere in günstigen Wechselbedingungen bei einem Wechsel zwischen den Fonds oder sogar einem automatisierten Wechsel in Abhängigkeit von Anlagezyklen. Die Umbrella-Konstruktion ist abzugrenzen vom Dachfonds, bei dem die Zielfonds Vermögensgegenstände, nicht aber Strukturelement des Dachfonds sind.[28] 23

4. Nachträgliche Einführung und Schließung

Die Auflegung neuer Teilinvestmentvermögen ist – ebenso wie die Auflage neuer Fonds – **Geschäftsführungsangelegenheit der KVG.** Dies gilt, wie aus §§ 117 Abs. 2 und 3, 132 Abs. 1 KAGB folgt, entsprechend für Investmentgesellschaften: Weder die Auflegung noch die Auflösung von Teilgesellschaftsvermögen bedarf der Zustimmung der (mit unternehmerischen Aktionären besetzten) Haupt- bzw. Gesellschafterversammlung der Investmentgesellschaft. Die Zustimmung der Haupt- bzw. Gesellschafterversammlung wird durch die statutarische Ermächtigung substituiert.[29] Deren Ausübung obliegt der (internen oder externen) Geschäftsleitung (dazu § 1 Rz. 17, 147 ff.). Ist keine statutarische Ermächtigung vorhanden, müssen ggf. zunächst die Statuten angepasst werden. 24

5. Kosten (§ 96 Abs. 2 Satz 2 KAGB)

Gemäß §§ 96 Abs. 2 Satz 2, 117 Abs. 4 Satz 1, 132 Abs. 3 Satz 1 KAGB dürfen die **Kosten für die Auflegung neuer Teilinvestmentvermögen** nur zu Lasten der Anteilpreise der neuen Teilsondervermögen gehen. Im Ergebnis gelten für Teilinvestmentvermögen die gleichen Voraussetzungen wie für neue Anteilklassen (Rz. 11): Die neue Einführung darf **kein Vertrag zu Lasten Dritter, insbesondere anderer Anleger** sein (s. auch Art. 23 Abs. 2 AIFM-VO). Dies kann bei Neuauflage nur durch Verrechnung einer **Gründungsgebühr mit dem gesamten Fondsvermögen** und/oder durch einen **Ausgabeaufschlag** erfolgen. Unzulässig ist eine Kostenbelastung durch Rücknahmeabschläge, die Anlegern eines bestehenden Investmentvermögens bei deren Wechsel in das neue Teilgesellschaftsvermögen belastet werden. Der restriktive Wortlaut scheint der praktisch häufigen Gestaltung entgegen zu stehen, wonach die **KVG die Kosten teilweise selbst trägt**, bis 25

23 Gesetz zur Modernisierung des Investmentwesens und zur Besteuerung von Investmentvermögen (Investmentmodernisierungsgesetz) v. 15.12.2003, BGBl. I 2003, S. 2676.

24 Reg.Begr. (InvModG) v. 19.9.2003, BT-Drucks. 15/1553, S. 86. Dazu *Steck/Schmitz*, AG 2004, 658; *Lang*, WM 2004, 56.

25 Dazu Reg.Begr. (InvÄndG) v. 11.6.2007, BT-Drucks. 16/5576, S. 68.

26 Dazu Reg.Begr. (OGAW-IV-UmsG) v. 24.1.2011, BT-Drucks. 17/4510, S. 80 f.

27 Krit. zur geringen Differenzierungskraft zwischen dem Ausgestaltungsmerkmal (§ 96 Abs. 1 KAGB) und dem Ausstattungsmerkmal (§ 96 Abs. 2 KAGB) *Anders* in Weitnauer/Boxberger/Anders, § 96 KAGB Rz. 8 Fn. 14.

28 *Anders* in Weitnauer/Boxberger/Anders, § 96 KAGB Rz. 8 Fn. 15.

29 §§ 117 Abs. 1 und 8, 132 Abs. 1 und 7 S. 1 KAGB; vgl. *Zetzsche*, AG 2013, 613 (617).

das neue Sondervermögen ausreichend groß ist. Die Kostentragung ist aber selbstverständlich zulässig, weil Anlegerschutzinteressen nicht berührt sind (teleologische Reduktion).

26 Die **Bedeutung der Norm** ergibt sich aus deren Alternative: Der Nutzen für Verwalter und wechselwillige Anleger ist umso größer, je niedriger die Wechselkosten sind. Man könnte bei der Preisfestsetzung deshalb die allen Anlegern eines Umbrella-Fonds gegebene Wechseloption berücksichtigen. Dann dürfte man die von einem wechselnden Anleger generierten Wechselkosten allen Anlegern belasten und so den Wechselpreis durch Quersubventionierung reduzieren. § 96 Abs. 2 Satz 2 KAGB erklärt diese Handhabung für unzulässig und gebietet (wie an anderer Stelle auch) den **Rekurs auf die einzelne Anlagebeziehung**.[30] Das Gesetz erkennt somit kein übergeordnetes Interesse an dem Gesamtbestand der Umbrella-Organisation an. Darin liegt ein gewisser Widerspruch zur kollektiven Prägung der Anlageorganisation, jedoch bestätigt dies, dass Kern des Investmentvermögens die aus dem Investmentvertrag zwischen *einem* Anleger und KVG resultierende, **individuelle Rechtsbeziehung** ist.[31]

27 Fraglich ist die **sachliche Reichweite der Vorschrift**. Ihr Wortlaut umfasst nur die Kosten für die **Neuauflage** von Teilinvestmentvermögen. Bestehen bereits mehrere Teilfonds, sind bei der **Ausübung des Wechselrechts entstehende Kosten** infolge Vermögensverschiebungen, Administration etc. nicht erfasst. Diese könnten somit teilweise allen Anlegern in Rechnung gestellt werden. Dass § 96 Abs. 2 Satz 2 KAGB in diesem Fall nicht gilt, gebietet teilweise der Anlegerschutz, denn bei dessen entsprechender Geltung müssten die bestehenden Anteilseigner dessen Wechsel in den Teilfonds mitfinanzieren. In diesem Fall ist nur eine **Belastung der neuen Anleger** sachgerecht. Im Übrigen lassen sich niedrige Wechselgebühren nur realisieren, indem der Verwalter die **Vergütung von Vertriebsintermediären oder seinen Gewinn** reduziert.

6. Überwachung durch die BaFin (§ 96 Abs. 2 Satz 3 und 4 KAGB)

28 § 96 Abs. 2 Satz 3 und 4 KAGB begegnet den mit der Verwaltung mehrerer Sondervermögen verbundenen Gefahren. Die Regelungen stellen klar, dass für jeden Teilfonds **Anlagebedingungen** nach der Vorgabe der Vertragsbedingungen für separate Fonds zu erstellen, bei dieser einzureichen und diese im Fall von Publikumsinvestmentvermögen von der BaFin zu **genehmigen** sind. Bei den missverständlich „Spezialteilsondervermögen" genannten Teilinvestmentvermögen von Spezial-AIF genügt – systemkonform – die Vorlage nach § 273 KAGB. Aufgrund der Vorlage könnte die BaFin mittels der Missstandsaufsicht eingreifen. Vgl. dazu auch die Parallelregelungen für Teilgesellschaftsvermögen in §§ 117 Abs. 5, 132 Abs. 2 KAGB.

IV. Trennung der Teilvermögen bei Umbrella-Konstruktion (§ 96 Abs. 3 KAGB)

1. Vermögens- und haftungsrechtliche Trennung (§ 96 Abs. 3 Satz 1 KAGB)

29 Aus § 96 Abs. 3 Satz 1 KAGB folgt: Die **Investmentvermögen stehen einander zunächst wie fremde gegenüber**: Jeder Teilfonds ist vermögens- und haftungsrechtlich sowie im Verhältnis zu Anlegern und Gläubigern und anderen Dritten eigenständig.[32] Dies gilt ungeachtet der gemeinsamen Begründung von Rechten und Pflichten durch i.d.R. dieselbe KVG. Jedes Teilinvestmentvermögen erhält infolgedessen eine eigene ISIN.

2. Teilvermögen als eigenständiges Zweckvermögen (§ 96 Abs. 3 Satz 2 KAGB)

30 Gemäß § 96 Abs. 3 Satz 2 KAGB wird im Verhältnis der Anleger untereinander jedes Teilsondervermögen als **eigenständiges Zweckvermögen** behandelt. Das bedeutet, dass der Wechsel von einem in ein anderes Teilinvestmentvermögen im Depotkonto des Anlegers durch Umbuchung nachzuvollziehen, seine Ansprüche zuvor abzurechnen und ggf. auszuschütten sind.

3. Beschränkung von Anleger- und Gläubigerrechten (§ 96 Abs. 3 Satz 3 KAGB)

31 Nach § 96 Abs. 3 Satz 3 KAGB beschränken sich „die Rechte von Anlegern und Gläubigern im Hinblick auf ein Teilsondervermögen, insbesondere dessen Auflegung, Verwaltung, Übertragung und Auflösung, (...) auf die Vermögensgegenstände dieses Teilsondervermögens." Diese Formulierung mutet **merkwürdig** an:

30 Ausdrücklich Reg.Begr. (InvÄndG) v. 11.6.2007, BT-Drucks. 16/5576, S. 68: „Strenge vermögens- und haftungsrechtliche Separierung der Teilfonds nicht nur [Verf.: aber auch] im Verhältnis der Anleger untereinander".

31 Sog. Vertragsmodell der Kollektivanlage, näher dazu *Zetzsche*, Prinzipien der kollektiven Vermögensanlage, 2015, S. 585 f., 588 f.

32 Vgl. § 96 Abs. 3 KAGB und für Teilgesellschaftsvermögen der Inv-AG § 117 Abs. 2 und 3 KAGB sowie der Inv-KG § 132 Abs. 1 KAGB.

Im Außenverhältnis haftet beim vertraglichen Fonds den Gläubigern (ohnedies) nur die KVG. Die Gläubiger können aber den Ersatzanspruch der KVG gegen das Sondervermögen pfänden und sich überweisen lassen. Weil sich dieser nur auf den Teilfonds erstreckt, für den gehandelt wurde, ist § 96 Abs. 3 Satz 3 KAGB bestenfalls deklaratorisch.

4. Haftungsbeschränkung (§ 96 Abs. 3 Satz 4 KAGB)

Gemäß § 96 Abs. 3 Satz 4 KAGB haftet für die auf das einzelne Teilsondervermögen entfallenden Verbindlichkeiten nur das betreffende Teilsondervermögen. Die Vorschrift ist missverständlich, weil bei Sondervermögen im Außenverhältnis die KVG die Verbindlichkeiten für Rechnung des Fonds begründet (vgl. § 92 Abs. 3 KAGB). Gemeint ist, dass sich **KVG und Verwahrstelle nur aus dem Vermögen des Teilfonds befriedigen** können, für den gehandelt wurde, also KVG und Verwahrstelle etwaige Vergütungs- und Aufwendungsersatzansprüche verursachergerecht den Teilsondervermögen zuzuweisen haben.[33] 32

5. Gesonderte Wertberechnung (§ 96 Abs. 3 Satz 5 KAGB)

Dass nach § 96 Abs. 3 Satz 5 KAGB die Regelung des § 96 Abs. 1 Satz 4 KAGB entsprechend gilt, meint nicht, dass der Wert jedes Teilsondervermögens separat zu berechnen ist – dies folgt bereits daraus, dass jeder Teilfonds wie ein Fonds zu behandeln ist und bedürfte keiner Regelung –, sondern dass **für jede Anteilklasse eines Teilsondervermögens die Werte gesondert zu berechnen** sind. Dies ist erforderlich, weil für jedes Teilsondervermögen Anteilklassen gebildet werden können Näher Rz. 15 f. 33

6. Transparenz und Anteilsbewertung

Ein Teilsondervermögen ist **im Grundsatz wie ein separates Investmentvermögen** zu behandeln. So sind für jedes Teilinvestmentvermögen **Anlagebedingungen** (§ 162 Abs. 2 Nr. 8 KAGB) und **Verkaufsprospekte** (§ 165 Abs. 2 Nr. 26, 39 KAGB) zu erstellen. Erleichterungen und Kostenvorteile ergeben sich aus § 164 Abs. 2 KAGB, wonach ein **gemeinsamer Prospekt grds. zulässig** ist. 34

Aus der Eigenständigkeit folgt des Weiteren, dass für jedes Teilsondervermögen **separat Rechnung zu legen und zu berichten sowie separat die Anteilswerte zu berechnen** sind. Ebenso wie für unterschiedliche Anteilklassen (dazu Rz. 16, 17) folgt daraus Informations-, Buchhaltungs- und Rechnungslegungsaufwand. Während bei Anteilklassen jedoch eine separate Wertstellung genügt (Rz. 16), muss für **jedes Teilinvestmentvermögen separat Rechnung gelegt** werden.[34] Siehe dazu auch die Parallelvorschriften für Teilgesellschaftsvermögen gem. §§ 117 Abs. 2 und 3, 132 Abs. 1 KAGB. 35

Details der Rechnungslegung finden sich in der KARBV. Die KARBV setzt voraus, dass jedes Teilsondervermögen wie ein separates Investmentvermögen zu behandeln und für diese schon daher separate Rechnung zu legen ist, und hält **Sondervorschriften nur für die Teilgesellschaftsvermögen von Investmentgesellschaften** vor. Für diese regelt die KARBV den Auflösungsbericht[35] sowie die bilanziellen Darstellungen. Die Rechnungslegungsbestandteile eines Teilgesellschaftsvermögens bilden nach §§ 20 bis 25 KARBV **im Berichtswesen separate Einheiten.** Zwar sind die Bilanz, die Gewinn- und Verlustrechnung sowie die Angaben in Lagebericht und Anhang **zusammenhängend darzustellen** (§ 20 Abs. 2 Satz 2 KARBV), i.e. es ist dem Umstand Rechnung zu tragen, dass eine Gesellschaft Rechtsträger ist – bei Sondervermögen kommt es dagegen zu einem Bericht je Sondervermögen. Jedoch sind die Bilanz und Gewinn- und Verlustrechnung der Investmentgesellschaft **nach Teilgesellschaftsvermögen aufzugliedern** (§§ 21 Abs. 1 Satz 2, § 22 Abs. 1 Satz 2 KARBV). Im Lagebericht und Anhang sind die Pflichtangaben jeweils gesondert nach Teilvermögen zu unterteilen (§§ 23 Abs. 2, 25 Abs. 1 und 3 KARBV) und es ist jeweils für jedes Teilgesellschaftsvermögen gesondert zu berichten (§ 23 Abs. 4 KARBV). 36

V. Verordnungsermächtigung (§ 96 Abs. 4 KAGB)

Die Verordnungsermächtigung nach § 96 Abs. 4 KAGB betrifft nähere Bestimmungen zur buchhalterischen Darstellung, Rechnungslegung und Ermittlung des Wertes jeder Anteilklasse oder jedes Teilsonderver- 37

33 *Schott* in Emde/Dornseifer/Dreibus/Hölscher, § 34 InvG Rz. 29; *Anders* in Weitnauer/Boxberger/Anders, § 96 KAGB Rz. 9 Fn. 17.

34 Vgl. *Sedlmaier*, WM 2010, 1437 (1441).

35 Vgl. § 20 Abs. 2 Satz 2 KARBV: „Wird ein Teilgesellschaftsvermögen im Sinne des § 117 Absatz 8 oder des § 132 Absatz 7 des Kapitalanlagegesetzbuches aufgelöst, ist über dieses Teilgesellschaftsvermögen ein Auflösungsbericht zu erstellen. Absatz 1 gilt entsprechend."

mögens. Sie wurde ausgeübt zu Anteilklassen durch §§ 14 Satz 2, 15 KARBV[36] (dazu Rz. 17 f.) und zu Teilgesellschaftsvermögen gem. §§ 20 bis 25 KARBV (dazu Rz. 36).

§ 97 Sammelverwahrung, Verlust von Anteilscheinen

(1) [1]Namensanteilscheine sowie dem jeweiligen Namensanteilschein zugehörige, noch nicht fällige Gewinnanteilscheine dürfen in Sammelverwahrung im Sinne des Depotgesetzes nur genommen werden, wenn sie blanko indossiert sind. [2]Inhaberanteilscheine sowie dem jeweiligen Inhaberanteilschein zugehörige, noch nicht fällige Gewinnanteilscheine sind einer der folgenden Stellen zur Sammelverwahrung anzuvertrauen:

1. einer Wertpapiersammelbank im Sinne des § 1 Absatz 3 Satz 1 des Depotgesetzes,

2. einem zugelassenen Zentralverwahrer oder einem anerkannten Drittland-Zentralverwahrer gemäß der Verordnung (EU) Nr. 909/2014 des Europäischen Parlaments und des Rates vom 23. Juli 2014 zur Verbesserung der Wertpapierlieferungen und -abrechnungen in der Europäischen Union und über Zentralverwahrer sowie zur Änderung der Richtlinien 98/26/EG und 2014/65/EU und der Verordnung (EU) Nr. 236/2012 (ABl. L 257 vom 28.8.2014, S. 1) oder

3. einem sonstigen ausländischen Verwahrer, der die Voraussetzungen des § 5 Absatz 4 Satz 1 des Depotgesetzes erfüllt.

(2) [1]Ist ein Anteilschein abhanden gekommen oder vernichtet, so kann die Urkunde, wenn nicht das Gegenteil darin bestimmt ist, im Aufgebotsverfahren für kraftlos erklärt werden. [2]§ 799 Absatz 2 und § 800 des Bürgerlichen Gesetzbuchs gelten sinngemäß. [3]Sind Gewinnanteilscheine auf den Inhaber ausgegeben, so erlischt mit der Kraftloserklärung des Anteilscheins auch der Anspruch aus den noch nicht fälligen Gewinnanteilscheinen.

(3) [1]Ist ein Anteilschein infolge einer Beschädigung oder einer Verunstaltung nicht mehr zum Umlauf geeignet, so kann der Berechtigte, wenn der wesentliche Inhalt und die Unterscheidungsmerkmale der Urkunde noch mit Sicherheit erkennbar sind, von der Gesellschaft die Erteilung einer neuen Urkunde gegen Aushändigung der alten verlangen. [2]Die Kosten hat er zu tragen und vorzuschießen.

(4) [1]Neue Gewinnanteilscheine dürfen an den Inhaber des Erneuerungsscheins nicht ausgeben werden, wenn der Besitzer des Anteilscheins der Ausgabe widerspricht. [2]In diesem Fall sind die Scheine dem Besitzer des Anteilscheins auszuhändigen, wenn er die Haupturkunde vorlegt.

In der Fassung vom 4.7.2013 (BGBl. I 2013, S. 1981), zuletzt geändert durch das Gesetz zur Umsetzung der Richtlinie 2014/91/EU des Europäischen Parlaments und des Rates vom 23. Juli 2014 zur Änderung der Richtlinie 2009/65/EG zur Koordinierung der Rechts- und Verwaltungsvorschriften betreffend bestimmte Organismen für gemeinsame Anlagen in Wertpapieren (OGAW) im Hinblick auf die Aufgaben der Verwahrstelle, die Vergütungspolitik und Sanktionen vom 3.3.2016 (BGBl. I 2016, S. 348).

Schrifttum: S. bei § 91 KAGB.

I. Zweck und Entwicklung

1 Die Vorschrift regelt wertpapierrechtliche Fragen und steht im engen Zusammenhang mit § 95 KAGB. § 97 Abs. 1 KAGB regelt die **Verwahrung von Anteilsscheinen** abweichend vom DepotG, § 97 Abs. 2 und 3 KAGB betreffen den **Verlust und die Beschädigung von Anteilscheinen**. § 97 Abs. 4 KAGB betrifft die Ausgabe von **Gewinnanteilscheinen.**

36 Kapitalanlage-Rechnungslegungs- und -Bewertungsverordnung v. 16.7.2013, BGBl. I 2013, S. 2483.

Die Vorschrift entspricht § 35 Abs. 1 bis 4 InvG, die ihrerseits aus § 24 KAGG übernommen wurden. Durch das OGAW V-UmsG wurde § 97 Abs. 1 Satz 1 KAGB geändert und Abs. 1 Satz 2 neu eingefügt, um das **Zwangsgiro** (Elimierung effektiver Stücke) für Inhaberanteilscheine (dazu § 95 Rz. 9 f.) auf Ebene der Verwahrung sicherzustellen. 2

II. Girosammelverwahrung (§ 97 Abs. 1 KAGB)

§ 97 Abs. 1 KAGB regelt die **depotrechtliche Verwahrung von Anteilscheinen**. Diese ist von den Aufgaben der Verwahrstelle gem. §§ 68 ff. KAGB (sog. investmentrechtliche Verwahrung) streng zu trennen, vgl. dazu § 92 Abs. 4 KAGB (dazu § 92 Rz. 26 f.). Die depotrechtliche Verwahrung betrifft die Verwahrstelle aber insofern, als sie die Konformität mit dem Depotrecht sicherzustellen hat und betroffene Anteilscheine ggf. in Sammelverwahrung zu geben hat. 3

1. Blankoindossament bei Namensanteilsscheinen (§ 97 Abs. 1 Satz 1 KAGB)

Die Sammelverwahrung zielt auf **Fungibilität der verwahrten Wertpapiere**. Daher müssen die in solche Verwahrung genommenen Namensanteilsscheine sowie zugehörige Gewinnanteilsscheine **blankoindossiert** sein. Der Norminhalt ist jedoch deklaratorisch, weil nur blankoindossierte Namensanteilscheine zur Sammelverwahrung durch eine Wertpapiersammelbank zugelassen sind, um so die für die Girosammelverwahrung unabdingbare Fungibilität herzustellen. Das Blankoindossament wird i.d.R. auf der Rückseite (in Ausnahmefällen auch auf einem separaten Blatt) auf den Namen dessen, auf den die Globalurkunde lautet (i.d.R. die KVG oder Investmentgesellschaft), hergestellt. Firmenstempel und autorisierte Unterschrift von KVG und Verwahrstelle genügen für das Blankoindossament. Nicht blankindossierte Namensaktien müssen in Sonder- oder Streifbandverwahrung genommen werden (vgl. § 2 DepotG). 4

2. Sammelverwahrungspflicht bei Inhaberanteilsscheinen (§ 97 Abs. 1 Satz 2 KAGB)

Das Zwangsgiro (dazu § 95 Rz. 9 f.) ist unvollständig, wenn Gewinnansprüche von den Inhaberanteilscheinen getrennt werden können; Gewinne könnten zu Zwecken der Steuerhinterziehung oder Geldwäsche verschoben werden. Daher gebietet § 96 Abs. 1 Satz 2 KAGB die **gebündelte Verwahrung von Inhaberanteilschein und Gewinnanteilschein bei einer qualifizierten Stelle.** 5

Qualifiziert sind derart (1) eine **Wertpapiersammelbank** gem. § 1 Abs. 3 Satz 1 DepotG, (2) Zentralverwahrer gem. **Art. 2 Abs. 1 Nr. 1 CSDR**[1] und (3) im Fall von Drittstaaten (arg. „ausländisch") Verwahrer, die die **Voraussetzungen von § 5 Abs. 4 Satz 1 DepotG** erfüllen, also anerkannte Drittstaat-Zentralverwahrer sind. Es handelt sich dabei um öffentlich beaufsichtigte, im Hinblick auf den Anleger- und Hinterlegerschutz gleichwertig wie Wertpapiersammelbanken regulierte Institute, deren Heimatrecht einer Durchsetzung des Auslieferungsanspruchs der Wertpapiersammelbank nicht entgegensteht (s. dazu Art. 2 Abs. 1 Nr. 2 CSDR). 6

§ 97 Abs. 1 Satz 2 KAGB schließt die nach § 9a Abs. 1 Satz 1 a.E. DepotG mit Zustimmung der Hinterleger bestehende Option einer **Haussammelverwahrung** aus. Hintergrund ist, dass die in § 97 Abs. 1 Satz 2 KAGB genannten Institute einer besonderen Regulierung und intensivierten Aufsicht nach der CSDR unterstehen und daher von deren Buchungsvorgängen eine besondere Richtigkeitsgewähr ausgeht, die bei einer Haussammelverwahrung nicht gewährleistet ist. 7

III. Abhandenkommen, Vernichtung von Anteilsscheinen (§ 97 Abs. 2 KAGB)

§ 97 Abs. 2 KAGB orientiert sich an § 799 BGB, § 72 Abs. 1 und 2 AktG und regelt die wertpapierrechtlichen Folgen im Fall des **Abhandenkommens** von Anteilscheinen; gleichgestellt ist der Fall der **Vernichtung.**[2] Die Urkunden sind gem. §§ 799 Abs. 2, 800 BGB für kraftlos zu erklären. Die Kraftloserklärung erfolgt gem. §§ 433 ff., 466 ff. FamFG.[3] Sie erstreckt sich dann auch auf Nebenpapiere (vgl. Satz 3, i.e. Gewinnanteils- und Erneuerungsscheine, sog. **Talons**), weil diese für sich nicht aufgebotsfähig sind.[4] Von 8

1 Verordnung (EU) Nr. 909/2014 des Europäischen Parlaments und des Rates vom 23. Juli 2014 zur Verbesserung der Wertpapierlieferungen und -abrechnungen in der Europäischen Union und über Zentralverwahrer sowie zur Änderung der Richtlinien 98/26/EG und 2014/65/EU und der Verordnung (EU) Nr. 236/2012, ABl. EU Nr. L 257, S. 1.
2 Dazu *Höring* in Moritz/Klebeck/Jesch, § 97 KAGB Rz. 12 ff.
3 Dazu ausführlich *Lammel/Feller* in Baur/Tappen, § 97 KAGB Rz. 5 ff.
4 Dazu ausführlich *Lammel/Feller* in Baur/Tappen, § 97 KAGB Rz. 15 ff.

der durch § 97 Abs. 2 Satz 1 KAGB eröffneten Option, die Kraftloserklärung auszuschließen, macht die Praxis keinen Gebrauch, weil damit keine Vorteile verbunden sind.[5] Die in § 97 Abs. 2 KAGB genannten Fälle sind seit Abschaffung effektiver Stücke bei Inhaberaktien selten geworden. Für Einzelfragen wird daher auf das Schrifttum zu § 799 BGB, § 72 AktG bzw. §§ 466 ff. FamFG verwiesen.

IV. Beschädigung, Verunstaltung von Anteilsscheinen (§ 97 Abs. 3 KAGB)

9 § 97 Abs. 3 KAGB entspricht § 798 BGB und § 68 AktG und regelt die wertpapierrechtlichen Folgen im Fall der **Beschädigung oder Verunstaltung** von Anteilscheinen. Im Gegensatz zu § 97 Abs. 2 KAGB erfolgt keine Kraftloserklärung, weil die Urkunde noch im Besitz des Anlegers ist. Es genügt die Ausstellung eines Ersatzpapiers durch die KVG gegen Übergabe der Originalurkunde. Die Kosten trägt der Anleger. Die in § 97 Abs. 3 KAGB genannten Fälle sind seit Abschaffung effektiver Stücke bei Inhaberaktien selten geworden. S. daher näher das Schrifttum zu § 798 BGB und § 68 AktG.

V. Neue Gewinnanteilscheine (§ 97 Abs. 4 KAGB)

10 Die Vorschrift orientiert sich an § 805 BGB, § 69 AktG. Sie trifft Regelungen für **Ausgabe und Verlust von Nebenpapieren** (Gewinnanteil- und Erneuerungsscheine, sog. Talons[6]) und gewährt dem Inhaber des Anteilscheins eine starke Stellung gegenüber dem Inhaber des Erneuerungsscheins. Dies rechtfertigt sich damit, dass der Erneuerungsschein bloßes Ersatzpapier zu Legitimationszwecken und **kein Wertpapier** ist. Zur sachlichen Berechtigung, wem die Anteilscheine zustehen, verhält sich § 97 Abs. 4 KAGB nicht. Dies richtet sich nach allgemeinen zivilrechtlichen Grundsätzen.[7]

VI. Unbekannte Anteilsinhaber

11 Für die Abwicklung des Sondervermögens und für Rechtsakte, die der Zustimmung oder Mitwirkung der Anleger bedürfen (z.B. Prolongation eines Laufzeitfonds bei entsprechender vertraglicher Regelung oder Quorum), ist die Kenntnis der Anteilsinhaber unabdingbar. Dafür trifft das KAGB keine Regelung. Insoweit empfiehlt sich die Aufnahme von **Regelungen in den Investmentvertrag bzw. die Anlagebedingungen**, so z.B. für die Auflösung des Sondervermögens eine schuldbefreiende Hinterlegung durch Verzicht auf Rücknahme gem. § 376 Abs. 2 Nr. 1 BGB.[8] Für Rechtsakte, die an die Zustimmung der Anleger geknüpft sind, ist es sachgerecht und für die Anleger nicht überraschend, wenn nach gescheiterten Zustellungsversuchen und Ankündigung einer Maßnahme in einem vorab definierten Publikationsorgan (z.B. Bundesanzeiger) nebst Ablauf einer angemessenen, eindeutig in den Vertragsbedingungen festgelegten Frist dem Schweigen ausnahmsweise Erklärungsgehalt im Sinne einer Zustimmung zugemessen wird.

§ 98 Rücknahme von Anteilen, Aussetzung

(1) [1]Jeder Anleger kann mindestens zweimal im Monat verlangen, dass ihm gegen Rückgabe des Anteils sein Anteil an dem Sondervermögen aus diesem ausgezahlt wird; die Einzelheiten sind in den Anlagebedingungen festzulegen. [2]Für ein Spezialsondervermögen kann abweichend von Satz 1 vereinbart werden, dass die Rücknahme von Anteilen nur zu bestimmten Rücknahmeterminen erfolgt.
(2) [1]In den Anlagebedingungen kann vorgesehen werden, dass die Kapitalverwaltungsgesellschaft die Rücknahme der Anteile aussetzen darf, wenn außergewöhnliche Umstände vorliegen, die eine Aussetzung unter Berücksichtigung der Interessen der Anleger erforderlich erscheinen lassen. [2]Solange die Rücknahme ausgesetzt ist, dürfen keine Anteile ausgegeben werden. [3]Die Kapitalverwaltungsgesellschaft hat der Bundesanstalt und den zuständigen Stellen der anderen Mitgliedstaaten der Europäischen Union oder der anderen Vertragsstaaten des Abkommens über den Europäischen Wirtschaftsraum, in denen sie Anteile des Sondervermögens vertreibt, die Entscheidung zur Ausset-

5 *Anders* in Weitnauer/Boxberger/Anders, § 97 KAGB Rz. 8.
6 Der sog. Talon ist der letzte Abschnitt des zu einer physischen Aktie gehörenden, aus einzelnen Dividendenscheinen zusammengesetzten Bogens. Sind alle Dividendenscheine aufgebraucht, kann der Inhaber eines Wertpapiers unter Vorlage des Talons einen neuen Bogen anfordern, um auch weiterhin Dividenden zu erhalten.
7 *Lammel/Feller* in Baur/Tappen, § 97 KAGB Rz. 18.
8 *Lammel/Feller* in Baur/Tappen, § 97 KAGB Rz. 19.

zung der Rücknahme unverzüglich anzuzeigen. [4]Die Kapitalverwaltungsgesellschaft hat die Aussetzung und die Wiederaufnahme der Rücknahme der Anteile im Bundesanzeiger und darüber hinaus in einer hinreichend verbreiteten Wirtschafts- oder Tageszeitung oder in den in dem Verkaufsprospekt bezeichneten elektronischen Informationsmedien bekannt zu machen. [5]Die Anleger sind über die Aussetzung und Wiederaufnahme der Rücknahme der Anteile unverzüglich nach der Bekanntmachung im Bundesanzeiger mittels eines dauerhaften Datenträgers zu unterrichten. [6]Satz 4 findet auf Spezial-AIF keine Anwendung.

(3) [1]Die Bundesanstalt kann anordnen, dass die Kapitalverwaltungsgesellschaft die Rücknahme der Anteile auszusetzen hat, wenn dies im Interesse der Anleger oder der Öffentlichkeit erforderlich ist; die Bundesanstalt soll die Aussetzung der Rücknahme anordnen, wenn die AIF-Kapitalverwaltungsgesellschaft bei einem Immobilien-Sondervermögen im Fall des Absatzes 2 Satz 1 die Aussetzung nicht vornimmt oder im Fall des § 257 der Verpflichtung zur Aussetzung nicht nachkommt. [2]Absatz 2 Satz 2 und 4 bis 6 ist entsprechend anzuwenden.

In der Fassung vom 4.7.2013 (BGBl. I 2013, S. 1981), zuletzt geändert durch das Gesetz zur Anpassung von Gesetzen auf dem Gebiet des Finanzmarktes vom 15.7.2014 (BGBl. I 2014, S. 934).

Schrifttum: S. bei § 91 KAGB.

I. Zweck, Entwicklung und Anwendungsbereich

Die Vorschrift regelt das **Rückgaberecht der Anleger** sowie Ausnahmen davon auf Betreiben der KVG oder der BaFin (sog. **Aussetzung**) und verleiht damit den **„offenen Investmentvermögen“** (§ 1 Abs. 4 KAGB) Kontur. Offene Fonds prägt ein als Rückgaberecht bezeichnetes Kündigungsrecht, das die Anleger gem. § 98 Abs. 1 KAGB mind. zwei Mal monatlich ausüben können. Rechtsfolge der Anteilsrückgabe ist das **Erlöschen des Investmentvertrags**, was grds. mit dem Erlöschen der Anlegerrechte einhergeht. Weil Fondsanleger regelmäßig von der Mitbestimmung ausgeschlossen sind, implementiert § 98 KAGB den Grundsatz **„Exit statt Voice“**.[1] Die permanente Ausstiegsoption ersetzt den bei offenen Fonds seltenen Anteilshandel über geregelte Märkte. Ein Handel an der Börse oder im Freiverkehr bleibt zulässig, lässt aber die Rechte aus § 98 KAGB grds. unberührt.[2] Die Anteilsrückgabe schafft die für Publikumsanleger sehr wichtige Möglichkeit, sich von der Anlage bei Liquiditätsbedarf oder Unzufriedenheit zu trennen, und hält zugleich die KVG dazu an, das Fondsvermögen sorgfältig zu verwalten.[3] Die Disziplinierungswirkung ist jedoch durch Informationsasymmetrien und die Zulässigkeit von Rücknahmeabschlägen (arg. § 71 Abs. 3 und 4, § 165 Abs. 3, § 197 Abs. 2 i.V.m. § 101 Abs. 2 Nr. 3, § 297 Abs. 8 KAGB) geschwächt. Die Vorschrift hat eine **hohe praktische Bedeutung.** 1

§ 98 KAGB geht grds. zurück auf § 37 Abs. 1, 2 und 3 **InvG**, erweitert um Inhalte von § 95 Abs. 2, Abs. 4 Satz 3 InvG sowie zusätzliche Informationspflichten der KVG von Spezial-AIF nach § 98 Abs. 2 KAGB ge- 2

1 Grundlegend *Hirschmann*, Exit, Voice and Loyalty (1970) und *G. Roth*, Treuhandmodell, S. 335 f.; aus neuerer Zeit *Admati/Pfleiderer*, (2009) 22 Rev. Fin. St. 2645 (mit Nachweis, dass die Ausstiegsdrohung auch von Aktionären mit erheblichem Aktienanteil eingesetzt werden kann, aber nicht immer wünschenswerte Resultate erzielt); *Edmans/Manso*, (2011) 24:7 Rev. Fin. St. 2395 (zur Erhöhung des Drucks auf das Management durch Androhung der Veräußerung).

2 Vgl. zur Ausnahme gem. Art. 1 Abs. 2 Buchst. b OGAW-RL bei § 1 Rz. 108.

3 *Zetzsche*, Prinzipien der kollektiven Vermögensanlage, 2015, S. 470 ff.

genüber anderen europäischen Aufsichtsbehörden (als Folge des AIF-Europapasses) sowie das Anordnungsrecht der BaFin gem. § 98 Abs. 3 KAGB nunmehr auch im „öffentlichen Interesse" (vorgegeben durch Art. 98 Abs. 2 Buchst. j OGAW-RL, die dies als Reaktion auf die Finanzmarktkrise verlangt).[4] Die Parallelaussetzung bei Master-Feederfonds gem. § 37 Abs. 2a InvG ist seither in § 174 Abs. 4 KAGB geregelt (dazu § 174 Rz. 22 ff.). Vorgängernorm zu § 37 InvG war **§ 11 Abs. 2 KAGG**, zunächst mit dem Inhalt des heutigen § 98 Abs. 1 KAGB; mit dem 1. Finanzmarktförderungsgesetz[5] wurden im Rahmen der Umsetzung der OGAW I-RL die Inhalte der heutigen § 98 Abs. 2 und 3 KAGB beigefügt.

3 **Seit Inkrafttreten des KAGB** wurden § 98 Abs. 1 Sätze 1 und 2 durch Art. 2 Nr. 26 des Gesetzes zur Anpassung von Gesetzen auf dem Gebiet des Finanzmarktrechts[6] geändert. Eingefügt wurde die Klarstellung, dass das Rückgaberecht bei Publikumssondervermögen zweimal monatlich besteht, und bei Spezialsondervermögen abweichend bestimmt werden kann; die Pflicht zur Rücknahme mind. jährlich ist entfallen.[7] § 98 KAGB setzt zugleich **Art. 1 Abs. 2, 84 OGAW-RL** (dazu § 1 Rz. 106 ff.), § 98 Abs. 3 KAGB zudem **Art. 98 Abs. 2 Buchst. j OGAW-RL und Art. 46 Abs. 2 Buchst. j AIFM-RL** um.

4 § 98 KAGB ist grds. anzuwenden auf **alle inländischen Sondervermögen**, auch wenn diese im Wege der grenzüberschreitenden Vermögensverwaltung verwaltet werden, vgl. §§ 52 Abs. 5, 54 Abs. 5, 66 Abs. 5 KAGB. Die §§ 282 bis 284 KAGB für Spezial-AIF sehen keine Ausnahme vor, was für solche Fonds bei rechtsvergleichender Betrachtung verhältnismäßig restriktiv ist. Jedoch ergibt sich eine gewisse Gestaltungsfreiheit aus §§ 98 Abs. 1 Satz 2, 162 Abs. 2 Nr. 4 KAGB, zudem sind die Publizitätspflichten reduziert (Rz. 28 ff.). **Parallelvorschriften** zu § 98 KAGB finden sich in § 116 KAGB (für offene Investmentaktiengesellschaften) und § 133 KAGB (für offene Investmentkommanditgesellschaften). Gemäß §§ 116 Abs. 2 Satz 6, 133 Abs. 1 Satz 5 KAGB gilt u.a. § 98 Abs. 2 und 3 KAGB entsprechend.

5 **Speziellere und damit vorrangige Regelungen** gibt es produktbezogen für Sonstige Sondervermögen (§§ 223, 224 Abs. 1 Nr. 5 und 6 KAGB), Dach-Hedgefonds (§§ 227 Abs. 1, 228 Abs. 1 Nr. 6 KAGB), Immobilien-Sondervermögen (vgl. §§ 255 bis 258 KAGB) sowie für Master-Feeder-Strukturen (§ 174 Abs. 4 KAGB); § 187 Abs. 2 KAGB gewährt – als gesetzliche Konkretisierung von § 98 Abs. 3 KAGB – ein Aussetzungsrecht der BaFin im Fall der Verschmelzung. Des Weiteren finden sich Regelungen zur Anteilsrücknahme in Art. 18 ELTIF-VO (dazu Anh. zu § 338a: Art. 22 ELTIF-VO Rz. 2 ff.) und Art. 33, 34 MMF-VO (dazu Anh. zu § 338b: Art. 33 MMF-VO Rz. 7). Schließlich lässt sich § 99 Abs. 4 KAGB, wonach die Verwahrstelle außerordentlich kündigen kann, wenn der KVG die Zulassung entzogen wird oder gegen diese ein allgemeines Verfügungsverbot erlassen wird, als **kollektives Kündigungsrecht**[8] interpretieren. Näher § 99 Rz. 23.

II. Rückgabeanspruch der Anleger (§ 98 Abs. 1 KAGB)

1. Rückgaberecht

6 § 98 Abs. 1 KAGB gewährt den Anlegern ein **schuldrechtliches Recht auf Anteilsrückgabe**. Rechtsgrundlage des Rückgaberechts ist der Investmentvertrag.[9] Damit korrespondiert eine Pflicht der KVG auf Rücknahme des Anteils („Aufhebungsanspruch gegen die KVG"[10]), das von manchen als **wichtigstes Anlegerrecht**[11] bei offenen Fonds bezeichnet wird. Durch Rückgabe sollen sämtliche beiderseitigen Rechte und Pflichten aus dem Investmentvertrag zum Erlöschen gebracht werden. Es handelt sich nicht um einen Rückkauf, sondern um ein **Vertragslösungsrecht eigener Art**,[12] das zum Austritt aus der Anlegergemeinschaft führt.

7 Nur ein **werthaltiges Austrittsrecht** ist wirksames Substitut für fehlende Mitbestimmungsrechte. § 98 KAGB sichert daher die Effektivität, Werthaltigkeit und Frequenz des Rückgaberechts ab. Indes darf nicht übersehen werden, dass das Rückgaberecht auch die Kontrollanreize der Anleger reduzieren und wertmindernd wirken kann. Zugleich ist das Rückgaberecht beim Miteigentumsmodell Ausgleich für den Aus-

4 Vgl. Reg.Begr. (AIFM-UmsG) v. 21.12.2012, BT-Drucks. 791/12, S. 431.
5 Gesetz zur Verbesserung der Rahmenbedingungen der Finanzmärkte (Finanzmarktförderungsgesetz) v. 22.2.1990, BGBl. I 1990, S. 266, dazu Reg.Begr. (1. FinzFördG) v. 19.10.1989, BT-Drucks. 11/5411, S. 31.
6 Gesetz zur Anpassung von Gesetzen auf dem Gebiet des Finanzmarktes v. 15.7.2014, BGBl. I 2014, S. 934.
7 Dazu Reg.Begr. (FinMarktAnpG) v. 5.5.2014, BT-Drucks. 18/1305, S. 47.
8 *Köndgen/Schmies* in Bankrechts-Handbuch, § 113 Rz. 255.
9 *Beckmann* in Beckmann/Scholtz/Vollmer, § 98 KAGB Rz. 11; *Behme* in Moritz/Klebeck/Jesch, § 98 KAGB Rz. 8.
10 *Köndgen/Schmies* in Bankrechts-Handbuch, § 113 Rz. 253.
11 *G. Roth*, Treuhandmodell, S. 78 ff., 165 f.; *Morley*, (2014) 123 Yale L.J. 1231, 1246.
12 *Köndgen/Schmies* in Bankrechts-Handbuch, § 113 Rz. 253; *Klett*, S. 179 gegen *Nickel*, ZBB 2004, 197 (202).

schluss des Rechts gem. § 749 Abs. 1 BGB auf Aufhebung der Gemeinschaft und realisiert so im Sinne eines typischen „Marktrechts“[13] eine gewisse **Flüchtigkeit der pekuniär-fokussierten Anlagebeziehung** namentlich im Verhältnis zur zweckgebundenen Mitgliedschaft.[14]

Anleger haben gem. § 98 Abs. 1 KAGB einen Anspruch auf Rückgabe ihres Anteils gegen Auszahlung „des Anteils aus dem Sondervermögen“; die Rückgabe führt zur Auszahlung Zug um Zug gem. § 322 BGB. **Rückgabe des Anteils** meint die Rückübereignung des Anteilscheins (zusammen mit Mantel und Bogen[15]), häufiger des Miteigentumsanteils an der Globalurkunde. Mit der Anteilsrückgabe erlischt der Investmentvertrag. Die Durchführung der Anteilsrücknahme obliegt der Verwahrstelle, vgl. § 71 Abs. 1 Satz 1 KAGB. Die Verwahrstelle darf dabei auf Dritte mit Verwahrfunktion zurückgreifen. Näher § 71 Rz. 4 ff. Die Anteilsrücknahme kann **direkt oder indirekt** über einen Liquiditätsprovider erfolgen (dazu § 1 Rz. 108, 119). Um § 98 Abs. 1 KAGB zu unterstehen, muss der ausgezahlte Betrag jedoch **zu Lasten des Sondervermögens** gehen (arg. „aus dem Sondervermögen“). 8

Von § 98 Abs. 1 KAGB nicht erfasst sind **Anteilsrückkäufe** durch Dritte, der KVG oder Verwahrstelle **auf eigene Rechnung**. Insoweit gelten nur die allgemeinen Vorschriften (§§ 26 ff. KAGB), insbesondere müssen KVG und Verwahrstelle die Interessen der Anleger waren und auf Interessenkonflikte achten. Mit einem Anteilsrückkauf durch einen Dritten wird das Rückgaberecht des Anlegers nicht erfüllt,[16] jedoch erlegt sich dadurch allenfalls das Anlegerbegehren in tatsächlicher Hinsicht. Bietet die KVG statt der Anteilsrücknahme nur den Anteilskauf durch Dritte an, macht sie sich ersatzpflichtig aus schuldhafter Verletzung des Investmentvertrags (§§ 280 Abs. 1, 675 Abs. 1 BGB). Desungeachtet kann sich die KVG investmentvertraglich verpflichten, in bestimmten Fällen die Anteile selbst zum ermittelten Anteilswert zurückzukaufen.[17] 9

Auszahlung „des Anteils aus dem Sondervermögen“ meint nicht die anteilige Übertragung der im Sondervermögen gehaltenen Vermögensgegenstände, sondern die **wertmäßige Ausschüttung des Nettoinventarwertes** (arg. § 71 Abs. 3 Satz 1 KAGB).[18] Ein allgemeines Verbot der Sachauskehr im Sinne eines Ausschlusses privatautonomer Gestaltungsmacht lässt sich der Vorschrift indes nicht entnehmen.[19] **Mit Zustimmung der den Anteil rückgebenden Anleger** ist auch bei Publikumsfonds eine (anteilige) Sachausschüttung zulässig, die an Erfüllungs statt (§ 364 Abs. 1 BGB) geleistet wird.[20] Nicht erforderlich ist eine omnilaterale Vereinbarung zwischen KVG und sämtlichen Anlegern sowie das Vorliegen eines sachlichen Grundes.[21] Das Rückgaberecht dient dem Schutz des Desinvestitionsinteresses des einzelnen Anlegers (Rz. 1), nicht dem Anliegen der Anlegergesamtheit an der Erhaltung des Sondervermögens. Gleichwohl hat die KVG bei der anteiligen Sachauskehr den Grundsatz der Anlegergleichbehandlung (§ 26 Abs. 2 KAVerOV) zu beachten; da dies wegen der Stückgrößen des auszuschüttenden Gegenstands im Verhältnis zur Beteiligung einzelner Anleger nur selten friktionsfrei möglich ist, wird es bei Publikums-Investmentvermögen aus tatsächlichen Gründen selten zu einer Sachauskehr kommen. Dies gilt zumal bei OGAW gem. § 98 Abs. 1 i.V.m. § 71 Abs. 3 Satz 1 KAGB immer das Recht auf Barausschüttung besteht, was die Situation prozedural verkompliziert. Bei AIF können die Anlagebedingungen (§ 162 Abs. 2 Nr. 4 KAGB) Abweichendes regeln.[22] Für eine Einschränkung der Sachauskehr fehlt bei **Spezial-AIF** wegen des professionellen Anlegerkreises die teleologische Argumentationsbasis. Hier ist großzügig gestalteten Anlagebedingungen benigne zu begegnen. 10

---

13 *Köndgen/Schmies* in Bankrechts-Handbuch, § 113 Rz. 252.

14 *Zetzsche*, Prinzipien der kollektiven Vermögensanlage, 2015, S. 887 f.

15 *Lammel/Feller* in Baur/Tappen, § 98 KAGB Rz. 14; *Behme* in Moritz/Klebeck/Jesch, § 98 KAGB Rz. 14.

16 Zutr. *Lammel/Feller* in Baur/Tappen, § 98 KAGB Rz. 5.

17 Vgl. zu dem noch auf das KAGG zurückgehenden, heute aber überwundenen Streit, ob die KVG ggf. aus Eigenvermögen die Anteile zurückzukaufen hat, *Lammel/Feller* in Baur/Tappen, § 98 KAGB Rz. 12, insb. unter Verweis auf *Schäcker*, S. 114 f., 121, der sich für eine Eintrittspflicht der KVG ausspricht.

18 *Anders* in Weitnauer/Boxberger/Anders, § 98 KAGB Rz. 8.

19 **A.A.** *Beckmann* in Beckmann/Scholtz/Vollmer, § 98 KAGB Rz. 42; *Gutsche* in Emde/Dornseifer/Dreibus/Hölscher, § 37 InvG Rz. 12; *Lammel/Feller* in Baur/Tappen, § 98 KAGB Rz. 6. Wie hier unter Berücksichtigung der Gesetzgebungshistorie *Bauerfeind*, GWR 2018, 192 f.

20 *Schmitz* in Berger/Steck/Lübbehüsen, § 37 InvG Rz. 12; *Gutsche* in Emde/Dornseifer/Dreibus/Hölscher, § 38 InvG Rz. 34; *Anders* in Weitnauer/Boxberger/Anders, § 98 KAGB Rz. 8 Fn. 12; *Lammel/Feller* in Baur/Tappen, § 98 KAGB Rz. 6.

21 **A.A.** *Anders* in Weitnauer/Boxberger/Anders, § 98 KAGB Rz. 8 Fn. 12; *Bauerfeind*, GWR 2018, 192, 195 unter Verweis auf BaFin, WA 41 – Investmentaufsicht, Grundsatzfragen/Carny, Häufig gestellte Fragen zum KAGB, 25.11.2015, S. 13.

22 Vgl. *Anders* in Weitnauer/Boxberger/Anders, § 98 KAGB Rz. 8 Fn. 12; ausf. *Bauerfeind*, GWR 2018, 192, 194 f. unter Verweis auf BaFin, Konsultation 16/2016 (VA 25-I 3201-2016/0002) – Entwurf eines Kapitalanlagerundschreibens, B.4.13 vii), S. 40.

2. Anlagebedingungen

11 Die **Einzelheiten des Rückgaberechts** sind in den Anlagebedingungen festzulegen. Gemäß § 162 Abs. 2 Nr. 4 KAGB ist dort zu regeln, unter welchen **Voraussetzungen**, zu welchen **Bedingungen** und **bei welchen Stellen** die Anleger die Rücknahme, gegebenenfalls den Umtausch der Anteile oder Aktien von der Verwaltungsgesellschaft verlangen können, sowie die **Voraussetzungen**, unter denen die Rücknahme und gegebenenfalls der Umtausch der Anteile oder Aktien ausgesetzt werden kann.

12 Regelungen zum **Abrechnungsstichtag, Order-Annahmeschluss** (i.e. letzter Termin, zu dem Rücknahmen entgegengenommen werden, sog. Cut-Off-Date) sowie zur **Wertermittlung** sind üblich.[23] Die Wertermittlung steht im Zusammenhang mit der Anteilsrückgabe, weil jeweils der Wert zum Rückgabetermin (abzgl. des Rücknahmeabschlags) ausgeschüttet werden muss, um Verzerrungen zu vermeiden (vgl. §§ 168 Abs. 1, 170, 71 Abs. 3, 83 Abs. 1 Nr. 1 KAGB). Kann keine Wertermittlung erfolgen, kann der Anteil nicht zurückgenommen werden. Vgl. zur Aussetzung der Rücknahme in diesem Fall sogleich Rz. 19. Bei liquiden Anlagegegenständen ist die Wertermittlung börsentäglich (§ 168 Abs. 2 KAGB) möglich; entsprechend kann ein Rückgaberecht gewährt werden. Bei illiquiden Anlagen ist die Bewertung ggf. sehr viel seltener möglich. So kann bei nicht börsennotierten Beteiligungen häufig nur einmal jährlich ein Anteilswert ermittelt werden; für die Zwischenzeit behilft man sich mit einer Veränderungsbetrachtung. Näher § 168 Rz. 15 ff.

13 Details sind den **Mustervertragsbedingungen des BVI** zu entnehmen, die zusammen mit der BaFin weiterentwickelt werden. Diese unterscheiden zwischen solchen für Publikums-[24] und Spezial-Sondervermögen.[25] Weitere Vorgaben für inländische KVG sind den **BVI-Wohlverhaltensregeln** zu entnehmen. Danach richtet jede KVG „geeignete Verfahren ein, um die Anleger vor Nachteilen durch **rücknahmebedingte Transaktionskosten** zu schützen. Hierzu zählen z.B. Transaktionskosten, die durch Rücknahmen mit hohem Gesamtwert entstehen können, die nicht über die Liquiditätsreserven eines Fonds abgewickelt werden können. Als geeignete Verfahren kommen etwa Rücknahmeabschläge zugunsten der Fonds oder das Vorhalten angemessener Liquiditätsreserven in Betracht."[26]

14 Grundsätzlich kann in den von der KVG vorformulierten Anlagebedingungen ein Spielraum ausgeübt werden (z.B. eine zeitliche Begrenzung für den Vorgang der Rücknahme eingefügt werden) oder eben auch durch Nichtausübung verbleiben, der dann von der KVG **im pflichtgemäßen Anlegerinteresse** (§ 26 Abs. 1 KAGB) auszufüllen ist.

15 Die **Vertragsfreiheit** in den Anleihebedingungen ist in **zweierlei Hinsicht beschränkt**. Erstens ist die **Höhe des Rücknahmepreises** – vorbehaltlich von Rücknahmeabschlägen – gesetzlich festgelegt (§ 71 Abs. 3 KAGB).[27] Überzahlungen sind zurück zu gewähren.[28] Die zweite Beschränkung folgt aus Sinn und Zweck des Rücknahmerechts; danach darf das Rücknahmerecht nicht durch **strenge Bedingungen ausgehöhlt** werden. *Beispiele*: Ankündigung drei Monate vorher, Rückgabe bis maximal 5 % des eigenen Anteils, sehr hoher Rückgabeabschlag. Im Rahmen der **AGB-Inhaltskontrolle** (§ 307 Abs. 2 Nr. 1 BGB[29]) ist sicherzustellen, dass der Grundgedanken des unbeschränkten Rückgaberechts (s. Rz. 1) erhalten bleibt. Die Regelung muss jeweils so gestaltet werden, dass das Rückgaberecht nicht tatsächlich zunichte gemacht wird.[30] So ist der Rücknahmeabschlag durch die mittels Rücknahme verursachten Aufwendungen begrenzt;[31] die

23 *Schmitz* in Berger/Steck/Lübbehüsen, § 37 InvG Rz. 8; *Anders* in Weitnauer/Boxberger/Anders, § 98 KAGB Rz. 9.; *Behme* in Moritz/Klebeck/Jesch, § 98 KAGB Rz. 9.

24 Vgl. dazu §§ 17, 18 Allgemeine Anlagebedingungen für OGAW-Sondervermögen; §§ 12, 13 Allgemeine Anlagebedingungen für Immobilien-Sondervermögen; §§ 17, 18 Allgemeine Anlagebedingungen für Gemischte Sondervermögen; §§ 17, 18 Allgemeine Anlagebedingungen für Sonstige Sondervermögen; §§ 8, 9 Allgemeine Anlagebedingungen für einen Dach-Hedgefonds (nicht mit der BaFin abgestimmt, Beispiel für vierteljährliche Rücknahme).

25 §§ 14, 15 Allgemeine Anlagebedingungen für Spezial-AIF-Sondervermögen mit festen Anlagebedingungen; §§ 12, 13 Allgemeine Anlagebedingungen für Immobilien-Spezial.AIF mit festen Anlagebedingungen. Für Spezial-Sondervermögen sieht die Grundfassung der AAB den Verzicht auf Ausgabe- und Rücknahmeabschläge vor, Abweichendes kann in den Besonderen Anlagebedingungen vereinbart werden.

26 Vgl. BVI Wohlverhaltensregeln, S. 4, online https://www.bvi.de/fileadmin/user_upload/Regulierung/BVI_Wohlverhaltensregeln_de.pdf (zuletzt abgerufen am 25.7.2018).

27 *Köndgen/Schmies* in Bankrechts-Handbuch, § 113 Rz. 253.

28 Gegen Kalkulationsirrtum daher BGH v. 25.3.2003 – XI ZR 224/02, BGHZ 154, 276 (2. Ls.).

29 *Köndgen/Schmies* in Bankrechts-Handbuch, § 113 Rz. 218; *Zetzsche*, Prinzipien der kollektiven Vermögensanlage, 2015, S. 712; eine Inhaltskontrolle ist bei Kostenregelungen ständige Praxis, vgl. BGH v. 22.9.2016 – III ZR 264/15, AG 2016, 856 = WM 2016, 2116 (betr. jährliche Administrationsgebühr von 0,5 v.H. des Wertes des Sondervermögens neben einer jährlichen Vergütung für dessen Verwaltung).

30 So zu Rückgabeabschlägen auch *Anders* in Weitnauer/Boxberger/Anders, § 98 KAGB Rz. 10.

31 *Köndgen/Schmies* in Bankrechts-Handbuch, § 113 Rz. 218.

BaFin praktiziert zudem eine Pauschalgrenze, wonach die Summe aus Ausgabeaufschlag und Rücknahmeabschlag 10 % nicht überschreiten darf (s. § 26 Rz. 124). Im Übrigen muss die auferlegte **Einschränkung sachlich** – etwa durch ein gebotenes Liquiditätsmanagement – **begründet** und insofern verhältnismäßig sein. Zulässig sind dann z.B. Rückgabebeschränkungen wie Ankündigungsfristen (üblich: 3 bis 6 Monate), Gates etc. Näher § 30 Rz. 14 ff. Bei der Gestaltung der Anlagebedingungen kann grds. **nach Anlegertypen** (dazu § 1 Rz. 229 ff.) differenziert werden; denn qualifizierte Anleger sind hinreichend kundig, um die Risiken zu erkennen und anderweitig Vorsorge zu treffen. So ist es z.B. möglich, für die Publikumsanteilsklasse andere Rücknahmebedingungen als für die Spezialanteilsklasse festzulegen. Auch im Übrigen können die **Rücknahmebedingungen** von Spezialsondervermögen freier gestaltet werden.[32]

3. Rücknahmeintervalle

a) Publikumsfonds

16 Bei Publikumsfonds muss das Rückgaberecht mind. **„zweimal im Monat"** gewährt werden. Der Regelungsinhalt wurde aus § 170 KAGB abgeleitet, wo die Bekanntmachung des Anteilswerts geregelt ist.[33] Dem Wortlaut noch könnte man die Regelung so verstehen, dass jeder Termin gesetzeskonform ist, also z.B. zwei Termine am 1. und 2. jeden Monats. Nach dem Zweck der Regelung ist jedoch eine Teilung der Tage im Monat durch die Anzahl der Rücknahmetermine geboten. Zulässig ist eine Gestaltung, wonach die Rücknahme jeweils zum 1. und 15. des Monats zu erfolgen hat.

b) Spezialfonds

17 Für Spezial-AIF können **abweichende Regelungen** getroffen werden. Es genügt die Anteilsrücknahme „nur zu **bestimmten Rücknahmeterminen**".[34] Nach der Konzeption des Gesetzes können sich (semi-)professionelle Anleger selbst schützen, sie verstehen die Konsequenzen eines Einstiegs in Fonds mit reduzierter Anteilsfungibilität. Gemeint ist die datumsmäßig bestimmte Terminierung. Zulässig ist eine Regelung der Rückgabe z.B. nur zum 1.1. und 1.7. jeden Jahres. Kein „bestimmter Rücknahmetermin" ist die Anteilsrückgabe nur nach Ermessen der KVG oder eines Dritten, in Abhängigkeit von Anlagerfolgen oder sonstiger Konditionen (z.B. bei Energiefonds ein gewisser Energieumsatz).

III. Aussetzung der Anteilsrücknahme (§ 98 Abs. 2 KAGB)

1. Zweck

18 § 98 Abs. 2 KAGB räumt das Recht ein, in den Anlagebedingungen zu regeln, dass die Anteilsrücknahme bei Vorliegen außergewöhnlicher Umstände (dazu Rz. 19) ausgesetzt werden kann. Rechtsfolge ist eine dilatorische Einrede gegenüber dem Rücknahmeverlangen.[35] Dies bewirkt einen gewissen **Schutz vor Notverkäufen**, die auch **zu Lasten der im Fonds verbleibenden Anleger** gehen würden. Der koordinierte Mittelabzug bei Fonds des offenen Typs kann zu Werteinbußen führen, die nicht der Publizitätsursache, sondern dem plötzlichen Verkaufsdruck geschuldet sind. So kann z.B. bei einem Fonds, dessen Anlagestrategie auch illiquide Vermögensgegenstände erfasst, das Gesamtvolumen der Rückgabebegehren die vorhandene Liquidität übersteigen, ein sofortiger Verkauf der illiquiden Gegenstände jedoch nur unter Hinnahme von Bewertungsabschlägen möglich sein. § 98 Abs. 2 KAGB schränkt das individuelle Austrittsrecht im Interesse anderer Anleger ein und sorgt so dafür, dass weder die Existenz des Investmentvermögens, noch die Beziehungen der KVG zu den anderen Anlegern durch die Anteilsrückgabe tangiert werden.[36]

2. Aussetzungsgrund (§ 98 Abs. 2 Satz 1 KAGB)

19 In den Anlagebedingungen (vgl. § 162 Abs. 2 Nr. 4 KAGB) kann vorgesehen werden, dass die KVG die Rücknahme der Anteile bei Vorliegen **außergewöhnlicher Umstände**, die eine **Aussetzung unter Berücksichtigung der Interessen der Anleger erforderlich** erscheinen lassen, aussetzen darf. Diese zu eng sog. Katastrophenklausel ist in der einen oder anderen Form in nahezu allen Anlagebedingungen enthalten.[37] Zulässig und mindestens erforderlich ist eine Regelung, die genau diese Formulierung wiedergibt. Zulässig

32 *Zetzsche*, Prinzipien der kollektiven Vermögensanlage, 2015, S. 457, 870 f.
33 Reg.Begr. (FinMarktAnpG) v. 5.5.2014, BT-Drucks. 18/1305, S. 47.
34 Vgl. Reg.Begr. (FinMarktAnpG) v. 5.5.2014, BT-Drucks. 18/1305, S. 47.
35 *Köndgen/Schmies* in Bankrechts-Handbuch, § 113 Rz. 254.
36 *Köndgen/Schmies* in Bankrechts-Handbuch, § 113 Rz. 252.
37 *Anders* in Weitnauer/Boxberger/Anders, § 98 KAGB Rz. 11.

ist grds. auch eine Regelung, die festlegt, wann von einem Vorliegen solcher Umstände jedenfalls auszugehen ist. Es handelt sich um eine statutarische Konkretisierung der außergewöhnlichen Umstände.[38]

20 § 98 Abs. 2 Satz 1 KAGB steht im Kontext mit der **Finanzintermediärsfunktion** offener Fonds:[39] Für Rechnung des offenen Fonds als Intermediär werden laufend Anlegermittel eingezahlt und bei Anteilsausgabe wieder ausgekehrt. Der Fonds bleibt stabil, solange die Summe der Anteilsrücknahmen abzgl. Anteilsausgaben die Summe der flüssigen Mittel nicht überschreitet. Der maximal für die Anteilsrücknahme zur Verfügung stehende Betrag verhält sich umgekehrt zur Höhe der Anlagemittel, die für langfristige und illiquide Anlagen wie Immobilien und nicht börsengehandelte Beteiligungen zur Verfügung stehen. Je mehr Geld langfristig angelegt wird, umso weniger Anteile können spontan zurückgenommen werden. Der Verwalter hat deshalb den optimalen Grenzwert zu ermitteln. Dafür kann der **kalkulatorische Bodensatz aus Ein- und Auszahlung**, die **potentielle Refinanzierungskraft** aufgrund bestehender Anlagegegenstände oder die Summe der zu erwartenden **kurzfristigen Auszahlungen** auf Basis eines Erfahrungsmittelswertes herangezogen werden. Misslingt die Grenzziehung (aufgrund gewöhnlicher oder außergewöhnlicher Umstände), kommt es jedoch – anders als bei Banken – nicht zur Insolvenz des Fonds wegen Zahlungsunfähigkeit, sondern zur Aussetzung der Anteilsrücknahme, untechnisch sog. Fondsschließung.

21 **Außergewöhnlich** sind **Schwierigkeiten bei der Anteilswertermittlung**. Diese können aus einer teilweisen Illiquidität oder Schließung von Börsen und Märkten, der Insolvenz von Gegenparteien bei Derivaten und Wertpapierleihe oder Force Majeure resultieren. Außergewöhnlich können auch Umstände innerhalb der Organisationsstrukturen des Investmentvermögens sein.

22 Zwar vom Gesetz her ungewollt, jedoch durchaus möglich ist, dass ein externer Bewerter seine Pflichten nicht erfüllt, das IT-System der KVG vorübergehend keine Anteilswertberechnung vornehmen, die Verwahrstelle die Richtigkeit des Anteilswertes nicht bestätigen (§ 76 Abs. 1 Nr. 1 KAGB) oder die Abwicklung nicht durchführen (§ 71 Abs. 1 Satz 1 KAGB) kann. Dass solche **„außergewöhnliche" Defizite der Organisation**, die eine Anteilsrücknahme unmöglich machen, schnellstmöglich zu beheben sind, ändert nichts daran, dass sie zunächst eine Aussetzung rechtfertigen.[40]

23 Außergewöhnliche Umstände können nach zutreffender Ansicht auch aus einer die vorhandenen oder durch Veräußerung von Gegenständen beschaffbaren **liquiden Mittel des Fonds übersteigenden Anteilsrückgabe** (negativer Liquiditätsstatus) entstehen.[41] S. zu diesem Fall auch § 257 KAGB. Grundsätzlich ist eine KVG, die offene Investmentvermögen verwaltet, zum Liquiditätsmanagement (§ 30 KAGB) verpflichtet. Das garantiert nicht immer hinreichende Liquidität, zumal bei überproportionalen Anteilsrückgaben. Zudem ginge ein Pflichtverstoß der KVG beim Liquiditätsmanagement zu Lasten der Anleger, die durch § 98 Abs. 2 KAGB geschützt werden sollen. In solchen Fällen ist eine Aussetzung geboten, wenn die **Interessenabwägung** ergibt, dass verbleibende Anleger zu Lasten der rückgebenden Anleger benachteiligt würden.[42] Ist die Aussetzung auf unzureichendes Liquiditätsmanagement zurückzuführen, ist die KVG ersatzpflichtig aus §§ 280 Abs. 1, 675 BGB (s. zur Privatrechtswirkung § 29 Rz. 183 ff.). Nach der Gegenansicht ist in solchen Fällen die BaFin zu informieren und um Anordnung der Aussetzung gem. § 98 Abs. 3 KAGB zu bitten.

24 Das Gesetz räumt der KVG einen **Beurteilungsspielraum** ein, wann außergewöhnliche Umstände vorliegen. Die **Ausübung des Beurteilungsspielraums** ist grds. juristisch nachprüfbar, jedoch ist die Nachprüfung darauf beschränkt, ob die KVG alle relevanten Informationen berücksichtigt und nicht aufgrund sachferner Erwägungen entschieden hat. Dies folgt aus der Wendung „erscheinen lassen".[43]

25 § 98 Abs. 2 KAGB regelt nur das **statutarische Aussetzungsrecht**. Daneben gibt es **gesetzliche Aussetzungsgründe und -regelungen**, in denen die Anteilsrücknahme ausgesetzt werden darf, vgl. § 98 Abs. 3

---

38 Eine Absenkung des Schutzniveaus ist nicht möglich, vgl. *Behme* in Moritz/Klebeck/Jesch, § 98 KAGB Rz. 19.

39 Vgl. *Zetzsche*, Prinzipien der kollektiven Vermögensanlage, 2015, S. 109.

40 I.E. auch *Lammel/Feller* in Baur/Tappen, § 98 KAGB Rz. 16.

41 So die heute h.M., vgl. LG Frankfurt v. 19.12.2006 – 2-19 O 124/06, WM 2007, 2108 (keine Ersatzpflicht von Fonds und Depotbank gegenüber Anleger bei berechtigter Aussetzung der Anteilsrücknahme bei einem offenen Immobilienfonds) und VG Frankfurt v. 22.12.2008 – 1 L 4252/08.F (V), juris sowie VG Frankfurt v. 30.9.2010 – 1 K 1516/09.F, juris (Rücknahme von Anteilen aus Fondssparplanen); *Görke/Ruhl*, BKR 2013, 142 (zu offenen Immobilienfonds); *Behme* in Moritz/Klebeck/Jesch, § 98 KAGB Rz. 22; *Lammel/Feller* in Baur/Tappen, § 98 KAGB Rz. 22; *Anders* in Weitnauer/Boxberger/Anders, § 98 KAGB Rz. 14 a.E.; *Gutsche* in Emde/Dornseifer/Dreibus/Hölscher, § 37 InvG Rz. 21; *Zetzsche*, Prinzipien der kollektiven Vermögensanlage, 2015, S. 458; **a.A.** *Schmitz* in Berger/Steck/Lübbehüsen, § 37 InvG Rz. 17; *Beckmann* in Beckmann/Scholtz/Vollmer, § 98 KAGB Rz. 62 f.

42 *Lammel/Feller* in Baur/Tappen, § 98 KAGB Rz. 16.

43 Nicht ganz präzise *Schmitz* in Berger/Steck/Lübbehüsen, § 37 InvG Rz. 14; *Anders* in Weitnauer/Boxberger/Anders, § 98 KAGB Rz. 14 („Ermessen der KVG").

KAGB (Anteilsrücknahme kraft Anordnung der BaFin, dazu Rz. 31), § 174 Abs. 4 KAGB (zu Master-Feeder-Fonds), §§ 255, 257 Abs. 1 KAGB (zu offenen Immobilienfonds), Art. 18 ELTIF-VO, Art. 33, 34 MMF-VO.

3. Kein Anteilsgeschäft während Aussetzung (§ 98 Abs. 2 Satz 2 KAGB)

Solange die Rücknahme ausgesetzt ist, dürfen keine Anteile zurückgenommen und – gem. § 98 Abs. 2 Satz 2 KAGB – auch nicht **ausgegeben** werden. Zwar würde durch die Anteilsausgabe neue Liquidität in das Sondervermögen fließen, jedoch ist nicht gewährleistet, dass der Ausgabepreis dem Wert der im Sondervermögen befindlichen Vermögensgegenstände erfolgt: Er könnte zu hoch oder zu niedrig angesetzt sein und entweder die neuen oder die vorhandenen Anleger schädigen. Das Verbot des Anteilsgeschäfts erfasst auch **Anteilserwerbe von Dritten für Rechnung des Sondervermögens** (Umgehungsschutz). Nicht erfasst sind nach Sinn und Zweck Anteile, die von Dritten, der KVG oder Verwahrstelle für eigene Rechnung gehalten und veräußert werden.[44] Ebenso können diese Personen für eigene Rechnung Fondsanteile während der Aussetzung erwerben und so ein „inoffizielles" Anteilsgeschäft aufrechterhalten; das Anteilsgeschäft jenseits des Sondervermögens erhöht den Verkaufsdruck auf die Gegenstände im Sondervermögen nicht (dazu Rz. 18). Die KVG macht sich ggf. schadensersatzpflichtig wegen Verletzung einer Nebenpflicht gem. §§ 280 Abs. 1, 241 Abs. 2, 675 Abs. 1 BGB, wenn sie den Erwerber nicht auf die Aussetzung hinweist und ihm dennoch Anteile aus eigenem Bestand veräußert. Erst Recht muss sie oder ein Vertriebsbeauftragter über die Schließungsmöglichkeit aufklären, wenn sie die Anlageberatung als Nebengeschäft gem. § 20 Abs. 2 Nr. 2 und Abs. 3 Nr. 1 und 3 KAGB betreibt.[45] Unter Verstoß gegen das Ausgabeverbot ausgegebene Anteile sind wirksam begeben, jedoch macht sich die KVG auch hier **schadensersatzpflichtig** (§§ 280 Abs. 1, 675 Abs. 1 BGB).[46] Ein Schaden entsteht, wenn der erwerbende Anleger seine Anteile zurückgeben möchte und dies nicht (sofort) kann, in Form des Unmöglichkeits- oder Verzugsschadens. 26

Sobald die außergewöhnlichen Umstände **wegfallen**, muss das Anteilsgeschäft wieder aufgenommen werden. Wann dies der Fall ist, weiß man i.d.R. nicht. Üblich ist daher die Aussetzung des Anteilsgeschäfts „bis auf Weiteres." Die BaFin soll bei Immobilien-Sondervermögen eine **Aussetzung bis zu maximal drei Jahren, im Fall von Dachfonds bis zu 6 Jahren** akzeptieren.[47] Diese Zeiträume sind indikativ für Fonds mit anderen illiquiden Vermögensgegenständen (insbesondere Beteiligungen an kleinen und mittleren Unternehmen und Projektgesellschaften). Für Fonds mit primär liquiden Anlagegegenständen sind grds. wesentlich **kürzere Zeiträume** geboten, zu bemessen in wenigen Tagen bis zu maximal drei Monaten. 27

4. Informationspflichten (§ 98 Abs. 3 Satz 3 bis 6 KAGB)

a) Anzeigepflicht (§ 98 Abs. 2 Satz 3 KAGB)

Die KVG hat der Bundesanstalt und sowie allen Aufsichtsbehörden der Vertriebsstaaten die **Entscheidung zur Aussetzung** der Rücknahme **unverzüglich (§ 121 BGB) anzuzeigen.** Neben dem Umstand der Aussetzung ist eine Begründung für diese mitzuliefern.[48] Für die Wiederaufnahme fehlt eine entsprechende Regelung, jedoch ist auch diese unverzüglich mitzuteilen.[49] Die BaFin leitet die Informationen an die Deutsche Bundesbank weiter (§ 13 Abs. 2 Nr. 5 KAGB). 28

---

44 *Gutsche* in Emde/Dornseifer/Dreibus/Hölscher, § 37 InvG Rz. 31; *Schmitz* in Berger/Steck/Lübbehüsen, § 37 InvG Rz. 16; *Anders* in Weitnauer/Boxberger/Anders, § 98 KAGB Rz. 17; *Behme* in Moritz/Klebeck/Jesch, § 98 KAGB Rz. 27; **a.A.** *Beckmann* in Beckmann/Scholtz/Vollmer, § 98 KAGB Rz. 90.

45 Der BGH hat dies bislang nur entschieden für die auf offene Immobilienfonds (vgl. § 81 InvG) bezogene Anlageberatung, vgl. BGH v. 29.4.2014 – XI ZR 477/12, BKR 2016, 35; BGH v. 29.4.2014 – XI ZR 130/13, BGHZ 201, 55. Es gibt jedoch keinen Grund, dies in Bezug auf andere offene Fonds anders zu entscheiden. Der Einwand, es handele sich um eine individuelle Gestaltungsmöglichkeit und deshalb sei keine Aufklärung geboten (so wohl *Vogel/Habbe*, BKR 2016, 7; gegen Aufklärungspflicht auch *Stumpf/Kotte*, BB 2013, 1613 [1617] mit dem Argument, die Aussetzung sei kein Risiko, sondern Anlegerschutzinstrument), überzeugt nicht. Erstens ist die entsprechende Klausel in allen Anlagebedingungen enthalten, zweitens wäre dann erst recht eine Aufklärung geboten.

46 *Gutsche* in Emde/Dornseifer/Dreibus/Hölscher, § 37 InvG Rz. 31; *Schmitz* in Berger/Steck/Lübbehüsen, § 37 InvG Rz. 16; *Anders* in Weitnauer/Boxberger/Anders, § 98 KAGB Rz. 17; *Beckmann* in Beckmann/Scholtz/Vollmer, § 98 KAGB Rz. 90; *Behme* in Moritz/Klebeck/Jesch, § 98 KAGB Rz. 22.

47 So *Anders* in Weitnauer/Boxberger/Anders, § 98 KAGB Rz. 16 Fn. 33; das dort zitierte Auslegungsschreiben verhält sich zu der Frage nicht, sondern behandelt die Abwicklung.

48 *Köndgen/Schmies* in Bankrechts-Handbuch, § 113 Rz. 255.

49 **A.A.** *Lammel/Feller* in Baur/Tappen, § 98 KAGB Rz. 16 (nur zweckmäßig).

b) Bekanntmachungspflicht (§ 98 Abs. 2 Satz 4, 6 KAGB)

29 Die KVG hat die Aussetzung und die Wiederaufnahme der Rücknahme der Anteile in Bezug auf **Publikumssondervermögen** im Bundesanzeiger und darüber hinaus in einer hinreichend verbreiteten Wirtschafts- oder Tageszeitung *oder* in den in dem Verkaufsprospekt bezeichneten elektronischen Informationsmedien (in der Praxis die Website der KVG[50]) bekannt zu machen. Die Pflicht zur Veröffentlichung in der Zeitung und im elektronischen Informationsmedium stehen im Alternativverhältnis. Immer erforderlich ist die Bekanntmachung im Bundesanzeiger (arg. ex § 98 Abs. 2 Satz 5 KAGB). Für Spezial-AIF gilt die Bekanntmachungspflicht nicht.

c) Unterrichtung der Anleger (§ 98 Abs. 2 Satz 5 KAGB)

30 Die Anleger sind sowohl über die Aussetzung, als auch die Wiederaufnahme der Rücknahme der Anteile unverzüglich (§ 121 BGB) nach der Bekanntmachung im Bundesanzeiger **mittels eines dauerhaften Datenträgers** (§ 167 KAGB) zu unterrichten. Die Vorschrift konkretisiert das Informationsrecht der Anleger aus §§ 675, 663 BGB. Auch hier sind die Gründe für die Aussetzung mitzuliefern.[51]

IV. Aussetzung der Anteilsrücknahme auf Anordnung der BaFin (§ 98 Abs. 3 KAGB)

31 Das Anordnungsrecht der BaFin (sog. **Rücknahmemoratorium**[52]) nach § 98 Abs. 3 KAGB schützt einerseits die **Anleger**, z.B. wenn Anzeichen dafür bestehen, dass eine weitere Veräußerung von Vermögensgegenständen den Anteilswert unverhältnismäßig mindern würde. Dies kann auf Fehler der KVG (*Beispiel:* Falschbewertung, Defizite bei der Prozessorganisation) zurückzuführen sein.[53] Eine Anordnung zum Schutz der Anleger ist auch gerechtfertigt in Fällen des **Late Trading und Market Timings.**[54] Market Timing führt im Ergebnis zu einem überhöhten Rücknahmepreis, während Late Trading eine Art Insiderhandel gegen den Fonds bzw. die Mitanleger darstellt.[55] Weiterer Anordnungsgrund ist der **Schutz der Öffentlichkeit**. Dies betrifft insbesondere Finanzkrisen, wo eine Veräußerung durch eine Vielzahl institutioneller Anleger eine nicht gerechtfertigte **Preisabwärtsspirale** (sog. *contagion effect*) oder **extreme Volatilität** verursachen oder fördern könnte.[56] Das Anordnungsrecht besteht unabhängig davon, ob die Anlagebedingungen der KVG ein Recht zur Anteilsaussetzung nach § 98 Abs. 2 KAGB einräumen. Fehlt jedoch nach den Anlagebedingungen ein Aussetzungsrecht nach § 98 Abs. 2 KAGB, kann sich die KVG mit Bitte um Aussetzung kraft Amtes an die BaFin wenden.

32 Die Anordnung ist ein **belastender Verwaltungsakt** (§ 35 Satz 1 VwVfG), sie kann jedoch – wenn es um den Schutz der Öffentlichkeit geht – auch als **Allgemeinverfügung** (§ 35 Satz 2 VwVfG) ergehen; sie kann sich dann an mehrere KVG richten, die eine ähnliche Anlagestrategie verfolgen, von der z.B. systemische Risiken ausgehen. Die KVG kann sich mit den allgemeinen Rechtsbehelfen – Widerspruch und Anfechtungsklage (§ 68 Abs. 1 Satz 1, § 42 Abs. 1, Alt. 1 VwGO) – verteidigen. Nach § 7 Abs. 1 KAGB i.V.m. § 80 Abs. 2 Satz 1 Nr. 3 VwGO haben diese keine aufschiebende Wirkung. Das VG Frankfurt (§ 1 Abs. 3 Satz 1 FinDAG, § 52 Nr. 2 Satz 1 VwGO) kann als Gericht der Hauptsache auf Antrag die aufschiebende Wirkung anordnen (§ 80 Abs. 5 Satz 1, Alt. 1 VwGO). Dem rückgabewilligen Anleger stehen dieselben Rechtsbehelfe zur Verfügung.[57] Durch die Anordnung wird sein Rückgabeanspruch nach § 98 Abs. 1 KAGB (dazu Rz. 6 ff.) ausgeschlossen (belastende Drittwirkung). Die Anordnung der BaFin greift notwendigerweise in schützenswerte Rechtspositionen des Anlegers ein.

33 Rechtmäßigkeitsvoraussetzung ist eine ordnungsgemäße **Ermessensausübung** (§ 40 VwVfG). Nach § 98 Abs. 3 Satz 1 Halbs. 2 KAGB verdichtet sich das Ermessen, so dass grds. eine Aussetzung der Anteilsrück-

50 *Anders* in Weitnauer/Boxberger/Anders, § 98 KAGB Rz. 18.
51 *Köndgen/Schmies* in Bankrechts-Handbuch, § 113 Rz. 254.
52 *Köndgen/Schmies* in Bankrechts-Handbuch, § 113 Rz. 254.
53 *Gutsche* in Emde/Dornseifer/Dreibus/Hölscher, § 37 InvG Rz. 37; *Anders* in Weitnauer/Boxberger/Anders, § 98 KAGB Rz. 21.
54 *Birdthistle*, (2012) 37 J. Corp. L. 771; *Bullard*, (2005–06) 52 Hous. L. Rev. 1271; *Bullard*, 84 Oregon L. Rev. (2005), S. 821.
55 Ausf. *Zetzsche*, Prinzipien der kollektiven Vermögensanlage, 2015, S. 398 f.
56 Vgl. zum Run auf Geldmarktfonds sowie zum *contagion effect*, der z.T. Hedgefonds zugeschrieben wurde, *Zetzsche*, Prinzipien der kollektiven Vermögensanlage, 2015, S. 409 f.
57 Wie hier *Behme* in Moritz/Klebeck/Jesch, § 98 KAGB Rz. 30; *Schmitz* in Berger/Steck/Lübbehüsen, § 37 InvG Rz. 18.

nahme geboten ist (**Anordnungspflicht**).[58] Die BaFin kann nur in atypischen und besonders gelagerten Fällen von einer Anordnung absehen.[59] Geregelt ist der Fall, dass die KVG bei einem Immobilien-Sondervermögen trotz Vorliegen der Voraussetzungen der §§ 98 Abs. 2, 257 KAGB die Anteilsrücknahme nicht aussetzt. Doch gibt es zahlreiche weitere Fälle, in denen die gleiche Notwendigkeit zum Eingreifen besteht, so dass sich auch dann das Ermessen der BaFin auf eine Anordnungspflicht reduziert.

Im Fall der Aussetzungsanordnung gilt § 98 Abs. 3 Satz 2, 4 bis 6 KAGB entsprechend. Dies betrifft das **Verbot zur Ausgabe neuer Anteile** (Verweis auf Satz 2, dazu Rz. 26) und die **Informationspflichten in öffentlich zugänglichen Medien** (Verweis auf Satz 4 und 6, dazu Rz. 29) sowie **gegenüber den Anlegern** (Verweis auf Satz 5, dazu Rz. 30). Gemeint ist, dass die KVG auch in diesem Fall die Anleger zu informieren hat. Nicht erfasst ist die Pflicht zur Information der BaFin gem. § 98 Abs. 2 Satz 3 KAGB; die BaFin ist Urheberin der Information. 34

§ 99 Kündigung und Verlust des Verwaltungsrechts

(1) [1]Die Kapitalverwaltungsgesellschaft ist berechtigt, die Verwaltung eines Sondervermögens unter Einhaltung einer Kündigungsfrist von sechs Monaten durch Bekanntmachung im Bundesanzeiger und darüber hinaus im Jahresbericht oder Halbjahresbericht zu kündigen. [2]Die Anlagebedingungen können eine längere Kündigungsfrist vorsehen. [3]Die Anleger sind über eine nach Satz 1 bekannt gemachte Kündigung mittels eines dauerhaften Datenträgers unverzüglich zu unterrichten. [4]Abweichend von Satz 1 kann für ein Spezialsondervermögen in den Anlagebedingungen auch eine kürzere Kündigungsfrist vereinbart werden; bei Spezialsondervermögen ist eine Bekanntmachung der Kündigung im Bundesanzeiger und im Jahresbericht nicht erforderlich.

(2) Die Kapitalverwaltungsgesellschaft kann ihre Auflösung nicht für einen früheren als den Zeitpunkt beschließen, in dem ihr Recht zur Verwaltung aller Sondervermögen erlischt.

(3) [1]Das Recht der Kapitalverwaltungsgesellschaft, die Sondervermögen zu verwalten, erlischt ferner mit der Eröffnung des Insolvenzverfahrens über das Vermögen der Kapitalverwaltungsgesellschaft oder mit der Rechtskraft des Gerichtsbeschlusses, durch den der Antrag auf die Eröffnung des Insolvenzverfahrens mangels Masse nach § 26 der Insolvenzordnung abgewiesen wird. [2]Die Sondervermögen gehören nicht zur Insolvenzmasse der Kapitalverwaltungsgesellschaft.

(4) Wird die Kapitalverwaltungsgesellschaft aus einem in den Absätzen 2 und 3 nicht genannten Grund aufgelöst oder wird gegen sie ein allgemeines Verfügungsverbot erlassen, so hat die Verwahrstelle das Recht, hinsichtlich eines bei ihr verwahrten Sondervermögens für die Anleger deren Vertragsverhältnis mit der Kapitalverwaltungsgesellschaft ohne Einhaltung einer Kündigungsfrist zu kündigen.

(5) Kein Anleger kann die Aufhebung der in Ansehung des Sondervermögens bestehenden Gemeinschaft der Anleger verlangen; ein solches Recht steht auch nicht einem Gläubiger, Pfandgläubiger, Pfändungsgläubiger oder dem Insolvenzverwalter über das Vermögen eines Anlegers zu.

In der Fassung vom 4.7.2013 (BGBl. I 2013, S. 1981).

58 *Beckmann* in Beckmann/Scholtz/Vollmer, § 98 KAGB Rz. 82.
59 Reg.Begr. (AnsFuG) v. 8.11.2010, BT-Drucks. 17/3628, S. 26.

Schrifttum: S. bei § 91 KAGB sowie *Engert*, Sollten Fondsverwalter für fehlerhafte Anlageentscheidungen haften?, in FS Köndgen, 2016, S. 167; *Hövekamp/Hugger*, Die Reichweite der Haftung der Depotbanken vor dem Hintergrund des Madoff-Skandals, in FS Hopt, 2010, S. 2015; *Kraushaar*, Die Funktion der Verwahrstelle bei der Abwicklung von Wertpapierfonds, WM 2016, 1377; *Nobbe*, Probleme im Zusammenhang mit der Schließung und Abwicklung von offener Immobilienfonds, in Bankrechtstag 2014, 2015, S. 3; *König*, Auflösung und Übertragung von Publikumsfonds in Deutschland, Arbeitspapier Nr. 77 (1999) des Instituts für Handels- und Wirtschaftsrecht der Universität Osnabrück; *Paul*, Das neue Recht der offenen Immobilienfonds, Arbeitspapier 2011 des Instituts für deutsches und internationales Recht des Spar-, Giro- und Kreditwesens der Universität Mainz; *Spranger*, Grunderwerbsteuer bei Fondsinvestments in deutsche Immobilien, RdF 2016, 57; *Wilderink*, Auflösung, Übertragung und Verschmelzung von Investmentfonds, 2003; *Zollenkop*, Die Auflösung von Aktienfonds, 2010.

I. Zweck und Entwicklung

1 Die Vorschrift regelt verschiedene Fälle, in denen das **Verwaltungsrecht der KVG erlischt**: Kündigung durch die KVG (§ 99 Abs. 1 KAGB), Liquidation der KVG (§ 99 Abs. 2 KAGB), Insolvenz der KVG (§ 99 Abs. 3 KAGB) und Kündigung durch die Verwahrstelle (§ 99 Abs. 4 KAGB). § 99 Abs. 5 KAGB schließt die Aufhebung der Anlegergemeinschaft durch einen Anleger oder dessen Gläubiger aus. Die Liste der in § 99 KAGB geregelten Kündigungsgründe ist **nicht abschließend.** So kann z.B. bei Laufzeitfonds auch der Ablauf der in den Anlagebedingungen bestimmten Laufzeit (§ 162 Abs. 2 Nr. 7 KAGB) oder die Verschmelzung des Investmentvermögens im Rahmen einer Verschmelzung durch Aufnahme oder Neugründung (dazu § 181 Rz. 21 ff.) auf ein anderes Investmentvermögen, das von einer anderen KVG verwaltet wird, zu einem Verlust des Verwaltungsrechts führen. Bei extern verwalteten Investmentgesellschaften geht das Verwaltungsrecht auch durch Umwandlung in eine extern verwaltete Gesellschaft (§ 17 Abs. 1 Nr. 2 KAGB) unter.

2 Die Norm entspricht im Wesentlichen den **Vorgängervorschriften**. § 99 Abs. 1 Satz 1, Abs. 2 bis 5 KAGB übernehmen mit redaktionellen Anpassungen § 38 Abs. 1 bis 5 InvG.[1] § 99 Abs. 1 Satz 4 KAGB ähnelt § 95 Abs. 5 InvG, bei erweitertem Regelungsgehalt.[2] § 38 Abs. 1 bis 4 InvG geht zurück auf § 13 KAGG 1970[3] sowie § 12 KAGG 1957.[4] § 38 Abs. 5 InvG entspricht § 11 Abs. 1 KAGG. Die ursprünglich in § 13 Abs. 1 Satz 1 KAGG enthaltene **Kündigungsfrist von drei Monaten** schützte die Anleger unzureichend. Im Zuge des InvModG wurde die Kündigungsfrist daher zunächst auf 13 Monate angehoben. Diese Überregulierung wurde in § 38 Abs. 1 Satz 1 InvG i.d.F. des InvÄndG durch die **jetzige 6-Monats-Frist** ersetzt. § 99 Abs. 1 Satz 3 KAGB übernimmt die durch das OGAW-IV-UmsG[5] geschaffene einheitliche Informationspflicht gegenüber den Anlegern.

3 Die Vorschrift gilt für **alle inländischen Sondervermögen** (§§ 52 Abs. 5, 54 Abs. 5, 66 Abs. 5 KAGB). Sie gilt mit Modifikationen entsprechend für die extern verwaltete Investment-AG (§§ 112 Abs. 1 Satz 4, 144 Satz 4 KAGB), und § 99 Abs. 1 bis 4 KAGB gelten entsprechend für die Investment-KG (§§ 129 Abs. 1 Satz 5, 154 Abs. 1 Satz 5 KAGB). Bei den Investmentgesellschaften kommt als weiterer Grund für die Beendigung des Verwaltungsrechts die Umwandlung einer fremdverwalteten zu einer intern selbstverwalteten Investmentgesellschaft (§ 17 Abs. 1 Nr. 2 KAGB).

II. Kündigung durch die KVG (§ 99 Abs. 1 KAGB)

1. Kündigungsrecht (§ 99 Abs. 1 Satz 1 KAGB)

4 Die KVG ist berechtigt **die Verwaltung des Sondervermögens zu kündigen**. Der Wortlaut ist unglücklich formuliert. Gegenstand der Kündigung sind **alle bilateralen Investmentverträge zwischen der KVG und**

1 Reg.Begr. (AIFM-UmsG) v. 6.2.2013, BT-Drucks. 17/12294, S. 236.
2 Ungenau insoweit die Reg.Begr. (AIFM-UmsG) v. 6.2.2013, BT-Drucks. 17/12294, S. 236.
3 Neufassung des Gesetzes über Kapitalanlagegesellschaften (KAGG) v. 14.1.1970, BGBl. I 1970, S. 127.
4 Gesetz über Kapitalanlagegesellschaften v. 16.4.1957, BGBl. I 1957, S. 378. Der sog. Neuburger-Bericht (BT-Drucks. II/2973 v. 10.1.1957) verhält sich zu dieser Vorschrift nicht.
5 Gesetz zur Umsetzung der Richtlinie 2009/65/EG zur Koordinierung der Rechts- und Verwaltungsvorschriften betreffend bestimmte Organismen für gemeinsame Anlagen in Wertpapieren (OGAW-IV-Umsetzungsgesetz – OGAW-IV-UmsG) v. 22.6.2016, BGBl. I 2016, S. 1126.

den einzelnen Anlegern.[6] Die Kündigung einzelner Investmentverträge ist unzulässig, weil diese nur Gesamtwirkung entfalten kann (vgl. § 100 Abs. 1, 2 KAGB).[7] Im Übrigen würde eine einzelne Kündigung gegen das Gebot der fairen Anlegerbehandlung verstoßen (vgl. § 26 Abs. 2 Nr. 6, § 2 Abs. 2 KAVerOV).[8]

Die Kündigung eines offenen Investmentvermögens bedarf **weder eines wichtigen Grundes noch einer Rechtfertigung.**[9] Dies ist Spiegelbild des Rechts der Anleger, jederzeit unbegrenzt durch Anteilsrückgabe Kapital abzuziehen, wodurch die Fondsdienstleistung unrentabel sein kann, und zugleich Ausdruck einer gewissen Flüchtigkeit der kollektiven Anlagebeziehung.[10] Ein wichtiger Grund ist nur bei den typischerweise Laufzeit abhängigen geschlossenen Fonds erforderlich (vgl. §§ 144 Satz 4 Nr. 1, 154 Abs. 1 Satz 5 Nr. 1 KAGB). Die Kostenlast (vgl. § 100 Abs. 2 KAGB) der kurzzeitig investierten Anleger kann durch Umtauschangebote relativiert werden.[11] 5

Der **Entschluss der Geschäftsleitung**, die Verwaltung des Sondervermögens zu kündigen, kann motiviert sein z.B.[12] durch die beabsichtigte Einstellung der Geschäftstätigkeit, ein zu geringes Fondsvolumen, die dauerhafte Unmöglichkeit der Verwirklichung der Anlagestrategie sowie die beabsichtigte Selbstauflösung (zu § 99 Abs. 2 KAGB vgl. Rz. 16). Der BaFin ist als wesentlicher Vorgang ergänzend zu § 34 Abs. 1 KAGB der endgültige Beschluss zur Kündigung des Verwaltungsrechts mitzuteilen.[13] 6

Das Recht bei Dauerschuldverhältnissen zur fristlosen Kündigung **aus wichtigem Grund** (§ 314 Abs. 1 BGB) bleibt unberührt.[14] Ein solcher Grund wird in der Praxis selten vorliegen. Die außerordentliche Kündigung kann nicht durch Bekanntmachung im Bundesanzeiger und im Halb- oder Jahresbericht erklärt werden.[15] Anwendbar bleibt die 6-monatige Kündigungsfrist.[16] Diese kann selbst bei Auflösung der KVG nicht verkürzt werden (vgl. § 99 Abs. 2 KAGB; dazu Rz. 16 f.). 7

2. Kündigungserklärung (§ 99 Abs. 1 Satz 3, 4 Halbs. 2 KAGB)

Die Kündigung ist **einseitiges Rechtsgeschäft** und naturgemäß **dem Vertragspartner gegenüber abzugeben.**[17] Sie führt unmittelbar zur Beendigung des Investmentvertrags. Als empfangsbedürftige Willenserklärung setzt die Kündigung den **Zugang** voraus (§ 130 Abs. 1 Satz 1 BGB). Dieser ist nach heute h.M. anzunehmen, wenn die Erklärung in den Machtbereich des Empfängers gelangt und dieser unter gewöhnlichen Verhältnissen die Möglichkeit der Kenntnisnahme hat.[18] Die frühere Rechtsprechung des RG beurteilte den Zugang noch individuell am Einzelfall orientiert.[19] Danach war eine Willenserklärung zugegangen, wenn „der Empfänger sich unter normalen Verhältnissen die Kenntnis von dem Inhalte der Erklärung verschaffen kann und nach den Gepflogenheiten des Verkehrs von ihm zu erwarten ist, dass er die Kenntnis sich tatsächlich verschafft."[20] 8

Die Vorschrift knüpft **bei Publikumssondervermögen** abweichend von der im Zivilrecht h.M. nicht daran an, dass die Kündigungserklärung den Machtbereich des Empfängers erreicht. Die **Wirksamkeit der Kün-** 9

---

6 Vgl. *Behme* in Moritz/Klebeck/Jesch, § 99 KAGB Rz. 5; *Beckmann* in Beckmann/Scholtz/Vollmer, § 99 KAGB Rz. 10; *Zetzsche*, Prinzipien der kollektiven Vermögensanlage, 2015, S. 823 f.

7 *Beckmann* in Beckmann/Scholtz/Vollmer, § 99 KAGB Rz. 10; *Anders* in Weitnauer/Boxberger/Anders, § 99 KAGB Rz. 4; *A. München* in Baur/Tappen, § 99 KAGB Rz. 9.

8 *Anders* in Weitnauer/Boxberger/Anders, § 99 KAGB Rz. 4; vgl. auch *Beckmann* in Beckmann/Scholtz/Vollmer, § 99 KAGB Rz. 10.

9 *Behme* in Moritz/Klebeck/Jesch, § 99 KAGB Rz. 6; *Anders* in Weitnauer/Boxberger/Anders, § 99 KAGB Rz. 5.

10 *Zetzsche*, Prinzipien der kollektiven Vermögensanlage, 2015, S. 886.

11 *Beckmann* in Beckmann/Scholtz/Vollmer, § 99 KAGB Rz. 16.

12 Vgl. *Beckmann* in Beckmann/Scholtz/Vollmer, § 99 KAGB Rz. 17–20.

13 BAKred-Rundschreiben v. 18.7.1990, Ziff. 5 Buchst. c.

14 H.M.; vgl. *Beckmann* in Beckmann/Scholtz/Vollmer, § 99 KAGB Rz. 21; *Behme* in Moritz/Klebeck/Jesch, § 99 KAGB Rz. 7; *A. München* in Baur/Tappen, § 99 KAGB Rz. 8; *Zetzsche*, Prinzipien der kollektiven Vermögensanlage, 2015, S. 824; **a.A.** *Schäcker*, S. 63; *Köndgen/Schmies* in Bankrechts-Handbuch, § 113 Rz. 257.

15 *Beckmann* in Beckmann/Scholtz/Vollmer, § 99 KAGB Rz. 22; **a.A.** *Behme* in Moritz/Klebeck/Jesch, § 99 KAGB Rz. 12.

16 *Zetzsche*, Prinzipien der kollektiven Vermögensanlage, 2015, S. 824; **a.A.** *Beckmann* in Beckmann/Scholtz/Vollmer, § 99 KAGB Rz. 21; *Behme* in Moritz/Klebeck/Jesch, § 99 KAGB Rz. 7.

17 Vgl. *Singer/Benedict* in Staudinger, Neubearb. 2017, § 130 BGB Rz. 10 („Natur der Sache").

18 Vgl. RG v. 3.5.1934 – IV 17/34, RGZ 144, 289 (291); BGH v. 26.11.1997 – VIII ZR 22/97, BGHZ 137, 205; BGH v. 21.6.2011 – II ZB 15/10, NJW-RR 2011, 1184 Rz. 15; *Hefermehl* in Soergel, 13. Aufl. 1999, § 130 BGB Rz. 8; *Einsele* in MünchKomm. BGB, 7. Aufl. 2015, § 130 BGB Rz. 16 m.w.N.

19 Vgl. RG v. 14.4.1920 – I 275/19, RGZ 99, 20 (23); RG v. 10.11.1933 – VII 192/33, RGZ 142, 402 (407).

20 RG v. 14.4.1920 – I 275/19, RGZ 99, 20 (23).

digung setzt die **Bekanntmachung im Bundesanzeiger und im Jahres- oder Halbjahresbericht** voraus.[21] Der Gesetzgeber trägt damit den Gepflogenheiten des Investmentgeschäfts bei offenen Sondervermögen Rechnung. Eine andere Handhabung wäre aufgrund der großen und überwiegend unbekannten Anlegerzahl unpraktikabel.[22] Der Anleger muss sich sodann aus den Veröffentlichungen selbst informieren. Die Norm orientiert sich damit an der ursprünglichen Zugangsdefinition des RG (vgl. Rz. 8). Nach der Veröffentlichung ist die KVG an ihre Kündigungserklärung gebunden (§ 130 Abs. 1 Satz 2 BGB).

10 Bei **offenen Spezialsondervermögen** erscheint fraglich, ob dieselben Grundsätze gelten sollen. Der Anlegerkreis wird regelmäßig kleiner und überschaubarer sein. Die Anlagestrategie ist zumeist auf die individuellen Interessen der Anleger zugeschnitten. Nach § 99 Abs. 1 Satz 4, Halbs. 2 KAGB ist daher keine Bekanntmachung im Bundesanzeiger und Jahresbericht (§ 99 Abs. 1 Satz 1 KAGB) erforderlich. Ein Halbjahresbericht ist sowieso nicht vorgesehen (vgl. § 103 KAGB). Angesichts dessen ist die Kündigung durch Bekanntmachung im Bundesanzeiger und im Jahresbericht **erst recht als zulässig anzusehen.**[23] Der Regelungsgehalt des § 99 Abs. 1 Satz 4, Halbs. 2 KAGB erschöpft sich in dem Hinweis, dass zur Kündigung auch eine individuelle Kontaktaufnahme zu den Privatanlegern gestattet ist. Entscheidet sich die KVG für diesen Weg muss sie den Zugang bei allen Anlegern nachweisen.

3. Unterrichtung der Anleger (§ 99 Abs. 1 Satz 3 KAGB)

11 Die Anleger sind **bei Publikumssondervermögen** mittels eines dauerhaften Datenträgers (§ 167 KAGB, dort Rz. 5 ff.) über die Bekanntmachung der Kündigung zu unterrichten. Die Unterrichtung ist keine Wirksamkeitsvoraussetzung der Kündigung.[24] Bei **offenen Spezialsondervermögen** besteht keine Unterrichtungspflicht. Macht die KVG aber von der Möglichkeit einer vereinfachten Kündigung durch Bekanntmachung im Bundesanzeiger und im Jahresbericht Gebrauch (Rz. 9), besteht kein Grund für eine Ausnahme von der Unterrichtungspflicht.[25] Diese soll die Anleger über die Bekanntmachung informieren, da ein Spezialfonds-Anleger im Bundesanzeiger keine Bekanntmachung erwartet.

4. Kündigungsfrist (§ 99 Abs. 1 Satz 1, 2, 4 KAGB)

12 Die Kündigungsfrist beträgt **bei Publikumssondervermögen grundsätzlich 6 Monate** (vgl. auch §§ 117 Abs. 8 Satz 2, 132 Abs. 7 Satz 2 KAGB). Sie kann durch die Anlagebedingungen nur verlängert werden. Bei **offenen Spezialsondervermögen** kann die Kündigungsfrist verkürzt werden.[26] Bei Anlagevermögen mit überwiegend illiquiden Vermögenswerten kann im Einzelfall eine vertragliche Nebenpflicht (§ 241 Abs. 2 BGB) zur Verlängerung der Kündigungsfrist bestehen.[27]

13 Die Kündigungsfrist **beginnt** bei Publikumssondervermögen erst **mit Bekanntmachung im Bundesanzeiger und im Jahres- oder Halbjahresbericht.**[28] Die teilweise vertretene Ansicht, es sei für den Fristlauf nur auf die Bekanntmachung im Bundesanzeiger abzustellen,[29] findet im Gesetz keine Stütze. Dies führte dazu, dass die Kündigungsfrist zu laufen beginnt, bevor eine Wirksamkeitsvoraussetzung gegeben ist. Im Ergebnis verlängerte sich die Kündigungsfrist.[30] Hat die KVG einen konkreten Beendigungszeitpunkt angegeben und ist dieser unter Berücksichtigung der Bekanntmachungspflicht falsch, lässt sich die Erklärung regelmäßig dahingehend auslegen, dass die KVG fristgerecht zum richtigen Termin kündigen möchte.[31] Dazu sollte das Ereignis des Fristbeginns (Bekanntmachung) und die Kündigungsfrist (6 Monate) angegeben werden. Bei **offenen Spezialsondervermögen** beginnt die Kündigungsfrist identisch mit der Bekanntma-

---

21 Vgl. Reg.Begr. (OGAW-IV-UmsG) v. 24.1.2011, BT-Drucks. 17/4510, S. 68; **a.A.** *Behme* in Moritz/Klebeck/Jesch, § 99 KAGB Rz. 9 (Bekanntmachung im BAnz ausreichend).

22 *Beckmann* in Beckmann/Scholtz/Vollmer, § 99 KAGB Rz. 12.

23 Wie hier *Beckmann* in Beckmann/Scholtz/Vollmer, § 99 KAGB Rz. 15; *Behme* in Moritz/Klebeck/Jesch, § 99 KAGB Rz. 12.

24 Vgl. Reg.Begr. (OGAW-IV-UmsG) v. 24.1.2011, BT-Drucks. 17/4510, S. 68.

25 **A.A.** *Beckmann* in Beckmann/Scholtz/Vollmer, § 99 KAGB Rz. 15.

26 Die Möglichkeit wurde mit dem KAGB geschaffen.

27 Vgl. *Zetzsche*, AG 2013, 613 (627).

28 Wie hier *A. München* in Baur/Tappen, § 99 KAGB Rz. 7; *Beckmann* in Beckmann/Scholtz/Vollmer, § 99 KAGB Rz. 13.

29 *Anders* in Weitnauer/Boxberger/Anders, § 99 KAGB Rz. 6; *Behme* in Moritz/Klebeck/Jesch, § 99 KAGB Rz. 9; vgl. auch *Gutsche* in Emde/Dornseifer/Dreibus/Hölscher, § 38 InvG Rz. 12.

30 *A. München* in Baur/Tappen, § 99 KAGB Rz. 7.

31 Vgl. zur Kündigung im Arbeitsverhältnis BAG v. 15.12.2005 – 2 AZR 148/05, NZA 2006, 791 (2. Senat); BAG v. 9.2.2006 – 6 AZR 283/05, NZA 2006, 1207 (6. Senat); **a.A.** BAG v. 15.5.2013 – 5 AZR 130/12, NZA 2013, 1076 (5. Senat).

chung, sofern von dieser Vereinfachungsmöglichkeit (vgl. Rz. 10) Gebrauch gemacht wurde, alternativ mit **Zugang beim letzten Anleger.**

5. Rechtsfolgen der Kündigung

Die wirksame Kündigung löst die **in § 100 KAGB geregelten Rechtsfolgen** aus (näher § 100 Rz. 4 f.). Bereits vor Ablauf der Kündigungsfrist kann die KVG dazu verpflichtet sein, Sondervermögensgegenstände zu veräußern (vgl. § 258 Abs. 2 KAGB) und die Abwicklung voranzutreiben.[32] Nachdem die Geschäftsleitung der KVG einen Kündigungsbeschluss vorbereitet oder gefasst hat, besteht eine Hinweispflicht gegenüber den Anlegern, **die Ausgabe neuer Investmentanteile ist zu unterlassen.**[33] Zwar unterscheiden sich die Laufzeiten der Investmentverträge nicht.[34] Die Vertragsparteien möchten in diesem Stadium regelmäßig einen auf den Kündigungszeitpunkt befristeten Investmentvertrag schließen. Die neuen Anleger können jedoch regelmäßig ihre Kosten nicht amortisieren. Etwas anderes mag gelten, wenn der (semi-)professionelle Anleger in Kenntnis der Kündigung dennoch investieren möchte. 14

Die **Kündigung allein berechtigt nicht zur Aussetzung der Anteilsrücknahme** (§ 98 Abs. 1 KAGB). Die abstrakte Möglichkeit einer Ungleichbehandlung der Anleger ist kein außergewöhnlicher Umstand i.S.d. § 98 Abs. 2 Satz 1 KAGB.[35] Die Kündigung ist für offene Immobilienfonds ausdrücklich Aussetzungsgrund (§ 258 Abs. 1 KAGB). 15

III. Liquidation der KVG (§ 99 Abs. 2 KAGB)

1. Inhalt und Zweck

Die KVG kann die Auflösung **nicht für einen früheren als den Zeitpunkt beschließen, in dem ihr Verwaltungsrecht für alle Sondervermögen erlischt.** Die Vorschrift soll eine Umgehung der zugunsten des Anlegerschutzes statuierten Kündigungsfrist (§ 99 Abs. 1 KAGB) ausschließen.[36] Der Gesellschaftszweck ändert sich durch den Auflösungsbeschluss und ist fortan auf Abwicklung gerichtet (vgl. §§ 264 ff. AktG, §§ 65 ff. GmbHG, §§ 161 Abs. 2, 145 ff. HGB).[37] Die ordnungsgemäße Verwaltung des Sondervermögens ist mit diesem Zweck unvereinbar. 16

2. Auflösungsbeschluss

Der Auflösungsbeschluss wird von der **Haupt- bzw. Gesellschafterversammlung** der KVG getroffen (vgl. § 262 Abs. 1 Nr. 2 AktG, § 60 Abs. 1 Nr. 2 GmbHG, §§ 161 Abs. 2, 131 Abs. 1 Nr. 2 HGB). Die Geschäftsleiter haben der BaFin eine dahingehende Absicht mitzuteilen (§ 34 Abs. 3 Nr. 9 KAGB). Ein wirksamer Auflösungsbeschluss setzt voraus, dass das Verwaltungsrecht für alle Sondervermögen erloschen ist. Der Beschluss kann einerseits **nach Ablauf der Kündigungsfrist** gefasst werden. Er wird mit seinem Zustandekommen wirksam. Andererseits kann er **unter der aufschiebenden Bedingung (§ 158 Abs. 1 BGB) des Erlöschens des Verwaltungsrechts** gefasst werden.[38] Die Abgrenzung zur Satzungsänderung im Wege der Laufzeitbeschränkung (§ 262 Abs. 1 Nr. 1 AktG, § 60 Abs. 1 Nr. 1 GmbHG) kann im Einzelfall schwierig sein. Letztere bedarf zur Wirksamkeit bei Kapitalgesellschaften der Eintragung (vgl. § 181 Abs. 3 AktG, § 54 Abs. 3 GmbHG). Ein bloßer Auflösungsbeschluss ist anzunehmen, wenn der Kündigungszeitpunkt kurz nach der Beschlussfassung oder in naher Zukunft liegt.[39] Ein Auflösungsbeschluss unter Missachtung von § 99 Abs. 2 KAGB ist nichtig (vgl. § 241 Nr. 3 AktG).[40] 17

---

32 Vgl. *Anders* in Weitnauer/Boxberger/Anders, § 100 KAGB Rz. 33 ff.

33 Vgl. *Zetzsche*, Prinzipien der kollektiven Vermögensanlage, 2015, S. 866; *Beckmann* in Beckmann/Scholtz/Vollmer, § 99 KAGB Rz. 25; **a.A.** bzgl. der Ausgabe neuer Investmentanteile *Behme* in Moritz/Klebeck/Jesch, § 99 KAGB Rz. 15.

34 So aber *Beckmann* in Beckmann/Scholtz/Vollmer, § 99 KAGB Rz. 25.

35 **A.A.** wohl *Beckmann* in Beckmann/Scholtz/Vollmer, § 99 KAGB Rz. 26.

36 *Behme* in Moritz/Klebeck/Jesch, § 99 KAGB Rz. 17; *Anders* in Weitnauer/Boxberger/Anders, § 99 KAGB Rz. 10.

37 Vgl. *Winnen* in KölnKomm. AktG, 3. Aufl. 2017, § 262 AktG Rz. 11.

38 *Behme* in Moritz/Klebeck/Jesch, § 99 KAGB Rz. 18.

39 Vgl. zur h.M. RG v. 3.7.1934 – II 116/34, RGZ 145, 99 (101 ff.); *Winnen* in KölnKomm. AktG, 3. Aufl. 2017, § 262 AktG Rz. 38 m.w.N.

40 *Beckmann* in Beckmann/Scholtz/Vollmer, § 99 KAGB Rz. 41; *Behme* in Moritz/Klebeck/Jesch, § 99 KAGB Rz. 18; *Gutsche* in Emde/Dornseifer/Dreibus/Hölscher, § 38 InvG Rz. 18. Zu § 241 Nr. 3 AktG vgl. *Noack/Zetzsche* in KölnKomm. AktG, 3. Aufl. 2017, § 241 AktG Rz. 88 ff.

18 Die Vorschrift ist **entsprechend anzuwenden** auf **Strukturmaßnahmen der KVG**, durch die der Regelungsgehalt der Norm unterlaufen wird. Beim **Formwechsel** (vgl. §§ 23 Nr. 11, 18 Abs. 1 KAGB)[41] sind die Voraussetzungen der Erlaubniserteilung erneut zu prüfen. Wandelt sich die KVG in eine unzulässige Rechtsform um, kann die BaFin die Erlaubnis aufheben (§ 39 Abs. 3 Nr. 3, 6 KAGB). Die öffentlich-rechtliche Erlaubnis (§ 23 KAGB) geht etwa bei der **übertragenden Verschmelzung** nicht per se im Wege der Gesamtrechtsnachfolge auf den übernehmenden bzw. neu entstehenden Rechtsträger über, da ihr gewisse Anforderungen an die Kapitalisierung, Organisation, Sachkunde und Gesellschaftsform der KVG zugrunde liegen.[42] Keine Prüfungspflicht besteht, soweit sich die formalen Voraussetzungen nicht geändert haben. Letzteres ist z.B. der Fall, wenn die KVG lediglich als **übernehmender Rechtsträger** fungiert (§ 2 Nr. 1 UmwG). Es bietet sich bei den relevanten Umwandlungen an, die Anmeldung der Beschlüsse zur Eintragung durch die Geschäftsleitung unter die (unechte) Bedingung des Ablaufs der Kündigungsfrist zu stellen.[43]

IV. Insolvenz der KVG (§ 99 Abs. 3 KAGB)

1. Eröffnung des Insolvenzverfahrens (§ 99 Abs. 3 Satz 1 Alt. 1 KAGB)

19 Die Eröffnung des Insolvenzverfahrens ist bei allen für die KVG zulässigen Gesellschaftsformen (§ 18 Abs. 1 KAGB) **gesellschaftsrechtlicher Auflösungsgrund** (vgl. § 262 Abs. 1 Nr. 3 AktG, § 60 Abs. 1 Nr. 4 GmbHG, §§ 161 Abs. 2, 131 Abs. 1 Nr. 3 HGB). Es findet keine Abwicklung der Gesellschaft statt (§ 264 Abs. 1 AktG, § 66 Abs. 1 GmbHG, §§ 161 Abs. 2, 145 Abs. 1 HGB). Die Verfügungsbefugnis geht auf den Insolvenzverwalter über (§ 80 Abs. 1 InsO). Folgerichtig erlischt das „Verwaltungsrecht" der KVG (aber nicht: der Investmentvertrag[44]). Dieses erlischt bei offenen Immobilienfonds nach § 257 Abs. 4 KAGB auch, wenn kein Insolvenzgrund besteht.

20 Der BaFin steht bei **(drohender) Zahlungsunfähigkeit und Überschuldung** nach § 43 Abs. 1, § 46b Abs. 1 Satz 3 KWG ein ausschließliches Antragsrecht zu. Der **Zeitpunkt**, in dem das Verwaltungsrecht der KVG erlischt, ist die im Eröffnungsbeschluss angegebene Stunde der Eröffnung (§ 27 Abs. 2 Nr. 3 InsO). Fehlt eine solche Angabe, ist der Zeitpunkt fiktiv auf 12.00 Uhr am Erlasstag des Beschlusses zu datieren (§ 27 Abs. 3 InsO). Gegen den Eröffnungsbeschluss findet die sofortige Beschwerde statt (§§ 6, 34 Abs. 2 InsO). Diese hat keine aufschiebende Wirkung (§ 4 InsO, § 570 Abs. 1 ZPO). Erst die Aufhebung führt rückwirkend zum Entfallen der rechtlichen Wirkung der Eröffnung (§ 34 Abs. 3 Satz 1 InsO). Für das Erlöschen des Verwaltungsrechts genügt die Wirksamkeit des Eröffnungsbeschlusses.[45]

2. Abweisung des Antrags auf Eröffnung des Insolvenzverfahrens (§ 99 Abs. 3 Satz 1 Alt. 2 KAGB)

21 Wird das Vermögen der KVG voraussichtlich nicht ausreichen, um die Kosten des Insolvenzverfahrens zu decken, ergeht ein **Ablehnungsbeschluss (§ 26 InsO)**. Dieser steht der Eröffnung des Insolvenzverfahrens gleich. Es handelt sich ebenfalls um einen **gesellschaftsrechtlichen Auflösungsgrund** (vgl. § 262 Abs. 1 Nr. 4 AktG, § 60 Abs. 1 Nr. 5 GmbHG, §§ 161 Abs. 2, 131 Abs. 2 Satz 1 Nr. 1 HGB). Kein Fall des § 99 Abs. 3 Satz 1 Alt. 2 KAGB ist die spätere Einstellung mangels Masse nach § 207 InsO. Das Erlöschen des Verwaltungsrechts folgt bereits aus § 99 Abs. 3 Satz 1 Alt. 1 KAGB.[46] Gegen den Ablehnungsbeschluss findet die sofortige Beschwerde statt (§§ 6, 34 Abs. 1 Alt. 2 InsO). Das Erlöschen des Verwaltungsrechts setzt wie die gesellschaftsrechtlichen Auflösungsgründe die Rechtskraft des Ablehnungsbeschlusses voraus.

3. Insolvenzfestigkeit des Sondervermögens (§ 99 Abs. 3 Satz 2 KAGB)

22 § 99 Abs. 3 Satz 2 KAGB regelt die **Insolvenzfestigkeit der verwalteten Sondervermögen**. Diese gehören nicht zur Insolvenzmasse der KVG (§ 35 InsO). Das Sondervermögen soll nicht durch die wirtschaftliche Schieflage der KVG geschmälert werden. Auf die Gestaltung der Eigentumsverhältnisse nach § 92 Abs. 1 Satz 1 KAGB kommt es nicht an (dazu § 92 Rz. 8 f.). Die Anleger tragen nicht das Emittentenrisiko der

41 **A.A.** *Behme* in Moritz/Klebeck/Jesch, § 99 KAGB Rz. 20.

42 Vgl. dazu *Marsch-Barner* in Kallmeyer, § 20 UmwG Rz. 26; *Leonard/Simon* in Semler/Stengel, § 20 UmwG Rz. 71.

43 Vgl. *Behme* in Moritz/Klebeck/Jesch, § 99 KAGB Rz. 20.

44 Zutr. *Köndgen/Schmies* in Bankrechts-Handbuch, § 113 Rz. 257.

45 *Beckmann* in Beckmann/Scholtz/Vollmer, § 99 KAGB Rz. 50.

46 Vgl. zur Rechtslage im Aktienrecht *Winnen* KölnKomm. AktG, 3. Aufl. 2017, § 262 AktG Rz. 58.

KVG.[47] Das Sondervermögen selbst ist nur abwicklungs-, aber nicht insolvenzfähig.[48] Bei die Vermögensmasse übersteigenden Verbindlichkeiten z.B. aus Anlagegeschäften fällt die KVG mit ihrem Aufwendungsersatzanspruch aus.[49] Aufgrund der §§ 92 Abs. 1 Satz 2, 93 Abs. 2 Satz 1 KAGB hat die Vorschrift keinen eigenen Regelungsgehalt, sondern nur klarstellende Funktion.[50]

V. Sonstige Auflösung, Verfügungsverbot (§ 99 Abs. 4 KAGB)

1. Sonstige Auflösungsgründe (§ 99 Abs. 4 Alt. 1 KAGB)

Wird die KVG aus einem anderen als den in § 99 Abs. 2 und 3 KAGB genannten Gründen aufgelöst, kann die Verwahrstelle die Investmentverträge für die Anleger fristlos kündigen. § 99 Abs. 4 Alt. 1 KAGB ist **gesetzlicher Auffangtatbestand** für alle nicht ausdrücklich genannten Auflösungsgründe.[51] Erfasst sind insbesondere die sonstigen gesellschaftsrechtlichen Auflösungsgründe, wie z.B. Zeitablauf (§ 262 Abs. 1 Nr. 1 AktG, § 60 Abs. 1 Nr. 1 GmbHG, §§ 161 Abs. 2, 131 Abs. 1 Nr. 1 HGB), gerichtliche oder behördliche Entscheidung (§ 396 Abs. 1 AktG, §§ 60 Abs. 1 Nr. 3, 61, 62 GmbHG, §§ 161 Abs. 2, 131 Abs. 1 Nr. 4 HGB), Feststellung eines Mangels der Satzung bzw. des Gesellschaftsvertrags (§ 262 Abs. 1 Nr. 5 AktG, § 60 Abs. 1 Nr. 6 GmbHG i.V.m. § 399 FamFG), Vermögenslosigkeit (§ 262 Abs. 1 Nr. 6 AktG, § 60 Abs. 1 Nr. 7 GmbHG, §§ 161 Abs. 2, 131 Abs. 2 Satz 1 Nr. 2 HGB i.V.m. § 394 FamFG). Ein Auflösungsgrund bildet auch die **Abwicklungsanordnung der BaFin** nach § 38 Abs. 1 Satz 1 KWG i.V.m. § 39 Abs. 4 KAGB.[52] Diese wirkt wie ein Auflösungsbeschluss (§ 38 Abs. 1 Satz 2 KWG). Sie kommt in Betracht, wenn die Erlaubnis der KVG durch die BaFin aufgehoben wird oder kraft Gesetzes erlischt. 23

2. Allgemeines Verfügungsverbot (§ 99 Abs. 4 Alt. 2 KAGB)

Die Verwahrstelle kann die Investmentverträge fristlos kündigen, wenn gegen die KVG ein **allgemeines Verfügungsverbot** erlassen wird. § 99 Abs. 4 Alt. 2 KAGB gilt für gerichtliche und behördliche Verfügungsverbote nach § 136 BGB.[53] Das Verfügungsverbot muss sich auf das gesamte Sondervermögen beziehen. Nicht ausreichend sind Verfügungsverbote, die sich allein auf einzelne Sondervermögensgegenstände auswirken (z.B. § 480 FamFG) oder eine vorläufige Einzelfallregelung treffen.[54] Erfasst sind insbesondere Verfügungsverbote bis zur Entscheidung über die Eröffnung des Insolvenzverfahrens (§ 21 Abs. 2 Satz 1 Nr. 2 InsO) und Maßnahmen der BaFin nach §§ 41, 42 KAGB.[55] 24

3. Kündigungsrecht der Verwahrstelle

Die Verwahrstelle ist berechtigt, die Investmentverträge für die Anleger **fristlos zu kündigen**. Anders als in § 99 Abs. 2 und 3 KAGB erlischt das Verwaltungsrecht nicht *ex lege*. § 99 Abs. 4 KAGB räumt der Verwahrstelle ein eigenes Kündigungsrecht ein. Sie handelt dabei als gesetzliche Vertreterin der Anleger.[56] Die Verwahrstelle kann nur alle Verträge gleichzeitig kündigen (vgl. Rz. 4). Sie hat nach **pflichtgemäßem Ermessen** zu handeln (vgl. § 70 Abs. 1 KAGB).[57] Das Interesse an der Erhaltung des Sondervermögens ist gegen das Sicherheitsinteresse der Anleger abzuwägen.[58] Eine Kündigung kommt in Betracht, wenn **in Zukunft** 25

---

47 *Gutsche* in Emde/Dornseifer/Dreibus/Hölscher, § 38 InvG Rz. 23.
48 Vgl. *Zetzsche*, Prinzipien der kollektiven Vermögensanlage, 2015, S. 841.
49 Vgl. *Zetzsche*, Prinzipien der kollektiven Vermögensanlage, 2015, S. 841.
50 Vgl. *Anders* in Weitnauer/Boxberger/Anders, § 99 KAGB Rz. 13.
51 *Beckmann* in Beckmann/Scholtz/Vollmer, § 99 KAGB Rz. 61; *Anders* in Weitnauer/Boxberger/Anders, § 99 KAGB Rz. 14; *Gutsche* in Emde/Dornseifer/Dreibus/Hölscher, § 38 InvG Rz. 25.
52 *Beckmann* in Beckmann/Scholtz/Vollmer, § 99 KAGB Rz. 62; *Anders* in Weitnauer/Boxberger/Anders, § 99 KAGB Rz. 15; *Behme* in Moritz/Klebeck/Jesch, § 99 KAGB Rz. 28.
53 *Beckmann* in Beckmann/Scholtz/Vollmer, § 99 KAGB Rz. 63; *A. München* in Baur/Tappen, § 99 KAGB Rz. 17; *Gutsche* in Emde/Dornseifer/Dreibus/Hölscher, § 38 InvG Rz. 28; *Schödermeier/Baltzer* in Brinkhaus/Scherer, § 13 KAGG Rz. 10.
54 *Beckmann* in Beckmann/Scholtz/Vollmer, § 99 KAGB Rz. 63; *Behme* in Moritz/Klebeck/Jesch, § 99 KAGB Rz. 29; *Gutsche* in Emde/Dornseifer/Dreibus/Hölscher, § 38 InvG Rz. 28.
55 *Beckmann* in Beckmann/Scholtz/Vollmer, § 99 KAGB Rz. 65; *Behme* in Moritz/Klebeck/Jesch, § 99 KAGB Rz. 29; *A. München* in Baur/Tappen, § 99 KAGB Rz. 17; *Anders* in Weitnauer/Boxberger/Anders, § 99 KAGB Rz. 15; *Gutsche* in Emde/Dornseifer/Dreibus/Hölscher, § 38 InvG Rz. 28.
56 *Beckmann* in Beckmann/Scholtz/Vollmer, § 99 KAGB Rz. 67.
57 *Gutsche* in Emde/Dornseifer/Dreibus/Hölscher, § 38 InvG Rz. 29; *Beckmann* in Beckmann/Scholtz/Vollmer, § 99 KAGB Rz. 66; *A. München* in Baur/Tappen, § 99 KAGB Rz. 18.
58 *Gutsche* in Emde/Dornseifer/Dreibus/Hölscher, § 38 InvG Rz. 29; *Beckmann* in Beckmann/Scholtz/Vollmer, § 99 KAGB Rz. 66; *A. München* in Baur/Tappen, § 99 KAGB Rz. 18.

eine ordnungsgemäße Verwaltung nicht sichergestellt oder das Anlegervertrauen dauerhaft beschädigt ist.[59] Ist die wirtschaftliche Erholung der KVG überwiegend wahrscheinlich, ist eine Kündigung der Verwahrstelle unter Berücksichtigung des Anlegerinteresses unverhältnismäßig.[60] Eine pflichtwidrige Kündigung macht diese nicht unwirksam. Das Ermessen betrifft nur das Innenverhältnis zwischen Verwahrstelle und Anleger. Die Verwahrstelle macht sich aber den Anlegern gegenüber schadensersatzpflichtig (§ 280 Abs. 1 BGB i.V.m. dem Verwahrungsvertrag).

26 Die Kündigung nach § 99 Abs. 4 KAGB ist an **keine Form und Frist** gebunden. Verschiedentlich wird angenommen, die Formvorschriften aus § 99 Abs. 1 Satz 1 und Satz 3 KAGB seien analog anwendbar.[61] Diese Annahme geht teilweise fehl. Die Bekanntmachung im Bundesanzeiger und im Jahres- oder Halbjahresbericht sind Wirksamkeitsvoraussetzung der Kündigung nach § 99 Abs. 1 Satz 1 KAGB.[62] § 99 Abs. 4 KAGB ist ein **Sonderfall der Kündigung aus wichtigem Grund** (§ 314 Abs. 1 BGB). Das Verwaltungsrecht soll mit sofortiger Wirkung erlöschen.[63] Die Bekanntmachungspflicht läuft dieser Regelungsintention zuwider. Im Übrigen soll § 99 Abs. 1 Satz 1 KAGB die Kündigung der KVG gegenüber der Anlegergesamtheit vereinfachen (vgl. Rz. 4, 7). Warum diese Norm im Verhältnis zwischen Verwahrstelle und KVG anzuwenden sein soll, erschließt sich nicht. Es ist auch nicht ersichtlich, wie die Verwahrstelle für die Veröffentlichung im Jahres- oder Halbjahresbericht zu sorgen hat.[64] **Entsprechend anwendbar ist nur § 99 Abs. 1 Satz 3 KAGB.** Dieser ist Ausdruck der Vereinfachung der Art und Weise der Informationsübermittlung an den Anleger.[65]

27 § 99 Abs. 4 KAGB **erleichtert die Darlegungs- und Beweislast der Verwahrstelle** in Bezug auf das Vorliegen eines wichtigen Kündigungsgrundes. Die Verwahrstelle hat nur diejenigen Tatsachen darzulegen und im Bestreitensfall zu beweisen, die das Vorliegen einer sonstigen Auflösung oder den Erlass eines allgemeinen Verfügungsverbotes begründen. Die Vorschrift ist daher restriktiv auszulegen. Sie ist **nicht entsprechend anwendbar** auf Konstellationen, die weder die Schwelle eines sonstigen Auflösungsgrundes noch eines allgemeinen Verfügungsverbotes erreichen.[66]

VI. Kein Auflösungsanspruch des einzelnen Anlegers in Bezug auf Gemeinschaft (§ 99 Abs. 5 KAGB)

28 Ein Anleger, Gläubiger, Pfandgläubiger, Pfändungsgläubiger oder Insolvenzverwalter **kann die Aufhebung der Anlegergemeinschaft nicht verlangen**. Die überwiegende Ansicht folgert hieraus das Bestehen einer Bruchteilsgemeinschaft zwischen den Anlegern (vgl. §§ 749 Abs. 1, 3, 751 Satz 2, 1258 Abs. 2, 1273 Abs. 2 BGB, § 84 InsO).[67] Dass diese Ansicht nicht zutrifft, wurde bereits erörtert (vgl. § 92 Rz. 10 f.).

29 Der Anleger hat nur die **Möglichkeit zur Anteilsrückgabe im bilateralen Verhältnis** nach § 98 Abs. 1 KAGB. Eine individualvertragliche Aufhebungsvereinbarung zwischen einzelnen oder allen Anlegern und

59 *Schödermeier/Baltzer* in Brinkhaus/Scherer, § 13 KAGG Rz. 9; *Geßler*, WM 1957, Sonderbeilage Nr. 4, S. 20; *v. Berge und Herrendorf*, Der Schutz des Investmentsparers, 1962, S. 89; *Ebner v. Eschenbach*, S. 114.

60 Eine solche ist insbesondere denkbar bei vorübergehenden Maßnahmen nach §§ 41, 42, vgl. *Beckmann* in Beckmann/Scholtz/Vollmer, § 99 KAGB Rz. 65.

61 *Beckmann* in Beckmann/Scholtz/Vollmer, § 99 KAGB Rz. 67; *Behme* in Moritz/Klebeck/Jesch, § 99 KAGB Rz. 30; *A. München* in Baur/Tappen, § 99 KAGB Rz. 18; *Gutsche* in Emde/Dornseifer/Dreibus/Hölscher, § 38 InvG Rz. 30.

62 Vgl. Reg.Begr. (OGAW-IV-UmsG) v. 24.1.2011, BT-Drucks. 17/4510, S. 68.

63 Vgl. *Geßler*, WM 1957, Sonderbeilage Nr. 4, S. 20; *v. Berge und Herrendorf*, S. 89.

64 Nach *Beckmann* in Beckmann/Scholtz/Vollmer, § 99 KAGB Rz. 67 soll daher die KVG die ihr gegenüber erklärte Kündigung im Jahres- oder Halbjahresbericht veröffentlichen. Demnach stünde es der KVG zu, über das Wirksamwerden der Kündigung zu befinden.

65 Vgl. Reg.Begr. (OGAW-IV-UmsG) v. 24.1.2011, BT-Drucks. 17/4510, S. 68.

66 Allg.M.; vgl. *Beckmann* in Beckmann/Scholtz/Vollmer, § 99 KAGB Rz. 67; *A. München* in Baur/Tappen, § 99 KAGB Rz. 16; *Behme* in Moritz/Klebeck/Jesch, § 99 KAGB Rz. 30; *Gutsche* in Emde/Dornseifer/Dreibus/Hölscher, § 38 InvG Rz. 31.

67 *Beckmann* in Beckmann/Scholtz/Vollmer, § 92 KAGB Rz. 21 ff. und § 99 KAGB Rz. 80; *A. München* in Baur/Tappen, § 99 KAGB Rz. 20; *Gutsche* in Emde/Dornseifer/Dreibus/Hölscher, § 38 InvG Rz. 33; *Schödermeier/Baltzer* in Brinkhaus/Scherer, § 11 KAGG Rz. 4; *Ohl*, S. 31; **a.A.** *Anders* in Weitnauer/Boxberger/Anders, § 99 KAGB Rz. 16; *Schmitz* in Berger/Steck/Lübbehüsen, § 38 InvG Rz. 22 (Rechtsgemeinschaft eigener Art); *Fürbaß*, S. 93 ff. (Gesamthandsgemeinschaft).

der KVG ist nicht ausgeschlossen.[68] Eine Auflösungsmöglichkeit besteht somit auch bei Sondervermögen, dies ist aber nur bei offenen Spezialsondervermögen eine realistische Option.[69] Die Gläubiger des Anlegers können nach Pfändung des Anteilsscheins (§ 808 ZPO) nur auf dessen Anteilswert zugreifen, nicht jedoch auf einzelne Vermögensgegenstände des Sondervermögens.

§ 100 Abwicklung des Sondervermögens

(1) Erlischt das Recht der Kapitalverwaltungsgesellschaft, ein Sondervermögen zu verwalten, so geht,

1. wenn das Sondervermögen im Eigentum der Kapitalverwaltungsgesellschaft steht, das Sondervermögen auf die Verwahrstelle über,

2. wenn es im Miteigentum der Anleger steht, das Verwaltungs- und Verfügungsrecht über das Sondervermögen auf die Verwahrstelle über.

(2) Die Verwahrstelle hat das Sondervermögen abzuwickeln und an die Anleger zu verteilen.

(3) [1]Mit Genehmigung der Bundesanstalt kann die Verwahrstelle von der Abwicklung und Verteilung absehen und einer anderen Kapitalverwaltungsgesellschaft die Verwaltung des Sondervermögens nach Maßgabe der bisherigen Anlagebedingungen übertragen. [2]Die Bundesanstalt kann die Genehmigung mit Nebenbestimmungen verbinden. [3]§ 415 des Bürgerlichen Gesetzbuchs ist nicht anzuwenden. [4]Abweichend von Satz 1 bedarf die Übertragung der Verwaltung eines Spezialsondervermögens auf eine andere AIF-Kapitalverwaltungsgesellschaft keiner Genehmigung der Bundesanstalt; die Übertragung ist der Bundesanstalt anzuzeigen. [5]Die Bundesanstalt hat der Kapitalverwaltungsgesellschaft das Datum des Eingangs der Anzeige zu bestätigen.

In der Fassung vom 4.7.2013 (BGBl. I 2013, S. 1981), zuletzt geändert durch das Gesetz zur Umsetzung der Richtlinie 2014/91/EU des Europäischen Parlaments und des Rates vom 23. Juli 2014 zur Änderung der Richtlinie 2009/65/EG zur Koordinierung der Rechts- und Verwaltungsvorschriften betreffend bestimmte Organismen für gemeinsame Anlagen in Wertpapieren (OGAW) im Hinblick auf die Aufgaben der Verwahrstelle, die Vergütungspolitik und Sanktionen vom 3.3.2016 (BGBl. I 2016, S. 348).

Schrifttum: S. bei § 91 und § 99.

I. Zweck und Entwicklung

§ 100 KAGB regelt die Rechtsfolgen des Erlöschens des Verwaltungsrechts der KVG. § 100 Abs. 1 KAGB ordnet einen **Rechtsübergang auf die Verwahrstelle ex lege** an. § 100 Abs. 2 KAGB begründet eine **Ab-** 1

68 Allg.M.; vgl. *Behme* in Moritz/Klebeck/Jesch, § 99 KAGB Rz. 32; *A. München* in Baur/Tappen, § 99 KAGB Rz. 19; *Gutsche* in Emde/Dornseifer/Dreibus/Hölscher, § 38 InvG Rz. 34; jetzt auch *Beckmann* in Beckmann/Scholtz/Vollmer, § 99 KAGB Rz. 81.

69 Vgl. *Beckmann* in Beckmann/Scholtz/Vollmer, § 99 KAGB Rz. 82; *Behme* in Moritz/Klebeck/Jesch, § 99 KAGB Rz. 32; *A. München* in Baur/Tappen, § 99 KAGB Rz. 19.

wicklungs- und Verteilungspflicht der Verwahrstelle. § 100 Abs. 3 KAGB eröffnet – bei Publikumssondervermögen mit Zustimmung der BaFin – die **Übertragung des Sondervermögens auf eine andere KVG** zu Zwecken der weiteren Verwaltung statt Abwicklung und Verteilung.

2 Die Regelungen wurden aus § 39 InvG, § 100 Abs. 3 Satz 4 KAGB zur Übertragung von Spezialfonds zudem aus § 95 Abs. 3 InvG in § 100 KAGB übernommen. § 100 Abs. 1 bis Abs. 3 Satz 1 KAGB waren bereits in den inhaltsgleichen Vorläufern § 14 KAGG 1970[1] und § 13 KAGG 1957[2] enthalten. Mit dem **OGAW-V-UmsG**[3] wurde in § 100 Abs. 1 Nr. 2 KAGB klargestellt, dass auch im Fall der Miteigentumslösung sowohl das Verwaltungs-, als auch das Verfügungsrecht auf die Verwahrstelle übergeht, weil beides für die Abwicklung benötigt wird.[4] Zudem wurde in § 100 Abs. 3 Satz 5 KAGB eingefügt, wonach die BaFin das Datum des Eingangs der Anzeige nach § 100 Abs. 3 Satz 4 KAGB zu bestätigen hat, um Rechtssicherheit in Bezug auf den Wirksamkeitszeitpunkt des Wechsels herzustellen.[5]

3 Die Vorschrift gilt für alle **inländischen Sondervermögen** (§§ 52 Abs. 5, 54 Abs. 5, 66 Abs. 5 KAGB) sowie entsprechend für den **Übergang des Verwaltungsrechts von extern verwalteten Investmentgesellschaften** (vgl. §§ 112 Abs. 1 Satz 4, 129 Abs. 2 Satz 1, 144 Satz 5, 154 Abs. 2 KAGB). Jedoch besteht hier noch die Alternative, dass sich die fremdverwaltete in eine selbstverwaltete interne Investmentgesellschaft (§ 17 Abs. 1 Nr. 2 KAGB) umwandeln kann.

II. Übergang des Verwaltungsrechts auf Verwahrstelle (§ 100 Abs. 1 KAGB)

1. Voraussetzungen

4 **Erlischt das Verwaltungsrecht** der KVG gleich aus welchem Grund –, die Liste des § 99 KAGB ist insofern nicht abschließend –, geht *ex lege* das **Sondervermögen selbst** (Treuhandmodell, § 92 Rz. 13) **oder das Verwaltungs- und Verfügungsrecht** (Miteigentumsmodell, § 92 Rz. 9) auf die Verwahrstelle über. § 100 Abs. 1 KAGB differenziert entsprechend der in den Anlagebedingungen gewählten Gestaltungsform (§ 162 Abs. 2 Nr. 3 KAGB). Eines Übertragungsaktes bedarf es in beiden Fällen nicht.[6]

5 Der Übergang setzt ein **bestehendes Verwahrungsverhältnis im Erlöschenszeitpunkt des Verwaltungsrechts** voraus. Eine automatische Beendigung des Verwahrungsvertrags durch Konfusion tritt nicht ein;[7] dies führte zu einem Zirkelschluss. Das Bestehen des Verwahrungsvertrags ist notwendige Bedingung für das Entstehen des Abwicklungsauftrags. Er besteht grds. über den in § 100 Abs. 1 KAGB genannten Zeitpunkt hinaus. Die KVG kann jedoch von einer vertraglich eingeräumten Kündigungsmöglichkeit Gebrauch machen. Das zu den Anlegern[8] bestehende **gesetzliche Abwicklungsverhältnis** bleibt davon unberührt. Es tritt neben die Verwahrungsfunktion (soweit eine solche Tätigkeit noch gefordert ist) und unterliegt nicht der Disponibilität der Vertragsparteien (vgl. Rz. 24, 28).

6 **Die Verwahrstelle** kann sich den Wirkungen des § 100 KAGB entziehen, indem sie den Verwahrstellenvertrag **mit Wirkung vor Erlöschen des Verwaltungsrechts kündigt**.[9] Etwas anderes gilt, wenn die Verwahrstelle sich vertraglich zur Fortführung der Geschäfte bis zur Bestellung einer neuen Verwahrstelle verpflichtet hat (sog. Fortführungsklausel) und zum Erlöschenszeitpunkt noch keine neue Verwahrstelle vorhanden ist. Besteht eine solche Gestaltung nicht, ist die KVG zur Vermeidung der Verwahrstellenlosigkeit aufgefordert, vor Erlöschen des Verwaltungsrechts eine neue Verwahrstelle zu bestellen. Für die BaFin besteht im Falle der Untätigkeit die Möglichkeit einer Selbstvornahme (vgl. § 69 Abs. 2 KAGB). **Nach Erlöschen des**

---

1 Neufassung des Gesetzes über Kapitalanlagegesellschaften (KAGG) v. 14.1.1970, BGBl. I 1970, S. 127.

2 Gesetz über Kapitalanlagegesellschaften v. 16.4.1957, BGBl. I 1957, S. 378. Der sog. Neuburger-Bericht v. 10.1.1957 (BT-Drucks. II/2973) verhält sich zu dieser Vorschrift nicht.

3 Gesetz zur Umsetzung der Richtlinie 2014/91/EU des Europäischen Parlaments und des Rates vom 23.7.2014 zur Änderung der Richtlinie 2009/65/EG zur Koordinierung der Rechts- und Verwaltungsvorschriften betreffend bestimmte Organismen für gemeinsame Anlagen in Wertpapieren (OGAW) im Hinblick auf die Aufgaben der Verwahrstelle, die Vergütungspolitik und Sanktionen v. 3.3.2016, BGBl. I 2016, S. 348.

4 Reg.Begr. (OGAW-V-UmsG) v. 18.11.2015, BT-Drucks. 18/6744, S. 56.

5 Reg.Begr. (OGAW-V-UmsG) v. 18.11.2015, BT-Drucks. 18/6744, S. 56.

6 *Anders* in Weitnauer/Boxberger/Anders, § 100 KAGB Rz. 46.

7 **A.A.** *Anders* in Weitnauer/Boxberger/Anders, § 100 KAGB Rz. 76.

8 So *Anders* in Weitnauer/Boxberger/Anders, § 100 KAGB Rz. 22; *Zöll* in Beckmann/Scholtz/Vollmer, § 257 KAGB Rz. 40.

9 *Beckmann* in Beckmann/Scholtz/Vollmer, § 100 KAGB Rz. 24; *Zöll* in Beckmann/Scholtz/Vollmer, § 257 KAGB Rz. 35; *Anders* in Weitnauer/Boxberger/Anders, § 100 KAGB Rz. 25; *Paul*, S. 23; *Kraushaar*, WM 2016, 1377 (1382 f.); *Nobbe*, Probleme, S. 32 (nur ordentliche Kündigung).

Verwaltungsrechts kann sich die Verwahrstelle nicht durch Kündigung dem gesetzlichen Abwicklungsauftrag entziehen (vgl. Rz. 24, 28).[10]

Ist **im Erlöschenszeitpunkt keine Verwahrstelle bestellt**, bleibt das Sondervermögen rechtlich der KVG zugeordnet.[11] § 100 Abs. 1 KAGB setzt das Bestehen eines Verwahrungsverhältnisses voraus (Rz. 5). Das Fehlen dieser gesetzlichen Voraussetzung führt zugunsten der KVG zum Fortbestehen der Verfügungs- und Rechtsausübungsermächtigung (§ 93 Abs. 1 KAGB; dazu § 93 Rz. 3 ff.). 7

Möchte die **KVG selbst das Verwaltungsrecht kündigen** (zu den Voraussetzungen, vgl. § 99 Rz. 4 ff.) und besteht die Möglichkeit, dass die Verwahrstelle unter Berücksichtigung der Kündigungsfrist vor dem Erlöschenszeitpunkt das Verwahrungsverhältnis beendet, ist die von der KVG ausgesprochene Kündigung unwirksam.[12] Sie hätte im Ergebnis die „Trägerlosigkeit" des Sondervermögens zur Folge. Dies liefe dem Zweck des § 100 Abs. 1 KAGB ersichtlich zuwider. Die KVG kann die Wirksamkeit der Kündigung sicherstellen, indem sie **(1)** mit der Verwahrstelle eine sog. Fortführungsklausel vereinbart (dazu Rz. 6), **(2)** die Kündigungsfristen im Verwahrstellenvertrag entsprechend anpasst oder **(3)** für den Erlöschenszeitpunkt des Verwaltungsrechts bereits eine andere Verwahrstelle bestellt hat. 8

2. Gesetzlicher Rechtsübergang an Vermögenswerten des Sondervermögens

Maßgeblicher Zeitpunkt für den Bestand und den Umfang des Sondervermögens ist das **Erlöschen des Verwaltungsrechts.**[13] KVG und Verwahrstelle können über die gegenständliche Zusammensetzung des Sondervermögens vertraglich nicht disponieren. Es findet ein **gesetzlicher Rechtsübergang aller Vermögenswerte** statt, die wirtschaftlich dem Sondervermögen zuzuordnen sind und deren rechtlicher Übergang zur Erfüllung des Abwicklungsauftrages erforderlich ist (vgl. Rz. 28 ff.). Der im Falle des Treuhandmodells (vgl. § 92 Rz. 13) zusätzlich angeordnete formale Eigentumsübergang auf die Verwahrstelle (§ 100 Abs. 1 Nr. 1 KAGB) ist bei strenger Betrachtung verzichtbar.[14] Zur Liquidation des Sondervermögens hätte der Übergang der Verwaltungs- und Verfügungsbefugnis ausgereicht.[15] Das Sondervermögen wäre in diesem Fall der KVG auch im Abwicklungsstadium rechtlich zugeordnet. Die Regelung reduziert Abstimmungsbedarf und Konflikte zwischen den für die Abwicklung der KVG zuständigen Personen und der Verwahrstelle und ist von daher sinnvoll. Verbleibende Nachteile aus Anlegerperspektive betreffen zusätzliche Kosten zu Lasten des Sondervermögens durch Mehraufwand, z.B. für die Grundbuchumschreibung auf die Verwahrstelle und entsprechende Kosten für ausländische Immobilien.[16] Damit einhergehende Friktionen wurden teilweise mit Einfügung des § 100a KAGB beseitigt (vgl. die dortige Kommentierung). 9

Der Rechtsübergang ist **keine Gesamtrechtsnachfolge.**[17] Eine Gesamtrechtsnachfolge würde den Übergang aller Rechte und Pflichten der KVG auf die Verwahrstelle nach sich ziehen. Dann würde das Sondervermögen entgegen § 93 Abs. 2 KAGB erstmals mit den von der KVG begründeten Verbindlichkeiten gegenüber den Gläubigern direkt belastet; tatsächlich ist aus dem Sondervermögen nur Aufwendungsersatz an die KVG zu leisten, vgl. § 93 Abs. 3 KAGB. Dass § 93 Abs. 3 KAGB als für die Begrenzung des Aufwendungsersatzes auf pflichtgemäße Geschäfte sehr wichtige Bestimmung mit Übergang des Verwaltungsrechts auf die Verwahrstelle entfallen soll, ist § 100 Abs. 1 KAGB unstreitig nicht zu entnehmen. Selbst als Teilrechtsnachfolge entstünde daraus für die Gläubiger des Sondervermögens eine untragbare Situation, weil 10

---

10 *Anders* in Weitnauer/Boxberger/Anders, § 100 KAGB Rz. 25; *Kraushaar*, WM 2016, 1377 (1383).

11 *Zöll* in Beckmann/Scholtz/Vollmer, § 257 KAGB Rz. 35; *Nobbe*, Probleme, S. 32 f.

12 *Zöll* in Beckmann/Scholtz/Vollmer, § 257 KAGB Rz. 35.

13 *Beckmann* in Beckmann/Scholtz/Vollmer, § 100 KAGB Rz. 29.

14 Kritisch auch *Zöll* in Beckmann/Scholtz/Vollmer, § 257 KAGB Rz. 27; zur rechtspolitischen Diskussion um die notwendige Rolle der Verwahrstelle im Rahmen der Abwicklung vgl. *Anders* in Weitnauer/Boxberger/Anders, § 100 KAGB Rz. 8 ff.

15 Wie hier *Zöll* in Beckmann/Scholtz/Vollmer, § 257 KAGB Rz. 27.

16 Vgl. *Fürbaß*, S. 153. Dagegen schützen die Zustimmungspflicht (§ 84 Abs. 1 Nr. 3 KAGB) nebst Sperrvermerk (§ 246 KAGB) gegen die theoretische Möglichkeit eines gutgläubigen Erwerbs von der nicht-mehr-berechtigten KVG bis zur Grundbuchumschreibung, vgl. § 84 Abs. 2 KAGB (dies übersieht *Fürbaß*, S. 221).

17 H.M.; vgl. *Behme* in Moritz/Klebeck/Jesch, § 100 KAGB Rz. 8 f.; *Zöll* in Beckmann/Scholtz/Vollmer, § 257 KAGB Rz. 28; *Beckmann* in Beckmann/Scholtz/Vollmer, § 100 KAGB Rz. 26 ff.; *Anders* in Weitnauer/Boxberger/Anders, § 100 KAGB Rz. 13 ff.; *Klett*, S. 210 f.; *Kraushaar*, WM 2016, 1377 (1378); *Fürbaß*, S. 138; *Ohl*, S. 107; *Gringel*, ZBB 2012, 106 (113 f.); *Schmitz* in Berger/Steck/Lübbehüsen, § 39 InvG Rz. 8; *Reiss*, S. 169; *Müller*, S. 127 f.; **a.A.** die früher h.M. *Schödermeier/Baltzer* in Brinkhaus/Scherer, KAGG, § 14 Rz. 3; *Canaris*, Bankvertragsrecht, Rz. 2477; *Baur*, Investmentgesetze, KAGG, § 14 Rz. 1; *G. Roth*, Das Treuhandmodell des Investmentrechts, 1972, S. 158; *Wilderink*, S. 93 ff.; heute noch *Gutsche* in Emde/Dornseifer/Dreibus/Hölscher, § 39 InvG Rz. 5; *Zollenkop*, S. 9; *A. München* in Baur/Tappen, § 100 KAGB Rz. 4.

das Eigenvermögen der KVG nicht überginge und sie das Insolvenzrisiko der Verwahrstelle nicht kennen.[18] Die in § 100 Abs. 1 KAGB gewählte Konstruktion soll durch **Zuweisung eines neuen Rechtsträgers** verhindern, dass das nicht rechtsfähige Sondervermögen keinem Rechtsträger zugeordnet ist. Weder der Wortlaut noch der in der Norm niedergelegte Abwicklungsmechanismus erzwingen eine Gesamtrechtsnachfolge. Für die Verwirklichung der Abwicklung muss die Verwahrstelle nicht in die Rechtsstellung der KVG eintreten. Es bestehen auch keine für die Gesamtrechtsnachfolge spezifischen Vorschriften, die die Verwahrstelle vor einer ungewollten Inanspruchnahme durch die Gläubiger der KVG schützen;[19] das wirtschaftliche Risiko eines Eintritts in die KVG-Verbindlichkeiten wäre für sie kaum überschaubar. Auch muss verhindert werden, dass sich die KVG durch Kündigung des Verwaltungsrechts (unliebsamer) Verbindlichkeiten entledigt.

11 Der gesetzliche Rechtsübergang hat sich an der **Abwicklungsfunktion der Verwahrstelle** zu orientieren. Er hat eine Konsistenz zwischen Treuhand- und Miteigentumsmodell (vgl. dazu § 92 Rz. 8 ff.) zu bewirken. Die §§ 101 Abs. 1 Satz 3 Nr. 1, 168 Abs. 1 Satz 2 KAGB können einen Anhaltspunkt bilden, befassen sich indes mit der wirtschaftlichen, nicht mit der dahinter stehenden **rechtlichen Zuordnung.**[20] Zur Erfüllung des Liquidationsauftrags ist eine Gesamtrechtsnachfolge nicht erforderlich (vgl. Rz. 10). Eine ausgewogene Lösung der Problematik hat sich mit den Besonderheiten des Investmentdreiecks auseinanderzusetzen.

a) Miteigentumsmodell

12 Beim **Miteigentumsmodell** (vgl. § 92 Rz. 9) geht gem. § 100 Abs. 1 Nr. 2 KAGB das aus dem Investmentvertrag folgende Verwaltungs- und Verfügungsrecht über das Sondervermögen kraft Gesetzes auf die Verwahrstelle über. Die formalen Eigentumsverhältnisse erfahren keine Änderung. Das Gesetz entzieht der KVG mit Erlöschen des Verwaltungsrechts die Verfügungsbefugnis, weist sie der Verwahrstelle zu und überträgt so die durch Investmentvertrag begründeten Verwalterpflichten auf die Verwahrstelle. Diese ist berechtigt – wie ursprünglich die KVG (§ 93 Abs. 1 KAGB) – Rechtspositionen aus **Eigentum und sonstigen dinglichen Rechten** geltend zu machen.[21] Entsprechendes gilt für **sonstige absolute Rechte** (z.B. Immaterialgüterrechte).[22] **Anwartschaftsrechte** werden als wesensgleiches Minus zum Vollrecht mitumfasst.[23] Die Verwahrstelle ist an die vorgefundene dingliche Situation gebunden. Ihre umfassende dingliche Berechtigung entsteht ex nunc im Erlöschenszeitpunkt.

13 Das Verwaltungs- und Verfügungsrecht der Verwahrstelle bezieht sich auch auf **Mitgliedschaftsanteile** (z.B. Aktien), die die KVG für das Sondervermögen erworben hat. Die Stimmrechtsausübung ist vom Abwicklungsauftrag (vgl. dazu Rz. 24) gedeckt.[24]

14 Die Verwahrstelle tritt nicht in die bis zum Übergang **für gemeinschaftliche Rechnung der Anleger begründeten Rechte und Pflichten der KVG** ein (vgl. Rz. 10).[25] Dies ist im Sinne einer **Abgrenzung der Verantwortungs- und Haftungsbereiche** sachlich geboten. Die Gläubiger der KVG haben keinen Zugriff auf das Vermögen der Verwahrstelle. Davon unberührt bleibt die wirtschaftliche Zuordnung zum Sondervermögen (vgl. §§ 101 Abs. 1 Satz 3 Nr. 1, 168 Abs. 1 Satz 2 KAGB).[26] Die KVG hat für pflichtgemäß **während der Verwaltungszeit**, i.e. vor Erlöschen des Verwaltungsrechts, begründete Geschäfte einen Aufwendungsersatzanspruch (vgl. § 93 Rz. 22 f.) für Verbindlichkeiten, die sie für Rechnung der Anleger begründet hat.[27]

---

18 Wie hier *Anders* in Weitnauer/Boxberger/Anders, § 100 KAGB Rz. 13; **a.A.** *Zöll* in Beckmann/Scholtz/Vollmer, § 257 KAGB Rz. 30.

19 *Anders* in Weitnauer/Boxberger/Anders, § 100 KAGB Rz. 14.

20 *Anders* in Weitnauer/Boxberger/Anders, § 100 KAGB Rz. 19 (bilanzrechtliche Vorschrift); **a.A.** *Zöll* in Beckmann/Scholtz/Vollmer, § 257 KAGB Rz. 28 ff.

21 *Zöll* in Beckmann/Scholtz/Vollmer, § 257 KAGB Rz. 29; *Fürbaß*, S. 139.

22 *Zöll* in Beckmann/Scholtz/Vollmer, § 257 KAGB Rz. 29 (Immaterialgüterrechte).

23 *Zöll* in Beckmann/Scholtz/Vollmer, § 257 KAGB Rz. 29.

24 *Kraushaar*, WM 2016, 1377 (1379); *Beckmann* in Beckmann/Scholtz/Vollmer, § 100 KAGB Rz. 64; *Anders* in Weitnauer/Boxberger/Anders, § 100 KAGB Rz. 17, 24.

25 *Beckmann* in Beckmann/Scholtz/Vollmer, § 100 KAGB Rz. 30; *Anders* in Weitnauer/Boxberger/Anders, § 100 KAGB Rz. 16, 20, 62; *Behme* in Moritz/Klebeck/Jesch, § 100 KAGB Rz. 9; *Gutsche* in Emde/Dornseifer/Dreibus/Hölscher, § 39 InvG Rz. 6; *Kraushaar*, WM 2016, 1377 (1380); *Klett*, S. 211; **a.A.** *Zöll* in Beckmann/Scholtz/Vollmer, § 257 KAGB Rz. 30 (gesetzlicher Schuldnerwechsel).

26 Vgl. *Beckmann* in Beckmann/Scholtz/Vollmer, § 100 KAGB Rz. 29; *Anders* in Weitnauer/Boxberger/Anders, § 100 KAGB Rz. 19.

27 *Beckmann* in Beckmann/Scholtz/Vollmer, § 100 KAGB Rz. 33; *Behme* in Moritz/Klebeck/Jesch, § 100 KAGB Rz. 9; *Anders* in Weitnauer/Boxberger/Anders, § 100 KAGB Rz. 18; *Klett*, S. 211; *Moroni* in Moritz/Klebeck/Jesch, § 93 KAGB Rz. 13. Eine Differenzierung zwischen Miteigentums- und Treuhandmodell ist nicht angezeigt, da die Verwahrstelle in beiden Fällen zur Mitwirkung berufen ist; **a.A.** *Fürbaß*, S. 140.

Ob der Anspruch erst nach diesem Zeitpunkt fällig wird, ist unerheblich.[28] Die Aufwendungen haben ihre Grundlage im Investmentvertrag. Die Verwahrstelle kann im Einzelfall gehalten sein, wenn dies die ordnungsgemäße Abwicklung fördert, **in die von der KVG begründeten Vertragsverhältnisse einzutreten.**[29] Dabei handelt es sich aber um eine rechtsgeschäftliche, nicht gesetzliche Vertragsübernahme.

Hat die KVG eine **zum Erlöschenszeitpunkt bestehende Vertragspflicht noch nicht erfüllt**, kann ggf. 15
mangels Verfügungsbefugnis Unmöglichkeit eintreten (§ 275 Abs. 1 BGB), wenn die Verwahrstelle weder zur Mitwirkung noch zum Vertragseintritt bereit ist. Die KVG macht sich in dieser Situation zwangsläufig gegenüber ihren Gläubigern schadensersatzpflichtig (§§ 280 Abs. 1, Abs. 3, 283 Satz 1 BGB). Der KVG steht dann gegenüber der Verwahrstelle ein Anspruch auf Mitwirkung zu, wenn es sich um ein für das Sondervermögen vorteilhaftes Rechtsgeschäft handelt oder diesem die Gegenleistung bereits zugeflossen ist; bei Verweigerung macht sich die Verwahrstelle gegenüber der KVG schadensersatzpflichtig. Etwaige Kündigungsmöglichkeiten hat die KVG auszuüben.

Die Verwahrstelle haftet auch nicht für **Ansprüche der Anleger aus den Investmentverträgen,**[30] soweit 16
diese bis zum Wirksamkeitspunkt der Kündigung (Erlöschen des Verwaltungsrechts) entstanden sind. Zur dogmatischen Einordnung des Rechtsübergangs als Vertragsübergang *ipso iure* s. Rz. 52 ff. Auch ein Übergang von einzelnen Verbindlichkeiten gegenüber den Anlegern findet nicht statt (vgl. Rz. 10). Es handelt sich um eigene Verbindlichkeiten der KVG. Die Anleger sind weiterhin auf eine Geltendmachung gegen die KVG verwiesen.

Die Verwahrstelle erwirbt aber im Erlöschenszeitpunkt unmittelbar die Verfügungsbefugnis über die 17
schuldrechtlichen Leistungsansprüche der KVG aus Rechtsgeschäften für gemeinschaftliche Rechnung der Anleger (Schuldverhältnis i.e.S.).[31] Die Forderungsberechtigung der KVG endet mit Erlöschen des Verwaltungsrechts. Eine andere Betrachtung liefe dem Abwicklungsauftrag zuwider. Der Gläubiger kann schuldbefreiend an die KVG leisten, sofern er den Übergang der Verfügungsbefugnis nicht kennt (§ 407 Abs. 1 BGB analog). Die KVG kann mit ihrem Aufwendungsersatzanspruch (§ 93 Abs. 3 KAGB) aufrechnen; § 93 Abs. 5 Satz 1 KAGB greift in diesem Fall nicht ein. Einen etwaigen Mehrerlös hat die KVG an die Verwahrstelle aufgrund nachvertraglicher Pflicht herauszugeben (vgl. §§ 675 Abs. 1, 667 BGB).

Vom gesetzlichen Rechtsübergang erfasst sind auch die **sog. selbstständigen Gestaltungsrechte** (z.B. Opti- 18
onsrechte, Vorkaufsrechte, Vertragsangebote). Es besteht kein zwingendes Bedürfnis, dass diese Rechtspositionen von der vormals gestaltungsberechtigten KVG wahrgenommen werden. Zum Zeitpunkt des Rechtserwerbs handelte es sich um eine Geschäftschance des Sondervermögens. Diese kann die Verwahrstelle am Abwicklungszweck orientiert nutzen oder verstreichen lassen. Übt sie das Gestaltungsrecht aus, kommt eine Abwicklungsverbindlichkeit der Verwahrstelle zustande, für die sie selbst unmittelbar haftet (§ 92 Abs. 2 Satz 1 KAGB; vgl. dazu Rz. 27).

Bezüglich der Ausübung von **unselbstständigen Gestaltungsrechten**[32] ist zu differenzieren: Die Verwahr- 19
stelle ist zur Ausübung von Gestaltungsrechten berechtigt, die untrennbar mit den übergehenden Leistungsansprüchen (vgl. Rz. 17) verbunden sind (**„forderungsbezogene“ Gestaltungsrechte**). Es handelt sich um **bloße Hilfsrechte,**[33] die der Durchsetzung der Forderung dienen (z.B. Nachfristsetzung). Konsequent weitergedacht steht der Verwahrstelle neben den Primär- auch die Geltendmachung von **Sekundäransprüchen aus vertraglicher Pflichtverletzung** zu.

Gestaltungsrechte, die nicht nur die Forderung, sondern auch das Vertragsverhältnis (**Schuldverhältnis** 20
i.w.S.) inhaltlich modifizieren oder aufheben (**„vertragsbezogene“ Gestaltungsrechte**) können von der Verwahrstelle ebenfalls ausgeübt werden (z.B. Anfechtung, Kündigung, Rücktritt). Dies erfordert der gesetzliche Liquidationsauftrag. Es gilt aber zu beachten, dass dadurch in das anfängliche Synallagma eingegriffen wird. Entschließt sich die Verwahrstelle zur Geltendmachung, stellen etwaige Rückabwicklungsansprüche eine Abwicklungsverbindlichkeit der Verwahrstelle zustande, für die sie selbst unmittelbar haftet (§ 92 Abs. 2 Satz 1 KAGB; vgl. dazu Rz. 27).

---

28 Unklar insoweit *Behme* in Moritz/Klebeck/Jesch, § 100 KAGB Rz. 9; *Beckmann* in Beckmann/Scholtz/Vollmer, § 100 KAGB Rz. 33.

29 Vgl. *Kraushaar*, WM 2016, 1377 (1380).

30 *Beckmann* in Beckmann/Scholtz/Vollmer, § 100 KAGB Rz. 28; *Schmitz* in Berger/Steck/Lübbehüsen, § 39 InvG Rz. 10; *Gutsche* in Emde/Dornseifer/Dreibus/Hölscher, § 39 InvG Rz. 8; *Fürbaß*, S. 139.

31 *Zöll* in Beckmann/Scholtz/Vollmer, § 257 KAGB Rz. 29; *Anders* in Weitnauer/Boxberger/Anders, § 100 KAGB Rz. 17; **a.A.** *Fürbaß*, S. 139.

32 Zur Terminologie vgl. *Busche* in Staudinger, Neubearb. 2017, § 413 BGB Rz. 13 f.

33 Vgl. *Busche* in Staudinger, Neubearb. 2017, § 401 BGB Rz. 35.

b) Treuhandmodell

21 Beim **Treuhandmodell** (§ 92 Rz. 13) gilt das Gesagte (Rz. 12 ff.) entsprechend. Nach § 100 Abs. 1 Nr. 1 KAGB geht die formale Eigentümerstellung der KVG auf die Verwahrstelle über. Es handelt um einen technischen, keinen strukturellen Unterschied.[34] In dogmatischer Hinsicht mag man einen gesetzlichen Erwerbstatbestand annehmen, wenngleich die Ausgestaltung der dinglichen Situation eine Rechtszuweisung eigener Art darstellt (vgl. dazu § 92 Rz. 9, 13). Die Verwahrstelle ist berechtigt, dingliche und absolut geschützte Rechtspositionen geltend zu machen. Bezüglich der Forderungen der KVG aus Rechtsgeschäften für gemeinschaftliche Rechnung der Anleger (**Schuldverhältnis i.e.S.**) ist die Anordnung in § 100 Abs. 1 Nr. 1 KAGB einer *cessio legis* (§ 412 BGB) vergleichbar. Eine gesetzliche Übernahme sämtlicher Verbindlichkeiten der KVG (Schuldverhältnis i.w.S.) findet nicht statt (Rz. 14). Zur dogmatischen Erklärung des Rechtsübergangs s. noch Rz. 49 ff. Bei **offenen Immobilienfonds** ist das Treuhandmodell zwingend (§ 245 KAGB). Die im Grundbuch einzutragende Verfügungsbeschränkung (§§ 246 Abs. 1, 84 Abs. 1 Nr. 3 KAGB) wird mit Übergang der Verfügungsbefugnis auf die Verwahrstelle hinfällig.[35] Die Verwahrstelle hat die notwendige Berichtigung des Grundbuchs zu veranlassen.[36]

3. Ausnahme für Mietverträge

22 Die Nachfolge in Rechtspositionen der KVG ist bei **bestehenden Mietverträgen** als **Ausnahme zum bestehenden Grundsatz** (vgl. Rz. 14) zuzulassen.[37] Die entsprechende Anwendung der §§ 566, 578 BGB ist zum Schutz der Mieter erforderlich.[38] Ohne Anerkennung dieser Ausnahme fehlt dem Mieter sowohl beim Miteigentums- (§ 92 Rz. 9) als auch beim Treuhandmodell (§ 92 Rz. 13) ein relatives oder abgeleitetes **Besitzrecht gegenüber der Verwahrstelle**: **(1)** Beim Miteigentumsmodell findet ein Wechsel der Eigentümerstellung nicht statt (§ 100 Abs. 1 Nr. 2 KAGB). Die KVG hat den damaligen Mietvertrag im eigenen Namen begründet (arg. ex § 92 Abs. 2 Satz 2 KAGB). Somit ist der Mieter den Anlegern gegenüber nicht zum Besitz berechtigt (§ 986 Abs. 1 Satz 1 Alt. 1 BGB). **(2)** Beim Treuhandmodell kommt es zum Übergang des Eigentums von der KVG auf die Verwahrstelle (§ 100 Abs. 1 Nr. 1 KAGB). Da ein gesetzlicher Übergang sämtlicher von der KVG begründeten Rechte und Pflichten i.S.e. Gesamtrechtsnachfolge auf die Verwahrstelle nicht stattfindet (Rz. 10), ist der Mieter im Verhältnis zur Verwahrstelle nicht besitzbefugt (§ 986 Abs. 1 Satz 1 Alt. 1 BGB). Mangels fortbestehenden Verwaltungsrechts der KVG hat der Mieter in beiden Fällen auch kein vom Besitzbefugten abgeleitetes Besitzrecht mehr inne (vgl. § 986 Abs. 1 Satz 1 Alt. 2 BGB).

23 Aus dem Aufwendungsersatzanspruch der KVG (§ 93 Abs. 3 KAGB) kann der Mieter in beiden Fällen keine Rechte ableiten. Der Mieter soll nicht mit den nachteiligen Folgen des § 100 KAGB belastet werden, zumal der gesetzliche Übergang bei Bestellung einer anderen KVG gem. § 100 Abs. 3 KAGB vorübergehender Natur ist. Ebenso wenig sollen die Anleger durch die Verwertung einer nicht vermieteten Immobilie begünstigt werden.

III. Grundsatz: Liquidation (§ 100 Abs. 2 KAGB)

24 Die Verwahrstelle hat das **Sondervermögen abzuwickeln und an die Anleger zu verteilen**. Der durch § 100 Abs. 2 KAGB entstehende **gesetzliche Abwicklungsauftrag** tritt **neben die Verwahrfunktion**. Neben der gesetzlichen Abwicklungsfunktion bleiben die allgemeinen Verwahrungsaufgaben bestehen, soweit es auf diese ankommt.[39] Verwahrungs- und Verwaltungsverhältnis fallen für ein Übergangsstadium zusammen.[40]

---

34 *Anders* in Weitnauer/Boxberger/Anders, § 100 KAGB Rz. 16.

35 *Zöll* in Beckmann/Scholtz/Vollmer, § 257 KAGB Rz. 29; *Anders* in Weitnauer/Boxberger/Anders, § 100 KAGB Rz. 61.

36 *Anders* in Weitnauer/Boxberger/Anders, § 100 KAGB Rz. 60; *Gutsche* in Emde/Dornseifer/Dreibus/Hölscher, § 39 InvG Rz. 5; *Schmitz* in Berger/Steck/Lübbehüsen, § 39 InvG Rz. 6; *Fürbaß*, S. 221.

37 Vgl. *Behme* in Moritz/Klebeck/Jesch, § 100 KAGB Rz. 10; *Anders* in Weitnauer/Boxberger/Anders, § 100 KAGB Rz. 20.

38 Der BGH scheint seine ursprünglich restriktive Linie bezüglich der Analogiefähigkeit des § 566 BGB beim gesetzlichen Rechtserwerb aufzugeben, vgl. BGH v. 9.7.2008 – VIII ZR 280/07, NJW 2008, 2773; BGH v. 10.3.2009 – VIII ZR 265/08, NJW-RR 2009, 948. Das vermeintliche Postulat der Nichtanalogiefähigkeit von Ausnahmevorschriften entbindet nicht von der Prüfung des Einzelfalls. Im Kontext von Sondergesetzen kann es sich gar als Fehlschluss erweisen.

39 *Anders* in Weitnauer/Boxberger/Anders, § 100 KAGB Rz. 24 Fn. 48.

40 *Zetzsche*, Prinzipien der kollektiven Vermögensanlage, 2015, S. 680.

Abzugrenzen von der Liquidation gem. § 100 Abs. 2 KAGB sind **Vereinbarungen im Vorfeld**, die **die gesetzliche Abwicklung weitgehend ersetzen bzw. vereinfachen**. Denkbar sind Regelungen, die die KVG auf Vertragsbasis zur Veräußerung des Sondervermögens und zur anschließenden Erlösauskehr verpflichten.[41] Die KVG hat dabei den Grundsatz der fairen Anlegerbehandlung (vgl. § 26 Abs. 2 Nr. 6; § 2 Abs. 2 KAVerOV) zu beachten. Ist nach diesem Verfahren das Sondervermögen bereits verteilt, kann ein Übergang auf die Verwahrstelle nicht stattfinden. Maßnahmen wie Umtauschangebote oder Anteilsrückkäufe dienen lediglich dazu, den Streubesitz zu verringern.[42] Die Umsetzung des gesetzlichen Liquidationsauftrags wird dadurch nicht verhindert. 25

Zur Erfüllung des Abwicklungsauftrags bietet es sich an, gewisse **Informations- und Kooperationspflichten zwischen KVG und Verwahrstelle** vertraglich zu regeln. Als Annex zur Verfügungs- und Verwaltungsbefugnis der KVG ist in Bezug auf Sondervermögensgegenstände ein Informationsrecht und eine korrespondierende Informationspflicht beider Parteien als (nach-)vertragliche Pflicht (§ 241 Abs. 2 BGB) gegeben.[43] Diese Rechte/Pflichten entstehen zwar frühestens im Erlöschenszeitpunkt des Verwaltungsrechts, zuvor ergibt sich das gleiche indes unmittelbar aus dem Verwahrstellenvertrag. Die Rechte/Pflichten sind darauf gerichtet, der Verwahrstelle einen vollständigen Überblick über die Vermögenssituation zu verschaffen, soweit sie diesen nicht ohnedies schon wegen ihrer Verwahraufgabe hat. Daher erstreckt sich das Informationsrecht insbesondere auf Angelegenheiten, die **vor dem Befugnisübergang in der alleinigen Zuständigkeit der KVG gestanden** haben. 26

1. Geltung der §§ 92 ff. KAGB

Auch wenn die §§ 92 ff. KAGB nur die KVG als Verpflichtete benennen, hat die Verwahrstelle bei der Abwicklung die **bestehenden Surrogations- und Isolationsvorschriften**, aus denen die Abschirmwirkung zugunsten des Sondervermögens resultiert, **zu beachten**:[44] Ohne die Anwendung der §§ 92 ff. KAGB käme es z.B. im Fall des Treuhandmodells in Bezug auf bei der Verwahrstelle geführte Konten (§ 74 KAGB) zum Erlöschen der Forderungen wegen Konfusion. Dieses unerwünschte Ergebnis vermeidet die fortgesetzte Verwaltung als Sondervermögen gem. §§ 91 ff. KAGB. So haftet z.B. das Sondervermögen nicht für Abwicklungsverbindlichkeiten der Verwahrstelle, § 92 Abs. 2 Satz 1 KAGB. Auch der Verwahrstelle steht nur ein Aufwendungsersatzanspruch gem. § 92 Abs. 3 KAGB zu. In der **Insolvenz der Verwahrstelle** fällt das Sondervermögen nicht in die Insolvenzmasse der Verwahrstelle; die Anleger sind aussonderungsberechtigt gem. § 47 InsO.[45] 27

2. Zwingende Zuständigkeit der Verwahrstelle

Das Gesetz sieht vor, dass die Verwahrstelle den **Abwicklungsauftrag selbst ausführt**. Die Verwahrstelle darf nicht die **gesamte Tätigkeit auf eine andere Verwahrstelle übertragen**.[46] Nach Erlöschen des Verwaltungsrechts besteht für die Verwahrstelle keine Möglichkeit sich dem Abwicklungsauftrag zu entziehen (vgl. Rz. 6).[47] Die Beendigung des gesetzlichen Abwicklungsverhältnisses kann nicht durch einseitige Rechtsgestaltung der Verwahrstelle herbeigeführt werden. Hierfür bietet die Vorschrift keine Anhaltspunkte. Die Übertragung aus wichtigem Grund ist ebenfalls ausgeschlossen.[48] Es besteht ein Gleichlauf mit der nicht 28

41 Bei Publikumssondervermögen werden diese selten vorliegen, vgl. *Anders* in Weitnauer/Boxberger/Anders, § 100 KAGB Rz. 26.

42 *Anders* in Weitnauer/Boxberger/Anders, § 100 KAGB Rz. 27; *Beckmann* in Beckmann/Scholtz/Vollmer, § 100 KAGB Rz. 44.

43 Ausführlich zu dieser Thematik *Anders* in Weitnauer/Boxberger/Anders, § 100 KAGB Rz. 46 ff.; vgl. auch *Kraushaar*, WM 2016, 1378 (1380).

44 Vgl. *Canaris*, Bankvertragsrecht, Rz. 2477; *Gutsche* in Emde/Dornseifer/Dreibus/Hölscher, § 39 InvG Rz. 8; *Lübbehüsen* in Berger/Steck/Lübbehüsen, § 39 InvG Rz. 9; *Klett*, S. 212; *Beckmann* in Beckmann/Scholtz/Vollmer, § 100 KAGB Rz. 22; *Behme* in Moritz/Klebeck/Jesch, § 100 KAGB Rz. 7.

45 Beim Treuhandmodell findet eine analoge Anwendung des § 99 Abs. 3 Satz 2 KAGB statt, vgl. *Behme* in Moritz/Klebeck/Jesch, § 100 KAGB Rz. 11; *A. München* in Baur/Tappen, § 100 KAGB Rz. 5; *Gutsche* in Emde/Dornseifer/Dreibus/Hölscher, § 39 InvG Rz. 9; *Klett*, S. 213. Grund dafür ist die restriktive Rechtsprechung, die einen Aussonderungsanspruch nur bei unmittelbarer Leistung des Treuguts aus dem Vermögen des Treugebers zubilligt, vgl. z.B. RG v. 19.2.1914 – VII 448/13, RGZ 84, 214 (216); RG v. 10.10.1917 – V 159/17, RGZ 91, 12 (14); wohl auch BGH v. 24.6.2003 – IX ZR 75/01, BGHZ 155, 227. Eine analoge Anwendung ablehnend: *Zöll* in Beckmann/Scholtz/Vollmer, § 257 KAGB Rz. 51.

46 So auch *Kraushaar*, WM 2016, 1377 (1383).

47 *Anders* in Weitnauer/Boxberger/Anders, § 100 KAGB Rz. 25; *Kraushaar*, WM 2016, 1377 (1383).

48 Wohl auch *Anders* in Weitnauer/Boxberger/Anders, § 100 KAGB Rz. 25; **a.A.** *Kraushaar*, WM 2016, 1377 (1383).

vorhandenen Wechselmöglichkeit der Anleger (vgl. Rz. 30). Im Übrigen ist die Annahme eines wichtigen Grundes rein theoretischer Natur.

29 Die **Auslagerung einzelner Aufgaben an Dritte** ist unter Beachtung aufsichtsrechtlicher Standards bei offenen Immobilienfonds anerkannt.[49] Grund dafür ist die notwendige, bei Verwahrstellen meist nicht vorhandene Expertise.[50] Diese Wertung lässt sich auf andere Bereiche übertragen.[51] Auch eine Rückauslagerung an die KVG ist bei Dokumentation der Erwägungsgründe denkbar.[52] Die Verwahrstelle hat davor sorgfältig zu prüfen, ob sie die Tätigkeit selbst durchzuführen vermag. Die Letztverantwortlichkeit bleibt in jedem Fall bei der Verwahrstelle.

30 Auch die Anleger können **keinen anderen Liquidator als die Verwahrstelle bestellen.**[53] Dies ergibt sich aus einem Vergleich mit den anderen offenen Investmentvermögen des KAGB. Bei der offenen Investment-KG ist die Bestellung eines anderen Liquidators (§ 147 HGB) ausdrücklich ausgeschlossen (vgl. §§ 129 Abs. 2 Satz 3, 154 Abs. 2 Satz 1 Nr. 2 KAGB).[54] Die entsprechende Vorschrift über die offene Investment-AG (§ 112 Abs. 1 Satz 5 KAGB) sieht ebenfalls keine Austauschmöglichkeit vor. Dies muss daher erst recht für Publikumssondervermögen gelten. Das gesetzliche Abwicklungsverhältnis ist für die Anleger nicht disponibel. Die Verwahrstelle wird aufgrund ihrer umfassenden Kenntnisse über das Sondervermögen regelmäßig das Anlegerinteresse am besten wahrnehmen können.[55]

3. Abwicklung

31 **Leitgedanke der Abwicklung** ist die **Erzielung eines möglichst hohen Liquidationsergebnisses.**[56] Die Verwahrstelle hat dabei ausschließlich im Interesse der Anleger zu handeln (§ 26 Abs. 1 KAGB). Die gewählte Konzeption steht der abgesonderten Befriedigung (§§ 50 ff. InsO) näher als der Aussonderung (§ 47 InsO).[57] Ein Vorrang der Liquidation gegenüber der Übertragung auf eine neue KVG (§ 100 Abs. 3KAGB; dazu Rz. 42 ff.) besteht indes nicht.[58] Die Verwahrstelle hat nach Maßgabe der Anlegerinteressen zu entscheiden, welcher Alternative der Vorzug gebührt.[59]

32 Die **Reichweite und das Verfahren der Abwicklung** sind in § 100 Abs. 2 KAGB nicht näher ausgestaltet. Die BaFin erwartet den Abschluss binnen drei Jahren.[60] Umfasst sind sämtliche Verwaltungsmaßnahmen, die der Förderung des Liquidationszwecks dienen und zur ordnungsgemäßen Abwicklung erforderlich sind (z.B. Anlage von Liquidität).[61] Schematische Betrachtungen verbieten sich. Ein Aus- bzw. Umbau des Portfolios wird indes grundsätzlich nicht notwendig sein.[62] Nicht erforderlich ist die Erfüllung bestimmter, auf den operativen Anlagebetrieb ausgerichteter Verwalterpflichten (z.B. Melde- und Publizitätspflichten).[63] Zur Ausgabe neuer sowie zur Rücknahme bestehender Anteilsscheine ist die Verwahrstelle nicht berech-

---

49 Vgl. BaFin, Auslegungsentscheidung v. 27.11.2012, WA 42-Wp 2136-2012/0039 (zu § 39 Abs. 2 InvG); *Gringel*, ZBB 2012, 106 (116); *Paul*, S. 22 f.; *Nobbe*, Probleme, S. 30 f.

50 *Anders* in Weitnauer/Boxberger/Anders, § 100 KAGB Rz. 41.

51 *Anders* in Weitnauer/Boxberger/Anders, § 100 KAGB Rz. 41, 42; *Kraushaar*, WM 2016, 1377 (1381).

52 BaFin, Auslegungsentscheidung v. 27.11.2012, WA 42-Wp 2136-2012/0039 (zu § 39 Abs. 2 InvG); vgl. auch *Kraushaar*, WM 2016, 1377 (1380 f.); *Gringel*, ZBB 2012, 106 (116); *Paul*, S. 15, 22 f.; *Anders* in Weitnauer/Boxberger/Anders, § 100 KAGB Rz. 43, 45.

53 *Beckmann* in Beckmann/Scholtz/Vollmer, § 100 KAGB Rz. 41, 60.

54 Die Regelung rechtfertigt sich aus dem erhöhten Liquiditätsdruck einer offenen im Vergleich zur geschlossenen Investment-KG, vgl. *Zetzsche*, AG 2013, 613 (628).

55 *Kraushaar*, WM 2016, 1377 (1378).

56 BaFin, Auslegungsentscheidung zu den Vorgaben an die Depotbank bei Abwicklung nach § 39 Abs. 2 InvG v. 27.11.2012, Gz. WA 41-Wp 2137-2012/0099, abrufbar unter www.bafin.de.

57 *Zetzsche*, Prinzipien der kollektiven Vermögensanlage, 2015, S. 845.

58 *Beckmann* in Beckmann/Scholtz/Vollmer, § 100 KAGB Rz. 43; **a.A.** *Gutsche* in Emde/Dornseifer/Dreibus/Hölscher, § 39 InvG Rz. 1 (Vorrang von Abs. 2).

59 *Zetzsche*, Prinzipien der kollektiven Vermögensanlage, 2015, S. 845.

60 BaFin, Auslegungsentscheidung zu den Vorgaben an die Depotbank bei Abwicklung nach § 39 Abs. 2 InvG v. 27.11.2012, Gz. WA 41-Wp 2137-2012/0099, abrufbar unter www.bafin.de.

61 *Anders* in Weitnauer/Boxberger/Anders, § 100 KAGB Rz. 23; *Behme* in Moritz/Klebeck/Jesch, § 100 KAGB Rz. 12; *Beckmann* in Beckmann/Scholtz/Vollmer, § 100 KAGB Rz. 62; *Kraushaar*, WM 2016, 1377 (1378 f.); *Gringel*, ZBB 2012, 106 (115).

62 *Behme* in Moritz/Klebeck/Jesch, § 100 KAGB Rz. 12; *Kraushaar*, WM 2016, 1377 (1378 f.); vgl. *Anders* in Weitnauer/Boxberger/Anders, § 100 KAGB Rz. 23 Fn. 47, der im Einzelfall den Zukauf eines Arrondierungsgrundstücks zur Steigerung der Veräußerbarkeit einer Immobilie für zulässig erachtet.

63 *Kraushaar*, WM 2016, 1377 (1379); *Beckmann* in Beckmann/Scholtz/Vollmer, § 100 KAGB Rz. 64; *Anders* in Weitnauer/Boxberger/Anders, § 100 KAGB Rz. 66 ff.

tigt.[64] Aus diesem Grund ist eine Anteilswertberechnung zugunsten der Anleger[65] nur in bestimmten Abständen statthaft.[66]

33 Details der Abwicklung können in den **Anlagebedingungen** geregelt sein. Ist dies nicht der Fall, stellt sich die Frage nach dispositiv heranzuziehenden Vorschriften. Beim Sondervermögen sind die Vermögensordnung und die vertragliche Binnenordnung streng zu unterscheiden. Die **Vermögensordnung der §§ 92 ff. KAGB** zielt auf eine Abschirmwirkung, die im Ergebnis der von **Aktiengesellschaften** sehr nahe kommt; dies rechtfertigt Anleihen im Kapitalgesellschaftsregime, soweit es die Vermögensordnung betrifft.[67] Die Liquidation ist der Nukleus einer Vermögensordnung. Die **§§ 264 ff. AktG können daher als Abwicklungsregime** zur Ausfüllung der Vorschrift herangezogen werden.[68] Gegen die alternativ vertretene Heranziehung der Vorschriften zur Bruchteils- und Gesamthandsgemeinschaft spricht, dass das Sondervermögen weder Bruchteils- noch Gesamthandsgemeinschaft ist (s. § 92 Rz. 10 ff.).

34 Die Verwahrstelle hat danach die laufenden Geschäfte zu beenden, die Forderungen einzuziehen, das übrige Vermögen in Geld umzusetzen und die Gläubiger zu befriedigen (vgl. **§ 268 Abs. 1 AktG**). Zu letzteren kann auch die KVG gehören, der eventuell noch Aufwendungsersatzansprüche (§ 93 Abs. 3 KAGB) zustehen (vgl. Rz. 14).

35 Das Gesetz enthält **keine Vorschriften zur adäquaten Preisbestimmung**. Die Verwahrstelle wird deshalb regelmäßig gezwungen sein auf externe Bewertungen zurückzugreifen, soweit sie den angemessenen Marktpreis nicht selbst ermitteln kann. Zum **Liquidationszeitraum** enthält die Vorschrift ebenfalls keine näheren Anforderungen. Für offene Immobilienfonds hat die Veräußerung der Vermögensgegenstände entsprechend der Verwaltungspraxis (geordnet anhand der jeweiligen Marktusancen) binnen drei Jahren zu erfolgen.[69] Man wird dann annehmen können, dass dies regelmäßig die Höchstgrenze darstellen wird. Bei illiquiden Gegenständen kann die Verwertungsfrist im Einzelfall auch länger sein. Die Verwahrstelle trifft die Verpflichtung zur Veräußerung zum bestmöglichen, am Markt realisierbaren Verkaufspreis.[70] Die frühestmögliche Veräußerung muss nicht unbedingt der bestmöglichen Verwertungspraxis entsprechen und umgekehrt. Der Verwahrstelle verfügt daher über einen weiten Ermessenspielraum (vgl. Rz. 41).

4. Erlösverteilung

36 Die Verwahrstelle hat den **Liquidationserlös anteilig an die Anleger auszukehren**. Diese haben Anspruch auf den Nettoinventarwert abzgl. der Auflösungskosten, wobei etwaige Rücknahmeabschläge entfallen.[71] Sofern nicht anders in den Anlagebedingungen geregelt, kann eine Sachauskehr *in natura* oder an Erfüllungs statt nur mit Zustimmung der Anleger erfolgen.[72] Die Verwahrstelle kann den Betrag beim zuständigen Amtsgericht hinterlegen.[73] **Vorabausschüttungen** sind bei längeren Abwicklungsverfahren turnusmäßig denkbar, dürfen aber nicht etwaige Liquiditätsreserven aufzehren.[74] Sie haben sich am Grundsatz der fairen Anlegerbehandlung zu orientieren (vgl. § 26 Abs. 2 Nr. 6; § 2 Abs. 2 KAVerOV). Eine Vorabaus-

---

64 *Zetzsche*, Prinzipien der kollektiven Vermögensanlage, 2015, S. 867; *Behme* in Moritz/Klebeck/Jesch, § 100 KAGB Rz. 12, 17; *Anders* in Weitnauer/Boxberger/Anders, § 100 KAGB Rz. 65, 69; *Beckmann* in Beckmann/Scholtz/Vollmer, § 100 KAGB Rz. 23.

65 Eine Veräußerung über den Sekundärmarkt bleibt auch im Abwicklungsstadium möglich.

66 *Anders* in Weitnauer/Boxberger/Anders, § 100 KAGB Rz. 69; *Zöll* in Beckmann/Scholtz/Vollmer, § 257 KAGB Rz. 47, 53 ff.; *Kraushaar*, WM 2016, 1377 (1379).

67 Ausf. *Zetzsche*, Prinzipien der kollektiven Vermögensanlage, 2015, insb. S. 866.

68 *Zetzsche*, Prinzipien der kollektiven Vermögensanlage, 2015, S. 866; *Schmitz* in Berger/Steck/Lübbehüsen, § 39 InvG Rz. 11; *Wendt*, S. 138 f.; *Ebner von Eschenbach*, S. 137 f.; *Baum*, S. 237; *Gläbe*, S. 237; **a.A.** *Klett*, S. 213 (der auf §§ 752 ff. BGB verweist); *Gutsche* in Emde/Dornseifer/Dreibus/Hölscher, § 39 InvG Rz. 10; *Gringel*, ZBB 2012, 106 (114 f.); *A. München* in Baur/Tappen, § 100 KAGB Rz. 6 (§§ 749 ff. BGB); *Reuter*, S. 126; *Reiss*, S. 171; den pauschalen Rückgriff auf ein Abwicklungsregime verneinend *Fürbaß*, S. 145 ff.; *Anders* in Weitnauer/Boxberger/Anders, § 100 KAGB Rz. 30 f.; *Zöll* in Beckmann/Scholtz/Vollmer, § 257 KAGB Rz. 45.

69 BaFin, Auslegungsentscheidung v. 27.11.2012, WA 42-Wp 2136-2012/0039 (zu § 39 Abs. 2 InvG), Abs. 2.

70 BaFin, Auslegungsentscheidung v. 27.11.2012, WA 42-Wp 2136-2012/0039 (zu § 39 Abs. 2 InvG), Abs. 3.

71 *Zetzsche*, Prinzipien der kollektiven Vermögensanlage, 2015, S. 824, 826.

72 *Zetzsche*, Prinzipien der kollektiven Vermögensanlage, 2015, S. 866 f.; *Behme* in Moritz/Klebeck/Jesch, § 100 KAGB Rz. 17; *Anders* in Weitnauer/Boxberger/Anders, § 100 KAGB Rz. 70.

73 *Behme* in Moritz/Klebeck/Jesch, § 100 KAGB Rz. 16; *Gutsche* in Emde/Dornseifer/Dreibus/Hölscher, § 39 InvG Rz. 10; *Schmitz* in Berger/Steck/Lübbehüsen, § 39 InvG Rz. 13.

74 Vgl. *Anders* in Weitnauer/Boxberger/Anders, § 100 KAGB Rz. 70; *Zöll* in Beckmann/Scholtz/Vollmer, § 257 KAGB Rz. 53 ff.; *Kraushaar*, WM 2016, 1378 (1379).

schüttung zum Nachteil der Gläubiger ist unzulässig und führt zur unmittelbaren Eigenhaftung der Verwahrstelle.[75]

5. Vergütung der Verwahrstelle

37 Es stellt sich die Frage, ob die Verwahrstelle **neben Aufwendungsersatzansprüchen** (dazu Rz. 27) auch **eine Vergütung für ihre Abwicklungstätigkeit** geltend machen kann. Unabhängig vom rechtlichen Schicksal des Verwahrungsvertrags (vgl. Rz. 5 f.) bildet dieser keine Anspruchsgrundlage für eine etwaige Vergütung. Der gesetzliche Abwicklungsauftrag ist ein *aliud* zur bisherigen Verwahrungstätigkeit und mit dieser nicht abgegolten. Im Übrigen ist eine im Verwahrstellenvertrag geregelte Vergütung im Vergleich zur gewachsenen Stellung der Verwahrstelle als zu gering anzusehen.[76]

38 In Ermangelung einer gesetzlichen Regelung bietet sich eine **entsprechende Anwendung des § 265 Abs. 4 Satz 1 AktG** an.[77] Zur grds. Anwendbarkeit aktienrechtlicher Vorschriften im Rahmen der Liquidation vgl. Rz. 33. Die Annahme, die Abwicklungstätigkeit sei unentgeltlich, gleichsam als Nebenpflicht zur Verwahrung geschuldet ist – vorsichtig formuliert – nicht sachgerecht.[78] Die Verwahrstelle übernimmt faktisch über einen nicht näher vorgezeichneten Zeitraum weitgehend die Verwaltungstätigkeit der KVG. Keine Verwahrstelle ließe sich aus wirtschaftlicher Sicht für eine Abwicklungstätigkeit begeistern. Die Höhe der Vergütung hat jedoch auch zu berücksichtigen, dass gewisse operative Tätigkeiten mit Eintritt des Liquidationsstadiums wegfallen (z.B. Vertriebstätigkeiten).[79] Man wird daher nur im Einzelfall die Vergütung der KVG ansetzen können.[80] Im Streitfall (s. zur vertraglichen Regelung aber nächste Rz. 39) ist die Vergütungshöhe **gerichtlich festzusetzen** (§ 265 Abs. 4 Satz 2 AktG analog), zuständig ist das für die Verwahrstelle zuständige Gericht. Die Verwahrstelle hat die so festgesetzte Vergütung dem Sondervermögen selbst zu entnehmen. Da sie zugleich Verwahrstelle ist, bestehen zugleich die **Kontrollpflichten** fort; dies ist durch eine Verwahrstellen-interne Organisation abzubilden, die zwischen Abwicklung und Verwahrauftrag trennt.

39 Die Anlagebedingungen (§ 162 KAGB) oder der Verwahrstellenvertrag enthalten regelmäßig eine **sog. Vergütungsklausel** für das Abwicklungsstadium. Es bedarf dann keines Rückgriffs auf § 265 Abs. 4 Satz 1 AktG. Verbreitet ist die Fortschreibung der Höhe der Vergütung der KVG[81] (dazu schon Rz. 38) oder eine Grundgebühr zzgl. aufwandsbezogene Zusatzgebühr. Anspruchsgrundlage ist der Investmentvertrag als echter dreiseitiger Vertrag (vgl. § 91 Rz. 23). Da diese Regelung erst im Abwicklungsstadium Wirkung entfaltet und speziell dafür geschrieben wurde, erlischt sie – unabhängig von der dogmatischen Erklärung des Übergangs der Verwaltungs- und Verfügungsbefugnis auf die Verwahrstelle (dazu Rz. 49 f.) – nicht mit Beendigung der Verwaltungstätigkeit der KVG.[82]

6. Haftung der Verwahrstelle

40 Die Verwahrstelle haftet für **Pflichtverletzungen im Rahmen ihrer Abwicklungstätigkeit**. Die Haftung folgt, soweit es die **Abwicklerpflichten** betrifft, aus § 268 Abs. 2 Satz 1 i.V.m. § 93 Abs. 2 Satz 1 AktG an.[83] Zur grds. Anwendbarkeit aktienrechtlicher Vorschriften im Rahmen der Liquidation vgl. Rz. 33. Dabei kann der Inhalt der Abwicklerpflichten und -vergütung durch die Anlagebedingungen und den Verwahrstellenvertrag modifiziert sein (s. zur Vergütungsklausel Rz. 39). Anspruchsberechtigt sind die Anleger *pro socio* für die Anlegergemeinschaft. Daneben kommt wegen des dem Kern nach fortbestehenden, aber in Bezug auf die pflichtige Person modifizierten Investmentvertrags (dazu Rz. 49 f.) auch ein Rückgriff auf § 280 Abs. 1 BGB in Betracht.

---

75 Vgl. *Kraushaar*, WM 2016, 1378 (1379); *Zöll* in Beckmann/Scholtz/Vollmer, § 257 KAGB Rz. 54.

76 Vgl. *Anders* in Weitnauer/Boxberger/Anders, § 100 KAGB Rz. 75.

77 Wie hier *Zöll* in Beckmann/Scholtz/Vollmer, § 257 KAGB Rz. 41.

78 *Zöll* in Beckmann/Scholtz/Vollmer, § 257 KAGB Rz. 41 („lebensfremd").

79 *Kraushaar*, WM 2016, 1378 (1382).

80 *Kraushaar*, WM 2016, 1378 (1382); *Anders* in Weitnauer/Boxberger/Anders, § 100 KAGB Rz. 75; **a.A.** *Zöll* in Beckmann/Scholtz/Vollmer, § 257 KAGB Rz. 41.

81 Vgl. die entsprechende Klausel in den jeweiligen Muster-Anlagebedingungen des BVI; dazu auch *Anders* in Weitnauer/Boxberger/Anders, § 100 KAGB Rz. 78; *Kraushaar*, WM 2016, 1378 (1382).

82 Vgl. *Kraushaar*, WM 2016, 1378 (1382), der allerdings § 328 BGB bemüht.

83 Bei Fehlen einer Vergütungsklausel wie hier, aber differenzierend *Zöll* in Beckmann/Scholtz/Vollmer, § 257 KAGB Rz. 42; **a.A.** *Kraushaar*, WM 2016, 1378 (1381); *Anders* in Weitnauer/Boxberger/Anders, § 100 Rz. 82; *Gringel*, ZBB 2012, 106 (115); *Canaris*, Bankvertragsrecht, Rz. 2464; *Ohl*, S. 97; *Nobbe*, Probleme, S. 40; *Hövekamp/Hugger* in FS Hopt, 2010, S. 2015, 2017 (§ 280 Abs. 1 BGB i.V.m. dem gesetzlichen Schuldverhältnis zwischen Verwahrstelle und Anlegern).

Schwieriger als der **Haftungsgrund** ist der **-maßstab** zu bestimmen. Die Verwahrstelle hat grds. die Sorgfalt eines ordentlichen und gewissenhaften Liquidators walten zu lassen. Diese uferlose Formel zu konkretisieren ist insb. im Hinblick auf die Verwertungstätigkeit[84] – ohne gesetzliche Anhaltspunkte – kaum möglich.[85] Es kommt auf die Einzelfallsituation an. Geht man zusätzlich von der Anwendbarkeit der *business judgement rule* (§ 93 Abs. 1 Satz 2 AktG) aus,[86] könnte sich eine weitgehende Haftungsfreizeichnung ergeben. Jedoch ist deren Anwendungsbereich im Abwicklungsstadium reduziert, weil ein Abwickler keine auf Fortsetzung der Anlagetätigkeit ausgerichtete *unternehmerische* Betätigung auszuüben hat. 41

IV. Ausnahme: Übertragung des Verwaltungsrechts auf neue KVG (§ 100 Abs. 3 KAGB)

1. Grundlagen

Die Verwahrstelle kann als Alternative zur Liquidation gem. § 100 Abs. 2 KAGB (vgl. Rz. 31) **mit Genehmigung der BaFin einer anderen KVG die Verwaltung des Sondervermögens übertragen**. Die Übertragung hat durch Vertrag zwischen Verwahrstelle und KVG zu erfolgen.[87] Eine Aufspaltung des Verwaltungsrechts auf mehrere KVG ist genauso unzulässig wie eine Teilübertragung.[88] Neben der Liquidation und der Übertragung gibt es keine dritte Alternative. Insbesondere darf die Verwahrstelle die **Verwaltung des Sondervermögens nicht dauerhaft selbst vornehmen.**[89] 42

Verwahrungs- und Verwaltungsverhältnis fallen nur für eine Übergangszeit zusammen. Weil dies mangels gegenseitiger Kontrolle unerwünscht ist, muss der Verwahrer gem. § 100 KAGB **baldmöglichst** den Fonds abwickeln oder im Namen der Anleger **einen neuen Verwalter beauftragen**. Die Auswahl eines neuen Verwalters unterliegt **gesteigerten Sorgfaltspflichten**. 43

Abweichend von § 100b Abs. 2 KAGB ist keine Bekanntmachung im Bundesanzeiger oder auf andere Art vorgeschrieben. Aus dem Treuhandverhältnis zwischen Verwahrstelle und Anleger können im Einzelfall **Informationspflichten der Verwahrstelle** gegenüber den Anlegern entstehen.[90] Dies hat der BGH für den Fall der Änderung wesentlicher Pflichten eines Verwahrungstreuhänders zutreffend entschieden, zu denen auch die Beendigung der Pflicht zählen kann. Die Informationspflicht entsteht dann aus der Einbindung des Verwahrers in ein Sicherungssystem zugunsten der Anleger. Im Hinblick auf die Rechtsprechung ist es geboten, die Anleger durch **Bekanntmachung analog § 100b Abs. 2 KAGB** zu informieren; der analogen Anwendung ist Rechnung getragen, wenn **die Informationspflicht von der übernehmenden KVG** für die Verwahrstelle erfüllt wird. 44

2. Genehmigungspflicht bei Publikumsfonds (§ 100 Abs. 3 Satz 1 bis 3 KAGB)

Das KAGB differenziert beim Übergang des Verwaltungsrechts nach der Anlegerqualifikation. Bei Publikumsfonds wirken zwar die Anleger nicht mit – § 415 BGB ist abbedungen –, es muss jedoch der **Übergang des Verwaltungsrechts auf die neue KVG von der BaFin genehmigt werden**. 45

Die **Genehmigung der BaFin substituiert** die nach dem Vertragsmodell erforderliche **Zustimmung der Privatanleger.**[91] Unkundige und untätige Privatanleger sind nach Auffassung des Gesetzgebers überfordert, die Entscheidung zwischen Liquidation und Bestellung eines neuen Verwalters zu treffen. Zudem wäre bei der Vielzahl passiver Anleger in Publikumsfonds die Zustimmung selten zu erlangen. Die BaFin-Genehmigung statt Anleger-Zustimmung **schützt vor unsinnigen Liquidationen**. Konsequent ist die Genehmigung zu erteilen, wenn die Anleger bei Liquidation schlechter stehen als bei Fortsetzung mit einem anderen Ver- 46

---

84 Für die Auslagerung an Dritte kann auf die bestehenden aufsichtsrechtlichen Standards zurückgegriffen werden, vgl. *Anders* in Weitnauer/Boxberger/Anders, § 100 KAGB Rz. 85. Auch wird eine Haftung bei Versäumung der Anzeigefristen gem. § 100a KAGB zu bejahen sein, vgl. § 100a KAGB Rz. 11, 15.

85 Vgl. *Kraushaar*, WM 2016, 1378 (1381); *Anders* in Weitnauer/Boxberger/Anders, § 100 KAGB Rz. 85.

86 Vgl. zur KVG *Engert* in FS Köndgen, 2016, S. 167; *Zetzsche*, Prinzipien der kollektiven Vermögensanlage, 2015, S. 671.

87 *Beckmann* in Beckmann/Scholtz/Vollmer, § 100 KAGB Rz. 85 m.w.N.

88 *Beckmann* in Beckmann/Scholtz/Vollmer, § 100 KAGB Rz. 81.

89 *Klett*, S. 213.

90 BGH v. 13.5.2004 – III ZR 368/03, NJW-RR 2004, 1356 Rz. 25. In casu war der Treuhänder-Rechtsanwalt zunächst zur Weiterleitung der Gelder vom Anleger zum Broker und vom Broker zurück zum Anleger verpflichtet, nach der Änderung dagegen nur noch zur Weiterleitung zum Broker, die Rückleitung sollte über den treuwidrig handelnden Verwalter erfolgen.

91 *Zetzsche*, Prinzipien der kollektiven Vermögensanlage, 2015, S. 836.

walter. Dies ist gegeben, wenn infolge der Auflösung Bewertungsverluste zu erwarten sind. Eine Anpassung überbewerteter Vermögensgegenstände berechtigt dagegen nicht zur Fortsetzung.[92]

3. Anzeigepflicht bei Spezialfonds (§ 100 Abs. 3 Satz 4 und 5 KAGB)

47 Für Spezialfonds ist die Genehmigung der BaFin entbehrlich, gem. § 100 Abs. 3 Satz 4 und 5 KAGB genügt eine **Anzeige**. Anzeige meint die Erklärung, dass ein Vorgang stattfindet, unter Nennung der Beteiligten und Sondervermögen, ohne nähere Dokumentationen und Unterlagen. Die BaFin hat der übernehmenden KVG das **Datum des Anzeigeeingangs zu bestätigen**, so dass Rechtssicherheit besteht, zu welchem Zeitpunkt das Verwaltungsrecht der übernehmenden KVG entstanden ist.[93] Die Beschränkung auf eine Anzeigepflicht reduziert die Kosten und erhöht die Flexibilität im Umgang mit Spezial-AIF, steht einer näheren Untersuchung und Befassung durch die BaFin aber nicht entgegen. Die BaFin kann jederzeit weitere Informationen anfordern und im Rahmen der Missstandsaufsicht jederzeit in eine Sachprüfung eintreten.

48 Die Vorschrift des § 100 Abs. 3 Satz 4 KAGB lässt **nur die Genehmigungspflicht entfallen**, regelt aber nicht eindeutig, ob die Vorschrift des § 415 BGB für Spezialfonds wieder anwendbar wird. Diese Frage ist zu bejahen: Spezialfonds sind i.d.R. von einer kleinen Zahl kundiger (semi-)professioneller Anleger geprägt. Eine Zustimmung ist möglich und schützt die Anleger vor unangemessenen Maßnahmen, da diese ja keinen Schutz durch ein Genehmigungsverfahren erhalten (Rechtsgedanke des § 281 Abs. 1 Satz 2 Nr. 2 KAGB). Kommt es nicht zur **Zustimmung aller** (semi-)professionellen **Anleger**, ist – weil das Sondervermögen als solches unteilbar ist, aber viele einzelne Investmentverträge betroffen sind – das Anlageverhältnis mit den Anlegern wie bisher (also durch die Verwahrstelle) einstweilen fortzusetzen und, falls andere Optionen ebenfalls scheitern, das Sondervermögen letztlich zu liquidieren.

4. Übergang auf die KVG

49 Aus § 100 Abs. 3 Satz 5 KAGB folgt, dass das Gesetz an den **behördlichen Akt (Genehmigung resp. Zugang der Anzeige) zivilrechtliche Wirkungen** knüpft. Gemäß dem Wortlaut von Abs. 3 Satz 1 tritt die übernehmende KVG in das Verwaltungsrecht der Verwahrstelle ein, wie sie es vorfindet. Zugleich bestehen oder entstehen (dazu sogleich) Ansprüche der Anleger aus dem Investmentvertrag gegen die KVG, i.e. sie hat die danach geschuldete Leistung zu erbringen und kann die in den Anlagebedingungen festgesetzte Vergütung fordern.

a) Vertragsübernahme

50 Dieses wundersame Ergebnis ist **dogmatisch kaum stimmig zu erklären**. Nach einer Ansicht soll die **Verwahrstelle als Vertreterin** im Namen der Anleger neue Investmentverträge mit der übernehmenden KVG abschließen.[94] Dagegen spricht, dass die Verwahrstelle in diesem Fall jedenfalls eine Resthandlungsbefugnis – die Vertretungsmacht in Bezug auf die Anleger – aus dem ursprünglichen Investmentvertrag behalten haben muss, das Gesetz der Verwahrstelle aber nur eine Verwaltungs- und Verfügungsmacht in Bezug auf die Gegenstände im Sondervermögen zuweist. Eine Vertretungsmacht in Bezug auf die Anleger steht selbst der operativ tätigen KVG nicht zu; vgl. § 93 Rz. 14. Gegen die ebenfalls vertretene **Novation**[95] (Schaffung eines neuen, das alte ersetzende Schuldverhältnis) spricht einerseits, dass die Anleger nicht beteiligt sind, was sie nach vertragsrechtlichen Wertungen sein müssten, andererseits, dass vertragliche Ansprüche der KVG auf Aufwendungsersatz aus der Zeit vor dem Übergang der Verwaltungs- und Verfügungsbefugnis auch noch nach dem Rechtsübergang aus dem Sondervermögen zu erfüllen sind (Rz. 14); von einem Erlöschen des Vertrags ist daher nicht auszugehen.

51 Stattdessen handelt es sich um eine durch **investmentspezifische Bedürfnisse modifizierte Form der Vertragsübernahme**.[96] Dafür spricht § 100 Abs. 3 Satz 3 KAGB, wonach die Anwendung des § 415 BGB ausgeschlossen ist; einer solchen Regelung bedarf es nur, wenn ohne die Regelung § 415 BGB anzuwenden ist. Dagegen spricht zwar, dass die übernehmende KVG nicht mit der den Vertrag begründenden KVG kontrahiert. Die Rechtsfolge der Vertragsübernahme ließe sich aber damit erklären, dass das Vertragsverhältnis – in rudimentärer Form – gem. § 100 Abs. 1 KAGB zunächst auf die Verwahrstelle übergeht, mit der dann die übernehmende KVG kontrahiert. Weiteres Gegenargument ist die Kündigungswirkung der Erklärungen

92 *Zetzsche*, Prinzipien der kollektiven Vermögensanlage, 2015, S. 827.
93 Reg.Begr. (OGAW-V-UmsG) v. 18.11.2015, BT-Drucks. 18/6744, S. 56.
94 Dafür *Müller*, S. 132; *Reiss*, S. 174; *Klett*, S. 214.
95 Dafür *Lammel/Feller* in Bauer/Tappen, § 98 KAGB Rz. 5; *Schmitz* in Berger/Steck/Lübbehüsen, § 37 InvG Rz. 6.
96 Tendenziell Reg.Begr. (3. FinzFördG) v. 6.11.1997, BT-Drucks. 13/8933, S. 113; *Behme* in Moritz/Klebeck/Jesch, § 100 KAGB Rz. 19.

nach § 99 Abs. 1 bis 4 KAGB (dazu § 99 Rz. 4, 14 f.), wonach ebenjene Investmentverträge erloschen sein sollen. Die Kündigungserklärungen lassen sich stimmig einordnen, wenn man die Kündigungen in § 99 Abs. 1 und 4 KAGB als **Änderungskündigung** versteht, gerichtet darauf, dass die **Person des Verwaltungspflichtigen** gemäß den gesetzlichen Bestimmungen und den Anlagebedingungen auszutauschen ist. Bei einer solchen Deutung ist **der ursprüngliche Investmentvertrag niemals** (auch nicht durch Kündigung der KVG oder den Eintritt in das Abwicklungsstadium) **in Gänze erloschen**, so dass das Vertragsverhältnis auf den neuen Verwalter übertragen werden kann. Dem steht nicht entgegen, dass die Verwahrstelle nicht für Ansprüche der Anleger gegen die KVG einsteht, die bis zur Wirksamkeit des Übergangs begründet wurden (Rz. 14). Die Regelung ist kein Ausschluss jeglichen Übergangs vertraglicher Rechte und Pflichten, sondern als **zeitliche Abgrenzung der Verantwortungsbereiche** zu verstehen und als investmentspezifische Regelung zu erklären: Sie bestellt in einer schwierigen Situation eine kundige Person für die hochkomplexe und haftungsintensive Abwicklung eines Sondervermögens, muss dafür aber die kundige Person (Verwahrstelle) von historischen Belastungen freistellen, um das Verwahrstellengeschäft als solches nicht durch Belastungen am Ende mit für die Verwahrstelle untragbaren Risiken zu belasten.

b) Gesamtübertragung ipso iure

Beim Treuhandmodell stellt sich sodann die Frage, ob die Vermögensgegenstände von der Verwahrstelle einzeln zu übertragen sind. Im Schrifttum wird dazu die **Theorie von der Einzelübertragung**[97] vertreten, wonach der Übertragungsakt für jeden Vermögensgegenstand und nach den für ihn geltenden Vorschriften erfüllt sein muss. Liegt z.B. ein Vermögensgegenstand (z.B. Immobilie) im Ausland, muss der ausländische Notar bemüht werden etc., bis sämtliche Vermögensgegenstände übertragen sind. Dies ist eine im Ergebnis sehr umständliche, aus Sicht der Anleger gefährliche und nach der Systematik nicht erforderliche Rechtsansicht. Sie stützt sich darauf, dass nach § 100 Abs. 3 KAGB nur „die Verwaltung des Sondervermögens" übergeht, während nach § 100 Abs. 1 KAGB dezidiert unterschieden werde. 52

Näher liegt es, von einer **Gesamtübertragung *ipso iure*** auszugehen.[98] Dagegen spricht nicht, dass die Gesamtrechtsnachfolge für § 100 Abs. 1 KAGB abgelehnt wurde (Rz. 10). Denn hier wie dort geht es um einer **Sonderrechtsnachfolge sui generis**. Hauptargument dafür ist einerseits die **Unteilbarkeit des Sondervermögens** vor Abwicklung, die in den §§ 92 ff. KAGB zum Ausdruck kommt, und andererseits die **Unteilbarkeit der Verwalterstellung**. Würde sich die Verwahrstelle nur des Verwaltungsrechts begeben (haben) und den Rest der Befugnisse, insbesondere das Eigentum an einzelnen Vermögensgegenständen behalten (haben), bis ein Übertragungsakt erfüllt ist, könnte sie sodann die Vermögensgegenstände nicht mehr auf die übernehmende KVG übertragen, weil ihr an den verbleibenden Gegenständen kein Verwaltungsrecht mehr zusteht. 53

Der Hinweis auf die „Verwaltung des Sondervermögens" ist **Kurzform für die Übertragung des Bündels an Rechten, welche für die Verwaltung des Sondervermögens** erforderlich ist. Mit der gleichen Betrachtung überwindet man auch beim Miteigentumsmodell den Einwand, dass dort das Verfügungsrecht fehlt, welches in § 100 Abs. 1 Nr. 2 KAGB explizit aufgeführt ist. Nicht zuletzt spricht für diese Auslegung der Anleger- und Gläubigerschutz, auf den die §§ 92 ff. KAGB ausgerichtet sind. Nach der Theorie von der Einzelrechtsübertragung würde den Gläubigern Haftungs- und den Anlegern Vermögenssubstrat entzogen, ohne dass sie selbst etwas dagegen tun können: Die Gläubiger sind machtlos aufgrund der Abschirmwirkung und Anleger mangels Verwaltungsrecht in Bezug auf einzelne Anlagegegenstände (vgl. nur §§ 93 Abs. 4, 99 Abs. 5 KAGB). 54

§ 100a Grunderwerbsteuer bei Übergang eines Immobilien-Sondervermögens

[1]Erwerbsvorgänge im Sinne des § 1 des Grunderwerbsteuergesetzes, die sich aus dem Übergang eines Immobilien-Sondervermögens auf die Verwahrstelie gemäß § 100 Absatz 1 Nummer 1 ergeben, sind von der Grunderwerbsteuer befreit, wenn sie fristgerecht und vollständig im Sinne der §§ 18 bis 20 des Grunderwerbsteuergesetzes angezeigt werden. [2]Für Erwerbsvorgänge im Sinne des Sat-

97 So z.B. *Canaris*, Bankvertragsrecht, Rz. 2480; *Gutsche* in Emde/Dornseifer/Dreibus/Hölscher, § 39 InvG Rz. 16; *Beckmann* in Beckmann/Scholtz/Vollmer, § 100 KAGB Rz. 83 ff.; *Klett*, S. 215.

98 I.E. ebenso *Behme* in Moritz/Klebeck/Jesch, § 100 KAGB Rz. 22; *Schmitz* in Berger/Steck/Lübbehüsen, § 39 InvG Rz. 16.

zes 1 findet die Vorschrift des § 17 Absatz 3 des Grunderwerbsteuergesetzes entsprechende Anwendung. [3]Satz 1 gilt nur, wenn der Übergang des Immobilien-Sondervermögens auf die Verwahrstelle gemäß § 100 Absatz 1 Nummer 1 erfolgt, weil das Recht der AIF-Kapitalverwaltungsgesellschaft, das Immobilien-Sondervermögen zu verwalten,

1. gemäß § 99 Absatz 1 aufgrund der Kündigung des Verwaltungsrechts während einer Aussetzung der Rücknahme gemäß § 257 oder

2. gemäß § 257 Absatz 4

erloschen ist, und das Immobilien-Sondervermögen gemäß § 100 Absatz 2 abgewickelt und an die Anleger verteilt wird.

[4]Die Befreiung von der Grunderwerbsteuer entfällt rückwirkend für die Grundstücke bzw. die Anteile an Immobilien-Gesellschaften oder Beteiligungen am Gesellschaftsvermögen von Immobilien-Gesellschaften, die von der Verwahrstelle nicht innerhalb von drei Jahren durch einen der Grunderwerbsteuer unterliegenden Erwerbsvorgang veräußert oder übertragen werden. [5]Die Verwahrstelle hat innerhalb von zwei Wochen nach Ablauf der Frist nach Satz 4 den Verbleib aller inländischen erhaltenen Grundstücke sowie der Anteile an Immobilien-Gesellschaften oder Beteiligungen am Gesellschaftsvermögen von Immobilien-Gesellschaften dem zuständigen Finanzamt nachzuweisen. [6]Wird die Nachweispflicht nach Satz 5 nicht erfüllt, entfällt die Befreiung rückwirkend.

In der Fassung vom 21.12.2015 (BGBl. I 2015, S. 2531).

Schrifttum: S. bei § 91 und § 99.

I. Zweck, Entwicklung

1 Die Vorschrift geht zurück auf das **Gesetz zum automatischen Austausch von Informationen über Finanzkonten in Steuersachen** und zur Änderung weiterer Gesetze.[1] Sie bewirkt die **Abschaffung der doppelten Grunderwerbsteuerpflicht** bei der Abwicklung offener Immobilienfonds, die sich in einer nachhaltigen Liquiditätskrise nach § 257 KAGB befunden haben, für inländische Grundstücke.[2] Der Gesetzgeber nimmt an, weil es schon zu einer Wertminderung der Anteile gekommen sei, solle nicht auch noch Grunderwerbssteuer anfallen.[3] Jedoch ist die Ausnahme an zahlreiche Restriktionen geknüpft, die nicht zuletzt verfassungsrechtliche Bedenken rechtfertigen (Rz. 13).

2 Die Norm ist in §§ 99 ff. KAGB **systematisch ein Fremdkörper**. Als materielles Grunderwerbsteuerrecht gehört sie in ein Steuergesetz[4] oder als Spezialnorm für offene Immobilienfonds zu § 257 KAGB.

3 Grunderwerbsteuer fällt grds. bei jedem Wechsel eines inländische Immobilien haltenden Rechtsträgers an. Bei der Abwicklung eines Sondervermögens nach §§ 99, 100 KAGB gibt es zwei Wechsel (vgl. für Immobilien resp. Immobilien-Gesellschaft §§ 1 Abs. 1 Nr. 3 Satz 1, 1 Abs. 2a bis 3a Nr. 3 Satz 1 GrEStG). Zunächst geht das Grundstück **kraft Gesetzes** von der KVG auf die Verwahrstelle über (§ 100 Abs. 1 Nr. 1 KAGB) und sodann von der Verwahrstelle im Rahmen der auf Abwicklung ausgerichteten **Rechtgeschäfte** auf den Erwerber des Grundstücks. Infolgedessen mindert sich das unter den Anlegern zu verteilende Vermögen, zumal die Grunderwerbsteuer in vielen Bundesländern bis zu 6,5 % ausmachen kann.[5] In der Rechtsfolge mussten die Fondsanleger eine Entwertung ihres Vermögens um bis zu 6,5 % durch Grunderwerbsteuer befürchten (die Steuer des rechtsgeschäftlichen Erwerbers hat dieser zu entrichten). Dies schwächt die Ver-

---

1 Gesetz v. 21.12.2015, BGBl. I 2015, S. 2531.

2 Beschlussempfehlung und Bericht des Finanzausschusses (FKAustG) v. 11.11.2015, BT-Drucks. 18/6667, S. 24.

3 Beschlussempfehlung und Bericht des Finanzausschusses (FKAustG) v. 11.11.2015, BT-Drucks. 18/6667, S. 24.

4 *Anders* in Weitnauer/Boxberger/Anders, § 100a KAGB Rz. 5; *Geurts/Schubert* in Moritz/Klebeck/Jesch, § 100a KAGB Rz. 1 sehen durch diese Gestaltung verfassungsrechtliche (Art. 3 I GG) sowie EU-beihilferechtliche (Art. 107 AEUV) Probleme.

5 Nach Art. 105 Abs. 2a Satz 2 GG haben die Länder die Befugnis zur Bestimmung des Steuersatzes bei der Grunderwerbsteuer. Den höchsten Steuersatz im Bundesgebiet (6,5 %) erheben derzeit Brandenburg (Gesetz v. 24.6.2015, GVBl. I 15 Nr. 16, S. 1), NRW (Gesetz v. 18.12.2014, GV NRW 14, S. 929), Schleswig-Holstein (Gesetz v. 13.12.2013, GVBl. 13, 494) sowie das Saarland (Gesetz v. 3.12.2014, ABl. I 14, 447).

mögensposition der Anleger und hat zu allerlei Umgehungsgestaltungen Anlass gegeben. **§ 100a KAGB stellt** den **Erwerb der Verwahrstelle kraft Gesetzes** unter gewissen Bedingungen **von der Grunderwerbsteuerpflicht frei**. Der rechtsgeschäftliche Erwerb des Dritten im Rahmen der Abwicklung bleibt steuerpflichtig bei diesem.

Die Befreiung von der Grunderwerbssteuerpflicht ist auf **inländische Sondervermögen** beschränkt (zur vermutlichen Europarechtswidrigkeit Rz. 14) und an **vier investmentrechtliche Bedingungen sowie einige steuerverfahrensrechtliche Bedingungen** geknüpft. Zu Übergangsfragen vgl. § 357 KAGB. 4

II. Investmentrechtliche Bedingungen

Aus investmentrechtlicher Sicht muss es sich – erstens – ursprünglich um eine **inländische Immobilie** bzw. einen Anteil an einer Grundstücksbeteiligungsgesellschaft handelt, die einem **offenen Immobilien-Sondervermögen** zugeordnet ist. Soweit diese Immobilien direkt halten, sind dies ausschließlich **Sondervermögen** (vgl. § 91 Abs. 3 KAGB) **nach dem Treuhandmodell** (§ 245 KAGB). Eine entsprechende Geltung für Investment-AG und -KG ist nicht vorgesehen, was sich als Konsequenz des § 91 Abs. 3 KAGB versteht (dazu § 91 Rz. 18). Für ausländische Immobilien kann weiterhin Grunderwerbssteuer nach dortigem Recht anfallen.[6] 5

Zweitens muss es um den **Erwerb** der Grundstücke bzw. Immobilienbeteiligungen **durch die Verwahrstelle kraft Gesetzes** gem. § 100 Abs. 1 Nr. 1 KAGB gehen, weil das Recht der AIF-KVG, das Immobilien-Sondervermögen zu verwalten, entweder gem. § 99 Abs. 1 KAGB aufgrund der **Kündigung des Verwaltungsrechts** durch die KVG (dazu § 99 Rz. 4) während einer Aussetzung der Rücknahme gem. § 257 KAGB oder **gem. § 257 Abs. 4 KAGB** wegen nachhaltiger Illiquidität des Sondervermögens (§ 257 Rz. 19 f.) erloschen ist. Durch die ausschließliche Anknüpfung an § 257 KAGB steht die Steuerbefreiung zur Verfügung, wenn die Rücknahme der Anteile am Sondervermögen ausgesetzt war, weil zu viele Anleger Anteile am Sondervermögen zurückgeben wollten. Ausgeschlossen ist die Steuerbefreiung, wenn die KVG freiwillig gekündigt hat (§ 99 Abs. 1 KAGB ohne Bezug zu § 257 KAGB), die KVG die Verwaltung des Sondervermögens (§ 100b Abs. 1 KAGB) und wenn die Verwahrstelle das Sondervermögen gem. § 100 Abs. 3 KAGB überträgt.[7] Durch die fortbestehende erhebliche Kostenbelastung mit Grunderwerbssteuer wird eine solche Übertragung heute nur äußerst selten im besten Anlegerinteresse (§ 26 Abs. 1 KAGB) liegen. Des Weiteren ist auch der Fall nicht grunderwerbssteuerprivilegiert, dass die KVG während einer Situation nach § 257 KAGB das Verwaltungsrecht nach § 99 Abs. 3 und 4 KAGB verliert (Insolvenz, Auflösung, allgemeines Verfügungsverbot etc.). 6

Drittens muss es sich nach § 100a Satz 4 KAGB um Grundstücke bzw. Anteile an Grundstücksbeteiligungsgesellschaften handeln, die **binnen drei Jahren nach dem Übergang des Verwaltungsrechts auf die Verwahrstelle** (zum Zeitpunkt vgl. § 100 Rz. 32) **grunderwerbssteuerpflichtig weiter veräußert bzw. übertragen** worden sind (arg. § 100a Satz 4 KAGB). Dabei trägt die doppelte Verneinung nicht zur Klarheit bei. Die 3-Jahres-Frist soll die Gewährung der Grunderwerbsteuerbefreiung für die Verwaltung zeitlich überschaubar halten.[8] Tatsächlich scheint man die Verwaltungspraxis der BaFin steuerrechtlich verstärken zu wollen, wonach alle Vermögensgegenstände binnen drei Jahren zu veräußern sind.[9] 7

Viertens muss die Weiterveräußerung durch die Verwahrstelle **Teil der Abwicklung und Erlösverteilung** durch die Verwahrstelle gem. § 100 Abs. 2 Satz 1 KAGB gewesen sein. Die Übertragung des Sondervermögens als Ganzes auf eine andere KVG nach § 100 Abs. 3 KAGB ist nicht privilegiert,[10] wohl aber die Übertragung einzelner Gegenstände als Teil derselben. Für die Abwicklung und Erlösverteilung besteht keine Frist, diese kann auch sehr lange nach der Grundstücksveräußerung liegen, insbesondere, wenn einzelne Grundstücke (sog. Restposten) erst einmal im Sondervermögen verbleiben.[11] Lediglich das Grundstücksgeschäft muss dem Zweck der Abwicklung dienen. 8

---

6 *Anders* in Weitnauer/Boxberger/Anders, § 100a KAGB Rz. 4.

7 Beschlussempfehlung und Bericht des Finanzausschusses (FKAustG) v. 11.11.2015, BT-Drucks. 18/6667, S. 23.

8 Beschlussempfehlung und Bericht des Finanzausschusses (FKAustG) v. 11.11.2015, BT-Drucks. 18/6667, S. 24.

9 BaFin, Auslegungsentscheidung v. 27.11.2012, WA 42-Wp 2136-2012/0039 (zu § 39 Abs. 2 InvG), Abs. 2.

10 *Geurts/Schubert* in Moritz/Klebeck/Jesch, § 100a KAGB Rz. 10; *Anders* in Weitnauer/Boxberger/Anders, § 100a KAGB Rz. 9; *Fürbaß*, S. 222.

11 Wohl auch *Anders* in Weitnauer/Boxberger/Anders, § 100a KAGB Rz. 12.

III. Steuerverfahrensrechtliche Bedingungen

9 Erstens muss der **Erwerb durch die Verwahrstelle fristgerecht und vollständig** gem. den umfangreichen Informationspflichten in §§ 18 bis 20 GrEStG **angezeigt** worden sein (§ 100a Satz 1 und 2 KAGB). Wem die Pflicht obliegt, sagt § 100a KAGB nicht, es kann aber nur die Verwahrstelle sein, weil die KVG nicht mehr verwaltungsberechtigt ist. Nach der Regierungsbegründung ist der Anzeige eine Liste der inländischen Grundstücke und Anteile an Immobilien-Gesellschaften, die in das Eigentum der Verwahrstelle übergegangen sind, beizufügen.[12] Grundstücksverkäufe und Anteilsübertragungen während des Drei-Jahreszeitraums sind (wie sonst auch) unmittelbar dem zuständigen Finanzamt anzuzeigen.[13] **Gestaltungen mit Anteilsübertragungen von weniger als 95 %** sind nicht grunderwerbsteuerpflichtig und können daher auch nicht als Übergang angezeigt werden.[14] § 17 Abs. 3 GrEStG zur gesonderten Feststellung der Besteuerungsgrundlagen gilt entsprechend.

10 Zweitens legt § 100a Satz 4 KAGB der Verwahrstelle eine **Nachweispflicht** auf. Gemäß § 100a Satz 5 und 6 KAGB ist der Nachweis binnen **zwei Wochen nach Ablauf der Drei-Jahres-Frist gem. § 100a Satz 4 KAGB** zu erbringen und umfasst den Verbleib aller inländischen erhaltenen Grundstücke und Grundstücksbeteiligungen. Der „Nachweis" umfasst **Unterlagen zu den vier investmentrechtlichen Bedingungen**, insbesondere Dokumente, die den Übergang des Verwaltungsrechts kraft Gesetzes sowie den Übergangstermin belegen sowie ggf. Aufstellungen zu den binnen der drei Jahresfrist veräußerten sowie der noch vorhandenen Grundstücke. Belege, dass keine Übertragung erfolgt ist (Grundbuchauszüge) sind nicht notwendig, da solche Meldungen direkt von den Notariaten an die zur Erhebung von Grunderwerbssteuer zuständigen Stellen gehen (§ 18 Abs. 1 Nr. 1 und Abs. 2 GrEStG). Zuständig ist u.E. das **für die Erhebung der Grunderwerbsteuer zuständige Finanzamt**, i.e. das Finanzamt, in dessen Zuständigkeitsbereich das betreffende Grundstück liegt, sofern nicht die Erhebung der Grunderwerbssteuer für mehrere Bereiche zentralisiert ist. Dort müssen (nur) die für dieses Finanzamt relevanten Unterlagen eingereicht werden, für den Rest wäre das Finanzamt nicht zuständig. Erforderlich sind also mehrere Einreichungen, die zusammen „alle" Immobilien etc. abbilden. Vorsichtshalber sollte jedoch jedem Finanzamt die ganze Information zugänglich gemacht werden. Die Nachweispflicht umfasst **der Grunderwerbssteuerpflicht unterliegende Geschäfte**. Gestaltungen mit Anteilsübertragungen von weniger als 95 % erfüllen die Bedingungen nicht.

11 Sanktion bei Verletzung der steuerverfahrensrechtlichen Nachweispflicht ist der **Verlust des Steuerprivilegs**. Bei **Fristablauf ohne Nachweis** entfällt die Befreiung für die Grundstücke rückwirkend. Gemeint ist der Erwerb der Grundstücke durch die Verwahrstelle, denn nur dieser ist befreit. Dabei tritt die Sanktion pro Immobilie etc. und Geschäft ein.[15] Die Grunderwerbsteuer ist nachträglich festzusetzen (vgl. § 175 Abs. 1 Satz 1 Nr. 2 AO).[16]

12 Da die Vorschrift die Anleger in Immobilienfonds schützen soll, macht sich **die Verwahrstelle bei Verstreichen der Frist grds. ersatzpflichtig gegenüber den Anlegern** (vgl. dazu § 100 Rz. 40 f.). Für die **Wiedereinsetzung** in den vorherigen Stand gelten die **Regeln des Finanzverfahrensrechts** (§ 110 AO). Eine **Fristverlängerung** nach § 109 Abs. 1 AO kommt nicht in Betracht, da es weder um eine Steuerklärung noch eine von einer Finanzbehörde gesetzte Frist, sondern eine fristgebundene Begünstigung geht.

IV. Kritik

13 Die Regelung des § 100a KAGB ist im Hinblick auf **Art. 3 Abs. 1 GG kritisch** zu betrachten.[17] Im Hinblick auf eine maßvolle Erwerbsbesteuerung und Vermeidung von Wettbewerbsverzerrungen zwischen Anlagevehikeln sollte die **Übertragung auf die Verwahrstelle kraft Gesetzes generell nicht grunderwerbsteuerpflichtig** sein, denn es handelt sich nicht um einen wirtschaftlichen Übergang auf andere Anleger. Soweit wollte der Gesetzgeber indes nicht gehen. Er konnte sich nur dazu durchringen, eine Ausnahme für den Fall vorzusehen, dass die Weiterveräußerung der Immobilien durch die Verwahrstelle binnen drei Jahren nach Übergang des Verwaltungsrechts erfolgt. Dahinter steht wohl das Motiv, den Staat nicht als einzigen Gewinner einer Fondskrise hervortreten zu lassen.

---

12 Beschlussempfehlung und Bericht des Finanzausschusses (FKAustG) v. 11.11.2015, BT-Drucks. 18/6667, S. 24.
13 Beschlussempfehlung und Bericht des Finanzausschusses (FKAustG) v. 11.11.2015, BT-Drucks. 18/6667, S. 24.
14 I.E. auch *Geurts/Schubert* in Moritz/Klebeck/Jesch, § 100a KAGB Rz. 3; *Anders* in Weitnauer/Boxberger/Anders, § 100a KAGB Rz. 14; *Spranger*, RdF 2016, 63.
15 *Geurts/Schubert* in Moritz/Klebeck/Jesch, § 100a KAGB Rz. 11.
16 *Viskorf* in Boruttau, GrEStG, 18. Aufl. 2016, Anh. 2 zu § 4 Rz. 13.
17 Vgl. *Geurts/Schubert* in Moritz/Klebeck/Jesch, § 100a KAGB Rz. 1.

Die Begrenzung ist **in dreierlei Hinsicht willkürlich und in Teilen zudem europarechtswidrig.** Erstens besteht kein Grund, die Befreiung auf **offene *Immobilien*fonds** gem. §§ 230 ff. KAGB zu beschränken. Grunderwerbsteuerpflichten können auch bei anderen Fonds (und auch solchen im Miteigentumsmodell) als Folge einer unfreiwilligen Abwicklung entstehen, etwa wenn eine Unternehmensbeteiligung Immobilien hält. Erst recht gilt dies für Fondsvehikel aus EU-Staaten, die inländische Immobilien halten; diese sind nicht von § 100a KAGB privilegiert, so dass die Norm voraussichtlich europarechtswidrig ist.[18] Auch dann profitiert der Staat von der Misere anderer. Zweitens ist die Begrenzung auf Fälle des **§ 99 Abs. 1 KAGB** während eines längeren Zeitraums, in dem keine Rückgaberechte bestehen (§ 257 KAGB), nicht nachvollziehbar. Derselbe Bedarf (wenn nicht sogar größerer Bedarf) besteht in den Fällen des **§ 99 Abs. 3 und 4 KAGB** (z.B. Insolvenz, Verfügungsverbot, Abwicklung der KVG während dieses Zeitraums). Drittens überzeugt die **Begründung für die Begrenzung auf 3 Jahre** ab Übergang des Verwaltungsrechts nicht. Für die Grundstücke, die nicht veräußert werden können, besteht erst recht ein Bedarf für die Grundsteuerbefreiung, weil dies die Ladenhüter sind. 14

Die Regelung ist zudem **ökonomisch sinnlos**, da sie der Verwahrstelle, die in die Pflichten des § 26 Abs. 1 KAGB einrückt (§ 100 Rz. 31), häufiger zwingen wird, eine Transaktion unter Zeitdruck vor Ablauf der 3-Jahres-Frist unter Dach und Fach zu bringen. Tut sie es nicht, fügt sie den Anlegern einen sicheren Wertverlust um bis zu 6,5 % zu und muss sich ggf. Haftungsklagen der Anleger stellen (Rz. 11). Dies weiß aber auch die Gegenseite, zugleich verfügt die Verwahrstelle nur über Vermögen der Anleger, die zudem noch als krisenbehaftet gelten, so dass es gute Gründe gibt, auf Nachgiebigkeit der Verwahrstelle zu hoffen. Als Resultat der sachwidrigen Befristung dürfte die Verwahrstelle den Steuergewinn gleich wieder konzedieren, um innerhalb der Frist zu bleiben. Einen **Beitrag zum Erhalt des Anlegervermögens leistet diese Regelung nicht.**[19] 15

§ 100b Übertragung auf eine andere Kapitalverwaltungsgesellschaft

(1) [1]Anstelle der Kündigung des Verwaltungsrechts und Abwicklung des Sondervermögens durch die Verwahrstelle nach den §§ 99 und 100 kann die Kapitalverwaltungsgesellschaft mit Genehmigung der Bundesanstalt das Sondervermögen, wenn dieses im Eigentum der Kapitalverwaltungsgesellschaft steht, oder das Verwaltungs- und Verfügungsrecht über das Sondervermögen, wenn dieses im Miteigentum der Anleger steht, nach Maßgabe der bisherigen Anlagebedingungen auf eine andere Kapitalverwaltungsgesellschaft (aufnehmende Kapitalverwaltungsgesellschaft) übertragen. [2]Die aufnehmende Kapitalverwaltungsgesellschaft muss über eine Erlaubnis zur Verwaltung solcher Arten von Investmentvermögen verfügen. [3]§ 100 Absatz 3 Satz 2 bis 5 gilt entsprechend. [4]Die Genehmigung nach Satz 1 ist innerhalb einer Frist von acht Wochen nach Eingang des Genehmigungsantrags zu erteilen, wenn die gesetzlichen Voraussetzungen für die Genehmigung vorliegen und der Antrag von der übertragenden Kapitalverwaltungsgesellschaft gestellt wurde. [5]§ 163 Absatz 2 Satz 2 und 4 gilt entsprechend.

(2) [1]Die Kapitalverwaltungsgesellschaft hat die Übertragung im Bundesanzeiger und darüber hinaus im Jahresbericht oder Halbjahresbericht bekannt zu machen. [2]Die Bekanntmachung darf erst erfolgen, wenn die Bundesanstalt die Genehmigung nach Absatz 1 erteilt hat. [3]§ 99 Absatz 1 Satz 3 und 4 zweiter Teilsatz gilt entsprechend.

(3) [1]Der Zeitpunkt, zu dem die Übertragung wirksam wird, bestimmt sich nach der vertraglichen Vereinbarung zwischen der Kapitalverwaltungsgesellschaft und der aufnehmenden Kapitalverwaltungsgesellschaft. [2]Die Übertragung darf bei Publikumssondervermögen frühestens mit Ablauf von drei Monaten nach der Bekanntmachung im Bundesanzeiger nach Absatz 2 Satz 1 und bei Spezialsondervermögen frühestens mit der Anzeige der Übertragung bei der Bundesanstalt wirksam werden.

(4) Ein Wechsel der Verwahrstelle bedarf bei Publikumssondervermögen der Genehmigung der Bundesanstalt.

In der Fassung vom 3.3.2016 (BGBl. I 2016, S. 348).

---

18 Bedenken äußern auch *Geurts/Schubert* in Moritz/Klebeck/Jesch, § 100a KAGB Rz. 1; *Viskorf* in Boruttau, GrEStG, 18. Aufl. 2016, Anh. 2 zu § 4 Rz. 17 f.

19 Positive Einschätzung dagegen bei *Anders* in Weitnauer/Boxberger/Anders, § 100a KAGB Rz. 3; *Geurts/Schubert* in Moritz/Klebeck/Jesch, § 100a KAGB Rz. 2 ff.

Schrifttum: S. bei § 91 und § 99.

I. Zweck, Entwicklung

1 Die Vorschrift wurde mit dem OGAW-V-UmsG[1] eingeführt. § 100b KAGB[2] ermöglicht der KVG die **Übertragung eines Sondervermögens auf eine andere KVG**. Dies war zuvor nur mit Kündigung des Verwaltungsrechts und anschließender Neuübertragung durch die Verwahrstelle denkbar (§ 100 Abs. 3 KAGB); die Möglichkeit zur Übertragung nach § 100 Abs. 3 KAGB bleibt bestehen.[3] Die Übertragung ist Ausprägung des **für die Kollektivanlage typischen reduzierten Bestandsschutzes** (bei vollem Wertschutz) der Anlagebeziehung, **der sich in einem beiderseitigen Lösungsrecht zeigt**[4] – in diesem Fall aus Sicht der KVG. Sie stellt eine Alternative zur Kündigung und Abwicklung dar,[5] die nicht zuletzt die **Konsolidierung im Fondsmarkt** fördert. Dies ist im Grundsatz wünschenswert, um ökonomisch effiziente Fondsgrößen zu schaffen. Dass zugleich das **Verwaltungsrecht zum kommerziellen Gut** wird, ist kein Grund zur Kritik, weil dieses auf die Leistungen der KVG zurückgeht.[6] Die Übertragung wird häufiger im **Vorfeld einer Verschmelzung von Fonds mit ähnlicher Anlagestrategie** stattfinden.

2 Die **Vorschrift erfasst** bei Sondervermögen sowohl **die Treuhand-, als auch die Miteigentumslösung**,[7] was die sprachliche Komplexität in § 100b Abs. 1 Satz 1 KAGB erklärt, wonach entweder das Sondervermögen, wenn dieses im Eigentum der Kapitalverwaltungsgesellschaft steht,[8] oder das Verwaltungs- und Verfügungsrecht auf die aufnehmende KVG übergeht. Die Vorschrift **gilt entsprechend** für den Übergang des Verwaltungsrechts von extern verwalteten Investmentgesellschaften (vgl. §§ 112 Abs. 1 Satz 6, 129 Abs. 2 Satz 2, 144 Satz 6, 154 Abs. 2 Satz 2 KAGB). Obwohl die Person des Leistungsschuldners ausgetauscht wird, ist die Übertragung bei Publikumsfonds[9] **keine Schuldübernahme** i.S.v. § 415 Abs. 1 BGB (vgl. den Verweis in § 100b Abs. 1 Satz 3 KAGB auf § 100 Abs. 3 Satz 3 KAGB); insbesondere müssen die Anleger, die beim Miteigentumsmodell als Gläubiger der Verwaltungsleistung in Betracht kämen, nicht zustimmen. Näher zur Bedeutung dieser umstrittenen Vorschrift § 100 Rz. 49 f.

3 Ebenso wie etwa bei § 96 KAGB zu den Anlageklassen und Teilgesellschaftsvermögen, der Verschmelzung (§§ 181 ff. KAGB) oder der Gebührengestaltung (§ 162 Abs. 2 Nr. 11 ff. KAGB) verzichtet § 100b KAGB auf **materielle Zulässigkeitsvoraussetzungen**, die der Aufsichtsbehörde eine Prüfung ermöglichen, ob die Übertragung im Sinne der Anleger ist. Stattdessen beschränkt sich die Prüfung auf **Formalia**, insbesondere dass die aufnehmende KVG über die Erlaubnis zur Verwaltung verfügt. Ob die KVG die Übertragung vor-

---

1 Gesetz zur Umsetzung der Richtlinie 2014/91/EU des Europäischen Parlaments und des Rates vom 23.7.2014 zur Änderung der Richtlinie 2009/65/EG zur Koordinierung der Rechts- und Verwaltungsvorschriften betreffend bestimmte Organismen für gemeinsame Anlagen in Wertpapieren (OGAW) im Hinblick auf die Aufgaben der Verwahrstelle, die Vergütungspolitik und Sanktionen v. 3.3.2016, BGBl. I 2016, S. 348.

2 Im Gesetzentwurf der Bundesregierung noch § 100a, vgl. Reg.Begr. (OGAW-V-UmsG) v. 18.11.2015, BT-Drucks. 18/6744, S. 17, 56 f. Die Änderung der Paragraphenbezeichnung sowie die Ergänzung des Abs. 1 um die Sätze 4 und 5 gehen auf den Finanzausschuss zurück, vgl. Beschlussempfehlung und Bericht (OGAW-V-UmsG) v. 27.1.2016, BT-Drucks. 18/7393, S. 76.

3 *Geurts/Schubert* in Moritz/Klebeck/Jesch, § 100b KAGB Rz. 9 ff.; *Anders* in Weitnauer/Boxberger/Anders, § 100b KAGB Rz. 4.

4 Vgl. *Zetzsche*, Prinzipien der kollektiven Vermögensanlage, 2015, S. 886 f.

5 Reg.Begr. (OGAW-V-UmsG) v. 18.11.2015, BT-Drucks. 18/6744, S. 57.

6 Näher *Zetzsche*, Prinzipien der kollektiven Vermögensanlage, 2015, S. 828 ff.

7 Reg.Begr. (OGAW-V-UmsG) v. 18.11.2015, BT-Drucks. 18/6744, S. 57.

8 Dies scheint unscharf, weil das Sondervermögen kein Gegenstand von Rechten und Pflichten ist, so dass nur die im Sondervermögen gebundenen Vermögensgegenstände übergehen können. Jedoch weicht die Formulierung auf eine Tendenz hin, das Sondervermögen zum Rechtsträger zu erklären. Damit entspricht das KAGB den europäischen Regelwerken, die standardmäßig den Fonds statt seiner zivilrechtlichen Ausprägung adressieren und dogmatische Feinheiten außer Acht lassen.

9 Zu Spezialfonds Rz. 15.

nimmt, liegt somit im freien geschäftlichen Ermessen.[10] **Einziger Genehmigungstatbestand ist die Übertragung.** Änderungen der Anlagebedingungen (etwa der Verwaltungskosten oder Strategien)[11] oder gar der Wechsel der Verwahrstelle (s. dazu § 100b Abs. 4 KAGB) sind nicht erfasst und müssen separat geprüft werden.

Eine **beschränkte inhaltliche Prüfung** gem. §§ 305 ff. BGB findet statt über die Anlagebedingungen, auf die § 100b Abs. 1 Satz 1 KAGB Bezug nimmt. Da diese i.d.R. von der übertragenden KVG erstellt wurden, sind Beschränkungen einer Übertragung dort selten zu finden. Jedenfalls nach Einführung des § 100b KAGB ist eine die Übertragung erlaubende Klausel nicht mehr überraschend i.S.v. § 305c BGB. Auch entspricht die ***beiderseitige*** **Lösungsoption** bei offenen Investmentvermögen der Grundausprägung der kollektiven Anlagebeziehung, so dass von einer unangemessenen Benachteiligung i.S.v. § 307 BGB nicht die Rede sein kann.[12] Jedoch können **Nebenbedingungen der Übertragung** an einer AGB-Kontrolle scheitern, etwa wenn die übertragende KVG die **Kosten** der Übertragung den Anlegern aufbürden möchte, obwohl sie ggf. die Vorteile (in Form von Größeneffekten oder Vergütung) selbst vereinnahmt. 4

II. Übertragung des Verwaltungsrechts (§ 100b Abs. 1 KAGB)

1. Genehmigung der BaFin; Anzeigepflicht bei Spezial-AIF (§ 100b Abs. 1 Satz 1 und 3 KAGB)

§ 100b KAGB orientiert sich an § 100 Abs. 3 KAGB (näher, insbesondere zum Ausschluss der Schuldübernahme gem. § 100 Abs. 3 Satz 3 KAGB: § 100 Rz. 45 f., zur dogmatischen Erklärung dort Rz. 49 ff.). § 100b Abs. 1 Satz 1 KAGB knüpft die Übertragung von **Publikumssondervermögen** an die **Genehmigung der BaFin.** Die BaFin prüft nur zwei Aspekte, nämlich ob die **Anlagebedingungen** einer (genauer: dieser) Übertragung **nicht entgegenstehen** (vgl. § 162 Abs. 2 Nr. 15 KAGB) und die aufnehmende KVG **„solche Arten von Investmentvermögen" verwalten darf.** Dazu Rz. 7. Daher muss der Genehmigungsantrag grds. die Anlagebedingungen und Angaben zur aufnehmenden KVG umfassen. Die Hinzufügung des zwischen den KVG geschlossenen Übertragungsvertrags ist geboten, weil sich daraus der Wirksamkeitszeitpunkt nach § 100b Abs. 3 KAGB ergibt. Die Verwahrstelle(n) sind am Genehmigungsverfahren nicht beteiligt, haben aber die Umsetzung der Anlagebedingungen sowie ggf. zu überwachen, ob den Anlegerinteressen Rechnung getragen ist (§§ 70 Abs. 1, 85 Abs. 1 KAGB). 5

Aus dem Verweis in § 100b Abs. 1 Satz 3 KAGB auf § 100 Abs. 3 Satz 4 und 5 KAGB folgt, dass die Übertragung eines **Spezialsondervermögens** auf eine andere AIF-KVG keiner Genehmigung der Bundesanstalt bedarf.[13] An die Stelle tritt **systemkonform** (vgl. z.B. §§ 100 Abs. 3 Satz 4, 273 Satz 2 KAGB) eine **Anzeigepflicht.** Näher dazu § 100 Rz. 47 f. Die BaFin hat der KVG das Datum des Eingangs der Anzeige zu bestätigen. Die Übertragung von Spezial-AIF ist an dieselben Voraussetzungen wie die von Publikumssondervermögen geknüpft, lediglich werden diese von der BaFin nicht vor Inkraftsetzung der Übertragung zwingend überprüft. Es steht der BaFin frei, jederzeit in eine Sachprüfung einzutreten, insbesondere kann sie weitere Information abfragen. Näher dazu § 100 Rz. 47 f. 6

2. Recht der aufnehmenden KVG zur Verwaltung (§ 100b Abs. 1 Satz 2 KAGB)

Nach § 100b Abs. 1 Satz 2 KAGB muss die aufnehmende KVG über eine **Erlaubnis zur Verwaltung „solcher Arten von Investmentvermögen"** verfügen. Dies meint jedenfalls, dass ein OGAW nur von einer OGAW-KVG, ein AIF nur von einer AIF-KVG verwaltet werden darf. Art. 8 Abs. 4 AIFM-RL erlaubt weitere Beschränkungen des Verwaltungsrechts „insbesondere für die Anlagestrategien der AIF". Diese Beschränkungen werden von der BaFin mittels **Auflagen** auferlegt, sie sind Ausdruck des **Proportionalitätsprinzips.** Die Formulierung „Arten von Investmentvermögen" ist aus § 20 Abs. 1 Satz 2 KAGB bekannt. So kann einer AIF-KVG nur die Verwaltung von Gemischten Sondervermögen, Spezial-AIF oder Dach-Hedgefonds genehmigt werden. In Abhängigkeit vom Umfang nehmen die organisatorischen und personellen Anforderungen zu. Näher dazu § 20 Rz. 22 ff. 7

§ 100b KAGB ist eine produktbezogene Regelung. **Übertragende und aufnehmende KVG** kann daher neben einer inländischen KVG auch eine **EU-KVG** und ggf. auch eine **ausländische AIF-KVG** sein (vgl. §§ 52 8

---

10 *Geurts/Schubert* in Moritz/Klebeck/Jesch, § 100b KAGB Rz. 33 f.; *Anders* in Weitnauer/Boxberger/Anders, § 100b KAGB Rz. 11.

11 Ausdrücklich *Geurts/Schubert* in Moritz/Klebeck/Jesch, § 100b KAGB Rz. 76.

12 Zuvor bereits, da Ausprägung des für die Kollektivanlage typischen beiderseitigen Lösungsrechts, *Zetzsche*, Prinzipien der kollektiven Vermögensanlage, 2015, S. 776 f., 868 f., 876 ff.

13 Reg.Begr. (OGAW-V-UmsG) v. 18.11.2015, BT-Drucks. 18/6744, S. 57.

Abs. 5, 54 Abs. 5, 66 Abs. 5 KAGB). Auch diese muss über die Erlaubnis verfügen, solche Arten von Investmentvermögen zu verwalten.[14] Dies wird ggf. in der **Notifikation** von der zuständigen Aufsichtsbehörde mitgeteilt, vgl. §§ 52 Abs. 1, 54 Abs. 1, 65 Abs. 1 KAGB. Ob die KVG darüber hinaus neu gegründet oder zum Konzern der KVG gehört, ist kein Kriterium der Genehmigung.[15]

9 Kein Genehmigungskriterium ist, solange die KVG über die entsprechende Erlaubnis verfügt, ob die KVG aus Sicht der BaFin hinreichend **solide** ist, über eine **gute Reputation** verfügt oder die Übertragung aus Gründen der **Marktstruktur** eine Übertragung wünschenswert ist.

3. Genehmigungsverfahren (§ 100b Abs. 1 Satz 3 bis 5 KAGB)

10 § 100b Abs. 1 Satz 3 und 5 KAGB betreffen das **Genehmigungsverfahren.** Das Verfahren beginnt mit einem **Antrag der übertragenden KVG,** diese hat den Namen der aufnehmenden KVG anzugeben. Die angesichts des beschränkten Prüfungsumfangs und auch aus rechtsvergleichender Sicht recht lange **Bescheidungsfrist** von acht Wochen sowie der **Ausschluss einer Ermessensentscheidung** unter Gesamtabwägung aller Umstände („ist zu erteilen“) gibt den betroffenen KVG Planungssicherheit.

11 Die Entscheidung kann lauten auf Genehmigung, Ablehnung und Einreichung weiterer Unterlagen, weil **Unterlagen unvollständig** sind; im letzten Fall wird die Acht-Wochen-Frist erneut in Gang gesetzt (Verweis in § 100b Abs. 1 Satz 5 KAGB auf § 163 Abs. 2 Satz 4 KAGB). Wird die Genehmigung abgelehnt, liegt darin zugleich eine **Untersagungsverfügung.** Das geschäftsbesorgungsähnliche Rechtsverhältnis zwischen der übertragenden KVG und den Anlegern besteht fort.[16] Dingliche Vollzugsakte sowie schuldrechtliche Verpflichtungen zwischen übertragender KVG und aufnehmender KVG sind gem. § 134 BGB i.V.m. § 100b KAGB nichtig.[17]

12 Die Genehmigung kann mit **Nebenbestimmungen** (§ 36 VwVfG) verbunden sein (Verweis in § 100b Abs. 1 Satz 3 KAGB auf § 100 Abs. 3 Satz 2 KAGB). Da die BaFin die Frage, ob die Übertragung im Anlegerinteresse liegt, als solches nicht zu beurteilen hat (Rz. 3, 9), kommen als Nebenbestimmungen z.B. in Betracht, dass gewisse von der Anlagestrategie des übertragenden Fonds erfasste Geschäfte nicht getätigt werden dürfen, weil die aufnehmende KVG dafür nicht über die erforderliche Erlaubnis oder Organisation verfügt. Freilich ist dann die Übertragung als solches abzulehnen. Auch denkbar ist eine Nebenbestimmung, die den **Übertragungstermin** anders festlegt (z.B. statt 31.12. auf 31.12., 24.00 Uhr). Die Beispiele zeigen, dass der Verweis auf **§ 100 Abs. 3 Satz 2 KAGB** für die per se freiwillige Übertragung nach § 100b KAGB **nicht ganz passt** – im Fall des § 100 Abs. 3 KAGB geht es um die notgedrungene Übertragung durch die Verwahrstelle, die zu Kompromissen nötigt, die durch Nebenbestimmungen der Genehmigung fixiert werden. Dagegen kann bei der Übertragung nach § 100b KAGB mehr auf Selbstregelungen der beteiligten KVG gesetzt werden.

III. Informationspflichten (§ 100b Abs. 2 KAGB)

13 § 100b Abs. 2 KAGB regelt teils durch Verweis auf § 99 Abs. 1 KAGB die Informationspflichten im Zusammenhang mit der Übertragung. Die übertragende KVG hat die Übertragung eines **Publikumssondervermögens** im **Bundesanzeiger** und im **nächsten periodischen Bericht nach der Genehmigung**[18] bekannt zu machen; für **Spezial-AIF** ist keine öffentliche Bekanntmachung erforderlich. Daneben hat eine **individuelle Information** der Anleger mittels dauerhaften Datenträgers zu erfolgen (Verweis in § 100b Abs. 2 Satz 3 KAGB auf § 99 Abs. 1 Satz 3 KAGB, näher § 99 Rz. 11). Gemeint ist, dass auch diese nach dem behördlichen Verfahren erfolgt. Beides ermöglicht Anlegern die Rückgabe der Anteile vor Wirksamkeit der Übertragung[19] (dazu Rz. 14).

IV. Wirksamkeit der Übertragung (§ 100b Abs. 3 KAGB)

14 Die Übertragung wird gem. dem **im Übertragungsvertrag bestimmten Zeitpunkt** wirksam. Davon abweichend bestimmt § 100b Abs. 3 Satz 2 KAGB einen **Mindestzeitraum für Publikumsfonds** (drei Monate ab

14 Enger *Anders* in Weitnauer/Boxberger/Anders, § 100b KAGB Rz. 5 (nur inländische KVG).
15 *Geurts/Schubert* in Moritz/Klebeck/Jesch, § 100b KAGB Rz. 25.
16 Vgl. *Geurts/Schubert* in Moritz/Klebeck/Jesch, § 100b KAGB Rz. 53.
17 *Geurts/Schubert* in Moritz/Klebeck/Jesch, § 100b KAGB Rz. 53.
18 Reg.Begr. (OGAW-V-UmsG) v. 18.11.2015, BT-Drucks. 18/6744, S. 57.
19 Reg.Begr. (OGAW-V-UmsG) v. 18.11.2015, BT-Drucks. 18/6744, S. 57.

Bundesanzeiger-Bekanntmachung). Die Regelung für Spezial AIF, wonach der früheste Zeitpunkt der der Anzeige bei der BaFin ist, schließt eine rückwirkende Übertragung aus.

Wird der **bei Spezialfonds früheste zulässige Zeitpunkt** gewählt, ist (semi)-professionellen Anlegern, die nicht ohnedies Bescheid wüssten, keine Anteilsrückgabe mehr möglich, weil sie individuell erst nach Wirksamkeit von der Übertragung erfahren. Daraus entsteht den Spezialfonds-Anlegern indes kein Nachteil, da es zu ihren Gunsten **bei § 415 BGB bleibt**, sie also der Übertragung individuell zustimmen müssen. Dies folgt aus der zweckgerechten Lesart des § 100 Abs. 3 Satz 3 KAGB[20], auf den § 100b Abs. 1 Satz 3 KAGB verweist (näher § 100 Rz. 48). Ohne diese Deutung könnten Spezialfonds-Anleger ihre Rechte nicht ausüben. Wie auch an anderer Stelle treten **bei Spezialfonds privatrechtliche Zustimmungspflichten an die Stelle öffentlich-rechtlicher Genehmigung** (Rechtsgedanke des § 281 Abs. 1 Satz 2 Nr. 2 KAGB). 15

Zu übertragen ist **das zum Sondervermögen zählende Vermögen im Wirksamkeitszeitpunkt**. Im Übertragungsvertrag wird dazu i.d.R. ein Termin festgelegt, der die Feststellung der übertragenden Gegenstände erleichtert. Die Wahl eines Bilanztermins (z.B. 31.12., 24.00 Uhr) vermeidet kostenintensive Zwischenbilanzen. Durch die vertragliche Terminierung und Koordination erledigen sich viele im Kontext des § 100 Abs. 3 KAGB auftretende Probleme.[21] Näher dazu § 100 Rz. 42 f. 16

V. Wechsel der Verwahrstelle (§ 100b Abs. 4 KAGB)

§ 100b Abs. 4 KAGB stellt klar, dass **bei Publikumsfonds, wenn *zugleich* mit der Übertragung ein Wechsel der Verwahrstelle** stattfinden soll, eine separate Genehmigung des Wechsels erforderlich ist. Diese folgt allgemeinen, in §§ 69 Abs. 1, 87 KGB bestimmen Regeln. Für konsekutive Vorgänge bedarf es keiner Regelung. Für Spezialfonds braucht es dafür keine Regelung, weil dort der Wechsel genehmigungsfrei erfolgt, arg. § 87 KAGB. 17

Vorbemerkungen vor §§ 101 ff.

I. Investmentrechtliche Rechnungslegung im Spannungsfeld der Interessen

Rechnungslegung bedeutet **zielgerichtetes zur Verfügungstellen von Informationen**. 1

Die im Rahmen der Rechnungslegung zur Verfügung gestellten Informationen können nur dann richtig interpretiert werden, wenn die Zielsetzung der Informationsgewährung eindeutig ist. 2

Die investmentrechtliche Rechnungslegung steht allerdings in einem **Spannungsfeld** zwischen gesetzlichen und praktischen Anforderungen. Insbesondere zu nennen sind: 3

- handelsrechtliche und investmentrechtliche Normen,
- Informationsanforderungen der Investoren, der nationalen Aufsicht und der KVG als Vermögensverwalter,
- dem Wunsch nach internationaler Harmonisierung des Investmentrechts und dem Wunsch nationale, spezifische Produkte in einem Rechnungswesen abbilden zu können.

Das Spannungsfeld aus allgemeinen handelsrechtlichen und industriespezifischen Normen ergibt sich aus dem Umstand, dass jedes in Wertpapiere investierende Investmentvermögen zugleich als **Beteiligungsgesellschaft** interpretiert werden kann[1]. Hierfür spielt es keine Rolle, ob es sich um ein AIF, eine Investment-AG oder ein Publikumssondervermögen handelt. Der deutsche Gesetzgeber hat diesen Gedanken handelsrechtlich aufgefriffen, als er bestimmte AIF in **§ 290 Abs. 2 HGB** von der handelsrechtlichen **Kon-** 4

---

20 Dazu *Zetzsche*, Prinzipien der kollektiven Vermögensanlage, 2015, S. 827.
21 Ebenso *Geurts/Schubert* in Moritz/Klebeck/Jesch, § 100b KAGB Rz. 68 ff.
1 Vgl. hiezu IFRS 10; insb. Appendix B, applictaion guidance, example 13 ff.

solidierungspflicht ausgenommen hat. Nicht ganz so eindeutig ist die handelsrechtliche Behandlung von Investmentvermögen gemäß den **IFRS**. Je nach Ausgestaltung kann ein Investmentvermögen eine konsolidierungspflichtige Beteiligung oder eine Geldanlage sein. Für das Rechnungswesen der Investoren spielt diese Klassifizierung eine erhebliche Rolle. Allerdings sollte auch die Bedeutung für das Rechnungswesen der KVG nicht unterschätzt werden. Dieses sieht sich den Anforderungen verschiedener Gesetze bzw. Verordnungen in Bezug auf die Informationsgewährung ausgesetzt.

5 Das Spannungsfeld zwischen Investoren, der nationalen Aufsicht und der KVG als Vermögensverwalter ist aus den unterschiedlichen **Informationsanforderungen** heraus offensichtlich. Die Investoren benötigen Informationen für **Anlageentscheidungen**, Informationen über die Entwicklung ihrer Investition und für die Beurteilung der Arbeit des Vermögensverwalters. Die Aufsicht benötigt Informationen, um z.B. die **Marktintegrität** zu wahren und den **Kundenschutz** zu gewährleisten. Die KVG als Verwalter der Sondervermögen möchte Details über Entscheidungsfindung, soweit sie ein Betriebsgeheimnis darstellen, nicht offenlegen. Außerdem darf die KVG Informationen über Käufe und Verkäufe nicht in einer Weise Transparent machen, die z.B. **Insidergeschäfte** ermöglicht. Selbst eine sehr detaillierte und umfangreiche Rechnungslegung wird nicht in der Lage sein, diesen drei Interessengruppen vollumfänglich gerecht zu werden.

6 Das Spannungsfeld zwischen internationaler **Harmonisierung** und dem Wunsch nationale, spezifische Produkte abbilden zu können, zeigt sich gut am Beispiel des Immobilienfonds. Dieser wurde in Deutschland lange Zeit als gewöhnliches Anlageinstrument betrachtet, bis ihm durch die Entwicklung von UCITS und AIFMD das Etikett „Alternative“ zu Teil wurde.

7 Der Gesetzgeber hat die unterschiedlichen Erwartungen an das investmentrechtliche Rechnungswesen dahingehend aufgelöst, dass er Sinn und Zweck der gesetzlichen investmentrechtlichen Rechnungslegung in § 101 KAGB begrenzt hat. Sinn und Zweck der investmentrechtlichen Rechnungslegung ist, **den Anlegern zu ermöglichen, sich ein Urteil über diese Tätigkeit und die Ergebnisse des Sondervermögens zu bilden.**

8 Gleichzeitig hat die BaFin erkannt, dass eine solche Beschränkung viele Anforderungen an die bisher in Deutschland übliche Rechnungslegung nicht erfüllt und hat mit dem Erlass der KARBV einen erweiterten Anforderungskatalog geschaffen. Bereits an dieser Stelle sei darauf hingewiesen, dass es sich bei der KARBV nicht um eine Kopie sondern um eine Weiterentwicklung der InvRBV handelt.

II. Zielerfüllung der investmentrechtlichen Rechnungslegung

9 Der vordergründig klare Auftrag der investmentrechtlichen Rechnungslegung – die Ermöglichung einer Urteilsbildung – erweist sich bei genauer Betrachtung als problematisch.

10 Der Umfang und der Detaillierungsgrad der Rechnungslegung hängt entscheidend von der Frage ab, warum der Anleger Tätigkeit und Ergebnisse der Rechnungslegung beurteilen will. Im Kern stehen hier die Elemente „**Entscheidungsrelevanz**“ und „**Rechenschaft**“.

11 Bedenkt man, dass Investoren an Kapitalmärkten in der Regel kurzfristig Informationen für Investitionsentscheidungen benötigen, der Jahresbericht entsprechend seinem Namen jährlich publiziert wird, entsteht durch **Periodizität der Rechnungslegung** offensichtlich das Spannungsfeld „Entscheidungsrelevanz vs. Rechenschaft“.

12 Zumindest ein wesentlicher Teil der Investmentvermögen kann auf täglicher Basis ausgegeben, zurückgenommen oder gehandelt werden. Entscheidungsrelevanz der Rechnungslegung unter Investmentgesichtspunkten würde entsprechend eine tägliche Zurverfügungstellung von Informationen erfordern. Dies ist bei einem Jahresbericht nicht gegeben. **Die Motivation zur Rechnungslegung kann daher nicht in der Information von Investoren in Bezug auf eine Investmententscheidung liegen.** Dies gilt um so mehr, als der Gesetzgeber entscheidungsrelevante Informationen in die wesentlichen Anlegerinformationen ausgelagert hat.

13 Es ist daher anzunehmen, dass der Gesetzgeber bei der Schaffung der Regeln zur Rechnungslegung nicht primär die Entscheidungsrelevanz der Informationen vor Augen gehabt hat. Dafür spricht auch die fast wortgleich in der OGAW-RL und in § 101 KAGB zu findende Formulierung, dass der Jahresbericht alle wesentlichen Angaben enthalten soll, die es den Anlegern ermöglichen, sich ein **Urteil über die Tätigkeit und die Ergebnisse des Sondervermögens** zu bilden. Die Rechnungslegung für den Anleger dient also der ex-post Beurteilung. Dies weist mehr auf die **Haftungsrelevanz** der im Jahresbericht gemachten Angaben hin als auf die Nützlichkeit in Bezug auf eine Investmententscheidung.

Fraglich erscheint allerdings, was für eine Haftung ein Anleger aus § 101 KAGB tatsächlich ableiten kann. Die Wahrscheinlichkeit, dass Anleger Schadensersatz aus einer unsachgemäßen Tätigkeit oder nicht zufriedenstellenden Ergebnissen des Sondervermögens erzielen können, erscheint gering. Der Anleger müsste den Nachweis erbringen können, dass zwischen einem erlittenen Schaden und einer unsachgemäßen Organisation ein Zusammenhang besteht. Neben der sachlichen Schwierigkeit erscheint dies aufgrund des möglicherweise großen zeitlichen Abstandes zwischen der Investitionsentscheidung und der Publikation des Jahresberichtes dies wenig wahrscheinlich. 14

Die KARBV erweitert den Auftrag des investmentrechtlichen Rechnungswesens. In § 3 Abs. 1 KARBV wird bezüglich der Berichterstattung der KVG verlangt, dass die Berichte klar und übersichtlich gestaltet sein müssen, so dass es den Anlegerinnen und Anlegern ermöglicht wird, sich im Hinblick auf die **Anlageentscheidung** sowie auf **die laufende Beurteilung der Anlage** ein umfassendes Bild der tatsächlichen Verhältnisse und Entwicklungen des Investmentvermögens zu verschaffen. 15

§ 6 Abs. 2 Nr. 2 KARBV „Verantwortung und Zweck" nennt bereits als Zweckbestimmung des Jahresberichtes explizit die **Information über den Wert des Sondervermögens.** Zumindest zweimal im Jahr, bei der Erstellung des Jahresberichtes und des Halbjahresberichtes muss sich der Ersteller mit der Bewertung des Sondervermögens intensiv auseinandersetzen. Dies mag zunächst nach einer geringen Frequenz klingen, bedenkt man jedoch, dass der Großteil der Bewertungsprozesse bei liquiden Anlageklassen automatisiert verläuft, kann die Frequenz als angemessen angenommen werden. 16

Die KARBV erweitert somit die Perspektive der Stichtagsbetrachtung. Der Jahresbericht enthält Angaben, die Ausfluss einer über einen längeren Zeitraum bestehenden Organisation sind. Sind die Angaben des Jahresberichtes zum Stichtag richtig, gilt die Vermutung, dass die zum Stichtag eingesetzten Prozesse auch während der Stichtage richtige Ergebnisse produziert haben. 17

Die Bedeutung der KARBV für die investmentrechtliche Rechnungslegung geht jedoch weiter. Die KARBV nutzt die gesetzlicherseits definierten Anforderungen an den Jahresbericht und erweitert sie um zum Teil recht hohe Detaillierungsgrade. Dadurch erhält der Investor insbesondere im Bereich der Entwicklungsrechnungen Informationen, die ihm helfen die Entwicklung seines Vermögens nachzuvollziehen. **Im Endeffekt bestimmt somit nicht das KAGB sondern die KARBV die investmentrechtliche Rechnungslegung und bestimmt die Zielsetzung.** 18

In Bezug auf die **drei Ziele Haftung, Unterstützung der Anlageentscheidung sowie Wertbestätigung** lässt sich **zusammenfassend festhalten**, dass der Jahresbericht aufgrund des Periodizitätsproblems den Haftungsgedanken eingeschränkt unterstützt, für Anlageentscheidungen weniger hilfreich ist aber für die Wertbestätigung das zentrale Werkzeug des Investors ist. Zusätzlich zu dem Jahresbericht vorgeschriebene Anlegerinformationen stützen diese Wertung. 19

III. § 101 KAGB als Zentralnorm der Rechnungslegung

Trotz zum Teil erheblicher Unterschiede der Investmentvermögen orientiert sich deren Rechnungslegung stark an dem § 101 KAGB. 20

Der § 101 KAGB regelt in seinem Kern die Rechnungslegung für sog. Sondervermögen, also Investmentvermögen in der Rechtsform der Treuhand. 21

Investmentvehikel, die nicht als Sondervermögen organisiert sind, werden in Bezug auf ihre Rechnungslegung ergänzend durch handelsrechtliche Bestimmungen oder durch abweichende Regeln des KAGB bzw. der KARBV geregelt werden. 22

Allen rechnungslegungsbezogenen Regeln ist jedoch gemein, dass sie dem klassischen Dreiklang des Rechnungswesens **Ansatz, Bewertung und Ausweis** folgen. 23

Dies ist zu begrüßen, da die investmentrechtliche Rechnungslegung somit weitgehend auf den international vergleichbaren Grundsätzen ordnungsgemäßer Buchführung fußt. 24

Dies auch deswegen zu begrüßen, weil es zeigt, dass die investmentrechtliche Rechnungslegung trotz aller optischen Differenzen zu einer handelsrechtlichen Rechnungslegung keine Bevorzugung einer bestimmten Unternehmensform darstellt. Gerade die meist nicht erforderliche Erfordernis einer Konsolidierung von Investmentvermögen führt gelegentlich zu dem Vorwurf der Intransparenz. 25

§ 101 Jahresbericht

(1) [1]Die Kapitalverwaltungsgesellschaft hat für jedes OGAW-Sondervermögen für den Schluss eines jeden Geschäftsjahres spätestens vier Monate nach Ende des Geschäftsjahres und für jedes AIF-Sondervermögen für den Schluss eines jeden Geschäftsjahres spätestens sechs Monate nach Ende des Geschäftsjahres einen Jahresbericht nach den Sätzen 2 und 3 zu erstellen. [2]Der Jahresbericht muss einen Bericht über die Tätigkeit der Kapitalverwaltungsgesellschaft im abgelaufenen Geschäftsjahr und alle wesentlichen Angaben enthalten, die es den Anlegern ermöglichen, sich ein Urteil über diese Tätigkeit und die Ergebnisse des Sondervermögens zu bilden. [3]Der Jahresbericht muss enthalten:

1. [1]eine Vermögensaufstellung der zum Sondervermögen gehörenden Vermögensgegenstände sowie der Verbindlichkeiten aus Kreditaufnahmen, Pensionsgeschäften, Wertpapier-Darlehensgeschäften und der sonstigen Verbindlichkeiten. [2]Die Vermögensgegenstände sind nach Art, Nennbetrag oder Zahl, Kurs und Kurswert aufzuführen. [3]Der Wertpapierbestand ist zu untergliedern in Wertpapiere mit einer Zulassung zum Handel an einer Börse, an einem organisierten Markt zugelassene oder in diesen einbezogene Wertpapiere, Wertpapiere aus Neuemissionen, die an einer Börse zum Handel zugelassen oder an einem organisierten Markt zugelassen oder in diesen einbezogen werden sollen, sonstige Wertpapiere gemäß § 198 Absatz 1 Nummer 1 und 3 und verbriefte Geldmarktinstrumente sowie Schuldscheindarlehen, wobei eine weitere Gliederung nach geeigneten Kriterien unter Berücksichtigung der Anlagepolitik nach prozentualen Anteilen am Wert des Sondervermögens vorzunehmen ist. [4]Für jeden Posten der Vermögensaufstellung ist sein Anteil am Wert des Sondervermögens anzugeben. [5]Für jeden Posten der Wertpapiere, Geldmarktinstrumente und Investmentanteile sind auch die während des Berichtszeitraums getätigten Käufe und Verkäufe nach Nennbetrag oder Zahl aufzuführen. [6]Der Wert des Sondervermögens ist anzugeben. [7]Es ist anzugeben, inwieweit zum Sondervermögen gehörende Vermögensgegenstände Gegenstand von Rechten Dritter sind;
2. [1]die während des Berichtszeitraums abgeschlossenen Geschäfte, die Finanzinstrumente zum Gegenstand haben, Pensionsgeschäfte und Wertpapier-Darlehen, soweit sie nicht mehr in der Vermögensaufstellung erscheinen. [2]Die während des Berichtszeitraums von Spezialsondervermögen nach § 283 getätigten Leerverkäufe in Wertpapieren sind unter Nennung von Art, Nennbetrag oder Zahl, Zeitpunkt der Verkäufe und Nennung der erzielten Erlöse anzugeben;
3. die Anzahl der am Berichtsstichtag umlaufenden Anteile und der Wert eines Anteils gemäß § 168 Absatz 1;
4. [1]eine nach Art der Erträge und Aufwendungen gegliederte Ertrags- und Aufwandsrechnung. [2]Sie ist so zu gestalten, dass aus ihr die Erträge aus Anlagen, sonstige Erträge, Aufwendungen für die Verwaltung des Sondervermögens und für die Verwahrstelle, sonstige Aufwendungen und Gebühren und der Nettoertrag sowie Erhöhungen und Verminderungen des Sondervermögens durch Veräußerungsgeschäfte ersichtlich sind. [3]Außerdem ist eine Übersicht über die Entwicklung des Sondervermögens während des Berichtszeitraums zu erstellen, die auch Angaben über ausgeschüttete und wieder angelegte Erträge, Mehr- oder Minderwerte bei den ausgewiesenen Vermögensgegenständen sowie Angaben über Mittelzuflüsse aus Anteilverkäufen und Mittelabflüsse durch Anteilrücknahmen enthalten muss;
5. die von der Kapitalverwaltungsgesellschaft beschlossene Verwendung der Erträge des Sondervermögens;
6. bei Publikumssondervermögen eine vergleichende Übersicht der letzten drei Geschäftsjahre, wobei zum Ende jedes Geschäftsjahres der Wert des Publikumssondervermögens und der Wert eines Anteils anzugeben sind;
7. die in Artikel 13 Absatz 2 in Verbindung mit Anhang Abschnitt A der Verordnung (EU) 2015/2365 genannten Informationen.

(2) Im Jahresbericht eines Publikumssondervermögens sind ferner anzugeben:

1. eine als Prozentsatz auszuweisende Gesamtkostenquote im Sinne des § 166 Absatz 5 Satz 1; sofern in den Anlagebedingungen eine erfolgsabhängige Verwaltungsvergütung oder eine zusätzliche Verwaltungsvergütung für den Erwerb, die Veräußerung oder die Verwaltung von Vermögensgegenständen nach § 231 Absatz 1 und § 234 vereinbart wurde, ist diese darüber hinaus gesondert als Prozentsatz des durchschnittlichen Nettoinventarwertes des Publikumssondervermögens anzugeben;

2. die an die Kapitalverwaltungsgesellschaft, die Verwahrstelle oder an Dritte geleisteten Vergütungen, falls in den Anlagebedingungen für die Vergütungen und Kosten eine Pauschalgebühr vereinbart wird; der Anleger ist darauf hinzuweisen, ob und welche Kosten dem Publikumssondervermögen gesondert in Rechnung gestellt werden;
3. eine Beschreibung, ob der Kapitalverwaltungsgesellschaft Rückvergütungen der aus dem Sondervermögen an die Verwahrstelle und an Dritte geleisteten Vergütungen und Aufwendungserstattungen zufließen und ob je nach Vertriebsweg ein wesentlicher Teil der aus dem Sondervermögen an die Kapitalverwaltungsgesellschaft geleisteten Vergütungen für Vergütungen an Vermittler von Anteilen des Sondervermögens auf den Bestand von vermittelten Anteilen verwendet werden;
4. der Betrag der Ausgabeaufschläge und Rücknahmeabschläge, die dem Sondervermögen im Berichtszeitraum für den Erwerb und die Rücknahme von Anteilen im Sinne der §§ 196 und 230 berechnet worden sind sowie die Vergütung, die dem Sondervermögen von der Kapitalverwaltungsgesellschaft selbst, einer anderen Kapitalverwaltungsgesellschaft oder einer Gesellschaft, mit der die Kapitalverwaltungsgesellschaft durch eine wesentliche unmittelbare oder mittelbare Beteiligung verbunden ist oder einer EU-Verwaltungsgesellschaft oder ausländischen AIF-Verwaltungsgesellschaft als Verwaltungsvergütung für die im Sondervermögen gehaltenen Anteile berechnet wurde.

(3) [1]Der Jahresbericht eines AIF muss zusätzlich folgende Angaben enthalten:

1. die Gesamtsumme der im abgelaufenen Geschäftsjahr gezahlten Vergütungen, gegliedert in feste und variable von der Kapitalverwaltungsgesellschaft an ihre Mitarbeiter gezahlte Vergütungen, die Zahl der Begünstigten und gegebenenfalls der vom inländischen AIF gezahlten Carried Interest;
2. die Gesamtsumme der im abgelaufenen Geschäftsjahr gezahlten Vergütungen, aufgeteilt nach Führungskräften und Mitarbeitern der Kapitalverwaltungsgesellschaft, deren berufliche Tätigkeit sich wesentlich auf das Risikoprofil des inländischen AIF ausgewirkt hat;
3 bei Publikumssondervermögen jede während des abgelaufenen Geschäftsjahres eingetretene wesentliche Änderung der im Verkaufsprospekt aufgeführten Informationen und bei Spezialsondervermögen jede während des abgelaufenen Geschäftsjahres eingetretene wesentliche Änderung hinsichtlich der nach § 307 Absatz 1 oder Absatz 2 Satz 1 und § 308 Absatz 4 zur Verfügung zu stellenden Informationen.

[2]Die näheren Anforderungen zu Inhalt und Form des Jahresberichts bestimmen sich für AIF nach den Artikeln 103 bis 107 der Delegierten Verordnung (EU) Nr. 231/2013.

(4) Der Jahresbericht eines inländischen OGAW-Sondervermögens muss zusätzlich folgende Angaben enthalten:

1. die Gesamtsumme der im abgelaufenen Geschäftsjahr gezahlten Vergütungen, gegliedert in feste und variable von der Kapitalverwaltungsgesellschaft an ihre Mitarbeiter gezahlte Vergütungen und gegebenenfalls alle direkt von dem inländischen OGAW-Sondervermögen selbst gezahlte Beträge, einschließlich Anlageerfolgsprämien unter Angabe der Zahl der Begünstigten;
2. die Gesamtsumme der im abgelaufenen Geschäftsjahr gezahlten Vergütungen, aufgeteilt nach Geschäftsleitern, Mitarbeitern oder anderen Beschäftigten, deren Tätigkeiten einen wesentlichen Einfluss auf das Risikoprofil der Verwaltungsgesellschaft oder der verwalteten Investmentvermögen haben (Risikoträger), Mitarbeitern oder anderen Beschäftigten mit Kontrollfunktionen sowie Mitarbeitern oder anderen Beschäftigten, die eine Gesamtvergütung erhalten, auf Grund derer sie sich in derselben Einkommensstufe befinden wie Geschäftsleiter und Risikoträger;
3. eine Beschreibung darüber, wie die Vergütung und die sonstigen Zuwendungen berechnet wurden;
4. das Ergebnis der in Artikel 14b Absatz 1 Buchstabe c und d der Richtlinie 2009/65/EG genannten Überprüfungen, einschließlich aller festgestellten Unregelmäßigkeiten;
5. wesentliche Änderungen an der festgelegten Vergütungspolitik.

In der Fassung vom 4.7.2013 (BGBl. I 2013, S. 1981), zuletzt geändert durch das Zweite Finanzmarktnovellierungsgesetz (2. FiMaNoG) vom 23.6.2017 (BGBl. I 2017, S. 1693).

I. Aufbau und Pflichtangaben (§ 101 Abs. 1 KAGB)

1 § 101 Abs. 1 KAGB nennt als **zentrales Dokument** der Rechnungslegung des Sondervermögens den **Jahresbericht.** Als Verantwortlichen für die Erstellung legt § 101 Abs. 1 KAGB die KVG fest.

2 Dies bedeutet auf den ersten Blick, dass der Jahresbericht nach § 101 Abs. 1 KAGB keine Informationen über die KVG gewährt. Auf den zweiten Blick wird jedoch klar, dass dies nicht möglich ist, da das Sondervermögen über keine eigene betriebliche Organisation verfügt. Somit enthält der **Jahresbericht implizit** immer eine **Aussage zur Ordnungsmäßigkeit des Teils der Organisation der KVG**, der sich auf die Verwaltung der Sondervermögen bezieht.

3 Die in § 101 Abs. 1 KAGB geforderten Angaben sind mit wenigen Ausnahmen für alle Sondervermögen auszuweisen.

4 § 101 Abs. 1 KAGB benennt verschiedene Abschnitte des Jahresberichtes zzgl. einiger in diesen Abschnitten zu machender Detailangaben. Der Jahresbericht gliedert sich entsprechend in:
- Bericht über die Tätigkeit der Kapitalverwaltungsgesellschaft im abgelaufenen Geschäftsjahr (**Tätigkeitsbericht**)
- Vermögensaufstellung der zum Sondervermögen gehörenden Vermögensgegenstände sowie der Verbindlichkeiten aus Kreditaufnahmen, Pensionsgeschäften, Wertpapier-Darlehensgeschäften und der sonstigen Verbindlichkeiten (**Vermögensaufstellung**)
- abgeschlossene Geschäfte, die Finanzinstrumente zum Gegenstand haben, Pensionsgeschäfte und Wertpapier-Darlehen, soweit sie nicht mehr in der Vermögensaufstellung erscheinen (**Geschäftsaufstellung**)
- Anzahl der am Berichtsstichtag umlaufenden Anteile und der Wert eines Anteils gem. § 168 Abs. 1 KAGB (**Anteilsumlauf**)
- **Ertrags- und Aufwandsrechnung**
- **Entwicklungsrechnung**
- die von der Kapitalverwaltungsgesellschaft beschlossene Verwendung der Erträge des Sondervermögens (**Ertragsverwendung**)
- **Vergleichende Übersicht** der letzten drei Geschäftsjahre.
- die in Artikel 13 Absatz 2 in Verbindung mit Anhang Abschnitt A der Verordnung (EU) 2015/2365 genannten Informationen.

5 Weitere Pflichtangaben finden sich in § 101 Abs. 2, 3, 4 KAGB.

6 Diese Auflistung ist **weder formal noch inhaltlich deckungsgleich mit den Anforderungen des § 7 KARBV** „Bestandteile des Jahresberichts". Bezüglich der Unterschiede im Detail sei auf die nachfolgenden Ausführungen verwiesen. An dieser Stelle erwähnenswert erscheinen zumindest
- die Einführung einer im KAGB nicht genannten **Vermögensübersicht,**
- die Einführung eines im KAGB nicht genannten **Anhangs,**
- die Forderung nach Wiedergabe des besonderen Vermerks über das Ergebnis der Prüfung

in der KARBV.

7 Insgesamt bleibt festzuhalten, dass weder die OGAW-RL noch das KAGB noch die KARBV eine Verbindlichkeit in den Gliederungs- und Ausweisvorschriften erreichen, die dem HGB vergleichbar sind. Erst **Industrieverbände** wie der BVI haben **Standards** geschaffen, die für sich eine gewisse Allgemeingültigkeit beanspruchen können. Die heute verfügbaren Jahresberichte können daher bis zu einem gewissen Grad als

Industriestandard für ein Reporting angesehen werden. Dabei ist zudem zu berücksichtigen, dass die großen Industrieverbände diese Standards **mit der zuständigen Aufsicht abstimmen.**

1. Fristenregelung

Als Generalnorm regelt der § 101 KAGB verschiedene Fristen, auch wenn die Veröffentlichungsvorschriften 8
den weiteren §§ desselben Abschnittes vorbehalten bleiben.

Ähnlich dem § 240 Abs. 2 Satz 2 HGB normiert das KAGB zunächst die **Länge der Rechnungslegungs-** 9
periode auf das Geschäftsjahr. Allerdings verzichtet das KAGB anders als Art. 68 Abs. 1c OGAW-RL auf die Nennung von Zeitspannen für das Geschäftsjahr. Aus der Bezeichnung als Jahresbericht kann jedoch auf einen maximalen Bezugszeitraum der Rechnungslegung von zwölf Monaten geschlossen werden. Dies stellt eine Parallele zu § 240 Abs. 2 Satz 2 HGB dar.

Außerdem wird erstmals im Investmentrecht auch die **Erstellungsfrist** des Jahresberichtes mit vier Mona- 10
ten für OGAW-Sondervermögen und sechs Monaten für AIF geregelt. Die Erstellungsfristen für die Jahresberichte differenzieren in Abweichung zu den bisherigen Regeln zwischen Publikums- und Spezialsondervermögen, was zugleich mit einer erweiterten Erstellungsfrist für AIF einhergeht.

Die erweiterte Erstellungsfrist für AIF kann als Ausdruck der **Arbeitserleichterung** für die KVG oder als 11
Ausdruck **geringeren Überwachungsbedarfs** bei diesen Sondervermögen gesehen werden.

Die Fristen sind etwas unglücklich gewählt, da somit Erstellungs- und Veröffentlichungsdatum zusammen- 12
fallen könnten.

Die Fristen der Erstellung können vor dem Hintergrund der zum Teil beachtlichen verwalteten Volumina 13
durchaus **als lang** angesehen werden. Ob ein Jahresbericht, der mit einem Abstand von vier Monaten bei einem OGAW-Sondervermögen erstellt wurde, für eine aktuelle Ordnungsmäßigkeitsprüfung herangezogen werden kann, kann durchaus bezweifelt werden.

2. Tätigkeitsbericht

Der Tätigkeitsbericht lässt sich als Pendant zum handelsrechtlichen Lagebericht interpretieren. Er gibt **qua-** 14
litative Informationen, die dem Anleger helfen, die Tätigkeit der KVG sowie die Ergebnisse des Sondervermögens zu würdigen.

Der Tätigkeitsbericht stellt jedoch bereits formal eine Besonderheit des KAGB im Vergleich zum HGB dar, 15
indem er anders als der Lagebericht Teil des Jahresberichtes ist und **ohne Einschränkung für alle Sondervermögen**, die unter den § 101 KAGB fallen, erstellt werden muss. Der Lagebericht des HGB dagegen ist nicht Teil des Jahresabschlusses und muss auch nicht von allen rechnungslegungspflichtigen Unternehmen erstellt werden.

Der Tätigkeitsbericht stellt auch insofern eine Besonderheit dar, als der Gesetzgeber im KAGB abweichend 16
von den Vorschriften des handelsrechtlichen Lageberichts **auf inhaltliche Vorgaben verzichtet** hat. Dabei hätte es nahegelegen und auch nicht dem internationalen Ansatz der Rechnungslegung widersprochen auch für das investmentrechtliche Rechnungswesen, entweder auf den DRSC 20 zu verweisen oder zumindest Anleihen vorzunehmen. Der DRSC 20 folgt internationalen Grundlagen und gibt explizit Vorgaben für der KVG verwandte Branchen wie Finanzdienstleistungsinstitute, zu denen auch die Finanzportfolioverwalter gehören.

Diese Lücke schließt in Teilen § 8 KARBV „Tätigkeitsbericht“. 17

Zunächst einmal stellt § 8 KARBV die üblicherweise auch an den Lagebericht gestellten Anforderungen der 18
Verständlichkeit „aus sich heraus“ sowie der **Vermeidung von Verweisen**, wenn diese die Verständlichkeit mindern.

Ergänzend zum KAGB nennt § 8 KARBV vor allem aber die Aspekte, die dem Verordnungsgeber wichtig 19
erschienen, um die Zweckbestimmung des Tätigkeitsberichts zu erreichen.

Hierfür präzisiert § 8 KARBV zunächst, indem er betont, dass der Tätigkeitsbericht sich auf die **Tätigkeit** 20
der Kapitalverwaltungsgesellschaft in Bezug auf das jeweils betraute Sondervermögen bezieht. § 101 Abs. 1 KAGB spricht dagegen allgemein von Tätigkeit der Kapitalverwaltungsgesellschaft und öffnet somit den Raum für eher allgemeine Ausführungen.

Auch enthält § 8 KARBV eine Erweiterung, als er **ausgelagerte Portfolioverwaltungen** explizit in den Tä- 21
tigkeitsbericht aufnimmt. Die Möglichkeit einer KVG, auf einen Tätigkeitsbericht mit Hinweis auf die ausgelagerte Portfolioverwaltung zu verzichten, ist somit genommen.

22 Zu den explizit im Tätigkeitsbericht eines Publikumssondervermögens vorzunehmenden Angaben gehören:

- die **Anlageziele** des Sondervermögens sowie die Anlagepolitik zur Erreichung dieser Ziele im Berichtszeitraum
- die **wesentlichen Risiken** des Sondervermögens im Berichtszeitraum, insbesondere Adressenausfallrisiken, Zinsänderungs-, Währungs- und sonstige Marktpreisrisiken sowie operationelle Risiken und Liquiditätsrisiken
- die **Struktur des Portfolios** im Hinblick auf die Anlageziele zum Berichtszeitpunkt sowie wesentliche Veränderungen während des Berichtszeitraums
- sonstige für den Anleger **wesentliche Ereignisse im Berichtszeitraum** wie beispielsweise die Auslagerung des Portfoliomanagements.

23 Selbstverständlich könnte kritisch angemerkt werden, dass diese Angaben in hohem Maße Deckungsgleich mit Angaben im Verkaufsprospekt sind. Dennoch fallen diese Angaben nicht zwingend unter das Verbot des § 8 Abs. 3 KARBV, ein „Zuviel" an Angaben zu unterlassen. Der Anleger erhält über den Tätigkeitsbericht **eine aktualisierte Version bzw. Änderungshinweise bezüglich der Angaben im Verkaufsprospekt**.

24 Zudem besteht der Vorteil dieser Angaben im Tätigkeitsbericht darin, dass in einem einschließlich des Zahlenwerkes in sich geschlossenen Dokument **konsistent** berichtet werden muss.

25 Der Investmentindustrie blieb es darüber hinaus vorbehalten, erkannte Lücken in der Berichterstattung individuell oder im Rahmen einer Branchenregelung zu füllen. Hiervon hat die Investmentindustrie Gebrauch gemacht. So enthalten Tätigkeitsberichte regelmäßig Angaben

- zum Marktumfeld in der Berichtsperiode,
- zu assetspezifischen Kennzahlen (z.B. Duration),
- zu Risikokennzahlen (Volatilität),
- zur Anlagepolitik in der Zukunft.

26 Informationen über Ereignisse, die bis zum Abschluss des Geschäftsjahres aufgetreten sind und für den Anleger relevant sind, können und müssen gemacht werden. Informationen über Ereignisse, die nach dem Abschluss des Geschäftsjahres aufgetreten sind, sind grundsätzlich in den Tätigkeitsbericht des Folgejahres aufzunehmen.

27 Zusammenfassend lässt sich feststellen, dass der **Tätigkeitsbericht, ergänzt um die Regeln der KARBV und möglicherweise weitere individuelle Informationen der KVG**, geeignet ist, die inhaltlichen Anforderungen des § 101 KAGB sowie der KARBV an den Jahresbericht zu erfüllen.

3. Vermögensaufstellung

28 Die Vermögensaufstellung lässt sich als das **Pendant zur handelsrechtlichen Bilanz** interpretieren. Sie gibt quantitative Informationen, die dem Anleger helfen, die Tätigkeit der KVG anhand der zum Stichtag im Bestand des Sondervermögens befindlichen Vermögensgegenstände zu würdigen.

29 Das KAGB gibt für die Vermögensaufstellung **keine feste Gliederungsstruktur** z.B. analog der von der BaFin erlassenen RechKredV oder dem Bilanzschema in § 266 Abs. 2 HGB vor. Dennoch deuten die Vorschriften des KAGB nicht zuletzt durch zahlreiche „davon"-Vermerke auf eine tiefe Gliederungsstruktur hin.

30 Aus dem KAGB lässt sich nachstehende Gliederung ableiten:

- Vermögensgegenstände
  - Art,
  - Nennbetrag oder Zahl,
  - Kurs,
  - Kurswert,
- Verbindlichkeiten
  - Verbindlichkeiten aus Kreditaufnahme
  - Pensionsgeschäfte
  - Wertpapier-Darlehensgeschäfte
  - Sonstige Verbindlichkeiten

Der Wertpapierbestand ist zudem wie folgt zu untergliedern: 31
- Wertpapiere mit Zulassung zum Handel an einer Börse,
- an einem organisierten Markt zugelassene oder in diesen einbezogene Wertpapiere,
- Wertpapiere aus Neuemissionen, die an einer Börse zum Handel zugelassen oder an einem organisierten Markt zugelassen oder in diesen einbezogen werden sollen,
- sonstige Wertpapiere gem. § 198 Abs. 1 Nr. 1, 3 KAGB,
- verbriefte Geldmarktinstrumente sowie Schuldscheindarlehen.

Außerdem hat eine **weitere Gliederung nach geeigneten Kriterien** unter Berücksichtigung der Anlagepolitik zu erfolgen. Dies könnten Regionen- oder Industrieschwerpunkte sein. 32

Für jeden Posten der Vermögensaufstellung ist der **Anteil am Wert des Sondervermögens** anzugeben. 33

Für Wertpapiere, Geldmarktinstrumente und Investmentanteile sind **getätigte Käufe und Verkäufe** nach Nennbetrag oder Zahl anzugeben. 34

Außerdem ist der **Gesamtwert des Sondervermögens** anzugeben. 35

Die Gliederung entstammt den Vorläufergesetzen des KAGB und wirkt in ihrer Aufteilung nicht durchgehend schlüssig vor dem Ansatz, dass der Anleger sich ein Urteil über die Tätigkeit, die Ergebnisse des Sondervermögens sowie den Wert bilden soll. 36

In Teilen stellt die Vermögensaufstellung auf Liquiditätsaspekte ab, indem die Wertpapiere hinsichtlich ihres Status in Bezug auf den Börsenhandel anzugeben sind. Ob sich aus dem Jahresbericht nützliche Hinweise zum **Liquiditätsrisiko** des Sondervermögens ableiten lassen, kann jedoch bezweifelt werden. 37

Angaben zum Liquiditätsrisiko gehören ohne Zweifel zu den besonders relevanten Informationen. Da Krisen der Investmentindustrie in den letzten Jahren vor Verabschiedung des KAGB regelmäßig mit Liquiditätskrisen einhergingen, mutet die vorgegebene Gliederung zumindest zur Beurteilung des Ergebnisses in Bezug auf Liquiditätsquoten als **zu kurz gegriffen** an. Insbesondere erscheint es zweifelhaft, ob der Anleger aus dem Jahresbericht einen Rückschluss auf die Liquidierbarkeit der Vermögensgegenstände z.B. bei einer Schließung des Sondervermögens ziehen kann. 38

Das **Markt- und Ausfallrisiko** spielt in der investmentrechtlichen Rechnungslegung ebenfalls keine bedeutende Rolle. Eine Gliederung z.B. nach Ratings ist nicht vorgesehen. 39

Bei einzelnen Transaktionen setzt sich das investmentrechtliche Rechnungswesen in der Praxis dagegen über Risikoaspekte und die übliche handelsrechtliche Verbuchungspraktik hinweg. 40

Bei in **Pension gegebenen Wertpapieren**, also bei einer Transaktion bei der gleichzeitig eine Rückabwicklung vorgesehen ist, werden die Wertpapiere weiterhin im Bestand ausgewiesen. Dies ist sinnvoll, da durch die Rückabwicklung jegliches Risiko aus dem Wertpapier bei dem Sondervermögen verbleibt und entspricht Handelsrecht. 41

Bei in **Pension genommenen Wertpapieren** werden die Wertpapiere wahlweise im Wertpapierbestand aufgeführt oder als Rückzahlungsforderung aus in Pension genommenen Wertpapieren aufgeführt. Der Ausweis im Wertpapierbestand ist offensichtlich irreführend, da die Vermögensgegenstände eben nicht dem Sondervermögen gehören und damit eine unrichtige Darstellung des Wertpapierbestandes bedeuten. Diese Darstellung folgt auch nicht dem Handelsrecht. 42

Die Handhabung im Bereich der **Wertpapierleihe** folgt dagegen der handelsrechtlichen Handhabung. Bei der Wertpapierleihe handelt es sich rechtlich um ein Sachdarlehen. Das Sondervermögen, das ohnehin lediglich als Darlehensnehmer auftreten darf, erwirbt dabei die Verfügungsgewalt über die Wertpapiere. Entsprechend werden diese im Bestand des Sondervermögens ausgewiesen. Handelsrechtlich gibt es allerdings Bestrebungen, einen solchen Ausweis nicht zuzulassen. 43

Derivate erwähnt lediglich die KARBV, nicht aber das KAGB, als Teil der Gliederung obwohl einige Erscheinungsformen von Derivaten als schwebende Geschäfte zu qualifizieren sind. Somit fallen sie nicht oder zumindest nicht zwangsläufig unter den Begriff „Vermögensgegenstände". Somit besteht auf Gesetzesebene eine Regelungslücke. 44

Bei den **Verbindlichkeiten** wäre ebenfalls zu erwarten gewesen, dass der Gesetzgeber den Bereich der **Derivate** stärker aufgreift. Mit den „Sonstigen Verbindlichkeiten" schafft er zwar einen Raum für Ansatz und Ausweis, verzichtet aber auch auf eine explizite Nennung. 45

46 Die **vage Gliederungsstruktur**, wenn überhaupt von einer Struktur die Rede sein kann, zeigt die Unschlüssigkeit des Gesetzgebers in Hinblick auf die Ziele des Jahresberichtes.

47 Der Ansatz ist allerdings für die Praxis vor dem Hintergrund der **Pluralität der Investmentvermögen** zu begrüßen, insbesondere da der Gesetzgeber explizit den Zusammenhang zur Anlagepolitik herstellt.

48 Die **Angabe der getätigten Käufe und Verkäufe** nach Nennbetrag oder Zahl stellt für den Investor in mehrfacher Hinsicht eine wichtige Detailangabe dar. Zum einen kann er somit die Umschlagshäufigkeit und somit die Angemessenheit der dem Sondervermögen belasteten **Transaktionsgebühren** einschätzen. Zum anderen kann er beurteilen, inwieweit die Aktionen des Portfoliomanagers überhaupt zu der **Anlagestrategie** passen.

49 Es ist anzugeben, inwieweit zum Sondervermögen gehörende Vermögensgegenstände Gegenstand von **Rechten Dritter** sind. Auch diese Angabe ist für den Investor wichtig. Allerdings verzichtet der Gesetzgeber darauf, die rechnungslegungsbezogenen Konsequenzen zu nennen, so dass hier auf die Grundsätze allgemeiner Buchführung zurückzugreifen ist.

50 Der **Wert des Sondervermögens** ist anzugeben. Dies stellt in Abgrenzung zu der handelsrechtlichen Bilanzierung eine Besonderheit dar.

51 Insgesamt weist das KAGB in Hinblick auf den Zweck der investmentrechtlichen Rechnungslegung deutliche Schwächen auf. Diese schließt zumindest in großen Teilen die KARBV mit § 9 KARBV „Vermögensübersicht" sowie § 10 KARBV „Vermögensaufstellung". Beide §§ gelten für alle Sondervermögen.

52 **§ 9 KARBV präzisiert die Vermögensaufstellung** durch Einführung einer nicht im KAGB erwähnten Vermögensübersicht, die der Vermögensaufstellung voranzustellen ist. Die Vermögensübersicht lässt sich als das **Inventar des Sondervermögens** interpretieren.

53 Die Vermögensübersicht ist nach geeigneten Kriterien unter Berücksichtigung der Anlagepolitik und nach prozentualen Anteilen am Wert des Sondervermögens zu gliedern.

54 Damit gibt die KARBV jedoch kein Gliederungsschema i.S.e. Formates für die Vermögensaufstellung vor. Allerdings nennt sie die mindestens anzugebenden **Gliederungspunkte**:

- Vermögensgegenstände
  - Aktien
  - Anleihen
  - Derivate
  - Forderungen
  - Kurzfristig liquidierbare Anlagen
  - Bankguthaben
  - Sonstige Vermögensgegenstände
- Verbindlichkeiten
- Fondsvermögen

55 Zudem führt § 10 Abs. 1 KARBV als weiteres Gliederungskriterium **„Märkte"** ein.

56 Formal besteht die Bedeutung des § 9 „Vermögensübersicht" darin, dass hier eine bilanzorientierte Ausweisform zumindest nicht als erste Lösung aufgezeigt wird. Vielmehr legt § 9 KARBV, ohne dies zwingend vorzuschreiben, die **Staffel- oder Inventarform** nahe.

57 Leerposten können nach üblicher rechnungslegungstechnischer Handhabung entfallen.

58 Darüber hinaus gibt es eine weitere formelle Besonderheit im Ausweis. Bilanzen weisen Posten üblicherweise nach zu- (§ 266 Abs. 2 HGB) oder abnehmender (RechKredV – Formblatt 1) Liquidität aus. Hiervon löst sich das Investmentrecht mit einem **Ausweis nach Assetklassen** vollständig.

59 Angesichts der Bedeutung der Liquidität mag dies erstaunen. Allerdings schließt dieser Ausweis nahtlos an den Gedanken der **Ordnungsmäßigkeit** an. Der Investor kann unmittelbar erkennen, ob der Portfolioverwalter sich bei der Auswahl der Assetklassen an die Anlagebedingungen gehalten hat.

60 Materiell liegt die Bedeutung der Form darin, dass ein Sondervermögen als Folge der Darstellung **kein Eigenkapital im bilanziellen Sinn** ausweist. Vielmehr weist das Sondervermögen ein Fondsvermögen aus, welches sich rechnerisch aus den Oberpositionen „Vermögensgegenstände" und „Verbindlichkeiten" durch Aufsummierung ermitteln lässt. Allerdings entspricht der Grundgedanke durchaus dem bilanziellen Eigen-

kapital, welches sich – wenn auch vereinfacht als Differenz zwischen Aktivseite und „Schulden i.w.S." – ermitteln lässt.

Da der Wert des einzelnen Anteils des Sondervermögens der **Quotient aus Fondsvermögen und umlaufenden Anteilen** ist, entwickeln sich Fondsvermögen und Anteilswert exakt parallel. 61

§ 9 „Vermögensübersicht" KARBV enthält jedoch nicht alle Ausweisvorschriften für Sondervermögen. Ergänzend ist § 10 KARBV „Vermögensaufstellung" hinzuzuziehen, der allerdings neben **Ausweis- auch Bewertungsvorschriften** enthält. 62

Als explizite Zusatzangabe fordert § 10 KARBV „Vermögensaufstellung" die aus dem KAGB bekannte Gliederung nach Arten von Vermögensgegenständen, jetzt aber ergänzt um Märkte. Auf eine Definition des Begriffs „Markt" verzichtet die KARBV allerdings. Vermutlich umfasst diese Regelung neben Vermögensgegenständen auch Verbindlichkeiten, auch wenn dies nicht explizit erwähnt wird. 63

Auch wenn dies nicht explizit gefordert wird, hat sich bei der Darstellung der Wertpapiere eine **Trennung nach Emittenten sowie bei Emissionen eines Emittenten nach Serien und damit Laufzeiten** durchgesetzt. 64

Als wichtige Ausweisvorschrift ist das **Saldierungsverbot** bezüglich Vermögensgegenständen und Verbindlichkeiten sowie der getrennte Ausweis von Forderungen und Verbindlichkeiten aus dem Anteilsumsatz zu sehen. Diese erhöhen deutlich die Transparenz und betonen die Anwendung handelsrechtlicher Grundsätze ordnungsgemäßer Buchführung auch für das Investmentrecht. 65

Um diese Vorschriften umsetzen zu können und trotz der Vielzahl der Ausgestaltungsmöglichkeiten eine dem Investor verständliche Ausweisform zu bieten, hat sich die Investmentindustrie weitgehend auf den BVI-Muster-Jahresbericht geeinigt, der in dieser Form auch von der Aufsicht akzeptiert wird.[1] 66

Zusammenfassend lässt sich feststellen, dass die formalen Anforderungen an die Vermögensaufstellung eher Verwirrung als Klarheit bringen. Dies liegt zum Teil an der wenig konsequenten Aufteilung der Anforderungen auf KAGB und KARBV. Zum Teil beruht dies aber auch auf der Tendenz in der Rechnungslegung, zu viele Aussagen (Bewertung, Steuern, etc.) in einem Rechnungslegungsinstrument zusammenfassen zu wollen. In der Praxis zeigt sich jedoch, dass mit der Vermögensaufstellung ein tiefer Einblick in die Vermögenspositionen des Sondervermögens geboten wird. 67

4. Geschäftsaufstellung

Diese Aufstellung zeigt die **unterjährig** getätigten Transaktionen auf Ebene der Einzelwerte, soweit diese nicht mehr im Jahresbericht gezeigt werden. Ein Pendant zur handelsrechtlichen Rechnungslegung besteht nicht. 68

Wenn der Investor sich mittels der Rechnungslegung ein Urteil bezüglich der ordnungsgemäßen Tätigkeit der KVG verschaffen soll, reicht eine Stichtagsbetrachtung auf Jahres- oder Halbjahresbasis in Bezug auf diese Geschäfte jedoch nicht aus. Allerdings wären sowohl die KVG als auch der Investor bei einem Austausch von Transaktionslisten überfordert. 69

Weder KAGB noch KARBV stellen besondere Anforderungen an die Form des Ausweises. Die KARBV konkretisiert den Inhalt des Ausweises, indem sie vorschreibt, bei Wertpapieren die **Wertpapierkennnummer oder ISIN** anzugeben. 70

Darauf aufbauend hat die Praxis einen Kompromiss gefunden. Die KVG weist eine Entwicklungsrechnung pro ISIN aus, die **in die Vermögensaufstellung integriert** ist. Dadurch lässt sich ausgehend von einem Anfangsbestand über die Zu- und Abgänge unmittelbar der aktuelle Bestand nachvollziehen. 71

Die sonstigen anzugebenden Geschäfte werden meist wie in einer Anlage separat aufgelistet. 72

Die Aufstellung der **Geschäfte, die nicht mehr in der Vermögensaufstellung erscheinen**, kann als Alleinstellungsmerkmal und besondere Maßnahme zum Erreichen des Zwecks der investmentrechtlichen Rechnungslegung gesehen werden. 73

---

1 *Hornschu/Neuf* in Emde/Dornseifer/Dreibus/Hölscher, § 44 InvG Rz. 4; *Hornschu/Neuf* sehen Musterjahresberichte als Mindeststandards.

5. Anteilsumlauf

74 Der Ausweis der **am Berichtsstichtag** umlaufenden Anteile sowie der Wert des Anteils gem. § 168 Abs. 1 KAGB müssen ausgewiesen werden. Diese Angabe entspricht der z.B. im Anhang einer Aktiengesellschaft unter „Sonstige Pflichtangaben" vorzunehmenden Angabe.

75 Die Anzahl der umlaufenden Anteile spielt für die Beurteilung der Ordnungsmäßigkeit der KVG und für die Würdigung des Ergebnisses des Sondervermögens nur eine untergeordnete Rolle. Auch die Angabe des Wertes des Anteils kann von dem Investor nur mittelbar verwendet werden. Allerdings helfen diese Angaben, den Jahresbericht zu **plausibilisieren.** Aus dem Anteilswert lässt sich zudem im **Mehrjahresvergleich** die stichtagsbezogene Rendite des Sondervermögens berechnen.

76 Der Wert des Anteils ergibt sich dabei, eine richtige Bewertung vorausgesetzt, als einfache Division des Fondsvermögens durch die umlaufenden Anteile.

77 Da Anteile jedoch grundsätzlich jederzeit herausgegeben, zurückgenommen oder gehandelt werden können, stellt es durchaus eine logistische aber auch rechtliche Herausforderung dar, die Anzahl der umlaufenden Anteile zu ermitteln.

78 Letztlich kann es nie ausgeschlossen werden, dass die Angabe der Anzahl der umlaufenden Anteile eine **Unschärfe** ausweist. Allerdings kann insbesondere bei Publikumssondervermögen davon ausgegangen werden, dass aufgrund der großen Anzahl von umlaufenden Anteilen Unschärfen durch Transaktionen in Anteilen den rechnerischen Wert des einzelnen Anteils nicht wesentlich beeinflussen.

79 Auch wenn die Angabe des Anteilswertes nicht uninteressant ist, bleibt unklar, inwieweit sie hilft, die Ziele des Jahresberichtes zu erreichen.

6. Ertrags- und Aufwandsrechnung

80 Die Ertrags- und Aufwandsrechnung stellt die dem HGB vergleichbare **Gewinn- und Verlustrechnung** des Sondervermögens dar.

81 Entsprechend den Vorschriften für die Vermögensaufstellung gibt das KAGB **keine Ausweisstruktur** für die Ertrags- und Aufwandsrechnung vor. Das KAGB verlangt lediglich, dass

- Erträge aus Anlagen,
- sonstige Erträge,
- Aufwendungen für die Verwaltung des Sondervermögens,
- Aufwendungen für die Verwahrstelle,
- sonstige Aufwendungen und Gebühren,
- der Nettoertrag sowie
- Erhöhungen und Verminderungen des Sondervermögens durch Veräußerungsgeschäfte

ersichtlich sind.

82 Insbesondere die Ertragsarten lassen sich dabei nur durch **Negativabgrenzung** voneinander unterscheiden. So sind Erträge aus Veräußerungsgeschäften keine Erträge aus Anlagen, da diese getrennt genannt werden. Sonstige Erträge sind entsprechend weder Erträge aus Anlagen noch aus Veräußerungsgeschäften. Der Nettoertrag soll, auch wenn kein Bruttoertrag erwähnt wird, offensichtlich eine Zwischensumme darstellen.

83 Auch hier schließt die KARBV mit § 11 KARBV Ertrags- und Aufwandsrechnung Lücken. Die auf dem KAGB aufbauende Gliederung weist einen wesentlich höheren Detaillierungsgrad auf:

- Erträge
  - Dividenden inländischer Aussteller
  - Dividenden ausländischer Aussteller (vor Quellensteuer)
  - Zinsen aus inländischen Wertpapieren
  - Zinsen aus ausländischen Wertpapieren (vor Quellensteuer)
  - Zinsen aus Liquiditätsanlagen im Inland
  - Zinsen aus Liquiditätsanlagen im Ausland (vor Quellensteuer)

  - Erträge aus Investmentanteilen
  - Erträge aus Wertpapier-Darlehen- und -Pensionsgeschäften
  - Abzug ausländischer Quellensteuer
  - Sonstige Erträge
- Summe der Erträge
- Aufwendungen
  - Zinsen aus Kreditaufnahmen
  - Verwaltungsvergütung
  - Verwahrstellenvergütung
  - Prüfungs- und Veröffentlichungskosten
  - Sonstige Aufwendungen
- Summe der Aufwendungen
- Ordentlicher Nettoertrag
- Veräußerungsgeschäfte
  - Realisierte Gewinne
  - Realisierte Verluste
- Ergebnis aus Veräußerungsgeschäften
- Realisiertes Ergebnis des Geschäftsjahres
  - Nettoveränderung der nicht realisierten Gewinne
  - Nettoveränderung der nicht realisierten Verluste
- Nicht realisiertes Ergebnis des Geschäftsjahres
- Ergebnis des Geschäftsjahres.

Die sich aus der KARBV ergebende Gliederung ist in sich selbst erklärend und lässt keinen Interpretations- 84
spielraum zu.

Insbesondere die Angabe des nicht realisierten Ergebnisses unterscheidet die Ertrags- und Aufwandsrech- 85
nung nach KAGB von der nach KARBV. Damit wird auch eine deutliche Unterscheidung zur Rechnungslegung nach HGB herbeigeführt, die sich auf das realisierte Ergebnis fokussiert. Eine ähnliche Angabe findet sich allerdings in der Rechnungslegung nach IFRS in Form des **„Other Comprehensive Income"**.

Die regionale Unterscheidung bei den Erträgen zwischen Ausstellern bei Dividenden und Wertpapieren bei 86
Zinsen ist allerdings unglücklich.

Sicherlich kann es sinnvoll sein, bei Zinsen auf das Wertpapier und damit wohl auf den Sitz des Emittenten 87
abzustellen. Viele Unternehmen begeben Schuldtitel an off-shore Märkten, deren rechtliche und politische Situation für den Investor **nicht** immer **transparent** ist.

Allerdings kann auch ein inländischer Aussteller von Dividendenpapieren diese an einer ausländischen 88
Börse zulassen. Damit ist die Transparenzsituation nicht wesentlich anders als bei zinstragenden Papieren zu werten.

Als nicht konsistent muss es auch angesehen werden, dass vergleichbare Differenzierungen für die weiteren 89
Ertragsarten nicht bestehen.

Auf der **Aufwandsseite** schafft die Ausweisstruktur auch **nur bedingt Transparenz**. Für den Investor wäre 90
es sicherlich interessant, wenn die vertraglich vereinbarten Gebührenarten (Pauschalvergütungen, Erfolgsabhängige Vergütungen) aus dem Aufwandsausweis abzuleiten wären. Diese finden sich nach KAGB erst in den Sonstigen Pflichtangaben bzw. nach KARBV in dem Anhang.

Die Erträge aus Veräußerungsgeschäften sowie das nicht realisierte Ergebnis können **fiktive Bestandteile** 91
enthalten. Dies beruht auf der Bewertung der Wertpapierbestände zu dem **Mischeinstandskurs**. Der Verkaufserlös eines Wertpapiers wird bei einem Bestand der in mehreren Transaktionen aufgebaut wurde, nicht einzelnen Kauftransaktionen gegenübergestellt. Der Verkaufserlös stellt die Differenz zwischen Verkaufskurs eines Wertpapieres und Mischeinstandspreis multipliziert um die Stückzahl und reduziert um Transaktionskosten dar.

Nicht aus dem Gliederungsschema erkennbar sind Anteile aus sog. **Ertrags-, seltener Aufwandsausgleichs-** 92
rechnungen.

93 Diesen Berechnungen liegt die Überlegung zugrunde, dass ein Investor, der z.B. einen Tag vor der Ausschüttung der Dividenden des Sondervermögens erstmals in das Sondervermögen investiert, in voller Höhe an der Dividende partizipiert. Dies gilt zumindest in Deutschland als **nicht fair**.

94 Durch die Ertragsausgleichsrechnung „kauft" sich der Neuinvestor in die Erträge des Sondervermögens ein. Ein Teil seines Investments wird in die Ausschüttungsmasse einbezogen. Dies wird rechnerisch durch eine anteilige Umbuchung seines Investments auf die bestehenden Ertragspositionen erreicht.

95 Da die Auswirkung der Ertragsausgleichsrechnung in der Ertrags- und Aufwandsrechnung nicht offen ausgewiesen werden muss, trägt diese Rechnung zu einer partiellen Intransparenz der Ertragslage bei.

96 Insgesamt erreicht jedoch die Ertrags- und Aufwandsrechnung durch Ergänzung der Anforderungen der KARBV eine Transparenz, die auch die Zielerfüllung des KAGB unterstützt.

7. Entwicklungsrechnung

97 Die Entwicklungsrechnung **leitet** das Nettokapital zu Beginn des Sondervermögens zu dem Nettokapital am Ende des Sondervermögens **über**. Es entspricht bezüglich seiner Bedeutung der handelsrechtlichen **Eigenkapitalüberleitungsrechnung**.

98 Das KAGB nennt dabei die mindestens darzustellenden Faktoren:

- Ausgeschüttete und wiederangelegte Erträge
- Mehr- und Minderwerte bei den ausgewiesenen Vermögensgegenständen
- Angaben über Mittelzuflüsse aus Anteilverkäufen und Mittelabflüsse aus Anteilrücknahmen.

99 Wie auch die anderen Elemente der Rechnungslegung wird die Entwicklungsrechnung **durch die KARBV** konkretisiert. Dies ist bereits deswegen erforderlich, weil das KAGB im Zusammenhang mit der Entwicklungsrechnung die sonst nicht verwendeten Begriffe Mehr- und Minderwert einführt. Dies muss als redaktionelles Mißgeschick gewertet werden und wird durch § 13 KARBV korrigiert.

100 Die KARBV konkretisiert aber nicht nur, sondern führt auch einen höheren Detaillierungsgrad im Vergleich zum KAGB ein.

101 Als zusätzliche Elemente verlangt die KARBV:

- Steuerabschlag für das Vorjahr
- Zwischenausschüttungen
- Ertragsausgleich/Aufwandsausgleich
- die Nennung der unrealisierten Gewinne und Verluste als Teil des Ergebnisses des Geschäftsjahres.

102 Ob die Entwicklungsrechnung dem Investor nützliche Informationen bezüglich der Ordnungsmäßigkeit der Tätigkeit der KVG oder bezüglich des Ergebnisses des Sondervermögens gibt, kann bezweifelt werden. Die in der Entwicklungsrechnung enthaltenen Informationen erhält der Investor mit Ausnahme der Mittelzu- und -abflüsse auch an anderer Stelle des Jahresberichtes. Die Entwicklungsrechnung stellt jedoch formal eine wichtige Information dar, da sie dem Investor eine intuitiv gut nachvollziehbare Darstellung der Entwicklung seines Vermögens bietet.

8. Ertragsverwendung

103 Die im KAGB verlangte Ertragsverwendung entspricht auf den ersten Blick der handelsrechtlich möglichen Darstellung eines **Ergebnisses vor bzw. nach Gewinnverwendungsbeschluss**.

104 Die Bedeutung der Ertragsverwendungsrechnung auch in Abgrenzung zur handelsrechtlichen Rechnungswesen ergibt sich bei Verwendung der Gliederungsstruktur aus § 12 KARBV:

- Für die Ausschüttung verfügbar
  - Vortrag aus dem Vorjahr
  - Realisiertes Ergebnis des Geschäftsjahres
  - Zuführung aus dem Sondervermögen
- Nicht für die Ausschüttung verwendet
  - Der Wiederanlage zugeführt
  - Vortrag auf neue Rechnung

- Gesamtausschüttung
  - Zwischenausschüttung
  - Barausschüttung
  - Einbehaltene Kapitalertragsteuer
  - Einbehaltener Solidaritätszuschlag
- Endausschüttung
  - Barausschüttung
  - Einbehaltene Kapitalertragsteuer
  - Einbehaltener Solidaritätszuschlag

Der für die Ausschüttung verfügbare Betrag enthält den Vortrag des Vorjahres, der dem Vortrag auf neue Rechnung im Vorjahresjahresbericht entspricht. 105

Bemerkenswert ist allerdings, dass nur die KARBV den Fall des thesaurierenden Sondervermögens berücksichtigt. 106

Das KAGB verlangt für die Ertragsverwendung keine Angaben, die zur Überprüfung der Ordnungsmäßigkeit oder zum Nachvollziehen des Ergebnisses des Sondervermögens erforderlich sind und nicht an anderer Stelle ohnehin gegeben würden. Die Bedeutung liegt in ersten Linie in dem **Ausweis der steuerlichen Angaben.** 107

9. Vergleichende Übersicht

Die ausschließlich für Publikumssondervermögen auszuweisende Übersicht **der letzten drei Geschäftsjahre** stellt hinsichtlich der üblichen Darstellungsformen in der Rechnungslegung aufgrund der Anzahl der Vergleichsperiode eine Besonderheit dar. 108

Üblicherweise begnügen sich Rechnungslegungsstandards mit dem Ausweis der Vorjahreszahlen. 109

Im Asset Management dagegen ist es durchaus üblich, mehrjährige Periodenvergleiche darzustellen. Dann jedoch ist es üblich, den Vergleich auf ein-, drei-, fünf und zehnjähriger Basis vorzunehmen. Bei dieser Darstellungsform stehen eher Rendite- und Risikokennzahlen als absolute Werte im Vordergrund. 110

Die Anforderungen des KAGB stellen insofern einen **Kompromiss** dar. Mit dem Ausweis des Wertes des Sondervermögens nähert sich das KAGB den üblichen handelsrechtlichen Darstellungsformen an. Mit dem Ausweis des Wertes des Anteils nähert sich das KAGB einem Renditeausweis an. Die Anzahl der Perioden erscheint ein Kompromiss aus handelsrechtlichen und industriespezifischen Darstellungsformen zu sein. 111

§ 14 KARBV ergänzt bezüglich der Periodizität, dass bei Sondervermögen mit einer Wertentwicklung von weniger als drei Geschäftsjahren die Wertentwicklung für die Zeit **seit der Auflegung** anzugeben ist. 112

Ebenfalls in § 14 KARBV findet sich der Hinweis, dass bei mehreren Anteilklassen die Wertentwicklung **mindestens für die Anteilklasse mit der höchsten Gesamtkostenquote** darzustellen ist. 113

Die Vorschriften der KARBV sind insofern ungewöhnlich, als die Angabe der Wertentwicklung die Angabe der Differenz zwischen zwei Werten verlangt, während das KAGB absolute Werte verlangt. KAGB und KARBV arbeiten somit mit **unterschiedlichen Maßstäben.** 114

Auch die Anforderung bei Anteilscheinklassen, lediglich die Wertentwicklung derjenigen mit der höchsten Gesamtkostenquote anzugeben, ist äußerst ungewöhnlich. Zum einen stellt sich die Frage, warum Investoren aufsichtsrechtlich gefördert unterschiedliche Informationen erhalten. Zum anderen schränkt diese Regel offensichtlich die Vergleichbarkeit im Zeitablauf ein, da sich die Gesamtkostenquote zwischen Anteilscheinklassen ändern kann. 115

Die vergleichende Übersicht unterstützt insgesamt betrachtet die Zielsetzung des KAGB und der KARBV, da sie eine Einschätzung der Wertentwicklung des Sondervermögens ermöglicht. 116

10. Wertpapierfinanzierungsgeschäfte

Durch das am 24.6.2017 in Kraft getretene 2. FiMaNoG müssen auch Angaben zu Wertpapierfinanzierungsgeschäften und Gesamtrendite-Swaps gem. Art. 13 Abs. 2 i.V.m. Anhang Abschnitt A der Verordnung (EU) 2015/2365 (Wertpapierfinanzierungsverordnung) in den Jahresbericht aufgenommen werden. Die Zusatzangaben lassen sich am sinnvollsten im Anhang platzieren und können je nach Umfang eine Negativformulierung oder eine tabellarische Auflistung darstellen (s. BVI-Muster). 116a

II. Sonstige Pflichtangaben (§ 101 Abs. 2 KAGB)

1. Angaben gemäß KAGB

117 Über die in § 101 Abs. 1 KAGB beschriebenen Teile des Jahresberichtes hinaus enthält § 101 Abs. 2 KAGB Einzelangaben, die der **Jahresbericht eines Publikumssondervermögens** enthalten muss. Diese Angaben müssen im **Anhang** gem. § 7 Nr. 9 KARBV ausgewiesen werden. Hierbei handelt es sich um

- die Gesamtkostenquote,
- erfolgsabhängige Verwaltungsvergütungen,
- zusätzliche Verwaltungsvergütung für den Erwerb, die Veräußerung oder die Verwaltung von Vermögensgegenständen,
- Vergütungen an Dritte, falls diese pauschaliert vereinbart sind,
- gesondert in Rechnung gestellte Kosten eines Publikumssondervermögens,
- Angaben zu Vergütungen der KVG wie Rückvergütungen,
- Ausgabeaufschläge und Rücknahmeabschläge, die dem Sondervermögen im Berichtszeitraum für den Erwerb und die Rücknahme von Anteilen i.S.d. §§ 196 und 230 KAGB berechnet worden sind,
- Vergütung, die dem Sondervermögen für die im Sondervermögen gehaltenen Anteile berechnet wurde (Zielfondskosten).

118 Diese Angaben sollten dem Anleger einen Überblick über die von ihm direkt oder indirekt getragenen Gebühren verschaffen und dienen wie z.B. die Gesamtkostenquote auch der Vergleichbarkeit der Sondervermögen. Ähnliche Einzelangaben sind auch handelsrechtlich zumindest nicht unüblich.

119 Allerdings wäre es zur Erhöhung der Transparenz sicherlich wünschenswert, an dieser Stelle auch die pauschalisierte Verwaltungsvergütung auszuweisen.

120 Die Angaben unterstützen zum einen die im KAGB als Zweck der Rechnungslegung normierten Ziele der ex-post Beurteilung der Tätigkeit der KVG sowie der Ergebnisse der Sondervermögen.

121 Die **Gesamtkostenquote** ermöglicht einen Vergleich der Kostenbelastung zwischen Sondervermögen gleicher Struktur. Der Anleger kann sich somit im Rahmen eines Vergleichs einen Einblick in die Ordnungsmäßigkeit der Kostenbelastung verschaffen. Gleichzeitig erfüllen diese Angaben auch den durch die KARBV erweiterten Zweck der investmentrechtlichen Rechnungslegung, da die Gesamtkostenquote beim Treffen einer Investmententscheidung sicherlich zu berücksichtigen ist.

122 Allerdings täuscht der Name der Gesamtkostenquote über ihren Inhalt hinweg. Insbesondere die Transaktionskosten sind nicht Teil der Gesamtkostenquote.

123 Die Angaben der **erfolgsabhängigen Verwaltungsvergütungen** stellen für den Anleger auch eine wichtige Informationsquelle dar, wobei an dieser Stelle auf die umfangreiche Fachliteratur zu diesem Thema verwiesen werden muss. Aufgrund der Komplexität der Materie erscheint es unwahrscheinlich, dass ein Großteil der Anleger die Informationen in Bezug auf sein Sondervermögen richtig interpretiert. In Bezug auf die Beurteilung der Ordnungsmäßigkeit der Tätigkeit der KVG sowie das Ergebnis des Sondervermögens erscheint die Angabe auch wenig hilfreich. In Bezug auf die Entscheidungsrelevanz in Bezug auf eine Investmententscheidung sollte der Anleger diese Information verwerten.

2. Angaben nach KARBV

124 Auch für die sonstigen Pflichtangaben gilt, dass die KARBV im Zusammenhang mit den Ausweisvorschriften deutlich mehr Angaben als das KAGB fordert. Der Ausweis dieser Angaben erfolgt im **Anhang** zum Jahresbericht gem. § 7 Nr. 9 KARBV.

125 Insbesondere sind Angaben zu den **Bewertungsverfahren**, den wesentlichen sonstigen Erträgen und Aufwendungen sowie die Angabe der **Transaktionskosten** Pflicht.

III. Zusatzangaben für AIF (§ 101 Abs. 3 KAGB)

126 Unter den Zusatzangaben sind Angaben bezüglich der **Vergütungsstrukturen** des AIF zu machen. Diese Angaben sind in dieser Form eine für die investmentrechtliche Darstellung neue Anforderung.

Anzugeben sind 127

- die **Gesamtsumme** der im abgelaufenen Geschäftsjahr gezahlten Vergütungen, gegliedert in feste und variable von der Kapitalverwaltungsgesellschaft an ihre Mitarbeiter gezahlte Vergütungen,
- die **Zahl der Begünstigten** und ggf. der vom inländischen AIF gezahlten Carried Interest;
- die Gesamtsumme der im abgelaufenen Geschäftsjahr gezahlten Vergütungen, aufgeteilt nach **Führungskräften und Mitarbeitern** der Kapitalverwaltungsgesellschaft, deren deren berufliche Tätigkeit sich wesentlich auf das Risikoprofil des inländischen AIF ausgewirkt hat;

Darüber hinaus sind alle **wesentlichen Änderungen des Verkaufsprospektes** bei Publikumssondervermögen sowie Änderungen wesentlicher Informationen gem. § 307, 308 KAGB bei Spezialsondervermögen aufzuzeigen. 128

IV. Sonstige Angaben eines inländischen OGAW-Sondervermögens (§ 101 Abs. 4 KAGB)

Unter den Zusatzangaben sind Angaben bezüglich der Vergütungsstrukturen von OGAW-Sondervermögen zu machen. Diese Angaben sind in dieser Weise eine für die investmentrechtliche Darstellung neue Anforderung. Sie stellen weitgehende eine **Parallele zu § 101 Abs. 3 KAGB** dar. 129

Die Publikation von Vergütungsstrukturen ist ein Themenbereich dem sich derzeit kaum ein Industriezweig entziehen kann. Von der Finanzindustrie werden entsprechende Angaben jedoch in einem wesentlich höheren Detailgrad verlangt, als von anderen Industrien. Während es gängige Praxis ist, die Vorstandsgehälter von börsengelisteten Unternehmen zu publizieren, wird von der Investmentindustrie eine Offenlegung bis hin zu der Ebene der sog. Risikoträger erwartet. 130

Der BVI hat mittlerweile ein **Muster für die Veröffentlich**ung herausgegeben, dass folgende Punkte enthält: 131

- Gesamtsumme der im abgelaufenen Wirtschaftsjahr der KVG gezahlten Mitarbeitervergütung
  - davon feste Vergütung
  - davon variable Vergütung
- Direkt aus dem Fonds gezahlte Vergütungen
- Zahl der Mitarbeiter der KVG
- Höhe des gezahlten Carried Interest
- Gesamtsumme der im abgelaufenen Wirtschaftsjahr der KVG gezahlten Vergütung an Risktaker
  - davon Geschäftsleiter
  - davon andere Führungskräfte
  - davon andere Risktaker
  - davon Mitarbeiter mit Kontrollfunktionen
  - davon Mitarbeiter mit Kontrollfunktionen
  - davon Mitarbeiter mit gleicher Einkommensstufe

Die vorstehenden Angaben sollen **tabellarisch unter Verwendung von Zahlenangaben** vorgenommen werden. 132

Außerdem sollen unter der Tabelle **Angaben zu der Vergütungspolitik** gemacht werden. 133

Veröffentlichungen dieser Art stehen regelmäßig in Konflikt mit verschiedenen Schutzvorschriften, hier z.B. dem BDSG bzw. der DSGVO oder aber der Unterlassungsmöglichkeit der Offenlegung von Geschäftsführergehältern gem. § 286 Abs. 4 HGB. 134

Hierzu stellt die seit dem 1.1.2017 anwendbare „Leitlinie für solide Vergütungspolitik unter Berücksichtigung der OGAW-Richtlinie“[2] klar, dass „unbeschadet der Vertraulichkeits- und anwendbaren Datenschutzbestimmungen (…) der Verwaltungsgesellschaften die detaillierten Informtionen über die Vergütungspolitik und -praktiken für Mitarbeiter, deren berufliche Tätigkeit sich wesentlich auf das Risikoprofil der von ihnen verwalteten OGAW auswirkt, (offenzulegen) sind.“ 135

2 RN 162, 163 Az 14/10/2016/ESMA/2016/575-DE.

136 Von **kleinen oder nichtkomplexen Verwaltungsgesellschaften/OGAW** sollte lediglich die Bereitstellung einiger qualitativer Informationen und gegebenenfalls quantitativer Informationen erwartet werden.

137 Die Leitlinie stellt somit die Möglichkeit zu einer geringeren als grundsätzlich geforderten Informationsgewährung frei und sowohl Datenschutzgesichtspunkten als auch Aufwandsgesichtspunkten.

138 Die derzeitige Praxis zeigt, dass große Gesellschaften zu einer vollständigen, dem BVI-Muster entsprechenden Offenlegung neigen, während kleinere Gesellschaften zu eingeschränkten Offenlegungen neigen. Dieses Vorgehen wird derzeit auch von der BaFin getragen.

§ 102 Abschlussprüfung

[1]Der Jahresbericht des Sondervermögens ist durch einen Abschlussprüfer zu prüfen. [2]Der Abschlussprüfer wird von den Gesellschaftern der Kapitalverwaltungsgesellschaft gewählt und von den gesetzlichen Vertretern, bei Zuständigkeit des Aufsichtsrats oder des Beirats von diesem, beauftragt; § 318 Absatz 1 Satz 2, 4 und 5 des Handelsgesetzbuchs bleibt unberührt. [3]§ 318 Absatz 3 bis 8 sowie die §§ 319, 319b und 323 des Handelsgesetzbuchs gelten entsprechend. [4]Das Ergebnis der Prüfung hat der Abschlussprüfer in einem besonderen Vermerk zusammenzufassen; der Vermerk ist in vollem Wortlaut im Jahresbericht wiederzugeben. [5]Bei der Prüfung hat der Abschlussprüfer auch festzustellen, ob bei der Verwaltung des Sondervermögens die Vorschriften dieses Gesetzes sowie die Bestimmungen der Anlagebedingungen beachtet worden sind. [6]Der Abschlussprüfer hat den Bericht über die Prüfung des Publikumssondervermögens unverzüglich nach Beendigung der Prüfung der Bundesanstalt einzureichen, der Bericht über die Prüfung des Spezialsondervermögens ist der Bundesanstalt auf Verlangen einzureichen.

In der Fassung vom 4.7.2013 (BGBl. I 2013, S. 1981).

I. Vorbemerkung

1 § 102 KAGB enthält zahlreiche Verweise auf das HGB. Manche Kommentierungen[1] bezeichnen Jahresberichte daher als Sonderbilanzen. Wenn nicht bereits aufgrund des § 101 KAGB, so zeigt sich jedoch spätestens bei den Ausführungen zu § 102 KAGB, dass **eine Gleichsetzung des Jahresberichtes mit einer Sonderbilanz zu kurz greift.**

2 Es ist zwar nicht von der Hand zu weisen, dass die Prüfung der Sondervermögen eine dem HGB **in Teilen vergleichbare Zielrichtung** verfolgt. Stellt man ausschließlich auf die Zielsetzung nach KAGB und nicht auf den erweiterten Ansatz nach KARBV ab, handelt es sich bei beiden Prüfungen um eine **Rechtfertigungsprüfung.** Die KARBV setzt jedoch bezüglich der Zielsetzung Akzente wie den **Investorenschutz**, die das HGB in dieser Form nicht enthalten kann.

3 Außerdem enthält die investmentrechtliche Prüfung zahlreiche Besonderheiten. Dies zeigt sich auch darin, dass die BaFin eigens eine KARBV sowie KAPrüfbV erlassen hat. Damit sind zahlreiche Vorschriften bezüglich der Rechnungslegung, der Bewertung sowie der Prüfung aus dem KAGB **in spezielle nationale Verordnungen** verlagert worden.

4 Zu dieser wiederum hat die BaFin eine Begründung veröffentlicht[2], die in Teilen **mehr einer Konkretisierung als einer Begründung** gleicht.

1 Vgl. z.B. Beck'scher Bilanzkommentar „Sonderbilanzen".
2 Begründung zur Kapitalanlage-Prüfungsberichte-Verordnung (KAPrüfbV) vom 18.7.2013 (kurz: Begr. KAPrüfbV).

II. Auswahl und Bestellung des Prüfers

Der Eingangssatz des § 102 KAGB ist nahezu wörtlich dem § 316 HGB entnommen und lediglich an das veränderte investmentrechtliche Umfeld angepasst. 5

Somit bestimmt das KAGB die Prüfung des Jahresberichts als **Vorbehaltsaufgabe** für Wirtschaftsprüfer. Nur Wirtschaftsprüfer bzw. Wirtschaftsprüfungsgesellschaften können Jahresberichte zur Erfüllung des § 102 KAGB prüfen. 6

Damit ist zugleich auch klargestellt, dass die Berufsgrundsätze für Wirtschaftsprüfer auch für die Prüfung von Sondervermögen gelten. Wirtschaftsprüfer, die einem Interessenkonflikt unterliegen, weil sie z.B. bei der Bewertung von Vermögensgegenständen mitgewirkt haben, sind von der Wahl zum Prüfer ausgeschlossen. 7

Zudem stellt der Eingangssatz des § 102 KAGB klar, dass der Prüfer der Kapitalverwaltungsgesellschaft nicht identisch mit dem Prüfer des Jahresberichts sein muss, da der Eingangssatz sich nur auf Jahresberichte bezieht (**Trennung der Prüferfunktion**). 8

In Deutschland ist das Zusammenfallen der Prüferfunktion für KVG und Sondervermögen jedoch die vorherrschende Praxis. 9

Die seitens des Gesetzgebers ermöglichte Trennung der Prüferfunktion erscheint auf den ersten Blick stimmig, da der Investor ein Interesse daran hat, den Abschlussprüfer als seinen Interessenvertreter zu sehen. Es ist nicht zu verkennen, dass zwischen KVG und Investor die typische **Principal-Agent-Problematik** besteht. Unter diesem Gesichtspunkt prüft der Abschlussprüfer interessenwahrend i.S.d. Investors. 10

Gleichzeitig legt natürlich der bereits in der Kommentierung zu § 101 KAGB ausgeführte Gedanke der Rechtfertigungsprüfung die Beauftragung des Abschlussprüfers des Investmentvermögens durch die KVG nahe. Die KVG muss sich für ihre Arbeit und deren Ergebnis mit Hilfe des Abschlussprüfers rechtfertigen. Dies lässt sich sicherlich leichter darstellen, wenn die Funktion des Abschlussprüfers der KVG und des Sondervermögens zusammenfallen. 11

Beide Argumentationen verkennen jedoch die **Überparteilichkeit des Abschlussprüfers**. Seine Wahl soll auf Qualität und nicht auf Identität mit parteilichen Interessen beruhen. Die seitens des Gesetzgebers vorgenommene Trennung muss daher auf anderen Argumenten beruhen. 12

Eine Argumentationskette führt die **erhöhte Effizienz** der Prüfung bei einem Zusammenfallen von Abschlussprüfung der KVG sowie der Sondervermögen an. Dagegen spricht jedoch, dass das Zusammenfallen der Prüferfunktion im Ausland nicht in gleichem Maße ausgeübt wird wie in Deutschland. Ohne dass dies das Argument der Effizienz zwingend schmälert, beruht das in der deutschen Praxis zu beobachtende Zusammenfallen der Prüferfunktion möglicherweise eher **auf nationalen Gewohnheiten statt rationalen Argumenten**. 13

Das Zusammenfallen kann auch durch die bestellenden und beauftragenden Organe erklärt werden. Die Gesellschafter der Kapitalverwaltungsgesellschaft wählen den Abschlussprüfer der KVG sowie der von ihr verwalteten Sondervermögen. Je nach Zuständigkeit bestellen diese oder alternativ der Aufsichtsrat der KVG den Abschlussprüfer der KVG und der von dieser verwalteten Sondervermögen. Das Zusammenfallen der Prüferfunktion bei KVG und Sondervermögen in der Praxis beruht möglicherweise auf dem **besseren Zugang des Abschlussprüfers der KVG zu den Entscheidungsgremien und vice versa.** 14

Auch ein **Mangel an qualifizierten Prüfern** im investmentrechtlichen Umfeld erscheint als Begründung für ein Zusammenfallen von Prüferfunktionen in der Praxis als möglich. Der Investor eines Spezialsondervermögens sowie dessen Abschlussprüfer wissen möglicherweise um die Aufwände, die es erfordert, aus dem klassischen Bilanzprüfer einen Prüfer in investmentrechtlichen Fragen zu machen. Entsprechend überlässt der Investor möglicherweise ungeachtet der Principal-Agent-Problematik die Wahl der Prüferfunktionen der KVG. Die Folge ist ein Zusammenfallen von Prüferfunktionen. An den klassischen Massen-Verwaltungsplätzen für Investmentvermögen wie Luxemburg oder Dublin spielt dies Argument natürlich keine Rolle. 15

Die vorgenannten Argumente lassen durchweg die Frage nach **Interessenkonflikten** aufkommen. Dabei erscheint die Praxis des Zusammenfallens der Prüferfunktion bei KVG sowie der von ihr verwalteten Sondervermögen insbesondere bei Publikumssondervermögen in manchen Konstellationen sogar sinnvoll. Die in der Regel unbekannte bzw. stark heterogene Zusammensetzung der Investoren erfordert, dass die KVG als Treuhänder der Investoren eine zentralisierte Entscheidungsfindung, hier der Prüferbestellung, organisiert und umsetzt. Unter diesem Gesichtspunkt liegt es nahe, dass die KVG für vergleichbare Sondervermögen den gleichen Abschlussprüfer wählt. Ausgehend von dieser Überlegung ist es nur ein kleiner Schritt zu Wahl des gleichen Abschlussprüfers für alle Sondervermögen und sodann zu dem Zusammenfallen der Prüferfunktion. 16

17 Die für Deutschland typische Konstellation des Zusammenfallens von Abschlussprüfer der KVG und der von ihr verwalteten Sondervermögen hat neben den Implikationen auf die Rechtfertigungswirkung auch Implikationen auf die **Kostenallokation** des Sondervermögens. Der Teil der Kosten der Prüfung, der die Prüfung der Organisation der KVG betrifft, ist unmittelbar von der KVG zu tragen. Der Teil der Kosten der Prüfung, der die Jahresberichte betrifft, ist von dem Sondervermögen zu tragen. Eine eindeutige Zuordnung der Kosten kann in der Regel nicht vorgenommen werden.

18 Die Trennung der Prüferfunktion zwischen KVG und Sondervermögen ermöglicht eine eindeutige Kostenzuordnung, da unterschiedliche Dienstleister beauftragt werden. Das Zusammenfallen der Prüferfunktion senkt möglicherweise die Kosten, erschwert aber die Objektivierung der Kostenallokation.

19 Die BaFin selbst sieht die Trennung jedoch zumindest als nicht unproblematisch an, wie die Begr. KAPRüfbV zu § 25 „Prüfungs- und Berichtsgrundsätze für Sondervermögen" zeigt. Dort heißt es, dass „das Auseinanderfallen (…) mehr Verantwortung bei der Abfassung der Berichte über die Sondervermögen mit sich (bringt). Es kann nicht mehr davon ausgegangen werden, dass der Abschlussprüfer der externen Kapitalverwaltungsgesellschaft alle verwalteten Sondervermögen kannte. Der Abschlussprüfer des Sondervermögens hat daher nach Absatz 1 grundsätzlich alle Vorschriften des Kapitalanlagegesetzbuches und der Anlagebedingungen, die bei der Verwaltung des Sondervermögens zu beachten sind, auf ihre Einhaltung zu prüfen."

20 Zusammenfassend lässt sich festhalten, dass die Auswahl der Abschlussprüfer von KVG und Sondervermögen unterschiedlichen Präferenzen unterliegt. Ein „richtig" oder „falsch" kann es hier nicht geben. Vor diesem Hintergrund kann die Entwicklung hin zu unterschiedlichen Modellen nur begrüßt werden.

III. Gegenstand der Prüfung

21 Die Prüfung der Investmentvermögen zerfällt thematisch in **drei Teile**, die auch die Organisation der KVG erfassen.

- Jahresbericht,
- Anlagebedingungen,
- Bestätigungsvermerk.

22 § 102 KAGB stellt klar, dass der **Jahresbericht und somit alle gesetzlich vorgeschriebenen Bestandteile** zu prüfen sind. Diesbezüglich sei auf die Kommentierung des § 101 KAGB verwiesen. An dieser Stelle sei aber ebenfalls auf § 25 KAPrüfbV verwiesen, der **die Prüfungspflicht** auf **Zwischen-, Auflösungs- und Abwicklungsberichte**, also auch auf die §§ 104, 105 KAGB ausdehnt. Eröffnungskonten werden dagegen aus buchungstechnischen Gründen geführt. Aufgrund der zwingenden Identität mit den Schlusskonten erfolgt keine Prüfung der Eröffnungskonten bei ordnungsgemäßen Buchungsprozessen. Die nachstehenden Ausführungen gelten somit auch für die genannten Berichte, sofern der Prüfungsgegenstand identisch ist.

23 Die Anforderung der Prüfung aller gesetzlich vorgeschriebener Bestandteile bedeutet im Umkehrschluss, dass die mögliche **Aufnahme nicht gesetzlich vorgeschriebener Informationen in den Jahresbericht** durch die KVG von dem Abschlussprüfer zumindest daraufhin **zu prüfen ist**, ob diese die gesetzlich vorgeschriebenen Bestandteile in ihrer Aussage ändern, mindern oder in einer anderen nicht zulässigen Art modifizieren. Die Wahrscheinlichkeit hierfür ist im Tätigkeitsbericht offensichtlich am größten, da der Inhalt investmentrechtlich vergleichsweise weich formuliert ist.

24 Nicht zu dem Prüfungsgegenstand rechnen dagegen **steuerrechtlich relevante Angaben**, sofern diese nicht Gegenstand des § 101 KAGB sind.

25 Zudem muss der Abschlussprüfer gem. § 102 KAGB feststellen, ob bei der Verwaltung des Sondervermögens die Vorschriften des KAGB sowie die **Bestimmungen der Anlagebedingungen** beachtet worden sind. Die Ergebnisse dieses Prüfungsteils werden jedoch nicht Bestandteil des besonderen Vermerks.

26 Bei Spezial-AIF ist ferner vom Abschlussprüfer festzustellen, ob die **Anlagebedingungen den Vorschriften des Kapitalanlagegesetzbuches** entsprechen. Weitere, insbesondere die Anlagepolitik und Anlagegrundsätze des Spezial-AIF betreffende, rechtswirksamen Vereinbarungen mit der externen Kapitalverwaltungsgesellschaft sind zu berücksichtigen.

27 Aufgrund der Vorgaben des KAGB erstreckt sich der **Prüfungsgegenstand** implizit auch auf **organisatorische Aufgaben der KVGen** sowie die Prüfung z.B. der Bestimmungen der auf dem KAGB aufbauenden Verordnungen wie der KARBV sowie der KAVerOV.

Insbesondere die Prüfung der Bestimmungen der Anlagebedingungen kann deutlich über die gesetzlichen Mindestvorgaben hinausgehen. Inwieweit dies in der Praxis tatsächlich relevant ist, lässt sich angesichts der Vielzahl der Sondervermögen einerseits sowie der Standardisierung der Vertragsbedingungen durch die Musteranlagebedingungen des größten Branchenverbandes, des BVI andererseits, nicht abschließend bestimmen. Während die Vielzahl von Sondervermögen ein breites Spektrum von zu prüfenden Angaben erwarten lässt, führt die Verwendung von Musteranlagebedingungen tendenziell zu einer Standardisierung und Verringerung prüfungsrelevanter Angaben. 28

Zuletzt muss der Abschlussprüfer die Gegenstände in seine Prüfung einbeziehen, die sich aus seinem **besonderen Vermerk** ergeben. Da in Deutschland ein Großteil der Wirtschaftsprüfer Mitglied im IDW sind, kann davon ausgegangen werden, dass diese Wirtschaftsprüfer einheitlich die Vermerkmuster des IDW verwenden. Der Gegenstand der Prüfung aus dem Vermerk heraus kann somit als standardisiert betrachtet werden. 29

IV. Modifizierung des KAGB durch nationale Verordnungen

Unzweifelhaft ist, dass der Abschlussprüfer den Jahresbericht nach den gleichen **berufsrechtlichen und berufsüblichen Vorgaben** prüfen muss, wie der Abschlussprüfer einen Jahresabschluss nach § 316 ff. HGB prüft. Diesbezüglich sei an dieser Stelle auf die entsprechenden handelsrechtlichen Vorgaben und Kommentierungen verwiesen. 30

Bereits der Umstand, dass die BaFin für KVGen und Investmentvermögen eine eigene **Prüfungsberichtsverordnung** (KAPrüfbV) erlassen hat, zeigt jedoch, dass es weitergehende Vorschriften und Besonderheiten geben muss. Art und Umfang der Abschlussprüfung eines investmentrechtlichen Berichtes werden denn auch weniger durch das Handelsrecht oder das KAGB als vielmehr durch die KAPrüfbV bestimmt. 31

Die KAPrüfbV ist in fünf Kapitel gegliedert. Kapitel 1 enthält vorgeschaltete, allgemeine Ausführungen. Kapitel 2 enthält die Vorschriften für die externe Kapitalgesellschaft. Die Vorschriften für die Prüfung der KVG sowie der Investmentvermögen sind dadurch getrennt. Sondervermögen i.e.S. werden in **Kapitel 3 „Sondervermögen“** behandelt. Dieses Kapitel ist wiederum in zwei Abschnitte „Allgemeines; Jahres- Zwischen-, Auflösungs- und Abwicklungsbericht für Sondervermögen“ sowie „Verwaltung der Sondervermögen“ unterteilt. Letzterer gliedert sich in die Unterabschnitte „Allgemeine Vorschriften“ sowie „Spezielle Vorschriften für Immobilien-Sondervermögen“. Die Kapitel 4 und 5 betreffen die Investmentgesellschaft bzw. Schlussvorschriften. 32

§ 1 KAPrüfbV „Anwendungsbereich“ der „Allgemeinen Vorschriften“ regelt neben dem Inhalt und der Art sowie dem Umfang der Berichterstattung insbesondere, dass der Gegenstand der Prüfung gemäß dieser Verordnung **externe Kapitalverwaltungsgesellschaften, Investmentaktiengesellschaften, Investmentkommanditgesellschaften und Sondervermögen nach dem Kapitalanlagegesetzbuch** sein können. 33

Durch diese Zusammenfassung ist einerseits gewährleistet, dass auch bei einem Auseinanderfallen der Prüferfunktion der **prüferischen Tätigkeit** bei der KVG und dem Sondervermögen eine **einheitliche Verordnung** zugrunde liegt. Andererseits ist sichergestellt, dass unabhängig von der Organisationsform des Investmentvermögens (Investmentaktiengesellschaften, Investmentkommanditgesellschaften, Sondervermögen) der prüferischen Tätigkeit eine einheitliche Verordnung zugrunde liegt. 34

Die Trennung der Prüferfunktion ist somit nicht nur zulässig, sondern auch regulatorisch begleitet. Die Vorschriften ermöglichen insbesondere, dass Prüfungshandlungen, die sich auf die Organisation des Sondervermögens beziehen (z.B. Bewertungsmethoden, Risikomanagementmaßnahmen, Compliance-Themen etc.) in der Regel nur einmal mit Wirkung für alle Sondervermögen einer KVG vorgenommen werden müssen. Die **prozessualen Prüfungshandlungen** können aufbauend auf der Annahme einheitlicher Prozesse für vergleichbare Sondervermögen **losgelöst von dem einzelnen Sondervermögen** erfolgen. 35

Sollte diese Annahme nicht zutreffen, verlangt § 30 Abs. 3 KAPrüfbV im Prüfungsbericht eine **Darstellung und Erläuterung dieser Besonderheiten**. 36

§ 25 Abs. 5 KAPrüfbV verlangt, dass der **Abschlussprüfer des Sondervermögens** die Ergebnisse der Prüfung der externen Kapitalverwaltungsgesellschaft insbesondere in Bezug auf die in den §§ 26 bis 28 KAGB genannten Verhaltensregeln und Organisationspflichten zu **verwerten** hat. Damit können überschneidende Prüfungshandlungen vermieden werden. 37

Die Trennung entspricht auch dem chronologischen Aufbau der investmentrechtlichen Prüfung. Während die KVGen in der Regel den Jahresultimo als Stichtag für ihren Jahresabschluss wählen, sind die Stichtage der Sondervermögen, wenn auch mit Schwerpunkten, über das Kalenderjahr verteilt zu finden. 38

39 § 2 KAPrüfbV „Risikoorientierung und Wesentlichkeit" der „Allgemeinen Vorschriften" regelt neben dem Prüfungsgegenstand in üblicher Weise, dass die Prüfung den **Grundsätzen der Risikoorientierung sowie der Wesentlichkeit** Rechnung tragen muss. Ob dies den Prüfungsumfang erhöht oder mindert, lässt sich nur im Einzelfall entscheiden.

40 § 27 KAPrüfbV präzisiert vor diesem Hintergrund verschiedene Elemente der Prüfung. § 27 Abs. 1 KAPrüfbV nennt zunächst die beiden dominierenden Prüfungsziele der **Vollständigkeit und Richtigkeit**.

41 Überraschend ist, dass § 27 Abs. 3 KAPrüfbV die Prüfung bestimmter Elemente der Buchführung wie Saldenlisten und Skontros insbesondere mit Bezug auf den Zwischenbericht aufführt. Unzweifelhaft sind diese Elemente bei **jeder** investmentrechtlichen Prüfung zu beachten.

42 Noch vorhergehobener als bei der klassischen handelsrechtlichen Prüfung ist die **Prüfung des Jahresberichtes** von dem Dreiklang **Ansatz, Bewertung und Ausweis** geprägt.

43 Die Prüfung des Ansatzes von Vermögenspositionen in der Buchführung hat in der investmentrechtlichen Prüfung eine wesentlich höhere Bedeutung als in der bilanziellen Prüfung, in der der Grundsatz der Materialität die Ansatzprüfung gelegentlich in den Hintergrund treten lässt. Erst der **Ansatz** ausnahmslos aller Vermögenspositionen in der Buchführung führt in einem Sondervermögen zu einer Bewertung und später im Jahresbericht zu einem Ausweis. Dieser Ausweis ist zentraler Bestandteil der Rechtfertigungswirkung des Jahresberichtes, wenn es z.B. um die Ordnungsmäßigkeit der Anlage in Bezug auf Vermögensgegenstände, Geographien etc. geht.

44 Insbesondere jedoch kann erst bei einem vollständigen Ansatz die **tägliche Anteilspreisermittlung** ordnungsgemäß erfolgen.

45 Das Prinzip der Materialität muss in der investmentrechtlichen Prüfung deutlich enger definiert werden. Somit besitzt das Prüfungsziel der Vollständigkeit einen besonders hohen Stellenwert.

46 Insbesondere bezüglich der Materialität sei allerding auf die Begr. KAPrüfbV zu § 31 „Ermittlung der Anteilwerte" verwiesen. „Bei der Anteilpreisermittlung gilt ein Fehler als wesentlich, wenn die **prozentuale Differenz** zwischen dem zuerst und dem im Nachhinein ermittelten, korrekten gerundeten Inventarwert bzw. Ausgabe- oder Rücknahmepreis **0,5 %** überschreitet. **Bei Geldmarktfonds gilt ein Wert von 0,25 %.**

47 Auch wenn die prozentualen Zahlen angesichts der Volumina mancher Investmentvermögen klein erscheinen mögen, ergibt einfaches Nachrechnen das wesentliche Fehler absolute Beträge erheblicher Höhe erfordern. Diese mögen durch Fehler bei Bestandsbuchung zu erreichen sein. Allerdings ist es nur bedingt vorstellbar, dass Fehler dieser Höhe in der Ertrags- und Aufwandsrechnung auftreten, ohne dass zugleich die Ordnungsmäßigkeit des Kontrollsystems zu hinterfragen ist.

48 Zudem ergibt sich ein wesentlicher Unterschied zwischen handels- und investmentrechtlichem Ansatz durch die mit der KARBV **eingeführte Prüfungspflicht für unrealisierte Gewinne und Verluste**. Handelsrechtlich dominiert dagegen das Imparitätsprinzip, welches den Einbezug unrealisierter Gewinne grundsätzlich für nicht statthaft erklärt. Der Begriff des Ansatzes ist somit für investmentrechtliche Belange abweichend vom Handelsrecht definiert und gleichzeitig von besonderem Belang.

49 Bezüglich der Bewertung und bewertungsrelevanter Fragen sei an dieser Stelle auf die Kommentierung bezüglich § 168, 216 KAGB verwiesen. Selbstverständlich sind die Bewertungsprozesse und die Bewertung jedoch Teil der Abschlussprüfung. § 31 Abs. 1 KAPrüfbV verlangt ausdrücklich die Darstellung und Beurteilung der nach § 168 Abs. 3 KAGB verwendeten Bewertungsmodelle. Bei der Ermittlung der Anteilwerte durch die Verwahrstelle beschränkt sich die Beurteilung lediglich auf **die Mitwirkung der externen Kapitalverwaltungsgesellschaft.**

50 Bei der Prüfung der **Ausweisfragen** bestimmt der Investorenkreis die erforderlichen Ausweise. Da bei Publikumssondervermögen der Empfängerkreis nur schwer zu definieren ist, hat der Gesetzgeber bzw. die Investmentindustrie selbst durch Musterberichte ein enges Korsett an Ausweisfragen geschnürt. Diesbezüglich sei auf die Kommentierung zu § 101 KAGB verwiesen.

V. Prüfungsmethodik

51 **Prüfungsgegenstand, Art und Umfang bedingen die Prüfungsmethodik.** Wie bereits ausgeführt, beziehen sich bestimmte Prüfungshandlungen auf sondervermögenübergreifende Sachverhalte. Andere Prüfungshandlungen beziehen sich auf ein jeweiliges Sondervermögen oder auf eine Gruppe von Sondervermögen, die sich durch ein bestimmtes Kriterium auszeichnen. Hierbei kann es sich z.B. um die Art der verwalteten

Vermögensgegenstände handeln. Da nur zinstragende Wertpapiere Stückzinsberechnungen erfordern, erfolgt auch nur hier eine entsprechende Prüfung.

Darüber hinaus ist zu berücksichtigen, dass gerade im Umfeld der Investmentvermögen relevante Verwal- 52
tungshandlungen nicht zwingend von der KVG vorgenommen werden. Bewertungen oder Tätigkeiten mit Bezug auf die Verwahrstellenfunktion können bzw. müssen von dem Prüfer der **Verwahrstelle** vorgenommen werden.

Für zahlreiche Verwaltungstätigkeiten, insbesondere im Bereich der Buchhaltung, zum Teil aber auch der 53
Bewertung, bedienen sich KVGen der **Auslagerung**. Hier muss sich der Prüfer des Sondervermögens entscheiden, ob er – falls vorhanden – auf Kontrollberichte des Auslagerungspartners zurückgreifen kann oder selbst bei dem Auslagerungspartner prüferisch tätig wird.

Betrachtet man die von dem Prüfer des Sondervermögens zwingend vorzunehmenden Prüfungshandlun- 54
gen, stellt man in der Praxis fest, dass manche Prüfer sich eher auf die Prüfung der **operativen Prozesse** und manche Prüfer sich eher auf die Prüfung des internen Kontrollsystems konzentrieren. In der Regel verfolgen moderne Prüfungsansätze je nach **Aufbau- und Ablauforganisation** eine Mischung beider Ansätze.

Die Prüfung bezieht sich jedoch nicht nur auf Verwaltungsaufgaben im Sinn der Vermögensverwaltung. 55
Zunehmend unterliegen KVGen **Compliance-Regelwerken**. Diese werden wie Regeln zu Interessenkonflikten oder Best Execution zum Teil recht detailliert hoheitlich vorgegeben. Zum Teil halten sich die KVGen darüber hinaus aufgrund freiwilliger Entscheidung an Standards wie z.B. den BVI-Wohlverhaltensregeln, den Global Investment Performance Standards (GIPS) u.ä. Industriestandards. Prüfungspflichtig i.S.d. § 102 KAGB sind lediglich die hoheitlich vorgeschriebenen Standards.

Die investmentrechtliche Prüfung erfordert also von dem Abschlussprüfer den Einsatz des gesamten prüfe- 56
rischen Instrumentariums, um den verschiedenen Ansprüchen des Prüfungsgegenstandes, aber auch des bzw. der Regelungsgeber gerecht zu werden.

VI. Berichterstattung

Während der Mindestinhalt des Prüfungsberichtes in der KAPrüfbV insbesondere in § 26 KAPrüfbV ge- 57
regelt ist, wird der Empfängerkreis der Berichterstattung zunächst im KAGB benannt.

Der zu erstellende Bericht über die Prüfung richtet sich an die **BaFin**. Die BaFin nimmt anhand der Prü- 58
fungsberichte ihre Überwachungspflichten wahr.

Die BaFin erhält die Prüfungsberichte sowohl in physischer Form als auch als Datei mittels des sogenannten MVP-Portals unmittelbar durch den Abschlussprüfer. Frist- und formwahrend wird dabei derzeit von der BaFin lediglich der Prüfungsbericht in physischer Form akzeptiert. Der Bericht muss unverzüglich, was üblicherweise als Zwei-Wochen-Frist interpretiert wird, an die BaFin gesendet werden. Auf eine mögliche Konkretisierung des Begriffs „unverzüglich", z.B. in § 3 Allgemeine Prüfungs- und Berichtsgrundsätze, wurde verzichtet.

Sofern es sich um ein Spezialsondervermögen handelt, erhält die BaFin den Bericht allerdings nur auf Aufforderung. Die Befreiung des Prüfers von der Einreichung der Prüfungsberichte von Spezialsondervermögen bedeutet gleichzeitig, dass die Aufsicht bei dieser Investorenklientel zumindest routinemäßig keinen Überwachungsbedarf sieht. Da neben juristischen Personen nur semiprofessionelle Anleger in diese Sondervermögen investieren dürfen, ist die Argumentation nachvollziehbar.

Die **Investoren** werden ausschließlich durch den besonderen Vermerk über das Prüfungsergebnis infor- 59
miert.

Die Übermittlung der Prüfungsberichte an die BaFin stellt im Vergleich zur handelsrechtlichen Prüfung ei- 60
ne Erweiterung des Empfängerkreises dar. Denn es kann als unzweifelhaft gelten, dass handelsrechtlich zunächst die unmittelbaren Auftraggeber, die Organe der KVG, den Mindestempfängerkreis bilden. Interessanter ist möglichweise die Frage, ob Investoren Anspruch auf Einblick in die Prüfungsberichte haben. Dies erscheint abschließend nicht geklärt. Für Publikumssondervermögen kann jedoch von einer **Abschirmwirkung** durch die treuhänderisch agierende KVG ausgegangen werden. Der Investor hat demnach keinen Anspruch auf Einblick in den Prüfungsbericht. Diese Abschirmwirkung ist bereits aus logistischen Gründen gerechtfertigt, da die möglicherweise sehr große Anzahl von Investoren eine individuelle Einsichtnahme verhindert. Eine allgemeine Publikation erscheint nicht möglich, da dann nicht investierte Parteien über Wissen verfügen würden, welches ihnen rechtlich nicht zusteht.

61 Die Investoren von Spezialsondervermögen werden, wenn auch ohne Anspruch mit hoher Wahrscheinlichkeit in der Praxis Einblick in die Prüfungsberichte erhalten. Auch dies erscheint gerechtfertigt, da hier die BaFin routinemäßig keine Überwachungstätigkeiten entfaltet.

62 Der Ausschluss der Investoren aus dem Empfängerkreis des Prüfungsberichtes stellt einen zentralen **Widerspruch zu der Zielsetzung der Jahresbericht** dar. Es ist möglich, dass der Investor einen Jahresbericht erhält, der ihm Ordnungsmäßigkeit vermittelt, während der Prüfer im Prüfungsbericht Feststellungen festhält, die nicht schwerwiegend genug sind, um den Bestätigungsvermerk zu beeinflussen. Bei der großen Anzahl vergleichbarer Sondervermögen kann jedoch nicht ausgeschlossen werden, dass der Investor seine Anlageentscheidung auch bei Vorliegen kleinerer Mängel überdenkt.

63 Die KAPrüfbV greift diesen Mangel auf und verlangt in § 28 KAPrüfbV, dass der Prüfer im Prüfungsbericht Verstöße der KVG nach Art und Auswirkungen für das Sondervermögen, für die Anteilinhaber und für die externe Kapitalverwaltungsgesellschaft darstellen muss. Zudem muss der Prüfer die eingeleiteten Maßnahmen zur Vermeidung zukünftiger Verstöße und die Beurteilung der Wirksamkeit dieser Maßnahmen darstellen. Die **BaFin** kann und muss aufgrund dieser Angaben den **Investorenschutz** gewährleisten. Inhaltlich gleiches gilt gem. § 31 Abs. 3 KAPrüfbV für fehlerhafte Ermittlungen von Anteilwerten.

64 In § 29 Abs. 2 KAPrüfbV ist in Bezug auf Anlagegrenzverstöße zusätzlich die berichtspflichtige, materielle Grenze mit 0,5 % des Fondsvermögens festgelegt. Auch hier zeigt sich eine Besonderheit der investmentrechtlichen im Abgleich zu der handelsrechtlichen Prüfung, bei der in der Regel der Prüfer Materialitätsgrenzen selbst bestimmt.

65 Darüber hinaus finden sich in § 29 Abs. 3 KAPrüfbV eine Aufzählung weiterer **Verstöße**, die die BaFin als **berichtspflichtig** im Rahmen ihrer Aufsichtspflichten und damit des Investorenschutzes ansieht.

66 Eine für Investoren zentrale Vorschrift findet sich in § 30 Abs. 1 KAPrüfbV. Demgemäß hat der Prüfer zu beurteilen, ob für das Sondervermögen geeignete **Maßnahmen** getroffen wurden, durch die sichergestellt wird, dass die mit den einzelnen Anlagepositionen verbundenen Risiken sowie die jeweilige Wirkung auf das **Gesamtrisikoprofil** des Sondervermögens in angemessener Weise und unter **Verwendung von hinreichend fortgeschrittenen Risikomanagementtechniken** fortlaufend erfasst, gemessen, bewertet und gesteuert werden. Die Besonderheit für die investmentrechtliche Prüfung besteht darin, vorstehende Aspekte ausreichend zu würdigen.

§ 103 Halbjahresbericht

[1]Die Kapitalverwaltungsgesellschaft hat für die Publikumssondervermögen für die Mitte des Geschäftsjahres einen Halbjahresbericht zu erstellen, der die Angaben nach § 101 Absatz 1 Satz 3 Nummer 1 bis 3 sowie für OGAW die in Artikel 13 Absatz 2 in Verbindung mit Anhang Abschnitt A der Verordnung (EU) 2015/2365 genannten Informationen enthalten muss. Sind für das Halbjahr Zwischenausschüttungen erfolgt oder vorgesehen, sind außerdem die Angaben nach § 101 Absatz 1 Satz 3 Nummer 4 aufzunehmen.

In der Fassung vom 4.7.2013 (BGBl. I 2013, S. 1981), zuletzt geändert durch das Zweite Finanzmarktnovellierungsgesetz (2. FiMaNoG) vom 23.6.2017 (BGBl. I 2017, S. 1693).

1 Die zentrale Bedeutung des § 103 KAGB besteht in der Differenzierung zwischen Jahres- und Halbjahresbericht.

2 Der Halbjahresbericht ist lediglich für **Publikumssondervermögen** zu erstellen. Dem liegt offensichtlich die Vorstellung zugrunde, dass der Spezialfonds traditionell nur einen oder wenige Investoren hat, die regelmäßig von der KVG über die Entwicklung des Sondervermögens informiert werden. Ob dieses Bild vor dem Hintergrund der Aufgabe der Beschränkung der Investorenzahl zu rechtfertigen ist, kann aufgrund der großen Zahl der Sondervermögen nicht abschließend beurteilt, jedoch durchaus in Zweifel gestellt werden. Die zukünftige Entwicklung wird die Sinnhaftigkeit dieser Regelung zeigen.

3 Inhaltlich erscheint der Halbjahresbericht auf den ersten Blick weniger umfangreich und somit weniger informativ als der Jahresbericht. Diese Sichtweise täuscht jedoch, da die Berichterstattung des Halbjahresberichtes, auch wenn dies nicht explizit genannt wird, wie auch der Jahresbericht der Rechtfertigung und nicht der Information über operative Details dient.

Dadurch wiederum erscheint es aber auch gerechtfertigt insbesondere bei den weit verbreiteten pauschalisierten Verwaltungsvergütungen, Angaben über die Gesamtkostenquote oder die Kostenbelastung in einem Halbjahresbericht zu unterlassen. 4

Der Halbjahresbericht unterliegt auch **keiner Prüfungspflicht**. Auch dies lässt sich rechtfertigen, da die Prüfungskosten von dem Sondervermögen und damit den Investoren zu tragen sind. Da viele Prüfungsschritte im investmentrechtlichen Umfeld prozessualer Natur sind, reichen die Prüfungsergebnisse über den einzelnen Stichtag und das einzelne Sondervermögen hinaus. Die Aussagen im Halbjahresbericht würden sich ceteris paribus kaum von denen im Jahresbericht unterscheiden. 5

Auch wenn die Beschränkungen des Halbjahresberichtes im Vergleich zum Jahresbericht einzeln nachvollziehbar sind, ist umgekehrt zu hinterfragen, ob der Halbjahresbericht überhaupt eine **Relevanz** hat. Da gem. § 107 KAGB immerhin eine Veröffentlichung im Bundesanzeiger erfolgen muss, stellt der Halbjahresbericht für die Investoren ggf. eine ergänzende Haftungsgrundlage dar. In der Gesamtbetrachtung sinkt jedoch die Bedeutung des Halbjahresberichtes zunehmend. 6

§ 104 Zwischenbericht

(1) [1]Wird das Recht zur Verwaltung eines Sondervermögens während des Geschäftsjahres von der Kapitalverwaltungsgesellschaft auf eine andere Kapitalverwaltungsgesellschaft übertragen oder ein Sondervermögen während des Geschäftsjahres auf ein anderes Sondervermögen oder einen EU-OGAW verschmolzen, so hat die übertragende Gesellschaft auf den Übertragungsstichtag einen Zwischenbericht zu erstellen, der den Anforderungen an einen Jahresbericht gemäß § 101 entspricht. [2]Der Zwischenbericht ist der übernehmenden Kapitalverwaltungsgesellschaft oder der Kapitalverwaltungsgesellschaft des übernehmenden Sondervermögens oder EU-OGAW unverzüglich auszuhändigen.

(2) [1]Zwischenberichte sind ebenfalls durch einen Abschlussprüfer zu prüfen. [2]Auf die Prüfung nach Satz 1 ist § 102 entsprechend anzuwenden.

In der Fassung vom 4.7.2013 (BGBl. I 2013, S. 1981).

Für den Fall der Übernahme der Verwaltung eines Sondervermögens von einer KVG durch eine andere KVG besteht offensichtlich das Bedürfnis, diesen Prozess ordnungsgemäß und rechtlich verbindlich zu gestalten. Da die Übernahme der Verwaltung auch mit der Übernahme von **Haftung** verbunden ist, verwundert es nicht, dass der Gesetzgeber hier regulierend eingreift. Grundsätzlich müsste der Haftungsaspekt die abgebende und die übernehmende KVG ohnehin zu besonderer Vorsicht anregen. 1

Wenn es dennoch Vorschriften für den Zwischenbericht gibt, liegt deren Bedeutung vor allem in der Differenzierung zu Jahres- und Halbjahresbericht. 2

Die Differenzierung ergibt sich deutlich aus dem **Adressatenkreis** des Berichtes. Der Bericht richtet sich in erster Linie an die übernehmende KVG. Damit ermöglicht der Zwischenbericht der übernehmenden KVG eine Einschätzung der Verlässlichkeit des Zahlenwerkes des übernommenen Sondervermögens. 3

Da der § 104 KAGB die Ausgestaltung des Zwischenberichtes mit Verweis auf § 101 KAGB normiert, kann die übernehmende KVG darüber hinaus davon ausgehen, dass ein fehlerfreier Zwischenbericht auf eine fehlerfreie Verwaltungstätigkeit der abgebenden KVG schließen lässt. Dies ist von hoher Bedeutung, da sich Fehler in einem Buchwerk häufig erst mit einem zeitlichen Nachlauf zeigen. 4

Die Bedeutung des Zwischenberichtes erhöht sich noch dadurch, dass der Zwischenbericht der vollständigen **Prüfungspflicht** des § 102 KAGB unterworfen ist. 5

Die übernehmende KVG kann somit bei Fehlern in dem Zwischenbericht sowohl gegenüber der abgebenden KVG als auch dem Prüfer des Zwischenberichtes **Haftungsansprüche** geltend machen. 6

Der Zwischenbericht wird entsprechend der Zielgruppe zwar **nicht veröffentlicht**. Allerdings muss er gem. § 107 Abs. 3 KAGB der **BaFin eingereicht** werden, sofern er Publikumssondervermögen betrifft. Auch dies erhöht deutlich die Bedeutung gegenüber anderen investmentrechtlichen Berichten. 7

§ 105 Auflösungs- und Abwicklungsbericht

(1) Wird ein Sondervermögen aufgelöst, so hat die Kapitalverwaltungsgesellschaft auf den Tag, an dem ihr Verwaltungsrecht nach Maßgabe des § 99 erlischt, einen Auflösungsbericht zu erstellen, der den Anforderungen an einen Jahresbericht entspricht.

(2) Wird ein Sondervermögen abgewickelt, hat die Verwahrstelle jährlich sowie auf den Tag, an dem die Abwicklung beendet ist, einen Abwicklungsbericht zu erstellen, der den Anforderungen an einen Jahresbericht nach § 101 entspricht.

(3) [1]Auflösungs- und Abwicklungsberichte nach den Absätzen 1 und 2 sind ebenfalls durch einen Abschlussprüfer zu prüfen. [2]Auf die Prüfung nach Satz 1 ist § 102 entsprechend anzuwenden.

In der Fassung vom 4.7.2013 (BGBl. I 2013, S. 1981).

1 Das Erlöschen des Verwaltungsrechts einer KVG kann durch Auflösung aber auch durch Übertragung des Verwaltungsrechts erfolgen. Entsprechend stellt § 105 Abs. 1 KAGB zunächst fest, dass der Auflösungs- und Abwicklungsbericht in **Abgrenzung zum Zwischenbericht** mit der Auflösung des Sondervermögens einhergeht.

2 Der Auflösungsbericht ist rechnungslegungstechnisch von Relevanz, da auch mit der Auflösung des Sondervermögens ein Anspruch auf **Rechtfertigung** der KVG für ihre Tätigkeit zwischen dem Stichtag des letzten Jahresberichtes und dem Stichtag des Auflösungsberichtes besteht.

3 Der Auflösungs- und Abwicklungsbericht richtet sich inhaltlich und in Bezug auf begleitende Vorschriften sowie bezüglich der Prüfung an den §§ 101, 102 KAGB aus. Die Besonderheit dieses Berichtes besteht in der **Beauftragung**. Sobald das Recht der KVG auf die Verwaltung erloschen ist, kann sie keine Veröffentlichungen, Prüferbestellungen etc. wahrnehmen. Dies gilt umso mehr für Sondervermögen z.B. im Immobilienbereich, deren Auflösung bzw. Abwicklung sich über längere Zeiträume erstrecken kann. Der Gesetzgeber hat daher für den Abwicklungsfall bestimmt, dass die Pflicht zur Erstellung von Berichten und somit implizit zur Beauftragung eines Prüfers der **Verwahrstelle** obliegt.

4 Im Fall der **Auflösung** geht der Gesetzgeber offensichtlich in Abgrenzung zur Abwicklung davon aus, dass die KVG ihre ursprünglichen Pflichten innerhalb der Zeit bis zum Erlöschen des Verwaltungsrechtes ausüben kann.

§ 106 Verordnungsermächtigung

[1]Das Bundesministerium der Finanzen wird ermächtigt, im Einvernehmen mit dem Bundesministerium der Justiz und für Verbraucherschutz durch Rechtsverordnung, die nicht der Zustimmung des Bundesrates bedarf, nähere Bestimmungen über weitere Inhalte, Umfang und Darstellung der Berichte nach den §§ 101, 103, 104 und 105 sowie über den Inhalt der Prüfungsberichte für Sondervermögen zu erlassen, soweit dies zur Erfüllung der Aufgaben der Bundesanstalt erforderlich ist, insbesondere um einheitliche Unterlagen zur Beurteilung der Tätigkeit der Kapitalverwaltungsgesellschaften bei der Verwaltung von Sondervermögen zu erhalten. [2]Das Bundesministerium der Finanzen kann die Ermächtigung durch Rechtsverordnung auf die Bundesanstalt übertragen.

In der Fassung vom 4.7.2013 (BGBl. I 2013, S. 1981), zuletzt geändert durch die Zehnte Zuständigkeitsanpassungsverordnung vom 31.8.2015 (BGBl. I 2015, S. 1474).

1 Die Verordnungsermächtigung ist als **Grundlage** für die nationalen investmentrechtlichen Verordnungen wie KARBV, KAPrüfbV, DerivateVO etc. zu sehen.

§ 107 Veröffentlichung der Jahres-, Halbjahres-, Zwischen-, Auflösungs- und Abwicklungsberichte

(1) [1]Der Jahresbericht

1. eines OGAW-Sondervermögens ist spätestens vier Monate nach Ablauf des Geschäftsjahres,

2. eines AIF-Publikumssondervermögens spätestens sechs Monate nach Ablauf des Geschäftsjahres im Bundesanzeiger bekannt zu machen.

[2]Der Halbjahresbericht eines Publikumssondervermögens ist spätestens zwei Monate nach dem Stichtag im Bundesanzeiger bekannt zu machen.

(2) Der Auflösungs- und der Abwicklungsbericht eines Publikumssondervermögens sind spätestens drei Monate nach dem Stichtag im Bundesanzeiger bekannt zu machen.

(3) [1]Für die Publikumssondervermögen sind der Bundesanstalt jeweils der nach den §§ 101, 103, 104 und 105 zu erstellende Jahresbericht, Halbjahresbericht, Zwischenbericht, Auflösungsbericht sowie Abwicklungsbericht unverzüglich nach erstmaliger Verwendung einzureichen. [2]Auf Anfrage der Bundesanstalt sind ihr auch für die EU-OGAW, die von einer OGAW-Kapitalverwaltungsgesellschaft nach den §§ 51 und 52 verwaltet werden, die Berichte nach Satz 1 zur Verfügung zu stellen.

(4) Die Berichte nach den Absätzen 1 und 2 müssen dem Publikum an den Stellen zugänglich sein, die im Verkaufsprospekt und in den wesentlichen Anlegerinformationen angegeben sind.

(5) Einem Anleger des Sondervermögens wird der Jahresbericht auf Anfrage vorgelegt.

In der Fassung vom 4.7.2013 (BGBl. I 2013, S. 1981), zuletzt geändert durch das Gesetz zur Anpassung von Gesetzen auf dem Gebiet des Finanzmarktes vom 15.7.2014 (BGBl. I 2014, S. 934).

Der § 107 KAGB benötigt grundsätzlich keine weitergehende Kommentierung. 1

§ 107 Abs. 3 Satz 2 KAGB enthält allerdings vermutlich ein **Redaktionsversehen**. In § 107 Abs. 3 Satz 2 KAGB ist Folgendes geregelt: 2

„Auf Anfrage der Bundesanstalt sind ihr auch für die EU-OGAW, die von einer OGAW-Kapitalverwaltungsgesellschaft nach den §§ 51 und 52 verwaltet werden, die Berichte nach Satz 1 zur Verfügung zu stellen."

Die §§ 51, 52 KAGB regeln den Fall der grenzüberschreitenden Verwaltung inländischer OGAW durch EU-OGAW Verwaltungsgesellschaften (also inbound). Der Verweis in § 107 Abs. 3 Satz 2 KAGB auf diese Normen für den Fall der Verwaltung von EU-OGAW durch eine OGAW-Kapitalverwaltungsgesellschaft passt daher nicht. Entweder soll in § 107 Abs. 3 Satz 2 KAGB der inbound-Fall geregelt werden; dann müsste es aber statt „OGAW-Kapitalverwaltungsgesellschaft" „EU-OGAW-Verwaltungsgesellschaft" heißen; oder der outbound-Fall, d.h. eine OGAW-Kapitalverwaltungsgesellschaft verwaltet einen EU-OGAW in einem anderen Mitgliedstaat; dann aber ist der Verweis auf „§§ 51 und 52" falsch und muss auf „§§ 49 und 50" lauten. 3

Im Rahmen des § 107 KAGB ist wohl die 2. Fallkonstellation gemeint, weil in §§ 92–107 KAGB Pflichten inländischer Kapitalverwaltungsgesellschaften geregelt sind. Die Anwendung auf EU-Verwaltungsgesellschaften in der inbound-Konstellation geschieht durch den Verweis in § 52 Abs. 5 KAGB. 4

Unterabschnitt 3

Allgemeine Vorschriften für Investmentaktiengesellschaften mit veränderlichem Kapital

§ 108 Rechtsform, anwendbare Vorschriften

(1) Investmentaktiengesellschaften mit veränderlichem Kapital dürfen nur in der Rechtsform der Aktiengesellschaft betrieben werden.

(2) [1]Die Investmentaktiengesellschaften mit veränderlichem Kapital unterliegen den Vorschriften des Aktiengesetzes mit Ausnahme des § 23 Absatz 5, der §§ 150 bis 158, 161, 182 bis 240 und 278 bis 290 des Aktiengesetzes, soweit sich aus den Vorschriften dieses Unterabschnitts nichts anderes ergibt. [2]§ 3 Absatz 2 des Aktiengesetzes und § 264d des Handelsgesetzbuchs sind auf Anlageaktien einer extern verwalteten Investmentaktiengesellschaft mit veränderlichem Kapital nicht anzuwenden.

(3) Auf OGAW-Investmentaktiengesellschaften ist § 19 dieses Gesetzes mit der Maßgabe anzuwenden, dass

1. der beabsichtigte Erwerb einer Beteiligung nach § 19 Absatz 1 nur anzuzeigen ist, wenn die Schwelle von 50 Prozent der Stimmrechte oder des Kapitals erreicht oder überschritten wird oder die Gesellschaft unter die Kontrolle des Erwerbers der Beteiligung gerät und

2. die beabsichtigte Aufgabe einer Beteiligung nach § 19 Absatz 5 nur anzuzeigen ist, wenn diese Beteiligung die Schwelle von 50 Prozent der Stimmrechte oder des Kapitals erreicht oder überschritten hat oder die Gesellschaft kontrolliertes Unternehmen ist.

(4) Auf die Investmentaktiengesellschaft mit veränderlichem Kapital sind § 93 Absatz 7 und § 96 entsprechend anwendbar.

(5) Auf die Tätigkeit der Investmentaktiengesellschaft mit veränderlichem Kapital ist das Wertpapiererwerbs- und Übernahmegesetz nicht anzuwenden.

In der Fassung vom 4.7.2013 (BGBl. I 2013, S. 1981) durch das Gesetz zur Umsetzung der Richtlinie 2014/91/EU des Europäischen Parlaments und des Rates vom 23. Juli 2014 zur Änderung der Richtlinie 2009/65/EG zur Koordinierung der Rechts- und Verwaltungsvorschriften betreffend bestimmte Organismen für gemeinsame Anlagen in Wertpapieren (OGAW) im Hinblick auf die Aufgaben der Verwahrstelle, die Vergütungspolitik und Sanktionen vom 3.3.2016 (BGBl. I 2016, S. 348).

Schrifttum: *Angerer/Geibel/Süßmann*, Wertpapiererwerbs- und Übernahmegesetz (WpÜG), 3. Aufl. 2017; *BaFin*, Rundschreiben 01/2017 Rundschreiben 01/2017 (WA) – Mindestanforderungen an das Risikomanagement von Kapitalverwaltungsgesellschaften (KAMaRisk) vom 10.1.2017; abrufbar unter: https://www.bafin.de/SharedDocs/Downloads/DE/Rundschreiben/dl_rs_1701_KAMaRisk.html; *Baums/Kiem*, Die Investmentaktiengesellschaft mit veränderlichem Kapital, FS Hadding, 2004, S. 741 ff.; *Baums/Thoma*, WpÜG – Kommentar zum Wertpapiererwerbs- und Übernahmegesetz, Band II, Lfg. 5/04; *Beck/Samm/Kokemoor*, Kreditwesengesetz mit CRR, 190. AL Dezember 2016; *Blenk*, Die Mitgliedschaft in der Investmentaktiengesellschaft: Kritische Würdigung und Ausstrahlungswirkung auf das allgemeine Aktienrecht, 2017; *Derleder/Knops/Bamberger*, Deutsches und europäisches Bank- und Kapitalmarktrecht, 3. Aufl. 2017; *Dornseifer*, Die Neugestaltung der Investmentaktiengesellschaft durch das Investmentänderungsgesetz, AG 2008, 53; *Eckhold*, Struktur und Probleme des Aktienrechts der Investmentaktiengesellschaft unter Berücksichtigung des Entwurfs des Investmentänderungsgesetzes, ZGR 2007, 654; *Fischer*, Die Investmentaktiengesellschaft aus aufsichtsrechtlicher und gesellschaftsrechtlicher Perspektive, 2007; *Fischer/Friedrich*, Investmentaktiengesellschaft und Investmentkommanditgesellschaft unter dem Kapitalanlagegesetzbuch, ZBB 2013, 153; *Fock*, Das neue Recht der Investmentaktiengesellschaft, BB 2006, 2371; *Fock/Hartig*, Ist die Investmentaktiengesellschaft überhaupt eine Aktiengesellschaft?, FS Spiegelberger, 2009, S. 653 ff.; *Henze*, Die Treupflicht im Aktienrecht – Gedanken zur Rechtsprechung des BGH von „Kali und Salz“ über „Linotype“ und „Kochs Adler“ bis zu „Girmes“, BB 1996, 489; *Hermanns*, Die Investmentaktiengesellschaft nach dem Investmentmodernisierungsgesetz – eine neue Gesellschaftsform, ZIP 2004, 1297; *Hölters*, Aktiengesetz Kommentar, 3. Aufl. 2017; *Hüffer/Koch*, Aktiengesetz, 13. Aufl. 2018; *Köndgen/Schmies*, Die Neuordnung des deutschen Investmentrechts, WM 2004, Sonderbeilage Nr. 1, S. 1; *Leibholz/Rinck*, Grundgesetz für die Bundesrepublik Deuschland, Kommentar, Rechtsprechung des Bundesverfassungsgerichts, Loseblatt; *Maunz/Dürig*, Grundgesetz Kommentar, Loseblatt; *Meyer-Sparenberg/Jäckle*, Beck'sches M&A-Handbuch, 2017; *Müchler*, Die Investmentaktiengesellschaft mit veränderlichem Kapital, 2011; *Palandt*, Bürgerliches Gesetzbuch mit Nebengesetzen, 77. Aufl. 2018; *Pluskat*, Die Investmentaktiengesellschaft mit veränderlichem Kapital – Tot- oder Lebendgeburt? WM 2005, 772; *Roegele/Görke*, Novelle des Investmentgesetzes (InvG), BKR 2007, 393; *Sachtleber*, Zivilrechtliche Strukturen von open-end-Investmentfonds in Deutschland und England, 2011; *Säcker/Rixecker/Oetker/Limperg*, Münchner Kommentar zum Bürgerlichen Gesetzbuch, 7. Aufl. 2016; *Schäfer*, Besondere Regelungen für

Börsennotierte und für nichtbörsennotierte Gesellschaften?, NJW 2008, 2536; *Schäfer*, Corporate Governance bei Kapitalanlagegesellschaften – Fund Governance, 2009; *Schmitt/Hörtnagel*, Umwandlungsgesetz/Umwandlungssteuergesetz, 7. Aufl. 2016; *Spindler/Stilz*, Kommentar zum Aktiengesetz, 3. Aufl. 2015; *Steck/Schmitz*, Die Investmentaktiengesellschaft mit veränderlichem und fixem Grundkapital – Eine (neue) Rechtsform für Kapitalanlagen, AG 2004, 658; *Wallach*, Die Regulierung von Personengesellschaften im Kapitalanlagegesetzbuch, ZGR 2014, 289; *Wallach*, Die Investmentaktiengesellschaft mit veränderlichem Kapital im Gewand des Investmentänderungsgesetzes 2007, Der Konzern 2007, 487; *Wegner*, Die selbstverwaltete Hedge-Fonds-Investmentaktiengesellschaft mit Teilgesellschaftsvermögen: Ausgewählte aufsichtsrechtliche Fragen des InvG (2007) unter besonderer Berücksichtigung des Verbots des öffentlichen Vertriebs und unter Ausschluss bilanzrechtlicher Aspekte, 2010; *Zetzsche*, Das Gesellschaftsrecht des Kapitalanlagegesetzbuches, AG 2013, 613, *Zetzsche*, Prinzipien der kollektiven Vermögensanlage, 2015; *Zetzsche*, Aktivlegitimation gemäß §§ 78, 89 KAGB im Investment-Drei- und -Viereck, in FS Johannes Köndgen, 2016, S. 677.

I. Historische Entwicklung der Investmentaktiengesellschaft

Der deutsche Gesetzgeber hat **lange Zeit gezögert**, ein Anlagevehikel für die kollektive Kapitalanlage in Ge- 1
sellschaftsform in das deutsche Recht einzuführen.[1] In einzelnen europäischen Nachbarländern, wie z.B. in Luxemburg, Großbritannien und Irland, gab es bereits seit längerer Zeit eine Parallelität zwischen Anlagevehikeln in Vertragsform und Anlagevehikeln in Gesellschaftsform (vor allem die luxemburgische *société d'investissement à capital variable – SICAV* ist hier hervorzuheben).

Letztlich erkannte auch der deutsche Gesetzgeber ein **Bedürfnis für die Schaffung eines Anlagevehikels in** 2
Gesellschaftsform. Dies beruhte vor allem auf dem intensiven Wettbewerb mit den Finanzplätzen in Luxemburg, Großbritannien und Irland. Der Gesetzgeber fürchtete, dass aufgrund der europäischen Harmonisierungsbestrebungen auf rechtlicher Ebene der Finanzplatz Deutschland an Attraktivität und Leistungsvermögen verlieren würde und damit erhebliche finanzielle Mittel aus Deutschland abgezogen würden.[2]

Mit dem **Dritten Finanzmarktförderungsgesetz von 1998**[3] setzte sich der Gesetzgeber das Ziel, diese Ent- 3
wicklungen aufzugreifen und für den Finanzplatz Deutschland attraktive Rahmenbedingungen im Bereich des Investmentwesens zu schaffen. Durch das Finanzmarktförderungsgesetz führte der Gesetzgeber in den §§ 51 bis 67 des aufgehobenen Gesetzes über Kapitalanlagegesellschaften (KAGG) erstmals die Investmentaktiengesellschaft in der Rechtsform der Aktiengesellschaft ein.[4] Die Praxis tat sich jedoch mit der Annahme der InvAG sehr schwer und gründete bis zum Jahr 2004 keine einzige InvAG.[5] Dies lag vor allem daran, dass diese als **InvAG mit fixem Kapital** ausgestaltet und eine Börsenzulassung zwingend vorgeschrieben war, die binnen sechs Monaten nach Erteilung der Erlaubnis der BaFin erfolgen musste.[6] Erschwerend kam hinzu, dass die Aktien der InvAG eine Streuung von 75 % innerhalb eines Jahres aufweisen musste, d.h. dass 75 % der Aktien der InvAG an das Anlegerpublikum ausgegeben werden musste.[7] Zudem hat der Gesetzgeber das mögliche Anlagespektrum, in das die InvAG investieren konnte, durch Begrenzung der Anlagen in nicht börsennotierte Wertpapiere und stille Beteiligung sowie Ausschluss der Anlage in Immobilien stark beschränkt, vgl. §§ 58 und 59 des aufgehobenen KAGG.[8] Schließlich unterfielen die InvAG mit fixem Kapital und ihre Aktionäre dem allgemeinen Einkommen- und Körperschaftsteuerrecht; die steuerlichen Vorteile des Sondervermögens fanden keine Anwendung. Gleichzeitig hat der Gesetzgeber in demselben Dritten Finanzmarktförderungsgesetz die Unternehmensbeteiligungsgesellschaft attraktiver ausgestaltet, indem er dort auf die zwingende Börsennotierung der Aktien verzichtete und die zulässigen Rechtsformen für Unternehmensbeteiligungsgesellschaften erweiterte. Auch die Stärkung dieses konkurrierenden Vehikels war für die Akzeptanz der InvAG nicht förderlich.

Einen neuen Ansatz verfolgte der Gesetzgeber mit dem **Investmentmodernisierungsgesetz von 2003**[9], in- 4
dem er die Vorschriften, die sich auf die InvAG bezogen, grundlegend überarbeitete. Erstmals führte der Gesetzgeber die **InvAG mit veränderlichem Kapital** ein und erweiterte das Spektrum möglicher Vermö-

---

1 Statt vieler s. *Blenk*, Die Mitgliedschaft in der Investmentaktiengesellschaft S. 22 ff.; *Fischer*, Die Investmentaktiengesellschaft aus aufsichtsrechtlicher und gesellschaftsrechtlicher Perspektive, S. 1 ff.; *Müchler*, Die Investmentaktiengesellschaft mit veränderlichem Kapital, S. 56 ff.; *Wallach*, Der Konzern 2007, 487 f.; *Wegner*, Die selbstverwaltete Hedge-Fonds-Investmentaktiengesellschaft mit Teilgesellschaftsvermögen, S. 45 ff.

2 Vgl. BT-Drucks. 15/1553, 65.

3 Gesetz vom 23.3.1998, BGBl. I 1998, S. 529.

4 BT-Drucks. 13/8933, 2.

5 Vgl. BT-Drucks. 15/1553, 104.

6 Siehe hierzu *Fock/Hartig* in FS Spiegelberger, 2009, S. 655; *Wallach*, Der Konzern 2007, 487.

7 *Fock/Hartig* in FS Spiegelberger, 2009, S. 655.

8 So mit Recht *Fock/Hartig* in FS Spiegelberger, 2009, S. 655.

9 Gesetz vom 15.12.2003, BGBl. I 2003, S. 2676.

gensgegenstände.[10] Um die Attraktivität der InvAG zu erhöhen, stellte der Gesetzgeber die InvAG steuerrechtlich weitgehend dem Sondervermögen gleich.[11] Zudem verzichtete der Gesetzgeber nunmehr auf die Pflicht der Börsenzulassung und sah stattdessen die Möglichkeit vor, die Aktien an die InvAG zurückzugeben.[12] Ziel des Gesetzgebers war es, die Ansiedlung von Fondsverwaltern in Deutschland wesentlich zu erleichtern.[13] Durch die Ausgestaltung der InvAG mit veränderlichem Kapital im Investmentmodernisierungsgesetz kam es in der Praxis zu erheblichen Differenzen mit zwingenden aktienrechtlichen Bestimmungen, die die Praxistauglichkeit der InvAG mit veränderlichem Kapital erheblich einschränkten.[14] Diese rechtlichen Schwierigkeiten beruhten darauf, dass der Gesetzgeber das veränderliche Gesellschaftskapital der InvAG als statutarisch genehmigtes Kapital i.S.d. §§ 202 ff. AktG ansah und die Rücknahme der Aktien als Rückerwerb eigener Aktien i.S.d. §§ 71 ff. AktG qualifiziert wurde.[15] Darüber hinaus konnte eine InvAG nicht in der Form eines Umbrella-Fonds ausgestaltet werden, weil nach Ansicht der Finanzaufsicht die haftungsrechtliche Trennung der verschiedenen Teilgesellschaftsvermögen gesetzlich nicht möglich war.[16]

5 Seine heutige Gestalt erhielt die InvAG mit veränderlichem Kapital im Wesentlichen durch das **Investmentänderungsgesetz von 2007**[17] in den §§ 96 bis 111a des aufgehobenen InvG.[18] Der Gesetzgeber qualifiziert den Aktionär nunmehr in erster Linie als Anleger eines Investmentvermögens und sah daher die Anwendung von anlegerschützenden Vorschriften des aufgehobenen InvG vor, indem er die aktienrechtlichen Schutzvorschriften zugunsten der Aktionäre für nicht anwendbar erklärte.[19] Der Gesetzgeber nahm darüber hinaus auch Abstand vom statutarisch genehmigten Kapital im Sinne der aktienrechtlichen Bestimmungen und führte stattdessen ein vereinfachtes Verfahren für die Kapitalbeschaffung der InvAG mit veränderlichem Kapital ein, das den Bedürfnissen der Anleger und des Kapitalmarkts eher gerecht wird. Damit wurden die **rechtlichen Differenzen zwischen dem Investmentgesetz und dem Aktiengesetz zugunsten eines investmentrechtlichen Ansatzes beseitigt.**[20] Der Gesetzgeber glich die rechtliche Ausgestaltung der InvAG mit veränderlichem Kapital im Wesentlichen an die Rechtslage des Sondervermögens an, um die Ungleichbehandlungen beider Investmentvermögen weitgehend abzuschaffen.[21] Erstmals war es auch möglich, die InvAG in der Form der Umbrella-Konstruktion aufzulegen, womit die Attraktivität der InvAG weiter gesteigert werden konnte.

6 Mit der Umsetzung der AIFM-Richtlinie durch das **AIFM-Richtlinie-Umsetzungsgesetz von 2013**[22] überführte der Gesetzgeber die Regelungen des aufgehobenen InvG in das neu geschaffene KAGB. Die Ausgestaltung der InvAG mit veränderlichem Kapital findet sich nunmehr in den §§ 108 bis 123 KAGB. Durch die Umsetzung der AIFM-Richtlinie wurden vor allem redaktionelle Änderungen aufgrund der europarechtlich vorgegebenen Terminologie vorgenommen.[23]

II. Regelungsgegenstand und -zweck

7 Der 3. Unterabschnitt des 4. Abschnitts (offene inländische Investmentvermögen) enthält allgemeine Vorschriften für die offene InvAG mit veränderlichem Kapital. Der Unterabschnitt enthält daher Bestimmungen, die für alle Erscheinungsformen von offenen InvAGen mit veränderlichem Kapital maßgeblich sind. Sie gelten für **Publikums-** und **Spezial-InvAGen** mit veränderlichem Kapital sowie grundsätzlich auch für **OGAW-InvAGen**. Darüber hinaus enthält der Unterabschnitt spezielle Bestimmungen, die nur für die OGAW-InvAG gelten (§§ 108 Abs. 2, 113 und 119 Abs. 6 KAGB).

8 Die Vorgaben des Unterabschnitts gelten, mit Ausnahme von § 113 KAGB, sowohl für die **extern durch eine KVG verwaltete InvAG mit veränderlichem Kapital** (§ 17 Abs. 2 Nr. 1 KAGB) als auch für die **intern verwaltete InvAG mit veränderlichem Kapital** (§ 17 Abs. 2 Nr. 2 KAGB).

---

10 *Hermanns*, ZIP 2004, 1297 ff.; *Köndgen/Schmies*, WM 2004, Sonderbeilage Nr. 1, S. 1 ff.; *Pluskat*, WM 2005, 772 ff.; *Steck/Schmitz*, AG 2004, 658 ff.
11 Vgl. *Fock/Hartig* in FS Spiegelberger, 2009, S. 655; *Wallach*, Der Konzern 2007, 487.
12 Vgl. *Fock/Hartig* in FS Spiegelberger, 2009, S. 656.
13 Vgl. BT-Drucks. 15/1553, 104.
14 Statt aller s. *Baums/Kiem* in FS Hadding, 2004, S. 741 ff.; *Fock*, BB 2006, 2371 ff. m.w.N.
15 Vgl. zur rechtlichen Einordnung BT-Drucks. 15/1553, 106 und BT-Drucks. 16/5576, 88.
16 Vgl. *Fock/Hartig* in FS Spiegelberger, 2009, S. 656.
17 Gesetz vom 21.12.2007, BGBl. I 2007, S. 3089.
18 Hierzu *Dornseifer*, AG 2008, 53 ff.; *Eckhold*, ZGR 2007, 654 ff.; *Wallach*, Der Konzern 2007, 487 ff.
19 *Wallach*, Der Konzern 2007, 487 (488).
20 *Roegele/Görke*, BKR 2007, 393 (399).
21 *Roegele/Görke*, BKR 2007, 393 (399).
22 Gesetz vom 22.7.2013, BGBl. I 2013, S. 1981.
23 Zu den Änderungen unter dem KAGB s. *Fischer/Friedrich*, ZBB 2013, 153 ff.; *Zetzsche*, AG 2013, 613 ff.

Zweck des § 108 KAGB ist es, die auf InvAGen mit veränderlichem Kapital anwendbaren rechtlichen Vorschriften zu regeln. 9

III. Rechtsformzwang

§ 108 Abs. 1 KAGB statuiert zunächst einen Rechtsformzwang mit der auf den ersten Blick tautologisch anmutenden Anordnung, dass offene InvAGen mit veränderlichem Kapital **nur in der Rechtsform der Aktiengesellschaft** betrieben werden dürfen. Damit werden Erscheinungsformen der Aktiengesellschaft, die vom gesetzlichen Leitbild der §§ 1 bis 277 AktG abweichen, wie insbesondere die KGaA ausgeschlossen. Der Gesetzgeber erklärt zu diesem Zweck in § 108 Abs. 2 KAGB die §§ 278 bis 290 AktG, welche die Ausgestaltung der KGaA betreffen, für nicht anwendbar (kritisch hierzu § 139 Rz. 4 ff.). 10

Der Gesetzgeber versteht die InvAG mit veränderlichem Kapital als eine organisationsrechtliche Form eines Investmentfonds.[24] Anders als bei der geschlossenen InvKG nach §§ 149 ff. KAGB vermeidet der Gesetzgeber in den Gesetzesmaterialien eine Klarstellung, dass es sich bei der Investmentaktiengesellschaft **nicht um eine neue Gesellschaftsform** handelt (vgl. hierzu § 149 Rz. 3). 11

Vereinzelt wird in der Literatur verneint, dass die Investmentaktiengesellschaft eine Aktiengesellschaft nach den Wesensmerkmalen des § 1 AktG darstellt, weil die InvAG kein der Aktiengesellschaft vergleichbares Grundkapital hat und aufgrund der Abbedingung der Satzungsstrenge sowie der Ausgestaltung der Anlageaktien ohne Stimmrecht wesentliche Merkmale der Aktiengesellschaft nicht mehr gegeben sind.[25] 12

Der Gesetzgeber scheint jedoch selbst davon auszugehen, dass die überwiegenden Vorschriften des AktG weiterhin auch bei der InvAG mit veränderlichem Kapital anwendbar bleiben. Bei der Schaffung der InvAG durch das Finanzmarktförderungsgesetz von 1998 stellt der Gesetzgeber in der Regierungsbegründung klar, dass nunmehr *„neue Fondstypen als Instrument einer standardisierten Vermögensverwaltung für private Anleger und geschlossene Fonds* ***in der Rechtsform der AG*** *zugelassen werden (sog. Investmentaktiengesellschaften)"*.[26] Hierfür spricht auch, dass § 108 Abs. 2 KAGB lediglich die Anwendung von bestimmten Vorschriften des AktG ausschließt, die überwiegend die Kapitalbeschaffung der Aktiengesellschaft betreffen und für die das KAGB Sondervorschriften vorsieht. Da der Gesetzgeber für die durch das AIFM-Umsetzungsgesetz 2013 neu eingeführten Typen von Investmentgesellschaften ausdrücklich in der Gesetzesbegründung klargestellt hat, dass keine neue Gesellschaftsform geschaffen werden soll, ist die Schlussfolgerung naheliegend, auch in der InvAG mit veränderlichem Kapital keine neue Gesellschaftsform zu sehen. 13

Auch der Wegfall des aktienrechtlichen Grundkapitals bei der InvAG und dessen Ersetzung durch das ziffernmäßig schwankende Gesellschaftskapital (§ 110 Abs. 1 Satz 1 KAGB) ist kein hinreichender Grund, in der InvAG eine neue Gesellschaftsform zu sehen.[27] Das sich ständig an die Wertschwankungen der im Gesellschaftsvermögen befindlichen Vermögensgegenstände und Verbindlichkeiten anpassende Gesellschaftskapital macht zwar die Ausgabe von Nennbetragsaktien unmöglich. Jedoch ist die Begebung von Stückaktien eine gleichwertige, in § 8 Abs. 1 AktG vorgesehene Alternative, so dass der Begebung von Nennbetragsaktien keine konstitutive Bedeutung zukommt. 14

Die aktienrechtliche Garantiefunktion des Grundkapitals (vgl. § 57 Abs. 1, 3, § 92 Abs. 1, § 228 AktG) wird bei der InvAG mit veränderlichem Kapital durch das in der Satzung festgelegte Mindestkapital (§ 116 Abs. 1 KAGB) und das Anfangskapital zzgl. etwa erforderlicher Eigenmittel gem. § 25 KAGB (vgl. § 116 Abs. 2 Satz 2 KAGB) sowie ein Mindest-Unternehmensaktienkapital (vgl. § 116 Abs. 2 Satz 3 und 4 KAGB) ersetzt. 15

Die Ausgestaltung der Anlageaktien als in der Regel stimmrechtlose Stückaktien ergibt ebenfalls keine Abweichung vom Wesen der Aktiengesellschaft. Auch die Aktiengesellschaft kann Aktien ohne Stimmrecht ausgeben, wie in §§ 139 f. AktG ausdrücklich vorgesehen. Lediglich ist die Ausgabe ihrer Höhe nach auf die Hälfte des Grundkapitals beschränkt (§ 139 Abs. 2 AktG). 16

Zudem kann auch die Abbedingung der aktienrechtlichen Satzungsstrenge nicht als Argument dienen, um in der InvAG mit veränderlichem Kapital eine neue Rechtsform zu sehen, weil die aktienrechtliche Satzungsstrenge durch eine investmentrechtliche Satzungsstrenge ersetzt wird und so das für die Aktiengesell- 17

---

24 BT-Drucks. 15/1553, 104; BT-Drucks. 16/5576, 83.

25 *Fock/Hartig* in FS Spiegelberger, 2009, S. 661. Kritisch auch *Geibel* in Derleder/Knops/Bamberger, Bank- und Kapitalmarktrecht, § 58 Rz. 135.

26 BT-Drucks. 13/8933, 2. Hervorhebung durch den Verfasser.

27 So scheinbar *Fock/Hartig* in FS Spiegelberger, 2009, S. 658 f.

schaft konstitutive Element[28] der Satzungsstrenge weiterhin Anwendung findet, wenn auch bezogen auf ein anderes Regelungsregime (s. hierzu Rz. 36 ff.).

18 Darüber hinaus sind die Bestimmungen des AktG weiterhin anwendbar, sofern sich aus den §§ 108 ff. KAGB keine abweichenden Wertungen ergeben. Damit schafft der Gesetzgeber auch mit der InvAG **keine neue Gesellschaftsform,**[29] sondern passt die bestehende Gesellschaftsform der Aktiengesellschaft lediglich an die aufsichtsrechtlichen Besonderheiten für die Behandlung als Fondsvehikel[30] an.

19 Der **Rechtsformzwang gilt nicht für „kleine" KVGen,** die gem. § 44 Abs. 1 KAGB lediglich registrierungspflichtig sind, es sei denn, sie verwalten einen AIF, für den die Option in § 44 Abs. 1 Nr. 7 Buchst. a) KAGB gewählt wurde, diesen in der Rechtsform einer offenen InvAG mit veränderlichem Kapital aufzulegen. Bei einem extern verwalteten AIF dürfte die Option regelmäßig schon der Initiator gewählt haben. Eine maßgebliche Rolle dürfte hierbei spielen, dass sich eine offene InvAG mit veränderlichem Kapital mit zwingenden anlegerschützenden Normen des KAGB besser platzieren lässt.

20 Was den **zeitlichen Anwendungsbereich** betrifft, kommt dem Begriff *„betrieben"* in § 108 Abs. 1 KAGB normative Bedeutung zu, bedenkt man, dass die Fondsauflegung zumeist ein längerer Prozess ist, bei dem schon in einem frühen Stadium rechtsgeschäftliche Handlungen vorgenommen werden. Da die offene InvAG mit veränderlichem Kapital die Merkmale eines „Investmentvermögens" i.S.d. § 1 Abs. 1 KAGB erfüllen muss, kommt es auf das „Betreiben" eines Investmentvermögens an. Der früheste Zeitpunkt dürfte hier regelmäßig das Einsammeln des Kapitals von den Anlegern sein, so dass auf den Beginn der Platzierung oder der Zeichnungsfrist abzustellen ist (s. zur gleichen Frage § 149 Rz. 5 und § 109 Rz. 30).

IV. Anzuwendende Bestimmungen des AktG und weiterer gesellschafts- und zivilrechtlicher Vorschriften

1. Grundsätzliches

21 Aus § 108 Abs. 2 Satz 1 KAGB a.E. ergibt sich, dass die Bestimmungen des AktG anzuwenden sind, soweit sich aus den Vorschriften des 3. Unterabschnitts nichts anderes ergibt. Nach dem Willen des Gesetzgebers soll sich die InvAG mit veränderlichem Kapital in das Regelwerk der Aktiengesellschaft einfügen und keine Gesellschaftsform sui generis geschaffen werden (s. Rz. 11 ff.). Damit öffnet der Gesetzgeber das Tor zur **Anwendung aller Rechtsnormen, die auf eine Aktiengesellschaft im Inland Anwendung finden.**

22 Der Verweis in das Aktienrecht ist vor allem deshalb relevant, weil das KAGB keine vollumfängliche Regelung der Rechtsform vorsieht. Damit gelten grundsätzlich auch die aktienrechtlichen Bestimmungen hinsichtlich der Rechtspersönlichkeit, des Firmenrechts, der Vertretungsregelung und der Rechtsstellung der Aktionäre zu Dritten (s. Rz. 25 ff.).

23 Darüber hinaus gilt grundsätzlich auch die **aktienrechtliche Kompetenzverteilung** zwischen Vorstand, Aufsichtsrat und Hauptversammlung für die InvAG mit veränderlichem Kapital. Jedoch stehen der InvAG mit veränderlichem Kapital weitreichende Gestaltungsmöglichkeiten bei der Kompetenzverteilung zu, weil das Gebot der Satzungsstrenge i.S.d. § 23 Abs. 5 AktG nicht gilt (zu den Grenzen s. Rz. 36 ff.).

24 Die **Rechte der Hauptversammlung** und das Verfahren der Einladung und Durchführung der Hauptversammlung bestimmen sich weiterhin nach dem vierten Abschnitt des Vierten Teils des Aktiengesetzes (s. hierzu auch Rz. 50). Das KAGB enthält selbst keinerlei Vorgaben für die Hauptversammlung. Jedoch sind mit Blick auf die Ausgestaltung der Anlageaktien und des grundsätzlich nicht vorgesehenen Stimmrechts für **Anlageaktionäre** bestimmte Vorschriften nur dann anwendbar, wenn ein Stimmrecht nach Maßgabe des § 109 Abs. 3 KAGB in der Satzung gewährt wurde. Dies betrifft etwa § 122 AktG, wonach die Minderheit die Einberufung der Hauptversammlung verlangen kann. Ein solches Einberufungsrecht würde nur dann Sinn ergeben, wenn es zugleich ein Recht zur Teilnahme an der Hauptversammlung gäbe. Auf **Unternehmensaktionäre** ist dieses Einberufungsrecht selbstverständlich anwendbar. Allerdings knüpft § 122 Abs. 1 AktG das Einberufungsrecht an eine Mindest-Kapitalbeteiligung (5 %), die je nach Fondsvolumen nicht von den Unternehmensaktionären aufgebracht wird. Es empfiehlt sich daher, in die Satzung an andere Voraussetzungen (z.B. Stimmrechtsanteil) anzuknüpfen.

---

28 So *Fock/Hartig* in FS Spiegelberger, 2009, S. 659; mit Verweis auf *Schäfer,* NJW 2008, 2536 (2538, 2540).

29 Wie hier *Fischer,* Die Investmentaktiengesellschaft aus aufsichtsrechtlicher und gesellschaftsrechtlicher Perspektive, S. 23; wohl auch *Sachtleber,* Zivilrechtliche Strukturen von open-end-Investmentfonds in Deutschland und England, S. 103 f.; *Steck/Schmitz,* AG 2004, 658 (659).

30 Zu den grundsätzlichen Anforderungen an ein Fonds-Vehikel in der Verbandsform vgl. *Wallach,* ZGR 2014, 289 (319 f.).

2. Einzelheiten

Im Folgenden sind einige Beispiele genannt, die die Konsequenzen der grundsätzlichen Anwendbarkeit des Rechtsregimes der Aktiengesellschaft auf die InvAG mit veränderlichem Kapital aufzeigen. 25

a) Außenverhältnis

Aus dem Verweis in § 108 Abs. 2 Satz 1 KAGB auf das AktG, einschließlich des § 1 AktG, folgt zunächst, dass es sich bei der InvAG mit veränderlichem Kapital um eine **Gesellschaft mit eigener Rechtspersönlichkeit** handelt, die Trägerin von Rechten und Pflichten ist, Eigentum an Vermögensgegenständen, einschließlich Grundstücken erwerben und als solche in das Grundbuch eingetragen werden kann.[31] Zur Zwangsvollstreckung in das Vermögen der InvAG mit veränderlichem Kapital ist ein gegen die InvAG gerichteter Titel erforderlich. Gegen die Zwangsvollstreckung können nur die InvAG mit veränderlichem Kapital selbst und die Verwahrstelle gem. § 89 Abs. 1 Satz 1 Nr. 3 KAGB Drittwiderspruchsklage erheben. Die InvAG mit veränderlichem Kapital ist im Zivilprozess parteifähig und wird hierbei von ihren Organen vertreten.[32] Die InvAG mit veränderlichem Kapital ist grundrechtsfähig und kommt deshalb in den Genuss der aus der allgemeinen Handlungsfreiheit (Art. 2 Abs. 1 GG) fließenden Freiheit der wirtschaftlichen Betätigung.[33] Freilich ist diese im KAGB erheblich dadurch eingeschränkt, dass die InvAG mit veränderlichem Kapital immer eine Zweckgesellschaft ist (§ 110 Abs. 2 KAGB) und insbesondere bei der Publikums-InvAG hinsichtlich der Anlagemöglichkeiten bestimmten Einschränkungen unterliegt (vgl. etwa §§ 192, 219, 221 KAGB). 26

Ferner gilt das **Firmenrecht** des HGB (§ 3 Abs. 1 AktG i.V.m. §§ 17 ff. HGB) und des AktG (§ 4 AktG), soweit § 118 KAGB keine spezielle Regelung trifft. 27

Die **Vertretung der InvAG** mit veränderlichem Kapital ist nicht im KAGB geregelt. Die Vertretung der InvAG mit veränderlichem Kapital richtet sich damit nach den aktienrechtlichen Bestimmungen. Daraus ergibt sich, dass die InvAG mit veränderlichem Kapital im Rechtsverkehr von ihrem **Vorstand** vertreten wird (vgl. § 78 AktG). Sofern die InvAG mit veränderlichem Kapital keinen Vorstand hat, wird die InvAG **passiv durch ihren Aufsichtsrat** vertreten, mithin Willenserklärungen, die gegenüber der Gesellschaft abzugeben wären, vom Aufsichtsrat entgegen genommen werden (§ 78 Abs. 1 Satz 2 AktG). Gegenüber den Mitgliedern des Vorstands der InvAG mit veränderlichem Kapital vertritt der Aufsichtsrat die Gesellschaft gerichtlich und außergerichtlich (§ 112 AktG). Darüber hinaus gelten die allgemeinen Regeln des HGB über die Prokura und die Handlungsvollmacht, so dass einem Dritten entweder in der Satzung selbst oder durch den Vorstand Prokura oder Handlungsvollmacht eingeräumt werden kann (zur Einräumung der Vertretungsbefugnis an die externe KVG s. § 112 Rz. 28). 28

Da § 93 Abs. 4 KAGB nicht gilt, können Vermögensgegenstände der InvAG mit veränderlichem Kapital verpfändet, belastet oder zur Sicherheit übereignet werden. 29

Auch was die **Rechtstellung des einzelnen Gesellschafters zu Dritten** betrifft, gelten grundsätzlich die allgemeinen Regeln des AktG und des BGB. So kann der Aktionär der InvAG mit veränderlichem Kapital seinen Anteil an einen Dritten verpfänden und Gläubiger den Anspruch des Aktionärs auf Auszahlung seiner turnusmäßigen Ausschüttung pfänden. Wird über das Vermögen eines Aktionärs das Insolvenzverfahren eröffnet, scheidet er vorbehaltlich anderslautender Bestimmungen in der Satzung nicht aus der InvAG mit veränderlichem Kapital aus, weil es keine den §§ 161 Abs. 2, 131 Abs. 3 Nr. 2 HGB entsprechende Vorschriften im AktG gibt. Zu den Gestaltungsmöglichkeiten bei einer Insolvenz des Aktionärs s. § 109 Rz. 41 ff. 30

b) Innenverhältnis

Der Gesetzgeber sieht für die InvAG mit veränderlichem Kapital in § 109 KAGB verschiedene Aktiengattungen vor. Während der Gesetzgeber die Rechtsstellung der **Anlageaktionäre** i.S.d. § 109 Abs. 3 KAGB wie diejenige der Anleger eines Investmentvermögens ausgestaltet, geht der Gesetzgeber davon aus, dass die 31

---

31 Siehe zur Aktiengesellschaft *Hüffer/Koch*, § 1 AktG Rz. 4, 5; *Fock* in Spindler/Stilz, § 1 AktG Rz. 13 ff.

32 *Hüffer/Koch*, § 1 AktG Rz. 7; *Fock* in Spindler/Stilz, § 1 AktG Rz. 26; für die InvKG s. OLG München v. 1.10.2013 – 23 U 1570/15, ZIP 2015, 2224 ff. Die in der Entscheidung entwickelten Grundsätze gelten allgemein für extern verwaltete Investmentgesellschaften (vgl. dazu näher § 154 Rz. 50 ff.). **A.A.** *Zetzsche* in FS Köndgen, 2016, S. 677 (698).

33 Vgl. *Di Fabio* in Maunz/Dürig, ErgLfg. 39, Juli 2001, Art. 2 Abs. 1 GG Rz. 77; *Leibholz/Rinck*, ErgLfg. 49 und 72, Art. 2 GG Rz. 375, 390.

Unternehmensaktionäre i.S.d. § 109 Abs. 2 KAGB auch die unternehmerische Verantwortung für die InvAG mit veränderlichem Kapital übernehmen (s. hierzu § 109 Rz. 26).

32 Durch den Verweis in § 108 Abs. 2 Satz 1 KAGB gilt auch für die Aktionäre einer InvAG mit veränderlichem Kapital die **Treuepflicht der InvAG gegenüber**. Die Treuepflicht hat zunächst die Funktion, die Ausübung von mitgliedschaftlichen Rechten zu begrenzen, wenn hierdurch Nachteile für die Gesellschaft und die Aktionäre entstehen.[34] Relevant wird die rechtsbegrenzende Funktion der Treuepflicht vor allem dann, wenn es um die Verhinderung von Beschlüssen geht, die für die Gesellschaft wichtig sind oder positive Auswirkungen haben.[35] Darüber hinaus folgt aus der Treuepflicht ein Gebot der Rücksichtnahme auf die Interessen der anderen Aktionäre, wobei die Rücksichtnahmepflicht grundsätzlich keine positiven Handlungspflichten für die Aktionäre begründet.[36] Eine positive Handlungspflicht kann im Einzelfall[37] aus der Treuepflicht nur dann hergeleitet werden, wenn die Beteiligung des betroffenen Aktionärs dringend erforderlich ist, um die Handlungsfähigkeit der Gesellschaft zu ermöglichen und schützenswerte Interessen des Handlungspflichtigen durch die Beteiligungspflicht nicht beeinträchtigt werden.[38]

33 Neben der Treuepflicht gegenüber der Gesellschaft begründet die Mitgliedschaft in der InvAG auch eine **Treuepflicht gegenüber den anderen Aktionären**. Die Treuepflicht der Aktionäre untereinander dient dem Schutz der Mitgliedschaft als solche[39] und führt nicht dazu, dass auf die privaten Interessen der Aktionäre Rücksicht genommen werden muss, so dass die Ausgestaltung dieser Treuepflicht bisher auf die inhaltliche Kontrolle von Hauptversammlungsbeschlüssen durch die Gerichte (sog. materielle Beschlusskontrolle) und die Beschlussfassung für den Fall einer Sanierung beschränkt war.[40] Ob darüber hinaus weitere Fallgestaltungen denkbar sind, ist umstritten.[41]

34 Die Treuepflicht gilt grundsätzlich **für sämtliche Aktionäre** einer InvAG, unabhängig davon, ob es sich um **Unternehmens**- oder **Anlageaktionäre** handelt oder ob die Anlageaktionäre ein Stimmrecht haben oder nicht. Lediglich die Intensität der Treuepflicht hängt von dem Grad der Einflussmöglichkeiten auf Entscheidungen der Unternehmensführung ab.[42] Eine faktische Einflussnahme kann sich z.B. bei einem nicht stimmberechtigten Anlageaktionär aus der Höhe seiner Beteiligung ergeben; hier könnte das Rückgaberecht (§ 116 Abs. 2 Satz 1 KAGB) zur Einflussnahme auf den Vorstand genutzt werden (vgl. auch § 116 Rz. 19).

3. Nicht anwendbare gesellschaftsrechtliche Vorschriften

35 § 108 Abs. 2 Satz 1 KAGB nimmt die nachfolgenden Vorschriften von der grundsätzlichen Anwendbarkeit des Aktienrechts ausdrücklich aus. Aus der Formulierung **„soweit sich aus den Vorschriften dieses Unterabschnitts nichts anderes ergibt"** deutet darauf hin, dass die Aufzählung der nicht anwendbaren gesellschaftsrechtlichen Bestimmungen **nicht abschließend** ist. Bei der Anwendung vor allem der aktienrechtlichen Bestimmungen muss daher im Einzelfall geprüft werden, ob sich aus den Wertungen der §§ 108 bis 123 KAGB kein Anwendungsvorrang des KAGB ergibt.

a) § 23 Abs. 5 AktG

36 Nach § 108 Abs. 2 Satz 1 KAGB ist das **Gebot der formalen Satzungsstrenge** i.S.d. **§ 23 Abs. 5 AktG nicht anwendbar**, wonach die Satzung nur von den aktienrechtlichen Bestimmungen abweichen darf, wenn dies im Gesetz ausdrücklich zugelassen ist. Ergänzende Bestimmungen in der Satzung sind nicht zulässig, soweit das AktG eine abschließende Regelung enthält. Aufgrund der Abbedingung des § 23 Abs. 5 AktG ist ein großer Teil der aktionärsschützenden Vorschriften des AktG nicht anwendbar.[43] Die Aktionäre werden damit aber nicht schutzlos gestellt. Vielmehr richtet sich der Schutz der Aktionäre nach den Bestimmungen des KAGB, die auf die Bedürfnisse der Aktionäre, hier insbesondere der Anlageaktionäre, besser abgestimmt sind.[44] Der Schutz der Aktionäre ist durch die Genehmigungspflicht zum Betreiben des Invest-

---

34 Vgl. *Cahn/v. Spannenberg* in Spindler/Stilz, § 53a AktG Rz. 38; *Laubert* in Hölters, § 53a AktG Rz. 17.
35 *Cahn/v. Spannenberg* in Spindler/Stilz, § 53a AktG Rz. 38.
36 *Cahn/v. Spannenberg* in Spindler/Stilz, § 53a AktG Rz. 38; vgl. auch *Henze*, BB 1996, 489 (490).
37 Speziell für die InvAG s. *Müchler*, Die Investmentaktiengesellschaft mit veränderlichem Kapital, S. 113.
38 Vgl. *Cahn/v. Spannenberg* in Spindler/Stilz, § 53a AktG Rz. 38.
39 Vgl. *Hüffer/Koch*, § 53a AktG Rz. 21.
40 Vgl. *Hüffer/Koch*, § 53a AktG Rz. 20.
41 Vgl. *Hüffer/Koch*, § 53a AktG Rz. 20 und 21 jeweils m.w.N.
42 So zutreffend *Blenk*, Die Mitgliedschaft in der Investmentaktiengesellschaft, 2017, S. 108 und *Müchler*, Die Investmentaktiengesellschaft mit veränderlichem Kapital, 2011, S. 120 f.
43 BT-Drucks. 16/5576, 83.
44 BT-Drucks. 16/5576, 83.

mentgeschäfts, die laufende Produktüberwachung und die laufende Finanzaufsicht durch die BaFin sowie durch die besonderen Kapitalanforderungen in § 25 KAGB in einem hinreichenden Umfang gewährleistet.[45]

Die Abbedingung der aktienrechtlichen Satzungsstrenge eröffnet den InvAGen mit veränderlichem Kapital einen weitreichenden Gestaltungsspielraum hinsichtlich der Kompetenzverteilung der Organe der InvAG. Allerdings weist *Zetzsche*[46] zutreffend darauf hin, dass die **aktienrechtliche Grundordnung**, die durch den Vorstand als vertretungsberechtigtes Organ und den Aufsichtsrat als Kontrollinstanz gekennzeichnet ist, **unberührt bleiben muss**. Auch das KAGB geht davon aus, dass es Vorstand und Aufsichtsrat geben muss, wie aus §§ 119, 147 KAGB ersichtlich ist. Doch kann die Geschäftsführungsbefugnis des Vorstands **im Innenverhältnis** in einem größeren Umfang beschränkt werden, als dies im AktG möglich ist. Abweichend von §§ 23 Abs. 5, 118 ff. AktG hat der Gesetzgeber bereits die gesellschaftsinterne Entscheidungsorganisation in der InvAG modifiziert. Dies gilt z.B. für die Kompetenzen der externen KVG, welche die Geschäftsführungsbefugnisse des Vorstands einschränken (s. § 112 Rz. 21 ff.). Ferner haben die Anlageaktionäre nur dann ein Stimmrecht auf der Hauptversammlung, wenn ihnen dieses durch die Satzung der InvAG eingeräumt wurde (vgl. § 109 Rz. 32 f.) Durch eine entsprechende Satzungsregelung kann die Verbandskompetenz für die Ausgabe von Unternehmensaktien, für die grundsätzlich die Hauptversammlung zuständig ist, auf den Vorstand der InvAG übertragen werden (vgl. § 115 Rz. 28 f.) 37

Die Gestaltungsfreiheit besteht jedoch nur in den Grenzen, die durch die zwingenden aufsichtsrechtlichen Bestimmungen (z.B. § 110 Abs. 2 Satz 2 KAGB) und die Verwaltungspraxis der BaFin gezogen werden.[47] Insofern gilt für die InvAG mit veränderlichem Kapital eine **investmentrechtliche Satzungsstrenge**, da das KAGB zwingende Regelungen enthält, von denen in der Satzung nicht abgewichen werden darf (vgl. § 110 KAGB).[48] 38

b) §§ 150 bis 158 AktG

Die §§ 150 bis 158 AktG betreffen die **Rechnungslegung der Aktiengesellschaft**. Die ausdrückliche Herausnahme dieser Vorschriften vom Anwendungsbereich der InvAG hat lediglich klarstellenden Charakter, weil der Gesetzgeber mit den §§ 120 bis 123 KAGB für die InvAG mit veränderlichem Kapital eigenständige Regelungen zur Rechnungslegung und für den Jahresabschluss vorgesehen hat, die den aktienrechtlichen Bestimmungen als *lex specialis* vorgegangen wären. 39

Was den **Anhang zum Jahresabschluss** betrifft, ist **§ 160 AktG nicht abbedungen**, so dass die dort vorgeschriebenen Angaben zusätzlich zu den nach § 284 f. HGB, § 120 Abs. 4 und § 25 KARBV für den Anhang einer InvAG vorgeschriebenen Angaben zu machen sind. 40

c) § 161 AktG

Nach § 161 AktG müssen die Vorstände und Aufsichtsräte von börsennotierten Gesellschaften jährlich eine **Entsprechenserklärung zum Deutschen Corporate Governance Kodex** abgeben. Der Gesetzgeber schließt in § 108 Abs. 2 Satz 1 KAGB die Anwendung des § 161 AktG auf die InvAG mit veränderlichem Kapital aus, auch wenn deren Aktien an einer Börse notiert sind. Dies erklärt sich vor allem daraus, dass das KAGB in den §§ 26 bis 30 KAGB allgemeine Verhaltens- und Organisationspflichten für KVGen vorsieht und im Übrigen die BaFin die Anforderungen an die interne Organisation in ihrem Rundschreiben 01/2017 (WA) – Mindestanforderungen an das Risikomanagement von Kapitalverwaltungsgesellschaften (KAMaRisk)[49] vom 10.1.2017 näher ausgestaltet hat. Weitere Governanceregeln enthält § 119 KAGB für die extern verwaltete InvAG mit veränderlichem Kapital. Der Deutsche Corporate Governance Kodex wird daher **von der Gesamtheit der investmentrechtlichen Bestimmungen hinsichtlich der Unternehmensführung verdrängt**.[50] Hinzukommt, dass der geringere Zwang beim Deutschen Corporate Governance Kodex nach 41

45 Vgl. BT-Drucks. 16/5576, 83.
46 *Zetzsche*, Prinzipien der kollektiven Vermögensanlage, S. 490 f.
47 Vgl. *Boxberger* in Moritz/Klebeck/Jesch, § 108 KAGB Rz. 9; *Geibel* in Derleder/Knops/Bamberger, Bank- und Kapitalmarktrecht, § 58 Rz. 135; *Lorenz* in Weitnauer/Boxberger/Anders, § 108 KAGB Rz. 11. Kritisch *Zetzsche*, AG 2013, 613 (629), wonach sich Begrenzungen der Gestaltungsfreiheit nur aus dem System des KAGB-Gesellschaftsrechts ergeben können.
48 Vgl. BT-Drucks. 16/5576, 87.
49 Abrufbar unter: https://www.bafin.de/SharedDocs/Downloads/DE/Rundschreiben/dl_rs_1701_KAMaRisk.htm.
50 Vgl. BT-Drucks. 16/5576, 86 (87): „Die Anwendung des Deutschen Corporate Governance Codex bringt keinen zusätzlichen Nutzen."; ungenau daher *Boxberger* in Moritz/Klebeck/Jesch, § 108 KAGB Rz. 11 und *Lorenz* in Weitnauer/Boxberger/Anders, § 108 KAGB Rz. 13, die offenbar den Deutschen Corporate Governance Kodex durch

dem *„comply or explain"*-Prinzip (§ 161 Abs. 1 Satz 1 AktG) mit dem zwingenden aufsichtsrechtlichen Ansatz im Investmentrecht nicht vereinbar ist.

d) §§ 182 bis 240 AktG

42 Das Aktienrecht sieht in §§ 182 bis 240 AktG für die Kapitalbeschaffung der Aktiengesellschaft in der Regel einen **Beschluss der Hauptversammlung** mit ¾-Mehrheit und die Eintragung der Kapitalerhöhung zum Handelsregister vor. Ein vereinfachtes Verfahren zur Kapitalbeschaffung ist in den §§ 202 ff. AktG vorgesehen (genehmigtes Kapital). Bei der Ausgabe von genehmigtem Kapital kann die Satzung den Vorstand ermächtigen, das Grundkapital bis zu einem bestimmten Nennbetrag zu erhöhen. Jedoch darf der Nennbetrag des genehmigten Kapitals die Hälfte des Grundkapitals, welches zum Zeitpunkt der Ermächtigung vorhanden ist, nicht übersteigen. Auch die Kapitalherabsetzung einer herkömmlichen Aktiengesellschaft bedarf grundsätzlich eines Beschlusses der Hauptversammlung mit ¾- Mehrheit und – da es sich um eine Herabsetzung des Grundkapitals handelt – der Eintragung in das Handelsregister (vgl. §§ 222 ff. AktG).

43 Wegen der **Schwerfälligkeit dieser aktienrechtlichen Verfahren** der Kapitalbeschaffung und -herabsetzung, entschied sich der Gesetzgeber mit dem Investmentänderungsgesetz von 2007, die Anwendung der aktienrechtlichen Vorschriften für die Kapitalbeschaffung der InvAG mit veränderlichem Kapital aufzuheben.[51] Der Gesetzgeber wollte die Ausgabe und Rücknahme von Aktien an die Rechtslage der Sondervermögen angleichen und schuf damit ein flexibles Verfahren der Kapitalbeschaffung, das den praktischen Bedürfnissen eines Investmentvermögens entspricht.[52] Die Kapitalbeschaffung der InvAG mit veränderlichem Kapital wird durch die beiden zentralen Vorschriften in §§ 115 und 116 KAGB ausgestaltet.

44 Der Gesetzgeber geht in der Regierungsbegründung zum Investmentänderungsgesetz davon aus, dass die Rücknahme von Aktien der InvAG mit veränderlichem Kapital **nicht zu einem Erwerb von eigenen Aktien** führt.[53] Damit sind aufgrund der Ausgestaltung der Rücknahmepflicht in § 116 Abs. 2 KAGB die aktienrechtlichen Vorschriften über den Erwerb eigener Aktien nach Maßgabe der §§ 71 bis 71e AktG unanwendbar. Anderes dürfte für § 71b AktG gelten, wonach der Aktiengesellschaft aus eigenen Aktien keine Rechte zustehen. Diese Wertung dürfte auch bei der InvAG mit veränderlichem Kapital gelten, weil keine fondspezifischen Besonderheiten erkennbar sind, die eine andere Behandlung der InvAG mit veränderlichem Kapital rechtfertigen.[54]

45 Zudem enthält § 116 Abs. 2 Satz 5 KAGB die Klarstellung, dass die Zahlung des Erwerbspreises bei der Rücknahme von Aktien keine Rückgewähr von Einlagen darstellt. Damit ist auch das **Verbot der Einlagenrückgewähr** in § 57 AktG auf die InvAG mit veränderlichem Kapital **unanwendbar** (vgl. hierzu auch § 116 Rz. 37 f.).[55]

46 Mit Blick auf § 114 KAGB dürfte die Pflicht des Vorstandes zur Einberufung einer Hauptversammlung nach § 92 Abs. 1 AktG für den Fall, dass ein Verlust der Hälfte des Grundkapitals festgestellt wird, nicht mehr gelten. Insofern enthält das KAGB eine speziellere Regelung.

e) §§ 278 bis 290 AktG

47 Ebenfalls nur klarstellende Funktion dürfte die Abbedingung der §§ 278 bis 290 AktG haben, die inhaltlich die **Rechtsform der KGaA** ausgestalten. Durch den Rechtsformzwang in § 108 Abs. 1 KAGB ist bereits sichergestellt, dass die §§ 278 bis 290 AktG nicht gelten, weil die InvAG mit veränderlichem Kapital nur in der Rechtsform der Aktiengesellschaft betrieben werden darf (kritisch hierzu § 139 Rz. 4 ff.).

f) § 3 Abs. 2 AktG

48 Nach § 108 Abs. 2 Satz 2 KAGB sind die Vorschriften über die Börsennotierung nicht auf die InvAG mit veränderlichem Kapital anwendbar. Die Ausnahmeregelung wurde durch das OGAW-IV-Umsetzungsgesetz von 2011 in § 99 Abs. 1 des aufgehobenen InvG eingefügt und bezweckt, dass die InvAG mit veränderlichem Kapital bzw. Teilgesellschaftsvermögen der InvAG selbst im Falle einer Börsennotierung **nicht als**

§ 119 KAGB ersetzt sehen. Zur Anwendbarkeit des Corporate Governance Codex im Investmentrecht siehe allgemein *Schäfer*, Corporate Governance bei Kapitalanlagegesellschaften – Fund Governance, S. 72 ff.

51 Vgl. BT-Drucks. 16/5576, 88.
52 BT-Drucks. 16/5576, 88.
53 BT-Drucks. 16/5576, 88.
54 Vgl. BT-Drucks. 15/1553, 106 zum Investmentmodernisierungsgesetz.
55 So auch *Lorenz* in Weitnauer/Boxberger/Anders, § 108 KAGB Rz. 16.

„börsennotiert" anzusehen ist.[56] Hierdurch soll eine weitere Angleichung an die Rechtlage der Sondervermögen erreicht werden.[57]

§ 3 Abs. 2 AktG enthält nicht nur eine Legaldefinition der Börsennotierung, sondern nimmt mittelbar auch 49
auf viele Regelungen Bezug, die für börsennotierte Aktiengesellschaften strengere Pflichten statuieren.[58] Durch die Nichtgeltung des § 3 Abs. 2 AktG stellt der Gesetzgeber sicher, dass die **strengen Regelungen für börsennotierte Aktiengesellschaften auf die InvAG mit veränderlichem Kapital nicht anwendbar** sind.

Durch den Verweis in § 108 Abs. 2 Satz 1 KAGB sind die Vorschriften des vierten Abschnitts des Vierten 50
Teils des Aktiengesetzes anwendbar, der nähere Vorgaben für die Hauptversammlung der Aktiengesellschaft, einschließlich der InvAG mit veränderlichem Kapital enthält. Durch die Abbedingung des § 3 Abs. 2 AktG kommt die InvAG mit veränderlichem Kapital in den Genuss einiger **Erleichterungen hinsichtlich der Verfahrensausgestaltung der Hauptversammlung**, unabhängig davon, ob die InvAG börsennotiert ist oder nicht (z.B. Niederschrift von Hauptversammlungsbeschlüssen durch den Aufsichtsratsvorsitzenden statt notarieller Beurkundungen; geringere inhaltliche Vorgaben der Einladung zur Hauptversammlung).

Da die InvAG mit veränderlichem Kapital nicht als börsennotiert gilt, eröffnet § 134 Abs. 1 Satz 2 AktG die 51
Möglichkeit, **Stimmrechte** durch einen Höchstbetrag oder durch Abstufungen **zu beschränken**. Dies gilt gem. § 108 Abs. 2 Satz 2 KAGB aber nur für börsengehandelte Anlageaktien, falls diese mit einem Stimmrecht ausgestattet sind. Für Unternehmensaktien stellt sich diese Frage nicht, weil sie in aller Regel ohnehin nicht an einem organisierten Markt gehandelt werden. Stimmrechtsbeschränkungen für Unternehmensaktien können folglich in der Satzung vorgesehen werden.

Zu den strengeren Regeln, die auf börsennotierte Aktiengesellschaften Anwendung finden, aber nicht auf 52
die InvAG mit veränderlichem Kapital, gehören auch die Vergütungsregelungen des § 87 Abs. 1 AktG. Dies ist auch sachgerecht, weil § 37 KAGB eigene Anforderungen an das Vergütungssystem von KVGen enthält.

g) § 264d HGB

Ebenfalls durch § 108 Abs. 2 Satz 2 KAGB vom Anwendungsbereich der InvAG mit veränderlichen Kapital 53
ausgenommen ist § 264d HGB, mit der Folge, dass die InvAG mit veränderlichem Kapital im Falle einer Einbeziehung der Aktien in einem organisierten Markt **nicht als „kapitalmarktorientiert" gilt**. Damit sind besondere Vorgaben der **handelsrechtlichen Rechnungslegung für kapitalmarktorientierte Kapitalgesellschaften nicht auf die börsennotierte InvAG mit veränderlichem Kapital anwendbar**, die grundsätzlich über den Verweis in § 120 Abs. 1 KAGB anwendbar wären.

4. Verschmelzung und Spaltung

Fraglich ist, ob die **Vorschriften des UmwG über die Verschmelzung und Spaltung** auch auf die InvAG 54
mit veränderlichem Kapital Anwendung finden. Der Gesetzgeber sieht die Verschmelzung von offenen Investmentvermögen im KAGB ausdrücklich vor. Nach der Legaldefinition der Verschmelzung in § 1 Abs. 19 Nr. 37 KAGB ist eine Verschmelzung eine Auflösung eines Sondervermögens, einer InvAG mit veränderlichem Kapital oder einer offenen InvKG ohne Abwicklung durch Übertragung sämtlicher Vermögensgegenstände und Verbindlichkeiten auf ein anderes bestehendes übernehmendes offenes Investmentvermögen (Verschmelzung durch Aufnahme) oder auf ein neues, dadurch gegründetes übernehmendes offenes Investmentvermögen (Verschmelzung durch Neugründung). Damit stehen die aus dem Umwandlungsrecht (§ 2 UmwG) bekannten zwei Arten der Verschmelzung auch für die Verschmelzung von offenen Investmentvermögen zur Verfügung.

Die **Verschmelzung von offenen Investmentvermögen** hat der Gesetzgeber in **§§ 181 bis 191 KAGB** ei- 55
genständig geregelt. Für die Verschmelzung mit InvAGen mit veränderlichem Kapital existiert in § 191 KAGB eine spezielle Norm. Sie führt zum einen die verschiedenen Fallvarianten der Verschmelzung unter Beteiligung von Sondervermögen, InvKGen und InvAGen auf, wobei – wenig verständlich – die Verschmelzung eines Teilsondervermögens i.S.d. § 96 Abs. 2 KAGB auf ein Teilgesellschaftsvermögen und umgekehrt nicht erwähnt ist, aber ebenso zulässig sein sollte. Zum anderen erklärt § 191 Abs. 1 KAGB die Bestimmungen der §§ 181 bis 190 KAGB über die Verschmelzung von Publikums-Sondervermögen für entsprechend anwendbar. Im Übrigen gelten die Bestimmungen des Umwandlungsgesetzes (UmwG) über die Verschmel-

56 BT-Drucks. 17/4510, 80 (81).
57 BT-Drucks. 17/4510, 81.
58 Vgl. *Hüffer/Koch*, § 3 AktG Rz. 5; im Anschluss hieran *Lorenz* in Weitnauer/Boxberger/Anders, § 108 KAGB Rz. 18.

zung (§ 191 Abs. 3 Satz 1 KAGB). Wegen seiner systematischen Stellung gilt § 191 KAGB nur für die Verschmelzung unter Beteiligung einer **Publikums-InvAG** oder von **Teilgesellschaftsvermögen einer Publikums-InvAG**.

56 Für die Verschmelzung unter Beteiligung einer **Spezial-InvAG** oder eines **Teilgesellschaftsvermögens einer Spezial-InvAG** gilt die speziellere Regelung des **§ 281 Abs. 2 KAGB**. Danach dürfen Spezialsondervermögen nicht auf Publikums-InvAGen verschmolzen werden. Die Verschmelzung bedarf abweichend von § 182 KAGB nicht der Genehmigung durch die BaFin, ausreichend ist vielmehr eine Zustimmung der Anleger. Darüber hinaus gelten gem. § 281 Abs. 3 KAGB die Vorschriften des UmwG über Verschmelzungen, sofern sich aus § 182 i.V.m. § 281 Abs. 1 Satz 3, § 189 Abs. 2, Abs. 3 und Abs. 5 und § 190 KAGB nichts anderes ergibt.

57 Das KAGB enthält keine Bestimmungen über die **Spaltung einer InvAG mit veränderlichem Kapital** oder **Teilgesellschaftsvermögen von InvAGen**. Es sprechen jedoch keine sachlichen Gründe dagegen, die Bestimmungen der §§ 123 bis 151 UmwG auf die Spaltung von sowohl Spezial- als auch Publikums-InvAGen mit veränderlichem Kapital und Teilgesellschaftsvermögen von sowohl Spezial- als auch Publikums-InvAGen anzuwenden. Zur Begründung wird auf § 149 Rz. 36 verwiesen.

V. Anzeigepflicht bedeutender Beteiligungen bei OGAW-Investmentaktiengesellschaften

58 § 108 Abs. 3 KAGB statuiert eine Anzeigepflicht an die BaFin, wenn bestimmte Beteiligungsschwellen an einer OGAW-InvAG über- oder unterschritten werden sollen. Die Anzeigepflichten nach § 108 Abs. 3 KAGB gelten sowohl für die **extern verwaltete OGAW-InvAG** als auch für die **intern verwaltete OGAW-InvAG**, da der Wortlaut anders als § 113 KAGB nicht zwischen beiden Formen der Verwaltung unterscheidet.[59] Hierzu verweist § 108 Abs. 3 KAGB auf § 19 KAGB, der allerdings nur eine Anzeigepflicht für den beabsichtigten Erwerb oder die Aufgabe einer Beteiligung an einer externen OGAW-*KVG* vorsieht. Die Anzeigepflicht beim beabsichtigten Über- oder Unterschreiten von Beteiligungsschwellen an der OGAW-*InvAG* selbst geht über § 19 KAGB hinaus. Gleichwohl ist dies konsequent, da die OGAW-InvAG gem. § 113 Abs. 1 KAGB einer Erlaubnis der BaFin für ihren Geschäftsbetrieb bedarf und somit auch selbst der laufenden Aufsicht der BaFin unterliegt. Freilich hätte der Gesetzgeber konsequent bei fehlender Zuverlässigkeit der Inhaber einer bedeutenden Beteiligung einen § 23 Nr. 4 KAGB entsprechenden Aufhebungs- oder Aussetzungsgrund in § 113 Abs. 2 KAGB aufnehmen müssen.

59 § 108 Abs. 3 Nr. 1 KAGB regelt eine Anzeigepflicht beim **beabsichtigten Erwerb** einer Beteiligung an einer OGAW-InvAG, wenn die Beteiligungsschwelle eine Höhe von 50 % der Stimmrechte oder des Kapitals erreicht bzw. überschreitet oder die OGAW-InvAG unter die Kontrolle des Erwerbers gerät. Unterschreitet die **beabsichtigte Aufgabe** einer Beteiligung die Schwelle von 50 % der Stimmrechte oder des Kapitals, ist dies ebenfalls der BaFin anzuzeigen. Gleiches gilt, wenn die beabsichtigte Aufgabe der Beteiligung dazu führt, dass die OGAW-InvAG keine kontrollierte Gesellschaft mehr ist. Die Formulierung in § 108 Abs. 3 Nr. 2 KAGB *„oder die Gesellschaft kontrolliertes Unternehmen ist"*, ist zumindest unpräzise.

60 Die Anzeigepflicht gilt für den Fall des beabsichtigten Erwerbs und die beabsichtigte Aufgabe von 50 % der **Stimmrechte** der OGAW-InvAG und bezieht sich damit sowohl auf die Unternehmensaktien als auch auf die Anlageaktien der OGAW-InvAG soweit diese mit einem Stimmrecht ausgestattet sind. Bezieht sich die genannte Schwelle auf das **Kapital** der OGAW-InvAG, ist das durch die Begebung von Anlageaktien geschaffene Anlageaktienkapital uneingeschränkt zu berücksichtigen.

61 Die Anzeigepflichten beim Erwerb und bei der Aufgabe einer Beteiligung i.S.d. § 108 Abs. 3 KAGB gelten auch dann, wenn die OGAW-InvAG durch den Erwerber der Beteiligung **kontrolliert** wird. Im KAGB selbst nicht geregelt ist die Frage, wann eine OGAW-InvAG vom Erwerber kontrolliert wird. Eine vergleichbare Regelung enthält § 2c Abs. 1 Satz 6 KWG. In der bankrechtlichen Literatur wird teilweise vertreten, dass die Kontrolle über ein Unternehmen auch dann erlangt wird, wenn dem Erwerber die Rechte i.S.d. § 290 Abs. 2 HGB zustehen.[60] Danach kontrolliert ein Erwerber ein Unternehmen, wenn ihm das Recht zusteht, die Mehrheit der Geschäftsleiter zu bestellen und abzuberufen, die Geschäftspolitik auf Grund eines Beherrschungsvertrages oder einer Satzungsbestimmung zu bestimmen oder das erworbene Unternehmen

59 So auch *Adolff/Th. Paul* in Meyer-Sparenberg/Jäckle, Beck'sches M&A-Handbuch, § 66 Rz. 63 mit Verweis auf *Lorenz* in Weitnauer/Boxberger/Anders, § 108 KAGB Rz. 23.

60 Vgl. *Schäfer* in Boos/Fischer/Schulte-Mattler, § 2c KWG Rz. 7; *von den Steinen* in Beck/Samm/Kokemoor, 190. ErgLfg., Dez. 2016, § 2c KWG Rz. 58.

bei wirtschaftlicher Betrachtung lediglich eine Zweckgesellschaft für den Erwerber darstellt. Zudem wird eine faktische Kontrolle angenommen, wenn der Erwerber eine Wandelschuldverschreibung erworben hat, die ein jederzeitiges Wandlungsrecht in Anteile des erworbenen Unternehmens vorsehen.[61]

Fraglich ist, ob diese Art der Kontrolle auch bei der OGAW-InvAG zum Tragen kommt. Aufgrund der besonderen Ausgestaltung der Unternehmensaktien, mit deren Übernahme auch die Verpflichtung verbunden ist, unternehmerische Verantwortung zu übernehmen (s. hierzu § 109 Rz. 26), dürfte es kaum denkbar sein, dass einem Erwerber von Anlageaktien das Recht zur Bestimmung der Geschäftspolitik und zur Bestellung und Abberufung der Mehrheit der Geschäftsleiter eingeräumt wird. Die in § 290 Abs. 2 HGB genannten Voraussetzungen einer Kontrolle dürften bei der OGAW-InvAG jedoch eintreten, wenn der Erwerber die **Mehrheit der Unternehmensaktien** erworben hat, weil er dann einen erheblichen Einfluss auf die Zusammensetzung der Geschäftsleitung und die Geschäftspolitik ausüben kann. Der in der bankrechtlichen Kommentierung in Bezug genommene Erwerb von Wandelschuldverschreibungen, die ein jederzeitiges Wandlungsrecht vorsehen, dürfte bei der OGAW-InvAG kaum praktische Relevanz entfalten, weil für die Finanzierung der OGAW-InvAG jederzeit neue Anlageaktien ausgegeben werden können und eine Fremdfinanzierung in der Regel nur bei dem Erwerb von Investmentbetriebsvermögen in Betracht kommen dürfte (vgl. § 112 Abs. 2 KAGB). 62

Die Anzeigepflicht dient dem Schutz der KVG und dem Schutz ihrer Gläubiger. Es soll verhindert werden, dass die Unternehmen, an denen eine bedeutende Beteiligung erworben wurde, für die Zwecke der Geldwäsche und der Finanzierung der organisierten Kriminalität zweckentfremdet werden.[62] Des Weiteren dient die Anzeigepflicht auch der Kontrolle der Erwerber einer bedeutenden Beteiligung, womit wesentliche Veränderungen in der Beteiligungsstruktur erkannt und der Erwerb durch unzuverlässige Anteilsinhaber verhindert werden soll.[63] Vor diesem Hintergrund hätte es nahe gelegen, die Anzeigepflicht auch auf die AIF-InvAG zu übertragen. Dass der Gesetzgeber eine Übertragung der Anzeigepflicht auf die Publikums-AIF-InvAG unterlassen hat, mag mit den europarechtlichen Vorgaben der OGAW-IV-Richtlinie zusammenhängen. Die AIF-Richtlinie sieht keine entsprechende Anzeigepflicht vor. Demnach ist festzuhalten, dass die **Anzeigepflichten in § 108 Abs. 3 KAGB auf die Publikums-AIF-InvAGen nicht entsprechend anwendbar** sind. 63

Die Missachtung der Anzeigepflichten erfüllen nach § 340 Abs. 2 Nr. 4 KAGB den Tatbestand einer **Ordnungswidrigkeit**, die mit einem Bußgeld sanktioniert wird.[64] 64

VI. Entsprechende Anwendbarkeit von Bestimmungen des KAGB

Wie bei der offenen InvKG (§ 124 Abs. 2 KAGB), der InvAG mit fixem Kapital (§ 140 Abs. 3 KAGB) und der geschlossenen InvKG (§ 149 Abs. 2 KAGB) erklärt § 108 Abs. 4 KAGB die Bestimmungen über die Einlageverpflichtung der KVG in § 93 Abs. 7 KAGB und die Bildung von Anteilklassen in § 96 KAGB für anwendbar. 65

1. Einlageverpflichtung der Kapitalverwaltungsgesellschaft für Fehlbeträge

Durch die entsprechende Anwendung des § 93 Abs. 7 KAGB soll die **KVG verpflichtet** werden, **aus dem eigenen Vermögen eine Einlageleistung zu erbringen**, falls Anteile an der InvAG mit veränderlichem Kapital in den Verkehr gelangt sind, ohne dass der betreffende Anleger seine Einlage eingezahlt hat. 66

§ 93 Abs. 7 KAGB dient dem **Verwässerungsschutz**, da bei unterlassener Einzahlung des Ausgabepreises für neu ausgegebene Anteile und fehlender Werthaltigkeit des Einzahlungsanspruchs gegen den säumigen Anleger der Nettoinventarwert des Sondervermögens entsprechend geringer ausfällt, gleichwohl die Anzahl der ausgegebenen Anteile gestiegen ist.[65] 67

---

61 Vgl. nur *Schäfer* in Boos/Fischer/Schulte-Mattler, § 2c KWG Rz. 7.

62 Siehe hierzu nur *Emde* in Emde/Dornseifer/Dreibus/Hölscher, § 2a InvG Rz. 1; mit Blick auf den ersten Regelungszweck ist auch die Bezugnahme auf den Erwerb der Mehrheit des Kapitals zu erklären und damit kein redaktionelles Versehen des Gesetzgebers, wie *Dornseifer* in Emde/Dornseifer/Dreibus/Hölscher, § 99 InvG Rz. 21 meint.

63 Vgl. *Emde* in Emde/Dornseifer/Dreibus/Hölscher, § 2a InvG Rz. 1.

64 Übersehen von *Boxberger* in Moritz/Klebeck/Jesch, § 108 KAGB Rz. 16, der lediglich davon ausgeht, dass ein Verstoß gegen einer vollziehbaren Anordnung nach § 19 Abs. 2 Satz 2 und Abs. 3 Satz 1 KAGB eine Ordnungswidrigkeit darstellt.

65 Vgl. *Hölscher* in Emde/Dornseifer/Dreibus, § 36 InvG Rz. 226.

68 Allerdings dürfte der **Anwendungsbereich** des § 93 Abs. 7 KAGB schon **tatsächlich sehr eingeschränkt** sein, weil bei der InvAG mit veränderlichem Kapital die Ausgabe der Aktien nur gegen volle Leistung der Einlage erfolgen darf, vgl. § 109 Abs. 4 KAGB. Ein Anwendungsbereich des § 93 Abs. 7 KAGB kommt eher bei der Spezial-InvAG mit veränderlichem Kapital in Betracht, weil das Verbot der Sacheinlage nicht greift. Für den Fall, dass der als Einlage geleistete Gegenstand zu hoch bewertet wurde, ist nicht die volle Einlage geleistet worden (zur Einlage einer Dienstleistung s. § 109 Rz. 55).

69 In **rechtlicher Hinsicht** ist bei der intern verwalteten InvAG mit veränderlichem Kapital zweifelhaft, woraus eine Zahlungspflicht der internen KVG überhaupt abgeleitet werden kann, da Schuldner und Gläubiger identisch sind. Grundsätzlich geht der Anspruch unter, sobald sich Schuld und Forderung in einer Person vereinigen (Konfusion).[66] Der in der investmentrechtlichen Literatur[67] geäußerte Gedanke, für die Ausgleichszahlung eine Umschichtung vom Investmentbetriebsvermögen hin zum Investmentanlagevermögen in Betracht zu ziehen, ist keine Lösung, da das Betriebsvermögen zum Schutze der InvAG und der übrigen Aktionäre erhalten bleiben muss (s. § 149 Rz. 41).

70 Auch was die Einlageverpflichtung der **externen KVG** anbelangt, erscheint der Verweis auf § 93 Abs. 7 KAGB missglückt. Zur Kritik wird auf § 149 Rz. 42 ff. verwiesen.

2. Bildung von Anteilsklassen

71 Die analoge Anwendung des § 96 Abs. 1 KAGB ermöglicht auch bei der InvAG mit veränderlichem Kapital die **Bildung mehrerer Anteilsklassen**. Es können folglich Aktien ausgegeben werden, die sich hinsichtlich der Ertragsverwendung, des Ausgabeaufschlags, der Währung des Anteilswerts, der Verwaltungsvergütung, der Mindestanlagesumme oder einer Kombination dieser Merkmale unterscheiden. Anteilsklassen, die gleiche Rechte gewähren, bilden eine Aktiengattung i.S.d. § 11 Satz 2 AktG. Eine für die Publikums-InvAG mit veränderlichem Kapital wesentliche Einteilung in zwei Aktiengattungen hat der Gesetzgeber in § 109 Abs. 1 Satz 1 KAGB selbst vorgenommen, nämlich die Unterscheidung zwischen **Unternehmensaktien** und **Anlageaktien**. Zu möglichen Gestaltungsvarianten bei den Unternehmensaktien s. § 109 Rz. 20.

72 In allen Fällen muss die unterschiedliche Ausgestaltung der Rechte (und ggf. Pflichten) bei Publikums-InvAGen mit veränderlichem Kapital nicht nur in der Satzung, sondern auch im Verkaufsprospekt (§ 165 Abs. 2 Nr. 27 KAGB) und in den Anlagebedingungen (§ 162 Abs. 2 Nr. 9 KAGB) transparent gemacht werden.

73 Abweichend von §§ 124 Abs. 2, 140 Abs. 3, 149 Abs. 2 KAGB erklärt § 108 Abs. 4 KAGB nicht nur § 96 Abs. 1 KAGB für entsprechend anwendbar, sondern verweist vollumfänglich auf den Regelungsgehalt des § 96 KAGB. **§ 96 Abs. 2 und Abs. 3 KAGB** regeln die Zulässigkeit von Teilsondervermögen und deren rechtliche Ausgestaltung. Diese dürften allerdings **von den Regelungen zu Teilgesellschaftsvermögen von InvAGen mit veränderlichem Kapital in § 117 KAGB als lex specialis verdrängt werden.**[68]

VII. Keine Anwendung des Wertpapiererwerbs- und Übernahmegesetzes auf die Tätigkeit der Investmentaktiengesellschaft mit veränderlichem Kapital

74 § 108 Abs. 5 KAGB bestimmt, dass das **Wertpapiererwerbs- und Übernahmegesetzes (WpÜG)** auf die Tätigkeit der InvAG mit veränderlichem Kapital **keine Anwendung** findet.

75 Indessen ist fraglich, wie der Anwendungsausschluss des WpÜG genau zu verstehen ist. In der investmentrechtlichen Literatur ist die **Ansicht vorherrschend**, dass das **WpÜG nicht gelten** solle, wenn die **InvAG mit veränderlichem Kapital selbst als Zielunternehmen** in das Blickfeld eines potentiellen Erwerbers fällt.[69] Jedoch soll die InvAG mit veränderlichem Kapital den Verpflichtungen des WpÜG unterliegen, wenn sie selbst als Erwerber einer Zielgesellschaft am Markt auftritt.[70]

---

66 *Fetzer* in MünchKomm. BGB, 7. Aufl. 2016, § 362 BGB Rz. 4; *Grüneberg* in Palandt, § 362 BGB Rz. 4; *Lorenz* in Weitnauer/Boxberger/Anders, § 108 KAGB Rz. 25.

67 *Boxberger* in Moritz/Klebeck/Jesch, § 108 KAGB Rz. 20; *Lorenz* in Weitnauer/Boxberger/Anders, § 108 KAGB Rz. 25, beide mit Verweis auf *Dorenkamp* in Beckmann/Scholtz/Vollmer, ErgLfg. 8/16, § 140 KAGB Rz. 32.

68 Ähnlich *Boxberger* in Moritz/Klebeck/Jesch, § 108 KAGB Rz. 27 mit Verweis auf *Zetzsche*, AG 2013, 613 (614 Fn. 24), die beide von einem redaktionellem Versehen des Gesetzgebers ausgehen.

69 *Boxberger* in Moritz/Klebeck/Jesch, § 108 KAGB Rz. 29; *Geibel* in Derleder/Knops/Bamberger, Bank- und Kapitalmarktrecht, § 58 Rz. 136; *Lorenz* in Weitnauer/Boxberger/Anders, § 108 KAGB Rz. 27; *A. München/Herrmann* in Baur/Tappen, § 108 KAGB Rz. 11, alle mit Verweis auf *Dornseifer* in Emde/Dornseifer/Dreibus/Hölscher, § 99 InvG Rz. 37 ff.

70 *Dornseifer* in Emde/Dornseifer/Dreibus/Hölscher, § 99 InvG Rz. 37 ff.

Der Wortlaut des § 108 Abs. 5 KAGB (**„auf die Tätigkeit der InvAG mit veränderlichem Kapital“**) spricht für einen anderen Regelungsgehalt als ihn die h.M. annimmt. Der Wortlaut nimmt auf die Geschäftstätigkeit der InvAG mit veränderlichem Kapital Bezug, wie er in § 110 Abs. 2 KAGB ausgestaltet ist, so dass das WpÜG auf die Anlage und Verwaltung der Mittel nach einer bestimmten Anlagestrategie und nach dem Grundsatz der Risikomischung nicht anwendbar sein soll.[71] 76

Für die herrschende Ansicht spricht jedoch die Regelung in § 29 Abs. 2 Satz 2 WpÜG, wonach für die Zwecke der Beurteilung eines beabsichtigten Kontrollerwerbs die Stimmrechte eines Sondervermögens bei einem Publikumssondervermögen der KVG zugerechnet werden, wenn deren Vermögensgegenstände im Miteigentum der Anleger stehen. Zudem sieht der Gesetzgeber in § 30 Abs. 4 WpÜG spezielle Bestimmungen für die Zurechnung von Stimmrechten bei der Verwaltung von Investmentvermögen vor. Dies zeigt, dass der **Gesetzgeber von einer generellen Anwendbarkeit des WpÜG auf die Geschäftstätigkeiten von KVGen ausgeht.** 77

Zudem spricht für die herrschende Ansicht, dass bei dem Erwerb von Anteilen an der InvAG mit veränderlichem Kapital kein Bedürfnis besteht, das WpÜG anzuwenden. Der Erwerber kann nur bedingt seine eigenen Interessen durchsetzen und Kontrolle innerhalb der InvAG mit veränderlichem Kapital ausüben. Denn anders als bei herkömmlichen börsennotierten Unternehmen hat die Geschäftsleitung der InvAG im Interesse der Anleger und der Integrität des Marktes zu handeln (§§ 26 Abs. 1, Abs. 2 Nr. 2, 119 Abs. 1 Satz 2 Nr. 1 KAGB). Die Gefahr der Durchsetzung von eigennützigen Interessen durch den Erwerber scheint damit jedenfalls nicht begründet, womit auch der intendierte Zweck des § 35 WpÜG – Schutz der Minderheitsaktionäre[72] – praktisch kaum zum Tragen kommt. 78

Allerdings hätte bei Anwendung des WpÜG insbesondere auf die Geschäftstätigkeit von InvAGen mit veränderlichem Kapital und auch auf Sondervermögen verwaltende KVGen die Folge, dass bei der Überschreitung der Beteiligungsschwelle von 30 % nach Maßgabe der §§ 29 Abs. 2, 35 WpÜG den Aktionären der Zielgesellschaft ein Pflichtangebot zur Übernahme ihrer Aktien unterbreitet werden müsste. Zwar unterliegen die Publikums-Sondervermögen und die Publikums-InvAGen mit veränderlichem Kapital den Anlagerestriktionen der §§ 198, 219, 221 Abs. 4 KAGB, doch kann es im Einzelfall aufgrund der Zurechnung von Stimmrechten nach Maßgabe des § 29 Abs. 2 Satz 2 WpÜG zu einer Überschreitung der Beteiligungsschwellen kommen, die ein Pflichtangebot auslösen. Damit besteht die Gefahr, dass die KVGen ihre **Pflichten nach dem WpÜG nur dann erfüllen** können, wenn sie **gleichzeitig gegen Verpflichtungen des KAGB** (z.B. Anlagegrenzen, Grundsatz der Risikomischung i.S.d. § 282 KAGB) **und der Anlagebedingungen verstoßen.** Es ist zweifelhaft, ob der Gesetzgeber diesen Wertungswiderspruch gesehen hat. In der Praxis müssten die KVGen in diesen Fällen versuchen, eine Befreiung von der Angebotspflicht nach § 37 WpÜG von der BaFin zu erlangen. 79

§ 109 Aktien

(1) [1]Die Aktien einer Investmentaktiengesellschaft mit veränderlichem Kapital bestehen aus Unternehmensaktien und Anlageaktien; eine Investmentaktiengesellschaft, die als Spezialinvestmentaktiengesellschaft mit veränderlichem Kapital errichtet wurde, kann auf die Begebung von Anlageaktien verzichten. [2]Die Aktien der Investmentaktiengesellschaft mit veränderlichem Kapital lauten auf keinen Nennbetrag. [3]Sie müssen als Stückaktien begeben werden und am Vermögen der Investmentaktiengesellschaft mit veränderlichem Kapital (Gesellschaftskapital) in gleichem Umfang beteiligt sein, es sei denn, die Investmentaktiengesellschaft lässt in der Satzung auch eine Beteiligung nach Bruchteilen zu.

(2) [1]Die Personen, die die Investmentaktiengesellschaft mit veränderlichem Kapital unter Leistung der erforderlichen Einlagen gründen, müssen die Unternehmensaktien übernehmen. [2]Nach der Gründung können weitere Personen gegen Leistung von Einlagen und Übernahme von Unternehmensaktien beteiligt werden. [3]Die Unternehmensaktien müssen auf Namen lauten. [4]Die Unternehmensaktionäre sind zur Teilnahme an der Hauptversammlung der Investmentaktiengesellschaft mit veränderlichem Kapital berechtigt und haben ein Stimmrecht. [5]Eine Übertragung der Unternehmensaktien ist nur zulässig, wenn der Erwerber sämtliche Rechte und Pflichten aus diesen Aktien

71 So *Lindauer* in Beckmann/Scholtz/Vollmer, ErgLfg. 7/16, § 108 KAGB Rz. 16.

72 Vgl. *Baums/Hecker* in Baums/Thoma, Vor § 35 WpÜG Rz. 89; *Meyer* in Angerer/Geibel/Süßmann, § 35 WpÜG Rz. 1.

übernimmt. [6]Die Unternehmensaktionäre und jeder Wechsel in ihrer Person sind der Bundesanstalt anzuzeigen, es sei denn, die Investmentaktiengesellschaft ist eine Spezialinvestmentaktiengesellschaft mit veränderlichem Kapital.

(3) [1]Anlageaktien können erst nach Eintragung der Investmentaktiengesellschaft mit veränderlichem Kapital in das Handelsregister begeben werden. [2]Sie berechtigen nicht zur Teilnahme an der Hauptversammlung der Investmentaktiengesellschaft und gewähren kein Stimmrecht, es sei denn, die Satzung der Investmentaktiengesellschaft sieht dies ausdrücklich vor. [3]Auf Anlageaktien findet § 139 Absatz 2 des Aktiengesetzes keine Anwendung.

(4) Aktien dürfen nur gegen volle Leistung des Ausgabepreises ausgegeben werden.

(5) Bei Publikumsinvestmentaktiengesellschaften mit veränderlichem Kapital sind Sacheinlagen unzulässig.

In der Fassung vom 4.7.2013 (BGBl. I 2013, S. 1981).

Schrifttum: *BaFin*, Rundschreiben 08/2015 – Aufgaben und Pflichten der Verwahrstelle nach Kapitel 1 Abschnitt 3 des Kapitalanlagegesetzbuches – Gz.: WA 41-Wp2137 -2013/0068 vom 7.10.2015, abrufbar unter: https://www.bafin.de/SharedDocs/Veroeffentlichungen/DE/Rundschreiben/2015/rs_1508_wa_verwahrstellen.html; *BaFin*, Häufige Fragen zum Kapitalanlagegesetzbuch (KAGB) – Seminar zum KAGB, vom 6.10.2014; Unterlagen abrufbar unter: http://www.bafin.de/SharedDocs/Downloads/DE/Rede_Vortrag/dl_151130_Seminar-Investmentrecht_H%C3%A4ufige%20Fragen.pdf?__blob=publicationFile&v=6; *Blümich*, Kommentar zum Einkommensteuergesetz, Körperschaftssteuergesetz und Gewerbesteuergesetz, Loseblatt; *Fischer*, Aktienklassen einer Investmentaktiengesellschaft, NZG 2007, 133; *Goette/Habersack/Kalss* (Hrsg.), Münchener Kommentar zum AktG, 4. Aufl. 2016; *Hofmeister*, Entgeltliche Dienstvereinbarungen und Kapitalaufbringung bei der Gründung der AG, AG 2010, 261; *Jansen/Greger*, InvStG 2018 – im Fokus: Personengesellschaften als Anleger, DStR 2018, 282; *Sahavi*, Häufige Fragen zum Kapitalanlagegesetzbuch (KAGB) – Seminar zum KAGB vom 6.10.2014, abrufbar unter: https://docplayer.org/933441-Haeufige-fragen-zum-kapitalanlagegesetzbuch-kagb-seminar-zum-kagb-dr-anahita-sahavi.html; *Stadler/Bindl*, Das neue InvStG – Überblick und Korrekturbedarf, DStR 2016, 1953; *Stöber*, Die Aktienrechtsnovelle 2016, 611; *Wrogemann*, Spezialfonds im KAGB – Halte- und Erwerbsverbot für Privatanleger?, BKR 2017, 501. Im Übrigen wird auf das Schrifttum zu § 108 KAGB verwiesen.

I. Regelungsgegenstand und -zweck

1 § 109 Abs. 1 KAGB regelt die **Unterscheidung von Unternehmensaktien und Anlageaktien.** Die Vorschrift entspricht in ihrem Wortlaut weitgehend § 96 Abs. 1 Satz 2 bis 4 des aufgehobenen InvG. Sie enthält vor allem redaktionelle Anpassungen aufgrund der geänderten Begriffsbestimmungen in § 1 KAGB. Die Unterscheidung zwischen beiden Aktiengattungen soll einen hinreichenden Ausgleich der widerstreitenden Interessen zwischen den Gründern bzw. Initiatoren der InvAG mit veränderlichem Kapital einerseits und den Anlegern andererseits herbeiführen. Darüber hinaus schreibt der Gesetzgeber vor, dass die Aktien lediglich als **Stückaktien** begeben werden können, sofern die Satzung der InvAG mit veränderlichem Kapital nicht auch eine Beteiligung nach Bruchteilen vorsieht.

Rechte und Pflichten der Unternehmens- und Anlageaktionäre erfahren in den § 109 Abs. 2 und 3 KAGB eine genauere Ausgestaltung, die ebenfalls auf das aufgehobene InvG zurückgeht und ihre Rechtsgrundlage in § 96 Abs. 1b und 1c InvG hat. 2

§ 109 Abs. 4 KAGB regelt das Gebot der **vollständigen Leistung des Ausgabepreises**, mithin die Pflicht zur Bareinlage, und übernimmt damit den Regelungsgegenstand des § 103 des aufgehobenen InvG. In § 109 Abs. 5 KAGB ist das **Verbot der Sacheinlage bei Publikums-InvAGen mit veränderlichem Kapital** geregelt. Die Unzulässigkeit der Sacheinlage bei einer Publikums-InvAG mit veränderlichem Kapital geht auf § 23 Abs. 1 Satz 3 InvG zurück. Beide Regelungen dienen nach ihrem Regelungsgegenstand der Gleichbehandlung der Anleger. 3

II. Struktur des Gesellschaftskapitals, § 109 Abs. 1 KAGB

1. Unternehmens- und Anlageaktien

Der Gesetzgeber versteht die InvAG mit veränderlichem Kapital als eine organisationsrechtliche Form eines Investmentfonds, auf welche sowohl das Aktienrecht als auch das Investmentrecht Anwendung finden.[1] Die Anwendung dieser verschiedenen Gesetze kann im Einzelfall zu einer Vielzahl von Inkongruenzen führen. Um diese Inkongruenzen abzumildern, sieht der Gesetzgeber eine Aufteilung der Aktionäre in **Unternehmensaktionäre** und in **Anlageaktionäre** vor. Der Gesetzgeber geht dabei davon aus, dass die Interessen der Anlegeraktionäre in der Regel allein auf die vermögensmäßige Beteiligung an der InvAG mit veränderlichem Kapital beschränkt sind, während die Unternehmensaktionäre in der Regel auch ein Interesse an der unternehmerischen und organisatorischen Mitgestaltung haben.[2] 4

Anknüpfend an diese unterschiedlichen Interessen sind auch die mit den Unternehmensaktien und den Anlageaktien verknüpften Rechte in § 109 Abs. 2 und Abs. 3 KAGB unterschiedlich ausgestaltet. Sie stellen daher nach der Grundkonzeption des KAGB **unterschiedliche Aktiengattungen i.S.d. § 11 AktG** dar.[3] 5

Die Aktionäre einer InvAG mit veränderlichem Kapital können sowohl Anlageaktien als auch Unternehmensaktien erwerben. Der Gesetzgeber schließt den **Erwerb von Anlageaktien durch die Unternehmensaktionäre** nicht aus. Bei den Unternehmensaktionären wird es sich in der Regel um die Gründer bzw. Initiatoren der InvAG mit veränderlichem Kapital handeln.[4] Umgekehrt ist es auch nicht ausgeschlossen, dass **Anleger Unternehmensaktien zeichnen**. Dies kommt z.B. in Betracht, wenn im Gründungsstadium der InvAG ein Ankeranleger beteiligt ist, mit dessen Einlagen das Mindest-Unternehmensaktienkapital (vgl. § 116 Abs. 2 Satz 3 KAGB) aufgebracht werden soll (vgl. Rz. 20). 6

Die Unterscheidung zwischen Unternehmensaktien und Anlageaktien ist lediglich für **Publikums-InvAGen mit veränderlichem Kapital** zwingend. § 109 Abs. 1 Satz 1 Halbs. 2 KAGB eröffnet für die **Spezial-InvAG mit veränderlichem Kapital** die Möglichkeit, von der Begebung von Anlageaktien abzusehen. 7

Entscheidet sich die Spezial-InvAG mit veränderlichem Kapital, keine Anlageaktien auszugeben, erfolgt die Beteiligung an der InvAG über die Begebung von Unternehmensaktien. Für die professionellen und semiprofessionellen Anleger hat dies den Vorteil, dass sie ohne die Schaffung stimmberechtigter Anlageaktien Einfluss auf die Anlagepolitik der InvAG mit veränderlichem Kapital nehmen können.[5] Der Gesetzgeber räumt den Anlegern einer Spezial-InvAG die Möglichkeit ein, **unternehmerische Mitverantwortung für die Verwaltung eines Anlagevehikels** zu übernehmen.[6] Bis zum Inkrafttreten des Investmentänderungsgesetzes stand dieser Möglichkeit die Verwaltungspraxis der BaFin entgegen[7], wonach die KVG die Verpflichtung zur alleinigen Verwaltung eines Sondervermögens treffe und die Möglichkeiten der Einflussnahme, auch von Anteilsinhabern des Sondervermögens, ausgeschlossen war. Durch den Verzicht auf die Begebung von Anlageaktien und der damit verbundenen direkten Anlage in Unternehmensaktien können die Anleger einer Spezial-InvAG nunmehr ihre Rechte in der Hauptversammlung geltend machen.[8] Zudem wird die Möglichkeit eröffnet, dass die Anleger durch die Entsendung von Mitgliedern in den Aufsichtsrat 8

---

1 Vgl. zu § 96 InvG, BT-Drucks. 16/5576, 83.
2 Vgl. die Regierungsbegründung zum Investmentänderungsgesetz, BT-Drucks. 16/5576, 83.
3 Im Erg. ebenso *Boxberger* in Moritz/Klebeck/Jesch, § 109 KAGB Rz. 2; *Lorenz* in Weitnauer/Boxberger/Anders, § 109 KAGB Rz. 2.
4 *Lorenz* in Weitnauer/Boxberger/Anders, § 109 KAGB Rz. 7; *Sachtleber*, Zivilrechtliche Strukturen von open-end-Investmentfonds in Deutschland und England, S. 168.
5 *Lorenz* in Weitnauer/Boxberger/Anders, § 109 KAGB Rz. 4.
6 *Wallach*, Der Konzern 2007, 487 (489).
7 Schreiben des BAKred vom 29.9.1997, zitiert bei *Wallach*, Der Konzern 2007, 487 (489).
8 *Wallach*, Der Konzern 2007, 487 (490).

oder den Vorstand unmittelbaren Einfluss auf das Tagesgeschäft der InvAG mit veränderlichem Kapital nehmen.[9]

2. Stück- und Bruchteilsaktien

a) Nennbetragslose Stückaktien

9 Nach § 8 Abs. 1 AktG kann das Grundkapital einer Aktiengesellschaft in Nennbetrags- oder Stückaktien aufgeteilt werden. Abweichend hiervon bestimmt § 109 Abs. 1 Satz 2 und 3 KAGB, dass das Gesellschaftskapital der InvAG mit veränderlichem Kapital nicht auf einen Nennbetrag lautet und **nur Stückaktien** begeben werden können. Eine Begebung von Nennbetragsaktien wäre für die InvAG mit veränderlichem Kapital in höchstem Maße unpraktikabel, weil das Gesellschaftskapital ständigen Schwankungen ausgesetzt ist. Jede Änderung des Gesellschaftskapitals würde im Falle von Nennbetragsaktien mit einer Ausgabe bzw. Rücknahme der Nennbetragsaktien einhergehen.[10]

10 Stückaktien sind nach den aktienrechtlichen Bestimmungen Anteile am Grundkapital der AG, die durch dessen Zerlegung i.S.d. § 1 Abs. 2 AktG entstehen und den gleichen Umfang haben (§ 8 Abs. 3 Satz 2 AktG). Betrags- und Wertangaben sind keine Unterscheidungsmerkmale der Stückaktien.[11] Weil die Stückaktie einen Anteil am Grundkapital der AG repräsentiert, entfällt auf jede Stückaktie gleichwohl ein anteiliger Betrag.[12] Der anteilige Betrag, der auf die Stückaktie entfällt, ergibt sich aus der Division des Grundkapitals durch die Anzahl der begebenen Aktien (§ 8 Abs. 4 AktG). Der anteilige Betrag wird allerdings anders als bei der Nennbetragsaktie nicht zur Kennzeichnung oder zur Ermittlung der Beteiligungsquote des Anlegers verwendet. Vielmehr dient er nur als Anknüpfungspunkt für den gesetzlichen Kapitalschutz, der nach den gleichen Bestimmungen erfolgt wie bei der Nennbetragsaktie.

11 Aus der einheitlichen Kapitalstruktur der InvAG mit veränderlichem Kapital folgt, dass die Begebung von Stückaktien **sowohl für die Anlageaktien als auch für die Unternehmensaktien** gilt. Die Stückaktien bilden eine Beteiligung gleichen Umfangs für jeden Aktionär ab. Die Klarstellung in § 109 Abs. 1 Satz 3 KAGB ist notwendig, damit die stückemäßige Beteiligung trotz des schwankenden Gesellschaftskapitals stets gleich bleibt.

12 Gemäß § 8 Abs. 3 Satz 3 AktG darf der auf die einzelne Stückaktie entfallende anteilige Betrag am Grundkapital **nicht einen Euro unterschreiten**. Anders als teilweise in der investmentrechtlichen Literatur[13] vertreten, gilt dies **auch für die Aktien der InvAG mit veränderlichem Kapital**. Denn die aktienrechtlichen Vorschriften sind gem. § 108 Abs. 2 KAGB auch auf die InvAG mit veränderlichem Kapital anwendbar, sofern diese nicht ausdrücklich ausgenommen sind oder das KAGB in den §§ 108 ff. abweichende Regelungen trifft. Die Anwendbarkeit des § 8 Abs. 3 Satz 3 AktG ist weder ausgeschlossen noch trifft § 109 Abs. 1 Satz 2 und 3 KAGB eine abweichende Regelung. Die abweichende Regelung in § 109 Abs. 1 Satz 2 und 3 KAGB erschöpft sich darin, zwingend die Regelung von Stückaktien vorzuschreiben und Nennbetragsaktien auszuschließen.[14] Schon gar nicht kann aus dem Verzicht auf die Angabe eines Nennbetrags oder „rechnerischen Nennbetrags" für die Stückaktie geschlossen werden, dass auch der anteilige Mindestbetrag einer Stückaktie weniger als einen Euro betragen darf.[15] Im Gegenteil ist aus der Möglichkeit, gem. § 109 Abs. 1 Satz 3 KAGB a.E. Bruchteilsaktien zu begeben, zu schließen, dass der Gesetzgeber an den Mindestbetrag von einem Euro festhalten wollte. Auch der gesetzgeberische Zweck, mit dem Mindestbetrag von einem Euro der Begründung von Penny-Stocks entgegenzuwirken,[16] gilt gleichermaßen für die InvAG mit veränderlichem Kapital. Denn solche *Penny-Stocks* wären für den Anleger aufgrund des fehlenden Nennbetrages nicht auf den ersten Blick erkennbar und könnten zu einer Irreführung der Anleger führen.[17]

---

9 *Wallach*, Der Konzern 2007, 487 (490).
10 *Wallach*, Der Konzern 2007, 487 (491).
11 *Hüffer/Koch*, § 8 AktG Rz. 17.
12 Vgl. *Geibel* in Derleder/Knops/Bamberger, Bank- und Kapitalmarktrecht, § 58 Rz. 138; *Hüffer/Koch*, § 8 AktG Rz. 17.
13 *Boxberger* in Moritz/Klebeck/Jesch, § 109 KAGB Rz. 4; *Lorenz* in Weitnauer/Boxberger/Anders, § 109 KAGB Rz. 5 jeweils mit Verweis auf *Zetzsche*, AG 2013, 613 (616).
14 A.A. offenbar *Zetzsche*, AG 2013, 613 (616).
15 So aber *Boxberger* in Moritz/Klebeck/Jesch, § 109 KAGB Rz. 4; *Lorenz* in Weitnauer/Boxberger/Anders, § 109 KAGB Rz. 5.
16 *Hüffer/Koch*, § 8 AktG Rz. 18.
17 *Vatter* in Spindler/Stilz, 3. Aufl. 2015, § 8 AktG Rz. 42; a.A. *Hüffer/Koch*, § 8 AktG Rz. 18, der im Anlegerschutz kein tragfähiges Argument mehr sieht, weil sich die Stückaktien bereits eingebürgert hätten.

Aus dem Erfordernis, dass die Aktien einer InvAG mit veränderlichem Kapital mindestens auf einen Euro lauten müssen, folgt, dass **auch neue Aktien nur zu einem Mindestbetrag von einem Euro ausgegeben** werden können. Dies ist bei jeder Kapitalerhöhung zu berücksichtigen. 13

b) Bruchteilsaktien

Da das Erfordernis eines Mindestbetrages von einem Euro für die Aktien der InvAG mit veränderlichem Kapital (s. Rz. 12 f.) eine gewisse Einschränkung in der Flexibilität bei Kapitalveränderungen bedeutet, gestattet der Gesetzgeber in § 109 Abs. 1 Satz 3 KAGB a.E., dass die Satzung der InvAG mit veränderlichem Kapital **auch eine Beteiligung nach Bruchteilen** zulassen kann. Vorteilhaft ist die Begebung von Bruchteilen von Stückaktien („**Bruchteilsaktien**") bei Anlegern, die einen festen Sparplan haben, mithin einen festen Geldbetrag anlegen möchten. Der von den Anlegern investierte Geldbetrag kann in vielen Fällen nicht als volle Anzahl einer Stückaktie abgebildet werden.[18] Die Begebung von Bruchteilsaktien kann auch bei der Ausübung eines Bezugsrechts sowohl bei Anlageaktien als auch bei Unternehmensaktien eine Rolle spielen. In der Praxis hat sich die Begebung von Bruchteilsaktien aufgrund der beschriebenen Vorteile durchgesetzt. 14

III. Unternehmensaktionäre, § 109 Abs. 2 KAGB

Wie bereits in Rz. 4 erwähnt, dienen die Unternehmensaktien der Wahrung der Gründer- und Initiatoreninteressen, die neben einer rein vermögensmäßigen Beteiligung auch an einer Mitbestimmung bei der Verwaltung des Investmentvermögens interessiert sind. In § 109 Abs. 2 KAGB regelt der Gesetzgeber die Rechte und Pflichten der Unternehmensaktionäre. 15

1. Übernahme der Unternehmensaktien

Nach § 109 Abs. 2 Satz 1 KAGB sind die Gründer der InvAG mit veränderlichem Kapital verpflichtet, die Unternehmensaktien gegen Leistung ihrer Einlage zu übernehmen. Laut der Gesetzesbegründung zum aufgehobenen § 96b InvG besteht die **Hauptpflicht der Unternehmensaktionäre** zunächst darin, dass **Anfangskapital durch Einlagen aufzubringen.** 16

Das für den Betrieb der InvAG mit veränderlichem Kapital erforderliche Anfangskapital ist nicht definiert. Es ergibt sich jedoch aus den Beschränkungen für die Rücknahme von Aktien in § 116 Abs. 2 Satz 2 und 3 KAGB: danach muss bei einer **intern verwalteten** InvAG mit veränderlichem Kapital ein **Anfangskapital gem. § 25 KAGB**, mithin 300.000 Euro, und bei der **extern verwalteten** InvAG mit variablem Kapital ein Mindestkapital von **50.000 Euro** (§ 116 Abs. 2 Satz 3 Halbs. 2 KAGB) vorhanden sein. 17

Die Übernahme der Unternehmensaktien ist nicht auf die Gründung der InvAG mit veränderlichem Kapital beschränkt. § 109 Abs. 2 Satz 2 KAGB eröffnet die Möglichkeit, nach der Gründung **weitere Unternehmensaktionäre aufzunehmen.** Die Aufnahme von neuen Unternehmensaktionären kann dabei im Rahmen einer Kapitalerhöhung erfolgen oder durch die Übertragung der Unternehmensaktien durch Altaktionäre, vgl. § 109 Abs. 2 Satz 5 KAGB. 18

2. Anforderungen an Unternehmensaktionäre

a) Der Unternehmensaktionär als Anleger der Investmentaktiengesellschaft?

Fraglich ist, ob bei der **Spezial-InvAG mit veränderlichem Kapital** die Unternehmensaktionäre als Anleger anzusehen sind. Dies hätte zur Folge, dass sie die Anforderungen als Anleger eines Spezial-Investmentvermögens nach § 1 Abs. 19 Nrn. 32 und 33 KAGB erfüllen und mithin **professionelle bzw. semi-professionelle Anleger** sein müssten. 19

Nach der hier vertretenen Auffassung (vgl. zum funktionalen Anlegerbegriff § 152 Rz. 22 f.) ist die Frage danach zu entscheiden, **ob die Unternehmensaktionäre am Anlageerfolg der InvAG mit veränderlichem Kapital partizipieren.** Wegen des Verweises in § 108 Abs. 4 KAGB auf § 96 Abs. 1 KAGB ist es möglich, verschiedene Gattungen von Unternehmensaktien zu bilden. Unterschiede können sich nach der nicht abschließenden Aufzählung[19] in § 96 Abs. 1 Satz 1 KAGB insbesondere hinsichtlich der Ertragsverwendung, des Ausgabeaufschlages, des Rücknahmeabschlages, der Währung des Anteilswertes, der Verwaltungsvergütung oder der Mindestanlagesumme ergeben. So könnten die Unternehmensaktien der Vorstandsmit- 20

18 So bereits zum InvG *Wallach*, Der Konzern 2007, 487 (491).
19 *Anders* in Weitnauer/Boxberger/Anders, § 96 KAGB Rz. 4.

glieder statt einer fixen Vergütung für die Erbringung der Geschäftsleitertätigkeit eine erfolgsabhängige Vergütung („Carry-Unternehmensaktie"), die sich an der Wertsteigerung der InvAG orientiert, vorsehen. Der Verweis auf § 96 Abs. 1 KAGB in § 108 Abs. 4 KAGB bedeutet generell, dass Unternehmensaktien mit einer Beteiligung am Anlageerfolg ausgestattet werden können. In der Praxis kann dies bei der Beteiligung eines Ankeranlegers der Fall sein, der die Vor-InvAG[20] z.B. durch Zeichnung von Aktien, durch eine stille Beteiligung i.S.d. §§ 230 ff. HGB, ein Darlehen oder eine Wandelschuldverschreibung finanziert. Die Finanzierungsabrede mit dem Ankeranleger könnte so gestaltet werden, dass das betreffende Finanzierungsinstrument mit Wirkung der Erlaubniserteilung und der Eintragung der InvAG im Handelsregister in Unternehmensaktien umgewandelt wird. Unternehmensaktionäre, die Aktien zeichnen, die ein Recht zur Beteiligung am Anlageerfolg verbriefen, müssen konsequent als Anleger angesehen werden und damit auch die Anforderungen aus § 1 Abs. 19 Nrn. 32 und 33 KAGB erfüllen.[21]

21 Soweit die Unternehmensaktionäre nicht am Anlageerfolg der InvAG mit veränderlichem Kapital teilnehmen, weil sich ihr eigenes wirtschaftliches Interesse in der Vereinnahmung der Geschäftsführungsvergütung erschöpft, müssen sie **nicht als professionelle oder semi-professionelle Anleger qualifizieren**. Dies dürfte insbesondere bei Publikums-InvAGen mit veränderlichem Kapital der Fall sein.[22]

b) Verwahrstelle als Unternehmensaktionär?

22 Fraglich ist, ob eine **Verwahrstelle an der InvAG mit veränderlichem Kapital als Unternehmensaktionär beteiligt** sein kann. Unter dem aufgehobenen InvG war anerkannt, dass die Depotbank (nunmehr Verwahrstelle) an der InvAG mit veränderlichem Kapital als Unternehmensaktionär beteiligt sein kann. Ausgangspunkt war die Anerkennung, dass eine Verwahrstelle im Fall eines Sondervermögens zugleich auch Gesellschafterin an der das Sondervermögen verwaltenden KAG sein durfte. Durch die Einführung von Unternehmensaktien sei die Rechtslage im Falle der InvAG mit veränderlichem Kapital der Rechtslage bei der Verwaltung eines Sondervermögens angenähert worden. Aufgrund der Annäherung ist es konsequent, die Beteiligung der Verwahrstelle auch bei einer InvAG mit veränderlichem Kapital zuzulassen.[23] Diese unter dem InvG anerkannte Beteiligung der Verwahrstelle wird auch auf die Rechtslage nach dem AIFM-Umsetzungsgesetz übertragen.[24]

23 Die Übertragung dieser Grundsätze auf das KAGB kann nur unter Beachtung des Regelungszwecks der AIFM-Richtlinie erfolgen. Der EU-Richtliniengesetzgeber geht von einer strikten Trennung von Vermögensverwaltungsfunktion und -verwahrung aus. Hintergrund waren die Erkenntnisse, die während der Finanzkrise gewonnen wurden.[25] Die strikte Trennung von Vermögensverwaltung und -verwahrung ist nach der Intention des EU-Richtliniengesetzgebers auf alle AIF-Geschäftsmodelle anzuwenden.[26] Gleichwohl erlaubt der Richtliniengeber in Art. 21 Abs. 10 Unterabs. 2 AIFM-RL, dass eine Verwahrstelle zugleich Aufgaben in Bezug auf den AIF wahrnehmen darf, sofern innerhalb der Verwahrstelle die Funktionen der Verwahrung und der Aufgaben für den AIF funktional und hierarchisch dergestalt getrennt werden, dass Interessenkonflikte, die sich bei einer parallelen Aufgabenwahrnehmung ergeben können, wirksam unterbunden werden. Unter Beachtung dieser **funktionalen und hierarchischen Trennung innerhalb der Verwahrstelle** ist es ihr erlaubt, Unternehmensaktien zu übernehmen und entsprechend unternehmerische Mitverantwortung bei der InvAG wahrzunehmen.

24 Die detaillierten Anforderungen ergeben sich aus dem Rundschreiben der BaFin 08/2015 – Aufgaben und Pflichten der Verwahrstelle nach Kapitel 1 Abschnitt 3 des Kapitalanlagegesetzbuches (Verwahrstellenrund-

20 Vor-InvAG im hier verwendeten Sinne bezeichnet die Investmentaktiengesellschaft vor der Erlaubniserteilung der BaFin. Die InvAG ist in diesen Fällen noch als herkömmliche Aktiengesellschaft in das Handelsregister eingetragen.

21 Vgl. *Müchler*, Die Investmentaktiengesellschaft mit veränderlichem Kapital, S. 101, wonach die Unternehmensaktionäre bei der Spezial-InvAG stets als Anleger zu qualifizieren sind. Vgl. auch die Unterscheidung, die die BaFin für die Gründungsgesellschafter einer InvKG einerseits (keine Anlegereigenschaft) und der am Anlageerfolg beteiligten Carry-KG andererseits (Anlegereigenschaft) trifft: *Sahavi*, Häufige Fragen zum Kapitalanlagegesetzbuch (KAGB) – Seminar zum KAGB vom 6.10.2014, S. 5.

22 So zutreffend *Müchler*, Die Investmentaktiengesellschaft mit veränderlichem Kapital, S. 101; wie hier auch *Blenk*, Die Mitgliedschaft in der Investmentaktiengesellschaft, S. 34.

23 Zur Herleitung unter dem InvG vgl. *Fischer/Steck* in Berger/Steck/Lübbehüsen, § 96 KAGB Rz. 7, 8.

24 So im Ergebnis *Herrmann* in Baur/Tappen, § 109 KAGB Rz. 11; *Lorenz* in Weitnauer/Boxberger/Anders, § 109 KAGB Rz. 11.

25 Richtlinie 2011/61/EU, ErwGr. (32).

26 Richtlinie 2011/61/EU, ErwGr. (33).

schreiben).[27] Nach der **sog. Divisionslösung** muss diejenige Abteilung der Verwahrstelle, die die Rechte aus den Unternehmensaktien wahrnimmt, von derjenigen Abteilung, die die Aufgaben der Verwahrstelle wahrnimmt, räumlich, personell sowie funktional und hierarchisch getrennt werden.[28]

Ist die Unterbindung von Interessenkonflikten entsprechend den Vorgaben der BaFin sichergestellt, kann die Verwahrstelle als Unternehmensaktionär **auch Aufgaben in Vorstand und Aufsichtsrat** der InvAG mit veränderlichem Kapital wahrnehmen. 25

3. Rechte und Pflichten der Unternehmensaktionäre

Die Gründer sind nicht nur zur Aufbringung des Anfangskapitals verpflichtet. Nach den Erwartungen des Gesetzgebers sind die Gründer der InvAG mit veränderlichem Kapital verpflichtet, **unternehmerische Verantwortung** zu übernehmen, weil die Unternehmensaktionäre ein eigenes wirtschaftliches Interesse haben, das über eine rein vermögensmäßige Beteiligung hinaus gehe.[29] Dieser Verpflichtung kommen die Gründer zunächst durch die Bestellung des Aufsichtsrates und der Bestellung des Vorstandes nach. Die Verantwortung der Gründer erstreckt sich auch auf den weiteren Betrieb der InvAG mit veränderlichem Kapital.[30] 26

Die Unternehmensaktien berechtigen die Unternehmensaktionäre zur **Teilnahme an der Hauptversammlung** der InvAG mit veränderlichem Kapital und gewähren ihnen ein **Stimmrecht** (§ 109 Abs. 2 Satz 4 KAGB). 27

4. Ausgestaltung der Unternehmensaktie als Namensaktie

Um zu verhindern, dass die Gründer und Unternehmensaktionäre ihre Pflichten zum weiteren Betrieb und zur Verwaltung der InvAG mit veränderlichem Kapital umgehen, schreibt § 109 Abs. 2 Satz 3 KAGB vor, dass die Unternehmensaktien zwingend **auf den Namen lauten** müssen.[31] Daher können Unternehmensaktien nur übertragen werden, sofern der Neuaktionär vollständig in die Rechte und Pflichten des Altaktionärs eintritt (§ 109 Abs. 2 Satz 5 KAGB). Bei der Publikums-InvAG mit veränderlichem Kapital besteht die Pflicht, die Unternehmensaktionäre und jede Veränderung in der Person der Unternehmensaktionäre bei der BaFin anzuzeigen (§ 109 Abs. 2 Satz 6 KAGB).[32] 28

IV. Anlageaktionäre, § 109 Abs. 3 KAGB

Die Anlegeraktien gewähren dem Anleger grundsätzlich nur eine **vermögensmäßige Beteiligung** an der InvAG mit veränderlichem Kapital. Die Rechte und Pflichten des Anlageaktionärs werden durch § 109 Abs. 3 KAGB ausgestaltet. 29

1. Ausgabezeitpunkt

Die Anlageaktien dürfen gem. § 109 Abs. 3 Satz 1 KAGB erst **nach der Eintragung der InvAG mit veränderlichem Kapital in das Handelsregister** begeben werden. Anlageaktionäre können sich nach der Intention des Gesetzgebers nicht an der Gründung einer InvAG mit veränderlichem Kapital beteiligen.[33] Der Gesetzgeber möchte verhindern, dass der Anlageaktionär entsprechend seiner rein vermögensmäßigen Beteiligung mit zusätzlichen unternehmerischen Risiken konfrontiert wird.[34] Die Anlegeraktionäre sind aufgrund des Ausschlusses von der Gründung **von der gesamtschuldnerischen Haftung der Gründer gem. § 46 AktG ausgenommen.**[35] 30

---

27 *BaFin*, Rundschreiben 08/2015 – Aufgaben und Pflichten der Verwahrstelle nach Kapitel 1 Abschnitt 3 des Kapitalanlagegesetzbuches – Gz.: WA 41-Wp2137 -2013/0068 vom 7.10.2015, Ziff. 9.

28 *BaFin*, Rundschreiben 08/2015 – Aufgaben und Pflichten der Verwahrstelle nach Kapitel 1 Abschnitt 3 des Kapitalanlagegesetzbuches – Gz.: WA 41-Wp2137 -2013/0068 vom 7.10.2015, Ziff. 9.

29 BT-Drucks. 16/5576, 84.

30 So ausdrücklich BT-Drucks. 16/5576, 84; abschwächend *Blenk*, Die Mitgliedschaft in der Investmentaktiengesellschaft, S. 56; im Erg. ebenso *Sachtleber*, Zivilrechtliche Stukturen von open-end Investmentfonds in Deutschland und England, S. 168, aus den gesellschaftsrechtlichen Treuepflichten herleitend.

31 Vgl. zur früheren Rechtslage BT-Drucks. 16/5576, 84.

32 A.A. *Herrmann* in Baur/Tappen, § 109 KAGB Rz. 12, dessen Ansicht allerdings nicht mit dem klaren Wortlaut des § 109 Abs. 2 Satz 6 KAGB vereinbar ist.

33 *Boxberger* in Moritz/Klebeck/Jesch, § 109 KAGB Rz. 18; *Lorenz* in Weitnauer/Boxberger/Anders, § 109 KAGB Rz. 12.

34 BT-Drucks. 16/5576, 84; *Wallach*, Der Konzern 2007, 497 (490).

35 *Boxberger* in Moritz/Klebeck/Jesch, § 109 KAGB Rz. 18.

2. Rechte und Pflichten der Anlageaktionäre

31 Die Anlageaktien sind für Anleger gedacht, deren Interessen sich auf eine rein vermögensmäßige Beteiligung beschränken. Aufgrund der rein vermögensmäßigen Beteiligung sind die gesellschaftsrechtlichen Mitspracherechte grundsätzlich ausgeschlossen. Die Anlegeraktionäre haben grundsätzlich **kein Recht zur Teilnahme an der Hauptversammlung** und dementsprechend **kein Stimmrecht**, § 109 Abs. 3 Satz 2 KAGB. Die Beschränkung der gesellschaftsrechtlichen Mitwirkungsrechte, die in einer Aktiengesellschaft üblicherweise mit der Stellung als Aktionär einhergehen, wird durch den Anspruch des Anlageaktionärs auf Rücknahme seiner Aktien ausgeglichen (siehe hierzu § 116 Rz. 17). Sofern der Anlageaktionär mit der Geschäfts- und Anlagepolitik der InvAG mit veränderlichem Kapital nicht mehr einverstanden ist, kann er von dem Rücknahmerecht nach § 116 Abs. 2 Satz 1 KAGB Gebrauch machen.

32 Der Gesetzgeber eröffnet in § 109 Abs. 3 Satz 2 KAGB die **Möglichkeit, den Anlageaktionären ein Stimmrecht einzuräumen**. Korrespondierend hierzu ist auch die Möglichkeit der Einräumung eines Teilnahmerechts an der Hauptversammlung möglich.[36] Aus der Sicht der Gründer der InvAG mit veränderlichem Kapital kann die Einräumung eines Stimmrechts im Hinblick auf eine Steigerung der Attraktivität der Anlage vorteilhaft sein. So könnte ein Stimmrecht für die Fälle vorgesehen werden, in denen die Anlageaktionäre durch die Beschlüsse der Hauptversammlung unmittelbar in ihren Rechten als Anlageaktionär betroffen werden (z.B. Änderung der Anlagepolitik, Schließung eines Teilgesellschaftsvermögens).[37]

33 Fraglich ist, ob die stimmrechtslosen Anlageaktionäre einer Publikums-InvAG mit veränderlichem Kapital zwingend über die **Änderung von Anlagebedingungen** abzustimmen haben und ihnen hierfür ein Stimmrecht einzuräumen ist. Bei der geschlossenen Publikums-InvKG bedarf die Änderung der Anlagebedingungen der Zustimmung durch eine qualifizierte Mehrheit der Anleger, die mindestens 2/3 des Zeichnungskapitals auf sich vereinigen, wenn die Anlagebedingungen nicht mit den bisherigen Anlagegrundsätzen vereinbar ist (§§ 150 Abs. 2 Nr. 1, 267 Abs. 3 Satz 1 KAGB). Bei der Publikums-InvAG mit veränderlichem Kapital und bei der offenen Publikums-InvKG fehlt jeweils ein Verweis auf § 267 KAGB. Diese Ungleichbehandlung begründet der Gesetzgeber mit der besonderen Situation bei den geschlossenen Investmentvermögen.[38] Anders als bei den offenen Investmentvermögen steht dem Anleger eines geschlossenen Investmentvermögens entweder gar keine Möglichkeit zum Ausstieg aus dem Investment zur Verfügung oder es beschränkt sich auf einige bestimmte Zeitpunkte, so dass es sachgerecht ist, bei den geschlossenen Investmentgesellschaften eine Mitwirkung vorzusehen.[39] Aufgrund der eindeutigen Intention des Gesetzgebers, die Anleger einer geschlossenen Publikums-InvKG und diejenigen einer Publikums-InvAG mit veränderlichem Kapital unterschiedlich zu behandeln, besteht **für die Annahme eines ausnahmsweise zu gewährenden Stimmrechts für Änderungen von Anlagebedingungen kein Raum**.

3. Ausgestaltung der Anlageaktie als Namens- oder Inhaberaktie

34 Der Gesetzgeber sieht für die Ausgestaltung der Anlageaktien keine bestimmten Spezifikationen vor. Nach der grundsätzlichen Wertung aus § 108 Abs. 2 KAGB sind damit die aktienrechtlichen Bestimmungen anwendbar. Gemäß § 10 Abs. 1 AktG können Aktien sowohl als **Namensaktien** als auch als **Inhaberaktien** ausgestaltet werden. Seit der Aktienrechtsnovelle 2016 sieht der Gesetzgeber als Regelfall die Ausgestaltung als Namensaktie vor.[40]

4. Anwendbarkeit des § 139 Abs. 2 AktG

35 Da die Anlageaktien nach der gesetzgeberischen Wertung in § 109 Abs. 3 Satz 2 KAGB grundsätzlich kein Stimmrecht und keine Berechtigung zur Teilnahme an der Hauptversammlung aufweisen, ist es konsequent, dass der Gesetzgeber die Beschränkung der Ausgabe von stimmrechtlosen Vorzugsaktien nach § 139 Abs. 2 AktG bis zur Hälfte des Grundkapitals nicht auf die InvAG mit veränderlichem Kapital anwendet (§ 109 Abs. 3 Satz 3 KAGB). Darüber hinaus handelt es sich bei der Anlageaktie i.S.d. § 109 KAGB **grundsätzlich nicht um eine stimmrechtslose Vorzugsaktie**, weil die Anlageaktie – vorbehaltlich einer anderweitigen Satzungsregelung – keinen erhöhten Gewinnanteil im Vergleich zur Unternehmensaktie ausweist. Zur Möglichkeit der Ausgestaltung von verschiedenen Aktiengattungen s. Rz. 20.

---

36 Nach *Lorenz* in Weitnauer/Boxberger/Anders, § 109 KAGB Rz. 12 sind Stimmrecht und Teilnahme an der Hauptversammlung untrennbar miteinander verbunden. Dagegen kann eine Teilnahme an der Hauptversammlung auch ohne die Einräumung eines Stimmrechts gewährt werden.

37 *Wallach*, Der Konzern 2007, 487 (489).

38 BT-Drucks. 17/12294, 272.

39 BT-Drucks. 17/12294, 272.

40 Vgl. *Hüffer/Koch*, § 10 AktG Rz. 5; *Stöber*, DStR 2016, 611 (612).

5. Unterjährige Beteiligung an der Investmentaktiengesellschaft mit veränderlichem Kapital

Fraglich ist, ob und gegebenenfalls wie bei einer InvAG mit veränderlichem Kapital einer möglichen Ungleichbehandlung der Anlageaktionäre begegnet werden kann, die durch eine unterjährige Beteiligung an der InvAG ausgelöst werden kann. Dies ist der Fall, wenn Anlageaktionäre während eines Geschäftsjahres Aktien zeichnen oder zurückgeben. Bei einer Zeichnung könnten Anlageaktionäre trotz einer kürzeren Beteiligung an einer turnusmäßigen Ausschüttung voll partizipieren, während umgekehrt ausgestiegene Anlageaktionäre gänzlich leer ausgehen, obwohl sie für eine gewisse Dauer des Geschäftsjahres beteiligt waren. Um einen Ausgleich unter den Anlegern herzustellen, ist bei Sondervermögen die Durchführung eines Ertragsausgleichsverfahrens gebräuchlich.[41] Ein solches **Ertragsausgleichsverfahren** kann ohne weiteres **auch bei der InvAG mit veränderlichem Kapital** angewendet werden. 36

Die Anwendung des Ertragsausgleichsverfahrens wird weder durch das KAGB noch durch das Investmentsteuergesetz vorgeschrieben.[42] Entscheidet sich eine Publikums-InvAG mit veränderlichem Kapital für die **Anwendung eines Ertragsausgleichsverfahrens**, muss sie dies nach § 162 Abs. 2 Nr. 6 KAGB **in den Anlagebedingungen klarstellen**. 37

In der Praxis enthalten die Allgemeinen Anlagebedingungen eine Klarstellung zur Anwendung des Ertragsausgleichsverfahrens nach § 162 Abs. 2 Nr. 6 KAGB, während die detaillierte Ausgestaltung des Ertragsausgleichsverfahrens den Besonderen Anlagebedingungen vorbehalten ist. 38

6. Anlageaktien bei der Spezial-Investmentaktiengesellschaft mit veränderlichem Kapital

Die Anlageaktien einer Spezial-InvAG mit veränderlichem Kapital dürfen nur von professionellen und semi-professionellen Anlegern i.S.d. § 1 Abs. 19 Nr. 32 bzw. Nr. 33 KAGB erworben werden. Der Gesetzgeber knüpft die Qualifikation der Anleger unter dem KAGB nicht mehr an die Rechtspersönlichkeit an, wie dies noch unter dem aufgehobenen InvG der Fall war, sondern nur noch an die Erfüllung bestimmter Qualifikationsmerkmale.[43] Durch die Liberalisierung des Aufsichtsrechts können nunmehr **auch natürliche Personen und Personengesellschaften** – wie die OGH, KG und die GbR – als professionelle und semi-professionelle Anleger i.S.d. § 1 Abs. 19 Nrn. 32 und 33 KAGB, Anleger eines Spezialinvestmentvermögens sein.[44] 39

Einschränkungen ergeben sich bei der Übernahme von Anlageaktien einer Spezial-InvAG durch natürliche Personen **aus dem Investmentsteuergesetz (InvStG)**. Gemäß § 26 Nr. 8 InvStG dürfen die Anleger eines Spezialinvestmentfonds grundsätzlich keine natürlichen Personen sein. Zugleich ist auch eine mittelbare Beteiligung über eine Personengesellschaft – mithin OHG, KG und GbR – ausgeschlossen.[45] Ausnahmsweise ist die Beteiligung einer natürlichen Person zulässig, soweit die natürliche Person die Anteile an dem Spezialinvestmentfonds in ihrem Betriebsvermögen hält oder die Beteiligung aufgrund aufsichtsrechtlicher Regelungen erforderlich ist, § 26 Nr. 8 Satz 2 InvStG. Nach dem Wortlaut („*ihre Spezial-Investmentanteile*“) bezieht sich die Ausnahme des § 26 Nr. 8 Satz 2 InvStG lediglich auf unmittelbare Beteiligungen an Spezialinvestmentvermögen.[46] Jedoch sollten mit Blick auf die gesetzgeberische Intention Beteiligungen von Personengesellschaften ebenfalls in den Anwendungsbereich der Ausnahme fallen, um damit eine mittelbare Beteiligung von natürlichen Personen zu ermöglichen.[47] 40

V. Insolvenz der Aktionäre

Im Falle einer Insolvenz der Aktionäre fallen dessen **Aktien** gem. § 35 Abs. 1 InsO **in die Insolvenzmasse**. Dies hat bei den Unternehmensaktionären und den Anlageaktionären, denen ein Stimmrecht durch die Satzung eingeräumt wurde, den Nachteil, dass an die Stelle des Aktionärs der Insolvenzverwalter tritt, vgl. § 80 InsO. Gemäß § 80 Abs. 1 InsO geht das Verwaltungs- und Verfügungsrecht an der Insolvenzmasse vom Inhaber auf den Insolvenzverwalter über. 41

---

41 Allgemein zum Ertragsausgleichsverfahren *Patzner/Schneider-Deters* in Moritz/Klebeck/Jesch, § 162 KAGB Rz. 62; *Polifke* in Weitnauer/Boxberger/Anders, § 162 KAGB Rz. 22; *v. Ammon/Izzo-Wagner* in Baur/Tappen, § 162 KAGB Rz. 65.

42 *Patzner/Kempf* in Patzner/Döser/Kempf, § 9 InvStG Rz. 2; *Patzner/Schneider-Deters* in Moritz/Klebeck/Jesch, § 162 KAGB Rz. 62.

43 *Wrogemann*, BKR 2017, 501.

44 *Wrogemann*, BKR 2017, 501.

45 Vgl. *Stadler/Bindl*, DStR 2016, 1953 (1961); *Wenzel* in Blümich, 142. ErgLfg., Juni 2018, § 26 InvStG Rz. 54.

46 *Jansen/Greger*, DStR 2018, 282 (284).

47 *Jansen/Greger*, DStR 2018, 282 (284).

42 Da die Interessen des Insolvenzverwalters mit denjenigen der übrigen Anleger und auch der InvAG mit veränderlichem Kapital nicht identisch sind, kann es bei einem maßgeblich beteiligten insolventen Anlageaktionär zu Friktionen im Betriebsablauf kommen. Gleiches gilt erst Recht bei der Eröffnung eines Insolvenzverfahrens über das Vermögen eines Unternehmensaktionärs. Gravierend kann die **Einflussnahme des Insolvenzverwalters** bei den Unternehmensaktionären sein, insbesondere dann, wenn der betroffene Aktionär Verantwortung in Vorstand oder Aufsichtsrat übernommen hat.

43 Um diese negativen Konsequenzen zu vermeiden, sollte in der Satzung die **zwangsweise Einziehung der Aktien** eines Unternehmensaktionärs oder eines stimmberechtigten Anlageaktionärs vorgesehen werden, sobald über dessen Vermögen das Insolvenzverfahren eröffnet wurde. Zwar soll § 237 AktG gem. § 108 Abs. 2 Satz 1 KAGB nicht anwendbar sein. Nach dem Sinn und Zweck des § 108 Abs. 2 KAGB, diejenigen aktienrechtlichen Bestimmungen für unanwendbar zu erklären, die mit den Anforderungen an eine flexible Kapitalerhöhung bzw. -herabsetzung einer offenen InvAG mit veränderlichem Kapital unvereinbar sind (vgl. § 108 Rz. 42), ist jedoch **nicht das grundsätzliche Recht der InvAG ausgeschlossen, Aktien** in den in der Satzung bestimmten Fällen **einzuziehen.** Freilich finden abweichend zu § 237 Abs. 2 bis 6 AktG nicht die für eine aktienrechtliche Kapitalherabsetzung geltenden Bestimmungen des AktG Anwendung.

44 Fraglich ist, welche Rechtsfolgen sich ergeben, wenn der **letzte Unternehmensaktionär ausscheidet**, weil über dessen Vermögen das Insolvenzverfahren eröffnet wird. Der Ausstieg des letzten verbliebenen Unternehmensaktionärs ist nach den gesetzlichen Wertung des § 116 Abs. 2 Satz 3 KAGB nicht vorgesehen (vgl. § 116 Rz. 20 ff.).[48] Damit scheidet die Möglichkeit der zwangsweisen Einziehung bei der Insolvenz des letzten Unternehmensaktionärs aus. Anderenfalls würden nur noch (nicht stimmberechtigte) Anlageaktionäre in der InvAG verbleiben.

45 Der Ausstieg des letzten verbliebenen Unternehmensaktionärs könnte **nach den aktienrechtlichen Bestimmungen** erfolgen.[49] Etwaige Auflösungsgründe sind in § 262 Abs. 1 AktG aufgelistet. Ein Hauptversammlungsbeschluss nach Maßgabe des § 262 Abs. 1 Nr. 2 AktG, wie ihn *Fischer*[50] für die Fälle vorsieht, in denen eine Rücknahme wegen Unterschreitung der Mindestkapitalschwelle nicht möglich ist, könnte nur dann erfolgen, wenn die Anlageaktionäre ein Stimmrecht haben, weil der letzte Unternehmensaktionär anderenfalls der einzige Teilnehmer auf einer Hauptversammlung wäre. Sollten die Anlageaktionäre kein Stimmrecht haben, kommt lediglich ein sonstiger Auflösungsgrund nach § 262 Abs. 2 AktG in Betracht.

46 Als sonstiger Auflösungsgrund (§ 262 Abs. 2 AktG) wird in der aktienrechtlichen Literatur die Entstehung einer **sog. Keinmann-AG** angesehen.[51] Eine Keinmann-AG entsteht, wenn die AG sämtliche Stimmrechte auf sich vereinigt, weil sie sämtliche Aktien erworben hat.[52] In diesen Fällen wäre die AG selbst der einzige Aktionär. Aus den Wertungen des § 71b AktG folgt, dass die AG beim Erwerb eigener Aktien keine Rechte aus den Aktien zusteht. Dies schließt auch das Stimmrecht mit ein.[53] Eine ähnliche Fallkonstellation würde bei der InvAG mit veränderlichem Kapital eintreten, wenn die Aktien des letzten Unternehmensaktionärs wegen Eröffnung des Insolvenzverfahrens über sein Vermögen eingezogen werden müssten. Zwar würden die Anlageaktionäre in der InvAG verbleiben, diese könnten jedoch in Ermangelung eines Stimmrechts keine Entscheidungen treffen.[54] Damit entspricht diese Situation der Entstehung einer Keinmann-AG, bei der alle Stimmrechte bei der AG selbst liegen. Die InvAG mit veränderlichem Kapital müsste bei Ausscheiden des letzten Unternehmensaktionärs **wegen eines sonstigen Auflösungsgrundes (§ 262 Abs. 2 AktG) aufgelöst** werden.

---

48 *Müchler*, Die Investmentaktiengesellschaft mit veränderlichem Kapital, S. 116, wonach die Rückgabe einen Gesetzesverstoß darstellt.

49 So auch *Fischer*, Die Investmentaktiengesellschaft aus aufsichtsrechtlicher und gesellschaftsrechtlicher Perspektive, 2008, S. 71 f. für die Fälle, in denen der InvAG mit veränderlichem Kapital eine Rücknahme wegen des Unterschreitens der Mindestkapitalanforderungen verboten ist.

50 *Fischer*, Die Investmentaktiengesellschaft aus aufsichtsrechtlicher und gesellschaftsrechtlicher Perspektive, 2008, S. 72.

51 Allgemein zu den sonstigen Auflösungsgründen *Bachmann* in Spindler/Stilz, 3. Aufl. 2015, § 262 AktG Rz. 60 ff.; *Hüffer/Koch*, § 262 AktG Rz. 24; *J. Koch* in MünchKomm. AktG, 4. Aufl. 2016, § 262 AktG Rz. 101 ff.; es wird allerdings auch darauf verwiesen, dass diese Fallkonstellation im Aktienrecht vollkommen bedeutungslos sei.

52 *J. Koch* in MünchKomm. AktG, 4. Aufl. 2016, § 262 AktG Rz. 103.

53 *Hüffer/Koch*, § 71b AktG Rz. 1.

54 *Müchler*, Die Investmentaktiengesellschaft mit veränderlichem Kapital, S. 116.

VI. Kapitalaufbringung, § 109 Abs. 4 KAGB

Aktien der InvAG mit veränderlichem Kapital dürfen abweichend von § 36a AktG **nur gegen volle Leistung des Ausgabepreises** ausgegeben werden. § 109 Abs. 4 KAGB und der darin statuierte Grundsatz der vollen Kapitalaufbringung erfasst nicht nur die **Anlageaktien**, sondern auch die **Unternehmensaktien**.[55] Die Vorschrift stellt damit die Kapitalaufbringung der InvAG mit veränderlichem Kapital sicher. 47

Werden trotz der Verpflichtung zur vollen Einlage Anlageaktien ausgegeben, bei denen der InvAG mit veränderlichem Kapital nicht die volle Einlage zufließt, soll die KVG gem. § 108 Abs. 4 i.V.m. § 93 Abs. 7 KAGB zur Erstattung des fehlenden Betrages verpflichtet sein. Siehe hierzu die Kritik in § 108 Rz. 68 ff. 48

VII. Verbot der Sacheinlage, § 109 Abs. 5 KAGB

Bei der **Publikums-InvAG** mit veränderlichem Kapital hat die Einlage als **Bareinlage** zu erfolgen. Die Sacheinlage ist ausgeschlossen und dient dem Schutz der übrigen Aktionäre. Die Bewertung einer Sacheinlage ist in der Praxis neben ihrer Komplexität auch sehr fehleranfällig, so dass der Gesetzgeber zum Schutz der übrigen Anleger vor einer wertmäßigen Verwässerung ihrer Beteiligungen die Unzulässigkeit der Sacheinlage statuierte.[56] 49

Demgegenüber ist ein Verbot der Sacheinlage bei der **Spezial-InvAG mit veränderlichem Kapital** nicht vorgesehen. Aufgrund des herabgesetzten Schutzniveaus bei professionellen und semi-professionellen Anlegern sind die Unsicherheiten bei der Bewertung der Sacheinlage weniger schwerwiegend.[57] Den Gründern und Anlegern der Spezial-InvAG mit veränderlichem Kapital wird damit eine deutlich flexiblere Gestaltung hinsichtlich der Einlageleistung eingeräumt. 50

Nach dem eindeutigen Wortlaut des § 109 Abs. 5 KAGB gilt das **Sacheinlagenverbot auch für Unternehmensaktionäre einer Publikums-InvAG mit veränderlichem Kapital**. Es ist fraglich, ob diese Beschränkung angesichts des Schutzzwecks des § 109 Abs. 5 KAGB angemessen ist, da eine Verwässerung des Anlageaktienkapitals nicht droht. 51

Vom Verbot der Sacheinlage ausgenommen sollen die Fälle der **sog. Sachübernahme** sein. In diesen Fällen leistet der Anleger seine Einlage zunächst in bar. Die Publikums-InvAG mit veränderlichem Kapital erwirbt anschließend vom Anleger Vermögensgegenstände gegen Zahlung eines entsprechenden Kaufpreises.[58] Eine Umgehung des in § 109 Abs. 5 KAGB vorgesehenen Kapitalschutzes soll diese Fallgestaltung nicht darstellen. Begründet wird diese Ansicht mit der Anwendbarkeit des § 168 Abs. 7 KAGB, wonach Geschäftsabschlüsse zu nicht marktgerechten Bedingungen unzulässig sind, sofern sie für das Investmentvermögen nachteilig sind.[59] 52

Zwar ist einzuräumen, dass es bei der Sachübernahme Abgrenzungsschwierigkeiten zur Sacheinlage gibt und die Bewertungsschwierigkeiten auch bei der Sachübernahme eine Rolle spielen können. Jedoch ist zu bedenken, dass der Anleger in den Fällen der Sachübernahme zunächst seine Einlage in bar erbracht hat. Darüber hinaus ist der Abschluss von Geschäften zwischen der InvAG mit veränderlichem Kapital und dem Anleger – anders jedoch für die Mitglieder des Vorstands und des Aufsichtsrats nach § 119 Abs. 4 KAGB – grundsätzlich nicht verboten. Die **Sachübernahme ist daher grundsätzlich als zulässig anzusehen**, wobei hier der Beachtung der Grundsätze des marktgerechten Erwerbs von Vermögensgegenständen nach § 168 Abs. 7 KAGB eine erhöhte Bedeutung zu kommt. 53

Sofern das Verbot der Sacheinlage nicht anwendbar ist, sind die **aktienrechtlichen Bestimmungen hinsichtlich der Sacheinlage** vollständig zu erfüllen. Nach § 27 Abs. 1 AktG muss der Gegenstand der Sacheinlage, die Person, von der die Sache erworben bzw. die Dienstleistung bezogen wird und die Anzahl der gewährten Aktien in der Satzung festgesetzt werden. Bei der Sachübernahme ist statt der Anzahl der Aktien die gewährte Vergütung in der Satzung festzusetzen. Erfolgt die Sacheinlage im Rahmen der Gründung, ist nach § 33 Abs. 2 Nr. 4 AktG grundsätzlich ein Sachgründungsbericht zu fertigen. 54

---

55 *Boxberger* in Moritz/Klebeck/Jesch, § 109 KAGB Rz. 22; *Lorenz* in Weitnauer/Boxberger/Anders, § 109 KAGB Rz. 17.
56 Zur inhaltsgleichen Regelung des § 141 Abs. 2 KAGB, BT-Drucks. 17/12294, 247, 248.
57 *Boxberger* in Moritz/Klebeck/Jesch, § 109 KAGB Rz. 24; *Lorenz* in Weitnauer/Boxberger/Anders, § 109 KAGB Rz. 19.
58 *Lorenz* in Weitnauer/Boxberger/Anders, § 109 KAGB Rz. 20.
59 So *Boxberger* in Moritz/Klebeck/Jesch, § 109 KAGB Rz. 25; *Lorenz* in Weitnauer/Boxberger/Anders, § 109 KAGB Rz. 19.

55 Anders als bei der offenen InvKG und der geschlossenen Spezial-InvKG (s. § 152 Rz. 111 f.) können bei der Spezial-InvAG **Dienstleistungen nicht Gegenstand einer Sacheinlage oder Sachübernahme** sein. Dies ergibt sich eindeutig aus § 27 Abs. 2 AktG.[60]

§ 110 Satzung

(1) [1]Die Satzung der Investmentaktiengesellschaft mit veränderlichem Kapital muss die Bestimmung enthalten, dass der Betrag des Gesellschaftskapitals dem Wert des Gesellschaftsvermögens entspricht. [2]Der Wert des Gesellschaftsvermögens entspricht der Summe der jeweiligen Verkehrswerte der zum Gesellschaftsvermögen gehörenden Vermögensgegenstände abzüglich der aufgenommenen Kredite und sonstigen Verbindlichkeiten.

(2) [1]Satzungsmäßig festgelegter Unternehmensgegenstand der Investmentaktiengesellschaft mit veränderlichem Kapital muss ausschließlich die Anlage und Verwaltung ihrer Mittel nach einer festen Anlagestrategie und dem Grundsatz der Risikomischung zur gemeinschaftlichen Kapitalanlage

1. bei OGAW-Investmentaktiengesellschaften mit veränderlichem Kapital nach Kapitel 2 Abschnitt 1 und 2,

2. bei AIF-Publikumsinvestmentaktiengesellschaften mit veränderlichem Kapital nach Kapitel 2 Abschnitt 1 und 3 und

3. bei Spezialinvestmentaktiengesellschaften mit veränderlichem Kapital gemäß Kapitel 3 Abschnitt 1 und 2

zum Nutzen ihrer Aktionäre sein. [2]Die Satzung hat vorzusehen, dass die Aktionäre ein Recht zur Rückgabe ihrer Aktien nach den Vorgaben dieses Gesetzes haben.

(3) Die Satzung von Spezialinvestmentaktiengesellschaften mit veränderlichem Kapital muss zusätzlich festlegen, dass die Aktien ausschließlich von professionellen Anlegern und semiprofessionellen Anlegern erworben werden dürfen.

(4) [1]Die Änderungen der Satzung einer OGAW-Investmentaktiengesellschaft bedürfen der Genehmigung. [2]§ 163 Absatz 2 Satz 1, 2 und 4 bis 9 gilt entsprechend.

In der Fassung vom 4.7.2013 (BGBl. I 2013, S. 1981), zuletzt geändert durch das Gesetz zur Anpassung von Gesetzen auf dem Gebiet des Finanzmarktes vom 15.7.2014 (BGBl. I 2014, S. 934). Geplant ist eine Änderung in Abs. 4 Satz 2 durch das Gesetz zur Anpassung von Finanzmarktgesetzen an die Verordnung (EU) 2017/2402 und an die durch die Verordnung (EU) 2017/2401 geänderte Verordnung (EU) Nr. 575/2013 (RegE, BT-Drucks. 19/4460).

Schrifttum: *BaFin*, Begründung zur Kapitalanlage-Rechnungslegungs- und -Bewertungsverordnung – KARBV, vom 22.7.2013; abrufbar unter: https://www.bafin.de/SharedDocs/Veroeffentlichungen/DE/Aufsichtsrecht/Verordnung/KARBV_Begruendung.html?nn=8379846#doc7863920bodyText29; *BaFin*, Auslegungsschreiben zu §§ 20 Abs. 7, 110 Abs. 2 Kapitalanlagegesetzbuch (KAGB) Gz: WA 41-Wp 2137-2013-0020, vom 16.7.2013; abrufbar unter: https://www.bafin.de/SharedDocs/Veroeffentlichungen/DE/Auslegungsentscheidung/WA/ae_160723_20Abs7_110Abs2_KAGB.html; *BaFin*, Merkblatt zum Erlaubnisverfahren für eine AIF-Kapitalverwaltungsgesellschaft nach § 22 KAGB, vom 22.3.2013, zuletzt geändert am 27.11.2017; abrufbar unter: https://www.bafin.de/SharedDocs/Veroeffentlichungen/

60 Vgl. auch BGH v. 16.2.2009 – II ZR 120/07, NJW 2009, 2375 (2376); BGH v. 1.2.2010 – II ZR 173/08, AG 2010, 246 m.w.N.; *Hüffer/Koch*, § 27 AktG Rz. 22 m.w.N.; a.A. *Hofmeister*, AG 2010, 261 ff. mit Verweis auf BGH v. 1.2.2010 – II ZR 173/08, AG 2010, 246.

DE/Merkblatt/WA/mb_130322_erlaubnisverfahren_aif-22kagb.html; *Drygala/Staake/Szalai*, Kapitalgesellschaftsrecht – Mit Grundzügen des Konzern- und Umwandlungsrechts, 2012; *Goette/Habersack/Kalss*, Münchener Kommentar zum AktG, Band 2, 4. Aufl. 2016; *Möllers/Kloyer*, Das neue Kapitalanlagegesetzbuch, 2013. Im Übrigen wird auf das Schrifttum zu § 108 verwiesen.

I. Regelungsgegenstand und -zweck

Das Aktienrecht enthält in § 23 AktG bestimmte **Mindestvorgaben für die Feststellung einer Satzung.** Diese Mindestvorgaben werden durch § 110 KAGB modifiziert. 1

§ 110 Abs. 1 KAGB entspricht § 96 Abs. 1a des aufgehobenen InvG. § 110 Abs. 2 KAGB geht auf den Regelungsgehalt von § 96 Abs. 2 und 3 InvG zurück. § 110 Abs. 3 KAGB betrifft die Beschränkung des Anlegerkreises bei einer Spezial-InvAG mit veränderlichem Kapital. § 110 Abs. 4 KAGB statuiert eine Genehmigungspflicht der BaFin für Änderungen der Satzung einer OGAW-InvAG. 2

II. Formerfordernisse der Satzung

Die Satzung der InvAG mit veränderlichem Kapital ist durch **notarielle Beurkundung** festzustellen. Das KAGB selbst sieht in § 110 Abs. 1 keine Formerfordernisse vor. Jedoch ist über § 108 Abs. 2 KAGB das allgemeine Formerfordernis bei der Gründung einer AG nach Maßgabe des § 23 Abs. 1 bis 4 AktG anwendbar. Für die Niederschrift der Satzung vor dem Notar gelten die Bestimmungen der §§ 8 ff. BeurkG.[1] 3

Rechtsfolge des Verstoßes gegen die notarielle Beurkundung ist die **Nichtigkeit** des Gesellschaftsvertrages gem. § 125 Satz 1 BGB. Die Einhaltung der gesetzlich angeordneten Form ist folglich eine Wirksamkeitsvoraussetzung für die Gründung der InvAG mit veränderlichem Kapital und damit von den Registergerichten selbständig zu prüfen. Dies folgt für die InvAG mit veränderlichem Kapital aus der entsprechenden Anwendung des § 38 Abs. 1 AktG. Das Registergericht prüft die ordnungsgemäße Anmeldung und Errichtung. Bei der intern verwalteten InvAG mit veränderlichem Kapital ist auch das Vorliegen einer erforderlichen Erlaubnis durch die BaFin zu prüfen (§ 3 Abs. 5 KAGB i.V.m. § 43 Abs. 1 KWG). Ist die InvAG mit veränderlichem Kapital wegen des Verstoßes gegen die notarielle Form nicht wirksam errichtet, weist das Registergericht die Eintragung zurück.[2] 4

Ist die InvAG mit veränderlichem Kapital dennoch in das Handelsregister eingetragen worden, können Mängel bei der Feststellung der Satzung, wie z.B. die fehlende notarielle Beurkundung grundsätzlich nicht mehr geltend gemacht werden.[3] Mängel bei der Gründung der InvAG mit veränderlichem Kapital können lediglich mit der **Nichtigkeitsklage nach § 275 AktG** geltend gemacht werden. Die Nichtigkeitsklage kann nur auf die in § 275 Abs. 1 Satz 1 AktG genannten Gründe gestützt werden, so bei fehlender Satzungsregelung zur Höhe des Grundkapitals und bei fehlenden Bestimmungen zum Unternehmensgegenstand (vgl. § 275 Abs. 1 Satz 2 AktG). Genügt die Bestimmung des Unternehmensgegenstandes nicht den Anforderungen des § 110 Abs. 2 Satz 1 KAGB, ist wegen des Verweises in § 108 Abs. 2 Satz 1 KAGB grundsätzlich der Weg zur Nichtigkeitsklage eröffnet. Allerdings können Mängel bei der Bestimmung des Unternehmensgegenstandes gem. § 276 AktG geheilt werden, so dass die klageberechtigten Aktionäre, Vorstands- und Aufsichtsratsmitglieder zunächst die InvAG auffordern müssen, den Mangel zu beseitigen (§ 75 Abs. 2 AktG).[4] 5

Satzungsänderungen sind bei der InvG mit veränderlichem Kapital nach Maßgabe des §§ 179, 181 AktG durchzuführen. Jede Satzungsänderung bedarf eines **Beschlusses der Hauptversammlung** mit einer Mehrheit von ¾ des bei der Hauptversammlung vertretenen Kapitals. Gemäß § 181 Abs. 1 AktG hat der Vorstand die Satzungsänderung zum Handelsregister anzumelden. Dem ist die vollständige Satzung beizufügen und mit einer Bescheinigung eines Notars zu versehen, dass die geänderten Bestimmungen der Satzung mit dem Beschluss der Hauptversammlung über die Satzungsänderung übereinstimmen. Die Satzungsänderung wird erst **mit der Eintragung in das Handelsregister wirksam**, vgl. § 181 Abs. 3 AktG. 6

Nach der Konzeption der InvAG mit veränderlichem Kapital haben an der Satzungsänderung grundsätzlich alle Unternehmensaktionäre mitzuwirken, da diese ein Stimmrecht auf der Hauptversammlung haben. Die Beteiligung der Anlageaktionäre hängt von der Ausgestaltung der Satzung ab. Die Anlageaktionäre sind da- 7

1 *Hüffer/Koch*, § 23 AktG Rz. 9; *Limmer* in Spindler/Stilz, 3. Aufl. 2015, § 23 AktG Rz. 6.
2 *Hüffer/Koch*, § 38 AktG Rz. 16.
3 Vgl. *Drygala/Staake/Szalai*, Kapitalgesellschaftsrecht, § 19 Rz. 18; *Hüffer/Koch*, § 23 AktG Rz. 42.
4 Vgl. *Hüffer/Koch*, § 276 AktG Rz. 2.

her nur dann an den Abstimmungen über die Satzungsänderung zu beteiligen, wenn ihnen hinsichtlich der Gegenstände der Satzungsänderung ein Stimmrecht eingeräumt wurde.

III. Mindestinhalt einer Satzung der Investmentaktiengesellschaft mit veränderlichem Kapital

8 Der **Mindestinhalt** der Satzung einer InvAG mit veränderlichem Kapital ergibt sich zunächst aus § 108 Abs. 2 Satz 1 KAGB i.V.m. **§ 23 Abs. 3 und 4 AktG**. Danach müssen in der Satzung bestimmt werden die Firma und der Sitz der InvAG, der Unternehmensgegenstand, die Höhe des Mindest- und Höchstkapitals (§ 116 Abs. 1 KAGB), die Zerlegung des Gesellschaftskapitals in Stückaktien und ggf. Bruchteilsaktien sowie die verschiedenen Aktiengattungen (insbesondere Unternehmens- und Anlageaktien), ob die Aktien auf den Namen oder den Inhaber lauten, Regelungen zur Anzahl der Vorstandsmitglieder sowie Bestimmungen über die Form der Bekanntmachungen der InvAG.

9 **§ 110 KAGB** enthält **zusätzliche Anforderungen an den Mindestinhalt** der Satzungen von InvAGen mit veränderlichem Kapital, und zwar in Abs. 1 betreffend das Gesellschaftskapital, in Abs. 2 zum Unternehmensgegenstand und zum Rückgaberecht der Aktionäre sowie in Abs. 3 zum zugelassenen Anlegerkreis bei Spezial-InvAGen.

1. Betrag des Gesellschaftskapitals

10 Gemäß § 110 Abs. 1 Satz 1 KAGB muss die Satzung die Bestimmung enthalten, dass der **Betrag des Gesellschaftskapitals dem Wert des Gesellschaftsvermögens entspricht**. Die Berechnung des Gesellschaftsvermögens wird durch § 110 Abs. 1 Satz 2 KAGB definiert. Um die investmentrechtliche Besonderheit des veränderlichen Kapitals der InvAG herauszustellen, hat sich der Gesetzgeber entschlossen, von der im Aktienrecht üblichen Terminologie abzuweichen und für die InvAG den Begriff des Gesellschaftskapitals zu verwenden.[5]

11 Die etwas ungelenke Formulierung des § 110 Abs. 1 Satz 1 KAGB bedeutet, dass der Betrag des Gesellschaftskapitals – anders als bei der aktienrechtlichen AG – **nicht auf einen festen Betrag lautet**, sondern **in Abhängigkeit vom Wert des Gesellschaftsvermögens Schwankungen unterliegt.**[6] Da die Schwankungen des Gesellschaftskapitals nicht nur für die Anleger von Interesse sind, sondern allgemein für den Rechtsverkehr, sieht der Gesetzgeber eine Transparenzpflicht vor, um den Rechtsverkehr über die Besonderheiten der InvAG mit veränderlichem Kapital aufzuklären (§ 118 Abs. 1 KAGB).[7]

12 Das vom Gesetzgeber intendierte Konzept eines *„atmenden Kapitals"* erfordert es, dass die Satzung neben einer **Mindestgrenze** – die durch § 25 bzw. § 116 Abs. 2 Satz 3 KAGB zwingend[8] vorgeschrieben wird – auch eine **Höchstgrenze für das Gesellschaftskapital** enthält.[9]

13 Durch den Verweis auf das Gesellschaftsvermögen macht der Gesetzgeber deutlich, dass die Wertschwankungen nicht nur auf der Ausgabe und der Rücknahme von Aktien beruhen, sondern vor allem auf den Wertschwankungen, die den Verkehrswerten der einzelnen Vermögensgegenständen immanent sind. Trotz dieser Wertschwankungen sah der Gesetzgeber – wie aus §§ 109 Abs. 4 und § 114 KAGB ersichtlich ist – nicht von den Erfordernissen eines Kapitalschutzes ab.[10]

14 Vom Begriff des Gesellschaftskapitals ist **auch das Unternehmensaktienkapital** erfasst. Dies ergibt sich zwar nicht aus dem Wortlaut des § 110 KAGB, folgt jedoch aus der Konzeption eines einheitlichen Gesellschaftskapitals, vgl. § 115 Rz. 8.

15 Die Höchstgrenze des Gesellschaftskapitals kann durch eine entsprechende Satzungsänderung angehoben werden. Es wäre völlig verfehlt, wenn die Höchstgrenze des Gesellschaftskapitals nicht an die Nachfrage der Anleger angepasst werden könnte.[11] Anders als teilweise angenommen löst die Anhebung des Gesellschaftskapitals kein Bezugsrecht aus (s. hierzu § 115 Rz. 35).

---

5 BT-Drucks. 16/5576, 83.
6 *Dornseifer* in Emde/Dornseifer/Dreibus/Hölscher, § 96 InvG Rz. 34.
7 *Dornseifer* in Emde/Dornseifer/Dreibus/Hölscher, § 96 InvG Rz. 34.
8 So auch *Dornseifer* in Emde/Dornseifer/Dreibus/Hölscher, § 96 InvG Rz. 32.
9 *Dornseifer* in Emde/Dornseifer/Dreibus/Hölscher, § 96 InvG Rz. 35.
10 *Boxberger* in Moritz/Klebeck/Jesch, § 110 KAGB Rz. 5; *Lorenz* in Weitnauer/Boxberger/Anders, § 110 KAGB Rz. 3.
11 *Dornseifer*, AG 2008, 53 (61 Fn. 47); *Dornseifer* in Emde/Dornseifer/Dreibus/Hölscher, § 96 InvG Rz. 32 verweist darauf, dass die Zulässigkeit einer Satzungsänderung streitig ist. Wie hier *Eckhold*, ZGR 2007, 654 (683); kritisch

2. Berechnung des Gesellschaftsvermögens

Das Gesellschaftsvermögen – und damit auch das Gesellschaftskapital – wird nach den Grundsätzen des § 110 Abs. 1 Satz 2 KAGB berechnet. Das Gesellschaftsvermögen entspricht der **Summe der jeweiligen Verkehrswerte der zum Gesellschaftsvermögen gehörenden Vermögensgegenstände abzgl. der aufgenommenen Kredite und sonstigen Verbindlichkeiten.** Die Verkehrswerte werden nach den Bestimmungen der Kapitalanlage-Rechnungslegungs- und -Bewertungsverordnung (KARBV) ermittelt, die in Abschnitt 1, Unterabschnitt 3 spezielle Regeln für Investmentgesellschaften enthält. 16

a) Bewertung des Investmentbetriebsvermögens

Die Wertermittlung für das Investmentbetriebsvermögen bestimmt sich nach dem Dritten Buch des HGB, der ermittelte Wert gilt als Verkehrswert i.S.d. § 168 Abs. 1 KAGB (§ 21 Abs. 2 Satz 2 KARBV). 17

b) Bewertung des Investmentanlagevermögens

Der Verkehrswert des Investmentanlagevermögens wird nach § 21 Abs. 3 KARBV ermittelt, der auf die Bewertungsvorschriften für Sondervermögen verweist. Durch diesen Verweis wird ein **Gleichlauf der Bewertung von Vermögensgegenständen** für alle Formen von Investmentvermögen erreicht. Für die Bewertung der Vermögensgegenstände der InvAG mit veränderlichem Kapital sind die §§ 26 bis 31 und § 34 KARBV anzuwenden. Daraus ergeben sich insbesondere die nachfolgenden Bewertungsgrundsätze. 18

Vermögensgegenstände, die **zum Handel an der Börse oder einem anderen organisierten Markt zugelassen** sind, werden nach dem letztmöglich verfügbaren Handelskurs bewertet. Nach § 27 Abs. 1 KARBV muss dieser Handelskurs eine verlässliche Bewertung i.S.d. Art. 2 Abs. 1 lit. c) Ziffer i) RL 2007/16/EG[12] gewährleisten. Diese Voraussetzungen sind nur dann erfüllt, wenn der Handelskurs einen exakten, verlässlichen und gängigen Preis widerspiegelt, der entweder Marktpreis ist oder von einem emittentenunabhängigen Bewertungssystem gestellt wird. In der Regel ist bei der Bewertung von Vermögensgegenständen mit Handelskursen auf den Zeitpunkt der Anteilswertermittlung anzuknüpfen. Es bestehen jedoch auch Ausnahmen, z.B. wenn bei einer längeren Aussetzung der Anteilsrücknahme zu den ermittelten Rücknahmepreisen keine Veräußerung möglich ist.[13] 19

Vermögensgegenstände, die **nicht zum Handel an einer Börse oder einem ähnlichen Markt zugelassen** sind und für die keine Handelskurse verfügbar sind, sind mit dem Verkehrswert anzusetzen, der sich bei sorgfältiger Einschätzung nach geeigneten Bewertungsmodellen unter Berücksichtigung von aktuellen Marktgegebenheiten ergibt. § 28 Abs. 1 KARBV verweist zu diesem Zwecke auf § 168 Abs. 3 KAGB. Bei der Prüfung der Angemessenheit ist der Grundsatz der *Best-Execution* zugrunde zu legen.[14] Der Verkehrswert in diesem Sinne ist der Wert, der bei einem Geschäft zwischen sachverständigen, vertragswilligen und unabhängigen Geschäftspartnern erzielt werden kann.[15] Zudem sind die Anforderungen nach Art. 71 VO (EU) Nr. 231/2013[16] zu beachten. 20

Anteile an Investmentvermögen sind mit ihrem letzten feststellbaren Rücknahmepreis oder mit dem aktuellen Handelskurs i.S.d. § 27 KARBV anzusetzen. Sofern diese nicht feststellbar sind bzw. nicht zur Verfügung stehen ist gem. § 29 Abs. 1 i.V.m. § 28 Abs. 1 KARBV auf geeignete Bewertungsmethoden nach dem Grundsatz des *Best-Execution* zurückzugreifen. 21

Bankguthaben werden gem. § 29 Abs. 2 KARBV mit ihrem Nennwert zzgl. zugeflossener Zinsen angesetzt. Festgelder werden mit dem Verkehrswert bewertet, sofern das Festgeld kündbar ist und die Rückzahlung bei der Kündigung nicht zum Nennwert zzgl. Zinsen erfolgt. § 29 Abs. 2 Satz 1 KARBV geht damit auf die 22

---

zur Rechtslage vor dem Investmentänderungsgesetz *Hermanns*, ZIP 2004, 1297 (1299). Mit der Abkehr des Gesetzgebers vom statutarisch genehmigten Kapital für die InvAG dürfte der Streit, den *Dornseifer* vor Augen hatte, hinfällig sein.

12 Richtlinie 2007/16/EG der Kommission vom 19.3.2007 zur Durchführung der Richtlinie 85/611/EWG des Rates zur Koordinierung der Rechts- und Verwaltungsvorschriften betreffend bestimmte Organismen für gemeinsame Anlagen in Wertpapieren (OGAW) im Hinblick auf die Erläuterung gewisser Definitionen.

13 *BaFin*, Begründung zur Kapitalanlage-Rechnungslegungs- und -Bewertungsverordnung – KARBV, vom 22.7.2013, Zu § 27.

14 *Kayser/Selkinski* in Weitnauer/Boxberger/Anders, § 168 KAGB Rz. 30.

15 *BaFin*, Begründung zur Kapitalanlage-Rechnungslegungs- und -Bewertungsverordnung – KARBV, vom 22.7.2013, Zu § 28; *Kayser/Selkinski* in Weitnauer/Boxberger/Anders, § 168 KAGB Rz. 30.

16 Delegierte Verordnung (EU) Nr. 231/2013 der Kommission vom 19.12.2012 zur Ergänzung der Richtlinie 2011/61/EU des Europäischen Parlaments und des Rates im Hinblick auf Ausnahmen, die Bedingungen für die Ausübung der Tätigkeit, Verwahrstellen, Hebelfinanzierung, Transparenz und Beaufsichtigung.

Gegebenheiten der Praxis ein, da hier vielfach bei der vorzeitigen Kündigung von Festgeldern nicht der Nennwert, sondern die jeweilige Marktlage bei einer entsprechenden Realisierung maßgeblich ist (sog. Renditekurs).[17] Diese Anpassung an die Marktpraxis ist sachgerecht, weil auch der Wert des Festgeldes aufgrund der Kapitalmarktzinsen schwankt und damit vom Nennwert abweichen kann. Anderenfalls würden bei der Bewertung nicht renditeabhängige Kursänderungen während der Festgeldlaufzeit berücksichtigt und eine Wertverfälschung eintreten.[18] Sonstige Verbindlichkeiten sind gem. § 29 Abs. 3 KARBV mit dem Rückzahlungsbetrag anzusetzen.

23 Bei der Bewertung von **Vermögensgegenständen mit unternehmerischem Charakter** kommen gem. § 32 Abs. 1 KARBV unterschiedliche Bewertungsmethoden zur Anwendung. In Betracht kommen insbesondere das **Ertragswertverfahren** oder ein geeignetes **Discounted-Cash-Flow-Verfahren.**[19] Die bei der Bewertung zu berücksichtigenden Parameter sind in § 32 Abs. 1 Satz 2 Nr. 1 bis 4 KARBV ausdrücklich genannt. Es ist bei der Bewertung der unternehmerischen Beteiligung darauf zu achten, dass diese Parameter aus einer zuverlässigen externen Quelle stammen und wenn möglich durch Dritte verifiziert werden (z.B. durch testierte Jahresabschlüsse, Sachverständigengutachten oder technische Gutachten).[20] Der Wert der unternehmerischen Beteiligung ist mit dem Verkehrswert zum Zeitpunkt des Erwerbs anzusetzen. Damit ist der Erwerbspreis einschließlich der Anschaffungskosten anzusetzen, § 32 Abs. 2 Satz 1 KARBV. Die Wertermittlung hat **turnusmäßig spätestens jedoch nach Ablauf von zwölf Monaten** nach dem Erwerb erneut zu erfolgen. Die Bewertung ist durch die KVG zu dokumentieren. Um die Bewertung zu ermöglichen, muss die KVG das Unternehmen, an dem die von ihr verwaltete Investmentgesellschaft beteiligt ist, **vertraglich verpflichten**, ihr bzw. einem von der KVG zu benennenden externen Bewerter in angemessenen Abständen die für eine angemessene Überprüfung erforderlichen Daten zu übermitteln.[21]

24 Anlagen in **sonstige Sachwerte** sind nach Maßgabe des § 33 KARBV zu bewerten. Diese sind mit dem Verkehrswert anzusetzen, der unter Berücksichtigung der aktuellen Marktgegebenheiten erzielt werden könnte. § 33 KARBV fungiert als Auffangtatbestand und erfasst alle Sachwerte, für die die KARBV keine eigenständige Verkehrswertdefinition vorsieht.[22] Für die Sachwerte i.S.d. § 261 Abs. 2 Nr. 2 bis 5 und 7 KAGB sind Konkretisierungen für das anzuwendende Bewertungsverfahren vorgesehen. Danach ist in der Regel das Ertragswertverfahren anzuwenden, bei der die in § 32 Abs. 2 bis 6 KARBV genannten Parameter zu berücksichtigen sind.[23] Erzielen die Sachwerte aufgrund ihrer Eigenart keine laufenden Erträge, ist das Substanzwertverfahren nach § 32 Abs. 7 KARBV anzuwenden.

3. Unternehmensgegenstand

25 § 110 Abs. 2 KAGB schreibt in Satz 1 zwingende Regelungen für die Feststellungen in der Satzung zum Unternehmensgegenstand der InvAG mit veränderlichem Kapital vor.

a) Mindestangaben in der Satzung

26 Der Gesetzgeber versteht die InvAG mit veränderlichem Kapital als organisationsrechtliche Form eines offenen Investmentvermögens.[24] Aufgrund dieses Verständnisses ist der **Unternehmensgegenstand** der InvAG mit veränderlichem Kapital von vornherein beschränkt auf die **Anlage und Verwaltung ihrer Mittel nach einer festgelegten Anlagestrategie** und dem **Grundsatz der Risikomischung zur gemeinschaftlichen Kapitalanlage zum Nutzen ihrer Anleger.**

27 Die Anlage und Verwaltung muss in der Satzung der InvAG mit veränderlichem Kapital konkretisiert werden, je nachdem, um welche Form es sich bei dem Investmentvermögen handelt. Handelt es sich bei der

17 *BaFin*, Begründung zur Kapitalanlage-Rechnungslegungs- und -Bewertungsverordnung – KARBV, vom 22.7.2013, Zu § 29.
18 *BaFin*, Begründung zur Kapitalanlage-Rechnungslegungs- und -Bewertungsverordnung – KARBV, vom 22.7.2013, Zu § 29.
19 *BaFin*, Begründung zur Kapitalanlage-Rechnungslegungs- und -Bewertungsverordnung – KARBV, vom 22.7.2013, Zu § 32.
20 *BaFin*, Begründung zur Kapitalanlage-Rechnungslegungs- und -Bewertungsverordnung – KARBV, vom 22.7.2013, Zu § 32.
21 *BaFin*, Begründung zur Kapitalanlage-Rechnungslegungs- und -Bewertungsverordnung – KARBV, vom 22.7.2013, Zu § 32.
22 *BaFin*, Begründung zur Kapitalanlage-Rechnungslegungs- und -Bewertungsverordnung – KARBV, vom 22.7.2013, Zu § 33.
23 *BaFin*, Begründung zur Kapitalanlage-Rechnungslegungs- und -Bewertungsverordnung – KARBV, vom 22.7.2013, Zu § 33.
24 BT-Drucks. 17/12294, 238.

InvAG um eine **OGAW-Investmentaktiengesellschaft mit veränderlichem Kapital** erfolgt die Anlage und Verwaltung nach den Grundsätzen des Kapitels 2 Abschnitt 1 und 2 des KAGB. Die OGAW-InvAG mit veränderlichem Kapital ist danach ein offenes Publikumsinvestmentvermögen i.S.d. §§ 162 bis 191 und §§ 192 bis 213 KAGB. Handelt es sich bei der InvAG um eine **AIF-Publikumsinvestmentaktiengesellschaft mit veränderlichem Kapital** erfolgt die Anlage nach den Vorschriften von Kapitel 2 Abschnitt 1 und 3, mithin nach den §§ 162 bis 191 und §§ 214 bis 260 KAGB. Ist die InvAG als **Spezialinvestmentaktiengesellschaft mit veränderlichem Kapital errichtet**, hat sie bei der Anlage und Verwaltung die Vorschriften von Kapitel 3 Abschnitt 1 und 2 zu beachten. Auf die Spezial-InvAG sind die Vorschriften der §§ 273 bis 284 KAGB anwendbar.

Damit wird bereits durch die Festlegung des Unternehmensgegenstandes sichergestellt, dass die **jeweiligen Produktvorschriften** für offene Publikums- und offene Spezial-InvAGen mit veränderlichem Kapital eingehalten werden. Der Unternehmensgegenstand bildet den Handlungsrahmen sowohl für die extern oder intern verwaltende KVG als auch für den Vorstand der InvAG mit veränderlichem Kapital. 28

Mit der gesetzlichen Vorgabe, dass dieser Unternehmensgegenstand **„ausschließlich"** betrieben werden muss, soll sichergestellt werden, dass die InvAG mit veränderlichem Kapital keine anderen unternehmerischen Ziele verfolgt, mithin **Zweckgesellschaft** ist. 29

b) Grenzen des Unternehmensgegenstandes

Fraglich ist, ob die InvAG mit veränderlichem Kapital sämtliche in § 110 Abs. 2 Nrn. 1 bis 3 KAGB aufgeführten Unternehmensgegenstände verfolgen kann, mit anderen Worten, ob die Aufzählung der Unternehmensgegenstände in § 110 Abs. 2 Satz 1 Nrn. 1 bis 3 KAGB kumulativ („und") oder alternativ zu verstehen ist. Für die **extern verwaltete** InvAG mit veränderlichem Kapital hat die BaFin[25] anerkannt, dass die Bildung von OGAW- und AIF-Teilgesellschaftsvermögen zulässig ist. Die Literatur schließt sich dieser Auffassung an.[26] 30

Für die **intern verwaltete InvAG** mit veränderlichem Kapital wird in der **herrschenden investmentrechtlichen Literatur** vertreten, dass diese nur entweder eine OGAW-InvAG oder eine AIF-InvAG sein kann.[27] Dies ergebe sich aus § 20 Abs. 7 KAGB, wonach eine intern verwaltete OGAW-Kapitalverwaltungsgesellschaft keine andere Tätigkeit als die Verwaltung des eigenen OGAW ausüben darf. Entsprechend darf eine intern verwaltete AIF-Kapitalverwaltungsgesellschaft nur den eigenen AIF verwalten. Darüber hinaus ergebe sich aus systematischen Gründen mit Blick auf § 20 Abs. 2 Nr. 5 und § 20 Abs. 3 Nr. 7 KAGB, dass die gemeinsame Verwaltung von OGAW und AIF einer externen KVG vorbehalten ist.[28] Die Verwaltungspraxis der BaFin schließt sich dieser Ansicht an und verweist auf den Wortlaut von § 20 Abs. 3 Nr. 7 KAGB, der allein auf die externen KVGen Bezug nimmt.[29] Die BaFin sieht neben europarechtlichen Bedenken bei der intern verwalteten InvAG mit veränderlichem Kapital auch zusätzliche operationelle Risiken, wenn der Unternehmensgegenstand nicht auf eine der Möglichkeiten in § 110 Abs. 2 KAGB begrenzt wird.[30] Beide Ansichten verweisen zudem auf den europarechtlichen Hintergrund von § 20 KAGB. Die vorgenannten Regelungen gehen auf Art. 6 Abs. 2 und 3 AIFM-RL zurück und beschränken ebenso wie § 20 Abs. 7 und § 20 Abs. 2 Nr. 5 sowie § 20 Abs. 3 Nr. 7 KAGB den Unternehmensgegenstand der internen KVG.[31] 31

Nach der von *Fischer/Friedrich* vertretenen **Gegenansicht** ist es bei der intern verwalteten InvAG mit veränderlichem Kapital möglich, ein Investmentvermögen in Form einer Umbrella-Konstruktion zu errichten, das sowohl OGAW-Teilfonds als auch AIF-Teilfonds bilden kann.[32] Nach deren Ansicht steht § 20 Abs. 7 KAGB einer solchen Sichtweise nicht entgegen, weil die Regelung lediglich gewährleisten soll, dass eine in- 32

25 *BaFin*, Auslegungsentscheidung zu §§ 20 Abs. 7, 110 Abs. 2 Kapitalanlagegesetzbuch vom 16.7.2013, Gz.: 41-Wp 2137-2013-0020, Ziff. 2.

26 *Boxberger* in Moritz/Klebeck/Jesch, § 110 KAGB Rz. 16; *Geibel* in Derleder/Knops/Bamberger, § 58 Rz. 143; *Lorenz* in Weitnauer/Boxberger/Anders, § 110 KAGB Rz. 6.

27 *Boxberger* in Moritz/Klebeck/Jesch, § 110 KAGB Rz. 11; *Lorenz* in Weitnauer/Boxberger/Anders, § 110 KAGB Rz. 5.

28 *Boxberger* in Moritz/Klebeck/Jesch, § 110 KAGB Rz. 12.

29 *BaFin*, Auslegungsschreiben zu §§ 20 Abs. 7, 110 Abs. 2 Kapitalanlagegesetzbuch (KAGB), vom 16.7.2013, Ziff. 1; abrufbar unter: https://www.bafin.de/SharedDocs/Veroeffentlichungen/DE/Auslegungsentscheidung/WA/ae_160723_20Abs7_110Abs2_KAGB.html.

30 *BaFin*, Auslegungsschreiben zu §§ 20 Abs. 7, 110 Abs. 2 Kapitalanlagegesetzbuch (KAGB), vom 16.7.2013, Ziff. 2.

31 *BaFin*, Auslegungsschreiben zu §§ 20 Abs. 7, 110 Abs. 2 Kapitalanlagegesetzbuch (KAGB), vom 16.7.2013, Ziff. 1; *Boxberger*, Moritz/Klebeck/Jesch, § 110 Rz. 12.

32 *Fischer/Friedrich*, ZBB 2013, 153 (159) hier passenderweise auch als Super-InvAG bezeichnet.

terne KVG keine über die Verwaltung von Investmentvermögen hinausgehende Tätigkeit ausübt.[33] Es ist daher nicht auf die Art der verwalteten Investmentvermögen abzustellen, sondern vielmehr auf die Unterscheidung zwischen der Verwaltung von Investmentvermögen und der Erbringung von Nebendienstleistungen. Hierfür spricht der Ursprung des § 20 Abs. 7 KAGB, der auf Art. 6 Abs. 3 AIFM-RL sowie Art. 28 OGAW-RL zurückgeht.[34]

33 Gegen die Ansicht von *Fischer/Friedrich* spricht zunächst die Gesetzesbegründung zum AIFM-Umsetzungsgesetz. Der Gesetzgeber geht in der Gesetzesbegründung davon aus, dass die intern verwaltete InvAG mit veränderlichem Kapital entweder eine OGAW-InvAG oder eine AIF-InvAG sein kann.[35] Anders als im Gesetz nutzt der Gesetzgeber im Rahmen der Gesetzesbegründung zur Trennung der Unternehmensgegenstände das Wort *„oder"*. Die im Gesetz enthaltene Regelung könnte daher auf einen Redaktionsfehler hindeuten. Des Weiteren geht der Verweis auf Art. 28 OGAW-RL ins Leere, da hier ebenfalls nur der Unternehmensgegenstand des OGAW definiert wird, wie dies auch in § 110 Abs. 2 KAGB der Fall ist, ohne dass sich aus dem Wortlaut eine Klarstellung ergibt. Auch aus Erwägungsgrund (21) AIFM-RL ergibt sich lediglich, dass nur den externen KVGen eine Verwaltung auch von OGAW nicht verwehrt werden sollte.

34 Für die Ansicht von *Fischer/Friedrich* spricht indes der Verweis auf Art. 6 Abs. 3 AIFM-RL, der lediglich auf die Tätigkeiten in Anhang I verweist und damit eine Einschränkung des Unternehmensgegenstandes dergestalt vorschreibt, dass ein AIF lediglich die Tätigkeiten in Anhang I ausüben darf. Eine Beschränkung der Verwaltung auf OGAW oder AIF ist nicht vorgesehen. Die Möglichkeit der Bildung von Teilgesellschaftsvermögen nach § 117 KAGB und die Vorschriften der Rechnungslegung nach der KARBV, die ebenfalls nicht zwischen OGAW- und AIF-Teilgesellschaftsvermögen differenzieren, sprechen ebenfalls für die Ansicht von *Fischer/Friedrich.*[36] Zudem ist dem Wortlaut des § 110 Abs. 2 KAGB keine Einschränkung zwischen externen und internen KVGen zu entnehmen. Durch die Umsetzung der AIFM-RL wollte der Gesetzgeber keine Änderung hinsichtlich der Rechtslage nach dem InvG herbeiführen,[37] wonach in der investmentrechtliche Literatur die Beschreibung des Unternehmensgegenstandes in § 96 Abs. 2 InvG lediglich als Maximalbeschreibung angesehen wurde.[38]

35 Für die Ansicht von *Fischer/Friedrich* spricht ferner, dass die haftungs- und vermögensrechtliche Trennung i.S.d. § 117 Abs. 2 Satz 1 KAGB die Bedenken der BaFin hinsichtlich zusätzlicher operationeller Risiken für die Anleger als nicht durchgreifend erscheinen lassen (s. § 117 Rz. 11 ff.).[39] Damit sind die Anlegeraktionäre keinen zusätzlichen Risiken ausgesetzt, wenn die InvAG neben einem OGAW- auch ein AIF-Teilgesellschaftsvermögen verwaltet.

36 Hinzukommt, dass die Kombination von Publikums- und Spezial-Teilgesellschaftsvermögen innerhalb einer (extern oder intern verwalteten) InvAG mit veränderlichem Kapital den Interessen aller Anleger entsprechen kann. Nimmt die InvAG mit veränderlichem Kapital professionelle und semi-professionelle Anleger auf, ohne hierfür ein eigenes Teilgesellschaftsvermögen zu bilden, verlieren die Aktien der bisherigen Anleger in einem erheblichen Maße an Gewicht, weil die professionellen und semiprofessionellen Anleger in der Regel verhältnismäßig hohe Beträge anlegen. Die Aufnahme eines einzelnen dominanten Anlegers kann zudem das innere Gefüge der InvAG mit veränderlichem Kapital erheblich beeinflussen, da dieser Anleger (auch bei fehlendem Stimmrecht) faktisch in der Lage ist, seine Interessen gegen die Interessen einer Vielzahl von Kleinanlegern durchzusetzen. Darüber hinaus stünde den professionellen und semi-professionellen Anlegern zweimal im Monat ein Rückgaberecht ihrer Anlageaktien nach Maßgabe des § 116 Abs. 2 Satz 1 KAGB zu. Bei einem plötzlichen Abzug der gesamten Anlagesumme durch den professionellen bzw. semi-professionellen Anleger und dem dadurch notwendigen Abverkauf von Vermögensgegenständen drohen die Aktien aller übrigen Anleger an Wert zu verlieren. Andererseits ist es weder im Interesse des semi-professionellen bzw. professionellen Anlegers noch der Unternehmensaktionäre, für den semi-professionellen bzw. professionellen Anleger eine neue InvAG zu gründen, da dies erheblich aufwendiger als die Auflegung eines neuen Teilgesellschaftsvermögens ist.

37 Aus den vorgenannten Gründen ist daher die Auffassung vorzugswürdig, auch bei der intern verwalteten InvAG mit veränderlichem Kapital die Aufzählung der Unternehmensgegenstände in § 110 Abs. 2 Satz 1

33 *Fischer/Friedrich*, ZBB 2013, 153 (159).
34 *Fischer/Friedrich*, ZBB 2013, 153 (159).
35 BT-Drucks. 17/12294, 238.
36 *Lorenz* in Weitnauer/Boxberger/Anders, § 110 KAGB Rz. 6.
37 *BaFin*, Auslegungsschreiben zu §§ 20 Abs. 7, 110 Abs. 2 Kapitalanlagegesetzbuch (KAGB) Gz: WA 41-Wp 2137-2013-0020, vom 16.7.2013, Ziff. 2.
38 *Dornseifer* in Emde/Dornseifer/Dreibus/Hölscher, § 96 InvG Rz. 59; *Fischer/Steck* in Berger/Steck/Lübbehüsen, § 96 InvG Rz. 25.
39 BT-Drucks. 17/12294, 239.

KAGB als kumulativ zu verstehen, so dass **unter der Umbrella-Struktur einer intern verwalteten InvAG auch die Auflegung von OGAW-, Publikums-AIF- und Spezial-Teilgesellschaftsvermögen möglich** ist.

c) Interessenvorrang zugunsten der Anlageaktionäre?

Der Vorstand einer herkömmlichen Aktiengesellschaft ist dem Unternehmenswohl verpflichtet und hat daher einen Stakeholder-Value-Ansatz zu verfolgen.[40] Der Unternehmensgegenstand der InvAG mit veränderlichem Kapital beschränkt sich indessen auf die Anlage zum Nutzen ihrer Aktionäre. Daraus ist mit der investmentrechtlichen Literatur der Schluss zu ziehen, dass der Vorstand der InvAG mit veränderlichem Kapital abweichend vom Aktienrecht einen **Shareholder-Value-Ansatz** zu verfolgen hat.[41] Der Shareholder-Value-Ansatz ist mit der Definition eines AIF in Art. 4 Abs. 1 lit. a) Ziffer i) AIFM-RL europarechtlich vorgegeben[42] und kann durch den nationalen Gesetzgeber nicht abweichend geregelt werden. 38

Vor diesem Hintergrund wird bei der InvAG mit veränderlichem Kapital darüber hinaus vertreten, dass die Interessen der Anlageaktionäre Vorzug vor den Interessen der Unternehmensaktionäre haben.[43] Für die InvAG mit veränderlichem Kapital ergebe sich damit, dass bei widerstreitenden Interessen zwischen Anlageaktionären und Unternehmensaktionären, den Interessen der Anlageaktionäre Vorrang einzuräumen ist. 39

Ein Vorrang der Interessen der Anlageaktionäre wird mit investmentrechtlichen Wertungen erklärt. Während *Boxberger* auf § 1 Abs. 1 Satz 1 KAGB abstellt, wonach ein Investmentvermögen ein Organismus für gemeinsame Anlagen zum Nutzen seiner Anleger ist,[44] stellt *Zetzsche* auf eine europarechtlich konforme Auslegung von Art. 1 Abs. 1 lit. e) OAGW-RL und Art. 4 Abs. 1 lit. a) AIFM-RL ab, wonach das „Aktionärsinteresse" auf das Anlegerinteresse zu reduzieren sei; ferner ergebe sich aus dem Gesamtzusammenhang der §§ 26 Abs. 2 Nr. 2, 119 Abs. 1 Nr. 1, 128 Abs. 1 Nr. 1, 147 Abs. 1 Nr. 1, 153 Abs. 1 Nr. 1 KAGB der Vorrang des Handelns im Interesse der Anleger.[45] 40

Ein derart deutlicher Interessengegensatz zwischen Unternehmensaktionären und Anlageaktienären, dass sich die Frage nach einer **Vorzugsbehandlung der Anlageaktionäre** stellt, ist indes **zu verneinen**. Sowohl Unternehmensaktionäre als auch Anlageaktionäre sind Aktionäre derselben InvAG. Aus dieser gesellschaftsrechtlichen Verbundenheit folgt grundsätzlich eine Gleichgerichtetheit des Interesses, das Gesellschaftsvermögen der InvAG zu mehren.[46] 41

Zwar verpflichtet der Gesetzgeber die KVG in § 26 Abs. 1, 2 Nr. 2 und 6 KAGB, ihre Tätigkeit im besten Interesse der Anleger auszuüben und die Anleger fair zu behandeln. Dies betrifft unmittelbar die mit der Vermögensverwaltung betrauten Unternehmensaktionäre einer intern verwalteten InvAG mit veränderlichem Kapital. Jedoch treffen die den Vorstand bildenden Unternehmensaktionäre einer extern verwalteten InvAG nach § 119 Abs. 1 Satz 2 KAGB vergleichbare Pflichten. Allerdings bedeutet diese Pflicht zur Interessenswahrnehmung nicht, dass die Interessen der Anleger stets Vorrang vor den Interessen der Unternehmensaktionäre haben. Besonders deutlich wird dies bei Vergütungsthemen: Die Frage, wie hoch die Vorstandsvergütung angesichts eines grundsätzlichen Interessenvorrangs der Anlageaktionärsinteressen *„sein darf"*, ist schon im Ansatz falsch. Denn die Höhe der Vergütung muss in angemessenem Verhältnis zu Art und Umfang der Verwaltungsaufgaben stehen und einen Anreiz für die Ausübung der Tätigkeit bieten. Hier ist vielmehr die Transparenz der Vergütung im Jahresabschluss, die den Anlageaktionären den Vergleich mit anderen InvAGen ermöglicht, das sachgerechtere Mittel. Damit ist den Anlageaktionären der nicht zu unterschätzende wirtschaftliche Hebel in die Hand gegeben, durch einen Wettbewerbsvergleich Druck auf die Vergütungsstruktur auszuüben. 42

---

40 *Spindler* in MünchKomm. AktG, 4. Aufl. 2014, § 76 AktG Rz. 63 ff.

41 *Boxberger* in Moritz/Klebeck/Jesch, § 110 KAGB Rz. 19; *Lorenz* in Weitnauer/Boxberger/Anders, § 110 KAGB Rz. 5; *Zetzsche*, AG 2013, 613 (615); *Zetzsche*, Prinzipien der kollektiven Vermögensverwaltung, S. 653; *Zetzsche* in Möllers/Kloyer, Das neue Kapitalanlagegesetzbuch, S. 152.

42 *Zetzsche*, AG 2013, 613 (615).

43 So ausdrücklich *Lorenz* in Weitnauer/Boxberger/Anders, § 110 KAGB Rz. 5; *Zetzsche*, AG 2013, 613 (615).

44 *Boxberger* in Moritz/Klebeck/Jesch, § 110 KAGB Rz. 10.

45 *Zetzsche*, AG 2013, 613 (615 Fn. 34). Zudem sei die Bindung an das Aktionärsinteresse europarechtskonform auf die Anlegerinteressen zu beschränken, so dass die Unternehmensaktionäre nicht erfasst werden.

46 Ebenso *Sachtleber*, Zivilrechtliche Strukturen von open-end-Investmentfonds in Deutschland und England, S. 170 f, der zu Recht darauf hinweist, dass sowohl die Anlageaktionäre als auch die Unternehmensaktionäre an der Mehrung des Gesellschaftsvermögens interessiert sind und daher kein prinzipieller Interessengegensatz vorhanden ist.

43 Ferner greifen bei exzessiven Vergütungsstrukturen gesetzliche Schutzmechanismus zugunsten der Anlageaktionäre ein, wie z.B. im Aktienrecht die Kontrolle des Aufsichtsrats (§ 87 AktG) und im KAGB die Regelungen zu Vergütungssystemen in § 37 KAGB.[47] In Ausnahmefällen legt auch die gesellschaftsrechtliche Treuepflicht den Unternehmensaktionären Handlungsverbote auf.[48]

44 Aus alledem folgt, dass sich aus investmentrechtlichen Grundsätzen **kein prinzipieller Interessenvorrang der Anlageaktionäre zu Lasten der Unternehmensaktionäre** entnehmen lässt.

4. Rückgaberecht der Aktionäre

45 Die Satzung der InvAG mit veränderlichem Kapital hat vorzusehen, dass dem Aktionär ein Rückgaberecht nach den Bestimmungen des KAGB eingeräumt wird.

46 Die ursprüngliche Fassung des KAGB sah vor, dass die InvAG mit veränderlichem Kapital ihren Anlegern mindestens jährlich ein Rückgaberecht einräumen musste.[49] Dies beruhte auf dem damaligen Verständnis eines offenen AIF.[50] Um eine europaweit einheitliche Definition von offenen und geschlossenen AIF zu gewährleisten, hat die EU-Kommission mit der **Delegierten Verordnung (EU) Nr. 694/2014**[51] eine allgemeinverbindliche **Definition für offene AIF** vorgegeben.[52] Ein AIF wird nach Art. 1 Abs. 2 Delegierte Verordnung (EU) Nr. 694/2014 als offener AIF qualifiziert, wenn dessen Anteile vor Beginn der Liquidations- oder Auslaufphase auf Ersuchen eines Anteilseigners direkt oder indirekt aus den Vermögenswerten des AIF und nach den Verfahren und mit der Häufigkeit, die in den Vertragsbedingungen oder der Satzung, dem Prospekt oder den Emissionsunterlagen festgelegt sind, zurückgekauft oder zurückgenommen werden. Ausreichend wäre damit theoretisch ein einmaliges Rückgaberecht.

47 Der deutsche Gesetzgeber glich durch das Finanzmarktanpassungsgesetz von 2014[53] die Definition des offenen AIF in § 1 Abs. 4 Nr. 2 KAGB an die europarechtlichen Vorgaben an.[54] Mit der Anpassung der Definition in § 1 Abs. 4 Nr. 2 KAGB **entfiel auch das Erfordernis der jährlichen Rücknahmepflicht** in § 110 Abs. 2 KAGB.[55] Siehe zur Rücknahme auch § 116 Rz. 8 ff.

48 Ein Rückgaberecht nach den Bestimmungen des KAGB ist allerdings in **§ 116 Abs. 2 Satz 1, Halbs. 2 KAGB** enthalten, wonach die **Aktionäre einer Publikums-InvAG** das Recht zur Rückgabe **mindestens zweimal im Monat** haben. Dies entspricht dem gesetzlich bei Sondervermögen vorgesehenen Rückgaberecht gem. § 98 Abs. 1 Satz 1 KAGB. Dieses Rückgaberecht ist folglich in den Satzungen einer OGAW-InvAG oder einer Publikums-AIF-InvAG mit veränderlichem Kapital vorzusehen.

5. Anlegerkreis bei Spezialinvestmentaktiengesellschaften mit veränderlichem Kapital

49 § 110 Abs. 3 KAGB schreibt vor, dass die Satzung der Spezial-InvAG mit veränderlichem Kapital zusätzlich festlegen muss, dass die Anteile **ausschließlich von professionellen und semiprofessionellen Anlegern erworben** werden dürfen. Diese Vorschrift verhält sich kongruent zur Definition des Spezial-AIF in § 1 Abs. 6 KAGB, wonach die Anteile „aufgrund von schriftlichen Vereinbarungen mit der Verwaltungsgesellschaft oder aufgrund der konstituierenden Dokumente des AIF" nur von professionellen oder semi-professionellen Anlegern erworben werden dürfen.

50 Zu den Anforderungen und Grenzen hinsichtlich des Erst- und Zweiterwerbs von Aktien der InvAG mit veränderlichem Kapital durch Anleger, die nicht als professionelle oder semi-professionelle Anleger qualifizieren, wird auf § 150 Rz. 12 ff. verwiesen.

---

47 Vgl. hierzu ausführlich *Zetzsche*, Prinzipien der kollektiven Vermögensanlage, S. 719 ff.

48 Ebenso *Müchler*, Die Investmentaktiengesellschaft mit veränderlichem Kapital, S. 113. Ablehnend für Investmentgesellschaften wohl *Zetzsche*, Prinzipien der kollektiven Vermögensanlage, S. 871 f.

49 BT-Drucks. 17/12294, 238.

50 BT-Drucks. 18/1305, 47.

51 Delegierte Verordnung (EU) Nr. 694/2014 der Kommission vom 17.12.2013 zur Ergänzung der Richtlinie 2011/61/EU des Europäischen Parlaments und des Rates im Hinblick auf technische Regulierungsstandards zur Bestimmung der Arten von Verwaltern alternativer Investmentfonds.

52 *Europäische Kommission*, C(2013) 9098 final, Begründung Ziff. 4. Nach Ansicht der Europäischen Kommission ist eine einheitliche Definition deswegen wichtig, weil die AIFM-RL bestimmte Vorgaben für die Verwaltung von offenen und geschlossenen AIF enthält.

53 Gesetzes zur Anpassung von Gesetzen auf dem Gebiet des Finanzmarktes, BT-Drucks. 18/1305.

54 BT-Drucks. 18/1305, 43.

55 BT-Drucks. 18/1305, 47.

IV. Satzungsänderungen bei der OGAW-Investmentaktiengesellschaft mit veränderlichem Kapital

Die Satzungsänderung bedarf zunächst **gem. § 179 AktG eines Hauptversammlungsbeschlusses.** Diese Anforderungen gelten unabhängig vom Unternehmensgegenstand für alle InvAG mit veränderlichem Kapital (vgl. § 108 Abs. 2 KAGB, der auf das AktG verweist). 51

Bei der **OGAW-InvAG** bedarf eine Satzungsänderung darüber hinaus der **Genehmigung durch die BaFin** nach Maßgabe des § 110 Abs. 4 KAGB. Entsprechend der europarechtlichen Vorgabe in Art. 5 Abs. 2 Satz 2 OGAW-RL, wonach die Zulassung einer Investmentgesellschaft nur dann erteilt werden darf, wenn die zuständigen Behörden deren Satzung genehmigt haben, folgt, dass **auch jede Änderung der Satzung** genehmigt werden muss.[56] 52

Das Genehmigungsverfahren ist in § 163 Abs. 2 Satz 1 und 2 sowie 4 bis 9 KAGB geregelt, auf die § 110 Abs. 4 Satz 2 KAGB Bezug nimmt. 53

Die **fehlende Genehmigung** der Satzungsänderung durch die BaFin führt zur **Unwirksamkeit der Satzungsänderung** einer OGAW-InvAG mit veränderlichem Kapital.[57] Das Handelsregistergericht wird die Eintragung der Satzungsänderung zurückweisen, weil die Genehmigung der BaFin nach Maßgabe des § 110 Abs. 4 KAGB fehlt. Aufgrund der fehlenden Eintragung zum Handelsregister wird die Satzungsänderung nicht wirksam (vgl. § 181 Abs. 3 AktG). Dies folgt zwar nicht aus dem Aktiengesetz selbst, sondern aus der Zusammenschau von § 181 Abs. 3 AktG und § 3 Abs. 5 KAGB i.V.m. § 43 KWG. Danach dürfen Eintragungen in öffentliche Register nicht vorgenommen werden, wenn die erforderliche Erlaubnis nicht vorliegt. 54

Sollte in der Praxis versehentlich eine Satzungsänderung ohne BaFin-Genehmigung zum Handelsregister eingetragen werden, kann das Registergericht die fehlenden Unterlagen – vorliegend die Genehmigung der BaFin – nach Maßgabe des § 14 HGB nachfordern.[58] 55

Fehlerhafte Eintragungen zum Handelsregister können darüber hinaus auch nach Maßgabe des § 395 FamFG gelöscht werden, wenn die Eintragung wegen eines Mangels einer wesentlichen Voraussetzung unzulässig war. Die fehlende BaFin-Genehmigung ist eine solche wesentliche Voraussetzung. 56

Soweit die Änderung der Satzung für die Geschäftstätigkeit der OGAW-InvAG relevant ist (z.B. Erhöhung von Anlagegrenzen, Erweiterung des Katalogs zulässiger Finanzinstrumente), die Genehmigung der BaFin für diese Änderung aber nicht vorliegt, bedeutet die Vermögensverwaltung unter Ausnutzung der nicht genehmigten Satzungsbestimmung die Ausübung eines unerlaubten Investmentgeschäfts i.S.d. § 15 Abs. 1 KAGB. Dies gilt nicht, wenn die nicht genehmigte Satzungsänderung für die Vermögensverwaltung irrelevant ist (z.B. Bestimmungen zur Veröffentlichung von Mitteilungen, Auflegung weiterer Teilgesellschaftsvermögen, etc.). 57

§ 111 Anlagebedingungen

[1]Die Anlagebedingungen der Investmentaktiengesellschaft mit veränderlichem Kapital sind zusätzlich zur Satzung zu erstellen. [2]Die Anlagebedingungen sind nicht Bestandteil der Satzung; eine notarielle Beurkundung ist nicht erforderlich. [3]In allen Fällen, in denen die Satzung veröffentlicht, ausgehändigt oder in anderer Weise zur Verfügung gestellt werden muss, ist auf die jeweiligen Anlagebedingungen zu verweisen und sind diese ebenfalls zu veröffentlichen oder zur Verfügung zu stellen.

In der Fassung vom 4.7.2013 (BGBl. I 2013, S. 1981).

56 *Boxberger* in Moritz/Klebeck/Jesch, § 110 KAGB Rz. 26; *Lorenz* in Weitnauer/Boxberger/Anders, § 110 KAGB Rz. 14.
57 *Herrmann/A. Münch* in Baur/Tappen, § 110 KAGB Rz. 20.
58 *Hüffer/Koch*, § 181 AktG Rz. 28.

Schrifttum: Es wird auf das Schrifttum zu § 108 verwiesen.

I. Regelungsgegenstand

1 § 111 KAGB enthält Regelungen zur **Erstellung von Anlagebedingungen** der InvAG mit veränderlichem Kapital. Zusätzlich und getrennt zur Satzung sind die Anlagebedingungen zu erstellen. Die **Publikation der Anlagebedingungen** hat in gleicher Weise wie die Satzung zu erfolgen. Eine identische Regelung besteht für die offene InvKG in § 126 KAGB und eine vergleichbare Regelung für die geschlossene InvKG in § 151 KAGB und für die InvAG mit fixem Kapital in § 143 KAGB.

2 Wie der Wortlaut und die Gesetzesbegründung[1] nahe legen, begründet § 111 Satz 1 KAGB nicht die Verpflichtung, Anlagebedingungen der InvAG mit veränderlichem Kapital zu erstellen. Diese Verpflichtung ergibt sich speziell **für die Publikums-InvAG mit veränderlichem Kapital aus § 162 Abs. 1 KAGB** und **für die Spezial-InvAG mit veränderlichem Kapital aus § 273 KAGB.** Der Regelungszweck des § 111 Satz 1 KAGB ist daher i.V.m. Satz 2 zu sehen und erschöpft sich in der gesetzlichen Anordnung, dass die Anlagebedingungen **zusätzlich und getrennt von der Satzung** zu erstellen sind.

II. Erstellung der Anlagebedingungen getrennt von der Satzung

1. Erstellung der Anlagebedingungen von Investmentaktiengesellschaften mit veränderlichem Kapital

3 Die Erstellung der Anlagebedingungen einer InvAG mit veränderlichem Kapital erfolgt **durch den Vorstand** als für die Geschäftsführung zuständigem Organ. Die Verbandskompetenz des Vorstandes ergibt sich nicht aus § 111 KAGB selbst, sondern folgt dem Telos der Norm. Es sollte sichergestellt werden, dass ein zusätzliches Dokument für die Anleger geschaffen wird, in denen die genauen Detailregelungen enthalten sind.[2] Insbesondere bei der Schaffung von Teilgesellschaftsvermögen eröffnet die getrennte Erstellung der Anlagebedingungen für die InvAG mit veränderlichem Kapital eine hinreichende Flexibilität bei der Ausgestaltung der Anlagepolitik.[3] Diese Flexibilität bei der Ausgestaltung der Anlagepolitik kann jedoch nur erreicht werden, wenn die Verbandskompetenz losgelöst von der Hauptversammlung besteht.[4] Aufgrund zur sachlichen Nähe der Anlagebedingungen zur Satzung könnte auch eine Verbandskompetenz der Hauptversammlung angenommen werden. Allerdings wäre bei einer solchen Auslegung die vom Gesetzgeber intendierte Flexibilität bei der Ausgestaltung der Anlagepolitik nicht realisierbar.[5] Hinsichtlich des Mindestinhalts der Anlagebedingungen wird auf § 162 Rz. 52 ff. verwiesen.

2. Gebot der Trennung zwischen Anlagebedingungen und Satzung

4 Wie in § 111 Satz 2 Halbs. 1 KAGB angedeutet, sind die Anlagebedingungen **kein Bestandteil der Satzung.** Sie müssen anders als die Satzung nicht beurkundet werden (vgl. § 151 Rz. 4). Eine Änderung der Anlagebedingungen bedarf ebenfalls keiner Änderung der Satzung, sondern fällt in die Verbandskompetenz des Vorstandes.[6] Besonders praktisch vorteilhaft ist das vor allem bei sog. Umbrella-Konstruktionen, da für die Teilgesellschaftsvermögen gem. § 117 Abs. 5 Satz 1 KAGB jeweils eigenständige Anlagebedingungen erstellt werden müssen (vgl. § 117 Rz. 41 ff.). Im Falle mehrerer Teilgesellschaftsvermögen können die Anlagebedingungen jeweils unabhängig voneinander geändert werden, ohne dass eine zeitgleiche Änderung der Satzung der InvAG mit veränderlichem Kapital vorgenommen werden muss.

1 BT-Drucks. 17/12294, 238.
2 BT-Drucks. 16/5576, 85 zur Rechtslage unter dem InvG.
3 BT-Drucks. 16/5576, 85 zur Rechtslage unter dem InvG.
4 *Boxberger* in Moritz/Klebeck/Jesch, § 111 KAGB Rz. 7.
5 So auch *Lorenz* in Weitnauer/Boxberger/Anders, § 111 KAGB Rz. 6.
6 *Wallach*, Der Konzern 2007, 487 (496).

3. Akzessorische Publizität der Anlagebedingungen zur Satzung

§ 111 Satz 3 KAGB bezweckt, im Interesse des Anlegerschutzes eine gleichartige Transparenz von Satzung und Anlagebedingungen zu gewährleisten: wird die Satzung veröffentlicht, ausgehändigt oder in anderer Weise zur Verfügung gestellt, ist **stets auf die jeweiligen Anlagebedingungen zu verweisen.** 5

Darüber hinaus sind die Anlagebedingungen – **in derselben Publikationsform wie die Satzung** – ebenfalls zu veröffentlichen, auszuhändigen oder in anderer Weise zur Verfügung zu stellen (zum Ganzen vgl. § 151 Rz. 11 f.). Es dürfte sich um ein Redaktionsversehen des Gesetzgebers handeln, dass das Wort „*aushändigen*" in § 111 Satz 3 KAGB a.E. weggelassen wurde. 6

§ 112 Verwaltung und Anlage

(1) [1]Die Investmentaktiengesellschaft mit veränderlichem Kapital kann eine ihrem Unternehmensgegenstand entsprechende externe Kapitalverwaltungsgesellschaft bestellen. [2]Dieser obliegt neben der Ausführung der allgemeinen Verwaltungstätigkeit insbesondere auch die Anlage und Verwaltung der Mittel der Investmentaktiengesellschaft mit veränderlichem Kapital. [3]Die Bestellung einer externen Kapitalverwaltungsgesellschaft ist kein Fall des § 36 und auch nicht als Unternehmensvertrag im Sinne des Aktiengesetzes anzusehen. [4]§ 99 ist entsprechend anzuwenden. [5]§ 100 ist entsprechend anzuwenden mit der Maßgabe, dass das Verwaltungs- und Verfügungsrecht über das Gesellschaftsvermögen nur dann auf die Verwahrstelle zur Abwicklung übergeht, wenn

1. die Investmentaktiengesellschaft mit veränderlichem Kapital
   a) sich nicht in eine intern verwaltete Investmentaktiengesellschaft mit veränderlichem Kapital umwandelt oder
   b) keine andere Kapitalverwaltungsgesellschaft bestellt und

2. dies
   a) bei Publikumsinvestmentaktiengesellschaften mit veränderlichem Kapital jeweils von der Bundesanstalt genehmigt wird und
   b) bei Spezialinvestmentaktiengesellschaften mit veränderlichem Kapital jeweils der Bundesanstalt angezeigt wird.

[6]Im Fall der Bestellung einer anderen Kapitalverwaltungsgesellschaft ist § 100b entsprechend anzuwenden.

(2) [1]Eine intern verwaltete Investmentaktiengesellschaft mit veränderlichem Kapital darf bewegliches und unbewegliches Vermögen erwerben, das für den Betrieb der Investmentaktiengesellschaft notwendig ist (Investmentbetriebsvermögen). [2]Den Erwerb darf sie nicht mit Kapital aus der Begebung von Anlageaktien bestreiten. [3]Als Publikumsinvestmentaktiengesellschaften mit veränderlichem Kapital darf sie maximal Kredite in Höhe von bis zu 10 Prozent ihres Gesellschaftsvermögens aufnehmen, soweit dies den Erwerb von unbeweglichem Vermögen ermöglichen soll, das für die Ausübung ihrer Tätigkeit notwendig ist; die Kreditaufnahme darf jedoch zusammen mit der Kreditaufnahme gemäß § 199 nicht mehr als 15 Prozent oder zusammen mit der Kreditaufnahme gemäß § 221 Absatz 6 nicht mehr als 25 Prozent des Gesellschaftsvermögens betragen.

In der Fassung vom 4.7.2013 (BGBl. I 2013, S. 1981), zuletzt geändert durch das Gesetz zur Umsetzung der Richtlinie 2014/91/EU des Europäischen Parlaments und des Rates vom 23. Juli 2014 zur Änderung der Richtlinie 2009/65/EG zur Koordinierung der Rechts- und Verwaltungsvorschriften betreffend bestimmte Organismen für gemeinsame Anlagen in Wertpapieren (OGAW) im Hinblick auf die Aufgaben der Verwahrstelle, die Vergütungspolitik und Sanktionen vom 3.3.2016 (BGBl. I 2016, S. 348).

Schrifttum: *BaFin*, Häufige Fragen zum Thema Auslagerung gem. § 36 KAGB; abrufbar unter: www.bafin.de/SharedDocs/Veroeffentlichungen/DE/FAQ/faq_kagb_36_auslagerung_130710.html; *BaFin*, Auslegungsentscheidungen zu den Tätigkeiten einer Kapitalverwaltungsgesellschaft und der von ihr extern verwalteten AIF-Investmentgesellschaft, 21.12.2017; abrufbar unter: www.bafin.de/SharedDocs/Veroeffentlichungen/DE/Auslegungsentscheidung/WA/ae_171221_Taetigkeiten_KVG.html; *Campbell/Müchler*, Die Haftung der Verwaltungsgesellschaft einer fremdenverwalteten Investmentaktiengesellschaft, ILF Working Papers Series No. 101, 2009; abrufbar unter: http://publikationen.ub.uni-frankfurt.de/frontdoor/index/index/docId/6540; *Engert*, Sollten Fondsverwalter für fehlerhafte Anlageentscheidungen haften?, in FS Köndgen, 2016, S. 167; *Hoffmann-Becking*, Münchner Handbuch des Gesellschaftsrechts, Band 4 – Aktiengesellschaft, 4. Aufl. 2015; *Geurts/Schubert*, KAGB kompakt – Eine strukturelle Einführung in das neue Investmentrecht, 2014; *Weiser/Hüwel*, Verwaltung alternativer Investmentfonds und Auslagerung nach dem KAGB-E, BB 2013, 1091; *Zöllner/Noack*, Kölner Kommentar zum AktG, 3. Aufl. 2004–2017. Im Übrigen wird auf das Schrifttum zu § 108 verwiesen.

I. Regelungsgegenstand und -zweck

1 Mit der Schaffung des § 96 Abs. 4 des aufgehobenen InvG – auf den **§ 112 Abs. 1 KAGB** teilweise zurückgeht – erkannte der Gesetzgeber erstmalig die **Fremdverwaltung einer InvAG mit veränderlichem Kapital** an und beseitigte damit ein Umsetzungsdefizit der OGAW-RL.[1] Wesensmerkmal einer fremdverwalteten InvAG mit veränderlichem Kapital ist die Bestellung einer externen KVG, die die Verwaltung des Gesellschaftsvermögens in eigener und alleiniger Verantwortung übernimmt. § 112 Abs. 1 KAGB beruht darüber hinaus auf § 95 Abs. 3 InvG; § 112 Abs. 2 KAGB auf § 99 Abs. 2 bis 4 InvG.

2 Die Verwaltung einer InvAG mit veränderlichem Kapital durch eine externe KVG ist **in der Praxis der Regelfall.**[2] Wesentlicher Grund für eine externe Verwaltung ist, dass eine interne Verwaltung eine eigenständige Erlaubnispflicht i.S.d. § 20 KAGB auslöst, weil der Gesetzgeber die intern verwaltete InvAG mit veränderlichem Kapital selbst als KVG qualifiziert (vgl. § 17 Abs. 2 Nr. 1 KAGB). Damit ist die externe Verwaltung der InvAG aus Kostengründen vorzugswürdig.[3] Bei kleineren Fondsvehikeln, die die Voraussetzungen des § 2 Abs. 4 und 5 KAGB erfüllen, kann sich auch eine interne Verwaltung lohnen, da hier lediglich Registrierungspflichten und keine Erlaubnispflichten bestehen.[4]

3 **§ 112 Abs. 2 KAGB** trifft Regelungen zum **Erwerb von Investmentbetriebsvermögen.** Der Erwerb von Investmentbetriebsvermögen beruht auf § 99 Abs. 3 Satz 2 bis 4 des aufgehobenen InvG. Die getroffenen Regelungen sind lediglich für die intern verwaltete InvAG mit veränderlichem Kapital relevant, weil das Betriebsvermögen bei der extern verwalteten InvAG mit veränderlichem Kapital bei der externen KVG gebildet wird und diese beiden Vermögen getrennt voneinander gehalten werden.[5]

1 Vgl. *Wallach*, Der Konzern 2007, 487 (493).
2 Siehe hierzu auch die Unternehmensdatenbank der BaFin unter: https://portal.mvp.bafin.de/database/FondsInfo/.
3 *Boxberger* in Moritz/Klebeck/Jesch, § 112 KAGB Rz. 3; *Lorenz* in Weitnauer/Boxberger/Anders, § 112 KAGB Rz. 2.
4 Vgl. *Boxberger* in Moritz/Klebeck/Jesch, § 112 KAGB Rz. 3.
5 *A. München* in Baur/Tappen, § 112 KAGB Rz. 5; *Boxberger* in Moritz/Klebeck/Jesch, § 112 KAGB Rz. 32.

II. Verwaltung durch eine externe Kapitalverwaltungsgesellschaft

1. Bestellung der externen Kapitalverwaltungsgesellschaft

a) „Kann"-Bestimmung

Gemäß § 112 Abs. 1 Satz 1 KAGB „**kann**" die InvAG mit veränderlichem Kapital eine dem Unternehmensgegenstand entsprechende externe KVG bestellen. **Unterlässt** sie dies, ist sie automatisch eine **intern verwaltete InvAG mit veränderlichem Kapital** (§ 17 Abs. 2 Nr. 2 KAGB), die für ihren Geschäftsbetrieb der Erlaubnis der BaFin bedarf. Damit wird sichergestellt, dass jede Organisationsstruktur der kollektiven Vermögensverwaltung, die nicht vom Anwendungsbereich des KAGB ausgeschlossen ist (§ 2 Abs. 1 bis 3 KAGB) oder lediglich eine registrierte KVG erfordert (§ 2 Abs. 4 bis 5 KAGB), dem Erlaubnisvorbehalt der BaFin unterworfen ist. 4

b) Eine dem Unternehmensgegenstand der Investmentkommanditgesellschaft entsprechende externe Kapitalverwaltungsgesellschaft

§ 112 Abs. 1 Satz 1 KAGB verlangt, dass eine dem Unternehmensgegenstand der InvAG mit veränderlichem Kapital „**entsprechende**" externe KVG bestellt wird. 5

Hintergrund dieser Anforderung ist, dass die BaFin ihre **Lizenz** zum Geschäftsbetrieb der KVG i.d.R. **auf die Verwaltung bestimmter Investmentvermögen beschränkt** (§ 20 Abs. 1 Satz 2 KAGB). Die BaFin prüft im Rahmen des Erlaubnisverfahrens genau, ob die KVG über die erforderlichen personellen und materiellen Ressourcen und die Organisationsstruktur für die Verwaltung bestimmter Arten von Investmentvermögen verfügt. Der Initiator muss daher schon bei der Gründung der InvAG mit veränderlichem Kapital darauf achten, dass die ausgewählte externe KVG über **eine für die konkrete Anlagestrategie geeignete Lizenz** verfügt. 6

c) Bestellungsvertrag

Der Bestellungsvertrag ist nach hier vertretener Ansicht ein **gesetzlich modifizierter Geschäftsbesorgungsvertrag.** Zu detaillierten Ausführungen und zur Herleitung s. die § 154 Rz. 7 ff. 7

d) Kein Fall der Auslagerung

§ 112 Abs. 1 Satz 3 KAGB stellt klar, dass die **Bestellung der externen KVG kein Fall der Auslagerung gem. § 36 KAGB** ist. Das folgt konsequent aus der originären und alleinigen Verantwortung der externen KVG für die Vermögensverwaltung.[6] Denn handelte es sich um einen Fall der Auslagerung, wäre die InvAG mit veränderlichem Kapital für die Verwaltung letztlich verantwortlich und müsste die KVG laufend überwachen und ihr notfalls Weisungen erteilen können. Die InvAG mit veränderlichem Kapital haftete für jedes Verschulden der KVG wie für eigenes Verschulden (§ 36 Abs. 4 KAGB).[7] 8

e) Kein Unternehmensvertrag im Sinne des Aktiengesetzes

§ 112 Abs. 1 Satz 3 KAGB a.E. stellt zudem klar, dass die Bestellung der externen KVG **nicht als Unternehmensvertrag** i.S.d. §§ 292 ff. AktG qualifiziert wird. Zugleich bringt der Gesetzgeber damit zum Ausdruck, dass zwischen der externen KVG und der InvAG mit veränderlichem Kapital auch kein Beherrschungsverhältnis besteht.[8] Bei einem Beherrschungsvertrag könnte die KVG der InvAG mit veränderlichem Kapital Weisungen erteilen, weil die Leitung der InvAG durch einen Beherrschungsvertrag auf die KVG übertragen wird.[9] Dies entspricht nicht der Wertung, die das Gesetz in § 112 Abs. 1 Satz 2 KAGB getroffen hat, wonach lediglich die Verwaltung und die Anlage auf die KVG übertragen werden und nicht die gesamte Unternehmensleitung wie bei einem Beherrschungsvertrag (zur Kompetenzverteilung zwischen Vorstand einer InvAG mit veränderlichem Kapital und der externen KVG s. Rz. 22). 9

---

6 *BaFin*, Häufige Fragen zum Thema Auslagerung gem. § 36 KAGB, Ziff. 1., abrufbar unter www.bafin.de/SharedDocs/Veroeffentlichungen/DE/FAQ/faq_kagb_36_auslagerung_130710.html.

7 Vgl. zur InvKG *Wallach*, ZGR 2014, 289 (301); *Weiser/Hüwel*, BB 2013, 1091 (1092).

8 So auch *Boxberger* in Moritz/Klebeck/Jesch, § 112 KAGB Rz. 22.

9 Zum Beherrschungsvertrag s. *Hüffer/Koch*, § 291 AktG Rz. 10.

f) Bestellung nur einer externen Kapitalverwaltungsgesellschaft

10 Aus § 17 Abs. 3 KAGB und dem Wortlaut in § 112 Abs. 1 Satz 1 KAGB folgt, dass die InvAG mit veränderlichem Kapital nur **„eine“** externe KVG bestellen kann. Es handelt sich um eine Umsetzung von Art. 5 Abs. 1 Satz 1 AIFM-RL und stellt sicher, dass es nur eine KVG gibt, die für die Portfolioverwaltung und die Einhaltung aller anwendbaren gesetzlichen Anforderungen verantwortlich ist.

11 Dies ist vor dem Hintergrund bedeutsam, dass häufig die Portfolioverwaltung von einem oder mehreren Asset Managern durchgeführt wird, um spezielle Anlagestrategien zu verfolgen. Diese Asset Manager können nicht unmittelbar von der InvAG mit veränderlichem Kapital bestellt werden. Eine solche Asset Management-Struktur kann nur im Wege der Auslagerung (§ 36 KAGB) durch die externe KVG umgesetzt werden.

III. Zuständigkeit für die Entscheidung zur Bestellung der externen KVG

12 § 112 KAGB selbst regelt die Zuständigkeit für die Entscheidung zur Bestellung der externen KVG nicht. Aufgrund der fehlenden Regelung im KAGB ist für die Frage der Zuständigkeit der Bestellung der externen KVG die **Zuständigkeitsabgrenzung nach den aktienrechtlichen Bestimmungen** maßgeblich.[10]

13 Gemäß **§ 76 Abs. 1 AktG** leitet der **Vorstand** die Gesellschaft unter eigener Verantwortung. Unter Leitung der Gesellschaft ist die Wahrnehmung der Unternehmerfunktion in der Aktiengesellschaft kraft eigener Verantwortung, im Rahmen des Gesetzes und der Satzung sowie der Grenzen, die Aufsichtsrat und Hauptversammlung in Ausübung ihrer gesetzlichen und satzungsmäßigen Kompetenzen setzen, zu verstehen.[11] Soweit die Befugnisse des Vorstandes nicht durch Satzungsregelungen, den Aufsichtsrat oder durch Beschlüsse der Hauptversammlungen begrenzt sind, ist der Vorstand mit der Leitung der Aktiengesellschaft betraut. Übertragen auf die InvAG mit veränderlichem Kapital bedeutet dies, dass der Vorstand grundsätzlich für die Bestellung der externen KVG zuständig ist.

14 Zweifel an der Zuständigkeit des Vorstandes bestehen mit Blick auf die besondere Ausgestaltung der Unternehmensaktien und die damit einhergehende unternehmerische Verantwortung der Unternehmensaktionäre. Durch die Bestellung einer externen KVG verlieren die Unternehmensaktionäre einen Teil ihrer Einfluss- und Mitgestaltungsrechte hinsichtlich der Geschäftspolitik der InvAG mit veränderlichem Kapital. Es kommt daher stattdessen eine Zuständigkeit der **Hauptversammlung** in Betracht.

15 Die **Kompetenzen der Hauptversammlung** sind in **§ 119 AktG** geregelt. Sofern die Satzung keine Kompetenzen für die Hauptversammlung vorsieht, sind die in § 119 AktG normierten Beschlusskompetenzen der Hauptversammlung abschließend.[12] Neben den gesetzlich abschließend geregelten Beschlusskompetenzen der Hauptversammlung hat vor allem die Rechtsprechung im Einzelfall auch ungeschriebene Beschlusskompetenzen der Hauptversammlung entwickelt und anerkannt (*sog. Holzmüller-Doktrin*)[13].[14] Die Rechtsprechung betonte allerdings bei der Ausbildung der ungeschriebenen Beschlusskompetenzen der Hauptversammlung deren Ausnahmecharakter und die hohen Anforderungen, die mit ihrer Begründung einhergehen.[15] Zunächst hatte der BGH im Rahmen der *Holzmüller-Entscheidung* eine Kompetenz der Hauptversammlung dann angenommen, wenn die Entscheidungen derart grundlegend für die Rechtsstellung der Aktionäre ist, dass der Vorstand nicht mehr vernünftigerweise davon ausgehen kann, dass er die Entscheidung nach freiem Ermessen selbst treffen kann.[16] Damit erweitert sich die Zuständigkeit der Hauptversammlung auf Geschäftsführungsmaßnahmen, die tief in die mitgliedschaftlichen Rechte der Aktionäre und deren im Anteilseigentum verkörperten Vermögensinteressen eingreifen.[17] Diese doch sehr weite Ausdehnung der Hauptversammlungskompetenzen erfuhr durch die sog. *Gelatine-Entscheidung*[18] einer Konkretisierung.[19] Danach sind die ungeschriebenen Hauptversammlungskompetenzen dann einschlä-

---

10 So auch für die Investmentkommanditgesellschaft *Hüwel* in Baur/Tappen, § 129 KAGB Rz. 25.
11 *Mertens/Cahn* in KölnKomm. AktG, 3. Aufl. 2014–2017, § 76 AktG Rz. 4.
12 *Hüffer/Koch*, § 119 AktG Rz. 1.
13 BGH v. 25.2.1982 – II ZR 174/80, BGHZ 83, 122 (131) = AG 1982, 158 ff.
14 Vgl. hierzu *Hüffer/Koch*, § 119 AktG Rz. 16 ff.
15 *Hüffer/Koch*, § 119 AktG Rz. 18 f.
16 *Bungert* in MünchHdb. AG, 4. Aufl. 2015, § 35 Rz. 48.
17 *Bungert* in MünchHdb. AG, 4. Aufl. 2015, § 35 Rz. 48.
18 BGH v. 26.4.2004 – II ZR 155/02, BGHZ 159, 30 (40 ff.) = AG 2004, 384 ff.
19 *Bungert* in MünchHdb. AG, 4. Aufl. 2015, § 35 Rz. 48.

gig, wenn die Geschäftsführungsmaßnahme in ihren Auswirkungen einem Zustand nahekommen, der allein durch eine Satzungsänderung herbeigeführt werden kann.[20]

Unter Zugrundelegung dieser Rechtsprechung ist die Entscheidung über die Bestellung einer externen KVG 16
nicht dem Vorstand zu überantworten, sondern vielmehr der Hauptversammlung. Es wird nicht verkannt, dass die bisherigen Fälle in der Rechtsprechung Strukturmaßnahmen zum Gegenstand hatten. Allerdings geben die Unternehmensaktionäre mit der Bestellung einer externen KVG einen großen Teil ihrer Gestaltungs- und Mitwirkungsrechte auf, die durch die Übernahme der Unternehmensaktien begründet werden. Es handelt sich um einen Kernbereich der unternehmerischen Tätigkeit, da die auf die externe KVG übertragene Vermögensverwaltung den Unternehmensgegenstand der InvAG mit veränderlichem Kapital ausmacht (§ 110 Abs. 2 KAGB). Damit stellt die Bestellung einer externen KVG zugleich eine Wesensänderung der InvAG mit veränderlichem Kapital dar. Während eine intern verwaltete InvAG mit veränderlichem Kapital selbst eine KVG ist und die Vermögensverwaltung in Eigenverantwortung übernimmt (§ 17 Abs. 2 Nr. 2 KAGB), ist die extern verwaltete InvAG auf die Funktion eines Kapitalsammelbeckens mit residualen Befugnissen reduziert.

In der Praxis dürfte diese Fragestellung keine großen Schwierigkeiten aufwerfen. In der Regel wird die Be- 17
stellung bereits bei der Gründung der InvAG mit veränderlichem Kapital in der Satzung festgelegt, so dass an der Entscheidung alle im Gründungsstadium der InvAG vorhandenen Gesellschafter mitwirken können.

IV. Aufgaben und Kompetenzen der externen Kapitalverwaltungsgesellschaft

1. Umfang der Aufgabenübertragung auf die externe Kapitalverwaltungsgesellschaft, § 112 Abs. 1 Satz 2 KAGB

Der Umfang der auf die KVG übertragenen Aufgaben wird durch § 112 Abs. 1 Satz 2 KAGB umschrieben. 18
Danach obliegt der KVG neben der Ausführung der **allgemeinen Verwaltungstätigkeit** insbesondere auch die **Anlage und Verwaltung der Mittel** der InvAG mit veränderlichem Kapital. Unglücklich ist die Formulierung deshalb, weil weder die Richtlinie 61/2011/EG (AIFM-RL) noch das KAGB die allgemeine Verwaltungstätigkeit definieren. Der Umfang der übertragenen Aufgaben wird erst mit Blick auf Anhang I der AIFM-RL deutlich, in der der EU-Richtliniengeber die Tätigkeiten eines AIFM auflistet. Nach Nr. 1 des Anhang I **muss** eine externe KVG die **Portfolioverwaltung und das Risikomanagement** ausüben. Darüber hinaus **kann** eine externe KVG auch die **anderen in Nr. 2 des Anhang I der AIFM-RL aufgeführten Aufgaben** übernehmen.

Nach hier vertretener Auffassung muss § 112 Abs. 1 Satz 2 und § 1 Abs. 19 Nr. 24 KAGB richtlinienkon- 19
form dahingehend ausgelegt werden, dass die externe KVG die in Anhang I Nr. 2 AIFM-RL genannten administrativen Tätigkeiten, den Vertrieb von eigenen Investmentanteilen und die assetbezogenen Tätigkeiten des AIF **nur optional**, aber nicht gesetzlich verpflichtend, zusätzlich zur Portfolioverwaltung und zum Risikomanagement ausüben kann. Zur Herleitung und den aufsichtsrechtlichen Grenzen s. § 154 Rz. 24 ff. Der konkrete Umfang der der externen KVG übertragenen Aufgaben ergibt sich aus dem Bestellungsvertrag.

Eine Besonderheit gilt, wenn die InvAG mit veränderlichem Kapital eine **extern verwaltete OGAW-InvAG** 20
ist. Anhang II der OGAW-RL unterscheidet nicht zwischen „Muss“- und „Kann“-Aufgaben einer externen OGAW-KVG. Vielmehr „sind“ die administrativen Tätigkeiten in die kollektive Portfolioverwaltung einbezogen, mithin zwingend durch die externe KVG auszuüben.

2. Bedeutung für das Innenverhältnis

Die Bestellung der externen KVG führt **nicht kraft Gesetzes zu einer organschaftlichen Stellung der** 21
KVG, obwohl sie für die Verfolgung des Unternehmensgegenstandes (§ 113 Abs. 2 KAGB) originär und allein zuständig und verantwortlich ist sowie den Anlegern gegenüber für Schäden unbegrenzt haftet. Wegen § 108 Abs. 2 Satz 1 KAGB verbleibt es vielmehr beim aktienrechtlichen Normaltypus der Aktiengesellschaft, wonach der Vorstand die organschaftlichen Aufgaben der Geschäftsführung und der Vertretung der Aktiengesellschaft wahrnimmt (vgl. §§ 77, 78 AktG). Es besteht keine aufsichtsrechtliche Notwendigkeit, dass die externe KVG ihre Aufgaben als Organ der InvAG mit veränderlichem Kapital wahrnimmt.

20 BGH v. 26.4.2004 – II ZR 155/02, BGHZ 159, 30 (44 f.) = AG 2004, 384 ff.

22 Die externe KVG leitet folglich ihre Geschäftsführungsbefugnis zur kollektiven Vermögensverwaltung **aus dem schuldrechtlichen Bestellungsvertrag** und ggf. der Satzung ab.[21]

23 Der Vorstand der InvAG mit veränderlichem Kapital wird durch die u.U. sehr weit reichenden Kompetenzen der externen KVG nicht entmachtet. Die **bei dem Vorstand der InvAG mit veränderlichem Kapital verbleibenden Geschäftsführungskompetenzen** entsprechen den Kompetenzen der Geschäftsführung der extern verwalteten InvKG und können in drei Gruppen eingeteilt werden:

(1) **Gestaltung des Rechtsverhältnisses zur externen KVG** durch Abschluss und Kündigung sowie inhaltliche Ausgestaltung des Bestellungsvertrages; dies dürfte mit Blick auf §§ 76, 93 AktG i.V.m. § 108 Abs. 2 KAGB auch die Überwachung der Geschäftstätigkeit der externen KVG umfassen;

(2) **gesellschaftsinterne Angelegenheiten**, wie die Einberufung und Durchführung von Hauptversammlungen, der Bericht über die Ergebnisse der Hauptversammlung an die Aktionäre, die Ausgabe und Rücknahme von Anlageaktien (§§ 115 Satz 1, 116 Abs. 2 KAGB), die Zustimmung zur Übertragung von Unternehmensaktien, die Einrichtung von Whistleblowing-Prozessen (§ 119 Abs. 6 KAGB); und

(3) die **sonstigen Aufgaben gemäß Anh. I Nr. 2 AIFM-RL**, soweit sie nicht vom Aufgabenbereich der externen KVG umfasst sind. Bei der extern verwalteten OGAW-InvAG entfällt eine diesbezügliche Kompetenz des Vorstands (s. Rz. 20).

24 Im Übrigen wird auf die Kommentierung in § 154 Rz. 36 ff. verwiesen.

3. Bedeutung für das Außenverhältnis

25 Fraglich ist, welchen Einfluss die Bestellung der externen KVG auf das Außenverhältnis der InvAG mit veränderlichem Kapital zu Dritten hat. Ausgangspunkt dieser Überlegungen ist, dass die InvAG mit veränderlichem Kapital selbst Eigentümerin und Inhaberin der zu ihrem Gesellschaftsvermögen gehörenden Gegenstände und Rechte ist (§ 1 Abs. 1 Satz 1 AktG). Damit ist die **InvAG mit veränderlichem Kapital hinsichtlich ihres Gesellschaftsvermögens verfügungsberechtigt** i.S.d. §§ 137, 185 BGB.

26 Soweit der InvAG mit veränderlichem Kapital ein eigener Verantwortungsbereich verbleibt (s. Rz. 23), ändert sich daher an ihrer Verfügungsbefugnis nichts.

27 Fraglich ist indessen, ob die **Verfügungsbefugnis im Bereich der kollektiven Vermögensverwaltung** auf die externe KVG übergeht. Die BaFin[22] führt hierzu aus: *„Mit der Übertragung der kollektiven Vermögensverwaltung auf die externe KVG geht die aufsichtsrechtliche Verantwortung, die AIF-Investmentgesellschaft gemäß den Bestimmungen des KAGB zu verwalten, auf die externe KVG über. Die AIF-Investmentgesellschaft verliert das Recht, sich selbst zu verwalten.“* Daraus folgt, dass nach Vorstellung der BaFin nur noch die KVG ab ihrer Bestellung die rechtliche Möglichkeit haben soll, über die Vermögensgegenstände der InvAG mit veränderlichem Kapital zu verfügen.

28 Mit der Bestellung der externen KVG geht die Verfügungsbefugnis über das Gesellschaftsvermögen jedoch nicht kraft Gesetzes von der InvAG mit veränderlichem Kapital auf die externe KVG über. Auch folgt aus der Bestellung der externen KVG keine gesetzliche Vertretungsmacht. Die Vertretungsmacht der KVG kann daher lediglich **durch ein Rechtsgeschäft zwischen der InvAG mit veränderlichem Kapital und der externen KVG** eingeräumt werden (**Vollmacht**). Es empfiehlt sich, die rechtsgeschäftliche Vertretungsmacht im erforderlichen weiten Umfang im Bestellungsvertrag einzuräumen. Siehe hierzu § 154 Rz. 50 ff.

4. Rechtsbeziehung zwischen Anlegern und externer Kapitalverwaltungsgesellschaft

29 Klärungsbedürftig und vom Gesetzgeber selbst nicht geregelt ist das Verhältnis zwischen den Anlegern und der externen KVG.[23] Die KVG zeichnet sich für die Portfolioverwaltung verantwortlich. Trotz der Übernahme der Portfolioverwaltung kommt zwischen der externen KVG und den einzelnen Anlegern keine unmittelbare vertragliche Beziehung zustande, aus der der Anleger Rechte herleiten könnte. Allerdings ist das

21 Vgl. *BaFin*, Auslegungsentscheidungen zu den Tätigkeiten einer Kapitalverwaltungsgesellschaft und der von ihr extern verwalteten AIF-Investmentgesellschaft, 21.12.2017, Ziff. II. 1., abrufbar unter www.bafin.de/SharedDocs/Veroeffentlichungen/DE/Auslegungsentscheidung/WA/ae_171221_Taetigkeiten_KVG.html.

22 *BaFin*, Auslegungsentscheidungen zu den Tätigkeiten einer Kapitalverwaltungsgesellschaft und der von ihr extern verwalteten AIF-Investmentgesellschaft, Ziff. II. 1.

23 Grundlegend hierzu bereits *Wallach*, Der Konzern 2007, 487 (493 f.), ebenso *Fischer/Friedrich*, ZBB 2013, 153 (155 f.) zur Rechtslage nach dem KAGB.

Verhältnis zwischen externer KVG und Anleger als **gesetzliches Schuldverhältnis** zu qualifizieren,[24] das inhaltlich durch die Anlagebedingungen und die aufsichtsrechtlichen Pflichten der KVG in §§ 26 ff. KAGB und der AIFM-VO konkretisiert wird (s. hierzu § 154 Rz. 18).

V. Erlöschen des Verwaltungsrechts der externen Kapitalverwaltungsgesellschaft

§ 112 Abs. 1 Satz 4 KAGB enthält Bestimmungen über die Kündigung der Verwaltung des Gesellschaftsvermögens durch die externe KVG. Durch den Verweis auf § 99 KAGB werden jedoch über die Kündigung durch die KVG hinaus auch alle anderen Gründe, die nach § 99 Abs. 1 bis 4 KAGB zum Erlöschen des Verwaltungsrechts der KVG führen, in die Regelung mit einbezogen. 30

1. Kündigung des Verwaltungsrechts durch die Kapitalverwaltungsgesellschaft

Gemäß § 112 Abs. 1 Satz 4 KAGB ist die KVG berechtigt, *„die Verwaltung der Mittel"* der InvAG mit veränderlichem Kapital zu kündigen. Gemeint ist die **Kündigung des Bestellungsvertrages.** Die Voraussetzungen einer wirksamen Kündigung ergeben sich in erster Linie aus den Bestimmungen des Bestellungsvertrages. 31

Anders als bei der geschlossenen InvKG bedarf es für die Kündigung des Verwaltungsrechts der externen KVG **keines wichtigen Grundes.** Hinsichtlich der Kündigungsfrist gibt es bei der InvAG mit veränderlichem Kapital im Unterschied zur geschlossenen InvKG keine Beschränkung auf einen angemessenen Zeitraum, der für die Liquidierung der Vermögensgegenstände erforderlich ist. Dies ist damit zu erklären, dass die KVG bei offenen Investmentvermögen im Rahmen ihres Liquiditätsmanagements (§ 30 Abs. 1 KAGB) hinreichend liquide Vermögensgegenstände vorhalten muss, um Rückgabeverlangen befriedigen zu können. Das Halten überwiegen illiquider Vermögensgegenstände ist mit dem Wesen eines offenen Investmentvermögens unvereinbar. 32

Für Publikums-InvAGen mit veränderlichem Kapital enthält § 112 Abs. 1 KAGB anders als bei Publikums-InvKGen (§ 154 Abs. 1 Satz 5 Nr. 2 KAGB) auch keine Mindest-Kündigungsfrist von sechs Monaten. Allerdings ergibt sich eine **sechsmonatige Kündigungsfrist** durch den Verweis in § 112 Abs. 1 Satz 4 auf § 99 Abs. 1 Satz 1 KAGB, wonach die Kündigung erst sechs Monate nach Bekanntgabe im Bundesanzeiger und im Jahres- bzw.- Halbjahresbericht wirksam werden darf. 33

Lediglich für **Spezial-InvAGen mit veränderlichem Kapital** kann eine **kürzere Kündigungsfrist** vereinbart werden (§ 99 Abs. 1 Satz 4 KAGB). 34

2. Eröffnung des Insolvenzverfahrens über das Vermögen der Kapitalverwaltungsgesellschaft

Das Recht der externen KVG, das Investmentanlagevermögen der InvAG mit veränderlichem Kapital zu verwalten, erlischt gem. §§ 112 Abs. 1 Satz 4, 99 Abs. 3 Satz 1 KAGB, wenn **über das Vermögen der KVG das Insolvenzverfahren eröffnet** oder der **Antrag auf Eröffnung des Insolvenzverfahrens mangels Masse rechtskräftig gem. § 26 InsO abgewiesen** wurde. 35

Ist die **externe KVG als Unternehmensaktionär** an der InvAG mit veränderlichem Kapital beteiligt, so bestimmen sich die Rechtsfolgen einer Insolvenz zunächst nach den Bestimmungen der Satzung. Sachgerecht wäre eine zwangsweise Einziehung der von der KVG gehaltenen Unternehmensaktien. Siehe hierzu § 109 Rz. 43. 36

3. Kündigung durch die Investmentaktiengesellschaft

Es verwundert etwas, dass § 112 KAGB keine Regelung über die **Kündigung des Verwaltungsrechts der KVG durch die InvAG mit veränderlichem Kapital** enthält. Eine solche Kündigung ist **als *actus contrarius* zur Bestellung zulässig.** Maßgebend sind die entsprechenden Bestimmungen im Bestellungsvertrag und ggf. in der Satzung. Da es sich bei der Kündigung der externen KVG um ein Geschäft handelt, dass seiner Bedeutung nach einer Satzungsänderung gleichkommt, ist ein zustimmender Beschluss der Hauptversammlung nach den Regeln der *Holzmüller- und Gelatine-Doktrin* notwendig. (vgl. Rz. 15). 37

---

24 Allgemein zur Ausgestaltung der Rechtsbeziehung bei extern verwalteten Investmentgesellschaften s. *Campbell/Müchler*, Die Haftung der Verwaltungsgesellschaft einer fremdverwalteten Investmentaktiengesellschaft, S. 8 ff.; *Geurts/Schubert*, KAGB kompakt – Eine strukturelle Einführung in das neue Investmentrecht, S. 96 f. Kritisch zur Haftung von Fondsverwaltern *Engert* in FS Köndgen, 2016, S. 167 ff.

38 Da das KAGB keine erlaubnisfreie Verwaltung des Gesellschaftsvermögens gestattet, muss allerdings die Kündigung zugleich mit der Entscheidung verknüpft werden, ob (1) eine **andere externe KVG bestellt**, (2) die InvAG mit veränderlichem Kapital **in eine intern verwaltete InvAG umgewandelt** oder (3) die InvAG **aufgelöst** wird.

39 Für den erstgenannten Fall (Bestellung einer anderen externen KVG) hat der Gesetzgeber durch Einfügung des Satz 6 in § 112 Abs. 1 KAGB nunmehr klargestellt, dass **§ 100b KAGB entsprechend anwendbar** ist. Zu den Rechtsfolgen s. § 154 Rz. 77 ff.

4. Kündigung durch die Verwahrstelle

40 Aufgrund des Verweises in § 112 Abs. 1 Satz 4 KAGB auf § 99 Abs. 4 KAGB hat die **Verwahrstelle** das Recht, das Verwaltungsrecht der externen KVG zu kündigen, wenn diese aufgelöst oder gegen sie ein allgemeines Verfügungsverbot erlassen wird. Da diese Kündigungsgründe es ausschließen, dass die KVG weiterhin das Gesellschaftsvermögen – gleich ob von Publikums- oder Spezial InvAGen mit veränderlichem Kapital – verwaltet, steht der Verwahrstelle das Kündigungsrecht **fristlos** zu.

VI. Rechtsfolgen des Erlöschens des Verwaltungsrechts der externen Kapitalverwaltungsgesellschaft

41 Die Rechtsfolgen eines Erlöschens des Verwaltungsrechts der externen KVG werden mit Verweis in § 112 Abs. 1 Satz 5 KAGB auf § 100 KAGB geregelt. Die Rechtslage entspricht derjenigen bei der InvKG. Es wird daher auf § 154 Rz. 84 ff. verwiesen.

42 Anders als bei der geschlossenen InvKG (§ 154 Abs. 2 Nr. 2 KAGB) enthält § 112 Abs. 1 Satz 5 KAGB **keine eigenständige Regelung zur Bestellung eines Liquidators.** Insofern bleibt es bei der Regelung des § 100 Abs. 2 KAGB, wonach die **Verwahrstelle** die InvAG mit veränderlichem Kapital abzuwickeln und den Erlös an die Anleger zu verteilen hat.

VII. Erwerb von Investmentbetriebsvermögen, § 112 Abs. 2 KAGB

43 Die intern verwaltete InvAG mit veränderlichem Kapital darf nach den Bestimmungen des § 112 Abs. 2 KAGB **Investmentbetriebsvermögen** erwerben. Um ihre Tätigkeit als intern verwaltete InvAG aufzunehmen, ist der Erwerb von Investmentbetriebsvermögen unausweichlich. Es wird sich in der Regel um den Erwerb von Vermögensgegenständen handeln, die die Verwaltung des Investmentanlagevermögens erst ermöglichen. Insofern fallen unter den Begriff des Investmentbetriebsvermögens vor allem eine zweckentsprechende Büro- und Geschäftsausstattung.[25]

44 Dem Vorstand der InvAG mit veränderlichem Kapital ist es **nicht gestattet, das Investmentbetriebsvermögen mit dem Kapital aus der Begebung der Anlageaktien zu bestreiten**, § 112 Abs. 2 Satz 2 KAGB. Der Erwerb des Investmentbetriebsvermögens hat daher grundsätzlich mit den Mitteln zu erfolgen, die aus der Begebung von Unternehmensaktien gewonnen wurden.

45 Anders als bei der InvKG in der Rechtsform der GmbH & Co. KG (vgl. § 156 Rz. 44) kann das Investmentbetriebsvermögen **nicht in einer anderen juristischen Person** gebildet werden, weil der Vorstand zwingend aus natürlichen Personen bestehen muss (vgl. § 119 Rz. 3).

46 Das Gesetz spricht zwar davon, dass Investmentbetriebsvermögen erworben werden *„darf"*. Gleichwohl ist die Anschaffung einer **Mindest-Geschäftsausstattung als Betriebsvermögen** bei einer intern verwalteten InvAG mit veränderlichem Kapital **notwendig.** Bei gänzlichem Fehlen eines Investmentbetriebsvermögens müsste man von einer Auslagerung von Tätigkeiten auf Dritte in einem Umfang ausgehen, der nicht zulässig ist (zum Verbot einer Briefkastenfirma vgl. § 36 Abs. 5 KAGB und Art. 82 AIFM-VO sowie § 36 Rz. 107 ff.).

47 Das Investmentbetriebsvermögen ist zunächst durch das Kapital anzuschaffen, dass durch die Ausgabe von Unternehmensaktien gebildet wird (**Unternehmensaktienkapital**). Der Gesetzgeber eröffnet der intern verwalteten InvAG mit veränderlichem Kapital die Möglichkeit, das Investmentbetriebsvermögen zusätzlich **durch die Aufnahme von Krediten** zu finanzieren. Die Grenzen der Kreditaufnahme ergeben sich aus § 112 Abs. 2 Satz 3 KAGB. Die InvAG in Form der Publikums-InvAG mit veränderlichem Kapital kann

---

25 Vgl. *Boxberger* in Moritz/Klebeck/Jesch, § 112 KAGB Rz. 33; *Lorenz* in Weitnauer/Boxberger/Anders, § 112 KAGB Rz. 13.

Kredite i.H.v. bis zu 10 % ihres Gesellschaftsvermögens aufnehmen, wenn dies dem Erwerb von unbeweglichem Vermögen dient, das für die Ausübung ihrer Tätigkeit notwendig ist. Im Falle einer OGAW-InvAG mit veränderlichem Kapital darf die Kreditaufnahme zusammen mit der Kreditaufnahme i.S.d. § 199 KAGB eine Schwelle von 15 % des Gesellschaftsvermögens nicht überschreiten. Bei Sonstigen Investmentvermögen darf die Kreditaufnahme zum Erwerb von unbeweglichem Vermögen eine Schwelle von 25 % nicht überschreiten, wobei in den Schwellenwert die Kreditaufnahme i.S.d. § 221 Abs. 6 KAGB miteinzubeziehen ist.

Bemerkenswert an den vorgenannten Kreditgrenzen ist, dass **Bezugsgröße das gesamte Gesellschaftsvermögen** der InvAG mit veränderlichem Kapital ist und nicht lediglich das Investmentbetriebsvermögen, was wegen der getrennten rechnerischen Erfassung möglich gewesen wäre. Dies zeigt, dass der Gesetzgeber im Grundsatz davon ausgeht, dass die aus dem Investmentbetriebsvermögen resultierenden Verbindlichkeiten das gesamte Gesellschaftsvermögen betreffen, d.h. auch das durch die Begebung der Anlageaktien geschaffene Kapital. Die Verbindlichkeiten des Investmentbetriebsvermögens sind daher **bei der Berechnung des Leverage** (u.a. in § 283 Abs. 1 Nr. 1 KAGB, Art. 6 ff., 111 AIFM-VO) **mitzuberücksichtigen.** 48

§ 113 Erlaubnisantrag und Erlaubniserteilung bei der extern verwalteten OGAW-Investmentaktiengesellschaft

(1) [1]Eine extern verwaltete OGAW-Investmentaktiengesellschaft bedarf zum Geschäftsbetrieb der schriftlichen Erlaubnis durch die Bundesanstalt. [2]Die Erlaubnis darf der extern verwalteten OGAW-Investmentaktiengesellschaft nur erteilt werden, wenn

1. sie eine externe OGAW-Kapitalverwaltungsgesellschaft benannt hat,

2. die Geschäftsleiter der OGAW-Investmentaktiengesellschaft zuverlässig sind und die zur Leitung der OGAW-Investmentaktiengesellschaft erforderliche fachliche Eignung haben, auch in Bezug auf die Art des Unternehmensgegenstandes der OGAW-Investmentaktiengesellschaft, und

3. die Satzung der OGAW-Investmentaktiengesellschaft den Anforderungen dieses Gesetzes entspricht.

[3]Dem Antragsteller ist binnen zwei Monaten nach Einreichung eines vollständigen Antrags mitzuteilen, ob eine Erlaubnis erteilt wird. Die Ablehnung des Antrags ist zu begründen.

(2) [1]Die Bundesanstalt kann die Erlaubnis außer nach den Vorschriften des Verwaltungsverfahrensgesetzes insbesondere dann aufheben oder, soweit dies im Einzelfall ausreichend ist, aussetzen, wenn

1. die OGAW-Investmentaktiengesellschaft die Erlaubnis auf Grund falscher Erklärungen oder auf sonstige rechtswidrige Weise erhalten hat,

2. die Voraussetzungen nach Absatz 1 nicht mehr erfüllt sind,

3. gegen die OGAW-Investmentgesellschaft auf Grund einer Ordnungswidrigkeit nach § 340 Absatz 1 Nummer 1 oder Absatz 2 Nummer 1 Buchstabe a oder Nummer 3 oder auf Grund einer wiederholten Ordnungswidrigkeit nach § 340 Absatz 2 Nummer 24 Buchstabe c oder Nummer 32 eine Geldbuße festgesetzt werden kann oder

4. die OGAW-Investmentaktiengesellschaft nachhaltig gegen die Bestimmungen dieses Gesetzes verstößt.

[2]Die §§ 15, 16 und 39 Absatz 4 gelten entsprechend.

(3) In den Fällen des Absatzes 2 kann die Bundesanstalt statt der Aufhebung der Erlaubnis die Abberufung der verantwortlichen Geschäftsleiter verlangen und ihnen oder einer anderen verantwortlichen natürlichen Person, die in der OGAW-Investmentaktiengesellschaft tätig ist, die Ausübung ihrer Tätigkeit untersagen.

In der Fassung vom 4.7.2013 (BGBl. I 2013, S. 1981), zuletzt geändert durch das Gesetz zur Umsetzung der Richtlinie 2014/91/EU des Europäischen Parlaments und des Rates vom 23. Juli 2014 zur Änderung der Richtlinie 2009/65/EG zur Koordinierung der Rechts- und Verwaltungsvorschriften betreffend bestimmte Organismen für gemeinsame Anlagen in Wertpapieren (OGAW) im Hinblick auf die Aufgaben der Verwahrstelle, die Vergütungspolitik und Sanktionen vom 3.3.2016 (BGBl. I 2016, S. 348).

Schrifttum: *BaFin*, Merkblatt zu den Geschäftsleitern gemäß KWG, ZAG und KAGB, vom 4.1.2016 (zuletzt geändert am 31.1.2017); abrufbar unter: https://www.bafin.de/SharedDocs/Downloads/DE/Merkblatt/dl_mb_160808_GL_KWG_ZAG_KAGB.pdf?__blob=publicationFile&v=5; *BaFin*, Auslegungsentscheidung zu den Vorgaben an die Depotbank bei Abwicklung nach § 39 Abs. 2 InvG v. 27.11.2012, Gz. WA 42-Wp 2136-2012/0039; abrufbar unter: https://www.bafin.de/SharedDocs/Veroeffentlichungen/DE/Auslegungsentscheidung/WA/ae_121126_vorgaben_depotbank_39InvG.html; *BaFin*, Merkblatt zum Erlaubnisverfahren für OGAW-Kapitalverwaltungsgesellschaften nach § 21 KAGB, vom 27.11.2017, Abschnitt A) 4., abrufbar unter: https://www.bafin.de/SharedDocs/Veroeffentlichungen/DE/Merkblatt/WA/mb_171127_erlaubnisverfahren_ogaw-21kagb.html; *BaFin*, Merkblatt zu den Mitgliedern von Verwaltungs- und Aufsichtsorganen gemäß KWG und KAGB, vom 4.1.2016 (zuletzt geändert am 31.1.2017), Abschnitt II. 3, abrufbar unter: https://www.bafin.de/SharedDocs/Veroeffentlichungen/DE/Merkblatt/mb_verwaltungsaufsichtsorgane_KWG_KAGB.html; *BaFin*, Angaben zur Zuverlässigkeit (KAGB); abrufbar unter: https://www.bafin.de/SharedDocs/Veroeffentlichungen/DE/Merkblatt/mb_geschaeftsleiter_KWG_ZAG_KAGB.html; *Kopp/Ramsauer*, Verwaltungsverfahrensgesetz, Kommentar, 18. Aufl. 2017; *Stelkens/Bonk/Sachs*, Verwaltungsverfahrensgesetz, Kommentar, 9. Aufl. 2018. Im Übrigen wird auf das Schrifttum zu § 108 verwiesen.

I. Regelungsgegenstand und -zweck

1 § 113 KAGB setzt die Vorgaben von **Art. 5 OGAW-RL** um, in der vorgesehen ist, dass ein **OGAW mit eigener Rechtspersönlichkeit einer Zulassung durch die nationalen Aufsichtsbehörden bedarf.** Das Erfordernis einer Erlaubnis gilt unter dem KAGB nur für die **OGAW-InvAG**, da die InvAG mit veränderlichem Kapital die einzige nach KAGB verfügbare Rechtsform für Investmentgesellschaften ist, die offen und für Privatanleger zugänglich ist. Darüber hinaus gilt die Erlaubnispflicht nur für die **extern verwaltete OGAW-InvAG.** Die Erlaubnispflicht der **intern verwalteten OGAW-InvAG** geht bereits in der Erlaubnispflicht nach §§ 17 Abs. 2 Nr. 2, 20 KAGB auf, da die Erlaubnispflicht für OGAW-InvAGen und die Zulassung als interne InvAG mit veränderlichem Kapital identisch sind.[1]

2 Die Erlaubnis, die die **externe KVG** eigenständig benötigt, umfasst nicht zugleich die Erlaubnis für den Geschäftsbetrieb eines OGAWs mit Rechtspersönlichkeit.[2] Bei der externen Verwaltung bestehen damit folgende Erlaubnispflichten: Die externe KVG benötigt eine Erlaubnis nach §§ 17 Abs. 2 Nr. 1, 20 KAGB und die extern verwaltete OGAW-InvAG eine Erlaubnis nach § 113 Abs. 1 KAGB.[3]

3 Das **Erlaubnisverfahren** für die OGAW-InvAG folgt den **Grundsätzen des § 21 KAGB.**[4]

4 Seinen **Ursprung** fand § 113 KAGB in § 97 des aufgehobenen InvG. § 113 Abs. 1 KAGB geht auf § 97 Abs. 1 InvAG zurück; § 113 Abs. 2 KAGB auf § 97 Abs. 3 InvG. Die Befugnisse der BaFin in § 113 Abs. 3 KAGB basieren auf dem Zusammenspiel von § 97 Abs. 3 Satz 2 i.V.m. § 17a InvG. Allerdings war nach der alten Rechtslage für alle InvAGen mit veränderlichem Kapital eine Erlaubnis der BaFin erforderlich, unabhängig davon, ob sie ein OGAW waren oder ob sie extern bzw. intern verwaltet wurden.[5] Diese über-

1 BT-Drucks. 17/12294, 238.
2 BT-Drucks. 17/12294, 238.
3 Siehe auch die Übersicht bei *A. München* in Baur/Tappen, § 113 KAGB Rz. 4.
4 *Boxberger* in Moritz/Klebeck/Jesch, § 113 KAGB Rz. 2.
5 *Lorenz* in Weitnauer/Boxberger/Anders, § 113 KAGB Rz. 2.

schießende Umsetzung der OGAW-RL wurde mit der Umsetzung der AIFM-RL aufgegeben, weil letztere für AIFs mit eigener Rechtspersönlichkeit keine gesonderte Zulassungspflicht vorsieht, sofern diese keine interne KVG nach § 17 Abs. 2 Nr. 2 KAGB sind.

II. Erlaubnispflicht für die extern verwaltete OGAW-Investmentaktiengesellschaft

Der Antragsteller hat einen **Anspruch auf die Erlaubniserteilung**, wenn die Voraussetzungen für die Erteilung der Erlaubnis vorliegen. Der BaFin steht hierbei kein Ermessen zu.[6] Darüber hinaus handelt es sich bei der Erlaubnis um einen **begünstigenden Verwaltungsakt** i.S.d. § 35 Satz 1 Verwaltungsverfahrensgesetz (VwVfG).[7] Versagung und Beschränkungen sind mit den Rechtsbehelfen der Verwaltungsgerichtsordnung anzugreifen. 5

Die BaFin hat die Erlaubnis zu erteilen, sofern die Voraussetzungen des § 113 Abs. 1 Satz 2 Nrn. 1 bis 3 KAGB erfüllt sind. Namentlich muss die OGAW-InvAG eine externe OGAW-KVG benennen (§ 113 Abs. 1 Satz 2 Nr. 1 KAGB). Der Vorstand der OGAW-InvAG muss zuverlässig sein und die zur Leitung der OGAW-InvAG erforderliche fachliche Eignung haben. Letzteres schließt auch die fachliche Eignung hinsichtlich des Unternehmensgegenstandes der OGAW-InvAG mit ein (§ 113 Abs. 1 Satz 2 Nr. 2 KAGB). Schließlich muss die Satzung der OGAW-InvAG den Anforderungen des KAGB entsprechen (§ 113 Abs. 1 Satz 2 Nr. 3 KAGB). 6

1. Benennung einer externen OGAW-Kapitalverwaltungsgesellschaft

Bei der Benennung der externen OGAW-KVG sind die Voraussetzungen des § 112 Abs. 1 KAGB zu beachten. Bei der Auswahl der externen OGAW-KVG ist darauf zu achten, dass die KVG auch eine Zulassung für die Verwaltung von OGAW-Investmentvermögen besitzt, da anderenfalls die Bestellung nicht wirksam erfolgen kann. Im Übrigen wird auf § 112 Rz. 5 ff. und § 154 Rz. 5 ff. verwiesen. 7

Der Wortlaut des § 113 Abs. 1 Nr. 1 KAGB spricht von einer „**Benennung**" der externen KVG und weicht vom Wortlaut des § 112 Abs. 1 Satz 1 KAGB ab, der von einer Bestellung der externen KVG spricht. Diese sprachlichen Unterschiede haben jedoch keine rechtliche Relevanz. Sowohl der Begriff der „*Bestellung*" als auch der Begriff der „*Benennung*" stellen auf den Abschluss eines Fremdverwaltungsvertrages zwischen der InvAG und der externen KVG ab. 8

Hinsichtlich des **Zeitpunkts der Benennung** spricht der Wortlaut („*benannt hat*") dafür, dass die OGAW-InvAG bereits zum Zeitpunkt der Antragstellung einen Fremdverwaltungsvertrag mit der externen KVG abgeschlossen haben muss.[8] Es empfiehlt sich, den Fremdverwaltungsvertrag unter der aufschiebenden Bedingung der Erlaubniserteilung abzuschließen. Dadurch kann sichergestellt werden, dass die externe KVG die Verwaltung der OGAW-InvAG tatsächlich erst zum Zeitpunkt der Erlaubniserteilung aufnimmt. 9

Zu Fragen der Zuständigkeit für die Entscheidung der Bestellung einer externen OGAW-InvAG s. die Herleitung in § 112 Rz. 12 ff. Auch bei der OGAW-InvAG ist die **Hauptversammlung** für die Entscheidung über die Bestellung einer externen OGAW-KVG **zuständig**. 10

Die OGAW-KVG muss, anders als der Wortlaut des § 113 Abs. 1 Satz 2 Nr. 1 KAGB (Kapitalverwaltungsgesellschaft i.S.d. § 17 Abs. 1 Satz 1 KAGB) vermuten lässt, nicht zwingend eine deutsche KVG sein. Gemäß § 52 Abs. 5 KAGB kann ein inländischer OGAW auch durch eine **EU-OGAW-Verwaltungsgesellschaft** über eine Zweigniederlassung oder im Wege des grenzüberschreitenden Dienstleistungsverkehrs verwaltet werden.[9] 11

---

6 *Boxberger* in Moritz/Klebeck/Jesch, § 113 KAGB Rz. 4.

7 *Boxberger* in Moritz/Klebeck/Jesch, § 113 KAGB Rz. 4.

8 A.A. *A. München* in Baur/Tappen, § 113 KAGB Rz. 7, nach der auch ein Entwurf des Fremdverwaltungsvertrages ausreicht. Nach *Boxberger* in Moritz/Klebeck/Jesch, § 113 KAGB Rz. 5 reicht der Abschluss des Fremdverwaltungsvertrages allein nicht aus, um den Tatbestand der Benennung zu erfüllen. Hinzutreten müsse vielmehr auch die Stellung des Erlaubnisantrages, damit die Benennung auch nach außen manifestiert wird.

9 *Lorenz* in Weitnauer/Boxberger/Anders, § 113 KAGB Rz. 4, der in § 113 KAGB zunächst einen Widerspruch zu § 52 KAGB sieht und diesen Widerspruch dann aber mit Verweis auf § 52 Abs. 5 KAGB auflöst. Die Gesetzessystematik sieht hier nur eine einseitige Verweisungstechnik von den allgemeinen Vorschriften hin zu den besonderen Vorschriften vor. Der Gesetzgeber verzichtete bewusst auf eine rückbezügliche Verweisung auf § 51 f. und §§ 53 f. KAGB in den besonderen Vorschriften. Diese Art der Verweisungstechnik findet sich auch in § 54 Abs. 5 KAGB.

12 Umgekehrt hat die OGAW-InvAG ihren **satzungsmäßigen Sitz im Hoheitsgebiet der Bundesrepublik** zu unterhalten.[10]

2. Zuverlässige und fachlich geeignete Geschäftsleiter

13 Die Geschäftsleiter der OGAW-InvAG müssen zuverlässig sein und die zur Leitung der OGAW-InvAG erforderliche fachliche Eignung haben. Neben den Anforderungen, die das KAGB an die Geschäftsleiter der externen KVG stellt, müssen **auch die Geschäftsleiter einer OGAW-InvAG zuverlässig** und **fachlich geeignet** sein.[11] Dieses Erfordernis gilt über §§ 119, 128, 147, 153 KAGB grundsätzlich für alle extern verwalteten Investmentvermögen in Gesellschaftsform.[12]

a) Prüfungsmaßstab

14 Fraglich ist indes, ob sich aus dem Umstand, dass die Zuverlässigkeit und die fachliche Eignung der Geschäftsleiter einer OGAW-InvAG zugleich Erlaubnisvoraussetzung für den Geschäftsbetrieb der OGAW-InvAG ist, ein strengerer Prüfungsmaßstab ergibt.

15 Der identische Wortlaut in § 113 Abs. 1 Satz 2 Nr. 2 KAGB einerseits und in § 119 Abs. 2 Satz 1 KAGB andererseits deutet darauf hin, dass der Gesetzgeber den gleichen Prüfungsmaßstab angewendet haben wollte.

16 Jedenfalls hinsichtlich der Kriterien der **Zuverlässigkeit** entspricht dies auch der Verwaltungspraxis der BaFin. Die Anforderungen an die Zuverlässigkeit der Geschäftsleiter von KVGen werden im *„Merkblatt zum Erlaubnisverfahren für OGAW-Kapitalverwaltungsgesellschaften nach § 21 KAGB"* vom 27.11.2017[13] und diejenigen an die Zuverlässigkeit der Mitglieder in Verwaltungs- und Aufsichtsorganen von Investmentgesellschaften im *„Merkblatt zu den Mitgliedern von Verwaltungs- und Aufsichtsorganen gemäß KWG und KAGB"*, vom 4.1.2016 (zuletzt geändert am 31.1.2017)[14] präzisiert. Der Wortlaut der inhaltlichen Anforderungen an die Zuverlässigkeit ist in beiden Merkblättern gleich. Die erforderlichen Angaben und Erklärungen zur Zuverlässigkeit sind für Geschäftsleiter von OGAW-InvAGen und für Vorstandsmitglieder von sonstigen, d.h. nicht OGAW-InvAGen, auf dem gleichem Formblatt[15] zu machen, auf das in beiden Merkblättern verwiesen wird.

17 Hinsichtlich des Kriteriums der **fachlichen Eignung** ist die Auffassung der BaFin weniger eindeutig. In Abschnitt II. 2 ihres *„Merkblattes zu den Mitgliedern von Verwaltungs- und Aufsichtsorganen gemäß KWG und KAGB"* nimmt die BaFin lediglich zu den Anforderungen an die Sachkunde von Aufsichtsratsmitgliedern einer KVG oder Investmentgesellschaften Stellung, wie sich aus den Rechtsgrundlagen in Abschnitt II. ergibt. Auch wenn § 113 Abs. 1 Nr. 2 KAGB im *„Merkblatt zum Erlaubnisverfahren für eine OGAW-Kapitalverwaltungsgesellschaft nach § 21 KAGB"* nicht in Bezug genommen wurde, ist davon auszugehen, dass die BaFin die in Abschnitt A) 4. genannten Anforderungen an die fachliche Eignung von Geschäftsleitern einer OGAW-KVG auch auf die Geschäftsleiter einer extern verwalteten OGAW-InvAG anwendet.

18 Hierfür spricht, dass der Vorstand der OGAW-InvAG für die Bestellung und Überwachung der externen KVG zuständig ist (vgl. § 112 Rz. 22). Dies setzt hinreichende Erfahrung und Kenntnisse über die konkrete Vermögensverwaltung der externen OGAW-KVG voraus.

b) Zuverlässigkeit des Vorstandes der OGAW-Investmentaktiengesellschaft

19 Nach den insoweit übereinstimmenden Merkblättern der BaFin (s. Rz. 16 f.) muss die Zuverlässigkeit des Vorstandes der extern verwalteten OGAW-InvG nicht positiv nachgewiesen werden. Es besteht vielmehr ei-

---

10 *Lorenz* in Weitnauer/Boxberger/Anders, § 113 KAGB Rz. 4; wonach es allerdings nicht unzulässig sein soll, wenn der Verwaltungssitz abweichend vom Satzungssitz in einem anderem Mitgliedstaat unterhalten wird.

11 *Boxberger* in Moritz/Klebeck/Jesch, § 113 KAGB Rz. 6; *Lorenz* in Weitnauer/Boxberger/Anders, § 113 KAGB Rz. 6.

12 BT-Drucks. 17/12294, 238.

13 *BaFin*, Merkblatt zum Erlaubnisverfahren für OGAW-Kapitalverwaltungsgesellschaften nach § 21 KAGB, vom 27.11.2017, Abschnitt A) 3., abrufbar unter: https://www.bafin.de/SharedDocs/Veroeffentlichungen/DE/Merkblatt/WA/mb_171127_erlaubnisverfahren_ogaw-21kagb.html.

14 *BaFin*, Merkblatt zu den Mitgliedern von Verwaltungs- und Aufsichtsorganen gemäß KWG und KAGB, vom 4.1.2016 (zuletzt geändert am 31.1.2017), Abschnitt II. 3, abrufbar unter: https://www.bafin.de/SharedDocs/Veroeffentlichungen/DE/Merkblatt/mb_verwaltungs-aufsichtsorgane_KWG_KAGB.html.

15 *BaFin*, Angaben zur Zuverlässigkeit (KAGB), abrufbar unter: https://www.bafin.de/SharedDocs/Veroeffentlichungen/DE/Merkblatt/mb_geschaeftsleiter_KWG_ZAG_KAGB.html; sowie Checkliste für einzureichende Unterlagen bei der Anzeige der Absicht der Bestellung eines Geschäftsleiters eines Unternehmens, das dem KAGB unterliegt.

ne **Vermutung der Zuverlässigkeit**, sofern keine entgegenstehenden Tatsachen bekannt oder erkennbar sind, die der Zuverlässigkeit entgegenstehen.[16]

Tatsachen, die auf die **mangelnde Zuverlässigkeit** des Vorstandes hindeuten sind aufsichtliche Maßnahmen der BaFin, Straftaten im Vermögens- oder Steuerbereich, Geldwäschedelikte sowie Verstöße gegen Ordnungsvorschriften und Interessenkonflikte. Dabei ist sowohl das persönliche Verhalten als auch das Verhalten im Rahmen der Geschäftstätigkeit zu beurteilen. Strafrechtliche Verstöße können bei Beurteilung der Zuverlässigkeit vor allem dann relevant werden, wenn diese im Zusammenhang mit der Leitung eines Unternehmens begangen wurden. Rechtsverstöße sind sowohl nach deutschen als auch nach ausländischen Rechtsordnungen zu berücksichtigen. 20

c) Fachliche Eignung der Geschäftsleitung der OGAW-Investmentaktiengesellschaft

Die fachliche Eignung eines Vorstandsmitglieds einer OGAW-InvAG setzt nach den übereinstimmenden Merkblättern der BaFin (s. Rz. 16 f.) voraus, dass das Vorstandsmitglied ein **hinreichendes Maß an theoretischen und praktischen Kenntnissen** in den betreffenden Geschäften der OGAW-InvAG hat.[17] Darüber hinaus muss das Vorstandsmitglied über **Leitungserfahrung** verfügen. Dies ist der Fall, wenn das Vorstandsmitglied während seines beruflichen Werdegangs ein Unternehmen geleitet hat oder ihm die Leitung von Organisationseinheiten in eigner Verantwortung und mit Entscheidungskompetenz anvertraut wurde.[18] 21

Die fachliche Eignung eines Vorstandsmitglieds kann vermutet werden, wenn der Betroffene eine dreijährige leitende Tätigkeit bei einer Gesellschaft vergleichbarer Größe und Geschäftsart nachweisen kann. Die Beurteilung der fachlichen Eignung beruht jedoch nicht allein auf der dreijährigen Regelvermutung, sondern ist das **Ergebnis einer individuellen Prüfung** der Angaben der Vorstandsmitglieder der OGAW-InvAG. So kann ein Vorstandsmitglied fachlich geeignet sein, wenn die Voraussetzungen der Regelvermutung nicht vorliegen, der Erwerb der fachlichen Eignung aber auf andere Weise nachgewiesen werden kann. Andererseits kann die fachliche Eignung eines Vorstandsmitglieds verneint werden, wenn sich bei seiner letzten Tätigkeit erhebliche Mängel der fachlichen Eignung gezeigt haben. 22

Soweit sich die Leitungserfahrung auch auf die **Personalverantwortung** bezieht, wird dies in der Literatur[19] zu Recht kritisiert. Denn die extern verwaltete OGAW-InvAG beschäftigt in aller Regel keine Mitarbeiter, so dass an die personelle Leitungserfahrung geringere Anforderungen zu stellen sind. 23

Aus dem Wortlaut des § 113 Abs. 2 Nr. 2 folgt, dass sich die fachliche Eignung **auf den Unternehmensgegenstand der OGAW-InvAG beziehen** muss. Dies hat für den Vorstand die Konsequenz, dass die fachliche Eignung fondsspezifisch sein muss und auf die von der OGAW-InvAG beabsichtigte Geschäftstätigkeit bezogen sein muss.[20] Enthält die Satzung eine Beschränkung hinsichtlich der Anlage in eine bestimmte Fondskategorie, muss der Vorstand die fachliche Eignung für diese bestimmte Fondskategorie aufweisen. 24

3. Gesetzeskonforme Satzung

Die OGAW-InvAG muss eine Satzung feststellen, die **den Anforderungen des KAGB entspricht**. Neben der Genehmigungspflicht der Satzung während des Erlaubnisverfahrens und der Genehmigung der Satzung nach §§ 21 Abs. 1 Nr. 8, 110 Abs. 4 KAGB ergeben sich weitere Anforderungen an die Satzung der OGAW-InvAG aus §§ 116 Abs. 1, Abs. 2 Satz 4 und 6, 117 Abs. 7, 118 Abs. 1 und § 119 Abs. 1 Satz 1 KAGB. Hinsichtlich dieser Anforderungen wird auf die Kommentierung der jeweiligen Vorschrift verwiesen. 25

4. Prüfungsfrist für den Erlaubnisantrag und Begründungspflicht im Falle der Ablehnung

Der Erlaubnisantrag für den Betrieb einer extern verwalteten OGAW-InvAG ist **innerhalb eines Zeitraums von zwei Monaten** zu bescheiden, vgl. § 113 Abs. 1 Satz 3 KAGB. Die zweimonatige Frist beginnt jedoch nur, wenn die dem Erlaubnisantrag beizufügenden Unterlagen vollständig sind. Die Vollständigkeit des Er- 26

---

16 *BaFin*, Merkblatt zum Erlaubnisverfahren für OGAW-Kapitalverwaltungsgesellschaften nach § 21 KAGB, vom 27.11.2017, Abschnitt A) 3., abrufbar unter: https://www.bafin.de/SharedDocs/Veroeffentlichungen/DE/Merkblatt/WA/mb_171127_erlaubnisverfahren_ogaw-21kagb.html.

17 *BaFin*, Merkblatt zum Erlaubnisverfahren für OGAW-Kapitalverwaltungsgesellschaften nach § 21 KAGB, vom 27.11.2017, Abschnitt A) 4., abrufbar unter: https://www.bafin.de/SharedDocs/Veroeffentlichungen/DE/Merkblatt/WA/mb_171127_erlaubnisverfahren_ogaw-21kagb.html.

18 Vgl. zur Definition der Leitungserfahrung *BaFin*, Merkblatt zu den Geschäftsleitern nach KWG, ZAG und KAGB, vom 4.1.2016 (zuletzt geändert am 31.1.2017), Ziff. II. 1. d.

19 *Lorenz* in Weitnauer/Boxberger/Anders, § 113 KAGB Rz. 6.

20 *Boxberger* in Moritz/Klebeck/Jesch, § 113 KAGB Rz. 8.

laubnisantrages dürfte sich an § 21 Abs. 1 Nr. 2 bis 8 KAGB orientieren, der die einzureichenden Dokumente vorgibt, die für einen Erlaubnisantrag erforderlich sind.[21] Der Nachweis der für den Geschäftsbetrieb erforderlichen Mittel gem. § 25 KAGB, der für den Erlaubnisantrag einer OGAW-KVG gem. § 21 Abs. 1 Nr. 1 KAGB zu führen ist, gilt nicht für die extern verwaltete OGAW-InvAG. Es ist zu beachten, dass die BaFin in der Regel keine Vollständigkeitserklärungen abgibt.[22] Aus diesem Grund empfiehlt sich bereits bei der Stellung des Erlaubnisantrages eine enge Abstimmung mit der BaFin, damit die Prüfungsfristen so kurz wie möglich gehalten werden und etwaige Zweifelsfragen nicht zu einer Verlängerung der Prüfungsfrist führen.

27 Anders als bei der Registrierung nach § 44 Abs. 4 Satz 3 KAGB und der Genehmigung der Anlagebedingungen nach § 163 Abs. 2 Satz 5 KAGB sowie der Genehmigung der Satzungsänderung einer OGAW-InvAG nach §§ 110 Abs. 4 Satz 2, 163 Abs. 2 Satz 5 KAGB sieht der Gesetzgeber für die originäre Erlaubniserteilung keine gesetzliche Fiktion bei Ablauf der Prüfungsfrist vor.

28 Die Ablehnung der beantragten Erlaubnis ist zu begründen. Dies folgt bereits aus § 39 VwVfG. Somit hat § 113 Abs. 1 Satz 4 KAGB eine rein klarstellende Funktion.

III. Aufhebung und Aussetzung der Erlaubnis zum Betrieb einer OGAW-Investmentgesellschaft nach § 113 Abs. 2 KAGB

29 Die BaFin kann die Erlaubnis zum Betrieb der OGAW-InvAG **aufheben** oder, soweit dies im Einzelfall ausreichend ist, **aussetzen**, wenn die Voraussetzungen des § 113 Abs. 2 Satz 1 Nr. 1 bis 4 KAGB vorliegen. Namentlich dann, wenn die OGAW-InvAG die Erlaubnis aufgrund falscher Erklärungen oder auf sonstige rechtswidrige Weise erhalten hat (§ 113 Abs. 2 Satz 1 Nr. 1 KAGB), kann die BaFin die Erlaubnis aufheben bzw. aussetzen. Liegen die Voraussetzungen der Erlaubniserteilung nicht mehr vor, kann die BaFin die Erlaubnis aufheben bzw. aussetzen (§ 113 Abs. 2 Satz 1 Nr. 2 KAGB). Bei Verstößen der OGAW-InvAG i.S.v. § 340 Abs. 1 Nr. 1, Abs. 2 Nr. 1 KAGB (Verstoß gegen vollziehbare Anordnungen) oder bei einem wiederholten Vorliegen einer Ordnungswidrigkeit i.S.d. § 340 Abs. 2 Nr. 24 lit. c) KAGB sowie nach § 340 Abs. 2 Nr. 32 KAGB (Verstoß gegen Berichtspflichten) kann die BaFin ebenfalls die Erlaubnis aufheben bzw. aussetzen (§ 113 Abs. 2 Satz 1 Nr. 3 KAGB). Gleiches gilt für die Fälle, in denen die OGAW-InvAG nachhaltig gegen die Bestimmungen des KAGB verstößt (§ 113 Abs. 2 Satz 1 Nr. 4 KAGB).

30 Die Befugnisse der BaFin, die Erlaubnis nach den Vorschriften des VwVfG – namentlich nach den **§§ 48, 49 VwVfG** – zu widerrufen bzw. zurückzunehmen, **bleiben unberührt**. Neben der Aufhebung und der Aussetzung der Erlaubnis verbleiben der BaFin auch die Sanktionsmöglichkeiten nach §§ 15, 16 und 39 Abs. 4 KAGB.

31 Aus dem Wortlaut des § 113 Abs. 2 Satz 1 KAGB *„insbesondere"* und den weiteren Befugnissen der BaFin nach dem VwVfG und den §§ 15, 16 und 39 Abs. 4 KAGB folgt, dass die Regelbeispiele in § 113 Abs. 2 Satz 1 KAGB **keinen abschließenden Charakter** haben.[23] In Betracht kommt etwa, dass die fehlende Zuverlässigkeit eines mehrheitlich beteiligten oder kontrollierenden Aktionärs, die die BaFin im Zuge des Anzeigeverfahrens nach §§ 108 Abs. 3 Nr. 1, 19 Abs. 1 KAGB feststellt, einen Grund für die Aussetzung oder Aufhebung der Erlaubnis liefert (vgl. § 108 Rz. 57 ff.).

32 Zudem ist aus dem Wortlaut *„soweit dies im Einzelfall ausreichend ist"* zu folgern, dass die **Aufhebung der Erlaubnis lediglich als ultima ratio** herangezogen werden sollte.[24] Kann die BaFin durch eine Aussetzung in Verbindung mit einer anderen Maßnahme die Herstellung eines gesetzeskonformen Zustandes erreichen, ist die Aufhebung der Erlaubnis wegen Verstoßes gegen den Grundsatz der Verhältnismäßigkeit des Verwaltungshandelns unzulässig.

1. Erlaubniserteilung auf Grund falscher Erklärung oder auf sonstige rechtswidrige Weise

33 § 113 Abs. 2 Satz 1 Nr. 1 KAGB statuiert den im Verwaltungsverfahrensrecht allgemein anerkannten Grundsatz, dass derjenige, der einen ihn begünstigenden Verwaltungsakte auf rechtswidrige Weise erlangt hat, **keinen Vertrauensschutz** genießen kann. Diese Wertentscheidung des Gesetzgebers folgt bereits aus § 48 Abs. 2 Satz 3 Nr. 1 und 2 sowie aus § 49 Abs. 6 Satz 2 VwVfG und erstreckt sich auf das gesamte Verwaltungsverfahrensrecht.

21 Vgl. *Boxberger* in Moritz/Klebeck/Jesch, § 113 KAGB Rz. 14.
22 *Winterhalder/Weitnauer* in Weitnauer/Boxberger/Anders, § 21 KAGB Rz. 42.
23 *Lorenz* in Weitnauer/Boxberger/Anders, § 113 KAGB Rz. 10.
24 *Boxberger* in Moritz/Klebeck/Jesch, § 113 KAGB Rz. 21.

Die Voraussetzungen einer Aufhebung bzw. Aussetzung nach § 113 Abs. 2 Satz 1 Nr. 1 KAGB sind erfüllt, wenn die Erlaubnis **aufgrund falscher Erklärungen oder auf sonstige rechtswidrige Weise** erhalten wurde. Durch falsche Erklärung kann eine Erlaubnis erlangt werden, wenn die Erklärungen **unrichtig** bzw. **unvollständig** sind.[25] Ausreichend für die Fehlerhaftigkeit der Angaben ist, dass die im Erlaubnisantrag gemachten Angaben objektiv fehlerhaft sind, d.h. wenn wesentliche Tatsachen falsch sind bzw. verschwiegen worden.[26] Wesentlich sind Tatsachen, von denen die BaFin die Erlaubniserteilung abhängig macht. 34

Dabei liegt die **Fehlerhaftigkeit der Erklärung** stets in der **Risikosphäre des Antragstellers.**[27] Ein Verschulden des Antragstellers ist nicht erforderlich.[28] Ein bloßes Mitverschulden der BaFin sollte unbeachtlich sein.[29] 35

Das Tatbestandsmerkmal „*auf sonstige rechtswidrige Weise*" fungiert als Auffangtatbestand und dürfte vor allem Fallgestaltungen der **arglistigen Täuschung**, **Bestechung** und **Bedrohung** erfassen.[30] Eine arglistige Täuschung in diesem Sinne liegt vor, wenn der Antragsteller bewusst falsche Angaben macht oder er es für möglich hielt, dass die Angaben falsch sind, jedoch in Kauf nahm, dass bei der BaFin ein Irrtum erregt wird, um diese so zu einer günstigen Entscheidung zu bestimmen.[31] Unter den Begriff der arglistigen Täuschung kann auch schon die bewusst wahrheitswidrige Beantwortung einer gestellten Frage subsumiert werden.[32] Dies dürfte z.B. bei der Beantwortung der Fragebögen[33] zur Zuverlässigkeit der Geschäftsleiter eine Rolle spielen. 36

Die Erlaubnis zum Betrieb einer OGAW-InvAG muss **auf Grund** der fehlerhaften Erklärung **erhalten worden sein.** Dies ist im Sinne einer Kausalität zu verstehen.[34] Eine solche Kausalität ist nur dann gegeben, wenn die gemachten Angaben im Erlaubnisantrag entscheidungserheblich waren.[35] Die Kausalität ist bei unvollständigen bzw. unrichtigen Angaben immer dann zu bejahen, wenn die BaFin bei einer richtigen Sachverhaltsdarstellung eine andere Entscheidung hätte treffen müssen.[36] 37

2. Nachträglicher Wegfall der Erlaubnisvoraussetzungen

§ 113 Abs. 2 Satz 1 Nr. 2 KAGB regelt den Fall, dass die für **die Erlaubniserteilung erforderlichen Voraussetzungen nachträglich wegfallen.** § 113 Abs. 2 Satz 1 Nr. 2 KAGB nimmt damit unmittelbar Bezug auf die Voraussetzungen des § 113 Abs. 1 Satz 2 Nrn. 1 bis 3 KAGB. 38

Zunächst werden damit Sachverhaltskonstellationen erfasst, in denen die externe KVG ihr Verwaltungsrecht verliert und die OGAW-InvAG keine neue externe KVG benannt hat (§ 113 Abs. 2 Satz 1 Nr. 2 i.V.m. Abs. 1 Satz 2 Nr. 1 KAGB). 39

Darüber hinaus werden auch Konstellationen erfasst, in denen Mitglieder des Vorstands unzuverlässig werden und ausgetauscht werden müssen. Sollten Vorstandsmitglieder ausgetauscht werden und die neuen Vorstandsmitglieder nicht die entsprechende Zuverlässigkeit und fachliche Eignung aufweisen, die für die Leitung einer OGAW-InvAG erforderlich ist, kann die BaFin die Erlaubnis aussetzen oder aufheben (§ 113 Abs. 2 Satz 1 Nr. 2 i.V.m. Abs. 1 Satz 2 Nr. 2 KAGB). 40

Entspricht die Satzung nicht mehr den Anforderungen des KAGB, kann die BaFin die Aufhebung bzw. die Aussetzung der Erlaubnis anordnen (§ 113 Abs. 2 Satz 1 Nr. 2 i.V.m. Abs. 1 Satz 2 Nr. 3 KAGB). 41

In der Praxis dürften für diese Fälle allerdings andere **mildere Mittel** als die Aussetzung bzw. Aufhebung zur Verfügung stehen. Es ist zu erwarten, dass die BaFin aufgrund ihrer allgemeinen Kompetenzen nach § 5 42

25 Siehe zur vergleichbaren Regelung des § 48 Abs. 2 Satz 3 Nr. 2 VwVfG *Ramsauer* in Kopp/Ramsauer, § 48 VwVfG Rz. 115; *Sachs* in Stelkens/Bonk/Sachs, § 48 VwVfG Rz. 154.
26 In diesem Sinne BVerwG v. 14.8.1986 – 3 C 9/85, DÖV 1986, 1062 (1063).
27 BVerwG v. 14.8.1986 – 3 C 9/85, DÖV 1986, 1062 (1063).
28 BVerwG v. 14.8.1986 – 3 C 9/85, DÖV 1986, 1062 (1063).
29 BVerwG v. 14.8.1986 – 3 C 9/85, DÖV 1986, 1062 (1063).
30 *Kloyer* in Moritz/Klebeck/Jesch, § 39 KAGB Rz. 24. Der Auffangtatbestand entspricht der Regelung in § 48 Abs. 2 Satz 2 Nr. 1 VwVfG.
31 Vgl. *Ramsauer* in Kopp/Ramsauer, § 48 VwVfG Rz. 112.
32 Vgl. *Ramsauer* in Kopp/Ramsauer, § 48 VwVfG Rz. 112.
33 *BaFin*, Angaben zur Zuverlässigkeit (KAGB); abrufbar unter: https://www.bafin.de/SharedDocs/Veroeffentlichungen/DE/Merkblatt/mb_geschaeftsleiter_KWG_ZAG_KAGB.html; sowie Checkliste für einzureichende Unterlagen bei der Anzeige der Absicht der Bestellung eines Geschäftsleiters eines Unternehmens, das dem KAGB unterliegt.
34 Vgl. *Kloyer* in Moritz/Klebeck/Jesch, § 39 KAGB Rz. 24; *Ramsauer* in Kopp/Ramsauer, § 48 VwVfG Rz. 116.
35 Vgl. *Ramsauer* in Kopp/Ramsauer, § 48 VwVfG Rz. 116.
36 Vgl. *Ramsauer* in Kopp/Ramsauer, § 48 VwVfG Rz. 117, 118.

Abs. 6 KAGB Maßnahmen trifft, um einen ordnungsgemäßen Betrieb der OGAW-InvAG im Sinne des Anlegerschutzes aufrechtzuerhalten. Sollten diese Maßnahmen jedoch nicht zu einer Veränderung führen, wird die BaFin gezwungen sein, die Aufhebung bzw. Aussetzung der Erlaubnis auszusprechen.

3. Verstoß gegen vollziehbare Anordnungen und Berichtspflichten

43 § 113 Abs. 2 Satz 1 Nr. 3 KAGB nimmt auf verschiedene **Bußgeldvorschriften des § 340 KAGB** Bezug und ermöglicht unter den dort genannten Voraussetzungen die Aufhebung bzw. die Aussetzung der Erlaubnis.

44 § 113 Abs. 2 Satz 1 Nr. 3 i.V.m. § 340 Abs. 1 Nr. 1 KAGB ermöglichen die Aufhebung und Aussetzung der Erlaubnis bei Verstößen gegen vollziehbare Anordnungen der BaFin i.S.d. §§ 113 Abs. 3, 119 Abs. 5 KAGB (Abberufung von Geschäftsleitern).

45 Gleiches gilt gem. § 113 Abs. 2 Satz 1 Nr. 3 i.V.m. § 340 Abs. 2 Nr. 1 KAGB bei Verstößen von vollziehbaren Anordnungen, die aufgrund der Generalklausel des § 5 Abs. 6 Satz 2 KAGB ergehen. Die BaFin ist gem. § 5 Abs. 6 KAGB befugt, alle Maßnahmen zu treffen, die geeignet und erforderlich sind, um die Einhaltung der in den Anlagebedingungen, der Satzung oder dem Gesellschaftsvertrag vorgesehenen Regelungen sicherzustellen und darüber hinaus, um Missstände zu beseitigen und zu verhindern. Durch die Verweise auf § 340 KAGB wird sichergestellt, dass ein Verstoß gegen die Vorschriften des KAGB nicht nur in finanzieller Hinsicht sanktioniert wird, sondern auch einschneidendere Maßnahmen zur Durchsetzung der vollziehbaren Anordnung zur Verfügung stehen, wie die Aussetzung oder Aufhebung der Erlaubnis zum Geschäftsbetrieb.

46 Die BaFin ist gem. § 113 Abs. 2 Satz 1 Nr. 3 i.V.m. § 340 Abs. 2 Nr. 24 lit. c) und Nr. 32 KAGB ermächtigt, die Erlaubnis der OGAW-InvAG aufzuheben bzw. auszusetzen, wenn die OGAW-InvAG gegen die gesetzlich vorgeschriebenen Berichtspflichten nach §§ 120 Abs. 1 Satz 2 KAGB, i.V.m. einer Rechtsverordnung nach § 120 Abs. 8 KAGB, jeweils auch i.V.m. § 122 Abs. 1 Satz 1 oder Abs. 2 KAGB, verstößt. Die OGAW-InvAG ist nach diesen Vorschriften verpflichtet, den Jahresabschluss und den Lagebericht spätestens vier Monate nach Ende Geschäftsjahres aufzustellen, vgl. § 120 Abs. 1 Satz 2 KAGB. Daneben kann die OGAW-InvAG zur Veröffentlichung von Halbjahresfinanzberichten nach § 115 WpHG verpflichtet sein, vgl. 122 Abs. 1 Satz 1 KAGB. In diesen Fällen hat die Veröffentlichung spätestens vier Monate nach dem Berichtszeitraum zu erfolgen.

4. Nachhaltige Verstöße gegen die Bestimmungen des Kapitalanlagegesetzbuches

47 § 113 Abs. 2 Satz 1 Nr. 4 KAGB entspricht seinem wesentlichen Regelungsgehalt nach § 39 Abs. 3 Satz 5 KAGB. Nachhaltig sind Verstöße gegen das KAGB zum einen, wenn **mehrfach bzw. fortlaufend** gegen die gesetzlichen Bestimmungen verstoßen wird oder wenn ein Verstoß so schwerwiegend ist, dass **auch bei einer Erstbegehung** die Aussetzung bzw. Aufhebung der Erlaubnis gerechtfertigt erscheint.[37]

48 **Mehrfache bzw. fortlaufende Verstöße** müssen im Rahmen einer Gesamtbetrachtung ein erhebliches Gewicht aufweisen, weil die Aufhebung bzw. Aussetzung einer Erlaubnis lediglich als *ultima ratio* in Betracht kommt.[38] Als Indizien für die Nachhaltigkeit eines Gesetzesverstoßes kommt auch eine Wiederholungsabsicht bzw. -gefahr oder das Risiko einer Nachahmung in Betracht.[39] Einen wiederholenden Verstoß kann vor allem die fortlaufende Missachtung der Verhaltens- und Organisationspflichten nach Maßgabe der §§ 26 ff. KAGB begründen.[40] Hierzu zählen auch Verstöße gegen die Zusammensetzung des Aufsichtsrates nach Maßgabe des § 119 i.V.m. § 18 Abs. 3 KAGB, wonach mindestens ein Mitglied des Aufsichtsrates unabhängig sein soll. Eine wiederholt unterlassene Anzeige nach § 114 KAGB gegenüber den Aktionären kann ebenfalls als fortlaufender Verstoß zu qualifizieren sein.

49 Da nachhaltigen Verstößen in der Regel als mildere Maßnahme eine Abmahnung vorausgeht, werden die nachhaltigen Verstöße in der Regel auch Einfluss auf die Beurteilung der Zuverlässigkeit und fachliche Eignung des Vorstandes haben, denn insoweit ist der Vorstand – soweit es noch in seinem Zuständigkeitsbereich und nicht in den Zuständigkeitsbereich der KVG fällt – für die Einhaltung der gesetzlichen Vorschriften, insbesondere für die Vorschriften nach § 113 Abs. 1, §§ 120 ff. KAGB zuständig.[41]

---

37 *Heck/Goldbach/Kloster* in Baur/Tappen, § 39 KAGB Rz. 38; *Weitnauer* in Weitnauer/Boxberger/Anders, § 39 KAGB Rz. 14.

38 *Holzapfel* in Emde/Dornseifer/Dreibus/Höschler, § 17 InvG Rz. 14.

39 *Heck/Goldbach/Kloster* in Baur/Tappen, § 39 KAGB Rz. 38; *Holzapfel* in Emde/Dornseifer/Dreibus/Höschler, § 17 InvG Rz. 14.

40 *Kloyer* in Moritz/Klebeck/Jesch, § 39 KAGB Rz. 37.

41 *Heck/Goldbach/Kloster* in Baur/Tappen, § 39 KAGB Rz. 39; *Kloyer* in Moritz/Klebeck/Jesch, § 39 KAGB Rz. 37.

Die **einmalige Begehung** eines Verstoßes kann die sofortige Aussetzung oder Aufhebung der Erlaubnis rechtfertigen, wenn sie so schwerwiegend ist, dass die Aussetzung oder Aufhebung im Interesse der Sicherheit des Rechtsverkehrs notwendig ist.[42] Diese Art von Verstößen kann eine Rolle spielen, wenn die OGAW-InvAG die in Anhang II Spiegelstrich zwei OGAW-RL aufgeführten administrativen Tätigkeiten nicht auf die externe KVG übertragen hat (zum Umfang der auf die externe KVG übertragbaren Aufgaben s. § 112 Rz. 18 ff. und § 154 Rz. 22 ff.). Dies betrifft insbesondere die Ausschüttung von Gewinnen und die Ausgabe und Rücknahme von Anteilen der OGAW-InvAG. Straftaten im Zusammenhang mit den zuvor genannten administrativen Tätigkeiten können einen so schwerwiegenden Verstoß darstellen, der bereits bei der erstmaligen Begehung die Aussetzung und Aufhebung der Erlaubnis rechtfertigt. 50

§ 113 Abs. 2 Satz 1 Nr. 4 KAGB dürfte allerdings bei der extern verwalteten OGAW-InvAG lediglich als **Auffangtatbestand** dienen, da potentielle Verstöße gegen das KAGB bereits in den § 113 Abs. 2 Satz 1 Nrn. 1 bis 3 KAGB abgedeckt sind. 51

5. Anwendbarkeit der Jahresfristen nach §§ 48 Abs. 4 Satz 1, 49 Abs. 2 Satz 2 VwVfG

Im Rahmen des § 113 Abs. 2 KAGB stellt sich – wie bei der Aussetzung oder Aufhebung der Erlaubnis nach § 39 Abs. 3 KAGB – die Frage, ob die Jahresfristen der §§ 48 Abs. 4 Satz 1, 49 Abs. 2 Satz 2 VwVfG mit der Folge anwendbar sind, dass die Erlaubnis **nur innerhalb eines Zeitraums von einem Jahr aufgehoben bzw. ausgesetzt** werden kann, nach dem die BaFin Kenntnis vom den Aufhebungsgründen erlangt hat.[43] 52

Unter der Rechtslage des aufgehobenen InvG ist teilweise vertreten worden, dass die Jahresfrist auch auf die Aufhebung bzw. Aussetzung der Erlaubnis anzuwenden ist, weil die Anwendbarkeit der Jahresfrist nach §§ 48 Abs. 4 Satz 1, 49 Abs. 2 Satz 2 VwVfG, anders als in § 35 Abs. 3 KWG, nicht ausgeschlossen war.[44] 53

Diese Sichtweise wird unter dem KAGB **mehrheitlich abgelehnt**, weil sie nicht mit einer effektiven Aufsicht durch die BaFin vereinbar ist und weder § 39 Abs. 3 KAGB noch § 113 Abs. 2 KAGB eine zeitliche Einschränkung vornehmen.[45] Dieser Ansicht ist mit Blick auf die mitunter hochkomplexen Sachverhalte, die die BaFin ermitteln muss, und ggf. mehrfachen Zuständigkeiten im Zusammenspiel zwischen verschiedenen nationalen Aufsichtsbehörden **zuzustimmen**. 54

6. Rechtsfolgen der Aufhebung bzw. Aussetzung der Erlaubnis

Die Rechtsfolgen der Erlaubnisaufhebung bzw. -aussetzung ergeben sich durch den **Verweis auf § 39 Abs. 4 KAGB** in § 113 Abs. 2 Satz 2 KAGB. 55

Im Fall der **Aufhebung** der Erlaubnis ist über den Verweis § 38 KWG anwendbar, wonach die BaFin die OGAW-InvAG abwickeln lassen kann, vgl. § 38 Abs. 1 KWG. Die Abwicklungsanordnung wirkt wie ein Auflösungsbeschluss bei einer Kapitalgesellschaft. Hinsichtlich des Abwicklungsverfahrens sind die Vorschriften der §§ 112 Abs. 1 Satz 5, 100 KAGB anzuwenden. 56

Mit Blick auf den Anlegerschutz und die Besonderheiten der investmentrechtlichen Prägung der OGAW-InvAG hat die **Auflösung nach den Grundsätzen des § 100 Abs. 2 KAGB** zu erfolgen, um eine die Anlegerinteressen wahrende Veräußerung zu ermöglichen (vgl. hierzu § 154 Rz. 67). Dies kann allerdings nur realisiert werden, wenn der Verwahrstelle genügend Zeit für die Veräußerung gegeben wird. Nach der Verwaltungspraxis der BaFin[46] hat die Abwicklung grundsätzlich binnen drei Jahren zu erfolgen. Innerhalb dieser Frist sind die Vermögensgegenstände zum bestmöglichen, am Markt realisierbaren Betrag zu veräußern.[47] 57

Wird die Erlaubnis lediglich **ausgesetzt**, kann dies mit Rücksicht auf die Verwaltung der Anlagen nur bedeuten, dass die **BaFin vorübergehend den erlaubniswidrigen Zustand duldet**, bis die Umstände, die zur Aussetzung geführt haben, beseitigt sind. Während der Phase der Aussetzung sollte der externen OGAW- 58

42 Vgl. *Kloyer* in Moritz/Klebeck/Jesch, § 39 KAGB Rz. 38.

43 Zum Stand der Diskussion s. *Heck/Goldbach/Kloster* in Baur/Tappen, § 39 KAGB Rz. 24; *Kloyer* in Moritz/Klebeck/Jesch, § 39 KAGB Rz. 20 f.

44 Siehe zu § 17 InvG *Holzapfel* in Emde/Dornseifer/Dreibus/Hölscher, § 17 InvG Rz. 16; *Steck* in Berger/Steck/Lübbehüsen, § 17 InvG Rz. 12.

45 Siehe hierzu *Heck/Goldbach/Kloster* in Baur/Tappen, § 39 KAGB Rz. 24; *Kloyer* in Moritz/Klebeck/Jesch, § 39 KAGB Rz. 20 f.

46 *BaFin*, Auslegungsentscheidung zu den Vorgaben an die Depotbank bei Abwicklung nach § 39 Abs. 2 InvG v. 27.11.2012, Gz. WA 42-Wp 2136-2012/0039.

47 Siehe hierzu auch *Anders* in Weitnauer/Boxberger/Anders, § 100 KAGB Rz. 29.

KVG die Fortsetzung der Vermögensverwaltung gestattet sein, da anderenfalls die OGAW-InvAG durch die Aussetzung lahm gelegt würde, mit möglicherweise nachteiligen Folgen für den Anleger.[48]

IV. Abberufung der Geschäftsleitung und Untersagung der Tätigkeit durch die BaFin

59 Nach § 113 Abs. 3 KAGB kann die BaFin die **Abberufung der verantwortlichen Geschäftsleiter** verlangen oder einem **Mitglied des Vorstandes die Tätigkeit untersagen**, wenn die Voraussetzungen nach § 113 Abs. 2 KAGB vorliegen. Insofern handelt es sich um ein milderes Mittel im Sinne des Verhältnismäßigkeitsgrundsatzes.

60 Da es sich bei diesen Maßnahmen der BaFin um **schwerwiegende Eingriffe** in die Organisationsstruktur der OGAW-InvAG handelt, müssen die in § 113 Abs. 3 KAGB genannten Umstände unter **Beachtung des Verhältnismäßigkeitsgrundsatzes** entsprechend schwer wiegen. So ist z.B. die Abberufung eines Vorstandsmitglieds wegen mangelnder fachlicher Eignung nicht zulässig, wenn dieser Umstand nur vorübergehender Natur ist und durch die fachliche Eignung eines oder mehrerer anderer Vorstandsmitglieder kompensiert wird.

61 Das **Abberufungsverlangen eines Vorstandsmitgliedes** richtet sich **an die OGAW-InvAG selbst** und hat den Widerruf der Bestellung zum Vorstandsmitglied nach § 84 Abs. 3 Satz 1 AktG durch den Aufsichtsrat der OGAW-InvAG zur Folge. Die **Tätigkeitsuntersagung** dagegen richtet sich ausschließlich **an eine bestimmte natürliche Person** und verbietet die Ausübung der Geschäftsleiter- und Vertretungsbefugnis. Anders als bei der Abberufung ist die Mitwirkung des Aufsichtsrates nicht erforderlich.[49]

62 Betrifft das Abberufungsverlangen den **gesamten Vorstand** der OGAW-InvAG stellt sich die Frage, wer die Geschäftsführung übernimmt. In Betracht kommt die Bestellung eines Sonderbeauftragten in Analogie zu § 40 Abs. 2 KAGB.[50]

63 Dem steht jedoch entgegen, dass das Aktienrecht für den Ausfall eines Vorstandsmitglieds Vorsorge getroffen hat. Daher ist zunächst der **aktienrechtlichen Kompetenz des Aufsichtsrates** gem. § 108 Abs. 2 KAGB i.V.m. § 84 Abs. 1 AktG, Vorstandsmitglieder zu bestellen, der Vorrang einzuräumen. Ist der Aufsichtsrat nicht oder nicht in der erforderlichen Zeit in der Lage, ein Ersatz-Vorstandsmitglied zu ernennen, kann in dringenden Fällen das Gericht auf Antrag ein Vorstandsmitglied bestellen (§ 85 Abs. 1 AktG). Es besteht daher kein Bedürfnis auf den Rückgriff auf § 40 Abs. 2 KAGB, der ohnehin auf KVGen und nicht auf extern verwaltete Investmentgesellschaften zugeschnitten ist.

§ 114 Unterschreitung des Anfangskapitals oder der Eigenmittel

[1]Die intern verwaltete Investmentaktiengesellschaft mit veränderlichem Kapital hat der Bundesanstalt und den Aktionären unverzüglich anzuzeigen, wenn das Gesellschaftsvermögen den Wert des Anfangskapitals oder den Wert der zusätzlich erforderlichen Eigenmittel gemäß § 25 unterschreitet. [2]Mit der Anzeige gegenüber den Aktionären ist durch den Vorstand eine Hauptversammlung einzuberufen.

In der Fassung vom 4.7.2013 (BGBl. I 2013, S. 1981).

48 Vgl. auch die insoweit berechtigte Kritik von *Lorenz* in Weitnauer/Boxberger/Anders, § 113 KAGB Rz. 11.
49 Vgl. *A. München/Herrmann* in Baur/Tappen, § 113 KAGB Rz. 21.
50 So *Boxberger* in Moritz/Klebeck/Jesch, § 113 KAGB Rz. 23.

Schrifttum: *BaFin*, Rundschreiben 01/2017 (WA) – KAMaRisk in der Fassung vom 10.1.2017; abrufbar unter: https://www.bafin.de/SharedDocs/Downloads/DE/Rundschreiben/dl_rs_1701_KAMaRisk.html; *Jünemann/Wirtz*, Regulatorisches Regime und Rechtsformwahl für „kleine Spezial-AIFM", RdF 2018, 109. Im Übrigen wird auf das Schrifttum zu § 108 verwiesen.

I. Regelungsgegenstand und -zweck

1 § 114 KAGB enthält **keine eigenständige Regelung des Anfangs- und Eigenkapitals**, weil die intern verwaltete InvAG mit veränderlichem Kapital neben ihrer Struktur als Fondsvehikel zugleich auch eine interne KVG darstellt, auf die die allgemeinen Vorschriften für eine KVG Anwendung finden (vgl. § 17 Abs. 2 Nr. 2 KAGB), mithin auch § 25 KAGB.[1]

2 Der Regelungsgehalt des § 114 KAGB entspricht im Wesentlichen dem § 96 Abs. 6 Satz 1 und 3 des aufgehobenen InvG.[2]

3 In Ermangelung einer europarechtlichen Vorgabe strich der Gesetzgeber die unter der Rechtslage des aufgehobenen InvG geltende zusätzliche Bestimmung des § 96 Abs. 5 InvG, wonach die InvAG mit veränderlichem Kapital innerhalb von 3 Monaten nach Eintragung der InvAG zum Handelsregister ein Gesellschaftsvermögen i.H.v. 1,25 Mio. Euro aufweisen musste.[3]

4 Vor dem Hintergrund der in § 25 KAGB gestellten Anforderungen an das Anfangskapital und die Eigenmittel bezweckt § 114 KAGB zum einen die **Überprüfung und Einhaltung der Mindestkapitalisierung der InvAG mit veränderlichem Kapital** und zum anderen die **Sicherstellung der Informationsbedürfnisse der Anleger** für den Fall, dass das Anfangskapital bzw. die Eigenmittel unterschritten werden und sich die InvAG mit veränderlichem Kapital in einer Krise befindet.[4]

5 Neben der Unterrichtung der Anleger sieht § 114 KAGB auch die **Unterrichtung der BaFin** für den Fall der Absenkung des Anfangskapitals oder der Eigenmittel unter die in § 25 KAGB vorgesehenen Schwellen vor. Der Vorstand der InvAG mit veränderlichem Kapital hat darüber hinaus eine **Hauptversammlung einzuberufen.**

6 Für den Fall, dass eine **intern verwaltete InvAG** mit veränderlichem Kapital gem. §§ 2 Abs. 4 Satz 2, 44 Abs. 1 KAGB lediglich **registrierungspflichtig** ist, sind die Regelungen in §§ 108 bis 123 KAGB zwar ebenfalls anwendbar. Nach zutreffender Ansicht[5] führt der Verweis auf § 114 in § 44 Abs. 1 Nr. 7 KAGB jedoch nicht dazu, dass die Anwendbarkeit des § 25 KAGB wieder auflebt, so dass § 114 KAGB ins Leere läuft.

II. Gesellschaftsvermögen und Eigenmittel

7 § 114 Satz 1 KAGB stellt auf das **Gesellschaftsvermögen** ab, welches den Wert des Anfangskapitals oder den Wert der zusätzlich erforderlichen Eigenmittel gem. § 25 KAGB nicht unterschreiten darf.

8 Gemäß § 110 Abs. 1 Satz 2 KAGB entspricht der Wert des Gesellschaftsvermögens der **Summe der jeweiligen Verkehrswerte** der zum Gesellschaftsvermögen gehörenden Vermögensgegenstände **abzgl. der aufgenommenen Kredite und sonstigen Verbindlichkeiten.**

9 Das Gesellschaftsvermögen der intern verwalteten InvAG mit veränderlichem Kapital erfasst sowohl das **Investmentbetriebsvermögen** als auch das **Investmentanlagevermögen**. Zur Rechnungslegung und Wertermittlung dieser beiden Vermögensbestandteile einer intern verwalteten InvAG mit veränderlichem Kapital enthält die KARBV in §§ 20 ff. detaillierte Bestimmungen. Aus der Anwendung der KARBV folgt, dass für die Ermittlung des Gesellschaftsvermögens eine bilanzielle Betrachtung anzustellen ist, bei der sowohl die Vermögensgegenstände als auch die Schulden zu berücksichtigen sind (§ 21 Abs. 1 Satz 1 KARBV). Sowohl beim Investmentbetriebsvermögen als auch beim Investmentanlagevermögen sind die Verbindlichkeiten auf der Passivseite zu berücksichtigen (§ 21 Abs. 4 Satz 1 KARBV).

10 Damit ergibt sich sowohl aus der Definition des Gesellschaftsvermögens in § 110 Abs. 1 Satz 2 KAGB als auch aus den Vorgaben des KARBV für die Bilanz des Investmentbetriebsvermögens und des Investmentanlagevermögens, dass jeweils die **Verbindlichkeiten der InvAG zu berücksichtigen** sind. Dies entspricht

1 BT-Drucks. 17/12294, 239.
2 BT-Drucks. 17/12294, 239.
3 BT-Drucks. 17/12294, 239.
4 *Boxberger* in Moritz/Klebeck/Jesch, § 114 KAGB Rz. 3.
5 *Boxberger* in Moritz/Klebeck/Jesch, § 114 KAGB Rz. 4; *Jünemann/Wirtz*, RdF 2018, 109 (111 f.).

auch dem Zweck des § 114 KAGB, da nur unter Berücksichtigung der Verbindlichkeiten der wahre Vermögensstatus der InvAG mit veränderlichem Kapital zu Tage tritt, der Grundlage für Maßnahmen der BaFin und der Anleger zur Bewältigung einer Krise ist.

1. Anfangskapital

11 Die Kapitalanforderungen, die der Gesetzgeber für die intern verwaltete InvAG mit veränderlichem Kapital vorschreibt, sind in **§ 25 KAGB** geregelt. Der Gesetzgeber sieht für die Kapitalanforderungen zunächst ein bestimmtes Anfangskapital vor und ergänzend hierzu eine bestimmte Höhe an zusätzlichen Eigenmitteln.

12 Das **Anfangskapital** ist **in § 1 Abs. 19 Nr. 1 Buchst. a) KAGB** für die Aktiengesellschaft **definiert als** das **eingezahlte Grundkapital** ohne die Aktien, die mit einem nachzuzahlenden Vorzug bei der Verteilung des Gewinns ausgestattet sind (Vorzugsaktien), **und die Rücklagen**. Dieses so definierte Anfangskapital muss gem. § 25 Abs. 1 Nr. 1 Buchst. a) KAGB bei einer intern verwalteten InvAG mit veränderlichem Kapital mindestens 300.000 Euro betragen.

13 Aus § 116 Abs. 2 Satz 3 KAGB ergibt sich, dass das Anfangskapital mit den **Einlagen der Unternehmensaktionäre** aufgebracht werden muss (vgl. § 116 Rz. 20 ff.).

14 Da beim Anfangskapital die Verbindlichkeiten im Gesellschaftsvermögen nicht berücksichtigt werden, dürfte der Wert des Gesellschaftsvermögens stets unterhalb des Wertes des Anfangskapitals liegen. Die Formulierung in Satz 1 ist deshalb ungenau. Sie hätte auf das ***mindesterforderliche*** **Anfangskapital** nach § 25 Abs. 1 Nr. 1 a) KAGB verweisen müssen.

2. Eigenmittel

a) Definition der Eigenmittel

15 Nach § 114 Satz 1 KAGB wird eine Anzeigepflicht auch ausgelöst, wenn die gem. § 25 KAGB **zusätzlich erforderlichen Eigenmittel** unterschritten werden.

16 Zur Definition der „Eigenmittel" verweist § 1 Abs. 19 Nr. 9 KAGB auf Art. 72 der Verordnung (EU) 575/2013 (Capital Requirements Regulation – „**CRR**") wonach sich die Eigenmittel aus der Summe von **Kernkapital** und **Ergänzungskapital** ergeben. Es ist jedoch zweifelhaft, ob diese Definition auf das Gesellschaftsvermögen einer intern verwalteten InvAG passt.

17 Bei den Instrumenten des Kernkapitals (Art. 25 ff. CRR) und des Ergänzungskapitals (Art. 62 ff. CRR) handelt es sich um Posten auf der Passivseite der Bilanz des Instituts. Die Anforderung an eine bestimmte Höhe der Eigenmittel dient dem Zweck, einen Puffer gegen Ansprüche nicht nachrangiger Gläubiger zu bilden. Sie ist ein Indikator für die Solvenzfestigkeit des Instituts. Der gesetzgeberische Ansatz, die CRR-Definition der Eigenmittel auf die **externe KVG** anzuwenden, ist daher zu begrüßen. Denn die Feststellung der Solvabilität der externen KVG ist im essentiellen Interesse der von ihr verwalteten InvAG und ihrer Aktionäre.

18 Bei der **intern verwalteten** InvAG gilt die Besonderheit, dass die Eigenmittel der InvAG nahezu ausschließlich von den **Einlagen der Aktionäre** und **Rücklagen** gebildet werden. Die Instrumente des Ergänzungskapitals, wie nachrangige Darlehen, stille Beteiligungen oder sonstige nachrangige Instrumente, dürften bei der InvAG mit veränderlichem Kapital keine praktische Rolle spielen, auch wenn es – anders als bei der geschlossenen InvKG gem. § 152 Abs. 1 Satz 1 KAGB (vgl. hierzu § 152 Rz. 24 ff.) – kein gesetzliches Gebot gibt, sich nur als Aktionär an der InvAG zu beteiligen. Legt man folglich die CRR-Definition der Eigenmittel zugrunde, müsste auf das gesamte Aktienkapital, das durch die Ausgabe von Unternehmens- und Anlageaktien gebildet wird, zzgl. der Rücklagen abgestellt werden. Aus der Anforderung in § 116 Abs. 2 Satz 3 KAGB, wonach sämtliche Einlagen der Unternehmensaktionäre mindestens den Betrag des Anfangskapitals und der zusätzlich erforderlichen Eigenmittel in § 25 KAGB ausmachen müssen, ergibt sich eher die Schlussfolgerung, dass der Gesetzgeber **für die Bestimmung der Eigenmittel allein auf das Unternehmensaktienkapital abstellen** wollte. Insoweit handelt es sich folglich bei der intern verwalteten InvAG mit veränderlichem Kapital um eine Abweichung von der Definition der Eigenmittel in § 1 Abs. 19 Nr. 9 KAGB i.V.m. Art. 72 CRR.

19 Letztlich kann jedoch für die Zwecke des § 114 KAGB die Frage, wie sich die Eigenmittel der intern verwalteten InvAG zusammensetzen müssen, dahinstehen. Denn die in § 114 KAGB genannten Schwellen des § 25 KAGB sind eine gesetzliche Messgröße, mit dem der Wert des Gesellschaftsvermögens zu vergleichen ist. Der Wert des Gesellschaftsvermögens kann sowohl durch Absinken der Verkehrswerte der Vermögens-

gegenstände als auch durch die Höhe der Verbindlichkeiten unter die in § 25 KAGB genannten Schwellen herabsinken.

b) Höhe der zusätzlich erforderlichen Eigenmittel

Die zusätzlich erforderlichen Eigenmittel gem. § 25 KAGB betreffen zunächst die **dynamische Steigerung der Eigenmittelanforderung nach der Höhe des verwalteten Vermögens in § 25 Abs. 1 Nr. 2 KAGB**. Danach muss die KVG zusätzliche Eigenmittel i.H.v. wenigstens 0,02 % desjenigen Betrages, um den der Wert des verwalteten Vermögens 250 Millionen Euro übersteigt, vorhalten. Gibt die InvAG mit veränderlichem Kapital sowohl Unternehmens- als auch Anlageaktien aus, sind diese zusätzlichen Eigenmittel nach dem oben (Rz. 18) Gesagten ausschließlich von dem Unternehmensaktienkapital abzudecken. 20

Werden allerdings bei der Spezial-InvAG lediglich Unternehmensaktien ausgegeben, führt die Definition der Eigenmittel in § 1 Abs. 19 Nr. 9 KAGB i.V.m. Art. 72 CRR zu einem absurden Ergebnis: Da die Eigenmittel im Wesentlichen aus den Einlagen der Aktionäre bestehen, führt die dynamische Eigenmittelanforderung dazu, dass bei Anwachsen des verwalteten Gesellschaftsvermögens weitere Aktien begeben werden müssten, wodurch das Gesellschaftsvermögen weiter erhöht wird usw. 20a

Dies zeigt, dass **§ 25 Abs. 1 Nr. 2 KAGB auf intern verwaltete Investmentgesellschaften nicht passt** (vgl. hierzu ausführlicher § 155 Rz. 17). 21

Ferner müssen KVGen, einschließlich intern verwalteter InvAGen, zu jeder Zeit Eigenmittel vorhalten, die **einem Viertel ihrer fixen Gesamtkosten im Vorjahr** entsprechen, wie sich aus der Verweiskette in § 25 Abs. 4 Satz 1 KAGB über Art. 9 Abs. 5 AIFM-RL und Art. 7 Abs. 1 Buchst. a) iii) OGAW-RL auf Art. 21 RL 2006/49/EG ergibt. 22

Schließlich müssen KVGen, einschließlich intern verwalteter InvAGen, gem. § 25 Abs. 6 KAGB zusätzliche Eigenmittel **zur Abdeckung potentieller Berufshaftungsrisiken** vorhalten, wobei diese Anforderung auch durch den Abschluss einer geeigneten Versicherung erfüllt werden kann. 23

Entgegen der etwas verunglückten Formulierung in § 114 Satz 1 KAGB sind die zusätzlich erforderlichen Eigenmittel nicht getrennt mit der Folge zu verstehen, dass schon deren Unterschreitung allein die Anzeigepflicht auslöste. Vielmehr ist das „oder“ als **„und“** oder **„zzgl.“** zu verstehen. 24

III. Anzeigepflicht gegenüber der Bundesanstalt für Finanzdienstleistungsaufsicht

Unterschreitet das Anfangskapital bzw. unterschreiten die Eigenmittel der InvAG mit veränderlichem Kapital die Schwellenwerte des § 25 KAGB, **hat der Vorstand der BaFin unverzüglich die Unterschreitung anzuzeigen.** 25

Die Anzeige an die BaFin hat **unverzüglich**, d.h. nach Maßgabe des § 121 Abs. 1 Satz 1 BGB ohne schuldhaftes Zögern, zu erfolgen.[6] Unverzüglich ist die Anzeige an die BaFin, wenn sie innerhalb einer nach den Umständen des Einzelfalls zu bemessenden Prüfungs- und Überlegungsfrist erklärt werden kann.[7] Bei der Bemessung der Frist sind vor allem den Interessen der Finanzaufsicht und den Interessen der Anleger hinreichend Rechnung zu tragen.[8] Führt die Prüfung zu dem Ergebnis, dass die Schwellenwerte des § 25 KAGB unterschritten sind, ist die Anzeige an die BaFin unmittelbar zu erstatten, da es für eine weitere Verzögerung keinen sachlich gerechtfertigten Grund gibt. 26

Unterschreitet eine intern verwaltete InvAG mit veränderlichem Kapital die gesetzlich vorgesehenen Grenzen der Eigenmittel nach § 25 KAGB, kann die BaFin die **Erlaubnis der KVG** nach Ablauf einer gesetzten Frist zur Behebung des Mangels **aufheben** oder soweit dies im Einzelfall ausreichend ist, **aussetzen** (§ 39 Abs. 3 Nr. 2 KAGB). 27

IV. Anzeigepflicht gegenüber den Aktionären

Gemäß § 114 Satz 1 KAGB ist neben der BaFin auch den Aktionären die Unterschreitung der Kapitalgrenzen anzuzeigen. 28

6 *Boxberger* in Moritz/Klebeck/Jesch, § 114 KAGB Rz. 6; *Herrmann* in Baur/Tappen, § 114 KAGB Rz. 11.
7 *Ellenberger* in Palandt, § 121 BGB Rz. 3.
8 Allgemein *Ellenberger* in Palandt, § 121 BGB Rz. 3.

29 Dabei unterscheidet der Gesetzgeber nicht zwischen den verschiedenen Aktiengattungen, so dass sowohl die **Unternehmensaktionäre** als auch die **Anlageaktionäre** zu unterrichten sind. Dies ist vor allem deshalb zwingend, weil nicht nur die Unternehmensaktionäre sondern auch die Anlageaktionäre, sofern sie über ein Stimmrecht verfügen, über geeignete Maßnahmen entscheiden sollen.[9] Ist den Anlageaktionären ein Stimmrecht grundsätzlich eingeräumt, ist davon auszugehen, dass dieses entsprechend der in der Satzung getroffenen Regelung auch den Regelungsgegenstand der zu treffenden Maßnahme erfasst. Denn es handelt sich in einer finanziellen Krise stets um Grundlagenentscheidungen wie Auflösung und Abwicklung, Kapitalerhöhung, Liquidation von erheblichen Vermögenswerten etc., die in den Kernbereich der Rechte der Anlageaktionäre hineinreichen.

30 Soweit die Anlageaktien **nicht mit einem Stimmrecht ausgestattet** sind, reduziert sich ihre Überlegung auf das Halten oder die Rückgabe von Anlageaktien. Da diese Anlageaktionäre aber gleichermaßen informiert sind, ist es nicht ausgeschlossen, dass sie versuchen werden, möglichst rasch ihr Rückgaberecht gemäß § 116 Abs. 2 Satz 1 KAGB auszuüben. Um einen Wettlauf zwischen den Anlageaktionären zu vermeiden, ist ein Szenario der Rückgabeaussetzung gem. § 116 Abs. 2 Satz 6 i.V.m. § 98 Abs. 2 und 3 KAGB nicht unwahrscheinlich. Gleichwohl ist die Transparenzpflicht in § 114 Satz 1 KAGB zur Wahrung der Interessen der Anlageaktionäre höher zu bewerten.

31 Eine ähnliche Interessenlage wird es im Falle einer **Spezial-InvAG mit veränderlichem Kapital** geben, bei der auf die Ausgabe der Anlageaktien verzichtet wurde und die professionellen und semiprofessionellen Anleger ein unternehmerisches Interesse an dem Erhalt des Investmentvermögens haben. Zudem kommt hier eine schnelle Abstoßung der Aktien nicht in Betracht, weil die Rücknahme nach § 116 Abs. 2 Satz 3 KAGB nur mit der Zustimmung aller Unternehmensaktionäre erfolgen kann (vgl. § 116 Rz. 30).

V. Einberufung einer Hauptversammlung durch den Vorstand

32 Zusätzlich zur Anzeige an die BaFin und die Anleger ist der Vorstand verpflichtet, eine **Hauptversammlung einzuberufen**.

33 Die Einberufung der Hauptversammlung richtet sich **nach den aktienrechtlichen Vorgaben**. So muss die Einberufung gem. § 92 Abs. 1 AktG ebenfalls unverzüglich, d.h. ohne schuldhaftes Zögern, erfolgen.[10] Der Termin für die Hauptversammlung muss so bestimmt werden, dass keine weiteren unnötigen Verzögerungen eintreten, um eine Beschlussfassung über die notwendigen Maßnahmen herbeizuführen.[11] Damit sind zugleich die Grenzen für einen Aufschub der Hauptversammlung bis zu einer regulären Hauptversammlung gezogen.[12]

34 Bei der Einberufung der Hauptversammlung ist darauf zu achten, dass das Absinken des Gesellschaftsvermögens unter die in § 25 KAGB genannten Schwellen **zumindest als Tagesordnungspunkt zur Aussprache** aufgenommen wird. Sind die Vorschläge über die zu treffenden Maßnahmen bereits hinreichend konkret, sind diese ebenfalls als Besprechungsgegenstände in die Tagesordnung aufzunehmen.[13] Hinreichend konkret ist ein Beschlussgegenstand, wenn die Aktionäre erkennen können, um welche Maßnahmen es gehen könnte.[14]

35 Es ist jedoch in der Praxis nicht unwahrscheinlich, dass der Vorstand der InvAG mit veränderlichem Kapital im Zeitpunkt der Einberufung der Hauptversammlung **noch keine konkreten Beschlussvorschläge** zur Sanierung der InvAG vorlegen kann. In diesem Fall dürfte es sich um eine erste Hauptversammlung handeln, in der über die verschiedenen Möglichkeiten des Fortgangs der InvAG beraten wird. Es empfiehlt sich, die BaFin über die favorisierte Sanierungsmaßnahme zu unterrichten. Die eigentliche Beschlussfassung bliebe in diesem Falle einer zweiten Hauptversammlung vorbehalten.

36 *„Mit der Anzeige"* bedeutet nicht nur gleichzeitig sondern **in einer mit der Anzeige eine Einheit bildende Kommunikationsform**. Hinsichtlich der Form der Ladung zur Hauptversammlung verweist § 108 Abs. 1 Satz 1 KAGB auf die Vorschriften des AktG. Da die Unternehmensaktien stets auf den Namen lauten müssen (§ 109 Abs. 2 Satz 3 KAGB) und die stimmberechtigten Anlageaktien aus praktischen Gründen entsprechend dem gesetzlichen Regelfall (§ 10 Abs. 1 AktG) stets auf den Namen lauten sollten, kann die Ein-

9 Vgl. BT-Drucks. 16/5576, 85.
10 So auch *Herrmann* in Baur/Tappen, § 116 KAGB Rz. 11.
11 *Hüffer/Koch,* § 92 AktG Rz. 5.
12 Vgl. *Hermann* in Baur/Tappen, § 116 KAGB Rz. 7.
13 *Hüffer/Koch,* § 121 AktG Rz. 9.
14 *Hüffer/Koch,* § 121 AktG Rz. 9.

ladung durch eingeschriebenen Brief oder Einrückung im Bundesanzeiger erfolgen; allerdings kann die Satzung eine abweichende Regelung treffen und z.B. eine Ladung in Textform (§ 126b BGB) genügen lassen (§ 121 Abs. 4 AktG).

VI. Überprüfung der Eigenmittel

Die Kapitalanlage-Prüfungsberichte-Verordnung (KAPrüfbV) enthält sowohl für die externe KVG als auch für die InvAG mit veränderlichem Kapital Vorgaben zur Prüfung der Eigenmittel. Gemäß § 10 Abs. 1 i.V.m. § 44 Abs. 1 KAPrüfbV sind die **Höhe und die Zusammensetzung** der **Eigenmittel im turnusmäßigen Prüfbericht** i.S.d. §§ 3 f. KAPrüfbV anzugeben. Allerdings sieht die KAPrüfbV lediglich eine jährliche Prüfung vor. 37

Um die Pflichten des § 114 KAGB zu erfüllen, ist es angezeigt, die Eigenmittel im Rahmen eines **angemessenen Risikomanagements** einer **internen Prüfung der Eigenmittelanforderungen** nach § 25 KAGB zu unterziehen. Die intern verwaltete InvAG mit veränderlichem Kapital hat je nach Art, Umfang, Komplexität und Risikogehalt der Geschäftsaktivitäten regelmäßig angemessene Stresstests für die wesentlichen Risiken durchzuführen.[15] In diesem Rahmen hat der Vorstand auch sicherzustellen, dass eine regelmäßige Kontrolle der Eigenmittel vorgenommen wird. 38

VII. Unterschiede bei der externen Verwaltung der Investmentaktiengesellschaft mit veränderlichem Kapital

Die Anforderungen an das Anfangskapital und die zusätzlich erforderlichen Eigenmittel in § 25 KAGB gelten nicht für die extern verwaltete InvAG mit veränderlichem Kapital. Mindestkapitalanforderungen ergeben sich jedoch aus dem Aktienrecht (§ 7 AktG) und dem in der Satzung festgelegten Mindestkapital (§ 116 Abs. 1 KAGB). Werden diese Mindestkapitalziffern unterschritten, wird indes **keine dem § 114 KAGB entsprechende Anzeigepflicht der externen KVG** ausgelöst. 39

§ 115 Gesellschaftskapital

[1]Der Vorstand einer Investmentaktiengesellschaft mit veränderlichem Kapital ist ermächtigt, das Gesellschaftskapital wiederholt durch Ausgabe neuer Anlageaktien gegen Einlagen zu erhöhen. [2]Unternehmensaktionäre und Anlageaktionäre haben ein Bezugsrecht entsprechend § 186 des Aktiengesetzes; Anlageaktionäre haben jedoch nur dann ein Bezugsrecht, wenn ihnen nach Maßgabe des § 109 Absatz 3 Satz 2 ein Stimmrecht zusteht. [3]Mit der Ausgabe der Aktien ist das Gesellschaftskapital erhöht.

In der Fassung vom 4.7.2013 (BGBl. I 2013, S. 1981).

15 *BaFin*, Rundschreiben 01/2017 (WA) – KAMaRisk in der Fassung vom 10.1.2017, S. 12.

Schrifttum: *Bürgers/Körber*, Aktiengesetz, 4. Aufl. 2017; *Grigoleit*, Aktiengesetz, Kommentar, 2013; *Gross*, Der Inhalt des Bezugsrechts nach § 186 AktG – Ein Beitrag zum gekreuzten und faktischen Bezugsrechtsauschluss, AG 1993, 449; *Hoffmann-Becking*, Münchner Handbuch des Gesellschaftsrechts, Band 4, Aktiengesellschaft, 4. Aufl. 2015; *Heeren/von Tiling*, Die InvAG vor dem Durchbruch?, in Kempf, Novellierung des Investmentrechts 2007, 2008; *Hopt/Wiedemann*, Aktiengesetz, Großkommentar, Sechster Band §§ 150-220, 4. Aufl. 2004; *Loges/Distler*, Gestaltungsmöglichkeiten durch Aktiengattungen, ZIP 2002, 467; *Rittig*, Der gekreuzte Bezugsrechtsausschluss in der Höchstbetragskapitalerhöhung, NZG 2012, 1292; *K. Schmidt/Lutter*, Aktiengesetz, Kommentar, II. Band, §§ 150-410, 3. Aufl. 2015; *Sedlmaier*, Die Investment-Rechnungslegungs- und Bewertungsverordnung – Überblick und kritische Würdigung, WM 2010, 1437; *Steck/Fischer*, Aktuelle Praxisfragen der Investmentaktiengesellschaft, ZBB 2009, 188. Im Übrigen wird auf das Schrifttum zu § 108 verwiesen.

I. Regelungsgegenstand und -zweck

1 § 115 KAGB geht auf § 104 des aufgehobenen InvG zurück und übernimmt die investmentrechtliche Regelung zur **Kapitalbeschaffung der InvAG mit veränderlichem Kapital**. Gleichzeitig werden die aktienrechtlichen Bestimmungen zur Kapitalbeschaffung einer unternehmerisch tätigen AG dergestalt modifiziert, dass die Vorschriften der §§ 182 bis 240 AktG nicht auf die Ausgabe von Aktien der InvAG mit veränderlichem Kapital anwendbar sind.[1] Die im Aktienrecht vorgesehenen Verfahren der Kapitalbeschaffung sind aufgrund der gesetzlich vorgesehenen Verfahrens- und Formvorschriften nicht mit der Konzeption eines *„atmenden Kapitals"* eines offenen Investmentvermögens wie die InvAG mit veränderlichem Kapital vereinbar.[2]

2 Mit dem **Investmentänderungsgesetzes von 2007** schuf der Gesetzgeber eine flexible Vorschrift für die Ausgabe von Aktien einer InvAG mit veränderlichem Kapital und glich sie an die Ausgabe von Anteilen an Sondervermögen an.[3] Der Vorstand kann durch das erleichterte Verfahren zur Kapitalbeschaffung flexibel auf eine erhöhte Nachfrage nach Aktien der InvAG mit veränderlichem Kapital reagieren.[4]

3 Darüber hinaus regelt die Vorschrift in Satz 2 die **Modalitäten des Bezugsrechts für Unternehmens- und Anlageaktionäre**, in dem die aktienrechtliche Vorschrift des § 186 AktG für anwendbar erklärt wird. Der Gesetzgeber stellt damit sicher, dass die vermögensmäßige Beteiligung der Aktionäre durch die flexible Ausgestaltung der Kapitalbeschaffung keiner ständigen Verwässerung unterliegt und sich die Mehrheitsverhältnisse zu Lasten einzelner Aktionäre verändert.

4 § 115 Satz 3 KAGB bestimmt den Zeitpunkt des Wirksamwerdens der Kapitalerhöhung durch die Ausgabe neuer Aktien.

II. Das Gesellschaftskapital der Investmentaktiengesellschaft mit veränderlichem Kapital

1. Das Verhältnis des Unternehmensaktienkapitals zum Anlageaktienkapital

5 Das KAGB regelt das Verhältnis des Kapitals, das durch die Ausgabe von Unternehmensaktien aufgebracht wird (**Unternehmensaktienkapital**) und dem Kapital, das durch die Ausgabe von Anlageaktien aufgebracht wird (**Anlageaktienkapital**), nicht. In der investmentrechtlichen Literatur werden hierzu verschiedene Ansätze vertreten.

a) Rechtliche Trennung von Unternehmensaktienkapital und Anlageaktienkapital

6 Fraglich ist, ob das **Unternehmensaktienkapital rechtlich vom Anlageaktienkapital getrennt** werden muss. Rechtsfolge einer solchen Ansicht wäre, dass das durch die Anlageaktien aufgebrachte Kapital ausschließlich das Anlageaktienkapital erhöht, während das Unternehmensaktienkapital unverändert bliebe.

7 Nach einer in der Literatur vertretenen Ansicht ist das Unternehmensaktienkapital vom Anlageaktienkapital rechtlich zu trennen.[5] Dies gelte sogar dann, wenn die InvAG mit veränderlichem Kapital keine Teilgesellschaftsvermögen bildet. In diesen Fällen werden das Unternehmensaktienkapital und das Anlageaktien-

1 BT-Drucks. 16/5576, 88.
2 *Boxberger* in Moritz/Klebeck/Jesch, § 115 KAGB Rz. 1.
3 BT-Drucks. 16/5576, 88.
4 *Boxberger* in Moritz/Klebeck/Jesch, § 115 KAGB Rz. 2.
5 *Heeren/von Tiling* in Kempf, Novellierung des Investmentrechts 2007, S. 210; wohl auch *Dornseifer*, AG 2008, 53 (59); *Müchler*, Die Investmentaktiengesellschaft mit veränderlichem Kapital, S. 104 ff., mit Verweis auf Anlegerschutzaspekte; offen gelassen *Sedlmaier*, WM 2010, 1437 (1441).

kapital als sog. Quasi-Teilgesellschaftsvermögen behandelt, um eine haftungsrechtliche Trennung beider Vermögensmassen zu erreichen.[6]

Hiergegen spricht jedoch, dass das **KAGB** eine solche rechtliche Trennung zwischen Unternehmens- und Anlageaktienkapital nicht vorsieht. Der Gesetzgeber geht ausweislich der Gesetzesbegründung zum Investmentänderungsgesetz von 2007 eher von einem einheitlichen Gesellschaftskapital aus.[7] Diese Auffassung des Gesetzgebers spiegelt sich auch im Wortlaut des § 115 KAGB wider. Danach kann der Vorstand das „*Gesellschaftskapital*" durch die Ausgabe neuer Anlageaktien erhöhen. § 110 KAGB bestimmt, dass der Wert des Gesellschaftsvermögens die Summe der Verkehrswerte *aller* zum Gesellschaftsvermögen gehörenden Vermögensgegenstände abzgl. der aufgenommenen Kredite und der sonstigen Verbindlichkeiten darstellt. Zum Gesellschaftsvermögen zählen danach alle Vermögensgegenstände der InvAG mit veränderlichem Kapital. Eine Differenzierung nach dem Unternehmensaktienkapital und Anlageaktienkapital kommt in dieser Vorschrift nicht zum Ausdruck. 8

Auch aus **aktienrechtlichen** Grundsätzen folgt keine Notwendigkeit, eine rechtliche Trennung zwischen Unternehmens- und Anlageaktienkapital anzunehmen. Unternehmensaktien und Anlageaktien stellen unterschiedliche Aktiengattungen i.S.d. § 11 AktG dar (s. § 109 Rz. 5). Eine rechtliche Trennung des durch verschiedene Aktiengattungen aufgebrachten Kapitals hätte durch den Gesetzgeber gesetzlich angeordnet werden müssen. In Ermangelung einer derartigen Regelung im AktG werden durch die Bildung verschiedener Aktiengattungen nach § 11 AktG keine rechtlich voneinander getrennten Gesellschaftsvermögen der Aktiengesellschaft geschaffen. 9

b) Rechnerische Trennung von Unternehmensaktienkapital und Anlageaktienkapital

Statt einer rechtlichen Trennung von Unternehmensaktienkapital und Anlageaktienkapital kommt jedoch in Betracht, dass eine **rechnerische Trennung** beider Vermögensbestandteile zu erfolgen hat.[8] 10

Ein Indiz für die rechnerische Trennung von Unternehmensaktienkapital und Anlageaktienkapital findet sich in der Kapitalanlage-Rechnungslegungs- und -Bewertungsverordnung (KARBV). Die KARBV trifft in ihrem Geltungsbereich Aussagen über Inhalt, Umfang und Darstellung der Rechnungslegung von Sondervermögen und Investmentgesellschaften. Nach § 21 Abs. 4 KARBV sind die für den Betrieb der InvAG mit veränderlichem Kapital notwendigen Vermögensgegenstände und Schulden (Investmentbetriebsvermögen) und die dem Sondervermögen vergleichbaren Vermögensgegenstände und Schulden (Investmentanlagevermögen) getrennt voneinander zu ermitteln und auszuweisen. 11

Es ist davon auszugehen, dass das Investmentbetriebsvermögen von den Unternehmensaktionären angeschafft wird.[9] Hierfür spricht, dass das Anfangskapital i.S.d. § 25 Abs. 1 Nr. 1 lit. a) KAGB von den Unternehmensaktionären aufzubringen ist (s. § 109 Rz. 16 f.). Das Investmentanlagevermögen wird aus dem Kapital gebildet, das durch die Ausgabe von Anlageaktien aufgebracht wird. 12

Bei strikter rechnerischer Trennung würden die Erträge des Investmentanlagevermögens ausschließlich den Anlageaktionären zugutekommen, während die Unternehmensaktionäre ausschließlich an der Wertsteigerung des Unternehmensaktienkapitals partizipieren. 13

Allerdings ist **auch die rechnerische Trennung** zwischen Unternehmensaktien- und Anlageaktienkapital **nicht zwingend vorgegeben**. Der Indizwirkung des § 21 Abs. 1 KARBV kann mit dem Argument begegnet werden, dass der getrennte Ausweis von Investmentbetriebsvermögen und Investmentanlagevermögen lediglich der Übersichtlichkeit der bilanziellen Darstellung dient, jedoch eine rechnerische Abgrenzung i.S.e. getrennten vermögensmäßigen Zuordnung zu Unternehmensaktien einerseits und Anlageaktien andererseits nicht bezweckt ist. 14

Die zutreffende Lösung ist daher darin zu sehen, dass es der **Gestaltungsfreiheit der Gründer der InvAG mit veränderlichem Kapital überlassen bleiben muss**, ob und wie sie die Trennung zwischen Unternehmens- und Anlageaktienkapital in der Satzung regeln. Bei fehlender rechnerischer Abgrenzung (**Einheitslösung**) würden die Unternehmensaktionäre stets am Ergebnis des mit der Ausgabe von Anlageaktien ge- 15

6 *Heeren/von Tiling* in Kempf, Novellierung des Investmentrechts 2007, S. 210.

7 BT-Drucks. 16/5576, 84; *Herrmann* in Bauer/Tappen, § 110 KAGB Rz. 6; ausführlich hierzu bereits *Wallach*, Der Konzern 2007, 487 (491).

8 Siehe zu dieser Frage bereits *Wallach*, Der Konzern 2007, 487 (491).

9 Nach *Heeren/von Tiling* in Kempf, Novellierung des Investmentrechts 2007, S. 210 ist das Unternehmensaktienkapital stets dem Investmentbetriebsvermögen zuzuordnen. Das Anlageaktienkapital ist dem Anlageinvestmentvermögen zuzuordnen; in diesem Sinne wohl auch *Müchler*, Die Investmentaktiengesellschaft mit veränderlichem Kapital, S. 109.

schaffenen Kapitals partizipieren, während die Anlageaktionäre auch an der Wertentwicklung des Unternehmensaktienkapitals partizipieren und im Innenverhältnis anteilig für die Verbindlichkeiten des Investmentbetriebsvermögens haften würden. Da diese Folgen nicht der üblichen Interessenlage der Unternehmens- und Anlageaktionäre entspricht, hat sich die Einheitslösung, obwohl rechtlich zulässig, jedenfalls bei **Publikums-InvAGen** mit veränderlichem Kapital nicht durchgesetzt.

16 Anders kann die Interessenlage bei **Spezial-InvAGen** mit veränderlichem Kapital sein, wenn einerseits die Initiatoren/Vorstandsmitglieder am Anlageerfolg und andererseits die Anleger an der Geschäftsführung beteiligt sein wollen. Dies würde durch den Verzicht auf die Begebung von Anlageaktien (§ 109 Abs. 1 Satz 1 KAGB) zum Ausdruck gebracht werden. Je nach Interessenlage kann hier auch eine rechnerische Vermischung von Investmentbetriebsvermögen und Investmentanlagevermögen dem Willen der Gesellschafter entsprechen.

c) Rechtliche Trennung zwischen Unternehmensaktien- und Anlageaktienkapital durch Bildung getrennter Teilgesellschaftsvermögen

17 Die vorstehenden Ausführungen haben gezeigt, dass die Ausgabe von Unternehmensaktien und Anlageaktien nach der hier vertretenen Auffassung nicht zu einer rechtlichen Trennung der Teile des Gesellschaftskapitals führt, die jeweils durch die Ausgabe von Unternehmensaktien und Anlageaktien gebildet werden. Es ist lediglich eine rechnerische Zuordnung der jeweiligen Kapitalteile an die Unternehmensaktionäre bzw. Anlageaktionäre möglich. Beabsichtigen die Gründer darüber hinaus eine rechtliche Trennung i.S.d. Schaffung voneinander abgegrenzter Haftungsmassen im Außen- und im Innenverhältnis, verbleibt ihnen nur die Möglichkeit, für das Unternehmensaktienkapital und das Anlageaktienkapital **unterschiedliche Teilgesellschaftsvermögen** zu bilden. Die haftungs- und vermögensrechtliche Separierung der Teilgesellschaftsvermögen wird in § 117 Abs. 2 KAGB ausdrücklich angeordnet.

18 Die rechtliche Trennung zwischen Unternehmensaktienkapital und Anlageaktienkapital vermittels eigener Teilgesellschaftsvermögen bietet eine **Reihe von Vorteilen**, wie z.B. die saubere rechtliche Zuordnung des Investmentbetriebsvermögens zum Unternehmensaktienkapital und des Investmentanlagevermögens zu dem Anlageaktienkapital, den Ausschluss der Haftung der Anlageaktionäre von Verbindlichkeiten des Investmentbetriebsvermögens, die ausschließliche Partizipation der Anlageaktionäre am Anlageerfolg des Investmentanlagevermögens etc.

19 Bei Publikums-InvAGen mit veränderlichem Kapital hat sich daher in der **Praxis** die rechtliche Trennungslösung durch **Bildung eines eigenen Teilgesellschaftsvermögens für das Unternehmensaktienkapital** durchgesetzt.

2. Zuständigkeit für die Ausgabe von Anlageaktien und Erhöhung der Einlagen

a) Ausgabe von Anlageaktien

20 § 115 Satz 1 KAGB schreibt die ausschließliche Zuständigkeit des Vorstands für die Ausgabe neuer Anlageaktien fest. Die Vorschrift stellt eine **gesetzliche Ermächtigung des Vorstandes** für die Ausgabe von Anlageaktien dar. Eine entsprechende Satzungsregelung ist nicht erforderlich.

21 Daher kann der Vorstand in den durch die Satzung festgelegten Grenzen des Mindest- und Höchstkapitals gem. § 116 KAGB das Gesellschaftskapital den Bedürfnissen der InvAG mit veränderlichem Kapital anpassen. Der Vorstand unterliegt dabei keinen Beschränkungen im Hinblick auf die Häufigkeit und der Höhe der auszugebenden Anlageaktien, mit Ausnahme der durch § 116 KAGB gezogenen Grenzen.[10]

b) Ausgabe von Unternehmensaktien

22 Nach dem eindeutigen Wortlaut des § 115 Satz 1 KAGB ist der Vorstand lediglich zur Ausgabe von Anlageaktien ermächtigt.

23 Teilweise wird in der Literatur vertreten, dass der Vorstand auch für die Ausgabe von Unternehmensaktien zuständig sei.[11] *Heeren/von Tiling*[12] gehen davon aus, dass die fehlende Regelung zur Verbandskompetenz

10 *Boxberger* in Moritz/Klebeck/Jesch, § 115 KAGB Rz. 4; *Lorenz* in Weitnauer/Boxberger/Anders, § 115 KAGB Rz. 2.

11 *Heeren/von Tiling* in Kempf, Novellierung des Investmentrechts 2007, S. 214; *Müchler*, Die Investmentaktiengesellschaft mit veränderlichem Kapital, S. 98 f.; zum Streitstand s. auch *Blenk*, Die Mitgliedschaft in der Investmentaktiengesellschaft, S. 96 ff.

12 *Heeren/von Tiling* in Kempf, Novellierung des Investmentrechts 2007, S. 214.

des Vorstandes ein Versehen des Gesetzgebers darstellt und der Vorstand auch für die Ausgabe von Unternehmensaktien zuständig sein müsse, weil dies der Konzeption eines „*atmenden Kapitals*" bei der Spezial-InvAG mit veränderlichem Kapital entspreche. *Müchler*[13] leitet die Verbandskompetenz des Vorstandes über § 105 des aufgehobenen InvG – nunmehr § 116 KAGB – her, der als Generalklausel für die Kompetenz des Vorstandes zur Ausgabe und Rücknahme von Aktien anzusehen sei und aufgrund der fehlenden Regelung in § 104 InvG hinsichtlich der Verbandskompetenz für die Ausgabe von Unternehmensaktien nicht von diesem verdrängt werde.

Nach der **herrschenden investmentrechtlichen Literatur** ist aufgrund der fehlenden Zuständigkeitsregelung im KAGB die **Hauptversammlung** für die Ausgabe neuer Unternehmensaktien zuständig.[14] Die Ausgabe von Unternehmensaktien kann nach dieser Ansicht nur durch einen Beschluss der Hauptversammlung erfolgen.[15] 24

Gegen die in der Literatur herrschende Ansicht könnte rein systematisch eingewandt werden, dass die §§ 182 bis 240 AktG gem. § 108 Abs. 2 KAGB auf die InvAG mit veränderlichem Kapital nicht anwendbar sind, mit der Folge, dass auch der grundsätzlich aktienrechtlichen Zuständigkeit der Hauptversammlung der Boden entzogen ist. 25

Allerdings besteht der gesetzgeberische Zweck des Ausschlusses der §§ 182 bis 240 AktG darin, für die Ausgabe und Rückgabe gerade von Anlageaktien die für ein offenes Investmentvermögen notwendige Flexibilität herzustellen.[16] Dieser gesetzgeberische Zweck trifft auf die Ausgabe von Unternehmensaktien nicht zu. 26

Im Gegenteil ist es eher im Interesse der InvAG mit veränderlichem Kapital und der Anlageaktionäre, bei der Zusammensetzung der Unternehmensaktionäre für eine gewisse Kontinuität zu sorgen und Änderungen der Kompetenz des Vorstandes zu entziehen. Aufgrund der besonderen Stellung der Unternehmensaktionäre, die sich aus der Übernahme der unternehmerischen Verantwortung und der Verantwortlichkeit für den weiteren Betrieb der InvAG mit veränderlichem Kapital ergibt,[17] erscheint es sachgerecht, die Ausgabe neuer Unternehmensaktien der Hauptversammlung zu überlassen. Wie auch bei der Entscheidung über die Bestellung einer externen KVG können Unternehmensaktionäre bei der Ausgabe neuer Unternehmensaktien an Einfluss auf das Tagesgeschäfts verlieren, insbesondere dann, wenn neue Unternehmensaktionäre aufgenommen werden sollen. Aufgrund des damit einhergehenden Mediatisierungseffektes ist die Zuständigkeit der Hauptversammlung vorzugswürdig.[18] Der herrschenden Literatur ist daher zuzustimmen, dass für die Begebung von Unternehmensaktien **grundsätzlich die Hauptversammlung zuständig** ist. 27

Fraglich ist, ob dem Vorstand durch eine Satzungsregelung die Verbandskompetenz für die Ausgabe von Unternehmensaktien übertragen werden kann. *Dornseifer*[19] verneint die Möglichkeit einer Satzungsregelung, obwohl die formale Satzungsstrenge i.S.d. § 23 Abs. 5 AktG nicht gilt. Die Übertragung der Verbandskompetenz zur Ausgabe von Unternehmensaktien auf den Vorstand widerspreche der besonderen Stellung der Unternehmensaktionäre in Hinblick auf ihre Rechte und Pflichten. Darüber hinaus seien die grundsätzlich zwingenden aktienrechtlichen Bestimmungen nach der Verwaltungspraxis nur dann abdingbar, wenn es zwingende investmentrechtliche Gründe gibt. Diese seien aber bei der InvAG mit veränderlichem Kapital nicht ersichtlich.[20] 28

Nach der herrschenden Literatur kann dagegen durch Satzungsregelung die Verbandskompetenz zur Ausgabe von Unternehmensaktien **auf den Vorstand übertragen** werden.[21] Dem ist zuzustimmen. Bereits rein formal kann die InvAG mit veränderlichem Kapital wegen des Wegfalls der Satzungsstrenge i.S.d. § 23 Abs. 5 AktG auch eine vom Aktienrecht abweichende Kompetenzverteilung zwischen Hauptversammlung 29

---

13 *Müchler*, Die Investmentaktiengesellschaft mit veränderlichem Kapital, S. 99.
14 So *Boxberger* in Moritz/Klebeck/Jesch, § 115 KAGB Rz. 5; *Herrmann* in Baur/Tappen, § 115 KAGB Rz. 2; *Lorenz* in Weitnauer/Boxberger/Anders, § 115 KAGB Rz. 3.
15 So auch *Sachtleber*, Zivilrechtliche Strukturen von open-end-Investmentfonds in Deutschland und England, S. 114.
16 BT-Drucks. 16/5576, 88.
17 Siehe hierzu bereits § 109 Rz. 26.
18 Ebenso *Blenk*, Die Mitgliedschaft in der Investmentaktiengesellschaft, S. 101, der ebenfalls die Grundsätze der *Holzmüller-Doktrin* anwendet, um die Zuständigkeit der Hauptversammlung zu begründen.
19 *Dornseifer* in Emde/Dornseifer/Dreibus/Hölscher, § 104 InvG Rz. 3.
20 *Dornseifer* in Emde/Dornseifer/Dreibus/Hölscher, § 104 InvG Rz. 3.
21 *Herrmann* in Baur/Tappen, § 115 KAGB Rz. 2; *Müchler*, Die Investmentaktiengesellschaft mit veränderlichem Kapital, S. 99; *Sachtleber*, Zivilrechtliche Strukturen von open-end-Investmentfonds in Deutschland und England, S. 114; nach *Fischer/Steck* in Berger/Steck/Lübbehüsen, § 104 InvG Rz. 7, soll dies nur für die Spezial-InvAG mit veränderlichem Kapital gelten.

und Vorstand treffen.[22] Eine entsprechende Satzungsregelung stellt keinen Verstoß gegen die Konzeption der Unternehmensaktien dar, weil durch eine Satzungsregelung sichergestellt ist, dass alle bisherigen Unternehmensaktionäre an der Entscheidung hinsichtlich der Verbandskompetenz zur Ausgabe von Unternehmensaktien beteiligt sind. Zum anderen wird durch eine Satzungsregelung ein hinreichendes Maß an Transparenz hergestellt, so dass für zukünftige Unternehmensaktionäre die Beschränkungen ihrer Kompetenzen ersichtlich sind. Im Ergebnis ist daher der Gestaltungsfreiheit der Gründer der InvAG mit veränderlichem Kapital, die **Zuständigkeit des Vorstands für die Ausgabe von Unternehmensaktien in der Satzung zu regeln**, den Vorzug zu geben.

c) Wirksamwerden der Erhöhung des Gesellschaftskapitals

30 Gemäß §§ 189, 211 AktG wird das Grundkapital einer Aktiengesellschaft mit Eintragung des entsprechenden Beschlusses der Hauptversammlung in das Handelsregister erhöht. Abweichend hiervon ist eine Ausgabe von neuen Anlageaktien nicht in das Handelsregister einzutragen. § 115 Satz 3 KAGB ersetzt die konstitutive Wirkung der Handelsregistereintragung nach §§ 189, 211 AktG im Rahmen von Kapitalbeschaffungsmaßnahmen durch die Ausgabe der Anlageaktien. Die Kapitalerhöhung ist **mit dem Vollzug der Ausgabe der Anlageaktien durchgeführt**.

31 Die Vereinfachung trägt den investmentrechtlichen Besonderheiten bei der InvAG mit veränderlichem Kapital Rechnung. Im Interesse der Anleger und des Kapitalmarktes muss die InvAG mit veränderlichem Kapital schnell und flexibel auf eine steigende Nachfrage nach Vermögensanlagen reagieren können. Eine starre Regelung mit Fristen, Quoren und einem Registereintragungsverfahren wird diesen Bedürfnissen nicht gerecht.

III. Bezugsrecht der Aktionäre

1. Bezugsrechtsberechtigte

32 § 115 Satz 2 KAGB sieht ein **Bezugsrecht sowohl für Unternehmensaktionäre als auch für Anlageaktionäre** vor. Anlageaktionäre haben allerdings nur ein Bezugsrecht, wenn ihnen durch die Satzung ein Stimmrecht eingeräumt wurde.

33 Der Gesetzgeber[23] rechtfertigt die Beschränkung des Bezugsrechts auf stimmberechtigte Anlageaktionäre damit, dass es bei Fehlen von Stimmrechten nicht zum Verlust von Mehrheitsstimmrechten kommen könne und außerdem mit jeder Ausgabe von Aktien das Gesellschaftskapital erhöht werde. Es drohe daher keine Verwässerungsgefahr.

2. Zeitpunkt des Bezugsrechts

34 In der Literatur ist umstritten, **durch welches Ereignis** das Bezugsrecht der Aktionäre **ausgelöst** wird.

35 *Fischer/Steck*[24] und *Herrmann*[25] vertreten die Ansicht, dass das Bezugsrecht erst ausgelöst werde, wenn die **in der Satzung festgeschriebenen Kapitalhöchstgrenzen überschritten** werden. Hierfür soll sprechen, dass eine Kapitalerhöhung bei der herkömmlichen Aktiengesellschaft die Erhöhung des gesetzlichen Haftkapitals zur Folge hat, für die eine Satzungsänderung erforderlich ist.[26] Da das aktienrechtliche Konzept des Haftungskapitals durch das Konzept des satzungsmäßig festgesetzten Höchst- und Mindestkapitals bei der InvAG mit veränderlichem Kapital ersetzt wurde, bedeute dies auf die InvAG mit veränderlichem Kapital übertragen, dass das Bezugsrecht des § 186 AktG erst ausgelöst werde, wenn der Betrag des in der Satzung festgelegten Mindest- und Höchstkapitals verändert wird.[27]

36 Gegen diese Ansicht sprechen sowohl der Wortlaut als auch der Zweck der § 115 KAGB. Nach § 115 Satz 1 und 3 KAGB wird das Gesellschaftskapital durch die Ausgabe neuer Anlageaktien gegen Einlagen erhöht. Bereits dadurch entsteht ein Bedürfnis, die stimmberechtigten Aktionäre durch Gewährung eines Bezugsrechts vor der Verwässerung ihrer Anteile zu schützen. Dass dieses Gesellschaftskapital Schwankungen un-

22 *Müchler*, Die Investmentaktiengesellschaft mit veränderlichem Kapital, S. 99; *Sachtleber*, Zivilrechtliche Strukturen von open-end-Investmentfonds in Deutschland und England, S. 114.
23 BT-Drucks. 16/5576, 88.
24 *Fischer/Steck* in Berger/Steck/Lübbehüsen, § 96 InvG Rz. 12.
25 *Herrmann* in Baur/Tappen, § 115 KAGB Rz. 6.
26 *Herrmann* in Baur/Tappen, § 115 KAGB Rz. 6.
27 *Fischer/Steck* in Berger/Steck/Lübbehüsen, § 96 InvG Rz. 12; *Herrmann* in Baur/Tappen, § 115 KAGB Rz. 6.

terliegt und als solches nicht im Handelsregister eingetragen ist, ist kein hinreichender Grund, den Aktionären das Bezugsrecht zu versagen.

Es mag zwar zutreffen, dass das in der Satzung bestimmte Mindest- und Höchstkapital in bestimmter Hinsicht mit dem im Handelsregister eingetragenen Grundkapital vergleichbar ist, weil Kapitalschutzfunktionen (§ 114, § 116 Abs. 2 Satz 2 und 3 KAGB) daran anknüpfen oder die Erhöhung des Höchstkapitals einen satzungsändernden Beschluss der Hauptversammlung mit Eintragung in das Handelsregister erfordert. Für die Frage der Bedürfnisse nach einem Bezugsrecht ist diese Vergleichbarkeit jedoch irrelevant. Dies ist auch daran zu erkennen, dass das Bezugsrecht faktisch ausgeschlossen werden könnte, wenn das satzungsmäßige Höchstkapital sehr hoch angesetzt ist und man das Bezugsrecht an eine Erhöhung dieses Höchstkapitals anknüpfte. 37

Sachgerecht ist es daher, den Aktionären **mit jeder Ausgabe von neuen Anlageaktien** ein Bezugsrecht einzuräumen. 38

3. Umfang des Bezugsrechts

Bedauerlicherweise hat es der Gesetzgeber versäumt, eine Klarstellung aufzunehmen, auf welche Aktiengattung sich das Bezugsrecht bezieht. Die bisher in der investmentrechtlichen Literatur entwickelten Lösungsansätze sind sehr uneinheitlich.[28] Auch der Rückgriff auf das allgemeine Aktienrecht, an den man wegen des Verweises auf § 186 AktG in § 115 Satz 2 KAGB denken könnte,[29] hilft hier wegen der besonderen Differenzierung zwischen Unternehmens- und Anlageaktien hinsichtlich der unternehmerischen Verantwortung und der Stimmrechtsgewährung nicht weiter. 39

Aufgrund der Klarstellung des Gesetzgebers in § 115 Satz 2 Halbs. 2 KAGB ist lediglich unzweifelhaft, dass die **Anlageaktionäre**, denen **kein Stimmrecht** eingeräumt wurde, **kein Bezugsrecht** haben. 40

Klärung bedarf der Umfang des Bezugsrechts, sofern den **Anlageaktionären ein Stimmrecht eingeräumt** wurde. Werden neue Unternehmensaktien begeben, dürfte es insoweit unstreitig sein, dass den Anlageaktionären kein Bezugsrecht auf Unternehmensaktien zu gewähren ist, da diese den Gründern vorbehalten sind und andernfalls die bisherige klare Trennung zwischen Gründern/Initiatoren einerseits und Anlegern andererseits aufgelöst würde. Naheliegend ist jedoch, den Anlageaktionären ein Bezugsrecht auf Anlageaktien einzuräumen, insbesondere dann, wenn die Ausgabe der Unternehmensaktien die Stimmrechte der Anlageaktionäre verwässert oder wenn sowohl Anlageaktionäre als auch Unternehmensaktionäre am Gewinn der InvAG mit veränderlichem Kapital beteiligt sind.[30] 41

Den **Unternehmensaktionären** ist unzweifelhaft ein Bezugsrecht auf Unternehmensaktien einzuräumen, wenn neue Unternehmensaktien begeben werden. Werden junge Anlageaktien mit Stimmrecht ausgegeben, ist den Unternehmensaktionären auch ein Bezugsrecht auf diese Aktien zu gewähren, da andernfalls eine Verwässerung ihrer Stimmrechte und ggf. ihrer Gewinnbeteiligung droht. Den Unternehmensaktionären ist aber darüber hinaus auch ein Bezugsrecht auf neu ausgegebene Anlageaktien ohne Stimmrecht zu gewähren. Die Gegenmeinung[31] lehnt dies mit dem Argument ab, dass bei stimmrechtslosen Anlageaktien keine Stimmrechtsverwässerung drohe und deshalb auch kein Bezugsrecht zu gewähren sei. Dem ist jedoch der Wortlaut des § 155 KAGB entgegenzuhalten, der in Satz 1 allgemein von der Ausgabe neuer Anlageaktien ohne Differenzierung nach Stimmrechten spricht und in Satz 2 den Unternehmensaktionären generell ein Bezugsrecht einräumt.[32] Hinzu kommt, dass es den Gründern der InvAG mit veränderlichem Kapital frei gestellt werden sollte, ob sie durch den Bezug von stimmrechtslosen Anlageaktien am Anlageerfolg partizipieren und einer Verwässerung ihrer Kapitalbeteiligung entgegenwirken wollen oder nicht. 42

Die vorstehenden Ausführungen gelten nur, soweit für die Unternehmensaktionäre und Anlageaktionäre nicht **unterschiedliche Teilgesellschaftsvermögen** gebildet wurden. Ist eine solche Trennung zwischen Teilgesellschaftsvermögen erfolgt, sind die Unternehmens- und Anlageaktien nach § 117 Abs. 3 KAGB auch 43

---

28 Vgl. den Überblick bei *Blenk*, Die Mitgliedschaft in der Investmentaktiengesellschaft, S. 64 ff.; *Müchler*, Die Investmentaktiengesellschaft mit veränderlichem Kapital, S. 199 ff.; *Sachtleber*, Zivilrechtliche Strukturen von open-end-Investmentfonds in Deutschland und England, S. 109 f.

29 Vgl. hierzu etwa *Apfelbacher/Niggemann* in Hölters, § 186 AktG Rz. 24; *Koch/Hüffer*, § 186 AktG Rz. 4; *Rittig*, NZG 2012, 1292 (1293); *Scholz* in MünchHdb. AG, 4. Aufl. 2015, § 57 Rz. 104; *Veil* in K. Schmidt/Lutter, 3. Aufl. 2015, § 186 AktG Rz. 4.

30 Grundlegend hierzu *Wallach*, der Konzern 2007, 487 (491); ebenso *Blenk*, Die Mitgliedschaft in der Investmentaktiengesellschaft, S. 65.

31 *Eckfeld*, ZGR 2007, 654 (678); *Müchler*, Die Investmentgesellschaft mit veränderlichem Kapital, S. 200 f.

32 Ebenso *Blenk*, Die Mitgliedschaft in der Investmentaktiengesellschaft, S. 66.

nur diesem Teilgesellschaftsvermögen zuzuordnen und entsprechend auch die Bezugsrechte auf junge Aktien dieses Teilgesellschaftsvermögen.

4. Ausschluss des Bezugsrechts

44 Aufgrund des weitreichenden Bezugsrechts stellt sich die Frage, ob das Bezugsrecht für die Aktionäre der InvAG mit veränderlichem Kapital ausgeschlossen werden kann.

45 § 115 Satz 2 Halbs. 1 KAGB verweist vollumfänglich auf § 186 AktG, der die Möglichkeit eröffnet, das Bezugsrecht auszuschließen. Nach § 186 Abs. 3 Satz 1 AktG kann das Bezugsrecht nur im Beschluss über die Erhöhung des Grundkapitals ausgeschlossen werden. Erforderlich ist damit, dass das Bezugsrecht in einem Hauptversammlungsbeschluss ausgeschlossen wird, der die Kapitalerhöhung zum Gegenstand hat.

46 Das Erfordernis eines Hauptversammlungsbeschlusses passt allerdings nicht für den Ausschluss von Bezugsrechten auf Aktien der InvAG mit veränderlichem Kapital. Der Gesetzgeber hat zwar in § 108 Abs. 2 KAGB die Anwendbarkeit der §§ 182 bis 240 AktG ausdrücklich ausgeschlossen, *„soweit sich aus den Vorschriften dieses Unterabschnitts nichts anderes ergibt"*. Dies kann aber nicht dazu führen, dass durch den Verweis in § 115 Satz 2 Halbs. 1 KAGB auf § 186 AktG das Erfordernis eines Hauptversammlungsbeschlusses für den Ausschluss des Bezugsrechts wieder auflebt. § 115 Satz 2 Halbs. 1 KAGB ist vielmehr als Rechtsfolgeverweisung auf § 186 AktG für die **Gewährung und den Ausschluss der Bezugsrechte** zu lesen, die **allein an den Vorstandsbeschluss gemäß Satz 1 geknüpft** sind. Bei einer entsprechenden Ermächtigung des Vorstandes in der Satzung gilt dies auch bei der Ausgabe von Unternehmensaktien.

47 Obwohl nach der hier vertretenen Auffassung das Bezugsrecht in dem Vorstandsbeschluss über die Ausgabe von neuen Anlageaktien ausgeschlossen werden könnte, empfiehlt es sich aus Gründen der Rechtssicherheit und Transparenz, eine **entsprechende Satzungsregelung** aufzunehmen. Dies entspricht auch der **Marktpraxis**, wonach das Bezugsrecht für Unternehmensaktionäre i.d.R. auf die Ausgabe von Unternehmensaktien beschränkt ist.

§ 116 Veränderliches Kapital, Rücknahme von Aktien

(1) Die Investmentaktiengesellschaft mit veränderlichem Kapital kann in den Grenzen eines in der Satzung festzulegenden Mindestkapitals und Höchstkapitals nach Maßgabe der folgenden Bestimmungen jederzeit ihre Aktien ausgeben und zurücknehmen.

(2) [1]Aktionäre können von der Investmentaktiengesellschaft mit veränderlichem Kapital verlangen, dass ihnen gegen Rückgabe von Aktien ihr Anteil am Gesellschaftskapital ausgezahlt wird; bei einer Publikumsinvestmentaktiengesellschaft besteht dieses Recht mindestens zweimal im Monat. [2]Die Verpflichtung zur Rücknahme besteht bei einer intern verwalteten Investmentaktiengesellschaft mit veränderlichem Kapital nur, wenn durch die Erfüllung des Rücknahmeanspruchs das Gesellschaftsvermögen den Betrag des Anfangskapitals und der zusätzlich erforderlichen Eigenmittel gemäß § 25 nicht unterschreitet. [3]Unternehmensaktionäre können die Rücknahme ihrer Aktien ferner nur verlangen, wenn alle Unternehmensaktionäre zustimmen und bezogen auf alle Einlagen der Unternehmensaktionäre der Betrag des Anfangskapitals und der zusätzlich erforderlichen Eigenmittel gemäß § 25 nicht unterschritten wird; bei einer extern verwalteten Investmentaktiengesellschaft mit veränderlichem Kapital darf bezogen auf alle Einlagen der Unternehmensaktionäre ein Betrag von 50 000 Euro nicht unterschritten werden. [4]Die Einzelheiten der Rücknahme regelt die Satzung. [5]Die Zahlung des Erwerbspreises bei der Rücknahme von Aktien gilt nicht als Rückgewähr von Einlagen. [6]Für die Beschränkung des Rechts der Aktionäre auf Rückgabe der Aktien in der Satzung gelten § 98 Absatz 2 und 3, die §§ 223, 227 oder 283 Absatz 3 entsprechend.

(3) Mit der Rücknahme der Aktien ist das Gesellschaftskapital herabgesetzt.

In der Fassung vom 4.7.2013 (BGBl. I 2013, S. 1981), zuletzt geändert durch das Gesetz zur Anpassung von Gesetzen auf dem Gebiet des Finanzmarktes vom 15.7.2014 (BGBl. I 2014, S. 934).

Schrifttum: *BaFin*, Häufige Fragen zum Thema Auslagerung gem. § 36, vom 10.7.2013, geändert am 15.11.2017, abrufbar unter: https://www.bafin.de/SharedDocs/Veroeffentlichungen/DE/FAQ/faq_kagb_36_auslagerung_130710.html?nn=7845970#doc7853254bodyText13; *Roth*, Das Treuhandmodell des Aktienrechts, Eine Alternative zur Aktiengesellschaft?, 1972. Im Übrigen wird auf das Schrifttum zu § 108 verwiesen.

I. Regelungsgegenstand und -zweck

§ 116 KAGB entspricht nach seinem Regelungsgegenstand § 105 des aufgehobenen InvG und wurde um die Bestimmungen hinsichtlich der Grenzen des Anfangskapitals bereinigt. Die Vorschriften zu den Kapitalanforderungen wurden im KAGB zentral in § 25 KAGB zusammengefasst. 1

§ 116 KAGB regelt die **flexible Kapitalausstattung des Gesellschaftskapitals** einer InvAG mit veränderlichem Kapital. Aufgrund der Flexibilität, die der Gesetzgeber geschaffen hat, wird das Gesellschafskapital auch als *„atmendes Kapital"* bezeichnet.[1] § 116 KAGB macht den Unterschied zu herkömmlichen Aktiengesellschaften, die den gesetzlichen Vorschriften des Aktienrechts unterliegen, besonders deutlich. Während im Rahmen der aktienrechtlichen Vorschriften für die Veränderung des Grundkapitals ein *„förmliches Verfahren"* einzuhalten ist, das in den §§ 182 bis 240 AktG geregelt ist, kann das Gesellschaftskapital einer InvAG mit veränderlichem Kapital in den satzungsmäßigen Grenzen durch den Vorstand den jeweiligen Kapitalbedürfnissen der InvAG angepasst werden, ohne an die förmlichen Voraussetzungen des Aktienrechts gebunden zu sein. 2

Durch die Festlegung eines Rückgaberechts und einer Rücknahmepflicht wird die InvAG mit veränderlichem Kapital dem Sondervermögen weiter angeglichen. Insgesamt soll nach der Intention des Gesetzgebers[2] mit der InvAG mit veränderlichem Kapital ein Standard erreicht werden, der demjenigen in anderen europäischen Jurisdiktionen (insbesondere Luxemburg und Irland) entspricht. 3

II. Veränderliches Kapital der Investmentaktiengesellschaft, § 116 Abs. 1 KAGB

Grenze für Ausgabe und Rücknahme von Aktien einer InvAG mit veränderlichem Kapital ist die satzungsmäßige **Festlegung eines Mindest- und Höchstkapitals**, § 116 Abs. 1 KAGB. 4

Die absolute **Untergrenze für das Mindestkapital** wird jedoch für die intern verwaltete InvAG mit veränderlichem Kapital in § 25 Abs. 1 lit. a) KAGB auf 300.000 Euro und für die extern verwaltete InvAG in § 116 Abs. 2 Satz 3 Halbs. 2 KAGB auf 50.000 Euro festgelegt. Bei der intern verwalteten InvAG können gem. § 25 Abs. 1 Nr. 2 und § 25 Abs. 2 KAGB je nach Einzelfall eine bestimmte Höhe von zusätzlichen Eigenmitteln sowie gem. § 25 Abs. 4 KAGB ein Mindestbetrag an Eigenmitteln, der einem Viertel der fixen Gemeinkosten der KVG aus dem Vorjahr entspricht, hinzutreten. Eine **Maximalgrenze** ist gesetzlich nicht vorgesehen, sie ist in der Praxis jedoch sehr hoch anzusetzen, um den vom Gesetzgeber eingeräumten Gestaltungsspielraum auch effektiv nutzen zu können.[3] 5

Der Gesetzgeber hatte das veränderliche Kapital der InvAG zunächst als statutarisches genehmigtes Kapital im Sinne der aktienrechtlichen Vorschriften verstanden.[4] Die Anwendbarkeit der aktienrechtlichen Vorschriften führte in der Praxis jedoch zu erheblichen Problemen und entsprach nicht der Konzeption eines offenen Fondvehikels.[5] 6

1 *Herrmann* in Baur/Tappen, § 116 KAGB Rz. 1; *Steck/Schmitz*, AG 2004, 658 (660).
2 BT-Drucks. 16/5576, 89.
3 *Wallach*, Der Konzern 2007, 487 (490).
4 So noch zum Investmentmodernisierungsgesetz BT-Drucks. 15/1553, 106; *Eckhold*, ZGR 2007, 654 (671); zum veränderten Verständnis *Wallach*, Der Konzern 2007, 487 (490).
5 BT-Drucks. 16/5576, 88.

7 Der Gesetzgeber emanzipierte sich daher mit dem Investmentänderungsgesetz 2007 von der Konzeption eines statutarisch genehmigten Kapitals zugunsten eines **rein investmentrechtlichen Ansatzes.**[6] Nach dem in §§ 115, 116 KAGB zum Ausdruck kommenden investmentrechtlichen Ansatz für die Kapitalbeschaffung, kann die InvAG mit veränderlichem Kapital ihr Gesellschaftskapital einfach durch die Ausgabe neuer Aktien erhöhen, ohne hierzu an etwaige Zustimmungserfordernisse oder andere formale Anforderungen gebunden zu sein. Die Festlegung eines Höchstkapitals wäre nach diesem rein investmentrechtlichen Ansatz und der Abkehr von den aktienrechtlichen Bestimmungen eigentlich nicht notwendig gewesen.

III. Rücknahme der Aktien, § 116 Abs. 2 KAGB

8 Der Gesetzgeber unterscheidet bei der Rücknahme von Aktien einer InvAG mit veränderlichem Kapital zwischen der Rücknahme bei der **internen** und der **externen** Verwaltung und zwischen der Rücknahme von **Anlageaktien** und der Rücknahme von **Unternehmensaktien.**

9 Die Aktionäre einer InvAG mit veränderlichem Kapital können von der Gesellschaft verlangen, dass ihre Aktien gegen Auszahlung ihres entsprechenden Anteils am Gesellschaftsvermögen zurückgenommen werden.

10 Entsprechend der flexiblen Ausgabe von Aktien der InvAG mit veränderlichem Kapital in § 115 KAGB setzt ein flexibles Gesellschaftskapital auch eine **schnelle und flexible Rücknahme von Aktien** voraus. Den Grundstein hierfür legte der Gesetzgeber im Investmentmodernisierungsgesetz 2007, indem er die Rücknahme der Aktien von den aktienrechtlichen Vorschriften der Kapitalherabsetzung (§§ 222 bis 240 AktG) abkoppelte. Gemäß § 105 Abs. 3 des aufgehobenen InvG wurde das Gesellschaftskapital durch einfache Rücknahme der Aktien herabgesetzt, ohne dass es einer Einziehung der Aktien bedürfte und ohne dass dies als Rückerwerb eigener Aktien i.S.d. AktG anzusehen war.[7]

11 In § 116 Abs. 2 KAGB übernahm der Gesetzgeber die Regelung des aufgehobenen § 105 Abs. 2 InvG mit redaktionellen Anpassungen. Dabei entfiel die bisherige Rücknahmegrenze, wenn das Gesellschaftsvermögen den Betrag von 1,25 Millionen Euro unterschreitet, da dieses Mindestkapitalerfordernis mit dem AIFM-Umsetzungsgesetz gestrichen wurde.

1. Rücknahme von Aktien bei der intern verwalteten Investmentaktiengesellschaft mit veränderlichem Kapital

12 Durch die Rücknahme von Aktien der InvAG mit veränderlichen Kapital dürfen im Falle einer internen Verwaltung **nicht die in § 25 KAGB festgelegten Anforderungen an das Anfangskapital und die Eigenmittel unterschritten** werden (§ 116 Abs. 2 Satz 2 KAGB). Fraglich ist, welche **Bemessungsgrundlage** für die Beschränkung der Rücknahmeverpflichtung in § 116 Abs. 2 Satz 2 KAGB gilt. Der Wortlaut von § 116 Abs. 2 Satz 2 KAGB nimmt lediglich auf „*das Gesellschaftsvermögen*“ Bezug. Dieser Begriff ist identisch mit demjenigen des „*Gesellschaftskapitals*“ in § 116 Abs. 2 Satz 1 KAGB, der nicht zwischen Kapital, welches durch die Begebung von Unternehmensaktien und Kapital, das durch die Begebung von Anlageaktien aufgebracht wird, differenziert. Der insoweit eindeutige Wortlaut in § 116 Abs. 2 Satz 1 KAGB stellt auf das gesamte Gesellschaftskapital ab, so dass **sowohl das Unternehmensaktienkapital als auch das Anlageaktienkapital** zu berücksichtigen sind (vgl. für die geschlossene InvKG § 155 Rz. 8).

13 Aus dem Wortlaut des § 116 Abs. 2 Satz 2 KAGB ergibt sich ferner, dass die Begrenzung der Rücknahme auf die Kapitalschwellen des § 25 KAGB sowohl für Anlage- als auch für Unternehmensaktionäre gilt. Denn die Formulierung „*Die Verpflichtung zur Rücknahme*“ bezieht sich auf Satz 1, in dem nur allgemein von einem Anspruch der „*Aktionäre*“ die Rede ist.

14 Die exakte rechtliche Deutung von § 116 Abs. 2 KAGB ist allerdings zweifelhaft.[8] Die Beachtung der Eigenkapitalanforderungen können schwerlich als eine Art Anspruchsverzicht verstanden werden, schließlich ist der Anleger durch seine Aktien am Gesellschaftskapital beteiligt. Aus der Beteiligung des Aktionärs leitet sich bereits nach dem Wortlaut des § 116 Abs. 2 Satz 1 KAGB ein unentziehbarer Anspruch auf Auszahlung seiner wertmäßigen Beteiligung am Gesellschaftskapital ab. Sachgerechter ist es, die Aussetzung der Rücknahme als **Anspruchshemmung** zu begreifen.[9] Hierfür spricht, dass die InvAG mit veränderlichem Kapital

6 *Eckhold*, ZGR 2007, 654 (671); *Wallach*, Der Konzern 2007, 487 (490).
7 BT-Drucks. 16/5576, 88.
8 Hierzu bereits *Wallach*, Der Konzern 2007, 487 (490) zur Rechtlage nach dem Investmentänderungsgesetz 2007.
9 *Wallach*, Der Konzern 2007, 487 (490); so auch *Sachtleber*, Zivilrechtliche Strukturen von open-end-Investmentfonds in Deutschland und England, S. 160.

bei einer Unterschreitung der Eigenkapitalanforderung der BaFin gem. § 114 KAGB Anzeige zu erstatten hat. Gleichzeitig erfolgt eine Mitteilung an die Aktionäre und die Einberufung einer Hauptversammlung (vgl. § 114 Rz. 32 ff.). Die Einhaltung der Eigenkapitalvorschriften i.S.d. § 116 Abs. 2 Satz 2 KAGB ist vor diesem Hintergrund so zu verstehen, dass die Rücknahme der Aktien so lange ausgesetzt ist, bis die Hauptversammlung über das weitere Schicksal der InvAG mit veränderlichem Kapital entscheidet.[10]

2. Besonderheiten bei der extern verwalteten Investmentaktiengesellschaft mit veränderlichem Kapital

Die Grenzen, ab der eine Aussetzung der Rücknahmeverpflichtung eintritt, bestimmen sich bei der extern verwalteten InvAG mit veränderlichem Kapital nicht nach den investmentrechtlichen Eigenkapitalanforderungen gem. § 25 KAGB, sondern nach § 116 Abs. 2 Satz 3 KAGB. Bei der extern verwalteten InvAG mit veränderlichem Kapital sind die Anforderungen an das Anfangskapital und die zusätzlichen Eigenmittel nicht auf die InvAG sondern auf die externe KVG anzuwenden.[11] Für die **Anlageaktionäre** einer extern verwalteten InvAG mit veränderlichem Kapital existiert **keine Rücknahmegrenze**, so dass theoretisch sämtliche Anlageaktionäre ihre Aktien zurückgeben können. Lediglich für die **Unternehmensaktionäre** schreibt der Gesetzgeber eine Rücknahmegrenze in § 116 Abs. 2 Satz 3 Halbs. 2 vor KAGB, wenn bezogen auf alle Einlagen der Unternehmensaktionäre das Mindestgrundkapital einer Aktiengesellschaft, mithin **50.000 Euro** (§ 7 AktG), unterschritten würde. Damit stellt der Gesetzgeber auch bei der extern verwalteten InvAG mit veränderlichem Kapital eine Mindestbeteiligung der Unternehmensaktionäre zum Schutze der Anlageaktionäre sicher.[12] 15

3. Rücknahme von Anlageaktien

Entsprechend dem Regelungsgehalt von § 98 Abs. 1 Satz 1 KAGB stellt der Gesetzgeber in § 116 Abs. 2 Satz 1 Halbs. 2 KAGB klar, dass bei einer Publikums-InvAG mit veränderlichem Kapital eine Rücknahme **mindestens zweimal im Monat** zu erfolgen hat. Abweichungen von diesem Grundsatz sind jedoch für offene Publikums-AIF in den Grenzen der §§ 223 und 227 KAGB möglich. 16

Die flexible Ausgestaltung des Rücknahmerechts bei Anlageaktien wird **als Kompensation für das fehlende Stimmrecht** und die damit einhergehende fehlende Mitbestimmung angesehen.[13] 17

Darüber hinaus wird von der Literatur mit unterschiedlichen Nuancen angenommen, dass das Rückgaberecht eine **Kontrollfunktion** im System der Corporate Governance der InvAG mit veränderlichem Kapital zukomme.[14] Dem ist im Grundsatz zuzustimmen, da das Fondsvolumen ein Indiz für den Erfolg der Anlagetätigkeit darstellt. In aller Regel hängt auch die Vergütung für die Vermögensverwaltung von der Größe des Fondsvolumens ab, was unmittelbar Anreize für die Vorstandstätigkeit der intern verwalteten InvAG schafft. Aber auch der Vorstand der extern verwalteten InvAG kann durch variable Vergütungselemente, die am Fondsvolumen gekoppelt sind, zu einer besonders guten Corporate Governance motiviert werden. 18

Unmittelbar einleuchtend ist auch, dass die „*Drohung*“ mit einem Rückgaberecht umso wirkungsvoller ist, je höher der Anlageaktionär am Gesellschaftskapital beteiligt ist. Auch bei fehlendem Stimmrecht kann der Umstand einer verhältnismäßig hohen Beteiligung die **Wirkung eines faktischen Mitverwaltungsrechts** haben. Hinzu kommt, dass der Ausstieg eines maßgeblich beteiligten Anlegers bei den in der InvAG verbliebenen Anlageaktionären Austrittsgedanken auslösen könnte mit erheblichen, u.U. existenziellen Folgen für die InvAG. Aus diesem Grunde unterliegen auch die Anlageaktionäre grundsätzlich einer Treuepflicht der InvAG und den anderen Aktionären gegenüber, auch wenn ihre Aktien nicht mit einem Stimmrecht ausgestattet sind (s. § 108 Rz. 34). 19

---

10 Ähnliches Verständnis wohl auch *Boxberger* in Moritz/Klebeck/Jesch, § 116 KAGB Rz. 9: „Moratorium“.

11 BT-Drucks. 17/12294, 239.

12 Vgl. hierzu *Dornseifer* in Emde/Dornseifer/Dreibus/Hölscher, § 105 InvG Rz. 8.

13 *Müchler*, Die Investmentaktiengesellschaft mit veränderlichem Kapital, S. 122, 207; *Roth*, Das Treuhandmodell des Aktienrechts, Eine Alternative zur Aktiengesellschaft?, 1972, S. 335; *Sachtleber*, Zivilrechtliche Strukturen von open-end-Investmentfonds in Deutschland und England, S. 140.

14 *Müchler*, Die Investmentaktiengesellschaft mit veränderlichem Kapital, S. 207 f.; einschätzend *Blenk*, Die Mitgliedschaft in der Investmentaktiengesellschaft, S. 122 f.; *Roth*, Das Treuhandmodell des Aktienrechts, Eine Alternative zur Aktiengesellschaft?, 1972, S. 361.

4. Rücknahme von Unternehmensaktien

20 Die Rückgabe von Unternehmensaktien[15] kann gem. § 116 Abs. 2 Satz 3 KAGB erfolgen, wenn kumulativ die folgenden Voraussetzungen erfüllt sind: Zum einen müssen bei der Rückgabe alle anderen Unternehmensaktionäre **zustimmen** und zum anderen darf durch die Rücknahme

- bei einer **intern verwalteten** InvAG mit veränderlichen Kapital das Anfangskapital und die zusätzlich erforderlichen Eigenmittel die Schwellen des **§ 25 KAGB** und
- bei einer **extern verwalteten** InvAG mit veränderlichem Kapital ein Betrag von **50.000 Euro**

nicht unterschritten werden.

21 Fraglich ist, ob bei der Bestimmung der genannten Grenzen der Rückgabe von Unternehmensaktien das Gesellschaftsvermögen als Ganzes oder nur das durch die Ausgabe von Unternehmensaktien gebildete Kapital Bemessungsgrundlage ist. Der Wortlaut (*„bezogen auf alle Einlagen der Unternehmensaktionäre“*) spricht zunächst dafür, dass auch das Kapital der durch die Unternehmensaktionäre gezeichneten Anlageaktien zu berücksichtigen ist. Wie bereits in § 109 Rz. 6 erwähnt, können die Unternehmensaktionäre auch Anlageaktien zeichnen. Eine Differenzierung zwischen Unternehmensaktienkapital und Anlageaktienkapital sieht der Wortlaut nicht vor.

22 Die Literatur[16] differenziert zumeist nicht zwischen Unternehmens- und Anlageaktienkapital, sondern stellt lediglich wie der Wortlaut in § 116 Abs. 2 Satz 3 KAGB auf die Einlagen *„der Unternehmensaktionäre“* ab.

23 Die historische und teleologische Auslegung ergibt jedoch, dass **allein auf die gegen Ausgabe von Unternehmensaktien geleisteten Einlagen abzustellen** ist.

24 § 116 Abs. 2 KAGB geht auf § 105 Abs. 2 des aufgehobenen InvG zurück. § 105 Abs. 2 InvG sah in der Fassung des Investmentänderungsgesetzes noch keine Unterscheidung bei der Rückgabe von Anlageaktien und Unternehmensaktien vor. Eine Verpflichtung zur Rücknahme von Aktien bestand nach § 105 Abs. 2 Satz 2 InvG nur, wenn durch die Rücknahme das Gesellschaftsvermögen nicht unter einen Betrag von 1,25 Mio. Euro sank.

25 Durch das OGAW-IV-Umsetzungsgesetz konkretisierte der Gesetzgeber die Rücknahmepflichten der InvAG mit veränderlichem Kapital, indem er eine eigene Rücknahmegrenze für Unternehmensaktionäre einfügte. Neben der allgemeinen Rücknahmegrenze für Aktien bei Erreichen der Schwelle von 1,25 Mio. Euro konnten Unternehmensaktionäre eine Rücknahme ihrer Aktien nur verlangen, wenn dadurch bezogen auf alle Einlagen der Unternehmensaktionäre das Anfangskapital i.S.d. § 96 Abs. 5 Satz 1 des aufgehobenen InvG (300.000 Euro) nicht unterschritten wurde. In der Gesetzesbegründung[17] stellt der Gesetzgeber klar, dass er sich auf die von den Unternehmensaktionären gem. § 96 Abs. 1 b Satz 1 InvG zu leistenden Einlagen bezog. Daher handelte es sich um die **gegen Ausgabe von Unternehmensaktien** zu leistenden Einlagen, entsprechend dem heutigen § 109 Abs. 2 Satz 1 KAGB. Der Gesetzgeber wollte damit aus Anlegerschutzgründen eine gewisse Mindestbeteiligung der Unternehmensaktionäre sicherstellen, um eine Verlagerung der Abwicklungsrisiken hin zu den Anlageaktionären zu vermeiden.

26 Auch aus dem Zweck des § 116 Abs. 2 Satz 3 KAGB, eine **bestimmte Mindestbeteiligung der Unternehmensaktionäre sicherzustellen**, ergibt sich, dass für die Rücknahmegrenze allein auf das Unternehmensaktienkapital abzustellen ist. Würde man auch das von den Unternehmensaktionären gezeichnete Anlageaktienkapital hinzuzählen, unterläge dieses den gleichen Wertschwankungen wie das Kapital der Anlageaktionäre; Unternehmensaktionäre und Anlageaktionäre bildeten eine Schicksalsgemeinschaft. Demgegenüber sollen die Mindest-Kapitalschwellen des § 25 KAGB einen von den Wertschwankungen des Investmentanlagevermögens unabhängigen Kapitalpuffer bilden, der von den Unternehmensaktionären kraft ihrer unternehmerischen Verantwortung aufrecht zu erhalten ist.

27 Hinzu kommt, dass der Bestand des Investmentbetriebsvermögens nicht gesichert ist, wenn man auch das von Unternehmensaktionären gezeichnete Anlageaktienkapital bei den Schwellen des § 25 KAGB berücksichtigt. Die Unternehmensaktionäre hätten die Möglichkeit, Investmentbetriebsvermögen zu veräußern und Unternehmensaktien unterhalb der Schwellen des § 25 KAGB zurückzugeben.

---

15 Überholt ist die Diskussion bei *Blenk*, Die Mitgliedschaft in der Investmentaktiengesellschaft, S. 56, der mit Verweis auf Dornseifer die Frage aufwirft, ob den Unternehmensaktionären ein ordentliches Rückgaberecht zusteht.

16 *Blenk*, Die Mitgliedschaft in der Investmentaktiengesellschaft, S. 57; *Boxberger* in Moritz/Klebeck/Jesch, § 116 KAGB Rz. 13; *Lorenz* in Weitnauer/Boxberger/Anders, § 116 KAGB Rz. 8.

17 BT-Drucks. 17/4510, 81.

Mit der Umsetzung der AIFM-Richtlinie wurde die **allgemeine Rücknahmegrenze für Aktien in § 116 Abs. 2 Satz 2 KAGB** nicht abgeschafft. Allerdings hat der Gesetzgeber die besondere Rücknahmegrenze von 1,25 Mio. Euro gegen die Kapitalschwellen des Anfangskapitals und der zusätzlichen Eigenmittel in § 25 KAGB ersetzt. 28

Diese neue Kapitalschwelle ist allerding mit Blick auf die spezielle Rücknahmegrenze für Unternehmensaktionäre in § 116 Abs. 2 Satz 3 Halbs. 1 KAGB missglückt. Wenn für die Unternehmensaktionäre genau die gleiche Rücknahmegrenze gilt, **läuft die allgemeine Rücknahmegrenze ins Leere**. Es könnten daher die Anlageaktionäre das gesamte Anlageaktienkapital aus der InvAG mit veränderlichem Kapital abziehen, ohne dass es zu einer Aussetzung der Rücknahme kommt. Eine eigenständige Bedeutung bekäme die Rücknahmegrenze in § 116 Abs. 2 Satz 2 KAGB für die Anlageaktionäre nur dann, wenn das Unternehmensaktienkapital bereits unter die Schwellen des § 25 KAGB herabgesunken ist. 29

Das **Zustimmungserfordernis aller Unternehmensaktionäre** sorgt für eine Gleichbehandlung der Unternehmensaktionäre untereinander, indem vermieden wird, dass es durch die Rückgabe einzelner Unternehmensaktionäre zu einer zufälligen Verschiebung der Stimmrechtsgewichte innerhalb der Gruppe der Unternehmensaktionäre kommt.[18] Darüber hinaus ermöglicht das Zustimmungserfordernis einen einvernehmlichen Rückzug eines einzelnen Unternehmensaktionärs oder einzelner Unternehmensaktionäre, wobei die Verpflichtung der Unternehmensaktionäre besteht, durch eine angemessene Managementstruktur die Fortführung der Geschäftstätigkeit der InvAG mit veränderlichem Kapital sicher zu stellen (vgl. § 109 Rz. 26). 30

Bei **Spezial-InvAGen mit veränderlichem Kapital** dient das Zustimmungserfordernis auch dem Anlegerschutz, da die Ausgabe von Anlageaktien hier nur fakultativer Natur ist und durch ein Herausschleichen einzelner Unternehmensaktionäre aus der Verantwortung eine Haftungskumulierung bei einigen wenigen Minderheitsaktionären verhindert werden soll. Ein Schutz durch die Aufsicht der BaFin ist mangels einer Anzeigepflicht gegenüber der BaFin bei der Spezial-InvAG gem. § 109 Abs. 2 Satz 6 KAGB nicht vorgesehen.[19] 31

IV. Zuständigkeit für die Rücknahme der Aktien

Anspruchsgegner des Rücknahmeanspruchs ist gemäß dem eindeutigen Wortlaut in § 116 Abs. 2 Satz 1 KAGB die InvAG mit veränderlichem Kapital. Daraus folgt jedenfalls für die **intern verwaltete** InvAG, dass der **Vorstand** für die Rücknahme der Aktien zuständig ist. 32

Fraglich ist, wer bei der **extern verwalteten** InvAG mit veränderlichem Kapital für die Rücknahme der Aktien zuständig ist. Pflichtenadressat der Rücknahmehandlung ist nach dem Wortlaut des § 116 Abs. 2 KAGB die extern verwaltete InvAG mit veränderlichem Kapital. Zweifel können deshalb aufkommen, weil die Ausgabe und Rücknahme von Anteilen in Anhang I Nr. 2 lit. a) vii) AIFM-RL eine sonstige Aufgabe im Rahmen der kollektiven Verwaltung von AIF ist. Während damit nach Auffassung der BaFin[20] durch Bestellung der externen KVG die ausschließliche Zuständigkeit der KVG begründet würde, handelt es sich nach hier vertretener Auffassung (s. § 112 Rz. 18 f.) um eine Aufgabe, die die KVG übernehmen **„kann“**. Ob der KVG die Aufgabe übertragen werden soll, wird üblicherweise im Bestellungsvertrag geregelt. 33

Indem der Richtliniengeber die **„Kann“-Aufgaben** in Anhang I Nr. 2 AIFM-RL lediglich optional dem Zuständigkeitsbereich des AIFM zugewiesen hat, ist auch für den nationalen Gesetzgeber der Gestaltungsspielraum eröffnet, die Zuständigkeit selbst im Rahmen der Umsetzung in nationales Recht zu regeln. Von diesem Gestaltungsspielraum hat der Gesetzgeber in § 115 Satz 1 KAGB Gebrauch gemacht und die Zuständigkeit für die *Ausgabe* von Anlageaktien ausdrücklich dem Vorstand zugewiesen. Es würde wenig Sinn machen, wenn abweichend hiervon die externe KVG für die *Rücknahme* der Anlageaktien zuständig wäre. Da der Gesetzgeber in § 116 Abs. 2 KAGB ausdrücklich die InvAG mit veränderlichem Kapital als Anspruchsverpflichtete adressiert hat, ergibt sich daraus, dass der **Vorstand** als das vertretungsberechtigte Organ **auch für die Rücknahme zuständig** ist. 34

18 BT-Drucks. 17/4510, 81 f.

19 Vgl. *Boxberger* in Moritz/Klebeck/Jesch, § 116 KAGB Rz. 14; *Eckhold*, ZGR 2007, 654 (685).

20 *BaFin*, Häufige Fragen zum Thema Auslagerung gem. § 36, vom 10.7.2013, geändert am 15.11.2017, Ziff. 2, abrufbar unter: https://www.bafin.de/SharedDocs/Veroeffentlichungen/DE/FAQ/faq_kagb_36_auslagerung_130710.html?nn=7845970#doc7853254bodyText13.

V. Rechtsfolgen bei einem Verstoß gegen die Rücknahmepflicht

35 Das **KAGB** selbst sieht **keine Rechtsfolgen** bei einem Verstoß gegen die Rücknahmebeschränkungen in § 116 Abs. 2 Satz 2 und 3 KAGB vor. Es ist daher zu fragen, welche Rechtsfolgen sich aus dem Aktiengesetz bei einem Verstoß gegen die Rücknahmebeschränkungen ergeben. Das Aktienrecht sieht für den Fall eines Verstoßes gegen den Erwerb eigener Aktien in § 71 Abs. 4 Satz 2 AktG die Nichtigkeit des schuldrechtlichen Erwerbsgeschäfts und die Wirksamkeit des dinglichen Erwerbsgeschäfts vor.

36 Diese Vorschriften sind jedoch auf die InvAG mit veränderlichem Kapital nicht anwendbar. Obwohl sich dies nicht aus § 108 KAGB ergibt, spricht die gesetzgeberische Intention, die Rücknahme von Aktien nach § 116 Abs. 2 KAGB nicht als Erwerb eigener Aktien im Sinne des Aktienrechts zu qualifizieren, gegen eine Übertragung des Regelungsgehalts des § 71 Abs. 4 AktG.[21]

37 Allerdings dürfte über § 108 Abs. 2 Satz 1 KAGB **§ 62 Abs. 1 AktG anwendbar** sein. Danach haben die Aktionäre der Gesellschaft Leistungen, die sie entgegen der Vorschriften des § 116 Abs. 2 Satz 2 und 3 KAGB von ihr empfangen haben, zurückzugewähren. Diesen Anspruch können auch Gläubiger der Gesellschaft gem. § 62 Abs. 2 AktG geltend machen, soweit sie von der Gesellschaft keine Befriedigung erlangen können. Die Anwendung des § 62 AktG ist auch sachgerecht. Denn es sind keine fondsspezifischen Gesichtspunkte erkennbar, die für die InvAG mit veränderlichem Kapital eine Abweichung von der Regel des § 62 AktG erforderlich machen.

38 Zudem wäre eine Beschränkung auf einen bereicherungsrechtlichen Anspruch gerade für die Gläubiger einer InvAG mit veränderlichem Kapital nachteilig, weil diese – anders als bei § 62 Abs. 2 AktG – den bereicherungsrechtlichen Rückgewähranspruch nach §§ 812 ff. BGB mangels Aktivlegitimation nicht geltend machen könnten.

39 Schließlich ist der Vorstand der InvAG mit veränderlichem Kapital zum Schadenersatz gem. § 108 Abs. 2 Satz 1 KAGB i.V.m. § 93 Abs. 2 AktG verpflichtet, da die Rücknahme von Aktien unter Verstoß der Grenzen in § 116 Abs. 2 Satz 2 und 3 KAGB eine Pflichtverletzung darstellt.

VI. Rücknahmemodalitäten in der Satzung, § 116 Abs. 2 Satz 4 und 6 KAGB

40 Der Gesetzgeber sieht in § 116 Abs. 2 KAGB lediglich die Grenzen und Pflichten zur Rücknahme von Aktien vor. Die **weiteren Rücknahmemodalitäten** sind **durch die Satzung zu regeln**.

41 **Grenzen der satzungsmäßigen Bestimmung** der Rücknahmemodalitäten werden durch § 98 Abs. 2 und Abs. 3 sowie durch die §§ 223, 227 und 283 Abs. 3 KAGB gezogen. Nach § 223 Abs. 1 Satz 1 KAGB können die Anlagebedingungen von Sonstigen Investmentvermögen abweichend von § 98 Abs. 1 und § 116 Abs. 2 Satz 1 KAGB vorsehen, dass die Rücknahme einmal halbjährlich und mindestens einmal jährlich zu erfolgen hat, wenn die zurückgegebenen Aktien einen in den Anlagebedingungen bestimmten Betrag überschreiten. § 227 Abs. 1 KAGB sieht für Dach-Hedgefonds ein Rückgaberecht einmal im Kalendervierteljahr vor. Darüber hinaus kann eine Aussetzung der Rücknahme in der Satzung festgelegt werden, wenn außergewöhnliche Umstände vorliegen, die eine Aussetzung der Rücknahme unter Berücksichtigung der Anlegerinteressen rechtfertigen.

42 Fraglich ist, ob es **bei der Spezial-InvAG mit veränderlichem Kapital** ausreichend ist, wenn den Aktionären ein einmaliges Rückgaberecht eingeräumt wird. Teilweise wird vertreten, dass auch bei der Spezial-InvAG eine turnusmäßige Rücknahme der Aktien möglich sein muss und der Gesetzgeber versehentlich einen Verweis auf § 98 Abs. 1 Satz 2 in § 116 Abs. 2 Satz 6 KAGB vergessen hat.[22]

43 Diese Ansicht überzeugt nicht. § 110 Abs. 2 Satz 2 KAGB verlangt nur, dass den Aktionären ein Recht zur Rückgabe ihrer Aktien eingeräumt wird. Für die InvAG mit veränderlichem Kapital als offenes Investmentvermögen würde nach der Definition eines offenen AIF in § 1 Abs. 4 Nr. 2 i.V.m. Art. 1 Abs. 2 der Delegierten Verordnung (EU) Nr. 694/2014 ausreichen, dass den Aktionären ein **einmaliges Recht zur Rückgabe** eingeräumt wird. Dieses Rückgaberecht muss vor dem Beginn der Liquidation oder vor dem Ablauf der in der Satzung bestimmten Zeit, die zu einer Auflösung der InvAG nach § 262 Abs. 1 Nr. 1 AktG führt, gewährt werden.

---

21 BT-Drucks. 16/5576, 88; zweifelhaft noch vor dem Inkrafttreten des Investmentänderungsgesetzes *Eckhold*, ZGR 2007, 654 (690).

22 *Lorenz* in Weitnauer/Boxberger/Anders, § 116 KAGB Rz. 7; wohl auch *Boxberger* in Moritz/Klebeck/Jesch, § 116 KAGB Rz. 12.

Die **turnusmäßige Rücknahme**, die in § 116 Abs. 2 Satz 1 Halbs. 2 KAGB vorgesehen ist, bezieht sich lediglich auf die **Publikums-InvAG** mit veränderlichem Kapital.[23] Dies gilt auch für die turnusmäßige Rücknahme in § 98 Abs. 1 Satz 1 KAGB. Anders als in der Literatur angenommen, folgt aus § 98 Abs. 1 Satz 2 nicht die Pflicht zu einer turnusmäßigen Rücknahme von Anteilen eines Spezialsondervermögens, sondern eröffnet lediglich die Möglichkeit einer abweichenden Vereinbarung, einschließlich der Bestimmung eines einmaligen Rücknahmetermins. Selbst wenn der Gesetzgeber einen Verweis auf § 98 Abs. 1 Satz 2 KAGB vorgenommen hätte, würde er letztlich nur den Regelungsgehalt des § 110 Abs. 2 Satz 2 KAGB wiederholen, wonach den Aktionären ein Rückgaberecht in der Satzung der InvAG mit veränderlichem Kapital einzuräumen ist.[24] 44

Eine Pflicht zur turnusmäßigen Rücknahme bei der Spezial-InvAG in der Form eines **Dach-Hedgefonds** könnte sich durch den Verweis in § 116 Abs. 2 Satz 6 auf § 227 Abs. 1 KAGB ergeben. Danach ist für Dach-Hedgefonds eine mindestens vierteljährliche Rücknahme in den Anlagebedingungen vorzusehen. Bedenklich ist dieser Verweis, weil der Gesetzgeber das Erfordernis einer mindestens einmal jährlichen Rücknahme für die Spezial-InvAG durch das Finanzmarktanpassungsgesetz vom 5.6.2014[25] in § 110 Abs. 2 Satz 2 KAGB gestrichen hat. Dies diente der Anpassung des KAGB an die europarechtlich vorgegebenen Definitionen für offene und geschlossene AIF, wonach eine turnusmäßige Rückgabemöglichkeit für offene AIF nicht erforderlich ist (s. Rz. 43 f.).[26] Jedoch hat es der Gesetzgeber versäumt, auch § 227 Abs. 1 KAGB anzupassen, so dass für die Spezial-InvAG weiterhin ein zwingendes Rücknahmerecht mindestens einmal im Kalendervierteljahr gilt. Damit steht der Verweis auf § 227 Abs. 1 KAGB im Widerspruch zu den Regelungszielen des Finanzmarktanpassungsgesetzes (vgl. hierzu auch kritisch § 133 Rz. 17 ff.). 45

VII. Wirksamwerden der Rücknahme, § 116 Abs. 3 KAGB

Entsprechend der Regelung in § 115 Satz 3 KAGB ist die **Kapitalherabsetzung mit dem Vollzug der Rücknahme abgeschlossen** und wirksam. Der Gesetzgeber ist mit der Umsetzung des Investmentänderungsgesetzes von der Konzeption des Erwerbs eigener Aktien durch die Rücknahme von Aktien abgerückt und hat entsprechend der flexiblen Ausgestaltung des Gesellschaftskapitals einen rein investmentrechtlichen Ansatz gewählt. Die aktienrechtlichen Grenzen sowie das Verfahren für den Erwerb eigener Aktien gelten nicht für die InvAG mit veränderlichem Kapital.[27] 46

VIII. Registerrechtliche Besonderheiten

Die **Kapitalherabsetzung**, die mit der Rücknahme der Aktien einhergeht, ist – wie auch die Kapitalerhöhung nach Maßgabe des § 115 KAGB – **nicht in das Handelsregister einzutragen**. In das Handelsregister werden, wie bereits in § 115 Rz. 37 erwähnt, nur die Mindest- und Höchstkapitalgrenzen eingetragen. Durch die Schaffung eines *„atmenden"* Gesellschaftskapitals würde das Handelsregister bei jeder Änderung des Gesellschaftskapitals unrichtig und widerspräche dem Zweck der Registerpublizität in § 15 HGB und damit dem Schutz des Rechtsverkehrs.[28] 47

§ 117 Teilgesellschaftsvermögen; Verordnungsermächtigung

(1) [1]Die Investmentaktiengesellschaft mit veränderlichem Kapital kann Teilgesellschaftsvermögen bilden. [2]Die Bildung neuer Teilgesellschaftsvermögen durch den Vorstand bedarf der Zustimmung des Aufsichtsrats; die Zustimmung der Hauptversammlung ist nicht erforderlich.

(2) [1]Die Teilgesellschaftsvermögen sind haftungs- und vermögensrechtlich voneinander getrennt. [2]Im Verhältnis der Aktionäre untereinander wird jedes Teilgesellschaftsvermögen als eigenständiges Gesellschaftsvermögen behandelt. [3]Die Rechte von Aktionären und Gläubigern im Hinblick auf ein

23 Dies übersieht *Lorenz* in Weitnauer/Boxberger/Anders, § 116 KAGB Rz. 7.
24 Auch dies übersieht *Lorenz* in Weitnauer/Boxberger/Anders, § 116 KAGB Rz. 7.
25 BGBl. I Nr. 30 v. 18.7.2014, S. 934 ff.
26 Vgl. BT-Drucks. 18/1305, 2.
27 BT-Drucks. 16/5576, 88.
28 Ähnlich auch *Herrmann* in Baur/Tappen, § 116 KAGB Rz. 14.

Teilgesellschaftsvermögen, insbesondere dessen Bildung, Verwaltung und Auflösung, beschränken sich auf die Vermögensgegenstände dieses Teilgesellschaftsvermögens. [4]Für die auf das einzelne Teilgesellschaftsvermögen entfallenden Verbindlichkeiten haftet nur das betreffende Teilgesellschaftsvermögen. [5]Die haftungs- und vermögensrechtliche Trennung gilt auch für den Fall der Insolvenz der Investmentaktiengesellschaft mit veränderlichem Kapital und die Abwicklung eines Teilgesellschaftsvermögens.

(3) § 109 Absatz 1 Satz 3 gilt bei der Investmentaktiengesellschaft mit Teilgesellschaftsvermögen mit der Maßgabe, dass die Aktien eines Teilgesellschaftsvermögens denselben Anteil an dem jeweiligen Teilgesellschaftsvermögen oder Bruchteile davon verkörpern.

(4) [1]Die Kosten für die Auflegung neuer Teilgesellschaftsvermögen dürfen nur zulasten der Anteilpreise der neuen Teilgesellschaftsvermögen in Rechnung gestellt werden. [2]Der Wert des Anteils ist für jedes Teilgesellschaftsvermögen gesondert zu errechnen.

(5) [1]Für jedes Teilgesellschaftsvermögen sind Anlagebedingungen zu erstellen. [2]Bei Publikums-Teilgesellschaftsvermögen müssen diese Anlagebedingungen mindestens die Angaben nach § 162 enthalten. [3]Die Anlagebedingungen sowie deren Änderungen sind gemäß § 163 von der Bundesanstalt zu genehmigen. [4]Bei Spezial-Teilgesellschaftsvermögen sind die Anlagebedingungen sowie wesentliche Änderungen der Anlagebedingungen gemäß § 273 der Bundesanstalt vorzulegen.

(6) Für jedes Teilgesellschaftsvermögen ist eine Verwahrstelle zu benennen.

(7) [1]Eine Investmentaktiengesellschaft mit veränderlichem Kapital, die Teilgesellschaftsvermögen bildet, hat in ihre Satzung einen Hinweis aufzunehmen, dass für die Teilgesellschaftsvermögen besondere Anlagebedingungen gelten. [2]In allen Fällen, in denen die Satzung veröffentlicht, ausgehändigt oder in anderer Weise zur Verfügung gestellt werden muss, sind die jeweiligen Anlagebedingungen ebenfalls zu veröffentlichen, auszuhändigen oder in anderer Weise zur Verfügung zu stellen.

(8) [1]Die Satzung der Investmentaktiengesellschaft mit veränderlichem Kapital, die Teilgesellschaftsvermögen bildet, kann vorsehen, dass der Vorstand mit Zustimmung des Aufsichtsrats oder der Verwahrstelle die Auflösung eines Teilgesellschaftsvermögens beschließen kann. [2]Der Auflösungsbeschluss des Vorstands wird sechs Monate nach seiner Bekanntgabe im Bundesanzeiger wirksam. [3]Der Auflösungsbeschluss ist in den nächsten Jahresbericht oder Halbjahresbericht aufzunehmen. [4]Für die Abwicklung des Teilgesellschaftsvermögens gilt § 100 Absatz 1 und 2 entsprechend.

(9) [1]Das Bundesministerium der Finanzen wird ermächtigt, durch Rechtsverordnung, die nicht der Zustimmung des Bundesrates bedarf, nähere Bestimmungen zur buchhalterischen Darstellung, Rechnungslegung und Ermittlung des Wertes jedes Teilgesellschaftsvermögens zu erlassen. [2]Das Bundesministerium der Finanzen kann die Ermächtigung durch Rechtsverordnung auf die Bundesanstalt übertragen.

In der Fassung vom 4.7.2013 (BGBl. I 2013, S. 1981), zuletzt geändert durch das Gesetz zur Anpassung von Gesetzen auf dem Gebiet des Finanzmarktes vom 15.7.2014 (BGBl. I 2014, S. 934).

Schrifttum: *BaFin*, Auslegungsschreiben zu §§ 20 Abs. 7, 110 Abs. 2 Kapitalanlagegesetzbuch (KAGB), vom 16.7.2013; abrufbar unter: https://www.bafin.de/SharedDocs/Veroeffentlichungen/DE/Auslegungsentscheidung/WA/ae_160723_20Abs7_110Abs2_KAGB.html; *Gundlach*, Die Insolvenzfähigkeit juristischer Personen und Vermögen des öffentlichen Rechts, DÖV 1999, 815; *Heeren/von Tiling*, Die InvAG vor dem Durchbruch? in Kempf, Novellierung des Investmentrechts 2007, S. 201; *Karsten Schmidt*, Insolvenzordnung – InsO mit EuInsVO, 19. Aufl. 2016; *Kirchhof/Eidenmüller/Stürner*, Münchner Kommentar Insolvenzordnung, Band 1, 3. Aufl. 2013; *Sieger/Hasselbach*, „Tracking Stock" im deutschen Aktienrecht, BB 1999, 1277; *Steck/Fischer*, Aktuelle Praxisfragen der Investmentaktiengesellschaft, ZBB 2009, 188. Im Übrigen wird auf das Schrifttum zu § 108 verwiesen.

I. Regelungsgegenstand und -zweck

Die Bildung von Teilgesellschaftsvermögen ermöglicht die Strukturierung von **Umbrella-Fonds.** Damit können **verschiedene Teilgesellschaftsvermögen mit unterschiedlicher Anlagepolitik und unterschiedlichen Anlageschwerpunkten** gebildet werden. Der Gesetzgeber sah darin die Möglichkeit für den Anleger, kostengünstig in verschiedene Teilfonds innerhalb der gleichen Investmentstruktur zu investieren.[1] 1

§ 117 KAGB fasst die unter dem aufgehobenen InvG verstreuten Regelungen zur Bildung von Teilgesellschaftsvermögen zusammen. § 117 Abs. 1 KAGB enthält neben der Möglichkeit zur Bildung von Teilgesellschaftsvermögen Zuständigkeitsregelungen, indem die fehlende Zustimmungsbedürftigkeit der Hauptversammlung aus § 100 Abs. 1 InvG aufgegriffen und eine Zustimmungspflicht des Aufsichtsrates statuiert wird. 2

§ 117 Abs. 2 KAGB greift die Regelung der §§ 34 Abs. 2a, 100 Abs. 2 des aufgehobenen InvG hinsichtlich der haftungsrechtlichen und vermögensrechtlichen Trennung der Teilgesellschaftsvermögen auf und erstreckt sie auch auf die Fälle der Insolvenz und der Abwicklung eines Teilgesellschaftsvermögens; die haftungsrechtliche Separierung der Teilgesellschaftsvermögen sowohl im Außenverhältnis als auch im Innenverhältnis wird ausgestaltet.[2] 3

§ 117 Abs. 3 KAGB geht auf § 100 Abs. 3 des aufgehobenen InvG zurück und enthält lediglich redaktionelle Änderungen mit Blick auf die angepassten Definitionen in § 1 KAGB.[3] § 117 Abs. 4 Satz 1 KAGB übernimmt den Regelungsgehalt des § 34 Abs. 2 Satz 2 InvG hinsichtlich der Kostentragung bei der Auflegung von neuen Teilgesellschaftsvermögen.[4] § 117 Abs. 4 Satz 2 KAGB entspricht dem Regelungsgehalt des § 34 Abs. 1 Satz 4 InvG und überträgt die Grundsätze der Wertberechnung auf die InvAG mit veränderlichem Kapital.[5] 4

§ 117 Abs. 5 KAGB regelt in Anlehnung an § 97 Abs. 4 Satz 1 und 2 des aufgehobenen InvG, dass für jedes Teilgesellschaftsvermögen eigene Anlagebedingungen erstellt werden müssen und statuiert die Genehmigungspflicht der Anlagebedingungen i.S.d. § 163 KAGB für Publikums-InvAGen.[6] § 117 Abs. 6 KAGB übernimmt mit redaktionellen Anpassungen die Regelung des § 97 Abs. 4 Satz 3 InvG und bestimmt, dass für jedes Teilgesellschaftsvermögen eine Verwahrstelle zu benennen ist.[7] § 117 Abs. 7 KAGB übernimmt den Regelungsgehalt des § 97 Abs. 5 InvG hinsichtlich der Publizität der Teilgesellschaftsvermögen.[8] § 117 Abs. 8 KAGB entspricht dem § 100 Abs. 4 InvG und enthält Regelungen zur Auflösung eines Teilgesellschaftsvermögens.[9] 5

1 BT-Drucks. 15/1553, 86.
2 Der Verweis auf § 96 Abs. 3 InvG in BT-Drucks. 17/12294, 239 ist inkorrekt.
3 BT-Drucks. 17/12294, 239.
4 BT-Drucks. 17/12294, 239; wobei auch hier der Verweis auf § 96 Abs. 2 Satz 2 InvG fehlerhaft ist.
5 Falsch ist insofern auch der Verweis auf § 34 Abs. 3 Satz 4 und § 100 Abs. 2 InvG in BT-Drucks. 17/12294, 239.
6 BT-Drucks. 17/12294, 239.
7 BT-Drucks. 17/12294, 240.
8 BT-Drucks. 17/12294, 240.
9 BT-Drucks. 17/12294, 240.

6 § 117 Abs. 9 KAGB enthält eine Verordnungsermächtigung und geht auf § 34 Abs. 3 des aufgehobenen InvG zurück.[10] Die Verordnungsermächtigung wurde zum Erlass der **Kapitalanlage-Rechnungslegungs- und Bewertungsverordnung** (**KARBV**)[11] genutzt.

II. Bildung von Teilgesellschaftsvermögen durch die Investmentaktiengesellschaft mit veränderlichem Kapital

7 § 117 Abs. 1 Satz 1 KAGB statuiert die grundsätzliche Möglichkeit der InvAG mit veränderlichem Kapital, Teilgesellschaftsvermögen zu bilden. § 117 Abs. 1 Satz 2 KAGB enthält Zuständigkeitsregelungen für die Bildung von Teilgesellschaftsvermögen.

1. Zuständigkeit für die Bildung von Teilgesellschaftsvermögen

8 Die Bildung von Teilgesellschaftsvermögen fällt in die **Verbandszuständigkeit des Vorstandes** der InvAG mit veränderlichem Kapital. Die Bildung von Teilgesellschaftsvermögen ist eine über den gewöhnlichen Betrieb der InvAG mit veränderlichem Kapital hinausgehende Geschäftsführungsmaßnahme und bedarf deshalb der **Zustimmung des Aufsichtsrats.** Das Zustimmungserfordernis dient der adäquaten Ausübung der Aufsichtsfunktion des Aufsichtsrates über den Vorstand der InvAG mit veränderlichem Kapital.[12]

9 Die offene Formulierung in § 117 Abs. 1 Satz 2 Halbs. 2 KAGB („*ist nicht erforderlich*") zeigt aber, dass die Satzung eine Zustimmungspflicht der Hauptversammlung für die Auflegung neuer Teilgesellschaftsvermögen vorsehen könnte. Laut Gesetzesbegründung[13] soll eine Zustimmung der Hauptversammlung aber erforderlich sein, wenn die Anzahl der Teilgesellschaftsvermögen in der Satzung begrenzt ist. Gemeint ist damit, dass die Anhebung der Anzahl der Teilgesellschaftsvermögen eine Satzungsänderung bedeutet, die nur mit Zustimmung der Hauptversammlung möglich ist. Die Auflegung weiterer Teilgesellschaftsvermögen innerhalb des neu geschaffenen Rahmens fällt wiederum in die Zuständigkeitskompetenz des Vorstands und des Aufsichtsrats.

2. Satzungsmäßige Regelung zur Bildung von Teilgesellschaftsvermögen

10 Aus der Bezugnahme auf die Satzung innerhalb des § 117 KAGB wird ersichtlich, dass die Bildung von Teilgesellschaftsvermögen **in der Satzung** geregelt werden muss. Es empfiehlt sich daher, die Vorgaben des § 117 KAGB in der Satzung umfassend zu regeln.[14] Insbesondere sollten Bestimmungen hinsichtlich der Ausgestaltung der Rechte der Aktionäre nach Maßgabe des § 117 Abs. 3 i.V.m. § 109 Abs. 1 Satz 3 KAGB in die Satzung aufgenommen werden. Darüber hinaus ist nach § 117 Abs. 7 Satz 1 KAGB in der Satzung darauf hinzuweisen, dass für jedes Teilgesellschaftsvermögen besondere Anlagebedingungen gelten. Nach Maßgabe des § 117 Abs. 8 KAGB sind in der Satzung der InvAG mit veränderlichem Kapital Bestimmungen zur Auflösung von Teilgesellschaftsvermögen vorzusehen.

3. Unternehmensaktienkapital bei Teilgesellschaftsvermögen

11 Der Anforderung in § 117 Abs. 5 Satz 1 KAGB, wonach für jedes Teilgesellschaftsvermögen Anlagebedingungen zu erstellen sind, ist zu entnehmen, dass der Gesetzgeber ursprünglich nicht im Sinn hatte, dass für das Kapital, das aus der Begebung von Unternehmensaktien gebildet wird, ein separates Teilgesellschaftsvermögen gebildet wird. Wird für das Unternehmensaktienkapital kein eigenes Teilgesellschaftsvermögen gebildet, ist es den jeweiligen Teilgesellschaftsvermögen anteilig gutzuschreiben. Es empfiehlt sich, den Verteilungsschlüssel (z.B. nach Anlagevolumina der Teilgesellschaftsvermögen) in der Satzung zu regeln.[15] Werden nachträglich weitere Teilgesellschaftsvermögen gebildet, sind gesellschaftsinterne Ausgleichsbu-

---

10 Falsch ist insofern wieder der Verweis in BT-Drucks. 17/12294, 240 auf § 96 Abs. 4 InvG.

11 Verordnung über Inhalt, Umfang und Darstellung der Rechnungslegung von Sondervermögen, Investmentaktiengesellschaften und Investmentkommanditgesellschaften sowie über die Bewertung der zu dem Investmentvermögen gehörenden Vermögensgegenstände (Kapitalanlage-Rechnungslegungs- und Bewertungsverordnung – KARBV), vom 16.7.2013.

12 BT-Drucks. 17/12294, 239.

13 BT-Drucks. 17/12294, 239.

14 *Lorenz* in Weitnauer/Boxberger/Anders, § 117 KAGB Rz. 2.

15 Einen Überblick über die Lösungsmöglichkeiten bieten *Fischer*, Die Investmentaktiengesellschaft aus aufsichtsrechtlicher und gesellschaftsrechtlicher Perspektive, S. 124, 132 f.; *Steck/Fischer*, ZBB 2009, 188 (192); *Wallach*, Der Konzern 2007, 487 (492); *Wegner*, Die selbstverwaltete Investmentaktiengesellschaft mit Teilgesellschaftsvermögen, S. 244.

chungen vorzunehmen, durch die das Unternehmensaktienkapital anteilig auf die weiteren Teilgesellschaftsvermögen verteilt wird.[16]

Nach einer anderen Ansicht[17] ist es notwendig, das Unternehmensaktienkapital in ein eigenes Teilgesell- 12
schaftsvermögen einzubringen bzw. das Unternehmensaktienkapital als Quasi-Teilgesellschaftsvermögen zu behandeln, um die Anlageaktionäre von den unternehmerischen Risiken abzuschirmen und das Betriebsvermögen den Unternehmensaktionären zuzuordnen.

Es ist aber, wie bereits in § 115 Rz. 6 ff. gezeigt, nicht zwingend erforderlich, das Unternehmensaktienkapi- 13
tal in ein Teilgesellschaftsvermögen einzubringen. Bei der Bildung von Teilgesellschaftsvermögen i.S.d. § 117 Abs. 1 KAGB kann das Unternehmensaktienkapital auch rein rechnerisch jedem Teilgesellschaftsvermögen anteilig zugeordnet werden. In diesen Fällen würden das Unternehmensaktienkapital und das Anlageaktienkapital weiterhin haftungsrechtlich eine Einheit bilden (**Einheitslösung**).[18] Die Unternehmensaktien würden einen Anteil an jedem Teilgesellschaftsvermögen verkörpern (§ 117 Abs. 3 KAGB); es würden in jedem Teilgesellschaftsvermögen lediglich getrennte Rechnungskreise für das Unternehmens- und Anlageaktienkapital gebildet.[19]

Bei dieser Einheitslösung würden die gemeinschaftlichen Kosten, die keinem Teilgesellschaftsvermögen aus- 14
schließlich zugeordnet werden können, rechnerisch und haftungsrechtlich auf alle Teilgesellschaftsvermögen anteilig aufgeteilt. Die ausschließlich bei einem Teilgesellschaftsvermögen anfallenden Kosten werden rechnerisch und haftungsrechtlich nur diesem zugewiesen.

Entsprechend der h.M. in der Literatur[20] hat sich **in der Praxis** die Lösung **durchgesetzt**, dass **für das Un- 15
ternehmensaktienkapital ein separates Teilgesellschaftsvermögen gebildet** wird. Dabei werden die Rechte der Unternehmensaktionäre auf dieses eine Teilgesellschaftsvermögen beschränkt. Die gemeinschaftlichen Kosten werden von dem Teilgesellschaftsvermögen getragen, in den das Unternehmensaktienkapital eingebracht wurde. Die Kosten, die in den einzelnen Teilgesellschaftsvermögen separat anfallen, werden ausschließlich von diesen Teilgesellschaftsvermögen selbst getragen.

Die Entwicklung der Praxis ist zu begrüßen, da sie zu einer **klaren haftungs- und vermögensrechtlichen** 16
Trennung von Unternehmensaktienkapital einerseits und Anlageaktienkapital andererseits führt. Diese Trennung spiegelt auch die unterschiedlichen Verantwortungsbereiche der Unternehmens- und Anlageaktionäre wider. Die Unternehmensaktionäre partizipieren somit nicht *per se* am Anlageerfolg des Anlageaktienkapitals und müssten hierzu selbst Anlageaktien zeichnen. Diese Anlageaktien können auch von dem Teilgesellschaftsvermögen, das für die Unternehmensaktionäre reserviert ist, ausgegeben werden. Alternativ könnten die Unternehmensaktionäre auch Anlageaktien der Teilgesellschaftsvermögen, die Anlageaktien an die Anleger ausgeben, zeichnen. Die Anlageaktionäre bleiben ihrerseits von der wirtschaftlichen Entwicklung des Unternehmensaktienkapitals verschont. Jedenfalls bei Publikums-InvAGen mit veränderlichem Kapital ist die Umbrella-Konstruktion mittlerweile die Regel geworden.

III. Haftungs- und vermögensrechtliche Trennung der Teilgesellschaftsvermögen einer Investmentaktiengesellschaft mit veränderlichem Kapital

Die Teilgesellschaftsvermögen sind haftungs- und vermögensrechtlich voneinander getrennt. Im Verhältnis 17
der Aktionäre untereinander wird jedes Teilgesellschaftsvermögen als eigenständiges Gesellschaftsvermögen behandelt. Die haftungs- und vermögensrechtliche Trennung der Teilgesellschaftsvermögen hat zunächst Auswirkungen auf die Rechte der Aktionäre einer InvAG mit veränderlichem Kapital (§ 117 Abs. 2 Satz 2 und 3 KAGB). Darüber hinaus hat die Trennung auch Auswirkungen auf die Gläubiger der InvAG mit veränderlichem Kapital (§ 117 Abs. 2 Satz 3 und 4 KAGB) sowie auf die Insolvenz und Abwicklung der InvAG (§ 117 Abs. 2 Satz 5 KAGB).

---

16 *Fischer,* Die Investmentaktiengesellschaft aus aufsichtsrechtlicher und gesellschaftsrechtlicher Perspektive, S. 134.
17 *Heeren/von Tiling* in Kempf, Novellierung des Investmentrechts 2007, S. 201, 210 und 220.
18 So bereits *Wallach,* Der Konzern 2007, 487 (492); zustimmend *Steck/Fischer,* ZBB 2009, 188 (193).
19 Vgl. hierzu ausführlich *Wallach,* Der Konzern 2007, 487 (492).
20 *Dornseifer* in Emde/Dornseifer/Dreibus/Hölscher, § 99 InvG Rz. 33; *Lorenz* in Weitnauer/Boxberger/Anders, § 117 KAGB Rz. 5; a.A. *Boxberger* in Moritz/Klebeck/Jesch, § 112 KAGB Rz. 34.

1. Auswirkungen der haftungs- und vermögensrechtlichen Trennung der Teilgesellschaftsvermögen auf die Rechte der Aktionäre

18 § 117 Abs. 2 Satz 2 KAGB stellt zunächst klar, dass im Verhältnis der Aktionäre untereinander jedes Teilgesellschaftsvermögens als **eigenständiges Gesellschaftsvermögen** behandelt wird. Des Weiteren beschränkt § 117 Abs. 2 Satz 3 KAGB die Rechte der Aktionäre hinsichtlich der Bildung, Verwaltung und Auflösung des Teilgesellschaftsvermögens auf die Vermögensgegenstände des betreffenden Teilgesellschaftsvermögens.

19 Indem der Gesetzgeber § 117 Abs. 2 Satz 2 KAGB jedes Teilgesellschaftsvermögen als eigenes Gesellschaftsvermögen begreift, eröffnet er die Möglichkeit, auch nur dieses, auf ein Teilgesellschaftsvermögen beschränkte Gesellschaftsvermögen durch Ausgabe von Aktien zu zerlegen (§ 1 Abs. 2 AktG). Dementsprechend sind Aktionäre, die Aktien eines Teilgesellschaftsvermögens zeichnen, **auch nur an diesem Teilgesellschaftsvermögen beteiligt.**

20 Anlageaktionäre partizipieren daher auch nur an der Wertentwicklung desjenigen Teilgesellschaftsvermögens, dessen Anlageaktien sie erworben haben. Die Partizipation ist jedoch nicht nur an die Wertentwicklung des Teilgesellschaftsvermögens gekoppelt, sondern gilt gem. § 117 Abs. 2 Satz 2 KAGB auch bei der Bildung und der Auflösung des betreffenden Teilgesellschaftsvermögens.

21 Mit der Partizipation an der **Bildung** eines Teilgesellschaftsvermögens ist die anteilige Belastung der Ausgabepreise der Anlageaktien des betroffenen Teilgesellschaftsvermögens mit den Kosten der Auflegung gemeint sein.[21] Dies wird mit Blick auf § 117 Abs. 4 Satz 1 KAGB deutlich.

22 Mit der Beschränkung der Aktionärsrechte im Hinblick auf die **Auflösung** wird zum Ausdruck gebracht, dass der Aktionär nur am Verteilungserlös des aufgelösten Teilgesellschaftsvermögens i.S.d. § 100 Abs. 2 KAGB partizipiert, wenn er auch an dem betreffenden Teilgesellschaftsvermögen beteiligt ist.

2. Auswirkungen der haftungs- und vermögensrechtlichen Trennung der Teilgesellschaftsvermögen auf die Rechte der Gläubiger

23 Die Rechte der Gläubiger beschränken sich ebenfalls auf das betreffende Teilgesellschaftsvermögen. Das heißt, dass den Gläubigern als **Haftungsmasse** nicht die gesamte InvAG zur Verfügung steht, sondern **nur das Teilgesellschaftsvermögen, dessen Gläubiger sie auch sind.** Damit beschränkt sich die Haftungsmasse auf die Vermögensgegenstände, die für das Teilgesellschaftsvermögen erworben wurden.[22] Die Beschränkung der Haftungsmasse ist auch sachgerecht, da die Rechtsgeschäfte, aus denen die Verbindlichkeiten resultieren, der Umsetzung einer speziellen Anlagestrategie der jeweiligen Teilgesellschaftsvermögen dienen. Daher werden die Rechtsgeschäfte stets für Rechnung eines bestimmten Teilgesellschaftsvermögens abgeschlossen und diese den Gläubigern gegenüber auch transparent gemacht (§ 118 Abs. 2 KAGB).

3. Auswirkungen der haftungs- und vermögensrechtlichen Trennung der Teilgesellschaftsvermögen auf die Insolvenz und Abwicklung

24 Die haftungs- und vermögensrechtliche Trennung gilt auch für den Fall der **Insolvenz** der Investmentaktiengesellschaft mit veränderlichem Kapital und für den Fall der **Abwicklung** eines Teilgesellschaftsvermögens.

a) Insolvenz eines Teilgesellschaftsvermögens

25 Auch im Falle der **Insolvenz** können die Gläubiger nicht auf die vollständige Haftungsmasse der InvAG mit veränderlichem Kapital zugreifen. Vielmehr bleibt die **Haftungsmasse auf das Teilgesellschaftsvermögen beschränkt**, bei der die Gläubigerstellung begründet wurde. Der Gesetzgeber gibt damit dem Anlegerschutz Vorzug vor dem Gläubigerschutz.

26 Fraglich ist, ob die vermögens- und haftungsmäßige Begrenzung auf das betreffende Teilgesellschaftsvermögen mit **zwingenden Regeln des Insolvenzrechts** und damit des Gläubigerschutzes vereinbar ist. In der investmentrechtlichen Literatur[23] wird die Auffassung vertreten, dass die Insolvenz eines Teilgesellschaftsvermögens unweigerlich die Insolvenz der InvAG mit veränderlichem Kapital zur Folge habe, weil die InsO kein Verfahren für die Insolvenz von Teilgesellschaftsvermögen ohne Rechtspersönlichkeit vorsehe. Die haf-

---

21 *Boxberger* in Moritz/Klebeck/Jesch, § 117 KAGB Rz. 6; im Erg. auch *Lorenz* in Weitnauer/Boxberger/Anders, § 117 KAGB Rz. 4.

22 So bereits *Wallach*, Der Konzern 2007, 487 (492).

23 Insbesondere *Boxberger* in Moritz/Klebeck/Jesch, § 117 Rz. 11 und *Lorenz* in Weitnauer/Boxberger/Anders, § 117 KAGB Rz. 7 jeweils aufeinander verweisend.

tungsrechtliche und vermögensrechtliche Trennung verhindere jedoch, dass die Insolvenzgläubiger auf die Vermögensgegenstände der nicht von der Insolvenz betroffenen Teilgesellschaftsvermögen zugreifen können.[24] Für diese Ansicht könnte der Wortlaut des § 117 Abs. 2 Satz 5 KAGB sprechen, der auf die „*Insolvenz der Investmentaktiengesellschaft mit veränderlichem Kapital*" Bezug nimmt.

Die Gegenmeinung[25] hält einzelne Teilgesellschaftsvermögen für insolvenzfähig und begründet dies mit einer Analogie zu § 11 Abs. 2 InsO, wonach auch über Vermögen von Gesellschaften ohne Rechtspersönlichkeit und rechtlich unselbständige Vermögen wie der Nachlass oder das Gesamtgut einer Gütergemeinschaft das Insolvenzverfahren eröffnet werden kann. 27

§ 11 Abs. 2 InsO ist zu entnehmen, dass die Eröffnung eines Insolvenzverfahrens nicht davon abhängig ist, dass das betreffende Vermögen einer rechtsfähigen Person gehört.[26] Daraus kann gefolgert werden, dass es **nicht grundsätzlich ausgeschlossen ist, über ein einzelnes Teilgesellschaftsvermögen das Insolvenzverfahren zu eröffnen**. 28

Bestärkt wird diese Schlussfolgerung durch den Umstand, dass die haftungs- und vermögensrechtliche Trennung der Teilgesellschaftsvermögen es ermöglicht, die **insolvenzrechtlichen Eröffnungsgründe für ein Teilgesellschaftsvermögen getrennt festzustellen**. Da für jedes Teilgesellschaftsvermögen eine getrennte Vermögensaufstellung unter Berücksichtigung der Verbindlichkeiten angefertigt werden muss (§§ 25 Abs. 1, 10 Abs. 1 KARBV i.V.m. § 101 Abs. 1 Satz 3 Nr. 1 KAGB), ist es ohne weiteres möglich, für ein Teilgesellschaftsvermögen getrennt die Überschuldung gem. § 19 Abs. 3 i.V.m. Abs. 1 und 2 InsO festzustellen. 29

Da aufgrund der haftungsmäßigen Separierung nur die Vermögensgegenstände des Teilgesellschaftsvermögens zur Befriedigung der Verbindlichkeiten des betreffenden Teilgesellschaftsvermögens zur Verfügung stehen, ist es ebenfalls ohne weiteres möglich, die Tatbestände der Zahlungsunfähigkeit gem. § 17 InsO und der drohenden Zahlungsunfähigkeit gem. § 18 InsO für ein Teilgesellschaftsvermögen getrennt festzustellen. 30

Folgt man der vorgenannten Ansicht nicht und hält ein Insolvenzverfahren nur bezogen auf die gesamte InvAG mit veränderlichem Kapital für möglich, müsste **zumindest eine Aussonderung** der nicht betroffenen Teilgesellschaftsvermögen entsprechend § 47 InsO möglich sein. 31

Denn es stünde in einem krassen Widerspruch zu den Interessen aller Beteiligten, der InvAG, der Anleger und der Gläubiger, wenn das Insolvenzverfahren auch die nicht überschuldeten/zahlungsunfähigen Teilgesellschaftsvermögen erfassen würde, selbst dann, wenn der Erlös aus der Verwertung nur an die Gläubiger der jeweiligen Teilgesellschaftsvermögen ausgekehrt würde. Es ist daher davon auszugehen, dass der Gesetzgeber mit der haftungs- und vermögensrechtlichen Trennung der Teilgesellschaftsvermögen auch im Falle der Insolvenz nicht nur die getrennte Abwicklung sondern bereits die **Beschränkung des Insolvenzverfahrens auf ein Teilgesellschaftsvermögen** im Sinn hatte. 32

b) Abwicklung von Teilgesellschaftsvermögen

Gemäß § 117 Abs. 2 Satz 5 KAGB gilt die haftungs- und vermögensrechtliche Trennung auch für den Fall der Abwicklung eines Teilgesellschaftsvermögens. Dies folgt konsequent aus dem Umstand, dass auch ein einzelnes Teilgesellschaftsvermögen aufgelöst werden kann (§ 117 Abs. 8 KAGB). Die Abwicklung hat keinen Einfluss auf die anderen Teilgesellschaftsvermögen unter dem Umbrella der InvAG. Die Abwicklung erfolgt nach §§ 112 Abs. 1 Satz 5, 100 KAGB. Danach wird das **Teilgesellschaftsvermögen von der Verwahrstelle abgewickelt** und das Vermögen an die Anleger verteilt. 33

IV. Beteiligung der Aktionäre am Teilgesellschaftsvermögen

Nach § 117 Abs. 3 KAGB gilt § 109 Abs. 1 Satz 3 KAGB bei der InvAG mit Teilgesellschaftsvermögen mit der Maßgabe, dass die Aktien eines Teilgesellschaftsvermögens denselben Anteil an dem jeweiligen Teilgesellschaftsvermögen oder Bruchteile davon verkörpern. Hinsichtlich der Beteiligung der Aktionäre am Teilgesellschaftsvermögen stellt der Gesetzgeber klar, dass die Aktien innerhalb eines Teilgesellschaftsvermögens immer den gleichen Anteil verkörpern. 34

24 *Boxberger* in Moritz/Klebeck/Jesch, § 117 KAGB Rz. 11; *Lorenz* in Weitnauer/Boxberger/Anders, § 117 KAGB Rz. 7.

25 *Fischer*, Die Investmentaktiengesellschaft aus aufsichtsrechtlicher und gesellschaftsrechtlicher Perspektive, S. 220 ff.

26 Vgl. *Gundlach*, DÖV 1999, 815 (822); *K. Schmidt* in Karsten Schmidt, § 11 InsO Rz. 1; *Ott/Vuia* in MünchKomm. InsO, 3. Aufl. 2016, § 11 InsO Rz. 9 und 10.

35 Die Regelung in § 117 Abs. 3 KAGB führt auch dazu, dass sich das **Bezugsrecht der Aktionäre** gem. § 115 Satz 2 KAGB nur auf solche Aktien bezieht, die von den Teilgesellschaftsvermögen ausgegeben werden, an denen die Aktionäre beteiligt sind. Zum Umfang des Bezugsrechts s. § 115 Rz. 39 ff.

36 In der investmentrechtlichen Literatur[27] wird vertreten, dass in der Bildung verschiedener Teilgesellschaftsvermögen abweichend vom Aktienrecht die Schaffung von sog. „*Tracking Stocks*" zu sehen ist. Tracking Stocks entstammen dem amerikanischen Recht und sind in verschiedenen Gestaltungsvarianten anzutreffen.[28] So können die *Tracking Stocks* als sog. *Subsidiary Shares* ausgestaltet sein, bei denen die Aktionäre am wirtschaftlichen Ergebnis einer rechtlich selbstständigen Tochtergesellschaft der Emittentin partizipieren.[29] Bei der Ausgestaltung als sog. *Divisional Shares* partizipieren die Aktionäre lediglich am wirtschaftlichen Ergebnis eines unselbstständigen Geschäftsbereiches des Emittenten.[30]

37 Hiergegen spricht jedoch, dass die *Tracking Stocks* keine haftungs- und vermögensrechtliche Trennung vorsehen, wie dies bei den Aktien der InvAG mit Teilgesellschaftsvermögen vorgesehen ist. Vielmehr partizipieren die Aktionäre bei einer Anlage in *Tracking Stocks* genauso am Gesellschafts- und Liquidationserlös des Emittenten wie Aktionäre, die lediglich Vorzugsaktien oder Stammaktien am ungeteilten Gesellschaftsvermögen einer herkömmlichen Aktiengesellschaft zeichnen. Die ***Tracking Stocks*** sind daher **mit den Aktien eines Teilgesellschaftsvermögens** unter dem KAGB **nicht vergleichbar**.[31]

V. Kostenverteilung bei der Investmentaktiengesellschaft mit Teilgesellschaftsvermögen

38 Nach § 117 Abs. 4 Satz 1 KAGB dürfen die **Kosten für die Auflegung neuer Teilgesellschaftsvermögen nur zu Lasten der Anteilpreise der neuen Teilgesellschaftsvermögen** in Rechnung gestellt werden. Konsequenz der haftungs- und vermögensrechtlichen Trennung der Teilgesellschaftsvermögen ist, dass die nur bei einem Teilgesellschaftsvermögen anfallenden Kosten auch nur diesem zugerechnet werden. Damit wird der Grundsatz, dass jedes Teilgesellschaftsvermögen für die bei ihm anfallenden Verbindlichkeiten selbst aufkommen muss (§ 117 Abs. 2 Satz 4 KAGB), konsequent bereits auf das Stadium der Auflegung angewendet.

VI. Wertberechnung der Aktie eines Teilgesellschaftsvermögens

39 Aus dem Umstand, dass die Aktie lediglich eine Beteiligung an einem bestimmten Teilgesellschaftsvermögen verkörpert, folgt zwingend, dass der **Wert eines Anteils** gem. § 117 Abs. 4 Satz 2 KAGB **für jedes Teilgesellschaftsvermögen gesondert zu errechnen** ist. Die Berechnung erfolgt nach den Grundsätzen des § 168 KAGB i.V.m. §§ 26 ff. KARBV.

40 Bei der Ausgabe von Aktien eines Teilgesellschaftsvermögens ist der Wert der Aktien auf der Grundlage des Wertes zu berechnen, der für das Teilgesellschaftsvermögen nach § 168 Abs. 1 Satz 1 KAGB ermittelt wurde. Danach bestimmt sich der **Nettoinventarwert je Aktie** aus der Teilung des Wertes des Teilgesellschaftsvermögens durch die Zahl der im Verkehr befindlichen Aktien, die es ausgegeben hat. Der **Nettoinventarwert des Teilgesellschaftsvermögens** ergibt sich aus der Summe der Verkehrswerte seiner Vermögensgegenstände abzgl. aller Verbindlichkeiten und aufgenommenen Kredite des Teilgesellschaftsvermögens. Die Verkehrswerte der einzelnen Vermögensgegenstände ergeben sich aus der KARBV (s. hierzu auch § 110 Rz. 18 ff.).

VII. Erstellung von Anlagebedingungen für jedes Teilgesellschaftsvermögen

41 Nach § 117 Abs. 5 KAGB sind **für jedes Teilgesellschaftsvermögen eigene Anlagebedingungen** zu erstellen, die bei Publikums-Teilgesellschaftsvermögen den Anforderungen des § 162 KAGB entsprechen müssen. Sowohl die Anlagebedingungen selbst als auch jede Änderung der Anlagebedingungen sind gem. § 163

---

27 *Boxberger* in Moritz/Klebeck/Jesch, § 117 KAGB Rz. 3; *Lorenz* in Weitnauer/Boxberger/Anders, § 117 KAGB Rz. 2; *Zetzsche*, AG 2013, 613 (614).

28 Vgl. zur möglichen Ausgestaltung nach deutschem Recht *Sieger/Hasselbach*, BB 1999, 1277 ff.

29 *Sieger/Hasselbach*, BB 1999, 1277 (1277).

30 *Sieger/Hasselbach*, BB 1999, 1277 (1277).

31 In diesem Sinne auch ablehnend *Dornseifer*, AG 2008, 53 (57); *Eckhold*, ZGR 2007, 654 (664 f.); *Sieger/Hasselbach*, BB 1999, 1277 (1283).

KAGB durch die BaFin zu genehmigen. Die Anlagebedingungen für Spezial-Teilgesellschaftsvermögen sind der BaFin dagegen nur nach § 273 KAGB vorzulegen.

In der Praxis enthalten die Anlagebedingungen einen Allgemeinen Teil und einen Besonderen Teil. In dem **Allgemeinen Teil der Anlagebedingungen** sind in der Regel die Vorgaben des § 117 Abs. 1 bis Abs. 8 KAGB hinsichtlich der Möglichkeit der Bildung von Teilgesellschaftsvermögen, der Ausgestaltung der Rechte der Aktionäre, die Kostenverteilung und die Abwicklung geregelt. Der **Besondere Teil der Anlagebedingungen** enthält demgegenüber die genaue Ausgestaltung des betreffenden Teilgesellschaftsvermögens nach Maßgabe des § 162 Abs. 2 KAGB, wie z.B. Anlagepolitik, Gewinnverwendung und Rückgabemodalitäten. 42

Aus der Formulierung[32] *„Publikumsteilgesellschaftsvermögen"* in § 117 Abs. 5 Satz 2 KAGB bzw. *„Spezialteilgesellschaftsvermögen"* in § 117 Abs. 5 Satz 4 KAGB ist zu ersehen, dass offenbar auch der Gesetzgeber die Ausgestaltung als Publikums- oder Spezial-Investmentvermögen auf der Ebene der Teilgesellschaftsvermögen für möglich hält. Da auch Anlegerschutzgesichtspunkte nicht gegen die Ausgestaltung von Publikums- und Spezial-Teilgesellschaftsvermögen innerhalb einer InvAG mit veränderlichem Kapital sprechen (vgl. hierzu § 110 Rz. 36), dürfte in § 117 Abs. 5 KAGB generell zum Ausdruck kommen, dass die InvAG mit veränderlichem Kapital **innerhalb einer Umbrellakonstruktion sowohl Publikums-Teilgesellschaftsvermögen als auch Spezial-Teilgesellschaftsvermögen bilden kann** und damit Aktien an das gesamte Spektrum der Anlegerklassen ausgeben kann. Entgegen der Ansicht der BaFin[33] sollte auch bei der intern verwalteten InvAG mit veränderlichem Kapital die Kombination von Publikums- und Spezial-Teilgesellschaftsvermögen zulässig sein (s. dazu ausführlich § 110 Rz. 31 ff.). 43

VIII. Benennung einer Verwahrstelle für jedes Teilgesellschaftsvermögen

Nach § 117 Abs. 6 KAGB hat die InvAG mit veränderlichem Kapital **für jedes Teilgesellschaftsvermögen eine Verwahrstelle** zu benennen. Möglich ist, dass für die verschiedenen Teilgesellschaftsvermögen unterschiedliche Verwahrstellen benannt werden. Die Auswahl der Verwahrstelle steht im Ermessen der KVG und orientiert sich sowohl am Gesellschaftsinteresse als auch am Interesse der Anleger. In der Praxis wird es sich in der Regel schon aus Effizienzgründen empfehlen, ein und dieselbe Verwahrstelle für alle Teilgesellschaftsvermögen zu benennen.[34] Eine Ausnahme besteht jedoch dann, wenn für ein Teilgesellschaftsvermögen eine hochspezialisierte Anlagetechnik verwendet wird, für die eine andere Verwahrstelle besonders qualifiziert ist, etwa weil sie aufgrund ihrer technischen Ausstattung Transaktionen effizienter und kostengünstiger umsetzen kann. 44

Mit **„benennen"** ist auch hier **„bestellen"** gemeint. **Zuständig** ist hierfür die **externe oder interne KVG** (§§ 68 Abs. 1, 80 Abs. 1 KAGB). Handelt es sich um eine OGAW-InvAG mit veränderlichem Kapital oder eine AIF-Publikums-InvAG mit veränderlichem Kapital, hat eine KVG zuvor die Genehmigung der BaFin einzuholen (§§ 69 Abs. 1, 87 KAGB). 45

IX. Publizität und Transparenz durch Satzungsregelung bei der Bildung von Teilgesellschaftsvermögen

Nach § 117 Abs. 7 Satz 1 KAGB ist bei der Bildung von Teilgesellschaftsvermögen ein **Hinweis in der Satzung** erforderlich, dass **für die jeweiligen Teilgesellschaftsvermögen gesonderte Anlagebedingungen** gelten. Die Regelung ergänzt damit § 117 Abs. 5 KAGB, in dem für den Rechtsverkehr klargestellt wird, dass jedes Teilgesellschaftsvermögen eigenen Anlagebedingungen unterliegt. 46

Nach § 117 Abs. 7 Satz 2 KAGB sind die Anlagebedingungen **in der gleichen Weise zu publizieren wie die Satzung.** Der Regelungsgehalt entspricht den Regelungen in § 111 Satz 3 KAGB. Es wird auf § 111 Rz. 5 f. verwiesen. 47

---

32 BT-Drucks. 18/1305, 48. Der Gesetzgeber wollte mit dieser Formulierung klarstellen, dass es für die Frage der Genehmigungspflicht der Anlagebedingungen nach § 162 Abs. 1 KAGB nicht auf die InvAG ankommt, sondern darauf, ob es sich um ein Publikums-Teilgesellschaftsvermögen oder ein Spezial-Teilgesellschaftsvermögen handelt.

33 *BaFin*, Auslegungsschreiben zu §§ 20 Abs. 7, 110 Abs. 2 Kapitalanlagegesetzbuch (KAGB), Ziff. 2, wonach die Bildung von OGAW- und AIF Teilgesellschaftsvermögen unter dem Dach einer Investmentgesellschaft nur für die extern verwaltete Investmentgesellschaft zulässig ist.

34 *Boxberger* in Moritz/Klebeck/Jesch, § 117 KAGB Rz. 21; *Lorenz* in Weitnauer/Boxberger/Anders, § 117 KAGB Rz. 15.

X. Auflösung von Teilgesellschaftsvermögen durch den Vorstand der Investmentaktiengesellschaft

48 Die Satzung der InvAG mit veränderlichem Kapital **kann den Vorstand autorisieren**, mit Zustimmung des Aufsichtsrates oder der Verwahrstelle die **Auflösung von Teilgesellschaftsvermögen zu beschließen**. Der Auflösungsbeschluss der InvAG mit veränderlichem Kapital ist im Bundesanzeiger zu veröffentlichen und wird sechs Monate nach der Bekanntgabe im Bundesanzeiger wirksam. Er ist in den nächsten Jahres- oder Halbjahresbericht aufzunehmen. Die Abwicklung der aufgelösten Teilgesellschaftsvermögen erfolgt nach Maßgabe des § 100 Abs. 1 und Abs. 2 KAGB.

49 Eine ähnliche Regelung ist in § 132 Abs. 7 Satz 2 KAGB für die offene InvKG vorgesehen. Jedoch ist der Auflösungsbeschluss nicht im Bundesanzeiger zu veröffentlichen, sondern lediglich gegenüber den Anlegern der offenen InvKG bekanntzumachen. Darüber hinaus können die Anleger einer offenen InvKG die sechsmonatige Frist durch Zustimmung verkürzen. Da eine solche Erleichterung für die InvAG mit veränderlichem Kapital nicht vorgesehen ist, wird von *Zetzsche* mit Verweis auf das aufgehobene InvG (§ 99 Abs. 3 i.V.m. § 95 Abs. 5 i.V.m. § 31 Abs. 1 Satz 1 InvG), wonach die sechsmonatige Kündigungsfrist und die Veröffentlichung im Bundesanzeiger für Spezial-InvAGen mit veränderlichem Kapital nicht anwendbar waren, vertreten, dass für die **Spezial-InvAG mit veränderlichem Kapital** diese Erleichterungen über eine **Analogie zu § 132 Abs. 7 Satz 2 und 3 KAGB** Anwendung finden.[35]

50 Gegen eine Analogie könnte mit Blick auf § 108 Abs. 2 KAGB i.V.m. § 25 AktG das Fehlen einer Regelungslücke eingewandt werden, wonach die InvAG mit veränderlichem Kapital Informationen, die die Gesellschaft betreffen, zwingend im Bundesanzeiger zu veröffentlichen hat, damit einem unbestimmten Personenkreis eine öffentlich zugängliche Informationsquelle zur Verfügung steht.[36]

51 Gleichwohl ist der Auffassung von *Zetzsche* zuzustimmen. Er weist zutreffend daraufhin, dass der Gesetzgeber bereits unter der Rechtslage des aufgehobenen InvG zwischen Publikums- und Spezial-Investmentvermögen differenzierte. Aus § 99 Abs. 3 i.V.m. § 95 Abs. 5 i.V.m. § 31 Abs. 1 Satz 1 InvG ist zu folgern, dass der Gesetzgeber bei der Spezial-InvAG mit veränderlichem Kapital die sechsmonatige Kündigungsfrist und die Veröffentlichung im Bundesanzeiger für dispositiv hielt. Diese Differenzierung findet sich auch sonst im KAGB wieder. So können die Anleger einer offenen InvKG einer früheren Auflösung eines Teilgesellschaftsvermögens zustimmen. Der Auflösungsbeschluss ist lediglich den Anlegern gegenüber bekanntzumachen (vgl. § 132 Abs. 7 Satz 2 KAGB). Bei Spezial-Sondervermögen besteht die Möglichkeit, kürzere Kündigungsfristen für die Kündigung des Verwaltungsrechts durch die KVG vorzusehen (vgl. § 99 Abs. 1 Satz 4 KAGB). Gleiches gilt über den Verweis in § 154 Abs. 1 Satz 5 KAGB auch für die geschlossene Spezial-InvKG. Dem ist der **allgemeine Rechtsgedanke** zu entnehmen, dass die **Anleger von Spezial-Investmentvermögen** aufgrund ihrer geringeren Schutzbedürftigkeit und größeren Erfahrung **einer kürzeren Kündigungsfrist zustimmen können**.

52 Freilich ist auch die Lösung über eine Analogie zu § 132 Abs. 7 Satz 2 KAGB unbefriedigend, da Zweifel an der Analogiefähigkeit des § 132 Abs. 7 Satz 2 KAGB verbleiben (s. Rz. 50). Es wäre sehr zu begrüßen, wenn der Gesetzgeber in § 117 Abs. 8 Satz 2 KAGB für Spezial-InvAGen aus Gründen der Konsistenz die Möglichkeit vorsehen würde, von der sechsmonatigen Frist abzuweichen.

XI. Verordnungsermächtigung

53 Die Verordnungsermächtigung in § 117 Abs. 9 KAGB wurde zum **Erlass der KARBV** genutzt. Die KARBV enthält Vorgaben für die rechnerische Erfassung und Bewertung von Teilgesellschaftsvermögen. Sie tragen der haftungs- und vermögensrechtlichen Trennung der Teilgesellschaftsvermögen Rechnung, indem eine separierte Rechnungslegung je Teilgesellschaftsvermögen angeordnet wird.

54 Die **separierte Rechnungslegung** betrifft im Einzelnen

- die **Bilanz** (§ 21 Abs. 1 Satz 1 KARBV), für deren Zwecke außerdem zwischen Investmentbetriebsvermögen und Investmentanlagevermögen zu unterscheiden ist,
- die **Gewinn- und Verlustrechnung** (§ 22 Abs. 1 Satz 2 KARBV),
- den **Lagebericht** (§ 23 Abs. 4 Satz 2 KARBV), sowie
- den **Anhang** zum Jahresabschluss der InvAG (§ 25 Abs. 1 KARBV).

35 *Zetzsche*, AG 2013, 613 (618).
36 *Hüffer/Koch*, § 25 AktG Rz. 1 und 2.

Diese für jedes Teilgesellschaftsvermögen erstellten Bestandteile sind im Jahresabschluss der InvAG **im Zusammenhang darzustellen** (§ 20 Abs. 3 KARBV). 55

Wird ein einzelnes Teilgesellschaftsvermögen aufgelöst, ist über dieses Teilgesellschaftsvermögen ein **Auflösungsbericht** zu erstellen (§ 30 Abs. 2 Satz 2 i.V.m. § 19 KARBV). 56

Schließlich hat auch der Abschlussprüfer einer InvAG mit Teilgesellschaftsvermögen den Jahresabschluss **für jedes Teilgesellschaftsvermögen getrennt zu prüfen** und festzustellen, ob bei der Verwaltung des Vermögens der Teilgesellschaftsvermögen die Vorschriften des KAGB und die Bestimmungen der Satzung sowie der Anlagebedingungen eingehalten wurden (§ 43 Abs. 2 Kapitalanlage-Prüfberichte-Verordnung – KAPrüfbV). 57

§ 118 Firma und zusätzliche Hinweise im Rechtsverkehr

(1) [1]Die Firma einer Investmentaktiengesellschaft mit veränderlichem Kapital muss abweichend von § 4 des Aktiengesetzes die Bezeichnung „Investmentaktiengesellschaft“ oder eine allgemein verständliche Abkürzung dieser Bezeichnung enthalten; auf allen Geschäftsbriefen im Sinne des § 80 des Aktiengesetzes muss zudem ein Hinweis auf die Veränderlichkeit des Gesellschaftskapitals gegeben werden. [2]Die Firma einer Investmentaktiengesellschaft mit Teilgesellschaftsvermögen muss darüber hinaus den Zusatz „mit Teilgesellschaftsvermögen“ oder eine allgemein verständliche Abkürzung dieser Bezeichnungen enthalten.

(2) Wird die Investmentaktiengesellschaft mit Teilgesellschaftsvermögen im Rechtsverkehr lediglich für ein oder mehrere Teilgesellschaftsvermögen tätig, so ist sie verpflichtet, dies offenzulegen und auf die haftungsrechtliche Trennung der Teilgesellschaftsvermögen hinzuweisen.

In der Fassung vom 4.7.2013 (BGBl. I 2013, S. 1981).

Schrifttum: Es wird auf das Schrifttum zu § 108 verwiesen.

I. Regelungsgegenstand und -zweck

§ 118 KAGB geht **auf den fast wortgleichen § 98 des aufgehobenen InvG zurück** und enthält lediglich sprachliche Anpassungen aufgrund der geänderten Definitionen in § 1 KAGB. 1

§ 118 KAGB dient dem Schutz des Rechtsverkehrs, indem die InvAG mit veränderlichem Kapital **zur Publizität und Transparenz der Rechtsform verpflichtet** wird.[1] Der Gesetzgeber sah bei der Schaffung der InvAG mit veränderlichem Kapital und der Möglichkeit der Bildung von Teilgesellschaftsvermögen die Gefahr, dass sowohl den Anlegern als auch den Gläubigern der Umstand der haftungs- und vermögensrechtlichen Trennung der Teilgesellschaftsvermögen nicht bekannt ist. Aus diesem Grund ist die haftungs- und vermögensrechtliche Trennung im Rechtsverkehr offenzulegen.[2] 2

Die Firmenbezeichnung der InvAG mit veränderlichem Kapital nach § 118 KAGB steht unter dem **Bezeichnungsschutz des § 3 Abs. 2 KAGB**, wonach die Bezeichnung *„Investmentaktiengesellschaft“* nur von Investmentaktiengesellschaften verwendet werden darf, die die Vorgaben des KAGB erfüllen. Der Gesetzgeber versucht, durch die Publizitäts- und Transparenzpflichten sowie den Bezeichnungsschutz ein hinreichendes Maß an Vertrauensschutz im Hinblick sowohl auf den Anlegerschutz als auch auf die Funktionsfähigkeit des Marktes für kollektive Vermögensanlagen zu gewährleisten. 3

---

1 BT-Drucks. 16/5576, 86.
2 BT-Drucks. 16/5576, 86.

II. Firmenbezeichnung der Investmentaktiengesellschaft

4 § 4 AktG schreibt vor, dass die Firma der AG die Bezeichnung „*Aktiengesellschaft*" oder eine allgemein verständliche Abkürzung enthalten muss. § 118 Abs. 1 Satz 1 KAGB modifiziert § 4 AktG insoweit, als die InvAG mit veränderlichem Kapital abweichend hiervon die Bezeichnung „**Investmentaktiengesellschaft**" oder eine **allgemein verständliche Abkürzung** dieser Bezeichnung zu verwenden hat. Allgemein verständlich und in der Praxis bereits etabliert sind die Abkürzungen **InvAG** bzw. **Investment-AG.**[3]

5 Soweit der Geschäftsbetrieb der InvAG von einer Erlaubnis der BaFin abhängt – so bei der intern verwalteten InvAG (§§ 20 Abs. 1 Satz 1, 17 Abs. 2 Nr. 2 KAGB) und bei der extern verwalteten OGAW-InvAG (§ 113 KAGB) – entsteht die Pflicht zur gesetzeskonformen Firmierung nicht schon mit der Gründung der InvAG mit veränderlichem Kapital. Vielmehr besteht die Pflicht zur gesetzeskonformen Firmierung **erst, wenn die BaFin die Erlaubnis erteilt** hat.[4] Bevor die Erlaubnis nicht erteilt ist, würde das Registergericht die InvAG mit veränderlichem Kapital in der Firmierung nach § 118 KAGB nicht ins Handelsregister eintragen, § 3 Abs. 5 KAGB i.V.m. §§ 42, 43 KWG.[5]

6 Das **Registergericht** hat das **Vorliegen der Erlaubniserteilung** durch die BaFin **eigenständig zu prüfen,** weil die Erlaubniserteilung die Voraussetzung für die Firmenbezeichnung ist. Die BaFin wird die Erlaubnis in der Regel mit einer Nebenbestimmung erteilen, wonach die InvAG mit veränderlichem Kapital vor ihrer Eintragung im Handelsregister ihren Geschäftsbetrieb nicht aufnehmen kann. Die Nebenbestimmung kann z.B. eine Auflage sein, nach der die InvAG mit veränderlichem Kapital innerhalb einer von der BaFin gesetzten Frist die Eintragung im Handelsregister nachzuweisen hat und erst ab dem Zeitpunkt der Eintragung ihren Geschäftsbetrieb aufnehmen darf. Die Kontrolle der letztgenannten Auflage wird in aller Regel dadurch sichergestellt, dass die InvAG mit veränderlichem Kapital verpflichtet wird, der BaFin die Aufnahme der Geschäftstätigkeit anzuzeigen.

III. Hinweispflicht in Geschäftsbriefen

7 Nach § 118 Abs. 1 Satz 1 Halbs. 2 KAGB ist auf allen **Geschäftsbriefen** i.S.d. § 80 AktG zudem ein **Hinweis auf die Veränderlichkeit des Gesellschaftskapitals** aufzunehmen.

8 Der Begriff des **Geschäftsbriefs** i.S.d. § 80 AktG ist gemäß dem Sinn und Zweck **weit auszulegen**, damit Geschäftspartner der InvAG bereits im Stadium der Vertragsanbahnung Aufschluss über die wesentlichen Gesellschaftsverhältnisse erhalten.[6] Damit kann der Begriff des Geschäftsbriefes nicht auf seinen Wortsinn allein beschränkt werden, sondern erfasst unabhängig von etwaigen Formalien sämtliche schriftlichen und elektronischen Mitteilungen der InvAG, die sich an bestimmte außenstehende Empfänger richten.[7] Erfasst werden damit neben Geschäftsbriefen im wörtlichen Sinne auch E-Mails, Preislisten, Rechnungen, Quittungen und ähnliche geschäftliche Mitteilungen.[8]

9 Eine wesentliche Charakteristik von Geschäftsbriefen i.S.d. § 80 AktG besteht darin, den Empfänger persönlich zu adressieren und sich an einen genau bestimmbaren Personenkreis zu richten. Nicht als Geschäftsbriefe werden daher solche Dokumente angesehen, die sich an einen größeren nicht bestimmbaren Personenkreis wenden.[9] Damit stellen die **Verkaufsprospekte** einer InvAG mit veränderlichem Kapital **keine Geschäftsbriefe** i.S.d. § 80 AktG dar. Allerdings ergibt sich aus den prospektrechtlichen Vorschriften des KAGB (§ 165 Abs. 2 KAGB), dass der korrekte Firmenname darin bezeichnet werden muss.

10 Als Hinweis auf das veränderliche Gesellschaftskapital genügt in der Regel der Zusatz „*mit veränderlichem Kapital*".[10] Zulässig dürfte auch die Angabe „*mit variablem Kapital*" sein. Dies entspricht zwar nicht der Terminologie des KAGB, ist nach Sinn und Zweck des § 118 KAGB aber ebenso geeignet, um auf das veränderliche Kapital hinreichend hinzuweisen. Gängige Abkürzungen haben sich nach derzeitigem Stand noch nicht etabliert.

---

3 *Boxberger* in Moritz/Klebeck/Jesch, § 118 KAGB Rz. 3; *Herrmann* in Baur/Tappen, § 118 KAGB Rz. 2; *Lorenz* in Weitnauer/Boxberger/Anders, § 118 KAGB Rz. 2.
4 Vgl. *Boxberger* in Moritz/Klebeck/Jesch, § 118 KAGB Rz. 4.
5 *Boxberger* in Moritz/Klebeck/Jesch, § 118 KAGB Rz. 4.
6 *Hüffer/Koch*, § 80 AktG Rz. 2.
7 *Hüffer/Koch*, § 80 AktG Rz. 2; *Spindler* in MünchKomm. AktG, 4. Aufl. 2014, § 80 AktG Rz. 14.
8 *Hüffer/Koch*, § 80 AktG Rz. 2.
9 Vgl. hierzu *Spindler* in MünchKomm. AktG, 4. Aufl. 2014, § 80 AktG Rz. 15.
10 *Boxberger* in Moritz/Klebeck/Jesch, § 118 KAGB Rz. 5; *Herrmann* in Baur/Tappen, § 118 KAGB Rz. 4.

IV. Publizitätspflichten bei Investmentaktiengesellschaften mit Teilgesellschaftsvermögen

1. Firmenbezeichnung

Nach § 118 Abs. 1 Satz 2 KAGB hat die **Firma** einer InvAG einen Zusatz zu führen, wenn die InvAG Teilgesellschaftsvermögen gebildet hat. Zulässig sind die Zusätze „**mit Teilgesellschaftsvermögen**". Als mögliche Abkürzungen der Rechtsform kommt in Deutschland z.B. „**InvAG TGV**" in Betracht.[11] 11

2. Publizität im Rechtsverkehr

Nach § 118 Abs. 2 KAGB hat eine InvAG mit Teilgesellschaftsvermögen im **Rechtsverkehr** offenzulegen, wenn sie lediglich für ein oder mehrere Teilgesellschaftsvermögen tätig ist. Sie muss in diesen Fällen auch auf die haftungsrechtliche Trennung der Teilgesellschaftsvermögen hinweisen. Die Offenlegung hat nach der gesetzgeberischen Intention sowohl gegenüber den Aktionären als auch gegenüber den Gläubigern zu erfolgen.[12] Umgesetzt wird die Offenlegung, indem die InvAG das oder die betreffenden **Teilgesellschaftsvermögen in den Vertragsdokumenten konkret bezeichnet.**[13] Zudem ist bei einer Wertpapierorder das jeweilige Teilgesellschaftsvermögen, für dessen Rechnung die KVG handelt, zu nennen. 12

Der Wortlaut des § 118 Abs. 2 KAGB – „**lediglich**" – deutet darauf hin, dass die Offenlegungspflicht nur gelten soll, wenn für ein Teilgesellschaftsvermögen oder einen Teil einer größeren Anzahl von Teilgesellschaftsvermögen gehandelt wird. Jedoch besteht auch bei Rechtsgeschäften für Rechnung mehrerer oder sämtlicher Teilgesellschaftsvermögen (z.B. *block trades*) das Bedürfnis, die haftungsrechtliche Trennung der einzelnen Teilgesellschaftsvermögen für den Rechtsverkehr nach außen deutlich zu machen.[14] Daher sind auch bei diesen Rechtsgeschäften **alle Teilgesellschaftsvermögen offenzulegen.** 13

Die Offenlegung ist dagegen entbehrlich, wenn es bei den Geschäftsabschlüssen nicht um die Anlage des Investmentanlagevermögens geht, sondern um Nebentätigkeiten im Zusammenhang mit der Verwaltungstätigkeit. Bei der Anstellung von Personal, der Anmietung von Geschäftsräumen und ähnlichem bedarf es einer Offenlegung nicht, da es sich nicht um Verbindlichkeiten eines bestimmten Teilgesellschaftsvermögens handelt, sondern um gemeinschaftliche Verbindlichkeiten.[15] Zur Behandlung solcher Verbindlichkeiten s. § 115 Rz. 15 und § 117 Rz. 14. 14

§ 119 Vorstand, Aufsichtsrat

(1) [1]Der Vorstand einer Investmentaktiengesellschaft mit veränderlichem Kapital besteht aus mindestens zwei Personen. [2]Er ist verpflichtet,

1. **bei der Ausübung seiner Tätigkeit im ausschließlichen Interesse der Aktionäre und der Integrität des Marktes zu handeln,**
2. **seine Tätigkeit mit der gebotenen Sachkenntnis, Sorgfalt und Gewissenhaftigkeit im besten Interesse des von ihm verwalteten Vermögens und der Integrität des Marktes auszuüben und**
3. **sich um die Vermeidung von Interessenkonflikten zu bemühen und, wenn diese sich nicht vermeiden lassen, dafür zu sorgen, dass unvermeidbare Konflikte unter der gebotenen Wahrung der Interessen der Aktionäre gelöst werden.**

[3]Der Vorstand hat bei der Wahrnehmung seiner Aufgaben unabhängig von der Verwahrstelle zu handeln.

(2) [1]Die Mitglieder des Vorstands der Investmentaktiengesellschaft mit veränderlichem Kapital müssen zuverlässig sein und die zur Leitung der Investmentaktiengesellschaft mit veränderlichem Kapital erforderliche fachliche Eignung haben, auch in Bezug auf die Art des Unternehmensgegenstandes der Investmentaktiengesellschaft mit veränderlichem Kapital. [2]Die Bestellung und das Ausscheiden von Mitgliedern des Vorstands ist der Bundesanstalt unverzüglich anzuzeigen.

11 BT-Drucks. 16/5576, 86.
12 BT-Drucks. 16/5576, 86.
13 *Boxberger* in Moritz/Klebeck/Jesch, § 118 KAGB Rz. 8; *Lorenz* in Weitnauer/Boxberger/Anders, § 118 KAGB Rz. 4.
14 *Wallach*, Der Konzern 2007, 487 (492).
15 *Wallach*, Der Konzern 2007, 487 (492).

(3) [1]Die Persönlichkeit und die Sachkunde der Mitglieder des Aufsichtsrats müssen Gewähr dafür bieten, dass die Interessen der Aktionäre gewahrt werden. [2]Für die Zusammensetzung des Aufsichtsrats gilt § 18 Absatz 3 entsprechend. [3]Die Bestellung und das Ausscheiden von Mitgliedern des Aufsichtsrats ist der Bundesanstalt unverzüglich anzuzeigen. [4]Auf Aufsichtsratsmitglieder, die als Vertreter der Arbeitnehmer nach den Vorschriften der Mitbestimmungsgesetze gewählt werden, sind die Sätze 1 und 3 nicht anzuwenden.

(4) [1]Mitglieder des Vorstands oder des Aufsichtsrats der Investmentaktiengesellschaft mit veränderlichem Kapital dürfen Vermögensgegenstände weder an die Investmentaktiengesellschaft veräußern noch von dieser erwerben. [2]Erwerb und Veräußerung von Aktien der Investmentaktiengesellschaft durch die Mitglieder des Vorstands und des Aufsichtsrats sind davon nicht erfasst.

(5) Die Bundesanstalt kann die Abberufung des Vorstands oder von Mitgliedern des Vorstands verlangen und ihnen die Ausübung ihrer Tätigkeit untersagen, wenn

1. **Tatsachen vorliegen, aus denen sich ergibt, dass der Vorstand oder Mitglieder des Vorstands nicht zuverlässig sind oder die zur Leitung erforderliche fachliche Eignung gemäß Absatz 2 nicht haben oder**
2. **der Vorstand oder Mitglieder des Vorstands nachhaltig gegen die Bestimmungen dieses Gesetzes oder des Geldwäschegesetzes verstoßen.**

(6) Der Vorstand einer OGAW-Investmentaktiengesellschaft mit veränderlichem Kapital hat einen angemessenen Prozess einzurichten, der es den Mitarbeitern unter Wahrung der Vertraulichkeit ihrer Identität ermöglicht, potenzielle oder tatsächliche Verstöße gegen dieses Gesetz oder gegen auf Grund dieses Gesetzes erlassene Rechtsverordnungen sowie etwaige strafbare Handlungen innerhalb der Gesellschaft an eine geeignete Stelle zu melden.

In der Fassung vom 4.7.2013 (BGBl. I 2013, S. 1981), zuletzt geändert durch das Gesetz zur Umsetzung der Richtlinie 2014/91/EU des Europäischen Parlaments und des Rates vom 23. Juli 2014 zur Änderung der Richtlinie 2009/65/EG zur Koordinierung der Rechts- und Verwaltungsvorschriften betreffend bestimmte Organismen für gemeinsame Anlagen in Wertpapieren (OGAW) im Hinblick auf die Aufgaben der Verwahrstelle, die Vergütungspolitik und Sanktionen vom 3.3.2016 (BGBl. I 2016, S. 348).

Schrifttum: *BaFin*, Merkblatt zu den Geschäftsleitern gemäß KWG, ZAG und KAGB" vom 4.1.2016 (zuletzt geändert am 31.1.2017), abrufbar unter: https://www.bafin.de/SharedDocs/Veroeffentlichungen/DE/Merkblatt/mb_geschaefts leiter_KWG_ZAG_KAGB.html; *BaFin*, Rundschreiben 01/2017 (WA) – Mindestanforderungen an das Risikomanagement von Kapitalverwaltungsgesellschaften – „KAMaRisk" in der Fassung vom 10.1.2017, abrufbar unter: https://www.bafin.de/SharedDocs/Downloads/DE/Rundschreiben/dl_rs_1701_KAMaRisk.pdf?__blob=publicationFile&v=10; *Helm*, Whistleblowing im Finanzaufsichtsrecht – Ein Überblick, BB 2018, 1538. Im Übrigen wird auf das Schrifttum zu § 108 verwiesen.

I. Regelungsgegenstand und -zweck

1 § 119 KAGB enthält aufsichtsrechtliche Vorgaben an die **innere Verfassung der InvAG mit veränderlichem Kapital**. Sie betreffen die Zusammensetzung des Vorstands (§ 119 Abs. 1 Satz 1 KAGB) und Anforderungen an die Mitglieder des Vorstands (§ 119 Abs. 2 KAGB). Den Vorstand treffen aufsichtsrechtliche Kardinalpflichten, im Interesse der Aktionäre und der Integrität des Marktes zu handeln (§ 119 Abs. 1 Satz 2 und 3 KAGB). Ferner regelt § 119 KAGB die Zusammensetzung des Aufsichtsrates und die Anforderungen an die Aufsichtsratsmitglieder einer InvAG mit veränderlichem Kapital (§ 119 Abs. 3 KAGB). Veräußerungs- und Erwerbsverbote für die Mitglieder des Vorstands und des Aufsichtsrates (§ 119 Abs. 4 KAGB) dienen der Verhinderung von Interessenkonflikten. § 119 Abs. 5 KAGB gewährt der BaFin Eingriffsbefugnisse gegen den Vorstand und Mitglieder des Vorstands im Falle der Verletzung von aufsichtsrechtlichen Anforderungen oder Bestimmungen des KAGB oder des GwG.

§ 119 Abs. 6 KAGB wurde durch das OGAW-V-Umsetzungsgesetz von 2016[1] eingefügt und dient der Umsetzung von Art. 99d Abs. 5 OGAW-RL.[2] § 119 Abs. 6 KAGB enthält Vorgaben für die **Etablierung von Whistleblowing-Prozessen**, um es den Mitarbeitern der InvAG mit veränderlichem Kapital zu ermöglichen, potentielle und tatsächliche Verstöße gegen das KAGB oder gegen auf Grund dieses Gesetzes erlassene Rechtsverordnungen sowie strafbare Handlungen innerhalb der Gesellschaft an geeigneter Stelle zu melden. 2

II. Vorstand der Investmentaktiengesellschaft mit veränderlichem Kapital

1. Zusammensetzung des Vorstands

§ 119 Abs. 1 Satz 1 KAGB bestimmt, dass der Vorstand der InvAG mit veränderlichem Kapital **mindestens aus zwei Personen** bestehen muss. Aus dem Verweis in § 108 Abs. 2 Satz 1 KAGB auf § 76 Abs. 3 AktG ergibt sich, dass **nur natürliche Personen** Vorstandsmitglieder sein können. Diese Anforderung spiegelt ein generelles aufsichtsrechtliches Erfordernis wider.[3] Obwohl das KAGB darüber schweigt, ob die beiden Vorstandsmitglieder einzel- oder gesamtgeschäftsführungsbefugt sind, ist dem Erfordernis zweier natürlicher Personen als Vorstand die Intention des Gesetzgebers zu entnehmen, dem *„Vier-Augen-Prinzip"* zur Geltung zu verhelfen. Gemäß § 108 Abs. 2 KAGB i.V.m. § 77 Abs. 1 AktG sind die beiden Vorstandsmitglieder daher **gesamtvertretungsberechtigt**. 3

Eine **Personenidentität** zwischen dem **Vorstand der externen KVG** und **demjenigen der InvAG mit veränderlichem Kapital** ist zulässig. Hierfür sprechen Effizienzgründe und die aufsichtsrechtlich zwingende Ausrichtung beider Geschäftsleitungen auf die Interessen der Integrität des Marktes und die Interessen der Anleger (vgl. § 26 Abs. 1 bis 3 KAGB für die externe KVG und § 119 Abs. 1 Satz 2 KAGB für die InvAG mit veränderlichem Kapital). Allerdings müssen die Mitglieder beider Geschäftsleitungen bei der Ausübung ihrer jeweiligen Tätigkeit deutlich machen, ob sie den Hut der Geschäftsleitung der KVG oder denjenigen der Geschäftsleitung der InvAG mit veränderlichem Kapital tragen (vgl. für die InvKG § 153 Rz. 5). 4

2. Aufsichtsrechtliche Verpflichtungen des Vorstands

§ 119 Abs. 1 Satz 2 und Satz 3 KAGB statuieren aufsichtsrechtliche Pflichten des Vorstands **im Interesse der Aktionäre und der Integrität des Marktes**. Gleichlautende Verpflichtungen existieren für die Geschäftsführung der offenen InvKG (§ 128 Abs. 1 Satz 3 und 4 KAGB) sowie für die Geschäftsführung der geschlossene InvKG (§ 153 Abs. 1 Satz 3 und 4 KAGB) und die InvAG mit fixem Kapital (§ 147 Abs. 1 Satz 2 und 3 KAGB). Der Pflichtenkatalog entspricht im Wesentlichen demjenigen, den die KVG bei der Verwaltung von Investmentvermögen gem. § 26 Abs. 1 und Abs. 2 KAGB zu beachten hat. 5

Der Anwendungsbereich des Pflichtenkatalogs in § 119 Abs. 1 Satz 3 und 4 KAGB hängt davon ab, ob es sich um eine intern oder extern verwaltete InvAG mit veränderlichem Kapital handelt. 6

Bei der **intern verwalteten** InvAG mit veränderlichem Kapital sind die Aufgaben des Vorstands der InvAG und derjenigen der KVG identisch, weil beide ein und derselbe Rechtsträger sind. Es existiert folglich kein eigener, vom Aufgabenbereich der KVG abgegrenzter Aufgabenbereich des Vorstands für sonstige Angelegenheiten der InvAG mit veränderlichem Kapital, die nicht zugleich in den Zuständigkeitsbereich der KVG fallen (vgl. § 153 Rz. 12). Damit hat der Pflichtenkatalog in § 119 Abs. 1 Satz 2 und Satz 3 KAGB keine gegenüber § 26 Abs. 1 bis Abs. 3 KAGB eigenständige Bedeutung, zumal § 119 Abs. 1 Satz 2 und Satz 3 KAGB im Umfang hinter § 26 Abs. 1 bis Abs. 3 KAGB zurückbleibt. 7

Bei der **extern verwalteten** InvAG mit veränderlichem Kapital verbleibt ein eigenständiger organschaftlicher Zuständigkeitsbereich des Vorstands der InvAG für alle gesellschaftsrechtlichen Angelegenheiten, die nicht von den administrativen Tätigkeiten im Rahmen der kollektiven Portfolioverwaltung der KVG erfasst werden. In diesem Zuständigkeitsbereich hat der Pflichtenkatalog in § 119 Abs. 1 Satz 2 und Satz 3 KAGB eine eigenständige Bedeutung. Hinsichtlich des Pflichtenkatalogs wird auf § 153 Rz. 13 f. verwiesen. 8

---

1 Gesetz zur Umsetzung der Richtlinie 2014/91/EU des Europäischen Parlaments und des Rates vom 23.7.2014 zur Änderung der Richtlinie 2009/65/EG zur Koordinierung der Rechts- und Verwaltungsvorschriften betreffend bestimmte Organismen für gemeinsame Anlagen in Wertpapieren (OGAW) im Hinblick auf die Aufgaben der Verwahrstelle, die Vergütungspolitik und Sanktionen vom 3.3.2016.

2 BT-Drucks. 18/6744, 58.

3 So auch *Lorenz* in Weitnauer/Boxberger/Anders, § 119 KAGB Rz. 3.

3. Anforderungen an die Mitglieder des Vorstands

9 § 119 Abs. 2 KAGB stellt besondere Anforderungen an die Mitglieder Vorstands der InvAG mit veränderlichem Kapital hinsichtlich der **Zuverlässigkeit** und **fachlichen Eignung**. Identische Anforderungen gelten für die Mitglieder der Geschäftsführung der offenen InvKG (§ 128 Abs. 2 KAGB) sowie der geschlossenen InvKG (§ 153 Abs. 2 KAGB) und der InvAG mit fixem Kapital (§ 147 Abs. 2 KAGB). Hinsichtlich der Anforderungen an die Mitglieder des Vorstands wird auf § 153 Rz. 19 ff. verwiesen.

10 Durch das OGAW-V-Richtlinie-Umsetzungsgesetz von 2016 wurde Abs. 2 Satz 2 in § 119 KAGB eingefügt, wonach die **Bestellung** und das **Ausscheiden** von Mitgliedern des Vorstands unverzüglich **der BaFin anzuzeigen** sind. Eine praktische Relevanz hat die Anzeigepflicht lediglich bei der extern verwalteten InvAG mit veränderlichem Kapital, weil die intern verwaltete InvAG bereits nach §§ 34 Abs. 1, 22 Abs. 1 KAGB die Änderung von wesentlichen Voraussetzungen der Erlaubnis, einschließlich der Bestellung und dem Ausscheiden von Vorstandmitgliedern, bei der BaFin anzuzeigen hat.[4]

11 Die Anzeige der Bestellung und des Ausscheidens von Mitgliedern der Geschäftsführung muss gem. § 119 Abs. 2 Satz 2 KAGB „**unverzüglich**" erfolgen. Als Orientierungshilfe kann hierzu Ziff. I. 1. des „*BaFin-Merkblatts zu den Geschäftsleitern gemäß KWG, ZAG und KAGB*" v. 4.1.2016 (zuletzt geändert am 31.1.2017)[5] dienen, wonach die BaFin nicht mehr von einer unverzüglichen Erstattung der Anzeige ausgeht, wenn mehr als vier Wochen seit der Entscheidung des zuständigen Organs verstrichen sind. Siehe hierzu auch § 153 Rz. 26.

12 Die Verletzung der Anzeigepflichten in § 119 Abs. 2 Satz 2 KAGB stellt bei der **intern verwalteten InvAG** mit veränderlichem Kapital eine **Ordnungswidrigkeit** dar. Die Unterlassung der Anzeige des Vollzugs der Bestellung eines Geschäftsleiters sind nach § 340 Abs. 2 Nr. 10 i.V.m. § 34 Abs. 3 Nr. 1 KAGB und die Verletzung der Anzeigepflicht des Ausscheidens eines Geschäftsleiters nach § 340 Abs. 2 Nr. 10 i.V.m. § 34 Abs. 3 Nr. 2 KAGB eine Ordnungswidrigkeit. Für die **extern verwaltete InvAG** mit veränderlichem Kapital fehlt ein entsprechender Tatbestand bei den Bußgeldvorschriften des § 340 KAGB, so dass die Verletzung der Anzeigepflicht nach § 119 Abs. 2 Satz 2 KAGB **keine Ordnungswidrigkeit** darstellt.

III. Aufsichtsrat

13 Gemäß § 119 Abs. 3 Satz 1 KAGB müssen die **Persönlichkeit** und die **Sachkunde** der Mitglieder des Aufsichtsrats die **Gewähr dafür bieten, dass die Interessen der Anleger gewahrt werden**. Es gelten auch insoweit keine Besonderheiten zu den Anforderungen an die Mitglieder des Aufsichtsrats der externen KVG in § 18 Abs. 4 KAGB, so dass auf die dortige Kommentierung verwiesen wird.

14 § 119 Abs. 3 Satz 2 KAGB verweist hinsichtlich der Zusammensetzung des Aufsichtsrats der InvAG mit veränderlichem Kapital auf die Bestimmungen für den Aufsichtsrat der externen KVG in § 18 Abs. 3 KAGB. Es wird daher auf die Kommentierung dieser Bestimmungen des § 18 KAGB verwiesen.

15 Die **Bestellung** und das **Ausscheiden** von Mitgliedern des Aufsichtsrates muss **unverzüglich der BaFin angezeigt** werden (§ 119 Abs. 3 Satz 3 KAGB). Hier dürften an die Unverzüglichkeit der Anzeigenerstattung die gleichen Anforderungen zu stellen sein wie bei der Anzeige der Bestellung und des Ausscheidens von Mitgliedern der Geschäftsführung (s. Rz. 11 und § 153 Rz. 26).

16 § 119 Abs. 3 Satz 4 KAGB bezieht sich auf Mitglieder des Aufsichtsrates, die **als Vertreter der Arbeitnehmer** nach den Vorschriften der Mitbestimmungsgesetze in den Aufsichtsrat entsandt wurden. Ein Mitbestimmungsrecht der Arbeitnehmer besteht für Unternehmen in der Form der Aktiengesellschaft zum einen nach dem **Drittelbeteiligungsgesetz**[6] und nach dem **Mitbestimmungsgesetz**[7]. Allerdings sind die ein Mitbestimmungsrecht der Arbeitnehmer auslösenden Schwellen der Mindest-Arbeitnehmerzahl – 500 gem. § 1 Abs. 1 Nr. 1 Drittelbeteiligungsgesetz und 2.000 gem. § 1 Abs. 1 i.V.m. § 7 Abs. 1 Nr. 1 Mitbestimmungsgesetz – so hoch, dass sie selbst bei der intern verwalteten InvAG mit veränderlichem Kapital nicht relevant werden dürften.

4 BT-Drucks. 18/6744, 58.

5 Abrufbar unter www.bafin.de/SharedDocs/Veroeffentlichungen/DE/Merkblatt/mb_geschaeftsleiter_KWG_ZAG_KAGB.html.

6 Gesetz über die Drittelbeteiligung der Arbeitnehmer im Aufsichtsrat vom 18.5.2004, BGBl. I 2004, S. 974.

7 Gesetz über die Mitbestimmung der Arbeitgeber vom 4.5.1976, BGBl. I 1976, S. 1153.

Nach § 119 Abs. 3 Satz 4 KAGB finden auf die **Arbeitnehmervertreter** die Anforderungen hinsichtlich der Persönlichkeit und der Sachkunde keine Anwendung. Darüber hinaus sind die Bestellung und das Ausscheiden nicht unverzüglich der BaFin anzuzeigen. 17

IV. Veräußerungs- und Erwerbsverbot

Nach § 119 Abs. 4 KAGB dürfen Mitglieder des Vorstands und des Aufsichtsrats der InvAG mit veränderlichem Kapital **Vermögensgegenstände an die InvAG mit veränderlichem Kapital weder veräußern noch von dieser erwerben**. Dieses Verbot gilt für alle Geschäftsführungs-, Vorstands-, Aufsichtsrats- und Beiratsmitglieder von Investmentgesellschaften (vgl. §§ 119 Abs. 4, 128 Abs. 3, 147 Abs. 4 KAGB). Aufgrund des identischen Regelungsgehalts in § 153 Abs. 4 KAGB wird auf § 153 Rz. 35 ff. verwiesen. 18

V. Abberufung des Vorstands und Untersagung der Tätigkeit durch die BaFin

Gemäß § 119 Abs. 5 KAGB kann die BaFin die Abberufung des Vorstands verlangen oder einem Mitglied des Vorstands die Tätigkeit untersagen, wenn 19

1. Tatsachen vorliegen, aus denen sich ergibt, dass der Vorstand oder Mitglieder des Vorstands die **Anforderungen an die Zuverlässigkeit und fachliche Eignung** gem. § 119 Abs. 2 KAGB **nicht erfüllen**, oder
2. der Vorstand oder dessen Mitglieder **gegen die Bestimmungen des KAGB oder des GwG nachhaltig verstoßen**.

Bei einer **intern verwalteten InvAG** mit veränderlichem Kapital stehen der BaFin Eingriffsbefugnisse **bereits aus § 40 KAGB** zu, weshalb § 119 Abs. 5 KAGB, der inhaltlich auch nicht weiter als § 40 KAGB gefasst ist, lediglich klarstellende Bedeutung hat.[8] 20

Da es sich bei diesen Maßnahmen der BaFin um schwerwiegende Eingriffe in die Organisationsstruktur der InvAG mit veränderlichem Kapital handelt, müssen die in § 119 Abs. 5 KAGB genannten Umstände **unter Beachtung des Verhältnismäßigkeitsgrundsatzes entsprechend schwer wiegen**. Vgl. hierzu § 153 Rz. 42. 21

Nach dem eindeutigen Wortlaut des § 119 Abs. 5 KAGB bestehen die Eingriffsbefugnisse der BaFin **nicht gegenüber den Mitgliedern des Aufsichtsrats** der InvAG mit veränderlichem Kapital. 22

VI. Whistleblowing

Nach § 119 Abs. 6 KAGB muss der **Vorstand der OGAW-InvAG mit veränderlichem Kapital Whistleblowing-Prozesse** einrichten, die es den Mitarbeitern der InvAG ermöglichen, potentielle oder tatsächliche Verstöße gegen das KAGB oder aufgrund des KAGB erlassener Rechtsverordnungen sowie etwaige strafbare Handlungen, die innerhalb der InvAG vorkommen, an geeignete Stellen (BaFin; Staatsanwaltschaft) zu melden. Die BaFin hat für die Meldung von Verstößen gegen aufsichtsrechtliche Vorschriften eine anonyme Hinweisgeberstelle[9] eingerichtet, unter der die Mitarbeiter Verstöße melden können.[10] Für die **intern verwaltete InvAG mit veränderlichem Kapital** ergibt sich diese Pflicht bereits aus **§ 28 Abs. 1 Satz 2 Nr. 9 KAGB**, so dass § 119 Abs. 6 KAGB insoweit nur eine deklaratorische Bedeutung zukommt. 23

§ 119 Abs. 6 KAGB dient der **Umsetzung von Art. 99d OGAW-RL**, der Mitgliedstaaten verpflichtet, OGAW-Verwaltungsgesellschaften, -Investmentgesellschaften und -Verwahrstellen vorzuschreiben, die vorgenannten angemessenen Verfahren zur Meldung von Verstößen einzurichten. Da Art. 99d OGAW-RL auch die Einrichtung der Maßnahmen bei OGAW-Investmentgesellschaften vorschreibt, war diese Vorgabe auch für OGAW-InvAGen mit veränderlichem Kapital in § 119 Abs. 6 KAGB umzusetzen. Eine entsprechende Vorgabe fehlt in der AIFM-RL für AIFM. Gleichwohl hat der Gesetzgeber in § 28 Abs. 1 Satz 2 Nr. 9 KAGB wegen der vergleichbaren Interessenlage die Verpflichtung zur Einrichtung von Whistleblowing-Prozessen auf alle KVGen ausgedehnt.[11] 24

---

8 BT-Drucks. 17/12294, 251.

9 Erreichbar unter: https://www.bkms-system.net/bkwebanon/report/clientInfo?cin=2BaF6&language=ger.

10 Allgemeine Hinweise zur Hinweisgeberstelle finden sich auf der Homepage der BaFin unter: https://www.bafin.de/DE/Aufsicht/Uebergreifend/Hinweisgeberstelle/hinweisgeberstelle_node.html;jsessionid=A8D1D7CC99BA3CB96DEFEA4C4A069E60.1_cid390.

11 Vgl. BT-Drucks. 18/6744, 47.

25 In § 119 Abs. 6 KAGB verzichtete der Gesetzgeber jedoch bewusst auf die Übertragung der Verpflichtung zur Einrichtung von Whistleblowing-Prozessen auf **AIF-Publikums-InvAGen mit veränderlichem Kapital**. Zur Begründung führt er aus, dass sich die entsprechenden Pflichten nach dem KAGB in erster Linie an die KVGen richten und nicht an die Investmentgesellschaften, weshalb die Vorkehrungen für aktive Meldungen primär bei den KVGen geboten sind.[12] Dem ist im Ergebnis zuzustimmen, weil angesichts dieser zutreffenden Annahme des Gesetzgebers kein Bedürfnis für eine überschießende Umsetzung der OGAW-RL besteht.

26 Der Wortlaut des § 119 Abs. 6 KAGB orientiert sich an § 25a Abs. 1 Satz 6 Nr. 3 KWG, der für Institute, die dem KWG unterliegen, eine vergleichbare Pflicht zur Schaffung von Whistleblowing-Prozessen vorsieht.[13]

§ 120 Jahresabschluss und Lagebericht; Verordnungsermächtigung

(1) [1]Auf den Jahresabschluss und den Lagebericht einer Investmentaktiengesellschaft mit veränderlichem Kapital sind die Vorschriften des Dritten Buches des Handelsgesetzbuchs anzuwenden, soweit sich aus den folgenden Vorschriften nichts anderes ergibt. [2]Die gesetzlichen Vertreter einer OGAW-Investmentaktiengesellschaft mit veränderlichem Kapital haben den Jahresabschluss und den Lagebericht spätestens vier Monate und die gesetzlichen Vertreter einer AIF-Publikumsinvestmentaktiengesellschaft mit veränderlichem Kapital und einer Spezialinvestmentaktiengesellschaft mit veränderlichem Kapital spätestens sechs Monate nach Ende des Geschäftsjahres aufzustellen.

(2) [1]Die Bilanz ist in Staffelform aufzustellen. [2]Auf Gliederung, Ansatz und Bewertung von dem Sondervermögen vergleichbaren Vermögensgegenständen und Schulden (Investmentanlagevermögen) ist § 101 Absatz 1 Satz 3 Nummer 1 anzuwenden.

(3) Auf die Gliederung und den Ausweis der Aufwendungen und Erträge in der Gewinn- und Verlustrechnung ist § 101 Absatz 1 Satz 3 Nummer 4 anzuwenden.

(4) [1]Der Anhang ist um die Angaben nach § 101 Absatz 1, bei Spezialinvestmentaktiengesellschaften mit veränderlichem Kapital ohne die Angabe nach § 101 Absatz 1 Satz 3 Nummer 6, zu ergänzen, die nicht bereits nach den Absätzen 3, 6 und 7 zu machen sind. [2]Bei Publikumsinvestmentaktiengesellschaften mit veränderlichem Kapital sind in den Anhang die Angaben nach § 101 Absatz 2 aufzunehmen.

(5) [1]Der Lagebericht ist um die Angaben nach § 101 Absatz 1 Satz 2 zu ergänzen. [2]Die Tätigkeiten einer Kapitalverwaltungsgesellschaft, die diese als externe Kapitalverwaltungsgesellschaft ausübt, sind gesondert aufzuführen.

(6) [1]Zusätzlich zu den in den Absätzen 1 bis 5 genannten Angaben sind im Anhang des Jahresabschlusses einer AIF-Investmentaktiengesellschaft mit veränderlichem Kapital noch die Angaben nach § 101 Absatz 3 zu machen. [2]§ 101 Absatz 3 Satz 2 ist anzuwenden. [3]Zusätzlich zu den in den Absätzen 1 bis 5 genannten Angaben sind im Anhang des Jahresabschlusses einer OGAW-Investmentaktiengesellschaft mit veränderlichem Kapital noch die Angaben nach § 101 Absatz 4 zu machen mit der Maßgabe, dass an die Stelle des inländischen OGAW-Sondervermögens in § 101 Absatz 4 Nummer 1 die OGAW-Investmentaktiengesellschaft mit veränderlichem Kapital tritt.

(7) [1]Soweit die AIF-Investmentaktiengesellschaft mit veränderlichem Kapital nach § 114 des Wertpapierhandelsgesetzes verpflichtet ist, einen Jahresfinanzbericht zu erstellen, sind den Anlegern auf Antrag lediglich die Angaben nach den Absätzen 3 bis 7 zusätzlich vorzulegen. [2]Die Übermittlung dieser Angaben kann gesondert oder in Form einer Ergänzung zum Jahresfinanzbericht erfolgen. [3]Im letzteren Fall ist der Jahresfinanzbericht spätestens vier Monate nach Ende des Geschäftsjahres zu veröffentlichen.

(8) [1]Das Bundesministerium der Finanzen wird ermächtigt, im Einvernehmen mit dem Bundesministerium der Justiz und für Verbraucherschutz durch Rechtsverordnung, die nicht der Zustimmung des Bundesrates bedarf, nähere Bestimmungen über weitere Inhalte, Umfang und Darstellung des Jahresabschlusses und des Lageberichts zu erlassen, soweit dies zur Erfüllung der Aufgaben der

12 BT-Drucks. 18/6744, 58.
13 BT-Drucks. 18/6744, 58. Vgl. hierzu *Helm*, BB 2018, 1538 ff.

Bundesanstalt erforderlich ist, insbesondere, um einheitliche Unterlagen zur Beurteilung der Tätigkeit der Investmentaktiengesellschaft mit veränderlichem Kapital zu erhalten. [2]Das Bundesministerium der Finanzen kann die Ermächtigung durch Rechtsverordnung auf die Bundesanstalt übertragen.

In der Fassung vom 4.7.2013 (BGBl. I 2013, S. 1981), zuletzt geändert durch das Zweite Finanzmarktnovellierungsgesetz (2. FiMaNoG) vom 23.6.2017 (BGBl. I 2017, S. 1693).

§ 120 KAGB beschreibt die Rechnungslegungsvorschriften für Investmentaktiengesellschaften mit veränderlichem Kapital. 1

Im Unterschied zu den Sondervermögen sind die Investmentaktiengesellschaften **rechtlich selbständig** und haben nach Maßgabe des § 120 bzw. des § 135 KAGB zu bilanzieren. 2

Wenn das Investmentvermögen selbst als Kapitalverwaltungsgesellschaft zugelassen ist, d.h. intern verwaltet wird (s. § 17 Abs. 2 Nr. 2 KAGB), gelten die Vorschriften des § 120 KAGB automatisch für die interne Kapitalverwaltungsgesellschaft, da sie **eine rechtliche Einheit mit dem Investmentvermögen** bildet. Damit unterscheiden sich die Bilanzierungsvorschriften einer internen von denen einer externen Kapitalverwaltungsgesellschaft (s. § 38 KAGB), die nach RechKredV zu bilanzieren hat. 3

Nach § 120 Abs. 1 KAGB gelten bei **den Investmentaktiengesellschaften** mit veränderlichem Kapital die **Vorschriften des Dritten Buches des Handelsgesetzbuches,** soweit sich aus den Vorschriften des § 120 KAGB nichts anderes ergibt. 4

§ 120 Abs. 2 bis 6 KAGB gehen zusätzlich auf in den Jahresabschluss und den Lagebericht aufzunehmenden Angaben ein. Diese zusätzlichen Angaben beziehen sich ausschließlich auf das Investmentanlagevermögen, in der KARBV sind allerdings auch Vorgaben zum Investmentbetriebsvermögen enthalten. 5

Die Unterschiede gegenüber entsprechenden Regelungen im HGB betreffen zum einen die Aufstellungsfristen. Statt der nach § 264 Abs. 1 Satz 3 HGB einheitlichen Aufstellungsfrist von **drei Monaten** nach Ende des Geschäftsjahres gelten folgende Aufstellungsfristen: 6

- OGAW-Investmentaktiengesellschaften mit veränderlichem Kapital: **vier Monate** nach Ende des Geschäftsjahres;
- AIF-Publikumsaktiengesellschaften mit veränderlichem Kapital und Spezialinvestmentaktiengesellschaften mit veränderlichem Kapital: **sechs Monate** nach Ende des Geschäftsjahres.

Es müssen der Jahresabschluss und der Lagebericht (unabhängig von den Größenklassen) erstellt werden. Die Größenklassen nach den §§ 267, 267a HGB gelten nach Maßgabe des § 23 Abs. 1 KARBV für Investmentaktiengesellschaften und Investmentkommanditgesellschaften nicht. 7

Die Bilanz ist nach § 120 Abs. 2 KAGB in Staffelform aufzustellen, damit ist die Kontoform der Bilanz bei Investmentaktiengesellschaften nicht zulässig. 8

Bezüglich Gliederung, Ansatz und Bewertung von dem Sondervermögen vergleichbaren Vermögensgegenständen und Schulden (Investmentanlagevermögen) verweist § 120 Abs. 2 Satz 2 KAGB auf § 101 Abs. 1 Satz 3 Nr. 4 KAGB. 9

§ 21 Abs. 4 KARBV gibt für die Bilanz der beiden Ausprägungen der Investmentaktiengesellschaft und der Investmentkommanditgesellschaft eine Gliederungsstruktur vor. Die Gliederung des Investmentbetriebsvermögens wird in der Tiefe von nur zwei Ebenen dargestellt, die restlichen Ebenen sind den entsprechenden Regelungen des Dritten Buches des HGB zu entnehmen. Die Gliederungsstruktur des Investmentanlagevermögens ist mit bis zu fünf Ebenen wesentlich detaillierter. 10

Auf den Ansatz, die Bewertung und den Ausweis von dem Sondervermögen nicht vergleichbaren Vermögensgegenständen (Investmentbetriebsvermögen) wird nicht eingegangen, damit gelten hierfür die Vorschriften des Dritten Buches des HGB. 11

§ 21 KARBV enthält hierzu jedoch einige Präzisierungen. So hat der Ausweis der für den Betrieb der **intern** verwalteten Investmentgesellschaft notwendigen Vermögensgegenstände und Schulden (Investmentbetriebsvermögen) und der dem Sondervermögen vergleichbaren Vermögensgegenstände und Schulden (Investmentanlagevermögen) **gesondert** zu erfolgen. 12

Durch die explizite Erwähnung der intern verwalteten Investmentgesellschaft wird hervorgehoben, dass der Ausweis des Investmentbetriebsvermögens nur bei einer **intern** verwalteten Investmentaktiengesellschaft erforderlich ist. Diese Schlussfolgerung ergibt sich zwar bereits aus der Tatsache, dass die externe Kapitalverwaltungsgesellschaft von der verwalteten Investmentaktiengesellschaft rechtlich unabhängig ist und 13 schon deshalb nicht in dem Jahresabschluss erscheinen darf; eine explizite Nennung sorgt dennoch für Klarheit.

14 § 21 Abs. 2 KARBV betont die ausschließliche Gültigkeit des Dritten Buches des HGB für den Ansatz und die Bewertung des Investmentbetriebsvermögens.

15 § 120 Abs. 3 KAGB schreibt eine entsprechende Anwendung des § 101 Abs. 1 Satz 3 Nr. 4 KAGB auf den Ausweis der Aufwendungen und Erträge in der **Gewinn- und Verlustrechnung** vor und gilt demnach nur für das **Investmentanlagevermögen**.

16 § 22 Abs. 2 KARBV schreibt für die Gliederung der Gewinn- und Verlustrechnung einer Investmentaktiengesellschaft mit veränderlichem Kapital die Gliederung und den Ausweis nach dem auch für Sondervermögen geltenden § 11 KARBV vor.

17 Für den Ausweis der dem **Investmentbetriebsvermögen** der intern verwalteten Kapitalverwaltungsgesellschaft zuzuordnenden Erträge und Aufwendungen gelten die Vorschriften des Dritten Buches des HGB. Bis auf den gesonderten Ausweis der dem Investmentbetriebsvermögen und der dem Investmentanlagevermögen zuzuordnenden Erträge und Aufwendungen enthält die KARBV keine weiteren Präzisierungen.

18 § 120 Abs. 4 KAGB regelt den Anhang einer Investmentaktiengesellschaft mit veränderlichem Kapital. Im Grunde wird hier die Aufnahme der Inhalte des Jahresberichtes eines Sondervermögens in den Anhang entsprechend vorgeschrieben, ohne es explizit so zu formulieren. Stattdessen werden § 101 Abs. 1 KAGB für Publikums- und Spezialinvestmentaktiengesellschaften sowie § 101 Abs. 2 KAGB nur für Publikumsinvestmentaktiengesellschaften vorgegeben.

19 § 25 KARBV zählt die in den Anhang aufzunehmenden Inhalte mit Verweisen auf entsprechende Vorschriften in der KARBV auf und schränkt die Anwendung des § 285 HGB nur auf das Investmentbetriebsvermögen nach § 21 Abs. Satz 1 KARBV (intern verwaltete Investmentgesellschaft) ein.

20 § 120 Abs. 5 KAGB regelt den Lagebericht. Dieser ist um Angaben nach § 101 Abs. 1 Satz 2 KAGB zu ergänzen, diese Angaben beinhalten den Tätigkeitsbericht der Kapitalverwaltungsgesellschaft. Dies ist laut § 120 Abs. 5 KAGB die einzige Ergänzung zum Lagebericht nach § 289 HGB.

21 § 23 Abs. KARBV enthält dagegen zusätzlich zu § 120 Abs. 5 KAGB detaillierte Vorgaben für den Lagebericht einer Investmentaktiengesellschaft mit veränderlichem Kapital.

22 § 23 Abs. 5 KARBV schränkt die Gültigkeit des § 289 Abs. 1 Satz 4 HGB (Beurteilung und Erläuterung der voraussichtlichen Entwicklung unter Angabe der zugrunde liegenden Annahmen) nur auf das Investmentbetriebsvermögen nach § 21 Abs. Satz 1 KARBV (intern verwaltete Investmentgesellschaft) ein.

23 Des Weiteren weist § 23 Abs. 5 KARBV auf die entsprechende Anwendung des Hinweises bezüglich der bisherigen Wertentwicklung als kein Indikator für die zukünftige Wertentwicklung laut § 165 Abs. 2 Nr. 9 KAGB sowie § 4 Abs. 4 bis 7 der WpDVerOV.

24 § 120 Abs. 6 KAGB schreibt die Aufnahme der Angaben zur Mitarbeitervergütung nach § 101 Abs. 3 KAGB bei einer AIF-Investmentaktiengesellschaft mit veränderlichem Kapital und nach § 101 Abs. 4 KAGB bei einer OGAW-Investmentaktiengesellschaft mit veränderlichem Kapital in den Anhang vor.

25 § 120 Abs. 7 KAGB regelt den Umfang der einzubeziehenden Angaben für die Erstellung eines Jahresfinanzberichtes nach § 114 WpHG bei AIF-Investmentaktiengesellschaften mit veränderlichem Kapital.

26 § 120 Abs. 8 KAGB enthält eine Ermächtigung des BMF, im Einvernehmen mit dem Bundesministerium der Justiz und für Verbraucherschutz eine Rechtsverordnung zu diesem § zu erlassen.

§ 121 Prüfung des Jahresabschlusses und des Lageberichts; Verordnungsermächtigung

(1) [1]Der Aufsichtsrat hat den Jahresabschluss und den Lagebericht der Investmentaktiengesellschaft mit veränderlichem Kapital zu prüfen und über das Ergebnis seiner Prüfung einen schriftlichen Bericht zu erstatten. [2]Er hat seinen Bericht innerhalb eines Monats, nachdem ihm der Jahresabschluss und der Lagebericht zugegangen sind, dem Vorstand und dem Abschlussprüfer zuzuleiten. [3]Billigt der Aufsichtsrat den Jahresabschluss und den Lagebericht, so ist dieser festgestellt.

(2) [1]Der Jahresabschluss und der Lagebericht der Investmentaktiengesellschaft mit veränderlichem Kapital sind durch den Abschlussprüfer zu prüfen. [2]Das Ergebnis der Prüfung hat der Abschluss-

prüfer in einem besonderen Vermerk zusammenzufassen; der Vermerk ist in vollem Wortlaut im Jahresabschluss wiederzugeben. [3]Bei einer Investmentaktiengesellschaft mit veränderlichem Kapital mit Teilgesellschaftsvermögen darf der besondere Vermerk nur erteilt werden, wenn für jedes einzelne Teilgesellschaftsvermögen der besondere Vermerk erteilt worden ist. [4]Bei Investmentaktiengesellschaften mit veränderlichem Kapital wird der Abschlussprüfer auf Vorschlag des Aufsichtsrats von der Hauptversammlung gewählt und vom Aufsichtsrat beauftragt. [5]§ 28 des Kreditwesengesetzes gilt entsprechend mit der Maßgabe, dass die Anzeige nur gegenüber der Bundesanstalt zu erfolgen hat. [6]§ 318 Absatz 3 bis 8 sowie die §§ 319, 319b und 323 des Handelsgesetzbuchs gelten entsprechend.

(3) [1]Die Prüfung durch den Abschlussprüfer hat sich bei Investmentaktiengesellschaften mit veränderlichem Kapital auch darauf zu erstrecken, ob bei der Verwaltung des Vermögens der Investmentaktiengesellschaft mit veränderlichem Kapital die Vorschriften dieses Gesetzes und die Anforderungen nach Artikel 4 Absatz 1, 2 und 3 Unterabsatz 2, Artikel 9 Absatz 1 bis 4 sowie Artikel 11 Absatz 1 bis 10, 11 Unterabsatz 1 und Absatz 12 der Verordnung (EU) Nr. 648/2012 sowie nach Artikel 28 Absatz 1 bis 3 der Verordnung (EU) Nr. 600/2014 sowie die Anforderungen nach den Artikeln 4 und 15 der Verordnung (EU) 2015/2365 und nach Artikel 16 Absatz 1 bis 4, Artikel 23 Absatz 3 und 10 und Artikel 28 Absatz 2 der Verordnung (EU) 2016/1011 sowie nach Artikel 28 Absatz 1 bis 3 der Verordnung (EU) Nr. 600/2014 sowie die Bestimmungen der Satzung und der Anlagebedingungen beachtet worden sind. [2]Bei der Prüfung hat er insbesondere festzustellen, ob die Investmentaktiengesellschaft mit veränderlichem Kapital die Anzeigepflicht nach § 34 Absatz 1, 3 Nummer 1 bis 3, 5, 7 bis 11, Absatz 4, 5 und § 35 sowie die Anforderungen nach den §§ 36 und 37 erfüllt hat und ihren Verpflichtungen nach dem Geldwäschegesetz nachgekommen ist. [3]Das Ergebnis dieser Prüfung hat der Abschlussprüfer im Prüfungsbericht gesondert wiederzugeben. [4]Der Abschlussprüfer hat den Bericht über die Prüfung der Publikumsinvestmentaktiengesellschaft mit veränderlichem Kapital unverzüglich nach Beendigung der Prüfung der Bundesanstalt einzureichen, der Bericht über die Prüfung der Spezialinvestmentaktiengesellschaft mit veränderlichem Kapital ist der Bundesanstalt auf Verlangen einzureichen.

(4) [1]Das Bundesministerium der Finanzen wird ermächtigt, im Einvernehmen mit dem Bundesministerium der Justiz und für Verbraucherschutz durch Rechtsverordnung, die nicht der Zustimmung des Bundesrates bedarf, nähere Bestimmungen über weitere Inhalte, Umfang und Darstellungen des Prüfungsberichts des Abschlussprüfers zu erlassen, soweit dies zur Erfüllung der Aufgaben der Bundesanstalt erforderlich ist, insbesondere, um einheitliche Unterlagen zur Beurteilung der Tätigkeit der Investmentaktiengesellschaften mit veränderlichem Kapital zu erhalten. [2]Das Bundesministerium der Finanzen kann die Ermächtigung durch Rechtsverordnung auf die Bundesanstalt übertragen.

In der Fassung vom 4.7.2013 (BGBl. I 2013, S. 1981), zuletzt geändert durch das Zweite Finanzmarktnovellierungsgesetz (2. FiMaNoG) vom 23.6.2017 (BGBl. I 2017, S. 1693). Geplant ist eine Änderung in Abs. 3 Satz 1 durch das Gesetz zur Anpassung von Finanzmarktgesetzen an die Verordnung (EU) 2017/2402 und an die durch die Verordnung (EU) 2017/2401 geänderte Verordnung (EU) Nr. 575/2013 (RegE, BT-Drucks. 19/4460).

§ 121 KAGB enthält ganz allgemein Regelungen bzw. Regelungen, die von den einschlägigen Regelungen im Aktiengesetz (§§ 170 bis 173 AktG) bzw. im HGB (§§ 317 bis 322 HGB) abweichen. 1

§ 121 Abs. 1 KAGB regelt die Prüfung und die Feststellung des Jahresabschlusses durch den Aufsichtsrat. 2

Abweichend von § 171 Abs. 1 AktG hat der Aufsichtsrat **nur den Jahresabschluss und den Lagebericht der Investmentaktiengesellschaft mit veränderlichem Kapital** zu prüfen. 3

Abweichend von § 171 Abs. 3 Satz 1 AktG ist der Bericht des Aufsichtsrates über die Prüfung des Jahresabschlusses und des Lageberichts nicht nur dem Vorstand, sondern auch dem Jahresabschlussprüfer innerhalb eines Monats zuzuleiten. Die Möglichkeit einer **Fristverlängerung** analog § 171 Abs. 3 Satz 2 AktG ist **nicht** vorgesehen. 4

In § 121 Abs. 2 KAGB sind neben den allgemeinen Ausführungen zur Prüfungspflicht durch den Abschlussprüfer und zum besonderen Vermerk die Vorschriften zur Wahl und Beauftragung des Abschlussprüfers sowie die dabei einzuhaltenden Vorschriften des KWG und des HGB enthalten. 5

Präzisierend im Vergleich zu § 318 Abs. 1 Satz 4 HGB muss der Abschlussprüfer vom Aufsichtsrat **beauftragt** werden. 6

7 Die Vorschriften nach § 318 Abs. 2 bis 8 sowie die §§ 319, 319b und 323 HGB gelten entsprechend.

8 § 121 Abs. 3 KAGB beschreibt die zusätzlichen Anforderungen an die Prüfung bei Investmentgesellschaften mit veränderlichem Kapital. Diese betreffen:

- die Clearingpflicht, die Meldepflicht sowie Risikominderungstechniken für nicht durch eine CCP geclearte OTC-Derivatekontrakte, geregelt in Art. 4 Abs. 1, 2 und 3 Unterabs. 2, Art. 9 Abs. 1 bis 4, Art. 11 Abs. 1 bis 10, 11 Unterabs. 1 und Abs. 12 der Verordnung (EU) Nr. 648/2012;
- die Meldepflicht und Sicherheitsvorkehrungen für Wertpapierfinanzierungsgeschäfte (Art. 4 der Verordnung (EU) 2015/2365);
- die Weiterverwendung von als Sicherheit erhaltenen Finazinstrumenten (Art. 15 der Verordnung (EU) 2015/2365);
- die Anforderungen an die Unternehmensführung und Kontrolle beaufsichtigter Kontributoren (Art. 16 Abs. 1 bis 4 der Verordnung (EU) 2016/1011);
- die Pflicht zu Beiträgen zu einem kritischen Referenzwert (Art. 23 Abs. 3 und 10 der Verordnung (EU) 2016/2011);
- die Änderung oder Einstellung eines Referenzwerts (Art. 28 Abs. 2 der Verordnung (EU) 2016/1011);
- die Pflicht zum Handel von Derivaten über geregelte Märkte, MTF oder OTF (Art. 28 Abs. 1 bis 3 der Verordnung (EU) Nr. 600/2014);
- Einhaltung der Bestimmungen der Satzung sowie der Anlagebedingungen;
- die Anzeigepflichten gegenüber der Bundesanstalt nach § 34 Abs. 1, 3 Nr. 1 bis 3, 5, 7 bis 11 KAGB (ausgenommen ist die unverzügliche Anzeigepflicht bei Änderung der Rechtsform und der Firma sowie die unverzügliche Anzeigepflicht bei der Absenkung der Eigenmittel unter die in § 25 KAGB vorgesehenen Schwellen);
- die Meldepflichten von AIF-Verwaltungsgesellschaften nach § 35 KAGB;
- die Anforderungen an Auslagerung nach § 36 KAGB;
- die Anforderungen an Vergütungssysteme nach § 37 KAGB;
- Verpflichtungen nach dem Geldwäschegesetz.

9 Bei Publikumsinvestmentaktiengesellschaften mit veränderlichem Kapital ist der Prüfungsbericht **unverzüglich** nach Beendigung der Prüfung bei der BaFin einzureichen.

10 Bei Spezialinvestmentaktiengesellschaften mit veränderlichem Kapital ist der Prüfungsbericht **auf Verlangen** bei der BaFin einzureichen.

11 Kapitel 4 der KAPrüfbV enthält detaillierte Angaben zur Prüfung von Investmentaktiengesellschaften. Zahlreiche Vorschriften für die Prüfung der externen Kapitalverwaltungsgesellschaften und für die Prüfung der Sondervermögen werden entsprechend angewendet.

12 § 121 Abs. 4 KAGB enthält eine Ermächtigung des BMF, im Einvernehmen mit dem Bundesministerium der Justiz und für Verbraucherschutz eine Rechtsverordnung zu diesem § zu erlassen.

§ 122 Halbjahres- und Liquidationsbericht

(1) [1]Soweit die Publikumsinvestmentaktiengesellschaft mit veränderlichem Kapital zur Aufstellung eines Halbjahresfinanzberichts nach § 115 des Wertpapierhandelsgesetzes verpflichtet ist, ist § 120 entsprechend anzuwenden. [2]Dabei gelten die Verweise in § 120 Absatz 3 bis 6 auf § 101 nur in dem für den Halbjahresbericht gemäß § 103 erforderlichen Umfang. [3]Soweit eine Prüfung oder prüferische Durchsicht durch den Abschlussprüfer erfolgt, gilt § 121 Absatz 2 und 3 entsprechend. [4]Anderenfalls hat die Halbjahresberichterstattung nach Maßgabe der §§ 103 und 107 zu erfolgen.

(2) Im Fall der Auflösung und Liquidation der Publikumsinvestmentaktiengesellschaft mit veränderlichem Kapital sind die §§ 120 und 121 entsprechend anzuwenden.

In der Fassung vom 4.7.2013 (BGBl. I 2013, S. 1981), zuletzt geändert durch das Zweite Finanzmarktnovellierungsgesetz (2. FiMaNoG) vom 23.6.2017 (BGBl. I 2017, S. 1693).

1 § 122 KAGB regelt die entsprechende Anwendung von Vorschriften aus den §§ 120 und 121 KAGB für den Halbjahres- und Liquidationsbericht.

§ 123 Offenlegung und Vorlage von Berichten

(1) [1]Die Offenlegung des Jahresabschlusses und des Lageberichts hat unverzüglich nach seiner Vorlage an die Gesellschafter, jedoch bei

1. einer OGAW-Investmentaktiengesellschaft spätestens vier Monate nach Ablauf des Geschäftsjahres,

2. einer AIF-Publikumsinvestmentaktiengesellschaft mit veränderlichem Kapital spätestens sechs Monate nach Ablauf des Geschäftsjahres

nach Maßgabe der Vorschriften des Vierten Unterabschnitts des Zweiten Abschnitts des Dritten Buches des Handelsgesetzbuchs zu erfolgen. [2]Die Ordnungsgeldvorschriften der §§ 335 bis 335b des Handelsgesetzbuchs sind auf die Verletzung von Pflichten des vertretungsberechtigten Organs der Investmentaktiengesellschaft mit veränderlichem Kapital entsprechend anzuwenden.

(2) [1]Die Offenlegung des Halbjahresberichts erfolgt nach Maßgabe des § 115 des Wertpapierhandelsgesetzes. [2]Der Halbjahresbericht ist unverzüglich im Bundesanzeiger zu veröffentlichen.

(3) Die Berichte nach den Absätzen 1 und 2 müssen dem Publikum an den Stellen zugänglich sein, die im Verkaufsprospekt und in den wesentlichen Anlegerinformationen angegebenen sind.

(4) Einem Anleger der Investmentaktiengesellschaft mit veränderlichem Kapital sind der Jahresabschluss und der Lagebericht auf Anfrage vorzulegen.

(5) Die Publikumsinvestmentaktiengesellschaft mit veränderlichem Kapital hat der Bundesanstalt den Jahresabschluss und den Lagebericht unverzüglich nach der Feststellung und den Halbjahresbericht unverzüglich nach der Erstellung einzureichen.

In der Fassung vom 4.7.2013 (BGBl. I 2013, S. 1981), zuletzt geändert durch das Zweite Finanzmarktnovellierungsgesetz (2. FiMaNoG) vom 23.6.2017 (BGBl. I 2017, S. 1693).

Die Offenlegung des Jahresabschlusses und des Lageberichtes einer Investmentaktiengesellschaft mit veränderlichem Kapital erfolgt nach Maßgabe der Vorschriften des Vierten Unterabschnitts des Zweiten Abschnitts des Dritten Buches des HGB mit der Einschränkung der Frist auf **vier Monate** bei den OGAW-Investmentaktiengesellschaften und auf sechs Monate bei den AIF-Publikumsinvestmentaktiengesellschaften. 1

§ 123 Abs. 1 KAGB schreibt die Offenlegung von Jahresabschluss und Lagebericht vor, damit greift die Offenlegungserleichterung nach § 326 Abs. 1 HGB nicht bei Investmentaktiengesellschaften mit veränderlichem Kapital. 2

§ 123 Abs. 2 KAGB regelt die Offenlegung und die Veröffentlichung im Bundesanzeiger des Halbjahresberichts. Maßgabe ist § 115 WpHG. Danach ist der Halbjahresbericht spätestens drei Monate nach Ablauf des Berichtszeitraums der Öffentlichkeit zur Verfügung zu stellen. 3

Außerdem muss der Halbjahresbericht unverzüglich im Bundesanzeiger veröffentlicht werden. § 115 Abs. 1 WpHG sieht den Zeitraum von spätestens drei Monaten nach Ablauf des Berichtszeitraums noch als akzeptabel an. 4

§ 123 Abs. 3 KAGB regelt das Zugänglichmachen der Berichte an das Publikum. 5

§ 123 Abs. 4 KAGB regelt die Vorlage des Jahresabschlusses und des Lageberichts an den Anleger. 6

§ 123 Abs. 5 KAGB schreibt bei Publikumsaktiengesellschaften mit veränderlichem Kapital die Einreichung bei der BaFin des Jahresabschlusses und des Lageberichts unverzüglich nach der Feststellung sowie die Einreichung des Halbjahresberichts unverzüglich nach der Erstellung vor. 7

Die Vorschrift sagt nichts zu den **Spezialinvestmentaktiengesellschaften mit veränderlichem Kapital**, daraus folgt, dass der Jahresabschluss und der Lagebericht einer Spezialinvestmentaktiengesellschaft mit veränderlichem Kapital nicht bei der BaFin eingereicht werden muss. 8

Unterabschnitt 4
Allgemeine Vorschriften für offene Investmentkommanditgesellschaften

Vorbemerkungen vor §§ 124–138

Schrifttum: *Blümich*, EStG/KStG/GewStG, Loseblatt-Kommentar; *BMF*, Entwurf eines Schreibens „Anwendungsfragen zum Investmentsteuergesetz in der Fassung des Gesetzes zur Reform der Investmentbesteuerung (InvStG)" („BMF Entwurf Anwendungsschreiben"), abrufbar unter: http://www.vab.de/download/reinfassung_stand_24.3.2017_anwendungsschreiben_InvStG; *Campagna*, Pooling-Modell in der betrieblichen Altersversorgung, Hans-Böckler-Stiftung, März 2012, 3 f., abrufbar unter: https://www.boeckler.de/pdf/mbf_bav_pension%20asset%20pooling_2012.pdf; *Casper*, Die Investmentkommanditgesellschaft: große Schwester der Publikums-KG oder Kuckuckskind?, ZHR 2015, 44; *Deloitte & Touch LLP*, Pension Pooling Survey for Multinationals: An Increasing Appetite, November 2005; *EIOPA*, 2017 Market development report on occupational pensions and cross-border IORPs, 19 ff., 42 f., abrufbar unter: https://eiopa.europa.eu/Publications/Reports/EIOPA-BOS-18-013-2017 %20Market%20Development%20Report.pdf; *Derleder/Knops/Bamberger*, Deutsches und europäisches Bank- und Kapitalmarktrecht, 3. Aufl. 2017; *Elser/Stadler*, Der Referentenentwurf zum AIFM-Steuer-Anpassungsgesetz – Ausweitung und Verschärfung der Besteuerung nach dem InvStG, DStR 2012, 2561; *Freitag*, Die „Investmentkommanditgesellschaft" nach dem Regierungsentwurf für ein Kapitalanlagegesetzbuch, NZG 2013, 329; *Gohdes/Schmid*, Vorschlag für eine zweite EU-Pensionsfondrichtlinie: mögliche Auswirkungen auf die Unternehmen, BB 2014, 1899; *Hechtner/Wenzel*, Gescheitertes AIFM-StAnpG – Praktische Auswirkungen auf die Besteuerung von Investmentvermögen und deren Anlegern?, DStR 2013, 2370; *Herner/Bätzel/Holwegler*, Pension Asset Pooling ante portas?, ZfgK 2011, 816; *Klein/Lorenz/Reichel*, Pension Pooling – mit dem OGAW IV-Umsetzungsgesetz eine Chance vertan?, BB 2012, 331; *Lennert*, Asset Pooling: Effizienter im gleichen Takt, dpn-online 3.8.2006, abrufbar unter: https://www.dpn-online.com/Investoren-Pensionseinrichtungen/Pensions einrichtungen/Asset-Pooling-Effizienter-im-gleichen-Takt; *Reid*, Trends in Global Pension Funds: The Irish Common Contractual Fund, Canadian Tax Journal (Revue Fiscale Canadienne) (2006) Vol. 54 No. 4, 835; *Schmidt-Narischkin/Drtil/Wolff*, Neue Möglichkeiten für das Pension Asset Pooling, ZfgK 2014, 81; *Wallach*, Umsetzung der AIFM-Richtlinie in deutsches Recht – erste umfassende Regulierung des deutschen Investmentrechts, RdF 2013, 92; *Wallach*, Die Regulierung offener Fonds im Kapitalanlagegesetzbuch, Bankrechtstag 2013, Schriftenreihe der bankrechtlichen Vereinigung, Band 35; *Wallach*, Stellungnahme für den Finanzausschuss des Deutschen Bundestages v. 17.2.2011, abrufbar unter: http://webarchiv.bundestag.de/archive/2011/0311/bundestag/ausschuesse17/a07/anhoerungen/2011/044/Stellungnahmen/28-Wallach.pdf; *Wallach/Link*, Stellungnahme für den Finanzausschuss des Deutschen Bundestages v. 12.4.2013, 3 ff., abrufbar unter: http://webarchiv.bundestag.de/archive/2013/0412/bundestag/ausschuesse17/a07/anhoerungen/2013/136/Stellungnahmen/14-Dr__Wallach.PDF; *Wallach*, Die Regulierung von Personengesellschaften im Kapitalanlagegesetzbuch, ZGR 2014, 289; *Willis Towers Watson*, Global Pension Asset Study 2018, 16, abrufbar unter: https://www.thinkingaheadinstitute.org/en/Library/Public/Research-and-Ideas/2018/02/Global-Pension-Asset-Survey-2018.

I. Entstehungsgeschichte der offenen Investmentkommanditgesellschaft und Hintergrund

1 Ausweislich der Gesetzesbegründung zum AIFM-UmsG[1] bezweckt der Gesetzgeber mit der Einführung der offenen InvKG die Schaffung eines **„steuertransparenten Vehikels für das sog. Pension Asset Pooling in Deutschland"**. Weiter führt der Gesetzgeber aus: „Aus volkswirtschaftlicher Sicht ist es sinnvoll, die Rahmenbedingungen dafür zu schaffen, dass die Standortwahl beim Pension Asset Pooling zugunsten Deutschlands ausfällt. Ziel ist dabei, das Altersvorsorgevermögen von großen deutschen Konzernen im Inland zu halten und ggf. auch entsprechendes Vermögen von deren ausländischen Tochterunternehmen ins Inland zu holen. Hierdurch könnte Geschäftsvolumen im Bereich der Kapitalverwaltungsgesellschaften und für Verwahrstellen erhalten bzw. durch die angestrebten Vermögenstransfers erhöht werden."

1 BT-Drucks. 17/12294, 190.

Das gesetzgeberische Ziel ist vor dem Hintergrund eines **Standortwettbewerbs europäischer Fondsjurisdiktionen** und der bis zum AIFM-UmsG bestehenden Lücke im Angebot regulierter Fondsvehikel nach dem InvG uneingeschränkt zu begrüßen. 2

1. Ausgangslage

Unter „Pension Asset Pooling“ versteht man die **zentrale Verwaltung und Verwahrung von Vermögen, die von verschiedenen Altersvorsorgeeinrichtungen verwaltet werden.** Deutsche international aufgestellte Konzerne mit mehreren Tochtergesellschaften und Niederlassungen im Ausland lassen die zur Abdeckung der Pensionsansprüche ihrer Arbeitnehmer dienenden Vermögen durch lokale Pensionssysteme verwalten. Die Zersplitterung auf mehrere Pensionssysteme ist ineffizient, da die jeweils verwalteten Volumina verhältnismäßig gering sind und für jedes Pensionssystem ein eigenes Asset Management und Risikomanagement, eine eigene Fondsadministration und ein eigenes Reporting durchgeführt werden müssen. 3

Schon seit längerem besteht daher bei großen international aufgestellten Konzernen das Bedürfnis, ihre bisher dezentral verwalteten Pensionsvermögen in einem einzigen Fondsvehikel zu bündeln.[2] 4

In Deutschland fehlte es jedoch an einem geeignete Fondsvehikel für die Zwecke des internationalen Pension Asset Poolings. Deutsche Altersvorsorgeeinrichtungen wie Pensionsfonds, Pensionskassen, Unterstützungskassen, Treuhänder bei *Contractual Trust Arrangements* (CTA) legen ihre Gelder typischerweise in Spezialfonds in der Rechtsform eines Sondervermögens an. Das Sondervermögen wird jedoch in den meisten Doppelbesteuerungsabkommen (DBA), die Deutschland abgeschlossen hat, als Steuersubjekt anerkannt und ist damit für DBA-Zwecke nicht transparent. Diese **steuerliche Transparenz** ist jedoch **entscheidende Voraussetzung für die Akzeptanz eines Poolingvehikels**, denn nur diese steuerliche Transparenz gewährleistet, dass der Anleger die Vorteile seines DBA im Verhältnis zum Sitzstaat der Investments (Quellenstaat) nutzen kann. So sehen die meisten DBA vor, dass Pensionspläne im Ergebnis nicht mit Quellensteuer auf Dividenden aus dem Quellenstaat belastet werden. Legt der ausländische Pensionsplan hingegen über einen deutschen Spezialfonds in der Rechtsform eines Sondervermögens an, gelten die DBA zwischen dem Anlegerstaat und Deutschland sowie zwischen Deutschland und dem Quellenstaat mit der Folge, dass auf Dividenden aus dem Quellenstaat Quellensteuer (i.d.R. 15 %) einbehalten wird. Je nach Anwendungsbereich des DBA droht eine weitere Quellensteuerbelastung bei der Ausschüttung des deutschen Spezialfonds an den ausländischen Pensionsplan.[3] 5

In anderen europäischen Fondsjurisdiktionen existierten bereits Fondsvehikel, die sich entweder für Poolingzwecke eignen oder eigens für diese Zwecke errichtet wurden und aktiv vermarktet werden. Dies gilt insbesondere für den *Fonds Commun de Placement* (FCP) in Luxemburg, den *Common Contractual Fund* (CCF) in Irland, der *fonds voor gemene rekening* (FGR) in den Niederlanden und das *Pension Fund Pooling Vehicle* (PFPV) in England. Für sämtliche der vorgenannten Vehikel haben die jeweiligen Regierungen mit den wichtigsten Quellenstaaten steuerliche Übereinkünfte erzielt, wonach ihre Poolingvehikel als DBA-transparent anerkannt werden. Erste große Konzerne haben begonnen, sie als Poolingvehikel zu nutzen.[4] 6

Zu den **Vorteilen eines echten Pension Asset Poolings**, bei dem die Vermögen der verschiedenen Pensionssysteme eines Unternehmens in einem Fondsvehikel gebündelt werden, zählen insbesondere: 7

- **Nutzung von Skaleneffekten** durch größere Anlagevolumina: Die Kosten der Verwaltung von Pension Assets werden reduziert, da die Gebühren der Verwaltungsgesellschaften und Verwahrstellen unterproportional zu den Anlagevolumina steigen. Die Transaktionskosten können reduziert werden, indem z.B. Transaktionen durch virtuelle Umschichtungen in einem größeren Portfolio vermieden werden können.

---

2 *Deloitte & Touch LLP*, Pension Pooling Survey for Multinationals: An Increasing Appetite, November 2005; *Lennert*, Asset Pooling: Effizienter im gleichen Takt, dpn-online 3.8.2006, abrufbar unter: https://www.dpn-online.com/Investoren-Pensionseinrichtungen/Pensionseinrichtungen/Asset-Pooling-Effizienter-im-gleichen-Takt.

3 S. hierzu *Wallach*, Stellungnahme für den Finanzausschuss des Deutschen Bundestages v. 17.2.2011, abrufbar unter: http://webarchiv.bundestag.de/archive/2011/0311/bundestag/ausschuesse17/a07/anhoerungen/2011/044/Stellungnahmen/28-Wallach.pdf; im Anschluss daran *Klein/Lorenz/Reichel*, BB 2012, 331 (335 f.); vgl. ferner *Bätzel/Holwegler*, ZfgK 2011, 816 (818); *Reid*, Canadian Tax Journal 2006, 835 (844 f.).

4 Vgl. u.a. die Praxisbeispiele bei *Lennert*, Asset Pooling: Effizienter im gleichen Takt, dpn-online 3.8.2006, abrufbar unter: https://www.dpn-online.com/Investoren-Pensionseinrichtungen/Pensionseinrichtungen/Asset-Pooling-Effizienter-im-gleichen-Takt: Unilever, (FCP), Shell (FGR), IBM (CCF), Suez-Tractabel (SICAV); Die Deutsche Bank hat in Luxemburg zwei Strukturen mit einer SICAV und einem FCP aufgesetzt, vgl. hierzu *Schmidt-Narischkin/Drtil/Wolff*, ZfgK 2014, 81 (82).

- **Effizientes Asset Management**: Die größeren Portfolien erlauben die Selektion spezialisierter Asset Manager und damit eine bessere Ausdifferenzierung der Anlagestrategien. Sie erlauben ferner die Implementierung einheitlicher Sicherheitsmechanismen (Overlay-Strategien) über das gesamte Portfolio.
- **Einheitliche aufsichtsrechtliche Anforderungen**: Es müssen nur eine Verwaltungsgesellschaft und eine Verwahrstelle für das Poolingvehikel bestellt werden, die zentral die Portfolioverwaltung, das Risikomanagement und die Verwahrung über ein Netz von Asset Managern bzw. Lagerstellen steuern. Es findet nur ein Aufsichtsregime auf die Verwaltungsgesellschaft, die Verwahrstelle und das Fondsvehikel Anwendung.
- **Einheitliches Steuerrecht**: Da sämtliche Pension Assets in einem Fondsvehikel gebündelt werden, gilt für die Besteuerung des Fondsvehikels auch nur das im Sitzstaat des Fondsvehikels anwendbare Steuerrecht.
- **Zentrale Administration**: Die gesamte Administration, Fondsbuchhaltung, Reporting kann für sämtliche Pensionspläne des Unternehmens aus einer Hand erfolgen.
- **Zentrale Steuerung der konzernweiten Abdeckung von Pensionsverpflichtungen**: Das Unternehmen wird in die Lage versetzt, die Finanzierung seiner konzernweiten Altersvorsorgeverbindlichkeiten zentral zu steuern und umzusetzen. Dies betrifft etwa Aspekte des Grads der Ausfinanzierung (*Funding Ratio*), des Risikobudgets, der Anlagegrenzen sowie der Durchsetzung von allgemeinen Anlagezielen (z.B. nachhaltige Investments).

8 Vom hier betrachteten echten Pension Asset Pooling ist das **virtuelle Pension Asset Pooling** zu unterscheiden. Hier verbleibt es bei der dezentralen Verwaltung der verschiedenen Pensionsvermögen, sie werden aber virtuell (fiktiv) für die Zwecke einer einheitlichen Verwaltung zusammen geführt. Der Nachteil des virtuellen Pension Asset Pooling ist, dass die gesamte Infrastruktur des lokalen Asset Managements mit Verwaltungsgesellschaft, Depotbank, Administrator erhalten bleibt und weiterhin die unterschiedlichen Aufsichts- und Steuerregime gelten. Die virtuelle Zusammenführung der verschiedenen Asset Pools auf eine zentrale Verwaltungsgesellschaft und einen Global Custodian ist äußerst komplex und bedarf sorgfältig abgestimmter Schnittstellen zwischen lokalen und zentralen Dienstleistern.[5] Insgesamt dürfte die Verwirklichung eines virtuellen Pension Asset Poolings komplexer und fehleranfälliger sein als das echte Pension Asset Pooling.

9 Das **potentielle Marktvolumen** für ein Pension Asset Pooling in Deutschland ist enorm: Die Pensionsvermögen allein der DAX 30-Unternehmen belief sich per Ende 2017 auf 258 Mrd. Euro.[6] Das gesamte Pensionsvermögen in Deutschland wird per Ende 2017 auf 472 Mrd. US-Dollar geschätzt.[7] Es liegt daher auf der Hand, dass die Einführung eines effizienten Pension Asset Pooling Vehikels in Deutschland dem Interesse an der Erhaltung und dem Ausbau des deutschen Fondsstandortes entspricht.

2. Gesetzgebungsvorschlag

10 Bereits im **November 2010** wurde deshalb durch den Bundesverband Investment und Asset Management e.V. (BVI) ein ausgearbeiteter **Gesetzgebungsvorschlag zur Ergänzung des OGAW IV-UmsG** vorgelegt, der die Einführung einer offenen InvKG in das InvG vorsah. Dieser Vorschlag berücksichtigte die Bedürfnisse nach einem effizienten Fondsvehikel für die Zwecke des internationalen Pension Asset Poolings.[8]

11 Als **Rechtsform** wurde eine Personengesellschaft, die Kommanditgesellschaft, gewählt, weil *limited partnerships* im internationalen Steuerrecht durchgängig als transparente Personengesellschaften anerkannt werden.[9] Mit dieser Rechtsform bestehen die größten Chancen, dass das deutsche Poolingvehikel für die DBA-Zwecke als transparent anerkannt wird.

12 Das als „Investmentkommanditgesellschaft" bezeichnete Poolingvehikel sollte neben dem Sondervermögen und der InvAG **als dritte Form von Investmentvermögen in das InvG** eingeführt werden. Die Regelung im InvG, welches – anders als der umfassende Regulierungsanspruch des KAGB – nur die explizit im InvG

5 Vgl. *Bätzel/Holwegler*, ZfgK 2011, 26 (28) sowie *Lennert*, Asset Pooling: Effizienter im gleichen Takt, dpn-online 3.8.2006, abrufbar unter: https://www.dpn-online.com/Investoren-Pensionseinrichtungen/Pensionseinrichtungen/Asset-Pooling-Effizienter-im-gleichen-Takt.

6 Lt. Studien von *Mercer* und *Willis Towers Watson*, vorgestellt in Betriebliche Altersvorsorge 2018, 232 (234).

7 *Willis Towers Watson*, Global Pension Asset Study 2018, 16, abrufbar unter: https://www.thinkingaheadinstitute.org/en/Library/Public/Research-and-Ideas/2018/02/Global-Pension-Asset-Survey-2018.

8 S. hierzu die Beschreibung von *Wallach*, Stellungnahme für den Finanzausschuss des Deutschen Bundestages v. 17.2.2011 unter Ziff. II., abrufbar unter: http://webarchiv.bundestag.de/archive/2011/0311/bundestag/ausschuesse17/a07/anhoerungen/2011/044/Stellungnahmen/28-Wallach.pdf.

9 *Wallach*, ZGR 2014, 289 (305).

aufgeführten Fondstypen regulierte,[10] wurde vorgeschlagen, um die Anlegerschutzvorschriften des InvG (insb. Beaufsichtigung der Kapitalanlagegesellschaften, Depotbank, Grundsatz der Risikomischung, Grenzen der Kreditaufnahme) auch den Anlegern der InvKG zugute kommen zu lassen.

Der Kreis der Anleger sollte auf in- und ausländische Träger der betrieblichen Altersversorgung und sonstige Personen, die Mittel der betrieblichen Altersversorgung verwalten, beschränkt werden, mithin ein **Spezial-Investmentvermögen** sein. 13

Um den Anlegern die Möglichkeit zu geben, ihre Beteiligung flexibel erhöhen und absenken zu können und neue Anleger (d.h. weitere Pensionspläne desselben Unternehmens) aufnehmen zu können, wurde die InvKG als **offenes Investmentvermögen** ausgestaltet: die Anleger sollten das Recht erhalten, ihre Beteiligung zu bestimmten Terminen zu erhöhen oder durch (Teil-)Kündigung abzusenken. 14

Da der Kommanditgesellschaft die Unterscheidung zwischen Komplementär- und Kommanditanteilen wesensimmanent ist, konnte an die im InvG regulierte InvAG mit veränderlichem Kapital mit ihrer Unterscheidung zwischen Unternehmens- und Anlageaktien angeknüpft werden. Auch bei der offenen InvKG sollte die Komplementärbeteiligung von den Gründern übernommen und das Kommanditkapital von den Anlegern gezeichnet werden. Eine haftungsrechtliche Gleichstellung mit Anlegern einer InvAG sollte durch das **Verbot einer Nachschusspflicht**, dem **Freiwerden von Leistungspflichten** nach Leistung der Einlage sowie **qualifizierten Zustimmungserfordernissen bei Rückgewähr der Einlage** erzielt werden. 15

Um auf besondere Anforderungen der Anleger aufgrund ihres lokalen Rechts eingehen zu können, war vorgesehen, dass die offene InvKG **als Umbrellafonds mit mehreren, haftungsrechtlich getrennten Teil-Kommanditanlagevermögen** errichtet werden konnte. 16

In steuerrechtlicher Hinsicht sollten die Anforderungen an ein steuereffizientes Poolingvehikel durch **Änderungen des Investmentsteuergesetzes (InvStG)** realisiert werden. Zum einen sollte die steuerliche Transparenz für DBA-Zwecke durch flankierende Maßnahmen im InvStG (kein Zweckvermögen i.S.d. KStG, keine Betriebsstätte im Inland) sichergestellt werden. Zum anderen sollte eine steuerliche Gleichbehandlung mit Anlegern eines Spezial-Investmentvermögens erreicht werden, damit inländische Anleger durch einen Wechsel vom Spezialfonds in der Rechtsform eines Sondervermögens in eine offene InvKG keine steuerlichen Nachteile erleiden. 17

Gegen den Gesetzesentwurf ist **kritisch eingewandt** worden, dass mit dem internationalen Pension Asset Pooling Marktpotenziale für den deutschen Investment- und Beratungssektor im Vordergrund stünden, man sich aber fragen müsse, welche Folgen sich für die Beschäftigten ergäben.[11] Profitieren würden diejenigen, die von ihrem Arbeitgeber eine Beitragszusage erhalten haben, nicht aber diejenigen, die eine Leistungszusage erhalten haben. Es sei offen, wie die Pensionsvermögen der einzelnen in- und ausländischen Töchter voneinander abgegrenzt werden sollen. Die Bündelung von internationalen Pensionsvermögen bürge ein höheres Anlagerisiko als eine dezentrale Anlage. Schließlich erschwere das Pension Asset Pooling die Umsetzung einer zur unternehmensspezifischen Beschäftigtenstruktur kongruenten Anlagestrategie (z.B. Alter und Renteneintritt).[12] 18

Hierbei wird verkannt, dass das internationale Pension Asset Pooling **Vorteile für alle Sozialpartner**, einschließlich der Versorgungsberechtigten, bietet. Unmittelbar einsichtig ist dies in den Fällen, in denen Arbeitnehmer eine Beitragszusage von ihrem Arbeitgeber erhalten haben, wie dies nunmehr durch das Betriebsrentenstärkungsgesetz vom 17.8.2017[13] zum Regelfall werden soll (vgl. § 1 Abs. 2 Nr. 2a BetrAVG). Dies entspricht einem globalen Trend zu sog. „*Defined Contribution*"-Systemen,[14] der auch für die Arbeitnehmer der ausländischen Pensionssysteme immer stärker an Bedeutung gewinnen wird. Aber auch in einem System der Leistungszusage kann es nicht im Interesse der Arbeitnehmer sein, seinen Arbeitgeber mit vermeidbar hohen Kosten der Verwaltung von Pensionsvermögen zu belasten. Die Umbrella-Struktur der offenen InvKG ermöglicht es, mit Hilfe mehrerer Teilgesellschaftsvermögen die Deckungsmassen der Pensi- 19

---

10 Vgl. zum formellen Investmentbegriff des InvG *Verfürth/Emde* in Emde/Dornseifer/Dreibus/Hölscher, § 1 InvG Rz. 13; *Wallach*, RdF 2013, 92 (94).

11 *Campagna*, Pooling-Modell in der betrieblichen Altersversorgung, Hans-Böckler-Stiftung, März 2012, 3 f., abrufbar unter: https://www.boeckler.de/pdf/mbf_bav_pension%20asset%20pooling_2012.pdf.

12 Zum ganzen *Campagna*, Pooling-Modell in der betrieblichen Altersversorgung, Hans-Böckler-Stiftung, März 2012, 4, abrufbar unter: https://www.boeckler.de/pdf/mbf_bav_pension%20asset%20pooling_2012.pdf.

13 BGBl. I 2017, S. 3214 ff.

14 *EIOPA*, 2017 Market development report on occupational pensions and cross-border IORPs, 3, 13 ff., abrufbar unter: https://eiopa.europa.eu/Publications/Reports/EIOPA-BOS-18-013-2017%20Market%20Development%20 Report.pdf; *Willis Towers Watson*, Global Pension Asset Study 2018, 7, 33, abrufbar unter: https://www.thinkingaheadinstitute.org/en/Library/Public/Research-and-Ideas/2018/02/Global-Pension-Asset-Survey-2018.

onsverpflichtungen der verschiedenen Tochtergesellschaften haftungsrechtlich voneinander abzugrenzen. Auch die Ausrichtung des Asset Managements an unterschiedliche Laufzeiten und Fälligkeiten in Abhängigkeit von der individuellen Beschäftigungsstruktur über verschiedene Teilgesellschaftsvermögen mit entsprechend angepassten Anlagestrategien oder über verschiedene Anteilklassen mit entsprechend zugeschnittenen Ausschüttungsmodalitäten ist ein seit längerem gelöstes Problem und kann auch ohne weiteres bei der offenen InvKG mit Teilgesellschaftsvermögen realisiert werden. Über sämtliche Teilgesellschaftsvermögen wird eine einheitliche Anlagestrategie gelegt, die in einzelnen Teilgesellschaftsvermögen lediglich lokale Besonderheiten des Anlegers und ggf. unterschiedliche Deckungsmassen berücksichtigt, im Übrigen aber nach einheitlichen Grundsätzen und damit risikodiversifizierter und weniger risikoanfällig durchgeführt werden kann.

20 *Hüwel*[15] ist daher beizupflichten, dass sozialpolitische Bedenken durch gezielte gesetzliche und aufsichtsbehördliche Anpassungen zu beheben sind anstatt Marktteilnehmern in Deutschland kein geeignetes Pension Asset Pooling Vehikel zur Verfügung zu stellen und die Abwanderung der derzeit noch im Inland verwalteten Pensionsvermögen zu anderen im Standortwettbewerb stehenden Jurisdiktionen hinzunehmen und damit gestaltenden Einfluss zu verlieren.

21 Weil der Gesetzgeber noch weiteren Prüfungsbedarf sah und die hierfür erforderliche Zeit fehlte, wurde der Gesetzgebungsvorschlag nicht mehr im Rahmen des OGAW IV-UmsG berücksichtigt. Die Einführung der offenen InvKG wurde daher auf die kurzfristig anstehenden Arbeiten an der Umsetzung der AIFM-RL, die ohnehin weitreichende Änderungen des Investmentaufsichts- und -steuerrechts erforderlich machten, verschoben.

3. AIFM-Umsetzungsgesetz vom 4.7.2013

22 Mit dem AIFM-Umsetzungsgesetz vom 4.7.2013 (AIFM-UmsG)[16] wurde die **offene InvKG in das KAGB** in Unterabschnitt 4 (§§ 124–138 KAGB) des Abschnitts 4 für offene inländische Investmentvermögen **eingeführt**. Die Regelungen des Unterabschnitts 4 übernehmen wesentliche Petiten aus dem Vorschlag von November 2010, insbesondere was den offenen Charakter des Investmentvermögens, die Beschränkung auf Anleger eines Spezial-Investmentvermögens, die Bildung von Teilgesellschaftsvermögen und die haftungsmäßige Begrenzung der Anleger betrifft.

23 Andererseits gab es eine Reihe von **Defiziten**, die eine erfolgreiche Einführung eines Pension Asset Pooling Vehikels in Deutschland behinderten:

- Wegen § 91 Abs. 3 KAGB ist es der offenen InvKG **nicht erlaubt, in Immobilien zu investieren**. Zur Begründung verweist der Gesetzgeber[17] lediglich auf das InvG, unter dem für offene Immobilienfonds lediglich das Sondervermögen zur Verfügung stand. Dass diese Begründung angesichts der Einführung eines neuen, im InvG bislang unbekannten Fondsvehikels nicht überzeugen kann, liegt auf der Hand. Es gibt keinen sachlich gerechtfertigten Grund, offene InvKGen gegenüber offenen Spezial-AIF in der Rechtsform von Sondervermögen, die selbstverständlich in Immobilien anlegen dürfen (§§ 282, 284 Abs. 2 Nr. 2 Buchst. e) KAGB), schlechter zu behandeln. Der Sache nach bedeutet dies eine schwerwiegende Einschränkung eines umfassenden Pension Asset Poolings. Denn die Anlage in Immobilien gehört selbstverständlich zu der auf langfristige Wertsteigerung und Werterhalt ausgerichteten Anlagestrategie von Altersvorsorgeeinrichtungen. Immobilienanlagen müssen diese Einrichtungen daher entweder direkt oder über andere Investmentvehikel tätigen. Andere Investmentvermögen eignen sich jedoch aus den vorgenannten Gründen (s. Rz. 5) nicht für Poolingzwecke. Direktanlagen in Immobilien wiederum sind für Altersvorsorgeeinrichtungen kleinerer und mittlerer Größe nicht realisierbar.
- Ein weiteres Defizit besteht in der **Beschränkung der Beteiligungsform für Anleger**: nach § 127 Abs. 1 Satz 2 KAGB dürfen sich Anleger nur unmittelbar als Kommanditisten an der offenen InvKG beteiligen. Eine mittelbare Beteiligung über einen Treuhandkommanditisten ist lt. Gesetzesbegründung[18] ausgeschlossen. Auch hier fehlt es an einem sachlich gerechtfertigten Grund, die offene InvKG gegenüber einem Spezial-AIF in der Rechtsform eines Sondervermögens oder einer InvAG mit veränderlichem Kapital, bei denen keine Eintragung der Anleger im Handelsregister erfolgt, zu benachteiligen.[19] Zudem ist zu bedenken, dass die offene InvKG für verschiedene Beteiligungsformen in – und insbesondere ausländischer Pensionssysteme offen sein muss, um als Poolingvehikel akzeptiert zu werden. Es ist nicht be-

15 *Hüwel* in Baur/Tappen, Vorbem. §§ 124–138 KAGB Rz. 23.
16 BGBl. I 2013, S. 1981 ff.
17 BT-Drucks. 17/12294, 235.
18 BT-Drucks. 17/12294, 242.
19 S. zu Kritik auch *Wallach*, ZGR 2014, 289 (305).

kannt, welchen rechtlichen oder administrativen Restriktionen ausländische Pensionssysteme unterliegen, sich an der inländischen offenen InvKG zu beteiligen. Möglicherweise ist die Beteiligung über einen Treuhänder oder über den Investmentfonds, in dem sie gerade investiert sind, einzig zulässig oder praktikabel. Dieser Investmentfonds würde zu einem Feeder-Fonds werden, der sein gesamtes Vermögen in die offene InvKG investiert und ggf. vorhandene Vermögenswerte im Wege der Sacheinlage einbringt. Diese Gestaltungen müssen ermöglicht werden, um ein Pension Asset Pooling Vehikel erfolgreich in Deutschland zu etablieren.

– Schließlich hat es der Gesetzgeber offenbar aufgrund eines Versehens[20] **versäumt, eine Verschmelzung von Spezial-AIF auf eine offene InvKG oder Teilgesellschaftsvermögen einer offenen InvKG vorzusehen.** Die Möglichkeit dieser Verschmelzung ist jedoch für eine Etablierung des Pension Asset Poolings in Deutschland bedeutsam, weil inländische Altersvorsorgeeinrichtungen ihre Vermögen typischerweise in Spezial-AIFs in der Rechtsform eines Sondervermögens verwalten lassen. Damit diese Vermögen in der offenen InvKG gepoolt werden können, müssen Spezial-AIFs auch auf offene InvKGen oder Teilgesellschaftsvermögen von offenen InvKGen verschmolzen werden können.[21]

4. OGAW V-Umsetzungsgesetz vom 3.3.2016

Durch das OGAW V-Umsetzungsgesetz vom 3.3.2016 sind die **Verschmelzungsvarianten auf eine Beteiligung der offenen InvKG und Teilgesellschaftsvermögen einer offenen InvKG erweitert** worden (§ 281 Abs. 2 und 3 KAGB). Dadurch wurden Verschmelzungen von Spezial-AIF in der Rechtsform von Sondervermögen und InvAGen auf eine offene InvKG oder Teilgesellschaftsvermögen einer offenen InvAG ermöglicht.[22] 24

Damit ist zumindest eines der vorgenannten (s. Rz. 23) Defizite in der Regulierung der offenen InvKG beseitigt. Die übrigen Defizite, namentlich der Ausschluss der Anlage in Immobilien und die Beschränkung auf die unmittelbare Beteiligung als Kommanditist, bleiben bis heute bestehen. 25

5. Investmentsteuergesetz

Die offene InvKG kann als Fondsvehikel für die Zwecke des internationalen Pension Asset Poolings in Deutschland nur dann erfolgreich etabliert werden, wenn zwei steuerliche Grundvoraussetzungen erfüllt sind: 26

Zum einen muss die offene InvKG sowohl im Inland als auch im Ausland als **steuerlich transparent** anerkannt werden, d.h. sie darf weder im Inland noch im Ausland Steuersubjekt sein. Zweck der steuerlichen Transparenz ist, dass unmittelbar das DBA zwischen dem ausländischen Anleger und dem Zielstaat der Investments (Quellenstaat) Anwendung findet (s. Rz. 5). Mit der Rechtsformwahl einer Personengesellschaft ist ein wichtiger erster Schritt getan.[23] Hinzukommen müssen klarstellende Regelungen im deutschen Steuerrecht sowie die Anerkennung der steuerlichen Transparenz zumindest durch die wichtigsten Quellenstaaten, in denen regelmäßig Anlagen getätigt werden. Da die Änderung von DBA erfahrungsgemäß viel Zeit kostet, ist der Weg, mit den wichtigsten Quellenstaaten bilaterale Verständigungsverfahren durchzuführen, die effizientere Alternative. Die Bundesregierung der 17. Legislaturperiode hatte bereits entsprechende Unterstützung signalisiert.[24] 27

Zum anderen ist sicherzustellen, dass die Anleger einer offenen InvKG **steuerlich den Anlegern eines Spezial-Investmentvermögens gleichgestellt** werden. Andernfalls würden die inländischen Altersvorsorgeeinrichtungen ihre derzeitigen, in Spezialfonds in der Rechtsform von Sondervermögen verwalteten Vermögen nicht in die offene InvKG umschichten. 28

Die Bundesregierung hatte in ihrem **Entwurf eines AIFM-Steuer-Anpassungsgesetzes (AIFM-StAnpG) vom 4.3.2013**[25] entsprechende Regelungen in § 1 Abs. 1f Nr. 3 InvStG-E (eine offene InvKG mit nicht mehr als 100 Anlegern, die nicht natürliche Personen sind, gilt als Investmentfonds i.S.d. InvStG), § 11 Abs. 1 29

20 Vgl. hierzu *Wallach*, ZGR 2014, 289 (306).

21 Vgl. auch *Hüwel* in Baur/Tappen, Vorbem. §§ 124–138 KAGB Rz. 24; *Schmidt-Narischkin/Drtil/Wolff*, ZfgK 2014, 81 (83). Der von den Autoren erwähnte steuerneutrale Formwechsel hin zu einer offenen InvKG ist jedoch wegen des Erfordernisses der Neugründung der InvKG nur im Wege der Verschmelzung realisierbar.

22 Vgl. BT-Drucks. 18/6744, 63.

23 *Boxberger* in Weitnauer/Boxberger/Anders, § 53 InvStG Rz. 43; *Wallach*, ZGR 2014, 289 (305).

24 Vgl. auch *Schmidt-Narischkin/Drtil/Wolff*, ZfgK 2014, 81 (82).

25 BT-Drucks. 17/12603, 13 u. 15 f.

Satz 3 InvStG-E (Befreiung von der Gewerbesteuer) und einem neu eingeführten § 15a InvStG-E über die offene Investmentkommanditgesellschaft vorgesehen.[26]

30 Der **Bundesrat** hat jedoch mit Beschluss vom 22.3.2013[27] eine komplette Streichung der Regelungen zur offenen InvKG im AIFM-StAnpG vorgeschlagen, da das transparente Durchschleusen von Erträgen an die Gesellschafter der InvKG (fehlende Steuersubjektsqualität) einerseits und die steuerfreie Thesaurierung aus Gewinnen (Fondsprivileg) andererseits eine systemwidrige Vermengung darstelle und zu nicht absehbaren Folgeproblemen und Gestaltungsmöglichkeiten führe. Zudem stünde mit dem inländischen Sondervermögen bereits eine Rechtsform zur Verfügung, die für die Bündelung der Altersvorsorgevermögen international tätiger Unternehmen geeignet sei. Dass das Fondsprivileg den Anlegern der offenen InvKG wie den Anlegern eines Spezialfonds in der Rechtsform eines Sondervermögens gewährt werden muss, um ein Pension Asset Pooling erfolgreich in Deutschland einzuführen, und dass das Sondervermögen in zahlreichen mit Deutschland abgeschlossenen DBA als abkommensberechtigt anerkannt wird, ist bereits erwähnt worden (s. Rz. 5).[28]

31 Der **Finanzausschuss des Bundestages** trug den Bedenken des Bundesrates insoweit Rechnung als er in einer Beschlussempfehlung vom 15.5.2013[29] die besondere steuerliche Behandlung der offenen InvKG auf solche InvKGen beschränkte, deren Gesellschaftszweck unmittelbar und ausschließlich der Abdeckung von betrieblichen Altersvorsorgeverpflichtungen dient. Anleger mussten schriftlich nach einem amtlichen Muster der InvKG bestätigen, dass sie ihren Anteil unmittelbar und ausschließlich zur Abdeckung ihrer betrieblichen Altersvorsorgeverpflichtungen halten.[30] Der Finanzausschuss des Bundesrates empfahl gleichwohl die Ablehnung des Regierungsvorschlags und die Anrufung des Vermittlungsausschusses,[31] dem der Bundesrat gefolgt ist. Der Vermittlungsausschuss konnte sich jedoch bis zur Bundestagswahl am 22.9.2013 nicht mehr einigen, so dass der Gesetzgebungsvorschlag für ein AIFM-StAnpG wegen des Grundsatzes der Diskontinuität[32] insgesamt als erledigt anzusehen war.[33]

32 **In der neuen Legislaturperiode** wurde – ironischerweise vom Bundesrat selbst[34] – eine **neue Gesetzesinitiative für ein AIFM-StAnpG** gestartet, dessen Entwurf in §§ 1 Abs. 1f Nr. 3, 11 Abs. 1 Satz 3 und 15a InvStG-E im Wesentlichen die Regelungen des Regierungsentwurfs betreffend die offene InvKG vorsah. Die einzige bedeutsame Ergänzung bestand darin, dass die Anteile an der offenen InvKG als zum aktuellen Rücknahmewert veräußert gelten, wenn die Voraussetzungen der offenen InvKG (ausschließlicher Zweck der Abdeckung von betrieblichen Altersvorsorgeverpflichtungen und nicht mehr als 100 nicht natürliche Personen als Anleger) nicht mehr vorliegen (§ 15a Abs. 1 Satz 2 i.V.m. § 15 Abs. 3 InvStG-E).[35] Damit wird ein Gleichlauf mit der Besteuerung eines Anlegers in einen Spezial-Investmentfonds hergestellt, wenn die Voraussetzungen eines Spezial-Investmentfonds i.S.d. InvStG-E fortfallen. Das AIFM-StAnpG vom 18.12.2013[36] ist am 24.12.2013 in Kraft getreten.

33 Das InvStG wurde durch das **Investmentsteuerreformgesetz vom 19.7.2016**[37] völlig neu gefasst. Es wurde ein neues intransparentes Besteuerungssystem für Investmentfonds (§§ 6–23 InvStG) eingeführt. Lediglich für Spezial-Investmentfonds wurde an dem bekannten semi-transparenten Besteuerungssystem festgehalten (§§ 25–52 InvStG). Die offene InvKG wird nunmehr als **„Altersvorsorgevermögensfonds"** bezeichnet und in einem eigenen Kapitel 4 geregelt (§ 53 InvStG).

34 Gegenüber dem InvStG i.d.F. des AIFM-StAnpG haben sich die Anforderungen an die offene InvKG noch einmal verschärft, weil nunmehr sämtliche Voraussetzungen eines Spezial-Investmentfonds i.S.d. § 26 InvStG erfüllt sein müssen, damit sie als „Altersvorsorgevermögensfonds" qualifiziert (§ 53 Abs. 1 Nr. 2

26 Vgl. zum Referentenentwurf *Elser/Stadler*, DStR 2012, 2561 (2568).
27 BR-Drucks. 95/13 (Beschluss), 1 ff.
28 Zur Kritik an der Stellungnahme des Bundesrates ausführlich *Wallach/Link*, Stellungnahme für den Finanzausschuss des Deutschen Bundestages v. 12.4.2013, 3 ff., abrufbar unter: http://webarchiv.bundestag.de/archive/2013/0412/bundestag/ausschuesse17/a07/anhoerungen/2013/136/Stellungnahmen/14-Dr__Wallach.PDF.
29 BT-Drucks. 17/13522, 14.
30 Vgl. hierzu die Begründung im Bericht des Finanzausschusses des Bundestages in BT-Drucks. 17/13562, 15 f.
31 BR-Drucks. 376/1/13, 2 f.
32 § 125 Satz 1 der Geschäftsordnung des Deutschen Bundestages.
33 Zu der Rechtslage in diesem steuergesetzlichen Vakuum s. ausführlich *Hechtner/Wenzel*, DStR 2013, 2370 f.; vgl. auch *Wallach*, Bankrechtstag 2013, 111.
34 BR-Drucks. 740/13; vgl. *Lorenz* in Weitnauer/Boxberger/Anders, § 124 KAGB Rz. 7.
35 BT-Drucks. 18/68 (neu), 11, 16, 18 sowie zur Begründung 44 und 61 f.
36 BGBl. I 2013, S. 4318 ff.
37 BGBl. I 2016, S. 1730 ff.

InvStG). Zusammenfassend müssen demnach folgende Voraussetzungen erfüllt sein, damit die Anleger der offenen InvKG die gleiche steuerliche Behandlung wie Anleger eines Spezial-Investmentfonds erfahren:

(1) Der **Gesellschaftszweck** der offenen InvKG muss **unmittelbar und ausschließlich auf die Abdeckung von betrieblichen Altersvorsorgeverpflichtungen ihrer Anleger gerichtet** sein (§ 53 Abs. 1 Nr. 1 InvStG).

(2) Es müssen die **Voraussetzungen eines Spezial-Investmentfonds erfüllt** sein (§ 53 Abs. 1 Nr. 2 InvStG). Insbesondere gehört hierzu, dass die offene InvKG
- ihren Anlegern das Recht einräumt, ihre Anteile mindestens einmal pro Jahr zu kündigen (§ 26 Nr. 2 InvStG);
- ihr Vermögen nach dem Grundsatz der Risikomischung anlegt, d.h. es müssen mehr als drei Vermögensgegenstände mit unterschiedlichen Anlagerisiken erworben werden (§ 26 Nr. 3 InvStG);
- bestimmte Anlagegrundsätze hinsichtlich der erwerbbaren Vermögensgegenstände (wozu auch Immobilien gehören) und der Beschränkungen von Beteiligungen einhält (§ 26 Nr. 4–6 InvStG);
- kurzfristige Kredite auf 30 % ihres Nettoinventarwertes beschränkt (§ 26 Nr. 7 InvStG); und
- nicht mehr als 100 direkt oder über eine Personengesellschaft indirekt beteiligte Anleger hat, die nicht natürliche Personen sein dürfen, es sei denn, sie halten ihre Beteiligung im Betriebsvermögen (§ 26 Nr. 8 InvStG).
- Die Anlagebestimmungen müssen aus den Anlagebedingungen der offenen InvKG hervorgehen (§ 26 Nr. 10 InvStG).

(3) Die **Anleger** müssen der offenen InvKG **schriftlich nach amtlichem Muster bestätigen, dass sie ihren Anteil unmittelbar und ausschließlich zur Abdeckung betrieblicher Altersvorsorgeverpflichtungen halten** (§ 53 Abs. 2 Satz 1 InvStG). Bei ausländischen Anlegern genügt eine einfache schriftliche Erklärung, ohne dass es des Musters bedarf (§ 53 Abs. 2 Satz 2 InvStG).[38] Diese Voraussetzung gilt nicht als erfüllt, „*wenn der Wert der Anteile, die ein Anleger erwirbt, den Wert seiner betrieblichen Altersvorsorgeverpflichtung übersteigt*". Nach dem Wortlaut („*erwirbt*") kommt es lediglich auf die erstmalige Anschaffung der Beteiligung sowie auf eine spätere Erhöhung der Beteiligung an. Spätere Veränderungen des Wertes des Gesellschaftsvermögens der offenen InvKG sind ohne Bedeutung.[39] Mit Hinweis auf den Wortlaut muss dies auch für die Fälle gelten, in denen sich die Höhe der Altersvorsorgeverbindlichkeiten ändert. Die Höhe der Altersvorsorgeverbindlichkeiten ändert sich insbesondere durch Änderungen des Rechnungszinses, der Fälligkeiten und Anzahl der Versorgungsberechtigten. Auch wenn demnach eine Reduzierung der Altersvorsorgeverbindlichkeiten auf den Steuerstatus des Anlegers nach § 53 Abs. 3 Satz 1 InvStG keinen Einfluss hat, ist zu erwarten, dass jährlich eine Anpassung der Beteiligung an der offenen InvKG an die veränderte Höhe der Altersvorsorgeverbindlichkeiten erfolgt, um den gewünschten Ausfinanzierungsgrad konstant zu halten.

Sind alle vorgenannten Anforderungen erfüllt, finden die Vorschriften über Spezial-Investmentfonds auf die offene InvKG und deren Anleger entsprechende Anwendung (§ 53 Abs. 3 Satz 1 InvStG). 35

Gleichwohl sind auch im Investmentsteuerrecht **Defizite** zu beklagen, die einer erfolgreichen und flächendeckenden Einführung des Pension Asset Poolings in Deutschland im Wege stehen. 36

Nachdem der Gesetzgeber mit dem OGAW V-UmsG aufsichtsrechtlich den Weg für eine Verschmelzung von Spezial-AIF in der Rechtsform von Sondervermögen und InvAGen auf offene InvKGen und deren Teilgesellschaftsvermögen geebnet hat, ist der Steuergesetzgeber bedauerlicherweise nicht nachgezogen. Die steuerneutrale Verschmelzung von Investmentfonds wird grundsätzlich in § 23 InvStG geregelt, wobei der unmittelbare Anwendungsbereich durch die Bezugnahme auf §§ 181–191 KAGB in § 23 Abs. 1 InvStG auf die Verschmelzung von Publikums-Investmentvermögen beschränkt ist. Die **Verschmelzung von Spezial-Investmentfonds und Altersvorsorgevermögensfonds** ist speziell in § 54 InvStG geregelt, allerdings mit einem deutlich reduzierten Anwendungsbereich. § 54 Abs. 1 Satz 1 InvStG erlaubt die steuerneutrale Verschmelzung von Spezial-Investmentfonds *miteinander*, aber schon nicht mehr die steuerneutrale rechtsformübergreifende Verschmelzung von Sondervermögen und InvAGen (§ 54 Abs. 1 Satz 2 InvStG). Eine entsprechende Regelung gilt für ausländische Spezial-Investmentfonds in § 54 Abs. 2 InvStG. In § 54 Abs. 3 InvStG ist lediglich geregelt, dass inländische Altersvorsorgevermögensfonds *miteinander* steuerneutral ver- 37

---

38 *BMF*, Entwurf eines Schreibens „Anwendungsfragen zum Investmentsteuergesetz in der Fassung des Gesetzes zur Reform der Investmentbesteuerung (InvStG)" („**BMF Entwurf Anwendungsschreiben**"), Rz. 53.4, abrufbar unter: http://www.vab.de/download/reinfassung_stand_24.3.2017_anwendungsschreiben_InvStG.

39 *BMF*, Entwurf Anwendungsschreiben, Rz. 53.5 f.

schmolzen werden können. Gleiches soll gem. § 54 Abs. 4 InvStG für die Verschmelzung ausländischer Altersvorsorgevermögensfonds gelten.[40]

38 Aus dieser punktuellen Regulierung steuerneutraler Verschmelzungsvarianten wird nunmehr gefolgert, dass eine Verschmelzung verschiedener Fondstypen, wie z.B. in- und ausländische Spezial-Investmentfonds auf in- und ausländische Altersvorsorgevermögensfonds, nicht steuerneutral möglich sind.[41] Auch eine steuerneutrale grenzüberschreitende Verschmelzung von in- und ausländischen Spezial-Investmentfonds und in- und ausländischen Altersvorsorgevermögensfonds ist ausgeschlossen.[42]

39 Daraus folgt, dass ausgerechnet jene **Verschmelzungsvarianten, die für eine flächendeckende Einführung des Pension Asset Poolings in Deutschland erforderlich sind**, nämlich

- die Verschmelzung inländischer Spezial-Investmentfonds auf inländische Altersvorsorgevermögensfonds,
- die Verschmelzung ausländischer Spezial-Investmentfonds auf inländische Altersvorsorgevermögensfonds und
- die Verschmelzung vergleichbarer ausländischer Altersvorsorgevermögensfonds auf inländische Altersvorsorgevermögensfonds

nicht steuerneutral möglich sind. Für die steuerneutrale Verschmelzung inländischer Altersvorsorgevermögensfonds *miteinander* (§ 54 Abs. 3 InvStG) besteht hingegen vorläufig kein praktisches Bedürfnis. Denn der Altersvorsorgevermögensfonds ist gerade dasjenige Vehikel, in dem verschiedene Altersvorsorgevermögen gepoolt und zentral verwaltet werden.

40 Statt einer Verschmelzung kommt in Betracht, dass die in einem in- oder ausländischen Spezial-Investmentfonds oder in einer ausländischen Altersvorsorgeeinrichtung gehaltenen Vermögenswerte unmittelbar auf die offene InvKG übertragen werden. Dies könnte im Wege einer Sacheinlage geschehen, so dass der Spezial-Investmentfonds oder die Altersvorsorgeeinrichtung selbst Anleger der offenen InvKG wird. Im Falle eines in- oder ausländischen Spezialfonds ist bei steuerbefreiten Anlegern, die keine Aufdeckung stiller Reserven zu befürchten haben, auch denkbar, dass die Vermögenswerte zunächst an die Anleger ausgeschüttet und von diesen selbst in die offene InvKG eingebracht werden. Jedoch ist wegen § 5a InvStG auch eine **Übertragung von Wirtschaftsgütern auf eine offene InvKG nicht steuerneutral möglich**. In allen Fällen kommt es zu einer Aufdeckung stiller Reserven, da die Wirtschaftsgüter mit dem Teilwert oder dem gemeinen Wert (§ 9 BewG) anzusetzen sind, je nachdem, ob sie aus dem Betriebsvermögen oder aus dem Privatvermögen des Anlegers stammen.[43] Damit ist allen steuerpflichtigen Anlegern (wie z.B. CTA-Treuhändern) auch dieser Weg einer steuerneutralen Überführung ihres gegenwärtigen Vermögens auf die offene InvKG versperrt.

41 Zumindest unklar ist, was mit dem **„unmittelbaren" Halten** zum Zwecke der Abdeckung betrieblicher Altersvorsorgeverpflichtungen in § 53 Abs. 2 Satz 1 InvStG gemeint ist, das von den Anlegern schriftlich bestätigt werden muss. Es wurde bereits oben (s. Rz. 23) erwähnt, dass bei ausländischen Altersvorsorgeeinrichtungen nicht absehbar ist, welchen rechtlichen oder administrativen Hürden sie begegnen, wenn sie unmittelbar in die inländische offene InvKG anlegen möchten. Es muss ihnen daher auch eine mittelbare Beteiligung, z.B. über den Investmentfonds, in dem sie derzeit investiert sind, ermöglicht werden, ohne dass die offene InvKG und ihre Anleger die nachteiligen steuerlichen Folgen der fiktiven Auflösung gem. § 53 Abs. 2 Satz 2 InvStG erleiden.

---

40 Allerdings dürfte diese Verschmelzungsvariante leer laufen, da Altersvorsorgevermögensfonds auf die Rechtsform der offenen InvKG i.S.d. § 53 InvStG beschränkt sind, die es im Ausland in dieser Form nicht gibt; ebenso *Mann* in Blümich, EStG/KStG/GewStG (Juni 2017), § 54 InvStG Rz. 6. Wenig hilfreich ist in diesem Zusammenhang der Hinweis im BMF Entwurf Anwendungsschreiben Rz. 53.2, wonach ausländische Altersvorsorgevermögensfonds von § 53 InvStG erfasst werden, „soweit sie offene Investmentkommanditgesellschaften nach §§ 124-138 KAGB sind".

41 *BMF*, Entwurf Anwendungsschreiben Rz. 54.3; ebenso *Mann* in Blümich EStG/KStG/GewStG (Juni 2017), § 54 InvStG Rz. 6.

42 *BMF*, Entwurf Anwendungsschreiben, Rz. 54.1.

43 *BMF*, Entwurf Anwendungsschreiben, Rz. 5a.2–5a.4; *Boxberger* in Weitnauer/Boxberger/Anders, § 53 InvStG Rz. 37.

6. Ausblick

a) Europäisches Recht

Auf europäischer Ebene wird mit der **IORP II-RL[44] vom 14.12.2016** die Entwicklung eines europäischen Binnenmarktes für die betriebliche Altersversorgung angestrebt. Hierzu wird ein europaweiter aufsichtsrechtlicher Mindeststandard für Einrichtungen der betrieblichen Altersversorgung (EbAV) geschaffen. 42

EbAV sollen grenzüberschreitend Altersvorsorgeleistungen erbringen können, d.h. an Versorgungsberechtigte, die anderen sozial- und arbeitsrechtlichen Vorschriften unterliegen als diejenigen des Herkunftsmitgliedstaates des EbAV (Art. 6 Nr. 19 IORP II-RL). Die grenzüberschreitende Tätigkeit ist – vergleichbar dem aus den Banken-, Finanzmarkt- und Investmentrichtlinien bekannten europäischen Passverfahren – allein an die Genehmigung der Aufsichtsbehörde des Herkunftsmitgliedstaates geknüpft (Art. 11 IORP II-RL). Ferner wird die grenzüberschreitende Übertragung von Altersvorsorgesystemen auf eine EbAV gestattet (Art. 12 IORP II-RL). Dieser „paneuropäische Pensionsfonds" führt somit auf der Ebene der Altersvorsorgesysteme eines Trägerunternehmens die verschiedenen Pensionsvermögen zusammen. Aus der Sicht des Asset Managements findet somit das **Pooling bereits auf der Anlegerebene** statt. 43

Die IORP II-RL ist zwar bis zum 13.1.2019 in nationales Recht umzusetzen (Art. 64 Abs. 1 IORP II-RL). Die tatsächliche Umsetzung dürfte jedoch in den Mitgliedstaaten erheblich länger dauern. Das liegt vor allem an der **Heterogenität der arbeits- und sozialrechtlichen Vorschriften in den einzelnen Mitgliedsstaaten.** Auf diese arbeits- und sozialrechtlichen Vorschriften kommt es weiterhin bei grenzüberschreitender Tätigkeit der EbAV an. Deren Einhaltung wird durch die Aufsichtsbehörden des sog. Tätigkeitsmitgliedsstaates überwacht und ggf. durchgesetzt (Art. 11 Abs. 10 und 11 IORP II-RL). 44

Die Schwierigkeit, unterschiedliche arbeits- und sozialrechtliche Vorschriften in den Tätigkeitsmitgliedsstaaten zu managen, war auch schon bisher das Haupthindernis für die Verbreitung grenzüberschreitend tätiger EbAVen in der EU. Per 31.12.2016 waren es lediglich 83, die außerdem ganz überwiegend auf bilaterale Beziehungen zwischen zwei Mitgliedsstaaten beschränkt sind.[45] 45

Hinzukommt, dass die IORP II-RL nicht solche Altersvorsorgeeinrichtungen erfasst, die den Versorgungsberechtigten keine gesetzlichen Leistungsansprüche vermitteln (Art. 2 Abs. 2 Buchst. d) IORP II-RL). Deshalb fallen Unterstützungskassen und CTA-Treuhänder aus ihrem Anwendungsbereich. 46

Wegen der Komplexität heterogener Arbeits- und Sozialrechte in den Mitgliedsstaaten und des eingeschränkten Anwendungsbereichs der IORP II-RL ist daher nicht zu erwarten, dass kurz- oder mittelfristig ein flächendeckendes Pooling von Altersvorsorgeeinrichtungen innerhalb der EU verwirklicht wird. 47

b) Deutsches Recht

Da wie soeben ausgeführt eine Bündelung von Altersvorsorgevermögen auf Anlegerebene durch europäische Gesetzgebung vorerst nicht in Sicht ist, ist die Bündelung von Altersvorsorgevermögen verschiedener Altersvorsorgeeinrichtungen auf Fondsebene mindestens mittelfristig der einzige Weg, die Verwaltung von international verstreutem Pensionsvermögen effizienter zu gestalten. Das Bedürfnis nach einem steuertransparenten Pension Asset Pooling Vehikel in Deutschland ist daher nach wie vor groß. 48

Der allgemeine Trend der Abkehr von Leistungszusagen zu Systemen der Beitragszusage, der durch das **Betriebsrentenstärkungsgesetz vom 17.8.2017[46]** auch in Deutschland neue Impulse erhalten hat, sollte das Interesse an einem internationalen Pension Asset Pooling in Deutschland weiter stärken. Denn das Resultat eines effizienten Pension Asset Poolings sind Renditesteigerungen des verwalteten Portfolios zum Nutzen aller Sozialpartner, einschließlich der Arbeitnehmer. Der deutsche Gesetzgeber sollte daher die verbliebenen aufsichtsrechtlichen (s. Rz. 23) und steuerrechtlichen (s. Rz. 36–41) Hindernisse für die Etablierung eines effizienten und flächendeckenden Pension Asset Poolings in Deutschland kurzfristig beseitigen. 49

---

44 Directive (EU) 2016/2341 of the European Parliament and of the Council of 14 December 2016 on the activities and supervision of institutions for occupational retirement provision (IORPs), ABl. EU Nr. L 354, 37 ff.; siehe hierzu auch *Gohdes/Schmid*, BB 2014, 1899 ff.

45 *EIOPA*, 2017 Market development report on occupational pensions and cross-border IORPs, 19 ff., 42 f., abrufbar unter: https://eiopa.europa.eu/Publications/Reports/EIOPA-BOS-18-013-2017%20Market%20Development%20Report.pdf.

46 BGBl. I 2017, S. 3214 ff.

II. Vergleich der Regulierung offener und geschlossener Investmentkommanditgesellschaften

50 Der Gesetzgeber hat den Vorschlag, eine offene InvKG in den Katalog regulierter Investmentvermögen aufzunehmen, im AIFM-UmsG zugleich zum Anlass genommen, auch für die bislang unregulierten und ganz überwiegend in der Rechtsform einer Kommanditgesellschaft, insb. der GmbH & Co. KG, organisierten geschlossenen Fonds, die Rechtsform der InvKG, und zwar der geschlossenen InvKG, einzuführen. Die geschlossene InvKG hat im KAGB in Unterabschnitt 3 (§§ 149–161 KAGB) des Abschnitts 5 für geschlossene Investmentvermögen Eingang gefunden.

51 Die wichtigsten Unterschiede in der Regulierung offener und geschlossener InvKGen lassen sich überblicksartig wie folgt zusammenfassen[47]:

52 **Offenes Investmentvermögen**: Nur die offene InvKG als offenes Investmentvermögen gewährt ihren Anlegern das Recht, ihre Kommanditbeteiligung ganz oder teilweise zu kündigen (§ 133 Abs. 1 KAGB). Die Erhöhung einer bestehenden Kommanditbeteiligung ist im KAGB nicht erwähnt, da es kein Bedürfnis gibt, diese aufsichtsrechtlich vorzuschreiben. Die Möglichkeit der Erhöhung ist daher allein im Gesellschaftsvertrag zu regeln. Dem Komplementär wird – wie bei der Aufnahme weiterer Kommanditisten – Vollmacht eingeräumt, im Namen der offenen InvKG Vereinbarungen mit bestehenden Kommanditisten über die Erhöhung ihrer Beteiligung abzuschließen.

53 **Beschränkung des Anlegerkreises**: Der Anlegerkreis der offenen InvKG ist entsprechend ihrem Zweck, in- und ausländischen Altersvorsorgeeinrichtungen ein Anlagevehikel für Zwecke des Pension Asset Poolings zur Verfügung zu stellen, auf professionelle und semiprofessionelle Anleger begrenzt (§§ 125 Abs. 2 Satz 2, 127 Abs. 1 Satz 1 KAGB). Sie ist damit stets ein Spezial-Investmentvermögen i.S.d. § 1 Abs. 6 Satz 1 KAGB. Die geschlossene InvKG kann hingegen sowohl als Spezial- als auch als Publikums-Investmentvermögen aufgelegt werden.

54 **Beschränkung der Beteiligungsform**: Anleger der offenen InvKG dürfen sich nur unmittelbar als Kommanditisten beteiligen (§ 127 Abs. 1 Satz 2 KAGB). Hinsichtlich der Anleger einer geschlossenen Spezial-InvKG gilt zwar die gleiche Beschränkung (§ 152 Abs. 1 Satz 1 und 2 KAGB). Sie ist aber weder bei der geschlossenen noch bei der offenen InvKG sachgerecht (zur Kritik s. § 152 Rz. 32 f.). Die Kritik richtet sich sowohl gegen die Beschränkung auf die Kommanditbeteiligung als auch auf den Ausschluss der mittelbaren Kommanditbeteiligung.

55 **Umbrella-Struktur**: Anders als geschlossene InvKGen (zur Kritik s. § 149 Rz. 49) können offene InvKGen in einer Umbrella-Struktur mit mehreren Teilgesellschaftsvermögen errichtet werden. Abgesehen davon, dass damit die Parallelität zum anderen offenen Investmentvermögen in der Gesellschaftsform, der InvKG mit veränderlichem Kapital (§ 117 KAGB), hergestellt wird, entspricht die Umbrella-Struktur bei der offenen InvKG auch dem praktischen Bedürfnis, für die verschiedenen Altersvorsorgeeinrichtungen als Anleger haftungsrechtlich getrennte Deckungsmassen zu bilden, diese aber gleichzeitig zentral zu verwalten (s. Rz. 19).

56 **Keine Wahl des Liquidators**: Anders als bei geschlossenen Publikums- und Spezial-InvKGen (§ 154 Abs. 2 Nr. 2 KAGB) können die Gesellschafter der offenen InvKG keinen von der Verwahrstelle abweichenden Liquidator bestellen. Ein sachlich gerechtfertigter Grund für die Benachteiligung der offenen InvKG ist nicht ersichtlich (zu Kritik s. § 129 Rz. 43)

57 **Steuerliche Behandlung**: Während geschlossene InvKGen durch das Investmentsteuerreformgesetz vom 19.7.2016 (s. Rz. 33) gänzlich aus dem Anwendungsbereich des InvStG herausgefallen sind (§ 1 Abs. 3 Satz 1 Nr. 2 InvStG) und damit dem allgemeinen Einkommensteuerrecht unterliegen, ist für die offene InvKG und ihre Anleger die Möglichkeit einer differenzierten steuerlichen Behandlung vorgesehen: Erfüllt die offene InvKG die Voraussetzungen eines Altersvorsorgevermögensfonds gem. § 53 Abs. 1 InvStG, gelten für die Besteuerung der offenen InvKG und deren Anleger die Bestimmungen für Spezial-Investmentfonds entsprechend (§ 53 Abs. 3 Satz 1 i.V.m. §§ 29–33 und §§ 34–51 InvStG). Diese steuerliche Gleichstellung war ein wesentliches Petitum der Investmentindustrie zur Etablierung eines effizienten Pension Asset Poolings in Deutschland (s. Rz. 17 und 28).

47 Vgl. auch die Synopse bei *Casper* in Staub, Großkomm. HGB, 5. Aufl. 2014, § 161 HGB Rz. 265.

III. Investmentkommanditgesellschaften als interne Kapitalverwaltungsgesellschaften

§§ 124 und 149 KAGB unterscheiden nicht zwischen extern verwalteten InvKGen und internen KVGen in der Rechtsform einer InvKG. **Intern verwaltete InvKGen** sind jedoch **von der Regulierung im KAGB erfasst**, wie sich explizit aus §§ 130, 131, 133 Abs. 1 Satz 3, 155, 156 KAGB ergibt. 58

Indessen ist von *Freitag*[48] die Auffassung vertreten worden, dass die intern verwaltete InvKG **mit Unionsrecht unvereinbar** sei. Denn gem. Art. 4 Abs. 1 b) AIFM-RL muss der AIFM eine juristische Person sein. Das treffe auch auf interne AIFM zu, weshalb die InvKG als Rechtsform für einen internen AIFM nicht geeignet sei. Auch die nach Art. 1 Abs. 3, Unterabs. 1 OGAW-RL zulässigen Rechtsformen eines OGAW, nämlich Vertragsform, Trust und *Satzungsform (Investmentgesellschaft)*, zeigten, dass der OGAW als Investmentgesellschaft eine körperschaftliche Struktur haben müsse. Auch die Begriffsverwendung in anderen europäischen Finanzmarktrichtlinien zeige, dass der Richtliniengeber bewusst zwischen juristischen Personen und anderen Organisationsformen, die diesen gleichgestellt sind, unterschieden hat.[49] 59

Das Verdienst der Auffassung von *Freitag* ist, auf die z.T. unscharfe und inkonsistente Begriffsverwendung hinsichtlich der Organisationsformen der Aufsichtsadressaten europäischer Finanzmarktrichtlinien hingewiesen zu haben. Der Auffassung von *Freitag* kann jedoch im Ergebnis nicht beigepflichtet werden. 60

Nach der hier vertretenen Auffassung[50] ist die deutsche Übersetzung des englischen Begriffs „*legal person*" bzw. des französischen „*personne morale*" in Art. 4 Abs. 1 Buchst. b) AIFM-RL mit „*juristischer Person*" zu eng geraten. Dies wird mit Hinweis auf die Beschreibung externer und interner AIFM in Art. 5 Abs. 1 AIFM-RL deutlich: Während der externe AIFM als eine juristische Person (*legal person*) bezeichnet wird, muss der intern verwaltete AIFM lediglich eine Rechtsform haben, die eine interne Verwaltung zulässt (*where the legal form of the AIF permits an internal management*). Mit Verwaltung ist die Wahrnehmung der Aufgaben eines AIFM in Anhang I der AIFM-RL gemeint. Eine Rechtsform, die diese Verwaltung ermöglicht, verlangt lediglich eine **eigene Rechtspersönlichkeit**, um im Rechtsverkehr nach außen aufzutreten und Träger von Rechten und Pflichten sein zu können. In Art. 4 Abs. 1 Buchst. b) AIFM-RL hätte der AIFM daher zutreffender als „*rechtsfähige Person*" übersetzt werden müssen. 61

Auch die Begriffsverwendung in der OGAW-RL ist alles andere als eindeutig. Gemäß Erwägungsgrund (6) OGAW-RL ist die Verwaltungsgesellschaft Adressat von Maßnahmen nach der OGAW-RL, „sofern der OGAW als Investmentfonds gegründet wurde und von einer Verwaltungsgesellschaft verwaltet wird und *sofern der Investmentfonds über keine Rechtspersönlichkeit verfügt und somit nicht selbständig handeln kann*". In der englischen Fassung heißt es „… where the UCITS is constituted as a common fund managed by a management company and *where a common fund is not in a position to act by itself because it has no legal personality of its own*".[51] Dies zeigt, dass der Richtliniengeber lediglich zwischen **OGAW ohne Rechtspersönlichkeit** – dann muss die Verwaltungsgesellschaft die aufsichtsrechtlichen Maßnahmen ergreifen – und **OGAW mit Rechtspersönlichkeit** – dann ist der OGAW selbst Adressat der aufsichtsrechtlichen Maßnahmen – unterscheidet. Nach diesem Verständnis könnte auch die nach deutschem Recht rechtsfähige Kommanditgesellschaft ein OGAW sein. 62

Interessanterweise scheint auch der deutsche Gesetzgeber nicht auszuschließen, dass eine InvKG ein OGAW sein könne. Andernfalls wäre der Ausschluss in § 91 Abs. 2 KAGB wenig verständlich, wonach offene Investmentvermögen als offene InvKGen aufgelegt werden können, wenn sie keine OGAW sind. Noch deutlicher wird das Verständnis des deutschen Gesetzgebers bei der Bestimmung des Anwendungsbereichs des InvStG: Nach § 1 Abs. 3 Nr. 2 InvStG sind Investmentvermögen in der Rechtsform einer Personengesellschaft keine Investmentfonds i.S.d. InvStG, „*es sei denn*, es handelt sich um Organismen für gemeinsame Anlagen in Wertpapieren nach § 1 Abs. 2 des Kapitalanlagegesetzbuchs …".[52] 63

Selbst wenn die OGAW-RL einschränkend dahingehend auszulegen wäre, dass nur Investmentgesellschaften körperschaftlicher Struktur OGAW sein können, könnten daraus keine Schlüsse für die Auslegung zulässiger Rechtsformen für AIFM nach der AIFM-RL gezogen werden. Denn die OGAW-RL reguliert nur einen Ausschnitt des europäischen investmentrechtlichen Binnenmarktes für ein bestimmtes Produkt, den OGAW, und dessen Verwalter. Die AIFM-RL bezweckt zwar keine Produktregulierung von AIF.[53] Hinsicht- 64

48 *Freitag*, NZG 2013, 329 (331 f.).
49 *Freitag*, NZG 2013, 329 (332).
50 S. bereits *Wallach*, ZGR 2014, 289 (299).
51 Hervorhebungen jeweils durch den Verfasser.
52 Hervorhebung durch den Verfasser.
53 Erwägungsgrund (10) der AIFM-RL.

lich der Verwalter von AIF ist ihr Regulierungsanspruch allerdings allumfassend: Es soll ein harmonischer Regulierungs- und Kontrollrahmen *aller* in der EU tätigen AIFM geschaffen werden.[54] **Ziel der AIFM-RL** ist es daher **nicht, AIFM eine bestimmte Rechtsform aufzuzwingen**. Es würde auch wenig Sinn machen, AIFM, die zwar keine juristische Person sind, aber wegen ihrer Rechtsfähigkeit die Aufgaben nach Anhang I der AIFM-RL wahrnehmen und ihre aufsichtsrechtlichen Pflichten erfüllen können, zu zwingen, sich in eine juristische Person umzuwandeln.

65 Im Ergebnis sind deshalb **interne KVGen als InvKGen zulässig und mit europäischem Recht vereinbar.**[55]

§ 124 Rechtsform, anwendbare Vorschriften

(1) [1]Offene Investmentkommanditgesellschaften dürfen nur in der Rechtsform der Kommanditgesellschaft betrieben werden. [2]Die Bestimmungen des Handelsgesetzbuchs sind anzuwenden, soweit sich aus den Vorschriften dieses Unterabschnitts nichts anderes ergibt.

(2) Auf die offene Investmentkommanditgesellschaft sind § 93 Abs. 7, § 94 Abs. 4 in Verbindung mit einer Rechtsverordnung nach Abs. 5 und § 96 Abs. 1 entsprechend anwendbar.

In der Fassung vom 4.7.2013 (BGBl. I 2013, S. 1981), zuletzt geändert durch das Gesetz zur Umsetzung der Richtlinie 2014/91/EU des Europäischen Parlaments und des Rates vom 23.7.2014 zur Änderung der Richtlinie 2009/65/EG zur Koordinierung der Rechts- und Verwaltungsvorschriften betreffend bestimmte Organismen für gemeinsame Anlagen in Wertpapieren (OGAW) im Hinblick auf die Aufgaben der Verwahrstelle, die Vergütungspolitik und Sanktionen vom 3.3.2016 (BGBl. I 2016, S. 348).

Schrifttum: *BaFin*, Häufige Fragen zum Vertrieb und Erwerb von Investmentvermögen nach dem KAGB, v. 4.7.2013, geändert am 16.3.2018, abrufbar unter: https://www.bafin.de/SharedDocs/Veroeffentlichungen/DE/FAQ/faq_kagb_vertrieb_erwerb_130604.html; *Eichhorn*, Die offene Investmentkommanditgesellschaft nach dem Kapitalanlagegesetzbuch – Teil I, WM 2016, 110; *Jünemann/Wirtz*, Regulatorisches Regime und Rechtsformwahl für „kleine Spezial-AIFM", RdF 2018, 109. Im Übrigen wird auf das Schrifttum zu Vor §§ 124–138 verwiesen.

I. Regelungsgegenstand und -zweck

1 Unterabschnitt 4 des vierten Abschnitts über offene inländische Investmentvermögen enthält allgemeine Vorschriften für offene InvKGen. § 124 Abs. 1 KAGB ist im Zusammenhang mit § 91 KAGB zu sehen und statuiert einen **Rechtsformzwang** für offene InvKGen.

2 Gemäß § 91 Abs. 1 KAGB dürfen offene Investmentvermögen nur als Sondervermögen oder InvAGen mit veränderlichem Kapital aufgelegt werden sowie **gem. § 91 Abs. 2 KAGB außerdem als offene InvKGen**, wenn sie nicht inländische OGAW sind und ihre Anteile nach dem Gesellschaftsvertrag ausschließlich von professionellen und semiprofessionellen Anlegern erworben werden dürfen. Der Hinweis auf die fehlende inländische OGAW-Eigenschaft wäre an sich überflüssig gewesen, da offene InvKGen wegen der Begrenzung auf professionelle und semiprofessionelle Anleger keine OGAW sein können. OGAW setzen definitionsgemäß voraus, dass sie Kapital vom Publikum einsammeln (Art. 1 Abs. 2 Buchst. a) OGAW-RL). Offene InvKGen sind dagegen AIFs und fallen unter den Anwendungsbereich der AIFM-RL.[1]

54 Erwägungsgrund (4) der AIFM-RL.

55 Im Erg. ebenso *Casper*, ZHR 2015, 44 (58); *Eichhorn* in Moritz/Klebeck/Jesch, Vorbem. §§ 124–138 KAGB Rz. 9 f.; *Geibel* in Derleder/Knops/Bamberger, § 61 Rz. 154; *Hüwel* in Baur/Tappen, Vorbem. §§ 124–138 KAGB Rz. 29 ff.; *Kracke* in Baur/Tappen, § 128 KAGB Rz. 13; *Lorenz* in Weitnauer/Boxberger/Anders, § 124 KAGB Rz. 14.

1 Vgl. aber *Eichhorn*, WM 2016, 110 (111 li. Sp.), der Gesetzgeber sei mit der Einführung der offenen InvKG außerhalb der Vorgaben der AIFM-RL geblieben.

Soll das Investmentvermögen nach seinen Anlagebedingungen **in Immobilien anlegen**, werden allerdings die zur Verfügung stehenden Rechtsformen gem. § 91 Abs. 3 KAGB **auf das Sondervermögen beschränkt**. Für diese Beschränkung fehlt jeglicher sachlicher Grund. Insbesondere ist die Gesetzesbegründung,[2] auch nach dem aufgehobenen InvG habe für offene Immobilienfonds nur das Sondervermögen als Rechtform zur Verfügung gestanden, nicht überzeugend. Denn das InvG hat nur positiv bestimmte Fondstypen und Rechtsformen reguliert, aber gerade kein Rechtsformverbot für nicht vom InvG erfasste Fonds statuiert.[3] Gerade für offene InvKGen besteht ein praktisches Bedürfnis der Immobilienanlage, damit diese auf langfristige Wertsteigerung ausgerichtete Assetklasse den zu bündelnden Altersvorsorgevermögen beigemischt werden kann (s. Vor §§ 124–138 Rz. 23). Die Beschränkung offener Immobilienfonds auf Sondervermögen ist daher dringend korrekturbedürftig (vgl. zur Kritik auch § 91 Rz. 3).[4] 3

Einen weiteren Rechtsformzwang statuiert § 124 Abs. 1 Satz 1 KAGB mit der auf den ersten Blick tautologisch anmutenden Anordnung, dass offene InvKGen „nur in der Rechtsform der Kommanditgesellschaft" betrieben werden dürfen. Der Sinn erschließt sich im Zusammenhang mit Abs. 1 Satz 2, wonach die Bestimmungen des HGB anzuwenden sind, soweit sich aus den Vorschriften des vierten Unterabschnitts nichts anderes ergibt. 4

Daraus ergibt sich zum einen, dass **Sonderformen der Kommanditgesellschaften**, die vom gesetzlichen Leitbild der §§ 161 ff. HGB abweichen, **wie insb. die KGaA, ausgeschlossen** sind (vgl. hierzu die Kritik in § 139 Rz. 4).[5] 5

Zum anderen will der Gesetzgeber damit ausweislich der Gesetzesbegründung[6] zum Ausdruck bringen, dass mit der offenen InvKG **keine neue Gesellschaftsform** geschaffen werden soll. Es findet deshalb grundsätzlich das bestehende Regelwerk für Kommanditgesellschaften im HGB Anwendung. Abweichungen regelt das KAGB, „*soweit sie aufgrund aufsichtlicher Besonderheiten für die Behandlung als Fondsvehikel erforderlich sind*". 6

Ist die KVG lediglich **gem. § 44 Abs. 1 KAGB registrierungspflichtig**, weil die Voraussetzungen des § 2 Abs. 4 Satz 2 KAGB erfüllt sind, greift der Rechtsformzwang ebenfalls, wenn der offene AIF in der Rechtsform einer offenen InvKG aufgelegt wird (§ 44 Abs. 1 Nr. 7 Buchst. b) KAGB). Nach zutreffender Ansicht[7] haben die Gründungsgesellschafter das Wahlrecht, ob sie den offenen AIF bei Erfüllung der Voraussetzungen nach § 2 Abs. 4 Satz 2 KAGB als normale KG nach §§ 161 ff. HGB oder in der speziellen Ausprägung der offenen InvKG nach §§ 124 ff. KAGB auflegen wollen. Im letzteren Falle gilt der Rechtsformzwang nach § 124 Abs. 1 KAGB. 7

§ 124 KAGB gilt sowohl für extern verwaltete InvKGen als auch für interne KVGen in der Rechtsform einer offenen InvKG (s. Vor §§ 124–138 Rz. 60 ff.). 8

Der Rechtsformzwang in § 124 Abs. 1 KAGB knüpft an das **Betreiben** einer offenen InvKG an. Hierbei kommt es nicht auf beliebige Geschäftsführungshandlungen für eine KG an, sondern spezifisch auf solche, die nur in dem aufsichtsrechtlichen Gewand einer offenen InvKG durchgeführt werden können. Das Aufsichtsrecht des KAGB greift ein, sobald ein Investmentvermögen i.S.d. § 1 Abs. 1 KAGB vorliegt. Somit kommt es auf Geschäftsführungshandlungen an, die den Betrieb eines Investmentvermögens ausmachen. Der früheste Zeitpunkt dürfte hier regelmäßig das Einsammeln des Kapitals von den Anlegern sein, so dass auf den Beginn der Platzierung oder der Zeichnungsfrist abzustellen ist (vgl. § 149 Rz. 5). 9

Ist allerdings der Zweck der offenen InvKG darauf gerichtet, einen **Altersvorsorgevermögensfonds i.S.d. § 53 Abs. 1 InvStG** zu betreiben, erfolgt die Auflegung der offenen InvKG in enger Zusammenarbeit mit der bzw. den Altersvorsorgeeinrichtungen des Trägerunternehmens. Dies dürfte die Ausformulierung aller wesentlichen Bestimmungen des Gesellschaftsvertrags und der Anlagebedingungen einschließen. Eine solche gemeinschaftliche Strukturierung der offenen InvKG bedeutet kein Einsammeln von Kapital der Anleger und deshalb auch keinen Vertrieb i.S.d. § 293 KAGB.[8] Soweit in dieser gemeinschaftlichen Strukturierungsphase bereits rechtsgeschäftliche Handlungen erforderlich sind, erfolgen diese durch eine unregulierte Kommanditgesellschaft. Erst vor Bestellung der externen KVG bzw. mit Erlaubnis der BaFin für eine intern verwaltete offene InvKG und Beginn der Anlagetätigkeit ist die unregulierte Kommanditgesellschaft durch 10

2 BT-Drucks. 17/12294, 235.
3 So zutreffend *Freitag* in Moritz/Klebeck/Jesch, § 91 KAGB Rz. 10.
4 S. zur überzeugenden Kritik auch *Freitag* in Moritz/Klebeck/Jesch, § 91 KAGB Rz. 10.
5 Kritisch auch *Eichhorn* in Moritz/Klebeck/Jesch, § 124 KAGB Rz. 3; *Eichhorn*, WM 2016, 110 (111).
6 BT-Drucks. 17/12294, 241.
7 *Hartrott* in Moritz/Klebeck/Jesch, § 44 KAGB Rz. 37; *Jünemann/Wirtz*, RdF 2018, 109 (111 f.).
8 *BaFin*, Häufige Fragen zum Vertrieb und Erwerb von Investmentvermögen nach dem KAGB, Ziff. 1.2, abrufbar unter: https://www.bafin.de/SharedDocs/Veroeffentlichungen/DE/FAQ/faq_kagb_vertrieb_erwerb_130604.htm.

entsprechende Änderung des Gesellschaftsvertrages und Eintragung in das Handelsregister in eine offene InvKG zu überführen. Eine Änderung des Rechtsträgers ist hiermit nicht verbunden.

II. Anzuwendende Bestimmungen des HGB und weiterer gesellschafts- und zivilrechtlicher Vorschriften

1. Grundsätzliches

11 § 124 Abs. 1 Satz 2 KAGB regelt unmittelbar, dass die Bestimmungen des HGB anzuwenden sind, soweit sich aus den Vorschriften des Vierten Unterabschnitts nichts anderes ergibt. Nach dem Willen des Gesetzgebers soll sich die offene InvKG in das Regelwerk für Kommanditgesellschaften in das HGB einfügen. Es soll keine neue Gesellschaftsform geschaffen werden. Daraus folgt weitergehend, dass grundsätzlich **sämtliche Rechtsnormen, die für eine Kommanditgesellschaft im Inland gelten, auch auf die offene InvKG Anwendung finden.**

12 In erster Linie sind dies natürlich die **Bestimmungen der §§ 161 ff. HGB über die Kommanditgesellschaft** und über den Verweis in § 161 Abs. 2 HGB die **Bestimmungen über die OHG in §§ 105 ff. HGB** sowie über den Verweis in § 105 Abs. 3 HGB die **Bestimmungen über die Gesellschaft bürgerlichen Rechts in §§ 705 ff. BGB.** Das von der Rechtsprechung entwickelte Sonderrecht für Publikums-Personengesellschaften[9] gilt allerdings für die offene InvKG jedenfalls dann nicht, wenn der (Anker-)Anleger oder ein kleiner Kreis von Anlegern den Gesellschaftsvertrag, die Anlagebedingungen und den Zeichnungsvertrag mitgestaltet haben, wie dies bei einer für die Zwecke der Abdeckung von Altersvorsorgeverpflichtungen der Anleger errichteten offenen InvKG regelmäßig der Fall sein dürfte. Eine Anwendung des richterrechtlichen Sonderrechts für Publikumspersonengesellschaften kommt allenfalls in dem Ausnahmefall in Betracht, dass die offene InvKG von einer unbestimmten Vielzahl professioneller und semiprofessioneller Anleger Kapital einsammelt, da das Sonderrecht nicht zwischen Privatanlegern (§ 1 Abs. 19 Nr. 31 KAGB) einerseits und professionellen und semiprofessionellen Anlegern (§ 1 Abs. 19 Nrn. 32 und 33 KAGB) andererseits unterscheidet. Allerdings ist auch hier zu bedenken, dass die aufsichtsrechtlichen Normen des KAGB das richterrechtliche Sonderrecht für Publikumspersonengesellschaften weitgehend verdrängt haben und mit fortschreitender aufsichtsrechtlicher Regulierung weiter verdrängen werden.[10]

2. Einzelheiten

13 Die Rechtsfolgen, die sich im Einzelnen daraus ergeben, dass auf die offene InvKG grundsätzlich das Rechtsregime der Kommanditgesellschaften anwendbar ist, stimmen im Wesentlichen mit denjenigen bei geschlossenen InvKGen überein. Es wird daher auf die Kommentierung zu § 149 Rz. 10 ff. verwiesen.

14 Im **Außenverhältnis** gilt auch bei der offenen InvKG grundsätzlich die unmittelbare Außenhaftung der Kommanditisten bis zur Leistung ihrer Einlage (§ 171 Abs. 1 Halbsatz 2 HGB) oder im Falle der Rückzahlung der Einlage (§ 172 Abs. 4 HGB). Der Gesetzgeber hat lediglich durch spezielle Schutzmechanismen in §§ 127 Abs. 2–4 und 133 Abs. 2 Satz 2 KAGB dafür Sorge getragen, dass diese Fälle möglichst vermieden werden.

15 Im **Innenverhältnis** der Gesellschafter zueinander und im Verhältnis der Gesellschafter zur offenen InvKG gelten jedoch einige Besonderheiten gegenüber der geschlossenen InvKG:

16 Ist der Zweck der offenen InvKG auf den Betrieb eines Altersvorsorgevermögensfonds i.S.d. § 53 Abs. 1 InvStG gerichtet, gelten die Einkünfte der offenen InvKG nicht als gewerblich (§ 53 Abs. 4 Satz 2 InvStG). In der ganz üblichen Rechtsform der GmbH & Co. KG ist daher die Einschaltung eines geschäftsführenden Kommanditisten nicht erforderlich, um die gewerbliche Prägung i.S.d. § 15 Abs. 3 Nr. 2 EStG zu vermeiden (vgl. hingegen für geschlossene InvKGen § 149 Rz. 19). Zwar bedarf es zur Errichtung der offenen InvKG eines Gründungskommanditisten, aber dieser muss nicht mit Geschäftsführungskompetenzen ausgestattet sein. Im Interesse einer klaren Abgrenzung der Geschäftsführungsaufgaben und einer guten Corporate Governance empfiehlt es sich vielmehr, **auf einen geschäftsführenden Kommanditisten ganz zu verzichten und die Geschäftsführungsaufgaben allein dem Komplementär zuzuweisen.**

9 Vgl. den Überblick bei *Roth* in Baumbach/Hopt, Anh. § 177a HGB Rz. 52 ff.
10 So zutr. *Casper*, ZHR 2015, 44 (49); *Roth* in Baumbach/Hopt, Anh. § 177a HGB Rz. 52.

Der aus dem Richterrecht für Publikums-Personengesellschaften entwickelte Grundsatz, dass **Gesellschaftsverträge nach ihrem objektiven Erklärungsbefund auszulegen** sind,[11] gilt **regelmäßig nicht für die offene InvKG.** Der Grundsatz gilt insb. dann nicht, wenn die offene InvKG mit der Zwecksetzung eines Altersvorsorgevermögensfonds i.S.d. § 53 Abs. 1 InvStG als Anleger Altersvorsorgeeinrichtungen eines Trägerunternehmens hat. Denn hier ist davon auszugehen, dass der Gesellschaftsvertrag unter Mitwirkung der Anleger und ggf. auch des Trägerunternehmens speziell auf die Bedürfnisse der Anleger zugeschnitten ausformuliert worden ist. Lediglich in dem Ausnahmefall, dass die offene InvKG anderen Zwecken als eines Altersvorsorgevermögensfonds i.S.d. § 53 Abs. 1 InvStG dient und Kapital von einer unbestimmten Anzahl nicht bekannter professioneller oder semiprofessioneller Anleger einsammelt, kommt in Betracht, dass der Gesellschaftsvertrag nach dem objektiven Erklärungsbefund auszulegen ist. 17

Gleiches gilt für die **Auslegung von Beschlüssen einer Gesellschafterversammlung:** Diese sind – anders als bei einer geschlossenen Publikums-InvKG (s. § 149 Rz. 26) – grundsätzlich nach dem **subjektiven Verständnis** der am Beschluss beteiligten Gesellschafter auszulegen. 18

Schließlich unterliegt der Gesellschaftsvertrag einer offenen InvKG – anders als derjenige einer geschlossenen Publikums-InvKG (s. § 149 Rz. 28) – **nicht einer Inhaltskontrolle wie bei AGB.** Wegen der Sachkunde und Erfahrenheit der professionellen und semiprofessionellen Anleger einer offenen InvKG gilt hier vielmehr die Bereichsausnahme in § 310 Abs. 4 Satz 1 BGB, wonach das AGB-Recht keine Anwendung auf Gesellschaftsverträge findet. 19

Wie bei der geschlossenen InvKG (s. § 149 Rz. 29 ff.) finden auch bei der offenen InvKG die allgemeinen **gesellschafts- und umwandlungsrechtlichen Bestimmungen zum Wechsel des Gesellschafterbestandes** Anwendung. Insbesondere können durch umwandlungsrechtliche Spaltungen oder Verschmelzungen eines Anlegers Beteiligungen an der offenen InvKG im Wege der Gesamtrechtsnachfolge auf den übernehmenden Rechtsträger übergehen (§§ 20 Abs. 1 Nr. 1, 131 Abs. 1 Nr. 1 UmwG). Gleiches gilt für die Erhöhung der Beteiligung eines Kommanditisten, der übernehmender Rechtsträger ist. Letzteres könnte mittelfristig Bedeutung erlangen, wenn die in der IORP II-RL vorgesehenen Möglichkeiten der grenzüberschreitenden Übertragung von Altersvorsorgesystemen mit Leben erfüllt werden (Art. 12 IORP II-RL) (vgl. hierzu Vor §§ 124-138 Rz. 43). 20

Die **Anwendung der Bestimmungen des UmwG auf die offene InvKG selbst** ist nunmehr für die **Verschmelzung** ausdrücklich in § 281 Abs. 3 KAGB geregelt. In dem Katalog der Verschmelzungsvarianten fehlt allerdings die Verschmelzung von Teilsondervermögen i.S.d. § 96 Abs. 2 Satz 1 KAGB auf offene InvKGen und Teilgesellschaftsvermögen von offenen InvKGen und umgekehrt. Da für diese Lücke kein sachlich gerechtfertigter Grund ersichtlich ist, scheint es sich um ein Versehen des Gesetzgebers zu handeln, das bei nächster Gelegenheit korrigiert werden sollte. Bis zu dieser Korrektur kann man sich mit einer analogen Anwendung des § 281 Abs. 2 Nr. 1 KAGB behelfen, da jedes Teilsondervermögen wie ein eigenes Zweckvermögen behandelt wird (§ 96 Abs. 3 Satz 2 KAGB) und damit auch einer Verschmelzung zugänglich ist. 21

Auch die Bestimmungen des UmwG über die **Spaltung** einer offenen InvKG finden nach der hier vertretenen Ansicht wie bei der geschlossenen InvKG (s. § 149 Rz. 36) InvKG Anwendung. Ein praktisches Bedürfnis könnte für die offene InvKG mit der Zwecksetzung eines Altersvorsorgevermögensfonds i.S.d. § 53 Abs. 1 InvStG etwa dann entstehen, wenn das Trägerunternehmen aufgespalten wird und die Versorgungsberechtigten des abgespaltenen Teils des Unternehmens in das Altersvorsorgesystem des übernehmenden Rechtsträgers überführt werden. 22

III. Entsprechende Anwendbarkeit von Bestimmungen des KAGB

Wie bei der InvAG mit veränderlichem Kapital (§ 108 Abs. 4 KAGB), der InvAG mit fixem Kapital (§ 140 Abs. 2 KAGB) und der geschlossenen InvKG (§ 149 Abs. 2 KAGB) erklärt § 124 Abs. 2 KAGB die Bestimmungen über die Einlageverpflichtung der KVG in § 93 Abs. 7 KAGB und die Bildung von Anteilklassen in § 96 Abs. 1 KAGB auch auf die offene InvKG für entsprechend anwendbar. 23

11 Vgl. BGH v. 20.7.2017 – IX ZR 7/17, NZG 2017, 1025 (1026); BGH v. 9.6.2015 – II ZR 420/13, WM 2015, 1635 (1638); BGH v. 8.10.2013 – II ZR 367/12, GWR 2014, 33; BGH v. 19.3.2007 – II ZR 73/06, ZIP 2007, 812 (813).

1. Einlageverpflichtung der Kapitalverwaltungsgesellschaft für Fehlbeträge

24 Durch die entsprechende Anwendung des § 93 Abs. 7 KAGB soll die KVG[12] verpflichtet werden, aus dem eigenen Vermögen eine Einlageleistung zu erbringen, falls Anteile an der InvKG in den Verkehr gelangt sind, ohne dass der betreffende Anleger seine Einlage eingezahlt hat.

25 Die **entsprechende Anwendung des § 93 Abs. 7 KAGB** ist wie bei der geschlossenen InvKG (s. § 149 Rz. 40 ff.) **abzulehnen.** Bei der **intern verwalteten** offenen InvKG (§ 17 Abs. 2 Nr. 2 KAGB) ist es wegen der Identität der rechtsfähigen Personen rechtlich ausgeschlossen, dass die InvKG einen Erstattungsanspruch gegen die interne KVG hat.

26 Bei der **extern verwalteten** offenen InvKG greift der Verwässerungsschutzgedanke des § 93 Abs. 7 KAGB[13] nicht, da die Gesellschaftsverträge stets vorsehen, dass die Beteiligung an der KG erst mit Leistung der Einlage erworben bzw. erhöht wird. Bei den anderen Rechtsformen von Investmentvermögen ist dieser Grundsatz der vollständigen Kapitalaufbringung sogar ausdrücklich gesetzlich geregelt (vgl. §§ 71 Abs. 1 Satz 1, 109 Abs. 4, 115 Satz 1, 141 Abs. 1 KAGB).[14] Bei InvKGen ist diese Lücke durch entsprechende Bestimmungen im Gesellschaftsvertrag zu schließen. Selbst wenn es einmal zu einer Einlageleistung der KVG käme, wären die Rechtsfolgen, nämlich Beteiligung der externen KVG an der von ihr verwalteten offenen InvKG oder Verweis der KVG auf einen Ersatzanspruch gegen den säumigen Anleger, unangemessen. Zur näheren Begründung wird auf die Kommentierung in § 149 Rz. 42 ff. verwiesen.

2. Bildung von Anteilklassen

27 Die analoge Anwendung des § 96 Abs. 1 KAGB ermöglicht auch bei der offenen InvKG die **Bildung mehrerer Anteilklassen.** Es können folglich Anteile ausgegeben werden, die sich hinsichtlich der Ertragsverwendung, des Ausgabeaufschlags, der Währung des Anteilwertes, der Verwaltungsvergütung, der Mindestanlagesumme oder einer Kombination dieser Merkmale unterscheiden.

28 Da die Aufzählung in § 96 Abs. 1 KAGB nicht abschließend ist, können die mit der Beteiligung an der offenen InvKG verbundenen Rechte **auch nach weiteren Kriterien differenziert** werden. Dient die offene InvKG der Abdeckung von Altersvorsorgeverbindlichkeiten ihrer Anleger, kommt z.B. in Betracht, dass die individuelle Beschäftigtenstruktur des Trägerunternehmens dadurch berücksichtigt wird, dass Ausschüttungen aus den gehaltenen Vermögenswerten gezielt nach Rentenalter und Rentenhöhe und damit differenziert nach einzelnen Gruppen der Versorgungsberechtigten erfolgen.

29 Im Gegensatz zur geschlossenen InvKG (zur Kritik s. § 149 Rz. 49) können bei der offenen InvKG gem. § 132 KAGB haftungs- und vermögensrechtlich getrennte **Teilgesellschaftsvermögen** gebildet werden. Im Kontext eines Altersvorsorgevermögensfonds i.S.d. § 53 Abs. 1 InvStG ist die Bildung von verschiedenen Teilgesellschaftsvermögen erforderlich, wenn die Portfoliozusammensetzung für die Altersvorsorgeeinrichtungen unterschiedlich sein muss, um spezifische Anforderungen des jeweils geltenden lokalen Rechts oder spezifische Anforderungen an die Deckungsmassen berücksichtigen zu können. Anders als bei der InvAG mit veränderlichem Kapital, für die in § 108 Abs. 4 KAGB auf den gesamten § 96 KAGB verwiesen wird, verweist § 124 Abs. 2 KAGB lediglich auf die Regelung von Anteilklassen eines Sondervermögens in § 96 Abs. 1 KAGB. Inhaltliche Abweichungen zur Regulierung von Teilgesellschaftsvermögen einer InvAG mit veränderlichem Kapital sind damit jedoch nicht verbunden, da § 96 Abs. 2 und 3 KAGB von den speziellen Regelungen zu Teilgesellschaftsvermögen in §§ 117 und 132 KAGB verdrängt werden (vgl. § 108 Rz. 73).

§ 125 Gesellschaftsvertrag

(1) Der Gesellschaftsvertrag einer offenen Investmentkommanditgesellschaft bedarf der Schriftform.

(2) [1]Gesellschaftsvertraglich festgelegter Unternehmensgegenstand der offenen Investmentkommanditgesellschaft muss ausschließlich die Anlage und Verwaltung ihrer Mittel nach einer festgelegten Anlagestrategie und dem Grundsatz der Risikomischung zur gemeinschaftlichen Kapitalanlage nach den §§ 273 bis 284 zum Nutzen ihrer Anleger sein. [2]Der Gesellschaftsvertrag muss festlegen, dass die Kommanditisten das Recht zur Rückgabe ihrer Anteile im Wege der Kündigung nach § 133

12 Ungenau *Eichhorn*, WM 2016, 110 (112): Verpflichtung der offenen InvKG.
13 Vgl. *Hölscher* in Emde/Dornseifer/Dreibus/Hölscher, § 36 InvG Rz. 226.
14 *Hüwel* in Baur/Tappen, § 124 KAGB Rz. 25, hält dies für ein Redaktionsversehen des Gesetzgebers.

haben und dass die Anteile der Gesellschaft ausschließlich von professionellen Anlegern und semiprofessionellen Anlegern erworben werden dürfen.

(3) Der Gesellschaftsvertrag hat vorzusehen, dass

1. Ladungen zu Gesellschafterversammlungen unter vollständiger Angabe der Beschlussgegenstände in Textform erfolgen und

2. über die Ergebnisse der Gesellschafterversammlung ein schriftliches Protokoll anzufertigen ist, von dem die offene Investmentkommanditgesellschaft den Anlegern eine Kopie zu übersenden hat.

(4) Im Gesellschaftsvertrag darf nicht von § 131 Absatz 3 Nummer 2 und 4 des Handelsgesetzbuchs abgewichen werden.

In der Fassung vom 4.7.2013 (BGBl. I 2013, S. 1981), zuletzt geändert durch das Gesetz zur Anpassung von Gesetzen auf dem Gebiet des Finanzmarktes vom 15.7.2014 (BGBl. I 2014, S. 934).

Schrifttum: *Bork/Jacoby*, Das Ausscheiden des einzigen Komplementärs nach § 131 Abs. 3 HGB, ZGR 2005, 611; *Freitag/Fürbaß*, Wann ist ein Fonds eine Investmentgesellschaft?, ZGR 2016, 729; *Krings/Otte*, Die Insolvenz der Komplementär-GmbH, NZG 2012, 761. Im Übrigen wird auf das Schrifttum zu Vor §§ 124–138 verwiesen.

I. Regelungsgegenstand und -zweck

§ 125 KAGB enthält Formvorschriften im Zusammenhang mit dem Abschluss des Gesellschaftsvertrages und der Durchführung von Gesellschafterversammlungen sowie bestimmte Vorgaben an den Inhalt des Gesellschaftsvertrages von offenen InvKGen, die über die allgemeinen Regeln des HGB und des BGB hinaus gehen und dem Anlegerschutz dienen. 1

II. Schriftform des Gesellschaftsvertrages

Der Gesellschaftsvertrag einer Personengesellschaft bedarf grundsätzlich keiner Schriftform.[1] Aus **Transparenzgründen** sah es jedoch der Gesetzgeber[2] als geboten an, den Gesellschaftsvertrag einer offenen InvKG dem Schriftformerfordernis zu unterwerfen. 2

Neben dem Aspekt der Rechtssicherheit im Interesse des Anlegers und des Rechtsverkehrs hat die Schriftform auch deshalb besondere Bedeutung, weil der Gesellschaftsvertrag mit seinem im KAGB vorgeschriebenen Mindestinhalt die **prägenden Merkmale einer offenen InvKG** enthält, die sie von dem Normaltypus einer Kommanditgesellschaft unterscheidet. Letztlich ist es der Gesellschaftsvertrag, der einer Kommanditgesellschaft die rechtsformspezifische Ausprägung einer nach dem KAGB regulierten offenen InvKG gibt.[3] 3

Rechtsfolge des Verstoßes gegen das Schriftformerfordernis ist die **Nichtigkeit** des Gesellschaftsvertrages nach § 125 Satz 1 BGB. Die Einhaltung der Schriftform ist deshalb Wirksamkeitsvoraussetzung für die Gründung der offenen InvKG und von den Registergerichten selbständig zu prüfen.[4] Folge der Nichtigkeit des Gesellschaftsvertrages ist, dass die in Vollzug gesetzte offene InvKG nach den Regeln über die fehlerhafte Gesellschaft zurückabzuwickeln ist. Wegen der Bestimmung des Zeitpunkts der Invollzugsetzung wird auf § 150 Rz. 4 verwiesen. 4

Das Schriftformerfordernis gilt auch für **Änderungen des Gesellschaftsvertrages**. Die abgeänderte Fassung des Gesellschaftsvertrages bedarf daher der eigenhändigen Unterschrift der nach dem Gesellschaftsvertrag 5

1 *Roth* in Baumbach/Hopt, § 105 HGB Rz. 62.
2 BT-Drucks. 17/12294, 242.
3 Vgl. hierzu die ausführliche Auseinandersetzung bei *Freitag/Fürbaß*, ZGR 2016, 729 (741 ff.).
4 *Freitag/Fürbaß*, ZGR 2016, 729 (739 f.).

vorgeschriebenen Mehrheit der Gesellschafter oder ihrer gesetzlichen oder bevollmächtigten Vertreter. Die Übersendung eines schriftlichen Protokolls über den Beschluss der Gesellschafterversammlung genügt nicht (vgl. hierzu § 150 Rz. 5).

III. Vorgeschriebener Inhalt des Gesellschaftsvertrages zum Unternehmensgegenstand, Kündigungsrecht und Gesellschafterkreis

6 § 125 Abs. 2 KAGB schreibt vor, dass der Gesellschaftsvertrag einer offenen InvKG zwingende Bestimmungen zum Unternehmensgegenstand, dem Kündigungsrecht der Kommanditisten und dem Anlegerkreis der offenen InvKG enthalten muss.

1. Unternehmensgegenstand

7 Da die offene InvKG die organisationsrechtliche Form eines offenen Investmentvermögens darstellt,[5] schreibt der Gesetzgeber vor, dass im Gesellschaftsvertrag festgelegter Unternehmensgegenstand *„ausschließlich die Anlage und Verwaltung ihrer Mittel nach einer festgelegten Anlagestrategie […] zum Nutzen der Anleger sein“* muss. Mit diesem Unternehmensgegenstand werden die Definitionselemente des Investmentvermögens in § 1 Abs. 1 Satz 1 KAGB erfüllt, so dass der Unternehmensgegenstand **auf den Betrieb eines Investmentvermögens gerichtet** ist.

8 Darüber hinaus muss der Unternehmensgegenstand auf die **allgemeinen Produktvorschriften für inländische Spezial-AIF in §§ 273–277 KAGB** und die **speziellen Produktvorschriften für offene inländische Spezial-AIF in §§ 278–284 KAGB** festgelegt sein.

9 Dies ist insoweit konsequent als die offene InvKG wegen der Beschränkung des Anlegerkreises auf professionelle und semiprofessionelle Anleger ein **Spezial-AIF** ist, so dass die Produktregeln für inländische Spezial-AIFs unmittelbar für die offene InvKG gelten. Die offene InvKG kann somit als Hedge Fonds (§ 283 KAGB), offener Spezial-AIF mit festen Anlagebedingungen (§ 284 KAGB) und als allgemeiner offener Spezial-AIF (§ 282 KAGB) aufgelegt werden. Obwohl alle drei genannten Typen von Spezial-AIF den Erwerb von Immobilien erlauben, für den Spezial-AIF mit festen Anlagebedingungen sogar ausdrücklich in § 284 Abs. 2 Nr. 2 Buchst. e) KAGB, ist der **Erwerb von Immobilien durch die offene InvKG wegen § 91 Abs. 3 KAGB nicht zulässig.**[6] Das Verbot in § 91 Abs. 3 KAGB wird durch den ungenauen Verweis auf die §§ 273–284 KAGB in § 125 Abs. 2 Satz 1 KAGB nicht aufgehoben.

10 Der Wortlaut des § 125 Abs. 2 Satz 1 KAGB verlangt nicht, dass die Festlegung auf einen bestimmten Typ von Spezial-AIF bereits im Gesellschaftsvertrag erfolgen muss. Der Unternehmensgegenstand kann daher im Gesellschaftsvertrag **so allgemein wie möglich gefasst** werden, d.h. beschränkt auf den Verweis auf die in § 125 Abs. 2 Satz 1 KAGB genannten Vorschriften des KAGB. Dies ist auch empfehlenswert, um das Risiko, den Gesellschaftsvertrag später ändern zu müssen, so gering wie möglich zu halten.

11 Wird mit der offenen InvKG allerdings der Zweck verfolgt, einen **Altersvorsorgevermögensfonds i.S.d. § 53 Abs. 1 InvStG** zu betreiben, muss der Unternehmensgegenstand im Gesellschaftsvertrag dahingehend konkretisiert werden, das er **unmittelbar und ausschließlich auf die Abdeckung von Altersvorsorgeverpflichtungen ihrer Anleger gerichtet** ist (§ 53 Abs. 1 Nr. 1 InvStG). Andernfalls verlieren die offene InvKG und ihre Anleger die privilegierte steuerliche Behandlung als Spezial-Investmentfonds (§ 53 Abs. 3 Satz 1 und 2 InvStG) (vgl. hierzu Vor §§ 124–138 Rz. 34).

12 Mit der gesetzlichen Vorgabe, dass dieser Unternehmensgegenstand **„ausschließlich**“ betrieben werden muss, soll sichergestellt werden, dass die InvKG keine anderen unternehmerischen Ziele verfolgt, mithin Zweckgesellschaft ist.[7]

2. Kündigungsrecht der Kommanditisten

13 Nach § 125 Abs. 2 Satz 2 KAGB muss der Gesellschaftsvertrag festlegen, dass die Kommanditisten ein Recht zur Rückgabe ihrer Anteile *„im Wege der Kündigung nach § 133“* haben. Mit dieser Formulierung schlägt der Gesetzgeber eine Brücke von der Rückgabe von Anteilen an einem Sondervermögen i.S.d. § 98 Abs. 1 KAGB zur **Kündigung von Kommanditbeteiligungen an der offenen InvKG.** Denn die „Rückgabe von

5 BR-Drucks. 17/12294, 242.
6 Vgl. hingegen die ausführliche Auseinandersetzung über den Erwerb von Immobilien durch die offene InvKG bei *Eichhorn* in Moritz/Klebeck/Jesch, § 125 KAGB Rz. 5 und 10 ff.
7 *Wallach*, ZGR 2014, 289 (297).

Anteilen“ kann im Personengesellschaftsrecht nur durch die Kündigung der einheitlichen Beteiligung entweder zu einem Teilbetrag oder in voller Höhe geschehen.

Die in der ursprünglichen Fassung[8] enthaltene Anforderung, dass die Kommanditisten mindestens einmal pro Jahr ein Kündigungsrecht haben müssen, ist durch das Gesetz zur Anpassung von Gesetzen auf dem Gebiet des Finanzmarktes[9] gestrichen worden, da Art. 1 Abs. 2 der DelVO (EU) Nr. 694/2014 für das Vorliegen eines offenen AIF nur noch verlangt, dass die Anleger überhaupt ein **Rückgabe- oder Kündigungsrecht vor der planmäßigen Liquidations- oder Auslaufphase** haben. 14

Ist die offene InvKG allerdings zugleich ein **Altersvorsorgevermögensfonds i.S.d. § 53 Abs. 1 InvStG**, ist gleichwohl die Gewährung eines einmal jährlichen Kündigungsrechts aufgrund der zwingenden steuerrechtlichen Bestimmungen der §§ 53 Abs. 1 Nr. 2 i.V.m. 26 Nr. 2 InvStG erforderlich, da die offene InvKG andernfalls nicht die Voraussetzungen eines Spezial-Investmentfonds erfüllte und nicht in den Genuss der steuerlichen Privilegierung von Spezial-Investmentfonds käme. In der Praxis dürfte ein einmal jährliches Kündigungsrecht auch den Bedürfnissen der Altersvorsorgeeinrichtungen als Anleger entsprechen, die anstreben dürften, ihre Beteiligung an der offenen InvKG an die jährliche Neubewertung ihrer Altersvorsorgeverbindlichkeiten unter Berücksichtigung des aktuellen Wertes des Gesellschaftsvermögens der offenen InvKG anzupassen (vgl. Vor §§ 124–138 Rz. 34).[10] 15

3. Anlegerkreis bei offenen Investmentkommanditgesellschaften

Gemäß § 125 Abs. 2 Satz 2 KAGB muss der Gesellschaftsvertrag einer offenen InvKG außerdem bestimmen, dass die Anteile der Gesellschaft **ausschließlich von professionellen und semiprofessionellen Anlegern erworben** werden dürfen (zur Kritik s. § 127 Rz. 13 ff.). Wird diese Bestimmung getroffen, qualifiziert die offene InvKG aufsichtsrechtlich als Spezial-AIF i.S.d. § 1 Abs. 6 Satz 1 KAGB. 16

Hinsichtlich des relevanten Zeitpunkts für die Qualifikation als professioneller oder semiprofessioneller Anleger ist auf Empfehlung des Finanzausschusses des Bundestages die Formulierung im Gesetzentwurf der Bundesregierung „*gehalten werden dürfen*“[11] in „*erworben werden dürfen*“[12] abgeändert worden. Damit wird zum Ausdruck gebracht, dass es für die Qualifikation als professioneller oder semi-professioneller Anleger auf den **Zeitpunkt des Erwerbs** des Anteils an der geschlossenen Spezial-InvKG ankommt. 17

Der auf die offene InvKG anwendbare § 277 KAGB verpflichtet die KVG, durch schriftliche Vereinbarung mit den Anlegern oder in den konstituierenden Dokumenten der Gesellschaft sicherzustellen, dass die Anteile **nur an professionelle oder semiprofessionelle Anleger übertragen** werden dürfen. Es empfiehlt sich daher, im Gesellschaftsvertrag auch eine entsprechende Übertragungsbeschränkung vorzusehen, die es den Gesellschaftern lediglich erlaubt, ihre Beteiligung an professionelle und semi-professionelle Anleger zu übertragen. Auf diese Weise ist die Einhaltung der Übertragungsbeschränkung eine Verpflichtung eines jeden Gesellschafters der offenen InvKG und der übrigen Gesellschafter gegenüber. Zur weiteren Absicherung gegen die Übertragung auf nicht qualifizierte Anleger kann die Übertragung von der Zustimmung des Komplementärs abhängig gemacht werden. 18

Besteht der Zweck der offenen InvKG darin, einen **Altersvorsorgevermögensfonds i.S.d. § 53 Abs. 1 InvStG** zu betreiben, ist der zulässige Anlegerkreis darüber hinaus auf **Anleger** zu beschränken, **die die Beteiligung ausschließlich zum Zwecke der Absicherung ihrer Altersvorsorgeverbindlichkeiten halten** (§ 53 Abs. 1 Nr. 1 InvStG). Auch wenn dies in der Praxis nicht relevant werden dürfte, sollte der Gesellschaftsvertrag ferner bestimmen, dass nicht mehr als 100 Anleger Beteiligungen halten dürfen und natürliche Personen nur, wenn sie ihre Beteiligung im Betriebsvermögen halten, um die formalen Voraussetzungen eines Spezial-Investmentfonds i.S.d. Investmentsteuerrechts zu erfüllen (§ 53 Abs. 1 Nr. 2 i.V.m. § 26 Nr. 8 InvStG). 19

Insbesondere bei einem Altersvorsorgevermögensfonds ist es empfehlenswert, die Übertragung der Beteiligung an das **Zustimmungserfordernis des Komplementärs** zu knüpfen, damit dieser in die Lage versetzt wird zu prüfen, ob der potentielle Übertragungsempfänger alle Zulässigkeitsanforderungen erfüllt. Diese Prüfung fällt als gesellschaftsinterne Angelegenheit in die originäre Zuständigkeit der geschäftsführenden 20

8 BT-Drucks. 17/12294, 80.

9 BGBl. I 2014, 934 ff.

10 A.A. *Lorenz* in Weitnauer/Boxberger/Anders, § 125 KAGB Rz. 4: Tägliches oder jedenfalls monatliches Kündigungsrecht im Hinblick auf die Auszahlungstermine von Betriebsrenten. Allerdings erfolgt die Auszahlung von Betriebsrenten i.a.R. nicht aus der Kapitalrückzahlung nach monatlichen Kündigungen der Kommanditbeteiligung, sondern aus ausgeschütteten Erträgen des Kommanditanlagevermögens.

11 BT-Drucks. 17/12294, 85.

12 BT-Drucks. 17/13395, 158, 405.

Gesellschafter der offenen InvKG (s. § 129 Rz. 22). Denn es gehört nicht zu den Aufgaben einer KVG, die Einhaltung steuerlicher Voraussetzungen nach dem InvStG zu prüfen und sicherzustellen, dass die offene InvKG als Spezial-Investmentfonds i.S.d. InvStG gilt.

21 Erwirbt gleichwohl ein Anleger, der nicht die Qualifikationsanforderungen des Gesellschaftsvertrages erfüllt, eine Beteiligung an der offenen InvKG, so kann der Erwerb jedenfalls nicht wegen Verstoßes gegen § 125 Abs. 2 Satz 2 KAGB unwirksam sein. Denn der gesetzliche Befehl in § 125 Abs. 2 Satz 2 KAGB erschöpft sich darin, den Anlegerkreis im Gesellschaftsvertrag festzuschreiben. Fraglich ist aber, welche **Rechtsfolgen für den Gesellschaftsvertrag** gelten, wenn darin entgegen § 125 Abs. 2 Satz 2 KAGB die Beschränkung auf professionelle und semiprofessionelle Anleger fehlt. Aber auch dann liegt **kein Verstoß gegen ein gesetzliches Verbot** i.S.d. § 134 BGB vor.[13] Denn § 125 Abs. 2 Satz 2 KAGB statuiert ein gesetzliches Handlungsgebot, dessen Befolgung die BaFin durch aufsichtsrechtliche Maßnahmen gem. § 5 Abs. 6 KAGB erzwingen kann. Wegen dieser aufsichtsrechtlichen Befugnisse und der fehlenden Nichtigkeitsanordnung durch den Gesetzgeber ist für die Annahme eines gesetzlichen Verbotes kein Raum.

IV. Formalien betreffend Gesellschafterversammlungen

22 § 125 Abs. 3 KAGB enthält zwingende Vorgaben, die im Gesellschaftsvertrag bezüglich der Ladung zu Gesellschafterversammlungen und der Protokollierung der Ergebnisse der Gesellschafterversammlung vorzusehen sind.

1. Ladungen zu Gesellschafterversammlungen

23 So muss der Gesellschaftsvertrag gem. § 125 Abs. 3 Nr. 1 KAGB bestimmen, dass Ladungen zu Gesellschafterversammlungen unter **vollständiger Angabe der Beschlussgegenstände** in Textform zu erfolgen haben.

24 Auf Empfehlung des Finanzausschusses des Bundestages[14] ist die im Regierungsentwurf enthaltene Anforderung der Schriftform[15] in **Textform (§ 126b BGB)** abgeändert worden, um der Entwicklung moderner Kommunikationswege Rechnung zu tragen.

25 Auch wenn der Wortlaut in § 125 Abs. 3 Nr. 1 KAGB lediglich „Beschlussgegenstände" erwähnt, versteht es sich von selbst, dass bei Ladungen zu Präsenzversammlungen Angaben zu Ort und Zeit der Versammlung gemacht werden. Auch Gegenstände, über die lediglich eine Aussprache stattfindet, sind in derselben Form in die Ladung aufzunehmen.

26 **Gesellschafterversammlungen im Umlaufverfahren** sind durch § 125 Abs. 3 Nr. 1 KAGB nicht ausgeschlossen. Sind Gesellschafterbeschlüsse im Umlaufverfahren zu fassen, müssen die Beschlussgegenstände konkret und bestimmt formuliert sein, damit der Inhalt des zu fassenden Beschlusses eindeutig ist (vgl. § 150 Rz. 21 f.).

2. Schriftliches Ergebnisprotokoll

27 Gemäß § 125 Abs. 3 Nr. 2 KAGB muss der Gesellschaftsvertrag vorsehen, dass über die Ergebnisse der Gesellschafterversammlung ein **schriftliches Protokoll** anzufertigen ist, von dem die geschlossene InvKG den Anlegern eine Kopie zu übersenden hat.

28 Für das Protokoll gilt die **Schriftform des § 126 BGB**. Die Protokollurkunde muss folglich vom Protokollführer und dem Sitzungsleiter als deren Aussteller eigenhändig unterschrieben werden.

29 Nach dem eindeutigen Wortlaut in § 125 Abs. 3 Nr. 2 KAGB handelt es sich um ein **Ergebnisprotokoll**. Es sind folglich nur die Ergebnisse der zur Abstimmung gestellten Beschlüsse, die dabei erzielten Stimmengewichte sowie Formalien wie Beginn und Ende der Versammlung, Feststellung der Beschlussfähigkeit, etc. festzuhalten.

30 Die Übersendung der Kopie des schriftlichen Protokolls muss nicht durch ein schriftliches Anschreiben und auf dem Postwege zugestellt werden. Übersendung durch E-Mail genügt.[16]

---

13 Im Erg. ebenso *Casper*, ZHR 2015, 44 (52 f.); *Freitag*, NZG 2013, 329 (330); *Freitag/Fürbaß*, ZGR 2016, 729 (749).
14 BT-Drucks. 17/13395, 158, 405.
15 BT-Drucks. 17/12294, 80.
16 BT-Drucks. 17/13395, 405.

V. Abbedingungsverbote in § 125 Abs. 4 KAGB

Gemäß § 131 Abs. 3 Nr. 2 und 4 HGB führen die **Eröffnung des Insolvenzverfahrens** über das Vermögen eines Gesellschafters und die **Kündigung der Beteiligung** durch einen Privatgläubiger mangels anderweitiger vertraglicher Bestimmung zum Ausscheiden des Gesellschafters. § 125 Abs. 4 KAGB bestimmt, dass von diesen dispositiven Regeln im Gesellschaftsvertrag der offenen InvKG nicht abgewichen werden darf. 31

Zweck des § 125 Abs. 4 KAGB ist damit die **Sicherstellung des Fortbestandes der offenen InvKG** und damit die Gleichstellung der offenen InvKG mit dem Sondervermögen, das in § 99 Abs. 5 KAGB einen vergleichbaren Schutz vor Aufhebungsverlangen des Insolvenzverwalters oder Privatgläubigers des Anlegers genießt.[17] 32

Rechtsfolge der Kündigung durch den Insolvenzverwalter oder Privatgläubiger ist, dass der Gesellschafterschuldner mit Ablauf im Gesellschaftsvertrag vorgesehenen Kündigungsfrist aus der Gesellschaft ausscheidet (§ 124 Abs. 1 Satz 2 KAGB i.V.m. §§ 161 Abs. 2, 131 Abs. 3 Satz 2 HGB) und einen Anspruch auf Auszahlung des Auseinandersetzungsguthabens erhält (§ 124 Abs. 1 Satz 2 KAGB i.V.m. §§ 161 Abs. 2, 105 Abs. 3 HGB, 738 Abs. 1 Satz 2 BGB). Darüber hinaus hat der Privatgläubiger des Gesellschafters unter den Voraussetzungen des § 135 HGB ein eigenes, von den Fristen des Gesellschaftsvertrages unabhängiges Kündigungsrecht.[18] 33

Auch der **Komplementär** scheidet aus der InvKG aus, wenn über sein Vermögen das Insolvenzverfahren eröffnet wird. Da eine Kommanditgesellschaft ohne persönlich haftenden Gesellschafter nicht als werbende existieren kann,[19] führt dies zur Auflösung und Abwicklung der InvKG, wenn kein zweiter persönlich haftender Gesellschafter existiert oder für den ausscheidenden kein Nachfolger gefunden wird. 34

Den Gesellschaftern bleibt es unbenommen, **frühere Ausscheidensgründe** als die in § 131 Abs. 3 Nr. 2 und 4 KAGB genannten zu vereinbaren, wie z.B. der Antrag auf Eröffnung des Insolvenzverfahrens oder die Abweisung des Antrags auf Eröffnung des Insolvenzverfahrens mangels Masse sowie die Pfändung von Ansprüchen des Gesellschafters gegen die offene InvKG. Ist die offene InvKG ein Altersvorsorgevermögensfonds i.S.d. § 53 Abs. 1 InvStG, kann auch der Fortfall der Anlegereigenschaft, die Beteiligung ausschließlich zum Zwecke der Abdeckung von Altersvorsorgeverbindlichkeiten zu halten, als Ausscheidensgrund vorgesehen werden. 35

§ 126 Anlagebedingungen

[1]Die Anlagebedingungen der offenen Investmentkommanditgesellschaft sind zusätzlich zum Gesellschaftsvertrag zu erstellen. [2]Die Anlagebedingungen sind nicht Bestandteil des Gesellschaftsvertrags. [3]In allen Fällen, in denen der Gesellschaftsvertrag veröffentlicht, ausgehändigt oder in anderer Weise zur Verfügung gestellt werden muss, ist auf die jeweiligen Anlagebedingungen zu verweisen und sind diese ebenfalls zu veröffentlichen oder zur Verfügung zu stellen.

In der Fassung vom 4.7.2013 (BGBl. I 2013, S. 1981).

Schrifttum: *Assmann/Schütze*, Handbuch des Kapitalanlagerechts, 4. Aufl. 2015; *Eichhorn*, Die offene Investmentkommanditgesellschaft nach dem Kapitalanlagegesetzbuch – Teil I, WM 2016, 110. Im Übrigen wird auf das Schrifttum zu Vor §§ 124–138 verwiesen.

17 So die Gesetzesbegründung, vgl. BT-Drucks. 17/12294, 242.
18 Vgl. *Roth* in Baumbach/Hopt, § 135 HGB Rz. 1.
19 *Krings/Otte*, NZG 2012, 761 (762); *Roth* in Baumbach/Hopt, § 131 HGB Rz. 34, § 177 HGB Rz. 1; ausführlich hierzu *Bork/Jacoby*, ZGR 2005, 611 (613 ff., 624 ff.).

I. Regelungsgegenstand und -zweck

1 § 126 KAGB enthält Regelungen zur Erstellung von Anlagebedingungen offener InvKGen zusätzlich und getrennt vom Gesellschaftsvertrag und zur Publikation der Anlagebedingungen in gleicher Weise wie der Gesellschaftsvertrag. Eine identische Regelung besteht für die geschlossene InvKG in § 151 KAGB und eine vergleichbare Regelung für die InvAG mit veränderlichem Kapital in § 111 KAGB und für die InvAG mit fixem Kapital in § 143 KAGB.

2 Wie der Wortlaut und die Gesetzesbegründung[1] nahe legen, begründet § 126 Satz 1 KAGB nicht die Verpflichtung, Anlagebedingungen der geschlossenen InvKG zu erstellen. Diese Verpflichtung ergibt sich für die **Spezial-InvKG aus § 273 KAGB**. Der Regelungszweck des § 126 Satz 1 KAGB ist daher i.V.m. Satz 2 zu sehen und erschöpft sich in der gesetzlichen Anordnung, dass die Anlagebedingungen **zusätzlich und getrennt vom Gesellschaftsvertrag** zu erstellen sind.

II. Erstellung der Anlagebedingungen getrennt vom Gesellschaftsvertrag

1. Erstellung der Anlagebedingungen von offenen Investmentkommanditgesellschaften

3 Anders als § 266 Abs. 2 Satz 2 KAGB für die geschlossene Publikums-InvKG (vgl. § 151 Rz. 3) enthält § 273 KAGB keine Anhaltspunkte, ob die Geschäftsführung der offenen InvKG oder die KVG für die Abfassung der Anlagebedingungen einer offenen InvKG zuständig sind. Von einem Teil der Literatur[2] wird allerdings ohne Begründung angenommen, dass die Geschäftsführung der offenen InvKG für die Erstellung der Anlagebedingungen zuständig sei. Für diese Ansicht könnte der Wortlaut der Gesetzesbegründung („*Die offene Investmentkommanditgesellschaft hat*") ins Feld geführt werden. Allerdings schließt die Formulierung nicht aus, dass die KVG mit der Erstellung der Anlagebedingungen ein Geschäft der offenen InvKG besorgt. Vertretbar ist ferner, dass die Erstellung der Anlagebedingungen zu den rechtlichen Dienstleistungen i.S.d. Anhang I Nr. 2 lit. a) iii) AIFM-RL zu zählen ist, die an die KVG übertragen werden können. In dieser Optionalität ist auch die zutreffende rechtliche Lösung zu finden: Es bleibt **der Geschäftsführung überlassen**, ob sie die Erstellung der Anlagebedingungen selbst vornimmt oder die KVG damit betraut.

4 In der **Praxis** ist es allgemein üblich, dass die KVG „ihre" Allgemeinen und Besonderen Anlagebedingungen stellt und diese auf die Besonderheiten der Anlagepolitik und der sonstigen Bedingungen des konkreten AIF angepasst werden. Bei diesem Prozess wirken die Geschäftsführung der offenen InvKG und die ersten Anleger üblicherweise mit.

2. Mindestinhalt der Anlagebedingungen von offenen Investmentkommanditgesellschaften

5 Hinsichtlich der **inhaltlichen Ausgestaltung der Anlagebedingungen** von offenen InvKGen gibt es nur wenige gesetzliche Vorgaben in §§ 273 ff. KAGB. Neben der Verankerung des für alle offenen inländischen Spezial-AIF geltenden Grundsatzes der Risikomischung (§ 282 Abs. 1 sowie §§ 283 Abs. 1 Satz 1 und 284 Abs. 1 KAGB, die jeweils auf § 282 Abs. 1 KAGB verweisen), müssen insbesondere die für den jeweiligen Typ des Spezial-AIFs geltenden Produktbestimmungen in den Anlagebedingungen enthalten sein.[3]

6 Betreibt die offene InvKG allerdings zugleich einen **Altersvorsorgevermögensfonds i.S.d. § 53 Abs. 1 InvStG**, müssen aus den Anlagebedingungen die **Anlagebestimmungen des § 26 InvStG** hervorgehen, damit die offene InvKG die Voraussetzungen eines Spezial-Investmentfonds i.S.d. § 26 InvStG erfüllt. Die Anlagebestimmungen in § 26 InvStG lauten wie folgt:

1. Der Investmentfonds oder dessen Verwalter ist in seinem Sitzstaat einer Aufsicht über Vermögen zur gemeinschaftlichen Kapitalanlage unterstellt. Diese Bestimmung gilt für Investmentfonds, die nach § 2 Absatz 3 des Kapitalanlagegesetzbuchs von AIF-Kapitalverwaltungsgesellschaften verwaltet werden, als erfüllt.
2. Die Anleger können mindestens einmal pro Jahr das Recht zur Rückgabe oder Kündigung ihrer Anteile, Aktien oder Beteiligung ausüben.
3. Das Vermögen wird nach dem Grundsatz der Risikomischung angelegt. Eine Risikomischung liegt regelmäßig vor, wenn das Vermögen in mehr als drei Vermögensgegenstände mit unterschiedlichen Anlagerisiken angelegt ist. Der Grundsatz der Risikomischung gilt als gewahrt, wenn der Investmentfonds in nicht nur unerheblichem

1 BT-Drucks. 17/12294, 242.
2 *Eichhorn* in Moritz/Klebeck/Jesch, § 126 KAGB Rz. 7; *Eichhorn*, WM 2016, 110 (114) mit Verweis auf *Fischer/Steck* in Berger/Steck/Lübbehüsen, § 96 InvG Rz. 22; *Lorenz* in Weitnauer/Boxberger/Anders, § 126 KAGB Rz. 2.
3 A.A. *Eichhorn* in Moritz/Klebeck/Jesch, § 126 KAGB Rz. 6; *Eichhorn*, WM 2016, 110 (114): keine gesetzlichen Anforderungen zum Mindestinhalt der Anlagebedingungen.

Umfang Anteile an einem oder mehreren anderen Investmentfonds hält und diese anderen Investmentfonds unmittelbar oder mittelbar nach dem Grundsatz der Risikomischung angelegt sind.

4. Das Vermögen wird zu mindestens 90 Prozent des Wertes des Investmentfonds in die folgenden Vermögensgegenstände angelegt:
   a) Wertpapiere i.S.d. § 193 des Kapitalanlagegesetzbuchs und sonstige Anlageinstrumente im Sinne des § 198 des Kapitalanlagegesetzbuchs,
   b) Geldmarktinstrumente,
   c) Derivate,
   d) Bankguthaben,
   e) Grundstücke, grundstücksgleiche Rechte und vergleichbare Rechte nach dem Recht anderer Staaten,
   f) Beteiligungen an Immobilien-Gesellschaften nach § 1 Absatz 19 Nummer 22 des Kapitalanlagegesetzbuchs,
   g) Betriebsvorrichtungen und andere Bewirtschaftungsgegenstände nach § 231 Absatz 3 des Kapitalanlagegesetzbuchs,
   h) Investmentanteile an inländischen und ausländischen Organismen für gemeinsame Kapitalanlagen in Wertpapieren sowie an inländischen und ausländischen Investmentfonds, die die Voraussetzungen der Nummern 1 bis 7 erfüllen,
   i) Spezial-Investmentanteile,
   j) Beteiligungen an ÖPP-Projektgesellschaften nach § 1 Absatz 19 Nummer 28 des Kapitalanlagegesetzbuchs, wenn der Verkehrswert dieser Beteiligungen ermittelt werden kann,
   k) Edelmetalle,
   l) unverbriefte Darlehensforderungen und
   m) Beteiligungen an Kapitalgesellschaften, wenn der Verkehrswert dieser Beteiligungen ermittelt werden kann.
5. Höchstens 20 Prozent des Wertes des Investmentfonds werden in Beteiligungen an Kapitalgesellschaften investiert, die weder zum Handel an einer Börse zugelassen noch in einem anderen organisierten Markt zugelassen oder in diesen einbezogen sind. Investmentfonds, die nach ihren Anlagebedingungen mindestens 51 Prozent ihres Wertes in Immobilien oder Immobilien-Gesellschaften anlegen, dürfen bis zu 100 Prozent ihres Wertes in Immobilien-Gesellschaften investieren. Innerhalb der Grenzen des Satzes 1 dürfen auch Unternehmensbeteiligungen gehalten werden, die vor dem 28. November 2013 erworben wurden.
6. Die Höhe der unmittelbaren Beteiligung oder der mittelbaren Beteiligung über eine Personengesellschaft an einer Kapitalgesellschaft liegt unter 10 Prozent des Kapitals der Kapitalgesellschaft. Dies gilt nicht für Beteiligungen eines Investmentfonds an
   a) Immobilien-Gesellschaften,
   b) ÖPP-Projektgesellschaften und
   c) Gesellschaften, deren Unternehmensgegenstand auf die Erzeugung erneuerbarer Energien nach § 5 Nummer 14 des Erneuerbare-Energien-Gesetzes gerichtet ist.
7. Ein Kredit darf nur kurzfristig und nur bis zu einer Höhe von 30 Prozent des Wertes des Investmentfonds aufgenommen werden. Investmentfonds, die nach den Anlagebedingungen das bei ihnen eingelegte Geld in Immobilien anlegen, dürfen kurzfristige Kredite bis zu einer Höhe von 30 Prozent des Wertes des Investmentfonds und im Übrigen Kredite bis zu einer Höhe von 50 Prozent des Verkehrswertes der unmittelbar oder mittelbar gehaltenen Immobilien aufnehmen.
8. An dem Investmentfonds dürfen sich unmittelbar und mittelbar über Personengesellschaften insgesamt nicht mehr als 100 Anleger beteiligen. Natürliche Personen dürfen nur beteiligt sein, wenn
   a) die natürlichen Personen ihre Spezial-Investmentanteile im Betriebsvermögen halten,
   b) die Beteiligung natürlicher Personen aufgrund aufsichtsrechtlicher Regelungen erforderlich ist oder
   c) die mittelbare Beteiligung von natürlichen Personen an einem Spezial-Investmentfonds vor dem 9. Juni 2016 erworben wurde. Der Bestandsschutz nach Satz 2 Buchstabe c ist bei Beteiligungen, die ab dem 24. Februar 2016 erworben wurden, bis zum 1. Januar 2020 und bei Beteiligungen, die vor dem 24. Februar 2016 erworben wurden, bis zum 1. Januar 2030 anzuwenden. Der Bestandsschutz nach Satz 2 Buchstabe c ist auch auf die Gesamtrechtsnachfolger von natürlichen Personen anzuwenden.
9. Der Spezial-Investmentfonds hat ein Sonderkündigungsrecht, wenn die zulässige Anlegerzahl überschritten wird oder Personen beteiligt sind, die nicht die Voraussetzungen der Nummer 8 Satz 2 erfüllen.
10. Die Anlagebestimmungen gehen aus den Anlagebedingungen hervor.

Da § 26 Nr. 10 InvStG lediglich verlangt, dass die Anlagebestimmungen aus den Anlagebedingungen *„hervorgehen"*, müssen die Anlagebestimmungen nicht wörtlich in den Anlagebedingungen wiedergegeben werden. Gleichwohl empfiehlt die Finanzverwaltung eine **möglichst wortgetreue Abbildung**, um von vornherein Unsicherheiten hinsichtlich der Übereinstimmung der Anlagebedingungen mit den Anlagebestimmungen in § 26 InvStG zu vermeiden. 7

3. Gebot der Trennung zwischen Anlagebedingungen und Gesellschaftsvertrag

8 Gemäß § 126 Satz 2 KAGB dürfen die Anlagebedingungen nicht Bestandteil des Gesellschaftsvertrages sein. Dieses Trennungsgebot zwischen Gesellschaftsvertrag und Anlagebedingungen ist **rein formaler Natur** und dürfte im zivilrechtlichen Sinne so zu verstehen sein, dass Gesellschaftsvertrag und Anlagebedingungen kein einheitliches Rechtsgeschäft i.S.d. § 139 BGB mit der Folge darstellen, dass die Unwirksamkeit des einen Teils auch die Unwirksamkeit des anderen Teils zur Folge hat. Die wichtige praktische Erleichterung ist, dass sich Änderungen des Gesellschaftsvertrages oder der Anlagebedingungen jeweils nach den eigenen Form- und Wirksamkeitsvoraussetzungen richten. So müssen bei einer Änderung der Anlagebedingungen nicht zusätzlich die formalen Voraussetzungen einer Änderung des Gesellschaftsvertrages eingehalten werden.[4]

9 Das Gebot der Trennung zwischen Anlagebedingungen und Gesellschaftsvertrag bedeutet nicht, dass der Gesellschaftsvertrag nicht **inhaltlich auf die Anlagebedingungen in ihrer jeweils aktuellen Fassung verweisen** dürfte. Es sollte nur deutlich zum Ausdruck kommen, dass die Anlagebedingungen nicht integraler Bestandteil des Gesellschaftsvertrages sind.

10 In **inhaltlicher Hinsicht** enthält das KAGB hingegen keine Vorgaben zur Trennung zwischen Gesellschaftsvertrag und Anlagebedingungen. Das liegt zum einen in der Natur der Sache, weil die Anlagebedingungen eine inhaltliche Konkretisierung des im Gesellschaftsvertrag festgelegten Unternehmensgegenstandes (§ 125 Abs. 2 Satz 1 KAGB) darstellen und somit den gleichen Regelungsgegenstand betreffen.[5] Zum anderen sollen die Anlagebedingungen den Handlungsrahmen der KVG setzen, welchen die KVG im Verhältnis sowohl zur InvKG als auch zu den Anlegern zu beachten hat (vgl. § 129 Rz. 13 sowie § 151 Rz. 9). Zum anderen können je nach Umfang der Beauftragung der KVG auch die administrativen Tätigkeiten gem. § 1 Abs. 19 Nr. 24 und Anhang I Nr. 2 lit. a) AIFM-RL zu den Aufgaben der KVG gehören. Diese schließen Aufgaben wie z.B. die Wertermittlung, Rechnungslegung und Gewinnausschüttung ein, die typischerweise im Gesellschaftsvertrag geregelt sind.

11 Auch die **rechtliche Abgrenzung** zwischen Gesellschaftsvertrag und Anlagebedingungen ist im KAGB recht unscharf geregelt. § 273 Satz 1 Nr. 3 KAGB bestimmt hierzu lediglich, dass die Anlagebedingungen „*in Verbindung mit dem Gesellschaftsvertrag*" das Rechtsverhältnis der InvKG zu den Anlegern bestimmt. Zur näheren Abgrenzung zwischen Gesellschaftsvertrag und Anlagebedingungen wird auf § 151 Rz. 8 verwiesen.

4. Akzessorische Publizität der Anlagebedingungen zum Gesellschaftsvertrag

12 § 126 Satz 3 KAGB bezweckt im Interesse des Anlegerschutzes, eine **gleichartige Transparenz von Gesellschaftsvertrag und Anlagebedingungen**, und zwar durch eine Verweis- und eine Publizitätsanordnung: Wird der Gesellschaftsvertrag veröffentlicht, ausgehändigt oder in anderer Weise zur Verfügung gestellt, ist stets auf die jeweiligen Anlagebedingungen **zu verweisen**. Und wird der Gesellschaftsvertrag veröffentlicht, ausgehändigt oder in anderer Weise zur Verfügung gestellt, sind auch die Anlagebedingungen **in gleicher Weise zu veröffentlichen, auszuhändigen oder in anderer Weise zur Verfügung zu stellen**.

13 Zu Recht wird von einem Teil der Literatur[6] kritisiert, dass es im KAGB für die offene InvKG als Spezial-AIF keine Pflicht zur Veröffentlichung, Aushändigung oder Zurverfügungstellung des Gesellschaftsvertrages gibt. Selbst einem interessierten professionellen oder semiprofessionellen Anleger müssen weder der Gesellschaftsvertrag noch die Anlagebedingungen gem. § 307 KAGB zur Verfügung gestellt werden. Es stellt sich daher die Frage, welche Bedeutung § 126 Satz 2 KAGB zukommt. Eine analoge Anwendung auf Fälle der Aushändigung des Gesellschaftsvertrages auf freiwilliger Basis oder aufgrund einer zivilrechtlichen Pflicht im Rahmen von Vertragsanbahnungen ist abzulehnen, da aufsichtsrechtliche Pflichten nicht im Wege der Analogie auf vom Wortlaut nicht erfasste Sachverhalte ausgedehnt werden können. Auch als Schutzgesetz i.S.d. § 823 Abs. 2 BGB ist § 126 Satz 2 KAGB damit untauglich. Dem Anleger verbleibt daher nur der **Rückgriff auf die zivilrechtlichen Aufklärungs- und Beratungspflichten** des Komplementärs bzw. des Anlageberaters, im Rahmen der Anbahnung des Beitritts derart zentrale Dokumente wie den Gesellschaftsvertrag und die Anlagebedingungen zur Verfügung zu stellen.[7]

---

4 Vgl. *Eichhorn* in Moritz/Klebeck/Jesch, § 126 KAGB Rz. 4; *Wallach*, ZGR 2014, 289 (297 f.).

5 *Wallach*, ZGR 2014, 289 (297).

6 *Lorenz* in Weitnauer/Boxberger/Anders, § 126 KAGB Rz. 5; unklar *Eichhorn* in Moritz/Klebeck/Jesch, § 126 KAGB Rz. 11.

7 Vgl. zum Pflichtenumfang des Anlageberaters *Edelmann* in Assmann/Schütze, S. 74 ff.

In der **Praxis** dürften sich die Probleme mangelnder Information im Rahmen des Beitritts allerdings kaum stellen, da die professionellen und semiprofessionellen Anleger genug erfahren sind, sich die für den Beitritt relevante Dokumente vorher zeigen zu lassen. Bei einem Altersvorsorgevermögensfonds i.S.d. § 53 Abs. 1 InvStG dürften die Anleger sogar bei der Abfassung des Gesellschaftsvertrages und der Anlagebedingungen mitgewirkt haben. 14

§ 127 Anleger

(1) [1]Anteile an offenen Investmentkommanditgesellschaften und an Teilgesellschaftsvermögen von offenen Investmentkommanditgesellschaften dürfen ausschließlich von professionellen und semiprofessionellen Anlegern erworben werden. [2]Die Anleger dürfen sich an offenen Investmentkommanditgesellschaften nur unmittelbar als Kommanditisten beteiligen.

(2) [1]Eine Rückgewähr der Einlage oder eine Ausschüttung, die den Wert der Kommanditeinlage unter den Betrag der Einlage herabmindert, darf nur mit Zustimmung des betroffenen Kommanditisten erfolgen. [2]Vor der Zustimmung ist der Kommanditist darauf hinzuweisen, dass er den Gläubigern der Gesellschaft unmittelbar haftet, soweit die Einlage durch die Rückgewähr oder Ausschüttung zurückbezahlt wird.

(3) [1]Der Anspruch der offenen Investmentkommanditgesellschaft gegen einen Kommanditisten auf Leistung der Einlage erlischt, sobald er seine Kommanditeinlage erbracht hat. [2]Die Kommanditisten sind nicht verpflichtet, entstandene Verluste auszugleichen. [3]Eine Nachschusspflicht der Kommanditisten ist ausgeschlossen. [4]§ 707 des Bürgerlichen Gesetzbuchs ist nicht abdingbar. [5]Entgegenstehende Vereinbarungen sind unwirksam.

(4) Der Eintritt eines Kommanditisten in eine bestehende offene Investmentkommanditgesellschaft wird erst mit der Eintragung des Eintritts des Kommanditisten im Handelsregister wirksam.

In der Fassung vom 4.7.2013 (BGBl. I 2013, S. 1981).

Schrifttum: *Freitag/Fürbaß*, Wann ist ein Fonds eine Investmentgesellschaft?, ZGR 2016, 729; *Jarass/Pieroth*, Grundgesetz für die Bundesrepublik Deutschland, 15. Aufl. 2018; *Klett*, Die Trust-Struktur im Vertragsmodell des Investmentrechts, 2018; *Leibholz/Rinck*, Grundgesetz für die Bundesrepublik Deutschland, Kommentar, Rechtsprechung des Bundesverfassungsgerichts, Loseblatt; *Maunz/Dürig*, Grundgesetz – Kommentar, Loseblatt; *Wallach*, Umsetzung der AIFM-Richtlinie in deutsches Recht – erste umfassende Regulierung des deutschen Investmentrechts, RdF 2013, 92; *Westermann/Wertenbruch*, Handbuch Personengesellschaften, Loseblatt; *Wiedemann*, Alte und neue Kommanditgesellschaften, NZG 2013, 1041. Im Übrigen wird auf das Schrifttum zu Vor §§ 124–138 verwiesen.

I. Regelungsgegenstand und -zweck

§ 127 Abs. 1 KAGB enthält anlegerspezifische Restriktionen, indem der Kreis der Anleger, die eine Beteiligung an der offenen InvKG erwerben dürfen, auf professionelle und semiprofessionelle Anleger beschränkt wird und Anleger sich ausschließlich als Kommanditisten beteiligen dürfen. 1

§ 127 Abs. 2 bis 4 KAGB enthalten vom gesetzlichen Leitbild abweichende Bestimmungen mit dem Ziel, die unmittelbare Außenhaftung des Kommanditisten zu vermeiden, indem die Rückgewähr der Einlage von seiner Zustimmung abhängig gemacht wird (§ 127 Abs. 2 KAGB), eine Nachschusspflicht ausgeschlossen wird (§ 127 Abs. 3 KAGB) und der Beitritt des Kommanditisten zu einer offenen InvKG erst mit seiner 2

Eintragung im Handelsregister wirksam wird (§ 127 Abs. 4 KAGB). Der Kommanditist wird damit **dem Anleger einer InvAG und eines Sondervermögens haftungsrechtlich gleichgestellt.**[1]

3 Die haftungsrechtliche Privilegierung des Kommanditisten einer offenen InvKG gilt ebenso für den Kommanditisten einer geschlossenen InvKG gem. § 152 Abs. 2 bis 4 und 6 KAGB, so dass auf die dortige Kommentierung verwiesen werden kann. Gleichwohl gibt es für die offene InvKG abweichende Regelungen, die darin begründet sind, dass es sich bei der offenen InvKG nicht um eine Publikums-InvKG handelt:

4 Gemäß § 152 Abs. 5 KAGB können Kommanditisten bei einer geschlossenen Publikums-InvKG nicht dem Geschäftsbeginn zustimmen, bevor die Gesellschaft im Handelsregister eingetragen ist. Damit wird die unbegrenzte Außenhaftung der Kommanditisten, die dem Geschäftsbeginn vor Eintragung zugestimmt haben, gem. § 176 Abs. 1 Satz 1 HGB ausgeschlossen (s. § 152 Rz. 91). Diese Bestimmung fehlt bei der offenen InvKG, weshalb die **Kommanditisten einer Geschäftsaufnahme vor Eintragung zustimmen können** und damit auch für die vor der Eintragung begründeten Verbindlichkeiten der offenen InvKG unbegrenzt haften. Der Gesetzgeber unterstellt zu Recht, dass der professionelle oder semiprofessionelle Anleger einer offenen InvKG ausreichend erfahren und sachkundig ist, die Folgen seiner Zustimmung zur Geschäftsaufnahme vor Eintragung abzuschätzen. Allerdings dürfte die vorherige Zustimmung zur Geschäftsaufnahme keinen praktischen Anwendungsfall haben, da nach dem zwingenden § 127 Abs. 4 KAGB der Beitritt eines Kommanditisten zur offenen InvKG erst mit dessen Eintragung in das Handelsregister wirksam wird (vgl. hierzu § 152 Rz. 91 ff.).

5 Sodann **gilt bei der offenen InvKG das Verbot der Sacheinlage nicht**. Das Verbot der Sacheinlage gilt gem. § 152 Abs. 7 KAGB für geschlossene Publikums-InvKGen, um die übrigen Anleger vor einer wertmäßigen Verwässerung ihrer Beteiligung zu schützen (s. § 152 Rz. 107 f.). Eine solche Verwässerung kann eintreten, wenn der eingelegte Gegenstand fehlerhaft zu hoch bewertet wurde. Indem der Gesetzgeber Sacheinlagen bei der offenen InvKG zulässt, trägt er dem Umstand Rechnung, dass professionelle und semiprofessionelle Anleger die notwendige Erfahrung und Sachkunde mitbringen, die Risiken von Fehlbewertungen einer Sacheinlage einzuschätzen. Die Möglichkeit der Sacheinlage gibt den Anlegern einer offenen InvKG die Flexibilität an die Hand, die Beitrittsmodalitäten nach ihren speziellen Präferenzen zu gestalten. Ein Anwendungsfall könnte sich z.B. ergeben, wenn die offene InvKG zum Zwecke des Pension Asset Poolings errichtet wurde und Altersvorsorgeeinrichtungen ihre Vermögen aus anderen in- oder ausländischen Investmentvermögen auf die offene InvKG übertragen (s. hierzu Vor §§ 124–138 Rz. 40).

6 Schließlich sieht das KAGB eine systematische Abweichung von der Regulierung geschlossener InvKGen vor, indem der **Ausschluss der Nachhaftung** von Kommanditisten nach Ausscheiden aus der geschlossenen InvKG gem. § 152 Abs. 6 KAGB nicht in § 127 KAGB sondern **in § 133 Abs. 2 KAGB geregelt** ist. § 133 KAGB behandelt allerdings lediglich die Kündigung von Kommanditbeteiligungen. Der Ausschluss der Nachhaftung betrifft hingegen sämtliche Fälle des Ausscheidens aus der offenen InvKG und nicht nur solche nach Kündigung. Der Ausschluss der Nachhaftung wäre daher in § 127 KAGB besser verortet gewesen.

II. Die Beteiligung der Anleger an der offenen Investmentkommanditgesellschaft

1. Die Beteiligten an einer offenen Investmentkommanditgesellschaft

7 Für die Beteiligten an einer offenen InvKG gelten grundsätzlich dieselben Regeln wie bei der geschlossenen InvKG, da es sich bei beiden lediglich um rechtsformspezifische Ausprägungen des handelsrechtlichen Typus der Kommanditgesellschaft handelt.

8 Deshalb bedarf es auch bei der offenen InvKG eines **Komplementärs**, der für die Geschäftsführung (§ 164 HGB) und Vertretung (§ 170 HGB) der Gesellschaft zuständig ist. Der Komplementär ist i.a.R. eine von dem Initiator errichtete GmbH. An der GmbH können sich die Anleger-Kommanditisten beteiligen. Gibt es nur einen Anleger-Kommanditisten, ist die Bildung einer **Einpersonen-GmbH & Co. KG**[2] zulässig. Dies gilt auch, wenn die offene InvKG zugleich ein Altersvorsorgevermögenfonds i.S.d. § 53 Abs. 1 InvStG ist. Der Anleger muss zwar erklären, dass er den Anteil unmittelbar und ausschließlich zur Abdeckung betrieblicher Altersvorsorgeverpflichtungen hält. Dies schließt jedoch nicht aus, dass er zugleich Anteilinhaber der

1 Vgl. die Gesetzesbegründung in BT-Drucks. 17/12294, 242 sowie *Wiedemann*, NZG 2013, 1041 (1042).

2 Vgl. hierzu *Casper* in Staub, Großkomm. HGB, 5. Aufl. 2014, § 161 HGB Rz. 85; *Roth* in Baumbach/Hopt, Anh § 177a HGB Rz. 6.

Komplementär-GmbH ist. Die offene InvKG kann darüber hinaus als sog. **Einheits-GmbH & Co. KG,**[3] bei der die InvKG selbst alleinige Gesellschafterin der Komplementär-GmbH ist, errichtet werden.

Dem Komplementär steht der rein kapitalistisch beteiligte **Kommanditist** als Anleger gegenüber. Die Anleger-Kommanditisten sind stets von der Geschäftsführung ausgeschlossen (§ 124 Abs. 1 Satz 2 KAGB i.V.m. § 164 HGB) und auf die Einsichts- und Kontrollrechte gem. § 166 HGB beschränkt. In der Praxis werden allerdings den Anlegern einer offenen InvKG, wie typischerweise bei einem Spezial-AIF, weitgehende Mitspracherechte z.B. über einen Anlageausschuss eingeräumt. Wird die Beteiligung an der offenen InvKG zum Zwecke der Abdeckung von Altersvorsorgeverpflichtungen gehalten, ist ohnehin eine enge Verzahnung der Portfolioverwaltung mit den Liquiditätsbedürfnissen der Altersvorsorgeeinrichtungen gefordert. 9

Das **Bedürfnis für einen geschäftsführenden Kommanditisten** dürfte bei der offenen InvKG **regelmäßig entfallen**, jedenfalls dann, wenn sie die Voraussetzungen eines Altersvorsorgevermögenfonds i.S.d. § 53 Abs. 1 InvStG erfüllt. Denn die Einkünfte des Altersvorsorgevermögenfonds gelten gem. § 53 Abs. 4 Satz 2 InvStG nicht als gewerblich, so dass die durch die alleinige Geschäftsführungsbefugnis der Komplementär-GmbH eintretende gewerbliche Prägung gem. § 15 Abs. 3 Nr. 2 EStG unschädlich ist. Im Interesse einer klaren Corporate Governance Struktur sollte daher auf den geschäftsführenden Kommanditisten ganz verzichtet werden. 10

Im Übrigen gelten die Ausführungen zu den Beteiligten einer geschlossenen InvKG sinngemäß für die offene InvKG, weshalb auf § 152 Rz. 3 ff. verwiesen wird. 11

Allerdings weicht § 127 Abs. 1 KAGB in zweierlei Hinsicht von der Regulierung der geschlossenen InvKG ab, die Beschränkung des Anlegerkreises auf professionelle und semiprofessionelle Anleger sowie die Beschränkung der Form der Beteiligung unmittelbar als Kommanditist. 12

2. Die Beschränkung des Anlegerkreises auf professionelle und semiprofessionelle Anleger

Gemäß § 127 Abs. 1 Satz 1 KAGB dürfen Anteile an offenen InvKGen und Teilgesellschaftsvermögen von offenen InvKGen **ausschließlich von professionellen und semiprofessionellen Anlegern erworben** werden. Zur Begründung führt der Gesetzgeber[4] lapidar an, für den Privatanleger stünden bereits die nach dem aufzuhebenden InvG bekannten Fondsvehikel Sondervermögen und InvAG mit veränderlichem Kapital als etablierte Fondsvehikel zur Verfügung, weshalb es einer zusätzlichen organisationsrechtlichen Form im Hinblick auf Privatanleger nicht bedürfe. 13

Die Auffassung des Gesetzgebers ist **abzulehnen**. Es ist zwar richtig, dass die offene InvKG ausschließlich professionelle und semiprofessionelle Anleger haben wird, wenn sie für die Zwecke des internationalen Pension Asset Poolings eingesetzt wird. Daraus aber den Schluss zu ziehen, diese Rechtsform Privatanlegern als alternative Anlageform zu versagen, ist rechtspolitisch verfehlt und verfassungsrechtlich bedenklich. 14

Der ursprüngliche Gesetzesvorschlag vom November 2010 sah zwar auch eine Beschränkung des Anlegerkreises auf institutionelle Anleger, die Altersvorsorgevermögen verwalten, vor (s. Vor §§ 124–138 Rz. 13). Es handelte sich jedoch um einen Gesetzesvorschlag, um ganz gezielt ein weiteres Fondsvehikel für die Zwecke des internationalen Pension Asset Poolings in das InvG einzuführen. Die Beschränkung des Anlegerkreises war angemessen, da das InvG nur punktuell die im InvG explizit enthaltenen Fondstypen regulierte.[5] Alle anderen Fondsgestaltungen außerhalb des InvG waren zulässig. 15

Indem der Gesetzgeber mit der Einführung des KAGB einen umfassenden Regulierungsanspruch für das gesamte Investmentgeschäft verfolgt und mit dem KAGB ein in sich geschlossenes Regelwerk für sämtliche Fonds und ihre Manager vorlegte,[6] musste er auch zu der Frage Stellung nehmen, ob die offene InvKG auch für Privatanleger zugänglich ist. Indem der Gesetzgeber dies verneint, verkennt er, dass es zur **verfassungsrechtlich geschützten Freiheit der wirtschaftlichen Betätigung** auch gehört, die **Rechtsform der wirtschaftlichen Betätigung frei wählen** zu können.[7] Der Gesetzgeber steht daher unter einem Begründungszwang, wenn er den wirtschaftlichen Akteuren, hier Fondsinitiator und Anleger, eine bestimmte Rechtsform der Vermögensverwaltung untersagt. Die Begründung, es bestehe kein Bedürfnis, genügt hierzu nicht. Es 16

---

3 Vgl. hierzu *Casper* in Staub, Großkomm. HGB, 5. Aufl. 2014, § 161 HGB Rz. 89; *Roth* in Baumbach/Hopt, Anh § 177a HGB Rz. 8.

4 BT-Drucks. 17/12294, 242.

5 Vgl. zum formellen Investmentbegriff des InvG *Verfürth/Emde* in Emde/Dornseifer/Dreibus/Hölscher, § 1 InvG Rz. 13; *Wallach*, RdF 2013, 92 (94).

6 BT-Drucks. 17/12294, 187.

7 *Jarass* in Jarass/Pieroth, Art. 9 GG Rz. 6; *Scholz* in Maunz/Dürig, ErgLfg. 81, September 2017, Art. 9 GG Rz. 78; *Leibholz/Rinck*, ErgLfg. 61, März 2013, Art. 2 GG Rz. 21.

wäre ohne weiteres möglich gewesen, die speziellen für geschlossene Publikums-InvKGen geltenden Schutzbestimmungen zugunsten von Privatanlegern auch bei der offenen InvKG vorzusehen. Die offene InvKG ist sogar wegen der zwingenden Kündigungsmöglichkeit weniger risikoreich als die geschlossene InvKG.[8]

17 Hinsichtlich des relevanten Zeitpunkts für die Qualifikation als professioneller oder semiprofessioneller Anleger ist auf Empfehlung des Finanzausschusses des Bundestages die Formulierung im Gesetzentwurf der Bundesregierung *„gehalten werden"*[9] in *„erworben werden"*[10] abgeändert worden. Damit wird zum Ausdruck gebracht, dass es für die Qualifikation als professioneller oder semiprofessioneller Anleger auf den **Zeitpunkt des Erwerbs** des Anteils an der geschlossenen Spezial-InvKG ankommt. In Kongruenz dazu ist die Definition des Spezial-AIF in § 1 Abs. 6 Satz 1 Nr. 2 KAGB durch das OGAW V-UmsG dahingehend ergänzt worden, dass ein Anleger der (zu ergänzen: von einem semiprofessionellen Anleger) kraft Gesetzes Anteile an einem Spezial-AIF erwirbt, als semiprofessioneller Anleger i.S.d. § 1 Abs. 19 Nr. 33 KAGB gilt.[11]

18 § 1 Abs. 6 Satz 1 Nr. 2 KAGB gilt auch für die offene InvKG. Die rechtliche Konsequenz ist, dass Beteiligungsübertragungen kraft Gesetzes auf einen neuen Anleger oder eine Abspaltung bei einem bestehenden Anleger keinen Verstoß gegen Abs. 1 Satz 1 KAGB darstellen, wenn der neue Anleger oder der bestehende Anleger nach der Übertragung oder Umwandlung nicht mehr die Merkmale eines semiprofessionellen Anlegers erfüllt.

19 Hingegen gilt das Verbot des § 127 Abs. 1 Satz 1 KAGB **auch für Sekundärerwerbe** von Beteiligungen an der offenen InvKG. Deshalb hat der Gesellschaftsvertrag entsprechende Übertragungsbeschränkungen vorzusehen und eine Prüfungskompetenz hinsichtlich der Qualifikation des Übertragungsempfängers vorzugsweise beim Komplementär zu statuieren (s. § 125 Rz. 18 ff.).

20 Erwirbt gleichwohl ein Anleger, der nicht professioneller oder semiprofessioneller Anleger ist, eine Beteiligung an der offenen InvKG, so ist der **Erwerb nicht wegen Verstoßes gegen ein gesetzliches Verbot gem. § 134 BGB unwirksam.**[12] Vielmehr ist eine rechtsformspezifische Anforderung der offenen InvKG nicht erfüllt. Dies hat zur Folge, dass die Verwaltung einer derartigen offenen (Publikums-) Kommanditgesellschaft nicht von der Erlaubnis der KVG gedeckt ist, mithin die KVG ein unerlaubtes Investmentgeschäft i.S.d. § 15 Abs. 1 KAGB betreibt.[13]

21 Ferner trifft den Komplementär wegen mangelnder Sorgfalt bei der Prüfung der Anlegervoraussetzungen und ggf. auch der übertragende Gesellschafter eine Schadensersatzpflicht, z.B. auf Ersatz der steuerlichen Nachteile, die die Anleger wegen des Verlustes der Eigenschaft als Spezial-Investmentfonds gem. § 53 Abs. 3 Satz 2 InvStG erleiden.

3. Beteiligung des Anlegers nur als Kommanditist

22 Gemäß § 127 Abs. 1 Satz 2 KAGB dürfen sich Anleger an offenen InvKGen **nur unmittelbar als Kommanditisten** beteiligen. Ausweislich der Gesetzesbegründung[14] soll damit eine **mittelbare Beteiligung über einen Treuhandkommanditisten ausgeschlossen** sein. Zugleich sind damit auch andere Beteiligungsformen wie die stille Beteiligung, Genussrechte oder die Unterbeteiligung nicht zulässig.

---

8 Kritisch auch *Geibel* in Derleder/Knops/Bamberger, Bank- und Kapitalmarktrecht, § 58 Rz. 156; *Hüwel* in Baur/Tappen, § 127 KAGB Rz. 13; *Zetzsche*, AG 2013, 613 f.; wohl auch *Klett*, Die Trust-Struktur im Vertragsmodell des Investmentrechts, S. 124, der die Haftungsrisiken für die Anleger als sehr überschaubar bezeichnet. A.A. *Eichhorn* in Moritz/Klebeck/Jesch, § 127 KAGB Rz. 5.

9 BT-Drucks. 17/12294, 80.

10 BT-Drucks. 17/13395, 159, 405.

11 BT-Drucks. 18/6744, 6, 41.

12 Ebenso *Casper*, ZHR 2015, 44 (64); *Geibel* in Derleder/Knops/Bamberger, Bank- und Kapitalmarktrecht, § 61 Rz. 156; *Lorenz* in Weitnauer/Boxberger/Anders, § 125 KAGB Rz. 8; *Stöber* in Westermann/Wertenbruch, Handbuch Personengesellschaften, ErgLfg. 58, Februar 2014, § 54a Rz. I 3170a; *Zetzsche*, AG 2013, 613 (615); a.A. *Freitag*, NZG 2013, 329 (334). Unklar *Eichhorn*, WM 2016, 110 (115), wonach eine angemessene Lösung herbeigeführt werden müsse und eine Vertriebsstelle darauf hinzuwirken habe, dass ein Privatanleger die Kommanditistenstellung wieder abgibt.

13 Ebenso *Stöber* in Westermann/Wertenbruch, Handbuch Personengesellschaften, ErgLfg. 58, Februar 2014, § 54a Rz. I 3170a; vgl. auch *Freitag/Fürbaß*, ZGR 2016, 729 (746) mit ähnlichem Ergebnis; a.A. *Geibel* in Derleder/Knops/Bamberger, Bank- und Kapitalmarktrecht, § 61 Rz. 156, der den Anleger als Gesellschafter behandeln möchte, wenn der Beitretende und der handelnde Gesellschafter gutgläubig im Hinblick auf die Qualifikation als professioneller oder semiprofessioneller Anleger sind.

14 BT-Drucks. 17/12294, 242.

In der Literatur[15] wird aus § 127 Abs. 1 Satz 2 KAGB auch der Schluss gezogen, dass sich Anleger nicht als Komplementäre beteiligen dürfen. Dem ist jedoch entgegenzuhalten, dass ein Kommanditist, der zugleich einen Komplementäranteil zeichnet, insgesamt nur eine einheitliche Komplementärbeteiligung hält (vgl. § 152 Rz. 4).[16] Ferner kann es einem Komplementär nicht verwehrt sein, über seine Komplementäreinlage hinaus eine Einlage zu leisten, die dazu bestimmt ist, Anlagevermögen anzuschaffen. Der **Komplementär ist damit zugleich Anleger** i.S.d. des hier vertretenen funktionalen Anlegerbegriffs (vgl. § 152 Rz. 22). 23

Zur Begründung des Rechtsformzwangs für Anleger, sich nur unmittelbar als Kommanditisten beteiligen zu dürfen, führt der Gesetzgeber an, diese Regelung diene aufgrund des Eintragungserfordernisses von Kommanditisten in das Handelsregister insbesondere der **Transparenz des Investmentvehikels.**[17] 24

Die Begründung des Gesetzgebers vermag **nicht zu überzeugen.**[18] Denn es fehlt jeglicher sachlicher Grund, weshalb die Anleger einer offenen InvKG gegenüber den Anlegern eines Spezial-AIF in der Rechtsform eines Sondervermögens oder einer InvAG, die nicht im Handelsregister eingetragen sind, benachteiligt werden.[19] Es ist nicht erkennbar, weshalb gerade bei der offenen InvKG ein öffentliches Interesse bestehen soll, zu wissen, wer die Anleger sind. Wird die offene InvKG zum Zwecke der Abdeckung von Altersvorsorgeverpflichtungen der Anleger eingesetzt, beschränkt sich der interessierte Kreis auf das Trägerunternehmen, die Altersvorsorgeeinrichtungen und die Versorgungsberechtigten. Auch bei der derzeitigen Verwaltung von Altersvorsorgevermögen über Spezialfonds in der Rechtsform von Sondervermögen ist nicht der Öffentlichkeit bekannt, in welchem Spezialfonds eine bestimmte Altersvorsorgeeinrichtung investiert ist und welche KVG diesen Spezialfonds verwaltet. 25

Darüber hinaus könnte der Ausschluss der mittelbaren Beteiligung über einen Treuhandkommanditisten der **Etablierung eines internationalen Pension Asset Poolings im Wege stehen.** Denn ausländische Pensionspläne könnten aus rechtlichen oder praktischen Erwägungen gezwungen sein, über einen Treuhänder oder über ein Investmentvermögen in die offene InvKG zu investieren (s. Vor §§ 124–138 Rz. 23). 26

Der Ausschluss der Beteiligung über einen Treuhandkommanditisten sollte daher vom Gesetzgeber aufgehoben werden.[20] Bis dahin sollte § 127 Abs. 1 Satz 2 KAGB einschränkend dahingehend ausgelegt werden, dass lediglich die mittelbare Beteiligung über einen Treuhandkommanditisten, **der von vornherein zur Beteiligungsstruktur der offenen InvKG gehört**, ausgeschlossen ist.[21] Dies ermöglicht die mittelbare Beteiligung insb. ausländischer Pensionseinrichtungen über von ihnen selbst errichtete Investmentvehikel. 27

III. Haftungsprivilegierung der Kommanditisten

1. Zustimmungserfordernis bei Einlagenrückgewähr

Gemäß § 127 Abs. 2 KAGB bedürfen eine Rückgewähr der Einlage oder eine Ausschüttung, die den Wert der Kommanditeinlage unter den Wert der Einlage herabmindert, der **vorherigen Zustimmung** des betroffenen Kommanditisten. Vor der Zustimmung ist der Kommanditist auf das Risiko des Wiederauflebens der unmittelbaren Haftung gegenüber Gläubigern der Gesellschaft **hinzuweisen.** 28

Die Vorschrift ist mit § 152 Abs. 2 Satz 1 und 2 KAGB für die geschlossene InvKG identisch, weshalb auf § 152 Rz. 61 ff. verwiesen wird. 29

2. Erlöschen des Anspruchs auf Einlageleistung und Ausschluss von Verlustausgleichs- und Nachschusspflichten

Gemäß § 127 Abs. 3 Satz 1 KAGB erlischt der Anspruch der offenen InvKG gegen einen Kommanditisten auf Leistung der Einlage, sobald dieser seine Einlage erbracht hat. Gemäß § 127 Abs. 3 Satz 2–5 KAGB sind **Verlustausgleichs- und Nachschusspflichten des Kommanditisten ausgeschlossen**; entgegenstehende Vereinbarungen sind nichtig. 30

15 So *Lorenz* in Weitnauer/Boxberger/Anders, § 127 KAGB Rz. 4.
16 Hiervon geht auch der Gesetzgeber aus, vgl. BT-Drucks. 17/12294, 243.
17 BT-Drucks. 17/12294, 242.
18 Kritisch ebenfalls *Kunschke/Klebeck* in Beckmann/Scholtz/Vollmer, ErgLfg. 5/14 – IV.14, § 127 KAGB Rz. 21 ff.; *Hüwel* in Baur/Tappen, § 127 KAGB Rz. 15 f.
19 Vgl. *Wallach*, ZGR 2014, 289 (305).
20 Ebenso *Hüwel* in Baur/Tappen, § 127 KAGB Rz. 16; a.A. offenbar *Eichhorn* in Moritz/Klebeck/Jesch, § 127 KAGB Rz. 8.
21 Vgl. *Wallach*, ZGR 2014, 289 (306).

31 Die Regelung entspricht derjenigen für die geschlossene InvKG, weshalb auf § 152 Rz. 77 ff. verwiesen wird.

3. Wirksamwerden des Eintritts des Kommanditisten in die offene Investmentkommanditgesellschaft

32 Gemäß § 127 Abs. 4 KAGB wird der Eintritt eines Kommanditisten in die offene InvKG **erst mit der Eintragung des Kommanditisten in das Handelsregister** wirksam.

33 Die Bestimmung ist identisch mit § 152 Abs. 4 KAGB für die geschlossene InvKG, weshalb auf § 152 Rz. 87 ff. verwiesen wird.

§ 128 Geschäftsführung

(1) [1]Die Geschäftsführung der offenen Investmentkommanditgesellschaft besteht aus mindestens zwei Personen. [2]Die Voraussetzung nach Satz 1 ist auch dann erfüllt, wenn Geschäftsführer der offenen Investmentkommanditgesellschaft eine juristische Person ist, deren Geschäftsführung ihrerseits von zwei Personen wahrgenommen wird. [3]Die Geschäftsführung ist verpflichtet,

1. bei der Ausübung ihrer Tätigkeit im ausschließlichen Interesse der Gesellschafter und der Integrität des Marktes zu handeln,

2. ihre Tätigkeit mit der gebotenen Sachkenntnis, Sorgfalt und Gewissenhaftigkeit im besten Interesse des von ihr verwalteten Vermögens und der Integrität des Marktes auszuüben und

3. sich um die Vermeidung von Interessenkonflikten zu bemühen und, wenn diese sich nicht vermeiden lassen, dafür zu sorgen, dass unvermeidbare Konflikte unter der gebotenen Wahrung der Interessen der Gesellschafter gelöst werden.

[4]Die Geschäftsführung hat bei der Wahrnehmung ihrer Aufgaben unabhängig von der Verwahrstelle zu handeln.

(2) [1]Die Mitglieder der Geschäftsführung der offenen Investmentkommanditgesellschaft müssen zuverlässig sein und die zur Leitung der offenen Investmentkommanditgesellschaft erforderliche fachliche Eignung haben, auch in Bezug auf die Art des Unternehmensgegenstandes der offenen Investmentkommanditgesellschaft. [2]Die Bestellung und das Ausscheiden von Mitgliedern der Geschäftsführung sind der Bundesanstalt unverzüglich anzuzeigen.

(3) [1]Mitglieder der Geschäftsführung der offenen Investmentkommanditgesellschaft dürfen Vermögensgegenstände weder an die offene Investmentkommanditgesellschaft veräußern noch von dieser erwerben. [2]Erwerb und Veräußerung von Kommanditanteilen durch die Mitglieder der Geschäftsführung sind davon nicht erfasst.

(4) Die Bundesanstalt kann die Abberufung der Geschäftsführung oder von Mitgliedern der Geschäftsführung verlangen und ihnen die Ausübung ihrer Tätigkeit untersagen, wenn

1. Tatsachen vorliegen, aus denen sich ergibt, dass die Geschäftsführung oder Mitglieder der Geschäftsführung nicht zuverlässig sind oder die zur Leitung erforderliche fachliche Eignung gemäß Absatz 3 nicht haben oder

2. die Geschäftsführung oder Mitglieder der Geschäftsführung nachhaltig gegen die Bestimmungen dieses Gesetzes oder des Geldwäschegesetzes verstoßen.

In der Fassung vom 4.7.2013 (BGBl. I 2013, S. 1981), zuletzt geändert durch das Gesetz zur Umsetzung der Richtlinie 2014/91/EU des Europäischen Parlaments und des Rates vom 23. Juli 2014 zur Änderung der Richtlinie 2009/65/EG zur Koordinierung der Rechts- und Verwaltungsvorschriften betreffend bestimmte Organismen für gemeinsame Anlagen in Wertpapieren (OGAW) im Hinblick auf die Aufgaben der Verwahrstelle, die Vergütungspolitik und Sanktionen vom 3.3.2016 (BGBl. I 2016, S. 348).

Schrifttum: *BaFin*, Auslegungsentscheidung zu den Tätigkeiten einer Kapitalverwaltungsgesellschaft und der von ihr extern verwalteten AIF-Investmentgesellschaft v. 21.12.2017, Ziff. II. 1., abrufbar unter www.bafin.de/SharedDocs/Veroeffentlichungen/DE/Auslegungsentscheidung/WA/ae_171221_Taetigkeiten_KVG.html; *BaFin*, Merkblatt zu den Geschäftsleitern gemäß KWG, ZAG und KAGB" v. 4.1.2016 (zuletzt geändert am 31.1.2017), abrufbar unter www.bafin.de/SharedDocs/Veroeffentlichungen/DE/Merkblatt/mb_geschaeftsleiter_KWG_ZAG_KAGB.html; *Schewe*, Kommanditgesellschaften im Regelungsbereich des Investmentrechts, 2017; *Ulrich*, Private Equity (LBO) vor und nach dem Inkrafttreten des KAGB, 2018. Im Übrigen wird auf das Schrifttum zu Vor §§ 124–138 verwiesen.

I. Regelungsgegenstand

§ 128 KAGB enthält aufsichtsrechtliche Vorgaben an die **innere Verfassung der offenen InvKG**. Sie betreffen die Zusammensetzung der Geschäftsführung (§ 128 Abs. 1 Satz 1 und 2 KAGB) und Anforderungen an die Mitglieder der Geschäftsführung (§ 128 Abs. 2 KAGB). Die Geschäftsführung trifft aufsichtsrechtliche Kardinalpflichten, im Interesse der Gesellschafter und der Integrität des Marktes sowie unabhängig von der Verwahrstelle zu handeln (§ 128 Abs. 1 Satz 3 und 4 KAGB). Veräußerungs- und Erwerbsverbote für die Mitglieder der Geschäftsführung (§ 128 Abs. 3 KAGB) dienen der Verhinderung von Interessenkonflikten. § 128 Abs. 4 KAGB gewährt der BaFin Eingriffsbefugnisse gegen die Geschäftsführung und Mitglieder der Geschäftsführung im Falle der Verletzung von aufsichtlichen Anforderungen oder Bestimmungen des KAGB oder des GwG. 1

Identische oder entsprechende Regelungen existieren für alle anderen Investmentgesellschaften des KAGB, vgl. § 153 KAGB für die geschlossenen InvKG, § 119 KAGB für die InvAG mit veränderlichem Kapital und § 147 KAGB für die InvAG mit fixem Kapital. Im Unterschied zur geschlossenen Publikums-InvKG (vgl. § 153 Abs. 3 KAGB) und den InvAGen ist bei der offenen InvKG allerdings ein Beirat oder Aufsichtsrat gesetzlich nicht vorgegeben. Den Gesellschaftern der offenen InvKG bleibt es freilich unbenommen, sich selbst einen Beirat zu geben, für den allerdings die gesetzlichen Anforderungen an Zusammensetzung und Aufgaben (vgl. § 153 Abs. 3 KAGB) nicht gelten.[1] 2

II. Geschäftsführung der offenen Invenstmentkommanditgesellschaft

1. Zusammensetzung der Geschäftsführung

§ 128 Abs. 1 Satz 1 KAGB bestimmt, dass die Geschäftsführung **mindestens aus zwei Personen** bestehen muss. Ist die Geschäftsführung eine juristische Person, ist die Anforderung erfüllt, wenn die Geschäftsführung dieser juristischen Person ihrerseits aus zwei Personen besteht (§ 128 Abs. 1 Satz 2 KAGB). Die Vorschrift ist identisch mit derjenigen für geschlossene InvKGen, weshalb auf § 153 Rz. 3 ff. verwiesen wird. 3

Der Gesetzgeber hat bedauerlicherweise auch bei der offenen InvKG offen gelassen, ob die beiden Geschäftsführer einzel- oder gesamtvertretungsberechtigt sind. Auch hier dürfte jedoch die aus dem Erfordernis von zwei natürlichen Personen herauszulesende Intention des Gesetzgebers ausschlaggebend sein, dem „Vier-Augen-Prinzip" zur Geltung zu verhelfen und abweichend vom Leitbild im Personengesellschaftsrecht (§ 125 Abs. 1 HGB) von einer **Gesamtgeschäftsführung** auszugehen.[2] Eine dahingehende Klarstellung durch den Gesetzgeber wäre wünschenswert.[3] Es empfiehlt sich in jedem Falle, die Geschäftsführungsbefugnis im Gesellschaftsvertrag zu regeln. 4

Auch bei der offenen InvKG kann die **externe KVG selbst Komplementärin oder geschäftsführende Kommanditistin** sein (vgl. § 152 Rz. 18 f.).[4] Die offene InvKG wird dadurch nicht zu einer intern verwalteten InvKG, weil bei dieser InvKG und KVG ein und derselbe Rechtsträger sind (s. § 152 Rz. 19 und § 153 Rz. 5). Eine solche unmittelbare Beteiligung der externen KVG an der offenen InvKG ist aus Effizienzgründen zu empfehlen (vgl. § 132 Rz. 52 zum Teilnahmerecht an Gesellschafterversammlungen). 5

---

1 *Wallach*, ZGR, 2014, 289 (314).

2 A.A. offenbar *Eichhorn* in Moritz/Klebeck/Jesch, § 128 KAGB Rz. 8; *Schewe*, Kommanditgesellschaften im Regelungsbereich des Investmentrechts, S. 163; *Ulrich*, Private Equity (LBO) vor und nach dem Inkrafttreten des KAGB, S. 170 f.

3 Ebenso *Freitag*, NZG 2013, 329 (334).

4 A.A. *Kracke* in Baur/Tappen, § 128 KAGB Rz. 8 und zweifelnd *Lorenz* in Weitnauer/Boxberger/Anders, § 128 KAGB Rz. 4. Die Frage ist allerdings durch die BaFin im Sinne der Zulässigkeit geklärt und wird auch entsprechend in der Praxis umgesetzt.

2. Aufsichtsrechtliche Verpflichtungen der Geschäftsführung

6 § 128 Abs. 1 Satz 3 KAGB statuiert aufsichtsrechtliche Pflichten der Geschäftsführung **im Interesse der Gesellschafter und der Integrität des Marktes.** § 128 Abs. 1 Satz 4 KAGB verpflichtet die Geschäftsführer, **unabhängig von der Verwahrstelle** zu handeln. Dies ist selbstverständlich, da die Verwahrstelle als unabhängige Kontrollinstanz im investmentrechtlichen Dreieck fungiert (s. Einl. Rz. 93), weshalb diese Pflicht zur Unabhängigkeit und Interessewahrung ausschließlich des AIF und der Anleger auch für die Verwahrstelle gilt (§ 85 Abs. 1 und 2 KAGB).

7 Gleichlautende Verpflichtungen existieren für die Geschäftsführung der geschlossenen InvKG (§ 153 Abs. 1 Satz 3 KAGB) sowie für die Vorstände der InvAG mit veränderlichem Kapital (§ 119 Abs. 1 Satz 2 und 3 KAGB) und die InvAG mit fixem Kapital (§ 147 Abs. 1 Satz 2 und 3 KAGB). Der Pflichtenkatalog entspricht im Wesentlichen demjenigen, den die KVG bei der Verwaltung von Investmentvermögen gem. § 26 Abs. 1 und 2 KAGB zu beachten hat.

8 Deshalb hat § 128 Abs. 1 Satz 3 und 4 KAGB bei der **intern verwalteten offenen InvKG** keine eigenständige Bedeutung (s. § 153 Rz. 20). Bei der **extern verwalteten** InvKG hingegen verbleibt ein eigenständiger organschaftlicher Zuständigkeitsbereich der Geschäftsführung der InvKG für alle gesellschaftsrechtlichen Angelegenheiten und alle „sonstigen Aufgaben" gemäß Anh. I Nr. 2 AIFM-RL, die nicht auf die KVG übertragen worden sind (näher dazu § 154 Rz. 38).[5] In diesem Zuständigkeitsbereich hat der Pflichtenkatalog in § 128 Abs. 1 Satz 3 und 4 KAGB eine eigenständige Bedeutung.

9 Wegen der weiteren Einzelheiten wird auf § 153 Rz. 10 ff. verwiesen.

3. Anforderungen an die Mitglieder der Geschäftsführung

10 § 128 Abs. 2 KAGB stellt besondere Anforderungen an die Mitglieder der Geschäftsführung der offenen InvKG hinsichtlich der **Zuverlässigkeit** und **fachlichen Eignung.** Identische Anforderungen gelten für die Mitglieder der Geschäftsführung der geschlossenen InvKG (§ 153 Abs. 2 KAGB) und die Vorstände der InvAG mit veränderlichem Kapital (§ 119 Abs. 2 KAGB) und der InvAG mit fixem Kapital (§ 147 Abs. 2 KAGB).

11 Bei der **intern verwalteten** offenen InvKG hat § 128 Abs. 2 KAGB keine eigenständige Bedeutung, da InvKG und KVG identisch sind und sich somit die Anforderungen an die Mitglieder der Geschäftsführung bereits aus § 22 Abs. 1 Nrn. 3 und 4 KAGB i.V.m. der Verwaltungspraxis der BaFin ergeben.[6] Die BaFin hat hierzu ein „Merkblatt zu den Geschäftsleitern gemäß KWG, ZAG und KAGB" v. 4.1.2016 (zuletzt geändert am 31.1.2017)[7] („**Geschäftsleiter-Merkblatt**") veröffentlicht.

12 Bei der **extern verwalteten** InvKG entfaltet § 128 Abs. 2 KAGB jedoch eine eigenständige Bedeutung. Bedauerlicherweise existiert noch keine Verlautbarung der BaFin, welche Anforderungen an die Qualifikation der Geschäftsführer einer extern verwalteten InvKG zu stellen sind. Man wird sich daher grundsätzlich an den Kriterien des Geschäftsleiter-Merkblattes orientieren müssen, zumal die Kompetenzen und der Verantwortungsbereich der Geschäftsführer je nach Umfang der an die externe KVG übertragenen Aufgaben nicht unerheblich sein können (s. § 154 Rz. 38).

13 Nach dem Gesetzeswortlaut in § 128 Abs. 2 KAGB ist zwischen der **Zuverlässigkeit** und der zur Leitung erforderlichen **fachlichen Eignung** zu unterschieden. Da an die Geschäftsführer der geschlossenen InvKG die gleichen Anforderungen gestellt werden, wird auf § 153 Rz. 19 ff. verwiesen.

14 Gemäß § 128 Abs. 2 Satz 2 KAGB sind die Bestellung und das Ausscheiden von Mitgliedern der Geschäftsführung unverzüglich der BaFin anzuzeigen. Auch insoweit wird auf § 153 Rz. 25 ff. verwiesen.

III. Veräußerungs- und Erwerbsverbot

15 Nach § 128 Abs. 3 KAGB dürfen Mitglieder der Geschäftsführung der offenen InvKG Vermögensgegenstände **an die InvKG weder veräußern noch von dieser erwerben.** Dieses Verbot gilt für alle Geschäftsfüh-

---

5 S. hierzu auch *BaFin,* Auslegungsentscheidung zu den Tätigkeiten einer Kapitalverwaltungsgesellschaft und der von ihr extern verwalteten AIF-Investmentgesellschaft v. 21.12.2017, Ziff. II. 1., abrufbar unter www.bafin.de/SharedDocs/Veroeffentlichungen/DE/Auslegungsentscheidung/WA/ae_171221_Taetigkeiten_KVG.html; *Wallach,* ZGR 2014, 289 (300).

6 Vgl. BT-Drucks. 17/12294, 243.

7 Abrufbar unter www.bafin.de/SharedDocs/Veroeffentlichungen/DE/Merkblatt/mb_geschaeftsleiter_KWG_ZAG_KAGB.html.

rungs-, Vorstands-, Aufsichtsrats- und Beiratsmitglieder von Investmentgesellschaften (vgl. §§ 119 Abs. 4, 147 Abs. 4, 153 Abs. 4 KAGB).

Die Mitglieder der Geschäftsführung der geschlossenen InvKG trifft ein vergleichbares Verbot in § 153 Abs. 4 KAGB, weshalb insoweit auf § 153 Rz. 35 ff. verwiesen wird. 16

IV. Abberufung der Geschäftsführung und Untersagung der Tätigkeit durch die BaFin

Nach § 128 Abs. 4 KAGB kann die BaFin die Abberufung der Geschäftsführung oder von Mitgliedern der Geschäftsführung verlangen oder einem Mitglied der Geschäftsführung die Tätigkeit untersagen, wenn 17

- Tatsachen vorliegen, aus denen sich ergibt, dass die Mitglieder der Geschäftsführung die Anforderungen an die **Zuverlässigkeit und fachliche Eignung gem. § 128 Abs. 2 KAGB**[8] **nicht erfüllen**, oder
- die Geschäftsführung oder dessen Mitglied **gegen die Bestimmungen des KAGB oder des GwG nachhaltig verstoßen**.

Bei einer **intern verwalteten InvKG** stehen der BaFin Eingriffsbefugnisse bereits aus § 40 KAGB zu, wenn einer der in § 39 Abs. 3 KAGB aufgezählten Sachverhalte gegeben ist. § 39 Abs. 3 Nr. 3 i.V.m. § 23 Nr. 3 KAGB betrifft die mangelnde Zuverlässigkeit oder fachliche Eignung eines Geschäftsleiters und § 39 Abs. 3 Nr. 6 und 7 KAGB den nachhaltigen Verstoß gegen Bestimmungen des KAGB und des GwG. Die Eingriffsbefugnisse in § 40 Abs. 1 KAGB gehen sogar über § 128 Abs. 4 KAGB hinaus, weil die BaFin auch „einer anderen verantwortlichen natürlichen Person, die in der Kapitalverwaltungsgesellschaft tätig ist" die Ausübung der Tätigkeit untersagen kann. Man wird daher § 40 Abs. 1 KAGB als *lex specialis* gegenüber § 128 Abs. 4 KAGB ansehen müssen, der deshalb lediglich klarstellende Bedeutung hat.[9] 18

Bei der **extern verwalteten offenen InvKG** hat hingegen § 128 Abs. 4 KAGB eine eigenständige Bedeutung. Die Regelung ist inhaltsgleich zu § 153 Abs. 5 KAGB. Insoweit wird auf § 153 Rz. 40 ff. verwiesen. 19

§ 129 Verwaltung und Anlage

(1) [1]Die offene Investmentkommanditgesellschaft kann eine ihrem Unternehmensgegenstand entsprechende externe Kapitalverwaltungsgesellschaft bestellen. [2]Dieser obliegt insbesondere die Anlage und Verwaltung des Kommanditanlagevermögens. [3]Die Bestellung der externen AIF-Kapitalverwaltungsgesellschaft ist kein Fall des § 36. [4]Die externe AIF-Kapitalverwaltungsgesellschaft ist berechtigt, die Verwaltung der Mittel der offenen Investmentkommanditgesellschaft zu kündigen. [5]§ 99 Absatz 1 bis 4 gilt entsprechend.

(2) [1]§ 100 ist entsprechend anzuwenden mit der Maßgabe, dass das Verfügungsrecht über das Gesellschaftsvermögen nur dann auf die Verwahrstelle zur Abwicklung übergeht, wenn die offene Investmentkommanditgesellschaft sich nicht in eine intern verwaltete offene Investmentkommanditgesellschaft umwandelt oder keine andere externe AIF-Kapitalverwaltungsgesellschaft benennt und dies jeweils der Bundesanstalt angezeigt wurde. [2]Im Fall der Bestellung einer anderen externen AIF-Kapitalverwaltungsgesellschaft ist § 100b Absatz 1 Satz 1 bis 3, Absatz 2 und 3 entsprechend anzuwenden. [3]§ 147 des Handelsgesetzbuchs findet keine Anwendung.

In der Fassung vom 4.7.2013 (BGBl. I 2013, S. 1981), zuletzt geändert durch das Gesetz zur Umsetzung der Richtlinie 2014/91/EU des Europäischen Parlaments und des Rates vom 23. Juli 2014 zur Änderung der Richtlinie 2009/65/EG zur Koordinierung der Rechts- und Verwaltungsvorschriften betreffend bestimmte Organismen für gemeinsame Anlagen in Wertpapieren (OGAW) im Hinblick auf die Aufgaben der Verwahrstelle, die Vergütungspolitik und Sanktionen vom 3.3.2016 (BGBl. I 2016, S. 348).

8 Die Bezugnahme auf „Absatz 3" im Gesetzestext ist ein Redaktionsfehler.
9 BT-Drucks. 17/12294, 243. A.A. offenbar *Eichhorn* in Moritz/Klebeck/Jesch, § 128 KAGB Rz. 24.

Schrifttum: *Assmann/Schütze*, Handbuch des Kapitalanlagerechts, 4. Aufl. 2015; *BaFin*, Merkblatt zum Erlaubnisverfahren für eine AIF-Kapitalverwaltungsgesellschaft nach § 22 KAGB v. 22.3.2017, geändert am 27.11.2017, abrufbar unter https://www.bafin.de/SharedDocs/Veroeffentlichungen/DE/Merkblatt/WA/mb_130322_erlaubnisverfahren_aif-22kagb.html; *BaFin*, Schreiben „Häufige Fragen zum Thema Auslagerung gem. § 36 KAGB", abrufbar unter www.bafin.de/SharedDocs/Veroeffentlichungen/DE/FAQ/faq_kagb_36_auslagerung_130710.html; *Dornseifer/Jesch/Klebeck/Tollmann*, AIFM-Richtlinie, 2013; *Eichhorn*, Die offene Investmentkommanditgesellschaft nach dem KAGB – Teil II, WM 2016, 145; *Engert*, Sollten Fondsverwalter für fehlerhafte Anlageentscheidungen haften?, in FS für Johannes Köndgen, 2016, S. 167; *Schewe*, Kommanditgesellschaften im Regelungsbereich des Investmentrechts, 2017; *Ulrich*, Private Equity (LBO) vor und nach dem Inkrafttreten des KAGB, 2018; *Wagner*, Geschlossene Fonds gemäß dem KAGB, ZfBR 2015, 113; *Weiser/Hüwel*, Verwaltung alternativer Investmentfonds und Auslagerung nach dem KAGB-E, BB 2013, 1091; *Zetzsche*, Aktivlegitimation gemäß §§ 78, 89 KAGB im Investment-Drei- und -Viereck, in FS für Johannes Köndgen, 2016, S. 677. Im Übrigen wird auf das Schrifttum zu Vor §§ 124–138 verwiesen.

I. Regelungsgegenstand und -zweck

1 § 129 KAGB enthält Regelungen im Zusammenhang mit der **Bestellung und dem Verwaltungsrecht der externen KVG** einer offenen InvKG. § 129 Abs. 1 KAGB behandelt die Bestellung und den Aufgabenbereich der externen KVG sowie die Kündigung des Verwaltungsrechts der externen KVG. § 129 Abs. 2 KAGB regelt die Rechtsfolgen des Erlöschens des Verwaltungs- und Verfügungsrechts der externen KVG.

2 Da zu erwarten ist, dass die weitaus überwiegende Zahl der offenen InvKGen die Vermögensverwaltung durch eine externe KVG durchführen lassen, ist § 129 KAGB von **erheblicher praktischer Bedeutung.**

3 Entsprechende Regelungen bestehen für die geschlossene InvKG (§ 154 KAGB), die InvAG mit veränderlichem Kapital (§ 112 KAGB) und die InvAG mit fixem Kapital (§ 144 KAGB).

II. Verwaltung durch eine externe Kapitalverwaltungsgesellschaft

1. Bestellung der externen Kapitalverwaltungsgesellschaft

a) „Kann"-Bestimmung

4 Gemäß § 129 Abs. 1 Satz 1 KAGB *„kann"* die offene InvKG eine dem Unternehmensgegenstand entsprechende externe KVG bestellen. **Unterlässt** sie dies, ist sie automatisch eine **intern verwaltete InvKG** (§ 17 Abs. 2 Nr. 2 KAGB), die für ihren Geschäftsbetrieb der Erlaubnis der BaFin bedarf. Damit wird sichergestellt, dass jede Organisationsstruktur der kollektiven Vermögensverwaltung, die nicht vom Anwendungsbereich des KAGB ausgeschlossen ist (§ 2 Abs. 1 bis 3 KAGB) oder lediglich eine registrierte KVG erfordert (§ 2 Abs. 4 bis 5 KAGB), dem Erlaubnisvorbehalt der BaFin unterworfen ist.

5 Die externe KVG kann **zugleich Komplementärin oder geschäftsführende Kommanditistin** sein (s. hierzu § 152 Rz. 18 f. und § 128 Rz. 5).[1] Eine derartige Personenidentität von externer KVG und organschaftli-

1 A.A. *Eichhorn* in Moritz/Klebeck/Jesch, § 129 KAGB Rz. 6: Die KVG könne dann nicht als extern qualifiziert werden. Ebenso a.A. *Kunschke/Klebeck* in Beckmann/Scholtz/Vollmer, ErgLfg. 5/14 – IV.14, § 129 KAGB Rz. 20 f. und *Weiser/Hüwel*, BB 2013, 1091 (1093). Die Gegenansichten sind indes durch die Verwaltungspraxis der BaFin und die Praxis geschlossener InvKGen, die derartige Strukturen vorsehen, überholt.

cher Geschäftsführung ist sogar grundsätzlich im Interesse der InvKG und der Anleger, da Schwierigkeiten der Kompetenzabgrenzung zwischen Geschäftsführung und KVG zwar nicht rechtlich aber doch praktisch und damit einhergehende Reibungsverluste vermieden werden und insgesamt die Effizienz von Vermögensverwaltung und Geschäftsführung gesteigert werden können.

b) Eine dem Unternehmensgegenstand der Investmentkommanditgesellschaft entsprechende externe Kapitalverwaltungsgesellschaft

§ 129 Abs. 1 Satz 1 KAGB verlangt, dass eine dem Unternehmensgegenstand der geschlossenen InvKG **„entsprechende“** externe KVG bestellt wird. 6

Hintergrund dieser Anforderung ist, dass die BaFin ihre **Lizenz** zum Geschäftsbetrieb der KVG i.d.R. **auf die Verwaltung bestimmter Investmentvermögen beschränkt** (§ 20 Abs. 1 Satz 2 KAGB). Die BaFin prüft im Rahmen des Erlaubnisverfahrens genau, ob die KVG über die erforderlichen personellen und materiellen Ressourcen und die Organisationsstruktur für die Verwaltung bestimmter Arten von Investmentvermögen verfügt. Bei der offenen InvKG wird sich die Prüfung insbesondere darauf beziehen, ob die KVG über die für die Verwaltung des betreffenden Typs Spezial-AIF, allgemeiner Spezial-AIF gem. § 282 KAGB, Hedgefonds gem. § 283 KAGB oder Spezial-AIF mit festen Anlagebedingungen gem. § 284 KAGB, erforderliche Lizenz verfügt. Da die Festlegung auf einen bestimmten Typ Spezial-AIF nicht schon im – in der Satzung nur allgemein gefassten – Unternehmensgegenstand (s. § 125 Rz. 10) erfolgt, sondern erst in den Anlagebedingungen, ist die Formulierung in § 129 Abs. 1 Satz 1 KAGB („eine ihrem Unternehmensgegenstand entsprechende“) ungenau. 7

c) Bestellungsvertrag

Die Bestellung der externen KVG erfolgt durch einen **Bestellungsvertrag zwischen der InvKG und der KVG**. Der Bestellungsvertrag ist nach h.M.[2] ein Geschäftsbesorgungsvertrag mit Dienstleistungscharakter i.S.d. §§ 675, 611 BGB. Dem wird auch hier mit der Einschränkung gefolgt, dass es sich um ein **gesetzlich modifiziertes Geschäftsbesorgungsverhältnis** handelt. Die gesetzliche Modifizierung besteht in der Ersetzung des Weisungsrechts des Geschäftsherrn (InvKG) durch die detaillierten aufsichtsrechtlichen Pflichten der KVG in §§ 26 ff. KAGB und der AIFM-VO (ausführlich hierzu § 154 Rz. 7 ff.). 8

Die grundsätzliche Weichenstellung, ob die offene InvKG eine intern oder eine extern verwaltete InvKG sein soll, ist von den Gründungsgesellschaftern bereits im Gründungsstadium zu treffen. Denn die mit dem Lizenzerfordernis der internen KVG einhergehenden Anforderungen an Geschäftsleiterqualifikation, Organisations- und Vergütungsstruktur müssen bereits im Gründungsstadium bedacht werden. Es ist daher empfehlenswert und entspricht auch der allgemeinen Praxis, dass die Festlegung, ob es sich um eine intern oder extern verwaltete InvKG handelt, bereits im Gesellschaftsvertrag erfolgt.[3] Da hierbei sämtliche Gründungsgesellschafter mitwirken, hat die Streitfrage, ob es sich um ein Grundlagengeschäft, dem alle Gesellschafter zustimmen müssen, oder um eine Geschäftsführungsmaßnahme,[4] praktisch kaum Bedeutung. Wegen der erheblichen regulatorischen Konsequenzen der intern verwalteten InvKG spricht indes viel dafür, in der grundlegenden Festlegung, ob die offene InvKG eine intern oder eine extern verwaltete InvKG sein soll, ein **Grundlagengeschäft** zu sehen. 9

Die **tatsächliche Bestellung der externen KVG** durch Abschluss des Bestellungsvertrages stellt allerdings kein Grundlagengeschäft dar. Sie ist aber auch nicht lediglich gewöhnliche Geschäftsführungsmaßnahme, da die Übertragung der kollektiven Vermögensverwaltung auf eine externe KVG den Kernbereich der unternehmerischen Tätigkeit der InvKG ausmacht. Es ist damit die externe KVG und nicht mehr die organschaftliche Geschäftsführung, die den Unternehmensgegenstand der InvKG (§ 125 Abs. 2 KAGB) verfolgt. Eine derart tiefgreifende Kompetenzübertragung stellt vielmehr eine **außergewöhnliche Geschäftsfüh-** 10

---

2 *Dornseifer* in Emde/Dornseifer/Dreibus/Hölscher, § 96 InvG Rz. 70; *Eckhold/Balzer* in Assmann/Schütze, § 22 Rz. 81; *Engert* in FS Köndgen, S. 167 (170); *Paul* in Weitnauer/Boxberger/Anders, § 154 KAGB Rz. 3; *Schewe*, Kommanditgesellschaften im Regelungsbereich des Investmentrechts, S. 89; *Ulrich*, Private Equity (LBO) vor und nach dem Inkrafttreten des KAGB, S. 130; *Wagner*, ZfBR 2015, 113 (115).

3 Zurückhaltender aber *Eichhorn* in Moritz/Klebeck/Jesch, § 129 KAGB Rz. 11, wonach die Festlegung im Gesellschaftsvertrag „möglich sein sollte“.

4 Grundlagengeschäft nehmen an *Hoffert* in Baur/Tappen, § 154 KAGB Rz. 13; *Klebeck/Kunschke* in Beckmann/Scholtz/Vollmer, ErgLfg. 5/14 – IV.14, § 154 KAGB Rz. 14; *Kunschke/Klebeck* in Beckmann/Scholtz/Vollmer, ErgLfg. 2/14 – II.14, § 129 KAGB Rz. 15. Ein Grundlagengeschäft lehnen ab *Eichhorn* in Moritz/Klebeck/Jesch, § 129 KAGB Rz. 10; *Hüwel* in Baur/Tappen, § 129 KAGB Rz. 29; *Lorenz* in Weitnauer/Boxberger/Anders, § 129 KAGB Rz. 3, wobei nicht klar wird, ob die grundlegende Festlegung zwischen intern und extern verwalteter InvKG oder die tatsächliche Bestellung der externen KVG gemeint ist.

rungsmaßnahme dar, welches der Zustimmung der Kommanditisten mit der im Gesellschaftsvertrag vorgesehenen Mehrheit bedarf.[5] Auch der **Wechsel einer externen KVG**, d.h. Kündigung des Bestellungsvertrages mit der bestehenden und Abschluss eines Bestellungsvertrages mit einer neuen KVG stellen eine **außergewöhnliche Geschäftsführungsmaßnahme** dar.

11 Der Bestellungsvertrag sollte ebenfalls bereits im Gründungsstadium der offenen InvKG abgeschlossen werden, spätestens unmittelbar vor Aufnahme des Geschäftsbetriebes muss er jedoch abgeschlossen werden. Andernfalls wäre die offene InvKG eine intern verwaltete InvKG (§ 17 Abs. 2 Nr. 2 KAGB) und benötigte selbst eine BaFin-Erlaubnis für ihren Geschäftsbetrieb.

d) Kein Fall der Auslagerung

12 § 129 Abs. 1 Satz 3 KAGB stellt klar, dass die **Bestellung der externen KVG kein Fall der Auslagerung gem. § 36 KAGB** ist. Das folgt konsequent aus der originären und alleinigen Verantwortung der externen KVG für die Portfolioverwaltung.[6] Denn handelte es sich um einen Fall der Auslagerung, wäre die InvKG für die Verwaltung letztlich verantwortlich und müsste die KVG laufend überwachen und ihr notfalls Weisungen erteilen können. Die InvKG haftete für jedes Verschulden der KVG wie für eigenes Verschulden (§ 36 Abs. 4 KAGB).[7]

e) Rechtsverhältnis zwischen externer Kapitalverwaltungsgesellschaft und Anlegern

13 Wie bereits an anderer Stelle ausführlich begründet wurde (s. § 154 Rz. 16 ff.), wird mit Abschluss des Bestellungsvertrages zugleich ein **gesetzliches Schuldverhältnis zwischen externer KVG und den Anlegern** begründet. Das gesetzliche Schuldverhältnis verpflichtet die KVG zur kollektiven Vermögensverwaltung (§ 1 Abs. 19 Nr. 24 KAGB) im Umfang der ihr im Bestellungsvertrag übertragenen Aufgaben unter Einhaltung der Anlagebedingungen und der gesetzlichen Pflichten in §§ 26 ff. KAGB und der Verhaltenspflichten in Kapitel III Abschnitt 1 der AIFM-VO.

f) Bestellung nur einer externen Kapitalverwaltungsgesellschaft

14 Aus § 17 Abs. 3 KAGB und dem Wortlaut in § 129 Abs. 1 Satz 1 KAGB folgt, dass die InvKG nur **„eine“** externe KVG bestellen kann. Es handelt sich um eine Umsetzung von Art. 5 Abs. 1 Satz 1 AIFM-RL und stellt sicher, dass es nur eine KVG gibt, die für die Portfolioverwaltung und die Einhaltung aller anwendbaren gesetzlichen Anforderungen verantwortlich ist.

15 Dies ist vor dem Hintergrund bedeutsam, dass häufig die Portfolioverwaltung von einem oder mehreren Asset Managern durchgeführt wird, um spezielle Anlagestrategien zu verfolgen. Diese Asset Manager können nicht unmittelbar von der InvKG bestellt werden. Eine solche Asset Management-Struktur kann nur im Wege der Auslagerung (§ 36 KAGB) durch die externe KVG umgesetzt werden.

2. Aufgaben und Kompetenzen der externen Kapitalverwaltungsgesellschaft

a) Umfang und Aufgaben der externen Kapitalverwaltungsgesellschaft

16 Gemäß § 129 Abs. 1 Satz 2 KAGB obliegt der externen KVG *„insbesondere die Anlage und Verwaltung des Kommanditanlagevermögens“*.

17 Das *„Kommanditanlagevermögen“* ist in § 131 Abs. 2 KAGB definiert und dient bei der intern verwalteten InvKG zur Abgrenzung vom Betriebsvermögen (§ 131 Abs. 1 KAGB). Gleichwohl ist es gerechtfertigt, auch bei der extern verwalteten InvKG von einem *„Kommanditanlagevermögen“* zu sprechen, denn abhängig von der Aufgabenverteilung zwischen InvKG und KVG und vom Umfang der Einbindung externer Dienstleister durch die InvKG können die von der InvKG selbst wahrzunehmenden Aufgaben erheblich sein und die Bildung eines Betriebsvermögens rechtfertigen (s. Rz. 22).

18 Mit *„Anlage und Verwaltung“* nimmt der Gesetzgeber offenbar auf die Anlageverwaltungsfunktionen in Anh. I Nr. 1 AIFM-RL Bezug. Die hierzu gehörenden Aufgaben der **Portfolioverwaltung** und des **Risiko-**

---

5 Zur Abgrenzung zwischen Grundlagengeschäft und außergewöhnlichen Geschäftsführungsmaßnahmen vgl. *Casper* in Staub, Großkomm. HGB, 5. Aufl. 2014, § 164 HGB Rz. 18; *Grunewald* in MünchKomm. HGB, 3. Aufl. 2012, § 164 HGB Rz. 17 f.

6 *BaFin*, Häufige Fragen zum Thema Auslagerung gem. § 36 KAGB, Ziff. 1. abrufbar unter www.bafin.de/SharedDocs/Veroeffentlichungen/DE/FAQ/faq_kagb_36_auslagerung_130710.html.

7 Vgl. *Tollmann* in Dornseifer/Jesch/Klebeck/Tollmann, AIFM-Richtlinie, Art. 20 Rz. 142; *Wallach*, ZGR 2014, 289 (301); *Weiser/Hüwel*, BB 2013, 1091 (1092).

managements müssen von der KVG übernommen werden. Anh. I AIFM-RL ist in der Definition „*kollektive Vermögensverwaltung*" in § 1 Abs. 19 Nr. 24 KAGB umgesetzt worden. Bei der Portfolioverwaltung und dem Risikomanagement handelt es sich um die ersten beiden Begriffselemente der kollektiven Vermögensverwaltung.

Mit „*insbesondere*" deutet der Gesetzgeber an, dass zum Aufgabenumfang der KVG auch weitere Aufgaben gehören; es handelt sich hierbei um die **„anderen Aufgaben" in Anh. I Nr. 2 AIFM-RL** bzw. die weiteren Begriffselemente der „*kollektiven Vermögensverwaltung*" in § 1 Abs. 19 Nr. 24 KAGB. Hierzu zählen administrative Tätigkeiten, Vertrieb und Tätigkeiten im Zusammenhang mit den Vermögenswerten (assetbezogene Tätigkeiten) der InvKG. 19

Nach der hier vertretenen Auffassung (s. hierzu § 154 Rz. 26 ff.) und offenbar entgegen der Ansicht der BaFin[8] ist die externe KVG nicht verpflichtet, die in Anh. I Nr. 2 AIFM-RL genannten „*anderen Aufgaben*" wahrzunehmen. Sie **kann** sie zusätzlich zur Portfolioverwaltung und zum Risikomanagement ausüben.[9] Der Umfang der der externen KVG zusätzlich übertragenen Aufgaben ergibt sich aus dem Bestellungsvertrag. 20

b) Bedeutung für das Innenverhältnis

Mit ihrer Bestellung wird die externe KVG **nicht Organ** der offenen InvKG. Vielmehr verbleibt es bei der organschaftlichen Stellung des Komplementärs als Geschäftsführer und Vertreter der offenen InvKG entsprechend dem gesetzlichen Normaltypus der Kommanditgesellschaft (vgl. §§ 164, 170 HGB). Die externe KVG leitet folglich ihre Geschäftsführungsbefugnis zur kollektiven Vermögensverwaltung allein aus dem Bestellungsvertrag ab (näher hierzu § 154 Rz. 36 f.). 21

Auch wenn die kollektive Vermögensverwaltung den Kern des Geschäftsbetriebes der offenen InvKG ausmacht, verbleiben bei der organschaftlichen Geschäftsführung Kompetenzen, deren Umfang teilweise vom Umfang der der externen KVG übertragenen Aufgaben abhängt. Die bei der Geschäftsführung verbleibenden Kompetenzen können in **drei Gruppen** eingeteilt werden: 22

(1) **Gestaltung des Rechtsverhältnisses zur externen KVG** durch Abschluss und Kündigung sowie inhaltliche Ausgestaltung des Bestellungsvertrages,

(2) **gesellschaftsinterne Angelegenheiten**, wie die Einberufung und Durchführung von Gesellschafterversammlungen, der Bericht über die Ergebnisse der Gesellschafterversammlung an die Gesellschafter, die Aufnahme und Kündigung von Gesellschaftern, die Zustimmung zur Übertragung von Gesellschaftsanteilen, und

(3) die **sonstigen Aufgaben gemäß Anh. I Nr. 2 AIFM-RL**, soweit sie nicht vom Aufgabenbereich der externen KVG umfasst sind, einschließlich der organschaftlichen Vertretung der offenen InvKG.

c) Bedeutung für das Außenverhältnis

Mit der Bestellung der externen KVG geht das **Verfügungsrecht** der offenen InvKG hinsichtlich der zum Gesellschaftsvermögen gehörende Gegenstände und Rechte **nicht kraft Gesetzes auf die KVG über**. Derart schwerwiegende Eingriffe in die Verfügungsbefugnis des Rechtsinhabers müssen vom Gesetzgeber ausdrücklich angeordnet werden, wie dies z.B. beim Sondervermögen in § 93 Abs. 1 KAGB geschehen ist. An einer solchen ausdrücklichen gesetzlichen Bestimmung fehlt es gerade bei der InvKG (s. hierzu die ausführliche Begründung in § 154 Rz. 44 ff.). 23

Auch eine rechtsgeschäftliche **Verfügungsermächtigung** (vgl. § 185 Abs. 1 BGB) an die externe KVG ist im Zweifel **nicht anzunehmen.** Eine solche Verfügungsermächtigung müsste im Bestellungsvertrag vorgesehen sein; sie entspricht aber i.a.R. nicht dem Parteiwillen (s. hierzu § 154 Rz. 48 f.). 24

Schließlich kann auch eine **gesetzliche Vertretungsmacht** der externen KVG mangels hinreichender Anhaltspunkte im Gesetz **nicht angenommen** werden.[10] Deshalb kann die externe KVG die InvKG auch nicht gem. § 51 ZPO vor Gericht vertreten.[11] 25

---

8 *BaFin*, Schreiben „Häufige Fragen zum Thema Auslagerung gem. § 36 KAGB" vom 10.7.2013, geändert am 15.11.2017, abrufbar unter www.bafin.de/SharedDocs/Veroeffentlichungen/DE/FAQ/faq_kagb_36_auslagerung_130710.html.

9 Ebenso *Bentele* in Baur/Tappen, § 17 KAGB Rz. 30; *Hoffert* in Moritz/Klebeck/Jesch, § 154 KAGB Rz. 22; *Paul* in Weitnauer/Boxberger/Anders, § 154 KAGB Rz. 8; *Tollmann* in Dornseifer/Jesch/Klebeck/Tollmann, AIFM-Richtlinie, Anhang I Rz. 16.

10 Ähnlich *Eichhorn*, WM 2016, 145 (148); *Schewe*, Kommanditgesellschaften im Regelungsbereich des Investmentrechts, S. 170, *Ulrich*; Private Equity (LBO) vor und nach Inkrafttreten des KAGB, S. 135.

11 OLG München v. 1.10.2015 – 23 U 1570/15, ZIP 2015, 2224 f.; a.A. *Zetzsche* in FS Köndgen, 2016, S. 677 (698).

26 Vielmehr bedarf die externe KVG einer **rechtsgeschäftlich erteilten Vertretungsmacht** (Vollmacht) (vgl. hierzu ausführlich § 154 Rz. 52 ff.). Die Vollmacht ist der KVG vorzugsweise im Bestellungsvertrag einzuräumen und so weit zu fassen, dass die KVG in die Lage versetzt wird, alle Handlungen vorzunehmen und Erklärungen abzugeben, die zur Durchführung der kollektiven Vermögensverwaltung im der KVG übertragenen Umfang erforderlich sind.

3. Erlöschen des Verwaltungsrechts der externen Kapitalverwaltungsgesellschaft

27 § 129 Abs. 1 Sätze 4 und 5 KAGB enthalten Bestimmungen über die Kündigung der Verwaltung des Kommanditanlagevermögens durch die externe KVG. Durch den Verweis auf § 99 Abs. 1 bis 4 KAGB werden jedoch über die Kündigung durch die KVG hinaus auch alle anderen Gründe, die nach § 99 Abs. 1 bis 4 KAGB zum Erlöschen des Verwaltungsrechts der KVG führen, in die Regelung mit einbezogen.

a) Kündigung des Verwaltungsrechts durch die Kapitalverwaltungsgesellschaft

28 Gemäß § 129 Abs. 1 Satz 4 KAGB ist die KVG berechtigt, „die Verwaltung der Mittel" der offenen InvKG zu kündigen. Gemeint ist die **Kündigung des Bestellungsvertrages.** Die Voraussetzungen einer wirksamen Kündigung ergeben sich in erster Linie aus den Bestimmungen des Bestellungsvertrages.

29 Anders als bei der geschlossenen InvKG bedarf es für die Kündigung des Verwaltungsrechts der externen KVG **keines wichtigen Grundes.** Hinsichtlich der Kündigungsfrist gibt es bei der offenen InvKG im Unterschied zur geschlossenen InvKG keine Beschränkung auf einen angemessenen Zeitraum, der für die Liquidierung der Vermögensgegenstände erforderlich ist. Dies ist damit zu erklären, dass die KVG bei offenen Investmentvermögen im Rahmen ihres Liquiditätsmanagements (§ 30 Abs. 1 KAGB) hinreichend liquide Vermögensgegenstände vorhalten muss, um ein Auseinandersetzungsguthaben nach (Teil-) Kündigung der Beteiligung gem. § 133 Abs. 1 KAGB auszahlen zu können.

30 Gleichwohl ist es empfehlenswert, dass die Parteien **im Bestellungsvertrag eine hinreichend lang bemessene Kündigungsfrist** vorsehen, damit die InvKG in der Lage ist, die notwendigen Prüfungen vorzunehmen und Entscheidungen zu treffen, eine andere KVG zu bestellen, sich in eine interne KVG umzuwandeln oder sich aufzulösen. Die Kündigungsfrist kann wegen § 129 Abs. 1 Satz 5 i.V.m. § 99 Abs. 1 Satz 4 KAGB kürzer als sechs Monate sein.

b) Eröffnung des Insolvenzverfahrens über das Vermögen der Kapitalverwaltungsgesellschaft

31 Das Recht der externen KVG, das Investmentanlagevermögen der InvAG mit veränderlichem Kapital zu verwalten, erlischt gem. § 129 Abs. 1 Satz 5 i.V.m. § 99 Abs. 3 Satz 1 KAGB, wenn **über das Vermögen der KVG das Insolvenzverfahren eröffnet** oder der **Antrag auf Eröffnung des Insolvenzverfahrens mangels Masse rechtskräftig gem. § 26 InsO abgewiesen** wurde.

32 Aus der entsprechenden Anwendung des klarstellenden § 99 Abs. 3 Satz 2 KAGB folgt, dass das Gesellschaftsvermögen nicht zur Insolvenzmasse der externen KVG zählt. Sollte die externe KVG selbst eine Beteiligung an der offenen InvKG halten, zählt diese Beteiligung und – da die Eröffnung des Insolvenzverfahrens das Ausscheiden der KVG aus der Gesellschaft bedeutet (s. § 125 Rz. 33 f.) – der Auseinandersetzungsanspruch zur Insolvenzmasse. Im Übrigen bleibt das Gesellschaftsvermögen der offenen InvKG durch die Eröffnung des Insolvenzverfahrens unangetastet (näher hierzu § 154 Rz. 75).

c) Kündigung durch die Investmentkommanditgesellschaft

33 Es verwundert etwas, dass § 129 KAGB keine Regelung über die **Kündigung des Verwaltungsrechts der KVG durch die InvKG** enthält. Eine solche Kündigung ist **als *actus contrarius* zur Bestellung zulässig.** Maßgebend sind die entsprechenden Bestimmungen im Bestellungsvertrag und ggf. im Gesellschaftsvertrag. Da es sich bei der Kündigung der externen KVG um ein außergewöhnliches Geschäft handelt, ist ein zustimmender Beschluss aller Gesellschafter nach den Regeln des Gesellschaftsvertrages erforderlich (vgl. Rz. 10).

34 Eines **wichtigen Grundes** für die Kündigung durch die InvKG **bedarf es nicht**, da die Gesellschafter frei darüber entscheiden können müssen, von welcher KVG sie das Vermögen ihrer Gesellschaft verwalten lassen möchten.[12] Der Kündigungsgrund kann daher rein geschäftspolitischer Natur sein. Da das KAGB keine erlaubnisfreie Verwaltung des Kommanditanlagevermögens gestattet, muss allerdings die Kündigung zu-

12 Unklar *Eichhorn* in Moritz/Klebeck/Jesch, § 129 KAGB Rz. 25, der lediglich auf wichtige Kündigungsgründe eingeht.

gleich mit der Entscheidung verknüpft werden, ob (1) eine andere externe KVG bestellt, (2) die InvKG in eine intern verwaltete InvKG umgewandelt oder (3) die InvKG aufgelöst wird (hierzu nachfolgend Rz. 36 ff.).

d) Kündigung durch die Verwahrstelle

Aufgrund des Verweises in § 129 Abs. 1 Satz 5 KAGB auf § 99 Abs. 4 KAGB hat die Verwahrstelle das Recht, das Verwaltungsrecht der externen KVG zu kündigen, wenn diese **aufgelöst** oder gegen sie ein **allgemeines Verfügungsverbot erlassen** wird. Da diese Kündigungsgründe es ausschließen, dass die KVG weiterhin das Kommanditanlagevermögen der offenen InvKG verwaltet, steht der Verwahrstelle das Kündigungsrecht **fristlos** zu. 35

III. Rechtsfolgen des Erlöschens des Verwaltungsrechts der externen Kapitalverwaltungsgesellschaft

1. Übergang des Verwaltungs- und Verfügungsrechts

§ 129 Abs. 2 KAGB enthält Regelungen über die Rechtsfolgen, die eintreten, wenn das Recht der externen KVG, das Kommanditanlagevermögen zu verwalten, erlischt. § 129 Abs. 2 KAGB verweist hierzu auf die **entsprechende Anwendung des § 100 KAGB**, der Regelungen für den Fall trifft, dass eine KVG das Recht, Sondervermögen zu verwalten, verliert. 36

Gemäß § 100 Abs. 1 KAGB geht das Verwaltungs- und Verfügungsrecht über das Sondervermögen auf die Verwahrstelle über, die es abzuwickeln und an die Anleger zu verteilen hat (§ 100 Abs. 2 KAGB). Wie bei allen Investmentgesellschaften (vgl. § 112 Abs. 1 Satz 5, 144 Abs. 1 Satz 5, 154 Abs. 2 Satz 1 KAGB) gilt auch bei der offenen InvKG, dass das Verwaltungs- und Verfügungsrecht nur dann auf die Verwahrstelle übergeht, wenn die offene InvKG sich nicht **in eine intern verwaltete geschlossene InvKG umwandelt** oder keine **andere externe KVG benennt.** 37

Für den Fall der **Bestellung einer anderen externen KVG** hat der Gesetzgeber durch Einfügung des Satz 2 in § 129 Abs. 2 KAGB nunmehr klargestellt, dass **§ 100b Abs. 1 Satz 1 bis 3, Abs. 2 und 3 KAGB entsprechend anwendbar** sind. Dies bedeutet für die offene InvKG insbesondere, dass die Übertragung auf eine andere externe KVG nicht von der BaFin genehmigt werden muss, sondern dieser lediglich anzuzeigen ist (§ 100b Abs. 1 Satz 3 i.V.m. § 100 Abs. 3 Satz 4 KAGB). Ferner muss die Übertragung nicht im Bundesanzeiger und im Jahresbericht bekannt gemacht werden (§ 100b Abs. 2 Satz 1 i.V.m. § 99 Abs. 3 Satz 4 KAGB). 38

Die **Umwandlung in eine intern verwaltete offene InvKG** dürfte in der Regel das ungleich schwierigere Unterfangen sein, da die intern verwaltete offene InvKG für ihren Geschäftsbetrieb einer erstmaligen Erlaubnis der BaFin gem. § 20 Abs. 1 KAGB bedarf. Hierfür muss das aufwendige Antragsverfahren[13] nach § 22 KAGB durchlaufen werden. 39

Zu weiteren Einzelheiten des Übergangs des Verwaltungs- und Verfügungsrechts wird auf § 154 Rz. 84 ff. verwiesen. 40

2. Auflösung der offenen Investmentkommanditgesellschaft

Eine weitere mögliche Konsequenz des Erlöschens des Verwaltungsrechts der externen KVG ist, dass die Gesellschafter die **Auflösung** der offenen InvKG **beschließen.** Diese Möglichkeit ist in § 129 Abs. 2 KAGB zu Recht nicht erwähnt, da es sich um eine rein gesellschaftsinterne Angelegenheit handelt, für die es keiner aufsichtsrechtlichen Regulierung bedarf. 41

Es verwundert allerdings, dass sich in § 129 Abs. 2 Satz 3 KAGB eine rudimentäre Regelung findet, wonach **§ 147 HGB keine Anwendung** findet. Dies bedeutet, dass die Verwahrstelle als Liquidator gem. § 129 Abs. 1 Satz 1 i.V.m. § 100 Abs. 2 KAGB nicht durch einstimmigen Beschluss der Beteiligten gem. § 146 Abs. 2 und 3 HGB – das sind die Gesellschafter sowie der kündigende Gläubiger und der Insolvenzverwalter – oder aus wichtigem Grund durch Gerichtsbeschluss abberufen werden kann. 42

13 Vgl. *BaFin*, Merkblatt zum Erlaubnisverfahren für eine AIF-Kapitalverwaltungsgesellschaft nach § 22 KAGB v. 22.3.2017, geändert am 27.11.2017, abrufbar unter https://www.bafin.de/SharedDocs/Veroeffentlichungen/DE/Merkblatt/WA/mb_130322_erlaubnisverfahren_aif-22kagb.html.

43 Abgesehen davon, dass diese Bestimmung gesetzessystematisch besser bei § 138 Abs. 2 KAGB verortet gewesen wäre, ist sie auch **inhaltlich nicht überzeugend**: Denn ist fehlt ein sachlicher Grund dafür, dass die Gesellschafter der offenen InvKG – anders die Gesellschafter einer geschlossenen InvKG (vgl. § 154 Abs. 2 Satz 1 Nr. 2 KAGB) – nicht die Möglichkeit haben, einen anderen Liquidator als die Verwahrstelle zu bestellen. Dies verwundert umso mehr, als eine alternative Verwahrstelle auch für die geschlossene Publikums-InvKG bestellt werden kann, mithin der Gesetzgeber die Unabhängigkeit und aufsichtsrechtliche Pflicht der Verwahrstelle, im Interesse des AIF und der Anleger zu handeln (vgl. § 85 KAGB), nicht als zwingenden Grund ansieht, die Verwahrstelle zum Schutze des Privatanlegers verbindlich als Liquidator der Publikums-InvKG vorzuschreiben. Da bei den Anlegern der offenen InvKG von einer größeren Erfahrung und Sachkunde auszugehen ist, sollte es Ihnen erst Recht gestattet sein, den Liquidator selbst zu bestimmen.

44 Besteht der Zweck der offenen InvKG darin, Altersvorsorgevermögen ihrer Anleger zu verwalten, kommt hinzu, dass eine Liquidation **besondere Expertise in der Verwaltung von Pensionsvermögen** erfordert. Es ist daher zu erwarten, dass die Verwahrstelle die Abwicklung auf eine mit einer entsprechenden Erfahrung ausgestattete KVG auslagert. Dasselbe Ergebnis könnte effizienter und kostengünstiger durch unmittelbare Beauftragung der Gesellschafter erfolgen.

§ 130 Unterschreitung des Anfangskapitals oder der Eigenmittel

[1]Eine intern verwaltete offene Investmentkommanditgesellschaft hat der Bundesanstalt und den Anlegern unverzüglich anzuzeigen, wenn das Gesellschaftsvermögen den Wert des Anfangskapitals oder den Wert der zusätzlich erforderlichen Eigenmittel gemäß § 25 unterschreitet. [2]Mit der Anzeige gegenüber den Anlegern ist durch die Geschäftsführung eine Gesellschafterversammlung einzuberufen.

In der Fassung vom 4.7.2013 (BGBl. I 2013, S. 1981).

Schrifttum: *Dornseifer/Jesch/Klebeck/Tollmann*, AIFM-Richtlinie, 2013. Im Übrigen wird auf das Schrifttum zu Vor §§ 124–138 verwiesen.

I. Regelungsgegenstand und -zweck

1 § 130 KAGB begründet **Anzeigepflichten der intern verwalteten offenen InvKG gegenüber der BaFin und den Anlegern** sowie die **Verpflichtung zur Einberufung einer Gesellschafterversammlung**, wenn das Gesellschaftsvermögen den Wert des Anfangskapitals oder den Wert der zusätzlich erforderlichen Eigenmittel gem. § 25 KAGB unterschreitet. Identische Verpflichtungen existieren für die geschlossene InvKG (§ 155 KAGB), die InvAG mit veränderlichem Kapital (§ 114 KAGB) und die InvAG mit fixem Kapital (§ 149 KAGB).

2 Der Gesetzgeber verzichtete darauf, für die intern verwaltete offene InvKG eigene Regelungen zum Anfangskapital und den zusätzlich erforderlichen Eigenmitteln vorzusehen, da die **intern verwaltete offene InvKG zugleich interne KVG** und auf sie **§ 25 KAGB unmittelbar anwendbar** ist.[1]

3 Umgekehrt ist **§ 130 KAGB nicht auf die externe KVG anwendbar**. Für die externe KVG gilt eine gesonderte Anzeigepflicht nach § 34 Abs. 3 Nr. 6 KAGB. Danach muss die KVG der BaFin unverzüglich anzeigen, wenn ihre Eigenmittel unter die in § 25 KAGB genannten Schwellen herabsinken. In der Literatur[2] wird vereinzelt kritisiert, dass die Pflichten, eine Anzeige an die Anleger zu erstatten und eine Gesellschafterversammlung einzuberufen, nicht auch für die externe KVG gilt. Dabei wird verkannt, dass § 130 und § 34 Abs. 3 Nr. 6 KAGB unterschiedliche Zielrichtungen verfolgen:

---

1 BT-Drucks. 17/12294, 243.
2 *Eichhorn* in Moritz/Klebeck/Jesch, § 130 KAGB Rz. 3, 7.

§ 130 KAGB zielt auf die Unterrichtung der Anleger der konkret betroffenen Investmentgesellschaft ab, um sie in die Lage zu versetzen, durch entsprechende **Maßnahmen, die sie selbst in der Hand haben,** die finanzielle Krise ihrer Investmentgesellschaft zu beseitigen (vgl. § 155 Rz. 4 f.). Eine entsprechende Anwendung des § 130 KAGB auf die externe KVG würde wohl bedeuten, dass die Anleger sämtlicher der von der KVG verwalteten Investmentvermögen benachrichtigt würden, ohne dass sie in der Lage wären, durch eigene Maßnahmen gegen die finanziellen Schwierigkeiten der KVG zu steuern. Dementsprechend ist auch die Einberufung einer Gesellschafterversammlung in den Fällen, in denen die betreffenden Investmentvermögen Investmentgesellschaften sind, wirkungslos. 4

Die **Anzeigepflicht in § 34 Abs. 3 Nr. 6 KAGB** dient hingegen der Solvabilitätssicherung der **externen KVG**, wie schon die Definition der Eigenmittel in § 1 Abs. 19 Nr. 9 KAGB anhand der Begriffsbestimmung in Art. 72 Verordnung (EU) 575/2013 (*Capital Requirements Regulation*) zeigt. Nach der hier vertretenen und in § 155 Rz. 9 ff. ausführlich begründeten Auffassung passt die Anzeigepflicht in § 34 Abs. 3 Nr. 6 KAGB nicht auf intern verwaltete Investmentgesellschaften.[3] 5

II. Gesellschaftsvermögen und Eigenmittel

§ 130 Satz 1 KAGB stellt auf das **Gesellschaftsvermögen** ab, welches den Wert des Anfangskapitals oder den Wert der zusätzlich erforderlichen Eigenmittel gem. § 25 KAGB nicht unterschreiten darf. Mit „Gesellschaftsvermögen" ist das in § 131 KAGB näher beschriebene Gesellschaftsvermögen einer intern verwalteten offenen InvKG gemeint. Hierzu zählt sowohl **das Betriebsvermögen i.S.d. § 131 Abs. 1 KAGB** als auch **das Kommanditanlagevermögen i.S.d. § 131 Abs. 2 KAGB.** 6

Bei der Bestimmung des Wertes des Gesellschaftsvermögens sind neben den Vermögensgegenständen und Forderungen **auch die Verbindlichkeiten zu berücksichtigen**. Wegen der Einzelheiten wird auf § 155 Rz. 8 ff. verwiesen. 7

Der ermittelte Wert des Gesellschaftsvermögens ist mit dem Wert des mindesterforderlichen Anfangskapitals und der ggf. zusätzlich erforderlichen Eigenmittel gem. § 25 KAGB zu vergleichen und darf diesen nicht unterschreiten. 8

III. Wert des Anfangskapitals und der zusätzlich erforderlichen Eigenmittel gem. § 25 KAGB

Wegen der Begriffsbestimmungen des Anfangskapitals und der zusätzlich erforderlichen Eigenmittel sowie des Vergleichs des Wertes des Gesellschaftsvermögens mit den in § 25 KAGB genannten Schwellen wird auf die Kommentierung der gleichlautenden Bestimmung für die geschlossenen InvKG in § 155 Rz. 15 ff. verwiesen. 9

IV. Anzeigepflicht und Einberufung einer Gesellschafterversammlung

Hinsicht der Anzeigepflicht gegenüber der BaFin und den Anlegern sowie der Pflicht zur Einberufung einer Gesellschafterversammlung bestehen gegenüber der geschlossenen InvKG keine Besonderheiten. Es wird daher auf § 155 Rz. 21 ff. verwiesen. 10

§ 131 Gesellschaftsvermögen

(1) [1]Eine intern verwaltete offene Investmentkommanditgesellschaft darf bewegliches und unbewegliches Vermögen erwerben, das für den Betrieb der Investmentkommanditgesellschaft notwendig ist. [2]Hierfür hat sie ein Betriebsvermögen zu bilden, das rechnerisch bei den Kapitalanteilen der geschäftsführenden Gesellschafter zu erfassen ist. [3]Den Erwerb darf sie nicht mit Kapital aus der Begebung von Kommanditanteilen an Anleger bestreiten.

(2) [1]Die Einlagen der Anleger, die sich als Kommanditisten beteiligen, die im Zusammenhang mit der Anlagetätigkeit erhaltenen und verwalteten Vermögensgegenstände, für die Vermögensgegen-

---

3 A.A. *Eichhorn* in Moritz/Klebeck/Jesch, § 130 KAGB Rz. 3: teilweise Überschneidung; *Hüwel* in Baur/Tappen, § 130 KAGB Rz. 11; *Kunschke/Klebeck* in Beckmann/Scholtz/Vollmer, ErgLfg. 5/14 – IV.14, § 130 KAGB Rz. 3 ff.

stände erhaltene Sicherheiten sowie liquide Mittel werden rechnerisch dem Kommanditkapital zugeordnet. [2]Sie bilden das Kommanditanlagevermögen.

In der Fassung vom 4.7.2013 (BGBl. I 2013, S. 1981).

Schrifttum: Es wird auf das Schrifttum zu Vor §§ 124–138 verwiesen.

I. Regelungsgegenstand und -zweck

1 Bei der extern verwalteten InvKG befindet sich **das für die Vermögensverwaltung erforderliche Betriebsvermögen** bei der externen KVG. Da bei der intern verwalteten InvKG KVG und Kommanditgesellschaft zusammen fallen, gestattet es § 131 Abs. 1 KAGB einer intern verwalteten InvKG, bewegliches und unbewegliches Vermögen zu erwerben, das für ihren Betrieb notwendig ist. Dieses wird gem. § 131 Abs. 1 KAGB rechnerisch bei den Kapitalanteilen der geschäftsführenden Gesellschafter erfasst und darf nicht mit dem Kapital aus der Begebung von Kommanditanteilen an Anleger finanziert werden.

2 § 131 Abs. 2 KAGB umschreibt das aus den Einlagen der Anleger gebildete **Kommanditanlagevermögen**, das rechnerisch dem Kommanditkapital zugeordnet wird.

3 Die Bestimmung legt damit für die Zwecke der **Rechnungslegung** die **Vermögensstruktur der intern verwalteten InvKG** fest. Sie entspricht der in § 112 Abs. 2 KAGB für die InvAG mit veränderlichem Kapital getroffenen Regelung. § 112 Abs. 2 KAGB geht wiederum auf § 99 Abs. 3 Satz 2 und 3 des aufgehobenen InvG zurück. Für die intern verwaltete geschlossene InvKG gilt in § 156 KAGB eine nahezu gleichlautende Regelung. Es überrascht, dass eine vergleichbare Regelung für die InvAG mit fixem Kapital gänzlich fehlt.

4 Im Regierungsentwurf[1] war noch bestimmt, dass das Betriebsvermögen vollständig aus den Einlagen der geschäftsführenden Gesellschafter erworben werden muss. Auf Empfehlung des **Finanzausschusses des Bundestages**[2] ist dies jedoch mit dem klarstellenden Hinweis gestrichen worden, dass für den Erwerb der Gegenstände des Betriebsvermögens **auch Darlehen** aufgenommen werden können.

II. Betriebsvermögen

5 § 131 Abs. 1 KAGB dient der **rein rechnerischen Abgrenzung** des Betriebsvermögens vom Kommanditanlagevermögen. Hinsichtlich der dinglichen Zuordnung verbleibt es dabei, dass die Gegenstände des Betriebsvermögens dem einheitlichen Gesamthandsvermögen der InvKG zuzuordnen sind.

6 Das Betriebsvermögen soll nach den Vorstellungen des Gesetzgebers aus den **Einlagen der geschäftsführenden Gesellschafter** und aus der **Aufnahme von Darlehen** finanziert werden können. Gemäß § 131 Abs. 1 Satz 3 KAGB darf es **nicht mit dem Kapital aus der Begebung von Kommanditanteilen** an Anleger angeschafft werden.

7 Wie in § 156 Rz. 16 ff. ausführlich dargelegt wird, ist das Verbot der Finanzierung des Betriebsvermögens aus Mitteln der Anleger **nicht konsequent zu Ende gedacht**. Dies wird z.B. deutlich, wenn die Vergütung der geschäftsführenden Gesellschafter in Übereinstimmung mit der Verwaltungspraxis der BaFin aus dem gesamten Gesellschaftsvermögen, einschließlich des Kommanditanlagevermögens, gezahlt wird und die geschäftsführenden Gesellschafter aus dieser Vergütung Gegenstände des Betriebsvermögens anschaffen. Damit wird im wirtschaftlichen Ergebnis keine andere Situation hergestellt, als die Zahlung der Geschäftsführungsvergütung an die Komplementär-GmbH oder der Verwaltungsvergütung an die externe KVG, die jeweils ihrerseits aus der erhaltenen Vergütung Betriebsvermögen in der eigenen Gesellschaft anschaffen. Auch wenn die geschäftsführenden Gesellschafter das Betriebsvermögen aus Darlehen finanzieren, ist die Darlehensverbindlichkeit eine solche des gesamten Gesellschaftsvermögens, mithin auch des Kommanditanlagevermögens. Auch dies ist mit dem Zweck des § 131 Abs. 1 Satz 3 KAGB unvereinbar. Das Verbot der Finanzierung des Betriebsvermögens mit Mitteln der Anleger ist deshalb nur dann konsequent umzusetzen,

1 BT-Drucks. 17/12294, 81.
2 BT-Drucks. 17/13395, 161, 405.

wenn sichergestellt wird, dass die Anschaffung des Betriebsvermögens und die Rückzahlung von Darlehensverbindlichkeiten **tatsächlich aus Einlagen der geschäftsführenden Gesellschafter** erfolgt.

Wie in § 156 Rz. 30 ff. gezeigt wird, ist das **Postulat der rechnerischen Abgrenzung zwischen Betriebsvermögen und Kommanditanlagevermögen nicht weniger problematisch.** Erfolgt die Anschaffung von Gegenständen des Betriebsvermögens aus einer Darlehensaufnahme, erscheint die rechnerische Zuordnung dieser Gegenstände zu den Kapitalanteilen der geschäftsführenden Gesellschafter nur gerechtfertigt, wenn die geschäftsführenden Gesellschafter das Darlehen selbst aufgenommen haben oder zumindest die Zins- und Tilgungsleistungen des im Namen der InvKG aufgenommenen Darlehens aus dem eigenen Vermögen bestreiten. Auch bei der indirekten Finanzierung des Betriebsvermögens aus der aus dem Gesellschaftsvermögen gezahlten Geschäftsführervergütung ist die rechnerische Zuordnung bei den Kapitalkonten der geschäftsführenden Gesellschafter nicht einsichtig. Auch hier zeigt sich, dass die rechnerische Zuordnung der Gegenstände des Betriebsvermögens zu den Kapitalanteilen der geschäftsführenden Gesellschafter nur dann gerechtfertigt erscheint, wenn die Gegenstände **aus Einlagen der geschäftsführenden Gesellschafter**, die sie aus dem eigenen Vermögen leisten, angeschafft werden. 8

Vermutlich aus Rücksicht auf die bei InvKGen allgemein übliche Kapitalstruktur, wonach die geschäftsführenden Gesellschafter keine oder nur eine marginale Kapitaleinlage leisten, hat es der **Gesetzgeber** jedoch **unterlassen**, bei der intern verwalteten InvKG **eine Mindesteinlageverpflichtung der geschäftsführenden Gesellschafter vorzuschreiben.** Hier unterscheiden sich die offene und die geschlossene InvKG von der InvAG mit veränderlichem Kapital, bei der die Unternehmensaktionäre mit eigenen Einlagen das Anfangskapital und die ggf. zusätzlich erforderlichen Eigenmittel aufbringen müssen (vgl. §§ 109 Abs. 2 Satz 1, 116 Abs. 2 Satz 3 KAGB sowie § 116 Rz. 23 ff.). 9

Aus Gründen der Transparenz und Rechtssicherheit ist es in jedem Falle empfehlenswert, die **rechnerische Zuordnung** des näher zu definierenden Betriebsvermögens **im Gesellschaftsvertrag zu regeln.** 10

Die zuvor beschriebene Unvollkommenheit der gesetzlichen Regelung in § 131 Abs. 1 Satz 2 und 3 KAGB lässt sich bei der offenen InvKG dadurch entschärfen, dass **für das Betriebsvermögen ein eigenes Teilgesellschaftsvermögen** gebildet wird. Im Gegensatz zur geschlossenen InvKG ist bei der offenen InvKG die Bildung von Teilgesellschaftsvermögen, die vermögens- und haftungsrechtlich voneinander getrennt sind, möglich (§ 132 Abs. 1 KAGB). Die Bildung eines Teilgesellschaftsvermögens lediglich für das Betriebsvermögen ist nach h.M.,[3] der auch hier gefolgt wird (vgl. § 117 Rz. 16), zulässig. Diese Lösung hat den Vorteil, dass das einem Teilgesellschaftsvermögen zugeordnete Betriebsvermögen rechnerisch und haftungsrechtlich vom Kommanditanlagevermögen klar getrennt ist. Freilich erfordert diese Lösung auch hier, dass das Teilgesellschaftsvermögen des Betriebsvermögens aus Einlagen der geschäftsführenden Gesellschafter finanziert wird. 11

Wegen weiterer Einzelheiten zum Betriebsvermögen wird auf § 156 Rz. 5 ff. verwiesen. 12

III. Kommanditanlagevermögen

§ 131 Abs. 2 Satz 1 KAGB enthält eine **beispielhafte Aufzählung von Bestandteilen des Kommanditanlagevermögens**, die ersichtlich nicht vollständig und konturlos ist.[4] So passt der Begriff der Einlagen nicht zu den nachfolgend aufgeführten Aktivposten des Kommanditanlagevermögens. 13

Ferner bezieht sich § 131 Abs. 2 Satz 1 KAGB lediglich auf „Anleger, die sich als Kommanditisten beteiligen“. Angesichts des Umstandes, dass sich die Anleger einer offenen InvKG ohnehin nur unmittelbar als Kommanditisten beteiligen dürfen (§ 127 Abs. 1 Satz 2 KAGB), ist dieser Zusatz an sich überflüssig. Immerhin ergibt sich eine konsistente Regelung im Vergleich zur geschlossenen InvKG: Im ansonsten gleichlautenden § 156 KAGB fehlt nämlich dieser Zusatz, um zum Ausdruck zu bringen, dass auch mittelbar als Treugeber-Anleger beteiligte Anleger Einlagen in das Kommanditanlagevermögen leisten. 14

Die Formulierung ist andererseits ungenau, weil sie nicht den Fall erfasst, dass ein geschäftsführender Gesellschafter selbst eine Einlage leistet, mit der Vermögensgegenstände zu Anlagezwecken erworben werden. Der **geschäftsführende Gesellschafter** wäre **insoweit als Anleger** zu betrachten und sein Anteil an dem Anlagevermögen rechnerisch seinem einheitlichen Kapitalanteil zuzuordnen. Auch hier ist die Lösung einfacher, wenn für das Betriebsvermögen und das Kommanditanlagevermögen getrennte Teilgesellschaftsver- 15

3 *Dornseifer* in Emde/Dornseifer/Dreibusch/Hölscher, § 99 InvG Rz. 34; *Eichhorn* in Moritz/Klebeck/Jesch, § 131 KAGB Rz. 7, 9; *Lorenz* in Weitnauer/Boxberger/Anders, § 131 KAGB Rz. 3; a.A. *Boxberger* in Moritz/Klebeck/Jesch, § 112 KAGB Rz. 34.

4 Kritisch auch *Lorenz* in Weitnauer/Boxberger/Anders, § 131 KAGB Rz. 6.

mögen gebildet werden. Der geschäftsführende Gesellschafter hätte dann die Möglichkeit, einen Kapitalanteil am Betriebs-Teilgesellschaftsvermögen und einen weiteren Anteil am Kommanditanlage-Teilgesellschaftsvermögen zu erwerben. Der im Personengesellschaftsrecht geltende Grundsatz der Einheitlichkeit des Gesellschaftsanteils steht dem nicht entgegen, da die einzelnen Teilgesellschaftsvermögen im Verhältnis der Gesellschafter untereinander wie eigenständige Gesellschaftsvermögen zu behandeln sind (§ 132 Abs. 1 Satz 3 KAGB). Handelt es sich bei dem geschäftsführenden Gesellschafter um den Komplementär, bleibt dessen unbeschränkte Haftung für Verbindlichkeiten des Kommanditanlage-Teilgesellschaftsvermögens (§ 132 Abs. 5 Satz 1 KAGB) unberührt.

16 Im Übrigen wird auf die Ausführungen zum Kommanditanlagevermögen in § 156 Rz. 49 ff. verwiesen.

§ 132 Teilgesellschaftsvermögen; Verordnungsermächtigung

(1) [1]Der Gesellschaftsvertrag kann die Bildung von Teilgesellschaftsvermögen vorsehen. [2]Die Teilgesellschaftsvermögen sind haftungs- und vermögensrechtlich voneinander getrennt. [3]Im Verhältnis der Anleger untereinander wird jedes Teilgesellschaftsvermögen als eigenständiges Gesellschaftsvermögen behandelt. [4]Die Rechte von Anlegern und Gläubigern im Hinblick auf ein Teilgesellschaftsvermögen, insbesondere auf dessen Bildung, Verwaltung und Auflösung, beschränken sich auf die Vermögensgegenstände dieses Teilgesellschaftsvermögens. [5]Für die auf das einzelne Teilgesellschaftsvermögen entfallenden Verbindlichkeiten haftet nur das betreffende Teilgesellschaftsvermögen. [6]Die haftungs- und vermögensrechtliche Trennung gilt auch für den Fall der Insolvenz der offenen Investmentkommanditgesellschaft und die Abwicklung eines Teilgesellschaftsvermögens.

(2) [1]Für jedes Teilgesellschaftsvermögen sind Anlagebedingungen zu erstellen. [2]Die Anlagebedingungen eines Teilgesellschaftsvermögens und deren wesentliche Änderungen sind der Bundesanstalt nach Maßgabe von § 273 vorzulegen.

(3) [1]Die Kosten für die Auflegung neuer Teilgesellschaftsvermögen dürfen nur zulasten der Anteilspreise der neuen Teilgesellschaftsvermögen in Rechnung gestellt werden. [2]Der Wert des Anteils ist für jedes Teilgesellschaftsvermögen gesondert zu errechnen.

(4) Für jedes Teilgesellschaftsvermögen ist eine Verwahrstelle zu benennen.

(5) [1]Die persönlich haftenden Gesellschafter haften für die Verbindlichkeiten sämtlicher Teilgesellschaftsvermögen. [2]Die Kommanditisten haften gemäß den §§ 171 bis 176 des Handelsgesetzbuchs in Verbindung mit den Vorschriften dieses Unterabschnitts nur für Verbindlichkeiten des sie betreffenden Teilgesellschaftsvermögens.

(6) Der Gesellschaftsvertrag muss vorsehen, dass über Angelegenheiten, die die offene Investmentkommanditgesellschaft insgesamt betreffen, in einer Gesellschafterversammlung entschieden wird, zu der Anleger sämtlicher Teilgesellschaftsvermögen geladen werden.

(7) [1]Der Gesellschaftsvertrag kann vorsehen, dass die Geschäftsführung die Auflösung eines Teilgesellschaftsvermögens mit Zustimmung der Verwahrstelle beschließen kann. [2]Der Auflösungsbeschluss wird sechs Monate nach Mitteilung des Beschlusses an die Anleger des betreffenden Teilgesellschaftsvermögens wirksam, es sei denn, die Anleger stimmen einer früheren Auflösung zu. [3]Der Auflösungsbeschluss ist in den nächsten Jahresbericht aufzunehmen. [4]Für die Abwicklung des Teilgesellschaftsvermögens gilt § 100 Absatz 1 und 2 entsprechend.

(8) [1]Das Bundesministerium der Finanzen wird ermächtigt, durch Rechtsverordnung, die nicht der Zustimmung des Bundesrates bedarf, nähere Bestimmungen zur buchhalterischen Darstellung, Rechnungslegung und Ermittlung des Wertes jedes Teilgesellschaftsvermögens zu erlassen. [2]Das Bundesministerium der Finanzen kann die Ermächtigung durch Rechtsverordnung auf die Bundesanstalt übertragen.

In der Fassung vom 4.7.2013 (BGBl. I 2013, S. 1981).

Schrifttum: *Seitz*, Die InvestmentKG – Bereichsspezifisches Sonderrecht für die InvestmentKG und deren Verortung im Gefüge des (Personen-)Gesellschaftsrechts, 2017; *Staub*, Handelsgesetzbuch. Großkommentar, 5. Aufl. 2014, Vierter Band (§§ 161–237); *Zetzsche*, Das Gesellschaftsrecht des Kapitalanlagegesetzbuchs, AG 2013, 613. Im Übrigen wird auf das Schrifttum zu Vor §§ 124–138 verwiesen.

I. Regelungsgegenstand und -zweck

1 § 132 KAGB ermöglicht es, bei der offenen InvKG **Teilgesellschaftsvermögen** zu bilden, durch die das Gesellschaftsvermögen gewissermaßen horizontal in verschiedene voneinander getrennte Teilvermögen gegliedert wird. Der besondere Vorteil der Bildung von Teilgesellschaftsvermögen ist, dass unter einem „Schirm" (**sog. Umbrellastruktur**) mehrere Anlagestrategien angeboten werden können, die in voneinander unabhängigen Teilgesellschaftsvermögen realisiert werden. Umbrellafonds stellen somit eine effiziente und kostengünstige Möglichkeit dar, unter einer organisationsrechtlichen Struktur mehrere Anlageprodukte anbieten und verwalten zu können. Vom Gesetzgeber[1] wurde auch die Möglichkeit für den Anleger hervorgehoben, kostengünstig zwischen mehreren Teilgesellschaftsvermögen wechseln zu können. Allerdings ist dies letztlich eine Frage der Konditionengestaltung bei Umschichtungen innerhalb eines Umbrellas und bei Wechsel zwischen *stand-alone* Fonds desselben Fondshauses.[2]

2 Weil die Möglichkeit des Wechsels zwischen Teilgesellschaftsvermögen nicht als der entscheidende Vorteil einer Umbrellastruktur angesehen werden kann, ist es wenig verständlich, weshalb der Gesetzgeber nicht auch bei den geschlossenen Investmentgesellschaften die Möglichkeit der Bildung von Teilgesellschaftsvermögen vorgesehen hat (zur Kritik s. § 149 Rz. 49).

3 § 132 KAGB entspricht im Wesentlichen § 117 KAGB, der für die InvAG mit veränderlichem Kapital die Möglichkeit der Bildung von Teilgesellschaftsvermögen vorsieht.

4 Teilgesellschaftsvermögen sind **von Anteilklassen zu unterscheiden**, die lediglich unterschiedliche Rechte an ein und demselben (Teil-)Gesellschaftsvermögen gewähren. Die unterschiedlichen Ausgestaltungsmerkmale von Anteilklassen sind in § 96 Abs. 1 KAGB beispielhaft aufgezählt. § 96 Abs. 1 KAGB gilt über den Verweis in § 124 Abs. 2 KAGB auch für die offene InvKG.

5 Die Möglichkeit der Bildung von Teilgesellschaftsvermögen und Anteilklassen innerhalb von Teilgesellschaftsvermögen ist insbesondere bedeutsam, wenn die offene InvKG für die Zwecke des **internationalen Pension Asset Poolings** eingesetzt wird. Die Altersvorsorgeeinrichtungen aus dem Ausland und Inland unterliegen möglicherweise unterschiedlichen Restriktionen hinsichtlich der Auswahl und Zusammensetzung der Vermögensgegenstände und haben möglicherweise unterschiedliche Anforderungen hinsichtlich der auszuschüttenden Liquidität. Mit entsprechend konzipierten Teilgesellschaftsvermögen und Anteilklassen ist der offenen InvKG die erforderliche Flexibilität an die Hand gegeben, diese Bedürfnisse befriedigen zu können (vgl. Vor §§ 124–138 Rz. 19).

1 BT-Drucks. 15/1553, 86.
2 *Eichhorn* in Moritz/Klebeck/Jesch, § 132 KAGB Rz. 2.

II. Bildung von Teilgesellschaftsvermögen (§ 132 Abs. 1 Satz 1 KAGB)

6 Gemäß § 132 Abs. 1 Satz 1 KAGB kann der Gesellschaftsvertrag die Bildung von Teilgesellschaftsvermögen vorsehen.

7 Daraus ist zum einen zu entnehmen, dass die Bildung von Teilgesellschaftsvermögen, so sie denn erfolgen soll, zwingend zum **gesetzlichen Mindestinhalt des Gesellschaftsvertrages** gehört. Zum anderen ist daraus zu schließen, dass die Frage, **ob** die offene InvKG ohne oder mit Teilgesellschaftsvermögen gegründet werden soll, ein **Grundlagengeschäft** darstellt, die von allen Gründungsgesellschaftern beschlossen werden muss[3] und sich in dem Gesellschaftsvertrag manifestiert. Diese Schlussfolgerung ist auch angemessen, weil die Gliederung des Gesellschaftsvermögens in voneinander getrennte Teilgesellschaftsvermögen einen tiefen Eingriff in die Vermögensstruktur der offenen InvKG bedeutet mit gravierenden rechtlichen Folgen sowohl im Verhältnis der Gesellschafter zueinander als auch gegenüber Dritten (vgl. § 132 Abs. 1 Satz 2 bis 6 KAGB).

8 Keine Aussage trifft das Gesetz darüber, wer bei der offenen InvKG für die **Auflegung einzelner Teilgesellschaftsvermögen** zuständig ist. Der Blick auf die Parallelvorschrift des § 117 KAGB führt nur zum Teil einer Lösung zu, da bei der offenen InvKG kein Aufsichtsrat oder Beirat zu bilden ist. Immerhin ergibt sich aus § 117 Abs. 1 Satz 2 KAGB, dass die Auflegung von Teilgesellschaftsvermögen nicht zwingend einer Zustimmung der Hauptversammlung bedarf. Gleiches gilt auch für die offene InvKG: Wollte der Gesetzgeber die Auflegung von Teilgesellschaftsvermögen von der Zustimmung der Gesellschafterversammlung abhängig machen, hätte er dies ausdrücklich vorschreiben müssen.

9 Weil es an einer aufsichtsrechtlichen Zuständigkeitsregelung mangelt, beurteilt sich die Zuständigkeit für die Auflegung von Teilgesellschaftsvermögen **allein nach gesellschaftsrechtlichen Grundsätzen**. Dies bedeutet in erster Linie, dass die Gesellschafter selbst im Gesellschaftsvertrag die Zuständigkeit regeln können. Da die offene InvKG als Spezial-AIF nur eine begrenzte Anzahl von Anlegern haben wird, dürfte die Auflegung eines neuen Teilgesellschaftsvermögens durch Beschluss der Gesellschafter kein großes praktisches Problem darstellen. Vielfach dürfte dies auch dem Interesse aller Gesellschafter entsprechen.

10 Dient die offene InvKG als **Pension Asset Pooling Vehikel** für ein bestimmtes Trägerunternehmen, wird die Auflegung eines weiteren Teilgesellschaftsvermögens für eine Altersvorsorgeeinrichtung ohnehin in enger Abstimmung mit dem Trägerunternehmen und den anderen Altersvorsorgeeinrichtungen im Rahmen einer einheitlichen konzernweiten Anlagestrategie erfolgen.

11 Erfolgte im eher unwahrscheinlichen praktischen Fall keine Zuständigkeitsregelung im Gesellschaftsvertrag, hängt es davon ab, ob die Auflegung eines Teilgesellschaftsvermögens eine über den gewöhnlichen Betrieb der offenen InvKG hinausgehende Handlung i.S.d. § 164 Satz 1 HGB darstellt. Auf den ersten Blick ist man geneigt, dies im Hinblick auf die haftungsrechtliche Separierung der Teilgesellschaftsvermögen in § 132 Abs. 1 Satz 2 bis 6 KAGB und die zwingende Beschränkung der Haftung der Kommanditisten auf das sie betreffende Teilgesellschaftsvermögen in Abs. 5 Satz 2 zu verneinen. Es kann aber letztlich den Kommanditisten nicht gleichgültig sein, wie viele Teilgesellschaftsvermögen aufgelegt werden und welche Anlagestrategien in diesen verfolgt werden. Denn die persönlich haftenden Gesellschafter haften gem. § 132 Abs. 5 Satz 1 KAGB für die Verbindlichkeiten sämtlicher Teilgesellschaftsvermögen. Das hat zur Folge, dass das Haftungsrisiko mit steigender Anzahl von Teilgesellschaftsvermögen und riskanteren Anlagestrategien zunimmt, mit letztlich zunehmendem existenziellen Risiko für die InvKG insgesamt. Sofern folglich den geschäftsführenden Gesellschaftern im Gesellschaftsvertrag kein Rahmen hinsichtlich der Höchstanzahl der Teilgesellschaftsvermögen und der erlaubten Anlagestrategien gesetzt ist, spricht viel dafür, in der Bildung jedes neuen Teilgesellschaftsvermögens eine **außergewöhnliche Geschäftsführungsmaßnahme** zu sehen, die der Zustimmung der Kommanditisten mit der im Gesellschaftsvertrag vorgesehenen Mehrheit bedarf.

III. Vermögens- und haftungsrechtliche Trennung der Teilgesellschaftsvermögen (§ 132 Abs. 1 Satz 2 bis 6 und Abs. 5 KAGB)

12 Gemäß § 132 Abs. 1 Satz 2 KAGB sind die Teilgesellschaftsvermögen vermögens- und haftungsrechtlich voneinander getrennt. In den nachfolgenden Sätzen des § 132 Abs. 1 KAGB werden die Auswirkungen der vermögens- und haftungsrechtlichen Trennung auf die Rechtsstellung der Anleger und der Gläubiger sowie

3 Vgl. *Casper* in Staub, Großkomm. HGB, 5. Aufl. 2014, § 164 HGB Rz. 18; *Grunewald* in MünchKomm. HGB, 3. Aufl. 2011, § 164 HGB Rz. 17 f.

in den Fällen der Insolvenz und der Abwicklung von Teilgesellschaftsvermögen geregelt. In diesem Zusammenhang ist auch § 132 Abs. 5 KAGB zu sehen, der die Haftung der persönlich haftenden Gesellschafter und der Kommanditisten regelt.

1. Auswirkungen der haftungs- und vermögensrechtlichen Trennung der Teilgesellschaftsvermögen auf die Rechtsstellung der Anleger

§ 132 Abs. 2 Satz 3 KAGB stellt zunächst klar, dass im Verhältnis der Anleger untereinander jedes Teilgesellschaftsvermögens **als eigenständiges Gesellschaftsvermögen behandelt** wird. 13

Man könnte daraus folgern, dass es deshalb gem. § 17 Abs. 3 KAGB möglich sein sollte, für jedes Teilgesellschaftsvermögen eine eigene externe KVG zu bestellen, wie es in § 132 Abs. 4 KAGB auch für die Verwahrstelle vorgesehen ist. Hiergegen spricht jedoch zum einen, dass die Behandlung der Teilgesellschaftsvermögen als eigenständiges Gesellschaftsvermögen nur im Verhältnis der Anleger untereinander gelten soll, und zum anderen, dass die Aufgaben der externen KVG über die Verwaltung eines Teilgesellschaftsvermögens hinausgehen können, wie z.B. die konsolidierte Berichterstellung für die gesamte offene InvKG oder assetbezogene Tätigkeiten, wenn sie sich auf mehrere Vermögenswerte beziehen, die in unterschiedlichen Teilgesellschaftsvermögen gehalten werden. Es verbleibt daher dabei, dass **für die offene InvKG mit Teilgesellschaftsvermögen nur eine externe KVG** bestellt werden kann. 14

Im Hinblick auf die **Rechtsstellung der Anleger**, die wegen § 127 Abs. 1 Satz 2 KAGB **mit den Kommanditisten gleichzustellen** sind, ist die vermögens- und haftungsrechtliche Trennung der Teilgesellschaftsvermögen konsequent geregelt, indem sie sowohl die Rechte der Kommanditisten als auch deren Haftung bestimmt. 15

Im Hinblick auf die **Rechte** der Kommanditisten bestimmt § 132 Abs. 1 Satz 4 KAGB, dass die Rechte auf die Vermögensgegenstände des Teilgesellschaftsvermögens beschränkt sind. Man wird dies nicht nur im Sinne einer rechnerischen Begrenzung sondern **im Sinne einer dinglichen Zuordnung** begreifen müssen. Dies bedeutet, dass das Gesamthandvermögen der offenen InvKG mit der Bildung von Teilgesellschaftsvermögen auch in entsprechend getrennte Teil-Gesamthandvermögen untergliedert wird. Hierfür spricht, dass Teilgesellschaftsvermögen gem. § 281 Abs. 2 KAGB auf andere Teilgesellschaftsvermögen oder Spezialsondervermögen verschmolzen werden können. Dies ist nur möglich, wenn die Vermögensgegenstände des zu verschmelzenden Teilgesellschaftsvermögens auch dinglich nur diesem Teilgesellschaftsvermögen zugeordnet sind und im Wege der Verschmelzung auf das aufnehmende Teilgesellschaftsvermögen bzw. Spezialsondervermögen übergehen. Des Weiteren spricht hierfür, dass gem. § 25 Abs. 1 und 3 Nr. 1 KARBV im Jahresabschluss der offenen InvKG für jedes Teilgesellschaftsvermögen getrennt eine Vermögensaufstellung zu erfolgen hat. 16

Die Beschränkung der Rechte des Kommanditisten auf die Vermögensgegenstände des Teilgesellschaftsvermögens gilt gem. § 132 Abs. 1 Satz 4 KAGB insbesondere im Hinblick auf die Bildung, Verwaltung und Auflösung dieses Teilgesellschaftsvermögens.[4] Der Gesetzgeber bringt mit dieser Formulierung zum Ausdruck, dass der Anleger **während des gesamten Lebenszyklus eines Teilgesellschaftsvermögens** nur an diesem beteiligt ist. 17

Bei der **Bildung** eines Teilgesellschaftsvermögens dürfte die anteilige Belastung der Anleger mit den Kosten der Auflegung (vgl. § 132 Abs. 3 Satz 1 KAGB) im Vordergrund stehen. 18

Mit „**Verwaltung**" ist gemeint, dass die Anleger ausschließlich an den Gewinnen und Verlusten der Vermögensverwaltung dieses Teilgesellschaftsvermögens partizipieren. Sie partizipieren unmittelbar an der Wertentwicklung der Vermögensgegenstände, die dem betreffenden Teilgesellschaftsvermögen zugeordnet sind. Dies setzt voraus, dass die KVG bei ihrer Verwaltungstätigkeit eine entsprechend klare Zuordnung vornimmt, für welches Teilgesellschaftsvermögen eine Transaktion durchgeführt wird. Hierzu ist sie gem. § 134 Abs. 2 Satz 2 KAGB auch verpflichtet. 19

Mit der Beschränkung der Anlegerrechte im Hinblick auf die **Auflösung** wird zum Ausdruck gebracht, dass der Anleger nur ein Recht am Verteilungserlös desjenigen Teilgesellschaftsvermögens i.S.d. § 100 Abs. 2 KAGB hat, an dem er auch beteiligt ist. 20

4 Entgegen *Eichhorn* in Moritz/Klebeck/Jesch, § 132 KAGB Rz. 9 und *Lorenz* in Weitnauer/Boxberger/Anders, § 132 KAGB Rz. 5 beziehen sich die Worte „im Hinblick auf" auch auf die Worte „dessen Bildung, Verwaltung und Auflösung", so dass nicht von Rechten der Anleger *auf* die Bildung, Verwaltung und Auflösung von Teilgesellschaftsvermögen die Rede ist.

21 Korrespondierend zu der Beschränkung der Rechte der Kommanditisten auf die Vermögensgegenstände des Teilgesellschaftsvermögens beschränkt § 132 Abs. 5 Satz 2 KAGB die **Haftung** der Kommanditisten gem. §§ 171 bis 176 HGB auf die Verbindlichkeiten des sie betreffenden Teilgesellschaftsvermögens. Demzufolge würde auch ein Wiederaufleben der Kommanditistenhaftung wegen Rückzahlung der Hafteinlage gem. § 174 Abs. 4 Satz 1 HGB auf die Verbindlichkeiten des betreffenden Teilgesellschaftsvermögens begrenzt sein. Soll eine Ausschüttung aus einem Teilgesellschaftsvermögen erfolgen, ist deshalb für dieses Teilgesellschaftsvermögen gesondert zu prüfen, ob dadurch die Kapitalbeteiligung des Kommanditisten unter den Betrag der Hafteinlage herabgemindert wird. Ferner ist in dem Hinweis gem. § 127 Abs. 2 Satz 2 KAGB das Teilgesellschaftsvermögen, aus dem ausgeschüttet werden soll, konkret zu bezeichnen.[5]

22 Bedauerlicherweise hat es der Gesetzgeber vermieden, für die offene InvKG mit Teilgesellschaftsvermögen eine klare Regelung über die **Beteiligungsverhältnisse** zu treffen. Für die InvAG mit veränderlichem Kapital hat er eine solche Regelung in § 117 Abs. 3 KAGB dergestalt getroffen, dass jedes Teilgesellschaftsvermögen Aktien ausgibt, die denselben Anteil am Teilgesellschaftsvermögen verkörpern. Die oben beschriebene gesetzliche Regelung zur Begrenzung der Rechte und der Haftung der Kommanditisten auf die Vermögensgegenstände und Verbindlichkeiten eines Teilgesellschaftsvermögens legen indes die Schlussfolgerung nahe, dass der **Kommanditist auch rechtlich nur an einem Teilgesellschaftsvermögen beteiligt ist** oder – ausgedrückt in der investmentrechtlichen Terminologie – einen Anteil lediglich am Teilgesellschaftsvermögen hält. Eine rein rechnerische Abgrenzung der Beteiligung würde zum einen die Zuordnung von Rechten an den Vermögensgegenständen des betreffenden Teilgesellschaftsvermögens – wie oben (Rz. 16) gezeigt – nur unvollkommen erklären. Zum anderen wäre die Begrenzung der Haftung auf Verbindlichkeiten des Teilgesellschaftsvermögens im Außenverhältnis nicht wirksam.

2. Auswirkungen der haftungs- und vermögensrechtlichen Trennung der Teilgesellschaftsvermögen auf die Rechtsstellung des Komplementärs

23 Gemäß § 132 Abs. 5 Satz 1 KAGB **haften die persönlich haftenden Gesellschafter für die Verbindlichkeiten sämtlicher Teilgesellschaftsvermögen.** Dies ist lediglich eine Klarstellung, denn die Bildung von Teilgesellschaftsvermögen kann nicht dazu führen, dass die unbegrenzte Haftung des Komplementärs als ein Wesensmerkmal der Kommanditgesellschaft aufgehoben wird.

24 Hinsichtlich der **gesellschaftsrechtlichen Beteiligung der Komplementäre** sind ähnlich wie bei den Unternehmensaktionären der InvAG mit veränderlichem Kapital (s. § 115 Rz. 10 ff. und § 117 Rz. 11 ff.) wiederum zwei Möglichkeiten denkbar:

25 Die – rechtlich ungeteilte – Komplementärbeteiligung könnte **rechnerisch den einzelnen Teilgesellschaftsvermögen zugerechnet** werden. Sofern der Komplementär tatsächlich eine Kapitaleinlage geleistet hat, würde diese anteilig auf die verschiedenen Teilgesellschaftsvermögen nach einem im Gesellschaftsvertrag zu bestimmenden Verteilungsschlüssel aufgeteilt werden. Die rechnerische Integration der Komplementärbeteiligung bei den Teilgesellschaftsvermögen hätte allerdings zur Konsequenz, dass die Kommanditisten des betreffenden Teilgesellschaftsvermögens auch an den Aktiva und Passiva der anteiligen Komplementärbeteiligung partizipieren.

26 Darüber hinaus ist es möglich, dass für die geschäftsführenden Gesellschafter **ein eigenes Teilgesellschaftsvermögen** gebildet wird, das vermögens- und haftungsrechtlich von den Teilgesellschaftsvermögen der Kommanditisten getrennt ist. Diese Lösung hat – wie bereits an anderer Stelle beschrieben (s. hierzu § 131 Rz. 11) – vor allem dann praktische Vorteile, wenn für die offene InvKG ein Betriebsvermögen gebildet worden ist, das in einem eigenen Teilgesellschaftsvermögen haftungsrechtlich vom Kommanditanlagevermögen getrennt werden kann.

27 Dienen allerdings Gegenstände des Betriebsvermögens dazu, die Anlagestrategie lediglich eines bestimmen Teilgesellschaftsvermögens umzusetzen (wie z.B. die aufwendige technische Ausrüstung für einen Hochfrequenzhandel), so liegt es näher, **diesen Teil des Betriebsvermögens dem betreffenden Teilgesellschaftsvermögen zuzuordnen.** Diese Gegenstände würden in diesem Fall auch dinglich dem betreffenden Teil-Gesamthandvermögen zugeordnet werden. Eine solche Lösung ist rechtlich zulässig. Hiervon geht erkennbar auch § 21 Abs. 1 Satz 2 KARBV aus, wonach für *jedes* Teilgesellschaftsvermögen eine Bilanz unter Berücksichtigung des Investmentbetriebsvermögens und des Investmentanlagevermögens aufzustellen ist.[6]

5 Ähnlich *Lorenz* in Weitnauer/Boxberger/Anders, § 132 KAGB Rz. 7.
6 S. hierzu bereits *Wallach*, ZGR 2014, 289 (313).

Erfolgt eine solche Einbeziehung von Gegenständen des Betriebsvermögens in ein Teilgesellschaftsvermögen der Anleger, ist zu empfehlen, im Gesellschaftsvertrag hinsichtlich der Rechtsfolge[7] zu regeln, dass das Betriebsvermögen nicht liquidiert wird sondern der wertmäßige Anteil des ausscheidenden Kommanditisten an dem Betriebsvermögen diesem als Teil des Auseinandersetzungsanspruches ausgezahlt wird. Hinsichtlich der Fälligkeit dieses Teils des Auseinandersetzungsanspruches können die Gesellschafter eine Regelung treffen, die der voraussichtlichen Liquiditätslage der InvKG entspricht. 28

Die Bildung eines eigenen Teilgesellschaftsvermögens für den Komplementär hat auf die unbegrenzte Haftung des Komplementärs für die Verbindlichkeiten der übrigen Teilgesellschaftsvermögen keine Auswirkungen. 29

3. Auswirkungen der haftungs- und vermögensrechtlichen Trennung der Teilgesellschaftsvermögen auf die Rechte der Gläubiger

Gemäß § 132 Abs. 1 Satz 4 und 5 KAGB beschränken sich die Rechte der Gläubiger ebenfalls auf das betreffende Teilgesellschaftsvermögen. Das heißt, dass den Gläubigern als **Haftungsmasse** nicht die gesamte InvKG zur Verfügung steht, sondern **nur das Teilgesellschaftsvermögen, dessen Gläubiger sie auch sind**. Damit beschränkt sich die Haftungsmasse auf die Vermögensgegenstände, die für das Teilgesellschaftsvermögen erworben wurden. Die Beschränkung der Haftungsmasse ist auch sachgerecht, da die KVG die Rechtsgeschäfte, aus denen die Verbindlichkeiten resultieren, immer nur für Rechnung eines bestimmten Teilgesellschaftsvermögens tätigt und dies den Gläubigern gegenüber auch transparent macht (§ 134 Abs. 2 Satz 2 KAGB). 30

4. Auswirkungen der haftungs- und vermögensrechtlichen Trennung der Teilgesellschaftsvermögen auf die Insolvenz und Abwicklung

Die haftungs- und vermögensrechtliche Trennung gilt auch für den Fall der **Insolvenz** der offenen InvKG und für den Fall der **Abwicklung** eines Teilgesellschaftsvermögens. 31

a) Insolvenz eines Teilgesellschaftsvermögens

Nach § 132 Abs. 1 Satz 5 KAGB gilt die **vermögens- und haftungsrechtliche Trennung auch im Falle der Insolvenz** der offenen InvKG. Dies bedeutet, dass die Gläubiger nicht auf die vollständige Haftungsmasse der InvAG mit veränderlichem Kapital zugreifen können. Vielmehr bleibt die Haftungsmasse auf das Teilgesellschaftsvermögen beschränkt, bei der die Gläubigerstellung begründet wurde. Der Gesetzgeber gibt damit dem Anlegerschutz Vorzug vor dem Gläubigerschutz. 32

In der investmentrechtlichen Literatur wird allerdings vereinzelt[8] vertreten, dass ein isoliertes Insolvenzverfahren über ein Teilgesellschaftsvermögen *de lege lata* nicht möglich sei. Folge wäre, dass über das gesamte Vermögen der offenen InvKG ein Insolvenzverfahren eröffnet werden müsste, bei dem lediglich sichergestellt sei, dass die Gläubiger des insolventen Teilgesellschaftsvermögens nicht auf die übrigen Teilgesellschaftsvermögen zugreifen können. 33

Wie in § 117 Rz. 28 ff. ausführlich begründet wurde, ist diese Auffassung jedoch weder insolvenzrechtlich zwingend noch entspricht sie den Interessen aller an der offenen InvKG Beteiligten. Nach der hier vertretenen Ansicht ist die **Eröffnung eines Insolvenzverfahrens über ein Teilgesellschaftsvermögen zulässig**. Zumindest haben die Gesellschafter der nicht betroffenen Teilgesellschaftsvermögen ein Aussonderungsrecht entsprechend § 47 InsO. 34

Ein praktisches Problem dürfte sich jedoch bei der offenen InvKG regelmäßig stellen, weil die Insolvenz eines Teilgesellschaftsvermögens auch bedeutet, dass die Haftung der Komplementär-GmbH nach § 132 Abs. 5 Satz 1 KAGB die Insolvenz nicht auffangen konnte und deshalb **auch die Komplementär-GmbH insolvent** ist.[9] Rechtsfolge ist das Ausscheiden der Komplementär-GmbH aus der InvKG (§ 124 Abs. 1 Satz 2 KAGB i.V.m. § 131 Abs. 3 Nr. 2 HGB), mit der Folge der Auflösung der InvKG (vgl. § 125 Rz. 34). 35

---

7 A.A. offenbar *Eichhorn* in Moritz/Klebeck/Jesch, § 132 KAGB Rz. 7 mit dem Vorschlag, in einem solchen Fall dann im Gesellschaftsvertrag zu regeln, dass die Gegenstände doch nicht dem Teilgesellschaftsvermögen zuzurechnen sind.

8 *Lorenz* in Weitnauer/Boxberger/Anders, § 132 KAGB Rz. 9; *Seitz*, Die InvestmentKG, 2017, S. 157 f.; für die InvAG mit veränderlichem Kapital ebenso *Boxberger* in Moritz/Klebeck/Jesch, § 117 KAGB Rz. 11 und *Lorenz* in Weitnauer/Boxberger/Anders, § 117 KAGB Rz. 7.

9 Hierauf weist *Zetzsche*, AG 2013, 613 (618) zutreffend hin.

36 Gleichwohl ist die Rechtsfolge der Auflösung der offenen InvKG mit Rücksicht auf die Interessen der Anleger der übrigen Teilgesellschaftsvermögen nicht angemessen.[10] Es sollte daher den Gesellschaftern der übrigen Teilgesellschaftsvermögen die Möglichkeit gegeben werden, eine neue Komplementär-GmbH zu bestellen und mit dieser die InvKG fortzuführen. Der Insolvenzverwalter wiederum hat kein Interesse daran, die Fortführung der InvKG zu verhindern, da ihm nur die Vermögenswerte des insolventen Teilgesellschaftsvermögens (und der insolventen Komplementär-GmbH) zur Befriedigung der Gläubigeransprüche zur Verfügung stehen. Um diesen Fortführungswillen der Gesellschafter zu manifestieren, sollte bereits im Gesellschaftsvertrag vorgesehen werden, dass die Gesellschafter im Falle des Ausscheidens des Komplementär einen Nachfolger bestimmen werden.

b) Abwicklung von Teilgesellschaftsvermögen

37 Gemäß § 132 Abs. 1 Satz 5 KAGB gilt die haftungs- und vermögensrechtliche Trennung auch für den Fall der Abwicklung eines Teilgesellschaftsvermögens. Dies folgt konsequent aus dem Umstand, dass auch ein einzelnes Teilgesellschaftsvermögen aufgelöst werden kann (§ 132 Abs. 7 KAGB). Die Abwicklung hat keinen Einfluss auf die anderen Teilgesellschaftsvermögen unter dem Umbrella der offenen InvKG. Die Abwicklung erfolgt gem. § 132 Abs. 7 Satz 4 KAGB nach § 100 Abs. 1 und 2 KAGB. Danach wird das **Teilgesellschaftsvermögen von der Verwahrstelle abgewickelt** und das Vermögen an die Anleger verteilt.

IV. Erstellung von Anlagebedingungen für jedes Teilgesellschaftsvermögen (§ 132 Abs. 2 KAGB)

38 Gemäß § 132 Abs. 2 Satz 1 KAGB sind **für jedes Teilgesellschaftsvermögen Anlagebedingungen zu erstellen**. Das ist konsequent, weil sich die Teilgesellschaftsvermögen insbesondere in der Anlagestrategie voneinander unterscheiden und deshalb die Anlagebedingungen dasjenige schriftliche Dokument ist, aus dem die besonderen Merkmale eines Teilgesellschaftsvermögens ablesbar sind.

39 Auf die Anlagebedingungen der Teilgesellschaftsvermögen **ist § 126 KAGB** mit der Folge **anwendbar**, dass sie unabhängig und zusätzlich zum Gesellschaftsvertrag zu erstellen sind. Wird der Gesellschaftsvertrag zur Verfügung gestellt, muss er auf die Anlagebedingungen sämtlicher Teilgesellschaftsvermögen verweisen. In der Form, in welcher der Gesellschaftsvertrag zur Verfügung gestellt wird, müssen auch die Anlagebedingungen sämtlicher Teilgesellschaftsvermögen zur Verfügung gestellt werden.

40 Gemäß § 132 Abs. 2 Satz 2 KAGB sind die Anlagebedingungen wie die Anlagebedingungen eines jeden Spezial-AIF **der BaFin nach Maßgabe des § 273 KAGB vorzulegen**. Die Vorlagepflicht dient dazu, die BaFin in die Lage zu versetzen, die Einhaltung der Verbote und Gebote des KAGB und der aufgrund des KAGB erlassenen Bestimmungen zu überwachen (§ 5 Abs. 6 KAGB). Auch die Anlagebedingungen von offenen InvKGen unterliegen bestimmten Beschränkungen, wie z.B. das Gebot der Anlage nach dem Grundsatz der Risikomischung (§§ 282 Abs. 1, 283 Abs. 1 Satz 1, 284 Abs. 1 KAGB) und das Verbot der Anlage in Immobilien (§ 91 Abs. 3 KAGB). Bei einem Verstoß wird die BaFin entsprechende Anordnungen gem. § 5 Abs. 6 Satz 1 KAGB und 2 treffen, wie z.B. von der KVG die Anpassung der Anlagebedingungen verlangen.

41 Die Vorlagepflicht gilt **auch für wesentliche Änderungen** der Anlagebedingungen. Zur Frage, wann eine „wesentliche Änderung" von Anlagebedingungen vorliegt, wird auf die Kommentierung in § 273 Rz. 9 verwiesen.

V. Kostenverteilung bei Teilgesellschaftsvermögen (§ 132 Abs. 3 Satz 1 KAGB)

42 § 132 Abs. 3 Satz 1 KAGB bestimmt, dass die **Kosten für die Auflegung** neuer Teilgesellschaftsvermögen **nur zu Lasten der Anteilpreise der neuen Teilgesellschaftsvermögen** in Rechnung gestellt werden dürfen. Damit wird der Grundsatz, dass jedes Teilgesellschaftsvermögen für die bei ihm anfallenden Verbindlichkeiten selbst aufkommen muss (§ 132 Abs. 2 Satz 5 KAGB), konsequent bereits auf das Stadium der Auflegung angewendet.

43 Aus § 132 Abs. 2 Satz 5 KAGB ist auch die aufsichtsrechtliche Vorgabe abzuleiten, dass jedes Teilgesellschaftsvermögen die ausschließlich bei ihm anfallenden **laufenden Kosten** aus dem eigenen Vermögen bestreiten muss.

10 Im Ergebnis ebenso *Zetzsche*, AG 2013, 613 (618); a.A. *Seitz*, Die InvestmentKG, 2017, S. 157.

Was die **nicht ausschließlich einem Teilgesellschaftsvermögen zuzuordnenden Kosten** betrifft, sind die Gesellschafter mangels aufsichtsrechtlicher Vorgaben frei, diese im Gesellschaftsvertrag nach ihren Präferenzen zu regeln. Allerdings dürften die Anleger eine Verteilung für angemessen halten, die sich am Nettoinventarwert der jeweiligen Teilgesellschaftsvermögen orientiert. 44

VI. Wertermittlung jedes Teilgesellschaftsvermögens (§ 132 Abs. 3 Satz 2 KAGB)

Gemäß § 132 Abs. 3 Satz 2 KAGB ist der **Wert des Anteils für jedes Teilgesellschaftsvermögen gesondert zu berechnen.** Dies folgt konsequent aus dem Umstand, dass jeder Kommanditist nur an einem bestimmten Teilgesellschaftsvermögen beteiligt ist und daher der Wert seiner Beteiligung nur anhand des Wertes des betreffenden Teilgesellschaftsvermögens ermittelt werden kann. 45

Hierzu ist zunächst der **Wert des Teilgesellschaftsvermögens** zu ermitteln. § 21 Abs. 3 KARBV verweist für die Bewertung des Investmentanlagevermögens auf die Bestimmungen der §§ 26 ff. KARBV und damit auf die vom Sondervermögen bekannte Nettoinventarberechnung. Hinsichtlich des Investmentbetriebsvermögens – soweit ein solches beim Teilgesellschaftsvermögen gebildet wurde (s. Rz. 27 ff.) – verweist § 21 Abs. 2 KARBV auf die Ansatz- und Bewertungsvorschriften im Dritten Buch des HGB. Das so ermittelte Investmentbetriebsvermögen gilt als Verkehrswert i.S.d. § 168 Abs. 1 KAGB (§ 23 Abs. 2 Satz 2 KARBV) und fließt als solcher in die Wertermittlung des Teilgesellschaftsvermögens ein. 46

Da der Kommanditist nur eine einheitliche Beteiligung an der InvKG halten kann, ergibt sich der **Wert seiner Beteiligung** durch Multiplikation des Wertes des Teilgesellschaftsvermögens mit dem Quotienten, mit dem er an dem Teilgesellschaftsvermögen beteiligt ist. 47

VII. Benennung einer Verwahrstelle für jedes Teilgesellschaftsvermögen (§ 132 Abs. 4 KAGB)

Gemäß § 132 Abs. 4 KAGB ist **für jedes Teilgesellschaftsvermögen eine Verwahrstelle** zu benennen. Die Vorschrift ist mit § 117 Abs. 6 KAGB für die InvAG mit veränderlichem Kapital identisch, weshalb auf die Kommentierung in § 117 Rz. 44 f. verwiesen wird. 48

VIII. Gesellschafterversammlungen (§ 132 Abs. 6 KAGB)

Gemäß § 132 Abs. 6 KAGB muss der Gesellschaftsvertrag vorsehen, dass zu Gesellschafterversammlungen, in denen über Angelegenheiten entschieden wird, welche die offene InvKG insgesamt betreffen, **die Anleger sämtlicher Teilgesellschaftsvermögen** zu laden sind. Solche Angelegenheiten sind z.B. die Änderung des Gesellschaftsvertrages, die Bestellung des Abschlussprüfers, die Kündigung des Bestellungsvertrages mit einer KVG und die Bestellung einer neuen KVG, die Umwandlung in eine intern verwaltete InvKG und die Auflösung der InvKG. 49

Über den Wortlaut des § 132 Abs. 6 KAGB hinaus gilt die Pflicht zur Ladung der Anleger sämtlicher Teilgesellschaftsvermögen auch, wenn über die Angelegenheiten der gesamten offenen InvKG zwar nicht entschieden werden sondern lediglich eine Information und/oder Aussprache stattfinden soll. 50

Im Umkehrschluss ergibt sich aus § 132 Abs. 6 KAGB, dass zu Angelegenheiten, die lediglich ein bestimmtes Teilgesellschaftsvermögen betreffen, auch nur die **Anleger dieses Teilgesellschaftsvermögen** zu laden sind. Der **Komplementär** hat hingegen stets ein Teilnahme- und Stimmrecht bezüglich der Gesellschafterversammlungen der einzelnen Teilgesellschaftsvermögen.[11] 51

Die **externe KVG** ist, sofern sie nicht selbst als geschäftsführende Gesellschafterin an der offenen InvKG beteiligt ist, **nicht an den Gesellschafterversammlungen teilnahmeberechtigt**. Dies gilt sowohl für Gesellschafterversammlungen einzelner Teilgesellschaftsvermögen als auch für Gesellschafterversammlungen der gesamten offenen InvKG. Insbesondere bei den auf einzelne Teilgesellschaftsvermögen beschränkten Gesellschafterversammlungen kann es jedoch wegen der Sachkompetenz der KVG in Fragen der Vermögensanlage sinnvoll sein, die KVG als nicht stimmberechtigtes Mitglied hinzuzuladen und ihren Rat einzuholen. Ein solches Teilnahme- und Beratungsrecht sollte bereits im Gesellschaftsvertrag vorgesehen sein. Eine Teilnahme der externen KVG an den Gesellschafterversammlungen hat zudem den Vorteil, dass die KVG über die Ergebnisse einer Gesellschafterversammlung unmittelbar informiert ist und keine Effizienzverluste eintre- 52

---

11 *Wallach*, ZGR 2014, 289 (311).

ten, wenn die Geschäftsführung die KVG erst im Anschluss über die Ergebnisse informiert. Die vorgenannten Probleme lassen sich lösen, wenn die externe KVG unmittelbar als geschäftsführende Gesellschafterin an der InvKG beteiligt ist (s. hierzu § 128 Rz. 5).

IX. Auflösung von Teilgesellschaftsvermögen (§ 132 Abs. 7 KAGB)

53 Gemäß § 132 Abs. 7 KAGB kann der Gesellschaftsvertrag die **Geschäftsführung ermächtigen, ein Teilgesellschaftsvermögen mit Zustimmung der Verwahrstelle aufzulösen.** Eine entsprechende Ermächtigung sieht § 117 Abs. 8 KAGB für den Vorstand einer InvAG mit veränderlichem Kapital vor. Ausweislich der Gesetzesbegründung[12] soll der notwendige Anlegerschutz dadurch hergestellt werden, dass die Ermächtigung im Gesellschaftsvertrag verankert sein muss und die Zustimmung der Verwahrstelle erforderlich ist.

54 Bei der offenen InvKG dürfte die Ermächtigung an die Geschäftsführung nur **geringe praktische Bedeutung** haben, da die professionellen und semiprofessionellen Anleger darauf bestehen werden, dass die Auflösung ihres Teilgesellschaftsvermögens nur mit ihrer Zustimmung, ggf. mit einer im Gesellschaftsvertrag vorgesehenen qualifizierten Mehrheit, geschieht.

55 Der Auflösungsbeschluss der Geschäftsführung wird gem. § 132 Abs. 7 Satz 2 KAGB **sechs Monate nach Mitteilung des Beschlusses an die Anleger** des betreffenden Teilgesellschaftsvermögens wirksam. Allerdings können die Anleger einem **früheren Zeitpunkt der Auflösung** zustimmen. Insofern unterscheidet sich die Regelung von derjenigen der Spezial-InvAG mit veränderlichem Kapital (zur Kritik s. § 117 Rz. 49 ff.). Erfolgt die Auflösung durch Beschluss der Gesellschafter des Teilgesellschaftsvermögens, wie dies in der Praxis der Regelfall sein dürfte, wird in diesem Beschluss zugleich der Stichtag der Auflösung bestimmt werden.

56 Gemäß § 132 Abs. 7 Satz 4 KAGB erfolgt die **Abwicklung** des aufgelösten Teilgesellschaftsvermögens **nach Maßgabe des § 100 Abs. 1 und 2 KAGB.** Dies bedeutet, dass die Verwahrstelle das Teilgesellschaftsvermögen abzuwickeln und an seine Gesellschafter zu verteilen hat. Auch hier ist – wie schon bei der Abwicklung der offenen InvKG insgesamt (zur Kritik s. § 129 Rz. 42 f.) – bedauerlich, dass der Gesetzgeber es versäumt hat, den Gesellschaftern des Teilgesellschaftsvermögens die Möglichkeit an die Hand zu geben, die Einsetzung eines anderen Liquididators als die Verwahrstelle zu beschließen. Gerade hier hätte sich die Bestellung der externen KVG als Liquidator angeboten, zumal hier kein Fall des Verlusts des Verwaltungsrechts der externen KVG wie in den Fällen des § 129 Abs. 2 KAGB vorliegt.

X. Verordnungsermächtigung (§ 132 Abs. 8 KAGB)

57 § 132 Abs. 8 KAGB enthält eine Ermächtigung an das Bundesministerium der Finanzen mit der Möglichkeit der Delegation an die BaFin, eine Rechtsverordnung zu erlassen, die Einzelheiten zur buchhalterischen Darstellung, Rechnungslegung und Wertermittlung der einzelnen Teilgesellschaftsvermögen regelt. Die Ermächtigung hat die BaFin zum Erlass der **KARBV** genutzt.

58 Wegen der Einzelheiten wird auf die Kommentierung des identischen § 117 Abs. 9 KAGB in § 117 Rz. 53 ff. verwiesen.

§ 133 Veränderliches Kapital, Kündigung von Kommanditanteilen

(1) [1]Kommanditisten können ihre Kommanditbeteiligung in voller Höhe oder zu einem Teilbetrag kündigen. [2]Kündigt ein Kommanditist, erhält er einen Abfindungsanspruch gegen die offene Investmentkommanditgesellschaft in Höhe seines gekündigten Anteils am Wert des Gesellschaftsvermögens, gegebenenfalls abzüglich der Aufwendungen, die der offenen Investmentkommanditgesellschaft entstanden sind. [3]Das Recht zur Kündigung nach Satz 1 besteht bei der intern verwalteten offenen Investmentkommanditgesellschaft nur, wenn durch die Erfüllung des Abfindungsanspruchs das Gesellschaftsvermögen den Betrag des Anfangskapitals und der zusätzlich erforderlichen Eigenmittel gemäß § 25 nicht unterschreitet. [4]Die Einzelheiten der Kündigung regelt der Gesellschaftsvertrag. [5]Für die Beschränkung des Rechts der Anleger auf Kündigung nach Satz 1 im Gesellschaftsvertrag gelten § 98 Absatz 2 und 3 und § 283 Absatz 3 entsprechend.

12 BT-Drucks. 17/12294, 244.

(2) [1]Die Erfüllung des Abfindungsanspruchs gilt nicht als Rückzahlung der Einlage des Kommanditisten. [2]Ab dem Zeitpunkt des Ausscheidens haftet der ausgeschiedene Kommanditist nicht für Verbindlichkeiten der offenen Investmentkommanditgesellschaft.

In der Fassung vom 4.7.2013 (BGBl. I 2013, S. 1981), zuletzt geändert durch das Gesetz zur Anpassung von Gesetzen auf dem Gebiet des Finanzmarktes vom 15.7.2014 (BGBl. I 2014, S. 934).

Schrifttum: *Freitag/Fürbaß*, Wann ist ein Fonds eine Investmentgesellschaft?, ZGR 2016, 729. Im Übrigen wird auf das Schrifttum zu Vor §§ 124–138 verwiesen.

I. Regelungsgegenstand und -zweck

1 § 133 Abs. 1 KAGB regelt das **Kündigungsrecht der Kommanditisten** einer offenen InvKG. Während Abs. 1 Satz 1 das grundsätzliche Recht zur Kündigung statuiert, enthält Satz 2 eine Regelung über die Rechtfolgen der Kündigung. Grenzen und Beschränkungen des Kündigungsrechts sind in den Sätzen 3 bis 5 geregelt.

2 § 133 Abs. 1 KAGB entspricht im Wesentlichen der Regelung in § 116 Abs. 2 KAGB für die InvAG mit veränderlichem Kapital und legt den offenen Charakter des Investmentvermögens aufsichtsrechtlich verbindlich fest.

3 § 133 Abs. 2 KAGB schließt die Nachhaftung des ausgeschiedenen Kommanditisten aus. Die Regelung entspricht § 152 Abs. 6 KAGB für die geschlossene InvKG. Für die InvAG mit veränderlichem Kapital ist in § 116 Abs. 2 Satz 5 eine vergleichbare Regelung getroffen worden. Auch beim Sondervermögen ist eine Nachhaftung des Anlegers mangels einer gesellschaftsrechtlichen Beteiligung ausgeschlossen. Damit ist die offene InvKG insoweit allen anderen Rechtsformen von Investmentvermögen gleichgestellt.

II. Das Kündigungsrecht der Kommanditisten (§ 133 Abs. 1 KAGB)

1. Gewährung des Kündigungsrechts

4 Gemäß § 133 Abs. 1 Satz 1 KAGB „können" die Kommanditisten ihre Kommanditbeteiligung in voller Höhe oder zu einem Teilbetrag kündigen. Während es bei der InvAG mit veränderlichem Kapital der Abbedingung aktienrechtlicher Bestimmungen (§ 108 Abs. 2 Satz 1 KAGB) und positiver aufsichtsrechtlicher Regelungen (§§ 115, 116 Abs. 1 KAGB) bedurfte, um das Kapital auf einfache Weise herauf- und herabzusetzen, existieren für die Kommanditgesellschaft **keine gesellschaftsrechtlichen Beschränkungen der Kapitalherabsetzung und -erhöhung**. Das Kündigungsrecht kann daher ohne weiteres im Gesellschaftsvertrag geregelt werden.

5 Die Bedeutung des § 133 Abs. 1 Satz 1 KAGB könnte daher darin gesehen werden, dem Kommanditisten das Kündigungsrecht auch dann zu gewähren, wenn es entgegen der Verpflichtung in § 125 Abs. 2 Satz 2 KAGB doch nicht im Gesellschaftsvertrag enthalten ist.[1] Das **Fehlen des Kündigungsrechtes im Gesellschaftsvertrag** würde **nicht zu dessen Nichtigkeit** führen (vgl. § 125 Rz. 21). Hingegen wäre eine Klausel im Gesellschaftsvertrag, die das Kündigungsrecht ausschließt, nichtig, da § 133 Abs. 1 Satz 1 KAGB insoweit als gesetzliches Verbot i.S.d. § 134 BGB anzusehen ist.[2] Ob die Bedeutung des § 133 Abs. 1 Satz 1 KAGB darin zu sehen ist, eine fehlende Kündigungsklausel im Gesellschaftsvertrag durch ein gesetzliches Kündigungsrecht zu ersetzen, ist weder in der einen noch in der anderen Richtung a priori zu beantworten. Die Antwort hängt von der grundsätzlichen Zielrichtung des Gesetzgebers ab, ob er mit den aufsichtsrechtlichen Bestimmungen des KAGB, welche die Rechtsstellung des Anlegers betreffen, mit unmittelbarer Wirkung das Rechtsverhältnis innerhalb der InvKG gestalten wollte, oder ob er lediglich aufsichtsrechtliche

1 So *Lorenz* in Weitnauer/Boxberger/Anders, § 133 KAGB Rz. 2.
2 Ebenso *Lorenz* in Weitnauer/Boxberger/Anders, § 133 KAGB Rz. 2.

Handlungsgebote statuieren wollte, die im Falle der Nichtbefolgung aufsichtsrechtliche Maßnahmen bis hin zum unerlaubten Investmentgeschäft der KVG zur Folge haben.[3] Eine unerlaubtes Investmentgeschäft der KVG läge deshalb vor, weil die offene InvKG mangels Erfüllung der aufsichtsrechtlichen Vorgaben ihre rechtsformspezifische Ausprägung als „offene InvKG" i.S.d. §§ 124 ff. KAGB verlöre und damit eine normale Kommanditgesellschaft wäre, welche die KVG aber mangels Erlaubnis nicht verwalten darf.

6 Die Frage kann im vorliegenden Zusammenhang nicht umfassend für alle aufsichtsrechtlichen Vorgaben an den Inhalt des Gesellschaftsvertrages beantwortet werden. Was das Kündigungsrecht in § 133 Abs. 1 Satz 1 KAGB betrifft, spricht viel dafür, dem Kommanditisten ein **unmittelbar aus dem Gesetz abgeleitetes Kündigungsrecht** zu gewähren. Ein wichtiges Argument ergibt sich aus der Gleichstellung des Anlegers der offenen InvKG mit den Anlegern der übrigen Investmentvermögen: Für den Anleger eines Sondervermögens ergibt sich das Rückgaberecht unmittelbar aus § 98 Abs. 1 KAGB. Lediglich die Einzelheiten sind in den Anlagebedingungen zu regeln. Für die Aktionäre der InvAG mit veränderlichem Kapital ist die positivrechtliche Regelung in § 116 Abs. 2 Satz 1 KAGB erforderlich, da das Aktienrecht gerade nicht eine einfache Rückgabe von Aktien vorsieht. Schließlich spricht das Argument des Anlegerschutzes für diese Auslegung. Der Anleger wäre deutlich weniger geschützt, wenn sein Recht auf Kündigung davon abhinge, dass eine entsprechende Klausel erst im Wege aufsichtsrechtlicher Maßnahmen im Gesellschaftsvertrag verankert würde.

7 Ist die offene InvKG mit mehreren Teilgesellschaftsvermögen errichtet worden, ist der Kommanditist immer nur an einem bestimmten Teilgesellschaftsvermögen beteiligt (s. § 132 Rz. 22). Folglich kann auch nur die Kündigung des Kommanditisten **hinsichtlich seiner Beteiligung an dem betreffenden Teilgesellschaftsvermögen** erfolgen. Die übrigen Teilgesellschaftsvermögen bleiben von der Kündigung unberührt.

8 Das gesetzliche Kündigungsrecht aus § 133 Abs. 1 Satz 1 KAGB gilt nicht nur für Kommanditisten, die Anleger sind, sondern auch für **sonstige an der offenen InvKG beteiligte Kommanditisten**, wie z.B. für den geschäftsführenden Kommanditisten oder einen in der Gesellschaft zunächst verbliebenen Gründungskommanditisten.

2. Kündigungserklärung

9 Die Kündigung ist nach allgemeinen personengesellschaftsrechtlichen Grundsätzen gegenüber der Gesellschaft, dessen Gesellschafter der Kündigende ist, d.h. hier gegenüber der offenen InvKG, zu erklären. Entsprechend der Ermächtigung des Komplementärs im Gesellschaftsvertrag, im Namen der InvKG weitere Kommanditisten aufzunehmen, empfiehlt es sich, im Gesellschaftsvertrag ebenfalls die **Empfangszuständigkeit des Komplementärs für Kündigungserklärungen** zu bestimmen.[4]

10 Rechtlich zulässig ist auch eine vertragliche Regelung, welche die Empfangszuständigkeit der **externen KVG** für Kündigungserklärungen bestimmt. Eine solche Aufgabe wäre von den „Kann"-Aufgaben der KVG nach Anhang I Nr. 2 Buchst. a) vii) AIFM-RL gedeckt, wonach die KVG auch die Aufgabe der Ausgabe und Rücknahme von Anteilen übernehmen kann. Dies könnte entweder im Gesellschaftsvertrag im Wege eines Vertrages zugunsten Dritter oder in den Anlagebedingungen erfolgen. Sachlich näher liegt es indes, den Komplementär für zuständig zu erklären, da es sich um eine innergesellschaftliche Angelegenheit handelt und auch die weitere Abwicklung der Auseinandersetzung Angelegenheit der Geschäftsführung der InvKG ist.[5]

11 Ist der Kommanditist **an mehreren Teilgesellschaftsvermögen** der offenen InvKG beteiligt, muss er **spezifizieren, für welche Beteiligung seine Kündigungserklärung gilt**. Die Beteiligungen des Kommanditisten an den übrigen Teilgesellschaftsvermögen bleiben von der Kündigung unberührt.

3. Kündigungstermine und -fristen

12 Aus § 133 Abs. 1 Satz 1 KAGB ergeben sich **keine Vorgaben hinsichtlich Kündigungsterminen und Kündigungsfristen**. Die in der ursprünglichen Fassung[6] enthaltene Anforderung, dass die Kommanditisten mindestens einmal pro Jahr ein Kündigungsrecht haben müssen, ist durch das Gesetz zur Anpassung von Gesetzen auf dem Gebiet des Finanzmarktes[7] gestrichen worden, da Art. 1 Abs. 2 der DelVO (EU)

---

3 Zu dieser Diskussion vgl. *Freitag/Fürbaß*, ZGR 2016, 729 (741 ff.).

4 *Wallach*, ZGR 2014, 289 (311).

5 A.A. *Kracke* in Baur/Tappen, § 133 KAGB Rz. 6 und *Eichhorn* in Moritz/Klebeck/Jesch, § 133 KAGB Rz. 4, die die KVG als gleich geeigneten Adressaten ansehen.

6 BT-Drucks. 17/12294, 81.

7 BGBl. I 2014, S. 934 ff.

Nr. 694/2014 für das Vorliegen eines offenen AIF nur noch verlangt, dass die Anleger überhaupt ein Rückgabe- oder Kündigungsrecht vor der planmäßigen Liquidations- oder Auslaufphase haben.

Ist die offene InvKG allerdings zugleich ein **Altersvorsorgevermögensfonds i.S.d. § 53 Abs. 1 InvStG**, ist gleichwohl die **Gewährung eines einmal jährlichen Kündigungsrechts erforderlich**, damit die offene InvKG eine entsprechende Anforderung an Spezial-Investmentfonds in § 53 Abs. 1 Nr. 2 i.V.m. § 26 Nr. 2 InvStG erfüllt. Unterlässt sie dies, verlieren die steuerpflichtigen Anleger der offenen InvKG die steuerliche Privilegierung der Anleger eines Spezial-Investmentfonds (vgl. §§ 30 ff. und 34 ff. InvStG). 13

Im Übrigen **steht es den Gesellschaftern frei, Kündigungsfristen und -termine im Gesellschaftsvertrag festzulegen**. Ist die offene InvKG für unbestimmte Zeit errichtet, wie dies bei einem Altersvorsorgevermögensfonds i.S.d. § 53 Abs. 1 InvStG regelmäßig der Fall sein wird, sieht § 132 HGB vor, dass die Kündigung nur für den Schluss eines Geschäftsjahres unter Einhaltung einer Kündigungsfrist von mindestens sechs Monaten erfolgen muss. Allerdings ist diese Bestimmung abdingbar.[8] Ausweislich der Gesetzesbegründung[9] kommt die Möglichkeit, von § 132 HGB abweichende Regelungen zu treffen, in § 133 Abs. 1 Satz 4 KAGB zum Ausdruck, wonach Einzelheiten der Kündigung im Gesellschaftsvertrag zu regeln sind. 14

Handelt es sich hingegen um eine offene InvKG mit mehreren **Teilgesellschaftsvermögen** empfiehlt es sich, die Einzelheiten der Kündigung in den **Anlagebedingungen** zu regeln. Damit ist es je nach Anlagestrategie und Präferenz der Anleger möglich, die Kündigungsmodalitäten getrennt für jedes Teilgesellschaftsvermögen zu regeln.[10] 15

Dient die offene InvKG der **Abdeckung von Altersvorsorgeverpflichtungen** ihrer Anleger, ist zu erwarten, dass den Anlegern ein mindestens einmal jährliches Kündigungsrecht zum Geschäftsjahresende der InvKG eingeräumt wird, um den Anlegern Gelegenheit zu geben, die Höhe ihrer Beteiligung an den aktuellen Stand ihrer Altersvorsorgeverpflichtungen anzupassen (vgl. Vor §§ 124–138 Rz. 34). 16

Eine Einschränkung der vertraglichen Gestaltungsfreiheit hinsichtlich der Kündigungstermine und Kündigungsfristen könnte sich allerdings aus dem **Verweis in § 133 Abs. 1 Satz 5 KAGB auf § 283 Abs. 3 KAGB** ergeben. Die Regelung betrifft Single-Hedgefonds i.S.d. § 283 Abs. 1 KAGB und verweist für die Rücknahme von Anteilen auf § 227 KAGB für Dach-Hedgefonds sowie spezifisch auf § 227 Abs. 2 KAGB mit der Maßgabe, dass unwiderrufliche Rückgabeerklärungen bis zu 40 Kalendertage vor dem Rückgabetermin, an dem auch der Anteilwert ermittelt wird, erfolgen müssen. 17

Zunächst ist hierzu festzuhalten, dass der Verweis auf § 283 Abs. 3 KAGB nur gilt, wenn die offene InvKG tatsächlich die Verwaltung von **Single-Hedgefonds i.S.d. § 283 KAGB** zum Gegenstand hat.[11] Denn die speziellen Rückgabebestimmungen in § 227 KAGB sind dem Umstand geschuldet, dass Hedgefonds im Rahmen ihrer Anlagestrategie häufig in illiquide Vermögensgegenstände anlegen, die ohne Nachteile für die Anleger nicht kurzfristig veräußert werden können.[12] 18

Sodann stellt sich die Frage, ob der Verweis in § 283 Abs. 3 KAGB auf § 227 KAGB auch zur Folge hat, dass für Single-Hedgefonds gem. § 227 Abs. 1 KAGB ein Rücknahmetermin mindestens einmal in jedem Kalendervierteljahr erfolgen muss. Dies wird in der Literatur[13] mit dem Argument bejaht, dass § 283 Abs. 3 KAGB nur gegenüber § 227 Abs. 2 KAGB Abweichungen anordnet, folglich die Absätze 1, 3 und 4 des § 227 KAGB für Single-Hedgefonds entsprechend gelten (i.Erg. ebenso *Schmolke*, § 283 Rz. 26). Während der Wortlaut kaum eine andere Auslegung zulässt, ist im Ergebnis gleichwohl fraglich, weshalb professionellen und semiprofessionellen Anlegern eines Single-Hedgefonds zwingend mindestens ein vierteljährliches Rückgaberecht eingeräumt werden müsse. Es scheint eher, dass eine Streichung der fixen Rückgabetermine in § 227 Abs. 1 KAGB im Zuge des Finanzmarktanpassungsgesetzes vom 5.6.2014,[14] das das turnusmäßige Rückgaberecht bei Spezial-AIF in Anpassung an die geänderte Definition offener AIF in Art. 1 Abs. 2 der DelVO (EU) Nr. 694/2014 aufhob, versehentlich unterblieben war. Hält man hingegen am Wortlaut der Verweiskette in §§ 133 Abs. 1 Satz 5, 283 Abs. 3, 227 Abs. 1 KAGB fest, wird man in der Tat 19

8 Allg.M., vgl. *Roth* in Baumbach/Hopt, § 132 HGB Rz. 8 f.

9 BT-Drucks. 17/12294, 245.

10 So zutreffend *Kracke* in Baur/Tappen, § 133 KAGB Rz. 6; ebenso *Eichhorn* in Moritz/Klebeck/Jesch, § 133 KAGB Rz. 9.

11 Ebenso *Eichhorn* in Moritz/Klebeck/Jesch, § 133 KAGB Rz. 14; *Lorenz* in Weitnauer/Boxberger/Anders, § 133 KAGB Rz. 9.

12 So bereits BT-Drucks. 15/1553, 111 zum aufgehobenen § 116 InvG; vgl. auch *Stabenow* in Emde/Dornseifer/Dreibus/Hölscher, § 116 InvG Rz. 1.

13 *Kunschke/Schaffelhuber* in Moritz/Klebeck/Jesch, § 283 KAGB Rz. 78; ebenso *Baum* in Weitnauer/Boxberger/Anders, § 283 KAGB Rz. 22.

14 BGBl. I 2014, S. 934 ff.

annehmen müssen, dass die **offene InvKG, sofern sie als Single-Hedgefonds betrieben wird, ein Kündigungsrecht mindestens einmal im Kalendervierteljahr gewähren muss.**

20 Aus Art. 72 Abs. 1 DelVO (EU) Nr. 231/2013 folgt die weitere Konsequenz, dass auch der **Wert des Kommanditanlagevermögens** zum vierteljährlichen Kündigungstermin ermittelt werden muss.

21 Weiterhin folgt aus dem Verweis in § 133 Abs. 1 Satz 5 KAGB auf § 283 Abs. 3 KAGB, dass abweichend von § 227 Abs. 2 KAGB die **Kündigungsfrist mindestens 40 Kalendertage** vor dem Kündigungstermin betragen muss.

4. Rechtsfolge der Kündigung

22 Als Rechtsfolge der Kündigung ordnet § 133 Abs. 1 Satz 2 KAGB an, dass der kündigende Kommanditist einen **Abfindungsanspruch** gegen die offene InvKG in Höhe des gekündigten Anteils am Wert des Gesellschaftsvermögens erhält, ggf. **abzgl. der Aufwendungen**, die der offenen InvKG entstanden sind.

23 Ausweislich der Gesetzesbegründung[15] folgt damit § 133 Abs. 1 Satz 2 KAGB dem gesetzlichen Leitbild des § 131 Abs. 3 HGB, wonach die Kündigung eines Gesellschafters nicht zur Auflösung der Gesellschaft führt, sondern zu dessen **Ausscheiden aus der Gesellschaft**. Ungeachtet des gesetzlichen Leitbildes wäre jede andere Rechtsfolge mit dem offenen Charakter der InvKG unvereinbar.

24 Der Anspruch des ausscheidenden Gesellschafters auf Auseinandersetzung und ggf. Auszahlung des Auseinandersetzungsguthabens gem. § 124 Abs. Satz 2 i.V.m. §§ 161 Abs. 2, 105 Abs. 3 HGB, § 738 Abs. 1 BGB entspricht ebenfalls einem gesetzlichen Leitbild des Personengesellschaftsrechts. Dem liegt der Gedanke eines angemessenen Interessensausgleichs zugrunde, indem der ausscheidende Gesellschafter am aktuellen Wert des Gesellschaftsvermögens in Höhe seines gekündigten Anteils beteiligt wird und die verbleibenden Gesellschafter die Gesellschaft fortführen können. Ferner wird der Anleger der offenen InvKG damit den Anlegern der übrigen Rechtsformen von Investmentvermögen gleichgestellt. Da es sich um eine anlegerschützende Norm handelt, ist davon auszugehen, dass sie **im Gesellschaftsvertrag nicht abbedungen werden kann**. Insoweit stellt § 133 Abs. 1 Satz 2 KAGB ein gesetzliches Verbot i.S.d. § 134 BGB dar.

25 Allerdings wird man es im Hinblick auf die Interessen der offenen InvKG und der übrigen Gesellschafter für zulässig halten müssen, dass die **Auszahlung eines Auseinandersetzungsguthabens an bestimmte Termine**, wie z.B. den der nächsten jährlichen Gewinnausschüttung, **geknüpft wird**. Auch eine Bestimmung im Gesellschaftsvertrag, die eine Auszahlung in Raten, z.B. geknüpft an einen bestimmten Prozentsatz des ausschüttungsfähigen Gewinns, vorsieht, sollte zulässig sein. AGB-rechtliche Bedenken bestehen nicht, da eine Inhaltskontrolle nach AGB-Regeln beim Gesellschaftsvertrag der offenen InvKG grundsätzlich nicht stattfindet (s. § 124 Rz. 19).

26 Auch zulässig ist es, eine **abweichende Rechtsfolge** für den Fall zu bestimmen, dass der Kommanditist **aus anderen Gründen als durch seine Kündigung aus der offenen InvKG ausscheidet**. Denn der Zweck des § 133 Abs. 1 Satz 2 KAGB erschöpft sich darin, den Anleger der offenen InvKG im Falle der eigenen Kündigungserklärung zu schützen und den Anlegern der übrigen Investmentvermögen gleichzustellen. Scheidet der Kommanditist aus anderen Gründen aus der InvKG aus, steht es den Gesellschaftern frei, im Gesellschaftsvertrag abweichende Rechtsfolgen zu vereinbaren, etwa wenn der Kommanditist aus einem von ihm zu vertretenden Grund aus der InvKG ausgeschlossen wird.

27 Bei der Berechnung des Auseinandersetzungsanspruchs können die der offenen InvKG entstandenen Aufwendungen abgezogen werden. Da der Wortlaut des Gesetzes insoweit keine Einschränkungen vornimmt, zählen hierzu **sämtliche Aufwendungen, die der InvKG durch das Ausscheiden des kündigenden Kommanditisten entstanden sind**, wie z.B. Kosten des Wirtschaftsprüfers, des Notars und der Handelsregistereintragung. Es empfiehlt sich, im Gesellschaftsvertrag zu bestimmen, welche Aufwendungen vom ausscheidenden Gesellschafter zu tragen sind.[16]

5. Grenze des Kündigungsrechts

28 § 133 Abs. 1 Satz 3 KAGB setzt eine Grenze des Kündigungsrechts bei der intern verwalteten offenen InvKG, wenn durch die Erfüllung des Abfindungsanspruchs das Gesellschaftsvermögen den **Betrag des Anfangskapitals und der zusätzlich erforderlichen Eigenmittel gem. § 25 KAGB unterschreitet**. Lt. Gesetzesbegründung soll damit entsprechend der in § 116 Abs. 2 KAGB für die InvAG mit veränderlichem Kapi-

15 BT-Drucks. 17/12294, 244 f.

16 Ebenso *Eichhorn* in Moritz/Klebeck/Jesch, § 133 KAGB Rz. 7; *Lorenz* in Weitnauer/Boxberger/Anders, § 133 KAGB Rz. 4.

tal getroffenen Regelung eine **Mindesthaftmasse der intern verwalteten offenen InvKG** geschaffen werden.

Die Grenze des Kündigungsrechts in § 133 Abs. 1 Satz 3 KAGB **ergänzt die Anzeigepflicht gem. § 130 KAGB**, die ebenfalls ausgelöst wird, wenn das Gesellschaftsvermögen die Mindestschwellen des Anfangskapitals und der zusätzlich erforderlichen Eigenmittel in § 25 KAGB unterschreitet. 29

Anders als bei der InvAG mit veränderlichem Kapital bezieht sich jedoch die Grenze des Kündigungsrechts bei der offenen InvKG auf das **gesamte Gesellschaftsvermögen**. Bei der InvAG mit veränderlichem Kapital hat der Gesetzgeber durch eine gesonderte Beschränkung des Rückgaberechts von Aktien der Unternehmensaktionäre (§ 116 Abs. 2 Satz 3 KAGB) deutlich gemacht, dass die Mindesthaftmasse der InvAG durch die Einlagen der Unternehmensaktionäre sicherzustellen ist (s. hierzu die Kommentierung in § 116 Rz. 21 ff.). Bei der intern verwalteten InvKG hat der Gesetzgeber darauf verzichtet, eine Mindestkapitaleinlage der geschäftsführenden Gesellschafter vorzuschreiben (s. hierzu § 131 Rz. 9 und § 156 Rz. 24). Deshalb blieb dem Gesetzgeber nichts anderes übrig, als die Grenze des Kündigungsrechts auf das gesamte Gesellschaftsvermögen zu beziehen und somit auch das **Kündigungsrecht der Kommanditisten einzuschränken**. 30

6. Aussetzung des Kündigungsrechts

Aus dem Verweis in § 133 Abs. 1 Satz 5 KAGB auf § 98 Abs. 2 KAGB ergibt sich, dass die Anlagebedingungen der offenen InvKG vorsehen können, dass die KVG die **Kündigung** bei Vorliegen außergewöhnlicher Umstände unter Berücksichtigung der Interessen der übrigen Anleger **aussetzen** kann. 31

Der Verweis auf § 98 Abs. 2 KAGB ist tatsächlich so zu verstehen, dass die **Aussetzungsbefugnis bei der internen oder externen KVG** liegt, da nur die KVG aufgrund der ihr im Rahmen der Vermögensverwaltung vorliegenden Informationen entscheiden kann, ob die Liquiditätslage der InvKG die Aussetzung erfordert. Insoweit ist die Zuständigkeit den geschäftsführenden Gesellschaftern entzogen. 32

Aus dem Verweis auf § 98 Abs. 2 KAGB ergibt sich ferner, dass die Aussetzung der Kündigung **in den Anlagebedingungen** vorzusehen ist. Das ist insoweit konsequent als die Anlagebedingungen das gesetzliche Schuldverhältnis zwischen der KVG und den Anlegern inhaltlich bestimmen (s. hierzu § 129 Rz. 13). Da die KVG für die Aussetzung zuständig ist, ist das Recht zur Aussetzungsanordnung auch im Rechtsverhältnis zu den Anlegern zu verankern. 33

Es empfiehlt sich jedoch, die Aussetzung der Kündigung **zusätzlich im Gesellschaftsvertrag** zu regeln, ggf. mit Verweis auf die betreffenden Anlagebedingungen. Dadurch wird klargestellt, dass der Kommanditist auch gegenüber der offenen InvKG kein Recht auf Kündigung hat, wenn die KVG die Aussetzung beschließt. 34

Aus dem Verweis in § 133 Abs. 1 Satz 5 KAGB auf § 98 Abs. 3 KAGB ergibt sich ferner, dass auch die **BaFin die Aussetzung anordnen** kann. 35

III. Ausschluss der Nachhaftung nach Ausscheiden (§ 133 Abs. 2 KAGB)

§ 133 Abs. 2 KAGB bestimmt, dass die **Erfüllung des Abfindungsanspruchs nicht als Rückzahlung der Einlage des Kommanditisten gilt** und der ausgeschiedene Kommanditist **ab dem Zeitpunkt seines Ausscheidens nicht mehr für Verbindlichkeiten der offenen InvKG haftet**. 36

Entsprechend der gesetzgeberischen Intention[17] wird damit der Anleger der offenen InvKG insoweit **den Anlegern der übrigen Rechtsformen von Investmentvermögen haftungsrechtlich gleichgestellt**. 37

§ 133 Abs. 2 KAGB ist identisch mit der Regelung in § 152 Abs. 6 KAGB für die geschlossene InvKG, weshalb wegen weiterer Erläuterungen auf die Kommentierung in § 152 Rz. 96 ff. verwiesen wird. 38

§ 134 Firma und zusätzliche Hinweise im Rechtsverkehr

(1) Die Firma der offenen Investmentkommanditgesellschaft muss abweichend von § 19 Absatz 1 Nummer 3 des Handelsgesetzbuchs die Bezeichnung „offene Investmentkommanditgesellschaft" oder eine allgemein verständliche Abkürzung dieser Bezeichnung enthalten.

17 Vgl. BT-Drucks. 17/12294, 245.

(2) [1]Die Firma einer offenen Investmentkommanditgesellschaft mit Teilgesellschaftsvermögen muss darüber hinaus den Zusatz „mit Teilgesellschaftsvermögen" oder eine allgemein verständliche Abkürzung dieser Bezeichnung enthalten. [2]Wird die Investmentkommanditgesellschaft im Rechtsverkehr lediglich für ein oder mehrere Teilgesellschaftsvermögen tätig, ist sie verpflichtet, dies offenzulegen und auf die haftungsrechtliche Trennung der Teilgesellschaftsvermögen hinzuweisen.

In der Fassung vom 4.7.2013 (BGBl. I 2013, S. 1981).

I. Regelungsgegenstand und -zweck

1 § 134 KAGB enthält **zwingende Vorgaben zur Firmenbezeichnung der offenen InvKG** in Abweichung von § 19 Abs. 1 Nr. 3 HGB. Eine nahezu identische Bestimmung gilt für die geschlossene InvKG in § 157 KAGB, allerdings mit dem Unterschied, dass es bei der geschlossenen InvKG mangels rechtlicher Zulässigkeit keine Vorgaben zur Angabe von Teilgesellschaftsvermögen geben kann.

2 Auch für die InvAG mit veränderlichem Kapital und für die InvAG mit fixem Kapital existieren vergleichbare Vorgaben zur Firmenbezeichnung in §§ 118 und 146 KAGB. Die Vorgabe in § 118 Abs. 1 Satz 1 Halbsatz 2 KAGB, dass auf Geschäftsbriefen der InvAG mit veränderlichem Kapital auf die Veränderlichkeit des Gesellschaftskapitals hingewiesen werden muss, hat der Gesetzgeber für die offene InvKG nicht übernommen, da es bei der Kommanditgesellschaft anders als bei der Aktiengesellschaft kein festes Grundkapital gibt.[1]

3 Die Vorgaben zur Firmenbezeichnung verfolgen den Zweck, die Rechtsform der Investmentgesellschaft für den Rechtsverkehr transparent zu machen. Angesichts der vom gesetzlichen Leitbild abweichenden Schutzvorschriften zugunsten der Anleger in §§ 127 Abs. 2 und 3, 133 Abs. 2 KAGB, die zu Lasten der Gläubiger gehen, existiert hierfür ein **besonderes Bedürfnis des Rechtsverkehrs.**

II. Vorgaben für die Firmenbezeichnung

4 Gemäß § 134 Abs. 1 KAGB muss die Firma der offenen InvKG die Bezeichnung **„offene Investmentkommanditgesellschaft"** oder eine allgemein verständliche Abkürzung dieser Bezeichnung enthalten.

5 Abgesehen von der Bezeichnung „offene" und von dem Sonderfall der offenen InvKG mit Teilgesellschaftsvermögen (dazu sogleich in Rz. 6 f.) gelten für die Firmenbildung der offenen InvKG die gleichen Grundsätze wie bei der geschlossenen InvKG, weshalb wegen weiterer Erläuterungen auf die Kommentierung in § 157 Rz. 3 ff. verwiesen wird.

III. Publizitätspflichten bei offenen Investmentkommanditgesellschaften mit Teilgesellschaftsvermögen

1. Firmenbezeichnung

6 § 134 Abs. 2 KAGB schreibt vor, dass die Firma der offenen InvKG mit Teilgesellschaftsvermögen den Zusatz **„mit Teilgesellschaftsvermögen"** oder eine allgemein verständliche Abkürzung dieser Bezeichnung enthalten muss.

7 Als **allgemein verständliche Abkürzung** der Teilgesellschaftsvermögen hat sich in der Praxis **„TGV"** etabliert. Eine zulässige Firma der offenen InvKG mit Teilgesellschaftsvermögen wäre daher z.B. „[XY] GmbH & Co. offene InvKG mit TGV".

1 BT-Drucks. 17/12294, 245.

2. Publizität im Rechtsverkehr

Gemäß § 134 Abs. 2 Satz 2 KAGB hat die offene InvKG **im Rechtsverkehr offenzulegen**, wenn sie lediglich für ein oder mehrere Teilgesellschaftsvermögen tätig ist. Außerdem hat sie auf die haftungsrechtliche Trennung der Teilgesellschaftsvermögen hinzuweisen. Auch diese Vorgabe dient dem **Schutz des Rechtsverkehrs**, damit Gläubigern der InvKG bewusst gemacht wird, dass sich ihre Ansprüche auf das Vermögen des jeweiligen Teilgesellschaftsvermögens beschränken (§ 132 Abs. 1 Satz 4 KAGB). 8

Die Offenlegung im Rechtsverkehr erfolgt z.B., indem bei Verträgen das konkrete Teilgesellschaftsvermögen **als Vertragspartei mitbezeichnet** wird. Der Hinweis auf die haftungsrechtliche Trennung muss sodann im Vertragstext selbst erfolgen. Die gleichen Anforderungen gelten, wenn die InvKG für mehrere oder sämtliche Teilgesellschaftsvermögen ein Rechtsgeschäft abschließt. Auch hier entspricht es dem Bedürfnis nach Rechtssicherheit, dass sämtliche Teilgesellschaftsvermögen namentlich bezeichnet werden. 9

Eine **Ausnahme** gilt nur dann, wenn die InvKG **Geschäfte** abschließt, **die keinem Teilgesellschaftsvermögen zuzuordnen sind.** Es handelt sich um Geschäfte außerhalb der Anlagetätigkeit der KVG wie z.B. der Abschluss von Dienstleistungsverträgen für die gesamte InvKG. 10

§ 135 Jahresbericht; Verordnungsermächtigung

(1) [1]Die Kapitalverwaltungsgesellschaft hat für die offene Investmentkommanditgesellschaft, auch wenn auf diese § 264a des Handelsgesetzbuchs nicht anzuwenden ist, für den Schluss eines jeden Geschäftsjahres spätestens sechs Monate nach Ende des Geschäftsjahres einen Jahresbericht nach Maßgabe der folgenden Absätze zu erstellen. [2]Der Jahresbericht besteht mindestens aus

1. **dem nach Maßgabe der folgenden Absätze aufgestellten und von einem Abschlussprüfer geprüften Jahresabschluss,**
2. **dem nach Maßgabe der folgenden Absätze aufgestellten und von einem Abschlussprüfer geprüften Lagebericht,**
3. **einer den Vorgaben von § 264 Absatz 2 Satz 3, § 289 Absatz 1 Satz 5 des Handelsgesetzbuchs entsprechenden Erklärung der gesetzlichen Vertreter der offenen Investmentkommanditgesellschaft sowie**
4. **den Bestätigungen des Abschlussprüfers nach § 136.**

(2) [1]Auf den Jahresabschluss der offenen Investmentkommanditgesellschaft sind die Bestimmungen des Ersten Unterabschnitts des Zweiten Abschnitts des Dritten Buches des Handelsgesetzbuchs und für den Lagebericht die Bestimmungen des § 289 des Handelsgesetzbuchs anzuwenden, soweit sich aus den folgenden Vorschriften nichts anderes ergibt. [2]§ 264 Absatz 1 Satz 4, Absatz 3, 4 und § 264b des Handelsgesetzbuchs sind nicht anzuwenden.

(3) [1]Die Bilanz ist in Staffelform aufzustellen. [2]Auf Gliederung, Ansatz und Bewertung der dem Sondervermögen vergleichbaren Vermögensgegenstände und Schulden ist § 101 Absatz 1 Satz 3 Nummer 1 anzuwenden.

(4) Auf die Gliederung und den Ausweis der Aufwendungen und Erträge in der Gewinn- und Verlustrechnung ist § 101 Absatz 1 Satz 3 Nummer 4 anzuwenden.

(5) Der Anhang ist um die Angaben nach § 101 Absatz 1, ohne die Angabe nach § 101 Absatz 1 Satz 3 Nummer 6, zu ergänzen, die nicht bereits nach den Absätzen 3, 4, 6 und 7 zu machen sind.

(6) [1]Der Lagebericht ist um die Angaben nach § 101 Absatz 1 Satz 2 zu ergänzen. [2]Die Tätigkeiten einer Kapitalverwaltungsgesellschaft, die diese als externe Kapitalverwaltungsgesellschaft ausübt, sind gesondert aufzuführen.

(7) [1]Der Lagebericht hat zusätzlich die Angaben nach § 101 Absatz 3 zu enthalten. [2]§ 101 Absatz 3 Satz 2 ist anzuwenden.

(8) [1]Soweit die offene Investmentkommanditgesellschaft nach § 114 des Wertpapierhandelsgesetzes verpflichtet ist, einen Jahresfinanzbericht zu erstellen, sind den Anlegern auf Antrag lediglich die ergänzenden Angaben nach den Absätzen 5 bis 7 zusätzlich vorzulegen. [2]Die Übermittlung dieser Angaben kann gesondert spätestens vier Monate nach Ende des Geschäftsjahres oder in Form einer Ergänzung zum Jahresfinanzbericht erfolgen.

(9) Das sonstige Vermögen der Gesellschafter (Privatvermögen) darf nicht in die Bilanz und die auf das Privatvermögen entfallenden Aufwendungen und Erträge dürfen nicht in die Gewinn- und Verlustrechnung aufgenommen werden.

(10) Bei der intern verwalteten offenen Investmentkommanditgesellschaft im Sinne des Absatzes 1 Satz 1 hat in der Bilanz und in der Gewinn- und Verlustrechnung ein gesonderter Ausweis des Investmentbetriebsvermögens und des Investmentanlagevermögens sowie der diesen zuzuordnenden Aufwendungen und Erträge zu erfolgen.

(11) [1]Das Bundesministerium der Finanzen wird ermächtigt, im Einvernehmen mit dem Bundesministerium der Justiz und für Verbraucherschutz durch Rechtsverordnung, die nicht der Zustimmung des Bundesrates bedarf, nähere Bestimmungen über weitere Inhalte, Umfang und Darstellung des Jahresabschlusses und des Lageberichts zu erlassen, soweit dies zur Erfüllung der Aufgaben der Bundesanstalt erforderlich ist, insbesondere, um einheitliche Unterlagen zur Beurteilung der Tätigkeit der offenen Investmentkommanditgesellschaft zu erhalten. [2]Das Bundesministerium der Finanzen kann die Ermächtigung durch Rechtsverordnung auf die Bundesanstalt übertragen.

In der Fassung vom 4.7.2013 (BGBl. I 2013, S. 1981), zuletzt geändert durch das Zweite Finanzmarktnovellierungsgesetz (2. FiMaNoG) vom 23.6.2017 (BGBl. I 2017, S. 1693).

1 § 135 KAGB beschreibt die Rechnungslegungsvorschriften für offene Investmentkommanditgesellschaften.

2 Analog zu § 120 KAGB gelten für offene Investmentkommanditgesellschaften die **Vorschriften des Ersten Unterabschnitts des Zweiten Abschnitts des HGB** vorbehaltlich der abweichenden Regelungen in den § 135 Abs. 3 bis 10 KAGB.

3 Nach § 135 Abs. 1 KAGB ist der Jahresbericht auch für Investmentkommanditgesellschaften zu erstellen, für welche § 264a HGB nicht anzuwenden ist, d.h. für Investmentkommanditgesellschaften mit einer natürlichen Person oder einer OHG, KG oder einer anderen Personengesellschaft mit einer natürlichen Person als persönlich haftendem Gesellschafter.

4 Nach § 135 Abs. 2 KAGB gelten für offene Investmentkommanditgesellschaften nicht

- die Erleichterungen für kleine Kapitalgesellschaften nach § 264 Abs. 1 Satz 4 HGB,
- die Erleichterungen für Tochterunternehmen nach § 264 Abs. 3 und 4 HGB
- sowie die Erleichterungen für OHG und KG nach § 264b HGB.

5 Die Vorschriften zur Bilanz, Gewinn- und Verlustrechnung, Anhang und Lagebericht sind denen für Investmentaktiengesellschaften mit veränderlichem Kapital bis auf wenige Abweichungen identisch.

6 Als offene Investmentkommanditgesellschaften dürfen jedoch laut § 91 KAGB nur offene inländische Nicht-OGAW-Investmentvermögen, deren Anteile nach dem Gesellschaftsvertrag ausschließlich von professionellen und semiprofessionellen Anlegern erworben werden dürfen, aufgelegt werden, d.h. offene Investmentkommanditgesellschaften sind immer Spezial-AIF.

7 Daraus ergibt sich die Abweichung zwischen § 135 Abs. 5 und § 120 Abs. 4 KAGB, wonach § 135 Abs. 5 KAGB nur auf für Spezialsondervermögen geltenden Vorschriften des § 101 KAGB verweist.

8 Damit **entfallen** bei offenen Investmentkommanditgesellschaften folgende Angaben im Anhang:

- vergleichende Übersicht der letzten drei Geschäftsjahre (§ 101 Abs. 1 Nr. 6 KAGB)
- Gesamtkostenquote (§ 101 Abs. 2 Nr. 1 KAGB),
- erfolgsabhängige Verwaltungsvergütung (§ 101 Abs. 2 Nr. 1 KAGB),
- Pauschalgebühr (§ 101 Abs. 2 Nr. 2 KAGB),
- Rückvergütungen (§ 101 Abs. 2 Nr. 3 KAGB),
- Verwendung der Vermittlervergütung auf den Bestand von vermittelten Anteilen (§ 101 Abs. 2 Nr. 3 KAGB),
- Ausgabe- und Rücknahmeabschläge (§ 101 Abs. 2 Nr. 4 KAGB).

9 Im Ergebnis entfällt ein großer Teil der im Anhang eines Publikumsinvestmentvermögens zu machenden Angaben.

10 Die Vorschrift des § 135 Abs. 6 KAGB ist identisch zu § 120 Abs. 5 KAGB, wonach der Tätigkeitsbericht der Kapitalverwaltungsgesellschaft in den Lagebericht aufzunehmen ist sowie die Tätigkeiten der Kapital-

verwaltungsgesellschaft, die diese als externe Kapitalverwaltungsgesellschaft ausführt, gesondert aufzuführen sind.

§ 135 Abs. 7 KAGB schreibt die Aufnahme der **Angaben zur Vergütung** nach § 101 Abs. 3 KAGB (Vorschrift für AIF) in den Lagebericht (bei InvAGs müssen diese Angaben in den Anhang aufgenommen werden) vor. 11

§ 135 Abs. 8 KAGB regelt den Jahresfinanzbericht und ist bis auf die Angabe der relevanten Absätze zu § 120 Abs. 7 KAGB identisch. 12

§ 135 Abs. 9 KAGB verbietet den Ausweis des Privatvermögens der Gesellschafter (das sonstige Vermögen) in der Bilanz und den Ausweis der entsprechenden Erträge und Aufwendungen in der Gewinn- und Verlustrechnung. 13

Abweichend zu § 120 KAGB enthält § 135 Abs. 10 KAGB auch die in § 21 KARBV enthaltene Regelung, dass bei der intern verwalteten offenen Investmentkommanditgesellschaft ein gesonderter Ausweis des Investmentanlage- und Investmentbetriebsvermögens zu erfolgen hat. 14

§ 135 Abs. 11 KAGB enthält eine Ermächtigung des BMF, im Einvernehmen mit dem Bundesministerium der Justiz und für Verbraucherschutz eine Rechtsverordnung zu diesem § zu erlassen. Von dieser Möglichkeit ist insofern Gebrauch gemacht worden, als die KARBV Vorschriften für die Jahresberichte der Investmentkommanditgesellschaft enthält. 15

§ 136 Abschlussprüfung; Verordnungsermächtigung

(1) [1]Der Jahresabschluss und der Lagebericht der offenen Investmentkommanditgesellschaft sind durch einen Abschlussprüfer nach Maßgabe der Bestimmungen des Dritten Unterabschnitts des Zweiten Abschnitts des Dritten Buches des Handelsgesetzbuchs zu prüfen. [2]Das Ergebnis der Prüfung hat der Abschlussprüfer in einem besonderen Vermerk zusammenzufassen; der Vermerk ist in vollem Wortlaut im Jahresabschluss wiederzugeben.

(2) Die Zuweisung von Gewinnen, Verlusten, Einnahmen, Ausgaben, Einlagen und Entnahmen zu den einzelnen Kapitalkonten ist vom Abschlussprüfer zu prüfen und deren Ordnungsmäßigkeit zu bestätigen.

(3) [1]Der Abschlussprüfer hat bei seiner Prüfung auch festzustellen, ob die offene Investmentkommanditgesellschaft die Bestimmungen dieses Gesetzes und des zugrunde liegenden Gesellschaftsvertrags beachtet hat. [2]Bei der Prüfung hat er insbesondere festzustellen, ob die offene Investmentkommanditgesellschaft die Anzeigepflichten nach § 34 Absatz 1, 3 Nummer 1 bis 3, 5, 7 bis 11, Absatz 4 und 5, § 35 und die Anforderungen nach den §§ 36 und 37 sowie die Anforderungen nach Artikel 4 Absatz 1, 2 und 3 Unterabsatz 2, Artikel 9 Absatz 1 bis 4 sowie Artikel 11 Absatz 1 bis 10, 11 Unterabsatz 1 und Absatz 12 der Verordnung (EU) Nr. 648/2012 sowie die Anforderungen nach den Artikeln 4 und 15 der Verordnung (EU) 2015/2365 und nach Artikel 16 Absatz 1 bis 4, Artikel 23 Absatz 3 und 10 und Artikel 28 Absatz 2 der Verordnung (EU) 2016/1011 sowie nach Artikel 28 Absatz 1 bis 3 der Verordnung (EU) Nr. 600/2014 erfüllt hat und ihren Verpflichtungen nach dem Geldwäschegesetz nachgekommen ist. [3]Das Ergebnis dieser Prüfung hat der Abschlussprüfer im Prüfungsbericht gesondert wiederzugeben. [4]Der Bericht über die Prüfung der offenen Investmentkommanditgesellschaft ist der Bundesanstalt auf Verlangen vom Abschlussprüfer einzureichen.

(4) [1]Das Bundesministerium der Finanzen wird ermächtigt, im Einvernehmen mit dem Bundesministerium der Justiz und für Verbraucherschutz durch Rechtsverordnung, die nicht der Zustimmung des Bundesrates bedarf, nähere Bestimmungen über weitere Inhalte, Umfang und Darstellungen des Prüfungsberichts des Abschlussprüfers zu erlassen, soweit dies zur Erfüllung der Aufgaben der Bundesanstalt erforderlich ist, insbesondere, um einheitliche Unterlagen zur Beurteilung der Tätigkeit der offenen Investmentkommanditgesellschaft zu erhalten. [2]Das Bundesministerium der Finanzen kann die Ermächtigung durch Rechtsverordnung auf die Bundesanstalt übertragen.

In der Fassung vom 4.7.2013 (BGBl. I 2013, S. 1981), zuletzt geändert durch das Zweite Finanzmarktnovellierungsgesetz (2. FiMaNoG) vom 23.6.2017 (BGBl. I 2017, S. 1693). Geplant ist eine Änderung in Abs. 3 Satz 2 durch das Gesetz zur Anpassung von Finanzmarktgesetzen an die Verordnung (EU) 2017/2402 und an die durch die Verordnung (EU) 2017/2401 geänderte Verordnung (EU) Nr. 575/2013 (RegE, BT-Drucks. 19/4460).

1 Die Prüfung des Jahresabschlusses sowie des Lageberichts erfolgt laut § 136 Abs. 1 KAGB nach den Vorschriften zur Prüfung aus dem Dritten Unterabschnitt des Zweiten Abschnitts des Dritten Buches des HGB.

2 § 136 Abs. 2 KAGB schreibt explizit die **Prüfung und Bestätigung der Ordnungsmäßigkeit der Kapitalkonten** durch den Abschlussprüfer sowie die Prüfung der Einhaltung der Bestimmungen des KAGB und des zugrundeliegenden Gesellschaftsvertrags, obwohl die Prüfung dieser Sachverhalte durch § 321 Abs. 2 HGB abgedeckt ist.

3 Analog zu § 121 Abs. 3 KAGB regelt § 136 Abs. 3 KAGB die zusätzlichen Anforderungen an die Prüfung der offenen Investmentkommanditgesellschaften wie Anzeigepflichten oder Pflichten aus dem Geldwäschegesetz. Diese Anforderungen ergeben sich, da die Prüfung einer Investmentkommanditgesellschaft auf Ebene der Unternehmensorganisation und nicht nur auf Ebene eines Investmentvermögens mit übergeordneter Organisation stattfindet. Der einzige, aber durchaus wesentliche Unterschied besteht in der Einreichungspflicht bezüglich des Prüfungsberichtes bei BaFin.

§ 137 Vorlage von Berichten

Einem Anleger wird der Jahresbericht auf Anfrage vorgelegt.

In der Fassung vom 4.7.2013 (BGBl. I 2013, S. 1981).

1 § 137 KAGB nicht gesondert kommentiert.

§ 138 Auflösung und Liquidation

(1) [1]§ 133 Abs. 1 des Handelsgesetzbuchs gilt nicht. [2]Ein Gesellschafter der offenen Investmentkommanditgesellschaft kann die Gesellschaft vor dem Ablauf der für ihre Dauer bestimmten Zeit oder bei einer für unbestimmte Zeit eingegangenen Gesellschaft außerordentlich kündigen und aus ihr ausscheiden, wenn ein wichtiger Grund vorliegt. [3]§ 133 Abs. 2 und 3 des Handelsgesetzbuchs ist entsprechend anzuwenden.

(2) Die Kommanditisten haften nach Beendigung der Liquidation nicht für die Verbindlichkeiten der offenen Investmentkommanditgesellschaft.

In der Fassung vom 4.7.2013 (BGBl. I 2013, S. 1981).

Schrifttum: *Ulrich*, Private Equity (LBO) vor und nach dem Inkrafttreten des KAGB, 2018. Im Übrigen wird auf das Schrifttum zu Vor §§ 124–138 verwiesen.

I. Regelungsgegenstand und -zweck

1 Entgegen des missverständlichen Titels „Auflösung und Liquidation" regelt § 138 Abs. 1 KAGB das **außerordentliche Kündigungsrecht** der Gesellschafter der offenen InvKG und Abs. 2 den **Ausschluss der Nachhaftung der Gesellschafter** nach Beendigung der Liquidation.

2 Die Parallelvorschrift für **geschlossene InvKGen** ist § 161 KAGB, die allerdings aufgrund der unterschiedlichen Wesensmerkmale eines geschlossenen Investmentvermögens **Abweichungen** enthält.

3 Der in § 161 Abs. 1 KAGB enthaltene **Ausschluss der ordentlichen Kündigung** gilt für die offene InvKG gerade nicht, weil das in § 133 Abs. 1 KAGB gewährte Recht der Kommanditisten, ihre Beteiligung ganz

oder teilweise zu kündigen, gerade zum Wesen der offenen InvKG gehört. Ferner ist der in § 161 Abs. 2 KAGB durch das OGAW V-Umsetzungsgesetz gestrichene Hinweis auf Gesellschaften **mit unbestimmter Laufzeit** in § 138 Abs. 1 Satz 2 KAGB beibehalten worden, da es lediglich bei geschlossenen InvKGen nicht erlaubt ist, eine unbegrenzte Laufzeit vorzusehen.[1] Bei der offenen InvKG dürfte die unbegrenzte Laufzeit der Regelfall sein. Denn der mit der Beteiligung an der offenen InvKG verfolgte Zweck der Anleger, ihre Altersvorsorgeverbindlichkeiten abzudecken, verlangt i.a.R. eine unbegrenzte Laufzeit. Schließlich enthält § 138 KAGB konsequent auch keine Vorgaben für die **Erstellung eines Abwicklungsberichts**, da die entsprechenden Bestimmungen in § 161 Abs. 3 KAGB ausschließlich für geschlossene *Publikums*-InvKGen gelten.

II. Außerordentliches Kündigungsrecht

Es entspricht allgemeinen investmentrechtlichen Grundsätzen, dass ein einzelner Anleger nicht die Auflösung des Investmentvermögens verlangen kann.[2] Für das Sondervermögen ist dies in § 99 Abs. 5 KAGB ausdrücklich angeordnet, für die InvAGen ergibt sich dies aus allgemeinen aktienrechtlichen Grundsätzen (vgl. § 262 AktG). Es ist daher konsequent, dass der Gesetzgeber auch bei der offenen InvKG die **Auflösungsklage** für **unzulässig** erklärt, in dem er in § 138 Abs. 1 Satz 1 KAGB § 133 Abs. 1 HGB abbedingt. Stattdessen kann der Gesellschafter die Gesellschaft bei Vorliegen eines wichtigen Grundes außerordentlich kündigen und scheidet aus der Gesellschaft aus. 4

Der Verweis auf § 133 Abs. 3 HGB in § 138 Abs. 1 Satz 3 KAGB ist so zu interpretieren, dass das **Recht zur außerordentlichen Kündigung nicht vertraglich ausgeschlossen oder beschränkt werden kann** (s. § 161 Rz. 19). 5

1. Verhältnis zum ordentlichen Kündigungsrecht gem. § 133 Abs. 1 KAGB

Nach § 133 Abs. 1 Satz 1 KAGB sind die Kommanditisten berechtigt, ihre Kommanditbeteiligung in voller Höhe oder zu einem Teilbeitrag zu kündigen. Es stellt sich daher die Frage, welche Bedeutung das **außerordentliche Kündigungsrecht** in § 138 Abs. 1 KAGB **neben diesem ordentlichen Kündigungsrecht** hat.[3] 6

Zunächst ist festzustellen, dass der abweichende Wortlaut in § 138 Abs. 1 KAGB, wonach der Gesellschafter „die Gesellschaft" kündigt, wegen der Rechtsfolge des Ausscheidens keinen Unterschied zu § 133 Abs. 1 KAGB bedeutet. In beiden Fällen kündigt der Gesellschafter lediglich **seine Beteiligung** an der InvKG. Der Fortbestand der InvKG bleibt unberührt. Der Wortlaut in § 138 Abs. 1 Satz 2 KAGB ist daher unglücklich gewählt. 7

Ein wichtiger Unterschied zur ordentlichen Kündigung besteht jedoch bereits darin, dass das außerordentliche Kündigungsrecht **allen Gesellschaftern** zusteht, das ordentliche nur den Kommanditisten (vgl. § 133 Rz. 8). 8

Auch was das Kündigungsrecht der **Kommanditisten** betrifft, ist das **außerordentliche Kündigungsrecht nicht entbehrlich**. Denn das ordentliche Kündigungsrecht ist stets an Fristen gebunden, die u.U. recht lang gewählt sind.[4] Verwenden die Anleger ihre Beteiligung an der offenen InvKG zur Abdeckung ihrer Altersvorsorgeverbindlichkeiten, dürfte eine ordentliche Kündigung nur zum Geschäftsjahresende der InvKG die Regel sein. Denn dies ist der Stichtag, an dem ihre Beteiligung ohnehin neu bewertet wird und ggf. eine Nachjustierung der Höhe der Beteiligung in Abhängigkeit von der Neubewertung der Höhe der Altersvorsorgeverbindlichkeiten erfolgt. Es bietet sich an, zu diesem Stichtag auch das Anwachsen der Beteiligung des ausscheidenden Kommanditisten mit zu berücksichtigen. 9

Schließlich besteht gem. § 133 Abs. 1 Satz 3 KAGB für das ordentliche Kündigungsrecht bei einer intern verwalteten offenen InvKG eine Kündigungsgrenze, wenn durch die Erfüllung des Abfindungsanspruchs das Gesellschaftsvermögen den Betrag des Anfangskapitals und der zusätzlich erforderlichen Eigenmittel gem. § 25 KAGB unterschreitet. Diese **Kündigungsgrenze** besteht **bei der außerordentlichen Kündigung nicht**. 10

Wird die ordentliche Kündigung gem. §§ 133 Abs. 2 Satz 5, 98 Abs. 2 und 3 KAGB ausgesetzt, stellt sich die Frage, ob diese Aussetzung auch die außerordentliche Kündigung ausschließt. Hiervon scheint der Ge- 11

1 BT-Drucks. 18/6744, 60.
2 *Wallach*, ZGR 2014, 289 (317); *Ulrich*, Private Equity (LBO) vor und nach dem Inkrafttreten des KAGB, S. 183.
3 Die Frage wird aufgeworfen von *Eichhorn* in Moritz/Klebeck/Jesch, § 138 KAGB Rz. 5 f.
4 Hierauf weist auch der Gesetzgeber hin, vgl. BT-Drucks. 17/12294, 246.

setzgeber allerdings nicht auszugehen, denn lt. Gesetzesbegründung[5] kann das ordentliche Kündigungsrecht auch wegen der möglichen Aussetzung das außerordentliche Kündigungsrecht nicht ersetzen. Dies lässt darauf schließen, dass der Gesetzgeber die außerordentliche Kündigung gegenüber einer Aussetzung nach § 98 Abs. 2 und 3 KAGB als immun ansieht. Bestärkt wird die Intention des Gesetzgebers dadurch, dass er in § 138 Abs. 1 KAGB – anders als in § 133 Abs. 2 Satz 5 KAGB für die ordentliche Kündigung – nicht auf § 98 Abs. 2 und 3 KAGB verweist. Wegen dieses eindeutigen Gesetzeszusammenhangs ist daher das **außerordentliche Kündigungsrecht** in § 138 Abs. 1 KAGB **nicht durch eine Aussetzung der ordentlichen Kündigung** gem. §§ 133 Abs. 2 Satz 5, 98 Abs. 2 und 3 KAGB **ausgeschlossen.**[6]

12 Allerdings besteht die Möglichkeit, im Gesellschaftsvertrag die **Erfüllung des Abfindungsanspruchs** an die Voraussetzung genügender Liquidität der offenen InvKG zu knüpfen und ggf. zeitlich hinaus zu schieben. Eine derartige Klausel ist unter Berücksichtigung der Interessen aller Anleger und der InvKG auch für den Fall der außerordentlichen Kündigung wirksam. Der Gesellschaftsvertrag einer offenen InvKG unterliegt nicht der AGB-rechtlichen Inhaltskontrolle (s. § 124 Rz. 19).

2. Vorliegen eines wichtigen Grundes

13 Zum Vorliegen eines wichtigen Grundes kann im Wesentlichen auf die Kommentierung zum außerordentlichen Kündigungsrecht bei der geschlossenen InvKG in § 161 Rz. 15 ff. verwiesen werden.

14 Allerdings dürften bei der **offenen InvKG** angesichts des Bestehens eines ordentlichen Kündigungsrechts **tendenziell höhere Anforderungen an das Vorliegen eines wichtigen Grundes** zu stellen sein. Die Umstände müssen so schwer wiegen, dass dem betreffenden Gesellschafter eine Bindung an die Gesellschaft bis zum nächsten ordentlichen Kündigungstermin unzumutbar ist.

15 Wie bei der geschlossenen InvKG können auch die Gesellschafter der offenen InvKG die **wichtigen Gründe**, die zur außerordentlichen Kündigung berechtigen, **im Gesellschaftsvertrag vereinbaren**. Es gibt keinen sachlich gerechtfertigten Grund, den bei der Gründung beteiligten Gesellschaftern diese privatautonome Gestaltungsfreiheit zu verweigern.[7] Denn die Beteiligung an der offenen InvKG kann bei einem einzelnen Anleger mit bestimmten Zwecken verbunden sein, die so wichtig sind, dass deren Fortfall eine Fortsetzung der Beteiligung für den Anleger unzumutbar macht. So kann z.B. der Verlust der Eigenschaft als Spezial-Investmentfonds i.S.d. § 26 InvStG und der damit einhergehende Verlust der Behandlung als Anleger eines Spezial-Investmentfonds gem. § 53 Abs. 3 Satz 1 i.V.m. §§ 34 ff. InvStG als wichtiger Grund vereinbart werden. Gleiches gilt für Änderungen der rechtlichen und steuerrechtlichen Rahmenbedingungen für die offene InvKG oder eine Änderung der für Anleger geltenden rechtlichen Bedingungen betreffend die Anlage von betrieblichen Altersvorsorgevermögen.

16 Möglich ist auch, dass die bei der Gründung beteiligten Gesellschafter das Nichterreichen bestimmter klar definierter wirtschaftlicher Ziele (wie z.B. das Unterschreiten einer maximalen Verlustgrenze) als einen wichtigen Grund definieren, unabhängig davon, ob dies auf einer Pflichtverletzung der KVG zurückzuführen ist oder nicht.

17 Liegt ein solcher wichtiger Grund vor, kann auch die Aussetzung einer ordentlichen Kündigung gem. §§ 133 Abs. 2 Satz 5, 98 Abs. 2 und 3 KAGB die außerordentliche Kündigung nicht hindern (s. Rz. 11). Die formale **Aussetzung der ordentlichen Kündigung** *als solche* stellt selbstverständlich **keinen wichtigen Grund** dar; für die außerordentliche Kündigung bedarf es stets eines materiellen, die Unzumutbarkeit der fortgesetzten Beteiligung begründenden Umstandes.

18 Soweit die Nichteinhaltung bestimmter wirtschaftlicher Parameter nicht als außerordentlicher Kündigungsgrund im Gesellschaftsvertrag definiert ist, stellt der Eintritt einer **finanziellen Krise** der offenen InvKG oder eine **drastische Verschlechterung der Performance keinen wichtigen Grund** für eine außerordentliche Kündigung dar. Denn das Risiko von Verlusten ist der Anlage in Investmentvermögen immanent. Die Geschäftsbesorgungsverträge der KVGen enthalten stets einen Haftungsausschluss, dass für die Erreichung wirtschaftlicher Ziele nicht garantiert werden kann. Bei den sachkundigen professionellen und semi-professionellen Anlegern der offenen InvKG ist von dem Verständnis auszugehen, dass sie sich der Risiken der Beteiligung bewusst sind.

---

5 BT-Drucks. 17/12294, 246.

6 A.A. offenbar *Eichhorn* in Moritz/Klebeck/Jesch, § 161 KAGB Rz. 8, der allerdings die Frage diskutiert, ob die Aussetzung der Rücknahme einen wichtigen Grund darstellt; a.A. offenbar auch *Geibel* in Derleder/Knops/Bamberger, Deutsches und europäisches Bank- und Kapitalmarktrecht, 3. Aufl. 2017, S. 764.

7 So aber *Eichhorn* in Moritz/Klebeck/Jesch, § 161 KAGB Rz. 9.

3. Rechtsfolge der außerordentlichen Kündigung

Als Rechtsfolge der außerordentlichen Kündigung ordnet § 138 Abs. 1 Satz 2 KAGB lediglich an, dass der betreffende Gesellschafter aus der InvKG **ausscheidet**. Es ist davon auszugehen, dass der Gesetzgeber keine von der ordentlichen Kündigung abweichenden weiteren Schritte der Abwicklung der Beteiligung im Sinn hatte. Es kann daher **§ 133 Abs. 1 Satz 2 KAGB analog** angewendet werden, mit der Folge, dass der Gesellschafter einen Abfindungsanspruch abzgl. etwaiger der InvKG entstandenen Aufwendungen erhält. Dies entspricht der für das Ausscheiden aus einer gewöhnlichen Kommanditgesellschaft geltenden Rechtsfolge gem. §§ 161 Abs. 2, 105 Abs. 3 HGB i.V.m. § 738 BGB. Es ist daher auf den Tag der außerordentlichen Kündigung eine Auseinandersetzungsbilanz zu erstellen und die Höhe des Abfindungssaldos des ausscheidenden Gesellschafters zu bestimmen. 19

III. Ausschluss der Nachhaftung des Kommanditisten nach Beendigung der Liquidation

Für die Liquidation der offenen InvKG gelten die gleichen Regeln wie bei der geschlossenen InvKG; es wird daher auf die Kommentierung in § 161 Rz. 22 ff. verwiesen. Anders als bei der geschlossenen InvKG können die Gesellschafter der offenen InvKG keinen von der Verwahrstelle abweichenden Liquidator bestellen. Ein hinreichender sachlicher Grund für diese unterschiedliche Behandlung ist nicht ersichtlich (zur Kritik s. § 129 Rz. 43). 20

§ 138 Abs. 2 KAGB **schließt eine Haftung der Kommanditisten nach Beendigung der Liquidation aus.** Damit schließt der Gesetzgeber die sonst gem. § 124 Abs. 1 Satz 2 i.V.m. §§ 161 Abs. 2, 159 Abs. 1 HGB eingreifende, bis zu fünf Jahren ab Auflösung währende Nachhaftung der Gesellschafter aus. 21

Auch beim **Ausscheiden** des Kommanditisten aus der offenen InvKG schließt der Gesetzgeber in § 133 Abs. 2 Satz 2 KAGB eine Haftung für Verbindlichkeiten der Gesellschaft aus. Mit diesem **generellen Ausschluss jeglicher Nachhaftung der Kommanditisten** stellt der Gesetzgeber die bezweckte haftungsrechtliche Gleichstellung der Anleger einer offenen InvKG mit dem Anleger einer InvAG mit veränderlichem Kapital und eines Sondervermögens her (s. § 133 Rz. 37). 22

Abschnitt 5
Geschlossene inländische Investmentvermögen

Unterabschnitt 1
Allgemeine Vorschriften für geschlossene inländische Investmentvermögen

§ 139 Rechtsform

Geschlossene inländische Investmentvermögen dürfen nur als Investmentaktiengesellschaft mit fixem Kapital gemäß den Vorschriften des Unterabschnitts 2 oder als geschlossene Investmentkommanditgesellschaft gemäß den Vorschriften des Unterabschnitts 3 aufgelegt werden.

In der Fassung vom 4.7.2013 (BGBl. I 2013, S. 1981).

Schrifttum: *BaFin*, Auslegungsschreiben zum Anwendungsbereich des KAGB und zum Begriff des „Investmentvermögens" vom 14.6.2013 (zuletzt geändert am 9.3.2015), abrufbar unter: https://www.bafin.de/SharedDocs/Veroeffentlichungen/DE/Auslegungsentscheidung/WA/ae_130614_Anwendungsber_KAGB_begriff_invvermoegen.html; *Casper*, Die Investmentkommanditgesellschaft: große Schwester der Publikums-KG oder Kuckuckskind?, ZHR 2015, 44; *Freitag*, Die „Investmentkommanditgesellschaft" nach dem Regierungsentwurf für ein Kapitalanlagegesetzbuch, NZG 2013, 329; *Freitag/Fürbaß*, Wann ist ein Fonds eine Investmentgesellschaft?, ZGR 2016, 729; *Jünemann/Wirtz*, Regulatorisches Regime und Rechtsformwahl für „kleine Spezial-AIFM", RdF 2018, 109; *Leibholz/Rinck*, Grundgesetz für die Bundesrepublik Deutschland, Kommentar, Rechtsprechung des Bundesverfassungsgerichts, Loseblatt; *Seitz*, Die InvestmentKG – Bereichsspezifisches Sonderrecht für die InvestmentKG und deren Verortung im Gefüge des (Personen-)Gesellschaftsrechts, 2017; *Servatius*, Verbesserter Anlegerschutz bei geschlossenen Fonds nach dem KAGB, ZfIR 2014, 134; *Ulrich*, Private Equity (LBO) vor und nach Inkrafttreten des KAGB, 2018; *Westermann/Wertenbruch*, Handbuch Personengesellschaften, ErgLfg. 58, Februar 2014; *Zetzsche*, Das Gesellschaftsrecht des Kapitalanlagegesetzbuches, AG 2013, 613; *Zetzsche/Preiner*, Was ist ein AIF?, WM 2013, 2101.

I. Regelungsgegenstand und -zweck

1 Ähnlich wie § 91 KAGB für offene inländische Investmentvermögen schränkt § 139 KAGB die Auswahl verfügbarer Rechtsformen für inländische geschlossene Investmentvermögen ein. Sie dürfen nur als **Investmentaktiengesellschaft mit fixem Kapital gemäß den Vorschriften des Unterabschnitts 2** oder als **geschlossene Investmentkommanditgesellschaft gemäß den Vorschriften des Unterabschnitts 3** errichtet werden.

2 § 139 KAGB hat **keine europäische Rechtsgrundlage**, da die AIFM-RL bewusst keine Regelung des AIF enthält.[1] Die OGAW-RL findet auf geschlossene Investmentvermögen per se keine Anwendung, da das Rückgaberecht der Anleger konstituierendes Merkmal eines OGAW ist (Art. 1 Abs. 2 Buchst. b) OGAW-RL). Aber auch hier hat der Richtliniengeber mit den zur Verfügung gestellten Rechtsformen „Vertragsform", „Trust" und „Satzungsform" einen breiten Rahmen gesteckt (Art. 1 Abs. 3 OGAW-RL).

3 Die Beschränkung auf bestimmte Rechtsformen für inländische Investmentvermögen ist vielmehr dem Bestreben des nationalen Gesetzgebers geschuldet, ein **in sich geschlossenes positivistisches Regelwerk für inländische Investmentfonds** zu schaffen,[2] in dessen Folge sich der Gesetzgeber offenbar veranlasst sah, auch die erlaubten Rechtsformen für inländische geschlossene Investmentvermögen positiv zu normieren. Als Begründung für die ausschließliche Zurverfügungstellung der Investmentaktiengesellschaft mit fixem Kapital und der geschlossenen Investmentkommanditgesellschaft als Rechtsformen inländischer geschlossener Investmentvermögen führt der Gesetzgeber aus, es handele sich ohnehin um die von geschlossenen Fonds überwiegend gewählten Rechtsformen, namentlich die GmbH & Co. KG. Ferner sei die Beschrän-

1 Erwägungsgrund 10 der AIFM-RL. Zu Recht spricht *Casper*, ZHR 2015, 44 (47) von einer überschießenden Umsetzung der AIFM-RL.
2 Begr. RegE, BT-Drucks. 17/12294, 187.

kung auf diese Rechtsformen in dem Ausschluss von Haftungsrisiken beim Anleger begründet. Auch entsprächen diese Rechtsformen den in anderen Mitgliedstaaten gebräuchlichen Fondsvehikeln, weshalb sich kein Wettbewerbsnachteil für deutsche Fonds ergäbe.[3]

4 Diese Begründung ist **in keinerlei Hinsicht überzeugend**.[4] Im Ansatz ist bereits zweifelhaft, weshalb sich der Gesetzgeber veranlasst sieht, lediglich die „überwiegend gewählten" Rechtsformen zuzulassen. Vor Inkrafttreten des KAGB sind geschlossene Fonds auch in den Rechtsformen der GbR und KGaA errichtet worden. Die Rechtsformbeschränkung stößt im Hinblick auf die verfassungsrechtlich geschützte Vereinigungsfreiheit in Art. 9 Abs. 1 GG, zu der die Freiheit der Gründung von Gesellschaften in jedweder Rechtsform gehört,[5] und die in Art. 2 Abs. 1 GG geschützte Privatautonomie[6] auf erhebliche verfassungsrechtliche Bedenken. Es bedarf einer expliziten Rechtfertigung des Gesetzgebers, weshalb diese weniger gebräuchlichen Rechtsformen nicht auch erlaubt sein sollen.

5 So bestehen für die **Wahl der GbR** durchaus nachvollziehbare und vom Gesetzgeber zu respektierende Gründe, etwa wenn innerhalb des Initiatorenkreises ein besonderes Verantwortungs- und Zusammengehörigkeitsgefühl existiert, das durch eine Gleichstellung aller Gesellschafter und deren unmittelbare Außenhaftung angemessen wiedergegeben wird. Vermögensverwaltende Familiengesellschaften sind bisweilen in der Rechtsform einer GbR organisiert, gelten aber wegen der Ausnahme für „Family Offices" nicht als Investmentvermögen.[7] Wenn diesem Kreis ein Dritter hinzutritt, der nicht als Familienmitglied anzusehen ist, jedoch faktisch ein mindestens gleichstarkes Nähe- und Vertrauensverhältnis zu der Familie unterhält, müsste die GbR zunächst in eine Investmentkommanditgesellschaft umgewandelt werden, damit der Dritte beitreten und die Gesellschaft das Investmentgeschäft in formal KAGB-konformer Weise ausüben kann.

6 Auch bei professionellen und semiprofessionellen Anlegern spricht der Schutz vor Haftungsrisiken aufgrund der erhöhten Kenntnisse über Anlagerisiken eine weitaus geringere Rolle.[8] Die Ausklammerung der GbR als mögliche Rechtsform erscheint daher jedenfalls für geschlossene Spezial-AIF nicht gerechtfertigt.

7 Auch für die **Wahl der KGaA** als Rechtsform für geschlossene Investmentvehikel sprechen Erwägungen, die sowohl im Initiatoren- als auch im Anlegerinteresse liegen. Aus Initiatorensicht spricht für die Wahl der KGaA die klare Trennung zwischen der Managementebene, ausgefüllt durch den Komplementär, einerseits und den rein kapitalistisch beteiligten Anlegern als Kommanditaktionäre andererseits. Den Interessen der Initiatoren kommt ferner entgegen, dass sie den Komplementär ohne oder mit nur geringer Kapitalbeteiligung stellen und die Binnenverfassung der KGaA flexibler als bei einer AG ausgestalten können.[9]

8 Die Wahl der KGaA bietet auch dem Anleger Vorteile, weil die Aktien an einer Börse gehandelt werden können, folglich der Anleger seine Beteiligung in der Regel deutlich leichter liquidieren kann als dies bei einer Kommanditbeteiligung der Fall ist. Die Ausklammerung der KGaA als zulässige Rechtsform für inländische geschlossene Investmentvermögen ist daher auch nicht im Interesse der Anleger.

9 Schließlich ist die KGaA auch in den wichtigsten europäischen Fondsrestriktionen eine zulässige Rechtsform.[10] Es ist daher nicht richtig, dass die Beschränkung der zulässigen Rechtsformen in § 139 keinen Wettbewerbsnachteil des deutschen Fondsstandortes bedeutet.

II. Anwendungsbereich

10 Der Wortlaut „geschlossene inländische Investmentvermögen dürfen nur …" scheint darauf hin zu deuten, dass lediglich ein „Investmentvermögen" i.S.d. § 1 Abs. 1 KAGB, das sich zudem als „inländisch" (§ 1 Abs. 7 KAGB) und „geschlossen" (§ 1 Abs. 5 KAGB) qualifiziert, vorliegen muss, um das aufsichtsrecht-

3 Begr. RegE, BT-Drucks. 17/12294, 246.
4 Kritisch auch *Zetzsche/Preiner*, WM 2013, 2101 (2102); zustimmend dagegen *Servatius*, ZfIR 2014, 134 (135).
5 *Leibholz/Rinck*, ErgLfg. 62, Art. 9 GG Rz. 20; *Scholz* in Maunz/Dürig, ErgLfg. 81, September 2017, Art. 9 GG Rz. 78.
6 *Di Fabio* in Maunz/Dürig, ErgLfg. 83, April 2018, Art. 2 Abs. 1 GG Rz. 102.
7 BaFin, Auslegungsschreiben zum Anwendungsbereich des KAGB und zum Begriff des „Investmentvermögen" (Stand 9.3.2015), Ziff. I. 3. a.
8 Ähnlich kritisch *Freitag* in Moritz/Klebeck/Jesch, § 139 KAGB Rz. 5.
9 So sind etwa die Rechte und Zuständigkeiten des Aufsichtsrats bei einer KGaA begrenzt.
10 So u.a. in Luxemburg, vgl. Art. 97 Law of 17 December 2010 relating to undertakings for collective investment, Art. 25 Law of 13th February, 2007 relating to specialised investment funds, Art. 23 of Law of 23 July 2016 on Reserved Alternative Investment Funds; Belgien, vgl. Art. 271/10 of Law on undertakings for collective investment, Artt. 190, 285, 288 of Law of 19 April 2014 on alternative investment funds and their managers; Frankreich, vgl. Art. L214-24 Abs. III Code monétaire et financier.

liche Gebot in § 139 KAGB auszulösen. Allerdings sind **AIF-KVGs, die gem. § 2 Abs. 4, 4a und 5 KAGB lediglich registrierungspflichtig sind, von dem Rechtsformzwang entbunden.** Denn nach zutreffender Ansicht[11] enthält § 44 Abs. 1 Nr. 7 KAGB lediglich die Option für registrierungspflichtige AIF-KVGs, AIFs in der Rechtsform einer Investmentaktiengesellschaft oder Investmentkommanditgesellschaft im Sinne des KAGB zu verwalten. Möglich ist aber auch die Verwaltung des AIF in der Rechtsform einer juristischen Person (Buchst. a)) oder einer Personenhandelsgesellschaft (Buchst. b)) nach allgemeinem Gesellschaftsrecht, ohne sich zugleich den Regeln des KAGB in den Abschnitten 4 und 5 zu unterwerfen.

III. Rechtsfolgen bei Verstoß

Das KAGB selbst enthält keine Sanktionen für den Fall, dass ein geschlossenes Investmentvermögen in einer nicht zugelassenen Rechtsform verwaltet wird. Insbesondere stellt dieser Verstoß keine Straftat i.S.d. § 339 KAGB oder Ordnungswidrigkeit i.S.d. § 340 KAGB dar.[12] 11

Die Verwaltung eines geschlossenen Investmentvermögens in einer nicht zugelassenen Rechtsform bedeutet aber **für die verwaltende KVG regelmäßig einen Verstoß gegen § 20 KAGB.** Für die interne KVG ist dies unmittelbar einsichtig, da die BaFin die Erlaubnis für den Geschäftsbetrieb in Bezug auf eine bestimmte zu verwaltende Investmentgesellschaft erteilt. Nichts anderes gilt i.d.R. für die externe KVG. Zwar bezieht sich § 20 KAGB nur allgemein auf den „Geschäftsbetrieb" einer KVG, wie er in § 17 Abs. 1 KAGB näher beschrieben ist, und daher gerade nicht auf die Verwaltung von Investmentvermögen in einer der vom KAGB zugelassenen Rechtsformen. In der Verwaltungspraxis der BaFin ist jedoch die Erlaubnis zum Geschäftsbetrieb einer externen KVG i.d.R. auf die nach dem KAGB zulässigen Rechtsformen von zu verwaltenden Investmentvermögen beschränkt.[13] 12

Verstöße gegen das KAGB kommen ferner im Zusammenhang mit der BaFin-Zulassung neuer Investmentvermögen in Betracht. So prüft die BaFin bei der Genehmigung der Anlagebedingungen geschlossener Publikums-AIF auch die Rechtsform, da der AIF – und somit auch dessen Rechtsform – in den zur Genehmigung einzureichenden Anlagebedingungen zu bezeichnen ist (§ 266 Abs. 2 Satz 1 KAGB). Bei der Verwaltung von geschlossenen Spezial-AIF fällt diese Kontrollmöglichkeit fort, da die Anlagebedingungen von Spezial-AIF nicht von der BaFin genehmigt werden müssen. Hier kommt jedoch ein Rückgriff auf die allgemeinen Verhaltensregeln in § 26 KAGB in Betracht, die auch die Verpflichtung der KVG beinhalten, alle regulatorischen Anforderungen des KAGB zu erfüllen (s. § 26 Rz. 78), d.h. AIFs ausschließlich in einer KAGB-konformen Rechtsform zu verwalten. 13

Eine andere Frage ist, welche **gesellschaftsrechtlichen Folgen** ein Verstoß gegen § 139 KAGB hat. Im Schrifttum[14] wird überwiegend angenommen, dass § 139 KAGB **kein gesetzliches Verbot i.S.d. § 134 BGB** darstellt, da die Anordnung der Nichtigkeit mit dem in § 139 KAGB verfolgten Zweck des Anlegerschutzes bei gutlaufenden Fonds nicht im Einklang steht. Dem ist aufgrund der hier vertretenen Auffassung, wonach schon die Beschränkung der Rechtsformen in § 139 KAGB nicht in jedem Falle im Anlegerinteresse ist (s. oben Rz. 8), erst Recht zuzustimmen. Soweit die Bereinigung der inländischen regulierten Investmentvermögen von weniger häufig vorkommenden Rechtsformen eher einen ordnungspolitischen Charakter hat, ist ein derart schwerwiegender Eingriff in die Privatautonomie wie die Nichtigkeit des dem Beitritt zugrundeliegenden Rechtsverhältnisses nicht zu rechtfertigen. 14

Hingegen ist § 139 KAGB als **Schutzgesetz i.S.d. § 823 Abs. 2 BGB** anzusehen, da § 139 KAGB explizit auf den Unterabschnitt 2 für die Investmentaktiengesellschaft mit fixem Kapital und dem Unterabschnitt 3 für die geschlossenen Investmentkommanditgesellschaft verweist, die – abweichend vom gesetzlichen Leitbild – spezielle anlegerschützende Regelungen enthalten.[15] 15

---

11 *Casper*, ZHR 2015, 44 (49); *Hartrott* in Moritz/Klebeck/Jesch, § 44 KAGB Rz. 37; *Jünemann/Wirtz*, RdF 2018, 109 (112).

12 Wohl auch *Ulrich*, Private Equity (LBO) vor und nach Inkrafttreten des KAGB, S. 162; a.A. *Stöber* in Westermann/Wertenbruch, Handbuch Personengesellschaften, ErgLfg. 58, Februar 2014, Rz. I 3167h/n; *Seitz*, Die InvestmentKG, S. 36.

13 Im Ergebnis ebenso *Freitag*, NZG 2013, 329 (330).

14 *Freitag*, NZG 2013, 329 (330); *Freitag/Fürbaß*, ZGR 2016, 729 (749 f.); *Casper*, ZHR 2015, 44 (52 f.); *Seitz*, Die InvestmentKG, S. 36; *Stöber* in Westermann/Wertenbruch, Handbuch Personengesellschaften, ErgLfg. 58, Februar 2014, Rz. I 3167n.

15 Ebenso *Freitag/Fürbaß*, ZGR 2016, 729 (754).

Unterabschnitt 2
Allgemeine Vorschriften für Investmentaktiengesellschaften mit fixem Kapital

§ 140 Rechtsform, anwendbare Vorschriften

(1) [1]Investmentaktiengesellschaften mit fixem Kapital dürfen nur in der Rechtsform der Aktiengesellschaft betrieben werden. [2]Die Vorschriften des Aktiengesetzes sind anzuwenden, soweit sich aus den Vorschriften dieses Unterabschnitts nichts anderes ergibt.

(2) § 23 Absatz 5, die §§ 150 bis 158, 161 und 278 bis 290 des Aktiengesetzes sind nicht anzuwenden.

(3) Auf die Investmentaktiengesellschaft mit fixem Kapital sind § 93 Absatz 7 und § 96 Absatz 1 entsprechend anwendbar.

In der Fassung vom 4.7.2013 (BGBl. I 2013, S. 1981), zuletzt geändert durch das Gesetz zur Umsetzung der Richtlinie 2014/91/EU des Europäischen Parlaments und des Rates vom 23. Juli 2014 zur Änderung der Richtlinie 2009/65/EG zur Koordinierung der Rechts- und Verwaltungsvorschriften betreffend bestimmte Organismen für gemeinsame Anlagen in Wertpapieren (OGAW) im Hinblick auf die Aufgaben der Verwahrstelle, die Vergütungspolitik und Sanktionen vom 3.3.2016 (BGBl. I 2016, S. 348).

Schrifttum: *BaFin*, Auslegungsschreiben zum Anwendungsbereich des KAGB und zum Begriff des „Investmentvermögens", vom 14.6.2013, geändert am 9.3.2015; abrufbar unter: https://www.bafin.de/SharedDocs/Veroeffentlichungen/DE/Auslegungsentscheidung/WA/ae_130614_Anwendungsber_KAGB_begriff_invvermoegen.html; *Conradi/Jander-McAlister*, REIT-AGs sind keine Investmentvermögen im Sinne des KAGB, WM 2014, 733; *Merkt*, Fallen REIT-Aktiengesellschaften unter das KAGB?, BB 2013, 1986. Im Übrigen wird auf das Schrifttum zu § 108 verwiesen.

I. Historische Entwicklung der Investmentaktiengesellschaft

1 Der deutsche Gesetzgeber sah erst spät das wirtschaftliche Bedürfnis für die Einführung eines Investmentvehikels in Gesellschaftsform, da sich die Investmentvehikel in Vertragsform (Sondervermögen) in der Praxis bewährt hatten.[1] Aufgrund des starken Wettbewerbs des Finanzplatzes Deutschland mit den Finanzplätzen Luxemburg, Irland und dem Vereinigten Königreich fürchtete der Gesetzgeber um die Wettbewerbsfähigkeit und die Attraktivität des Finanzplatzes Deutschland. Vor allem aufgrund der in Europa einsetzenden Harmonisierungsbestrebungen auf rechtlicher Ebene und der Entwicklung eines EU-Binnenmarktes besorgte der Gesetzgeber den Abfluss von erheblichen finanziellen Mitteln aus Deutschland.[2]

1 Allgemein zur historischen Entwicklung der InvAG s. *Blenk*, Die Mitgliedschaft in der Investmentaktiengesellschaft S. 22 ff.; *Fischer*, Die Investmentaktiengesellschaft aus aufsichtsrechtlicher und gesellschaftsrechtlicher Perspektive, S. 1 ff.; *Müchler*, Die Investmentaktiengesellschaft mit veränderlichem Kapital, S. 56 ff.; *Wallach*, Der Konzern 2007, 487 f.; *Wegner*, Die selbstverwaltete Hedge-Fonds-Investmentaktiengesellschaft mit Teilgesellschaftsvermögen, S. 45 ff.

2 Vgl. BT-Drucks. 15/1553, 65.

Zur Steigerung der Attraktivität des Finanzplatzes Deutschland führte der Gesetzgeber mit dem **Dritten Finanzmarktförderungsgesetz von 1998**[3] ein Investmentvehikel in Gesellschaftsform ein, die InvAG mit fixem Kapital. Die §§ 51 bis 67 des aufgehobenen Gesetzes über Kapitalanlagegesellschaften (KAGG) sahen als Ausgleich für die fehlende Rückgabemöglichkeit eine zwingende Börsennotierung der InvAG mit fixem Kapital vor (§ 61 Abs. 1 KAGG). Diese musste innerhalb von sechs Monaten nach Erlaubniserteilung durch die BaFin erfolgen. Zudem mussten 90 % der Aktien der InvAG, dem Anlegerpublikum angeboten werden (§ 61 Abs. 1 KAGG). Die Anlagemöglichkeiten waren im Wesentlichen auf Wertpapiere und stille Beteiligungen beschränkt (§§ 57, 58 KAGG). Auf die InvAG mit fixem Kapital fanden die aktienrechtlichen Vorschriften der formalen Satzungsstrenge nach § 23 Abs. 5 AktG und der Kapitalerhöhung und -herabsetzung nach §§ 182 bis 240 AktG vollumfänglich Anwendung. Besonders gravierend war, dass auf die InvAG mit fixem Kapital das allgemeine Einkommensteuerrecht Anwendung fand, folglich das für Anleger deutlich vorteilhaftere und auf Anteile an Sondervermögen anwendbare Transparenzprinzip nicht galt. Aufgrund der Anwendbarkeit der zwingenden aktienrechtlichen Vorschriften und der strengen aufsichtsrechtlichen Anforderungen sowie der steuerlichen Benachteiligung der Anlage blieb die Akzeptanz der InvAG mit fixem Kapital sehr gering (vgl. auch § 108 Rz. 3). 2

Der Gesetzgeber reagierte mit dem **Investmentmodernisierungsgesetz von 2004**[4] auf die fehlende Akzeptanz der InvAG mit fixem Kapital in der Praxis. Bis zu diesem Zeitpunkt wurde keine einzige InvAG mit fixem Kapital gegründet.[5] Die InvAG wurde steuerrechtlich weitgehend an die Sondervermögen anglichen und die Anlagerestriktionen wurden gelockert. Darüber hinaus verzichtete der Gesetzgeber auf die zwingende Börsennotierung (vgl. auch § 108 Rz. 4). 3

Auch die durch das Investmentmodernisierungsgesetz vorgenommenen Anpassungen führten nicht zu einer höheren Akzeptanz der InvAG mit fixem Kapital, so dass der Gesetzgeber die Bestimmungen der InvAG mit fixem Kapital durch das **Investmentänderungsgesetz von 2007**[6] ersatzlos strich.[7] 4

Durch das **AIFM-Richtlinie-Umsetzungsgesetz von 2013**[8] führte der Gesetzgeber die InvAG mit fixem Kapital wieder ein. Der Gesetzgeber verfolgte mit der Umsetzung der AIFM-RL das Ziel, ein geschlossenes Regelwerk im Investmentbereich zu schaffen, das sowohl alle Arten von Investmentvermögen als auch deren Manager reguliert.[9] Daher ist es konsequent und auch zu begrüßen, dass der Gesetzgeber die InvAG mit fixem Kapital wieder eingeführt hat. Gleichwohl hat diese Rechtsform noch keine Akzeptanz in der Praxis gefunden. 5

Ein möglicher Anwendungsbereich für die InvAG mit fixem Kapital könnten Immobilienaktiengesellschaften (Real Estate Investment Trusts Aktiengesellschaften – „**REIT-AGs**") sein, sofern deren Schwerpunkt auf eine Anlage in Immobilien beschränkt ist.[10] Die REIT-AG gehört typischerweise zu den geschlossenen Investmentvermögen.[11] 6

II. Regelungsgegenstand und -zweck

Der zweite Unterabschnitt des Fünften Abschnitts (geschlossene inländische Investmentvermögen) enthält allgemeine Vorschriften für die geschlossene InvAG mit fixem Kapital. Der Unterabschnitt enthält daher Bestimmungen, die für alle Erscheinungsformen von geschlossenen InvAGen mit fixem Kapital maßgeblich sind. Sie gelten damit sowohl für die **Publikums-InvAG mit fixem Kapital** als auch für die **Spezial-InvAG mit fixem Kapital** sowie für die **intern verwaltete** und die **extern verwaltete InvAG mit fixem Kapital**. 7

Zweck des § 140 KAGB ist es, die auf geschlossene InvAG mit fixem Kapital anwendbaren rechtlichen Vorschriften zu regeln. 8

3 Gesetz vom 23.3.1998, BGBl. I 1998, S. 529.
4 Gesetz vom 15.12.2003, BGBl. I 2003, S. 2676.
5 Vgl. BT-Drucks. 15/1553, 104.
6 Gesetz vom 21.12.2007, BGBl. I 2007, S. 3089.
7 Vgl. BT-Drucks. 16/5576, 50.
8 Gesetz vom 22.7.2013, BGBl. I 2013, S. 1981.
9 BT-Drucks. 17/12294, 187.
10 *BaFin*, Auslegungsschreiben zum Anwendungsbereich des KAGB und zum Begriff des „Investmentvermögens", vom 14.6.2013, geändert am 9.3.2015, Ziff. II, Frage 2, abrufbar unter: https://www.bafin.de/SharedDocs/Veroeffentlichungen/DE/Auslegungsentscheidung/WA/ae_130614_Anwendungsber_KAGB_begriff_invvermoegen.html; kritisch *Conradi/Jander-McAlister*, WM 2014, 733 ff.; ablehnend *Merkt*, BB 2013, 1986 ff.
11 Vgl. zur Abgrenzung zu einer operativen Gesellschaft *BaFin*, Auslegungsschreiben zum Anwendungsbereich des KAGB und zum Begriff des „Investmentvermögens" vom 14.6.2013, zuletzt geändert am 9.3.2015.

III. Rechtsformzwang

9 § 140 Abs. 1 Satz 1 KAGB statuiert einen Rechtsformzwang, so dass geschlossene InvAGen mit fixem Kapital **nur in der Rechtsform der Aktiengesellschaft** betrieben werden dürfen. Damit werden Erscheinungsformen der Aktiengesellschaft, die vom gesetzlichen Leitbild der §§ 1 bis 277 AktG abweichen, ausgeschlossen, wie insbesondere die KGaA (kritisch hierzu § 139 Rz. 4 ff.).

10 Wie bei der InvAG mit veränderlichem Kapital versteht der Gesetzgeber die InvAG mit fixem Kapital als organisationsrechtliche Form eines Investmentvermögens.[12] Laut der Gesetzesbegründung wird mit der Einführung der **InvAG mit fixem Kapital keine neue Gesellschaftsform** geschaffen. Die InvAG mit fixem Kapital soll sich vielmehr in die bestehenden aktienrechtlichen Bestimmungen einfügen.[13] Die §§ 140 ff. KAGB sehen lediglich Abweichungen vom Aktiengesetz vor, soweit dies für die aufsichtliche Behandlung von Fondvehikel erforderlich ist.[14]

11 Was den **zeitlichen Anwendungsbereich** betrifft, kommt dem Begriff *„betrieben"* in § 140 Abs. 1 Satz 1 KAGB normative Bedeutung zu, bedenkt man, dass die Fondsauflegung zumeist ein längerer Prozess ist, bei dem schon in einem frühen Stadium rechtsgeschäftliche Handlungen vorgenommen werden. Da die geschlossene InvAG mit fixem Kapital die Merkmale eines *„Investmentvermögens"* i.S.d. § 1 Abs. 1 KAGB erfüllen muss, kommt es auf das **„Betreiben" eines Investmentvermögens** an. Der früheste Zeitpunkt dürfte hier regelmäßig das Einsammeln des Kapitals von den Anlegern sein, so dass auf den Beginn der Platzierung oder der Zeichnungsfrist abzustellen ist.

IV. Anzuwendende Bestimmungen des AktG

1. Grundsätzliches

12 Nach § 140 Abs. 2 Satz 2 KAGB sind die aktienrechtlichen Bestimmungen anwendbar, soweit sich aus dem zweiten Unterabschnitt des Fünften Abschnitts des KAGB keine abweichende Bestimmung ergibt. Nach dem Willen des Gesetzgebers soll sich die InvAG mit fixem Kapital in das Regelwerk der Aktiengesellschaft einfügen und keine neue Gesellschaftsform geschaffen werden (s. Rz. 10). Damit sind **auf die InvAG mit fixem Kapital grundsätzlich alle Rechtsnormen anwendbar, die auf eine Aktiengesellschaft im Inland Anwendung finden.**

13 Der Verweis in das Aktienrecht ist deshalb relevant, weil das KAGB keine vollumfängliche Regelung der Rechtsform vorsieht. Damit gelten grundsätzlich auch die aktienrechtlichen Bestimmungen hinsichtlich der Rechtspersönlichkeit, des Firmenrechts, der Vertretungsregelung und der Rechtsstellung der Aktionäre zu Dritten (s. Rz. 20 ff.).

14 Bei der **extern verwalteten InvAG mit fixem Kapital** führt die Anwendung des AktG dazu, dass die **Vergütungsgrundsätze für Vorstandsmitglieder nach § 87 AktG Anwendung finden**, wie z.B. die Ausrichtung der Vergütungsstruktur an eine nachhaltige Unternehmensentwicklung und eine mehrjährige Bemessungsgrundlage bei variablen Vergütungsbestandteilen (§ 87 Abs. 1 Satz 2 und 3 AktG). Bei der **intern verwalteten InvAG mit fixem Kapital** gelten dagegen die Bestimmungen für Vergütungssysteme für KVGen nach **§ 37 KAGB als *lex specialis*.**

15 Auf die InvAG mit fixem Kapital sind darüber hinaus die **§ 3 Abs. 2 AktG und § 264d HGB** anwendbar, mit der Folge, dass die InvAG mit fixem Kapital als **börsennotiert** bzw. **kapitalmarktorientiert** gilt, wenn ihre Aktien in den Handel an einem organisierten Markt einbezogen werden. Anders als bei der InvAG mit veränderlichem Kapital sieht der Gesetzgeber kein Bedürfnis für eine Abbedingung von § 3 Abs. 2 AktG und § 264d HGB, weil das Grundkapital der InvAG mit fixem Kapital nicht in Unternehmensaktien und Anlageaktien aufgeteilt ist.[15]

16 Folglich sind im Falle einer Börsennotierung die strengen aktienrechtlichen Bestimmungen für börsennotierte Gesellschaften auf die InvAG mit fixem Kapital anwendbar (z.B. notarielle Beurkundung der Niederschrift für jeden Beschluss, der auf der Hauptversammlung beschlossen wird, vgl. § 130 AktG). Die Einstufung als **„börsennotiert"** hat auch die Konsequenz, dass die Stimmrechte aus Aktien nicht gem. § 134 Abs. 1 AktG auf einen Höchstbetrag oder durch Abstufungen beschränkt werden können. Da allerdings das Gebot der Satzungsstrenge in § 23 Abs. 5 AktG nicht gilt, dürfte es zulässig sein, derartige Stimmrechts-

12 Vgl. BT-Drucks. 17/12294, 247.
13 Vgl. BT-Drucks. 17/12294, 247.
14 BT-Drucks. 17/12294, 247.
15 BT-Drucks. 17/12294, 247.

beschränkungen in der Satzung zu regeln. Aus der Sicht der Gründer/Initiatoren sind Stimmrechtsbegrenzungen, die an eine bestimmte Beteiligungshöhe anknüpfen, empfehlenswert, um einer feindlichen Übernahme durch Aktionäre vorzubeugen.

Die Qualifizierung als **„kapitalmarktorientiert"** hat zur Folge, dass zahlreiche zusätzliche Anforderungen bei der Erstellung des Jahresabschlusses gelten. So müssen gem. § 285 Nr. 9a) HGB die Vorstandsbezüge jedes einzelnen Vorstandsmitglieds mit namentlicher Nennung und Aufteilung in fixe und variable Vergütungsbestandteile aufgeführt werden. Gemäß § 285 Nr. 10 HGB müssen die Vorstands- und Aufsichtsratsmitglieder ihre Posten in Aufsichtsräten und sonstigen Kontrollgremien anderer Unternehmen offenlegen. 17

Es liegt auf der Hand, dass die oben genannten Anforderungen die InvAG mit fixem Kapital als Anlagevehikel wenig attraktiv erscheinen lassen, zumal sie unterschiedslos auf Publikums- und Spezial-InvAGen und unabhängig von der Größe der Gesellschaft (soweit einmal die Grenzen des § 2 Abs. 4 und 5 KAGB überschritten sind) Anwendung finden. 18

2. Einzelheiten

Im Folgenden sind einige Beispiele genannt, die die Konsequenzen der grundsätzlichen Anwendbarkeit des Rechtsregimes der Aktiengesellschaft auf die InvAG mit fixem Kapital aufzeigen. 19

a) Außenverhältnis

Aus dem Verweis in § 140 Abs. 1 Satz 1 KAGB auf das AktG einschließlich § 1 AktG folgt zunächst, dass es sich bei der InvAG mit fixem Kapital um eine **Gesellschaft mit eigener Rechtspersönlichkeit** handelt und sie damit selbst Trägerin von Rechten und Pflichten ist (zu Einzelheiten s. § 108 Rz. 26). 20

Ferner gilt das **Firmenrecht** des HGB (§ 3 Abs. 1 AktG i.V.m. §§ 17 ff. HGB) und des AktG (§ 4 AktG), soweit § 146 KAGB keine speziellere Regelung trifft. 21

Die **Vertretung der InvAG** mit fixem Kapital ist nicht im KAGB geregelt. Die Vertretung der InvAG mit fixem Kapital richtet sich damit nach den aktienrechtlichen Bestimmungen. Daraus ergibt sich, dass die InvAG mit fixem Kapital im Rechtsverkehr von ihrem Vorstand vertreten wird (vgl. § 78 AktG). Siehe zur Vertretung der InvAG mit fixem Kapital durch den Vorstand auch § 108 Rz. 28. 22

Auch was die **Rechtstellung der einzelnen Aktionäre zu Dritten** betrifft, gelten grundsätzlich die allgemeinen Regeln des AktG und des BGB. So kann der Aktionär der InvAG mit fixem Kapital seinen Anteil an einen Dritten verpfänden und Gläubiger den Anspruch des Aktionärs auf Auszahlung seiner turnusmäßigen Ausschüttung pfänden. Wird über das Vermögen eines Aktionärs das Insolvenzverfahren eröffnet, scheidet er vorbehaltlich anderweitiger Regelungen in der Satzung nicht aus der InvAG mit fixem Kapital aus, weil es keine den §§ 161 Abs. 2, 131 Abs. 3 Nr. 2 HGB entsprechende Vorschriften im AktG gibt. 23

b) Innenverhältnis

Der Gesetzgeber schreibt bei der InvAG mit fixem Kapital nicht zwingend die Schaffung verschiedener Aktiengattungen wie Unternehmens- und Anlageaktien bei der InvAG mit veränderlichem Kapital vor. Der Gesetzgeber begründet dies mit der unternehmerischen Beteiligung der Aktionäre.[16] Gleichwohl wird durch den generellen Verweis in das AktG in § 140 Abs. 1 Satz 2 KAGB auch auf § 11 AktG verwiesen. Daher kann die InvAG mit fixem Kapital verschiedene **Aktiengattungen** bilden. Unterstrichen wird die Möglichkeit zur Bildung verschiedener Aktiengattungen durch den Verweis auf § 96 Abs. 1 in Abs. 3 KAGB, wonach die Bildung verschiedener Anteilklassen möglich ist. 24

Durch den Verweis auf das AktG in § 140 Abs. 1 Satz 2 KAGB gilt die **aktienrechtliche Treuepflicht** sowohl im Verhältnis der Aktionäre gegenüber der InvAG mit fixem Kapital als auch im Verhältnis der Aktionäre untereinander. Zur Reichweite der Treuepflicht s. § 108 Rz. 32. 25

c) Verfassung der Investmentaktiengesellschaft

Für die InvAG mit fixem Kapital gilt grundsätzlich auch die **Kompetenzverteilung des Aktienrechts** hinsichtlich der Kompetenzen des Vorstands, des Aufsichtsrats und der Hauptversammlung. Von den im AktG vorgesehenen Kompetenzzuweisungen kann in der Satzung der InvAG mit fixem Kapital abgewichen wer- 26

16 Vgl. BT-Drucks. 17/12294, 247.

den, weil das Gebot der formalen Satzungsstrenge nach § 23 Abs. 5 AktG für die InvAG mit fixem Kapital nicht gilt (vgl. § 140 Abs. 2 KAGB). Zu den Grenzen der Gestaltungsfreiheit s. Rz. 39.

27 Die **Rechte der Hauptversammlung** und das Verfahren der Einladung und Durchführung der Hauptversammlung bestimmen sich nach dem vierten Abschnitt des Vierten Teils des Aktiengesetzes, da das KAGB selbst keine Vorgaben für die Hauptversammlung enthält.

28 Grundsätzlich gelten für die InvAG mit fixem Kapital auch die Bestimmungen zu **den Rechten und Pflichten des Aufsichtsrats** nach §§ 95 bis 116 AktG, wie z.B. Bestellung, Amtszeit und Abberufung. § 147 Abs. 3 KAGB enthält hinsichtlich der Zusammensetzung des Aufsichtsrats und der Anforderungen an die Persönlichkeit und Sachkunde der Mitglieder des Aufsichtsrats Sondervorschriften, die dem AktG vorgehen.

29 **Rechte und Pflichten des Vorstands** bestimmen sich grundsätzlich nach den §§ 76 bis 94 AktG, wie z.B. Bestellung und Abberufung. Besondere Anforderungen an die Mitglieder des Vorstands statuiert § 147 Abs. 1 und 2 KAGB, wie z.B. Anforderungen an die Zuverlässigkeit und fachlichen Eignung, die dem AktG als *lex specialis* vorgehen.

d) Kapitalbeschaffung

30 Das KAGB sieht anders als in §§ 115, 116 für die InvAG mit fixem Kapital kein vereinfachtes Verfahren der Kapitalbeschaffung vor, so dass die aktienrechtlichen Bestimmungen hinsichtlich der **Kapitalerhöhung und Kapitalherabsetzung** nach §§ 182 bis 240 AktG bei der InvAG mit fixem Kapital weiterhin anwendbar sind.[17] Nach § 182 AktG bedarf die Kapitalerhöhung der InvAG mit fixem Kapital grundsätzlich eines Hauptversammlungsbeschlusses. Die Kapitalerhöhung bedarf der Zustimmung einer Mehrheit der Aktionäre, die mindestens ¾ des bei der Beschlussfassung vertretenen Grundkapitals repräsentiert (§ 182 Abs. 1 Satz 1 AktG).

31 Liegen die Voraussetzungen für die Begebung von **genehmigten Kapital** nach den §§ 202 ff. AktG vor, kann auch der Vorstand das Grundkapital durch Ausgabe neuer Aktien erhöhen. Erforderlich ist hierfür die Ermächtigung des Vorstands in der Satzung der InvAG mit fixem Kapital (vgl. § 202 Abs. 1 AktG). Möglich ist auch die Ermächtigung des Vorstands im Rahmen einer Satzungsänderung, bei der der notwendige Hauptversammlungsbeschluss der Zustimmung einer Mehrheit der Aktionäre bedarf, die mindestens drei Viertel des bei der Beschlussfassung vertretenen Grundkapitals umfasst (vgl. § 202 Abs. 2 Satz 1 AktG).

32 Die Kapitalerhöhung muss jeweils **in das Handelsregister eingetragen** werden (vgl. §§ 181, 184, 188, 189 AktG).

e) Begebung von Vorzugsaktien ohne Stimmrecht

33 Durch den Verweis in § 140 Abs. 1 Satz 2 KAGB kann die InvAG mit fixem Kapital grundsätzlich auch **stimmrechtslose Vorzugsaktien** gem. §§ 139 ff. AktG begeben. Im Gegenzug für den Verlust des Stimmrechts ist den Aktionären ein Vorzug bei der Verteilung des Gewinns einzuräumen (vgl. § 139 Abs. 1 AktG).

34 Der Gesetzgeber geht allerdings davon aus, dass wegen der fehlenden Rückgabemöglichkeit der Aktien ein Stimmrecht der Aktionäre notwendig ist, damit Aktionäre der InvAG mit fixem Kapital ihre Interessen auf der Hauptversammlung vertreten können.[18]

35 Der Anleger ist durch die Abbedingung des Stimmrechts bei der Begebung von Vorzugsaktien allerdings nicht schutzlos gestellt. Zum einen lebt das Stimmrecht nach § 140 Abs. 2 AktG wieder auf, wenn der Vorzug in zwei aufeinanderfolgenden Jahren nicht gezahlt werden kann. Zum anderen steht den Aktionären bei einer auf unbestimmte Zeit eingegangenen Beteiligung zwingend ein Kündigungsrecht aus wichtigem Grund nach § 314 BGB zu, weil die Beteiligung ein Dauerschuldverhältnis begründet.[19] Ein wichtiger Grund ist umso eher anzunehmen je stärker die Übertragbarkeit der Aktien eingeschränkt ist. Höhere Anforderungen gelten jedoch, wenn die Aktien an einem organisierten Markt zugelassen sind und der Markt liquide ist.

36 Bei der Publikums-InvAG mit fixem Kapital muss ein deutlicher Warnhinweis des Ausschlusses des Stimmrechts im Verkaufsprospekt an geeigneter Stelle vorgesehen werden.

17 BT-Drucks. 17/12294, 247.
18 Vgl. BT-Drucks. 17/12294, 247.
19 Vgl. *Grüneberg* in Palandt, § 313 BGB Rz. 2.

f) Erwerb eigener Aktien i.S.d. §§ 71 ff. AktG

Die InvAG mit fixem Kapital kann **eigene Aktien nach §§ 71 ff. AktG erwerben.** Die Gründe für einen Erwerb eigener Aktien sind in § 71 Abs. 1 AktG grundsätzlich abschließend geregelt. Wegen der Abbedingung der formalen Satzungsstrenge kann allerdings abweichend von § 71 Abs. 1 AktG von vornherein in der Satzung ein Erwerb eigener Aktien vorgesehen werden. Der Erwerb eigener Aktien kommt insbesondere in Betracht, wenn gegen Ende der Laufzeit die InvAG die vorhandenen Vermögenswerte veräußert und der Veräußerungserlös an die Aktionäre ausgekehrt werden soll. 37

3. Nicht anwendbare aktienrechtliche Vorschriften

§ 140 Abs. 2 KAGB nimmt die nachfolgenden Vorschriften von der grundsätzlichen Anwendbarkeit des Aktienrechts ausdrücklich aus. Aus der Formulierung in § 140 Abs. 1 Satz 2 KAGB **„soweit sich aus den Vorschriften dieses Unterabschnitts nichts anderes ergibt"** deutet darauf hin, dass die Aufzählung der nicht anwendbaren aktienrechtlichen Bestimmungen in § 140 Abs. 2 KAGB **nicht abschließend** ist. Bei der Anwendung der aktienrechtlichen Bestimmungen muss daher im Einzelfall geprüft werden, ob sich aus den Wertungen der §§ 140 bis 148 KAGB kein Anwendungsvorrang des KAGB ergibt. 38

Nach § 140 Abs. 2 KAGB ist **§ 23 Abs. 5 AktG** nicht auf die InvAG mit fixem Kapital anwendbar. Damit gilt für die InvAG mit fixem Kapital nicht die in § 23 Abs. 5 AktG statuierte **formale aktienrechtliche Satzungsstrenge**, wonach die Satzung nur von den zwingenden aktienrechtlichen Bestimmungen abweichen darf, wenn dies im Gesetz ausdrücklich zugelassen ist. Ergänzende Bestimmungen in der Satzung sind nicht zulässig, soweit das AktG eine abschließende Regelung enthält. Durch die Abbedingung der formalen aktienrechtlichen Satzungsstrenge wird der InvAG mit fixem Kapital ein Gestaltungsspielraum für die Ausgestaltung ihrer Binnenstruktur eröffnet. Dabei kann die InvAG mit fixem Kapital jedoch nicht von den zwingenden aufsichtsrechtlichen Bestimmungen (wie z.B. § 142 KAGB) abweichen.[20] Siehe zur Reichweite der Gestaltungsfreiheit § 108 Rz. 36 ff. 39

Auf die InvAG mit fixem Kapital sind nach § 140 Abs. 2 KAGB die aktienrechtlichen Vorschriften der **§§ 150 bis 158 AktG** nicht anwendbar. Die §§ 150 bis 158 AktG betreffen die **Rechnungslegung** der Aktiengesellschaft. Da der Gesetzgeber in § 148 KAGB eine eigenständige Regelung zur Rechnungslegung als *lex specialis* vorgesehen hat,[21] kommt der Abbedingung in § 140 Abs. 2 KAGB lediglich klarstellende Bedeutung zu. 40

Wie bei der InvAG mit veränderlichem Kapital nimmt § 140 Abs. 2 KAGB die Geltung des **§ 161 AktG** vom Anwendungsbereich der InvAG mit fixem Kapital aus, auch wenn deren Aktien an einem organisierten Markt zum Handel zugelassen sind. Der **Deutsche Corporate Governance Kodex** wird durch die organisationsrechtlichen Anforderungen, die das KAGB und die BaFin sowohl an die intern als auch an die extern verwaltete InvAG mit fixem Kapital stellen, verdrängt[22] (vgl. hierzu § 108 Rz. 41). 41

Die InvAG mit fixem Kapital kann nicht in der Rechtsform der **Kommanditgesellschaft auf Aktien (KGaA) i.S.d. §§ 278 bis 290 AktG** aufgelegt werden. Dies folgt bereits aus dem Rechtsformzwang des § 140 Abs. 1 Satz 1 KAGB, so dass die Abbedingung der §§ 278 bis 290 AktG lediglich klarstellende Bedeutung hat (kritisch hierzu § 139 Rz. 4 ff.). 42

4. Verschmelzung und Spaltung

Die **Vorschriften des UmwG über die Verschmelzung und Spaltung** finden auch auf die InvAG mit fixem Kapital Anwendung. Der Gesetzgeber wollte mit der Einführung der InvAG mit fixem Kapital keine neue Gesellschaftsform schaffen, soweit nicht aus dem KAGB Abweichungen aufgrund aufsichtlicher Besonderheiten für die Behandlung als Fondsvehikel erforderlich sind (s. Rz. 10). 43

Das KAGB enthält keine Bestimmungen über die Verschmelzung und Spaltung einer InvAG mit fixem Kapital. Es sind jedoch keine sachlichen Gründe ersichtlich, die Vorschriften der Verschmelzung nach dem zweiten Buch des UmwG und der Spaltung nach dem dritten Buch des UmwG nicht **auch bei der Publikums- und Spezial-InvAG mit fixem Kapital** anzuwenden. Zur Begründung wird auf § 149 Rz. 34 ff. verwiesen. 44

---

20 BT-Drucks. 17/12294, 247.
21 BT-Drucks. 17/12294, 247.
22 BT-Drucks. 17/12294, 247.

V. Entsprechende Anwendbarkeit von Bestimmungen des KAGB

45 Wie bei der offenen InvAG mit veränderlichem Kapital (§ 108 Abs. 4 KAGB), der offenen InvKG (§ 124 Abs. 2 KAGB) und der geschlossenen InvKG (§ 149 Abs. 2 KAGB) erklärt § 140 Abs. 3 KAGB die Bestimmungen über die Einlageverpflichtung der KVG in § 93 Abs. 7 KAGB und die Bildung von Anteilklassen in § 96 Abs. 1 KAGB auch auf die InvAG mit fixem Kapital für entsprechend anwendbar.

1. Einlageverpflichtung der Kapitalverwaltungsgesellschaft für Fehlbeträge

46 Durch die entsprechende Anwendung des § 93 Abs. 7 KAGB soll die KVG verpflichtet werden, aus dem eigenen Vermögen eine Einlageleistung zu erbringen, falls Anteile an der InvAG mit fixem Kapital in den Verkehr gelangt sind, ohne dass der betreffende Anleger seine Einlage eingezahlt hat.

47 Die entsprechende Anwendung des § 93 Abs. 7 KAGB auf die geschlossene InvAG mit fixem Kapital ist höchst zweifelhaft.

48 Bei der **intern verwalteten InvAG mit fixem Kapital** (§ 17 Abs. 2 Nr. 2 KAGB) ist eine analoge Anwendung ausgeschlossen, da die InvAG Gläubiger des Erstattungsanspruchs ist, und diese nicht von sich selbst die Leistung einer Einlage verlangen kann.

49 Bei der **extern verwalteten InvAG mit fixem Kapital** ist die entsprechende Anwendung von § 93 Abs. 7 KAGB unangemessen. Schon faktisch dürfte ausgeschlossen sein, dass ein Anleger Aktien ohne Zahlung der Einlageleistung erhält, weil diese nur gegen volle Leistung der Einlage ausgegeben werden dürfen (§ 141 Abs. 1 KAGB). Zur Begründung der Kritik wird auf § 108 Rz. 66 ff. verwiesen.

50 Zudem ist § 141 Abs. 1 KAGB ein **Verbotsgesetz i.S.v. § 134 BGB**. Daher ist das schuldrechtliche Erwerbsgeschäft nichtig, wenn dies unter Verstoß gegen § 141 Abs. 1 KAGB abgeschlossen wird. Folge der Nichtigkeit nach § 134 BGB ist, dass der Erwerber die Einlagepflicht gegenüber der InvAG mit fixem Kapital weiterhin erfüllen muss. Kann er dies nicht, ist der Erwerb der Aktien bereicherungsrechtlich nach §§ 812 ff. BGB rückabzuwickeln.

51 Dies gilt **auch bei einem Zweiterwerb**, weil ein gutgläubiger Erwerb von Aktien der InvAG mit fixem Kapital nicht möglich ist,[23] so dass auch der Zweiterwerber gegenüber der InvAG die Erfüllung der Einlagepflicht schuldet. Kann er die Einlagepflicht nicht erfüllen, ist auch hier nach Bereicherungsrecht (§§ 812 ff. BGB) rückabzuwickeln.

52 Damit droht bei einem Erwerb der Aktien unter Verstoß gegen § 141 Abs. 1 KAGB keine wertmäßige Verwässerung der Anteile der übrigen Aktionäre, so dass es des durch § 93 Abs. 7 KAGB intendierten Verwässerungsschutzes nicht bedarf. Es mangelt daher an einer Rechtfertigung dafür, dass die KVG dem säumigen Anleger durch Erfüllung seiner Einlageverpflichtung zur Seite springt.

2. Bildung von Anteilsklassen

53 Die analoge Anwendung des § 96 Abs. 1 KAGB ermöglicht auch bei der InvAG mit fixem Kapital die **Bildung mehrerer Anteilsklassen**. Es können folglich Anteile ausgegeben werden, die sich insbesondere hinsichtlich der Ertragsverwendung, des Ausgabeaufschlags, der Währung des Anteilswerts, der Verwaltungsvergütung, der Mindestanlagesumme oder einer Kombination dieser Merkmale unterscheiden. Anteilsklassen, die gleiche Rechte gewähren, bilden eine Aktiengattung i.S.v. § 11 Satz 2 AktG. Durch Satzungsregelung wäre es daher möglich, Aktiengattungen entsprechend der Unternehmens- und Anlageaktien wie bei der InvAG mit veränderlichem Kapital zu bilden.

54 In allen Fällen muss die unterschiedliche Ausgestaltung der Rechte (und ggf. Pflichten) bei Publikums-InvAGen mit fixem Kapital nicht nur in der Satzung, sondern auch im Verkaufsprospekt (§ 269 Abs. 1 i.V.m. § 165 Abs. 2 Nr. 27 KAGB) und in den Anlagebedingungen (§ 266 Abs. 2 Satz 1 i.V.m. § 162 Abs. 2 Nr. 9 KAGB) transparent gemacht werden.

55 Aus dem Verweis lediglich auf Abs. 1 des § 96 KAGB und dem Fehlen einer Regelung entsprechend § 117 KAGB für offene InvAGen mit veränderlichem Kapital ist zu folgern, dass die **Bildung von Teilgesellschaftsvermögen bei geschlossenen InvAGen mit fixem Kapital nicht zulässig** ist.[24] Eine Begründung

23 A.A. *München* in Baur/Tappen, § 140 KAGB Rz. 14.

24 A.A. *Geibel* in Derleder/Knops/Bamberger, Bank- und Kapitalmarktrecht, § 58 Rz. 145 und 146, wonach es zulässig sein soll, von den aktienrechtlichen Bestimmungen durch Satzungsregelungen abzuweichen, wenn ein Bedürfnis nach einer entsprechenden Regelung wie bei einer InvAG mit veränderlichem Kapital bestehe. Dies gelte insbesondere für die Bildung von Teilgesellschaftsvermögen oder von Investmentbetriebsvermögen.

hierfür gibt der Gesetzgeber nicht, und es ist auch kein sachlicher Grund für die Benachteiligung geschlossener InvAGen mit fixem Kapital gegenüber offenen Investmentvermögen erkennbar. Zur Begründung der Kritik s. § 149 Rz. 49.

VI. Anwendbarkeit des Wertpapiererwerbs- und Übernahmegesetzes

Anders als bei der InvAG mit variablem Kapital (vgl. § 108 Abs. 5 KAGB) sah der der Gesetzgeber bei der InvAG mit fixem Kapital davon ab, die Anwendbarkeit des WpÜG auf die Tätigkeit der InvAG mit fixem Kapital auszuschließen. Dies ist fragwürdig, da für den **Ausschluss des WpÜG** auch hier ein **investmentrechtliches Bedürfnis** besteht. Der Handel der Aktien der InvAG mit fixem Kapital auf dem Zweitmarkt ist angesichts der fehlenden Rückgabemöglichkeit die einzige Möglichkeit der Anleger, ihr Investment zu liquidieren und die einzige Chance interessierter Erwerber, in die InvAG zu investieren. Es ist daher durchaus realistisch, dass die Aktien der InvAG mit fixem Kapital an einem organisierten Markt gehandelt werden. 56

Der Erwerber kann jedoch nur bedingt seine eigenen Interessen durchsetzen und Kontrolle innerhalb der InvAG mit fixem Kapital ausüben, wenn er die Mehrheit der stimmberechtigten Aktien der InvAG erwirbt. Anders als nach dem Aktienrecht hat die Geschäftsleitung im Interesse der Anleger und der Integrität des Marktes zu handeln (§§ 26 Abs. 1, Abs. 2 Nr. 2, 147 Abs. 1 Satz 2 Nr. 1 KAGB). Die Gefahr der Durchsetzung von eigennützigen Interessen durch den Erwerber scheint damit jedenfalls nicht begründet, womit auch der intendierte Zweck des § 35 WpÜG – Schutz der Minderheitsaktionäre[25] – nicht zum Tragen kommt. 57

Wegen der Anwendbarkeit des WpÜG müssen Erwerber daher damit rechnen, dass sie bei Kontrollerwerb i.S.d. § 29 Abs. 2 WpÜG ein Pflichtangebot gem. § 35 WpÜG unterbreiten müssen. Siehe zur Anwendbarkeit des WpÜG auch § 108 Rz. 74 ff. 58

§ 141 Aktien

(1) Aktien dürfen nur gegen volle Leistung des Ausgabepreises ausgegeben werden.

(2) Bei Publikumsinvestmentaktiengesellschaften mit fixem Kapital sind Sacheinlagen unzulässig.

In der Fassung vom 4.7.2013 (BGBl. I 2013, S. 1981).

Schrifttum: *Hölters*, AktG, 3. Aufl. 2017; *Spindler/Stilz*, AktG, 3. Aufl. 2015. Im Übrigen wird auf das Schrifttum zu § 108 verwiesen.

I. Regelungsgegenstand und -zweck

Nach § 141 Abs. 1 KAGB dürfen Aktien der InvAG mit fixem Kapital **nur gegen die volle Leistung des Ausgabepreises** ausgegeben werden. § 141 Abs. 1 KAGB entspricht damit inhaltlich § 109 Abs. 4 KAGB. 1

§ 141 Abs. 2 KAGB statuiert wie bei der InvAG mit veränderlichem Kapital das **Sacheinlagenverbot** für Publikums-InvAGen mit fixem Kapital und entspricht damit inhaltlich dem identischen § 109 Abs. 5 KAGB. 2

Anders als bei der InvAG mit veränderlichem Kapital können die Aktien der InvAG mit fixem Kapital **auch als Nennbetragsaktien** ausgestaltet sein,[1] da die InvAG mit fixem Kapital kein veränderliches Kapital i.S.d. §§ 115, 116 KAGB hat. Die InvAG mit fixem Kapital hat ein **in der Satzung festgelegtes Grundkapital,** 3

25 Vgl. *Baums/Hecker* in Baums/Thoma/Verse, 1. Lfg. 5/04, Vor § 35 WpÜG Rz. 89; *Meyer* in Angerer/Geibel/Süßmann, § 35 WpÜG Rz. 1.

1 BT-Drucks. 17/12294, 247.

dass nur im Wege der Kapitalmaßnahmen nach §§ 182 bis 240 AktG erhöht oder herabgesetzt werden kann und zwingend eine Satzungsänderung voraussetzt.[2]

II. Rechtsstellung der Aktionäre

4 Aufgrund der fehlenden Aufteilung der Aktien in Anlageaktien und Unternehmensaktien **verzichtete der Gesetzgeber zugleich auf die gesetzliche Zuweisung der unternehmerischen Verantwortung**. Daher richten sich die Rechte und Pflichten der Aktionäre allein nach den Bestimmungen des AktG.[3] Die Pflichten der Gründer/Initiatoren richten sich vor allem nach dem ersten Buch des AktG (§§ 23 bis 53 AktG).

5 Die Rechtsstellung der Aktionäre der InvAG mit fixem Kapital ist vom Gesetzgeber als **unternehmerische Beteiligung** ausgestaltet.[4] Wegen der fehlenden Möglichkeit der Rückgabe bei geschlossenen Investmentvermögen sah der Gesetzgeber davon ab, das Stimmrecht gesetzlich auszuschließen.[5] Damit geht der Gesetzgeber davon aus, dass der Aktionär der InvAG mit fixem Kapital seine Mitbestimmungsrechte auf der Hauptversammlung geltend macht, wenn er mit den von der InvAG getroffenen Entscheidungen nicht einverstanden ist.[6]

III. Insolvenz der Aktionäre

6 Wird über das Vermögen eines Aktionärs der InvAG mit fixem Kapital das Insolvenzverfahren eröffnet, **scheidet er nicht aus der Gesellschaft aus**. Es empfiehlt sich jedoch, in der Satzung vorzusehen, dass die InvAG mit fixem Kapital die Aktien zwangsweise nach § 237 Abs. 1 AktG einziehen kann, wenn über das Vermögen eines Aktionärs das Insolvenzverfahren eröffnet wurde.

7 Eine **Satzungsregelung der zwangsweisen Einziehung** ist – jedenfalls ab einer bestimmten Mindestbeteiligung des betroffenen Aktionärs – empfehlenswert, weil die Gestaltungs- und Mitwirkungsrechte der Aktionäre gem. § 80 Abs. 1 InsO auf den Insolvenzverwalter übergehen. Wegen der unterschiedlichen Interessen des Insolvenzverwalters und der InvAG sowie der übrigen Anleger kann es bei einem maßgeblich beteiligten insolventen Aktionär zu Friktionen im Betriebsablauf kommen, da der Insolvenzverwalter kraft seiner umfassenden Verwaltungs- und Verfügungsbefugnis (§ 80 Abs. 1 InsO) in die Geschicke der InvAG mit fixem Kapital eingreifen könnte. Siehe hierzu auch § 109 Rz. 41 ff.

IV. Kapitalaufbringung (§ 141 Abs. 1 KAGB)

8 In Abweichung von § 36a Abs. 1 AktG, wonach bei einer Bareinlage lediglich mindestens ein Viertel des Ausgabebetrages geleistet werden muss, schreibt § 141 Abs. 1 KAGB vor, dass die **Aktien der InvAG mit fixem Kapital nur gegen volle Leistung des Ausgabepreises ausgegeben** werden dürfen.

9 Eine wortgleiche Regelung ist für die InvAG mit veränderlichem Kapital in § 109 Abs. 4 KAGB vorgesehen. Der Gesetzgeber möchte damit sicherstellen, dass das Gesellschaftsvermögen der InvAG mit fixem Kapital zum Zeitpunkt der Ausgabe den gleichen Wert wie das Eigenkapital hat.[7]

10 Die KVG soll nach § 140 Abs. 3 i.V.m. § 93 Abs. 7 KAGB verpflichtet sein, fehlende Beträge aus der Begebung von Aktien, die unter Verstoß gegen den Grundsatz der vollen Kapitalaufbringung ausgegeben wurden, zu erstatten. Zur Kritik der Anwendbarkeit des § 93 Abs. 7 KAGB auf Investmentgesellschaften s. § 140 Rz. 46 ff.

V. Verbot der Sacheinlage (§ 141 Abs. 2 KAGB)

11 § 141 Abs. 2 KAGB regelt – wie die inhaltsgleiche Regelung in § 109 Abs. 5 KAGB – das **Verbot der Sacheinlage bei Publikums-InvAGen mit fixem Kapital**. Das Verbot der Sacheinlage dient dem Schutz der üb-

2 Vgl. die aktienrechtliche Literatur *Solveen* in Hölters, § 6 AktG Rz. 2; *Drescher* in Spindler/Stilz, § 6 AktG Rz. 3.
3 *Dorenkamp* in Beckmann/Scholtz/Vollmer, ErgLfg. 8/16 – VIII.16, § 140 KAGB Rz. 21; *Fischer/Friedrich*, ZBB 2013, 153 (160).
4 BT-Drucks. 17/12294, 247.
5 BT-Drucks. 17/12294, 247.
6 Vgl. BT-Drucks. 17/12294, 247; *Boxberger* in Moritz/Klebeck/Jesch, § 141 KAGB Rz. 2.
7 BT-Drucks. 17/12294, 247.

rigen Anleger vor einer wertmäßigen Verwässerung ihrer Beteiligung.[8] Somit ist die Einlagepflicht der Aktionäre bei der Publikums-InvAG mit fixem Kapital stets in bar zu leisten.

Das Verbot der Sacheinlage gilt seinem eindeutigen Wortlaut nach **nicht für die Spezial-InvAG mit fixem Kapital**, so dass die Aktionäre der Spezial-InvAG ihre Einlage nicht zwingend in bar leisten müssen. Den Gründern und Aktionären der Spezial-InvAG mit fixem Kapital wird damit eine deutlich flexiblere Gestaltung hinsichtlich der Erfüllung ihrer Einlagenpflicht eingeräumt. 12

Keine Sacheinlage stellt die **Sachübernahme** dar, bei der der Aktionär seiner Bareinlagepflicht zunächst nachkommt, im Rahmen der Übernahme der Aktien allerdings mit der InvAG mit fixem Kapital einen Vertrag über den Erwerb von Vermögensgegenständen zu einem der Einlagepflicht entsprechendem Kaufpreis abschließt. Bei der Festsetzung des Kaufpreises kommt dem Grundsatz des marktgerechten Erwerbs von Vermögensgegenständen, wie er in § 168 Abs. 7 KAGB zum Ausdruck kommt, eine erhöhte Bedeutung zu, damit die Einlageleistung auch wirtschaftlich dem Wert des erworbenen Vermögensgegenstandes entspricht. Zur Sachübernahme s. auch § 109 Rz. 52 f. 13

Eine **Dienstleistung** kann **weder im Rahmen einer Sacheinlage noch im Rahmen einer Sachübernahme** als Einlage geleistet werden. Nach dem Willen des Gesetzgebers ist eine Dienstleistung bei der Aktiengesellschaft nicht einlagefähig (vgl. § 27 Abs. 2 Halbs. 2 AktG). 14

§ 142 Satzung

[1]Satzungsmäßig festgelegter Unternehmensgegenstand der Investmentaktiengesellschaft mit fixem Kapital muss ausschließlich die Anlage und Verwaltung ihrer Mittel nach einer festgelegten Anlagestrategie zur gemeinschaftlichen Kapitalanlage

1. bei Publikumsinvestmentaktiengesellschaften mit fixem Kapital nach den §§ 261 bis 272 und

2. bei Spezialinvestmentaktiengesellschaften mit fixem Kapital nach den §§ 273 bis 277 und 285 bis 292

zum Nutzen der Aktionäre sein.

[2]Die Satzung von Spezialinvestmentaktiengesellschaften mit fixem Kapital muss zusätzlich festlegen, dass die Aktien der Gesellschaft ausschließlich von professionellen Anlegern und semiprofessionellen Anlegern erworben werden dürfen.

In der Fassung vom 4.7.2013 (BGBl. I 2013, S. 1981).

Schrifttum: *Drygala/Staake/Szalai*, Kapitalgesellschaftsrecht, 2012. Im Übrigen wird auf das Schrifttum zu § 108 verwiesen.

I. Regelungsgegenstand und -zweck

§ 142 KAGB enthält für den Inhalt der Satzung der InvAG mit fixem Kapital **aufsichtsrechtliche Mindestangaben**, die die Mindestangaben für die Feststellung der Satzung gem. § 23 AktG ergänzen. Eine vergleichbare Regelung enthält § 110 Abs. 2 Satz 1 Nr. 2 bis 3 und Abs. 3 für die InvAG mit veränderlichem Kapital. 1

Von den **Mindestangaben** in § 142 KAGB kann nicht abgewichen werden, da es sich um **zwingende aufsichtsrechtlichen Vorgaben** handelt, die durch die Benennung des Unternehmensgegenstandes zugleich die Produktvorschriften für geschlossene Investmentvermögen in Bezug nehmen. 2

8 BT-Drucks. 17/12294, 248; kritisch zum Verbot der Sacheinlage *Silberberger/Lorenz* in Weitnauer/Boxberger/Anders, § 141 KAGB Rz. 4 mit Verweis auf *Zetzsche*, AG 2013, 613 (616 Fn. 47).

3 Anders als bei der InvAG mit veränderlichem Kapital **verzichtet der Gesetzgeber auf investmentrechtliche Regelungen zum Gesellschaftskapital**, weil auf die InvAG mit fixem Kapital die aktienrechtlichen Bestimmungen für die Kapitalbeschaffung nach §§ 182 bis 240 AktG anwendbar sind.[1] Jedoch gelten auch für die intern verwaltete InvAG mit fixem Kapital die Anforderungen an das Anfangskapital und die zusätzlichen Eigenmittel nach § 25 KAGB.[2]

II. Formerfordernis der Satzung

4 Die Feststellung der Satzung der InvAG mit fixem Kapital bedarf der **notariellen Beurkundung** nach § 140 Abs. 1 Satz 2 KAGB i.V.m. § 23 Abs. 1 AktG, die sich nach den Verfahrensvorschriften der §§ 8 ff. Beurkundungsgesetz richten.[3]

5 Wird **gegen das Formerfordernis** nach § 140 Abs. 1 Satz 2 KAGB i.V.m. § 23 Abs. 1 AktG **verstoßen**, ist die Feststellung der Satzung nach § 125 BGB **nichtig**, da die gesetzlich vorgeschriebene Form nicht gewahrt wurde. Ein Verstoß gegen die Beurkundungspflicht hat zur Folge, dass die InvAG mit fixem Kapital nicht wirksam gegründet wurde und nicht zum Handelsregister angemeldet werden kann, weil die ordnungsgemäße Feststellung der Satzung eine konstitutive Voraussetzung für die Gründung einer InvAG ist, die von den Registergerichten eigenständig zu prüfen ist (vgl. § 140 Abs. 1 Satz 2 KAGB i.V.m. § 38 Abs. 1 AktG).

6 Ist die InvAG mit fixem Kapital dennoch in das Handelsregister eingetragen worden, können Mängel bei der Feststellung der Satzung, wie z.B. die fehlende notarielle Beurkundung, grundsätzlich nicht mehr geltend gemacht werden.[4] Mängel bei der Gründung der InvAG mit fixem Kapital können lediglich mit der **Nichtigkeitsklage nach § 275 AktG** geltend gemacht werden. Die Nichtigkeitsklage kann nur auf die in § 275 Abs. 1 Satz 1 AktG genannten Gründe gestützt werden, so bei fehlender Satzungsregelung zur Höhe des Grundkapitals und bei fehlenden Bestimmungen zum Unternehmensgegenstand (vgl. § 275 Abs. 1 Satz 2). Genügt die Bestimmung des Unternehmensgegenstandes nicht den Anforderungen des § 142 Satz 1 KAGB, ist grundsätzlich der Weg zur Nichtigkeitsklage eröffnet. Da allerdings Mängel bei der Bestimmung des Unternehmensgegenstandes gem. § 276 AktG geheilt werden können, müssen die klageberechtigten Aktionäre, Vorstands- und Aufsichtsratsmitglieder zunächst die InvAG auffordern, den Mangel zu beseitigen (§ 275 Abs. 2 AktG).[5]

7 **Änderungen der Satzung** der InvAG mit fixem Kapital erfolgen gem. § 140 Abs. 1 Satz 2 KAGB i.V.m. §§ 179, 181 AktG **ausschließlich nach aktienrechtlichen Regeln**. Die Änderung der Satzung setzt zunächst einen Hauptversammlungsbeschluss voraus, der von einer Mehrheit der stimmberechtigten Aktionäre getragen wird, die mindestens ¾ des bei der Beschlussfassung vertretenen Kapitals umfasst. Des Weiteren ist die Satzungsänderung zum Handelsregister anzumelden, damit diese auch wirksam werden kann. Zu der für die Satzungsänderung erforderlichen Hauptversammlung sind alle stimmberechtigten Aktionäre zu laden.

III. Vorgeschriebener Inhalt der Satzung zum Unternehmensgegenstand und zum Anlegerkreis der Investmentaktiengesellschaft mit fixem Kapital

8 Die Satzung der InvAG mit fixem Kapital muss nach § 142 Satz 1 KAGB Feststellungen zum Unternehmensgegenstand der InvAG treffen. Nach § 142 Satz 2 KAGB ist in der Satzung einer Spezial-InvAG mit fixem Kapital der Anlegerkreis auf professionelle und semiprofessionelle Anleger i.S.d. § 1 Abs. 19 Nrn. 32 und 33 KAGB zu beschränken.

1. Unternehmensgegenstand

9 Die InvAG mit fixem Kapital ist eine organisationsrechtliche Form eines geschlossenen Investmentvermögens.[6] Daher ist der Unternehmensgegenstand von vornherein auf die **Anlage und Verwaltung ihrer Mittel der InvAG nach einer festgelegten Anlagestrategie zur gemeinschaftlichen Kapitalanlage zum Nutzen ihrer Anleger** beschränkt.[7]

---

1 Vgl. BT-Drucks. 17/12294, 248.
2 BT-Drucks. 17/12294, 248.
3 Vgl. *Hüffer/Koch*, § 23 AktG Rz. 9.
4 Vgl. *Drygala/Staake/Szalai*, Kapitalgesellschaftsrecht, § 19 Rz. 18; *Hüffer/Koch*, § 23 AktG Rz. 42.
5 Vgl. *Hüffer/Koch*, § 276 AktG Rz. 2.
6 BT-Drucks. 17/12294, 248.
7 Vgl. BT-Drucks. 17/12294, 248.

Die Satzung hat zu bestimmen, ob es sich bei der InvAG mit fixem Kapital um eine **Publikums-InvAG**, auf die die Vorschriften für geschlossene Publikumsinvestmentvermögen nach **§§ 261 bis 272 KAGB** anwendbar sind, oder um eine **Spezial-InvAG** handelt, auf die die Vorschriften für geschlossene Spezial-Investmentvermögen nach **§§ 273 bis 277 KAGB** sowie, wenn die Anlagestrategie auf den Kontrollerwerb nicht börsennotierter Unternehmen ausgerichtet ist, **§§ 285 bis 292 KAGB** anwendbar sind. 10

Durch die Festlegung des Unternehmensgegenstandes ist sichergestellt, dass die jeweiligen **Produktvorschriften** für geschlossene Publikums- und Spezial-Investmentvermögen eingehalten werden. Damit ist zugleich der **Handlungsrahmen sowohl für die externe als auch die interne KVG** sowie den **Vorstand** der InvAG mit fixem Kapital festgelegt. 11

2. Anlegerkreis der Spezialinvestmentaktiengesellschaft mit fixem Kapital

Nach § 142 Satz 2 KAGB muss die **Satzung der Spezial-InvAG** mit fixem Kapital den Kreis der Anleger auf **professionelle und semiprofessionelle Anleger** beschränken, so dass die Aktien nur von Anlegern erworben werden können, die die Voraussetzungen des § 1 Abs. 19 Nrn. 32 oder 33 KAGB erfüllen.[8] 12

Zu den Anforderungen und den Grenzen hinsichtlich des Erst- und Zweiterwerbs von Aktien der InvAG mit fixem Kapital durch Anleger, die nicht als professionelle und semiprofessionelle Anleger angesehen werden, wird auf § 150 Rz. 12 ff. verwiesen. 13

§ 143 Anlagebedingungen

[1]Die Anlagebedingungen der Investmentaktiengesellschaft mit fixem Kapital sind zusätzlich zur Satzung zu erstellen. [2]Die Anlagebedingungen sind nicht Bestandteil der Satzung; eine notarielle Beurkundung ist nicht erforderlich. [3]In allen Fällen, in denen die Satzung veröffentlicht, ausgehändigt oder in anderer Weise zur Verfügung gestellt werden muss, ist auf die jeweiligen Anlagebedingungen zu verweisen und sind diese ebenfalls zu veröffentlichen, auszuhändigen oder in anderer Weise zur Verfügung zu stellen.

In der Fassung vom 4.7.2013 (BGBl. I 2013, S. 1981).

Schrifttum: Es wird auf das Schrifttum zu § 108 verwiesen.

I. Regelungsgegenstand

§ 143 KAGB enthält Regelungen zur **Erstellung von Anlagebedingungen** der InvAG mit fixem Kapital. Zusätzlich und getrennt zur Satzung sind die Anlagebedingungen zu erstellen. Die **Publikation der Anlagebedingungen** hat in gleicher Weise wie die Satzung zu erfolgen. Vergleichbare Regelungen bestehen für die InvAG mit veränderlichem Kapital in § 111 KAGB, für die offene InvKG in § 126 KAGB und für die geschlossene InvKG in § 151 KAGB. 1

Wie der Wortlaut und die Gesetzesbegründung[1] nahe legen, begründet § 143 Satz 1 KAGB nicht die Verpflichtung, Anlagebedingungen der InvAG mit fixem Kapital zu erstellen. Diese Verpflichtung ergibt sich speziell für die Publikums-InvAG mit fixem Kapital aus § 266 Abs. 1 KAGB und für die Spezial-InvAG mit fixem Kapital aus § 273 KAGB. Der Regelungszweck des § 143 Satz 1 KAGB ist daher i.V.m. Satz 2 KAGB zu sehen und erschöpft sich in der gesetzlichen Anordnung, dass die **Anlagebedingungen zusätzlich und getrennt vom Gesellschaftsvertrag zu erstellen** sind. 2

8 Vgl. BT-Drucks. 17/12294, 248.
1 Vgl. BT-Drucks. 17/12294, 242 zu § 126 KAGB.

II. Erstellung der Anlagebedingungen getrennt von der Satzung

1. Erstellung der Anlagebedingungen von Investmentaktiengesellschaften mit fixem Kapital

3 Die Erstellung der Anlagebedingungen einer InvAG mit fixem Kapital erfolgt **durch den Vorstand**, da dieser nach § 140 Abs. 1 Satz 2 KAGB i.V.m. § 76 Abs. 1 AktG für die Leitung der InvAG verantwortlich ist.

4 § 143 Satz 1 KAGB soll sicherstellen, dass ein zusätzliches Dokument für die Anleger geschaffen wird, in denen die Detailregelungen zur Anlagepolitik enthalten sind.[2]

5 Die getrennte Erstellung der Anlagebedingungen für die InvAG mit fixem Kapital eröffnet eine hinreichende **Flexibilität bei der Ausgestaltung der Anlagepolitik**, die jedoch nur gewährleistet werden kann, wenn die Verbandskompetenz losgelöst von der Hauptversammlung besteht. Fiele die Erstellung der Anlagebedingungen in die Verbandskompetenz der Hauptversammlung, müssten auch die aktienrechtlich vorgesehenen Bestimmungen zur Einberufung und Ladung sowie die Quoren einer Beschlussfassung eingehalten werden, so dass die vom Gesetzgeber intendierte Flexibilität nicht mehr gegeben wäre (vgl. auch § 111 Rz. 3).

2. Gebot der Trennung zwischen Anlagebedingungen und Satzung

6 Wie in § 143 Satz 2 KAGB angedeutet, sind die **Anlagebedingungen kein Bestandteil der Satzung**. Sie müssen anders als die Satzung nicht beurkundet werden. Eine Änderung der Anlagebedingungen bedarf deshalb keiner Änderung der Satzung, sondern fällt in die Verbandskompetenz des Vorstandes. Zum Gebot der Trennung zwischen Anlagebedingungen und Satzung s. auch § 111 Rz. 4.

3. Akzessorische Publizität der Anlagebedingungen zur Satzung

7 § 143 Satz 3 KAGB bezweckt, im Interesse des Anlegerschutzes eine gleichartige Transparenz von Satzung und Anlagebedingungen zu gewährleisten: Wird die Satzung veröffentlicht, ausgehändigt oder in anderer Weise zur Verfügung gestellt, ist stets **auf die jeweiligen Anlagebedingungen zu verweisen.**

8 Darüber hinaus sind die Anlagebedingungen – **in derselben Publikationsform wie die Satzung** – ebenfalls zu veröffentlichen, auszuhändigen oder in anderer Weise zur Verfügung zu stellen (zum Ganzen vgl. § 111 Rz. 5 f.).

§ 144 Verwaltung und Anlage

[1]Die Investmentaktiengesellschaft mit fixem Kapital kann eine ihrem Unternehmensgegenstand entsprechende externe Kapitalverwaltungsgesellschaft bestellen. [2]Dieser obliegt neben der Ausführung der allgemeinen Verwaltungstätigkeit insbesondere auch die Anlage und Verwaltung der Mittel der Investmentaktiengesellschaft mit fixem Kapital. [3]Die Bestellung einer externen AIF-Kapitalverwaltungsgesellschaft als Verwaltungsgesellschaft ist kein Fall des § 36 und auch nicht als Unternehmensvertrag im Sinne des Aktiengesetzes anzusehen. [4]§ 99 ist mit den folgenden Maßgaben entsprechend anzuwenden:

1. eine Kündigung kann nur aus wichtigem Grund erfolgen;

2. die Kündigungsfrist muss im angemessenen Verhältnis zu dem Zeitraum stehen, der erforderlich ist, um die zum Investmentvermögen gehörenden Vermögensgegenstände zu liquidieren; bei Publikumsinvestmentaktiengesellschaften muss die Kündigungsfrist jedoch mindestens sechs Monate betragen.

[5]§ 100 ist entsprechend anzuwenden mit der Maßgabe, dass das Verwaltungs- und Verfügungsrecht über das Gesellschaftsvermögen nur dann auf die Verwahrstelle zur Abwicklung übergeht, wenn

1. die Investmentaktiengesellschaft mit fixem Kapital

a) sich nicht in eine intern verwaltete Investmentaktiengesellschaft mit fixem Kapital umwandelt oder

b) keine andere externe AIF-Kapitalverwaltungsgesellschaft bestellt und

2 BT-Drucks. 16/5576, 85 zur Rechtslage unter dem InvG.

2. dies

a) bei Publikumsinvestmentaktiengesellschaften mit fixem Kapital jeweils von der Bundesanstalt genehmigt wird und

b) bei Spezialinvestmentaktiengesellschaften mit fixem Kapital jeweils der Bundesanstalt angezeigt wird.

[6]Im Fall der Bestellung einer anderen externen AIF-Kapitalverwaltungsgesellschaft ist § 100b Absatz 1, 3 und 4 entsprechend anzuwenden mit der Maßgabe, dass die Übertragung bei Publikumsinvestmentaktiengesellschaften frühestens mit Erteilung der Genehmigung wirksam wird.

In der Fassung vom 4.7.2013 (BGBl. I 2013, S. 1981), zuletzt geändert durch das Gesetz zur Umsetzung der Richtlinie 2014/91/EU des Europäischen Parlaments und des Rates vom 23. Juli 2014 zur Änderung der Richtlinie 2009/65/EG zur Koordinierung der Rechts- und Verwaltungsvorschriften betreffend bestimmte Organismen für gemeinsame Anlagen in Wertpapieren (OGAW) im Hinblick auf die Aufgaben der Verwahrstelle, die Vergütungspolitik und Sanktionen vom 3.3.2016 (BGBl. I 2016, S. 348).

Schrifttum: *BaFin*, Häufige Fragen zum Thema Auslagerung gem. § 36 KAGB, Ziff. 1. abrufbar unter www.bafin.de/SharedDocs/Veroeffentlichungen/DE/FAQ/faq_kagb_36_auslagerung_130710.html. Im Übrigen wird auf das Schrifttum zu § 108 verwiesen.

I. Regelungsgegenstand und -zweck

§ 144 KAGB enthält Regelungen im Zusammenhang mit der **Bestellung** und dem **Verwaltungsrecht der externen KVG.** § 144 Satz 1 bis 3 KAGB betreffen die Bestellung und den Aufgabenbereich der externen KVG. § 144 Satz 4 KAGB enthält Bestimmungen zur Kündigung des Verwaltungsrechts der externen KVG. § 144 Satz 5 KAGB regelt die Rechtsfolgen des Erlöschens des Verwaltungs- und Verfügungsrechts der externen KVG. § 144 Satz 6 KAGB enthält Regelungen für den Fall, dass nach Beendigung des Verwaltungsrechts der ursprünglichen KVG eine andere externe KVG bestellt wird. 1

Entsprechende Regelungen bestehen für die offene InvAG mit veränderlichem Kapital (§ 112 KAGB), die offene InvKG (§ 129 KAGB) und die geschlossene InvKG (§ 154 KAGB). 2

II. Verwaltung durch eine externe Kapitalverwaltungsgesellschaft

1. Bestellung einer externen Kapitalverwaltungsgesellschaft

a) „Kann"-Bestimmung

Gemäß § 144 Satz 1 KAGB *„kann"* die InvAG mit fixem Kapital eine dem Unternehmensgegenstand entsprechende externe KVG bestellen. **Unterlässt** sie dies, ist sie automatisch eine **intern verwaltete InvAG mit fixem Kapital** (§ 17 Abs. 2 Nr. 2 KAGB), die für ihren Geschäftsbetrieb der Erlaubnis der BaFin bedarf. Damit wird sichergestellt, dass jede Organisationsstruktur der kollektiven Vermögensverwaltung, die nicht 3 vom Anwendungsbereich des KAGB ausgeschlossen ist (§ 2 Abs. 1 bis 3 KAGB) oder lediglich eine registrierte KVG erfordert (§ 2 Abs. 4 bis 5 KAGB), dem Erlaubnisvorbehalt der BaFin unterworfen ist.

b) Eine dem Unternehmensgegenstand der Investmentaktiengesellschaft mit fixem Kapital entsprechende externe Kapitalverwaltungsgesellschaft

4 § 144 Satz 1 KAGB verlangt, dass eine dem Unternehmensgegenstand der InvAG mit fixem Kapital „**entsprechende**" externe KVG bestellt wird.

5 Hintergrund dieser Anforderung ist, dass die BaFin ihre **Lizenz** zum Geschäftsbetrieb der KVG i.d.R. **auf die Verwaltung bestimmter Investmentvermögen beschränkt** (§ 20 Abs. 1 Satz 2 KAGB). Die BaFin prüft im Rahmen des Erlaubnisverfahrens genau, ob die KVG über die erforderlichen personellen und materiellen Ressourcen und die Organisationsstruktur für die Verwaltung bestimmter Arten von Investmentvermögen verfügt. Der Initiator muss daher schon bei der Gründung der InvAG mit fixem Kapital darauf achten, dass die ausgewählte externe KVG über **eine für die konkrete Anlagestrategie geeignete Lizenz** verfügt.

c) Bestellungsvertrag

6 Der Bestellungsvertrag ist nach hier vertretener Ansicht **ein gesetzlich modifizierter Geschäftsbesorgungsvertrag mit dienstvertraglichem Charakter**. Zur Herleitung wird auf die Kommentierung in § 154 Rz. 11 verwiesen.

d) Kein Fall der Auslagerung und kein Unternehmensvertrag

7 § 144 Satz 3 KAGB stellt klar, dass die **Bestellung der externen KVG kein Fall der Auslagerung gem. § 36 KAGB** ist. Das folgt konsequent aus der originären und alleinigen Verantwortung der externen KVG für die Vermögensverwaltung.[1] Denn handelte es sich um einen Fall der Auslagerung, wäre die InvAG mit fixem Kapital für die Verwaltung letztlich verantwortlich und müsste die KVG laufend überwachen und ihr notfalls Weisungen erteilen können. Die InvAG mit fixem Kapital haftete für jedes Verschulden der KVG wie für eigenes Verschulden (§ 36 Abs. 4 KAGB).

8 § 114 Satz 3 KAGB stellt zudem klar, dass die Bestellung der externen KVG **nicht als Unternehmensvertrag i.S.d. §§ 292 AktG** qualifiziert wird. Damit ist auch klargestellt, dass zwischen der externen KVG und der InvAG mit fixem Kapital kein Beherrschungsverhältnis besteht (s. hierzu auch § 112 Rz. 9).

e) Bestellung nur einer externen Kapitalverwaltungsgesellschaft

9 Aus § 17 Abs. 3 KAGB und dem Wortlaut in § 144 Satz 1 KAGB folgt, dass die InvAG mit fixem Kapital nur **„eine"** externe KVG bestellen kann. Es handelt sich um eine Umsetzung von Art. 5 Abs. 1 Satz 1 AIFM-RL und stellt sicher, dass es nur eine KVG gibt, die für die Portfolioverwaltung und die Einhaltung aller anwendbaren gesetzlichen Anforderungen verantwortlich ist.

2. Zuständigkeit für die Entscheidung der Bestellung der externen Kapitalverwaltungsgesellschaft

10 Das Gesetz enthält keine Zuweisung der Verbandskompetenz für die Entscheidung über die Bestellung einer externen KVG. Nach der hier vertretenen Auffassung (vgl. § 112 Rz. 16) ist für die Bestellung der externen KVG die **Hauptversammlung** der InvAG mit fixem Kapital zuständig.

11 Die Zuständigkeit der Hauptversammlung ist damit zu begründen, dass die Aktionäre der InvAG mit fixem Kapital einen großen Teil ihrer Gestaltungs- und Mitwirkungsrechte aufgeben, die mit einer unternehmerischen Beteiligung einhergehen, wie z.B. die Mitwirkung auf der Hauptversammlung, wenn die Aktionäre mit den Anlageentscheidungen der InvAG nicht zufrieden sind. Hingegen beschränken sich die Gestaltungs- und Mitwirkungsrechte der Aktionäre bei der Bestellung einer externen KVG auf die bei der InvAG verbleibenden residualen Befugnisse außerhalb der kollektiven Vermögensverwaltung (vgl. Rz. 16).

12 Zum anderen führt die Bestellung der externen KVG zu einer **Änderung des Wesens der InvAG mit fixem Kapital**. Denn es handelt sich bei der Verwaltung und Anlage um einen Kernbereich der unternehmerischen Tätigkeit der InvAG mit fixem Kapital, da die Verwaltung und Anlage den Unternehmensgegenstand der InvAG ausmacht (vgl. § 142 KAGB). Mit der Bestellung einer externen KVG wird die Rolle der InvAG mit fixem Kapital auf die Sammlung von Kapital und das Halten der von der KVG erworbenen Vermögens-

---

1 *BaFin*, Häufige Fragen zum Thema Auslagerung gem. § 36 KAGB, Ziff. 1. abrufbar unter www.bafin.de/SharedDocs/Veroeffentlichungen/DE/FAQ/faq_kagb_36_auslagerung_130710.html.

gegenstände beschränkt (Kapitalsammelbecken). Zur Herleitung der Verbandskompetenz der Hauptversammlung s. § 112 Rz. 12 ff.

3. Aufgaben und Kompetenzen der externen KVG

a) Umfang der Aufgabenübertragung auf die externe Kapitalverwaltungsgesellschaft

Der Umfang der auf die externe KVG übertragenen Aufgaben ergibt sich aus § 144 Satz 2 KAGB. Der externen KVG obliegt danach neben der Ausführung der allgemeinen Verwaltungstätigkeit auch die Anlage und Verwaltung der Mittel der InvAG mit fixem Kapital. 13

Nach hier vertretener Auffassung **muss** die externe KVG, die in Anhang I Nr. 1 AIFM-RL aufgeführten Tätigkeiten der **Portfolioverwaltung** und des **Risikomanagements** in alleiniger und ausschließlicher Verantwortung ausüben (vgl. § 112 Rz. 19). Demgegenüber **können** der externen KVG die in Anhang I Nr. 2 aufgeführten „**anderen Aufgaben**", wie administrative Tätigkeiten, Vertrieb und assetbezogene Tätigkeiten, durch den Bestellungsvertrag übertragen werden. Siehe zum Umfang der auf die externe KVG übertragenen Aufgaben § 112 Rz. 18 f. 14

b) Bedeutung für das Innenverhältnis

Die Bestellung der externen KVG führt **nicht kraft Gesetzes zu einer organschaftlichen Stellung der KVG**, obwohl sie für die Verfolgung des Unternehmensgegenstandes (§ 142 KAGB) originär und allein zuständig und verantwortlich ist sowie den Anlegern gegenüber für Schäden unbegrenzt haftet. Es besteht keine aufsichtsrechtliche Notwendigkeit, dass die externe KVG ihre Aufgaben als Organ der InvAG mit fixem Kapital wahrnimmt, so dass der Vorstand der InvAG weiterhin organschaftlich die Aufgaben der Geschäftsführung und der Vertretung der Aktiengesellschaft wahrnimmt (vgl. §§ 77, 78 AktG). 15

Der Vorstand der InvAG mit fixem Kapital wird durch die u.U. sehr weit reichenden Kompetenzen der externen KVG nicht entmachtet. Die **bei dem Vorstand der InvAG mit fixem Kapital verbleibenden Geschäftsführungskompetenzen** entsprechen den Kompetenzen der Geschäftsführung der extern verwalteten geschlossenen InvKG und können in **drei Gruppen** eingeteilt werden: 16

(1) **Gestaltung des Rechtsverhältnisses zur externen KVG** durch Abschluss und Kündigung sowie inhaltliche Ausgestaltung des Bestellungsvertrages; dies umfasst mit Blick auf §§ 76, 93 AktG i.V.m. § 140 Abs. 1 Satz 2 KAGB auch die Überwachung der Geschäftstätigkeit der externen KVG;

(2) **gesellschaftsinterne Angelegenheiten**, wie die Einberufung und Durchführung von Hauptversammlungen, der Bericht über die Ergebnisse der Hauptversammlung an die Aktionäre; und

(3) die **sonstigen Aufgaben gemäß Anh. I Nr. 2 AIFM-RL**, soweit sie nicht auf die externe KVG übertragen worden sind.

Im Übrigen wird auf die Kommentierung zur InvAG mit veränderlichem Kapital (§ 112 Rz. 23) und die Kommentierung zur geschlossenen InvKG (§ 154 Rz. 36 ff.) verwiesen. 17

c) Bedeutung für das Außenverhältnis

Die InvAG mit fixem Kapital ist Eigentümerin und Inhaberin der zu ihrem Gesellschaftsvermögen gehörenden Gegenstände und Rechte (vgl. § 1 Abs. 1 Satz 1 AktG), d.h. dass die InvAG hinsichtlich ihres Gesellschaftsvermögens gem. §§ 137, 185 BGB verfügungsberechtigt ist. 18

Nach hier vertretener Auffassung geht mit der Bestellung der externen KVG die Verfügungsbefugnis der InvAG mit fixem Kapital über ihr Gesellschaftsvermögen nicht kraft Gesetzes auf die externe KVG über, mit der Folge, dass die externe KVG grundsätzlich nicht über das Gesellschaftsvermögen der InvAG verfügen kann. Die InvAG mit fixem Kapital hat der externen KVG allerdings **im Bestellungsvertrag eine rechtsgeschäftliche Vertretungsmacht (Vollmacht) im erforderlichen Umfang einzuräumen**, damit die externe KVG die kollektive Vermögensverwaltung ausüben kann. Zu Einzelheiten s. § 154 Rz. 50 ff. 19

d) Rechtsbeziehung zwischen Anleger und externer Kapitalverwaltungsgesellschaft

Durch die Bestellung der externen KVG kommt grundsätzlich keine unmittelbare vertragliche Rechtsbeziehung zwischen den Anlegern der InvAG mit fixem Kapital und der externen KVG zustande, aus denen die Anleger Rechte gegen die KVG herleiten können. 20

Zwischen den Anlegern der InvAG mit fixem Kapital und der externen KVG wird jedoch durch die Bestellung der externen KVG ein **gesetzliches Schuldverhältnis** begründet, das inhaltlich durch die Anlagebedin- 21 gungen und die aufsichtsrechtlichen Pflichten der KVG gem. §§ 26 ff. KAGB und der AIFM-VO konkretisiert wird. Wegen weiterer Einzelheiten wird auf § 154 Rz. 16 ff. verwiesen.

4. Erlöschen des Verwaltungsrechts der externen Kapitalverwaltungsgesellschaft

22 § 144 Satz 4 KAGB enthält Bestimmungen über die Kündigung der Verwaltung des Gesellschaftsvermögens der InvAG mit fixem Kapital durch die externe KVG. Durch den Verweis auf § 99 KAGB werden jedoch über die Kündigung durch die KVG hinaus auch alle anderen Gründe, die nach § 99 Abs. 1 bis 4 KAGB zum Erlöschen des Verwaltungsrechts der KVG führen, in die Regelung mit einbezogen.

23 Anders als bei der offenen InvAG mit veränderlichem Kapital bedarf die Kündigung des Verwaltungsrechts eines **wichtigen Grundes** (§ 144 Satz 4 Nr. 1 KAGB).[2] Da der Bestellungsvertrag ein Dauerschuldverhältnis darstellt, kann für die Frage, wann ein wichtiger Grund vorliegt, auf § 314 Abs. 1 BGB abgestellt werden.[3] Siehe zur Kündigung aus wichtigen Grund § 154 Rz. 61 ff.

24 Gemäß § 144 Satz 4 Nr. 2 Halbs. 1 KAGB muss die Kündigungsfrist im **angemessenen Verhältnis zu dem Zeitraum** stehen, **der für die Liquidierung der Vermögensgegenstände der InvAG mit fixem Kapital erforderlich ist**. Dieses Erfordernis trägt dem Umstand Rechnung, dass die Vermögensgegenstände einer geschlossenen InvAG mit fixem Kapital i.d.R. weniger liquide sind und daher für deren Veräußerung mehr Zeit benötigt wird.[4] Siehe zur Kündigungsfrist § 154 Rz. 66 ff.

25 Hinsichtlich der in § 99 Abs. 1 bis 4 KAGB aufgeführten Beendigungsgründe für die Verwaltung der externen KVG wird auf § 154 Rz. 72 ff. verwiesen.

5. Kündigung des Verwaltungsrechts durch die Investmentaktiengesellschaft mit fixem Kapital

26 Es verwundert etwas, dass § 144 KAGB keine Regelung über die **Kündigung des Verwaltungsrechts der KVG durch die InvAG** mit fixem Kapital enthält. Eine solche Kündigung ist **als *actus contrarius* zur Bestellung zulässig**. Maßgebend sind die entsprechenden Bestimmungen im Bestellungsvertrag und ggf. im Gesellschaftsvertrag. Da es sich bei der Kündigung der externen KVG um ein Geschäft handelt, das seiner Bedeutung nach einer Satzungsänderung gleichkommt, ist ein zustimmender Beschluss der Hauptversammlung notwendig.

27 Da das KAGB keine erlaubnisfreie Verwaltung des Gesellschaftsvermögens gestattet, muss die Kündigung zugleich mit der Entscheidung verknüpft werden, ob (1) eine andere externe KVG bestellt, (2) die InvAG mit fixem Kapital in eine intern verwaltete InvAG umgewandelt oder (3) die InvAG aufgelöst wird.

28 Für den erstgenannten Fall (Bestellung einer anderen externen KVG) hat der Gesetzgeber durch Einfügung des Satz 6 in § 144 KAGB nunmehr klargestellt, dass **§ 100b KAGB entsprechend anwendbar** ist. Zu den Rechtsfolgen s. § 154 Rz. 77 ff.

6. Rechtsfolgen des Erlöschens des Verwaltungsrechts der externen Kapitalverwaltungsgesellschaft

29 Die Rechtsfolgen eines Erlöschens des Verwaltungsrechts der externen KVG werden mit Verweis in § 144 Satz 5 KAGB auf § 100 KAGB geregelt. Die Rechtslage entspricht derjenigen bei der InvAG mit veränderlichem Kapital und der geschlossenen InvKG. Es wird daher auf § 112 Rz. 41 f. und § 154 Rz. 84 ff. verwiesen.

30 Anders als § 154 Abs. 2 Nr. 2 KAGB für die geschlossene InvKG enthält § 144 Satz 5 KAGB **keine eigenständige Regelung zur Bestellung eines Liquidators.** Insofern bleibt es bei der Regelung des § 100 Abs. 2 KAGB, wonach die Verwahrstelle die InvAG mit fixem Kapital abzuwickeln und den Erlös an die Anleger zu verteilen hat. Ein sachlicher Grund für die unterschiedliche Behandlung zur geschlossenen InvKG ist allerdings nicht erkennbar.[5] Denn bei der InvAG mit fixem Kapital dürfte es sich um die gleiche Art von illiquiden Vermögensgegenständen handeln, deren Veräußerung die Gesellschafter möglicherweise einem mit

---

2 Vgl. BT-Drucks. 17/12294, 248.
3 A.A. *Boxberger* in Moritz/Klebeck/Jesch, § 144 KAGB Rz. 6, der auf § 626 BGB abstellt. Allerdings passt die kurze zweiwöchige Kündigungserklärungsfrist in § 626 Abs. 2 BGB auf das Rechtsverhältnis zwischen InvAG und externer KVG nicht, da es im Interesse der Anleger kein schutzwürdiges Interesse gibt, dass bei gravierenden Pflichtverletzungen eine Kündigung nach Ablauf der Zweiwochenfrist nicht mehr möglich ist.
4 BT-Drucks. 17/12294, 248.
5 So mit Recht kritisch *Zetzsche*, AG 2013, 613 (628).

dem einschlägigen Markt besser vertrauten Liquidator überlassen möchten als einer Bank oder gar einer alternativen Verwahrstelle.

§ 145 Unterschreitung des Anfangskapitals oder der Eigenmittel

[1]Die intern verwaltete Investmentaktiengesellschaft mit fixem Kapital hat der Bundesanstalt und den Aktionären unverzüglich anzuzeigen, wenn das Gesellschaftsvermögen den Wert des Anfangskapitals oder den Wert der zusätzlich erforderlichen Eigenmittel gemäß § 25 unterschreitet. [2]Mit der Anzeige gegenüber den Aktionären ist durch den Vorstand eine Hauptversammlung einzuberufen.

In der Fassung vom 4.7.2013 (BGBl. I 2013, S. 1981).

I. Regelungsgegenstand und -zweck

1 § 145 Satz 1 KAGB statuiert für die intern verwaltete InvAG mit fixem Kapital die **Pflicht, der BaFin und den Aktionären unverzüglich anzuzeigen**, wenn das Gesellschaftsvermögen den Wert des Anfangskapitals oder der zusätzlich erforderlichen Eigenmittel gem. § 25 KAGB unterschreitet. § 145 Satz 2 KAGB verpflichtet den Vorstand der InvAG mit fixem Kapital außerdem, mit der Anzeige gegenüber den Aktionären eine Hauptversammlung einzuberufen.

2 Der Gesetzgeber verzichtete auf eine wiederholende Regelung hinsichtlich der **Anforderungen an das Anfangskapital und die zusätzlich erforderlichen Eigenmittel**, da diese **bereits in § 25 KAGB** für KVGen geregelt sind. § 25 KAGB gilt auch für die intern verwaltete InvAG mit fixem Kapital unmittelbar, da diese selbst eine KVG ist (vgl. § 17 Abs. 2 Nr. 2 KAGB).

3 Für **extern verwaltete InvAGen mit fixem Kapital** gelten die Pflichten des § 145 KAGB konsequent nicht. Auch die externe KVG ist nicht zur Anzeige verpflichtet, wenn das Gesellschaftsvermögen den Wert des eingetragenen Grundkapitals oder den für eine Aktiengesellschaft erforderlichen Mindestbetrag des Grundkapitals (§ 7 AktG) unterschreitet. Es greifen daher allein die aktienrechtlichen Pflichten des Vorstands zur Anzeige und Einberufung der Hauptversammlung (§ 92 Abs. 1 AktG).

II. Gesellschaftsvermögen und Eigenmittel

4 Obwohl der Gesetzgeber bei der InvAG mit fixem Kapital das aktienrechtliche Prinzip des eingetragenen Grundkapitals als Haftkapital im Grundsatz anerkennt, führt er gleichwohl bei der intern verwalteten InvAG mit fixem Kapital **Kapitalschutzvorschriften nach investmentrechtlichen Grundsätzen** ein. Hierzu stellt der Gesetzgeber in § 145 Satz 1 KAGB auf das „**Gesellschaftsvermögen**" ab, welches den Wert des Anfangskapitals oder den Wert der zusätzlich erforderlichen Eigenmittel nicht unterschreiten.

5 Leider vermeidet es der Gesetzgeber, den Begriff „*Gesellschaftsvermögen*" für die InvAG mit fixem Kapital zu definieren. Dabei hätte der Gesetzgeber für die Zwecke des Kapitalschutzes des § 145 KAGB auf die für die InvAG mit veränderlichem Kapital geltende Definition in § 110 Abs. 1 Satz 2 KAGB zurückgreifen können, da er auch hier auf das durch die Höhe der Verkehrswerte und Verbindlichkeiten schwankende Gesellschaftsvermögen abstellt. In Ermangelung einer eigenständigen Definition ergibt sich die Relevanz der Verkehrswerte für die Bestimmung des Gesellschaftsvermögens der InvAG mit fixem Kapital aus dem Verweis in §§ 271 Abs. 1, 286 Abs. 1 KAGB auf **§ 168 Abs. 1 Satz 2 KAGB**. Danach ergibt sich der Wert des Gesellschaftsvermögens auf Grund der jeweiligen Verkehrswerte der zu ihm gehörenden Vermögensgegenstände abzgl. der aufgenommenen Kredite und sonstigen Verbindlichkeiten.

6 Detaillierte Regelungen zur Bewertung und Rechnungslegung sind für Investmentgesellschaften in §§ 20 ff. KARBV enthalten. Bei der intern verwalteten InvAG unterscheidet § 21 Abs. 1 KARBV zwischen Investmentbetriebsvermögen und Investmentanlagevermögen. Auch hier sind neben den jeweiligen Vermögensgegenständen auch die zu jedem Vermögen gehörenden Verbindlichkeiten mit zu berücksichtigen (§ 21 Abs. 4 KARBV).

7 Dies entspricht auch dem Regelungszweck des § 145 KAGB, da nur unter Berücksichtigung der Verbindlichkeiten der tatsächliche Vermögensstatus der InvAG mit fixem Kapital ermittelt werden kann. Dieser Vermögensstatus dient als Grundlage für Maßnahmen der BaFin und der Aktionäre zur Bewältigung einer finanziellen Krise.

1. Anfangskapital

8 Das Anfangskapital, definiert für Aktiengesellschaften in **§ 1 Abs. 19 Nr. 1 lit. a) KAGB** als das eingezahlte Grundkapital ohne die Aktien, die mit einem nachzuzahlenden Vorzug bei der Verteilung des Gewinns ausgestattet sind (Vorzugsaktien), und die Rücklagen, beträgt für die intern verwaltete InvAG mit fixem Kapital mindestens 300.000 Euro (§ 25 Abs. 1 Nr. 1 lit. a) KAGB).

2. Eigenmittel

9 Neben dem Anfangskapital nimmt § 145 Satz 1 KAGB auch Bezug auf die **zusätzlich erforderlichen Eigenmittel nach § 25.**

10 Die Definition der Eigenmittel in § 1 Abs. 19 Nr. 9 KAGB verweist auf Art. 72 Verordnung (EU) Nr. 575/2013 (Capital Requirements Regulation – „**CRR**“), wonach sich die Eigenmittel aus der Summe von **Kernkapital** und **Ergänzungskapital** ergeben. Die Instrumente des Ergänzungskapitals (Art. 62 ff. CRR) dürften auch bei der InvAG mit fixem Kapital keine praktische Rolle spielen. Zwar ist es – anders als bei der geschlossenen InvKG (vgl. § 152 Abs. 1 KAGB) – nicht ausgeschlossen, dass sich Anleger mit nachrangigen Darlehen, Genussrechten oder als stiller Gesellschafter an der InvAG beteiligen, gleichwohl dürften diese Formen der Beteiligung mangels praktischen Bedürfnisses eine Ausnahme bleiben.

11 Daher werden die Eigenmittel der InvAG mit fixem Kapital im Wesentlichen aus den **Einlagen der Aktionäre** und ggf. einer **Rücklage** gebildet. Da bei der InvAG mit fixem Kapital nicht zwischen Unternehmens- und Anlageaktionären unterschieden wird, existiert auch kein gesetzliches Erfordernis einer Mindestbeteiligung von Gründern oder Initiatoren (vgl. zur InvAG mit veränderlichem Kapital § 114 Rz. 18).

12 Die zusätzlich erforderlichen Eigenmittel nach § 25 KAGB betreffen zunächst die **dynamische Steigerung der Eigenmittelanforderungen nach der Höhe des verwalteten Vermögens gem. § 25 Abs. 1 Nr. 2 KAGB.** Danach hat die KVG zusätzliche Eigenmittel i.H.v. wenigstens 0,02 % desjenigen Betrages vorzuhalten, um den der Wert des verwalteten Vermögens 250 Mio. Euro übersteigt. **§ 25 Abs. 1 Nr. 2 KAGB passt allerdings nicht auf intern verwaltete Investmentgesellschaften**, jedenfalls wenn man die Eigenmitteldefinition in § 1 Abs. 19 Nr. 9 KAGB i.V.m. Art. 72 CRR zugrunde legt (s. hierzu die Kritik in § 114 Rz. 17 und § 155 Rz. 11 ff.).

13 Ferner müssen KVGen, einschließlich intern verwaltete InvAGen mit fixem Kapital zu jeder Zeit Eigenmittel vorhalten, die **einem Viertel ihrer fixen Gesamtkosten im Vorjahr** entsprechen, wie sich aus der Verweiskette in § 25 Abs. 4 Satz 1 KAGB über Art. 9 Abs. 5 AIFM-RL und Art. 7 Abs. 1 Buchst. a) iii) OGAW-RL auf Art. 21 RL 2006/49/EG ergibt.

14 Schließlich müssen KVGen, einschließlich intern verwalteter InvAGen mit fixem Kapital, gem. § 25 Abs. 6 KAGB zusätzliche Eigenmittel **zur Abdeckung potentieller Berufshaftungsrisiken** vorhalten, wobei diese Anforderung auch durch den Abschluss einer geeigneten Versicherung erfüllt werden kann.

15 Entgegen der etwas verunglückten Formulierung in § 145 Satz 1 KAGB sind die zusätzlich erforderlichen Eigenmittel nicht getrennt mit der Folge zu verstehen, dass schon deren Unterschreitung allein die Anzeigepflicht auslöste. Vielmehr ist das „oder“ als „**und**“ oder „**zzgl.**“ zu verstehen.

III. Anzeigepflicht gegenüber der Bundesanstalt für Finanzdienstleistungsaufsicht

16 Der Vorstand der InvAG mit fixem Kapital hat **der BaFin** ein etwaiges Absinken des Wertes des Gesellschaftsvermögens unter den Betrag des Anfangskapitals und der zusätzlich erforderlichen Eigenmittel gem. § 25 KAGB **unverzüglich anzuzeigen.**

Unverzüglich erfolgt die Anzeige, wenn sie ohne schuldhaftes Zögern (vgl. § 121 Abs. 1 Satz 1 BGB) erstattet wird. Dabei ist eine nach den Umständen des Einzelfalles zu bemessenden Prüfungs- und Überlegungsfrist zu berücksichtigen. Siehe hierzu auch § 114 Rz. 25 ff. 17

Unterschreitet die intern verwaltete InvAG mit fixem Kapital die gesetzlich vorgesehenen Grenzen der Eigenmittel nach § 25 KAGB, kann die BaFin die **Erlaubnis der KVG** nach Ablauf einer gesetzten Frist zur Behebung des Mangels **aufheben** oder soweit dies im Einzelfall ausreichend ist, **aussetzen** (§ 39 Abs. 3 Nr. 2 KAGB). 18

IV. Anzeigepflicht gegenüber den Aktionären

Neben der Anzeigepflicht gegenüber der BaFin statuiert § 145 Satz 1 KAGB auch eine **Anzeigepflicht gegenüber den Aktionären** der InvAG mit fixem Kapital. Die Anzeige des Absinkens des Anfangskapitals bzw. der zusätzlich erforderlichen Eigenmittel unter die Schwellen des § 25 KAGB soll die Aktionäre der InvAG mit fixem Kapital in die Lage versetzten, über geeignete Maßnahmen zu entscheiden, die erforderlich sind, um die finanzielle Krise zu bewältigen. Dabei dürfte es sich vor allem um Grundlagenentscheidungen handeln, wie z.B. Auflösung und Abwicklung, Kapitalerhöhung, Liquidation von erheblichen Vermögenswerten etc., die in den Kernbereich der Rechte der Aktionäre hineinreichen und regelmäßig kraft Gesetzes (§§ 182 Abs. 1, 222 Abs. 1, 262 Abs. 1 Halbs. 2 AktG) oder Satzungsregelung eine qualifizierte Mehrheitsentscheidung der Hauptversammlung voraussetzen. 19

V. Einberufung der Hauptversammlung durch den Vorstand

Der Vorstand hat nach § 145 Satz 2 KAGB mit der Anzeige gegenüber den Aktionären der InvAG mit fixem Kapital eine **Hauptversammlung einzuberufen**, um die notwendigen Entscheidungen und Maßnahmen für die Bewältigung der finanziellen Krise zu treffen. 20

Aus dem Wortlaut *„mit der Anzeige“* ist zu schließen, dass der Gesetzgeber sowohl die Anzeigepflicht gegenüber der BaFin und den Aktionären als auch die Pflicht zur Einberufung einer Hauptversammlung als einen **einheitlichen Kommunikationsvorgang** ansieht, vgl. hierzu § 155 Rz. 27. 21

Die Einberufung und die Ladung zur Hauptversammlung richten sich nach den aktienrechtlichen Bestimmungen und müssen nach § 92 Abs. 1 AktG ebenfalls unverzüglich erfolgen. Der Termin für die Hauptversammlung muss so bestimmt werden, dass keine weiteren unnötigen Verzögerungen eintreten, um eine Beschlussfassung über die notwendigen Maßnahmen herbeizuführen. (vgl. hierzu § 114 Rz. 33). 22

In der Praxis ist es häufig jedoch unwahrscheinlich, dass der Vorstand der InvAG mit fixem Kapital im Zeitpunkt der Einberufung der Hauptversammlung schon konkrete Beschlussvorschläge zur Krisenbewältigung vorlegen kann, so dass bei dieser ersten Hauptversammlung i.d.R zunächst über die möglichen Maßnahmen der Sanierung beraten wird. Es empfiehlt sich, die BaFin frühzeitig einzubinden und sie über die favorisierte Sanierungsmaßnahme zu unterrichten. Die eigentliche Beschlussfassung bliebe in diesen Fällen einer zweiten Hauptversammlung vorbehalten. 23

VI. Überprüfung der Eigenmittel

Der Vorstand der InvAG mit fixem Kapital hat sicherzustellen, dass die Eigenmittelanforderungen im Rahmen eines angemessenen Risikomanagements einer internen Prüfung unterzogen werden, damit die Anzeigepflichten nach § 145 KAGB auch unverzüglich erfüllt werden können. Siehe hierzu § 114 Rz. 37 f. 24

§ 146 Firma

Die Firma einer Investmentaktiengesellschaft mit fixem Kapital muss abweichend von § 4 des Aktiengesetzes die Bezeichnung „Investmentaktiengesellschaft“ oder eine allgemein verständliche Abkürzung dieser Bezeichnung enthalten.

In der Fassung vom 4.7.2013 (BGBl. I 2013, S. 1981).

Schrifttum: Es wird auf das Schrifttum zu § 108 verwiesen.

I. Regelungsgegenstand und -zweck

1 § 146 KAGB enthält Regelungen zur **Firmenbezeichnung der InvAG mit fixem Kapital**. Vergleichbare Regelungen bestehen für die InvAG mit veränderlichem Kapital in § 118 KAGB, für die offene InvKG in § 134 KAGB sowie für die geschlossene InvKG in § 157 KAGB.

2 Die Bezeichnung der Firma dient dem **Schutz des Rechtsverkehrs**. Daher verpflichtet der Gesetzgeber alle Investmentvermögen in Gesellschaftsform zur Publizität und Transparenz der Rechtsform, da die Kenntnis der Rechtsform für den Rechtsverkehr von eminenter Bedeutung ist.

3 Die Firmenbezeichnung der InvAG mit fixem Kapital steht unter dem **Bezeichnungsschutz nach § 3 Abs. 2 KAGB**, wonach die Bezeichnung „Investmentaktiengesellschaft" nur von Aktiengesellschaften verwendet werden darf, die die aufsichtsrechtlichen Anforderungen des KAGB erfüllen, so dass ein hinreichendes Maß an Anleger- und Vertrauensschutz gewährleistet ist.

II. Firmenbezeichnung der Investmentaktiengesellschaft

4 Die InvAG mit fixem Kapital hat abweichend von § 4 AktG in ihrer Firma die Bezeichnung „**Investmentaktiengesellschaft**" oder eine **allgemein verständliche Abkürzung** aufzunehmen.[1] Allgemeinverständlich dürften die Abkürzungen „**InvAG**", „**Investment-AG**" oder „**Invest-AG**" sein.[2]

5 Da der Geschäftsbetrieb der intern verwalteten InvAG mit fixem Kapital der Erlaubnis der BaFin bedarf, darf die InvAG die Firmenbezeichnung erst mit Erteilung der Erlaubnis führen. Ab diesem Zeitpunkt ist die InvAG allerdings auch verpflichtet, eine mit § 146 KAGB konforme Firmenbezeichnung zu führen. Die Registergerichte prüfen eigenständig das Vorliegen der gesetzlichen Erlaubnis (vgl. § 3 Abs. 5 KAGB i.V.m. §§ 42, 43 KWG). Siehe hierzu auch § 118 Rz. 5 f.

6 Im Gegensatz zur InvAG mit veränderlichem Kapital entfällt bei der InvAG mit fixem Kapital der Hinweis auf Teilgesellschaftsvermögen in den Geschäftsbriefen, da die Umbrella-Struktur bei der InvAG mit fixem Kapital nicht zugelassen ist.[3]

§ 147 Vorstand, Aufsichtsrat

(1) ¹Der Vorstand einer Investmentaktiengesellschaft mit fixem Kapital besteht aus mindestens zwei Personen. ²Er ist verpflichtet,

1. **bei der Ausübung seiner Tätigkeit im ausschließlichen Interesse der Aktionäre und der Integrität des Marktes zu handeln,**
2. **seine Tätigkeit mit der gebotenen Sachkenntnis, Sorgfalt und Gewissenhaftigkeit im besten Interesse des von ihm verwalteten Vermögens und der Integrität des Marktes auszuüben und**
3. **sich um die Vermeidung von Interessenkonflikten zu bemühen und, wenn diese sich nicht vermeiden lassen, dafür zu sorgen, dass unvermeidbare Konflikte unter der gebotenen Wahrung der Interessen der Aktionäre gelöst werden.**

³Der Vorstand hat bei der Wahrnehmung seiner Aufgaben unabhängig von der Verwahrstelle zu handeln.

---

1 BT-Drucks. 17/12294, 248.
2 Vgl. *Boxberger* in Moritz/Klebeck/Jesch, § 146 KAGB Rz. 3; *Bubel/Zackor* in Baur/Tappen, § 146 KAGB Rz. 4; *Dorenkamp* in Beckmann/Scholtz/Vollmer, ErgLfg. 8/16 – VIII.16, § 146 KAGB Rz. 4; *Silberberger/Lorenz* in Weitnauer/Boxberger/Anders, § 146 KAGB Rz. 4. Nach Ansicht von *Geibel* in Derleder/Knops/Bamberger, Bank- und Kapitalmarktrecht, § 58 Rz. 146 begegnet es Bedenken, dass sich die Firma der offenen und der geschlossenen InvAG nicht unterscheiden.
3 BT-Drucks. 17/12294, 248.

(2) [1]Die Mitglieder des Vorstands der Investmentaktiengesellschaft mit fixem Kapital müssen zuverlässig sein und die zur Leitung der Investmentaktiengesellschaft erforderliche fachliche Eignung haben, auch in Bezug auf die Art des Unternehmensgegenstandes der Investmentaktiengesellschaft mit fixem Kapital. [2]Die Bestellung und das Ausscheiden von Mitgliedern des Vorstands sind der Bundesanstalt unverzüglich anzuzeigen.

(3) [1]Die Persönlichkeit und die Sachkunde der Mitglieder des Aufsichtsrats müssen Gewähr dafür bieten, dass die Interessen der Aktionäre gewahrt werden. [2]Für die Zusammensetzung des Aufsichtsrats gilt § 18 Absatz 3 entsprechend. [3]Die Bestellung und das Ausscheiden von Mitgliedern des Aufsichtsrats ist der Bundesanstalt unverzüglich anzuzeigen. [4]Auf Aufsichtsratsmitglieder, die als Vertreter der Arbeitnehmer nach den Vorschriften der Mitbestimmungsgesetze gewählt werden, sind die Sätze 1 und 3 nicht anzuwenden.

(4) [1]Mitglieder des Vorstands oder des Aufsichtsrats der Investmentaktiengesellschaft mit fixem Kapital dürfen Vermögensgegenstände weder an die Investmentaktiengesellschaft veräußern noch von dieser erwerben. [2]Erwerb und Veräußerung von Aktien der Investmentaktiengesellschaft mit fixem Kapital durch die Mitglieder des Vorstands und des Aufsichtsrats sind davon nicht erfasst.

(5) Die Bundesanstalt kann die Abberufung des Vorstands oder von Mitgliedern des Vorstands verlangen und ihnen die Ausübung ihrer Tätigkeit untersagen, wenn

1. Tatsachen vorliegen, aus denen sich ergibt, dass der Vorstand oder Mitglieder des Vorstands nicht zuverlässig sind oder die zur Leitung erforderliche fachliche Eignung gemäß Absatz 2 nicht haben oder

2. der Vorstand oder Mitglieder des Vorstands nachhaltig gegen die Bestimmungen dieses Gesetzes oder des Geldwäschegesetzes verstoßen.

In der Fassung vom 4.7.2013 (BGBl. I 2013, S. 1981), zuletzt geändert durch das Gesetz zur Umsetzung der Richtlinie 2014/91/EU des Europäischen Parlaments und des Rates vom 23. Juli 2014 zur Änderung der Richtlinie 2009/65/EG zur Koordinierung der Rechts- und Verwaltungsvorschriften betreffend bestimmte Organismen für gemeinsame Anlagen in Wertpapieren (OGAW) im Hinblick auf die Aufgaben der Verwahrstelle, die Vergütungspolitik und Sanktionen vom 3.3.2016 (BGBl. I 2016, S. 348).

Schrifttum: Es wird auf das Schrifttum zu § 108 verwiesen.

I. Regelungsgegenstand und -zweck

1 § 147 Abs. 1 bis 5 KAGB ist identisch mit der Regelung in § 119 Abs. 1 bis 5 KAGB für InvAGen mit veränderlichem Kapital und enthält Reglungen zur **inneren Verfassung der InvAG mit fixem Kapital**. § 147 Abs. 1 Satz 1 KAGB betrifft die Zusammensetzung des Vorstands und § 147 Abs. 1 Satz 2 und 3 KAGB dessen aufsichtsrechtliche Kardinalspflicht, im Interesse der Aktionäre und der Integrität des Marktes zu handeln. Die Anforderungen, die das KAGB an die Mitglieder des Vorstands stellt, sind in § 147 Abs. 2 KAGB geregelt.

2 § 147 Abs. 3 KAGB regelt die Anforderungen an die Mitglieder des Aufsichtsrats (§ 147 Abs. 3 Satz 1 KAGB) sowie die Zusammensetzung des Aufsichtsrats bei der InvAG mit fixem Kapital (§ 147 Abs. 3 Satz 2 KAGB).

3 In § 147 Abs. 4 KAGB hat der Gesetzgeber Veräußerungs- und Erwerbsverbote für die Mitglieder des Vorstands und des Aufsichtsrats statuiert, die der Verhinderung von Interessenkonflikten dienen.

4 Verstoßen die Mitglieder des Vorstands gegen aufsichtsrechtliche Anforderungen, gegen Bestimmungen des KAGB oder gegen Pflichten nach dem GwG stehen der BaFin gegenüber dem Vorstand oder den betreffenden Mitgliedern Eingriffsbefugnisse nach § 147 Abs. 5 KAGB zur Verfügung.

II. Vorstand der Investmentaktiengesellschaft mit fixem Kapital

1. Zusammensetzung des Vorstands

5 Nach § 147 Abs. 1 Satz 1 KAGB muss der Vorstand der InvAG mit fixem Kapital aus mindestens zwei Personen bestehen. Aus dem Verweis in § 140 Abs. 1 Satz 2 KAGB auf § 76 Abs. 3 AktG ergibt sich, dass **nur natürliche Personen** Vorstandsmitglieder sein können. Diese Anforderung spiegelt ein generelles aufsichtsrechtliches Erfordernis wider. Obwohl das KAGB darüber schweigt, ob die beiden Vorstandsmitglieder einzel- oder gesamtgeschäftsführungsbefugt sind, ist dem Erfordernis zweier natürlicher Personen als Vorstand die Intention des Gesetzgebers zu entnehmen, dem *„Vier-Augen-Prinzip"* zur Geltung zu verhelfen. Gemäß § 140 Abs. 1 Satz 2 KAGB i.V.m. § 77 Abs. 1 AktG sind die beiden Vorstandsmitglieder daher gesamtvertretungsberechtigt. Siehe hierzu auch § 119 Rz. 3.

6 Eine **Personenidentität** zwischen der **Geschäftsführung einer externen KVG** und dem **Vorstand der extern verwalteten InvAG mit fixem Kapital** ist zulässig, da die Tätigkeit beider Geschäftsleitungen zwingend auf die Interessen der Aktionäre und die Integrität des Marktes ausgerichtet sind (vgl. § 26 Abs. 1 bis 3 KAGB). Sie müssen jedoch nach außen erkennbar machen, in welcher Funktion sie jeweils tätig sind.

2. Aufsichtsrechtliche Verpflichtungen des Vorstands

7 Der Vorstand der InvAG mit fixem Kapital hat im **Interesse der Aktionäre und der Integrität des Marktes** zu handeln (§ 147 Abs. 1 Satz 2 und 3 KAGB) Dies entspricht im Wesentlichen der Regelung des § 26 Abs. 1 bis 2 KAGB, die die KVG einschließlich der intern verwalteten InvAG mit fixem Kapital, bei der Verwaltung von Investmentvermögen zu beachten hat.

8 Bei der **intern verwalteten** InvAG mit fixem Kapital hat § 147 Abs. 1 Satz 2 und 3 KAGB daher keine eigenständige Bedeutung zumal § 26 Abs. 1 bis 3 KAGB einen detaillierteren Pflichtenkatalog für die KVGen aufweist. Siehe hierzu auch § 153 Rz. 12 ff.

9 Bei der **extern verwalteten** InvAG mit fixem Kapital hat § 147 Abs. 1 Satz 2 und 3 KAGB dagegen eine eigenständige Bedeutung, da § 26 KAGB nicht auf extern verwaltete InvAGen anwendbar ist. Siehe hierzu auch § 153 Rz. 13 ff.

3. Anforderungen an die Mitglieder des Vorstands

10 Nach § 147 Abs. 2 Satz 1 KAGB müssen die Mitglieder des Vorstands **zuverlässig** sein und die für die Leitung der InvAG mit fixem Kapital erforderliche **fachliche Eignung** auch in Bezug auf den Unternehmensgegenstand i.S.d. § 142 KAGB haben. Hinsichtlich der Anforderungen, die an die Zuverlässigkeit und die fachliche Eignung zu stellen sind, wird auf § 153 Rz. 19 ff. verwiesen.

11 Der Vollzug der **Bestellung** und das **Ausscheiden** von Mitgliedern des Vorstands sind **der BaFin unverzüglich anzuzeigen** (§ 147 Abs. 2 Satz 2 KAGB). Die Anzeigepflicht hat allerdings nur für die extern verwaltete InvAG mit fixem Kapital eine eigenständige Bedeutung, da §§ 34 Abs. 1, 22 Abs. 1 KAGB für die KVGen einschließlich der intern verwalteten InvAG mit fixem Kapital eine eigenständige Anzeigepflicht enthält.[1] Zu weiteren Einzelheiten der Anzeigepflicht nach § 147 Abs. 2 Satz 2 KAGB vgl. § 119 Rz. 11 und § 153 Rz. 25 ff.

12 Die Verletzung der Anzeigepflicht nach § 147 Abs. 2 Satz 2 KAGB stellt bei der **intern verwalteten InvAG mit fixem Kapital** eine **Ordnungswidrigkeit** dar (§ 340 Abs. 2 Nr. 10 i.V.m. § 34 Abs. 3 Nr. 2 und Nr. 3 KAGB). Für die **extern verwaltete InvAG mit fixem Kapital** fehlt ein entsprechender Ordnungswidrigkeitentatbestand, so dass die Verletzung der Anzeigepflicht **keine Ordnungswidrigkeit** darstellt.

III. Aufsichtsrat der Investmentaktiengesellschaft mit fixem Kapital

13 Die **Persönlichkeit** und die **Sachkunde** der Mitglieder des Aufsichtsrats müssen **Gewähr dafür bieten, dass die Interessen der Aktionäre der InvAG mit fixem Kapital gewahrt werden** (§ 147 Abs. 3 Satz 1 KAGB). Damit gelten für die Anforderungen an die Mitglieder des Aufsichtsrats einer InvAG keine Besonderheiten gegenüber den Anforderungen der Mitglieder des Aufsichtsrats einer externen KVG nach § 18 Abs. 4 KAGB, so dass auf die dortige Kommentierung verwiesen wird.

1 BT-Drucks. 18/6744, 59.

Die Zusammensetzung des Aufsichtsrats richtet sich nach § 18 Abs. 3 KAGB, auf den § 147 Abs. 3 Satz 2 KAGB verweist. Es wird auf § 18 Rz. 8 ff. verwiesen. 14

Wie bei dem Vollzug der Bestellung und dem Ausscheiden von Mitgliedern des Vorstandes nach § 147 Abs. 2 Satz 2 KAGB muss nach § 147 Abs. 3 Satz 3 KAGB der Vollzug der **Bestellung** und das **Ausscheiden** von Mitgliedern des Aufsichtsrats **unverzüglich der BaFin angezeigt** werden, so dass an die Anzeige die gleichen Anforderungen zu stellen sind wie an die Anzeigepflicht nach § 147 Abs. 2 Satz 2 KAGB (vgl. hierzu § 119 Rz. 15 und § 153 Rz. 34). 15

§ 147 Abs. 3 Satz 4 KAGB bezieht sich auf die Mitglieder des Aufsichtsrats, die als **Arbeitnehmervertreter** nach den Mitbestimmungsgesetzen in den Aufsichtsrat entsandt wurden. § 147 Abs. 3 Satz 4 KAGB dürfte bei InvAGen nicht relevant werden, da die Mindest-Arbeitnehmeranzahl, ab der ein Mitbestimmungsrecht ausgelöst wird, bei 500 nach dem Drittelbeteiligungsgesetz und bei 2.000 nach dem Mitbestimmungsgesetz liegen. Selbst bei der intern verwalteten InvAG mit fixem Kapital mit eigenem Personal dürften diese Schwellen nicht erreicht werden. 16

IV. Veräußerungs- und Erwerbsverbot

Nach § 147 Abs. 4 KAGB dürfen Mitglieder des Vorstands und des Aufsichtsrats der InvAG mit fixem Kapital **Vermögensgegenstände an die InvAG mit fixem Kapital weder veräußern noch von dieser erwerben.** Dieses Verbot gilt für alle Geschäftsführungs-, Vorstands-, Aufsichtsrats- und Beiratsmitglieder von Investmentgesellschaften (vgl. §§ 119 Abs. 4, 128 Abs. 3, 147 Abs. 4 KAGB). Aufgrund des identischen Regelungsgehalts in § 153 Abs. 4 KAGB wird auf § 153 Rz. 35 ff. verwiesen. 17

V. Abberufung des Vorstands und Untersagung der Tätigkeit durch die BaFin

Die BaFin kann nach § 147 Abs. 5 KAGB die Abberufung des Vorstands verlangen oder einzelnen Mitgliedern des Vorstands die Tätigkeit untersagen, wenn 18

1. Tatsachen vorliegen, aus denen sich ergibt, dass der Vorstand oder Mitglieder des Vorstands die **Anforderungen an die Zuverlässigkeit und fachliche Eignung** gem. § 147 Abs. 2 KAGB **nicht erfüllen**, oder
2. der Vorstand oder dessen Mitglieder **gegen die Bestimmungen des KAGB oder des GwG nachhaltig verstoßen.**

Bei einer **intern verwalteten InvAG mit fixem Kapital** stehen der BaFin die **Eingriffsbefugnisse bereits aus § 40 KAGB** zu, weshalb § 147 Abs. 5 KAGB, der inhaltlich auch nicht weiter als § 40 KAGB gefasst ist, lediglich klarstellende Bedeutung hat.[2] 19

Da es sich bei diesen Maßnahmen der BaFin um schwerwiegende Eingriffe in die Organisationsstruktur der InvAG mit fixem Kapital handelt, müssen die in § 147 Abs. 5 KAGB genannten Umstände unter **Beachtung des Verhältnismäßigkeitsgrundsatzes** entsprechend schwer wiegen. Vgl. hierzu § 153 Rz. 42. 20

Nach dem eindeutigen Wortlaut des § 147 Abs. 5 KAGB bestehen die Eingriffsbefugnisse der BaFin **nicht gegenüber den Mitgliedern des Aufsichtsrats** der InvAG mit fixem Kapital. 21

§ 148 Rechnungslegung

(1) Auf den Jahresabschluss und den Lagebericht einer Investmentaktiengesellschaft mit fixem Kapital sind die §§ 120 bis 123 entsprechend anzuwenden.

(2) [1]Zusätzlich zu den Angaben nach Absatz 1 sind bei einer Publikumsinvestmentaktiengesellschaft mit fixem Kapital bei einer Beteiligung nach § 261 Absatz 1 Nummer 2 bis 6 im Anhang des Jahresabschlusses anzugeben:

1. **die Firma, die Rechtsform und der Sitz der Gesellschaften im Sinne des § 261 Absatz 1 Nummer 2 bis 6,**
2. **das jeweilige Gesellschaftskapital dieser Gesellschaften,**

2 BT-Drucks. 17/12294, 249.

3. die Höhe der Beteiligung und der Zeitpunkt ihres Erwerbs durch die AIF-Kapitalverwaltungsgesellschaft.

[2]Als Verkehrswert der Beteiligung ist der nach § 271 Absatz 3 Satz 3 ermittelte Wert anzusetzen.

In der Fassung vom vom 4.7.2013 (BGBl. I 2013, S. 1981), zuletzt geändert durch das Gesetz zur Umsetzung der Richtlinie 2014/91/EU des Europäischen Parlaments und des Rates vom 23. Juli 2014 zur Änderung der Richtlinie 2009/65/EG zur Koordinierung der Rechts- und Verwaltungsvorschriften betreffend bestimmte Organismen für gemeinsame Anlagen in Wertpapieren (OGAW) im Hinblick auf die Aufgaben der Verwahrstelle, die Vergütungspolitik und Sanktionen vom 3.3.2016 (BGBl. I 2016, S. 348)

1 § 148 Abs. 1 KAGB nicht gesondert kommentiert. Es wird auf die Kommentierungen der genannten Vorschriften verwiesen.

2 § 148 Abs. 2 KAGB wiederum ist selbsterklärend.

Unterabschnitt 3
Allgemeine Vorschriften für geschlossene Investmentkommanditgesellschaften

§ 149 Rechtsform, anwendbare Vorschriften

(1) [1]Geschlossene Investmentkommanditgesellschaften dürfen nur in der Rechtsform der Kommanditgesellschaft betrieben werden. [2]Die Bestimmungen des Handelsgesetzbuchs sind anzuwenden, soweit sich aus den Vorschriften dieses Unterabschnitts nichts anderes ergibt.

(2) Auf die geschlossene Investmentkommanditgesellschaft sind § 93 Absatz 8, § 94 Absatz 2 und 4 in Verbindung mit einer Rechtsverordnung nach Absatz 5 und § 96 Absatz 1 entsprechend anzuwenden.

In der Fassung vom 4.7.2013 (BGBl. I 2013, S. 1981), zuletzt geändert durch das Gesetz zur Umsetzung der Richtlinie 2014/91/EU des Europäischen Parlaments und des Rates vom 23. Juli 2014 zur Änderung der Richtlinie 2009/65/EG zur Koordinierung der Rechts- und Verwaltungsvorschriften betreffend bestimmte Organismen für gemeinsame Anlagen in Wertpapieren (OGAW) im Hinblick auf die Aufgaben der Verwahrstelle, die Vergütungspolitik und Sanktionen vom 3.3.2016 (BGBl. I 2016, S. 348).

Schrifttum: *Casper*, Die Investmentkommanditgesellschaft: große Schwester der Publikums-KG oder Kuckuckskind?, ZHR 2015, 44; *Casper/Selbach*, Die Reichweite des Informationsrechts des Kommanditisten, NZG 2016, 1324; *Derleder/Knops/Bamberger*, Deutsches und europäisches Bank- und Kapitalmarktrecht, 3. Aufl. 2017; *Ebenroth/Boujong/Joost/Strohn*, HGB, Bd. 1, 3. Aufl. 2014; *Escher*, Die Regulierung der geschlossenen Fonds im Kapitalanlagegesetzbuch, Bankrechtstag 2013, S. 123; *Fischer/Friedrich*, Investmentaktiengesellschaft und Investmentkommanditgesellschaft unter dem Kapitalanlagegesetzbuch, ZBB 2013, 153; *Freitag*, Die „Investmentkommanditgesellschaft" nach dem Regierungsentwurf für ein Kapitalanlagegesetzbuch, NZG 2013, 329; *Freitag/Fürbaß*, Wann ist ein Fonds eine Investmentgesellschaft?, ZGR 2016, 729; *Leibholz/Rinck*, Grundgesetz Kommentar, Loseblatt; *Mohr*, Die offene Investmentkommanditgesellschaft, 2016; *Neumann*, Die Zustimmung zu Anteilsübertragungen bei Personengesellschaften, ZIP 2016, 1753; *Oetker*, HGB, 4. Aufl. 2015; *Rawert/Endres*, Anmeldepflichten beim Kommanditistenwechsel durch Spaltung, ZIP 2016, 1609; *Schewe*, Kommanditgesellschaften im Regelungsbereich des Investmentrechts, 2017; *Schmitt/Hörtnagl/Stratz*, UmwG/UmwStG, 7. Aufl. 2016; *Seitz*, Die InvestmentKG – Bereichsspezifisches Sonderrecht für die InvestmentKG und deren Verortung im Gefüge des (Personen-)Gesellschaftsrechts, 2017; *Staub*, HGB Großkommentar, Vierter Band §§ 161–237, 5. Aufl. 2014; *Ulrich*, Private Equity (LBO) vor und nach Inkrafttreten des KAGB, 2018; *Wallach*, Die Regulierung von Personengesellschaften im Kapitalanlagegesetzbuch, ZGR 2014, 289; *Zetzsche*, Das Gesellschaftsrecht des Kapitalanlagegesetzbuches, AG 2013, 613; *Zetzsche*, Fondsregulierung im Umbruch – ein rechtsvergleichender Rundblick zur Umsetzung der AIFM-Richtlinie, ZBB 2014, 22; *Zetzsche*, Prinzipien der kollektiven Vermögensanlage, 2015.

I. Regelungsgegenstand und -zweck

Der 3. Unterabschnitt des 5. Abschnitts (geschlossene inländische Investmentvermögen) enthält allgemeine Vorschriften für geschlossene InvKGen. Der Unterabschnitt enthält daher die Bestimmungen, die für alle Erscheinungsformen von geschlossenen InvKGen maßgebend sind. Sie gelten folglich für Publikums- und Spezial-InvKGen und für extern durch eine KVG-verwaltete InvKG (§ 17 Abs. 2 Nr. 1 KAGB) und intern verwaltete InvKG (§ 17 Abs. 2 Nr. 2 KAGB). 1

Zweck des § 149 KAGB ist es, die auf geschlossene InvKGen anwendbaren rechtlichen Vorschriften zu regeln. § 149 Abs. 1 Satz 1 KAGB statuiert zunächst einen **Rechtsformzwang** mit der auf den ersten Blick tautologisch anmutenden Anordnung, dass geschlossene InvKGen nur in der Rechtsform der KG betrieben werden dürfen. Damit werden Erscheinungsformen der KG, die vom gesetzlichen Leitbild der § 161 ff. HGB abweichen, wie insbesondere die KGaA ausgeschlossen (hierzu bereits kritisch § 139 Rz. 4 ff.). 2

Lt. den Gesetzmaterialien soll mit § 149 Abs. 1 KAGB **keine neue Gesellschaftsform** geschaffen werden. Vielmehr seien geschlossene InvKGen Kommanditgesellschaften i.S.d. HGB, so dass grundsätzlich das bestehende Regelwerk für Kommanditgesellschaften im HGB Anwendung findet, soweit nicht das KAGB Abweichungen „aufgrund aufsichtlicher Besonderheiten für die Behandlung als Fondsvehikel“[1] anordnet. Insbesondere was das Haftungsregime für Kommanditisten betrifft, sind die gesetzlich zwingenden Abweichungen vom gesetzlichen Leitbild der Kommanditgesellschaft so gravierend, dass in der Literatur[2] z.T. von einer „faktisch“ eigenen Rechtsform gesprochen wird. 3

Der Rechtsformzwang gilt auch für KVGen, die gem. § 44 Abs. 1 KAGB lediglich registrierungspflichtig sind, aber einen AIF verwalten, für den die Option in § 44 Abs. 1 Nr. 7 Buchst. b) KAGB gewählt wurde, diesen in der Rechtsform einer geschlossenen InvKG auszulegen. Bei einem extern verwalteten AIF dürfte die Option regelmäßig schon der Initiator gewählt haben. Eine maßgebliche Rolle dürfte hierbei spielen, dass sich eine geschlossene InvKG mit zwingenden anlegerschützenden Normen des KAGB besser platzieren lässt. 4

Was den **zeitlichen Anwendungsbereich** betrifft, kommt dem Begriff „betrieben“ in § 149 Abs. 1 Satz 1 KAGB normative Bedeutung zu, bedenkt man, dass die Fondsauflegung zumeist ein längerer Prozess ist, bei dem schon in einem frühen Stadium rechtsgeschäftliche Handlungen (Abschluss einen Konzeptionsvertrages, Abschluss von Kaufverträgen über die Vermögensgegenstände des AIF, Fremdfinanzierung) vorgenommen werden. Da die geschlossene InvKG die Merkmale eines „Investmentvermögens“ i.S.d. § 1 Abs. 1 KAGB erfüllen muss, kommt es auf das „Betreiben“ eines Investmentvermögens an. Der früheste Zeitpunkt dürfte hier regelmäßig das Einsammeln des Kapitals von den Anlegern sein, so dass auf den Beginn der Platzierung oder der Zeichnungsfrist abzustellen ist.[3] Die vor dem Platzierungsbeginn notwendigen Rechtshandlungen können folglich von einer unregulierten Kommanditgesellschaft der Initiatoren vorgenommen werden, die spätestens ab Platzierungsbeginn durch Anpassung des Gesellschaftsvertrages, d.h. ohne Änderung des Rechtsträgers, in eine geschlossene InvKG überführt werden muss. Da die Identität der Kommanditgesellschaft beibehalten wird, stellt die Überführung in eine geschlossene InvKG auch keinen steuerlichen Veräußerungsvorgang da, wenn vor der Platzierung bereits Vermögensgegenstände erworben wurden. 5

Aus § 161 KAGB ergibt sich, dass die Regeln über die geschlossene InvKG bis zu und einschließlich ihrer Abwicklung gelten. 6

---

1 BT-Drucks.17/12294, 249. Zu den grundsätzlichen Anforderungen an ein Fonds-Vehikel in der Verbandsform vgl. *Wallach*, ZGR 2014, 289 (319 f.).

2 *Casper*, ZHR 2015, 44 (79); *Freitag*, NZG 2013, 329 (335); *Freitag/Fürbaß*, ZGR 2016, 729 (731).

3 Im Erg. ebenso *Jesch* in Moritz/Klebeck/Jesch, § 149 KAGB Rz. 21; *Paul* in Weitnauer/Boxberger/Anders, § 149 KAGB Rz. 6.

II. Anzuwendende Bestimmungen des HGB und weiterer gesellschafts- und zivilrechtlicher Vorschriften

1. Grundsätzliches

7 Aus § 149 Abs. 1 Satz 2 KAGB ergibt sich unmittelbar, dass die Bestimmungen des HGB anzuwenden sind, soweit sich aus den Vorschriften des 3. Unterabschnitts nichts anderes ergibt. Nach dem Willen des Gesetzgebers soll sich die geschlossene InvKG in das Regelwerk der handelsrechtlichen Kommanditgesellschaft einfügen und keine Gesellschaftsform *sui generis* geschaffen werden. Damit öffnet der Gesetzgeber das Tor zur **Gesamtheit aller Rechtsnormen, die auf eine Kommanditgesellschaft im Inland Anwendung finden**.

8 In erster Linie sind dies natürlich die **Bestimmungen der §§ 161 ff. HGB über die Kommanditgesellschaft** und über den Verweis in § 161 Abs. 2 HGB die **Bestimmungen über die OHG in §§ 105 ff. HGB** sowie über den Verweis in § 105 Abs. 3 HGB die **Bestimmungen über die Gesellschaft bürgerlichem Rechts in §§ 705 ff. BGB.** Darüber hinaus gilt grundsätzlich das von der Rechtsprechung entwickelte **Sonderrecht für Publikums-Personengesellschaften**[4], soweit nicht speziellere Normen des KAGB gelten. Auch der Anwendungsbereich dieses Sonderrechts sollte sich nach den von der Rechtsprechung entwickelten Grundsätzen richten, die keinen Unterschied zwischen Privatanlegern (§ 1 Abs. 19 Nr. 31 KAGB) einerseits und professionellen und semiprofessionellen Anlegern (§ 1 Abs. 19 Nrn. 32 und 33 KAGB) andererseits machen. Sie gelten daher grundsätzlich für alle Anlegertypen. Einschränkungen dürften erst dann geboten sein, wenn es sich um eine Spezial-InvKG handelt, bei der ein kleiner Kreis professioneller oder semiprofessioneller Anleger die Bedingungen des Gesellschaftsvertrages und des Zeichnungsvertrages mitgestaltet hat.

9 Wichtigste praktische Folge der grundsätzlichen Anwendbarkeit der Regeln über die handelsrechtliche Kommanditgesellschaft ist, dass die **herkömmlichen GmbH & Co. KG-Strukturen** auch weiterhin für geschlossene inländische Fonds verwendet werden können. Allerdings werden die Aufgaben des Mittelverwendungskontrolleurs nunmehr weitgehend durch die AIF-Verwahrstelle (§§ 80–89a KAGB) wahrgenommen, so dass dieser entbehrlich ist.

2. Einzelheiten

10 Im Folgenden sind einige Beispiele genannt, die die Konsequenzen der grundsätzlichen Anwendbarkeit des Rechtsregimes der Kommanditgesellschaft auf die geschlossene InvKG aufzeigen.

a) Außenverhältnis

11 Aus dem Verweis in § 161 Abs. 2 HGB auf § 124 Abs. 1 HGB folgt zunächst, dass die geschlossene InvKG **Trägerin von Rechten und Pflichten** ist, **Eigentum an Vermögensgegenständen**, einschließlich Grundstücken erwerben und als solche in das Grundbuch eingetragen werden kann. Zur Zwangsvollstreckung in das Vermögen der InvKG ist ein gegen die InvKG gerichteter Titel erforderlich. Gegen die Zwangsvollstreckung können nur die InvKG selbst und die Verwahrstelle gem. § 89 Abs. 1 Satz 1 Nr. 3 KAGB Drittwiderspruchsklage erheben. Die InvKG ist **im Zivilprozess parteifähig** und wird hierbei von ihren Organen vertreten[5] (dazu näher § 154 Rz. 40 ff.). Die InvKG ist grundrechtsfähig und kommt deshalb in den Genuss der aus der allgemeinen Handlungsfreiheit (Art. 2 Abs. 1 GG) fließenden Freiheit der wirtschaftlichen Betätigung.[6] Freilich ist diese im KAGB erheblich dadurch eingeschränkt, dass die InvKGen immer Zweckgesellschaften (§ 150 Abs. 2 KAGB) und insbesondere bei geschlossenen Publikums-InvKGen in den Anlagemöglichkeiten beschränkt sind (§ 261 KAGB).

12 Ferner gilt das **Firmenrecht** des HGB (§§ 17 ff. HGB), soweit § 157 KAGB keine spezielle Regelung trifft.

13 Der Komplementär ist für die **Vertretung der InvKG** gesetzlich zuständig (§ 170 HGB). Darüber hinaus gelten die allgemeinen Regeln des HGB über die Prokura und die Handlungsvollmacht, so dass dem Kommanditisten oder einem Dritten entweder im Gesellschaftsvertrag selbst oder durch den Komplementär kraft Ermächtigung im Gesellschaftsvertrag Prokura oder Handlungsvollmacht eingeräumt werden kann (zur Einräumung der Vertretungsbefugnis an die externe KVG s. § 154 Rz. 52 ff.)

14 Da § 93 Abs. 4 KAGB nicht gilt, können **Vermögensgegenstände der InvKG verpfändet, belastet oder zur Sicherheit übereignet** werden, bei geschlossenen Publikums-InvKGen in den Grenzen des § 263 Abs. 3 und 4 KAGB.

---

4 Vgl. den Überblick bei *Roth* in Baumbach/Hopt, Anh. § 177a HGB Rz. 52 ff.
5 OLG München v. 1.10.2013 – 23 U 1570/15, ZIP 2015, 2222 ff.
6 Vgl. *Leibholz/Rinck*, ErgLfg. 48, August 2018/ErgLfg. 72, August 2016, Art. 2 GG Rz. 375, 390.

Auch was die **Rechtstellung des einzelnen Gesellschafters zu Dritten** betrifft, gelten grundsätzlich die allgemeinen Regeln des HGB und des BGB. So kann der Kommanditist seinen Anteil an einen Dritten verpfänden, sofern der Gesellschaftsvertrag das zulässt, und Gläubiger können den Anspruch des Kommanditisten auf Auszahlung seines Auseinandersetzungsguthabens pfänden. Wird über das Vermögen eines Kommanditisten das Insolvenzverfahren eröffnet, scheidet er mangels abweichender Bestimmungen im Gesellschaftsvertrag aus der InvKG aus (§§ 161 Abs. 2, 131 Abs. 3 Nr. 2 HGB). 15

Der Kommanditist kann an seinem Anteil einen **Nießbrauch** gem. §§ 1068 ff. BGB bestellen, der allerdings wegen des abschließenden Charakters des § 162 Abs. 1 HGB nicht eintragungsfähig ist.[7] 16

Grundsätzlich gilt auch die **unbeschränkte Außenhaftung des Kommanditisten** bis zur Leistung seiner Einlage (§ 171 Abs. 1 Halbs. 2 HGB) oder im Falle der Rückzahlung der Einlage (§ 172 Abs. 4 HGB). Der Gesetzgeber hat lediglich durch spezielle Schutzmechanismen in § 152 KAGB dafür Sorge getragen, dass diese Fälle möglichst vermieden werden. 17

b) Innenverhältnis

Auch bei der InvKG gilt der **Grundsatz der Selbstorganschaft**, auch wenn er bei der extern verwalteten InvKG aufgrund der originären Zuständigkeit der KVG für die Portfolioverwaltung stark eingeschränkt ist (s. näher dazu § 154 Rz. 57 ff.).[8] 18

Die Kommanditisten sind von der Geschäftsführung gem. § 164 Abs. 1 HGB ausgeschlossen. Wie bei den bisherigen geschlossenen Fonds in der Rechtsform der GmbH & Co. KG ist jedoch regelmäßig ein **geschäftsführender Kommanditist** aus dem Kreis der Initiatoren beteiligt. Damit wird vermieden, dass die InvKG, die i.d.R. als rein vermögensverwaltende Gesellschaft keine gewerbliche Tätigkeit ausübt, als gewerblich geprägt i.S.d. § 15 Abs. 3 Nr. 2 EStG angesehen wird. Das Bedürfnis für diese Gestaltung bleibt auch nach Einführung des neuen, ab 1.1.2018 geltenden InvStG erhalten, da Investmentfonds in der Rechtsform einer Personengesellschaft vom Anwendungsbereich des InvStG ausgenommen sind (§ 1 Abs. 3 Satz 1 Nr. 2 InvStG) und somit InvKGen nicht von der im InvStG vorgesehenen Befreiung von der Gewerbesteuer (§ 15 InvStG) profitieren können. 19

Auch bei der geschlossenen InvKG erfolgt der **Beitritt neuer Kommanditisten** als Anleger in Anwendung des Sonderrechts für Publikums-Personengesellschaften[9] nicht durch eine Änderung des Gesellschaftsvertrages sondern durch Abschluss eines Beitrittsvertrags zwischen dem Kommanditisten und dem Komplementär, der im Gesellschaftsvertrag entsprechend bevollmächtigt ist, für die Kommanditgesellschaft zu handeln. 20

Dem Kommanditisten stehen ferner die **gesetzlichen Informationsrechte gem. § 166 Abs. 1 und 3 HGB** zu. Diese werden nicht durch die Pflicht zur Offenlegung des Jahresberichts in § 160 KAGB verdrängt. Allerdings dürfte dem Verlangen nach einer abschriftlichen Mitteilung gem. § 166 Abs. 1 Halbs. 1 HGB durch die Offenlegung des Jahresberichts in einer dem Kommanditisten zugänglichen Weise, wie im Verkaufsprospekt und in den wesentlichen Anlegerinformationen angegeben, Genüge getan sein. Denn zum einen ist der Anleger auf diese Form der Veröffentlichung im Verkaufsprospekt und in den wesentlichen Anlegerinformationen hingewiesen worden, und zum anderen sind die letztlich von der InvKG und damit vom Anleger zu tragenden Kosten des Drucks von Jahresberichten bei größeren Publikums-InvKGen erheblich. Eine Gleichstellung mit der für Publikumssondervermögen geltenden Veröffentlichung gem. § 107 KAGB erscheint daher sachgerecht. Allerdings hat der Kommanditist darüber hinaus das Recht, die Richtigkeit des Jahresberichts durch Einsichtnahme in Bücher und Papiere der Gesellschaft zu prüfen. Wegen des Verweises auf die allgemeinen Bestimmungen des HGB in § 149 Abs. 1 KAGB und die Intention des Gesetzgebers, durch die Sonderregelung des KAGB die Rechte des Anlegers zu stärken, dürfte kaum anzunehmen sein, dass § 160 KAGB auch das Einsichtsrecht in Bücher und Papiere gem. § 166 Abs. 1 Halbs. 2 HGB verdrängt. Erst recht gilt dies für das erweiterte Kontrollrecht in § 166 Abs. 3 HGB, das sich ohnehin nicht auf die Prüfung des Jahresberichtes beschränkt, sondern bei Vorliegen eines wichtigen Grundes die Prüfung der Geschäftsführung des Komplementärs und die damit im Zusammenhang stehenden Unterlagen erfasst[10]. 21

---

7 OLG München v. 8.8.2016 – 31 Wx 204/16, NZG 2016, 1064 ff. A.A. *Casper* in Staub, Großkomm. HGB, 5. Aufl. 2014, § 162 HGB Rz. 38.

8 *Casper*, ZHR 2015, 44 (60); *Wallach*, ZGR 2014, 289 (322 ff.); *Schewe*, Kommanditgesellschaften im Regelungsbereich des Investmentrechts, S. 207 ff.; im Erg. ebenso *Escher*, Bankrechtstag 2013, 123 (139 ff.).

9 Vgl. *Roth* in Baumbach/Hopt, Anh. § 177a HGB Rz. 57.

10 BGH v. 14.6.2016 – II ZB 10/15, WM 2016, 1737 ff.; zustimmend *Casper/Selbach*, NZG 2016, 1324 ff.

22 Auch der von der Rechtsprechung des BGH[11] bestätigte **Anspruch** des Kommanditisten und des über einen Treuhandkommanditisten beteiligten Treugeber-Anlegers **auf Mitteilung der Namen und Anschriften der anderen mittelbar und unmittelbar beteiligten Anleger** steht als unentziehbares mitgliedschaftliches Recht den Anlegern der geschlossenen InvKG zu, unabhängig davon, ob sie unmittelbar als Kommanditist oder mittelbar über einen Treuhandkommanditist beteiligt sind. Der Anspruch richtet sich nicht nur gegen die Gesellschaft und den Komplementär sondern auch gegen den Treuhandkommanditisten.[12]

23 Aufgrund des Verweises in § 149 Abs. 1 Satz 2 KAGB gilt auch für die Gesellschafter einer InvKG die **Treuepflicht** der KG gegenüber. Dabei gilt als Faustformel, dass die Intensität der Treuepflicht des einzelnen unmittelbar oder mittelbar beteiligten Kommanditisten abnimmt je größer die Zahl der beteiligten Kommanditisten und geringer die Beteiligung und das Stimmrecht des einzelnen Kommanditisten ist.[13] Aus der Treuepflicht können sowohl Handlungs- als auch Unterlassungspflichten resultieren, z.B. die Zustimmung zu Änderungen des Gesellschaftsvertrages, um ihn an veränderte aufsichtsrechtliche Anforderungen anzupassen, die Enthaltung des Stimmrechts bei einem Interessenkonflikt oder die Pflicht, Betriebsgeheimnisse der Gesellschaft nicht für eine eigene konkurrierende Tätigkeit zu verwenden.[14] Zur Frage, ob die Treuepflicht des Kommanditisten einer InvKG angesichts des Verbots der Verlustausgleichs- und Nachschusspflicht in § 152 Abs. 3 Sätze 2 und 3 KAGB auch so weit gehen kann, ihn zur Zustimmung zu Sanierungsmaßnahmen nach dem Modell der Sanieren oder Ausscheidens-Rechtsprechung zu verpflichten, s. § 152 Rz. 85 f.

24 Auch die Rechtsprechung zur **Auslegung und Inhaltskontrolle von Gesellschaftsverträgen** bei Publikums-Personengesellschaften findet auf die geschlossene InvKG Anwendung.

25 So sind nach ständiger Rechtsprechung[15] die Gesellschaftsverträge von Publikumsgesellschaften **nach dem objektiven Erklärungsbefund** auszulegen.[16] Aus Gründen der Rechtssicherheit und der Rechtsbeständigkeit sollte dies bei der Publikums-InvKG auch schon dann gelten, wenn noch keine Anleger der InvKG beigetreten sind. Denn der Gesellschaftsvertrag ist von vornherein auf den Beitritt einer Vielzahl von Kommanditisten bzw. mittelbar beteiligten Treugebern zugeschnitten, so dass der Gesellschaftsvertrag zum Schutze dieser künftigen Gesellschafter nur einheitlich ausgelegt werden kann.[17]

26 Gleiches gilt für die Auslegung von **Beschlüssen einer Gesellschafterversammlung**: Auch diese sind bei einer geschlossenen Publikums-InvKG wegen der Vielzahl der Anleger, die sich untereinander nicht kennen, **objektiv auszulegen.**[18]

27 Der Grundsatz der objektiven Auslegung ist allerdings **bei Gesellschaftsverträgen von Spezial-InvKGen stark einzuschränken.** Denn hier ist der Kreis der beitretenden Gesellschafter zumeist nur auf einen oder wenige professionelle oder semiprofessionelle Anleger beschränkt. Je nach Situation haben die Anleger bei der Abfassung des Gesellschaftsvertrages ein Mitspracherecht gehabt. In solchen Fällen ist es angemessener, für die Auslegung des Gesellschaftsvertrages auf den subjektiven Empfängerhorizont der Gesellschafter abzustellen. Eine objektive Auslegung kann nur ausnahmsweise in Betracht kommen, wenn sich die Spezial-InvKG an einen unbestimmten, noch anonymen Kreis professioneller und semiprofessioneller Anleger richtet.

28 Obwohl das Recht der Allgemeinen Geschäftsbedingungen („AGB“) gemäß der Bereichsausnahme in § 310 Abs. 4 Satz 1 BGB auf Gesellschaftsverträge keine Anwendung findet, unterliegen nach ständiger Rechtsprechung[19] die Bestimmungen im Gesellschaftsvertrag einer Publikumsgesellschaft einer **ähnlichen Auslegung und Inhaltskontrolle wie AGB.** So werden z.B. unklare Regeln im Gesellschaftsvertrag zu Lasten des Ver-

---

11 BGH v. 5.2.2013 – II ZR 134/11, ZIP 2013, 570 ff.; BGH v. 24.7.2012 – II ZR 297/11, WM 2012, 1664 ff.

12 BGH v. 16.12.2014 – II ZR 277/13, ZIP 2015, 319 (322) = AG 2015, 237.

13 Zutreffend *Casper*, ZHR 2015, 44 (66); *Grunewald* in MünchKomm. HGB, 3. Aufl. 2012, § 161 HGB Rz. 131; *Casper* in Staub, Großkomm. HGB, 5. Aufl. 2014, § 161 HGB Rz. 188. **A.A.** wohl *Zetzsche*, Prinzipien der kollektiven Vermögensanlage, S. 872.

14 Beispiele hierzu bei *Roth* in Baumbach/Hopt, § 109 HGB Rz. 25 f.

15 Vgl. BGH v. 20.7.2017 – IX ZR 7/17, NZG 2017, 1025 (1026); BGH v. 9.6.2015 – II ZR 420/13, WM 2015, 1635 (1638); BGH v. 8.10.2013 – II ZR 367/12, GWR 2014, 33; BGH v. 19.3.2007 – II ZR 73/06, ZIP 2007, 812 (813).

16 Zust. die Literatur, vgl. *Casper*, ZHR 2015, 44 (54); *Roth* in Baumbach/Hopt, Anh § 177a HGB Rz. 67; *Seitz*, Die InvestmentKG, S. 41.

17 Im Erg. ebenso *Casper*, ZHR 2015, 44 (54) m.w.N. zum Streitstand.

18 Vgl. nur BGH v. 6.3.2018 – II ZR 1/17, WM 2018, 851 (852).

19 BGH v. 8.10.2013 – II ZR 367/12, GWR 2014, 33; BGH v. 12.3.2013 – II ZR 73/11, ZIP 2013, 1222 (1224); BGH v. 27.11.2000 – II ZR 218/00, ZIP 2001, 243 (244).

wenders, d.h. der InvKG, ausgelegt.[20] Wegen der geringeren Schutzbedürftigkeit professioneller und semiprofessioneller Anleger und der Bereichsausnahme in § 310 Abs. 4 Satz 1 BGB gilt das Recht der AGB allerdings nicht bei Gesellschaftsverträgen von Spezial-InvKGen.

c) Veränderungen des Gesellschafterbestandes und Restrukturierungen

29 Da bei einer geschlossenen InvKG das Recht zur ordentlichen Kündigung ausgeschlossen ist (§ 161 Abs. 1 KAGB) kann der Anleger seine Beteiligung nur **im Wege der Übertragung** liquidieren. Hierzu ist grundsätzlich eine Änderung des Gesellschaftsvertrages erforderlich, jedoch sehen die Gesellschaftsverträge stattdessen regelmäßig eine Zustimmung des Komplementärs vor, wobei die Erteilung der Zustimmung entweder im freien Ermessen des Komplementärs steht oder nur aus wichtigem Grunde versagt werden darf. Im Detail sind vielfältige Ausgestaltungen des Zustimmungsvorbehalts im Gesellschaftsvertrag denkbar.[21]

30 Die Übertragung des Anteils an der InvKG geschieht **durch bilaterales Rechtsgeschäft** zwischen übertragendem und übernehmendem Gesellschafter[22], auch wenn dieser Vorgang registerrechtlich als Austritt des übertragenden und Eintritt des übernehmenden Gesellschafters behandelt wird (§ 107 HGB). Um zu vermeiden, dass die Zahlung der Gegenleistung für die Übertragung des Anteils als Rückzahlung der Einlage mit der Folge angesehen wird, das die Haftung des Kommanditisten im Außenverhältnis wieder auflebt (§ 172 Abs. 4 Satz 1 HGB), wird im Handelsregister ein sog. Rechtsnachfolgevermerk eingetragen.[23] Aus Sicht des übertragenden Kommanditisten wäre ein solcher Rechtsnachfolgevermerk an sich entbehrlich, da die Erfüllung des Abfindungsanspruchs nicht als Rückzahlung der Einlage gilt (§ 152 Abs. 6 Satz 1 KAGB). Er dient aber auch dem Schutz des übernehmenden Kommanditisten, zu dessen Gunsten damit im Handelsregister publiziert wird, dass er seine Einlage erbracht hat.

31 Keine Besonderheiten gelten für die InvKG auch bei der **Übertragung** von Anteilen **im Wege der Gesamtrechtsnachfolge**, z.B. durch Erbschaft oder Spaltung gem. § 123 UmwG.

32 Ein **Gesellschafterwechsel durch Spaltung** kommt nur in Betracht, wenn sich an der InvKG spaltungsfähige Rechtsträger i.S.d. § 124 UmwG beteiligen. Praktische Relevanz kann diese Form der Anteilsübertragung daher insbesondere bei der Spezial-InvKG gewinnen. Das UmwG sieht drei Arten der Spaltung vor, die Aufspaltung, die Abspaltung und die Ausgliederung (§ 123 Abs. 1–3 UmwG). Rechtsfolge ist in allen drei Fällen, dass mit Eintragung der Spaltung in das Register des übertragenen Rechtsträgers der aufgespaltene, abgespaltene oder ausgegliederte Teil des Vermögens einschließlich der Verbindlichkeiten als Gesamtheit auf den übernehmenden Rechtsträger übergeht (§ 131 UmwG). Gehört zum übertragenen Vermögen der Anteil an der InvKG, geht dieser Anteil im Wege der (partiellen) Gesamtrechtsnachfolge auf den übernehmenden Rechtsträger über. Der Kommanditist scheidet aus der InvKG aus und an seiner Stelle tritt der Kommanditist als übernehmender Rechtsträger ein, ohne dass es einer Zustimmung des Komplementärs oder der übrigen Kommanditisten bedarf. Die übrigen Gesellschafter können folglich einen Kommanditistenwechsel infolge Spaltung nicht verhindern, selbst dann nicht, wenn die Übertragung des Anteils an die vorherige Zustimmung des Komplementärs geknüpft war.[24] Gegen den Beitritt unerwünschter Nachfolge-Gesellschafter können sie lediglich nachträglich vorgehen, wenn entsprechende Ausschluss- oder Zwangsabtretungsklauseln im Gesellschaftsvertrag vorgesehen sind. Eine Ausnahme bildet die Stellung des Komplementärs: Da höchstpersönliche Rechte und Pflichten nicht im Wege der Gesamtrechtsnachfolge des UmwG übertragen werden können und die Stellung als Komplementär als höchstpersönliches Mitgliedschaftsrecht gilt, kann dieses grundsätzlich nicht durch Spaltung übertragen werden.[25]

33 Auch die Grundsätze der Rechtsprechung[26] über den **identitätswahrenden Wechsel des gesamten Gesellschafterbestandes** können auf die InvKG übertragen werden. Es ist daher denkbar, dass eine bereits aufgelegte und an Anleger platzierte InvKG von einem Investor vollständig übernommen wird, vorausgesetzt sämtliche Gesellschafter stimmen einer solchen Übernahme zu. Selbst bei einer Publikums-InvKG müsste eine solche Übertragung nicht von der BaFin genehmigt werden, da Änderungen des Gesellschaftsvertrages

---

20 BGH v. 8.10.2013 – II ZR 367/12, GWR 2014, 33; BGH v. 12.3.2013 – II ZR 73/11, ZIP 2013, 1222 (1224); BGH v. 13.9.2004 – II ZR 276/02, ZIP 2004, 2095 (2097 f.) = AG 2005, 39.

21 Vgl. *Neumann*, ZIP 2016, 1753 ff.

22 Hierzu grundlegend BGH v. 28.4.1954 – II ZR 8/53, BGHZ 13, 179 (185 f.); ferner *Casper* in Staub, Großkomm. HGB, 5. Aufl. 2014, § 162 HGB Rz. 34.

23 *Strohn* in Ebenroth/Boujong/Joost/Strohn, 3. Aufl. 2014, § 171 HGB Rz. 18.

24 So die h.M., vgl. *Hörtnagl* in Schmitt/Hörtnagl/Stratz, § 131 UmwG Rz. 40.

25 *Hörtnagl* in Schmitt/Hörtnagl/Stratz, § 131 UmwG Rz. 38; *Rawert/Endres*, ZIP 2016, 1609 f.

26 BGH v. 8.11.1965 – II ZR 223/64, BGHZ 44, 229 (231); zustimmend die Literatur, vgl. *Roth* in Baumbach/Hopt, § 105 HGB Rz. 69.

nicht der Genehmigung der BaFin bedürfen und die Auswechslung der Geschäftsführer der BaFin lediglich angezeigt werden müssen (§ 153 Abs. 2 Satz 2 KAGB).

34 Fraglich ist, ob die **Vorschriften des UmwG über die Verschmelzung und Spaltung** auch auf die geschlossene InvKG selbst Anwendung finden.[27] Folgt man dem Ansatz des Gesetzgebers, mit der geschlossenen InvKG keine neue Gesellschaftsform zu schaffen, soweit sich nicht aus dem KAGB Abweichungen „aufgrund aufsichtlicher Besonderheiten für die Behandlung als Fondsvehikel"[28] (vgl. bereits Rz. 3) ergeben, müsste die Frage zunächst bejaht und gefragt werden, ob dem aufsichtsrechtliche Besonderheiten des KAGB entgegen stehen.

35 Gegen die Anwendung der Vorschriften über die **Verschmelzung** könnte sprechen, dass bei Publikums-InvKGen Sacheinlagen unzulässig sind (§ 152 Abs. 7 KAGB) und der Übergang des Vermögens der übertragenden InvKG auf die aufnehmende gegen Ausgabe von Anteilen an der aufnehmenden InvKG als Sacheinlage begriffen werden kann. Ferner spricht gegen die Anwendung der Verschmelzungsvorschriften, dass der Gesetzgeber die Verschmelzung nur ganz spezifisch für offene Publikumsinvestmentvermögen (§§ 181–191 KAGB) und offene Spezial-AIF (§ 281 KAGB) geregelt hat. Die geschlossene InvKG ist hiervon nicht erfasst. Gleichwohl ist nicht erkennbar, welche aufsichtsrechtlichen Hindernisse einer Verschmelzung zweier geschlossener InvKGen entgegenstehen sollen. Zwar dürfte das praktische Bedürfnis nach einer Verschmelzung geringer sein, da in der Regel weniger liquide Vermögensgegenstände gehalten werden, die eine besondere, auf den konkreten Vermögensgegenstand zugeschnittene Verwaltung erfordert, die folglich nur schwer skalierbar ist. Dennoch sind je nach Assetklasse die Nutzung von Skalierungseffekten und damit die Senkung von Verwaltungskosten zum Nutzen der Anleger nicht ausgeschlossen, so dass jedenfalls bei geschlossenen Spezial-InvKGen eine Verschmelzung nach dem 2. Buch des UmwG als grds. zulässig angesehen werden sollte. Auch die Verschmelzung von Publikums-InvKGen sollte nicht grds. ausgeschlossen werden; schließlich ist es je nach Zusammensetzung der Vermögen und der Struktur der geschlossenen Publikums-InvKG durchaus möglich, dass Kosten zugunsten der Anleger reduziert werden können. Bei der Verschmelzung zweier Publikums-InvKGen sollten jedoch die §§ 182, 184–186, 188–190 KAGB, die über das 2. Buch des UmwG hinaus anlegerschützende Bestimmungen enthalten, entsprechend angewendet werden.

36 Auch die **Spaltung** des Vermögens der geschlossenen InvKG in allen drei Arten des § 123 UmwG sollte sowohl bei der geschlossenen Spezial-InvKG als auch bei der geschlossenen InvKG grundsätzlich möglich sein. Ein solches Bedürfnis könnte etwa bestehen, wenn ein bestimmter Vermögensgegenstand aus der InvKG herausgelöst und durch eine andere bestehende oder neu zu gründende InvKG weiterverwaltet werden soll. Ein derartiges Bedürfnis ist grundsätzlich auch bei der geschlossenen Publikums-InvKG denkbar. Die Spaltung der geschlossenen InvKG bedarf der Genehmigung der BaFin, da es sich um eine Änderung der Anlagebedingungen, die Art und Umfang der zu erwerbenden Vermögensgegenstände angeben müssen (§ 266 Abs. 2 Satz 2 KAGB), handelt und ferner die Anlagebedingungen der aufnehmenden bzw. neu zu gründenden InvKG genehmigt werden müssen (§ 267 KAGB). Es ist nicht erkennbar, weshalb sich die BaFin der Genehmigung einer umwandlungsrechtlichen Spaltung einer geschlossenen Publikums-InvKG verschließen sollte, wenn diese im Interesse der Anleger ist. Dies ist etwa der Fall, wenn die Verwaltung eines Teils der Vermögenswerte in einer eigenständigen InvKG mit einer neuen KVG für die Anleger vorteilhafter ist und die Anleger die Spaltung mit der im Gesellschaftsvertrag vorgesehenen qualifizierten Mehrheit beschließen. Die Spaltung hätte gegenüber der Einzelübertragung der Vermögensgegenstände zudem den Vorteil, dass bestehende Dienstleistungsverträge kraft Universalsukzession mit der neuen InvKG fortgeführt werden und nicht nochmals abgeschlossen und ggf, neu verhandelt werden müssen. Die neue InvKG muss alle regulatorischen Anforderungen des §§ 149 ff. KAGB erfüllen. Die Spaltung in eine unregulierte Kommanditgesellschaft ist wegen des Rechtsformzwangs nicht zulässig.

III. Entsprechende Anwendbarkeit von Bestimmungen des KAGB

37 Wie bei der InvAG mit veränderlichem Kapital (§ 108 Abs. 4 KAGB), der offenen InvKG (§ 124 Abs. 2 KAGB) und der InvAG mit fixem Kapital (§ 140 Abs. 2 KAGB) erklärt § 149 Abs. 2 KAGB die Bestimmungen über die Einlageverpflichtung der KVG in § 93 Abs. 7 KAGB und die Bildung von Anteilklassen in § 96 Abs. 1 KAGB auch auf die geschlossene InvKG für entsprechend anwendbar.

27 Bejahend *Zetzsche*, AG 2013, 613 (627).
28 BT-Drucks. 17/12294, 249.

1. Einlageverpflichtung der Kapitalverwaltungsgesellschaft für Fehlbeträge

Durch die entsprechende Anwendung des § 93 Abs. 7 KAGB soll die KVG verpflichtet werden, aus dem eigenen Vermögen eine Einlageleistung zu erbringen, falls Anteile an der InvKG in den Verkehr gelangt sind, ohne dass der betreffende Anleger seine Einlage eingezahlt hat. 38

§ 93 Abs. 7 KAGB dient dem **Verwässerungsschutz**, da bei unterlassener Einzahlung des Ausgabepreises für neu ausgegebene Anteile und fehlender Werthaltigkeit des Einzahlungsanspruchs gegen den säumigen Anleger der Nettoinventarwert des Sondervermögens entsprechend geringer ausfällt, gleichwohl die Anzahl der ausgegebenen Anteile gestiegen ist.[29] 39

Die entsprechende Anwendung des § 93 Abs. 7 KAGB auf die geschlossene InvKG ist jedoch höchst zweifelhaft. 40

Zunächst ist die entsprechende Anwendung auf die **intern verwaltete InvKG** (§ 17 Abs. 2 Nr. 2 KAGB) ausgeschlossen. Denn Gläubiger des Erstattungsanspruchs ist die InvKG als KVG, und diese kann nicht von sich selbst die Leistung einer Einlage verlangen. Der in der Literatur[30] geäußerte Gedanke, dass in diesem Fall der Erstattungsanspruch durch Umschichtung aus dem Betriebsvermögen in das Kommanditanlagevermögen zu erfüllen ist, ist abzulehnen. Schließlich wird das Betriebsvermögen für die operative Tätigkeit der InvKG benötigt, so dass dessen Veräußerung und Einlage in das Kommanditanlagevermögen zum Nachteil aller Anleger gereichen würde. Es ist auch davon auszugehen, dass keine erheblichen liquiden Mittel im Betriebsvermögen vorhanden sein dürften, da die Verwaltungsvergütung, die von dem mit der Portfolioverwaltung betrauten Gesellschafter – i.d.R. eine Komplementär-GmbH – vereinnahmt wird, an dessen Gesellschafter ausgeschüttet wird. 41

Auch bei der **extern verwalteten InvKG** erscheint die analoge Anwendung des § 93 Abs. 7 KAGB als unangemessen. Schon faktisch dürfte es ausgeschlossen sein, dass ein Anleger einen Kommanditanteil ohne Zahlung der Einlageleistung erhält. Die Gesellschaftsverträge sehen i.d.R. vor, dass die Beteiligung an der Kommanditgesellschaft erst gegen Leistung der Einlage erfolgt. Ist ein Treuhandkommanditist eingeschaltet, würde dieser seinen Anteil so lange nicht durch Eintragung im Handelsregister erhöhen, bis er von dem Treugeber den zugesagten Betrag für die Treugeber-Beteiligung erhält. Selbst wenn im unwahrscheinlichen Fall die Ausgabe des Kommanditanteils erfolgt, aber die Leistung der Einlage unterblieben ist, sehen die meisten Gesellschaftsverträge eine Reduzierung der Beteiligung in Höhe des Fehlbetrags vor.[31] Fälle, in denen dem beitretenden Kommanditisten die Leistung der Einlage gestundet wird, sind bei einer geschlossenen InvKG praktisch ausgeschlossen. Wegen der Außenhaftung nach § 172 Abs. 3 HGB kommt eine solche Stundung nur bis zur Eintragung in Betracht; vor der Eintragung in das Handelsregister erfolgt jedoch noch kein wirksamer Beitritt zur InvKG (§ 152 Abs. 4 KAGB). 42

Ähnlich verhält es sich bei **Private Equity- und Venture Capital-Fonds**, die ebenfalls keine sofortige Einzahlung des zugesagten Kapitals vorsehen. Vielmehr gibt der Anleger lediglich eine **bindende Zeichnungszusage** („*committment*“) ab und verpflichtet sich, Einzahlungen innerhalb einer bestimmten Frist nach Kapitalabrufen („*capital draw downs*“) vorzunehmen. Auch hier erfolgt die Erhöhung des Kommanditanteils erst sukzessive mit jeder Einzahlung, so dass kein Verwässerungsproblem auftritt. Kommt der Kommanditist mit der Zahlung seiner Einlage nach Kapitalabruf in Verzug, besteht ebenfalls kein Raum für die Einlageverpflichtung der KVG analog § 93 Abs. 7 KAGB. Wie bereits dargestellt (s. Rz. 42), fehlt es mangels Erhöhung der Beteiligung an der Verwässerungsgefahr. Außerdem sieht der Gesellschaftsvertrag häufig detaillierte Regelungen vor, wie mit einem säumigen Anleger zu verfahren ist, bis hin zu seinem Ausschluss aus der InvKG. 43

Auch in dogmatischer Hinsicht müsste die Frage beantwortet werden, welche **Rechtsfolgen** die **Einlageleistung der KVG** hätte. Dass sie selbst einen Kommanditanteil an der von ihr selbst verwalteten InvKG erhält, erscheint wegen der damit einhergehenden Interessenkonflikte sehr fragwürdig. Die andere Lösung, die KVG erfüllt die Einlageverpflichtung des Anlegers und ist auf einen Ersatzanspruch gegen diesen (gestützt auf welche Rechtsgrundlage?) angewiesen, erscheint nicht weniger unangemessen. Denn aus den oben dargestellten Gründen (insbesondere Fehlen des Verwässerungsrisikos) fehlt es an einem überzeugenden Rechtfertigungsgrund dafür, dass die KVG dem säumigen Anleger durch Erfüllung seiner Einlageverpflichtung zur Seite springt. 44

---

29 Vgl. *Hölscher* in Emde/Dornseifer/Dreibus/Hölscher, § 36 InvG Rz. 226.

30 *Boxberger* in Baur/Tappen, § 108 KAGB Rz. 20; *Lorenz* in Weitnauer/Boxberger/Anders, § 108 KAGB Rz. 25.

31 Zutreffend *Könnecke* in Baur/Tappen, § 149 KAGB Rz. 20.

45 Die analoge Anwendung des § 93 Abs. 7 KAGB sollte daher bei einer künftigen Änderung des KAGB gestrichen werden.[32]

2. Bildung von Anteilklassen

46 Die analoge Anwendung des § 96 Abs. 1 KAGB ermöglicht auch bei der geschlossenen InvKG die **Bildung mehrerer Anteilklassen.** Es können folglich Anteile ausgegeben werden, die sich hinsichtlich der Ertragsverwendung, des Ausgabeaufschlags, der Währung des Anteilswerts, der Verwaltungsvergütung, der Mindestanlagesumme oder einer Kombination dieser Merkmale unterscheiden. Die unterschiedliche Ausgestaltung der Beteiligung der Anleger nach derartigen Merkmalen war bei den geschlossenen Fonds in der Rechtsform der GmbH & Co. KG bis zum Inkrafttreten des KAGB unüblich und ist es auch heute noch. Unterschiedliche Ausgestaltungen der Rechtsstellung erfolgten und erfolgen lediglich beim geschäftsführenden Kommanditisten, beim Treuhandkommanditisten und bei der unterschiedlichen Behandlung von Anleger-Kommanditisten je nach Beitrittszeitpunkt.

47 Aber auch die vorgenannten, zur Bildung von Anteilklassen bei Sondervermögen vorgesehenen Ausgestaltungsmerkmale sind bei der InvKG grundsätzlich möglich, sofern entsprechende Regelungen im Gesellschaftsvertrag getroffen werden. Da die Aufzählung in § 96 Abs. 1 KAGB nicht abschließend ist, sind bei geschlossenen InvKGen mit wenigen illiquiden Vermögensgegenständen **auch weitere Ausgestaltungen denkbar**, wie z.B. die Gewinn- und Verlustbeteiligung von Anlegern an bestimmten Vermögensgegenständen.

48 In allen Fällen muss die unterschiedliche Ausgestaltung der Rechte (und ggf. Pflichten) bei Publikums-InvKGen nicht nur im Gesellschaftsvertrag, sondern auch im Verkaufsprospekt (§ 269 Abs. 1 i.V.m. § 165 Abs. 2 Nr. 27 KAGB) und in den Anlagebedingungen (§ 266 Abs. 2 Satz 1 i.V.m. § 162 Abs. 2 Nr. 9 KAGB) transparent gemacht werden.

49 Aus dem Verweis auf Abs. 1 des § 96 KAGB und dem Fehlen einer Regelung entsprechend § 132 KAGB für geschlossene InvKGen ist zu folgern, dass die **Bildung von Teilgesellschaftsvermögen bei geschlossenen InvKGen nicht zulässig** ist. Eine Begründung hierfür gibt der Gesetzgeber nicht, und es ist auch kein sachlicher Grund für die Benachteiligung geschlossener InvKGen erkennbar. Hingegen wäre die Auflegung von mehreren haftungsseparierten Teilgesellschaftsvermögen nicht nur bei der offenen InvKG (§ 132 KAGB) sondern auch bei der geschlossenen InvKG dogmatisch ebenso möglich und für die Initiatoren wegen der nur einmal zu errichtenden Gesellschaftsstruktur effizient und kostengünstig.[33] Da in anderen europäischen Jurisdiktionen geschlossene Fonds in der Umbrellakonstruktion zugelassen sind[34], bedeutet auch diese Beschränkung einen Wettbewerbsnachteil des deutschen Fondsstandortes.

§ 150 Gesellschaftsvertrag

(1) Der Gesellschaftsvertrag einer geschlossenen Investmentkommanditgesellschaft bedarf der Schriftform.

(2) [1]Gesellschaftsvertraglich festgelegter Unternehmensgegenstand der geschlossenen Investmentkommanditgesellschaft muss ausschließlich die Anlage und Verwaltung ihrer Mittel nach einer festgelegten Anlagestrategie zur gemeinschaftlichen Kapitalanlage

1. bei geschlossenen Publikumsinvestmentkommanditgesellschaften nach den §§ 261 bis 272 und

2. bei geschlossenen Spezialinvestmentkommanditgesellschaften nach den §§ 273 bis 277 und 285 bis 292

zum Nutzen der Anleger sein. [2]Der Gesellschaftsvertrag von geschlossenen Spezialinvestmentkommanditgesellschaften muss zusätzlich festlegen, dass die Anteile der Gesellschaft ausschließlich von professionellen Anlegern und semiprofessionellen Anlegern erworben werden dürfen.

---

32 Ebenso *Könnecke* in Baur/Tappen, § 149 KAGB Rz. 25.

33 Kritisch auch *Geibel* in Derleder/Knops/Bamberger, Bank- und Kapitalmarktrecht, § 58 Rz. 153; *Fischer/Friedrich*, ZBB 2013, 153 (163); *Ulrich*, Private Equity (LBO) vor und nach Inkrafttreten des KAGB, S. 187; *Wallach*, ZGR 2014, 289 (312); *Zetzsche* AG 2013, 613 (617).

34 *Mohr*, Die offene Investmentkommanditgesellschaft, 2016, S. 169 ff.; *Zetzsche*, AG 2013, 613 (617); *Zetzsche*, ZBB 2014, 22 (30).

(3) Der Gesellschaftsvertrag hat vorzusehen, dass

1. Ladungen zu Gesellschafterversammlungen unter vollständiger Angabe der Beschlussgegenstände in Textform erfolgen und

2. über die Ergebnisse der Gesellschafterversammlung ein schriftliches Protokoll anzufertigen ist, von dem die geschlossene Investmentkommanditgesellschaft den Anlegern eine Kopie zu übersenden hat.

(4) Im Gesellschaftsvertrag darf nicht von § 131 Absatz 3 Nummer 2 und 4 des Handelsgesetzbuchs abgewichen werden.

In der Fassung vom 4.7.2013 (BGBl. I 2013, S. 1981).

Schrifttum: *Bork/Jacoby*, Das Ausscheiden des einzigen Komplementärs nach § 131 Abs. 3 HGB, ZGR 2005, 611; *Gummert/Weipert*, Münchner Handbuch des Gesellschaftsrechts, Band 2, 4. Aufl. 2014; *Krings/Otte*, Die Insolvenz der Komplementär-GmbH, NZG 2012, 761; *Möllers/Kloyer*, Das neue Kapitalanlagegesetzbuch, 2013; *Westermann/Wertenbruch*, Handbuch Personengesellschaften, ErgLfg. 58, Februar 2014. Im Übrigen wird auf das Schrifttum zu § 149 verwiesen.

I. Regelungsgegenstand und -zweck

Über die allgemeinen Regeln des HGB und BGB sowie den von der Rechtsprechung entwickelten Grundsätzen (s. § 149 Rz. 7 ff.) hinaus enthält § 150 KAGB besondere Regeln, die dem Anlegerschutz dienen oder sich aus der Natur der InvKG als Fondsvehikel ergeben. 1

II. Schriftformerfordernis (§ 150 Abs. 1 KAGB)

Der Gesellschaftsvertrag einer Personenhandelsgesellschaft unterliegt grundsätzlich keinem Schriftformerfordernis.[1] Bei Publikums-Personengesellschaften war es allerdings schon bisher aus Beweiszwecken und Gründen der Rechtssicherheit **allgemeine Praxis, den Gesellschaftsvertrag schriftlich abzufassen.**[2] § 150 Abs. 1 KAGB ordnet nunmehr das Schriftformerfordernis aus „Transparenzgründen"[3] ausdrücklich an. Aus Gründen des Anlegerschutzes ist diese gesetzliche Bestätigung der allgemeinen Praxis zu begrüßen. 2

Rechtsfolge des Verstoßes gegen das Schriftformerfordernis ist die **Nichtigkeit** des Gesellschaftsvertrages gem. § 125 Satz 1 BGB. Die Einhaltung der Schriftform ist folglich eine Wirksamkeitsvoraussetzung für die Gründung der InvKG und damit von den Registergerichten selbständig zu prüfen.[4] Als Folge der Nichtigkeit des Gesellschaftsvertrages ist die InvKG nach Invollzugsetzung zwingend nach den **Grundsätzen der fehlerhaften Gesellschaft** abzuwickeln.[5] 3

1 *Roth* in Baumbach/Hopt, § 105 HGB Rz. 62.
2 *Casper* in Staub, Großkomm. HGB, 5. Aufl. 2014, § 161 HGB Rz. 131; *Jaletzke* in MünchHdb. KG, 4. Aufl. 2014, § 62 Rz. 3; *Oetker* in Oetker, 5. Aufl. 2017, § 161 HGB Rz. 135.
3 BT-Drucks. 17/12294, 249.
4 Dies haben *Freitag/Fürbaß*, ZGR 2016, 729 (739 f.) verdienstvoll herausgearbeitet.
5 So zutreffend *Casper*, ZHR 2015, 44 (54); *Kobabe* in Möllers/Kloyer, Das neue Kapitalanlagegesetzbuch, S. 331 (338); *Könnecke* in Baur/Tappen, § 150 KAGB Rz. 6; *Stöber* in Westermann/Wertenbruch, Handbuch Personengesellschaften, ErgLfg. 58, Februar 2014, § 54 Rz. I 3168l.

4 Zur Frage, wann die InvKG in Vollzug gesetzt ist, gibt das Gesetz in § 152 Abs. 4 und 5 KAGB selbst Hinweise: Danach wird der Eintritt eines Kommanditisten in die InvKG erst mit seiner Eintragung in das Handelsregister wirksam, und einer Geschäftsaufnahme können die Kommanditisten nicht zustimmen, bevor die InvKG in das Handelsregister eingetragen ist. Daraus ist als Grundsatz zu schließen, dass die **Invollzugsetzung nach außen** erst mit der Eintragung der InvKG in das Handelsregister erfolgen kann und die **Invollzugsetzung nach innen** erst mit Wirksamwerden des Beitritts der Kommanditisten, d.h. mit deren Eintragung in das Handelsregister. In der Tat dürfte anzunehmen sein, dass vor den genannten Zeitpunkten vorgenommene Vorbereitungsgeschäfte rückabgewickelt werden können, so dass insoweit kein Raum für die Anwendung der Grundsätze der fehlerhaften Gesellschaft besteht.

5 Das Schriftformerfordernis bezieht sich auch auf **Änderungen des Gesellschaftsvertrages**. Der Gedanke, stattdessen die schriftliche Abfassung und Übersendung des Protokolls der Gesellschafterversammlung, wie von § 150 Abs. 3 Nr. 2 KAGB gefordert, in Analogie zu §§ 23 Abs. 1 Satz 1, 130 Abs. 1, 181 Abs. 1 AktG und §§ 2 Abs. 1, 53 Abs. 2, 54 Abs. 1 Satz 2 GmbHG genügen zu lassen,[6] hat zwar bei einer größeren Anzahl von Gesellschaftern den Vorzug der größeren Praktikabilität für sich. Gleichwohl ist die Schriftform des Protokolls mit der im AktG und GmbHG vorgesehenen notariellen Beurkundung der Niederschrift und der notariellen Bestätigung über die Übereinstimmung des Wortlauts der geänderten Satzung mit dem Protokoll nicht zu vergleichen. Da die Abfassung des Protokolls oder die Abfassung des konsolidierten Textes des geänderten Gesellschaftsvertrages mit Fehlern behaftet sein kann, die von rechtsunkundigen Anlegern nicht immer entdeckt und innerhalb der eingeräumten Frist gerügt werden, schafft die notarielle Beurkundung ein deutlich höheres Maß an Rechtssicherheit und Gewissheit über die Rechtsbeständigkeit. Da die Schriftform gesetzlich angeordnet ist, besteht auch kein Raum für eine Auslegung der Schriftformklausel im Gesellschaftsvertrag, dass die Gesellschafter Änderungen des Gesellschaftsvertrages durch schriftliche Protokollierung des Gesellschafterbeschlusses wirksam werden lassen wollten.[7] Außerdem ist bei größeren Publikums-InvKGen regelmäßig ein Treuhandkommanditist bestellt, der die Rechte der Vielzahl von Anlegern bündelt und kraft der im Treuhandvertrag eingeräumten Vertretungsbefugnis in deren Namen die Unterschrift unter den geänderten Gesellschaftsvertrag leisten kann und sollte. Im Idealfall wird den Gesellschaftern mit dem schriftlichen Protokoll zugleich eine Kopie der vom Treuhandkommanditisten unterschriebenen Neufassung des Gesellschaftsvertrages beigefügt.

III. Vorgeschriebener Inhalt des Gesellschaftsvertrages zum Unternehmensgegenstand und Anlegerkreis (§ 150 Abs. 2 KAGB)

6 § 150 Abs. 2 KAGB schreibt in Satz 1 zwingende Regelungen im Gesellschaftsvertrag zum Unternehmensgegenstand der InvKG vor. Im Gesellschaftsvertrag einer Spezial-InvKG sind gemäß Satz 2 darüber hinaus Regelungen zum Anlegerkreis zu treffen.

1. Unternehmensgegenstand (§ 150 Abs. 2 Satz 1 KAGB)

7 In den Gesellschaftsverträgen aller InvKGen ist als ausschließlicher Unternehmensgegenstand die „Anlage und Verwaltung ihrer Mittel nach einer festgelegten Anlagestrategie zur gemeinschaftlichen Kapitalanlage zum Nutzen der Anleger" zu fixieren. Mit dieser Umschreibung des Unternehmensgegenstandes werden die **Definitionselemente des Investmentvermögens in § 1 Abs. 1 KAGB** erfüllt.

8 Darüber hinaus ist der Unternehmensgegenstand im Gesellschaftsvertrag zu konkretisieren, je nachdem, ob es sich um eine geschlossene Publikums-InvKG oder um eine Spezial-InvKG handelt: Bei **Publikums-InvKGen** muss die Anlage und Verwaltung der Mittel **nach den §§ 261–272 KAGB** und **bei Spezial-InvKGen nach den §§ 273–277 KAGB und §§ 285–292 KAGB** erfolgen. Damit wird bereits durch die Festlegung des Unternehmensgegenstandes sichergestellt, dass die jeweiligen Produktvorschriften für geschlossene Publikums- und geschlossene Spezial-InvKGen eingehalten werden. Der Unternehmensgegenstand bildet den Handlungsrahmen sowohl für die extern oder intern verwaltende KVG als auch für die Geschäftsführung der InvKG.

9 Mit der gesetzlichen Vorgabe, dass dieser Unternehmensgegenstand **„ausschließlich"** betrieben werden muss, soll sichergestellt werden, dass die InvKG keine anderen unternehmerischen Ziele verfolgt, mithin Zweckgesellschaft ist.[8]

---

6 *Paul* in Weitnauer/Boxberger/Anders, § 150 KAGB Rz. 4.
7 *Anders* BGH v. 24.11.1975 – II ZR 89/74, NJW 1976, 958 (959) für den Fall der gewillkürten Schriftform.
8 *Wallach*, ZGR 2014, 289 (297).

Andererseits umfasst der Unternehmensgegenstand den gesamten Zuständigkeitsbereich der KVG, wie er im Anhang I der AIFM-RL und in § 1 Abs. 19 Nr. 24 KAGB als „kollektive Vermögensverwaltung" definiert ist. Der Zuständigkeitskatalog enthält in Anhang I Nr. 2 Buchst. c) AIFM-RL mit der Formulierung „Tätigkeiten im Zusammenhang mit den Vermögenswerten des AIF" einen flexiblen Handlungsspielraum, der bisher übliche Öffnungsklausen wie „und alle in diesem Zusammenhang stehenden Tätigkeiten" zum einen entbehrlich macht, zum anderen aber die Tätigkeit auf die Vermögensgegenstände der InvKG beschränkt. Die bisher üblichen allgemeineren Öffnungsklauseln sollten daher nicht mehr verwendet werden.[9] 10

Im Übrigen sollte der Unternehmensgegenstand **möglichst allgemein gefasst** werden und sich auf den Verweis auf die jeweiligen Bestimmungen des KAGB beschränken, um die Gefahr etwa erforderlicher Änderungen in der Folgezeit zu reduzieren. 11

2. Anlegerkreis bei Spezialinvestmentkommanditgesellschaften (§ 150 Abs. 2 Satz 1 KAGB)

§ 150 Abs. 2 Satz 2 KAGB schreibt vor, dass der Gesellschaftsvertrag von geschlossenen Spezial-InvKGen zusätzlich festlegen muss, dass die Anteile ausschließlich von **professionellen und semi-professionellen Anlegern** erworben werden dürfen. Diese Vorschrift verhält sich kongruent zur Definition des Spezial-AIF in § 1 Abs. 6 KAGB, wonach die Anteile „aufgrund von schriftlichen Vereinbarungen mit der Verwaltungsgesellschaft oder aufgrund der konstituierenden Dokumente des AIF" nur von professionellen oder semiprofessionellen Anlegern erworben werden dürfen. 12

Hinsichtlich des relevanten Zeitpunkts für die Qualifikation als professioneller oder semiprofessioneller Anleger ist auf Empfehlung des Finanzausschusses des Bundestages die Formulierung im Gesetzentwurf der Bundesregierung „gehalten werden dürfen"[10] in „erworben werden dürfen"[11] abgeändert worden. Damit wird zum Ausdruck gebracht, dass es für die Qualifikation als professioneller oder semiprofessioneller Anleger auf den **Zeitpunkt des Erwerbs** des Anteils an der geschlossenen Spezial-InvKG ankommt. In Kongruenz dazu ist die Definition des Spezial-AIF in § 1 Abs. 6 Satz 1 Nr. 2 KAGB durch das OGAW V-UmsG dahingehend ergänzt worden, dass ein Anleger der (zu ergänzen: von einem semiprofessionellen Anleger) kraft Gesetzes Anteile an einem Spezial-AIF erwirbt, als semi-professioneller Anleger i.S.d. § 1 Abs. 19 Nr. 33 KAGB gilt.[12] 13

Für die Zeit nach dem Primärerwerb hat der Gesellschaftsvertrag einer Spezial-InvKG sicherzustellen, dass **auch die Übertragung von Anteilen (Sekundärerwerb)** nur an professionelle und semiprofessionelle Anleger erfolgt. Die entsprechende Vorschrift in § 277 KAGB ergänzt nahtlos § 150 Abs. 2 Satz 2 KAGB, so dass die Frage, ob § 150 Abs. 2 Satz 2 KAGB lediglich den Primärerwerb erfasst[13] nur von geringerer praktischer Bedeutung ist. Der Wortlaut in § 150 Abs. 2 Satz 2 KAGB lässt eine solche Einschränkung nicht erkennen, so dass auch eine Überschneidung mit § 277 KAGB denkbar wäre. Rein theoretischer Natur wäre auch die Frage, ob der Gesellschaftsvertrag lediglich die Ausgabe von Anteilen an Privatanleger untersagen darf, wenn in einer schriftlichen Vereinbarung mit den Anlegern – wie in § 277 KAGB alternativ vorgesehen – die Übertragung an Privatanleger ausgeschlossen wird. Denn eindeutig vorzugswürdig und empfehlenswert ist es, das Übertragungsverbot im Gesellschaftsvertrag zu regeln. Sieht nämlich der Gesellschaftsvertrag eine Mitwirkung des geschäftsführenden Gesellschafters bei der Übertragung vor (z.B. dessen Zustimmung), so wird eine Verpflichtung des geschäftsführenden Gesellschafters gegenüber der Gesellschaft geschaffen, der Übertragung an einen Privatanleger nicht zuzustimmen. Eine lediglich bilaterale Vereinbarung mit dem Anleger im Zeichnungs- oder Beitrittsvertrag würde lediglich den Anleger verpflichten und wäre auch den anderen Gesellschaftern gegenüber nicht transparent. 14

§§ 150 Abs. 2 Satz 2 und 277 KAGB statuieren lediglich ein gesetzliches Gebot, entsprechende Primär- und Sekundärerwerbsverbote für Privatanleger im Gesellschaftsvertrag der Spezial-InvKG vorzusehen (§ 137 Satz 2 BGB). Ein Verstoß gegen das gesellschaftsvertragliche Erwerbsverbot führt **nicht zur Unwirksamkeit** der Anteilsausgabe bzw. -übertragung.[14] Die Anteilsausgabe an einen Privatanleger begründet jedoch eine Pflichtverletzung des geschäftsführenden Gesellschafters, der von der Gesellschaft nur bevollmächtigt war, mit Anlegern, die gemäß Gesellschaftsvertrag zugelassen sind, einen Beitrittsvertrag abzuschließen (vgl. § 149 Rz. 20). Gleiches gilt, wenn der geschäftsführende Gesellschafter einer Übertragung an einen nicht 15

9 Ebenso *Könnecke* in Baur/Tappen, § 150 KAGB Rz. 13.
10 BT-Drucks. 17/12294, 85.
11 BT-Drucks. 17/13395, 169, 406.
12 BT-Drucks. 18/6744, 6, 41.
13 So *Paul* in Weitnauer/Boxberger/Anders, § 150 KAGB Rz. 8.
14 Ebenso *Casper*, ZHR 2015, 44 (64); *Stöber* in Westermann/Wertenbruch, Handbuch Personengesellschaften, ErgLfg. 58, Februar 2014, § 54a Rz. I 3170a; *Zetzsche*, AG 2013, 613 (615); a.A. *Freitag*, NZG 2013, 329 (334).

zugelassenen Anleger nicht hätte zustimmen dürfen. Die Übertragung an einen nicht zugelassenen Anleger begründet gleichzeitig eine Pflichtverletzung des übertragenden Gesellschafters.

16 Der Schaden der Gesellschaft könnte darin bestehen, dass die vormalige Spezial-InvKG mit Wirksamwerden des Primär- oder Sekundärerwerbs durch den Privatanleger **als geschlossene Publikums-InvKG anzusehen** ist, mit der Folge, dass sämtliche aufsichtsrechtlichen Pflichten eines Publikums-AIF auf die InvKG Anwendung finden, insbesondere die Anlagebeschränkungen der §§ 261–263 KAGB, die Prospektpflicht (§§ 268 f. KAGB), die Genehmigungspflicht für die Anlagebedingungen (§ 267 KAGB) und die Anzeigepflicht für den Vertrieb von Anteilen an Publikums-AIF (§ 316 KAGB). Da die Gesellschaft diese Anforderungen nicht erfüllen kann oder nach der Konzeption des Initiators auch nicht erfüllen will, bleibt nur die Abwicklung der InvKG gem. § 161 Abs. 3 KAGB. Der Schaden kann nur abgewendet werden, wenn eine Ausschließungsklausel für nicht zugelassene Gesellschafter im Gesellschaftsvertrag vorgesehen ist und diese durchgesetzt wird.

17 Fraglich ist, ob aus §§ 150 Abs. 2 Satz 2, 277 KAGB auch ein gesetzliches Gebot herauszulesen ist, Vorkehrungen im Gesellschaftervertrag für den Fall vorzusehen, dass ein **Privatanleger durch Gesamtrechtsnachfolge der Spezial-InvKG beitritt**. Zwar bestimmt § 1 Abs. 6 Satz 1 Nr. 2 KAGB, dass ein AIF seine Qualifikation als Spezial-AIF nicht verliert, wenn ein Privatanleger kraft Gesetzes dem AIF beitritt. Gleichwohl ergibt sich aus §§ 150 Abs. 2 Satz 2, 277 KAGB die gesetzgeberische Intention, dass der Beitritt von Privatanlegern in einen Spezial-AIF wegen des deutlich geringeren Anlegerschutzniveaus vermieden werden soll. Hieraus könnte etwa eine Verpflichtung der KVG aus § 26 Abs. 2 Nr. 5 KAGB abgeleitet werden, auf regulatorische Konformität des Gesellschaftsvertrages hinzuwirken; eine ähnliche Verpflichtung könnte sich auch für die Geschäftsführung aus § 153 Abs. 1 KAGB ergeben. Hiergegen spricht jedoch, dass es der Vertragsfreiheit der Gründungsgesellschafter überlassen werden soll, wie mit derartigen Situationen umzugehen ist. Da der Gesetzgeber die Qualifikation der Kommanditgesellschaft als Spezial-InvKG nicht in Frage stellt, besteht kein unmittelbarer Gestaltungszwang. Die Ausschließung des Privatanlegers muss nicht unbedingt in seinem Interesse oder im Interesse der InvKG sein. Schließlich müsste ein Nachfolger für den Privatanleger gefunden werden oder im Falle seines Ausscheidens entweder ein Teil der Vermögensgegenstände liquidiert oder die Auszahlung des Auseinandersetzungsguthabens bis zur geplanten Liquidation der InvKG aufgeschoben werden. Richtigerweise bleibt es daher den Gründungsgesellschaftern der Spezial-InvKG belassen, nach eigenem Ermessen Vorkehrungen im Gesellschaftsvertrag für den Fall vorzusehen, dass ein Privatanleger kraft Gesetzes beitritt.

IV. Formalien betreffend Gesellschafterversammlungen (§ 150 Abs. 3 KAGB)

18 § 150 Abs. 3 KAGB enthält zwingende Vorgaben, die im Gesellschaftsvertrag bezüglich der Ladung zu Gesellschafterversammlungen und der Protokollierung der Ergebnisse der Gesellschafterversammlung vorzusehen sind.

1. Ladungen zu Gesellschafterversammlungen

19 So muss der Gesellschaftsvertrag gem. § 150 Abs. 3 Nr. 1 KAGB bestimmen, dass Ladungen zu Gesellschafterversammlungen unter **vollständiger Angabe der Beschlussgegenstände** in Textform zu erfolgen haben.

20 Auf Empfehlung des Finanzausschusses des Bundestages[15] ist die im Regierungsentwurf enthaltene Anforderung der Schriftform[16] in **Textform (§ 126b BGB)** abgeändert worden, um der Entwicklung moderner Kommunikationswege Rechnung zu tragen. Indessen muss vorher sichergestellt werden, dass alle Anleger tatsächlich in der Lage sind, den vorgesehenen Kommunikationsweg (z.B. eine per E-Mail versandte PDF-Datei) zu empfangen. Aus diesem Grunde ist es empfehlenswert, die Ladungsform im Gesellschaftervertrag festzulegen und darüber hinaus die Anleger zu verpflichten, den entsprechenden Kommunikationsweg einzurichten. Ist dies nicht der Fall, muss es bei der Ladung in Schriftform verbleiben.

21 § 150 Abs. 3 Nr. 1 KAGB erwähnt zwar nur den wesentlichen Kern der Gesellschafterversammlungen, nämlich die vollständige Angabe der Beschlussgegenstände.[17] Gleichwohl versteht es sich von selbst, dass auch die übrigen Informationen zur Gesellschafterversammlung, wie Ort und Zeit der Versammlung und die übrigen Verhandlungsgegenstände, über die nicht Beschluss gefasst wird (wie z.B. Berichterstattung der Geschäftsführung, Aussprache), in gleicher Form in der Ladung mitgeteilt werden. Allerdings gelten diese An-

15 BT-Drucks. 17/13395, 169, 406.
16 BT-Drucks. 17/12294, 85.
17 Kritisch hierzu *Paul* in Weitnauer/Boxberger/Anders, § 150 KAGB Rz. 9.

gaben nur für Präsenzveranstaltungen. Durch § 150 Abs. 3 Nr. 1 KAGB sollen **Gesellschafterversammlungen im Wege des Umlaufverfahrens nicht ausgeschlossen** werden. Aus Praktikabilitätsgründen sind Gesellschafterversammlungen im Umlaufverfahren bei Publikums-InvKGen die Regel. Entsprechend muss der Text der Ladung an die Situation des Umlaufverfahrens angepasst werden, d.h. es müssen insbesondere die Frist, innerhalb der die Stimme abgegeben werden muss, die Kontaktdaten des Empfängers der Stimmabgabe (z.B. Treuhandkommanditist) und die Beschlussvorschläge im genauen Wortlaut angegeben werden.[18] Unterbleibt die wörtliche Fixierung des Beschlussvorschlags, kann das Umlaufverfahren nicht durchgeführt werden, da eine Heilung durch Zustimmung aller Gesellschafter zur Durchführung der Beschlussfassung im Umlaufverfahren nicht erfolgen kann. Auch von einer stillschweigenden Ermächtigung an die Geschäftsführung, den nicht im Detail ausformulierten Beschluss selbst auszuformulieren, kann nicht ausgegangen werden.

Die vorstehenden Ausführungen zeigen, dass das Merkmal „vollständige Angabe" unterschiedlich auszulegen ist, je nachdem, ob es sich um eine Gesellschafterversammlung im Umlaufverfahren (dann wörtliche Formulierung des Beschlussvorschlags) oder um eine Präsenzversammlung (dann genügt eine hinreichend konkrete Umschreibung des Beschlussgegenstands) handelt. 22

2. Schriftliches Ergebnisprotokoll

Gemäß § 150 Abs. 3 Nr. 2 KAGB muss der Gesellschaftsvertrag vorsehen, dass über die Ergebnisse der Gesellschafterversammlung ein **schriftliches Protokoll** anzufertigen ist, von dem die geschlossene InvKG den Anlegern eine Kopie zu übersenden hat. 23

Für das Protokoll gilt die **Schriftform des § 126 BGB**. Die Protokollurkunde muss folglich vom Protokollführer und dem Sitzungsleiter als deren Aussteller eigenhändig unterschrieben werden. 24

Nach dem eindeutigen Wortlaut in § 150 Abs. 3 Nr. 2 KAGB handelt es sich um ein **Ergebnisprotokoll**. Es sind folglich nur die Ergebnisse der zur Abstimmung gestellten Beschlüsse, die dabei erzielten Stimmengewichte sowie Formalien wie Beginn und Ende der Versammlung, Feststellung der Beschlussfähigkeit, etc. festzuhalten. 25

Die Übersendung der Kopie des schriftlichen Protokolls muss nicht durch ein schriftliches Anschreiben und auf dem Postwege zugestellt werden. Übersendung durch E-Mail genügt.[19] 26

V. Abbedingungsverbote in § 150 Abs. 4 KAGB

1. Regelungsgegenstand des § 150 Abs. 4 KAGB

§ 150 Abs. 4 KAGB statuiert Abbedingungsverbote im Gesellschaftsvertrag für bestimmte im HGB vorgesehene Ausscheidensfälle eines Gesellschafters. Diese Fälle betreffen die **Eröffnung des Insolvenzverfahrens über das Vermögen des Gesellschafters** (§ 131 Abs. 3 Nr. 2 HGB) und die **Kündigung der Beteiligung durch einen Privatgläubiger des Gesellschafters** (§ 131 Abs. 3 Nr. 4 HGB). In beiden Fällen scheidet der Gesellschafter mangels abweichender Bestimmungen im Gesellschaftsvertrag aus der Kommanditgesellschaft aus. Eine abweichende Bestimmung im Gesellschaftsvertrag der geschlossenen InvKG wird jedoch durch Abs. 4 untersagt. 27

Nicht ganz verständlich ist, weshalb der Gesetzgeber die Sicherstellung des Fortbestandes der InvKG nicht durch weitere Abbedingungsverbote verstärkt hat. Insbesondere hätte es bei der kapitalistisch geprägten InvKG nahe gelegen, auch eine Abweichung von der Regel in § 131 Abs. 3 Satz 1 Nr. 1 HGB vorzusehen, wonach der Gesellschafter mit seinem Tode aus der Gesellschaft ausscheidet. 28

Selbstverständlich ist es den Gesellschaftern – vorbehaltlich einer Inhaltskontrolle (s. § 149 Rz. 24) – unbenommen, weitere Ausscheidensgründe im Gesellschaftsvertrag vorzusehen (§ 131 Abs. 3 Satz 1 Nr. 5 HGB). 29

2. Eröffnung des Insolvenzverfahrens über das Vermögen eines Gesellschafters

Indem sichergestellt wird, dass der Gesellschafter bei Eröffnung des Insolvenzverfahrens aus der InvKG ausscheidet, wird verhindert, dass der Insolvenzverwalter kraft seiner umfassenden Verwaltungs- und Verfügungsbefugnis (§ 80 Abs. 1 InsO) in die Geschicke der InvKG eingreift. 30

---

18 A.A. *Paul* in Weitnauer/Boxberger/Anders, § 150 KAGB z. 9.
19 BT-Drucks. 17/13395, 406.

31 Der Gesellschafter scheidet mit der Eröffnung des Insolvenzverfahrens aus der InvKG aus (§ 131 Abs. 3 Satz 2 HGB). Dies hindert jedoch nicht, im Gesellschaftsvertrag **frühere Ausscheidenszeitpunkte** festzulegen, wie z.B. der Antrag auf Eröffnung des Insolvenzverfahrens oder die Abweisung des Antrags auf Eröffnung des Insolvenzverfahrens mangels Masse.[20]

32 Auch der **Komplementär** scheidet aus der InvKG aus, wenn über sein Vermögen das Insolvenzverfahren eröffnet wird. Da eine Kommanditgesellschaft ohne persönlich haftenden Gesellschafter nicht als werbende existieren kann[21], führt dies zur Auflösung und Abwicklung der InvKG, wenn kein zweiter persönlich haftender Gesellschafter existiert oder für den ausscheidenden kein Nachfolger gefunden wird.

3. Kündigung durch den Privatgläubiger des Gesellschafters

33 Nach der im Interesse des Gläubigerschutzes zwingenden Bestimmung in **§ 135 HGB** hat der Privatgläubiger eines Gesellschafters das Recht, die Gesellschaft (präziser: die Beteiligung des Gesellschafterschuldners) zu kündigen, wenn er innerhalb der letzten sechs Monate aufgrund eines nicht nur vorläufig vollstreckbaren Schuldtitels vergeblich die Zwangsvollstreckung in das bewegliche Vermögen des Gesellschafters versucht hat. Diese Regelung **gilt über § 161 Abs. 2 HGB auch für Privatgläubiger eines Kommanditisten.**

34 Die vom HGB mangels abweichender Regelung im Gesellschaftsvertrag vorgesehene **Rechtsfolge** ist, dass der betreffende Gesellschafter aus der Kommanditgesellschaft **ausscheidet** (§§ 131 Abs. 3 Nr. 4 i.V.m. § 161 Abs. 2 HGB).[22] Von dieser Rechtsfolge des Ausscheidens darf im Gesellschaftsvertrag der geschlossenen InvKG nicht abgewichen werden.

35 Möglich ist aber selbstverständlich auch hier, dass es den Gesellschaftern frei steht, im Gesellschaftsvertrag einen **früheren Zeitpunkt des Ausscheidens** zu bestimmen, z.B. mit Pfändung des Auseinandersetzungsguthabens durch den Privatgläubiger.

36 Das Ausscheiden des Gesellschafters im Falle der Kündigung durch den Privatgläubiger gilt auch hier für den **persönlich haftenden Gesellschafter**, mit der Folge, dass die InvKG aufgelöst ist, wenn es keinen weiteren persönlich haftenden Gesellschafter gibt oder für den ausscheidenden kein Nachfolger gefunden wird.

§ 151 Anlagebedingungen

[1]Die Anlagebedingungen der geschlossenen Investmentkommanditgesellschaft sind zusätzlich zum Gesellschaftsvertrag zu erstellen. [2]Die Anlagebedingungen sind nicht Bestandteil des Gesellschaftsvertrages. In allen Fällen, in denen der Gesellschaftsvertrag veröffentlicht, ausgehändigt oder in anderer Weise zur Verfügung gestellt werden muss, ist auf die jeweiligen Anlagebedingungen zu verweisen und sind diese ebenfalls zu veröffentlichen, auszuhändigen oder in anderer Weise zur Verfügung zu stellen.

In der Fassung vom 4.7.2013 (BGBl. I 2013, S. 1981).

Schrifttum: Es wird auf das Schrifttum zu § 149 verwiesen.

---

20 *Könnecke* in Baur/Tappen, § 150 KAGB Rz. 36.

21 *Krings/Otte*, NZG 2012, 761 (762); *Roth* in Baumbach/Hopt, § 131 HGB Rz. 34, § 177 HGB Rz. 1; ausführlich hierzu *Bork/Jacoby*, ZGR 2005, 611 (613 ff., 624 ff.).

22 *Roth* in Baumbach/Hopt, § 135 HGB Rz. 10; *Schewe*, Kommanditgesellschaften im Regelungsbereich des Investmentrechts, S. 183. Anders, aber unzutreffend *Paul* in Weitnauer/Boxberger/Anders, § 150 KAGB Rz. 12, weil § 135 HGB keine Rechtsfolge hinsichtlich der Auflösung der Gesellschaft anordnet.

I. Regelungsgegenstand und -zweck

§ 151 KAGB enthält Regelungen zur Erstellung von Anlagebedingungen geschlossener InvKGen zusätzlich und getrennt vom Gesellschaftsvertrag und zur Publikation der Anlagebedingungen in gleicher Weise wie der Gesellschaftsvertrag. Eine identische Regelung besteht für die offene InvKG in § 126 KAGB und eine vergleichbare Regelung für die InvAG mit veränderlichem Kapital in § 111 KAGB und für die InvAG mit fixem Kapital in § 143 KAGB. 1

Wie der Wortlaut und die Gesetzesbegründung[1] nahe legen, begründet § 151 Satz 1 KAGB nicht die Verpflichtung, Anlagebedingungen der geschlossenen InvKG zu erstellen. Diese Verpflichtung ergibt sich speziell für die **Publikums-InvKG aus § 266 Abs. 1 KAGB** und für die **Spezial-InvKG aus § 273 KAGB**. Der Regelungszweck des § 151 Satz 1 KAGB ist daher i.V.m. Satz 2 zu sehen und erschöpft sich in der gesetzlichen Anordnung, dass die Anlagebedingungen zusätzlich und getrennt vom Gesellschaftsvertrag zu erstellen sind. 2

II. Erstellung der Anlagebedingungen getrennt vom Gesellschaftsvertrag

1. Erstellung der Anlagebedingungen von geschlossenen Investmentkommanditgesellschaften

Aus der spezielleren Norm des § 266 Abs. 2 Satz 2 KAGB ergibt sich auch, dass die **KVG** und nicht die InvKG[2] die **Anlagebedingungen zu erstellen hat**. Außerdem sind in den Anlagebedingungen bereits der Name und der Sitz der KVG zu bezeichnen, so dass die Beauftragung der externen KVG (§ 17 Abs. 2 Nr. 1 KAGB) oder die Entscheidung der Geschäftsführung, eine intern verwaltete InvKG aufzulegen (§ 17 Abs. 2 Nr. 2 KAGB) bereits vor der Abfassung der Anlagebedingungen getroffen sein müssen. In der Praxis erstellt daher die externe KVG die Anlagebedingungen als Dienstleistung für die InvKG. 3

2. Gebot der Trennung zwischen Anlagebedingungen und Gesellschaftsvertrag

Das Gebot der Trennung zwischen Anlagebedingungen und Gesellschaftsvertrag hat in § 151 Satz 2 KAGB rein **formale Bedeutung**. Die Anlagebedingungen dürfen nicht Bestandteil des Gesellschaftsvertrages sein und umgekehrt. Der praktische Vorteil des Trennungsgebots liegt darin, dass Gesellschaftsvertrag einerseits und Anlagebedingungen andererseits ihren eigenen Regeln über Wirksamwerden und Abänderung unterfallen. So müssen bei Änderungen der Anlagebedingungen nicht die Formerfordernisse der Änderung des Gesellschaftsvertrages beachtet werden, und das Genehmigungserfordernis für Anlagebedingungen von Publikums-InvKGen und deren Änderung (§ 267 Abs. 1 Satz 1 KAGB) erstreckt sich nicht auf den Gesellschaftsvertrag. Umgekehrt unterliegen Änderungen des Gesellschaftsvertrages nur den im Gesellschaftsvertrag festgelegten Mehrheitserfordernissen und sonstigen formalen Voraussetzungen, nicht aber der bei einer Publikums-InvKG erforderlichen Genehmigung der BaFin oder der ggf. eingreifenden besonderen Voraussetzungen der Abänderung von Anlagebedingungen (§ 267 Abs. 3 KAGB). 4

Die **inhaltliche Trennung** zwischen Anlagebedingungen und Gesellschaftsvertrag ist hingegen weniger scharf. Das liegt zum einen in der Natur der Sache, weil die Anlagebedingungen eine inhaltliche Konkretisierung des im Gesellschaftsvertrag festgelegten Unternehmensgegenstandes (§ 150 Abs. 2 Satz 1 KAGB) darstellen.[3] Zum anderen verweist § 266 Abs. 2 Satz 1 KAGB für die Anlagebedingungen von Publikums-InvKGen auf wesentliche Teile des Katalogs von Mindestinhalten der Anlagebedingungen von Publikums-Sondervermögen, die wie z.B. Bestimmungen über den Jahres- und Halbjahresbericht (§ 162 Abs. 2 Nr. 5 KAGB), die Gewinnverwendung (§ 162 Abs. 2 Nr. 6 KAGB), die Abwicklung und Liquidation (§ 162 Abs. 2 Nr. 7 KAGB) und die Ausgabe von verschiedenen Anteilklassen (§ 162 Abs. 2 Nr. 9 KAGB) das Innenverhältnis der Gesellschafter zueinander betreffen und daher typischerweise im Gesellschaftsvertrag zu regeln sind. 5

Diese unscharfe inhaltliche Trennung zwischen Gesellschaftsvertrag und Anlagebedingungen ist sicherlich ein Manko in der Konzeption der InvKG im KAGB.[4] Die inhaltlichen Überschneidungen sind aber unumgänglich, wenn man sich für eine strikte Trennung von Gesellschaftsvertrag und Anlagebedingungen entschieden hat. Denn die Anlagebedingungen geben den Handlungsrahmen für die kollektive Vermögensverwaltung (§ 1 Abs. 19 Nr. 24 KAGB) vor und müssen daher den weiten Zuständigkeitsbereich der KVG umfassen. Zu den „administrativen Tätigkeiten" der kollektiven Vermögensverwaltung gehören gemäß An- 6

1 BT-Drucks. 17/12294, 250.
2 So aber widersprüchlich dazu die Gesetzesbegründung, BT-Drucks. 17/12294, 250.
3 *Wallach*, ZGR 2014, 289 (297).
4 Kritisch *Könnecke* in Baur/Tappen, § 151 KAGB Rz. 3; *Wallach*, ZGR 2014, 289 (298).

hang I Nr. 2 AIFM-RL auch gesellschaftsinterne Angelegenheiten wie die Wertermittlung, Rechnungslegung, Gewinnausschüttung sowie die Ausgabe und Rücknahme von Anteilen.

7 Die inhaltliche Schnittmenge zwischen Gesellschaftsvertrag und Anlagebedingungen könnte vertragstechnisch umgesetzt werden, in dem der Gesellschaftsvertrag insoweit auf die Bestimmungen der Anlagebedingungen in der jeweils aktuellen Fassung verweist. Ein solcher **inhaltlicher Verweis** ist durch § 151 Satz 1 und 2 KAGB nicht untersagt, solange Gesellschaftsvertrag und Anlagebedingungen voneinander rechtlich getrennte Regelwerke sind. Eine Änderung der Anlagebedingungen machte dann eine Änderung des Gesellschaftsvertrages grundsätzlich entbehrlich. Eine Ausnahme ist dann anzuerkennen, wenn die Änderung der Anlagebedingungen mit Bestimmungen des Gesellschaftsvertrags kollidieren würde. In diesem Falle müsste auch der Gesellschaftsvertrag nach dem im Gesellschaftsvertrag für dessen Änderung vorgesehenen Verfahren geändert werden.

8 Auch der **rechtliche Unterschied** zwischen Gesellschaftsvertrag und Anlagebedingungen ist im KAGB recht konturlos geregelt, in dem es in §§ 266 Abs. 1 Nr. 2, 273 Satz 1 Nr. 2 KAGB heißt, die Anlagebedingungen bestimmen „in Verbindung mit dem Gesellschaftsvertrag ... das Rechtsverhältnis dieser InvKG zu ihren Anlegern". Während der Gesellschaftsvertrag die verbandsrechtliche Verfassung der InvKG mit mehrdimensionalen Rechten und Pflichten zwischen Gesellschaft und Gesellschaftern und der Gesellschafter untereinander darstellt, begründen die Anlagebedingungen lediglich eine bilaterale Rechtsbeziehung zwischen Anleger und InvKG. Rechtliche Konsequenz ist, dass neben dem Gesellschaftsvertrag ein – durch die Anlagebedingungen inhaltlich konkretisierter – **Investmentvertrag** zwischen jedem einzelnen Anleger und der InvKG existiert, wie er beim Sondervermögen zwischen dem Anleger und der KVG allgemein anerkannt ist.[5] Die Formulierung „in Verbindung mit dem Gesellschaftsvertrag" in §§ 266 Abs. 1 Nr. 2, 273 Satz 1 Nr. 2 KAGB kann daher nur die Bedeutung haben, dass die Gültigkeit der Anlagebedingungen im Verhältnis zu einem einzelnen Anleger die selbstverständliche Voraussetzung hat, dass dieser der InvKG wirksam beigetreten ist und damit der Gesellschaftsvertrag auch für ihn Gültigkeit besitzt.

9 Darüber hinaus begründen die Anlagebedingungen eine **unmittelbare Rechtsbeziehung zwischen den Anlegern und der KVG**, so dass die KVG unmittelbar den Anlegern gegenüber verpflichtet ist, die Anlagebedingungen einzuhalten und im Falle eines Verstoßes den Anlegern gegenüber schadensersatzpflichtig ist (näher dazu § 154 Rz. 16 ff.).[6]

3. Akzessorische Publizität der Anlagebedingungen zum Gesellschaftsvertrag

10 § 151 Satz 3 KAGB bezweckt im Interesse des Anlegerschutzes, eine **gleichartige Transparenz von Gesellschaftsvertrag und Anlagebedingungen** zu gewährleisten: wird der Gesellschaftsvertrag veröffentlicht, ausgehändigt oder in anderer Weise zur Verfügung gestellt, ist stets auf die jeweiligen Anlagebedingungen zu verweisen.

11 Darüber hinaus sind die Anlagebedingungen ebenfalls zu veröffentlichen, auszuhändigen oder in anderer Weise zur Verfügung zu stellen. Aus der Formulierung „*ebenfalls*" und dem Zweck dieser Vorschrift ist zu folgern, dass die für die Gesellschaftsvertrag gewählte Publizitätsform (Veröffentlichung, Aushändigung oder zur Verfügung stellen in anderer Weise) auch für die Anlagebedingungen zu wählen ist. Damit ist sichergestellt, dass Gesellschaftsvertrag und Anlagebedingungen trotz ihrer unterschiedlichen funktionalen und rechtlichen Bedeutung (s. Rz. 8) gleichzeitig und **als zusammengehörende Information** dem Anleger zur Kenntnis gelangen.

12 Allerdings ist dem insoweit eindeutigen Wortlaut des § 150 Satz 3 KAGB auch zu entnehmen, dass die Gleichartigkeit der Publizität nur **in einer Richtung**, nämlich **abhängig von der Publizitätsform des Gesellschaftsvertrages**, vorgegeben ist. Sind z.B. für Veränderungen der Anlagebedingungen besondere Publizitätspflichten vorgesehen, wie die Veröffentlichung im Bundesanzeiger in § 267 Abs. 3 Satz 7 KAGB, so gilt dies nicht für den Gesellschaftsvertrag. Die Publizitätsform der Anlagebedingungen ist daher nur **akzessorisch** zur Publizitätsform des Gesellschaftsvertrages und nicht umgekehrt.

---

5 *v. Ammon/Izzo-Wagner* in Baur/Tappen, § 162 KAGB Rz. 13 f.; *Patzner/Schneider-Deters* in Moritz/Klebeck/Jesch, § 162 KAGB Rz. 16 ff.; zur Rechtslage im InvG vgl. *Rozok* in Emde/Dornseifer/Dreibus/Hölscher, § 43 InvG Rz. 5 ff. Zum Ganzen s. *Wallach*, ZGR 2014, 289 (298); *Zetzsche*, Prinzipien der Kollektiven Vermögensanlage, S. 576 ff.

6 Näher *Wallach*, ZGR 2014, 289 (301); *Zetzsche*, Prinzipien der Kollektiven Vermögensanlage, S. 801 ff.

§ 152 Anleger

(1) [1]Anleger dürfen sich an der geschlossenen Investmentkommanditgesellschaft nur unmittelbar als Kommanditisten beteiligen. [2]Abweichend von Satz 1 dürfen sich Anleger an der geschlossenen Publikumsinvestmentkommanditgesellschaft auch mittelbar über einen Kommanditisten (Treuhandkommanditisten) beteiligen. [3]Bei mittelbarer Beteiligung über einen Treuhandkommanditisten hat der mittelbar beteiligte Anleger im Innenverhältnis der Gesellschaft und der Gesellschafter zueinander die gleiche Rechtsstellung wie ein Kommanditist. [4]Der mittelbar beteiligte Anleger oder der am Erwerb einer mittelbaren Beteiligung Interessierte gilt als Anleger oder am Erwerb eines Anteils Interessierter im Sinne dieses Gesetzes.

(2) [1]Eine Rückgewähr der Einlage oder eine Ausschüttung, die den Wert der Kommanditeinlage unter den Betrag der Einlage herabmindert, darf nur mit Zustimmung des betroffenen Kommanditisten erfolgen. [2]Vor der Zustimmung ist der Kommanditist darauf hinzuweisen, dass er den Gläubigern der Gesellschaft unmittelbar haftet, soweit die Einlage durch die Rückgewähr oder Ausschüttung zurückbezahlt wird. [3]Bei mittelbarer Beteiligung über einen Treuhandkommanditisten bedarf die Rückgewähr der Einlage oder eine Ausschüttung, die den Wert der Kommanditeinlage unter den Betrag der Einlage herabmindert, zusätzlich der Zustimmung des betroffenen mittelbar beteiligten Anlegers; Satz 2 gilt entsprechend.

(3) [1]Der Anspruch der geschlossenen Investmentkommanditgesellschaft gegen einen Kommanditisten auf Leistung der Einlage erlischt, sobald er seine Kommanditeinlage erbracht hat. [2]Die Kommanditisten sind nicht verpflichtet, entstandene Verluste auszugleichen. [3]Eine Nachschusspflicht der Kommanditisten ist ausgeschlossen. [4]§ 707 des Bürgerlichen Gesetzbuchs ist nicht abdingbar. [5]Entgegenstehende Vereinbarungen sind unwirksam.

(4) Der Eintritt eines Kommanditisten in eine bestehende geschlossene Investmentkommanditgesellschaft wird erst mit der Eintragung des Eintritts des Kommanditisten im Handelsregister wirksam.

(5) Bei geschlossenen Publikumsinvestmentkommanditgesellschaften können die Kommanditisten dem Geschäftsbeginn nicht zustimmen, bevor die Gesellschaft in das Handelsregister eingetragen ist.

(6) [1]Scheidet ein Kommanditist während der Laufzeit der Investmentkommanditgesellschaft aus der Investmentkommanditgesellschaft aus, gilt die Erfüllung des Abfindungsanspruchs nicht als Rückzahlung der Einlage des Kommanditisten. [2]Ab dem Zeitpunkt des Ausscheidens haftet der ausgeschiedene Kommanditist nicht für Verbindlichkeiten der Investmentkommanditgesellschaft.

(7) Bei geschlossenen Publikumsinvestmentkommanditgesellschaften sind Sacheinlagen unzulässig.

In der Fassung vom 4.7.2013 (BGBl. I 2013, S. 1981).

Schrifttum: *BaFin*, Auslegungsschreiben zum Anwendungsbereich des KAGB und zum Begriff des „Investmentvermögens" vom 14.6.2013 (zuletzt geändert am 9.3.2015), abrufbar unter: https://www.bafin.de/SharedDocs/Veroeffentlichungen/DE/Auslegungsentscheidung/WA/ae_130614_Anwendungsber_KAGB_begriff_invvermoegen.html; *BaFin*, Musterbausteine für Kostenklauseln geschlossener Publikumsinvestmentvermögen (Stand 30.9.2014), abrufbar unter: https://www.bafin.de/SharedDocs/Downloads/DE/Merkblatt/WA/dl_140930_musterbaustein_kosten_geschl_svm.html; *Carny*, Häufig gestellte Fragen zum KAGB, BaFin-Seminar vom 25.11.2015, abrufbar unter: file:///C:/Users/wa/Downloads/dl_151130_Seminar-Investmentrecht_H%C3 %A4ufige%20Fragen.pdf; *ESMA*, Leitlinien zu Schlüsselbegriffen der Richtlinie über die Verwalter alternativer Investmentfonds (AIFMD) (berichtigte Fassung vom 30.1.2014), ESMA/2013/611; *Menkel*, Rückzahlung gewinnunabhängiger Ausschüttungen als erneute Zahlung der Einlage, NZG 2018, 731; *Möllers/Kloyer*, Das neue Kapitalanlagegesetzbuch, 2013; *Paul*, Sanieren oder Ausscheiden (Teil 2) – Aufsichts- und kapitalanlagerechtliche Problemfelder, GWR 2015, 463; *Pöschke/Steenbreker*, Gewinnunabhängige Auszahlungen an Kommanditisten, NZG 2016, 841; *Sahavi*, Häufige Fragen zum Kapitalanlagegesetzbuch (KAGB), BaFin-Seminar zum KAGB vom 6.10.2014, abrufbar unter: file:///C:/Users/wa/Downloads/dl_141006_KAGB-Seminar_Vortrag1.pdf; *von Rummel/Enge*, „Sanieren oder Ausscheiden" in der Kommanditgesellschaft, NZG 2017, 256; *Wagner*, Geschlossene Fonds gemäß dem KAGB, ZfBR 2015, 113; *Stöber*, Die Haftung der Anleger notleidender Immobilienfonds in der Rechtsform einer Personengesellschaft, NZG 2011, 738; *Stöber*, Persönliche Haftung für Gesellschaftsschulden bei mittelbarer Beteiligung an Immobilienfonds-Personengesellschaften, NJW 2013, 832; *Wertenbruch*, Das Stimmrecht von Treugebern, stillen Gesellschaftern und Unterbeteiligten in der Personengesellschaft, NZG 2017, 81; *Wertenbruch*, Gesamtschuldregress sanierender Treugeber und stiller Gesellschafter – „Sanieren ohne Ausscheiden", NZG 2016, 401; *Westermann/Wertenbruch*, Handbuch Personengesellschaften, ErgLfg. 58, Februar 2014; *Wiedemann*, Alte und neue Kommanditgesellschaften, NZG 2013, 1041. Im Übrigen wird auf das Schrifttum zu § 149 verwiesen.

I. Regelungsgegenstand und -zweck

1 § 152 Abs. 1 KAGB reguliert die zugelassenen Beteiligungsformen von Anlegern an geschlossenen InvKGen. § 152 Abs. 2, 4–6 KAGB dienen dazu, die unbegrenzte Außenhaftung des Anlegers, die vor Eintragung der InvKG und des Beitritts des Kommanditisten in das Handelsregister, bei (teilweiser) Rückzahlung seiner Einlage und bei Ausscheiden aus der InvKG eintreten kann, zu vermeiden. § 152 Abs. 3 KAGB schließt eine Nachschuss- und Verlustausgleichspflicht im Innenverhältnis aus. § 152 Abs. 6 KAGB erklärt Sacheinlagen bei Publikums-InvKGen wegen des Risikos von Fehlbewertungen der Sacheinlagen für unzulässig.

2 § 152 KAGB bezweckt damit den Anlegerschutz, in dem der Anleger im Außen- und Innenverhältnis **haftungsrechtlich wie bei der Beteiligung an einer Kapitalgesellschaft**, im KAGB die InvAG, gestellt wird.[1] Mit Ausnahme des Sacheinlageverbots (vgl. §§ 109 Abs. 5, 141 Abs. 2 KAGB) finden sich deshalb zu § 152 KAGB keine entsprechenden Normen bei der InvAG mit veränderlichem Kapital und der InvAG mit fixem Kapital, weil sich hier der von § 152 KAGB bezweckte Anlegerschutz bereits durch die Rechtsform ergibt. Hingegen existieren vergleichbare Regeln für die offene InvKG in §§ 127, 133 Abs. 2 KAGB, mit Ausnahme des Sacheinlageverbots, das nur für die Publikums-InvKGen gilt.

II. Die Beteiligung der Anleger an der geschlossenen Investmentkommanditgesellschaft

1. Die Beteiligten an einer Investmentkommanditgesellschaft

a) Grundsatz

3 Da die InvKG in der handelsrechtlichen Rechtsform der Kommanditgesellschaft besteht (s. § 149 Rz. 3), müssen auch bei der InvKG zwei Gruppen von Gesellschaftern vorhanden sein:
– der **persönlich haftende Gesellschafter (Komplementär)**, der wie ein OHG-Gesellschafter persönlich, unbeschränkt und nach außen den Gläubigern gegenüber unbeschränkt haftet und

1 Vgl. *Wiedemann*, NZG 2013, 1041 (1042): Hinwendung zur Aktionärsstruktur.

- der **Kommanditist**, der seine Haftung nach außen auf die im Handelsregister einzutragende Haftsumme beschränken kann und nach der Konzeption des HGB von der Geschäftsführung (§ 164 HGB) und nach außen von der Vertretung (§ 170 HGB) ausgeschlossen ist.

Nach h.M.[2] kann **ein und dieselbe Person nicht zugleich Komplementär und Kommanditist** sein. Beteiligt sich beispielsweise eine juristische Person als Kommanditist an einer Spezial-InvKG, kann diese nicht zugleich Komplementär sein. Beerbt eine natürliche Person als Komplementär einen Kommanditisten, so hält diese Person nicht zugleich einen Komplementär- und einen Kommanditanteil, vielmehr vereinigen sich beide Anteile zu einem einheitlichen Komplementäranteil.[3] Im gleichen Sinne äußert sich auch der Gesetzgeber.[4] 4

b) Komplementär

Der Komplementär ist notwendiger Gründungsgesellschafter der InvKG. Da eine Einlageleistung des Komplementärs gesetzlich nicht vorgeschrieben ist, beteiligt er sich an der InvKG **i.d.R. nicht mit einer eigenen Kapitaleinlage**, wie dies schon vor Einführung des KAGB bei geschlossenen Fonds in der Rechtsform der GmbH & Co. KG üblich war. 5

Wie schon bei geschlossenen inländischen Fonds vor dem Inkrafttreten des KAGB, werden geschlossene InvKGen i.a.R. als **GmbH & Co. KG** aufgelegt. Eine von dem Initiator für diesen Zweck eigens gegründete GmbH nimmt die Stellung des Komplementärs ein. Der oder die Gesellschafter der GmbH stammen daher regelmäßig aus dem Kreise des Initiators. 6

Bei Spezial-InvKGen ist es jedoch auch denkbar, dass der oder die **Anleger Gesellschafter der GmbH** sind, insbesondere wenn diese die Spezial-InvKG konzeptionieren und über die Geschäftsführung die Geschicke der Gesellschaft selbst bestimmen wollen. Ein Widerspruch zu investmentrechtlichen Grundsätzen ist hierin nicht zu sehen. Im Gegenteil ist auch bei der InvAG mit fixem Kapital vorgesehen, dass im Falle einer Spezial-InvAG ausschließlich Unternehmensaktien ausgegeben werden können (§ 109 Abs. 1 Satz 1 Halbs. 2 KAGB), so dass auch dort bei entsprechender Ausgestaltung der Satzung die Anleger über entsprechende Beschlüsse der Hauptversammlung auf die Geschäftsführung Einfluss nehmen können. Der Gleichklang zur InvKG kann dadurch hergestellt werden, dass sich die Anleger an der Komplementär-GmbH beteiligen. 7

Darüber hinaus ist es bei einer Spezial-InvKG möglich und zulässig, dass der einzige Anleger-Kommanditist einziger Gesellschafter der Komplementär-GmbH ist, mithin die Spezial-InvKG in der Rechtsform einer **Einpersonen-GmbH & Co. KG**[5] betrieben wird. Dem steht auch nicht das gesetzliche Gebot in § 152 Abs. 1 Satz 1 KAGB entgegen, dass sich Anleger an der InvKG nur als Kommanditist beteiligen dürfen, denn die betreffende Person beteiligt sich an der Komplementär-GmbH nicht in der Eigenschaft als Anleger, da die zur Beteiligung an der GmbH aufgewandten Mittel nicht der Anlage gemäß einer festgelegten Anlagestrategie dienen[6] (zum Begriff des „Anlegers" näher Rz. 22 f.). 8

Konsequent bestehen aus diesem Grunde auch bei einer Publikums-InvKG keine grundlegenden Bedenken gegen die Zulässigkeit der Beteiligung einzelner Anleger-Kommanditisten an der Komplementär-GmbH. Denn es kann den Anlegern nicht verwehrt werden, über ihre Anlage als Kommanditist an der InvKG hinaus Unternehmensbeteiligungen einzugehen, und sei es die Beteiligung an der Komplementär-GmbH derselben InvKG. Freilich ist diese Möglichkeit nur theoretisch, da die Initiatoren in der Praxis eine Mitbeteiligung der Anleger an der Komplementär-GmbH ausschließen werden. 9

Bei einer Spezial-InvKG ist es darüber hinaus denkbar und zulässig, dass die InvKG selbst alleiniger Gesellschafter der Komplementär-GmbH ist (sog. **Einheits-GmbH & Co. KG**),[7] sofern die Anlagebedingungen eine solche Beteiligung zulassen. Auch eine solche Struktur kommt in der Praxis nur in Betracht, wenn die Spezial-InvKG von dem oder den Anlegern initiiert und konzipiert wird. 10

2 *Casper* in Staub, Großkomm. HGB, 5. Aufl. 2014, § 161 HGB Rz. 22; *Grunewald* in MünchKomm. HGB, 3. Aufl. 2012, § 161 HGB Rz. 4; *Oetker* in Oetker, § 161 HGB Rz. 8 m.w.N.

3 *Casper* in Staub, Großkomm. HGB, 5. Aufl. 2014, § 161 HGB Rz. 22 m.w.N; *Oetker* in Oetker, § 161 HGB Rz. 8.

4 Vgl. BT-Drucks. 17/12294, 251.

5 Vgl. hierzu *Casper* in Staub, Großkomm. HGB, 5. Aufl. 2014, § 161 HGB Rz. 85; *Roth* in Baumbach/Hopt, Anh § 177a HGB Rz. 6.

6 A.A. *Paul* in Weitnauer/Boxberger/Anders, § 152 KAGB Rz. 4.

7 Vgl. hierzu *Casper* in Staub, Großkomm. HGB, 5. Aufl. 2014, § 161 HGB Rz. 89; *Roth* in Baumbach/Hopt, Anh § 177a HGB Rz. 8.

11 Auch bei einer Publikums-InvKG könnten die Anlagebedingungen gem. § 261 Abs. 1 Nr. 4 KAGB den Erwerb von GmbH-Anteilen vorsehen. Gleichwohl ist die Einheits-GmbH & Co. KG bei der Publikums-InvKG wiederum nur von theoretischer Bedeutung, denn es ist regelmäßig nicht im Interesse der Privatanleger, sich selbst an der Komplementär-GmbH zu beteiligen. Ihre Interessen sind eher auf eine passive Geldanlage in ein vom Initiator bereitgestelltes Anlagevehikel mit feststehender Organisationsstruktur ausgerichtet.

12 Bei der geschlossenen InvKG können auch **mehrere Komplementäre** bestehen. In der Praxis begegnet man gelegentlich Gestaltungen, bei denen neben der GmbH eine natürliche Person als Komplementär bestellt wird und mit gewissen Geschäftsführungsbefugnissen ausgestattet ist. Grund für diese Gestaltung ist die Vermeidung der gewerblichen Prägung der InvKG gem. § 15 Abs. 3 Nr. 2 Satz 1 EStG. Denn selbst wenn die InvKG selbst – wie zumeist – keine gewerbliche Tätigkeit ausübt, gilt ihr Betrieb als „gewerblich", wenn bei ihr ausschließlich eine Kapitalgesellschaft als persönlich haftender Gesellschafter beteiligt ist und nur diese zur Geschäftsführung befugt ist. Da allerdings die Einschaltung einer natürlichen Person mit Erschwernissen verbunden sein kann, hat sich heute in der Praxis die Bestellung eines geschäftsführenden Kommanditisten als Gestaltung durchgesetzt.

c) Geschäftsführender Kommanditist

13 Durch die Bestellung eines geschäftsführenden Kommanditisten wird ebenfalls vermieden, dass eine gewerbliche Prägung gem. § 15 Abs. 3 Nr. 2 Satz 1 EStG entsteht, da damit nicht nur die Kapitalgesellschaft als Komplementär mit der Geschäftsführung betraut ist. Der geschäftsführende Kommanditist wird ebenfalls vom Initiator – i.a.R. in der Rechtsform einer GmbH – gestellt, weshalb dieser auch in erheblichem Umfang neben dem Komplementär mit Geschäftsführungsaufgaben betraut sein kann.[8]

14 Der geschäftsführende Kommanditist ist zumeist auch **Gründungskommanditist**, weshalb er eine eigene Einlage in marginaler Höhe leistet. Wegen des Sacheinlageverbots in § 152 Abs. 7 KAGB ist es bei einer geschlossenen Publikums-InvKG nicht zulässig, dass der geschäftsführende Kommanditist seine Geschäftsführungsleistungen als Einlage erbringt (s. Rz. 111).

d) Treuhandkommanditist

15 Für Publikums-InvKGen sieht das KAGB in § 152 Abs. 1 Satz 2 KAGB vor, dass sich Anleger auch über einen Treuhandkommanditisten an der Gesellschaft beteiligen können. Auch der Treuhandkommanditist ist i.a.R. eine GmbH und gehört zu der vom Initiator bereitgestellten Fondsstruktur. Gesellschafter des Treuhandkommanditisten ist daher entweder eine aus dem Kreis des Initiators stammende Person oder ein Drittanbieter, der die Dienstleistungen eines Treuhandkommanditisten erbringt. Der Treuhandkommanditist gehört ebenfalls häufig zu den Gründungsgesellschaftern der InvKG. In diesem Falle haftet er bei einer schuldhaften Verletzung der Aufklärungspflicht den Anlegern gegenüber nach den Regeln der Prospekthaftung im weiteren Sinne.[9] Möglich wäre aber auch eine Gestaltung, bei der er – ohne Leistung einer eigenen Einlage – gleichzeitig mit dem ersten Anleger-Treugeber der InvKG beitritt.

e) Weitere Beteiligte aus der Sphäre des Initiators

16 Darüber hinaus sind in der Praxis zuweilen weitere beteiligte Gesellschafter einer InvKG anzutreffen, die bei der Konzeption mit eingebunden werden. So kann für die Vereinnahmung einer variablen Erfolgsvergütung (*carried interest*) ein eigener Kommanditist (**„Carry-KG"**)[10] vorgesehen sein. Auch ein sog. **Platzierungsgarant**, der vom Initiator gestellt und am Ende der Zeichnungsfrist als Anleger-Kommanditist beitritt, wenn das angestrebte Platzierungsvolumen nicht erreicht wird, wird gelegentlich vorgesehen, um die Platzierungschancen der InvKG zu erhöhen. Für die Platzierungsgaranten gelten häufig Sonderregeln betreffend die Ausübung des Stimmrechts, um eine Dominanz des aus der Sphäre des Initiators stammenden Gesellschafters zu vermeiden.

8 Allg. Meinung, vgl. *Casper* in Staub, Großkomm. HGB, 5. Aufl. 2014, § 164 HGB Rz. 33; *Roth* in Baumbach/Hopt, § 164 HGB Rz. 7. Der BGH erlaubt sogar die alleinige Geschäftsführung durch einen Kommanditisten, BGH v. 9.12.1968 – II ZR 33/67, BGHZ 51, 198 (201).
9 BGH v. 9.7.2013 – II ZR 9/12, WM 2013, 1597 (1598).
10 Siehe hierzu *Ulrich*, Private Equity (LBO) vor und nach dem Inkrafttreten des KAGB, S. 206 ff.

f) Anleger-Kommanditisten und Anleger-Treugeber

Allen vorgenannten, dem Kreise des Initiators zuzurechnenden Beteiligten stehen die Anleger-Kommanditisten als rein kapitalistisch beteiligte Gesellschafter gegenüber. Die Anleger-Kommanditisten sind stets von der Geschäftsführung ausgeschlossen (§ 164 HGB) und auf die Einsichts- und Kontrollrechte gem. § 166 HGB beschränkt. Gleiches gilt für die Anleger-Treugeber einer Publikums-InvKG, falls dort eine Beteiligung über einen Treuhandkommanditisten vorgesehen ist. Die Anleger-Treugeber werden den Anleger-Kommanditisten weitgehend gleichgestellt (§ 152 Abs. 1 Satz 3 KAGB, dazu näher Rz. 43 ff.). 17

g) Gesellschaftsrechtliche Beteiligung der externen Kapitalverwaltungsgesellschaft

Eine externe KVG kann selbst **Komplementär** oder **geschäftsführender Kommanditist** einer InvKG sein.[11] Eine solche Doppelfunktion von KVG und organschaftlicher Geschäftsführung ist angesichts der inhaltlichen Überschneidung von Anlagebedingungen und Gesellschaftsvertrag (s. § 151 Rz. 5 ff.) zu begrüßen. Gleichwohl muss die KVG im Interesse der Rechtssicherheit und Rechtsklarheit bei ihrer Tätigkeit deutlich machen, ob sie in ihrer Eigenschaft als externe KVG oder Geschäftsführer der InvKG handelt. Die Abgrenzung ist nach dem originären Zuständigkeitsbereich der KVG – kollektive Vermögensverwaltung gem. § 1 Abs. 19 Nr. 24 KAGB und Katalog in Anhang I der AIFM-RL – zu treffen: Alles was zu diesem Zuständigkeitsbereich gehört, darf die KVG nicht als geschäftsführendes Organ der InvKG wahrnehmen. 18

Gerade in diesem Punkt unterscheidet sich die gesellschaftsrechtliche Einbindung der externen KVG von der intern verwalteten KVG (§ 17 Abs. 2 Nr. 2 KAGB): Da hier die KVG mit der InvKG identisch ist, werden die Aufgaben der KVG von der organschaftlichen Geschäftsführung der InvKG wahrgenommen. 19

Die externe KVG kann ferner **Treuhandkommanditist** der InvKG sein.[12] Auch eine solche Doppelfunktion ist grundsätzlich zu begrüßen, da die KVG ihre Aufgaben ausschließlich im Interesse der Anleger wahrnehmen muss (§ 26 Abs. 1 KAGB). Die auf das gleiche Interesse gerichteten Dienstleistungen des Treuhandkommanditisten ergänzen sich hierzu. Etwaige Interessenkonflikte dürften sich daraus nicht ergeben oder sollten beherrschbar sein.[13] Macht z.B. der Treuhandkommanditist einen Freistellungsanspruch gegen einen Anleger geltend (s. Rz. 51), so ist diese Geltendmachung regelmäßig im Interesse der InvKG und damit auch der übrigen Anleger. 20

2. Anleger bei einer geschlossenen Investmentkommanditgesellschaft

Obwohl im KAGB häufig verwendet, ist der Begriff „Anleger" nicht definiert. Man könnte den Begriff in zeitlicher Hinsicht von demjenigen der Gründer abgrenzen, da der Beitritt der Anleger eine bereits bestehende InvKG voraussetzt.[14] Die Abgrenzung wird jedoch unscharf, wenn z.B. Anleger an der Konzeption einer Spezial-InvKG mitwirken oder Gründungsgesellschafter über ihre Beteiligung an der InvKG vom Anlageerfolg profitieren. 21

Präziser dürfte es daher sein, den Anlegerbegriff unter Verweis auf die konstituierenden Elemente des Investmentvermögens in § 1 Abs. 1 KAGB **funktional zu definieren** als diejenige Person, die Kapital einem Organismus mit dem Zweck überträgt, dass dieser das Kapital gemäß einer festgelegten Anlagestrategie zum Nutzen dieses Anlegers investiert. Daraus folgt konsequent, dass die Gründungsgesellschafter, soweit sie eine Kapitaleinlage in die InvKG geleistet haben, grundsätzlich nicht als Anleger anzusehen sind, weil sie ihr Kapital nicht zum Zwecke der Anlage gemäß einer Anlagestrategie eingezahlt haben, sondern um den Gründungsvorgang der InvKG zu bewirken. 22

Der Komplementär, der geschäftsführende Kommanditist und der Treuhandkommanditist sind daher nicht als Anleger anzusehen. Bei einer Spezial-InvKG müssen diese Gesellschafter nicht als professionelle oder semiprofessionelle Anleger qualifizieren.[15] Anders ist das bei der sog. „Carry-KG" (s. Rz. 16) zu beurteilen, 23

---

11 *Sahavi*, Häufige Fragen zum Kapitalanlagegesetzbuch (KAGB), BaFin-Seminar zum KAGB v. 6.10.2014, Folien 8 u. 9; so bereits *Wallach*, ZGR 2014, 289 (302).

12 Ebenso inzidenter *BaFin*, Musterbausteine für Kostenklauseln geschlossener Publikumsinvestmentvermögen (Stand 30.9.2014), Ziffer 11.a), abrufbar unter: https://www.bafin.de/SharedDocs/Downloads/DE/Merkblatt/WA/dl_140930_musterbaustein_kosten_geschl_svm.html.

13 Vgl. *Paul* in Weitnauer/Boxberger/Anders, § 152 KAGB Rz. 13.

14 So *Paul* in Weitnauer/Boxberger/Anders, § 152 KAGB Rz. 2.

15 *Sahavi*, Häufige Fragen zum Kapitalanlagegesetzbuch (KAGB), BaFin-Seminar zum KAGB v. 6.10.2014, Folie 4.

da diese, obwohl u.U. Gründungskommanditist, ihre Einlage mit dem Zweck leistet, eine erfolgsbezogene Vergütung zu erlangen, die sich am Anlageerfolg des eingezahlten und angelegten Kapitals orientiert.[16]

3. Beteiligung der Anleger nur unmittelbar als Kommanditist

24 § 152 Abs. 1 Satz 1 KAGB verlangt, dass sich die Anleger nur unmittelbar als Kommanditisten an der InvKG beteiligen dürfen. Zum Rechtsformzwang hinsichtlich der zulässigen Rechtsformen für inländische geschlossene Investmentvermögen (§ 139 KAGB) tritt somit ein **Rechtsformzwang hinsichtlich der zulässigen Form der Beteiligung** hinzu.

25 Wichtigste praktische Rechtsfolge ist, dass **jede andere Beteiligungsform der Anleger ausgeschlossen** ist. Insbesondere stehen bis zum Inkrafttreten des KAGB durchaus gebräuchliche Beteiligungsformen wie die stille Beteiligung, Genussrechte oder die Unterbeteiligung nicht mehr zur Verfügung.[17] Dies überrascht, weil der Gesetzgeber bei der weiten Definition des „Investmentvermögens" keine Einschränkungen hinsichtlich der Form der Beteiligung an dem Organismus gemacht hat und daher die BaFin[18] jede rechtliche Form der Beteiligung gleich ob gesellschaftsrechtlich, mitgliedschaftlich oder schuldrechtlich, als erfasst ansieht. Die stille Beteiligung und Genussrechte werden ausdrücklich als Beispiele genannt.

26 Im Bereich der **Publikums-InvKG** kann man für diesen Rechtsformzwang bei der Beteiligung ein gewisses Verständnis aufbringen, da man es als im Interesse des Anlegerschutzes liegend ansehen kann, das Privatanleger von häufig komplexen und schwer durchschaubaren Beteiligungsformen verschont und auf die übliche Beteiligung als Kommanditist beschränkt werden. Dies erleichtert auch die Absicht des Gesetzgebers, zum Schutze des Anlegers gezielt in die Regelung der Kommanditbeteiligung im HGB einzugreifen und ein Sonderrecht für Kommanditisten der InvKG zu schaffen, wie dies in § 152 Abs. 2 bis 6 KAGB geschehen ist.

27 Die vorstehenden Erwägungen gelten jedoch nicht für die professionellen oder semiprofessionellen Anleger der **Spezial-InvKG.** Da die Anleger weniger schutzbedürftig sind und mit verschiedenen Beteiligungsformen an Personengesellschaften vertraut sein dürften, ist der Rechtsformzwang der Beteiligung bei der Spezial-InvKG sachlich nicht zu rechtfertigen. Da in anderen europäischen Rechtsordnungen[19] alternative Beteiligungsformen zulässig sind, bedeutet der Rechtsformzwang zugleich eine Benachteiligung der inländischen InvKG im Wettbewerb mit anderen europäischen Fondsstandorten.

28 § 152 Abs. 1 Satz 1 KAGB verbietet es nicht, dass sich Personen **mittelbar über rechtsfähige Gesellschaften** an der geschlossenen InvKG beteiligen und ihnen das Ergebnis der unmittelbaren Beteiligung der Gesellschaft wirtschaftlich zugute kommt. „Anleger" i.S.d. § 152 Abs. 1 Satz 1 KAGB ist hier vielmehr nur die unmittelbar an der InvKG beteiligte rechtliche Einheit. Diese Auslegung entspricht auch den Vorstellungen des Gesetzgebers, indem er in § 261 Abs. Nr. 5 KAGB den Erwerb von Anteilen an geschlossenen Publikums-AIF durch einen geschlossenen inländischen Publikums-AIF als zulässig ansieht.

29 Wegen des funktionalen Begriffs des Anlegers (s. Rz. 22) ist es derselben Person nicht durch § 152 Abs. 1 Satz 1 KAGB untersagt, sich an Gründungsgesellschaften der InvKG zu beteiligen. Die Kapitalbeteiligung erfolgt hier nicht zu dem Zweck der Anlagetätigkeit der InvKG, sondern um die für die Gründung notwendigen Voraussetzungen zu schaffen. So könnte z.B. bei konzerninternen InvKGen, an denen sich eine Konzerngesellschaft als Anleger beteiligt, ein praktisches Bedürfnis bestehen, dass sich diese Konzerngesellschaft unmittelbar oder mittelbar über eine Tochtergesellschaft an den Gründungsgesellschaftern beteiligt. Es gibt keinen sachlichen Grund, eine solche Gestaltung nicht zuzulassen.

4. Mittelbare Beteiligung der Anleger über einen Treuhandkommanditisten

a) Einräumung der Möglichkeit mittelbarer Beteiligung bei Publikumsinvestmentkommanditgesellschaften

30 Bei Publikumskommanditgesellschaften, deren Anteile an eine Vielzahl von Anlegern platziert werden, war es auch schon bisher üblich, dass sich die Anleger über einen Treuhandkommanditisten an der Komman-

---

16 So zutreffend *Sahavi*, Häufige Fragen zum Kapitalanlagegesetzbuch (KAGB), BaFin-Seminar zum KAGB v. 6.10.2014, Folie 6.

17 Vgl. *Könnecke* in Baur/Tappen, § 152 KAGB Rz. 13.

18 BaFin, Auslegungsschreiben zum Anwendungsbereich des KAGB und zum Begriff des „Investmentvermögens" (Stand 9.3.2015), Ziff. I. 1.

19 So wird in Luxemburg auf das allgemeine Gesellschaftsrecht verwiesen, ohne dass eine Einschränkung hinsichtlich der Beteiligungsform vorgeschrieben ist, vgl. Art. 26 Abs. 1 Law of 13th February, 2007 Relating to Specialised Investment Funds und Art. 24 Abs. 1 of Law of 23 July 2016 on Reserved Alternative Investment Funds.

ditgesellschaft beteiligen, da die Eintragung einer Vielzahl von Kommanditisten im Handelsregister kosten- und zeitaufwendig ist. Zugleich hat die Treuhandkonstruktion für den Anleger den Vorteil der Anonymität, weil ihre Namen im Handelsregister nicht erscheinen.

Der Gesetzgeber[20] greift diese Praxis auf und ermöglicht es Anlegern in § 152 Abs. 1 Satz 2 KAGB, sich an Publikums-InvKGen mittelbar über einen Kommanditisten (Treuhandkommanditist) zu beteiligen. 31

Sachlich nicht zu rechtfertigen ist die **Beschränkung** der Möglichkeit der mittelbaren Beteiligung **auf Publikums-InvKGen**. Der Gesetzgeber überträgt damit das für offene InvKGen geltende Verbot der mittelbaren Beteiligung über einen Treuhandkommanditisten (§ 127 Abs. 1 Satz 2 KAGB) generell auf geschlossene Spezial-InvKGen. Die Begründung des Gesetzgebers,[21] das Eintragungserfordernis für den Anleger diene der Transparenz des Anlagevehikels greift hier ebenso wenig wie bei der offenen InvKG (kritisch hierzu s. § 127 Rz. 25 f.).[22] Wenn professionelle und semiprofessionelle Anleger sich an einem Spezial-AIF in der Rechtsform des Sondervermögens oder der geschlossenen InvAG beteiligen, wird deren Beteiligung nicht im Handelsregister eingetragen. Es ist daher nicht verständlich, weshalb die geschlossene Spezial-InvKG im Vergleich zu den anderen Rechtsformen benachteiligt wird. 32

Zwar ist das praktische Bedürfnis nach Vereinfachung des Eintragungsverfahrens bei der Spezial-InvKG wegen der typischerweise geringeren Anzahl der Anleger weniger stark ausgeprägt, gleichwohl fehlt ein sachlich überzeugender Grund, den Anlegern einer Spezial-InvKG die Flexibilität der Beteiligungsformen zu nehmen. Dabei ist ein praktisches Bedürfnis für die Beteiligung über einen Treuhandkommanditisten durchaus vorhanden. Zum einen können sich Beteiligungsangebote an Spezial-InvKGen an einen größeren anonymen Kreis professioneller und semiprofessioneller Anleger richten, so dass auch hier das Argument der Vereinfachung des Eintragungsverfahrens sticht. Zum anderen können professionelle und semi-professionelle Anleger ein legitimes Interesse an der Anonymität ihrer Anlage haben, wie dies etwas bei Family Offices der Fall ist. Der Ausschluss der mittelbaren Beteiligung an einer Spezial-InvKG über einen Treuhandkommanditisten ist daher abzulehnen und sollte vom Gesetzgeber korrigiert werden.[23] 33

Ferner stellt sich die Frage, ob § 152 Abs. 1 Satz 2 KAGB generell verbietet, dass sich Anleger an einer Spezial-InvKG über eine Treuhandstruktur beteiligen oder lediglich über einen vom Initiator bereits gestellten und im Gesellschaftsvertrag eingebundenen Treuhandkommanditisten. Der verunglückte Wortlaut in § 152 Abs. 1 Satz 1 KAGB, „nur unmittelbar als Kommanditisten", scheint darauf hinzudeuten, dass auch eine Beteiligung über einen vom Anleger selbst gewählten Treuhänder nicht zulässig sein soll. Auch der uneingeschränkte Wortlaut in § 152 Abs. 1 Satz 2 KAGB, „über einen Kommanditisten (Treuhandkommanditist)", scheint jeden Kommanditisten, der sich treuhänderisch für einen Anleger beteiligt, als „Treuhandkommanditisten" zu definieren. Dem ist jedoch entgegen zu halten, dass es den typischerweise sachkundigen und in der Strukturierung seiner Beteiligungen erfahrenen Anleger in einem Spezial-AIF überlassen sein muss, wie er seine Beteiligung rechtlich strukturiert. Schließlich können für die Wahl einer Treuhandstruktur legitime praktische, administrative oder rechtliche Gründe sprechen. § 152 Abs. 1 Satz 1 und 2 KAGB sind daher teleologisch einschränkend so auszulegen, dass bei einer Spezial-InvKG **lediglich die mittelbare Beteiligung über einen vom Initiator bereits gestellten, in den Gesellschaftsvertrag eingebundenen Treuhandkommanditisten unzulässig** ist.[24] 34

b) Rechtsstellung des Treuhandkommanditisten

Der Treuhandkommanditist ist häufig Gründungsgesellschafter und vornherein im Gesellschaftsvertrag als derjenige Gesellschafter vorgesehen, der in seinem Kommanditanteil die Beteiligung einer Vielzahl von Anlegern bündelt. 35

Es handelt sich um eine **echte Treuhand**, bei der nur der Treuhänder als Kommanditist an der Kommanditgesellschaft beteiligt ist und die Anleger als Treugeber nur schuldrechtlich über einen Treuhandvertrag mit der Kommanditgesellschaft verbunden sind.[25] 36

---

20 Vgl. BT-Drucks. 17/12294, 250.

21 BT-Drucks. 17/12294, 242.

22 Kritisch hierzu *Kloyer* in Möllers/Kloyer, Das neue Kapitalanlagegesetzbuch, S. 322; *Wallach*, ZGR 2014, 289 (305).

23 Kritisch auch *Hoffert* in Moritz/Klebeck/Jesch, § 152 KAGB Rz. 16; *Könnecke* in Baur/Tappen, § 152 KAGB Rz. 19 f.; *Wallach*, ZGR 2014, 289 (305).

24 So *Wallach*, ZGR 2014, 289 (305 f.); ebenso *Hoffert* in Moritz/Klebeck/Jesch, § 152 KAGB Rz. 17.

25 *Casper* in Staub, Großkomm. HGB, 5. Aufl. 2014, § 161 HGB Rz. 239; vgl. zur dogmatischen Einordnung auch *Schewe*, Kommanditgesellschaften im Regelungsbereich des Investmentrechts, S. 152.

37 **Rechtsfolge** ist, dass sich mit jedem Beitritt eines Anlegers der Anteil des Treuhandkommanditisten an der InvKG um den vom Anleger als Einlage eingezahlten Betrag und die für den Treuhandkommanditisten im Handelsregister eingetragene Haftsumme um die im Gesellschaftsvertrag für jeden Anleger bestimmte Haftsumme erhöhen. Jede andere Konstruktion würde den gesetzgeberischen Zweck der Vereinfachung des Eintragungsverfahrens nicht erreichen, da nur bei einer echten Treuhand lediglich der Treuhandkommanditist mit einer Handelsregistervollmacht ausgestattet werden muss.

38 Grundlage für die Rechtsbeziehung zwischen Treuhandkommanditist und Anleger-Treugeber bildet ein **Treuhandvertrag**, der getrennt vom Gesellschaftsvertrag abzuschließen ist. Der Treuhandvertrag ist damit ein bilateraler schuldrechtlicher Vertrag, der nicht von der Bereichsausnahme in § 310 Abs. 4 Satz 1 BGB erfasst wird und der Inhaltskontrolle gem. §§ 307 ff. BGB unterliegt.[26] Aus dem Treuhandvertrag ergibt sich die Verpflichtung des Treuhandkommanditisten gegenüber dem Anleger-Treugeber, dessen Rechte in der InvKG treuhänderisch wahrzunehmen, soweit der Anleger-Treugeber nicht ohnehin berechtigt und in der Lage ist, seine Rechte unmittelbar selbst auszuüben (s. Rz. 48). So ist der Treuhandkommanditist aufgrund seiner Nähe zur Geschäftsführung verpflichtet, sich selbst über die Situation der InvKG laufend zu informieren, die Kontrollrechte gem. § 166 HGB auszuüben und ggf. den Anleger-Treugebern Bericht zu erstatten.[27]

39 Über die Vermittlung der Beteiligung des Anleger-Treugebers hinaus sieht der Treuhandvertrag typischerweise **weitere Dienstleistungen** des Treuhandkommanditisten vor, wie z.B. die Verwaltung der Beteiligung, Führung eines Anlegerregisters, Kommunikation gegenüber den Anleger-Treugebern über gesellschaftsinterne Vorgänge. Die Grenze der Aufgaben, mit denen der Treuhandkommanditist im Treuhandvertrag betraut wird, ist sinnvollerweise dort zu ziehen, wo der originäre Zuständigkeitsbereich der externen KVG beginnt. Andernfalls müsste zwischen der KVG und dem Treuhandkommanditisten ein Auslagerungsvertrag abgeschlossen werden.

40 In der Literatur[28] ist die Frage aufgeworfen worden, ob die Beteiligung des Treuhandkommanditisten selbst ein Investmentvermögen in Gestalt eines Feeder-AIF i.S.d. § 1 Abs. 19 Nr. 13 KAGB darstellt. Dem steht jedoch die gesetzlich angeordnete Gleichstellung des Anleger-Treugebers mit direkt beteiligten Kommanditisten in § 152 Abs. 1 Satz 3 KAGB entgegen. Folge dieser Gleichstellung ist, dass der Anleger-Treugeber selbst unmittelbar Rechte (wie z.B. Anspruch auf Auszahlung von Ausschüttungen) und Pflichten (wie z.B. die Pflicht zur Leistung der Kapitaleinlage) gegenüber der InvKG hat (s. Rz. 49). Die Beteiligung des Treuhandkommanditisten vermittelt daher lediglich die gesetzlich angeordnete Gleichstellung des Anleger-Treugebers mit direkt beteiligten Kommanditisten. Sie hat im Hinblick auf die Merkmale des Investmentvermögens in § 1 Abs. 1 KAGB keine eigenständige Bedeutung.

41 Das Ergebnis ist nicht anders, wenn sich die Anleger-Treugeber im Verhältnis untereinander zum Zwecke einer eigenen Anlegerversammlung und einheitlichen Willensbildung organisiert haben, so dass von einer BGB-Innengesellschaft ausgegangen werden könnte. Auch eine solche BGB-Innengesellschaft stellt kein Investmentvermögen i.S.d. § 1 Abs. 1 KAGB dar, weil ihr Zweck eben auf diese interne Willensbildung begrenzt ist und folglich selbst kein Kapital von Anlegern einsammelt und keine Anlagen tätigt.[29]

42 Der Anteil des Treuhandkommanditisten an der InvKG stellt auch keine „Vermögensanlage" i.S.d. § 1 Abs. 2 Nr. 2 VermAnlG dar. Dem steht erneut die untergeordnete Bedeutung der Stellung des Treuhandkommanditisten als Vermittler einer der unmittelbaren Kommanditbeteiligung gleichgestellten Beteiligung des Anleger-Treugebers entgegen. Der Anteil des Treuhandkommanditisten an der InvKG tritt daher dem Treugeber gegenüber nicht als rechtlich selbständiges Treuhandvermögen gegenüber.

c) Rechtsstellung des Anleger-Treugebers

aa) Innenverhältnis

43 § 152 Abs. 1 Satz 3 KAGB bestimmt, dass der mittelbar über einen Treuhandkommanditist beteiligte Anleger im Innenverhältnis der Gesellschaft und der Gesellschafter zueinander die **gleiche Rechtsstellung wie**

---

26 BGH v. 23.4.2012 – II ZR 211/09, NJW-RR 2012, 937, 940; *Hoffert* in Moritz/Klebeck/Jesch, § 152 KAGB Rz. 27.

27 *Casper* in Staub, Großkomm. HGB, 5. Aufl. 2014, § 161 HGB Rz. 245.

28 *Hoffert* in Moritz/Klebeck/Jesch, § 152 KAGB Rz. 36 f.; *Könnecke* in Baur/Tappen, § 152 KAGB Rz. 29 ff.; *Paul* in Weitnauer/Boxberger/Anders, § 152 KAGB Rz. 5.

29 Zweifelnd *Könnecke* in Baur/Tappen, § 152 KAGB Rz. 31.

ein Kommanditist hat. Zu Recht wird in der Literatur[30] kritisiert, dass der Gesetzgeber wortkarg darüber bleibt, wie man sich genau die Gleichstellung vorzustellen hat.

Zunächst könnte daran gedacht werden, dass der Anleger-Treugeber mit den unmittelbar an der InvKG beteiligten Anleger-Kommanditisten gleichzustellen ist.[31] Das scheint eher nicht der gesetzgeberischen Intention zu entsprechen, der mit der Formulierung in § 152 Abs. 1 Satz 3 KAGB „gleiche Rechtsstellung *wie ein Kommanditist*", eine abstrakte Vorstellung von einer Kommanditistenstellung im Blick gehabt zu haben schien. Auch die Gesetzesbegründung spricht eher gegen diese Auffassung, da sie offenbar von der Perspektive des Anlegers ausgeht: „… der mittelbar über den Treuhandkommanditisten beteiligte Anleger so gestellt wird, *als ob er* direkt an der geschlossenen Publikumskommanditgesellschaft als Kommanditist beteiligt ist". Danach müsste der Anleger-Treugeber mit der im Treuhandvertrag festgelegten Rechtsstellung schuldrechtlich als Quasi-Kommanditist in die InvKG aufgenommen werden. Schließlich spricht gegen diesen Vergleich mit bereits beteiligten Anleger-Kommanditisten, dass es auch in einer InvKG zulässig ist, die Anleger durch Bildung von Anteilklassen mit unterschiedlichen Rechten auszustatten. Es ist deshalb auch zulässig, unmittelbar beteiligte Kommanditisten und mittelbar beteiligte Anleger jeweils getrennten Anteilklassen zuzuordnen.[32] 44

Auch wenig Aussicht auf Erfolg verspricht der Versuch, auf die bei einer geschlossenen InvKG „typische" Rechtsstellung eines Kommanditisten abzustellen. Denn auch wenn es sich bei geschlossenen Fonds in der Rechtsform der GmbH & Co. KG um eine seit langem etablierte Struktur handelt, ist die Ausformung der Rechte und Pflichten des Anleger-Kommanditisten im Detail recht unterschiedlich. An einem Marktstandard fehlt es auch deshalb, weil die gleichzeitige Direktbeteiligung von Kommanditisten bei einer Publikumskommanditgesellschaft mit Treuhänderstruktur eher selten ist. 45

Der Intention des Gesetzgebers und dem Schutzinteresse des Anleger-Treugebers kommt es daher am nächsten, wenn ihm die zum **Kernbereich des Kommanditisten** gehörenden Rechte, wie insbesondere das Recht zur Teilnahme an der Gesellschafterversammlung, das Stimmrecht, die Beteiligung am Gewinn, die Kontrollrechte gem. § 166 HGB, gewährt werden.[33] 46

Aus dem Wortlaut des § 152 Abs. 1 Satz 3 KAGB, „… *hat* … die gleiche Rechtsstellung wie ein Kommanditist", folgt, dass die Gleichstellung mit der Kernrechtsposition eines Kommanditisten **bereits durch Gesetz** erfolgt. Freilich bedarf es hierzu des die gesetzliche Gleichstellung auslösenden Abschlusses eines wirksamen Treuhandvertrages, ohne den es die mittelbare Beteiligung nicht geben kann. Es ist jedoch nicht erforderlich, dass Treuhandvertrag und Gesellschaftsvertrag explizit die Gleichstellung durch entsprechende Regelungen vertraglich umsetzen.[34] Gleichwohl ist die Aufnahme einer solchen Gleichstellungsklausel im Gesellschafts- und Treuhandvertrag empfehlenswert. Denn die Mitwirkungsrechte der Kommanditisten in der Gesellschaft sind im Gesellschaftsvertrag detailliert geregelt, so dass es der Rechtsklarheit dient, ausdrücklich zu regeln, dass die Anleger-Treugeber die gleichen Rechte oder – sofern der Kernbereich nicht berührt ist – abweichende Rechte haben. 47

Aus dem Wortlaut des § 152 Abs. 1 Satz 3 KAGB und dem Anlegerschutzinteresse folgt ferner, dass der Anleger-Treugeber die Rechte des Kommanditisten **unmittelbar selbst ausüben kann** und nicht auf einen Anspruch gegen den Treuhandkommanditisten angewiesen ist, die Rechte für ihn treuhänderisch auszuüben.[35] So darf der Anleger-Treugeber selbst an der Gesellschafterversammlung teilnehmen, selbst das Stimmrecht ausüben[36] und hat einen eigenen Anspruch gegen die InvKG auf Ausübung der Kontrollrechte gem. § 166 HGB. Er kann ferner Ansprüche gegen die InvKG im Wege der **actio pro socio** geltend machen. 48

Die Kehrseite dieser unmittelbaren schuldrechtlichen Gleichstellung als Quasi-Kommanditist ist, dass der Anleger-Treugeber wie ein Kommanditist **auch unmittelbare Pflichten gegenüber der InvKG** hat. Hier ist insbesondere die Pflicht zur Leistung der Einlage zu nennen, die von der InvKG unmittelbar gegen den An- 49

30 *Casper*, ZHR 2015, 44 (70); *Könnecke* in Baur/Tappen, § 152 KAGB Rz. 39; *Wiedeman*, NZG 2013, 1041 (1045).

31 So *Könnecke* in Baur/Tappen, § 152 KAGB Rz. 39, 45.

32 *Wallach*, ZGR 2014, 289 (304).

33 *Wallach*, ZGR 2014, 289 (304); ebenso *Hoffert* in Moritz/Klebeck/Jesch, § 152 KAGB Rz. 31; *Wagner*, ZfBR 2015, 113 (117).

34 Ebenso *Könnecke* in Baur/Tappen, § 152 KAGB Rz. 40; *Wertenbruch*, NZG 2017, 81 (83).

35 *Freitag*, NZG 2013, 329 (334) (betreffend das Stimmrecht); *Oetker* in Oetker, § 161 HGB Rz. 209; *Wallach*, ZGR 2014, 289 (304); *Wertenbruch*, NZG 2017, 81 (83); wohl auch *Könnecke* in Baur/Tappen, § 152 KAGB Rz. 41.

36 *Freitag*, NZG 2013, 329 (334); *Wertenbruch*, NZG 2017, 81 (83); restriktiver *Casper*, ZHR 2015, 44 (71): Der Treuhand-Kommanditist müsse das Stimmrecht für den Treugeber nach dessen Vorgaben ausüben; a.A. *Stöber* in Westermann/Wertenbruch, Handbuch Personengesellschaften, ErgLfg. 58, Februar 2014, § 54a Rz. I 3170l.

leger-Treugeber geltend gemacht werden kann.[37] Ferner treffen den Anleger-Treugeber die Treuepflichten eines Kommanditisten (s. § 149 Rz. 23) unmittelbar.

bb) Außenverhältnis

50 Die Gleichstellung mit einem Kommanditisten bezieht sich nach dem insoweit klaren Wortlaut des § 152 Abs. 1 Satz 3 KAGB lediglich auf das Innenverhältnis zur Gesellschaft und zu den Gesellschaftern zueinander. Im Außenverhältnis verbleibt es daher dabei, dass der Anleger-Treugeber mangels Eintragung im Handelsregister **nicht unmittelbar gegenüber den Gläubigern der InvKG haftet**, unabhängig davon, ob er seine Einlage geleistet hat (vgl. § 171 Abs. 1 HGB) oder sie ihm zurückgewährt wurde (vgl. § 172 Abs. 4 Satz 1 HGB).[38]

51 Allerdings ist der Anleger-Treugeber damit nicht gegen Ansprüche von Gläubigern der InvKG abgeschirmt. So könnte der Anspruch der InvKG gegen den Anleger-Treugeber auf Leistung der Einlage (s. Rz. 49) von Gläubigern der InvKG gepfändet werden. Außerdem ist im Treuhandvertrag regelmäßig geregelt, dass der **Treuhandkommanditist gegen den Treugeber einen Freistellungsanspruch** hat, falls er von den Gläubigern der InvKG aufgrund seiner Außenhaftung als Kommanditist gem. §§ 171 ff. HGB in Anspruch genommen wird. Dieser Freistellungsanspruch kann von den Gläubigern der InvKG gepfändet werden,[39] mit der Folge, dass diese einen unmittelbaren Zahlungsanspruch gegen den Anleger-Treugeber erwerben. Nach ganz h.M.[40] ist der Freistellungsanspruch des Treuhandkommanditisten auch dann gegeben, wenn er nicht ausdrücklich im Treuhandvertrag vereinbart wurde. Denn der Treuhandvertrag ist als Geschäftsbesorgungsvertrag mit Dienstleistungscharakter zu qualifizieren;[41] der Freistellungsanspruch ergibt sich somit aus der Natur des Geschäftsbesorgungsverhältnisses (§ 257 BGB i.V.m. §§ 675, 670 BGB).

52 Die gleichen Rechtsfolgen treten ein, wenn der Freistellungsanspruch an den Gläubiger der zu tilgenden Forderung gegen die InvKG abgetreten wird.[42]

cc) Gleichstellung mit Anlegern und am Erwerb eines Anteils Interessierten

53 Gemäß § 152 Abs. 1 Satz 4 KAGB gilt der mittelbar beteiligte Anleger oder der am Erwerb einer mittelbaren Beteiligung Interessierte als „Anleger oder am Erwerb eines Anteils Interessierter" i.S.d. KAGB. Lt. der Gesetzesbegründung[43] soll es sich hierbei um eine Klarstellung handeln.

54 In der Tat liegt diese Klarstellung auf der Linie des Verständnisses der ESMA[44] und der BaFin[45] über die Anlegereigenschaft bei Treuhandstrukturen; wenn sich lt. Satzung, Gesellschaftsvertrag oder Anlagebedingungen nur der Treuhänder an dem Organismus beteiligen darf und dieser Treuhänder seinen Anteil für eine Vielzahl von Treugebern hält, blickt die BaFin in einer materiellen Betrachtung durch den Treuhänder durch und qualifiziert die Treugeber als Anleger.

55 Auch hier ist die Treuhänderstruktur bei der Publikums-InvKG von vornherein im Gesellschaftsvertrag festgeschrieben, und die Anleger können sich i.d.R. nur über den Treuhandkommanditisten an der InvKG beteiligen. Es handelt sich folglich in § 152 Abs. 1 Satz 4 KAGB nicht um eine gesetzliche Fiktion, sondern um eine **Klarstellung der ohnehin geltenden Rechtslage**. Hinzu kommt die gesetzlich angeordnete Gleichstellung mit einem unmittelbar beteiligten Kommanditisten in § 152 Abs. 1 Satz 3 KAGB, so dass die Gleichstellung mit „Anlegern" und „am Erwerb eines Anteils Interessierten" auch aus diesem Grunde konsequent ist.

56 Die Gleichstellung mit Anlegern und am Erwerb eines Anteils Interessierten hat **allein aufsichtsrechtliche Bedeutung**, indem Schutzvorschriften und Informationspflichten des KAGB unmittelbar zugunsten des mittelbar beteiligten Anlegers gelten. So muss z.B. die InvKG selbst dem am Erwerb der mittelbaren Betei-

---

37 *Casper* in Staub, Großkomm. HGB, 5. Aufl. 2014, § 161 HGB Rz. 239.

38 Ganz h.M., vgl. *Casper*, ZHR 2015, 44 (73) m.w.N; *Stöber* in Westermann/Wertenbruch, Handbuch Personengesellschaften, ErgLfg. 58, Februar 2014, § 54a Rz. I 3170m; *Stöber*, NZG 2011, 738 (739).

39 *Casper*, ZHR 2015, 44 (74); *Hoffert* in Moritz/Klebeck/Jesch, § 152 KAGB Rz. 35.

40 *Stöber*, NJW 2013, 832 (833); *Stöber* in Westermann/Wertenbruch, Handbuch Personengesellschaften, ErgLfg. 58, Februar 2014, § 54a Rz. I 3170m; *Wertenbruch*, NZG 2016, 401 (403) jeweils m.w.N.

41 *Paul* in Weitnauer/Boxberger/Anders, § 152 KAGB Rz. 5; *Stöber*, NJW 2013, 832 (833); *Stöber* in Westermann/Wertenbruch, Handbuch Personengesellschaften, ErgLfg. 58, Februar 2014, § 54a Rz. I 3170m.

42 *Casper* in Staub, Großkomm. HGB, 5. Aufl. 2014, § 161 HGB Rz. 255 m.w.N.

43 BT-Drucks. 17/12294, 250.

44 ESMA/2013/611 Rz. 18 f.

45 *BaFin*, Auslegungsschreiben zum Anwendungsbereich des KAGB und zum Begriff des „Investmentvermögens" (Stand 9.3.2015), Ziff. I. 4.

ligung Interessierten vor Vertragsschluss die Verkaufsunterlagen gem. § 297 Abs. 2 KAGB zur Verfügung stellen. Informationen mittels eines dauerhaften Datenträgers (z.B. in den Fällen der §§ 267 Abs. 3 Sätze 5 und 7, 300 Abs. 4 KAGB) müssen allen mittelbar beteiligten Anlegern mitgeteilt werden, wobei die elektronische Übermittlung unter den Voraussetzungen des § 167 Abs. 2 KAGB genügt. Eine Mitteilung lediglich an den Treuhandkommanditisten ist nicht ausreichend, da § 167 Abs. 3 KAGB, der unter den dort genannten Voraussetzungen eine Mitteilung an die depotführende Stelle genügen lässt, nicht entsprechend anwendbar ist.

III. Einlagenrückgewähr und Ausschüttungen

1. Rechtslage nach HGB und Praxis

Gemäß § 172 Abs. 4 HGB lebt die unmittelbare Außenhaftung des Kommanditisten wieder auf, wenn an ihn 57

- eine Zahlung erfolgt, die eine **Rückgewähr der Einlage** darstellt,
- eine Ausschüttung erfolgt, durch die sein Kapitalanteil unter den Betrag der Einlage sinkt (**verlustbegründende Ausschüttung**) oder
- eine Ausschüttung erfolgt, durch die sein Kapitalanteil, der geringer als der Betrag der Einlage ist, weiter reduziert wird (**verlusterhöhende Ausschüttung**).

Mit „Einlage“ ist im § 172 Abs. 4 HGB nicht die Pflichteinlage gemeint, die vom Kommanditisten im Innenverhältnis zu erbringen und auf einem getrennten Kapitalkonto (Kapitalkonto I) ausgewiesen ist. Hiervon ist wiederum der Kapitalanteil des Kommanditisten zu unterscheiden, der ausgehend vom Betrag der geleisteten Pflichteinlage durch Gewinne und Verluste der Kommanditgesellschaft variiert und auf einem weiteren Kapitalkonto (Kapitalkonto II) verbucht wird. Entscheidend ist die im Handelsregister eingetragene **Hafteinlage**[46]: Erfasst die Rückzahlung der Pflichteinlage auch die Hafteinlage, sinkt der Kapitalanteil durch die Ausschüttung unter den Betrag der Hafteinlage oder reduziert die Ausschüttung den Kapitalanteil noch weiter unterhalb der Hafteinlage, treten die in § 172 Abs. 4 HGB genannten Rechtsfolgen ein. 58

Da es um die Vermeidung dieser Rechtsfolgen geht, ist der Begriff **„Einlage“ in § 152 Abs. 2 Satz 1 KAGB** ebenfalls als **Hafteinlage** oder **Haftsumme** zu verstehen.[47] 59

In der Praxis wird das Risiko der Außenhaftung des Kommanditisten regelmäßig reduziert, in dem eine deutlich geringere Haftsumme im Gesellschaftsvertrag vereinbart und im Handelsregister eingetragen wird. 60

2. Erfordernis der Zustimmung

Zum Schutze des Kommanditisten verlangt § 152 Abs. 2 Satz 1 KAGB, dass die die Außenhaftung auslösenden Maßnahmen des § 172 Abs. 4 HGB **nur mit seiner Zustimmung** erfolgen dürfen. Obwohl § 152 Abs. 2 Satz 1 KAGB nur die Einlagenrückgewähr und die verlustbegründende Ausschüttung erwähnen, erfasst die Bestimmung nach ihrem Sinn und Zweck alle Formen der nicht gewinngedeckten Ausschüttung, einschließlich der verlusterhöhenden. 61

Da der Kommanditist nach Sinn und Zweck des § 152 Abs. 2 Satz 1 KAGB die Möglichkeit erhalten soll, die haftungsauslösende Maßnahme zu verhindern, muss die Zustimmung vor der Maßnahme vorliegen (Einwilligung).[48] 62

Der Schutzzweck der Norm verlangt außerdem, dass die Zustimmung **vor jeder konkreten Maßnahme** erteilt werden muss; eine abstrakte, im Vorhinein erklärte Zustimmung, z.B. in dem Beitrittsvertrag, genügt nicht. 63

Das Gesetz sagt nicht, in welcher Form die Zustimmung erteilt werden muss. Aus Beweiszwecken ist es jedoch dringend empfehlenswert, eine Zustimmung zumindest in Textform (§ 126b BGB) zu verlangen. Da die Maßnahme zumeist einen Beschluss der Gesellschafterversammlung voraussetzt, bietet es sich an, vorzusehen, dass die Zustimmung gleichzeitig mit der Stimmabgabe und in der gleichen Form abgegeben wird. 64

Aus Sinn und Zweck des § 152 Abs. 2 Satz 1 KAGB folgt ferner, dass Zustimmungen durch **Kollektiventscheidungen nicht ausreichen**. Wird der Gesellschafterbeschluss über die haftungsauslösende Maßnahme 65

46 Allg.M., vgl. *Casper* in Staub, Großkomm. HGB, 5. Aufl. 2014, § 174 HGB Rz. 9.
47 *Paul* in Weitnauer/Boxberger/Anders, § 152 KAGB Rz. 14; *Wallach*, ZGR 2014, 289 (316).
48 Ebenso *Casper*, ZHR 2015, 44 (67).

nur mehrheitlich, aber nicht einstimmig gefasst, so darf die Maßnahme zum Schutze der Kommanditisten, die ihre Zustimmung nicht erteilt haben, nicht umgesetzt werden. Etwas anderes ist nur denkbar, wenn die Auslegung des Gesellschaftsvertrages ergibt, dass die Auszahlung nur an die Kommanditisten erfolgen kann, die ihre Zustimmung erteilt haben. Das dürfte aber regelmäßig nicht der Fall sein, da ein Auseinanderdivergieren der Kapitalanteile unter den Kommanditisten vermieden werden soll.

3. Hinweispflicht

66 Bevor der Kommanditist seine Zustimmung erteilt, soll er vor den Folgen der Einlagenrückgewähr oder den nicht gewinngedeckten Ausschüttungen gewarnt werden. Deshalb ist in § 152 Abs. 2 Satz 2 KAGB vorgeschrieben, dass der Kommanditist vor seiner Zustimmung **auf die unmittelbare Haftung den Gläubigern der Gesellschaft gegenüber hinzuweisen** ist.

67 Wie bei der Einholung der Zustimmung (s. Rz. 62 f.) muss der Hinweis jeweils anlassbezogen **vor jeder haftungsauslösenden Maßnahme** erfolgen. Ein Hinweis in den schriftlichen Verkaufsunterlagen, wie z.B. in den Risikohinweisen des Verkaufsprospekts, genügt nicht. In der Praxis bietet es sich an, den Hinweis mit der Einholung der Zustimmung zu verknüpfen und den Kommanditisten zu bitten, eine Bestätigung über den Erhalt des Hinweises zusammen mit der Zustimmung zurückzusenden.

68 Obwohl das Gesetz auch für den Hinweis keine besondere Form vorsieht, versteht es sich von selbst, dass er aus Beweiszwecken wie die Zustimmung zumindest in Textform (§ 126b BGB) erfolgen sollte, vorausgesetzt, die entsprechende Kommunikationsform ist zuvor mit den Kommanditisten vereinbart worden.

69 Die **inhaltlichen Anforderungen** an den Hinweis ergeben sich aus der Warnfunktion: Der Kommanditist muss darüber aufgeklärt werden, dass ein Gläubiger der InvKG den Kommanditisten unmittelbar in der Höhe auf Zahlung in Anspruch nehmen kann, um den die Einlagenrückgewähr oder die Ausschüttung die Haftsumme unterschreitet. Dabei ist auch der konkrete Betrag zu nennen. Die inhaltlichen Anforderungen an den Hinweis sind umso höher je unerfahrener der Anleger ist.

4. Rechtsfolgen bei Verstoß gegen die Hinweis- und Zustimmungserfordernisse

70 Das Gesetz schweigt darüber, welche Rechtsfolgen eintreten, wenn eine Einlagenrückgewähr oder eine nicht gewinngedeckte Ausschüttung erfolgen, ohne dass eine Zustimmung des Kommanditisten oder eine Zustimmung ohne vorherigen Hinweis vorliegen.

71 Abzulehnen ist der Vorschlag[49] einer gespaltenen Rechtsfolge, je nachdem, ob es sich um Privatanleger – dann keine Haftung – oder professionelle oder semiprofessionelle Anleger – dann Außenhaftung – handelt. Es ist zwar richtig, dass hier zwischen Gläubiger- und Anlegerschutzinteressen abzuwägen ist. Gleichwohl fehlen für eine derart salomonische Lösung, beiden Interessen je nach Anlegertyp zur Geltung zu verhelfen, Anhaltspunkte im Gesetz.

72 Wollte man dem Anlegerschutz Geltung verhelfen, müsste man den der Einlagenrückgewähr oder Ausschüttung zugrundeliegenden Beschluss der Gesellschafterversammlung für unwirksam halten. Man hätte allerdings erwartet, dass der Gesetzgeber derartige Eingriffe, die dem Gläubigerschutz zuwider laufen, ausdrücklich angeordnet hätte. So erklärt der Gesetzgeber die lediglich das Innenverhältnis betreffende Abrede über eine Verlustausgleichspflicht für unwirksam (§ 152 Abs. 3 Satz 5 KAGB). Es ist auch zu erwarten, dass es über die Fragen, ob eine Zustimmung wirksam erteilt oder ein Hinweis ordnungsgemäß erfolgt ist, Streit geben wird, der sich über alle Gerichtsinstanzen hinweg jahrelang hinziehen kann. Es widerspricht dem Leitgedanken des Gläubigerschutzes in § 172 Abs. 4 HGB den Haftungsumfang des Kommanditisten klar und rechtssicher festzulegen,[50] wenn der Gläubiger gesellschaftsinternen Streitigkeiten mit für ihn unklarer Rechtslage ausgesetzt ist.

73 Vorzugswürdig scheint daher die Auffassung,[51] dass die ohne Zustimmung bzw. Hinweis erfolgte haftungsauslösende Einlagenrückgewähr oder Ausschüttung **wirksam** ist. Der Anleger ist damit auf einen Schadenersatzanspruch gegen die InvKG angewiesen, der auf Freistellung von Ansprüchen der Gesellschaftsgläubiger gegen ihn gerichtet ist.

---

49 So *Hoffert* in Moritz/Klebeck/Jesch, § 152 KAGB Rz. 56 f.; *Zetzsche*, AG 2013, 613 (625).
50 *Casper* in Staub, Großkomm. HGB, 5. Auf. 2014, § 174 HGB Rz. 6.
51 *Casper*, ZHR 2015, 44 (68); *Freitag*, NZG 2013, 329 (335); *Kobabe* in Möllers/Kloyer, Das neue Kapitalanlagegesetzbuch, S. 341.

5. Entsprechende Anwendung auf mittelbar beteiligte Anleger

§ 152 Abs. 2 Satz 3 KAGB **dehnt das Zustimmungserfordernis und die Hinweispflicht auf den mittelbar beteiligten Anleger aus.** Dieser unterliegt zwar nicht der unmittelbaren Außenhaftung gem. § 172 Abs. 4 HGB, ist aber gleichwohl Haftungsrisiken aus dem Treuhand- und Geschäftsbesorgungsverhältnis mit dem Treuhandkommanditisten ausgesetzt, die in einer Haftung den Gesellschaftsgläubigern gegenüber resultieren können (s. Rz. 51 f.). Es ist daher sachgerecht und im Hinblick auf die gesetzliche Gleichstellung mit direkt beteiligten Kommanditisten (§ 152 Abs. 1 Satz 3 KAGB) konsequent, die Hinweispflicht gegenüber den Anleger-Treugebern und deren vorherige Zustimmung zu haftungsauslösenden Maßnahmen zu verlangen. 74

Der **Inhalt der Hinweispflicht** an den Anleger-Treugeber ist entsprechend **anzupassen** und muss den Freistellungsanspruch des Treuhandkommanditisten und die durch Abtretung oder Pfändung ermöglichte Inanspruchnahme durch Gesellschaftsgläubiger sowie die Höhe des im Risiko stehenden Betrages umfassen. 75

Die **Zustimmung** hat der Anleger-Treugeber hingegen **unmittelbar zur Einlagenrückgewähr bzw. nicht gewinngedeckten Ausschüttung** zu erklären, da diese Maßnahmen ihn aufgrund der gesetzlichen Gleichstellung in § 152 Abs. 1 Satz 3 KAGB in seinem schuldrechtlichen Rechtsverhältnis zur Gesellschaft unmittelbar betreffen. 76

IV. Erlöschen des Anspruchs auf Einlageleistung und Ausschluss von Verlustausgleichs- und Nachschusspflichten

§ 152 Abs. 3 KAGB betrifft allein das Innenverhältnis des Anlegers zur InvKG und bezweckt, dass er bei Beteiligung an einer geschlossenen InvKG haftungsrechtlich im Innenverhältnis nicht schlechter gestellt wird als bei Beteiligung an einem Sondervermögen oder einer InvAG.[52] Aus diesem Grunde trifft § 152 Abs. 3 KAGB Regeln über das Erlöschen des Anspruchs auf Einlageleistung und den Ausschluss von Pflichten, entstandene Verluste auszugleichen oder Nachschüsse zu leisten. 77

1. Erlöschen des Anspruchs auf Einlageleistung

§ 152 Abs. 3 Satz 1 KAGB bestimmt, dass der Anspruch der InvKG gegen den Kommanditisten auf Leistung der Kommanditeinlage erlischt, sobald er die Einlage geleistet hat. Bei teilweiser Erfüllung der Einlagepflicht erlischt der Anspruch in dieser Höhe. Die Formulierung „sobald" ist daher im Sinne eines „soweit" zu verstehen.[53] 78

Da § 152 Abs. 3 KAGB allein das Innenverhältnis betrifft, ist mit „Einlage" nicht die im Außenverhältnis relevante Hafteinlage, sondern die **Pflichteinlage** gemeint, die der Kommanditist der InvKG nach den Bestimmungen des Gesellschaftsvertrages schuldet. 79

Weitere Konsequenz des Erlöschens der Einlageverpflichtung ist, dass der Anspruch auf Leistung der Einlage infolge von Kapitalmaßnahmen oder Ausschüttungen **nicht wieder auflebt.**[54] Ein solches Wiederaufleben der Haftung des Kommanditisten existiert nur im Außenverhältnis gem. § 172 Abs. 4 HGB. Der Kommanditist hat allerdings die Möglichkeit, eine freiwillige Einlage in das Gesellschaftsvermögen der InvKG zu leisten, um die wiederaufgelebte Außenhaftung zum Erlöschen zu bringen.[55] 80

Von dem wiederaufgelebten Anspruch auf Leistung der Einlage zu unterscheiden ist der Anspruch der InvKG gegen den Kommanditisten auf **Rückerstattung gezahlter Ausschüttungen**. Um die Attraktivität der Kapitalanlage zu erhöhen, sehen Gesellschaftsverträge insbesondere von Publikums-InvKGen häufig vor, dass überschüssige Liquidität (z.B. Mieteinnahmen aus einer Immobilie) an die Anleger ausgeschüttet wird, unabhängig davon, ob die Ausschüttung durch einen bilanziellen Gewinn gedeckt ist oder nicht. Bisweilen stehen die Ausschüttungen **unter dem Vorbehalt der Rückforderung**. Allerdings muss dieser Vorbehalt im Gesellschaftsvertrag klar und eindeutig zum Ausdruck kommen, da diesbezügliche Unklarheiten im Rahmen der Inhaltskontrolle (s. § 149 Rz. 28) zu Lasten der InvKG gehen.[56] Ansprüche der InvKG auf Rückerstattung gezahlter Ausschüttungen finden sich regelmäßig auch in Gesellschaftsverträgen von **Pri-** 81

52 Vgl. BT-Drucks. 17/12294, 250.
53 *Paul* in Weitnauer/Boxberger/Anders, § 152 KAGB Rz. 21.
54 So zutr. *Casper*, ZHR 2015, 44 (65); *Paul* in Weitnauer/Boxberger/Anders, § 152 KAGB Rz. 21.
55 So BGH v. 10.10.2017 – II ZR 353/15, ZIP 2018, 18 (20 f.); kritisch hierzu *Menkel*, NZG 2018, 731 (732 f.).
56 BGH v. 20.7.2017 – IX ZR 7/17, NZG 2017, 1025 (1026); BGH v. 16.2.2016 – II ZR 348/14, ZIP 2016, 518 (520); BGH v. 12.3.2013 – II ZR 73/11, WM 2013, 1167 (1169); OLG Nürnberg v. 22.12.2014 – 14 U 2588/13, ZIP 2015, 273; kritisch hierzu *Pöschke/Steenbreker*, NZG 2016, 841 (847).

vate Equity Fonds. Sie werden insbesondere relevant, wenn die InvKG ihrerseits Ansprüchen aus ihrem Investment ausgesetzt ist. Die Kommanditisten sind nach der gesellschaftsvertraglichen Regelung verpflichtet, die InvKG durch Rückerstattung erhaltener Ausschüttungen schadlos zu halten. Alle genannten Rückforderungsansprüche bleiben zulässig,[57] es sei denn, der Gesellschaftsvertrag ist so auszulegen, dass die Rückerstattung erhaltener Ausschüttungen als erneute Leistung von Einlagen gilt. Die Wirksamkeit derartiger Regelungen im Gesellschaftsvertrag ist jedoch wegen § 152 Abs. 3 Satz 1 KAGB zumindest bedenklich.

2. Keine Verlustausgleichs- und Nachschusspflichten

82 Der Schutz des Kommanditisten vor einem Wiederaufleben der Einlageverpflichtung wird komplettiert durch den **Schutz vor Verlustausgleichs- und Nachschusspflichten** in § 152 Abs. 3 Satz 2 und 3 KAGB. Bei Fehlen einer gesetzlichen oder vertraglichen Regelung wären die Kommanditisten gem. §§ 735, 739 BGB i.V.m. §§ 105 Abs. 3, 161 Abs. 2 HGB gegenüber der Gesellschaft verpflichtet, entstandene Verluste auszugleichen, und zwar gem. § 167 Abs. 3 HGB bis zum Betrag ihres Kapitalanteils und ggf. noch ausstehender Einlagen. Bestimmungen im Gesellschaftsvertrag, die eine solche Verlustausgleichs- oder Nachschusspflicht vorsehen, sind gem. § 152 Abs. 3 Satz 5 KAGB nichtig. Damit wird der gesetzliche Regelfall in § 707 BGB zu einem unabdingbaren gesetzlichen Gebot erhoben.

83 Wegen des Verweises auf § 707 BGB i.V.m. dem Schutzgedanken des § 152 Abs. 3 KAGB ist zu folgern, dass auch eine Vereinbarung, die den Kommanditisten zur **Erhöhung seiner (Pflicht-)Einlage verpflichtet, nichtig** ist.

84 Allerdings kann die fehlende Nachschusspflicht bei **sanierungsbedürftigen Kommanditgesellschaften** in Konflikt mit der gesellschaftsrechtlichen Treuepflicht des Kommanditisten geraten, und zwar in zweierlei Hinsicht:

85 Zum einen trifft den Gesellschafter nach der Sanieren- oder Ausscheiden-Rechtsprechung des BGH[58] bei einer sanierungsbedürftigen und -fähigen Personengesellschaft die Treuepflicht, dem von der Mehrheit der Gesellschafter beschlossenen **Sanierungskonzept entweder beizutreten oder seinem Ausscheiden aus der Gesellschaft zuzustimmen**. Diese zur GbR und OHG ergangene Rechtsprechung ist auch auf die KG anwendbar.[59] Ein Konflikt mit § 152 Abs. 3 Satz 2 und 3 KAGB dürfte sich indes nicht ergeben, denn die Pflicht, durch Erhöhung der Pflichteinlage oder durch einen Verlustausgleich einen Sanierungsbeitrag zu leisten, ist nicht alternativlos, da er seinem Ausscheiden zustimmen kann.[60] Eine Zustimmung zur Leistung des Sanierungsbeitrags beruht daher auf einer freien Entscheidung des Kommanditisten. Der fehlende Verstoß gegen § 152 Abs. 3 Satz 2 und 3 KAGB setzt allerdings voraus, dass die Sanieren- und Ausscheiden-Grundsätze der Rechtsprechung, insbesondere die Berücksichtigung schutzwürdiger Interessen des Kommanditisten, eingehalten werden.

86 Zum anderen kann eine Treuepflicht bestehen, im Falle des Ausscheidens einen **anteiligen Auseinandersetzungsfehlbetrag an die InvKG zu leisten.**[61] Diese Treuepflicht soll verhindern, dass sich sanierungsunwillige Gesellschafter aus der Gesellschaft „stehlen" und den verbleibenden, sanierungswilligen Gesellschaftern den Verlustausgleich überlassen. Die Zahlung des anteiligen Fehlbetrages erscheint auch deshalb angemessen, weil der ausscheidende Gesellschafter so gestellt würde, wie er stünde, wenn die Gesellschaft liquidiert würde. Obwohl die gesellschaftsrechtliche Treuepflicht einem angemessenen Interessensausgleich zwischen sanierungswilligen und sanierungsunwilligen Gesellschaftern nahe kommt, dürfte wegen des klaren gesetzlichen Ausschlusses einer Verlustausgleichs- und Nachschusspflicht in § 152 Abs. 3 KAGB **kein Raum für eine derartige Lösung** sein. Nicht nur, dass eine Regelung im Gesellschaftsvertrag, die diese Sanieren- oder Ausscheiden-Grundsätze, einschließlich der Pflicht zum Ausgleich eines negativen Auseinandersetzungssaldos, reflektiert, nichtig ist. Auch die Annahme einer dahingehenden Treuepflicht außerhalb des Gesellschaftsvertrages scheidet aus. Folge ist entweder, dass Sanierungskonzepte vom KAGB erfasster InvKGen künftig entweder einstimmig beschlossen werden müssen oder, dass die sanierungswilligen Gesellschafter bereit sind, den Fehlbetrag des ausscheidenden und ausgleichsunwilligen Kommanditisten zu übernehmen.

---

57 *Wallach*, ZGR 2014, 289 (316); ebenso *Hoffert* in Moritz/Klebeck/Jesch, § 152 KAGB Rz. 66. A.A. *Paul* in Weitnauer/Boxberger/Anders, § 152 KAGB Rz. 21.

58 BGH v. 9.6.2015 – II ZR 420/13, WM 2015, 1635 (1638); BGH v. 25.1.2011 – II ZR 122/09, NZG 2011, 510; BGH v. 19.10.2009 – II ZR 240/08, BGHZ 183, 1 ff.; WM 2009, 2264 Rz. 17 ff.

59 OLG Karlsruhe v. 22.4.2016 – 4 U 226/15, NZG 2017, 260 (261); hierzu ausführlich und im Erg. zustimmend *von Rummel/Enge*, NZG 2017, 256 ff.

60 Vgl. *Paul*, GWR 2015, 463 (465).

61 OLG Karlsruhe v. 22.4.2016 – 4 U 226/15, NZG 2017, 260 (261); KG v. 27.4.2010 – 14 U 20/08, GWR 2010, 400; im Erg. zust. *von Rummel/Enge*, NZG 2017, 256 (258 f.); *Roth* in Baumbach/Hopt, § 105 HGB Rz. 66.

V. Eintritt des Kommanditisten in die geschlossene Investmentkommanditgesellschaft

Erfolgt der Beitritt eines Kommanditisten in die Kommanditgesellschaft bereits vor dessen Eintragung in das Handelsregister, haftet er gem. § 176 Abs. 2 HGB gleich einem persönlich haftenden Gesellschafter für die zwischen seinem Beitritt und der Eintragung begründeten Verbindlichkeiten der Kommanditgesellschaft. Diese Außenhaftung vermeidet § 152 Abs. 4 KAGB, indem der **Eintritt des Kommanditisten in eine bestehende InvKG erst mit dessen Eintragung in das Handelsregister wirksam** wird. 87

Damit werden die in der Praxis bisher üblichen Klauseln, wonach der Beitritt unter der aufschiebenden Bedingung der Eintragung erfolgt, obsolet. 88

Obwohl § 152 Abs. 4 KAGB den Schutz des Kommanditisten vor der unbegrenzten Außenhaftung bezweckt, beschränkt sich der Gesetzgeber nicht auf eine schlichte Abbedingung des § 176 Abs. 2 HGB, die die Wirksamkeit des Beitritts im Innenverhältnis nicht antasten und nur den im Außenverhältnis wirkenden Verweis auf § 176 Abs. 1 Satz 1 HGB ausschließen würde. Vielmehr betrifft § 152 Abs. 4 KAGB nach seinem klaren Wortlaut **auch das Innenverhältnis**, so dass Rechte und Pflichten des Kommanditisten auch im Verhältnis zur InvKG und den Gesellschaftern der InvKG erst mit seiner Eintragung in das Handelsregister begründet werden. 89

Aus § 152 Abs. 4 KAGB folgt, dass der Kommanditist nur noch begrenzt, und zwar im Außenverhältnis begrenzt auf seine Hafteinlage und im Innenverhältnis begrenzt auf seine Pflichteinlage, für die **vor seinem Eintritt begründeten Verbindlichkeiten** haftet. Denn § 173 HGB ist nicht abbedungen. Das ist auch sachgerecht, weil es einem allgemeinen investmentrechtlichen Grundsatz entspricht, dass der Anleger einem Investmentvehikel zum aktuellen Nettoinventarwert, unter Einbeziehung sämtlicher Verbindlichkeiten des Investmentvermögens, beitritt.[62] 90

VI. Zustimmung zum Geschäftsbeginn geschlossener Publikums-Investmentkommanditgesellschaften

Gemäß § 161 Abs. 2 i.V.m. § 123 Abs. 2 HGB wird die Kommanditgesellschaft im Außenverhältnis bereits mit der Geschäftsaufnahme wirksam, wenn ihre Eintragung in das Handelsregister erst zu einem späteren Zeitpunkt erfolgt. Folge ist gem. § 176 Abs. 1 Satz 1 HGB, dass auch der Kommanditist für die zwischen Geschäftsaufnahme und Eintragung begründeten Verbindlichkeiten gleich einen persönlich haftenden Gesellschafter haftet, wenn er dem Geschäftsbeginn zugestimmt hat. § 152 Abs. 5 KAGB vermeidet diese Haftung für Kommanditisten einer Publikums-InvKG, in dem er anordnet, dass sie einem solchen **Geschäftsbeginn vor Eintragung der InvKG nicht zustimmen können**. Die Formulierung „können" bedeutet in rechtlicher Hinsicht, dass eine vor Eintragung erklärte Zustimmung **unwirksam** ist; denn nur diese Rechtsfolge wird dem bezweckten Anlegerschutz gerecht. 91

Das bedeutet jedoch, dass § 152 Abs. 5 KAGB entgegen seinem Wortlaut einschränkend dahin ausgelegt werden muss, dass er **auf Gründungskommanditisten keine Anwendung** findet. Denn es ist im Interesse der InvKG und damit der Anleger, dass die Gründungskommanditisten bereits vor der Eintragung der InvKG mit der Geschäftstätigkeit beginnen, z.B. um sich bereits in diesem Stadium Vermögensgegenstände für die InvKG zu sichern. Auch sollte es den Gründungskommanditisten nicht verwehrt sein, bereits vor der Eintragung der InvKG mit der Platzierungstätigkeit zu beginnen. 92

Auch was die Anleger der InvKG betrifft, dürfte § 152 Abs. 5 KAGB **kaum praktische Relevanz** haben. Denn es ist allgemeine Praxis, dass die Zeichnungsfrist für den Beitritt der Anleger erst nach der Eintragung der InvKG in das Handelsregister beginnt. Eine Zustimmung der Anleger zur Geschäftsaufnahme vor Eintragung wird daher schon aus tatsächlichen Gründen ausscheiden. 93

Obwohl § 152 Abs. 5 KAGB nur für Publikums-InvKGen gilt, dürfte die praktische Relevanz der Zustimmung zum Geschäftsbeginn vor Eintragung der InvKG auch für **Spezial-InvKGen** zu bezweifeln sein. Die fehlende praktische Relevanz ergibt sich allerdings nicht schon aus der Firmenbezeichnung gem. § 157 KAGB. Denn wegen der durchaus üblichen Beteiligung von Gründungskommanditisten, die nach der hier vertretenen Auffassung nicht in den Schutzzweck des § 152 Abs. 5 KAGB einbezogen sind (s. Rz. 92), kann der Rechtsverkehr nicht damit rechnen, dass nur Anleger-Kommanditisten an der InvKG beteiligt sind, 94

62 *Wallach*, ZGR 2014, 289 (317).

mithin von einer haftungsausschließenden Kenntnis der Gläubiger gem. § 176 Abs. 1 Satz 2 HGB nicht ausgegangen werden kann.[63]

95 Die fehlende praktische Relevanz des § 152 Abs. 5 KAGB für Spezial-InvKGen ergibt sich vielmehr daraus, dass – möglicherweise aufgrund eines Versehens des Gesetzgebers – auch der Beitritt der Kommanditisten in eine Spezial-InvKG gem. § 152 Abs. 4 KAGB erst mit ihrer Eintragung in das Handelsregister wirksam wird. Deren Eintragung kann frühestens mit der Eintragung der InvKG erfolgen, so dass die Kommanditisten der Spezial-InvKG mangels wirksamen Beitritts auch nicht die Zustimmung zur Geschäftsaufnahme vor Eintragung erklären können.

VII. Ausschluss der Nachhaftung des Kommanditisten bei Ausscheiden

96 § 152 Abs. 6 KAGB rundet den von § 152 KAGB bezweckten Anlegerschutz ab, in dem eine Nachhaftung des Kommanditisten bei seinem Ausscheiden ausgeschlossen wird. Vergleichbare Regelungen finden sich für die InvAG mit veränderlichem Kapital in § 116 Abs. 2 Satz 5 KAGB und für die offene InvKG in § 133 Abs. 2 KAGB. Lt. Gesetzesbegründung[64] soll insoweit eine Gleichstellung der geschlossenen InvKG mit diesen beiden Fondsvehikeln erfolgen.

97 Scheidet der Kommanditist aus der Kommanditgesellschaft aus, ist nach allg. M.[65] in der Auszahlung des Abfindungsanspruchs gem. §§ 161 Abs. 2, 105 Abs. 3 HGB, § 738 Abs. 1 Satz 2 BGB eine Einlagenrückgewähr mit der Folge zu sehen, dass seine Außenhaftung gem. § 172 Abs. 4 HGB wieder auflebt. Hier setzt § 152 Abs. 6 Satz 1 KAGB an und fingiert,[66] dass die **Erfüllung des Abfindungsanspruchs nicht als Rückzahlung der Einlage des Kommanditisten** gilt.

98 Fraglich ist, ob es im Rahmen des § 152 Abs. 6 Satz 1 KAGB tatsächlich auf eine „Erfüllung" des Abfindungsanspruchs i.S.d. § 362 Abs. 1 BGB ankommt. Manche Gesellschaftsverträge sehen – soweit nach Inhaltskontrolle analog § 307 ff. BGB zulässig – vor, dass der Abfindungsanspruch erst geraume Zeit später oder in Raten (z.B. bei jeder Ausschüttung) ausbezahlt wird. Eine solche Regelung kann bei Abwägung der Interessen des ausscheidenden Kommanditisten gegen die Interessen der InvKG und der übrigen Anleger zulässig sein, wenn z.B. die Auszahlung des Abfindungsanspruchs die Liquidation des einzigen oder eines wesentlichen Vermögensgegenstandes erfordern würde.

99 Vertritt man die Auffassung,[67] das nicht erst die Erfüllung des Abfindungsanspruchs i.S.d. § 362 Abs. 1 BGB eine Einlagenrückgewähr darstellt, sondern bereits das schuldrechtliche Entstehen dieses Anspruchs, würde der Kommanditist in der Zeitspanne zwischen dem Entstehen des Abfindungsanspruchs und seiner Erfüllung nicht von der Fiktion in § 152 Abs. 6 Satz 1 KAGB profitieren und einer Außenhaftung ausgesetzt sein. Dem Schutzzweck des § 152 Abs. 6 Satz 1 KAGB entsprechend müsste der Zeitpunkt der Fiktion konsequent auf den Zeitpunkt der Entstehung des Abfindungsanspruchs vorverlagert werden.

100 Dem steht jedoch zum einen der klare Wortlaut des § 152 Abs. 6 Satz 1 KAGB entgegen. Zum anderen ist der Kommanditist durch den zusätzlichen Haftungsausschluss in § 152 Abs. 6 Satz 2 KAGB hinreichend geschützt.

101 Gemäß § 152 Abs. 6 Satz 2 KAGB haftet der Kommanditist ab seinem Ausscheiden nicht für Verbindlichkeiten der InvKG. Ohne diesen Haftungsausschluss würde der Kommanditist ab dem Zeitpunkt seines Ausscheidens für alle bis dahin entstandenen und noch fälligen Verbindlichkeiten der InvKG (Altverbindlichkeiten) für einen Zeitraum von bis zu fünf Jahren haften (§ 160 Abs. 1 Satz 1 i.V.m. § 161 Abs. 2 HGB).

102 Der relevante Zeitpunkt des Ausscheidens ist gem. § 160 Abs. 1 Satz 2 i.V.m. § 161 Abs. 2 HGB spätestens die Eintragung des Ausscheidens in das Handelsregister.

103 § 152 Abs. 6 Satz 2 KAGB bewirkt einen **umfassenden Haftungsausschluss** unabhängig davon, aus welchem Grunde der Kommanditist aus der InvKG ausgeschieden ist. Der Haftungsausschluss setzt daher nicht die Erfüllung eines Abfindungsanspruchs voraus. Der Haftungsausschluss gilt deshalb auch für den Fall der Übertragung des Kommanditanteils durch Rechtsgeschäft oder Gesamtrechtsnachfolge.[68]

63 A.A. *Hoffert* in Moritz/Klebeck/Jesch, § 152 KAGB Rz. 75; *Könnecke* in Baur/Tappen, § 152 KAGB Rz. 128.
64 BT-Drucks. 17/12294, 250 f.
65 *Oetker* in Oetker, § 172 HGB Rz. 27; *Roth* in Baumbach/Hopt, § 172 HGB Rz. 6.
66 *Oetker* in Oetker, § 172 HGB Rz. 60; *Wallach*, ZGR 2014, 289 (316).
67 So *Oetker* in Oetker, § 172 HGB Rz. 19, 27.
68 Vgl. *Paul* in Weitnauer/Boxberger/Anders, § 152 KAGB Rz. 29.

Der Haftungsausschluss **schützt den Kommanditisten auch vor Ausgleichsansprüchen** der InvKG oder der Gesellschafter im Innenverhältnis gem. § 426 Abs. 1 und 2 BGB, wenn diese auf Verbindlichkeiten der InvKG beruhen. Erfüllen Gesellschafter diese Verbindlichkeit, können sie den ausgeschiedenen Kommanditisten nicht in Regress nehmen; andernfalls liefe der mit § 152 Abs. 6 Satz 2 KAGB bezweckte Schutz vor Haftungsansprüchen im Außenverhältnis ins Leere. 104

Denselben Schutz genießt der über einen Treuhand-Kommanditisten beteiligte **Anleger-Treugeber**. Er haftet zwar im Außenverhältnis nicht unmittelbar, da er gem. § 152 Abs. 1 Satz 3 KAGB lediglich im Innenverhältnis zur Gesellschaft und zu den anderen Gesellschaftern einem Kommanditisten gleichgestellt ist. Er ist aber dem Freistellungsanspruch des Treuhand-Kommanditisten aus §§ 675, 670 BGB ausgesetzt (s. Rz. 51). Der Schutzzweck der Absätze 1 und 6 gebietet es daher, den Anleger-Treugeber mit seinem (schuldrechtlichen) Ausscheiden aus der InvKG als Quasi-Kommanditist **von der Haftung im Innenverhältnis, soweit sie auf Verbindlichkeiten der InvKG beruht, auszuschließen**. 105

Der Gesetzgeber gewährt damit den unmittelbar und mittelbar beteiligten Kommanditisten einen stärkeren Schutz als den Gläubigern der InvKG oder den übrigen Gesellschaftern. Letztere sind darauf verwiesen, eine anteilige höhere Haftung in Kauf zu nehmen oder die InvKG zu liquidieren.[69] 106

VIII. Sacheinlageverbot bei geschlossenen Publikums-Investmentkommanditgesellschaften und Sachauskehrung

§ 152 Abs. 7 KAGB ordnet die Unzulässigkeit von Sacheinlagen bei geschlossenen Publikums-InvKGen an. Vergleichbare Regelungen existieren für die Publikums-InvAG mit veränderlichem Kapital in § 109 Abs. 5 KAGB und für die Publikums-InvAG mit fixem Kapital in § 141 Abs. 2 KAGB. Lt. Gesetzesbegründung[70] dient dieses Verbot dem **Schutz der übrigen Anleger** vor einer wertmäßigen Verwässerung ihrer Beteiligung an der geschlossenen Publikums-InvKG. 107

Das Sacheinlageverbot dient aber auch dem **Schutz des beitretenden Kommanditisten**. Denn stellt sich heraus, dass seine Sacheinlage zu hoch bewertet wurde, hat er einen die Pflicht- und möglichweise auch Hafteinlage deckenden Beitrag nicht geleistet. Er haftet daher in Höhe des Fehlbetrages unmittelbar Gläubigern gegenüber (§ 171 Abs. 1 Halbs. 2 HGB).[71] Auch im Innenverhältnis bleibt der Kommanditist der InvKG gegenüber in Höhe des Fehlbetrags zur Pflichteinlage verpflichtet, da die befreiende Wirkung des § 152 Abs. 3 Satz 1 KAGB nur eintritt, soweit er seine Einlage geleistet hat (s. Rz. 78). 108

Fraglich ist, welche **Rechtsfolgen** an den Verstoß gegen das Sacheinlageverbot anknüpfen. Da nach der hier vertretenen Ansicht das Sacheinlageverbot auch dem Schutz des beitretenden Kommanditisten dient, ist es sachgerechter, den Beitritt für wirksam zu halten[72] und ihn vor den negativen Folgen der Fehlbewertung zu bewahren. Weil er auf eine korrekte Bewertung seiner Einlage vertrauen durfte, sollte er im Innenverhältnis nicht zu einer weiteren Leistung verpflichtet sein; das Erlöschen der Einlageverpflichtung gem. § 152 Abs. 3 Satz 1 KAGB ist daher auch auf den Fall der überbewerteten Sacheinlage auszudehnen. Der InvKG steht jedoch ein Schadenersatzanspruch gegen den Komplementär bzw. denjenigen Gesellschafter zu, der pflichtwidrig den Kommanditisten aufgenommen hat. Konsequent erlischt mit der fingierten vollständigen Einlageleistung gem. § 152 Abs. 3 Satz 1 KAGB auch die Außenhaftung des beitretenden Kommanditisten (§ 171 Abs. 1 HGB).[73] 109

Das Sacheinlageverbot gilt wegen der Gleichstellung in § 152 Abs. 1 Satz 3 KAGB **auch für Einlagen des Anleger-Treugebers**. 110

Ferner gilt das Sacheinlageverbot nach dem Wortlaut, der generell von Sacheinlagen spricht, **auch für Gründungskommanditisten** von Publikums-InvKGen. Ihnen ist es damit verwehrt, ihre Dienstleistungen für die InvKG als Sacheinlage einzubringen.[74] 111

Das Sacheinlageverbot gilt indes **nicht für Spezial-InvKGen**. Der Gesetzgeber trägt damit zu Recht dem Umstand Rechnung, dass professionelle und semi-professionelle Anleger die notwendige Erfahrung und 112

69 Vgl. *Hoffert* in Moritz/Klebeck/Jesch, § 152 KAGB Rz. 77; *Paul* in Weitnauer/Boxberger/Anders, § 152 KAGB Rz. 32.
70 BT-Drucks. 17/12294, 251.
71 Vgl. *Casper*, ZHR 2015, 44 (64); *Schewe*, Kommanditgesellschaften im Regelungsbereich des Investmentrechts, S. 156.
72 Ebenso *Casper*, ZHR 2015, 44 (64).
73 Im Erg. ebenso *Casper*, ZHR 2015, 44 (64).
74 Kritisch. *Schewe*, Kommanditgesellschaften im Regelungsbereich des Investmentrechts, S. 157.

Sachkunde mitbringen, die Risiken von Fehlbewertungen einer Sacheinlage einzuschätzen. Die Möglichkeit der Sacheinlage gibt den Anlegern einer Spezial-InvKG die Flexibilität an die Hand, die Beitrittsmodalitäten nach ihren speziellen Präferenzen zu gestalten.

113 § 152 Abs. 7 KAGB enthält **kein Verbot der Sachauskehrung** bei Publikums-InvKGen. Insbesondere verweist § 149 Abs. 2 KAGB nicht auf § 98 Abs. 1 KAGB, aus dem wegen des Erfordernisses der Auszahlung bei Rückgabe von Anteilen das Sachausschüttungsverbot abgeleitet wird.[75] Daraus folgt, dass eine im Gesellschaftsvertrag einer Publikums-InvKG vorgesehene Sachauskehrung nicht grundsätzlich unzulässig ist, vorausgesetzt, es befinden sich im Gesellschaftsvermögen Vermögenswerte, die ihrer Art nach an die Gesellschafter übertragen werden können (wie z.B. Goldbarren). Ist hingegen die Sachauskehrung nicht von vornherein im Gesellschaftsvertrag vorgesehen, bedarf sie des **einstimmigen Beschlusses sämtlicher Gesellschafter.**[76]

§ 153 Geschäftsführung, Beirat

(1) [1]Die Geschäftsführung der geschlossenen Investmentkommanditgesellschaft besteht aus mindestens zwei Personen. [2]Die Voraussetzung nach Satz 1 ist auch dann erfüllt, wenn Geschäftsführer der geschlossenen Investmentkommanditgesellschaft eine juristische Person ist, deren Geschäftsführung ihrerseits von zwei Personen wahrgenommen wird. [3]Die Geschäftsführung ist verpflichtet,

1. **bei der Ausübung ihrer Tätigkeit im ausschließlichen Interesse der Gesellschafter und der Integrität des Marktes zu handeln,**
2. **ihre Tätigkeit mit der gebotenen Sachkenntnis, Sorgfalt und Gewissenhaftigkeit im besten Interesse des von ihr verwalteten Vermögens und der Integrität des Marktes auszuüben und**
3. **sich um die Vermeidung von Interessenkonflikten zu bemühen und, wenn diese sich nicht vermeiden lassen, dafür zu sorgen, dass unvermeidbare Konflikte unter der gebotenen Wahrung der Interessen der Gesellschafter gelöst werden.**

[4]Die Geschäftsführung hat bei der Wahrnehmung ihrer Aufgaben unabhängig von der Verwahrstelle zu handeln.

(2) [1]Die Mitglieder der Geschäftsführung müssen zuverlässig sein und die zur Leitung der geschlossenen Investmentkommanditgesellschaft erforderliche fachliche Eignung haben, auch in Bezug auf die Art des Unternehmensgegenstandes der geschlossenen Investmentkommanditgesellschaft. [2]Die Bestellung und das Ausscheiden von Mitgliedern der Geschäftsführung sind der Bundesanstalt unverzüglich anzuzeigen.

(3) [1]Die intern verwaltete geschlossene Publikumsinvestmentkommanditgesellschaft hat einen Beirat zu bilden, der die Geschäftsführung bei der Umsetzung der Anlagebedingungen überwacht. [2]§ 18 Absatz 2 Satz 4 und Absatz 3 Satz 4 gilt entsprechend. [3]Die Persönlichkeit und die Sachkunde der Mitglieder des Beirats müssen Gewähr dafür bieten, dass die Interessen der Anleger gewahrt werden. [4]Die Bestellung und das Ausscheiden von Mitgliedern des Beirats ist der Bundesanstalt unverzüglich anzuzeigen.

(4) [1]Mitglieder der Geschäftsführung oder des Beirats der geschlossenen Investmentkommanditgesellschaft dürfen Vermögensgegenstände weder an die Investmentkommanditgesellschaft veräußern noch von dieser erwerben. [2]Erwerb und Veräußerung von Kommanditanteilen durch die Mitglieder der Geschäftsführung sind davon nicht erfasst.

(5) Die Bundesanstalt kann die Abberufung der Geschäftsführung oder von Mitgliedern der Geschäftsführung verlangen und ihnen die Ausübung ihrer Tätigkeit untersagen, wenn

1. **Tatsachen vorliegen, aus denen sich ergibt, dass die Geschäftsführung oder Mitglieder der Geschäftsführung nicht zuverlässig sind oder die zur Leitung erforderliche fachliche Eignung gemäß Absatz 3 nicht haben oder**
2. **die Geschäftsführung oder Mitglieder der Geschäftsführung nachhaltig gegen die Bestimmungen dieses Gesetzes oder des Geldwäschegesetzes verstoßen.**

---

75 *Behme* in Moritz/Klebeck/Jesch, § 98 KAGB Rz. 12; *Lammfell/Feller* in Baur/Tappen, § 98 KAGB Rz. 6.
76 Vgl. *Carny*, Häufig gestellte Fragen zum KAGB, BaFin-Seminar vom 25.11.2015, Folie 13.

In der Fassung vom 4.7.2013 (BGBl. I 2013, S. 1981), zuletzt geändert durch das Zweite Finanzmarktnovellierungsgesetz (2. FiMaNoG) vom 23.6.2017 (BGBl. I 2017, S. 1693).

Schrifttum: *BaFin*, Merkblatt zu den Geschäftsleitern gemäß KWG, ZAG und KAGB" v. 4.1.2016 (zuletzt geändert am 31.1.2017), abrufbar unter: https://www.bafin.de/SharedDocs/Veroeffentlichungen/DE/Merkblatt/mb_geschaefts leiter_KWG_ZAG_KAGB.htm; *Eichhorn*, Die offene Investmentkommanditgesellschaft nach dem Kapitalanlagegesetzbuch – Teil II –, WM 2016, 145; *Köndgen*, Systembrüche im Kapitalanlagegesetzbuch – Kritisches aus der Sicht der Gesetzgebungslehre, in FS Theodor Baums, 2017, S. 707; *Möllers/Kloyer*, Das neue Kapitalanlagegesetzbuch, 2013; *Westermann/Wertenbruch*, Handbuch Personengesellschaften, ErgLfg. 58, Februar 2014. Im Übrigen wird auf das Schrifttum zu § 149 verwiesen.

I. Regelungsgegenstand

1 § 153 KAGB enthält aufsichtsrechtliche Vorgaben an die **innere Verfassung der geschlossenen InvKG.** Sie betreffen die Zusammensetzung der Geschäftsführung (§ 153 Abs. 1 Satz 1 und 2 KAGB) und Anforderungen an die Mitglieder der Geschäftsführung (§ 153 Abs. 2 KAGB). Die Geschäftsführung trifft aufsichtsrechtliche Kardinalpflichten, im Interesse der Gesellschafter und der Integrität des Marktes sowie unabhängig von der Verwahrstelle zu handeln (§ 153 Abs. 1 Satz 3 und 4 KAGB). Ferner regelt § 153 KAGB die Zusammensetzung des Beirats und die Anforderungen an die Beiratsmitglieder einer intern verwalteten geschlossenen Publikums-InvKG (§ 153 Abs. 3 KAGB). Veräußerungs- und Erwerbsverbote für die Mitglieder der Geschäftsführung und des Beirats (§ 153 Abs. 4 KAGB) dienen der Verhinderung von Interessenkonflikten. § 153 Abs. 5 KAGB gewährt der BaFin Eingriffsbefugnisse gegen die Geschäftsführung und Mitglieder der Geschäftsführung im Falle der Verletzung von aufsichtlichen Anforderungen oder Bestimmungen des KAGB oder des GwG.

2 Identische oder entsprechende Regelungen existieren für alle anderen Investmentgesellschaften des KAGB, vgl. § 128 KAGB für die offene InvKG, § 119 KAGB für die InvAG mit veränderlichem Kapital und § 147 KAGB für die InvAG mit fixem Kapital.

II. Geschäftsführung der geschlossenen Investmentkommanditgesellschaft

1. Zusammensetzung der Geschäftsführung

3 § 153 Abs. 1 Satz 1 KAGB bestimmt, dass die Geschäftsführung **mindestens aus zwei Personen** bestehen muss. Ist die Geschäftsführung eine juristische Person, ist die Anforderung erfüllt, wenn die Geschäftsführung dieser juristischen Person ihrerseits aus zwei Personen besteht (Satz 2). Die letztgenannte Anforderung ist für die geschlossene InvKG besonders relevant, da sie **i.a.R. in der Rechtsform der GmbH & Co. KG** errichtet wird. Aus dem Zwei-Personen-Erfordernis folgt zugleich, dass mit „Personen" **nur natürliche Personen** gemeint sein können (vgl. § 6 Abs. 2 Satz 1 GmbHG).[1] Obwohl das Gesetz darüber schweigt, ob die beiden Geschäftsführer einzel- oder gesamtgeschäftsführungsbefugt sind, ist dem Erfordernis zweier natürlicher Personen als Geschäftsführer die Intention des Gesetzgebers zu entnehmen, wie bei Kapitalgesellschaften (§ 77 Abs. 1 AktG, vgl. auch § 35 Abs. 2 GmbHG für die Vertretungsbefugnis) dem „Vier-Augen-Prinzip" zur Geltung zu verhelfen. Abweichend vom Leitbild im Personengesellschaftsrecht (§ 125 Abs. 1 HGB) wird daher überwiegend[2] **Gesamtgeschäftsführungsbefugnis** angenommen.

4 § 153 Abs. 1 KAGB verlangt nicht, dass die Geschäftsführung von dem persönlich haftenden Gesellschafter wahrgenommen werden muss. Aus steuerlichen Gründen (s. § 152 Rz. 13) wird dem Komplementär häufig

1 *Freitag*, NZG 2013, 329 (334); *Jesch* in Moritz/Klebeck/Jesch, § 153 KAGB Rz. 9; *Wallach*, ZGR 2014, 289 (312).
2 *Freitag*, NZG 2013, 329 (334); *Jesch* in Moritz/Klebeck/Jesch, § 153 KAGB Rz. 10; *Klebeck/Kunschke* in Beckmann/Scholtz/Vollmer, ErgLfg. 2/14 – II.14, § 153 KAGB Rz. 18; *Kobabe* in Möllers/Kloyer, S. 339; a.A. *Eichhorn*, WM 2016, 145; *Schewe*, Kommanditgesellschaften im Regelungsbereich des Investmentrechts, S. 163; *Ulrich*, Private Equity (LBO) vor und nach dem Inkrafttreten des KAGB, S. 170 f.

ein **geschäftsführender Kommanditist** zur Seite gestellt. Für den geschäftsführenden Kommanditisten gelten die Anforderungen in § 153 Abs. 1, 2 und 4 KAGB gleichermaßen.

5 Eine **Personenidentität** zwischen der Geschäftsführung der externen KVG und der denjenigen der InvKG ist zulässig.[3] Hierfür sprechen Effizienzgründe und die aufsichtsrechtlich zwingende Ausrichtung beider Geschäftsführungen auf die Interessen der Integrität des Marktes und die Interessen der Anleger (vgl. § 26 Abs. 1 bis 3 KAGB für die externe KVG und § 153 Abs. 1 Satz 3 KAGB für die InvKG). Allerdings müssen die Mitglieder beider Geschäftsführungen bei der Ausübung ihrer jeweiligen Tätigkeit deutlich machen, ob sie den Hut der Geschäftsführung der KVG oder denjenigen der Geschäftsführung der InvKG tragen.

6 Fraglich ist, ob bei einer **intern verwalteten InvKG** auch natürliche Personen Geschäftsführer sein können oder ob die Geschäftsführung zwingend eine juristische Person sein muss. Letzteres wird unter Hinweis auf Art. 4 Abs. 1 lit. b) AIFM-RL vertreten,[4] wonach der AIFM eine „juristische Person" sein müsse. Das ist jedoch unzutreffend, weil bei einem intern verwalteten AIF AIFM und AIF zusammenfallen (Art. 5 Abs. 1 lit. b) AIFM-RL). Bei einem intern verwalteten AIF ist folglich nicht die Geschäftsführung der AIFM, weshalb Art. 4 Abs. 1 lit. b) AIFM-RL nicht auf die Geschäftsführung des intern verwalteten AIF anwendbar ist. Vielmehr gilt Art. 5 Abs. 1 lit. b) AIFM-RL für den intern verwalteten – mit dem AIFM identischen – AIF. Deshalb ist wegen der unglücklichen deutschen Übersetzung, *„Legal Person"* als *„juristische Person"* in Art. 4 Abs. 1 lit. b) AIFM-RL, die – im Ergebnis zu verneinende – Frage aufgeworfen worden, ob die InvKG eine zulässige Rechtsform für intern verwaltete AIF ist (s. Vor §§ 124–138 Rz. 58 ff.).[5]

7 Zu diskutieren ist aber die Frage, ob nicht für die intern verwaltete InvKG die gleichen Erwägungen gelten sollten, die bei einer externen KVG zu der Anforderung führen, dass der persönlich haftende Gesellschafter zwingend eine juristische Person sein muss (§ 18 Abs. 1 KAGB). Der Gesetzgeber[6] führt jedoch lediglich als Begründung an, dass man mit der Erweiterung der Rechtsform auf die GmbH & Co. KG einem praktischen Bedürfnis bestehender geschlossener AIF entsprechen wollte. Mit dieser Begründung ist aber die Rechtsformbestimmung im § 18 Abs. 1 KAGB fehlplatziert, weil die externe KVG eines geschlossenen AIF selbst i.a.R. nicht in der Rechtsform einer GmbH & Co. KG organisiert ist. Ein Bedürfnis in der Praxis für diese Rechtsform ist auch nicht erkennbar. Offenbar hatte der Gesetzgeber die Rechtsform des geschlossenen AIF als solchen im Auge gehabt (vgl. hierzu § 18 Rz. 3). Die unklare Gesetzesbegründung liefert somit kein Argument, dass § 18 Abs. 1 KAGB analog auf die intern verwaltete InvKG mit der Folge anzuwenden ist, dass deren Geschäftsführer stets eine juristische Person sein muss.

8 Schließlich ist auf § 156 Abs. 1 KAGB zu verweisen, wonach für die intern verwaltete InvKG ein Betriebsvermögen gebildet werden kann. Ist der geschäftsführende Gesellschafter jedoch eine juristische Person, wird das Betriebsvermögen i.a.R. schon bei der juristischen Person gebildet (s. § 156 Rz. 44), so dass § 156 KAGB keinen praktischen Anwendungsbereich hätte.

9 Folglich muss man es als **gesetzlich zulässig** ansehen, dass die **Geschäftsführung der intern verwalteten InvKG aus natürlichen Personen** bestehen kann. In der Praxis werden aber die vielfältigen gesellschaftsrechtlichen Vorteile der GmbH & Co. KG[7] dafür ausschlaggebend sein, dass diese Rechtsform nahezu ausschließlich für die intern verwaltete InvKG verwendet werden wird.

2. Aufsichtsrechtliche Verpflichtungen der Geschäftsführung

10 § 153 Abs. 1 Satz 3 KAGB statuiert aufsichtsrechtliche Pflichten der Geschäftsführung **im Interesse der Gesellschafter und der Integrität des Marktes.** § 153 Abs. 1 Satz 4 KAGB verpflichtet die Geschäftsführer, **unabhängig von der Verwahrstelle** zu handeln. Dies ist selbstverständlich, da die Verwahrstelle als unabhängige Kontrollinstanz im investmentrechtlichen Dreieck fungiert (s. Einl. Rz. 93), weshalb diese Pflicht zur Unabhängigkeit und Interessewahrung ausschließlich des AIF und der Anleger auch für die Verwahrstelle gilt (§ 85 Abs. 1 und 2 KAGB). Gleichlautende Verpflichtungen existieren für die Geschäftsführung der offenen InvKG (§ 128 Abs. 1 Satz 3 und 4 KAGB) sowie für die Vorstände der InvAG mit veränderlichem Kapital (§ 119 Abs. 1 Satz 2 und 3 KAGB) und die InvAG mit fixem Kapital (§ 147 Abs. 1 Satz 2 und

---

3 Ebenso *Zetzsche*, Grundprinzipien der kollektiven Vermögensanlage, S. 683.

4 *Casper*, ZHR 2015, 44 (57 f.); *Stöber* in Westermann/Wertenbruch, Handbuch Personengesellschaften, ErgLfg. 58, Februar 2014, § 54a Rz. I 3169a.

5 Hierzu *Freitag*, NZG 2013, 329 (331 f.); *Geibel* in Derleder/Knops/Bamberger, Bank- und Kapitalmarktrecht, § 58 Rz. 151; *Wallach*, ZGR 2014, 289 (299 f.).

6 BT-Drucks. 17/12294, 212.

7 Vgl. nur *Casper* in Staub, Großkomm. HGB, 5. Aufl. 2014, § 161 HGB Rz. 82 ff.; *Oetker* in Oetker, § 161 HGB Rz. 70.

3 KAGB). Der Pflichtenkatalog entspricht im Wesentlichen demjenigen, den die KVG bei der Verwaltung von Investmentvermögen gem. § 26 Abs. 1 und 2 KAGB zu beachten hat.

Der Anwendungsbereich des Pflichtenkatalogs in § 153 Abs. 1 Satz 3 und 4 KAGB hängt davon ab, ob es sich um eine intern oder extern verwaltete InvKG handelt. 11

Bei der **intern verwalteten** InvKG sind die Aufgaben der Geschäftsführung der KG und derjenigen der KVG identisch, weil beide ein und derselbe Rechtsträger sind. Es existiert folglich kein eigener, vom Aufgabenbereich der KVG abgegrenzter Aufgabenbereich der Geschäftsführung für sonstige Angelegenheiten der Gesellschaft, die nicht zugleich in den Zuständigkeitsbereich der KVG fallen.[8] Damit ist es bereits denklogisch ausgeschlossen, dass dem Pflichtenkatalog in § 153 Abs. 1 Satz 2 und 4 KAGB neben § 26 Abs. 1 bis 3 KAGB eigenständige Bedeutung zukommt, zumal § 153 Abs. 1 Satz 3 KAGB keine über § 26 Abs. 1 bis 3 KAGB hinausgehenden Pflichten statuiert, sondern im Gegenteil im Umfang hinter § 26 Abs. 1 bis 3 KAGB zurückbleibt. Aus dem unterschiedlichen Wortlaut beider Bestimmungen kann indes keine eigenständige Bedeutung des § 153 Abs. 1 Satz 3 und 4 KAGB abgeleitet werden.[9] 12

Bei der **extern verwalteten** InvKG hingegen verbleibt ein eigenständiger organschaftlicher Zuständigkeitsbereich der Geschäftsführung der InvKG für alle gesellschaftsrechtlichen Angelegenheiten, die nicht von den administrativen Tätigkeiten im Rahmen der kollektiven Portfolioverwaltung der KVG erfasst werden (näher dazu § 154 Rz. 38).[10] In diesem Zuständigkeitsbereich hat der Pflichtenkatalog in § 153 Abs. 1 Satz 3 und 4 KAGB eine eigenständige Bedeutung. 13

Die Bedeutung dieses Pflichtenkatalogs ist nicht nur marginaler Natur, wenn man bedenkt, dass die Geschäftsführung der InvKG für die Beauftragung und Kündigung der externen KVG sowie für die Einberufung und Durchführung von Gesellschafterversammlungen zuständig ist. Darüber hinaus ist die InvKG über die ihr gehörenden Vermögensgegenstände verfügungsberechtigt, so dass die Geschäftsführung die rechtliche Möglichkeit hätte, in die Portfolioverwaltung der externen KVG einzugreifen. Denn die gesetzliche Vertretungsmacht der InvKG obliegt allein der Geschäftsführung (§ 170 HGB) und nicht der externen KVG (näher dazu § 154 Rz. 50 ff.). Der Begriff der „**Tätigkeit**" in § 153 Abs. 1 Satz 3 Nrn. 1 und 2 KAGB umfasst daher nach Sinn und Zweck **auch das rechtsgeschäftliche Handeln für die InvKG im Außenverhältnis.** 14

Die Zuständigkeitsbereiche der Geschäftsführungen der InvKG und der externen KVG sind folglich eng miteinander verzahnt. Deshalb stellt der im Wesentlichen inhaltsgleiche Pflichtenkatalog in § 153 Abs. 1 Satz 3 und 4 KAGB und in § 26 Abs. 1 bis 3 KAGB einen Gleichlauf der Aufgabenerfüllung beider Geschäftsführungen her, der im vitalen Interesse der InvKG und der Anleger ist. 15

Da § 153 Abs. 1 Satz 3 und 4 KAGB lediglich aufsichtsrechtliche Kardinalpflichten regeln, werden diese durch die **speziell im Gesellschaftsvertrag geregelten Pflichten** der Geschäftsführung und die sich aus der **allgemeinen gesellschaftsrechtlichen Treuepflicht** ergebenden Pflichten ergänzt.[11] 16

Bei einer GmbH & Co. KG treffen den **Geschäftsführer der Komplementär-GmbH** aus der organschaftlichen Stellung als Geschäftsführer nach st. Rspr.[12] **unmittelbare Treuepflichten der KG gegenüber**, mit der Folge, dass die KG – und die Kommanditisten im Wege der *actio pro socio* – einen unmittelbaren Haftungsanspruch gegen den Geschäftsführer der Komplementär-GmbH aus § 43 Abs. 2 GmbHG haben. Diese Grundsätze gelten uneingeschränkt **auch für die GmbH & Co. InvKG.** 17

Wegen der inhaltlichen Konkretisierung der einzelnen in § 153 Abs. 1 Satz 3 und 4 KAGB aufgeführten Pflichten wird auf die Kommentierung zu § 26 KAGB verwiesen. 18

3. Anforderungen an die Mitglieder der Geschäftsführung

§ 153 Abs. 2 KAGB stellt besondere Anforderungen an die Mitglieder der Geschäftsführung der geschlossenen InvKG hinsichtlich der **Zuverlässigkeit** und **fachlichen Eignung**. Identische Anforderungen gelten für 19

---

8 Vgl. *Kracke* in Baur/Tappen, § 128 KAGB Rz. 15; wohl auch *Köndgen* in FS Baums, 2017, S. 707 (718).

9 So aber *Klebeck/Kunschke* in Beckmann/Scholtz/Vollmer, ErgLfg. 2/14 – II.14, § 153 KAGB Rz. 27 f.

10 *BaFin*, Auslegungsentscheidung zu den Tätigkeiten einer Kapitalverwaltungsgesellschaft und der von ihr extern verwalteten AIF-Investmentgesellschaft v. 21.12.2017, Ziff. II. 1., abrufbar unter www.bafin.de/SharedDocs/Veroeffentlichungen/DE/Auslegungsentscheidung/WA/ae_171221_Taetigkeiten_KVG.html; *Wallach*, ZGR 2014, 289 (300); a.A. *Zetzsche*, Grundprinzipien der kollektiven Vermögensanlage, S. 682.

11 Vgl. *Klebeck/Kunschke* in Beckmann/Scholtz/Vollmer, ErgLfg. 2/14 – II.14, § 153 KAGB Rz. 30.

12 BGH v. 18.6.2013 – II ZR 86/11, WM 2013, 1648 (1649 f.); BGH v. 12.11.1979 – II ZR 174/77, AG 1980, 306 = WM 1980, 30 f.; ebenso die h.L., vgl. *Casper* in Staub, Großkomm. HGB, 5. Aufl. 2014, § 161 HGB Rz. 113 f. m.w.N.

die Mitglieder der Geschäftsführung der offenen InvKG (§ 128 Abs. 2 KAGB) und die Vorstände der InvAG mit veränderlichem Kapital (§ 119 Abs. 2 KAGB) und der InvAG mit fixem Kapital (§ 147 Abs. 2 KAGB).

20 Bei der **intern verwalteten** InvKG hat § 153 Abs. 2 KAGB keine eigenständige Bedeutung, da InvKG und KVG identisch sind und sich somit die Anforderungen an die Mitglieder der Geschäftsführung bereits aus § 22 Abs. 1 Nrn. 3 und 4 KAGB i.V.m. der Verwaltungspraxis der BaFin ergeben. Die BaFin hat hierzu ein „Merkblatt zu den Geschäftsleitern gemäß KWG, ZAG und KAGB" v. 4.1.2016 (zuletzt geändert am 31.1.2017)[13] („**Geschäftsleiter-Merkblatt**") veröffentlicht.

21 Bei der **extern verwalteten** InvKG entfaltet § 153 Abs. 2 KAGB jedoch eine eigenständige Bedeutung. Denn die explizit für die Geschäftsleiter einer KVG geltenden Anforderungen des § 22 Abs. 1 Nrn. 3 und 4 KAGB gelten gerade nicht für die Geschäftsführung der extern verwalteten InvKG. Auch das Geschäftsleiter-Merkblatt der BaFin bezieht sich hinsichtlich der Kriterien der Zuverlässigkeit und fachlichen Eignung in Ziff. III. ausdrücklich nur auf die §§ 22 Abs. 3 Nr. 3 und § 23 Nr. 3 KAGB als Rechtsgrundlage. Gleichwohl können die **Kriterien des Geschäftsleiter-Merkblatts als Orientierungshilfe** herangezogen werden.

22 So sollten hinsichtlich der Anforderungen an die **Zuverlässigkeit** keine geringeren Anforderungen als bei Geschäftsleitern einer KVG gestellt werden, da es hierfür an einem sachlichen Grund fehlt.[14] Hierfür spricht auch, dass das Formular „Angaben zur Zuverlässigkeit eines Geschäftsleiters, Aufsichtsrates oder Beirates im Geltungsbereich des Kapitalanlagegesetzbuchs" der BaFin[15] unterschiedslos für Meldungen von Geschäftsleitern nach §§ 21 und 22 KAGB sowie nach §§ 119 Abs. 2 Satz 2, 128 Abs. 2 Satz 2, 147 Abs. 2 Satz 2 und 153 Abs. 2 Satz 2 KAGB gilt. Danach sind Kriterien für die Unzuverlässigkeit aufsichtliche Maßnahmen der BaFin, Straftaten im Vermögens- oder Steuerbereich, Geldwäschedelikte sowie Verstöße gegen Ordnungsvorschriften und Interessenkonflikte. Für die Geschäftsführer der Komplementär-GmbH gelten ohnehin die Ausschließungsgründe in § 6 Abs. 2 Satz 2 GmbHG.

23 Die **fachliche Eignung** beinhaltet zum einen die für die **Leitung eines Unternehmens** erforderliche Erfahrung. Dies bedeutet gem. Ziff. II. 1. d. des Geschäftsleiter-Merkblattes, dass der Geschäftsleiter in seinem bisherigen Berufsleben Unternehmen geleitet oder ihm die Leitung von Organisationseinheiten mit eigener Entscheidungskompetenz überantwortet wurden. Auch hier spricht viel dafür, hinsichtlich der Anforderungen an die Geschäftsführer der InvKG grundsätzlich keine Abstriche zu machen, wobei freilich die bisherige Erfahrung in einem Unternehmen bzw. einer Organisationseinheit lediglich vergleichbarer Größe erlangt sein muss. Lediglich hinsichtlich der Personalverantwortung dürfen jedenfalls dann geringere Anforderungen an die Erfahrung gestellt werden, wenn die extern verwaltete InvKG – wie i.d.R. – nicht über eigenes Personal verfügt (vgl. auch § 113 Rz. 23).

24 Die fachliche Eignung setzt zum anderen **theoretische und praktische Kenntnisse im konkreten Unternehmensgegenstand** der InvKG voraus (vgl. Ziff. III. 2. des Geschäftsleiter-Merkblattes). Die Kenntnisse müssen folglich in Bezug auf die konkrete Assetklasse und die Anlagestrategie der InvKG vorhanden sein. Hier wird man an die Geschäftsführer der InvKG geringere Anforderungen stellen müssen als an die Geschäftsleiter der externen KVG. Denn diese Kenntnisse betreffen die Portfolioverwaltung, für die die externe KVG originär und primär verantwortlich ist.[16]

25 Gemäß § 153 Abs. 2 Satz 2 KAGB müssen die **Bestellung** und das **Ausscheiden** von Mitgliedern der Geschäftsführung der BaFin **unverzüglich angezeigt** werden. Auch hier bezieht sich das Geschäftsleiter-Merkblatt der BaFin hinsichtlich des Kreises der anzeigepflichtigen Personen in Ziff. I. 2. ausschließlich auf die Geschäftsleiter von KVGen. Demzufolge gelten für die Anzeige der Bestellung von Mitgliedern der Geschäftsführung gem. § 153 Abs. 2 Satz 2 KAGB auch nicht die formalen Anforderungen an die Anzeige und die mit der Anzeige einzureichenden Unterlagen des Geschäftsleiter-Merkblattes.

26 Die Anzeige der Bestellung und des Ausscheidens von Mitgliedern der Geschäftsführung muss gem. § 153 Abs. 2 Satz 2 KAGB „**unverzüglich**" erfolgen. Als Orientierungshilfe kann hierzu Ziff. I. 1. des Geschäftsleiter-Merkblattes der BaFin dienen, wonach die BaFin nicht mehr von einer unverzüglichen Erstattung der Anzeige ausgeht, wenn mehr als vier Wochen seit der Entscheidung des zuständigen Organs verstrichen sind.

---

13 Abrufbar unter www.bafin.de/SharedDocs/Veroeffentlichungen/DE/Merkblatt/mb_geschaeftsleiter_KWG_ZAG_KAGB.html.

14 *Wallach*, ZGR 2014, 289 (313); ebenso *Jesch* in Moritz/Klebeck/Jesch, § 153 KAGB Rz. 24.

15 Abrufbar unter: https://www.bafin.de/SharedDocs/Downloads/DE/Formular/dl_fo_zuverlaessigkeit_AR_VR_GL_KAGB.html.

16 *Wallach*, ZGR 2014, 289 (313); ebenso *Jesch* in Moritz/Klebeck/Jesch, § 153 KAGB Rz. 24.

Anders als bei **Verletzung der Anzeigepflicht** bei Bestellung eines Geschäftsleiters der KVG[17] stellt die Verletzung der Anzeigepflicht in § 153 Abs. 2 Satz 2 KAGB **keine Ordnungswidrigkeit** dar. 27

III. Beirat

Jede KVG muss gem. § 18 Abs. 2 KAGB einen Aufsichtsrat bilden bzw., wenn die externe KVG in der Rechtsform der GmbH & Co. KG betrieben wird, einen Beirat. Daran anknüpfend verlangt § 153 Abs. 3 KAGB, dass bei einer **intern verwalteten Publikums-InvKG** ein **Beirat** gebildet werden muss. 28

Die Verpflichtung gilt **nicht für intern verwaltete Spezial-InvKGen**, weshalb es auch an einer entsprechenden Regelung für die offene InvKG, die stets eine Spezial-InvKG ist, fehlt. Die Spezial-InvAGen sind hingegen nicht vom Verzicht eines Aufsichtsrats ausgenommen. Eine Begründung für diese unterschiedliche Behandlung bleibt der Gesetzgeber schuldig. 29

Der Verzicht auf einen Beirat bei der intern verwalteten Spezial-InvKG ist der Sache nach gerechtfertigt, weil davon ausgegangen werden kann, dass die Anleger aufgrund ihrer Erfahrung und Sachkunde selbst in der Lage sind, die Geschäftsführung zu kontrollieren. Ferner bleibt es selbstverständlich den Konzepteuren der Spezial-InvKG unbenommen, freiwillig einen Beirat einzurichten, der aber nicht den aufsichtsrechtlichen Regeln des § 153 Abs. 3 i.V.m. § 18 Abs. 2 KAGB unterliegt und auch nicht der BaFin angezeigt werden muss.[18] 30

Aufgabe des Beirats ist, die Geschäftsführung **„bei der Umsetzung der Anlagebedingungen" zu überwachen.** Diese nicht ganz geglückte Formulierung könnte dahin verstanden werden, dass sich die Kontrollbefugnisse auf die Portfolioverwaltung beschränken. Bei der intern verwalteten InvKG bestehen für die Geschäftsführung darüber hinaus gehende Aufgaben wie die Einberufung und Durchführung von Gesellschafterversammlungen und andere interne Gesellschaftsvorgänge, die von den Anlagebedingungen nicht abgedeckt sind (zur teilweisen Überschneidung von Gesellschaftsvertrag und Anlagebedingungen s. § 151 Rz. 5 f.). Auch hierauf sollten sich die Kontrollbefugnisse des Beirats erstrecken. 31

§ 153 Abs. 3 Satz 2 KAGB verweist hinsichtlich der **Zusammensetzung** sowie der **Rechte und Pflichten des Beirats** auf die Bestimmungen für den Beirat der externen KVG in § 18 Abs. 2 Satz 4 und Abs. 3 Satz 2 KAGB. Es wird daher auf die Kommentierung dieser Bestimmungen des § 18 KAGB verwiesen. 32

Gemäß § 153 Abs. 3 Satz 3 KAGB müssen die Persönlichkeit und die Sachkunde der Mitglieder des Beirats die Gewähr dafür bieten, dass die Interessen der Anleger gewahrt werden. Es gilt auch insoweit keine Besonderheiten zu den Anforderungen an die Mitglieder des Aufsichtsrats bzw. Beirats der externen KVG in § 18 Abs. 4 KAGB, so dass auf die dortige Kommentierung verwiesen wird. 33

Die **Bestellung** und das **Ausscheiden** von Beirats-Mitgliedern muss **unverzüglich der BaFin angezeigt** werden (§ 153 Abs. 3 Satz 4 KAGB). Hier dürften an die Unverzüglichkeit der Anzeigenerstattung die gleichen Anforderungen gestellt werden wie bei der Anzeige der Bestellung und des Ausscheidens von Mitgliedern der Geschäftsführung (s. Rz. 26). Auch hier ist eine **Verletzung der Anzeigepflicht nicht bußgeldbewehrt.** 34

IV. Veräußerungs- und Erwerbsverbot

Nach § 153 Abs. 4 KAGB dürfen Mitglieder der Geschäftsführung oder des Beirats der geschlossenen InvKG Vermögensgegenstände **an die InvKG weder veräußern noch von dieser erwerben**. Dieses Verbot gilt für alle Geschäftsführungs-, Vorstands-, Aufsichtsrats- und Beiratsmitglieder von Investmentgesellschaften (vgl. §§ 119 Abs. 4, 128 Abs. 3, 147 Abs. 4 KAGB). 35

Das Veräußerung- und Erwerbsverbot dient der **Vermeidung von Interessenskonflikten**. Denn bei Transaktionen zwischen Geschäftsführungs- und Beiratsmitgliedern einerseits und der InvKG andererseits besteht das Risiko der Übervorteilung der InvKG durch eine nicht angemessene Gegenleistung. Für die externe KVG besteht ein solches ausdrückliches Verbot zwar nicht, es wird aber der Sache nach von der umfassenden Pflicht, Interessenkonflikte zu vermeiden (§ 27 Abs. 1 Nr. 1 KAGB), erfasst. 36

§ 153 Abs. 4 KAGB statuiert ein **gesetzliches Verbot i.S.d. § 134 BGB** mit der Rechtsfolge, dass das betreffende Erwerbs- oder Veräußerungsgeschäft **nichtig** ist. Hat der Leistungsaustausch bereits stattgefunden, ist es nach bereicherungsrechtlichen Grundsätzen rückabzuwickeln. 37

---

17 *BaFin*, Geschäftsleiter-Merkblatt, Ziff. I. 7.
18 *Wallach*, ZGR 2014, 289 (314).

38 **Adressat des Veräußerungs- und Erwerbsverbot** sind die **Mitglieder der Geschäftsführung und des Beirats.** Es betrifft daher Vermögensgegenstände, die dem Mitglied gehören bzw. von diesem selbst erworben werden. Nach dem Sinn und Zweck des § 153 Abs. 4 KAGB werden auch Rechtsgeschäfte von dem Verbot erfasst, die von einem Dritten (z.B. Vermögensverwalter) für Rechnung eines Geschäftsführers oder Beiratsmitglieds abgeschlossen werden.[19] Ferner sind hierzu nach dem Sinn und Zweck des § 153 Abs. 4 KAGB auch sämtliche Transaktionen einer von einem Mitglied beherrschten Gesellschaft hinzu zu rechnen. Die Grenze dürfte jedoch dort zu ziehen sein, wo das Geschäftsführungs- und Beiratsmitglied lediglich Geschäftsführer einer von ihm nicht beherrschten Gesellschaft ist. Denn andernfalls würde das strikte Veräußerungs- und Erwerbsverbot in § 153 Abs. 4 KAGB einen anderen Vermögensträger treffen. Deshalb sind auch sog. „*Cross-Trades*", welche die Geschäftsführer zugleich für die InvKG und eine andere Fondsgesellschaft abschließen, nicht vom Verbot des § 153 Abs. 4 KAGB erfasst.[20] Gleichwohl gilt hier das allgemeine Gebot in § 153 Abs. 1 Satz 3 Nr. 3 KAGB, Interessenkonflikte unter Wahrung der Interessen der Gesellschafter der InvKG zu lösen.

39 **Auf der Seite der InvKG** betrifft das Veräußerungs- und Erwerbsverbot Vermögensgegenstände, die zum Vermögen der InvKG gehören bzw. für das Vermögen erworben werden. Konsequent erfasst das Verbot gem. § 153 Abs. 4 Satz 2 KAGB **nicht den Erwerb oder die Veräußerung von Kommanditanteilen der InvKG** durch die Mitglieder der Geschäftsführung. Aus dem gleichen Grund ist auch der Erwerb und die Veräußerung von Kommanditanteilen durch Mitglieder des Beirats nicht von dem Verbot erfasst, was der Gesetzgeber klarzustellen versäumt hat.[21]

V. Abberufung der Geschäftsführung und Untersagung der Tätigkeit durch die BaFin

40 Nach § 153 Abs. 5 KAGB kann die BaFin die Abberufung der Geschäftsführung verlangen oder einem Mitglied der Geschäftsführung die Tätigkeit untersagen, wenn

- Tatsachen vorliegen, dass die Mitglieder der Geschäftsführung die **Anforderungen an die Zuverlässigkeit und fachliche Eignung** gem. § 153 Abs. 2 KAGB **nicht erfüllen**, oder
- die Geschäftsführung oder dessen Mitglied **gegen die Bestimmungen des KAGB oder des GwG nachhaltig verstoßen.**

41 Bei einer **intern verwalteten InvKG** stehen der BaFin Eingriffsbefugnisse bereits aus § 40 KAGB zu, weshalb § 153 Abs. 5 KAGB, der inhaltlich auch nicht weiter als § 40 KAGB gefasst ist, lediglich klarstellende Bedeutung hat.[22]

42 Da es sich bei diesen Maßnahmen der BaFin um **schwerwiegende Eingriffe** in die Organisationsstruktur der InvKG handelt, müssen die in § 153 Abs. 5 KAGB genannten Umstände unter **Beachtung des Verhältnismäßigkeitsgrundsatzes** entsprechend schwer wiegen. So ist z.B. die Abberufung eines Geschäftsführungsmitglieds wegen mangelnder fachlicher Eignung nicht zulässig, wenn dieser Umstand nur vorübergehender Natur ist und durch die fachliche Eignung eines oder mehrerer anderer Geschäftsführungsmitglieder kompensiert wird. Ob ein nachhaltiger Verstoß gegen die Bestimmungen des KAGB oder GwG vorliegt, ist in jedem Einzelfall zu prüfen, erfordert aber entweder eine besonders schwerwiegende oder mehrfach wiederholte Missachtung der relevanten Bestimmungen.

43 Nach dem eindeutigen Wortlaut des § 153 Abs. 5 KAGB bestehen die Eingriffsbefugnisse der BaFin **nicht gegenüber den Mitgliedern des Beirats.**

§ 154 Verwaltung und Anlage

(1) ¹Die geschlossene Investmentkommanditgesellschaft kann eine ihrem Unternehmensgegenstand entsprechende externe AIF-Kapitalverwaltungsgesellschaft bestellen. ²Dieser obliegt insbesondere die Anlage und Verwaltung des Kommanditanlagevermögens. ³Die Bestellung der externen AIF-Kapitalverwaltungsgesellschaft ist kein Fall des § 36. ⁴Die AIF-Kapitalverwaltungsgesellschaft ist be-

19 Ebenso *Eichhorn* in Moritz/Klebeck/Jesch, § 128 KAGB Rz. 16.
20 *Jesch* in Moritz/Klebeck/Jesch, § 153 KAGB Rz. 37; im Erg. ebenso *Klebeck/Kunschke* in Beckmann/Scholtz/Vollmer, ErgLfg. 2/14 – II.14, § 153 KAGB Rz. 62.
21 Vgl. *Jesch* in Moritz/Klebeck/Jesch, § 153 KAGB Rz. 38.
22 BT-Drucks. 17/12294, 251.

rechtigt, die Verwaltung der Mittel der geschlossenen Investmentkommanditgesellschaft zu kündigen. [5]§ 99 Absatz 1 bis 4 ist mit den folgenden Maßgaben entsprechend anzuwenden:

1. **eine Kündigung kann nur aus wichtigem Grund erfolgen;**
2. **die Kündigungsfrist muss im angemessenen Verhältnis zu dem Zeitraum stehen, der erforderlich ist, um die zum Investmentvermögen gehörenden Vermögensgegenstände zu liquidieren; bei Publikumsinvestmentkommanditgesellschaften muss die Kündigungsfrist jedoch mindestens sechs Monate betragen.**

(2) [1]§ 100 ist entsprechend anzuwenden mit den Maßgaben, dass

1. **das Verwaltungs- und Verfügungsrecht über das Gesellschaftsvermögen nur dann auf die Verwahrstelle zur Abwicklung übergeht, wenn die geschlossene Investmentkommanditgesellschaft sich nicht in eine intern verwaltete geschlossene Investmentkommanditgesellschaft umwandelt oder keine andere externe AIF-Kapitalverwaltungsgesellschaft benennt und dies bei geschlossenen Publikumsinvestmentkommanditgesellschaften jeweils von der Bundesanstalt genehmigt wird und bei geschlossenen Spezialinvestmentkommanditgesellschaften jeweils der Bundesanstalt angezeigt wird;**
2. **die Gesellschafter die Bestellung eines anderen Liquidators als der Verwahrstelle beschließen können; § 147 des Handelsgesetzbuchs findet keine Anwendung, wenn die Liquidation durch die Verwahrstelle als Liquidator erfolgt.**

[2]Im Fall der Bestellung einer anderen externen AIF-Kapitalverwaltungsgesellschaft ist § 100b Absatz 1, 3 und 4 entsprechend anzuwenden mit der Maßgabe, dass die Übertragung bei Publikumsinvestmentkommanditgesellschaften frühestens mit Erteilung der Genehmigung der Bundesanstalt wirksam wird.

(3) Wird eine geschlossene Publikumsinvestmentkommanditgesellschaft aufgelöst, hat sie auf den Tag, an dem das Recht der AIF-Kapitalverwaltungsgesellschaft zur Verwaltung des Gesellschaftsvermögens erlischt, einen Auflösungsbericht zu erstellen, der den Anforderungen nach § 158 entspricht.

In der Fassung vom 4.7.2013 (BGBl. I 2013, S. 1981), zuletzt geändert durch das Gesetz zur Umsetzung der Richtlinie 2014/91/EU des Europäischen Parlaments und des Rates vom 23.7.2014 zur Änderung der Richtlinie 2009/65/EG zur Koordinierung der Rechts- und Verwaltungsvorschriften betreffend bestimmte Organismen für gemeinsame Anlagen in Wertpapieren (OGAW) im Hinblick auf die Aufgaben der Verwahrstelle, die Vergütungspolitik und Sanktionen vom 3.3.2016 (BGBl. I 2016, S. 348).

Schrifttum: *Assmann/Schütze*, Handbuch des Kapitalanlagerechts, 4. Aufl. 2015; *BaFin*, Auslegungsentscheidung zu den Tätigkeiten einer Kapitalverwaltungsgesellschaft und der von ihr extern verwalteten AIF-Investmentgesellschaft v. 21.12.2017, abrufbar unter: https://www.bafin.de/SharedDocs/Veroeffentlichungen/DE/Auslegungsentscheidung/WA/ae_171221_Taetigkeiten_KVG.html; *BaFin*, Merkblatt zum Erlaubnisverfahren für eine AIF-Kapitalverwaltungsgesellschaft nach § 22 KAGB v. 22.3.2017, geändert am 27.11.2017, abrufbar unter https://www.bafin.de/SharedDocs/Veroeffentlichungen/DE/Merkblatt/WA/mb_130322_erlaubnisverfahren_aif-22kagb.html; *BaFin*, Schreiben „Häufige Fragen zum Thema Auslagerung gem. § 36 KAGB" v. 10.7.2013, geändert am 15.11.2017. abrufbar unter www.bafin.de/SharedDocs/Veroeffentlichungen/DE/FAQ/faq_kagb_36_auslagerung_130710.html; *Campbell/Müchler*, Die Haftung der Verwaltungsgesellschaft einer fremdverwalteten Investmentaktiengesellschaft, ILF Working Paper No. 101, 2009; *Dornseifer*, Die Neugestaltung der Investmentaktiengesellschaft durch das Investmentänderungsgesetz, AG 2008, 53; *Köndgen*, Systembrüche im Kapitalanlagegesetzbuch – Kritisches aus der Sicht der Gesetzgebungslehre, in FS Theodor Baums, 2017, S. 707; *Engert*, Sollten Fondsverwalter für fehlerhafte Anlageentscheidungen haften?, in FS Johannes Köndgen, 2016, S. 167; *Fürbaß*, Das Investmentsondervermögen – Ein Plädoyer für die Schaffung eines genuinen Fondsvehikels durch rechtliche Verselbstständigung, 2016; *Klett*, Die Trust-Struktur im Vertragsmodell des Investmentrechts, 2016; *Schmidt*, Gesellschaftsrecht, 4. Aufl. 2002; *Wallach*, Die Investmentaktiengesellschaft mit veränderlichem Kapital im Gewand des Investmentänderungsgesetzes 2007, Der Konzern 2007, 487; *Wagner*, Geschlossene Fonds gemäß dem KAGB, ZfBR 2015, 113; *Wagner*, Externe KVGs in geschlossenen Publikums-GmbH & Co. KGs: Wie verhält sich dies mit dem Gebot der Selbstorganschaft bzw. dem Verbot der Drittorganschaft?, BKR 2015, 410; *Weiser/Hüwel*, Verwaltung alternativer Investmentfonds und Auslagerung nach dem KAGB-E, BB 2013, 1091; *Wiedemann*, Gesellschaftsrecht, Band II, 2004. Im Übrigen wird auf das Schrifttum zu § 149 verwiesen.

I. Regelungsgegenstand und -zweck

1 § 154 KAGB enthält Regelungen im Zusammenhang mit der **Bestellung und dem Verwaltungsrecht der externen KVG**. § 154 Abs. 1 KAGB behandelt die Bestellung und den Aufgabenbereich der externen KVG sowie die Kündigung des Verwaltungsrechts der externen KVG. § 154 Abs. 2 KAGB regelt die Rechtsfolgen des Erlöschens des Verwaltungsrechts der externen KVG. § 154 Abs. 3 KAGB betrifft die Auflösung der InvKG infolge des Erlöschens des Verwaltungsrechts der externen KVG.

2 Da die weitaus überwiegende Zahl der geschlossenen InvKGen die Portfolioverwaltung durch eine externe KVG durchführen lassen, ist § 154 KAGB von **erheblicher praktischer Bedeutung**.

3 Entsprechende Regelungen bestehen für die offene InvKG (§ 129 KAGB), die InvAG mit veränderlichem Kapital (§ 112 KAGB) und die InvAG mit fixem Kapital (§ 144 KAGB).

II. Verwaltung durch eine externe Kapitalverwaltungsgesellschaft

1. Bestellung der externen Kapitalverwaltungsgesellschaft

a) „Kann"-Bestimmung

4 Gemäß § 154 Abs. 1 Satz 1 KAGB „kann" die geschlossene InvKG eine dem Unternehmensgegenstand entsprechende externe KVG bestellen. **Unterlässt** sie dies, ist sie automatisch eine **intern verwaltete InvKG** (§ 17 Abs. 2 Nr. 2 KAGB), die für ihren Geschäftsbetrieb der Erlaubnis der BaFin bedarf. Damit wird sichergestellt, dass jede Organisationsstruktur der kollektiven Portfolioverwaltung, die nicht vom Anwendungsbereich des KAGB ausgeschlossen ist (§ 2 Abs. 1 bis 3 KAGB) oder lediglich eine registrierte KVG erfordert (§ 2 Abs. 4 bis 5 KAGB), dem Erlaubnisvorbehalt der BaFin unterworfen ist.

b) Eine dem Unternehmensgegenstand der Investmentkommanditgesellschaft entsprechende externe Kapitalverwaltungsgesellschaft

5 § 154 Abs. 1 Satz 1 KAGB verlangt, dass eine dem Unternehmensgegenstand der geschlossenen InvKG „**entsprechende**" externe KVG bestellt wird.

6 Mit „Unternehmensgegenstand" ist allerdings nicht der gemäß § 150 Abs. 3 Satz 1 KAGB im Gesellschaftsvertrag nur sehr allgemein beschriebene Unternehmensgenestand gemeint (s. § 150 Rz. 11). Vielmehr ist Hintergrund dieser Anforderung, dass die BaFin ihre **Lizenz** zum Geschäftsbetrieb der KVG i.d.R. **auf die Verwaltung bestimmter Investmentvermögen beschränkt** (§ 20 Abs. 1 Satz 2 KAGB). Die BaFin prüft im Rahmen des Erlaubnisverfahrens genau, ob die KVG über die erforderlichen personellen und materiellen Ressourcen und die Organisationsstruktur für die Verwaltung bestimmter Arten von Investmentvermögen verfügt. Bei Publikums-InvKGen kann sich die Lizenz sogar abhängig vom Geschäftsplan und der personellen und materiellen Infrastruktur auf eine Teilmenge des in § 261 Abs. 1 Nr. 1 bis 8 KAGB aufgeführten Katalogs erwerbbarer Vermögensgegenstände beschränken. Die Gewährung von Gelddarlehen (Kreditfonds) unterliegt ohnehin besonderen Anforderungen an das Risikomanagement (§ 29 Abs. 5a KAGB), so dass

der Antrag auf Erlaubnis der Verwaltung von Kreditfonds auf einem besonderen, darauf zugeschnittenen Geschäftsplan beruhen muss. Der Initiator muss daher schon bei der Gründung der InvKG darauf achten, dass die ausgewählte externe KVG über **eine für die konkrete Anlagestrategie geeignete Lizenz** verfügt.

c) Bestellungsvertrag

Die Bestellung der externen KVG erfolgt durch einen **Bestellungsvertrag zwischen der InvKG und der KVG**. Der Bestellungsvertrag ist nach h.M.[1] ein Geschäftsbesorgungsvertrag mit Dienstleistungscharakter i.S.d. §§ 675, 611 BGB. Dem wird von *Hoffert*[2] entgegen gehalten, dass die aufsichtsrechtliche Verantwortung mit dem Bestellungsvertrag vollständig auf die externe KVG übergeht, die InvKG diese Aufgaben nicht selbst wahrnehmen könnte und gegenüber der KVG keinerlei Weisungsbefugnis oder Mitspracherechte hat. Deshalb handele es sich nicht um die Besorgung fremder Geschäfte, weshalb der Bestellungsvertrag ein Vertrag *sui generis* sei. 7

Zwar ist zutreffend, dass die Portfolioverwaltung i.S.d. § 1 Abs. 19 Nr. 24 KAGB in den „originären"[3] Verantwortungsbereich der externen KVG fällt. Entscheidend sollte jedoch sein, dass die externe KVG eine treuhänderische Stellung innehat, ausschließlich im Interesse der Anleger tätig zu sein (§ 26 Abs. 1 KAGB). Hinzu kommt, dass die Zuweisung der originären Verantwortung für die Portfolioverwaltung nicht mit einem Wechsel der gesetzlichen Verfügungsbefugnis einhergeht (s. Rz. 44 ff.). Vielmehr wird die externe KVG innerhalb des originären Verfügungsbereichs der InvKG tätig. 8

Dass die KVG die alleinige Verantwortung für ihren Aufgabenbereich trägt, ist dem Geschäftsbesorgungsverhältnis nicht wesensfremd. Dritten gegenüber ist der Geschäftsbesorger typischerweise für sein Tun allein verantwortlich. Erfüllungsgehilfe (§ 278 BGB) des Geschäftsherrn wäre er nur dann, wenn dieser ihn zur Erfüllung einer eigenen Verbindlichkeit eingesetzt hätte. Dies ist aber nicht charakteristisches Merkmal der Geschäftsbesorgung. Fehlt es daran, haftet der Geschäftsherr nur für **Auswahlverschulden**, wie es auch die geschlossene InvKG täte, wenn sie entgegen § 154 Abs. 1 Satz 1 KAGB eine nicht geeignete KVG bestellt hätte. 9

Das fehlende Weisungsrecht der InvKG ist eine aufsichtsrechtliche Notwendigkeit, die aus der alleinigen Verantwortung der KVG für die Portfolioverwaltung resultiert, die durch zahlreiche aufsichtsrechtliche Pflichten in §§ 26 ff. KAGB und der AIFM-VO konkretisiert wird. Dieses engmaschige aufsichtsrechtliche Korsett tritt an die Stelle des Weisungsrechts der InvKG. 10

Alles in allem erscheint es daher sachgerechter, von einem **gesetzlich modifizierten Geschäftsbesorgungsverhältnis** zu sprechen. 11

Der Bestellungsvertrag ist bereits **im Zusammenhang mit der Gründung der InvKG abzuschließen**, da andernfalls die InvKG eine intern verwaltete InvKG (§ 17 Abs. 2 Nr. 1 KAGB) wäre und ohne Erlaubnis der BaFin nicht mit dem Geschäftsbetrieb beginnen dürfte. Daher ist die Bestellung einer externen KVG bereits von vornherein im Gesellschaftsvertrag vorzusehen. Da der Gesellschaftsvertrag von allen Gründungsgesellschaftern abgeschlossen wird, ist die Frage, ob die Entscheidung, eine externe KVG zu bestellen, ein Grundlagengeschäft ist, das einen Beschluss aller Gesellschafter erfordert,[4] wenig praktisch relevant (s. hierzu auch § 129 Rz. 9 ff.). 12

Der **Wechsel der externen KVG**, d.h. Kündigung des Bestellungsvertrages mit der bestehenden und Abschluss eines Bestellungsvertrages mit einer neuen KVG mit Genehmigung der BaFin, stellt hingegen kein Grundlagengeschäft dar. Es handelt sich allerdings um **ein über den gewöhnlichen Betrieb der InvKG hinausgehendes Geschäft** (§ 164 Satz 1 HGB), welches der Zustimmung der Kommanditisten bedarf.[5] 13

Da die externe KVG bereits im Gründungsstadium der InvKG identifiziert worden sein muss, könnte die Bestellung selbst bereits im Gesellschaftsvertrag erfolgen. Das ist aber weniger eine dogmatische als eine vertragstechnische Frage. Praktikabler ist es, den **Bestellungsvertrag getrennt abzufassen**, damit spätere 14

---

1 *Dornseifer* in Emde/Dornseifer/Dreibus/Hölscher, § 96 InvG Rz. 70; *Eckhold/Balzer* in Assmann/Schütze, § 22 Rz. 81; *Engert* in FS Köndgen, 2016, S. 170; *Paul* in Weitnauer/Boxberger/Anders, § 154 KAGB Rz. 3; *Schewe*, Kommanditgesellschaften im Regelungsbereich des Investmentrechts, S. 89; *Ulrich*, Private Equity (LBO) vor und nach dem Inkrafttreten des KAGB, S. 130; *Wagner*, ZfBR 2015, 113 (115).

2 *Hoffert* in Moritz/Klebeck/Jesch, § 154 KAGB Rz. 9.

3 *BaFin*, Häufige Fragen zum Thema Auslagerung gem. § 36 KAGB, Ziff. 1. abrufbar unter www.bafin.de/SharedDocs/Veroeffentlichungen/DE/FAQ/faq_kagb_36_auslagerung_130710.html.

4 So *Hoffert* in Moritz/Klebeck/Jesch, § 154 KAGB Rz. 13; *Klebeck/Kunschke* in Beckmann/Scholtz/Vollmer, ErgLfg. 2/14 – II.14, § 154 KAGB Rz. 14.

5 *Casper* in Staub, Großkomm. HGB, 5. Aufl. 2014, § 164 HGB Rz. 12; *Oetker* in Oetker, § 164 HGB Rz. 12.

Änderungen des Bestellungsvertrages, die für die InvKG kein außergewöhnliches Geschäft i.S.d. § 164 Satz 1 HGB bedeuten, keine Änderung des Gesellschaftsvertrages erfordern und durch die Geschäftsführungskompetenz der Geschäftsführer der InvKG abgedeckt sind.

d) Kein Fall der Auslagerung

15 § 154 Abs. 1 Satz 3 KAGB stellt klar, dass die **Bestellung der externen KVG kein Fall der Auslagerung gem. § 36 KAGB** ist. Das folgt konsequent aus der originären und alleinigen Verantwortung der externen KVG für die Portfolioverwaltung.[6] Denn handelte es sich um einen Fall der Auslagerung, wäre die InvKG für die Verwaltung letztlich verantwortlich und müsste die KVG laufend überwachen und ihr notfalls Weisungen erteilen können. Die InvKG haftete für jedes Verschulden der KVG wie für eigenes Verschulden (§ 36 Abs. 4 KAGB).[7]

e) Rechtsverhältnis zwischen externer Kapitalverwaltungsgesellschaft und Anlegern

16 Aus der originären und alleinigen Verantwortung der externen KVG für die Portfolioverwaltung folgt zugleich, dass sie **unmittelbar den Anlegern gegenüber für Pflichtverletzungen im Rahmen der Portfolioverwaltung haftbar** ist. Bei der Frage der dogmatischen Herleitung dieser Haftung ist die eigene Rechtsfähigkeit der InvKG zu berücksichtigen.

17 Anders als beim Sondervermögen[8] wird zwischen der externen KVG und den Anlegern kein Investmentvertrag geschlossen, wenn diese der InvKG beitreten. Der Beitrittsvertrag wird allein zwischen der InvKG und den Anlegern geschlossen. Der Beitrittsvertrag nimmt allerdings auf den Gesellschaftsvertrag und die Anlagebedingungen Bezug, die gemeinsam das Rechtsverhältnis zwischen InvKG und Anlegern bestimmen (§ 266 Abs. 1 Nr. 2 KAGB).

18 Durch Abschluss des Bestellungsvertrages übernimmt die externe KVG für die InvKG „die Anlage und Verwaltung des Kommanditanlagevermögens" (§ 154 Abs. 1 Satz 2 KAGB). Daraus folgt, dass die Einhaltung der Anlagebedingungen mit Abschluss des Bestellungsvertrages von der externen KVG übernommen wird, und zwar im ausschließlichen Interesse der Anleger (§ 26 Abs. 1 KAGB). Der Abschluss des Bestellungsvertrages begründet somit zugleich ein **gesetzliches Schuldverhältnis**[9] zwischen externer KVG und Anlegern, das inhaltlich durch die Anlagebedingungen und die aufsichtsrechtlichen Verhaltenspflichten der KVG in §§ 26 ff. KAGB und in Kapitel III Abschnitt 1 AIFM-VO konkretisiert wird.

19 Gegen die Annahme eines gesetzlichen Schuldverhältnisses kann nicht eingewendet werden, dass die §§ 26 ff. KAGB primär öffentlich-rechtlicher Natur sind und auf zivilrechtliche Schuldverhältnisse nicht einwirken.[10] Denn die Begründung des gesetzlichen Schuldverhältnisses liegt nicht in den Verhaltens- und Organisationspflichten der KVG in §§ 26 ff. KAGB, sondern im Umstand, dass der Anleger wegen der alleinigen und ausschließlichen Verantwortung der KVG für die Einhaltung der Anlagebedingungen andernfalls schutzlos dastünde. Mit Bestellung der externen KVG kann der Anleger nicht mehr die InvKG auf Einhaltung der Anlagebedingungen und ggf. Schadenersatzanspruch bei Verletzung der Anlagebedingungen in Anspruch nehmen. Er verliert faktisch die InvKG als Vertragspartner. Damit der Anleger in seiner Rechtsstellung nicht schlechter gestellt wird, ist es geradezu zwingend, dass er seine vormals gegen die InvKG bestehenden Rechte gegen die externe KVG geltend machen kann. Da die alleinige und ausschließliche Verantwortung der externen KVG für die Vermögensverwaltung eine Folge des KAGB in der Auslegung der BaFin ist, ist die Annahme eines gesetzlichen Schuldverhältnisses die zutreffende dogmatische Herleitung. Hauptinhalt dieses gesetzlichen Schuldverhältnisses ist die Vermögensverwaltung nach den Anlagebedingungen. Zur weiteren inhaltlichen Konkretisierung und Auslegung können die Verhaltensregeln in §§ 26 ff.

---

6 *BaFin*, Häufige Fragen zum Thema Auslagerung gem. § 36 KAGB, Ziff. 1. abrufbar unter www.bafin.de/SharedDocs/Veroeffentlichungen/DE/FAQ/faq_kagb_36_auslagerung_130710.html.

7 Vgl. *Tollmann* in Dornseifer/Jesch/Klebeck/Tollmann, AIFM-Richtlinie, Art. 20 Rz. 142; *Wallach*, ZGR 2014, 289 (301); *Weiser/Hüwel*, BB 2013, 1091 (1092).

8 *BaFin*, Häufige Fragen zum Thema Auslagerung gem. § 36 KAGB, Ziff. 1. abrufbar unter www.bafin.de/SharedDocs/Veroeffentlichungen/DE/FAQ/faq_kagb_36_auslagerung_130710.html; zur Ausgestaltung des Rechtsverhältnisses beim Sondervermögen *Fürbaß*, Das Investmentsondervermögen, S. 118 ff.; *Klett*, Die Trust-Struktur im Vertragsmodell des Investmentrechts, S. 165 ff.

9 So bereits für die fremdverwaltete InvAG *Wallach*, Der Konzern 2007, 487 (493 f.); zutreffend ebenso *Campbell/Müchler*, Die Haftung der Verwaltungsgesellschaft einer fremdverwalteten Investmentaktiengesellschaft, S. 11; *Dornseifer*, AG 2008, 53 (Fn. 38); *Fischer/Friedrich*, ZBB 2013, 153 (155 f.); kritisch zur Haftung der KVG für fehlerhafte Anlageentscheidungen *Engert* in FS Köndgen, 2016, S. 167 ff.

10 BGH v. 3.6.2014 – XI ZR 147/12, BKR 2014, 370 (373); *Geurts/Schubert* in Moritz/Klebeck/Jesch, § 26 KAGB Rz. 8 ff.

KAGB und in Art. 17 ff. AIFM-VO trotz ihres öffentlich-rechtlichen Charakters herangezogen werden. So hat auch der BGH[11] im Zusammenhang mit den Transparenzgeboten bei Zuwendungen im WpHG und in der GewO entschieden, dass diese bei der Auslegung von (konkludenten) Vertragserklärungen zu berücksichtigen sind.

f) Bestellung nur einer externen Kapitalverwaltungsgesellschaft

Aus § 17 Abs. 3 KAGB und dem Wortlaut in § 154 Abs. 1 Satz 1 KAGB folgt, dass die InvKG nur „**eine**" ex- 20
terne KVG bestellen kann. Es handelt sich um eine Umsetzung von Art. 5 Abs. 1 Satz 1 AIFM-RL und stellt sicher, dass es nur eine KVG gibt, die für die Portfolioverwaltung und die Einhaltung aller anwendbaren gesetzlichen Anforderungen verantwortlich ist.

Dies ist vor dem Hintergrund bedeutsam, dass häufig die Portfolioverwaltung von einem oder mehreren 21
Asset Managern durchgeführt wird, um spezielle Anlagestrategien zu verfolgen. Diese Asset Manager können nicht unmittelbar von der InvKG bestellt werden. Eine solche Asset Management-Struktur kann nur im Wege der Auslagerung (§ 36 KAGB) durch die externe KVG umgesetzt werden.

2. Aufgaben und Kompetenzen der externen Kapitalverwaltungsgesellschaft

a) Umfang und Aufgaben der externen Kapitalverwaltungsgesellschaft

Gemäß § 154 Abs. 1 Satz 2 KAGB obliegt der externen KVG „insbesondere die Anlage und Verwaltung des 22
Kommanditanlagevermögens".

Das „**Kommanditanlagevermögen**" ist in § 156 Abs. 2 KAGB definiert und dient bei der intern verwalteten 23
InvKG zur Abgrenzung vom Betriebsvermögen (§ 156 Abs. 1 KAGB). Falsch ist es jedoch nicht, auch bei der extern verwalteten InvKG von einem „Kommanditanlagevermögen" zu sprechen, da auch hier je nach Umfang der bei der InvKG verbleibenden Aufgaben ein Betriebsvermögen gebildet werden kann (s. § 156 Rz. 46 f.).

Mit „Anlage und Verwaltung" nimmt der Gesetzgeber offenbar auf die Anlageverwaltungsfunktionen in 24
Anh. I Nr. 1 AIFM-RL Bezug. Die hierzu gehörenden Aufgaben der **Portfolioverwaltung** und des **Risikomanagements** müssen von der KVG übernommen werden.

Mit „insbesondere" deutet der Gesetzgeber an, dass zum Aufgabenumfang der KVG auch weitere Aufgaben 25
gehören; es handelt sich hierbei um die „**anderen Aufgaben**" in Anh. I Nr. 2 AIFM-RL. Hierzu zählen administrative Tätigkeiten, Vertrieb und Tätigkeiten im Zusammenhang mit den Vermögenswerten (assetbezogene Tätigkeiten) der InvKG.

Aus dem insoweit eindeutigen Wortlaut in Anh. I Nr. 2 AIFM-RL, „*kann*" – in der englischen Fassung 26
„*may*"–, ist zu schließen, dass es sich um Aufgaben handelt, die die externe KVG zusätzlich ausüben kann, aber nicht muss.

Die BaFin scheint hier anderer Auffassung zu sein, indem sie in ihrem Schreiben „Häufige Fragen zum 27
Thema Auslagerung gem. § 36 KAGB" vom 10.7.2013, geändert am 15.11.2017,[12] („**BaFin FAQ – Auslagerung**") zwar erwähnt, dass die KVG nach dem Wortlaut nicht zwingend die in Anh. I Nr. 2a AIFM-RL genannten Funktionen selbst erbringen muss, dann aber fortführt, dass die administrativen Tätigkeiten als originäre Aufgabe einer KVG anzusehen sind. Zur Stütze ihrer Auffassung verweist die BaFin auf § 1 Abs. 19 Nr. 24 KAGB, wonach die kollektive Vermögensverwaltung auch administrative Tätigkeiten umfasse, und auf § 216 Abs. 7 KAGB, wonach die KVG für die Bewertung verantwortlich bleibt.

Der Verweis auf den weiten Begriff der kollektiven Vermögensverwaltung in § 1 Abs. 19 Nr. 24 KAGB ist 28
nicht zwingend, weil die KVG nicht alle unter den Begriff Vermögensverwaltung fallenden Tätigkeiten erbringen muss. Wie sich aus § 23 Nrn. 9 und 10 KAGB ergibt, liegt ein erlaubnisfähiger Geschäftsbetrieb der KVG vielmehr schon dann vor, wenn sie mindestens die Portfolioverwaltung und das Risikomanagement erbringt. Dies hat die BaFin selbst in Abschnitt B) 2. ihres Merkblattes zum Erlaubnisverfahren für eine AIF-KVG[13] so aufgeführt.

---

11 BGH v. 3.6.2014 – XI ZR 147/12, BKR 2014, 370 (373).

12 Abrufbar unter www.bafin.de/SharedDocs/Veroeffentlichungen/DE/FAQ/faq_kagb_36_auslagerung_130710.html; so auch *Schewe*, Kommanditgesellschaften im Regelungsbereich des Investmentrechts, S. 102; kritisch *Köndgen* in FS Baums, 2017, S. 723.

13 Merkblatt zum Erlaubnisverfahren für eine AIF-Kapitalverwaltungsgesellschaft nach § 22 KAGB vom 22.3.2013, geändert am 27.11.2017, abrufbar unter www.bafin.de/SharedDocs/Veroeffentlichungen/DE/Merkblatt/WA/mb_130322_erlaubnisverfahren_aif-22kagb.html.

29 Zuzugeben ist der BaFin allerdings, dass § 216 Abs. 7 KAGB der KVG die Letztverantwortung für eine Tätigkeit zuweist, die in Anh. I Nr. 2a) (iii) AIFM-RL als administrative Tätigkeit aufgeführt ist. Hier liegt indes eine Inkonsistenz innerhalb der AIFM-RL selbst vor. Denn Art. 19 Abs. 1 AIFM-RL weist dem AIFM die ausschließliche Kompetenz und Verantwortung zu, eine ordnungsgemäße und unabhängige Bewertung sicherzustellen. Die Verantwortung des AIFM für die ordnungsgemäße Bewertung der Vermögensgegenstände des AIF ist ausdrücklich in Art. 19 Abs. 10 AIFM-RL angeordnet. Dem widerspricht es, wenn Anh. I Nr. 2a) (iii) AIFM-RL die Bewertung lediglich als eine Aufgabe nennt, die der AIFM zusätzlich ausführen kann. Die Bewertung gehört daher richtigerweise zu den „Muss"-Aufgaben in Nr. 1. Bei den übrigen in Anh. I Nr. 2 AIFM-RL genannten Aufgaben fehlt es an einer vergleichbaren Verantwortungszuweisung an die KVG.

30 Demgegenüber spricht auch der Wortlaut des Erwägungsgrundes (21) der AIFM-RL, wonach der AIFM „nicht daran gehindert werden solle", auch die in Anh. I Nr. 2 AIFM-RL genannten Tätigkeiten auszuüben, dafür, diese Funktion als solche anzusehen, die der AIFM optional zusätzlich zur Anlageverwaltung ausüben kann.[14]

31 Eine richtlinienkonforme Auslegung des § 154 Abs. 1 Satz 2 KAGB und des § 1 Abs. 19 Nr. 24 KAGB ergibt somit, dass die externe KVG die administrativen Tätigkeiten, den Vertrieb von eigenen Investmentanteilen und die assetbezogenen Tätigkeiten des AIF **nur optional, aber nicht gesetzlich verpflichtend**, zusätzlich zur Portfolioverwaltung und zum Risikomanagement ausüben kann.[15]

32 Die Frage, ob und welche Aufgaben in Anh. I Nr. 2 AIFM-RL von der externen KVG übernommen werden, ergibt sich aus dem Bestellungsvertrag. Falls allerdings im Bestellungsvertrag zusätzliche Aufgaben auf die externe KVG übertragen werden, ergibt sich aus Ziff. 1 des BaFin FAQ – Auslagerung, dass die externe KVG in diesem Falle für die übernommene Aufgabe allein verantwortlich ist. Die Wahrnehmung dieser Aufgabe durch Dritte kann nur im Wege der Auslagerung durch die KVG erfolgen.

33 Die hier vertretene Auffassung stößt allerdings an ihre aufsichtsrechtlichen Grenzen, wenn die **InvKG eine bei ihr verbliebene administrative oder assetbezogene Tätigkeit** ihrerseits **durch Dritte erbringen** lassen will. § 36 KAGB regelt in Übereinstimmung mit Art. 20 AIFM-RL nur die Auslagerung durch die KVG. Eine entsprechende Anwendung auf die InvKG scheitert sowohl an dem eindeutigen Wortlaut aber auch daran, dass die Anforderungen in § 36 KAGB speziell auf die Beaufsichtigung der KVG durch die BaFin zugeschnitten sind.

34 Als eine Lösungsalternative könnte erwogen werden, eben doch diese Tätigkeiten der KVG im Bestellungsvertrag zu überantworten, die dann ihrerseits die Tätigkeiten an die – sonst von der InvKG unmittelbar beauftragten – Dritten auslagert. In der Praxis ergeben sich jedoch Schwierigkeiten, wenn das Verhältnis zwischen der InvKG und dem Dritten durch eine längere und eingespielte Zusammenarbeit geprägt ist, wie es nicht selten bei Private Equity- und Venture Capital-Fonds sowie bei geschlossenen Immobilienfonds vorkommt. In solchen Fällen wäre eine unmittelbare Kommunikation zwischen den Geschäftsführern der InvKG und dem externen Dienstleister sowie ein **unmittelbares Weisungsrecht der InvKG gegenüber dem externen Dienstleister** effizienter und letztlich im Interesse der InvKG und der Anleger. Auch eine Einlagerung der Dienstleistungen durch die KVG in die InvKG ist nicht zulässig,[16] so dass auch eine Weiterverlagerung durch die InvKG an die externen Dienstleister ausscheidet.

35 Vorzugswürdig ist daher die Lösung, derartige **Direktbeauftragungen der InvKG an externe Dienstleister** jedenfalls bei den assetbezogenen Tätigkeiten in Anh. I Nr. 2c) AIFM-RL **außerhalb von § 36 KAGB zuzulassen**, auch wenn hierbei ein aufsichtsrechtliches Vakuum beschritten wird.

b) Bedeutung für das Innenverhältnis

36 Die Bestellung der externen KVG führt **nicht kraft Gesetzes zu einer organschaftlichen Stellung der KVG**, obwohl sie für die Verfolgung des Unternehmensgegenstandes (§ 150 Abs. 2 KAGB) originär und allein zuständig und verantwortlich ist sowie den Anlegern gegenüber für Schäden unbegrenzt haftet. Wegen § 149 Abs. 1 Satz 2 KAGB verbleibt es vielmehr beim handelsrechtlichen Normaltypus der Kommanditgesellschaft, wonach der Komplementär organschaftlicher Geschäftsführer und Vertreter der Kommanditge-

14 Zutr. *Hoffert* in Moritz/Klebeck/Jesch, § 154 KAGB Rz. 22.

15 *Bentele* in Baur/Tappen, § 17 KAGB Rz. 30; *Hoffert* in Moritz/Klebeck/Jesch, § 154 KAGB Rz. 22; *Paul* in Weitnauer/Boxberger/Anders, § 154 KAGB Rz. 8; *Tollmann* in Dornseifer/Jesch/Klebeck/Tollmann, AIFM-Richtlinie, Anh. I Rz. 16.

16 *BaFin*, FAQ-Auslagerung, Ziff. 2; *ESMA*, Questions and Answers, Application of the AIFMD, Section VIII: Delegation, Answer 3.

sellschaft ist (vgl. §§ 164, 170 HGB). Es besteht keine aufsichtsrechtliche Notwendigkeit, dass die externe KVG ihre Aufgaben als Organ der InvKG wahrnimmt.

Die externe KVG leitet folglich ihre Geschäftsführungsbefugnis zur kollektiven Vermögensverwaltung aus dem schuldrechtlichen Bestellungsvertrag und ggf. dem Gesellschaftsvertrag ab.[17] Dies hindert die Gründungsgesellschafter nicht daran, die externe KVG zu einem Organ der InvKG zu machen, indem sie zugleich Komplementärin oder geschäftsführende Kommanditistin ist (s. § 152 Rz. 18). 37

Die organschaftliche Geschäftsführungsbefugnis verbleibt bei dem Komplementär und ggf. dem geschäfts- 38
führenden Kommanditisten. Diese werden durch die u.U. sehr weit reichenden Kompetenzen der externen KVG nicht entmachtet. Die **bei der Geschäftsführung der InvKG verbleibenden Kompetenzen** können in **drei Gruppen** eingeteilt werden:

(1) **Gestaltung des Rechtsverhältnisses zur externen KVG** durch Abschluss und Kündigung sowie inhaltliche Ausgestaltung des Bestellungsvertrages,

(2) **gesellschaftsinterne Angelegenheiten**, wie die Einberufung und Durchführung von Gesellschafterversammlungen, der Bericht über die Ergebnisse der Gesellschafterversammlung an die Gesellschafter, die Aufnahme und Kündigung von Gesellschaftern, die Zustimmung zur Übertragung von Gesellschaftsanteilen, und

(3) die **sonstigen Aufgaben gemäß Anh. I Nr. 2 AIFM-RL**, soweit sie nicht vom Aufgabenbereich der externen KVG umfasst sind.

Bei den gesellschaftsinternen Angelegenheiten können Abgrenzungsschwierigkeiten entstehen, weil die von der externen KVG umzusetzenden Anlagebedingungen teilweise gesellschaftsinterne Angelegenheiten betreffen (s. § 151 Rz. 5 f.). Auch das KAGB ist in der Abgrenzung der Zuständigkeiten nicht immer konsistent. So ist gem. §§ 158 Satz 1, 135 Abs. 1 Satz 1 KAGB die KVG für die Erstellung des Jahresberichts einer InvKG zuständig. Hingegen müssen bei der InvAG deren gesetzliche Vertreter den Jahresbericht erstellen (§§ 120 Abs. 1 Satz 2, 148 Abs. 1 KAGB).[18] Ein Grund für diese unterschiedliche Behandlung von InvKG und InvAG ist nicht ersichtlich. Bei der InvKG beruht die Zuständigkeit der KVG auf einer Umsetzung von Art. 22 AIFM-RL. Es hätte daher nahegelegen, die Zuständigkeit bei der InvAG entsprechend anzupassen, anstatt die Regelung in § 110 Abs. 1 des aufgehobenen InvG zu übernehmen. 39

c) Bedeutung für das Außenverhältnis

Fraglich ist, welchen Einfluss die Bestellung der externen KVG auf das Außenverhältnis der InvKG zu Dritten hat. Ausgangspunkt dieser Überlegungen ist, dass die InvKG selbst Eigentümerin und Inhaberin der zu ihrem Gesellschaftsvermögen gehörenden Gegenstände und Rechte ist (§§ 161 Abs. 2, 124 Abs. 1 HGB). Damit ist die **InvKG hinsichtlich ihres Gesellschaftsvermögens verfügungsberechtigt** i.S.d. §§ 137, 185 BGB. 40

Soweit der InvKG ein eigener Verantwortungsbereich verbleibt (s. Rz. 38), ändert sich daher an Ihrer Verfügungsbefugnis nichts. Aus einem Umkehrschluss aus § 170 HGB ergibt sich, dass die Komplementäre die organschaftliche Vertretungsbefugnis haben. Diese kann dem einzigen Komplementär nicht entzogen werden.[19] Hinsichtlich der Verfügungs- und Vertretungsmacht ändert sich folglich nichts im eigenen Verantwortungsbereich der InvKG. 41

Fraglich ist indessen, ob die Verfügungsbefugnis im Bereich der kollektiven Vermögensverwaltung auf die externe KVG übergeht. Die BaFin[20] führt hierzu aus: „*Mit der Übertragung der kollektiven Vermögensverwaltung auf die externe KVG geht die aufsichtsrechtliche Verantwortung, die AIF-Investmentgesellschaft gemäß den Bestimmungen des KAGB zu verwalten, auf die externe KVG über. Die AIF-Investmentgesellschaft verliert das Recht, sich selbst zu verwalten.*“ Daraus folgt, dass nach Vorstellung der BaFin nur noch die KVG ab ihrer Bestellung die rechtliche Möglichkeit haben soll, über die Vermögensgegenstände der InvKG zu verfügen. 42

---

17 Vgl. *BaFin*, Auslegungsentscheidungen zu den Tätigkeiten einer Kapitalverwaltungsgesellschaft und der von ihr extern verwalteten AIF-Investmentgesellschaft, 21.12.2017, Ziff. II. 1., abrufbar unter www.bafin.de/SharedDocs/Veroeffentlichungen/DE/Auslegungsentscheidung/WA/ae_171221_Taetigkeiten_KVG.html.

18 In diesem Sinne pauschal für alle AIF-Investmentgesellschaften *BaFin*, Auslegungsentscheidungen zu den Tätigkeiten einer Kapitalverwaltungsgesellschaft und der von ihr extern verwalteten AIF-Investmentgesellschaft, Ziff. 2.

19 BGH v. 25.5.1964 – II ZR 42/62, BGHZ 41, 369; BGH v. 9.12.1968 – II ZR 33/67, BGHZ 51, 200; aus der Literatur *Roth* in Baumbach/Hopt, § 170 HGB Rz. 1 m.w.N.

20 *BaFin*, Auslegungsentscheidung zu den Tätigkeiten einer Kapitalverwaltungsgesellschaft und der von ihr extern verwalteten AIF-Investmentgesellschaft, Ziff. II. 1.

43 Allerdings ist hierbei zwischen der **Verfügungsbefugnis**, d.h. die Befugnis, **im eigenen Namen** Rechtsgeschäfte abzuschließen, durch die unmittelbar auf ein bestehendes Recht eingewirkt wird, und der **Vertretungsmacht**, d.h. das Recht, **im Namen der InvKG** über ein ihr gehörendes Recht zu verfügen, zu unterscheiden.

aa) Verfügungsbefugnis

44 In Betracht kommt zunächst, dass mit der Bestellung der externen KVG die Verfügungsbefugnis von der InvKG auf diese **kraft Gesetzes** übergeht. Derart schwerwiegende Eingriffe in die Verfügungsbefugnis des Rechtsinhabers müssen jedoch vom Gesetzgeber ausdrücklich angeordnet werden, wie dies beim Insolvenzverwalter (§ 80 InsO). Nachlassverwalter (§ 1984 Abs. 1 BGB) oder Testamentsvollstrecker (§ 2215 BGB) geschehen ist. An einer solchen ausdrücklichen gesetzlichen Anordnung fehlt es hier. Die Formulierung in § 154 Abs. 1 Satz 2 KAGB, „... obliegt die Anlage und Verwaltung des Kommanditanlagevermögens", ist nicht hinreichend klar. Auch eine Herleitung aus anderen Bestimmungen wie § 154 Abs. 2 Nr. 1 KAGB, wonach das Verwaltungs- und Verfügungsrecht auf die Verwahrstelle zur Abwicklung übergeht, oder § 84 Abs. 1 Nrn. 3 bis 5 KAGB, wonach die KVG bestimmte Verfügungen nur mit Zustimmung der Verwahrstelle durchführen darf, genügt für die Annahme eines gesetzlichen Übergangs der Verfügungsbefugnis nicht. Bei den zitierten Vorschriften ist insbesondere fragwürdig, ob der Gesetzgeber mit den Formulierungen „Verfügungen" und „Verfügungsrecht" wirklich auf die Verfügungsmacht des Rechtsinhabers abzielen wollte. Beide Bestimmungen lassen durchaus die Auslegung zu, dass es sich um ein durch Vollmacht erlangtes Verfügungsrecht der KVG handelt.

45 Gegen die Annahme einer gesetzlichen Verfügungsbefugnis der externen KVG spricht insbesondere, dass es an einer § 93 Abs. 1 KAGB entsprechenden Bestimmung für die InvKG fehlt. Auf § 93 Abs. 1 KAGB wird in § 149 Abs. 2 KAGB nicht verwiesen. Der Grund ist darin zu sehen, dass es beim Sondervermögen mangels eigener Rechtspersönlichkeit einer verfügungsberechtigten KVG bedarf. Dies ist bei der InvKG, die selbst Trägerin von Rechten und Pflichten ist, gerade nicht der Fall.

46 *Böhme*[21] und *Casper*[22] weisen außerdem auf die Gesetzesmaterialien zum aufgehobenen § 96 Abs. 4 InvG hin, der erstmals die Bestellung einer externen KVG für die InvAG vorsah und auf dem §§ 112, 129, 144 und § 154 Abs. 1 KAGB basieren. Dort führt der Gesetzgeber[23] aus: *„Die Fremdverwaltung lässt im Übrigen die Organisationsstruktur der Investmentaktiengesellschaft, aber auch die allgemeinen Rechte und Pflichten der Organe der Gesellschaft unberührt; die benannte Kapitalanlagegesellschaft übernimmt auch keine aktienrechtlichen oder sonstigen allgemeinen Zuständigkeiten und Aufgaben der Investmentaktiengesellschaft, insbesondere nicht deren Vertretung."*

47 Aus alledem ist der Schluss zu ziehen, dass mit der Bestellung der externen KVG die **Verfügungsbefugnis über das Gesellschaftsvermögen nicht kraft Gesetzes von der InvKG auf die KVG übergeht.**[24]

48 Theoretisch denkbar wäre, dass der Bestellungsvertrag eine **Verfügungsermächtigung** an die KVG enthält, im eigenen Namen über die Vermögensgegenstände des Kommanditanlagevermögens zu verfügen. Eine solche Verfügungsermächtigung wäre gem. § 185 Abs. 1 BGB zulässig. Sofern der Wortlaut des Bestellungsvertrages insoweit nicht ohnehin klar ist, muss durch Auslegung ermittelt werden, ob eine solche Verfügungsermächtigung von den Parteien gewollt ist. Das dürfte **i.a.R. zu verneinen** sein. Denn ein Handeln im Namen der InvKG macht für den Rechtsverkehr transparent, wem die Vermögensgegenstände zuzuordnen sind, die Gegenstand eines Rechtsgeschäfts der KVG sind. Die klare rechtliche Zuordnung ist im Interesse der InvKG und letztlich der Anleger, an das sich sowohl die Geschäftsführer der InvKG (§ 153 Abs. 1 Satz 3 KAGB) und die KVG (§ 26 Abs. 1 KAGB) orientieren müssen.

49 Aus dem Umstand, dass die Verfügungsbefugnis bei der InvKG verbleibt, folgt, dass die Geschäftsführer rechtlich in der Lage sind, ohne Zustimmung der KVG über Gegenstände des Kommanditanlagevermögens zu verfügen. Derartige Rechtsgeschäfte sind – auch gegen den ausdrücklichen Willen der KVG – Dritten gegenüber wirksam. Wegen der Kompetenzüberschreitung im Innenverhältnis machen sich die Geschäftsführer allerdings gegenüber der KVG und den Anlegern schadenersatzpflichtig. Der Bestellungsvertrag sollte zur Klarstellung eine Verpflichtung der InvKG enthalten, sich jeglicher Verfügungen über die Gegenstände und Rechte des Kommanditanlagevermögens zu enthalten. Eine solche Verpflichtung ist gem. § 137 Satz 2 BGB wirksam.

---

21 *Böhme*, BB 2014, 2380 (2381).
22 *Casper*, ZHR 2015, 44 (59 f.).
23 BT-Drucks. 16/5576, 85.
24 Wie hier *Schewe*, Kommanditgesellschaften im Regelungsbereich des Investmentrechts, S. 173.

bb) Vertretungsmacht

Auch für die Annahme einer **gesetzlichen Vertretungsmacht** fehlen hinreichende Anhaltspunkte im KAGB.[25] Zur Begründung kann i.W. auf die fehlende gesetzliche Verfügungsbefugnis der KVG verwiesen werden (s. Rz. 44 ff.). Wie dort ordnet der Gesetzgeber ausdrücklich an, wenn er einer Person, wie z.B. den Eltern (§ 1629 Abs. 1 BGB) und dem Vormund (§ 1793 Abs. 1 BGB) eine gesetzliche Vertretungsbefugnis zuweist. Daran fehlt es hier. 50

Mangels gesetzlicher Vertretungsmacht kann die InvKG auch **nicht im Zivilprozess gemäß § 51 ZPO von der externen KVG vertreten** werden.[26] 51

Die einzig verbleibende Lösung ist daher, dass der KVG eine **rechtsgeschäftliche Vollmacht** eingeräumt wird. Die Vollmacht sollte im Bestellungsvertrag erteilt werden und ist im Umfang soweit zu fassen, dass sie sämtliche Rechtsgeschäfte und Rechtshandlungen erfasst, welche die KVG im Zusammenhang mit der kollektiven Vermögensverwaltung tätigt. 52

Fraglich ist, ob die InvKG verpflichtet ist, der externen KVG rechtsgeschäftliche Vollmacht zu erteilen. Dies wird z.T. in der Literatur[27] mit der Begründung verneint, es sei auch eine Aufgabenteilung derart denkbar, dass die Geschäftsführung der InvKG die Anlageentscheidungen der KVG im Außenverhältnis umsetzt. 53

Dem ist jedoch entgegen zu halten, dass die „Anlage" des Kommanditanlagevermögens (§ 154 Abs. 1 Satz 2 KAGB) schon nach seinem Wortsinn nicht nur das Treffen der Anlageentscheidung sondern auch deren Umsetzung bedeutet. Auch die für den Geschäftsbetrieb einer KVG konstituierende „Verwaltung eines Investmentvermögens" (§ 17 Abs. 1 KAGB) beinhaltet die Anlagetätigkeit.[28] Schließlich ist auch das „Investieren" des von Anlegern eingesammelten Kapitals konstituierendes Merkmal des Investmentvermögens (§ 1 Abs. 1 KAGB) und daher konsequent von der Verwaltung des Investmentvermögens erfasst. 54

Ist folglich unter „Anlage und Verwaltung des Kommanditanlagevermögens" **auch die Umsetzung von Anlageentscheidungen** zu verstehen, darf nach der Verwaltungspraxis der BaFin[29] und der ESMA[30] nicht der InvKG die Umsetzung überlassen werden, da dies eine unzulässige Einlagerung von Aufgaben in die InvKG bedeutete. 55

Aus dem geschilderten regulatorischen Zusammenhang folgt, dass die InvKG **verpflichtet ist, der externen KVG eine umfassende Vollmacht** für die Zwecke der Durchführung der kollektiven Vermögensverwaltung **zu erteilen.** 56

d) Verstoß gegen das Verbot der Fremdorganschaft?

Angesichts der weitreichenden Verwaltungsbefugnisse der externen KVG ist immer wieder[31] die Frage aufgeworfen worden, ob die Bestellung der externen KVG mit dem Grundsatz der Selbstorganschaft bei Personengesellschaften kollidiert. Der **Grundsatz der Selbstorganschaft** wird von der st. Rspr.[32] und der h.L.[33] als Korrelat zur unbeschränkten persönlichen Haftung der Gesellschafter der OHG und der Komplementäre der KG gesehen und bedeutet, dass die unbeschränkt persönlich haftenden Gesellschafter die Geschicke der Gesellschaft selbst in die Hand nehmen müssen und sich durch Übertragung von Geschäftsführungsbefugnissen auf Dritte nicht selbst entmachten dürfen. 57

Allerdings verbleiben bei den Geschäftsführern der InvKG – wie oben (Rz. 38) aufgezeigt – in jedem Falle die Kompetenzen für die Gestaltung des Rechtsverhältnisses zur KVG und die gesellschaftsinternen Angele- 58

---

25 So auch *Schewe*, Kommanditgesellschaften im Regelungsbereich des Investmentrechts, S. 170; *Ulrich*, Private Equity (LBO) vor und nach Inkrafttreten des KAGB, S. 135.

26 OLG München v. 1.10.2015 – 23 U 1570/15, ZIP 2015, 224 f.

27 *Böhme*, BB 2014, 2380 (2385); *Casper*, ZHR 2015, 44 (60).

28 Vgl. *Schücking* in Moritz/Klebeck/Jesch, § 17 KAGB Rz. 45.

29 *BaFin*, FAQ-Auslagerungen, Ziff. 2.

30 *ESMA*, Questions and Answers, Application of the AIFMD, Section VIII: Delegation, Answer 3.

31 *Casper*, ZHR 2015, 44 (60); *Escher*, Bankrechtstag 2013, 123 (129 ff.); *Mohr*, Die offene Investmentkommanditgesellschaft, S. 96 ff.; *Oetker* in Oetker, § 164 HGB Rz. 73; *Ulrich*, Private Equity (LBO) vor und nach dem Inkrafttreten des KAGB, S. 135; *Wagner*, BKR 2015, 410 f.; *Wallach*, ZHR 2014, 289 (322 ff.).

32 BGH v. 11.7.1960 – II ZR 260/59, NJW 1960, 1997 (1998); BGH v. 22.1.1962 – II ZR 11/61, NJW 1962, 738; BGH v. 5.10.1981 – II ZR 203/80, NJW 1982, 1817 f.; BGH v. 20.9.1993 – II ZR 204/92, WM 1994, 237 (238); BGH v. 24.2.1997 – II ZB 11/96, AG 1997, 370 = WM 1997, 1098 (1099).

33 Vgl. *Oetker* in Oetker, § 114 HGB Rz. 16; *Rawert* in MünchKomm. HGB, 4. Aufl. 2016, § 114 HGB Rz. 23 f.; *Roth* in Baumbach/Hopt, § 114 HGB Rz. 24 f.; *Schmidt*, Gesellschaftsrecht, 4. Aufl. 2002, 409 ff.; *Wiedemann*, Gesellschaftsrecht, Band II, 333.

genheiten, selbst wenn der KVG die gesamte kollektive Vermögensverwaltung übertragen worden ist. Es ist daher fraglich, ob überhaupt eine Entmachtung der Geschäftsführer tatbestandlich vorliegt.[34]

59 Andererseits ist zu bedenken, dass mit der Komplettübertragung der kollektiven Vermögensverwaltung ein Kernbereich der Geschäfte der InvKG, nämlich die Verfolgung des Unternehmensgegenstandes der InvKG (§ 150 Abs. 2 KAGB), vollständig auf die externe KVG abgespalten wird. Die organschaftliche Geschäftsführung verliert ihre originäre Zuständigkeit für diesen Kernbereich, hat keine Weisungsrechte gegenüber der KVG und könnte diesen Kernbereich auch nicht durch Kündigung des Bestellungsvertrages an sich ziehen, da ihr die hierfür erforderliche Erlaubnis der BaFin fehlt. Es ließe sich argumentieren, dass hiermit selbst die von der Rspr.[35] recht weit gesteckten Grenzen eines Betriebsführungsvertrages überschritten sind.

60 Die Lösung ist nach der hier vertretenen Auffassung[36] darin zu sehen, dass mit der Übertragung der alleinigen und ausschließlichen Verantwortung der externen KVG für die kollektive Vermögensverwaltung ein **aufsichtsrechtlicher Schutzmechanismus zugunsten der Anleger** installiert wird, der nach der Konzeption des KAGB **den Grundsatz der Selbstorganschaft verdrängt**. Die staatlich lizenzierte und beaufsichtigte, einem engen aufsichtsrechtlichen Regelwerk unterworfene KVG tritt an die Stelle der organschaftlichen Geschäftsführung. Der Gesetzgeber vertraut dem Funktionieren des aufsichtsrechtlichen Pflichtenregimes mehr als dem Prinzip der Eigenverantwortung der organschaftlichen Geschäftsführung, angesichts der unbeschränkten Haftung die angemessenen und zutreffenden Entscheidungen für die InvKG zu treffen. Es handelt sich mit den Worten des Gesetzgebers[37] um eine „aufgrund aufsichtlicher Besonderheiten für die Behandlung als Fondsvehikel erforderliche Abweichung" vom bestehenden Regelwerk der Kommanditgesellschaft.[38]

3. Erlöschen des Verwaltungsrechts der externen Kapitalverwaltungsgesellschaft

61 § 154 Abs. 1 Sätze 4 und 5 KAGB enthalten Bestimmungen über die Kündigung der Verwaltung des Kommanditanlagevermögens durch die externe KVG. Durch den Verweis auf § 99 Abs. 1 bis 4 KAGB werden jedoch über die Kündigung durch die KVG hinaus auch alle anderen Gründe, die nach § 99 Abs. 1 bis 4 KAGB zum Erlöschen des Verwaltungsrechts der KVG führen, in die Regelung mit einbezogen.

a) Kündigung des Verwaltungsrechts durch die Kapitalverwaltungsgesellschaft

62 Gemäß § 154 Abs. 1 Satz 4 KAGB ist die KVG berechtigt, „die Verwaltung der Mittel" der geschlossenen InvKG zu kündigen. Gemeint ist die **Kündigung des Bestellungsvertrages**. Die Voraussetzungen einer wirksamen Kündigung ergeben sich in erster Linie aus den Bestimmungen des Bestellungsvertrages, jedoch stellt das KAGB Mindestanforderungen hinsichtlich Kündigungsgrund, Kündigungsfrist und Kündigungsform auf.

aa) Kündigungsgrund

63 Nach § 154 Abs. 1 Satz 5 Nr. 1 KAGB kann die Kündigung nur aus einem **wichtigen Grund** erfolgen. Da es sich bei dem Bestellungsvertrag um ein Dauerschuldverhältnis handelt, kann für die Frage, wann ein wichtiger Grund vorliegt, § 314 BGB sowie die einschlägige Rspr. herangezogen werden. Letztlich ist eine Einzelfallbetrachtung erforderlich. Ein solcher wichtiger Grund kann z.B. das Nichterreichen eines hinreichend großen Fondsvolumens zur Verfolgung des Anlagezwecks, der Verlust wesentlicher Vermögensgegenstände der InvKG oder eine Änderung von Rechtsvorschriften, die die Verfolgung des Anlagezwecks erheblich erschweren, sein. Hingegen dürfte die nachhaltige Verletzung von Pflichten der Geschäftsführung oder die Unzuverlässigkeit eines Mitglieds der Geschäftsführung wegen der Möglichkeit der Abberufung durch die BaFin (§ 153 Abs. 5 KAGB) keinen wichtigen Grund darstellen.

64 Ein wichtiger Grund stellt darüber hinaus die **Anordnung der BaFin** gegenüber der externen KVG **gem. § 18 Abs. 7 Satz 1 KAGB** dar, ihre Bestellung zu kündigen, falls der AIF nicht in der Lage ist, die Anforderungen des KAGB sicherzustellen.

---

34 Anders wohl *Zetzsche*, AG 2013, 613 (621); *Zetzsche*, Grundprinzipien der kollektiven Vermögensanlage, S. 682 f.

35 BGH v. 5.10.1981 – II ZR 203/80, NJW 1982, 1817 ff. („Holiday-Inn").

36 *Wallach*, ZGR 2014, 289 (325 ff.).

37 BT-Drucks. 17/12294, 249.

38 Im Erg. ebenso *Casper*, ZHR 2015, 44 (58); *Escher*, Bankrechtstag 2013, 123 (142 ff.); *Mohr*, Die offene Investmentkommanditgesellschaft, S. 96 ff.; *Oetker* in Oetker, § 164 HGB Rz. 73.

Da das Gesetz insoweit keine Ausnahme macht, muss auch bei der **Spezial-InvKG** ein wichtiger Grund für die Kündigung des Verwaltungsrechts durch die externe KVG vorliegen. Freilich bleibt es den Gesellschaftern der InvKG und der KVG unbenommen, sich über eine Aufhebung des Bestellungsvertrages zu einigen. 65

bb) Kündigungsfrist

Gemäß § 154 Abs. 1 Satz 5 Nr. 2 Halbs. 1 KAGB muss die Kündigungsfrist im **angemessenen Verhältnis zu dem Zeitraum** stehen, **der für die Liquidierung der Vermögensgegenstände der InvKG erforderlich ist**. Dieses Erfordernis trägt dem Umstand Rechnung, dass die Vermögensgegenstände einer geschlossenen InvKG i.d.R. weniger liquide sind und daher für deren Veräußerung mehr Zeit benötigt wird.[39] 66

Mit den unbestimmten Formulierungen „angemessenes Verhältnis" und „erforderlich" bringt der Gesetzgeber zum Ausdruck, dass eine **die Anlegerinteressen wahrende Veräußerung** gemeint ist. Es ist folglich derjenige Zeitraum „erforderlich", der benötigt wird, um die Vermögensgegenstände möglichst nahe am aktuellen Zeitwert zu veräußern.[40] 67

Gemäß § 154 Abs. 1 Satz 5 Nr. 2 Halbs. 2 KAGB muss die Kündigungsfrist **bei Publikums-InvKGen mindestens sechs Monate** betragen. Diese Frist ergibt sich bereits aus § 99 Abs. 1 Satz 1 KAGB, auf den in § 154 Abs. 1 Satz 5 KAGB verwiesen wird, wonach die KVG die Verwaltung des Sondervermögens nur unter Einhaltung einer Kündigungsfrist von sechs Monaten nach Bekanntmachung im Bundesanzeiger und im Jahresbericht oder Halbjahresbericht kündigen kann. 68

Wegen der geringeren Schutzbedürftigkeit und größeren Erfahrung der Anleger bei **geschlossenen Spezial-InvKGen** kann in den Anlagebedingungen eine kürzere Kündigungsfrist als die Sechs-Monatsfrist vereinbart werden (§ 99 Abs. 1 Satz 7 KAGB). 69

Die Einhaltung der sechsmonatigen Kündigungsfrist bei Publikums-InvKGen gilt **auch bei einer Kündigungsanordnung der BaFin gem. § 18 Abs. 7 Satz 1 KAGB**. Denn es handelt sich bei dieser Kündigungsfrist um eine zwingende gesetzliche Bestimmung in §§ 154 Abs. 1 Satz 5 Nr. 2 und 99 Abs. 1 Satz 1 KAGB zum Schutze der Anleger, über die sich auch die BaFin nicht hinwegsetzen darf. 70

Aus der entsprechenden Anwendung des § 99 Abs. 2 KAGB ergibt sich, dass die externe KVG ihre Auflösung nicht zu einem früheren Zeitpunkt als dem Wirksamwerden der Kündigung beschließen kann. 71

cc) Bekanntmachung der Kündigung

Durch den Verweis in § 154 Abs. 1 Satz 5 KAGB auf § 99 Abs. 1 KAGB ist vorgeschrieben, dass die Kündigung des Verwaltungsrechts durch die externe KVG bei **Publikums-InvKGen** im Bundesanzeiger und im Jahresbericht oder Halbjahresbericht bekannt gemacht werden muss. Hierfür ist eine Frist von sechs Monaten bestimmt. Da bei geschlossenen InvKGen jedoch kein Halbjahresbericht zu erstellen ist (vgl. § 158 KAGB), kommt lediglich eine Bekanntmachung im Jahresbericht in Betracht. Faktisch bedeutet dies, dass sich die Kündigungsfrist entsprechend verlängert, wenn die Kündigung vor der Veröffentlichung des Jahresberichts erklärt worden ist. 72

Bei **Spezial-InvKGen** ist eine Bekanntmachung der Kündigung weder im Bundesanzeiger noch im Jahresbericht erforderlich (§ 154 Abs. 1 Satz 5 i.V.m. § 99 Abs. 1 Satz 4 KAGB). 73

b) Eröffnung des Insolvenzverfahrens über das Vermögen der Kapitalverwaltungsgesellschaft

Das Recht der externen KVG, das Kommanditanlagevermögen der InvKG zu verwalten, erlischt gem. §§ 154 Abs. 1 Satz 5, 99 Abs. 3 Satz 1 KAGB, wenn **über das Vermögen der KVG das Insolvenzverfahren eröffnet** oder der **Antrag auf Eröffnung des Insolvenzverfahrens mangels Masse rechtskräftig gem. § 26 InsO abgewiesen** wurde. 74

In entsprechender Anwendung des § 99 Abs. 3 Satz 2 KAGB gehört das **Kommanditanlagevermögen nicht zur Insolvenzmasse der KVG**. Fraglich ist, was gilt, wenn die externe KVG als Komplementär oder geschäftsführender Kommanditist an der InvKG beteiligt ist. Die zutreffende Lösung ist darin zu sehen, dass der Komplementär- bzw. Kommanditanteil zur Insolvenzmasse der KVG gehört. Denn es handelt sich hierbei nicht um das Kommanditanlagevermögen als solches, sondern um eine Beteiligung an der InvKG. Da die KVG bei Eröffnung des Insolvenzverfahrens über ihr Vermögen aus der InvKG ausscheidet, gehört der Anspruch auf Auszahlung des Auseinandersetzungsguthabens zur Insolvenzmasse. Angesichts der fehlen- 75

39 Vgl. BT-Drucks. 17/12294, 251.
40 Ebenso *Hoffert* in Moritz/Klebeck/Jesch, § 154 KAGB Rz. 43.

den oder allenfalls sehr geringen Kapitalbeteiligung der KVG als Komplementär oder geschäftsführender Kommanditist dürfte auch ein Auseinandersetzungsguthaben entweder nicht oder nur in sehr geringer Höhe vorhanden sein. In jedem Falle bleibt aber das Kommanditanlagevermögen unberührt, wenn auch die Beteiligung der externen KVG als Komplementär oder geschäftsführender Kommanditist zur Insolvenzmasse zählt.

c) Kündigung durch die Investmentkommanditgesellschaft

76 Es verwundert etwas, dass § 154 KAGB keine Regelung über die **Kündigung des Verwaltungsrechts der KVG durch die InvKG** enthält. Eine solche Kündigung ist **als *actus contrarius* zur Bestellung zulässig**. Maßgebend sind die entsprechenden Bestimmungen im Bestellungsvertrag und ggf. im Gesellschaftsvertrag. Da es sich bei der Kündigung der externen KVG um ein außergewöhnliches Geschäft handelt, ist ein zustimmender Beschluss aller Gesellschafter nach den Regeln des Gesellschaftsvertrages erforderlich (vgl. Rz. 13).

77 Eines **wichtigen Grundes** für die Kündigung durch die InvKG **bedarf es nicht**, da die Gesellschafter frei darüber entscheiden können müssen, von welcher KVG sie das Vermögen ihrer Gesellschaft verwalten lassen möchten. Der Kündigungsgrund kann daher rein geschäftspolitischer Natur sein. Da das KAGB keine erlaubnisfreie Verwaltung des Kommanditanlagevermögens gestattet, muss allerdings die Kündigung zugleich mit der Entscheidung verknüpft werden, ob (1) eine andere externe KVG bestellt, (2) die InvKG in eine intern verwaltete InvKG umgewandelt oder (3) die InvKG aufgelöst wird.

78 Für den erstgenannten Fall (Bestellung einer anderen externen KVG) hat der Gesetzgeber durch Einfügung des Satz 2 in § 154 Abs. 2 KAGB nunmehr klargestellt, dass **§ 100b Abs. 1, 3 und 4 KAGB entsprechend anwendbar** sind. Dies bedeutet für eine **Publikums-InvKG** insbesondere, dass

- die Bestellung einer anderen externen InvKG der Genehmigung der BaFin bedarf (§ 100b Abs. 1 Satz 1 KAGB),
- die andere externe KVG über eine Erlaubnis der BaFin verfügen muss (§ 100b Abs. 1 Satz 2 KAGB) und
- die Bestellung der neuen externen KVG frühestens mit Erteilung der Genehmigung der BaFin wirksam wird.

79 Mit der letztgenannten Rechtsfolge weicht der Gesetzgeber von der Regel für Publikums-Sondermögen ab, wonach die Übertragung auf eine neue KVG frühestens drei Monate nach Bekanntmachung im Bundesanzeiger wirksam werden darf (§ 100b Abs. 3 Satz 2 KAGB). Der Grund für diese unterschiedliche Behandlung ist darin zu sehen, dass den Anlegern bei offenen Investmentvermögen die Möglichkeit eingeräumt werden soll, innerhalb der Kündigungsfrist nach Bekanntmachung ihre Anteile zurück zu geben. Eine solche Rückgabemöglichkeit ist bei der geschlossenen InvKG nicht vorgesehen, weshalb es auch keinen Grund gibt, den von den Gesellschaftern der InvKG beschlossenen Wechsel der externe KVG erst eine Zeit nach der Genehmigung der BaFin wirksam werden zu lassen.

80 Die entsprechende Anwendung des § 100b Abs. 1, 3 und 4 KAGB sollte auch für den zweitgenannten Fall (Umwandlung in eine intern verwaltete InvKG) gelten.

81 Handelt es sich um eine **Spezial-InvKG**, bedarf die Bestellung einer anderen externen KVG nicht der Genehmigung der BaFin (§§ 100b Abs. 1 Satz 3, 100 Abs. 3 Satz 4 KAGB). Anders faktisch bei der Umwandlung in eine intern verwaltete Spezial-InvKG: Da – abgesehen von der hier nicht betrachteten registrierten intern verwalteten InvKG – auch die intern verwaltete InvKG einer Erlaubnis der BaFin bedarf und die Spezial-InvKG bislang nicht über diese Erlaubnis verfügt, wird die BaFin mit ihrer Erlaubniserteilung inzidenter auch die Umwandlung in eine intern verwaltete InvKG genehmigen.

d) Kündigung durch die Verwahrstelle

82 Aufgrund des Verweises in § 154 Abs. 1 Satz 5 KAGB auf § 99 Abs. 4 KAGB hat die Verwahrstelle das Recht, das Verwaltungsrecht der externen KVG zu kündigen, wenn diese **aufgelöst** oder gegen sie ein **allgemeines Verfügungsverbot erlassen** wird. Da diese Kündigungsgründe es ausschließen, dass die KVG weiterhin das Kommanditanlagevermögen – gleich ob von Publikums- oder Spezial-InvKGen – verwaltet, steht der Verwahrstelle das Kündigungsrecht **fristlos** zu. Es handelt sich daher um eine Ausnahme von der sechsmonatigen Kündigungsfrist bei Publikums-InvKGen in § 154 Abs. 1 Satz 5 Nr. 2, Halbs. 2 KAGB.

83 Die fristlose Kündigung kollidiert mit dem Erfordernis, dass für die Veräußerung der im Kommanditanlagevermögen gehaltenen illiquiden Vermögensgegenstände im Interesse der Anleger eine gewisse Zeit benötigt wird. Ist zu dem Zeitpunkt der Auflösung der externen KVG oder dem Erlass des allgemeinen Verfügungsverbots noch keine andere externe KVG bestellt oder die Umwandlung in eine intern verwaltete

InvKG genehmigt, muss die Verwahrstelle **entsprechend § 100 KAGB** bis dahin **die Verwaltung des Kommanditanlagevermögens interimistisch übernehmen.**

III. Rechtsfolgen des Erlöschens des Verwaltungsrechts der externen Kapitalverwaltungsgesellschaft

1. Übergang des Verwaltungs- und Verfügungsrechts

84 § 154 Abs. 2 KAGB enthält Regelungen über die Rechtsfolgen, die eintreten, wenn das Recht der externen KVG, das Kommanditanlagevermögen zu verwalten, erlischt. § 154 Abs. 2 KAGB verweist hierzu auf die **entsprechende Anwendung des § 100 KAGB**, der Regelungen für den Fall trifft, dass eine KVG das Recht, Sondervermögen zu verwalten, verliert.

85 Gemäß § 100 Abs. 1 KAGB geht das **Verwaltungs- und Verfügungsrecht** über das Sondervermögen **auf die Verwahrstelle** über, die es abzuwickeln und an die Anleger zu verteilen hat (§ 100 Abs. 2 KAGB). Abweichend hiervon kann die Verwahrstelle die Verwaltung von Publikums-Sondervermögen mit Genehmigung der BaFin auch auf eine andere KVG übertragen.

86 An die letztgenannte Möglichkeit knüpft § 154 Abs. 2 Nr. 1 KAGB an, wonach das Verwaltungs- und Verfügungsrecht über das Gesellschaftsvermögen nur dann auf die Verwahrstelle zur Abwicklung übergeht, wenn die geschlossene InvKG sich nicht **in eine intern verwaltete geschlossene InvKG umwandelt** oder eine **andere externe KVG benennt**. Diese Abweichung von § 100 Abs. 3 KAGB ist konsequent, weil bei der InvKG anders als beim Sondervermögen die Alternative besteht, die kollektive Vermögensverwaltung im Wege der Internalisierung durch die InvKG selbst fortzuführen.

87 Ein weiterer Unterschied zu § 100 Abs. 3 KAGB besteht darin, dass die **Initiative**, sich in eine intern verwaltete InvKG umzuwandeln oder eine andere externe KVG zu bestellen, **von der InvKG ausgeht**. Mangels eigener Rechtspersönlichkeit und Handlungsfähigkeit des Sondervermögens ist die Entscheidung, Abwicklung oder Bestellung einer anderen KVG, notwendig auf die Verwahrstelle übertragen.

88 Anders als es die Gesetzesbegründung[41] andeutet, erfolgt die Umwandlung in eine intern verwaltete InvKG nicht durch Aufnahme einer AIF-KVG als geschäftsführende Komplementärin. Mit Umwandlung in eine intern verwaltete InvKG wird die InvKG selbst zur KVG. Die Komplementärin ist geschäftsführendes Organ sowohl der Kommanditgesellschaft als auch der mit ihr identischen KVG (s. § 152 Rz. 18 f., § 153 Rz. 5).

89 Handelt es sich um eine geschlossene **Publikums-InvKG**, bedürfen die Umwandlung in eine intern verwaltete InvKG und die Bestellung einer anderen externen KVG der **Genehmigung der BaFin**. Die Genehmigung der Umwandlung in eine intern verwaltete InvKG dürfte regelmäßig der ungleich schwierigere Prozess sein. Denn die InvKG verfügte als extern verwaltete Investmentgesellschaft bisher nicht über eine Erlaubnis zum Geschäftsbetrieb einer KVG. Sie muss diese Erlaubnis erstmals erlangen und hierfür das aufwändige Antragsverfahren[42] durchlaufen.

90 Das Genehmigungserfordernis gilt allerdings nicht, wenn es sich bei der externen KVG, deren Verwaltungsrecht erlischt, um eine **registrierte KVG i.S.d. § 44 KAGB** handelt und die InvKG beschließt, sich in eine intern verwaltete registrierte InvKG umzuwandeln. Das Genehmigungserfordernis gilt auch dann nicht, wenn der zuvor extern und nunmehr intern verwaltete AIF in der Rechtsform einer geschlossenen InvKG aufgelegt ist. Der pauschale Verweis auf §§ 149 bis 161 KAGB in § 44 Abs. 1 Nr. 7 Buchst. b) KAGB ist insoweit eine gesetzestechnische Ungenauigkeit. Denn wenn die Vermögensverwaltung der zuvor extern verwalteten InvKG und der anschließend intern verwalteten InvKG lediglich einer Registrierung bedürfen, kann die Umwandlung keine Genehmigungspflicht auslösen.

91 Wie beim Spezial-Sondervermögen (§ 100 Abs. 3 Satz 4 KAGB) bedarf die Bestellung einer anderen externen KVG für eine **geschlossene Spezial-InvKG** ebenfalls **keiner Genehmigung der BaFin**.

92 Zu Recht wird in der Literatur[43] kritisiert, dass mit „Gesellschaftsvermögen" das **Kommanditanlagevermögen** gemeint ist. Denn nur das Kommanditanlagevermögen wird von der externen KVG verwaltet, und nur insoweit kann auch das Verwaltungs- und Verfügungsrecht auf die Verwahrstelle übergehen. Soweit bei der extern verwalteten InvKG ausnahmsweise doch ein Betriebsvermögen gebildet wurde (s. Rz. 23), ist dies

41 BT-Drucks. 17/12294, 251 f.

42 Vgl. *BaFin*, Merkblatt zum Erlaubnisverfahren für eine AIF-Kapitalverwaltungsgesellschaft nach § 22 KAGB v. 22.3.2017, geändert am 27.11.2017, abrufbar unter https://www.bafin.de/SharedDocs/Veroeffentlichungen/DE/Merkblatt/WA/mb_130322_erlaubnisverfahren_aif-22kagb.html.

43 *Paul* in Weitnauer/Boxberger/Anders, § 154 KAGB Rz. 21.

rechnerisch vom Kommanditanlagevermögen abgegrenzt und den Kapitalanteilen der geschäftsführenden Gesellschafter zuzurechnen. Es unterliegt nicht dem Verwaltungsrecht der externen KVG.

93 In Umkehrung der zeitliche Reihenfolge in § 100 KAGB geht das Verwaltungs- und Verfügungsrecht über das Gesellschaftsvermögen erst dann auf die Verwahrstelle über, wenn die InvKG nicht beschließt, sich in eine intern verwaltete InvKG umzuwandeln oder eine extern verwaltete KVG zu bestellen. Da das KAGB keine erlaubnisfreie Verwaltung des Kommanditanlagevermögens gestattet, muss die **Entscheidung**, sich in eine intern verwaltete InvKG umzuwandeln oder eine andere externe KVG zu bestellen, **bis zum Wirksamwerden der Kündigung getroffen** worden sein. Bei der Umwandlung kommt hinzu, dass auch das Erlaubnisverfahren bei der BaFin für eine intern verwaltete InvKG abgeschlossen sein muss.

94 Erfolgt die Umwandlung oder Bestellung einer anderen KVG nicht bis zum Wirksamwerden der Kündigung oder verliert die externe KVG vor der Umwandlung oder Bestellung aus anderen Gründen das Verwaltungsrecht, geht das Verwaltungs- und Verfügungsrecht **zwingend auf die Verwahrstelle** über. Die Verwahrstelle übt das Verwaltungs- und Verfügungsrecht grundsätzlich zum Zwecke der Abwicklung aus (§ 100 Abs. 2 KAGB), es sei denn, es soll nach diesem Übergang noch eine Umwandlung in eine intern verwaltete InvKG oder die Bestellung einer anderen externen KVG erfolgen. Diese Absicht muss allerdings von vornherein der Verwahrstelle bekannt sein, da sie andernfalls zur Abwicklung des Kommanditanlagevermögens verpflichtet ist.

2. Auflösung der Investmentkommanditgesellschaft

a) Bestellung eines anderen Liquidators als die Verwahrstelle

95 Wird die InvKG aufgelöst, haben die Gesellschafter gem. § 154 Abs. 2 Nr. 2 KAGB die Möglichkeit, einen **anderen Liquidator als die** andernfalls in entsprechender Anwendung des § 100 KAGB zuständige **Verwahrstelle** zu bestellen. Nach dem Wortlaut des § 154 Abs. 2 Nr. 2 KAGB bedarf es hierzu eines Beschlusses der Gesellschafter. Es ist jedoch kein sachlicher Grund ersichtlich, nicht auch einen bereits im Gesellschaftsvertrag vorgesehenen und an die Stelle der Verwahrstelle tretenden Liquidator zu akzeptieren.

96 Erfolgt keine Bestellung eines anderen Liquidators, übernimmt die Verwahrstelle die Funktion des Liquidators. Da § 154 Abs. 2 Satz 2, Halbs. 2 KAGB die Anwendung des § 147 HGB ausschließt, können die Gesellschafter die Verwahrstelle **weder durch einstimmigen Beschluss noch durch Antrag bei Gericht aus wichtigem Grunde abberufen.**

97 Der Verlust der Abberufungsmöglichkeit gilt auch für die Gesellschafter der offenen InvKG (§ 129 Abs. 2 Satz 3 KAGB).

b) Erstellung eines Auflösungsberichts

98 § 154 Abs. 3 KAGB bestimmt, dass die geschlossene Publikums-InvKG auf den Tag, an dem das Recht der AIF-KVG zur Verwaltung des Gesellschaftsvermögens erlischt, einen **Auflösungsbericht** zu erstellen hat, der **den Anforderungen an einen Jahresbericht gem. § 158 KAGB genügen** muss. Damit geht das KAGB über die Anforderungen an die Liquidatoren einer Kommanditgesellschaft, eine Bilanz zu Beginn der Liquidation zu erstellen (§ 154 HGB), deutlich hinaus.

99 Über den Verweis in § 158 Satz 1 KAGB auf § 135 Abs. 11 KAGB ist auch § 19 KARBV zu beachten, der die Angabe aller an Gesellschafter im Geschäftsjahr erfolgten Auszahlungen verlangt.

100 Die im Vergleich zur Liquidation der Kommanditgesellschaft strengeren Anforderungen dienen dem **Anlegerschutz**, da der Auflösungsbericht den Vermögensstatus der InvKG zu Beginn der Abwicklung für alle an der Abwicklung Beteiligten transparent macht.

101 Diesem Zweck des Anlegerschutzes und dem insoweit eindeutigen Wortlaut in § 154 Abs. 3 KAGB entspricht es, dass das Erfordernis, einen Auflösungsbericht zu erstellen, für **sämtliche Fälle der Auflösung der geschlossenen InvKG** gilt, d.h. auch bei Auflösung durch Kündigung der Verwahrstelle (s. Rz. 82 f.), durch Erreichen des Laufzeitendes der InvKG, durch Beschluss der Gesellschafter, durch Eröffnung des Insolvenzverfahrens über das Vermögen der InvKG, durch gerichtliche Entscheidung (§ 149 Abs. 2 Satz 2 KAGB i.V.m. §§ 161 Abs. 2, 131 Abs. 1 HGB) oder durch Abwicklungsanordnung der BaFin gemäß § 15 Abs. 2 Nr. 1 KAGB.

102 Andererseits ist der Wortlaut zu eng, weil er lediglich auf die Auflösung der InvKG abstellt und damit nicht die Fälle des **Übergangs des Verwaltungs- und Verfügungsrechts auf eine andere KVG** einbezieht. Denn hier wird die InvKG gerade nicht aufgelöst, wie sich aus dem Verweis in in § 154 Abs. 2 Satz 2 KAGB auf § 100b Abs. 1 KAGB ergibt. Allerdings ergibt sich hier die **Verpflichtung zur Erstellung eines Zwischen-**

berichts aus § 20 Abs. 2 Satz 1 KARBV, die nach seinem Wortlaut durch die Kündigung des Verwaltungsrechts der externen KVG ausgelöst wird. Auch hier gilt die Verpflichtung über den Wortlaut hinaus für sämtliche Fälle des Erlöschens des Verwaltungsrechts der KVG.

§ 154 Abs. 3 KAGB gilt nach seinem allgemeinen Wortlaut, „eine geschlossene Publikums-Investmentkommanditgesellschaft“, „AIF-Kapitalverwaltungsgesellschaft“, **auch für die intern verwaltete Publikums-InvKG.** Für die geschlossene intern verwaltete Publikums-InvKG würde sonst eine vergleichbare Bestimmung fehlen. Es gibt jedoch keinen sachlich gerechtfertigten Grund, die geschlossene intern verwaltete Publikums-InvKG von dem Erfordernis der Erstellung eines Auflösungsberichts auszunehmen. Insofern ist hier der Begriff „Gesellschaftsvermögen“ zutreffend gewählt, da auch das Betriebsvermögen in den Auflösungsbericht einer intern verwalteten InvKG aufzunehmen ist (§ 19 KARBV i.V.m. § 21 Abs. 1 KARBV).[44] 103

§ 155 Unterschreitung des Anfangskapitals oder der Eigenmittel

[1]Eine intern verwaltete geschlossene Investmentkommanditgesellschaft hat der Bundesanstalt und den Anlegern unverzüglich anzuzeigen, wenn das Gesellschaftsvermögen den Wert des Anfangskapitals oder den Wert der zusätzlich erforderlichen Eigenmittel gemäß § 25 unterschreitet. [2]Mit der Anzeige gegenüber den Anlegern ist durch die Geschäftsführung eine Gesellschafterversammlung einzuberufen.

In der Fassung vom 4.7.2013 (BGBl. I 2013, S. 1981).

Schrifttum: *Financial Services Authority*, Discussion Paper DP 12/1, Implementation of the Alternative Investment Fund Managers Directive, Januar 2012, abrufbar unter: http://www.fsa.gov.uk/static/FsaWeb/Shared/Documents/pubs/discussion/dp12-01.pdf. Im Übrigen wird auf das Schrifttum zu § 149 verwiesen.

I. Regelungsgegenstand und -zweck

§ 155 KAGB begründet **Anzeigepflichten der intern verwalteten geschlossenen InvKG gegenüber der BaFin und den Anlegern** sowie die **Verpflichtung zur Einberufung einer Gesellschafterversammlung**, wenn das Gesellschaftsvermögen den Wert des Anfangskapitals oder den Wert der zusätzlich erforderlichen Eigenmittel gem. § 25 unterschreitet. Identische Verpflichtungen existieren für die offene InvKG (§ 130 KAGB), die InvAG mit veränderlichem Kapital (§ 114 KAGB) und die InvAG mit fixem Kapital (§ 149 KAGB). 1

Die Bestimmung geht zurück auf § 96 Abs. 6 des aufgehobenen InvG, wonach die InvAG der BaFin und den Aktionären anzuzeigen hatte, wenn das Gesellschaftsvermögen den Betrag von 1,25 Millionen Euro oder den Betrag von 300.000 Euro unterschreitet. Mit der Anzeige an die Aktionäre war eine Hauptversammlung einzuberufen. Die Verpflichtung der InvAG in § 96 Abs. 5 des aufgehobenen InvG, ein Gesellschaftsvermögen von mindestens 1,25 Millionen Euro zu erreichen und die entsprechende Anzeigepflicht bei Unterschreiten dieses Betrages sind entfallen, weil eine entsprechende Verpflichtung weder in der OGAW-RL noch in der AIFM-RL enthalten ist.[1] 2

Die in § 96 Abs. 6 Satz 2 des aufgehobenen InvG enthaltene **Anzeigepflicht** der InvAG **bei Eintritt der Zahlungsunfähigkeit oder der Überschuldung** ist in § 155 KAGB nicht übernommen worden, weil sie sich nunmehr **aus § 43 Abs. 1 KAGB i.V.m. § 46b Abs. 1 KWG** ergibt.[2] § 46b KWG statuiert zwar nur eine Anzeigepflicht gegenüber der BaFin, jedoch ergibt sich für die intern verwaltete InvKG die Anzeigepflicht ge- 3

44 A.A., aber zu eng *Paul* in Weitnauer/Boxberger/Anders, § 154 KAGB Rz. 27.
1 BT-Drucks. 17/12294, 239.
2 BT-Drucks. 17/12294, 252.

genüber den Anlegern aus der allgemeinen treuhänderischen Pflicht der KVG (§ 26 Abs. 1 KAGB). Die Anleger sind über den Totalverlust ihrer Beteiligung unverzüglich zu informieren.

4 Der Gesetzgeber scheint den Zweck der Anzeigepflicht für so selbstverständlich gehalten zu haben, dass er mit keinem Satz darauf eingeht. Erst in den Materialien der Vorgängervorschrift zu § 96 Abs. 6 InvG, das ist § 97 Abs. 2 InvG i.d.F. des Investmentmodernisierungsgesetzes 2004, findet sich ein Hinweis, dass die BaFin und die Bundesbank, der gegenüber ebenfalls eine Anzeigepflicht bestand, die Möglichkeit erhalten sollen, „aufgrund der Informationen Maßnahmen zum Schutze der Anleger zu ergreifen".[3] Eine **spezielle Ermächtigungsgrundlage für Maßnahmen der BaFin**, um Verstöße gegen § 25 KAGB zu unterbinden, ist nunmehr **in § 41 KAGB** enthalten. Bei Nichtbehebung des Verstoßes kann die BaFin die Erlaubnis gem. § 39 Abs. 3 Nr. 2 KAGB aussetzen oder aufheben.

5 Die Anzeige an die Anleger verbunden mit der Einberufung einer Gesellschafterversammlung hat offenkundig den **Zweck, den Anlegern die Gelegenheit zu geben, Maßnahmen zur Abwendung weiterer Verluste des Gesellschaftsvermögens zu beschließen**. Es handelt sich um eine Verpflichtung zum Schutze der Anleger, bei deren Verletzung sich die Geschäftsführer gegenüber den Anlegern schadensersatzpflichtig machen.

6 Sinken die Eigenmittel der KVG unter die in § 25 KAGB genannten Schwellen, ergibt sich eine Anzeigepflicht gegenüber der BaFin auch aus **§ 34 Abs. 3 Nr. 6 KAGB**. Diese Bestimmung soll nach verbreiteter Auffassung[4] auch für die intern verwaltete InvKG gelten. Dies ist indes sehr zweifelhaft (s. Rz. 11 ff.).

II. Gesellschaftsvermögen und Eigenmittel

7 § 155 Satz 1 KAGB stellt auf das **Gesellschaftsvermögen** ab, welches den Wert des Anfangskapitals oder den Wert der zusätzlich erforderlichen Eigenmittel gem. § 25 KAGB nicht unterschreiten darf.

8 Mit „Gesellschaftsvermögen" ist das in § 156 KAGB näher beschriebene Gesellschaftsvermögen einer intern verwalteten geschlossenen InvKG gemeint.[5] Hierzu zählt **sowohl das Betriebsvermögen i.S.d. § 156 Abs. 1 KAGB als auch das Kommanditanlagevermögen i.S.d. § 156 Abs. 2 KAGB**. Zur Zusammensetzung und Wertermittlung dieser beiden Vermögensbestandteile einer intern verwalteten InvKG enthält die KARBV in §§ 20 ff. detaillierte Bestimmungen. Für die intern verwalteten Investmentgesellschaften verwendet die KARBV in § 21 Abs. 1 die Begriffe „Investmentbetriebsvermögen" und „Investmentanlagevermögen", die jedoch inhaltlich den in § 156 KAGB verwandten Begriffen entsprechen. Aus der Anwendung der KARBV folgt, dass für die Ermittlung des Gesellschaftsvermögens eine bilanzielle Betrachtung anzustellen ist, bei der sowohl die Vermögensgegenstände als auch die Schulden zu berücksichtigen sind (§ 21 Abs. 1 Satz 1 KARBV). Sowohl beim Investmentbetriebsvermögen als auch bei Investmentanlagevermögen sind die **Verbindlichkeiten auf der Passivseite zu berücksichtigen** (§ 21 Abs. 4 Satz 1 KARBV). Dies entspricht auch dem Zweck des § 155 KAGB, da nur unter Berücksichtigung der Verbindlichkeiten der wahre Vermögensstatus der InvKG zu Tage tritt, der Grundlage für Maßnahmen der BaFin und der Anleger zur Bewältigung einer Krise ist.

9 Damit ist aber **der Begriff des „Gesellschaftsvermögens" in §§ 155, 156 KAGB streng von demjenigen der „Eigenmittel" in § 34 Abs. 3 Nr. 6 KAGB zu unterscheiden**. Zur Definition der „Eigenmittel" verweist § 1 Abs. 19 Nr. 9 KAGB auf Art. 72 Verordnung (EU) Nr. 575/2013 (Capital Requirements Regulation – „**CRR**") wonach sich die Eigenmittel aus der Summe von Kernkapital und Ergänzungskapital ergeben. Bei den Instrumenten des Kernkapitals (Art. 25 ff. CRR) und des Ergänzungskapitals (Art. 62 ff. CRR) handelt es sich um Posten auf der Passivseite der Bilanz des Instituts, von dem Verbindlichkeiten gerade nicht abgezogen werden. Die Anforderung an eine bestimmte Höhe der Eigenmittel dient dem Zweck, einen Puffer gegen Ansprüche nicht nachrangiger Gläubiger zu bilden. Sie ist ein Indikator für die Solvenzfestigkeit des Instituts.

10 Es leuchtet daher ein, dass der Begriff „Eigenmittel" in § 1 Abs. 19 Nr. 9 KAGB auf die **externe KVG** anzuwenden ist. Die externe KVG hat somit ein Absinken ihrer gemäß der CRR ermittelten Eigenmittel unter die in § 25 KAGB genannten Schwellen gem. § 34 Abs. 3 Nr. 6 KAGB der BaFin anzuzeigen.

11 Auf die **intern verwaltete InvKG** will § 34 Abs. 3 Nr. 6 KAGB jedoch nicht so recht passen. Das zeigt sich schon daran, dass es bei der intern verwalteten InvKG keine Instrumente des Ergänzungskapitals geben

---

3 BT-Drucks. 15/1553, 104.

4 *Klebeck/Kunschke* in Beckmann/Scholtz/Vollmer, ErgLfg. 2/14 – II.14, § 155 KAGB Rz. 3; *Könnecke* in Baur/Tappen, § 155 KAGB Rz. 6; wohl auch *Jesch* in Weitnauer/Boxberger/Anders, § 155 KAGB Rz. 8.

5 Ebenso *Jesch* in Weitnauer/Boxberger/Anders, § 155 KAGB Rz. 23; *Könnecke* in Baur/Tappen, § 155 KAGB Rz. 9.

kann, weil gem. § 152 Abs. 1 Satz 1 KAGB nur die Beteiligung als Kommanditist erlaubt ist und somit eine Beteiligung durch Instrumente des Ergänzungskapitals wie nachrangige Darlehen oder sonstige nachrangige Instrumente ausgeschlossen ist.[6]

Ferner würde bei § 155 KAGB das Absinken des **Gesellschaftsvermögens** unter die in § 25 KAGB genannten Schwellen und damit die Anzeigepflicht i.a.R. früher ausgelöst werden, da bei der Ermittlung des Gesellschaftsvermögens die Verbindlichkeiten zu berücksichtigen sind. Es erscheint aber wenig sinnvoll, bei Absinken der **Eigenmittel** der intern verwalteten InvKG unter die in § 25 KAGB genannten Schwellen eine weitere Anzeigepflicht nach § 34 Abs. 3 Nr. 6 vorzusehen. 12

Schließlich erscheint **generell das Kriterium der Höhe der Eigenmittel bei intern verwalteten Investmentgesellschaften ungeeignet**, um eine Krisensituation festzustellen. Denn die Eigenmittel werden neben etwaiger Rücklagen maßgeblich von den Einlagen der Anleger gebildet. Weder der Komplementär noch der geschäftsführende Kommanditist oder sonstige Gründungsgesellschafter sind maßgeblich mit Eigenkapital an der geschlossenen InvKG beteiligt. Die Höhe der Anlegereinlagen ist jedoch kein Gradmesser für die finanzielle Solvabilität der InvKG. Eine InvKG mit hoher Kommanditeinlagesumme kann je nach Schuldenstand in eine Krise gelangen, obwohl die Eigenmittel deutlich über den Schwellen des § 25 KAGB liegen.[7] 13

Zutreffend erscheint es daher, **§ 34 Abs. 3 Nr. 6 KAGB auf intern verwaltete InvKGen nicht für anwendbar** zu halten und als **durch die speziellere Norm des § 155 KAGB verdrängt** anzusehen. Nach § 155 KAGB kommt es nicht auf die tatsächliche Höhe oder die Zusammensetzung der Eigenmittel der InvKG an. Vielmehr statuiert § 155 KAGB eine gesetzliche Mindesthöhe der Eigenmittel, an der der Wert des Gesellschaftsvermögens zu messen ist. 14

III. Wert des Anfangskapitals und der zusätzlich erforderlichen Eigenmittel gem. § 25 KAGB

Das **Anfangskapital** ist in § 1 Abs. 19 Nr. 1 Buchst. c) KAGB für die Kommanditgesellschaft definiert als das eingezahlte Geschäftskapital und die Rücklagen nach Abzug der Entnahmen der persönlich haftenden Gesellschafter und der diesen gewährten Kredite. Dieses muss gem. § 25 Abs. 1 Nr. 1 Buchst. a) KAGB bei einer intern verwalteten InvKG mindestens 300.000 Euro betragen. Da § 155 Satz 1 KAGB auf das „Gesellschaftsvermögen" abstellt, welches den Wert des Anfangskapitals nicht unterschreiten darf, ist mit „Geschäftskapital" sowohl das Betriebsvermögen als auch das Kommanditanlagevermögen gemeint. 15

Da beim Anfangskapital die Verbindlichkeiten im Gesellschaftsvermögen nicht berücksichtigt werden, dürfte der Wert des Gesellschaftsvermögens stets unterhalb des Wertes des Anfangskapitals liegen. Die Formulierung in Satz 1 ist deshalb ungenau. Sie hätte auf das ***mindesterforderliche*** **Anfangskapital** nach § 25 Abs. 1 Nr. 1 a) KAGB verweisen müssen. 16

Die **zusätzlich erforderlichen Eigenmittel gem. § 25 KAGB** betreffen zunächst die dynamische Steigerung der Eigenmittelanforderung nach der Höhe des verwalteten Vermögens in § 25 Abs. 1 Nr. 2 KAGB. Danach muss die KVG zusätzliche Eigenmittel i.H.v. wenigstens 0,02 % desjenigen Betrages, um den der Wert des verwalteten Vermögens 250 Millionen Euro übersteigt, vorhalten. § 25 Abs. 1 Nr. 2 KAGB passt jedoch ebenso wenig wie § 34 Abs. 3 Nr. 6 KAGB (s. Rz. 11 ff.) auf die intern verwaltete InvKG. Denn da die Eigenmittel i.S.d. § 1 Abs. 19 Nr. 9 KAGB bei einer intern verwalteten InvKG im Wesentlichen aus den Gesellschaftereinlagen und den Rücklagen bestehen, macht es schlicht keinen Sinn, eine Erhöhung der Einlagen oder der Rücklagen zu verlangen, wenn das verwaltete Kommanditanlagevermögen die Schwelle von 250 Millionen Euro überschreitet. Eine Verpflichtung lediglich des Komplementärs, des geschäftsführenden Kommanditisten oder sonstiger Gründungsgesellschafter, ihre Einlagen zu erhöhen, ist dem Gesetz nicht zu entnehmen und widerspräche auch der üblichen Kapitalstruktur geschlossener InvKGen. Bei der Einbeziehung intern verwalteter AIFs in die dynamische Eigenmittelanforderung handelt es sich daher um einen **Fehler des europäischen Gesetzgebers in Art. 9 Abs. 3 AIFM-RL**. In der OGAW-RL ist die dynamische Eigenmittelanforderung richtigerweise nur für externe *Verwaltungsgesellschaften* in Art. 7 Abs. 1 Buchst. a) i) OGAW-RL bestimmt, aber nicht für OGAW-*Investmentgesellschaften* (vgl. Art. 29 OGAW-RL).[8] 17

6 Das übersieht *Jesch* in Weitnauer/Boxberger/Anders, § 155 KAGB Rz. 14.

7 A.A. *Könnecke* in Baur/Tappen, § 155 KAGB Rz. 17.

8 So wohl auch *Volhard/Jang* in Dornseifer/Jesch/Klebeck/Tollmann, AIFM-Richtlinie, Art. 9 Rz. 14 mit Verweis auf *Financial Services Authority*, Discussion Paper DP 12/1 – Implementation of the Alternative Investment Fund Managers Directive, Januar 2012, Rz. 463.

18 Ferner müssen KVGen, einschließlich intern verwalteter InvKGen, zu jeder Zeit Eigenmittel vorhalten, die **einem Viertel ihrer fixen Gesamtkosten im Vorjahr** entsprechen, wie sich aus der Verweiskette in § 25 Abs. 4 Satz 1 KAGB über Art. 9 Abs. 5 AIFM-RL und Art. 7 Abs. 1 Buchst. a) iii) OGAW-RL auf Art. 21 der Richtlinie 2006/49/EG ergibt.

19 Schließlich müssen KVGen, einschließlich intern verwalteter InvKGen, gem. § 25 Abs. 6 KAGB zusätzliche Eigenmittel **zur Abdeckung potentieller Berufshaftungsrisiken** vorhalten, wobei diese Anforderung auch durch den Abschluss einer geeigneten Versicherung erfüllt werden kann.

20 Entgegen der etwas verunglückten Formulierung in § 155 Satz 1 KAGB sind die zusätzlich erforderlichen Eigenmittel nicht getrennt mit der Folge zu verstehen, dass schon deren Unterschreitung allein die Anzeigepflicht auslöste. Vielmehr ist das „oder" als **„und"** oder **„zuzüglich"** zu verstehen.

IV. Anzeigepflicht

1. Anzeigeadressaten

21 Bei Herabsinken des Gesellschaftsvermögens unter die in § 25 KAGB genannten Schwellen muss eine **Anzeige sowohl an die BaFin als auch an die Anleger** erfolgen.

22 Die Anzeige an die BaFin versetzt diese in die Lage, die **Maßnahmen gem. § 41 KAGB** zur Verhinderung von Verstößen gegen § 25 KAGB zu treffen. Hierzu kann die BaFin Entnahmen durch die Gesellschafter oder die Ausschüttung von Gewinnen untersagen oder beschränken. Gemäß § 41 Satz 2 i.V.m. § 45 Abs. 5 Satz 1 KWG hat die BaFin zuvor der intern verwalteten InvKG eine angemessene Frist zur Behebung des Verstoßes gegen § 25 KAGB zu bestimmen. Helfen diese Maßnahmen nicht oder versprechen sie von vornherein keinen Erfolg, kann die BaFin die Erlaubnis zum Geschäftsbetrieb der intern verwalteten InvKG aussetzen oder entziehen (§ 39 Abs. 3 Nr. 2 KAGB).

23 Zugleich muss die **Anzeige an die Anleger** erfolgen, damit diese über die Krisensituation informiert und rechtzeitig ggf. erforderliche Sanierungsmaßnahmen beschließen können.

2. Unverzüglichkeit der Anzeige

24 Nach der Legaldefinition in § 121 Abs. 1 Satz 1 BGB bedeutet „unverzüglich" **ohne schuldhaftes Zögern**. Diese Auslegung gilt im Grundsatz im gesamten Zivilrecht und öffentlichen Recht, wobei stets auf die **Besonderheiten der konkreten Umstände und der sich daraus ergebenden Prüfungspflichten** abzustellen ist.[9]

25 Für die Geschäftsführer einer intern verwalteten InvKG bedeutet dies, dass sie je nach Art der gehaltenen Vermögensgegenstände und der Marktgegebenheiten die **Wertentwicklung des Gesellschaftsvermögens laufend zu verfolgen** haben. Bei wesentlicher nachteiliger Veränderung etwa durch Erhöhung des Schuldenstands oder Wertminderung eines Vermögensgegenstandes muss die Geschäftsführung ggf. eine Zwischenbilanz erstellen, um den aktuellen Wert des Gesellschaftsvermögens zu ermitteln. Bei Feststellung des Unterschreitens der in § 25 KAGB genannten Schwellen muss die Anzeige an die BaFin und die Anleger ohne weitere Verzögerung erfolgen.

V. Einberufung einer Gesellschafterversammlung

26 § 155 Satz 2 KAGB schreibt vor, dass die Geschäftsführung mit der Anzeige gegenüber den Anlegern eine **Gesellschafterversammlung einzuberufen** hat.

27 „Mit der Anzeige" bedeutet nicht nur rechtzeitig sondern **in einer mit der Anzeige eine Einheit bildende Kommunikationsform**, wobei die Textform genügt (§ 150 Abs. 3 Nr. 1 KAGB).

28 Es ist nicht unwahrscheinlich, dass die Geschäftsführung im Zeitpunkt der Ladung zur Gesellschafterversammlung **noch keine konkreten Beschlussvorschläge** zur Sanierung der InvKG vorlegen kann. In diesem Falle dürfte es sich um eine erste Gesellschafterversammlung handeln, in der über die verschiedenen Möglichkeiten des Fortgangs der Gesellschaft beraten wird. Es empfiehlt sich, die BaFin über die favorisierte Maßnahme zu informieren. Die Beschlussfassung über die Maßnahme bleibt sodann einer zweiten Gesellschafterversammlung vorbehalten.

9 Zutr. *Könnecke* in Baur/Tappen, § 155 KAGB Rz. 21.

§ 156 Gesellschaftsvermögen

(1) [1]Eine intern verwaltete geschlossene Investmentkommanditgesellschaft darf bewegliches und unbewegliches Vermögen erwerben, das für den Betrieb der Investmentkommanditgesellschaft notwendig ist. [2]Hierfür hat sie ein Betriebsvermögen zu bilden, das rechnerisch bei den Kapitalanteilen der geschäftsführenden Gesellschafter zu erfassen ist. [3]Den Erwerb darf sie nicht mit Kapital aus der Begebung von Kommanditanteilen an Anleger bestreiten.

(2) [1]Die Einlagen der Anleger, die im Zusammenhang mit der Anlagetätigkeit erhaltenen und verwalteten Vermögensgegenstände, für die Vermögensgegenstände erhaltene Sicherheiten sowie liquide Mittel werden rechnerisch dem Kommanditkapital zugeordnet. [2]Sie bilden das Kommanditanlagevermögen.

In der Fassung vom 4.7.2013 (BGBl. I 2013, S. 1981).

Schrifttum: *BaFin*, Musterbausteine für Kostenklauseln geschlossener Publikumsinvestmentvermögen (Stand 30.9.2014), abrufbar unter: https://www.bafin.de/SharedDocs/Downloads/DE/Merkblatt/WA/dl_140930_musterbaustein_kosten_geschl_svm.html; *Bielenberg/Schmuhl*, Implikationen des KAGB auf die Rechnungslegung geschlossener Fonds, DB 2014, 1089. Im Übrigen wird auf das Schrifttum zu § 149 verwiesen.

I. Regelungsgegenstand und -zweck

Bei der extern verwalteten InvKG befindet sich **das für die Vermögensverwaltung erforderliche Betriebsvermögen** bei der externen KVG. Da bei der intern verwalteten InvKG KVG und Kommanditgesellschaft zusammen fallen, gestattet es § 156 Abs. 1 KAGB einer intern verwalteten InvKG, bewegliches und unbewegliches Vermögen zu erwerben, das für ihren Betrieb notwendig ist. Dieses wird rechnerisch bei den Kapitalanteilen der geschäftsführenden Gesellschafter erfasst und darf nicht mit dem Kapital aus der Begebung von Kommanditanteilen an Anleger finanziert werden. 1

§ 156 Abs. 2 KAGB umschreibt das aus den Einlagen der Anleger gebildete **Kommanditanlagevermögen**, das rechnerisch dem Kommanditkapital zugeordnet wird. 2

Die Bestimmung legt damit für die Zwecke der **Rechnungslegung** die **Vermögensstruktur der intern verwalteten InvKG** fest. Lt. Gesetzesbegründung[1] entspricht die Bestimmung der in § 112 Abs. 2 KAGB für die InvAG mit veränderlichem Kapital getroffenen Regelung. § 112 Abs. 2 KAGB geht wiederum auf § 99 Abs. 3 Satz 2 und 3 des aufgehobenen InvG zurück. Für die intern verwaltete offene InvKG gilt in § 131 KAGB eine ganz ähnliche Regelung. Es überrascht, dass eine vergleichbare Regelung für die InvAG mit fixem Kapital gänzlich fehlt. 3

Im Regierungsentwurf[2] war noch bestimmt, dass das Betriebsvermögen vollständig aus den **Einlagen der geschäftsführenden Gesellschafter** erworben werden muss. Auf Empfehlung des Finanzausschusses des Bundestages[3] ist dies jedoch mit dem klarstellenden Hinweis gestrichen worden, dass für den Erwerb der Gegenstände des Betriebsvermögens auch **Darlehen** aufgenommen werden können. Dabei sollen für geschlossene Publikums-InvKGen die Grenzen des § 263 KAGB gelten. 4

1 BT-Drucks. 17/12294, 252.
2 BT-Drucks. 17/12294, 87.
3 BT-Drucks. 17/13395, 173, 406.

II. Betriebsvermögen

1. Gegenstände des Betriebsvermögens

5 Nach § 156 Abs. 1 Satz 1 KAGB handelt es sich bei dem Betriebsvermögen um bewegliches und unbewegliches Vermögen, das für den Betrieb der InvKG notwendig ist.

6 Hier ist zunächst bemerkenswert, dass der Gesetzgeber zu Recht auf den **Betrieb der InvKG als Ganzes** abstellt. Das Betriebsvermögen ist folglich nicht auf dasjenige beschränkt, das für die Anlage und Verwaltung des Kommanditanlagevermögens erforderlich ist.

7 Zum Betriebsvermögen gehört in erster Linie die **Büro- und Geschäftsausstattung**, die im Eigentum der InvKG steht oder sich in ihrem Besitz z.B. aufgrund von Leasing- oder Mietverträgen befindet. Konsequent gehört hierzu auch eine etwaige personelle Ausstattung mit Angestellten und sonstigen Mitarbeitern.

2. Finanzierung des Betriebsvermögens

a) Einlagen der geschäftsführenden Gesellschafter

8 Als Finanzierungsquelle für das Betriebsvermögen kommen zunächst die **Einlagen der geschäftsführenden Gesellschafter** in Betracht, die nach der ursprünglichen Absicht des Gesetzgebers die einzige Finanzierungsquelle sein sollten (s. Rz. 4).

9 Die Finanzierung kann sowohl aus der Einlage des **Komplementärs** als auch aus der Einlage des **geschäftsführenden Kommanditisten** erfolgen. Werden die Gegenstände des Betriebsvermögens mit Mitteln der geschäftsführenden Gesellschafter angeschafft, bedeutet dies eine Abweichung von der üblichen Kapitalstruktur geschlossener InvKGen, wonach der Komplementär mit keiner Einlage und der geschäftsführende Kommanditist mit einer sehr geringen Einlage an der Kommanditgesellschaft beteiligt sind (s. § 152 Rz. 5 und 14).

10 Allerdings gelten die Kapitalanforderungen des § 25 KAGB nicht nur für das Betriebsvermögen, sondern für das **gesamte Gesellschaftsvermögen** der intern verwalteten InvKG (s. § 155 Rz. 8).

b) Aufnahme von Darlehen

11 Aufgrund des klarstellenden Hinweises des Finanzausschusses des Bundestages (s. Rz. 4) kann die Anschaffung des Betriebsvermögens wie bei der InvAG mit veränderlichem Kapital (vgl. § 112 Abs. 2 KAGB) auch durch **Darlehensaufnahmen** finanziert werden.

12 Handelt es sich um eine **intern verwaltete geschlossene Publikums-InvKG**, gelten die **Beschränkungen des § 263 KAGB.**[4] Dies bedeutet insbesondere, dass die Darlehensaufnahme gemeinsam mit den Darlehensaufnahmen zur Anschaffung von Vermögenswerten des Kommanditanlagevermögens 150 % des aggregierten eingebrachten und zugesagten Kapitals (*total capital commitment*) nicht überschreiten darf. Das heißt aber auch, dass die Grenzen der zulässigen Darlehensaufnahme zur Anschaffung von Betriebsvermögen sehr hoch gesteckt sein können, je nachdem, wie gering der Fremdfinanzierungsanteil gemäß der Anlagestrategie der InvKG bemessen ist.

13 Es überrascht daher, dass es der **Gesetzgeber versäumt** hat, die in **§ 112 Abs. 2 Satz 3 KAGB** für Publikums-InvAGen mit veränderlichem Kapital normierten Grenzen der Kreditaufnahme **für die intern verwalteten geschlossenen Publikums-InvKGen zu übernehmen.** Das Schutzinteresse ist bei den Anlegern der InvKG sogar vergleichsweise höher, da sie bis zur Höhe ihrer Hafteinlage unmittelbar Dritten gegenüber haften, falls die Schutzmechanismen in § 152 Abs. 2 bis 5 KAGB nicht greifen. Es hätte daher nahe gelegen, für die Kreditaufnahme zum Zwecke der Anschaffung von Betriebsvermögen eine eigene Grenze, bemessen am Gesellschaftsvermögen oder am zugesagten Gesamtkapital, vorzusehen, wie dies in § 112 Abs. 2 Satz 3 KAGB geschehen ist. Eine analoge Anwendung des § 112 Abs. 2 Satz 3 KAGB – zu denken wäre insbesondere an die zweite Alternative (25 % des Gesellschaftsvermögens), da geschlossene InvKGen keine OGAW sind – ist jedoch mangels einer entsprechenden gesetzlichen Anordnung nicht möglich.

c) Verbot der Finanzierung aus Mitteln der Anleger

14 Gemäß § 156 Abs. 1 Satz 3 KAGB darf der Erwerb der Gegenstände des Betriebsvermögens **nicht mit Kapital aus der Begebung von Kommanditanteilen an Anleger** bestritten werden. Die Einhaltung dieses Verbots soll dadurch sichergestellt werden, dass die Mittel der Anleger rechnerisch ausschließlich auf den Ka-

4 BT-Drucks. 17/13395, 406.

pitalkonten der Anleger gebucht werden (§ 156 Abs. 2 KAGB). Falls gleichwohl der Erwerb eines Gegenstands des Betriebsvermögens aus Mitteln der Anleger erfolgt, ist das schuldrechtliche und dingliche Rechtsgeschäft nicht unwirksam, da § 156 Abs. 1 Satz 3 KAGB kein gesetzliches Verbot i.S.d. § 134 BGB darstellt. Auch eine relative Unwirksamkeit zugunsten der Anleger (§ 135 Abs. 1 Satz 1 BGB) ist nicht anzunehmen, da die Mittel aus der Einlageleistung in das Gesamthandsvermögen der InvKG mit der Folge übergegangen sind, dass die InvKG über diese verfügungsberechtigt ist. § 156 Abs. 1 Satz 3 KAGB ist indes ein **Schutzgesetz zugunsten der Anleger**, so dass ihnen ein Schadenersatzanspruch auch aus § 823 Abs. 2 BGB zusteht.

Aus dem Finanzierungsverbot aus den Mitteln der Anleger erfolgt ferner, dass an den Vermögenswerten 15
des Kommanditanlagevermögens **keine Sicherungsrechte zur Besicherung von Verbindlichkeiten des Betriebsvermögens** bestellt werden dürfen.

Bei näherer Betrachtung erweist sich das Verbot der Finanzierung des Betriebsvermögens aus den Anleger- 16
einlagen als **unausgegoren und nicht zu Ende gedacht.**

Erhebliche Abgrenzungsprobleme ergeben sich bereits bei der Frage, inwieweit **Kosten, die bei der Verwal-** 17
tung des Kommanditanlagevermögens anfallen, mit Mitteln der Anlegereinlagen bestritten werden dürfen.

Die **BaFin** hat in ihren **Musterbausteinen für Kostenklauseln geschlossener Publikumsinvestmentver-** 18
mögen[5] keine Differenzierung zwischen extern und intern verwalteten InvKGen vorgenommen. Den Bausteinen zu den Vergütungsregelungen[6] ist freilich zu entnehmen, dass sie den praktisch weitaus häufigeren Fall der extern verwalteten InvKG zugrunde gelegt hat.

Allerdings existiert auch bei der extern verwalteten InvKG ein Kommanditanlagevermögen, das aus den 19
Einlagen der Anleger gespeist wird (vgl. § 154 Abs. 1 Satz 2 KAGB sowie die Ausführungen zu § 154 Rz. 23). Es besteht kein sachlicher Grund, das Kommanditanlagevermögen der intern verwalteten InvKG anders zu behandeln, so dass sich aus den Musterbausteinen wertvolle Hinweise ergeben, mit welchen Kosten das Kommanditanlagevermögen belastet werden kann.

Dies sind zunächst die **mit der Verwaltung des Kommanditanlagevermögens in unmittelbarem Zusam-** 20
menhang stehenden Aufwendungen, wie insb. die Kosten des externen Bewerters, die Kosten der Depotführung, die Kosten für Geldkonten und Zahlungsverkehr, die Kosten für die Beschaffung von Fremdkapital, die Bewirtschaftungskosten der Vermögensgegenstände, die Abschlussprüferkosten, die Kosten und Gebühren staatlicher Stellen sowie Rechtsanwalts- und Steuerberaterkosten.[7] Es liegt auf der Hand, dass die Grenzen zu Gegenständen des Betriebsvermögens fließend sind; auch die BaFin[8] hält ihr Muster diesbezüglich nicht für abschließend, vielmehr seien die Kosten für jeden Fonds individuell zu bestimmen.

Den Musterbausteinen ist ferner zu entnehmen, dass **auch die Vergütung an die KVG und an Gesellschaf-** 21
ter wie Komplementär, geschäftsführender Kommanditist und Treuhandkommanditist aus dem Vermögen der InvKG zu zahlen sind.[9] Übertragen auf die intern verwaltete InvKG bedeutet dies, dass die Vergütung an die Geschäftsführer, die die Aufgaben der kollektiven Vermögensverwaltung wahrnehmen, aus dem gesamten Gesellschaftsvermögen, d.h. auch aus dem Kommanditanlagevermögen, zu bestreiten ist. Schaffen die geschäftsführenden Gesellschafter aus der erhaltenen Vergütung Gegenstände des Betriebsvermögens an, so erfolgt die Finanzierung **indirekt aus den Mitteln der Anleger**. Dies widerspricht offenbar der in § 156 Abs. 1 Satz 3 KAGB zum Ausdruck kommenden Intention des Gesetzgebers.

Gleichwohl wird man dem entgegenhalten müssen, dass die **externe KVG ihr Betriebsvermögen ebenfalls** 22
aus den Verwaltungsvergütungen anschafft, die an sie aus den Gesellschaftsvermögen der von ihr verwalteten Investmentgesellschaften gezahlt werden. Es ist kein sachlicher Grund ersichtlich, weshalb das Kommanditanlagevermögen der extern verwalteten InvKG indirekt das Betriebsvermögen der externen KVG

5 *BaFin*, Musterbausteine für Kostenklauseln geschlossener Publikumsinvestmentvermögen (Stand 30.9.2014), abrufbar unter: https://www.bafin.de/SharedDocs/Downloads/DE/Merkblatt/WA/dl_140930_musterbaustein_kosten_geschl_svm.html.

6 So z.B. im Abschnitt „Laufende Kosten", Ziff. 9, Alternative B: Die AIF-KVG kann die erfolgsbezogene Vergütung auch in Form von Ausschüttungen erhalten. Im gleichen Abschnitt, Ziff. 11 a), wird der Fall behandelt, dass die externe AIF-KVG zugleich Treuhandkommanditist ist.

7 Vgl. *BaFin*, Musterbausteine für Kostenklauseln geschlossener Publikumsinvestmentvermögen, Abschnitt „Laufende Kosten", Ziff. 7.

8 *BaFin*, Musterbausteine für Kostenklauseln geschlossener Publikumsinvestmentvermögen, Abschnitt „Laufende Kosten", Ziff. 11.

9 *BaFin*, Musterbausteine für Kostenklauseln geschlossener Publikumsinvestmentvermögen, Abschnitt „Laufende Kosten", Ziff. 3.

über Vergütungen finanzieren darf, das Kommanditanlagevermögen der intern verwalteten InvKG hingegen nicht.

23 Die gleiche Frage stellt sich, wenn die geschäftsführenden Gesellschafter eine GmbH sind und das **Betriebsvermögen innerhalb der GmbH** gebildet wird, welches wiederum – und in Übereinstimmung mit der Verwaltungspraxis der BaFin – aus der aus dem Kommanditanlagevermögen gezahlten Geschäftsführervergütung finanziert wird.

24 Das Verbot der Finanzierung des Betriebsvermögens aus den Mitteln der Anlegereinlagen macht deshalb nur dann einen Sinn, wenn **die geschäftsführenden Gesellschafter tatsächlich Einlagen leisten**, um damit die Gegenstände des Betriebsvermögens anzuschaffen. Deshalb hätte der Gesetzgeber eine Mindesteinlageverpflichtung der geschäftsführenden Gesellschafter verbindlich vorschreiben müssen, wie er es bei den Unternehmensaktionären der InvAG mit veränderlichem Kapital in §§ 109, Abs. 2 Satz 1 und 116 Abs. 2 Satz 3 KAGB getan hat (vgl. § 116 Rz. 23 ff.). Ohne diese Mindesteinlageverpflichtung bleibt die Regelung in § 156 Abs. 1 Satz 3 KAGB unvollständig.

3. Notwendiges Betriebsvermögen

25 Aus der Formulierung in § 156 Abs. 1 Satz 1 KAGB, dass das für den Betrieb der InvKG „notwendige" Betriebsvermögen erworben werden darf, kann eine gewisse **Einschränkung des Ermessens** der Geschäftsführer bei der Anschaffung der Gegenstände des Betriebsvermögens gefolgert werden.

26 Dieser Einschränkung des Ermessens kommt nach der hier vertretenen Auffassung, wonach das Betriebsvermögen **indirekt über die Geschäftsführungsvergütung aus Mitteln des Kommanditanlagevermögens** angeschafft werden darf, besondere Bedeutung zu. Das Ermessen ist unmittelbar durch die Pflicht zur Wahrung der Interessen der Anleger (§ 26 Abs. 1 KAGB) eingeschränkt. Unnötige und übermäßige Kosten sowie Investitionen in ineffiziente und nicht nachhaltige Geschäftsstrukturen sind zu vermeiden. Die Anschaffung langlebiger Wirtschaftsgüter muss einer umsichtigen Geschäftsführung entsprechen und sich an einem entsprechenden Geschäftsplan orientieren.

27 Noch eingeschränkter ist das Ermessen, wenn Gegenstände des Betriebsvermögens **durch Aufnahme von Darlehen** finanziert werden. Hier muss zusätzlich eine Abwägung hinsichtlich der Erforderlichkeit und der wirtschaftlichen Folgen der Kreditaufnahme unter Berücksichtigung u.a. der Größe und Zusammensetzung des Gesellschaftsvermögens, der Restlaufzeit der geschlossenen InvKG, der Bedingungen des Darlehens, der zu leistenden Sicherheiten, erfolgen.

28 Ein erweiterter Ermessenspielraum kommt den Geschäftsführern zu, wenn sie die Gegenstände des Betriebsvermögens **aus eigenen Einlagen** finanzieren. Auch hier müssen jedoch die mit dem Betriebsvermögen verbundenen laufenden Kosten (Wartungskosten, Lizenzgebühren, Folgekosten der Geschäftsausstattung) berücksichtigt werden.

4. Rechnerische Abgrenzung des Betriebsvermögens

29 Gemäß § 156 Abs. 1 Satz 2 KAGB ist das Betriebsvermögen **rechnerisch bei den Kapitalanteilen der geschäftsführenden Gesellschafter** zu erfassen. Es wird damit für die Zwecke der Rechnungslegung vom Kommanditanlagevermögen abgegrenzt, welches bei den Kommanditanteilen der Anleger zu erfassen ist (§ 156 Abs. 2 KAGB).

30 In dem Gebot getrennter Rechnungskreise für das Betriebsvermögen einerseits und das Kommanditanlagevermögen andererseits wiederholt sich die Unausgegorenheit der gesetzlichen Regelung, die schon beim Verbot der Finanzierung des Betriebsvermögens aus Anlegermitteln (s. Rz. 16 ff.) festzustellen war. Denn auch hier muss die Mittelherkunft genauer betrachtet werden:

31 Die rechnerische Erfassung des Betriebsvermögens bei den Kapitalanteilen der geschäftsführenden Gesellschafter ist unproblematisch, soweit das Betriebsvermögen **aus den Einlagen der geschäftsführenden Gesellschafter** erworben wird.

32 Problematischer ist die rechnerische Erfassung des Betriebsvermögens bei den Kapitalanteilen der geschäftsführenden Gesellschafter, wenn es **durch eine Darlehensaufnahme** finanziert wurde. Denn die Darlehensverbindlichkeit trifft die InvKG als Ganzes. Für die Darlehensverbindlichkeit haftet somit auch das Kommanditanlagevermögen. Es erscheint daher nicht sachgerecht, das mit Mitteln der Darlehensaufnahme angeschaffte Betriebsvermögen allein den Kapitalanteilen der geschäftsführenden Gesellschafter zuzurechnen. Etwas anderes würde nur dann gelten, wenn die geschäftsführenden Gesellschafter der InvKG und den Anlegern gegenüber eine Haftungsfreistellung erklären und die Rückzahlung des Darlehens einschließlich

Zinsen aus eigenen Einlagen in die InvKG oder aus ihrem übrigen Vermögen außerhalb der InvKG bestreiten.

Nicht weniger problematisch ist die rechnerische Erfassung des Betriebsvermögens bei den Kapitalanteilen der geschäftsführenden Gesellschafter, wenn diese die Gegenstände des Betriebsvermögens **aus ihrer von der InvKG erhaltenen Vergütung** erwerben. Auch hier erfolgt die Mittelherkunft letztlich aus dem gesamten Gesellschaftsvermögen der InvKG, einschließlich des Kommanditanlagekapitals. 33

Erneut zeigt sich, dass die rechnerische Erfassung des Betriebsvermögens bei den Kapitalanteilen der geschäftsführenden Gesellschafter nur dann Sinn macht, wenn auch die **originäre Mittelherkunft aus den Einlagen der Gesellschafter**, mithin aus ihrem eigenen Vermögen, erfolgt. 34

Wegen der oben beschriebenen Unsicherheiten ist es ratsam, die rechnerische Abgrenzung des Betriebsvermögens **im Gesellschaftsvertrag zu regeln**. So ist eine Gesellschaftervereinbarung denkbar, dass die geschäftsführenden Gesellschafter aus dem Kommanditanlagevermögen eine Vergütung erhalten, mit der sie Betriebsvermögen bilden, das ausschließlich ihren Kapitalanteilen zuzuschreiben ist. Das Betriebsvermögen wäre dann Teil der Vergütungsstruktur der geschäftsführenden Gesellschafter, die bei diesen für Einkommensteuerzwecke entsprechend zu erfassen ist. 35

Die Erfassung des Betriebsvermögens bei den Kapitalanteilen der geschäftsführenden Gesellschafter ist rein rechnerischer Natur und **unabhängig von der vermögensrechtlichen Zuordnung zu einem bestimmten Gesellschafteranteil**. Die rechnerische Zuordnung kann daher sowohl beim Anteil des **Komplementärs** als auch beim Anteil des **geschäftsführenden Kommanditisten** oder bei beiden Anteilen erfolgen. 36

Auch der umgekehrte Fall, nämlich **rechnerische Erfassung des Betriebsvermögens und Anlagevermögens bei *einem* Anteil**, ist möglich. Das ist z.B. dann der Fall, wenn ein geschäftsführender Gesellschafter eine Einlage in die InvKG leistet, mit der auch Anlagegegenstände erworben werden. Folge ist, dass bei diesem einheitlichen Anteil sowohl Betriebsvermögen als auch Anlagevermögen anteilig rechnerisch zu erfassen sind. 37

Das Betriebsvermögen ist gem. § 21 Abs. 2 KARBV **nach §§ 238 ff. HGB anzusetzen und zu bewerten.**[10] Das bedeutet insbesondere, dass die Gegenstände des Betriebsvermögens mit den Anschaffungskosten anzusetzen (§ 255 Abs. 1 HGB) und Abschreibungen (§ 253 Abs. 1, 3 bis 5 HGB) zu berücksichtigen sind. 38

Über die rein rechnerische Abgrenzung hinaus ist § 156 Abs. 1 KAGB allerdings **keine haftungsrechtliche Separierung des Betriebsvermögens** zu entnehmen. Dies bedeutet, dass die rechnerisch zum Betriebsvermögen gehörenden Verbindlichkeiten (z.B. aus Leasing- und Mietverträgen) solche des Gesamthandsvermögens der InvKG sind. Somit haften grundsätzlich auch die Anleger für diese Verbindlichkeiten. Greifen die Schutzmechanismen des § 152 Abs. 2 bis 6 KAGB nicht, z.B. bei Rückgewähr der Einlage, haftet der Anleger sogar unmittelbar im Außenverhältnis bis zur Höhe der zurückgezahlten Hafteinlage. 39

In der Literatur wird deshalb für die InvAG mit veränderlichem Kapital[11] und für die offene InvKG[12] vorgeschlagen, für das Betriebsvermögen ein **eigenes Teilgesellschaftsvermögen** zu bilden. In Analogie zu § 117 Abs. 2 bzw. § 132 Abs. 1 Satz 2 KAGB würde so die haftungsrechtliche Trennung des Betriebsvermögens vom restlichen Gesellschaftsvermögen bewirkt. Daran anknüpfend schlägt *Könnecke*[13] vor, § 132 KAGB auch auf die intern verwaltete geschlossene InvKG analog anzuwenden. 40

Für eine derartige **analoge Anwendung des § 132 KAGB** findet sich jedoch im insoweit eindeutigen Wortlaut des § 156 KAGB, der von einer rein rechnerischen Abgrenzung spricht, **keine Anhaltspunkte**. Der Webfehler im Gesetz liegt freilich bereits darin, dass es der Gesetzgeber versäumt hat, auch bei der geschlossenen InvKG Umbrella-Konstruktionen mit Teilgesellschaftsvermögen zuzulassen (vgl. § 149 Rz. 49). 41

Die Risiken für die InvKG und die Anleger aus Verbindlichkeiten des Betriebsvermögens können jedoch durch andere Konstruktionen vermindert werden, so dass für die Bildung von Teilgesellschaftsvermögen analog § 132 KAGB i.d.R. kein praktisches Bedürfnis besteht.[14] Ist der Komplementär oder der geschäftsführende Kommanditist – wie zumeist – eine GmbH, kommt insbesondere in Betracht, das Betriebsvermögen bei dieser GmbH zu bilden (s. Rz. 44). 42

---

10 Vgl. *Bielenberg/Schmuhl*, DB 2014, 1089 (1091).

11 *Dornseifer* in Emde/Dornseifer/Dreibus/Hölscher, § 99 InvG Rz. 33; *Lohrens* in Weitnauer/Boxberger/Anders, § 112 KAGB Rz. 14; a.A. *Boxberger* in Moritz/Klebeck/Jesch, § 112 KAGB Rz. 34.

12 *Kracke* in Baur/Tappen, § 131 KAGB Rz. 9 ff.; wohl auch *Eichhorn* in Moritz/Klebeck/Jesch, § 131 KAGB Rz. 7.

13 *Könnecke* in Baur/Tappen, § 156 KAGB Rz. 17; zustimmend *Geibel* in Derleder/Knops/Bamberger, Bank- und Kapitalmarktrecht, § 58 Rz. 153.

14 A.A. *Geibel* in Derleder/Knops/Bamberger, Bank- und Kapitalmarktrecht, § 58 Rz. 153.

5. Intern verwaltete InvKG ohne Betriebsvermögen

43 Aus der Formulierung „darf" in § 156 Abs. 1 Satz 1 KAGB ist bereits zu entnehmen, das nicht zwingend ein Betriebsvermögen bei der intern verwalteten InvKG zu bilden ist.

44 Bei der für geschlossene InvKGen ganz üblichen Rechtsform der GmbH & Co. KG ist der Komplementär eine GmbH. Auch der ggf. bestellte geschäftsführende Kommanditist ist i.a.R. eine GmbH. Diese Struktur ermöglicht es, bereits **bei der Komplementär-/geschäftsführende Kommanditisten-GmbH das Betriebsvermögen** zu bilden, welches sie im Wege der geschäftsführenden Dienstleistung der InvKG zur Verfügung stellt. Diese Lösung bietet die praktischen und rechtlichen Vorteile, dass das Betriebsvermögen sowohl rechnerisch als auch haftungsrechtlich klarer vom Gesellschaftsvermögen getrennt wird, in dem ausschließlich die GmbH Inhaberin des Betriebsvermögens mitsamt seinen Verbindlichkeiten ist. Das Gesellschaftsvermögen der InvKG bleibt von diesen Verbindlichkeiten verschont. Die Komplementär-/geschäftsführende Kommanditisten-GmbH erhält aus dem Gesellschaftsvermögen der InvKG eine Vergütung, aus der sie sämtliche Verbindlichkeiten des Betriebsvermögens bestreiten kann.

45 Die **Dienstleistungen** der Vermögensverwaltung der Komplementär-/geschäftsführende Kommanditisten-GmbH und die entsprechende Vergütung bilden **kein Betriebsvermögen** der intern verwalteten InvKG.

6. Extern verwaltete InvKG mit Betriebsvermögen

46 Auch bei der **extern verwalteten InvKG** verbleiben bei den Geschäftsführern der InvKG Kompetenzen, die je nach Umfang der auf die externe KVG übertragenen Aufgaben umfangreich sein können (vgl. § 154 Rz. 38). Insbesondere wenn es sich bei den Geschäftsführern um natürliche Personen handelt, kommt in Betracht, dass sie ein Betriebsvermögen bilden, z.B. wenn sie ihre Einlage in die InvKG dazu verwenden, die anteiligen Kosten eines häuslichen Arbeitszimmers zu finanzieren.

47 Es besteht kein sachlicher Grund, nicht **auch bei der extern verwalteten InvKG ein Betriebsvermögen anzuerkennen.**[15] Die rechnerische Abgrenzung zum Kommanditanlagevermögen kann hier ebenso erfolgen und bedeutet keine größere Schwierigkeiten als bei einer intern verwalteten InvKG.

48 Auch hier empfiehlt es sich, die Bildung von Betriebsvermögen und dessen rechnerische Erfassung bei den Kapitalanteilen der geschäftsführenden Gesellschafter bereits **im Gesellschaftsvertrag zu regeln.**

III. Kommanditanlagevermögen

1. Gegenstände des Kommanditanlagevermögens

49 Die Gegenstände des Kommanditanlagevermögens sind in § 156 Abs. 2 Satz 1 KAGB etwas rudimentär beschrieben. Mit der Erwähnung der „Einlagen" der Anleger scheint der Gesetzgeber auf die bilanzielle Erfassung des Kommanditanlagevermögens abzuzielen, da diese als Passivposten zu erfassen sind (vgl. § 21 Abs. 4 KARBV). Der Vollständigkeit halber hätten hier insb. noch die Rückstellungen und Verbindlichkeiten aufgeführt werden müssen. § 156 Abs. 2 Satz 1 KAGB ist daher lediglich als eine **beispielhafte Aufzählung der Bestandteile des Kommanditanlagevermögens** aufzufassen.

50 Zur Aktivseite gehören die aus der Anlagetätigkeit erhaltenen und verwalteten Vermögensgegenstände, wie z.B. Sacheinlagen, Wertpapiere, Forderungen sowie liquide Mittel. Auch Sicherheiten, die für Forderungen des Kommanditanlagevermögens bestellt werden (z.B. Bankbürgschaften von Mietern) zählen zum Kommanditanlagevermögen.

51 Durch den Verzicht auf den Zusatz in der Parallelnorm § 131 Abs. 2 KAGB „Anleger, die sich als Kommanditisten beteiligen," soll klargestellt werden, dass das Kommanditanlagevermögen **auch aus den Einlagen der sich über einen Treuhandkommanditisten beteiligenden Anleger** (§ 152 Abs. 1 Satz 2 KAGB) gebildet wird.

2. Rechnerische Abgrenzung des Kommanditanlagevermögens

52 Gemäß § 156 Abs. 2 Satz 1 KAGB wird das Kommanditanlagevermögen „rechnerisch dem Kommanditkapital zugeordnet". Trotz der unterschiedlichen Formulierung zu § 156 Abs. 1 Satz 2 KAGB ist hiermit gemeint, dass das **Kommanditanlagevermögen rechnerisch bei den Kapitalanteilen der Kommanditisten und Treugeber-Anleger zu erfassen** ist.

15 A.A. *Schewe*, Kommanditgesellschaften im Regelungsbereich des Investmentrechts, S. 187.

Die Formulierung wird ungenau, wenn im Ausnahmefall auch aus der **Einlage des Komplementärs** Gegenstände des Anlagevermögens angeschafft werden. In diesem Falle ist das Anlagevermögen auch dem Kapitalanteil des Komplementärs anteilig rechnerisch zuzurechnen (vgl. Rz. 37). 53

Die rechnerische Abgrenzung des Kommanditanlagevermögens ist **unabhängig von seiner rechtlichen Zuordnung** zum Gesellschaftsvermögen: Sämtliche Vermögenswerte und Verbindlichkeiten des Kommanditanlagevermögens sind Teil des rechtlich ungetrennten Gesamthandsvermögen der InvKG. 54

3. Kommanditanlagevermögen bei der extern verwalteten InvKG

Da auch bei der extern verwalteten InvKG ein Betriebsvermögen gebildet werden kann (s. Rz. 46 f.), ist es zutreffend, auch bei der extern verwalteten InvKG zur Abgrenzung von einem „Kommanditanlagevermögen" zu sprechen (vgl. § 154 Abs. 1 Satz 2 KAGB). Wird in der ganz üblichen GmbH & Co. KG-Struktur kein Betriebsvermögen bei der InvKG selbst gebildet, ist das Kommanditanlagevermögen mit dem Gesellschaftsvermögen identisch. 55

§ 157 Firma

Die Firma der geschlossenen Investmentkommanditgesellschaft muss abweichend von § 19 Absatz 1 Nummer 3 des Handelsgesetzbuches die Bezeichnung „geschlossene Investmentkommanditgesellschaft" oder eine allgemein verständliche Abkürzung dieser Bezeichnung enthalten.

In der Fassung vom 4.7.2013 (BGBl. I 2013, S. 1981).

Schrifttum: Es wird auf das Schrifttum zu § 149 verwiesen.

I. Regelungsgegenstand und -zweck

§ 157 KAGB enthält **zwingende Vorgaben zur Firmenbezeichnung der geschlossenen InvKG** in Abweichung von § 19 Abs. 1 Nr. 3 HGB. Eine ähnliche Bestimmung gilt für die offene InvKG in § 134 KAGB, allerdings mit dem Unterschied, dass die Vorgaben zur Angabe von Teilgesellschaftsvermögen in § 134 Abs. 2 KAGB nicht für die geschlossene InvKG gelten. Auch für die InvAG mit veränderlichem Kapital und für die InvAG mit fixem Kapital existieren verbindliche Vorgaben zur Firmenbezeichnung in §§ 118 und 146 KAGB. 1

Sämtliche Vorgaben zur Firmenbezeichnung verfolgen den Zweck, die Rechtsform der Investmentgesellschaft für den Rechtsverkehr transparent zu machen. Insbesondere die vom üblichen KG-Recht abweichenden Schutzvorschriften zugunsten der Anleger in § 152 Abs. 2 bis 6 KAGB, die zu Lasten der Gläubiger gehen, machen das Bedürfnis für eine Transparenz der Rechtsform deutlich. Die Vorgaben zur Firmenbezeichnung dienen damit dem **Schutz des Rechtsverkehrs.** 2

II. Vorgaben für die Firmenbezeichnung

§ 19 Abs. 1 Nr. 3 HGB enthält Vorgaben für die Firmenbezeichnung einer **Kommanditgesellschaft.** Danach muss in der Firma die Bezeichnung „Kommanditgesellschaft" oder eine allgemein verständliche Abkürzung dieser Bezeichnung enthalten sein. Hierfür hat sich die Abkürzung „KG" eingebürgert. 3

Zusätzlich – und nicht „abweichend" von § 19 Abs. 1 Nr. 3 HGB[1] – verlangt § 157 KAGB eine **Kennzeichnung des geschlossenen Typs** der InvKG: Die Firma muss die Bezeichnung „geschlossene Investmentkommanditgesellschaft" oder eine allgemein verständliche Abkürzung dieser Bezeichnung enthalten. Im Rechtsverkehr etabliert haben sich die Abkürzungen „geschlossene Investment KG", „geschlossene Invest KG", „geschlossene InvKG" sowie „geschl. InvKG". 4

1 So zutr. *Paul* in Weitnauer/Boxberger/Anders, § 157 KAGB Rz. 2.

5 Ist der Komplementär der InvKG, wie zumeist, eine GmbH, muss die Firma gem. **§ 19 Abs. 2 HGB** eine **Kennzeichnung der Haftungsbeschränkung** enthalten. Eingebürgert hat sich die Bezeichnung „GmbH & Co. KG“.

6 **Kombiniert mit den Vorgaben in § 157 KAGB** kann diese Bezeichnung den vorgenannten Abkürzungen (s. Rz. 4) vorangestellt werden, z.B. „GmbH & Co. geschlossene Investment KG“ oder „GmbH & Co. geschl. InvKG“. Zulässig, wenn auch weniger eindeutig, ist es auch, das Wort „geschlossene“ voranzustellen, z.B. „geschlossene GmbH & Co. Investment KG“. Denn es ist nicht davon auszugehen, dass der Rechtsverkehr die Kennzeichnung „geschlossen“ allein auf die GmbH bezieht.

7 Den vorgenannten rechtsformspezifischen Firmenbestandteilen ist ein **unterscheidungskräftiges Merkmal** hinzuzufügen (**§ 18 Abs. 1 HGB**). Hier bietet es sich an, den Namen des Objektes, die Bezeichnung einer Gruppe von Objekten oder die Firma des Initiators, ggf. versehen mit einer Nummerierung der einzelnen Fonds zwecks Unterscheidung, zu verwenden, wie z.B. „[XY] GmbH & Co. Vierte geschlossene Investment KG“.

§ 158 Jahresbericht

[1]Auf den Jahresbericht einer geschlossenen Investmentkommanditgesellschaft ist § 135 anzuwenden. [2]Zusätzlich zu Satz 1 sind bei geschlossenen Publikumsinvestmentkommanditgesellschaften die in § 101 Absatz 2 genannten Angaben und bei einer Beteiligung nach § 261 Absatz 1 Nummer 2 bis 6 die in § 148 Absatz 2 genannte Angaben im Anhang zu machen.

In der Fassung vom 4.7.2013 (BGBl. I 2013, S. 1981).

1 § 158 KAGB nicht gesondert kommentiert. Es wird auf die Kommentierungen der genannten Vorschriften verwiesen.

§ 159 Abschlussprüfung

[1]§ 136 ist auf die geschlossene Investmentkommanditgesellschaft anzuwenden. [2]§ 136 Absatz 3 Satz 4 ist auf die geschlossene Publikumsinvestmentkommanditgesellschaft jedoch mit der Maßgabe anzuwenden, dass der Bericht über die Prüfung der geschlossenen Publikumsinvestmentkommanditgesellschaft unverzüglich nach Beendigung der Prüfung der Bundesanstalt einzureichen ist.

In der Fassung vom 4.7.2013 (BGBl. I 2013, S. 1981).

1 § 159 KAGB nicht gesondert kommentiert. Es wird auf die Kommentierung der genannten Vorschrift verwiesen.

§ 160 Offenlegung und Vorlage von Berichten

(1) Die Offenlegung des Jahresberichts einer geschlossenen Publikumsinvestmentkommanditgesellschaft erfolgt, auch wenn auf diese § 264a des Handelsgesetzbuchs nicht anzuwenden ist, spätestens sechs Monate nach Ende des Geschäftsjahres nach Maßgabe des insoweit entsprechend anzuwendenden § 325 Absatz 1, Absatz 2 bis 2b, 5 und 6 des Handelsgesetzbuchs; die §§ 328, 329 Absatz 1, 2 und 4 und die §§ 335 bis 335b des Handelsgesetzbuchs sind entsprechend anzuwenden.

(2) Der Bericht einer geschlossenen Publikumsinvestmentkommanditgesellschaft nach Absatz 1 muss dem Publikum an den Stellen zugänglich sein, die im Verkaufsprospekt und in den wesentliche Anlegerinformationen angegeben sind.

(3) Einem Anleger der geschlossenen Investmentkommanditgesellschaft wird der Jahresbericht auf Anfrage vorgelegt.

(4) Die geschlossene Publikumsinvestmentkommanditgesellschaft hat der Bundesanstalt den Jahresbericht unverzüglich nach der Erstellung einzureichen.

In der Fassung vom 4.7.2013 (BGBl. I 2013, S. 1981), zuletzt geändert durch das Bilanzrichtlinie-Umsetzungsgesetz vom 17.7.2015 (BGBl. I 2015, S. 1245).

Die Vorschriften zur Offenlegung aus § 160 Abs. 1 KAGB **entsprechen** den Vorschriften für AIF-Publikumsinvestmentgesellschaften in **§ 123 KAGB mit dem Unterschied**, dass 1

- in § 160 Abs. 1 KAGB die maßgeblichen Vorschriften des Vierten Unterabschnitts des Zweiten Abschnitts des Dritten Buches HGB explizit genannt werden,
- es bei Investmentkommanditgesellschaften keinen Halbjahresbericht gibt,
- bei einer Investmentkommanditgesellschaft nicht der Jahresabschluss und der Lagebericht unverzüglich nach der Feststellung, sondern der Jahresbericht unverzüglich nach der Erstellung bei der BaFin eingereicht werden müssen.

§ 161 Auflösung und Liquidation

(1) Das Recht zur ordentlichen Kündigung besteht bei der geschlossenen Investmentkommanditgesellschaft nicht.

(2) [1]§ 133 Abs. 1 des Handelsgesetzbuchs gilt nicht. [2]Ein Gesellschafter der geschlossenen Investmentkommanditgesellschaft kann die Gesellschaft vor dem Ablauf der für ihre Dauer bestimmten Zeit außerordentlich kündigen und aus ihr ausscheiden, wenn ein wichtiger Grund vorliegt. [3]§ 133 Abs. 2 und 3 des Handelsgesetzbuchs ist entsprechend anzuwenden.

(3) Wird eine geschlossene Publikumsinvestmentkommanditgesellschaft abgewickelt, hat der Liquidator jährlich sowie auf den Tag, an dem die Abwicklung beendet ist, einen Abwicklungsbericht zu erstellen, der den Anforderungen nach § 158 entspricht.

(4) Die Kommanditisten haften nach Beendigung der Liquidation nicht für die Verbindlichkeiten der geschlossenen Investmentkommanditgesellschaft.

In der Fassung vom 4.7.2013 (BGBl. I 2013, S. 1981), zuletzt geändert durch das Gesetz zur Umsetzung der Richtlinie 2014/91/EU des Europäischen Parlaments und des Rates vom 23.7.2014 zur Änderung der Richtlinie 2009/65/EG zur Koordinierung der Rechts- und Verwaltungsvorschriften betreffend bestimmte Organismen für gemeinsame Anlagen in Wertpapieren (OGAW) im Hinblick auf die Aufgaben der Verwahrstelle, die Vergütungspolitik und Sanktionen vom 3.3.2016 (BGBl. I 2016, S. 348).

Schrifttum: *BaFin*, Merkblatt „Laufzeitverlängerung in den Anlagebedingungen geschlossener Publikums-AIF in der Rechtsform der geschlossenen Investmentkommanditgesellschaft" v. 4.11.2014, abrufbar unter: https://www.bafin.de/SharedDocs/Veroeffentlichungen/DE/Merkblatt/WA/mb_141104_laufzeitverlaengerung_aif_investment-kg.html; *BaFin*, Musterbausteine für Anlagebedingungen für eine geschlossene Publikums-Investmentkommanditgesellschaft (Stand: 18.7.2016), abrufbar unter: https://www.bafin.de/SharedDocs/Downloads/DE/Merkblatt/WA/dl_160719_muster_anlagebedingungen.pdf?__blob=publicationFile&v=2; *Ebenroth/Boujong/Joost/Strohn*, Handelsgesetzbuch, Band 1, 3. Aufl. 2014; *Lüdicke/Arndt*, Geschlossene Fonds, 6. Aufl. 2013; *Scherer/Heni*, Externe Rechnungslegung bei Liquidation, DStR 1992, 797; *Staub*, Handelsgesetzbuch, Großkommentar, Dritter Band, 5. Aufl. 2009. Im Übrigen wird auf das Schrifttum zu § 149 verwiesen.

I. Regelungsgegenstand

1 Entgegen des verkürzten Titels des § 161 KAGB enthält die Vorschrift Regelungen zur **Kündigung eines Gesellschafters** der geschlossenen InvKG, der **Liquidation der geschlossenen InvKG** sowie der **Haftung der Gesellschafter** nach Beendigung der Liquidation.

2 § 161 Abs. 1 KAGB ist durch das Gesetz zur Anpassung von Gesetzen auf dem Gebiete des Finanzmarkts vom 15.7.2014 eingefügt worden, weil geschlossene Fonds keine Rückgabemöglichkeiten vor Beginn ihrer Liquidations- oder Auslaufphase vorsehen können.[1] Deshalb schließt Abs. 1 das ordentliche Kündigungsrecht aus.

3 § 161 Abs. 2 KAGB schließt die Auflösungsklage gem. § 133 HGB aus, gewährt den Gesellschaftern jedoch ein außerordentliches Kündigungsrecht mit der Rechtsfolge ihres Ausscheidens aus der Gesellschaft. Der ursprüngliche Satzteil „oder bei einer für unbestimmte Zeit eingegangenen Gesellschaft" wurde durch das OGAW V-Umsetzungsgesetz vom 3.3.2016[2] als „ein Redaktionsversehen"[3] gestrichen, weil der Gesellschaftsvertrag einer geschlossenen InvKG keine unbegrenzte Laufzeit vorsehen dürfe.

4 § 161 Abs. 3 KAGB normiert Einzelheiten zur Erstellung eines Abwicklungsberichts durch den Liquidator. § 161 Abs. 4 KAGB schließt die Nachhaftung der Kommanditisten nach Beendigung der Liquidation aus.

II. Ausschluss der ordentlichen Kündigung

5 Die **Gesellschaftsverträge** geschlossener InvKGen sehen i.a.R. einen **Ausschluss des ordentlichen Kündigungsrechtes** der Gesellschafter vor.[4] Geschlossene Investmentvermögen haben ein festes Anlageprogramm, das erst mit dem geplanten Abverkauf der Vermögenswerte gegen Ende der Laufzeit endet. Mit diesem Geschäftsziel ist es unvereinbar, wenn sich einzelne Gesellschafter vor Ende der vorgesehenen Laufzeit von der InvKG lösen können.

6 Darüber hinaus gibt es bei Gesellschaften mit bestimmter Laufzeit auch **kein gesetzlich vorgeschriebenes ordentliches Kündigungsrecht**. § 723 Abs. 1 Satz 1 und Abs. 3 BGB sieht lediglich bei Gesellschaften mit unbestimmter Laufzeit ein gesetzlich zwingendes Kündigungsrecht vor, bei Gesellschaften mit bestimmter Zeitdauer lediglich ein außerordentliches Kündigungsrecht aus wichtigem Grund (§ 723 Abs. 1 Satz 2 und 3 BGB). § 131 Abs. 3 Nr. 3 HGB ordnet lediglich die Rechtsfolge des Ausscheidens des kündigenden Gesellschafters für den Fall an, dass der Gesellschaftsvertrag nichts Abweichendes regelt.

7 Die Bedeutung des § 161 Abs. 1 KAGB besteht deshalb nicht darin, ein gesetzliches Kündigungsrecht als Spezialnorm auszuschließen, sondern **sicherzustellen, dass vertraglich den Gesellschaftern kein ordentliches Kündigungsrecht eingeräumt wird**. § 161 Abs. 1 Satz 1 KAGB ist deshalb **Verbotsgesetz i.S.d. § 134 BGB**. Vertragliche Bestimmungen, in denen Gesellschaftern einer geschlossenen InvKG ordentliche Kündigungsrechte eingeräumt werden, sind daher nichtig.

8 Die Frage, ob sich aus dem Ausschluss des ordentlichen Kündigungsrechtes Konsequenzen für die zulässige Höchstlaufzeit geschlossener InvKGen ergeben[5], dürfte sich angesichts der einschlägigen Verlautbarungen der BaFin[6] entschärft haben. Danach dürfen geschlossene AIF, gleich ob Publikums- oder Spezial-AIF, **keine unbegrenzte Laufzeit** haben. Speziell für die Anlagebedingungen von Publikums-InvKGen präzisierte die BaFin die Anforderungen an zulässige Laufzeitverlängerungen: durch die Verlängerungsoptionen darf die Grundlaufzeit um nicht mehr als 50 % überschritten werden. Die Gesamtlaufzeit aus Grundlaufzeit und Verlängerungszeitraum darf 30 Jahre nicht überschreiten.

9 Selbstverständlich handelt es sich bei den Zeitangaben der BaFin um Höchstgrenzen, die je nach Einzelfall niedriger bemessen werden müssen. Insbesondere kommt in Betracht, dass die angeschafften Vermögens-

1 BT-Drucks. 18/1305, 48.
2 BGBl. I 2016, S. 348 ff.
3 BT-Drucks. 18/6744, 60.
4 Vgl. *Bost/Halfpap* in Lüdicke/Arndt, Geschlossene Fonds, S. 53.
5 So *Paul* in Weitnauer/Boxberger/Anders, § 161 KAGB Rz. 6 ff.
6 *BaFin*, Merkblatt „Laufzeitverlängerung in den Anlagebedingungen geschlossener Publikums-AIF in der Rechtsform der geschlossenen Investmentkommanditgesellschaft" v. 4.11.2014, abrufbar unter: https://www.bafin.de/SharedDocs/Veroeffentlichungen/DE/Merkblatt/WA/mb_141104_laufzeitverlaengerung_aif_investment-kg.html; *BaFin*, Musterbausteine für Anlagebedingungen für eine geschlossene Publikums-Investmentkommanditgesellschaft (Stand: 18.7.2016), abrufbar unter: https://www.bafin.de/SharedDocs/Downloads/DE/Merkblatt/WA/dl_160719_muster_anlagebedingungen.pdf?__blob=publicationFile&v=2.

werte nach ihrer Art eine wirtschaftliche Verwertung über eine derart lange Laufzeit nicht gestatten (wie z.B. Anlagen zur Erzeugung erneuerbarer Energien).

Der Ausschluss des ordentlichen Kündigungsrechtes gilt nicht nur für Anleger, d.h. Kommanditisten und Treugeber-Anleger (§ 152 Abs. 1 Satz 2 KAGB), sondern für **sämtliche Gesellschafter** der geschlossenen InvKG. 10

Von der Kündigung sind einseitige rechtsgestaltende Erklärungen zu unterscheiden, die auf einem Fehler beim Beitritt beruhen und ebenfalls eine Loslösung von der Beteiligung bewirken, wie z.B. der Widerruf nach § 305 KAGB. 11

Auch Austrittsvereinbarungen zwischen dem austrittswilligen Gesellschafter und der InvKG sind vom Verbot der ordentlichen Kündigung in § 161 Abs. 1 KAGB nicht erfasst. Hierzu gehören auch gerichtliche und außergerichtliche Vergleiche. Da hier nicht die Gefahr des unkontrollierten Ausstiegs von Gesellschaftern durch einseitige Erklärung besteht, ist der Privatautonomie der Vorrang einzuräumen. 12

III. Außerordentliches Kündigungsrecht

Es entspricht allgemeinen investmentrechtlichen Grundsätzen, dass ein einzelner Anleger nicht die Auflösung des Investmentvermögens verlangen kann.[7] Für das Sondervermögen ist dies in § 199 Abs. 5 KAGB ausdrücklich angeordnet, für die InvAGen ergibt sich dies aus allgemeinen aktienrechtlichen Grundsätzen (vgl. § 262 AktG). Es ist daher konsequent, dass § 161 Abs. 2 Satz 1 KAGB § 133 Abs. 1 HGB abbedingt und die **Auflösungsklage** für **unzulässig** erklärt. 13

Stattdessen gewährt § 161 Abs. 2 Satz 2 KAGB jedem Gesellschafter ein **Recht zur außerordentlichen Kündigung** seiner Beteiligung, wenn ein wichtiger Grund vorliegt. Rechtsfolge ist, dass der Gesellschafter mit dem Zugang der Kündigungserklärung aus der geschlossenen InvKG ausscheidet. 14

Hinsichtlich des **wichtigen Grundes** verweist § 161 Abs. 2 Satz 3 KAGB auf § 133 Abs. 2 HGB, der aufzählt, wann ein wichtiger Grund insbesondere vorliegt. In den genannten Fällen handelt es sich um die Nichterfüllung einer wesentlichen Verpflichtung eines Gesellschafters, entweder wegen vorsätzlicher oder grob fahrlässiger Pflichtverletzung oder wegen Unmöglichkeit der Pflichterfüllung. 15

Der Wortlaut „insbesondere" in § 133 Abs. 2 HGB lässt jedoch darauf schließen, dass die Aufzählung nicht abschließend ist. Gemeinsamer Grundgedanke des außerordentlichen Kündigungsrechts ist, dass dem kündigenden Gesellschafter die **Fortsetzung der Gesellschaft unzumutbar** geworden ist.[8] So könnte die Zerrüttung des Vertrauensverhältnisses zwischen Anlegern und geschäftsführenden Gesellschaftern ein wichtiger Grund für die außerordentliche Kündigung durch die Anleger darstellen. Das Erreichen (z.B. Veräußerung des einzigen Vermögensgegenstandes) oder das Nichterreichen (z.B. Untergang des einzigen Vermögensgegenstandes) des Gesellschaftszwecks vor Ende der bestimmten Laufzeit sind weitere wichtige Gründe, soweit der Gesellschaftsvertrag nicht selbst Regelungen für diese Fälle vorsieht. 16

Darüber hinaus können die Gesellschafter auch **im Gesellschaftsvertrag wichtige Gründe festlegen**, die zur außerordentlichen Kündigung berechtigen.[9] Hierbei ist den Gesellschaftern ein weiter vertraglicher Gestaltungsspielraum einzuräumen, da die mit dem Eingehen der gesellschaftsrechtlichen Verbindung verfolgten Zwecke sehr unterschiedlich und damit auch die Wichtigkeit des Grundes sehr individuell sein können.[10] Hierzu kann z.B. auch das endgültige Nichterreichen wirtschaftlicher Zwischenziele gehören, die den Anlegern ein außerordentliches Kündigungsrecht gewähren.[11] Allerdings müssen auch die im Gesellschaftsvertrag eingeräumten außerordentlichen Kündigungsgründe so erheblich sein, dass sie die Fortsetzung der Beteiligung für den Anleger unzumutbar machen. Das Verfehlen wirtschaftlicher Parameter muss daher für den Anleger eine ernsthafte wirtschaftliche Bedrohung darstellen. Andernfalls könnte durch eine großzügige Definition der wichtigen Gründe im Gesellschaftsvertrag das Verbot der ordentlichen Kündigung ausgehöhlt werden. 17

---

7 *Wallach*, ZGR 2014, 289 (317); *Schewe*, Kommanditgesellschaften im Regelungsbereich des Investmentrechts, S. 183.

8 Vgl. *Roth* in Baumbach/Hopt, § 133 HGB Rz. 5; *Schäfer* in Staub, Großkomm. HGB, 5. Aufl. 2009, § 133 HGB Rz. 23 ff., 35 ff.

9 So auch *Klebeck/Kunschke* in Beckmann/Scholtz/Vollmer, ErgLfg. 2/14 – II.14, § 161 KAGB Rz. 10; a.A. *Eichhorn* in Moritz/Klebeck/Jesch, § 138 KAGB Rz. 9.

10 Einschränkend dagegen *Könnecke* in Baur/Tappen, § 161 KAGB Rz. 18.

11 Vgl. auch die Abgrenzung bei *Schäfer* in Staub, Großkomm. HGB, 5. Aufl. 2009, § 133 HGB Rz. 35 ff.: Dauernde Unrentabilität als Hauptfall der Unerreichbarkeit des Gesellschaftszwecks.

18 § 161 Abs. 2 KAGB steht nicht einer **gesellschaftsvertraglichen Ermächtigung des Komplementärs** entgegen, unter eng definierten Voraussetzungen **die geschlossene InvKG rückabzuwickeln**. Dies kommt z.B. in Betracht, wenn am Ende der Platzierungsphase zu wenig Kapital eingesammelt wurde, um die geschlossene InvKG wirtschaftlich sinnvoll betreiben zu können. Allerdings empfiehlt es sich hier aus Gründen der Transparenz und Rechtssicherheit, einen festen Schwellenwert des zu erzielenden Mindestkapitals und einen klar definierten Zeitpunkt für die rechtsgestaltende Erklärung des Komplementärs festzulegen.

19 § 161 Abs. 2 KAGB stellt eine Ausnahme von § 133 Abs. 3 HGB dar, wonach das Recht der Gesellschafter, die Auflösung der Gesellschaft zu verlangen, nicht vertraglich ausgeschlossen oder beschränkt werden darf. Der Verweis auf § 133 Abs. 3 HGB in § 161 Abs. 2 Satz 3 KAGB kann daher nur so verstanden werden, dass das **Recht zur außerordentlichen Kündigung mit der Rechtsfolge des Ausscheidens nicht ausgeschlossen oder beschränkt werden darf.**[12] Dies hätte sich allerdings auch schon aus § 149 Abs. 1 Satz 2 KAGB, §§ 161 Abs. 2, 105 Abs. 3 HGB i.V.m. § 723 Abs. 3 BGB ergeben.

IV. Abwicklung der geschlossenen Investmentkommanditgesellschaft

20 § 161 Abs. 3 KAGB enthält Vorgaben für die **Erstellung des Abwicklungsberichts**, wenn eine geschlossene InvKG abgewickelt wird. Danach hat der Liquidator jährlich sowie auf den Tag, an dem die Abwicklung beendet ist, einen Abwicklungsbericht zu erstellen, der den Anforderungen des Jahresberichts gem. § 158 KAGB entspricht.

21 Die Gesellschafter einer geschlossenen InvKG können gem. § 154 Abs. 2 Satz 1 Nr. 2 KAGB auch einen anderen Liquidator als die Verwahrstelle bestellen (vgl. § 154 Rz. 95).

1. Voraussetzungen der Liquidation einer geschlossenen Investmentkommanditgesellschaft

22 Die Liquidation einer geschlossenen InvKG **setzt deren Auflösung voraus** (§ 149 Abs. 1 Satz 2 KAGB i.V.m. §§ 161 Abs. 2, 145 Abs. 1 HGB). Entgegen einem in der Praxis zuweilen anzutreffenden Missverständnis beginnt die Liquidation i.S.d. § 161 Abs. 3 KAGB nicht schon mit dem planmäßigen Abverkauf der Vermögenswerte am Ende der Laufzeit. Aufgelöst ist die Gesellschaft erst bei Eintritt des Laufzeitendes, einschließlich etwaiger Laufzeitverlängerungen, oder durch Beschluss der Gesellschafter, Eröffnung des Insolvenzverfahrens über das Vermögen der InvKG durch gerichtliche Entscheidung (§ 149 Abs. 1 Satz 2 KAGB i.V.m. §§ 161 Abs. 2, 131 Abs. 1 HGB), durch Abwicklungsanordnung der BaFin gem. § 15 Abs. 2 Nr. 1 KAGB, durch Ausscheiden des letzten Komplementärs oder bei Verlust des Verwaltungsrechts der externen KVG unter den Voraussetzungen des § 154 Abs. 2 Nr. 1 KAGB. Die Auflösung der InvKG ist in das Handelsregister einzutragen (§ 149 Abs. 1 Satz 2 KAGB i.V.m. §§ 161 Abs. 2, 143 Abs. 1 HGB).

23 Erfolgt die Auflösung der geschlossenen InvKG nicht zum vorgesehenen Laufzeitende sondern durch ein ungeplantes Ereignis vor diesem Zeitpunkt (z.B. Insolvenz der externen KVG, Ausscheiden des letzten Komplementärs), kann es zu den Aufgaben des Liquidators gehören, **begonnene mehrstufige Ankaufprozesse** (z.B. gestaffelte Zahlung des Kaufpreises zum Erwerb eines Vermögensgegenstandes, Kauf eines geleasten Gegenstandes zum Restkaufwert, etc.) **zu vollenden** und hierzu auch noch Kapitalabrufe zu tätigen. Da es sich bei der Erfüllung der Kapitalzusagen um eine Erhöhung der Beteiligung gegen Leistung einer Einlage handelt, ist auf diese Fälle die Rechtsprechung[13] zur Einforderung rückständiger Einlagen im Rahmen der Liquidation nicht anwendbar.

2. Erstellung eines Abwicklungsberichts

a) Maßgeblicher Zeitpunkt

24 Hinsichtlich des **Zeitpunktes** der Erstellung des Abwicklungsberichts enthält § 161 Abs. 3 KAGB selbst Vorgaben: Der Abwicklungsbericht ist jährlich sowie auf den Tag der Beendigung der Abwicklung zu erstellen. Die Vorschrift berücksichtigt, dass die Veräußerung des Gesellschaftsvermögens u.U. einen längeren, sich über mehrere Jahre erstreckenden Zeitraum erfordern kann und stellt die Transparenz des Liquidationsprozesses während dieses Zeitraums sicher.

25 § 161 Abs. 3 KAGB enthält keine Vorgabe zur Berichterstattung zu **Beginn der Abwicklungsphase**. Für die geschlossene **Publikums-InvKG** ist gem. § 154 Abs. 3 KAGB auf den Tag, an dem das Recht der KVG zur

12 Ebenso *Klebeck/Kunschke* in Beckmann/Scholtz/Vollmer, ErgLfg. 2/14 – II.14, § 161 KAGB Rz. 12; *Paul* in Weitnauer/Boxberger/Anders, § 161 KAGB Rz. 13; unklar *Jesch* in Moritz/Klebeck/Jesch, § 161 KAGB Rz. 20.

13 Vgl. BGH, 30.1.2018 – II ZR 137/16, ZIP 2018, 781 (784 ff.); BGH v. 30.1.2018 – II ZR 108/16, WM 2018, 764 (768 ff.); BGH v. 14.11.1977 – II ZR 183/75, NJW 1978, 424 (425).

Verwaltung des Gesellschaftsvermögens erlischt, ein **Auflösungsbericht** zu erstellen, der den Anforderungen des Jahresberichts gem. § 158 entspricht. Nach dem insoweit eindeutigen Wortlaut des § 154 Abs. 3 KAGB gilt die Pflicht zur Erstellung eines Auflösungsberichts für sämtliche Fälle der Auflösung einer geschlossenen InvKG (s. § 154 Rz. 101).

Da § 154 Abs. 3 KAGB lediglich die geschlossene Publikums-InvKG betrifft, verbleibt es für die geschlossene **Spezial-InvKG** bei der allgemeinen handelsrechtlichen Pflicht der Liquidatoren, eine **Liquidationseröffnungsbilanz** gem. § 149 Abs. 1 Satz 2 KAGB i.V.m. §§ 161 Abs. 2, 154 HGB aufzustellen. Sie dient lediglich der internen Liquidationsrechnungslegung und liefert dem Liquidator die notwendigen Entscheidungsgrundlagen für die Liquidationsmaßnahmen und Verhandlungen mit den Gläubigern.[14] 26

Während der Liquidation hat der Liquidator den Abwicklungsbericht **jährlich** zu erstellen. Wegen des Verweises in § 161 Abs. 3 KAGB auf § 158 KAGB, der wiederum auf die Bestimmungen über den Jahresbericht einer offenen InvKG in § 135 KAGB verweist, ist der Abwicklungsbericht für das Ende eines jeden Geschäftsjahres, und zwar spätestens sechs Monate nach Ende des jeweiligen Geschäftsjahres zu erstellen (§ 135 Abs. 1 Satz 1 KAGB). Der Ablauf der Jahresfrist seit Beginn der Liquidation ist hingegen für die Erstellung des Abwicklungsberichts nicht relevant.[15] 27

Schließlich ist auf den Tag, an dem die **Abwicklung beendet** ist, der letzte Abwicklungsbericht zu erstellen. Die Abwicklung ist mit Vollbeendigung der InvKG beendet; diese tritt erst dann ein, wenn kein Aktivvermögen mehr vorhanden ist.[16] Die Beendigung der Liquidation wird nicht dadurch ausgeschlossen, dass noch Schulden der InvKG bestehen. Insbesondere kommen steuerliche Verbindlichkeiten in Betracht, die erst im Rahmen einer späteren Veranlagung oder einer Betriebsprüfung entstehen. Für diese Verbindlichkeiten haften allerdings nicht mehr die Kommanditisten und Treugeber-Anleger wegen § 161 Abs. 4 KAGB. Die Haftung trifft allein den Komplementär. Es steht jedoch den Gesellschaftern frei, abweichende Regelungen über die Schlussverteilung des Gesellschaftsvermögens im Gesellschaftsvertrag zu treffen. Insbesondere kann der vorsorgliche Einbehalt eines Restbetrages zur Begleichung etwaiger Steuerverbindlichkeiten vereinbart werden. 28

Eine **analoge Anwendung des § 73 GmbHG**, der eine einjährige Sperrfrist für die Verteilung des Vermögens nach Aufforderung an die Gläubiger in den Gesellschaftsblättern (§ 12 GmbHG) vorsieht, auf die Liquidation der geschlossenen InvKG in der Rechtsform der GmbH & Co. KG[17] ist **abzulehnen**. Eine derartige Aufforderung an die Gläubiger der InvKG findet i.d.R. nicht statt, und die einjährige Sperrfrist ist zu starr, um den Bedürfnissen nach einer flexiblen Liquidation gerecht zu werden. Da die KVG zu einer lückenlosen Dokumentation aller Geschäfte verpflichtet ist (§ 28 Abs. 1 Satz 2 Nr. 6 KAGB), dürfte es auch nicht allzu aufwändig sein, sämtliche Gläubiger der InvKG zu identifizieren. 29

b) Inhaltliche und formale Anforderungen

In **inhaltlicher** und **formaler** Hinsicht muss der Abwicklungsbericht die Anforderungen an einen Jahresbericht der geschlossenen InvKG gem. § 158 KAGB erfüllen. § 158 KAGB verweist auf die Bestimmungen über die Erstellung des Jahresberichtes einer offenen InvKG in § 135 KAGB, so dass der Abwicklungsbericht mindestens 30

- den von einem Abschlussprüfer geprüften Jahresabschluss,
- den von einem Abschlussprüfer geprüften Lagebericht,
- die schriftliche Versicherung des Liquidators, dass der Jahresabschluss ein den tatsächlichen Verhältnissen entsprechendes Bild vermittelt (§ 264 Abs. 2 Satz 3 HGB) und
- die Bestätigungen des Abschlussprüfers nach § 136 KAGB

enthalten muss (§ 135 Abs. 1 Satz 2 KAGB).

Darüber hinaus sind bei einer Publikums-InvKG gem. §§ 161 Abs. 3, 158 Satz 2 KAGB die in § 101 Abs. 2 KAGB genannten Angaben zu Kosten und Vergütungen sowie ggf. die Angaben zu gehaltenen Beteiligungen gem. § 148 Abs. 2 KAGB zu machen. Weitere inhaltliche Anforderungen an den Abwicklungsbericht er- 31

14 Vgl. *Kamanabrou* in Oetker, § 154 HGB Rz. 6; *Roth* in Baumbach/Hopt, § 154 HGB Rz. 2, 4; *Scherer/Heni*, DStR 1992, 797.

15 So zutr. *Paul* in Weitnauer/Boxberger/Anders, § 161 KAGB Rz. 16, der auf die abweichende Auffassung für die GmbH hinweist, die sich auf den Wortlaut des § 71 Abs. 1 GmbHG „für den Schluss eines jeden Jahres" beruft.

16 BGH v. 30.1.2018 – II ZR 137/16, ZIP 2018, 781 (787).

17 So *Henze/Notz* in Ebenroth/Boujong/Joost/Strohn, 3. Aufl. 2014, § 177a Anh. A 293, 294; *Paul* in Weitnauer/Boxberger/Anders, § 161 KAGB Rz. 17.

geben sich aus § 20 Abs. 1 Satz 1 KARBV, der über § 19 Abs. 1 KARBV auf die Vorschriften für den Jahresbericht von Sondervermögen in §§ 6 ff. KARBV verweist.

c) Bekanntmachung

32 Hinsichtlich der **Bekanntmachung** von Abwicklungsberichten enthält § 161 Abs. 3 KAGB keine Bestimmungen. Es ist jedoch davon auszugehen, dass der Gesetzgeber mit seinem etwas zu kurz gegriffenen Verweis auf § 158 auch die **Vorschriften über die Offenlegung und Vorlage von Berichten geschlossener Publikums-InvKGen in § 160 KAGB** in Bezug nehmen wollte. Denn der mit den Bekanntmachungs- und Offenlegungsvorschriften von Jahresberichten verfolgte Zweck der Transparenz gilt ebenso für Abwicklungsberichte von geschlossenen Publikums-InvKGen.

33 Für den Abwicklungsbericht einer **geschlossenen Spezial-InvKG** hätte ein Verweis auf § 137 KAGB erfolgen müssen, wonach der Jahresbericht einem Anleger auf Anfrage vorzulegen ist. § 137 KAGB setzt Art. 22 Abs. 1 Unterabs. 1 Satz 2 AIFM-RL um. Der fehlende Verweis auf § 137 KAGB stellt daher ein Umsetzungsdefizit der AIFM-RL dar.

V. Ausschluss der Nachhaftung des Kommanditisten nach Beendigung der Liquidation

34 Gemäß §§ 161 Abs. 2, 159 Abs. 1 HGB haften die Gesellschafter bis zu fünf Jahre nach Auflösung der Kommanditgesellschaft für Verbindlichkeiten der Gesellschaft. Entsprechend dem Ausschluss der Nachhaftung der Kommanditisten bei ihrem Ausscheiden gem. § 152 Abs. 6 Satz 2 KAGB ordnet § 161 Abs. 4 KAGB an, dass **Kommanditisten nach Beendigung der Liquidation nicht für Verbindlichkeiten der InvKG haften**. Eine Nachhaftung des Kommanditisten für Altverbindlichkeiten der InvKG ist damit generell ausgeschlossen. Der Gesetzgeber rundet damit die haftungsrechtliche Gleichstellung des Anlegers einer InvKG mit dem Anleger einer InvAG ab (s. § 152 Rz. 2 und 96.

Kapitel 2
Publikumsinvestmentvermögen
Vorbemerkungen vor §§ 162 ff.

Nach den allgemeinen Bestimmungen für Investmentvermögen und Verwaltungsgesellschaften in Kapitel 1 (§§ 1 ff. KAGB) befassen sich die folgenden Kapitel mit den einzelnen Arten der Investmentvermögen. Während Kapitel 3 (§§ 273 ff. KAGB) Vorschriften für Spezial-AIF enthält, befasst sich Kapitel 2 (§§ 162 ff. KAGB) mit den Vorschriften für Publikumsinvestmentvermögen. Entsprechend der **Regelungssystematik des KAGB** zieht der Gesetzgeber auch hier zunächst die für alle Publikumsinvestmentvermögen geltenden allgemeinen Vorschriften vor die Klammer (Abschnitt 1, §§ 162 bis 191 KAGB).[1] Im Anschluss finden sich die Vorschriften zu Investmentvermögen gemäß der OGAW-RL (Abschnitt 2, §§ 192 bis 213 KAGB) und zu offenen (Abschnitt 3, §§ 214 bis 260 KAGB) und geschlossenen inländischen Publikums-AIF (Abschnitt 4, §§ 261 bis 272 KAGB). 1

Inhaltlich regeln die §§ 162 ff. KAGB im vorgezogenen **Allgemeinen Teil** das Verhältnis der Kapitalverwaltungsgesellschaft (KVG) zu den Anlegern durch die Anlagebedingungen einerseits und die Mitteilungspflichten durch den Verkaufsprospekt und die wesentlichen Anlageinformationen andererseits (Unterabschnitt 1, §§ 162 bis 170 KAGB). Anschließend finden sich besondere Vorschriften für Publikumsinvestmentvermögen, die in Feeder-Fonds investieren (Unterabschnitt 2, §§ 171 bis 180 KAGB) und besondere Vorschriften zur Verschmelzung von offenen Publikumsinvestmentvermögen (Unterabschnitt 3, §§ 181 bis 191 KAGB). 2

Die inhaltlichen Vorschriften für **Publikumsinvestmentvermögen gemäß der OGAW-RL** beinhalten überwiegend Vorgaben zu den Vermögensgegenständen, in die ein OGAW investieren darf, sowie die entsprechenden Anlagegrenzen (Abschnitt 2, §§ 192 bis 213 KAGB). 3

Die Vorschriften zu **offenen inländischen Publikums-AIF** sind zunächst in allgemeine Vorschriften u.a. zur Risikomischung und zum Einsatz von Leverage (Unterabschnitt 1, §§ 214 bis 217 KAGB) und in besondere Vorschriften für spezielle Arten von offenen Publikums-AIF eingeteilt. Neben gemischten und sonstigen Publikums-AIF (Unterabschnitte 2 und 3, §§ 218 bis 224 KAGB) finden sich folglich besondere Vorschriften für Dach-Hedgefonds (Unterabschnitt 4, §§ 225 bis 229) und Immobilien-Sondervermögen (Unterabschnitt 5, §§ 230 bis 260). 4

Schließlich enthält Kapitel 2 Vorschriften zu **geschlossenen inländischen Publikums-AIF**. Ähnlich wie bei offenen inländischen Publikums-AIF enthält das KAGB an dieser Stelle Vorgaben zur Risikomischung und verschiedene Anlagerestriktionen (Abschnitt 4, §§ 261 bis 272 KAGB), die geschlossene inländische Publikums-AIF berücksichtigen müssen. 5

1 Siehe zur Regelungssystematik des KAGB auch *Möllers/Seidenschwann* in Möllers/Kloyer, Das neue Kapitalanlagegesetzbuch, Rz. 6 ff.

Abschnitt 1
Allgemeine Vorschriften für offene Publikumsinvestmentvermögen

Unterabschnitt 1
Allgemeines

§ 162 Anlagebedingungen

(1) Die Anlagebedingungen, nach denen sich

1. das vertragliche Rechtsverhältnis der Kapitalverwaltungsgesellschaft zu den Anlegern eines Publikumssondervermögens oder der EU-OGAW-Verwaltungsgesellschaft zu den Anlegern eines inländischen OGAW-Sondervermögens bestimmt oder
2. in Verbindung mit der Satzung der Publikumsinvestmentaktiengesellschaft mit veränderlichem Kapital das Rechtsverhältnis dieser Investmentaktiengesellschaft zu ihren Anlegern oder der EU-OGAW-Verwaltungsgesellschaft zu den Anlegern einer inländischen OGAW-Investmentaktiengesellschaft bestimmt,

sind vor Ausgabe der Anteile oder Aktien schriftlich festzuhalten.

(2) Die Anlagebedingungen müssen neben der Bezeichnung des Investmentvermögens sowie der Angabe des Namens und des Sitzes der Verwaltungsgesellschaft mindestens folgende Angaben enthalten:

1. nach welchen Grundsätzen die Auswahl der zu beschaffenden Vermögensgegenstände erfolgt, insbesondere, welche Vermögensgegenstände in welchem Umfang erworben werden dürfen, die Arten der Investmentvermögen, deren Anteile oder Aktien für das Investmentvermögen erworben werden dürfen sowie der Anteil des Investmentvermögens, der höchstens in Anteilen oder Aktien der jeweiligen Art gehalten werden darf; ob, in welchem Umfang und mit welchem Zweck Geschäfte mit Derivaten getätigt werden dürfen und welcher Anteil in Bankguthaben und Geldmarktinstrumenten gehalten wird; Techniken und Instrumente, von denen bei der Verwaltung des Investmentvermögens Gebrauch gemacht werden kann; Zulässigkeit von Kreditaufnahmen für Rechnung des Investmentvermögens;
2. wenn die Auswahl der für das Investmentvermögen zu erwerbenden Wertpapiere darauf gerichtet ist, einen Wertpapierindex im Sinne von § 209 nachzubilden, welcher Wertpapierindex nachgebildet werden soll und dass die in § 206 genannten Grenzen überschritten werden dürfen;
3. ob die zum Sondervermögen gehörenden Gegenstände im Eigentum der Verwaltungsgesellschaft oder im Miteigentum der Anleger stehen;
4. unter welchen Voraussetzungen, zu welchen Bedingungen und bei welchen Stellen die Anleger die Rücknahme, gegebenenfalls den Umtausch der Anteile oder Aktien von der Verwaltungsgesellschaft verlangen können; Voraussetzungen, unter denen die Rücknahme und gegebenenfalls der Umtausch der Anteile oder Aktien ausgesetzt werden kann;
5. in welcher Weise und zu welchen Stichtagen der Jahresbericht und der Halbjahresbericht über die Entwicklung des Investmentvermögens und seine Zusammensetzung erstellt und dem Publikum zugänglich gemacht werden;
6. ob Erträge des Investmentvermögens auszuschütten oder wieder anzulegen sind und ob auf Erträge entfallende Teile des Ausgabepreises für ausgegebene Anteile oder Aktien zur Ausschüttung herangezogen werden können (Ertragsausgleichsverfahren); ob die Ausschüttung von Veräußerungsgewinnen vorgesehen ist;
7. wann und in welcher Weise das Investmentvermögen, sofern es nur für eine begrenzte Dauer gebildet wird, abgewickelt und an die Anleger verteilt wird;
8. ob das Investmentvermögen verschiedene Teilinvestmentvermögen umfasst, unter welchen Voraussetzungen Anteile oder Aktien an verschiedenen Teilinvestmentvermögen ausgegeben werden, nach welchen Grundsätzen die Teilinvestmentvermögen gebildet und welche Ausstattungsmerkmale ihnen gemäß § 96 Absatz 2 Satz 1 zugeordnet werden sowie das Verfahren gemäß § 96 Absatz 3 Satz 5 in Verbindung mit Absatz 4 oder § 117 Absatz 9 für die Errechnung des Wertes der Anteile oder Aktien der Teilinvestmentvermögen;

9. ob und unter welchen Voraussetzungen Anteile oder Aktien mit unterschiedlichen Ausstattungsmerkmalen ausgegeben werden und das Verfahren gemäß § 96 Absatz 1 Satz 4 in Verbindung mit Absatz 4 Satz 1 für die Errechnung des Wertes der Anteile oder Aktien jeder Anteil- oder Aktienklasse;

10. ob und unter welchen Voraussetzungen das Investmentvermögen in ein anderes Investmentvermögen aufgenommen werden darf und ob und unter welchen Voraussetzungen ein anderes Investmentvermögen aufgenommen werden darf;

11. nach welcher Methode, in welcher Höhe und auf Grund welcher Berechnung die Vergütungen und Aufwendungserstattungen aus dem Investmentvermögen an die Verwaltungsgesellschaft, die Verwahrstelle und Dritte zu leisten sind;

12. Höhe des Aufschlags bei der Ausgabe der Anteile oder Aktien oder der Abschlag bei der Rücknahme sowie sonstige vom Anleger zu entrichtende Kosten einschließlich deren Berechnung;

13. falls in den Anlagebedingungen für die Vergütungen und Kosten eine Pauschalgebühr vereinbart wird, die Angabe, aus welchen Vergütungen und Kosten sich die Pauschalgebühr zusammensetzt und den Hinweis, ob und welche Kosten dem Investmentvermögen gesondert in Rechnung gestellt werden;

14. dass im Jahresbericht und im Halbjahresbericht der Betrag der Ausgabeaufschläge und Rücknahmeabschläge offenzulegen ist, die dem Investmentvermögen im Berichtszeitraum für den Erwerb und die Rücknahme von Anteilen und Aktien im Sinne der §§ 196 und 230 berechnet worden sind, sowie die Vergütung offenzulegen ist, die dem Investmentvermögen von der Verwaltungsgesellschaft selbst, einer anderen Verwaltungsgesellschaft oder einer Gesellschaft, mit der die Verwaltungsgesellschaft durch eine wesentliche unmittelbare oder mittelbare Beteiligung verbunden ist, als Verwaltungsvergütung für die im Investmentvermögen gehaltenen Anteile oder Aktien berechnet wurde;

15. die Voraussetzungen für eine Übertragung der Verwaltung auf eine andere Kapitalverwaltungsgesellschaft und für einen Wechsel der Verwahrstelle.

In der Fassung vom 4.7.2013 (BGBl. I 2013, S. 1981), zuletzt geändert durch das Gesetz zur Umsetzung der Richtlinie 2014/91/EU des Europäischen Parlaments und des Rates vom 23.7.2014 zur Änderung der Richtlinie 2009/65/EG zur Koordinierung der Rechts- und Verwaltungsvorschriften betreffend bestimmte Organismen für gemeinsame Anlagen in Wertpapieren (OGAW) im Hinblick auf die Aufgaben der Verwahrstelle, die Vergütungspolitik und Sanktionen vom 3.3.2016 (BGBl. I 2016, S. 348).

Schrifttum: *Burgard/Heimann*, Das neue Kapitalanlagegesetzbuch, WM 2014, 821; *Bußalb/Unzicker*, Auswirkungen der AIFM-Richtlinie auf geschlossene Fonds, BKR 2012, 309; *Bußalb*, Die Kompetenzen der BaFin bei der Überwachung der Pflichten aus dem KAGB, in Möllers/Kloyer, Das neue Kapitalanlagegesetzbuch, 2013, S. 221; *Emde/Dreibus*, Der Regierungsentwurf für ein Kapitalanlagegesetzbuch, BKR 2013, 89; *Fehrenbach/Maetschke*, Zusätzliche Verwaltungsvergütung und AGB-rechtliche Transparenzkontrolle bei offenen Immobilienfonds, WM 2010, 1149; *Fock*, Gemischte Sondervermögen, WM 2006, 2160; *Niewerth/Rybarz*, Änderung der Rahmenbedingungen für Immobilienfonds – das AIFM-Umsetzungsgesetz und seine Folgen, WM 2013, 1154; *Wallach*, Umsetzung der AIFM-Richtlinie in deutsches Recht – erste umfassende Regulierung des deutschen Investmentrechts, RdF 2013, 92.

I. Anwendungsbereich und Gesetzessystematik

1. Anwendungsbereich

1 § 162 KAGB befindet sich im Bereich der allgemeinen Vorschriften für offene inländische Publikumsinvestmentvermögen und stellt die zentrale Vorschrift für die Ausgestaltung des vertraglichen **Rechtsverhältnisses** der KVG zu den Anlegern dar. Um dem kollektiven Charakter des Investmentvermögens gerecht zu werden, schließt die KVG, anstelle eines jeweils individuell mit jedem Anleger ausgehandelten Vertrages, einen sog. **Investmentvertrag** ab, der größtenteils aus den **Anlagebedingungen** besteht. Diese sind als Allgemeine Geschäftsbedingungen ausgestaltet und stellen die vertragliche Grundlage für die gemeinschaftliche Vermögensanlage der einzelnen Anleger dar.[1] Individuelle vertragliche Abreden zwischen der KVG und einzelnen Anlegern sind nur insoweit zulässig, als sie nicht zulasten der anderen Anleger wirken.[2] Dies folgt daraus, dass es sich bei einem Investmentvermögen um eine gemeinschaftliche Vermögensanlage handelt, bei der sämtliche Anleger gleich zu behandeln sind. Zwischen den Anlegern selbst bestehen keine vertraglichen Beziehungen.

2 Der Inhalt der Anlagebedingungen wird größtenteils von § 162 KAGB vorgegeben, sodass insoweit die Vertragsfreiheit zwischen den Parteien eingeschränkt ist. So wird sichergestellt, dass die öffentlich-rechtlich vorgegebenen Anforderungen an das Investmentvermögen und die KVG auch im Verhältnis zum Anleger eingehalten werden und das Gesetz seine anlegerschützende Wirkung entfalten kann. Die Anlagebedingungen tragen damit auch dem Charakter des KAGB als **öffentlich-rechtlichem Aufsichtsgesetz** Rechnung.[3]

1 *Rozok* in Emde/Dornseifer/Dreibus/Hölscher, § 43 InvG Rz. 5; *Schmitz* in Berger/Steck/Lübbehüsen, § 43 InvG Rz. 3.
2 *Rozok* in Emde/Dornseifer/Dreibus/Hölscher, § 43 InvG Rz. 5.
3 *Beckmann* in Beckmann/Scholtz/Vollmer, § 43 InvG Rz. 3.

3 Von dem Anwendungsbereich des § 162 KAGB erfasst sind nur Anlagebedingungen, die Bestandteil von inländischen Investmentverträgen sind.[4] Zwar bezieht der Wortlaut nunmehr auch das Rechtsverhältnis der Anleger zu EU-OGAW-Verwaltungsgesellschaften ausdrücklich mit ein. Allerdings gilt dies nur für den Fall, dass die EU-OGAW-Verwaltungsgesellschaft ein **inländisches Investmentvermögen** verwaltet. Nach der Begriffsdefinition in § 1 Abs. 7 KAGB sind inländische Investmentvermögen nur solche, die dem inländischen Recht unterliegen.

4 Ob das Rechtsverhältnis als Sondervermögen oder in Form einer InvAG ausgestaltet ist, ist dagegen unerheblich für den Anwendungsbereich des § 162 KAGB. Umfasst sind alle **offenen inländischen Publikumsinvestmentvermögen**. Dies schließt nach dem Wortlaut sowohl inländische OGAW-Sondervermögen (§ 162 Abs. 1 Nr. 1 KAGB) als auch offene inländische Publikums-AIF in Form der InvAG mit veränderlichem Kapital (§ 162 Abs. 1 Nr. 2 KAGB) ein. Die Anlagebedingungen für geschlossene inländische Publikums-AIF sind dagegen in § 266 KAGB separat geregelt, wobei § 266 KAGB auf einzelne Mindestangaben des § 162 Abs. 2 KAGB verweist.

2. Gesetzessystematik

5 Neben § 162 KAGB gibt es weitere Vorschriften, die den Begriff der Anlagebedingungen enthalten. Mit Ausnahme der zentralen Vorschriften für inländische Publikumsinvestmentvermögen und Spezial-AIF sind diese Vorschriften allerdings entweder als Klarstellungen oder als Verweise auf die zentralen Vorschriften für Anlagebedingungen ausgestaltet.

6 Die inhaltlichen Ausgestaltungen der Anlagebedingungen für **inländische Publikumsinvestmentvermögen** finden sich in § 162 und § 266 KAGB. Während § 162 KAGB als zentrale Norm die Vorgaben für offene Publikumsinvestmentvermögen enthält, finden sich in § 266 KAGB die inhaltlichen Vorgaben für geschlossene Publikumsinvestmentvermögen. Dieser verweist überwiegend auf die Regelungen des § 162 KAGB und enthält darüber hinausgehend einige weitere spezifische Vorgaben für geschlossene Publikumsinvestmentvermögen, wie beispielsweise zur Rückgabe von Anteilen.

7 Über diese beiden zentralen Vorschriften hinaus, enthält das KAGB für **besondere Gestaltungen von inländischen Publikumsinvestmentvermögen** teilweise ergänzende Vorgaben. So müssen die Anlagebedingungen von Feeder-Fonds nach § 173 Abs. 3 KAGB auch den Namen des Masterfonds mit beinhalten. Darüber hinaus schreibt § 224 Abs. 2 KAGB vor, dass die Anlagebedingungen eines sonstigen Investmentvermögens zusätzlich Angaben über die Zusammensetzung und die Diversifikation des Investmentvermögens enthalten müssen. Auch bei Dach-Hedgefonds sind nach § 229 KAGB ergänzende Angaben zu den Zielfonds und deren Anlagestrategien sowie der Zusammensetzung des Investmentvermögens zu machen. Schließlich müssen die Anlagebedingungen für Immobilien-Sondervermögen nach § 256 Abs. 2 KAGB klarstellen, wann Anteile aus dem Sondervermögen zurückgegeben und ausbezahlt werden können.

8 Die zentralen Vorschriften zur Ausgestaltung der Anlagebedingungen für **Spezial-AIF** finden sich weitergehend in § 273 KAGB. Die Vorschrift des § 284 KAGB enthält die Vorgaben für offene inländische Spezial-AIF mit festen Anlagebedingungen.

9 Ist das Investmentvermögen nicht als Sondervermögen sondern als InvAG oder InvKG ausgestaltet, so sind die **Anlagebedingungen nicht Bestandteil der Satzung oder des Gesellschaftsvertrages**, sondern zusätzlich von der KVG zu erstellen (vgl. § 111 KAGB für InvAGen mit veränderlichem Kapital, § 126 KAGB für InvKGen, § 143 KAGB für InvAGen mit fixem Kapital und § 151 KAGB für geschlossene InvKGen).

II. Entstehungsgeschichte und Hintergrund der Vorschrift

10 Die Vorschrift beruht größtenteils auf dem Wortlaut des aufgehobenen § 43 InvG.[5] Nach der Gesetzesbegründung setzt der deutsche Gesetzgeber mit § 162 KAGB aber auch Art. 7 Abs. 3 lit. c AIFM-RL um.[6] So verwundert zunächst, dass sich der deutsche Gesetzgeber auf Art. 7 AIFM-RL stützt, der lediglich vorschreibt, dass eine KVG die Anlagebedingungen zusammen mit dem Zulassungsantrag bei der BaFin vorlegen muss.[7] Außerdem richtet sich die AIFM-RL nach ihrem Regelungsgehalt grundsätzlich nur an Ver-

---

4 Vgl. auch *von Ammon/Izzo-Wagner* in Baur/Tappen, § 162 KAGB Rz. 1; *Patzner/Schneider-Deters* in Moritz/Klebeck/Jesch, § 162 KAGB Rz. 11.

5 Begr. RegE, BT-Drucks. 17/12294, S. 253.

6 Begr. RegE, BT-Drucks. 17/12294, S. 253. Dazu ausführlich *von Ammon/Izzo-Wagner* in Baur/Tappen, § 162 KAGB Rz. 5 ff.

7 Vgl. ausführlich *von Ammon/Izzo-Wagner* in Baur/Tappen, § 162 KAGB Rz. 6 ff.

walter von Spezial-AIF, in die nur professionelle Anleger investieren dürfen, während Publikums-AIF grundsätzlich nicht der AIFM-RL unterfallen.[8] Allerdings stellt Art. 43 Abs. 1 AIFM-RL den Mitgliedstaaten frei, auch einen Vertrieb von AIF an Privatanleger zu gestatten.[9] Macht ein Mitgliedstaat von diesem Wahlrecht Gebrauch, darf er den Verwalter nach Art. 43 Abs. 1 Satz 2 AIFM-RL auch strengeren Vorschriften unterwerfen, als in der AIFM-RL vorgesehen sind.[10] Dies ergibt sich aus den **unterschiedlichen Schutzstandards für professionelle Anleger und Privatanleger**. Zumindest sind aber die von der AIFM-RL vorgegebenen Mindeststandards zu beachten.[11]

Der nationale Gesetzgeber hat von diesem Wahlrecht Gebrauch gemacht und im KAGB einen **Vertrieb von Publikums-AIF auch an Privatanleger** gestattet.[12] So können Privatanleger neben Sondervermögen auch in Publikums-AIF investieren, die besonderen Anlagerestriktionen unterworfen sind und von der BaFin besonders überwacht werden.[13] Um ein möglichst gleichmäßiges Schutzniveau für Privatanleger sowohl bei OGAW-Sondervermögen als auch bei Publikums-AIF sicherzustellen, hat der nationale Gesetzgeber konsequenterweise die bisher für OGAW-Sondervermögen geltenden Regelungen des §§ 41 Abs. 1, 4 und 6 sowie §§ 43 Abs. 1 und 4 InvG mit Ausnahme von redaktionellen Anpassungen nahezu unverändert in § 162 KAGB übernommen.[14] 11

III. Schutzzweck

Mit den Anlagebedingungen gibt die KVG dem Anleger die wesentlichen Angaben über das Investmentvermögen in schriftlicher Form an die Hand. Durch sie wird ein gewisser Mindeststandard für das vertragliche Verhältnis zwischen KVG und den Anlegern festgelegt, der vom Gesetz vorgegeben und von der BaFin zu prüfen ist. Insofern dient die Vorschrift dem **Anlegerschutz und Rechtssicherheit**.[15] Gleichzeitig stellen die Anlagebedingungen auch sicher, dass die öffentlich-rechtlichen Anforderungen an ein Investmentvermögen von der KVG eingehalten werden.[16] 12

Vor diesem Hintergrund sollen die Anlagebedingungen dem Anleger neben dem Verkaufsprospekt und den wesentlichen Anlegerinformationen eine Grundlage bieten, um eine fundierte **Anlageentscheidung** treffen zu können.[17] 13

Dass die Anlagebedingungen schriftlich abzufassen sind, dient darüber hinausgehend dem Zweck, **Rechtssicherheit** zu schaffen und eine **Überprüfung durch die BaFin** zu ermöglichen.[18] 14

IV. Die Anlagebedingungen (§ 162 Abs. 1 KAGB)

1. Begriffsbestimmung

a) Begriff der Anlagebedingungen

Der **Begriff der „Anlagebedingungen"** tauchte bisher nur in § 96 Abs. 1d InvG im Zusammenhang mit der InvAG auf.[19] Während die Vorgängervorschriften der §§ 41 und 43 InvG von „Vertragsbedingungen" sprachen und auch Art. 7 Abs. 3 lit. c AIFM-RL diese Begrifflichkeit übernimmt, führt das KAGB den Begriff der „Anlagebedingungen" nun flächendeckend ein. 15

---

8 ErwGr. 15 AIFM-RL; *Tollmann* in Dornseifer/Jesch/Klebeck/Tollmann, Art. 2 AIFM-RL Rz. 3.
9 *Jesch* in Dornseifer/Jesch/Klebeck/Tollmann, Art. 43 AIFM-RL Rz. 2; *Bußalb/Unzicker*, BKR 2012, 309 (310).
10 Sog. „goldplating", vgl. *Jesch* in Dornseifer/Jesch/Klebeck/Tollmann, Art. 43 AIFM-RL Rz. 4; dazu auch *Voigt* in Möllers/Kloyer, Das neue Kapitalanlagegesetzbuch, Rz. 129 ff.
11 *Jesch* in Dornseifer/Jesch/Klebeck/Tollmann, Art. 43 AIFM-RL Rz. 3.
12 Begr. RegE, BT-Drucks. 17/12294, S. 188.
13 Begr. RegE, BT-Drucks. 17/12294, S. 188.
14 Begr. RegE, BT-Drucks. 17/12294, S. 253 f.
15 Vgl. die Gesetzesbegründung zur Einführung der Vorschrift, Begr. RegE, BT-Drucks. 2/2973, S. 3; auch *Rozok* in Emde/Dornseifer/Dreibus/Hölscher, § 43 InvG Rz. 3; *Schmitz* in Berger/Steck/Lübbehüsen, § 43 InvG Rz. 4; *Paul* in Weitnauer/Boxberger/Anders, § 266 KAGB Rz. 1.
16 *Beckmann* in Beckmann/Scholtz/Vollmer, § 43 InvG Rz. 3.
17 *Schmitz* in Berger/Steck/Lübbehüsen, § 43 InvG Rz. 4.
18 *Schmitz* in Berger/Steck/Lübbehüsen, § 43 InvG Rz. 14; *von Ammon/Izzo-Wagner* in Baur/Tappen, § 162 KAGB Rz. 32.
19 *von Ammon/Izzo-Wagner* in Baur/Tappen, § 162 KAGB Rz. 11.

b) Anlagebedingungen als Teil des Investmentvertrages

aa) Publikumssondervermögen

16 Die Anlagebedingungen sind Hauptbestandteil des sog. Investmentvertrages, der im Rahmen des Investmentdreiecks das vertragliche Rechtsverhältnis zwischen der KVG und den Anlegern regelt.[20] Neben dem Verhältnis der KVG zu den Anlegern, enthält das **Investmentdreieck** auch die Beziehung der KVG und der Anleger zur Verwahrstelle.[21] Diese dreiseitige Konstruktion dient dazu, den Anleger vor einer Insolvenz oder einem Missbrauch der verwaltenden KVG zu schützen. Dazu kommen der Verwahrstelle neben der Zahlstellen- und Verwahrungsfunktion im Hinblick auf die Anlageobjekte[22] auch eine Kontrollfunktion über die Tätigkeit der KVG[23] sowie eine Interessenvertretungsfunktion[24] für das Kollektiv der Anleger zu.[25]

17 Die **Vertragsfreiheit** der Parteien ist dabei einerseits **stark eingeschränkt**, da das KAGB im Zusammenhang mit den Anlagebedingungen umfangreiche Vorgaben enthält (vgl. gleich Rz. 53 ff.).[26] Andererseits ergibt sich für die KVG aber auch der Vorteil, dass sie ein nahezu vollständig geregeltes und überwachtes Produkt am Markt anbietet, dass gerade durch seine gesetzlich vorgegebenen Beschränkungen eine hohe Vertrauenswürdigkeit für die Anleger mit sich bringt.[27]

bb) InvAG

18 Allerdings spricht das KAGB nur im Zusammenhang mit **Publikumssondervermögen** von einem **„vertraglichen Rechtsverhältnis"** zwischen der KVG und den Anlegern (vgl. § 162 Abs. 1 Nr. 1 KAGB).[28] Im Falle einer **Publikums-InvAG** regeln die Anlagebedingungen nach dem Wortlaut des § 162 Abs. 1 Nr. 2 KAGB in Verbindung mit der Satzung lediglich **„das Rechtsverhältnis"** der InvAG zu den Anlegern. Während die Vorgängervorschrift des § 96 Abs. 1d InvG es der InvAG freistellte, Anlagebedingungen auszugeben, sind diese nun zwingend neben der Satzung zu erstellen.[29]

19 Welche **Rechtsnatur den Anlagebedingungen im Zusammenhang mit der Satzung** zukommt, lässt das Gesetz an dieser Stelle jedoch weiterhin offen. Aus § 111 KAGB geht lediglich hervor, dass die Anlagebedingungen wie bisher nicht Bestandteil der Satzung sind und daher auch keiner notariellen Beurkundung bedürfen. Folglich ist auch keine aktienrechtliche Satzungsänderung erforderlich, wenn die Anlagebedingungen geändert werden. Da die Anleger bereits unmittelbar durch die Satzung und die Ausgabe der Aktien an der InvAG beteiligt sind, ist davon auszugehen, dass den Anlagebedingungen insofern nur eine ergänzende Funktion zukommt. Allerdings sind die Anlagebedingungen auch für die Anleger einer InvAG von wesentlicher Bedeutung, da sie die für das Rechtsverhältnis der KVG zu den Anlegern entscheidenden Inhalte enthalten, während die Satzung lediglich die gesellschaftsrechtliche Beteiligung regelt. Aus diesem Grund sind die Anlagebedingungen im Zusammenhang mit einer InvAG anders als bei einem Sondervermögen zwar nicht als vertragliche Beteiligungsgrundlage einzuordnen. Sie stellen vielmehr zwingende Unterlagen dar, welche die gesellschaftsrechtlichen Dokumente ergänzen.[30]

---

20 *Polifke* in Weitnauer/Boxberger/Anders, § 162 KAGB Rz. 1; *Rozok* in Emde/Dornseifer/Dreibus/Hölscher, § 43 InvG Rz. 5; *Köndgen/Schmies* in Schimansky/Bunte/Lwowski, § 113 Rz. 114; *Patzner/Schneider-Deters* in Moritz/Klebeck/Jesch, § 162 KAGB Rz. 15.

21 Ausführlich zum Investmentdreieck s. *Zetzsche*, Prinzipien der kollektiven Vermögensanlage, S. 508 ff.; *Burgard/Heimann*, WM 2014, 821 (826 f.).

22 Vgl. §§ 72, 74 KAGB für OGAW-Verwahrstellen und § 81 KAGB für AIF-Verwahrstellen.

23 Vgl. § 75 KAGB für OGAW-Verwahrstellen und § 84 KAGB für AIF-Verwahrstellen.

24 Vgl. § 78 KAGB für OGAW-Verwahrstellen und § 89 KAGB für AIF-Verwahrstellen.

25 *Zetzsche*, Prinzipien der kollektiven Vermögensanlage, S. 509 f.

26 *Schmitz* in Berger/Steck/Lübbehüsen, § 43 InvG Rz. 6; *von Ammon/Izzo-Wagner* in Baur/Tappen, § 162 KAGB Rz. 14.

27 *Rozok* in Emde/Dornseifer/Dreibus/Hölscher, § 43 InvG Rz. 16.

28 *von Ammon/Izzo-Wagner* in Baur/Tappen, § 162 KAGB Rz. 13.

29 Vgl. § 111 Satz 1 KAGB; auch *Lorenz* in Weitnauer/Boxberger/Anders, § 111 KAGB Rz. 1; *Patzner/Schneider-Deters* in Moritz/Klebeck/Jesch, § 162 KAGB Rz. 40.

30 *Lorenz* in Weitnauer/Boxberger/Anders, § 111 KAGB Rz. 5; *Patzner/Schneider-Deters* in Moritz/Klebeck/Jesch, § 162 KAGB Rz. 41 ff.; *D. Voigt/Kneisel* in Beckmann/Scholtz/Vollmer, § 266 KAGB Rz. 8.

2. Der Investmentvertrag

a) Rechtsnatur des Investmentvertrages

Nach heute überwiegender Ansicht wird der Investmentvertrag **als Dienstvertrag mit Geschäftsbesorgungscharakter** eingestuft.[31] Das wesentliche Element der Geschäftsbesorgung gem. § 675 BGB wird erfüllt, indem die KVG selbständig und eigenverantwortlich die fremden Vermögensinteressen der Anleger im Kollektiv wahrnimmt.[32] Dies bedeutet nicht, dass die KVG völlig weisungsfrei ist. Vielmehr unterliegt sie grundsätzlich den Weisungen des jeweiligen Anlegers. Aufgrund ihrer besonderen Sachkunde im Vermögensanlagebereich verfügt sie aber über eine gewisse Handlungs- und Entscheidungsfreiheit.[33] 20

Allerdings wird in der Literatur auch vorgebracht, dass die Interessenlage bei einem Investmentvertrag eine andere sei, als bei einem typischen Auftragsverhältnis oder Geschäftsbesorgungsvertrag, so dass der Investmentvertrag eher als **Vertrag sui generis** einzuordnen sei.[34] Die KVG sei gerade nicht weisungsgebunden und biete dem Anleger keine an die individuellen Interessen angepasste Dienstleistung an.[35] Vielmehr entspreche das Produkt einer KVG einem von ihr vorgefertigten Standardprodukt, welches die KVG einer Vielzahl von Anlegern anbiete und welches der Anleger annehmen könne oder nicht.[36] Eine individuelle, auf die besonderen Interessen des einzelnen Anlegers angepasste Dienstleistung, wie für eine Geschäftsbesorgung üblich, erbringe die KVG aber gerade nicht.[37] 21

Allerdings kann den vorgenannten Bedenken damit begegnet werden, dass die Vorschriften über eine Geschäftsbesorgung und der Verweis auf die Auftragsvorschriften des BGB nur Anwendung finden, soweit keine **investmentrechtlichen Besonderheiten** eingreifen und die Interessen der Beteiligten im Einzelfall nicht beeinträchtigt sind.[38] Insbesondere ist dabei dem Umstand Rechnung zu tragen, dass die Anleger nicht einzeln, sondern kollektiv als Vertragspartner der KVG auftreten und die Anzahl sich laufend verändert.[39] Nicht alle auftragsrechtlichen Vorschriften sind daher uneingeschränkt anwendbar, sodass ein pauschaler Verweis auf das Auftragsrecht insofern tatsächlich nicht angebracht ist. Vielmehr muss im Einzelfall überprüft werden, ob eine entsprechende Anwendung des Auftragsrechts gerechtfertigt ist.[40] So findet beispielsweise die Auskunfts- und Rechenschaftspflicht des § 666 BGB über die vom KAGB vorgegebenen Informationspflichten hinaus keine Anwendung, da sich andernfalls unterschiedliche Informationsstände der Anleger und möglicherweise Vorteile einzelner Anleger ergeben können.[41] Dies wäre mit dem Gedanken einer kollektiven Kapitalanlage gerade nicht vereinbar.[42] Auch die Anzeigepflicht nach § 663 BGB kann nicht entsprechend auf den Investmentvertrag angewandt werden, da dies mit erheblichen Nachteilen für die verbleibenden Anleger verbunden sein kann.[43] Die KVG wäre ansonsten verpflichtet, einem Interessenten unverzüglich mitzuteilen, wenn sie keine Anteile an einem Sondervermögen mehr ausgibt. Dies kann aber wiederum zu einer umfassenden Rückgabewelle der bestehenden Anleger und damit zu erheblichen Nachteilen für diese 22

---

31 *Polifke* in Weitnauer/Boxberger/Anders, § 162 KAGB Rz. 2; *Beckmann* in Beckmann/Scholtz/Vollmer, § 43 InvG Rz. 4; *Schmitz* in Berger/Steck/Lübbehüsen, § 43 InvG Rz. 6; *Schödermeier/Bnaltzer* in Brinkhaus/Scherer, § 15 KAGG Rz. 8; *Canaris*, Bankvertragsrecht, Rz. 2352; im Ergebnis auch *von Ammon/Izzo-Wagner* in Baur/Tappen, § 162 KAGB Rz. 15 f.; *Patzner/Schneider-Deters* in Moritz/Klebeck/Jesch, § 162 KAGB Rz. 18.

32 Allgemein zum Begriff der Geschäftsbesorgung vgl. *Heermann* in MünchKomm. BGB, 6. Aufl. 2012, § 675 BGB Rz. 3, 9.

33 *Heermann* in MünchKomm. BGB, 6. Aufl. 2012, § 675 BGB Rz. 6.

34 *Köndgen/Schmies* in Schimansky/Bunte/Lwowski, § 113 Rz. 115; thematisierend auch *Rozok* in Emde/Dornseifer/Dreibus/Hölscher, § 43 InvG Rz. 15; *von Ammon/Izzo-Wagner* in Baur/Tappen, § 162 KAGB Rz. 15 f.

35 *Köndgen/Schmies* in Schimansky/Bunte/Lwowski, § 113 Rz. 115.

36 *Köndgen/Schmies* in Schimansky/Bunte/Lwowski, § 113 Rz. 115.

37 *Köndgen/Schmies* in Schimansky/Bunte/Lwowski, § 113 Rz. 115.

38 *Rozok* in Emde/Dornseifer/Dreibus/Hölscher, § 43 InvG Rz. 15 ff.; *von Ammon/Izzo-Wagner* in Baur/Tappen, § 162 KAGB Rz. 17; wohl auch *Polifke* in Weitnauer/Boxberger/Anders, § 162 KAGB Rz. 2; im Ergebnis auch *Köndgen/Schmies* in Schimansky/Bunte/Lwowski, § 113 Rz. 115; *Patzner/Schneider-Deters* in Moritz/Klebeck/Jesch, § 162 KAGB Rz. 19.

39 *Rozok* in Emde/Dornseifer/Dreibus/Hölscher, § 43 InvG Rz. 15; *von Ammon/Izzo-Wagner* in Baur/Tappen, § 162 KAGB Rz. 17.

40 *Rozok* in Emde/Dornseifer/Dreibus/Hölscher, 43 InvG Rz. 15 ff.; *von Ammon/Izzo-Wagner* in Baur/Tappen, § 162 KAGB Rz. 17; im Ergebnis auch *Köndgen/Schmies* in Schimansky/Bunte/Lwowski, § 113 Rz. 115.

41 *Rozok* in Emde/Dornseifer/Dreibus/Hölscher, § 43 InvG Rz. 11; *von Ammon/Izzo-Wagner* in Baur/Tappen, § 162 KAGB Rz. 19; a.A. *Köndgen/Schmies* in Schimansky/Bunte/Lwowski, § 113 Rz. 130; *Patzner/Schneider-Deters* in Moritz/Klebeck/Jesch, § 162 KAGB Rz. 19.

42 *Rozok* in Emde/Dornseifer/Dreibus/Hölscher, § 43 InvG Rz. 11; *von Ammon/Izzo-Wagner* in Baur/Tappen, § 162 KAGB Rz. 19.

43 A.A. *Schmitz* in Berger/Steck/Lübbehüsen, § 43 InvG Rz. 7.

führen, wenn im Zuge der Mitteilung der Verdacht aufkommt, dass das Sondervermögen möglicherweise geschlossen wird.[44]

b) Leistungspflichten der Vertragsparteien

aa) Hauptleistungspflichten

23 Die **Hauptleistungspflichten der Parteien** ergeben sich zum einen aus dem Investmentvertrag inkl. Anlagebedingungen und zum anderen aus dem KAGB und den unmittelbar anwendbaren Durchführungsverordnungen zur AIFM-RL. Mit Abschluss des Investmentvertrages verpflichtet sich der Anleger den Ausgabepreis für den Anteil am Investmentvermögen bzw. die Aktien an die KVG **zu bezahlen**, während sich die KVG dazu verpflichtet, dem Anleger **den Anteilsschein** oder die **Aktien auszugeben** und ihn **an dem Investmentvermögen bzw. der InvAG als Gesellschafter zu beteiligen.**[45] Dies erfolgt bei der Beteiligung an einem Sondervermögen nach § 92 Abs. 1 KAGB entweder dadurch, dass der Anleger tatsächlich Miteigentum an dem Sondervermögen im Sinne einer Bruchteilsgemeinschaft nach §§ 741, 1008 BGB erhält (sog. Miteigentumslösung) oder einen schuldrechtlichen Anspruch gegenüber der KVG erlangt, während das Eigentum an dem Sondervermögen bei der KVG verbleibt (sog. Treuhandlösung).[46]

bb) Verwaltung des Investmentvermögens

24 Darüber hinaus ist die KVG verpflichtet, das investierte **Vermögen der einzelnen Anleger zu verwalten.**[47] Diese Pflicht ergibt sich aus § 26 Abs. 2 Nr. 2 KAGB, wonach die KVG die Verwaltung „im bestem Interesse des von ihr verwalteten Investmentvermögens oder der Anleger dieser Investmentvermögen und der Integrität des Marktes“ erbringen muss und die gebotene Sachkenntnis, Sorgfalt und Gewissenhaftigkeit anzuwenden hat. Insofern wird auf die Kommentierung zu § 26 KAGB verwiesen.[48] Für diese Verwaltungsleistung erhält die KVG wiederum eine Vergütung von den Anlegern bzw. dem Investmentvermögen.

25 Da es sich bei einem Investmentvermögen um eine Kollektivanlage handelt, stellt sich die Frage, ob ein **Verwaltungsanspruch** nur den **Anlegern im Kollektiv** zustehen kann[49] oder ob es sich um einen jeweils individuellen Anspruch jedes einzelnen Anlegers handelt.[50] Erstere Ansicht wird damit begründet, dass die Anlegergemeinschaft nur im Kollektiv besteht und Ansprüche des Kollektivs grundsätzlich nicht teilbar sind.[51] Allerdings berücksichtigt diese Ansicht nicht, dass das Kollektiv für sich betrachtet nicht rechtsfähig und folglich nicht dazu in der Lage ist, Ansprüche gegen die KVG geltend zu machen und durchzusetzen. Dem Kollektiv fehlt insoweit eine eigene Rechtspersönlichkeit.[52] Darüber hinaus können Ansprüche des Kollektivs durchaus geteilt und dem jeweiligen Anteil des einzelnen Anlegers zugeordnet werden, sodass im Ergebnis auch von einem individuellen Anspruch jedes einzelnen Anlegers auszugehen ist (s. dazu auch Rz. 46 ff.).[53]

cc) Verwahrung der Vermögensgegenstände

26 Die **Verwahrung der erworbenen Vermögensgegenstände** übernimmt dagegen nicht die KVG selbst. Im Investmentdreieck ist dafür die Verwahrstelle zuständig, um dem **Grundsatz der Vermögenstrennung** gerecht zu werden. Danach ist das Vermögen der Anleger rechtlich und physisch strikt von dem Vermögen der KVG zu trennen, um den Anleger vor Missbrauch durch die KVG zu schützen und das Vermögen der

---

44 *Rozok* in Emde/Dornseifer/Dreibus/Hölscher, § 43 InvG Rz. 17; *von Ammon/Izzo-Wagner* in Baur/Tappen, § 162 KAGB Rz. 18.

45 *Köndgen/Schmies* in Schimansky/Bunte/Lwowski, § 113 Rz. 119 f.; *von Ammon/Izzo-Wagner* in Baur/Tappen, § 162 KAGB Rz. 24.

46 *Schmitz* in Berger/Steck/Lübbehüsen, § 30 InvG Rz. 9; *Beckmann* in Beckmann/Scholtz/Vollmer, § 30 InvG Rz. 18 f.; *Köndgen/Schmies* in Schimansky/Bunte/Lwowski, § 113 Rz. 119; dazu auch *Möllers*, BKR 2011, 353 (355 f.).

47 *Köndgen/Schmies* in Schimansky/Bunte/Lwowski, § 113 Rz. 120. Zu den Hauptpflichten der KVG s. *Zetzsche*, Prinzipien der kollektiven Vermögensanlage, S. 649 ff.

48 § 26 KAGB entspricht weitestgehend der bisherigen Regelung des § 9 InvG. S. dazu ausführlich auch *Swoboda* in Weitnauer/Boxberger/Anders, § 26 KAGB Rz. 4 ff.; *Steffen* in Baur/Tappen, § 26 KAGB Rz. 27 ff.

49 *Beckmann* in Beckmann/Scholtz/Vollmer, § 43 InvG Rz. 9.

50 *Schmitz* in Berger/Steck/Lübbehüsen, § 43 InvG Rz. 18.

51 *Beckmann* in Beckmann/Scholtz/Vollmer, § 43 InvG Rz. 9.

52 *Schmitz* in Berger/Steck/Lübbehüsen, § 43 InvG Rz. 18; *Patzner/Schneider-Deters* in Moritz/Klebeck/Jesch, § 162 KAGB Rz. 15.

53 *Schmitz* in Berger/Steck/Lübbehüsen, § 43 InvG Rz. 18; *von Ammon/Izzo-Wagner* in Baur/Tappen, § 162 KAGB Rz. 25.

Anleger abzusichern.[54] Die Anleger stehen dabei in keinem direkten Vertragsverhältnis mit der Verwahrstelle. Vielmehr besteht eine vertragliche Beziehung nur zwischen Verwahrstelle und KVG. Ihre Aufwendungen kann die Verwahrstelle gegenüber dem Investmentvermögen geltend machen.[55]

c) Zustandekommen des Investmentvertrages

aa) Zustandekommen nach allgemeinen zivilrechtlichen Regeln

Der Investmentvertrag kommt mangels anderweitiger spezieller Vorschriften durch **Angebot und Annahme nach §§ 145 ff. BGB** zustande. Händigt die KVG ein Verkaufsprospekt an die Anleger aus oder veröffentlicht sie ein solches oder führt sie lediglich Werbemaßnahmen für das Investmentvermögen durch, liegt darin noch kein Angebot der KVG, sondern lediglich eine *invitatio ad offerendum*.[56] Entscheidend ist dabei, welches Ergebnis die Auslegung nach dem objektiven Empfängerhorizont ergibt.[57] Erst mit der Zeichnung der Anteile am Investmentvermögen oder der Aktien durch den Anleger liegt ein Angebot zum Abschluss eines Investmentvertrages gem. § 145 BGB vor.[58] Dieses nimmt die KVG in der Regel an, indem sie entweder die Kaufabrechnung versendet und/oder den Kaufpreis der Anteile einzieht.[59] 27

Das Gleiche gilt, wenn ein **Dritter als Anlageberater oder Anlagevermittler** an dem Zustandekommen des Investmentvertrages beteiligt ist.[60] Auch hier erfolgt der Vertragsschluss durch Angebot und Annahme, wobei dem Dritten meist nur eine Botenstellung zukommt. Ist er Stellvertreter eines Beteiligten i.S.d. § 164 Abs. 1 BGB, so kann der Dritte die jeweilige Willenserklärung im Namen und mit Wirkung für den Beteiligten abgeben. Der Dritte muss allerdings beachten, dass er möglicherweise selbst einer Erlaubnispflicht nach KWG unterfallen kann, soweit er nicht unter eine Bereichsausnahme fällt.[61] 28

bb) Zweiterwerb

Werden bereits ausgegebene Fondsanteile oder Aktien beim sog. Zweiterwerb über die Börse oder im freien Handel veräußert, kommt kein neuer Investmentvertrag zustande. Vielmehr tritt der Käufer der Anteile oder Aktien im Rahmen eines **Rechtskaufs nach § 453 BGB** in den bestehenden Vertrag des ursprünglichen Anlegers mit der KVG ein.[62] Folglich gehen sämtliche Rechte und Pflichten des Veräußerers aus dem ursprünglich geschlossenen Investmentvertrag auf den neuen Erwerber über.[63] Das gleiche gilt, wenn die Anteile oder Aktien aus dem Eigenbestand der KVG oder über eine Vertriebsbank veräußert werden.[64] Auch dann tritt der Erwerber in den ursprünglichen Investmentvertrag ein, der mit der KVG für eigene Rechnung oder der Vertriebsbank zustande kam.[65] 29

---

54 *Köndgen/Schmies* in Schimansky/Bunte/Lwowski, § 113 Rz. 61; *Möllers*, BKR 2010, 353 (355); *Schmitz* in Berger/Steck/Lübbehüsen, vor §§ 30-45 InvG Rz. 18.

55 Vgl. *von Ammon/Izzo-Wagner* in Baur/Tappen, § 162 KAGB Rz. 78; *Schmitz* in Berger/Steck/Lübbehüsen, § 41 InvG Rz. 7; *Rozok* in Emde/Dornseifer/Dreibus/Hölscher, § 41 InvG Rz. 9.

56 *von Ammon/Izzo-Wagner* in Baur/Tappen, § 162 KAGB Rz. 21; *Polifke* in Weitnauer/Boxberger/Anders, § 162 KAGB Rz. 6; *Rozok* in Emde/Dornseifer/Dreibus/Hölscher, § 43 InvG Rz. 21; *Patzner/Schneider-Deters* in Moritz/Klebeck/Jesch, § 162 KAGB Rz. 23.

57 *Patzner/Schneider-Deters* in Moritz/Klebeck/Jesch, § 162 KAGB Rz. 23.

58 Vgl. insoweit auch den Wortlaut des § 297 Abs. 9 KAGB; *von Ammon/Izzo-Wagner* in Baur/Tappen, § 162 KAGB Rz. 22.

59 *Rozok* in Emde/Dornseifer/Dreibus/Hölscher, § 43 InvG Rz. 22; *von Ammon/Izzo-Wagner* in Baur/Tappen, § 162 KAGB Rz. 22.

60 *Ronzok* in Emde/Dornseifer/Dreibus/Hölscher, § 43 InvG Rz. 23; *von Ammon/Izzo-Wagner* in Baur/Tappen, § 162 KAGB Rz. 23.

61 Beispielsweise die Ausnahme für den Vertrieb von nach KAGB zugelassenen Fondsanteilen nach § 2 Abs. 6 Nr. 8 KWG; vgl. auch *von Ammon/Izzo-Wagner* in Baur/Tappen, § 162 KAGB Rz. 23.

62 *Rozok* in Emde/Dornseifer/Dreibus/Hölscher, § 43 InvG Rz. 24; *Beckmann* in Beckmann/Scholtz/Vollmer, § 43 InvG Rz. 12; *von Ammon/Izzo-Wagner* in Baur/Tappen, § 162 KAGB Rz. 26; *Polifke* in Weitnauer/Boxberger/Anders, § 162 KAGB Rz. 7. *Patzner/Schneider-Deters* in Moritz/Klebeck/Jesch, § 162 KAGB Rz. 28 f. gehen davon aus, dass die Vergütungsverpflichtung kraft eines gesetzlichen Schuldübergangs auf den Erwerber übergeht.

63 *Rozok* in Emde/Dornseifer/Dreibus/Hölscher, § 43 InvG Rz. 24.

64 *Rozok* in Emde/Dornseifer/Dreibus/Hölscher, § 43 InvG Rz. 24; *Beckmann* in Beckmann/Scholtz/Vollmer, § 43 InvG Rz. 12.

65 *Rozok* in Emde/Dornseifer/Dreibus/Hölscher, § 43 InvG Rz. 24; *Beckmann* in Beckmann/Scholtz/Vollmer, § 43 InvG Rz. 12.

d) Beendigung des Investmentvertrages

aa) Beendigung eines Publikumssondervermögens

30 Der Anleger eines Publikumssondervermögens kann den Investmentvertrag **mindestens zweimal im Monat** gegenüber der KVG **beenden**, indem er die Auszahlung des Anteils am Sondervermögen gegen dessen Rückgabe verlangt.[66] Dabei handelt es sich nicht um ein Kündigungsrecht im klassischen Sinne, sondern um ein Vertragslösungsrecht eigener Art, welches als Anspruch des Anlegers auf Auszahlung seines Anteils ausgestaltet ist.[67] Das Rückgaberecht der Anleger kann nur durch die sog. **Katastrophenklausel** in § 98 Abs. 2 KAGB oder eine **Anordnung der BaFin** nach § 98 Abs. 3 KAGB eingeschränkt werden. Danach können die Anlagebedingungen vorsehen, dass eine Rücknahme der Anteile ausgesetzt werden darf, wenn außergewöhnliche Umstände vorliegen, die es im Interesse der Anleger rechtfertigen, die Rücknahme ausnahmsweise auszusetzen (s. dazu § 98 Rz. 18 ff.).

31 Ein echtes Kündigungsrecht besteht dagegen für sämtliche Anleger eines Sondervermögens im Kollektiv, wenn die KVG **nicht mehr länger über eine KVG-Erlaubnis verfügt** oder ein **allgemeines Verfügungsverbot** gegen sie erlassen wurde.[68] Dieses kollektive Recht der Anleger wird nach § 99 Abs. 4 KAGB durch die Verwahrstelle für Rechnung der Anleger ausgeübt.

32 Die **KVG** kann den Investmentvertrag nur **beenden bzw. kündigen**, wenn besondere Voraussetzungen erfüllt sind. Nach § 99 Abs. 1 Satz 1 KAGB ist eine Kündigung des Investmentvertrages seitens der KVG daher nur möglich, wenn die KVG die Kündigung mindestens sechs Monate vorher im Bundesanzeiger und zusätzlich im Jahresbericht oder Halbjahresbericht bekanntmacht. In den Anlagebedingungen kann nach § 99 Abs. 1 Satz 2 KAGB eine längere Kündigungsfrist vorgesehen werden. Außerdem sind die Anleger unverzüglich über die Kündigung mittels eines dauerhaften Datenträgers zu unterrichten, vgl. § 99 Abs. 1 Satz 3 KAGB. Etwas anderes gilt nur für sog. Laufzeitfonds, für die von Anfang an eine bestimmte Laufzeit vorgesehen ist und die mit deren Ablauf automatisch enden.

33 Eine weitere Beendigung des Investmentvertrages erfolgt im Falle einer **Insolvenz der KVG**.[69] Das Sondervermögen wird in diesem Fall nicht automatisch aufgelöst, sondern geht nach § 100 Abs. 1 KAGB sowohl nach der Treuhandlösung als auch nach der Miteigentumslösung auf die Verwahrstelle über. Diese hat das Sondervermögen nach § 100 Abs. 2 KAGB abzuwickeln und an die Anleger zu verteilen. Schließlich kann ein Sondervermögen unter den Voraussetzungen der §§ 181 ff. KAGB auf ein anderes Sondervermögen **verschmolzen** werden.[70]

bb) Beendigung einer Publikums-InvAG

34 Die entsprechende Regelung für die Rückgabe von Aktien einer Publikums-InvAG enthält § 116 KAGB. Die Vorschrift unterscheidet zwischen der Rückgabe von Anlegeraktien und Unternehmeraktien. Während Anlegeraktien grundsätzlich zurückgegeben werden können, ist eine Rückgabe von Unternehmeraktien an besondere Voraussetzungen geknüpft.

35 Nach § 116 Abs. 2 Satz 1 KAGB muss die KVG den Aktionären einer Publikums-InvAG ebenfalls **mindestens zweimal im Monat** das Recht einräumen, ihre Aktien zurückzugeben. Das **Rückgaberecht** ist nach § 110 Abs. 2 Satz 2 KAGB zwingend in der Satzung vorzusehen. Wie bei Publikumssondervermögen enthält auch § 116 Abs. 2 Satz 6 KAGB eine Regelung, nach der die Satzung in bestimmten Fällen vorsehen kann, dass das Rückgaberecht eingeschränkt wird. So enthält § 116 Abs. 2 Satz 6 KAGB u.a. einen Verweis auf die Katastrophenklausel in § 98 Abs. 2 KAGB sowie auf das Anordnungsrecht der BaFin nach § 98 Abs. 3 KAGB. Daneben bestehen Sonderregelungen für sonstige Investmentvermögen (s. § 227 Rz. 4) und Dach-Hedgefonds (s. § 227 Rz. 5, § 283 Rz. 26).

36 Im Falle einer Rückgabe korrespondiert das Rückgaberecht der Anleger nach § 166 Abs. 1 Satz 1 KAGB mit einer entsprechenden **Rücknahmepflicht der KVG**.[71] Eine Rücknahme von Aktien ist der KVG daher untersagt, wenn durch die Rücknahme der Aktien die Grenze, bestehend aus Anfangskapital und den zusätz-

66 *Köndgen/Schmies* in Schimansky/Bunte/Lwowski, § 113 Rz. 140; *Patzner/Schneider-Deters* in Moritz/Klebeck/Jesch, § 162 KAGB Rz. 30.
67 *Köndgen/Schmies* in Schimansky/Bunte/Lwowski, § 113 Rz. 140; wohl auch *Polifke* in Weitnauer/Boxberger/Anders, § 162 KAGB Rz. 4 und 17.
68 *Köndgen/Schmies* in Schimansky/Bunte/Lwowski, § 113 Rz. 142.
69 S. dazu auch *Köndgen/Schmies* in Schimansky/Bunte/Lwowski, § 113 Rz. 144.
70 S. dazu auch *Köndgen/Schmies* in Schimansky/Bunte/Lwowski, § 113 Rz. 144a.
71 *Fischer/Steck* in Berger/Steck/Lübbehüsen, § 105 InvG Rz. 4.

lich nach § 25 KAGB erforderlichen Eigenmitteln, unterschritten wird (s. § 116 Rz. 12 ff.). Bei einer extern verwalteten InvAG ergibt sich die Untergrenze dagegen alleine aus dem Aktienrecht.[72]

Etwas anderes gilt für die **Rückgabe von Unternehmensaktien**, die in der Regel aber nicht von Anlegern sondern von den Initiatoren der Publikums-InvAG gehalten werden. Diese dürfen nach § 116 Abs. 2 Satz 3 KAGB nur zurückgegeben werden, wenn alle Unternehmensaktionäre zustimmen und der Betrag des Anfangskapitals und der zusätzlich erforderlichen Eigenmittel nicht unterschritten wird (s. § 116 Rz. 20 ff.). Damit wird sichergestellt, dass nicht alle Unternehmensaktionäre ihre Aktien beliebig zurückgeben können und letztlich nur noch einzelne Anlageaktionäre in der InvAG verbleiben, die dann das alleinige Risiko einer Abwicklung zu tragen haben.[73] 37

e) Anlagebedingungen als Allgemeine Geschäftsbedingungen

Bei den Anlagebedingungen als Hauptbestandteil des Investmentvertrages handelt es sich um **Allgemeine Geschäftsbedingungen** nach § 305 Abs. 1 BGB, da sie für sämtliche Anleger vorformuliert und einseitig von der KVG ohne Verhandlungsspielraum gestellt werden.[74] Die Anlagebedingungen müssen gem. § 305 Abs. 2 BGB in den Investmentvertrag einbezogen werden und unterliegen, wie alle Allgemeinen Geschäftsbedingungen, grundsätzlich der Inhaltskontrolle nach §§ 307 bis 309 BGB. Eine solche Inhaltskontrolle ist auch nicht deshalb ausgeschlossen, weil die Anlagebedingungen gem. § 163 KAGB von der BaFin genehmigt werden müssen.[75] Allerdings ist davon auszugehen, dass eine Inhaltskontrolle bei von der BaFin genehmigten Anlagebedingungen nur dann zur Unwirksamkeit der jeweiligen Regelung führen kann, wenn gewichtige Gründe dafür vorliegen.[76] 38

Eine Besonderheit ergibt sich bei den Anlagebedingungen im Hinblick auf die Inhaltskontrolle allerdings daraus, dass ihr **Inhalt größtenteils standardisiert** und von § 162 Abs. 2 KAGB vorgegeben ist. Überschreitet die KVG ihre gesetzlich erlaubten rechtsgeschäftlichen Gestaltungsmöglichkeiten, ist die jeweilige Anlagebedingung bereits von vornherein unwirksam. Eine Inhaltskontrolle scheidet nach § 307 Abs. 3 BGB folglich dann aus, wenn die Anlagebedingungen gegen die Vorgaben in § 162 Abs. 2 KAGB oder sonstige zwingende gesetzliche Vorschriften verstoßen.[77] Eine **gesetzesergänzende Regelung** liegt bei einem solchen Verstoß nicht mehr vor. 39

Daneben sind **Preisabsprachen** der Parteien ebenfalls nicht von der Inhaltskontrolle erfasst, da diese überwiegend an Angebot und Nachfrage zu messen sind, was eine Überprüfung durch den Rechtsanwender nicht geboten und angemessen erscheinen lässt.[78] Allerdings ist bei diesen Klauseln trotzdem das **Transparenzgebot** nach § 307 Abs. 3 Satz 2 BGB sowie das **Verbot überraschender Klauseln** nach § 305c Abs. 1 BGB zu beachten.[79] Bedeutung erlangt das Transparenzgebot vor allem bei sog. „bis zu" Klauseln, bei denen anstelle der konkret anfallenden Kosten lediglich eine Höchstgrenze angegeben wird. Ob solche Klauseln dem Transparenzgebot entsprechen ist umstritten.[80] Da der Anleger bei einer „bis zu" Klausel zumindest weiß, mit welchen Kosten er maximal rechnen muss und folglich die Maximalbelastung kennt, ist von einer Zulässigkeit einer solchen „bis zu" Klausel auszugehen.[81] 40

---

72 *Lorenz* in Weitnauer/Boxberger/Anders, § 116 KAGB Rz. 3.

73 *Rozok* in Emde/Dornseifer/Dreibus/Hölscher, § 105 InvG Rz. 8; *Boxberger* in Moritz/Klebeck/Jesch, § 116 KAGB Rz. 14.

74 *Rozok* in Emde/Dornseifer/Dreibus/Hölscher, § 105 InvG Rz. 18; *Patzner/Schneider-Deters* in Moritz/Klebeck/Jesch, § 162 KAGB Rz. 20; *D. Voigt/Kneisel* in Beckmann/Scholtz/Vollmer, § 266 KAGB Rz. 10.

75 BGH v. 7.12.2010 – XI ZR 3/10, WM 2011, 263 (264); *Schmidt* in Beck'scher Online-Kommentar BGB, 37. Edition 2015, § 307 BGB Rz. 7; *Stoffels*, BKR 2010, 359 (363); *Köndgen/Schmies* in Schimansky/Bunte/Lwowski, § 113 Rz. 118.

76 *Rozok* in Emde/Dornseifer/Dreibus/Hölscher, § 43 InvG Rz. 18; auch *Busse* in Moritz/Klebeck/Jesch, § 266 KAGB Rz. 28.

77 *Köndgen/Schmies* in Schimansky/Bunte/Lwowski, § 113 Rz. 118; *Schmitz* in Berger/Steck/Lübbehüsen, § 43 InvG Rz. 12; *Rozok* in Emde/Dornseifer/Dreibus/Hölscher, § 43 InvG Rz. 18; *Coester* in Staudinger, 2013, § 307 BGB Rz. 19 m.w.N.; *von Ammon/Izzo-Wagner* in Baur/Tappen, § 162 KAGB Rz. 30; *Polifke* in Weitnauer/Boxberger/Anders, § 162 KAGB Rz. 5; *Patzner/Schneider-Deters* in Moritz/Klebeck/Jesch, § 162 KAGB Rz. 21.

78 *Wurmnest* in MünchKomm. BGB, 7. Aufl. 2016, § 307 BGB Rz. 1; *von Ammon/Izzo-Wagner* in Baur/Tappen, § 162 KAGB Rz. 30; auch gegenüber einer Exzesskontrolle kritisch und im Ergebnis ablehnend *Zetzsche*, Prinzipien der kollektiven Vermögensanlage, S. 725 f.; *Patzner/Schneider-Deters* in Moritz/Klebeck/Jesch, § 162 KAGB Rz. 21.

79 *von Ammon/Izzo-Wagner* in Baur/Tappen, § 162 KAGB Rz. 79; *Polifke* in Weitnauer/Boxberger/Anders, § 162 KAGB Rz. 31.

80 S. *Polifke* in Weitnauer/Boxberger/Anders, § 162 KAGB Rz. 31 m.w.N.

81 *von Ammon/Izzo-Wagner* in Baur/Tappen, § 162 KAGB Rz. 80; *Rozok* in Emde/Dornseifer/Dreibus/Hölscher, § 41 InvG Rz. 16.

41 Bloße **Zahlungsmodalitäten** können dagegen vollständig als AGBs überprüft werden.[82] Schließlich müssen sich auch Preisabreden an den allgemeinen zivilrechtlichen Wirksamkeitsgrenzen, wie Sittenwidrigkeit und Wucher, sowie dem Grundsatz von Treu und Glauben messen lassen.[83]

f) Formvorschriften und Nebenabreden

aa) Formvorschriften

42 Nach § 162 Abs. 1 KAGB sind die Anlagebedingungen **vor Ausgabe der Anteile oder Aktien schriftlich** festzulegen. Dabei handelt es sich nicht um das Schriftformerfordernis nach § 126 BGB, bei dem beide Parteien auf derselben Urkunde unterzeichnen müssen.[84] Es reicht aus, wenn beide Parteien auf zwei verschiedenen inhaltsgleichen Urkunden unterzeichnen.

43 Auch dürfen die Anlagebedingungen im Laufe des Genehmigungsverfahrens bei der BaFin noch geändert werden. Hintergrund dafür ist, dass die in § 162 Abs. 1 KAGB niedergelegte Schriftform dem Zweck dient, der BaFin eine Überprüfung der Anlagebedingung zu ermöglichen.[85] Es reicht daher nach dem Wortlaut des § 162 Abs. 1 KAGB aus, wenn die Anlagebedingungen **bei der endgültigen Ausgabe der Anteile oder Aktien** an die Anleger schriftlich niedergelegt werden.

44 Um dem Sinn und Zweck des Anlegerschutzes gerecht zu werden, müssen **mündliche Nebenabreden** sowie sonstige Vereinbarungen außerhalb des eigentlichen Investmentvertrages für die kollektive Anlage unberücksichtigt bleiben.[86] Gerade im Hinblick darauf, dass sich die Vorschrift an Privatanleger richtet, ist ein hohes Anlegerschutzniveau anzusetzen.[87] Daneben ergibt sich durch die schriftliche Fixierung der Anlagebedingungen auch ein gewisses Maß an Rechtssicherheit, welches durch mündliche Nebenabreden wiederum ausgehebelt werden könnte.

bb) Nebenabreden

45 Individuelle mündliche Nebenabreden zwischen dem Anleger und der KVG sind allerdings dann möglich, wenn sie **ausschließlich zwischen dem einzelnen Anleger und der KVG** gelten und nicht für und gegen das kollektive Sondervermögen und die anderen Anleger wirken.[88] Beispielsweise im Zusammenhang mit einer Anlageberatung oder einem Fondssparplan können sich so individuelle Abreden zwischen dem Anleger und der KVG ergeben.[89]

g) Zivilrechtliche Folgen einer Verletzung des Investmentvertrages

aa) Zivilrechtliche Schadensersatzansprüche

46 Verletzt eine Partei ihre Pflichten aus dem Investmentvertrag, kommen die **allgemeinen zivilrechtlichen Schadensersatzansprüche** zur Anwendung.[90] Eine Vertragsverletzung durch den Anleger ist dabei so gut wie ausgeschlossen, da sich seine vertraglichen Pflichten auf die Zahlung des Kaufpreises beschränken. Die KVG kann ihrerseits den Investmentvertrag verletzen, indem sie beispielsweise das kollektive Vermögen nicht entsprechend den Vorgaben des KAGB diversifiziert oder gegen die vorgegebenen Anlagegrenzen verstößt.[91] Da die §§ 823 ff. BGB, mit Ausnahme von § 823 Abs. 2 BGB i.V.m. der Verletzung eines Schutzgesetzes oder der vorsätzlichen sittenwidrigen Schädigung nach § 826 BGB, nicht auf den Ersatz von Vermögensschäden gerichtet sind, kommt als weitere Anspruchsgrundlage lediglich die positive Forderungsverletzung

---

82 *Zetzsche*, Prinzipien der kollektiven Vermögensanlage, S. 727.

83 *Zetzsche*, Prinzipien der kollektiven Vermögensanlage, S. 727.

84 Vgl. § 126 Abs. 2 BGB; dazu *Rozok* in Emde/Dornseifer/Dreibus/Hölscher, § 43 InvG Rz. 19.

85 *Beckmann* in Beckmann/Scholtz/Vollmer, § 43 InvG Rz. 21; *D. Voigt/Kneisel* in Beckmann/Scholtz/Vollmer, § 266 KAGB Rz. 13; *von Ammon/Izzo-Wagner* in Baur/Tappen, § 162 KAGB Rz. 32.

86 *Rozok* in Emde/Dornseifer/Dreibus/Hölscher, § 43 InvG Rz. 19.

87 S. zur Anlegerkategorisierung und dem daraus folgenden Schutzniveau auch *Möllers* in KölnKomm. WpHG, § 31a WpHG.

88 *Polifke* in Weitnauer/Boxberger/Anders, § 162 KAGB Rz. 8; *Rozok* in Emde/Dornseifer/Dreibus/Hölscher, § 43 InvG Rz. 27.

89 *Rozok* in Emde/Dornseifer/Dreibus/Hölscher, § 43 InvG Rz. 27 f.; *Patzner/Schneider-Deters* in Moritz/Klebeck/Jesch, § 162 KAGB Rz. 17.

90 *Polifke* in Weitnauer/Boxberger/Anders, § 162 KAGB Rz. 9; *Rozok* in Emde/Dornseifer/Dreibus/Hölscher, § 43 InvG Rz. 30; *Patzner/Schneider-Deters* in Moritz/Klebeck/Jesch, § 162 KAGB Rz. 31.

91 *Köndgen/Schmies* in Schimansky/Bunte/Lwowski, § 113 Rz. 137; *Rozok* in Emde/Dornseifer/Dreibus/Hölscher, § 43 InvG Rz. 31.

nach § 280 Abs. 1 BGB in Verbindung mit der Geschäftsbesorgung in Betracht.[92] Dabei ist allerdings zu berücksichtigen, dass der KVG ein Anlage- und Verwaltungsermessen im Rahmen der gesetzlichen Vorgaben zukommt, welches sie im Rahmen der gesetzlichen Bestimmungen grundsätzlich frei ausüben kann.[93]

bb) Gesetzliche Prozessstandschaft der Verwahrstelle

Verletzt die KVG ihre Verwaltungspflichten aus dem Investmentvertrag, ist die **Verwahrstelle** nach § 78 Abs. 1 KAGB befugt, die Ansprüche im Rahmen einer **gesetzlichen Prozessstandschaft** geltend zu machen.[94] 47

Daneben bleibt ein **individueller Anspruch des einzelnen Anlegers** gegen die KVG ebenfalls bestehen.[95] 48 Dies ergibt sich aus einem Vergleich möglicher Ansprüche des Anlegers gegen die KVG und gegen die Verwahrstelle. Während nach dem Wortlaut des § 78 Abs. 1 Satz 2 KAGB Ansprüche gegen die KVG durch „die Anleger" im Kollektiv geltend zu machen sind, sollen Ansprüche der Anleger gegen die Verwahrstelle nach § 78 Abs. 2 Satz 2 KAGB dagegen von dem einzelnen Anleger selbst geltend gemacht werden können. Eine solche Ungleichbehandlung der Anlegeransprüche erscheint wenig sinnvoll und kann vom Gesetzgeber nicht gewollt sein. Vielmehr ist davon auszugehen, dass jedem Anleger auch gegen die KVG ein Individualanspruch zusteht, um einen Gleichlauf der Ansprüche im Investmentdreieck sicherzustellen.[96] Daneben ist an dieser Stelle auch nicht ersichtlich, wie ein Sondervermögen als nicht rechtsfähige Anlegergemeinschaft einen Schadensersatzanspruch geltend machen soll, während der einzelne Anleger von der Durchsetzung seiner Rechte ausgeschlossen wird (s. dazu Rz. 23 ff.). Es ist daher davon auszugehen, dass jedem Anleger sowohl gegen die KVG als auch gegen die Verwahrstelle neben dem Kollektivanspruch auch ein **individueller Anspruch** zusteht.

V. Musteranlagebedingungen des BVI

Das KAGB enthält in § 162 Abs. 2 einen umfassenden Katalog mit Mindestangaben, die sich in jedem In- 49 vestmentvertrag finden müssen. Als Orientierungshilfe werden dabei in der Praxis meist die Musteranlagebedingungen des BVI[97] herangezogen, die bereits mit der BaFin vorabgestimmt sind. Um den Genehmigungsprozess durch die BaFin zu vereinfachen und zu beschleunigen, empfiehlt es sich daher, die Musteranlagebedingungen zu verwenden. Daneben kann durch eine einheitliche Gestaltung aller Anlagebedingungen auch die Transparenz für die Anleger erhöht werden.[98]

Der BVI hat dabei Muster für die verschiedenen Arten von Sondervermögen herausgegeben. So gibt es Mus- 50 teranlagebedingungen für OGAW-Sondervermögen, für gemischte Sondervermögen, für sonstige Sondervermögen, für die geschlossene Kommanditgesellschaft und für Immobilien-Sondervermögen. Die Muster sind grundsätzlich sehr weit gefasst, um möglichst alle potentiellen Sachverhalte miteinzubeziehen und nachträgliche Änderungen im Hinblick auf den damit verbundenen Aufwand so weit wie möglich zu vermeiden.[99] Sie gliedern sich in einen Allgemeinen (**Allgemeine Vertragsbedingungen – AVB**) und einen Besonderen Teil (**Besondere Vertragsbedingungen – BVB**). Im Allgemeinen Teil finden sich die allgemeinen Vorschriften, die für alle Publikumsinvestmentvermögen verwendet werden können. Erst im Besonderen Teil sind die Regelungen enthalten, die das KAGB für den jeweiligen speziellen Fondstyp vorsieht.

---

92 *Köndgen/Schmies* in Schimansky/Bunte/Lwowski, § 113 Rz. 138; *Klusak* in Weitnauer/Boxberger/Anders, § 78 KAGB Rz. 8.

93 *Rozok* in Emde/Dornseifer/Dreibus/Hölscher, § 43 InvG Rz. 31.

94 *Klusak* in Weitnauer/Boxberger/Anders, § 78 KAGB Rz. 9; *Köndgen/Schmies* in Schimansky/Bunte/Lwowski, § 113 Rz. 139; *Patzner/Schneider-Deters* in Moritz/Klebeck/Jesch, § 162 KAGB Rz. 31.

95 *Klusak* in Weitnauer/Boxberger/Anders, § 78 KAGB Rz. 11; *Köndgen/Schmies* in Schimansky/Bunte/Lwowski, § 113 Rz. 139; *Patzner/Schneider-Deters* in Moritz/Klebeck/Jesch, § 162 KAGB Rz. 31.

96 *Klusak* in Weitnauer/Boxberger/Anders, § 78 KAGB Rz. 11 f.; *Köndgen/Schmies* in Schimansky/Bunte/Lwowski, § 113 Rz. 139.

97 Abrufbar unter http://www.bvi.de/regulierung/kapitalanlagegesetzbuch/muster/ (Abruf v. 17.7.2017). Zu den entsprechenden Musteranlagebedingungen für geschlossene Publikumsinvestmentvermögen s. § 266 Rz. 12 f.

98 *Beckmann* in Beckmann/Scholtz/Vollmer, § 43 InvG Rz. 26.

99 *Rozok* in Emde/Dornseifer/Dreibus/Hölscher, § 43 InvG Rz. 75.

VI. Übermittlung der Anlagebedingungen

51 Die KVG muss die Anlagebedingungen nach § 297 Abs. 3 KAGB zusammen mit dem Verkaufsprospekt des Investmentvermögens an die Anleger übermitteln. Im Falle einer InvAG sind zusätzlich die Satzung bzw. der Gesellschaftsvertrag der AG beizufügen.

VII. Die einzelnen Mindestanlagebedingungen (§ 162 Abs. 2 KAGB)

52 Neben der **Bezeichnung des Investmentvermögens** und dem **Namen und Sitz der KVG** gibt das KAGB in § 162 Abs. 2 eine Vielzahl an Mindestangaben vor, die im Folgenden näher beschrieben werden. Grundsätzlich gilt, dass die Mindestanlagebedingungen klar und verständlich formuliert sein müssen, sodass der durchschnittliche Anleger sie verstehen kann.[100]

1. Anlage- und Auswahlgrundsätze; Anlagegrenzen; Vermögensgegenstände (§ 162 Abs. 2 Nr. 1 KAGB)

a) Allgemeine Beschreibung

53 Nach § 162 Abs. 1 Nr. 1 KAGB muss aus den Anlagebedingungen hervorgehen, nach welchen **Grundsätzen die Auswahl der zu beschaffenden Vermögensgegenstände** für das Investmentvermögen erfolgt und in welchem **Umfang** diese erworben werden dürfen. Daneben ist eine Angabe erforderlich, ob und in welcher Höhe Anteile oder Aktien von anderen Investmentvermögen erworben werden dürfen und um welche **Art** von Investmentvermögen es sich hierbei handeln darf. Weitergehend sieht § 162 Abs. 1 Nr. 1 KAGB vor, dass Angaben darüber gemacht werden, ob und in welchem Umfang und mit welchem Zweck Geschäfte mit **Derivaten** getätigt werden dürfen und welcher Anteil in Bankguthaben und Geldmarktinstrumenten gehalten wird und ob Kreditaufnahmen für Rechnung des Investmentvermögens zulässig sind. Schließlich sind auch die Techniken und Instrumente zu beschreiben, die bei der Verwaltung des Investmentvermögens eingesetzt werden.

b) Anlage- und Auswahlgrundsätze

54 Das KAGB sieht in § 162 Abs. 2 Nr. 1 vor, dass die allgemeinen **Anlagegrundsätze bzw. Auswahlgrundsätze** der KVG für Vermögensgegenstände in den Anlagebedingungen anzugeben sind. Diese lassen sich kaum voneinander unterscheiden und bedingen sich im Ergebnis gegenseitig, sodass sie einheitlich zu verstehen und auszulegen sind.[101]

55 Die Anlagegrundsätze enthalten für den Anleger wichtige Informationen und klären ihn über die **Anlageziele** und die **geplante Anlagepolitik** des Investmentvermögens auf.[102] Nach überwiegender Ansicht reicht es dabei aus, wenn die KVGan dieser Stelle prägnant darüber informiert, wie sich das Portfolio künftig zusammensetzt und nach welchen **objektiv nachvollziehbaren Grundsätzen**[103] die Vermögensgegenstände ausgewählt werden.[104] Die KVG kann dabei auf die entsprechenden Vorschriften im KAGB verweisen ohne eine zu detaillierte Beschreibung vornehmen zu müssen.[105] Entscheidend ist, dass die wesentlichen Grundzüge der Anlagepolitik des Fonds für den Anleger erkennbar werden.[106] Der Anleger erhält so einen schwerpunktmäßigen Überblick über die geplante Zusammensetzung des Investmentvermögens. Eine ausführlichere Beschreibung kann und soll anschließend im Verkaufsprospekt erfolgen. Dadurch kann sich die KVG einen weiteren Entscheidungsspielraum erhalten und bei künftigen Anlageentscheidungen flexibler agieren.[107] Daneben trägt eine kurze prägnante Beschreibung in den Anlagebedingungen auch dazu bei, die

---

100 *Schmitz* in Berger/Steck/Lübbehüsen, § 43 InvG Rz. 40; *Rozok* in Emde/Dornseifer/Dreibus/Hölscher, § 43 InvG Rz. 69.

101 *Rozok* in Emde/Dornseifer/Dreibus/Hölscher, § 43 InvG Rz. 77; *Beckmann* in Beckmann/Scholtz/Vollmer, § 43 InvG Rz. 29; wohl auch *von Ammon/Izzo-Wagner* in Baur/Tappen, § 162 KAGB Rz. 37 f.

102 *Rozok* in Emde/Dornseifer/Dreibus/Hölscher, § 43 InvG Rz. 77; wohl auch *von Ammon/Izzo-Wagner* in Baur/Tappen, § 162 KAGB Rz. 37.

103 *Beckmann* in Beckmann/Scholtz/Vollmer, § 43 InvG Rz. 30.

104 *Rozok* in Emde/Dornseifer/Dreibus/Hölscher, § 43 InvG Rz. 78; abwägend *Polifke* in Weitnauer/Boxberger/Anders, § 162 KAGB Rz. 12; wohl auch *von Ammon/Izzo-Wagner* in Baur/Tappen, § 162 KAGB Rz. 37.

105 *von Ammon/Izzo-Wagner* in Baur/Tappen, § 162 KAGB Rz. 40.

106 *Rozok* in Emde/Dornseifer/Dreibus/Hölscher, § 43 InvG Rz. 78.

107 Abwägend vor dem Hintergrund der Rechtssicherheit *Polifke* in Weitnauer/Boxberger/Anders, § 162 KAGB Rz. 12; wohl auch *von Ammon/Izzo-Wagner* in Baur/Tappen, § 162 KAGB Rz. 37.

wichtigen Informationen nicht zu verwässern und so einem Information Overload beim Anleger vorzubeugen.

c) Erwerbbare Vermögensgegenstände

In diesem Zusammenhang enthält § 162 Abs. 2 Nr. 1 KAGB auch die Vorgabe, die **Art** und den **Umfang der Vermögensgegenstände** anzugeben, die für das Investmentvermögen erworben werden sollen. Welche Vermögensgegenstände von dem Investmentvermögen jeweils erworben werden dürfen, ergibt sich bereits aus dem KAGB selbst, beispielsweise aus §§ 193 ff. KAGB für Investmentvermögen gemäß der OGAW-RL, aus § 219 KAGB für Publikums-AIF oder aus § 231 KAGB für Immobilien-Sondervermögen. 56

Die Vermögensgegenstände sollten so bezeichnet werden, wie vom KAGB vorgegeben; daneben ist auf die jeweilige Norm Bezug zu nehmen.[108] Eine weitergehende detailliertere **Beschreibung der Vermögensgegenstände** ist an dieser Stelle nicht erforderlich. Vielmehr kann sich die KVG auch hier an der gesetzlichen Umschreibung orientieren.[109] Folglich ist es nicht notwendig, in den Anlagebedingungen konkrete Gattungen, Branchen oder Handelsorte zu nennen.[110] Eine detailliertere Umschreibung der Art und des Umfangs ist dagegen nur bei ausländischen Fondsanteilen empfehlenswert, die für Rechnung des Investmentvermögens erworben werden sollen.[111] 57

d) Anlagegrenzen

Neben den Arten der erwerbbaren Vermögensgegenstände sind außerdem die vom Gesetzgeber vorgesehenen **Anlagegrenzen** unter Angabe der sog. **Mindest- und Höchstgrenzen** zu nennen. Der Gesetzgeber sieht **überwiegend Anlagehöchstgrenzen** vor, um eine Risikokonzentration zu vermeiden und stattdessen sicherzustellen, dass das jeweilige Investmentvermögen ausreichend diversifiziert ist. So enthält § 253 Abs. 1 Satz 2 KAGB beispielsweise eine Mindestliquiditätsgrenze, um eine Rücknahme von Anteilen von Immobilien-Sondervermögen sicherzustellen. 58

Mit der **Fondskategorien-RL**[112] gibt die BaFin dem Anleger eine weitere Hilfe an die Hand, um die Risiken einer Investition in ein Investmentvermögen besser einschätzen zu können.[113] Die BaFin hat mit Erlass der Fondskategorien-RL von ihrer Verordnungsermächtigung in § 4 Abs. 2 KAGB Gebrauch gemacht. Diese ist von der KVG wiederum bei der Gestaltung der Anlagebedingungen zu berücksichtigen. Jedes Investmentvermögen wird in diesem Zusammenhang einer bestimmten Fondskategorie zugeordnet, sobald mindestens 51 % des jeweiligen Wertes des Investmentvermögens in Vermögensgegenstände investiert wurde, die typisch für die jeweilige Fondskategorie sind.[114] Dadurch wird der Anleger bereits vorab darüber informiert, um welche Kategorie von Investmentvermögen es sich handelt und kann die Risiken so besser einordnen. 59

Eine darüber hinausgehende **Beschreibung der Anlagegrenzen** ist schließlich nicht erforderlich. So verbleibt der KVG mehr Flexibilität für die tatsächliche Verwaltung des Investmentvermögens.[115] Sie ist allerdings auch frei, bereits in den Anlagebedingungen weitergehende vertragliche Anlagegrenzen vorzusehen.[116] 60

e) Geschäfte mit Derivaten

Darüber hinaus müssen die Anlagebedingungen auch Angaben darüber enthalten, in welchem Umfang und zu welchem Zweck **Geschäfte mit Derivaten** getätigt werden. Ob auch Angaben zur Art der zu erwerbenden Derivate getätigt werden ist nicht eindeutig geklärt, wird nach der hier vertretenen Ansicht aber 61

---

108 *von Ammon/Izzo-Wagner* in Baur/Tappen, § 162 KAGB Rz. 40.

109 *Rozok* in Emde/Dornseifer/Dreibus/Hölscher, § 43 InvG Rz. 81; *Schmitz* in Berger/Steck/Lübbehüsen, § 43 InvG Rz. 43.

110 *Rozok* in Emde/Dornseifer/Dreibus/Hölscher, § 43 InvG Rz. 81; *Schmitz* in Berger/Steck/Lübbehüsen, § 43 InvG Rz. 43; a.A. *Beckmann* in Beckmann/Scholtz/Vollmer, § 43 InvG Rz. 34.

111 *Schmitz* in Berger/Steck/Lübbehüsen, § 43 InvG Rz. 44.

112 Richtlinie zur Festlegung von Fondskategorien gemäß § 4 Abs. 2 KAGB und weitere Transparenzanforderungen an bestimmte Fondskategorien v. 22.7.2013, zuletzt geändert am 17.4.2015.

113 *von Ammon/Izzo-Wagner* in Baur/Tappen, § 162 KAGB Rz. 42.

114 *von Ammon/Izzo-Wagner* in Baur/Tappen, § 162 KAGB Rz. 42 mit einer ausführlichen Beschreibung der einzelnen Fondskategorien; auch *Rozok* in Emde/Dornseifer/Dreibus/Hölscher, § 43 InvG Rz. 89 für die alte Rechtslage, nach der die Einteilung in Fondskategorien noch vom Gesetzgeber vorgesehen war.

115 *von Ammon/Izzo-Wagner* in Baur/Tappen, § 162 KAGB Rz. 42; *Rozok* in Emde/Dornseifer/Dreibus/Hölscher, § 43 InvG Rz. 88.

116 *Rozok* in Emde/Dornseifer/Dreibus/Hölscher, § 43 InvG Rz. 89.

empfohlen.[117] Derivate können zu dem Zweck eingesetzt werden, um u.a. das Investmentvermögen abzusichern oder um Zusatzerträge zu erwirtschaften.[118] Diese beiden Zwecke sind auch in § 9 Abs. 5 der Musteranlagebedingungen des BVI vorgesehen. Daher ist es auch zulässig, Derivate spekulativ einzusetzen.[119]

62 Eine **Grenze** findet sich in § 2 Abs. 1 und Abs. 2 der DerivateV bzw. Art. 3 der Fondskategorien-RL. Danach dürfen Derivate nur insofern eingesetzt werden, als sie den Anlagecharakter des Investmentvermögens nicht verändern und mit dem Risikoprofil des Investmentvermögens übereinstimmen.[120]

f) Bankguthaben und Geldmarktinstrumente

63 Weitergehend müssen die Anlagebedingungen Informationen darüber enthalten, welche Anteile des Investmentvermögens in Bankguthaben und in Geldmarktinstrumenten gehalten werden. Bei **Bankguthaben** ergeben sich die notwendigen Angaben für OGAW aus § 195 und § 206 Abs. 4 KAGB.[121] So sind die Laufzeit (maximal zwölf Monate), mögliche Sperrkonten sowie der Sitz des ausgebenden Kreditinstituts anzugeben. Daneben darf eine KVG bei demselben Kreditinstitut nur maximal 20 % des Wertes des OGAW anlegen. Neben dieser Emittentengrenze enthält das KAGB in § 206 noch weitere **Emittentengrenzen**, die bei der Auswahl der Vermögensgegenstände eine Rolle spielen und von denen teilweise abgewichen werden kann, sobald dies in den Anlagebedingungen vorgesehen ist.[122]

64 Für den gehaltenen Anteil an **Geldmarktinstrumenten** müssen die Anlagebedingungen nach § 194 KAGB Angaben zu Laufzeit, Verzinsung, Emittenten sowie Börsen und Märkten, an denen sie gehandelt werden, enthalten.[123]

g) Portfoliomanagementtechniken und -instrumente

65 In den Anlagebedingungen sind auch Angaben zu Portfoliomanagementtechniken und -instrumenten vorzusehen, die bei der Verwaltung des konkreten Investmentvermögens zum Einsatz kommen.

66 Zu beschreiben sind **verschiedene Arten von Techniken**, die bei der Portfolioverwaltung verwendet werden.[124] Umfasst sind Techniken, die dem Ziel dienen, ein Investmentvermögen möglichst kosteneffizient und risikominimierend aufzulegen und zu verwalten.[125] Daneben gibt es auch Portfoliomanagementtechniken, mit denen Zusatzerträge erzielt werden sollen.[126] Um diese Ziele zu erreichen, können beispielsweise Wertpapierdarlehensgeschäfte, Pensionsgeschäfte oder die gerade beschriebenen Derivate eingesetzt werden.[127] Der Einsatz der Finanzinstrumente muss in den Anlagebedingungen auch im Zusammenhang mit den Portfoliomanagementtechniken näher beschrieben werden.

h) Kreditaufnahmen für Rechnung des Investmentvermögens

67 Schließlich müssen die Anlagebedingungen im Rahmen des § 162 Abs. 2 Nr. 1 KAGB auch Angaben darüber enthalten, ob die KVG innerhalb der gesetzlich zulässigen Grenzen auch **Kredite** aufnehmen möchte.[128]

---

117 S. auch § 9 Abs. 2 der Allgemeinen Musteranlagebedingungen für Sondervermögen des BVI, der die Grundformen der zulässigen Derivate enthält; ob tatsächlich Angaben zur Art erforderlich sind, ist umstritten, vgl. *von Ammon/Izzo-Wagner* in Baur/Tappen, § 162 KAGB Rz. 47; dafür *Rozok* in Emde/Dornseifer/Dreibus/Hölscher, § 43 InvG Rz. 86; *Beckmann* in Beckmann/Scholtz/Vollmer, § 43 InvG Rz. 42; dagegen *Schmitz* in Berger/Steck/Lübbehüsen, § 43 InvG Rz. 45.

118 *Rozok* in Emde/Dornseifer/Dreibus/Hölscher, § 43 InvG Rz. 86; *Polifke* in Weitnauer/Boxberger/Anders, § 162 KAGB Rz. 14.

119 *Polifke* in Weitnauer/Boxberger/Anders, § 162 KAGB Rz. 14; *Rozok* in Emde/Dornseifer/Dreibus/Hölscher, § 43 InvG Rz. 86; *von Ammon/Izzo-Wagner* in Baur/Tappen, § 162 KAGB Rz. 47.

120 *von Ammon/Izzo-Wagner* in Baur/Tappen, § 162 KAGB Rz. 47.

121 *von Ammon/Izzo-Wagner* in Baur/Tappen, § 162 KAGB Rz. 50.

122 *von Ammon/Izzo-Wagner* in Baur/Tappen, § 162 KAGB Rz. 52.

123 Vgl. auch *Rozok* in Emde/Dornseifer/Dreibus/Hölscher, § 43 InvG Rz. 83.

124 Grundsätzlich muss die KVG bei allen Portfoliomanagementtechniken das Investmentvermögen mit der gebotenen Sachkenntnis, Redlichkeit, Sorgfalt und Gewissenhaftigkeit verwalten und ausschließlich im Interesse der Anleger handeln, vgl. § 26 Abs. 2 KAGB; daran angelehnt § 3 Abs. 1 Allgemeine Musterbedingungen des BVI; s. dazu auch *von Ammon/Izzo-Wagner* in Baur/Tappen, § 162 KAGB Rz. 53.

125 Art. 11 der RL 2007/16/EG; dazu *Schmitz* in Berger/Steck/Lübbehüsen, § 43 InvG Rz. 47; *Rozok* in Emde/Dornseifer/Dreibus/Hölscher, § 43 InvG Rz. 90; *von Ammon/Izzo-Wagner* in Baur/Tappen, § 162 KAGB Rz. 53.

126 *Schmitz* in Berger/Steck/Lübbehüsen, § 43 InvG Rz. 47; *Rozok* in Emde/Dornseifer/Dreibus/Hölscher, § 43 InvG Rz. 90; *von Ammon/Izzo-Wagner* in Baur/Tappen, § 162 KAGB Rz. 53.

127 *von Ammon/Izzo-Wagner* in Baur/Tappen, § 162 KAGB Rz. 52.

128 *Rozok* in Emde/Dornseifer/Dreibus/Hölscher, § 43 InvG Rz. 94; *von Ammon/Izzo-Wagner* in Baur/Tappen, § 162 KAGB Rz. 54.

Für **OGAW-Sondervermögen** beschränkt § 199 KAGB die Möglichkeit der kurzfristigen Kreditaufnahme auf maximal 10 % des Wertes des Sondervermögens und begrenzt diese insofern, dass sie nur zu marktüblichen Bedingungen aufgenommen werden darf. Daneben muss die kurzfristige Kreditaufnahme auch in den Anlagebedingungen vorgesehen sein. 68

Eine höhere Anlagegrenze sieht § 254 Abs. 1 KAGB bei **Immobilien-Sondervermögen** vor. Danach dürfen maximal Kredite bis zu einer Höhe von maximal 30 % des Verkehrswerts der Immobilien für Rechnung des Investmentvermögens aufgenommen werden. Daneben muss die Kreditaufnahme auch hier marktüblichen Bedingungen entsprechen und mit den Grundsätzen einer ordnungsgemäßen Wirtschaftsführung vereinbar sein (vgl. § 254 Abs. 1 i.V.m. § 260 Abs. 3 Nr. 3 KAGB). 69

Für **Sonstige Publikumsinvestmentvermögen** darf die KVG gem. § 221 Abs. 6 KAGB kurzfristige Kredite bis zu einer Maximalgrenze von 20 % des Wertes des sonstigen Investmentvermögens aufnehmen. 70

2. Wertpapierindexinvestmentvermögen (§ 162 Abs. 2 Nr. 2 KAGB)

Möchte eine KVG für ein OGAW-Sondervermögen einen **Wertpapierindex** nach § 209 KAGB nachbilden, so kann sie dies nach § 162 Abs. 2 Nr. 2 KAGB in den Anlagebedingungen vorsehen. Die Anlagebedingungen müssen in diesem Fall zunächst die Angaben enthalten, welcher Wertpapierindex nachgebildet werden soll und aus welchen Wertpapieren sich dieser zusammensetzt.[129] Der ausgewählte Index ist in den Anlagebedingungen **ausführlich und präzise** zu beschreiben, um dem Anleger eine angemessene Beurteilung der Anlageziele und der konkreten Risikodiversifizierung zu ermöglichen.[130] Daneben müssen die Anlagebedingungen angeben, dass die grundsätzlich für Wertpapiere vorgesehene Anlagegrenze des § 206 Abs. 1 KAGB in Höhe von 5 % bzw. 10 % überschritten werden darf, wenn ein Wertpapierindex nachgebildet werden soll. 71

3. Eigentumsverhältnisse am Sondervermögen (§ 162 Abs. 2 Nr. 3 KAGB)

Die Regelungen des § 162 Abs. 2 Nr. 3 KAGB sowie § 92 Abs. 1 Satz 1 KAGB schreiben für OGAW-Sondervermögen vor, dass sich aus den Anlagebedingungen ergeben muss, ob die zum Sondervermögen gehörenden Gegenstände im Eigentum der Anleger (**Miteigentumslösung**) oder im Eigentum der KVG stehen, die diese treuhänderisch für die Anleger verwaltet (**Treuhandlösung**). 72

Abweichend von § 92 Abs. 1 Satz 1 KAGB besteht für **Immobilien-Sondervermögen** kein Wahlrecht zwischen diesen beiden Beteiligungslösungen. Vielmehr ist für sie die **Treuhandlösung** nach § 245 KAGB zwingend vorgeschrieben. Da sich Immobilien-Sondervermögen an Privatanleger richten und diese im Zweifel die gesetzliche Regelung nicht kennen, ist auch in diesem Fall eine klarstellende Information und Beschreibung der Treuhandlösung in die Anlagebedingungen aufzunehmen.[131] 73

Bei **InvAGen** sind die Vermögensgegenstände dem Gesellschaftsvermögen zuzurechnen, sodass die Eigentumsverhältnisse von vornherein und ohne weitere Auswahlmöglichkeit geregelt sind.[132] 74

4. Rücknahme, Umtausch und Rücknahmeaussetzung von Anteilen (§ 162 Abs. 2 Nr. 4 KAGB)

a) Rücknahme- und Umtauschmodalitäten

Weitergehend müssen die Anlagebedingungen nach § 162 Abs. 2 Nr. 4 KAGB Angaben zu den **Rücknahme- oder Umtauschmodalitäten** für die Anteile oder Aktien des Investmentvermögens enthalten (zur Rückgabe der Anteile als Beendigungsmöglichkeit des Anlegers vgl. Rz. 37). Dazu gehören Angaben über mögliche Rückgabetermine und Rücknahmestellen sowie über die Bedingungen, unter denen der Anleger eine Rücknahme durch die KVG verlangen kann.[133] 75

Neben diesen allgemeinen Angaben sieht das KAGB spezifische Regelungen für die Rücknahme- und Umtauschmodalitäten bei einzelnen Fondstypen vor. So müssen die Anlagebedingungen für **OGAW-Sondervermögen** und für **Publikums-InvAGen** nach § 98 Abs. 1 KAGB und § 116 Abs. 2 KAGB vorsehen, dass die Anteile bzw. die Aktien mindestens zweimal im Monat zurückgegeben werden können. Bei **Sonstigen** 76

---

129 *Beckmann* in Beckmann/Scholtz/Vollmer, § 43 InvG Rz. 56.

130 *Rozok* in Emde/Dornseifer/Dreibus/Hölscher, § 43 InvG Rz. 97; dazu auch *Weitnauer* in Möllers/Kloyer, Das neue Kapitalanlagegesetzbuch, Rz. 411.

131 A.A. *Rozok* in Emde/Dornseifer/Dreibus/Hölscher, § 43 InvG Rz. 98; diskutiert wird die Thematik auch bei *Polifke* in Weitnauer/Boxberger/Anders, § 162 KAGB Rz. 16.

132 *von Ammon/Izzo-Wagner* in Baur/Tappen, § 162 KAGB Rz. 57.

133 *Polifke* in Weitnauer/Boxberger/Anders, § 162 KAGB Rz. 17.

Investmentvermögen reicht es dagegen nach § 223 Abs. 1 KAGB aus, wenn die Anlagebedingungen vorsehen, dass die Anteile höchstens einmal halbjährlich, aber mindestens einmal jährlich zurückgegeben werden können. Auch für **Dach-Hedgefonds** besteht eine abweichende Regelung dahingehend, dass die Rückgabe der Anteile nach § 227 Abs. 1 KAGB mindestens einmal in jedem Kalendervierteljahr möglich sein muss. Schließlich können Anteile an **Immobilien-Sondervermögen** abweichend von §§ 98 Abs. 1 und 116 Abs. 2 KAGB nur zu bestimmten Rücknahmeterminen, allerdings mindestens alle zwölf Monate zurückgegeben werden, vgl. § 255 Abs. 2 Satz 1 KAGB.

77 Die Anlagebedingungen müssen auch Angaben darüber enthalten, bei welchen **Rückgabestellen** die Anteile oder Aktien zurückgegeben werden können. Die Rückgabe erfolgt mangels anderweitiger Regelungen grundsätzlich an die KVG.[134] Anteile an einem OGAW-Sondervermögen werden dagegen nicht an die KVG zurückgegeben, sondern an die **Verwahrstelle.** Dies folgt daraus, dass in diesem Fall für die Ausgabe und die Rücknahme von Anteilen die Verwahrstelle nach § 71 Abs. 1 KAGB zuständig ist.

b) Rücknahmepreis und Bewertungsmaßstäbe

78 Als wichtige Information für den Anleger müssen die Anlagebedingungen auch die Bewertungsmaßstäbe enthalten, nach denen die Vermögensgegenstände des Investmentvermögens bei einer Rückgabe der Anteile bewertet werden und wie sich darauf beruhend der Rücknahmepreis berechnet.[135] Ebenfalls bereits in den Anlagebedingungen aufzunehmen ist ein etwaiger Rücknahmeabschlag.[136]

c) Aussetzung der Rücknahme

79 Möchte die KVG von ihrer Möglichkeit Gebrauch machen, die Rücknahme oder den Umtausch auszusetzen, muss sie dies nach den Vorschriften der § 162 Abs. 2 Nr. 4 KAGB und § 98 Abs. 2 KAGB ebenfalls in den Anlagebedingungen **deutlich** machen und die **konkreten Umstände** näher beschreiben. Um den unkalkulierbaren Risiken der Kapitalmärkte gerecht zu werden, nutzen nahezu alle KVGen diese Möglichkeit.[137]

5. Erstellung und Veröffentlichung der Jahres- und Halbjahresberichte (§ 162 Abs. 2 Nr. 5 KAGB)

80 In den Anlagebedingungen hat die KVG nach § 162 Abs. 2 Nr. 5 KAGB weitergehend anzugeben, in welcher Weise und zu welchen Stichtagen der **Jahresbericht und der Halbjahresbericht** zu erstellen und dem Publikum neben der ohnehin erforderlichen Veröffentlichung im elektronischen Bundesanzeiger zugänglich zu machen sind.[138] Dem Anleger soll die tatsächliche Kenntnisnahme erleichtert werden, indem er in den Anlagebedingungen auf den jeweiligen Veröffentlichungstermin hingewiesen wird.[139] Regelmäßig werden an dieser Stelle zwar nur die gesetzlich vorgegebenen Fristen wiedergegeben.[140] Jedoch werden dem Anleger auf diese Weise zumindest die gesetzlichen Vorgaben vor Augen geführt.

6. Verwendung der Erträge (§ 162 Abs. 2 Nr. 6 KAGB)

a) Ertragsverwendung

81 Außerdem sieht das KAGB in § 162 Abs. 2 Nr. 6 vor, dass die KVG in den Anlagebedingungen angeben muss, ob und wie oft die **Erträge des Investmentvermögens ausgeschüttet** oder **thesauriert bzw. wieder angelegt** werden. Die KVG kann diese Entscheidung nicht auf einen späteren Zeitpunkt verschieben, sondern muss sich in den Anlagebedingungen für eine Variante entscheiden.[141] Hat sich die KVG in den Anlagebedingungen beispielsweise dafür entschieden, ein ausschüttendes Investmentvermögen aufzulegen, kann sie nicht

134 *Polifke* in Weitnauer/Boxberger/Anders, § 162 KAGB Rz. 17.
135 *von Ammon/Izzo-Wagner* in Baur/Tappen, § 162 KAGB Rz. 59.
136 Vgl. dazu *von Ammon/Izzo-Wagner* in Baur/Tappen, § 162 KAGB Rz. 60.
137 *Polifke* in Weitnauer/Boxberger/Anders, § 162 KAGB Rz. 18.
138 Die Pflicht zur Veröffentlichung der Jahres- und Halbjahresberichte im Elektronischen Bundesanzeiger ergibt sich aus § 107 Abs. 1 KAGB für OGAW-Sondervermögen und AIF-Publikumssondervermögen, aus § 123 Abs. 1 KAGB i.V.m. § 325 Abs. 1 HGB und § 123 Abs. 2 KAGB für OGAW-InvAGen und AIF-Publikums-InvAGen.
139 *Schmitz* in Berger/Steck/Lübbehüsen, § 43 InvG Rz. 54.
140 *Polifke* in Weitnauer/Boxberger/Anders, § 162 KAGB Rz. 19; *von Ammon/Izzo-Wagner* in Baur/Tappen, § 162 KAGB Rz. 61.
141 *Beckmann* in Beckmann/Scholtz/Vollmer, § 43 InvG Rz. 66; *Patzner/Schneider-Deters* in Moritz/Klebeck/Jesch, § 162 KAGB Rz. 61.

mehr nach freiem Ermessen davon abweichen.[142] Sie kann in den Anlagebedingungen allerdings die Möglichkeit vorsehen, Erträge in das nächste Geschäftsjahr vorzutragen.[143] Daneben kann sich die KVG in den Anlagebedingungen im Interesse der Substanzerhaltung auch vorbehalten, einen Teil oder auch sämtliche Erträge im nächsten Geschäftsjahr wieder anzulegen.[144]

Besonderheiten ergeben sich bei **Immobilien-Sondervermögen**. Nach § 252 KAGB müssen die Anlagebedingungen vorsehen, dass Erträge nicht ausgeschüttet werden dürfen, sofern sie für die künftige Instandsetzung von Vermögensgegenständen erforderlich sind. 82

b) Ertragsausgleichsverfahren

Daneben muss sich aus den Anlagebedingungen auch ergeben, ob die KVG ein **Ertragsausgleichsverfahren** durchführen möchte und falls ja, nach welchen Kriterien. Mithilfe eines solchen Ausgleichsverfahrens bleibt der Ertrag für den einzelnen Anleger auch bei Schwankungen der Ertragshöhe durch Zu- oder Verkäufe gleich.[145] Gerade bei offenen Publikumsinvestmentvermögen kann die Höhe der Erträge stark schwanken, da sich die Anlegerstruktur kontinuierlich ändert. Hier kann ein Ertragsausgleichsverfahren einen Interessenausgleich liefern.[146] Da keine Pflicht für die KVG besteht, ein Ertragsausgleichsverfahren durchzuführen, muss sie die Anleger zumindest in den Anlagebedingungen über ihre Entscheidung informieren.[147] 83

In der Praxis wird das Ertragsausgleichsverfahren mithilfe eines **Ertragsausgleichskontos** durchgesetzt.[148] Dazu wird bei jedem Kauf von Anteilen durch einen Anleger ein Teilbetrag des Anteilspreises auf einem Ertragsausgleichskonto verbucht, während im Falle eines Verkaufs wiederum ein Teil des Rücknahmepreises von dem Ertragsausgleichskonto beglichen wird.[149] So wird sichergestellt, dass sich Zu- und Abgänge der Anleger nicht auf die Ertragsausschüttung des einzelnen Anlegers auswirken. 84

c) Ausschüttung von Veräußerungsgewinnen

Schließlich ist im Rahmen der Ertragsverwendung von der KVG anzugeben, ob neben den Erträgen auch Gewinne aus der Veräußerung von Vermögensgegenständen ausgeschüttet werden sollen oder nicht. Insofern steht ihr ein **Ermessen** zu, sodass sie die Ausschüttung lediglich auf Erträge aus Dividenden, Zinsen sowie Entgelte aus Wertpapierdarlehens- und Pensionsgeschäften beschränken kann.[150] 85

7. Laufzeitfonds (§ 162 Abs. 2 Nr. 7 KAGB)

§ 162 Abs. 2 Nr. 7 KAGB sieht für **Investmentvermögen** mit einer von vornherein **begrenzten Laufzeit** weitergehend vor, dass die Anlagebedingungen Angaben darüber enthalten müssen, wann und in welcher Weise diese Investmentvermögen abgewickelt und an die Anleger verteilt werden. Um das Investmentvermögen abzuwickeln, muss die KVG die von dem Investmentvermögen gehaltenen Gegenstände veräußern, offene Forderungen einziehen und Verbindlichkeiten begleichen.[151] Der zeitliche Rahmen, in dem die Vermögens- 86

---

142 *Beckmann* in Beckmann/Scholtz/Vollmer, § 43 InvG Rz. 66; *Rozok* in Emde/Dornseifer/Dreibus/Hölscher, § 43 InvG Rz. 103; *Polifke* in Weitnauer/Boxberger/Anders, § 162 KAGB Rz. 20.

143 *Schmitz* in Berger/Steck/Lübbehüsen, § 43 InvG Rz. 57; *Rozok* in Emde/Dornseifer/Dreibus/Hölscher, § 43 InvG Rz. 103; *von Ammon/Izzo-Wagner* in Baur/Tappen, § 162 KAGB Rz. 64.

144 Vgl. Baustein 8 Abs. 3 der besonderen Musteranlagebedingungen für Sondervermögen des BVI; *Rozok* in Emde/Dornseifer/Dreibus/Hölscher, § 43 InvG Rz. 103; *von Ammon/Izzo-Wagner* in Baur/Tappen, § 162 KAGB Rz. 64.

145 *Rozok* in Emde/Dornseifer/Dreibus/Hölscher, § 43 InvG Rz. 105; *Schmitz* in Berger/Steck/Lübbehüsen, § 43 InvG Rz. 58; *von Ammon/Izzo-Wagner* in Baur/Tappen, § 162 KAGB Rz. 65; *Patzner/Schneider-Deters* in Moritz/Klebeck/Jesch, § 162 KAGB Rz. 62.

146 *Rozok* in Emde/Dornseifer/Dreibus/Hölscher, § 43 InvG Rz. 105; *Polifke* in Weitnauer/Boxberger/Anders, § 162 KAGB Rz. 22.

147 *Patzner/Schneider-Deters* in Moritz/Klebeck/Jesch, § 162 KAGB Rz. 62.

148 Auf dieses Konto wird bei Ausgabe des Anteils ein Teil des Anteilspreises (der den Erträgen des Sondervermögens zu diesem Zeitpunkt entspricht) verbucht. Wird ein Anteil später zurückgegeben wird der Betrag wieder zurückgebucht. Vgl. dazu auch *Rozok* in Emde/Dornseifer/Dreibus/Hölscher, § 43 InvG Rz. 105; *von Ammon/Izzo-Wagner* in Baur/Tappen, § 162 KAGB Rz. 65.

149 *Schmitz* in Berger/Steck/Lübbehüsen, § 43 InvG Rz. 58; *Rozok* in Emde/Dornseifer/Dreibus/Hölscher, § 43 InvG Rz. 106.

150 *Rozok* in Emde/Dornseifer/Dreibus/Hölscher, § 43 InvG Rz. 108; *Beckmann* in Beckmann/Scholtz/Vollmer, § 43 InvG Rz. 67.

151 *Rozok* in Emde/Dornseifer/Dreibus/Hölscher, § 43 InvG Rz. 109.

gegenstände veräußert werden dürfen, sollte den Anlegern in den Anlagebedingungen mitgeteilt werden.[152] Das restliche Barvermögen wird anschließend unter den Anlegern entsprechend ihrer Beteiligung verteilt.

8. Teilfonds und Teilgesellschaftsvermögen (§ 162 Abs. 2 Nr. 8 KAGB)

87 Soweit einInvestmentvermögen nach § 96 Abs. 2 bis 4 KAGB (Teilsondervermögen) oder § 117 KAGB (Teilgesellschaftsvermögen) im Rahmen einer Umbrella-Konstruktion aus mehreren Teilinvestmentvermögen besteht, sind in den Anlagebedingungen auch Angaben zu machen, nach welchen **Grundsätzen und Verfahren die Teilinvestmentvermögen gebildet** werden und **wie deren Anteile ausgegeben** werden können.[153] Dazu gehört auch die Beschreibung der Differenzierungskriterien wie u.a. Anlagepolitik, Anlageziele, Ertragsverwendung oder Vermögensgegenstände, in die investiert werden soll.[154] Da jedes Teilinvestmentvermögen ein eigenständiges Sondervermögen bleibt, sind dabei für jedes einzelne Teilinvestmentvermögen separate Anlagebedingungen zu erstellen.[155]

9. Anteilsklassen (§ 162 Abs. 2 Nr. 9 KAGB)

88 Sollen Investmentvermögen nicht in Teilinvestmentvermögen aufgeteilt, aber Teile des Investmentvermögens dennoch durch unterschiedliche Ausstattungsmerkmale charakterisiert werden (sog. **Anteilsklassen**), kommt eine Ausgestaltung durch verschiedene Anteilsklassen in Betracht. Der entscheidende Unterschied zu Teilinvestmentvermögen besteht darin, dass die Anteilsklassen keine eigenständigen Sondervermögen darstellen, sondern lediglich als Teil desselben Investmentvermögens zu qualifzieren sind.[156] Die verschiedenen **Ausstattungsmerkmale** im Hinblick auf beispielsweise die Ertragsverwendung, unterschiedliche Ausgabeaufschläge und Rücknahmeabschläge etc. sind bei dieser Gestaltung nach § 162 Abs. 2 Nr. 9 KAGB in den Anlagebedingungen anzugeben.[157]

10. Verschmelzung von Investmentvermögen (§ 162 Abs. 2 Nr. 10 KAGB)

89 Nach § 162 Abs. 2 Nr. 10 KAGB muss die KVG in den Anlagebedingungen auch Angaben darüber machen, ob und unter welchen Voraussetzungen das Investmentvermögen in ein anderes Investmentvermögen aufgenommen werden darf oder ob in das bestehende Investmentvermögen auch ein anderes, neues Investmentvermögen aufgenommen werden kann. Dabei sind auch der **konkrete Verfahrensablauf** sowie die **Einzelheiten des Verschmelzungsverfahrens** zu erläutern.[158] Unter welchen Voraussetzungen eine solche Verschmelzung von Publikumsinvestmentvermögen grundsätzlich zulässig ist, regeln die §§ 181 bis 190 KAGB. Daneben ergeben sich aus § 179 KAGB Besonderheiten für die Verschmelzung von Masterfonds und aus § 191 KAGB für die Verschmelzung von InvAGen mit veränderlichem Kapital.

11. Vergütungen und Aufwendungserstattungen (§ 162 Abs. 2 Nr. 11 KAGB)

90 Weitergehend müssen die Anlagebedingungen nach § 162 Abs. 2 Nr. 11 KAGB Angaben darüber enthalten, welche Vergütungen und Aufwendungserstattungen in welcher Höhe und aus welchem Grund aus dem Investmentvermögen entstehen und an die **KVG**, die **Verwahrstelle** und gegebenenfalls an **Dritte** zu leisten sind.[159] Die KVG darf sich dabei ausschließlich aus dem Sondervermögen befriedigen (s. dazu ausführlich auch die Kommentierung zu § 93 Rz. 16 ff.).

---

152 Hierzu besteht keine Verpflichtung der KVG, allerdings ist dies aus Transparenzgründen hilfreich, vgl. auch *Rozok* in Emde/Dornseifer/Dreibus/Hölscher, § 43 InvG Rz. 110; *von Ammon/Izzo-Wagner* in Baur/Tappen, § 162 KAGB Rz. 68.

153 *Rozok* in Emde/Dornseifer/Dreibus/Hölscher, § 43 InvG Rz. 111; *Beckmann* in Beckmann/Scholtz/Vollmer, § 43 InvG Rz. 77.

154 *Rozok* in Emde/Dornseifer/Dreibus/Hölscher, § 43 InvG Rz. 111; *Beckmann* in Beckmann/Scholtz/Vollmer, § 43 InvG Rz. 77.

155 *von Ammon/Izzo-Wagner* in Baur/Tappen, § 162 KAGB Rz. 70; *Patzner/Schneider-Deters* in Moritz/Klebeck/Jesch, § 162 KAGB Rz. 65.

156 *Patzner/Schneider-Deters* in Moritz/Klebeck/Jesch, § 162 KAGB Rz. 67.

157 *Rozok* in Emde/Dornseifer/Dreibus/Hölscher, § 43 InvG Rz. 112; *von Ammon/Izzo-Wagner* in Baur/Tappen, § 162 KAGB Rz. 72; *Patzner/Schneider-Deters* in Moritz/Klebeck/Jesch, § 162 KAGB Rz. 67.

158 *Beckmann* in Beckmann/Scholtz/Vollmer, § 43 InvG Rz. 80; *Rozok* in Emde/Dornseifer/Dreibus/Hölscher, § 43 InvG Rz. 113.

159 Die Regelung entspricht mit redaktionellen Anpassungen § 41 Abs. 1 InvG a.F., vgl. Begr. RegE, BT-Drucks. 17/12294, S. 253.

a) Management oder Performance Fee

Ein Vergütungs- und Aufwendungsersatzanspruch der KVG ergibt sich unmittelbar aus dem Investmentvertrag und besteht direkt gegenüber den Anlegern (s. dazu Rz. 23 ff.).[160] Die KVG kann für ihre Verwaltungsleistungen eine **Vergütung** in Form eines Management Fee (fester Betrag) und/oder einer Performance Fee (erfolgsabhängige Vergütung) verlangen.[161] 91

Die **Management Fee** eines offenen Publikumsinvestmentvermögens wird zumeist mit einem festen Prozentsatz des verwalteten Vermögens beziffert.[162] 92

Eine **Performance Fee** ist dagegen von weiteren Faktoren abhängig. So kann die Fee entweder von einem neuen Höchststand des Anteilswerts oder von einem Vergleichsindex (wie Preisindex oder Performance-Index) abhängig sein.[163] Daneben spielen auch Berechnungsintervalle und die Bezugsgröße eine Rolle bei der Ermittlung der Performance Fee.[164] Im Falle einer Performance Fee muss neben der Höhe der Fee auch genau definiert werden, wann und unter welchen Voraussetzungen der Erfolgsfall eintritt.[165] 93

b) Aufwendungsersatz

Daneben bestehen Vergütungsansprüche der **Verwahrstelle** und/oder **Dritter** nicht direkt gegenüber den Anlegern, da zwischen ihnen kein direktes vertragliches Verhältnis besteht (s. dazu Rz. 26). Vielmehr beauftragt die KVG im eigenen Namen und für Rechnung des Sondervermögens die Verwahrstelle und gegebenenfalls Dritte, wie Portfolioverwalter, Anlageberater, Bewertungsunternehmen etc. Die in diesem Zusammenhang entstehenden Kosten kann die KVG anschließend als **Aufwendungsersatz** gegenüber dem Investmentvermögen geltend machen. Da die Anleger keinen unmittelbaren Einblick in die Tätigkeiten der KVG haben, erscheint es schon aus Transparenzgründen erforderlich, dass die Anlagebedingungen die Höhe sämtlicher Kosten sowie die Berechnungsmethoden aufzeigen, um Missbrauch zu vermeiden. 94

Von besonderer Bedeutung in diesem Zusammenhang ist auch die aktuelle **negative Zinsentwicklung**. Immer mehr Verwahrstellen gehen dazu über, die negativen Zinsen, die auf die Einlagen der Anleger erhoben werden, an diese als Kosten weiter zu belasten. Ob diese Vorgehensweise durch eine normale Vergütungskostenklausel gedeckt ist, erscheint zweifelhaft. Negative Zinsen lassen sich mangels Transaktion weder als Transaktionskosten noch als normale Verwahrstellenvergütung noch als bankübliches Entgelt definieren. Da Kostenklauseln, zumindest einer **eingeschränkten Inhaltskontrolle** unterliegen (s. dazu gleich Rz. 96), ginge eine intransparente Kostenklausel zu Lasten der KVG. Vor diesem Hintergrund wird eine negative Zinsbelastung nur dann von einer etwaigen Kostenklausel gedeckt sein, wenn diese ausdrücklich auch negative Zinsen miteinbezieht. Ist die Weiterbelastung von negativen Zinsen an die Anleger gewünscht, so erscheint es daher empfehlenswert, dies ausdrücklich in der Kostenklausel vorzusehen. 95

c) Inhaltskontrolle

Als Preisabreden unterliegen diese Klauseln grundsätzlich nicht der Inhaltskontrolle nach § 307 Abs. 3 BGB (s. dazu Rz. 38). Allerdings ist bei diesen Klauseln trotzdem das **Transparenzgebot** nach § 307 Abs. 3 Satz 2 BGB sowie das **Verbot überraschender Klauseln** nach § 305c Abs. 1 BGB zu beachten.[166] 96

Bedeutung erlangt das Transparenzgebot vor allem bei sog. **„bis zu"-Klauseln**, bei denen anstelle der konkret anfallenden Kosten lediglich eine Höchstgrenze angegeben wird. Ob solche Klauseln dem Transparenzgebot entsprechen ist umstritten.[167] Da der Anleger bei einer „bis zu"-Klausel zumindest weiß, mit welchen Kosten er maximal rechnen muss und folglich die Maximalbelastung kennt, ist nach der hier vertretenen Auffassung von der Zulässigkeit einer solchen „bis zu"-Klausel auszugehen.[168]

---

160 Zur nachträglichen Änderung der Verwaltervergütung s. *Zetzsche*, Prinzipien der kollektiven Vermögensanlage, S. 729 ff.

161 *von Ammon/Izzo-Wagner* in Baur/Tappen, § 162 KAGB Rz. 76; *Polifke* in Weitnauer/Boxberger/Anders, § 162 KAGB Rz. 29 f.; dazu auch *Zetzsche*, Prinzipien der kollektiven Vermögensanlage, S. 704 ff.

162 *Zetzsche*, Prinzipien der kollektiven Vermögensanlage, S. 705.

163 *Zetzsche*, Prinzipien der kollektiven Vermögensanlage, S. 708 f.

164 *Zetzsche*, Prinzipien der kollektiven Vermögensanlage, S. 708 f.

165 *Schmitz* in Berger/Steck/Lübbehüsen, § 41 InvG Rz. 8.

166 *von Ammon/Izzo-Wagner* in Baur/Tappen, § 162 KAGB Rz. 79; *Polifke* in Weitnauer/Boxberger/Anders, § 162 KAGB Rz. 32.

167 S. *Polifke* in Weitnauer/Boxberger/Anders, § 162 KAGB Rz. 31 m.w.N.

168 *von Ammon/Izzo-Wagner* in Baur/Tappen, § 162 KAGB Rz. 80; *Rozok* in Emde/Dornseifer/Dreibus/Hölscher, § 41 InvG Rz. 16.

97 Bloße **Zahlungsmodalitäten** können dagegen vollständig als AGB überprüft werden.[169] Schließlich müssen sich auch Preisabreden an den allgemeinen zivilrechtlichen Wirksamkeitsgrenzen, wie Sittenwidrigkeit und Wucher, sowie dem Grundsatz von Treu und Glauben messen lassen.[170]

12. Ausgabeaufschlag und Rücknahmeabschlag (§ 162 Abs. 2 Nr. 12 KAGB)

a) Ausgabeaufschlag

98 Die KVG muss in den Anlagebedingungen nach § 162 Abs. 2 Nr. 12 KAGB auch Angaben dazu machen, ob und in welcher Höhe sie einen **Ausgabeaufschlag** auf die Ausgabe der Anteile oder Aktien erhebt.[171] Da es sich um zusätzliche direkte Kosten für den Anleger handelt, die seinen Renditeanspruch vermindern, müssen diese deshalb schon zwingend in den Anlagebedingungen enthalten sein.[172] Ist ein Ausgabeaufschlag in den Anlagebedingungen vorgesehen, darf die KVG im Einzelfall trotzdem darauf verzichten bzw. einen Rabatt gewähren.[173] Da es sich um direkte Kosten des einzelnen Anlegers und nicht des Investmentvermögens handelt, ergeben sich bei einer uneinheitlichen Anwendung des Ausgabeaufschlags keine anlegerschutzrechtlichen Bedenken.

99 Der Ausgabeaufschlag wird zusammen mit dem Nettoinventarwert des jeweiligen Anteils oder der jeweiligen Aktie erhoben. Die Angabe des Ausgabeaufschlags erfolgt in der Regel durch Angabe eines **festen Prozentsatzes** des Nettoinventarwertes.[174] Eine „bis zu“-Klausel ist an dieser Stelle ebenfalls zulässig.[175] Ausgabeaufschlag und Nettoinventarwert ergeben zusammen den vollständigen **Ausgabepreis** für den Anteil oder die Aktien. Nach § 71 Abs. 1 KAGB muss die Verwahrstelle die Anteile oder Aktien gegen Zahlung eines solchen Ausgabepreises ausgeben.

100 Ein Ausgabeaufschlag wird von der KVG regelmäßig vorgesehen, um die Kosten der Auflage des Fonds und des Vertriebs abzudecken.[176] Dieser **Zweck** muss nach § 165 Abs. 3 Nr. 4 KAGB allerdings erst im Verkaufsprospekt näher ausgeführt werden.[177] In den Anlagebedingungen kann eine nähere Erläuterung des Zwecks unterbleiben. Es ist daher ausreichend anzugeben, dass und in welcher Höhe ein Ausgabeaufschlag erhoben wird.

b) Rücknahmeabschlag

101 Daneben ist in den Anlagebedingungen ebenfalls anzugeben, ob und in welcher Höhe Kosten bei der Rücknahme der Anteile oder Aktien entstehen. Dieser sog. **Rücknahmeabschlag** soll dazu beitragen, dass der Anleger eine langfristige Anlage tätigt und dadurch länger an das Investmentvermögen gebunden bleibt.[178] Aus diesem Grund kann ein solcher Rücknahmeabschlag von der Haltedauer des Anteils oder der Aktie abhängig gemacht und gestaffelt werden.[179] Der Rücknahmeabschlag steht im Gegensatz zum Ausgabeaufschlag nicht der KVG sondern dem Investmentvermögen zu.[180] Anders als beim Ausgabeaufschlag steht es der KVG daher aus Anlegerschutzgesichtspunkten nicht frei, vereinzelt auf einen Rücknahmeabschlag zu verzichten.[181]

---

169 *Zetzsche*, Prinzipien der kollektiven Vermögensanlage, S. 727.
170 *Zetzsche*, Prinzipien der kollektiven Vermögensanlage, S. 727.
171 Die Regelung zu Ausgabeaufschlägen und Rücknahmeabschlägen geht zurück auf § 41 Abs. 1 Satz 2 und 3 InvG. Ausführlich zu Ausgabeaufschlägen s. *Zetzsche*, Prinzipien der kollektiven Vermögensanlage, S. 702 f.
172 *Rozok* in Emde/Dornseifer/Dreibus/Hölscher, § 41 InvG Rz. 17; *Schmitz* in Berger/Steck/Lübbehüsen, § 41 InvG Rz. 12.
173 Daneben kann auch die Vertriebsgesellschaft einen Rabatt an den Anleger gewähren, der allerdings von der Vertriebsgesellschaft zu tragen ist und die KVG selbst nicht verpflichtet, vgl. auch *Schmitz* in Berger/Steck/Lübbehüsen, § 41 InvG Rz. 13, *Rozok* in Emde/Dornseifer/Dreibus/Hölscher, § 41 InvG Rz. 18.
174 *von Ammon/Izzo-Wagner* in Baur/Tappen, § 165 KAGB Rz. 88; *Patzner/Schneider-Deters* in Moritz/Klebeck/Jesch, § 162 KAGB Rz. 74.
175 *Rozok* in Emde/Dornseifer/Dreibus/Hölscher, § 41 InvG Rz. 18.
176 *von Ammon/Izzo-Wagner* in Baur/Tappen, § 162 KAGB Rz. 84.
177 *von Ammon/Izzo-Wagner* in Baur/Tappen, § 162 KAGB Rz. 82.
178 Begr. RegE, BT-Drucks. 14/8017, S. 103; vgl. dazu auch *Rozok* in Emde/Dornseifer/Dreibus/Hölscher, § 41 InvG Rz. 20; *Polifke* in Weitnauer/Boxberger/Anders, § 162 KAGB Rz. 34; *von Ammon/Izzo-Wagner* in Baur/Tappen, § 165 KAGB Rz. 89; ausführlich dazu *Zetzsche*, Prinzipien der kollektiven Vermögensanlage, S. 710 ff.
179 *Rozok* in Emde/Dornseifer/Dreibus/Hölscher, § 41 InvG Rz. 20; *Schmitz* in Berger/Steck/Lübbehüsen, § 41 InvG Rz. 14; *von Ammon/Izzo-Wagner* in Baur/Tappen, § 165 KAGB Rz. 89.
180 *Rozok* in Emde/Dornseifer/Dreibus/Hölscher, § 41 InvG Rz. 20; *Polifke* in Weitnauer/Boxberger/Anders, § 162 KAGB Rz. 34; *Patzner/Schneider-Deters* in Moritz/Klebeck/Jesch, § 162 KAGB Rz. 74.
181 *von Ammon/Izzo-Wagner* in Baur/Tappen, § 165 KAGB Rz. 89; *Patzner/Schneider-Deters* in Moritz/Klebeck/Jesch, § 162 KAGB Rz. 74.

Ein solcher Rücknahmeabschlag kann richtigerweise **nicht nachträglich** vorgesehen werden, da dies einen Nachteil des Anlegers darstellt und ihm dies aufgrund des Transparenzgebots bereits bei Ausgabe der Anteile mitgeteilt werden muss. Wird eine neue Anteilsklasse ausgegeben, kann allerdings für diese spezifischen Anteile ein Rücknahmeabschlag vorgesehen werden.[182] 102

13. Pauschalgebühr (§ 162 Abs. 2 Nr. 13 KAGB)

a) Zusammensetzung der Pauschalgebühr

Sofern die KVG ihre Kosten und Aufwendungen in einer **Pauschalgebühr** festlegen möchte, so ist in den Anlagebedingungen nach § 162 Abs. 2 Nr. 13 KAGB anzugeben, aus welchen Kosten und Aufwendungen sich die Pauschalgebühr zusammen setzt und welche Kosten dem Investmentvermögen darüber hinaus in Rechnung gestellt werden können.[183] 103

Die Praxis macht von dieser Möglichkeit häufig Gebrauch und fasst in der Pauschalgebühr (sog. „**All-In-Fee**") meist folgende Kostenpositionen zusammen: die Vergütungen der Verwahrstelle, die bei der Verwahrung entstehenden Kosten, Depot- und Registergebühren, Lizenzgebühren, Publikationskosten, Kosten für Wirtschaftsprüfer, Steuerberater und sonstige Prüfungen, Kosten für Anlageberater, Rechtsverfolgungskosten sowie Kosten für die Ausübung von Aktionärsrechten.[184] Um eine möglichst gleichmäßige Kostenbelastung des Investmentvermögens zu erreichen, wird die Pauschalgebühr dem Investmentvermögen in der Regel einmal pro Tag oder Monat in Rechnung gestellt.[185] 104

Die Pauschalgebühr ist nicht nur in den Anlagebedingungen wiederzugeben, sondern auch in den wesentlichen Anlegerinformationen und im Verkaufsprospekt.[186] Neben der Höhe der Pauschalgebühr ist in den drei genannten Informationsmedien auch genau anzugeben, aus welchen Positionen sie sich zusammensetzt. Um dem Anleger die Kostenbelastung transparent vor Augen zu führen, ist schließlich die Angabe erforderlich, welche **Kosten ihm über die Pauschalgebühr hinaus gesondert** in Rechnung gestellt werden.[187] Diese Angabe ist für Sondervermögen nach § 101 Abs. 2 Nr. 2 KAGB auch im Jahresbericht aufzunehmen. 105

b) Inhaltskontrolle

Ob die Regelung einer Pauschalgebühr einer **Inhaltskontrolle nach §§ 307 ff. BGB** unterliegt, wird in der Literatur nicht ganz einheitlich beurteilt. Dahinter steht die Überlegung, dass die Pauschalgebühr nicht nur aus einer Gebührenkomponente besteht, die als Preiseabrede nur der eingeschränkten Inhaltskontrolle nach §§ 307 Abs. 3 Satz 2 und 305c BGB unterliegt, sondern auch echte Kosten von ihr erfasst werden.[188] Eine Kostenregelung stellt wiederum keine Preisabrede dar und wird anhand des gesamten Kataloges der §§ 308, 309, 307 Abs. 1 und 2 BGB überprüft. Einer solchen Beurteilung ist allerdings entgegenzuhalten, dass die Gegenleistung einer Dienstleistung stets aus einer Gebühren- und einer nicht fest kalkulierbaren Margenkomponente besteht. Folglich würden Kostenklauseln bei Dienstleistungen generell nie als Preisabrede gelten und stets einer unbeschränkten Inhaltskontrolle unterliegen.[189] Daneben erscheint es auch nicht zielführend, eine Pauschalgebührenklausel einer vollständigen Inhaltskontrolle nach §§ 307 ff. BGB zu unterwerfen, da bei einer solchen allgemeinen Inhaltskontrolle die Besonderheiten nicht berücksichtigt werden, die sich aus der Qualifikation eines Investmentvermögens als Kollektivanlage ergeben. Durch die bei offenen Investmentvermögen typischen und häufigen Wechsel im Anlegerbestand, lässt sich nicht erkennen, für welchen Anleger eine individuelle Abrechnung der Kosten und Gebühren günstiger ausfallen würde als eine Pauschalgebühr.[190] Auch sind die Regelungen der § 309 Nr. 5 BGB (pauschalierter Schadensersatz) und § 308 Nr. 7 BGB (pauschalierter Aufwendungsersatz bei Vertragsbeendigung) wenig pas- 106

182 *Polifke* in Weitnauer/Boxberger/Anders, § 162 KAGB Rz. 34.

183 Diese Regelung beruht auf § 41 Abs. 4 Satz 2 und 3 InvG, vgl. Begr. RegE, BT-Drucks. 17/12294, S. 254.

184 *Rozok* in Emde/Dornseifer/Dreibus/Hölscher, § 41 InvG Rz. 39; *Schmitz* in Berger/Steck/Lübbehüsen, § 41 InvG Rz. 27; *von Ammon/Izzo-Wagner* in Baur/Tappen, § 162 KAGB Rz. 86 und § 165 KAGB Rz. 101.

185 *Rozok* in Emde/Dornseifer/Dreibus/Hölscher, § 41 InvG Rz. 40.

186 *Rozok* in Emde/Dornseifer/Dreibus/Hölscher, § 41 InvG Rz. 27; *Schmitz* in Berger/Steck/Lübbehüsen, § 41 InvG Rz. 29.

187 *Rozok* in Emde/Dornseifer/Dreibus/Hölscher, § 41 InvG Rz. 27; *Schmitz* in Berger/Steck/Lübbehüsen, § 41 InvG Rz. 29.

188 *Schmitz* in Berger/Steck/Lübbehüsen, § 41 InvG Rz. 30.

189 *Rozok* in Emde/Dornseifer/Dreibus/Hölscher, § 41 InvG Rz. 43; *Polifke* in Weitnauer/Boxberger/Anders, § 162 KAGB Rz. 36.

190 *Rozok* in Emde/Dornseifer/Dreibus/Hölscher, § 41 InvG Rz. 43.

send für laufende Gebühren und Kosten eines kollektiven Investmentvermögens.[191] Daher sprechen die besseren Argumente dafür, auch den Teil der Kostenregelung und damit die gesamte Pauschalgebührenregelung **nur einer eingeschränkten Inhaltskontrolle** zu unterwerfen.[192]

14. Kosten und Vergütung bei Zielfonds (§ 162 Abs. 2 Nr. 14 KAGB)

107 Des Weiteren muss sich die KVG nach § 162 Abs. 2 Nr. 14 KAGB bereits in den Anlagebedingungen dazu verpflichten, im Halbjahres- und Jahresbericht Kosten in Form von **Ausgabeaufschlägen und Rücknahmeabschlägen** und **Vergütungen** anzugeben, die im Zusammenhang mit dem Erwerb und Verkauf sowie der Verwaltung von **Anteilen an anderen Investmentvermögen** (sog. Zielfonds) angefallen sind.[193] Die Vorschrift dient ebenfalls dem Transparenzgebot und soll dazu beitragen, dem Anleger einen Überblick über sämtliche im Zusammenhang mit dem Investmentvermögen entstehenden Kosten zu ermöglichen.[194]

108 Die Regelung unterteilt sich zunächst in die Angabe von **Ausgabeaufschlägen und Rücknahmeabschlägen,** die im Berichtszeitraum für den Erwerb und Verkauf von Anteilen an anderen Investmentvermögen nach §§ 196 und 230 KAGB angefallen sind. Zu beachten ist in diesem Zusammenhang die Regelung des § 196 Abs. 2 KAGB. Werden Anteile an einem OGAW-Sondervermögen erworben, die entweder von derselben KVG oder einer an dieser wesentlich beteiligten KVG ausgegeben werden, dürfen keine Ausgabeaufschläge und Rücknahmeabschläge erhoben werden.

109 Daneben sind auch die **sonstigen Verwaltungsvergütungen** offen zu legen, die dem Investmentvermögen bei der Verwaltung von Anteilen an anderen Investmentvermögen bei der KVG selbst oder bei Dritten angefallen sind. Dies gilt unabhängig davon, welcher Anteil des Investmentvermögens in Anteilen anderer Investmentvermögen angelegt wird.[195]

15. Verwaltungs- und Verwahrstellenwechsel (§ 162 Abs. 2 Nr. 15 KAGB)

110 Schließlich müssen die Anlagebedingungen auch Angaben dazu enthalten, unter welchen Voraussetzungen **eine KVG ein Sondervermögen auf eine andere KVG übertragen** darf.[196] Das Gleiche gilt für einen Wechsel der Verwahrstelle. Nach der Gesetzesbegründung ist es auch bei einer InvAG ausreichend, wenn die Voraussetzungen in den Anlagebedingungen aufgenommen werden, eine Nennung in der Satzung bzw. im Gesellschaftsvertrag ist dagegen nicht erforderlich.[197] Die Voraussetzungen für die jeweiligen Wechsel ergeben sich aus dem KAGB selbst. Für Publikumssondervermögen gilt insofern die Regelung des § 100b KAGB (vgl. dazu auch die Kommentierung zu § 100b KAGB).

So ist bei Publikumssondervermögen eine Übertragung der Verwaltung auf eine andere KVG zulässig, wenn die folgenden Voraussetzungen des § 100b KAGB vorliegen:

- der übertragenden KVG steht das Verwaltungsrecht an dem Sondervermögen zu (§ 100b Abs. 1 Satz 1 KAGB);
- die aufnehmende KVG verfügt über eine Erlaubnis zur Verwaltung von solchen Investmentvermögen, die übertragen werden sollen (§ 100b Abs. 1 Satz 2 KAGB);
- Abschluss eines Übertragungsvertrages zwischen der übertragenden und aufnehmenden KVG, der auch den Zeitpunkt enthält, wann die Übertragung wirksam werden soll (§ 100 Abs. 3 Satz 1 KAGB);
- Genehmigung der Übertragung durch die BaFin (§ 100b Abs. 1 Satz 1 KAGB);
- die übertragende KVG hat den Übertragungszeitpunkt im elektronischen Bundesanzeiger sowie im Jahres- oder Halbjahresbericht bekannt gemacht, nachdem sie die Genehmigung der BaFin erhalten hat (§ 100b Abs. 2 KAGB); der Übertragungszeitpunkt darf frühestens zu einem Zeipunkt erfolgen, der drei Monate nach der Veröffentlichung im elektronischen Bundesanzeigers liegt.

---

191 Mit einer ausführlichen inhaltlichen Auseinandersetzung vgl. *Rozok* in Emde/Dornseifer/Dreibus/Hölscher, § 41 InvG Rz. 43; auch *von Ammon/Izzo-Wagner* in Baur/Tappen, § 162 KAGB Rz. 88.

192 *Rozok* in Emde/Dornseifer/Dreibus/Hölscher, § 41 InvG Rz. 43 mit einer ausführlichen und überzeugenden Darstellung aller Argumente; *von Ammon/Izzo-Wagner* in Baur/Tappen, § 162 KAGB Rz. 88; im Ergebnis auch *Polifke* in Weitnauer/Boxberger/Anders, § 162 KAGB Rz. 36; a.A. *Schmitz* in Berger/Steck/Lübbehüsen, § 41 InvG Rz. 30.

193 Die Regelung beruht auf § 41 Abs. 6 InvG, vgl. Begr. RegE, BT-Drucks. 17/12294, S. 254.

194 *Schmitz* in Berger/Steck/Lübbehüsen, § 41 InvG Rz. 36; *von Ammon/Izzo-Wagner* in Baur/Tappen, § 162 KAGB Rz. 90; *Polifke* in Weitnauer/Boxberger/Anders, § 162 KAGB Rz. 37.

195 Begr. RegE, BT-Drucks. 15/1553, S. 88; *von Ammon/Izzo-Wagner* in Baur/Tappen, § 162 KAGB Rz. 90.

196 Die Vorschrift wurde durch das OGAW-V-UmsG neu eingefügt, vgl. auch BGBl. I 2016, S. 357.

197 RegE, BT-Drucks. 18/6744, S. 60.

– Unverzügliche Unterrrichtung der Anleger über den Wechsel mittels eines dauerhaften Datenträgers (§ 100b Abs. 2 Satz 3 i.V.m. § 99 Abs. 1 Satz 3 KAGB).

Ein **Verwahrstellenwechsel** ist bei Publikumssondervermögen nach § 100b Abs. 4 KAGB zulässig, wenn die BaFin den Wechsel genehmigt hat. Dies ist ebenfalls in den Anlagebedingungen aufzunehmen. 111

§ 163 Genehmigung der Anlagebedingungen

(1) [1]Die Anlagebedingungen sowie deren Änderung bedürfen der Genehmigung der Bundesanstalt. [2]Die Genehmigung kann nur von folgenden Verwaltungsgesellschaften beantragt werden:

1. von Kapitalverwaltungsgesellschaften, die die betroffene Art von Investmentvermögen verwalten dürfen und

2. in Bezug auf inländische OGAW von EU-OGAW-Verwaltungsgesellschaften, die von den zuständigen Stellen ihres Herkunftsmitgliedstaates eine Zulassung zur Verwaltung von OGAW erhalten haben, deren Verwaltung im Inland beabsichtigt wird, die den Anforderungen des Artikels 19 Absatz 3 und 4 der Richtlinie 2009/65/EG entsprechen, das Anzeigeverfahren nach den §§ 51 und 52 erfolgreich durchlaufen und der Bundesanstalt darüber hinaus die in § 52 Absatz 1 Satz 2 aufgeführten Unterlagen für das betroffene Investmentvermögen vorgelegt oder auf diese gemäß § 52 Absatz 1 Satz 3 verwiesen haben.

(2) [1]Die Genehmigung ist innerhalb einer Frist von vier Wochen nach Eingang des Genehmigungsantrags zu erteilen, wenn die Anlagebedingungen den gesetzlichen Anforderungen entsprechen und der Antrag von einer Verwaltungsgesellschaft im Sinne von Absatz 1 Satz 2 gestellt wurde. [2]Sind die Voraussetzungen für die Genehmigung nicht erfüllt, hat die Bundesanstalt dies dem Antragsteller innerhalb der Frist nach Satz 1 unter Angabe der Gründe mitzuteilen und fehlende oder geänderte Angaben oder Unterlagen anzufordern. [3]Ist die Antragstellerin eine EU-OGAW-Verwaltungsgesellschaft, hört die Bundesanstalt vor einer Mitteilung nach Satz 2 die zuständigen Stellen des Herkunftsstaates der EU-OGAW-Verwaltungsgesellschaft an. [4]Mit dem Eingang der angeforderten Angaben oder Unterlagen beginnt der Lauf der in Satz 1 genannten Frist erneut. [5]Die Genehmigung gilt als erteilt, wenn über den Genehmigungsantrag nicht innerhalb der Frist nach Satz 1 entschieden worden und eine Mitteilung nach Satz 2 nicht erfolgt ist. [6]Auf Antrag der Verwaltungsgesellschaft hat die Bundesanstalt die Genehmigung nach Satz 5 schriftlich zu bestätigen. [7]Der Genehmigungsantrag ist von den Geschäftsleitern zu unterschreiben. [8]Die Bundesanstalt kann die Genehmigung mit Nebenbestimmungen versehen. [9]Die Verwaltungsgesellschaft darf die Anlagebedingungen dem Verkaufsprospekt nur beifügen, wenn die Genehmigung nach Absatz 1 Satz 1 erteilt worden ist. [10]Die von der Bundesanstalt genehmigten Anlagebedingungen sind dem Publikum in der jeweils geltenden Fassung auf der Internetseite der Kapitalverwaltungsgesellschaft oder der EU-OGAW-Verwaltungsgesellschaft zugänglich zu machen. [11]Bei offenen Publikums-AIF dürfen die Anlagebedingungen erst veröffentlicht werden, wenn die Verwaltungsgesellschaft mit dem Vertrieb des Investmentvermögens gemäß § 316 beginnen darf.

(3) [1]Wenn die Änderungen der Anlagebedingungen mit den bisherigen Anlagegrundsätzen des Investmentvermögens nicht vereinbar sind, erteilt die Bundesanstalt die Genehmigung nur, wenn die Verwaltungsgesellschaft die Änderungen der Anlagebedingungen mindestens drei Monate vor dem Inkrafttreten nach Absatz 4 bekannt macht und den Anlegern anbietet,

1. entweder die Rücknahme ihrer Anteile oder Aktien ohne weitere Kosten zu verlangen oder

2. soweit möglich, den Umtausch ihrer Anteile oder Aktien ohne weitere Kosten zu verlangen in Anteile oder Aktien eines anderen Investmentvermögens, das mit den bisherigen Anlagegrundsätzen vereinbar ist und von derselben Verwaltungsgesellschaft oder von einem Unternehmen, das zu der Verwaltungsgesellschaft in einer Verbindung im Sinne des § 290 des Handelsgesetzbuchs steht, verwaltet wird.

[2]Dieses Recht nach Satz 1 Nummer 1 oder 2 besteht spätestens ab dem Zeitpunkt, in dem die Anleger über die geplante Änderung der Anlagebedingungen nach Absatz 4 unterrichtet werden. [3]Sind die Änderungen genehmigt oder gelten diese als genehmigt, dürfen sie frühestens drei Monate nach der in Absatz 4 Satz 1 bestimmten Bekanntmachung in Kraft treten. [4]Die Änderung der Anlagebedingungen von Immobilien-Sondervermögen ist nur zulässig, wenn diese entweder nach Ände-

rung der Anlagebedingungen mit den bisherigen Anlagegrundsätzen vereinbar sind oder dem Anleger ein Umtauschrecht nach Satz 1 Nummer 2 angeboten wird.

(4) [1]Vorgesehene Änderungen der Anlagebedingungen, die von der Bundesanstalt genehmigt sind, sind im Bundesanzeiger und, sofern die Anteile oder Aktien des betreffenden Investmentvermögens im Geltungsbereich dieses Gesetzes vertrieben werden dürfen, darüber hinaus in einer hinreichend verbreiteten Wirtschafts- oder Tageszeitung oder in den in dem Verkaufsprospekt bezeichneten elektronischen Informationsmedien bekannt zu machen. [2]Im Fall von Änderungen der Angaben nach § 162 Absatz 2 Nummer 11, Änderungen im Sinne des Absatzes 3 Satz 1 oder Änderungen in Bezug auf wesentliche Anlegerrechte sind den Anlegern zeitgleich mit der Bekanntmachung nach Satz 1 die wesentlichen Inhalte der vorgesehenen Änderungen der Anlagebedingungen und ihre Hintergründe sowie eine Information über ihre Rechte nach Absatz 3 in einer verständlichen Art und Weise mittels eines dauerhaften Datenträgers zu übermitteln. [3]Dabei ist mitzuteilen, wo und auf welche Weise weitere Informationen über die Änderung der Anlagebedingungen erlangt werden können. [4]Die Übermittlung gilt drei Tage nach der Aufgabe zur Post oder Absendung als erfolgt. [5]Dies gilt nicht, wenn feststeht, dass der dauerhafte Datenträger den Empfänger nicht oder zu einem späteren Zeitpunkt erreicht hat. [6]Die Änderungen dürfen frühestens am Tag nach der Bekanntmachung im Bundesanzeiger in Kraft treten, im Fall von Änderungen der Angaben nach § 162 Absatz 2 Nummer 11 jedoch nicht vor Ablauf von drei Monaten nach der entsprechenden Bekanntmachung. [7]Mit Zustimmung der Bundesanstalt kann ein früherer Zeitpunkt bestimmt werden, soweit es sich um eine Änderung handelt, die den Anleger begünstigt.

In der Fassung vom 4.7.2013 (BGBl. I 2013, S. 1981). Geplant ist die Aufhebung von Abs. 2 Satz 7 durch das Gesetz zur Anpassung von Finanzmarktgesetzen an die Verordnung (EU) 2017/2402 und an die durch die Verordnung (EU) 2017/2401 geänderte Verordnung (EU) Nr. 575/2013 (RegE, BT-Drucks. 19/4460, s. Rz. 11, 31).

Schrifttum: *Weitnauer*, Die Informationspflichten nach dem KAGB, in Möllers/Kloyer, Das neue Kapitalanlagegesetzbuch, 2013, S. 161.

I. Regelungsgegenstand und Entstehungsgeschichte

1. Regelungssystematik

1 In § 163 Abs. 1 KAGB stellt der Gesetzgeber klar, dass die Anlagebedingungen von Publikumsinvestmentvermögen und deren Änderungen der **Genehmigung durch die BaFin** bedürfen. Daneben enthält Satz 2 eine Aufzählung der Verwaltungsgesellschaften, die grundsätzlich antragsberechtigt sind. Der Ablauf des eigentlichen Genehmigungsverfahrens durch die BaFin wird in § 163 Abs. 2 KAGB beschrieben. § 163 Abs. 3 KAGB beinhaltet die Voraussetzungen für eine spätere Änderung der Anlagebedingungen, während Abs. 4 Vorschriften für die Bekanntmachung und das Inkrafttreten der Änderungen enthält.

2. Entstehungsgeschichte

2 Das Genehmigungserfordernis war bereits in § 43 Abs. 2 InvG für Sondervermögen vorgesehen. § 163 KAGB übernimmt diese Regelung größtenteils mit Ausnahme von redaktionellen Anpassungen.[1] § 43 InvG selbst beruht wiederum auf § 15 KAGG, der ebenfalls eine Genehmigungspflicht für Anlagebedingungen

1 Vgl. Begr. RegE, BT-Drucks. 17/12294, S. 254.

von Publikumsfonds vorsah. Mit dem InvÄndG[2] wurde das Genehmigungsverfahren modifiziert und für die Fondsbranche attraktiver gestaltet.[3] In diesem Zusammenhang wurde die Genehmigungsfrist auf maximal vier Wochen festgelegt.[4]

Mit einem Genehmigungserfordernis für sämtliche Publikumsinvestmentvermögen geht der nationale Gesetzgeber über die Vorgaben des Art. 7 Abs. 3 lit. c AIFM-RL hinaus. Danach ist zwar jede KVG im Rahmen des Zulassungsverfahrens verpflichtet, der BaFin die Anlagebedingungen und/oder Satzungen jedes einzelnen AIF vorzulegen. Ein Genehmigungserfordernis enthält Art. 7 Abs. 3 AIFM-RL dagegen gerade nicht. Den Mitgliedstaaten steht es nach ErwGr. 10 der AIFM-RL allerdings frei, schärfere Regelungen für nationale Publikums-AIF vorzusehen.[5] 3

3. Regelungszweck

Indem die KVG die Anlagebedingungen für jedes einzelne Publikumsinvestmentvermögen von der BaFin genehmigen lassen muss, wird dem **Anlegerschutz** Rechnung getragen.[6] Neben den KVGen selbst kann die BaFin auf diese Weise zumindest auch die einzelnen Investmentvermögen in Bezug auf die Anlagebedingungen überwachen und sicherstellen, dass die Voraussetzungen des KAGB eingehalten werden. 4

II. Das Genehmigungsverfahren

1. Rechtsnatur der Genehmigung

Die Anlagebedingungen werden entweder genehmigt oder die Genehmigung wird ausdrücklich versagt. In beiden Fällen liegt ein **Verwaltungsakt** der BaFin vor, für den neben den besonderen Vorschriften des KAGB auf die allgemeinen Vorschriften des VwVfG zurückgegriffen werden muss.[7] Als Verwaltungsakt kann die Genehmigung nach § 163 Abs. 2 Satz 8 KAGB auch mit Nebenbestimmungen im Sinne des § 36 VwVfG versehen werden, wodurch der BaFin ein im Verhältnis zur Ablehnung des Antrags flexibleres Mittel an die Hand gegeben wird.[8] Als Nebenbestimmungen kommen Befristungen, Bedingungen, Widerrufsvorbehalte sowie Auflagen und Auflagenvorbehalte in Betracht. 5

Grundsätzlich hat die BaFin nach § 163 Abs. 2 Satz 1 KAGB vier Wochen Zeit, um über den vollständig eingereichten Antrag der KVG zu entscheiden. Wird die BaFin nicht innerhalb von vier Wochen nach Eingang des vollständigen Antrags tätig und erteilt oder versagt eine Genehmigung, so gilt die Genehmigung nach § 163 Abs. 2 Satz 5 KAGB als erteilt. Dabei handelt es sich um einen **fingierten Verwaltungsakt**.[9] Mit dieser Regelung verfolgt der Gesetzgeber den Zweck, das Genehmigungsverfahren zu beschleunigen und administrative Hürden für ein effizientes Genehmigungsverfahren so weit wie möglich zu beseitigen.[10] Um der KVG auch im Falle der fingierten Genehmigung einen Nachweis zu ermöglichen, sieht der Gesetzgeber in § 163 Abs. 2 Satz 6 KAGB vor, dass die BaFin die fiktive Genehmigung auf Antrag der KVG hin schriftlich bestätigen muss. 6

Der Verwaltungsakt der Genehmigung oder deren Versagung ergeht ausschließlich **im Verhältnis zwischen der BaFin und der KVG**. Die BaFin wird dabei nur im öffentlichen Interesse tätig und überprüft, ob die Anlagebedingungen den investmentrechtlichen Anforderungen entsprechen.[11] Genehmigt sie die Anlagebedingungen, so darf die KVG diese im Rechtsverkehr verwenden. Auch wenn die Anlagebedingungen letztlich dem Schutz der Anleger dienen und Bestandteil des Investmentvertrages werden, können diese aus dem Ge- 7

---

2 Gesetz zur Änderung des Investmentgesetzes und zur Anpassung anderer Vorschriften, BGBl. I 2007, S. 3089.

3 Begr. RegE, BT-Drucks. 16/5576, S. 170.

4 Begr. RegE, BT-Drucks. 16/5576, S. 170; s. dazu Rz. 5.

5 Vgl. ErwGr. 10 AIFM-RL; so auch *Volhard/Jang* in Dornseifer/Jesch/Klebeck/Tollmann, Art. 7 AIFM-RL Rz. 17; *von Ammon/Izzo-Wagner* in Baur/Tappen, § 163 KAGB Rz. 4.

6 Mit Verweis auf die Vorgängerschrift des § 43 InvG vgl. *Rozok* in Emde/Dornseifer/Dreibus/Hölscher, § 43 InvG Rz. 3; *Patzner/Schneider-Deters* in Moritz/Klebeck/Jesch, § 163 KAGB Rz. 9.

7 *Rozok* in Emde/Dornseifer/Dreibus/Hölscher, § 43 InvG Rz. 39; *Beckmann* in Beckmann/Scholtz/Vollmer, § 43 InvG Rz. 87.

8 *Schmitz* in Berger/Steck/Lübbehüsen, § 43 InvG Rz. 29; *Rozok* in Emde/Dornseifer/Dreibus/Hölscher, § 43 InvG Rz. 38; *von Ammon/Izzo-Wagner* in Baur/Tappen, § 163 KAGB Rz. 16.

9 *Rozok* in Emde/Dornseifer/Dreibus/Hölscher, § 43 InvG Rz. 37; *Schmitz* in Berger/Steck/Lübbehüsen, § 43 InvG Rz. 28; *Beckmann* in Beckmann/Scholtz/Vollmer, § 43 InvG Rz. 106.

10 Vgl. die Regierungsbegründung zur Vorgängervorschrift des § 43 Abs. 2 InvG, Begr. RegE, BT-Drucks. 16/5576, S. 170.

11 *Rozok* in Emde/Dornseifer/Dreibus/Hölscher, § 43 InvG Rz. 40; *von Ammon/Izzo-Wagner* in Baur/Tappen, § 163 KAGB Rz. 17.

nehmigungsverfahren keine subjektiven Rechte oder Ansprüche herleiten.[12] Die Anleger sind weder Adressat des Verwaltungsaktes noch Beteiligte des Genehmigungsverfahrens noch in subjektiven Rechten betroffene Dritte.

8 Einstweilen frei.

2. Genehmigungspflichtigkeit (§ 163 Abs. 1 KAGB)

9 Nach § 163 Abs. 1 Satz 1 KAGB bedürfen die Anlagebedingungen eines offenen Publikumsinvestmentvermögens sowie deren Änderung der **Genehmigung durch die BaFin**. Das Genehmigungserfordernis betrifft dabei sowohl OGAW-Sondervermögen als auch Publikums-AIF. Die Genehmigung ist zu erteilen, wenn die Anlagebedingungen sämtliche formellen und materiellen Voraussetzungen des KAGB und die übrigen gesetzlichen Anforderungen erfüllen.[13]

10 § 163 Abs. 1 Satz 2 KAGB nennt in Nr. 1 und 2 diejenigen Verwaltungsgesellschaften, die eine Genehmigung beantragen dürfen. Nach Nr. 1 sind das zunächst **inländische KVGen**, die ein Erlaubnisverfahren durchlaufen haben und für die beantragte Art von Investmentvermögen zugelassen sind. Daneben sind nach Nr. 2 auch solche **EU-OGAW-Verwaltungsgesellschaften** antragsbefugt, die von den zuständigen Behörden ihres Mitgliedsstaats zugelassen wurden und ein inländisches Investmentvermögen verwalten möchten. Die Vorschrift soll es der BaFin ermöglichen, in Übereinstimmung mit Art. 20 Abs. 3 OGAW IV-RL auch einen Genehmigungsantrag einer EU-OGAW-Verwaltungsgesellschaft ablehnen zu können, ohne ein komplettes Versagungsverfahren anstrengen zu müssen.[14] Diesem Zweck dient auch die Regelung des § 163 Abs. 2 Satz 3 KAGB, nach der die BaFin im Falle eines unvollständigen Antrags einer EU-OGAW-Verwaltungsgesellschaft die für sie zuständige Behörde anhören muss, bevor sie eine Mitteilung nach § 163 Abs. 2 Satz 2 KAGB erlässt oder Unterlagen nachfordert.[15]

3. Genehmigungsfähigkeit (§ 163 Abs. 2 KAGB)

a) Formeller Ablauf des Verfahrens

11 Der **Antrag** auf Genehmigung der Anlagebedingungen ist von der KVG vor dem geplanten Vertrieb des Publikumsinvestmentvermögens **schriftlich** einzureichen und nach § 163 Abs. 2 Satz 7 KAGB von den **Geschäftsleitern der KVG** zu **unterzeichnen.**[16] Ausreichend ist es dabei, wenn die nach der Satzung der KVG vertretungsberechtigen Geschäftsleiter unterzeichnen.[17] Hierdurch soll sichergestellt werden, dass die Geschäftsleiter der KVG für den Inhalt der Anlagebedingungen verantwortlich sind und die BaFin sich auf die Angaben im Rahmen der Prüfung stützen und verlassen kann.[18] Nach der Gesetzesbegründung zum Investmentmodernisierungsgesetz bestätigen die Geschäftsleiter mit ihrer Unterschrift, dass die Anlagebedingungen mit den gesetzlichen Bestimmungen übereinstimmen.[19]

12 Im Interesse eines zügigen Verfahrens empfiehlt es sich in der Praxis, in dem Antrag darzulegen, dass die vorgelegten Anlagebedingungen mit den **investmentrechtlichen und sonstigen gesetzlichen Vorschriften übereinstimmen.**[20] Verwendet die KVG zur Erstellung der Anlagebedingung die Musteranlagebedingungen des BVI, so reicht es aus, wenn sie die einzelnen Abweichungen von den Mustern erläutert.[21]

---

12 *Schmitz* in Berger/Steck/Lübbehüsen, § 43 InvG Rz. 26; *Rozok* in Emde/Dornseifer/Dreibus/Hölscher, § 43 InvG Rz. 40; *von Ammon/Izzo-Wagner* in Baur/Tappen, § 163 KAGB Rz. 17; *Patzner/Schneider-Deters* in Moritz/Klebeck/Jesch, § 163 KAGB Rz. 20.

13 § 163 Abs. 2 Satz 1 KAGB; *Bußalb* in Möllers/Kloyer, Das neue Kapitalanlagegesetzbuch, Rz. 618; *Schmitz* in Berger/Steck/Lübbehüsen, § 43 InvG Rz. 22; *Rozok* in Emde/Dornseifer/Dreibus/Hölscher, § 43 InvG Rz. 41.

14 Begr. RegE, BT-Drucks. 16/5576, S. 254.

15 Begr. RegE, BT-Drucks. 16/5576, S. 254.

16 Nach einem Regierungsentwurf soll § 163 Abs. 2 Satz 7 KAGB gestrichen werden, vgl. BT-Drucks. 19/4460, S. 28. Danach wäre es ausreichend, wenn eine zur Vertretung berechtigte bzw, bevollmächtigte Person den Antrag unterzeichnet, die nicht gleichzeitig Geschäftsleiter der KVG ist.

17 Die Unterzeichnung durch alle Geschäftsleiter erscheint dagegen nicht praktikabel, vgl. *Rozok* in Emde/Dornseifer/Dreibus/Hölscher, § 43 InvG Rz. 43.

18 *Schmitz* in Berger/Steck/Lübbehüsen, § 43 InvG Rz. 22; *Rozok* in Emde/Dornseifer/Dreibus/Hölscher, § 43 InvG Rz. 44; *Patzner/Schneider-Deters* in Moritz/Klebeck/Jesch, § 163 KAGB Rz. 25 und 15.

19 Begr. RegE, BT-Drucks. 15/1553, S. 91.

20 *Rozok* in Emde/Dornseifer/Dreibus/Hölscher, § 43 InvG Rz. 44; *von Ammon/Izzo-Wagner* in Baur/Tappen, § 163 KAGB Rz. 19.

21 Begr. RegE, BT-Drucks. 15/1553, S. 91; vgl. auch *Rozok* in Emde/Dornseifer/Dreibus/Hölscher, § 43 InvG Rz. 44; *von Ammon/Izzo-Wagner* in Baur/Tappen, § 163 KAGB Rz. 19.

Ist der Antrag unvollständig, kann die BaFin die **fehlenden Unterlagen** gem. § 163 Abs. 2 Satz 2 KAGB nachfordern. In diesem Fall beginnt die Genehmigungsfrist von vier Wochen gem. § 163 Abs. 2 Satz 4 KAGB erneut mit Eingang der Unterlagen bei der BaFin. Das Nachforderungsrecht ermöglicht es der BaFin flexibler zu agieren, da sie einen unvollständigen, aber sonst rechtmäßigen Antrag nicht zwingend ablehnen muss. Allerdings wird die BaFin den Antrag nicht prüfen, bevor er vollständig vorliegt. Dies kann wiederum dazu führen, dass sich das Verfahren umso mehr in die Länge zieht.[22] 13

b) Materielle Rechtmäßigkeit

Im Rahmen der materiellen Rechtmäßigkeit prüft die BaFin ausschließlich die **Rechtmäßigkeit der vorgelegten Anlagebedingungen** und nicht deren Zweckmäßigkeit.[23] Liegen Gründe außerhalb der Anlagebedingungen vor, die beispielsweise eine Aufhebung der Erlaubnis begründen, können diese nicht im Rahmen des Genehmigungsverfahrens vorgebracht werden.[24] Insofern verfügt das KAGB über anderweitige Eingriffs- und Kontrollbefugnisse der BaFin.[25] 14

In materieller Hinsicht müssen die Anlagebedingungen zunächst die vorgeschriebenen **Mindestangaben des § 162 Abs. 2 KAGB** enthalten (s. § 162 Rz. 53 ff.). Daneben wird auch überprüft, ob die Anlagebedingungen mit den **sonstigen Vorschriften des KAGB** und den **sonstigen rechtlichen Bestimmungen** übereinstimmen.[26] Subjektive Rechte oder Zweckmäßigkeitserwägungen sind nicht Prüfungsgegenstand der Rechtmäßigkeitskontrolle, da das Verfahren rein öffentlich-rechtlichen Interessen dient (s. dazu Rz. 5 ff.). 15

Außerdem unterliegen die Anlagebedingungen als **Allgemeine Geschäftsbedingungen** auch der Kontrolle der §§ 305 ff. BGB. Aufgrund der investmentrechtlichen Besonderheiten erfolgt allerdings nur eine eingeschränkte Inhaltskontrolle insofern, dass ein Verstoß gegen die investmentrechtlichen Vorschriften von vornherein zur Unwirksamkeit der jeweiligen Bedingung führt und sich eine weitere Inhaltskontrolle verbietet (s. dazu § 162 Rz. 68). Prüfungsgegenstand ist dann lediglich das Transparenzgebot des § 307 Abs. 3 Satz 2 BGB sowie das Vorliegen einer überraschenden Klausel nach § 305c BGB. Schließlich sind die Anlagebedingungen auch an wettbewerbs-, urheber- und markenrechtlichen Vorschriften zu messen.[27] 16

c) Verwendung und Bekanntgabe der Anlagebedingungen

Die Anlagebedingungen sind **zusammen mit dem Verkaufsprospekt** zu veröffentlichen. Allerdings dürfen die Anlagebedingungen nach § 163 Abs. 2 Satz 9 KAGB erst nach Erteilung der Genehmigung durch die BaFin veröffentlicht werden. Eine Verwendung ohne Genehmigung ist daher unzulässig. Daneben ist die KVG nach § 163 Abs. 2 Satz 10 KAGB auch verpflichtet, die genehmigten Anlagebedingungen auf ihrer **Homepage** zu veröffentlichen. 17

Bei Publikums-AIF ist zusätzlich zu beachten, dass die Anlagebedingungen erst dann veröffentlicht werden dürfen, wenn der AIF auch das **Anzeigeverfahren für den Vertrieb nach § 316 KAGB** erfolgreich durchlaufen hat. Insofern schafft § 163 Abs. 2 Satz 11 KAGB einen Gleichlauf zwischen dem Vertriebsanzeigeverfahren und dem vorliegenden Genehmigungsverfahren. 18

III. Verfahren bei Änderung der Anlagebedingungen (§ 163 Abs. 3 KAGB)

1. Änderung der Anlagebedingungen

Neben der erstmaligen Genehmigung der Anlagebedingungen bedarf auch jede **Änderung der Anlagebedingungen** der **Genehmigung durch die BaFin**. Dabei differenziert das KAGB danach, ob die Änderungen mit den bisherigen Anlagegrundsätzen vereinbar sind oder nicht. Ob die Änderungen den Anleger begünstigen 19

22 Mit dem Hinweis auf Abgrenzungsschwierigkeiten zwischen materiellen Genehmigungshindernissen und der bloßen Unvollständigkeit des Antrags vgl. *Rozok* in Emde/Dornseifer/Dreibus/Hölscher, § 43 InvG Rz. 36; auch *von Ammon/Izzo-Wagner* in Baur/Tappen, § 163 KAGB Rz. 15.

23 So auch *Rozok* in Emde/Dornseifer/Dreibus/Hölscher, § 43 InvG Rz. 47; *von Ammon/Izzo-Wagner* in Baur/Tappen, § 163 KAGB Rz. 18, 20; *Polifke* in Weitnauer/Boxberger/Anders, § 163 KAGB Rz. 7; *Patzner/Schneider-Deters* in Moritz/Klebeck/Jesch, § 163 KAGB Rz. 24.

24 *Rozok* in Emde/Dornseifer/Dreibus/Hölscher, § 43 InvG Rz. 47.

25 *Rozok* in Emde/Dornseifer/Dreibus/Hölscher, § 43 InvG Rz. 47; auch *von Ammon/Izzo-Wagner* in Baur/Tappen, § 163 KAGB Rz. 20.

26 *Schmitz* in Berger/Steck/Lübbehüsen, § 43 InvG Rz. 23; *Rozok* in Emde/Dornseifer/Dreibus/Hölscher, § 43 InvG Rz. 41; *Patzner/Schneider-Deters* in Moritz/Klebeck/Jesch, § 163 KAGB Rz. 26.

27 *Rozok* in Emde/Dornseifer/Dreibus/Hölscher, § 43 InvG Rz. 52.

oder belasten, ist irrelevant.[28] Sind die Änderungen mit den bisherigen Anlagebedingungen vereinbar, hat die BaFin die Genehmigung nach den Vorgaben des § 163 Abs. 2 KAGB zu erteilen. Insofern besteht ein Anspruch der KVG gegen die BaFin auf Erteilung der Genehmigung. Die KVG soll in ihrem Antrag in diesem Fall darlegen, dass die Änderungen mit den bisherigen Anlagegrundsätzen übereinstimmen.[29]

20 Weichen die Änderungen dagegen von den bisherigen Anlagegrundsätzen ab, erteilt die BaFin die Genehmigung nur, wenn die KVG (i) die Änderung mindestens **drei Monate** vor dem Inkrafttreten nach § 163 Abs. 4 KAGB bekannt macht und (ii) die KVG ihren Anlegern ein **kostenloses Rücknahme- oder Umtauschangebot** für die Anteile oder Aktien nach § 163 Abs. 3 Satz 1 Nr. 1 und Nr. 2 KAGB macht. Die Rücknahme der Anteile muss ohne weitere Kosten für den Anleger möglich sein. Soweit möglich kann die KVG dem Anleger alternativ auch anbieten, seine Anteile oder Aktien kostenlos in Anteile oder Aktien eines anderen Investmentvermögens derselben KVG oder eines mit ihr verbundenen Unternehmens im Sinne des § 290 HGB umzutauschen, welches den bisherigen Anlagegrundsätzen entspricht. Dieses Recht steht den Anlegern nach § 163 Abs. 3 Satz 3 KAGB ab dem Zeitpunkt zu, in dem sie über die geplante Änderung der Anlagebedingung informiert werden.

21 Für **Immobilien-Sondervermögen** besteht nach § 163 Abs. 3 Satz 4 KAGB die Besonderheit, dass die Anlagebedingungen nur dann geändert werden dürfen, wenn die Änderung entweder mit den bisherigen Anlagegrundsätzen **vereinbar** ist oder die KVG dem Anleger ein **kostenloses Umtauschangebot** macht.[30] Ein kostenloses Rücknahmeangebot ist dagegen nicht ausreichend.

22 Liegt eine Genehmigung der geänderten Anlagebedingungen der BaFin vor, so dürfen die neuen Anlagebedingungen entsprechend § 163 Abs. 4 KAGB frühestens **drei Monate nach ihrer Bekanntmachung Inkrafttreten.**

2. Investmentrechtliche Grundsätze bei der Änderung der bisherigen Anlagegrundsätze

23 Ob die KVG bei der Änderung der Anlagebedingungen verpflichtet ist, den Anlegern ein Rücknahme- oder Umtauschangebot zu machen, hängt davon ab, ob die geänderten Anlagebedingungen mit den **bisherigen Anlagegrundsätzen** vereinbar sind oder nicht. Wann dies der Fall ist, wird vom KAGB jedoch nicht weiter konkretisiert.[31]

24 Fraglich erscheint in diesem Zusammenhang, ob zu den **Anlagegrundsätzen** auch die **Anlagepolitik** und die **Anlageziele** gehören, die dann ebenfalls dem Vereinbarkeitsgebot unterfallen würden. Der Begriff der Anlagegrundsätze taucht nur im Zusammenhang mit den Mindestangaben im Verkaufsprospekt in § 165 Abs. 2 Nr. 2 KAGB auf. Neben einer Beschreibung der Anlagepolitik und -strategie, der Art der Vermögensgegenstände, möglichen Interessenkonflikten etc. nennt § 165 Abs. 2 Nr. 2 KAGB als weitere Mindestangabe auch die Beschreibung der Anlagegrundsätze und -grenzen. Daraus lässt sich folgern, dass die Anlagepolitik und die Anlageziele eines Investmentvermögens unabhängig von den Anlagegrundsätzen zu betrachten und folglich nicht in die Vergleichbarkeitsprüfung mit einzubeziehen sind. Zu den Anlagegrundsätzen zählen vielmehr Angaben zu den erwerbbaren Vermögensgegenständen und den Anlagegrenzen sowie Angaben zum Derivateeinsatz, zur Kreditaufnahme etc.[32] Auch Portfoliomanagementtechniken können unter den Begriff der Anlagegrundsätze fallen.[33]

25 Eine **Vereinbarkeit** liegt zumindest dann vor, wenn die Änderung der Anlagegrundsätze für den Anleger aus einer wirtschaftlichen Gesamtbetrachtung heraus **vorteilhaft oder von untergeordneter Bedeutung** ist.[34] Daneben können auch quantitative Gesichtspunkte, wie eine Verschiebung der Anlagegrenzen, heran-

---

28 *Schmitz* in Berger/Steck/Lübbehüsen, § 41 InvG Rz. 30; *Beckmann* in Beckmann/Scholtz/Vollmer, § 43 InvG Rz. 111; *Rozok* in Emde/Dornseifer/Dreibus/Hölscher, § 43 InvG Rz. 54; *von Ammon/Izzo-Wagner* in Baur/Tappen, § 163 KAGB Rz. 25.

29 *Rozok* in Emde/Dornseifer/Dreibus/Hölscher, § 43 InvG Rz. 55.

30 *Rozok* in Emde/Dornseifer/Dreibus/Hölscher, § 43 InvG Rz. 58.

31 *von Ammon/Izzo-Wagner* in Baur/Tappen, § 163 KAGB Rz. 27; auch in § 43 InvG fehlte eine solche Konkretisierung, vgl. *Rozok* in Emde/Dornseifer/Dreibus/Hölscher, § 43 InvG Rz. 55.

32 *von Ammon/Izzo-Wagner* in Baur/Tappen, § 163 KAGB Rz. 27.

33 *Schmitz* in Berger/Steck/Lübbehüsen, § 43 InvG Rz. 33.

34 *Rozok* in Emde/Dornseifer/Dreibus/Hölscher, § 43 InvG Rz. 62; *Schmitz* in Berger/Steck/Lübbehüsen, § 43 InvG Rz. 33; *von Ammon/Izzo-Wagner* in Baur/Tappen, § 163 KAGB Rz. 28.

gezogen werden.[35] Dabei soll eine Verschiebung von bis zu 15 % lediglich eine unwesentliche Änderung darstellen, da das Risikoprofil des Investmentvermögens hierdurch noch nicht beeinträchtigt wird.[36]

3. Zivilrechtliche Grundsätze bei Änderung der Anlagebedingungen

Die Genehmigung der BaFin hat lediglich **öffentlich-rechtliche** Wirkung und enthält keine Aussage darüber, 26
ob die Anlagebedingungen auch **zivilrechtlich** wirksam sind.[37] Daher müssen auch die geänderten Anlagebedingungen erneut anhand der investmentrechtlichen und sonstigen gesetzlichen Vorschriften überprüft werden.

Daneben stellt sich die Frage, wie eine solche Änderung bei einer Vielzahl von Anlegern durchsetzbar ist. Ei- 27
ne individualvertragliche Regelung mit den einzelnen Anlegern scheidet aus Praktikabilitätserwägungen aus.[38] Dass jeder Anleger einer Änderung der Anlagebedingungen zustimmt, ist gerade bei Publikumsinvestmentvermögen aufgrund der Vielzahl der Anleger nicht durchführbar. Daher machen viele KVGen von der Möglichkeit Gebrauch, einen **Änderungsvorbehalt** in den Anlagebedingungen aufzunehmen und diesen wiederum unter den Vorbehalt der behördlichen Genehmigung zu stellen.[39] Geht man davon aus, dass die geänderten Anlagebedingungen einer erneuten **AGB-Kontrolle** unterliegen, wäre dabei aber § 308 Nr. 4 BGB zu beachten. Danach müssten **besondere Gründe** vorliegen, die eine Änderung der Anlagebedingungen im Interesse der Anleger rechtfertigen.[40] Einer solchen Betrachtung ist allerdings entgegenzuhalten, dass auch bei der Änderung der Anlagebedingungen aufgrund der investmentrechtlichen Besonderheiten nur eine eingeschränkte Inhaltskontrolle durchzuführen ist.[41] Die Änderung der Anlagebedingungen wird nur wirksam, nachdem die BaFin die investmentrechtlichen Vorgaben geprüft und die Änderung nach § 163 Abs. 3 KAGB genehmigt hat. Da die geänderten Anlagebedingungen daher auch mit den investmentrechtlichen Besonderheiten übereinstimmen und nicht von ihnen abweichen, unterliegen auch sie nur der **eingeschränkten Inhaltskontrolle** nach §§ 307 Abs. 3 Satz 2 und 305c BGB.[42]

Dieses Ergebnis ändert sich auch dann nicht, wenn man von einer vollständigen Inhaltskontrolle ausginge. Dann müsste der Änderungsvorbehalt zwar mit den Interessen der Anleger übereinstimmen. Dies ist aber grundsätzlich der Fall, da die Anleger im Falle einer Änderung der Anlagebedingung besser gestellt wären als im Falle einer alternativen Auflösung des Investmentvermögens. Die Anleger können dann zwar ebenfalls ihre Anteile am Investmentvermögen zurückgeben, ein kostenloses Umtauschrecht, wie § 163 Abs. 3 KAGB dies bei einer bloßen Änderung der Anlagebedingungen vorsieht, würde ihnen dann allerdings nicht zustehen.[43] Daher wäre selbst im Falle einer vollständigen AGB-Kontrolle von einer Wirksamkeit eines solchen Änderungsvorbehaltes auszugehen, da den Anlegern keine Nachteile drohen und ihren Interessen entsprochen wird.

IV. Bekanntmachung und Inkrafttreten der Änderungen (§ 163 Abs. 4 KAGB)

Die KVG ist nach § 163 Abs. 4 Satz 1 KAGB verpflichtet, die Änderungen der Anlagebedingungen nach de- 28
ren Genehmigung im **Bundesanzeiger** bekannt zu machen. Die Bekanntmachung kann danach sowohl im gedruckten als auch im elektronischen Bundesanzeiger erfolgen.[44] Falls das Investmentvermögen im Anwendungsbereich des KAGB vertrieben werden darf, ist zusätzlich erforderlich, dass die Änderungen in ei-

---

35 *Schmitz* in Berger/Steck/Lübbehüsen, § 43 InvG Rz. 33; *Rozok* in Emde/Dornseifer/Dreibus/Hölscher, § 43 InvG Rz. 62; *von Ammon/Izzo-Wagner* in Baur/Tappen, § 163 KAGB Rz. 28.

36 *Schmitz* in Berger/Steck/Lübbehüsen, § 43 InvG Rz. 33; *Rozok* in Emde/Dornseifer/Dreibus/Hölscher, § 43 InvG Rz. 62; *von Ammon/Izzo-Wagner* in Baur/Tappen, § 163 KAGB Rz. 28.

37 *Rozok* in Emde/Dornseifer/Dreibus/Hölscher, § 43 InvG Rz. 64; *Schmitz* in Berger/Steck/Lübbehüsen, § 43 InvG Rz. 38 f.; *von Ammon/Izzo-Wagner* in Baur/Tappen, § 163 KAGB Rz. 29; *Patzner/Schneider-Deters* in Moritz/Klebeck/Jesch, § 163 KAGB Rz. 28.

38 *Schmitz* in Berger/Steck/Lübbehüsen, § 43 InvG Rz. 39; *Rozok* in Emde/Dornseifer/Dreibus/Hölscher, § 43 InvG Rz. 65; *von Ammon/Izzo-Wagner* in Baur/Tappen, § 163 KAGB Rz. 29.

39 So auch die Allgemeinen Musteranlagebedingungen des BVI, vgl. § 22.

40 *Beckmann* in Beckmann/Scholtz/Vollmer, § 43 InvG Rz. 114; s. eine ausführliche Darstellung des Meinungsstreits bei *Rozok* in Emde/Dornseifer/Dreibus/Hölscher, § 43 InvG Rz. 66; *Patzner/Schneider-Deters* in Moritz/Klebeck/Jesch, § 163 KAGB Rz. 29.

41 *Rozok* in Emde/Dornseifer/Dreibus/Hölscher, § 43 InvG Rz. 66; *von Ammon/Izzo-Wagner* in Baur/Tappen, § 163 KAGB Rz. 29; *Polifke* in Weitnauer/Boxberger/Anders, § 163 KAGB Rz. 13 geht davon aus, dass die Änderung keiner Inhaltskontrolle unterliegt.

42 *Rozok* in Emde/Dornseifer/Dreibus/Hölscher, § 43 InvG Rz. 67.

43 *Rozok* in Emde/Dornseifer/Dreibus/Hölscher, § 43 InvG Rz. 67.

44 Begr. RegE, BT-Drucks. 15/1553, S. 92.

ner **verbreiteten Wirtschafts- oder Tageszeitung** oder auf einem im Verkaufsprospekt genannten elektronischen Informationsmedium bekannt gemacht werden. In der Praxis wird aus Praktikabilitätsgründen zumeist von einer Veröffentlichung auf einer im Verkaufsprospekt genannten Webseite Gebrauch gemacht.[45]

29 Eine **besondere Mitteilung** ist nach § 163 Abs. 4 Satz 3 KAGB erforderlich, wenn sich die Änderungen auf die Vergütung und Aufwendungserstattung (§ 162 Abs. 2 Nr. 11 KAGB) beziehen, die Änderung mit den bisherigen Anlagegrundsätzen nicht vereinbar ist (§ 163 Abs. 3 Satz 1 KAGB) oder wesentliche Anlegerrechte von der Änderung betroffen sind. Dies wäre beispielsweise der Fall, wenn sich die Rücknahmefrequenz verringert[46] oder Ausgabeaufschläge oder Rücknahmeabschläge erhöht werden. In diesen Fällen muss die KVG ihren Anlegern die Änderungen zusätzlich **in verständlicher Art und Weise mittels eines dauerhaften Datenträgers** übermitteln. Die bloße Wiedergabe der Änderungen reicht hierzu nicht aus. Vielmehr müssen der Inhalt der Änderungen und die Beweggründe der KVG auch dem durchschnittlichen Anleger verständlich gemacht werden.[47] Darüber hinaus muss dem Anleger mit der Mitteilung auch kundgegeben werden, wo und wie er weitere Informationen über die Änderung erhalten kann, vgl. § 163 Abs. 4 Satz 3 KAGB. Das Gesetz sieht für die besondere Mitteilung nach § 163 Abs. 4 Satz 4 KAGB eine **Fiktion** vor, nach der die Mitteilung drei Tage nach Absendung als erfolgt gilt, es sei denn dass sie tatsächlich später zugegangen ist (vgl. § 163 Abs. 4 Satz 5 KAGB).

30 Schließlich kann nach § 163 Abs. 4 Satz 6 KAGB eine Änderung frühestens am Tag nach der Bekanntmachung im Bundesanzeiger **in Kraft treten**, mit Ausnahme von Änderungen in Bezug auf Vergütungen und Aufwendungserstattungen nach § 162 Abs. 2 Nr. 11 KAGB. Letztere dürfen frühestens drei Monate nach der entsprechenden Bekanntmachung in Kraft treten. Im Falle einer begünstigenden Änderung für den Anleger kann mit der BaFin nach § 163 Abs. 4 Satz 6 KAGB auch ein **früherer Zeitpunkt** für die Bekanntmachung bestimmt werden.

V. Ausblick

31 Nach einem Regierungsentwurf soll § 163 Abs. 2 Satz 7 KAGB gestrichen werden.[48] Danach wäre es ausreichend, wenn eine zur Vertretung berechtigte bzw. bevollmächtigte Person den Antrag unterzeichnet, die nicht gleichzeitig Geschäftsleiter der KVG ist.

§ 164 Erstellung von Verkaufsprospekt und wesentlichen Anlegerinformationen

(1) [1]Die Kapitalverwaltungsgesellschaft oder die EU-OGAW-Verwaltungsgesellschaft hat für die von ihr verwalteten offenen Publikumsinvestmentvermögen den Verkaufsprospekt und die wesentlichen Anlegerinformationen zu erstellen und dem Publikum die jeweils aktuelle Fassung auf der Internetseite der Kapitalverwaltungsgesellschaft oder der EU-OGAW-Verwaltungsgesellschaft zugänglich zu machen. [2]Bei offenen AIF-Publikumsinvestmentvermögen dürfen Verkaufsprospekt und wesentliche Anlegerinformationen dem Publikum erst zugänglich gemacht werden, sobald die Verwaltungsgesellschaft mit dem Vertrieb des Investmentvermögens gemäß § 316 beginnen darf.

(2) Für die einzelnen Teilinvestmentvermögen eines Umbrella-Investmentvermögens kann ein gemeinsamer Verkaufsprospekt erstellt werden, in dem die folgenden Angaben in klarer und übersichtlicher Art und Weise darzustellen sind:

1. **für alle Teilinvestmentvermögen gemeinsam die in § 165 genannten Angaben, die bei allen Teilinvestmentvermögen identisch sind und**
2. **für jedes Teilinvestmentvermögen gesondert alle Angaben, bei denen sich für einzelne Teilinvestmentvermögen Unterschiede auf Grund einer besonderen Anlagepolitik oder anderer Ausstattungsmerkmale ergeben.**

---

45 *Polifke* in Weitnauer/Boxberger/Anders, § 163 KAGB Rz. 16.
46 *Polifke* in Weitnauer/Boxberger/Anders, § 163 KAGB Rz. 17.
47 Allerdings müssen auch nicht die vollständigen Anlagebedingungen mitübersandt werden, vgl. auch *Rozok* in Emde/Dornseifer/Dreibus/Hölscher, § 43 InvG Rz. 118; *von Ammon/Izzo-Wagner* in Baur/Tappen, § 163 KAGB Rz. 34.
48 RegE, BT-Drucks. 19/4460, S. 28.

(3) Die Angaben in den wesentlichen Anlegerinformationen sowie die Angaben von wesentlicher Bedeutung im Verkaufsprospekt sind auf dem neusten Stand zu halten.

(4) [1]Die OGAW-Kapitalverwaltungsgesellschaft oder die EU-OGAW-Verwaltungsgesellschaft hat der Bundesanstalt für die von ihr verwalteten inländischen OGAW den Verkaufsprospekt und die wesentlichen Anlegerinformationen unverzüglich nach erstmaliger Verwendung einzureichen. [2]Auf Anfrage hat die OGAW-Kapitalverwaltungsgesellschaft der Bundesanstalt auch den Verkaufsprospekt für die von ihr nach den §§ 49 und 50 verwalteten EU-OGAW zur Verfügung zu stellen.

(5) Die OGAW-Kapitalverwaltungsgesellschaft oder die EU-OGAW-Verwaltungsgesellschaft hat der Bundesanstalt für die von ihr verwalteten inländischen OGAW alle Änderungen des Verkaufsprospektes und der wesentlichen Anlegerinformationen unverzüglich nach erstmaliger Verwendung einzureichen.

In der Fassung vom 4.7.2013 (BGBl. I 2013, S. 1981).

Schrifttum: *Burgard/Heimann*, Das neue Kapitalanlagegesetzbuch, WM 2014, 821; *Bußalb/Unzicker*, Auswirkungen der AIFM-Richtlinie auf geschlossene Fonds, BKR 2012, 309; *Bußalb*, Die Kompetenzen der BaFin bei der Überwachung der Pflichten aus dem KAGB, in Möllers/Kloyer, Das neue Kapitalanlagegesetzbuch, 2013, S. 221; *Emde/Dreibus*, Der Regierungsentwurf für ein Kapitalanlagegesetzbuch, BKR 2013, 89; *Patz*, Verkaufsprospektpflicht für offene inländische Investmentvermögen – De facto eine gesetzliche Prospektpflicht für offene Spezial-Investmentfonds aufgrund der Vertriebsvorschriften des KAGB, BKR 2014, 271; *Weitnauer*, Die Informationspflichten nach dem KAGB, in Möllers/Kloyer, Das neue Kapitalanlagegesetzbuch, 2013, S. 161; *Zetzsche*, Fondsregulierung im Umbruch – ein rechtsvergleichender Rundblick zur Umsetzung der AIFM-Richtlinie, ZBB 2014, 22.

I. Allgemeines

1. Regelungssystematik

Jede KVG und jede EU-OGAW-KVG ist nach § 164 Abs. 1 Satz 1 KAGB verpflichtet, für sämtliche von ihr verwalteten offenen Publikumsinvestmentvermögen einen **Verkaufsprospekt** und **wesentliche Anlegerinformationen** zu **erstellen.**[1] Während § 164 KAGB die Pflicht der KVG enthält, die Unterlagen grundsätzlich zu erstellen und zu veröffentlichen, sind die inhaltlichen Vorgaben für den Verkaufsprospekt in § 165 KAGB und für die wesentlichen Anlegerinformationen in § 166 KAGB geregelt. Die Vorschrift des § 164 Abs. 3 KAGB enthält die Pflicht der KVG, die wesentlichen Anlegerinformationen sowie die wesentlichen Angaben in dem Verkaufsprospekt **auf dem neusten Stand zu halten und regelmäßig zu aktualisieren**. Die Parallelvorschrift für geschlossene Publikums-AIF findet sich in § 268 KAGB. 1

Sollen inländische OGAW verwaltet werden, so sind der Verkaufsprospekt und die wesentlichen Anlegerinformationen unmittelbar nach der ersten Verwendung nach § 164 Abs. 4 KAGB bei der BaFin **einzureichen.** Dabei ist die BaFin nach § 164 Abs. 5 KAGB auch zu **unterrichten**, wenn sich die Angaben in dem Verkaufsprospekt oder in den wesentlichen Anlegerinformationen ändern. 2

Schließlich enthält § 164 Abs. 2 KAGB eine Sonderregel für **Umbrella-Konstruktionen** und deren Teilinvestmentvermögen. 3

Eine **Ausnahmevorschrift für den Vertrieb von EU-AIF und ausländischen AIF** an Privatanleger im Geltungsbereich des KAGB enthält § 318 KAGB. Die jeweiligen KVGen haben auch für diese Investmentvermögen einen Verkaufsprospekt sowie wesentliche Anlegerinformationen zu erstellen. Der **Verkaufspro-** 4

1 Zur Abgrenzung zwischen den jeweiligen Anforderungen der OGAW-Richtlinien, der AIFM- und der Prospektrichtlinie vgl. ausführlich *Zetzsche/Eckner* in Zetzsche, The Alternative Investment Fund Managers Directive, Chapter 15, S. 333 ff.

spekt für offene Publikums-AIF muss nach § 318 Abs. 2 Satz 2 KAGB zumindest die in § 165 Abs. 2 bis 7 und 9 KAGB vorgesehenen Angaben enthalten. Daneben muss die KVG nach § 318 Abs. 5 Satz 1 KAGB für EU-AIF und ausländische AIF auch **wesentliche Anlegerinformationen** erstellen. Für offene Publikums-AIF verweist § 318 Abs. 5 Satz 2 KAGB auf die inhaltlichen Vorgaben nach § 166 Abs. 1 bis 5 KAGB. Schließlich finden sich auch Sondervorschriften für Dach-Hedgefonds (§ 318 Abs. 2 und 5 Satz 2 KAGB) und Immobilien-Sondervermögen (§ 318 Abs. 5 Satz 2 KAGB). Eine Aktualisierungspflicht besteht in beiden Fällen (§ 318 Abs. 6 KAGB).

2. Entstehungsgeschichte

5 § 164 KAGB entspricht größtenteils den bisherigen §§ 42 Abs. 1 Satz 1, Abs. 5 und 6 InvG und setzt zugleich Art. 23 AIFM-RL um.[2] Die Pflicht zur Erstellung eines Verkaufsprospektes geht allerdings bereits auf § 19 KAGG zurück.[3] Der frühere Versuch eines vereinfachten, verkürzten Verkaufsprospektes wurde wieder abgeschafft und durch die wesentlichen Anlegerinformationen ersetzt.[4]

3. Regelungszweck

6 Mit dem Verkaufsprospekt und den wesentlichen Anlegerinformationen soll die KVG eine **solide Grundlage für die Anlageentscheidung** des Anlegers schaffen[5] und die **Informationsasymmetrie** zwischen Anleger und KVG angleichen.[6] Daher sind sie dem Anleger zur Verfügung zu stellen, bevor er investiert.[7] Hintergrund ist die Überlegung, dass gerade Privatanleger grundsätzlich nicht über den erforderlichen Sachverstand, die Kenntnisse und Erfahrungen verfügen und es daher eines erhöhten Anlegerschutzes bedarf.[8] Die ausführlichen Verkaufsunterlagen sind ein Mittel, um dieses erhöhte Schutzniveau durchzusetzen und das Vertrauen der Anleger in den Markt zu stärken.[9]

Dies deckt sich auch mit der Entwicklung der Informationspflichten für Privatanleger in Europa. Betrachtet man die verschiedenen Rechtsordnungen, ergibt sich eine starke **Tendenz zu einer „zweigleisigen" Anlegerinformation.**[10] Neben dem umfassenden Verkaufsprospekt haben die KVGen nach vielen weiteren europäischen Rechtsordnungen auch kurze Produktinformationsblätter, wie vereinfachte Verkaufsprospekte oder Key Investor Information Documents (KIIDs) nach den Vorgaben der VO (EU) Nr. 583/2010 zu erstellen.[11]

Ab dem 1.1.2020 haben KVGen für geschlossene Investmentvermögen die wesentlichen Anlegerinformationen in Form von sog. Basisinformationsblättern – kurz BIBs – (bzw. Key Information Documents – kurz KIDs –) nach den Standards der VO (EU) Nr. 1286/2014 für Packaged Retail and Insurance-based Investment Products (PRIIPs) zu erstellen.[12] Diese lösen die wesentlichen Anlegerinformationen bzw. KIIDs ab. Inhaltlich sollen die entscheidenden Informationen für den Anleger durch die Vorgaben der PRIIPs-VO noch verständlicher und vergleichbarer aufbereitet werden.[13] Damit verfolgt der Europäische Gesetzgeber die Zwecke, einerseits das Vertrauen der Anleger in den Finanzmarkt nach der Finanzkrise wiederherzustel-

---

2 Begr. RegE, BT-Drucks. 17/12294, S. 254.

3 *Schmitz* in Berger/Steck/Lübbehüsen, § 42 InvG Rz. 1; *von Ammon/Izzo-Wagner* in Baur/Tappen, § 164 KAGB Rz. 12.

4 *von Ammon/Izzo-Wagner* in Baur/Tappen, § 164 KAGB Rz. 12.

5 *Rozok* in Emde/Dornseifer/Dreibus/Hölscher, § 42 InvG Rz. 12; *von Ammon/Izzo-Wagner* in Baur/Tappen, § 164 KAGB Rz. 8; *Dorenkamp* in Baur/Tappen, § 268 KAGB Rz. 18 mit einem schönen Überblick über die Entwicklung der Prospektpflicht und dessen Ausgestaltungsmöglichkeiten; *Patzner/Schneider-Deters* in Moritz/Klebeck/Jesch, § 164 KAGB Rz. 6 f.

6 *Patzner/Schneider-Deters* in Moritz/Klebeck/Jesch, § 164 KAGB Rz. 10; *Dorenkamp* in Baur/Tappen, § 268 KAGB Rz. 18 zur allgemeinen Bedeutung des Verkaufsprospektes.

7 *Bußalb/Unzicker*, BKR 2012, 309 (318 f.).

8 Vgl. die Anlegerkategorisierung nach § 1 Abs. 19 Nr. 32 i.V.m. Annex II der MIFID (umgesetzt durch den nationalen Gesetzgeber in § 31a WpHG; mit dem Inkrafttreten des 2. FiMaNoG ab dem 3.1.2018 finden sich die Regelungen in § 63 WpHG); etwas allgemeiner zum anlegerschützenden Sinn und Zweck der Vorschriften des InvG und folglich auch des KAGB vgl. *Schmitz* in Berger/Steck/Lübbehüsen, § 42 InvG Rz. 3.

9 *Dorenkamp* in Baur/Tappen, § 268 KAGB Rz. 18.

10 *Zetzsche*, ZBB 2014, 22 (35); auch *Zetzsche*, Prinzipien der kollektiven Vermögensanlage, S. 452.

11 Dazu umfassend *Zetzsche*, ZBB 2014, 22 (35) und *Zetzsche/Eckner* in Zetzsche, The Alternative Investment Fund Managers Directive, Chapter 15, S. 356 ff.; dazu auch die Kommentierung zu § 270 KAGB.

12 Aufgrund der Übergangsvorschrift in Art. 32 der VO (EU) Nr. 1286/2014 sind geschlossene Investmentvermögen erst ab dem 31.12.2019 zur Erstellung von PRIIPs verpflichtet, obwohl die Verordnung eigentlich bereits ab dem 31.12.2016 gilt.

13 ErwGr. 17 VO (EU) Nr. 1286/2014. S. dazu auch den sehr informativen Fachartikel der BaFin vom 17.8.2015 von *Andresen/Gerold*, Basisinformationsblatt: PRIIPs-Verordnung – Neuer EU-weiter Standard der Produktinfor-

len und andererseits den Anlegerschutz insgesamt zu stärken.[14] Dazu werden vor allem die Vorgaben für das Format und den Inhalt der Basisinformationsblätter europaweit vereinheitlicht, vgl. Art. 6 bis 8 der VO (EU) Nr. 1286/2014.[15] Daneben enthält die Verordnung in Art. 13 und 14 auch zahlreiche Vorschriften, wie und in welcher Form die Basisinformationsblätter zu veröffentlichen und dem Anleger zur Verfügung zu stellen sind. Zu Einzelheiten s. die Kommentierung der PRIIPs-VO im Anh. zu § 166.

4. Rechtsnatur

Der Verkaufsprospekt und die wesentlichen Anlegerinformationen sind weder Bestandteil des Investmentvertrages noch sind sie erforderlich für dessen Vertragsschluss. Vielmehr dienen die Verkaufsinformationen dazu, den Anleger **im Vorfeld des Vertrages aufzuklären.**[16] Die wesentlichen Anlegerinformationen fassen dabei die wichtigsten Inhalte des Verkaufsprospektes nochmals klar, prägnant und verständlich für den Anleger zusammen.[17] 7

Allerdings sind die Verkaufsunterlagen auch nicht nur als bloße **Werbemaßnahmen** zu qualifizieren.[18] Zwar verfolgen sie auch diesen Zweck. Allerdings führen fehlerhafte und unvollständige Angaben sowohl nach besonderen investmentrechtlichen Vorschriften als auch nach allgemeinen zivilrechtlichen Vorschriften zu einer vollumfänglichen Haftung der KVG gegenüber den Anlegern.[19] Daher sind die Verkaufsunterlagen eher als **Qualitätsversprechen** mit dem Inhalt anzusehen, dass das Investmentvermögen auch tatsächlich die darin genannten Merkmale aufweist und die beschriebene Qualität besitzt.[20] 8

II. Pflicht zur Erstellung eines Verkaufsprospektes und der wesentlichen Anlegerinformationen (§ 164 Abs. 1 KAGB)

1. Anwendungsbereich

§ 164 Abs. 1 Satz 1 KAGB enthält die Pflicht der KVG und EU-OGAW-KVG für alle von ihr verwalteten offenen Publikumsinvestmentvermögen einen Verkaufsprospekt und wesentlichen Anlegerinformationen zu **erstellen** und den Anlegern in der jeweils aktuellsten Fassung auf der Internetseite der KVG **zugänglich zu machen.** Dies bedeutet, dass die Verkaufsunterlagen auf der Internetseite frei einsehbar sein müssen, so dass sie bei Bedarf von jedem uneingeschränkt abgerufen werden können.[21] Die Pflicht gilt trotz des Wortlauts des § 164 Abs. 1 KAGB auch für ausländische KVGen, die ein inländisches Publikumsinvestmentvermögen verwalten möchten.[22] 9

Für offene Publikums-AIF besteht nach § 164 Abs. 1 Satz 2 KAGB die Besonderheit, dass der Verkaufsprospekt sowie die wesentlichen Anlagebedingungen erst dann veröffentlicht werden dürfen, wenn der AIF das **Vertriebsanzeigeverfahren nach § 316 KAGB** durchlaufen hat und die KVG mit dem Vertrieb beginnen darf. Dies trägt dem Umstand Rechnung, dass jeder Publikums-AIF zunächst ein Anzeigeverfahren bei der BaFin durchlaufen muss bevor mit dem Vertrieb, für den der Verkaufsprospekt und die wesentlichen Anlegerinformationen erforderlich sind, begonnen werden darf.[23] So kann ein Gleichlauf zwischen der Veröffentlichung der Verkaufsunterlagen und dem tatsächlichen Vertrieb gesichert werden. Da die KVG im Rahmen des **Anzeigeverfahrens für den Vertrieb von AIF** der BaFin ohnehin nach § 316 Abs. 1 Nr. 4 KAGB sowohl den Verkaufsprospekt als auch die wesentlichen Anlegerinformationen vorlegen muss, wäre eine erneute Pflicht in Bezug auf die Vorlage der Unterlagen bei der BaFin obsolet. Ein solches Anzeigever- 10

---

mationen für Verbraucher, abrufbar unter https://www.bafin.de/SharedDocs/Veroeffentlichungen/DE/Facharti kel/2015/fa_bj_1508_basisinformationsblatt_priips_verordnung.html (Abruf vom 20.7.2017).

14 ErwGr. 2 und 4 VO (EU) Nr. 1286/2014.

15 S. dazu auch *Busse* in Moritz/Klebeck/Jesch, § 268 KAGB Rz. 71 ff.

16 *Rozok* in Emde/Dornseifer/Dreibus/Hölscher, § 42 InvG Rz. 13; *Dorenkamp* in Baur/Tappen, § 268 KAGB Rz. 18, 46 und § 270 KAGB Rz. 5; *Patzner/Schneider-Deters* in Moritz/Klebeck/Jesch, § 164 KAGB Rz. 7.

17 *Dorenkamp* in Baur/Tappen, § 268 KAGB Rz. 47.

18 *Rozok* in Emde/Dornseifer/Dreibus/Hölscher, § 42 InvG Rz. 18; *Dorenkamp* in Baur/Tappen, § 268 KAGB Rz. 30.

19 S. dazu § 306 KAGB sowie §§ 823 ff. BGB, s. auch den Überblick bei *Dorenkamp* in Baur/Tappen, § 268 KAGB Rz. 43 ff.

20 *Dorenkamp* in Baur/Tappen, § 268 KAGB Rz. 30.

21 *von Ammon/Izzo-Wagner* in Baur/Tappen, § 164 KAGB Rz. 8; *Schmitz* in Berger/Steck/Lübbehüsen, § 42 InvG Rz. 12; *Patzner/Schneider-Deters* in Moritz/Klebeck/Jesch, § 164 KAGB Rz. 12.

22 *Polifke* in Weitnauer/Boxberger/Anders, § 164 KAGB Rz. 1.

23 Begr. RegE, BT-Drucks. 17/12294, S. 254.

fahren sieht das KAGB bzw. die AIFM-RL aber nur für AIF vor, sodass für OGAW-Sondervermögen die Vorlagepflicht gilt und in § 164 Abs. 4 und 5 KAGB vorgesehen ist.

11 Das Gleiche gilt, sobald der Verkaufsprospekt oder die wesentlichen Anlegerinformationen eines Publikums-AIF erstmals nach einer Änderung verwendet werden. Nach § 316 Abs. 4 Satz 1 KAGB sind **sämtliche Änderungen der nach § 316 Abs. 1 KAGB einzureichenden Unterlagen schriftlich der BaFin mitzuteilen.** Insofern geht die Regelung für Verkaufsprospekte von Publikums-AIF sogar noch über die Regelung für OGAW-Sondervermögen hinaus. Nicht nur wesentliche, sondern sämtliche Änderungen des Verkaufsprospektes und der wesentlichen Anlegerinformationen sind der BaFin mitzuteilen. Nach § 316 Abs. 4 Satz 2 KAGB sind geplante Änderungen mindestens 20 Arbeitstage vor Durchführung, nicht geplante Änderungen unverzüglich nach deren Eintreten bei der BaFin einzureichen. Kommt die KVG ihrer Pflicht zur Mitteilung von Änderungen nicht nach, kann die BaFin nach § 316 Abs. 4 Satz 3 KAGB Maßnahmen nach § 5 KAGB ergreifen. Danach kann die BaFin ausdrücklich auch den Vertrieb des entsprechenden AIF untersagen.

12 Der Verkaufsprospekt bzw. die wesentlichen Anlegerinformationen müssen inhaltlich den **Mindestangaben der §§ 165 und 166 KAGB** entsprechen und **vollständig** und **richtig** sein.[24] Außerdem müssen sie so formuliert sein, dass sie für den durchschnittlichen Anleger verständlich sind.[25]

2. Prospekthaftung für unvollständige und fehlerhafte Angaben

13 Um zu unterstreichen, wie wichtig und entscheidend die Angaben im Verkaufsprospekt und den wesentlichen Anlegerinformationen für die Anlageentscheidung des Anlegers sind, finden sich im KAGB verschiedene Anspruchsgrundlagen für **Ansprüche des Anlegers gegen die KVG**, für den Fall, dass diese ihre Pflichten im Hinblick auf die Erstellung der Verkaufsunterlagen und die inhaltliche Vollständigkeit und Richtigkeit verletzt.

14 Verletzt die KVG ihre Pflicht, einen **Verkaufsprospekt zu erstellen** und **rechtzeitig zu veröffentlichen** und hat der Anleger bereits Anteile oder Aktien erworben, so kann er nach § 306 Abs. 5 KAGB verlangen, dass die KVG die Anteile oder Aktien gegen Zahlung des **Erwerbspreises und der Erwerbskosten** zurücknehmen muss. Der Anspruch ist zeitlich begrenzt und muss von dem Anleger innerhalb von zwei Jahren nach dem erstmaligen Vertrieb gegenüber der KVG geltend gemacht werden. Hat der Anleger die Anteile oder Aktien bereits veräußert so kann er nach § 306 Abs. 5 Satz 2 KAGB alternativ den Unterschiedsbetrag zwischen dem ursprünglichen Erwerbspreis und dem Veräußerungspreis verlangen. Die Ansprüche sind allerdings dann ausgeschlossen, wenn dem Anleger bei Erwerb bekannt war, dass die KVG ein Verkaufsprospekt erstellen muss.

15 Für unvollständige und fehlerhafte Angaben im Verkaufsprospekt statuiert § 306 Abs. 1 Satz 1 KAGB einen **Schadensersatzanspruch** des Anlegers.[26] Sind wesentliche Anlegerinformationen irreführend oder unrichtig oder widersprechen sie den einschlägigen Stellen im Verkaufsprospekt, sieht § 306 Abs. 2 Satz 1 KAGB ebenfalls einen Schadensersatzanspruch des Anlegers vor. Daneben bestehen auch weitere **zivilrechtliche Haftungsansprüche** nach §§ 823 ff. BGB. Im Übrigen wird auf die Kommentierung zu § 306 KAGB verwiesen.

16 Schließlich kann die KVG auch mit einem **Bußgeld** belegt werden, wenn sie den Anlegern den Verkaufsprospekt oder die wesentlichen Anlegerinformationen nicht vollständig oder rechtzeitig zugänglich macht. Der nationale Gesetzgeber stuft dies nach § 340 Abs. 2 Nr. 25 KAGB als **Ordnungswidrigkeit** ein, wenn die KVG vorsätzlich oder fahrlässig handelt.

III. Sonderregel für Umbrella-Konstruktion (§ 164 Abs. 2 KAGB)

17 Für Teilinvestmentvermögen unter einer Umbrella-Konstruktion enthält das KAGB in § 164 Abs. 2 KAGB eine Sonderregelung, nach der es ausreicht, wenn für Teilinvestmentvermögen ein **gemeinsamer Verkaufsprospekt** erstellt wird. Aus dem Wortlaut der Norm ergibt sich, dass die KVG von der Erleichterung keinen Gebrauch machen muss, sondern bei Bedarf „kann". Andernfalls sind Verkaufsprospekte für jedes einzelne Investmentvermögen zu erstellen.[27] Aus diesem muss sich in verständlicher und übersichtlicher Weise ergeben, welche Angaben für alle Teilinvestmentvermögen **identisch** sind (§ 164 Abs. 2 Nr. 1 KAGB) und welche für jedes Teilinvestmentvermögen **gesondert gelten** (§ 164 Abs. 1 Satz 2 Nr. 2 KAGB).

---

24 *Rozok* in Emde/Dornseifer/Dreibus/Hölscher, § 42 InvG Rz. 12.
25 *Rozok* in Emde/Dornseifer/Dreibus/Hölscher, § 42 InvG Rz. 12.
26 Zur Prospekthaftung allgemein vgl. beispielsweise *Assmann* in Assmann/Schütze, Handbuch des Kapitalanlagerechts, § 5; zum aktuellen Telekom-Prozess *Amort*, NJW 2015, 1276 ff.
27 Begr. RegE, BT-Drucks. 17/12294, S. 254.

Diese Erleichterung fand sich bislang nicht im InvG und gilt nur für den Verkaufsprospekt. Da Angaben für Teilinvestmentvermögen im Verkaufsprospekt häufig identisch sind, vermindert die Regelung den Aufwand der KVG bei der Erstellung des Prospektes und trägt zu mehr Leserlichkeit und Verständlichkeit beim Anleger bei.[28] 18

IV. Pflicht zur Aktualisierung (§ 164 Abs. 3 KAGB)

Die wesentlichen Anlegerinformationen und die Angaben von wesentlicher Bedeutung im Verkaufsprospekt sind nach § 164 Abs. 3 KAGB auf dem neusten Stand zu halten und zu aktualisieren. Ändern sich die **wesentlichen Anlegerinformationen** so sind diese stets anzupassen, unabhängig von dem Inhalt der Änderung. Jede Änderung ist vom Wortlaut des § 164 Abs. 3 KAGB erfasst. Den Anlegern ist unmittelbar nach der Änderung eine aktualisierte und überarbeitete Fassung zur Verfügung zu stellen.[29] In der Vorgängervorschrift des § 42 Abs. 5 InvG war diese Pflicht noch auf wesentliche Angaben beschränkt. Mit der Neufassung des § 164 Abs. 3 KAGB hat der Gesetzgeber der berechtigen Kritik Rechnung getragen, dass bereits nach dem allgemeine Begriffsverständnis der „wesentlichen" Anlegerinformationen alle darin enthaltenen Angaben auch „wesentlich" sind.[30] Daneben sind die wesentlichen Anlegerinformationen im Hinblick auf OGAW-Sondervermögen grundsätzlich mindestens alle 12 Monate durch die KVG auf ihren aktuellen Stand hin zu überprüfen.[31] 19

Dagegen besteht die Aktualisierungspflicht für Angaben im **Verkaufsprospekt** nur im Hinblick auf **Angaben von wesentlicher Bedeutung**. Dieser Pflicht kann die KVG entweder nachkommen, indem sie den Verkaufsprospekt vollständig erneuert oder durch einen Nachtrag ergänzt. Gerade bei der Verwendung von Nachträgen muss die KVG aber darauf achten, dass die Lesbarkeit und Verständlichkeit nicht zu stark beeinträchtigt werden.[32] Dies kann beispielsweise durch chronologische Nummerierungen und Datierungen erfolgen.[33] Nach § 164 Abs. 5 KAGB unterliegen nur Angaben einer sofortigen Aktualisierungspflicht, die für den Anleger von wesentlicher Bedeutung sind. Im Hinblick auf die Regelung in § 165 Abs. 1 Satz 1 KAGB ist dies dahingehend auszulegen, dass zwar alle Mindestangaben im Verkaufsprospekt erforderlich sind, aber eine sofortige Aktualisierung des Verkaufsprospektes nicht bei allen nach § 165 KAGB erforderlichen Angaben notwendig ist.[34] 20

V. Pflicht zur Einreichung (§ 164 Abs. 4 und 5 KAGB)

Bei inländischen **OGAW-Sondervermögen** muss die KVG darüber hinaus nach § 164 Abs. 4 KAGB den Verkaufsprospekt und die wesentlichen Anlegerinformationen **unverzüglich nach der ersten Verwendung bei der BaFin** einreichen. § 164 Abs. 4 KAGB statuiert keine Billigungspflicht durch die BaFin. Diese soll lediglich Kenntnis von den Verkaufsunterlagen erhalten und gegebenenfalls Maßnahmen nach § 165 Abs. 8 KAGB ergreifen können.[35] Das Gleiche gilt nach § 164 Abs. 5 KAGB, wenn die KVG einen **geänderten Verkaufsprospekt** oder **geänderte wesentliche Anlegerinformationen** erstmalig verwendet. Auf Anfrage der BaFin ist eine inländische KVG auch verpflichtet, der BaFin den Verkaufsprospekt für einen ausländischen OGAW zur Verfügung zu stellen. 21

Die Regelung ist beschränkt auf OGAW, da die Verkaufsprospekte von **offenen Publikums-AIF** der BaFin bereits im Rahmen des Anzeigeverfahrens nach § 316 KAGB vorzulegen sind.[36] Dies gilt nicht nur für die erstmalige Verwendung des Verkaufsprospektes oder der wesentlichen Anlegerinformationen, sondern im Gegensatz zu OGAW-Verkaufsunterlagen auch für sämtliche Änderungen. Die Vorschrift des § 316 Abs. 4 Satz 1 KAGB regelt ausdrücklich, dass die KVG eines offenen Publikums-AIF der BaFin auch **sämtliche Än-** 22

---

28 *von Ammon/Izzo-Wagner* in Baur/Tappen, § 164 KAGB Rz. 18.
29 Art. 23 Abs. 1 VO (EU) Nr. 583/2010.
30 *Rozok* in Emde/Dornseifer/Dreibus/Hölscher, § 42 InvG Rz. 130; *von Ammon/Izzo-Wagner* in Baur/Tappen, § 164 KAGB Rz. 20.
31 Art. 22 Abs. 1 VO (EU) Nr. 583/2010.
32 *Schmitz* in Berger/Steck/Lübbehüsen, § 42 InvG Rz. 33; *Rozok* in Emde/Dornseifer/Dreibus/Hölscher, § 42 InvG Rz. 129; *Patzner/Schneider-Deters* in Moritz/Klebeck/Jesch, § 164 KAGB Rz. 16.
33 *Rozok* in Emde/Dornseifer/Dreibus/Hölscher, § 42 InvG Rz. 129; *von Ammon/Izzo-Wagner* in Baur/Tappen, § 164 KAGB Rz. 21; *Dorenkamp* in Baur/Tappen, § 268 KAGB Rz. 60 zur Parallelvorschrift für geschlossene Publikumsinvestmentvermögen.
34 *Polifke* in Weitnauer/Boxberger/Anders, § 164 KAGB Rz. 4 zur Parallelvorschrift für offene Publikumsinvestmentvermögen.
35 *von Ammon/Izzo-Wagner* in Baur/Tappen, § 164 KAGB Rz. 25.
36 Begr. RegE, BT-Drucks. 17/12294, S. 254.

derungen der Verkaufsunterlagen schriftlich mitzuteilen hat. Nach § 316 Abs. 4 Satz 2 KAGB sind geplante Änderungen mindestens 20 Arbeitstage vor Durchführung, nicht geplante Änderungen unverzüglich bei der BaFin einzureichen. Was die Vorlage der Verkaufsunterlagen bei der BaFin angeht, gehen die Pflichten von Publikums-AIF somit deutlich über die Pflichten von OGAW-Sondervermögen hinaus.

§ 165 Mindestangaben im Verkaufsprospekt

(1) [1]Der Verkaufsprospekt eines offenen Publikumsinvestmentvermögens muss mit einem Datum versehen sein und die Angaben enthalten, die erforderlich sind, damit sich die Anleger über die ihnen angebotene Anlage und insbesondere über die damit verbundenen Risiken ein begründetes Urteil bilden können. [2]Der Verkaufsprospekt muss redlich und eindeutig und darf nicht irreführend sein.

(2) Der Verkaufsprospekt muss neben dem Namen des Investmentvermögens, auf das er sich bezieht, mindestens folgende Angaben enthalten:

1. **Zeitpunkt der Auflegung des Investmentvermögens sowie Angabe der Laufzeit;**
2. **an hervorgehobener Stelle eine Beschreibung der Anlageziele des Investmentvermögens einschließlich der finanziellen Ziele und Beschreibung der Anlagepolitik und -strategie, einschließlich etwaiger Konkretisierungen und Beschränkungen bezüglich dieser Anlagepolitik und -strategie; eine Beschreibung der Art der Vermögensgegenstände, in die das Investmentvermögen investieren darf sowie die Angabe etwaiger Techniken und Instrumente, von denen bei der Verwaltung des Investmentvermögens Gebrauch gemacht werden kann und aller damit verbundenen Risiken, Interessenkonflikte und Auswirkungen auf die Wertentwicklung des Investmentvermögens; Beschreibung der wesentlichen Merkmale der für das Investmentvermögen erwerbbaren Anteile oder Aktien an Investmentvermögen einschließlich der maßgeblichen Anlagegrundsätze und -grenzen und des Sitzes der Zielinvestmentvermögen;**
3. **eindeutige und leicht verständliche Erläuterung des Risikoprofils des Investmentvermögens;**
4. **Hinweis, dass der am Erwerb eines Anteils oder einer Aktie Interessierte Informationen über die Anlagegrenzen des Risikomanagements, die Risikomanagementmethoden und die jüngsten Entwicklungen bei den Risiken und Renditen der wichtigsten Kategorien von Vermögensgegenständen des Investmentvermögens verlangen kann und Angabe der Stellen, wo der am Erwerb eines Anteils oder einer Aktie Interessierte diese Informationen in welcher Form erhalten kann;**
5. **Zulässigkeit von Kreditaufnahmen für Rechnung des Investmentvermögens;**
6. **Umstände, unter denen das Investmentvermögen Leverage einsetzen kann, Art und Herkunft des zulässigen Leverage und die damit verbundenen Risiken, sonstige Beschränkungen für den Einsatz von Leverage sowie den maximalen Umfang des Leverage, die die Verwaltungsgesellschaft für Rechnung des Investmentvermögens einsetzen dürfen; bei inländischen OGAW kann die Angabe des maximalen Umfangs des Leverage durch die Angabe des maximalen Marktrisikopotenzials, gegebenenfalls ergänzt um die Angabe des erwarteten Leverage, ersetzt werden;**
7. **Handhabung von Sicherheiten, insbesondere Art und Umfang der geforderten Sicherheiten und die Wiederverwendung von Sicherheiten und Vermögensgegenständen, sowie die sich daraus ergebenden Risiken;**
8. **Angaben zu den Kosten einschließlich Ausgabeaufschlag und Rückgabeabschlag nach Maßgabe von Absatz 3;**
9. **gegebenenfalls bisherige Wertentwicklung des Investmentvermögens und gegebenenfalls der Anteil- oder Aktienklassen zusammen mit einem Warnhinweis, dass die bisherige Wertentwicklung kein Indikator für die zukünftige Wertentwicklung ist;**
10. **Profil des typischen Anlegers, für den das Investmentvermögen konzipiert ist;**
11. **Beschreibung der Verfahren, nach denen das Investmentvermögen seine Anlagestrategie oder seine Anlagepolitik oder beides ändern kann;**
12. **Voraussetzungen für die Auflösung und Übertragung des Investmentvermögens unter Angabe von Einzelheiten insbesondere bezüglich der Rechte der Anleger;**
13. **Beschreibung, in welcher Weise und zu welchem Zeitpunkt die gemäß § 300 erforderlichen Informationen offengelegt werden;**
14. **Beschreibung der Regeln für die Ermittlung und Verwendung der Erträge;**

15. **Kurzangaben über die für die Anleger bedeutsamen Steuervorschriften einschließlich der Angabe, ob ausgeschüttete Erträge des Investmentvermögens einem Quellensteuerabzug unterliegen;**
16. **Ende des Geschäftsjahres des Investmentvermögens; Häufigkeit der Ausschüttung von Erträgen;**
17. **Angabe der Stellen, bei denen die Jahresberichte und Halbjahresberichte über das Investmentvermögen erhältlich sind;**
18. **Name des Abschlussprüfers, der mit der Prüfung des Investmentvermögens einschließlich des Jahresberichtes beauftragt ist;**
19. **Regeln für die Vermögensbewertung, insbesondere eine Beschreibung des Verfahrens zur Bewertung des Investmentvermögens und der Kalkulationsmethoden für die Bewertung von Vermögenswerten, einschließlich der Verfahren für die Bewertung schwer zu bewertender Vermögenswerte nach den §§ 168 bis 170, 212, 216 und 217; bei offenen Publikums-AIF Nennung des externen Bewerters;**
20. **gegebenenfalls Angabe der Börsen oder Märkte, an denen Anteile oder Aktien notiert oder gehandelt werden; Angabe, dass der Anteilswert vom Börsenpreis abweichen kann;**
21. **Verfahren und Bedingungen für die Ausgabe und die Rücknahme sowie gegebenenfalls den Umtausch von Anteilen oder Aktien;**
22. **Beschreibung des Liquiditätsmanagements des Investmentvermögens, einschließlich der Rückgaberechte unter normalen und außergewöhnlichen Umständen, und der bestehenden Rücknahmevereinbarungen mit den Anlegern einschließlich der Voraussetzungen, unter denen die Rücknahme und gegebenenfalls auch der Umtausch von Anteilen oder Aktien ausgesetzt werden kann;**
23. **die getroffenen Maßnahmen, um die Zahlungen an die Anleger, die Rücknahme der Anteile oder Aktien sowie die Verbreitung der Berichte und sonstigen Informationen über das Investmentvermögen vorzunehmen; falls Anteile oder Aktien in einem anderen Mitgliedstaat der Europäischen Union oder in einem anderen Vertragsstaat des Abkommens über den Europäischen Wirtschaftsraum vertrieben werden, sind Angaben über die in diesem Staat getroffenen Maßnahmen zu machen und in den dort bekannt zu machenden Verkaufsprospekt aufzunehmen;**
24. **eine Beschreibung der wichtigsten rechtlichen Auswirkungen der für die Tätigung der Anlage eingegangenen Vertragsbeziehung, einschließlich Informationen über die zuständigen Gerichte, das anwendbare Recht und das Vorhandensein oder Nichtvorhandensein von Rechtsinstrumenten, die die Anerkennung und Vollstreckung von Urteilen in dem Gebiet vorsehen, in dem das Investmentvermögen seinen Sitz hat;**
25. **Art und Hauptmerkmale der Anteile oder Aktien, insbesondere Art der durch die Anteile oder Aktien verbrieften oder verbundenen Rechte oder Ansprüche; Angaben, ob die Anteile oder Aktien durch Globalurkunden verbrieft oder ob Anteilscheine oder Einzelurkunden ausgegeben werden; Angaben, ob die Anteile auf den Inhaber oder auf den Namen lauten und Angabe der Stückelung;**
26. **gegebenenfalls Angabe des Investmentvermögens und seiner einzelnen Teilinvestmentvermögen und unter welchen Voraussetzungen Anteile an verschiedenen Teilinvestmentvermögen ausgegeben werden, einschließlich einer Beschreibung der Anlageziele und der Anlagepolitik der Teilinvestmentvermögen;**
27. **eine Beschreibung der Art und Weise, wie die Verwaltungsgesellschaft eine faire Behandlung der Anleger gewährleistet sowie Angaben darüber, ob und unter welchen Voraussetzungen Anteile oder Aktien mit unterschiedlichen Rechten ausgegeben werden und eine Erläuterung, welche Ausgestaltungsmerkmale gemäß § 96 Absatz 1 und 2 oder § 108 Absatz 4 den Anteil- oder Aktienklassen zugeordnet werden; eine Beschreibung des Verfahrens gemäß § 96 Absatz 1 Satz 4 oder § 108 Absatz 4 für die Errechnung des Wertes der Anteile oder Aktien jeder Anteil- oder Aktienklasse, einschließlich der Angaben, wenn ein Anleger eine Vorzugsbehandlung oder einen Anspruch auf eine solche Behandlung erhält, eine Erläuterung dieser Behandlung, der Art der Anleger, die eine solche Vorzugsbehandlung erhalten, sowie gegebenenfalls der rechtlichen oder wirtschaftlichen Verbindungen zwischen diesen Anlegern und dem Investmentvermögen oder der Verwaltungsgesellschaft;**
28. **Firma, Rechtsform, Sitz und, wenn sich die Hauptverwaltung nicht am Sitz befindet, Ort der Hauptverwaltung der Verwaltungsgesellschaft; Zeitpunkt ihrer Gründung;**

29. Namen der Mitglieder des Vorstands oder der Geschäftsführung und des Aufsichtsrats oder gegebenenfalls des Beirats, jeweils unter Angabe der außerhalb der Verwaltungsgesellschaft ausgeübten Hauptfunktionen, wenn diese für die Verwaltungsgesellschaft von Bedeutung sind;
30. Höhe des gezeichneten und eingezahlten Kapitals;
31. Angabe der weiteren Investmentvermögen, die von der Verwaltungsgesellschaft verwaltet werden;
32. Identität der Verwahrstelle und Beschreibung ihrer Pflichten sowie der Interessenkonflikte, die entstehen können;
33. Beschreibung sämtlicher von der Verwahrstelle ausgelagerter Verwahrungsaufgaben, Liste der Auslagerungen und Unterauslagerungen und Angabe sämtlicher Interessenkonflikte, die sich aus den Auslagerungen ergeben können;
34. Erklärung, dass den Anlegern auf Antrag Informationen auf dem neuesten Stand hinsichtlich der Nummern 32 und 33 übermittelt werden.
35. die Namen von Beratungsfirmen, Anlageberatern oder sonstigen Dienstleistern, wenn ihre Dienste auf Vertragsbasis in Anspruch genommen werden; Einzelheiten dieser Verträge, die für die Anleger von Interesse sind, insbesondere Erläuterung der Pflichten der Dienstleister und der Rechte der Anleger; andere Tätigkeiten der Beratungsfirma, des Anlageberaters oder des sonstigen Dienstleistungsanbieters von Bedeutung;
36. eine Beschreibung sämtlicher von der Verwaltungsgesellschaft übertragener Verwaltungsfunktionen sowie sämtlicher von der Verwahrstelle übertragener Verwahrungsfunktionen, Bezeichnung des Beauftragten sowie sämtlicher Interessenkonflikte, die sich aus der Aufgabenübertragung ergeben könnten;
37. eine Beschreibung, in welcher Weise die AIF-Verwaltungsgesellschaft den Anforderungen des § 25 Absatz 6 gerecht wird;
38. Umstände oder Beziehungen, die Interessenkonflikte begründen können;
39. bei Investmentvermögen mit mindestens einem Teilinvestmentvermögen, dessen Anteile oder Aktien im Geltungsbereich dieses Gesetzes an eine, mehrere oder alle Anlegergruppen im Sinne des § 1 Absatz 19 Nummer 31 bis 33 vertrieben werden dürfen, und mit weiteren Teilinvestmentvermögen desselben Investmentvermögens, die im Geltungsbereich dieses Gesetzes nicht oder nur an eine oder mehrere andere Anlegergruppen vertrieben werden dürfen, den drucktechnisch an hervorgehobener Stelle herausgestellten Hinweis, dass die Anteile oder Aktien der weiteren Teilinvestmentvermögen im Geltungsbereich dieses Gesetzes nicht vertrieben werden dürfen oder, sofern sie an einzelne Anlegergruppen vertrieben werden dürfen, an welche Anlegergruppe im Sinne des § 1 Absatz 19 Nummer 31 bis 33 sie nicht vertrieben werden dürfen; diese weiteren Teilinvestmentvermögen sind namentlich zu bezeichnen;
40. die in Artikel 14 der Verordnung (EU) 2015/2365 sowie für OGAW die in Artikel 29 Absatz 2 der Verordnung (EU) 2016/1011 genannten Informationen.

(3) Der Verkaufsprospekt hat in Bezug auf die Kosten einschließlich Ausgabeaufschlag und Rücknahmeabschlag folgende Angaben zu enthalten:

1. Berechnung der Ausgabe- und Rücknahmepreise der Anteile oder Aktien unter Berücksichtigung der Methode und Häufigkeit der Berechnung dieser Preise und der mit der Ausgabe und der Rücknahme der Anteile oder Aktien verbundenen Kosten;
2. Angaben über Art, Ort und Häufigkeit der Veröffentlichung der Ausgabe- und Rücknahmepreise der Anteile oder Aktien;
3. etwaige sonstige Kosten oder Gebühren, aufgeschlüsselt nach denjenigen, die vom Anleger zu zahlen sind und denjenigen, die aus dem Investmentvermögen zu zahlen sind;
4. Verwendung des Aufschlags bei der Ausgabe der Anteile oder Aktien oder des Abschlags bei der Rücknahme der Anteile oder Aktien;
5. Angabe, dass eine Gesamtkostenquote in Form einer einzigen Zahl, die auf den Zahlen des vorangegangenen Geschäftsjahres basiert, zu berechnen ist und welche Kosten einbezogen werden;
6. Erläuterung, dass Transaktionskosten aus dem Investmentvermögen gezahlt werden und dass die Gesamtkostenquote keine Transaktionskosten enthält;

7. Angabe, aus welchen Vergütungen und Kosten sich die Pauschalgebühr zusammensetzt und Hinweis, ob und welche Kosten dem Investmentvermögen gesondert in Rechnung gestellt werden, falls in den Anlagebedingungen für die Vergütungen und Kosten eine Pauschalgebühr vereinbart wurde; die Nummern 5 und 6 bleiben unberührt;
8. Beschreibung, ob der Verwaltungsgesellschaft Rückvergütungen der aus dem Investmentvermögen an die Verwahrstelle und an Dritte geleisteten Vergütungen und Aufwendungserstattungen zufließen und ob je nach Vertriebsweg ein wesentlicher Teil der Vergütungen, die aus dem Investmentvermögen an die Verwaltungsgesellschaft geleistet werden, für Vergütungen an Vermittler von Anteilen oder Aktien des Investmentvermögens auf den Bestand von vermittelten Anteilen oder Aktien verwendet wird;
9. Angabe gemäß § 162 Absatz 2 Nummer 14; Art der möglichen Gebühren, Kosten, Steuern, Provisionen und sonstigen Aufwendungen unter Angabe der jeweiligen Höchstbeträge, die mittelbar oder unmittelbar von den Anlegern des Investmentvermögens zu tragen sind; Hinweis, dass dem Investmentvermögen neben der Vergütung zur Verwaltung des Investmentvermögens eine Verwaltungsvergütung für die im Investmentvermögen gehaltenen Anteile oder Aktien berechnet wird.
10. hinsichtlich der Vergütungspolitik der Verwaltungsgesellschaft:
    a) die Einzelheiten der aktuellen Vergütungspolitik, darunter eine Beschreibung darüber, wie die Vergütung und die sonstigen Zuwendungen berechnet werden, und die Identität der für die Zuteilung der Vergütung und sonstigen Zuwendungen zuständigen Personen, einschließlich der Zusammensetzung des Vergütungsausschusses, falls es einen solchen Ausschuss gibt, oder
    b) eine Zusammenfassung der Vergütungspolitik und eine Erklärung darüber, dass die Einzelheiten der aktuellen Vergütungspolitik auf einer Internetseite veröffentlicht sind, wie die Internetseite lautet und dass auf Anfrage kostenlos eine Papierversion der Internetseite zur Verfügung gestellt wird; die Erklärung umfasst auch, dass zu den auf der Internetseite einsehbaren Einzelheiten der aktuellen Vergütungspolitik eine Beschreibung der Berechnung der Vergütung und der sonstigen Zuwendungen sowie die Identität der für die Zuteilung der Vergütung und sonstigen Zuwendungen zuständigen Personen, einschließlich der Zusammensetzung des Vergütungsausschusses, falls es einen solchen Ausschuss gibt, gehört.

(4) Sofern die Verwaltungsgesellschaft für Rechnung des Investmentvermögens Geschäfte mit Derivaten tätigen darf, muss der Verkaufsprospekt an hervorgehobener Stelle erläutern, ob diese Geschäfte zu Absicherungszwecken oder als Teil der Anlagestrategie getätigt werden dürfen und wie sich die Verwendung von Derivaten möglicherweise auf das Risikoprofil des Investmentvermögens auswirkt.

(5) Weist ein Investmentvermögen durch seine Zusammensetzung oder durch die für die Fondsverwaltung verwendeten Techniken eine erhöhte Volatilität auf, muss im Verkaufsprospekt an hervorgehobener Stelle darauf hingewiesen werden.

(6) [1]Im Verkaufsprospekt eines Investmentvermögens, das einen anerkannten Wertpapierindex nachbildet, muss an hervorgehobener Stelle darauf hingewiesen werden, dass der Grundsatz der Risikomischung für dieses Investmentvermögen nur eingeschränkt gilt. [2]Zudem muss der Verkaufsprospekt die Angabe enthalten, welche Wertpapiere Bestandteile des Wertpapierindexes sind und wie hoch der Anteil der jeweiligen Wertpapiere am Wertpapierindex ist. [3]Die Angaben über die Zusammensetzung des Wertpapierindexes können unterbleiben, wenn sie für den Schluss oder für die Mitte des jeweiligen Geschäftsjahres im letzten bekannt gemachten Jahres- oder Halbjahresbericht enthalten sind.

(7) Der Verkaufsprospekt von AIF hat zusätzlich mindestens folgende weitere Angaben zu enthalten:

1. Identität des Primebrokers, Beschreibung jeder wesentlichen Vereinbarung zwischen dem Investmentvermögen und seinen Primebrokern, Art und Weise der Beilegung diesbezüglicher Interessenkonflikte;
2. Angaben über jede eventuell bestehende Haftungsübertragung auf den Primebroker.

(8) Die Bundesanstalt kann verlangen, dass in den Verkaufsprospekt weitere Angaben aufgenommen werden, wenn sie Grund zu der Annahme hat, dass die Angaben für die Erwerber erforderlich sind.

(9) Etwaige Prognosen im Verkaufsprospekt sind deutlich als solche zu kennzeichnen.

In der Fassung vom 4.7.2013 (BGBl. I 2013, S. 1981), zuletzt geändert durch das Zweite Finanzmarktnovellierungsgesetz (2. FiMaNoG) vom 23.6.2017 (BGBl. I 2017, S. 1693).

Schrifttum: *Amort*, Telekom-Prozess – Mammutverfahren vorläufig beendet, NJW 2015, 1276; *Fleischer*, Informationsasymmetrien im Vertragsrecht, 2001; *Fock*, Gemischte Sondervermögen, WM 2006, 2160; *Möllers/Kernchen*, Information Overload am Kapitalmarkt – Plädoyer zur Einführung eines Kurzfinanzberichts auf empirischer, psychologischer und rechtsvergleichender Basis, ZGR 2011, 1; *Patz*, Verkaufsprospektpflicht für offene inländische Investmentvermögen – De facto eine gesetzliche Prospektpflicht für offene Spezial-Investmentfonds aufgrund der Vertriebsvorschriften des KAGB, BKR 2014, 271; *Weitnauer*, Die Informationspflichten nach dem KAGB, in Möllers/Kloyer, Das neue Kapitalanlagegesetzbuch, 2013, S. 161; *Weinrich/Tiedemann*, Richtige und vollständige Darstellung der IRR-Methode im Emissionsprospekt, BKR 2016, 50.

I. Allgemeines

1. Regelungssystematik

1 Während § 164 KAGB die Pflicht zur Erstellung eines Verkaufsprospektes an sich regelt, enthält § 165 KAGB die **inhaltlichen Vorgaben für den Verkaufsprospekt von allen inländischen offenen Publikums-**

investmentvermögen.[1] Die KVG muss sowohl für OGAW als auch für Publikums-AIF einen Verkaufsprospekt erstellen. Die Vorschrift des § 165 Abs. 1 KAGB enthält generalklauselartige Vorgaben, die grundsätzlich für alle Mindestangaben im Verkaufsprospekt gelten. Daneben ist die Vorschrift sehr weit gefasst und als Auffangtatbestand konzipiert.[2]

2 In § 165 Abs. 2 KAGB folgt ein Katalog mit allgemeinen Mindestangaben, die in jedem Verkaufsprospekt enthalten sein müssen. Mindestangaben zur Kostenstruktur eines Publikumsinvestmentvermögens finden sich in § 165 Abs. 3 KAGB. Die folgenden Absätze enthalten jeweils Spezialregelungen für bestimmte Typen von Investmentvermögen, wie § 164 Abs. 4 KAGB für Investmentvermögen, für die Geschäfte mit Derivaten getätigt werden, § 164 Abs. 5 KAGB für Investmentvermögen mit erhöhter Volatilität, § 164 Abs. 6 KAGB für Indexfonds und § 164 Abs. 7 KAGB für Primebroker. Nach § 165 Abs. 8 KAGB kann die BaFin verlangen, dass über die in § 165 KAGB genannten Mindestangaben noch weitere Angaben zu machen sind. Schließlich enthält § 165 Abs. 9 KAGB eine Pflicht, Prognosen als solche kenntlich zu machen. Die Parallelvorschrift für Verkaufsprospekte von inländischen geschlossenen Publikums-AIF findet sich in § 269 KAGB.

Neben den Vorgaben in § 165 KAGB finden sich **weitere Vorschriften im KAGB**, die zusätzliche oder spezielle Regelungen und Angaben für besondere Typen von Investmentvermögen enthalten. Demnach sind besondere Vorschriften in § 173 Abs. 1 KAGB für Master-Feeder-Strukturen, in § 224 Abs. 1 KAGB für Sonstige Investmentvermögen, in § 228 KAGB für Dach-Hedgefonds, in § 256 KAGB für Immobilien-Sondervermögen vorgesehen.

2. Regelungszweck

3 Der Verkaufsprospekt ist **Grundlage** für die vom Anleger zu treffende **Anlageentscheidung**, die seine einzige Möglichkeit zur Einflussnahme auf die kollektive Vermögensverwaltung darstellt.[3] Um dem Anleger die Entscheidung für den Kauf oder Verkauf von Anteilen zu ermöglichen, bedarf es einer vollständigen und richtigen Information über die wesentlichen Merkmale des Investmentvermögens. Da individualvertragliche Vereinbarungen bei einer kollektiven Anlage nur schwer möglich sind, bietet der Verkaufsprospekt neben den wesentlichen Anlegerinformationen und den Jahres- und Halbjahresberichten die **wesentliche Informationsplattform** für den Anleger.[4] Der Verkaufsprospekt ist allerdings nicht Bestandteil des Investmentvertrages sondern ist diesem zeitlich **vorgelagert**, da der Anleger erst auf Grundlage der Informationen aus dem Verkaufsprospekt seine Anlageentscheidung trifft und erst anschließend den Investmentvertrag mit der KVG schließt.[5] Letztlich liegt auch dem Verkaufsprospekt, wie letztlich dem gesamten KAGB, der Anlegerschutzgedanke zu Grunde.[6]

4 Um zu unterstreichen, wie wichtig und entscheidend die Angaben im Verkaufsprospekt und den wesentlichen Anlagebedingungen für die Anlageentscheidung des Anlegers sind, finden sich im KAGB verschiedene **Anspruchsgrundlagen für Schadensersatzansprüche des Anlegers** gegen die KVG. Verletzt die KVG ihre Pflicht, einen Verkaufsprospekt zu erstellen, oder sind wesentliche Angaben unrichtig oder unvollständig, sehen § 306 Abs. 1 und Abs. 5 KAGB Schadensersatzansprüche des Anlegers vor. Das gleiche gilt nach § 306 Abs. 2 KAGB wenn wesentliche Anlegerinformationen irreführend oder unrichtig sind oder den entsprechenden Angaben im Verkaufsprospekt widersprechen. Daneben bestehen auch weitere **zivilrechtliche Haftungsansprüche** nach §§ 823 ff. BGB.[7] Im Übrigen wird auf die Kommentierung zu § 306 Rz. 21 ff. verwiesen.

1 Zur Abgrenzung zwischen den jeweiligen Anforderungen der OGAW-Richtlinien, der AIFM- und der Prospektrichtlinie vgl. ausführlich *Zetzsche/Eckner* in Zetzsche, The Alternative Investment Fund Managers Directive, Chapter 15, S. 333 ff.

2 *von Ammon/Izzo-Wagner* in Baur/Tappen, § 165 KAGB Rz. 17; *Dorenkamp* in Baur/Tappen, § 269 KAGB Rz. 12.

3 *Polifke* in Weitnauer/Boxberger/Anders, § 165 KAGB Rz. 1; *Rozok* in Emde/Dornseifer/Dreibus/Hölscher, § 42 InvG Rz. 12; *von Ammon/Izzo-Wagner* in Baur/Tappen, § 165 KAGB Rz. 4.

4 *Polifke* in Weitnauer/Boxberger/Anders, § 165 KAGB Rz. 2; *Patzner/Schneider-Deters* in Moritz/Klebeck/Jesch, § 165 KAGB Rz. 5. Allerdings kann die Fülle an Informationen für den Anleger auch zu einem Information Overload führen, vgl. dazu *Fleischer*, Informationsasymmetrien im Vertragsrecht, S. 115; s. auch *Möllers/Kernchen*, ZGR 2011, 1 (10 f.) m.w.N.

5 *Polifke* in Weitnauer/Boxberger/Anders, § 165 KAGB Rz. 2.

6 *Schmitz* in Berger/Steck/Lübbehüsen, § 42 InvG Rz. 3.

7 Zur Prospekthaftung allgemein vgl. beispielsweise *Assmann* in Assmann/Schütze, Handbuch des Kapitalanlagerechts, § 5; zum aktuellen Telekom-Prozess *Amort*, NJW 2015, 1276 ff. S. auch die Kommentierung zu § 164 Rz. 13.

3. Entstehungsgeschichte

5 Die allgemeinen Anforderungen an den Verkaufsprospekt sowie die Allgemeinen Mindestangaben in § 165 Abs. 1 und 2 KAGB beruhen auf den bereits bestehenden Regelungen in §§ 42 Abs. 1 Satz 2 und 3 InvG und werden durch weitere Mindestangaben des Art. 23 AIFM-RL ergänzt.[8] Die Kostenregelung in § 165 Abs. 3 KAGB geht, mit redaktionellen Anpassungen, auf § 41 InvG zurück.[9] Und § 165 Abs. 4, 5 und 6 KAGB übernehmen ebenfalls mit redaktionellen Anpassungen die Vorschriften des § 42 Abs. 3, 4 und Abs. 1 Satz 3 Nr. 11 InvG.[10]

6 Wie gerade beschrieben, setzt § 165 KAGB auch Art. 23 der AIFM-RL um. Der nationale Gesetzgeber hat insofern von seinem Recht nach Art. 43 Abs. 1 Satz 1 AIFM-RL Gebrauch gemacht, AIF auch für Privatanleger zuzulassen. In diesem Zusammenhang steht es dem nationalen Gesetzgeber nach Art. 43 Abs. 1 Satz 2 AIFM-RL auch frei, für Privatanleger strengere Regelungen vorzusehen, als in Art. 23 AIFM-RL für AIF vorgegeben.[11] Dies ergibt sich daraus, dass die AIFM-RL grundsätzlich nur für AIFM gilt, die an professionelle Anleger vertrieben werden.[12] Auch von diesem Wahlrecht hat der nationale Gesetzgeber Gebrauch gemacht, indem er die strengen Regelungen der OGAW-Regulierung größtenteils auch für offene Publikums-AIF übernimmt.

II. Allgemeine Anforderungen an die Angaben im Verkaufsprospekt (§ 165 Abs. 1 KAGB)

1. Erforderliche Angaben

7 Die Vorschrift des § 165 Abs. 1 KAGB enthält die allgemeinen Anforderungen, nach denen ein Verkaufsprospekt grundsätzlich zu erstellen ist. Danach müssen die Angaben zunächst erforderlich sein, sodass sich der Anleger **über die Anlage** und **deren Risiken ein begründetes Urteil** bilden kann. Einerseits geht es demnach darum, dem Anleger die Informationen zur Verfügung zu stellen, die er benötigt, um das Produkt zu verstehen. Andererseits sollen die Mindestangaben so ausgestaltet sein, dass sie den Anleger über die mit der Anlage verbundenen Risiken aufklären sollen. Die Entscheidung, welche Angaben erforderlich in diesem Sinne sind, bleibt aber letztlich der KVG als Prospektersteller überlassen.[13] Ihr kommt die Aufgabe und das Ermessen zu, darüber zu entscheiden, welche Angaben für den Anleger letztlich erforderlich sind, um das Investmentprodukt zu verstehen und die richtige Anlageentscheidung treffen zu können. Als Maßstab für die Inhalte, die Ausgestaltung und die Sprache des Verkaufsprospektes hat die KVG dabei auf den durchschnittlichen verständigen Anleger abzustellen, wobei die KVG auch auf Fachtermini bei der Beschreibung der Anlage zurückgreifen darf.[14]

8 Daneben sollte sie grundsätzlich darauf achten, keine offensichtlich **unwesentlichen Angaben** im Verkaufsprospekt aufzunehmen, um die erforderlichen Angaben nicht zu verwässern.[15] In diesem Zusammenhang stellt sich die Frage, inwiefern freiwillige Angaben in den Verkaufsprospekt aufgenommen werden dürfen. Dabei besteht die Gefahr, dass zu viele **freiwillige positive Angaben** von der KVG dazu genutzt werden, um das Investmentvermögen in ein besonders gutes Licht zu rücken.[16] Allerdings kommt dem Verkaufsprospekt neben dem Anlegerschutz auch die Aufgabe zu, das Investmentvermögen zu bewerben. Insofern

8 Begr. RegE, BT-Drucks. 17/12294, S. 255 ff.
9 Begr. RegE, BT-Drucks. 17/12294, S. 257.
10 Begr. RegE, BT-Drucks. 17/12294, S. 257.
11 *Tollmann* in Dornseifer/Jesch/Klebeck/Tollmann, Einleitung Rz. 22.
12 *Tollmann* in Dornseifer/Jesch/Klebeck/Tollmann, Einleitung Rz. 22; ein Vergleich zwischen Anforderungen der AIFM- und der OGAW-RL findet sich bei *Zetzsche/Eckner* in Zetzsche, The Alternative Investment Fund Managers Directive, Chapter 15, S. 356 ff.; *Patzner/Schneider-Deters* in Moritz/Klebeck/Jesch, § 165 KAGB Rz. 4.
13 *Rozok* in Emde/Dornseifer/Dreibus/Hölscher, § 42 InvG Rz. 15; *Schmitz* in Berger/Steck/Lübbehüsen, § 42 InvG Rz. 14; *von Ammon/Izzo-Wagner* in Baur/Tappen, § 165 KAGB Rz. 16; *Polifke* in Weitnauer/Boxberger/Anders, § 165 KAGB Rz. 3.
14 *Rozok* in Emde/Dornseifer/Dreibus/Hölscher, § 42 InvG Rz. 15; *von Ammon/Izzo-Wagner* in Baur/Tappen, § 165 KAGB Rz. 18; zur Parallelvorschrift des § 269 KAGB auch *Dorenkamp* in Baur/Tappen, § 269 KAGB Rz. 14; *Patzner/Schneider-Deters* in Moritz/Klebeck/Jesch, § 165 KAGB Rz. 14.
15 *von Ammon/Izzo-Wagner* in Baur/Tappen, § 165 KAGB Rz. 19.
16 *Dorenkamp* in Baur/Tappen, § 269 KAGB Rz. 14 zur Parallelvorschrift des § 269 KAGB für geschlossen Investmentvermögen.

sind freiwillige Angaben wohl als zulässig zu erachten, solange kein falsches Bild des Investmentvermögens entsteht und die Angaben nicht im Widerspruch zu den Mindestangaben des Verkaufsprospektes stehen.[17]

Außerdem enthält § 165 Abs. 1 KAGB die Vorgabe, dass der Verkaufsprospekt das **Erstellungsdatum** wiedergeben muss, um ein eindeutiges Anfangsdatum für die Verantwortlichkeit der KVG und deren Pflichten festzulegen. Ab diesem Zeitpunkt haftet die KVG dafür, dass die im Prospekt enthaltenen Angaben vollständig und richtig sind. 9

2. Redliche und eindeutige Angaben

Die Mindestangaben im Verkaufsprospekt müssen darüber hinaus **redlich, eindeutig und nicht irreführend** sein. Die Angaben müssen daher objektiv sachlich richtig und wahr sein und dürfen nicht zu ungenau oder mehrdeutig sein.[18] Außerdem dürfen sie nicht so formuliert sein, dass sie irreführend für den Anleger sind. Als Maßstab ist dabei stets auf den durchschnittlichen Anleger und dessen Empfängerhorizont abzustellen.[19] Der Gesetzgeber hat diesen Maßstab der redlichen, eindeutigen und nicht irreführenden Angaben bewusst auch für das Verkaufsprospekt mitaufgenommen, da neben den wesentlichen Anlegerinformationen und der Werbung erst Recht auch das Verkaufsprospekt diesen Anforderungen genügen müsse.[20] 10

III. Allgemeine Mindestangaben (§ 165 Abs. 2 KAGB)

1. Mindestangaben zur Anlagepolitik und -strategie und zu den Anlagezielen (§ 165 Abs. 2 Nr. 2, 5-7 KAGB)

Da es sich bei der Beschreibung der **Anlageziele** um eine der wichtigsten Angaben für den Anleger handelt, sieht § 165 Abs. 2 Nr. 2 KAGB vor, dass diese an hervorgehobener Stelle im Verkaufsprospekt beschrieben werden müssen. Die Beschreibung muss dabei insbesondere die finanziellen Ziele und die Anlagepolitik und -strategie sowie etwaige Konkretisierungen und Beschränkungen umfassen. Die Anlageziele beeinflussen wiederum die Anlagepolitik und -strategie des Investmentvermögens, je nachdem, ob dieses u.a. auf Kapitalerhalt, Wachstum oder regelmäßige Ertragserzielung oder aber auch auf Förderung eines sozialen oder umweltpolitisches Ziels gerichtet ist.[21] 11

Daneben hat die BaFin in einem Auslegungsschreiben zu Verkaufsprospekten zum sog. „**Closet Indexing**" Stellung genommen. Nach einer Untersuchung der ESMA und BaFin im Jahr 2016 hat sich herausgestellt, dass OGAW-Aktienfonds mit einer festgelegten Aktienquote von über 50 % in den Vertriebsunterlagen als aktiv verwaltet bezeichnet wurden, obwohl der jeweilige Fonds im Grunde streng an einen Referenzwert angelehnt wurde und daher eher eine passive Anlagestrategie verfolgte. Aufgrund der Vertriebunterlagen geht der Anleger jedoch davon aus, dass der jeweilige OGAW-Aktienfond aktiv verwaltet wird Dies wird als „Closet Indexing" bezeichnet. Um eine Irreführung oder Fehlinformation des Anlegers zu vermeiden, hat die BaFin in einer Auslegungsentscheidung weitergehende Mindestangaben für Aktienfonds mit einem in den Anlagebedingungen festgelegten Aktienanteil von mindestens 51 % oder einem anhand der Beschreibung der Anlagestrategie im Verkaufsprospekt erkennbaren Anlageschwerpunkt in Aktien folgende weiteren Angaben festgelegt:[22]

- Die Angabe, ob bei dem Investmentvermögen über eine diskretionäre Aktienauswahl aktives Fondsmanagement betrieben wird oder ob im Rahmen der Verwaltung des Investmentvermögens lediglich ein Index nachgebildet werden soll.
- Die Beschreibung der Anlagestrategie, in der die KVG begründet darlegt, ob und inwieweit die von ihr vorgenommene diskretionäre Aktienauswahl im Rahmen eines aktiven Managements erfolgt. Falls ein Referenzwert genutzt wird, ist dieser zu benennen und auch zu erläutern, ob und wie Methoden und Prozesse zum Über- oder Unterschreiten des Referenzwertes führen können. Für den Fall, dass für die

17 *Dorenkamp* in Baur/Tappen, § 269 KAGB Rz. 14 zur Parallelvorschrift des § 269 KAGB für geschlossen Investmentvermögen (m.w.N.).

18 *Dorenkamp* in Baur/Tappen, § 269 KAGB Rz. 16 zur Parallelvorschrift des § 269 KAGB.

19 *Patzner/Schneider-Deters* in Moritz/Klebeck/Jesch, § 165 KAGB Rz. 14; *Dorenkamp* in Baur/Tappen, § 269 KAGB Rz. 16 zur Parallelvorschrift des § 269 KAGB.

20 Begr. RegE, BT-Drucks. 17/12294, S. 255.

21 *Patzner/Schneider-Deters* in Moritz/Klebeck/Jesch, § 165 KAGB Rz. 18; *von Ammon/Izzo-Wagner* in Baur/Tappen, § 165 KAGB Rz. 31.

22 BaFin, Auslegungsentscheidung zu Angaben in Verkaufsprospekten von Investmentvermögen v. 4.4.2017, Gz. WA 45-Wp 2136-2016/0001. Die Auslegungsentscheidung wurde auf Grundlage von § 165 Abs. 2 Nr. 2 und 9 sowie Abs. 8 KAGB erlassen.

Verwaltung des Investmentvermögens kein Referenzwert genutzt wird, ist der Verzicht auf diesen zu erläutern. Dies kann bereits zusammen mit der Beschreibung der diskretionären Aktienauswahl erfolgen.

- Sofern dem Fondsmanagement zur Risikosteuerung interne Vorgaben zur künftig angestrebten Höchstabweichung von der Wertentwicklung des Referenzwertes gemacht werden, ist der Anleger hierauf im Verkaufsprospekt hinzuweisen. Die Benennung und ggfs. Erläuterung einer konkreten aktuellen Zahlenangabe hat dann im Verkaufsprospekt oder auf der Website der Kapitalverwaltungsgesellschaft zu erfolgen. Wenn die Benennung auf der Website erfolgt, ist die entsprechende Internet-Fundstelle dem Anleger im Verkaufsprospekt zu nennen.
- Die Aufnahme einer geeigneten grafischen Gegenüberstellung der Wertentwicklung des Investmentvermögens sowie des entsprechenden Referenzwertes (falls vorhanden). Die Darstellung soll als Chart bzw. Kurvendiagramm über einen Zeitraum von zehn Jahren erfolgen. Sofern das Investmentvermögen noch keine zehn Jahre besteht, ist ein entsprechend kürzerer Zeitraum zu wählen. Wenn das Investmentvermögen noch kein volles Jahr existiert, ist der Hinweis aufzunehmen, dass noch keine ausreichenden Daten vorhanden sind, um den Anlegern nützliche Angaben über die frühere Wertentwicklung zu machen.

12 Um dem Anleger ein möglichst **umfassendes Gesamtbild des Produkts** zu liefern, sind in diesem Gesamtzusammenhang auch Angaben zu der Art der Vermögensgegenstände, etwaigen Techniken und Instrumenten sowie aller mit dem Produkt verbundenen Risiken und möglichen Interessenkonflikten zu machen. Auch Angaben zu den Auswirkungen auf die Wertentwicklung sind zu machen. Welche Art von Vermögensgegenständen ein Investmentvermögen erwerben darf, hängt von dem Typus oder der Fondskategorie nach der Fondskategorien-RL ab und ist bereits in den Anlagebedingungen nach § 162 Abs. 2 Nr. 1 KAGB festgelegt.[23] Ebenfalls in den Anlagebedingungen bereits beschrieben sind die Techniken und Instrumente mit denen das Investmentvermögen verwaltet wird. Ist das Investmentvermögen beispielsweise darauf ausgerichtet höhere Erträge zu erzielen, können Derivate, Wertpapierdarlehensgeschäfte oder Pensionsgeschäfte eingesetzt werden. In diesem Fall sind die zum Einsatz geplanten Instrumente von der KVG im Verkaufsprospekt zu nennen und im Hinblick auf die damit verbundenen Risiken, Interessenkonflikte oder sonstigen Auswirkungen auf das Investmentvermögen näher zu erläutern.[24] Die Risikobeschreibung muss im Verkaufsprospekt nicht zwingend an derselben Stelle wie die Beschreibung der Anlageziele erfolgen. Aus Anlegerschutzgesichtspunkten kann es sogar sinnvoller erscheinen, dass eine einheitliche und umfassende Beschreibung aller Risiken an einer Stelle des Verkaufsprospektes erfolgt, um unterschiedliche Schwerpunkte und Darstellungen zu vermeiden.[25] Schließlich muss die KVG Angaben zu **Zielfonds**, wie deren Anlagegrundsätze und -grenzen sowie zum Sitz des Zielfonds machen, um dem Anleger auch hier eine umfassende Beurteilung der Zielfonds zu ermöglichen.

13 Der Verkaufsprospekt muss weitergehend auch die **wesentlichen Merkmale der erwerbbaren Anteile oder Aktien** enthalten. Dazu zählen Angaben darüber, ob die Anteile oder Aktien verbrieft oder unverbrieft sind, in welche Stückelung sie eingeteilt sind oder ob sie börsennotiert sind etc.[26]

14 Im Zusammenhang mit den Angaben zur Anlagepolitik muss die KVG innerhalb der gesetzlich zulässigen Grenzen nach § 165 Abs. 2 Nr. 5 KAGB auch festlegen, ob und in welcher Höhe **Kreditaufnahmen** für Rechnung des Investmentvermögens zulässig sind. Nach § 199 KAGB sind Kreditaufnahmen für **OGAW-Sondervermögen** nur zulässig, wenn die Bedingungen marktüblich sind und eine Kreditaufnahme in den Anlagebedingungen vorgesehen ist. Auch dann ist die Kreditaufnahme allerdings auf kurzfristige Kredite in Höhe von 10 % des Wertes des OGAW beschränkt. Für **Sonstige Investmentvermögen** liegt die Grenze für kurzfristige Kredite nach § 221 Abs. 6 KAGB bei 20 % des Wertes des Investmentvermögens.

15 Genauso sind im Verkaufsprospekt nach § 165 Abs. 2 Nr. 6 KAGB auch Angaben dazu zu machen, ob und in welchem maximalen Umfang der Einsatz von **Leverage** für Rechnung des Investmentvermögens zulässig ist und welche Risiken sich daraus ergeben können.[27] Diese Verpflichtung geht auf Art. 23 Abs. 1 lit. a AIFM-RL zurück und dient auch dem Anlegerschutz, da mit dem Einsatz von Leverage nicht nur systemische Risiken entstehen können sondern gerade auch Risiken, die für den Anleger selbst relevant sind. Der zweite Halbsatz gibt eine Sonderregelung für OGAW wieder.[28] Für Publikums-AIF findet sich eine Begrenzung des zulässigen Leverage in § 215 KAGB.

23 *von Ammon/Izzo-Wagner* in Baur/Tappen, § 165 KAGB Rz. 28. Vgl. auch § 162 KAGB Rz. 53 ff.
24 *von Ammon/Izzo-Wagner* in Baur/Tappen, § 165 KAGB Rz. 34.
25 *von Ammon/Izzo-Wagner* in Baur/Tappen, § 165 KAGB Rz. 35.
26 *Schmitz* in Berger/Steck/Lübbehüsen, § 42 InvG Rz. 18.
27 Die Definition von „Leverage" bzw. „Hebelfinanzierung" findet sich in Art. 4 Abs. 1 lit. v AIFM-RL.
28 Vgl. dazu *von Ammon/Izzo-Wagner* in Baur/Tappen, § 165 KAGB Rz. 41.

Nach § 165 Abs. 2 Nr. 7 KAGB sind im Verkaufsprospekt auch Angaben zur **Handhabung von Sicherheiten** zu machen.[29] Dazu gehören auch die Voraussetzungen unter denen Sicherheiten gegebenenfalls wiederverwendet werden dürfen sowie Angaben zu möglichen damit verbundenen Risiken. 16

2. Mindestangaben zu Anlagegrenzen und dem Risikoprofil (§ 165 Abs. 2 Nr. 3-4 KAGB)

Nach § 165 Abs. 2 Nr. 3 KAGB muss der Verkaufsprospekt Angaben zum **Risikoprofil** des Investmentvermögens enthalten. An dieser Stelle soll allerdings keine umfassende Erläuterung aller Einzelrisiken erfolgen, sondern eine eindeutige und leicht verständliche Erläuterung des Gesamtrisikoprofils.[30] Die Vorschrift zielt darauf ab, dass dem Anleger in einer Gesamtschau möglichst klar aufgezeigt wird, welche Risiken er mit der Anlage eingeht.[31] 17

Daneben muss der Verkaufsprospekt nach § 165 Abs. 2 Nr. 4 KAGB einen Hinweis enthalten, dass ein interessierter bzw. potentieller Anleger weitere Informationen zu den **Anlagegrenzen** des Risikomanagements, der Risikomanagementmethoden sowie der jüngeren Entwicklungen der Risiken und Renditen erhalten kann.[32] Der Hinweis muss auch auf die Stellen verweisen, an denen diese Informationen erhältlich sind. 18

3. Mindestangaben zum Investmentvermögen (§ 165 Abs. 2 Nr. 1, 8, 11-17, 20, 24-25, 27, 35, 38-39 KAGB)

Im Zusammenhang mit den allgemeinen Angaben zum Investmentvermögen selbst sind zunächst nach § 165 Abs. 2 Nr. 1 KAGB der **Zeitpunkt der Auflage** sowie die **Laufzeit** für eine bestimmte Dauer oder auf unbestimmte Zeit[33] anzugeben. Bei Fondsgestaltungen in Gesellschaftsform gilt der Zeitpunkt der Gesellschaftsgründung als Zeitpunkt der Auflegung.[34] Daneben enthalten die folgenden Nummern eine ganze Reihe von Angaben, die für den Anleger und seine Anlageentscheidung bedeutend sein können. 19

So stellt die **Kostenstruktur** eine wichtige Information für den Anleger dar. § 165 Abs. 2 Nr. 8 KAGB verweist an dieser Stelle auf die ausführliche Darstellung in § 165 Abs. 3 KAGB. Daneben muss der Verkaufsprospekt nach Nr. 11 Angaben darüber enthalten, wie das Investmentvermögen seine **Anlagestrategie oder Anlagepolitik** oder beides **ändern** kann. Die Vorschrift setzt Art. 23 Abs. 1 lit. b AIFM-RL um. Nach Nr. 12 muss die KVG Angaben darüber machen, unter welchen Voraussetzungen das Investmentvermögen **aufgelöst und/oder übertragen** werden kann und welche Rechte sich dann für den Anleger ergeben. Nr. 13 sieht vor, dass der Verkaufsprospekt auch Angaben darüber enthalten muss, wie die in § 300 KAGB erforderlichen Informationen offen gelegt werden. Nach Nr. 14 sind die Regeln zu beschreiben, nach denen die **Erträge ermittelt und deren Verwendung festgelegt** wird. Für den Anleger relevante **Steuervorschriften** sind nach Nr. 15 durch Kurzangaben zu beschreiben. Nach Nr. 16 sind das **Geschäftsjahr** des Investmentvermögens sowie die **Häufigkeit der Ertragsausschüttungen** anzugeben. Nr. 17 sieht vor, dass die **Stellen** im Verkaufsprospekt angegeben werden, bei denen die **Jahres- und Halbjahresberichte erhältlich** sind. 20

Werden die Anteile oder Aktien an einer **Börse oder an Märkten** gehandelt, dann sind diese nach § 165 Abs. 2 Nr. 20 KAGB im Verkaufsprospekt zu nennen. Daneben muss der Anleger in diesem Fall auch darüber informiert werden, dass der Anteilswert vom Börsenpreis abweichen kann. 21

Weitergehend sieht § 165 Abs. 2 Nr. 24 KAGB vor, dass im Verkaufsprospekt die wichtigsten **rechtlichen Auswirkungen der vertraglichen Beziehungen** der KVG für den Anleger beschrieben werden, einschließlich der zuständigen Gerichte, des anwendbaren Rechts sowie der Anerkennung von Urteilen und potentiellen Vollstreckungsmöglichkeiten. An dieser Stelle kann im Verkaufsprospekt auch auf die Möglichkeit eines Ombudsverfahrens oder einer Schlichtung vor der Schlichtungsstelle der BaFin hingewiesen werden.[35] Die Vorschrift setzt Art. 23 Abs. 1 lit. c der AIFM-RL um. Umfasst sind richtigerweise solche vertrag- 22

---

29 Bei der Umsetzung wurde auch Box 6 Ziff. 44 der „Guidelines on ETFs and other UCITS issues“ berücksichtigt, vgl. Begr. RegE, BT-Drucks. 17/12294, S. 255.

30 *Schmitz* in Berger/Steck/Lübbehüsen, § 42 InvG Rz. 22; *Rozok* in Emde/Dornseifer/Dreibus/Hölscher, § 42 InvG Rz. 19; *von Ammon/Izzo-Wagner* in Baur/Tappen, § 165 KAGB Rz. 37; *Patzner/Schneider-Deters* in Moritz/Klebeck/Jesch, § 165 KAGB Rz. 23.

31 *Rozok* in Emde/Dornseifer/Dreibus/Hölscher, § 42 InvG Rz. 19. *Dorenkamp* in Baur/Tappen, § 269 KAGB Rz. 20 schlägt vor, das Risiko eines Investmentvermögens in verschiedene Risikoklassen einzuteilen; *Patzner/Schneider-Deters* in Moritz/Klebeck/Jesch, § 165 KAGB Rz. 23.

32 Zur Renditeberechnung anhand der sog. IRR-Rendite s. *Weinrich/Tiedemann*, BKR 2016, 50 ff.

33 *von Ammon/Izzo-Wagner* in Baur/Tappen, § 165 KAGB Rz. 25.

34 *Dorenkamp* in Baur/Tappen, § 269 KAGB Rz. 20 zur Parallelvorschrift bei geschlossenen Investmentvermögen.

35 *Dorenkamp* in Baur/Tappen, § 269 KAGB Rz. 20 zur Parallelvorschrift bei geschlossenen Investmentvermögen.

lichen Beziehungen der KVG, die unmittelbar mit ihrer Anlagetätigkeit einhergehen, wie beispielsweise Erwerbs- und Veräußerungsgeschäfte.[36]

23 Daneben sollen nach § 165 Abs. 2 Nr. 25 KAGB auch die **Hauptmerkmale der Anteile und Aktien** beschrieben werden. Dazu gehören Angaben dazu, wie die Aktien verbrieft werden, also ob sie als Globalurkunde verbrieft oder als Einzelurkunde oder Anteilschein ausgegeben werden. Da sich dies im Wesentlichen aus dem Investmentvertrag oder den jeweiligen Gesellschaftsverträgen bzw. Satzungen ergibt, sollten mindestens die dort enthaltenen Regelungen kurz dargestellt werden.[37]

24 Die größtenteils neu eingeführte Vorschrift des § 165 Abs. 2 Nr. 27 KAGB sieht vor, dass der Verkaufsprospekt auch Vorgaben enthalten muss, inwiefern die KVG eine **faire Behandlung der Anleger gewährleistet**. Dazu muss die KVG im Verkaufsprospekt beschreiben, auf welche Art und Weise sie diese faire Behandlung gewährleistet. Werden einzelne Anleger oder Anlegergruppen bevorzugt behandelt oder bestehen Verbindungen zwischen der KVG und den Anlegern, so ist dies offenzulegen. Die Vorschrift geht auf Art. 23 Abs. 1 lit. j AIFM-RL zurück und soll mehr Transparenz zwischen den Anlegern schaffen.

25 Ebenfalls aus Transparenzgründen sind nach § 165 Abs. 2 Nr. 35 KAGB die Namen von **beauftragten Beratungsfirmen** und **sonstigen Dienstleistern** im Verkaufsprospekt aufzuführen, die auf vertraglicher Grundlage für das Investmentvermögen tätig werden.[38] Dabei sind auch solche Vertragsdetails aufzuführen, die für die Anleger von Interesse sind und die Pflichten der Dienstleister sowie die Rechte der Anleger erläutern. In diesem Zusammenhang bleibt allerdings unbeantwortet, was mit Rechten der Anleger gemeint ist, da diese gerade nicht Vertragspartei werden.

26 Darüber hinaus muss die KVG in dem Verkaufsprospekt nach § 165 Abs. 2 Nr. 38 KAGB auch Umstände und Beziehungen beschreiben, die mögliche **Interessenkonflikte** begründen können. Dabei muss es noch nicht zu einem tatsächlichen Interessenkonflikt gekommen sein, es reicht vielmehr aus, wenn die Situation generell zu einem Interessenkonflikt führen kann.[39]

4. Mindestangaben zur Ausgabe, Rücknahme und zum Umtausch von Anteilen (§ 165 Abs. 2 Nr. 21-23 KAGB)

27 Weitergehend muss der Verkaufsprospekt nach § 165 Abs. 2 Nr. 21 KAGB beschreiben, nach welchem Verfahren und unter welchen Bedingungen Anteile und Aktien **ausgegeben, zurückgenommen** und **umgetauscht** werden können. Dies umfasst nach Nr. 22 auch die Beschreibung von **Maßnahmen zum Liquiditätsmanagement** des Investmentvermögens, der Rückgaberechte unter normalen und außergewöhnlichen Umständen sowie bestehenden Rücknahmevereinbarungen. Nr. 23 sieht schließlich vor, dass auch die Maßnahmen beschrieben werden sollen, nach denen die Anleger die **Rücknahmezahlungen** erhalten. Dabei sollen auch grenzüberschreitende Zahlungen miterfasst werden.

5. Mindestangaben zur Bewertung des Investmentvermögens (§ 165 Abs. 2 Nr. 19 KAGB)

28 Der Verkaufsprospekt hat darüber hinaus auch Angaben darüber zu enthalten, nach welchen Regeln das Investmentvermögen **bewertet** wird. Dazu zählen Kalkulationsmethoden und Verfahren für die Prüfung von schwer bewertbaren Vermögensgegenständen nach §§ 168 bis 170, 212, 216 und 217 KAGB. Bei Publikums-AIF sind daneben auch der externe oder die externen Bewerter zu nennen.

6. Mindestangaben zur KVG (§ 165 Abs. 2 Nr. 28-31, 37 KAGB)

29 Weitergehend ist in dem Verkaufsprospekt auch die KVG näher zu beschreiben. So sind zunächst nach § 165 Abs. 2 Nr. 28-30 KAGB **allgemeine Angaben zur KVG** wie Firma, Rechtsform, Sitz, Ort der Hauptverwaltung, Gründungszeitpunkt, Geschäftsführer oder Vorstände, Aufsichtsrat oder Beirat sowie die Höhe des gezeichneten und eingezahlten Kapitals aufzunehmen. Nach Nr. 31 sind auch sämtliche weiteren **Investmentvermögen** zu benennen, die die KVG verwaltet.

---

36 Mit weiteren Ausführungen und Überlegungen *Dornseifer* in Dornseifer/Jesch/Klebeck/Tollmann, Art. 23 AIFM-RL Rz. 24 f.

37 *Dorenkamp* in Baur/Tappen, § 269 KAGB Rz. 20 zur Parallelvorschrift bei geschlossenen Investmentvermögen.

38 § 165 Abs. 2 Nr. 34 KAGB a.F. wurde im Rahmen des OGAW-V-UmsG zu § 165 Abs. 2 Nr. 35, vgl. BGBl. I 2016, S. 357.

39 *von Ammon/Izzo-Wagner* in Baur/Tappen, § 165 KAGB Rz. 74; *Dorenkamp* in Baur/Tappen, § 269 KAGB Rz. 20 zur Parallelvorschrift bei geschlossenen Investmentvermögen; auch *Patzner/Schneider-Deters* in Moritz/Klebeck/Jesch, § 165 KAGB Rz. 58.

Darüber hinaus muss der Verkaufsprospekt nach § 165 Abs. 2 Nr. 37 KAGB auch Angaben enthalten, wie die KVG den Anforderungen des § 25 Abs. 6 KAGB gerecht wird und ihre **potenziellen Berufshaftungsrisiken aus ihren Geschäftstätigkeiten abdeckt.**[40] Dabei stehen der KVG nach dem Gesetzeswortlaut zwei Alternativen zur Verfügung: entweder verfügt die KVG über zusätzliche Eigenmittel oder sie schließt eine geeignete Versicherung ab, um die Berufshaftungsrisiken für berufliche Fahrlässigkeit abzudecken. 30

7. Mindestangaben zur Verwahrstelle (§ 165 Abs. 2 Nr. 32-34 KAGB)

Die Mindestangaben im Hinblick auf Verwahrstellen wurden aufgrund der Neufassung des Anhangs 1 Schema A Nr. 2 mit der OGAW-V-Richtlinie neu gefasst und dienen dem Ziel, die Verwahrstellen stärker zu regulieren und zu überwachen.[41] Dies spiegelt sich nach Inkrafttreten des OGAW-V-UmsG auch in den Mindestangaben zur Verwahrstelle im Verkaufsprospekt wieder. 31

Neben den Angaben zur KVG schreibt der gesetzliche Mindestkatalog auch Angaben zur Verwahrstelle vor. § 165 Abs. 2 Nr. 32 KAGB sieht vor, dass in dem Verkaufsprospekt die Identität der Verwahrstelle sowie ihre Pflichten und mögliche Interessenkonflikte beschrieben werden.[42] Dies sind Angaben der **Firma**, **Rechtsform**, **Sitz** und **Ort der Hauptverwaltung.**[43]

Nach § 165 Abs. 2 Nr. 33 KAGB sind außerdem sämtliche von der Verwahrstelle ausgelagerte Verwahrungsaufgaben anzugeben.[44] Daneben hat die KVG eine Liste zu erstellen, aus der alle Auslagerungen und Unterauslagerungen sowie sämtliche Interessenkonflikte hervorgehen, die im Zusammenhang mit der Auslagerung entstehen können.[45] 32

Schließlich muss der Verkaufsprospekt nun auch eine Erklärung enthalten, dass den Anlegern sämtliche Informationen im Hinblick auf die Identität der Verwahrstelle (§ 165 Abs. 2 Nr. 31 KAGB) sowie zur Auslagerung von Aufgaben (§ 165 Abs. 2 Nr. 33 KAGB) übermittelt werden, wenn diese dies beantragen, vgl. § 165 Abs. 2 Nr. 34 KAGB.[46] Außerdem sind die Informationen auf dem jeweils **aktuellsten Stand** zu übermitteln.

8. Mindestangaben zum Abschlussprüfer (§ 165 Abs. 2 Nr. 18 KAGB)

§ 165 Abs. 2 Nr. 18 KAGB sieht vor, dass der Verkaufsprospekt den **Abschlussprüfer** benennen soll, der das Investmentvermögen prüft und mit der Erstellung des Jahresberichts beauftragt wurde. 33

9. Mindestangaben zum Anlegerprofil (§ 165 Abs. 2 Nr. 10 KAGB)

Nach § 165 Abs. 2 Nr. 10 KAGB hat der Verkaufsprospekt auch Angaben über den **typischen Anleger** zu enthalten, für den das jeweilige Investmentvermögen konzipiert ist. Für jedes Teilinvestmentvermögen ist ein gesondertes Anlegerprofil zu erstellen, falls diese nicht identisch sind.[47] Das Anlegerprofil setzt sich zunächst aus den **Anlagezielen** und dem Anlagehorizont des Anlegers sowie seinen **Erfahrungen, Kenntnissen** und seinem **Sachverstand** zusammen. Ein dritter wichtiger Aspekt des Anlegerprofils ist die individuelle **Risikobereitschaft.**[48] 34

---

40 § 165 Abs. 2 Nr. 36 KAGB a.F. wurde im Rahmen des OGAW-V-UmsG zu § 165 Abs. 2 Nr. 37, vgl. BGBl. I 2016, S. 357.

41 Vgl. die Erwägungsgründe 11 ff. der OGAW-V-Richtlinie. Dazu auch *Patzner/Schneider-Deters* in Moritz/Klebeck/Jesch, § 165 KAGB Rz. 53a, die den Madoff-Skandal als Grund für die Verschärfung der Regelungen nennt.

42 § 165 Abs. 2 Nr. 32 KAGB wurde durch das OGAW-V-UmsG eingeführt und ersetzt den bisherigen § 165 Abs. 2 Nr. 32 KAGB a.F., vgl. BGBl. I 2016, S. 357. Nach der alten Rechtslage waren Firma, Rechtsform, Sitz und Ort der Hauptverwaltung der Verwahrstelle anzugeben.

43 *Patzner/Schneider-Deters* in Moritz/Klebeck/Jesch, § 165 KAGB Rz. 52a, die davon ausgehen, dass „Identität" der Verwahrstelle auch die Angaben der der Firma, Rechtsform, Sitz und Ort der Hauptverwaltung der Verwahrstelle umfasst (diese entsprechen den Anforderungen des § 165 Abs. 2 Nr. 32 a.F.).

44 § 165 Abs. 2 Nr. 33 KAGB wurde durch das OGAW-V-UmsG eingeführt und ersetzt den bisherigen § 165 Abs. 2 Nr. 33 KAGB a.F., vgl. BGBl. I 2016, S. 357. Nach der alten Rechtslage waren an dieser Stelle die Haupttätigkeiten der Verwahrstelle anzugeben.

45 Vgl. auch Erwägungsgrund 20 der OGAW-V-Richtlinie.

46 § 165 Abs. 2 Nr. 34 KAGB wurde durch das OGAW-V-UmsG neu eingeführt, vgl. BGBl. I 2016, S. 357.

47 Begr. RegE, BT-Drucks. 17/12294, S. 255.

48 *Patzner/Schneider-Deters* in Moritz/Klebeck/Jesch, § 165 KAGB Rz. 30; *Dorenkamp* in Baur/Tappen, § 268 KAGB Rz. 20 zur Parallelvorschrift des § 269 KAGB für geschlossene Publikumsinvestmentvermögen.

35 Zum einen sollen diese Angaben die Anlageberatung erleichtern und auch einen möglichen **Ansatzpunkt für ein Beraterverschulden** liefern.[49] Zum anderen können sie dem Anleger auch nochmals helfen, die richtige Anlageentscheidung zu treffen. Mithilfe des Anlegerprofils kann der Anleger nochmals selbst prüfen, ob das Investmentvermögen tatsächlich zu ihm passt und er in dieses investieren möchte.

10. Mindestangaben zu Auslagerungen (§ 165 Abs. 2 Nr. 36 KAGB)

36 Werden **Verwaltungs- und/oder Verwahrungsfunktionen auf Dritte ausgelagert**, so hat die KVG nach § 165 Abs. 2 Nr. 36 KAGB hierzu ebenfalls Angaben zu machen.[50] Der Verkaufsprospekt muss eine Beschreibung sämtlicher von der KVG übertragenen Verwaltungs- und Verwahrungsfunktionen enthalten und sämtliche sich daraus ergebenden Interessenkonflikte bezeichnen. Auch der jeweils Beauftragte ist im Verkaufsprospekt zu benennen. Für den Anleger soll klar ersichtlich werden, wer die Aufgaben letztlich erbringt und für diese verantwortlich ist.[51]

37 Da sich auch im Falle von weiteren **Unterauslagerungen** Interessenkonflikte ergeben können, sind auch diese im Verkaufsprospekt zu bezeichnen und zu beschreiben.[52]

38 Mit § 165 Abs. 2 Nr. 36 KAGBsetzt der Gesetzgeber Art. 23 Abs. 1 lit. e AIFM-RL um. Daher sind zur Auslegung auch die Begrifflichkeiten der AIFM-RL heranzuziehen. Nach Art. 4 Abs. 1 lit. w in Verbindung mit Annex I AIFM-RL wird als Anlageverwaltungsfunktion neben dem Portfoliomanagement auch das Risikomanagement genannt. Wird eine der beiden Aufgaben ausgelagert, so ist die Auslagerung im Verkaufsprospekt zu beschreiben. Ob Nr. 36 auch bei der Auslagerung von anderen Aufgaben greift, erscheint vor diesem Hintergrund fraglich.[53]

11. Mindestangaben zur bisherigen Wertentwicklung (§ 165 Abs. 2 Nr. 9 KAGB)

39 Nach Art. 23 Abs. 1 lit. n AIFM-RL, der durch § 165 Abs. 2 Nr. 9 KAGB in nationales Recht umgesetzt wurde, sind in den Verkaufsprospekt auch Angaben über die **bisherige Wertentwicklung** aufzunehmen, soweit solche vorhanden sind. Sind noch keine Daten vorhanden, so ist auch dies mit einem Hinweis in dem Verkaufsprospekt aufzunehmen. Bei Teilinvestmentvermögen ist die bisherige Wertentwicklung für jedes einzelne Vermögen darzustellen.[54] Um dem Umstand Rechnung zu tragen, dass die bisherige Wertentwicklung kein Indikator für die künftige Entwicklung des Investmentvermögens ist, ist allerdings zudem ein eindeutiger **Warnhinweis** in diesem Sinne aufzunehmen.

12. Mindestangaben zu Umbrella-Konstruktionen (§ 165 Abs. 2 Nr. 26, 39 KAGB)

40 Nach § 165 Abs. 2 Nr. 26 KAGB sind im Verkaufsprospekt auch Angaben zu **Teilinvestmentvermögen** bei Umbrella-Konstruktionen zu machen. Dabei sind die Anlageziele und Anlagepolitik der unterschiedlichen Teilinvestmentvermögen zu beschreiben.

41 Enthält ein Investmentvermögen mindestens ein Teilinvestmentvermögen, das **in Deutschland vertrieben** werden darf und mindestens ein Teilinvestmentvermögen, das **nicht in Deutschland vertrieben** werden darf, so ist im Verkaufsprospekt schließlich nach § 165 Abs. 2 Nr. 39 KAGB auf diesen Umstand hinzuweisen.

13. Informationen nach Art. 14 der Verordnung (EU) 2015/2365 (§ 165 Abs. 2 Nr. 40 KAGB)

42 Mit dem Inkrafttreten des 2. FiMaNoG am 3.1.2018 sind zusätzlich noch die Informationen nach Art. 14 der Verordnung (EU) 2015/2365 in den Verkaufsprospekt mitaufzunehmen.

Durch die VO (EU) 2015/2365 möchte der Europäische Gesetzgeber die Märkte für Wertpapierfinanzierungen und zugleich das gesamte Finanzsystem transparenter gestalten.[55] Dazu soll der Verkaufsprospekt eines OGAW und eines Publikums-AIF auch Informationen darüber enthalten, ob und wie das Sondervermögen **Wertpapierfinanzierungsgeschäften** und **Gesamtrendite-Swaps** nutzt.

---

49 *von Ammon/Izzo-Wagner* in Baur/Tappen, § 165 KAGB Rz. 46; *Patzner/Schneider-Deters* in Moritz/Klebeck/Jesch, § 165 KAGB Rz. 30.
50 § 165 Abs. 2 Nr. 35 KAGB a.F. wurde im Rahmen des OGAW-V-UmsG zu § 165 Abs. 2 Nr. 36, vgl. BGBl. I 2016, S. 357.
51 *von Ammon/Izzo-Wagner* in Baur/Tappen, § 165 KAGB Rz. 69.
52 *Dorenkamp* in Baur/Tappen, § 269 KAGB Rz. 20 zur Parallelvorschrift bei geschlossenen Investmentvermögen.
53 So *von Ammon/Izzo-Wagner* in Baur/Tappen, § 165 KAGB Rz. 70.
54 Vgl. Regelung in § 164 Abs. 2 KAGB, auch Begr. RegE, BT-Drucks. 17/12294, S. 255.
55 ErwGr. 7 der Verordnung (EU) 2015/2365.

Art. 14 Abs. 2 der Verordnung (EU) 2015/2365 verweist auf Anhang B, welcher folgende Angaben für den Verkaufsprospekt vorschreibt:

- Allgemeine Beschreibung der vom Organismus für gemeinsame Anlagen genutzten Wertpapierfinanzierungsgeschäfte und Gesamtrendite-Swaps und Gründe für deren Nutzung;
- für jede Art von Wertpapierfinanzierungsgeschäft und Gesamtrendite-Swap zu meldende Gesamtdaten:
  - Arten von Vermögenswerten, die bei diesen Geschäften zum Einsatz kommen können,
  - Anteil der verwalteten Vermögenswerte, der höchstens bei diesen Geschäften zum Einsatz kommen kann,
  - Anteil der verwalteten Vermögenswerte, der voraussichtlich bei diesen Geschäften zum Einsatz kommen wird;
- Kriterien für die Auswahl von Gegenparteien (einschließlich Rechtsstatus, Herkunftsland, Mindestbonitätsbewertung);
- akzeptierte Sicherheiten: Beschreibung der akzeptierten Sicherheiten nach Arten von Vermögenswerten, Emittenten, Laufzeit und Liquidität sowie die Strategien zur Diversifizierung und der Korrelation von Sicherheiten;
- Bewertung von Sicherheiten: Beschreibung der Methode für die Bewertung von Sicherheiten und ihrer Grundlagen sowie die Angabe, ob tägliche Marktbewertungen und tägliche Nachschüsse genutzt werden;
- Risikomanagement: Beschreibung der Risiken im Zusammenhang mit Wertpapierfinanzierungsgeschäften und Gesamtrendite-Swaps sowie der Risiken im Zusammenhang mit der Sicherheitenverwaltung, z.B. operatives, Liquiditäts-, Gegenpartei-, Verwahr- und Rechtsrisiko sowie gegebenenfalls durch die Weiterverwendung der Sicherheiten bedingte Risiken;
- genaue Angaben dazu, wie Vermögenswerte, die bei Wertpapierfinanzierungsgeschäften und Gesamtrendite-Swaps zum Einsatz kommen, und erhaltene Sicherheiten verwahrt werden (z. B. über eine Verwahrstelle des Fonds);
- genaue Angaben zu etwaigen (rechtlichen oder als Selbstverpflichtung) Beschränkungen für die Weiterverwendung von Sicherheiten;
- Aufteilung der durch Wertpapierfinanzierungsgeschäfte und Gesamtrendite-Swaps erzielten Rendite: Beschreibung der durch Wertpapierfinanzierungsgeschäfte und Gesamtrendite-Swaps erzielten Anteile der Einkünfte, die wieder dem Organismus für gemeinsame Anlagen zufließen, und der dem Manager oder Dritten (z. B. der Leihstelle) zugeordneten Kosten und Gebühren. Im Prospekt bzw. den Anlegerinformationen ist ferner anzugeben, wenn es sich bei diesen um mit dem Manager verbundene Dritte handelt.

IV. Mindestangaben zu den Kosten (§ 165 Abs. 3 KAGB)

1. Allgemeines

Die **Mindestangaben zu den Kosten** waren bisher in § 41 InvG und teilweise im Rahmen der Mindestangaben zum Verkaufsprospekt in § 42 InvG geregelt. Mit der Einführung des KAGB hat der Gesetzgeber die Vorgaben für Kostenklauseln in § 165 Abs. 3 KAGB zusammengefasst und somit übersichtlicher gestaltet. Die Kostenklauseln sind für den Anleger von großer Bedeutung und dienen dazu, ihm transparent die **verschiedenen Arten von Kosten und deren Höhe** im Zusammenhang mit dem Erwerb und der Veräußerung der Anteile des Investmentvermögens aufzuzeigen.[56] Daneben werden dem Anleger auch die laufenden Kosten vor Augen geführt, die mit der Verwaltung des Investmentvermögens entstehen.[57] Dies kann für seine Anlageentscheidung ebenfalls von erheblicher Bedeutung sein. 43

2. Mindestangaben zu Ausgabe- und Rücknahmepreis (§ 165 Abs. 3 Nr. 1-2 KAGB)

Im Verkaufsprospekt hat die KVG nach § 165 Abs. 3 Nr. 1 KAGB Angaben darüber zu machen, nach welcher Methode und wie häufig **Ausgabe- und Rücknahmepreise** für die Anteile oder Aktien neu berechnet werden. Daneben sind die Kosten anzugeben, die mit der Ausgabe und der Rücknahme der Anteile oder 44

56 *Schmitz* in Berger/Steck/Lübbehüsen, § 41 InvG Rz. 3; *Rozok* in Emde/Dornseifer/Dreibus/Hölscher, § 41 InvG Rz. 1; *von Ammon/Izzo-Wagner* in Baur/Tappen, § 165 KAGB Rz. 79.

57 *Schmitz* in Berger/Steck/Lübbehüsen, § 41 InvG Rz. 3; *Rozok* in Emde/Dornseifer/Dreibus/Hölscher, 2013, § 41 InvG Rz. 1; *von Ammon/Izzo-Wagner* in Baur/Tappen, § 165 KAGB Rz. 79.

Aktien entstehen. Nach Nr. 2 ist anzugeben, wie oft und wo die berechneten Preise veröffentlicht werden. Die Veröffentlichung der Ausgabe- und Rücknahmepreise erfolgt dabei regelmäßig auf der Homepage der KVG.[58]

3. Mindestangaben zu sonstigen Kosten und Gebühren (§ 165 Abs. 3 Nr. 3 KAGB)

45 Nach § 165 Abs. 3 Nr. 3 KAGB sind im Verkaufsprospekt auch Angaben zu **sonstigen Kosten und Gebühren** zu machen. Diese sind zu trennen nach Kosten, die der Anleger selbst zu tragen hat und solchen Kosten, die aus dem Investmentvermögen zu zahlen sind.

4. Mindestangaben zur Verwendung des Ausgabeaufschlags und Rücknahmeabschlags (§ 165 Abs. 3 Nr. 4 KAGB)

46 Die KVG muss im Verkaufsprospekt nach § 165 Abs. 3 Nr. 4 KAGB weitergehend darlegen, wie **Ausgabeaufschlag** und **Rücknahmeabschlag verwendet** werden. Sowohl Ausgabeaufschlag als auch Rücknahmeabschlag werden regelmäßig mit einem festen Prozentsatz angegeben (allgemein zu Ausgabeaufschlag und Rücknahmeabschlag s. § 162 Rz. 98 ff.). Der Ausgabeaufschlag kommt der KVG bzw. den Vertriebsstellen des Sondervermögens zugute und deckt die Kosten ab, die mit der Ausgabe der Anteile oder Aktien entstehen. Der Rücknahmeabschlag fällt dagegen dem Investmentvermögen selbst zu. Während in den Anlagebedingungen nach § 162 Abs. 2 Nr. 12 KAGB nur die Höhe der Auf- und Abschläge anzugeben ist, muss der Verkaufsprospekt darüber hinausgehend auch angeben, zu welchem Zweck die Auf- und Abschläge erhoben werden.

5. Mindestangabe der Gesamtkostenquote (§ 165 Abs. 3 Nr. 5 KAGB)

47 Der Verkaufsprospekt muss nach § 165 Abs. 3 Nr. 5 KAGB die Angabe enthalten, dass eine **Gesamtkostenquote** in Form **einer einzigen Zahl** zu berechnen ist, die auf den Zahlen des vorangegangenen Geschäftsjahres basiert. Daneben muss auch angegeben werden, welche Kosten in die Berechnung miteinbezogen werden. Die Gesamtkostenquote wird in der Praxis häufig auch als **Total Expense Ratio (TER)**[59] oder als „Laufende Kosten“[60] bezeichnet. Nicht zu der Gesamtkostenquote gehören sog. Transaktionskosten. Nach den CESR-Empfehlungen zur Berechnungsweise und Darstellung von Kostenangaben sind Zahlungen an Dritte nicht in die Gesamtkostenquote aufzunehmen, die bei dem Erwerb und der Veräußerung von Vermögensgegenständen entstehen.[61] Dies betrifft namentlich Transaktionssteuern, Brokerkosten sowie damit verbundene Gebühren. Solche Transaktionskosten sind nach Nr. 9 separat im Verkaufsprospekt aufzuführen.

48 Neben der Angabe im Verkaufsprospekt findet sich die Gesamtkostenquote auch in den Jahresberichten gem. § 101 Abs. 2 Nr. 1 KAGB und gem. § 166 Abs. 5 KAGB in den wesentlichen Anlegerinformationen wieder.

6. Angabe zu Transaktionskosten (§ 165 Abs. 3 Nr. 6 KAGB)

49 Nach § 165 Abs. 3 Nr. 6 KAGB muss die KVG erläutern, dass **Transaktionskosten** unmittelbar aus dem Investmentvermögen zu zahlen sind und dass in der Gesamtkostenquote nach Nr. 5 keine Transaktionskosten enthalten sind. Als Transaktionskosten sind neben den Anschaffungsnebenkosten wie beispielsweise Börsengebühren, Maklercourtagen und Notarkosten auch die Transaktionssteuern, Brokerkosten sowie damit verbundene Gebühren zu qualifizieren.[62] Der eigentliche Anschaffungspreis gehört dagegen nicht zu den Transaktionskosten.[63]

7. Angabe der Pauschalgebühr (§ 165 Abs. 3 Nr. 7 KAGB)

50 Sehen die Anlagebedingungen nach § 162 Abs. 2 Nr. 13 KAGB eine Pauschalgebühr vor, so sind auch im Verkaufsprospekt nach Nr. 7 Angaben dazu zu machen, aus welchen Kosten sich die **Pauschalgebühr** zu-

---

58 *Rozok* in Emde/Dornseifer/Dreibus/Hölscher, § 41 InvG Rz. 38; *von Ammon/Izzo-Wagner* in Baur/Tappen, § 165 KAGB Rz. 84; *Patzner/Schneider-Deters* in Moritz/Klebeck/Jesch, § 165 KAGB Rz. 62.

59 *Rozok* in Emde/Dornseifer/Dreibus/Hölscher, § 41 InvG Rz. 27; *Schmitz* in Berger/Steck/Lübbehüsen, § 41 InvG Rz. 18 f.

60 Vgl. VO (EU) Nr. 583/2010, dazu auch *Polifke* in Weitnauer/Boxberger/Anders, § 165 KAGB Rz. 24.

61 CESR/10-674, S. 5; auch *Rozok* in Emde/Dornseifer/Dreibus/Hölscher, § 41 InvG Rz. 27.

62 *Rozok* in Emde/Dornseifer/Dreibus/Hölscher, § 41 InvG Rz. 32; *von Ammon/Izzo-Wagner* in Baur/Tappen, § 165 KAGB Rz. 97.

63 *Rozok* in Emde/Dornseifer/Dreibus/Hölscher, § 41 InvG Rz. 32.

sammensetzt und welche Kosten und Vergütungen dem Investmentvermögen daneben **gesondert in Rechnung** gestellt werden können. Die Pauschalgebühr wird häufig als sog. „**All-In-Fee**" zusammengefasst und setzt sich meist aus folgenden Kostenpositionen zusammen: die Vergütungen der Verwahrstelle, die bei der Verwahrung entstehenden Kosten, Depot- und Registergebühren, Lizenzgebühren, Publikationskosten, Kosten für Wirtschaftsprüfer, Steuerberater und sonstige Prüfungen, Kosten für Anlageberater, Rechtsverfolgungskosten sowie Kosten für die Ausübung von Aktionärsrechten (zur Pauschalgebühr s. § 162 Rz. 103 ff.).

8. Mindestangaben zu Rückvergütungen (§ 165 Abs. 3 Nr. 8 KAGB)

Weitergehend hat der Verkaufsprospekt nach § 165 Abs. 3 Nr. 8 KAGB eine Beschreibung von etwaigen **Rückvergütungen** zu enthalten, die der KVG aus den an die Verwahrstelle oder an Dritte geleisteten Vergütungen aus dem Investmentvermögen zufließen. Da die Rückvergütungen in der Regel für den Anleger nicht erkennbar sind, soll die Vorschrift die Transparenz für den Anleger erhöhen.[64] Gerade mögliche **Interessenkonflikte** der KVG können so aufgedeckt und dem Anleger vor Augen geführt werden. Der Anleger kann dann erkennen, ob die KVG vorrangig nur aufgrund von potentiellen Rückvergütungen oder in seinem Interesse tätig wird.[65] 51

In diesem Zusammenhang stellt sich die Frage, ob nur Rückvergütungen von der Regelung umfasst sind, die als tatsächliche Zahlungen an die KVG fließen oder ob auch **geldwerte Vorteile** anzugeben und zu beschreiben sind. Mögliche Interessenkonflikte können auch bei der Gewährung von geldwerten Vorteilen entstehen, sodass auch diese besser im Verkaufsprospekt offengelegt werden sollten. Vor dem Hintergrund, dass die Vorschrift der Transparenz und dem Anlegerschutz dient, gilt dies umso mehr.[66] 52

Daneben sind auch weitere Angaben über etwaige **Rückvergütungen an Vertriebsvermittler und Anlageberater** erforderlich. Dies ist aus Anlegerschutzgesichtspunkten durchaus sinnvoll, da der Anlageberater häufig nicht direkt durch den Anleger, sondern in Form von Provisionen bzw. Rückvergütungen aus dem Investmentvermögen bezahlt wird. In diesem Zusammenhang können ebenfalls Interessenkonflikte des Anlageberaters oder Vermittlers entstehen, die dem Anleger wiederum aufzuzeigen sind.[67] 53

9. Mindestangaben zu Kosten von Zielfonds (§ 165 Abs. 3 Nr. 9 KAGB)

In Übereinstimmung mit den Anlagebedingungen muss der Verkaufsprospekt nach § 165 Abs. 3 Nr. 9 KAGB die Angabe des § 162 Abs. 2 Nr. 14 KAGB enthalten. Danach sind Kosten in Form von Ausgabeaufschlägen und Rücknahmeabschlägen und Vergütungen anzugeben, die im Zusammenhang mit dem Erwerb und Verkauf sowie der Verwaltung von Anteilen oder Aktien an anderen Investmentvermögen (sog. **Zielfonds**) angefallen sind. Zusätzlich zu den Angaben in den Anlagebedingungen sind im Verkaufsprospekt Angaben zu den Gebühren, Kosten, Steuern, Provisionen und sonstigen Aufwendungen zu machen, die auf Ebene eines Zielfonds mittelbar oder unmittelbar von den Anlegern zu tragen sind. Dabei sind die jeweiligen Höchstbeträge zu nennen. Hiervon nicht erfasst sind solche Kosten, die bei dem Erwerb oder der Veräußerung von Anteilen oder Aktien an einem Zielfonds entstehen.[68] Diese Kosten sind als Transaktionskosten des eigentlichen Investmentvermögens im Sinne der Nr. 6 zu qualifizieren. Schließlich ist der Hinweis aufzunehmen, dass neben den Kosten der Verwaltung des eigentlichen Investmentvermögens auch Kosten für die Verwaltung der Anteile und Aktien in den Zielfonds entstehen. 54

Ziel der Mindestangabe ist es, dem Anleger auch einen **Überblick über die im Zusammenhang mit Zielfonds stehenden Kosten** zu geben und ihn auch über die mögliche mehrstufige Kostenbelastung zu informieren, die durch Investments in andere Investmentvermögen entstehen kann (Gebührenkaskade).[69] 55

64 *Schmitz* in Berger/Steck/Lübbehüsen, § 41 InvG Rz. 31; *Patzner/Schneider-Deters* in Moritz/Klebeck/Jesch, § 165 KAGB Rz. 68.
65 *Rozok* in Emde/Dornseifer/Dreibus/Hölscher, § 41 InvG Rz. 45 mit Verweis auf Begr. RegE, BT-Drucks. 15/1553, S. 88.
66 *Rozok* in Emde/Dornseifer/Dreibus/Hölscher, § 41 InvG Rz. 49 mit Verweis auf § 26 Abs. 2 InvVerOV; auch *von Ammon/Izzo-Wagner* in Baur/Tappen, § 165 KAGB Rz. 107.
67 *Polifke* in Weitnauer/Boxberger/Anders, § 165 KAGB Rz. 28.
68 *Rozok* in Emde/Dornseifer/Dreibus/Hölscher, § 41 InvG Rz. 67; *von Ammon/Izzo-Wagner* in Baur/Tappen, § 165 KAGB Rz. 115; *Polifke* in Weitnauer/Boxberger/Anders, § 165 KAGB Rz. 30.
69 *Rozok* in Emde/Dornseifer/Dreibus/Hölscher, § 41 InvG Rz. 63; auch *von Ammon/Izzo-Wagner* in Baur/Tappen, § 165 KAGB Rz. 112.

10. Mindestangaben zur Vergütungspolitik der Verwaltungsgesellschaft (§ 165 Abs. 3 Nr. 10 KAGB)

56 Schließlich muss der Verkaufsprospekt auch Angaben über die Vergütungspolitik der KVG enthalten, vgl. § 165 Abs. 3 Nr. 10 KAGB.[70]

Dazu sind nach § 165 Abs. 3 Nr. 10 lit. a KAGB zunächst Einzelheiten über die aktuelle Vergütungspolitik der KVG aufzunehmen, insbesondere darüber, wie die Vergütung und sonstige Zuwendungen **berechnet** werden. Auch die **verantwortliche Person**, die für die Zuteilung der Vergütung verantwortlich ist, ist zu benennen. Falls ein Vergütungsausschuss bei der KVG besteht ist auch dessen Zusammensetzung anzugeben.

Daneben muss der Verkaufsprospekt nach § 165 Abs. 3 Nr. 10 lit. b KAGB eine Z**usammenfassung der Vergütungspolitik** enthalten. Auch muss die KVG erklären, dass die entsprechenden Einzelheiten auf einer Internetseite veröffentlicht sind, die dann auch zu nennen ist. Die **Erklärung** muss daneben auch die Aussage enthalten, dass dem Anleger die entsprechende Internetseite auf Anfrage auch in Papierform zur Verfügung gestellt wird. Schließlich muss die Erklärung auch so formuliert sein, dass auf der Internetseite auch die Angaben nach § 165 Abs. 3 Nr. 10 lit. a KAGB anzugeben sind.

V. Mindestangaben zu Derivaten (§ 165 Abs. 4 KAGB)

57 Während die KVG in den Anlagebedingungen nach § 161 Abs. 2 Nr. 1 KAGB lediglich Angaben darüber aufnehmen muss, in welchem Umfang und zu welchem Zweck Geschäfte mit Derivaten getätigt werden dürfen, sind die Angaben im Verkaufsprospekt näher zu konkretisieren. Der Verkaufsprospekt muss nach § 165 Abs. 4 KAGB an hervorgehobener Stelle erläutern, ob Geschäfte mit Derivaten **zu Absicherungszwecken** oder als **Teil der Anlagestrategie** verwendet werden dürfen und wie sich die Verwendung von Derivaten möglicherweise auf das Risikoprofil des Investmentvermögens auswirkt.

58 Aus **Anlegerschutzgesichtspunkten** ist diese Angabe für den Anleger von erheblicher Bedeutung, da die Verluste durch den Einsatz von Derivaten aufgrund der nicht überschaubaren Marktrisiken deutlich erhöht werden.[71]

VI. Mindestangaben zu erhöhter Volatilität (§ 165 Abs. 5 KAGB)

59 Unterliegt das Investmentvermögen aufgrund seiner Zusammensetzung oder aufgrund der zur Verwaltung verwendeten Techniken einer erhöhten Volatilität, so ist im Verkaufsprospekt nach § 165 Abs. 5 KAGB an hervorgehobener Stelle darauf hinzuweisen. Wann **erhöhte Wertschwankungen** vorliegen, konkretisiert der Gesetzgeber nicht weiter.[72] Auch kann eine „erhöhte Volatilität" nur aufgrund einer Schätzung erfolgen, die auf Grundlage der bisherigen Wertentwicklung des Sondervermögens getroffen werden kann.[73] Aufgrund der damit einhergehenden Unsicherheit sollte in der Regel ein allgemeiner Hinweis im Verkaufsprospekt erfolgen, sobald aufgrund der Anlagegegenstände und/oder der Anlagestrategie nicht mit einer konstanten Wertsteigerung zu rechnen ist.[74]

VII. Mindestangaben zu Wertpapierindexvermögen (§ 165 Abs. 6 KAGB)

60 Entsprechend § 165 Abs. 6 KAGB ist der Anleger bei einem Investmentvermögen, welches einen anerkannten **Wertpapierindex** nachbildet, an hervorgehobener Stelle[75] im Verkaufsprospekt darauf hinzuweisen, dass der Grundsatz der Risikomischung für dieses Investmentvermögen nur eingeschränkt gilt. Die BaFin entscheidet auf Grundlage der Fondskategorien-RL, welche Wertpapierindexe im Sinne der Vorschrift „anerkannt" sind.[76] Darüber hinaus sind in dem Verkaufsprospekt Angaben darüber zu machen, welche Wert-

---

70 § 165 Abs. 3 Nr. 10 KAGB wurde durch das OGAW-V-UmsG neu eingeführt, vgl. BGBl. I 2016, S. 358.

71 *von Ammon/Izzo-Wagner* in Baur/Tappen, § 165 KAGB Rz. 119.

72 *von Ammon/Izzo-Wagner* in Baur/Tappen, § 165 KAGB Rz. 119; dazu auch schon zur Vorgängervorschrift des § 42 Abs. 4 InvG *Rozok* in Emde/Dornseifer/Dreibus/Hölscher, § 41 InvG Rz. 128, der die Vorschrift aufgrund ihrer Unbestimmtheit für überflüssig hält.

73 *Patzner/Schneider-Deters* in Moritz/Klebeck/Jesch, § 165 KAGB Rz. 71.

74 *von Ammon/Izzo-Wagner* in Baur/Tappen, § 165 KAGB Rz. 121; *Patzner/Schneider-Deters* in Moritz/Klebeck/Jesch, § 165 KAGB Rz. 71.

75 Nach *Rozok* in Emde/Dornseifer/Dreibus/Hölscher, 41 InvG Rz. 33 ist ein Hinweis auf dem Deckblatt des Verkaufsprospekt eine passende Stelle.

76 Art. 3 Abs. 2 lit. b der Fondskategorien-RL.

papiere Bestandteile des Indexes sind und wie hoch der Anteil der jeweiligen Wertpapiere am Index ist. In § 4 Abs. 3 der Fondskategorien-RL gibt die BaFin vor, welche Angaben zu dem jeweiligen Index im Verkaufsprospekt zu machen sind. So muss der Index zunächst eindeutig beschrieben werden bzw. ein Verweis auf eine Internetseite erfolgen, auf der die genaue Zusammensetzung des Indexes oder Indizes veröffentlicht ist. Außerdem muss der Verkaufsprospekt Informationen zur Methode, mit der der Index abgebildet wird (beispielsweise inwiefern eine vollständige physische Nachbildung, ein Sampling oder eine synthetische Nachbildung erfolgt) und zur Auswirkung der ausgewählten Methode bezüglich des Exposures gegenüber dem Index und bezüglich des Kontrahentenrisikos enthalten. Auch Informationen zum prognostizierten Tracking Error unter normalen Marktbedingungen sind anzugeben. Schließlich sind die Faktoren zu beschreiben, die die Nachbildung beeinflussen (beispielsweise Transaktionskosten, Wiederanlage von Dividenden etc.).

Ist die Zusammensetzung des Wertpapierindexes bereits im letzten bekanntgemachten Halbjahres- oder Jahresbericht erfolgt, kann diese Angabe im Verkaufsprospekt unterbleiben, vgl. § 165 Abs. 6 Satz 3 KAGB.

VIII. Mindestangaben zu Primebroker (§ 165 Abs. 7 KAGB)

Die Vorschrift des § 165 Abs. 7 KAGB setzt Art. 23 Abs. 1 lit. o AIFM-RL um. Danach muss der Verkaufspro- 61
spekt eines offenen Publikums-AIF auch Mindestangaben über den **Primebroker** enthalten. Eine Definition des Primebrokers findet sich in § 1 Abs. 19 Nr. 30 KAGB, der wiederum auf Art. 4 Abs. 1 lit. af AIFM-RL basiert. Da Primebroker verschiedene Aufgaben für das Investmentvermögen erbringen, können auch hier Interessenkonflikte entstehen, die den Anlegern durch bestimmte Mindestangaben offenzulegen sind.[77] So hat der Verkaufsprospekt neben der Identität des Primebrokers auch sämtliche Vereinbarungen näher zu beschreiben, die die KVG oder die Verwahrstelle mit dem Primebroker geschlossen hat (§ 165 Abs. 7 Nr. 1 KAGB). Darüber hinaus ist auch offenzulegen, ob eine Haftungsübertragung auf den Primebroker vereinbart wurde (§ 165 Abs. 7 Nr. 2 KAGB).

IX. Weitere Mindestangaben

Verfügt eine KVG nicht über eine KVG-Erlaubnis nach §§ 20 und 22 KAGB, sondern unterfällt sie lediglich 62
der **Registrierungspflicht nach § 2 Abs. 5 KAGB,** so ist im Verkaufsprospekt und in den wesentlichen Anlegerinformationen drucktechnisch herausgestellt und an hervorgehobener Stelle darauf hinzuweisen, vgl. § 2 Abs. 5 Nr. 6 KAGB. Das gleiche gilt, wenn die AIF-KVG von der **Übergangsvorschrift des § 343 Abs. 3 KAGB** Gebrauch macht und folglich noch nicht über eine eigene KVG-Erlaubnis nach §§ 20 und 22 KAGB verfügt. Auch dies muss den Anlegern im Verkaufsprospekt und in den wesentlichen Anlegerinformationen drucktechnisch herausgestellt an hervorgehobener Stelle mitgeteilt werden.

X. Weitere Angaben auf Verlangen der BaFin (§ 165 Abs. 8 KAGB)

Als Auffangtatbestand konzipiert, kann die BaFin nach § 165 Abs. 8 KAGB verlangen, dass die KVG **weitere** 63
Angaben in den Verkaufsprospekt aufnimmt, wenn sie der Meinung ist, dass diese weiteren Angaben für den Anleger erforderlich sind. Insofern kommt ihr ein **Ermessenspielraum** zu.[78]

Ob die BaFin darüber hinausgehend das Recht hat, den Verkaufsprospekt **inhaltlich zu überprüfen** und 64
inhaltliche Änderungen oder Anpassungen zu verlangen, ist in § 165 Abs. 8 KAGB nicht geregelt. Nach dem Wortlaut des § 165 Abs. 8 KAGB kann die BaFin im Hinblick auf die Vollständigkeit verlangen, dass die KVG weitere Angaben in den Verkaufsprospekt aufnimmt. Für den Fall, dass der BaFin bei der Durchsicht allerdings offensichtliche inhaltliche Fehler auffallen, muss ihr auch die Befugnis zustehen, die Korrektur dieser Fehler von dem Prospektersteller zu verlangen, zumal der Verkaufsprospekt nach § 165 Abs. 1 Satz 2 KAGB auch redlich, eindeutig und nicht irreführend sein darf.[79]

XI. Prognosen (§ 165 Abs. 9 KAGB)

Schließlich verlangt § 165 Abs. 9 KAGB, dass **Prognosen** im Verkaufsprospekt eindeutig als solche zu be- 65
zeichnen sind. Die Vorschrift beruht auf § 2 Abs. 2 Satz 6 VermVerkProspV. Dem Anleger soll damit klar

77 *Dornseifer* in Dornseifer/Jesch/Klebeck/Tollmann, Art. 23 AIFM-RL Rz. 48.
78 *Rozok* in Emde/Dornseifer/Dreibus/Hölscher, § 41 InvG Rz. 45.
79 *von Ammon/Izzo-Wagner* in Baur/Tappen, § 165 KAGB Rz. 129.

vor Augen geführt werden, dass er sich auf Prognosen über zukünftige Umstände oder Ereignisse nicht verlassen darf, da deren künftiges Eintreten nicht vorausgesagt werden kann und daher ungewiss ist.[80] Vor diesem Hintergrund ist das Wort „Prognose" in dem Verkaufsprospekt in unmittelbarem Zusammenhang mit der prognostizierten Angabe aufzunehmen und drucktechnisch hervorzuheben oder in einer Überschrift aufzunehmen.[81]

§ 166 Inhalt, Form und Gestaltung der wesentlichen Anlegerinformationen; Verordnungsermächtigung

(1) Die wesentlichen Anlegerinformationen sollen den Anleger in die Lage versetzen, Art und Risiken des angebotenen Anlageproduktes zu verstehen und auf dieser Grundlage eine fundierte Anlageentscheidung zu treffen.

(2) Die wesentlichen Anlegerinformationen müssen folgende Angaben zu den wesentlichen Merkmalen des betreffenden Investmentvermögens enthalten:

1. **Identität des Investmentvermögens und der für das Investmentvermögen zuständigen Behörde,**
2. **kurze Beschreibung der Anlageziele und der Anlagepolitik,**
3. **Risiko- und Ertragsprofil der Anlage,**
4. **Kosten und Gebühren,**
5. **bisherige Wertentwicklung und gegebenenfalls Performance-Szenarien,**
6. **eine Erklärung darüber, dass die Einzelheiten der aktuellen Vergütungspolitik auf einer Internetseite veröffentlicht sind, wie die Internetseite lautet und dass auf Anfrage kostenlos eine Papierversion der Internetseite zur Verfügung gestellt wird; die Erklärung umfasst auch, dass zu den auf der Internetseite einsehbaren Einzelheiten der aktuellen Vergütungspolitik eine Beschreibung der Berechnung der Vergütung und der sonstigen Zuwendungen sowie die Identität der für die Zuteilung der Vergütung und sonstigen Zuwendungen zuständigen Personen, einschließlich der Zusammensetzung des Vergütungsausschusses, falls es einen solchen Ausschuss gibt, gehört und**
7. **praktische Informationen und Querverweise.**

(3) [1]Diese wesentlichen Merkmale muss der Anleger verstehen können, ohne dass hierfür zusätzliche Dokumente herangezogen werden müssen. [2]Die wesentlichen Anlegerinformationen müssen redlich und eindeutig und dürfen nicht irreführend sein. [3]Sie müssen mit den einschlägigen Teilen des Verkaufsprospekts übereinstimmen. [4]Sie sind kurz zu halten und in allgemein verständlicher Sprache abzufassen. [5]Sie sind in einem einheitlichen Format zu erstellen, um Vergleiche zu ermöglichen.

(4) [1]Für die inländischen OGAW bestimmen sich die näheren Inhalte, Form und Gestaltung der wesentlichen Anlegerinformationen nach der Verordnung (EU) Nr. 583/2010 der Kommission vom 1. Juli 2010 zur Durchführung der Richtlinie 2009/65/EG des Europäischen Parlaments und des Rates im Hinblick auf die wesentlichen Informationen für den Anleger und die Bedingungen, die einzuhalten sind, wenn die wesentlichen Informationen für den Anleger oder der Prospekt auf einem anderen dauerhaften Datenträger als Papier oder auf einer Website zur Verfügung gestellt werden (ABl. L 176 vom 10.7.2010, S. 1). [2]Für offene AIF-Publikumsinvestmentvermögen ist die Verordnung (EU) Nr. 583/2010 hinsichtlich der näheren Inhalte, der Form und Gestaltung der wesentlichen Anlegerinformationen entsprechend anzuwenden, soweit sich aus den nachfolgenden Vorschriften nichts anderes ergibt.

(5) [1]Die Verwaltungsgesellschaft weist in den wesentlichen Anlegerinformationen eine Gesamtkostenquote aus. [2]Die Gesamtkostenquote stellt eine einzige Zahl dar, die auf den Zahlen des vorangegangenen Geschäftsjahres basiert. [3]Sie umfasst sämtliche vom Investmentvermögen im Jahresverlauf getragenen Kosten und Zahlungen im Verhältnis zum durchschnittlichen Nettoinventarwert des Investmentvermögens und wird in den wesentlichen Anlegerinformationen unter der Bezeichnung „laufende Kosten" im Sinne von Artikel 10 Absatz 2 Buchstabe b der Verordnung (EU) Nr. 583/2010

80 *von Ammon/Izzo-Wagner* in Baur/Tappen, § 165 KAGB Rz. 131. Dort findet sich auch eine Definition der Prognose (m.w.N.).

81 *von Ammon/Izzo-Wagner* in Baur/Tappen, § 165 KAGB Rz. 132 mit Verweis auf die Kommentierung zu § 2 VermVerkProspV bei *Voß* in Arndt/Voß, § 2 VermVerkProspV Rz. 126; *Patzner/Schneider-Deters* in Moritz/Klebeck/Jesch, § 165 KAGB Rz. 75.

zusammengefasst; sie ist als Prozentsatz auszuweisen. [4]Sofern in den Anlagebedingungen eine erfolgsabhängige Verwaltungsvergütung oder eine zusätzliche Verwaltungsvergütung für den Erwerb, die Veräußerung oder die Verwaltung von Vermögensgegenständen nach § 231 Absatz 1 und § 234 vereinbart wurde, ist diese darüber hinaus gesondert als Prozentsatz des durchschnittlichen Nettoinventarwertes des Investmentvermögens anzugeben. [5]Das Bundesministerium der Finanzen wird ermächtigt, durch Rechtsverordnung, die nicht der Zustimmung des Bundesrates bedarf, nähere Bestimmungen zu Methoden und Grundlagen der Berechnung der Gesamtkostenquote zu erlassen. [6]Das Bundesministerium der Finanzen kann die Ermächtigung durch Rechtsverordnung auf die Bundesanstalt übertragen.

(6) [1]Für die Immobilien-Sondervermögen nach § 230 sind Artikel 4 Absatz 8 und die Artikel 8 und 9 der Verordnung (EU) Nr. 583/2010 nicht anzuwenden. [2]Die Darstellung des Risiko- und Ertragsprofils nach Absatz 2 Satz 1 Nummer 3 für Immobilien-Sondervermögen hat eine Bezeichnung der wesentlichen Risiken und Chancen zu enthalten, die mit einer Anlage in den Immobilien-Sondervermögen verbunden sind. [3]Dabei ist auf die wesentlichen Risiken, die Einfluss auf das Risikoprofil des Sondervermögens haben, hinzuweisen; insbesondere sind die Risiken der Immobilieninvestitionen und der Beteiligung an den Immobilien-Gesellschaften zu bezeichnen. [4]Daneben ist ein Hinweis auf die Beschreibung der wesentlichen Risiken im Verkaufsprospekt aufzunehmen. [5]Die Darstellung muss den Anleger in die Lage versetzen, die Bedeutung und die Wirkung der verschiedenen Risikofaktoren zu verstehen. [6]Die Beschreibung ist in Textform zu erstellen und darf keine grafischen Elemente aufweisen. [7]Daneben sind folgende Angaben aufzunehmen:

1. **ein genereller Hinweis, dass mit der Investition in das Sondervermögen neben den Chancen auf Wertsteigerungen auch Risiken verbunden sein können und**
2. **anstelle der Angaben nach Artikel 7 Absatz 1 Satz 2 Buchstabe b der Verordnung (EU) Nr. 583/2010 ein Hinweis auf die Einschränkung der Rückgabemöglichkeiten für den Anleger nach § 256 Absatz 1 Nummer 1 sowie ein Hinweis auf die Möglichkeit der Aussetzung der Rücknahme von Anteilen und deren Folgen nach § 257.**

(7) [1]Für Dach-Hedgefonds gemäß den §§ 225 bis 229 sind Artikel 4 Absatz 8 und die Artikel 8 und 9 der Verordnung (EU) Nr. 583/2010 nicht anzuwenden. [2]Die Darstellung des Risiko- und Ertragsprofils nach Absatz 2 Satz 1 Nummer 3 hat für Dach-Hedgefonds eine Bezeichnung der wesentlichen Risiken und Chancen, die mit einer Anlage in diesen Investmentvermögen verbunden sind, zu enthalten. [3]Dabei ist auf die wesentlichen Risiken hinzuweisen, die Einfluss auf das Risikoprofil des Investmentvermögens haben; dabei sind auch die Risiken der Zielinvestmentvermögen einzubeziehen, wenn diese einen wesentlichen Einfluss auf das Risikoprofil des Investmentvermögens haben. [4]Absatz 6 Satz 4 bis 6 gilt entsprechend. [5]Daneben sind folgende Angaben aufzunehmen:

1. **anstelle der Angaben nach Artikel 7 Absatz 1 Buchstabe b der Verordnung (EU) Nr. 583/2010 der Hinweis auf die Möglichkeit zur Einschränkung der Rücknahme nach § 227,**
2. **im Abschnitt „Risiko- und Ertragsprofil" zusätzlich der Warnhinweis nach § 228 Absatz 2,**
3. **zusätzlich zu den Angaben nach Artikel 28 der Verordnung (EU) Nr. 583/2010 auch Angaben zum Erwerb ausländischer nicht beaufsichtigter Zielinvestmentvermögen nach § 228 Absatz 1 Nummer 2,**
4. **zusätzlich zu den Angaben nach Artikel 29 der Verordnung (EU) Nr. 583/2010 auch Angaben zu Krediten und Leerverkäufen nach § 228 Absatz 1 Nummer 4.**

(8) [1]Die Ermittlung und Erläuterung der Risiken im Rahmen des Risiko- und Ertragsprofils nach den Absätzen 6 und 7 müssen mit dem internen Verfahren zur Ermittlung, Messung und Überwachung von Risiken übereinstimmen, das die Verwaltungsgesellschaft im Sinne der Artikel 38 bis 40 der Richtlinie 2010/43/EU oder der Artikel 38 bis 56 der Verordnung (EU) Nr. 231/2013 angewendet hat. [2]Verwaltet eine Verwaltungsgesellschaft mehr als ein Investmentvermögen, sind die hiermit verbundenen Risiken einheitlich zu ermitteln und widerspruchsfrei zu erläutern.

In der Fassung vom 4.7.2013 (BGBl. I 2013, S. 1981), zuletzt geändert durch das Gesetz zur Umsetzung der Richtlinie 2014/91/EU des Europäischen Parlaments und des Rates vom 23. Juli 2014 zur Änderung der Richtlinie 2009/65/EG zur Koordinierung der Rechts- und Verwaltungsvorschriften betreffend bestimmte Organismen für gemeinsame Anlagen in Wertpapieren (OGAW) im Hinblick auf die Aufgaben der Verwahrstelle, die Vergütungspolitik und Sanktionen vom 3.3.2016 (BGBl. I 2016, S. 348).

Schrifttum: *Koch*, Grenzen des informationsbasierten Anlegerschutzes, BKR 2012, 485; *Möllers/Kernchen*, Information Overload am Kapitalmarkt, ZGR 2011, 1; *Müller-Christmann*, Das Gesetz zur Stärkung des Anlegerschutzes und Verbesserung der Funktionsfähigkeit des Kapitalmarktes, DB 2011, 749; *Oehler*, Klar, einfach, verständlich und vergleichbar: Chancen für eine standardisierte Produktinformation für alle Finanzdienstleistungen, ZBB 2012, 119; *Preuße/Seitz/Lesser*, Konkretisierung der Anforderungen an Produktinformationsblätter nach § 31 Abs. 3 a WpHG, BKR 2014, 70; *F. Schäfer/U. Schäfer*, Anforderungen und Haftungsfragen bei PIBs, VIBs und KIIDs, ZBB 2013, 23; *Sethe*, Verschärfte Regeln für Anlageberater im Retail-Bereich, in Koschyk/Leible/K. Schäfer, Anlegerschutz und Stabilität der Finanzmärkte, 2012, S. 131; *Zeidler*, Marketing nach MiFID, WM 2008, 238.

I. Allgemeines

1. Regelungsgegenstand und Anwendungsbereich

1 § 166 KAGB regelt den **Inhalt**, die **Form** und die **Gestaltung** der **wesentlichen Anlegereinformationen** für offene Publikumsinvestmentvermögen und enthält darüber hinaus eine **Verordnungsermächtigung** zur Berechnung der Gesamtkostenquote. Die Regelung umfasst den Zweck der wesentlichen Anlegerinformationen und damit den Maßstab für ihre Ausgestaltung in Abs. 1; die Angaben, die in den wesentlichen An-

legerinformationen enthalten sein müssen in Abs. 2; die Vorgaben zur Darstellung der wesentlichen Anlegerinformationen in Abs. 3; die Anwendbarkeit der Verordnung (EU) Nr. 583/2010 auf inländische OGAW, offene AIF-Publikumsinvestmentvermögen, Immobilien-Sondervermögen und Dachfonds in Abs. 4, 6 und 7; die Gesamtkostenquote einschließlich einer Verordnungsermächtigung hierzu in Abs. 5; sowie die Pflicht zur Übereinstimmung der Angaben zu den Risiken mit dem internen Risikomanagement in Abs. 8.

Die **Pflicht zur Erstellung und Zugänglichmachung** von wesentlichen Anlegerinformationen ist in § 164 KAGB geregelt. Sie trifft Kapitalverwaltungsgesellschaften oder EU-OGAW-Verwaltungsgesellschaften für die von ihnen verwalteten offenen Publikumsinvestmentvermögen, also OGAW und offene Publikums-AIF. Darüber hinaus gilt sie nach § 268 Abs. 1 Satz 1 KAGB auch für die in den §§ 261 ff. KAGB geregelten geschlossenen Publikums-AIF. Die Ausnahme des § 268 Abs. 1 Satz 3 KAGB für geschlossene AIF-Publikumsinvestmentaktiengesellschaften bezieht sich nur auf die Pflicht zur Erstellung eines Verkaufsprospekts, nicht aber auf wesentliche Anlegerinformationen.[1] Keine Pflicht zur Erstellung und Zugänglichmachung von wesentlichen Anlegerinformationen besteht für inländische offene und geschlossene Spezial-AIF.[2] Die Pflicht, wesentliche Anlegerinformationen vor Vertragsschluss zur Verfügung zu stellen, ist für OGAW in § 297 Abs. 1 Satz 1 KAGB und für AIF in § 297 Abs. 2 Satz 2 KAGB geregelt. Zudem enthält § 301 KAGB die Pflicht, die jeweils geltende Fassung der wesentlichen Anlegerinformationen im Internet zu veröffentlichen. 2

Für jeden Fonds ist ein **eigenes Dokument** mit den wesentlichen Anlegerinformationen zu erstellen. Bei Fonds, die aus Teilfonds bestehen, ist es für jeden Teilfonds gesondert zu erstellen (Art. 25 Abs. 1 VO (EU) Nr. 583/2010). Bei Fonds, die aus mehreren Anteilsklassen bestehen, ist es grundsätzlich für jede Anteilsklasse gesondert zu erstellen; allerdings ist es unter bestimmten Voraussetzungen möglich, die wesentlichen Anlegerinformationen für mehrere Klassen in einem Dokument zusammenfassen oder eine Klasse zur Repräsentation einer oder mehrerer anderer Fondsklassen auszuwählen (Art. 26 VO (EU) Nr. 583/2010). 3

2. Normentstehung und europäische Vorgaben

§ 166 KAGB entspricht bis auf redaktionelle Änderungen den **Vorläuferregelungen** § 42 Abs. 2 bis 2c und § 41 Abs. 2 Satz 1 und 2 bis 5, Abs. 3 InvG, die mit Inkrafttreten des KAGB aufgehoben wurden.[3] § 42 InvG enthielt ursprünglich eine Regelung des vereinfachten Verkaufsprospekts in Abs. 2, an deren Stelle mit der Umsetzung der OGAW-IV-Richtlinie 2011 die Regelung der wesentlichen Anlegerinformationen in Abs. 2 bis 2c trat. Diese enthielt deutlich striktere Vorgaben hinsichtlich Umfang und Inhalt sowie eine eigene Haftungsregelung.[4] 4

Die Regelungen des § 166 KAGB werden nach Maßgabe der Abs. 4, 6 und 7 durch die Verordnung (EU) Nr. 583/2010 **konkretisiert**. Der Konkretisierung dienen auch die Guidelines und sonstigen Veröffentlichungen der ESMA bzw. des CESR als ihr Vorgänger, auch wenn sie die OGAW-IV-Richtlinie und die VO (EU) Nr. 583/2010 nur auslegen. Sie haben daher keine unmittelbare Verbindlichkeit, dürften aber die Praxis der Aufsichtsbehörden prägen.[5] Diese Veröffentlichungen umfassen: 5

- CESR's guidelines on the methodology for the calculation of the synthetic risk and reward indicator in the Key Investor Information Document (CESR/10-673) v. 1.6.2010,[6]
- CESR's guidelines on the methodology for calculation of the ongoing charges figure in the Key Investor Information (CESR/10-674) v. 1.6.2010,[7]
- Selection and presentation of performance scenarios in the Key Investor Information document (KII) for structured UCITS (CESR/10-1318) v. 20.12.2010,[8]
- Transition from the Simplified Prospectus to the Key Investor Information document (CESR/10-1319) v. 20.12.2010,[9]
- CESR's guide to clear language and layout for the Key Investor Information document (CESR/10-1320) v. 20.12.2010,[10]

1 Vgl. *Patzner/Schneider-Deters* in Moritz/Klebeck/Jesch, § 166 KAGB Rz. 7.
2 Vgl. *Patzner/Schneider-Deters* in Moritz/Klebeck/Jesch, § 166 KAGB Rz. 7.
3 Vgl. Bundesregierung, Gesetzesbegründung, BT-Drucks. 17/12294, 257 f.
4 *Polifke* in Weitnauer/Boxberger/Anders, § 166 KAGB Rz. 2.
5 Vgl. auch *Rozok* in Emde/Dornseifer/Dreibus/Hölscher, § 42 InvG Rz. 54; s. auch *von Ammon/Izzo-Wagner* in Baur/Tappen, § 166 KAGB Rz. 3.
6 Abrufbar unter https://www.esma.europa.eu/sites/default/files/library/2015/11/10_673.pdf.
7 Abrufbar unter https://www.esma.europa.eu/sites/default/files/library/2015/11/10_674.pdf.
8 Abrufbar unter https://www.esma.europa.eu/sites/default/files/library/2015/11/10_1318.pdf.
9 Abrufbar unter https://www.esma.europa.eu/sites/default/files/library/2015/11/10_1319.pdf.
10 Abrufbar unter https://www.esma.europa.eu/sites/default/files/library/2015/11/10_1320.pdf.

- CESR's template for the Key Investor Information document (CESR/10-1321) v. 20.12.2010,[11]
- ESMA Questions and Answers Key Investor Information Document (KIID) for UCITS (2015/ESMA/631) v. 26.3.2015.[12]

3. Parallelnormen

a) § 270 KAGB

6 Bei **geschlossenen Publikums-AIF** sind Inhalt, Form und Gestaltung der wesentlichen Anlegerinformationen in § 270 KAGB geregelt. Dieser verweist auf § 166 Abs. 1 bis 3 und 5 KAGB, enthält aber auch vorrangige Regelungen zu Inhalt, Form und Gestaltung, zur Ermittlung und Erläuterung von Risiken und zur Angabe der Gesamtkostenquote.

b) Anlegerinformationen nach § 64 Abs. 2 WpHG

7 Nach § 64 Abs. 2 WpHG ist dem Kunden, dem im Falle einer **Anlageberatung** ein oder mehrere Finanzinstrumente zum Erwerb empfohlen werden, rechtzeitig vor dem Abschluss des Geschäfts ein **kurzes und leicht verständliches Informationsblatt** über jedes empfohlene Finanzinstrument zur Verfügung zu stellen. Diese Pflicht trifft das Wertpapierdienstleistungsunternehmen, während der Emittent des Finanzinstruments nur vertraglich verpflichtet sein kann, ein Informationsblatt entsprechend § 64 Abs. 2 WpHG zu erstellen.[13] Nach § 64 Abs. 2 Satz 3 Nr. 1 WpHG treten bei Anteilen oder Aktien an OGAW oder an offenen Publikums-AIF an die Stelle des Informationsblatts die wesentlichen Anlegerinformationen nach den §§ 164 und 166 KAGB.

c) Vermögensanlagen-Informationsblatt nach § 13 VermAnlG

8 Für **Vermögensanlagen** nach dem Vermögensanlagengesetz sind Erstellung, Inhalt, Form und Gestaltung von Vermögensanlagen-Informationsblättern in § 13 VermAnlG und Frist und Form ihrer Veröffentlichung in § 13a VermAnlG geregelt. Dies gilt jedoch nicht für Anteile an offenen Publikumsinvestmentvermögen, da diese nach § 1 Abs. 2 VermAnlG keine Vermögensanlagen im Sinne des Gesetzes sind; auf sie findet vielmehr § 166 KAGB Anwendung.

d) Prospektzusammenfassung

9 Für **Wertpapiere**, die öffentlich angeboten oder zum Handel an einem organisierten Markt zugelassen werden sollen, muss der Prospekt nach § 5 Abs. 2 bis 2b WpPG eine Zusammenfassung mit Schlüsselinformationen und Warnhinweisen enthalten. Dies gilt jedoch nach § 1 Abs. 2 Nr. 1 WpPG nicht für Anteile oder Aktien von offenen Investmentvermögen.

e) PRIIPs

10 Die PRIIP-VO erfasst an sich auch **Investmentvermögen** und **Verwaltungsgesellschaften** i.S.d. § 1 KAGB (s. Art. 4 PRIIP-VO Rz. 5). Diese sind jedoch nach Art. 32 PRIIP-VO bis zum 31.12.2019 von den Verpflichtungen nach der PRIIP-VO ausgenommen.

4. Hintergrund

11 Die Kurzinformationen für Anleger, zu denen auch die wesentlichen Anlegerinformationen des § 166 gehören, beruhen auf der Erkenntnis, dass Anleger die ihnen im Zusammenhang mit ihrer Anlageentscheidung zur Verfügung stehenden Informationen nicht oder nur unvollständig zur Kenntnis nehmen bzw. von ihnen kognitiv überfordert werden. Dieses Phänomen wir auch „**information overload**" genannt.[14] Insoweit dienen die Kurzinformationen dazu, den Anlegern überschaubarere Informationen zu verschaffen. Kritisiert wird, dass es durch die neben die Kurzinformationen tretende Vielzahl anderer Informationen, ins-

---

11 Abrufbar unter https://www.esma.europa.eu/sites/default/files/library/2015/11/10_1321.pdf.

12 Abrufbar unter https://www.esma.europa.eu/sites/default/files/library/2015/11/2015-631_ucits_kiid_march_update.pdf.

13 *Fuchs* in Fuchs, § 31 WpHG Rz. 188; *Preuße/Seitz/Lesser*, BKR 2014, 70 (71 ff.); vgl. auch Ziff. 1 des BaFin-Rundschreibens 4/2013 (WA) v. 26.9.2013.

14 Vgl. *Patzner/Schneider-Deters* in Moritz/Klebeck/Jesch, § 166 KAGB Rz. 5; *Oehler*, ZBB 2012, 119 (120); *Koch*, BKR 2012, 485 (487); *Sethe* in Koschyk/Leible/K. Schäfer, Anlegerschutz und Stabilität der Finanzmärkte, 2012, S. 131, 145 f.; *F. Schäfer/U. Schäfer*, ZBB 2013, 23 (24); ausführlich im Hinblick auf Jahresfinanzberichte *Möllers/Kernchen*, ZGR 2011, 1 ff.

besondere die Anlageprospekte, bei der information overload bleibe.[15] Allerdings dürfte in der übersichtlichen und leicht verständlichen Darstellung der relevanten Informationen trotzdem eine Erleichterung der Anlageentscheidung liegen.

5. Rechtsfolgen

12 Der vorsätzliche oder fahrlässige Verstoß gegen § 166 KAGB ist eine **bußgeldbewehrte Ordnungswidrigkeit**, § 340 Abs. 2 Nr. 38, Abs. 7 Nr. 2 KAGB. Nach § 306 Abs. 2 KAGB haften Verwaltungsgesellschaft und gewerbsmäßige Verkäufer dem Käufer des Anlageprodukts auf **Schadensersatz** für Angaben in den wesentlichen Anlegerinformationen, die irreführend, unrichtig oder nicht mit den einschlägigen Stellen des Verkaufsprospekts vereinbar sind (s. § 306 Rz. 94 ff.). Für die bürgerlich-rechtliche Prospekthaftung im engeren Sinne, die von der Rechtsprechung im Wege der Rechtsfortbildung entwickelt wurde und auf dem Haftungsgrund des typisierten Vertrauens in die Richtigkeit und Vollständigkeit der Prospektangaben beruht,[16] ist bei Mängeln wesentlicher Anlegerinformationen neben der speziellen Haftung des § 306 Abs. 2 KAGB kein Raum (s. § 306 Rz. 123).

13 **Andere zivilrechtliche Ansprüche** aus Delikt oder Vertrag sind hingegen nach § 306 Abs. 6 Satz 2 KAGB nicht ausgeschlossen. Deliktsrechtlich kommt insbesondere eine Haftung wegen sittenwidriger vorsätzlicher Schädigung aus § 826 BGB oder wegen Betrugs oder Kapitalanlagebetrugs aus § 823 Abs. 2 BGB i.V.m. § 263 bzw. § 264a StGB in Betracht. Vertragsrechtlich ist der Ansicht, dass eine Haftung aus culpa in contrahendo nicht in Betracht komme,[17] nicht zu folgen. Die wesentlichen Anlegerinformationen sind vielmehr ausweislich der Gesetzesbegründung zum OGAW-IV-Umsetzungsgesetz vorvertragliche Informationen.[18] Demgemäß kommt bei einer mangelhaften wesentlichen Anlegerinformation eine Haftung aus Verschulden bei Vertragsanbahnung aus den §§ 280 Abs. 1, 311 Abs. 2, 241 Abs. 1 BGB, also der Prospekthaftung im weiteren Sinne, in Betracht, wenn deren weitere Voraussetzungen einschließlich Vorsatz oder Fahrlässigkeit vorliegen. Im Übrigen dürften Abweichungen eines erworbenen Anteils an einem offenen Publikumsinvestmentvermögen vom Inhalt der wesentlichen Anlegerinformationen beim Kaufvertrag über einen Investmentanteil nach § 434 Abs. 1 Satz 3 BGB einen Mangel begründen, wenn diese Abweichungen nicht über § 434 Abs. 1 Satz 1 und 2 Nr. 1 BGB Gegenstand des Vertrags geworden sind, insbesondere weil sie sich aus den Fondsbedingungen oder dem Verkaufsprospekt ergeben. Entsprechendes gilt für den Investmentanlagevertrag und den Investmentgesellschaftsvertrag, auf die § 434 Abs. 1 Satz 3 BGB analog anzuwenden ist.

II. Zweck der wesentlichen Anlegerinformationen (§ 166 Abs. 1 KAGB)

14 Der **Zweck der wesentlichen Anlegerinformationen** ist in § 166 Abs. 1 KAGB ausdrücklich statuiert. Sie sollen dem Anleger ermöglichen, das angebotene Anlageprodukt hinsichtlich der Art und der mit ihm verbundenen Risiken zu verstehen und dadurch eine fundierte Anlageentscheidung zu treffen.[19] Dabei soll sowohl das Interesse des Anlegers geweckt als auch Vergleiche ermöglicht werden.[20] Dieser Zweck fließt in die Auslegung der übrigen Regelungen des § 166 KAGB ein und bildet zugleich den Maßstab für den Inhalt, die Form und die Gestaltung der wesentlichen Anlegerinformationen. Die wesentlichen Anlegerinformationen dienen damit dem Anlegerschutz.[21]

15 Die Auffassung, die dabei davon ausgeht, dass die **Anlageentscheidung** nicht nur auf der Grundlage der wesentlichen Anlegerinformationen zu erfolgen hat, sondern auch aufgrund der anderen in § 297 Abs. 1 bzw. 2 KAGB genannten Dokumente, also der Verkaufsprospekte und der letzte veröffentlichte Jahres- und Halbjahresbericht,[22] ist mit der Vorgabe des § 166 Abs. 3 KAGB, dass der Anleger die wesentlichen Anlegerinformationen verstehen können muss, ohne hierfür zusätzliche Dokumente heranzuziehen,[23] nicht zu ver-

15 Vgl. *Müller-Christmann*, DB 2011, 749 (751); *Koch*, BKR 2012, 485 (487).
16 Vgl. grdl. BGH v. 24.4.1978 – II ZR 172/76, BGHZ 71, 284 (287) = NJW 1978, 1625.
17 So *Patzner/Schneider-Deters* in Moritz/Klebeck/Jesch, § 166 KAGB Rz. 6.
18 Bundesregierung, Gesetzesbegründung, BT-Drucks. 17/4510, 71.
19 Vgl. Art. 78 Abs. 2 OGAW-IV-RL.
20 Erwägungsgrund 10 zur VO (EU) Nr. 583/2010.
21 *Polifke* in Weitnauer/Boxberger/Anders, § 166 KAGB Rz. 5.
22 So *Polifke* in Weitnauer/Boxberger/Anders, § 166 KAGB Rz. 4.
23 Vgl. Art. 78 Abs. 3 S. 2 OGAW-IV-RL.

einbaren.[24] Die wesentlichen Anlegerinformationen sind damit das **eigentliche Informationsdokument** für den durchschnittlichen Anleger.[25]

III. Inhalt der wesentlichen Anlegerinformationen (§ 166 Abs. 2 KAGB)

16 Der **Inhalt der wesentlichen Anlegerinformationen** ergibt sich vor allem aus § 166 Abs. 2 KAGB.[26] Für inländische OGAW konkretisiert die Verordnung (EU) Nr. 583/2010 die Inhalte, Form und Gestaltung (§ 166 Abs. 4 Satz 1 KAGB). Zudem finden sich auslegende Konkretisierungen in den Veröffentlichungen des CESR, insbesondere dem CESR's guide to clear language and layout for the Key Investor Information document (CESR/10-1320) v. 20.12.2010 und dem CESR's template for the Key Investor Information document (CESR/10-1321) v. 20.12.2010. Für offene AIF-Publikumsinvestmentvermögen haben die Absätze 5, 6 und 7 Vorrang gegenüber der Konkretisierung der Verordnung (EU) Nr. 583/2010. Über den festgelegten Inhalt der wesentlichen Anlegerinformation hinausgehende Angaben, die nicht wesentlich für die Anlegerentscheidung sind, sind nicht zulässig.[27]

17 Die **Reihenfolge der Inhalte** der wesentlichen Anlegerinformationen ist in Art. 4 Abs. 1 VO (EU) Nr. 583/2010 festgelegt. Demgemäß haben dem Titel zunächst eine Erläuterung des Dokuments mit den wesentlichen Anlegerinformationen und dann die Einordnung des Fonds und weiter der Name der Verwaltungsgesellschaft sowie ggf. die Unternehmensgruppe und -marke zu folgen. Anschließend sind die Abschnitte „Ziele und Anlagepolitik", „Risiko- und Ertragsprofil", „Kosten", „Wertentwicklung in der Vergangenheit" und „Praktische Informationen" sowie die Erklärung der Zulassung und Informationen über die Veröffentlichung aufzunehmen.

1. Titel und Erläuterung der wesentlichen Anlegerinformationen

18 Das Dokument mit den wesentlichen Anlegerinformationen hat klar oben auf der ersten Seite den **Titel** „Wesentliche Anlegerinformationen" zu tragen (Art. 4 Abs. 2 VO (EU) Nr. 583/2010). Der Titel muss deutlich als Überschrift des Dokuments erkennbar und vom nachfolgenden Text abgesetzt sein.

19 Unter dem Titel hat als **Erläuterung des Dokuments** der Text „Gegenstand dieses Dokuments sind wesentliche Informationen für den Anleger über diesen Fonds. Es handelt sich nicht um Werbematerial. Diese Informationen sind gesetzlich vorgeschrieben, um Ihnen die Wesensart dieses Fonds und die Risiken einer Anlage in ihn zu erläutern. Wir raten Ihnen zur Lektüre dieses Dokuments, so dass Sie eine fundierte Anlageentscheidung treffen können." zu stehen (Art. 4 Abs. 3 VO (EU) Nr. 583/2010). Diese Erläuterung muss vom Titel und vom nachfolgenden Text abgesetzt sein.

2. Angaben zu wesentlichen Merkmalen des Investmentvermögens (§ 166 Abs. 2 KAGB)

20 Die Angaben zu den wesentlichen Merkmalen des betreffenden Investmentvermögens, die in den wesentlichen Anlegerinformationen enthalten sein müssen, sind in § 166 Abs. 2 Nr. 1 bis 6 KAGB aufgeführt. Ihr Inhalt wird nach Abs. 4 konkretisiert durch Art. 4 Abs. 4 bis 13 VO (EU) Nr. 583/2010.

a) Identität des Investmentvermögens und der für das Investmentvermögen zuständigen Behörde (§ 166 Abs. 2 Nr. 1 KAGB)

21 Die Angaben zur **Identität des Investmentvermögens** umfassen den Namen des Fonds, ggf. auch des Teilfonds oder der Anteilklasse, und die üblichen Kennziffern zur Identifizierung, insb. WKN (Wertpapierkennnummer) und ISIN (International Securities Identification Number);[28] bei einem Teilfonds oder einer Anteilsklasse sind deren Bezeichnung vor der Bezeichnung des OGAW anzugeben (Art. 4 Abs. 4 VO (EU) Nr. 583/2010). Dabei ist die Einordnung des Investmentvermögens und ggf. des Teilfonds oder der Anteilklasse anzugeben (Art. 4 Abs. 5 VO (EU) Nr. 583/2010), etwa als Aktienfonds oder als Rentenfonds, die dem Anleger einen ersten Überblick über die strategische Ausrichtung des Anlageprodukts ermöglicht.[29]

---

24 *Patzner/Schneider-Deters* in Moritz/Klebeck/Jesch, § 166 KAGB Rz. 10.
25 *Patzner/Schneider-Deters* in Moritz/Klebeck/Jesch, § 166 KAGB Rz. 5.
26 Vgl. auch Art. 78 Abs. 3 Satz 1 OGAW-IV-RL.
27 Vgl. *Patzner/Schneider-Deters* in Moritz/Klebeck/Jesch, § 166 KAGB Rz. 8; vgl. auch Erwägungsgrund 59 zur OGAW-IV-RL.
28 *von Ammon/Izzo-Wagner* in Baur/Tappen, § 166 KAGB Rz. 7; *Rozok* in Emde/Dornseifer/Dreibus/Hölscher, § 42 InvG Rz. 61; *Polifke* in Weitnauer/Boxberger/Anders, § 166 KAGB Rz. 10.
29 Vgl. *von Ammon/Izzo-Wagner* in Baur/Tappen, § 166 KAGB Rz. 7; *Rozok* in Emde/Dornseifer/Dreibus/Hölscher, § 42 InvG Rz. 61.

Daneben ist der Name der für das Investmentvermögen zuständigen Behörde anzugeben, bei inländischen Investmentvermögen der BaFin.

Darüber hinaus ist der **Name der Verwaltungsgesellschaft** zu nennen (Art. 4 Abs. 5 VO (EU) Nr. 583/2010). 22
Wenn die Verwaltungsgesellschaft in rechtlicher, administrativer oder vertriebsmäßiger Hinsicht einer Unternehmensgruppe angehört, kann daneben der Name dieser Gruppe angegeben werden, muss es aber nicht (Art. 4 Abs. 6 Satz 1 VO (EU) Nr. 583/2010). Ebenfalls genannt werden kann eine Unternehmensmarke, es sei denn, sie hindert den Anleger am Verständnis der wesentlichen Elemente der Anlage oder erschwert den Vergleich der Anlageprodukte (Art. 4 Abs. 6 Satz 1 VO (EU) Nr. 583/2010). Letzteres kann etwa der Fall sein, wenn aufgrund der Marke eine falsche Einordnung des Anlageprodukts, etwa hinsichtlich des Anlageschwerpunkts oder der strategischen Ausrichtung, möglich ist[30] oder Verwechslungsgefahr droht. Im Allgemeinen dürfte die Angabe der Gruppenzugehörigkeit und auch einer Unternehmensmarke der Gruppe allerdings hilfreich sein, indem sie dem Anleger erlaubt, das Vorliegen konzernrechtlicher Verflechtungen zwischen Verwaltungsgesellschaft, Verwahrstelle und Vertriebsgesellschaft zu erkennen.[31]

b) Kurze Beschreibung der Anlageziele und der Anlagepolitik (§ 166 Abs. 2 Nr. 2 KAGB)

Die **Angaben zu den Anlagezielen und der Anlagepolitik** nach § 166 Abs. 2 Nr. 2 KAGB werden in Art. 7 23
VO (EU) Nr. 583/2010 konkretisiert (Art. 4 Abs. 7 VO (EU) Nr. 583/2010). Sie haben in einem eigenen Abschnitt mit dem Titel „Ziele und Anlagepolitik" zu erfolgen (Art. 4 Abs. 7 Satz 1 VO (EU) Nr. 583/2010). Dabei gilt der Grundsatz, dass in der Beschreibung der Anlageziele und der Anlagepolitik die wichtigen Merkmale eines OGAW abzudecken sind, über die ein Anleger unterrichtet sein sollte; dies gilt auch dann, wenn diese Merkmale nicht Bestandteil der Beschreibung der Ziele und Anlagepolitik im Prospekt sind (Art. 7 Abs. 1 Satz 1 VO (EU) Nr. 583/2010).

Bei den einzelnen aufgeführten **Kategorien von anzugebenden Informationen** wird zwischen solchen, die 24
immer zu geben sind (Art. 7 Abs. 1 Satz 2 und 3 VO (EU) Nr. 583/2010), und solchen, die nur zu geben sind, wenn sie relevant sind (Art. 7 Abs. 2 VO (EU) Nr. 583/2010) unterschieden. Dabei wird jeweils zwischen großen Anlagekategorien und dem gewählten Anlageansatz differenziert (Art. 7 Abs. 3 VO (EU) Nr. 583/2010). Die aufgeführten Kategorien von anzugebenden Informationen sind nicht abschließend (Art. 7 Abs. 4 VO (EU) Nr. 583/2010). Die Auswahl der Kategorien wird in der Literatur zum Teil kritisch gesehen.[32]

aa) Investmentvermögen allgemein

Stets anzugeben sind zunächst die **Hauptkategorien der in Frage kommenden Finanzinstrumente**, die 25
Gegenstand der Anlage sein können (Art. 7 Abs. 1 Satz 2 Buchst. a VO (EU) Nr. 583/2010). Die Hauptkategorien umfassen nur diejenigen Finanzinstrumente, die sich wesentlich auf die Wertentwicklung des OGAW auswirken.[33] Dazu gehören die für die Einordnung des Fonds charakteristischen Finanzinstrumente oder sonstigen Vermögensgegenstände, bei einem Aktienfonds etwa Aktien, nicht aber Liquiditätsanlagen, während Instrumente zur Absicherung von Kurs-, Zins- oder Währungsrisiken nur anzugeben sind, wenn sie für die Erreichung der Anlageziele maßgeblich sind.[34]

Nur wenn der OGAW in Schuldtitel investiert, muss das Dokument mit den wesentlichen Anlegerinforma- 26
tionen die **Emittenten** der Schuldtitel angeben, etwa Unternehmen oder Regierungen; investiert der OGAW nur in Schuldtitel mit Mindestratinganforderungen, so sind auch diese anzugeben (Art. 7 Abs. 2 Buchst. a VO (EU) Nr. 583/2010).

Anzugeben ist auch stets, ob der OGAW ein bestimmtes **Ziel** in Bezug auf einen branchenspezifischen, geo- 27
grafischen oder anderen Marktsektor bzw. in Bezug auf spezifische Vermögenswertkategorien verfolgt (Art. 7 Abs. 1 Satz 2 Buchst. c VO (EU) Nr. 583/2010). Obwohl sie nicht ausdrücklich in Art. 7 Abs. 1 Satz 2 und 3 VO (EU) Nr. 583/2010 erwähnt werden, ergibt sich aus Erwägungsgrund 5 und Art. 7 Abs. 1 Satz 1 VO (EU) Nr. 583/2010, dass auch die Anlageziele immer aufzuführen sind, insbesondere ob Renditen in Form von Ka-

---

30 Vgl. *von Ammon/Izzo-Wagner* in Baur/Tappen, § 166 KAGB Rz. 8; *Rozok* in Emde/Dornseifer/Dreibus/Hölscher, § 42 InvG Rz. 62; *Patzner/Schneider-Deters* in Moritz/Klebeck/Jesch, § 166 KAGB Rz. 11.

31 Vgl. *Rozok* in Emde/Dornseifer/Dreibus/Hölscher, § 42 InvG Rz. 62; *Polifke* in Weitnauer/Boxberger/Anders, § 166 KAGB Rz. 10.

32 *Rozok* in Emde/Dornseifer/Dreibus/Hölscher, § 42 InvG Rz. 64; *Polifke* in Weitnauer/Boxberger/Anders, § 166 KAGB Rz. 11.

33 Vgl. Erwägungsgrund 5 VO (EU) Nr. 583/2010; auch *von Ammon/Izzo-Wagner* in Baur/Tappen, § 166 KAGB Rz. 12; *Rozok* in Emde/Dornseifer/Dreibus/Hölscher, § 42 InvG Rz. 67.

34 *Rozok* in Emde/Dornseifer/Dreibus/Hölscher, § 42 InvG Rz. 67.

pitalzuwachs, Zahlung von Erträgen oder einer Kombination beider Faktoren angestrebt wird.[35] Es ist möglich, verschiedene Anlageziele zu kombinieren.[36]

28 Stets anzugeben ist weiter, ob der OGAW der Verwaltungsgesellschaft eine **diskretionäre Anlagewahl** gestattet und ob dieser Ansatz eine Bezugnahme auf einen **Referenzwert** beinhaltet oder impliziert; ist das der Fall ist auch anzugeben, auf welchen Referenzwert Bezug genommen wird (Art. 7 Abs. 1 Satz 2 Buchst. d VO (EU) Nr. 583/2010). Ein derartiger Referenzwert kann etwa ein Wertpapier- oder Finanzindex oder ein Vergleichsportfolio („Basket") sein.[37] Aus der Vereinbarung einer erfolgsabhängigen Verwaltungsvergütung bei Erreichen oder Überschreiten eines Vergleichsmaßstabs soll nicht ohne weiteres auf eine implizite Bezugnahme auf einen Referenzwert geschlossen werden können, da auch dann noch diskretionäre Entscheidungen möglich sind; die Funktionsweise dieser Vergütungskomponente soll dann im Abschnitt Kosten darzustellen sein.[38]

29 Anzugeben ist dabei auch, inwieweit ein **Ermessenspielraum** besteht, wenn auf einen Referenzwert Bezug genommen wird (Art. 7 Abs. 1 Satz 3 VO (EU) Nr. 583/2010). Dies kann etwa dadurch geschehen, dass die quantitativen Maximalabweichungen („Tracking Error") angegeben werden.[39] Wenn der OGAW ein indexgebundenes Ziel verfolgt, ist darauf ebenfalls hinzuweisen (Art. 7 Abs. 1 Satz 4 VO (EU) Nr. 583/2010).

30 Wenn die Wahl der Vermögenswerte an bestimmte **Kriterien** gebunden ist, wie „Wachstum", „Wert" oder „hohe Dividenden", müssen diese Kriterien erläutert werden (Art. 7 Abs. 2 Buchst. c VO (EU) Nr. 583/2010). Wenn **spezifische Vermögensverwaltungstechniken** zugrunde gelegt werden, wie z.B. „Hedging", „Arbitrage" oder „Leverage", müssen die Faktoren, die die OGAW-Wertentwicklung beeinflussen dürften, mit einfachen Worten erläutert werden (Art. 7 Abs. 2 Buchst. d VO (EU) Nr. 583/2010). Die Schwierigkeit, die Auswahlkriterien und vor allem die Einflussfaktoren hinreichend klar und verständlich zu erläutern, kann dazu führen, dass Anlageprodukte mit komplexeren Anlagetechniken nicht als offene Publikumsinvestmentvermögen vertrieben werden können. Die Auffassung, dass dann die Anforderungen an die Allgemeinverständlichkeit nicht überspannt werden dürften,[40] ist mit dem in § 166 Abs. 1 KAGB statuierten Schutzzweck nicht vereinbar, dem Anleger zu ermöglichen, das Anlageprodukt zu verstehen und dadurch eine fundierte Anlageentscheidung zu treffen. Die Anforderungen an die Klarheit und Verständlichkeit können daher bei zu komplexen Anlagetechniken de facto auf ein Produktverbot hinauslaufen.

31 Wenn sich die **Portfoliotransaktionskosten** aufgrund der vom OGAW gewählten Strategie erheblich auf die Renditen auswirken, müssen die wesentlichen Anlegerinformationen eine entsprechende Erklärung enthalten, die auch deutlich macht, dass diese Portfoliotransaktionskosten zusätzlich zu den in Abschnitt 3 dieses Kapitels genannten Kosten aus den Vermögenswerten des Fonds gezahlt werden (Art. 7 Abs. 2 Buchst. e VO (EU) Nr. 583/2010). Wann die Portfoliotransaktionskosten erhebliche Auswirkungen auf die Rendite haben, welche commission-to-equity-ratio also maßgeblich ist, bedarf der näheren Klärung.[41] Es muss jedoch kein Fall der Provisionsschinderei (churning)[42] vorliegen. Zur Vermeidung von Haftungsrisiken ist die Erklärung im Zweifel zu empfehlen, dürfte aber bei allgemeiner Verwendung keine hilfreiche Information für den Anleger mehr darstellen.[43]

32 Immer anzugeben ist weiter, ob **Dividendenerträge** ausgeschüttet oder erneut angelegt werden (Art. 7 Abs. 1 Satz 2 Buchst. e VO (EU) Nr. 583/2010). Immer hinzuweisen ist auch auf die Möglichkeit der Anleger, OGAW-Anteile auf Anfrage wieder zu verkaufen, wobei auch die Häufigkeit der **Rückkaufgeschäfte** anzugeben ist (Art. 7 Abs. 1 Satz 2 Buchst. b VO (EU) Nr. 583/2010).

33 Wenn im Prospekt oder in anderen Marketingunterlagen ein **Mindestzeitraum** für das Halten von OGAW-Anteilen empfohlen wird oder ein Mindestzeitraum für das Halten von OGAW-Anteilen ein wichtiger Bestandteil der Anlagestrategie ist, hat das Dokument eine Erklärung mit dem Wortlaut „Empfehlung: Dieser Fonds ist unter Umständen für Anleger nicht geeignet, die ihr Geld innerhalb eines Zeitraums von [...]

---

35 Vgl. *von Ammon/Izzo-Wagner* in Baur/Tappen, § 166 KAGB Rz. 11; *Rozok* in Emde/Dornseifer/Dreibus/Hölscher, § 42 InvG Rz. 66.
36 *Patzner/Schneider-Deters* in Moritz/Klebeck/Jesch, § 166 KAGB Rz. 44; vgl. auch Erwägungsgrund 5 zu VO (EU) 583/2010.
37 *Rozok* in Emde/Dornseifer/Dreibus/Hölscher, § 42 InvG Rz. 69.
38 *Rozok* in Emde/Dornseifer/Dreibus/Hölscher, § 42 InvG Rz. 69.
39 *Rozok* in Emde/Dornseifer/Dreibus/Hölscher, § 42 InvG Rz. 69.
40 So offenbar *Rozok* in Emde/Dornseifer/Dreibus/Hölscher, § 42 InvG Rz. 70.
41 Vgl. auch *Rozok* in Emde/Dornseifer/Dreibus/Hölscher, § 42 InvG Rz. 71.
42 Dazu BGH v. 13.7.2004 – VI ZR 136/03, AG 2004, 552 = NJW 2004, 3423.
43 Vgl. *Rozok* in Emde/Dornseifer/Dreibus/Hölscher, § 42 InvG Rz. 71.

aus dem Fonds wieder zurückziehen wollen." zu enthalten (Art. 7 Abs. 1 Satz 2 Buchst. f VO (EU) Nr. 583/2010).

bb) Besondere Angaben bei Dachfonds

Wenn ein OGAW ein Dachfonds ist, indem er einen erheblichen Teil seiner Vermögenswerte in einen anderen oder mehrere OGAW oder in einen oder mehrere andere Organismen für gemeinsame Anlagen i.S.v. Art. 50 Abs. 1 Buchst. e der Richtlinie 2009/65/EG anlegt, muss das Dokument eine kurze Erläuterung der Art und Weise enthalten, wie die kontinuierliche Auswahl dieser anderen Organismen für gemeinsame Anlagen als Zielfonds erfolgt (Art. 28 VO (EU) Nr. 583/2010). 34

cc) Besondere Angaben bei Feeder-Fonds

Wenn ein OGAW ein Feeder-Fonds i.S.v. Art. 58 der Richtlinie 2009/65/EG ist, müssen die wesentlichen Anlegerinformationen auch Angaben über den Teil der Vermögenswerte des Feeder-OGAW enthalten, der in den Master-OGAW investiert ist (Art. 31 Abs. 1 VO (EU) Nr. 583/2010). Außerdem sind auch die Ziele und die Anlagepolitik des Master-OGAW zu erläutern; dabei ist gegebenenfalls anzugeben, dass die Anlagerenditen des Feeder-OGAW denen des Master-OGAW sehr ähnlich sein werden, oder zu erläutern, wie und warum sich die Anlagerenditen des Feeder-OGAW und des Master-OGAW unterscheiden (Art. 31 Abs. 2 VO (EU) Nr. 583/2010). 35

dd) Besondere Angaben bei strukturierten Fonds

Wenn es sich bei dem OGAW um einen strukturierten Fonds handelt, sind in einfachen Worten sämtliche Bestandteile zu erläutern, die erforderlich sind, um den **Ertrag** und die für die **Bestimmung der Wertentwicklung** erwarteten Faktoren korrekt zu verstehen; dies umfasst gegebenenfalls auch Verweise auf die detaillierten Informationen über den Algorithmus und seine Funktionsweise, die im Prospekt enthalten sind (Art. 7 Abs. 2 Buchst. b VO (EU) Nr. 583/2010). Die Erläuterung darf sich jedoch nicht in einem Verweisen auf Informationen im Prospekt erschöpfen,[44] da dann die Anforderung des § 166 Abs. 3 Satz 1 KAGB, dass der Anleger die wesentlichen Informationen verstehen können muss, ohne zusätzliche Dokumente hinzuzuziehen, und die Anforderung, die zum Verständnis erforderlichen Bestandteile in einfachen Worten zu erläutern, leerlaufen würden. 36

Zu erläutern sind insbesondere die **Funktionsweise der Formel** und die **Berechnung der Erträge** (Art. 36 Abs. 2 VO (EU) Nr. 583/2010). Die Erläuterung und die dieser beizufügenden Szenarien ersetzen den Abschnitt „Frühere Wertentwicklungen", da bei strukturierten Fonds regelmäßig keine historischen Angaben zur Wertentwicklung möglich sind.[45] 37

Zudem ist der Erläuterung eine Illustration von mindestens **drei Szenarien der potentiellen OGAW-Wertentwicklung** beizufügen, die zweckmäßig so zu wählen sind, dass sie die Umstände aufzeigen, unter denen mit der Formel eine niedrige, gegebenenfalls auch negative, eine mittlere oder eine hohe Rendite für den Anleger erwirtschaftet wird (Art. 36 Abs. 3 VO (EU) Nr. 583/2010). Diese Szenarien müssen dem Anleger ermöglichen, sämtliche Auswirkungen des Berechnungsmechanismus, der der Formel zugrunde liegt, in jeder Hinsicht zu verstehen; das bedeutet insbesondere, dass sie auf redliche, eindeutige und nicht irreführende Art und Weise zu präsentieren sind und vom durchschnittlichen Kleinanleger verstanden werden können sollten, ohne dass sie künstlich die Bedeutung der endgültigen Wertentwicklung des OGAW steigern (Art. 36 Abs. 4 VO (EU) Nr. 583/2010). Nähere Vorgaben zur Auswahl und Präsentation der Szenarien enthält eine Guideline des CESR.[46] 38

Die Szenarien müssen sich auf vernünftige und konservative Annahmen über künftige Marktbedingungen und Preisbewegungen stützen (Art. 36 Abs. 5 Satz 1 VO (EU) Nr. 583/2010). Sie sollten möglichst das gesamte Spektrum möglicher Anlageergebnisse des strukturierten Fonds abdecken.[47] Wenn die Formel die Anleger der Möglichkeit erheblicher Verluste aussetzt, etwa wenn eine Kapitalgarantie nur unter bestimmten Umständen funktioniert, sind diese Verluste auch dann angemessen zu erläutern, wenn aufgrund der entsprechenden Marktbedingungen nur ein geringes Risiko zu vermuten ist (Art. 36 Abs. 5 Satz 2 VO (EU) Nr. 583/2010). Die Szenarien sollen dem Anleger einen Eindruck davon vermitteln, wie sich das mathe- 39

44 So aber offenbar *Rozok* in Emde/Dornseifer/Dreibus/Hölscher, § 42 InvG Rz. 75.
45 *Rozok* in Emde/Dornseifer/Dreibus/Hölscher, § 42 InvG Rz. 99.
46 Selection and presentation of performance scenarios in the Key Investor Information document (KII) for structured UCITS (CESR/10-1318) v. 20.12.2010.
47 Vgl. Erwägungsgrund 16 VO (EU) Nr. 583/2010; *Rozok* in Emde/Dornseifer/Dreibus/Hölscher, § 42 InvG Rz. 99.

matische Auszahlungsprofil des Fonds unter verschiedenen Marktverhältnissen verhält und Chancen und Risiken demgemäß mit dem Fonds verbunden sind.[48]

40 Den Szenarien muss eine **Erklärung** beigefügt werden, dass es sich nur um Beispiele handelt, die zur Verdeutlichung der Formel aufgenommen wurden, und dass sie keine Prognose künftiger Entwicklungen darstellen. Zudem ist deutlich zu machen, dass der Eintritt der dargestellten Szenarien nicht die gleiche Wahrscheinlichkeit hat (Art. 36 Abs. 6 VO (EU) Nr. 583/2010).

ee) Besondere Angaben bei Immobilien-Sondervermögen

41 Bei Immobilien-Sondervermögen nach § 230 KAGB entfällt die Angabe nach Art. 7 Abs. 2 Buchst. b VO (EU) Nr. 583/2010, dass der Anleger OGAW-Anteile auf Anfrage wieder verkaufen kann; stattdessen ist auf die Einschränkung der Rückgabemöglichkeiten für den Anleger nach § 256 Abs. 1 Nr. 1 KAGB und die Möglichkeit der Aussetzung der Rücknahme von Anteilen und deren Folgen nach § 257 KAGB hinzuweisen (§ 166 Abs. 6 Satz 7 Nr. 2 KAGB).

ff) Besondere Angaben bei Dach-Hedgefonds

42 Bei Dach-Hedgefonds nach den §§ 225 bis 229 KAGB entfällt die Angabe nach Art. 7 Abs. 2 Buchst. b VO (EU) Nr. 583/2010, dass der Anleger OGAW-Anteile auf Anfrage wieder verkaufen kann; stattdessen ist auf die Möglichkeit zur Einschränkung der Rücknahme nach § 227 KAGB hinzuweisen (§ 166 Abs. 7 Satz 5 Nr. 1 KAGB). Zudem ist neben der kurzen Erläuterung der Art und Weise, wie die einzelnen Zielfonds kontinuierlich auszuwählen sind, auch der Umfang anzugeben, in dem der Dachfonds Anteile ausländischer nicht beaufsichtigter Zielfonds erwerben darf, und darauf hinzuweisen, dass die Anlagepolitik dieser Fonds mit Hedgefonds vergleichbar ist, ohne aber notwendig einer entsprechenden staatlichen Aufsicht zu unterliegen (§ 166 Abs. 7 Satz 5 Nr. 3 i.V.m. § 228 Abs. 1 Nr. 2 KAGB).

c) Risiko- und Ertragsprofil der Anlage (§ 166 Abs. 2 Nr. 3 KAGB)

43 Die **Angaben zum Risiko- und Ertragsprofil** der Anlage haben in einem eigenen Abschnitt mit dem Titel „Risiko- und Ertragsprofil" zu erfolgen (Art. 4 Abs. 8 VO (EU) Nr. 583/2010). Dies geschieht vor allem durch eine graphische Darstellung eines synthetischen Indikators; diese wird ergänzt durch eine erläuternde Beschreibung des Indikators, seiner Hauptbeschränkungen und der Risiken, die für den Fonds wesentlich sind und vom Indikator nicht angemessen erfasst werden (Art. 8 Abs. 1 VO (EU) Nr. 583/2010).

aa) Synthetischer Indikator

44 Der synthetische Indikator ordnet den Fonds in einer Reihe von Kategorien auf einer **Punkteskala** einer der Kategorien zu (Art. 8 Abs. 2 VO (EU) Nr. 583/2010). Er beruht auf den Aufzeichnungen der Verwaltungsgesellschaft über die frühere Volatilität des Fonds und stuft den Fonds in einer Skala von 1 bis 7 ein. Erstaunlicherweise enthalten weder das KAGB, noch die konkretisierende Verordnung (EU) Nr. 583/2010 Regelungen zur Bestimmung des Indikators.

45 Eine **Konkretisierung des synthetischen Indikators** enthalten die „CESR's guidelines on the methodology for the calculation of the synthetic risk and reward indicator in the Key Investor Information Document",[49] denen jedoch keine echte Rechtskraft zukommt. Danach beruht der Indikator auf der Volatilität des Fonds, die grundsätzlich auf der Basis der wöchentlichen Erträge der vergangenen fünf Jahre und anhand einer mathematischen Formel berechnet werden.[50] Dabei entspricht eine Volatilität von $\geq$ 0 % bis < 0,5 % der Kategorie 1, von $\geq$ 0,5 % bis < 2 % der Kategorie 2, von $\geq$ 2 % bis < 5 % der Kategorie 3, von $\geq$ 5 % bis < 10 % der Kategorie 4, von $\geq$ 10 % bis < 15 % der Kategorie 5, von $\geq$ 15 % bis < 20 % der Kategorie 6 und von $\geq$ 25 % der Kategorie 7.[51] Der Indikator ist laufend zu überprüfen und in den wesentlichen Anlegerinformationen zu korrigieren, wenn er über vier Monate von dem dort angegebenen Indikator abweicht.[52] Bei Fonds, die sich auf ein bestimmtes Segment des Kapitalmarkts beziehen, ist neben Erträgen

48 *Rozok* in Emde/Dornseifer/Dreibus/Hölscher, § 42 InvG Rz. 100.

49 CESR/10-673, 1.7.2010, S. 5 (abrufbar unter https://www.esma.europa.eu/sites/default/files/library/2015/11/10_673.pdf).

50 CESR's guidelines on the methodology for the calculation of the synthetic risk and reward indicator in the Key Investor Information Document, CESR/10-673, 1.7.2010, S. 5 (Box 1).

51 CESR's guidelines on the methodology for the calculation of the synthetic risk and reward indicator in the Key Investor Information Document, CESR/10-673, 1.7.2010, S. 6 f. (Box 2).

52 CESR's guidelines on the methodology for the calculation of the synthetic risk and reward indicator in the Key Investor Information Document, CESR/10-673, 1.7.2010, S. 7 f. (Box 3).

des Fonds auf die Erträge des Segments abzustellen, wenn die Erträge des Fonds nicht für die vergangenen fünf Jahre ermittelt werden können.[53] Besondere Regelungen gibt es für Absolute-Return-Fonds,[54] Total-Return-Fonds[55] und Life-Cycle-Fonds[56] sowie für strukturierte Fonds, bei denen auf den sog. Value at Risk abgestellt wird, also ein Risikomaß, das in einem gegebenen Zeitraum den maximalen Verlusteintritt bei einer gegebenen Wahrscheinlichkeit von 99 %, dem sog. Konfidenzniveau, angibt.[57]

Die Skala ist als eine Folge von **Kategorien** darzustellen; die Kategorien repräsentieren das Risiko- und Ertragsniveau vom niedrigsten zum höchsten Wert und sind in aufsteigender Reihenfolge in ganzen Zahlen von 1 bis 7 von links nach rechts auszuweisen (Anh. I Nr. 2 VO (EU) Nr. 583/2010). Dabei soll in der Skala deutlich gemacht werden, dass niedrige Risiken potentiell zu niedrigeren Erträgen und hohe Risiken potentiell zu höheren Erträgen führen (Anh. I Nr. 3 VO (EU) Nr. 583/2010). In der Skala ist die Kategorie, in die ein Fonds fällt, klar und deutlich anzugeben (Anh. I Nr. 4 VO (EU) Nr. 583/2010). Nach den Vorstellungen des CESR handelt es sich um sieben nebeneinander angeordnete Kästchen, in denen von links nach rechts die Ziffern 1 bis 7 stehen, wobei das Kästchen der Kategorie, in die der Fonds fällt, dadurch gekennzeichnet wird, dass die darin stehende Zahl fett gedruckt und die Fläche des Kästchens im Gegensatz zu den anderen Kästchen einen hellgrauen oder farbigen Hintergrund aufweist.[58] Demgegenüber dürfen für eine Unterscheidung der Bestandteile der Skala keine Farben verwendet werden (Anh. I Nr. 5 VO (EU) Nr. 583/2010). So ist etwa eine unterschiedliche Schattierung der Kästchen, die von grün nach rot geht, nicht erlaubt.[59] 46

Die Verwendun eines synthetischen Indikators fördert über die Berechnung der Kennziffer und der darauf basierenden Einordnung des Fonds in eine der vorgegebenen Kategorien die **Vergleichbarkeit** zwischen unterschiedlichen Fonds.[60] Allerdings führt die abweichende Berechnung der Kennziffer bei manchen Fondstypen nicht nur zu einer Einschränkung der Vergleichbarkeit zwischen den Fonds verschiedener Fondstypen,[61] sondern kann sogar in die Irre führen, da Fonds der gleichen Kategorie zugeordnet werden, bei denen die Kennziffer unterschiedlich berechnet wurde.[62] Zudem können die Kategorien des synthetischen Indikators und die Produktkategorisierung, die ein Wertpapierdienstleistungsunternehmen im Rahmen seiner Pflichten nach § 64 Abs. 3 WpHG vornimmt und in die auch andere Kriterien einfließen können, voneinander abweichen und so den Anleger verwirren, ohne dass diese Abweichung deshalb unzulässig wäre.[63] Ein gewisser Widerspruch besteht auch zwischen der Erfordernis, explizit darauf hinzuweisen, dass historische Daten kein verlässlicher Hinweis auf das künftige Risikoprofil des OGAW sind (Art. 8 Abs. 4 Buchst. a VO (EU) Nr. 583/2010), und der Herausstellung des synthetischen Indikators, der gerade auf diesen Daten beruht.[64] 47

Die Berechnung des synthetischen Indikators sowie alle später erfolgenden Überarbeitungen müssen angemessen **dokumentiert** werden, indem die Verwaltungsgesellschaften darüber mindestens fünf Jahre lang 48

53 CESR's guidelines on the methodology for the calculation of the synthetic risk and reward indicator in the Key Investor Information Document, CESR/10-673, 1.7.2010, S. 9 (Box 4).

54 CESR's guidelines on the methodology for the calculation of the synthetic risk and reward indicator in the Key Investor Information Document, CESR/10-673, 1.7.2010, S. 10 f. (Box 5).

55 CESR's guidelines on the methodology for the calculation of the synthetic risk and reward indicator in the Key Investor Information Document, CESR/10-673, 1.7.2010, S. 11 (Box 6).

56 CESR's guidelines on the methodology for the calculation of the synthetic risk and reward indicator in the Key Investor Information Document, CESR/10-673, 1.7.2010, S. 12 (Box 7).

57 CESR's guidelines on the methodology for the calculation of the synthetic risk and reward indicator in the Key Investor Information Document, CESR/10-673, 1.7.2010, S. 13 f. (Box 8), vgl. auch *Rozok* in Emde/Dornseifer/Dreibus/Hölscher, § 42 InvG Rz. 77.

58 CESR's guidelines on the methodology for the calculation of the synthetic risk and reward indicator in the Key Investor Information Document, CESR/10-673, 1.7.2010, S. 5 (abrufbar unter https://www.esma.europa.eu/sites/default/files/library/2015/11/10_673.pdf); CESR's template for the Key Investor Information document, CESR/10-1321, 20.12.2010 (abrufbar unter https://www.esma.europa.eu/sites/default/files/library/2015/11/10_1321.pdf), vgl. auch *Rozok* in Emde/Dornseifer/Dreibus/Hölscher, § 42 InvG Rz. 76.

59 *Rozok* in Emde/Dornseifer/Dreibus/Hölscher, § 42 InvG Rz. 76.

60 Vgl. *Polifke* in Weitnauer/Boxberger/Anders, § 166 KAGB Rz. 23.

61 Vgl. *Polifke* in Weitnauer/Boxberger/Anders, § 166 KAGB Rz. 23; vgl. auch *Rozok* in Emde/Dornseifer/Dreibus/Hölscher, § 42 InvG Rz. 76.

62 Vgl. *Rozok* in Emde/Dornseifer/Dreibus/Hölscher, § 42 InvG Rz. 76.

63 Vgl. *Rozok* in Emde/Dornseifer/Dreibus/Hölscher, § 42 InvG Rz. 79.

64 Vgl. *Rozok* in Emde/Dornseifer/Dreibus/Hölscher, § 42 InvG Rz. 76; *Polifke* in Weitnauer/Boxberger/Anders, § 166 KAGB Rz. 23.

Buch führen, bei strukturierten Fonds mindestens fünf Jahre nach ihrer Fälligkeit (Art. 8 Abs. 3 VO (EU) Nr. 583/2010).[65]

bb) Erläuternde Beschreibung des Indikators und seiner Hauptbeschränkungen

49 Der Abschnitt zum Risiko- und Ertragsprofil der Anlage umfasst auch eine **erläuternde Beschreibung des Indikators und seine Hauptbeschränkungen** (Art. 8 Abs. 1 Buchst. a VO (EU) Nr. 583/2010 i.V.m. § 166 Abs. 4 Satz 1 KAGB). Deren Inhalt ist in Art. 8 Abs. 4 VO (EU) Nr. 583/2010 näher bestimmt. Danach ist zu erklären, dass die historischen Daten, die zur Berechnung des synthetischen Indikators verwendet wurden, nicht als verlässlicher Hinweis auf das künftige Risikoprofil des OGAW herangezogen werden können (Art. 8 Abs. 4 Buchst. a VO (EU) Nr. 583/2010); dass die Risiko- und Ertragskategorien, die im synthetischen Indikator ausgewiesen werden, Veränderungen unterliegen und sich die Einstufung des Fonds in eine Kategorie im Laufe der Zeit verändern kann (Art. 8 Abs. 4 Buchst. b VO (EU) Nr. 583/2010); und dass die niedrigste Kategorie des synthetischen Indikators nicht mit einer risikofreien Anlage gleich gesetzt werden kann (Art. 8 Abs. 4 Buchst. c VO (EU) Nr. 583/2010).

50 Weiter sind die **Gründe für die Einstufung** des OGAW in eine bestimmte Kategorie kurz zu erläutern (Art. 8 Abs. 4 Buchst. d VO (EU) Nr. 583/2010). Dies wird als sprachliche Umsetzung der siebenstufigen Risikoskala gedeutet, wofür die Verwendung jeweils gleicher Formulierungen empfohlen wird, wenn Fonds einer Verwaltungsgesellschaft der gleichen Kategorie zugeordnet sind, etwa durch die Formulierung „Die Einstufung in die Risikokategorie erfolgte, da der Anteilpreis des Fonds in der Vergangenheit sehr gering/gering/leicht/mäßig/verstärkt/stark/sehr stark schwankte".[66] Allerdings kann dies nur gelten, soweit der Einstufung des Fonds anhand derselben Kriterien erfolgte.

51 Zudem sind bei einer **Kapitalgarantie** bzw. einem **Kapitalschutz**, der vom Fonds geboten wird, die Einzelheiten zu Wesensart, Dauer und Tragweite der Garantie bzw. des Schutzes zu beschreiben, was auch mögliche Auswirkungen der Rücknahme von Anteilen außerhalb des Garantie- oder Schutzzeitraums einschließt (Art. 8 Abs. 4 Buchst. e VO (EU) Nr. 583/2010).

cc) Erläuternde Beschreibung der Risiken

52 Der Abschnitt zum Risiko- und Ertragsprofil der Anlage muss weiter eine erläuternde **Beschreibung der Risiken** umfassen, die für den Fonds wesentlich sind und vom Indikator nicht angemessen erfasst werden (Art. 8 Abs. 1 Buchst. b VO (EU) Nr. 583/2010). Dies betrifft das **Kreditrisiko**, soweit Anlagen in wesentlicher Höhe in Schuldtitel getätigt wurden (Art. 8 Abs. 5 Buchst. a VO (EU) Nr. 583/2010); das **Liquiditätsrisiko**, soweit Anlagen in wesentlicher Höhe in Finanzinstrumente getätigt wurden, die ihrer Wesensart zufolge zwar hinreichend liquide sind, aber unter bestimmten Umständen ein relativ niedriges Liquiditätsniveau erreichen können und sich dieses auf das Liquiditätsrisikoniveau des gesamten OGAW auswirkt kann (Art. 8 Abs. 5 Buchst. b VO (EU) Nr. 583/2010); das **Ausfallrisiko** bei Fonds, die durch die Garantie eines Dritten unterlegt sind oder bei denen eine Anlageexponierung in wesentlicher Höhe aufgrund eines oder mehrerer Kontrakte mit einer Gegenpartei aufläuft (Art. 8 Abs. 5 Buchst. c VO (EU) Nr. 583/2010); **operationelle Risiken** und Risiken, die im Zusammenhang mit der Verwahrung von Vermögenswerten bestehen (Art. 8 Abs. 5 Buchst. d VO (EU) Nr. 583/2010); sowie **Auswirkung von abgeleiteten Finanzinstrumenten** („Derivaten") i.S.d. Art. 50 Abs. 1 Buchst. g RL 2009/65/EG, etwa Derivatekontrakte auf das OGAW-Risikoprofil, wenn diese Instrumente verwendet werden, um die Exponierung in Bezug auf Basisvermögenswerten einzugehen, zu erhöhen oder zu vermindern (Art. 8 Abs. 5 Buchst. d VO (EU) Nr. 583/2010). Die genannten Risiken sind nur zu beschreiben, soweit sie von wesentlicher Bedeutung sind, sich also nicht unerheblich auf die Vermögenslage, die Ertragslage oder die Liquiditätslage des Fonds auswirken.

53 **Kritisiert** wird, dass die Erläuterungspflicht einerseits für sehr relevante Risiken nicht gilt, etwa die allgemeine Volatilität des Marktes, andererseits aber auch für Risiken gilt, die auch vom synthetischen Indikator erfasst werden, etwa das Kreditrisiko bei Schuldtiteln oder die Auswirkungen von Derivaten, so dass der Anleger nur eingeschränkt brauchbare, unter Umständen sogar irreführende Hinweise erhält.[67] Eine deskriptive Beschreibung aller Chancen und Risiken des Fonds wird für vorzugswürdig gehalten,[68] müsste sich aber auf die wesentlichen Chancen und Risiken beschränken. Sie ist jedenfalls insoweit angezeigt, als

---

65 CESR's guidelines on the methodology for the calculation of the synthetic risk and reward indicator in the Key Investor Information Document, CESR/10-673, 1.7.2010, S. 5 (Box 1 Nr. 8).

66 *Rozok* in Emde/Dornseifer/Dreibus/Hölscher, § 42 InvG Rz. 81.

67 Vgl. *Rozok* in Emde/Dornseifer/Dreibus/Hölscher, § 42 InvG Rz. 83; *Polifke* in Weitnauer/Boxberger/Anders, § 166 KAGB Rz. 25.

68 Vgl. *Rozok* in Emde/Dornseifer/Dreibus/Hölscher, § 42 InvG Rz. 78.

die Angaben zum Risiko- und Ertragsprofil andernfalls irreführend wären, da sonst ein Verstoß gegen § 166 Abs. 3 Satz 2 KAGB und eine Haftung nach § 306 Abs. 2 Satz 1 KAGB vorläge.

Bei **Dachfonds** hat die erläuternde Beschreibung auch die Risiken der Zielfonds zu berücksichtigen (Art. 29 VO (EU) Nr. 583/2010). Bei **Feeder-Fonds** müssen auch etwaige Unterschiede zwischen dem Ertragsprofil des Feeder-Fonds und demjenigen des Masterfonds einschließlich der Gründe und etwaiger Liquiditätsrisiken sowie das Verhältnis zwischen den Erwerbs- und Rücknahmevereinbarungen für den Master- und den Feeder-Fonds beschrieben und erläutert werden (Art. 32 Abs. 1 VO (EU) Nr. 583/2010). 54

dd) Besondere Angaben bei Immobilien-Sondervermögen

Bei **Immobilien-Sondervermögen** nach § 230 KAGB ist das Risiko- und Ertragsprofil nicht durch einen synthetischen Indikator der Art. 4 Abs. 3, Art. 8 und 9 VO (EU) Nr. 583/2010 darzustellen. Stattdessen sind die **wesentlichen Risiken und Chancen** zu bezeichnen, die mit einer Anlage in Immobilien-Sondervermögen verbunden sind, und auf die wesentlichen Risiken hinzuweisen, die Einfluss auf das Risikoprofil des Sondervermögens haben, insbesondere auf die Risiken der Immobilieninvestitionen und der Beteiligung an den Immobilien-Gesellschaften (§ 166 Abs. 6 Satz 1 bis 3 KAGB). Dies umfasst etwa den Hinweis auf die Möglichkeit des Einsatzes von Fremdkapital und des Eingehens von Minderheitsbeteiligungen an Immobilien-Gesellschaften und die Erwähnung der lokalen Ausrichtung der Immobilien- oder Beteiligungsanlage sowie der daraus resultierenden spezifische Rechts- oder Steuerrisiken sowie den Hinweis auf die stark eingeschränkte Liquidität der für das Fondsvermögen erwerbbaren Vermögensgegenstände.[69] Aufzunehmen ist weiter ein genereller Hinweis, dass die Investition in das Sondervermögen nicht nur mit Chancen auf Wertsteigerungen, sondern auch mit Risiken verbunden sein kann (§ 166 Abs. 6 Satz 7 Nr. 1 KAGB). 55

Die **Darstellung** in dem Dokument mit den wesentlichen Anlegerinformationen muss dem Anleger zusammen mit der entsprechenden Darstellung im Verkaufsprospekt ermöglichen, die verschiedenen Risikofaktoren hinsichtlich ihrer Bedeutung und Wirkung zu verstehen (§ 166 Abs. 6 Satz 5 KAGB). Dabei sind Risiken in Textform darzustellen, grafische Elemente sind nicht erlaubt (§ 166 Abs. 6 Satz 6 KAGB). 56

ee) Besondere Angaben für Dach-Hedgefonds

Bei **Dach-Hedgefonds** nach den §§ 225 bis 229 KAGB ist das Risiko- und Ertragsprofil nicht durch einen synthetischen Indikator der Art. 4 Abs. 3, Art. 8 und 9 VO (EU) Nr. 583/2010 darzustellen. Stattdessen sind die **wesentlichen Risiken und Chancen** zu bezeichnen, die mit einer Anlage in den Dach-Hedgefonds verbunden sind, und auf die wesentlichen Risiken hinzuweisen, die Einfluss auf das Risikoprofil des Investmentvermögens haben, insbesondere auch auf die Risiken der Zielinvestmentvermögen, wenn diese das Risikoprofil des Investvermögens wesentlich beeinflussen (§ 166 Abs. 7 Satz 1 bis 3 KAGB). Dies umfasst insbesondere das spezifische Risikoprofil des Dach-Hedgefonds, wie es sich gerade aus der Kombination der unterschiedlichen Anlagestile oder Anlagestrategien ergibt.[70] 57

Aufzunehmen ist weiter der drucktechnisch hervorgehobene **Warnhinweis**: „Der Bundesminister der Finanzen warnt: Dieser Investmentfonds investiert in Hedgefonds, die keinen gesetzlichen Leverage- oder Risikobeschränkungen unterliegen." (§ 166 Abs. 7 Satz 5 Nr. 2 i.V.m. § 228 Abs. 2 KAGB). Zudem sind neben der Beschreibung der für den Dach-Hedgefonds wesentlichen Risiken unter Berücksichtigung der Risiken der zugrunde liegenden Fonds nach Art. 29 VO (EU) Nr. 583/2010 auch der Umfang, in dem die ausgewählten Zielfonds im Rahmen ihrer Anlagestrategien Kredite aufnehmen und Leerverkäufe durchführen dürfen, anzugeben und auf die damit verbundenen Risiken hinzuweisen (§ 166 Abs. 7 Satz 5 Nr. 4 KAGB). 58

Die **Darstellung** in dem Dokument mit den wesentlichen Anlegerinformationen muss dem Anleger zusammen mit der entsprechenden Darstellung im Verkaufsprospekt ermöglichen, die verschiedenen Risikofaktoren hinsichtlich ihrer Bedeutung und Wirkung zu verstehen (§ 166 Abs. 7 Satz 4 i.V.m. Abs. 6 Satz 5 KAGB). Dabei sind Risiken in Textform darzustellen, grafische Elemente sind nicht erlaubt (§ 166 Abs. 7 Satz 4 i.V.m. Abs. 6 Satz 6 KAGB). 59

d) Kosten und Gebühren (§ 166 Abs. 2 Nr. 4 KAGB)

Die **Angaben zu Kosten und Gebühren** nach § 166 Abs. 2 Nr. 4 KAGB haben in einem eigenen Abschnitt mit dem Titel „Kosten" zu erfolgen (§ 166 Abs. 4 KAGB i.V.m. Art. 4 Abs. 9 VO (EU) Nr. 583/2010). Dies geschieht durch eine strukturierte Tabelle (Art. 10 Abs. 1 i.V.m. Anh. II VO (EU) Nr. 583/2010) sowie 60

69 *Rozok* in Emde/Dornseifer/Dreibus/Hölscher, § 42 InvG Rz. 113.
70 *Rozok* in Emde/Dornseifer/Dreibus/Hölscher, § 42 InvG Rz. 119.

durch eine erläuternde Beschreibung der Kosten (Art. 11 Abs. 1 VO (EU) Nr. 583/2010) und eine Erklärung zum Stellenwert der Kosten (Art. 11 Abs. 2 VO (EU) Nr. 583/2010).

61 Alle Elemente der Kostenstruktur sind dabei so klar wie möglich darzustellen; der Anleger soll sich ein Bild vom kombinierten Kosteneffekt machen können (Art. 12 Abs. 1 VO (EU) Nr. 583/2010).

62 Der Abschnitt „Kosten" darf gegebenenfalls **Querverweise** auf Teile des Fondsprospekts enthalten, die detaillierter über die Kosten, einschließlich der an die Wertentwicklung des Fonds gebundenen Gebühren und ihre Berechnung, informieren (Art. 14 VO (EU) Nr. 583/2010). Wie der Komparativ deutlich macht, entbindet dies nicht von der Pflicht, die Kosten bereits in dem Dokument mit den wesentlichen Anlegerinformationen aufzuführen und dort so klar wie möglich darzustellen.

63 Die Angaben haben sich sowohl für die laufenden Kosten als auch für die unter bestimmten Umständen zu tragenden Kosten grundsätzlich auf das jeweils letzte abgelaufene Geschäftsjahr zu beziehen und sind als Prozentzahl anzugeben. Um irreführende Schwankungen zu vermeiden, wäre es hier vorzugswürdig gewesen, wie beim synthetischen Indikator für das Risiko- und Ertragsprofil auf den Durchschnittwert der vergangenen fünf Jahre abzustellen.

aa) Strukturierte Tabelle

64 Die Tabelle zum Ausweis der Kosten ist wie folgt zu strukturieren (Art. 10 Abs. 1 i.V.m. Anh. II VO (EU) Nr. 583/2010):

Einmalige Kosten vor und nach der Anlage	
Ausgabeauf- und Rücknahmeabschläge	[] % [] %
Dabei handelt es sich um den Höchstbetrag, der von Ihrer Anlage [vor der Anlage] [vor der Auszahlung Ihrer Rendite] abgezogen wird.	
Kosten, die vom Fonds im Laufe des Jahres abgezogen werden.	
Laufende Kosten	[] %
Kosten, die der Fonds unter bestimmten Umständen zu tragen hat	
An die Wertentwicklung des Fonds gebundene Gebühren	[] % pro Jahr einer jeden vom Fonds erwirtschafteten Rendite über dem Referenzwert für diese Gebühren [Bezeichnung des Referenzwerts einfügen]

bb) Einmalige Kosten vor und nach der Anlage

65 Unter den einmaligen Kosten vor und nach der Anlage sind in der Tabelle die **Ausgabeaufschläge** und die **Rücknahmeabschläge** aufzuführen. Anzugeben ist jeweils der höchste Prozentsatz, der vom Kapitalengagement des Anlegers am Fonds abgezogen werden kann (Art. 10 Abs. 2 Buchst. a VO (EU) Nr. 583/2010). Dabei sind grundsätzlich die in den Vertragsbedingungen vereinbarten Höchstsätze maßgeblich, es sei denn, der aktuelle Verkaufsprospekt sieht niedrigere Höchstsätze vor, weil dann nur diese belastet werden dürfen.[71]

66 Die erläuternden Beschreibungen umfassen für die Ausgabeauf- und Rücknahmeabschläge den **Hinweis**, dass bei den Kosten stets die Höchstwerte angegeben werden sowie dass der Anleger in einigen Fällen weniger zahlen kann und sich über die aktuellen Ausgabeauf- und Rücknahmeabschläge bei seinem Finanzberater oder der für ihn zuständigen Stelle informieren kann (Art. 11 Abs. 1 Buchst. a VO (EU) Nr. 583/2010). Zuständige Stelle ist die Vertriebsstelle, die gegenüber dem Anleger eine Anlageberatung oder eine andere Wertpapierdienstleistung im Rahmen des Erwerbs des Fondsanteils erbracht hat; sie wird daher letztendlich durch den Anleger bestimmt, so dass sich die wesentlichen Anlegerinformationen auf den pauschalen Verweis auf die zuständige Stelle beschränken kann.[72]

67 Sollten die **Auf- oder Abschläge nicht disponibel** sein, wie dies insbesondere für den Rücknahmeabschlag der Fall sein kann,[73] ist darauf hinzuweisen, dass hier nicht die Möglichkeit besteht, dass der Anleger weni-

71 *Rozok* in Emde/Dornseifer/Dreibus/Hölscher, § 42 InvG Rz. 85.
72 Vgl. *Rozok* in Emde/Dornseifer/Dreibus/Hölscher, § 42 InvG Rz. 85.
73 *Rozok* in Emde/Dornseifer/Dreibus/Hölscher, § 42 InvG Rz. 85; *Polifke* in Weitnauer/Boxberger/Anders, § 166 KAGB Rz. 27.

ger zu zahlen hat, da die Anlegerinformation sonst entgegen Art. 3 Abs. 2 VO (EU) Nr. 583/2010 irreführend wäre.

cc) Kosten, die im Laufe des Jahres abgezogen werden

Unter den Kosten, die vom Fonds im Laufe des Jahres abgezogen werden, sind die **laufenden Kosten** als eine Prozentzahl zu nennen, die auf den Zahlen des Vorjahres basiert. Sie fassen alle Kosten zusammen, die im Jahresverlauf vom Fonds getragen wurden, umfassen also sämtliche Kosten und sonstige Zahlungen aus den Fonds-Vermögenswerten, die im Laufe des Jahres angefallen sind (Art. 10 Abs. 2 Buchst. b VO (EU) Nr. 583/2010). Soweit die laufenden Kosten nicht auf der Basis tatsächlicher historischer Daten berechnet werden können, was insbesondere neu aufgelegte Fonds betrifft, sind sie auf der Grundlage der zu erwartenden Gesamtkosten zu schätzen, es sei denn, es existiert eine Pauschalgebühr oder eine effektive Ober- oder Höchstgrenze, die dann anzugeben sind (Art. 13 VO (EU) Nr. 583/2010). 68

Für die **Berechnung** der laufenden Kosten existieren Vorgaben des CESR als Vorgänger der ESMA, aus denen sich insbesondere ergibt, welche Kosten zu den laufenden Kosten gehören und wie diese für bereits existierende und für neue Fonds zu berechnen sind.[74] Nicht zu den laufenden Kosten gehören die Kosten, die nicht vom Fondsvermögen, sondern nur von bestimmten Anlegern zu tragen sind,[75] und die Kosten, die nur unter bestimmten Umständen zu tragen sind,[76] zu denen grundsätzlich die Transaktionskosten gehören. 69

Die erläuternden Umschreibungen umfassen für die laufenden Kosten die **Erklärung**, dass diese sich für das aktuelle Jahr, für das das Enddatum zumindest mit Monat und Jahr anzugeben ist, auf die Werte des Vorjahres stützen, und gegebenenfalls, dass sie von Jahr zu Jahr schwanken (Art. 11 Abs. 1 Buchst. b VO (EU) Nr. 583/2010). Die Erklärung über das Schwanken ist nicht abzugeben, wenn die laufenden Kosten nicht schwanken können, weil es sich um eine jährliche Pauschale handelt. 70

dd) Kosten, die der Fonds unter bestimmten Umständen zu tragen hat

Unter den Kosten, die der Fonds unter bestimmten Umständen zu tragen hat, sind sämtliche dem Fonds unter bestimmten Bedingungen berechneten Kosten aufzulisten und zu erläutern, wobei die Grundlage und der Zeitpunkt der Berechnung der Kosten anzugeben sind (Art. 10 Abs. 2 Buchst. c VO (EU) Nr. 583/2010). Die Erläuterungspflicht umfasst die **Voraussetzungen, Bedingungen und Zeitpunkte der Berechnung dieser Kosten**, bei einer wertentwicklungsabhängigen Vergütung den Vergleichsmaßstab, die Höhe und die wesentlichen Berechnungsmodalitäten.[77] Die bloße Angabe einer (Prozent-)Zahl genügt hier nicht. 71

Die Kosten, die der Fond unter bestimmten Umständen zu tragen hat, umfassen insbesondere die an die Wertentwicklung des Fonds gebundenen Gebühren entsprechend der **Performance Fee**,[78] die auf der Grundlage der während des letzten Geschäftsjahrs berechneten Gebühren zu ermitteln und als Prozentzahl anzugeben sind (Art. 12 Abs. 3 VO (EU) Nr. 583/2010). Eine Regelung für den Fall, dass die laufenden Kosten nicht auf der Basis tatsächlicher historischer Daten berechnet werden können, was insbesondere neu aufgelegte Fonds betrifft, fehlt. Hier ist die Regelung für die laufenden Kosten in Art. 13 VO (EU) Nr. 583/2010 analog anzuwenden, so dass die zu erwartende Performance Fee zu schätzen ist, es sei denn, es existiert eine pauschale Regelung oder eine effektive Ober- oder Höchstgrenze, die dann anzugeben ist. 72

Aufzuführen sind aber auch alle **sonstigen Kosten**, die nur unter bestimmten Bedingungen entstehen. Dazu gehören grundsätzlich alle aus dem Fondsvermögen zu zahlenden Kosten, die weder einmalige noch laufende Kosten sind, insbesondere diejenigen, die nach den Guidelines des CESR nicht zu den laufenden Kosten gezählt werden, etwa Leihgebühren und margin calls[79] sowie grundsätzlich auch die Transaktionskosten aus dem Erwerb oder der Veräußerung von Vermögenswerten des Fonds.[80] 73

---

74 CESR's guidelines on the methodology for calculation of the ongoing charges figure in the Key Investor Information Document (CESR/10-674) v. 1.7.2010.

75 CESR's guidelines on the methodology for calculation of the ongoing charges figure in the Key Investor Information Document (CESR/10-674) v. 1.7.2010, Nr. 5 Buchst. a.

76 CESR's guidelines on the methodology for calculation of the ongoing charges figure in the Key Investor Information Document (CESR/10-674) v. 1.7.2010, Nr. 5 Buchst. b bis f.

77 *Rozok* in Emde/Dornseifer/Dreibus/Hölscher, § 42 InvG Rz. 87.

78 *Polifke* in Weitnauer/Boxberger/Anders, § 166 KAGB Rz. 26.

79 Zu diesen Kosten CESR's guidelines on the methodology for calculation of the ongoing charges figure in the Key Investor Information Document (CESR/10-674) v. 1.7.2010, Nr. 4 Buchst. b bis f.

80 Vgl. CESR's guidelines on the methodology for calculation of the ongoing charges figure in the Key Investor Information Document (CESR/10-674) v. 1.7.2010, Nr. 5 Buchst. d und Nr. 6.

ee) Erklärung zum Stellenwert der Kosten

74 Der Abschnitt „Kosten“ hat weiter eine **Erklärung über den Stellenwert der Kosten** zu enthalten; in dieser muss deutlich werden, dass die Kosten vom Anleger getragen werden, für den Betrieb des Fonds einschließlich der Vermarktung und des Vertriebs der Fondsanteile verwendet werden und das potentielle Anlagewachstum beschränken (Art. 11 Abs. 2 VO (EU) Nr. 583/2010). Der deutsche Verordnungstext, der von der Verwendung der „Kosten auf die Funktionsweise des OGAW“ spricht, ist zumindest missverständlich.[81] Die englische Version spricht von „cost of running the UCITS“, auf Französisch heißt es „les coûts d'exploitation de l'OPCVM“, so dass besser von den Kosten des Betriebs oder des Betreibens des Fonds gesprochen werden sollte.

ff) Besondere Angaben bei Dachfonds und Feeder-Fonds

75 Die allgemeinen Regelungen über die Angaben zu den Kosten und Gebühren gelten auch für **Dachfonds** und **Feeder-Fonds**. Bei Dachfonds müssen bei Berechnung der Kosten allerdings auch sämtliche Kosten berücksichtigt werden, die dem Dachfonds durch die Anlage in die zugrundeliegenden Fonds entstehen (Art. 30 VO (EU) Nr. 583/2010). Ebenso müssen bei Feeder-Fonds die Kosten und Aufwendungen berücksichtigt werden, die der Master-Fonds dem Feeder-Fonds berechnen kann (Art. 33 VO (EU) Nr. 583/2010).

gg) Besondere Angaben bei offenen AIF-Publikumsinvestmentvermögen (§ 166 Abs. 5 KAGB)

76 Für **offene AIF-Publikumsinvestmentvermögen** ist die VO (EU) Nr. 583/2010 nach § 166 Abs. 4 Satz 2 KAGB nur anzuwenden, soweit sich aus dem nachfolgenden Abs. 5 nichts anderes ergibt. Bei ihnen müssen die wesentlichen Anlegerinformationen daher gem. § 166 Abs. 5 KAGB eine Gesamtkostenquote ausweisen. Die Regelung entspricht aber im Wesentlichen derjenigen in Art. 10 VO (EU) Nr. 583/2010, auf die sie in Abs. 2 Buchst. b auch verweist, so dass ihr nur noch hinsichtlich der Verordnungsermächtigung ein eigenständiger Regelungsgehalt zukommt. Da sie ohne weitere Begründung aus § 41 Abs. 2 und 3 InvG übernommen wurde,[82] dürfte es sich um ein Redaktionsversehen handeln. Dies gilt umso mehr, als von der Verordnungsermächtigung kein Gebrauch gemacht wurde und sich eine Verordnung wiederum an der VO (EU) Nr. 583/2010 messen lassen müsste,[83] so dass der Regelung keine erkennbare Funktion mehr zukommen dürfte.

e) Bisherige Wertentwicklung und ggf. Performance-Szenarien (§ 166 Abs. 2 Nr. 5 KAGB)

77 Die **Angaben zur bisherigen Wertentwicklung** des § 166 Abs. 2 Nr. 5 Var. 1 KAGB haben in einem eigenen Abschnitt mit dem Titel „Wertentwicklung der Vergangenheit“ zu erfolgen (Art. 4 Abs. 10 VO (EU) Nr. 583/2010). Die nach § 166 Abs. 2 Nr. 5 Var. 2 KAGB ggf. erforderlichen Angaben zu den **Performance-Szenarien** sind bei strukturierten Fonds nach § 166 Abs. 4 Satz 1 KAGB i.V.m. Art. 36 Abs. 3 VO (EU) Nr. 583/2010 Bestandteil des Abschnitts „Ziele und Anlagepolitik“.

aa) Balkendiagramm

78 Die bisherige Wertentwicklung des Fonds ist in einem **Balkendiagramm** darzustellen, das eine leserliche Größe haben muss, aber unter keinen Umständen mehr als eine halbe Seite des Dokuments ausmachen darf (Art. 15 Abs. 1 VO (EU) Nr. 583/2010).

79 Das Balkendiagramm umfasst in der Regel die **Wertentwicklung des Fonds in den letzten zehn Jahren** (Art. 15 Abs. 1 VO (EU) Nr. 583/2010). Bei Fonds mit einer Wertentwicklung von weniger als fünf vollständigen Kalenderjahren umfasst es lediglich die letzten fünf Jahre (Art. 15 Abs. 2 VO (EU) Nr. 583/2010). Wenn für ein Jahr keinerlei Daten verfügbar sind, hat das Diagramm für dieses Jahr eine Blanko-Spalte zu enthalten, in der nur das Datum angegeben wird (Art. 15 Abs. 3 VO (EU) Nr. 583/2010). Wenn für einen Fonds noch keinerlei Daten über seine Wertentwicklung für ein vollständiges Kalenderjahr vorliegen, muss das Dokument statt des Balkendiagramms eine Erklärung enthalten, dass noch keine ausreichenden Daten vorhanden sind, um den Anlegern nützliche Angaben über die frühere Wertentwicklung zu machen (Art. 15 Abs. 4 VO (EU) Nr. 583/2010).

80 Das Dokument darf keine Aufzeichnung über die frühere Wertentwicklung enthalten, die ins Verhältnis zum laufenden Kalenderjahr oder einem Teil davon gesetzt wird (Art. 15 Abs. 6 VO (EU) Nr. 583/2010).

---

81 Vgl. auch *Rozok* in Emde/Dornseifer/Dreibus/Hölscher, § 42 InvG Rz. 88.
82 Vgl. Regierungsbegründung, BT-Drucks. 17/12294, 258.
83 Vgl. *Rozok* in Emde/Dornseifer/Dreibus/Hölscher, § 41 InvG Rz. 38; *von Ammon/Izzo-Wagner* in Baur/Tappen, § 166 KAGB Rz. 56.

Bei der **Berechnung der Wertentwicklung** des Fonds ist der Nettoinventarwert des Fonds zugrunde zu legen und von der Wiederanlage der ausgeschütteten Erträge des Fonds auszugehen (Art. 16 VO (EU) Nr. 583/2010). Dies ermöglicht die Vergleichbarkeit von ausschüttenden und thesaurierenden Fonds.[84] 81

Wenn eine **wesentliche Änderung der Ziele und der Anlagepolitik** des Fonds in dem vom Balkendiagramm umfassten Zeitraum eintritt, ist weiterhin die reale Wertentwicklung über den gesamten Zeitraum auszuweisen; allerdings der vor der wesentlichen Änderung liegende Zeitraum mit dem deutlichen Hinweis zu versehen, dass die Wertentwicklung in diesem Zeitraum unter Umständen erzielt wurde, die nicht mehr gültig sind (Art. 17 VO (EU) Nr. 583/2010). 82

Wenn der Abschnitt „Ziele und Anlagepolitik" des Dokuments auf einen **Referenzwert** Bezug nimmt, hat das Diagramm neben jedem Balken mit der früheren Wertentwicklung des Fonds einen Balken mit der Wertentwicklung des Referenzwerts auszuweisen; wenn für einen Fonds keinerlei Daten über die frühere Wertentwicklung in den geforderten letzten fünf oder zehn Jahren vorliegen, darf der Referenzwert für die Jahre, in denen der Fonds nicht existierte, nicht ausgewiesen werden (Art. 18 VO (EU) Nr. 583/2010). Die Formulierung ist etwas unklar, ist aber so zu verstehen, dass der Referenzwert nur für den Zeitraum ausgewiesen werden darf, in dem auch die frühere Wertentwicklung ausgewiesen wird.[85] Denn nur insoweit kann der Zweck der Regelung erreicht werden, die Wertentwicklung des Fonds mit derjenigen des Referenzwerts zu vergleichen. 83

bb) Ergänzende Angaben

Das Balkendiagramm ist an deutlich sichtbarer Stelle durch die folgenden Angaben zu ergänzen: die **Warnung** vor dem begrenzten Aussagewert des Diagramms im Hinblick auf die künftige Wertentwicklung (Art. 15 Abs. 5 Satz 1 Buchst. a VO (EU) Nr. 583/2010); die kurze **Angabe der Kosten und Gebühren**, die bei der Berechnung der früheren Wertentwicklung mitberücksichtigt oder ausgeschlossen wurden (Art. 15 Abs. 5 Satz 1 Buchst. b VO (EU) Nr. 583/2010), es sei denn der Fonds stellt keine Ausgabeauf- und Abschläge in Rechnung (Art. 15 Abs. 5 Satz 2 VO (EU) Nr. 583/2010); die Angabe des Jahres der **Existenzgründung** des Fonds (Art. 15 Abs. 5 Satz 1 Buchst. c VO (EU) Nr. 583/2010); sowie die Benennung der **Währung**, in der die frühere Wertentwicklung berechnet wurde (Art. 15 Abs. 5 Satz 1 Buchst. d VO (EU) Nr. 583/2010). 84

cc) Simulierter Wertentwicklungsbericht

Ein **simulierter Wertentwicklungsbericht**, der die Wertentwicklung mangels vorliegender Daten mathematisch zurückrechnet,[86] ist nur in den gesetzlich geregelten Fällen zulässig und muss jeweils redlich, eindeutig und nicht irreführend verwendet werden (Art. 19 Abs. 1 VO (EU) Nr. 583/2010) und die Simulation der Wertentwicklung deutlich im Balkendiagramm vermerken (Art. 19 Abs. 2 VO (EU) Nr. 583/2010). 85

Ein simulierter Wertentwicklungsbericht ist **zulässig**, wenn eine neue Anteilsklasse eines bereits bestehenden Fonds oder ein Teilfonds aufgelegt wird und die Simulation in Anlehnung an eine andere Anteilsklasse oder einen anderen Teilfonds erfolgt, der sich in Bezug auf die Beteiligung an den Vermögenswerten des übergeordneten Fonds nicht unwesentlich unterscheidet (Art. 19 Abs. 1 Buchst. a VO (EU) Nr. 583/2010). Er ist auch zulässig, wenn ein Feeder-Fonds seine Wertentwicklung in Anlehnung an die Wertentwicklung des Master-Fonds simuliert und der Feeder-Fonds lediglich Anteile am Master-Fonds und zusätzliche flüssige Mittel als Vermögenswerte halten darf oder sich hinsichtlich seiner Merkmale nicht wesentlich vom Master-Fonds unterscheidet (Art. 19 Abs. 1 Buchst. b VO (EU) Nr. 583/2010). 86

dd) Umwandlung und Verschmelzung

Im Rahmen einer **Umwandlung** behält ein Fonds, der seine Rechtsstellung ändert, seinen Wertentwicklungsbericht nur dann, wenn er im gleichen Mitgliedstaat verbleibt und die zuständige Behörde davon ausgeht, dass die Wertentwicklung des Fonds durch die Änderung der Rechtsstellung vernünftigerweise nicht beeinflusst wird (Art. 19 Abs. 3 VO (EU) Nr. 583/2010). 87

Bei einem Fonds, der im Wege der **Übernahme** mit einem anderen Fonds verschmolzen wird, ist nur die letzte Wertentwicklung des übernehmenden Fonds darzustellen, während die Wertentwicklung der übertragenen Fonds nicht mehr zu berücksichtigen ist (Art. 19 Abs. 4 VO (EU) Nr. 583/2010). 88

---

84 *Polifke* in Weitnauer/Boxberger/Anders, § 166 KAGB Rz. 33.
85 Vgl. *Polifke* in Weitnauer/Boxberger/Anders, § 166 KAGB Rz. 35.
86 *Rozok* in Emde/Dornseifer/Dreibus/Hölscher, § 42 InvG Rz. 97.

ee) Besondere Angaben bei Feeder-Fonds und strukturierten Fonds

89 Bei **Feeder-Fonds** muss die Darstellung der früheren Wertentwicklung spezifisch auf diesen Fonds ausgerichtet sein und darf nicht lediglich die Aufzeichnung der Wertentwicklung des Master-Fonds reproduzieren (Art. 35 Abs. 1 VO (EU) Nr. 583/2010). Wenn der Feeder-Fonds die frühere Wertentwicklung seines Master-Fonds als Referenzwert heranzieht, darf dieser jedoch jeweils neben der Wertentwicklung des Feeder-Fonds dargestellt werden (Art. 35 Abs. 2 Buchst. a VO (EU) Nr. 583/2010). Wenn der Feeder-Fonds später als der Master-Fonds aufgelegt wurde, darf die simulierte Wertentwicklung für die Jahre vor dem Bestehen des Feeder-Fonds auf der Grundlage der früheren Wertentwicklung des Master-Fonds berechnet werden (Art. 35 Abs. 2 Buchst. b Abs. 1 VO (EU) Nr. 583/2010). Wenn der Feeder-Fonds Aufzeichnungen über die frühere Wertentwicklung aus der Zeit vor der Aufnahme seiner Tätigkeit als Feeder besitzt, darf er für die entsprechenden Jahre die Wertentwicklung des Master-Fonds neben seiner eigenen Wertentwicklung ausweisen, wobei der Master-Fonds wesentliche Änderungen seiner Ziele und Anlagepolitik kenntlich machen muss, insbesondere die Aufnahme der Tätigkeit als Feeder (Art. 35 Abs. 2 Buchst. c VO (EU) Nr. 583/2010); der Sinn dieser Regelung ist zweifelhaft.

90 Bei **strukturierten Fonds** entfällt in dem Dokument mit den wesentlichen Anlegerinformationen der Abschnitt „Frühere Wertentwicklung"; stattdessen enthält der Abschnitt „Ziele und Anlagepolitik" des Dokuments eine Erläuterung der Funktionsweise der Formel und der Erträge des Fonds (Art. 36 Abs. 1 f. VO (EU) Nr. 583/2010). Dieser ist eine Illustration von mindestens drei Szenarien der potentiellen Wertentwicklung des Fonds beizufügen (Art. 36 Abs. 3 ff. VO (EU) Nr. 583/2010).

f) Erklärung zur Veröffentlichung der Einzelheiten der aktuellen Vergütungspolitik (§ 166 Abs. 2 Nr. 6 KAGB)

91 Mit der OGAW-V-RL wurde eine staatliche Regulierung der Vergütung für Verwalter von OGAW-Fonds eingeführt, die insbesondere in § 37 KAGB umgesetzt wurde. Der neugefasste Art. 78 Abs. 4 OGAW-V-RL wurde durch die Einfügung des § 166 Abs. 2 Nr. 6 KAGB umgesetzt. Aufgrund des hohen Detaillierungsgrades der Vergütungspolitik beschränkt sich die Regelung darauf, dass die wesentlichen Anlegerinformationen eine **Erklärung** enthalten müssen, dass und wo die Einzelheiten der aktuellen Vergütungspolitik im Internet und in Papierform zu erhalten sind, und dass in diesen Einzelheiten die Berechnung der Vergütung und der sonstigen Zuwendungen beschrieben sowie die Identität der Personen angegeben wird, die für die Zuteilung der Vergütung und sonstigen Zuwendungen zuständig sind, was auch die Zusammensetzung eines etwaigen Vergütungsausschusses umfasst. Hier wird also ein **Verweis** vorgeschrieben, der aber zugleich relativ umfangreiche **Informationen über die Art der zu erwartenden Informationen** erhält. So sinnvoll es ist, Anleger über die Vergütungspolitik aufzuklären, läuft die detaillierte und umfangreiche Festlegung des Inhalts der Erklärung doch dem Sinn und Zweck der wesentlichen Anlegerinformationen entgegen, sich auf wesentliche Informationen zu beschränken.

g) Praktische Informationen (§ 166 Abs. 2 Nr. 7 Var. 1 KAGB)

92 Die Angaben zu **praktischen Informationen** haben in einem eigenen Abschnitt mit dem Titel „Praktische Informationen" zu erfolgen (Art. 4 Abs. 11 VO (EU) Nr. 583/2010). Anzugeben sind der Name der Verwahrstelle (Art. 20 Abs. 1 Buchst. a VO (EU) Nr. 583/2010); der Hinweis, wo, wie und in welcher Sprache der Anleger weitere Informationen über den Fonds, insbesondere Kopien seines Prospekts und seines Jahresberichts sowie späterer Halbjahresberichte erhalten kann und dass er sie kostenlos anfordern kann (Art. 20 Abs. 1 Buchst. b VO (EU) Nr. 583/2010); der Hinweis, wo und wie der Anleger weitere praktische Informationen erhalten kann, einschließlich der Angabe, wo er die „aktuellsten [sic] Anteilspreise" abrufen kann (Art. 20 Abs. 1 Buchst. c VO (EU) Nr. 583/2010); eine Erklärung, dass Fonds die persönliche Steuerlage des Anlegers durch die Steuervorschriften im Herkunftsmitgliedstaat beeinflussen können (Art. 20 Abs. 1 Buchst. d VO (EU) Nr. 583/2010); die Erklärung „[Den Namen der Investmentgesellschaft oder der Verwaltungsgesellschaft einfügen] kann lediglich auf der Grundlage einer in diesem Dokument enthaltenen Erklärung haftbar gemacht werden, die irreführend, unrichtig oder nicht mit den einschlägigen Teilen des OGAW-Prospekts vereinbar ist." (Art. 20 Abs. 1 Buchst. e VO (EU) Nr. 583/2010).

93 Bei **Teilfonds** muss der Abschnitt „Praktische Informationen" folgende **Angaben** enthalten (Art. 20 Abs. 2 VO (EU) Nr. 583/2010): einen Hinweis, dass das Dokument einen Teilfonds beschreibt und der Prospekt und die regelmäßigen Berichte gegebenenfalls für den gesamten Fonds erstellt werden, der am Anfang des Dokuments genannt wird (Art. 25 Abs. 2 Buchst. a VO (EU) Nr. 583/2010); die Angabe, ob zwischen den Vermögenswerten und Verbindlichkeiten eines jeden Teilfonds eine rechtliche Trennung besteht und welche Konsequenzen dies für den Anleger hat (Art. 25 Abs. 2 Buchst. b VO (EU) Nr. 583/2010); sowie die Angabe, ob der Anleger das Recht zur Umwandlung seiner Anlage in Anteilen eines Teilfonds in Anteile eines

anderen Teilfonds hat und wo ggf. Informationen über den Anteiltausch erhältlich sind (Art. 25 Abs. 3 Buchst. c VO (EU) Nr. 583/2010).

Bei **aus mehreren Anteilsklassen bestehenden Fonds** muss darauf hingewiesen werden, welche Klasse als repräsentativ ausgewählt wurde, wenn die Verwaltungsgesellschaft nach Art. 26 Abs. 3 VO (EU) 583/2010) eine Klasse zur Repräsentation einer oder mehrerer anderer Fonds-Klassen ausgewählt hat; zudem ist anzugeben, wo die Anleger Informationen über die anderen Fonds-Klassen erhalten können (Art. 27 VO (EU) Nr. 583/2010). 94

Bei **Feeder-Fonds** muss der Abschnitt „Praktische Informationen" folgende Angaben enthalten: eine Erklärung, dass, wie und in welcher Sprache die Anleger des Feeder-Fonds für den Master-Fonds den Prospekt, das Dokument mit wesentlichen Informationen für den Anleger und die regelmäßigen Berichte und Abschlüsse erhalten können (Art. 34 Abs. 2 Buchst. a VO (EU) Nr. 583/2010); die Angabe, ob diese Unterlagen nur in Papierform oder auch digital auf einem dauerhaften Datenträger vorliegen und ob dafür Gebühren erhoben werden (Art. 34 Abs. 2 Buchst. b VO (EU) Nr. 583/2010); sowie die Angabe, ob der Master-Fonds in einem anderen Mitgliedstaat als der Feeder-Fonds niedergelassen ist sowie ob und ggf. wie dies die steuerliche Behandlung des Feeder-Fonds beeinflusst (Art. 34 Abs. 2 Buchst. c VO (EU) Nr. 583/2010). 95

h) Querverweise (§ 166 Abs. 2 Nr. 7 Var. 2 KAGB)

Querverweise auf andere Informationsquellen, insbesondere auf den Prospekt sowie den Jahresbericht oder die Halbjahresberichte, sind grundsätzlich zulässig und dürfen sich auch auf die Internetseite des Fonds oder der Verwaltungsgesellschaft beziehen (Art. 21 Abs. 1 VO (EU) Nr. 583/2010). Sie sind allerdings auf ein **Minimum** zu beschränken (Art. 21 Abs. 2 Satz 1 VO (EU) Nr. 583/2010). Zudem dürfen sie sich nicht pauschal auf die Informationsquellen als Ganzes beziehen, sondern müssen konkret auf den jeweils relevanten Abschnitt der entsprechenden Informationsquelle verweisen (Art. 21 Abs. 2 Satz 1 VO (EU) Nr. 583/2010). 96

Die Möglichkeit von Querverweisen stellt jedoch **keine Entlastung** des Dokuments von den wesentlichen Anlegerinformationen dar. Denn sämtliche Informationen, die grundlegend für das Verständnis der Anleger in Bezug auf die wesentlichen Anlagebestandteile sind, müssen bereits im Dokument selbst enthalten sein (Art. 21 Abs. 1 Satz 2 VO (EU) Nr. 583/2010). 97

3. Sonstige Angaben

Das Dokument mit den wesentlichen Anlegerinformationen hat folgende **Erklärung zur Zulassung** zu enthalten: „Dieser Fonds ist in [Name des Mitgliedstaats] zugelassen und wird durch [Name der zuständigen Behörde] reguliert."; wenn der Fonds gem. Art. 16 OGAW-RL 2009/65/EG von einer Verwaltungsgesellschaft aus einem anderen Mitgliedstaat verwaltet wird, kann folgende zusätzliche Erklärung aufgenommen werden: „[Name der Verwaltungsgesellschaft] ist in [Name des Mitgliedstaats] zugelassen und wird durch [Name der zuständigen Behörde] reguliert." (Art. 4 Abs. 12 VO (EU) Nr. 583/2010). 98

Zudem muss das Dokument folgende **Erklärung zur Veröffentlichung** enthalten: „Diese wesentlichen Informationen für den Anleger sind zutreffend und entsprechen dem Stand von [Datum der Veröffentlichung]." (Art. 4 Abs. 13 VO (EU) Nr. 583/2010). 99

IV. Vorgaben zur Darstellung der wesentlichen Anlegerinformationen (§ 166 Abs. 3 KAGB)

Die Vorgaben zur Darstellung der Anlegerinformationen ergeben sich aus § 166 Abs. 3 KAGB und gem. Abs. 4 aus der VO (EU) Nr. 583/2010. Sie werden durch die Guidelines und sonstigen Veröffentlichungen des CESR bzw. der ESMA interpretiert. 100

1. Verständlichkeit

Die Informationen müssen für einen Anleger zu verstehen sein, ohne dass dieser zusätzliche Dokumente heranzieht (§ 166 Abs. 3 Satz 1 KAGB).[87] Maßstab für die **Verständlichkeit** ist nach § 166 Abs. 1 KAGB, dass der Anleger bzw. Erwerbsinteressent die Art und die Risiken des angebotenen Anlageproduktes verstehen und auf dieser Grundlage eine fundierte Anlageentscheidung treffen kann. Dabei ist auf den Verständnishorizont eines Kleinanlegers abzustellen, wie sich aus Art. 78 Abs. 5 Satz 2 OGAW-IV-RL ergibt. Gren- 101

87 Vgl. auch Art. 78 Abs. 3 Satz 2 OGAW-IV-RL.

zen für die an die Verständlichkeit zu stellenden Anforderungen ergeben sich aus dem beschränkten Umfang der Anlegerinformationen, so dass jeweils zu fragen ist, wie verständlich die Angaben dargestellt werden können, ohne dass der vorgegebene Umfang der Anlegerinformationen überschritten wird oder andere notwendige Angaben unverständlich werden. Im Extremfall läuft dies wohl auf den Hinweis hinaus, dass das Anlageprodukt im Rahmen der Anlegerinformationen nicht hinreichend erläutert werden kann und dem Anleger bzw. Erwerbsinteressenten vom Erwerb abzuraten ist, solange er sich nicht näher über das Produkt informiert hat.

102 Die wesentlichen Anlegerinformationen müssen **aus sich selbst heraus verständlich** sein. Für die Feststellung der Verständlichkeit kann nicht davon ausgegangen werden, dass weitere (gesetzliche) Verkaufsunterlagen dem Anleger bzw. Erwerbsinteressenten zur Verfügung stehen bzw. von ihm konsultiert werden. Die entgegenstehende Auffassung[88] ist bereits mit dem Wortlaut des § 166 Abs. 3 KAGB, aber auch mit dem Sinn und Zweck der Regelung nicht vereinbar. Auf zusätzliche Dokumente darf demgemäß nur zur Vertiefung verwiesen werden. Dies gilt auch für den Verkaufsprospekt und die Jahres- und Halbjahresberichte, die Erwerbsinteressierten nach § 297 Abs. 1 Satz 2, Abs. 2. Satz 2 KAGB zur Verfügung zu stellen sind, sowie für Angaben auf Internetseiten.

2. Keine Irreführung, Unrichtigkeit oder Unvereinbarkeit mit dem Verkaufsprospekt

103 Die wesentlichen Anlegerinformationen haben **redlich, eindeutig und nicht irreführend** zu sein (§ 166 Abs. 3 Satz 2 KAGB).[89] Die Formulierung entspricht derjenigen in § 63 Abs. 6 Satz 1 WpHG.[90] Wie dort sind die Informationen nicht bereits redlich, wenn sie nicht unlauter im Sinne des UWG sind,[91] sondern nur, wenn sie entweder objektiv zutreffend sind oder mit der Sorgfalt eines ordentlichen Kaufmanns ermittelt und an den Kunden weitergegeben wurden.[92] Eindeutig sind sie, wenn nicht mehrere Auslegungen mit unterschiedlichem Inhalt gleichermaßen nahe liegend erscheinen.[93] Nicht irreführend sind sie, wenn sie dem Empfänger ein vollständiges und zutreffendes Bild der Wirklichkeit vermitteln.[94]

104 Die wesentlichen Anlegerinformationen müssen weiter **mit den einschlägigen Teilen im Verkaufsprospekt übereinstimmen** (§ 166 Abs. 3 Satz 3 KAGB).[95] Sie dürfen also nicht im Widerspruch zu den Angaben im Verkaufsprospekt stehen.[96] Hingegen ist es zulässig, dass sie hinter den Angaben im Verkaufsprospekt zurückbleiben, es sei denn, sie werden dadurch irreführend.

105 Der Wortlaut des § 166 Abs. 3 Satz 2 und 3 KAGB stimmt nicht vollständig mit demjenigen der **Haftungsregelung** des § 306 Abs. 2 KAGB überein. Nach § 306 Abs. 2 haften Verwaltungsgesellschaft und gewerbsmäßige Verkäufer dem Käufer des Anlageprodukts für Angaben, die irreführend, unrichtig oder nicht mit den einschlägigen Stellen des Verkaufsprospekts vereinbar sind. Demgegenüber müssen die wesentlichen Anlegerinformationen nach § 166 Abs. 3 Satz 2 und 3 KAGB redlich und eindeutig sein, dürfen nicht irreführend sein und müssen mit den einschlägigen Stellen des Verkaufsprospekts vereinbar sein. Trotzdem begründet der § 306 Abs. 2 KAGB eine Haftung für Verstöße gegen § 166 Abs. 3 Satz 2 und 3 KAGB.[97] Denn die Unredlichkeit im geschilderten Sinne lässt sich unter die Unrichtigkeit und die mangelnde Eindeutigkeit unter die Irreführung subsumieren. Darüber hinaus dürften Abweichungen eines erworbenen Anteils an einem offenen Publikumsinvestmentvermögen vom Inhalt der wesentlichen Anlegerinformationen entsprechend § 434 Abs. 1 Satz 3 BGB einen Mangel des Anlageprodukts begründen.

3. Länge

106 Die wesentlichen Anlegerinformationen sind **kurz** zu halten (§ 166 Abs. 3 Satz 4 KAGB). Für inländische OGAW dürfen sie ausgedruckt nicht länger als zwei DIN-A4-Seiten sein (§ 166 Abs. 4 Satz 1 KAGB i.V.m. Art. 6 VO (EU) Nr. 583/2010), bei strukturierten OGAW nicht länger als drei DIN-A4-Seiten (§ 166 Abs. 4 Satz 1 KAGB i.V.m. Art. 37 VO (EU) Nr. 583/2010), wobei OGAW strukturiert sind, wenn sie „für die Anleger zu bestimmten vorher festgelegten Terminen nach Algorithmen berechnete Erträge erwirtschaften, die an die Wertentwicklung, Preisänderungen oder sonstige Bedingungen der Finanzvermögenswerte, Indizes

88 Vgl. *Polifke* in Weitnauer/Boxberger/Anders, § 166 KAGB Rz. 4.
89 Vgl. auch Art. 79 Abs. 1 Satz. 1 OGAW-IV-RL.
90 Vgl. auch Art. 19 Abs. 2 Satz. 1 MiFID-RL.
91 So aber *Zeidler*, WM 2008, 238 (240); ähnlich *Paul* in Weitnauer/Boxberger/Anders, § 306 KAGB Rz. 28.
92 *Rothenhöfer* in Schwark/Zimmer, § 31 WpHG Rz. 99; vgl. auch *Fuchs* in Fuchs, § 31 WpHG Rz. 100.
93 *Fuchs* in Fuchs, § 31 WpHG Rz. 97; vgl. auch *Rothenhöfer* in Schwark/Zimmer, § 31 WpHG Rz. 103.
94 *Fuchs* in Fuchs, § 31 WpHG Rz. 98; *Rothenhöfer* in Schwark/Zimmer, § 31 WpHG Rz. 108.
95 Vgl. auch Art. 79 Abs. 1 Satz 3 OGAW-IV-RL.
96 Vgl. auch *Paul* in Weitnauer/Boxberger/Anders, § 306 KAGB Rz. 28.
97 Vgl. auch *Polifke* in Weitnauer/Boxberger/Anders, § 166 KAGB Rz. 5.

oder Referenzportfolios gebunden sind," oder wenn sie vergleichbare Merkmale aufweisen (Art. 36 VO (EU) Nr. 583/2010). Für offene AIF-Publikumsinvestmentvermögen gilt entsprechendes (§ 166 Abs. 4 Satz 2 KAGB).

4. Sprache

Die wesentlichen Anlegerinformationen sind in **allgemein verständlicher Sprache** abzufassen (§ 166 Abs. 3 Satz 4 KAGB). Diese Vorgabe wird durch Art. 4 Abs. 2 Buchst. b VO (EU) Nr. 583/2010 konkretisiert. Sie wird zudem durch den CESR's guide to clear language and layout for the Key Investor Information document (CESR/10-1320) v. 20.12.2010 interpretiert.[98] Danach ist eine klare, präzise und verständliche Sprache zu verwenden (Art. 4 Abs. 2 Buchst. b Nr. i VO (EU) Nr. 583/2010). Der durchschnittliche Kleinanleger sollte jede Aussage beim ersten Lesen verstehen können[99] und es sollten keine Sätze mit mehr als 25 Wörtern verwendet werden.[100] 107

Jargon ist zu vermeiden (Art. 4 Abs. 2 Buchst. b Nr. ii VO (EU) Nr. 583/2010); auf **technische Termini** ist zu verzichten, wenn stattdessen eine allgemein verständliche Sprache verwendet werden kann (Art. 4 Abs. 2 Buchst. b Nr. iii VO (EU) Nr. 583/2010). Dies bezieht sich auf den Jargon und die Terminologie sowohl der Investmentbranche und der Wirtschaftswissenschaftler als auch der Juristen. Soweit sich Jargon oder technische Termini nicht vermeiden lassen, sind die verwendeten Begriffe allgemein verständlich zu erklären.[101] Ebenso sind Begriffe zu erklären, die mit einer anderen Bedeutung verwendet werden, als sie sie in der Alltagssprache haben.[102] Der Auffassung, dass die Verwendung von Begriffen aus dem KAGB stets zulässig sein müsse, auch wenn es Begriffe aus der Fachsprache seien,[103] ist nicht zu folgen. Ihr steht entgegen, dass es sich auch insoweit um Jargon und insbesondere technische Termini handeln kann, die keine allgemein verständliche Sprache i.S.d. § 166 Abs. 3 Satz 4 KAGB sind und dem Zweck des Abs. 1 zuwiderlaufen, dem Anleger das Verständnis des angebotenen Anlageproduktes und eine fundierte Anlageentscheidung zu ermöglichen. 108

5. Format

Die wesentlichen Anlegerinformationen sind in einem **einheitlichen Format** zu erstellen, um Vergleiche zu ermöglichen (§ 166 Abs. 3 Satz 5 KAGB). Der Inhalt und die Reihenfolge der wesentlichen Anlegerinformationen sind bereits detailliert in Art. 4 VO (EU) 583/2010 geregelt, der durch CESR's template for the Key Investor Information document (CESR/10-1321) v. 20.12.2010[104] interpretiert wird, so dass insoweit bereits ein hoher Grad an Einheitlichkeit vorgegeben ist.[105] Das einheitliche Format bezieht sich demgegenüber darauf, dass die wesentlichen Anlegerinformationen für die Anlageprodukte einer Verwaltungsgesellschaft hinsichtlich Darstellung, Sprachgebrauch, Layout und Formatierung so weit wie möglich identisch sein sollen.[106] 109

Das Dokument ist auf eine Art und Weise zu präsentieren und aufzumachen, die **leicht verständlich** ist; die Größe der Buchstaben muss gut leserlich sein (Art. 5 Abs. 1 Buchst. a VO (EU) 583/2010). Dies soll grundsätzlich ab einer Schriftgröße von 11 Punkten bei Schriften mit Serifen und von 10 Punkten bei Schriften ohne Serifen der Fall sein.[107] Bei einer Schriftgröße von 10 Punkten sollte eine Zeile in einem Absatz nicht mehr als 50 bis 75 Zeichen umfassen, ggf. können mehrere Spalten verwendet werden.[108] 110

Die **Verwendung von Farben** darf die Verständlichkeit der Informationen nicht beeinträchtigen, wenn das Dokument mit wesentlichen Informationen für den Anleger in Schwarz und Weiß ausgedruckt oder fotokopiert wird (Art. 5 Abs. 2 VO (EU) 583/2010). Die **Verwendung von Logos** der Unternehmensmarke der Verwaltungsgesellschaft oder der Gruppe, zu der sie gehört, darf den Anleger weder ablenken noch den 111

98 Abrufbar unter https://www.esma.europa.eu/sites/default/files/library/2015/11/10_1320.pdf.
99 CESR/10-1320 v. 20.12.2010, S. 6.
100 CESR/10-1320 v. 20.12.2010, S. 7.
101 Vgl. CESR/10-1320 v. 20.12.2010, S. 6 f.
102 Vgl. CESR/10-1320 v. 20.12.2010, S. 7.
103 So *Polifke* in Weitnauer/Boxberger/Anders, § 166 KAGB Rz. 6; *Rozok* in Emde/Dornseifer/Dreibus/Hölscher, § 42 InvG Rz. 110; ähnlich *von Ammon/Izzo-Wagner* in Baur/Tappen, § 166 KAGB Rz. 46.
104 Abrufbar unter https://www.esma.europa.eu/sites/default/files/library/2015/11/10_1321.pdf.
105 Vgl. *Polifke* in Weitnauer/Boxberger/Anders, § 166 KAGB § 166 Rz. 7.
106 *von Ammon/Izzo-Wagner* in Baur/Tappen, § 166 KAGB Rz. 47; *Rozok* in Emde/Dornseifer/Dreibus/Hölscher, § 42 InvG Rz. 111; vgl. auch *Polifke* in Weitnauer/Boxberger/Anders, § 166 KAGB Rz. 8.
107 CESR/10-1320 v. 20.12.2010, S. 8.
108 CESR/10-1320 v. 20.12.2010, S. 8.

Text verschleiern (Art. 5 Abs. 3 VO (EU) 583/2010). Dies dürfte auch für sonstige Logos oder grafische Gestaltungen gelten.

V. Übereinstimmung mit dem internen Risikomanagement und Widerspruchsfreiheit (§ 166 Abs. 8 KAGB)

112 Die Ermittlung und Erläuterung der Risiken im Rahmen des Risiko- und Ertragsprofils bei Immobilien-Sondervermögen und Dach-Hedgefonds nach § 166 Abs. 6 und 7 KAGB muss mit dem internen Verfahren übereinstimmen, mit dem die Verwaltungsgesellschaft Risiken ermittelt, misst und überwacht und das den Vorgaben der Art. 38 bis 40 RL 2010/43/EU oder der Art. 38 bis 56 VO (EU) Nr. 231/2013 entspricht (§ 166 Abs. 8 Satz 1 KAGB). Wenn eine Verwaltungsgesellschaft mehr als ein Investmentvermögen verwaltet, sind die damit verbundenen Risiken einheitlich zu ermitteln und widerspruchsfrei zu erläutern (§ 166 Abs. 8 Satz 2 KAGB).

Anhang zu § 166: Verordnung (EU) Nr. 1286/2014 des Europäischen Parlaments und des Rates vom 26. November 2014 über Basisinformationsblätter für verpackte Anlageprodukte für Kleinanleger und Versicherungsanlageprodukte (PRIIP-VO)

Vorbemerkungen

Schrifttum: *Andresen/Gerold*, Basisinformationsblatt, BaFinJournal August 2015, 31; *Baroch Castellvi*, Zum Anwendungsbereich der PRIIP-Verordnung auf Produkte von Lebensversicherern – was ist ein Versicherungsanlageprodukt?; VersR 2017, 129; *Bassler*, Die Vermutung aufklärungsrichtigen Verhaltens – kritische Würdigung der richterrechtlichen Beweislastumkehr im Kapitalanlageberatungsrecht, WM 2013, 544; *H. Beck*, Das Chamaeleon Anlegerschutz oder „Worüber reden wir eigentlich?“, in FS Uwe H. Schneider, 2011, S. 89; *Bengtzen*, EU and UK investment disclosure liability: at cross purposes?, Capital Markets Law Journal 2016, 429; *Benicke*, Prospektpflicht und Prospekthaftung bei grenzüberschreitenden Emissionen, in FS Jayme, 2004, S. 25; *Beyer*, Unionsrechtliche Neuregelung der Beratungs- und Informationspflichten für Versicherungsanlageprodukte, VersR 2016, 293; *Brenncke*, Regulierung der Werbung von Wertpapierdienstleistungsunternehmen – eine Behavioural-Finance-Analyse, WM 2014, 1017; *Bröker/Machunsky*, Die Produkt- und Vertriebskontrollen nach dem Kleinanlegerschutzgesetz, BKR 2016, 229; *Brömmelmeyer*, Gläserner Vertrieb? – Informationspflichten und Wohlverhaltensregeln in der Richtlinie (EU) 2016/97 über Versicherungsvertrieb, r+s 2016, 269; *Buck-Heeb*, Aufsichtsrechtliches Produktverbot und zivilrechtliche Rechtsfolgen, BKR 2017, 89; *Bürkle*, Sind konventionelle deutsche Lebensversicherungen europäische Versicherungsanlageprodukte?, VersR 2017, 331; *Busch*, Product Governance und Produktintervention unter MiFID II/MiFIR, WM 2017, 409; *Bußalb*, Produktintervention und Vermögensanlagen, WM 2017, 553; *Cahn/Müchler*, Produktinterventionen nach MiFiD II, BKR 2013, 45; *Colaert*, The Regulation of PRIIPs, Journal of Financial Regulation 2016, 203; *Dreher*, Versicherungsaufsichtsrecht und Verbraucherschutz im Solvency-II- und EIOPA-System, VersR 2013, 401; *Ehlers*, Das Produktinterventionsrecht der BaFin nach § 4b WpHG, WM 2017, 420; *Eidenmüller*, Der homo oeconomicus und das Schuldrecht, JZ 2005, 216; *Gebhardt/Waßman*, PRIIP-Verordnung: Überblick über die Vorgaben für Basisinformationsblätter, WPg 2018, 701; *Gerold*, Basisinformationsblatt, BaFinJournal Mai 2017, 36; *Gerold/Kohleick*, Aktuelle europäische Vorgaben für das Basisinformationsblatt nach der PRIIP-VO, RdF 2017, 276; *Grigoleit*, Anlegerschutz, ZHR 177 (2013), 264; *Heiss*, Anlegerschutz bei Versicherungsprodukten?, in Lorenz (Hrsg.), Karlsruher Forum 2014, 2015, S. 41; *Heiss/Mönnich*, Versicherungsanlageprodukte im PRIPs-Vorschlag – Basisinformationsblatt statt information overload?, VR 2013, 32; *Herresthal*, Die Weiterentwicklung des informationsbasierten Anlegerschutzes in der Swap-Entscheidung des BGH als unzulässige Rechtsfortbildung, ZIP 2013, 1049; *Jordans*, Zum aktuellen Stand der Finanzmarktnovellierung in Deutschland, BKR 2017, 273; *Klingenbrunn*, Produktintervention zugunsten des Anlegerschutzes, WM 2015, 316; *Klöhn*, Kapitalmarkt, Spekulation und Behavioral Finance, 2006; *Klöhn*, Preventing Excessive Retail Investor Trading under MiFID: A Behavioural Law & Economics Perspective, EBOR 2009, 437; *Koch*, Grenzen des informationsbasierten Anlegerschutzes, BKR 2012, 485; *Kohleick/Gerold/Werner/Gierse*, Versicherungsanlageprodukte, BaFin Journal August 2017, 34; *Koller*, Die Abdingbarkeit des Anlegerschutzes durch Information im europäischen Kapitalmarktrecht, in FS Huber, 2006, S. 821; *Köndgen*, Structured Products from the Perspective of Investor Protection: Can the Courts Police the Market or Do We Need More Regulation?, in FS Hopt, 2009, S. 2113; *Köndgen*, Grenzen des informationsbasierten Anlegerschutzes, BKR 2011, 283; *Langenbucher*, Anlegerschutz – Ein Bericht zu theoretischen Prämissen und legislativen Instrumenten, ZHR 177 (2013), 679; *Lefevre/Chapmann*, Behavioural Economics and Financial Consumer Protection, OECD Working Papers on Finance, Insurance and Private Pensions No. 42, 2017; *Litten*, PRIIPs: Anforderungen an Basisinformationsblätter, DB 2016, 1679; *Loacker*, Basisinformationen als Entscheidungshilfe, in FS Egon Lorenz, 2014, S. 259; *Loritz*, Produktinformationsblätter nach dem neuen EU-Verordnungsvorschlag („PRIPs-Initiative"), WM 2014, 1513; *Luttermann*, Kapitalmarktrechtliche Information bei Finanzprodukten (PRIIP), Privatautonomie (Vertragskonzept) und Vermögensordnung, ZIP 2015, 805; *Möllers*, Europäische Gesetzgebungslehre 2.0: Die dynamische Rechtsharmonisierung im Kapitalmarktrecht am Beispiel von MiFID II und PRIIP, ZEuP 2016, 325; *Möllers/Kernchen*, Information Overload am Kapitalmarkt, ZGR 2011, 1; *Müchler*, Die neuen Kurzinformationsblätter – Haftungsrisiken im Rahmen der Anlageberatung, WM 2012, 974; *Müller-Christmann*, Das Gesetz zur Stärkung des Anlegerschutzes und Verbesserung der Funktionsfähigkeit des Kapitalmarktes, DB 2011, 749; *Oppenheim/Ulmrich*, Kausalitätsvermutung in Kapitalanlageverfahren, WM 2017, 164; *Piekenbrock*, Der Kausalitätsbeweis im Kapitalanlegerprozess, WM 2012, 429; *Poelzig*, Versicherungsanlageprodukte im Fokus des EU-Rechts – Anlegerschutz im Versicherungsrecht, ZBB 2015, 108; *Preuße/Schmidt*, Anforderungen an Informationsblätter nach § 31 Abs. 3a WpHG, BKR 2011, 265; *Ramharter*, Aktuelle und zukünftige Fragen der Lebensversicherung zwischen Zivil- und Aufsichtsrecht – Information und Beratung nach der Richtlinie (EU) 2016/97 über Versicherungsvertrieb, ZVersWiss 2016, 221; *Reiff*, Die Richtlinie 2016/97 über Versicherungsvertrieb, r+s 2016, 593; *Reiff/Köhne*, Der Regierungsentwurf zur Umsetzung der Richtlinie (EU) 2016/97 (IDD) aus rechtlicher und ökonomischer Sicht, VersR 2017, 649; *F. Schäfer/U. Schäfer*, Anforderungen und Haftungsfragen bei PIBs, VIBs und KIIDs, ZBB 2013, 23; *Schneider*, Beipackzettel mit Nebenwirkungen: Rechtliche Probleme der PRIIP-Verordnung, VersR 2017, 1429; *Schön*, Zwingendes Recht oder informierte Entscheidung – zu einer (neuen) Grundlage unserer Zivilrechtsordnung, in FS Canaris, Bd. I, 2007, S. 1191; *Jascha Seitz*, Die Beschränkung von Contracts for Difference (CFDs) nach § 4b Abs. 1 WpHG, WM 2017, 1883; *Jochen Seitz/Juhnke/Seibold*, PIBs, KIIDs und nun KIDs – Vorschlag der Europäischen Kommission für eine Verordnung über Basisinformationsblätter für Anlageprodukte im Rahmen der PRIPs-Initiative, BKR 2013, 1; *Sethe*, Verschärfte Regeln für Anlageberater im Retail-Bereich, in Koschyk/Leible/K. Schäfer, Anlegerschutz und Stabilität der Finanzmärkte, 2012, S. 131; *Spindler*, Anlegerschutz im Kapitalmarkt- und Bankrecht – Neujustierung durch Behavioural Finance?, in FS Säcker, 2011, S. 469; *Stöbener de Mora*, Mehr Transparenz im EU-Trilog-Verfahren – Reichen die Vorschläge der Europäischen Bürgerbeauftragten für mehr Demokratie?, EuZW 2016, 721; *Stürner*, Risikoauslagerung und Informationen in der kompetitiven Marktgesellschaft – Einige Bemerkungen zu systemimmanenten Schwächen des Informationsmodells, in FS Canaris, Bd. I, 2007, S. 1489; *von Achenbach*, Verfassungswandel durch Selbstorganisation – Triloge im europäischen Gesetzgebungsverfahren, Der Staat 2016, 1; *Wallach*, Wann liegt ein Vertrieb von Anteilen an Investmentvermögen vor?, ZBB 2016, 287; *Wiedemann/Wank*, Begrenzte Rationalität – gestörte Willensbildung im Privatrecht, JZ 2013, 340; *Wundenberg*, Perspektiven der privaten Rechtsdurchsetzung im europäischen Kapitalmarktrecht, ZGR 2015, 124; *Zeidler*, Marketing nach MiFID, WM 2008, 238.

I. Zweck der PRIIP-VO

Die PRIIP-VO regelt im Wesentlichen die **Pflicht zur Bereitstellung eines Basisinformationsblattes** für verpackte Anlageprodukte für Kleinanleger oder Versicherungsanlageprodukte. Daneben regelt sie die **Marktüberwachung und Produktinterventionsbefugnisse** für Versicherungsanlageprodukte. 1

Ausgangspunkt der PRIIP-VO ist nach ErwGr. 1 PRIIP-VO, dass Kleinanlegern vielfach komplexe und schwer zu verstehende verpackte Anlageprodukte für Kleinanleger und Versicherungsanlageprodukte, auf Englisch *packaged retail and insurance-based investment products* (PRIIP), angeboten würden. Dabei seien die bisher offengelegten Informationen über diese PRIIP oft keine Hilfe für den Vergleich der verschiedenen Produkte oder das Verständnis ihrer jeweiligen Merkmale. Dies habe zur Folge gehabt, dass Kleinanleger die Tragweite der Risiken und Kosten ihrer Anlagen häufig nicht verstanden und zuweilen unvorhergesehene Verluste erlitten hätten. 2

Ziel der PRIIP-VO ist es ausweislich ErwGr. 2 PRIIP-VO, die **Transparenz** der verpackten Anlageprodukte für Kleinanleger und der Versicherungsanlageprodukte zu verbessern und dadurch den **Anlegerschutz** und das **Vertrauen von Kleinanlegern in den Finanzmarkt** insbesondere nach der Finanzkrise zu verbessern. Die Begründung des Kommissionsvorschlags führt dazu aus, dass Anlageprodukte für Kleinanleger nicht nur von großer Bedeutung für die Nachfrage der EU-Bürger nach Produkten seien, mit denen sie Vermögen aufbauen und Investitionen tätigen können, sondern auch zu effizienten Kapitalmärkten und damit zur Finanzierung des Wirtschaftswachstums in der EU beitrügen.[1] Vor diesem Hintergrund sei das Auseinanderklaffen des Informationsstands der Kleinanleger und der Anbieter von Anlageprodukten problematisch; es beeinträchtige die Effizienz der Anlagemärkte, was auch höhere Preisen für Anleger zur Folge habe und führe dazu, dass Kleinanleger ungeeignete Produkte erwerben und dadurch geschädigt würden, was existenzbedrohende Folgen haben könne. Da die bestehenden Informationspflichten sich an der 3

1 Vgl. Kommissionsvorschlag, COM(2012) 352 final v. 3.7.2012, S. 2 f.

Rechtsform der Produkte und nicht an deren wirtschaftlichem Charakter oder den damit verbundenen Risiken für Kleinanleger orientierten, könne der Durchschnittsanleger die einzelnen Produkte nur mühsam vergleichen. Die Bedeutung dieser Fragen habe sich insbesondere in der Finanzkrise gezeigt. So hätten Kleinanleger Geld mit Investitionen verloren, weil deren Risiken entweder nicht transparent gewesen oder nicht verstanden worden seien. Zudem seien Anlageprodukte einschließlich strukturierter Produkte und Versicherungsverträge häufig Kleinanlegern als Ersatz für einfache Produkte wie Sparkonten vertrieben worden und würden dies auch weiterhin, ohne dass die Kleinanleger unbedingt die Unterschiede verstünden. Dies habe zu einem Einbruch des Anlegervertrauens geführt, das wiederherzustellen sei. Dazu solle das Konzept der wesentlichen Informationen für Anleger aus der OGAW-RL 2009/65/EG auf die anderen Produkte für Kleinanleger übertragen werden. Allerdings erfasst die PRIIP-VO nur komplexe und schwer zu verstehende Anlageprodukte, nicht jedoch einfachere Anlageprodukte, gewährt also nur einen eingeschränkten Anlegerschutz, da sie nicht darauf zielt, die Anleger auch dadurch zu schützen, dass der Vergleich einfacherer Anlageprodukte mit komplexeren Anlageprodukten erleichtert wird, obwohl letztere vielfach als Ersatz für erstere vertrieben werden.[2]

4 Daneben dient die PRIIP-VO ausweislich ErwGr. 25 PRIIP-VO dazu, der **EIOPA** und den nationalen Aufsichtsbehörden in Bezug auf Versicherungsanlageprodukte die **Befugnis zur Marktüberwachung und Produktintervention** zu geben, die denen der ESMA und der EBA sowie der nationalen Aufsichtsbehörden im Rahmen der MiFIR in Bezug auf die dort geregelten Produkte entsprechen, so dass für alle Anlageprodukte ungeachtet ihrer Rechtsform die gleichen Interventionsmechanismen existieren. Aus den Voraussetzungen wird deutlich, dass dies die Anleger, die Funktionsfähigkeit und Integrität des Finanzmarkts sowie die Stabilität des Finanzsystems schützen soll. Das Kapitel III „Marktüberwachung und Produktinterventionsbefugnisse“ mit den Art. 15 bis 18 PRIIP-VO war im ursprünglichen Kommissionsvorschlag noch nicht vorgesehen, so dass sich insoweit auch keine Ausführungen zur Begründung finden.

5 Die PRIIP-VO stellt damit zumindest eine **Relativierung des sog. Informationsparadigmas** dar. Indem sie auf eine kurze und prägnante Darstellung der wesentlichen Informationen für Kleinanleger zielt, stellt sie eine Abkehr von der bisherigen Vorstellung dar, dass etwaige Defizite bei der Anlageentscheidung durch eine bessere Information der Anleger im Sinne von mehr Informationen abgeholfen werden können.[3] Eine noch größere Abkehr vom bisherigen Informationsparadigma stellen die Befugnisse zur Marktüberwachung und vor allem Produktintervention dar. Sie bedeuten, dass nicht mehr darauf vertraut wird, dass der Kleinanleger bei entsprechend guter – und speziell für ihn im Basisinformationsblatt verständlich aufbereiteter – Information in der Lage ist, selbst eine verantwortete Anlageentscheidung zu treffen,[4] sondern dass davon ausgegangen wird, dass der Kleinanleger unter Umständen eines absoluten Schutzes in dem Sinne bedarf, dass er vor sich selbst geschützt wird, indem seine Handlungsfreiheit eingeschränkt wird.[5]

6 Dies ist in der **Literatur** auf ein geteiltes Echo gestoßen. Dabei werden die **Kurzinformationsblätter** grundsätzlich für sinnvoll erachtet.[6] Allerdings bestehen zum Teil **Zweifel an der Praktikabilität**. So wird zu bedenken gegeben, dass die Bereitschaft der Anleger zur Kenntnisnahme und zum Studium von Unterlagen nicht nur mit deren Umfang, sondern auch mit ihrer Zahl sinke.[7] Zudem sorge eine Vielzahl disparater Regelungen zu Informationspflichten für Unklarheit.[8] Auch könne ein Produkt so komplex sein, dass es in einem Kurzinformationsblatt nicht mehr sinnvoll zusammengefasst werden könne.[9] Weiter komme dem Kurzinformationsblatt beim Vertrieb über Versicherungsvermittler gegenüber der mündlichen Beratung keine

---

2 Vgl. *Colaert*, Journal of Financial Regulation 2016, 203, 208 ff.

3 Vgl. *Eidenmüller*, JZ 2005, 216, 218 ff.; *Klöhn*, Kapitalmarkt, Spekulation und Behavioral Finance, 2006, S. 80 ff.; *Koller* in FS Huber, 2006, S. 821, 824; *Schön* in FS Canaris, Bd. I, 2007, S. 1191, 1208 f.; *Stürner* in FS Canaris, Bd. I, 2007, S. 1489, 1491 ff.; *Köndgen*, BKR 2011, 283; *Möllers/Kernchen*, ZGR 2011, 1, 7 ff.; *Spindler* in FS Säcker, 2011, S. 469, 474 ff.; *Koch*, BKR 2012, 485 f.; *Müchler*, WM 2012, 974; *Sethe* in Koschyk/Leible/K. Schäfer, Anlegerschutz und Stabilität der Finanzmärkte, 2012, S. 131, 145 f.; *Klingenbrunn*, WM 2015, 316, 320 f.; *Colaert*, Journal of Financial Regulation 2016, 206, 210 f.

4 Kritisch insofern auch *Colaert*, Journal of Financial Regulation 2016, 206, 221 f.

5 Vgl. *Colaert*, Journal of Financial Regulation 2016, 206, 221 f., 224; *Buck-Heeb*, BKR 2017, 89, 96 f.; vgl. auch *Brenncke*, WM 2014, 1017, 1020.

6 *Müller-Christmann*, DB 2011, 749, 751; *Jochen Seitz/Juhnke/Seibold*, BKR 2013, 1 f.; *Loritz*, WM 2014, 1513, 1516.

7 *Müller-Christmann*, DB 2011, 749, 751; *Preuße/Schmidt*, BKR 2011, 265, 268.

8 *Jochen Seitz/Juhnke/Seibold*, BKR 2013, 1 f.; *F. Schäfer/U. Schäfer*, ZBB 2013, 23, 32.

9 *Köndgen* in FS Hopt, 2009, S. 2113, 2134; *H. Beck* in FS Uwe H. Schneider, 2011, S. 89, 107; *Koch*, BKR 2012, 485, 487; *Schneider* in Prölss/Martin, VVG, 30. Aufl. 2018, 35. VO (EU) 1286/2014 Vor Art. 1 Rn. 2; als generelles Problem auch *Loritz*, WM 2014, 1513, 1516.

besondere Bedeutung zu.[10] Schließlich kommt auch die Studie, die von der EU-Kommission für die Entwicklung technischer Regulierungsstandards in Auftrag gegeben wurde, zu dem Ergebnis, dass es Bereiche gibt, welche die Kleinanleger trotz der Basisinformationen vielfach nicht richtig verstehen, etwa Kapitalgarantien oder Performanceszenarios.[11]

Demgegenüber wird in den **Befugnissen zur Marktüberwachung und Produktintervention** häufig ein übertriebener **Paternalismus** gesehen, der die Eigenverantwortlichkeit und Privatautonomie der Mitglieder einer freiheitlichen Gesellschaft zu sehr einschränken.[12] Dem steht jedoch das **Interesse an einem wirksamen Anlegerschutz** gegenüber.[13] So sind eine Reihe typischer Heuristiken und Entscheidungsfehler von Kleinanlegern identifiziert worden, die Anlagefehlentscheidungen begünstigen.[14] Vor diesem Hintergrund bedürfen Kleinanleger nicht nur des Schutzes davor, dass Dritte ihre Anfälligkeit für Fehler nicht ausnutzen,[15] sondern auch vor sich selbst und ihren eigenen Entscheidungsfehlern.[16] Es erschiene daher nicht unproblematisch, wenn der Gesetzgeber mit einem Verzicht auf Maßnahmen zur Produktintervention die Augen davor verschließen würde, dass auf dem nicht zuletzt durch seine gesetzgeberischen Maßnahmen ausgestalteten Kapitalmarkt ein erheblicher Teil der Kleinanleger häufig mit der Teilnahme überfordert ist und dies durchaus auch ihre wirtschaftliche Existenz bedrohen kann, insbesondere wenn man an die private Altersvorsorge als dritte Säule des Systems der Alterssicherung in Deutschland denkt. 7

II. Entstehung der PRIIP-VO

Die PRIIP-VO ist aus dem **Rechtsetzungsverfahren** 2012/0169/COD[17] hervorgegangen und beruht auf dem „Vorschlag für eine Verordnung des Europäischen Parlaments und des Rates über Basisinformationsblätter für Anlageprodukte" der EU-Kommission (COM(2012) 352 final) vom 3.7.2012. In einem sog. Trilog-Verfahren wurden erhebliche Änderungen vorgenommen, etwa umfangreiche Ergänzungen in Art. 8 über den Inhalt der Basisinformationsblätter, die Einfügung eines Schadensersatzanspruchs in Art. 11 und der Regelungen zur Marktüberwachung und zur Produktintervention bei Versicherungsanlageprodukten in Art. 15 bis 18. Die Gründe für diese Änderungen sind aufgrund des intransparenten Verfahrens[18] offen. Zu der Einigung im **Trilog-Verfahren** existiert offenbar nur die Pressemitteilung 8588/14 vom 4.4.2014 des EU-Rats,[19] die auf eine Beschlussvorlage 8356/1/14 REV 1 vom 3.4.2014[20] Bezug nimmt, die in den Registern zum Rechtssetzungsverfahren nicht auftaucht. Die PRIIP-VO wurde am 9.7.2014 verabschiedet, trat am 29.12.2014 in Kraft, sollte ursprünglich ab dem 31.12.2016 gelten und gilt infolge der Änderung durch die Verordnung (EU) 2016/2340 vom 14.12.2016 nunmehr ab dem 1.1.2018. 8

Die Kommission hat in der Zwischenzeit zwei **delegierte Rechtsakte** erlassen, die Delegierte Verordnung (EU) 2016/1904 vom 14.7.2016 zur Ergänzung der PRIIP-VO im Hinblick auf die Produktintervention nach Art. 16 Abs. 8 und Art. 17 Abs. 7 PRIIP-VO sowie die Delegierte Verordnung (EU) 2017/653 vom 8.3.2017 zur Ergänzung der PRIIP-VO durch technische Regulierungsstandards nach Art. 8 Abs. 5, Art. 10 Abs. 2 und Art. 13 Abs. 5 PRIIP-VO, deren erster Vorschlag der Kommission am 14.9.2016 spektakulär vom Europäischen Parlament abgelehnt wurde, insbesondere weil er zum Teil irreführend und fehlerhaft sei.[21] Am 9

10 *Heiss* in Lorenz, Karlsruher Forum 2014, 2015, S. 41, 53.

11 London Economics/Ipsos, Consumer testing study of the possible new format and content for retail disclosures of packaged retail and insurancebased investment products – Final Report, 2015, S. xiv, abrufbar unter https://ec.europa.eu/info/sites/info/files/consumer-testing-study-2015_en.pdf; vgl. auch *Colaert*, Journal of Financial Regulation 2016, 203, 218 f.

12 Vgl. *Dreher*, VersR 2013, 401, 410; *Grigoleit*, ZHR 177 (2013), 264, 303; *Herresthal*, ZIP 2013, 1049, 1051; in diese Richtung auch *Langenbucher*, ZHR 177 (2013), 679, 700 f.; *Buck-Heeb*, BKR 2017, 89, 96.

13 Vgl. *Klingenbrunn*, WM 2015, 316, 320 f.; *Busch*, WM 2017, 409, 420; differenzierend *Jascha Seitz*, WM 2017, 1883, 1890.

14 Dazu *Brenncke*, WM 2014, 1017, 1018 f. m.w.N.

15 So aber *Brenncke*, WM 2014, 1017, 1020; allgemein für das Privatrecht auch *Wiedemann/Wank*, JZ 2013, 340, 344; für die Interessenwahrungspflicht des § 31 Abs. 1 Nr. 1 WpHG a.F. auch BGH v 11.11.2003 – XI ZR 21/03, BKR 2004, 124, 126; vgl. auch *Klöhn*, EBOR 2009, 437, 449.

16 Vgl. *Eidenmüller*, JZ 2005, 216, 223.

17 Abrufbar bei EUR-Lex unter http://eur-lex.europa.eu/procedure/DE/2012_169 sowie beim EU-Parlament unter http://www.europarl.europa.eu/oeil/popups/ficheprocedure.do?lang=en&reference=2012/0169(COD).

18 Vgl. dazu und zu den Reformüberlegungen die Untersuchung des Europäischen Bürgerbeauftragten OI/8/2015/JAS, abrufbar unter https://www.ombudsman.europa.eu/de/cases/case.faces/de/46048/html.bookmark, und dazu *Stöbener de Mora*, EuZW 2016, 721; vgl. auch *von Achenbach*, Der Staat 2016, 1.

19 Abrufbar unter http://www.consilium.europa.eu/workarea/downloadAsset.aspx?id=15665.

20 Abrufbar unter register.consilium.europa.eu/pdf/en/14/st08/st08356-re01.en14.pdf.

21 Entschließung P8_TA(2016)0347 v. 14.9.2016.

7.7.2017 veröffentlichte die Kommission darüber hinaus eine Mitteilung mit Leitlinien zur Anwendung der PRIIP-VO (2017/C 218/02), die allerdings keine rechtlich bindenden Vorschriften enthält und auch keine neuen Vorschriften schafft sowie künftigen Auslegungen des EuGH zur PRIIP-VO oder zu den hierzu erlassenen delegierten Rechtsakten oder Durchführungsrechtsakten nicht vorgreift. Von der Befugnis des Art. 8 Abs. 4 PRIIP-VO, durch delegierte Rechtsakte Einzelheiten des Verfahrens zur Feststellung, ob ein PRIIP bestimmte ökologische oder soziale Ziele anstrebt, wurde bisher nicht Gebrauch gemacht. Die ESAs haben der Kommission allerdings im Juli 2017 eine gemeinsame technische Empfehlung für den delegierten Rechtsakt vorgelegt.[22]

10 Die **in den Vorschlag für die PRIIP-VO mündenden Aktivitäten** gehen auf eine Aufforderung des ECOFIN-Rates an die EU-Kommission vom Mai 2007 zurück, die Übereinstimmung der EU-Rechtsvorschriften für verschiedene Arten von Kleinanlegerprodukten zu prüfen, die zu einer Sondierung im Oktober 2007, einer Stellungnahme auf die eingegangenen Antworten im März 2008 und einem Workshop mit Branchenvertretern im Mai 2008 führten.[23] Die breite Öffentlichkeit wurde am 15.7.2008 mit einer öffentlichen Anhörung der Kommission zum Thema Anlageprodukte für Kleinanleger[24] und der Veröffentlichung einer Mitteilung der Kommission zu den von ihr geplanten Maßnahmen im Bereich der Anlageprodukte für Kleinanleger[25] einbezogen.[26] Eine gemeinsame Task Force der Europäischen Bankaufsichtsbehörde (CEBS), Europäischen Aufsichtsbehörde für das Versicherungswesen und die betriebliche Altersversorgung (CEIOPS) und der Europäischen Wertpapierregulierungsbehörde (CESR) legte am 6.10.2010 einen Bericht zu PRIIPs vor.[27] Die Kommission führte vom 16.11.2010 bis 31.1.2011 eine Konsultation zu legislativen Schritten für die Umsetzung der Initiative zu Anlageprodukten für Kleinanleger durch und veröffentlichte schließlich am 3.7.2012 zusammen mit dem Verordnungsvorschlag eine Folgenabschätzung.[28] Darüber hinaus ist eine von der Kommission in Auftrag gegebene Studie zum Verhalten von Konsumenten in Bezug auf Anlagedienstleistungen für Privatanleger[29] in den Verordnungsvorschlag eingeflossen.[30]

III. PRIIP-VO im System des Kapitalmarktrechts

11 Die PRIIP-VO steht in einem engen **Zusammenhang zu verschiedenen anderen Verordnungen und Richtlinien** der EU. Zunächst baut sie auf die OGAW-RL 2009/65/EG auf, in der erste Schritte in Richtung der Verbesserung der Transparenz der Kleinanlegern angebotenen PRIIP ergriffen wurden (ErwGr. 2 PRIIP-VO) und die ein Dokument mit wesentlichen Anlegerinformationen vorsieht (Art. 78-82 OGAW IV-RL 2009/65/EG). Weiter überträgt sie die auf Finanzinstrumente und strukturierte Einlagen bezogenen Interventionsbefugnisse von ESMA und EBA aus der MiFIR-VO 60/2014 hinsichtlich Versicherungsanlageprodukten auf die EIOPA, damit die gleichen Interventionsmechanismen auf alle Anlageprodukte angewandt werden können (ErwGr. 25 PRIIP-VO). Zudem ergänzt sie die MiFID II-RL 2014/65/EU und die Versicherungsvermittlung-RL 2002/92/EG hinsichtlich Maßnahmen im Bereich des Vertriebs (ErwGr. 5 PRIIP-VO), die durch die Versicherungsvertrieb-RL 2016/97 neu gefasst wurde, die ab dem 23.2.2018 umgesetzt sein muss. Schließlich berührt sie sich mit der Prospekt-RL 2003/71/EG und der Solvabilität II-RL 2009/138/EG, deren Regelungen parallel anwendbar sind (ErwGr. 9, Art. 3 PRIIP-VO). So hat der Prospekt eine Zusammenfassung mit den Schlüsselinformationen in knapper Form und allgemein verständlicher Sprache zu enthalten (Art. 5 Abs. 2 i.V.m. Art. 2 Abs. 1 Buchst. s Prospekt-RL 2003/71/EG). Aufgrund die-

---

22 Joint Comittee of the European Supervisory Authorities, Joint Technical Advice on the procedures used to establish whether a PRIIP targets specific environmental or social objectives pursuant to Article 8 (4) of Regulation (EU) No 1286/2014 on key information documents (KID) for packaged retail and insurance-based investment products (PRIIPs), JC 2017 43 v. 28.7.2017, abrufbar unter https://esas-joint-committee.europa.eu/Publications/Technical%20Advice/Joint%20Technical%20Advice%20on%20the%20PRIIPs%20with%20environmental%20or%20social%20objectives.pdf.

23 Vgl. Kommissionsvorschlag, COM(2012) 352 final v. 3.7.2012, S. 4.

24 Bericht der Anhörung abrufbar unter http://ec.europa.eu/internal_market/finservices-retail/docs/investment_products/hearingrecord_en.pdf.

25 Mitteilung der Kommission an das Europäische Parlament und den Rat – Anlageprodukte für Kleinanleger vom 30.4.2009, KOM(2009) 204 endgültig.

26 Vgl. dazu und zum Folgenden auch *Jochen Seitz/Junke/Seibold*, BKR 2013, 1, 2.

27 CESR/10-1136.

28 SWD(2012) 187 final.

29 Chater/Huck/Inderst, Consumer Decision-Making in Retail Investment Services: A Behavioural Economics Perspective, 2010, abrufbar unter http://ec.europa.eu/consumers/financial_services/reference_studies_documents/docs/consumer_decision-making_in_retail_investment_services_-_final_report_en.pdf.

30 *Lefevre/Chapmann*, Behavioural Economics and Financial Consumer Protection, OECD Working Papers on Finance, Insurance and Private Pensions No. 42, 2017, S. 16.

ses Zusammenhangs sind Lücken in den Regelungen der PRIIP-VO vorrangig unter Rückgriff auf die genannten europäischen Rechtsakte zu schließen.

12 Im **deutschen Recht** wurden die Pflichten zur Prospektzusammenfassung durch § 5 Abs. 2 und Abs. 2a i.V.m. § 2 Nr. 18 WpPG und die Pflichten zu den wesentlichen Anlegerinformationen durch §§ 166, 270 KAGB umgesetzt. Dabei tritt das Basisinformationsblatt der PRIIP-VO ab dem 1.1.2020 an die Stelle der wesentlichen Anlegerinformationen (Art. 32 Abs. 1 PRIIP-VO). Daneben besteht nach § 64 Abs. 2 WpHG die Pflicht, Privatkunden ein kurzes und leicht verständliches Informationsblatt oder ein Äquivalent zur Verfügung zu stellen, soweit kein Basisinformationsblatt nach der PRIIP-VO veröffentlicht werden muss. Eine ähnliche Pflicht besteht nach § 4 VVG-InfoV für Versicherungsanlageprodukte, die nicht unter die PRIIP-VO fallen.

IV. Gesetzgebungskompetenz und -verfahren

13 Ausweislich der Präambel ist **Rechtsgrundlage der PRIIP-VO Art. 114 AEUV.** Die Begründung führt hierzu aus, dass die Verordnung gleiche Wettbewerbsbedingungen für die unterschiedlichen Anbieter und Verkäufer von Anlageprodukten gewährleisten und damit die Hindernisse für die Errichtung und das Funktionieren des Binnenmarktes für Finanzdienstleistungen und -produkte beseitigen solle, die in unterschiedlichen nationalen Regelungen und den daraus resultierenden Wettbewerbsverzerrungen lägen, auf die auch der Erfahrungen im Bereich der OGAW hindeuteten.[31]

14 Inwieweit die PRIIP-VO auf Art. 114 AEUV gestützt werden kann, erscheint zweifelhaft. Art. 114 AEUV knüpft an Art. 26 AEUV an und ermächtigt das Europäische Parlament und den Rat dazu, die erforderlichen Maßnahmen zur Anpassung der Rechts- und Verwaltungsvorschriften der Mitgliedstaaten zu erlassen, um den Binnenmarkt zu verwirklichen und dessen Funktionieren zu gewährleisten. Das Merkmal der **Erforderlichkeit** ist damit sowohl Tatbestandsvoraussetzung der Ermächtigungsgrundlage,[32] als auch Teil des Subsidiaritäts- und Verhältnismäßigkeitsgrundsatzes des Art. 5 EUV als Kompetenzausübungsschranke.[33] Dabei besitzt der Gemeinschaftsgesetzgeber nach der Rechtsprechung des EuGH nach Art. 114 AEUV keine ausschließliche Zuständigkeit für die Regelung der wirtschaftlichen Tätigkeiten im Binnenmarkt, sondern nur die konkurrierende Zuständigkeit für die Verbesserung der Bedingungen für die Errichtung und das Funktionieren dieses Marktes durch die Beseitigung von Hemmnissen für den freien Waren- und Dienstleistungsverkehr oder von Wettbewerbsverzerrungen.[34] Auch im Rahmen der Prüfung der **Verhältnismäßigkeit** muss das mit der Maßnahme eingesetzte Mittel zur Erreichung des angestrebten Ziels geeignet sein und darf nicht über das Erforderliche hinausgehen.[35] Demgemäß ist der Auffassung, dass dem Subsidiaritätsprinzip nur geringe Bedeutung zukomme, weil der Effizienztest, ob die Mitgliedstaaten die Ziele des Art. 26 AEUV nicht ausreichend verwirklichen können, leer laufe, wenn das Ziel in einem einheitlichen Rechtszustand liege,[36] nicht zu folgen. Vielmehr ist mit dem EuGH zu verlangen, dass sich die nationalen Rechtsvorschriften im konkreten Fall heterogen entwickeln und die Maßnahme des Gemeinschaftsgesetzgebers nur so weit reicht, wie es zur Verwirklichung des angestrebten Ziel notwendig ist,[37] wobei es allerdings genügt, wenn solche Entwicklungen wahrscheinlich sind.[38]

15 Die Begründung des Verordnungsvorschlags behauptet, dass Erfahrungen im Bereich OGAW darauf hindeuteten, dass die unterschiedlichen nationalen Regelungen **Wettbewerbsverzerrungen** zur Folge hätten, die Hindernisse für die Errichtung und das Funktionieren des Binnenmarktes für Finanzdienstleistungen und -produkte seien;[39] ob dies als Rechtfertigung für ein Tätigwerden des europäischen Gesetzgebers genügt, erscheint angesichts ihrer Pauschalität jedoch nicht sicher. Jedenfalls tragen auch die Ausführungen zur zivilrechtlichen Haftung im Impact Assessment nur die Haftungsbegrenzung in Art. 11 Abs. 1 PRIIP-VO, der im Wesentlichen Art. 79 Abs. 2 OGAW IV-RL entspricht, nicht aber den Schadensersatzanspruch aus Art. 11

31 Kommissionsvorschlag, COM(2012) 352 final v. 3.7.2012, S. 5.

32 *Korte* in Calliess/Ruffert, EUV/AEUV, 5. Aufl. 2016, Art. 114 AEUV Rz. 46; *Classen* in von der Groeben/Schwarze/Hatje, Europäisches Unionsrecht, 7. Aufl. 2015, Art. 114 AEUV Rz. 72, 81.

33 *Classen* in von der Groeben/Schwarze/Hatje, Europäisches Unionsrecht, 7. Aufl. 2015, Art. 114 AEUV Rz. 81; *Tietje* in Grabitz/Hilf/Nettesheim, Das Recht der Europäischen Union, 60. ErgLfg. 2016, Art. 114 AEUV Rz. 54.

34 So noch für Art. 95 EG, EuGH v. 10.12.2002 – C-491/01, Slg. 2002, I-11453 – British American Tobacco Rz. 179.

35 St. Rspr., vgl. EuGH v. 12.12.2006 – C-380/03 – Deutschland/Parlament Rz. 144.

36 Vgl. *Classen* in von der Groeben/Schwarze/Hatje, Europäisches Unionsrecht, 7. Aufl. 2015, Art. 114 AEUV Rz. 106 ff.

37 EuGH v. 10.12.2002 – C-491/01, Slg. 2002, I-11453 – British American Tobacco Rz. 182, 184.

38 EuGH v. 12.12.2006 – C-380/03 – Deutschland/Parlament Rz. 38.

39 Kommissionsvorschlag, COM(2012) 352 final v. 3.7.2012, S. 5.

Abs. 2 PRIIP-VO. Zudem wird nicht deutlich, warum hier eine Verordnung und nicht nur eine Richtlinie erforderlich ist. Auch ErwGr. 4 PRIIP-VO, wonach eine Verordnung erforderlich sei, um einen gemeinsamen Standard für Basisinformationsblätter aufzustellen, bleibt angesichts entsprechender Regelungen in der Prospekt-RL und der OGAW-RL zu pauschal. ErwGr. 40 PRIIP-VO zu den Grundsätzen der Subsidiarität und Verhältnismäßigkeit beschränkt sich auf die bloße Behauptung, dass diese eingehalten seien.

16 Selbst wenn man davon ausgeht, dass eine einheitliche Regelung des Inhalts und der Pflicht zur Bereitstellung der Basisinformationsblätter erforderlich ist, stellt sich die Frage, ob dies zur **Rechtfertigung des gesamten Regelungsumfangs der PRIIP-VO** genügt. Dies gilt insbesondere für den **Anspruch auf Schadensersatz** aus Art. 11 Abs. 2 PRIIP-VO. Gegen die Geeignetheit, das angestrebte Ziel der Vereinheitlichung der haftungsrechtlichen Situation der PRIIP-Hersteller zu erreichen, spricht, dass die europaweite Harmonisierung durch Art. 11 Abs. 4 PRIIP-VO unterlaufen wird, der weitere nationale Haftungsansprüche erlaubt. Dagegen, dass unterschiedliche nationale Anspruchsgrundlagen hier überhaupt Handelshemmnisse oder Wettbewerbsverzerrungen verursachen, spricht, dass Art. 11 Abs. 2 PRIIP-VO keine eigenen Verhaltenspflichten festlegt, sondern an Art. 11 Abs. 1 PRIIP-VO anknüpft, der wiederum insbesondere an die Anforderungen aus Art. 8 PRIIP-VO anknüpft. Zwar mag es sein, dass sich das Verhalten der Marktteilnehmer nicht nur nach den materiellen Rechtsvorschriften ausrichtet, sondern ebenso nach den Sanktionen, die bei Rechtsverstößen drohen.[40] Aber bisher ist nicht erkennbar, dass die unterschiedlichen nationalen Haftungsnormen, die allenfalls durch Richtlinien harmonisiert wurden, zu nennenswerten Rechtsunsicherheiten geführt haben. Im Gegenteil nennt das Impact Assessment zur PRIIP-VO sogar ausdrücklich die bisherigen Haftungsregelungen Art. 6 Prospekt-RL und Art. 79 Abs. 2 OGAW IV-RL als Vorbild,[41] die aber gerade keine Anspruchsgrundlage darstellen. Zudem stellt ErwGr. 22 PRIIP-VO nicht auf die Vermeidung von Belastungen der PRIIP-Hersteller ab, die ein Markthindernis oder eine Wettbewerbsverzerrung sein könnten, sondern auf die Gewährleistung eines wirksamen Rechtsbehelfs für die Kleinanleger, wobei er offen lässt, warum es dazu einer gemeinschaftsrechtlichen Anspruchsgrundlage bedarf. Für rechtstreue Hersteller dürfte im Übrigen die Belastung durch unterschiedliche Haftungsnormen marginal sein, weil sie ihre Haftung bereits durch die Einhaltung der Verhaltenspflichten der PRIIP-VO vermeiden können. Jedenfalls für den Schadensersatzanspruch aus Art. 11 Abs. 2 PRIIP-VO ist damit die Erforderlichkeit zur Beseitigung von Hemmnissen für den freien Waren- und Dienstleistungsverkehr oder von Wettbewerbsverzerrungen nicht erkennbar.

17 Hinsichtlich des **Gesetzgebungsverfahrens** ist zudem festzuhalten, dass Art. 5 des Protokolls (Nr. 2) über die Anwendung der Grundsätze der Subsidiarität und der Verhältnismäßigkeit zum EUV, das auch im Bereich des Art. 114 AEUV anwendbar ist,[42] nicht eingehalten wurde. Denn danach müssen Entwürfe von Gesetzgebungsakten eine Begründung mit detaillierten Angaben zur Einhaltung des Subsidiaritäts- und des Verhältnismäßigkeitsgrundsatzes umfassen. Demgegenüber beschränkt sich die Begründung des Vorschlags für die PRIIP-VO auf pauschale Ausführungen zur Subsidiarität und geht auf die Haftung nicht ein.[43] Darüber hinaus fehlt zu den erheblichen Änderungen im Trilog-Verfahren jede Begründung.

V. Erwägungsgründe zur PRIIP-VO

18 Die Pflicht zur Angabe von Erwägungsgründen folgt aus Art. 296 Satz 2 AEUV. Die Erwägungsgründe dienen vor allem der externen Kontrolle der Rechtmäßigkeit der Verordnung, fließen aber auch in die Auslegung und Anwendung der Regelungen der Verordnung ein.[44]

19 Auf die einzelnen Erwägungsgründe wird bei den Regelungen der PRIIP-VO eingegangen, für deren Auslegung und Anwendung sie relevant sind. Von einem gesonderten Abdruck der Erwägungsgründe wurde abgesehen.

---

40 So *Wundenberg*, ZGR 2015, 124, 150, 152 ff.

41 *Europäische Kommission*, Impact Assessment, SWD (2012) 187 final, 3.7.2012, S. 91 f.

42 *Classen* in von der Groeben/Schwarze/Hatje, Europäisches Unionsrecht, 7. Aufl. 2015, Art. 114 AEUV Rz. 108.

43 Vgl. *Europäische Kommission*, Vorschlag für eine Verordnung des Europäischen Parlaments und des Rates über Basisinformationsblätter für Anlageprodukte, COM(2012) 352 final, S. 6 f.

44 *Geismann* in von der Groeben/Schwarze/Hatje, Europäisches Unionsrecht, 7. Aufl. 2015, Art. 296 AEUV Rz. 8 f.; *Krajewski/Rösslein* in Grabitz/Hilf/Nettesheim, Das Recht der Europäischen Union, 61. ErgLfg. April 2017, Art. 296 AEUV Rz. 4 f.

Kapitel I
Gegenstand, Anwendungsbereich und Begriffsbestimmungen

Art. 1 [Gegenstand der Verordnung]

Diese Verordnung legt einheitliche Vorschriften für das Format und den Inhalt des Basisinformationsblatts, das von Herstellern von verpackten Anlageprodukten für Kleinanleger und Versicherungsanlageprodukten (packaged retail and insurance-based investment products – im Folgenden „PRIIP") abzufassen ist, sowie für die Bereitstellung des Basisinformationsblatts an Kleinanleger fest, um Kleinanlegern zu ermöglichen, die grundlegenden Merkmale und Risiken von PRIIP zu verstehen und zu vergleichen.

In der Fassung vom 26.11.2014 (ABl. EU Nr. L 352 v. 9.12.2014, S. 1).

Art. 1 PRIIP-VO hat den Gegenstand der Verordnung zum Inhalt. Als bloße Grundsatznorm enthält sie gegenüber den übrigen Artikeln der PRIIP-VO keine eigenständigen Regelungen. Sie ist aber bei der Auslegung und Anwendung der übrigen Artikel der Verordnung zu berücksichtigen. 1

Nach Art. 1 PRIIP-VO betrifft die Verordnung das Basisinformationsblatt zu verpackten Anlageprodukten für Kleinanleger und Versicherungsanlageprodukte (PRIIP). Sie hat einheitliche Regelungen für das Format, den Inhalt und die Bereitstellung des Basisinformationsblatts, das von den Herstellern von PRIIP abzufassen ist, zum Gegenstand. Diese haben zum Ziel, den Kleinanlegern das Verständnis und den Vergleich der grundlegenden Merkmale und Risiken von PRIIP zu ermöglichen. Nicht erwähnt werden die Vorschriften über Marktüberwachung und Produktinformationsbefugnisse in Art. 15 bis 18 PRIIP-VO, die erst im Rahmen des Trilog-Verfahrens eingefügt wurden (s. Anh. zu § 166: Vorbemerkungen PRIIP-VO Rz. 8). 2

Art. 2 [Anwendungsbereich der Verordnung]

(1) Diese Verordnung gilt für PRIIP-Hersteller und Personen, die über PRIIP beraten oder sie verkaufen.

(2) Diese Verordnung gilt nicht für folgende Produkte:

a) Nichtlebensversicherungsprodukte gemäß Anhang I der Richtlinie 2009/138/EG;

b) Lebensversicherungsverträge, deren vertragliche Leistungen nur im Todesfall oder bei Arbeitsunfähigkeit infolge von Körperverletzung, Krankheit oder Gebrechen zahlbar sind;

c) Einlagen, die keine strukturierten Einlagen im Sinne des Artikels 4 Absatz 1 Nummer 43 der Richtlinie 2014/65/EU sind;

d) in Artikel 1 Absatz 2 Buchstaben b bis g, i und j der Richtlinie 2003/71/EG genannte Wertpapiere;

e) Altersvorsorgeprodukte, die nach nationalem Recht als Produkte anerkannt sind, deren Zweck in erster Linie darin besteht, dem Anleger im Ruhestand ein Einkommen zu gewähren, und die dem Anleger einen Anspruch auf bestimmte Leistungen einräumen;

f) amtlich anerkannte betriebliche Altersversorgungssysteme, die in den Anwendungsbereich der Richtlinie 2003/41/EG des Europäischen Parlaments und des Rates[1] oder der Richtlinie 2009/138/EG fallen;

g) individuelle Altersvorsorgeprodukte, für die nach nationalem Recht ein finanzieller Beitrag des Arbeitgebers erforderlich ist und die bzw. deren Anbieter weder der Arbeitgeber noch der Beschäftigte selbst wählen kann.

In der Fassung vom 26.11.2014 (ABl. EU Nr. L 352 v. 9.12.2014, S. 1).

1 Richtlinie 2003/41/EG des Europäischen Parlaments und des Rates vom 3. Juni 2003 über die Tätigkeiten und die Beaufsichtigung von Einrichtungen der betrieblichen Altersversorgung (ABl. L 235 vom 23.9.2003, S. 10).

I. Allgemeines

1 Art. 2 PRIIP-VO regelt den **Anwendungsbereich der Verordnung**. Dabei wird zunächst in Art. 2 Abs. 1 PRIIP-VO ein weiter Anwendungsbereich in persönlicher und sachlicher Hinsicht festgelegt. Dieser wird dann in Art. 2 Abs. 2 PRIIP-VO durch die Herausnahme bestimmter Produkte eingeschränkt. Da die Begriffe des Art. 2 Abs. 1 PRIIP-VO in Art. 4 PRIIP-VO definiert sind, enthält Art. 2 Abs. 2 PRIIP-VO Ausnahmen zu Art. 4 PRIIP-VO.

II. Grundsatz

2 Nach Art. 2 Abs. 1 PRIIP-VO gilt die Verordnung sowohl für **PRIIP-Hersteller** und auch für **Personen, die über PRIIP beraten oder diese verkaufen**. Die PRIIP sind in Art. 4 Nr. 3 PRIIP-VO definiert und umfassen verpackte Anlageprodukte für Kleinanleger, auch PRIP genannt, i.S.d. Art. 4 Nr. 1 PRIIP-VO und Versicherungsanlageprodukte i.S.d. Art. 4 Nr. 2 PRIIP-VO (s. Anh. zu § 166: Art. 4 PRIIP-VO Rz. 12). Der Begriff der Beratung ist in Art. 4 PRIIP-VO nicht definiert, wohl aber in Art. 1 Abs. 1 Nr. 15 Versicherungsvertrieb-RL 2016/97 sowie als Anlageberatung in Art. 4 Abs. 1 Nr. 4 MiFID II-RL 2014/65/EU. Überträgt man dies auf die PRIIP-VO, so ist unter Beratung die Abgabe einer persönlichen Empfehlung an einen Kunden zu verstehen, die hinsichtlich eines PRIIP und entweder auf Wunsch des Kunden oder auf Initiative des Beratenden erfolgt. Der PRIIP-Verkäufer ist in Art. 4 Nr. 5 PRIIP-VO definiert (s. Anh. zu § 166: Art. 4 PRIIP-VO Rz. 15).

III. Ausnahmen

3 Art. 2 Abs. 2 PRIIP-VO enthält Ausnahmen, die verschiedene Produkte vom Anwendungsbereich der Verordnung ausnehmen. Auch wenn in der Verordnung von PRIIP gesprochen wird, erfasst die Verordnung demnach nur solche PRIIP, die nicht unter die **Ausnahmen in Art. 2 Abs. 2 PRIIP-VO** fallen. Für die Herstellung der durch Art. 2 Abs. 2 PRIIP-VO ausgenommenen Produkte, die Beratung über diese Produkte und ihren Verkauf gilt die Verordnung damit nicht.

4 Die Ausnahmen des Art. 2 Abs. 2 PRIIP-VO dienen laut ErwGr. 7 PRIIP-VO dazu, die Verordnung nicht auf solche PRIIP anzuwenden, die zwar Vermögenswerte verpacken oder ummanteln, bei denen aber **keine zusätzlichen Informationen notwendig** sind. Dies gilt insbesondere, wenn die Risiken, Produktmerkmale und Kostenstrukturen nicht anders sind als beim direkten Halten. Die Ausnahmen des Art. 2 Abs. 2 Buchst. e bis g PRIIP-VO für nach nationalem Recht anerkannte Altersvorsorgeprodukte beruhen ausweislich ErwGr. 7 PRIIP-VO auf deren Besonderheiten und Zielsetzungen, was insbesondere auch die mit der Anerkennung in der Regel verbundene besondere staatliche Überwachung umfasst.[2]

5 Die Ausnahme nach Art. 2 Abs. 2 Buchst. a PRIIP-VO dient dazu, Versicherungsprodukte, die keine Investitionsmöglichkeiten bieten, von der Geltung der Verordnung auszunehmen (Erwägungsgrund 7 PRIIP-VO). Sie betrifft **Nichtlebensversicherungsprodukte** gem. Anh. I Solvabilität II-RL 2009/138/EG. Diese umfassen Versicherungen gegen Unfall und Krankheit; Kasko-Versicherungen für Land-, Schienen- und Luftfahrzeuge sowie See-, Binnensee- und Flussschifffahrt; Versicherungen für Transportgüter und gegen Feuer und Elementarschäden sowie sonstige Sachschäden; Haftpflichtversicherungen für Landfahrzeuge mit eigenem Antrieb, Luftfahrzeuge sowie See-, Binnensee- und Flussschifffahrt und allgemeine Haftpflicht; Kredit- und Kautionsversicherungen sowie Versicherungen gegen verschiedene finanzielle Verluste; Versicherungen gegen Anwalts- und Gerichtskosten sowie Bestandsversicherungen.

6 Die Ausnahme nach Art. 2 Abs. 2 Buchst. b PRIIP-VO dient dazu **Versicherungsprodukte, die keine Investitionsmöglichkeiten bieten**, von der Geltung der Verordnung auszunehmen (ErwGr. 7 PRIIP-VO). Sie betrifft Lebensversicherungsverträge, bei denen vertragliche Leistungen nur im Todesfall oder bei Arbeitsunfähigkeit infolge von Körperverletzung, Krankheit oder Gebrechen zahlbar sind. Dies sind insbesondere die sog. **Risikolebensversicherungen**.[3]

7 Von der Ausnahme nicht umfasst und damit Gegenstand der Verordnung sind **Kapitallebensversicherungen**. Dazu gehören fondsgebundene Lebensversicherungen,[4] aber auch traditionelle Kapitallebensversiche-

2 Vgl. *Loritz*, WM 2014, 1513, 1517.
3 Vgl. *Poelzig*, ZBB 2015, 108, 109.
4 *Beyer*, VersR 2016, 293, 294; vgl. auch *Poelzig*, ZBB 2015, 108, 109.

rungen.[5] Dafür spricht bereits der Wortlaut des Art. 2 Abs. 2 Buchst. b PRIIP-VO.[6] Der Ansicht, dass die Ausnahme auch für traditionelle Kapitallebensversicherungen gelte, weil bei diesen mangels echten Anlagerisikos der Anlagecharakter fehle,[7] steht zudem entgegen, dass traditionelle Kapitallebensversicherungen neben der Risikokomponente auch eine Anlagekomponente umfassen, die jedenfalls bei Überschussbeteiligungen auch Marktschwankungen unterliegt,[8] so dass auch hier das Verständnis der Risiken und die Vergleichbarkeit mit anderen Anlageprodukten erschwert ist. Traditionelle Kapitallebensversicherungen fallen auch nicht unter die Ausnahme für Altersvorsorgeprodukte nach Art. 2 Abs. 2 Buchst. e PRIIP-VO, s. Rz. 11.

Die Ausnahme nach Art. 2 Abs. 2 Buchst. c PRIIP-VO betrifft Einlagen, die **nicht strukturierte Einlagen** 8
i.S.d. Art. 4 Abs. 1 Nr. 43 MiFID II-RL 2014/65/EU sind. Einlagen sind danach solche Guthaben, die sich aus auf einem Konto verbliebenen Beträgen oder aus Zwischenpositionen im Rahmen von normalen Bankgeschäften ergeben und vom Kreditinstitut nach den geltenden gesetzlichen und vertraglichen Bedingungen zurückzuzahlen sind. Dies schließt grundsätzlich auch Festgeldeinlagen und Spareinlagen ein, ebenso Zertifikate, die klassische Einlagen repräsentieren (Art. 2 Abs. 1 Nr. 3 Einlagensicherungssysteme-RL 2014/49/EU). Strukturiert und damit nicht von der Ausnahme erfasst sind derartige Einlagen, wenn sie bei Fälligkeit in voller Höhe zurückzuzahlen sind, sich die Zahlung von Zinsen oder einer Prämie bzw. das Zins- oder Prämienrisiko jedoch aus einer Formel ergibt, die von Faktoren abhängig ist, etwa von einzelnen oder kombinierten Indizes, Finanzinstrumenten, Waren oder anderen Vermögenswerten sowie Wechselkursen. Keine strukturierten Einlagen und damit nicht vom Anwendungsbereich der PRIIP-VO umfasst sind aber variabel verzinsliche Einlagen, wenn deren Ertrag unmittelbar an einen Zinsindex wie Euribor oder Libor gebunden ist.

Die Ausnahme nach Art. 2 Abs. 2 Buchst. d PRIIP-VO betrifft die in Art. 1 Abs. 2 Buchst. b bis g, i und j Pro- 9
spekt-RL 2003/71/EG genannten **Wertpapiere**. Diese umfassen insbesondere bestimmte Nichtdividendenwerte, Anteile am Kapital der Zentralbanken der Mitgliedstaaten, von der öffentlichen Hand garantierte Wertpapiere und nicht erwerbsorientierte Wertpapiere.

Die Ausnahme nach Art. 2 Abs. 2 Buchst. e PRIIP-VO betrifft **Altersvorsorgeprodukte**, die nach nationalem 10
Recht als Produkte anerkannt sind, deren Zweck in erster Linie darin besteht, dem Anleger im Ruhestand ein Einkommen zu gewähren, und die dem Anleger einen Anspruch auf bestimmte Leistungen einräumen. Dies betrifft insbesondere die Altersvorsorge- und Basisrentenverträge, die nach dem AltZertG zertifiziert sind, also die Riester- und Rürup-Verträge.[9]

Der Ansicht, dass die **traditionelle Kapitallebensversicherung** häufig der Altersvorsorge diene und daher 11
unter die Ausnahme für Altersvorsorgeprodukte des Art. 2 Abs. 2 Buchst. e PRIIP-VO falle,[10] ist nicht zu folgen. Ihr steht nicht nur entgegen, dass auch andere Anlageformen der Altersvorsorge dienen können, ohne dass sie deshalb unter diese Ausnahme fallen, sondern auch, dass diese Ausnahme eine Anerkennung als Altersvorsorgeprodukt nach nationalem Recht voraussetzt, an der es für die traditionelle Kapitallebensversicherung grundsätzlich fehlt. Eine derartige Anerkennung liegt noch nicht in der steuerlichen Privilegierung nach § 20 Abs. 1 Nr. 6 Satz 2 und 6 mit § 52 Abs. 28 Satz 7 EStG,[11] da hier nicht das Produkt als solches anerkannt wird, sondern nur eine bestimmte Konstellation.[12] Ebenso wenig kann in der Feststellung des BVerfG, dass Lebensversicherungsverträge schwerpunktmäßig auf die Alterssicherung zielen,[13] eine Anerkennung nach nationalem Recht gesehen werden,[14] da dies Ausführungen vor allem rechtstatsächlicher Art sind. Eine Anerkennung nach nationalem Recht liegt jedoch vor, wenn es sich bei Lebensversicherungen um zertifizierte Riester-Verträge handelt,[15] ebenso bei Rürup- bzw. Basisrentenverträgen.[16]

Die Ausnahme nach Art. 2 Abs. 2 Buchst. f PRIIP-VO betrifft **betriebliche Altersversorgungssysteme** die 12
amtlich anerkannt sind und in den Anwendungsbereich der Betriebsaltersversorgung-RL 2003/41/EG und

5 *Brömmelmeyer*, r+s 2016, 269, 271; *Ramharter*, ZVersWiss 2016, 221, 224; *Heiss* in Lorenz, Karlsruher Forum 2014, 2015, S. 43, 45 in Fn. 13, *Mönnich* in Beckmann/Matusche-Beckmann, Versicherungsrechts-Handbuch, 3. Aufl. 2015, § 2 Rz. 165; *Loacker* in FS Egon Lorenz, 2014, S. 259, 263 f.; *Heiss/Mönnich*, VR 2013, 32, 34.
6 Vgl. auch *Beyer*, VersR 2016, 293, 294.
7 So *Beyer*, VersR 2016, 293, 294 f.
8 Vgl. auch *Beyer*, VersR 2016, 293, 294.
9 *Baroch Castellvi*, VersR 2017, 129, 130.
10 *Reiff*, r+s 2016, 593, 602.
11 So aber *Reiff*, r+s 2016, 593, 602.
12 Im Ergebnis auch *Gerold/Kohleick*, RdF 2017, 276, 278; anders *Baroch Castellvi*, VersR 2017, 129, 131.
13 BVerfG v. 26.7.2005 – 1 BvR 782/94, 957/96, VersR 2005, 1109, 1118.
14 *Gerold/Kohleick*, RdF 2017, 276, 278; anders aber *Bürkle*, VersR 2017, 331, 333.
15 *Andresen/Gerold*, BaFinJournal August 2015, 31, 32 f.; *Beyer*, VersR 2016, 293, 295; *Reiff*, r+s 2016, 593, 601.
16 *Beyer*, VersR 2016, 293, 295; *Reiff*, r+s 2016, 593, 601.

der Solvabilität II-RL 2009/138/EG fallen. Dies sind nach deutschem Verständnis die Pensionskassen und Pensionsfonds.[17] Bei nicht regulierten Pensionskassen ergibt sich dies aus § 232 Abs. 1 VAG.[18] Entsprechendes gilt bei Direktversicherungen gem. § 1b Abs. 2 Satz 1 BetrAVG, auch wenn sie von Lebensversicherern angeboten werden, die nicht Pensionskassen sind; die Anerkennung ergibt sich hier aus dem BetrAVG.[19]

13 Die Ausnahme nach Art. 2 Abs. 2 Buchst. g PRIIP-VO betrifft individuelle Altersvorsorgeprodukte, wenn für sie nach nationalem Recht ein **finanzieller Beitrag des Arbeitgebers** erforderlich ist und weder der Arbeitgeber noch der Beschäftigte selbst das Produkt bzw. den Anbieter wählen kann. Unter sie sollen von Unterstützungskassen abgeschlossene Rückdeckungsversicherungen fallen.[20] Jedoch fehlt es diesbezüglich an der Individualität und es ist auch zweifelhaft, inwieweit es sich überhaupt um Versicherungsanlageprodukte i.S.d. Verordnung handelt, da sie nicht an Kleinanleger gerichtet sind.

14 In **räumlicher Hinsicht** findet die PRIIP-VO auf alle Hersteller und Personen Anwendung, die über PRIIP, die innerhalb des Gebiets der EU angeboten werden, beraten oder diese verkaufen; keine Anwendung findet die PRIIP-VO, wenn ein PRIIP Anlegern nur außerhalb der EU zur Verfügung gestellt wird.[21] Soweit sektorspezifische Vorschriften festlegen, wann aus Drittländern kommende PRIIP-Hersteller oder Personen, die über PRIIP beraten oder sie verkaufen, ihre Tätigkeit innerhalb der Union ausüben dürfen, müssen diese sektorspezifischen Vorschriften beachtet und befolgt werden; zu diesen Vorschriften gehören die Richtlinie über Versicherungsvertrieb (EU) 2016/97, die MiFID-Richtlinie 2014/65/EU, die CRD IV-Richtlinie 2013/36/EU, die AIFM-Richtlinie 2011/61/EU, die Solvabilität-Richtlinie 2009/138/EG, die OGAW-Richtlinie 2009/65/EG und die Prospekt-Richtlinie 2003/71/EG.[22]

Art. 3 [Konkurrenzen]

(1) Fallen PRIIP-Hersteller im Sinne dieser Verordnung auch unter die Richtlinie 2003/71/EG, so gelten sowohl diese Verordnung als auch die Richtlinie 2003/71/EG.

(2) Fallen PRIIP-Hersteller im Sinne dieser Verordnung auch unter die Richtlinie 2009/138/EG, so gelten sowohl diese Verordnung als auch die Richtlinie 2009/138/EG.

In der Fassung vom 26.11.2014 (ABl. EU Nr. L 352 v. 9.12.2014, S. 1).

1 Neben der Pflicht zur Bereitstellung eines Basisinformationsblattes aus der PRIIP-VO enthalten auch andere Gesetzgebungsakte der EU **konkurrierende Verpflichtungen**, den Anlegern Informationen bereit zu stellen. Diese Informationspflichten sollen unabhängig von den Pflichten aus der PRIIP-VO gelten (ErwGr. 9 PRIIP-VO). Art. 3 PRIIP-VO ordnet dies für die **Prospekt-RL 2003/71/EG** und die **Solvabilität II-RL 2009/138/EG** an.

2 Für **andere Gesetzgebungsakte der EU** mit Verpflichtungen, den Anlegern Informationen bereit zu stellen, gilt entsprechendes. Denn in ErwGr. 9 PRIIP-VO wird deutlich, dass die anderen Gesetzgebungsakte generell zusätzlich zur PRIIP-VO Anwendung finden sollen und die Prospekt-RL 2003/71/EG und die Solvabilität II-RL 2009/138/EG nur beispielhaft genannt werden. Pflichten zur Kundeninformation enthält etwa auch Art. 24 MiFID II-RL 2014/65/EU, der durch § 63 WpHG umgesetzt ist. Allerdings ist nicht ausgeschlossen, dass durch ein Basisinformationsblatt zugleich auch andere Informationspflichten erfüllt sind; dies ist jedoch jeweils individuell zu prüfen. Auch die Befugnisse zur Marktüberwachung und zur Produktintervention in der PRIIP-VO verdrängen die entsprechenden Pflichten aus anderen Gesetzgebungsakten, insbesondere aus der MiFIR-VO 600/2014, nicht.

3 Soweit das **Recht der Mitgliedstaaten** Verpflichtungen zur Bereitstellung von wesentlichen Informationen über Produkte regelt, die nicht in den Anwendungsbereich der PRIIP-VO fallen, wird es von der PRIIP-VO nicht berührt (ErwGr. 8 PRIIP-VO). Demgemäß enthält § 64 Abs. 1 Satz 1 WpHG die Pflicht, für jedes Finanzinstrument, auf das sich eine Kaufempfehlung bezieht, ein kurzes und leicht verständliches Informationsblatt zur Verfügung zu stellen, soweit eine Pflicht, ein Basisinformationsblatt zur Verfügung zu stellen,

---

17 BT-Drucks. 15/5221, 13; *Baroch Castellvi*, VersR 2017, 129, 131 f.
18 *Baroch Castellvi*, VersR 2017, 129, 132.
19 *Baroch Castellvi*, VersR 2017, 129, 132.
20 *Baroch Castellvi*, VersR 2017, 129, 132.
21 EU-Kommission, Leitlinien zur Anwendung der PRIIP-VO v. 7.7.2017 (2017/C 218/02), Rz. 10.
22 EU-Kommission, Leitlinien zur Anwendung der PRIIP-VO v. 7.7.2017 (2017/C 218/02), Rz. 10.

nach der PRIIP-VO nicht besteht. Diese Pflicht gilt etwa für Aktien oder Standardanleihen. Im Anwendungsbereich des KAGB kann bei semiprofessionellen Anlegern der Verpflichtete wählen, ob er ihnen vor Vertragsschluss ein Basisinformationsblatt gemäß der PRIIP-VO oder wesentliche Anlegerinformationen nach § 166 oder § 270 KAGB zur Verfügung stellt (§ 307 Abs. 5 KAGB).

Art. 4 [Begriffsbestimmungen]

Für die Zwecke dieser Verordnung bezeichnet der Ausdruck

1. **„verpacktes Anlageprodukt für Kleinanleger" oder „PRIP" eine Anlage, einschließlich von Zweckgesellschaften im Sinne des Artikels 13 Nummer 26 der Richtlinie 2009/138/EG oder Verbriefungszweckgesellschaften im Sinne des Artikels 4 Absatz 1 Buchstabe an der Richtlinie 2011/61/EU des Europäischen Parlaments und des Rates[1] ausgegebener Instrumente, bei der unabhängig von der Rechtsform der Anlage der dem Kleinanleger rückzuzahlende Betrag Schwankungen aufgrund der Abhängigkeit von Referenzwerten oder von der Entwicklung eines oder mehrerer Vermögenswerte, die nicht direkt vom Kleinanleger erworben werden, unterliegt;**
2. **„Versicherungsanlageprodukt" ein Versicherungsprodukt, das einen Fälligkeitswert oder einen Rückkaufwert bietet, der vollständig oder teilweise direkt oder indirekt Marktschwankungen ausgesetzt ist;**
3. **„verpacktes Anlageprodukt für Kleinanleger und Versicherungsanlageprodukt" oder „PRIIP" jedes Produkt, das unter eine oder beide der folgenden Begriffsbestimmungen fällt:**
   a) **ein PRIP;**
   b) **ein Versicherungsanlageprodukt;**
4. **„Hersteller von verpackten Anlageprodukten für Kleinanleger und Versicherungsanlageprodukten" oder „PRIIP-Hersteller"**
   a) **ein Rechtsträger oder eine natürliche Person, der bzw. die PRIIP auflegt;**
   b) **ein Rechtsträger oder eine natürliche Person, der bzw. die Änderungen an einem bestehenden PRIIP, einschließlich Änderungen seines Risiko- und Renditeprofils oder der Kosten im Zusammenhang mit einer Anlage in das PRIIP, vornimmt;**
5. **„PRIIP-Verkäufer" eine Person, die einem Kleinanleger einen PRIIP-Vertrag anbietet oder diesen mit ihm abschließt;**
6. **„Kleinanleger"**
   a) **einen Kleinanleger im Sinne von Artikel 4 Absatz 1 Nummer 11 der Richtlinie 2014/65/EU;**
   b) **einen Kunden im Sinne der Richtlinie 2002/92/EG, wenn dieser nicht als professioneller Kunde im Sinne des Artikels 4 Absatz 1 Nummer 10 der Richtlinie 2014/65/EU angesehen werden kann;**
7. **„dauerhafter Datenträger" einen dauerhaften Datenträger im Sinne des Artikels 2 Absatz 1 Buchstabe m der Richtlinie 2009/65/EG;**
8. **„zuständige Behörden" die nationalen Behörden, die von einem Mitgliedstaat zur Überwachung der Anforderungen dieser Verordnung an PRIIP-Hersteller und Personen, die über PRIIP beraten oder sie verkaufen, benannt werden.**

In der Fassung vom 26.11.2014 (ABl. EU Nr. L 352 v. 9.12.2014, S. 1).

1 Richtlinie 2011/61/EU des Europäischen Parlaments und des Rates vom 8. Juni 2011 über die Verwalter alternativer Investmentfonds und zur Änderung der Richtlinien 2003/41/EG und 2009/65/EG und der Verordnungen (EG) Nr. 1060/2009 und (EU) Nr. 1095/2010 (ABl. L 174 vom 1.7.2011, S. 1).

I. Allgemeines

1 Art. 4 PRIIP-VO enthält **Definitionen** für in der Verordnung verwendete Begriffe. Allerdings sind diese Begriffsbestimmungen nicht vollständig. Zur Bestimmung von Begriffen, die in Art. 4 PRIIP-VO oder in anderen Vorschriften der Verordnung nicht definiert werden, kann aber grundsätzlich auf Definitionen in den verbundenen Rechtsakten zurückgegriffen werden, da aufgrund der Verbundenheit im Zweifel davon auszugehen ist, dass der Verordnungsgeber die Begriffe einheitlich verwendet.

II. Verpacktes Anlageprodukt für Kleinanleger/PRIP (Art. 4 Nr. 1 PRIIP-VO)

2 In Art. 4 Nr. 1 PRIIP-VO werden verpackte Anlageprodukte für Kleinanleger definiert, die nach englischer Bezeichnung *packaged retail investment products* auch **PRIP** genannt werden. Die Definition ist unabhängig von der Rechtsform und sonstigen Konzeption (vgl. auch ErwGr. 6 PRIIP-VO). Dies dient dazu, der Heterogenität der Finanzprodukte in den Mitgliedstaaten gerecht zu werden und ihre Umgehung durch bestimmte Rechtsformen, Bezeichnungen oder Zweckbestimmungen für das Finanzprodukt zu verhindern.[2] Dieser materielle Begriff des Anlageprodukts lag auch der AIFM-RL 2011/61/EU zugrunde.[3]

3 Bei PRIP muss es sich zunächst um eine **Anlage bzw. ein Anlageprodukt** für Kleinanleger handeln. Der Begriff der Anlage ist in der PRIIP-VO nicht definiert, sondern wird vorausgesetzt. Unter Anlage ist die Investition von Geld zu verstehen, das einem anderen gegen die Verpflichtung zur späteren Zahlung eines oder mehrerer Geldbeträge überlassen wird, wobei festgelegt oder nur erwartet wird, dass der später zu zahlende den ursprünglich gezahlten Betrag übersteigt. Zu den Anlagen gehören auch Instrumente, die von einer Zweckgesellschaft i.S.d. Art. 13 Nr. 26 Solvabilität II-RL 2009/138/EG ausgegeben werden und mit denen daher Versicherungs- und Rückversicherungsrisiken über die Ausgabe von Schuldtiteln oder andere Finanzierungsmechanismen weitergegeben werden, sowie Instrumente, die von Verbriefungszweckgesellschaften i.S.d. Art. 4 Abs. 1 Buchst. an AIFM-RL2011/61/EU ausgegeben werden, also von Gesellschaften deren einziger Zweck in der Durchführung einer oder mehrerer Verbriefungen und weiterer zu Erfüllung dieses Zwecks geeigneter Tätigkeiten besteht. Keine Anlage stellen Produkte dar, bei denen weder beim Erwerb eine Zahlung geleistet werden muss noch die Gefahr künftiger finanzieller Verpflichtungen besteht.[4] Die Anlage bzw. das Anlageprodukt muss **für Kleinanleger** sein. Der Begriff des Kleinanlegers ist in Art. 4 Nr. 6 PRIIP-VO definiert (s. Anh. zu § 166: Art. 4 PRIIP-VO Rz. 16 f.).

4 Charakteristisch für PRIP ist die **Verpackung** in dem Sinne, dass der rückzuzahlende Betrag Schwankungen unterliegt, weil er abhängig ist von Referenzwerten oder von der Entwicklung eines oder mehrerer nicht direkt vom Kleinanleger erworbener Vermögenswerte. Die Schwankungen ergeben sich damit nicht unmittelbar aus dem Wert des Anlageprodukts, sondern mittelbar aus den Schwankungen anderer Werte. Ausweislich ErwGr. 6 PRIIP-VO erwerben oder halten die Kleinanleger die zugrunde liegenden Vermögenswerte nicht direkt, sondern nur indirekt. Denn die Vermögenswerte werden durch die PRIP verpackt oder ummantelt, was zur Folge hat, dass die Risiken, Produktmerkmale und Kostenstrukturen der Anlage nicht mehr die gleichen sind wie bei direktem Erwerb oder Halten der Vermögenswerte. Dies ermöglicht den Kleinanlegern zwar, sonst für sie nicht zugängliche oder undurchführbare Anlagestrategien zu verfolgen, führt aber auch zu einer stärkeren Intransparenz, so dass hier zusätzliche Informationen notwendig sein können, um den Kleinanlegern das Verständnis der Anlage und den Vergleich zwischen den verschiedenen Arten der Anlagen und ihrer Verpackung zu ermöglichen.

5 **PRIP** sind insbesondere **offene und geschlossene Investmentfonds**, da bei ihnen der Rückzahlungsbetrag von der Entwicklung eines oder mehrerer Vermögenswerte, die nicht direkt vom Kleinanleger erworben werden, oder von sonstigen Referenzwerten abhängt.[5] Allerdings sind Kleinanleger i.S.d. PRIIP-VO auch Privatanleger i.S.d. KAGB (Verweis nach unten), so dass ihnen inländische geschlossene Investmentvermögen nicht offen stehen (§§ 139, 142 Satz 2, 150 Abs. 2 Satz 2 KAGB). Unter die PRIP fallen aber auch **strukturier-**

2 *Andresen/Gerold*, BaFin Journal August 2015, 31, 32.
3 *Loritz*, WM 2014, 1513, 1517.
4 EU-Kommission, Leitlinien zur Anwendung der PRIIP-VO v. 7.7.2010 (2017/C 218/02), Rz. 6.
5 Vgl. *Jordans*, BKR 2017, 273, 276 f.

te Produkte, wie strukturierte Einlagen, sowie **Derivate** oder **Optionsscheine**, die in Versicherungen, Wertpapiere oder Bankprodukte verpackt sein können, da auch bei ihnen der Rückzahlungsbetrag von einem oder mehreren Vermögenswerten, die nicht direkt vom Kleinanleger erworben werden, oder von Referenzwerten sonstigen abhängt.[6] Streng genommen fallen auch Versicherungsanlageprodukte unter die Definition des Art. 4 Nr. 1 PRIIP-VO;[7] ihre eigenständige Definition dient allerdings nicht nur der Klarstellung, sondern auch der gesonderten Regelung der Marktüberwachung und Produktintervention bei Versicherungsanlageprodukten in Art. 15 ff. PRIIP-VO.

Keine PRIP sind etwa Direktinvestitionen als Anlageprodukte ohne derivative Komponente, insbesondere Aktien und Standardanleihen (auch „plain-vanilla-Anleihen" genannt) mit einer festgelegten Verzinsung (vgl. ErwGr. 7 PRIIP-VO).[8] Bei diesen Anlageprodukten hängt der rückzuzahlende Betrag nicht von Referenz- oder Vermögenswerten ab. Keine PRIP sind auch Investmentfonds, die nur an institutionelle Anleger vertrieben werden, was von Art. 4 Nr. 1 PRIIP-VO implizit vorausgesetzt wird (vgl. ErwGr. 7 PRIIP-VO). 6

III. Versicherungsanlageprodukt (Art. 4 Nr. 2 PRIIP-VO)

Die Definition der Versicherungsanlageprodukte in Art. 4 Nr. 2 PRIIP-VO, auch IBIP (*Insurance-based Investment Product*) genannt,[9] entspricht derjenigen des Art. 2 Abs. 1 Nr. 17 Versicherungsvertrieb-RL 2016/97 bzw. der Vorgängernorm Art. 2 Nr. 13 Versicherungsvermittlung-RL 2002/92/EG in der Fassung des Art. 91 Nr. 1 Buchst. b MiFID II-RL 2014/65/EU, die allerdings auch die Ausnahmetatbestände des Art. 2 Abs. 2 PRIIP-VO enthalten. Sie sind demgemäß einheitlich auszulegen.[10] 7

Versicherungsanlageprodukte setzen voraus, dass ein Versicherungsprodukt vorliegt, dieses einen **Fälligkeits- oder Rückkaufwert** bietet und dieser vollständig oder teilweise direkt oder indirekt **Marktschwankungen ausgesetzt** ist. Fälligkeitswert ist der Wert, der bei regulärem Ablauf fällig wird.[11] Rückkaufswert ist der Wert, der bei einer Kündigung der Lebensversicherung fällig wird.[12] Diese Werte sind nicht nur bei fondsgebundenen Versicherungen Marktschwankungen ausgesetzt, sondern auch bei einer Überschussbeteiligung.[13] 8

Versicherungsanlageprodukte sind insbesondere **Kapitallebensversicherungen**. Dies gilt für fondsgebundene Lebensversicherungen,[14] aber auch für traditionelle Kapitallebensversicherungen.[15] Dafür spricht bereits der Wortlaut des Art. 2 Abs. 2 Buchst. b PRIIP-VO.[16] Der Ansicht, dass die Ausnahme auch für traditionelle Kapitallebensversicherungen gelte, weil bei diesen mangels echten Anlagerisikos der Anlagecharakter fehle,[17] steht entgegen, dass die Leistungen im Todes-, Erlebens- und Rückkaufsfall aufgrund der Überschussbeteiligung nach § 153 Abs. 1 VVG Marktschwankungen ausgesetzt sind und es genügt, wenn der Fälligkeits- oder Rückkaufswert teilweisen Marktschwankungen ausgesetzt ist.[18] Zudem sind damit auch bei traditionellen Lebensversicherungen das Verständnis der Risiken und die Vergleichbarkeit mit anderen Anlageprodukten erschwert. Erfasst sind auch Hybridprodukte.[19] Zur Ausnahme für Altersvorsorgeprodukte s. Anh. zu § 166: Art. 2 PRIIP-VO Rz. 11. 9

---

6 Vgl. *Jordans*, BKR 2017, 273, 276 f.
7 *Colaert*, Journal of Financial Regulation 2016, 203, 206.
8 *Jordans*, BKR 2017, 273, 276 f.
9 Vgl. *Kohleick/Gerold/Werner/Gierse*, BaFin Journal August 2017, 34.
10 *Brömmelmeyer*, r+s 2016, 269, 271; *Reiff*, VersR 2016, 1533, 1542; *Baroch Castellvi*, VersR 2017, 129; *Bürkle*, VersR 2017, 331, 332.
11 Vgl. *Baroch Castellvi*, VersR 2017, 129, 134.
12 *Baroch Castellvi*, VersR 2017, 129, 134.
13 Vgl. für Lebensversicherungen auch *Beyer*, VersR 2016, 293, 294; *Baroch Castellvi*, VersR 2017, 129, 135.
14 *Beyer*, VersR 2016, 293, 294; *Brömmelmeyer*, r+s 2016, 269, 271; *Baroch Castellvi*, VersR 2017, 129, 134; *Kohleick/Gerold/Werner/Gierse*, BaFin Journal August 2017, 34, 35; vgl. auch *Poelzig*, ZBB 2015, 108, 109.
15 *Mönnich* in Beckmann/Matusche-Beckmann, Versicherungsrechts-Handbuch, 3. Aufl. 2015, § 2 Rz. 165; *Schneider* in Prölss/Martin, VVG, 30. Aufl. 2018, 35. VO (EU) 1286/2014 Art. 4 Rz. 11; *Heiss/Mönnich*, VR 2013, 32, 34; *Heiss* in Lorenz, Karlsruher Forum 2014, 2015, S. 43, 45 in Fn. 13; *Loacker* in FS Egon Lorenz, 2014, S. 259, 263 f.; *Brömmelmeyer*, r+s 2016, 269, 271; *Ramharter*, ZVersWiss 2016, 221, 224; *Baroch Castellvi*, VersR 2017, 129, 134; *Kohleick/Gerold/Werner/Gierse*, BaFin Journal August 2017, 34, 35.
16 Vgl. auch *Beyer*, VersR 2016, 293, 294.
17 So *Beyer*, VersR 2016, 293, 294 f.; vgl. auch *Reiff/Köhne*, VersR 2017, 649, 657.
18 *Brömmelmeyer*, r+s 2016, 269, 271; vgl. auch *Beyer*, VersR 2016, 293, 294.
19 *Jordans*, BKR 2017, 273, 276 f.

10 Die **Risikolebensversicherung** soll kein Versicherungsanlageprodukt sein, da der Rückkaufwert insoweit lediglich auf der spezifischen Kalkulation der Beiträge über die Laufzeit der Versicherung beruhe.[20] Trotzdem kommt der Risikolebensversicherung ein Rückkaufwert zu. Durch die Überschussbeteiligung sind sie auch Marktschwankungen ausgesetzt. Dass die Verordnung hier nicht anwendbar ist, beruht darauf, dass eine Ausnahme nach Art. 2 Abs. 2 Buchst. b PRIIP-VO vorliegt. Für die **Berufsunfähigkeitsversicherung** gilt entsprechendes.[21]

11 Versicherungsanlageprodukte sind auch **Sterbegeld- und Whole-of-Life-Versicherungen.**[22] **Private Rentenversicherungen** sind ebenfalls als Versicherungsanlageprodukt zu qualifizieren. Dies gilt auch für die sofort beginnende Rentenversicherung, wenn sie eine Überschussbeteiligung umfasst. Der Auffassung, dass hier in der Regel durch die monatliche Auszahlung nicht nur ein, sondern eine Vielzahl von Fälligkeitswerten gegeben sei, was nicht mit dem Singular im Wortlaut vereinbar sei,[23] steht entgegen, dass bei mehreren Fälligkeitswerten notwendig auch ein Fälligkeitswert gegeben ist. Auch kann hier der Anlagecharakter nicht geleugnet werden,[24] da es auch hier um erwartete Rückzahlungen für ein eingesetztes Kapital geht und ein Konkurrenzverhältnis zu anderen Anlageformen mit regelmäßigen Auszahlungen besteht.[25] Ebenso wenig kann darauf abgestellt werden, dass hier kein Vermögenszuwachs erzielt, sondern das eingezahlte Kapital durch Rentenzahlungen aufgezehrt werden soll.[26] Denn jedenfalls dann, wenn eine Überschussbeteiligung vorgesehen wird, ist auch die Abhängigkeit von Marktschwankungen gegeben. Allerdings enthält Art. 2 Abs. 2 lit. e-g PRIIP-VO Ausnahmen für bestimmte Altersvorsorgeprodukte (s. Anh. zu § 166: Art. 2 PRIIP-VO Rz. 10 ff.). Nicht unter die Versicherungsanlageprodukte sollen **Kapitalisierungsgeschäfte** fallen,[27] jedenfalls wenn keine Überschussbeteiligung vorgesehen ist oder diese bei Vertragsschluss bereits feststeht.[28]

IV. Verpacktes Anlageprodukt für Kleinanleger und Versicherungsanlageprodukt/PRIIP (Art. 4 Nr. 3 PRIIP-VO)

12 **Verpacktes Anlageprodukt für Kleinanleger** oder **PRIIP** für die englische Bezeichnung *packaged retail and insurance-based investment products* ist nach Art. 4 Nr. 3 PRIIP-VO der Oberbegriff für die in Art. 4 Nr. 1 PRIIP-VO definierten verpackten Anlageprodukte für Kleinanleger oder PRIP und die in Art. 4 Nr. 2 PRIIP-VO definierten Versicherungsanlageprodukte. Auch hier wird nicht an die rechtliche Ausgestaltung einer Anlage angeknüpft, sondern an ihre wirtschaftliche Konzeption (vgl. ErwGr. 6 PRIIP-VO).

V. Hersteller von verpackten Anlageprodukten für Kleinanleger und Versicherungsanlageprodukten/PRIIP-Hersteller (Art. 4 Nr. 4 PRIIP-VO)

13 **Hersteller von verpackten Anlageprodukten für Kleinanleger und Versicherungsanlageprodukten** bzw. **PRIIP-Hersteller** ist nach Art. 4 Nr. 4 PRIIP-VO jeder Rechtsträger und jede natürliche Person, der bzw. die einen PRIIP auflegt oder ein bestehendes PRIIP ändert, insbesondere sein Risiko- und Renditeprofil oder die Kosten im Zusammenhang mit einer Anlage in das PRIIP.[29] Maßgeblich ist danach, wer für die Konzipierung des abstrakten PRIIP vollständig oder teilweise verantwortlich ist.[30] Zu den PRIIP-Herstellern gehören ausweislich ErwGr. 12 PRIIP-VO Versicherungsunternehmen, Kreditinstitute oder Wertpapierfirmen. Dabei können Hersteller und Verkäufer des PRIIP personengleich sein, müssen es aber nicht.

14 Der PRIIP-Hersteller kann die Erstellung des Basisinformationsblattes an Dritte **delegieren**, bleibt dann aber PRIIP-Hersteller i.S.d. Art. 4 Nr. 4 PRIIP-VO. Zur Zulässigkeit der Delegation s. Anh. zu § 166: Art. 5 PRIIP-VO Rz. 3.

---

20 So *Baroch Castellvi*, VersR 2017, 129, 133; ähnlich *Kohleick/Gerold/Werner/Gierse*, BaFin Journal August 2017, 34, 36.
21 Anders dementsprechend *Baroch Castellvi*, VersR 2017, 129, 133.
22 *Baroch Castellvi*, VersR 2017, 129, 134 f.
23 So *Baroch Castellvi*, VersR 2017, 129, 133 f.
24 So aber *Baroch Castellvi*, VersR 2017, 129, 134.
25 Vgl. auch *Schneider* in Prölss/Martin, VVG, 30. Aufl. 2018, 35. VO (EU) 1286/2014 Art. 4 Rn. 11.
26 So aber *Kohleick/Gerold/Werner/Gierse*, BaFin Journal August 2017, 34, 36.
27 So *Baroch Castellvi*, VersR 2017, 129, 135.
28 *Kohleick/Gerold/Werner/Gierse*, BaFin Journal August 2017, 34, 38.
29 EU-Kommission, Leitlinien zur Anwendung der PRIIP-VO v. 7.7.2017 (2017/C 218/02), Rz. 9.
30 *Gerold/Kohleick*, RdF 2017, 276, 279.

VI. PRIIP-Verkäufer (Art. 4 Nr. 5 PRIIP-VO)

PRIIP-Verkäufer ist nach Art. 4 Nr. 5 PRIIP-VO jede **Person, die einem Kleinanleger einen PRIIP-Vertrag anbietet oder diesen mit ihm abschließt**. Dies umfasst nicht nur die Person, die Vertragspartner des Vertrags über das PRIIP wird, sondern auch Vertreter oder Kommissionäre, da nicht auf den Vertragspartner, sondern das Abschließen abgestellt wird. Der PRIIP-Vertrag muss nicht zustande gekommen sein, es genügt ein Anbieten im Sinne einer invitatio ad offerendum. 15

VII. Kleinanleger (Art. 4 Nr. 6 PRIIP-VO)

Kleinanleger ist nach Art. 4 Nr. 6 Buchst. a PRIIP-VO ein Kleinanleger i.S.d. Art. 4 Abs. 1 Nr. 11 MiFID II-RL 2014/65/EU und damit ein **Kunde**, also jede natürliche oder juristische Person, für die eine Wertpapierfirma Wertpapierdienstleistungen oder Nebendienstleistungen erbringt, der **nicht professioneller Kunde** i.S.d. Art. 4 Abs. 1 Nr. 10 MiFID II-RL 2014/65/EU ist, also nicht die Kriterien für einen professionellen Kunden des Anh. II MiFID II-RL 2014/65/EU erfüllt. Aus diesen Kriterien ergibt sich im Umkehrschluss, dass ein Kleinanleger ein Kunde ist, der nicht über ausreichende Erfahrungen, Kenntnisse und Sachverstand verfügt, um seine Anlageentscheidungen selbst treffen und die damit verbundenen Risiken angemessen beurteilen zu können. Der Begriff des Kleinanlegers ist nicht identisch mit demjenigen des Verbrauchers; der Anwendungsbereich wird sich zwar weitgehend decken, jedoch können juristische Personen auch Kleinanleger sein, nicht aber Verbraucher.[31] Allerdings folgt aus der genannten Definition, dass Personen nur Kleinanleger sind, soweit sie sich in einem Verhältnis befinden, in dessen Zusammenhang Wertpapierdienstleistungen oder Wertpapiernebendienstleistungen durch eine Wertpapierfirma i.S.d. Art. 4 Abs. 1 Nr. 1 MiFID II-RL 2014/65/EU erbracht werden. Keine Kleinanleger sind damit Personen in einem Verhältnis, an dem keine Wertpapierfirma beteiligt ist oder keine derartigen Dienstleistungen erbracht werden, etwa bei Geschäften zwischen Privaten. 16

Kleinanleger ist nach Art. 4 Nr. 6 Buchst. b PRIIP-VO auch ein **Kunde i.S.d. Versicherungsvermittlung-RL** 2002/92/EG, wenn er nicht ebenfalls professioneller Kunde i.S.d. Art. 4 Abs. 1 Nr. 10 MiFID II-RL 2014/65/EU ist. Die Versicherungsvermittlung-RL 2002/92/EG definiert den Kunden nicht; aus dem Zusammenhang ergibt sich aber, dass es jede natürliche oder juristische Peron ist, der gegenüber ein Versicherungs- oder Rückversicherungsvertrieb durch einen Versicherungs- oder Rückversicherungsvermittler (in Nebentätigkeit) oder ein Versicherungs- oder Rückversicherungsunternehmen stattfindet. 17

VIII. Dauerhafter Datenträger (Art. 4 Nr. 7 PRIIP-VO)

Für die Definition des **dauerhaften Datenträgers** verweist Art. 4 Nr. 7 PRIIP-VO auf die Definition des Art. 2 Abs. 1 Buchst. m OGAW-RL 2009/65/EG. Sie wird erfüllt durch jedes Medium, das es einem Anleger erlaubt, an ihn persönlich gerichtete Informationen so zu speichern, dass er sie danach für eine für die Zwecke der Informationen angemessene Dauer einsehen kann, wobei es die unveränderte Wiedergabe der gespeicherten Informationen ermöglichen muss. 18

IX. Zuständige Behörden (Art. 4 Nr. 8 PRIIP-VO)

Zuständige Behörden sind nach der Definition des Art. 4 Nr. 8 PRIIP-VO die nationalen Behörden, die der jeweilige Mitgliedstaat zur Überwachung der Anforderungen dieser Verordnung an PRIIP-Hersteller und Personen, die über PRIIP beraten oder sie verkaufen, benannt hat. Nach ErwGr. 10 PRIIP-VO sollten die Mitgliedstaaten die für die Einhaltung der Anforderungen der Verordnung zuständigen Behörden benennen, um eine ordnungsgemäße und wirksame Überwachung zu gewährleisten. Eine entsprechende Norm enthält die Verordnung allerdings nicht. 19

In Deutschland ist grundsätzlich die **BaFin** die zuständige Behörde. Als deutsche zuständige Behörde benannt ist die BaFin für Kreditinstitute, die PRIP, die zugleich strukturierte Einlagen i.S.d. § 2 Abs. 11 WpHG sind, herstellen, verkaufen oder über diese beraten (§ 6 Abs. 1d KWG), und für Verwaltungsgesellschaften, die PRIIP, die zugleich Investmentvermögen i.S.d. § 1 Abs. 1 KAGB sind, herstellen, verkaufen oder über diese beraten (§ 5 Abs. 6a KAGB), sowie für Unternehmen, die der Aufsicht nach dem VAG unterliegen (§ 295 Nr. 2 VAG). Nicht explizit als zuständige Behörde benannt ist die BaFin für Wertpapierdienstleistungsunternehmen. Hier ergibt sich die Eigenschaft als zuständige Behörde aus den der BaFin zu- 20

31 So mit Verweis auf das französische Recht *Schneider*, VersR 2017, 1429, 1430.

gewiesenen Einzelzuständigkeiten zur Überwachung und Durchsetzung der Verbote und Gebote der PRIIP-VO (§ 10 Abs. 1 WpHG). Für Sanktionen gegen Versicherungs- und Finanzanlagenvermittler sowie Honorar-Finanzanlagenberater nach § 34d Abs. 8 Nr. 5, § 34e Abs. 2 und § 34g Abs. 1 Satz 2 Nr. 5 GewO sind dies gem. § 155 Abs. 2 GewO die nach Landesrecht zuständigen Behörden, in der Regel die Gewerbeaufsichtsämter.

Kapitel II
Basisinformationsblatt

Abschnitt I
Abfassung des Basisinformationsblatts

Art. 5 [Abfassung und Veröffentlichung]

(1) Bevor Kleinanlegern ein PRIIP angeboten wird, fasst der PRIIP-Hersteller ein Basisinformationsblatt für dieses Produkt im Einklang mit den Anforderungen dieser Verordnung ab und veröffentlicht es auf seiner Website.

(2) Jeder Mitgliedstaat kann für die in diesem Mitgliedstaat vermarkteten PRIIP die Vorabmitteilung des Basisinformationsblatts durch den PRIIP-Hersteller oder die Person, die ein PRIIP verkauft, an die zuständige Behörde vorschreiben.

In der Fassung vom 26.11.2014 (ABl. EU Nr. L 352 v. 9.12.2014, S. 1).

1 Art. 5 Abs. 1 PRIIP-VO enthält die **Pflicht des PRIIP-Herstellers zur Abfassung und Veröffentlichung eines Basisinformationsblattes.** Er muss für ein PRIIP ein Basisinformationsblatt im Einklang mit den Anforderungen der PRIIP-VO abfassen und auf seiner Internetsite veröffentlichen, bevor das PRIIP Kleinanlegern angeboten wird. Der PRIIP-Hersteller ist in Art. 4 Nr. 4 PRIIP-VO definiert (s. Anh. zu § 166: Art. 4 PRIIP-VO Rz. 13 f.). **Abfassen** bedeutet das Formulieren und Formatieren des Dokuments mit dem Basisinformationsblatt. Die Anforderungen an Format und Inhalt des Basisinformationsblatts ergeben sich aus den Art. 6 bis 11 PRIIP-VO. **Veröffentlichen** auf der Internetseite des PRIIP-Herstellers bedeutet, dass der PRIIP-Hersteller eine Internetseite betreibt und dass das Basisinformationsblatt dort zu finden und dauerhaft abrufbar ist, ohne dass es einer Anmeldung oder ähnlichem bedarf.

2 Der **Zeitpunkt der Abfassung und Veröffentlichung** des Basisinformationsblatts muss vor dem Zeitpunkt liegen, ab dem das PRIIP Kleinanlegern angeboten wird. Ein **Anbieten** liegt ausweislich ErwGr. 12 PRIIP-VO vor, wenn mit dem Vertrieb begonnen wird. Dazu gehören bereits Werbemaßnahmen sowie eine invitatio ad offerendum. Ein Angebot an Kleinanleger liegt vor, wenn diese angesprochen werden oder keine angemessenen Maßnahmen ergriffen werden, dass kein Verkauf von PRIIP an Kleinanleger erfolgt (vgl. ErwGr. 12 PRIIP-VO). Da die PRIIP-VO nicht zwischen dem Verkauf mit oder ohne Beratung oder dem Erwerb auf eigene Initiative oder andere Weise unterscheidet, ist das Basisinformationsblatt in all diesen Fällen zu veröffentlichen; dies gilt auch, wenn der Verkauf nicht durch den PRIIP-Hersteller erfolgt, sondern ausschließlich durch andere Personen (Rz. 16 f. der Leitlinien)[1]. Das Basisinformationsblatt ist solange zu veröffentlichen und damit auf der Internetseite des PRIIP-Herstellers zugänglich zu halten, wie das PRIIP an Sekundärmärkten gehandelt wird (ErwGr. 12 PRIIP-VO).

3 Der PRIIP-Hersteller kann die Erstellung des Basisinformationsblattes an Dritte **delegieren**. Auch wenn ErwGr. 12 PRIIP-VO nur davon spricht, dass dem PRIIP-Hersteller die Delegation auf andere möglich sein soll, wenn ihm die Abfassung aus praktischen Gründen unmöglich sei, ist die Delegation nicht an bestimmte Voraussetzungen gebunden.[2] Denn der Verordnungstext selbst enthält keine Einschränkungen für die Delegation. Auch spricht die englische Fassung der Verordnung statt von „impossible" von „impractical", was deutlich weiter als das „unmöglich" der deutschen Fassung ist. Zudem besteht auch kein sachlicher Grund für eine Beschränkung der Delegation, so lange sie die Eigenschaft als PRIIP-Hersteller und die daraus folgende Verantwortung unberührt lässt.

1 EU-Kommission, Leitlinien zur Anwendung der PRIIP-VO v. 7.7.2017 (2017/C 218/02).
2 Vgl. auch *Seitz/Juhnke/Seibold*, BKR 2013, 1, 5.

Art. 5 Abs. 2 PRIIP-VO räumt den Mitgliedstaaten die Möglichkeit ein, dem PRIIP-Hersteller oder PRIIP-Verkäufer durch nationales Recht die Pflicht zur **Vorabnotifizierung** aufzuerlegen, also das Basisinformationsblatt vorab der zuständigen Behörde vorzulegen. Diese Möglichkeit soll den zuständigen Behörden ermöglichen, die Inhalte des Basisinformationsblatts und die Übereinstimmung mit der PRIIP-VO zu prüfen und so den Schutz der Kunden und Anleger auf den Finanzmärkten sicherzustellen (ErwGr. 11 PRIIP-VO). Der deutsche Gesetzgeber hat auf die Einräumung dieser Möglichkeit verzichtet[3] und sich damit gegen den Anlegerschutz entschieden. 4

Abschnitt II
Form und Inhalt des Basisinformationsblatts

Art. 6 [Form des Basisinformationsblatts]

(1) Die im Basisinformationsblatt enthaltenen Informationen sind vorvertragliche Informationen. Das Basisinformationsblatt muss präzise, redlich und klar sein und darf nicht irreführend sein. Es enthält die wesentlichen Informationen und stimmt mit etwaigen verbindlichen Vertragsunterlagen, mit den einschlägigen Teilen der Angebotsunterlagen und mit den Geschäftsbedingungen des PRIIP überein.

(2) Das Basisinformationsblatt ist eine eigenständige Unterlage, die von Werbematerialien deutlich zu unterscheiden ist. Es darf keine Querverweise auf Marketingmaterial enthalten. Es kann Querverweise auf andere Unterlagen, gegebenenfalls einschließlich eines Prospekts, enthalten, und zwar nur, wenn sich der Querverweis auf Informationen bezieht, die nach dieser Verordnung in das Basisinformationsblatt aufgenommen werden müssen.

(3) Abweichend von Absatz 2 dieses Artikels enthält das Basisinformationsblatt in dem Fall, in dem ein PRIIP dem Kleinanleger eine solche Palette von Anlageoptionen bietet, dass die Bereitstellung der Informationen in Bezug auf die zugrunde liegenden Anlagemöglichkeiten nach Artikel 8 Absatz 3 in einer einzigen, prägnanten und eigenständigen Unterlage nicht möglich ist, zumindest eine allgemeine Beschreibung der zugrunde liegenden Anlagemöglichkeiten sowie die Angabe, wo und wie detailliertere Dokumentationen zu vorvertraglichen Informationen in Bezug auf die Anlageprodukte, die die zugrunde liegenden Anlagemöglichkeiten absichern, zu finden ist.

(4) Das Basisinformationsblatt wird als kurze Unterlage abgefasst, die prägnant formuliert ist und ausgedruckt höchstens drei Seiten Papier im A4-Format umfasst, um für Vergleichbarkeit zu sorgen. Das Basisinformationsblatt

a) ist in einer Weise präsentiert und aufgemacht, die leicht verständlich ist, wobei Buchstaben in gut leserlicher Größe verwendet werden;

b) legt den Schwerpunkt auf die wesentlichen Informationen, die Kleinanleger benötigen;

c) ist unmissverständlich und sprachlich sowie stilistisch so formuliert, dass das Verständnis der Informationen erleichtert wird, insbesondere durch eine klare, präzise und verständliche Sprache.

(5) Wenn in dem Basisinformationsblatt Farben verwendet werden, dürfen sie die Verständlichkeit der Informationen nicht beeinträchtigen, falls das Blatt in Schwarz und Weiß ausgedruckt oder fotokopiert wird.

(6) Wird die Unternehmensmarke oder das Logo des PRIIP-Herstellers oder der Gruppe, zu der er gehört, verwendet, darf sie bzw. es den Kleinanleger weder von den in dem Informationsblatt enthaltenen Informationen ablenken noch den Text verschleiern.

In der Fassung vom 26.11.2014 (ABl. EU Nr. L 352 v. 9.12.2014, S. 1).

3 *Gerold*, BaFinJournal Mai 2017, 36, 40.

I. Allgemeines

1 Die Art. 6 ff. PRIIP-VO folgen dem **Konzept der „wesentlichen Informationen für den Anleger"** der OGAW-RL 2009/65/EG und übertragen dessen Grundsätze auf alle sonstigen Produkte für Kleinanleger; alle Basisinformationsblätter sollen danach eine standardisierte Aufmachung und einen einheitlichen Inhalt haben, um die grundlegenden Informationen in gemeinsamer Form darzustellen und so die Vergleichbarkeit der Angaben und das Verständnis für alle Kleinanleger zu gewährleisten.[1]

2 Nach Art. 6 Abs. 1 Satz 1 PRIIP-VO sind die im Basisinformationsblatt enthaltenen Informationen **vorvertragliche Informationen**. Demgemäß kommt bei einem mangelhaften Basisinformationsblatt eine Haftung aus Verschulden bei Vertragsanbahnung aus §§ 280 Abs. 1, 311 Abs. 2, 241 Abs. 1 BGB, also der Prospekthaftung im weiteren Sinne, in Betracht, wenn deren weitere Voraussetzungen einschließlich Vorsatz oder Fahrlässigkeit vorliegen.[2]

II. Anforderungen an die Informationen im Basisinformationsblatt (Art. 6 Abs. 1 Satz 2 und 3 PRIIP-VO)

3 Art. 6 Abs. 1 Satz 2-3 PRIIP-VO entsprechen im Wesentlichen **Art. 79 Abs. 1 OGAW-RL 2009/65/EG**, der durch **§ 166 Abs. 3 KAGB** umgesetzt wird. Dass es in dem Art. 6 Abs. 1 Satz 2 PRIIP-VO „klar" heißt, während in Art. 79 Abs. 1 Satz 2 OGAW-RL und § 166 KAGB von „eindeutig" die Rede ist, macht keinen Unterschied, da es in der englischen Fassung in beiden Fällen „clear" heißt, in der französischen Fassung „clair". Redliche, eindeutige und nicht irreführende Informationen verlangt auch Art. 24 Abs. 3 MiFID II-RL 2014/65/EU, der durch § 63 Abs. 6 Satz 1 WpHG umgesetzt wird. Allerdings stellt Art. 6 Abs. 1 Satz 2 PRIIP-VO die zusätzliche Anforderung auf, dass das Basisinformationsblatt präzise sein muss.

4 Nach Art. 6 Abs. 1 Satz 2 PRIIP-VO muss das Basisinformationsblatt **präzise, redlich und klar sein und darf nicht irreführend** sein. Für die Auslegung der letzten drei Merkmale kann auf § 63 Abs. 6 Satz 1 WpHG und vor allem § 166 KAGB zurückgegriffen werden (dazu § 166 Rz. 102 ff.). „Klar" entspricht insoweit „eindeutig", wie die englische und französische Fassung zeigen (s. Anh. zu § 166: Art. 6 PRIIP-VO Rz. 3). Wie dort sind die Informationen nicht bereits **redlich**, wenn sie nicht unlauter im Sinne des UWG sind,[3] sondern nur, wenn sie entweder objektiv zutreffend sind oder mit der Sorgfalt eines ordentlichen Kaufmanns ermittelt und an den Kunden weitergegeben wurden.[4] Eindeutig und demensprechend **klar** sind sie, wenn nicht mehrere Auslegungen mit unterschiedlichem Inhalt gleichermaßen naheliegend erscheinen.[5] **Nicht irreführend** sind sie, wenn sie dem Empfänger ein vollständiges und zutreffendes Bild der Wirklichkeit vermitteln.[6] Warum das Basisinformationsblatt zusätzlich auch noch **präzise** sein muss, ist den Gesetzgebungsmaterialien nicht zu entnehmen. Vom Wortsinn her ist dies der Fall, wenn die Informationen über das PRIIP den Eigenschaften des PRIIP so genau wie möglich entsprechen, wobei die mögliche Präzision durch den beschränkten Umfang des Basisinformationsblatts begrenzt wird.

5 **Grenzen für die Anforderungen an die Verständlichkeit** i.S.d. Präzision, Redlichkeit, Klarheit und fehlenden Irreführung ergeben sich aus dem auf drei Seiten beschränkten Umfang des Basisinformationsblattes. Demgemäß ist jeweils zu fragen, wie verständlich und wie eingehend die Angaben dargestellt werden können, ohne dass der vorgegebene Umfang überschritten wird und andere notwendige Angaben ihrerseits unverständlich werden. Dies kann dazu führen, dass das PRIIP im Rahmen des Basisinformationsblatts nicht

1 Kommissionsvorschlag, COM(2012) 352 final v. 3.7.193012, S. 9.
2 *Schneider* in Prölss/Martin, VVG, 30. Aufl. 2018, 35. VO (EU) 1286/2014 Art. 6 Rz. 2.
3 So aber für § 166 KAGB *Zeidler*, WM 2008, 238, 240; ähnlich *Paul* in Weitnauer/Boxberger/Anders, § 306 KAGB Rz. 28.
4 Vgl. für § 31 WpHG a.F. *Rothenhöfer* in Schwark/Zimmer, § 31 WpHG Rz. 99; vgl. auch *Fuchs* in Fuchs, § 31 WpHG Rz. 100.
5 Vgl. für § 31 WpHG a.F. *Fuchs* in Fuchs, § 31 WpHG Rz. 97; vgl. auch *Rothenhöfer* in Schwark/Zimmer, § 31 WpHG Rz. 103.
6 Vgl. für § 31 WpHG a.F. *Fuchs* in Fuchs, § 31 WpHG Rz. 98; *Rothenhöfer* in Schwark/Zimmer, § 31 WpHG Rz. 108.

für Kleinanleger hinreichend verständlich erläutert werden kann,[7] und läuft im Extremfall wohl auf den Hinweis hinaus, dass das PRIIP im Rahmen des Basisinformationsblattes nicht hinreichend erläutert werden kann und dem Kleinanleger vom Erwerb abzuraten ist, solange er sich nicht näher über das Produkt informiert hat und sich sicher ist, es verstanden zu haben.

Was **wesentliche Informationen** i.S.d. Art. 6 Abs. 1 Satz 3 PRIIP-VO sind, ergibt sich vor allem aus Art. 8 6
Abs. 3 PRIIP-VO (s. dazu Anh. zu § 166: Art. 8 PRIIP-VO Rz. 5 ff.).

Die wesentlichen Anlegerinformationen müssen weiter **mit etwaigen verbindlichen Vertragsunterlagen,** 7
mit den einschlägigen Teilen der Angebotsunterlagen und mit den Geschäftsbedingungen des PRIIP übereinstimmen (Art. 6 Abs. 1 Satz 3 PRIIP-VO). Sie dürfen also nicht im Widerspruch zu den in diesen Unterlagen und Bedingungen enthaltenen Angaben stehen, während es zulässig ist, dass sie hinter den Angaben zurückbleiben, wenn sie dadurch nicht irreführend werden. Die Unterlagen umfassen insbesondere auch den Verkaufsprospekt, so dass entsprechendes wie bei § 166 KAGB gilt (s. dazu § 166 Rz. 103).

III. Eigenständige Unterlage (Art. 6 Abs. 2 PRIIP-VO)

Das Basisinformationsblatt sollte nach ErwGr. 20 PRIIP-VO von den Werbematerialien klar zu unterschei- 8
den und getrennt sein. Demgemäß muss das Basisinformationsblatt nach Art. 6 Abs. 2 Satz 1 PRIIP-VO eine **eigenständige Unterlage** und **von Werbematerialien deutlich zu unterscheiden** sein. Das Basisinformationsblatt darf nicht im selben Dokument enthalten sein wie Werbematerialien und darf auch nicht in diese eingelegt sein. Zudem darf es nicht in einer Art und Weise aufgemacht und formatiert sein, dass es Werbematerialien ähnelt. Dies wird wohl auf eine nüchternere Formatierung als bei Werbematerialien hinauslaufen. Die Aufmachung muss erkennbar auf eine neutrale Information gerichtet sind. Die Verwendung von Logos ist in den Grenzen des Art. 6 Abs. 6 PRIIP-VO zulässig.

Querverweise auf Marketingmaterial, insbesondere Werbebroschüren oder Internetseiten mit Werbung 9
sind nach Art. 6 Abs. 2 Satz 2 PRIIP-VO verboten. Querverweise auf andere Unterlagen, insbesondere auf den Prospekt, aber etwa auch auf den Jahresbericht oder Halbjahresberichte oder Internetquellen, sind nur zulässig, wenn sich der Querverweis auf Informationen bezieht, die nach der PRIIP-VO in dem Basisinformationsblatt enthalten sein müssen. Derartige Querverweise entlasten das Basisinformationsblatt jedoch nicht, da dieses nach Art. 6 Abs. 1 Satz 3 PRIIP-VO die wesentlichen Informationen selbst enthalten muss. Dies ergibt sich auch aus ErwGr. 13 PRIIP-VO, wonach Kleinanleger in der Lage sein sollen, das Basisinformationsblatt zu verstehen, ohne auf andere nicht die Vermarktung betreffende Informationen zurückgreifen zu müssen. Auch aus der Entwurfsbegründung ergibt sich, dass die Kleinanleger die grundlegenden Merkmale des Anlageproduktes verstehen und eine fundierte Anlageentscheidung treffen können sollen, ohne weitere Dokumente lesen zu müssen,[8] etwa den Prospekt.[9]

IV. Besonderheiten bei PRIIPs mit verschiedenen Anlageoptionen (Art. 6 Abs. 3 PRIIP-VO)

Bietet ein PRIIP dem Kleinanleger **verschiedene Anlageoptionen** (multi-option PRIIP), kann es unmög- 10
lich sein, die nach Art. 8 Abs. 3 PRIIP-VO erforderlichen Informationen in Bezug auf die verschiedenen Anlagemöglichkeiten in einer einzigen, prägnanten und eigenständigen Unterlage gem. Art. 6 Abs. 1 und 2 PRIIP-VO bereitzustellen. Für diesen Fall erlaubt Art. 6 Abs. 3 PRIIP-VO, dass das Basisinformationsblatt sich auf eine **allgemeine Beschreibung** der zugrunde liegenden Anlagemöglichkeiten beschränkt und diese durch einen **Verweis** auf vorvertragliche Informationen über die Anlageprodukte ergänzt, die die zugrunde liegenden Anlagemöglichkeiten absichern, wobei anzugeben ist, wo und wie detaillierte Dokumentationen zu diesen Informationen zu finden sind. Bei OTC-Derivaten, die typischerweise nicht standardisiert sind, können die Angaben nur über ein Musterprodukt bezogen auf einen Musterkunden erfolgen; dabei sollte zumindest ein Basisinformationsblatt pro Referenzwert und zwar jeweils getrennt für den Kauf und den Verkauf eines OTC-Derivats erstellt werden.[10] Allerdings dürften sich OTC-Derivate in der Regel nicht an Kleinanleger richten.

7 Vgl. *Colaert*, Journal of Financial Regulation 2016, 206, 217 ff.
8 EU-Kommission, Vorschlag PRIIP-VO v. 3.7.2012 (COM(2012) 352 final), S. 9.
9 Vgl. *Bengtzen*, Capital Markets Law Journal 2016, 429, 440.
10 So *Gerold/Kohleick*, RdF 2017, 276, 282.

11 Art. 6 Abs. 3 PRIIP-VO erlaubt lediglich eine Abweichung von der Vorschrift, dass die Angaben in Form eines einzigen Basisinformationsblatts vorzulegen sind, so dass die **Pflicht zur Erfüllung aller anderen Bestimmungen der PRIIP-VO unberührt** bleibt (vgl. Rz. 7 der Leitlinien)[11]. Der Verpflichtete hat demgemäß die Wahl, ob er für jede Anlageoption ein eigenes Basisinformationsblatt erstellt oder ob er nur ein generisches Basisinformationsblatt erstellt, das alle Anlageoptionen umfasst und sich ggf. im Rahmen des Art. 6 Abs. 3 PRIIP-VO auf Verweise beschränkt (vgl. Art. 10 Delegierte Verordnung (EU) 2017/563).

12 **Spezifische Bestimmungen**, bei welchen Abschnitten nach Art. 8 Abs. 3 Buchst. c bis i PRIIP-VO nur welche Angaben notwendig sind und im Übrigen ein Verweis genügt, enthalten Art. 11 bis 14 Delegierte Verordnung (EU) 2017/653. Für die übrigen Abschnitte finden die allgemeinen Bestimmungen zu Inhalt und Darstellung des Basisinformationsblatts in Art. 1 bis 9 Delegierte Verordnung (EU) 2017/653 und die Regelungen der PRIIP-VO Anwendung, insbesondere Art. 13 und 14 PRIIP-VO.[12] Auf die spezifischen Bestimmungen wird im Zusammenhang mit den Angaben nach Art. 8 Abs. 3 Buchst. c bis i PRIIP-VO eingegangen (s. Anh. zu § 166: Art. 8 PRIIP-VO Rz. 10 ff.).

V. Kurze und prägnante Unterlage (Art. 6 Abs. 4 PRIIP-VO)

13 Art. 6 Abs. 4 PRIIP-VO enthält Vorgaben für die **formale, inhaltliche und sprachliche Gestaltung** des Basisinformationsblatts. Diese Vorgaben dienen nicht nur der besseren Vermittlung der im Basisinformationsblatt enthaltenen Informationen an die Kleinanleger, sondern auch der Vergleichbarkeit.

14 Das Basisinformationsblatt muss **kurz und prägnant** sein und darf ausgedruckt nicht mehr als **drei Seiten** Papier im DIN A4-Format umfassen (Art. 6 Abs. 4 Satz 1 PRIIP-VO). Soweit es im Internet nicht in einem Format bereit gestellt wird, das die Seiten und ihre Größe definiert, etwa als pdf-Datei, muss demgemäß sichergestellt werden, dass beim normalen Ausdruck nicht mehr als drei DIN A4-Seiten bedruckt werden.

15 Die **Präsentation und Aufmachung des Basisinformationsblattes** muss leicht verständlich sein, insbesondere sind Buchstaben in gut leserlicher Größe zu verwenden (Art. 6 Abs. 3 Satz 2 Buchst. a PRIIP-VO). Nähere Vorgaben zur Reihenfolge und den Überschriften der Abschnitte des Basisinformationsblattes enthält Art. 9 mit Anhang I Delegierte Verordnung (EU) 2017/653. Die Verständlichkeit bezieht sich danach insbesondere darauf, dass die Abschnitte des Basisinformationsblattes deutlich voneinander getrennt sein müssen und ihre Überschriften mit den Fragen zum PRIIP deutlich hervorgehoben sein müssen. Da es um leichte Verständlichkeit geht, bezieht sich die Lesbarkeit nicht nur auf die erwähnte Größe der Buchstaben, sondern auch auf die sonstige Gestaltung. Insoweit gelten vergleichbare Maßstäbe wie für die Möglichkeit der Kenntnisnahme bei Allgemeinen Geschäftsbedingungen nach § 305 Abs. 2 Nr. 2 BGB.[13]

16 Inhaltlich muss der **Schwerpunkt auf den wesentlichen Informationen** liegen, die Kleinanleger benötigen (Art. 6 Abs. 4 Satz 2 Buchst. b PRIIP-VO). Die für die Kleinanleger relevanten Informationen, die mit dem Basisinformationsblatt vermittelt werden sollen und daher Gegenstand der PRIIP-VO sind, dürfen nicht von nicht oder weniger relevanten Informationen überlagert werden. Für die Kleinanleger nicht wesentliche Informationen dürfen daher sowohl hinsichtlich des Umfangs als auch hinsichtlich der Darstellung nur eine untergeordnete Rolle spielen. Idealerweise sollte das Basisinformationsblatt nur wesentliche Informationen enthalten; wesentlich sind insbesondere Informationen über die Art und die Merkmale des Produkts, einschließlich der Kosten und des Risikoprofils sowie der Frage, ob ein Kapitalverlust möglich ist, einschlägige Informationen über die Wertentwicklung sowie sonstige spezifische Informationen, die dafür notwendig sind, die Merkmale einzelner Produktarten zu verstehen (ErwGr. 15 PRIIP-VO).

17 **Sprachlich und stilistisch** muss das Basisinformationsblatt unmissverständlich und so formuliert sein, dass das Verständnis der Informationen durch die Kleinanleger erleichtert wird; demgemäß ist eine klare, präzise und verständliche Sprache zu verwenden (Art. 6 Abs. 4 Satz 2 Buchst. c PRIIP-VO). Maßgeblich ist der Empfängerhorizont des Kleinanlegers.[14] Da der Fachjargon und die Fachterminologie des Finanzbereichs für viele Kleinanleger schwer zu verstehen sind (vgl. ErwGr. 13 PRIIP-VO), sollten sie vermieden werden, soweit sie für Kleinanleger nicht unmittelbar verständlich sind (vgl. ErwGr. 14 PRIIP-VO). Da die PRIIP-VO an die OGAW-RL anknüpft, wonach die wesentlichen Informationen für den Anleger kurz zu halten, in allgemein verständlicher Sprache abzufassen und auch sonst in einer Weise zu präsentieren sind, die für Kleinanleger aller Voraussicht nach verständlich ist (Art. 78 Abs. 5 OGAW-RL), kann hier auf die zur OGAW-RL und ihrer Umsetzung in § 166 Abs. 3 Satz 4 KAGB entwickelten Grundsätze (s. dazu § 166

11 EU-Kommission, Leitlinien zur Anwendung der PRIIP-VO v. 7.7.2017 (2017/C 218/02).
12 EU-Kommission, Leitlinien zur Anwendung der PRIIP-VO v. 7.7.2017 (2017/C 218/02).
13 Vgl. dazu *Roloff* in Erman, § 305 BGB Rz. 38.
14 Kritisch *Colaert*, Journal of Financial Regulation 2016, 206, 217 ff.

Rz. 106 f.) zurückgegriffen werden. Demgemäß ist für das Basisinformationsblatt eine **allgemein verständliche Sprache** zu verwenden (vgl. § 166 Abs. 3 Satz 4 KAGB). Der durchschnittliche Kleinanleger sollte jede Aussage beim ersten Lesen verstehen können.[15] Auf Sätze mit mehr als 25 Wörtern sollte verzichtet werden.[16] Zudem sind Begriffe, die mit einer anderen Bedeutung als in der Alltagssprache verwendet werden, zu erklären.[17] **Jargon** ist zu vermeiden (vgl. Art. 4 Abs. 2 Buchst. b Nr. ii VO (EU) Nr. 583/2010); auf **technische Termini** ist zu verzichten, wenn stattdessen eine allgemein verständliche Sprache verwendet werden kann (vgl. Art. 4 Abs. 2 Buchst. b Nr. iii VO (EU) Nr. 583/2010). Lassen sich Jargon oder technische Termini nicht vermeiden, können diese benutzt werden, jedoch sind die verwendeten Begriffe dann allgemein verständlich zu erklären.[18]

VI. Verwendung von Farben (Art. 6 Abs. 5 PRIIP-VO)

In dem Basisinformationsblatt dürfen Farben verwendet werden. Allerdings dürfen diese die Verständlichkeit der Informationen nicht beeinträchtigen. Dies gilt insbesondere auch, falls das Basisinformationsblatt in Schwarz und Weiß oder in Graustufen ausgedruckt oder fotokopiert wird (vgl. Art. 5 Abs. 5 PRIIP-VO). 18

VII. Verwendung von Unternehmensmarken oder Logos (Art. 6 Abs. 6 PRIIP-VO)

Auf dem Basisinformationsblatt darf die Unternehmensmarke oder das Logo des PRIIP-Herstellers oder der Gruppe, zu der er gehört, verwendet werden. Ihre Verwendung darf jedoch weder den Kleinanleger von den im Basisinformationsblatt enthaltenen Informationen ablenken noch dessen Text verschleiern (Art. 6 Abs. 6 PRIIP-VO). Dies bedeutet insbesondere, dass die Marke oder das Logo nur eine untergeordnete Größe haben dürfen und vom Text mit den Informationen räumlich getrennt sein müssen. 19

Art. 7 [Sprache des Basisinformationsblatts]

(1) Das Basisinformationsblatt wird in den Amtssprachen oder in einer der Amtssprachen, die in dem Teil des Mitgliedstaats verwendet wird, in dem das PRIIP vertrieben wird, oder in einer weiteren von den zuständigen Behörden dieses Mitgliedstaats akzeptierten Sprache abgefasst; falls es in einer anderen Sprache abgefasst wurde, wird es in eine dieser Sprachen übersetzt.

Die Übersetzung gibt den Inhalt des ursprünglichen Basisinformationsblatts zuverlässig und genau wieder.

(2) Wird der Vertrieb eines PRIIP in einem Mitgliedstaat durch Werbeunterlagen, die in einer oder mehreren Amtssprachen dieses Mitgliedstaats verfasst sind, gefördert, so muss das Basisinformationsblatt mindestens in der (den) entsprechenden Amtssprache(n) verfasst sein.

In der Fassung vom 26.11.2014 (ABl. EU Nr. L 352 v. 9.12.2014, S. 1).

Die **Sprache**, in der das Basisinformationsblatt abgefasst oder in die es übersetzt ist, richtet sich danach, in welchen Mitgliedstaaten oder in welchen Teilen eines Mitgliedstaates das Basisinformationsblatt an Kleinanleger vertrieben wird. Ein **Vertrieb** liegt nicht erst vor, wenn Kleinanleger angesprochen oder beraten werden, sondern bereits bei Werbemaßnahmen oder einer an die Allgemeinheit gerichteten invitatio ad offerendum (s. Anh. zu § 166: Art. 5 PRIIP-VO Rz. 2). Es genügt, dass der Vertrieb nicht durch den PRIIP-Hersteller, sondern durch Dritte erfolgt[1], es sei denn der PRIIP-Hersteller hat angemessene Maßnahmen ergriffen, dass kein Verkauf von PRIIP an Kleinanleger erfolgt. Dadurch, dass eine Person, die ein PRIIP in einem Mitgliedstaat vertreibt, eine Website unterhält, auf die auch Kleinanleger aus einem anderen Mitgliedstaat zugreifen können, liegt jedoch noch kein Vertrieb i.S.d. Art. 7 PRIIP-VO in dem anderen Mitgliedstaat vor.[2] 1

15 Vgl. CESR/10-1320 v. 20.12.2010, S. 6.
16 Vgl. CESR/10-1320 v. 20.12.2010, S. 7.
17 Vgl. CESR/10-1320 v. 20.12.2010, S. 7.
18 Vgl. CESR/10-1320 v. 20.12.2010, S. 6 f.
1 EU-Kommission, Leitlinien zur Anwendung der PRIIP-VO v. 7.7.2017 (2017/C 218/02), Rz. 16 f.
2 EU-Kommission, Leitlinien zur Anwendung der PRIIP-VO v. 7.7.2017 (2017/C 218/02), Rz. 14.

2 Das Basisinformationsblatt muss entweder in allen **Amtssprachen** eines Mitgliedstaates, in dem das PRIIP vertrieben wird, vorliegen oder in nur einem Teil der Amtssprachen, wenn diese in dem Teil des Mitgliedstaates, in dem das PRIIP vertrieben wird, verwendet werden, oder in einer **anderen Sprache**, wenn diese von den zuständigen Behörden des Mitgliedstaates, in dem das PRIIP vertrieben wird, akzeptiert wird (Art. 7 Abs. 1 Satz 1 Halbs. 1 PRIIP-VO). Dies könnte dazu führen, dass die Behörden eine Sprache akzeptieren, die nicht hinreichend von den Kleinanlegern beherrscht wird, an die das PRIIP vertrieben wird, was dem Anlegerschutz als Ziel der PRIIP-VO (ErwGr. 1 bis 3 PRIIP-VO) zuwiderlaufen würde.

3 Neben den genannten Amtssprachen oder durch die zuständige Behörde akzeptierten Sprachen muss das Basisinformationsblatt auch in den **weiteren Amtssprachen** vorliegen, in denen Werbeunterlagen verfasst sind, mit deren Hilfe das PRIIP in dem jeweiligen Mitgliedstaat vertrieben wird (Art. 7 Abs. 2 PRIIP-VO). Nicht erfasst ist der Fall, dass der Vertrieb in einer Sprache erfolgt bzw. die Werbeunterlagen in einer Sprache verfasst sind, die keine Amtssprache ist. In diesem Fall ergibt sich jedoch über Art. 5 Abs. 1 i.V.m. Art. 7 Abs. 1 Satz 1 PRIIP-VO die Pflicht, ein Basisinformationsblatt in einer Amtssprache oder einer durch die zuständige Behörde akzeptierten Sprache zu veröffentlichen.

4 Ist das Basisinformationsblatt in einer anderen Sprache abgefasst als der, in der es vorliegen muss, ist es in diese Sprache zu übersetzen (Art. 7 Abs. 1 Satz 1 Halbs. 2 PRIIP-VO). Die **Übersetzung** muss den Inhalt des ursprünglichen Basisinformationsblatts zuverlässig und genau wiedergeben (Art. 7 Abs. 1 Satz 2 PRIIP-VO), darf also vom Inhalt der Originalfassung nicht abweichen. Im Übrigen gelten die Regelungen der PRIIP-VO auch, wenn ein übersetztes Basisinformationsblatt verwendet wird. Dies gilt insbesondere für Anforderungen an die formale, inhaltliche und sprachliche Gestaltung. Für die Übersetzung ist der PRIIP-Hersteller verantwortlich, da er das übersetzte Basisinformationsblatt auf seiner Internetseite zu veröffentlichen hat (Art. 5 Abs. 1 PRIIP-VO) und für die Genauigkeit der Übersetzung verantwortlich ist (Art. 11 PRIIP-VO).[3]

Art. 8 [Titel und Inhalt des Basisinformationsblatts]

(1) Der Titel „Basisinformationsblatt" steht oben auf der ersten Seite des Basisinformationsblatts.

Die Reihenfolge der Angaben im Basisinformationsblatt richtet sich nach den Absätzen 2 und 3.

(2) Unmittelbar unter dem Titel des Basisinformationsblatts folgt eine Erläuterung mit folgendem Wortlaut:

„Dieses Informationsblatt stellt Ihnen wesentliche Informationen über dieses Anlageprodukt zur Verfügung. Es handelt sich nicht um Werbematerial. Diese Informationen sind gesetzlich vorgeschrieben, um Ihnen dabei zu helfen, die Art, das Risiko, die Kosten sowie die möglichen Gewinne und Verluste dieses Produkts zu verstehen, und Ihnen dabei zu helfen, es mit anderen Produkten zu vergleichen."

(3) Das Basisinformationsblatt enthält folgende Angaben:

a) am Anfang des Informationsblatts den Namen des PRIIP, die Identität und Kontaktdaten des PRIIP-Herstellers, Angaben über die zuständige Behörde des PRIIP-Herstellers und das Datum des Informationsblatts;

b) gegebenenfalls einen Warnhinweis mit folgendem Wortlaut: „Sie sind im Begriff, ein Produkt zu erwerben, das nicht einfach ist und schwer zu verstehen sein kann.";

c) in einem Abschnitt mit der Überschrift „Um welche Art von Produkt handelt es sich?" die Art und die wichtigsten Merkmale des PRIIP, darunter:

i) die Art des PRIIP;

ii) seine Ziele und die zu deren Erreichung eingesetzten Mittel, insbesondere, ob die Ziele durch direkte oder indirekte Abhängigkeit von zugrunde liegenden Vermögensgegenständen erreicht werden, einschließlich einer Beschreibung der zugrunde liegenden Instrumente oder Referenzwerte, so auch der Angabe, in welche Märkte das PRIIP investiert, und einschließlich gegebenenfalls bestimmter ökologischer oder sozialer Ziele, die das Produkt anstrebt, sowie die Methode zur Ermittlung der Rendite;

iii) eine Beschreibung des Kleinanlegertyps, an den das PRIIP vermarktet werden soll, insbesondere was die Fähigkeit, Anlageverluste zu verkraften, und den Anlagehorizont betrifft;

3 Vgl. EU-Kommission, Leitlinien zur Anwendung der PRIIP-VO v. 7.7.2017 (2017/C 218/02), Rz. 14.

iv) Einzelheiten zu den Versicherungsleistungen, die das PRIIP gegebenenfalls bietet, einschließlich der Umstände, unter denen diese fällig würden;

v) die Laufzeit des PRIIP, falls bekannt;

d) in einem Abschnitt mit der Überschrift „Welche Risiken bestehen und was könnte ich im Gegenzug dafür bekommen?" eine kurze Beschreibung des Risiko-/Renditeprofils, die Folgendes umfasst:

i) einen Gesamtrisikoindikator, ergänzt durch eine erläuternde Beschreibung dieses Indikators und seiner Hauptbeschränkungen sowie eine erläuternde Beschreibung der Risiken, die für das PRIIP wesentlich sind und die von dem Gesamtrisikoindikator nicht angemessen erfasst werden;

ii) den möglichen höchsten Verlust an angelegtem Kapital, einschließlich Information darüber,

- ob der Kleinanleger das gesamte angelegte Kapital verlieren kann,
- ob der Kleinanleger das Risiko trägt, für zusätzliche finanzielle Zusagen oder Verpflichtungen, einschließlich Eventualverbindlichkeiten, über das in dem PRIIP angelegte Kapital hinaus aufkommen zu müssen, und
- gegebenenfalls ob das PRIIP einen Kapitalschutz enthält, der vor Marktrisiken schützt, sowie Einzelheiten über dessen Deckungsbereich und Einschränkungen, insbesondere in Bezug darauf, zu welchem Zeitpunkt dies zur Anwendung kommt;

iii) geeignete Performanceszenarien und die ihnen zugrunde liegenden Annahmen;

iv) gegebenenfalls Informationen über die Bedingungen für Renditen für Kleinanleger oder über eingebaute Leistungshöchstgrenzen;

v) eine Erklärung darüber, dass die Steuergesetzgebung des Mitgliedstaats des Kleinanlegers Auswirkungen auf die tatsächliche Auszahlung haben kann;

e) in einem Abschnitt mit der Überschrift „Was geschieht, wenn der [Name des PRIIP-Herstellers] nicht in der Lage ist, die Auszahlung vorzunehmen?" eine kurze Erläuterung dazu, ob der Verlust durch ein Entschädigungs- oder Sicherungssystem für den Anleger gedeckt ist und, falls ja, durch welches System, welches der Name des Sicherungsgebers ist sowie welche Risiken durch das System gedeckt sind und welche nicht;

f) in einem Abschnitt mit der Überschrift „Welche Kosten entstehen?" die mit einer Anlage in das PRIIP verbundenen Kosten, einschließlich der dem Kleinanleger entstehenden direkten und indirekten Kosten, einschließlich einmaliger und wiederkehrender Kosten, dargestellt in Form von Gesamtindikatoren dieser Kosten und, um Vergleichbarkeit zu gewährleisten, die aggregierten Gesamtkosten in absoluten und Prozentzahlen, um die kombinierten Auswirkungen der Gesamtkosten auf die Anlage aufzuzeigen.

Das Basisinformationsblatt enthält einen eindeutigen Hinweis darauf, dass Berater, Vertriebsstellen oder jede andere Person, die zu dem PRIIP berät oder es verkauft, detaillierte Informationen zu etwaigen Vertriebskosten vorlegen muss, die nicht bereits in den oben beschriebenen Kosten enthalten sind, sodass der Kleinanleger in der Lage ist, die kumulative Wirkung, die diese aggregierten Kosten auf die Anlagerendite haben, zu verstehen;

g) in einem Abschnitt mit der Überschrift „Wie lange sollte ich die Anlage halten, und kann ich vorzeitig Geld entnehmen?"

i) gegebenenfalls ob es eine Bedenkzeit oder eine Widerrufsfrist für das PRIIP gibt;

ii) einen Hinweis auf die empfohlene und gegebenenfalls vorgeschriebene Mindesthaltedauer;

iii) die Möglichkeit der vorzeitigen Auflösung der Anlage (Desinvestition) sowie der Bedingungen hierfür einschließlich aller anwendbaren Gebühren und Vertragsstrafen unter Berücksichtigung des Risiko- und Renditeprofils des PRIIP und der Marktentwicklung, auf die es abzielt;

iv) Angaben zu den möglichen Folgen, einschließlich Kosten, der Einlösung des PRIIP vor Ende der Laufzeit oder der empfohlenen Haltedauer, wie etwa den Verlust des Kapitalschutzes oder zusätzliche abhängige Gebühren;

h) in einem Abschnitt mit der Überschrift „Wie kann ich mich beschweren?" Informationen darüber, wie und bei wem der Kleinanleger eine Beschwerde über das Produkt oder über das Verhalten des PRIIP-Herstellers oder einer Person, die über das Produkt berät oder es verkauft, einlegen kann;

i) in einem Abschnitt mit der Überschrift „Sonstige zweckdienliche Angaben" einen kurzen Hinweis auf etwaige zusätzliche Informationsunterlagen, die dem Kleinanleger vor und/oder nach Vertragsabschluss vor[ge]legt werden, mit Ausnahme von Werbematerialien.

(4) Der Kommission wird die Befugnis übertragen, gemäß Artikel 30 delegierte Rechtsakte zu erlassen, in denen die Einzelheiten der Verfahren festgelegt werden, mit denen festgestellt wird, ob ein PRIIP bestimmte ökologische oder soziale Ziele anstrebt.

(5) Um die einheitliche Anwendung dieses Artikels zu gewährleisten, arbeiten die Europäischen Aufsichtsbehörden im Wege des Gemeinsamen Ausschusses der Europäischen Aufsichtsbehörden (im Folgenden „Gemeinsamer Ausschuss") Entwürfe technischer Regulierungsstandards aus, in denen Folgendes festgelegt wird:

a) die Einzelheiten der Darstellung und des Inhalts der in Absatz 3 genannten Informationen,

b) die Methodik für die Darstellung von Risiko und Rendite gemäß Absatz 3 Buchstabe d Ziffern i und iii, und

c) die Methodik zur Berechnung der Kosten, einschließlich der Festlegung der Gesamtindikatoren, gemäß Absatz 3 Buchstabe f.

Bei der Ausarbeitung der Entwürfe technischer Regulierungsstandards tragen die Europäischen Aufsichtsbehörden den verschiedenen Arten von PRIIP, den Unterschieden zwischen ihnen und den Kompetenzen von Kleinanlegern sowie den Merkmalen von PRIIP Rechnung, um es dem Kleinanleger ermöglichen, zwischen verschiedenen zugrunde liegenden Anlagen oder sonstigen Optionen, die das Produkt bietet, zu wählen, wobei auch zu beachten ist, ob diese Wahl zu unterschiedlichen Zeitpunkten vorgenommen oder später geändert werden kann.

Die Europäischen Aufsichtsbehörden legen der Kommission diese Entwürfe technischer Regulierungsstandards bis zum 31. März 2016 vor.

Der Kommission wird die Befugnis übertragen, die technischen Regulierungsstandards nach Unterabsatz 1 gemäß den Artikeln 10 bis 14 der Verordnung (EU) Nr. 1093/2010, der Verordnung (EU) Nr. 1094/2010 und der Verordnung (EU) Nr. 1095/2010 zu erlassen.

In der Fassung vom 26.11.2014 (ABl. EU Nr. L 352 v. 9.12.2014, S. 1), geändert durch Berichtigung vom 13.12.2014 (ABl. EU Nr. L 358 v. 13.12.2014, S. 50).

I. Allgemeines

1 Der Titel und die Erläuterung des Basisinformationsblattes sowie die aufzunehmenden Angaben unterliegen einer **detaillierten Regelung** in Art. 8 Abs. 1 bis 3 PRIIP-VO. Diese wird darüber hinaus gem. Art. 8 Abs. 5 PRIIP-VO durch die noch detaillierteren Art. 1 bis 14 Delegierte Verordnung (EU) 2017/653 und ihre Anhänge I bis VII konkretisiert, die auch verbindliche Mustervorlagen enthalten. Die Regelungen des Inhalts des maximal dreiseitigen Basisinformationsblattes umfassen damit insgesamt fast 50 Seiten im Amts-

blatt. Weitere Vorgaben ergeben sich aus den bisher veröffentlichten Q&A der ESA;[1] diese sind zwar nicht rechtlich verbindlich, wohl aber faktisch, indem sie die Verwaltungspraxis spiegeln. Aufgrund dieser sehr detaillierten Vorgaben kann im Rahmen dieses Kommentars nur ein grober Überblick mit punktuellen Vertiefungen gegeben werden. Zur Frage, wie eingehend und verständlich die einzelnen Angaben zu sein haben, s. Anh. zu § 166: Art. 6 PRIIP-VO Rz. 3 ff.

Die Vorgaben des Art. 8 PRIIP-VO für das Basisinformationsblatt sind **zwingend**. Weder der Titel und die Erläuterung noch die Überschriften und Reihenfolge der Abschnitte mit den Angaben dürfen angepasst werden (vgl. Art. 8 Abs. 1 Satz 2 PRIIP-VO).[2] Zwingend sind auch die Vorgaben der Art. 1 bis 14 Delegierte Verordnung (EU) 2017/653 und ihrer Anhänge I bis VII, insbesondere die Mustervorlage nach Art. 9 i.V.m. Anhang I Delegierte Verordnung (EU) 2017/653. Nach den bisher veröffentlichen Q&A der ESA[3] sind Abweichungen in Angaben und Wortlaut in Einzelfällen zulässig.[4] 2

II. Titel und Erläuterung des Basisinformationsblattes (Art. 8 Abs. 1 und 2 PRIIP-VO)

Das Basisinformationsblatt muss oben auf der ersten Seite den **Titel** „Basisinformationsblatt" stehen haben (Art. 8 Abs. 1 Satz 1 PRIIP-VO). Dieser Titel muss als solcher erkennbar, also gegenüber dem übrigen Text hervorgehoben sein, etwa durch Zentrierung, Fettdruck oder eine größere Schrift. In der Mustervorlage nach Art. 9 i.V.m. Anhang I Delegierte Verordnung (EU) 2017/653 ist sie auch in einer anderen Farbe gehalten und hat einen andersfarbigen Hintergrund als der übrige Text und die übrigen Überschriften. 3

Unmittelbar unter dem Titel hat eine **Erläuterung** mit folgendem Wortlaut zu stehen: 4

„Dieses Informationsblatt stellt Ihnen wesentliche Informationen über dieses Anlageprodukt zur Verfügung. Es handelt sich nicht um Werbematerial. Diese Informationen sind gesetzlich vorgeschrieben, um Ihnen dabei zu helfen, die Art, das Risiko, die Kosten sowie die möglichen Gewinne und Verluste dieses Produkts zu verstehen, und Ihnen dabei zu helfen, es mit anderen Produkten zu vergleichen."

Unmittelbar bedeutet, dass sich zwischen dem Titel und der Erläuterung kein weiterer Text und auch kein größerer Abstand, der den räumlichen Zusammenhang aufhebt, befinden darf. Gemäß der Mustervorlage nach Art. 9 i.V.m. Anhang I Delegierte Verordnung (EU) 2017/653 PRIIP-VO hat über der Erläuterung die durch Größe, Fettdruck und Farbe gegenüber dem normalen Text hervorgehobene **Überschrift „Zweck"** zu stehen und ist die Erläuterung im Gegensatz zum übrigen normalen Text farblich hinterlegt.

III. Angaben (Art. 8 Abs. 3 PRIIP-VO)

Die **Angaben** im Basisinformationsblatt, die sich auf das jeweilige PRIIP beziehen, sind in Art. 8 Abs. 3 PRIIP-VO geregelt. Es handelt sich um allgemeine Angaben zur Identifikation und um weitere Angaben über das PRIIP, die jeweils in Abschnitten mit einer entsprechenden Überschrift in Frageform stehen, sowie ggf. um einen Warnhinweis. Die genauen Angaben konkretisiert Art. 1 Satz 1 Delegierte Verordnung (EU) 2017/653. Die Reihenfolge der Abschnitte und ihre Überschriften sind verbindlich (Art. 8 Abs. 1 Satz 2 PRIIP-VO). Nach der Mustervorlage nach Art. 9 i.V.m. Anhang I Delegierte Verordnung (EU) 2017/653 sind die Überschriften durch Größe, Fettdruck und Farbe gegenüber dem normalen Text hervorgehoben. 5

1. Angaben zum Produkt (Art. 8 Abs. 3 Buchst. a PRIIP-VO)

Unter der durch Größe, Fettdruck und Farbe gegenüber dem normalen Text hervorgehobenen Überschrift **„Produkt"** sind nach der Erläuterung zunächst der Name des PRIIP, die Identität und die Kontaktdaten (Internetseite und Telefonnummer) des PRIIP-Herstellers, die zuständige Behörde des PRIIP-Herstellers und das Erstellungsdatum des Basisinformationsblatts anzugeben (Art. 8 Abs. 3 Buchst. a PRIIP-VO). Detaillierte Vorgaben ergeben sich aus Art. 1 und der Mustervorlage nach Art. 9 i.V.m. Anhang I Delegierte Verordnung (EU) 2017/653. Die Angaben über die zuständige Behörde beziehen sich nur auf die zuständi- 6

1 Joint Comittee of the European Supervisory Authorities, Questions and answers (Q&A) on the PRIIPs KID v. 20.11.2017 (JC 2017 49), abrufbar unter https://esas-joint-committee.europa.eu/Pages/Activities/Packaged-Retail-and-Insurance-Based-Investment-Products.aspx.

2 Vgl. EU-Kommission, Leitlinien zur Anwendung der PRIIP-VO v. 7.7.2017 (2017/C 218/02), Rz. 20.

3 Joint Comittee of the European Supervisory Authorities, Questions and answers (Q&A) on the PRIIPs KID v. 20.11.2017 (JC 2017 49), abrufbar unter https://esas-joint-committee.europa.eu/Pages/Activities/Packaged-Retail-and-Insurance-Based-Investment-Products.aspx.

4 *Gerold/Kohleick*, RdF 2017, 276, 281.

ge Behörde des Mitgliedstaats, in dem der PRIIP-Hersteller niedergelassen ist, und nicht der Mitgliedstaaten, in denen der PRIIP-Hersteller seine Tätigkeiten ausübt.[5]

2. Warnhinweis (Art. 8 Abs. 3 Buchst. b PRIIP-VO)

7 Bei PRIIP, die nicht einfach und für Kleinanleger möglicherweise schwer zu verstehen sind, muss das Basisinformationsblatt anschließend einen **Warnhinweis** mit dem Wortlaut

„Sie sind im Begriff, ein Produkt zu erwerben, das nicht einfach ist und schwer zu verstehen sein kann."

enthalten (Art. 8 Abs. 3 Buchst. b PRIIP-VO). Diesem Text ist nach der Mustervorlage gem. Art. 9 i.V.m. Anhang I Delegierte Verordnung (EU) 2017/653 das Wort „Warnhinweis" voranzustellen.

8 Der Warnhinweis ist „gegebenenfalls" anzubringen, also wenn ein PRIIP **nicht einfach und schwer zu verstehen** ist.[6] Dies ist nach Erwägungsgrund 18 PRIIP-VO in drei Fällen gegeben. Der erste Fall ist, dass das PRIIP in zugrunde liegende Vermögensgegenstände investiert, in welche Kleinanleger normalerweise nicht anlegen. Der zweite Fall ist, dass mehrere unterschiedliche Verfahren verwendet werden, um die endgültige Anlagerendite zu errechnen, wodurch sich die Gefahr von Missverständnissen beim Kleinanleger erhöht. Der dritte Fall ist das Ausnutzen der Verhaltensmuster der Kleinanleger durch die Gestaltung der Anlagerendite, indem diese etwa zunächst eine verlockende Festverzinsung bietet, die durch eine viel höhere bedingte variable Verzinsung abgelöst wird, oder indem sie auf eine iterative Formel aufbaut. Darüber hinaus soll dies der Fall sein, wenn das Risiko-/Renditeprofil davon ab hängt, ob gleichzeitig zwei oder mehr Ereignisse eintreten und diese an mindestens zwei verschiedene Anlageklassen geknüpft sind, oder wenn die nach Value-at-Risk-Ansatz berechnete Risikoposition im Zeitpunkt des Erwerbs höher als 20 Prozent ist.[7] Maßgeblich ist jeweils das Kriterium der Komplexität.[8]

9 Eine positive Liste der PRIIP, bei denen **kein Warnhinweis** vorgeschrieben ist, enthält Art. 1 Satz 2 Delegierte Verordnung (EU) 2017/653. Denn danach ist der Warnhinweis vorgeschrieben, wenn ein Versicherungsanlageprodukt nicht die Anforderungen des Art. 30 Abs. 3 Buchst. a Versicherungsvertrieb-RL (EU) 2016/97 erfüllt oder wenn ein PRIIP nicht eins der in Art. 25 Abs. 3 Buchst. a MiFID-RL genannten Finanzinstrumente ist. Allerdings ist diese Regelung nicht von der Ermächtigungsgrundlage des Art. 8 Abs. 5 PRIIP-VO gedeckt, so dass sie nur einen Anhaltspunkt für die Auslegung des Art. 8 Abs. 3 Buchst. b PRIIP-VO darstellt.

3. Abschnitt „Um welche Art von Produkt handelt es sich?" (Art. 8 Abs. 3 Buchst. c PRIIP-VO)

10 Anschließend an die Angaben zum Produkt und den Warnhinweisen ist ein Abschnitt mit der Überschrift „Um welche Art von Produkt handelt es sich?" aufzunehmen, der Angaben über **die Art und die wichtigsten Merkmale des PRIIP** umfasst (Art. 8 Abs. 3 Buchst. c PRIIP-VO). Diese Angaben umfassen insbesondere die Art des PRIIP, die Ziele des PRIIP, die auch ökologische und soziale Ziele umfassen können, und die zu deren Erreichung eingesetzten Mittel, eine Beschreibung des Kleinanlegertyps, an den das PRIIP vermarktet werden soll, sowie, falls das PRIIP Versicherungsleistungen bietet, Einzelheiten hierzu und, falls bekannt, die Laufzeit des PRIIP (Art. 8 Abs. 3 Buchst. c Nr. i-v PRIIP-VO). Nähere Vorgaben zu diesen Angaben enthält Art. 2 Delegierte Verordnung (EU) 2017/653. Nach der Mustervorlage gem. Art. 9 i.V.m. Anhang I Delegierte Verordnung (EU) 2017/653 ist die Überschrift dieses Abschnitts durch Größe, Fettdruck und Farbe gegenüber dem normalen Text hervorzuheben und der Abschnitt einschließlich der Überschrift anders als der umgebende Text farblich zu hinterlegen. Für den Fall, dass bei PRIIP mit verschiedenen Anlageoptionen ein generisches Basisinformationsblatt zur Beschreibung des PRIIP erstellt wird, gelten die spezifischen Bestimmungen der Art. 11 und 14 Delegierte Verordnung (EU) 2017/653 (Art. 10 Buchst. b Delegierte Verordnung (EU) 2017/653).

4. Abschnitt „Welche Risiken bestehen und was könnte ich im Gegenzug dafür bekommen?" (Art. 8 Abs. 3 Buchst. d PRIIP-VO)

11 Daran anschließend ist ein Abschnitt mit der Überschrift „Welche Risiken bestehen und was könnte ich im Gegenzug dafür bekommen?" aufzunehmen, der das **Risiko-/Renditeprofil** beschreibt (Art. 8 Abs. 3 Buchst. d Nr. i-v PRIIP-VO). Diese Angaben umfassen insbesondere einen Gesamtrisikoindikator mit erläuternden Beschreibungen (i), den möglichen höchsten Verlust an angelegtem Kapital einschließlich darü-

---

5 EU-Kommission, Leitlinien zur Anwendung der PRIIP-VO v. 7.7.2017 (2017/C 218/02), Rz. 22.

6 Kritisch *Beyer* VersR 2016, 293, 295; *Schneider*, VersR 2017, 1429, 1431; *Schneider* in Prölss/Martin, VVG, 30. Aufl. 2018, 35. VO (EU) 1286/2014 Art. 8 Rz. 5.

7 So *Gebhardt/Waßman*, WPg 2018, 701, 704.

8 *Gebhardt/Waßman*, WPg 2018, 701, 704 Fn. 19; vgl. auch *Schneider*, VersR 2017, 1429, 1431; *Schneider* in Prölss/Martin, VVG, 30. Aufl. 2018, 35. VO (EU) 1286/2014 Art. 8 Rz. 5.

ber hinausgehender Verlustrisiken (ii), geeignete Performanceszenarien und die ihnen zugrunde liegenden Annahmen (iii), gegebenenfalls Informationen über die Bedingungen für Renditen für Kleinanleger oder über eingebaute Leistungshöchstgrenzen (iv) sowie eine Erklärung darüber, dass die Steuergesetzgebung des Mitgliedstaats des Kleinanlegers Auswirkungen auf die tatsächliche Auszahlung haben kann (V). Nähere Vorgaben zu diesen Angaben enthält Art. 3 Nr. 1 bis 5 Delegierte Verordnung (EU) 2017/653. Nach der Mustervorlage gem. Art. 9 i.V.m. Anhang I Delegierte Verordnung (EU) 2017/653 ist die Überschrift dieses Abschnitts durch Größe, Fettdruck und Farbe gegenüber dem normalen Text hervorzuheben. Für den Fall, dass bei PRIIP mit verschiedenen Anlageoptionen ein generisches Basisinformationsblatt zur Beschreibung des PRIIP erstellt wird, gelten die spezifischen Bestimmungen der Art. 12 und 14 Delegierte Verordnung (EU) 2017/653 (Art. 10 Buchst. b Delegierte Verordnung (EU) 2017/653).

Vorgaben für die Methodik die **Darstellung des Risikos**, also die Marktrisikobewertung, die Methode für die Bewertung des Kreditrisikos, die Aggregation des Markt- und Kreditrisikos im **Gesamtrisikoindikator** sowie das Liquiditätsrisiko enthält Art. 3 Abs. 1 i.V.m. Anhang II Delegierte Verordnung (EU) 2017/653. Vorgaben für die grafische Darstellung des Gesamtrisikoindikators, einschließlich des Darstellungsformats mittels einer Skala von 1 bis 7 von geringerem zu höherem Risiko, eines Leitfadens für die Angaben zum Gesamtrisikoindikator und Erläuterungen, enthält Art. 3 Abs. 1 i.V.m. Anhang III Delegierte Verordnung (EU) 2017/653. 12

Vorgaben für die **Performance-Szenarien**, also die Anzahl der Szenarien, die Berechnung der Szenario-Werte für die empfohlene Haltedauer, die Berechnung der erwarteten Werte für dazwischen liegende Halteperioden und allgemeine Anforderungen, enthält Art. 3 Abs. 1 i.V.m. Anhang IV Delegierte Verordnung (EU) 2017/653. Vorgaben für die **Methodik der Darstellung der Performance-Szenarien** einschließlich Mustervorlagen für die grafische Darstellung enthält Art. 3 Abs. 1 i.V.m. Anhang V Delegierte Verordnung (EU) 2017/653. 13

5. Abschnitt „Was geschieht, wenn der [Name des PRIIP-Herstellers] nicht in der Lage ist, die Auszahlung vorzunehmen?" (Art. 8 Abs. 3 Buchst. e PRIIP-VO)

Daran anschließend ist ein Abschnitt mit der Überschrift „Was geschieht, wenn der [Name des PRIIP-Herstellers] nicht in der Lage ist, die Auszahlung vorzunehmen?" aufzunehmen, der kurz erläutert, ob und ggf. wie ein **Verlust** durch ein **Entschädigungs- oder Sicherungssystem für Anleger** gedeckt ist (Art. 8 Abs. 3 Buchst. e PRIIP-VO). Nähere Vorgaben zu diesen Angaben enthält Art. 4 Delegierte Verordnung (EU) 2017/653. Diese umfassen insbesondere auch die Angabe, ob der Kleinanleger aufgrund des Ausfalls des PRIIP-Herstellers oder eines anderen Rechtsträgers einen finanziellen Verlust erleiden kann. Dort nicht erwähnt sind die Angaben, durch welches Sicherungssystem ein solcher Verlust gedeckt ist und wer der Sicherungsgeber ist; die Verpflichtung zu diesen Angaben ergibt sich aber bereits aus der PRIIP-VO, da die Delegierte Verordnung die in der PRIIP-VO vorgesehenen Angaben zwar konkretisieren kann, indem sie Einzelheiten festlegt, nicht jedoch die Pflicht, bestimmte Angaben zu machen, vollständig aufheben kann (vgl. Art. 8 Abs. 5 Satz 1 Buchst. a PRIIP-VO). Nach der Mustervorlage gem. Art. 9 i.V.m. Anhang I Delegierte Verordnung (EU) 2017/653 ist die Überschrift dieses Abschnitts durch Größe, Fettdruck und Farbe gegenüber dem normalen Text hervorzuheben. 14

6. Abschnitt „Welche Kosten entstehen?" (Art. 8 Abs. 3 Buchst. f PRIIP-VO)

Daran anschließend ist ein Abschnitt mit der Überschrift „Welche Kosten entstehen?" aufzunehmen, der die mit einer Anlage in das PRIIP verbundenen **Kosten** angibt (Art. 8 Abs. 3 Buchst. f PRIIP-VO). Diese Angaben umfassen insbesondere die direkten und indirekten Kosten in Form von Gesamtindikatoren und die aggregierten Gesamtkosten in absoluten Zahlen und in Prozentzahlen. Zudem muss das Basisinformationsblatt einen eindeutigen Hinweis darauf enthalten, jede Person, die zu dem PRIIP berät oder es verkauft, verpflichtet ist, detaillierte Informationen zu etwaigen Vertriebskosten vorzulegen, die nicht bereits in den oben beschriebenen Kosten enthalten sind, und so den Kleinanleger in die Lage versetzen, die kumulative Wirkung dieser aggregierten Kosten auf die Anlagerendite zu verstehen. 15

Nähere Vorgaben zu diesen Angaben enthält Art. 5 Delegierte Verordnung (EU) 2017/653. Diese umfassen Vorgaben für die Methodik der Berechnung der Kosten hinsichtlich der Aufstellung der Kosten bei Investmentfonds (AIF und OGAW), bei anderen PRIIP als Investmentfonds und bei Versicherungsanlageprodukten sowie für die Gesamtkostenindikatoren und die kombinierte Wirkung der Kosten in Anhang VI und Vorgaben für die Darstellung der Kosten mit Tabellen für die Kosten im Zeitverlauf und die Zusammensetzung der Kosten in Anhang VII. Nach der Mustervorlage gem. Art. 9 i.V.m. Anhang I Delegierte Verordnung (EU) 2017/653 ist die Überschrift dieses Abschnitts durch Größe, Fettdruck und Farbe gegenüber dem normalen Text hervorzuheben. Für den Fall, dass bei PRIIP mit verschiedenen Anlageoptionen ein ge- 16 nerisches Basisinformationsblatt zur Beschreibung des PRIIP erstellt wird, gelten die spezifischen Bestimmungen der Art. 13 und 14 Delegierte Verordnung (EU) 2017/653 (Art. 10 Buchst. b Delegierte Verordnung (EU) 2017/653).

7. Abschnitt „Wie lange sollte ich die Anlage halten, und kann ich vorzeitig Geld entnehmen?" (Art. 8 Abs. 3 Buchst. g PRIIP-VO)

17 Daran anschließend ist ein Abschnitt mit der Überschrift „Wie lange sollte ich die Anlage halten, und kann ich vorzeitig Geld entnehmen?" aufzunehmen, der **die Dauer der zeitlichen Bindung an die Anlage** beschreibt (Art. 8 Abs. 3 Buchst. g Nr. i-iv PRIIP-VO). Diese Angaben umfassen insbesondere einen Hinweis auf die empfohlene Haltedauer und ggf. die vorgeschriebene Mindesthaltedauer, Angaben über die Möglichkeit der vorzeitigen Auflösung der Anlage sowie der Bedingungen hierfür und Angaben zu den möglichen Folgen der Einlösung des PRIIP vor Ende der Laufzeit oder der empfohlenen Haltedauer sowie ggf. die Angabe, ob es eine Bedenkzeit oder eine Widerrufsfrist für das PRIIP gibt. Nähere Vorgaben zu diesen Angaben enthält Art. 5 Delegierte Verordnung (EU) 2017/653. Nach der Mustervorlage gem. Art. 9 i.V.m. Anhang I Delegierte Verordnung (EU) 2017/653 ist die Überschrift dieses Abschnitts durch Größe, Fettdruck und Farbe gegenüber dem normalen Text hervorzuheben; ebenso die empfohlene Haltedauer bzw. die vorgeschriebene Mindesthaltedauer, die zudem anders als der umgebende Text farbig zu hinterlegen sind.

8. Abschnitt „Wie kann ich mich beschweren?" (Art. 8 Abs. 3 Buchst. h PRIIP-VO)

18 Daran anschließend ist ein Abschnitt mit der Überschrift „Wie kann ich mich beschweren?" aufzunehmen, der Informationen darüber gibt, wie und bei wem eine **Beschwerde** der Kleinanleger über das PRIIP, das Verhalten des PRIIP-Hersteller oder das Verhalten einer Person, die über das PRIIP berät oder es verkauft, möglich ist (Art. 8 Abs. 3 Buchst. h PRIIP-VO). Nähere Vorgaben zu diesen Angaben enthält Art. 7 Delegierte Verordnung (EU) 2017/653. Nach der Mustervorlage gem. Art. 9 i.V.m. Anhang I Delegierte Verordnung (EU) 2017/653 ist die Überschrift dieses Abschnitts durch Größe, Fettdruck und Farbe gegenüber dem normalen Text hervorzuheben.

9. Abschnitt „Sonstige zweckdienliche Angaben" (Art. 8 Abs. 3 Buchst. i PRIIP-VO)

19 Daran anschließend ist ein Abschnitt mit der Überschrift „Sonstige zweckdienliche Angaben" aufzunehmen, der einen kurzen Hinweis auf etwaige **zusätzliche Informationsunterlagen** enthält, die dem Kleinanleger vor und/oder nach Vertragsschluss vorgelegt werden, es sei denn, es handelt sich um Werbematerialien (Art. 8 Abs. 3 Buchst. i PRIIP-VO). Nähere Vorgaben zu diesen Angaben enthält Art. 8 Delegierte Verordnung (EU) 2017/653. Danach ist anzugeben, ob die Vorlage der Unterlagen gesetzlich vorgeschrieben oder auf Anfrage des Kleinanlegers erfolgt. Zudem können die Informationen in zusammengefasster Form bereitgestellt werden, etwa durch die Angabe eines Links zu einer Internetseite. Nach der Mustervorlage gem. Art. 9 i.V.m. Anhang I Delegierte Verordnung (EU) 2017/653 ist die Überschrift dieses Abschnitts durch Größe, Fettdruck und Farbe gegenüber dem normalen Text hervorzuheben. Zu den sonstigen zweckdienlichen Angaben sind insbesondere etwaige Prospekte sowie Jahresabschlüsse und ähnliches zu zählen. Auf ein Produkt, das kein PRIIP ist und zusammen mit einem PRIIP angeboten wird, darf nur im diesem Abschnitt verwiesen werden, wenn die in Art. 8 Abs. 3 Buchst. a bis h PRIIP-VO genannten Angaben von diesem Produkt nicht betroffen sind.[9]

IV. Delegierte Rechtsakte (Art. 8 Abs. 4 PRIIP-VO)

20 Art. 8 Abs. 4 PRIIP-VO überträgt der Kommission die **Befugnis zum Erlass delegierter Rechtsakte** gem. Art. 30 PRIIP-VO, in denen die Einzelheiten der Verfahren zur Feststellung festgelegt werden, ob ein PRIIP bestimmte ökologische oder soziale Ziele gem. Art. 8 Abs. 3 Buchst. c PRIIP-VO anstrebt. Bisher liegt ein derartiger Rechtsakt nicht vor, sondern nur eine gemeinsame technische Empfehlung für den delegierten Rechtsakt der ESAs an die Kommission aus dem Juli 2017.[10]

9 EU-Kommission, Leitlinien zur Anwendung der PRIIP-VO v. 7.7.2017 (2017/C 218/02), Rz. 19.

10 Joint Comittee of the European Supervisory Authorities, Joint Technical Advice on the procedures used to establish whether a PRIIP targets specific environmental or social objectives pursuant to Article 8 (4) of Regulation (EU) No 1286/2014 on key information documents (KID) for packaged retail and insurance-based investment products (PRIIPs), JC 2017 43 v. 28.7.2017, abrufbar unter https://esas-joint-committee.europa.eu/Publications/Technical%20Advice/Joint%20Technical%20Advice%20on%20the%20PRIIPs%20with%20environmental%20or%20social%20objectives.pdf.

V. Technische Regulierungsstandards (Art. 8 Abs. 5 PRIIP-VO)

Art. 8 Abs. 5 PRIIP-VO überträgt der Kommission die **Befugnis zum Erlass technischer Regulierungsstandards**, die von den Europäischen Aufsichtsbehörden im Wege des Gemeinsamen Ausschusses der Europäischen Aufsichtsbehörden ausgearbeitet wurden. Diese dient dazu, ein Standardformat für das Basisinformationsblatt zu entwickeln, das Kleinanlegern ermöglicht, unterschiedliche PRIIP zu vergleichen, indem es das Format, die Darstellung und den Inhalt der Informationen mit Blick auf das Verhalten und die Kompetenzen von Verbrauchern sorgfältig abstimmt (ErwGr. 17 PRIIP-VO). Von dieser Befugnis hat die Kommission durch die Delegierte Verordnung (EU) 2017/653 Gebrauch gemacht. 21

Art. 9 [Inhalt der Werbematerialien]

In Werbematerialien, die spezifische Informationen über ein PRIIP enthalten, dürfen keine Aussagen getroffen werden, die im Widerspruch zu den Informationen des Basisinformationsblatts stehen oder die Bedeutung des Basisinformationsblatts herabstufen. In den Werbematerialien ist darauf hinzuweisen, dass es ein Basisinformationsblatt gibt und wie und wo es erhältlich ist, einschließlich der Angabe der Website des PRIIP- Herstellers.

In der Fassung vom 26.11.2014 (ABl. EU Nr. L 352 v. 9.12.2014, S. 1).

Die Informationen in den Basisinformationsblättern dürfen durch Werbematerialien nicht beeinträchtigt werden. Demgemäß dürfen sie keine Aussagen enthalten, die dem Basisinformationsblatt widersprechen oder seine Bedeutung herabstufen. Dieses Verbot gilt nur für Werbematerialen, die spezifische Informationen über ein PRIIP enthalten. 1

Zudem haben die Werbematerialien einen Hinweis auf das Basisinformationsblatt und den Zugang zu diesem zu enthalten. 2

Art. 10 [Überprüfung der enthaltenen Informationen]

(1) Der PRIIP-Hersteller überprüft regelmäßig die in dem Basisinformationsblatt enthaltenen Informationen und überarbeitet das Informationsblatt, wenn sich bei der Überprüfung herausstellt, dass Änderungen erforderlich sind. Die überarbeitete Version wird unverzüglich zur Verfügung gestellt.

(2) Um die einheitliche Anwendung dieses Artikels zu gewährleisten, arbeiten die Europäischen Aufsichtsbehörden im Wege des Gemeinsamen Ausschusses Entwürfe technischer Regulierungsstandards aus, in denen Folgendes festgelegt wird:

a) die Bedingungen der Überprüfung der in dem Basisinformationsblatt enthaltenen Informationen;

b) die Bedingungen, unter denen das Basisinformationsblatt überarbeitet werden muss;

c) die besonderen Bedingungen, unter denen die in dem Basisinformationsblatt enthaltenen Informationen überprüft werden müssen oder das Basisinformationsblatt überarbeitet werden muss, wenn ein PRIIP Kleinanlegern nicht kontinuierlich angeboten wird;

d) die Fälle, in denen Kleinanleger über ein überarbeitetes Basisinformationsblatt für ein von ihnen erworbenes PRIIP unterrichtet werden müssen, sowie die Mittel, mit denen die Kleinanleger zu unterrichten sind.

Die Europäischen Aufsichtsbehörden legen der Kommission diese Entwürfe technischer Regulierungsstandards bis zum 31. Dezember 2015 vor.

Der Kommission wird die Befugnis übertragen, die technischen Regulierungsstandards nach Unterabsatz 1 gemäß den Artikeln 10 bis 14 der Verordnung (EU) Nr. 1093/2010, der Verordnung (EU) Nr. 1094/2010 und der Verordnung (EU) Nr. 1095/2010 zu erlassen.

In der Fassung vom 26.11.2014 (ABl. EU Nr. L 352 v. 9.12.2014, S. 1).

1 Art. 10 PRIIP-VO verpflichtet PRIIP-Hersteller, die **Basisinformationsblätter auf dem neuesten Stand** zu halten, um die Verlässlichkeit der Angaben im Basisinformationsblatt sicherzustellen (ErwGr. 21 PRIIP-VO). Demgemäß muss der PRIIP-Hersteller regelmäßig die in dem Basisinformationsblatt enthaltenen Informationen überprüfen sowie, wenn sich herausstellt, dass Änderungen erforderlich sind, das Informationsblatt überarbeiten und die überarbeitete Version unverzüglich bereitstellen (Art. 10 Abs. 1 PRIIP-VO).

2 Nähere Vorgaben zur **Überprüfungspflicht** enthält Art. 15 Delegierte Verordnung (EU) 2017/653. Danach müssen die PRIIP-Hersteller die im Basisinformationsblatt enthaltenen Informationen mindestens alle zwölf Monate nach der Erstveröffentlichung überprüfen. Unabhängig davon haben sie diese Informationen bei jeder Änderung zu überprüfen, die sich tatsächlich oder wahrscheinlich erheblich auf diese Informationen auswirkt (Art. 15 Nr. 1 Delegierte Verordnung (EU) 2017/653). Demgemäß müssen die PRIIP-Hersteller angemessene Prozesse zur unverzüglichen Ermittlung von Umständen, die sich tatsächlich oder wahrscheinlich auf die Angaben im Basisinformationsblatt auswirken, einführen und so lange unterhalten, wie das PRIIP für Kleinanleger verfügbar ist (Art. 15 Nr. 3 Delegierte Verordnung (EU) 2017/653). Die Überprüfung bezieht sich darauf, ob die im Basisinformationsblatt enthaltenen Informationen weiterhin präzise, redlich, klar und nicht irreführend sind; insbesondere wird geprüft, ob die Anforderungen in Bezug auf Form und Inhalt aus der PRIIP-VO und der Delegierten Verordnung (EU) 2017/653 weiterhin erfüllt sind, ob sich die Marktrisiko- oder Kreditrisikobewertungen des PRIIP geändert haben und ob sich die durchschnittliche Rendite für das mittlere Performance-Szenario des PRIIP geändert hat (Art. 15 Nr. 2 Delegierte Verordnung (EU) 2017/653).

3 Nähere Vorgaben zur **Überarbeitungspflicht** enthält Art. 16 Delegierte Verordnung (EU) 2017/653. Danach muss der PRIIP-Hersteller unverzüglich alle betroffenen Abschnitte des Basisinformationsblattes unverzüglich überarbeiten und das überarbeitete Basisinformationsblatt auf seiner Internetseite veröffentlichen, nachdem die Überprüfung ergeben hat, dass Änderungsbedarf besteht.

4 Die PRIIP-Hersteller können aktualisierte Basisinformationsblätter auch „auf Anfrage" oder „in Echtzeit" erstellen und zur Verfügung stellen; verpflichtet sind sie dazu jedoch nicht.[1]

5 Art. 10 Abs. 2 PRIIP-VO überträgt die Kommission die **Befugnis zum Erlass technischer Regulierungsstandards**, die von den Europäischen Aufsichtsbehörden im Wege des Gemeinsamen Ausschusses der Europäischen Aufsichtsbehörden ausgearbeitet wurden. Von dieser Befugnis hat die Kommission Gebrauch gemacht, indem sie die Überprüfung und Überarbeitung des Basisinformationsblatts in Art. 15 und 16 Delegierte Verordnung (EU) 2017/653 geregelt hat.

Art. 11 [Zivilrechtliche Haftung]

(1) Für einen PRIIP-Hersteller entsteht aufgrund des Basisinformationsblatts und dessen Übersetzung alleine noch keine zivilrechtliche Haftung, es sei denn, das Basisinformationsblatt oder die Übersetzung ist irreführend, ungenau oder stimmt nicht mit den einschlägigen Teilen der rechtlich verbindlichen vorvertraglichen und Vertragsunterlagen oder mit den Anforderungen nach Artikel 8 überein.

(2) Weist ein Kleinanleger nach, dass ihm unter den Umständen nach Absatz 1 aufgrund seines Vertrauens auf ein Basisinformationsblatt bei der Tätigung einer Anlage in das PRIIP, für das dieses Basisinformationsblatt erstellt wurde, ein Verlust entstanden ist, so kann er für diesen Verlust gemäß nationalem Recht Schadensersatz von dem PRIIP-Hersteller verlangen.

(3) Begriffe wie „Verlust" oder „Schadensersatz", auf die in Absatz 2 Bezug genommen wird, ohne dass diese definiert werden, werden im Einklang mit dem geltenden nationalen Recht gemäß den einschlägigen Bestimmungen des internationalen Privatrechts ausgelegt und angewandt.

(4) Dieser Artikel verbietet keine weiteren zivilrechtlichen Haftungsansprüche im Einklang mit dem nationalen Recht.

(5) Die Verpflichtungen gemäß diesem Artikel dürfen nicht durch Vertragsklauseln eingeschränkt oder aufgehoben werden.

In der Fassung vom 26.11.2014 (ABl. EU Nr. L 352 v. 9.12.2014, S. 1).

1 Vgl. EU-Kommission, Leitlinien zur Anwendung der PRIIP-VO v. 7.7.2017 (2017/C 218/02), Rz. 23.

I. Allgemeines

Art. 11 PRIIP-VO soll gewährleisten, dass den Kleinanlegern ein **wirksamer Rechtsbehelf** zur Verfügung 1 steht, falls Basisinformationsblätter irreführend oder fehlerhaft sind oder nicht mit den einschlägigen Teilen der PRIIP-Vertragsunterlagen übereinstimmen; zudem soll er sicherstellen, dass alle Kleinanleger in der EU das gleiche Recht haben, Ersatzansprüche für Schäden infolge einer Nichteinhaltung der PRIIP-VO geltend zu machen (ErwGr. 22 PRIIP-VO). Die drohenden Schadensersatzansprüche sind ein wesentlicher Anreiz für die PRIIP-Hersteller, die inhaltliche Richtigkeit der Basisinformationsblätter sicherzustellen.[1]

II. Haftungsbeschränkung (Art. 11 Abs. 1 PRIIP-VO)

Art. 11 Abs. 1 PRIIP-VO enthält zunächst eine **Beschränkung der zivilrechtlichen Haftung** der PRIIP- 2 Hersteller aufgrund des Basisinformationsblatts und dessen Übersetzung auf bestimmte Mängel. Dies gilt insbesondere für die darin enthaltenen Angaben. Das Basisinformationsblatt oder die Übersetzung als solche können eine Haftung des PRIIP-Herstellers nur begründen, wenn sie irreführend oder ungenau sind oder nicht mit den einschlägigen Teilen der rechtlich verbindlichen vorvertraglichen Vertragsunterlagen oder mit den Anforderungen nach Art. 8 PRIIP-VO bezüglich Titel und Inhalt übereinstimmen. Bloß formale Fehler, etwa eine Überschreitung der Seitenbeschränkung aus Art. 6 Abs. 4 PRIIP-VO, begründen keine Schadensersatzpflicht.[2] Eine zivilrechtliche Haftung aus anderen Gründen wird jedoch gem. Art. 11 Abs. 4 PRIIP-VO nicht ausgeschlossen. Art. 11 Abs. 1 PRIIP-VO legt zugleich die wesentlichen Voraussetzungen für eine Haftung aus Art. 11 Abs. 2 PRIIP-VO fest, da diese an die Umstände anknüpft, unter denen eine Haftung nicht ausgeschlossen ist.

III. Schadensersatzanspruch (Art. 11 Abs. 2 und 3 PRIIP-VO)

Art. 11 Abs. 2 PRIIP-VO verweist nicht auf Anspruchsgrundlagen nach nationalem Recht,[3] sondern stellt 3 eine **eigenständige Anspruchsgrundlage für Schadensersatz** dar, die nach Art. 33 PRIIP-VO in allen Mitgliedstaaten als unmittelbares Recht gilt.[4] Dafür streitet nicht nur die Formulierung des Art. 11 Abs. 2 PRIIP-VO, die dem Kleinanleger ein Recht gewährt, und des Art. 11 Abs. 4 PRIIP-VO, der von weiteren Haftungsansprüchen spricht, sowie des Art. 11 Abs. 5 PRIIP-VO, der von Verpflichtungen gemäß diesem Artikel spricht. Vielmehr lässt sich dafür auch die Regelungssystematik anführen, da es der sich am nationalen Recht orientierenden Auslegungsvorschrift des Art. 11 Abs. 2 PRIIP-VO gem. Art. 11 Abs. 3 PRIIP-VO nicht bedürfte, wenn der Art. 11 Abs. 2 PRIIP-VO keine Anspruchsgrundlage, sondern in nationales Recht umzusetzen wäre, so dass das nationale Recht schon über die nationale Anspruchsgrundlage gelten würde.

1. Voraussetzungen

Die Haftung nach Art. 11 Abs. 2 PRIIP-VO setzt zunächst voraus, dass die **Umstände des Art. 11 Abs. 1** 4 **PRIIP-VO** vorliegen. Das Basisinformationsblatt muss also irreführend und ungenau sein oder nicht mit den einschlägigen Teilen der rechtlich verbindlichen (vor)vertraglichen Unterlagen oder mit den Anforderungen des Art. 8 PRIIP-VO übereinstimmen. Anders als bei der Prospekthaftung begründet die bloße Unvollständigkeit, die noch keine Irreführung begründet, noch keine Haftung.

1 Vgl. *Benicke* in FS Jayme, 2004, S. 25, 32.
2 Vgl. *Schneider*, VersR 2017, 1429, 1433.
3 So aber ohne nähere Begründung *Jordans*, BKR 2017, 273, 277; *Schneider*, VersR 2017, 1429, 1433; *Schneider* in Prölss/Martin, VVG, 30. Aufl. 2018, 35. VO (EU) 1286/2014 Art. 11 Rn. 2; in diese Richtung auch *Litten*, DB 2016, 1679, 1683.
4 So auch *Möllers*, ZEuP 2016, 325, 348; *Spindler* in Langenbucher/Bliesener/Spindler, Bankrechtskommentar, 33. Kapitel Rz. 112d; in diese Richtung wohl auch *Luttermann*, ZIP 2015, 805, 808.

5 **Irreführend** ist ein Basisinformationsblatt, wenn es nach dem objektiven Empfängerhorizont geeignet ist, zum Zeitpunkt der Anlageentscheidung[5] eine Fehlvorstellung über Tatsachen hervorzurufen.[6] Dies kann auch dann der Fall sein, wenn die Informationen zwar für sich genommen wahr sind, aber Fehlvorstellungen durch den Kontext und die Darstellungsweise erzeugen können.[7] Entscheidend ist der Gesamteindruck.[8]

6 **Ungenau** ist ein Basisinformationsblatt, wenn es mit den objektiv gegebenen Tatsachen nicht übereinstimmt. Ungenau ist hier im Sinne von fehlerhaft zu verstehen, wie aus der englischen Sprachfassung deutlich wird, die von „inaccurate" spricht, dem in ErwGr. 22 PRIIP-VO „fehlerhaft" entspricht.

7 **Unvereinbar mit den vertraglichen und den Vertragsunterlagen** ist das Basisinformationsblatt, wenn es im Widerspruch zu den Dokumenten steht, aus denen sich der rechtlich verbindliche Inhalt des PRIIP ergibt. Die Unvereinbarkeit mit den Anforderungen des Art. 8 PRIIP-VO liegt vor, wenn die dort aufgeführten Mindestangaben fehlen oder wenn sie nicht in der dort festgelegten Form dargestellt sind. Von besonderer Relevanz ist dabei ein fehlender oder fehlerhafter Warnhinweis.

8 **Maßgeblicher Zeitpunkt** ist nicht nur die Erstellung des Basisinformationsblatts. Vielmehr sind auch spätere Zeitpunkte maßgeblich, wenn insoweit eine Verletzung der Aktualisierungspflicht des Herstellers aus Art. 10 Abs. 1 PRIIP-VO gegeben ist.

9 Die Haftung aus Art. 11 Abs. 2 PRIIP-VO setzt weiterhin einen **Verlust des Kleinanlegers** voraus. Dieser ist gem. Art. 11 Abs. 3 PRIIP-VO im Einklang mit dem nationalen Recht zu bestimmen. Im deutschen Recht wird der Begriff in § 110 HGB verwendet und darunter jeder unfreiwillige Vermögensnachteil einschließlich eines etwaigen Verdienstausfalls verstanden.[9] Indem die Haftung einen Verlust voraussetzt, liegt der Schaden nicht bereits im Eingehen des Vertrags.

10 Wie sich aus der Formulierung „aufgrund seines Vertrauens auf ein Basisinformationsblatt bei der Tätigung einer Anlage" ergibt, muss die sog. **Transaktionskausalität** vorliegen, also der Verlust des Kleinanlegers kausal darauf zurückzuführen sein, dass er bei seiner Anlageentscheidung auf das Basisinformationsblatt vertraut hat. Dies setzt voraus, dass der Kleinanleger das Basisinformationsblatt zur Kenntnis genommen hat und von der Richtigkeit seines Inhalts ausgegangen ist.

11 Art. 11 Abs. 2 PRIIP-VO setzt ausweislich seines Wortlauts **kein Verschulden** voraus.[10] Dies ist ungewöhnlich, da etwa die Prospekthaftung nach §§ 21 ff. WpPG, aber auch die Haftung für fehlerhafte Anlegerinformationen nach § 306 Abs. 2 KAGB jeweils als Verschuldenshaftung ausgestaltet sind (vgl. § 306 Rz. 117 f.). Warum der europäische Gesetzgeber auf das Verschuldenserfordernis verzichtet hat, ist mangels aussagekräftiger Gesetzesmaterialien nicht nachvollziehbar.

2. Rechtsfolgen

12 Art. 11 Abs. 2 PRIIP-VO ordnet **als Rechtsfolge** an, dass Kleinanleger vom PRIIP-Hersteller **Schadensersatz** für seinen Verlust verlangen kann. Maßgeblich sind insoweit gem. Art. 11 Abs. 3 PRIIP-VO die §§ 249 ff. BGB. Aus der Formulierung des Art. 11 Abs. 2 PRIIP-VO ergibt sich allerdings, dass der Kleinanleger nicht für alle Schäden Ersatz verlangen kann, die aus Mängeln des Basisinformationsblattes resultieren, sondern nur für seinen Verlust. Der Schadensersatz umfasst demgemäß nicht die Rückabwicklung des abgeschlossenen Vertrags.[11]

---

5 Für eine ex-ante Betrachtung bei der Prospekthaftung auch *Assmann* in Assmann/Schlitt/von Kopp-Colomb, WpPG/VermAnlG, §§ 21-23 WpPG Rz. 41.

6 Vgl. zur Auslegung des Tatbestandsmerkmals in nationalen Vorschriften *Möllers* in KölnKomm. WpHG, § 31 WpHG Rz. 203; *Koller* in Assmann/Uwe H. Schneider/Mülbert, § 63 WpHG Rz. 62; *Fuchs* in Fuchs, § 31 WpHG Rz. 98; *Assmann* in Assmann/Schlitt/von Kopp-Colomb, WpPG/VermAnlG, §§ 21-23 WpPG Rz. 54 ff.; *Assmann* in Assmann/Schlitt/von Kopp-Colomb, WpPG/VermAnlG, § 22 VermAnlG Rz. 24 ff.; *Paul* in Weitnauer/Boxberger/Anders, § 306 KAGB Rz. 28.

7 Vgl. *Fuchs* in Fuchs, § 31 WpHG Rz. 98; für den Bereich der Prospekthaftung *Assmann* in Assmann/Schlitt/von Kopp-Colomb, WpPG/VermAnlG, §§ 21-23 WpPG Rz. 54; zum Vermögensanlagen-Informationsblatt *Assmann* in Assmann/Schlitt/von Kopp-Colomb, WpPG/VermAnlG, § 22 VermAnlG Rz. 24 ff.

8 Vgl. *Groß* in Groß, Kapitalmarktrecht, § 21 WpPG Rz. 40.

9 So für § 110 HGB *Roth* in Baumbach/Hopt, § 110 HGB Rz. 11; *Langhein* in MünchKomm. HGB, 4. Aufl. 2016, § 110 HGB Rz. 17.

10 Unter Annahme einer Rechtsgrundverweisung auf § 280 Abs. 1, § 311 Abs. 2 BGB für Haftung aus vermutetem Verschulden *Schneider*, VersR 2017, 1429, 1433 f.

11 Anders *Schneider*, VersR 2017, 1429, 1434; *Schneider* in Prölss/Martin, VVG, 30. Aufl. 2018, 35. VO (EU) 1286/2014 Art. 11 Rz. 1.

Der Schadensersatz umfasst damit zunächst die **Differenz** zwischen dem vom Kleinanleger eingesetzten Kapital und dem Wert des ihm zurückzuzahlenden Betrags. Dazu gehört insbesondere ein etwaiger Kursdifferenzschaden.[12] Ersatzfähig sind aber auch **mittelbare Schäden**, die aufgrund des Verlusts entstehen, etwa entgangene Gewinne oder Finanzierungskosten.[13] 13

Der Kleinanleger muss sich grundsätzlich ein etwaiges **Mitverschulden** gem. § 254 BGB entgegenhalten lassen. Allerdings entfällt dann, wenn der Kleinanleger von den Mängeln des Basisinformationsblattes wusste, bereits die Transaktionskausalität. Eine Pflicht des Kleinanlegers, sich selbst genauer zu informieren, um etwaige Mängel des Basisinformationsblattes zu erkennen, ist angesichts der Funktion des Basisinformationsblattes nicht anzunehmen. 14

3. Beweislast

Die **Beweislast**, dass das Basisinformationsblatt gem. Art. 11 Abs. 1 PRIIP-VO mangelhaft ist, obliegt dem Kleinanleger. Die im Verordnungsvorschlag vorgesehene Beweislastumkehr wurde nicht in den finalen Verordnungstext übernommen. Ebenso hat der Kleinanleger die Transaktionskausalität zu beweisen. Hier greift zwar keine Beweislastumkehr, da sich diese als materiell-rechtliches Institut aus dem Europarecht ergeben müsste, wohl aber der verfahrensrechtliche **Anscheinsbeweis** in Form der Vermutung aufklärungsrichtigen Verhaltens.[14] 15

4. Verjährung

Die **Verjährung** ist in der PRIIP-VO nicht geregelt. In Deutschland unterliegt der Anspruch der regelmäßigen Verjährungsfrist von drei Jahren, §§ 194 Abs. 1, 195 BGB. 16

5. Prozessuales

Zuständiges Gericht ist nach § 32b Abs. 1 ZPO ausschließlich das Gericht am Sitz des betroffenen Emittenten und zwar gem. § 71 Abs. 2 Nr. 3 GVG unabhängig vom Streitwert das LG. Liegt der Sitz des Emittenten oder der Zielgesellschaft außerhalb Deutschlands und innerhalb des Hoheitsgebiets eines anderen Mitgliedstaats der EU, steht dem Kleinanleger neben dem allgemeinen Gerichtsstand des Art. 4 Abs. 1 EuGVVO auch der besondere Gerichtsstand des Art. 7 Abs. 1 Nr. 2 EuGVVO an dem Ort zur Verfügung, an dem die unerlaubte Handlung vorgenommen wurde oder das schädigende Ereignis eingetreten ist 17

IV. Konkurrenzen (Art. 11 Abs. 4 PRIIP-VO)

Nach Art. 11 Abs. 4 PRIIP-VO sind **weitergehende zivilrechtliche Haftungsansprüche** nicht ausgeschlossen, wenn deren Voraussetzungen vorliegen. In Betracht kommt hier vor allem eine Haftung aus § 280 Abs. 1 BGB i.V.m. einem **Anlageberatungsvertrag**[15] oder einem **vorvertraglichen Schuldverhältnis**, insbesondere eine sog. bürgerlich-rechtliche Prospekthaftung im weiteren Sinne, während die sog. bürgerlich-rechtliche Prospekthaftung im engeren Sinne wohl von der spezielleren Regelung des Art. 11 PRIIP-VO verdrängt wird.[16] Danach kommt insbesondere eine Haftung des Versicherers, aber auch des Versicherungsmaklers in Betracht, während ein Versicherungsvertreter in der Regel nicht haften wird, weil § 311 Abs. 3 BGB insoweit nicht greift.[17] Deliktsrechtlich schließt Art. 11 Abs. 1 und 2 PRIIP-VO als speziellere Regelung das Vorliegen eines Schutzgesetzes nach § 823 Abs. 2 BGB aus. Ein Anspruch wegen vorsätzlicher sittenwidriger Schädigung aus § 826 BGB ist nur bei Hinzutreten weiterer Voraussetzungen gegeben. 18

---

12 Vgl. für die bürgerlich-rechtliche Prospekthaftung i.e.S. BGH v. 27.9.1988 – XI ZR 4/88, WM 1988, 1685, 1688; *Herresthal*, BeckOGK/BGB, § 311 BGB Rz. 600; für § 37b WpHG BGH v. 13.12.2011 – XI ZR 51/10 – IKB, BGHZ 192, 90 = AG 2012, 209 = NJW 2012, 1800 Rz. 67.

13 Vgl. BGH v. 27.10.1983 – VII ZR 12/82, WM 1983, 1387, 1388 ff.; *Herresthal*, BeckOGK/BGB, § 311 BGB Rz. 601.

14 So auch *Schneider*, VersR 2017, 1429, 1434; *Schneider* in Prölss/Martin, VVG, 30. Aufl. 2018, 35. VO (EU) 1286/2014 Art. 11 Rz. 2; zur Vermutung aufklärungsgerechten Verhaltens etwa BGH v. 23.6.2016 – III ZR 308/15, NJW 2016, 3024 Rz. 13; kritisch zu diesem Rechtsinstitut im Allgemeinen *Bassler*, WM 2013, 544; *Oppenheim/Ulmrich*, WM 2017, 164, 165; für Indiz beratungsgerechten Verhaltens *Piekenbrock*, WM 2012, 429, 439.

15 Vgl. *Jordans*, BKR 2017, 273, 277.

16 Vgl. für § 306 KAGB *Paul* in Weitnauer/Boxberger/Anders, § 306 KAGB Rz. 52 ff.; *Zingel* in Baur/Tappen, § 306 KAGB Rz. 32 ff.; allgemein zur Anwendung der bürgerlich-rechtlichen Prospekthaftung im weiteren Sinne neben der spezialgesetzlichen Prospekthaftung BGH v. 9.7.2013 – II ZR 9/12, NJW-RR 2013, 1255 Rz. 26.

17 *Schneider*, VersR 2017, 1429, 1434; *Schneider* in Prölss/Martin, VVG, 30. Aufl. 2018, 35. VO (EU) 1286/2014 Art. 11 Rz. 2.

V. Zwingendes Recht (Art. 11 Abs. 5 PRIIP-VO)

19 Art. 11 Abs. 5 PRIIP-VO verbietet die vertragliche Einschränkung oder Aufhebung der Haftung nach Art. 11 Abs. 2 PRIIP-VO.

Art. 12 [Versicherungsvertrag]

Wenn das Basisinformationsblatt einen Versicherungsvertrag betrifft, gelten die Verpflichtungen des Versicherungsunternehmens nach dieser Verordnung nur gegenüber dem Versicherungsnehmer des Versicherungsvertrags und nicht gegenüber dem Begünstigten des Versicherungsvertrags.

In der Fassung vom 26.11.2014 (ABl. EU Nr. L 352 v. 9.12.2014, S. 1).

1 Versicherungsverträge sind häufig so ausgestaltet, dass im Versicherungsfall nicht der Versicherungsnehmer, sondern ein von ihm benannter **Dritter Begünstigter** ist. Für diesen Fall ordnet Art. 12 PRIIP-VO an, dass die Verpflichtungen des Versicherungsunternehmens nach dieser Verordnung nur gegenüber dem Versicherungsnehmer gelten, nicht aber gegenüber dem Begünstigten. Diese Regelung entspricht dem Grundsatz des § 7 Abs. 1 VVG.[1] Sie ist entsprechend anwendbar auf andere Fälle, in denen der Vertragspartner eines PRIIP nicht zugleich der Begünstigte ist, also wenn das PRIIP als Vertrag zugunsten Dritter ausgestaltet ist.

2 Die Regelung hat insbesondere **Relevanz für die Haftung** nach Art. 11 PRIIP-VO, die damit nur gegenüber dem Versicherungsnehmer besteht, nicht aber gegenüber dem Begünstigten. Sie ist auch relevant für die Pflicht zur Bereitstellung des Basisinformationsblatts nach Art. 13 PRIIP-VO, das damit nur gegenüber dem Versicherungsnehmer bereitzustellen ist. Soweit ein Versicherungsanlageprodukt sich nicht an Kleinanleger als Versicherungsnehmer richtet, sondern diese nur als Begünstigte des Versicherungsvertrags in Betracht kommen, besteht auch keine Pflicht zur Abfassung eines Basisinformationsblattes nach Art. 5 PRIIP-VO und dementsprechend auch nicht zur Bereitstellung eines Basisinformationsblattes nach Art. 13 PRIIP-VO.

3 Bloß Begünstigte des Versicherungsvertrags oder sonstige begünstigte Dritte werden aufgrund der Regelung des Art. 12 PRIIP-VO nur mittelbar geschützt. Dies gilt insbesondere für die Pflicht des PRIIP-Herstellers, das Basisinformationsblatt auf seiner Internetseite zu veröffentlichen (Art. 5 Abs. 1 PRIIP-VO), die zur Folge hat, dass das Basisinformationsblatt auch Dritten zugänglich wird. Im Übrigen sind begünstigte Dritten auf ihr Rechtsverhältnis zu dem Versicherungsnehmer oder dem Erwerber des PRIIP verwiesen.[2]

Abschnitt III
Bereitstellung des Basisinformationsblatts

Art. 13 [Zeitpunkt der Bereitstellung]

(1) Eine Person, die über ein PRIIP berät oder es verkauft, stellt den betreffenden Kleinanlegern das Basisinformationsblatt rechtzeitig zur Verfügung, bevor diese Kleinanleger durch einen Vertrag oder ein Angebot im Zusammenhang mit diesem PRIIP gebunden sind.

(2) Eine Person, die über ein PRIIP berät oder es verkauft, kann die Bedingungen von Absatz 1 erfüllen, indem sie das Basisinformationsblatt einer Person vorlegt, die über eine schriftliche Vollmacht verfügt, im Namen des Kleinanlegers Anlageentscheidungen bezüglich gemäß dieser Vollmacht abgeschlossener Transaktionen zu treffen.

(3) Abweichend von Absatz 1 und vorbehaltlich des Artikels 3 Absatz 1 und Absatz 3 Buchstabe a sowie des Artikels 6 der Richtlinie 2002/65/EG kann eine Person, die ein PRIIP verkauft, dem Kleinanleger das Basisinformationsblatt unverzüglich nach Abschluss der Transaktion bereitstellen, sofern alle nachstehenden Bedingungen erfüllt sind:

1 *Schneider* in Prölss/Martin, VVG, 30. Aufl. 2018, 35. VO (EU) 1286/2014 Art. 12 Rz. 1.
2 So auch *Schneider* in Prölss/Martin, VVG, 30. Aufl. 2018, 35. VO (EU) 1286/2014 Art. 12 Rz. 1.

a) Der Kleinanleger entscheidet sich von sich aus, Verbindung zu der Person, die ein PRIIP verkauft, aufzunehmen und die Transaktion mit Hilfe eines Fernkommunikationsmittels zu tätigen,

b) die Bereitstellung des Basisinformationsblatts gemäß Absatz 1 dieses Artikels ist nicht möglich,

c) die Person, die über das PRIIP berät oder es verkauft, hat den Kleinanleger über den Umstand, dass das Basisinformationsblatt nicht bereitgestellt werden kann, in Kenntnis gesetzt und hat klar zum Ausdruck gebracht, dass der Kleinanleger die Transaktion verschieben kann, um das Basisinformationsblatt vor dem Abschluss der Transaktion zu erhalten und zu lesen,

d) der Kleinanleger stimmt dem zu, das Basisinformationsblatt unverzüglich nach dem Abschluss der Transaktion zu erhalten, anstatt die Transaktion zu verschieben, um das Dokument vor dem Abschluss zu erhalten.

(4) Werden im Namen eines Kleinanlegers aufeinander folgende Transaktionen im Zusammenhang mit demselben PRIIP gemäß den Anweisungen, die der Kleinanleger an die Person, die das PRIIP verkauft, vor der ersten Transaktion gegeben hat, durchgeführt, so gilt die Verpflichtung nach Absatz 1, ein Basisinformationsblatt zur Verfügung zu stellen, nur für die erste Transaktion sowie für die erste Transaktion nach einer Überarbeitung des Basisinformationsblatts gemäß Artikel 10.

(5) Um die einheitliche Anwendung dieses Artikels zu gewährleisten, arbeiten die Europäischen Aufsichtsbehörden Entwürfe technischer Regulierungsstandards aus, in denen die Bedingungen für die Erfüllung der Verpflichtung zur Bereitstellung des Basisinformationsblatts gemäß Absatz 1 festgelegt werden.

Die Europäischen Aufsichtsbehörden legen der Kommission diese Entwürfe technischer Regulierungsstandards bis zum 31. Dezember 2015 vor.

Der Kommission wird die Befugnis übertragen, die technischen Regulierungsstandards nach Unterabsatz 1 gemäß den Artikeln 10 bis 14 der Verordnung (EU) Nr. 1093/2010, der Verordnung (EU) Nr. 1094/2010 und der Verordnung (EU) Nr. 1095/2010 zu erlassen.

In der Fassung vom 26.11.2014 (ABl. EU Nr. L 352 v. 9.12.2014, S. 1).

I. Allgemeines

Art. 13 PRIIP-VO regelt den **Zeitpunkt der Bereitstellung** des Basisinformationsblattes im Rahmen der Beratung und des Verkaufs von PRIIP. Diese Pflicht tritt neben die Pflicht des PRIIP-Herstellers, das Basisinformationsblatt auf seiner Internetseite zu veröffentlichen (Art. 5 Abs. 1 PRIIP-VO). Das Basisinformationsblatt ist grundsätzlich zur Verfügung zu stellen, bevor der Kleinanleger sich bindet (Art. 13 Abs. 1 PRIIP-VO). Etwas anderes gilt nur, wenn beim Vertragsabschluss im Wege der Fernkommunikation bestimmte Bedingungen erfüllt sind (Art. 13 Abs. 3 PRIIP-VO) oder bei aufeinander folgenden Transaktionien (Art. 13 Abs. 4 PRIIP-VO). Die Pflicht kann auch gegenüber einem die Transaktion vornehmenden Vertreter mit Vollmacht erfüllt werden (Art. 13 Abs. 2 PRIIP-VO). Zur Konkretisierung sind technische Regulierungsstandards vorgesehen (Art. 13 Abs. 5 PRIIP-VO). 1

Eine Person, die über ein PRIIP berät oder es verkauft, ohne dem Kleinanleger rechtzeitig das Basisinformationsblatt zur Verfügung zu stellen, verstößt gegen die PRIIP-VO.[1] Die zuständigen Behörden sind demgemäß befugt, verwaltungsrechtliche **Sanktionen und andere Maßnahmen** gem. Art. 22 ff. PRIIP-VO zu verhängen. Diese können insbesondere ein Verbot der Vermarktung des PRIIP, eine öffentliche Warnung, Geldbußen und die Veröffentlichung der Sanktion umfassen. Zivilrechtlich kommt eine **Haftung** aus Verschulden bei Vertragsanbahnung aus §§ 280 Abs. 1, 311 Abs. 2, 241 Abs. 1 BGB, also der Prospekthaftung im weiteren Sinne, in Betracht, wenn deren weitere Voraussetzungen einschließlich Vorsatz oder Fahrlässigkeit vorliegen; zudem besteht ein entsprechender Schadensersatzanspruch aus § 823 Abs. 2 BGB.[2] Daneben liegt ein Verstoß gegen die Pflicht zur objektgerechten Beratung aus dem von der Rechtsprechung an- 2

1 EU-Kommission, Leitlinien zur Anwendung der PRIIP-VO v. 7.7.2017 (2017/C 218/02), Rz. 16.
2 Vgl. zum WpHG BGH v. 19.12.2006 – XI ZR 56/05, NJW 2007, 1876 Rz. 19.

genommenen Anlageberatungsvertrag vor, wenn kein Basisinformationsblatt zur Verfügung gestellt wird und die relevanten Informationen auch nicht auf andere Weise vermittelt werden, so dass bei Vertretenmüssen auch ein Schadensersatzanspruch aus § 280 Abs. 1 BGB gegeben ist.[3]

3 **Verpflichtete** aus Art. 13 PRIIP-VO sind alle Personen, die über ein PRIIP beraten oder es verkaufen. Dazu gehören sowohl Vermittler als auch solche PRIIP-Hersteller, die über das PRIIP direkt beraten oder es direkt an Kleinanleger verkaufen (ErwGr. 26 PRIIP-VO). **Begünstigte** sind alle Kleinanleger, die über ein PRIIP beraten werden oder an die es verkauft werden soll.

II. Bereitstellungspflicht vor Vertragsschluss (Art. 13 Abs. 1 und 2 PRIIP-VO)

4 Nach Art. 13 Abs. 1 PRIIP-VO hat eine Person, die über ein PRIIP berät oder es verkauft, die Pflicht, den betreffenden Kleinanlegern das **Basisinformationsblatt rechtzeitig zur Verfügung** zu stellen, bevor diese im Zusammenhang mit dem PRIIP einer Bindung durch einen Vertrag oder ein Angebot unterliegen. Diese Regelung soll die Kleinanleger in Lage versetzen, eine fundierte Anlageentscheidung zu treffen (ErwGr. 26 PRIIP-VO). Sie berührt sich mit der Pflicht aus Art. 80 Abs. 1 OGAW-RL, den Anlegern rechtzeitig vor der vorgeschlagenen Zeichnung der Anteile des OGAW die wesentlichen Informationen für den Anleger für diesen OGAW zur Verfügung zu stellen, die in § 297 KAGB umgesetzt ist.

5 Das Basisinformationsblatt ist **rechtzeitig** zur Verfügung zu stellen. Dies bedeutet zunächst, dass es zur Verfügung gestellt werden muss, bevor der Kleinanleger eine rechtliche Bindung eingeht, indem er einen Vertrag über den Erwerb des PRIIP durch die Abgabe eines entsprechenden Angebots oder einer entsprechenden Annahme schließt[4] oder ein Angebot auf den Abschluss eines derartigen Vertrags abgibt, an das er gebunden ist, insbesondere weil die Annahmefrist noch läuft.

6 Nähere Vorgaben hinsichtlich der Rechtzeitigkeit enthält Art. 17 Delegierte Verordnung (EU) 2017/653. Danach ist das Basisinformationsblatt auch so rechtzeitig vorzulegen, dass dem Kleinanleger **genügend Zeit für die Prüfung des Basisinformationsblatts** bleibt, bevor er die rechtliche Bindung eingeht und zwar unabhängig davon, ob dem Kleinanleger eine Bedenkzeit angeboten wird oder nicht (Art. 17 Nr. 1 Delegierte Verordnung (EU) 2017/653). Die vom Kleinanleger zur Prüfung des Basisinformationsblatts benötigte Zeit ist von der Person, die zu einem PRIIP berät oder es verkauft, zu schätzen. Dabei muss sie insbesondere die einschlägigen Kenntnisse und Erfahrungen des Kleinanlegers und die Komplexität des PRIIP berücksichtigen; wenn die Initiative für die Beratung und den Verkauf vom Kleinanleger ausgeht, ist auch die vom Kleinanleger explizit angegebene Dringlichkeit des Abschlusses einzubeziehen (Art. 17 Nr. 2 Delegierte Verordnung (EU) 2017/653).

7 Demgemäß muss der Kleinanleger, nachdem ihm das Basisinformationsblatt zur Verfügung gestellt wurde und bevor er sich bindet, genügend **Zeit** haben, um die Anlage in dem PRIIP daraufhin zu prüfen, ob sie für ihn anleger- und objektgerecht ist, welche Chancen und Risiken also mit ihr verbunden sind und ob diese seinem Anlageziel und seiner Risikobereitschaft entsprechen.[5] Dies umfasst im Zweifel zumindest die Zeit, die der Anleger braucht, um die wesentlichen Anlegerinformationen in Ruhe durchzulesen, sowie eine angemessene **Bedenkzeit**, wobei ein gut informierter Anleger für eine kürzere Bedenkzeit spricht, während die Zeit umgekehrt umso länger sein wird, je komplexer das PRIIP ist; eine Überrumpelung muss ausgeschlossen sein.[6] Eine juristische Sekunde wird dazu auch bei einem gut unterrichteten Investor nicht ausreichen.[7] Die Ansicht, dass die Zeitspanne sich bei erkennbar mangelndem Interesse des Erwerbinteressenten deutlich verkürze und bei einem Verzicht sogar auf „null" reduziere,[8] ist nicht nur mit dem Schutzzweck der Regelung, sondern auch mit der Aufzählung der relevanten Gesichtspunkte in Art. 17 Nr. 2 Delegierte Verordnung (EU) 2017/653 unvereinbar. Allerdings muss der Kleinanleger die ihm eingeräumte Zeitspanne nicht ausnutzen, sondern kann sich auch vor Ablauf binden, ohne dass dies zu einer Verletzung der Pflicht aus Art. 13 Abs. 1 PRIIP-VO führt.

8 Die Pflicht nach Art. 13 Abs. 1 PRIIP-VO kann auch dadurch erfüllt werden, dass das Basisinformationsblatt einer Person zur Verfügung gestellt wird, die vom Kleinanleger eine schriftliche **Vollmacht** hat, im Na-

3 Vgl. allgemein dazu BGH v. 6.7.1993 – XI ZR 12/93, BGHZ 123, 126, 129 = NJW 1993, 2433; *Nobbe/Zahrte* in MünchKomm. HGB, 3. Aufl. 2014, Anlageberatung Rz. 290 ff.

4 Vgl. zu § 297 KAGB *Paul* in Weitnauer/Boxberger/Anders, § 297 KAGB Rz. 17.

5 Vgl. zu § 297 KAGB *Paul* in Weitnauer/Boxberger/Anders, § 297 KAGB Rz. 18.

6 Vgl. zu § 297 KAGB bzw. der Vorgängernorm des § 212 InvG *Hölscher* in Emde/Dornseifer/Dreibus/Hölscher, § 121 InvG Rz. 15; *Paul* in Weitnauer/Boxberger/Anders, § 297 KAGB Rz. 18.

7 So aber für § 297 KAGB *Merk* in Moritz/Klebeck/Jesch, § 297 KAGB Rz. 20.

8 So für § 297 KAGB *Paul* in Weitnauer/Boxberger/Anders, § 297 KAGB Rz. 18.

men des Kleinanlegers Anlageentscheidungen zu treffen. Nach dem Schutzzweck der Norm gilt dies jedoch nur für Basisinformationsblätter in Bezug auf ein PRIIP, das auch Gegenstand der Anlageentscheidung gemäß der Vollmacht ist. Trifft der Kleinanleger die Anlageentscheidung selbst, ist das Basisinformationsblatt ihm selbst zur Verfügung zu stellen. Dies kann zwar auch dadurch erfolgen, dass ein Empfangsvertreter eingesetzt wird, jedoch muss hier bei der Bestimmung, ob das Basisinformationsblatt rechtzeitig zur Verfügung gestellt wurde, berücksichtigt werden, ob und wann der Kleinanleger das Basisinformationsblatt erhält.

III. Ausnahmen von der Bereitstellungspflicht vor Vertragsschluss (Art. 13 Abs. 3 und 4 PRIIP-VO)

Art. 13 Abs. 3 PRIIP-VO statuiert eine Ausnahme von der Pflicht des Art. 13 Abs. 1 PRIIP-VO, das Basisinformationsblatt vor Vertragsschluss zur Verfügung zu stellen, wenn **Fernkommunikationsmittel** für die Transaktion verwendet werden. Diese Ausnahme gilt nur unter engen Voraussetzungen, die kumulativ vorliegen müssen. Erstens muss der Kleinanleger von sich aus entschieden haben, sowohl die Verbindung zu der Person, die ein PRIIP verkauft, aufzunehmen als auch die Transaktion mit Hilfe eines Fernkommunikationsmittels zu tätigen (Art. 13 Abs. 3 Buchst. a PRIIP-VO). Zweitens darf die Bereitstellung des Basisinformationsblatts entsprechend der Pflicht des Art. 13 Abs. 1 nicht möglich sein (Art. 13 Abs. 3 Buchst. b PRIIP-VO). Drittens muss die Person, die über das PRIIP berät oder es verkauft, den Kleinanleger darüber, dass das Basisinformationsblatt nicht bereitgestellt werden kann, informieren und klar zum Ausdruck bringen, dass der Kleinanleger die Transaktion verschieben kann, um noch vor dem Abschluss der Transaktion das Basisinformationsblatt zu erhalten und zu lesen (Art. 13 Abs. 3 Buchst. c PRIIP-VO). Viertens muss der Kleinanleger zustimmen, dass er das Basisinformationsblatt unverzüglich nach dem Abschluss der Transaktion erhält, anstatt die Transaktion zu verschieben, um das Dokument vor dem Abschluss zu erhalten (Art. 13 Abs. 3 Buchst. d PRIIP-VO); aus dem Zusammenspiel der Voraussetzungen ergibt sich, dass diese Zustimmung nicht konkludent erfolgen kann, sondern ausdrücklich zu erfolgen hat. 9

Eine weitere Ausnahme von der Pflicht des Art. 13 Abs. 1 PRIIP-VO, das Basisinformationsblatt vor Vertragsschluss zur Verfügung zu stellen, statuiert Art. 13 Abs. 4 PRIIP-VO. Danach besteht bei **mehreren aufeinander folgenden Transaktionen** im Zusammenhang mit demselben PRIIP, die im Namen des Kleinanlegers und gemäß den Anweisungen, die er vor der ersten Transaktion der Person gegeben hat, die das PRIIP verkauft, nur vor der ersten Transaktion sowie vor der ersten Transaktion nach einer Überarbeitung des Basisinformationsblatts gem. Art. 10 PRIIP-VO die Pflicht des Art. 13 Abs. 1 PRIIP-VO, dem Kleinanleger rechtzeitig ein Basisinformationsblatt zur Verfügung zu stellen. Dies ermöglicht Sparpläne, die auf den regelmäßigen automatischen Erwerb von PRIIP gerichtet sind. 10

Unberührt bleiben die Pflichten zur Unterrichtung des Verbrauchers vor Abschluss eines Fernabsatzvertrages nach Art. 3 Abs. 1 und 3 Buchst. a Fernabsatz-Richtlinie 2002/65/EG und das Widerrufsrecht nach Art. 6 Fernabsatz-Richtlinie 2002/65/EG, die durch die § 312d und § 312g BGB umgesetzt werden. 11

IV. Technische Regulierungsstandards (Art. 13 Abs. 5 PRIIP-VO)

Art. 13 Abs. 5 PRIIP-VO überträgt der Kommission die **Befugnis zum Erlass technischer Regulierungsstandards**, die von den Europäischen Aufsichtsbehörden im Wege des Gemeinsamen Ausschusses der Europäischen Aufsichtsbehörden ausgearbeitet wurden. Von dieser Befugnis hat die Kommission Gebrauch gemacht, indem sie die Bedingungen hinsichtlich der Rechtzeitigkeit in Art. 17 Delegierte Verordnung (EU) 2017/653 geregelt hat. 12

Art. 14 [Art der Bereitstellung]

(1) Die Person, die über ein PRIIP berät oder es verkauft, stellt Kleinanlegern das Basisinformationsblatt kostenlos zur Verfügung.

(2) Die Person, die über ein PRIIP berät oder es verkauft, stellt dem Kleinanleger das Basisinformationsblatt über eines der folgenden Medien zur Verfügung:

a) auf Papier – dies sollte die Standardoption sein, wenn das PRIIP persönlich angeboten wird, es sei denn, der Kleinanleger verlangt eine andere Form der Übermittlung;

b) auf einem anderen dauerhaften Datenträger als Papier, sofern die in Absatz 4 festgelegten Bedingungen erfüllt sind, oder

c) über eine Website, sofern die in Absatz 5 festgelegten Bedingungen erfüllt sind.

(3) Wird das Basisinformationsblatt auf einem anderen dauerhaften Datenträger als Papier oder über eine Website zur Verfügung gestellt, wird den Kleinanlegern auf Nachfrage kostenlos ein Papierexemplar ausgehändigt. Die Kleinanleger werden über ihr Recht informiert, die kostenlose Aushändigung eines Papierexemplars zu verlangen.

(4) Das Basisinformationsblatt kann auf einem anderen dauerhaften Datenträger als Papier zur Verfügung gestellt werden, wenn die folgenden Bedingungen erfüllt sind:

a) Die Verwendung des dauerhaften Datenträgers ist den Rahmenbedingungen, unter denen das Geschäft zwischen der Person, die über das PRIIP berät oder dieses verkauft, und dem Kleinanleger getätigt wird, angemessen und

b) der Kleinanleger konnte nachweislich wählen, ob er die Informationen auf Papier oder auf dem dauerhaften Datenträger erhalten wollte, und hat sich nachweislich für diesen anderen Datenträger entschieden.

(5) Das Basisinformationsblatt kann über eine Website, die der Definition eines dauerhaften Datenträgers nicht entspricht, zur Verfügung gestellt werden, wenn alle nachstehenden Bedingungen erfüllt sind:

a) Die Bereitstellung des Basisinformationsblatts über eine Website ist den Rahmenbedingungen, unter denen das Geschäft zwischen der Person, die über das PRIIP berät oder dieses verkauft, und dem Kleinanleger getätigt wird, angemessen;

b) der Kleinanleger konnte nachweislich wählen, ob er die Informationen auf Papier oder über eine Website erhalten wollte, und hat sich nachweislich für Letzteres entschieden;

c) dem Kleinanleger sind die Adresse der Website und die Stelle, an der das Basisinformationsblatt auf dieser Website einzusehen ist, auf elektronischem Wege oder schriftlich mitgeteilt worden;

d) das Basisinformationsblatt kann über die Website laufend abgefragt, heruntergeladen und auf einem dauerhaften Datenträger gespeichert werden, und zwar so lange, wie es für den Kleinanleger einsehbar sein muss.

Wenn das Basisinformationsblatt gemäß Artikel 10 überarbeitet wurde, werden dem Kleinanleger auf Nachfrage auch vorherige Fassungen zur Verfügung gestellt.

(6) Für die Zwecke der Absätze 4 und 5 wird die Bereitstellung von Informationen auf einem anderen dauerhaften Datenträger als Papier oder über eine Website angesichts der Rahmenbedingungen, unter denen das Geschäft zwischen der Person, die über PRIIP berät oder sie verkauft, und dem Kleinanleger getätigt wird, als angemessen betrachtet, wenn der Kleinanleger nachweislich über einen regelmäßigen Zugang zum Internet verfügt. Dies gilt als nachgewiesen, wenn der Kleinanleger für dieses Geschäft eine E-Mail-Adresse angegeben hat.

In der Fassung vom 26.11.2014 (ABl. EU Nr. L 352 v. 9.12.2014, S. 1).

I. Allgemeines

1 Art. 14 PRIIP-VO regelt die **Art der Bereitstellung** des Basisinformationsblatts und zwar hinsichtlich der Kosten und der Medien der Bereitstellung. Er berührt sich mit Art. 80 Abs. 3 und Art. 81 OGAW-RL, die in § 297 Abs. 1 Satz 1 und Abs. 4 KAGB umgesetzt sind.

2 **Verpflichtete** aus Art. 14 PRIIP-VO sind alle Personen, die über ein PRIIP beraten oder es verkaufen, dazu Anh. zu § 166: Art. 13 PRIIP-VO Rz. 3. **Begünstigte** sind alle Kleinanleger, die über ein PRIIP beraten werden oder an die es verkauft werden soll.

II. Kostenlose Bereitstellung (Art. 14 Abs. 1 PRIIP-VO)

Nach Art. 14 Abs. 1 PRIIP-VO ist das Basisinformationsblatt dem Kleinanleger **kostenlos** zur Verfügung zu stellen. Es darf also keine Gebühr und auch keine Aufwandsentschädigung verlangt werden.[1] Auch der Versand des Basisinformationsblattes hat demgemäß kostenlos zu erfolgen.[2] 3

III. Medien der Bereitstellung (Art. 14 Abs. 2 bis 6 PRIIP-VO)

Nach Art. 14 Abs. 2 PRIIP-VO ist dem Kleinanleger das Basisinformationsblatt grundsätzlich **auf Papier** anzubieten. Dies gilt insbesondere, wenn ihm das PRIIP persönlich angeboten wird. Etwas anderes gilt nur, wenn der Kleinanleger eine andere Form der Übermittlung verlangt. Anders als auf Papier darf das Basisinformationsblatt nur **auf einem anderen dauerhaften Datenträger** oder über eine **Internetseite** zur Verfügung gestellt werden und nur, wenn bei dem dauerhaften Datenträger die Bedingungen des Art. 14 Abs. 4 PRIIP-VO und bei einer Internetseite die Bedingungen des Art. 14 Abs. 5 PRIIP-VO erfüllt sind. 4

Nach Art. 14 Abs. 4 PRIIP-VO kann das Basisinformationsblatt dem Kleinanleger **auf einem anderen dauerhaften Datenträger** als Papier zur Verfügung gestellt werden, wenn **zwei Bedingungen** erfüllt sind. Erstens muss dies den Rahmenbedingungen, unter denen das Geschäft zwischen dem Kleinanleger und der Person, die über das PRIIP berät oder dieses verkauft, angemessen sein. Dies ist nach Art. 14 Abs. 6 der Fall, wenn der Kleinanleger nachweislich einen regelmäßigen Zugang zum Internet hat, was als nachgewiesen gilt, wenn der Kleinanleger für dieses Geschäft eine E-Mail-Adresse angegeben hat. Hier wird von der E-Mail-Adresse darauf geschlossen, dass der Kleinanleger Zugang zu einem Computer hat, mit dem er den dauerhaften Datenträger lesen kann, was in Zeiten von Smartphones und Tablets alles andere als selbstverständlich ist. Zweitens muss nachgewiesen werden, dass der Kleinanleger wählen konnte, ob er das Basisinformationsblatt auf Papier oder auf einem anderen dauerhaften Datenträger als Papier erhalten wollte, und dass er sich nachweislich für diesen anderen Datenträger entschieden hat. Dieser Nachweis wird in der Regel ein entsprechendes Protokoll, das vom Kleinanleger unterzeichnet wurde, oder einen entsprechenden Schriftverkehr voraussetzen. 5

Ein **dauerhafter Datenträger** ist nach Art. 4 Nr. 7 PRIIP-VO i.V.m. Art. 2 Abs. 1 Buchst. m OGAW-RL jedes Medium, das es einem Anleger erlaubt, an ihn persönlich gerichtete Informationen für eine den Zwecken der Informationen angemessene Dauer zu speichern, einzusehen und unverändert wiederzugeben (vgl. § 1 Abs. 19 Nr. 8 KAGB). Als dauerhafte Datenträger werden im Rahmen des § 297 KAGB eine CD-Rom, eine DVD, ein USB-Stick, eine Festplatte oder eine Diskette genannt.[3] Allerdings sind Disketten heute nicht mehr gebräuchlich und moderne Computer, insbesondere Notebooks, verfügen vielfach auch nicht mehr über ein Laufwerk für CD-ROMs oder DVDs, Smartphones und viele Tablets nicht einmal über eine USB-Schnittstelle. Demgemäß muss sich die Wahl des Kleinanlegers auf eine konkrete Art des Datenträgers beziehen. 6

Nach Art. 14 Abs. 5 PRIIP-VO kann das Basisinformationsblatt dem Kleinanleger über eine **Internetseite** zur Verfügung gestellt werden, die der Definition eines Dauerhaften Datenträgers nicht entspricht, wenn **vier Voraussetzungen** kumulativ erfüllt sind. Erstens muss dies den Rahmenbedingungen angemessen sein, unter denen das Geschäft zwischen dem Kleinanleger und der Person, die über das PRIIP berät oder dieses verkauft. Dies ist nach Art. 14 Abs. 6 PRIIP-VO der Fall, wenn der Kleinanleger nachweislich einen regelmäßigen Zugang zum Internet hat, was als nachgewiesen gilt, wenn der Kleinanleger für dieses Geschäft eine E-Mail-Adresse angegeben hat. Zweitens muss nachgewiesen werden, dass der Kleinanleger wählen konnte, ob er das Basisinformationsblatt auf Papier oder auf einem anderen dauerhaften Datenträger als Papier erhalten wollte, und dass er sich nachweislich für diesen anderen Datenträger entschieden hat. Dieser Nachweis wird in der Regel ein entsprechendes Protokoll, das vom Kleinanleger unterzeichnet wurde, oder einen entsprechenden Schriftverkehr voraussetzen. 7

Drittens muss dem Kleinleger die **Adresse der Internetseite** einschließlich der Stelle, an der das Basisinformationsblatt dort eingesehen werden kann, auf elektronischem Wege oder schriftlich mitgeteilt worden sein. Dies kann auch durch eine entsprechend genaue Internetadresse geschehen. Viertens muss es laufend und so lange es für den Kleinanleger einsehbar sein muss, möglich sein, das Basisinformationsblatt über die Internetseite abzufragen, herunterzuladen und auf einem dauerhaften Datenträger zu speichern. Wenn 8

1 Vgl. zu § 297 Abs. 1 Satz 1 KAGB *Paul* in Weitnauer/Boxberger/Anders, § 297 KAGB Rz. 15.
2 Vgl. zu § 297 Abs. 1 Satz 1 KAGB *Merk* in Moritz/Klebeck/Jesch, § 297 KAGB Rz. 19; *Paul* in Weitnauer/Boxberger/Anders, § 297 KAGB Rz. 15.
3 *Merk* in Moritz/Klebeck/Jesch, § 297 KAGB Rz. 18.

das Basisinformationsblatt gem. Art. 10 PRIIP-VO überarbeitet wurde, müssen dem Kleinanleger auf Nachfrage auch **vorherige Fassungen** zur Verfügung gestellt werden. Bei der Internetseite muss es sich nicht um diejenige der Person handeln, die über das PRIIP berät oder dieses verkauft; es kann sich auch um diejenige eines Dritten handeln, insbesondere auch des PRIIP-Herstellers. Allerdings muss dann durch entsprechende Vereinbarungen sichergestellt werden, dass die Voraussetzungen des Art. 14 Abs. 4 PRIIP-VO dauerhaft erfüllt sind.

9 Auch wenn das Basisinformationsblatt dem Kleinanleger auf einem anderen dauerhaften Datenträger als Papier oder über eine Webseite zur Verfügung gestellt wird, muss es dem Kleinanleger kostenlos als **Papierexemplar** ausgehändigt werden, wenn er danach fragt. Der Kleinanleger ist über dieses Recht, die kostenlose Aushändigung eines Papierexemplars zu verlangen, zu informieren (Art. 14 Abs. 3 PRIIP-VO). Dies geschieht zweckmäßiger Weise im Rahmen des Nachweises über die Wahlmöglichkeit des Kleinanlegers nach Art. 14 Abs. 4 oder 5 PRIIP-VO.

Kapitel III
Marktüberwachung und Produktinterventionsbefugnisse

Art. 15 [Befugnis zur Marktüberwachung]

(1) Gemäß Artikel 9 Absatz 2 der Verordnung (EU) Nr. 1094/2010 überwacht die EIOPA den Markt für Versicherungsanlageprodukte, die in der Union vermarktet, vertrieben oder verkauft werden.

(2) Die zuständigen Behörden überwachen den Markt für Versicherungsanlageprodukte, die in ihrem Mitgliedstaat oder von ihrem Mitgliedstaat aus vermarktet, vertrieben oder verkauft werden.

In der Fassung vom 26.11.2014 (ABl. EU Nr. L 352 v. 9.12.2014, S. 1).

1 Art. 15 Abs. 1 PRIIP-VO gibt der EIOPA die **Befugnis zur Überwachung des Markts für Versicherungsanlageprodukte**, die in der Union vermarktet, vertrieben oder verkauft werden. Er konkretisiert Art. 9 Abs. 2 EIOPA-VO (EU) Nr. 1094/2010. Art. 15 Abs. 2 PRIIP-VO gibt den nach nationalem Recht zuständigen Behörden die Befugnis, den Markt für in ihrem Mitgliedstaat oder von ihrem Mitgliedstaat aus vermarktete, vertriebene oder verkaufte Versicherungsanlageprodukte zu überwachen.

2 Eine entsprechende Befugnis der ESMA oder der EBA sowie der nach nationalem Recht zuständigen Behörden, den Markt für PRIIP zu überwachen, enthält die PRIIP-VO nicht. Sie ergibt sich jedoch für die Überwachung von PRIIP, die Finanzinstrumente sind, durch die ESMA aus Art. 39 Abs. 1 MiFIR-VO und für die Überwachung von PRIIP, die strukturierte Einlagen sind, durch die EBA aus Art. 39 Abs. 2 MiFIR-VO. Für die Überwachung von PRIIP als Finanzinstrumente oder strukturierte Einlagen durch die nach nationalem Recht zuständige Behörde, ergibt sie sich aus Art. 39 Abs. 3 MiFIR. Durch diesen **Gleichlauf zwischen MiFIR-VO und PRIIP-VO** wird sichergestellt, dass die Überwachung alle PRIIP ungeachtet ihrer Rechtsform erfasst (vgl. ErwGr. 25 PRIIP-VO).

3 Die **nach nationalem Recht zuständige Behörde** ist in Art. 4 Nr. 8 PRIIP-VO definiert (s. Anh. zu § 166: Art. 4 PRIIP-VO Rz. 20). Indem nach Art. 15 Abs. 2 PRIIP-VO sowohl die zuständige Behörde des Mitgliedstaates, in dem ein Versicherungsanlageprodukt vermarktet, vertrieben oder verkauft wird, als auch die zuständige Behörde des Mitgliedstaates, aus dem das Versicherungsanlageprodukt vermarktet, vertrieben und verkauft wird, und auch die die Vermarktung, der Vertrieb oder der Verkauf in unterschiedlichen Mitgliedstaaten erfolgen können, können Behörden aus verschiedenen Mitgliedstaaten zuständige Behörde sein.

4 **Vermarktung, Vertrieb oder Verkauf** sind in der PRIIP-VO ebenso wenig wie in der MiFIR definiert. Eine Definition des Vertriebs findet sich jedoch in Art. 4 Abs. 1 Buchst. x AIFM-RL, der durch § 293 Abs. 1 KAGB umgesetzt ist und in den gleichen Sachzusammenhang wie die PRIIP-VO gehört. Danach ist der Vertrieb das direkte oder indirekte Anbieten oder Platzieren von Anteilen an Anleger oder bei Anlegern mit Wohnsitz oder Sitz in der EU. Im Rahmen des § 293 Abs. 1 KAGB wird unter Anbieten jede Tätigkeit verstanden, die auf den Erwerb des angebotenen Gegenstands durch bzw. dessen Absatz an eine Person gerichtet ist,[1] diesen also die Möglichkeit eines solchen Erwerbs bietet oder auf eine solche Möglichkeit aufmerk-

1 Vgl. für das AuslInvestmG BT-Drucks. V/3494, 17; *Baltzer/Pfüller/Schmitt* in Brinkhaus/Scherer, § 1 AuslInvestmG Rz. 7.

sam macht;[2] es umfasst nicht nur die Abgabe eines zivilrechtlichen Antrags i.S.d. §§ 145 ff. BGB, sondern auch eine invitatio ad offerendum,[3] ebenso die Werbung[4] (näher § 293 Rz. 9 ff.). Dieser weite Vertriebsbegriff stößt zwar auf Schwierigkeiten bei der Abgrenzung zur Vermarktung.[5] Jedoch ist die Auslegung des deutschen Rechts, die sich insbesondere auf die deutschen Gesetzesmaterialien und die Systematik des KAGB stützt,[6] nicht maßgeblich für die Auslegung des europäischen Rechts. Aber auch wenn deshalb der Vertrieb im Rahmen der PRIIP-VO enger gefasst werden würde, fiele die Werbung zwar nicht mehr unter den Vertrieb, wäre aber doch von der Vermarktung umfasst,[7] so dass sich im Ergebnis nichts ändern würde.

Art. 16 [Produktinterventionsbefugnisse der EIOPA]

(1) Gemäß Artikel 9 Absatz 5 der Verordnung (EU) Nr. 1094/2010 kann die EIOPA, wenn die Bedingungen nach den Absätzen 2 und 3 dieses Artikels erfüllt sind, in der Union vorübergehend Folgendes verbieten oder beschränken:

a) die Vermarktung, den Vertrieb oder den Verkauf von bestimmten Versicherungsanlageprodukten oder Versicherungsanlageprodukten mit bestimmten Merkmalen oder

b) eine Art der Finanztätigkeit oder -praxis eines Versicherungsunternehmens oder Rückversicherungsunternehmen.

Ein Verbot oder eine Beschränkung kann in Fällen oder vorbehaltlich von Ausnahmen zur Anwendung kommen, die von der EIOPA festgelegt werden.

(2) Die EIOPA fasst einen Beschluss gemäß Absatz 1 nur, wenn alle der folgenden Bedingungen erfüllt sind:

a) Mit der vorgeschlagenen Maßnahme wird erheblichen Bedenken hinsichtlich des Anlegerschutzes oder einer Gefahr für das ordnungsgemäße Funktionieren und die Integrität der Finanzmärkte oder für die Stabilität des Finanzsystems in der Union als Ganzes oder von Teilen dieses Finanzsystems begegnet;

b) die Regulierungsanforderungen nach dem Unionsrecht, die auf das jeweilige Versicherungsanlageprodukt oder die entsprechende Tätigkeit anwendbar sind, werden der Gefahr nicht gerecht;

c) eine oder mehrere zuständige Behörden haben keine Maßnahmen ergriffen, um der Bedrohung zu begegnen, oder die ergriffenen Maßnahmen werden der Gefahr nicht ausreichend gerecht.

Wenn die Voraussetzungen nach Unterabsatz 1 erfüllt sind, kann die EIOPA das Verbot oder die Beschränkung nach Absatz 1 vorsorglich aussprechen, bevor ein Versicherungsanlageprodukt vermarktet oder an Anleger verkauft wird.

(3) Bei der Ergreifung von Maßnahmen im Sinne dieses Artikels sorgt die EIOPA dafür, dass die Maßnahme

a) keine negative Auswirkung auf die Effizienz der Finanzmärkte oder die Anleger hat, die in keinem Verhältnis zu den Vorteilen der Maßnahme steht, und

b) kein Risiko einer Aufsichtsarbitrage schafft.

Haben eine oder mehrere zuständige Behörden eine Maßnahme nach Artikel 17 ergriffen, so kann die EIOPA die in Absatz 1 dieses Artikels genannten Maßnahmen ergreifen, ohne die in Artikel 18 vorgesehene Stellungnahme abzugeben.

(4) Bevor die EIOPA beschließt, Maßnahmen im Sinne dieses Artikels zu ergreifen, unterrichtet sie die zuständigen Behörden über ihr vorgeschlagenes Vorgehen.

---

2 *Zingel* in Baur/Tappen, § 293 KAGB Rz. 12; vgl. auch *Paul* in Weitnauer/Boxberger/Anders, § 293 KAGB Rz. 5; aus rechtspolitischer Sicht kritisch zu dem weiten Vertriebsbegriff *Wallach*, ZBB 2016, 287, 289 f.

3 BaFin, Häufige Fragen zum Vertrieb und Erwerb von Investmentvermögen nach dem KAGB (WA 41-Wp 2137-2013/0293) v. 4.7.2013 (Stand 13.7.2016), Nr. 1.1.

4 *Keunecke/Schwack* in Moritz/Klebeck/Jesch, § 293 KAGB Rz. 19.

5 Vgl. *Jascha Seitz*, WM 2017, 1883, 1884.

6 Vgl. *Wallach*, ZBB 2016, 287, 288; *Zingel* in Baur/Tappen, § 293 KAGB Rz. 13 ff.; *Paul* in Weitnauer/Boxberger/Anders, § 293 KAGB Rz. 6.

7 Vgl. *Bußalb*, WM 2017, 553, 555 f.

(5) Die EIOPA veröffentlicht auf ihrer Website jeden Beschluss, im Sinne dieses Artikels Maßnahmen zu ergreifen. In der Mitteilung werden die Einzelheiten des Verbots oder der Beschränkung dargelegt und ein Zeitpunkt nach der Veröffentlichung der Mitteilung angegeben, ab dem die Maßnahmen wirksam werden. Ein Verbot oder eine Beschränkung gelten erst dann, wenn die Maßnahmen wirksam geworden sind.

(6) Die EIOPA überprüft ein Verbot oder eine Beschränkung gemäß Absatz 1 in geeigneten Zeitabständen, mindestens aber alle drei Monate. Wird das Verbot oder die Beschränkung nach Ablauf dieser dreimonatigen Frist nicht verlängert, so tritt dieses Verbot oder diese Beschränkung automatisch außer Kraft.

(7) Eine gemäß diesem Artikel beschlossene Maßnahme der EIOPA erhält Vorrang vor allen etwaigen früheren Maßnahmen einer zuständigen Behörde.

(8) Die Kommission erlässt delegierte Rechtsakte gemäß Artikel 30, in denen die Kriterien und Faktoren festgelegt werden, die von der EIOPA bei der Bestimmung der Tatsache zu berücksichtigen sind, wann erhebliche Bedenken hinsichtlich des Anlegerschutzes gegeben sind oder eine Gefahr für das ordnungsgemäße Funktionieren und die Integrität der Finanzmärkte oder für die Stabilität des Finanzsystems in der Union als Ganzes oder von Teilen dieses Finanzsystems im Sinne von Absatz 2 Unterabsatz 1 Buchstabe a droht.

Diese Kriterien und Faktoren schließen unter anderem Folgendes ein:

a) den Grad der Komplexität eines Versicherungsanlageprodukts und den Bezug zu der Art von Anlegern, an die es vermarktet und verkauft wird,

b) das Volumen oder den Nominalwert der Versicherungsanlageprodukte,

c) den Innovationsgrad des Versicherungsanlageprodukts, einer entsprechenden Tätigkeit oder Praxis und

d) den Leverage-Effekt eines Produkts oder einer Praxis.

In der Fassung vom 26.11.2014 (ABl. EU Nr. L 352 v. 9.12.2014, S. 1).

I. Allgemeines

1 Art. 16 PRIIP-VO gibt der EIOPA die **Möglichkeit der Produktintervention** bei erheblichen Bedenken hinsichtlich des Anlegerschutzes oder Gefahren für das ordnungsgemäße Funktionieren und die Integrität der Finanzmärkte oder für die Stabilität des gesamten Finanzsystems der Union oder eines Teils davon. Er ist im Wesentlichen **wie Art. 40 und 41 MiFIR aufgebaut** und stellt so sicher, dass die Produktintervention bei allen Anlageprodukten ungeachtet ihrer Rechtsform Anwendung finden kann (vgl. ErwGr. 25 PRIIP-VO). Lediglich die Pflicht zur Anhörung der für die Beaufsichtigung, Verwaltung und Regulierung landwirtschaftlicher Warenmärkte zuständigen öffentlichen Stellen nach der Verordnung über die einheitliche GMO Nr. 1234/2007 aus Art. 40 Abs. 3 Buchst. c MiFIR fehlt. Demgemäß sind Erkenntnisse zu Art. 40 und 41 MiFIR grundsätzlich auf Art. 16 PRIIP-VO übertragbar. Art. 16 PRIIP-VO läuft weitgehend parallel zu Art. 17 PRIIP-VO, der die Produktinterventionsbefugnisse der zuständigen Behörden regelt. Zur Intention der Produktinterventionsbefugnis und der Kritik daran s. Anh. zu § 166: Vorbemerkungen PRIIP-VO Rz. 4 ff.

II. Anwendungsbereich

2 Art. 16 PRIIP-VO gilt nicht allgemein in Bezug auf verpackte Produkte.[1] Vielmehr ist seine Geltung ausweislich des Wortlauts **auf Versicherungsanlageprodukte beschränkt**. Allerdings ergibt sich für verpackte Produkte eine entsprechende Möglichkeit der Produktintervention aus Art. 40 und 41 MiFIR, wenn sie Finanzinstrumente oder strukturierte Einlagen sind. Denn die für Finanzinstrumente oder strukturierte Ein-

1 So aber für Art. 17 PRIIP-VO *Buck-Heeb*, BKR 2017, 89, 90.

lagen i.S.v. Art. 4 Abs. 1 Nr. 15 oder 43 MiFID i.V.m. Art. 2 Abs. 1 Nr. 9 oder 23 MiFIR geltenden Art. 40 und 41 MiFIR sind wie Art. 16 PRIIP aufgebaut[2] und entsprechen diesem auch hinsichtlich der Befugnisse, die Vermarktung, den Vertrieb oder den Verkauf sowie Formen der Finanztätigkeit oder -praxis zu verbieten oder zu beschränken, und der dafür geltenden Voraussetzungen.

3 **Anknüpfung** für die Produktintervention nach Art. 16 Abs. 1 Satz 1 Buchst. a PRIIP-VO sind allein bestimmte Tätigkeiten. Die Produktintervention ist hier also nicht nur gegenüber bestimmten Adressaten möglich.[3] Demgegenüber knüpft die Produktintervention nach Art. 16 Abs. 1 Satz 1 Buchst. b PRIIP-VO an die Tätigkeit oder Praxis eines Versicherungsunternehmens oder Rückversicherungsunternehmens an und erfasst daher auch nur diese.

III. Verbote und Beschränkungen (Art. 16 Abs. 1 PRIIP-VO)

4 Nach Art. 16 Abs. 1 Satz 1 PRIIP-VO kann die EIOPA bestimmte Verhaltensweisen **verbieten und beschränken.** Der Übergang zwischen Verboten und Beschränkungen ist fließend. So ist der Ausspruch eines Teilverbots möglich, etwa das Verbot des Vertriebs im Hinblick auf bestimmte Anlegergruppen.[4]

5 Nach Art. 16 Abs. 1 Satz 1 Buchst. a PRIIP-VO kann sich das Verbot oder die Beschränkung auf die **Vermarktung, den Vertrieb oder den Verkauf** von bestimmten **Versicherungsanlageprodukten** oder von Versicherungsanlageprodukte mit bestimmten Merkmalen beziehen. Zu den Begriffen Vermarktung, Vertrieb und Verbrauch vgl. Anh. zu § 166: Art. 15 PRIIP-VO Rz. 4. Versicherungsanlageprodukte sind in Art. 4 Nr. 2 PRIIP-VO definiert (s. Anh. zu § 166: Art. 4 PRIIP-VO Rz. 7 ff.). Sie können konkret durch ihre Bezeichnung und ihren Hersteller oder abstrakt durch die Angaben von Merkmalen bestimmt werden.

6 Nach Art. 16 Abs. 1 Satz 1 Buchst. b PRIIP-VO kann sich das Verbot oder die Beschränkung auf eine Art der **Finanztätigkeit oder -praxis** eines **Versicherungsunternehmens oder Rückversicherungsunternehmens** beziehen. Finanztätigkeit oder -praxis umfasst nahezu jede Tätigkeit eines Unternehmens im Finanzbereich. Verboten oder beschränkt werden kann damit etwa eine bestimmte Art der Werbung oder die Verwendung von bestimmten Konditionen im Privatkundengeschäft hinsichtlich erheblicher Bedenken für den Anlegerschutz, aber auch bestimmte Finanzierungs- oder Absicherungspraktiken hinsichtlich Gefahren für das Funktionieren der Märkte oder die Stabilität des Finanzsystems.[5] Versicherungsunternehmen und Rückversicherungsunternehmen sind in Art. 2 Abs. 1 Nr. 6 und 7 Versicherungsvertrieb-Richtlinie 2016/97 definiert.

7 Nach Art. 16 Abs. 1 Satz 2 PRIIP-VO kann die EIOPA festlegen, dass Verbote oder Beschränkungen nur in bestimmten Fällen zur Anwendung kommen oder in bestimmten Fällen nicht zur Anwendung kommen, also **Bedingungen** für Geltung oder Nichtgeltung von Verboten formulieren. Als derartige Auflage wäre es etwa möglich, den Vertrieb nur an Personen zuzulassen, die über bestimmtes monatliches Einkommen verfügen.[6]

IV. Voraussetzungen (Art. 16 Abs. 2 und 3 PRIIP-VO)

8 Die Voraussetzungen des Art. 16 Abs. 2 Satz 1 Buchst. a-c PRIIP-VO müssen **kumulativ** vorliegen.

9 Nach **Art. 16 Abs. 2 Satz 1 Buchst. a PRIIP-VO** setzen die Verbote und Beschränkungen des Abs. 1 voraus, dass **erhebliche Bedenken hinsichtlich des Anlegerschutzes** oder eine **Gefahr für das ordnungsgemäße Funktionieren und die Integrität der Finanzmärkte** oder eine **Gefahr für die Stabilität des gesamten Finanzsystems der Union oder eines Teils davon** vorliegen. Zu diesem Zweck hat die EIOPA nach Art. 1 Abs. 2 Delegierte VO 2016/1904 eine Vielzahl von Faktoren und Kriterien zu bewerten, deren Aufzählung 18 Punkte mit insgesamt 57 Unterpunkten enthält, wobei die Bestimmung auf der Grundlage eines oder mehrerer dieser Faktoren und Kriterien erfolgen kann. Die dort aufgeführten Gesichtspunkte sind ausweislich des Wortlauts abschließend.[7] Sie beziehen sich nicht nur auf das Produkt, sondern auch auf den Anleger bzw. Kunden.[8] Diese können insbesondere für das Vorliegen von erheblichen Bedenken hinsichtlich des Anlegerschutzes Bedeutung haben.

---

2 Vgl. für Art. 17 PRIIP-VO *Buck-Heeb*, BKR 2017, 89, 90.
3 Vgl. für Art. 42 MiFIR *Buck-Heeb*, BKR 2017, 89, 92; für § 4b WpHG a.F. *Bußalb*, WM 2017, 553, 556.
4 Vgl. für § 4b WpHG a.F. *Bußalb*, WM 2017, 553, 556.
5 Vgl. für Art. 42 MiFIR *Cahn/Müchler*, BKR 2013, 45, 49 f.
6 Vgl. für § 4b WpHG a.F. *Bußalb*, WM 2017, 553, 556.
7 Vgl. für Art. 42 MiFIR *Busch*, WM 2017, 409, 416 f.
8 Vgl. für Art. 42 MiFIR *Buck-Heeb*, BKR 2017, 89, 93.

10 Die erheblichen Bedenken bzw. die Gefahren müssen sich aus **Tatsachen** ergeben. Ihre Feststellung beinhaltet jedoch auch ein prognostisches Element. Die Tatsachen können sich aus Hinweisen, Meldungen oder Anzeigen, aber auch aus Prüfberichten, Werbematerialien oder sonstigen Informationen ergeben; sie können von der EIOPA selbst ermittelt werden, etwa über das Internet, Online-Dienste sowie Tageszeitungen und andere Medien, sie können aber auch von (potentiellen) Anlegern, Aufsichtsunterworfenen oder anderen Marktteilnehmern, insbesondere Konkurrenzunternehmen stammen, ebenso von anderen Aufsichtsbehörden sowie anderen Behörden und sonstigen Stellen und Personen.[9]

11 **Erhebliche Bedenken hinsichtlich des Anlegerschutzes** stellen eine niedrigere Schwelle als die Gefahr dar (ErwGr. 2 Delegierte VO 2016/1904). Sie ergeben sich insbesondere aus den spezifischen Produktmerkmalen, wie der Komplexität und den damit verbundenen Schwierigkeiten für die Anleger, die Funktionsweise des Finanzinstruments zu verstehen; aus der Höhe des Verlustrisikos; sowie daraus, dass die Wohlverhaltenspflichten, die im Rahmen des Vertriebs gelten und sich insbesondere aus dem WpHG ergeben, etwa hinsichtlich der Kundeninformation, den Anleger nicht oder nicht hinreichend schützen.[10] Derartige Bedenken bestehen etwa hinsichtlich sog. „Schneeballsysteme", also Geschäftsmodellen, die zum Funktionieren eine ständig wachsende Anzahl von Teilnehmern benötigen; sie können sich aber auch aus dem Versprechen ungewöhnlich hoher Renditen oder der Ablösung von Altverbindlichkeiten durch neue Verbindlichkeiten ergeben, darin liegt jedoch zunächst nur ein Indiz, so dass es jeweils auf den Einzelfall ankommt.[11] Die BaFin hat erhebliche Bedenken für den Anlegerschutz i.S.d. § 4b Nr. 1 Buchst. a Var. 1 WpHG angenommen bei einer produktimmanenten Nachschusspflicht mit unkalkulierbaren Verlustrisiken aufgrund einer Kombination aus Hebeleffekt, Gefahr von Kurslücken und fehlenden adäquaten Schutzmechanismen angenommen.[12] Abgesehen von Schneeballsystemen, die allerdings bereits nach dem Versicherungsaufsichtsrecht unzulässig sind, dürften diese Merkmale jedoch bei Versicherungsanlageprodukten in der Regel vorliegen. Nicht Voraussetzung ist, dass eine Vielzahl von Fällen betroffen ist. Vielmehr kann für einen effektiven Anlegerschutz nicht die Zahl der betroffenen Anleger maßgeblich sein, so dass auch Einzelfälle ausreichend sind.[13]

12 **Die Gefahr für das ordnungsgemäße Funktionieren und die Integrität der Finanzmärkte** und die **Gefahr für die Stabilität des gesamten Finanzsystems der Union oder eines Teils davon** stellen höhere Schwellen als das Vorliegen erheblicher Bedenken dar (ErwGr. 2 Delegierte VO 2016/1904). Allerdings reicht auch hier eine drohende Gefahrensituation aus, also die Gefahr einer Entwicklung zu einer Funktionsstörung oder Systemkrise.[14]

13 Nach Art. 16 Abs. 2 Satz 1 Buchst. b PRIIP-VO besteht ein **Vorrang der spezielleren Regulierungsanforderungen**, die sich aus dem Unionsrecht ergeben, gegenüber der Produktintervention nach Art. 16 PRIIP-VO. Nur wenn die spezielleren Regulierungsanforderungen den erheblichen Bedenken hinsichtlich des Anlegerschutzes bzw. der Gefahr für das ordnungsgemäße Funktionieren und die Integrität der Finanzmärkte oder für die Stabilität des Finanzsystems nicht gerecht werden, ihnen also nicht wirksam begegnen, darf die EIOPA die Maßnahmen nach Art. 16 Abs. 1 PRIIP-VO ergreifen. Speziellere Regulierungsanforderungen enthält insbesondere die Versicherungsvertrieb-Richtlinie 2016/97. Sie können sich aber auch aus den sonstigen Vorschriften der PRIIP-VO ergeben. Bei Verstößen gegen die Pflichten der PRIIP-VO in Bezug auf das Basisinformationsblatt sind demgemäß die Maßnahmen nach Art. 22 ff. PRIIP-VO vorrangig.

14 Nach Art. 16 Abs. 2 Satz 1 Buchst. c PRIIP-VO besteht ein **Vorrang der Maßnahmen der nationalen zuständigen Behörden** gegenüber den Maßnahmen der EIOPA. Diese darf die Maßnahmen nach Art. 16 Abs. 1 PRIIP-VO nur ergreifen, wenn die nationalen zuständigen Behörden keine Maßnahmen ergreifen oder die von diesen ergriffenen Maßnahmen den erheblichen Bedenken hinsichtlich des Anlegerschutzes bzw. der Gefahr für das ordnungsgemäße Funktionieren und die Integrität der Finanzmärkte oder für die Stabilität des Finanzsystems nicht gerecht werden, ihnen also nicht wirksam begegnen. Dies trifft insbesondere auf Bedenken oder Gefahren zu, denen nur durch einheitliche Maßnahmen in der EU begegnet werden kann, aber auch auf fehlerhaft agierende national zuständige Behörden. Maßnahmen nach Art. 17 PRIIP-VO haben damit grundsätzlich Vorrang gegenüber Maßnahmen nach Art. 16 PRIIP-VO.

---

9 Vgl. für § 4b WpHG a.F. *Bußalb*, WM 2017, 553, 554.

10 Vgl. für § 4b WpHG a.F. *Bußalb*, WM 2017, 553, 554.

11 Vgl. für § 4b WpHG a.F. *Bouchon/Mehlkopp* in Fuchs, § 4b WpHG Rz. 17.

12 BaFin, Allgemeinverfügung vom 8.5.2017, Geschäftszeichen VBS 7-Wp 5427-2016/0017, unter B. I. 2. (abrufbar unter http://www.bafin.de/dok/9229820); dazu auch *Seitz*, WM 2017, 1883, 1886.

13 Vgl. für § 4b WpHG a.F. *Bouchon/Mehlkopp* in Fuchs, § 4b WpHG Rz. 17; ähnlich *Bußalb*, WM 2017, 553, 555; strenger *Cahn/Müchler*, BKR 2013, 45, 48 f.

14 Vgl. *Cahn/Müchler*, BKR 2013, 45, 49.

Nach Art. 16 Abs. 2 Satz 2 PRIIP-VO darf die EIOPA auch **vorsorgliche Maßnahmen** ergreifen und muss nicht abwarten, bis sich die erheblichen Bedenken hinsichtlich des Anlegerschutzes bzw. die Gefahr für das ordnungsgemäße Funktionieren und die Integrität der Finanzmärkte oder für die Stabilität des Finanzsystems verwirklichen. Insoweit genügt eine drohende Gefahr,[15] die allerdings eine hinreichende Eintrittswahrscheinlichkeit voraussetzt. Die Möglichkeit der EIOPA, ein Produktverbot bzw. eine Produktbeschränkung bereits vorsorglich zu verhängen, erlaubt es ihr, eine „Markteintrittskontrolle" vorzunehmen.[16] 15

Nach Art. 16 Abs. 3 Satz 1 Buchst. a PRIIP-VO hat die EIOPA bei der Ergreifung von Maßnahmen nach Abs. 1 PRIIP-VO den **Grundsatz der Verhältnismäßigkeit** zu beachten. Allerdings kommt es hier bei der Abwägung im Rahmen der Verhältnismäßigkeitsprüfung allein darauf an, ob die Vorteile der jeweiligen Maßnahme nicht außer Verhältnis zu den etwaigen negativen Auswirkungen auf die Effizienz der Finanzmärkte oder auf die Anleger stehen; die Verhältnismäßigkeitsprüfung ist hier enger als bei Art. 17 Abs. 2 Buchst. c PRIIP-VO.[17] Als weniger einschneidende Maßnahmen infrage kommen etwa erhöhte Transparenz- und Aufklärungspflichten statt Verboten; weniger pauschal formulierte Verbote; das Verbot nur des Vertriebs, nicht aber der Herstellung; oder die Eingrenzung des Verbots auf bestimmte Gruppen von Privatanlegern.[18] 16

Nach Art. 16 Abs. 3 Satz 1 Buchst. b PRIIP-VO hat die EIOPA dafür zur sorgen, dass die Maßnahme **kein Risiko der Aufsichtsarbitrage** schafft. Damit die Produktintervention nicht leer läuft, kann sich diese Vorgabe nur auf die Vermeidung von Aufsichtsarbitrage innerhalb der EU, nicht aber im Verhältnis zu Drittstaaten beziehen. Aufsichtsarbitrage lässt sich vor allem dadurch vermeiden, dass die jeweilige Maßnahme oder auch ein Maßnahmenbündel gleich gelagerte Sachverhalte in allen Mitgliedstaaten gleich behandelt. Demgemäß muss die EIOPA beim Verbot oder der Beschränkung von Produkten auch andere Produkte mit gleichen Effekten erfassen. 17

Wenn eine oder mehrere zuständige Behörden eine Maßnahme nach Art. 17 PRIIP-VO ergriffen haben, erlaubt es Art. 16 Abs. 3 Satz 2 PRIIP-VO der EIOPA, eine Maßnahme nach Art. 16 Abs. 1 PRIIP-VO zu ergreifen, ohne vorher eine **Stellungnahme nach Art. 18 PRIIP-VO** abzugeben. 18

V. Verfahren (Art. 16 Abs. 4, 5 und 6 PRIIP-VO)

Nach Art. 16 Abs. 4 PRIIP-VO hat die EIOPA die **Pflicht zur Unterrichtung der zuständigen Behörden** über das von ihr vorgesehene Vorgehen, bevor sie Maßnahmen nach Abs. 1 ergreift. Dies ermöglicht es den zuständigen Behörden, gegenüber der EIOPA Stellung zu dem Vorgehen zu nehmen. Demgemäß sollte die Unterrichtung so rechtzeitig erfolgen, dass eine derartige Stellungnahme noch möglich ist; dabei ist die Pflicht zur Unterrichtung mit der Dringlichkeit der Maßnahme abzuwägen. 19

Nach Art. 16 Abs. 5 PRIIP-VO hat die EIOPA die **Pflicht zur Veröffentlichung** jedes Beschlusses, Maßnahmen nach Abs. 1 zu ergreifen, auf ihrer Internetseite. Dabei muss sie die Einzelheiten des Verbotes oder der Beschränkung und den Zeitpunkt des Wirksamwerdens der Maßnahmen, der nach der Veröffentlichung liegen muss, angeben. Das Verbot oder die Beschränkung gelten nicht bereits ab der Veröffentlichung, sondern erst ab dem angegebenen Zeitpunkt des Wirksamwerdens der Maßnahmen. Diese Regelung erlaubt es den Marktteilnehmern, sich auf das Verbot einzustellen, und schützt insbesondere die Anleger. 20

Nach Art. 16 Abs. 6 PRIIP-VO hat die EIOPA die **Pflicht zur Überprüfung** jedes Verbots oder jeder Beschränkung gem. Abs. 1. Diese Überprüfung muss mindestens alle drei Monate erfolgen; sollten sich die Voraussetzungen der Maßnahme schneller erledigen können, müssen entsprechend kurzfristigere Überprüfungszeiträume vorgesehen werden. Die Überprüfung bezieht sich vor allem darauf, ob die Voraussetzungen der Maßnahme noch gegeben sind. Ein Verbot oder eine Beschränkung gelten jeweils nur drei Monate und müssen nach Ablauf der Dreimonatsfrist von der EIOPA verlängert werden, wenn sie länger gelten sollen. 21

15 Vgl. für § 4b WpHG a.F. *Bußalb*, WM 2017, 553, 555.
16 Vgl. für § 42 MiFIR *Buck-Heeb*, BKR 2017, 89, 92.
17 Vgl. für Art. 41 MiFIR *Bußalb*, WM 2017, 553, 557.
18 Vgl. für Art. 42 MiFIR *Buck-Heeb*, BKR 2017, 89, 93.

VI. Vorrangige Anwendung gegenüber anderen Maßnahmen (Art. 16 Abs. 7 PRIIP-VO)

22 Art. 16 Abs. 7 PRIIP-VO räumt den Maßnahmen der EIOPA nach Abs. 1 den **Vorrang vor etwaigen Maßnahmen einer zuständigen Behörde** ein. Dies dient der einheitlichen Anwendung der Maßnahmen und findet seinen Grund darin, dass die EIOPA nur dann Maßnahmen verhängen darf, wenn Maßnahmen der zuständigen Behörden nicht ausreichend sind oder wären. Die Vorschrift spricht zwar nur von einem Vorrang vor früheren Maßnahmen einer zuständigen Behörde, der Vorrang muss aber auch gegenüber späteren Maßnahmen gelten, wenn die zuständige Behörde die Maßnahme der EIOPA nicht jederzeit konterkarieren können soll.

VII. Rechtsfolgen

23 Ein Verbot oder eine Beschränkung nach Art. 16 Abs. 1 PRIIP-VO gelten zunächst nur aufsichtsrechtlich. Die **Durchsetzung** von Verboten und Beschränkungen und die **Sanktionierung von Verstößen** bleiben unklar. Die verwaltungsrechtlichen Sanktionen des Art. 24 PRIIP-VO greifen nicht. Die Durchsetzung und Sanktionierung muss dann offenbar durch die nationalen Behörden nach nationalem Recht gem. Art. 22 PRIIP-VO erfolgen. Spezielle Vorschriften in Bezug auf Art. 16 PRIIP-VO existieren jedoch nicht. Insoweit greifen nur die allgemeinen Aufsichtsbefugnisse des § 298 i.V.m. § 294 Abs. 2 VAG.

24 Zivilrechtlich lässt sich aus dem aufsichtsrechtlichen Verbot **keine Nichtigkeit** gem. § 134 BGB herleiten.[19] Auch wird eine „Ausstrahlungswirkung" der aufsichtsrechtlichen Entscheidung auf das Zivilrecht und insbesondere auf Schadensersatzansprüche aus § 280 Abs. 1 BGB verneint, da die aufsichtsrechtliche Entscheidung auf einer bloßen Eingriffsnorm beruhe, der keine derartige Wirkung zukommen könne.[20] Jedoch wird eine **Verletzung der Pflicht zur anleger- und anlagegerechten Beratung** durch den Vertrieb und Verkauf des verbotenen Produkts für möglich gehalten; dabei könne es für den Anlageberater schwierig werden, sich gegenüber einem Schadensersatzanspruch eines Anlegers aus § 280 Abs. 1 BGB i.V.m. mit dem Anlageberatungsvertrag oder § 311 Abs. 2 BGB wegen Fehlberatung zu verteidigen, wenn eine solche in einer Allgemeinverfügung festgestellt werde, auch wenn die Zivilgerichte nicht an die Sichtweise der Aufsichtsbehörde gebunden seien.[21] Allerdings stellt die Erfüllung der Voraussetzungen des Art. 16 Abs. 2 Satz 1 Buchst. a Alt. 1 PRIIP-VO, also eine Vermarktung, ein Vertrieb oder ein Verkauf von Anlageprodukten oder eine Finanztätigkeit oder -praxis, die erhebliche Bedenken hinsichtlich des Anlegerschutzes begründen, in aller Regel auch eine Pflichtverletzung dar, wenn sie im Rahmen eines Vertrags oder vorvertraglichen Schuldverhältnisses mit einem Anleger erfolgt.

25 **Deliktsrechtlich** soll ein Anspruch aus § 823 Abs. 2 BGB zu verneinen sein, wenn eine Norm lediglich die Möglichkeit eines Eingriffs vorsehe und daher mangels eines Ge- oder Verbots kein Schutzgesetz vorliege.[22] Allerdings dürfte spätestens mit der Konkretisierung durch die Anordnung des Verbots oder der Beschränkung ein Schutzgesetz vorliegen.[23] Ein Anspruch wegen vorsätzlich sittenwidriger Schädigung aus § 826 BGB dürfte allein durch die Erfüllung der Voraussetzungen des Art. 16 PRIIP-VO und den Verstoß gegen eine auf dieser Grundlage erlassene Maßnahme noch nicht begründet sein,[24] ist aber auch nicht ausgeschlossen.

26 Ist ein Schadensersatzanspruch gegeben, so liegt der **Schaden** regelmäßig bereits im Erwerb der Kapitalanlage, wenn diese aufgrund einer fehlerhaften Anlageempfehlung erworben wurde, so dass ein Vermögensschaden nicht durch die objektive Werthaltigkeit von Leistung und Gegenleistung ausgeschlossen wird.[25]

27 Art. 16 PRIIP-VO enthält **keine Pflicht der EIOPA**, eine Produktzulassung einzuführen, und befreit die Hersteller von Versicherungsanlageprodukten nicht von ihrer Verantwortung, die Anforderungen der PRIIP-VO zu erfüllen; die Anwendung des Art. 16 PRIIP-VO erfolgt ausschließlich im öffentlichen Interesse und zieht daher keine zivilrechtliche Haftung der EIOPA nach sich (ErwGr. 25 PRIIP-VO).

---

19 Vgl. für § 4b WpHG a.F. *Buck-Heeb*, BKR 2017, 89, 94; *Bröker/Machunsky*, BKR 2016, 229, 231; *Cahn/Müchler*, BKR 2013, 45, 54; *Klingenbrunn*, WM 2015, 316, 321, 322.

20 Vgl. für § 4b WpHG a.F. *Buck-Heeb*, BKR 2017, 89, 94.

21 Für § 4b WpHG a.F. *Buck-Heeb*, BKR 2017, 89, 94 f.

22 So für § 4b WpHG a.F. *Buck-Heeb*, BKR 2017, 89, 94; *Klingenbrunn*, WM 2015, 316, 323; *Cahn/Müchler*, BKR 2013, 45, 55.

23 Zu den Voraussetzungen *Wagner* in MünchKomm. BGB, 7. Aufl. 2017, § 823 BGB Rz. 496 f.; nur für den Einzelfall bei § 4b WpHG a.F. auch *Buck-Heeb*, BKR 2017, 89, 95.

24 Vgl. für § 4b WpHG a.F. auch *Buck-Heeb*, BKR 2017, 89, 95.

25 Für § 4b WpHG a.F. und Art. 42 MiFIR *Buck-Heeb*, BKR 2017, 89, 94; vgl. auch BGH v. 8.3.2005 – XI ZR 170/04, NJW 2005, 1579, 1580.

VIII. Delegierte Rechtsakte

Art. 6 Abs. 8 PRIIP-VO überträgt der Kommission die **Befugnis zum Erlass delegierter Rechtsakte** gem. Art. 30 PRIIP-VO in denen die Kriterien und Faktoren zur Feststellung der Voraussetzungen des Art. 16 Abs. 2 Satz 1 Buchst. a PRIIP-VO festgelegt werden. Von dieser Befugnis wurde durch Delegierte Verordnung (EU) 2016/1904 der Kommission zur Ergänzung der PRIIP-VO in Hinblick auf die Produktintervention Gebrauch gemacht. 28

Art. 17 [Produktinterventionsbefugnisse der Behörde des Mitgliedstaats]

(1) Eine zuständige Behörde kann in oder aus ihrem Mitgliedstaat Folgendes verbieten oder beschränken:

a) die Vermarktung, den Vertrieb oder den Verkauf von Versicherungsanlageprodukten oder Versicherungsanlageprodukten mit bestimmten Merkmalen oder

b) eine Form der Finanztätigkeit oder -praxis eines Versicherungsunternehmens oder Rückversicherungsunternehmen.

(2) Eine zuständige Behörde kann die in Absatz 1 genannte Maßnahme ergreifen, wenn sie sich ordnungsgemäß vergewissert hat, dass

a) ein Versicherungsanlageprodukt oder eine entsprechende Tätigkeit oder Praxis erhebliche Bedenken für den Anlegerschutz aufwirft oder eine Gefahr für das ordnungsgemäße Funktionieren und die Integrität der Finanzmärkte oder in mindestens einem Mitgliedstaat die Stabilität des Finanzsystems als Ganzes oder von Teilen dieses Finanzsystems darstellt;

b) bestehende regulatorische Anforderungen nach Unionsrecht, die auf das Versicherungsanlageprodukt, die entsprechende Tätigkeit oder Praxis anwendbar sind, den unter Buchstabe a genannten Risiken nicht hinreichend begegnen und das Problem durch eine stärkere Aufsicht oder Durchsetzung der vorhandenen Anforderungen nicht besser gelöst würde;

c) die Maßnahme verhältnismäßig ist, wenn man die Wesensart der ermittelten Risiken, das Kenntnisniveau der betreffenden Anleger oder Marktteilnehmer und die wahrscheinliche Wirkung der Maßnahme auf Anleger und Marktteilnehmer berücksichtigt, die das Versicherungsanlageprodukt eventuell halten und es bzw. die entsprechende Tätigkeit oder Praxis nutzen oder davon profitieren;

d) die zuständige Behörde die zuständigen Behörden anderer Mitgliedstaaten, die von der Maßnahme erheblich betroffen sein können, angemessen angehört hat und

e) sich die Maßnahme nicht diskriminierend auf Dienstleistungen oder Tätigkeiten auswirkt, die von einem anderen Mitgliedstaat aus erbracht werden.

Wenn die Voraussetzungen nach Unterabsatz 1 erfüllt sind, kann die die zuständige Behörde das Verbot oder die Beschränkung nach Absatz 1 vorsorglich aussprechen, bevor ein Versicherungsanlageprodukt vermarktet oder an Anleger verkauft wird. Ein Verbot oder eine Beschränkung kann in Fällen oder vorbehaltlich von Ausnahmen gelten, die von der zuständigen Behörde festgelegt werden.

(3) Die zuständige Behörde spricht keine Verbote oder Beschränkungen im Sinne dieses Artikels aus, es sei denn, sie hat spätestens einen Monat, bevor die Maßnahme wirksam werden soll, allen anderen beteiligten zuständigen Behörden und der EIOPA schriftlich oder auf einem anderen, von den Behörden vereinbarten Weg folgende Einzelheiten übermittelt:

a) das Versicherungsanlageprodukt oder die entsprechende Tätigkeit oder Praxis, auf das bzw. die sich die vorgeschlagene Maßnahme bezieht;

b) den genauen Charakter des vorgeschlagenen Verbots oder der vorgeschlagenen Beschränkung sowie den geplanten Zeitpunkt des Inkrafttretens und

c) die Nachweise, auf die sie ihren Beschluss gestützt hat und die als Grundlage für die Feststellung dienen, dass die Bedingungen von Absatz 2 erfüllt sind.

(4) In Ausnahmefällen, in denen die zuständige Behörde dringende Maßnahmen nach diesem Artikel für erforderlich hält, um Schaden, der aufgrund der Versicherungsanlageprodukte, der entspre-

chenden Tätigkeit oder Praxis nach Absatz 1 entstehen könnte, abzuwenden, kann die zuständige Behörde frühestens 24 Stunden, nachdem sie alle anderen zuständigen Behörden und die EIOPA von dem geplanten Inkrafttreten der Maßnahme benachrichtigt hat, vorläufig tätig werden, sofern alle in diesem Artikel festgelegten Kriterien erfüllt sind und außerdem eindeutig nachgewiesen ist, dass auf die konkreten Bedenken oder die konkrete Gefahr bei einer einmonatigen Notifikationsfrist nicht angemessen reagiert werden kann. Die zuständige Behörde darf nicht für mehr als drei Monate vorläufig tätig werden.

(5) Die zuständige Behörde gibt auf ihrer Website jeden Beschluss zur Verhängung eines Verbots oder einer Beschränkung nach Absatz 1 bekannt. Diese Mitteilung erläutert die Einzelheiten des Verbots oder der Beschränkung und nennt einen Zeitpunkt nach der Veröffentlichung der Mitteilung, an dem die Maßnahmen wirksam werden, sowie die Nachweise, aufgrund deren die Erfüllung aller Bedingungen nach Absatz 2 belegt ist. Das Verbot oder die Beschränkung gelten nur für Maßnahmen, die nach der Veröffentlichung der Mitteilung ergriffen wurden.

(6) Die zuständige Behörde widerruft ein Verbot oder eine Beschränkung, wenn die Bedingungen nach Absatz 2 nicht mehr gelten.

(7) Die Kommission erlässt delegierte Rechtsakte gemäß Artikel 30, in denen die Kriterien und Faktoren festgelegt werden, die von den zuständigen Behörden bei der Bestimmung der Tatsache zu berücksichtigen sind, wann erhebliche Bedenken hinsichtlich des Anlegerschutzes gegeben sind oder die ordnungsgemäße Funktionsweise und die Integrität der Finanzmärkte oder in mindestens einem Mitgliedstaat die Stabilität des Finanzsystems im Sinne von Absatz 2 Unterabsatz 1 Buchstabe a gefährdet ist.

Diese Kriterien und Faktoren schließen unter anderem Folgendes ein:

a) den Grad der Komplexität eines Versicherungsanlageprodukts und den Bezug zu der Art von Kunden, an die es vermarktet und verkauft wird,

b) den Innovationsgrad eines Versicherungsanlageprodukts, einer entsprechenden Tätigkeit oder Praxis,

c) den Leverage-Effekt eines Produkts oder einer Praxis,

d) in Bezug auf das ordnungsgemäße Funktionieren und die Integrität der Finanzmärkte das Volumen oder den Nominalwert eines Versicherungsanlageprodukts.

In der Fassung vom 26.11.2014 (ABl. EU Nr. L 352 v. 9.12.2014, S. 1).

I. Allgemeines

1 Art. 17 PRIIP-VO gibt den **nationalen Aufsichtsbehörden** die Möglichkeit der **Produktintervention** bei erheblichen Bedenken hinsichtlich des Anlegerschutzes oder Gefahren für das ordnungsgemäße Funktionieren und die Integrität der Finanzmärkte oder für die Stabilität des gesamten Finanzsystems der Union oder eines Teils davon. Er ist **wie Art. 42 MiFIR aufgebaut**[1] und stellt so sicher, dass die Produktintervention bei allen Anlageprodukten ungeachtet ihrer Rechtsform Anwendung finden kann (vgl. ErwGr. 25 PRIIP-VO). Lediglich die Pflicht zur Anhörung der für die Beaufsichtigung, Verwaltung und Regulierung landwirtschaftlicher Warenmärkte zuständigen öffentlichen Stellen nach der Verordnung über die einheitliche GMO Nr. 1234/2007 aus Art. 42 Abs. 2 Buchst. f MiFIR fehlt. Demgemäß sind Erkenntnisse zu Art. 42 MiFIR grundsätzlich auf Art. 17 PRIIP-VO übertragbar. Bereits der bis Anfang 2018 geltende § 4b WpHG a.F. regelte die Möglichkeit der Produktintervention und entsprach als Vorgängernorm im Wesentlichen dem Art. 42 MiFID,[2] so dass zur Auslegung des Art. 17 PRIIP-VO grundsätzlich auch auf die Kom-

1 *Buck-Heeb*, BKR 2017, 89, 90.
2 Vgl. *Buck-Heeb*, BKR 2017, 89; *Ehlers*, WM 2017, 420; *Seitz*, WM 2017, 1883, 1885.

mentierungen und sonstige Literatur zu § 4b WpHG[3] zurückgegriffen werden kann. Art. 17 PRIIP-VO läuft weitgehend parallel zu Art. 16 PRIIP-VO, der die Produktinterventionsbefugnisse der EIOPA regelt. Zur Intention der Produktinterventionsbefugnis und der Kritik daran s. Anh. zu § 166: Vorbemerkungen PRIIP-VO Rz. 4 ff.

II. Anwendungsbereich

Art. 17 PRIIP-VO gilt nicht allgemein in Bezug auf verpackte Produkte.[4] Vielmehr ist seine Geltung ausweislich des Wortlauts **auf Versicherungsanlageprodukte beschränkt**. Allerdings ergibt sich für verpackte Produkte eine entsprechende Möglichkeit der Produktintervention aus Art. 42 MiFIR, wenn sie Finanzinstrumente oder strukturierte Einlagen sind. Denn der für Finanzinstrumente oder strukturierte Einlagen i.S.v. Art. 2 Abs. 1 Nr. 9 oder 23 MiFIR i.V.m. Art. 4 Abs. 1 Nr. 15 oder 43 MiFID geltende Art. 42 MiFIR ist wie Art. 17 Abs. 1 PRIIP-VO aufgebaut[5] und entspricht diesem auch hinsichtlich der Befugnisse, die Vermarktung, den Vertrieb oder den Verkauf sowie Formen der Finanztätigkeit oder -praxis zu verbieten oder zu beschränken, und der dafür geltenden Voraussetzungen. Zudem ordnet § 15 Abs. 1 WpHG an, dass die Befugnisse nach Art. 42 Abs. 1, 2 und 5 ff. MiFIR unter den dort genannten Voraussetzungen für Vermögensanlagen entsprechend gelten. Damit können in der Regel auch verpackte Anlageprodukte i.S.d. Art. 4 Nr. PRIIP-VO, die nicht unter die MiFIR fallen, Gegenstand einer Produktintervention sein, da sie in der Regel als Vermögensanlagen zu qualifizieren sein dürften. 2

Die Produktintervention nach Art. 17 Abs. 1 Buchst. a PRIIP-VO hat als **Anknüpfungspunkt** allein bestimmte Tätigkeiten. Sie gilt daher nicht nur für bestimmte Adressaten.[6] Demgegenüber knüpft die Produktintervention nach Art. 17 Abs. 1 Buchst. b PRIIP-VO an die Tätigkeit oder Praxis eines Versicherungsunternehmens oder Rückversicherungsunternehmens an und erfasst daher auch nur diese. 3

III. Verbote und Beschränkungen (Art. 17 Abs. 1 PRIIP-VO)

Nach Art. 17 Abs. 1 PRIIP-VO kann die zuständige Behörde bestimmte Verhaltensweisen **verbieten und beschränken**. Der Übergang zwischen Verboten und Beschränkungen ist fließend. So ist der Ausspruch eines Teilverbots möglich, etwa das Verbot des Vertriebs im Hinblick auf bestimmte Anlegergruppen.[7] 4

Nach Art. 17 Abs. 1 Buchst. a PRIIP-VO kann sich das Verbot oder die Beschränkung auf die **Vermarktung, den Vertrieb oder den Verkauf** von bestimmten **Versicherungsanlageprodukten** oder von Versicherungsanlageprodukte mit bestimmten Merkmalen beziehen. Zu den Begriffen Vermarktung, Vertrieb und Verbrauch s. Anh. zu § 166: Art. 15 PRIIP-VO Rz. 4. Versicherungsanlageprodukte sind in Art. 4 Nr. 2 PRIIP-VO definiert (s. Anh. zu § 166: Art. 4 PRIIP-VO Rz. 7 ff.). Sie können konkret durch ihre Bezeichnung und ihren Hersteller oder abstrakt durch die Angaben von Merkmalen bestimmt werden. 5

Nach Art. 17 Abs. 1 Buchst. b PRIIP-VO kann sich das Verbot oder die Beschränkung auf eine Art der **Finanztätigkeit oder -praxis** eines **Versicherungsunternehmens oder Rückversicherungsunternehmens** beziehen. Finanztätigkeit oder -praxis umfasst nahezu jede Tätigkeit eines Unternehmens im Finanzbereich. Verboten oder beschränkt werden kann damit etwa eine bestimmte Art der Werbung oder die Verwendung von bestimmten Konditionen im Privatkundengeschäft hinsichtlich erheblicher Bedenken für den Anlegerschutz, aber auch bestimmte Finanzierungs- oder Absicherungspraktiken hinsichtlich Gefahren für das Funktionieren der Märkte oder die Stabilität des Finanzsystems.[8] Versicherungsunternehmen und Rückversicherungsunternehmen sind in Art. 2 Abs. 1 Nr. 6 und 7 Versicherungsvertrieb-Richtlinie 2016/97 definiert. 6

Nach Art. 17 Abs. 2 Satz 3 PRIIP-VO kann die zuständige Behörde zudem festlegen, dass Verbote oder Beschränkungen nur in bestimmten Fällen zur Anwendung kommen oder in bestimmten Fällen nicht zur Anwendung kommen, also **Bedingungen** für die Geltung oder Nichtgeltung von Verboten formulieren. Als derartige Auflage wäre es etwa möglich, den Vertrieb nur an Personen zuzulassen, die über bestimmtes monatliches Einkommen verfügen.[9] 7

---

3 Dazu etwa *Bouchon/Mehlkopp* in Fuchs, § 4b WpHG Rz. 1 ff.; *Buck-Heeb*, BKR 2017, 89 ff.; *Bußalb*, WM 2017, 553 ff.; *Ehlers*, WM 2017, 420 ff.; *Jascha Seitz*, WM 2017, 1883 ff.
4 So aber *Buck-Heeb*, BKR 2017, 89, 90.
5 *Buck-Heeb*, BKR 2017, 89, 90.
6 Vgl. für Art. 42 MiFIR *Buck-Heeb*, BKR 2017, 89, 92; für § 4b WpHG a.F. *Bußalb*, WM 2017, 553, 556.
7 Vgl. für § 4b WpHG a.F. *Bußalb*, WM 2017, 553, 556.
8 Vgl. für Art. 42 MiFIR *Cahn/Müchler*, BKR 2013, 45, 49 f.
9 Vgl. für § 4b WpHG a.F. *Bußalb*, WM 2017, 553, 556.

IV. Voraussetzungen (Art. 17 Abs. 2 PRIIP-VO)

8 Die Voraussetzungen des Art. 17 Abs. 2 Satz 1 Buchst. a-e PRIIP-VO müssen **kumulativ** vorliegen.

9 Die Befugnisse des Art. 17 Abs. 1 PRIIP-VO stehen der **zuständigen Behörde** zu. Diese ist in Art. 4 Nr. 8 PRIIP-VO definiert (s. Anh. zu § 166: Art. 4 PRIIP-VO Rz. 19 f.).

10 Nach **Art. 17 Abs. 2 Satz 1 Buchst. a PRIIP-VO** setzen die Verbote und Beschränkungen des Abs. 1 voraus, dass erhebliche Bedenken hinsichtlich des Anlegerschutzes oder eine Gefahr für das ordnungsgemäße Funktionieren und die Integrität der Finanzmärkte oder für die Stabilität des gesamten Finanzsystems der Union oder eines Teils davon vorliegen. Zu diesem Zweck hat die zuständige Behörde nach Art. 2 Abs. 2 Delegierte VO 2016/1904 eine Vielzahl von Faktoren und Kriterien zu bewerten, deren nicht abschließende Aufzählung eine Vielzahl von Punkten und Unterpunkten enthält, wobei die Bestimmung auf der Grundlage eines oder mehrerer dieser Faktoren und Kriterien erfolgen kann. Die dort aufgeführten Gesichtspunkte beziehen sich nicht nur auf das Produkt, sondern auch auf den Anleger bzw. Kunden.[10] Diese können insbesondere für das Vorliegen von erheblichen Bedenken hinsichtlich des Anlegerschutzes Bedeutung haben.

11 Die erheblichen Bedenken bzw. die Gefahren müssen sich aus **Tatsachen** ergeben. Ihre Feststellung beinhaltet jedoch auch ein prognostisches Element. Die Tatsachen können sich aus Hinweisen, Meldungen oder Anzeigen, aber auch aus Prüfberichten, Werbematerialien oder sonstigen Informationen ergeben; sie können von den zuständigen Behörden selbst ermittelt werden, etwa über das Internet, Online-Dienste sowie Tageszeitungen und andere Medien, sie können aber auch von (potentiellen) Anlegern, Aufsichtsunterworfenen oder anderen Marktteilnehmern, insbesondere Konkurrenzunternehmen stammen, ebenso von anderen Aufsichtsbehörden sowie anderen Behörden und sonstigen Stellen und Personen.[11]

12 **Erhebliche Bedenken hinsichtlich des Anlegerschutzes** stellen eine niedrigere Schwelle als die Gefahr dar (ErwGr. 2 Delegierte VO 2016/1904). Sie ergeben sich insbesondere aus den spezifischen Produktmerkmalen, wie der Komplexität und den damit verbundenen Schwierigkeiten für die Anleger, die Funktionsweise des Finanzinstruments zu verstehen; aus der Höhe des Verlustrisikos; sowie daraus, dass die Wohlverhaltenspflichten, die im Rahmen des Vertriebs gelten und sich insbesondere aus dem WpHG ergeben, etwa hinsichtlich der Kundeninformation, den Anleger nicht oder nicht hinreichend schützen.[12] Derartige Bedenken bestehen etwa hinsichtlich sog. „Schneeballsysteme", also Geschäftsmodellen, die zum Funktionieren eine ständig wachsende Anzahl von Teilnehmern benötigen; sie können sich aber auch dem Versprechen ungewöhnlich hoher Renditen oder der Ablösung von Altverbindlichkeiten durch neue Verbindlichkeiten ergeben, darin liegt jedoch zunächst nur ein Indiz, so dass es jeweils auf den Einzelfall ankommt.[13] Nicht Voraussetzung ist, dass eine Vielzahl von Fällen betroffen ist. Vielmehr kann es für einen effektiven Anlegerschutz nicht auf die Zahl der betroffenen Anleger ankommen, so dass auch Einzelfälle ausreichend sind.[14]

13 **Die Gefahr für das ordnungsgemäße Funktionieren und die Integrität der Finanzmärkte** und die **Gefahr für die Stabilität des gesamten Finanzsystems der Union oder eines Teils davon** stellen höhere Schwellen als das Vorliegen erheblicher Bedenken dar (ErwGr. 2 Delegierte VO 2016/1904).

14 Nach Art. 17 Abs. 2 Satz 1 Buchst. b PRIIP-VO besteht ein **Vorrang der spezielleren Regulierungsanforderungen**, die sich aus dem Unionsrecht ergeben, gegenüber der Produktintervention nach Art. 17 PRIIP-VO. Nur wenn die spezielleren Regulierungsanforderungen den erheblichen Bedenken hinsichtlich des Anlegerschutzes bzw. der Gefahr für das ordnungsgemäße Funktionieren und die Integrität der Finanzmärkte oder für die Stabilität des Finanzsystems nicht gerecht werden, ihnen also nicht wirksam begegnen, und auch eine stärkere Aufsicht oder Durchsetzung der vorhandenen Anforderungen keine Abhilfe schaffen würde, dürfen die zuständigen Behörden die Maßnahmen nach Art. 17 Abs. 1 PRIIP-VO ergreifen. Speziellere Regulierungsanforderungen enthält insbesondere die Versicherungsvertrieb-Richtlinie 2016/97. Sie können sich aber auch aus den sonstigen Vorschriften der PRIIP-VO ergeben. Bei Verstößen gegen die Pflichten der PRIIP-VO in Bezug auf das Basisinformationsblatt sind demgemäß die Maßnahmen nach Art. 22 ff. PRIIP-VO vorrangig.

---

10 Vgl. für Art. 42 MiFIR *Buck-Heeb*, BKR 2017, 89, 93.
11 Vgl. für § 4b WpHG a.F. *Bußalb*, WM 2017, 553, 554.
12 Vgl. für § 4b WpHG a.F. *Bußalb*, WM 2017, 553, 554.
13 Vgl. für § 4b WpHG a.F. *Bouchon/Mehlkopp* in Fuchs, § 4b WpHG Rz. 17.
14 Vgl. für § 4b WpHG a.F. *Bouchon/Mehlkopp* in Fuchs, § 4b WpHG Rz. 17; ähnlich *Bußalb*, WM 2017, 553, 555; strenger *Cahn/Müchler*, BKR 2013, 45, 48 f.

Nach Art. 17 Abs. 2 Satz 1 Buchst. c PRIIP-VO haben die zuständigen Behörden bei der Ergreifung von Maßnahmen nach Abs. 1 PRIIP-VO den **Grundsatz der Verhältnismäßigkeit** zu beachten. Einzubeziehen in die Abwägung sind dabei nicht nur die Wesensart der ermittelten Risiken, sondern auch das Kenntnisniveau der betreffenden Anleger oder Marktteilnehmer sowie die wahrscheinliche Wirkung der Maßnahme auf Anleger und Marktteilnehmer, die das Versicherungsanlageprodukt eventuell halten und es bzw. die entsprechende Tätigkeit oder Praxis nutzen oder davon profitieren. Demgemäß sind nicht nur die Markt- und Anlegerinteressen umfassend bei der Verhältnismäßigkeitsprüfung zu berücksichtigen und insoweit Prüfungsmaßstab, sondern auch die Interessen des Adressaten der Maßnahme; Die Verhältnismäßigkeitsprüfung ist hier weiter als bei Art. 16 Abs. 3 Satz 1 Buchst. a PRIIP-VO.[15] Als weniger einschneidende Maßnahmen infrage kommen auch hier etwa erhöhte Transparenz- und Aufklärungspflichten statt Verboten; weniger pauschal formulierte Verbote; das Verbot nur des Vertriebs, nicht aber der Herstellung; oder die Eingrenzung des Verbots nur auf bestimmte Gruppen von Privatanlegern.[16] 15

Nach Art. 17 Abs. 2 Satz 1 Buchst. d PRIIP-VO muss die zuständige Behörde eine angemessene **Anhörung der zuständigen Behörden anderer Mitgliedstaaten**, die von der Maßnahme erheblich betroffen sein können, durchführen. Dies setzt insbesondere voraus, dass den anderen zuständigen Behörden durch rechtzeitige und umfassende Information über geplante Maßnahmen die Gelegenheit zur Stellungnahme gegeben wird und diese Stellungnahmen bei der Entscheidung über die Maßnahmen berücksichtigt werden. Die Einzelheiten regelt Art. 17 Abs. 3 PRIIP-VO. 16

Nach Art. 17 Abs. 2 Satz 1 Buchst. e PRIIP-VO darf die Maßnahme **keine Diskriminierung** von Dienstleistungen oder Tätigkeiten bewirken, die von einem anderen Mitgliedstaat aus erbracht werden. Erfasst wird jede offene und verdeckte sowie personen- und produktbezogene Diskriminierung, insbesondere eine Anknüpfung an den Mitgliedstaat, von dem aus ein Versicherungsanlageprodukt vertrieben wird. 17

Nach Art. 17 Abs. 2 Satz 2 PRIIP-VO dürfen die zuständigen Behörden auch **vorsorgliche Maßnahmen** ergreifen und müssen nicht abwarten, bis sich die erheblichen Bedenken hinsichtlich des Anlegerschutzes bzw. die Gefahr für das ordnungsgemäße Funktionieren und die Integrität der Finanzmärkte oder für die Stabilität des Finanzsystems verwirklichen. Insoweit genügt eine drohende Gefahr,[17] die allerdings eine hinreichende Eintrittswahrscheinlichkeit voraussetzt. Die Möglichkeit der zuständigen Behörden, ein Produktverbot bzw. eine Produktbeschränkung bereits vorsorglich zu verhängen, erlaubt es ihnen, eine „Markteintrittskontrolle" vorzunehmen.[18] 18

V. Verfahren (Art. 17 Abs. 3 bis 6 PRIIP-VO)

Nach Art. 17 Abs. 3 PRIIP-VO trifft die zuständige Behörde spätestens einen Monat vor dem Wirksamwerden einer Maßnahme eine **Unterrichtungspflicht** gegenüber allen anderen beteiligten zuständigen Behörden und der EIOPA. Dies ermöglicht es den anderen zuständigen Behörden und der EIOPA gegenüber der zuständigen Behörde Stellung zu dem Vorgehen zu nehmen. Die Unterrichtungspflicht konkretisiert damit insbesondere die Anhörungspflicht nach Art. 17 Abs. 2 Buchst. d PRIIP-VO, die allerdings voraussetzt, dass die Anhörung nicht nur vor dem Wirksamwerden der Maßnahme, sondern auch vor der Entscheidung über die Maßnahme durchgeführt wird. Die Unterrichtung hat grundsätzlich schriftlich zu erfolgen, jedoch können die Behörden auch einen anderen Weg vereinbaren. 19

Die zu übermittelnden Einzelheiten umfassen den Gegenstand der Maßnahme, also das Versicherungsanlageprodukt oder die entsprechende Tätigkeit oder Praxis, für die die Maßnahme gelten soll; den Inhalt des Verbots oder der Beschränkung sowie der Zeitpunkt des Wirksamwerdens; sowie die Nachweise, aus denen sich die Voraussetzungen für die Maßnahme ergeben. 20

Art. 17 Abs. 4 PRIIP-VO verkürzt für **dringende Ausnahmefälle** die einmonatige Notifikationsfrist auf 24 Stunden. Ein derartiger Ausnahmefall liegt vor, wenn eine Maßnahme so dringend ist, dass ein Schaden, der durch ein Versicherungsanlageprodukt sowie eine entsprechende Tätigkeit oder Praxis nach Abs. 1 droht, bei Einhaltung der einmonatigen Notifikationsfrist nicht wirksam abgewendet werden kann. In diesem Fall muss die zuständige Behörde alle anderen zuständigen Behörden und die EIOPA mindestens 24 Stunden vor dem Wirksamwerden der Maßnahme benachrichtigen. Im Übrigen müssen alle Voraussetzungen des Art. 17 PRIIP-VO erfüllt sein. Demgemäß sind die gleichen Einzelheiten zu übermitteln wie im Normalfall. Zusätzlich muss nachgewiesen werden, dass ein Ausnahmefall vorliegt. Eine aufgrund der ver- 21

15 Vgl. für Art. 41 MiFIR *Bußalb*, WM 2017, 553, 557.
16 Vgl. für Art. 42 MiFIR *Buck-Heeb*, BKR 2017, 89, 93.
17 Vgl. für § 4b WpHG a.F. *Bußalb*, WM 2017, 553, 555.
18 Vgl. für § 42 MiFIR *Buck-Heeb*, BKR 2017, 89, 92.

kürzten Frist erlassene Maßnahme ist in dem Sinne vorläufig, dass sie nicht länger als drei Monate gelten darf.

22 Nach Art. 17 Abs. 5 PRIIP-VO hat die zuständige Behörde die **Pflicht zur Veröffentlichung** jedes Beschlusses, Maßnahmen nach Abs. 1 zu ergreifen, auf ihrer Internetseite. Dabei muss sie die Einzelheiten des Verbotes oder der Beschränkung und den Zeitpunkt des Wirksamwerdens der Maßnahmen, der nach der Veröffentlichung liegen muss, angeben. Anders als die EIOPA nach Art. 16 Abs. 5 PRIIP-VO ist auch die Erfüllung der Voraussetzungen des Art. 17 Abs. 2 PRIIP-VO nachzuweisen. Auch wenn es nicht wie in Art. 16 Abs. 5 PRIIP-VO ausdrücklich angeordnet ist, ergibt sich aus dem zu veröffentlichenden Inhalt, dass das Verbot oder die Beschränkung nicht bereits ab der Veröffentlichung gelten, sondern erst ab dem angegebenen Zeitpunkt des Wirksamwerdens der Maßnahmen. Vor der Veröffentlichung entfalten die Maßnahmen keine Wirksamkeit, wie sich aus der englischen Textfassung ergibt.

23 Nach Art. 17 Abs. 6 PRIIP-VO trifft die zuständige Behörde eine **Pflicht zum Widerruf** eines Verbots oder einer Beschränkung, wenn die Bedingungen des Abs. 2 nicht mehr vorliegen. Diese Pflicht impliziert eine entsprechende **Pflicht zur Überprüfung**, auch wenn sie anders als in Art. 16 Abs. 6 PRIIP-VO nicht ausdrücklich angeordnet ist. Auch hier erscheint es sinnvoll, dass die Überprüfung mindestens alle drei Monate erfolgt und dass entsprechend kurzfristigere Überprüfungszeiträume vorgesehen werden müssen, wenn sich die Voraussetzungen der Maßnahme schneller erledigen können sollten.

VI. Rechtsfolgen

24 Ein Verbot oder eine Beschränkung nach Art. 17 Abs. 1 PRIIP-VO gelten zunächst nur aufsichtsrechtlich. Die **Durchsetzung** von Verboten und Beschränkungen und die **Sanktionierung von Verstößen** bleiben unklar. Die verwaltungsrechtlichen Sanktionen des Art. 24 PRIIP-VO greifen nicht. Die Durchsetzung und Sanktionierung muss dann offenbar durch die nationalen Behörden nach nationalem Recht gem. Art. 22 PRIIP-VO erfolgen. Spezielle Vorschriften in Bezug auf Art. 17 PRIIP-VO existieren jedoch nicht. Insoweit greifen nur die allgemeinen Aufsichtsbefugnisse des § 298 i.V.m. § 294 Abs. 2 VAG.

25 Zivilrechtlich lässt sich aus dem aufsichtsrechtlichen Verbot **keine Nichtigkeit** gem. § 134 BGB herleiten.[19] Auch wird eine „Ausstrahlungswirkung" der aufsichtsrechtlichen Entscheidung auf das Zivilrecht und insbesondere auf Schadensersatzansprüche aus § 280 Abs. 1 BGB verneint, da diese auf einer bloßen Eingriffsnorm beruhe, der keine derartige Wirkung zukommen könne.[20] Jedoch wird eine **Verletzung der Pflicht zur anleger- und anlagegerechten Beratung** durch den Vertrieb und Verkauf des verbotenen Produkts für möglich gehalten; dabei könne es für den Anlageberater schwierig werden, sich gegenüber einem Schadensersatzanspruch eines Anlegers aus § 280 Abs. 1 BGB i.V.m. mit dem Anlageberatungsvertrag oder § 311 Abs. 2 BGB wegen Fehlberatung zu verteidigen, wenn eine solche in einer Allgemeinverfügung festgestellt werde, auch wenn die Zivilgerichte nicht an die Sichtweise der Aufsichtsbehörde gebunden seien.[21] Allerdings stellt die Erfüllung der Voraussetzungen des Art. 17 Abs. 2 Satz 1 Buchst. a Alt. 1 PRIIP-VO, also eine Vermarktung, ein Vertrieb oder ein Verkauf von Anlageprodukten oder eine Finanztätigkeit oder -praxis, die erhebliche Bedenken hinsichtlich des Anlegerschutzes begründen, in aller Regel auch eine Pflichtverletzung dar, wenn sie im Rahmen eines Vertrags oder vorvertraglichen Schuldverhältnisses mit einem Anleger erfolgt.

26 **Deliktsrechtlich** soll ein Anspruch aus § 823 Abs. 2 BGB zu verneinen sein, wenn eine Norm lediglich die Möglichkeit eines Eingriffs vorsehe und daher mangels eines Ge- oder Verbots kein Schutzgesetz vorliege.[22] Allerdings dürfte spätestens mit der Konkretisierung durch die Anordnung des Verbots oder der Beschränkung ein Schutzgesetz vorliegen.[23] Ein Anspruch wegen vorsätzlich sittenwidriger Schädigung aus § 826 BGB dürfte allein durch die Erfüllung der Voraussetzungen des Art. 17 PRIIP-VO und den Verstoß gegen eine auf dieser Grundlage erlassene Maßnahme noch nicht begründet sein,[24] ist aber auch nicht ausgeschlossen.

---

19 Vgl. für § 4b WpHG a.F. *Buck-Heeb*, BKR 2017, 89, 94; *Bröker/Machunsky*, BKR 2016, 229, 231; *Cahn/Müchler*, BKR 2013, 45, 54; *Klingenbrunn*, WM 2015, 316, 321, 322.

20 Vgl. für § 4b WpHG a.F. *Buck-Heeb*, BKR 2017, 89, 94.

21 Für § 4b WpHG a.F. *Buck-Heeb*, BKR 2017, 89, 94 f.

22 So für § 4b WpHG a.F. *Buck-Heeb*, BKR 2017, 89, 94; *Klingenbrunn*, WM 2015, 316, 323; *Cahn/Müchler*, BKR 2013, 45, 55.

23 Zu den Voraussetzungen *Wagner* in MünchKomm. BGB, 7. Aufl. 2017, § 823 BGB Rz. 496 f.; nur für den Einzelfall bei § 4b WpHG a.F. auch *Buck-Heeb*, BKR 2017, 89, 95.

24 Vgl. für § 4b WpHG a.F. auch *Buck-Heeb*, BKR 2017, 89, 95.

Ist ein Schadensersatzanspruch gegeben, so liegt der **Schaden** regelmäßig bereits im Erwerb der Kapitalanlage, wenn diese aufgrund einer fehlerhaften Anlageempfehlung erworben wurde, so dass ein Vermögensschaden nicht durch die objektive Werthaltigkeit von Leistung und Gegenleistung ausgeschlossen wird.[25] 27

Art. 17 PRIIP-VO verpflichtet die zuständigen Behörden nicht, eine Produktzulassung einzuführen, und befreit die Hersteller von Versicherungsanlageprodukten nicht von ihrer Verantwortung, die Anforderungen der PRIIP-VO zu erfüllen; die Anwendung des Art. 17 PRIIP-VO erfolgt ausschließlich im öffentlichen Interesse und zieht daher keine zivilrechtliche Haftung der zuständigen Behörde nach sich (ErwGr. 25 PRIIP-VO). 28

VII. Delegierte Rechtsakte

Art. 17 Abs. 7 PRIIP-VO überträgt der Kommission die **Befugnis zum Erlass delegierter Rechtsakte** gem. Art. 30 PRIIP-VO in denen die Kriterien und Faktoren zur Feststellung der Voraussetzungen des Art. 16 Abs. 2 Satz 1 Buchst. a PRIIP-VO festgelegt werden. Von dieser Befugnis wurde durch Delegierte Verordnung (EU) 2016/1904 der Kommission zur Ergänzung der PRIIP-VO in Hinblick auf die Produktintervention Gebrauch gemacht. 29

Art. 18 [Koordination und Vermittlung der EIOPA]

(1) Bei Maßnahmen der zuständigen Behörden gemäß Artikel 17 spielt die EIOPA die Rolle des Vermittlers und Koordinators. Insbesondere stellt die EIOPA sicher, dass eine von einer zuständigen Behörde ergriffene Maßnahme gerechtfertigt und verhältnismäßig ist und dass die zuständigen Behörden gegebenenfalls einen kohärenten Ansatz wählen.

(2) Nach Erhalt der Mitteilung nach Artikel 17 in Bezug auf eine im Sinne dieses Artikels zu ergreifende Maßnahme gibt die EIOPA eine Stellungnahme ab, in der sie klärt, ob das Verbot oder die Beschränkung gerechtfertigt und verhältnismäßig ist. Hält die EIOPA Maßnahmen anderer zuständiger Behörden für notwendig, um die Risiken zu bewältigen, gibt sie dies in ihrer Stellungnahme an. Die Stellungnahme wird auf der Website der EIOPA veröffentlicht.

(3) Werden von einer zuständigen Behörde Maßnahmen vorgeschlagen oder ergriffen, die der von der EIOPA nach Absatz 2 abgegebenen Stellungnahme zuwiderlaufen, oder wird das Ergreifen von Maßnahmen entgegen einer solchen Stellungnahme von einer zuständigen Behörde abgelehnt, so veröffentlicht die betreffende zuständige Behörde auf ihrer Website umgehend eine Mitteilung, in der sie die Gründe für ihr Vorgehen vollständig darlegt.

In der Fassung vom 26.11.2014 (ABl. EU Nr. L 352 v. 9.12.2014, S. 1).

Nach Art. 18 Abs. 1 PRIIP-VO hat die EIOPA bei Maßnahmen der zuständigen Behörden gem. Art. 17 PRIIP-VO den **Vermittler und Koordinator** zwischen den beteiligten zuständigen Behörden zu spielen. Dies bedeutet nicht nur, dass die EIOPA den Konsultationsprozess zwischen den nationalen Behörden fördern und Maßnahmen der Behörden koordinieren soll,[1] sondern auch, dass ihr eine **Aufsichtsfunktion** zukommt. Denn die EIOPA soll nicht nur sicherstellen, dass die zuständigen Behörden gegebenenfalls einen kohärenten Ansatz wählen, sondern auch, dass die ergriffenen Maßnahmen gerechtfertigt und verhältnismäßig sind. Damit stehen der EIOPA auch die Befugnisse nach Art. 17 i.V.m. Art. 1 Abs. 2 a.E. der EIOPA-VO Nr. 1094/2010 zu. 1

Der Kontrolle dient insbesondere die Mitteilung nach Art. 17 Abs. 3 PRIIP-VO. Diese ist von der EIOPA daraufhin zu prüfen, ob das Verbot oder die Beschränkung gerechtfertigt und verhältnismäßig ist und ob Maßnahmen anderer zuständiger Behörden notwendig sind, um die Risiken zu bewältigen. Das Ergebnis dieser Prüfung ist in einer **Stellungnahme der EIOPA** mitzuteilen, die auch auf der Internetseite der EIOPA zu veröffentlichen ist. 2

Wenn eine zuständige Behörde nicht entsprechend der Stellungnahme der EIOPA handelt, also entgegen dieser Stellungnahme Maßnahmen vorschlägt, ergreift oder unterlässt, besteht eine **Pflicht der zuständigen** 3

25 Für § 4b WpHG a.F. auch *Buck-Heeb*, BKR 2017, 89, 94.
1 So aber für Art. 42 MiFID offenbar *Cahn/Müchler*, BKR 2013, 45, 50.

Behörde zur Mitteilung der Gründe für ihr Vorgehen. Diese Mitteilung ist nicht nur an die EIOPA zur richten, sondern auch auf der Internetseite der zuständigen Behörde zu veröffentlichen. Damit erfolgt die Auseinandersetzung zwischen der EIOPA und der zuständigen Behörde in aller Öffentlichkeit. Im Übrigen kann die EIOPA in diesem Fall vorrangige Maßnahmen nach Art. 16 PRIIP-VO ergreifen.

Kapitel IV
Beschwerden, Rechtsbehelfe, Zusammenarbeit und Aufsicht

Art. 19 [Beschwerden und Rechtsbehelfe]

Der PRIIP-Hersteller und die Person, die über PRIIP berät oder sie verkauft, sehen geeignete Verfahren und Vorkehrungen vor, durch die gewährleistet wird, dass

a) Kleinanleger auf wirksame Weise Beschwerde gegen einen PRIIP- Hersteller einreichen können;

b) Kleinanleger, die in Bezug auf das Basisinformationsblatt eine Beschwerde eingereicht haben, zeitig und in angemessener Form eine sachdienliche Antwort erhalten und

c) Kleinanlegern wirksame Rechtsbehelfsverfahren auch im Fall von grenzüberschreitenden Streitigkeiten zur Verfügung stehen, insbesondere für den Fall, dass der PRIIP- Hersteller in einem anderen Mitgliedstaat oder in einem Drittland ansässig ist.

In der Fassung vom 26.11.2014 (ABl. EU Nr. L 352 v. 9.12.2014, S. 1).

1 **Zweck** des Art. 19 PRIIP-VO ist es, das Vertrauen von Kleinanlegern in PRIIP und in die Finanzmärkte insgesamt zu gewinnen; dies soll durch angemessene interne Verfahren geschehen, die gewährleisten, dass die Kleinanleger auf ihre Beschwerden eine sachdienliche Antwort des PRIIP-Herstellers erhalten (vgl. ErwGr. 28 PRIIP-VO). Dazu sollen PRIIP-Hersteller und die Personen, die über PRIIP beraten oder sie verkaufen, geeignete Verfahren und Vorkehrungen vorsehen. Der Verstoß gegen die Pflichten ist sanktionsbewehrt (Art. 24 PRIIP-VO).

2 Die PRIIP-Hersteller und die Person, die über PRIIP beraten oder sie verkaufen, müssen zunächst gewährleisten, dass Kleinanleger die Möglichkeit haben, gegen einen PRIIP-Hersteller **auf wirksame Weise Beschwerde einzureichen** (Art. 19 Buchst. a PRIIP-VO). Dazu muss insbesondere eine Adresse benannt und unterhalten werden, über die Erklärungen an den PRIIP-Hersteller gerichtet werden können und diesen auch erreichen.

3 Zudem müssen sie gewährleisten, dass Kleinanleger auf eine in Bezug auf ein Basisinformationsblatt eingereichte Beschwerde eine **sachdienliche Antwort** zeitig und in angemessener Form erhalten (Art. 19 Buchst. b PRIIP-VO). Dazu muss der PRIIP-Hersteller insbesondere in angemessenem Umfang entsprechend geschultes Personal einsetzen und organisieren. Keine sachdienliche Antwort stellen insbesondere bloße Formschreiben dar, die nicht auf die individuelle Beschwerde eingehen.

4 Daneben müssen sie gewährleisten, dass **wirksame Rechtsbehelfsverfahren** zu Verfügung stehen und zwar auch im Fall von grenzüberschreitenden Streitigkeiten, etwa wenn der PRIIP-Hersteller in einem anderen Mitgliedstaat oder in einem Drittland ansässig ist (Art. 19 Buchst. c PRIIP-VO). Dabei ist der Begriff „Rechtsbehelfsverfahren" missverständlich; angemessener erscheint es, den Begriff „redress procedures" aus der englischen Fassung mit „Abhilfeverfahren" zu übersetzen. Auch hier muss der PRIIP-Hersteller vor allem entsprechendes Personal einsetzen und organisieren, das die Notwendigkeit und die Verpflichtung zu Abhilfemaßnahmen prüfen, diese anordnen und auch mit ausländischen Kleinanlegern kommunizieren kann und dies ggf. auch tut.

Art. 20 [Zusammenarbeit und Aufsicht]

(1) Für die Zwecke der Anwendung dieser Verordnung arbeiten die zuständigen Behörden untereinander zusammen und übermitteln einander unverzüglich die für die Wahrnehmung ihrer Aufgaben gemäß dieser Verordnung und die Ausübung ihrer Befugnisse relevanten Informationen.

(2) Die zuständigen Behörden werden im Einklang mit dem nationalen Recht mit allen für die Wahrnehmung ihrer Aufgaben gemäß dieser Verordnung erforderlichen Aufsichts- und Ermittlungsbefugnissen ausgestattet.

In der Fassung vom 26.11.2014 (ABl. EU Nr. L 352 v. 9.12.2014, S. 1).

Art. 20 PRIIP-VO dient der **Koordination der national zuständigen Behörden.** Die Pflicht zur Abfassung von Basisinformationsblättern für PRIIP kann für Rechtsträger oder natürliche Personen aus der Banken-, Versicherungs-, Wertpapier- und Fondsbranche der Finanzmärkte bestehen, die unter Umständen sachlich und geographisch von unterschiedlichen zuständigen Behörden beaufsichtigt werden. Da die Anwendung der PRIIP-VO trotzdem einem einheitlichen Konzept folgen muss, um eine wirksame Aufsicht zu gewährleisten, müssen die verschiedenen Behörden, die für die Aufsicht über die PRIIP-Hersteller und die Personen, die über PRIIP beraten oder sie verkaufen, zuständig sind, reibungslos miteinander zusammenarbeiten (vgl. ErwGr. 29 PRIIP-VO). 1

Diese Zusammenarbeit setzt insbesondere voraus, dass die Behörden einander unverzüglich alle für die Aufsicht relevanten **Informationen übermitteln** (Art. 20 Abs. 1 PRIIP-VO). Dazu bedarf es entsprechender Prozesse, die definiert und koordiniert werden müssen. Eine bloße ad-hoc-Zusammenarbeit genügt nicht. Eine besondere Rolle bei der Koordination kommt dabei der EIOPA zu. 2

Die wirksame Aufsicht setzt weiter voraus, dass die zuständigen Behörden über alle **Aufsichts- und Ermittlungsbefugnisse** verfügen, die sie für die Wahrnehmung ihrer Aufgaben nach der PRIIP-VO benötigen. Mit diesen Befugnissen muss das jeweilige nationale Recht die zuständigen Behörden ausstatten (Art. 20 Abs. 2 PRIIP-VO). In Deutschland ergeben sich diese Befugnisse insbesondere aus § 6 Abs. 3 WpHG für die Aufsicht über Dienstleistungen im Zusammenhang mit Wertpapieren und sonstigen Finanzinstrumenten, § 5 Abs. 6a KAGB für die Aufsicht über Investmentvermögen und § 308a VAG für die Versicherungsaufsicht, während im KWG eine entsprechende Vorschrift für die Aufsicht über Finanzinstitute fehlt. Die notwendigen Aufsichts- und Ermittlungsbefugnisse umfassen auch das Recht, alle nötigen Informationen anzufordern und zwar auch vorab, die für die Prüfung der Inhalte des Basisinformationsblatts sowie der Übereinstimmung mit der PRIIP-VO und für den Schutz der Kunden und Anleger auf den Finanzmärkten notwendig sind (vgl. ErwGr. 11 PRIIP-VO). 3

Art. 21 [Verarbeitung personenbezogener Daten]

(1) Die Mitgliedstaaten wenden die Richtlinie 95/46/EG auf die Verarbeitung personenbezogener Daten in dem jeweiligen Mitgliedstaat nach Maßgabe dieser Verordnung an.

(2) Für die Verarbeitung personenbezogener Daten durch die Europäischen Aufsichtsbehörden gilt die Verordnung (EG) Nr. 45/2001.

In der Fassung vom 26.11.2014 (ABl. EU Nr. L 352 v. 9.12.2014, S. 1).

Die Verarbeitung personenbezogener Daten, die im Zusammenhang mit der PRIIP-VO in den Mitgliedstaaten unter der Aufsicht der zuständigen Behörden erfolgt, ist in der Richtlinie 95/46/EG geregelt; demgemäß muss jede Verarbeitung personenbezogener Daten im Rahmen der PRIIP-VO, insbesondere der **Austausch oder die Übermittlung personenbezogener Daten durch die zuständigen Behörden**, nach Art. 21 Abs. 1 PRIIP-VO im Einklang mit der Richtlinie 95/46/EG erfolgen (vgl. ErwGr. 34 PRIIP-VO). 1

Die Verarbeitung personenbezogener Daten, die gemäß der PRIIP-VO unter der Aufsicht des Europäischen Datenschutzbeauftragten von den Europäischen Aufsichtsbehörden vorgenommen wird, ist in der Verordnung (EG) Nr. 45/2001 geregelt; demgemäß muss der **Austausch oder die Übermittlung von Informationen durch die Europäischen Aufsichtsbehörden** nach Art. 21 Abs. 2 PRIIP-VO im Einklang mit der Verordnung (EG) Nr. 45/2001 erfolgen (vgl. ErwGr. 34 PRIIP-VO). 2

Kapitel V
Verwaltungsrechtliche Sanktionen und andere Maßnahmen

Art. 22 [Festlegung verwaltungsrechtlicher Sanktionen]

(1) Unbeschadet der Aufsichtsbefugnisse der zuständigen Behörden und des Rechts der Mitgliedstaaten, strafrechtliche Sanktionen vorzusehen und zu verhängen, legen die Mitgliedstaaten Vorschriften für angemessene verwaltungsrechtliche Sanktionen und Maßnahmen fest, die bei Verstößen gegen diese Verordnung verhängt werden, und ergreifen die erforderlichen Maßnahmen, um deren Durchsetzung zu gewährleisten. Diese Sanktionen und Maßnahmen müssen wirksam, verhältnismäßig und abschreckend sein.

Die Mitgliedstaaten können beschließen, keine verwaltungsrechtlichen Sanktionen gemäß Unterabsatz 1 für Verstöße vorzusehen, die nach dem nationalen Recht strafrechtlichen Sanktionen unterliegen.

Bis zum 31. Dezember 2016 notifizieren die Mitgliedstaaten der Kommission und dem Gemeinsamen Ausschuss die in Unterabsatz 1 genannten Vorschriften. Sie teilen der Kommission und dem Gemeinsamen Ausschuss unverzüglich jegliche Änderungen dieser Vorschriften mit.

(2) Bei der Ausübung ihrer Befugnisse nach Artikel 24 arbeiten die zuständigen Behörden eng zusammen, um sicherzustellen, dass die verwaltungsrechtlichen Sanktionen und Maßnahmen zu den mit dieser Verordnung angestrebten Ergebnissen führen, und koordinieren ihre Maßnahmen, um bei grenzüberschreitenden Fällen Doppelarbeit und Überschneidungen bei der Anwendung von verwaltungsrechtlichen Sanktionen und Maßnahmen zu vermeiden.

In der Fassung vom 26.11.2014 (ABl. EU Nr. L 352 v. 9.12.2014, S. 1).

1 Art. 22 Abs. 1 Unterabs. 1 PRIIP-VO verpflichtet die Mitgliedstaaten wie eine Richtlinie zur **Umsetzung der Vorgaben zu angemessenen verwaltungsrechtlichen Sanktionen und Maßnahmen**, die bei Verstößen gegen diese Verordnung verhängt werden, und zu den erforderlichen Maßnahmen, um deren Durchsetzung zu gewährleisten. Dabei müssen die Sanktionen und Maßnahmen wirksam, verhältnismäßig und abschreckend sein. Nähere Vorgaben zu den einzelnen Sanktionen und Maßnahmen enthält insbesondere Art. 24 PRIIP-VO.

2 Den Mitgliedstaaten steht es frei, für Verstöße gegen die PRIIP-VO **strafrechtliche Sanktionen** vorzusehen und zu verhängen. Soweit derartige Sanktionen bestehen, können die Mitgliedstaaten darauf verzichten, verwaltungsrechtliche Sanktionen vorzusehen (Art. 22 Abs. 1 Unterabs. 2 PRIIP-VO). Allerdings sollte dann nicht die Möglichkeit der zuständigen Behörden eingeschränkt oder in anderer Weise beeinträchtigt werden, sich rechtzeitig mit den zuständigen Behörden in anderen Mitgliedstaaten ins Benehmen zu setzen, um für die Zwecke der PRIIP-VO mit ihnen zusammenzuarbeiten, Zugang zu ihren Informationen zu erhalten und mit hnen Informationen auszutauschen; dies sollte auch dann gelten, wenn die zuständigen Justizbehörden bereits mit der strafrechtlichen Verfolgung der betreffenden Verstöße befasst wurden (ErwGr. 31 PRIIP-VO).

3 Die **Frist zur Umsetzung** endete am 31.12.2016. Die Mitgliedstaaten haben die Vorschriften zur Umsetzung bis zu diesem Datum der Kommission und dem Gemeinsamen Ausschuss zu notifizieren und ihnen danach unverzüglich jede Änderungen dieser Vorschriften mitzuteilen (Art. 22 Abs. 1 Unterabs. 3 PRIIP-VO).

4 Art. 22 Abs. 2 PRIIP-VO verpflichtet die zuständigen Behörden zur engen **Zusammenarbeit** bei der Ausübung ihrer Befugnisse nach Art. 24 PRIIP-VO. Sie sollen so sicherstellen, dass die verwaltungsrechtlichen Sanktionen und Maßnahmen zu den mit der PRIIP-VO angestrebten Ergebnissen führen. Zudem sollen sie ihre Maßnahmen koordinieren und so Doppelarbeit und Überschneidungen bei der Anwendung von verwaltungsrechtlichen Sanktionen und Maßnahmen auch bei grenzüberschreitenden Fällen vermeiden. Dazu bedarf es entsprechender Prozesse, die definiert und koordiniert werden müssen. Eine bloße ad-hoc-Zusammenarbeit genügt nicht. Eine besondere Rolle bei der Koordination kommt dabei der EIOPA zu.

Art. 23 [Ausübung der Sanktionsbefugnisse]

Die zuständigen Behörden üben ihre Sanktionsbefugnisse gemäß dieser Verordnung und den nationalen Rechtsvorschriften wie folgt aus:

a) unmittelbar,

b) in Zusammenarbeit mit anderen Behörden,

c) unter eigener Zuständigkeit, durch Übertragung von Aufgaben an solche Behörden,

d) durch Antragstellung bei den zuständigen Justizbehörden.

In der Fassung vom 26.11.2014 (ABl. EU Nr. L 352 v. 9.12.2014, S. 1).

Art. 23 PRIIP-VO enthält Vorgaben für die **Organisation der Ausübung der Sanktionsbefugnisse der zuständigen Behörden** nach der PRIIP-VO und den nationalen Rechtsvorschriften. Dabei sind vier Gestaltungen erlaubt. Diese können auch miteinander kombiniert werden. 1

Die zuständigen Behörden können ihre Sanktionsbefugnisse selbst, also unmittelbar ausführen (Art. 23 Buchst. a PRIIP-VO). Dies ist der Regelfall für die BaFin. Erlaubt ist es aber auch, die Sanktionsbefugnisse in **Zusammenarbeit mit anderen Behörden** auszuüben, die eine eigene Zuständigkeit besitzen (Art. 23 Buchst. b PRIIP-VO). Die Sanktionsbefugnisse können aber auch in Zusammenarbeit mit anderen Behörden ausgeübt werden, wobei die primäre Zuständigkeit bei der zuständigen Behörde bleibt und diese nur Aufgaben an andere Behörden überträgt, diesen gegenüber damit aber weisungsbefugt bleibt (Art. 23 Buchst. c PRIIP-VO). Die zuständigen Behörden können ihre Sanktionsbefugnisse auch durch Antragstellung bei den zuständigen Justizbehörden ausüben, die dann über die Sanktionen entscheiden (Art. 23 Buchst. d PRIIP-VO). So hat die BaFin hinsichtlich strafrechtlicher Sanktionen zu verfahren. 2

Art. 24 [Sanktionsbefugnisse]

(1) Dieser Artikel gilt für Verstöße gegen Artikel 5 Absatz 1, die Artikel 6 und 7, Artikel 8 Absätze 1 bis 3, Artikel 9, Artikel 10 Absatz 1, Artikel 13 Absätze 1, 3 und 4 sowie die Artikel 14 und 19.

(2) Die zuständigen Behörden sind befugt, zumindest die folgenden verwaltungsrechtlichen Sanktionen und Maßnahmen nach Maßgabe des nationalen Rechts zu verhängen:

a) Verfügung des Verbots, ein PRIIP zu vermarkten;

b) Verfügung der Aussetzung der Vermarktung eines PRIIP;

c) eine öffentliche Warnung mit Angaben zu der für den Verstoß verantwortlichen Person und der Art des Verstoßes;

d) Verfügung des Verbots, ein Basisinformationsblatt bereitzustellen, das nicht den Anforderungen der Artikel 6, 7, 8 oder 10 genügt, und der Verpflichtung, eine neue Fassung des Basisinformationsblatts zu veröffentlichen;

e) Geldbußen in mindestens folgender Höhe:

i) im Falle eines Rechtsträgers:

- **bis zu 5 000 000 EUR oder in Mitgliedstaaten, deren Währung nicht der Euro ist, der entsprechende Wert in Landeswährung am 30. Dezember 2014, oder bis zu 3 % des jährlichen Gesamtumsatzes dieses Rechtsträgers gemäß dem letzten verfügbaren vom Leitungsorgan gebilligten Abschluss; oder**
- **bis zur zweifachen Höhe der infolge des Verstoßes erzielten Gewinne oder verhinderten Verluste, sofern diese sich beziffern lassen;**

ii) im Falle einer natürlichen Person:

- **bis zu 700 000 EUR oder in Mitgliedstaaten, deren Währung nicht der Euro ist, der entsprechende Wert in Landeswährung am 30. Dezember 2014, oder**
- **bis zur zweifachen Höhe der infolge des Verstoßes erzielten Gewinne oder verhinderten Verluste, sofern diese sich beziffern lassen.**

Wenn es sich bei dem in Unterabsatz 1 Buchstabe e Ziffer i genannten Rechtsträger um ein Mutterunternehmen oder das Tochterunternehmen eines Mutterunternehmens handelt, das einen konsoli-

dierten Abschluss nach der Richtlinie 2013/34/EU des Europäischen Parlaments und des Rates[1] aufzustellen hat, so ist der relevante Gesamtumsatz der jährliche Gesamtumsatz oder die entsprechende Einkunftsart gemäß den relevanten Unionsrecht im Bereich Rechnungslegung, der bzw. die im letzten verfügbaren konsolidierten Abschluss ausgewiesen ist, der vom Leitungsorgan des Mutterunternehmens an der Spitze gebilligt wurde.

(3) Mitgliedstaaten können zusätzliche Sanktionen oder Maßnahmen sowie höhere Geldbußen, als in dieser Verordnung festgelegt, vorsehen.

(4) Falls die zuständigen Behörden eine oder mehrere verwaltungsrechtliche Sanktionen oder Maßnahmen gemäß Absatz 2 verhängt haben, sind die zuständigen Behörden befugt, den betroffenen Kleinanleger direkt über die verwaltungsrechtlichen Sanktionen oder Maßnahmen zu informieren und ihm mitzuteilen, wo Beschwerden einzureichen oder Schadensersatzansprüche anzumelden sind, oder von dem PRIIP-Hersteller oder der Person, die über die PRIIP berät oder sie verkauft, zu verlangen, eine entsprechende Mitteilung und Information an den betroffenen Kleinanleger zu richten.

In der Fassung vom 26.11.2014 (ABl. EU Nr. L 352 v. 9.12.2014, S. 1).

1 Art. 24 PRIIP-VO enthält Vorgaben für die **verwaltungsrechtlichen Sanktionen und Maßnahmen**, die nach Maßgabe des nationalen Rechts für Verstöße gegen die Pflicht des PRIIP-Herstellers zur Abfassung des Basisinformationsblatts aus Art. 5 Abs. 1 PRIIP-VO, die Pflichten zur Form und Inhalt des Basisinformationsblatts aus Art. 6, 7, 8 Abs. 1 bis 3, Art. 9 und Art. 10 Abs. 1 PRIIP-VO, die Pflicht zur Bereitstellung des Basisinformationsblatts aus Art. 13 Abs. 1, 3 und 4 sowie Art. 14 PRIIP-VO und die Pflicht zur Gewährleistung einer geeigneten Beschwerde- und Abhilfeorganisation aus Art. 19 PRIIP-VO. Diese Vorgaben sind gem. Art. 22 PRIIP-VO umzusetzen.

2 Nach Art. 24 Abs. 2 PRIIP-VO müssen die zuständigen Behörden nach nationalem Recht zumindest befugt sein, die **Vermarktung eines PRIIP zu verbieten oder auszusetzen, öffentlich zu warnen**, die **Bereitstellung eines Basisinformationsblatts zu verbieten**, zur **Veröffentlichung eines neuen Basisinformationsblatts zu verpflichten** und **Geldbußen** zu verhängen. Die Geldbußen müssen mindestens bis zu 5 Mio. Euro oder 3 % des Jahresumsatzes bei Rechtsträgern und 700.000 Euro bei natürlichen Personen oder bis zur zweifachen Höhe des durch den Verstoß erzielten Gewinn oder verhinderten Verlusts betragen. Bei Mutter- und Tochterunternehmen ist auf den Umsatz des konsolidierten Jahresabschluss des Mutterunternehmens abzustellen.

3 Nach Art. 24 Abs. 3 PRIIP-VO sind die Mitgliedstaaten frei, **weitere Sanktionen oder Maßnahmen oder höhere Geldbußen** vorzusehen.

4 Nach Art. 24 Abs. 4 PRIIP-VO können die zuständigen Behörden betroffene Kleinanleger selbst über verhängte verwaltungsrechtliche Sanktionen oder Maßnahmen **informieren** oder dies von dem PRIIP-Hersteller oder der Person, die über die PRIIP berät oder sie verkauft, verlangen. Dies kann auch die Mitteilung umfassen, wo Beschwerden einzureichen oder Schadensersatzansprüche anzumelden sind. Dadurch soll den Kleinanlegern die Durchsetzung ihrer aus einem Verstoß gegen die PRIIP-VO resultierenden Ansprüche erleichtert werden.

5 Die **Umsetzung für Wertpapierdienstleistungsunternehmen** ist hinsichtlich verwaltungsrechtlicher Sanktionen und Maßnahmen durch § 10 Abs. 1 WpHG und hinsichtlich Bußgeldern durch § 120 Abs. 16, 19 WpHG erfolgt.[2] Dabei gelten die Befugnisse des § 10 Abs. 1 Satz 2 WpHG auch gegenüber sonstigen Personen oder Personenvereinigungen, die Hersteller von PRIIP sind, darüber beraten oder es verkaufen (§ 10 Abs. 1 Satz 3 WpHG). Die verwaltungsrechtlichen Sanktionen und Maßnahmen gem. § 10 Abs. 1 WpHG finden auch gegenüber Emittenten und Anbietern von Vermögensanlagen Anwendung (§ 18 Abs. 3 VermAnlG).

6 Die **Umsetzung für Finanzdienstleistungsinstitute** ist hinsichtlich verwaltungsrechtlicher Sanktionen und Maßnahmen durch § 47 KWG und hinsichtlich Bußgeldern durch § 56 Abs. 4g KWG erfolgt.[3]

1 Richtlinie 2013/34/EU des Europäischen Parlaments und des Rates vom 26. Juni 2013 über den Jahresabschluss, den konsolidierten Abschluss und damit verbundene Berichte von Unternehmen bestimmter Rechtsformen und zur Änderung der Richtlinie 2006/43/EG des Europäischen Parlaments und des Rates und zur Aufhebung der Richtlinien 78/660/EWG und 83/349/EWG des Rates (ABl. L 182 vom 29.6.2013, S. 19).

2 Vgl. für die Vorgängernorm § 4 Abs. 3l WpHG a.F. Bundesregierung, Gesetzentwurf 1. FiMaNoG, BT-Drucks. 18/7482, 68.

3 Bundesregierung, Gesetzentwurf 1. FiMaNoG, BT-Drucks. 18/7482, 74.

Die **Umsetzung für Verwaltungsgesellschaften von Investmentvermögen** ist hinsichtlich verwaltungsrechtlicher Sanktionen und Maßnahmen durch § 5 Abs. 6a KAGB und hinsichtlich Bußgeldern durch § 340 Abs. 2 Nr. 79a, Abs. 6a KAGB erfolgt.[4] 7

Die **Umsetzung für Versicherungsunternehmen** ist hinsichtlich verwaltungsrechtlicher Sanktionen und Maßnahmen durch § 308a VAG und hinsichtlich Bußgeldern durch § 332 Abs. 4d bis 9 VAG erfolgt.[5] 8

Die **Umsetzung für Versicherungs- und Finanzanlagenvermittler und Honorar-Finanzanlagenberater** ist hinsichtlich verwaltungsrechtlicher Sanktionen und Maßnahmen durch § 34d Abs. 8 Nr. 5 und § 34g Abs. 1 Satz 2 Nr. 5 GewO und hinsichtlich Bußgeldern durch § 144 Abs. 2 Nr. 1b GewO erfolgt.[6] 9

Art. 25 [Zumessung der Sanktion]

Bei der Anwendung der in Artikel 24 Absatz 2 genannten verwaltungsrechtlichen Sanktionen und Maßnahmen berücksichtigen die zuständigen Behörden alle relevanten Umstände, darunter, soweit angemessen,

a) **die Schwere und Dauer des Verstoßes;**

b) **das Maß an Verantwortung der für den Verstoß verantwortlichen Person;**

c) **die Auswirkungen des Verstoßes auf die Interessen der Kleinanleger;**

d) **die Kooperationsbereitschaft der für den Verstoß verantwortlichen Person;**

e) **frühere Verstöße der für den Verstoß verantwortlichen Person;**

f) **von der für den Verstoß verantwortlichen Person nach dem Verstoß zur Verhinderung erneuter Verstöße gefasste Maßnahmen.**

In der Fassung vom 26.11.2014 (ABl. EU Nr. L 352 v. 9.12.2014, S. 1).

Nach Art. 25 PRIIP-VO haben die zuständigen Behörden bei der Zumessung der Sanktionen den **Grundsatz der Verhältnismäßigkeit** zu beachten. Dabei sind alle relevanten Umstände zu beachten. 1

Art. 25 PRIIP-VO führt die wichtigsten der zu beachtenden **relevanten Umstände** auf. Diese beziehen sich nicht nur auf den Verstoß und seine Auswirkungen, sondern auch auf frühere Verstöße der für den Verstoß verantwortlichen Person sowie ihr Verhalten nach dem Verstoß. Die aufgeführten relevanten Umstände sind nicht abschließend. So können etwa auch die wirtschaftlichen Verhältnisse der verantwortlichen Person berücksichtigt werden, wie dies in § 17 Abs. 3 Satz 2 OWiG vorgesehen ist. 2

Art. 26 [Rechtsmittel]

Gegen Entscheidungen über die Verhängung von Sanktionen und das Ergreifen von Maßnahmen nach dieser Verordnung können Rechtsmittel eingelegt werden.

In der Fassung vom 26.11.2014 (ABl. EU Nr. L 352 v. 9.12.2014, S. 1).

Art. 26 PRIIP-VO ordnet an, dass **Rechtsmittel** gegen die Entscheidungen über die Verhängung von Sanktionen und das Ergreifen von Maßnahmen nach der PRIIP-VO eingelegt werden können. Dies bezieht sich nach dem Zusammenhang auf die Entscheidung der zuständigen Behörden über Sanktionen und Maßnahmen des Art. 24 PRIIP-VO. 1

Gegen Entscheidungen der BaFin als zuständige Behörde in Deutschland ist der **Verwaltungsrechtsweg** gem. § 40 Abs. 1 Satz 1 VwGO eröffnet.[1] Die Verhängung von Sanktionen ist ein Verwaltungsakt, gegen den Wi- 2

4 Bundesregierung, Gesetzentwurf 1. FiMaNoG, BT-Drucks. 18/7482, 74, 74.
5 Bundesregierung, Gesetzentwurf 1. FiMaNoG, BT-Drucks. 18/7482, 76.
6 Bundesregierung, Gesetzentwurf 1. FiMaNoG, BT-Drucks. 18/7482, 79 f.
1 Allgemein zum Rechtsschutz gegenüber der BaFin *Spoerr* in Assmann/Uwe H. Schneider/Mülbert, Vor § 13 WpHG Rz. 1 ff.

derspruch und Anfechtungsklage statthaft sind.[2] Diesen kommt jedoch nach § 13 WpHG keine aufschiebende Wirkung zu.

Art. 27 [Öffentliche Bekanntgabe]

(1) Hat die zuständige Behörde verwaltungsrechtliche Sanktionen oder Maßnahmen öffentlich bekannt gegeben, so meldet sie diese verwaltungsrechtlichen Sanktionen oder Maßnahmen gleichzeitig der zuständigen Europäischen Aufsichtsbehörde.

(2) Die zuständige Behörde übermittelt der zuständigen Europäischen Aufsichtsbehörde einmal pro Jahr eine Zusammenfassung von Informationen über alle gemäß Artikel 22 und Artikel 24 Absatz 2 verhängten verwaltungsrechtlichen Sanktionen oder Maßnahmen.

(3) Die Europäischen Aufsichtsbehörden veröffentlichen die in diesem Artikel genannten Informationen in ihrem jeweiligen Jahresbericht.

In der Fassung vom 26.11.2014 (ABl. EU Nr. L 352 v. 9.12.2014, S. 1).

1 Nach Art. 27 Abs. 1 PRIIP-VO hat die zuständige Behörde die verwaltungsrechtlichen Sanktionen oder Maßnahmen, die sie nach Art. 29 PRIIP-VO öffentlich bekannt gegeben hat, gleichzeitig der zuständigen europäischen Aufsichtsbehörde, also der EBA, ESMA oder EIOPA, zu melden. Diese Pflicht besteht nicht bei verwaltungsrechtlichen Sanktionen oder Maßnahmen, die nicht öffentlich bekannt gegeben werden.

2 Nach Art. 27 Abs. 2 PRIIP-VO hat die zuständige Behörde der zuständigen europäischen Aufsichtsbehörde einmal pro Jahr eine Zusammenfassung zu übermitteln, die Informationen über alle verwaltungsrechtlichen Sanktionen oder Maßnahmen enthält, die gem. Art. 22 und Art. 24 Abs. 2 PRIIP-VO verhängt wurden. Diese Pflicht ist unabhängig davon, ob die verwaltungsrechtlichen Sanktionen oder Maßnahmen öffentlich bekannt gegeben wurden und ob sie bereits nach Art. 27 Abs. 1 PRIIP-VO gemeldet wurden.

3 Nach Art. 27 Abs. 3 PRIIP-VO haben die europäischen Aufsichtsbehörden die ihnen nach Art. 27 Abs. 1 und 2 PRIIP-VO gemeldeten bzw. übermittelten Informationen in ihrem jeweiligen Jahresbericht zu veröffentlichen.

Art. 28 [Schaffung wirksamer Meldemechanismen]

(1) Die zuständigen Behörden schaffen wirksame Mechanismen, um die Meldung von tatsächlichen oder potenziellen Verstößen gegen diese Verordnung bei ihnen zu ermöglichen.

(2) Die Mechanismen nach Absatz 1 umfassen zumindest Folgendes:

a) spezielle Verfahren für den Empfang der Meldung von tatsächlichen oder möglichen Verstößen und deren Weiterverfolgung;

b) einen angemessenen Schutz für Mitarbeiter, die Verstöße innerhalb ihres Arbeitgebers melden, zumindest vor Vergeltungsmaßnahmen, Diskriminierung und anderen Arten von unfairer Behandlung;

c) den Schutz der Identität sowohl der Person, die die Verstöße anzeigt, als auch der natürlichen Person, die mutmaßlich für einen Verstoß verantwortlich ist, in allen Verfahrensstufen, es sei denn, die Offenlegung der Identität ist nach nationalem Recht vor dem Hintergrund weiterer Ermittlungen oder anschließender Gerichtsverfahren vorgeschrieben.

(3) Die Mitgliedstaaten können vorsehen, dass die zuständigen Behörden nach nationalem Recht zusätzliche Mechanismen schaffen.

(4) Die Mitgliedstaaten können von Arbeitgebern, die Tätigkeiten ausüben, welche im Hinblick auf Finanzdienstleistungen reguliert sind, verlangen, dass sie geeignete Verfahren einrichten, damit ihre Mitarbeiter tatsächliche oder mögliche Verstöße intern über einen spezifischen, unabhängigen und autonomen Kanal melden können.

In der Fassung vom 26.11.2014 (ABl. EU Nr. L 352 v. 9.12.2014, S. 1).

2 Dazu *Spoerr* in Assmann/Uwe H. Schneider/Mülbert, Vor § 13 WpHG Rz. 23 ff.

§ 28 Abs. 1 PRIIP-VO sieht vor, dass das nationale Recht für die zuständigen Behörden die **Pflicht zur Schaffung wirksamer Meldemechanismen** statuiert. Diese Mechanismen müssen spezielle Verfahren, einen angemessenen Schutz von meldenden Mitarbeitern durch unfaire Behandlung durch ihren Arbeitgeber sowie den Schutz der Identität der meldenden Person und der Person, die für den gemeldeten Verstoß mutmaßlich verantwortlich ist (§ 28 Abs. 2 PRIIP-VO). Nach nationalem Recht können weitergehende Pflichten vorgesehen werden (§ 28 Abs. 3 PRIIP-VO). 1

Die **Umsetzung** ist durch § 4d FinDaG erfolgt; ausweislich der Gesetzesbegründung errichtet die Bundesanstalt zu diesem Zweck eine Meldeplattform auf ihrer Internetseite, nimmt aber auch Meldungen per Brief, Telefonat oder E-Mail entgegen.[1] 2

§ 28 Abs. 4 PRIIP-VO erlaubt es dem nationalen Recht, für Arbeitgeber, die im Hinblick auf Finanzdienstleistungen regulierte Tätigkeiten ausüben, die **Pflicht zur Einrichtung geeigneter Verfahren** zu statuieren, die es ihren Mitarbeitern ermöglicht, tatsächliche oder mögliche Verstöße intern unter Wahrung der Vertraulichkeit ihrer Identität zu melden. Eine derartige Pflicht trifft im deutschen Recht Kreditinstitute und Finanzdienstleistungsinstitute nach § 25a Abs. 1 Satz 6 Nr. 3 KWG,[2] Börsenträger nach § 5 Abs. 7 BörsG,[3] Kapitalverwaltungsgesellschaften nach § 28 Abs. 1 Satz 2 Nr. 9 KAGB,[4] Versicherungsunternehmen nach § 23 Abs. 6 Nr. 4 VAG[5] sowie genehmigte Veröffentlichungssysteme, Bereitsteller konsolidierter Datenticker und genehmigte Meldemechanismen nach § 58 Abs. 6, § 59 Abs. 5, § 60 Abs. 5 WpHG.[6] 3

Art. 29 [Bekanntmachung]

(1) Unanfechtbare Entscheidungen, mit denen eine verwaltungsrechtliche Sanktion oder Maßnahme für die in Artikel 24 Absatz 1 genannten Verstöße verhängt wird, werden von den zuständigen Behörden unverzüglich nach Unterrichtung der Person, gegen die die Sanktion oder Maßnahme verhängt wurde, über diese Entscheidung auf ihrer offiziellen Website bekannt gemacht.

Die Bekanntmachung enthält zumindest Angaben:

a) zu Art und Charakter des Verstoßes,

b) zu den verantwortlichen Personen.

Diese Verpflichtung gilt nicht für Entscheidungen, mit denen Maßnahmen mit Ermittlungscharakter verfügt werden.

Ist die zuständige Behörde nach einer einzelfallbezogenen Bewertung zu der Ansicht gelangt, dass die Bekanntmachung der Identität der Rechtsträger oder der Identität oder der personenbezogenen Daten der natürlichen Personen unverhältnismäßig wäre, oder würde eine solche Bekanntmachung die Stabilität der Finanzmärkte oder laufende Ermittlungen gefährden, so verfahren die zuständigen Behörden wie folgt:

a) sie machen die Entscheidung, mit der eine Sanktion oder eine Maßnahme verhängt wird, erst dann bekannt, wenn die Gründe für ihre Nichtbekanntmachung weggefallen sind, oder

b) sie machen die Entscheidung, mit der eine Sanktion oder eine Maßnahme verhängt wird, im Einklang mit dem nationalen Recht auf anonymer Basis bekannt, wenn diese anonyme Bekanntmachung einen wirksamen Schutz der betreffenden personenbezogenen Daten gewährleistet, oder

c) sie sehen davon ab, die Entscheidung, mit der die Sanktion bzw. Maßnahme verhängt wird, bekannt zu machen, wenn die Möglichkeiten nach den Buchstaben a und b ihrer Ansicht nach nicht ausreichen, um zu gewährleisten, dass

i) die Stabilität der Finanzmärkte nicht gefährdet wird,

ii) bei Maßnahmen, die als geringfügig angesehen werden, bei einer Bekanntmachung solcher Entscheidungen die Verhältnismäßigkeit gewahrt ist.

1 Bundesregierung, Gesetzentwurf 1. FiMaNoG, BT-Drucks. 18/7482, 76 f.
2 Bundesregierung, Gesetzentwurf 1. FiMaNoG, BT-Drucks. 18/7482, 73.
3 Bundesregierung, Gesetzentwurf 1. FiMaNoG, BT-Drucks. 18/7482, 74.
4 Bundesregierung, Gesetzentwurf 1. FiMaNoG, BT-Drucks. 18/7482, 75.
5 Bundesregierung, Gesetzentwurf 1. FiMaNoG, BT-Drucks. 18/7482, 76.
6 Bundesregierung, Gesetzentwurf 2. FiMaNoG, BT-Drucks. 18/10936, 232.

(2) Die zuständigen Behörden teilen den Europäischen Aufsichtsbehörden alle verwaltungsrechtlichen Sanktionen mit, die zwar verhängt, im Einklang mit Absatz 1 Unterabsatz 3 Buchstabe c jedoch nicht bekannt gemacht wurden, sowie alle Rechtsmittel im Zusammenhang mit diesen Sanktionen und die Ergebnisse der Rechtsmittelverfahren.

Wird entschieden, eine Sanktion oder eine Maßnahme in anonymisierter Form bekannt zu machen, so kann die Bekanntmachung der einschlägigen Angaben um einen angemessenen Zeitraum aufgeschoben werden, wenn vorherzusehen ist, dass die Gründe für eine anonymisierte Bekanntmachung im Laufe dieses Zeitraums wegfallen werden.

(3) Sofern das nationale Recht die Veröffentlichung einer Entscheidung, eine Sanktion oder eine Maßnahme zu verhängen, vorschreibt und gegen diese Entscheidung bei den einschlägigen Justiz- oder sonstigen Behörden Rechtsmittel eingelegt werden, so machen die zuständigen Behörden diesen Sachverhalt und alle weiteren Informationen über das Ergebnis des Rechtsmittelverfahrens unverzüglich auf ihrer offiziellen Website bekannt. Ferner wird jede Entscheidung, mit der eine frühere bekannt gemachte Entscheidung über die Verhängung einer Sanktion oder einer Maßnahme für ungültig erklärt wird, ebenfalls bekannt gemacht.

(4) Die zuständigen Behörden stellen sicher, dass jede Bekanntmachung nach diesem Artikel vom Zeitpunkt ihrer Veröffentlichung an mindestens fünf Jahre lang auf ihrer offiziellen Website zugänglich bleibt. Enthält die Bekanntmachung personenbezogene Daten, so bleiben diese nur so lange auf der offiziellen Website der zuständigen Behörde einsehbar, wie dies nach den geltenden Datenschutzbestimmungen erforderlich ist.

In der Fassung vom 26.11.2014 (ABl. EU Nr. L 352 v. 9.12.2014, S. 1).

1 Art. 29 PRIIP-VO enthält den **Grundsatz des „Naming and Shaming“** und verpflichtet die zuständigen Behörden, die verwaltungsrechtlichen Sanktionen und Maßnahmen bei Verstößen gegen die PRIIP-VO in der Regel zu veröffentlichen. Dies soll sowohl der Generalprävention dienen, indem es die abschreckende Wirkung von Sanktionen sicherstellen soll, als auch der Stärkung des Anlegerschutzes, indem die Anleger vor PRIIP gewarnt werden, die unter Verstoß gegen die PRIIP-VO vermarktet werden (ErwGr. 30 PRIIP-VO). Art. 29 PRIIP-VO ist unmittelbar anwendbar.

2 Nach Art. 29 Abs. 1 Unterabs. 1 und 2 PRIIP-VO trifft die zuständigen Behörden die **Pflicht**, ihre unanfechtbaren Entscheidungen, die eine verwaltungsrechtliche Sanktion oder Maßnahme für Verstöße gem. Art. 24 Abs. 1 PRIIP-VO verhängen, ohne Ermittlungscharakter zu haben, unverzüglich nach Unterrichtung der betroffenen Person auf ihrer offiziellen Internetseite **zu veröffentlichen** und dabei zumindest Art und Charakter des Verstoßes und die verantwortlichen Personen anzugeben.

3 Ist die Bekanntmachung der Identität oder personenbezogener Daten der verantwortlichen Person unverhältnismäßig oder würde sie die Stabilität der Finanzmärkte oder laufende Ermittlungen gefährden, bestehen **Ausnahmen**. Die zuständige Behörde hat dann unter den Voraussetzungen des Art. 29 Abs. 1 Unterabs. 3 PRIIP-VO die Bekanntmachung der Entscheidung aufzuschieben oder in anonymisierter Form vorzunehmen oder von einer Bekanntmachung abzusehen.

4 Nach Art. 29 Abs. 2 Unterabs. 1 PRIIP-VO haben die zuständigen Behörden den europäischen Aufsichtsbehörden die Entscheidungen mitzuteilen, bei denen **von der Bekanntmachung abgesehen** wurde.

5 Nach Art. 29 Abs. 2 Unterabs. 2 PRIIP-VO können **die Aufschiebung und die Anonymisierung der Bekanntmachung** in der Form kombiniert werden, dass die Entscheidung zunächst anonymisiert und erst später vollständig bekannt gemacht wird.

6 Nach Art. 29 Abs. 3 PRIIP-VO müssen auch **eingelegte Rechtsmittel und das Ergebnis des Rechtsmittelverfahrens** bekannt gemacht werden, wenn das nationale Recht die vorherige Veröffentlichung der Entscheidung, eine Sanktion oder Maßnahme zu verhängen, vorschreibt. Ebenso muss jede Entscheidung, die eine früher bekannt gemachte Entscheidung für ungültig erklärt, bekannt gemacht werden.

7 Nach Art. 29 Abs. 4 PRIIP-VO müssen Bekanntmachungen **mindestens fünf Jahre auf der offiziellen Internetseite** der zuständigen Behörde zugänglich sein. Personenbezogene Daten dürfen nur so lange auf der Internetseite zugänglich sein, wie dies mit den geltenden Datenschutzbestimmungen vereinbar ist.

Kapitel VI
Schlussbestimmungen

Art. 30 [Erlass delegierter Rechtsakte]

(1) Die Befugnis zum Erlass delegierter Rechtsakte wird der Kommission unter den in diesem Artikel festgelegten Bedingungen übertragen.

(2) Die Befugnis zum Erlass delegierter Rechtsakte gemäß Artikel 8 Absatz 4, Artikel 16 Absatz 8 und Artikel 17 Absatz 7 wird der Kommission für einen Zeitraum von drei Jahren ab dem 30. Dezember 2014 übertragen. Die Kommission erstellt spätestens neun Monate vor Ablauf des Zeitraums von drei Jahren einen Bericht über die Befugnisübertragung. Die Befugnisübertragung verlängert sich stillschweigend um Zeiträume gleicher Länge, es sei denn, das Europäische Parlament oder der Rat widersprechen einer solchen Verlängerung spätestens drei Monate vor Ablauf des jeweiligen Zeitraums.

(3) Die Befugnisübertragung gemäß Artikel 8 Absatz 4, Artikel 16 Absatz 8 und Artikel 17 Absatz 7 kann vom Europäischen Parlament oder vom Rat jederzeit widerrufen werden. Der Beschluss über den Widerruf beendet die Übertragung der in diesem Beschluss angegebenen Befugnis. Er wird am Tag nach seiner Veröffentlichung im Amtsblatt der Europäischen Union oder zu einem im Beschluss über den Widerruf angegebenen späteren Zeitpunkt wirksam. Die Gültigkeit von delegierten Rechtsakten, die bereits in Kraft sind, wird von dem Beschluss über den Widerruf nicht berührt.

(4) Sobald die Kommission einen delegierten Rechtsakt erlässt, übermittelt sie ihn gleichzeitig dem Europäischen Parlament und dem Rat.

(5) Ein delegierter Rechtsakt, der gemäß Artikel 8 Absatz 4, Artikel 16 Absatz 8 oder Artikel 17 Absatz 7 erlassen wurde, tritt nur in Kraft, wenn weder das Europäische Parlament noch der Rat innerhalb einer Frist von drei Monaten nach Übermittlung dieses Rechtsakts an das Europäische Parlament und den Rat Einwände erhoben haben oder wenn vor Ablauf dieser Frist das Europäische Parlament und der Rat beide der Kommission mitgeteilt haben, dass sie keine Einwände erheben werden. Auf Initiative des Europäischen Parlaments oder des Rates wird die Frist um drei Monate verlängert.

In der Fassung vom 26.11.2014 (ABl. EU Nr. L 352 v. 9.12.2014, S. 1).

Art. 30 PRIIP-VO regelt die Befugnis der Kommission zum **Erlass delegierter Rechtsakte** gem. Art. 8 Abs. 4, Art. 16 Abs. 8 oder Art. 17 Abs. 7 PRIIP-VO. Die Befugnis ist zeitlich beschränkt, verlängert sich aber jeweils, wenn das Europäische Parlament oder der Rat nicht rechtzeitig widersprechen. Sie kann vom Europäischen Parlament oder vom Rat jederzeit widerrufen werden. Die delegierten Rechtsakte treten nur in Kraft, wenn das Europäische Parlament oder der Rat nicht widersprechen. 1

Im Rahmen dieser Befugnis hat die Kommission die Delegierte Verordnung 2016/1904 im Hinblick auf die Produktintervention nach Art. 16 Abs. 8 und Art. 17 Abs. 7 PRIIP-VO erlassen. 2

Art. 31 [Erlass technischer Regulierungsstandards]

Erlässt die Kommission gemäß Artikel 8 Absatz 5, Artikel 10 Absatz 2 oder Artikel 13 Absatz 5 technische Regulierungsstandards, die mit den von den Europäischen Aufsichtsbehörden übermittelten Entwürfen von technischen Regulierungsstandards identisch sind, so beträgt der Zeitraum, innerhalb dessen das Europäische Parlament und der Rat Einwände gegen diese technischen Regulierungsstandards erheben können, abweichend von Artikel 13 Absatz 1 Unterabsatz 2 der Verordnungen (EU) Nr. 1093/2010, (EU) Nr. 1094/2010 und (EU) Nr. 1095/2010 zur Berücksichtigung der Komplexität und des Umfangs der abgedeckten Themen zwei Monate ab Datum der Übermittlung. Auf Initiative des Europäischen Parlaments oder des Rates kann dieser Zeitraum um einen Monat verlängert werden.

In der Fassung vom 26.11.2014 (ABl. EU Nr. L 352 v. 9.12.2014, S. 1).

1 Art. 31 PRIIP-VO enthält für den **Erlass technischer Regulierungsstandards** gem. Art. 8 Abs. 5, Art. 10 Abs. 2 oder Art. 13 Abs. 5 PRIIP-VO eine gegenüber den allgemeinen Regelungen abweichende Regelung der Frist für Einwände des Europäischen Parlaments oder des Rates gegen die technischen Regulierungsstandards.

2 Die Delegierte Verordnung 2017/653 vom 8.3.2017 zur Ergänzung der PRIIP-VO durch technische Regulierungsstandards nach Art. 8 Abs. 5, Art. 10 Abs. 2 und Art. 13 Abs. 5 PRIIP-VO trat erst im zweiten Anlauf in Kraft, da der erste Vorschlag der Kommission am 14.9.2016 vom Europäischen Parlament abgelehnt wurde, insbesondere weil er zum Teil irreführend und fehlerhaft sei.[1]

Art. 32 [Übergangsregelung]

(1) Die in Artikel 2 Absatz 1 Buchstabe b der Richtlinie 2009/65/EG definierten Verwaltungsgesellschaften und die in Artikel 27 jener Richtlinie genannten Investmentgesellschaften sowie Personen, die über die in Artikel 1 Absatz 2 jener Richtlinie genannten OGAW-Anteile beraten oder diese verkaufen, sind bis zum 31. Dezember 2019 von den Verpflichtungen gemäß dieser Verordnung ausgenommen.

(2) Wenn ein Mitgliedstaat Vorschriften bezüglich des Formats und des Inhalts des Basisinformationsblatts gemäß den Artikeln 78 bis 81 der Richtlinie 2009/65/EG auf Fonds anwendet, die keine OGAW-Fonds sind und die Kleinanlegern angeboten werden, so gilt die Ausnahme nach Absatz 1 dieses Artikels für Verwaltungsgesellschaften, Investmentgesellschaften und Personen, die Kleinanleger über Anteile dieser Fonds beraten oder diese an Kleinanleger verkaufen.

In der Fassung vom 26.11.2014 (ABl. EU Nr. L 352 v. 9.12.2014, S. 1).

1 Art. 32 Abs. 1 PRIIP-VO verlängert die **Übergangfrist für OGAW** bis zum 31.12.2019, da für diese bereits die Pflichten zur Erstellung und Bereitstellung wesentlicher Anlegerinformationen gilt, die denjenigen in Bezug auf das Basisinformationsblatt ähneln.

2 Art. 32 Abs. 2 PRIIP-VO verlängert die **Übergangsfrist für AIF** in Staaten, die auch AIF zur Erstellung von Basisinformationsblättern nach der OGAW IV-RL verpflichten. Dies trifft für Deutschland zu, so dass die PRIIP-VO auch für deutsche AIF, in die Kleinanleger investieren können, erst ab dem 1.1.2020 gilt.

3 In der Übergangzeit können die für OGAW und AIF vorgeschriebenen wesentlichen Anlegerinformationen nicht durch Basisinformationsblätter ersetzt werden.[1]

Art. 33 [Überprüfung durch die Kommission]

(1) Die Kommission überprüft diese Verordnung spätestens bis zum 31. Dezember 2018. Die Überprüfung wird – auf der Grundlage der von den Europäischen Aufsichtsbehörden erhaltenen Informationen – einen allgemeinen Überblick über das Funktionieren des Warnhinweises beinhalten, wobei sämtliche von den zuständigen Behörden diesbezüglich ausgearbeitete Leitlinien berücksichtigt werden. Die Überprüfung wird ferner einen Überblick über die praktische Anwendung der Bestimmungen dieser Verordnung unter Berücksichtigung der Entwicklungen auf dem Markt für Kleinanlegerprodukte und die Durchführbarkeit, die Kosten und die möglichen Vorteile der Einführung eines Gütezeichens für soziale und ökologische Anlagen beinhalten. Im Rahmen ihrer Überprüfung führt die Kommission Verbrauchertests und eine Prüfung der nichtgesetzgeberischen Möglichkeiten sowie der Ergebnisse der Überprüfung der Verordnung (EU) Nr. 346/2013 hinsichtlich deren Artikel 27 Absatz 1 Buchstaben c, e und g durch.

In Bezug auf OGAW im Sinne des Artikels 1 Absatz 2 der Richtlinie 2009/65/EG wird bei der Überprüfung geprüft, ob die Übergangsregelungen des Artikels 32 verlängert werden sollten oder ob

1 Entschließung P8_TA(2016)0347 v. 14.9.2016.
1 EU-Kommission, Leitlinien zur Anwendung der PRIIP-VO v. 7.7.2017 (2017/C 218/02), Rz. 13.

nach Feststellung eventuell erforderlicher Anpassungen die Vorschriften über die wesentlichen Informationen für den Anleger in der Richtlinie 2009/65/EG durch das Basisinformationsblatt dieser Verordnung ersetzt oder als gleichwertig betrachtet werden könnten. Bei der Überprüfung wird auch eine mögliche Ausweitung des Anwendungsbereichs dieser Verordnung auf sonstige Finanzprodukte in Betracht gezogen, und beurteilt, ob die Ausnahme von Produkten aus dem Anwendungsbereich dieser Verordnung im Hinblick auf solide Normen für den Verbraucherschutz und den Vergleich von Finanzprodukten beibehalten werden sollte. Bei der Überprüfung wird zudem beurteilt, ob gemeinsame Vorschriften dahingehend, dass alle Mitgliedstaaten bei Verstößen gegen diese Verordnung verwaltungsrechtliche Sanktionen vorsehen müssen, eingeführt werden sollten.

(2) Die Kommission beurteilt bis zum 31. Dezember 2018 auf der Grundlage der Arbeit der EIOPA zum Thema Anforderungen an die Offenlegung von Produktinformationen, ob sie einen neuen Rechtsakt zur Gewährleistung angemessener Anforderungen an die Offenlegung von Produktinformationen vorschlägt oder ob sie Altersvorsorgeprodukte nach Artikel 2 Absatz 2 Buchstabe e in den Anwendungsbereich dieser Verordnung aufnimmt.

Bei dieser Beurteilung trägt die Kommission dafür Sorge, dass mit diesen Maßnahmen das Niveau der Offenlegungsstandards in Mitgliedstaaten, die bereits Offenlegungsvorschriften für derartige Altersvorsorgeprodukte haben, nicht verringert wird.

(3) Die Kommission unterbreitet dem Europäischen Parlament und dem Rat nach Anhörung des Gemeinsamen Ausschusses einen Bericht bezüglich der Absätze 1 und 2 sowie gegebenenfalls einen Gesetzgebungsvorschlag.

(4) Die Kommission führt bis zum 31. Dezember 2018 eine Marktstudie durch, um festzustellen, ob Online-Recheninstrumente verfügbar sind, die es dem Kleinanleger gestatten, die Gesamtkosten und -gebühren der PRIIP zu berechnen, und ob sie kostenlos zur Verfügung gestellt werden. Die Kommission erstattet darüber Bericht, ob diese Instrumente zuverlässige und präzise Berechnungen für alle Produkte, die in den Anwendungsbereich dieser Verordnung fallen, liefern.

Falls das Fazit dieser Studie lautet, dass solche Instrumente nicht vorhanden sind oder dass die vorhandenen Instrumente es den Kleinanlegern nicht gestatten, die Gesamtkosten und -gebühren der PRIIP zu berechnen, bewertet die Kommission die Durchführbarkeit der Ausarbeitung durch die Europäischen Aufsichtsbehörden – im Wege des Gemeinsamen Ausschusses – von Entwürfen technischer Regulierungsstandards aus, in denen die für solche Instrumente auf Unionsebene geltenden Spezifikationen festgelegt werden.

In der Fassung vom 26.11.2014 (ABl. EU Nr. L 352 v. 9.12.2014, S. 1).

Art. 33 PRIIP-VO verpflichtet die Kommission zur **Überprüfung der PRIIP-VO** in verschiedener Hinsicht 1
bis zum 31.12.2018.

Die **Überprüfungsfrist** ist nicht an die Verschiebung der Geltung der PRIIP-VO um ein Jahr angepasst 2
worden. Die deshalb relativ kurzen Erfahrungen bis zum Ablauf der Überprüfungsfrist relativieren die Ergebnisse der Überprüfung.

Art. 34 [Inkrafttreten und Geltung]

Diese Verordnung tritt am zwanzigsten Tag nach ihrer Veröffentlichung im Amtsblatt der Europäischen Union in Kraft.

Sie gilt ab dem 1. Januar 2018.

In der Fassung vom 26.11.2014 (ABl. EU Nr. L 352 v. 9.12.2014, S. 1), geändert durch Berichtigung vom 14.12.2016 (ABl. EU Nr. L 354 v. 23.12.2016, S. 35).

Art. 34 PRIIP-VO regelt das **Inkrafttreten** und die **Geltung** der PRIIP-VO sowie ihre Verbindlichkeit in al- 1
len Teilen und ihre unmittelbare Geltung in jedem Mitgliedstaat. Aufgrund der Verzögerung der Delegierten Verordnung 2017/653 zur Ergänzung der PRIIP-VO durch technische Regulierungsstandards nach

Art. 8 Abs. 5, Art. 10 Abs. 2 und Art. 13 Abs. 5 PRIIP-VO, die erst am 8.3.2017 erlassen wurde, ist der Zeitpunkt des Inkrafttretens um ein Jahr auf den 1.1.2018 verschoben worden.

2 Aufgrund des Inkrafttretens der PRIIP-VO am 1.1.2018 gilt sie nicht für vor dem 31.12.2017 geschlossene Angebote.[1]

§ 167 Information mittels eines dauerhaften Datenträgers

(1) Ist für die Übermittlung von Informationen nach diesem Gesetz die Verwendung eines dauerhaften Datenträgers vorgesehen, ist die Verwendung eines anderen dauerhaften Datenträgers als Papier nur zulässig, wenn dies auf Grund der Rahmenbedingungen, unter denen das Geschäft ausgeführt wird, angemessen ist und der Anleger sich ausdrücklich für diese andere Form der Übermittlung von Informationen entschieden hat.

(2) [1]Eine elektronische Übermittlung von Informationen gilt im Hinblick auf die Rahmenbedingungen, unter denen das Geschäft zwischen der Kapitalverwaltungsgesellschaft und dem Anleger ausgeführt wird oder werden soll, als angemessen, wenn der Anleger nachweislich einen regelmäßigen Zugang zum Internet hat. [2]Dies gilt als nachgewiesen, wenn der Anleger für die Ausführung dieser Geschäfte eine E-Mail-Adresse angegeben hat.

(3) [1]Soweit die Kapitalverwaltungsgesellschaft Anteile oder Aktien nicht selbst verwahrt oder die Übermittlung von Informationen nicht selbst vornehmen kann, hat sie den depotführenden Stellen der Anleger die Informationen in angemessener Weise für eine Übermittlung an die Anleger bereitzustellen. [2]Die depotführenden Stellen haben den Anlegern die Informationen unverzüglich nach der Bereitstellung zu übermitteln. [3]Die Kapitalverwaltungsgesellschaft hat der depotführenden Stelle die Aufwendungen zu erstatten, die diese für die Vervielfältigung von Mitteilungen und für die Verwendung des dauerhaften Datenträgers an die Anleger erbracht hat. [4]Für die Höhe des Aufwendungsersatzanspruchs gilt die Verordnung über den Ersatz von Aufwendungen der Kreditinstitute vom 17. Juni 2003 (BGBl. I S. 885) in der jeweils geltenden Fassung entsprechend.

In der Fassung vom 4.7.2013 (BGBl. I 2013, S. 1981).

Schrifttum: *Reiter/Plumridge*, Das neue Investmentgesetz – Teil II, WM 2012, 388.

I. Allgemeines

1. Regelungsgegenstand und Entstehungsgeschichte

1 Die Vorschrift des § 167 KAGB beinhaltet die Regelungen, nach denen **Informationen an den Anleger in elektronischer Form oder in anderer Form als Papier übermittelt** werden dürfen und entspricht dem aufgehobenen § 42a InvG.[1] Damit trägt der Gesetzgeber dem Umstand Rechnung, dass vollständige Informationsübermittlung in Papierform gerade im Bereich des Massengeschäftes der kollektiven Vermögensverwaltung nicht praktikabel ist. Gleichzeitig geht der Gesetzgeber aber auch davon aus, dass andere Informationsmedien wie der elektronische Bundesanzeiger oder die Bekanntmachung in überregionalen

1 EU-Kommission, Leitlinien zur Anwendung der PRIIP-VO v. 7.7.2017 (2017/C 218/02), Rz. 12.
1 Begr. RegE, BT-Drucks. 17/12294, S. 258.

Zeitungen viele Anleger ebenfalls nicht erreicht.[2] Aus diesem Grund wurde in überschießender Umsetzung einer OGAW IV-Durchführungs-RL die Vorgängervorschrift des § 42a InvG eingeführt.[3]

2. Anwendungsbereich

Die **Legaldefinition** des **dauerhaften Datenträgers** findet sich in § 1 Abs. 19 Nr. 8 KAGB. Darunter ist jedes Medium zu verstehen, das den Anlegern gestattet, Informationen für eine den Zwecken der Informationen angemessene Dauer zu speichern, einzusehen und unverändert wiederzugeben. Die Regelung des § 167 KAGB findet Anwendung, sobald das Gesetz die Verwendung eines dauerhaften Datenträgers vorsieht. 2

Dies ist der Fall bei[4]: Aussetzung und Wiederaufnahme der Rücknahme von Anteilen (§ 98 Abs. 2 Satz 5 KAGB); Kündigung der Verwaltung eines Sondervermögens (§ 99 Abs. 1 Satz 3 KAGB); Änderung der Anlagebedingungen, sofern die Änderung die bisherigen Anlagegrundsätze, die Vergütung und Aufwandserstattungen oder wesentlichen Anlegerrechte betreffen (§ 164 Abs. 4 Satz 2 KAGB sowie § 267 Abs. 3 Satz 5 und 7 KAGB im Hinblick auf geschlossene inländische Publikums-AIF); die Abwicklung eines Feederfonds (§ 178 Abs. 5 Satz 1 KAGB und § 179 Abs. 6 Satz 1 KAGB); die Verschmelzung eines Masterfonds (§ 179 Abs. 1 Satz 1 KAGB); die Umwandlung in einen Feederfonds oder die Änderung des Masterfonds (§ 180 Abs. 1 Satz 2 KAGB und Abs. 2 Satz 1 KAGB); Verschmelzungsinformationen (§ 186 Abs. 3 Satz 3 KAGB) oder für AIF-Änderungen in Bezug auf die Haftung der Verwahrstelle (§ 300 Abs. 4 KAGB). 3

3. Regelungssystematik

Die Vorschrift des § 167 Abs. 1 KAGB regelt zunächst, dass Informationen in anderer Form als Papier nur übermittelt werden dürfen, wenn dies angemessen ist und der Anleger sich dafür entscheidet. § 167 Abs. 2 KAGB konkretisiert im Folgenden den Begriff der Angemessenheit. Schließlich trägt § 167 Abs. 3 KAGB dem Umstand Rechnung, dass sich die KVG zur Informationsübermittlung auch den depotführenden Stellen bedienen kann. 4

II. Verwendung eines anderen dauerhaften Datenträgers als Papier (§ 167 Abs. 1 und 2 KAGB)

1. Regelfall der Papierform

Ist die Verwendung eines dauerhaften Datenträgers in einer Vorschrift vorgesehen, so geht § 167 Abs. 1 KAGB von dem Regelfall aus, dass eine dauerhafte Übermittlung von Informationen grundsätzlich nur mittels **Papierform** erfolgt. Neben der Papierform kommen als dauerhafte Datenträger E-Mails, aber auch CD-ROMs und DVDs in Betracht.[5] Eine andere Form als Papier ist nur zulässig wenn (i) die Verwendung einer anderen Form aufgrund der Rahmenbedingungen des Geschäfts **angemessen** ist und (ii) der Anleger sich ausdrücklich für die andere Form **entschieden** hat. 5

2. Angemessenheit der anderen Form

Die Verwendung einer anderen Form als Papier ist angemessen, wenn die **Rahmenbedingungen des Geschäfts** dies zulassen. Entscheidend sind demnach die Rahmenbedingungen der Geschäfte zwischen dem Anleger und der KVG, wie der Abschluss des Investmentvertrages oder der Verwahrungsvertrag mit der Verwahrstelle.[6] So hängt die Angemessenheit zunächst davon ab, ob die jeweiligen Verträge oder die Anlagebedingungen (als Bestandteil des Investmentvertrages) eine bestimmte Form vorsehen.[7] Daneben kann auch der Verkaufsprospekt und seine Wertungen zur Beurteilung der Angemessenheit herangezogen werden.[8] 6

2 Kritisch dazu *Rozok/Feneis* in Emde/Dornseifer/Dreibus/Hölscher, § 42a InvG Rz. 3.
3 Art. 7 RL 2010/44/EU; vgl. auch *Rozok/Feneis* in Emde/Dornseifer/Dreibus/Hölscher, § 42a InvG Rz. 2; *Reiter/Plumridge*, WM 2012, 388 (392).
4 Zur Aufzählung vgl. auch *Polifke* in Weitnauer/Boxberger/Anders, § 167 KAGB Rz. 3.
5 *Rozok/Feneis* in Emde/Dornseifer/Dreibus/Hölscher, § 42a InvG Rz. 6; *Patzner/Schneider-Deters* in Moritz/Klebeck/Jesch, § 167 KAGB Rz. 6.
6 *Rozok/Feneis* in Emde/Dornseifer/Dreibus/Hölscher, § 42a InvG Rz. 8; *von Ammon/Izzo-Wagner* in Baur/Tappen, § 167 KAGB Rz. 8 f.; *Bachmann* in Beckmann/Scholtz/Vollmer, § 167 KAGB Rz. 6.
7 *von Ammon/Izzo-Wagner* in Baur/Tappen, § 167 KAGB Rz. 10.
8 *von Ammon/Izzo-Wagner* in Baur/Tappen, § 167 KAGB Rz. 10.

7 § 167 Abs. 2 KAGB enthält eine gesetzliche Fiktion der Angemessenheit im Hinblick auf eine **elektronische Übermittlung**. Eine elektronische Übermittlung soll dann angemessen sein, wenn der Anleger nachweislich einen regelmäßigen Zugang zum Internet hat. Gibt der Anleger freiwillig eine E-Mail Adresse an, kann davon ausgegangen werden, dass er diese Adresse auch nutzt und regelmäßig Informationen über seinen Internetzugang abruft.[9]

8 Neben diesem gesetzlich geregelten Fall der Angabe der E-Mail Adresse stellt sich die Frage, was außerdem unter dem Begriff der „elektronischen Kommunikation" zu verstehen ist. Während das KAGB keine Anhaltspunkte enthält, wie dieser Begriff auszulegen ist, kann an dieser Stelle die europäische Datenschutz-RL[10] weiterhelfen. Nach Art. 2 lit. h der RL fallen unter den Begriff der elektronischen Post auch Text-, Sprach-, Ton- oder Bildnachrichten, die im Netz oder auf dem Endgerät des Empfängers gespeichert werden können. Danach sind wohl auch die in der Praxis häufig verwendeten Methoden unter § 167 Abs. 2 KAGB zu subsumieren, nach denen die **Informationen entweder auf einer Internetseite bereitgestellt** oder **in ein eingerichtetes elektronisches Postfach eingestellt** werden.[11]

3. Ausdrückliche Entscheidung des Anlegers für die andere Form

9 Diese Voraussetzung wird im KAGB nicht näher konkretisiert. Daher sind auch an dieser Stelle die Rahmenbedingungen des Geschäfts heranzuziehen und zu prüfen, ob **abweichende Regelungen zur Form** getroffen wurden.[12] Im Übrigen ist auf die allgemeinen zivilrechtlichen Regelungen abzustellen.[13]

III. Übermittlung von Informationen durch die Verwahrstelle (§ 167 Abs. 3 KAGB)

10 Soweit die KVG Anteile oder Aktien nicht selbst verwahrt oder die Übermittlung der Informationen nicht selbst wahrnehmen kann, ist sie dazu verpflichtet, der jeweiligen depotführenden Stelle des Anlegers die Informationen **in angemessener Weise zur Verfügung zu stellen**, damit diese die Anleger entsprechend informieren können, vgl. § 167 Abs. 3 Satz 1 KAGB. Die depotführenden Stellen sind gem. § 167 Abs. 3 Satz 2 KAGB wiederum verpflichtet, die Informationen unverzüglich nach Erhalt an die Anleger weiter zu übermitteln. Für diese Leistung können die depotführenden Stellen von der KVG Aufwendungsersatz nach Maßgabe des § 167 Abs. 3 Satz 3 KAGB verlangen.

Die Regelung des § 167 Abs. 3 KAGB trägt dem Umstand Rechnung, dass die Anteile und Aktien durch die Verwahrstelle verwahrt werden und die **Informationen** in diesem Fall **durch die Verwahrstelle an die Anleger übermittelt** werden. Die Norm stellt jedoch auch klar, dass originär die KVG dafür verantwortlich ist, die Informationen zu erstellen und an die Anleger zu übermitteln.[14] Die KVG haftet im Außenverhältnis folglich auch für den Inhalt der durch die Verwahrstelle übermittelten Informationen, und zwar auch dann, wenn die Verwahrstelle diese inhaltlich verändert.[15] In diesem Fall bestehen dann lediglich Ausgleichsansprüche der KVG gegen die Verwahrstelle im Innenverhältnis.[16] § 167 Abs. 3 KAGB sieht vor, dass die KVG sich für die Übermittlung von Informationen auch der Verwahrstelle bedienen kann, sofern sie die Übermittlung nicht selbst vornehmen kann. Die Verwahrstelle ist verpflichtet, die Informationen unverzüglich an die Anleger weiterzuleiten.

11 Fallen für die Übermittlung durch die Verwahrstelle Aufwendungen an, kann sie diese von der KVG nach § 167 Abs. 3 Satz 2 und 3 KAGB ersetzt verlangen. Vergütungen sind darüber hinaus nicht zu zahlen.[17]

---

9 Begr. RegE, BT-Drucks. 17/5417, S. 11.

10 Datenschutzrichtlinie für elektronische Kommunikation, RL 2002/58/EG.

11 *Rozok/Feneis* in Emde/Dornseifer/Dreibus/Hölscher, § 42a InvG Rz. 25; *von Ammon/Izzo-Wagner* in Baur/Tappen, § 167 KAGB Rz. 15. Der Verweis auf SMS und Sprachnachrichten wird wiederum kritisch gesehen, da die elektronische Methode auch dazu geeignet sein muss, die Informationen unverändert wiederzugeben.

12 *Rozok/Feneis* in Emde/Dornseifer/Dreibus/Hölscher, § 42a InvG Rz. 22 f.; *von Ammon/Izzo-Wagner* in Baur/Tappen, § 167 KAGB Rz. 13.

13 *Polifke* in Weitnauer/Boxberger/Anders, § 167 KAGB Rz. 4.

14 *Rozok/Feneis* in Emde/Dornseifer/Dreibus/Hölscher, § 42a InvG Rz. 30; *von Ammon/Izzo-Wagner* in Baur/Tappen, § 167 KAGB Rz. 18; *Polifke* in Weitnauer/Boxberger/Anders, § 167 KAGB Rz. 5.

15 *Rozok/Feneis* in Emde/Dornseifer/Dreibus/Hölscher, § 42a InvG Rz. 31; *von Ammon/Izzo-Wagner* in Baur/Tappen, § 167 KAGB Rz. 19.

16 *von Ammon/Izzo-Wagner* in Baur/Tappen, § 167 KAGB Rz. 19.

17 Begr. RegE, BT-Drucks. 17/5417, S. 11.

Vorbemerkungen vor § 168

Schrifttum: *BaFin*, Begründung zur Kapitalanlage-Rechnungslegungs- und -Bewertungsverordnung (KARBV), 2013; *BaFin*, Ungleichbehandlung durch Information über Portfoliodaten, Mitteilung vom 13. November 2015; *Ballwieser/Hachmeister*, Unternehmensbewertung: Prozess, Methoden und Probleme, 5. Aufl. 2016; *Bußian/Kille*, Rechnungslegung und Prüfung geschlossener alternativer Investmentfonds nach KAGB, WPg 2014, 846; *Damodaran*, Valuing Young, Start-up and Growth Companies: Estimation Issues and Valuation Challenges, 2009; *Festel et al.*, Valuation of Early Stage High-tech Start-up Companies, International Journal of Business 2013, 216; *Hermann et al.*, Bewertung von CoCo-Bonds – Eine empirische Analyse, Corporate Finance 2017, 30; *Heinze/Wenk*, Berichterstattungs-, Bewertungs- und Prüfungspflichten extern verwalteter geschlossener Venture Capital Publikumsfonds in der Rechtsform der (Investment-)KG, KoR 2014, 268; *Kunowski*, Bewertung von Kreditinstituten, 2002; *Lütke-Uhlenbrock/Geisler*, Verschiedene Bewertungsverfahren von Schiffen – ein Dilemma, HANSA International Maritime Journal 11/2013, 36; *Patz*, Das Zusammenwirken zwischen Verwahrstelle, Bewerter, Abschlussprüfer und BaFin bei der Überprüfung der Einhaltung der Bewertungsmaßstäbe und -verfahren für Vermögensgegenstände von AIF und OGAW, BKR 2015, 193; *Peemöller* (Hrsg.), Praxishandbuch der Unternehmensbewertung, 6. Aufl. 2015; *Postler*, Private Equity und das Kapitalanlagegesetzbuch, 2015; *Pratt/Niculita*, Valuing a Business: Analysis and Appraisal of Closely Held Companies, 5. Aufl. 2008; *Ruiz de Vargas et al.*, Bewertung von Beteiligungen an nicht börsennotierten Unternehmen nach dem KAGB – Neue Herausforderungen für Private Equity- und Venture Capital-Fonds, BewertungsPraktiker 2016, 42; *Sieben*, Unternehmensbewertung, in Wittmann u.a. (Hrsg.), Handwörterbuch der Betriebswirtschaftslehre, 5. Aufl. 1993, 4315; *Siering/Izzo-Wagner*, „Praktische Hürden" der EuVECA-Verordnung, BKR 2014, 242; *Stewart et al.*, Putting a Price on Biotechnology, Nature Biotechnology, 2001, 813; *Volhard/El-Qalqili*, Die neuen Bewertungsvorschriften für AIF-Investmentvermögen, DB 2013, 2103; *Weitnauer*, Die Verordnung über Europäische Risikokapitalfonds („EuVECA-VO"), GWR 2014, 139; *Winkeljohann/Malsch*, Rechnungslegung und Prüfung von Investmentvermögen, in Winkeljohann/Förschle/Deubert (Hrsg.), Sonderbilanzen, 5. Aufl. 2016.

I. Entwicklung nationaler und gemeinschaftsrechtlicher Bewertungsvorschriften

1. Etablierung nationaler Bewertungsnormen

In der jungen Bundesrepublik war die 1949 im München gegründete Allgemeine Deutsche Investment-Gesellschaft (ADIG) die erste Kapitalanlagegesellschaft, die kurz nach der Währungsreform für die Investmentfondsanlage geschaffen wurde. Bei der Auflage der ersten Investmentfonds „Fondra" und „Fondak" dieser Gesellschaft im Jahre 1950 existierte noch keine investmentspezifische Gesetzgebung in Deutschland. Mit der DEKA, DWS, DIT und UNION wurden dann 1955 und 1956 vier weitere Kapitalanlagegesellschaften in Deutschland gegründet. In diesem Umfeld wurde das am 18.4.1957 in Kraft getretene KAGG mit dem Hauptziel des **Anlegerschutzes** geschaffen.[1] 1

Bereits in seiner ursprünglichen Fassung bestimmte das KAGG in § 18 Abs. 2, dass der **Wert eines Sondervermögens** anhand der jeweiligen Kurswerte der zu ihm gehörenden Wertpapiere und Bezugsrechte zzgl. des Wertes der Geldbeträge, Forderungen und sonstigen Rechte von der Depotbank zu ermitteln sei. Mit der Neufassung des Gesetzes vom 14.1.1970 wurde diese Regelung in § 21 Abs. 2 KAGG unverändert fortgeführt. 2

1 Vgl. BT-Drucks. 2/2973, 2.

3 Im Zusammenhang mit dem 1. FMFG im Jahre 1990 wurde in § 21 KAGG die börsentägliche Ermittlung des Werts des Sondervermögens eingeführt. Darüber hinaus wurde für Schuldverschreibungen, die nicht an einer Börse zugelassen oder in einen organisierten Markt einbezogen sind, und Schuldscheindarlehen die Bewertung anhand vergleichbarer vereinbarter Preise oder Anleihen vergleichbarer Emittenten konkretisiert (vgl. § 21 Abs. 3 KAGG). Geregelt wurden auch die Berücksichtigung schwebender Verpflichtungsgeschäfte, Optionsgeschäfte und die Bewertung von Geldmarkt-Papieren.

4 Mit dem 2. FMFG wurde im Jahr 1994 in § 21 Abs. 2 KAGG die Bewertung von Rückerstattungsansprüchen aus Wertpapier-Darlehen ergänzt. Die Neuerungen, die § 21 KAGG durch das 3. FMFG im Jahr 1998 erfuhr, fielen im Vergleich zu den beiden vorherigen Novellen weniger umfangreich aus.

5 Am 1.1.2004 trat das InvG im Rahmen des InvModG in Kraft. Die zuletzt gültige Fassung des § 21 KAGG wurde weitestgehend in § 36 InvG überführt. Für die nach KAGG erfassten Sondervermögen war für die Bewertung der Vermögensgegenstände das Verkehrswertprinzip maßgeblich.

6 Sog. **geschlossene Fonds** wurden nicht von den im KAGG bzw. im InvG positiv regulierten Fondstypen erfasst. Die Bewertung der entsprechenden Vermögensgegenstände im handelsrechtlichen Jahresabschluss erfolgte grundsätzlich zu Anschaffungs- und Herstellungskosten.

2. Europäische Novellierung

7 Im Jahre 1985 wurde mit der sog. **OGAW-Richtlinie** die erste Vereinheitlichung des Fondsbegriffs auf europäischer Ebene angestoßen. Die enge Definition in Art. 1 Abs. 2 OGAW-RL der sog. Organismen für gemeinsame Anlagen in Wertpapiere (OGAW) sieht jedoch vor, dass ausschließlich in Wertpapiere und in der RL benannte liquide Finanzanlagen investiert werden darf.

8 Während die in der OGAW-I-RL enthaltenen Regelungen zur Bewertung nicht sehr umfangreich waren, erfolgten durch die Definitions-RL jedoch umfassende Bestimmungen. Die vierte OGAW-Novelle (sog. OGAW-IV-Richtlinie) schloss im Jahr 2009 mit weiteren Spezifizierungen hieran an.

9 Durch die **AIFM-RL** werden erstmals OGAW und AIF weitreichenden Bewertungsgrundsätzen unterworfen. In Art. 19 der AIFM-RL sind die elementaren Grundlagen der Bewertung im Zusammenhang mit der Ermittlung des Nettoinventarwerts geregelt. Eine weitere Spezifizierung dieser Regelungen zur Bewertung durch AIFM i.S.d. Art. 19 Abs. 11 wurde im siebten Abschnitt der **AIFM-VO** vorgenommen.

10 Die Regelungen der AIFM-RL und AIFM-VO zur Bewertung wurden durch das AIFM-UmsG im **KAGB** umgesetzt, welches die Regelungen des InvG ersetzt. Die Bewertung von OGAW-Investmentvermögen, von offenen und geschlossenen Publikums- und Spezial-AIF sowie von offenen Immobilien-Sondervermögen ist im KAGB durch konkrete Vorschriften geregelt. Dabei wurde auf deutscher Ebene im Wesentlichen an der im KAGG bzw. InvG bewährten Bewertungshierarchie (vgl. Rz. 19) festgehalten.

11 Im Gegensatz zur Regelung des § 36 InvG werden im KAGB Bewertung und Bewertungsverfahren in §§ 168, 169 KAGB separiert. Durch den Verweis in § 169 Abs. 3 KAGB auf die Art. 67 bis 74 der AIFM-VO greifen nationale und europarechtliche Gesetzgebung direkt ineinander. Daneben werden Bewerter und Bewertungshäufigkeit innerhalb des jeweiligen Abschnitts des entsprechenden Fonds-Typus geregelt.

12 Die §§ 168, 169 KAGB sind jedoch fondsartenübergreifend, mit besonderen Einschränkungen für geschlossene inländische Publikums-AIF, die zentralen Normen zur Bewertung und zu Bewertungsverfahren. Im KAGB werden u.a. Regelungen zur Häufigkeit der Bewertung, zu Bewertungsverfahren, zum Bewertungssubjekt und zu Wertmaßstäben getroffen.

II. Transparenz der Bewertung von Vermögensgegenständen und Anlegerschutz

13 Durch die AIFM-RL soll eine verlässliche und objektive Anlagebewertung gewährleistet werden, um die Interessen von Anlegern zu schützen.[2] Hierzu tragen insbesondere Regelungen zum Zweck der Bewertung, zu Bewertungsmethoden, zur Häufigkeit, zu zulässigen Bewertern und zu Grundsätzen der Bewertung bei. Aufgrund terminologischer Uneinheitlichkeit, Unübersichtlichkeit und einer Vielzahl unbestimmter Rechtsbegriffe wird das Bewertungsregime aus praktischer Sicht jedoch von einigen Autoren als komplex und schwer zugänglich beurteilt.[3]

---

2 Vgl. Erwägungsgrund 29 AIFM-RL.

3 Vgl. *Volhard/El-Qalqili*, DB 2013, 2103 (2103 f.).

Die Bewertung von Vermögensgegenständen ist insbesondere im Zusammenhang mit der laufenden Ermittlung und Offenlegung des **Nettoinventarwerts** gegenüber Investoren und Aufsicht relevant. Der Nettoinventarwert je Anteil oder je Aktie drückt dabei die Gesamtheit der Verkehrswerte der jeweiligen Vermögensgegenstände abzgl. der Verbindlichkeiten des Investmentvermögens je Anteil oder je Aktie aus (vgl. § 168 Abs. 1 Satz 1 f. KAGB). Der Verkehrswert ist definiert „als Betrag, zu dem der jeweilige Vermögensgegenstand in einem Geschäft zwischen sachverständigen, vertragswilligen und unabhängigen Geschäftspartnern ausgetauscht werden könnte".[4] Die Bewertung mit dem Verkehrswert unterläuft damit das im Handelsrecht statuierte Realisationsprinzip. 14

Darüber hinaus werden die für die Nettoinventarwertermittlung maßgebenden Bewertungsregeln und -grundsätze für die Erstellung des Jahresberichts gem. § 101 KAGB verwendet (vgl. § 10 Abs. 5 KARBV). Für die Berechnung der Schwellenwerte für sog. „kleine AIFM" gem. § 2 Abs. 4 KAGB sind hingegen die handelsrechtlichen Buchführungsvorschriften relevant.[5] 15

Im Hinblick auf die Ermittlung des Nettoinventarwerts ist insbesondere die **Gleichbehandlung** der Anleger relevant. In § 2 Abs. 2 Satz 1 KAVerOV ist für Publikums-AIF und OGAW geregelt, dass die Interessen eines Anlegers oder einer Anlegergruppe nicht über diejenigen anderer Anleger gestellt werden dürfen. Sofern institutionelle Investoren umfassender und/oder früher zu Preisen einzelner Vermögensgegenstände informiert werden, wäre dieser Grundsatz verletzt, da diese schneller und besser als Privatanleger informierte Anlageentscheidungen treffen könnten.[6] Die Bedenken bestehen nicht, sofern alle Anleger des Investmentvermögens die gleichen Informationen zum Portfolio zur gleichen Zeit erhalten. 16

Auch bei Spezial-AIF ist die Gefahr einer Ungleichbehandlung der Anleger gegeben. Sofern dies jedoch in der Satzung oder im Gesellschaftsvertrag vorgesehen ist, ist dies gem. § 26 Abs. 3 KAGB i.V.m. § 2 Abs. 2 Satz 1 KAVerOV zulässig. 17

Hinsichtlich der **Bewertungsmethodik** werden weder in der AIFM-RL noch in der AIFM-VO konkrete Vorgaben gemacht. Die Mitgliedsstaaten haben jedoch die Möglichkeit, entsprechende Regelungen vorzugeben. Aufgrund dieser fehlenden Harmonisierung ist unter Anlegerschutzgesichtspunkten auch die Transparenz hinsichtlich der jeweils verwendeten Bewertungsmethoden von besonderer Bedeutung.[7] 18

Der deutsche Gesetzgeber hat in § 168 KAGB an der bislang im InvG statuierten **Bewertungshierarchie** festgehalten. Dabei ist zunächst grundsätzlich auf von einer Börse oder einem organisierten Markt verfügbare Kurswerte abzustellen. Für Vermögenswerte ohne entsprechende Kursquelle sind geeignete Bewertungsmodelle zu verwenden. Bei der Bestimmung des Verkehrswerts ist primär, sofern vorhanden, auf **gesetzliche Definitionen** zurückzugreifen und andernfalls an **marktübliche** Verfahren anzuknüpfen.[8] 19

Darüber hinaus wurde zur Bestimmung weiterer Bewertungsregelungen in § 168 Abs. 8 KAGB die Ermächtigung zum Erlass einer Rechtsverordnung gegeben. Am 22.7.2013 hat die BaFin die **KARBV** veröffentlicht, welche die InvRBV ersetzt und für bestimmte Vermögenswerte geeignete Bewertungsmethoden vorgibt. 20

Fraglich ist, inwiefern durch vertragliche Regelungen Bewertungsvorschriften des KAGB **Regelungsfreiräume** eröffnet werden können, die den Anlegerschutz u.U. gefährden. Wesentlicher Bestandteil des Investmentvertrags sind die **Anlagebedingungen**. Diese sind gem. § 163 KAGB durch die BaFin zu genehmigen. Die Prüfung der BaFin umfasst eine Rechtmäßigkeitskontrolle. Vor diesem Hintergrund ist davon auszugehen, dass die BaFin eine Abweichung von den gesetzlichen Regelungen in den Anlagebedingungen nicht genehmigen würde. Gemäß § 165 Abs. 2 Nr. 19 KAGB müssen im **Verkaufsprospekt** die Regeln für die Vermögensbewertung angegeben werden. Durch den expliziten Verweis auf die gesetzlichen Regelungen zur Bewertung, insbesondere §§ 168 bis 170 KAGB, ergeben sich hier jedoch ebenfalls keine Regelungsspielräume, die eine Abweichung von den gesetzlichen Bewertungsvorschriften erlauben. 21

1. Bewertungsmethoden der KARBV

In der KARBV werden insbesondere Vorgaben zur Bewertungsmethodik von sonstigen Sachwerten, von Investmentanteilen, Bankguthaben und Verbindlichkeiten, unternehmerischen Beteiligungen, Immobilien 22

4 Vgl. *BaFin*, Begründung zu § 28 KARBV, 2013.
5 Vgl. *Siering/Izzo-Wagner*, BKR 2014, 242 (242); *Boxberger/Röder* in Weitnauer/Boxberger/Anders, § 2 KAGB Rz. 23.
6 Vgl. *BaFin*, Mitteilung vom 13.11.2015, Ungleichbehandlung durch Information über Portfoliodaten, Gz. WA 41-Wp 2137-2013/0026.
7 Vgl. *Tollmann* in Dornseifer/Jesch/Klebeck/Tollmann, Art. 19 Rz. 11 AIFM-RL.
8 Vgl. Begr. RegE, BT-Drucks. 17/12294, 258.

und Beteiligungen an Immobiliengesellschaften und von Anlagen in Spezial-AIF gemacht.[9] Die entsprechend bewerteten Vermögensgegenstände sind gem. § 9 KARBV unter Berücksichtigung von Mindestgliederungspunkten nach Anlageschwerpunkten überblicksartig in einer Vermögensübersicht im Jahresbericht darzustellen:

Abb.: Vermögensübersicht und Bewertungsmethoden nach KARBV

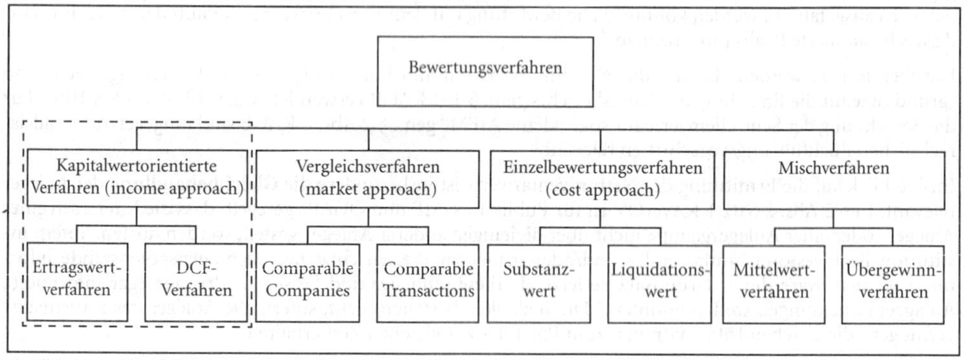

Quelle: eigene Darstellung

23 Der Vermögensübersicht folgt eine Vermögensaufstellung nach § 10 KARBV, in der die einzelnen Vermögensgegenstände und Verbindlichkeiten dargestellt werden.

a) Bewertung von Wertpapieren

24 Die Bewertung von Wertpapieren orientiert sich an der im KAGB festgelegten Bewertungshierarchie (vgl. Rz. 19). In der Praxis können sog. Finanzinnovationen jedoch zu Herausforderungen in der Bewertung führen. Hierunter sind auch die in den letzten Jahren zunehmend verbreiteten **Contingent Convertible** („CoCo") Bonds zu subsumieren. Hierbei handelt es sich um Schuldverschreibungen von Kreditinstituten, die bei einem Auslöseereignis in Gesellschaftsanteile umgewandelt werden oder herabgeschrieben werden. Bei diesem Auslöseereignis handelt es sich häufig um ein unterschreiten der harten Kernkapitalquote unter einen festgelegten Wert. Da die harte Kernkapitalquote aus externer Sicht nicht täglich beobachtet werden kann, erfordert dies einen Bewertungsansatz, der dieser Schwierigkeit Rechnung trägt. Hierzu wurden das sog. Convertible-Bond sowie das Equity-Derivatives-Modell entwickelt. Beide Modelle weisen in der Praxis jedoch noch Verbesserungsbedarf auf.[10]

25 Bei der Bewertung muss zudem berücksichtigt werden, ob es sich um ein Finanzinstrument eines Kreditinstituts handelt, welches ggf. von Herabschreibungs- und Umwandlungsbefugnissen (sog. **Bail-in**) gemäß SAG und der SRM-VO (insbesondere Art. 21 und 27) betroffen sein kann.[11]

b) Bewertung von Investmentanteilen, Bankguthaben und Verbindlichkeiten

26 Auch für die Bewertung von Investmentanteilen, Bankguthaben und Verbindlichkeiten gilt die in der Verordnung **festgelegte Bewertungshierarchie**. Sofern **Investmentanteile** nicht mit ihrem letzten festgestellten Rücknahmepreis oder nach § 27 Abs. 1 KARBV auf der Grundlage handelbarer Kurse bewertet werden können, ist ein geeignetes Modell i.S.v. § 28 KARBV zu verwenden. In § 29 Abs. 2 KARBV wird die Bewertung von **Bankguthaben** zum Nennwert zzgl. zugeflossener Zinsen bestimmt. Festgelder sind hingegen bei Kündigungsmöglichkeit und sofern die Rückzahlung nicht zum Nennwert zzgl. Zinsen erfolgt, mit dem Verkehrswert anzusetzen. **Verbindlichkeiten** sind zum Rückzahlungsbetrag anzusetzen (vgl. § 29 Abs. 3 KARBV).

---

9 Vgl. *BaFin*, Begründung zur KARBV, 2013, Allgemeiner Teil.
10 Vgl. *Hermann/Eschenburg/Kaserer*, Corporate Finance 2017, 30 (36).
11 In diesem Zusammenhang ist die von der BaFin veröffentlichte „Übersicht zur Haftungskaskade im Rahmen der Bankenabwicklung" v. 2.3.2017 zu beachten.

Bankguthaben und Verbindlichkeiten in Fremdwährung sind jeweils auf Grundlage des am Bewertungsstichtag gültigen Umrechnungskurses umzurechnen.[12]

c) Bewertung von unternehmerischen Beteiligungen

aa) Definition unternehmerischer Beteiligungen

Die Verordnung (§ 32 KARBV) verweist für die Bewertungen nach § 261 Abs. 6 Satz 1 KAGB und § 271 KAGB bei Vermögensgegenständen mit dem Charakter einer unternehmerischen Beteiligung auf die **anerkannten Grundsätze der Unternehmensbewertung**. Eine Unternehmensbeteiligung ist dabei durch eine mitgliedschaftsrechtliche Beteiligung an einem Unternehmen charakterisiert, welche durch Gewährung von Vermögens- als auch Verwaltungsrechten eingeräumt wird.[13] 27

Bei den Beteiligungen, die dieser Vorschrift unterworfen sind, handelt es sich um Beteiligungen an Unternehmen, die nicht zum Handel an einer Börse zugelassen oder in einen organisierten Markt einbezogen sind (§ 32 Abs. 1 Satz 1 KARBV i.V.m. § 261 Abs. 1 Nr. 4 KAGB). Im Umkehrschluss bedeutet dies, dass zum Handel an einer Börse zugelassene oder in einen organisierten Markt einbezogene Beteiligungen an Unternehmen mangels Spezialregelung nach den allgemeinen Vorschriften des § 168 Abs. 2 KAGB zu bewerten sind. Beteiligungen an in- und ausländischen Personen- und Kapitalgesellschaften sowie andere Rechtsformen wie Trusts werden von der Regelung erfasst.[14] Stille Beteiligungen i.S.d. § 230 HGB, Beteiligungen an Investmentvermögen, Immobilien-Gesellschaften sowie ÖPP-Projektgesellschaften sind nicht unter die Regelung des § 32 KARBV zu subsumieren. 28

Die im Bereich Private Equity häufig anzutreffende **Fund-of-Funds-Konstruktion** bzw. Dach- oder Zweitmarktfonds, bei denen ein Publikumsfonds Anteile an sog. Zielfonds erwirbt, welche wiederum in Private Equity/Venture Capital investieren, ist jedoch nicht unmittelbar als unternehmerische Beteiligung zu qualifizieren.[15] Diese fällt unter § 261 Abs. 1 Nr. 5 bzw. 6 KAGB, soweit nicht Vermögens- und Verwaltungsrechte durch die Beteiligung gewährt werden.[16] 29

bb) Bewertungsmethode und Besonderheiten bei Private Equity und Venture Capital

Die KAGB-Vorschriften verzichten bewusst auf eine explizite Vorgabe der Bewertungsmethode. Die Auswahl der **Bewertungsmethode** ist nach herrschender Auffassung aus dem Bewertungszweck abzuleiten. Im Kontext der funktionalen Unternehmensbewertungslehre, in den 1970er Jahren maßgeblich durch Sieben[17] an der Universität zu Köln entwickelt, steht der Bewertungszweck im Zentrum der Bewertung. Diese Zweckabhängigkeit beruht auf dem Gedanken, dass eine Berechnung stets einem bestimmten Zweck dient und ihre Ausgestaltung daher an diesem auszurichten ist. Die Unternehmensbewertung zu Bilanzierungszwecken ergibt sich in der Theorie indirekt aus den Nebenfunktionen der funktionalen Unternehmensbewertung (Steuerbemessungs-, Ausschüttungsbemessungs- und Informationsfunktion). Mithin bedarf es einer rechtlichen Auslegung hinsichtlich der Vereinbarkeit des Wertermittlungsverfahrens mit den Grundsätzen der Unternehmensbewertung.[18] 30

Konkrete Vorgaben zu den Bewertungsverfahren finden sich jedoch in der Begründung der BaFin zu § 32 KARBV. Hier wird auf das **Ertragswertverfahren** oder ein **geeignetes DCF-Verfahren** verwiesen. Beide Verfahren basieren auf dem Kapitalwertkalkül. Der bedeutende Vorteil dieser Verfahren liegt im Zukunftsbezug der Bewertung. Die in der KARBV-Begründung gegebene Aufzählung ist jedoch nicht als abschließend zu verstehen, sondern verweist auf die in Deutschland maßgebenden Verfahren[19] der nachfolgend überblicksartig dargestellten wichtigsten Unternehmensbewertungsverfahren: 31

---

12 Vgl. *Hölscher* in Emde/Dornseifer/Dreibus/Hölscher, § 36 InvG Rz. 175, 179.
13 Vgl. *BaFin*, FAQ Eligble Assets vom 22.7.2013, Teil 2 Frage 7.
14 Vgl. *Winkeljohann/Malsch* in Winkeljohann/Förschle/Deubert, Kap. U Rz. 249.
15 Vgl. *Voigt* in Moritz/Klebeck/Jesch, § 261 KAGB Rz. 42.
16 Vgl. *BaFin*, FAQ Eligble Assets vom 22.7.2013, Teil 2 Frage 7.
17 Für einen Überblick vgl. *Sieben* in HWB 1993, Sp. 4316-4320.
18 Vgl. *Volhard/El-Qalqili*, DB 2013, 2103 (2105).
19 Vgl. *Hölscher* in Emde/Dornseifer/Dreibus/Hölscher, § 36 InvG Rz. 150.

Abb.: Verfahren der Unternehmensbewertung

	Zugelassene Bewerter	Frequenz der Bewertung
OGAW-Investment-vermögen	• Verwahrstelle bei Mitwirkung der OGAW-KVG • OGAW-KVG selbst	• Bei Ausgabe und Rückgabe von Anteilen oder Aktien
Offene Publikums-AIF	• Unabhängiger externer Bewerter • AIF-KVG selbst, sofern Bewertung funktional unabhängig • Verwahrstelle nur bei unabhängiger Bewertungsfunktion • Immobilien-Sondervermögen: Nur externer Bewerter	• In angemessenen Zeitabständen, abhängig von der Ausgabe- und Rücknahmetätigkeit, • jedoch mindestens einmal pro Jahr • Immobilien-Sondervermögen maximal drei Monate vor jedem Ausgabetermin
Geschlossene Publikums-AIF	• Unabhängiger externer Bewerter • AIF-KVG selbst, sofern Bewertung funktional unabhängig • Verwahrstelle nur bei unabhängiger Bewertungsfunktion	• Unabhängig davon bei jeder Herabsetzung oder Erhöhung des Gesellschaftsvermögens, • jedoch mindestens einmal pro Jahr
Offene inländische Spezial-AIF	• Unabhängiger externer Bewerter • AIF-KVG selbst, sofern Bewertung funktional unabhängig • Verwahrstelle nur bei unabhängiger Bewertungsfunktion	• Mindestens einmal pro Jahr • In angemessenen Zeitabständen, abhängig von den Vermögensgegenständen und der Ausgabe- und Rücknahmehäufigkeit
Geschlossene inländische Spezial-AIF	• Unabhängiger externer Bewerter • AIF-KVG selbst, sofern Bewertung funktional unabhängig • Verwahrstelle nur bei unabhängiger Bewertungsfunktion	• Mindestens einmal pro Jahr • Unabhängig davon bei jeder Herabsetzung oder Erhöhung des Gesellschaftsvermögens

Quelle: eigene Darstellung

32 Teilweise wird durch die Formulierung in § 32 KARBV auch ein direkter Verweis auf die Grundsätze des **Standards IDW S 1** gesehen,[20] welcher zur Bestimmung des Unternehmenswerts das Ertragswert- oder das DCF-Verfahren vorsieht. Diese Auslegung ist insofern konsistent zu dem in § 32 KARBV enthaltenen Verweis auf anerkannte Grundsätze der Unternehmensbewertung, welche in der deutschen Rechtsprechung und Praxis maßgeblich vom Standard IDW S 1 bestimmt werden.[21] Für Zwecke der Bewertung von Beteiligungen im handelsrechtlichen Jahresabschluss wird der IDW S 1 zudem durch den IDW RS HFA 10 konkretisiert. Für eine Orientierung an den Standards für Wirtschaftsprüfer spricht in diesem Zusammenhang auch, dass die Überprüfung der Bewertung von einem Abschlussprüfer vorzunehmen ist (s. § 216 Rz. 15).[22]

33 Unter Berücksichtigung der Verkehrswertkonzeption und der Anforderung des § 28 KARBV, bei einer Modellbewertung in größtmöglichem Umfang Marktdaten zu verwenden, sind jedoch zumindest grundsätzlich auch sog. Vergleichsverfahren in Form des **Multiplikatoren-Verfahrens** zur Bewertung denkbar (market approach). Bei diesen Verfahren wird der Unternehmenswert als das Produkt einer Bezugsgröße mit einem Multiplikator ermittelt, wobei hierzu Multiplikatoren vergleichbarer börsennotierter Unternehmen, aus vergleichbaren Unternehmenstransaktionen oder sog. „Faustregeln" herangezogen werden.[23] Das Kriterium der größtmöglichen Marktdatennutzung entspricht grundsätzlich den Vorgaben der IFRS-Fair Value Ermittlung, bei denen das Multiplikatorverfahren jedoch gegenüber den kapitalwertorientierten Verfahren keine bevorzugte Stellung einnimmt.[24] Aufgrund verfahrensimmanenter Nachteile wird der market approach zudem in Deutschland nur zur Plausibilitätskontrolle von mittels Ertragswert- oder DCF-Verfahren ermittelten Ergebnissen als geeignet angesehen.[25] Den **Einzelbewertungsverfahren** liegt eine Definition des Unternehmenswerts als Summe der Vermögensgegenstände abzgl. Schulden zugrunde.[26] Während der Substanzwert in der Praxis eine untergeordnete Rolle spielt,[27] ist der Liquidationswert relevant, wenn nicht

20 Vgl. *Schneider* in Baur/Tappen, § 278 KAGB Rz. 10.
21 Vgl. *Heinze/Wenk*, KoR 2014, 268 (269).
22 Vgl. *Postler*, Private Equity und das Kapitalanlagegesetzbuch, S. 40.
23 Vgl. *Löhnert/Böckmann* in Peemöller, Praxishandbuch der Unternehmensbewertung, S. 787.
24 Vgl. *Postler*, Private Equity und das Kapitalanlagegesetzbuch, S. 41.
25 Vgl. *IDW*, WPg Supplement 3/2008, S. 68, Rz. 143. Für eine Zusammenfassung der Argumente gegen Multiplikatorenverfahren s. *Löhnert/Böckmann* in Peemöller, Praxishandbuch der Unternehmensbewertung, S. 788.
26 Vgl. *Mandl/Rabel* in Peemöller, Praxishandbuch der Unternehmensbewertung, S. 57.
27 Vgl. *IDW*, WPg Supplement 3/2008, 68, Rz. 172.

von einer Unternehmensfortführung ausgegangen werden kann.[28] Mischverfahren, welche eine Kombination aus Einzelbewertungsverfahren und kapitalwertorientierten Verfahren darstellen, sind aus konzeptioneller Sicht ungeeignet.[29]

Bei der Auswahl eines Bewertungsverfahrens können auch **branchenspezifische** Aspekte grundsätzlich eine Rolle spielen. Vor dem Hintergrund der hohen Komplexität der Bewertung illiquider Vermögensgegenstände kommt für die Bewertung von Vermögensgegenständen mit dem Charakter einer unternehmerischen Beteiligung bei **Private Equity Fonds** insbesondere auch eine Bewertung nach den in der Praxis gebräuchlichen Branchenstandards in Form der **IPEV-Guidelines** in Betracht.[30] Die IPEV-Guidelines führen insgesamt sieben Verfahren zur Bewertung auf. Kapitalwertorientierte Verfahren wie das DCF-Verfahren werden zwar nicht zur Bewertung ausgeschlossen, jedoch aufgrund der grundsätzlichen Anfälligkeit für subjektive Beeinflussungsmöglichkeiten insbesondere zu Plausibilisierungszwecken von Ergebnissen als geeignet angesehen, welche mittels marktorientierten Verfahren wie dem Multiplikatoren-Verfahren ermittelt wurden.[31] Aufgrund der in der Begründung zu § 32 KARBV statuierten grundsätzlichen Präferenz von kapitalwertorientierten Verfahren ist jedoch auch hinsichtlich der Bewertung von Private Equity Fonds primär auf diese Verfahren zurückzugreifen.[32] Multiplikatoren-Verfahren sind nur anwendbar, sofern eine Verwendung kapitalwertorientierter Verfahren nicht möglich ist. Für Seed- und Start-up-Investitionen kommt insbesondere auch eine Bewertung nach dem Price-of-Recent Investment Verfahren in Betracht, wobei mit zunehmendem zeitlichem Abstand andere Verfahren heranzuziehen sind.[33] Eine Besonderheit ergibt sich zudem bei der Beteiligung an sog. **Primary Investments**. Hier werden zunächst nur Commitments von Investoren eingesammelt, welche innerhalb einer mehrjährigen Investment Period zur Investition abgerufen werden. Der erste Kapitalabruf findet nach dem Closing statt. Mit diesem werden die bis dahin aufgelaufenen Kosten der Fondsgründung und die erste Rate der Management Fee gezahlt. Die Anleger erhalten dafür bereits einen Anteil am Private Equity Fonds, ohne dass dieser ein Investment getätigt hat. 34

Unternehmerische Beteiligungen sind in der Praxis häufig auch Bestandteil von **Hedge-Fonds**. Die Definition eines Hedge-Fonds i.S.d. KAGB ergibt sich aus § 283 KAGB. Gemäß dieser Regelung dürfen Hedge-Fonds nur als offene inländische Spezial-AIF i.S.d. § 282 KAGB aufgelegt werden. In den Anlagebedingungen muss festgelegt sein, dass entweder Leerverkäufe getätigt werden können und bzw. oder Leverage in beträchtlichem Umfang eingesetzt wird (§ 283 Abs. 1 KAGB). Leverage in beträchtlichem Umfang wird gem. Art. 111 Abs. 1 AIFM-VO eingesetzt, wenn das nach der Commitment-Methode berechnete Engagement eines AIF seinen Nettoinventarwert dreifach übersteigt. 35

Einzige Voraussetzung an zulässige Vermögensgegenstände von Hedge-Fonds ist die Möglichkeit der Ermittlung eines Verkehrswerts. Für die Ermittlung des Verkehrswertes sind die allgemeinen Vorschriften zu beachten. Angesichts der eröffneten Möglichkeiten und der vielfältigen Anlagestrategien von Hedge-Fonds kann sich die Bewertung der Vermögensgegenstände als sehr komplex gestalten, da häufig neben klassischen Finanzinstrumenten auch individuelle und illiquide Instrumente wie z.B. Realoptionen eingesetzt werden. In der Regel wird hier der Verkehrswert anhand geeigneter Modelle gem. § 168 Abs. 3 KAGB abgeleitet werden müssen. 36

Für die Bewertung von Hedge-Fonds kommt zudem eine Bewertung nach den international gebräuchlichen **Leitlinien** der **IOSCO**[34] in Betracht.[35] Richtlinien und Standards der IOSCO haben keine unmittelbare Verbindlichkeit, werden jedoch bei der Umsetzung durch nationale Aufsichtsbehörden häufig beachtet. Die IOSCO-Leitlinien definieren neun Prinzipien, um den Bewertungsprozess für Finanzinstrumente in Investmentportfolios von Hedge-Fonds zu vereinheitlichen. 37

In der Praxis kann es vorkommen, dass insbesondere bei komplexen Bewertungssachverhalten von Vermögensgegenständen eine Neigung der KVG dazu besteht, die Anschaffungskosten des Vermögenswerts bis zur Fälligkeit bzw. Veräußerung der Position (Realisation) fortzuschreiben. Diese Vorgehensweise ist jedoch mit Blick auf die Anforderung der Marktgerechtigkeit des Anteilspreises abzulehnen. Eine Fortführung der Anschaffungskosten ist nur möglich, sofern diese den Verkehrswert i.S.d. § 168 KAGB repräsentieren. 38

---

28 Vgl. *IDW*, WPg Supplement 3/2008, 68, Rz. 140.
29 Vgl. *Mandl/Rabel* in Peemöller, Praxishandbuch der Unternehmensbewertung, S. 91.
30 Vgl. *Volhard/El-Qalqili*, DB 2013, 2103 (2104).
31 Vgl. IPEV Guidelines, 2015, S. 39, abgerufen unter http://www.privateequityvaluation.com/ am 8.6.2017.
32 Vgl. *Postler*, Private Equity und das Kapitalanlagegesetzbuch, S. 41.
33 Vgl. *Volhard/El-Qalqili*, DB 2013, 2103 (2107).
34 IOSCO, Principles for the Valuation of Hedge Fund Portfolios (November 2007), http://www.iosco.org/library/pubdocs/pdf/IOSCOPD253.pdf (abgerufen am 8.6.2017).
35 Vgl. *Zetzsche/Eckner* in Zetzsche, AIFMD, S. 237.

39 Eine **Sonderregelung** scheint zudem für kleine AIFM zu bestehen. Unter Bezug auf die durch die BaFin vorgegebenen Berechnungsverfahren für die Bestimmung der Überschreitung des Schwellenwerts für kleine AIFM wird auch eine Bewertung nach dem Anschaffungskostenprinzip des § 253 Abs. 1 HGB für anwendbar gehalten.[36]

40 Die Anwendung des Bewertungsverfahrens unterliegt dem **Stetigkeitsprinzip.**[37] Veränderungen des Verfahrens sind jedoch erlaubt, sofern hieraus eine zutreffendere Bewertung resultiert. Dies entspricht der Regelung der ehemaligen § 25 InvRBV. Von praktischer Bedeutung ist in diesem Zusammenhang, in welchen Fällen eine Änderung des Verfahrens zu einem zutreffenderen Ergebnis führt als das bisherige Verfahren.

41 Als Beispiel wird in der Begründung zu § 32 KARBV ein Börsengang der Beteiligungsgesellschaft und ein dadurch verfügbarer (beobachtbarer) Aktienkurs angeführt. Als weitere Situationen, die zu einer Verfahrensänderung führen können, werden in der Literatur der Wegfall einer bisher verwendeten Datenbasis, die Veränderung von Marktstandards in der Bewertung und das Auftreten von Besonderheiten beim Bewertungsobjekt angeführt.[38] Hinsichtlich der angeführten Besonderheiten beim Bewertungsobjekt ist jedoch darauf hinzuweisen, dass auch in diesen Fällen der Unternehmenswert ausschließlich auf Grundlage für die Anteilseigner entziehbarer, finanzieller Überschüsse abzuleiten ist.[39]

42 Die Bewertungsverfahren sind Bestandteil der **Bewertungsrichtlinie** gem. § 169 Abs. 1 KAGB. Änderungen dieser erfordern einen geregelten Prozess und definierte Umstände, wann eine Änderung angemessen ist (vgl. Art. 70 Abs. 2 AIFM-VO). **Änderungen** sind durch die Geschäftsleitung der KVG zu prüfen und zu genehmigen. Als Rahmenbedingungen dieser Genehmigung von Änderungen sind die Anforderungen des § 26 Abs. 1 und 3 KAGB anzulegen, demgemäß die KVG im Interesse der Anleger handeln und eine **Ungleichbehandlung** der Anleger grundsätzlich vermeiden soll. Zu diesen Anforderungen wird grundsätzlich auf die Kommentierung zu § 26 KAGB verwiesen.

43 Angesichts dieser Anforderungen dürfte eine **unbegründete und nicht dokumentierte Änderung** von Bewertungsverfahren seitens der Geschäftsleitung nicht durchführbar sein. Von entscheidender Bedeutung dürfte bei der Dokumentation der Änderung sein, dass ein **Nachweis** geführt wird, inwiefern die Änderung zu einem zutreffenderen Ergebnis führt. Der Abschlussprüfer hat gem. § 32 Abs. 1 KAPrüfbV zu **bestätigen**, dass die angewendeten Bewertungsverfahren unter Berücksichtigung des Anlageobjektes und der Anlagestrategie des Sondervermögens geeignet sind.

44 In diesem Zusammenhang ist auch die **zeitliche Dimension** einer Änderung eines Bewertungsverfahrens zu betrachten. Wie bei Private Equity und Venture Capital Fonds nicht selten, kann zwischen Rückgabeantrag und der Ausführung ein erheblicher Zeitraum liegen. In diesen Fällen muss sichergestellt sein, dass eine Ungleichbehandlung von Anlegern aufgrund von zwischenzeitlichen Bewertungsänderungen unterbleibt.

45 Die **Wahl einer Variante** der kapitalwertorientierten Bewertungsverfahren obliegt dem Bewerter. Gemäß dem Wortlaut der Begründung zu § 32 KARBV stehen das Ertragswertverfahren sowie die DCF-Verfahren **gleichwertig nebeneinander**, wobei im Hinblick auf die DCF-Verfahren ein **geeignetes** Verfahren zu verwenden ist. Bei gleichen Bewertungsannahmen bzw. -vereinfachungen, insbesondere hinsichtlich der Finanzierung, führen gemäß IDW S 1 beide Verfahren zu gleichen Unternehmenswerten.[40] Die Wahl eines Verfahrens ist abhängig vom Adressatenkreis und der jeweiligen Akzeptanz.[41] Jedoch ergeben sich auch Besonderheiten im Hinblick auf das Bewertungsobjekt. Beispielsweise ist das DCF-Verfahren bei der Bewertung von Kreditinstituten nur schwer anwendbar, so dass im Hinblick auf diese Branche das Ertragswertverfahren vorzuziehen ist.[42]

46 Weder im KAGB noch in der KARBV finden sich Aussagen, in welchen Fällen ein DCF-Verfahren als geeignet i.S.d. Begründung der KARBV angesehen wird (vgl. Rz. 38). Dementsprechend ist die grundsätzliche Eignung der einzelnen Verfahren zu betrachten. Innerhalb der **DCF-Verfahren** kann zwischen der **Bruttokapitalisierung** und der **Nettokapitalisierung** unterschieden werden. Zu den Verfahren der Bruttokapitalisierung zählen der Weighted Average Cost of Capital (WACC)-Ansatz (mit den Unterformen des Free Cashflows und des Total Cashflows) und das Adjusted Present Value-Verfahren. Bei konsistenten Annah-

36 Vgl. *Weitnauer*, GWR 2014, 139 (139).
37 Vgl. *BaFin*, Begründung zu § 32 Abs. 2 KARBV, 2013.
38 Vgl. *Hölscher* in Emde/Dornseifer/Dreibus/Hölscher, § 36 InvG Rz. 156 m.w.N.
39 Vgl. *IDW*, WP Handbuch II, 14. Aufl. 2014, Kap. A Rz. 413.
40 Vgl. *IDW*, WPg Supplement 3/2008, 68, Rz. 101.
41 Vgl. *IDW*, WP Handbuch II, 14. Aufl. 2014, Kap. A Rz. 169. In diesem Zusammenhang wird ferner der Auftraggeber benannt.
42 Vgl. *Kunowski*, Bewertung von Kreditinstituten, 2002, S. 47.

men führen die DCF-Verfahren zu einem gleichen Ergebnis,[43] wobei der WACC-Total Cashflow Ansatz und das Adjusted Present Value Verfahren praktisch von untergeordneter Bedeutung sind.[44] Der **WACC-Free Cashflow Ansatz** sieht die Abzinsung von finanziellen Überschüssen vor, die bei fiktiver vollständiger Eigenfinanzierung zur Verfügung stehen würden.[45] Die Diskontierung erfolgt mit dem gewogenen durchschnittlichen Kapitalkostensatz (WACC). Um zum Marktwert des Eigenkapitals (Unternehmenswert) zu gelangen, ist von dem ermittelten Gesamtkapitalwert der Marktwert des Fremdkapitals in Abzug zu bringen.[46] Unter die Nettokapitalisierung fällt der Equity-Ansatz, welcher grundsätzlich dem Ertragswertverfahren entspricht.[47]

Bei Beteiligungen an Venture Capital-Unternehmen ergeben sich aufgrund mangelnder Historie, operativer Verluste und ungewisser Zukunftsaussichten insbesondere in den Phasen Pre-Seed/Seed und Start-up besondere Anforderungen an die Bewertung. In der Praxis wird diesen durch verschiedene spezielle Methoden der Unternehmensbewertung entgegen getreten. 47

Häufig kommt die sog. **Venture Capital Methode** zum Einsatz. Dabei wird ein Exit-Multiple auf die erwarteten Umsätze oder Jahresergebnisse zum Ende der Detailplanungsmethode angewandt. Der Exit-Multiple bestimmt sich anhand der erwarteten Zielrendite des Investors. Da es sich bei diesem Wert um einen erwarteten Verkaufserlös zum Zeitpunkt des angestrebten Verkaufs handelt, ist dieser Wert für die Bewertung zum Stichtag regelmäßig nicht repräsentativ. 48

Zur Bewertung von Venture Capital Unternehmen wird vielfach auch das DCF-Verfahren eingesetzt.[48] Hierbei sind jedoch spezifische Anpassungen zu treffen. Bei der Ableitung des Beta-Faktors zur Ermittlung der Kapitalkosten ist die in der Regel fehlende Diversifikation der Anteilseigner zu berücksichtigen.[49] Zudem ist der hohen Unsicherheit der vorliegenden Planungsrechnung zu begegnen. **Risikoadjustierte Net Present Value-Verfahren** finden insbesondere bei der Bewertung im Biotechnologie-Bereich Beachtung.[50] 49

Darüber hinaus können ggf. **Klauseln** aus dem **Beteiligungsvertrag** Einfluss auf die Bewertung haben. Beispiele sind Earn-Out Mechanismen, Exitklauseln (z.B. Tag-Along, Drag-Along). Auch das fehlen von solchen Klauseln kann relevant sein. Beispielsweise können sich fehlende Mitveräußerungsrechte und -pflichten auf die Fungibilität einer Beteiligung auswirken. 50

In der Praxis sind häufig Konstellationen anzutreffen, bei denen ein Fonds einen **Minderheitenanteil** an einer **Zwischenholding** hält und einen Exit im Endinvestments nicht umsetzen kann, sondern eine Verschmelzung mit einer anderen Zwischenholding, welche weitere Investments hält, dulden müsste. Aufgrund festgelegter Anlagegrenzen muss der Fonds jedoch im Fall der Verschmelzung seine Beteiligung veräußern. Fraglich ist in diesem Fall, wie die Unsicherheit aus der Minderheitsbeteiligung reflektiert wird. Schlicht auf die Bewertung des Endinvestments abzustellen und auf Bewertungsunsicherheiten zu verweisen, greift hier zu kurz, da diese Vorgehensweise nicht die Ermittlung eines Verkehrswerts (vgl. Rz. 14) repräsentiert. In der Praxis werden für fehlende Herrschafts- und Kontrollrechte Abschläge zwischen 10 % und 40 % beobachtet.[51] Daher sollten im Rahmen der Bewertung mögliche Auswirkungen der Minderheitsbeteiligung berücksichtigt werden. 51

Darüber hinaus können auch Regelungen auf Ebene des Fonds für die Bewertung relevant sein. So werden bis zur Liquidation des Fonds Teile der Management Incentive Fees häufig in einem **Escrow Agreement** zurückgehalten. Dies soll sicherstellen, dass die Incentive Fee nicht vereinnahmt werden kann, bevor die Limited Partners einen Gewinn vereinnahmt haben. Hier ergeben sich grundsätzlich drei Varianten zur Bewertung des Escrow-Accounts. Die erste Möglichkeit ist, dieses aufgrund der hohen Unsicherheit nicht zu erfassen. Diese Vorgehensweise würde aber gegen das Verkehrswertprinzip verstoßen (vgl. Rz. 14). Als nächste Möglichkeit ist eine Erfassung zum Buchwert denkbar. Dies würde die Unsicherheit, welche mit der Zahlung verbunden ist, jedoch nicht berücksichtigen. Als dritte Möglichkeit kommt die Erfassung zum Buchwert abzgl. eines Abschlags in Betracht. Dieser Abschlag sollte sich am Erwartungswert der Zahlung orientieren. 52

---

43 Vgl. *IDW*, WPg Supplement 3/2008, 68, Rz. 124.
44 Vgl. *IDW*, WP Handbuch II, 14. Aufl. 2014, Kap. A Rz. 165.
45 Vgl. *Mandl/Rabel* in Peemöller, Praxishandbuch der Unternehmensbewertung, S. 69.
46 Vgl. *Baetge/Niemeyer/Kümmel/Schulz* in Peemöller, Praxishandbuch der Unternehmensbewertung, S. 359.
47 Vgl. *Ballwieser/Hachmeister*, Unternehmensbewertung: Prozess, Methoden und Probleme, S. 137 f.
48 Vgl. für einen Überblick *Festel/Wuermseher/Cattaneo*, International Journal of Business 2013, 216 (220 f.).
49 Vgl. *Damodaran*, Valuing Young, Start-up and Growth Companies: Estimation Issues and Valuation Challenges, 2009, S. 33.
50 Vgl. hierzu grundlegend *Stewart/Allison/Johnson*, Nature Biotechnology 2001, 813 ff.
51 Vgl. *Pratt/Niculita*, Valuing a business, 5. Aufl. 2008, S. 384 f.

cc) Häufigkeit der Bewertung

53 Hinsichtlich der **Bewertungsfrequenz** ist nach § 261 KAGB bereits vor einer Investition eine Verkehrswertermittlung durch einen oder zwei externe Bewerter nach anerkannten Grundsätzen der Unternehmensbewertung unter Berücksichtigung der in § 32 Abs. 1 KARBV genannten Dokumentationsvorschriften vorzunehmen (Ankaufsbewertung). Maßgeblich für den Bewertungsstichtag der Ankaufsbewertung ist in der Regel der Zeitpunkt des wirtschaftlichen Erwerbs.[52] Die Ankaufsbewertung ist erforderlich, um die Einhaltung des § 168 Abs. 7 Satz 4 KAGB zu ermöglichen, da ohne vorherige Bewertung die Erfüllung der Anforderung der Marktgerechtigkeit nicht möglich wäre.[53]

54 Gemäß § 32 Abs. 2 KARBV ist maximal für den Zeitraum von zwölf Monaten nach dem Erwerb eines Vermögensgegenstandes als Verkehrswert der **Kaufpreis** inklusive Anschaffungsnebenkosten anzusetzen. Zur Bestimmung der Anschaffungsnebenkosten s. § 271 Rz. 16 f.

55 Spätestens nach Ablauf von zwölf Monaten nach Erwerb oder letzter Bewertung ist eine **erneute Wertermittlung** der unternehmerischen Beteiligung erforderlich. Anschaffungsnebenkosten sind entsprechend des Wortlauts des § 32 Abs. 2 Satz 2 KARBV nicht weiter anzusetzen. Ein über den Erstansatz hinausgehender Einbezug erscheint auch nicht sinnvoll.[54]

56 **Auslöser einer vorzeitigen Bewertung** ist in jedem Fall eine Änderung wesentlicher Bewertungsparameter mit Auswirkung auf die Bewertung, welche zu überprüfen ist.[55] Hinsichtlich der Frequenz der Überprüfung bestehen keine gesetzlichen Vorgaben, so dass naheliegend ist, diese proportional abhängig von der Bewertungsfrequenz einzurichten.[56]

dd) Relevante Parameter und Dokumentation

57 Beispiele für solche **Parameter** sind gemäß Begründung zu § 32 KARBV z.B. der risikoadäquate Zinssatz, eine Marge für die jeweils aktuelle Marktliquidität und die Ableitung der Einnahmen und Ausgaben/Cash Flows der Gesellschaft. Die Ableitung der Parameter ist stichtagsbezogen nach dem aktuellen Stand der Wissenschaft zu erfolgen.[57]

58 Kapitalkosten sind kapitalmarktorientiert abzuleiten, da diese Marktdaten darstellen und einen objektiven Charakter besitzen. Die hierzu erforderlichen Risikoprämien sind mithilfe von Kapitalmarktpreisbildungsmodellen wie dem **Capital Asset Pricing Model** (CAPM) aus am Kapitalmarkt empirisch ermittelten Aktienrenditen abzuleiten.[58] Eine Ableitung des Kapitalisierungszinssatzes aus Renditezielvorgaben kommt nicht in Betracht.[59]

59 Besonderheiten ergeben sich bei der Bestimmung des **Betafaktors** mittels einer Peer Group. Insbesondere für junge Wachstumsunternehmen dürfte es schwierig sein, börsennotierte Vergleichsunternehmen zu identifizieren. Bei der Auswahl von Vergleichsunternehmen ist zu beachten, dass die geplanten finanziellen Überschüsse des zu bewertenden Unternehmens hinsichtlich Ertragskraft und Risikoprofil denen der Vergleichsunternehmen entsprechen.

60 Gemäß Begründung zu § 32 KARBV kann eine Marge für die jeweils aktuelle Marktliquidität zu den in eine Bewertung einfließenden Parametern gehören. Entsprechend wird im Rahmen des Multiplikatorverfahrens für schwer veräußerbare Beteiligungen ein anhand der Liquiditätsdifferenz approximierter **Liquiditätsabschlag** für sachgerecht erachtet.[60] Aufgrund der verfahrensimmanenten Nachteile des market approaches (vgl. Rz. 31) ist die Anwendbarkeit eines solchen Abschlags im Hinblick auf die kapitalwertorientierten Bewertungsverfahren zu betrachten. Praktische Ansätze gehen dabei von Abschlägen auf den Unternehmenswert, Prämien auf den Kapitalisierungszinssatz, Prämien innerhalb des CAPM[61] sowie von optionsbasierten Ansätzen aus.

---

52 Vgl. *Conradi* in Emde/Dornseifer/Dreibus/Hölscher, § 67 InvG Rz. 119, m.w.N.
53 Vgl. *Schultheiß* in Baur/Tappen, § 168 KAGB Rz. 170.
54 Vgl. *Hölscher* in Emde/Dornseifer/Dreibus/Hölscher, § 36 InvG Rz. 164.
55 Vgl. *BaFin*, Begründung zu § 32 KARBV, 2013.
56 Vgl. *Schultheiß* in Baur/Tappen, § 168 KAGB Rz. 175.
57 Vgl. *Postler*, Private Equity und das Kapitalanlagegesetzbuch, S. 46.
58 Vgl. *IDW*, WPg Supplement 3/2008, 68, Rz. 118.
59 Vgl. *Ruiz de Vargas et al.*, BewertungsPraktiker 2016, 54.
60 Vgl. *Schultheiß* in Baur/Tappen, § 168 KAGB Rz. 174; *Hölscher* in Emde/Dornseifer/Dreibus/Hölscher, § 36 InvG Rz. 157.
61 Vgl. für eine Übersicht *Jonas*, WPg 2011, 299 (306) m.w.N.

Die Prognose **finanzieller Überschüsse** stellt regelmäßig das Kernproblem einer Unternehmensbewertung dar.[62] Als Grundlage zur Ableitung dieser dienen aufeinander abgestimmte Plan-Bilanzen, Plan-Gewinn- und Verlustrechnungen, Finanzplanungen sowie ggf. ergänzende Rechnungen zur Ermittlung der steuerlichen Bemessungsgrundlagen.[63] Aufbauend auf einer Vergangenheitsanalyse erfolgt die Planung der finanziellen Überschüsse nach der Phasenmethode. Dabei wird i.d.R. die Planung in zwei Phasen vorgenommen, wobei die erste nähere Phase eine Detailplanung für die nächsten drei bis fünf Jahre und die daran anschließende zweite Phase eine Fortschreibung der Trendentwicklung umfasst (sog. Terminal Value). 61

Bei jungen Wachstumsunternehmen besteht hierbei insbesondere das Problem, dass keine ausreichend belastbaren **historischen Daten** des Unternehmens für die Vergangenheitsanalyse vorliegen. Die ersten Planjahre sind zudem häufig durch negative finanzielle Überschüsse aufgrund hoher Forschungs- und Entwicklungsaufwendungen geprägt. Häufig wird in der Praxis bei diesen sog. Auszahlungsüberschüssen höchstens der risikolose Basiszinssatz als Kapitalisierungszinssatz angesetzt.[64] 62

Die Berücksichtigung von **Ertragsteuern** hat durch die sog. mittelbare Typisierung zu erfolgen. Die Berücksichtigung persönlicher Ertragsteuern ist nicht zweckmäßig unter der Annahme, dass die Nettozuflüsse aus dem Bewertungsobjekt und aus der Alternativinvestition in ein Aktienportfolio auf der Anteilseignerebene einer vergleichbaren persönlichen Besteuerung unterliegen.[65] 63

Auf Ebene der Gesellschaft bestehende **latente Steuern**, die sich aus Verlustvorträgen ergeben, sind nur zu berücksichtigen, soweit sie aller Voraussicht nach innerhalb der nächsten fünf Jahre nach ihrer Entstehung genutzt werden können.[66] 64

Hinsichtlich der **verwendeten Daten** ist gemäß der Begründung zu § 32 KARBV zu beachten, dass diese grundsätzlich aus zuverlässigen externen Quellen stammen und z.B. durch testierte Jahresabschlüsse, Sachverständigengutachten, technische Gutachten und durch Dritte verifiziert sollten. Die Übermittlung der für die qualifizierte Überprüfung der Bewertung bzw. deren Durchführung erforderlichen Daten ist durch vertragliche Verpflichtungen zwischen der KVG und der Gesellschaft, an der sie für Rechnung des Investmentvermögens beteiligt ist, einzurichten. Die vertraglich zu vereinbarende Übermittlungsfrequenz bestimmt sich anhand der Überprüfungsfrequenz (vgl. Rz. 40 ff.).[67] 65

Im Zusammenhang mit den vorzunehmenden Bewertungen ist gem. § 32 Abs. 1 KARBV folgendes zu **dokumentieren**: 66

- die Kriterien und die Methode für die Wertermittlung,
- die für die Wertermittlung verwendeten Parameter,
- die am Markt beobachteten Bezugsquellen für die Parameter und
- die Berechnung des Wertes auf den Erwerbszeitpunkt.

Diese Dokumentation soll sicherstellen, dass der ermittelte Wert jederzeit von einem sachverständigen Dritten nachvollzogen werden kann.[68] 67

d) Immobilien und Beteiligungen an Immobiliengesellschaften

Gemäß § 30 Abs. 1 KARBV ist der Verkehrswert einer Immobilie grundsätzlich mittels der Ertragswertmethode zu bestimmen, die am jeweiligen Immobilienmarkt anerkannt ist. Diese Regelung wurde aus § 7 Abs. 4 der Mustergeschäftsordnung für die Sachverständigenausschüsse von Immobilien in die Verordnung übernommen.[69] Für die Ermittlung des Nettoinventarwerts je Anteil bzw. je Aktie werden in § 30 Abs. 2 KARBV spezielle Anforderungen hinsichtlich der Anschaffungsnebenkosten und der Berücksichtigung von Steuerbelastungen im Falle der Veräußerung von im Ausland belegenen Immobilien bestimmt. 68

Hinsichtlich der Bewertung von Beteiligungen an Immobiliengesellschaften wird hier auf die Kommentierung zu § 248 KAGB verwiesen. 69

62 Vgl. *IDW*, WP Handbuch II, 14. Aufl. 2014, Kap. A Rz. 220.
63 Vgl. *IDW*, WPg Supplement 3/2008, 68, Rz. 27.
64 Vgl. *Ruiz de Vargas et al.*, BewertungsPraktiker 2016, 56.
65 Vgl. *IDW*, WPg Supplement 3/2008, 68, Rz. 30.
66 Vgl. *BaFin*, Begründung zu § 32 KARBV, 2013.
67 Vgl. *Schultheiß* in Baur/Tappen, § 168 KAGB Rz. 177.
68 Vgl. *Hölscher* in Emde/Dornseifer/Dreibus/Hölscher, § 36 InvG Rz. 166.
69 Vgl. *BaFin*, Begründung zu § 30 KARBV, 2013.

e) Bewertung sonstiger Sachwerte

70 § 33 KARBV behandelt die Bewertung der sog. sonstigen Sachwerte i.S.d. § 261 Abs. 2 Nr. 2 bis 5 und 7 KAGB. Zur Bewertung von in der Verordnung spezifizierten Sachwerten (Schiffe, Flugzeuge, Container, Anlagen zur Erzeugung erneuerbaren Energien, Schienenfahrzeuge) ist grundsätzlich das Ertragswertverfahren vorgesehen, wobei weitere Asset-spezifische Vorgaben zu wertrelevanten Indikationen und Modellparametern in der KARBV in den § 33 Abs. 2 bis 6 KARBV konkretisiert werden.

Abb.: Wertrelevante Indikatoren und Modellparameter für bestimmte Sachwerte

	Schiffe	Flugzeuge	Container	Anlagen zur Erzeugung erneuerbarer Energien	Schienenfahrzeuge
Rechtsnorm	§ 33 Abs. 2 KARBV	§ 33 Abs. 3 KARBV	§ 33 Abs. 4 KARBV	§ 33 Abs. 5 KARBV	§ 33 Abs. 6 KARBV
Wertrelevante Indikatoren	• Keine spezifischen Vorgaben in der KARBV enthalten	• Individuelle technische Merkmale • Zustand, Alter • Typ • Ausstattung • Wartungsintensität	• Standort • Zustand, Alter • Leasingeinnahmen, unter Berücksichtigung von Kosten	• Zustand, Alter • Höhe und Dauer der Einspeisevergütung	• Zustand, Alter • Höhe und Dauer der Leasingrate
Modell-parameter	• Zeitchartervertrag • Chartereinnahme (nach Kosten) • Betriebs- und Klassekosten (einschließlich erforderlicher Investitionen in Umwelt, Ertragsteuern) • Schrottwert • Diskontierungszinssatz (Laufzeit-, risiko-, währungs- und steueräquivalent)	• Höhe der Leasingrate • Verwaltungs- und Gesellschaftskosten • Instandhaltungs- und Wartungskosten • Restwert des Leasingobjekts • Diskontierungszinssatz (Laufzeit-, risiko-, währungs- und steueräquivalent)	• Containermiete/ Leasingrate • Verwaltungs- und Gesellschaftskosten • Instandhaltungs- und Wartungskosten • Reperaturkosten • Containerpreis • Diskontierungszinssatz (Laufzeit-, risiko-, währungs- und steueräquivalent)	• Einspeisevergütung • Verwaltungs- und Gesellschaftskosten • Instandhaltungs- und Wartungskosten • Stromertragsdaten/ Leistungskennlinie • Restwert • Diskontierungszinssatz (Laufzeit-, risiko-, währungs- und steueräquivalent)	• Leasingrate • Verwaltungs- und Gesellschaftskosten • Instandhaltungs- und Wartungskosten • Schrotterlöse • Diskontierungszinssatz (Laufzeit-, risiko-, währungs- und steueräquivalent)

Quelle: eigene Darstellung

71 Bei der Bewertung von **Schiffen** kann vom Ertragswertverfahren abgewichen werden. In der Praxis ist in diesem Zusammenhang das sog. LTAV-Verfahren gebräuchlich, bei dem zu erwartende, den Eigen- und Fremdkapitalgebern zur Verfügung stehende finanzielle Überschüsse mit einem risiko-adäquaten Kapitalisierungszinssatz abdiskontiert werden.[70] Die erforderlichen Free Cashflows werden in der Regel aus einer Planungsrechnung abgeleitet. Zentrale Werttreiber sind in diesem Zusammenhang die Chartereinnahmen, die Schiffsbetriebskosten sowie der Restwert des Schiffes zum Ende der Nutzungsdauer (§ 33 Abs. 2 KARBV). In der Praxis ist die Ableitung finanzieller Überschüsse innerhalb eines sog. Zwei-Phasenmodells üblich. Dabei erfolgt im ersten Schritt eine detaillierte Planung der Komponenten für in der Regel mindestens drei Jahre. Daran anschließend erfolgt eine vereinfachte Fortschreibung über die (Rest-)Nutzungsdauer. Die erforderlichen Chartereinnahmen sind für die Detailplanungsphase auf Grundlage vorliegender Zeitcharterratenvereinbarungen zu prognostizieren (vgl. § 33 Abs. 2 KARBV). Im Hinblick auf die vereinfachte Fortschreibung ist die Verwendung von langfristigen, historisch beobachteten durchschnittlichen Charterraten sachgerecht.[71] Gemäß § 33 Abs. 2 KARBV ist die langfristige durchschnittliche Charterrate der letzten zehn Jahre zu verwenden, wenn kein Zeitchartervertrag geschlossen wurde. Ggf. ist ein Altersabschlag anzusetzen, der die aufgrund des Schiffsalters im Vergleich geringere Charterrate realisieren. Eine abschließende Beurteilung, inwiefern das LTAV-Verfahren herangezogen werden kann, ist noch nicht möglich.[72]

72 Für **sonstige Sachwerte**, für die keine Sonderregelungen bestimmt sind, ist der Verkehrswert unter Berücksichtigung aktueller Marktgegebenheiten anzusetzen (§ 33 Abs. 1 KARBV). Konkrete Vorgaben zum Bewertungsverfahren werden jedoch nicht gegeben. Vor dem Hintergrund der grundsätzlichen Marktorientierung der Verkehrswertermittlung ist davon auszugehen, dass auch hier, sofern verfügbar, zunächst auf Marktpreise und geeignete einkommensorientierte Verfahren zur Bewertung abzustellen ist.

---

70 Vgl. *Lütke-Uhlenbrock/Geisler*, HANSA International Maritime Journal 11/2013, 36 (36).
71 Vgl. *Lütke-Uhlenbrock/Geisler*, HANSA International Maritime Journal 11/2013, 36 (37).
72 Vgl. *Bußian/Kille*, WPg 2014, 837 (848).

§ 33 Abs. 7 KARBV sieht eine Bewertung nach dem Substanzwertverfahren vor, wenn bei Vermögensgegenständen aufgrund ihrer Ausgestaltung keine laufenden Erträge erzielt werden. Grundsätzlich spielt das Substanzwertverfahren in der Bewertungstheorie eine untergeordnete Rolle und kommt in der Praxis nur in speziellen Bewertungssituationen zum Einsatz. Hinsichtlich des zu verwendenden **Substanzwertverfahrens** wird in der Praxis in der Regel auf den sog. (Netto-)Teilrekonstruktionsaltwert abgestellt, welcher sich als Summe der Wiederbeschaffungswerte der bilanzierungsfähigen Vermögenswerte nach Abzug aller Schulden ergibt.[73] 73

f) Anlagen in Spezial-AIF

Besondere Vorschriften gelten für Anlagen in Spezial-AIF. Für in Spezial-AIF gehaltene Immobilien, Beteiligungen an Immobilien-Gesellschaften und Beteiligungen an Projektgesellschaften öffentlich-privater Partnerschaften (ÖPP) enthält § 34 KARBV **Mindestanforderungen an die Bewertung.**[74] Über die Begründung hinaus fallen jedoch durch den Verweis auf § 284 Abs. 2 Nr. 2 lit. i KAGB grundsätzlich auch Edelmetalle, unverbriefte Darlehensforderungen und Unternehmensbeteiligungen unter die Vorschrift. 74

Demgemäß wäre § 32 KARBV ist sowohl auf offene inländische Spezial-AIF als auch auf geschlossene inländische Spezial-AIF, die in die entsprechenden Vermögensgegenstände investieren, anzuwenden (§ 34 Abs. 2 KARBV). In § 32 KARBV wird jedoch nur die Bewertung von Unternehmensbeteiligungen geregelt. Daher müsste der Verweis in § 34 Abs. 1 KARBV dahingehend **eingeschränkt** werden, dass Edelmetalle und unverbriefte Darlehensforderungen nicht von der Vorschrift erfasst werden. Für die Bewertung von Edelmetallen kommt eine Bewertung als sonstiger Sachwert i.S.d. § 33 Abs. 1 KARBV in Betracht, wobei mangels Spezialregelung die grundlegenden Regelungen der §§ 27, 28 KARBV zur Ermittlung des Verkehrswerts auf Grundlage handelbarer Kurse bzw. geeigneter Bewertungsmodelle zu beachten sind. Ebenfalls sind in der KARBV keine speziellen Regelungen zur Bewertung von **unverbrieften Darlehensforderungen** enthalten. Üblicherweise werde diese mittels des Discounted Cashflow-Verfahrens bewertet. 75

Hinsichtlich der Bewertung von Immobilien wird auf die Anwendung der anerkannten Grundsätze für die Immobilien-Bewertung verwiesen (vgl. § 34 Abs. 3 KARBV). Für durch Publikums-AIF gehaltene Immobilien, Beteiligungen an Immobilien-Gesellschaften und ÖPP-Projektgesellschaften gelten jedoch die §§ 30, 31, 27 f. KARBV. Dies führt zu einem inkonsistenten Bewertungsregime.[75] 76

2. Bewerter

Die Bewertung der Vermögensgegenstände hat gem. § 169 Abs. 2 KAGB unparteiisch und mit der gebotenen Sachkenntnis, Sorgfalt und Gewissenhaftigkeit zu erfolgen. Die dem Anlegerschutz dienende Regelung entspricht dem Wortlaut des Art. 19 Abs. 8 der AIFM-RL.[76] Als Bewerter kommen nach § 216 Abs. 1 KAGB grundsätzlich **sowohl Dritte als auch der AIFM selbst** in Frage, wenn dieser eine funktional unabhängige Bewertungsfunktion gewährleistet. Ein Vorschlag des Bundesrats, entsprechend dem InvG Sachverständigenausschüsse als Bewerter vorzusehen, wurde vom Bundestag abgelehnt, da nach den Regelungen der AIFM-RL der Fondsmanager, anders als im InvG, für die Bewertung verantwortlich bleibt. In der Begründung der Bundesregierung wurde die Auffassung vertreten, dass ein Sachverständigenausschuss eine Art Richtergremium darstellt, dessen Bewertung der AIFM zu übernehmen und anzusetzen hat (vgl. hierzu auch § 216 Rz. 34).[77] Jedoch steht es im Ermessen des Fondsmanagers, für die Bewertung der Vermögensgegenstände des Fonds einen Sachverständigenausschuss einzusetzen, sofern dies einen Mehrwert darstellt. 77

Die **gebotene Sachkenntnis** beinhaltet angemessene Fachkenntnisse und ausreichende praktische Erfahrungen in der Bewertung der jeweiligen Vermögensgegenstände im jeweiligen Markt.[78] Hinsichtlich der **Sorgfalt** ist nicht auf einen Haftungsmaßstab im zivilrechtlichen Sinn abzustellen, sondern auf die eines ordentlichen Bewerters.[79] Hierbei sind die Besonderheiten der zu bewertenden Vermögensgegenstände zu berücksichtigen.[80] Im Sinne der **Gewissenhaftigkeit** hat der Bewerter bei Übernahme des Auftrags zu prüfen, ob er hierfür hinreichend geeignet ist.[81] 78

---

73 Vgl. *IDW*, WP Handbuch II, 14. Aufl. 2014, Kap. A Rz. 444.
74 Vgl. *BaFin*, Begründung zu § 34 KARBV, 2013.
75 Vgl. *Schultheiß* in Baur/Tappen, § 168 KAGB Rz. 187.
76 Vgl. Begr. RegE, BT-Drucks. 17/12294, 258 f.
77 Vgl. RegE AIFM-UmsG, Gegenäußerung der Bundesregierung, BT-Drucks. 17/12294, 333. Vgl. ebenfalls Kommentierung zu § 216 KAGB.
78 Vgl. *Kayser/Selkinski* in Weitnauer/Boxberger/Anders, § 169 KAGB Rz. 35.
79 Vgl. *Beckmann* in Beckmann/Scholtz/Vollmer, ErgLfg. 5/13, § 9 InvG Rz. 206.
80 Vgl. *Kayser/Selkinski* in Weitnauer/Boxberger/Anders, § 169 KAGB Rz. 38.
81 Vgl. *Tollmann* in Dornseifer/Jesch/Klebeck/Tollmann, Art. 19 AIFM-RL Rz. 101.

79 Zulässig ist nach § 32 Abs. 3 KARBV auch, dass der Verkehrswert eines Vermögensgegenstandes eines OGAW durch einen Emittenten, Kontrahenten oder sonstigen Dritten ermittelt und mitgeteilt wird. Jedoch werden aufgrund der geringeren Objektivität dieser Preisinformation höhere Anforderungen an die Plausibilisierung durch die KVG, Verwahrstelle oder den externen Bewerter gestellt.[82] Dies ist auch erforderlich, wenn gegenüber dem vorangegangenen Preis keine Veränderung besteht oder auffällige Abweichungen auftreten. Die Plausibilisierung kann bspw. durch Analyse der zugrunde liegenden Bewertungsmethodik erfolgen.

3. Häufigkeit der Bewertung

80 Die Bewertung ist gem. Art. 19 Abs. 3 AIFM-RL mindestens jährlich vorzunehmen. Dies soll insbesondere auch für Investoren geschlossener Fonds mehr Transparenz schaffen und eine fairere Bewertung am Zweitmarkt ermöglichen.[83] Bei geschlossenen AIF ist darüber hinaus bei jeder Herabsetzung oder Erhöhung des Gesellschaftsvermögens eine Bewertung durchzuführen; bei offenen AIF zusätzlich in angemessenen Zeitabständen, abhängig von Ausgabe- und Rücknahmehäufigkeit und den Vermögensgegenständen. OGAW sind bei jeder Ausgabe und Rückgabe von Anteilen oder Aktien zu bewerten.

Abb.: Zugelassene Bewerter und Frequenz der Bewertung

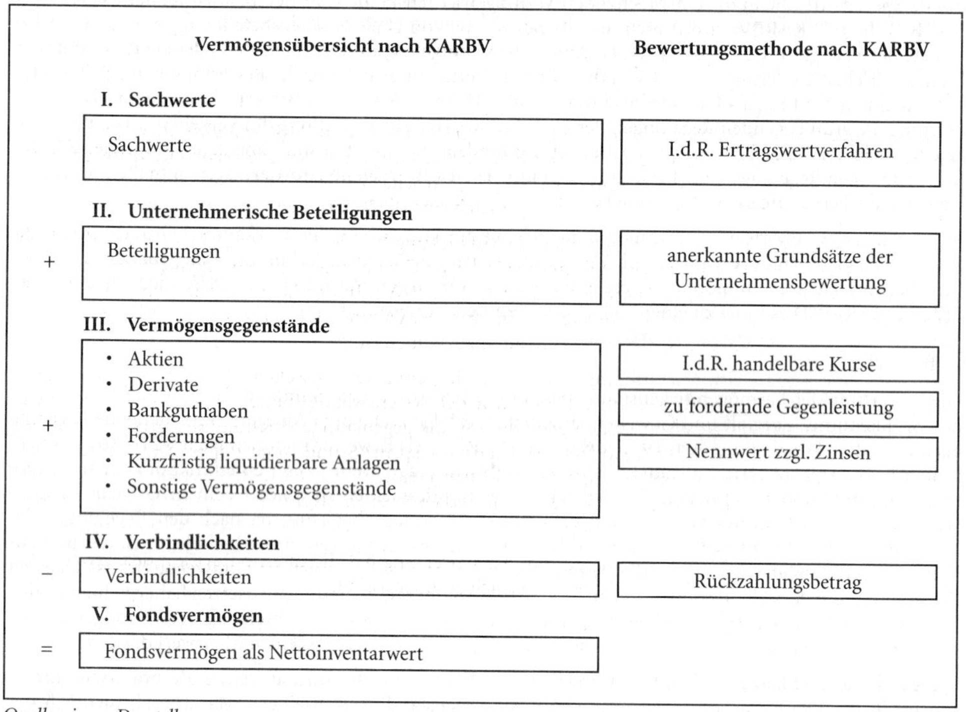

Vermögensübersicht nach KARBV
Bewertungsmethode nach KARBV
I. Sachwerte
Sachwerte
I.d.R. Ertragswertverfahren
II. Unternehmerische Beteiligungen
+
Beteiligungen
anerkannte Grundsätze der Unternehmensbewertung
III. Vermögensgegenstände
+
• Aktien
• Derivate
• Bankguthaben
• Forderungen
• Kurzfristig liquidierbare Anlagen
• Sonstige Vermögensgegenstände
I.d.R. handelbare Kurse
zu fordernde Gegenleistung
Nennwert zzgl. Zinsen
IV. Verbindlichkeiten
–
Verbindlichkeiten
Rückzahlungsbetrag
V. Fondsvermögen
=
Fondsvermögen als Nettoinventarwert

Quelle: eigene Darstellung

81 Zusätzlich ist bei bestimmten Vermögensgegenständen eine Bewertung vor Erwerb durch geschlossene AIF vorgesehen. Die Regelung ist angelehnt an § 67 Abs. 5 Satz 1 InvG und dient dem Anlegerschutz.[84] Die Bewertung erfolgt gem. § 261 Abs. 5 und 6 KAGB abhängig vom Wert des Vermögensgegenstandes durch einen bzw. zwei externe Bewerter.

---

82 Vgl. *BaFin*, Begründung zu § 32 Abs. 3 KARBV.
83 Vgl. *Tollmann* in Dornseifer/Jesch/Klebeck/Tollmann, Art. 19 AIFM-RL Rz. 157.
84 Vgl. Begr. RegE, BT-Drucks. 17/12294, 271.

4. Grundsätze zur Bewertung

Der AIFM hat gem. § 169 Abs. 1 Satz 2 KAGB die Transparenz der Bewertungsverfahren mittels einer aufzustellenden internen **Bewertungsrichtlinie** zu gewährleisten. Die Kriterien der Bewertungsrichtlinie werden dabei durch die Regelungen der Art. 67 bis 74 AIFM-VO näher bestimmt. 82

Dabei hat der AIFM gem. Art. 67 Abs. 1 AIFM-VO für jeden verwalteten AIF **Grundsätze und Verfahren zum Bewertungsprozess** zu definieren, umzusetzen und zu überprüfen. Der AIFM hat in diesem Zusammenhang zu gewährleisten, dass diese **solide, transparent, umfassend** und **angemessen** dokumentiert sind. Methoden der Bewertung sind bereits vor Investition zu ermitteln und müssen fair, angemessen und transparent ausgestaltet sein. Unterschiedliche Arten vorgesehener Vermögenswerte benötigen eigene Bewertungsgrundsätze und -verfahren. 83

Hinsichtlich des Bewertungsmodells sind die **Gründe für die Wahl** des jeweiligen Modells zu dokumentieren (vgl. Art. 68 Abs. 1 AIFM-VO). Darüber hinaus ist eine **Validierung** durch eine unabhängige Person erforderlich. Die Verantwortung für den Gebrauch des spezifischen Modells ist bei der Geschäftsleitung anzusiedeln, welche das Modell genehmigen muss (vgl. Art. 68 Abs. 3 AIFM-VO). 84

Das Modell und das Bewertungsergebnis müssen gem. Art. 70 Abs. 1 AIFM-VO einer umfangreichen **Überprüfung und Plausibilisierung** unterzogen werden. **Angemessenheit und Fairness** der Bewertung sind nachzuweisen. Sofern das Risiko einer nicht angemessenen Bewertung besteht, muss ein Überprüfungsverfahren eingerichtet werden. Kritische Modellparameter sind durch Sensitivitätsanalysen zu überprüfen. Differenzen oder Fehler sind durch **Eskalationen** zu eliminieren. 85

Weitere Bestimmungen zu Bewertungsgrundsätzen ergeben sich aus der KARBV. Als Grundlage für eine verlässliche und überprüfbare Bewertung ist diese bzw. die Mitwirkung an dieser **in internen Richtlinien** zu regeln, welche eine Beschreibung der Verantwortlichkeiten, Arbeitsabläufe, Preisquellen, Bewertungsmethoden und Kontrollen enthalten muss.[85] Mindestens **jährlich** sind die Richtlinien zu überprüfen. 86

Aufbauorganisatorisch hat die Bewertung oder die Mitwirkung bei der Bewertung eines OGAW durch einen Bereich oder eine Organisationseinheit innerhalb der KVG zu erfolgen, die von dem für die Portfolioverwaltung zuständigen Bereich **getrennt** ist (§ 26 Abs. 2 KARBV). In der Literatur wird aufgrund der angestrebten Regelungssynchronität des Aufsichtsrechts für OGAW und AIF die Auffassung vertreten, dass die Trennung auch für Publikums-AIF entsprechend anzuwenden ist.[86] 87

Bei Investmentvermögen ist eine Bildung von Bewertungseinheiten zwischen Grund- und Sicherungsgeschäft gem. § 26 Abs. 3 KARBV verboten. Dies würde der Systematik der Bewertung zu Marktpreisen widersprechen.[87] Bewertungseinheiten werden gebildet, um die gegenläufige Positionen (Grund- und Sicherungsgeschäft) aufgrund des Nebeneinanders von Realisationsprinzip und Imparitätsprinzip wirtschaftlich korrekt abzubilden.[88] Aufgrund des Prinzips der Marktbewertung des § 168 KAGB werden jedoch sowohl das Grund- als auch das Sicherungsgeschäft mit dem Verkehrswert bewertet, so dass die Bildung von Bewertungseinheiten ohnehin nicht notwendig ist. 88

Vor dem Hintergrund der besonderen Bedeutung der Bewertung hat die interne Revision den Prozess der Anteilswertermittlung gem. § 26 Abs. 4 KARBV jährlich zu überprüfen. 89

Siehe zur Bewertungsrichtlinie auch § 169 Rz. 6. 90

§ 168 Bewertung; Verordnungsermächtigung

(1) [1]Der Nettoinventarwert je Anteil oder je Aktie ergibt sich aus der Teilung des Wertes des offenen Publikumsinvestmentvermögens durch die Zahl der in den Verkehr gelangten Anteile oder Aktien. [2]Der Wert eines offenen Publikumsinvestmentvermögens ist auf Grund der jeweiligen Verkehrswerte der zu ihm gehörenden Vermögensgegenstände abzüglich der aufgenommenen Kredite und sonstigen Verbindlichkeiten zu ermitteln. [3]Zur Bestimmung des Verkehrswertes des Vermögensgegenstandes ist das jeweilige gesetzliche oder marktübliche Verfahren zugrunde zu legen.

85 Vgl. *BaFin*, Begründung zu § 26 Abs. 3 KARBV, 2013.
86 Vgl. *Schultheiß* in Baur/Tappen, § 168 KAGB Rz. 49.
87 Vgl. *BaFin*, Begründung zu § 26 Abs. 3 KARBV, 2013.
88 Vgl. *Hölscher* in Emde/Dornseifer/Dreibus/Hölscher, § 36 InvG Rz. 26.

(2) Bei Vermögensgegenständen, die zum Handel an einer Börse zugelassen oder an einem anderen organisierten Markt zugelassen oder in diesen einbezogen sind, ist als Verkehrswert der Kurswert der Vermögensgegenstände anzusetzen, sofern dieser eine verlässliche Bewertung gewährleistet.

(3) Bei Vermögensgegenständen, für die die Voraussetzungen nach Absatz 2 nicht vorliegen oder für die kein handelbarer Kurs verfügbar ist, ist der Verkehrswert, der bei sorgfältiger Einschätzung nach geeigneten Bewertungsmodellen unter Berücksichtigung der aktuellen Marktgegebenheiten angemessen ist, zugrunde zu legen.

(4) Für die Bewertung von Schuldverschreibungen, die nicht zum Handel an einer Börse zugelassen oder nicht an einem anderen organisierten Markt zugelassen oder in diesen einbezogen sind, sowie für die Bewertung von Schuldscheindarlehen sind die für vergleichbare Schuldverschreibungen und Schuldscheindarlehen vereinbarten Preise und gegebenenfalls die Kurswerte von Anleihen vergleichbarer Emittenten und entsprechender Laufzeit und Verzinsung, erforderlichenfalls mit einem Abschlag zum Ausgleich der geringeren Veräußerbarkeit, zugrunde zu legen.

(5) Auf Derivate geleistete Einschüsse unter Einbeziehung der am Börsentag festgestellten Bewertungsgewinne und Bewertungsverluste sind dem Investmentvermögen zuzurechnen.

(6) [1]Bei schwebenden Verpflichtungsgeschäften ist anstelle des von der Kapitalverwaltungsgesellschaft zu liefernden Vermögensgegenstandes die von ihr zu fordernde Gegenleistung unmittelbar nach Abschluss des Geschäfts zu berücksichtigen. [2]Für die Rückerstattungsansprüche aus Wertpapier-Darlehen ist der jeweilige Kurswert der als Darlehen übertragenen Wertpapiere maßgebend.

(7) [1]Die Kapitalverwaltungsgesellschaft hat alle angemessenen Maßnahmen zu ergreifen, um bei Erwerb und Veräußerung von Vermögensgegenständen das bestmögliche Ergebnis für das offene Publikumsinvestmentvermögen zu erzielen. [2]Dabei hat sie den Kurs oder den Preis, die Kosten, die Geschwindigkeit und Wahrscheinlichkeit der Ausführung und Abrechnung, den Umfang und die Art des Auftrags sowie alle sonstigen, für die Auftragsausführung relevanten Aspekte zu berücksichtigen. [3]Die Gewichtung dieser Faktoren bestimmt sich nach folgenden Kriterien:

1. **Ziele, Anlagepolitik und spezifische Risiken des offenen Publikumsinvestmentvermögens, wie sie im Verkaufsprospekt oder gegebenenfalls in den Anlagebedingungen dargelegt sind,**
2. **Merkmale des Auftrags,**
3. **Merkmale der Vermögensgegenstände und**
4. **Merkmale der Ausführungsplätze, an die der Auftrag weitergeleitet werden kann.**

[4]Geschäftsabschlüsse für das offene Publikumsinvestmentvermögen zu nicht marktgerechten Bedingungen sind unzulässig, wenn sie für das offene Publikumsinvestmentvermögen nachteilig sind.

(8) [1]Das Bundesministerium der Finanzen wird ermächtigt, durch Rechtsverordnung, die nicht der Zustimmung des Bundesrates bedarf, weitere Bestimmungen über die Bewertung der Vermögensgegenstände und die Anteil- oder Aktienwertermittlung sowie über die Berücksichtigung ungewisser Steuerverpflichtungen bei der Anteil- oder Aktienwertermittlung zu erlassen. [2]Das Bundesministerium der Finanzen kann diese Ermächtigung durch Rechtsverordnung auf die Bundesanstalt übertragen.

In der Fassung vom 4.7.2013 (BGBl. I 2013, S. 1981).

Schrifttum: *Baur*, Investmentgesetze, 2. Aufl. 1997; *Bußian/Kille*, Rechnungslegung und Prüfung geschlossener alternativer Investmentfonds nach KAGB, WPg 2014, 846; *Heinze/Wenk*, Berichterstattungs-, Bewertungs- und Prüfungspflichten extern verwalteter geschlossener Venture Capital Publikumsfonds in der Rechtsform der (Investment-)KG, KoR 2014, 268; *Patz*, Das Zusammenwirken zwischen Verwahrstelle, Bewerter, Abschlussprüfer und BaFin bei der

Überprüfung der Einhaltung der Bewertungsmaßstäbe und -verfahren für Vermögensgegenstände von AIF und OGAW, BKR 2015, 193; *Postler*, Private Equity und das Kapitalanlagegesetzbuch, 2015; *Siering/Izzo-Wagner*, „Praktische Hürden" der EuVECA-Verordnung, BKR 2014, 242; *Volhard/El-Qalqili*, Die neuen Bewertungsvorschriften für AIF-Investmentvermögen, DB 2013, 2103; *Winkeljohann/Malsch*, Rechnungslegung und Prüfung von Investmentvermögen, in Winkeljohann/Förschle/Deubert (Hrsg.), Sonderbilanzen, 5. Aufl. 2016.

I. Regelungsgegenstand und -zweck

Art. 19 Abs. 2 AIFM-RL ermächtigt die Mitgliedsstaaten zur Regelung der Berechnung des Nettoinventarwerts. Vor diesem Hintergrund ist § 168 KAGB die nationale Normierung der Ermittlung des Nettoinventarwerts je Anteil bzw. je Aktie und der Bewertung von Vermögensgegenständen. 1

Grundsätzlich basiert § 168 KAGB auf der bisherigen Norm des § 36 InvG. Zunächst wird die **Ermittlung des Nettoinventarwerts** und die Maßgeblichkeit des Verkehrswerts dargelegt (§ 168 Abs. 1 KAGB). Daran anschließend spiegelt die Vorschrift die darin niedergelegte **Bewertungshierarchie** wider. Dementsprechend werden die Bewertung anhand handelbarer Kurse statuiert (§ 168 Abs. 2 KAGB) und Vorgaben gemacht, wenn keine entsprechenden handelbaren Kurse zur Verfügung stehen (§ 168 Abs. 3 KAGB). Darüber hinaus existieren **Spezialregelungen** zur Bewertung von nicht börsennotierten bzw. nicht an organisierten Märkten handelbaren Schuldverschreibungen und Schuldscheindarlehen, Derivateeinschusszahlungen sowie schwebenden Verpflichtungsgeschäften und Rückerstattungsansprüchen aus Wertpapier-Darlehen (§ 168 Abs. 4 bis 6 KAGB). Weitere Regelungen im Zusammenhang mit der Bewertung der Vermögensgegenstände und der Anteil- oder Aktienwertermittlung können gem. § 168 Abs. 8 KAGB in einer **Verordnung** erlassen werden. § 168 KAGB regelt jedoch nicht nur die Nettoinventarwertermittlung und die Bewertung der Vermögensgegenstände. Bei Geschäftsabschlüssen sind gem. § 168 Abs. 7 KAGB sog. **Best Execution-Grundsätze** und das Prinzip der **Marktgerechtigkeit** zu beachten. 2

Die Vorschrift zur **Veröffentlichung** des Ausgabe- und Rücknahmepreises gem. § 36 Abs. 6 InvG wurde aufgebrochen und ist nun im jeweiligen Abschnitt des Fondstypus geregelt. Dagegen wurde die Regelung zur Einlage eines fehlenden Betrags für in Verkehr gelangte Anteile, ohne dass der Anteilwert dem Sondervermögen zugeflossen ist, in § 93 Abs. 7 KAGB an eine zentrale Stelle überführt. 3

Relevanz besitzt die Regelung insbesondere im Hinblick auf die konkret benannte **Anteilswertermittlung.** Über § 101 KAGB ist sie zusätzlich bestimmend für den Jahresbericht und darin im Rahmen der Vermögensaufstellung zu verwendenden Wertansätzen. Dies verdeutlicht die herausragende Stellung, welche die Vorschrift des § 168 KAGB im Hinblick auf die Transparenz in Bewertung und Berichterstattung besitzt. 4

Gemäß § 101Abs. 1 Satz 3 Nr. 3 KAGB sind im **Jahresbericht** zudem die Anzahl der am Berichtsstichtag umlaufenden Anteile und der Wert eines Anteils gem. § 168 Abs. 1 KAGB anzugeben. Im Jahresbericht sind zudem Angaben zu den gem. §§ 26 bis 31 und 34 KARBV angewendeten Verfahren zur Bewertung von Vermögensgegenständen zu machen (§ 16 Abs. 1 Nr. 2 KARBV). 5

Von Bedeutung ist die Nettoinventarwertermittlung insbesondere auch im Hinblick auf eine **vorvertragliche Information** von interessierten Privatanlegern. Diesen ist vor Vertragsschluss der jüngste Nettoinventarwert oder der jüngste Marktpreis der Anteile Aktien mitzuteilen (§ 297 Abs. 2 KAGB). 6

Die Anwendung des im § 168 KAGB verankerten **Verkehrswertprinzips** soll eine möglichst marktgerechte Bewertung gewährleisten und Benachteiligungen von Investoren bei Ausgabe und Rücknahme von Anteilen verhindern. 7

II. Anwendungsbereich

§ 168 KAGB regelt nicht nur die Bewertungsgrundlagen von offenen Publikumsinvestmentvermögen. Durch die Verweise in § 271 KAGB (Geschlossene inländische Publikums-AIF), § 278 KAGB (offene inländische Spezial-AIF), § 286 KAGB (geschlossene inländische Spezial-AIF) und § 248 KAGB (Immobilien-Sondervermögen) stellt die Vorschrift die **zentrale Norm** zu den Grundsätzen der Bewertung und zur Nettoinventarwertermittlung von sowohl offenen als auch geschlossenen Publikums- und Spezial-AIF dar. Vor diesem Hintergrund fallen inländische OGAW, gemischte Investmentvermögen (§ 218 KAGB), sonstige Investmentvermögen (§ 220 KAGB), Dach-Hedgefonds (§ 225 KAGB) und mit Einschränkungen Immobilien-Sondervermögen (§ 230 KAGB) unter die Regelung. 8

Der Anwendungsbereich ist damit im Vergleich zur Vorgängerregelung des § 36 InvG deutlich weiter gefasst, was mit dem im Vergleich zum InvG **erweiterten Geltungsbereich** zusammenhängt. Hinsichtlich Im- 9 mobilien-Sondervermögen ist jedoch zu beachten, dass in § 248 Abs. 2 bis 4 KAGB spezifische Maßgaben im Hinblick auf § 168 KAGB getroffen werden.

10 Daneben wird für jeden Fonds-Typus die **Frequenz der Anteilswertberechnung** in einer separaten Vorschrift geregelt. § 212 KAGB betrifft OGAW-Investmentvermögen.

11 Die Bewertung der Vermögensgegenstände und die Berechnung des Nettoinventarwertes je Anteil oder Aktie von offenen Publikumsinvestmentvermögen nach § 217 KAGB und offenen inländischen Spezial-AIF nach § 279 KAGB sind in einem zeitlichen Abstand durchzuführen, der dem entsprechenden Vermögen und der Ausgabe- und Rücknahmehäufigkeit der Anteile oder Aktien **angemessen** ist. Die Bewertung und Berechnung hat jedoch mindestens **einmal jährlich** zu erfolgen.

12 Auch für geschlossene Publikumsinvestmentvermögen (§ 272 KAGB) und geschlossene inländische Spezial-AIF (§ 286 KAGB) hat die Bewertung der Vermögensgegenstände und die NAV-Berechnung mindestens einmal jährlich zu erfolgen. Darüber hinaus ist hier eine Bewertung und Berechnung auch bei **Erhöhung** oder **Herabsetzung** des AIF-Gesellschaftsvermögens erforderlich.

13 Auf sog. **„kleine"** AIF-KVG i.S.d. § 2 Abs. 4 KAGB ist § 168 KAGB nicht anzuwenden. Für diese Gesellschaften ist das Handelsrecht unter Berücksichtigung der AIFM-VO maßgeblich.

14 Nur **inländische** Investmentvermögen werden durch § 168 KAGB erfasst.[1] **EU-OGAW** werden durch §§ 309 ff. KAGB erfasst. Bei Vertrieb von EU-AIF oder von ausländischen AIF an Privatanleger müssen Anlagebedingungen, Satzung oder Gesellschaftsvertrag Regelungen enthalten, die sicherstellen, dass die Bewertung des AIF entsprechend den spezifischen Vorschriften des KAGB erfolgt (§ 317 Abs. 1 Nr. 7 lit. h KAGB). EU-OGAW Verwaltungsgesellschaften, welche inländische OGAW verwalten, werden über § 52 Abs. 4 KAGB zur Einhaltung der Bewertungsregeln des § 168 KAGB verpflichtet. Hingegen dürfen EU-AIF-Verwaltungsgesellschaften gem. § 54 Abs. 1 KAGB nur inländische Spezial-AIF verwalten, für die die §§ 168 ff. KAGB nicht gelten.

III. Grundsätze der Net Asset Value-Ermittlung (§ 168 Abs. 1 KAGB)

15 § 168 Abs. 1 KAGB stellt unter Berücksichtigung redaktioneller Anpassungen eine **Übernahme der Definitionen** des § 36 Abs. 1 Satz 1 und 2 InvG dar.

16 Der **Nettoinventarwert** je Anteil oder je Aktie bestimmt sich rechnerisch gem. § 168 Abs. 1 Satz 1 KAGB als der Wert des Investmentvermögens dividiert durch die Anzahl der sich im Verkehr befindlichen Anteile oder Aktien. Gemäß § 96 Abs. 1 Satz 4 KAGB ist der Wert des Anteils für jede Anteilsklasse gesondert zu rechnen. Bei der erstmaligen Ausgabe von Anteilen einer Anteilsklasse ist der Wert des gesamten Sondervermögens zugrunde zu legen (§ 15 Abs. 2 KARBV).

17 In der Praxis wird die Summe der im Verkehr befindlichen Anteile oder Aktien regelmäßig anhand von **Anlagekonten** bestimmt, wobei Buchungen in der Regel nur bis zu einem bestimmten **Orderannahmeschluss** (Cut-Off) für diesen Tag berücksichtigt werden. Sofern zu diesem Zeitpunkt keine Kurse des Bewertungstages vorliegen, werden häufig die Kurse des Vortages verwendet.[2]

18 Bei der Berechnung sind Anteile i.S.d. § 93 Abs. 7 KAGB einzubeziehen. Von einer **Konsignationslagerstelle** verwahrte Aktien oder Anteile sind jedoch nicht zu berücksichtigen.[3] Für **eigene Rechnung** gehaltene Aktien oder Anteile sind bei der Berechnung zu berücksichtigen.

19 Der Wert eines Investmentvermögens ergibt sich laut § 168 Abs. 1 Satz 2 KAGB aus der Gesamtheit der entsprechenden Verkehrswerte der zu ihm gehörenden Vermögensgegenstände nach Abzug aufgenommener Kredite und sonstiger Verbindlichkeiten. Im Mittelpunkt der Anteils- und Aktienwertermittlung steht somit die **Verkehrswertbestimmung** der Vermögensgegenstände, welche vorrangig anhand gesetzlicher Definitionen zu erfolgen hat. Ansonsten ist auf marktübliche Verfahren abzustellen.

20 Unter die abzuziehenden **Verbindlichkeiten** fallen nur diejenigen, welche die KVG für Rechnung des Investmentvermögens eingegangen ist und die die KVG gem. KAGB, Anlagebedingungen und Prospektbedingungen auch eingehen durfte.[4]

---

1 Vgl. *Schultheiß* in Baur/Tappen, § 168 KAGB Rz. 18.
2 Vgl. *Winkeljohann/Malsch* in Winkeljohann/Förschle/Deubert, Kap. U Rz. 221.
3 Vgl. *Hölscher* in Emde/Dornseifer/Dreibus/Hölscher, § 36 InvG Rz. 14.
4 Vgl. *Schmitz* in Berger/Steck/Lübbehausen, § 36 InvG Rz. 8; *Schultheiß* in Baur/Tappen, § 168 KAGB Rz. 40.

21 In § 168 KAGB wird eine übergeordnete **Bewertungshierarchie** zur Ermittlung des Verkehrswertes definiert. Bei Verfügbarkeit verlässlicher handelbarer Kurse sind diese als Verkehrswert zu verwenden (§ 168 Abs. 2 KAGB). Sofern verlässliche handelbare Kurse nicht verfügbar sind, ist der Verkehrswert, der nach geeigneten Bewertungsmodellen unter Berücksichtigung aktueller Marktgegebenheiten als angemessen zu beurteilen ist, zu verwenden (§ 168 Abs. 3 KAGB). Der Verkehrswert ist dabei i.S.d. KARBV (§ 2 Nr. 4 KARBV) als jener Betrag zu verstehen, zu dem der entsprechende Vermögensgegenstand in einem Geschäft zwischen **sachverständigen, vertragswilligen** und **unabhängigen** Geschäftspartnern ausgetauscht wird. Gemäß Begründung zu § 28 KARBV und § 24 Abs. 1 Satz 2 InvG ist jedoch entgegen dem Wortlaut keine tatsächliche Handlung notwendig.

22 **Bewertungssubjekt** offener und geschlossener Publikumsinvestmentvermögen kann ein externer Bewerter oder die KVG selbst sein (§§ 216, 271 KAGB).

23 Die angewendeten Bewertungsverfahren sind Bestandteil des **Prüfungsberichts** des Jahresabschlussprüfers des Sondervermögens. Dieser hat zu bestätigen, dass die Verfahren unter Berücksichtigung des Anlageobjektes und der Anlagestrategie des Sondervermögens **geeignet** sind (vgl. § 32 Abs. 1 KAPrüfBV).

24 Die Bewertung und Berechnung hat gem. § 26 Abs. 2 Nr. 2 KAGB **im besten Interesse der Anleger** zu erfolgen. Zu etwaigen **Schadensersatzansprüchen** aus Pflichtverletzungen vgl. § 169 Rz. 17 sowie § 216 Rz. 40. Bei fehlerbehafteten Bewertungen oder Berechnungen kann die BaFin über § 5 Abs. 6 KAGB Maßnahmen ergreifen.

IV. Bewertung an einer Börse handelbarer Vermögensgegenstände (§ 168 Abs. 2 KAGB)

25 An einer Börse oder an einem organisierten Markt zum Handel zugelassene oder in diesen einbezogene Vermögensgegenstände sind gem. § 168 Abs. 2 KAGB mit dem **Kurswert** der Vermögensgegenstände anzusetzen, sofern dieser eine **verlässliche Bewertung** gewährleistet.

26 Die Bewertung an einer **Börse** oder einem anderen **organisierten Markt** zum Handel zugelassener Vermögensgegenstände erfolgt entsprechend der Regelung des § 36 Abs. 1 Satz 2 InvG zum Kurswert (§ 168 Abs. 2 KAGB). Der Begriff der Börse wird im KAGB nicht definiert. Vor diesem Hintergrund wird von der Legaldefinition gem. § 2 BörsG ausgegangen.[5] Ein organisierter Markt ist gem. § 1 Abs. 19 Nr. 29 KAGB ein Markt, der anerkannt und für das Publikum offen und dessen Funktionsweise ordnungsgemäß ist, sofern nicht ausdrücklich etwas anderes bestimmt ist. Diese Definition entspricht der bisherigen Regelung des § 2 Abs. 13 InvG.[6] Unter andere organisierte Märkte fallen nicht staatlich regulierte börsliche Zweitmärkte wie der Freiverkehr an den Börsen sowie außerbörsliche Märkte.[7] Der sog. Telefonverkehr zählt nicht als organisierter Markt.[8] Bei **multilateralen Handelssystemen** handelt es sich im Hinblick auf die Zugangs- und Transparenzanforderungen des § 72 Abs. 1 WpHG auch um einen organisierten Markt.

27 Gemäß **MiFID II** werden unter Handelsplatz ein „geregelter Markt", multilaterales Handelssystem und das neu eingeführte OTF subsumiert (vgl. Art 4 Abs. 1 Nr. 24 MiFID II). Das OTF wurde eingeführt, um sog. **„Dark Pools"** zu regulieren. In Dark Pools sind die gehandelten Kurse dem Markt nicht bekannt. Gleichwohl erfolgt die Bewertung des gehandelten Finanzinstruments nach dem Kurs der Börse bzw. des organisierten Marktes.

28 Die Definition des **geregelten Marktes** entspricht unter MiFID II dem Begriff der Börse (vgl. Art. 4 Abs. 1 Nr. 21 MiFID II). Ein MTF gem. Art. 4 Abs. 1 Nr. 21 MiFID II ist dem **organisierten Markt** zuzuordnen. Fraglich ist jedoch, ob ein **OTF** ebenfalls einen organisierten Markt darstellt. In diesem Zusammenhang sind die Zugangsverpflichtungen und Vorhandels- und Nachhandelstransparenzanforderungen von MTF und OTF zu vergleichen. Da hier weitgehend die gleichen Regelungen gelten (vgl. Art. 18 MiFID II, Art. 3, 6 und 10 MiFIR sowie §§ 72 bis 75 WpHG) sind OTF auch als organisierter Markt anzusehen.

29 Weitere Voraussetzung für die Bewertung zum Kurswert von an einer Börse oder an einem organisierten Markt zum Handel zugelassener oder in diesen einbezogener Vermögensgegenstände ist die Verlässlichkeit der Bewertung auf Grundlage dieses Wertes. Die **Verlässlichkeit von Kurswerten** richtet sich nach den Bestimmungen der Richtlinie 2007/16/EG der Kommission vom 19. März 2007 (§ 27 Abs. 1 KARBV) für

---

5 Vgl. *Schultheiß* in Baur/Tappen, § 168 KAGB Rz. 104, *Verfürth/Emde* in Emde/Dornseifer/Dreibus/Hölscher, § 2 InvG Rz. 182.
6 Vgl. Begr. RegE, BT-Drucks. 17/12294, 204.
7 Vgl. *Köndgen* in Berger/Steck/Lübbehüsen, § 2 InvG Rz. 85.
8 Vgl. *Verfürth/Emde* in Emde/Dornseifer/Dreibus/Hölscher, § 2 InvG Rz. 189.

Wertpapiere i.S.d. Art. 19 Abs. 1 lit. a bis d der RL 85/611/EWG in Form von exakten, verlässlichen und gängigen Preisen (vgl. Art. 2 Abs. 1 lit. c Ziff. i Definitions-RL).

30 Gemäß § 27 Abs. 2 KARBV hat die Verwahrstelle, der externe Bewerter oder die Kapitalverwaltungsgesellschaft Kriterien zu bestimmen, nach denen Marktpreise als **exakt**, **verlässlich** und **gängig** erachtet werden. Ein Kurs ist **„exakt"**, wenn er eineindeutig bestimmbar ist.[9] Dabei ist gem. § 27 Abs. 1 KARBV in der Regel auf den Schlusskurs (letzter verfügbarer handelbarer Kurs) zum Zeitpunkt der Anteilswertermittlung abzustellen, ausgenommen wenn z.B. eine längere Aussetzung der Anteilsrücknahmen zu dem ermittelten Rücknahmepreis keine Veräußerung realisierbar ist.[10] Liegen sowohl Geld- und Briefkurse vor, ist die Bewertung zum Mittelkurs geboten, wobei alternativ eine Bewertung zum Geldkurs ebenfalls zulässig ist (§ 27 Abs. 3 KARBV). Dadurch soll gewährleistet werden, dass der Bewertung mögliche oder wahrscheinliche Veräußerungspreise zugrunde liegen.[11] Ein Preis wird als **„verlässlich"** angesehen, wenn dieser nachvollziehbar und nachweisbar ist. Dies ist der Fall, wenn es sich entweder um Marktpreise handelt oder diese von einem emittentenunabhängigen Bewertungssystem gestellt werden (vgl. Art. 2 Abs. 1 lit. c Ziff. i Definitions-RL). „**Gängig**" ist ein Wert, wenn Transaktionen zu diesem Betrag jederzeit möglich sind. Dementsprechend sind sog. indikative Kurse für eine Bewertung auf Grundlage handelbarer Kurse ausgeschlossen. Jedoch können diese die Grundlage einer Modellbewertung i.S.d. § 28 KARBV bilden.[12] Dies gilt ebenfalls für sog. Taxakurse.[13]

31 Die BaFin verweist zudem im Zusammenhang mit der gleichlautenden Vorschrift der bisherigen InvRBV auf die nach IAS/IFRS verwendeten Kriterien für aktive bzw. inaktive Märkte.[14] Ein aktiver Markt ist nach der vereinheitlichten Definition des **IFRS 13** „ein Markt, auf dem Geschäftsvorfälle mit dem Vermögenswert oder der Schuld mit ausreichender Häufigkeit und Volumen auftreten, so dass fortwährende Preisinformationen zur Verfügung stehen".[15] Die Orientierung an diesem **international** gebräuchlichen Standard der Rechnungslegung erscheint im Hinblick auf eine Vereinheitlichung der Anforderungen sinnvoll.

32 Sofern am Stichtag kein Handel stattfindet, ist nach Auffassung der BaFin grundsätzlich auf den letzten Bewertungstag (**Handelstag**) abzustellen.[16]

33 Börsen- oder an einem organisierten Markt gehandelte **Optionsrechte** sind mit dem gem. § 168 Abs. 2 KAGB festgestellten Kurs zu bewerten.

V. Bewertung nicht an einer Börse handelbarer Vermögensgegenstände (§ 168 Abs. 3 KAGB)

34 Für Vermögensgegenstände, bei denen eine Bewertung nach § 168 Abs. 2 KAGB anhand handelbarer Kurse nicht durchführbar ist, hat die Bewertung anhand des Verkehrswerts auf Grundlage **geeigneter Bewertungsmodelle** unter Berücksichtigung aktueller Marktgegebenheiten zu erfolgen (§ 168 Abs. 3 KAGB). Die Regelung entspricht damit inhaltlich § 36 Abs. 3 Satz 1 InvG. Der **Verkehrswert** ist definiert als derjenige Betrag, zu dem der jeweilige Vermögensgegenstand in einem Geschäft zwischen sachverständigen, vertragswilligen und unabhängigen Geschäftspartnern ausgetauscht werden könnte.[17] Diese Definition orientiert sich inhaltlich am Konzept des beizulegenden Zeitwerts i.S.d. IFRS 13.9.

35 In Abgrenzung zu § 168 Abs. 2 KAGB bildet die Vorschrift einen **Auffangtatbestand** für Vermögensgegenstände, welche nicht an einer Börse oder einem organisierten Markt handelbar sind oder die entsprechend handelbar sind, jedoch deren Kurswert nicht verlässlich ist. Aufgrund der Spezialvorschriften in § 168 Abs. 4 KAGB für nicht notierte Schuldverschreibungen und Schuldscheindarlehen ist die Regelung für diese entsprechend nicht anzuwenden (vgl. Rz. 47).

---

9 Vgl. hierzu und zu den Definitionen der weiteren Kriterien im Folgenden *Hölscher* in Emde/Dornseifer/Dreibus/Hölscher, § 36 InvG Rz. 32 bis 34.
10 Vgl. *BaFin*, Begründung zu § 27 KARBV, 2013.
11 Vgl. *Winkeljohann/Malsch* in Winkeljohann/Förschle/Deubert, Kap. U Rz. 220.
12 Vgl. *BaFin*, Begründung zu § 27 KARBV, 2013.
13 Vgl. *Schultheiß* in Baur/Tappen, § 168 KAGB Rz. 109.
14 Vgl. *Blankenheim/Kleinschmidt* in BaFin-Journal 9/2009, S. 6.
15 IFRS 13, Anhang A (Stand: 1.7.2014).
16 Vgl. *Winkeljohann/Malsch* in Winkeljohann/Förschle/Deubert, Kap. U Rz. 221.
17 Vgl. *BaFin*, Begründung zu § 28 KARBV, 2013.

Die **§§ 29 bis 34 KARBV** regeln lex specialis die Bewertung für bestimmte Vermögensgegenstände. Siehe hierzu die Kommentierung im Rahmen der Vorbemerkung zu § 168 KAGB (Vor § 168 Rz. 22 ff.). Für die Bewertung eines Vermögensgegenstandes können parallel mehrere Bewertungsverfahren bestehen.[18] 36

§ 168 Abs. 3 KAGB fordert die **Eignung des Bewertungsmodells.** Bei einem Bewertungsmodell handelt es sich um ein konkretes finanzmathematisches Verfahren, welches durch die Verarbeitung von Inputfaktoren bzw. -parametern bestimmte Informationen über das zu erzielende Ergebnis generiert.[19] Praktisch handelt es sich hierbei in der Regel um computergestützte Modelle, welche separate Module (auch Rechenkreise genannt) enthalten und diese zur Ermittlung des Unternehmenswertes zusammenführen, z.B. bei einkommensorientierten Verfahren Module zur Bestimmung der bewertungsrelevanten Überschüsse sowie der Kapitalkosten.[20] Die Eignung des Bewertungsmodells bestimmt sich demnach an der Berücksichtigung aller relevanten Rechenkreise und deren fehlerfreier Verknüpfung.[21] 37

Des Weiteren fordert § 28 Abs. 2 KARBV die Anerkennung und Eignung der **zugrunde liegenden Methodik.** Da sich das Kriterium der Anerkennung aus praktischer Hinsicht bestimmt, während sich die Eignung aus theoretischer Perspektive bestimmt, und beide Perspektiven sich im Zeitverlauf verändern können, kann es keine festgelegte Anwendungsreihenfolge mit Blick auf die Methoden geben.[22] Übergeordnet ist grundsätzlich das Kriterium der sorgfältigen Einschätzung. 38

Der AIFM hat bei der Auswahl der Bewertungsmethode zu berücksichtigen, wie sich die Veränderung von **Kennziffern auf das Bewertungsergebnis** auswirkt und wie bestimmte **Anlagestrategien** sich auf den relativen Wert der Vermögensgegenstände im Portfolio widerspiegeln.[23] 39

Die Vorschrift zur Berücksichtigung aktueller Marktgegebenheiten spricht für die Bevorzugung **marktnaher Verfahren.**[24] In die Modellbewertung sind in größtmöglichem Umfang Marktdaten einzubeziehen und nur soweit erforderlich unternehmensspezifische Daten zu nutzen.[25] Diese Bestimmung ist vergleichbar mit der Regelung des IFRS 13.67, welche die Maximierung von beobachtbaren Inputfaktoren statuiert. Dabei wird eine Bemessungshierarchie von Inputfaktoren bestimmt. Jedoch führt die Präferenz von Inputfaktoren zu keiner Priorisierung von Multiplikatorverfahren gegenüber kapitalwertorientierten Verfahren.[26] Die Verwahrstelle hat eine **Kontrollpflicht** in Bezug auf die Bewertungsrichtlinie des AIF, welche die Eignung des Wertermittlungsverfahrens zumindest durch Stichprobenprüfung umfasst.[27] Die Marktgerechtigkeit der Geschäftsabschlüsse ist durch die KVG gem. § 168 Abs. 7 KAGB sicher zu stellen (sog. Marktgerechtigkeitskontrolle). 40

Gemäß § 28 Abs. 2 Satz 2 KARBV ist bei **Verwendung eines Bewertungsmodells Art. 71** der AIFM-VO beachten. Die Geltung des Art. 71 AIFM-VO wird jedoch auch durch den unmittelbaren Verweis in § 169 Abs. 3 KAGB erreicht (vgl. § 169 Rz. 51). 41

Eine **Dokumentation** und **Angemessenheit**süberprüfung ist in regelmäßigen Abständen unter Einbezug aktueller Marktinformationen durchzuführen (§ 28 Abs. 2 KARBV). Im Hinblick auf die Dokumentation bedeutet dies, dass für einen externen Prüfer die Dokumentation jederzeit ohne weiteres abrufbar und nachvollziehbar sowie dass das Ergebnis auf dieser Grundlage reproduzierbar ist.[28] Hinsichtlich der Angemessenheit ist erforderlich, dass über die Dauer der Anwendung der Verfahren fortlaufend die Anerkennung und Eignung sichergestellt ist.[29] Darüber hinaus ist die Entwicklung sämtlicher potentiell zur Beeinflussung des Werts des Vermögensgegenstandes geeigneter Marktbedingungen zu verfolgen. 42

Eine eigene Ermittlung des Verkehrswerts ist jedoch nicht in allen Fällen erforderlich. Der Wert kann auch **durch Dritte** wie dem Emittenten oder durch einen Kontrahenten bestimmt und mitgeteilt werden (§ 28 Abs. 3 KARBV). Eine Auslagerung ist hierin nicht zu sehen. Die Verwendung dieser Informationen erfordert jedoch eine vorherige Plausibilitätsprüfung durch die KVG, Verwahrstelle oder den externen Bewerter. Zulässige Methoden sind der Vergleich mit einer zweiten verlässlichen und aktuellen Preisquelle, der Ver- 43

---

18 Vgl. *Tollmann* in Dornseifer/Jesch/Klebeck/Tollmann, Art. 19 AIFM-RL Rz. 29.
19 Vgl. *Schultheiß* in Baur/Tappen, § 168 KAGB Rz. 126.
20 Vgl. *Postler*, Private Equity und das Kapitalanlagegesetzbuch, S. 45.
21 Vgl. *Postler*, Private Equity und das Kapitalanlagegesetzbuch, S. 45.
22 Vgl. *Hölscher* in Emde/Dornseifer/Dreibus/Hölscher, § 36 InvG Rz. 111.
23 Vgl. *Tollmann* in Dornseifer/Jesch/Klebeck/Tollmann, Art. 19 AIFM-RL Rz. 29.
24 Vgl. *Hölscher* in Emde/Dornseifer/Dreibus/Hölscher, § 36 InvG Rz. 111.
25 Vgl. *BaFin*, Begründung zu § 28 Abs. 2 KARBV, 2013.
26 Vgl. *Postler*, Private Equity und das Kapitalanlagegesetzbuch, S. 41.
27 Vgl. *Patz*, BKR 2015, (193) 195.
28 Vgl. *Schultheiß* in Baur/Tappen, § 168 KAGB Rz. 134.
29 Vgl. *Schultheiß* in Baur/Tappen, § 168 KAGB Rz. 135.

gleich mit einer eigenen modellgestützten Bewertung oder mittels anderer geeigneter Verfahren (§ 28 Abs. 3 KARBV). Diese Aufzählung ist nicht als abschließend zu verstehen. Die Definition des Emittenten ergibt sich aus § 2 Abs. 13, 14 WpHG.

44 In bestimmten Fällen sind umfangreichere **Plausibilisierungshandlungen** erforderlich. Ist der Preis gegenüber der vorherigen Bewertung unverändert oder zeigt sich eine auffällige Preisveränderung, so ist ein Verständnis der verwendeten Bewertungsmethoden zu entwickeln. Dies ist auch erforderlich, wenn die Preisstellung durch den an das Unternehmen veräußernden Wertpapiermakler erfolgt. Die Information wird dann als weniger objektiv und verlässlich angesehen.[30]

45 Hinsichtlich der Berücksichtigung **indikativer Kurse** zur Bewertung (Begründung zu § 27 KARBV) existieren keine konkreten Vorschriften. Denkbar ist zumindest die Verwendung als Inputparameter für eine Bewertung mit der Vergleichswertmethode (vgl. Rz. 47 ff.).[31]

46 Die Bewertung von **Over-the-Counter-Derivaten** (OTC-Derivate) erfolgt nach § 168 Abs. 3 KAGB.[32] Dies gilt auch für börsengehandelte Optionen, bei denen kein Handel statt gefunden hat oder wenn der Börsenhandel ausgesetzt wurde.[33] Gemäß § 28 Abs. 2 Satz 5 KARBV ist die Bewertung eines OTC-Derivats anhand des Art. 8 Abs. 4 lit. b der Definitions-RL zu überprüfen. Die Häufigkeit der Überprüfung ist nicht vorgegeben.[34] Bei OGAW ist § 25 Abs. 2 DerivateV einschlägig, welcher eine Bewertung der Derivate nach §§ 24 und 26 KARBV auf täglicher Basis vorsieht. Werden zur Absicherung des Verkehrswertes des Zielfonds Futures, Termin- oder Optionskontrakte eingesetzt, so ist bei der Bewertung im Dachfonds auf den gleichen Stichtag abzustellen.[35]

VI. Bewertung nicht börsennotierter Schuldverschreibungen (§ 168 Abs. 4 KAGB)

47 Für nicht an einer Börse oder anderem organisierten Markt zum Handel zugelassene oder einbezogene Schuldverschreibungen und Schuldscheindarlehen wird durch die Regelung des § 168 Abs. 4 KAGB die Anwendung des § 168 Abs. 3 KAGB **ausgehebelt**.

48 Die Regelung des § 168 Abs. 4 KAGB entspricht dem des § 36 Abs. 3 Satz 2 InvG[36] und dem bereits dort statuierten **dreistufigen Verfahren**, welches der üblichen Vorgehensweise bei Vergleichswertverfahren entspricht.[37]

49 Zunächst ist dabei auf Preise **vergleichbarer Schuldverschreibungen** bzw. Schuldscheindarlehen abzustellen. Grundlage der Bewertung können Preise vergleichbarer Schuldverschreibungen bzw. Schuldscheindarlehen sein, die im Interbankenmarkt über den Telefonverkehr zustande gekommen sind.[38] Ein Vergleichspapier ist insbesondere anhand der Kriterien Aussteller, Restlaufzeit und Effektivzins und gegebenenfalls im Vertrag vorhandener Options- und Kündigungsrechte, Besonderheiten bei der Besicherung und Nachrangigkeitsabreden zu bestimmen.[39]

50 Sollten Preise vergleichbarer Schuldverschreibungen bzw. Schuldscheindarlehen nicht verfügbar sein, sind in der zweiten Stufe Anleihe-Kurswerte **vergleichbarer Emittenten** mit entsprechender Laufzeit und Verzinsung heranzuziehen. Hierbei sind dieselben Kriterien wie auf der ersten Stufe anzulegen und ggf. Anpassungen vorzunehmen.

51 In einer dritten Stufe kann es erforderlich sein, eine Korrektur mittels eines **Abschlags** zum Ausgleich geringerer Veräußerbarkeit (mangelnde Liquidität) vorzunehmen. Für eine höhere Fungibilität der Vergleichsanleihe kann ein Fungibilitätsabschlag zu berücksichtigen sein. Dies ist jedoch im Einzelfall zu entscheiden.[40]

---

30 Vgl. *BaFin*, Begründung zu § 28 Abs. 3 KARBV, 2013.
31 Vgl. *Schultheiß* in Baur/Tappen, § 168 KAGB Rz. 131.
32 Vgl. *Kayser/Selkinski* in Weitnauer/Boxberger/Anders, § 168 KAGB Rz. 40.
33 Vgl. *Winkeljohann/Malsch* in Winkeljohann/Förschle/Deubert, Kap. U Rz. 261.
34 Vgl. *Patzner/Schneider-Deters* in Moritz/Klebeck/Jesch, § 168 KAGB Rz. 30.
35 Vgl. *BaFin*, Begründung zu § 28 Abs. 2 KARBV, 2013.
36 Vgl. *Schultheiß* in Baur/Tappen, § 168 KAGB Rz. 189.
37 Vgl. *Hölscher* in Emde/Dornseifer/Dreibus/Hölscher, § 36 InvG Rz. 193 f.
38 Vgl. *Schultheiß* in Baur/Tappen, § 168 KAGB Rz. 190.
39 Vgl. *Hölscher* in Emde/Dornseifer/Dreibus Hölscher, § 36 InvG Rz. 195 f.
40 Vgl. *Baur*, 2. Aufl. 1997, § 21 KAGG Rz. 33.

VII. Auf Derivate geleistete Einschüsse (§ 168 Abs. 5 KAGB)

§ 168 Abs. 5 KAGB regelt die Zurechnung von auf Derivate geleisteten Einschüssen zum Investmentvermögen entsprechend der Regelung des § 36 Abs. 4 Satz 2 InvG. Bewertungsgewinne und -verluste sind einzubeziehen. Die **Definition** des Derivategeschäfts bestimmt sich dabei nach Art. 8 Abs. 2 der Definitions-RL.[41] 52

Besondere Bedeutung gewinnt die Regelung angesichts der im Zuge der **EMIR** eingeführten grundsätzlichen Clearing-Pflicht für OTC-Derivate (vgl. Art. 4 EMIR). Nicht zentral abgewickelte OTC-Derivate unterliegen gemäß VO 2016/2055 seit 1.3.2017 einer **Besicherungspflicht.** Diese gilt auch für alle OGAW- und AIF-Verwaltungsgesellschaften, da diese als finanzielle Gegenpartei gem. Art. 2 Nr. 8 EMIR vom Anwendungsbereich der VO 2016/2055 erfasst sind. Bei der Besicherungspflicht ist zwischen **Ersteinschuss** (sog. Initial Margin) und **Nachschuss** (sog. Variation Margin) zu unterscheiden. Bei einem Ersteinschuss handelt es sich um eine Sicherheit zur der Deckung aktueller und potentieller künftiger Risiken in der Zeit zwischen der letzten Entgegennahme von Einschusszahlungen und der Veräußerung von Positionen oder zur Absicherung gegen Marktrisiken infolge eines Ausfalls der Gegenpartei (vgl. Art. 1 Nr. 1 VO 2016/2251). Ein Nachschuss hingegen dient zum Ausgleich von Wertschwankungen aus der täglichen Bewertung von Kontrakten. 53

Der Einbezug einer **in bar erbrachten Margin** erfolgt über die Position „sonstige Forderungen aus Einschüssen" in die Bewertung, während hinterlegte Wertpapiere wie alle Wertpapiere bei der Anteilswertermittlung zu berücksichtigen sind.[42] **Laufende Bewertungsgewinne und -verluste** werden in die Bewertung einbezogen, außer die Variation Margin wurde noch nicht geleistet. 54

VIII. Schwebende Verpflichtungsgeschäfte und Wertpapierdarlehen (§ 168 Abs. 6 KAGB)

Hinsichtlich schwebender Verpflichtungsgeschäfte ist laut § 168 Abs. 6 KAGB statt des zu liefernden Vermögensgegenstandes die **Gegenleistung** unmittelbar nach Geschäftsabschluss zu berücksichtigen. Die Unmittelbarkeit des Geschäftsabschlusses wird bei einem Zeitraum von maximal **zwei Tagen** angenommen.[43] Bei sehr hoher Volatilität des Kurses ist diese Frist ggf. zu lang.[44] 55

Maßgeblich für Rückerstattungsansprüche aus **Wertpapier-Lombard-Krediten** ist der jeweilige Kurswert der übertragenen Wertpapiere. Die Regelung entspricht § 36 Abs. 1 Satz 4 und 5 InvG unter redaktionellen Anpassungen. 56

Die Definition eines **Wertpapier-Darlehens** ergibt sich aus § 200 Abs. 1 Satz 1 KAGB. Demnach darf eine KVG für Rechnung des Investmentvermögens Wertpapiere an einen Dritten (Wertpapier-Darlehensnehmer) gegen ein marktgerechtes Entgelt übertragen, wenn der Wertpapier-Darlehensnehmer für Rechnung des inländischen Wertpapiere von gleicher Art, Güte und Menge zurückzuerstatten hat. 57

Besteht die Gefahr, dass der Entleiher seiner **Rückgabeverpflichtung nicht nachkommt**, ist die Darlehensforderung jedoch mit dem Verkehrswert anzusetzen.[45] Dieser bestimmt sich nach § 168 Abs. 3 KAGB i.V.m. § 28 KARBV. 58

Die Regelung des § 168 Abs. 6 Satz 2 KAGB gilt für echte Wertpapier-Pensionsgeschäfte (sog. **Repurchase Agreements**) entsprechend.[46] 59

XI. Best Execution und Marktgerechtigkeit (§ 168 Abs. 7 KAGB)

Die Regelung des § 36 Abs. 2 InvG wurde mit redaktionellen Anpassungen übernommen. Nach der Norm des § 168 Abs. 7 KAGB hat die KVG **alle angemessenen Maßnahmen** zu ergreifen, um das bestmögliche Ergebnis bei Erwerb und Veräußerung von Vermögensgegenständen für das Investmentvermögen und damit für den Anleger zu erzielen. Dahingehend besteht eine Verpflichtung, **nachträglich** die Existenz und 60

41 Vgl. *Kayser/Selkinski* in Weitnauer/Boxberger/Anders, § 168 KAGB Rz. 39.
42 Vgl. *Hölscher* in Emde/Dornseifer/Dreibus Hölscher, § 36 InvG Rz. 206.
43 Vgl. *Kayser/Selkinski* in Weitnauer/Boxberger/Anders, § 168 KAGB Rz. 41. Für eine Aufzählung beispielhafter Zeitpunkte von Geschäftsabschlüssen vgl. *Baur*, 2. Aufl. 1997, § 21 KAGG Rz. 29 f.
44 Vgl. *Winkeljohann/Malsch* in Winkeljohann/Förschle/Deubert, Kap. U Rz. 264.
45 Vgl. *Hölscher* in Emde/Dornseifer/Dreibus/Hölscher, § 36 InvG Rz. 44.
46 Vgl. *Schultheiß* in Baur/Tappen, § 168 KAGB Rz. 200.

Einhaltung konkreter interner Verfahrensvorschriften festzustellen.[47] Ein Erreichen des optimalen Ergebnisses in jedem Einzelfall ist hingegen nicht erforderlich.[48]

61 Im KAGB existiert keine Definition, welche **Maßnahmen** als **angemessen** angesehen werden. Auf Grundlage des § 82 WpHG wird hierbei insbesondere die Festlegung von Auftragsgrundsätzen (sog. **Best Execution-Grundsätze**) und deren jährliche Überprüfung gesehen. Die Etablierung von Best Execution-Grundsätzen, stellt im Hinblick auf die Anforderung **alle** angemessenen Maßnahmen zu treffen, die Erfüllung eines Mindeststandards dar. Flankierend zur Definition des § 82 WpHG sind in Art. 27 f. AIFM-VO weitere spezifische Vorschriften zu den Best Execution-Grundsätzen enthalten.

62 So sind demnach **insbesondere** schriftliche Grundsätze für die Auftragsausführung festzulegen und umzusetzen, die den AIF und deren Anlegern bei AIF-Aufträgen die Erzielung des bestmöglichen Ergebnisses gestatten (Art. 27 Abs. 3 Satz 2 AIFM-VO). Zudem müssen AIFM die Wirksamkeit ihrer Regelungen und Grundsätze für die Auftragsausführung gem. Art. 27 Abs. 4 AIFM-VO (bzw. Art. 28 Abs. 3 AIFM-VO) regelmäßig überwachen und ihre Grundsätze für die Auftragsausführung jährlich überprüfen (Art. 27 Abs. 5 Satz 1 AIFM-VO). Darüber hinaus hat eine Überprüfung auch stattzufinden, wenn eine wesentliche Veränderung eintritt, die die Fähigkeit des AIFM beeinträchtigt, weiterhin das bestmögliche Ergebnis zu erzielen (Art. 27 Abs. 5 Satz 2 AIFM-VO). Bei atypischen Situationen wie Marktverwerfungen sind Maßnahmen wie ein Spezialistengremium erforderlich, um eine Platzierung abweichend zu den Grundsätzen zu ermöglichen.[49]

63 Bei der **Auftragsausführung** sind insbesondere der Kurs bzw. Preis, die Kosten, Geschwindigkeit und Wahrscheinlichkeit der Ausführung und Abrechnung, der Umfang und die Auftragsart sowie sonstige relevante Aspekte zu berücksichtigen (§ 168 Abs. 7 Satz 2 KAGB). Diese Faktoren sind anhand der in § 168 Abs. 7 Satz 3 KAGB genannten Kriterien zu gewichten:[50]

- **Ziele, Anlagepolitik und spezifische Risiken:** Dieses Kriterium beinhaltet im Verkaufsprospekt oder den Vertragsbedingungen gemachte Angaben zu den Besonderheiten.
- **Merkmale des Auftrags:** Vom Auftrag betroffene Vermögensgegenstände sowie Art und Umfang des Auftrags.
- **Merkmale der Vermögensgegenstände:** Das Kriterium ist auf die Art der betroffenen Vermögensgegenstände oder die Gattung von Finanzinstrumenten bezogen.
- **Merkmale der Ausführungsplätze:** Bestimmen sich aus der jeweiligen Definition. Zu unterscheiden sind gem. § 11 WpDVerOV organisierte Märkte, multilaterale Handelssysteme, systematische Internalisierer, Market-Maker und sonstige Liquiditätsgeber sowie vergleichbare Unternehmen und Einrichtungen in Drittstaaten.

64 Sofern nur ein **Ausführungsplatz** zur Verfügung steht, finden die detaillierten Vorschriften zur Beachtung von Best-Execution (Art. 27 Abs. 2 bis 5 AIFM-VO) gem. Art. 27 Abs. 7 AIFM-VO keine Anwendung, und es verbleibt bei Maßgabe der Regelung des Art. 27 Abs. 1 AIFM-VO dabei, dass AIFM im Rahmen von Handelsentscheidungen im Besten Interesse der AIF oder der Anleger handeln müssen. Diesbezüglich ist aber ein Nachweis zu führen.

65 Nachteilige Geschäfte **zu nicht marktgerechten Bedingungen** sind nicht zulässig (§ 168 Abs. 7 Satz 4 KAGB). Diese Vorgabe konkretisiert das allgemeine Sorgfaltsgebot des § 26 Abs. 1 KAGB.[51] Bedingungen sind die in § 168 Abs. 7 Satz 2 KAGB genannten Faktoren (vgl. Rz. 63). Ausschlaggebend für die Beurteilung der Marktgerechtigkeit ist eine Gesamtwürdigung der Faktoren. Dabei ist der Schlusskurs als relevante Vergleichsgröße zum Abschlusskurs heranzuziehen (vgl. Rz. 30).

66 Zu beachten ist, dass die Regelung sich nur auf Geschäfte zum **Nachteil** des Investmentvermögens bezieht. Dies bedeutet jedoch nicht, dass zum Transaktionszeitpunkt marktgerechte Abschlüsse, welche sich später zum Nachteil z.B. aufgrund negativer Marktentwicklung erweisen, als nicht marktgerecht einzustufen sind.[52] Maßgeblicher Beurteilungszeitpunkt ist der Zeitpunkt der Durchführung der Transaktion.

67 Ein Verstoß gegen das Marktgerechtigkeitsgebot führt nicht zur **Nichtigkeit des Geschäftsabschlusses.**[53] Hinsichtlich einer Haftung aus der Nichteinhaltung von § 168 Abs. 4 Satz 1 bis 3 KAGB ist zu prüfen, ob

47 Vgl. *Schultheiß* in Baur/Tappen, § 168 KAGB Rz. 215.
48 Vgl. *Hölscher* in Emde/Dornseifer/Dreibus/Hölscher, § 36 InvG Rz. 93.
49 Vgl. *Schultheiß* in Baur/Tappen, § 168 KAGB Rz. 216.
50 Vgl. *Hölscher* in Emde/Dornseifer/Dreibus/Hölscher, § 36 InvG Rz. 83 bis 86.
51 Vgl. *Kayser/Selkinski* in Weitnauer/Boxberger/Anders, § 168 KAGB Rz. 48.
52 Vgl. *Hölscher* in Emde/Dornseifer/Dreibus/Hölscher, § 36 InvG Rz. 92.
53 Vgl. *Schmitz* in Berger/Steck/Lübbehüsen, § 36 InvG Rz. 20.

die entsprechenden Maßnahmen überhaupt nicht getroffen wurden, unzureichend waren oder die Geschäftsabschlüsse nicht an den Grundsätzen ausgerichtet waren.[54] Das Verfahren der Entschädigung ergibt sich in diesem Zusammenhang aus §§ 78 Abs. 3, 89 Abs. 3 KAGB.

Auch eine **Haftung der Verwahrstelle** ist denkbar, sofern Kontrollpflichten hinsichtlich der prozeduralen Pflichten nicht beachtet werden. 68

Bei einem Verstoß gegen § 168 Abs. 7 Satz 4 KAGB sind **Schadensersatzansprüche** sowohl gegenüber der KVG als auch der Verwahrstelle denkbar. 69

X. Verordnungsermächtigung (§ 168 Abs. 8 KAGB)

§ 168 Abs. 8 KAGB ersetzt den bisherigen Wortlaut des § 36 Abs. 5 InvG unter redaktionellen Anpassungen. 70

Mit § 168 Abs. 8 Satz 1 KAGB wird das Bundesministerium der Finanzen **ermächtigt**, eine Rechtsverordnung mit weiteren Bestimmungen über die Bewertung der Vermögensgegenstände und die Anteil- oder Aktienwertermittlung sowie über die Berücksichtigung ungewisser Steuerverpflichtungen bei der Anteil- oder Aktienwertermittlung zu erlassen. Von der Möglichkeit gem. § 168 Abs. 8 Satz 2 KAGB, diese Ermächtigung auf die BaFin zu übertragen, wurde gem. § 1 Nr. 3a BaFinBefugV Gebrauch gemacht. Die BaFin hat daraufhin die **KARBV** erlassen, welche am 22.7.2013 in Kraft getreten ist und die InvRBV ersetzt. In diesem Zuge wurden die Regelungen zur Rechnungslegung und Bewertung am KAGB ausgerichtet, wobei insbesondere Vorschriften zur Bewertung der Sachwerte, in die geschlossene Investmentvermögen investieren dürfen, integriert wurden.[55] Vgl. hierzu die Kommentierung im Rahmen der Vorbemerkung zu § 168 KAGB (Vor § 168 Rz. 22 ff.). 71

§ 169 Bewertungsverfahren

(1) [1]Die Kapitalverwaltungsgesellschaft hat eine interne Bewertungsrichtlinie zu erstellen. [2]Die Bewertungsrichtlinie legt geeignete und kohärente Verfahren für die ordnungsgemäße, transparente und unabhängige Bewertung der Vermögensgegenstände des Investmentvermögens fest. [3]Die Bewertungsrichtlinie soll vorsehen, dass für jeden Vermögensgegenstand ein geeignetes, am jeweiligen Markt anerkanntes Wertermittlungsverfahren zugrunde zu legen ist und dass die Auswahl des Verfahrens zu begründen ist.

(2) Die Bewertung der Vermögensgegenstände hat unparteiisch und mit der gebotenen Sachkenntnis, Sorgfalt und Gewissenhaftigkeit zu erfolgen.

(3) [1]Die Kriterien für die Verfahren für die ordnungsgemäße Bewertung der Vermögensgegenstände und für die Berechnung des Nettoinventarwertes pro Anteil oder Aktie sowie deren konsistente Anwendung und die Überprüfung der Verfahren, Methoden und für Berechnungen bestimmen sich nach den Artikeln 67 bis 74 der Delegierten Verordnung (EU) Nr. 231/2013. [2]Für das Bewertungsverfahren bei inländischen OGAW sind die Artikel 67 bis 74 der Delegierten Verordnung (EU) Nr. 231/2013 entsprechend anzuwenden.

In der Fassung vom 4.7.2013 (BGBl. I 2013, S. 1981).

---

54 Vgl. *Schultheiß* in Baur/Tappen, § 168 KAGB Rz. 258.
55 Vgl. *BaFin*, Begründung zur KARBV, 2013, Allgemeiner Teil.

Schrifttum: *Patz*, Das Zusammenwirken zwischen Verwahrstelle, Bewerter, Abschlussprüfer und BaFin bei der Überprüfung der Einhaltung der Bewertungsmaßstäbe und -verfahren für Vermögensgegenstände von AIF und OGAW, BKR 2015, 193; *Postler*, Private Equity und das Kapitalanlagegesetzbuch, 2015; *Sprengnether/Wächter*, Risikomanagement nach dem Kapitalanlagegesetzbuch (KAGB), WM 2014, 877; *Volhard/El-Qalqili*, Die neuen Bewertungsvorschriften für AIF-Investmentvermögen, DB 2013, 2103.

I. Regelungsgegenstand und -zweck

1 Mit § 169 KAGB wurde Art. 19 Abs. 1 und Abs. 8 AIFM-RL auf nationaler Ebene umgesetzt. Damit wurden die organisatorischen Voraussetzungen an das Bewertungsverfahren und die qualitativen Anforderungen bei der Durchführung der Bewertung in nationales Recht übernommen. Im Vergleich zur OGAW-RL, welche die Bewertung dem nationalen Recht überlässt, werden damit auf europäischer Ebene erstmals **einheitliche umfassende organisatorische** Anforderungen an die Bewertung definiert.[1]

2 Die Vorschrift des § 169 KAGB dient primär dem **Anlegerschutz**. Unter diesem Gesichtspunkt sollen die detaillierten Regeln des Art. 19 Abs. 1 und Abs. 8 AIFM-RL auch für OGAW-Investmentvermögen gelten, was durch die Aufnahme der Vorschrift in den Abschnitt der offenen Publikumsinvestmentvermögen erreicht wurde.[2] Der Aspekt des Anlegerschutzes wird zudem durch die Offenlegung der Regeln für die Vermögensbewertung und Verfahren für die Bewertung schwer zu bewertender Vermögenswerte im Verkaufsprospekt verdeutlicht (§ 165 Abs. 2 Nr. 19 KAGB).

3 In **§ 169 Abs. 1 KAGB** werden das Erfordernis einer internen Bewertungsrichtlinie und die inhaltlichen Anforderungen an diese geregelt. Demnach hat die Bewertungsrichtlinie geeignete und kohärente Verfahren für die ordnungsgemäße, transparente und unabhängige Bewertung der Vermögensgegenstände des Investmentvermögens festzulegen. Zudem ist für jeden Vermögensgegenstand ein geeignetes, anerkanntes Wertermittlungsverfahren auszuwählen und die Wahl zu begründen. **§ 169 Abs. 2 KAGB** bestimmt, dass die Bewertung der Vermögensgegenstände unparteiisch und mit der gebotenen Sachkenntnis, Sorgfalt und Gewissenhaftigkeit zu erfolgen hat. Die Regelung des **§ 169 Abs. 3 KAGB** verweist hinsichtlich der Verfahren für die ordnungsgemäße Bewertung der Vermögensgegenstände und für die Berechnung des Nettoinventarwertes pro Anteil oder Aktie auf die Vorschriften Art. 67 bis 74 der AIFM-VO.

II. Anwendungsbereich

4 Die Regelung des § 169 KAGB richtet sich primär als Bestandteil des entsprechenden Abschnitts an offene Publikumsinvestmentvermögen. Durch **Verweise** wird jedoch der Anwendungsbereich auf Immobilien-Sondervermögen (§ 249 KAGB), geschlossene inländische Publikums-AIF (§ 271 KAGB), offene inländische Spezial-AIF (§ 278 KAGB) und geschlossene inländische Spezial-AIF (§ 286 KAGB) und sog. kleine AIFM (§ 2 Abs. 5 Nr. 5 KAGB) erweitert.

5 Durch den Verweis in § 169 Abs. 3 Satz 1 KAGB wird die EU-Verordnung auch auf Bewertungsverfahren von **Publikums-AIF** anwendbar.[3] Zudem wird in § 169 Abs. 3 Satz 2 KAGB die entsprechende Anwendung bei **inländischen OGAW** geregelt.

III. Bewertungsrichtlinie (§ 169 Abs. 1 KAGB)

6 Gemäß § 169 Abs. 1 Satz 1 KAGB ist eine **Bewertungsrichtlinie** zu erstellen. Siehe grundsätzlich zur Bewertungsrichtlinie Vor § 168 Rz. 82. Hinsichtlich der **Rechtsnatur** handelt es sich bei der Bewertungsrichtlinie um eine Kategorie des gesellschaftlichen Innenrechts, welche keine gesellschaftsvertragliche bzw. satzungsrechtliche Festlegung erfordert.[4] Die Bewertungsrichtlinie ist Teil der **Organisationsrichtlinien** des Unternehmens.[5]

7 Für die ordnungsgemäße, transparente und unabhängige Bewertung der Vermögensgegenstände des Investmentvermögen hat die Bewertungsrichtlinie **geeignete** und **kohärente Verfahren** festzulegen (§ 169 Abs. 1 Satz 2 KAGB).

---

1 Vgl. *Tollmann* in Dornseifer/Jesch/Klebeck/Tollmann, Art. 19 AIFM-RL Rz. 1.
2 Vgl. Begr. RegE, BT-Drucks. 17/12294, 258 f.
3 Vgl. Begr. RegE, BT-Drucks. 17/12294, 259.
4 Vgl. *Schultheiß* in Baur/Tappen, § 169 KAGB Rz. 11.
5 Vgl. *BaFin*, Rundschreiben 1/2017, Mindestanforderungen an das Risikomanagement von Kapitalverwaltungsgesellschaften – „KAMaRisk" vom 10.1.2017, Ziff. 6.3.

Im Hinblick auf die **Geeignetheit** der Verfahren existiert keine Definition im KAGB. Die ordnungsgemäße, transparente und unabhängige Bewertung muss jedoch durch die festgelegten Wertermittlungsverfahren gewährleistet sein.[6] Unter Rückgriff auf Erwägungsgrund 29 der AIFM-RL können Verfahren auch als geeignet angesehen werden, wenn diese neben dem Kriterium der Ordnungsmäßigkeit der Bewertung der Vermögensgegenstände des Investmentvermögens auch den Besonderheiten der unterschiedlichen Arten von Vermögensgegenständen sowie den relevanten Märkten Rechnung tragen.[7] 8

Ob ein Bewertungsverfahren anerkannt ist, hängt von den in der Branche üblichen Gebräuchen ab (vgl. Vorbemerkung vor § 168 Rz. 19). Die Relevanz branchenüblicher Standards wird jedoch durch gesetzlich vorgesehene Bewertungsverfahren (wie z.B. in der KARBV) gemindert. 9

Die Eignung des festgelegten Bewertungsverfahrens unter Berücksichtigung des **Anlageobjektes** und der **Anlagestrategie** des Sondervermögens ist gem. § 32 Abs. 1 KAPrüfBV durch den Jahresabschlussprüfer des Sondervermögens zu bestätigen. Die Verfahren müssen darüber hinaus mit den Anlagebedingungen im Einklang stehen und im Übrigen die Anforderungen des § 168 KAGB erfüllen. 10

Im Hinblick auf das Kriterium der **Kohärenz** ist insbesondere Art. 69 AIFM-VO zu beachten. Die Vorschrift des § 169 Abs. 1 Satz 1 KAGB fordert diese nur im Hinblick die Festlegung kohärenter Wertermittlungsverfahren, während Art. 69 Abs. 1 AIFM-VO zudem noch die kohärente Anwendung der Bewertungsrichtlinie fordert (vgl. hierzu Rz. 40). 11

Die **Ordnungsmäßigkeit** der Bewertung und der Bewertungsverfahren bestimmt sich anhand der anzuwendenden nationalen Rechtsvorschriften (KAGB, KARBV), der AIFM-RL, der AIFM-VO und den Vertragsbedingungen oder der Satzung (Art. 19 Abs. 1 AIFM-RL). 12

Zur Erfüllung der **Transparenz**-Anforderung muss die Bewertungsrichtlinie für jeden nachvollziehbar sein, für den sie bedeutsam sein könnte.[8] Die Information der Anleger über Bewertungen und die Berechnung bestimmt sich anhand der entsprechenden Vertragsbedingungen oder der Satzung des AIF (Art. 19 Abs. 3 Unterabs. 5 AIFM-RL). 13

Das Kriterium der **Unabhängigkeit** knüpft primär an die Unabhängigkeit desjenigen an, der die Bewertung durchführt (interner oder externer Bewerter, vgl. § 216 Rz. 5 ff.). Anforderungen zu Unabhängigkeit ergeben sich auch aus Art. 67 AIFM-VO. Bei interner Bewertung sind Schutzvorkehrungen für eine funktional unabhängige Durchführung der Bewertungsaufgabe zu definieren und in den Bewertungsgrundsätzen zu beschreiben (vgl. Art. 67 Abs. 4 AIFM-VO). Entsprechende Maßnahmen der Schutzvorkehrungen verhindern oder beschränken jeden ungebührlichen Einfluss auf die Art und Weise, wie eine relevante Person die Bewertungsaufgaben ausführt (Art. 67 Abs. 4 AIFM-VO). Parallel ergeben sich auch Anforderungen aus § 216 KAGB (vgl. § 216 Rz. 8 f.). 14

Unklar ist jedoch, welche **Bereiche** in Bezug auf die Bewertungsverfahren konkret in der Bewertungsrichtlinie aufzunehmen sind. Zumindest die Maßnahmen zur Umsetzung der Bewertungsvorschriften sind festzulegen.[9] Im Hinblick auf die Modellbewertung ergeben sich zudem zusätzliche Dokumentationserfordernisse (s. § 168 Rz. 42) sowie bei der Bewertung unternehmerischer Beteiligungen (s. Vor § 168 Rz. 66). Darüber hinaus sind Bestimmungen aus der AIFM-VO zu beachten (s. unten Abschnitt V., Rz. 26 ff.). 15

§ 169 Abs. 1 Satz 3 KAGB bestimmt, dass für jeden Vermögensgegenstand ein geeignetes, am jeweiligen Markt anerkanntes **Wertermittlungsverfahren** festzulegen und die Auswahl zu begründen ist. Im Gegensatz zur Überschrift des § 169 KAGB „Bewertungsverfahren" enthält § 169 Abs. 1 KAGB Bestimmungen zu „Verfahren" oder „Wertermittlungsverfahren". Diese Begriffe werden **synonym** benutzt. Im Hinblick auf „Bewertungsmethoden" ist zu beachten, dass es sich hierbei um einen Bestandteil des „Wertermittlungsverfahrens" handelt. Unter Wertermittlungsverfahren ist die Ermittlung eines bestimmten Bewertungsergebnisses anhand unterschiedlicher Bewertungsmethoden zu verstehen, welches für die Bewertung oder die Plausibilisierung verwendet wird.[10] Die Bestimmung des Wertermittlungsverfahrens erfolgt anhand der in § 168 KAGB festgelegten Bewertungshierarchie. 16

Fraglich ist, wer bei Verstößen gegen die Bewertungsrichtlinie **haftbar** zu machen ist. Hierzu ist das Vertragsverhältnis zwischen Anlegern und **KVG** näher zu betrachten. Vgl. hierzu ausführlich Einl. Rz. 117 ff. 17

---

6 Vgl. *Schultheiß* in Baur/Tappen, § 169 KAGB Rz. 15; *Tollmann* in Dornseifer/Jesch/Klebeck/Tollmann, Art. 19 AIFM-RL Rz. 25.
7 Vgl. *Kayser/Selkinski* in Weitnauer/Boxberger/Anders, § 169 KAGB Rz. 15.
8 Vgl. *ESMA*, Final Report vom 16.11.2011, S. 113 Rz. 9.
9 Vgl. *Postler*, Private Equity und das Kapitalanlagegesetzbuch, S. 69.
10 Vgl. *Kayser/Selkinski* in Weitnauer/Boxberger/Anders, § 169 KAGB Rz. 12.

18 Bei einer **Auslagerung** hat die KVG ein Verschulden des Auslagerungsunternehmens gem. § 36 Abs. 4 KAGB im gleichen Umfang zu vertreten wie eigenes Verschulden. Diese Regelung kann nicht einzelvertraglich eingeschränkt werden.

19 Bei einer Pflichtverletzung durch die **Verwahrstelle** ist auf die Regelung des § 77 Abs. 2 KAGB abzustellen. Demzufolge haftet die Verwahrstelle gegenüber dem Investmentvermögen oder den entsprechenden Anlegern für sämtliche Verluste, die aus einer fahrlässigen oder vorsätzlichen Verletzung gesetzlicher Pflichten resultieren. Denkbare Pflichtverletzungen sind in diesem Zusammenhang die fehlerhafte Bewertung von Vermögensgegenständen durch die Verwahrstelle oder die Verletzung von Kontrollpflichten.

20 Hinsichtlich einer Haftung des **externen Bewerters** ist die Regelung des § 216 Abs. 7 KAGB einschlägig. Diese schreibt vor, dass die KVG für die Berechnung und Bekanntgabe des Nettoinventarwerts verantwortlich ist, unabhängig davon ob ein externer Bewerter bestellt wurde. Dadurch bleibt im Außenverhältnis die Haftung der KVG gegenüber den Anlegern und dem Investmentvermögen bestehen. Der externe Bewerter haftet bei fahrlässiger oder vorsätzlicher Nichterfüllung der Aufgaben gegenüber der KVG.

IV. Bewertungsgrundsätze (§ 169 Abs. 2 KAGB)

21 Der Wortlaut des § 169 Abs. 2 KAGB entspricht Art. 19 Abs. 8 AIFM-RL. Demnach hat die Bewertung der Vermögensgegenstände **unparteiisch** und mit der gebotenen **Sachkenntnis, Sorgfalt** und **Gewissenhaftigkeit** zu erfolgen. Bei diesen Anforderungen an den Bewerter handelt es sich um unbestimmte Rechtsbegriffe i.S.d. Verwaltungsrechts.[11] Vgl. hierzu auch Vor § 168 Rz. 77 f. Bei der Auslegung dieser Begriffe kann auf bereits im Investmentrecht etablierte Definitionen zurückgegriffen werden.

22 In Abgrenzung zur funktionellen Unabhängigkeit der Bewertung, welche die Einwirkung exogener Faktoren betrifft, handelt es sich bei der **Unparteilichkeit** um endogene Aspekte, die aus einem organisatorischen Abhängigkeitsverhältnis resultieren.[12] Im Hinblick auf die unparteiische Durchführung der Bewertung soll gewährleistet werden, dass die Bewertung ausschließlich unter fachlichen Aspekten vorgenommen wird und keine Beeinflussung des Ergebnisses durch unsachgemäße Erwägungen erfolgt.[13] Dieser Anforderung kommt entscheidende Bedeutung zu, da eine Bewertung regelmäßig mit **unterschiedlichen Erwartungshaltungen** verschiedener Interessengruppen verbunden ist. Beispielsweise wird Kapitalverwaltungsgesellschaften aufgrund der daran gekoppelten Vergütung regelmäßig ein Interesse an einer möglichst hohen Bewertung unterstellt.

23 Hinsichtlich der **Sachkenntnis** muss der Bewerter über angemessene theoretische **Fachkenntnisse** und ausreichende **praktische Erfahrungen** hinsichtlich der zu bewertenden Vermögensgegenstände und des jeweiligen Marktes für diese Vermögensgegenstände verfügen.[14] Ein Bewertungsteam sollte in diesem Zusammenhang unter Aspekten der bestmöglichen Leistungserbringung besetzt werden.[15] Bei Bewertung durch die KVG hat der Abschlussprüfer darüber Bericht zu erstatten, ob die Mitarbeiter, die die Bewertung vornehmen, über die erforderliche Sachkenntnis verfügen (vgl. § 32 Abs. 2 Satz 2 KaPrüfBV).

24 Im Hinblick auf das Kriterium der **Sorgfalt** ist ein abstrakter Maßstab anzusetzen.[16] Die Erbringung der Bewertungsleistung ist daher mit der Sorgfalt eines ordentlichen Bewerters im Einklang mit den gesetzlichen Vorgaben und unter Berücksichtigung des **aktuellen Standes von Wissenschaft und Technik** zu erbringen.[17]

25 Die **Gewissenhaftigkeit** kann dem allgemeinen Grundsatz der fremdnützigen Interessenwahrnehmung entlehnt werden und entspricht unter Bezug auf Art. 19 Abs. 1 MiFID einer Bewertung, welche ehrlich, redlich und professionell vorgenommen wurde.[18] Unter Gewissenhaftigkeit ist zudem zu verstehen, dass der Bewerter **bei Übernahme des Bewertungsauftrags** zu prüfen hat, ob er hierfür über eine hinreichende Eignung verfügt.[19] Für die Bewertung eines Vermögensgegenstandes durch Bewertungsgesellschaften folgt hieraus, dass das jeweils am besten geeignete Bewertungsteam zusammenzustellen ist.[20]

---

11 Vgl. *Schultheiß* in Baur/Tappen, § 169 KAGB Rz. 56.
12 Vgl. *Schultheiß* in Baur/Tappen, § 169 KAGB Rz. 57.
13 Vgl. *Schneider* in Baur/Tappen, § 278 KAGB Rz. 15.
14 Vgl. *Kayser/Selkinski* in Weitnauer/Boxberger/Anders, § 169 KAGB Rz. 35.
15 Vgl. *Postler*, Private Equity und das Kapitalanlagegesetzbuch, S. 44.
16 Vgl. *Schultheiß* in Baur/Tappen, § 169 KAGB Rz. 59.
17 Vgl. *Schneider* in Baur/Tappen, § 278 KAGB Rz. 16.
18 Vgl. *Kayser/Selkinski* in Weitnauer/Boxberger/Anders, § 169 KAGB Rz. 39.
19 Vgl. *Tollmann* in Dornseifer/Jesch/Klebeck/Tollmann, Art. 19 AIFM-RL Rz. 101.
20 Vgl. *Tollmann* in Dornseifer/Jesch/Klebeck/Tollmann, Art. 19 AIFM-RL Rz. 101.

V. Kriterien der AIFM-VO (§ 169 Abs. 3 KAGB)

§ 169 Abs. 3 KAGB verweist hinsichtlich der Kriterien, nach den ein **Bewertungsverfahren** zu bestimmen ist, auf die Art. 67 bis 74 der AIFM-VO. Auch die konsistente Anwendung und die Überprüfung der Verfahren und Methoden bestimmen sich nach diesen Artikeln. 26

Von dem pauschalen Verweis auf die Art. 67 bis 74 AIFM-VO sind jedoch nur die Art. 67 bis 72 AIFM-VO erfasst.[21] Art. 72 AIFM-VO und Art. 74 AIFM-VO stellen wiederum **Anforderungen an die Häufigkeit der Bewertung** der Vermögensgegenstände bzw. an die **Berechnung des Nettoinventarwerts**. Entsprechend wird auf die Kommentierung zu § 217 KAGB verwiesen (vgl. § 217 Rz. 6 bzw. § 217 Rz. 9). Da **berufliche Garantien** (Art. 73 AIFM-VO) Bestandteil der Anforderungen an externe Bewerter sind, wird auch auf die entsprechende Kommentierung zu § 216 KAGB (vgl. § 216 Rz. 23) verwiesen. 27

1. Grundsätze und Verfahren für die Bewertung (Art. 67 AIFM-VO)

Art. 67 AIFM-VO beschreibt die in den Grundsätzen und Verfahren zu definierenden **organisatorischen und prozessualen Anforderungen**. Diese dienen der ordnungsgemäßen Bewertungsdurchführung und erfordern eine Gesamtplanung der Bewertung.[22] 28

Die **Bewertungsrichtlinie** muss in **schriftlicher** Form ausgestaltet sein (Art. 67 Abs. 1 Unterabs. 1 Satz 1 AIFM-VO). Die Zuständigkeit wird bei den Leitungsorganen bzw. der Geschäftsleitung gesehen,[23] wobei bei interner Bewertung die Gesamtverantwortung bei dem für die Bewertung zuständigen Mitglied der Geschäftsleitung liegt und die Ausgestaltung seiner Kontroll- und Überwachungsfunktion zu beschreiben ist.[24] In der Bewertungsrichtlinie ist im Sinne eines transparenten Prozesses eine funktionsorientierte Zuweisung der an der Bewertung beteiligten Personen vorzunehmen.[25] Die Bewertungseinheit ist von der Portfolioverwaltung funktional und personell zu trennen. Der Personenkreis wird dabei weit gefasst und beinhaltet neben dem externen Bewerter auch sämtliche Hilfstätigkeiten im Zusammenhang mit der Bewertung, auch wenn diese nur eine untergeordnete Rolle einnehmen.[26] Kontrollgremien (z.B. Aufsichtsrat) fallen nicht in den Personenkreis und sind daher nicht zu berücksichtigen. 29

Zur Erfüllung der Anforderungen wird die **Zuweisung von Pflichten, Rollen und Verantwortlichkeiten** zu bestimmten Funktionsträgern als ausreichend angesehen, wobei keine namentliche Nennung (mit Ausnahme des externen Bewerters) erforderlich ist.[27] Der in der Bewertungsrichtlinie benannte externe Bewerter muss dabei identisch sein mit den im Anzeigeverfahren benannten Personen, für die die Erfüllung der Voraussetzungen des § 216 Abs. 5 KAGB nachgewiesen wurden (s. § 216 Rz. 28).[28] Eine Regelung der Aufgaben- und Organisationsstruktur im Binnenbereich der KVG-internen Bewertungseinheit bzw. des externen Bewerters darf nicht Gegenstand der Bewertungsrichtlinie sein.[29] 30

Die Bewertungsrichtlinie hat **Inputs, Modelle und die Auswahlkriterien** für die Preisfindung und die Quellen der verwendeten Marktdaten zu enthalten (Art. 67 Abs. 1 Unterabs. 3 AIFM-VO). Hierbei muss sichergestellt sein, dass die Preise soweit möglich und angemessen aus unabhängigen Quellen stammen (Art. 67 Abs. 1 Unterabs. 3 AIFM-VO). Die Verwendung eines Preises eines nicht unabhängigen Anbieters ist nur zulässig, wenn keine unabhängigen Anbieter existieren oder die Inanspruchnahme eines unabhängigen Anbieters nicht zumutbar wäre.[30] In diesem Zusammenhang müssen die Auswahlkriterien bestimmen, in welchen Fällen weniger unabhängige Quellen herangezogen werden können.[31] Dem Anlegerschutz und der Integrität des Marktes bzw. der Fondsbranche werden Vorrang vor Kostenerwägungen eingeräumt, so dass zusätzliche Kosten nicht als Grund angesehen werden, von einem unabhängigen Preisanbieter abzuse- 31

---

21 Vgl. *Schultheiß* in Baur/Tappen, § 169 KAGB Rz. 61.
22 Vgl. *Postler*, Private Equity und das Kapitalanlagegesetzbuch, S. 45.
23 Vgl. *Schultheiß* in Baur/Tappen, § 169 KAGB Rz. 10.
24 Vgl. *Tollmann* in Dornseifer/Jesch/Klebeck/Tollmann, Art. 19 AIFM-RL Rz. 36.
25 Vgl. *Schneider* in Baur/Tappen, § 278 KAGB Rz. 11.
26 Vgl. *Schultheiß* in Baur/Tappen, § 169 KAGB Rz. 36.
27 Vgl. *Tollmann* in Dornseifer/Jesch/Klebeck/Tollmann, Art. 19 AIFM-RL Rz. 35, 38.
28 Vgl. *BaFin*, Rundschreiben 7/2015 – Anforderungen bei der Bestellung externer Bewerter für Immobilien und Immobilien-Gesellschaften, Gz. WA 41-Wp 2137-2013/0216, zu V.
29 Vgl. *Schultheiß* in Baur/Tappen, § 169 KAGB Rz. 37. A.A. *Tollmann* in Dornseifer/Jesch/Klebeck/Tollmann, Art. 19 AIFM-RL Rz. 40.
30 Vgl. *Tollmann* in Dornseifer/Jesch/Klebeck/Tollmann, Art. 19 AIFM-RL Rz. 31.
31 Vgl. *Schultheiß* in Baur/Tappen, § 169 KAGB Rz. 34.

hen.[32] Sofern auf nicht unabhängige Preisquellen zurückgegriffen wird, ist gem. § 28 Abs. 3 KARBV eine **erhöhte Plausibilisierungspflicht** zu beachten (vgl. hierzu § 168 Rz. 43). In Bezug auf Inputs ist die Präferenz von marktnäheren Daten in der Bewertungsrichtlinie umzusetzen (vgl. § 168 Rz. 40).

32 Zudem ist gem. Art. 67 Abs. 3 AIFM-VO ein **Verfahren für den Informationsaustausch** zwischen dem AIFM und dem externen Bewerter festzulegen. Hierdurch soll sichergestellt werden, dass alle erforderlichen Informationen bereitgestellt werden. Darüber hinaus muss durch die Bewertungsrichtlinie gewährleistet sein, dass, sofern Dritte mit der Erbringung von Bewertungsdienstleistungen betraut werden, die KVG ihren Sorgfaltspflichten nachkommt (sog. Due Diligence) (Art. 67 Abs. 3 Unterabs. 2 AIFM-VO). Als Dritte sind in diesem Zusammenhang auch sonstige Dienstleister im Zusammenhang mit der Bewertung (wie z.B. Preisquellen oder Anbieter von Bewertungsmodellen) zu verstehen.[33]

33 Im Hinblick auf die **Due Diligence** ist zwischen der anfänglichen und der periodischen Due Diligence zu unterscheiden. Vor Bestellung eines externen Bewerters bzw. Dienstleisters sind mittels vorgegebener, objektiver Kriterien aus allen geeigneten externen Bewertern bzw. Dienstleistern, die Geeignetsten zu bestimmen und eine Due Diligence (z.B. hinsichtlich der Vergütung) durchzuführen und zu dokumentieren. Wirtschaftliche Aspekte dürften bei dieser Analyse im Mittelpunkt stehen, da insbesondere auch § 26 Abs. 2 Nr. 2 KAGB ein Handeln im Anlegerinteresse erfordert und dies durch die Stützung der in der Regel monetären Investmentziele gesehen werden kann.[34] Daneben ist die Einhaltung gesetzlicher Anforderungen zu prüfen. Beide Zielsetzungen können in Muss- und Kann-Kriterien definiert werden und zur Anbieterbewertung in ein Scoring-Modell einfließen. Bei der periodischen Due Diligence ist die Einhaltung der gesetzlichen Anforderungen, die Fehleranfälligkeit des Bewertungsergebnisses und die Einschätzung aus der anfänglichen Due Diligence zu würdigen und für die Beseitigung gegebenenfalls aufgetretener Mängel zu sorgen bzw. bei Nichtbeseitigung zu kündigen.[35] Jedoch kann die gesetzliche Konformität der Strukturen des externen Bewerters und dessen Handeln häufig nur durch diesen selbst eingeschätzt werden.[36] Die KVG ist aber auch in diesem Zusammenhang in die Verantwortung zu ziehen.

34 Sofern unterschiedliche externe Bewerter tätig werden, muss die Bewertungsrichtlinie **Zuordnungen** enthalten, welcher Bewerter für welchen Vermögensgegenstand zuständig ist.[37] Bei Ernennung eines externen Bewerters ist eine ggf. erteilte Erlaubnis der KVG zur eigenständigen Methodenwahl durch den externen Bewerter zu benennen.[38]

35 Ein **Mindestumfang weiterer Bewertungsgrundsätze und -verfahren** ist in Art. 67 Abs. 2 AIFM-VO beispielhaft definiert:

- Zuständigkeit und Unabhängigkeit des Personals, das effektiv die Bewertung der Vermögenswerte vornimmt,
- die spezifischen Anlagestrategien des AIF und die Vermögenswerte, in die der AIF investieren könnte,
- Kontrollen über die Auswahl von Inputs, Quellen und Methoden für die Bewertung,
- Eskalationsmaßnahmen zur Beseitigung von Differenzen hinsichtlich des Werts von Vermögenswerten,
- Bewertung von Anpassungen, die mit dem Umfang und der Liquidität von Positionen oder gegebenenfalls mit Änderungen der Marktbedingungen im Zusammenhang stehen,
- angemessener Zeitpunkt für den Stichtag für Bewertungszwecke,
- angemessene Häufigkeit für die Bewertung von Vermögenswerten.

36 Die **spezifischen Anlagestrategien** müssen für jedes einzelne Investmentvermögen geregelt werden.[39] Auch die Vermögenswerte, in die das Investmentvermögen investieren könnte, sind zu bestimmen, wobei jedoch weitere Konkretisierungen zu berücksichtigen sind.

2. Verwendung von Bewertungsmodellen (Art. 68 AIFM-VO)

37 Art. 68 AIFM-VO ist zu beachten, wenn im Einklang mit § 168 Abs. 3 KAGB auf eine Modellbewertung zurückgegriffen wird (zum Begriff des Modells s. § 168 Rz. 37). In diesem Fall ist gem. Art. 68 Abs. 1 AIFM-

32 Vgl. *Tollmann* in Dornseifer/Jesch/Klebeck/Tollmann, Art. 19 AIFM-RL Rz. 31. A.A. *Schultheiß* in Baur/Tappen, § 169 Fn. 74.
33 Vgl. *Tollmann* in Dornseifer/Jesch/Klebeck/Tollmann, Art. 19 AIFM-RL Rz. 56.
34 Vgl. *Postler*, Private Equity und das Kapitalanlagegesetzbuch, S. 61.
35 Vgl. *Tollmann* in Dornseifer/Jesch/Klebeck/Tollmann, Art. 19 AIFM-RL Rz. 58.
36 Vgl. *Postler*, Private Equity und das Kapitalanlagegesetzbuch, S. 62.
37 Vgl. *Schultheiß* in Baur/Tappen, § 169 KAGB Rz. 39.
38 Vgl. *Schneider* in Baur/Tappen, § 278 KAGB Rz. 12.
39 Vgl. *Schultheiß* in Baur/Tappen, § 169 KAGB Rz. 40.

VO das Modell sowie dessen **Hauptmerkmale** in den Bewertungsgrundsätzen und -verfahren zu erläutern und die konkrete Wahl eines bestimmten Modells zu **begründen**. Darüber hinaus sind die zugrunde liegenden Daten, die verwendeten Annahmen und die Grenzen der Modellbewertung zu dokumentieren.

Das Bewertungsmodell ist vor seiner Verwendung zu validieren. In diesem Zusammenhang ist gem. Art. 68 Abs. 2 AIFM-VO zu beachten, dass diese **Validierung** von einer Person mit hinreichender Fachkenntnis, die nicht an der Modellentwicklung beteiligt war, durchgeführt wird. Hierdurch soll eine **unabhängige** Prüfung ohne subjektive Beeinflussungsmöglichkeiten gegeben sein. Eine hinreichende Fachkenntnis ist in adäquater Kompetenz und Erfahrung im Bereich der Bewertung von Vermögenswerten unter Verwendung derartiger Modelle zu sehen, wie z.B. bei einem Rechnungsprüfer.[40] 38

Die Verantwortung für das Bewertungsmodell ist gem. Art. 68 Abs. 3 AIFM-VO unmittelbar bei der **Geschäftsleitung** der KVG angesiedelt. Diese hat das Modell vor Verwendung zu genehmigen. Die Definition der Geschäftsleitung ergibt sich aus Art. 1 Nr. 3 AIFM-VO als die Person oder Personen, die die Geschäfte eines AIFM tatsächlich führt bzw. führen sowie gegebenenfalls das geschäftsführende Mitglied oder die geschäftsführenden Mitglieder des Leitungsgremiums. 39

3. Kohärente Anwendung der Bewertungsgrundsätze und -verfahren (Art. 69 AIFM-VO)

Die Bewertungsgrundsätze und -verfahren und die vorgesehenen Bewertungsmethoden müssen kohärent angewendet werden (Art. 69 Abs. 1 AIFM-VO). Das Kriterium der **Kohärenz** ist zudem in § 169 Abs. 1 Satz 1 KAGB verankert, beschränkt sich dabei jedoch auf die kohärente Anwendung von Bewertungsverfahren (vgl. hierzu Rz. 11), während Art. 69 Abs. 1 AIFM-VO den Anwendungskreis auch auf die Bewertungsrichtlinie erweitert. 40

I.S.d. Vorschrift bedeutet eine kohärente Anwendung der Bewertungsgrundsätze und -verfahren einschließlich der Bewertungsmethoden, dass Vermögensgegenstände **einer Art** mit einheitlicher Wertermittlungsmethodik auf Ebene eines einzelnen Investmentvermögens als auch auf der Ebene **aller** von einer KVG verwalteten Investmentvermögen bewertet werden sollen.[41] 41

Im Einzelfall bedeutet dies jedoch nicht, dass die Bewertung jedes Vermögensgegenstandes **derselben Art** mit derselben Methode zu erfolgen hat. Bei vorliegenden sachlichen Gründen, die für eine Differenzierung bei der Verwendung einer bestimmten Bewertungsmethode sprechen, kann davon abgewichen werden.[42] Dies ist z.B. denkbar, bei der Bewertung von Unternehmensbeteiligungen aus verschiedenen Branchen. 42

Kohärenz besitzt auch eine **zeitliche Dimension**, welche zur Folge hat, dass eine einmal gewählte Bewertungsmethode zu verwenden ist, bis möglicherweise eingetretene Faktoren die Anpassung der Bewertungsmethode erfordern.[43] 43

Die Anwendung hat sich auf alle Vermögenswerte **aller verwalteten AIF** zu erstrecken, was bei staatenübergreifender Verwaltung von AIF durch eine KVG problematisch sein kann, da ggf. eine **Kollision** mit dem Recht eines anderen Staates besteht.[44] 44

Hinsichtlich der Kohärenz sind Anlagestrategie, Art des Vermögenswerts und ggf. verschiedene externe Bewerter gem. Art. 69 Abs. 2 AIFM-VO zu berücksichtigen. Die Existenz verschiedener externen Bewerter rechtfertigt per se jedoch **keine Durchbrechung** des Kohärenzprinzips. 45

4. Regelmäßige Überprüfung der Bewertungsgrundsätze und -verfahren (Art. 70 AIFM-VO)

Die Bewertungsgrundsätze haben die **regelmäßige Überprüfung** der Grundsätze und Verfahren (einschließlich Bewertungsmethoden) zu enthalten (Art. 70 Abs. 1 AIFM-VO). 46

Die Mindestfrequenz für diese Überprüfung ist grundsätzlich **jährlich**. Eine vom Regelturnus abweichende Überprüfung ist erforderlich, wenn ein Wechsel der Anlagestrategie erfolgen soll oder in nicht durch die bestehenden Grundsätze und verfahren abgedeckte Vermögenswerte investiert werden soll. 47

---

40 Vgl. Erwägungsgrund 77 AIFM-VO.

41 Vgl. *Kayser/Selkinski* in Weitnauer/Boxberger/Anders, § 169 KAGB Rz. 16; *Tollmann* in Dornseifer/Jesch/Klebeck/Tollmann, Art. 19 AIFM-RL Rz. 64.

42 Vgl. *Schneider* in Baur/Tappen, § 278 KAGB Rz. 10.

43 Vgl. *Schneider* in Baur/Tappen, § 278 KAGB Rz. 10.

44 Vgl. *Schultheiß* in Baur/Tappen, § 169 KAGB Rz. 21.

48 Für **Änderungen** der Bewertungsgrundsätze ist als Bestandteil der Bewertungsgrundsätze und -verfahren ein **Prozess** zu definieren (vgl. Art. 70 Abs. 2 AIFM-VO). Dabei sind auch Umstände zu definieren, wann eine Änderung angemessen wäre. Die Verantwortung für Änderungen liegt bei der Geschäftsleitung der KVG, welche jegliche Änderungen prüfen und genehmigen muss (Art. 70 Abs. 2 AIFM-VO).

49 Darüber hinaus wird eine **anlassbezogene Prüfung** der Bewertungsgrundlagen für erforderlich gehalten, wenn hierfür objektive Gründe vorliegen.[45]

50 Eine weitere Überprüfung ist durch die **Risikomanagement-Funktion** vorgesehen. Gemäß § 29 Abs. 1 Satz 1 KAGB hat die KVG eine von den operativen Bereichen hierarchisch und funktionell unabhängige und dauerhafte Risikocontrolling-Funktion einzurichten und aufrechtzuerhalten. Die Überprüfung umfasst die für die Bewertung der Vermögenswerte angenommenen Grundsätze und Verfahren sowie gegebenenfalls **angemessene Unterstützung** (Art. 70 Abs. 3 AIFM-VO). Um dieser Anforderung gerecht zu werden, ist eine entsprechende Expertise in der Bewertung von Vermögensgegenständen auch hier aufzubauen.[46]

5. Überprüfung des Wertes der einzelnen Vermögenswerte (Art. 71 AIFM-VO)

51 In Art. 71 Abs. 1 AIFM-VO wird die **Verantwortung** für eine angemessene und faire Bewertung der KVG zugeordnet.

52 Die KVG hat in diesem Zusammenhang eine **Dokumentationspflicht**. Jeweils nach Art des Vermögenswerts sind Bewertung der Angemessenheit und Fairness des Werts des einzelnen Vermögenswertes zu belegen (Art. 71 Abs. 1 Satz 2 AIFM-VO). Auch ist der Nachweis zu erbringen, dass die Portfolios der verwalteten Investmentvermögen ordnungsgemäß bewertet werden (Art. 71 Abs. 1 Satz 3 AIFM-VO). Vor dem Hintergrund teilweise fehlender Konkretisierungen einzelner Regelungsbereiche dient die Erfüllung der Dokumentationspflichten auch einer Erleichterung der Kommunikation mit der Aufsichtsbehörde.[47]

53 Die Auslegung der Kriterien **fair** und **angemessen** ist im Kontext der allgemeinen Bewertungsgrundsätze vorzunehmen und ist letztlich einzelfallabhängig.[48]

54 Sofern ein entsprechendes Risiko einer nicht angemessenen Bewertung besteht, ist ein **Überprüfungsverfahren** für den einzelnen Vermögenswert in der Bewertungsrichtlinie festzulegen (Art. 71 Abs. 2 AIFM-VO). Ein wesentliches Risiko einer nicht angemessenen Bewertung besteht gem. Art. 71 Abs. 2 AIFM-VO in folgenden Fällen, wobei die Aufzählung beispielhaft ist:
- Die Bewertung basiert auf Preisen, die von lediglich einer einzigen Gegenpartei oder einem Broker stammen,
- die Bewertung basiert auf einer Handelsplattform illiquide gewordenen Vermögenswerten,
- die Bewertung wird von Parteien beeinflusst, die mit dem AIFM verbunden sind,
- die Bewertung wird von anderen Einrichtungen beeinflusst, die ein finanzielles Interesse an der Entwicklung des AIF haben könnten,
- die Bewertung basiert auf Preisen einer Gegenpartei, die Originator eines Instruments ist, insbesondere falls der Originator auch die Position des AIF in dem Instrument finanziert,
- die Bewertung wird von einer oder mehreren Einzelpersonen innerhalb des AIFM beeinflusst.

55 Das Überprüfungsverfahren muss **hinreichende** und **angemessene Prüfungen und Kontrollen** enthalten (Art. 71 Abs. 3 AIFM-VO). Maßstab für die Plausibilität des Werts der einzelnen Vermögenswerte ist dabei ein angemessener Umfang an Objektivität. Der Mindestumfang der Prüfungen und Kontrollen ist gem. Art. 71 Abs. 3 AIFM-VO wie folgt definiert:
- Überprüfung der Werte durch einen Vergleich mit von der Gegenpartei stammenden Preisen im Zeitverlauf,
- Validierung von Werten durch Vergleich der erzielten Preise mit den jüngsten Buchwerten,
- Berücksichtigung des Leumunds, der Kohärenz und der Qualität der Quelle der Bewertung,
- Vergleich mit von Dritten generierten Werten,
- Untersuchung und Dokumentation von Ausnahmen,

45 Vgl. *Kayser/Selkinski* in Weitnauer/Boxberger/Anders, § 169 KAGB Rz. 51.
46 Vgl. *Sprengnether/Wächter*, WM 2014, 877 (884 f.).
47 Vgl. *Postler*, Private Equity und das Kapitalanlagegesetzbuch, S. 69.
48 Vgl. *Kayser/Selkinski* in Weitnauer/Boxberger/Anders, § 169 KAGB Rz. 52.

- Hervorhebung und Untersuchung von ungewöhnlich erscheinenden Differenzen oder von Differenzen, die je nach der für die betreffende Art von Vermögenswert festgelegten Bewertungsbenchmark variieren,
- Tests in Bezug auf veraltete Preise und implizierte Parameter,
- Vergleich mit den Preisen verbundener Vermögenswerte oder deren Absicherungen,
- Überprüfung der in der modellbasierten Preisfindung verwendeten Inputs, insbesondere derjenigen, in Bezug auf die der anhand des Modells ermittelte Preis eine erhebliche Sensitivität aufweist.

Durch den expliziten Verweis in § 28 Abs. 2 Satz 2 KARBV auf Art. 71 AIFM-VO wird die Bedeutung der Regelung im Hinblick auf die Modellbewertung unterstrichen. In diesem Zusammenhang ist stets von dem **Risiko einer nicht angemessenen Bewertung** auszugehen und eine nachvollziehbare Überprüfung durchzuführen.[49] 56

In der Bewertungsrichtlinie sind angemessene **Eskalationsmaßnahmen** zu definieren, welche Differenzen oder andere Schwierigkeiten bei der Bewertung von Vermögenswerten eliminieren (Art. 71 Abs. 4 AIFM-VO). Die Nutzung von Inputs oder die Gewinnung von Parametern, die sich innerhalb der in Theorie und Praxis eröffneten Bandbreite bewegen, kommen jedoch nicht als Fehler in Betracht.[50] Unter Umständen ist eine **Neubewertung** zu beauftragen.[51] Dies ist jedoch nur im Falle erkennbarer Fehler in der Bewertung statthaft, da ansonsten die KVG über ein faktisches Weisungsrecht verfügt und die Unabhängigkeit des Bewerters konterkariert würde.[52] Denkbar ist auch vor dem Hintergrund der Verhältnismäßigkeit, eine **Definition von Toleranzgrenzen** im Hinblick auf quantifizierte Fehler.[53] 57

Art. 71 Abs. 3 AIFM-VO ist ebenfalls relevant für die **Überwachungstätigkeiten der Verwahrstelle** gem. §§ 76 und 83 KAGB. Die Verwahrstelle hat hinsichtlich der Berechnung des Wertes der Anteile ein angemessenes System einzusetzen, mit dem sie entsprechend der Vorschrift die Plausibilität der Bewertung prüfen kann.[54] 58

§ 170 Veröffentlichung des Ausgabe- und Rücknahmepreises und des Nettoinventarwertes

[1]Gibt die Kapitalverwaltungsgesellschaft oder die Verwahrstelle den Ausgabepreis bekannt, so ist sie verpflichtet, auch den Rücknahmepreis bekannt zu geben; wird der Rücknahmepreis bekannt gegeben, so ist auch der Ausgabepreis bekannt zu geben. [2]Ausgabe- und Rücknahmepreis sowie der Nettoinventarwert je Anteil oder Aktie sind bei jeder Möglichkeit zur Ausgabe oder Rücknahme von Anteilen oder Aktien, für OGAW mindestens jedoch zweimal im Monat, in einer hinreichend verbreiteten Wirtschafts- oder Tageszeitung oder im Verkaufsprospekt oder in den in den wesentlichen Anlegerinformationen bezeichneten elektronischen Informationsmedien zu veröffentlichen.

In der Fassung vom 4.7.2013 (BGBl. I 2013, S. 1981).

Schrifttum: *Bußalb*, Die Kompetenzen der BaFin bei der Überwachung der Pflichten aus dem KAGB, in Möllers/Kloyer, Das neue Kapitalanlagegesetzbuch, 2013, S. 221.

49 Vgl. *Kayser/Selkinski* in Weitnauer/Boxberger/Anders, § 169 KAGB Rz. 59.
50 Vgl. *Postler*, Private Equity und das Kapitalanlagegesetzbuch, S. 50.
51 Vgl. *Tollmann* in Dornseifer/Jesch/Klebeck/Tollmann, Art. 19 AIFM-RL Rz. 49.
52 Vgl. *Schultheiß* in Baur/Tappen, § 168 KAGB Rz. 56; vgl. auch Europäische Kommission, Questions on AIFMD, ID 1156; a.A. *Tollmann* in Dornseifer/Jesch/Klebeck/Tollmann, Art. 19 AIFM-RL Rz. 41.
53 Vgl. *Postler*, Private Equity und das Kapitalanlagegesetzbuch, S. 51.
54 Vgl. *BaFin*, Rundschreiben 08/2015 – Aufgaben und Pflichten der Verwahrstelle nach Kapitel 1 Abschnitt 3 des Kapitalanlagegesetzbuches, Gz. WA 41-Wp 2137-2013/0068.

I. Regelungsgegenstand und Entstehungsgeschichte

1 § 170 KAGB übernimmt mit redaktionellen Anpassungen zum einen § 36 Abs. 6 InvG. Zum anderen setzt die Vorschrift Art. 19 Abs. 3 Unterabs. 1-5 AIFM-RL für Publikums-AIF um.[1]

2 Die Vorschrift enthält **Publizitätspflichten** für die KVG und die Verwahrstelle für offene inländische Publikumsinvestmentvermögen und dient der Information der Anleger.[2] Der Regelungsgehalt umfasst daher die Pflicht, Ausgabe- und Rücknahmepreise sowie den Nettoinventarwert der Anteile und Aktien zu veröffentlichen. Eine gleichzeitige Pflicht zur Rücknahme der Anteile ist damit allerdings nicht verbunden.[3]

II. Tatbestand

1. Wechselseitige Publizität von Ausgabe- und Rücknahmepreis (§ 170 Satz 1 KAGB)

3 Inhaltlich schreibt § 170 Satz 1 KAGB vor, dass **Ausgabe- und Rücknahmepreis** jeweils zeitgleich zu veröffentlichen sind. Sobald der Ausgabepreis bekanntgegeben wird muss folglich auch der Rücknahmepreis bekanntgegeben werden und umgekehrt.

2. Veröffentlichung des Nettoinventarwerts (§ 170 Satz 2 KAGB)

4 Weitergehend sind die KVG und die Verwahrstelle verpflichtet, auch den **Nettoinventarwert je Anteil oder Aktie** zu veröffentlichen. Die Veröffentlichung des Nettoinventarwerts kann unabhängig von der Veröffentlichung des Ausgabe- und Rücknahmepreises erfolgen, da § 170 Satz 1 KAGB insofern keine Anwendung findet.

3. Veröffentlichungsturnus und -medien

5 Ausgabe- und Rücknahmepreis sowie Nettoinventarwert sind jedes Mal anzugeben, wenn die KVG Anteile oder Aktien **ausgibt oder zurücknimmt**. Einen **Mindestveröffentlichungsturnus** sieht die Vorschrift ausdrücklich nur für OGAW-Sondervermögen vor. Für diese sind die Preise und der Nettoinventarwert mindestens zweimal im Monat zu veröffentlichen. Dieser Mindestturnus beschränkt sich allerdings auf OGAW-Sondervermögen. Nach der Gesetzesbegründung wollte der Gesetzgeber mit § 170 KAGB ausdrücklich Art. 19 Abs. 3 AIFM-RL umsetzen.[4] Da die AIFM-RL für AIF gerade keinen Veröffentlichungsturnus vorsieht, ist davon auszugehen, dass der Turnus auf OGAW-Sondervermögen beschränkt bleiben soll.[5]

6 Als **Informationsmedien** nennt § 170 Satz 2 KAGB neben elektronischen Medien, die im Verkaufsprospekt oder den wesentlichen Anlegerinformationen genannt werden, auch hinreichend verbreitete Wirtschafts- oder Tageszeitungen. Dabei ist eine überregionale Zeitung ausreichend, die nicht zwingend täglich, sondern auch wöchentlich oder vierzehntägig erscheint. Auch diese Zeitungen können den Veröffentlichungsturnus für OGAW-Sondervermögen wahren.[6] Aus dem Wortlaut Wirtschafts- oder Tageszeitung wird deutlich, dass es sich um eine Zeitung handeln muss, die dem breiten wirtschaftlich interessierten Publikum nicht nur lokal, sondern im ganzen Bundesgebiet, zugänglich sein muss.[7] Reine Branchenzeitung oder gar ausländische Zeitung reicht dagegen nicht aus.[8] In der Praxis wird allerdings zumeist von der kostensparenden Variante Gebrauch gemacht, die Preise und den Nettoinventarwert auf einer Internetseite zu veröffentlichen.[9]

---

1 Begr. RegE, BT-Drucks. 17/12294, S. 259.
2 *Schultheiß* in Baur/Tappen, § 170 KAGB Rz. 2; *Bachmann* in Beckmann/Scholtz/Vollmer, § 170 KAGB Rz. 8.
3 *Hölscher* in Emde/Dornseifer/Dreibus/Hölscher, § 36 InvG Rz. 219; *Schultheiß* in Baur/Tappen, § 170 KAGB Rz. 3.
4 Begr. RegE, BT-Drucks. 17/12294, S. 259.
5 *Schultheiß* in Baur/Tappen, § 170 KAGB Rz. 7.
6 *Schultheiß* in Baur/Tappen, § 170 KAGB Rz. 9; *Bachmann* in Beckmann/Scholtz/Vollmer, § 170 KAGB Rz. 11.
7 *Hölscher* in Emde/Dornseifer/Dreibus/Hölscher, § 36 InvG Rz. 223.
8 *Schultheiß* in Baur/Tappen, § 170 KAGB Rz. 9.
9 *Polifke* in Weitnauer/Boxberger/Anders, § 170 KAGB Rz. 1; *Schmitz* in Berger/Steck/Lübbehüsen, § 41 InvG Rz. 32; *Patzner/Schneider-Deters* in Moritz/Klebeck/Jesch, § 170 KAGB Rz. 6.

III. Rechtsfolgen bei fehlender Veröffentlichung

Unterbleibt die Veröffentlichung oder wird gegen eine Vorgabe des § 170 KAGB verstoßen, kommen sowohl **aufsichtsrechtliche als auch zivilrechtliche Folgen** in Betracht.[10] So kann die BaFin aufgrund ihrer allgemeinen Kompetenzvorschrift in § 5 Abs. 6 KAGB Maßnahmen gegen die KVG oder Verwahrstelle ergreifen.[11] Daneben kommt eine zivilrechtliche Haftung wegen Verletzung der Offenlegungspflichten des Investmentvertrages in Betracht.[12] 7

Unterabschnitt 2
Master-Feeder-Strukturen

§ 171 Genehmigung des Feederfonds

(1) [1]Die Anlage eines Feederfonds in einem Masterfonds bedarf der vorherigen Genehmigung durch die Bundesanstalt. [2]Die Anlage eines inländischen OGAW als Feederfonds in einem Masterfonds ist nur genehmigungsfähig, soweit es sich bei dem Masterfonds um einen OGAW handelt. [3]Die Anlage eines Sonstigen Investmentvermögens als Feederfonds in einem Masterfonds ist nur genehmigungsfähig, soweit es sich auch bei dem Masterfonds um ein Sonstiges Investmentvermögen handelt.

(2) Spezial-AIF dürfen nicht Masterfonds oder Feederfonds einer Master-Feeder-Struktur sein, wenn Publikumsinvestmentvermögen Masterfonds oder Feederfonds derselben Master-Feeder-Struktur sind.

(3) [1]Die Kapitalverwaltungsgesellschaft, die den Feederfonds verwaltet, hat dem Genehmigungsantrag folgende Angaben und Unterlagen beizufügen:

1. **die Anlagebedingungen oder die Satzung des Feederfonds und des Masterfonds,**
2. **den Verkaufsprospekt und die wesentlichen Anlegerinformationen des Feederfonds und des Masterfonds gemäß den §§ 164, 166 oder gemäß Artikel 78 der Richtlinie 2009/65/EG,**
3. **die Master-Feeder-Vereinbarung oder die entsprechenden internen Regelungen für Geschäftstätigkeiten gemäß § 175 Absatz 1 Satz 2 oder Artikel 60 Absatz 1 Unterabsatz 3 der Richtlinie 2009/65/EG,**
4. **die Verwahrstellenvereinbarung im Sinne des § 175 Absatz 2, wenn für den Masterfonds und den Feederfonds verschiedene Verwahrstellen beauftragt wurden,**
5. **die Abschlussprüfervereinbarung, wenn für den Masterfonds und den Feederfonds verschiedene Abschlussprüfer bestellt wurden und**
6. **gegebenenfalls die Informationen für die Anleger nach § 180 Absatz 1.**

[2]Bei einem EU-OGAW, der Anteile an mindestens einen OGAW-Feederfonds ausgegeben hat, selbst kein Feederfonds ist und keine Anteile eines Feederfonds hält (EU-Master-OGAW) hat die Kapitalverwaltungsgesellschaft, die den Feederfonds verwaltet, außerdem eine Bestätigung der zuständigen Stelle des Herkunftsstaates des Masterfonds beizufügen, dass dieser ein EU-OGAW ist, selbst nicht Feederfonds ist und keine Anteile an einem anderen Feederfonds hält. [3]Die Unterlagen sind in einer in internationalen Finanzkreisen üblichen Sprache beizufügen. [4]Fremdsprachige Unterlagen sind mit einer deutschen Übersetzung vorzulegen.

(4) [1]Der beabsichtigte Wechsel der Anlage in einen anderen Masterfonds bedarf der vorherigen Genehmigung durch die Bundesanstalt gemäß Absatz 1. [2]Dem Antrag auf Genehmigung sind folgende Angaben und Unterlagen beizufügen:

1. **der Antrag auf Genehmigung der Änderung der Anlagebedingungen unter Bezeichnung des Masterfonds,**
2. **die vorgenommenen Änderungen des Verkaufsprospekts und der wesentlichen Anlegerinformationen und**
3. **die Unterlagen gemäß Absatz 3.**

---

10 *Schultheiß* in Baur/Tappen, § 170 KAGB Rz. 11.

11 Zu den Kompetenzen der BaFin im KAGB vgl. allgemein *Bußalb* in Möllers/Kloyer, Das neue Kapitalanlagegesetzbuch, Rz. 577.

12 *Schultheiß* in Baur/Tappen, § 170 KAGB Rz. 11.

(5) [1]Die Bundesanstalt hat die Genehmigung nach Absatz 1 oder Absatz 4 abweichend von § 163 Absatz 2 Satz 1 innerhalb einer Frist von 15 Arbeitstagen zu erteilen, wenn alle in Absatz 3 oder Absatz 4 genannten Unterlagen vollständig vorliegen und der Feederfonds, seine Verwahrstelle und sein Abschlussprüfer sowie der Masterfonds die Anforderungen nach diesem Abschnitt erfüllen. [2]Liegen die Voraussetzungen für die Genehmigung nicht vor, hat die Bundesanstalt dies dem Antragsteller innerhalb der Frist nach Satz 1 unter Angabe der Gründe mitzuteilen und fehlende oder geänderte Angaben oder Unterlagen anzufordern. [3]Mit dem Eingang der angeforderten Angaben oder Unterlagen beginnt der Lauf der in Satz 1 genannten Frist erneut. [4]Die Genehmigung gilt als erteilt, wenn über den Genehmigungsantrag nicht innerhalb der Frist nach Satz 1 entschieden worden ist und eine Mitteilung nach Satz 2 nicht erfolgt ist. [5]Auf Antrag der Kapitalverwaltungsgesellschaft hat die Bundesanstalt die Genehmigung nach Satz 4 schriftlich zu bestätigen.

(6) [1]Wird beabsichtigt, einen EU-OGAW, der mindestens 85 Prozent seines Vermögens in einem Masterfonds anlegt (EU-Feeder-OGAW), in einem inländischen OGAW als Masterfonds anzulegen, stellt die Bundesanstalt auf Antrag der EU-OGAW-Verwaltungsgesellschaft oder der Kapitalverwaltungsgesellschaft, die den Feederfonds verwaltet, eine Bescheinigung aus, mit der bestätigt wird, dass es sich bei diesem Masterfonds um einen inländischen OGAW handelt, der inländische OGAW selbst nicht ebenfalls Feederfonds ist und keine Anteile an einem Feederfonds hält. [2]Die Bescheinigung dient zur Vorlage bei den zuständigen Stellen des Herkunftsstaates eines EU-Feeder-OGAW und als Nachweis, dass es sich bei dem Masterfonds um einen inländischen OGAW handelt, dieser selbst nicht ebenfalls Feederfonds ist und keine Anteile an einem Feederfonds hält. [3]Zum Nachweis, dass keine Anteile an einem Feederfonds gehalten werden, hat die Verwahrstelle eine entsprechende Bestätigung auszustellen, die bei Antragstellung nicht älter als zwei Wochen sein darf.

In der Fassung vom 4.7.2013 (BGBl. I 2013, S. 1981).

Schrifttum: *Blankenheim*, Die Umsetzung der OGAW-IV-Richtlinie in das Investmentgesetz, ZBB/JBB 2011, 344; *Bujotzek/Steinmüller*, Neuerungen im Investmentrecht durch das OGAW-IV-Umsetzungsgesetz, DB 2011, Teil I, 2246; *Europäische Kommission*, Impact assessment of the legislative proposal amending the UCITS Directive, 16.7.2008, SEC (2008) 2263, http://eur-lex.europa.eu/legal-content/EN/TXT/PDF/?uri=CELEX:52008SC2263&from=EN; Europäische *Kommission*, Weißbuch für den Ausbau des Binnenmarktrahmens für Investmentfonds, 15.11.2006, KOM (2006) 686 endgültig; http://eur-lex.europa.eu/legal-content/DE/TXT/?uri=celex:52006DC0686; *Fischer/Lübbehüsen*, Mehr Flexibilität durch OGAW IV – eine Analyse der neuen Rahmenbedingungen unter regulatorischen und steuerlichen Gesichtspunkten, RdF 2011, 254; *Reiter/Plumridge*, Das neue Investmentgesetz, Teil I, WM 2012, 343.

I. Europarechtliche Grundlagen

1 Investmentvermögen können in Form einer Master-Feeder-Struktur gebildet werden. Ein oder mehrere Feederfonds bilden dabei die untere Ebene (**Kapitalsammelstellen**), von der aus die von Anlegern eingesammelten Gelder einem Masterfonds auf der oberen Ebene zugeführt und dort angelegt werden. Die Zuführung, Ansammlung und Anlage der Gelder in einem Masterfonds, der aus einem oder mehreren Feederfonds gespeist wird, ermöglicht die gemeinsame und gleichzeitige Verwaltung von Vermögenswerten. Diese Art der Aggregation von Vermögenswerten in einem einzigen Pool wird auch als **Pooling**[1] bezeichnet.

1 Zum Begriff Pooling: *Europäische Kommission*, KOM (2006) 686, S. 8, „Beim ‚Pooling' von Vermögenswerten handelt es sich um eine gleichzeitige Verwaltung von Vermögenswerten, die von verschiedenen Fonds zusammengetragen werden. Parallel dazu wird aber eine Fonds-Präsenz auf den verschiedenen Zielmärkten gewahrt. Die Fähigkei-

Beim Pooling von Vermögenswerten werden typischerweise zwei Formen unterschieden: zum einen das sog. tatsächliche Pooling („*entity pooling*"), bei dem die teilnehmenden Fonds die gesammelten Anlagegelder auf separate Anlagevehikel als empfangende Vermögenspool(s) übertragen und dessen bzw. deren Anteile halten, und zum anderen das sog. virtuelle Pooling („*virtual pooling*"), bei dem Informationstechnologien genutzt werden, um die Vermögenswerte von zwei oder mehreren Fonds in einem nur virtuell bestehenden Anlagepool gemeinsam zu verwalten.[2] Beim tatsächlichen Pooling gibt es wiederum zwei Ausgestaltungsformen. Beim tatsächlichen Pooling im weiteren Sinne kann jeder der Zuführungs- oder Feederfonds seine Vermögenswerte aufteilen und in zwei oder mehreren separaten Masterfonds anlegen. Ein tatsächliches Pooling im engeren Sinne liegt hingegen dann vor, wenn jeder **Feederfonds die Gesamtheit oder den überwiegenden Teil seiner Vermögenswerte auf einen einzigen Masterfonds überträgt**.[3] 2

Im Vergleich zu jeweils einzeln verwalteten Investmentvermögen ist der Zweck von Master-Feeder-Strukturen dabei, die Verwaltungskosten gering zu halten und durch die Schaffung von größeren Vermögenspools auf Ebene des Masterfonds Größenvorteile zu nutzen und **Effizienzsteigerungen** zu erreichen.[4] Um diese Effizienzsteigerungen bei Master-Feeder-Strukturen erreichen zu können, wurde vom europäischen Gesetzgeber für Organismen für gemeinsame Anlagen in Wertpapieren (OGAW) die Beschränkung aufgehoben, nach der ein OGAW nur einen begrenzten Teil seines Vermögens in einen einzigen OGAW anlegen darf. Da ein Feeder-OGAW sein gesamtes oder zumindest einen Großteil seines Vermögens in das diversifizierte Vermögen des Master-OGAW anlegt, der wiederum die Diversifizierungsbestimmungen für OGAW einhalten muss, wird dies als gerechtfertigt angesehen.[5] 3

Dass ein Feederfonds die Gesamtheit oder den überwiegenden Teil seiner Vermögenswerte auf einen einzigen Masterfonds überträgt, wurde erstmalig einheitlich für OGAW vom europäischen Gesetzgeber in den **Art. 58–67 der Richtlinie 2009/65/EG**[6] geregelt. Um bei der Anlage über die zwei Ebenen einer Master-Feeder-Struktur der Gefahr der Intransparenz entgegenzuwirken, hat der Gesetzgeber dem **Schutz der Anleger** bei den einzelnen Artikeln der Richtlinie größte Bedeutung beigemessen.[7] 4

II. Master-Feeder-Strukturen im Investmentrecht und Systematik

Bereits vor dem Inkrafttreten der Richtlinie 2009/65/EG galten in mehreren EU-Mitgliedstaaten Regelungen, die es Nicht-OGAW ermöglichten, ein Pooling ihres Vermögens in Masterfonds vorzunehmen.[8] Auch in Deutschland war es möglich, außerhalb des OGAW-Bereichs Feeder- und Masterfonds zu errichten. Insbesondere waren Master-Feeder-Konstellationen im Bereich der Spezial-Sondervermögen möglich[9] und nach der Verwaltungspraxis der BaFin anerkannt.[10] 5

Die Umsetzung der Richtlinie 2009/65/EG und der Richtlinie 2010/44/EU zur Durchführung der Richtlinie 2009/65/EG des Europäischen Parlaments und des Rates in Bezug auf Bestimmungen über Fondsverschmelzungen, Master-Feeder-Strukturen und das Anzeigeverfahren[11] erfolgte in Deutschland durch das **OGAW-IV-Umsetzungsgesetz**[12] in den §§ 45a–45g InvG und zahlreichen weiteren über das Investmentge- 6

---

ten und Kosten erfolgreicher Verwaltungsteams können über einen größeren Pool von Vermögenswerten gestreut werden."

2 Zu den Begriffen s. *Europäische Kommission*, KOM (2006) 686, S. 8; *Europäische Kommission*, SEC (2008) 2263, S. 94.

3 Zu den beiden Formen des tatsächlichen Poolings s. auch *Europäische Kommission*, SEC (2008) 2263, S. 95; in den Art. 58-67 der Richtlinie 2009/65/EG wurde das tatsächliche Pooling im engeren Sinne umgesetzt.

4 *Schultheiß/Siering/von Ammon* in Baur/Tappen, Vorbem. §§ 171-180 KAGB Rz. 1; *Dobrauz-Saldapenna/Rosenauer* in Moritz/Klebeck/Jesch, § 171 KAGB Rz. 2; *Kunschke/Klebeck* in Beckmann/Scholtz/Vollmer, vor § 171 KAGB Rz. 10 f.; zu Master-Feeder-Konstruktionen im Investmentgesetz: *Reiter/Plumridge*, WM 2012, 343 (351).

5 Erwägungsgrund (50), Richtlinie 2009/65/EG.

6 Richtlinie 2009/65/EG des Europäischen Parlaments und des Rates vom 13. Juli 2009 zur Koordinierung der Rechts- und Verwaltungsvorschriften betreffend bestimmte Organismen für gemeinsame Anlagen in Wertpapieren (OGAW), ABl. EU Nr. L 302 v. 17.11.2009, S. 32.

7 U.a. Erwägungsgründe (51), (52), (54), Richtlinie 2009/65/EG; s. auch *Kunschke/Klebeck* in Beckmann/Scholtz/Vollmer, vor § 171 KAGB Rz. 7.

8 Erwägungsgrund (50), Richtlinie 2009/65/EG.

9 S. Gesetzesbegründung zu § 95 Abs. 8 InvG, Begr. RegE, BT-Drucks. 17/4510, 80.

10 BaFin, FAQ Eligible Assets, 15.10.2009, WA 41-Wp 2136-2008/0001, Teil 2, Nr. 5 (unverändert BaFin, FAQ Eligible Assets, 22.7.2013, geändert am 5.7.2016, WA 41-Wp 2137-2013/0001, Teil 2, Nr. 5); s. *Bujotzek/Steinmüller*, DB 2011, 2246 (2249) auch zu der in der Literatur diskutierten Frage, ob Sonstige Sondervermögen i.S.d. §§ 90g-90k InvG als Master-Feeder-Struktur bereits vor Umsetzung der OGAW-IV-Richtlinie zulässig waren.

11 Richtlinie 2010/44/EU v. 1.7.2010, ABl. EU Nr. L 176 v. 10.7.2010, S. 28, Nr. L 179 v. 14.7.2010, S. 16.

12 OGAW-IV-Umsetzungsgesetz v. 22.6.2011, BGBl. I 2011, S. 1126.

setz verstreuten Vorschriften. Die Regelungen im Investmentgesetz zu Master-Feederfonds waren dabei nicht auf OGAW beschränkt, sondern galten mit gewissen Abweichungen im Einzelnen auch für nicht-OGAW.[13]

7 Mit der Einführung des KAGB durch das AIFM-Umsetzungsgesetz vom 4.7.2013,[14] das am 22.7.2013 in Kraft trat, wurden die u.a. in den §§ 45a–45g InvG enthaltenen Vorschriften weitgehend in einem Abschnitt, dem Unterabschnitt 2 „Master-Feeder-Strukturen" in den §§ 171–180 KAGB konsolidiert. Der Unterabschnitt zu den Master-Feeder-Strukturen ist Teil der Vorschriften im Kapitel 2 zu den **Publikumsinvestmentvermögen**, Abschnitt 1 Allgemeine Vorschriften für offene Publikumsinvestmentvermögen.

8 Lediglich die Regelung in § 171 Abs. 2 KAGB (und der wortgleiche § 280 KAGB) enthalten Vorgaben für Spezialfonds. Weder bei Novellierung des Investmentgesetzes noch bei Einführung des KAGB wurde vom Gesetzgeber eine Einbeziehung von **Spezialfonds** in die Regelungen für Master-Feeder-Konstruktionen für geboten angesehen, da für Spezialfonds aufgrund ihrer Anlegerstruktur kein Schutzregime entsprechend der Richtlinie 2009/65/EG als erforderlich angesehen wurde.[15]

9 Im **Kernbereich** der besonderen Anforderungen an Master-Feeder-Strukturen sind dabei die Genehmigungspflicht der Anfangsanlage eines Feederfonds in einem Masterfonds (§ 171 KAGB), die Einhaltung der spezifischen Anlagegrenzen (§ 174 KAGB), die Angaben im Verkaufsprospekt, in den Anlagebedingungen und im Jahresbericht (§ 173 KAGB), die besonderen Pflichten, die von der Kapitalverwaltungsgesellschaft, der Verwahrstelle und der BaFin zu erfüllen sind (§§ 172, 176 und 177 KAGB), die Vereinbarungen zum erforderlichen Informationsaustausch, falls Master- und Feederfonds unterschiedliche Verwaltungsgesellschaften, Verwahrstellen und Abschlussprüfer haben (§ 175 KAGB), sowie die Regelungen zur Abwicklung, Verschmelzung oder Spaltung des Masterfonds und zur Umwandlung in einen Feederfonds oder zur Änderung des Masterfonds (§§ 178, 179 und 180 KAGB).

10 **Weitere Verweise und Regelungen zu Master-Feeder-Strukturen** finden sich in § 261 Abs. 8 KAGB (Zulässige Vermögensgegenstände, Anlagegrenzen), § 270 Abs. 2 Satz 2 KAGB (Inhalt Form und Gestaltung der wesentlichen Anlegerinformationen), § 293 Abs. 1 Ziff. 7 KAGB (Allgemeine Vorschriften), § 295 Abs. 2 Satz 2 KAGB (Auf den Vertrieb und den Erwerb von AIF anwendbare Vorschriften), § 297 Abs. 5 KAGB (Verkaufsunterlagen und Hinweispflicht), § 298 Abs. 2 Nr. 8 KAGB (Veröffentlichungspflichten und laufende Informationspflichten für EU-OGAW), § 299 Abs. 1 Satz 3 KAGB (Veröffentlichungspflichten und laufende Informationspflichten für EU-AIF und ausländische AIF), § 302 Abs. 5 KAGB (Werbung), § 316 Abs. 1 Ziff. 5 KAGB (Anzeigepflicht einer AIF-Kapitalverwaltungsgesellschaft beim beabsichtigten Vertrieb von inländischen Publikums-AIF im Inland), § 317 Abs. 1 Buchst. j), Abs. 3 KAGB (Zulässigkeit des Vertriebs von EU-AIF oder von ausländischen AIF an Privatanleger, § 318 Abs. 1 Satz 4 KAGB (Verkaufsprospekt und wesentliche Anlegerinformationen beim Vertrieb von EU-AIF oder von ausländischen AIF an Privatanleger), § 320 Abs. 1 Ziff. 10 KAGB (Anzeigepflicht beim beabsichtigten Vertrieb von EU-AIF oder von ausländischen AIF an Privatanleger im Inland), § 321 Abs. 1 Satz 2 Ziff. 5, Satz 3 KAGB (Anzeigepflicht einer AIF-Kapitalverwaltungsgesellschaft beim beabsichtigten Vertrieb von EU-AIF oder von inländischen Spezial-AIF an semiprofessionelle und professionelle Anleger im Inland), § 322 Abs. 1 und Abs. 4 Satz 3 KAGB (Anzeigepflicht einer AIF-Kapitalverwaltungsgesellschaft beim beabsichtigten Vertrieb von ausländischen AIF oder von inländischen Spezial-Feeder-AIF oder EU-Feeder-AIF, deren jeweiliger Master-AIF kein EU-AIF oder inländischer AIF ist, der von einer EU-AIF-Verwaltungsgesellschaft oder einer AIF-Kapitalverwaltungsgesellschaft verwaltet wird, an semiprofessionelle und professionelle Anleger im Inland), § 324 Abs. 1 KAGB (Anzeigepflicht einer EU-AIF-Verwaltungsgesellschaft beim beabsichtigten Vertrieb von ausländischen AIF oder von inländischen Spezial-Feeder-AIF oder EU-Feeder-AIF, deren jeweiliger Master-AIF kein EU-AIF oder inländischer AIF ist, der von einer EU-AIF-Verwaltungsgesellschaft oder einer AIF-Kapitalverwaltungsgesellschaft verwaltet wird, an semiprofessionelle und professionelle Anleger im Inland), § 329 Abs. 1, Abs. 3 und 4 KAGB (Anzeigepflicht einer EU-AIF-Verwaltungsgesellschaft oder einer AIF-Kapitalverwaltungsgesellschaft beim beabsichtigten Vertrieb von von ihr verwalteten inländischen Spezial-Feeder-AIF oder EU-Feeder-AIF, deren jeweiliger Master- AIF kein EU-AIF oder inländischer AIF ist, der von einer EU-AIF-Verwaltungsgesellschaft oder einer AIF-Kapitalverwaltungsgesellschaft verwaltet wird, oder ausländischen AIF an semiprofessionelle und professionelle Anleger im Inland), § 330 Abs. 1 Satz 2 und Abs. 3 und 4 KAGB (Anzeigepflicht einer ausländischen AIF-Verwaltungsgesellschaft beim beabsichtigten Vertrieb von von ihr verwalteten ausländischen AIF oder EU-AIF an semiprofessionel-

13 Begr. RegE, BT-Drucks. 17/4510, 74.

14 Gesetz zur Umsetzung der Richtlinie 2011/61/EU über die Verwaltung alternativer Investmentfonds (BGBl. I 2013, S. 1981).

15 Begr. RegE, BT-Drucks. 17/4510, 59.

le und professionelle Anleger im Inland), § 331 Abs. 1 Satz 3 KAGB (Anzeigepflicht einer AIF-Kapitalverwaltungsgesellschaft beim Vertrieb von EU-AIF oder inländischen AIF an professionelle Anleger in anderen Mitgliedstaaten der Europäischen Union oder in anderen Vertragsstaaten des Abkommens über den Europäischen Wirtschaftsraum; Verordnungsermächtigung), § 332 KAGB (Anzeigepflicht einer AIF-Kapitalverwaltungsgesellschaft beim Vertrieb von ausländischen AIF oder von inländischen Feeder-AIF oder EU-Feeder-AIF, deren jeweiliger Master-AIF kein EU-AIF oder inländischer AIF ist, der von einer EU-AIF-Verwaltungsgesellschaft oder einer AIF-Kapitalverwaltungsgesellschaft verwaltet wird, an professionelle Anleger in anderen Mitgliedstaaten der Europäischen Union oder in anderen Vertragsstaaten des Abkommens über den Europäischen Wirtschaftsraum) sowie die Bußgeldvorschriften des § 340 Abs. 2 Nr. 42 sowie Nr. 43 KAGB.

Durch das OGAW-V-Umsetzungsgesetz[16] sowie durch das Zweite Finanzmarktnovellierungsgesetz[17] kam es zu keinen weiteren Änderungen der §§ 171–180 KAGB. 11

III. Überblick und Entstehungsgeschichte

Nach § 171 Abs. 1 KAGB, der der Umsetzung von Art. 59 Abs. 1 der Richtlinie 2009/65/EG dient, bedarf die Anlage eines Feederfonds in einem Masterfonds der **vorherigen Genehmigung** durch die BaFin. Grenzüberschreitende Master-Feeder-Strukturen können dabei nur zwischen OGAW gebildet werden. Im Gegensatz dazu darf ein Sonstiges Investmentvermögen als Feederfonds nur in ein Sonstiges Investmentvermögen als Masterfonds anlegen. 12

Die Regelung des § 171 Abs. 2 KAGB im Abschnitt über offene Publikumsinvestmentvermögen im Kapitel 2 ist das Pendant zum wortgleichen § 280 KAGB im Abschnitt für offene inländische Spezial-AIF im Kapitel 3. Nach dieser Vorschrift ist es nicht gestattet, dass **Spezial-AIF** entweder Master- oder Feederfonds einer Master-Feeder-Struktur sind, sofern Publikumsinvestmentvermögen Master- oder Feederfonds dieser Master-Feeder-Struktur sind. 13

In § 171 Abs. 3 KAGB werden die **Angaben und Unterlagen** aufgeführt, die die Kapitalverwaltungsgesellschaft des Feederfonds dem Genehmigungsantrag beizufügen hat. Im OGAW-Bereich ist dabei für grenzüberschreitende Fälle vom Inland ins EU/EWR-Ausland von der Kapitalverwaltungsgesellschaft, die den Feederfonds verwaltet, zudem eine Bestätigung der zuständigen Stelle des Herkunftsstaates des EU-Master-OGAW[18] beizufügen, dass dieser ein EU-OGAW ist, selbst nicht Feederfonds ist und keine Anteile an einem anderen Feederfonds hält. 14

Durch § 171 Abs. 4 KAGB wird klargestellt, dass der beabsichtigte **Wechsel** der Anlage des Feederfonds in einen anderen Masterfonds der vorherigen Genehmigung durch die BaFin bedarf und in § 171 Abs. 5 KAGB wird das **Genehmigungsverfahren** geregelt. 15

§ 171 Abs. 6 KAGB enthält für **grenzüberschreitende Fälle im OGAW-Bereich vom EU/EWR-Ausland ins Inland** eine Regelung, nach der eine EU-OGAW-Verwaltungsgesellschaft[19] oder eine Kapitalverwaltungsgesellschaft, die einen EU-Feeder-OGAW[20] verwaltet, der in einen inländischen Masterfonds angelegt werden soll, eine Bescheinigung von der BaFin zu beantragen hat, mit der bestätigt wird, dass es sich bei dem Masterfonds um einen inländischen OGAW handelt, der inländische OGAW selbst nicht ebenfalls Feederfonds ist und keine Anteile an einem Feederfonds hält. 16

Die Regelungen in § 171 Abs. 1 und Abs. 3–6 KAGB entsprechen mit redaktionellen Anpassungen auf Grund der geänderten Begriffsbestimmungen und der Neustrukturierungen der Regelungen des aufzuhe- 17

16 Gesetz zur Umsetzung der Richtlinie 2014/91/EU des Europäischen Parlaments und des Rates vom 23. Juli 2014 zur Änderung der Richtlinie 2009/65/EG zur Koordinierung der Rechts- und Verwaltungsvorschriften betreffend bestimmte Organismen für gemeinsame Anlagen in Wertpapieren (OGAW) im Hinblick auf die Aufgaben der Verwahrstelle, die Vergütungspolitik und Sanktionen vom 3.3.2016 (BGBl. I 2016, 348).

17 Zweite Gesetz zur Novellierung von Finanzmarktvorschriften auf Grund europäischer Rechtsakte vom 23.6.2017 (BGBl. I 2017, S. 1693).

18 Definiert in § 171 Abs. 3 Satz 2 KAGB als ein EU-OGAW, der Anteile an mindestens einen OGAW-Feederfonds ausgegeben hat, selbst kein Feederfonds ist und keine Anteile eines Feederfonds hält.

19 S. § 1 Abs. 17 KAGB in Bezug auf OGAW, wonach EU-Verwaltungsgesellschaften Unternehmen mit Sitz in einem anderen Mitgliedstaat der Europäischen Union oder einem anderen Vertragsstaat des Abkommens über den Europäischen Wirtschaftsraum sind, die den Anforderungen an eine Verwaltungsgesellschaft oder an eine intern verwaltete Investmentgesellschaft im Sinne der Richtlinie 2009/65/EG entsprechen.

20 Definiert in § 171 Abs. 6 Satz 1 KAGB als ein EU-OGAW, der mindestens 85 % seines Vermögens in einem Masterfonds anlegt.

benden Investmentgesetzes dem Wortlaut der Abs. 1–5 des § 45a InvG.[21] Die Vorschrift des § 171 Abs. 2 KAGB entspricht der Regelung des aufzuhebenden § 95 Abs. 8 InvG.[22] § 171 Abs. 1, Abs. 3, Abs. 5 und Abs. 6 KAGB dient dabei der Umsetzung von Art. 59 Abs. 1, Abs. 3, Abs. 2 und Abs. 3 Unterabs. 2 der Richtlinie 2009/65/EG.[23]

18 Die noch im aufzuhebenden Investmentgesetz in § 45a Abs. 1 InvG aufgeführten Sondervermögen mit zusätzlichen Risiken (d.h. Hedgefonds) wurden in der Regelung des § 171 Abs. 1 KAGB gestrichen, da diese nach den Regeln dieses Gesetzes nur noch als Spezial-AIF aufgelegt werden können und sich gem. § 171 Abs. 2 KAGB Spezial-AIF nicht als Master- oder Feederfonds an einer Master-Feeder-Struktur beteiligen können, in der ein Publikumsinvestmentvermögen Master- oder Feederfonds ist.[24]

IV. Die Regelung im Einzelnen

1. Genehmigungserfordernis und Genehmigungsfähigkeit (§ 171 Abs. 1 KAGB)

19 Die Anlage eines Feederfonds in einem Masterfonds bedarf nach § 171 Abs. 1 Satz 1 KAGB der **vorherigen Genehmigung durch die BaFin.**[25] Dass die Anfangsanlage in den Masterfonds der vorherigen Genehmigung durch die BaFin bedarf, dient dem Schutz der Anleger des Feederfonds.[26]

20 Gemäß der in § 1 Abs. 19 Nr. 11 KAGB enthaltenen Definition sind **Feederfonds** entweder Sondervermögen (§ 1 Abs. 10 KAGB „inländische offene Investmentvermögen" i.V.m. § 1 Abs. 4 KAGB „1. OGAW und 2. AIF"), Investmentaktiengesellschaften mit veränderlichem Kapital (§§ 108–123 KAGB), Teilgesellschaftsvermögen einer Investmentaktiengesellschaft mit veränderlichem Kapital (§ 117 KAGB) oder EU-OGAW,[27] die mindestens 85 % ihres jeweiligen Vermögens in einem Masterfonds anlegen. Durch § 1 Abs. 19 Nr. 12 KAGB werden **Masterfonds** als OGAW oder Sonstige Investmentvermögen i.S.d. § 220 KAGB definiert, die Anteile an mindestens einen Feederfonds ausgegeben haben, selbst keine Feederfonds sind und keine Anteile eines Feederfonds halten.

21 Gemäß § 171 Abs. 1 Satz 2 und Satz 3 KAGB werden besondere Anforderungen an die **Genehmigungsfähigkeit** einer Anlage in einem Masterfonds gestellt. Nach Satz 2 ist die Anlage eines inländischen OGAW als Feederfonds in einem Masterfonds nur dann genehmigungsfähig, soweit es sich bei dem Masterfonds um einen OGAW handelt und nach Satz 3 ist die Anlage eines Sonstigen Investmentvermögens als Feederfonds in einem Masterfonds nur genehmigungsfähig, soweit es sich auch bei dem Masterfonds um ein Sonstiges Investmentvermögen handelt.

22 Die Regelungen in den Sätzen 2 und 3 dienen dem Gleichlauf zwischen Master- und Feederfonds und der **Sicherung derselben Regulierung innerhalb einer Master-Feeder-Struktur.**[28] Da die OGAW-Richtlinie auf europäischer Ebene einen Produktpass[29] vorsieht und die AIFM-Richtlinie nicht, kann ein inländischer OGAW als Feederfonds somit gleichermaßen in einen inländischen oder in einen EU-OGAW als Masterfonds anlegen. Inländische Sonstige Investmentvermögen als Feederfonds können hingegen nur in inländische Sonstige Investmentvermögen als Masterfonds anlegen und eine grenzüberschreitende Konstellation ist im AIF-Bereich nicht genehmigungsfähig.

2. Verbot von Spezial-AIF innerhalb von Master-Feeder-Strukturen gem. §§ 171 ff. KAGB (§ 171 Abs. 2 KAGB)

23 Nach dieser Vorschrift ist es nicht gestattet, dass Spezial-AIF entweder Master- oder Feederfonds einer Master-Feeder-Struktur sind, sofern Publikumsinvestmentvermögen Master- oder Feederfonds dieser Master-

---

21 Begr. RegE, BT-Drucks. 17/12294, 259.
22 Begr. RegE, BT-Drucks. 17/12294, 259.
23 Begr. RegE, BT-Drucks. 17/4510, 74.
24 Begr. RegE, BT-Drucks. 17/12294, 259.
25 Zu § 45a InvG: *Blankenheim*, ZBB/JBB 2011, 344 (354); *Bujotzek/Steinmüller*, DB 2011, 2246 (2251); *Reiter/Plumridge*, WM 2012, 343 (353).
26 Vgl. Erwägungsgrund (52) Richtlinie 2009/65/EG; *Dobrauz-Saldapenna/Rosenauer* in Moritz/Klebeck/Jesch, § 171 KAGB Rz. 8.
27 Gemäß § 1 Abs. 2 i.V.m. § 1 Abs. 8 KAGB werden Investmentvermögen in Form von OGAW als EU-OGAW bezeichnet, wenn sie dem Recht eines anderen Mitgliedstaates der Europäischen Union oder eines anderen Vertragsstaates des Abkommens über den Europäischen Wirtschaftsraum unterliegen.
28 *Siering/v. Ammon* in Baur/Tappen, § 171 KAGB Rz. 12; *Dobrauz-Saldapenna/Rosenauer* in Moritz/Klebeck/Jesch, § 171 KAGB Rz. 10.
29 S. Erwägungsgrund (62) der Richtlinie 2009/65/EG; zu § 45a InvG: s. auch *Blankenheim*, ZBB/JBB 2011, 345.

Feeder-Struktur sind. Es ist somit allein statthaft, wenn auf beiden Ebenen einer Master-Feeder-Struktur i.S.d. §§ 171 ff. KAGB ausschließlich Publikumsinvestmentvermögen als Master- und Feederfonds beteiligt sind. Da weder in dieser Vorschrift noch im wortgleichen § 280 KAGB und auch nicht in der Vorgängervorschrift des § 95 Abs. 8 InvG europarechtliche Vorgaben umgesetzt wurden, kommt vielmehr der Wille des Gesetzgebers zum Ausdruck, **keine Mischung von Spezial-AIF und Publikumsinvestmentvermögen** innerhalb der zwei Ebenen ein und **derselben Master-Feeder-Struktur zuzulassen**. Siehe ausführlich dazu die Kommentierung in § 280 Rz. 5 ff.

3. Genehmigungsantrag (§ 171 Abs. 3 KAGB)

Die Kapitalverwaltungsgesellschaft, die den Feederfonds verwaltet, hat dem Antrag auf Genehmigung der Anlage eines Feederfonds in einem Masterfonds als **Angaben und Unterlagen** nach § 171 Abs. 3 Satz 1 KAGB die Anlagebedingungen oder die Satzung des Feederfonds und des Masterfonds (Nr. 1), den Verkaufsprospekt und die wesentlichen Anlegerinformationen des Feederfonds und des Masterfonds gemäß den §§ 164, 166 KAGB oder gem. Art. 78 der Richtlinie 2009/65/EG (Nr. 2), die Master-Feeder-Vereinbarung oder die entsprechenden internen Regelungen für Geschäftstätigkeiten gem. § 175 Abs. 1 Satz 2 KAGB oder Art. 60 Abs. 1 Unterabs. 3 der Richtlinie 2009/65/EG (Nr. 3), die Verwahrstellenvereinbarung i.S.d. § 175 Abs. 2 KAGB, wenn für den Masterfonds und den Feederfonds verschiedene Verwahrstellen beauftragt wurden (Nr. 4), die Abschlussprüfervereinbarung, wenn für den Masterfonds und den Feederfonds verschiedene Abschlussprüfer bestellt wurden (Nr. 5) und ggf. die Informationen für die Anleger nach § 180 Abs. 1 KAGB (Nr. 6) beizufügen.[30] 24

Nach § 171 Abs. 3 Satz 2 KAGB ist im OGAW-Bereich für grenzüberschreitende Fälle vom Inland ins EU/EWR-Ausland von der Kapitalverwaltungsgesellschaft, die den Feederfonds verwaltet, zudem eine **Bestätigung der zuständigen Stelle des Herkunftsstaates des EU-Master-OGAW**[31] beizufügen, dass dieser ein EU-OGAW ist, selbst nicht Feederfonds ist und keine Anteile an einem anderen Feederfonds hält. Dadurch wird es der BaFin ermöglicht, die Zulässigkeit der beantragten Master-Feeder-Struktur bei grenzüberschreitenden EU/EWR-Konstellationen überprüfen zu können.[32] 25

Die beizufügenden Unterlagen sind gem. § 171 Abs. 3 Satz 3 KAGB in einer in internationalen Finanzkreisen üblichen Sprache beizufügen. Als in internationalen Finanzkreisen übliche Sprache ist Englisch anerkannt.[33] Sofern keine weiteren Sprachen als in internationalen Finanzkreisen üblich anerkannt sind, sind den fremdsprachigen Unterlagen deutsche Übersetzungen beizufügen (§ 171 Abs. 3 Satz 4 KAGB). 26

4. Genehmigung des Wechsels in einen anderen Masterfonds (§ 171 Abs. 4 KAGB)

Durch § 171 Abs. 4 Satz 1 KAGB wird klargestellt, dass der **Wechsel der Anlage in einen anderen Masterfonds** genauso der **vorherigen Genehmigung durch die BaFin** bedarf wie die erstmalige Anlage eines Feederfonds in einem Masterfonds.[34] Neben den gem. § 171 Abs. 3 KAGB beizufügenden Unterlagen (§ 171 Abs. 4 Satz 2 Nr. 3 KAGB) sind dem Genehmigungsantrag für den beabsichtigten Wechsel der Anlage in einen anderen Masterfonds zusätzlich der Antrag auf Genehmigung der Änderung der Anlagebedingungen unter Bezeichnung des Masterfonds (Nr. 1) sowie die vorgenommenen Änderungen des Verkaufsprospekts und der wesentlichen Anlegerinformationen (Nr. 2) beizufügen. 27

5. Genehmigungsverfahren und -frist (§ 171 Abs. 5 KAGB)

In § 171 Abs. 5 KAGB wird der Ablauf des Genehmigungsverfahrens bei einem Antrag auf Genehmigung der Anlage in einem Masterfonds nach Abs. 1 bzw. bei einem Antrag auf Genehmigung des Wechsels der 28

30 *Kunschke/Klebeck* in Beckmann/Scholtz/Vollmer, § 171 KAGB Rz. 12; *Dobrauz-Saldapenna/Rosenauer* in Moritz/Klebeck/Jesch, § 171 KAGB Rz. 12; *Wind/Fritz* in Weitnauer/Boxberger/Anders, § 171 KAGB Rz. 8; zu § 45a InvG: *Blankenheim*, ZBB/JBB 2011, 344 (354 f.); *Reiter/Plumridge*, WM 2012, 343 (353).

31 Definiert in § 171 Abs. 3 Satz 2 KAGB als ein EU-OGAW, der Anteile an mindestens einen OGAW-Feederfonds ausgegeben hat, selbst kein Feederfonds ist und keine Anteile eines Feederfonds hält.

32 *Wind/Fritz* in Weitnauer/Boxberger/Anders, § 171 KAGB Rz. 9; *Kunschke/Klebeck* in Beckmann/Scholtz/Vollmer, § 171 KAGB Rz. 13; zu § 45a InvG: *Reiter/Plumridge*, WM 2012, 343 (353); *Bujotzek/Steinmüller*, DB 2011, 2246 (2251).

33 *Dobrauz-Saldapenna/Rosenauer* in Moritz/Klebeck/Jesch, § 171 KAGB Rz. 14; *Kunschke/Klebeck* in Beckmann/Scholtz/Vollmer, § 171 KAGB Rz. 14; *Wind/Fritz* in Weitnauer/Boxberger/Anders, § 171 KAGB Rz. 10.

34 *Kunschke/Klebeck* in Beckmann/Scholtz/Vollmer, § 171 KAGB Rz. 16; *Wind/Fritz* in Weitnauer/Boxberger/Anders, § 171 KAGB Rz. 13; zu § 45a InvG: *Reiter/Plumridge*, WM 2012, 343 (353).

Anlage in einen anderen Masterfonds nach Abs. 4 geregelt. Danach hat die BaFin die jeweilige Genehmigung **bereits innerhalb von 15 Arbeitstagen**[35] – und damit abweichend von der für die Genehmigung von Anlagebedingungen bei Publikumsinvestmentvermögen nach § 163 Abs. 2 Satz 1 KAGB geltenden Frist von vier Wochen – (beschleunigt) zu erteilen,[36] sofern die in § 171 Abs. 5 Satz 1 KAGB aufgeführten Voraussetzungen erfüllt sind. Es müssen dazu alle in § 171 Abs. 3 oder Abs. 4 KAGB genannten Unterlagen vollständig vorliegen und der Feederfonds, seine Verwahrstelle und sein Abschlussprüfer sowie der Masterfonds müssen die im Abschnitt zu den Master-Feeder-Strukturen, d.h. in den §§ 171–180 KAGB, enthaltenen Anforderungen erfüllen.

29 Sollten die Voraussetzungen für eine Genehmigung nicht vorliegen, so hat die BaFin nach § 171 Abs. 5 Satz 2 KAGB der Kapitalverwaltungsgesellschaft des Feederfonds als Antragsteller innerhalb der Frist von 15 Arbeitstagen das **Nicht-Vorliegen der Voraussetzungen unter Angabe der Gründe mitzuteilen** und **fehlende oder geänderte Angaben oder Unterlagen anzufordern**. Sobald die angeforderten Angaben oder Unterlagen bei der BaFin eingehen, beginnt die Frist von 15 Arbeitstagen erneut zu laufen (§ 171 Abs. 5 Satz 3 KAGB) und die BaFin prüft, ob die Voraussetzungen für die Erteilung der jeweiligen Genehmigung nunmehr erfüllt sind.

30 Für den Fall, dass die BaFin über einen Genehmigungsantrag nicht innerhalb der Frist von 15 Arbeitstagen entscheidet und eine Mitteilung über fehlende oder geänderte Angaben oder Unterlagen nicht erfolgt ist, sieht § 171 Abs. 5 Satz 4 KAGB vor, dass die **Genehmigung als erteilt gilt**.[37] Auf Antrag der Kapitalverwaltungsgesellschaft hat die BaFin die gesetzlich fingierte Genehmigung schriftlich zu bestätigen.

6. Verfahren bei der Anlage von EU-OGAW in inländischen OGAW als Masterfonds (§ 171 Abs. 6 KAGB)

31 Für den umgekehrten Fall zu § 171 Abs. 3 Satz 2 KAGB (siehe Rz. 25) ist im Abs. 6 geregelt, dass im OGAW-Bereich für grenzüberschreitende Fälle vom EU/EWR-Ausland ins Inland die **BaFin** auf **Antrag** der EU-Verwaltungsgesellschaft oder der Kapitalverwaltungsgesellschaft, die einen EU-Feeder-OGAW[38] verwaltet, der in einem inländischen Master-OGAW angelegt werden soll, eine **Bescheinigung** ausstellt, mit der bestätigt wird, dass es sich bei diesem Masterfonds um einen inländischen OGAW handelt, der inländische OGAW selbst nicht ebenfalls Feederfonds ist und keine Anteile an einem Feederfonds hält. Die Bescheinigung dient zur Vorlage bei der zuständigen Stelle des Heimatstaates der EU-Feeder-OGAW als Nachweis darüber, dass die vorgenannten Kriterien erfüllt sind.

32 Zum Nachweis, dass vom inländischen Master-OGAW tatsächlich keine Anteile an einem Feederfonds gehalten werden, ist von der Verwahrstelle des Masterfonds eine entsprechende Bestätigung auszustellen. Diese Bestätigung ist der BaFin vorzulegen und sie darf bei Stellung des Antrags[39] nicht älter als zwei Wochen sein.[40]

---

35 *Siering/von Ammon* in Baur/Tappen, § 171 KAGB Rz. 29 Fn. 9: „Arbeitstage sind die Wochenarbeitstage von Montag bis Freitag mit Ausnahme der bundesweit einheitlichen gesetzlichen Feiertage sowie der am Sitz der BaFin in Bonn und Frankfurt am Main geltenden landesgesetzlichen Feiertage der Bundesländer Nordrhein-Westfalen und Hessen."; vgl. auch *Kunschke/Klebeck* in Beckmann/Scholtz/Vollmer, § 171 KAGB Rz. 20 f.

36 *Siering/von Ammon* in Baur/Tappen, § 171 KAGB Rz. 25; *Dobrauz-Saldapenna/Rosenauer* in Moritz/Klebeck/Jesch, § 171 KAGB Rz. 16; zu § 45a InvG: *Blankenheim*, ZBB/JBB 2011, 344 (355); *Reiter/Plumridge*, WM 2012, 343 (353).

37 *Dobrauz-Saldapenna/Rosenauer* in Moritz/Klebeck/Jesch, § 171 KAGB Rz. 18; *Siering/von Ammon* in Baur/Tappen, § 171 KAGB Rz. 30; *Wind/Fritz* in Weitnauer/Boxberger/Anders, § 171 KAGB Rz. 17; zu § 45a InvG: *Blankenheim*, ZBB/JBB 2011, 344 (355); *Bujotzek/Steinmüller*, DB 2011, 2246 (2251); *Fischer/Lübbehüsen*, RdF 2011, 254 (258); *Reiter/Plumridge*, WM 2012, 343 (353).

38 Definiert in § 171 Abs. 6 Satz 1 KAGB als ein EU-OGAW, der mindestens 85 % seines Vermögens in einem Masterfonds anlegt.

39 Antrag nach § 171 Abs. 6 Satz 1 KAGB.

40 *Siering/von Ammon* in Baur/Tappen, § 171 KAGB Rz. 31 ff.; *Wind/Fritz* in Weitnauer/Boxberger/Anders, § 171 KAGB Rz. 18 f.; *Dobrauz-Saldapenna/Rosenauer* in Moritz/Klebeck/Jesch, § 171 KAGB Rz. 19; zu § 45a Abs. 5 InvG: *Bujotzek/Steinmüller*, DB 2011, 2246 (2251).

§ 172 Besondere Anforderungen an Kapitalverwaltungsgesellschaften

(1) [1]Verwaltet eine Kapitalverwaltungsgesellschaft Masterfonds und Feederfonds, muss sie so organisiert sein, dass das Risiko von Interessenkonflikten zwischen Feederfonds und Masterfonds oder zwischen Feederfonds und anderen Anlegern des Masterfonds möglichst gering ist. [2]Die Kapitalverwaltungsgesellschaft muss insbesondere geeignete Regelungen zu den Kosten und Gebühren festlegen, die der Feederfonds zu tragen hat. [3]Sie muss gegebenenfalls geeignete Regelungen festlegen zu Rückerstattungen des Masterfonds an den Feederfonds sowie zu den Anteil- oder Aktienklassen des Masterfonds, die von Feederfonds erworben werden können.

(2) Bei der Anwendung von angemessenen Grundsätzen und Verfahren gemäß § 26 Absatz 6 zur Verhinderung von Beeinträchtigungen der Marktstabilität und Marktintegrität sind insbesondere angemessene Maßnahmen zur Abstimmung der Zeitpläne für die Berechnung und Veröffentlichung des Wertes von Investmentvermögen, insbesondere von Masterfonds und Feederfonds, zu treffen.

In der Fassung vom 4.7.2013 (BGBl. I 2013, S. 1981).

Schrifttum: *Blankenheim*, Die Umsetzung der OGAW-IV-Richtlinie in das Investmentgesetz, ZBB/JBB 2011, 344; *Reiter/Plumridge*, Das neue Investmentgesetz, Teil I, WM 2012, 343.

I. Entstehungsgeschichte und Überblick

Die zwei Absätze von § 172 KAGB enthalten besondere Regelungen für eine Kapitalverwaltungsgesellschaft, 1
die sowohl den Master- als auch den Feederfonds verwaltet.[1] Die beiden Vorgängerregelungen des § 9 Abs. 3a und Abs. 3b Satz 2 InvG,[2] die bei den allgemeinen Verhaltensregeln enthalten waren, wurden aus systematischen Gründen in den Unterabschnitt zu Master-Feeder-Strukturen verschoben und der jeweilige Wortlaut wurde übernommen, wobei lediglich redaktionelle Anpassungen auf Grund der geänderten Begriffsbestimmungen vorgenommen wurden.[3]

§ 172 Abs. 1 KAGB dient dabei für den OGAW-Bereich der Umsetzung von Art. 15 (Interessenkonflikte) 2
und von Art. 16 (Anlage- und Veräußerungsbasis des Feeder-OGAW) der Richtlinie 2010/44/EU[4] und § 172 Abs. 2 KAGB setzt Art. 60 Abs. 2 der Richtlinie 2009/65/EG um,[5] der gemeinsame Vorgaben für Master- und Feeder-OGAW im Hinblick auf die Abstimmung ihrer Zeitpläne und für die Berechnung und Veröffentlichung des Nettoinventarwertes enthält.

II. Die Regelung im Einzelnen

1. Besondere Anforderungen zur Vermeidung von Interessenkonflikten und an Regelungen zu Kosten und Anlagemöglichkeiten (§ 172 Abs. 1 KAGB)

Verwaltet eine Kapitalverwaltungsgesellschaft sowohl den Master- als auch den Feederfonds, so schreibt 3
§ 172 Abs. 1 Satz 1 KAGB vor, dass sie so **zu organisieren** ist, dass das **Risiko von Interessenkonflikten** zwischen Feeder- und Masterfonds oder zwischen Feederfonds und anderen Anlegern des Masterfonds **möglichst gering** ist. Nach den Sätzen 2 und 3 des § 172 Abs. 1 KAGB hat die Kapitalverwaltungsgesellschaft **geeignete Regelungen** zu den Kosten und Gebühren, die der Feederfonds zu tragen hat, zur Rückerstattung des Masterfonds an den Feederfonds sowie zu den Anteil- und Aktienklassen des Masterfonds, die von

1 *Wind/Fritz* in Weitnauer/Boxberger/Anders, § 172 KAGB Rz. 1.
2 Zu § 9 InvG: *Blankenheim*, ZBB/JBB 2011, 344 (355).
3 Begr. RegE, BT-Drucks. 17/12294, 259.
4 Begr. RegE, BT-Drucks. 17/4510, 61; zu § 9 InvG „Interessenkonflikte“: *Reiter/Plumridge*, WM 2012, 343 (354).
5 Begr. RegE, BT-Drucks. 17/4510, 61.

Feederfonds erworben werden können, **zu treffen**. Die Anforderungen des Abs. 1, die auf den Art. 15 und 16 der Richtlinie 2010/44/EU beruhen, sind inhaltlich in den internen Regelungen für Geschäftstätigkeiten gemäß§ 175 Abs. 1 Satz 3 KAGB zu berücksichtigen (s. § 175 Rz. 5, 9, 22). Durch diese Pflichten sollen die Interessen der verschiedenen an einer Master-Feeder-Struktur beteiligten Anleger geschützt werden.[6]

4 Die Verhaltens- und Organisationspflichten der §§ 26 ff. KAGB enthalten u.a. allgemeine Verhaltens- und Organisations-Anforderungen an Kapitalverwaltungsgesellschaften im Zusammenhang mit der Vermeidung von Interessenkonflikten. Danach hat eine Kapitalverwaltungsgesellschaft **im besten Interesse** der von ihr verwalteten Investmentvermögen oder der Anleger dieser Investmentvermögen und der Integrität des Marktes zu handeln (vgl. § 26 Abs. 2 Nr. 2 KAGB) sowie Interessenkonflikte zu vermeiden und, wo diese nicht vermieden werden können, die Interessenkonflikte zu ermitteln, beizulegen, zu beobachten und gegebenenfalls offenzulegen (vgl. § 26 Abs. 2 Nr. 3 und § 27 Abs. 1 KAGB). Eine Kapitalverwaltungsgesellschaft, die den Master- und auch den Feederfonds verwaltet, hat danach im besten Interesse sowohl des Masterfonds als auch des – zumindest mit 85 % im Masterfonds anlegenden – Feederfonds bzw. der jeweiligen Anleger zu handeln und angemessene Maßnahmen zur Vermeidung von Interessenkonflikten zu treffen, damit nachteilige Auswirkungen auf die Interessen des Master- und des Feederfonds und der Anleger vermieden werden.

5 **Konkretere Vorgaben** für die Verhaltens- und Organisationpflichten im Hinblick auf die Vermeidung von Interessenkonflikten enthalten die Art. 30–37 der Delegierten Verordnung (EU) Nr. 231/2013.[7] Diese für AIF-Kapitalverwaltungsgesellschaften geltenden Regelungen (s. auch § 27 Abs. 5 KAGB) finden gem. § 3 Abs. 1 der Kapitalanlage-Verhaltens- und Organisationsverordnung[8] (KAVerOV) auch für OGAW-Kapitalverwaltungsgesellschaften entsprechende Anwendung. Danach hat eine Kapitalverwaltungsgesellschaft die Arten der in § 27 Abs. 1 KAGB genannten Interessenkonflikte gem. Art. 30 der Delegierten Verordnung (EU) Nr. 231/2013 zu ermitteln (wie z.B. finanzielle Vorteile) und wirksame organisatorische und administrative Vorkehrungen gem. Art. 31 ff. der Delegierten Verordnung (EU) Nr. 231/2013 zu treffen und beizubehalten, die es ermöglichen, alle angemessenen Maßnahmen zur Ermittlung, Vorbeugung, Steuerung, Beobachtung und Offenlegung von Interessenkonflikten zu ergreifen, um zu verhindern, dass Interessenkonflikte den Interessen der Investmentvermögen und ihrer Anleger schaden.

6 Die Verpflichtung der Kapitalverwaltungsgesellschaft so organisiert zu sein, dass das Risiko von Interessenkonflikten zwischen Feeder- und Masterfonds oder zwischen Feederfonds und anderen Anlegern des Masterfonds möglichst gering ist, ergibt sich vor diesem Hintergrund typischerweise bereits aus den einzuhaltenden allgemeinen Verhaltens- und Organisationsanforderungen. In § 172 Abs. 1 Satz 1 KAGB geht es daher eher um die **Klarstellung der Anwendung** dieser allgemeinen Verhaltens- und Organisationsanforderungen auf den spezifischen Fall einer Kapitalverwaltungsgesellschaft, die sowohl den Master- als auch den Feederfonds verwaltet.[9] In der praktischen Umsetzung[10] wird die Kapitalverwaltungsgesellschaft im Rahmen ihrer internen Dokumentation zur Minderung von Interessenkonflikten spezifisch auf mögliche Interessenkonflikte zwischen Feeder- und Masterfonds und zwischen Feederfonds und anderen Anlegern des Masterfonds eingehen.

7 Die von der Kapitalverwaltungsgesellschaft zu treffenden **geeigneten Regelungen** nach § 172 Abs. 1 Satz 2 und 3 KAGB zu den Kosten und Gebühren, die der Feederfonds zu tragen hat, sowie zu Rückerstattungen des Masterfonds an den Feederfonds und zu den Anteil- und Aktienklassen des Masterfonds, die von Feederfonds erworben werden können, dienen dabei – gerade in Bezug auf die Verteilung der Kosten und Gebühren und bei Rückerstattungen – als ein Mittel zur Vermeidung von Interessenkonflikten.[11] Gleichermaßen dienen die zu treffenden geeigneten Regelungen durch ihre Festlegung in Bezug auf Kosten und Gebühren, Rückerstattungen und erwerbbare Anteil- und Aktienklassen dem Schutz der Anleger auf Ebene des Masterfonds und des Feederfonds.

---

6 *Kunschke/Klebeck* in Beckmann/Scholtz/Vollmer, § 172 KAGB Rz. 6.

7 Vom 19.12.2012 (ABl. EU Nr. L 83 v. 22.3.2013).

8 Vom 16.7.2013 (BGBl. I 2013, S. 2460). Rechtsgrundlage für die KAVerOV bildet die jeweilige Verordnungsermächtigung u.a. in § 26 Abs. 8 Satz 1 und § 27 Abs. 6 Satz 1 KAGB.

9 So auch *Kunschke/Klebeck* in Beckmann/Scholtz/Vollmer, § 172 KAGB Rz. 7 und Rz. 9.

10 Die überarbeiteten Wohlverhaltensregeln des Bundesverbandes Investment und Asset Management, die ab 1.1.2017 mit einer Übergangsfrist von neun Monaten gelten, können insofern nicht mehr als Anhaltspunkt dienen, da alle durch das Kapitalanlagegesetzbuch geregelten Pflichten wie die Vorkehrungen zum Umgang mit Interessenkonflikten gestrichen wurden.

11 So auch *Kunschke/Klebeck* in Beckmann/Scholtz/Vollmer, § 172 KAGB Rz. 11 und *Siering/von Ammon* in Bauer/Tappen, § 172 KAGB Rz. 12; hingegen scheint *Wind/Fritz* in Weitnauer/Boxberger/Anders, § 172 KAGB Rz. 4 bei den Sätzen 2 und 3 von einer bloßen internen Organisationsvorgabe auszugehen.

2. Besondere Maßnahmen zur Verhinderung von Beeinträchtigungen der Marktstabilität und Marktintegrität (§ 172 Abs. 2 KAGB)

Die Kapitalverwaltungsgesellschaft hat nach Maßgabe des § 172 Abs. 2 KAGB bei der Anwendung von angemessenen Grundsätzen und Verfahren gem. § 26 Abs. 6 KAGB zur Verhinderung von Beeinträchtigungen der Marktstabilität und Marktintegrität insbesondere **angemessene Maßnahmen** zur Abstimmung der Zeitpläne für die Berechnung und Veröffentlichung des Wertes von Investmentvermögen, insbesondere von Masterfonds und Feederfonds, zu treffen. 8

Die Kapitalverwaltungsgesellschaft ist zunächst nach § 26 Abs. 6 KAGB verpflichtet, angemessene Grundsätze und Verfahren anzuwenden, um eine Beeinträchtigung der Marktstabilität und Marktintegrität zu verhindern. Als missbräuchliche Marktpraktiken, die es zu verhindern gilt, werden **insbesondere** die kurzfristigen, systematischen Spekulationen mit Investmentanteilen durch Ausnutzung von Kursdifferenzen an Börsen und anderen organisierten Märkten und damit verbundene Möglichkeiten, Arbitragegewinne zu erzielen, verstanden (§ 26 Abs. 6 Satz 2 KAGB). Diese auch als Zeitzonen-Arbitrage oder sog. Market Timing[12] bezeichneten Möglichkeiten von Marktmissbräuchen gilt es zu verhindern, wobei durch die Formulierung mit „insbesondere" deutlich gemacht wird, dass es darüber hinaus weitere ebenso missbräuchliche Marktpraktiken gibt oder geben mag, die es zu verhindern gilt. 9

Nach einhelliger Auffassung stellt die **Festlegung von allgemeinverbindlichen Order-Annahmeschlüssen** eine geeignete organisatorische Maßnahme der Kapitalverwaltungsgesellschaft zur Verhinderung des sog. Market Timings dar.[13] In den Wohlverhaltensregeln des Bundesverbandes Investment und Asset Management (BVI)[14] wird dazu ausgeführt: „Die Fondsgesellschaft trifft angemessene Maßnahmen, um Zeitpläne für die Berechnung und Veröffentlichung des Fondswertes abzustimmen. Sie gewährleistet, dass sich kein Anleger durch den Kauf und Verkauf an von ihr aufgelegten Fonds zu bereits bekannten Anteilwerten Vorteile verschaffen kann. Zu diesem Zweck legt sie für jeden von ihr verwalteten Fonds einen Zeitpunkt fest, bis zu dem Aufträge für die Ausgabe und Rücknahme von Anteilen bei ihr, ihrem Vertreter oder bei der Verwahrstelle vorliegen müssen (Order-Annahmeschluss). Die Fondsgesellschaft vereinbart mit der Verwahrstelle, dass bei der Ausgabe und Rücknahme von Anteilen Aufträge, die nach dem von der Fondsgesellschaft festgelegten Order-Annahmeschluss eingehen, nicht mehr zu dem diesem Order-Annahmeschluss zugeordneten Anteilwert ausgeführt werden. (…)." 10

Auf Grundlage des § 26 Abs. 6 KAGB konkretisiert[15] § 172 Abs. 2 KAGB die allgemeinen Anforderungen dahingehend, dass insbesondere angemessene Maßnahmen zur **Abstimmung der Zeitpläne für die Berechnung und Veröffentlichung des Wertes von Investmentvermögen, insbesondere von Masterfonds und Feederfonds**, zu treffen sind. Die Kapitalverwaltungsgesellschaft, die den Master- und den Feederfonds verwaltet, hat daher bei den zu treffenden Maßnahmen zur Verhinderung von Beeinträchtigungen der Marktstabilität und Marktintegrität insbesondere die Zeitpläne für die Nettoinventarwert-Berechnung und -Veröffentlichung auf Ebene des Masterfonds und auf Ebene des Feederfonds so aufeinander abzustimmen, um damit ein missbräuchliches Verhalten in Form des Market Timings mit den jeweiligen Anteilen und Arbitragemöglichkeiten[16] möglichst zu verhindern. 11

§ 173 Verkaufsprospekt, Anlagebedingungen, Jahresbericht

(1) Der Verkaufsprospekt eines Feederfonds hat über die Angaben nach § 165 hinaus mindestens folgende Angaben zu enthalten:

1. eine Erläuterung, dass es sich um den Feederfonds eines bestimmten Masterfonds handelt und er als solcher dauerhaft mindestens 85 Prozent seines Wertes in Anteile dieses Masterfonds anlegt,

---

12 S. Begr. RegE, BT-Drucks. 17/4510, 61, ebenso *Wind/Fritz* in Weitnauer/Boxberger/Anders, § 172 KAGB Rz. 5.

13 *Kunschke/Klebeck* in Beckmann/Scholtz/Vollmer, § 172 KAGB Rz. 18; *Siering/von Ammon* in Bauer/Tappen, § 172 KAGB Rz. 15; *Dobrauz-Saldapenna/Rosenauer* in Moritz/Klebeck/Jesch, § 172 KAGB Rz. 9; zu § 9 InvG: *Steck* in Emde/Dornseifer/Dreibus/Hölscher, § 9 InvG Rz. 71.

14 S. überarbeitete Wohlverhaltensregeln des Bundesverbandes Investment und Asset Management (BVI), die ab 1.1.2017 mit einer Übergangsfrist von neun Monaten gelten, unter I., 3. auf S. 4. Die Kapitalverwaltungsgesellschaften, die Mitglied im BVI sind, informieren ihre Anleger, ob und inwieweit sie die Wohlverhaltensregeln einhalten.

15 *Wind/Fritz* in Weitnauer/Boxberger/Anders, § 172 KAGB Rz. 6; *Dobrauz-Saldapenna/Rosenauer* in Moritz/Klebeck/Jesch, § 172 KAGB Rz. 9.

16 Art. 60 Abs. 2 der Richtlinie 2009/65/EG.

2. die Angabe des Risikoprofils und die Angabe, ob die Wertentwicklung von Feederfonds und Masterfonds identisch ist oder in welchem Ausmaß und aus welchen Gründen sie sich unterscheiden sowie eine Beschreibung der gemäß § 174 Absatz 1 getätigten Anlagen,
3. eine kurze Beschreibung des Masterfonds, seiner Struktur, seines Anlageziels und seiner Anlagestrategie einschließlich des Risikoprofils und Angaben dazu, wo und wie der aktuelle Verkaufsprospekt des Masterfonds erhältlich ist sowie Angaben über den Sitz des Masterfonds,
4. eine Zusammenfassung der Master-Feeder-Vereinbarung nach § 175 Absatz 1 Satz 2 oder der entsprechenden internen Regelungen für Geschäftstätigkeiten nach § 175 Absatz 1 Satz 3,
5. die Möglichkeiten für die Anleger, weitere Informationen über den Masterfonds und die Master-Feeder-Vereinbarung einzuholen,
6. eine Beschreibung sämtlicher Vergütungen und Kosten, die der Feederfonds auf Grund der Anlage in Anteilen des Masterfonds zu zahlen hat, sowie der gesamten Gebühren von Feederfonds und Masterfonds und
7. eine Beschreibung der steuerlichen Auswirkungen der Anlage in den Masterfonds für den Feederfonds.

(2) [1]Handelt es sich bei dem Feederfonds um einen OGAW, hat die den Feederfonds verwaltende Kapitalverwaltungsgesellschaft der Bundesanstalt vorbehaltlich der Einreichungspflicht nach § 171 Absatz 3 auch Änderungen des Verkaufsprospekts und der wesentlichen Anlegerinformationen des Masterfonds unverzüglich nach erstmaliger Verwendung einzureichen. [2]Handelt es sich bei dem Feederfonds um ein Sonstiges Investmentvermögen, sind der Bundesanstalt auch die Änderungen des Verkaufsprospekts und der wesentlichen Anlegerinformationen des Masterfonds gemäß § 316 Absatz 4 mitzuteilen.

(3) Die Anlagebedingungen des Feederfonds müssen die Bezeichnung des Masterfonds enthalten.

(4) [1]Der Jahresbericht eines Feederfonds muss zusätzlich zu den in § 101 Absatz 1 vorgesehenen Informationen eine Erklärung zu den zusammengefassten Gebühren von Feederfonds und Masterfonds enthalten. [2]Er muss ferner darüber informieren, wo der Jahresbericht des Masterfonds erhältlich ist. [3]Der Halbjahresbericht eines Feederfonds muss auch darüber informieren, wo der Halbjahresbericht des Masterfonds erhältlich ist.

(5) Kapitalverwaltungsgesellschaften, die einen Feederfonds verwalten, haben der Bundesanstalt auch für den Masterfonds den Jahres- und Halbjahresbericht unverzüglich nach erstmaliger Verwendung einzureichen.

(6) [1]Der Abschlussprüfer des Feederfonds hat in seinem Prüfungsbericht den Prüfungsvermerk und weitere Informationen nach Artikel 27 Absatz 1 Buchstabe a der Richtlinie 2010/44/EU der Kommission vom 1. Juli 2010 zur Durchführung der Richtlinie 2009/65/EG des Europäischen Parlaments und des Rates in Bezug auf Bestimmungen über Fondsverschmelzungen, Master-Feeder-Strukturen und das Anzeigeverfahren (ABl. L 176 vom 10.7.2010, S. 28, L 179 vom 14.7.2010, S. 16) des Abschlussprüfers des Masterfonds zu berücksichtigen. [2]Haben der Feederfonds und der Masterfonds unterschiedliche Geschäftsjahre, hat der Abschlussprüfer des Masterfonds einen Bericht über die Prüfung der von der Verwaltungsgesellschaft des Masterfonds zu erstellenden Informationen nach Artikel 12 Buchstabe b der Richtlinie 2010/44/EU für den Masterfonds zum Geschäftsjahresende des Feederfonds zu erstellen. [3]Der Abschlussprüfer des Feederfonds hat in seinem Prüfungsbericht insbesondere jegliche in den vom Abschlussprüfer des Masterfonds übermittelten Unterlagen festgestellten Unregelmäßigkeiten sowie deren Auswirkungen auf den Feederfonds zu nennen. [4]Weder der Abschlussprüfer des Masterfonds noch der Abschlussprüfer des Feederfonds verletzt durch Befolgung dieser Vorschrift vertragliche oder durch Rechts- oder Verwaltungsvorschrift vorgesehene Bestimmungen, die die Offenlegung von Informationen einschränken oder die den Datenschutz betreffen. [5]Eine Haftung des Abschlussprüfers oder einer für ihn handelnden Person aus diesem Grund ist ausgeschlossen.

In der Fassung vom 4.7.2013 (BGBl. I 2013, S. 1981).

Schrifttum: *Blankenheim*, Die Umsetzung der OGAW-IV-Richtlinie in das Investmentgesetz, ZBB/JBB 2011, 344; *Bujotzek/Steinmüller*, Neuerungen im Investmentrecht durch das OGAW-IV-Umsetzungsgesetz, DB 2011, Teil I, 2246.

I. Entstehungsgeschichte und Überblick

In § 173 KAGB sind die bisher an verschiedenen Stellen im Investmentgesetz angesiedelten Regelungen zu den Anforderungen an den Verkaufsprospekt, die Anlagebedingungen und an die Berichte eines Feederfonds sowie an den Abschlussprüfer, in denen fast ausschließlich Vorschriften der Richtlinie 2009/65/EG umgesetzt werden, unter Anpassung an die geänderte Terminologie zusammengefasst worden. Zweck der Norm ist es, **Transparenz für Anleger eines Feederfonds über beide Anlage-Ebenen einer Master-Feeder-Struktur zu schaffen** und ein inhärentes Informationsdefizit auf Seiten der Anleger im Feederfonds durch die Implementierung bestimmter **Informationspflichten zum Schutz der Anleger**[1] auszugleichen.[2] 1

In § 173 Abs. 1 KAGB wurde § 42 Abs. 1a InvG übernommen,[3] der der Umsetzung von Art. 63 Abs. 1 der Richtlinie 2009/65/EG[4] dient. Die zusätzliche Anforderung zur Angabe des Sitzes des Masterfonds in § 173 Abs. 1 Nr. 3 KAGB dient dabei der Umsetzung von Art. 23 Abs. 1 Buchst. a der Richtlinie 2011/61/EU.[5] 2

In 173 Abs. 2 KAGB wurde § 42 Abs. 6 Satz 3 InvG übernommen[6] und damit wird Art. 63 Abs. 3 der Richtlinie 2009/65/EG hinsichtlich des Verkaufsprospekts und der wesentlichen Anlegerinformationen[7] umgesetzt. 3

Durch § 173 Abs. 3 KAGB wurde der Wortlaut des aufzuhebenden § 43 Abs. 4 Nr. 11 InvG übernommen,[8] und dies dient der Umsetzung von Art. 59 Abs. 1 der Richtlinie 2009/65/EG.[9] 4

Durch § 173 Abs. 4 Satz 1 KAGB wurde § 41 Abs. 7 InvG übernommen,[10] der wiederum der Umsetzung von Art. 63 Abs. 2 Unterabs. 1 der Richtlinie 2009/65/EG[11] dient. In Satz 2 wurde der Wortlaut des aufzuhebenden § 44 Abs. 1 Satz 4 InvG übernommen,[12] der der Umsetzung von Art. 63 Abs. 2 Unterabs. 2 der Richtlinie 2009/65/EU in Bezug auf den Jahresbericht[13] dient. Durch Satz 3 wurde der Wortlaut des aufzuhebenden § 44 Abs. 2 Satz 3 InvG[14] übernommen, der der Umsetzung von Art. 63 Abs. 2 Unterabs. 2 der Richtlinie 2009/65/EU in Bezug auf den Halbjahresbericht[15] dient. 5

In § 173 Abs. 5 KAGB wurde die Regelung des aufzuhebenden § 45 Abs. 3 Satz 3 InvG übernommen,[16] der der Umsetzung von Art. 63 Abs. 3 der Richtlinie 2009/65/EG hinsichtlich des Jahres- und Halbjahresberichts[17] dient. 6

1 Vgl. Erwägungsgrund (54) Richtlinie 2009/65/EG.
2 *Siering/von Ammon* in Baur/Tappen, § 173 KAGB Rz. 2; *Wind/Fritz* in Weitnauer/Boxberger/Anders, § 173 KAGB Rz. 1; *Dobrauz-Saldapenna/Rosenauer* in Moritz/Klebeck/Jesch, § 173 KAGB Rz. 8.
3 Begr. RegE, BT-Drucks. 17/12294, 259.
4 Begr. RegE, BT-Drucks. 17/4510, 70.
5 Begr. RegE, BT-Drucks. 17/12294, 259.
6 Begr. RegE, BT-Drucks. 17/12294, 259.
7 Begr. RegE, BT-Drucks. 17/4510, 71.
8 Begr. RegE, BT-Drucks. 17/12294, 259.
9 Begr. RegE, BT-Drucks. 17/4510, 72.
10 Begr. RegE, BT-Drucks. 17/12294, 259.
11 Begr. RegE, BT-Drucks. 17/4510, 70.
12 Begr. RegE, BT-Drucks. 17/12294, 259.
13 Begr. RegE, BT-Drucks. 17/4510, 73.
14 Begr. RegE, BT-Drucks. 17/12294, 259.
15 Begr. RegE, BT-Drucks. 17/4510, 73.
16 Begr. RegE, BT-Drucks. 17/12294, 259.
17 Begr. RegE, BT-Drucks. 17/4510, 73.

7 Und schließlich übernimmt § 173 Abs. 6 KAGB die Regelung des aufzuhebenden § 44 Abs. 5a InvG.[18] Dies dient in den Sätzen 1–3 der Umsetzung von Art. 62 Abs. 2 und in den Sätzen 4 und 5 der Umsetzung von Art. 62 Abs. 3 der Richtlinie 2009/65/EG.[19]

II. Die Regelung im Einzelnen

1. Angaben im Verkaufsprospekt eines Feederfonds (§ 173 Abs. 1 KAGB)

8 In § 173 Abs. 1 KAGB werden die zusätzlichen Angaben festgelegt, die ein Verkaufsprospekt über diejenigen nach § 165 KAGB hinaus enthalten muss. Gemäß § 165 Abs. 1 KAGB muss der Verkaufsprospekt zunächst die Angaben enthalten, die erforderlich sind, damit sich die Anleger über die ihnen angebotene Anlage und insbesondere über die damit verbundenen Risiken ein begründetes Urteil bilden können und er muss redlich, eindeutig und darf nicht irreführend sein. Durch die von § 173 Abs. 1 KAGB geforderten zusätzlichen Angaben soll für die Anleger im Feederfonds die **besondere Struktur über zwei Ebenen durchschaubar** und verständlich gemacht werden.[20]

9 Nach **§ 173 Abs. 1 Nr. 1 KAGB** muss im Verkaufsprospekt eines Feederfonds als zusätzliche Angabe eine Erläuterung enthalten sein, dass es sich um den Feederfonds eines bestimmten Masterfonds handelt und der Feederfonds als solcher dauerhaft mindestens 85 % seines Wertes in Anteile dieses Masterfonds anlegt. Damit werden Anlegern des Feederfonds die besonderen Merkmale der spezifischen Master-Feeder-Struktur verdeutlicht und es wird erkennbar, dass durch die Anlage von mindestens 85 % des Wertes des Feederfonds in Anteile eines bestimmten Masterfonds die Wertentwicklung auf Ebene des Feederfonds (fast) vollständig aber zumindest ganz überwiegend von der Wertentwicklung auf Ebene des Masterfonds abhängt.[21]

10 **§ 173 Abs. 1 Nr. 2 KAGB** erfordert die Angabe des Risikoprofils und die Angabe, ob die Wertentwicklung von Feederfonds und Masterfonds identisch ist oder in welchem Ausmaß und aus welchen Gründen sie sich unterscheiden sowie eine Beschreibung der gem. § 174 Abs. 1 KAGB getätigten Anlagen. Vor dem Hintergrund der Beschreibung der einzelnen Risiken in den Risikohinweisen ist beim Risikoprofil des Feederfonds in eindeutiger und leicht verständlicher Weise für den Anleger zu erläutern, wie und in welchem Maße sich die genannten Risiken bei einer Gesamtbetrachtung auf das Anlageziel und die Anlagepolitik zur Erreichung dieses Ziels auswirken können. Das Risikoprofil des Feederfonds wird dabei typischerweise entweder dem Risikoprofil des Masterfonds entsprechen oder zumindest dem Risikoprofil des Masterfonds aufgrund der Anlage von mindestens 85 % sehr ähnlich sein.[22] Die Wertentwicklung von Feederfonds und Masterfonds kann nur dann unterschiedlich sein, wenn die Kapitalverwaltungsgesellschaft von der Regelung in § 174 Abs. 1 Satz 3 KAGB Gebrauch macht und bis zu 15 % des Wertes des Feederfonds in täglich verfügbaren Bankguthaben nach § 195 KAGB und – ausschließlich zu Absicherungszwecken – in Derivate nach § 197 Abs. 1 KAGB anlegt. Neben der dann möglichen unterschiedlichen Wertentwicklung kann dies auch zu einem abweichenden Risikoprofil zwischen Feeder- und Masterfonds führen. Die Zusammenhänge zwischen der Anlage von mindestens 85 und maximal 100 % des Wertes des Feederfonds im Masterfonds und der Anlage von 0 bis maximal 15 % in Bankguthaben und Derivate, die in § 174 Abs. 1 Satz 3 KAGB genannt sind, und deren Auswirkungen sind dabei zu erläutern und die Unterschiede sind zu begründen.

11 Eine kurze Beschreibung des Masterfonds, seiner Struktur, seines Anlageziels und seiner Anlagestrategie einschließlich des Risikoprofils und Angaben dazu, wo und wie der aktuelle Verkaufsprospekt des Masterfonds erhältlich ist sowie Angaben über den Sitz des Masterfonds sind nach **§ 173 Abs. 1 Nr. 3 KAGB** im Verkaufsprospekt des Feederfonds aufzunehmen. Durch diese zusätzlichen Angaben soll der Anleger in die Lage versetzt werden, sich ein Gesamtbild über die Master-Feeder-Konstruktion mit der Anlagestruktur über zwei Ebenen zu verschaffen.[23] *Kunschke/Klebeck* ist beizupflichten, dass diese Angaben zum Masterfonds eher ausführlich statt kurz sein sollten,[24] gerade um ein Gesamtbild der Master-Feeder-Struktur ausgewogen und verständlich vermitteln zu können. Die Angaben über den Sitz des Masterfonds sind, wie zu-

---

18 Begr. RegE, BT-Drucks. 17/12294, 259.

19 Begr. RegE, BT-Drucks. 17/4510, 73.

20 Vgl. Erwägungsgrund (54) Richtlinie 2009/65/EG; zu § 42 Abs. 1a InvG: *Blankenheim*, ZBB/JBB 2011, 344 (355 f.); *Bujotzek/Steinmüller*, DB 2011, 2246 (2251).

21 *Siering/von Ammon* in Baur/Tappen, § 173 KAGB Rz. 6; *Wind/Fritz* in Weitnauer/Boxberger/Anders, § 173 KAGB Rz. 7; *Kunschke/Klebeck* in Beckmann/Scholtz/Vollmer, § 173 KAGB Rz. 5; zu § 42 Abs. 2a InvG: *Rozok* in Emde/Dornseifer/Dreibus/Hölscher, § 42 InvG Rz. 47.

22 *Kunschke/Klebeck* in Beckmann/Scholtz/Vollmer, § 173 KAGB Rz. 6; *Siering/von Ammon* in Baur/Tappen, § 173 KAGB Rz. 7.

23 Zu § 42 Abs. 2a InvG: *Rozok* in Emde/Dornseifer/Dreibus/Hölscher, § 42 InvG Rz. 49.

24 *Kunschke/Klebeck* in Beckmann/Scholtz/Vollmer, § 173 KAGB Rz. 7.

treffend von *Siering/von Ammon*[25] ausgeführt, bei Masterfonds in Vertragsform so zu verstehen, dass statt des Sitzes der Staat zu nennen ist, dessen Recht auf den Masterfonds Anwendung findet.

Als weitere Angabe muss gem. § **173 Abs. 1 Nr. 4 KAGB** eine Zusammenfassung der Master-Feeder-Vereinbarung nach § 175 Abs. 1 Satz 2 KAGB oder der entsprechenden internen Regelungen für Geschäftstätigkeiten nach § 175 Abs. 1 Satz 3 KAGB im Verkaufsprospekt des Feederfonds enthalten sein. Die Zusammenfassung der Master-Feeder-Vereinbarung, die zwischen der Verwaltungsgesellschaft des Feeder- und der Verwaltungsgesellschaft des Masterfonds abgeschlossen wird, bzw. der entsprechenden internen Regelungen für Geschäftstätigkeiten, die die gleichzeitig Feeder- und Masterfonds verwaltende Kapitalverwaltungsgesellschaft erstellt (s. § 175 Rz. 5 ff.), sollte Anlegern verständlich machen, wie der Informationsaustausch erfolgt, damit alle Unterlagen und Informationen auf Ebene des Feederfonds zur Verfügung stehen, damit für den Feederfonds alle gesetzlichen Anforderungen erfüllt werden können.[26] 12

Nach **§ 173 Abs. 1 Nr. 5 KAGB** muss im Verkaufsprospekt des Feederfonds zudem die Angabe über die Möglichkeiten für die Anleger enthalten sein, weitere Informationen über den Masterfonds und die Master-Feeder-Vereinbarung einzuholen. Da nach § 173 Abs. 1 Nr. 3 KAGB bereits anzugeben ist, wo und wie der aktuelle Verkaufsprospekt des Masterfonds erhältlich ist, ist ein Verweis auf den Verkaufsprospekt an dieser Stelle nicht ausreichend,[27] sondern es muss aufgeführt werden, welche zusätzlichen Möglichkeiten bestehen, Informationen über den Masterfonds und die Master-Feeder-Vereinbarung einzuholen. Anzugeben sind daher andere Informationsquellen, wie z.B. die Internetseite der Verwaltungsgesellschaft des Masterfonds.[28] 13

§ 173 Abs. 1 Nr. 6 KAGB erfordert eine Beschreibung sämtlicher Vergütungen und Kosten, die der Feederfonds aufgrund der Anlage in Anteilen des Masterfonds zu zahlen hat, sowie der gesamten Gebühren von Feederfonds und Masterfonds. Um Transparenz zu schaffen und zum Schutz der Anleger im Feederfonds vor ungerechtfertigten Kosten,[29] sind sämtliche Vergütungen und Kosten, die dem Feederfonds durch die Anlage im Masterfonds entstehen, sowie die gesamten Gebühren des Feeder- und des Masterfonds zu beschreiben.[30] 14

Abschließend ist gem. § **173 Abs. 1 Nr. 7 KAGB** im Verkaufsprospekt des Feederfonds als zusätzliche Angabe eine Beschreibung der steuerlichen Auswirkungen der Anlage in den Masterfonds für den Feederfonds erforderlich. 15

2. Änderungen bei Verkaufsprospekt und wesentlichen Anlegerinformationen des Masterfonds (§ 173 Abs. 2 KAGB)

Die Kapitalverwaltungsgesellschaft des Feederfonds hat bei Änderungen des Verkaufsprospekts und der wesentlichen Anlegerinformationen des Masterfonds bestimmte Pflichten gegenüber der BaFin, die sich danach richten, ob es sich bei dem Feederfonds um einen OGAW (§ 173 Abs. 2 Satz 1 KAGB) oder um ein Sonstiges Investmentvermögen[31] handelt (§ 173 Abs. 2 Satz 2 KAGB). Bei einem **OGAW-Feederfonds** hat die Kapitalverwaltungsgesellschaft – vorbehaltlich der Einreichungspflicht nach § 171 Abs. 3 KAGB (s. § 171 Rz. 24 ff.) – Änderungen des Verkaufsprospekts und der wesentlichen Anlegerinformationen des Masterfonds **unverzüglich nach erstmaliger Verwendung** der BaFin einzureichen. Einigkeit besteht darüber, dass jegliche Änderungen und nicht nur wesentliche von der Einreichungspflicht erfasst sind.[32] 16

Handelt es sich bei dem Feederfonds um ein **Sonstiges Investmentvermögen**, so hat die Kapitalverwaltungsgesellschaft die Pflicht der BaFin die Änderungen des Verkaufsprospekts und der wesentlichen Anlegerinformationen des Masterfonds gem. § **316 Abs. 4 KAGB mitzuteilen.** Danach hat die AIF-Kapitalverwaltungsgesellschaft der BaFin die Änderung schriftlich mitzuteilen und gegebenenfalls zeitgleich aktualisierte Angaben und Unterlagen zu übermitteln, wobei geplante Änderungen mindestens 20 Arbeitstage vor Durchführung der Änderung mitzuteilen sind und ungeplante Änderungen unverzüglich nach deren Eintreten. § 173 Abs. 2 Satz 2 KAGB statuiert bei Änderungen des Verkaufsprospekts und der wesentlichen Anlegerinformationen des Masterfonds die Mitteilungspflicht der Kapitalverwaltungsgesellschaft des Feederfonds in Form von Sonstigen Investmentvermögen und legt die Art und Weise dafür fest. Die Regelung in § 316 Abs. 1 17

25 *Siering/von Ammon* in Baur/Tappen, § 173 KAGB Rz. 12.
26 Ebenfalls *Kunschke/Klebeck* in Beckmann/Scholtz/Vollmer, § 173 KAGB Rz. 8.
27 *Siering/von Ammon* in Baur/Tappen, § 173 KAGB Rz. 15.
28 *Kunschke/Klebeck* in Beckmann/Scholtz/Vollmer, § 173 KAGB Rz. 9.
29 Vgl. Erwägungsgrund (55) Richtlinie 2009/65/EG.
30 Zu § 42 Abs. 2a InvG: *Rozok* in Emde/Dornseifer/Dreibus/Hölscher, § 42 InvG Rz. 52; *Wind/Fritz* in Weitnauer/Boxberger/Anders, § 173 KAGB Rz. 14.
31 Vgl. §§ 220 ff. KAGB.
32 *Siering/von Ammon* in Baur/Tappen, § 173 KAGB Rz. 20; *Kunschke/Klebeck* in Beckmann/Scholtz/Vollmer, § 173 KAGB Rz. 13.

Satz 2 Nr. 5 KAGB (auf den § 316 Abs. 4 KAGB verweist) enthält keine eigene Mitteilungspflicht in Bezug auf diese Unterlagen, sondern es wird u.a. nur verlangt, dass im Anzeigeschreiben ein Verweis auf den Verkaufsprospekt und die wesentlichen Anlegerinformationen des Masterfonds enthalten sein muss,[33] welches nur zur Mitteilung eines geänderten Verweises gem. § 316 Abs. 4 KAGB führt.

18 Werden Feederfonds und Masterfonds von unterschiedlichen (Kapital-) Verwaltungsgesellschaften verwaltet, so sollte die Kapitalverwaltungsgesellschaft des Feederfonds vertraglich sicherstellen, dass die (Kapital-) Verwaltungsgesellschaft des Masterfonds rechtzeitig über Änderungen zum Verkaufsprospekt und zu den wesentlichen Anlegerinformationen informiert wird, um ihre jeweiligen Einreichungs- bzw. Mitteilungspflichten gem. § 173 Abs. 2 KAGB erfüllen zu können.

3. Anforderung an die Anlagebedingungen des Feederfonds (§ 173 Abs. 3 KAGB)

19 Die Anlagebedingungen des Feederfonds, nach denen sich das vertragliche Rechtsverhältnis der Kapitalanlagegesellschaft zu den Anlegern bestimmt,[34] müssen nach § 173 Abs. 3 KAGB die **Bezeichnung des Masterfonds** enthalten, in den der Feederfonds mit mindestens 85 % seines Vermögens anlegt. Neben dieser zivilrechtlichen Komponente der Festlegung, dass es sich um einen Feederfonds handelt, der in einen bestimmten Masterfonds anlegt, wird durch diese Anforderung an die Anlagebedingungen des Feederfonds in aufsichtsrechtlicher Hinsicht auch die Kontrolle durch die BaFin ermöglicht, ob dem Genehmigungsvorbehalt gem. § 171 Abs. 1 Satz 1 KAGB i.V.m. § 163 Abs. 1 KAGB genüge getan wurde.[35]

4. Anforderungen an die Jahres- und Halbjahresberichte eines Feederfonds (§ 173 Abs. 4 KAGB)

20 § 173 Abs. 4 Satz 1 KAGB fordert, dass der Jahresbericht eines Feederfonds zusätzlich zu den Informationen, die in § 101 Abs. 1 KAGB vorgesehen sind, eine **Erklärung zu den zusammengefassten Gebühren von Feederfonds und Masterfonds** enthalten muss. Zudem ist im Jahres- und auch im Halbjahresbericht des Feederfonds (§ 173 Abs. 4 Satz 2 und Satz 3 KAGB) anzugeben, **wo der Jahres- bzw. der Halbjahresbericht des Masterfonds erhältlich** ist.

21 Durch die Erklärung zu den zusammengefassten Gebühren von Feeder- und Masterfonds sollen die Anleger vor ungerechtfertigten zusätzlichen Kosten geschützt werden,[36] denn sie können diese Erklärung mit den Angaben im Verkaufsprospekt des Feederfonds gem. § 173 Abs. 1 Nr. 6 KAGB vergleichen, wonach die gesamten Gebühren von Feederfonds und Masterfonds zu beschreiben sind.[37] Insgesamt werden durch die Regelung Kostentransparenz und Informationsmöglichkeiten zu den Berichten für die Anleger des Feederfonds über die zwei Ebenen geschaffen.[38]

5. Einreichungspflicht in Bezug auf Berichte des Masterfonds durch KVG des Feederfonds (§ 173 Abs. 5 KAGB)

22 Die Kapitalverwaltungsgesellschaft des Feederfonds hat nach § 173 Abs. 5 KAGB die Pflicht, auch für den Masterfonds den Jahres- und Halbjahresbericht einzureichen und zwar **unverzüglich nach erstmaliger Verwendung**. Die Einreichung der Berichte erfolgt „unverzüglich", wenn sie ohne schuldhaftes Zögern, d.h. innerhalb einer nach den Umständen des Einzelfalls zu bemessenden Prüfungs- und Überlegungsfrist[39] erfolgt. Die „Verwendung" i.S.v. § 173 Abs. 5 KAGB ist dabei als Veröffentlichung des betreffenden Berichts durch die Verwaltungsgesellschaft des Masterfonds zu verstehen.[40]

6. Anforderungen an die Abschlussprüfer-Prüfung (§ 173 Abs. 6 KAGB)

23 In § 173 Abs. 6 KAGB werden besondere Anforderungen an die Prüfberichte der Abschlussprüfer auf Feeder- und Masterfondsseite gestellt. Nach Satz 1 hat der Abschlussprüfer des Feederfonds bei der Erstellung seines Prüfberichts den **Prüfungsvermerk sowie die weiteren Informationen** nach Art. 27 Abs. 1 Buchst. a

---

33 Vgl. *Kunschke/Klebeck* in Beckmann/Scholtz/Vollmer, § 173 KAGB Rz. 14; *Siering/von Ammon* in Baur/Tappen, § 173 KAGB Rz. 22, die die Auffassung vertreten, dass „§ 173 Abs. 2 S. 2 (…) jedenfalls mindestens eine klarstellende Funktion" zukommt.

34 Vgl. § 162 Abs. 1 KAGB.

35 *Siering/von Ammon* in Baur/Tappen, § 173 KAGB Rz. 24.

36 Vgl. für den OGAW-Bereich: Erwägungsgründe (54) und (55) der Richtlinie 2009/65/EG.

37 *Kunschke/Klebeck* in Beckmann/Scholtz/Vollmer, § 173 KAGB Rz. 16; *Siering/von Ammon* in Baur/Tappen, § 173 KAGB Rz. 27.

38 Zu § 41 Abs. 7 InvG: *Blankenheim*, ZBB/JBB 2011, 344, (355 f.); *Bujotzek/Steinmüller*, DB 2011, 2246 (2251).

39 Vgl. *Ellenberger* in Palandt, § 121 BGB Rz. 3.

40 *Kunschke/Klebeck* in Beckmann/Scholtz/Vollmer, § 173 KAGB Rz. 18.

der Richtlinie 2010/44/EU[41] **des Abschlussprüfers des Masterfonds zu berücksichtigen**. Bei den weiteren Informationen nach Art. 27 Abs. 1 Buchst. a der Richtlinie 2010/44/EU handelt es sich um diejenigen Informationen, die im Rahmen der Abschlussprüfervereinbarung zwischen den beiden Prüfern routinemäßig ausgetauscht werden. Durch die Abschlussprüfervereinbarung über den Informationsaustausch, die gem. § 175 Abs. 3 KAGB (s. § 175 Rz. 31 ff.) abzuschließen ist, soll sichergestellt werden, dass beide Abschlussprüfer ihre Pflichten erfüllen und diese umfassen explizit die Pflichten, die in § 173 Abs. 6 in den Sätzen 1 bis 3 KAGB aufgeführt sind. Sollten z.B. aufgrund eines grenzüberschreitenden Sachverhalts auf Ebene des Masterfonds und des Feederfonds unterschiedliche Anforderungen an Prüfberichte vorliegen, so können diese Unterschiede durch eine spezifische Vereinbarung zum Informationsaustauch in der Abschlussprüfervereinbarung ausgeglichen werden.[42] Durch die Berücksichtigung des Prüfungsvermerks des Abschlussprüfers des Masterfonds und der weiteren Informationen, die auf Grundlage der Abschlussprüfervereinbarung erhalten werden, wird im Prüfbericht für den Feederfonds Einblick auf die Ebene des Masterfonds gewährt und Informationen werden mit einbezogen.[43]

Sollten Feeder- und Masterfonds **unterschiedliche Geschäftsjahre** haben, so regelt § 173 Abs. 6 Satz 2 KAGB, dass der Abschlussprüfer des Masterfonds einen Bericht über die Prüfung der von der Verwaltungsgesellschaft des Masterfonds zu erstellenden Informationen nach Art. 12 Buchst. b der Richtlinie 2010/44/EU für den Masterfonds zum Geschäftsjahresende des Feederfonds zu erstellen hat. Der Bericht über die Prüfung der von der Verwaltungsgesellschaft des Masterfonds zu erstellenden Informationen[44] nach Art. 12 Buchst. b der Richtlinie 2010/44/EU für den Masterfonds zum Geschäftsjahresende des Feederfonds ist der sog. **Ad-hoc-Bericht** gem. Art. 62 Abs. 2 Unterabs. 1 der Richtlinie 2009/65/EG. Durch die Pflicht zur Erstellung und die gem. § 175 Abs. 3 KAGB in der Abschussprüfervereinbarung zu regelnde Übermittlung des Ad-hoc-Berichts durch den Abschlussprüfer des Masterfonds, soll der Abschlussprüfer des Feederfonds in die Lage versetzt werden, die regelmäßigen Berichte für den Feederfonds rechtzeitig zu erstellen.[45] 24

Gemäß § 173 Abs. 6 Satz 3 KAGB hat der Abschlussprüfer des Feederfonds in seinem Prüfungsbericht insbesondere jegliche in den vom Abschlussprüfer des Masterfonds übermittelten Unterlagen festgestellten Unregelmäßigkeiten sowie deren Auswirkungen auf den Feederfonds zu nennen. Mangels eigener Prüfungstätigkeit auf Ebene des Masterfonds kann sich der Abschlussprüfer des Feederfonds im Wesentlichen nur auf die vom Abschlussprüfer des Masterfonds übermittelten Unterlagen und die darin erwähnten Unregelmäßigkeiten beziehen.[46] Auf dieser Grundlage hat er zu beurteilen, wie sich diese Unregelmäßigkeiten auf den Feederfonds auswirken. 25

Durch die Regelung in § 173 Abs. 6 Satz 5 und 6 KAGB wird klargestellt, dass weder der Abschlussprüfer des Masterfonds noch der Abschlussprüfer des Feederfonds durch die Befolgung des Abs. 6 vertragliche oder durch Rechts- oder Verwaltungsvorschrift vorgesehene Bestimmungen, die die Offenlegung von Informationen einschränken oder die den Datenschutz betreffen, verletzen und dass eine Haftung des Abschlussprüfers oder einer für ihn handelnden Person aus diesem Grund ausgeschlossen ist. Eine parallel gestaltete Regelung findet sich in Bezug auf die Verwahrstellen in § 176 Abs. 6 KAGB (s. § 176 Rz. 18). 26

§ 174 Anlagegrenzen, Anlagebeschränkungen, Aussetzung der Anteile

(1) [1]Die Kapitalverwaltungsgesellschaft hat für einen Feederfonds ungeachtet der Anlagegrenzen nach § 207 Absatz 1, § 210 Absatz 3 und § 221 Absatz 3 mindestens 85 Prozent des Wertes des Feederfonds in Anteile eines Masterfonds anzulegen. [2]Der Feederfonds darf erst dann über die Anlagegrenzen nach § 207 Absatz 1, § 210 Absatz 3 und § 221 Absatz 3 hinaus in Anteile eines Masterfonds anlegen, wenn die Genehmigung nach § 171 erteilt worden ist und die Master-Feeder-Verein-

41 ABl. EU Nr. L 176 v. 10.7.2010, S. 28; ABl. EU Nr. L 179 v. 14.7.2010, S. 16.

42 Vgl. *Kunschke/Klebeck* in Beckmann/Scholtz/Vollmer, § 173 KAGB Rz. 20.

43 Vgl. *Siering/von Ammon* in Baur/Tappen, § 173 KAGB Rz. 34.

44 S. im Zusammenhang mit der Master-Feeder-Vereinbarung Kommentierung zu § 175 Rz. 15.

45 So auch *Wind/Fritz* in Weitnauer/Boxberger/Anders, § 173 KAGB Rz. 26; *Dobrauz-Saldapenna/Rosenauer* in Moritz/Klebeck/Jesch, § 173 KAGB Rz. 20.

46 So auch *Kunschke/Klebeck* in Beckmann/Scholtz/Vollmer, § 173 KAGB Rz. 22. Abzulehnen ist die Ansicht von *Wind/Fritz* in Weitnauer/Boxberger/Anders, § 173 KAGB Rz. 26, der in Bezug auf Satz 3 davon auszugehen scheint, dass es um die Feststellung der Fehlerhaftigkeit der vom Abschlussprüfer des Masterfonds übermittelten Unterlagen durch den Abschlussprüfer des Feederfonds gehe.

barung nach § 175 Absatz 1 und, falls erforderlich, die Verwahrstellenvereinbarung nach § 175 Absatz 2 und die Abschlussprüfervereinbarung nach § 175 Absatz 3 wirksam geworden sind. [3]Die Kapitalverwaltungsgesellschaft darf bis zu 15 Prozent des Wertes des Feederfonds anlegen in

1. Bankguthaben nach § 195, sofern diese täglich verfügbar sind, und

2. Derivate nach § 197 Absatz 1, sofern diese ausschließlich für Absicherungszwecke verwendet werden.

[4]§ 112 Absatz 2 Satz 1 und 2 bleibt unberührt.

(2) Die Kapitalverwaltungsgesellschaft darf für Rechnung eines Masterfonds keine Anteile an einem Feederfonds halten.

(3) Die Kapitalverwaltungsgesellschaft muss für die Zwecke der Einhaltung des § 197 Absatz 2 das Marktrisikopotenzial eines Feederfonds berechnen aus der Kombination seines Marktrisikopotenzials durch den Einsatz von Derivaten nach Absatz 1 Satz 3 Nummer 2 mit

1. dem tatsächlichen Marktrisikopotenzial des Masterfonds durch den Einsatz von Derivaten im Verhältnis zur Anlage des Feederfonds in dem Masterfonds oder

2. dem höchstmöglichen Marktrisikopotenzial des Masterfonds durch den Einsatz von Derivaten gemäß seiner Anlagebedingungen oder seiner Satzung im Verhältnis zur Anlage des Feederfonds in dem Masterfonds.

(4) Wird die Rücknahme der Anteile eines Masterfonds zeitweilig ausgesetzt, ist die den Feederfonds verwaltende Kapitalverwaltungsgesellschaft abweichend von § 98 Absatz 2 Satz 1 oder § 116 Absatz 2 Satz 6 dazu berechtigt, die Rücknahme der Anteile des Feederfonds während des gleichen Zeitraums auszusetzen.

In der Fassung vom 4.7.2013 (BGBl. I 2013, S. 1981), zuletzt geändert durch das Gesetz zur Anpassung von Gesetzen auf dem Gebiet des Finanzmarktes vom 15.7.2014 (BGBl. I 2014, S. 934).

Schrifttum: *Blankenheim*, Die Umsetzung der OGAW-IV-Richtlinie in das Investmentgesetz, ZBB/JBB 2011, 344; *Bujotzek/Steinmüller*, Neuerungen im Investmentrecht durch das OGAW-IV-Umsetzungsgesetz, DB 2011, Teil I, 2246; *Reiter/Plumridge*, Das neue Investmentgesetz, Teil I, WM 2012, 343.

I. Entstehungsgeschichte und Überblick

1 In § 174 KAGB wurden aus systematischen Gründen verschiedene an unterschiedlichen Stellen im aufgehobenen Investmentgesetz befindliche Regelungen zu Master-Feeder-Strukturen zusammengeführt. Diese Regelungen betreffen Anlagegrenzen und -beschränkungen (Abs. 1 und 2), die Berechnung des Marktrisikopotentials beim Einsatz von Derivaten (Abs. 3) und die Aussetzung der Anteilsrücknahme (Abs. 4).

2 § 174 Abs. 1 KAGB übernimmt den Wortlaut von § 63a InvG[1] und für den OGAW-Bereich dient Satz 1 der Umsetzung von Art. 58 Abs. 1, Satz 2 der Umsetzung von Art. 60 Abs. 1 Unterabs. 2 Satz 1, Art. 61 Abs. 1 Unterabs. 2, Art. 62 Abs. 1 Unterabs. 2 und die Sätze 3 und 4 dienen der Umsetzung von Art. 58 Abs. 2 Unterabs. 1 der Richtlinie 2009/65/EG.[2]

3 § 174 Abs. 2 KAGB übernimmt den Wortlaut des aufzuhebenden § 50 Abs. 3 InvG.[3] Dieser wiederum dient der Umsetzung von Art. 58 Abs. 3 lit. c der Richtlinie 2009/65/EG.[4]

1 Begr. RegE, BT-Drucks. 17/12294, 260.
2 Begr. RegE, BT-Drucks. 17/4510, 78.
3 Begr. RegE, BT-Drucks. 17/12294, 260.
4 Begr. RegE, BT-Drucks. 17/4510, 77.

§ 174 Abs. 3 KAGB übernimmt den Wortlaut des aufzuhebenden § 51 Abs. 2a InvG,[5] der der Umsetzung von Art. 58 Abs. 2 Unterabs. 2 der Richtlinie 2009/65/EG dient.[6] 4

§ 174 Abs. 4 KAGB übernimmt den Wortlaut des aufzuhebenden § 37 Abs. 2a InvG,[7] der der Umsetzung von Art. 60 Abs. 3 der Richtlinie 2009/65/EG dient.[8] 5

Durch das Gesetz zur Anpassung von Gesetzen auf dem Gebiet des Finanzmarktes vom 15.7.2014[9] wurde die in der ursprünglichen Fassung der Vorschrift enthaltene irrtümliche Angabe „§ 167" durch die Angabe „§ 171" in § 174 Abs. 1 Satz 2 KAGB ersetzt und korrigiert.[10] 6

II. Die Regelung im Einzelnen

1. Besondere Anlagegrenzen für Feederfonds (§ 174 Abs. 1 KAGB)

Auf der Grundlage der allgemein im KAGB geltenden Grenzen für die Anlage in Anteilen an anderen Investmentvermögen wird eine spezielle Regelung[11] in § 174 Abs. 1 KAGB für die Anlage des Feederfonds in Anteilen am Masterfonds getroffen. Diese Anlagegrenz-Grundlage wird für OGAW durch die Vorschriften der §§ 207 Abs. 1 und 210 Abs. 3 KAGB und für Sonstige Investmentvermögen durch § 221 Abs. 3 KAGB gebildet. Die besondere Regelung des § 174 Abs. 1 Satz 1 KAGB sieht dabei vor, dass die Kapitalverwaltungsgesellschaft des Feederfonds ungeachtet der für OGAW geltenden Anlagegrenzen gem. § 207 Abs. 1 KAGB (wonach eine OGAW-Kapitalverwaltungsgesellschaft nur bis zu 20 % des Wertes des inländischen OGAW in Anteile an einem einzigen Investmentvermögen nach Maßgabe des § 196 Abs. 1 KAGB anlegen darf) bzw. § 210 Abs. 3 KAGB (wonach eine OGAW-Kapitalverwaltungsgesellschaft für Rechnung eines inländischen OGAW nicht mehr als 25 % der ausgegebenen Anteile eines anderen offenen inländischen, EU- oder ausländischen Investmentvermögens, das nach dem Grundsatz der Risikomischung in Vermögensgegenstände i.S.d. §§ 192 bis 198 KAGB angelegt ist, erwerben darf) und ungeachtet der für Sonstige Investmentvermögen geltenden Anlagegrenzen gem. § 221 Abs. 3 KAGB (wonach eine AIF-Kapitalverwaltungsgesellschaft in Anteile oder Aktien an anderen Sonstigen Investmentvermögen sowie an entsprechenden EU-AIF oder ausländischen AIF nur bis zu 30 % des Wertes des Sonstigen Investmentvermögens anlegen darf) **mindestens 85 % des Wertes des Feederfonds in Anteile eines Masterfonds** anzulegen hat.[12] 7

Um ein Pooling von Vermögenswerten auf Ebene des Masterfonds überhaupt zu ermöglichen, muss die Kapitalverwaltungsgesellschaft des Feederfonds von den ansonsten geltenden Grenzen für die Anlage in Anteilen an anderen Investmentvermögen „befreit"[13] werden. Durch die Regelung, dass mindestens 85 % des Wertes des Feederfonds in Anteile eines Masterfonds angelegt werden müssen, wird zudem sichergestellt, dass nur Anteile an einem einzigen und nicht an mehreren Masterfonds erworben werden können. Dies dient der Schaffung einer **klaren und transparenten Anlagestruktur**, die für den Anleger im Feederfonds verständlich und leicht überschaubar und für die Aufsichtsbehörden besser zu überwachen ist.[14] 8

Die durch § 207 Abs. 1, § 210 Abs. 3 und § 221 Abs. 3 KAGB jeweils vorgeschriebenen Anlagegrenzen von 20, 25 bzw. 30 % dürfen von der Kapitalverwaltungsgesellschaft bei der Anlage des Feederfonds in Anteilen am Masterfonds aber gem. § 174 Abs. 1 Satz 2 KAGB **erst dann überschritten werden**, wenn die Genehmigung für die Anlage des Feederfonds in dem Masterfonds nach § 171 KAGB (s. § 171 Rz. 28 ff.) erteilt worden ist und die Master-Feeder-Vereinbarung nach § 175 Abs. 1 KAGB (s. § 175 Rz. 5 ff.) und, falls erforderlich, die Verwahrstellenvereinbarung nach § 175 Abs. 2 KAGB (s. § 175 Rz. 23 ff.) und die Abschlussprüfervereinbarung nach § 175 Abs. 3 KAGB (s. § 175 Rz. 31 ff.) wirksam geworden sind. Eine Anlage in Anteile eines Masterfonds über die allgemein geltenden Anlagegrenzen hinaus, darf folglich erst dann erfol- 9

5 Begr. RegE, BT-Drucks. 17/12294, 260.
6 Begr. RegE, BT-Drucks. 17/4510, 77.
7 Begr. RegE, BT-Drucks. 17/12294, 260.
8 Begr. RegE, BT-Drucks. 17/4510, 68.
9 Art. 2 – Gesetz zur Anpassung von Gesetzen auf dem Gebiet des Finanzmarktes (FiMaAnpG) v. 15.7.2014, BGBl. I 2014, S. 934 (Nr. 30).
10 Vgl. auch *Wind/Fritz* in Weitnauer/Boxberger/Anders, § 174 KAGB Rz. 9.
11 *Wind/Fritz* in Weitnauer/Boxberger/Anders, § 174 KAGB Rz. 6.
12 S. *Dobrauz-Saldapenna/Rosenauer* in Moritz/Klebeck/Jesch, § 174 KAGB Rz. 9; *Kunschke/Klebeck* in Beckmann/Scholtz/Vollmer, § 174 KAGB Rz. 5; zu § 63a InvG: *Blankenheim*, ZBB/JBB 2011, 344 (354); *Reiter/Plumridge*, WM 2012, 343 (351); *Bujotzek/Steinmüller*, DB 2011, 2246 (2250); *Kayser/Holleischeck* in Emde/Dornseifer/Dreibus/Hölscher, § 63a InvG Rz. 7 f.
13 Erwägungsgrund (50) der Richtlinie 2009/65/EG.
14 Erwägungsgrund (51) der Richtlinie 2009/65/EG.

gen, wenn eine gem. § 171 KAGB genehmigte Master-Feeder-Struktur vorliegt und die dafür erforderlichen Vereinbarungen in Kraft getreten sind. Erst das Vorliegen dieser Voraussetzungen rechtfertigt[15] das Überschreiten der allgemeinen Anlagegrenzen und dient dem Schutz der Anleger des Feederfonds.

10 § 174 Abs. 1 Satz 3 KAGB normiert, wie das **restliche Vermögen des Feederfonds** angelegt werden darf. Da mindestens 85 % des Wertes des Feederfonds in Anteile eines Masterfonds anzulegen ist, verbleiben maximal 15 %, die nach Satz 3 in täglich verfügbare Bankguthaben nach § 195 KAGB und in Derivate nach § 197 Abs. 1 KAGB, sofern diese ausschließlich für Absicherungszwecke verwendet werden, angelegt werden dürfen. Die täglich verfügbaren Bankguthaben ermöglichen es der Kapitalverwaltungsgesellschaft des Feederfonds ausreichende Liquiditätsreserven für Anteilsrücknahmen vorzuhalten.[16]

11 In Derivate nach § 197 Abs. 1 KAGB darf das restliche Vermögen des Feederfonds nur angelegt werden, wenn diese **ausschließlich für Absicherungszwecke** verwendet werden. Dadurch soll verhindert werden, dass die Anlagepolitik des Masterfonds, in die der Feederfonds mit mindestens 85 % seines Wertes angelegt ist, durch den Einsatz von Derivaten auf Ebene des Feederfonds verändert würde[17] und der Feederfonds letztlich eine eigene, ihm nicht gestattete Anlagepolitik[18] betreiben könnte. Der Zweck der Absicherung ist nach *Siering*[19] und *Kunschke/Klebeck*[20] dabei allein die Absicherung der Anlage in den Masterfonds. Beispielhaft kann hier die Absicherung von Währungsrisiken genannt werden.[21]

12 Durch die Regelung des § 174 Abs. 1 Satz 4 KAGB bleibt die Vorschrift des § 112 Abs. 2 Satz 1 und 2 KAGB unberührt, d.h. es wird klargestellt, dass die intern verwaltete Investmentaktiengesellschaft auch ihr Investmentbetriebsvermögen erwerben darf.

2. Für Rechnung eines Masterfonds dürfen keine Feederfondsanteile gehalten werden (§ 174 Abs. 2 KAGB)

13 Bereits durch die Definition eines Masterfonds gem. § 1 Abs. 19 Nr. 12 KAGB ist eines der zu erfüllenden Kriterien, dass „keine Anteile eines Feederfonds" gehalten werden. Dieses Erfordernis wird erneut in § 174 Abs. 2 KAGB aufgeführt, wonach die Kapitalverwaltungsgesellschaft für Rechnung eines Masterfonds keine Anteile an einem Feederfonds halten darf. **Zweck** der Regelung in § 174 Abs. 2 KAGB ist es, unübersichtliche Anlagestrukturen über mehr als zwei Ebenen (d.h. ein Feederfonds legt in einem Masterfonds an, der Masterfonds legt wiederum in einen Feederfonds an, der wieder in einem Masterfonds anlegt) auszuschließen, die dazu führen würden, dass die Diversifizierungsbestimmungen nicht eingehalten werden würden.[22]

3. Berechnung des Marktrisikopotentials für Feederfonds (§ 174 Abs. 3 KAGB)

14 Für den Fall, dass die Kapitalverwaltungsgesellschaft für den Feederfonds gem. § 174 Abs. 1 Satz 3 Nr. 2 KAGB auch in Derivaten anlegt, regelt § 174 Abs. 3 KAGB die Berechnung des Marktrisikopotentials auf Ebene des Feederfonds. Danach hat die Kapitalverwaltungsgesellschaft für die Zwecke der Einhaltung des § 197 Abs. 2 KAGB das Marktrisikopotential eines Feederfonds aus der **Kombination** des Marktrisikopotentials durch den Einsatz von Derivaten nach § 174 Abs. 1 Satz 3 Nr. 2 KAGB entweder mit dem tatsächlichen Marktrisikopotential des Masterfonds durch den Einsatz von Derivaten im Verhältnis zur Anlage des Feederfonds in dem Masterfonds oder dem höchstmöglichen Marktrisikopotential des Masterfonds durch den Einsatz von Derivaten gemäß seiner Anlagebedingungen oder seiner Satzung im Verhältnis zur Anlage des Feederfonds in dem Masterfonds zu berechnen.

15 Um die Vorschrift des § 197 Abs. 2 KAGB einzuhalten, ist durch die Kapitalverwaltungsgesellschaft sicherzustellen, dass sich das Marktrisikopotential des Feederfonds durch den Einsatz von Derivaten **höchstens verdoppelt.**[23] Die Einhaltung dieser (Ober-)Grenze für das Marktrisiko[24] hat dabei auf Ebene des Feeder-

15 *Kunschke/Klebeck* in Beckmann/Scholtz/Vollmer, § 174 KAGB Rz. 6.

16 *Wind/Fritz* in Weitnauer/Boxberger/Anders, § 174 KAGB Rz. 10; *Kunschke/Klebeck* in Beckmann/Scholtz/Vollmer, § 174 KAGB Rz. 7.

17 *Kunschke/Klebeck* in Beckmann/Scholtz/Vollmer, § 174 KAGB Rz. 8; zu § 63a InvG: *Kayser/Hollescheck* in Emde/Dornseifer/Dreibus/Hölscher, § 63a InvG Rz. 11.

18 S. zu § 63a InvG: *Blankenheim*, ZBB/JBB 2011, 344 (354).

19 *Siering* in Baur/Tappen, § 174 KAGB Rz. 15.

20 *Kunschke/Klebeck* in Beckmann/Scholtz/Vollmer, § 174 KAGB Rz. 8.

21 S. zu § 63a InvG: *Blankenheim*, ZBB/JBB 2011, 344 (354).

22 So auch *Siering* in Baur/Tappen, § 174 KAGB Rz. 19.

23 *Wind/Fritz* in Weitnauer/Boxberger/Anders, § 174 KAGB Rz. 13; *Dobrauz-Saldapenna/Rosenauer* in Moritz/Klebeck/Jesch, § 174 KAGB Rz. 14.

24 *Kunschke/Klebeck* in Beckmann/Scholtz/Vollmer, § 174 KAGB Rz. 14; *Wind/Fritz* in Weitnauer/Boxberger/Anders, § 174 KAGB Rz. 13.

fonds durch eine kombinierte Betrachtung der Derivateanlagen des Master- und des Feederfonds zu erfolgen.[25] Das Marktrisikopotential, das sich durch den Einsatz von Derivaten gem. § 174 Abs. 1 Satz 3 Nr. 2 KAGB auf Ebene des Feederfonds ergibt, ist dabei mit dem im Verhältnis zur Anlage des Feederfonds im Masterfonds gewichteten Marktrisikopotentials des Masterfonds zu kombinieren, d.h. dieses ist in die Berechnung mit einzubeziehen.[26]

Die Berechnung des Marktrisikopotentials richtet sich nach den Bestimmungen der **Derivateverordnung** (DerivateV),[27] § 197 Abs. 3 KAGB. Nach § 5 Abs. 2 DerivateV kann für die Berechnung der Grenzauslastung,[28] d.h. der Auslastung der nach § 197 Abs. 2 KAGB festgesetzten Marktrisikogrenze für den Einsatz von Derivaten, zum einen das Marktrisiko des Investmentvermögens oder der Investitionsgrad durch Leverage herangezogen werden. Dabei ist entweder der **qualifizierte Ansatz** nach den §§ 7 bis 14 DerivateV oder der **einfache Ansatz** nach den §§ 15 bis 22 DerivateV anzuwenden. Beim qualifizierten Ansatz wird dabei zwischen den Methoden des absoluten Value-at-Risk-Ansatzes (§ 7 Abs. 1 DerivateV) und des relativen Value-at-Risk-Ansatzes (§ 7 Abs. 2 DerivateV) unterschieden. 16

Die Kapitalverwaltungsgesellschaft wählt grundsätzlich in eigener Verantwortung auf Grundlage der Analyse des Risikoprofils des Investmentvermögens einschließlich der eingesetzten Derivate **frei** aus, welcher Berechnungsansatz angewandt wird. Die gewählte Methode muss dabei der verfolgten Anlagestrategie sowie der Art und Komplexität der eingesetzten Derivate und deren Anteil im Investmentvermögen angemessen sein.[29] Gemäß § 5 Abs. 3 DerivateV **muss** die Kapitalverwaltungsgesellschaft allerdings **den qualifizierten Ansatz anwenden**, wenn durch den einfachen Ansatz nicht alle im Investmentvermögen enthaltenen Marktrisiken hinreichend genau erfasst und bemessen werden können, die Anlagestrategie des Investmentvermögens über einen zu vernachlässigenden Anteil hinaus auf komplexen Strategien beruht oder das Investmentvermögen über einen zu vernachlässigenden Anteil hinaus in komplexe Derivate angelegt ist. 17

Aufgrund der kombinierten Betrachtungsweise des § 174 Abs. 3 KAGB ist in das auf dieser Grundlage berechnete Marktrisikopotential auf Ebene des Feederfonds das Marktrisikopotentials des Masterfonds mit einzubeziehen. Die **Einbeziehung** des Marktrisikopotentials des Masterfonds erfolgt dabei mit dem Prozentsatz in Höhe des Investitionsgrades des Feeder- in den Masterfonds.[30] 18

Für die Einbeziehung der Derivatebestände des Masterfonds bei der Berechnung der Auslastung der Marktrisikoobergrenze des Feederfonds gibt es entweder die Möglichkeit, auf das **tatsächliche Marktrisikopotential des Masterfonds** durch den Einsatz von Derivaten oder auf das **höchstmögliche Marktrisikopotential des Masterfonds** durch den Einsatz von Derivaten gemäß seiner Anlagebedingungen oder seiner Satzung abzustellen, wobei dies bei beiden Möglichkeiten im Verhältnis zur Anlage des Feederfonds in dem Masterfonds zu erfolgen hat. Verwaltet eine Kapitalverwaltungsgesellschaft sowohl den Feeder- als auch den Masterfonds oder erhält die Kapitalverwaltungsgesellschaft des Feederfonds alle erforderlichen Informationen und Angaben für eine genaue Berechnung des Marktrisikopotentials des Masterfonds z.B. im Rahmen der Master-Feeder-Vereinbarung nach § 175 Abs. 1 KAGB, so kann die erste Möglichkeit mit dem tatsächlichen Marktrisikopotential angewandt werden. 19

Zu dem auf Ebene des Feederfonds berechneten Marktrisikopotential wird das Marktrisikopotential des Masterfonds, das nach einer der beiden Möglichkeiten des § 174 Abs. 3 KAGB ermittelt und im Verhältnis zur Anlage des Feederfonds in dem Masterfonds aufgeteilt wurde, addiert und das Ergebnis stellt den **maßgeblichen Wert des Marktrisikopotentials des Feederfonds für die Einhaltung des § 197 Abs. 2 KAGB** dar. 20

Gemäß § 5 Abs. 1 DerivateV muss die Kapitalverwaltungsgesellschaft die Auslastung der nach § 197 Abs. 2 KAGB festgesetzten Marktrisikogrenze für den Einsatz von Derivaten mindestens auf täglicher Basis ermitteln. Die Marktrisikogrenze muss dabei laufend eingehalten werden, aber abhängig von der Anlagestrategie kann auch eine untertägige Berechnung der Auslastung notwendig sein. 21

---

25 S. zu § 51 Abs. 2a InvG: *Braus/Zinken* in Emde/Dornseifer/Dreibus/Hölscher, § 51 InvG Rz. 212.
26 *Wind/Fritz* in Weitnauer/Boxberger/Anders, § 174 KAGB Rz. 14.
27 Derivateverordnung vom 16.7.2013 (BGBl. I 2013, S. 2463), die durch Art. 1 der Verordnung vom 26.2.2015 (BGBl. I 2015, S. 181) geändert worden ist.
28 Definition in § 5 Abs. 1 Satz 1 DerivateV.
29 § 5 Abs. 2 DerivateV.
30 *Siering* in Baur/Tappen, § 174 KAGB Rz. 29; s. zu § 51 Abs. 2a InvG: *Braus/Zinken* in Emde/Dornseifer/Dreibus/Hölscher, § 51 InvG Rz. 215.

4. Berechtigung zur Aussetzung der Rücknahme der Anteile des Feederfonds bei Aussetzung der Rücknahme der Anteile des Masterfonds (§ 174 Abs. 4 KAGB)

22 In Abweichung von den Vorschriften, die für die Rücknahmeaussetzung für offene inländische Investmentvermögen in Form eines Sondervermögens gem. § 98 Abs. 2 Satz 1 KAGB bzw. für offene inländische Investmentvermögen in der Rechtsform einer Investmentaktiengesellschaft mit veränderlichem Kapital gem. § 116 Abs. 2 Satz 6 KAGB gelten, sieht § 174 Abs. 4 KAGB eine **Sonderregelung für Master-Feeder-Strukturen** vor.[31] Wird danach die Rücknahme der Anteile oder Aktien eines Masterfonds zeitweilig ausgesetzt, so ist die den Feederfonds verwaltende Kapitalverwaltungsgesellschaft berechtigt, die Rücknahme der Anteile oder Aktien des Feederfonds während des gleichen Zeitraums auszusetzen.

23 Würde § 98 Abs. 2 Satz 1 KAGB (auf den der § 116 Abs. 2 Satz 6 KAGB verweist) gelten, so wäre eine ausdrückliche Ermächtigung in den Anlagebedingungen vorzusehen, wonach die Rücknahme der Anteile ausgesetzt werden darf, wenn außergewöhnliche Umstände vorliegen, die eine Aussetzung unter Berücksichtigung der Interessen der Anleger erforderlich erscheinen lassen. Durch die Sonderregelung des § 174 Abs. 4 KAGB ist eine ausdrückliche Ermächtigung in den Anlagebedingungen und das Vorliegen außergewöhnlicher Umstände unter Berücksichtigung der Anlegerinteressen nicht erforderlich und außer der zeitweiligen Rücknahmeaussetzung auf Seiten des Masterfonds sind **keine weiteren Voraussetzungen für die gleichzeitige Rücknahmeaussetzung** beim Feederfonds zu erfüllen.[32]

24 Diese Sonderregelung beruht auf dem besonderen Abhängigkeitsverhältnis, das zwischen Feeder- und Masterfonds besteht. Da der Feederfonds mindestens 85 % seines Vermögens in einem Masterfonds anlegt, ist der Großteil seines Vermögens im Masterfonds während einer Rücknahmeaussetzung auf Ebene des Masterfonds gebunden und steht während dieses Zeitraums nicht zur Verfügung, um eventuelle Rücknahmeverlangen der Anleger des Feederfonds zu erfüllen. Ein Gleichlauf der Rücknahmeaussetzung zwischen Master- und Feederfonds ist aufgrund dieser Abhängigkeit geboten.[33]

§ 175 Vereinbarungen bei Master-Feeder-Strukturen

(1) [1]Die Kapitalverwaltungsgesellschaft des inländischen Masterfonds hat der Verwaltungsgesellschaft des Feederfonds alle Unterlagen und Informationen zur Verfügung zu stellen, die diese benötigt, um die Anforderungen an einen Feederfonds nach diesem Gesetz oder der zur Umsetzung der Richtlinie 2009/65/EG erlassenen Vorschriften des Herkunftsstaates des Feederfonds zu erfüllen. [2]Beide Verwaltungsgesellschaften haben hierüber eine Vereinbarung gemäß den Art. 8 bis 14 der Richtlinie 2010/44/EU abzuschließen (Master-Feeder-Vereinbarung). [3]Werden Masterfonds und Feederfonds von der gleichen Kapitalverwaltungsgesellschaft verwaltet, kann die Vereinbarung durch interne Regelungen für Geschäftstätigkeiten unter Berücksichtigung der in den Art. 15 bis 19 der Richtlinie 2010/44/EU genannten Inhalte ersetzt werden.

(2) Wenn für Masterfonds und Feederfonds unterschiedliche Verwahrstellen beauftragt wurden, haben diese eine Vereinbarung gemäß den Art. 24 bis 26 der Richtlinie 2010/44/EU über den Informationsaustausch abzuschließen, um sicherzustellen, dass beide ihre Pflichten erfüllen (Verwahrstellenvereinbarung).

(3) Wurden für Masterfonds und Feederfonds unterschiedliche Abschlussprüfer bestellt, haben diese eine Vereinbarung gemäß den Art. 27 und 28 der Richtlinie 2010/44/EU über den Informationsaustausch und die Pflichten nach § 173 Abs. 6 Satz 1 bis 3 abzuschließen, um sicherzustellen, dass beide Abschlussprüfer ihre Pflichten erfüllen (Abschlussprüfervereinbarung).

In der Fassung vom 4.7.2013 (BGBl. I 2013, S. 1981).

31 So auch *Behme* in Moritz/Klebeck/Jesch, § 98 KAGB Rz. 6.
32 *Kunschke/Klebeck* in Beckmann/Scholtz/Vollmer, § 174 KAGB Rz. 20; *Siering* in Baur/Tappen, § 174 KAGB Rz. 49.
33 S. zu § 37 InvG: *Gutsche* in Emde/Dornseifer/Dreibus/Hölscher, § 37 InvG Rz. 36.

Schrifttum: *Blankenheim*, Die Umsetzung der OGAW-IV-Richtlinie in das Investmentgesetz, ZBB/JBB 2011, 344; *Bujotzek/Steinmüller*, Neuerungen im Investmentrecht durch das OGAW-IV-Umsetzungsgesetz, DB 2011, Teil I, 2246; *Committee of European Securities Regulators* (CESR), CESR's technical advice to the European Commission on level 2 measures relating to mergers of UCITS, master-feeder UCITS structures and crossborder notification of UCITS, Dezember 2009, CESR/09-1186, abrufbar unter https://www.esma.europa.eu/sites/default/files/library/2015/11/09_1186_final_advice_part_iii_ucits_iv_for_publication.pdf; *Europäische Kommission*, Generaldirektion Binnenmarkt und Dienstleistungen (GD MARKT), Exposure Draft Initial orientations for discussion on possible adjustments to the UCITS Directive, 4. Pooling, abrufbar unter http://ec.europa.eu/internal_market/investment/docs/ucits-directive/poolingexposurel_en.pdf; *Fischer/Lübbehüsen*, Mehr Flexibilität durch OGAW IV – eine Analyse der neuen Rahmenbedingungen unter regulatorischen und steuerlichen Gesichtspunkten, RdF 2011, 254; *Reiter/Plumridge*, Das neue Investmentgesetz, Teil I, WM 2012, 343.

I. Entstehungsgeschichte und Überblick

1 In § 175 KAGB wurde mit redaktionellen Anpassungen auf Grund der geänderten Begriffsbestimmungen der Wortlaut des § 45b InvG übernommen.[1] Durch die Regelungen in § 175 KAGB soll sichergestellt werden, dass durch den Abschluss verschiedener Vereinbarungen zwischen den an einer Master-Feeder-Struktur beteiligten Parteien, die erforderlichen Informationen insbesondere auf Ebene des Feederfonds[2] zur Verfügung stehen und die beteiligten Parteien ihre jeweiligen Pflichten erfüllen können.[3]

2 § 175 Abs. 1 KAGB, der für den OGAW-Bereich der Umsetzung von Art. 60 Abs. 1 der Richtlinie 2009/65/EG[4] dient, regelt den **Informationsaustausch zwischen der Kapitalverwaltungsgesellschaft des inländischen Masterfonds und der Verwaltungsgesellschaft[5] des Feederfonds**. Da ein Feederfonds mindestens 85 % seines Vermögens in Anteile eines Masterfonds anlegen muss, und damit eine große Abhängigkeit vom Masterfonds besteht, kann die Verwaltungsgesellschaft des Feederfonds die Einhaltung der Vorschriften für den Feederfonds und letztlich den Schutz der Feederfonds-Anleger nur dann gewährleisten, wenn auch auf Ebene des Masterfonds die gesetzlichen Vorgaben eingehalten werden. § 175 Abs. 1 Satz 1 KAGB enthält die entsprechende Verpflichtung der Kapitalverwaltungsgesellschaft des inländischen Masterfonds alle Unterlagen und Informationen der Verwaltungsgesellschaft des Feederfonds zur Verfügung zu stellen, die diese zur Erfüllung ihrer gesetzlichen Anforderungen benötigt. Die Regelung über den Informationsaustausch erfolgt entweder über eine sognannte Master-Feeder-Vereinbarung (§ 175 Abs. 1 Satz 2 KAGB), oder – falls Master- und Feederfonds von der gleichen Kapitalverwaltungsgesellschaft verwaltet werden – durch interne Regelungen für Geschäftstätigkeiten (§ 175 Abs. 1 Satz 3 KAGB). Der Inhalt der Master-Feeder-Vereinbarung hat sich dabei nach Art. 8 bis 14 der Richtlinie 2010/44/EU und der der internen Regelungen für Geschäftstätigkeiten nach Art. 15 bis 19 der Richtlinie 2010/44/EU zu richten.

3 Sollten für Master- und Feederfonds unterschiedliche Verwahrstellen beauftragt worden sein, so bestimmt § 175 Abs. 2 KAGB, dass der Informationsaustausch zwischen ihnen in einer sog. **Verwahrstellenvereinbarung** zu regeln ist, deren Inhalt sich nach Art. 24 bis 26 der Richtlinie 2010/44/EU zu richten hat. § 175 Abs. 2 KAGB dient für den Bereich der OGAW der Umsetzung von Art. 61 Abs. 1 Unterabs. 1 Richtlinie 2009/65/EG.[6]

4 Wurden für Master- und Feederfonds unterschiedliche Abschlussprüfer bestellt, so ist gem. § 175 Abs. 3 KAGB eine sog. **Abschlussprüfervereinbarung** abzuschließen, die inhaltlich Art. 27 und 28 der Richtlinie 2010/44/EU zu entsprechen hat. In § 175 Abs. 3 KAGB wird für den Bereich der OGAW Art. 62 Abs. 1 Unterabs. 1 der Richtlinie 2009/65/EG[7] umgesetzt. Ohne diesen Informationsaustausch bei unterschiedlichen

1 Begr. RegE, BT-Drucks. 17/12294, 260.
2 Zu § 45b InvG: *Bujotzek/Steinmüller*, DB 2011, Teil I, 2246 (2251).
3 *Wind/Fritz* in Weitnauer/Boxberger/Anders, § 175 KAGB Rz. 1; *Dobrauz-Saldapenna/Rosenauer* in Moritz/Klebeck/Jesch, § 175 KAGB Rz. 2.
4 Begr. RegE, BT-Drucks. 17/4510, 74.
5 Definition in § 2 Abs. 14 KAGB.
6 Begr. RegE, BT-Drucks. 17/4510, 74.
7 Begr. RegE, BT-Drucks. 17/4510, 74.

Verwahrstellen bzw. Abschlussprüfern, wäre eine Erfüllung der Aufgaben auf Ebene des Feederfonds nicht möglich.[8]

II. Die Regelung im Einzelnen

1. Informationspflicht der KVG des inländischen Masterfonds, Anforderungen an Master-Feeder-Vereinbarung bzw. an interne Regelungen für Geschäftstätigkeiten (§ 175 Abs. 1 KAGB)

5 Nach § 175 Abs. 1 Satz 1 KAGB ist die Kapitalverwaltungsgesellschaft des inländischen Masterfonds verpflichtet, der Verwaltungsgesellschaft des Feederfonds alle Unterlagen und Informationen zur Verfügung zu stellen, die diese benötigt, um ihre eigenen gesetzlichen Verpflichtungen (d.h. entweder die Anforderungen an einen Feederfonds nach dem KAGB oder die Anforderungen an einen Feederfonds nach den Vorschriften, die zur Umsetzung der Richtlinie 2009/65/EG im Herkunftsstaat des Feederfonds erlassen wurden) zu erfüllen. Über diesen Informationsaustausch haben die Kapitalverwaltungsgesellschaft des inländischen Masterfonds und die Verwaltungsgesellschaft des Feederfonds eine **Vereinbarung gem. Art. 8 bis 14 der Richtlinie 2010/44/EU, die Master-Feeder-Vereinbarung**, abzuschließen, es sei denn, Master- und Feederfonds werden von der gleichen Kapitalverwaltungsgesellschaft verwaltet, wobei dann die Vereinbarung durch **interne Regelungen für Geschäftstätigkeiten unter Berücksichtigung der Art. 15 bis 19 der Richtlinie 2010/44/EU** ersetzt werden kann.[9]

6 Entscheidend für die Frage, ob die Master-Feeder-Vereinbarung durch interne Regelungen für Geschäftstätigkeiten ersetzt werden kann, ist, ob Masterfonds und Feederfonds von der gleichen Kapitalverwaltungsgesellschaft verwaltet werden. Dies ist nur dann der Fall, wenn es sich um **ein und dieselbe juristische Person**[10] handelt. Allein die Zugehörigkeit zu derselben Unternehmensgruppe reicht nicht aus.[11]

7 Die Inhalte und zu regelnden Bereiche für die Master-Feeder-Vereinbarung bzw. die internen Regelungen ergeben sich aus der **Richtlinie 2010/44/EU**, wobei darin keine konkreten Vorgaben zur Ausgestaltung, zum Format oder Umsetzung gemacht werden. Dies ermöglicht eine sachgerechte und flexible Regelung für den jeweiligen Einzelfall.[12] Zudem ist es den Verwaltungsgesellschaften nicht verwehrt, weitere Elemente in ihre Vereinbarung aufzunehmen, wenn sie dies für sinnvoll erachten.[13] Bei den internen Regelungen für Geschäftstätigkeiten wird es sich rein praktisch um die Dokumentation interner Prozesse und Arbeitsanweisungen für die beteiligten Abteilungen innerhalb der Kapitalverwaltungsgesellschaft handeln.[14]

8 Die Regelungen in § 175 Abs. 1 KAGB bezwecken, dass die erforderlichen Informationen insbesondere auf Ebene des Feederfonds zur Verfügung stehen und die beteiligten Parteien ihre jeweiligen Pflichten erfüllen können. In großen Teilen sind dabei die Vorgaben für den Informationsaustausch durch die Master-Feeder-Vereinbarung auf der einen Seite und durch die internen Regelungen für Geschäftstätigkeiten auf der anderen Seite identisch.

a) Gemeinsame Anforderungen

9 Sowohl die Master-Feeder-Vereinbarung als auch die internen Regelungen für Geschäftstätigkeiten haben gem. **Art. 9 und Art. 16 der Richtlinie 2010/44/EU Angaben über die Anlage- und Veräußerungsbasis des Feederfonds**, d.h. über die grundsätzlichen Anlagemöglichkeiten und die damit verbundenen Kosten,[15] zu enthalten. Danach sind Angaben aufzunehmen, in welche Anteilklassen des Masterfonds der Feederfonds anlegen kann, welche Kosten und Aufwendungen vom Feederfonds zu tragen sind und es sind Nachlässe oder Rückvergütungen von Gebühren oder Aufwendungen des Masterfonds anzugeben. Sofern dies zutrifft, sind zudem die Modalitäten für jegliche anfängliche oder spätere Übertragung von Sacheinlagen vom Feederfonds auf den Masterfonds anzugeben.

---

8 So auch zu § 45b InvG: *Daemgen* in Emde/Dornseifer/Dreibus/Hölscher, § 45b InvG Rz. 5.
9 Zu § 45b InvG: *Blankenheim*, ZBB 2011, 344 (355); *Fischer/Lübbehüsen*, RdF 2011, 254 (258).
10 *Wind/Fritz* in Weitnauer/Boxberger/Anders, § 175 KAGB Rz. 6; zu § 45b InvG: *Daemgen* in Emde/Dornseifer/Dreibus/Hölscher, § 45b InvG Rz. 11.
11 CESR/09-1186, S. 16.
12 CESR/09-1186, S. 14 f.
13 Siehe Erwägungsgrund (7) der Richtlinie 2010/44/EU; ebenso *Wind/Fritz* in Weitnauer/Boxberger/Anders, § 175 KAGB Rz. 8; *Dobrauz-Saldapenna/Rosenauer* in Moritz/Klebeck/Jesch, § 175 KAGB Rz. 7.
14 Zu § 45b InvG: *Reiter/Plumridge*, WM 2012, 343 (352).
15 Zu § 45b InvG: *Daemgen* in Emde/Dornseifer/Dreibus/Hölscher, § 45b InvG Rz. 15.

Die Master-Feeder-Vereinbarung und die internen Regelungen für Geschäftstätigkeiten haben gleichermaßen gem. **Art. 10 und Art. 17 der Richtlinie 2010/44/EU sog. Standardvereinbarungen** in Bezug auf die Vorschriften zur inneren Organisation und Abstimmung innerhalb der Master-Feeder-Struktur zu enthalten. Die demgemäß zu regelnden Themenbereiche dienen u.a. zur Verhinderung von Market-Timing und von Arbitragemöglichkeiten,[16] die dadurch entstehen könnten, wenn die Zeitpläne für die Berechnung und die Veröffentlichung des jeweiligen Nettoinventarwertes zwischen Master- und Feederfonds nicht abgestimmt würden.[17] Die in den Standardvereinbarungen zu treffenden Regelungen ermöglichen es dem Feederfonds zudem bestimmte administrative Tätigkeiten (z.B. die Bewertung und Preisfestsetzung) auszuführen und mithin Informations- und Berichtspflichten gegenüber den Feederfonds-Anlegern zu erfüllen.[18] 10

In diesem Zusammenhang muss in der Master-Feeder-Vereinbarung bzw. in den internen Regelungen eine **Abstimmung sowohl der Häufigkeit und des Zeitplans für die Berechnung des Nettoinventarwerts und der Veröffentlichung der Anteilpreise** (Art. 10 lit. a und Art. 17 lit. a Richtlinie 2010/44/EU) als auch eine **Abstimmung der Weiterleitung von Aufträgen durch den Feederfonds**, gegebenenfalls einschließlich einer Beschreibung der Rolle der für die Weiterleitung zuständigen Personen oder Dritten (Art. 10 lit. b und Art. 17 lit. b Richtlinie 2010/44/EU), enthalten sein. Sind Master- oder Feederfonds oder beide auf einem **Sekundärmarkt** notiert oder werden ihre Anteile auf einem Sekundärmarkt gehandelt, so sind alle diesbezüglich erforderlichen Vereinbarungen anzugeben (Art. 10 lit. c und Art. 17 lit. c Richtlinie 2010/44/EU). Sofern erforderlich, muss die Master-Feeder-Vereinbarung bzw. müssen die internen Regelungen **weitere angemessene Maßnahmen** zur Abstimmung ihrer Zeitpläne für die Berechnung und Veröffentlichung des Nettoinventarwertes enthalten, um Market-Timing mit den Anteilen und Arbitragemöglichkeiten zu verhindern (Art. 10 lit. d und Art. 17 lit. d Richtlinie 2010/44/EU). Sollten die Anteile von Feeder- und Masterfonds auf **unterschiedliche Währungen** lauten, so haben die Standardvereinbarungen die Grundlage für die Umrechnung von Aufträgen zu enthalten (Art. 10 lit. e und Art. 17 lit. e Richtlinie 2010/44/EU). 11

Die Master-Feeder-Vereinbarung bzw. die internen Regelungen für Geschäftstätigkeiten haben zudem **Abwicklungszyklen und Zahlungsmodalitäten** für Kauf und Zeichnung sowie Rücknahme oder Auszahlung von Anteilen des Masterfonds aufzunehmen. Bei entsprechender Vereinbarung zwischen den Parteien müssen auch die **Modalitäten** für die Erledigung von Auszahlungsaufträgen im Wege **der Übertragung von Sacheinlagen vom Masterfonds auf den Feederfonds**, insbesondere in den in Art. 60 Abs. 4 und 5 der Richtlinie 2009/65/EG genannten Fällen, d.h. der Abwicklung des Masterfonds (s. § 178 KAGB) oder der Verschmelzung des Masterfonds (s. § 179 KAGB), enthalten sein (Art. 10 lit. f und Art. 17 lit. f Richtlinie 2010/44/EU). Gemeinsame Anforderungen bestehen auch in den Fällen, wenn Vertragsbedingungen oder Satzung und Prospekt des **Masterfonds diesem bestimmte Rechte oder Befugnisse in Bezug auf die Anteilinhaber gewähren** und der Masterfonds beschließt, in Bezug auf den Feederfonds alle oder bestimmte Rechte und Befugnisse nur in beschränktem Maße oder gar nicht wahrzunehmen. Dann ist eine Beschreibung der einschlägigen Modalitäten sowohl in der Master-Feeder-Vereinbarung als auch in den internen Regelungen vorzunehmen (Art. 10 lit. h und Art. 17 lit. g Richtlinie 2010/44/EU). 12

Lediglich die **Master-Feeder-Vereinbarung muss Regelungen zum Verfahren zur Gewährleistung einer angemessenen Bearbeitung von Anfragen und Beschwerden der Anteilinhaber enthalten** (Art. 10 lit. g Richtlinie 2010/44/EU). Eine Koordination des Anfrage- und Beschwerdeverfahrens ist bei internen Regelungen für Geschäftstätigkeiten obsolet, da es nur eine zuständige Kapitalverwaltungsgesellschaft gibt. 13

Ereignisse mit Auswirkungen auf Handelsvereinbarungen gem. Art. 11 und Art. 18 der Richtlinie 2010/44/EU sind wiederum sowohl in der Master-Feeder-Vereinbarung als auch in den internen Regelungen für Geschäftstätigkeiten zu regelnde Themen. Derartige Ereignisse sind allgemein solche Vorkommnisse, die das reibungslose Zusammenspiel zwischen Master- und Feederfonds beeinträchtigen können,[19] wie z.B. die Aussetzung der Anteilsrücknahme des Masterfonds, die zu Liquiditätsengpässen des Feederfonds führen kann, solange dieser nicht rechtzeitig darüber informiert wird[20] und entsprechende Schritte vornehmen kann, oder auch die fehlerhafte Anteilspreisfestsetzung beim Masterfonds. Zu regeln sind danach zum einen Modalitäten und Zeitplan für die Mitteilung der befristeten Aussetzung und Wiederaufnahme von Rücknahme, Auszahlung, Kauf oder Zeichnung von Anteilen und zum anderen Vorkehrungen für Meldung und Korrektur von Fehlern bei der Preisfestsetzung im Masterfonds. 14

---

16 *Europäische Kommission*, GD MARKT, 4. Pooling, S. 15.
17 *Kunschke/Klebeck* in Beckmann/Scholtz/Vollmer, § 175 KAGB Rz. 10.
18 Zu § 45b InvG: *Daemgen* in Emde/Dornseifer/Dreibus/Hölscher, § 45b InvG Rz. 17.
19 *Kunschke/Klebeck* in Beckmann/Scholtz/Vollmer, § 175 KAGB Rz. 11.
20 *Europäische Kommission*, GD MARKT, 4. Pooling, S. 16.

15 Weiterhin ist zu regeln, wie der Informationsaustausch zwischen Master- und Feederfonds-Ebene im Hinblick auf die regelmäßig zu erstellenden Berichte erfolgt, da die Berichte für den Feederfonds weitgehend auf den Informationen des Masterfonds beruhen.[21] Sowohl die Master-Feeder-Vereinbarung als auch die internen Regelungen für Geschäftstätigkeiten haben Regelungen zu enthalten, die als sog. **Standardvereinbarungen für den Prüfbericht gem. Art. 12 und Art. 19 der Richtlinie 2010/44/EU** aufgeführt sind. Sofern Feeder- und Masterfonds übereinstimmende Rechnungsjahre haben, müssen die Master-Feeder-Vereinbarung bzw. die internen Regelungen Vorgaben zur Abstimmung der Erstellung der regelmäßigen Berichte enthalten. Sind hingegen die Rechnungsjahre von Master- und Feederfonds unterschiedlich, so müssen Vorkehrungen für die Übermittlung aller erforderlichen Informationen durch den Masterfonds an den Feederfonds getroffen werden, damit dieser seine regelmäßigen Berichte rechtzeitig erstellen kann, und um sicherzustellen, dass der Abschlussprüfer des Masterfonds in der Lage ist, zum Abschlusstermin des Feederfonds einen Ad-hoc-Bericht nach § 173 Abs. 6 Satz 2 KAGB (in Umsetzung von Art. 62 Abs. 2 Unterabs. 1 Richtlinie 2009/65/EG) zu erstellen.

b) Unterschiedliche Anforderungen

16 Unterschiedliche Anforderungen ergeben sich aber im Hinblick auf den besonderen Regelungsbedarf bei einer Master-Feeder-Vereinbarung zwischen zwei Verwaltungsgesellschaften auf der einen Seite und dem besonderen Regelungsbedarf bei internen Regelungen für Geschäftstätigkeiten, die innerhalb derselben Kapitalverwaltungsgesellschaft aufgestellt werden, auf der anderen Seite. Steht bei der **Master-Feeder-Vereinbarung die Zurverfügungstellung der erforderlichen Informationen** auf Ebene des Feederfonds im Vordergrund,[22] so sind bei den **internen Regelungen potentielle Interessenkonflikte** zwischen Master- und Feederfonds und zwischen Feederfonds und anderen Anlegern des Masterfonds zu regeln.[23]

17 Spezifische Regelungen, die in einer Master-Feeder-Vereinbarung enthalten sein müssen, sind Regelungen zum Zugang zu Informationen (Art. 8 der Richtlinie 2010/44/EU), zu Änderungen von Dauervereinbarungen (Art. 13 der Richtlinie 2010/44/EU) und zur Wahl des anzuwendenden Rechts (Art. 14 der Richtlinie 2010/44/EU). Die internen Regelungen für Geschäftstätigkeiten haben gem. Art. 15 der Richtlinie 2010/44/EU Maßnahmen zur Abschwächung von Interessenkonflikten zu enthalten.

18 Die Master-Feeder-Vereinbarung hat gem. Art. 8 der Richtlinie 2010/44/EU Angaben zu enthalten, die den **Zugang zu notwendigen Informationen auf Seiten der Verwaltungsgesellschaft des Feederfonds sicherstellen**. Die in die Master-Feeder-Vereinbarung aufzunehmenden Angaben betreffen die folgenden Themenbereiche:

- Wie und wann übermittelt der Masterfonds dem Feederfonds Kopien seiner Vertragsbedingungen bzw. Satzung, des Prospekts und der wesentlichen Anlegerinformationen (lit. a)?
- Wie und wann unterrichtet der Masterfonds den Feederfonds über die Auslagerung von Aufgaben des Investment- und Risikomanagements an Dritte (lit. b)?
- Wie und wann übermittelt der Masterfonds dem Feederfonds, sofern relevant,[24] interne Betriebsdokumente wie die Beschreibung des Risikomanagement-Verfahrens und die Compliance-Berichte (lit. c)?
- Welche Angaben zu Verstößen des Masterfonds gegen Rechtsvorschriften, Vertragsbedingungen oder Satzung und die Master-Feeder-Vereinbarung meldet der Masterfonds dem Feederfonds, einschließlich Angaben zu Modalitäten und Zeitpunkt dieser Meldung (lit. d)?
- Falls der Feederfonds zu Sicherungszwecken in derivative Finanzinstrumente anlegt, wie und wann übermittelt der Masterfonds dem Feederfonds Informationen über seine tatsächliche Risikoexponierung gegenüber derivativen Finanzinstrumenten, damit der Feederfonds sein eigenes Gesamtrisiko nach § 173 Abs. 3 Nr. 2 KAGB (in Umsetzung von Art. 58 Abs. 2 Unterabs. 2 Buchstabe a der Richtlinie 2009/65/EG) ermitteln kann (lit. e)?
- Eine Erklärung, der zufolge der Masterfonds den Feederfonds über jegliche weitere Vereinbarungen über den Informationsaustausch mit Dritten unterrichtet, und gegebenenfalls wie und wann der Masterfonds dem Feederfonds diese Vereinbarungen über den Informationsaustausch übermittelt (lit. f).

19 **Änderungen des Masterfonds** haben zwangläufig Auswirkungen auf den in ihn anlegenden Feederfonds und in der Master-Feeder-Vereinbarung sind Angaben über die entsprechende Information des Feeder-

---

21 Zu § 45b InvG: *Daemgen* in Emde/Dornseifer/Dreibus/Hölscher, § 45b InvG Rz. 22.
22 So auch *Wind/Fritz* in Weitnauer/Boxberger/Anders, § 175 KAGB Rz. 16.
23 Vgl. zu § 45b InvG: *Daemgen* in Emde/Dornseifer/Dreibus/Hölscher, § 45b InvG Rz. 4.
24 Siehe hierzu *Kunschke/Klebeck* in Beckmann/Scholtz/Vollmer, § 175 KAGB Rz. 7.

fonds gem. **Art. 13 der Richtlinie 2010/44/EU** aufzunehmen. Die Master-Feeder-Vereinbarung muss diesbezüglich Folgendes enthalten:

- Modalitäten und Zeitplan für die Mitteilung vorgeschlagener und bereits wirksamer Änderungen der Vertragsbedingungen oder der Satzung, des Prospekts und der wesentlichen Anlegerinformationen durch den Masterfonds, wenn diese Informationen von den in den Vertragsbedingungen, der Satzung oder dem Prospekt des Masterfonds festgelegten Standardvereinbarungen für die Unterrichtung der Anteilinhaber abweichen (lit. a);
- Modalitäten und Zeitplan für die Mitteilung einer geplanten oder vorgeschlagenen Abwicklung, Verschmelzung oder Spaltung durch den Masterfonds (lit. b);
- Modalitäten und Zeitplan für die Mitteilung eines Master- oder Feederfonds, dass die Bedingungen für einen Feederfonds bzw. Masterfonds nicht mehr erfüllt sind oder nicht mehr erfüllt sein werden (lit. c);
- Modalitäten und Zeitplan für die Mitteilung der Absicht eines der Fonds, seine Verwaltungsgesellschaft, seine Verwahrstelle, seinen Abschlussprüfer oder jegliche Dritte, auf die Aufgaben des Investment- oder Risikomanagements ausgelagert[25] sind, zu ersetzen (lit. d);
- Modalitäten und Zeitplan für die Mitteilung anderer Änderungen von Dauervereinbarungen durch den Masterfonds (lit. e).

Schließlich hat die Master-Feeder-Vereinbarung gem. **Art. 14 eine Rechtswahl- und Gerichtsstandregelung** zu enthalten. Sind Feederfonds und Masterfonds **im gleichen Mitgliedstaat** niedergelassen, muss die Master-Feeder-Vereinbarung das Recht dieses Mitgliedstaats als auf die Vereinbarung anzuwendendes Recht festlegen und beide Parteien die ausschließliche Zuständigkeit der Gerichte dieses Mitgliedstaats anerkennen (Art. 14 Abs. 1 Richtlinie 2010/44/EU). Bei einer rein inländischen Master-Feeder-Struktur ist somit deutsches Recht und die ausschließliche Zuständigkeit deutscher Gerichtes festzulegen. 20

Sind Feederfonds und Masterfonds in **unterschiedlichen Mitgliedstaaten** niedergelassen, hat die Master-Feeder-Vereinbarung als anzuwendendes Recht entweder das Recht des Mitgliedstaats, in dem der Feederfonds niedergelassen ist, oder das Recht des Mitgliedstaats, in dem der Masterfonds niedergelassen ist, festzulegen. Dabei haben beide Parteien die ausschließliche Zuständigkeit der Gerichte des Mitgliedstaats anzuerkennen, dessen Recht sie als für die Vereinbarung anzuwendendes Recht festgelegt haben (Art. 14 Abs. 2 Richtlinie 2010/44/EU). 21

Werden Master- und Feederfonds von der gleichen Kapitalverwaltungsgesellschaft verwaltet, kann die Master-Feeder-Vereinbarung durch interne Regelungen für Geschäftstätigkeiten ersetzt werden und diese internen Regelungen haben gem. **Art. 15 Maßnahmen zur Abschwächung von Interessenkonflikten** zu enthalten, die zwischen Feederfonds und Masterfonds oder zwischen Feederfonds und anderen Anteilinhabern des Masterfonds entstehen können. Dies ist aber nur dann notwendig, **sofern die Maßnahmen**, die die Kapitalverwaltungsgesellschaft ergreift, um den Anforderungen von Art. 12 Abs. 1 lit. b und Art. 14 Abs. 1 lit. d der Richtlinie 2009/65/EG sowie Kapitel III der Richtlinie 2010/43/EG der Kommission vom 1.7.2010 zur Durchführung der Richtlinie 2009/65/EG des Europäischen Parlaments und des Rates im Hinblick auf organisatorische Anforderungen, Interessenkonflikte, Geschäftstätigkeiten, Risikomanagement und Inhalt der Vereinbarung zwischen einer Verwahrstelle und einer Verwaltungsgesellschaft zu genügen, **nicht ausreichen**. Wann die „generellen" Maßnahmen zur Vermeidung von Interessenkonflikten nicht ausreichen, ist nicht ersichtlich. Da es auf die individuelle Situation ankommt, ist es empfehlenswert, sämtliche Maßnahmen, die darauf abzielen, Interessenkonflikte zu vermeiden, in den internen Regelungen aufzuführen, um keine Lücke entsehen zu lassen.[26] 22

2. Anforderungen an die Verwahrstellenvereinbarung (§ 175 Abs. 2 KAGB)

Wurden für Master- und Feederfonds unterschiedliche Verwahrstellen beauftragt, so haben diese Verwahrstellen eine **Vereinbarung über den Informationsaustausch** abzuschließen, die sog. Verwahrstellenvereinbarung, um sicherzustellen, dass beide ihre Pflichten erfüllen können. Den Inhalt der Verwahrstellenvereinbarung geben Art. 24 bis 26 der Richtlinie 2010/44/EU vor. 23

Durch § 176 Abs. 6 Satz 3 und 4 KAGB wird klargestellt, dass weder die Verwahrstelle des Masterfonds noch die Verwahrstelle des Feederfonds durch den in der Verwahrstellenvereinbarung vorgesehenen Infor- 24

25 So auch *Kunschke/Klebeck* in Beckmann/Scholtz/Vollmer, § 175 KAGB Rz. 13.

26 Anders *Wind/Fritz* in Weitnauer/Boxberger/Anders, § 175 KAGB Rz. 26a, die in Art. 15 der Richtlinie 2010/44/EU eine vorsorgliche Regelung für zukünftig auftretende Konfliktfälle sehen und die der Ansicht sind, dass der deutsche Gesetzgeber davon auszugehen scheint, dass die Erfüllung der sonstigen Anforderungen durch die KVG einen hinreichenden Schutz vor Interessenkonflikten biete.

mationsaustausch Bestimmungen, die die Offenlegung von Informationen einschränken oder die den Datenschutz betreffen, verletzt werden und auch eine diesbezügliche Haftung ausgeschlossen ist.[27]

a) Art. 24 der Richtlinie 2010/44/EU

25 Sofern Master- und Feederfonds unterschiedliche Verwahrstellen haben, ist die Verwahrstelle des Feederfonds zur Erfüllung ihrer Pflichten auf Informationen der Verwahrstelle des Masterfonds angewiesen. In entsprechender Weise wie bei den Regelungen zur Master-Feeder-Vereinbarung werden auch bei der Verwahrstellenvereinbarung die zu regelnden Inhalte und Themen vorgegeben, wobei wiederum keine Vorgaben zur konkreten Ausgestaltung, zum Format oder zur Umsetzung gemacht werden, um gerade bei grenzüberschreitenden Master-Feeder-Strukturen flexibel auf die jeweiligen Besonderheiten des Einzelfalles eingehen zu können.[28]

26 Die **Vereinbarung über den Informationsaustausch zwischen der Verwahrstelle des Masterfonds und der Verwahrstelle des Feederfonds** muss gem. Art. 24 der Richtlinie 2010/44/EU die folgende Inhalte und Themenbereiche enthalten:

- Beschreibung der Unterlagen und Kategorien von Informationen, die die beiden Verwahrstellen routinemäßig austauschen, und die Angabe, ob diese Informationen oder Unterlagen von einer Verwahrstelle an die andere übermittelt oder auf Anfrage zur Verfügung gestellt werden (lit. a);
- Modalitäten und Zeitplanung, einschließlich der Angabe aller Fristen, für die Übermittlung von Informationen durch die Verwahrstelle des Masterfonds an die Verwahrstelle des Feederfonds (lit. b);
- Koordinierung der Beteiligung beider Verwahrstellen unter angemessener Berücksichtigung ihrer im innerstaatlichem Recht vorgesehenen Pflichten hinsichtlich operationeller Fragen, einschließlich
  - des Verfahrens zur Berechnung des Nettoinventarwerts jedes Fonds und aller angemessenen Maßnahmen zum Schutz vor Market Timing;
  - der Bearbeitung von Aufträgen des Feederfonds für Kauf, Zeichnung, Rücknahme oder Auszahlung von Anteilen im Masterfonds und der Abwicklung dieser Transaktionen unter Berücksichtigung von Vereinbarungen zur Übertragung von Sacheinlagen (lit. c);
- Koordinierung der Verfahren zur Erstellung der Jahresabschlüsse (lit. d);
- Angabe, welche Verstöße des Masterfonds gegen Rechtsvorschriften und die Vertragsbedingungen oder die Satzung von der Verwahrstelle des Masterfonds der Verwahrstelle des Feederfonds mitgeteilt werden, sowie Modalitäten und Zeitpunkt für die Bereitstellung dieser Informationen (lit. e);
- Verfahren für die Bearbeitung von Ad-hoc-Ersuchen um Unterstützung zwischen Verwahrstellen;
- Beschreibung von Eventualereignissen, über die sich die Verwahrstellen auf Ad-hoc-Basis gegenseitig unterrichten sollten, sowie Modalitäten und Zeitpunkt hierfür.

b) Art. 25 der Richtlinie 2010/44/EU

27 Gemäß Art. 25 der Richtlinie 2010/44/EU sind in der Verwahrstellenvereinbarung das anzuwendende Recht und der Gerichtsstand festzulegen. Haben die Verwaltungsgesellschaften von Master- und Feederfonds eine Master-Feeder-Vereinbarung gem. § 175 Abs. 1 Satz 2 KAGB geschlossen, so ist auf die **Verwahrstellenvereinbarung das Recht desjenigen Mitgliedstaats anzuwenden, das gem. Art. 14 der Richtlinie 2010/44/EU auch für die Master-Feeder-Vereinbarung gilt** (Art. 25 Abs. 1 der Richtlinie 2010/44/EU).

28 Wurde die Master-Feeder-Vereinbarung durch **interne Regelungen für Geschäftstätigkeiten** gem. § 175 Abs. 1 Satz 3 KAGB ersetzt, ist auf die Verwahrstellenvereinbarung **entweder das Recht des Mitgliedstaats, in dem der Feederfonds niedergelassen** ist, oder – sofern abweichend – das **Recht des Mitgliedstaats, in dem der Masterfonds niedergelassen** ist, anzuwenden (Art. 25 Abs. 2 der Richtlinie 2010/44/EU).

29 Die beiden Verwahrstellen haben dabei die ausschließliche Zuständigkeit der Gerichte des betreffenden Mitgliedstaats anzuerkennen, dessen Recht auf die Verwahrstellenvereinbarung anzuwenden ist.

c) Art. 26 der Richtlinie 2010/44/EU

30 Nach Art. 26 der Richtlinie 2010/44/EU ist zudem in der Verwahrstellenvereinbarung die Pflicht der Verwahrstelle des Masterfonds zu regeln, über Unregelmäßigkeiten zu berichten. Grundlage für diese Bericht-

---

27 Zu § 45b InvG: *Daemgen* in Emde/Dornseifer/Dreibus/Hölscher, § 45b InvG Rz. 35.

28 Vgl. *Wind/Fritz* in Weitnauer/Boxberger/Anders, § 175 KAGB Rz. 29, die auf die Zweckerreichung des Informationsaustausches abstellen; zu § 45b InvG: *Daemgen* in Emde/Dornseifer/Dreibus/Hölscher, § 45b InvG Rz. 37.

erstattung ist Art. 61 Abs. 2 der Richtlinie 2009/65/EG bzw. § 176 Abs. 6 Satz 2 KAGB, wonach die Verwahrstelle des Masterfonds die zuständigen Behörden des Herkunftsmitgliedstaates des Masterfonds, den Feederfonds oder – sofern zutreffend – die Verwaltungsgesellschaft des Feederfonds und die Verwahrstelle des Feederfonds unmittelbar über alle Unregelmäßigkeiten zu unterrichten hat, die möglicherweise eine negative Auswirkung auf den Feederfonds haben können. Die **nicht erschöpfende Liste der Unregelmäßigkeiten**, die eine negative Auswirkung auf den Feederfonds haben können, umfasst die folgenden Ereignisse:

- Fehler bei der Berechnung des Nettoinventarwerts des Masterfonds (lit. a);
- Fehler bei Transaktionen oder bei der Abwicklung von Kauf und Zeichnung oder von Aufträgen zur Rücknahme oder Auszahlung von Anteilen im Masterfonds durch den Feederfonds (lit. b);
- Fehler bei der Zahlung oder Kapitalisierung von Erträgen aus dem Masterfonds oder bei der Berechnung der damit zusammenhängenden Quellensteuer (lit. c);
- Verstöße gegen die in den Vertragsbedingungen oder der Satzung, dem Prospekt oder den wesentlichen Informationen für den Anleger beschriebenen Anlageziele, -politik oder -strategie des Masterfonds (lit. d);
- Verstöße gegen im innerstaatlichem Recht, in den Vertragsbedingungen oder der Satzung, dem Prospekt oder den wesentlichen Anlegerinformationen festgelegte Höchstgrenzen für Anlagen und Kreditaufnahme (lit. e).

3. Anforderungen an die Abschlussprüfervereinbarung (§ 175 Abs. 3 KAGB)

Wurden für Master- und Feederfonds unterschiedliche Abschussprüfer bestellt, so haben diese eine sog. Abschlussprüfervereinbarung gem. Art. 27 und 28 der Richtlinie 2010/44/EU über den **Informationsaustausch und die Pflichten nach § 173 Abs. 6 Satz 1 bis 3 KAGB** abzuschließen, um sicherzustellen, dass beide Abschlussprüfer ihre Pflichten erfüllen. 31

a) Art. 27 der Richtlinie 2010/44/EU

Die Vereinbarung über den Informationsaustausch zwischen den Abschlussprüfern muss folgende Inhalte aufweisen: 32

- Beschreibung der Unterlagen und Kategorien von Informationen, die die beiden Abschlussprüfer routinemäßig austauschen (lit. a);
- Angabe, ob die unter lit. a genannten Informationen oder Unterlagen von einem Abschlussprüfer an den anderen übermittelt oder auf Anfrage zur Verfügung gestellt werden (lit. b);
- Modalitäten und Zeitplanung, einschließlich Angabe aller Fristen, für die Übermittlung von Informationen durch den Abschlussprüfer des Masterfonds an den Abschlussprüfer des Feederfonds (lit. c)
- Koordinierung der Rolle der Abschlussprüfer in den Verfahren zur Erstellung der Jahresabschlüsse der Fonds (lit. d);
- Angabe der Unregelmäßigkeiten, die im Prüfbericht des Abschlussprüfers des Masterfonds für die Zwecke von Art. 62 Abs. 2 Unterabs. 2 der Richtlinie 2009/65/EG bzw. § 173 Abs. 3 KAGB zu nennen sind (lit. e);
- Modalitäten und Zeitplan für die Bearbeitung von Ad-hoc-Ersuchen um Unterstützung zwischen Abschlussprüfern, einschließlich Ersuchen um weitere Informationen über Unregelmäßigkeiten, die im Prüfbericht des Abschlussprüfers des Masterfonds genannt werden (lit. f).

Zusätzlich hat die Abschlussprüfervereinbarung gem. Art. 27 Abs. 2 der Richtlinie 2010/44/EU Bestimmungen für die Erstellung der in Art. 62 Abs. 2 und Art. 73 der Richtlinie 2009/65/EG genannten Prüfberichte (bzw. die Berichte nach § 173 Abs. 6 KAGB) sowie Modalitäten und Zeitplan für die Übermittlung des Prüfberichts für den Masterfonds und von dessen Entwürfen an den Abschlussprüfer des Feederfonds zu enthalten. 33

Durch Art. 27 Abs. 3 der Richtlinie 2010/44/EU wird sichergestellt, dass die Abschlussprüfervereinbarung auch Modalitäten und Zeitplan für die Erstellung des in Art. 62 Abs. 2 Unterabs. 1 der Richtlinie 2009/65/EG geforderten Ad-hoc-Berichts des Abschlussprüfers des Masterfonds sowie für dessen Übermittlung, einschließlich Entwürfen, an den Abschlussprüfer des Feederfonds enthält. 34

b) Art. 28 der Richtlinie 2010/44/EU

35 Haben die Verwaltungsgesellschaften von Feeder- und Masterfonds eine **Master-Feeder-Vereinbarung** nach § 175 Abs. 1 Satz 2 KAGB geschlossen, ist auf die Abschlussprüfervereinbarung das Recht des Mitgliedstaats anzuwenden, das gem. Art. 14 dieser Richtlinie für die Master-Feeder-Vereinbarung gilt.

36 Wurde die Master-Feeder-Vereinbarung gem. § 175 Abs. 1 Satz 3 KAGB durch **interne Regelungen für Geschäftstätigkeiten** ersetzt, ist auf die Abschlussprüfervereinbarung entweder das Recht des Mitgliedstaats, in dem der Feederfonds niedergelassen ist, oder – sofern abweichend – das Recht des Mitgliedstaats, in dem der Masterfonds niedergelassen ist, anzuwenden.

37 Beide Abschlussprüfer müssen die ausschließliche Zuständigkeit der Gerichte des Mitgliedstaats anerkennen, dessen Recht auf die Abschlussprüfervereinbarung anzuwenden ist.

§ 176 Pflichten der Kapitalverwaltungsgesellschaft und der Verwahrstelle

(1) [1]Die Kapitalverwaltungsgesellschaft hat für einen von ihr verwalteten Feederfonds die Anlagen des Masterfonds wirksam zu überwachen. [2]Zur Erfüllung dieser Verpflichtung kann sie sich auf Informationen und Unterlagen der Verwaltungsgesellschaft des Masterfonds, seiner Verwahrstelle oder seines Abschlussprüfers stützen, es sei denn, es liegen Gründe vor, an der Richtigkeit dieser Informationen und Unterlagen zu zweifeln.

(2) [1]Die Kapitalverwaltungsgesellschaft, die einen Masterfonds verwaltet, darf weder für die Anlage des Feederfonds in den Anteilen des Masterfonds einen Ausgabeaufschlag noch für die Rücknahme einen Rücknahmeabschlag erheben. [2]Erhält die Kapitalverwaltungsgesellschaft, die einen Feederfonds verwaltet, oder eine in ihrem Namen handelnde Person im Zusammenhang mit einer Anlage in Anteilen des Masterfonds eine Vertriebsgebühr, eine Vertriebsprovision oder einen sonstigen geldwerten Vorteil, sind diese in das Vermögen des Feederfonds einzuzahlen.

(3) [1]Die Kapitalverwaltungsgesellschaft hat die Bundesanstalt unverzüglich über jeden Feederfonds zu unterrichten, der in Anteile des von ihr verwalteten Masterfonds anlegt. [2]Haben auch ausländische Feederfonds in Anteile des Masterfonds angelegt, hat die Bundesanstalt unverzüglich die zuständigen Stellen im Herkunftsstaat des Feederfonds über solche Anlagen zu unterrichten.

(4) Die Kapitalverwaltungsgesellschaft hat für einen von ihr verwalteten Masterfonds sicherzustellen, dass sämtliche Informationen, die infolge der Umsetzung der Richtlinie 2009/65/EG, nach anderen Rechtsvorschriften der Europäischen Union, nach den geltenden inländischen Vorschriften, den Anlagebedingungen oder der Satzung erforderlich sind, den folgenden Stellen rechtzeitig zur Verfügung gestellt werden:

1. der Verwaltungsgesellschaft des Feederfonds,

2. der Bundesanstalt und den zuständigen Stellen des Herkunftsstaates des Feederfonds,

3. der Verwahrstelle des Feederfonds und

4. dem Abschlussprüfer des Feederfonds.

(5) Eine Kapitalverwaltungsgesellschaft muss Anteile an einem Masterfonds, in den mindestens zwei Feederfonds angelegt sind, nicht dem Publikum anbieten.

(6) [1]Die Kapitalverwaltungsgesellschaft eines Feederfonds hat der Verwahrstelle des Feederfonds alle Informationen über den Masterfonds mitzuteilen, die für die Erfüllung der Pflichten der Verwahrstelle erforderlich sind. [2]Die Verwahrstelle eines inländischen Masterfonds hat die Bundesanstalt, die Verwaltungsgesellschaft des Feederfonds und die Verwahrstelle des Feederfonds unmittelbar über alle Unregelmäßigkeiten zu unterrichten, die sie in Bezug auf den Masterfonds feststellt und die eine negative Auswirkung auf den Feederfonds haben könnten. [3]Weder die Verwahrstelle des Masterfonds noch die Verwahrstelle des Feederfonds verletzt durch Befolgung dieser Vorschrift vertragliche oder durch Rechts- oder Verwaltungsvorschrift vorgesehene Bestimmungen, die die Offenlegung von Informationen einschränken oder die den Datenschutz betreffen. [4]Eine Haftung der Verwahrstelle oder einer für sie handelnden Person aus diesem Grund ist ausgeschlossen.

In der Fassung vom 4.7.2013 (BGBl. I 2013, S. 1981).

Schrifttum: *Blankenheim*, Die Umsetzung der OGAW-IV-Richtlinie in das Investmentgesetz, ZBB/JBB 2011, 344; *Bujotzek/Steinmüller*, Neuerungen im Investmentrecht durch das OGAW-IV-Umsetzungsgesetz, DB 2011, Teil I, 2246; *Europäische Kommission*, Generaldirektion Binnenmarkt und Dienstleistungen (GD MARKT), Exposure Draft Initial orientations for discussion on possible adjustments to the UCITS Directive, 4. Pooling, abrufbar unter http://ec.europa.eu/internal_market/investment/docs/ucits-directive/poolingexposurel_en.pdf; *Europäische Kommission*, Impact assessment of the legislative proposal amending the UCITS Directive, SEC (2008) 2263, abrufbar unter http://ec.europa.eu/smart-regulation/impact/ia_carried_out/docs/ia_2008/sec_2008_2263_en.pdf; *Fischer/Lübbehüsen*, Mehr Flexibilität durch OGAW IV – eine Analyse der neuen Rahmenbedingungen unter regulatorischen und steuerlichen Gesichtspunkten, RdF 2011, 254; *Reiter/Plumridge*, Das neue Investmentgesetz, Teil I, WM 2012, 343.

I. Entstehungsgeschichte und Überblick

Die jeweiligen Pflichten der Verwaltungsgesellschaft des Feederfonds und der des Masterfonds sowie die Pflichten der jeweiligen Verwahrstelle müssen den Besonderheiten einer Master-Feeder-Struktur Rechnung tragen und in eigener Weise ausgestaltet werden. Da ein Feederfonds mindestens 85 % seiner Vermögenswerte in Anteile eines Masterfonds anlegt, besteht ein Abhängigkeitsverhältnis zum Masterfonds.[1] Um ihren eigenen Pflichten als Verwaltungsgesellschaft zu entsprechen und zum Schutz der Anleger wird dieser Abhängigkeit gegenüber dem Masterfonds mit der Überwachung von Vorgängen auf Ebene des Masterfonds einerseits und der Informationspflicht der Verwaltungsgesellschaft des Masterfonds andererseits etwas entgegengesetzt. Auch die Verwahrstelle des Feederfonds ist zur Erfüllung ihrer Pflichten auf Informationen angewiesen, die Vorgänge auf Ebene des Masterfonds betreffen und ohne eine spezielle Regelung nicht zugänglich wären.[2] § 176 KAGB regelt diese **Überwachungs- und Informationspflichten der Verwaltungsgesellschaft des Feeder- und des Masterfonds** sowie die **Informationspflichten der jeweiligen Verwahrstelle.** 1

§ 176 Abs. 1 KAGB wird die Überwachungspflicht der Kapitalverwaltungsgesellschaft des Feederfonds und in den Abs. 3 und 4 werden die Informationspflichten der Kapitalverwaltungsgesellschaft des Masterfonds normiert. Abs. 2 enthält Gebühren- und Provisionsregelungen, die sich an die Kapitalverwaltungsgesellschaft sowohl des Feeder- als auch des Masterfonds richten. Eine Regelung zur Anteilsausgabe bei Masterfonds mit mindestens zwei Feederfonds ist in Abs. 5 enthalten. Und die jeweiligen Informationspflichten der Verwahrstelle von Feeder- und Masterfonds sind in Abs. 6 geregelt. 2

In den Abs. 1-6 des § 176 KAGB wurde mit redaktionellen Anpassungen auf Grund der geänderten Begriffsbestimmungen der Wortlaut des aufzuhebenden § 45c InvG übernommen.[3] In den einzelnen Absätzen wurden dabei für den Bereich der OGAW die folgenden Bestimmungen der Richtlinie 2009/65/EG umgesetzt: 3

- Abs. 1: Art. 65 Abs. 1,
- Abs. 2 Satz 1: Art. 66 Abs. 2 und in Abs. 2 Satz 2: Art. 65 Abs. 2,
- Abs. 3: Art. 66 Abs. 1,
- Abs. 4: Art. 66 Abs. 3,
- Abs. 5: Art. 58 Abs. 4 Buchst. a sowie

1 *Wind/Fritz* in Weitnauer/Boxberger/Anders, § 176 KAGB Rz. 1; zu § 45c InvG: *Daemgen* in Emde/Dornseifer/Dreibus/Hölscher, § 45c InvG Rz. 1.
2 *Wind/Fritz* in Weitnauer/Boxberger/Anders, § 176 KAGB Rz. 11; zu § 45c InvG: *Daemgen* in Emde/Dornseifer/Dreibus/Hölscher, § 45c InvG Rz. 2.
3 BT-Drucks. 17/12294, 260; vgl. allgemein zu § 45c InvG: *Blankenheim*, ZBB/JBB 2011, 344 (355); *Bujotzek/Steinmüller*, DB 2011, 2246 (2250 f.); *Fischer/Lübbehüsen*, RdF 2011, 254 (259); *Reiter/Plumridge*, WM 2012, 343 (353).

– Abs. 6 Satz 1: Art. 61 Abs. 1 Unterabs. 4, Abs. 6 Satz 2: Art. 61 Abs. 2 und Abs. 6 Satz 3 und 4: Art. 61 Abs. 1 Unterabs. 3.[4]

II. Die Regelung im Einzelnen

1. Überwachungspflicht der Feederfonds-KVG (§ 176 Abs. 1 KAGB)

4 Gemäß Satz 1 KAGB hat die Kapitalverwaltungsgesellschaft für einen von ihr verwalteten Feederfonds die Anlagen des Masterfonds **wirksam zu überwachen.** Um diese Verpflichtung zur wirksamen Überwachung der Anlagen des Masterfonds zu erfüllen, kann sich die Kapitalverwaltungsgesellschaft des Feederfonds auf Informationen und Unterlagen der Verwaltungsgesellschaft des Masterfonds, seiner Verwahrstelle oder seines Abschlussprüfers stützen, es sei denn, es liegen Gründe vor, an der Richtigkeit dieser Informationen und Unterlagen zu zweifeln (§ 176 Abs. 1 Satz 2 KAGB). Den Besonderheiten einer Master-Feeder-Struktur im Hinblick auf die Kapitalverwaltungsgesellschaft des Feederfonds wird in der Weise Rechnung getragen, dass einerseits die Pflicht zur Überwachung der Anlagen des Masterfonds festgeschrieben wird und andererseits anerkannt wird, dass nur ein begrenzter – und nicht umfassender – Zugang zu Informationen auf Masterfondsebene besteht und sich die Kapitalverwaltungsgesellschaft des Feederfonds auf diese begrenzte Informationsgrundlage bei Ausübung ihrer Überwachungstätigkeit stützen kann, sofern keine Gründe für Zweifel an der Richtigkeit der Informationsgrundlage vorliegen.[5]

5 Um die Überwachungspflicht wirksam erfüllen zu können, muss die Kapitalverwaltungsgesellschaft des Feederfonds einen **internen Überwachungsprozess** aufsetzen, für dessen Ausgestaltung in inhaltlicher und zeitlicher Hinsicht keine spezifischen Vorgaben gemacht werden,[6] es aber anerkannt ist, dass dafür die allgemeinen Anforderungen an Kontrollprozesse[7] (Geeignetheit des Prozesses zur Zweckerreichung, fachlich geeignetes Personal und geeignete Ausstattung, Eskalationsverfahren und Anordnungsmöglichkeit für Adhoc-Prüfungen, regelmäßige Überwachung des Prozesses) zu erfüllen sind.[8]

6 Grundlage für die Überwachung der Anlagen des Masterfonds sind die **Informationen und Unterlagen der Verwaltungsgesellschaft des Masterfonds, seiner Verwahrstelle und seines Abschlussprüfers.** Auf diese Informationsgrundlage kann sich die Kapitalverwaltungsgesellschaft des Feederfonds stützen, sofern **keine Zweifel** an deren Richtigkeit bestehen. Nach einhelliger Ansicht hat die Kapitalverwaltungsgesellschaft des Feederfonds danach keine eigenständigen Untersuchungen anzustellen,[9] um außerhalb dieser bestehenden Informationsgrundlage Erkenntnisse über die Anlagen des Masterfonds zu erhalten, und sie muss auch die bestehende Informationsgrundlage nicht in Frage stellen.[10] Nur dann kann die Kapitalverwaltungsgesellschaft sich nicht auf die Informationsgrundlage stützen und verlassen, wenn die erhaltenen Informationen und Unterlagen der Verwaltungsgesellschaft des Masterfonds, seiner Verwahrstelle und seines Abschlussprüfers Auffälligkeiten aufweisen, nicht plausibel oder in sich widersprüchlich sind.[11]

2. Ausgabeaufschläge, Rücknahmeabschläge und Vertriebsprovisionen (§ 176 Abs. 2 KAGB)

7 Nach § 176 Abs. 2 Satz 1 KAGB darf die den Masterfonds verwaltende Kapitalverwaltungsgesellschaft **weder für die Anlage des Feederfonds in den Anteilen des Masterfonds einen Ausgabeaufschlag noch für die Rücknahme von Anteilen am Masterfonds einen Rücknahmeabschlag erheben.**[12] Durch diese Regelung werden die Anleger vor einer doppelten Erhebung von Ausgabeauf- und Rücknahmeabschlägen auf Feeder- und Masterfondsebene geschützt.[13]

---

4 BT-Drucks. 17/4510, 75.

5 Zu § 45c Abs. 1 InvG: *Daemgen* in Emde/Dornseifer/Dreibus/Hölscher, § 45c InvG Rz. 5.

6 Zu § 45c Abs. 1 InvG: *Daemgen* in Emde/Dornseifer/Dreibus/Hölscher, § 45c InvG Rz. 5.

7 Hierzu s. insbesondere *Kunschke/Klebeck* in Beckmann/Scholtz/Vollmer, § 176 KAGB Rz. 7.

8 *Dobrauz-Saldapenna/Rosenauer* in Moritz/Klebeck/Jesch, § 176 KAGB Rz. 3, die darauf verweisen, dass durch die Überwachung insbesondere sicherzustellen sei, dass der Masterfonds der Beschreibung nach § 173 Abs. 1 Nr. 3 KAGB entspricht.

9 So auch *Reiter/Plumridge*, WM 2012, 343 (353).

10 *Siering* in Baur/Tappen, § 176 KAGB Rz. 6.

11 *Siering* in Baur/Tappen, § 176 KAGB Rz. 7; *Kunschke/Klebeck* in Beckmann/Scholtz/Vollmer, § 176 KAGB Rz. 6; *Dobrauz-Saldapenna/Rosenauer* in Moritz/Klebeck/Jesch, § 176 KAGB Rz. 4.

12 Vgl. zu § 45c Abs. 2 InvG: *Blankenheim*, ZBB/JBB 2011, 344 (355).

13 *Europäische Kommission*, GD MARKT, Pooling, S. 24, zu § 45c Abs. 2 InvG; *Daemgen* in Emde/Dornseifer/Dreibus/Hölscher, § 45c InvG Rz. 6; *Siering* in Baur/Tappen, § 176 KAGB Rz. 9; *Kunschke/Klebeck* in Beckmann/Scholtz/Vollmer, § 176 KAGB Rz. 8.

Dem Schutz der Anleger des Feederfonds dient auch die Regelung in § 176 Abs. 2 Satz 2 KAGB, wonach eine den Feederfonds verwaltende Kapitalverwaltungsgesellschaft oder eine in ihrem Namen handelnde Person im Zusammenhang mit einer Anlage in Anteilen des Masterfonds eine **Vertriebsgebühr, eine Vertriebsprovision oder einen sonstigen geldwerten Vorteil** erhalten hat, diese in das Vermögen des Feederfonds einzuzahlen hat. Die Auswahl des Masterfonds soll anhand objektiver Kriterien – und gerade nicht anhand erhaltener Vertriebsprovisionen oder sonstiger geldwerter Vorteile – erfolgen.[14] 8

3. Informationspflicht der Masterfonds-KVG (§ 176 Abs. 3 KAGB)

Gemäß § 176 Abs. 3 Satz 1 KAGB hat die den Masterfonds verwaltende Kapitalverwaltungsgesellschaft die BaFin **unverzüglich über jeden Feederfonds zu unterrichten**, der in Anteile des von ihr verwalteten Masterfonds anlegt. Durch diese ohne schuldhaftes Zögern und umfassend im Hinblick auf jeden so anlegenden Feederfonds zu erfüllende Informationspflicht wird die BaFin in die Lage versetzt, den ihrerseits bestehenden Informationspflichten nach § 177 KAGB nachzukommen.[15] 9

Wurde die BaFin nach § 176 Abs. 3 Satz 1 KAGB darüber informiert, dass ein **ausländischer Feederfonds** in Anteile des Masterfonds angelegt hat, so hat die BaFin nach § 176 Abs. 3 Satz 2 KAGB die Pflicht, die **zuständigen Stellen im Herkunftsstaat des Feederfonds** unverzüglich über die Anlage in Anteile des von der Kapitalverwaltungsgesellschaft verwalteten Masterfonds zu unterrichten.[16] 10

4. Informationsbereitstellung der Masterfonds-KVG (§ 176 Abs. 4 KAGB)

Neben der Verpflichtung die BaFin unverzüglich über jeden im Masterfonds anlegenden Feederfonds zu unterrichten, muss die Kapitalverwaltungsgesellschaft des Masterfonds nach § 176 Abs. 4 KAGB zudem 11

- der Verwaltungsgesellschaft des Feederfonds
- der BaFin und den zuständigen Stellen des Herkunftsstaates des Feederfonds
- der Verwahrstelle des Feederfonds und
- dem Abschlussprüfer des Feederfonds

sämtliche Informationen, die infolge der Umsetzung der Richtlinie 2009/65/EG, nach anderen Rechtsvorschriften der EU, nach den geltenden inländischen Vorschriften, den Anlagebedingungen oder der Satzung erforderlich sind, **rechtzeitig zur Verfügung stellen**.

Die aufgeführten Stellen auf Seiten des Feederfonds sind zur Erfüllung ihrer Aufgaben in hohem Maße auf diejenigen Informationen und Unterlagen angewiesen, die nur auf der Masterfonds-Ebene vorhanden sind. Diesem **Informationsdefizit auf Seiten des Feederfonds** wirkt die Regelung in § 176 Abs. 4 KAGB entgegen. Die Regelung bezweckt die rechtzeitige und vollständige Zurverfügungstellung bzw. Bereitstellung der relevanten Informationen von der Masterfonds-Kapitalverwaltungsgesellschaft an die anderen Beteiligten der Master-Feeder-Struktur.[17] Unabhängig von der Möglichkeit einer weiteren Konkretisierung der Zurverfügungstellung von Informationen in den jeweiligen Vereinbarungen nach § 175 KAGB, normiert § 176 Abs. 4 KAGB eine umfassende und tendenziell weit[18] auszulegende Informationsbereitstellung, die rechtzeitig, d.h. innerhalb der Vorgaben der jeweiligen Rechtsgrundlage,[19] zu erfolgen hat. Lediglich öffentlich zugängliche oder erhältliche Informationen und Unterlagen werden nicht erfasst.[20] 12

5. Anbieten von Anteilen des Masterfonds an das Publikum (§ 176 Abs. 5 KAGB)

Eine Kapitalverwaltungsgesellschaft muss gem. § 176 Abs. 5 KAGB Anteile an einem Masterfonds, in den **mindestens zwei Feederfonds** angelegt sind, **nicht dem Publikum anbieten**. Anteile an einem Masterfonds, in den lediglich ein Feederfonds angelegt ist, müssen hingegen von der Kapitalverwaltungsgesellschaft dem Publikum angeboten werden. Wie unter Rz. 3 erläutert, dient diese Vorschrift der Umsetzung 13

---

14 *Siering* in Baur/Tappen, § 176 KAGB Rz. 10; *Kunschke/Klebeck* in Beckmann/Scholtz/Vollmer, § 176 KAGB Rz. 9; zu § 45c Abs. 2 InvG: *Blankenheim*, ZBB/JBB 2011, 344 (355).

15 Siehe § 177 Rz. 4; *Siering* in Baur/Tappen, § 176 KAGB Rz. 12, *Dobrauz-Saldapenna/Rosenauer* in Moritz/Klebeck/Jesch, § 176 KAGB Rz. 7; zu § 45c Abs. 3 InvG: *Blankenheim*, ZBB/JBB 2011, 344 (355).

16 *Kunschke/Klebeck* in Beckmann/Scholtz/Vollmer, § 176 KAGB Rz. 11; *Dobrauz-Saldapenna/Rosenauer* in Moritz/Klebeck/Jesch, § 176 KAGB Rz. 8.

17 *Wind/Fritz* in Weitnauer/Boxberger/Anders, § 176 KAGB Rz. 7; s. auch *Europäische Kommission*, GD MARKT, Pooling, S. 24 f.

18 *Dobrauz-Saldapenna/Rosenauer* in Moritz/Klebeck/Jesch, § 176 KAGB Rz. 9.

19 *Kunschke/Klebeck* in Beckmann/Scholtz/Vollmer, § 176 KAGB Rz. 15.

20 So u.a. *Siering* in Baur/Tappen, § 176 KAGB Rz. 16.

von Art. 58 Abs. 4 Buchst. a der Richtlinie 2009/65/EG. Hat danach ein Master-OGAW mindestens zwei Feeder-OGAW als Anteilinhaber, so gelten Art. 1 Abs. 2 Buchst. a und Art. 3 Buchst. b der Richtlinie 2009/65/EG mit dem Kriterium der Beschaffung der Gelder des OGAW „beim Publikum" nicht.[21]

14 Hintergrundüberlegung dieser Regelung im OGAW-Bereich ist es, dass durch die Master-Feeder-Struktur auf Ebene des Masterfonds in kosteneffizienter Weise Vermögenswerte gepoolt werden.[22] Ein derartiges **kosteneffiziente Pooling** auf Ebene des Masterfonds kann dabei zum einen dadurch erreicht werden, dass mindestens zwei Feederfonds in Anteile des Masterfonds anlegen oder zum anderen dadurch, dass, falls nur ein Feederfonds in den Masterfonds anlegt, die Anteile zudem direkt dem Publikum angeboten werden müssen. Diese Hintergrundüberlegungen für die Master-Feeder-Struktur treffen in gleichem Maße auch außerhalb des OGAW-Bereichs auf Sonstige Sondervermögen i.S.d. § 220 KAGB zu.

6. Pflichten gegenüber der Feederfonds-Verwahrstelle und Pflichten der Verwahrstelle des inländischen Masterfonds (§ 176 Abs. 6 KAGB)

15 § 176 Abs. 6 KAGB regelt die Pflichten gegenüber Verwahrstellen bzw. der Verwahrstellen innerhalb einer Master-Feeder-Struktur. Um der Verwahrstelle eines Feederfonds die Erfüllung ihrer Pflichten zu ermöglichen, ist diese oft auf Informationen angewiesen, die nur auf Ebene des Masterfonds vorhanden sind.[23] Gemäß § 176 Abs. 6 Satz 1 KAGB hat die **Kapitalverwaltungsgesellschaft eines Feederfonds** danach die Pflicht, der **Verwahrstelle des Feederfonds alle Informationen über den Masterfonds mitzuteilen**, die für die Erfüllung der Pflichten der Verwahrstelle erforderlich sind.

16 § 176 Abs. 6 Satz 2 KAGB regelt demgegenüber die Pflichten der **Verwahrstelle eines inländischen Masterfonds**. Diese hat die BaFin, die Verwaltungsgesellschaft des Feederfonds und die Verwahrstelle des Feederfonds **unmittelbar über alle Unregelmäßigkeiten zu unterrichten**, die sie in Bezug auf den Masterfonds feststellt und die eine negative Auswirkung auf den Feederfonds haben könnten. Wie unter Rz. 3 ausgeführt, dient Satz 2 der Umsetzung von Art. 61 Abs. 2 der Richtlinie 2009/65/EG[24] und eine nicht erschöpfende Auflistung der in Art. 61 Abs. 2 genannten Unregelmäßigkeiten, die die Verwahrstelle des Master-OGAW in Ausübung ihrer Pflichten gemäß innerstaatlichem Recht feststellt und die negative Auswirkungen auf den Feeder-OGAW haben können, findet sich in Art. 26 der Richtlinie 2010/44/EU.[25] Darunter fallen

- Fehler bei der Berechnung des Nettoinventarwerts des Masterfonds;
- Fehler bei Transaktionen oder bei der Abwicklung von Kauf und Zeichnung oder von Aufträgen zur Rücknahme oder Auszahlung von Anteilen im Masterfonds durch den Feederfonds;
- Fehler bei der Zahlung oder Kapitalisierung von Erträgen aus dem Masterfonds oder bei der Berechnung der damit zusammenhängenden Quellensteuer;
- Verstöße gegen die in den Vertragsbedingungen oder der Satzung, dem Prospekt oder den wesentlichen Anlegerinformationen beschriebenen Anlageziele, -politik oder -strategie des Masterfonds;
- Verstöße gegen im innerstaatlichem Recht, in den Vertragsbedingungen oder der Satzung, dem Prospekt oder den wesentlichen Anlegerinformationen festgelegte Höchstgrenzen für Anlagen und Kreditaufnahme.

17 Über den OGAW-Bereich hinaus gibt diese nicht erschöpfende Liste Anhaltspunkte für Unregelmäßigkeiten, die in Bezug auf den Masterfonds festgestellt werden können und die negative Auswirkungen auf den Feederfonds haben könnten.

18 Durch § 176 Abs. 6 Satz 3 KAGB wird klargestellt, dass weder die Verwahrstelle des Masterfonds noch die Verwahrstelle des Feederfonds durch Befolgung dieser Vorschrift vertragliche oder durch Rechts- und Verwaltungsvorschrift vorgesehene **Bestimmungen, die die Offenlegung von Informationen einschränken oder die den Datenschutz betreffen**, verletzt. Zudem wird durch Satz 4 klargestellt, dass eine Haftung der Verwahrstelle oder einer für sie handelnden Person aus diesem Grund ausgeschlossen ist.

21 S. *Wind/Fritz* in Weitnauer/Boxberger/Anders, § 176 KAGB Rz. 10; *Dobrauz-Saldapenna/Rosenauer* in Moritz/Klebeck/Jesch, § 176 KAGB Rz. 18 f.; zu § 45cAbs. 5 InvG: *Bujotzek/Steinmüller*, DB 2011, 2246 (2250); *Daemgen* in Emde/Dornseifer/Dreibus/Hölscher, § 45c InvG Rz. 12.

22 *Europäische Kommission*, SEC (2008) 2263, S. 98; vgl. auch zu § 45c Abs. 5 InvG: *Daemgen* in Emde/Dornseifer/Dreibus/Hölscher, § 45c InvG Rz. 13.

23 *Wind/Fritz* in Weitnauer/Boxberger/Anders, § 176 KAGB Rz. 11; zu § 45c Abs. 6 InvG: *Daemgen* in Emde/Dornseifer/Dreibus/Hölscher, § 45c InvG Rz. 14.

24 BT-Drucks. 17/4510, 75.

25 Sofern für Masterfonds und Feederfonds unterschiedliche Verwahrstellen beauftragt wurden, ist nach § 175 Abs. 2 KAGB in der abzuschließenden Verwahrstellenvereinbarung der Informationsaustauch zwischen den Verwahrstellen gemäß den Art. 24 bis 26 der Richtlinie 2010/44/EU sicherzustellen. Siehe Kommentierung zu § 175 Rz. 23 ff.

§ 177 Mitteilungspflichten der Bundesanstalt

(1) Sind die Anlagebedingungen sowohl des Masterfonds als auch des Feederfonds nach den Vorschriften dieses Gesetzes genehmigt worden, unterrichtet die Bundesanstalt die Kapitalverwaltungsgesellschaft, die den Feederfonds verwaltet, unverzüglich über

1. jede Entscheidung,

2. jede Maßnahme,

3. jede Feststellung von Zuwiderhandlungen gegen die Bestimmungen dieses Unterabschnitts sowie

4. alle nach § 38 Absatz 4 Satz 2 in Verbindung mit § 29 Absatz 3 des Kreditwesengesetzes mitgeteilten Tatsachen,

die den Masterfonds, seine Verwahrstelle oder seinen Abschlussprüfer betreffen.

(2) Sind nur die Anlagebedingungen des Masterfonds nach den Vorschriften dieses Gesetzes genehmigt worden, unterrichtet die Bundesanstalt die zuständigen Stellen des Herkunftsstaates des EU-Feeder-OGAW unverzüglich über

1. jede Entscheidung,

2. jede Maßnahme,

3. jede Feststellung von Zuwiderhandlungen gegen die Bestimmungen dieses Unterabschnitts sowie

4. alle nach § 38 Absatz 4 Satz 2 in Verbindung mit § 29 Absatz 3 des Kreditwesengesetzes mitgeteilten Tatsachen,

die den Masterfonds, seine Verwahrstelle oder seinen Abschlussprüfer betreffen.

(3) Sind nur die Anlagebedingungen des Feederfonds nach den Vorschriften dieses Gesetzes genehmigt worden und erhält die Bundesanstalt Informationen entsprechend Absatz 2 von den zuständigen Stellen des Herkunftsstaates des EU-Master-OGAW, unterrichtet sie die Kapitalverwaltungsgesellschaft, die den Feederfonds verwaltet, unverzüglich darüber.

In der Fassung vom 4.7.2013 (BGBl. I 2013, S. 1981).

Schrifttum: *Blankenheim*, Die Umsetzung der OGAW-IV-Richtlinie in das Investmentgesetz, ZBB/JBB 2011, 344; *Bujotzek/Steinmüller*, Neuerungen im Investmentrecht durch das OGAW-IV-Umsetzungsgesetz, DB 2011, Teil I, 2246; *Europäische Kommission*, Generaldirektion Binnenmarkt und Dienstleistungen (GD MARKT), Exposure Draft Initial orientations for discussion on possible adjustments to the UCITS Directive, 4. Pooling, abrufbar unter http://ec.europa.eu/internal_market/investment/docs/ucits-directive/poolingexposurel_en.pdf; *Fischer/Lübbehüsen*, Mehr Flexibilität durch OGAW IV – eine Analyse der neuen Rahmenbedingungen unter regulatorischen und steuerlichen Gesichtspunkten, RdF 2011, 254.

I. Entstehungsgeschichte und Überblick

In § 177 Abs. 1-3 KAGB wurde mit redaktionellen Anpassungen auf Grund der geänderten Begriffsbestimmungen der Wortlaut des aufzuhebenden § 45d InvG[1] übernommen. Die europarechtliche Grundlage für den OGAW-Bereich bildet Art. 67 der Richtlinie 2009/65/EG.[2] 1

Da ein Feederfonds mindestens 85 % seiner Vermögenswerte in einem Masterfonds anlegen muss, haben von der zuständigen Behörde des Masterfonds getroffene Entscheidungen und Maßnahmen, die den Masterfonds, seine Verwahrstelle oder seinen Abschlussprüfer betreffen, das Potential, sich erheblich auf den Feederfonds und seine in den Masterfonds angelegten Vermögenswerte auszuwirken.[3] Um dieser Abhängigkeit etwas entgegenzusetzen und um ggf. noch rechtzeitig reagieren zu können, ist es erforderlich, dass 2

1 Begr. RegE, BT-Drucks. 17/12294, 260.
2 Begr. RegE, BT-Drucks. 17/4510, 75.
3 *Europäische Kommission*, GD MARKT, Pooling, S. 25 ff.; *Wind/Fritz* in Weitnauer/Boxberger/Anders, § 177 KAGB Rz. 1; zu § 45d InvG: *Daemgen* in Emde/Dornseifer/Dreibus/Hölscher, § 45d InvG Rz. 1.

die entsprechenden Informationen so schnell als möglich zu dem betroffenen Feederfonds bzw. seiner Verwaltungsgesellschaft gelangen.[4] Der Bedarf nach schneller Information besteht ebenfalls, wenn die zuständige Behörde des Masterfonds die Nicht-Einhaltung von spezifischen Vorschriften für Master-Feeder-Strukturen feststellt oder ihr andere Tatsachen mit erheblichen Auswirkungen mitgeteilt werden.[5] Die diesbezügliche Regelung zu den **Mitteilungspflichten der BaFin** bei inländischen als auch grenzüberschreitenden Master-Feeder-Strukturen findet sich in § 177 KAGB.[6]

3 § 177 Abs. 1 KAGB regelt dabei die Mitteilungspflichten der BaFin für den Fall, dass sowohl die Anlagebedingungen des Masterfonds als auch die des Feederfonds nach den Vorschriften des KAGB genehmigt wurden. In den Abs. 2 und 3 sind die Mitteilungspflichten der BaFin in den grenzüberschreitenden Fällen geregelt. Wurden nur die Anlagebedingungen des Masterfonds nach den KAGB-Vorschriften genehmigt, ist die zuständige Stelle des Herkunftsstaates des EU-Feeder-OGAW zu unterrichten (§ 177 Abs. 2 KAGB) und wurden nur die Anlagebedingungen des Feederfonds nach den KAGB-Vorschriften genehmigt und erhält die BaFin von den zuständigen Stellen des Herkunftsstaates des EU-Master-OGAW entsprechende Informationen, so hat die BaFin die Kapitalverwaltungsgesellschaft des Feederfonds zu unterrichten (§ 177 Abs. 3 KAGB).

4 Die BaFin kann die Mitteilungspflichten nach § 177 KAGB nur erfüllen, wenn ihr bekannt ist, welche Feederfonds in den Masterfonds angelegt haben.[7] Die dafür erforderliche Informationsgrundlage[8] schafft § 176 Abs. 3 KAGB, wonach die Kapitalverwaltungsgesellschaft des Masterfonds die BaFin unverzüglich über jeden Feederfonds zu unterrichten hat, der in Anteile des von ihr verwalteten Masterfonds anlegt.

II. Die Regelung im Einzelnen

1. Mitteilungspflichten der BaFin bei im Inland genehmigten Master-Feeder-Strukturen (§ 177 Abs. 1 KAGB)

5 Im Fall eines inländischen Feederfonds und eines inländischen Masterfonds innerhalb einer Master-Feeder-Struktur, d.h. wenn die Anlagebedingungen sowohl des Feederfonds als auch des Masterfonds nach den Vorschriften des KAGB genehmigt wurden, hat die BaFin gem. § 177 Abs. 1 KAGB die Kapitalverwaltungsgesellschaft des Feederfonds unverzüglich über jede Entscheidung, jede Maßnahme, jede Feststellung von Zuwiderhandlungen gegen die Bestimmungen der §§ 171-180 KAGB sowie alle nach § 38 Abs. 4 Satz 2 KAGB i.V.m. § 29 Abs. 3 des Kreditwesengesetzes (KWG) mitgeteilten Tatsachen, die den Masterfonds, seine Verwahrstelle oder seinen Abschlussprüfer betreffen, zu unterrichten.[9] Hervorzuheben ist dabei, dass die BaFin die Kapitalverwaltungsgesellschaft des Feederfonds **„unverzüglich"**, d.h. ohne schuldhaftes Zögern, und in Bezug auf **„jede"** Entscheidung, Maßnahme oder Feststellung von Zuwiderhandlungen sowie in Bezug auf **„alle"** Tatsachen zu unterrichten hat, was für eine umfassende und weite Auslegung[10] des jeweiligen Begriffs spricht.

6 Als eine **Entscheidung** oder **Maßnahme** nach § 177 Abs. 1 Nr. 1 oder Nr. 2 KAGB[11] kommt u.a. die Verhängung einer Geldbuße wegen einer Ordnungswidrigkeit gem. § 340 (beispielsweise nach Abs. 2 Nr. 44, 45 oder 46) KAGB in Betracht. Zudem könnte die BaFin gem. § 39 Abs. 3 KAGB die Erlaubnis der Kapitalverwaltungsgesellschaft des Masterfonds aufheben, Geschäftsleiter der Masterfonds-KVG nach § 40 KAGB abberufen bzw. nach § 41 KAGB Maßnahmen bei unzureichenden Eigenmitteln treffen. Um die Unterrichtungspflicht der BaFin auszulösen, muss aber nicht erst eine Entscheidung getroffen oder eine Maßnahme ergriffen werden, sondern dafür reicht schon nach § 177 Abs. 2 Nr. 3 KAGB jede **Feststellung von Zuwiderhandlungen gegen die Bestimmungen der §§ 171-180 KAGB** aus,[12] d.h. tatsächliche Vorgänge, die die Nicht-Einhaltung der Master-Feeder-Vorschriften zum Ausdruck bringen.

---

4 *Siering* in Baur/Tappen, § 177 KAGB Rz. 3.

5 *Europäische Kommission*, GD MARKT, Pooling, S. 25 ff.

6 Zu der Vorgängernorm des § 45d InvG: *Blankenheim*, ZBB/JBB 2011, 355; *Fischer/Lübbehüsen*, RdF 2011, 259; *Bujotzek/Steinmüller*, DB 2011, 2251.

7 *Dobrauz-Saldapenna/Rosenauer* in Moritz/Klebeck/Jesch, § 177 KAGB Rz. 2; *Siering* in Baur/Tappen, § 177 KAGB Rz. 4.

8 *Kunschke/Klebeck* in Beckmann/Scholtz/Vollmer, § 177 KAGB Rz. 2.

9 § 177 Abs. 1 KAGB dient für den Bereich der OGAW der Umsetzung von Art. 67 Abs. 1 der Richtlinie 2009/65/EG, Begr. RegE, BT-Drucks. 17/4510, 75.

10 *Kunschke/Klebeck* in Beckmann/Scholtz/Vollmer, § 177 KAGB Rz. 7.

11 Siehe dazu auch: *Siering* in Baur/Tappen, § 177 KAGB Rz. 8; *Kunschke/Klebeck* in Beckmann/Scholtz/Vollmer, § 177 KAGB Rz. 6.

12 *Kunschke/Klebeck* in Beckmann/Scholtz/Vollmer, § 177 KAGB Rz. 6.

Nach § 177 Abs. 1 Nr. 4 KAGB hat die BaFin die Kapitalverwaltungsgesellschaft des Feederfonds auch unverzüglich über **alle** nach § 38 Abs. 4 Satz 2 KAGB i.V.m. § 29 Abs. 3 KWG **mitgeteilten Tatsachen**, die den Masterfonds, seine Verwahrstelle oder seinen Abschlussprüfer betreffen, zu unterrichten. Im Schrifttum besteht Einigkeit darüber, dass es ein redaktioneller Fehler ist, dass auf Satz 2 des § 38 Abs. 4 KAGB verwiesen wird.[13] Richtigerweise muss auf Satz 7 des § 38 Abs. 4 KAGB verwiesen werden, da nur dieser die Verbindung zu § 29 Abs. 3 KWG herstellt. § 38 Abs. 4 Satz 7 KAGB stellt klar, dass § 29 Abs. 3 KWG mit der Maßgabe entsprechend anzuwenden ist, aber die dort geregelten Pflichten gegenüber der Deutschen Bundesbank nicht gelten. 7

§ 29 Abs. 3 KWG regelt besondere Pflichten des Abschlussprüfers. Der **Abschlussprüfer hat danach unverzüglich der BaFin anzuzeigen**, wenn ihm bei der Prüfung Tatsachen bekannt werden, die die Einschränkung oder Versagung des Bestätigungsvermerkes rechtfertigen, die den Bestand der Kapitalverwaltungsgesellschaft gefährden oder ihre Entwicklung wesentlich beeinträchtigen können, die einen erheblichen Verstoß gegen die Vorschriften über die Zulassungsvoraussetzungen der Kapitalverwaltungsgesellschaft oder die schwerwiegende Verstöße der Geschäftsleiter gegen Gesetz, Satzung oder Gesellschaftsvertrag erkennen lassen. Auf Verlangen der BaFin hat der Prüfer den Prüfungsbericht zu erläutern und sonstige bei der Prüfung bekannt gewordene Tatsachen mitzuteilen, die gegen eine ordnungsmäßige Durchführung der Geschäfte der Kapitalverwaltungsgesellschaft sprechen. Die Anzeige-, Erläuterungs- und Mitteilungspflichten bestehen auch in Bezug auf ein Unternehmen, das mit der Kapitalverwaltungsgesellschaft in enger Verbindung steht, sofern dem Prüfer die Tatsachen im Rahmen der Prüfung der Kapitalverwaltungsgesellschaft bekannt werden. Für die Richtigkeit von Tatsachen, die der Abschlussprüfer nach § 29 Abs. 3 KWG in gutem Glauben anzeigt, haftet er nicht. 8

2. Mitteilungspflichten der BaFin bei EU-Feeder-OGAW (§ 177 Abs. 2 KAGB)

In § 177 Abs. 2 KAGB, der der Umsetzung von Art. 67 Abs. 2 Satz 1 der Richtlinie 2009/65/EG dient,[14] ist die Master-Feeder-Konstellation mit einem inländischen Masterfonds und einem EU-Feeder-OGAW geregelt. Soweit nur die Anlagebedingungen des Masterfonds nach den Vorschriften des KAGB genehmigt worden sind, regelt § 177 Abs. 2 KAGB, dass die BaFin die **zuständigen Stellen des Herkunftsstaates des EU-Feeder-OGAW** unverzüglich über jede Entscheidung, jede Maßnahme, jede Feststellung von Zuwiderhandlungen gegen die Bestimmungen der §§ 171-180 KAGB sowie alle nach § 38 Abs. 4 Satz 2 KAGB[15] i.V.m. § 29 Abs. 3 KWG mitgeteilten Tatsachen, die den Masterfonds, seine Verwahrstelle oder seinen Abschlussprüfer betreffen, unterrichtet.[16] 9

3. Mitteilungspflichten der BaFin bei EU-Master-OGAW (§ 177 Abs. 3 KAGB)

Die umgekehrte Konstellation zu Abs. 2 ist in § 177 Abs. 3 KAGB geregelt. Erfasst ist danach eine Master-Feeder-Struktur mit einem EU-Master-OGAW und einem inländischen Feederfonds, d.h. nur die Anlagebedingungen des Feederfonds sind nach den Vorschriften des KAGB genehmigt worden. § 177 Abs. 3 KAGB dient dabei der Umsetzung von Art. 67 Abs. 2 Satz 2 der Richtlinie 2009/65/EG.[17] 10

Wenn die BaFin in dieser Konstellation Informationen von den zuständigen Stellen des Herkunftsstaates des EU-Master-OGAW über Entscheidungen, Maßnahmen, Feststellungen von Zuwiderhandlungen oder Tatsachen, die denen nach § 177 Abs. 2 KAGB entsprechen, erhält, so hat sie darüber unverzüglich die Kapitalverwaltungsgesellschaft, die den Feederfonds verwaltet, zu unterrichten. 11

§ 178 Abwicklung eines Masterfonds

(1) Die Abwicklung eines inländischen Masterfonds darf frühestens drei Monate nach dem Zeitpunkt beginnen, zu dem alle Anleger des Masterfonds, bei einem inländischen Feederfonds die Bundesanstalt und bei einem EU-Feeder-OGAW die zuständige Stelle des Herkunftsstaates über die verbindliche Entscheidung der Abwicklung informiert worden sind.

13 *Siering* in Baur/Tappen, § 177 KAGB Rz. 6; *Kunschke/Klebeck* in Beckmann/Scholtz/Vollmer, § 177 KAGB Rz. 8; *Dobrauz-Saldapenna/Rosenauer* in Moritz/Klebeck/Jesch, § 177 KAGB Rz. 4.

14 Begr. RegE, BT-Drucks. 17/4510, 75.

15 Der Verweis lautet richtigerweise auf § 38 Abs. 4 Satz 7 KAGB, s. Rz. 7.

16 Zu den jeweiligen Mitteilungspflichten der BaFin s. Rz. 5–8.

17 Begr. RegE, BT-Drucks. 17/4510, 75.

(2) [1]Bei der Abwicklung eines inländischen Masterfonds ist auch der inländische Feederfonds abzuwickeln, es sei denn, die Bundesanstalt genehmigt ein Weiterbestehen als Feederfonds durch Anlage in einem anderen Masterfonds oder eine Umwandlung des Feederfonds in ein inländisches Investmentvermögen, das kein Feederfonds ist. [2]Für die Genehmigung nach Satz 1 hat die Kapitalverwaltungsgesellschaft folgende Angaben und Unterlagen spätestens zwei Monate nach Kenntnis der verbindlichen Entscheidung über die Abwicklung des Masterfonds bei der Bundesanstalt einzureichen:

1. bei Anlage in einem anderen Masterfonds
   a) den Antrag auf Genehmigung des Weiterbestehens,
   b) den Antrag auf Genehmigung der Änderung der Anlagebedingungen mit der Bezeichnung des Masterfonds, in dessen Anteile mindestens 85 Prozent des Wertes des Investmentvermögens angelegt werden sollen,
   c) die vorgenommenen Änderungen des Verkaufsprospekts und der wesentlichen Anlegerinformationen und
   d) die Angaben und Unterlagen nach § 171 Absatz 3;

2. bei Umwandlung des inländischen Feederfonds in ein inländisches Investmentvermögen, das kein Feederfonds ist,
   a) den Antrag auf Genehmigung der Änderung der Anlagebedingungen,
   b) die vorgenommenen Änderungen des Verkaufsprospekts und der wesentlichen Anlegerinformationen.

[3]Wenn die Verwaltungsgesellschaft des Masterfonds die Kapitalverwaltungsgesellschaft des Feederfonds mehr als fünf Monate vor dem Beginn der Abwicklung des Masterfonds über ihre verbindliche Entscheidung zur Abwicklung informiert hat, hat die Kapitalverwaltungsgesellschaft des Feederfonds abweichend von der Frist nach Satz 2 den Genehmigungsantrag und die Angaben und Unterlagen nach Satz 2 spätestens drei Monate vor der Abwicklung des Masterfonds bei der Bundesanstalt einzureichen.

(3) [1]Die Bundesanstalt hat die Genehmigung innerhalb einer Frist von 15 Arbeitstagen zu erteilen, wenn alle in Absatz 2 genannten Angaben und Unterlagen vollständig vorliegen und die Anforderungen nach diesem Abschnitt erfüllen. [3]Liegen die Voraussetzungen für die Genehmigung nicht vor, hat die Bundesanstalt dies der Kapitalverwaltungsgesellschaft innerhalb der Frist nach Satz 1 unter Angabe der Gründe mitzuteilen und fehlende oder geänderte Angaben oder Unterlagen anzufordern. [3]Mit dem Eingang der angeforderten Angaben oder Unterlagen beginnt der Lauf der in Satz 1 genannten Frist erneut. [4]Die Genehmigung gilt als erteilt, wenn über den Genehmigungsantrag nicht innerhalb der Frist nach Satz 1 entschieden worden ist und eine Mitteilung nach Satz 2 nicht erfolgt ist. [5]Auf Antrag der Kapitalverwaltungsgesellschaft hat die Bundesanstalt die Genehmigung nach Satz 4 schriftlich zu bestätigen.

(4) Die Kapitalverwaltungsgesellschaft des Feederfonds hat die Verwaltungsgesellschaft des Masterfonds unverzüglich über die erteilte Genehmigung zu unterrichten und alle erforderlichen Maßnahmen zu ergreifen, um die Anforderungen nach § 180 zu erfüllen.

(5) [1]Die Kapitalverwaltungsgesellschaft des Feederfonds hat eine beabsichtigte Abwicklung des Feederfonds der Bundesanstalt spätestens zwei Monate nach Kenntnisnahme der geplanten Abwicklung des Masterfonds mitzuteilen; die Anleger des Feederfonds sind hiervon unverzüglich durch eine Bekanntmachung im Bundesanzeiger und mittels eines dauerhaften Datenträgers zu unterrichten. [2]Absatz 2 Satz 3 gilt entsprechend.

(6) [1]Sollen Abwicklungserlöse des Masterfonds an den Feederfonds ausgezahlt werden, bevor der Feederfonds in einen neuen Masterfonds gemäß Absatz 2 Satz 2 Nummer 1 anlegt oder seine Anlagegrundsätze gemäß Absatz 2 Satz 2 Nummer 2 ändert, versieht die Bundesanstalt ihre Genehmigung mit einer Nebenbestimmung, dass der Feederfonds die Abwicklungserlöse zu erhalten hat entweder

1. als Barzahlung oder

2. ganz oder neben einer Barzahlung zumindest teilweise in Form einer Übertragung von Vermögensgegenständen, wenn die Kapitalverwaltungsgesellschaft des Feederfonds damit einverstanden ist und die Master-Feeder-Vereinbarung oder die internen Regelungen für Geschäftstätigkeiten und die verbindliche Entscheidung zur Abwicklung des Masterfonds dies vorsehen.

[2]Bankguthaben, die der Feederfonds vor Genehmigung nach Absatz 2 als Abwicklungserlöse erhalten hat, dürfen vor einer Wiederanlage gemäß Absatz 2 Satz 2 Nummer 1 oder Nummer 2 lediglich für ein effizientes Liquiditätsmanagement angelegt werden. [3]Die Kapitalverwaltungsgesellschaft darf erhaltene Vermögensgegenstände nach Satz 1 Nummer 2 jederzeit gegen Barzahlung veräußern.

In der Fassung vom 4.7.2013 (BGBl. I 2013, S. 1981).

Schrifttum: *Blankenheim*, Die Umsetzung der OGAW-IV-Richtlinie in das Investmentgesetz, ZBB/JBB 2011, 344; *Bujotzek/Steinmüller*, Neuerungen im Investmentrecht durch das OGAW-IV-Umsetzungsgesetz, DB 2011, Teil I, 2246; *Europäische Kommission*, Generaldirektion Binnenmarkt und Dienstleistungen (GD MARKT), Exposure Draft Initial orientations for discussion on possible adjustments to the UCITS Directive, 4. Pooling, abrufbar unter http://ec.europa.eu/internal_market/investment/docs/ucits-directive/poolingexposurel_en.pdf; *Europäische Kommission*, Impact assessment accompanying the draft implementing measures, SEC (2010), abrufbar unter http://ec.europa.eu/internal_market/investment/docs/ucits-directive/100521-impact_assessment_en.pdf; *Fischer/Lübbehüsen*, Mehr Flexibilität durch OGAW IV – eine Analyse der neuen Rahmenbedingungen unter regulatorischen und steuerlichen Gesichtspunkten, RdF 2011, 254; *Reiter/Plumridge*, Das neue Investmentgesetz, Teil I, WM 2012, 343.

I. Entstehungsgeschichte und Überblick

1 Die Abwicklung des Masterfonds und die **Folgen dieser Abwicklung für den Feederfonds** sind in § 178 Abs. 1-6 KAGB geregelt. In dieser Vorschrift wurde der Wortlaut des aufzuhebenden § 45e InvG[1] übernommen und nur an die geänderten Begriffsbestimmungen und andere Strukturierung der Vorschriften im Rahmen des KAGB angepasst. Die europarechtliche Grundlage für den OGAW-Bereich bildet Art. 60 Abs. 4 der Richtlinie 2009/65/EG sowie die Art. 20 und 21 der Richtlinie 2010/44/EU.[2]

2 Da ein Feederfonds mindestens 85 % seiner Vermögenswerte in einem Masterfonds anlegt, ist der Feederfonds in besonderer Weise von seinem Masterfonds abhängig. Sollte der Masterfonds abgewickelt werden, so kann der Feederfonds nicht mehr in ihm angelegt bleiben. Um diesem Abhängigkeitsverhältnis innerhalb einer Master-Feeder-Struktur i.S.d. §§ 171 ff. KAGB Rechnung zu tragen, sind bei grundlegenden Ereignissen, die die Existenz des Masterfonds betreffen, **gemeinsame Regelungen** erforderlich.[3] Diese gemeinsamen Regelungen bei einer Abwicklung des Masterfonds finden sich in § 178 KAGB. Danach ist bei Abwicklung des Masterfonds grundsätzlich auch der Feederfonds abzuwickeln, es sei denn, es wird ein Weiterbestehen des Feederfonds bei Anlage in einem anderen Masterfonds oder die Umwandlung in ein Investmentvermögen, das kein Feederfonds ist, beantragt.[4]

3 In § 178 Abs. 1 KAGB wird dabei geregelt, wann die Abwicklung des Masterfonds beginnen darf. Die Regelung zur grundsätzlichen Abwicklung des Feederfonds bei Abwicklung des Masterfonds sowie das als Ausnahme zu beantragende Weiterbestehen des Feederfonds als Feederfonds eines anderen Masterfonds bzw. das Weiterbestehen als umgewandeltes Investmentvermögen, das kein Feederfonds mehr ist, findet sich in § 178 Abs. 2 KAGB. Die Genehmigungsfrist und das Verfahren für das zu beantragende Weiterbestehen des Feederfonds als Feederfonds eines anderen Masterfonds bzw. das Weiterbestehen als umgewandeltes Investmentvermögen, das kein Feederfonds mehr ist, enthält § 178 Abs. 3 KAGB. Je nachdem, ob eine Genehmigung zum Weiterbestehen erteilt wird (Abs. 4) oder die Abwicklung des Feederfonds beabsichtigt ist (§ 178 Abs. 5 KAGB), hat die Kapitalverwaltungsgesellschaft des Feederfonds bestimmte (Informations-) Pflichten

1 Begr. RegE, BT-Drucks. 17/12294, 260.
2 Begr. RegE, BT-Drucks. 17/4510, 75.
3 *Europäische Kommission*, SEC (2010), S. 83.
4 *Blankenheim*, ZBB/JBB 2011, 344 (355); *Bujotzek/Steinmüller*, DB 2011, 2246 (2251); *Fischer/Lübbehüsen*, RdF 2011, 254 (259); *Reiter/Plumridge*, WM 2012, 343 (354).

zu erfüllen. Erhält der Feederfonds Abwicklungserlöse des Masterfonds bestimmt § 178 Abs. 6 KAGB die Modalitäten und Vorgaben.

II. Die Regelung im Einzelnen

1. Informationspflichten und frühester Abwicklungszeitpunkt bei inländischen Masterfonds (§ 178 Abs. 1 KAGB)

4 § 178 Abs. 1 KAGB legt fest, wann frühestens mit der Abwicklung eines inländischen Masterfonds begonnen werden darf. Für den OGAW-Bereich dient Abs. 1 der Umsetzung von Art. 60 Abs. 4 Unterabs. 2 der Richtlinie 2009/65/EG.[5] Mit der Abwicklung eines inländischen Masterfonds darf danach frühestens **drei Monate** nach dem Zeitpunkt begonnen werden, zu dem die Beteiligten, d.h. alle Anleger des Masterfonds sowie bei einem inländischen Feederfonds die BaFin und bei einem EU-Feeder-OGAW die zuständige Stelle des Herkunftsstaates, über die verbindliche Entscheidung der Abwicklung informiert worden sind.[6] Alle Anleger des Masterfonds sind dabei neben sonstigen Anlegern insbesondere der bzw. die Feederfonds, die in diesen Masterfonds mindestens 85 % angelegt haben.

5 Mit der **Informationspflicht über die verbindliche Entscheidung der Abwicklung des Masterfonds** an die Beteiligten und dem Drei-Monatszeitraum bevor eine Abwicklung frühestens beginnen darf, soll dem bzw. den Feederfonds genügend Zeit für Entscheidungen und Maßnahmen gegeben werden, um sich auf die bevorstehende Abwicklung des Masterfonds einzustellen.[7]

6 Kritisiert wird in diesem Zusammenhang von *Kunschke/Klebeck*,[8] dass sich die Regelung des § 178 Abs. 1 KAGB nicht reibungslos in die investmentrechtliche Terminologie der §§ 99 (Kündigung und Verlust des Verwaltungsrechts) und 100 (Abwicklung des Sondervermögens) KAGB einfüge, da danach die Abwicklung im technischen Sinne durch die Verwahrstelle durchgeführt werde, der die Kündigung des Verwaltungsrechts durch die Kapitalverwaltungsgesellschaft vorausgehe. In der Praxis leite die Kapitalverwaltungsgesellschaft bereits nach der Kündigung des Verwaltungsrechts durch Veräußerungen von Vermögenswerten erste Abwicklungsmaßnahmen ein[9] und § 178 Abs. 1 KAGB müsse so verstanden werden, dass die Kapitalverwaltungsgesellschaft mit eigenen Abwicklungsmaßnahmen den Drei-Monatszeitraum nach Information an alle Anleger des Masterfonds und die zuständige Aufsichtsbehörde des Feederfonds abwarten müsse. *Kunschke/Klebeck* empfehlen eine Klarstellung des Gesetzgebers dahingehend, dass in diesem Zusammenhang auf die allgemeinen Vorschriften über die Kündigung des Verwaltungsrechts verwiesen werde und dass die Veröffentlichung der Kündigung des Verwaltungsrechts bereits die Information über die verbindliche Entscheidung der Abwicklung darstelle.[10]

2. Folgen der Abwicklung eines inländischen Masterfonds für inländischen Feederfonds (§ 178 Abs. 2 KAGB)

7 § 178 Abs. 2 Satz 1 KAGB legt die Möglichkeiten fest, die inländische Feederfonds im Falle der Abwicklung des inländischen Masterfonds haben. Der **Grundsatz** ist dabei, dass die Abwicklung des inländischen Masterfonds auch zur **Abwicklung des inländischen Feederfonds** führt.[11] **Ausnahmsweise** muss der Feederfonds dann nicht abgewickelt werden, wenn entweder der Antrag auf Weiterbestehen als Feederfonds durch Anlage in einem anderen Masterfonds oder der Antrag auf Umwandlung des Feederfonds in ein inländisches Investmentvermögen, das kein Feederfonds (mehr) ist, von der BaFin **genehmigt** wird.[12] § 178 Abs. 2 Satz 1 KAGB dient dabei für den OGAW-Bereich der Umsetzung von Art. 60 Abs. 4 Unterabs. 1 der Richtlinie 2009/65/EG.[13]

---

5 Begr. RegE, BT-Drucks. 17/4510, 75.

6 Vgl. *Wind/Fritz* in Weitnauer/Boxberger/Anders, § 178 KAGB Rz. 4; zu § 45e InvG: *Daemgen* in Emde/Dornseifer/Dreibus/Hölscher, § 45e InvG Rz. 4.

7 *Europäische Kommission*, GD MARKT, Pooling, S. 14; *Siering* in Baur/Tappen, § 178 KAGB Rz. 9.

8 *Kunschke/Klebeck* in Beckmann/Scholtz/Vollmer, § 178 KAGB Rz. 5.

9 So auch *Anders* in Weitnauer/Boxberger/Anders, § 100 KAGB Rz. 32, 33.

10 *Kunschke/Klebeck* in Beckmann/Scholtz/Vollmer, § 178 KAGB Rz. 5.

11 Kritisch zur Frage, inwieweit bei Untätigkeit der Kapitalverwaltungsgesellschaft die Abwicklung durchgesetzt werden kann: *Kunschke/Klebeck* in Beckmann/Scholtz/Vollmer, § 178 KAGB Rz. 6.

12 *Wind/Fritz* in Weitnauer/Boxberger/Anders, § 178 KAGB Rz. 6; *Dobrauz-Soldapenna/Rosenauer* in Moritz/Klebeck/Jesch, § 178 KAGB Rz. 5; *Siering* in Baur/Tappen, § 178 KAGB Rz. 10.

13 Begr. RegE, BT-Drucks. 17/4510, 75.

Während in § 178 Abs. 5 KAGB geregelt ist, welche Plichten die Kapitalverwaltungsgesellschaft des Feederfonds im Falle der beabsichtigten Abwicklung des Feederfonds hat, ist in § 178 Abs. 2 Satz 2 KAGB aufgeführt, welche **Angaben und Unterlagen für den jeweiligen Genehmigungsantrag** nach Satz 1 innerhalb welchen Zeitraums nach Kenntnis der verbindlichen Entscheidung über die Abwicklung des Masterfonds bei der BaFin einzureichen sind. Für den Bereich der OGAW dient Satz 2 dabei der Umsetzung von Art. 20 Abs. 1 Buchst. a und b der Richtlinie 2010/44/EU.[14] 8

Soll das **Weiterbestehen als Feederfonds durch Anlage in einem anderen Masterfonds** beantragt werden, so sind nach § 178 Abs. 2 Satz 2 Nr. 1 KAGB der (i) Antrag auf Genehmigung des Weiterbestehens, (ii) der Antrag auf Genehmigung der Änderung der Anlagebedingungen mit der Bezeichnung des Masterfonds, in dessen Anteile mindestens 85 % der Vermögenswerte angelegt werden sollen, (iii) die vorgenommenen Änderungen des Verkaufsprospekts und der wesentlichen Anlegerinformationen und (iv) die Angaben und Unterlagen nach § 171 Abs. 3 KAGB[15] (d.h. insbesondere die Anlagebedingungen, der Verkaufsprospekt und die wesentlichen Anlegerinformationen von Master- und Feederfonds) einzureichen. 9

Soll hingegen die **Umwandlung des inländischen Feederfonds in ein inländisches Investmentvermögen, das kein Feederfonds ist, beantragt werden**, so ist nach § 178 Satz 2 Nr. 2 KAGB der (i) Antrag auf Genehmigung der Änderung der Anlagebedingungen und (ii) die vorgenommenen Änderungen des Verkaufsprospekts und der wesentlichen Anlegerinformationen einzureichen. 10

Den Antrag nach § 178 Satz 2 Nr. 1 bzw. Nr. 2 KAGB hat die den inländischen Feederfonds verwaltende Kapitalverwaltungsgesellschaft **spätestens zwei Monate nach Kenntnis** der verbindlichen Entscheidung über die Abwicklung des Masterfonds bei der BaFin einzureichen. Diese Zeitspanne von zwei Monaten für die Antragstellung nach Kenntnis der verbindlichen Entscheidung über die Abwicklung des Masterfonds findet sich auch wieder in § 178 Abs. 5 KAGB, wenn es um die Pflichten bei einer geplanten Abwicklung des Feederfonds geht. Die Zwei-Monats-Frist soll in beiden Fällen der Kapitalverwaltungsgesellschaft genügend Zeit gewähren, um eine Entscheidung über die Zukunft des Feederfonds zu treffen und erforderliche Maßnahmen und Unterlagen vorzubereiten.[16] 11

Falls die Verwaltungsgesellschaft[17] des Masterfonds die Kapitalverwaltungsgesellschaft des Feederfonds mehr als fünf Monate vor dem Beginn der Abwicklung des Masterfonds über ihre verbindliche Entscheidung zur Abwicklung informiert hat, dann ändert sich die vorgenannte Frist von zwei Monaten gem. § 178 Abs. 2 Satz 3 KAGB[18] dahingehend, dass der Genehmigungsantrag und die Angaben und Unterlagen nach Satz 2 **spätestens drei Monate vor der Abwicklung des Masterfonds bei der BaFin einzureichen** sind. Auch in diesem Fall hat die Kapitalverwaltungsgesellschaft des Feederfonds somit eine mindestens zweimonatige Zeitspanne, um über das weitere Schicksal des Feederfonds zu entscheiden. 12

3. Genehmigungsverfahren und -frist (§ 178 Abs. 3)

Die BaFin hat nach § 178 Abs. 3 Satz 1 KAGB die Genehmigung für ein Weiterbestehen als Feederfonds durch Anlage in einem anderen Masterfonds oder die Umwandlung des Feederfonds in ein inländisches Investmentvermögen, das kein Feederfonds ist, innerhalb einer **Frist von 15 Arbeitstagen** zu erteilen, wenn alle in Abs. 2 aufgeführten Angaben und Unterlagen vollständig vorliegen und die Anforderungen nach dem Abschnitt (d.h. nach den Vorgaben im KAGB für Master-Feeder-Strukturen)[19] vorliegen. Sollten die Genehmigungsvoraussetzungen nicht vorliegen, so hat die BaFin dies der Kapitalverwaltungsgesellschaft ebenfalls innerhalb der Frist von 15 Arbeitstagen unter Angabe der Gründe mitzuteilen und fehlende oder entsprechend geänderte Angaben oder Unterlagen anzufordern. Mit Eingang der angeforderten Angaben oder Unterlagen bei der BaFin beginnt der Lauf der Frist von 15 Arbeitstagen nach § 178 Abs. 3 Satz 1 KAGB erneut. Sofern die BaFin nicht innerhalb der Frist von 15 Arbeitstagen über den Genehmigungsantrag entschieden hat und eine Mitteilung über das Nicht-Vorliegen der Genehmigungsgründe nach Abs. 3 Satz 2 nicht erfolgt ist, gilt die Genehmigung des Antrags als erteilt. Sollte dies der Fall sein, so kann 13

14 Begr. RegE, BT-Drucks. 17/4510, 75.

15 Siehe Kommentierung zu § 171 Abs. 3 KAGB (§ 171 Rz. 24 ff.).

16 Kritisch zur Zeitdauer *Wind/Fritz* in Weitnauer/Boxberger/Anders, § 178 KAGB Rz. 7.

17 Laut Begr. RegE, BT-Drucks. 17/4510, 75 zum OGAW-IV-Umsetzungsgesetz kann es sich um in- und ausländische Masterfonds handeln, und die jeweilige Investmentgesellschaft informiert über die verbindliche Entscheidung über die Abwicklung des Masterfonds. In der Terminologie des KAGB wurde der Begriff „Investmentgesellschaft" durch „Verwaltungsgesellschaft" des Masterfonds ersetzt.

18 Für den OGAW-Bereich dient Satz 3 der Umsetzung von Art. 20 Abs. 2 der Richtlinie 2010/44/EU.

19 So *Wind* in Weitnauer/Boxberger/Anders, 1. Aufl., § 178 KAGB Rz. 11.

die Kapitalverwaltungsgesellschaft bei der BaFin beantragen, die Genehmigung nach § 178 Abs. 3 Satz 4 schriftlich zu bestätigen.

14 Die Regelungen für den **Verfahrensablauf zur Genehmigung des Antrags** der Kapitalverwaltungsgesellschaft für ein Weiterbestehen als Feederfonds durch Anlage in einem anderen Masterfonds oder die Umwandlung des Feederfonds in ein inländisches Investmentvermögen, das kein Feederfonds ist, sind parallel zu denen nach § 179 Abs. 4 KAGB bei der Verschmelzung oder Spaltung des Masterfonds ausgestaltet und stimmen in Bezug auf die Fristen inhaltlich weitgehend mit den Vorschriften für die erstmalige Anlage eines Feederfonds in einen Masterfonds bzw. den Wechsel der Anlage in einen anderen Masterfonds nach § 171 Abs. 5 KAGB überein.[20]

15 Für den Bereich der OGAW setzt § 178 Abs. 3 KAGB Art. 21 Abs. 1 der Richtlinie 2010/44/EU[21] um.

4. Unterrichtungspflicht der Feederfonds-KVG an Masterfonds-Verwaltungsgesellschaft (§ 178 Abs. 4 KAGB)

16 Wird die Genehmigung auf Weiterbestehen als Feederfonds durch Anlage in einem anderen Masterfonds oder zur Umwandlung des Feederfonds in ein inländisches Investmentvermögen, das kein Feederfonds ist, von der BaFin erteilt, so hat die Kapitalverwaltungsgesellschaft des Feederfonds nach § 178 Abs. 4 KAGB die **Verwaltungsgesellschaft des Masterfonds unverzüglich über die erteilte Genehmigung zu unterrichten** und alle erforderlichen Maßnahmen zu ergreifen, um die Anforderungen nach § 180 KAGB (Umwandlung in Feederfonds oder Änderung des Masterfonds) zu erfüllen.

17 Für den OGAW-Bereich dient § 178 Abs. 4 KAGB der Umsetzung von Art. 21 Abs. 2 und 3 der Richtlinie 2010/44EU.[22] Die **erforderlichen Maßnahmen**, die nach Art. 21 Abs. 3 der Richtlinie 2010/44EU zu ergreifen sind, beziehen sich nur auf den Fall der Genehmigung auf Weiterbestehen als Feederfonds durch Anlage in einem anderen Masterfonds nach Art. 20 Abs. 1 Buchstabe a der Richtlinie 2010/44EU. Die Regelung in Abs. 4 ist daher so zu verstehen, dass nur im Falle der Genehmigung der Anlage in einem anderen Masterfonds – nicht aber im Falle der Umwandlung in ein inländisches Investmentvermögen, das kein Feederfonds ist – der Verweis auf § 180 KAGB greift und die dort aufgeführten Informationspflichten gegenüber Anlegern unter engen zeitlichen Vorgaben zu erfüllen sind.[23] Bezüglich der Anforderungen des § 180 KAGB wird auf die nachfolgende Kommentierung verwiesen.

5. Mitteilungspflichten der Feederfonds-KVG über beabsichtigte Abwicklung des Feederfonds (§ 178 Abs. 5 KAGB)

18 Soll der Feederfonds entsprechend dem in § 178 Abs. 2 Satz 1 KAGB zum Ausdruck kommenden Grundsatz bei Abwicklung des Masterfonds ebenfalls abgewickelt werden, so richten sich die Mitteilungspflichten der Kapitalverwaltungsgesellschaft des Feederfonds nach § 178 Abs. 5 KAGB. Danach hat die Kapitalverwaltungsgesellschaft des Feederfonds die **beabsichtigte Abwicklung des Feederfonds der BaFin[24] spätestens zwei Monate nach Kenntnisnahme der geplanten Abwicklung des Masterfonds** mitzuteilen und hierüber sind die **Anleger[25] des Feederfonds unverzüglich durch eine Bekanntmachung im Bundesanzeiger und mittels eines dauerhaften Datenträgers[26]** zu unterrichten.

19 Nach § 178 Abs. 5 Satz 2 KAGB, der für den OGAW-Bereich Art. 20 Abs. 2 i.V.m. Abs. 3 der Richtlinie 2010/44/EU umsetzt, gilt die Regelung des Abs. 2 Satz 3 in entsprechender Weise, so dass sich die Frist für die Erfüllung der Mitteilungspflichten entsprechend ändert, wenn die Verwaltungsgesellschaft des Masterfonds die Kapitalverwaltungsgesellschaft des Feederfonds mehr als fünf Monate vor dem Beginn der Abwicklung über ihre verbindliche Entscheidung zur Abwicklung informiert hat. In einem solchen Fall hat die Kapitalverwaltungsgesellschaft des Feederfonds der BaFin **spätestens drei Monate** vor der Abwicklung des Masterfonds die beabsichtigte Abwicklung des Feederfonds mitzuteilen und hierüber unverzüglich die

---

20 Vgl. zu § 45e InvG: *Daemgen* in Emde/Dornseifer/Dreibus/Hölscher, § 45e InvG Rz. 14; *Dobrauz-Saldapenna/Rosenauer* in Moritz/Klebeck/Jesch, § 178 KAGB Rz. 12.

21 Begr. RegE, BT-Drucks. 17/4510, 75.

22 Begr. RegE, BT-Drucks. 17/4510, 75.

23 So auch *Kunschke/Klebeck* in Beckmann/Scholtz/Vollmer, § 178 KAGB Rz. 12; zu § 45e Abs. 4 InvG: *Daemgen* in Emde/Dornseifer/Dreibus/Hölscher, § 45e InvG Rz. 16.

24 Begr. RegE, BT-Drucks. 17/4510, 75, wonach § 178 Abs. 5 Satz 1 Halbs. 1 KAGB der Umsetzung von Art. 20 Abs. 1 Buchst. c der Richtlinie 2010/44/EU dient.

25 Begr. RegE, BT-Drucks. 17/4510; § 178 Abs. 5 Satz 1 Halbs. 2 KAGB dient der Umsetzung von Art. 20 Abs. 3 der Richtlinie 2010/44/EU.

26 Siehe zum Begriff des dauerhaften Datenträgers die Kommentierung in § 1 Abs. 19 Nr. 8 KAGB (§ 1 Rz. 173).

Anleger des Feederfonds durch Bekanntmachung im Bundesanzeiger und mittels dauerhaften Datenträgers zu unterrichten.

6. Genehmigung mit Nebenbestimmung zum Erhalt der Abwicklungserlöse des Masterfonds durch den Feederfonds (§ 178 Abs. 6 KAGB)

§ 178 Abs. 6 KAGB enthält eine besondere Regelung für den Fall, dass **Abwicklungserlöse des Masterfonds** an den Feederfonds ausbezahlt werden sollen, **bevor** der Feederfonds entweder in einen neuen Masterfonds gem. § 178 Abs. 2 Satz 2 Nr. 1 KAGB anlegt (Weiterbestehen als Feederfonds durch Anlage in einem anderen Masterfonds) oder seine Anlagegrundsätze gem. § 178 Abs. 2 Satz 2 Nr. 2 KAGB ändert (Umwandlung des Feederfonds in ein inländisches Investmentvermögen, das kein Feederfonds ist). Zu einer solchen Konstellation kann es u.a. dann kommen, wenn die Kapitalverwaltungsgesellschaft des Feederfonds die Frist von zwei Monaten nach § 178 Abs. 2 Satz 2 KAGB komplett ausschöpft und die Erteilung der Genehmigung durch die BaFin (z.B. durch nicht vollständige Einreichungen und entsprechende Nachforderungen von Unterlagen und Angaben) einen weiteren Monat dauert.[27] 20

Nach § 178 Abs. 6 Satz 1 KAGB hat die BaFin ihre Genehmigung nach § 178 Abs. 2 KAGB mit einer **Nebenbestimmung** zu versehen, nach der der Feederfonds die Abwicklungserlöse in einer bestimmten Form zu erhalten hat und zwar entweder als **Barzahlung** oder ganz oder neben einer Barzahlung zumindest teilweise in Form einer **Übertragung von Vermögensgegenständen.** Letztere Alternative mit der zumindest teilweisen Übertragung von Vermögenswerten steht allerdings nur zur Verfügung, wenn die Kapitalverwaltungsgesellschaft des Feederfonds damit einverstanden ist und die Master-Feeder-Vereinbarung oder die internen Regelungen für Geschäftstätigkeiten (§ 175 Abs. 1 Satz 3 KAGB) und die verbindliche Entscheidung zur Abwicklung des Masterfonds dies vorsehen.[28] 21

Erhält der Feederfonds vor der Genehmigung nach § 178 Abs. 2 KAGB Abwicklungserlöse in Form von **Bankguthaben**, so dürfen diese gemäß § 178 Abs. 6 Satz 2 vor einer Wiederanlage gem. Abs. 2 Satz 2 Nr. 1 (Anlage in einem anderen Masterfonds) oder Nr. 2 (Umwandlung in ein inländisches Investmentvermögen, das kein Feederfonds ist) lediglich für ein effizientes Liquiditätsmanagement angelegt werden. Während des Zeitraums bis zur Wiederanlage in einem anderen Masterfonds bzw. gemäß den geänderten Anlagebedingungen für das umgewandelte inländische Investmentvermögen darf ein als Bankguthaben erhaltener Abwicklungserlös folglich nur zu Zwecken eines effizienten Liquiditätsmanagements – und nicht zu anderen Zwecken – in entsprechende Vermögensgegenstände angelegt werden.[29] 22

Für den Fall, dass die Kapitalverwaltungsgesellschaft des Feederfonds **Vermögensgegenstände** als Abwicklungserlöse nach § 178 Abs. 6 Satz 1 Nr. 2 KAGB erhalten hat, ist in Satz 3 vorgesehen, diese Vermögensgegenstände jederzeit gegen Barzahlung veräußert werden dürfen und diesbezüglich keine weiteren Beschränkungen bestehen. 23

§ 178 Abs. 6 KAGB setzt für den Bereich der OGAW Art. 21 Abs. 4 der Richtlinie 2010/44/EU[30] um. Eine zu § 178 Abs. 6 KAGB vergleichbar aufgebaute Regelung enthält § 179 Abs. 8 KAGB (siehe nachfolgende Kommentierung zu § 179 Rz. 32 ff.) für den Fall der Ausübung des Rückgaberechts an den Anteilen des Masterfonds. 24

§ 179 Verschmelzung oder Spaltung des Masterfonds

(1) [1]Eine Verschmelzung eines inländischen Masterfonds kann nur dann wirksam werden, wenn die Kapitalverwaltungsgesellschaft die Verschmelzungsinformationen nach § 177 mindestens 60 Tage vor dem geplanten Übertragungsstichtag allen Anlegern des Masterfonds auf einem dauerhaften Datenträger übermittelt. [2]Im Fall eines inländischen Feederfonds sind die Verschmelzungsinformationen darüber hinaus auch der Bundesanstalt und im Fall eines ausländischen Feederfonds den zuständigen Stellen des Herkunftsstaates zu übermitteln.

27 Zu § 45e Abs. 6 InvG: *Daemgen* in Emde/Dornseifer/Dreibus/Hölscher, § 45e InvG Rz. 21; *Siering* in Baur/Tappen, § 178 KAGB Rz. 29.
28 Ebenso *Dobrauz-Saldapenna/Rosenauer* in Moritz/Klebeck/Jesch, § 178 KAGB Rz. 22; *Siering* in Baur/Tappen, § 178 KAGB Rz. 31.
29 *Wind/Fritz* in Weitnauer/Boxberger/Anders, § 178 KAGB Rz. 19.
30 Begr. RegE, BT-Drucks. 17/4510, 75.

(2) [1]Bei der Verschmelzung eines Masterfonds oder der Spaltung eines ausländischen Masterfonds ist der Feederfonds abzuwickeln, es sei denn, die Bundesanstalt genehmigt auf Antrag der Kapitalverwaltungsgesellschaft ein Weiterbestehen des Investmentvermögens. [2]Eine solche Genehmigung ist nur zulässig, wenn der Feederfonds

1. **Feederfonds desselben Masterfonds bleibt und der Masterfonds übernehmendes Investmentvermögen einer Verschmelzung ist oder ohne wesentliche Veränderungen aus einer Spaltung hervorgeht,**
2. **Feederfonds eines anderen aus der Verschmelzung oder Spaltung hervorgegangenen Masterfonds wird und**
   a) **der Masterfonds übertragendes Investmentvermögen einer Verschmelzung ist und der Feederfonds Anteile am übernehmenden Masterfonds erhält oder**
   b) **der Feederfonds nach einer Spaltung eines Masterfonds Anteile am Investmentvermögen erhält und dieses sich nicht wesentlich vom Masterfonds unterscheidet,**
3. **Feederfonds eines anderen nicht aus der Verschmelzung oder Spaltung hervorgegangenen Masterfonds wird oder**
4. **in ein inländisches Investmentvermögen umgewandelt wird, das kein Feederfonds ist.**

(3) [1]Dem Antrag gemäß Absatz 2 sind folgende Angaben und Unterlagen spätestens einen Monat nach Kenntnis der Verschmelzung oder Spaltung des Masterfonds bei der Bundesanstalt einzureichen:

1. **bei einem Antrag nach Absatz 2 Satz 2 Nummer 1**
   a) **gegebenenfalls der Antrag auf Genehmigung der Änderung der Anlagebedingungen und**
   b) **gegebenenfalls die vorgenommenen Änderungen des Verkaufsprospekts und der wesentlichen Anlegerinformationen;**
2. **bei einem Antrag nach Absatz 2 Satz 2 Nummer 2 oder Nummer 3**
   a) **der Antrag auf Genehmigung der Änderung der Anlagebedingungen unter Bezeichnung des Masterfonds,**
   b) **die vorgenommenen Änderungen des Verkaufsprospekts und der wesentlichen Anlegerinformationen und**
   c) **die Angaben und Unterlagen nach § 171 Absatz 3;**
3. **bei einem Antrag nach Absatz 2 Satz 2 Nummer 4**
   a) **der Antrag auf Genehmigung der Änderung der Anlagebedingungen und**
   b) **die vorgenommenen Änderungen des Verkaufsprospekts und der wesentlichen Anlegerinformationen.**

[2]Hat die Verwaltungsgesellschaft des Masterfonds der Kapitalverwaltungsgesellschaft des Feederfonds die Verschmelzungsinformationen nach § 177 mehr als vier Monate vor der geplanten Verschmelzung oder Spaltung übermittelt, hat die Kapitalverwaltungsgesellschaft des Feederfonds abweichend von der Frist nach Satz 1 den Genehmigungsantrag und die Angaben und Unterlagen nach Satz 1 spätestens drei Monate vor dem Wirksamwerden der Verschmelzung eines Masterfonds oder der Spaltung eines ausländischen Masterfonds bei der Bundesanstalt einzureichen.

(4) [1]Die Bundesanstalt hat die Genehmigung innerhalb einer Frist von 15 Arbeitstagen zu erteilen, wenn alle in Absatz 3 genannten Angaben und Unterlagen vollständig vorliegen und die Anforderungen nach diesem Abschnitt erfüllen. [2]Liegen die Voraussetzungen für die Genehmigung nicht vor, hat die Bundesanstalt dies der Kapitalverwaltungsgesellschaft innerhalb der Frist nach Satz 1 unter Angabe der Gründe mitzuteilen und fehlende oder geänderte Angaben oder Unterlagen anzufordern. [3]Mit dem Eingang der angeforderten Angaben oder Unterlagen beginnt der Lauf der in Satz 1 genannten Frist erneut. [4]Die Genehmigung gilt als erteilt, wenn über den Genehmigungsantrag nicht innerhalb der Frist nach Satz 1 entschieden worden ist und eine Mitteilung nach Satz 2 nicht erfolgt ist. [5]Auf Antrag der Kapitalverwaltungsgesellschaft hat die Bundesanstalt die Genehmigung nach Satz 4 schriftlich zu bestätigen.

(5) Die Kapitalverwaltungsgesellschaft des Feederfonds hat die Verwaltungsgesellschaft des Masterfonds unverzüglich über die erteilte Genehmigung zu unterrichten und die Maßnahmen nach § 180 zu ergreifen.

(6) [1]Die Kapitalverwaltungsgesellschaft des Feederfonds hat der Bundesanstalt eine beabsichtigte Abwicklung des Feederfonds spätestens einen Monat nach Kenntnis der geplanten Verschmelzung oder Spaltung des Masterfonds mitzuteilen; die Anleger des Feederfonds sind hiervon unverzüglich durch eine Bekanntmachung im Bundesanzeiger und mittels eines dauerhaften Datenträgers zu unterrichten. [2]Absatz 3 Satz 2 gilt entsprechend.

(7) [1]Die Kapitalverwaltungsgesellschaft des Masterfonds muss der Verwaltungsgesellschaft des Feederfonds vor dem Wirksamwerden einer Verschmelzung die Möglichkeit zur Rückgabe sämtlicher Anteile einräumen, es sei denn, die Bundesanstalt oder die zuständigen Stellen des Herkunftsmitgliedstaates des Feederfonds haben ein Weiterbestehen des Feederfonds genehmigt. [2]Die Kapitalverwaltungsgesellschaft des Feederfonds kann ihr Rückgaberecht entsprechend den Vorgaben des § 187 Absatz 1 auch ausüben, wenn die Bundesanstalt in den Fällen des Absatzes 2 Satz 2 Nummer 2, 3 und 4 ihre Genehmigung nicht spätestens einen Arbeitstag vor dem Wirksamwerden der Verschmelzung oder Spaltung erteilt hat. [3]Die Kapitalverwaltungsgesellschaft des Feederfonds kann dieses Rückgaberecht ferner ausüben, um das Rückgaberecht der Anleger des Feederfonds nach § 180 Absatz 1 Satz 1 Nummer 4 zu wahren. [4]Bevor die Kapitalverwaltungsgesellschaft des Feederfonds das Rückgaberecht ausübt, hat sie andere zur Verfügung stehende Möglichkeiten in Erwägung zu ziehen, durch die Transaktionskosten oder andere negative Auswirkungen auf die Anleger des Feederfonds vermieden oder verringert werden können.

(8) [1]Übt die Kapitalverwaltungsgesellschaft des Feederfonds ihr Rückgaberecht an Anteilen des Masterfonds aus, erhält sie den Rücknahmebetrag entweder

1. als Barzahlung oder

2. ganz oder neben einer Barzahlung zumindest teilweise in Form einer Übertragung von Vermögensgegenständen, wenn sie damit einverstanden ist und die Master-Feeder-Vereinbarung dies vorsieht.

[2]Die Kapitalverwaltungsgesellschaft des Feederfonds darf erhaltene Vermögensgegenstände, die sie nach Satz 1 Nummer 2 erhalten hat, jederzeit gegen Barzahlung veräußern. [3]Sie darf Barzahlungen, die sie nach Satz 1 Nummer 1 erhalten hat, vor einer Wiederanlage gemäß Absatz 2 Satz 2 Nummer 2 oder Nummer 3 lediglich für ein effizientes Liquiditätsmanagement anlegen.

In der Fassung vom 4.7.2013 (BGBl. I 2013, S. 1981).

Schrifttum: *Blankenheim*, Die Umsetzung der OGAW-IV-Richtlinie in das Investmentgesetz, ZBB/JBB 2011, 344; *Bujotzek/Steinmüller*, Neuerungen im Investmentrecht durch das OGAW-IV-Umsetzungsgesetz, DB 2011, Teil I, 2246; *Fischer/Lübbehüsen*, Mehr Flexibilität durch OGAW IV – eine Analyse der neuen Rahmenbedingungen unter regulatorischen und steuerlichen Gesichtspunkten, RdF 2011, 254; *Reiter/Plumridge*, Das neue Investmentgesetz, Teil I, WM 2012, 343.

I. Entstehungsgeschichte und Überblick

In § 179 Abs. 1-8 KAGB wurde der Wortlaut des aufzuhebenden § 45f InvG[1] übernommen und lediglich an die geänderten Begriffsbestimmungen und andere Strukturierung der Vorschriften im Rahmen des 1

1 Begr. RegE, BT-Drucks. 17/12294, 260.

KAGB angepasst. Die europarechtliche Grundlage für den OGAW-Bereich bildet Art. 60 Abs. 5 der Richtlinie 2009/65/EG sowie die Art. 22 und 23 der Richtlinie 2010/44/EU.[2]

2 Eine Master-Feeder-Struktur i.S.d. §§ 171 ff. KAGB ist geprägt von der besonderen Abhängigkeit des Feederfonds von seinem Masterfonds. Bei Änderungen in Form einer **Verschmelzung oder Spaltung des Masterfonds** führt § 179 KAGB die Bandbreite der bestehenden Möglichkeiten auf, diese Abhängigkeit zu regeln. Einerseits kann eine Master-Feeder-Struktur aufgelöst werden (durch Abwicklung des Feederfonds oder Umwandlung des Feederfonds in ein Investmentvermögen, das kein Feederfonds mehr ist) und andererseits kann eine Master-Feeder-Struktur fortbestehen (der Feederfonds bleibt am Masterfonds oder dessen Rechtsnachfolger beteiligt oder der Feederfonds legt in einen anderen Masterfonds an).[3]

3 Der **Begriff der Verschmelzung** ist in § 1 Abs. 19 Nr. 37 KAGB definiert und umfasst sowohl die Fälle einer Verschmelzung durch Aufnahme als auch der Verschmelzung durch Neugründung. Die Maßnahmen bei einer Verschmelzung haben sich außerhalb der Spezifika bei Master-Feeder-Strukturen nach den Regelungen der §§ 181 ff. KAGB zu richten.[4]

4 Hingegen wird der Begriff der Spaltung im Rahmen des KAGB nicht definiert und nach dem Wortlaut des § 179 KAGB werden nur Fälle einer **Spaltung von ausländischen Masterfonds** erfasst. Dies wird im OGAW-IV-Umsetzungsgesetz damit begründet, dass das Investmentrecht eine Spaltung von inländischen Investmentvermögen nicht vorsieht und folglich nur EU-Investmentvermögen betreffen kann.[5] Nach einer Auffassung soll die „Nicht-Regelung" von Spaltungen von inländischen Investmentvermögen im KAGB nicht dazu führen, dass Spaltungen inländischer Masterfonds nicht zulässig wären, und dass stattdessen, da das KAGB keine abschließenden Regelungen gegenüber dem Umwandlungsgesetz enthalte, nach Maßgabe des Umwandlungsgesetzes, die dort genannten Rechtsträger (Personenhandels- und Kapitalgesellschaften gem. § 3 Abs. 1 UmwG) an einer Auf- oder Abspaltung beteiligt sein können.[6] Diese Auffassung überzeugt nicht. Zum einen kommt der klare Wille des Gesetzgebers zum Ausdruck sowohl im Rahmen des OGAW-IV-Umsetzungsgesetzes als auch des AIFM-Umsetzungsgesetzes keine Regelungen zu Spaltungen bei inländischen Investmentvermögen einzuführen und zum anderen ist nicht ersichtlich, warum gerade die im Umwandlungsgesetz genannten Rechtsträger auf inländische Investmentvermögen erstreckt oder die dort getroffenen Regelungen in analoger Weise angewandt werden sollten.[7]

5 Allgemein wird durch § 179 KAGB geregelt, wann eine Verschmelzung eines inländischen Masterfonds wirksam wird, welche Verfahren einzuhalten und Transparenzanforderungen dabei zu stellen sind und insbesondere was bei einer Verschmelzung oder einer ggf. vorliegenden Spaltung des Masterfonds mit dem in ihn anlegenden Feederfonds passiert. Der **Grundsatz** ist dabei, dass der Feederfonds, dessen Masterfonds verschmolzen oder ggf. gespalten wird, abgewickelt wird. Dies ist **nur dann nicht** der Fall, wenn die zuständige Aufsichtsbehörde einen Fortbestand des Feederfonds genehmigt hat.[8]

6 In § 179 Abs. 1 KAGB wird die Wirksamkeit der Verschmelzung eines inländischen Masterfonds an die Übermittlung der Verschmelzungsinformationen in bestimmter Art und Weise an alle Anleger des Masterfonds geknüpft. Die grundsätzliche Abwicklung des Feederfonds bei Verschmelzung des Masterfonds oder Spaltung des ausländischen Masterfonds, vorbehaltlich der Genehmigung der BaFin für ein Weiterbestehen des Investmentvermögens, sowie das dazugehörige Verfahren, werden in den § 179 Abs. 2, 3, 4 und 5 KAGB beschrieben. § 179 Abs. 6 KAGB regelt die Pflichten bei der beabsichtigten Abwicklung des Feederfonds. Und schließlich geht es in den § 179 Abs. 7 und 8 KAGB um das von der Kapitalverwaltungsgesellschaft des Masterfonds der Verwaltungsgesellschaft des Feederfonds vor Wirksamkeit des Verschmelzung einzuräumende Rückgaberecht an sämtlichen Anteilen und dessen Ausübung.

2 Begr. RegE, BT-Drucks. 17/4510, 76.
3 Vgl. *Wind/Fritz* in Weitnauer/Boxberger/Anders, § 179 KAGB Rz. 3; *Daemgen* in Emde/Dornseifer/Dreibus/Hölscher, § 45f InvG Rz. 2.
4 *Kunschke/Klebeck* in Beckmann/Scholtz/Vollmer, § 179 KAGB Rz. 5.
5 Begr. RegE, BT-Drucks. 17/4510, 76; dem folgend: *Blankenheim*, ZBB/JBB 2011, 344 (355); *Bujotzek/Steinmüller*, DB 2011, 2246 (2252); *Fischer/Lübbehüsen*, RdF 2011, 254 (259).
6 *Siering* in Baur/Tappen, § 179 KAGB Rz. 5-7 und Rz. 19-21.
7 So auch *Kunschke/Klebeck* in Beckmann/Scholtz/Vollmer, § 179 KAGB Rz. 4.
8 *Blankenheim*, ZBB/JBB 2011, 344 (355); *Bujotzek/Steinmüller*, DB 2011, 2246 (2251 f.); *Reiter/Plumridge*, WM 2012, 343 (354); *Fischer/Lübbehüsen*, RdF 2011, 254 (259).

II. Die Regelung im Einzelnen

1. Wirksamkeit der Verschmelzung eines inländischen Masterfonds (§ 179 Abs. 1 KAGB)

§ 179 Abs. 1 KAGB dient in Bezug auf den OGAW-Bereich der Umsetzung von Art. 60 Abs. 5 Unterabs. 2 der Richtlinie 2009/65/EG.[9] Danach wird eine **Verschmelzung eines inländischen Masterfonds nur dann wirksam**, wenn die Kapitalverwaltungsgesellschaft die entsprechenden Verschmelzungsinformationen mindestens 60 Tage vor dem geplanten Übertragungsstichtag allen Anlegern des Masterfonds auf einem dauerhaften Datenträger übermittelt. Zudem sind die Verschmelzungsinformationen bei inländischen Feederfonds als Masterfonds-Anleger der BaFin und bei ausländischen Feederfonds als Masterfonds-Anleger der zuständigen Stelle des Herkunftsstaates zu übermitteln. 7

In § 179 Abs. 1 Satz 1 KAGB werden die **Verschmelzungsinformationen** „nach § 177" genannt, was nur auf einem redaktionellen Versehen des Gesetzgebers im Rahmen des AIFM-Umsetzungsgesetzverfahrens beruhen kann. § 177 KAGB regelt Mitteilungspflichten der BaFin bei bestimmten Entscheidungen und Maßnahmen, aber nicht Verschmelzungsinformationen. Die Verschmelzungsinformationen haben sich nach § 186 KAGB zu richten und auf diese Vorschrift hätte richtigerweise verwiesen werden müssen.[10] 8

Diese Verschmelzungsinformationen sind **mindestens 60 Tage vor dem geplanten Übertragungsstichtag** zu übermitteln und zwar auf einem dauerhaften Datenträger gem. § 1 Abs. 19 Nr. 8 i.V.m. § 167 KAGB an alle Anleger des Masterfonds. Die 60-Tage-Frist ist auf Grund des eindeutigen Wortlauts in § 179 KAGB und entsprechend der europarechtlichen Grundlage in Art. 60 Abs. 5 Unterabs. 2 der Richtlinie 2009/65/EG, die genauso „Tage" erwähnt, eine nach Kalendertagen und nicht nach Arbeitstagen berechnete Frist.[11] Die Übermittlung der Verschmelzungsinformationen an die BaFin bei einem inländischen Feederfonds bzw. an die zuständigen Stellen des Herkunftsstaates bei einem ausländischen Feederfonds gem. § 179 Abs. 1 Satz 2 KAGB hat dabei genauso mindestens 60 Tage vor dem geplanten Übertragungsstichtag zu erfolgen.[12] 9

2. Abwicklung oder Weiterbestehen des Feederfonds bei Verschmelzung des Masterfonds oder Spaltung des ausländischen Masterfonds, Genehmigungsantrag (§ 179 Abs. 2 KAGB)

Nach § 179 Abs. 2 Satz 1 KAGB, der für den OGAW-Bereich Art. 60 Abs. 5 Unterabs. 1 und 3 der Richtlinie 2009/65/EG umgesetzt,[13] ist der **Feederfonds bei einer Verschmelzung des Masterfonds oder der Spaltung eines ausländischen Masterfonds abzuwickeln**, es sei denn, die BaFin genehmigt auf Antrag der Kapitalverwaltungsgesellschaft ein Weiterbestehen des Investmentvermögens. Als auslösendes Ereignis werden neben der Verschmelzung des Masterfonds nur die Spaltung eines ausländischen (und nicht eines inländischen) Masterfonds erfasst. Da der Gesetzgeber eine Spaltung von inländischen Investmentvermögen im Rahmen des KAGB ausdrücklich nicht vorgesehen hat (s. Rz. 4), erfasst § 179 Abs. 2 KAGB folgerichtig nur die Spaltung ausländischer Masterfonds. 10

Wie auch bei der Abwicklung des Masterfonds (§ 178 Abs. 2 KAGB) ist die **Abwicklung des Feederfonds** die grundsätzliche Folge der Verschmelzung oder Spaltung des Masterfonds.[14] Die bei einer Abwicklung des Feederfonds einzuhaltenden Mitteilungs- und Informationspflichten sind in § 179 Abs. 6 KAGB geregelt. Weitere Bestimmungen zur Abwicklung enthält die Norm nicht.[15] 11

Um eine Abwicklung des Feederfonds zu vermeiden, hat die Kapitalverwaltungsgesellschaft bei der BaFin einen **Antrag auf Genehmigung des Weiterbestehens des Investmentvermögens** zu stellen, wobei eine derartige Genehmigung nur in den in § 179 Abs. 2 Satz 2 aufgeführten vier Fällen zulässig ist. 12

Zum einen ist eine Genehmigung dann zulässig, wenn der Feederfonds nach § 179 Abs. 2 Satz 2 Nr. 1 KAGB **Feederfonds desselben Masterfonds bleibt und der Masterfonds übernehmendes Investmentver-** 13

9 Begr. RegE, BT-Drucks. 17/4510, 76.

10 *Siering* in Baur/Tappen, § 179 KAGB Rz. 13; *Dobrauz-Saldapenna/Rosenauer* in Moritz/Klebeck/Jesch, § 179 KAGB Rz. 5-6; *Kunschke/Klebeck* in Beckmann/Scholtz/Vollmer, § 179 KAGB Rz. 6.

11 *Wind/Fritz* in Weitnauer/Boxberger/Anders, § 179 KAGB Rz. 6; *Kunschke/Klebeck* in Beckmann/Scholtz/Vollmer, § 179 KAGB Rz. 7; *Dobrauz-Soldapenna/Rosenauer* in Moritz/Klebeck/Jesch, § 179 KAGB Rz. 5.

12 Vgl. Art. 60 Abs. 5 Unterabs. 2 der Richtlinie 2009/65/EG; vgl. auch *Wind/Fritz* in Weitnauer/Boxberger/Anders, § 179 KAGB Rz. 7.

13 Begr. RegE, BT-Drucks. 17/4510, 76.

14 *Dobrauz-Soldapenna/Rosenauer* in Moritz/Klebeck/Jesch, § 179 KAGB Rz. 8; vgl. zur Vorgängernorm des § 45f InvG: *Reiter/Plumridge*, WM 2012, 343 (354); *Daemgen* in Emde/Dornseifer/Dreibus/Hölscher, § 45f InvG Rz. 10.

15 Klarstellungen des Gesetzgebers, wie die Pflicht zur Abwicklung durchgesetzt werden kann, mahnen *Kunschke/Klebeck* in Beckmann/Scholtz/Vollmer, § 179 KAGB Rz. 9 an.

mögen einer Verschmelzung ist oder ohne wesentliche Veränderung aus einer Spaltung hervorgeht. Für den OGAW-Bereich dient § 179 Abs. 2 Satz 2 Nr. 1 KAGB der Umsetzung von Art. 60 Abs. 5 Unterabs. 1 Buchst. a Alt. 1 der Richtlinie 2009/65/EG i.V.m. Art. 22 Abs. 2 Unterabs. 1 Buchst. a und b der Richtlinie 2010/44/EU.[16] Wann ein Masterfonds „ohne wesentliche Veränderung" aus einer Spaltung hervorgeht, wird in der Durchführungs-Richtlinie 2010/44/EU nicht näher ausgeführt und bleibt unklar. Nach einer Auffassung dürfte das Kriterium dann vorliegen, wenn der Masterfonds als übertragender Rechtsträger der Spaltung ein genehmigungsfähiger Masterfonds bleibt.[17] Nach einer anderen Auffassung wird empfohlen, eine diesbezügliche Vorab-Abstimmung mit der Genehmigungsbehörde einzuholen.[18]

14 Eine Genehmigung des Weiterbestehens ist auch dann zulässig, wenn der Feederfonds nach § 179 Abs. 2 Satz 2 **Nr. 2** KAGB **Feederfonds eines anderen aus der Verschmelzung oder Spaltung hervorgegangenen Masterfonds wird** und – im Falle der Verschmelzung – der Masterfonds übertragendes Investmentvermögen einer Verschmelzung ist und der Feederfonds Anteile am übernehmenden Masterfonds erhält oder – im Falle der Spaltung – der Feederfonds nach der Spaltung eines Masterfonds Anteile am Investmentvermögen erhält und dieses sich nicht wesentlich vom Masterfonds unterscheidet. § 179 Abs. 2 Satz 2 Nr. 2 KAGB dient dabei für den OGAW-Bereich der Umsetzung von Art. 60 Abs. 5 Unterabs. 1 Buchst. a Alt. 2 der Richtlinie 2009/65/EG i.V.m. Art. 22 Abs. 2 Unterabs. 2 Buchst. a und b der Richtlinie 2010/44/EU.[19] Auch hier ist im Falle der Spaltung nicht klar, wann das Investmentvermögen, an dem der Feederfonds nach der Spaltung des Masterfonds Anteile erhält, sich „nicht wesentlich" vom Masterfonds unterscheidet,[20] aber dennoch ein „anderer aus der Spaltung hervorgegangener" Masterfonds ist.

15 Der dritte von § 179 Abs. 2 Satz 2 KAGB erfasste Fall, bei dem die Genehmigung zulässig ist, ist gegeben, wenn der Feederfonds nach Nr. 3 **Feederfonds eines anderen nicht aus der Verschmelzung oder Spaltung hervorgegangenen Masterfonds wird.** Der in § 179 Abs. 2 Satz 2 Nr. 3 KAGB geregelte Fall dient dabei im OGAW-Bereich der Umsetzung von Art. 60 Abs. 5 Unterabs. 1 Buchst. b der Richtlinie 2009/65/EG.[21] Es wird durch die Regelung klargestellt, dass das Weiterbestehen des Feederfonds bei einer Verschmelzung des Masterfonds bzw. der Spaltung des ausländischen Masterfonds mithin auch bei einem Wechsel in einen ganz anderen, dritten Masterfonds, der nicht aus der Verschmelzung oder Spaltung hervorgegangen ist, zulässig ist und keiner besonderen Anforderungen bedarf.[22]

16 Schließlich ist die Genehmigung für ein Weiterbestehen zulässig, wenn der Feederfonds nach § 179 Abs. 2 Satz 2 Nr. 4 KAGB **in ein inländisches Investmentvermögen umgewandelt wird, das kein Feederfonds mehr ist.** Durch diese Umwandlung wird die zuvor zwischen Feeder und Master bestandene Master-Feeder-Struktur aufgelöst und das umgewandelte Investmentvermögen erfüllt die Kriterien nach § 1 Abs. 19 Nr. 11 KAGB nicht mehr. Für den Bereich der OGAW dient § 179 Abs. 2 Satz 2 Nr. 4 KAGB der Umsetzung von Art. 60 Abs. 5 Unterabs. 1 Buchst. c der Richtlinie 2009/65/EG.[23]

3. Für Genehmigungsverfahren einzureichende Angaben und Unterlagen (§ 179 Abs. 3 KAGB)

17 Die von der Kapitalverwaltungsgesellschaft für den Antrag auf Genehmigung des Weiterbestehens des Feederfonds bei der BaFin einzureichenden Angaben und Unterlagen ergeben sich entsprechend den in § 179 Abs. 2 Satz 2 KAGB aufgeführten Fällen aus § 179 Abs. 3 KAGB. Danach sind die jeweiligen Angaben und Unterlagen von der Kapitalverwaltungsgesellschaft **spätestens einen Monat nach Kenntnis der Verschmelzung oder der Spaltung bei der BaFin einzureichen**, es sei denn, die Verwaltungsgesellschaft des Masterfonds hat der Kapitalverwaltungsgesellschaft des Feederfonds die Verschmelzungsinformationen (bzw. die vergleichbaren Informationen bei der Spaltung des ausländischen Masterfonds) mehr als vier Monate vor der geplanten Verschmelzung bzw. Spaltung übermittelt. In diesem Fall hat die Kapitalverwaltungsgesellschaft des Feederfonds nach § 179 Abs. 3 Satz 2 KAGB die Angaben und Unterlagen **spätestens drei Monate vor dem Wirksamwerden der Verschmelzung des Masterfonds oder der Spaltung des ausländischen Masterfonds der BaFin einzureichen.** Durch § 179 Abs. 3 KAGB werden für den Bereich der OGAW die Art. 22 Abs. 1 Buchst. a bis c sowie Abs. 3 der Richtlinie 2010/44/EU umgesetzt.[24]

---

16 Begr. RegE, BT-Drucks. 17/4510, 76.
17 *Siering* in Baur/Tappen, § 179 KAGB Rz. 28.
18 *Kunschke/Klebeck* in Beckmann/Scholtz/Vollmer, § 179 KAGB Rz. 11.
19 Begr. RegE, BT-Drucks. 17/4510, 76.
20 *Kunschke/Klebeck* in Beckmann/Scholtz/Vollmer, § 179 KAGB Rz. 12.
21 Begr. RegE, BT-Drucks. 17/4510, 76.
22 *Dobrauz-Soldapenna/Rosenauer* in Moritz/Klebeck/Jesch, § 179 KAGB Rz. 15; *Kunschke/Klebeck* in Beckmann/Scholtz/Vollmer, § 179 KAGB Rz. 13.
23 Begr. RegE, BT-Drucks. 17/4510, 76.
24 Begr. RegE, BT-Drucks. 17/4510, 76.

Im Falle eines Antrags auf Genehmigung des Weiterbestehens des Feederfonds nach **§ 179 Abs. 2 Satz 2 Nr. 1 KAGB**, bei dem der Feederfonds Feederfonds desselben Masterfonds **bleibt** und der Masterfonds entweder übernehmendes Investmentvermögen einer Verschmelzung ist oder ohne wesentliche Änderungen aus einer Spaltung hervorgeht, sind nach § 179 Abs. 3 Satz 1 Nr. 1 KAGB lediglich gegebenenfalls der Antrag auf Genehmigung der Änderung der Anlagebedingungen und gegebenenfalls die vorgenommenen Änderungen des Verkaufsprospekts und der wesentlichen Anlegerinformationen einzureichen. 18

Für die zwei Fälle nach **§ 179 Abs. 2 Satz 2 Nr. 2 und Nr. 3 KAGB**, in denen der Feederfonds Feederfonds eines anderen aus der Verschmelzung oder Spaltung hervorgegangenen bzw. daraus nicht hervorgegangenen Masterfonds **wird**, hat der einzureichende Antrag auf Genehmigung des Weiterbestehens (i) den Antrag auf Genehmigung der Änderung der Anlagebedingungen unter Bezeichnung des Masterfonds, (ii) die vorgenommenen Änderungen des Verkaufsprospekts und der wesentlichen Anlegerinformationen und (iii) die weiteren Angaben und Unterlagen gem. § 171 Abs. 3 KAGB zu enthalten. 19

Für den verbleibenden Fall eines Antrags nach **§ 179 Abs. 2 Satz 2 Nr. 4 KAGB**, bei dem der Feederfonds in ein inländisches Investmentvermögen **umgewandelt** wird, das kein Feederfonds mehr ist, umfassen die einzureichenden Angaben und Unterlagen den Antrag auf Genehmigung der Änderung der Anlagebedingungen und die vorgenommenen Änderungen des Verkaufsprospekts und der wesentlichen Anlegerinformationen. 20

4. Genehmigungsverfahren und -fristen (§ 179 Abs. 4 KAGB)

Die Regelungen für den **Verfahrensablauf zur Genehmigung des Antrags** der Kapitalverwaltungsgesellschaft auf ein Weiterbestehen des Feederfonds bei Verschmelzung oder Spaltung des Masterfonds sind im Gleichlauf mit denen nach § 178 Abs. 3 KAGB bei Abwicklung des Masterfonds und stimmen in Bezug auf die Fristen inhaltlich weitgehend mit den Vorschriften für die erstmalige Anlage eine Feederfonds in einen Masterfonds bzw. den Wechsel der Anlage in einen anderen Masterfonds nach § 171 Abs. 5 KAGB überein.[25] Für den OGAW-Bereich dient § 179 Abs. 4 KAGB der Umsetzung von Art. 23 Abs. 1 der Richtlinie 2010/44/EU.[26] 21

Liegen alle in § 179 Abs. 3 KAGB genannten Angaben und Unterlagen vollständig vor und erfüllen diese die Anforderungen nach diesem Abschnitt (d.h. nach den Vorgaben im KAGB für Master-Feeder-Strukturen),[27] so hat die BaFin die Genehmigung innerhalb einer **Frist von 15 Arbeitstagen** zu erteilen. Sollten die Genehmigungsvoraussetzungen nicht vorliegen, so hat die BaFin dies der Kapitalverwaltungsgesellschaft ebenfalls innerhalb der Frist von 15 Arbeitstagen unter Angabe der Gründe mitzuteilen und fehlende oder entsprechend geänderte Angaben oder Unterlagen anzufordern. Mit Eingang der angeforderten Angaben oder Unterlagen bei der BaFin beginnt der Lauf der Frist von 15 Tagen nach § 179 Abs. 4 Satz 1 KAGB erneut. Sofern die BaFin nicht innerhalb der Frist von 15 Arbeitstagen über den Genehmigungsantrag entschieden hat und eine Mitteilung über das Nicht-Vorliegen der Genehmigungsgründe nach § 179 Abs. 4 Satz 2 KAGB nicht erfolgt ist, gilt die Genehmigung des Antrags als erteilt. Sollte dies der Fall sein, so kann die Kapitalverwaltungsgesellschaft bei der BaFin beantragen, die Genehmigung nach § 179 Abs. 4 Satz 4 KAGB schriftlich zu bestätigen. 22

5. Pflichten der Feederfonds-KVG bei erteilter Genehmigung (§ 179 Abs. 5 KAGB)

Wird die Genehmigung auf Weiterbestehen von der BaFin gem. § 179 Abs. 2 KAGB erteilt, so hat die Kapitalverwaltungsgesellschaft des Feederfonds nach Abs. 5 die Verwaltungsgesellschaft des Masterfonds **unverzüglich über die erteilte Genehmigung zu unterrichten** und die **Maßnahmen nach § 180 KAGB zu ergreifen**. Die von der Kapitalverwaltungsgesellschaft des Feederfonds nach § 180 KAGB zu ergreifenden Maßnahmen umfassen dabei insbesondere die Erfüllung von Informationspflichten gegenüber den Anlegern unter engen zeitlichen Vorgaben,[28] so dass diese u.a. über die erteilte Genehmigung und die wesentlichen Anlegerinformationen informiert werden.[29] Bezüglich der Anforderungen des § 180 KAGB wird auf die nachfolgende Kommentierung verwiesen. 23

---

25 Vgl. zu § 45f InvG: *Daemgen* in Emde/Dornseifer/Dreibus/Hölscher, § 45f InvG Rz. 25.

26 Begr. RegE, BT-Drucks. 17/4510, 76.

27 Weitergehend *Wind/Fritz* in Weitnauer/Boxberger/Anders, § 179 KAGB Rz. 17, die auf die Anforderungen der §§ 161-191 KAGB verweisen.

28 *Dobrauz-Soldapenna/Rosenauer* in Moritz/Klebeck/Jesch, § 179 KAGB Rz. 28.

29 *Siering* in Baur/Tappen, § 179 KAGB Rz. 43.

24 Für den OGAW-Bereich dient § 179 Abs. 5 KAGB der Umsetzung von Art. 23 Abs. 2 und 3 der Richtlinie 2010/44/EU.[30]

6. Pflichten der Feederfonds-KVG bei beabsichtigter Abwicklung des Feederfonds (§ 179 Abs. 6 KAGB)

25 Für den Fall, dass es zur Abwicklung des Feederfonds kommt, regelt § 179 Abs. 6 KAGB die diesbezüglichen Mitteilungs- und Unterrichtungspflichten der Kapitalverwaltungsgesellschaft des Feederfonds. Gemäß § 179 Abs. 6 Satz 1 KAGB wird die Kapitalverwaltungsgesellschaft zum einen dazu verpflichtet, **der BaFin eine beabsichtigte Abwicklung des Feederfonds spätestens einen Monat nach Kenntnis der geplanten Verschmelzung oder Spaltung des Masterfonds mitzuteilen**, und zum anderen dazu, **die Anleger des Feederfonds hiervon unverzüglich durch eine Bekanntmachung im Bundesanzeiger und mittels eines dauerhaften Datenträgers[31] zu unterrichten.** Diese Regelung bezweckt für den OGAW-Bereich die Umsetzung von Art. 22 Abs. 1 Buchst. d und Art. 22 Abs. 4 der Richtlinie 2010/44/EU.[32]

26 Laut § 179 Abs. 5 Satz 2 KAGB, der im OGAW-Bereich der Umsetzung von Art. 22 Abs. 3 i.V.m. Abs. 4 der Richtlinie 2010/44/EU dient,[33] ändert sich die Mitteilungsfrist gegenüber der BaFin über die beabsichtigte Abwicklung **entsprechend der Regelung in § 179 Abs. 3 Satz 2 KAGB auf spätestens drei Monate vor dem Wirksamwerden der Verschmelzung des Masterfonds oder der Spaltung des ausländischen Masterfonds**, wenn die Verwaltungsgesellschaft des Masterfonds die Kapitalverwaltungsgesellschaft des Feederfonds mehr als vier Monate vor dem Wirksamwerden der Verschmelzung bzw. Spaltung informiert hat.[34] Die Anteilinhaber des Feederfonds sind wiederum hiervon unverzüglich zu durch eine Bekanntmachung im Bundesanzeiger und mittels eines dauerhaften Datenträgers zu unterrichten.

27 Die Kapitalverwaltungsgesellschaft des Feederfonds hat somit in beiden Konstellationen des § 179 Abs. 6 Satz 1 und Satz 2 KAGB bei der Abwicklung sowie des § 179 Abs. 3 Satz 1 und Satz 2 KAGB bei dem Genehmigungsantrag nur eine mindestens einmonatige Zeitspanne, um der BaFin die getroffene Abwicklungsentscheidung mitzuteilen bzw. den Genehmigungsantrag zu stellen.[35]

7. Pflichten der Masterfonds-KVG und Rückgaberecht (§ 179 Abs. 7 KAGB)

28 Gemäß § 179 Abs. 7 Satz 1 KAGB muss die Kapitalverwaltungsgesellschaft des Masterfonds der Verwaltungsgesellschaft des Feederfonds vor dem Wirksamwerden einer Verschmelzung die Möglichkeit zur Rückgabe sämtlicher Anteile einräumen, es sei denn, die BaFin oder die zuständigen Stellen des Herkunftsstaates des Feederfonds haben ein Weiterbestehen des Feederfonds genehmigt. In Satz 1 wird nicht zwischen den verschiedenen Konstellationen der Genehmigung des Weiterbestehens des Investmentvermögens nach § 179 Abs. 2 Satz 2 Nr. 1-4 KAGB unterschieden, so wie dies noch in der Vorgängernorm des § 45f Abs. 7 Satz 1 InvG mit der Nennung nur der § 45f Abs. 2 Satz 2 Nr. 1 oder Nr. 2 InvG der Fall war und dies mit dem Bedürfnis der Neuanlage der Vermögenswerte in den anderen Genehmigungsfällen nach § 45f Abs. 2 Satz 2 Nr. 3 und Nr. 4 InvG begründet wurde.[36] Auch Art. 60 Abs. 5 Unterabs. 3 der Richtlinie 2009/65/EG (der in § 179 Abs. 7 Satz 1 KAGB umgesetzt wird, soweit der OGAW-Bereich erfasst wird)[37] nennt nur die „in Unterabsatz 1 Buchstabe a vorgesehene Genehmigung", wonach der Feeder-OGAW „Feeder-OGAW des Master-OGAW oder eines anderen OGAW bleibt, der aus der Verschmelzung bzw. Spaltung des Master-OGAW hervorgeht". Mit Einführung des KAGB hat sich dies geändert und die Kapitalverwaltungsgesellschaft des Masterfonds ist folglich nicht verpflichtet, der Verwaltungsgesellschaft des Feederfonds vor dem Wirksamwerden einer Verschmelzung die Möglichkeit zur Rückgabe sämtlicher Anteile einzuräumen, wenn ein Weiterbestehen des Feederfonds durch die BaFin oder die zuständigen Stellen des Herkunftsstaates des Feederfonds genehmigt wurde.

29 Die Kapitalverwaltungsgesellschaft des Feederfonds kann (unabhängig von Satz 1) nach § 179 Abs. 7 Satz 2 KAGB ihr **Rückgaberecht an sämtlichen Anteilen des Masterfonds** entsprechend den Vorgaben des § 187 Abs. 1 KAGB auch ausüben, wenn die **BaFin in den Fällen des § 179 Abs. 2 Satz 2 Nr. 2, Nr. 3 und Nr. 4**

30 Begr. RegE, BT-Drucks. 17/4510, 76.
31 Gemäß § 1 Abs. 19 Nr. 8 KAGB.
32 Begr. RegE, BT-Drucks. 17/4510, 76.
33 Begr. RegE, BT-Drucks. 17/4510, 76.
34 *Siering* in Baur/Tappen, § 179 KAGB Rz. 44; *Dobrauz-Soldapenna/Rosenauer* in Moritz/Klebeck/Jesch, § 179 KAGB Rz. 12.
35 Vgl. zu § 45f InvG: *Daemgen* in Emde/Dornseifer/Dreibus/Hölscher, § 45f InvG Rz. 31.
36 *Wind/Fritz* in Weitnauer/Boxberger/Anders, § 179 KAGB Rz. 24; zu § 45f Abs. 7 InvG: *Daemgen* in Emde/Dornseifer/Dreibus/Hölscher, § 45f InvG Rz. 32-34.
37 Begr. RegE, BT-Drucks. 17/4510, 76.

KAGB (d.h. Weiterbestehen des Feederfonds als Feederfonds eines anderen Masterfonds bzw. Umwandlung des Feederfonds in ein Investmentvermögen, das kein Feederfonds mehr ist) **ihre Genehmigung nicht spätestens einen Arbeitstag vor dem Wirksamwerden der Verschmelzung oder Spaltung erteilt hat.** § 179 Abs. 7 Satz 2 KAGB dient dabei für den Bereich der OGAW der Umsetzung von Art. 23 Abs. 4 Unterabs. 1 der Richtlinie 2010/44/EU.[38] § 187 Abs. 1 KAGB regelt die Rechte der Anleger des übertragenden Sondervermögens und des übernehmenden Sondervermögens bei einer Verschmelzung und besagt im Hinblick auf die Rücknahme der Anteile, dass die Anleger von der Kapitalverwaltungsgesellschaft verlangen können, dass die Rücknahme ohne weitere Kosten, mit Ausnahme der Kosten, die zur Deckung der Auflösungskosten einbehalten werden, erfolgt.

Gemäß § 179 Abs. 7 Satz 3 KAGB kann die Kapitalverwaltungsgesellschaft des Feederfonds das Recht zur Rückgabe sämtlicher Anteile am Masterfonds zudem dann ausüben, **um das Rückgaberecht der Anleger des Feederfonds nach § 180 Abs. 1 Satz 1 Nr. 4 KAGB zu wahren.** Durch diese Vorschrift, die im OGAW-Bereich der Umsetzung von Art. 23 Abs. 4 Unterabs. 2 der Richtlinie 2010/44/EU dient,[39] wird die wirtschaftliche Abhängigkeit zwischen Feeder- und Masterfonds deutlich. Kommt es zu einer hohen Zahl von Anteilsrückgaben durch die Anleger des Feederfonds gem. § 180 Abs. 1 Satz 1 Nr. 4 KAGB, so muss die Kapitalverwaltungsgesellschaft des Feederfonds die Möglichkeit haben, die Anteile am Masterfonds zurückzugeben.[40] 30

Durch die Regelung in § 179 Abs. 7 Satz 4 KAGB, der im OGAW-Bereich der Umsetzung von Art. 23 Abs. 4 Unterabs. 3 der Richtlinie 2010/44/EU dient,[41] hat die Kapitalverwaltungsgesellschaft des Feederfonds **andere zur Verfügung stehende Möglichkeiten in Erwägung zu ziehen**, durch die Transaktionskosten und andere negative Auswirkungen auf die Anleger des Feederfonds vermieden oder verringert werden können, bevor sie das Rückgaberecht ausübt. Welche anderen Möglichkeiten dafür in Betracht kommen, wird nicht deutlich. Nach einer Auffassung wird nach Absprache mit der Verwaltungsgesellschaft des Masterfonds ein kostenneutraler Umtausch in einen Schwesterfonds als eine solche Möglichkeit erwogen.[42] 31

8. Ausübung des Rückgaberechts an Anteilen des Masterfonds (§ 179 Abs. 8 KAGB)

Übt die Kapitalverwaltungsgesellschaft des Feederfonds ihr Rückgaberecht an Anteilen des Masterfonds nach § 179 Abs. 7 KAGB aus, dann erhält sie den Rücknahmebetrag entweder (§ 179 Abs. 8 Satz 1 Nr. 1 KAGB) als **Barzahlung** oder (§ 179 Abs. 8 Satz 1 Nr. 2 KAGB) ganz oder neben einer Barzahlung zumindest teilweise in Form einer **Übertragung von Vermögensgegenständen**, sofern sie damit einverstanden ist und die Master-Feeder-Vereinbarung dies vorsieht (§ 179 Abs. 8 Satz 1 KAGB).[43] Im zweiten Falle der gänzlichen oder zumindest teilweisen Übertragung von Vermögensgegenständen des Masterfonds ist das Einverständnis der Kapitalverwaltungsgesellschaft des Feederfonds erforderlich und zudem muss die Master-Feeder-Vereinbarung dies vorsehen. Nicht erwähnt wird in § 179 Abs. 8 Satz 1 Nr. 2 KAGB, dass die Vereinbarung durch interne Regelungen für Geschäftstätigkeiten gem. § 175 Abs. 1 Satz 3 KAGB ersetzt werden kann, wenn Master- und Feederfonds von der gleichen Kapitalverwaltungsgesellschaft verwaltet werden. In der Parallelvorschrift des § 178 Abs. 6 Satz 1 Nr. 2 KAGB werden hingegen sowohl die Master-Feeder-Vereinbarung als auch die internen Regelungen gleichermaßen genannt. Im Schrifttum herrscht weitgehende Einigkeit darüber, dass es bei der Bestimmung der Form des Rücknahmebetrages nach dem Sinn und Zweck der Norm nicht darauf ankommen könne, ob die Kapitalverwaltungsgesellschaft von Master- und Feederfonds die Master-Feeder-Vereinbarung durch interne Regelungen für Geschäftstätigkeiten ersetzt hat oder nicht.[44] 32

Durch § 179 Abs. 8 Satz 2 KAGB, der im OGAW-Bereich der Umsetzung von Art. 23 Abs. 5 Unterabs. 2 der Richtlinie 2010/44/EU[45] dient, wird klargestellt, dass die Kapitalverwaltungsgesellschaft des Feederfonds, die gemäß § 179 Abs. 8 Satz 1 Nr. 2 KAGB **Vermögensgegenstände** des Masterfonds erhalten hat, diese **jederzeit gegen Barzahlung veräußern** darf. 33

---

38 Begr. RegE, BT-Drucks. 17/4510, 76.

39 Begr. RegE, BT-Drucks. 17/4510, 76.

40 *Wind/Fritz* in Weitnauer/Boxberger/Anders, § 179 KAGB Rz. 26; *Kunschke/Klebeck* in Beckmann/Scholtz/Vollmer, § 179 KAGB Rz. 24.

41 Begr. RegE, BT-Drucks. 17/4510, 76.

42 *Kunschke/Klebeck* in Beckmann/Scholtz/Vollmer, § 179 KAGB Rz. 25.

43 Im OGAW-Bereich dient § 179 Abs. 8 Satz 1 KAGB der Umsetzung von Art. 23 Abs. 5 Unterabs. 1 der Richtlinie 2010/44/EU.

44 *Wind/Fritz* in Weitnauer/Boxberger/Anders, § 179 KAGB Rz. 29; *Dobrauz-Soldapenna/Rosenauer* in Moritz/Klebeck/Jesch, § 179 KAGB Rz. 35.

45 Begr. RegE, BT-Drucks. 17/4510, 76.

34 Im Falle einer Barzahlung des Rücknahmebetrages nach § 179 Abs. 8 Satz 1 Nr. 1 KAGB wird in Satz 3 geregelt, dass die Kapitalverwaltungsgesellschaft des Feederfonds diese Barzahlung **vor einer Wiederanlage** gem. § 179 Abs. 2 Satz 2 Nr. 2 (d.h. als Feederfonds eines anderen aus der Verschmelzung oder Spaltung hervorgegangenen Masterfonds) oder Nr. 3 (d.h. als Feederfonds eines anderen nicht aus der Verschmelzung oder Spaltung hervorgegangenen Masterfonds) **lediglich für ein effizientes Liquiditätsmanagement anlegen** darf. Diese Regelung dient im OGAW-Bereich zur Umsetzung von Art. 23 Abs. 6 der Richtlinie 2010/44/EU[46] und soll für den Übergangszeitraum bis zur Wiederanlage in einen aus der Verschmelzung oder Spaltung hervorgegangenen oder anderen Masterfonds bezwecken, dass sich der Anlagecharakter als Feederfonds nicht ändert und dass nur in einem effizienten Liquiditätsmanagement entsprechende Vermögensgegenstände angelegt wird.[47]

§ 180 Umwandlung in Feederfonds oder Änderung des Masterfonds

(1) [1]Werden die Anlagebedingungen eines inländischen OGAW oder eines Sonstigen Investmentvermögens im Rahmen der Umwandlung in einen Feederfonds erstmals als Anlagebedingungen dieses Feederfonds genehmigt oder wird die Anlage eines Feederfonds in Anteile eines Masterfonds bei einem beabsichtigten Wechsel des Masterfonds gemäß § 171 Absatz 1 erneut genehmigt, hat die Kapitalverwaltungsgesellschaft den Anlegern folgende Informationen zur Verfügung zu stellen:

1. **den Hinweis, dass die Bundesanstalt die Anlage des Feederfonds in Anteile des Masterfonds genehmigt hat,**
2. **die wesentlichen Anlegerinformationen nach den §§ 164 und 166 oder nach Artikel 78 der Richtlinie 2009/65/EG über Feederfonds und Masterfonds,**
3. **das Datum der ersten Anlage des Feederfonds in dem Masterfonds oder, wenn er bereits in dem Masterfonds angelegt hat, das Datum des Tages, an dem seine Anlagen die bisher für ihn geltenden Anlagegrenzen übersteigen werden, und**
4. **den Hinweis, dass die Anleger das Recht haben, innerhalb von 30 Tagen die kostenlose Rücknahme ihrer Anteile zu verlangen, gegebenenfalls unter Anrechnung der Gebühren, die zur Abdeckung der Rücknahmekosten entstanden sind.**

[2]Diese Informationen müssen spätestens 30 Tage vor dem in Satz 1 Nummer 3 genannten Datum auf einem dauerhaften Datenträger zur Verfügung gestellt werden. [3]Die in Satz 1 Nummer 4 genannte Frist beginnt mit dem Zugang der Informationen.

(2) [1]Wurde ein EU-OGAW in einen EU-Feeder-OGAW umgewandelt oder ändert ein EU-OGAW als Feederfonds seinen Masterfonds und wurde der EU-OGAW oder der EU-Feeder-OGAW bereits gemäß § 310 zum Vertrieb angezeigt, sind die in Artikel 64 Absatz 1 der Richtlinie 2009/65/EG genannten Informationen den Anlegern in deutscher Sprache auf einem dauerhaften Datenträger zur Verfügung zu stellen. [2]Die EU-OGAW-Verwaltungsgesellschaft oder die Kapitalverwaltungsgesellschaft, die den EU-Feeder-OGAW verwaltet, ist für die Erstellung der Übersetzung verantwortlich. [3]Die Übersetzung muss den Inhalt des Originals richtig und vollständig wiedergeben.

(3) Die Kapitalverwaltungsgesellschaft darf für Rechnung des Feederfonds vor Ablauf der in Absatz 1 Satz 2 genannten Frist nur Anteile des Masterfonds unter Berücksichtigung der bisher geltenden Anlagegrenzen erwerben.

(4) In den Fällen der Umwandlung in einen Feederfonds nach Absatz 1 ist die Übertragung aller Vermögensgegenstände des in den Feederfonds umgewandelten Investmentvermögens an den Masterfonds gegen Ausgabe von Anteilen am Masterfonds zulässig.

In der Fassung vom 4.7.2013 (BGBl. I 2013, S. 1981).

46 Begr. RegE, BT-Drucks. 17/4510, 76.
47 *Wind/Fritz* in Weitnauer/Boxberger/Anders, § 179 KAGB Rz. 30; *Kunschke/Klebeck* in Beckmann/Scholtz/Vollmer, § 179 KAGB Rz. 28.

Schrifttum: *Blankenheim*, Die Umsetzung der OGAW-IV-Richtlinie in das Investmentgesetz, ZBB 2011, 344; *Bujotzek/Steinmüller*, Neuerungen im Investmentrecht durch das OGAW-IV-Umsetzungsgesetz, DB 2011, Teil I, 2246; *European Commission*, Exposure Draft Initial orientations for discussion on possible adjustments to the UCITS Directive, 4. Pooling, S. 22, abrufbar unter http://ec.europa.eu/internal_market/investment/docs/ucits-directive/poolingexposurel_en.pdf; *Reiter/Plumridge*, Das neue Investmentgesetz, Teil I, WM 2012, 343.

I. Entstehungsgeschichte und Überblick

§ 180 KAGB übernimmt mit redaktionellen Anpassungen auf Grund der geänderten Begriffsbestimmungen und der Neustrukturierung der Regelungen im Rahmen des KAGB den Wortlaut des aufzuhebenden § 45g InvG.[1] Die drei ersten Absätze dienen dabei der Umsetzung des Art. 64 Abs. 1-3 der Richtlinie 2009/65/EG,[2] der neben der Ermöglichung von Umwandlungen bestehender OGAW gleichzeitig einen ausreichenden Schutz der Anteilinhaber gewährleisten soll.[3] 1

Kern der Regelung des § 180 KAGB ist eine umfassende Informationsweiterleitung an den Anleger[4] im Falle der Umwandlung in einen Feederfonds und im Falle der Änderung des Masterfonds.[5] Gemäß dem ersten Absatz hat dabei eine Kapitalverwaltungsgesellschaft **Informationspflichten gegenüber Anlegern**, wenn die Anlagebedingungen eines inländischen OGAW (§ 1 Abs. 2 und Abs. 7 KAGB) oder eines Sonstigen Investmentvermögens (§ 220 KAGB) erstmals aufgrund einer Umwandlung in einen Feederfonds genehmigt werden oder wenn die Anlage eines bestehenden Feederfonds in einen Masterfonds bei einem beabsichtigten Wechsel des Masterfonds gem. § 171 Abs. 1 KAGB erneut genehmigt wird.[6] Für den Bereich der bereits zum Vertrieb gem. § 310 KAGB angezeigten EU-OGAW bzw. EU-Feeder-OGAW (vgl. § 171 Abs. 6 Satz 1 KAGB) stellt § 180 Abs. 2 KAGB im Verhältnis zum ersten Absatz spiegelbildliche Informationspflichten[7] für EU-OGAW-Verwaltungsgesellschaft bzw. die Kapitalverwaltungsgesellschaft, die einen derartigen EU-Feeder-OGAW verwaltet, auf. 2

Durch § 180 Abs. 3 KAGB wird sichergestellt, dass eine Kapitalverwaltungsgesellschaft für Rechnung des Feederfonds vor Ablauf der in Abs. 1 Satz 2 KAGB genannten Frist von 30 Tagen lediglich Anlagen in Anteile des Masterfonds innerhalb der **bisher geltenden Anlagegrenzen** tätigt.[8] 3

Hingegen wird in § 180 Abs. 4 KAGB keine spezifische Vorgabe der Richtlinie 2009/65/EG umgesetzt, sondern dieser Absatz stellt klar,[9] dass bei einer Umwandlung in einen Feederfonds die Übertragung aller Vermögensgegenstände des umgewandelten Investmentvermögens an den Masterfonds gegen Ausgabe von Anteilen am Masterfonds zulässig ist. 4

1 Begr. RegE, BT-Drucks. 17/12294, 260.
2 Begr. RegE, BT-Drucks. 17/4510, 76.
3 Erwägungsgrund 56 der Richtlinie 2009/65/EG.
4 *Daemgen* in Emde/Dornseifer/Dreibus/Hölscher, § 45g InvG Rz. 2.
5 *Bujotzek/Steinmüller*, DB 2011, 2246 (2252).
6 *Wind/Fritz* in Weitnauer/Boxberger/Anders, § 180 KAGB Rz. 2; *Kunschke/Klebeck* in Beckmann/Scholtz/Vollmer, § 180 KAGB Rz. 1.
7 Begr. RegE, BT-Drucks. 17/4510, 76; *Daemgen* in Emde/Dornseifer/Dreibus/Hölscher, § 45g InvG Rz. 9; *Wind/Fritz* in Weitnauer/Boxberger/Anders, § 180 KAGB Rz. 7.
8 *Kunschke/Klebeck* in Beckmann/Scholtz/Vollmer, § 180 KAGB Rz. 3, 17; *Dobrauz-Saldapenna/Rosenauer* in Moritz/Klebeck/Jesch, § 180 KAGB Rz. 11.
9 Zur Vorgängernorm des § 45g Abs. 4 InvG s. Begr. RegE, BT-Drucks. 17/4510, 76.

II. Die Regelung im Einzelnen

1. Informationen an Anleger bei Umwandlung in einen Feederfonds oder bei Wechsel des Masterfonds (§ 180 Abs. 1 KAGB)

5 In Umsetzung von Art. 64 Abs. 1 der Richtlinie 2009/65/EG ist in § 180 Abs. 1 KAGB geregelt, in welchen Konstellationen welche Informationen wie und wann den betreffenden Anlegern von der Kapitalverwaltungsgesellschaft zur Verfügung zu stellen sind. Es werden zwei Konstellationen erfasst. Zum einen die **Umwandlung bestehender Investmentvermögen (inländische OGAW oder Sonstige Investmentvermögen) in einen Feederfonds** und zum anderen **bei einem bestehenden Feederfonds der beabsichtigte Wechsel des Masterfonds.** Bei der Umwandlung eines bestehenden inländischen OGAW oder eines Sonstigen Sondervermögens in einen Feederfonds sind die Anlagebedingungen durch die BaFin als Anlagebedingungen dieses Feederfonds zu genehmigen[10] und bei einem bereits bestehenden Feederfonds ist bei einem beabsichtigten Wechsel des Masterfonds die Anlage in Anteile des Masterfonds gem. § 171 Abs. 4 Satz 1 KAGB, der auf § 171 Abs. 1 KAGB verweist, erneut zu genehmigen.

6 Die Informationen, die in diesen zwei Konstellationen von der Kapitalverwaltungsgesellschaft den Anlegern des Feederfonds zur Verfügung zu stellen sind, dienen durch die umfassende Aufklärung dem Anlegerschutz[11] und haben nach § 180 Abs. 1 Nr. 1 KAGB zunächst den **Hinweis** zu enthalten, dass die **BaFin die Anlage des Feederfonds in Anteile des Masterfonds genehmigt hat.** Die Genehmigung der Anlage eines Feederfonds in einen Masterfonds erfolgt gem. § 171 Abs. 1 Satz 1 KAGB. Eine ausdrückliche Nennung dieser Genehmigungsnorm wird aber in § 180 Abs. 1 Satz 1 Nr. 1 KAGB nicht verlangt.[12]

7 Nach § 180 Abs. 1 Satz 1 Nr. 2 KAGB haben die Informationen zudem die **wesentlichen Anlegerinformationen** nach den §§ 164 und 166 KAGB bzw. nach Art. 78 der Richtlinie 2009/65/EG über Feederfonds und Masterfonds zu enthalten. Ausweislich Art. 78 Abs. 2 der Richtlinie 2009/65/EG und § 166 Abs. 1 KAGB sollen die wesentlichen Anlegerinformationen den Anleger in die Lage versetzen, Art und Risiken des angebotenen Anlageproduktes zu verstehen und auf dieser Grundlage eine fundierte Anlageentscheidung zu treffen.[13] Bei einer Umwandlung eines bestehenden Investmentvermögens in einen Feederfonds bzw. bei dem Wechsel des Masterfonds bei einem bestehenden Feederfonds ist es für den Anleger entscheidend, sowohl vom Feeder- als auch vom Masterfonds die wesentlichen Anlegerinformationen zu erhalten, um auf dieser Grundlage eine fundierte Anlageentscheidung für oder gegen den Verbleib im (Feeder-) Fonds treffen zu können. Der Verweis auf Art. 78 der Richtlinie 2009/65/EG wird dabei in den Fällen einer Anlage eines Feederfonds in einen EU-Master-OGAW (definiert in § 171 Abs. 3 Satz 2 KAGB) relevant, da dann der Herkunftsmitgliedstaat des Master-OGAW die Vorschriften für wesentliche Anlegerinformationen in Umsetzung von Art. 78 der Richtlinie 2009/65/EG festgelegt hat.[14]

8 Weiterhin haben die Informationen an die Anleger nach § 180 Abs. 1 Satz 1 Nr. 3 KAGB das **Datum der ersten Anlage des Feederfonds in den Masterfonds** oder, wenn er bereits in dem Masterfonds angelegt hat, das **Datum des Tages, an dem seine Anlagen die bisher für ihn geltenden Anlagegrenzen übersteigen werden**, aufzuführen. Und schließlich müssen die Informationen gem. § 180 Abs. 1 Satz 1 Nr. 4 KAGB den **Hinweis** enthalten, dass die **Anleger das Recht haben, innerhalb von 30 Tagen die kostenlose Rücknahme ihrer Anteile zu verlangen, gegebenenfalls unter Anrechnung der Gebühren, die zur Abdeckung der Rücknahmekosten entstanden sind.** Das kostenlose 30-tägige Rückgaberecht ist ein Kernelement des Anlegerschutzes, das einem Anleger das Recht einräumt, die Anteile zurückzugeben, wenn ihm oder ihr die angestrebte Anlage des (Feeder-) Fonds in dem Masterfonds nicht zusagt.[15]

9 Zur Art und Weise, wie die Kapitalverwaltungsgesellschaft die Informationen an die Anleger zur Verfügung zu stellen hat, legt § 180 Abs. 1 Satz 2 KAGB fest, dass dies auf einem **dauerhaften Datenträger** zu erfolgen hat. Durch diese Regelung werden Art. 29 i.V.m. Art. 7 der Richtlinie 2010/44/EU umgesetzt, wonach die zu übermittelnden Informationen auf Papier oder einem anderen dauerhaften Datenträger zur Verfügung zu stellen sind.[16] Ein dauerhafter Datenträger ist gemäß der Definition in § 1 Abs. 19 Nr. 8 KAGB jedes

10 Vgl. zur Vorgängernorm des § 45g InvG *Bujotzek/Steinmüller*, DB 2011, 2246 (2252).
11 *Kunschke/Klebeck* in Beckmann/Scholtz/Vollmer, § 180 KAGB Rz. 5.
12 *Kunschke/Klebeck* in Beckmann/Scholtz/Vollmer, § 180 KAGB Rz. 5.
13 Vgl. auch zur Verbesserung des Anlegerschutzes *Wind/Fritz* in Weitnauer/Boxberger/Anders, § 180 KAGB Rz. 4.
14 *Kunschke/Klebeck* in Beckmann/Scholtz/Vollmer, § 180 KAGB Rz. 6.
15 So für den OGAW-Bereich: European Commission, Exposure Draft Initial orientations for discussion on possible adjustments to the UCITS Directive, 4. Pooling, S. 22, http://ec.europa.eu/internal_market/investment/docs/ucits-directive/poolingexposurel_en.pdf.
16 *Blankenheim*, ZBB/JBB 2011, 344 (357).

Medium, das den Anlegern gestattet, Informationen für eine den Zwecken der Informationen angemessene Dauer zu speichern, einzusehen und unverändert wiederzugeben. Auf die entsprechende Kommentierung zu § 1 Abs. 19 Nr. 8 KAGB wird verwiesen.

Neben der Festlegung der Art und Weise wird in § 180 Abs. 1 Satz 2 KAGB auch der Zeitpunkt bestimmt, 10
wann die in Satz 1 Nr. 1-4 aufgeführten Informationen zur Verfügung zu stellen sind und zwar spätestens **30 Tage vor dem in § 180 Abs. 1 Satz 1 Nr. 3 KAGB genannten Datum**. Diese Informationen sind somit entweder spätestens 30 Tage vor dem Datum der ersten Anlage des Feederfonds in den Masterfonds oder – wenn der (Feeder-) Fonds bereits in dem Masterfonds angelegt hat – 30 Tage vor dem Datum des Tages, an dem seine Anlagen die bisher für ihn geltenden Anlagegrenzen übersteigen werden, zur Verfügung zu stellen.

Auch der Beginn des 30-tägigen Rückgaberechts nach § 180 Abs. 1 Satz 1 Nr. 4 KAGB hängt gem. § 180 11
Abs. 1 Satz 3 KAGB von der Übermittlung der Informationen nach Satz 1 ab.[17] Hier verwendet der Gesetzgeber den Begriff des **„Zugangs" der Informationen** für den Fristbeginn und nicht den ansonsten verwendeten Begriff des „Zurverfügungstellens" oder den in der OGAW-Richtlinie zu findenden Begriff des „Bereitstellens".[18] Dies hat zu Diskussionen im Schrifttum geführt, wie der Zugangsbegriff in diesem Zusammenhang zu verstehen ist[19] und die Frage wurde aufgeworfen, wann die mittels dauerhaften Datenträgers zu übermittelnden Informationen, die zur Verfügung zu stellen sind, beim Anleger zugegangen sind.[20] Stimmig sind dabei die Auffassungen von *Siering*[21] und *Kunschke/Klebeck*[22] die von einem zivilrechtlichen Verständnis des Zugangs von Erklärungen unter Abwesenden i.S.d. §§ 130 ff. BGB ausgehen, wonach ein Zugang anzunehmen ist, wenn die Erklärung derart in den Bereich des Empfängers gekommen ist, dass dieser unter normalen Umständen bzw. Verhältnissen die Möglichkeit hat, vom Inhalt der Erklärung Kenntnis zu nehmen[23] und ein Zugang vollendet ist, wenn die Kenntnisnahme durch den Empfänger möglich und nach der Verkehrsanschauung zu erwarten ist.[24] Dies deckt sich auch weitgehend mit der europarechtskonformen Auslegung des Begriffs des „Zugangs" im Sinne von „Bereitstellen" bzw. „Zurverfügungstellen" (in der englischen Fassung des Art. 64 Abs. 1 Satz 1 lit. b der Richtlinie 2009/65/EG „has provided" und Art. 29 der Richtlinie 2010/44/EU „provides"), der die Möglichkeit der Kenntnisnahme ausreichen lässt.[25] Die Frist von 30 Tagen für das Recht der Anleger die kostenlose Rücknahme ihrer Anteile an dem (Feeder-) Fonds zu verlangen, beginnt demnach dann, wenn die Informationen nach § 180 Abs. 1 Satz 1 KAGB mittels des dauerhaften Datenträgers so in den Bereich des Anlegers gekommen sind, dass dieser nach den normalen Umständen die Möglichkeit hat, den Inhalt der Informationen zur Kenntnis zu nehmen.

2. Informationen an Anleger im Falle von zum Vertrieb angezeigten EU-OGAW und EU-Feeder-OGAW (§ 180 Abs. 2 KAGB)

§ 180 Abs. 2 KAGB dient der Umsetzung von Art. 64 Abs. 2 der Richtlinie 2009/65/EG und regelt im reinen 12
OGAW-Bereich spiegelbildlich zu den gem. § 180 Abs. 1 KAGB bei inländischen Investmentvermögen gegenüber Anlegern bestehenden Informationspflichten die **Informationspflichten gegenüber Anlegern von zum Vertrieb in Deutschland angezeigten EU-OGAW bzw. EU-Feeder-OGAW.**[26] Erfasst werden wiederum zum einen die Konstellation der Umwandlung eines EU-OGAW in einen EU-Feeder-OGAW und zum

17 So auch *Reiter/Plumridge*, WM 2012, 343 (353).

18 Vgl. Art. 64 Abs. 1, Satz 1 lit. b der Richtlinie 2009/65/EG sowie Art. 29 der Richtlinie 2010/44/EG/EU.

19 *Blankenheim*, ZBB/JBB 2011, 344 (358), der eine praktikable und rechtssichere Zugangsregelung auf Grundlage einer entsprechende Anwendung von Vorschriften in der Abgabenordnung (§ 122 Abs. 2 Nr. 1 AO) vorsieht, nach der die Übermittlung des dauerhaften Datenträgers drei Tage nach der Aufgabe zur Post oder Absendung als erfolgt gelte, soweit nicht feststehe, dass der dauerhafte Datenträger den Empfänger nicht oder nicht zu einem späteren Zeitpunkt erreicht hat; *Siering* in Baur/Tappen, § 180 KAGB Rz. 9 und insb. Fn. 2, lehnt die von *Blankenheim* geäußerte Auffassung ab und spricht sich für ein zivilrechtliches Verständnis des „Zugangs" gemäß den §§ 130 ff. BGB aus; dem folgt mit ausführlicher Begründung auch *Kunschke/Klebeck* in Beckmann/Scholtz/Vollmer, § 180 KAGB Rz. 13, die eine entsprechende Anwendung von Vorschriften mit einer Zugangsfiktion mangels Vorliegens einer unbewussten Regelungslücke ablehnen und eine europarechtskonforme Auslegung vornehmen.

20 *Kunschke/Klebeck* in Beckmann/Scholtz/Vollmer, § 180 KAGB Rz. 10.

21 *Siering* in Baur/Tappen, § 180 KAGB Rz. 9 und insb. Fn. 2.

22 *Kunschke/Klebeck* in Beckmann/Scholtz/Vollmer, § 180 KAGB Rz. 13.

23 BGH v. 3.11.1976 – VIII ZR 140/75, BGHZ 67, 271 = NJW 1977, 194.

24 BGH v. 21.1.2004 – XII ZR 214/00, NJW 2004, 1320 ff.

25 *Kunschke/Klebeck* in Beckmann/Scholtz/Vollmer, § 180 KAGB Rz. 13.

26 Ein EU-Feeder-OGAW ist dabei ein EU-OGAW, der mindestens 85 % seines Vermögens in einem Masterfonds anlegt, § 171 Abs. 6 Satz 1 KAGB; s. auch Definition von Feeder-OGAW in Art. 58 Abs. 1 der Richtlinie 2009/65/EG.

anderen die Konstellation der Änderung des Masterfonds durch einen EU-OGAW als Feederfonds, wobei der EU-OGAW bzw. der EU-Feeder-OGAW aber bereits zum Vertrieb gem. § 310 KAGB angezeigt wurde. In diesen Fällen sind die in Art. 64 Abs. 1 der Richtlinie 2009/65/EG genannten Informationen den Anlegern in Deutschland in deutscher Sprache auf einem dauerhaften Datenträger zur Verfügung zu stellen.[27]

13 Die Umwandlung eines zum Vertrieb in Deutschland gem. § 310 KAGB angezeigten EU-OGAW in einen EU-Feeder-OGAW bzw. die Änderung des Masterfonds eines entsprechend gem. § 310 KAGB angezeigten EU-Feeder-OGAW ist dabei ein Vorgang, der die bestehende Vertriebsanzeige unberührt lässt, und lediglich dazu führt, dass geänderte Fondsunterlagen für den in einen EU-Feeder-OGAW umgewandelten EU-OGAW bzw. für den EU-Feeder-OGAW, dessen Masterfonds geändert wurde, bei der BaFin gem. § 310 Abs. 4 KAGB einzureichen sind. Eine Neuanzeige des „umgewandelten" EU-Feeder-OGAW bzw. des EU-Feeder-OGAW, dessen Masterfonds geändert wurde, ist nicht erforderlich.[28] Eine Vertriebsanzeige nach § 310 KAGB wäre nur dann zu erstatten, wenn im Rahmen der Umwandlung oder der Änderung erstmals die Absicht besteht, Anteile an einem EU-Feeder-OGAW grenzüberschreitend in Deutschland zu vertreiben.[29]

14 Die den **Anlegern gem. Art. 64 Abs. 1 der Richtlinie 2009/65/EG zur Verfügung zu stellenden Informationen** entsprechenden denen nach § 180 Abs. 1 Satz 1 Nr. 1-4 KAGB und umfassen (i) eine Erklärung, der zufolge die zuständigen Behörden des Herkunftsmitgliedstaats des Feeder-OGAW die Anlage des Feeder-OGAW in Anteile des betreffenden Master-OGAW genehmigt haben, (ii) die in Art. 78 genannten wesentlichen Informationen für den Anleger betreffend Feeder-OGAW und Master-OGAW,[30] (iii) das Datum der ersten Anlage des Feeder-OGAW in den Master-OGAW, oder, wenn er bereits in den Master angelegt hat, das Datum zu dem seine Anlagen die Anlagegrenzen gem. Art. 55 Abs. 1 der Richtlinie 2009/65/EG übersteigen werden, und (iv) eine Erklärung, der zufolge die Anteilinhaber das Recht haben, innerhalb von 30 Tagen – die abgesehen von den vom OGAW zur Abdeckung der Veräußerungskosten erhobenen Gebühren – die kostenlose Rücknahme oder Auszahlung ihrer Anteile zu verlangen. Das Recht zur kostenlosen Rücknahme oder Auszahlung der Anteile wird dabei ab dem Zeitpunkt wirksam, an dem der Feeder-OGAW die vorgenannten Informationen bereitgestellt hat. Die vorgenannten Informationen müssen dabei spätestens 30 Tage vor dem unter (iii) genannten Datum zur Verfügung gestellt werden.

15 Die in Art. 64 Abs. 1 der Richtlinie 2009/65/EG genannten Informationen sind den Anlegern nach § 180 Abs. 2 Satz 1 KAGB in deutscher Sprache **auf einem dauerhaften Datenträger zur Verfügung zu stellen**. Die Informationspflicht auf einem dauerhaften Datenträger[31] besteht dabei nach § 298 Abs. 2 Nr. 4 KAGB neben der Pflicht zur Veröffentlichung dieser Informationen, was auch durch das Merkblatt der BaFin noch einmal hervorgehoben wird.[32]

16 Durch § 180 Abs. 2 Satz 2 KAGB wird die Verantwortlichkeit der EU-OGAW-Verwaltungsgesellschaft oder der Kapitalverwaltungsgesellschaft, die den EU-Feeder-OGAW verwaltet, für die Erstellung einer ggf. erforderlichen **deutschen Übersetzung** festgeschrieben und es wird in Satz 3 klargestellt, dass die Übersetzung – was eine Selbstverständlichkeit ist – den Inhalt des Originals richtig und vollständig wiedergeben muss. Das Erfordernis der Übersetzung in die deutsche Sprache gibt es in gleicher Weise bei den nach § 186 Abs. 4 KAGB[33] zu erstellenden Verschmelzungsinformationen und verdeutlicht nur den Schutz der Anleger im OGAW-Bereich durch Verwendung der Amtssprache im Vertriebsland bei diesen grundlegenden Änderungsvorgängen.

3. Einhaltung der Anlagegrenzen innerhalb der Frist des § 180 Abs. 1 Satz 2 KAGB (§ 180 Abs. 3 KAGB)

17 § 180 Abs. 3 KAGB dient der Umsetzung von Art. 64 Abs. 3 der Richtlinie 2009/65/EG und legt fest, dass die Kapitalverwaltungsgesellschaft für Rechnung des Feederfonds vor Ablauf der 30-tägigen Frist nach Abs. 1 Satz 2 nur Anteile des Masterfonds unter Berücksichtigung der bisher für den Feederfonds geltenden Anlage-

---

27 Siehe auch *Reiter/Plumridge*, WM 2012, 343 (353).

28 Vgl. zu § 45g Abs. 2 InvG Begr. RegE, BT-Drucks. 17/4510, 76; *Daemgen* in Emde/Dornseifer/Dreibus/Hölscher, § 45g InvG Rz. 10.

29 *Kunschke/Klebeck* in Beckmann/Scholtz/Vollmer, § 180 KAGB Rz. 15.

30 Vgl. dazu *Siering* in Baur/Tappen, § 180 KAGB Rz. 18.

31 Zum Begriff s. Definition in § 1 Abs. 19 Nr. 8 KAGB; vgl. auch *Siering* in Baur/Tappen, § 180 KAGB Rz. 22, 23.

32 BaFin Merkblatt (2013) zum Vertrieb von Anteilen an EU-OGAW in der Bundesrepublik Deutschland gem. § 310 Kapitalanlagegesetzbuch (KAGB) „Incoming UCITS-Notification" bzw. „Incoming UCITS-Update" vom 17.7.2013, Ziff. IV., 3. d).

33 In dem Art. 43 Abs. 4 der Richtlinie 2009/65/EG umgesetzt wird.

grenzen erwerben darf. Durch diese Regelung wird sichergestellt, dass Anleger die 30 Tage vor dem Datum der ersten Anlage des Feederfonds in den Masterfonds bzw. – wenn der (Feeder-) Fonds bereits in dem Masterfonds angelegt hat – die 30 Tage vor dem Datum des Tages, an dem seine Anlagen die bisher für ihn geltenden Anlagegrenzen übersteigen werden, für ihre Anlageentscheidung, ob sie im (Feeder-) Fonds auch nach einer Umwandlung in einen Feederfonds oder Änderung des Masterfonds verbleiben wollen oder nicht, voll ausnutzen können und nicht schon vorzeitig Anlagen im Masterfonds getätigt werden, die über die zu diesem Zeitpunkt geltenden Anlagegrenzen hinausgehen.[34]

4. Zulässigkeit der Übertragung aller Vermögensgegenstände des umgewandelten Feederfonds an den Masterfonds (§ 180 Abs. 4)

In der ersten Konstellation einer Umwandlung eines inländischen OGAW oder eines Sonstigen Investment- 18
vermögens in einen Feederfonds nach § 180 Abs. 1 KAGB wird durch Abs. 4 klargestellt,[35] dass eine Übertragung aller Vermögensgegenstände des umgewandelten Investmentvermögens an den Masterfonds gegen Ausgabe von Anteilen am Masterfonds zulässig ist.

Unterabschnitt 3
Verschmelzung von offenen Publikumsinvestmentvermögen

Vorbemerkungen vor §§ 181 ff.

Schrifttum: *Brinkmann/Kempf*, Die Neuregelung der Verschmelzung von Auslandsfonds, BB 2009, 2067; *Brülin*, Verschmelzung von Investmentfonds in Luxemburg, Deutschland und im europäischen Binnenmarkt, 2012; *Bujotzek/Steinmüller*, Neuerungen im Investmentrecht durch das OGAW-IV-Umsetzungsgesetz (Teil 1), DB 2011, 2246; *Ebner*, Verschmelzung von Sondervermögen nach dem InvStG, DStG 2007, 68; *Eckhold*, Struktur und Probleme des Aktienrechts der Investmentaktiengesellschaft unter Berücksichtigung des Entwurfs des Investmentänderungsgesetz, ZGR 2007, 654; *Fischer*, Die Investmentaktiengesellschaft aus aufsichtsrechtlicher und gesellschaftsrechtlicher Perspektive, 2008; *Fischer/Friedrich*, Investmentaktiengesellschaft und Investmentkommanditgesellschaft unter dem Kapitalanlagegesetzbuch, ZBB 2013, 153; *Fischer/Lübbehüsen*, Mehr Flexibilität durch OGAW IV – eine Analyse der neuen Rahmenbedingungen unter regulatorischen und steuerlichen Gesichtspunkten, RdF 2011, 254; *Freitag*, Die „Investmentkommanditgesellschaft" nach dem Regierungsentwurf für ein Kapitalanlagegesetzbuch, NZG 2013, 329; *Klein/Lorenz/Reichel*, Pension Pooling – mit dem OGAW IV-Umsetzungsgesetz eine Chance vertan?, BB 2012, 331; *König*, Auflösung und Übertragung von Publikumsfonds in Deutschland, Arbeitspapier Nr. 77 des Instituts für Handels-

34 So auch *Reiter/Plumridge*, WM 2012, 343 (353) und *Siering* in Baur/Tappen, § 180 KAGB Rz. 27.
35 Zur Vorgängernorm des § 45g Abs. 4 InvG s. Begr. RegE, BT-Drucks. 17/4510, 76, auch *Kunschke/Klebeck* in Beckmann/Scholtz/Vollmer, § 180 KAGB Rz. 21.

und Wirtschaftsrecht der Universität Osnabrück, 1999; *Löschinger/Helios*, Steuer- und aufsichtsrechtliche Praxisfragen bei der Restrukturierung und Auflösung von Investmentfonds und Investmentaktiengesellschaften, DB 2009, 1724; *Obermann/Brill/Heeren*, Konsolidierungen in der Fondsindustrie – Eine Untersuchung der aufsichtsrechtlichen und steuerrechtlichen Behandlung der Verschmelzung von inländischen Sondervermögen und Investmentaktiengesellschaften, DStZ 2009, 152; *Patzner/Bruns*, Fondsverschmelzung im internationalen Umfeld, IStR 2009, 668; *Patzner/Pätzsch/Goga*, UCITS IV – Steuerliche Herausforderungen und Chancen der EU-Fondsrichtlinie, AIFM-Richtlinie durch das AIFM-Steueranpassungsgesetz, IStR 2013, 73; *Reiter/Plumridge*, Das neue Investmentgesetz, WM 2012, 343; *Stadler/Elser*, Einschneidende Änderungen der Investmentbesteuerung nach dem nunmehr in Kraft getretenen AIFM-Steuer-Anpassungsgesetz, DStR 2014, 233; *Tappen*, Steuerrechtsänderung durch das geplante OGAW-IV-Umsetzungsgesetz, DStR 2011, 246; *Wilderink*, Die Auflösung, die Übertragung und die Verschmelzung von Investmentfonds, 2003; *Zetzsche*, Prinzipien der kollektiven Vermögensanlage, 2015; *Zetzsche*, Grundprinzipien des KAGB, in Möllers/Kloyer, Das neue Kapitalanlagegesetzbuch, 2014, 131; *Zetzsche*, Das Gesellschaftsrecht des Kapitalanlagegesetzbuches, AG 2013, 613.

I. Gründe für die Verschmelzung

1 Die **Verschmelzung der Investmentvermögen** gem. §§ 181 ff. KAGB ist eine von verschiedenen im KAGB geregelten Formen der Strukturmaßnahmen: Neben der Übertragung von Vermögensgegenständen („Verschmelzung") regelt das KAGB die Einbindung in eine Master-Feeder-Struktur gem. §§ 171 ff. KAGB, die Einbindung in eine Umbrella-Konstruktion nach §§ 96 Abs. 2, 117, 132 KAGB, die Bildung von Anteil- bzw. Aktienklassen nach §§ 96 Abs. 1, 108 Abs. 4, 124 Abs. 2 KAGB, die Abwicklung nach § 100 Abs. 2, 112 Abs. 1 Satz 5 KAGB und die Übertragung des Verwaltungsrechts gem. §§ 100b, 112 Abs. 1 Satz 6 KAGB. Die Motive der Verschmelzung sind in diesem Kontext zu bewerten. Insbesondere die Option der Verschmelzung eines bestehenden mit einem für die Zwecke dieser Verschmelzung aufgelegten Investmentvermögen eröffnet Gestaltungsspielräume.

1. Schaffung größerer Einheiten zur Steigerung der Skaleneffekte

2 Die Zusammenlegung von Kollektivanlagen kann zu einer **wünschenswerten Größenordnung** der Fonds sowie zur Straffung der Produktpalette einer KVG führen.[1] Die KVG kann durch Verbindung von zwei Strukturmaßnahmen z.B. zwei Fonds, die in der Vergangenheit nur entweder thesaurierend oder ausschüttend waren, zu einem Fonds mit einer thesaurierenden und einer ausschüttenden Anteilklasse verschmelzen. Auch Fonds, die unter Berücksichtigung der Produktionskosten zu klein und von der KVG nur verlustbringend zu verwalten sind, wenn nicht entgegen § 26 Abs. 5 KAGB übermäßig hohe Vergütungen belastet werden, können auf andere Fonds verschmolzen werden. Mitunter wird auch der größere auf den kleineren Fonds verschmolzen, wenn dies aus Sicht der KVG ratsam erscheint, z.B. wenn der größere Fonds in der Vergangenheit eine schlechtere Performance als der kleinere Fonds erzielt hat. Unter Wettbewerbsbedingungen bewirkt dies insgesamt **niedrigere Fondsgebühren** und damit einen volkswirtschaftlichen Wohlstandsgewinn. Aus Sicht der KVG ist Folge eine Optimierung der Ertragsmargen. Der Gesetzgeber sieht Fondsverschmelzungen „in erster Linie" als Instrument zur Effizienzsteigerung des Geschäfts einer KVG.[2]

2. Aufgabe einer Anlagestrategie, Alternative zur Kündigung (§ 99 Abs. 1 KAGB)

3 Die Verschmelzung bietet sich auch als **Alternative zur Kündigung und Abwicklung** gem. § 99 Abs. 1, 2 KAGB an. Vor diesem Hintergrund ist die Definition der Verschmelzung in § 1 Abs. 19 Nr. 37 KAGB als **Auflösung ohne Abwicklung** durchaus treffend. Erweist sich eine Strategie als unattraktiv oder möchte eine KVG den Fonds aus internen Gründen (z.B. Risikooptimierung, Ressourceneinsparung) nicht weiterverfolgen, kann sie, wenn sie den betreffenden Fonds nicht mit einem anderen von ihr verwalteten Fonds verschmelzen will, für diesen einen neuen Verwalter suchen, der diesen mit einem seiner Bestandsfonds verschmilzt.

3. Gewinnbringende „Veräußerung" eines Fonds (i.e. des Verwaltungsrechts), sog. Fondshandel

4 Vor und nach der Regelung zur Übertragung des Verwaltungsrechts (dazu § 100b Rz. 5 ff.)[3] war die **Verschmelzung ein Alternativweg**, ebendieses Ziel zu erreichen, und für den „Verkauf des Fonds" ein Entgelt

1 BT-Drucks. 14/8017, 104.
2 BT-Drucks. 17/4510, 70.
3 Vor Einführung des § 100b KAGB wurde der Umweg über die Verwahrstelle nach § 100 Abs. 3 KAGB beschritten; in die Übertragungsvereinbarung wurden entsprechende Regelungen aufgenommen.

zu erhalten, indem der Bestandsfonds der einen KVG auf einen neuen Fonds einer neuen KVG verschmolzen wurde. Heute stellt sich diese Alternative aus regulatorischer Sicht auch bei der **grenzüberschreitenden Verschmelzung von OGAW** als attraktiv dar, weil die OGAW-RL das Verfahren rechtsformunabhängig harmonisiert. Das Investmentsteuerrecht hat damit jedoch nicht schrittgehalten, so dass dieser Weg tatsächlich selten beschritten wird.

Dass ein **Fondshandel** (verstanden als Übertragung des Verwaltungsrechts gegen Entgelt) **zulässig** ist, folgt als *argumentum e fortiori* aus dem fondsspezifischen Verschmelzungsrecht:[4] Während sich die Missbilligung des Fondshandels früher auf die strikten Regeln des § 14 KAGG a.F. und § 40 InvG a.F. stützen ließ, regelt das europäisch induzierte Verschmelzungsrecht der §§ 181 bis 190 KAGB die **Voraussetzungen der Verschmelzung abschließend**. Bei entsprechender Information ist die Verschmelzung unterschiedlicher Fonds mit verschiedensten Verwaltern zulässig (wenngleich wegen des zu erwartenden Abflusses an Anlegermitteln nicht sinnvoll). Nur die Oberkategorien OGAW/AIF, Publikums- und Spezialfonds behalten eine Bedeutung (§ 181 KAGB). Das Verschmelzungsrecht setzt ausschließlich auf **angemessene Anlegerinformation** und eine **Austrittsoption zum Nettoinventarwert statt auf materielle Transaktionskontrolle** (näher unten Rz. 20 f.). Anforderungen jenseits der ordnungsgemäßen Zulassung des Verwalters kennt das Gesetz nicht. Der „Fondshandel" – verstanden als die Abtretung des Verwaltungsrechts gegen Entgelt – kann im Sinne der Gesamtintention der OGAW IV-Maßnahmen zur Bildung effizienter Größen (Rz. 11) über die Grenzen der jeweiligen Fondsfamilie hinaus beitragen, indem der Erwerber dem Verwalter des übertragenden Fonds dessen Gründungsaufwand ersetzt. 5

Des ungeachtet sind grds. die allgemeinen Regelungen für Interessenkonflikte (insb. §§ 26 Abs. 2 Nr. 3, 27 KAGB) einschlägig. Für Einschränkungen von Fondsverschmelzung und Gegenleistung als Folge der allgemeinen Konfliktregel des § 26 Abs. 2 Nr. 3 KAGB fehlt jedoch eine **den Anlegern gegenüber bestehende Pflicht**. Die Vergütung des Bestandswerts erweist sich damit im Grundsatz als eine **rechtlich nicht beengte Geschäftsentscheidung des Verwalters**. 6

Die **Gegenleistung** kann zwischen den beteiligten KVG **frei ausgehandelt und vereinbart** werden. Für die hier vertretene Lösung, wonach die Vergütung der Bestandsübertragung uneingeschränkt zulässig und die Anlegerinteressen durch das Austrittsrecht, die lange Kündigungsfrist und die Zulassung des Rechtsnachfolgers (abschließend) gesichert sind, spricht auch die Rechtsklarheit: Wird eine Vergütung bezahlt, lässt sich schwer trennen, ob die Vergütung für die Empfehlung unter Beachtung oder Missachtung von Anlegerinteressen, Kostenersatz für den Wechsel der Verwalterbeziehung oder den Geschäftswert des Fonds für die KVG geleistet wird. Die Offenlegung der Vergütung mag man interessant finden. Aus Anlegersicht verwirrt sie eher, weil sie den Anlegern einen rechtlichen Zusammenhang zwischen ihren persönlichen Rechten und der Zahlung suggeriert, der nicht besteht. Denn letztlich wird der **Wert der Geschäftsorganisation des Verwalters** vergütet, zu dem die Anleger nichts beigetragen haben.[5] 7

4. Rechtsformwechsel

Das Verschmelzungsrecht stellt bei Übertragung eines Sondervermögens auf eine Investmentgesellschaft oder vice versa eine **Form des Rechtsformwechsels** dar. 8

5. Implizite Änderung der Anlagebedingungen, z.B. Vergütung, Änderung der Anlagestrategie, steuerliche Parameter

Zur **Änderung der Verwaltervergütung** sind nach deutschem Recht zwei Gestaltungen gangbar. Einerseits kann die KVG die Vergütung mittels Vertragsänderung, bei Publikumsfonds durch Änderung der Anlagebedingungen nach §§ 163, 162 Abs. 2 Nr. 11 KAGB, bei Spezialfonds durch Zustimmung der Anleger,[6] unmittelbar zu ändern suchen. Andererseits mündet die Kündigung in einer Erhöhung der Vergütung, wenn das daran anschließende Angebot, die verwalteten Mittel (ggf. zu Vorzugskonditionen) in eine neue Anlage zu überführen, angenommen wird und bei der Neuanlage der Vergütungsanspruch entsprechend erhöht ist. Das gleiche Ergebnis könnte man mittels Verschmelzung auf eine Anlage mit erhöhtem Vergütungsanspruch erzielen. 9

---

4 S. bereits *Zetzsche*, Prinzipien der kollektiven Vermögensanlage, 2015, S. 829.
5 Ausf. *Zetzsche*, Prinzipien der kollektiven Vermögensanlage, 2015, S. 827 ff.
6 Siehe BaFin, Häufige Fragen zu den Übergangsvorschriften nach den §§ 343 ff. des KAGB, Gz: WA 41-Wp 2137-2013/0343, vom 18.6.2013, unter II.1.

10 Die **Änderung der Anlagegrundsätze** für offene Publikumsinvestmentvermögen ist gem. § 163 Abs. 3 KAGB nur zulässig, wenn die Änderung mit einer **Frist von drei Monaten mitgeteilt** und dem Anleger ein kostenloses Austrittsrecht oder ein kostenloser Wechsel in einen Fonds mit ähnlicher Strategie gewährt wird. **§ 181 Abs. 1 KAGB** regelt für die Fondsverschmelzung, dass eine Gebührenerhöhung zwar zulässig ist, aber der Austritt zu den Auflösungskosten oder ein Umtausch in Anteile eines anderen Fonds mit ähnlicher Anlagestrategie ermöglicht werden muss (§ 187 Abs. 1 KAGB).

II. Europäisches Recht und Entwicklung

1. OGAW-RL und AIFM-RL

11 Die Verschmelzung ist in **Art. 37 ff. OGAW-RL („OGAW IV") und Art. 3 bis 7 RL 2010/44/EU geregelt.** Dies soll europäischen Fonds Zugang zu Größenvorteilen ermöglichen und grenzüberschreitenden Wettbewerb fördern, was u.a. einen Beitrag zur Senkung der bis dato vergleichsweise hohen Fondsgebühren[7] leisten könnte. Die OGAW-RL sucht daher insbesondere grenzüberschreitende Verschmelzungen zu fördern. Das Europäische Verschmelzungsrecht für OGAW ist bei grenzüberschreitenden Verschmelzungen **Vollharmonisierung.**[8]

12 Die AIFM-RL verhält sich nicht zu Fondsverschmelzungen. Wenn im deutschen Recht auch AIF Gegenstand der Verschmelzungsregelungen sind, ist dies eine nationale Erweiterung, die zu begrüßen ist. Zu bedauern ist, dass das europäische Recht kein Reglement für die **Fondsspaltung** und **weitere Strukturmaßnahmen in Bezug auf Teilgesellschaftsvermögen und Anlageklassen** geschaffen hat. Dazu unten Rz. 42 f., § 181 Rz. 10 f.

2. Verhältnis zum Europäischen Gesellschaftsrecht

13 Die Verschmelzungsregeln gem. Art. 87 ff. GesellschaftsrechtsRL 2017/1132[9] gelten **nur für Aktiengesellschaften.** Europäisches Gesellschaftsrecht zur Verschmelzung unter Beteiligung von InvKG und Sondervermögen existiert nicht. Anders als in u.a. Art. 2 Abs. 2 GesellschaftsrechtsRL zur Gründung und Errichtung und gem. Art. 44 Abs. 2 GesellschaftsrechtsRL für das Kapitalsystem, im Einklang mit den früheren Verschmelzungs- und SpaltungsRL, sucht man eine explizite Ausnahme für die Verschmelzung von Investmentgesellschaften mit variablem Kapital vergeblich. Bis zur Neubekanntmachung in der GesellschaftsrechtsRL konnte man sich mit dem Grundsatz *lex posterior derogat legi priori* behelfen und die Art. 37 ff. OGAW-RL als verdrängende Vorschrift ansehen. Für AIF-Investmentgesellschaften war damit freilich nichts gewonnen.

14 Das Verhältnis ist nunmehr wie folgt zu bestimmen: Den **Art. 87 ff. GesellschaftsrechtsRL** zur Verschmelzung und Spaltung liegt **ein anderer Aktionärsbegriff als dem KAGB** zugrunde. **Anlageaktionäre einer InvAG** (vgl. § 109 Abs. 3 KAGB) haben i.d.R. weder Stimmrecht, noch sind sie an der HV der Investmentgesellschaft teilnahmeberechtigt. Jedenfalls das **Teilnahmerecht an der HV** ist, wie z.B. aus der AktionärsrechteRL 2007/36/EU, aber auch Art. 93 f. und Art. 139 f. GesellschaftsrechtsRL folgt, **für die Aktionärsstellung im Europäischen Gesellschaftsrecht konstitutiv**. Von der Anwendung der AktionärsrechteRL darf ein Gesetzgeber aber gem. Art. 1 Abs. 3 lit. a und b AktionärsrechteRL 2007/36/EU die OGAW- und AIF-InvAG befreien, so dass Aktionäre solcher InvAG nicht über die genannten konstitutiven Aktionärsrechte verfügen müssen. Von dieser Gelegenheit hat der KAGB-Gesetzgeber mit § 109 Abs. 3 Satz 2 KAGB Gebrauch gemacht. Somit sind **Anlageaktionäre keine „Aktionäre" gem. Art. 87 ff. GesellschaftsrechtsRL.**

15 Es handelt sich vielmehr um **Inhaber von Wertpapieren, die mit Sonderrechten verbunden, jedoch keine Aktien** im Sinne des Europäischen Verschmelzungs- und Spaltungsrechts sind, vgl. Art. 101, 147 GesellschaftsrechtsRL. Solchen Wertpapierinhabern ist im Rahmen der Verschmelzung oder Spaltung „nur" eine Rechtsstellung zu gewähren, die der **Rechtsposition in der übertragenden Gesellschaft mindestens gleich-**

7 CRA, Potential cost savings in a fully integrated European investment fund market, September 2006, S. 92 f., wonach eine Senkung der Verwalterkosten auf US-Niveau die nominalen Anlagerenditen um 3 % steigern würde. Zur regulierungsinduzierten Kosten verhält sich der Bericht nicht, zudem teilw. widersprüchlich S. 100 („Hence mergers are not resulting in a decline in the number of funds or significant growth in average fund size.") Der Bericht nennt auch weitere Vorschläge zur Kostenreduzierung als Verschmelzungen.

8 ErwGr. 28 OGAW IV-RL.

9 Richtlinie (EU) 2017/1132 des Europäischen Parlaments und des Rates vom 14.6.2017 über bestimmte Aspekte des Gesellschaftsrechts, ABl. EU Nr. L 169/46.

wertig ist. **Abweichendes** kann bestimmt werden, wenn eine Anteilseignerversammlung bzw. jeder einzelne **Inhaber zugestimmt** hat oder diese Inhaber einen **Anspruch auf Rückkauf ihrer Wertpapiere durch die übernehmende Gesellschaft** haben. Von der ersten Option macht der KAGB-Gesetzgeber für Spezial-AIF (vgl. § 281 Abs. 1 Satz 3 KAGB), von der zweiten Option für Publikums-AIF (§ 187 Abs. 1 KAGB) Gebrauch. Die Art. 37 ff. OGAW-RL legen daher nur den Rahmen des Rückkaufrechts fest, welches zur Abweichung von der Pflicht zur Gewährung einer „gleichwertigen" (nicht gleichen) Rechtsstellung berechtigt. Folglich ist, wenn – wie in Deutschland jedenfalls bei intern verwalteten InvAGen üblich – eine InvAG als Umbrella-Konstruktion mit Teilgesellschaftsvermögen ausgestaltet ist, für die nur Anlageaktien ausgegeben werden, **auf diese Teilgesellschaftsvermögen die GesellschaftsrechtsRL nicht anzuwenden.**

3. Umsetzung im deutschen Investmentrecht

Das KAGG[10] sowie die §§ 40, 95 Abs. 7 **InvG 2007** regelten die Fondsverschmelzung kursorisch und unter der Bedingung, dass die Anlagegrundsätze und -grenzen nicht wesentlich voneinander abweichen durften (vgl. § 40 Abs. 1 Nr. 2 InvG i.d.F. bis Juli 2011).[11] Eine ausführliche, weit weniger starre Regelung der Verschmelzung erfolgte erstmals im Rahmen der Umsetzung der Art. 37 ff. OGAW-RL durch das **OGAW IV-RL UmsG**[12] in §§ 40 bis 40h, 95 Abs. 7, 99 Abs. 6, 100 Abs. 5 InvG. Dem ging eine Diskussion um Regelungsspielräume und den gebotenen Regulierungsansatz trotz engmaschiger europäischer Vorgaben voraus. Der Finanzausschuss[13] setzte eine Deregulierung in begrenztem Umfang durch: Eine auch durch Anteilsrücknahme zum Nettoinventarwert nicht abdingbare Pflicht zur Vorlage eines **zwingenden Umtauschangebots** an die Anleger u.a. bei Verschmelzungen von Fonds mit divergierender Anlagestrategien wurde nur für offene Immobilien- und Infrastrukturfonds beibehalten; für die übrigen Fonds blieb es bei einem besonders ausgestalteten Recht zur Anteilsrückgabe. Ebenfalls auf Anregung des Finanzausschusses[14] wurde zugunsten der KVG die Beweislast für den Nichtzugang des dauerhaften Datenträgers über Verschmelzungsinformationen und Informationen bei Änderungen der Vertragsbedingungen klargestellt. 16

Mit dem **AIFM-RL UmsG** wurden die Verschmelzungsregelungen in §§ 181 ff., § 281 KAGB überführt. Das Verschmelzungsrecht hat seither neben redaktionellen Anpassungen mit dem **OGAW V-UmsG** eine Klarstellung dahingehend erfahren, dass auch die Verschmelzung von Spezial-Investmentvermögen unter Beteiligung offener Investmentkommanditgesellschaften zulässig ist (§ 281 KAGB n.F.) und so ein Redaktionsversehen im AIFM-RL UmsG korrigiert. Des ungeachtet ist zu bedauern, dass eine allgemeine Regelung für alle Strukturmaßnahmen (auch in Bezug auf Anlageklassen, Spaltungen etc.) unterblieben ist. Hier sind andere EU-/EWR-Staaten deutlich weiter.[15] 17

III. Fondsverschmelzung als grundlegende Vertragsänderung (Strukturmaßnahme)

Die Verschmelzung bedeutet **einschneidende Veränderungen für KVG und Verwahrstelle.** Beide müssen jedenfalls die Buchungskreise der betroffenen Fonds und für diese geschlossene Verträge überarbeiten; dabei verlieren oder gewinnen sie eine stattliche Anzahl an Vermögensgegenständen hinzu. Aus administrativer Sicht bedeutet eine Fondsverschmelzung eine Rechteübertragung erheblichen Umfangs mit entsprechendem **operativen Fehlerrisiko.** Es handelt sich nicht um eine Tätigkeit der Portfolioverwaltung i.e.S., sondern um eine grundlegende Vertragsänderung mit daran anknüpfendem Aufwand und damit vorbehaltlich anderer gesetzlicher (vgl. § 188 KAGB) oder vertraglicher Regelung[16] um eine **gesondert zu vergütende Tätigkeit** (arg § 315 BGB). 18

Die Verschmelzung bedeutet zudem **einschneidende Veränderungen der Rechtsposition der Anleger sowohl des übertragenden als auch des übernehmenden Fonds.** Sie partizipieren danach jedenfalls an neuen Anlagegegenständen und Verbindlichkeiten und finden sich im Regelfall neuen Mitanlegern gegenüber. Weitere Änderungen können für die Anleger des übertragenden Fonds die Anlagestrategie, die Kosten etc. 19

---

10 Dazu *Wilderink*, Die Auflösung, die Übertragung und die Verschmelzung von Investmentfonds, 2003; *Brülin*, Verschmelzung von Investmentfonds, 2012.

11 Vgl. dazu *Brülin*, Verschmelzung von Investmentfonds, 2012; *Löschinger/Helios*, DB 2009, 1724 (1728); *Obermann/Brill/Heeren*, DStZ 2009, 152 (155); *Putzner/Bruns*, IStR 2009, 668 (670).

12 BGBl. I 2011, S. 1126. Siehe dazu *Brütlin*, Verschmelzung von Investmentfonds, 2012; *Bujotzek/Steinmüller*, DB 2011, 2246; *Fischer/Lübbehüsen*, RdF 2011, 254; krit. wegen unzureichender Maßnahmen zugunsten des Pension Poolings *Klein/Lorenz/Reichel*, BB 2012, 331.

13 BT-Drucks. 17/5403.

14 BT-Drucks. 17/5403 regt eine Änderung des Wortlauts von § 43 Abs. 5 InvG n.F. an.

15 *Zetzsche*, Prinzipien der kollektiven Vermögensanlage, 2015, S. 835 ff.

16 Vgl. dazu § 6 der Besonderen Anlagebedingungen des BVI für Spezialsondervermögen.

betreffen. Dies kann bis hin zum Austausch der Vertragsparteien gehen, wenn das Verwaltungsrecht auf eine andere KVG oder die Verwahrstellenfunktion auf eine andere Verwahrstelle übergehen. Anlegerschutzbedarf besteht, wenn die Verschmelzung auf Betreiben der KVG erfolgt, wie es regelmäßig bei Publikumsinvestmentvermögen der Fall ist. Gesetzliches Regelungsziel ist dann die **Sicherstellung eines angemessenen Anlegerschutzes.** Dafür stellt das Gesetz eine Reihe an Alternativen zur Verfügung.

1. Ausscheiden zum Liquidationswert

20 Anlegerschutz soll insbesondere ein **Austrittsrecht zu Sonderkonditionen** (§ 187 Abs. 1 KAGB) gewährleisten. Daran überzeugt, dass ein solches Austrittsrecht jedenfalls bei geänderter oder abweichender Anlagepolitik oder abweichender Vergütung mit der im Binnenverhältnis von Investmentvermögen geltenden **Vertragsdogmatik**[17] vereinbar ist: Sind Anlagepolitik oder Gebühren das wesentliche Moment für den Entschluss des Anlegers, unter Zahlung des Ausgabeaufschlags Gelder in ein bestimmtes Fondsvermögen einzulegen, kommt eine Veränderung dieser Umstände der Kündigung des Anlage-Dauerschuldverhältnisses gem. § 314 Abs. 1 BGB gleich. Die Kündigung begründet eine Pflicht des Geschäftsbesorgers gem. § 667 BGB zur Rückgewähr des Anlegerkapitals in Höhe des Nettoinventarwerts der betroffenen Fondsanteile.

21 Rechtliche Konsequenz ist ein unabdingbares **Ausstiegsrecht des Anlegers zum Nettoinventarwert abzgl. Auflösungskosten (Liquidationswert).**[18] Darin spiegelt sich die Logik der Kollektivanlage als der Vermögensmehrung der Anleger („zum Nutzen") verpflichtetes Unternehmen (§ 1 Rz. 65 ff.) wider: Wäre die Kollektivanlage eine unternehmerische Zweckeinheit, müsste die Sachgesamtheit auf Grund einer *going concern*-Prognose bewertet werden. Dies ist beim Investmentvermögen nicht der Fall. Weil sich jenseits einer langfristigen Zweckbindung Substanz- und Liquidationswert entsprechen, sind die Anlegerbedürfnisse mit dem anteiligen Liquidationswert hinreichend gewürdigt.[19]

22 Das Lösungsrecht ist **nicht gleichbedeutend mit Werterhalt.** Bis dato eingetretene Verluste realisieren sich infolge eines Austritts auf Basis dieses Austrittsrechts. So kann ein Aktienfonds gerade zu einem Zeitpunkt niedriger Aktienkurse, ein Immobilienfonds während einer Immobilienbaisse verschmolzen werden. Es dürfte sogar der ökonomischen Logik entsprechen, dass es in solchen Phasen vermehrt zu Verschmelzungen oder Strategieänderungen kommt, um sinnvolle Fondsgrößen zu erhalten. Möchte der Anleger solche Verluste vermeiden, muss er die Anlagebeziehung zu einem ihm günstigen Zeitpunkt beenden.[20]

2. Stimmrecht (Mehrheitsentscheidung) oder Individualzustimmung (Vertragsmodell)

23 **Mitentscheidungsbefugnisse** sind bei Publikumsinvestmentvermögen kein wirksames Anlegerschutzinstrument.[21] Der Anteil des einzelnen Anlegers ist marginal, die für die Ausübung von Anlegerrechten anfallenden Informations- und Koordinationskosten, soweit diese, wie bei einer InvAG nach § 109 Abs. 2 KAGB möglich sind, verzehren i.d.R. den Nutzen der Rechtsausübung. Infolgedessen ist Passivität die Folge einer im ökonomischen Sinn rationalen Entscheidung (rationale Apathie).[22] Ein Stimmrecht mag in Rechtsbeziehungen seine Berechtigung haben, in denen ein Vorstand den Unternehmenszweck gemäß seinem eigenen Verständnis ausfüllt oder ein Kontrollaktionär mit Stimmrecht die Kontrolle ausübt. Indes ist bei Investmentvermögen das Handlungsermessen der Verwalter-Geschäftsleitung typischerweise durch präzise Anlagebestimmungen in den konstitutiven Dokumenten, Prospekten oder Werbeangaben auf bestimmte Anlagetätigkeiten beschränkt. Dies **reduziert den Bedarf für ein allgemeines Kontrollrecht** der Anleger. Entsprechend unterstellen die EU-Richtlinien zwar den Entscheidungsprozess in der operativ tätigen AG, nicht aber den in der Anlage-AG den Vorschriften der Aktionärsrechte-RL, vgl. Art. 1 Abs. 3 lit. a und b AktionärsrechteRL 2007/36/EU. Auch die OGAW- und AIFM-RL stellen die Frage der Anleger-Stimmrechte in das Belieben des nationalen Gesetzgebers, s. z.B. Art. 19 Abs. 3 lit. o OGAW-RL.

24 Der Gesetzgeber hat sich grds. gegen Stimmrechte für Anlageaktien bei der offenen InvAG entschieden (§ 109 Abs. 3 Satz 2 KAGB). Die soeben geäußerte Kritik an der **Schutzwirkung des Stimmrechts in Anlagebeziehungen**[23] wird jedenfalls für die **offene Publikums-InvAG** geteilt. Anders verhält es sich bei **Spezial-AIF.** Hier knüpft die Verschmelzung an die Zustimmung der (gemeint sind: aller) Anleger, vgl. § 281

17 Dazu *Zetzsche*, Prinzipien der kollektiven Vermögensanlage, 2015, S. 551 ff., 569 f.
18 Siehe bereits *Zetzsche*, Prinzipien der kollektiven Vermögensanlage, 2015, S. 838.
19 Siehe bereits *Zetzsche*, Prinzipien der kollektiven Vermögensanlage, 2015, S. 838.
20 Siehe bereits *Zetzsche*, Prinzipien der kollektiven Vermögensanlage, 2015, S. 838.
21 Siehe bereits *Zetzsche*, Prinzipien der kollektiven Vermögensanlage, 2015, S. 90, 652, sowie Kommentierung zu § 26 Rz. 28 f.
22 Vgl. *Zetzsche*, Prinzipien der kollektiven Vermögensanlage, 2015, S. 493.
23 *Zetzsche*, Prinzipien der kollektiven Vermögensanlage, 2015, S. 493 f.

Abs. 1 Satz 2 KAGB. Dies steht im Einklang mit der Annahme des Gesetzes, (semi-)professionelle Anleger könnten sich selbst schützen. Dazu § 1 Rz. 123 ff., Einl. Rz. 128 ff.

Ein Sonderproblem besteht für **Hedgefonds**, die bis zum Inkrafttreten des KAGB Publikums-Investmentvermögen mit zusätzlichen Risiken nach § 112 InvG waren und nun Spezialfonds nach § 283 KAGB sind. § 350 KAGB sieht, anders als für die Änderung von Anlagebedingungen nach § 163 KAGB, für die Verschmelzung **keine gesonderte Übergangsregelung** vor. Hedgefonds weisen teilweise noch eine **Anlegerstruktur eines Publikumsfonds mit Privatanlegern** auf. Die Einholung der nach § 281 Abs. 1 Satz 3 KAGB notwendigen Zustimmung der Anleger stellt die KVG vor praktische Schwierigkeiten. Für Hedgefonds in Form von Teilgesellschaftsvermögen einer InvAG bietet sich als Lösung im Rahmen eines sachgerechten Interessensausgleichs eine Satzungsregelung an, wonach die **Verschmelzung der Zustimmung der Unternehmensaktionäre** bedarf. Alternativen drängen sich nicht auf.[24] 25

3. Passivitätsschutz

Schutz kann auch durch das **Erfordernis eines aktiven Anlegerhandelns** bewirkt werden, da dies ein erneutes Nachdenken und Handeln beim Anleger voraussetzt. Je nach Zuweisung der Initiativlast ist bei passiven Anlegern mit einer überwiegenden Beendigung oder einer Fortsetzung des Anlageverhältnisses zu rechnen, und zwar unabhängig von der wirtschaftlichen Vernunft der betreffenden Entscheidung. Die Zuweisung der Initiativlast ist daher aus Sicht des Anlegerschutzes von Bedeutung. Eine Fortsetzung des Anlagevertrags ohne weiteres Zutun der (Privat-)Anleger lässt sich nach dem Vorbild der investmentrechtlichen Verschmelzung und Umstrukturierung rechtfertigen, wenn über die Änderungen sowie das Austrittsrecht **zeitig und angemessen informiert** wird und die Einhaltung der **Fortsetzungskriterien einer formellen Prüfung** (z.B. durch Verwahrstelle, Abschlussprüfer oder die Aufsichtsbehörde) unterliegt. Bei **Spezialfondsanlegern** gewährleistet das Zustimmungserfordernis nach § 281 Abs. 1 Satz 3 KAGB ausreichenden Schutz. 26

4. Funktion der Finanzmarktaufsicht

Die duale Zwecksetzung der Finanzmarktaufsicht (Schutz von Finanzsystem und Marktintegritat einerseits, Anlegerschutz andererseits) zeigt sich auch im Verschmelzungsrecht. So prüft die Behörde bei der grenzüberschreitenden Verschmelzung von Publikumsfonds gem. § 182 Abs. 4 KAGB die **Angemessenheit der Anlegerinformation**. Die Vorprüfung der BaFin substituiert einen Teil der fehlenden Verhandlungsstärke der **Privatanleger.**[25] Konsequent entfällt diese Prüfung für **Spezial-AIF**. 27

5. Angemessenheits-/Inhaltskontrolle?

Ein **AGB-Änderungsvorbehalt**, der die Voraussetzungen der §§ 181 ff. KAGB nachempfinden würde, entspräche dem Grundgedanken der gesetzlichen Regelung (§ 307 Abs. 2 BGB). Als Klausel in Gesellschaftsverträgen von Publikumspersonengesellschaften hielte er der von der Rechtsprechung praktizierten Gestaltungskontrolle stand. Grund ist, dass das gesetzliche Verfahren bereits den Schutz der Anleger abschließend gewährleistet. 28

Daher findet neben den §§ 181 ff. KAGB **keine AGB-Kontrolle der Verschmelzungstermini** statt. Selbstverständlich können aber die neuen Anlagebedingungen Gegenstand einer solchen Prüfung sein. Bei der Frage des anwendbaren Rechts ist Art. 6 Abs. 4 lit. d Rom I-VO zu beachten.[26] 29

Extremen Gestaltungen zu Lasten der Anleger ist mit **§ 138 Abs. 1 BGB**[27] und den Erwägungen der Rechtsprechung zur **Unzeit der Kündigung**[28] zu begegnen. Dazu mag die Reorganisation in einem Zeitpunkt zählen, in dem der Liquidationswert gering, aber eine signifikante Steigerung in Kürze zu erhoffen ist (etwa in Kenntnis der Erfüllung eines wichtigen Meilensteins). Ebenso zählt dazu die Kündigung oder Reorganisation zur Übervorteilung oder bewussten Schädigung der Anleger. Kollektivanlage ist ein **Rechtsverhältnis mit reduziertem *Bestandsschutz***, bei vollwertigem ***Substanzschutz*.**[29] 30

---

24 Ob man für Hedgefonds in Form von Sondervermögen § 281 Abs. 1 Satz 3 KAGB dahingehend einschränkend auslegen kann, dass nur die Zustimmung der semiprofessionellen und professionellen Anleger erforderlich ist, ist fraglich; außerdem mindert dies kaum die praktischen Schwierigkeiten, auch von allen diesen Anlegern die Zustimmung einzuholen.

25 Vgl. *Schäfer*, Anlegerschutz, S. 43 f. (zur Rechtslage vor 2003).

26 Vgl. dazu *Zetzsche* in Zetzsche/Lehmann, Grenzüberschreitende Finanzdienstleistungen, S. 214 ff.

27 Zu Fallgruppen *Heinrichs* in Palandt, § 138 BGB Rz. 91.

28 Vgl. zur kurzfristigen Kündigung von Bankkonten BGH v. 28.6.1977 – III ZR 13/75, WM 1977, 834 f.; BGH v. 30.5.1985 – III ZR 112/84, WM 1985, 1136.

29 Vgl. dazu *Zetzsche*, Prinzipien der kollektiven Vermögensanlage, 2015, S. 840.

6. Publikums- vs. Spezialfonds

31 Während die Verschmelzung bei Publikumsfonds regelmäßig im Interesse und auf Betreiben der KVG erfolgt, wird die Verschmelzung bei Spezialfonds auf Betreiben eines Investors erfolgen.[30] Aber auch aus der Anlegerqualifikation heraus entsteht ein **abweichender Regelungsbedarf**.

32 Die Dichotomie des KAGB in Abhängigkeit von der Anlegerqualifikation zeigt sich auch im Recht der Fondsverschmelzung. So benötigt man für die Verschmelzung von Spezial-AIF gem. § 281 Abs. 1 Satz 3 KAGB **keine Genehmigung der Verschmelzung** durch die BaFin; an deren Stelle tritt die Zustimmung der Anleger (zur Problematik bei nach dem InvG als Publikumsfonds aufgelegten Hedgefonds s. Rz. 25). Es gelten auch nicht die materiellen Vorgaben, dass die **Anlagestrategie** und die von den Anlegern zu bezahlenden **Kosten und Gebühren** der zu verschmelzenden Fonds nicht wesentlich voneinander abweichen dürfen. Konsequent im Hinblick auf die zahlreichen Abweichungen ist die **Umwandlung von Publikums- in Spezialfonds verboten** (§ 213 KAGB). Näher § 281 Rz. 4.

IV. Verschmelzung von Teilfonds

33 Die **Schaffung zusätzlicher Teilsondervermögen oder Teilgesellschaftsvermögen** darf die Rechte der Anleger in existierenden Teilfonds nicht beeinträchtigen. Kommen weitere Teilfonds hinzu, ändern sich zwar die Anlagebedingungen und der Prospekt (vgl. § 162 Abs. 2 Nr. 8 KAGB sowie § 165 Abs. 2 Nr. 26, 27 KAGB), aber es handelt sich nicht um eine Änderung der Anlagepolitik oder abfindungspflichtige Strukturmaßnahme. Näher § 96 Rz. 24 sowie zur Schaffung und Auflösung von Teilgesellschaftsvermögen § 117 Rz. 7 ff. und § 132 Rz. 6 ff., 53 ff.

34 Die **Verschmelzung** von Investmentvermögen, die in **Umbrella-Strukturen** eingebunden sind (§ 96 Abs. 2 KAGB), ist im KAGB nicht gesondert geregelt. Für die Verschmelzung sind solche Sondervermögen wie jedes andere Investmentvermögen zu behandeln. Die §§ 181 bis 190 KAGB kommen unmittelbar zur Anwendung. Dies gilt auch für Verschmelzungen von Investmentvermögen, bei denen nur eines in eine Umbrella-Konstruktion eingebunden ist, während das andere separat verwaltet wird, sowie über verschiedene Umbrella-Konstruktionen hinweg.

V. Weitere Strukturmaßnahmen

35 Für andere Strukturmaßnahmen in Bezug auf offene Investmentvermögen lassen sich als allgemeine Strukturelemente eine Mindestanlegerinformation, eine Genehmigung durch die BaFin, die Einbindung der Intermediäre mit Kontrollfunktion (Verwahrstelle, Abschlussprüfer) sowie ein **Austrittsrecht zum Nettoinventarwert abzüglich Auflösungskosten** (Liquidationswert) ausmachen; das Austrittsrecht ist dabei das **Standardschutzinstrument bei Strukturmaßnahmen** in Bezug auf offene Investmentvermögen.[31] Siehe dazu auch § 187 Rz. 3 f. Das Gesetz schützt nicht durch Inhaltskontrolle, sondern durch das Recht zur Beendigung der Anlagebeziehung.

1. Strukturmaßnahmen bei Master-Feeder-Strukturen

36 Im Fall der Verschmelzung oder Spaltung *des Masterfonds* ist der **Feederfonds grundsätzlich abzuwickeln**, die Fortsetzung des Feederfonds bedarf der Genehmigung durch die BaFin (§ 179 Abs. 2 KAGB). Die Genehmigung ist u.a. zu erteilen, wenn der Masterfonds im Wesentlichen unverändert aus der Umstrukturierung hervorgeht (§ 179 Abs. 2 Nr. 1 KAGB), aber auch bei wesentlicher Änderung (§ 179 Abs. 2 Nr. 2 KAGB) oder sogar bei Umwandlung des Feeders in ein inländisches Investmentvermögen, das kein Feederfonds ist (§ 179 Abs. 2 Nr. 4 KAGB). Zu suchen ist jeweils die Lösung, die „Transaktionskosten und andere negative Auswirkungen auf die Anleger des Feederfonds" vermeidet oder reduziert (§ 179 Abs. 7 a.E. KAGB). Dieses Gebot konkretisiert die **Kardinalpflicht zum Handeln im Anlegerinteresse** (§ 26 Abs. 1 KAGB, dazu § 26 Rz. 102 ff.); auch ohne diese Konkretisierung wäre so zu verfahren.

37 Kommt es infolge der Umstrukturierung zum Wechsel des Masterfonds oder ist dieser wesentlich verändert (Fälle des § 179 Abs. 2 Nr. 2 und 3 KAGB), besteht gem. § 180 Abs. 1 Nr. 4 KAGB ein Austrittsrecht zum Nettoinventarwert abzgl. Auflösungskosten (Liquidationswert). Siehe dazu auch § 187 Rz. 6 f. Ist der Masterfonds übernehmendes Investmentvermögen und geht er im Wesentlichen unverändert aus der Umstruk-

30 *Springer/Sittmann* in Weitnauer/Boxberger/Anders, Vor § 181 KAGB Rz. 4.
31 Ausf. *Zetzsche*, Prinzipien der kollektiven Vermögensanlage, 2015, S. 838.

turierung hervor (Fall des § 179 Abs. 2 Nr. 1 KAGB), liegt **kein Wechsel des Masterfonds** vor. Konsequent besteht kein Austrittsrecht.

Ganz ähnlich bestimmen sich die Anlegerrechte im Fall der **Abwicklung des Masterfonds.** Grundsätzlich ist der Feederfonds abzuwickeln, wenn der Masterfonds abgewickelt wird (§ 178 Abs. 2 Satz 1 KAGB). Dann erhalten die Anleger den Abwicklungserlös, der dem Nettoinventarwert abzüglich Auflösungskosten entspricht. Von dieser Regelung kann mit Genehmigung der Aufsichtsbehörde abgewichen werden. Genehmigt die BaFin die Fortsetzung mit einem anderen Masterfonds, handelt es sich um einen Wechsel des Masterfonds, so dass wieder gem. § 180 Abs. 1 Nr. 4 KAGB ein Austrittsrecht zum Nettoinventarwert abzüglich Auflösungskosten entsteht. 38

Kein Austrittsrecht besteht, wenn der vormalige Feederfonds nunmehr als regulärer Fonds tätig wird. Doch handelt es sich dabei um eine wesentliche Änderung der Anlagestrategie. Diese geht mit einem kostenlosen Umtauschrecht gem. § 163 Abs. 3 KAGB in Anteile an Investmentvermögen mit vergleichbaren Anlagegrundsätzen einher. Existieren solche nicht, bleibt nur die Kündigung mit der Folge (wiederum) des (kostenlosen) Ausscheidens zum Nettoinventarwert. 39

Das KAGB sperrt **Master-Feeder-Kombinationen unter Beteiligung von Spezial- und Publikums-AIF** (§ 171 Abs. 2 KAGB). Grund ist, dass Spezialfonds bei der Ausgestaltung von Master-Feeder-Kombinationen keinen Restriktionen unterworfen sind.[32] Qualifizierte Anleger benötigen den Zwangsschutz nicht und können Schutzinstrumente vertraglich vereinbaren. Dies geschieht durch selbst zu gestaltende Vertragskonditionen oder Zustimmungserfordernisse. Näher § 281 Rz. 5 ff. 40

2. Erstmalige Einbindung in eine Master-Feeder-Struktur

Eine der Fondsverschmelzung vergleichbare Regelung zeigt sich bei der **erstmaligen Einbindung eines vorher autonom verwalteten Fonds** in eine Master-Feeder-Struktur. Auch dieser Wechsel von der direkten zur indirekten Anlage zieht gem. § 180 Abs. 1 Nr. 4 KAGB ein Austrittsrecht zum Liquidationswert nach sich. Ratio ist der wesentliche Eingriff in den Anlagevertrag.[33] 41

3. Spaltung von Sondervermögen

Für eine Spaltung eines Fonds kann es **gute Gründe** geben. So kann sich ein Teil der Anlagegegenstände als überraschend illiquid erweisen, so dass eine Spaltung in einen liquiden offen und einen zweiten Fonds mit illiquiden Anlagegegenständen bei abweichenden Rücknahmebedingungen im Anlegerinteresse liegen kann. S. zur Bildung sog. **Side Pockets** auch § 30 Rz. 16 ff. Auch kann sich ein **Mischfonds als zu teuer oder zu intransparent** für die Anleger herausstellen, so dass eine Spaltung in zwei fokussierte Fonds die Kosten für die Anleger besser überschaubar und vergleichbar macht. Schließlich kann ein **Fonds ein Opfer seines eigenen Erfolgs** werden. Wird ein Fonds im Small & Mid Cap-Bereich zu groß, können die Anlageopportunitäten im Verhältnis zur Fondsgröße zu klein und damit die Anlagestrategie unrentabel werden. 42

Das **KAGB regelt** jenseits von § 179 KAGB, der auf Master-Feeder-Strukturen begrenzt ist (Rz. 36 f.), **den Fall der Fondsspaltung** nicht. Anders als bei Investmentgesellschaften in Bezug auf den Rechtsträger (dazu § 108 Rz. 56, § 149 Rz. 29 ff.) ist der Anwendungsbereich des UmwG in solchen Fällen nicht eröffnet, weil das Sondervermögen keine vom UmwG geregelte Rechtsform ist. Gleichzeitig sind die §§ 182 bis 190 KAGB speziell auf die Bedürfnisse von Anlegern in Sondervermögen zugeschnitten. Vor diesem Hintergrund ist u.E. eine **analoge Anwendung der §§ 182 ff. KAGB auf Fälle der Spaltung von Sondervermögen** geboten. Dieses Ergebnis bestätigt der soeben getätigte Blick auf eine andere im KAGB geregelte Strukturmaßnahme, die Verschmelzung oder Spaltung des Masterfonds nach § 179 KAGB. Auch dort sind die in §§ 182 ff. KAGB enthaltenen Schutzinstrumente auszumachen. Zu dem gleichen wirtschaftlichen Ergebnis kommt man bei Investmentgesellschaften mit variablem Kapital, wenn man – zutreffend – die Anwendung des UmwG ergänzt um eine analoge Anwendung der Kernvorschriften der §§ 182 ff. KAGB; dies deshalb, weil das UmwG die Spaltung des Rechtsträgers als solchen regelt und die analoge Heranziehung des KAGB die besonderen Aspekte eines Investmentvermögens der offenen Form berücksichtigt. 43

Daraus folgt dreierlei: Erstens ist das Spaltungsverfahren kein solches einer einfachen oder wesentlichen, sondern eine **qualifizierte Vertragsänderung, die sich nach den §§ 181 ff. KAGB analog** richtet. Diese kann im Ergebnis zur Kontinuität der Anlagebeziehung ohne aktives Zutun der Anleger führen. Zweitens werden die Anleger durch eine **besondere Spaltungsinformation nebst Austrittsrecht** geschützt. Die ver- 44

32 BT-Drucks. 17/4510, 80.
33 *Zetzsche*, Prinzipien der kollektiven Vermögensanlage, 2015, S. 820 f.

tragsrechtlich eigentlich erforderliche Zustimmung der Anleger wird durch das zum Schutz der Anleger durchgeführte Verfahren analog §§ 181 ff. KAGB substituiert. Drittens prüft die BaFin auch die Spaltung nicht auf Zweckmäßigkeit oder wirtschaftliche Vertretbarkeit, sondern ist auf eine **Prüfung der gesetzlichen Voraussetzungen analog §§ 182 ff. KAGB** beschränkt.

4. Umtausch und Verschmelzung von Anteilklassen

45 Der **Umtausch existierender in neu geschaffene Anteilklassen** und die **Verschmelzung von Anteilklassen** ist weder Änderung der Anlagepolitik, noch Verschmelzung oder andere gesetzlich geregelte Strukturmaßnahme. Der Fall ist im KAGB nicht geregelt. Folglich soll die Zusammenlegung oder der Umtausch von Anteilklassen nicht zulässig sein, während der Wechsel der Anteilklassen der separaten Zustimmung jedes Anlegers bedürfe.[34] Diese Ansicht ist zu starr. Da auch die Schließung und Abwicklung von Anteilklassen analog § 99 Abs. 1 ohne Abwicklung des gesamten betreffenden Investmentvermögens möglich ist, weil die KVG ansonsten gezwungen wäre, die Verwaltung des gesamten Investmentvermögens zu kündigen und von der Verwahrstelle abwickeln zu lassen (s. § 96 Rz. 12), muss als **minder schwere Maßnahme auch der Umtausch und die Verschmelzung von Anteilklassen zulässig** sein. Dafür muss es jedoch bei den für Strukturmaßnahmen aufgezeigten Grundsätzen bleiben, die sich an §§ 181 ff. KAGB orientieren.[35] Danach genügt die **zeitige und angemessene Information**, verbunden mit einem **Abfindungsangebot zum Liquidationswert**. Ist ein Übergang ohne Zutun der Anleger beabsichtigt (Kontinuitätsprinzip), müssen die Umtauschvoraussetzungen und Anlegerinformationen zudem durch die Verwahrstelle und die BaFin geprüft werden.

46 Dass der automatische Umtausch **nicht vorsätzlich die Anleger schädigen** darf, folgt aus dem Gebot zum Handeln im Anlegerinteresse (§ 26 Abs. 1 KAGB). Allerdings schweigt das Gesetz zu der Frage, wann ein Nachteil so erheblich ist, dass die Maßnahme nicht durchgeführt werden darf. Nachteile von gewissem Gewicht sind hinzunehmen. So ist z.B. die Aufgabe einer Währungsklasse (z.B. CHF), verbunden mit dem Umtausch in die Euro-Klasse, ein Nachteil für Anleger, die ihre Bücher in CHF führen. Das Gesetz schützt nicht durch Inhaltskontrolle, sondern durch das Recht zur Beendigung der Anlagebeziehung. Sofern der Anleger das Lösungsrecht nicht nutzt, liegt dies in seiner eigenen Verantwortung.

5. Übertragung von Vermögensgegenständen in Vorbereitung der Verschmelzung

47 Als **Vorbereitung einer Verschmelzung** wird, sofern die betreffenden Fonds von zwei verschiedenen KVGen verwaltet werden, üblicherweise das **Verwaltungsrecht** des übertragenden Investmentvermögens auf die KVG des aufnehmenden Investmentvermögens **übertragen** und die **Verwahrstelle** des aufnehmenden Investmentvermögens **auch als Verwahrstelle des übertragenden Investmentvermögens beauftragt**. Die Übertragung des Verwaltungsrechts regelt nunmehr § 100b KAGB, der Wechsel der Verwahrstelle ist mit Ausnahme des Genehmigungserfordernisses für OGAW und Publikums-AIF gem. §§ 69, 87 KAGB nicht explizit geregelt. Allerdings schreibt § 162 Abs. 2 Nr. 15 KAGB vor, dass die Anlagebedingungen die Voraussetzungen für einen Wechsel der Verwahrstelle enthalten müssen; die Identität der Verwahrstelle ist in den Anlagebedingungen jedoch nicht festgeschrieben, so dass ein Wechsel der Verwahrstelle keine Änderung der Anlagebedingungen zur Folge hat. Für derartige Übertragungen hat sich eine **Vertragspraxis** herausgebildet,[36] die die verschiedenen Konstellationen (nur Übertragung des Verwaltungsrechts, nur Verwahrstellenwechsel oder beides gleichzeitig) abdeckt, den daran anschließenden Verschmelzungsvorgang aber üblicherweise nicht selbst regelt, auch wenn nur eine juristische Sekunde dazwischenliegen sollte.

§ 181 Gegenstand der Verschmelzung; Verschmelzungsarten

(1) [1]Spezial-AIF dürfen nicht auf Publikumsinvestmentvermögen verschmolzen werden, Publikumsinvestmentvermögen dürfen nicht auf Spezial-AIF verschmolzen werden. [2]OGAW dürfen nur mit AIF verschmolzen werden, wenn das übernehmende oder neu gegründete Investmentvermögen weiterhin ein OGAW ist.

(2) Neben der Verschmelzung durch Aufnahme und der Verschmelzung durch Neugründung im Sinne von § 1 Absatz 19 Nummer 37 können Verschmelzungen eines EU-OGAW auf ein OGAW-Son-

34 *Schmitz* in Berger/Steck/Lübbehüsen, § 34 InvG Rz. 18.
35 Vgl. *Zetzsche*, Prinzipien der kollektiven Vermögensanlage, 2015, S. 840 ff.
36 Vgl. *Decker* in Moritz/Klebeck/Jesch, § 281 KAGB Rz. 43 ff.

dervermögen, eine OGAW-Investmentaktiengesellschaft oder ein Teilgesellschaftsvermögen einer OGAW-Investmentaktiengesellschaft gemäß den Vorgaben des Artikels 2 Absatz 1 Buchstabe p Ziffer iii der Richtlinie 2009/65/EG erfolgen.

In der Fassung vom 4.7.2013 (BGBl. I 2013, S. 1981).

Schrifttum: S. Vor §§ 181 ff. KAGB.

I. Zweck

1 §§ 181 bis 190 KAGB, ggf. i.V.m. § 281 Abs. 1 S. 2 und Abs. 2 KAGB ermöglichen die Verschmelzung offener Investmentvermögen unabhängig davon, ob Sondervermögen, InvAGen, InvKGen, Teilfonds oder Teilgesellschaftsvermögen derselben oder einer anderen KVG oder Investmentgesellschaft betroffen sind.[1] Unter prinzipiell den gleichen Voraussetzungen ist die **grenzüberschreitende Verschmelzung** von und mit EU-OGAW zulässig (§ 183 KAGB).

2 Die Vorschriften können als **allgemeiner Teil eines Rechts der Fondsverschmelzung** verstanden werden. Daraus ergeben sich zudem Hinweise auf Prinzipien für sämtliche Strukturmaßnahmen in Bezug auf offene Investmentvermögen (Vor §§ 181 ff. Rz. 18 f.).

3 § 181 Abs. 1 KAGB übernimmt mit redaktionellen Anpassungen aufgrund der in § 1 KAGB enthaltenen Begriffsbestimmungen[2] die Regelung des **§ 95 Abs. 7 Satz 1 InvG**, wonach bereits eine Umwandlung eines Publikums- in ein Spezial-Sondervermögen unzulässig war. Aus systematischen Gründen findet sich die Regelung jetzt im Abschnitt zur Verschmelzung von Publikumsinvestmentvermögen.[3] Der mit dem KAGB neu gefasste § 181 Abs. 1 Satz 2 KAGB stellt sicher, dass das Umbildungsverbot für OGAW in AIF gem. Art. 1 OGAW-RL nicht mittels Verschmelzungen umgangen werden kann.[4] § 181 Abs. 2 KAGB wurde mit redaktionellen Anpassungen aus **§ 2 Abs. 25 Satz 2 InvG** übernommen.[5]

II. Verschmelzungsverfahren im Überblick

4 Jeweils läuft das Verschmelzungsverfahren identisch und damit unter **Hintanstellung etwaiger rechtsformabhängiger Besonderheiten** ab:[6] Am Anfang steht die **Entscheidung** zur Verschmelzung. Danach erstellen die Vertretungsorgane der beteiligten Rechtsträger einen **Verschmelzungsplan (§ 184 KAGB)**.

5 Das Verschmelzungsverfahren sieht eine **Prüfung durch die BaFin** (§§ 182, 183 KAGB), die **Verwahrstelle** (§ 185 Abs. 1 KAGB) und ggf. zusätzlich des **Abschlussprüfers** (§ 185 Abs. 2 KAGB) vor. Jede Prüfung hat unterschiedliche Schwerpunkte: Die Behörde prüft, ob das Verfahren den §§ 183 bis 186 KAGB entspricht und die Anleger über die potentiellen Auswirkungen der geplanten Verschmelzung angemessen informiert werden (§ 182 Abs. 4 KAGB). Die Verwahrstelle prüft Verschmelzungsart und -termin sowie die Umtausch-

1 Dazu *Zetzsche*, AG 2013, 613 (627); *Wallach*, ZGR 2014, 321.
2 BT-Drucks. 17/12294, 260.
3 BT-Drucks. 17/12294, 260.
4 BT-Drucks. 17/12294, 260.
5 BT-Drucks. 17/12294, 260.
6 *Zetzsche*, Prinzipien der kollektiven Vermögensanlage, 2015, S. 816 ff.

bedingungen auf Vereinbarkeit mit Gesetz und konstituierenden Dokumenten. Der Abschlussprüfer prüft ggf. das Umtauschverhältnis.

6 Der **Prüfungsumfang ist beschränkt**: Eine Prüfung einer vergleichbaren Anlagestrategie, der Zweckmäßigkeit der Verschmelzung, einer vergleichbaren Gebührenstruktur oder andere materielle Anlegerschutzaspekte sind nicht Gegenstand der Prüfung. Das Verschmelzungsverfahren setzt primär auf **angemessene Anlegerinformation**, s. insb. § 186 Abs. 3 Satz 1 Nr. 2 KAGB.

7 Daneben gewährt das Gesetz einen außerordentlichen **Rücknahmeanspruch zum Nettoinventarwert nach Abzug der Auflösungskosten** und – soweit ein solches vorhanden ist – einen Umtauschanspruch in Anteile eines von derselben KVG oder einem verbundenen Unternehmen verwalteten Investmentvermögens mit ähnlichen Anlagegrundsätzen wie der des verschmolzenen Investmentvermögens (§ 187 Abs. 1 KAGB). Aus vermögensrechtlicher Sicht sind die Anleger somit auf die gleiche Weise wie bei der Kündigung gem. § 99 KAGB geschützt.

8 Zwar geht bei Publikumsinvestmentvermögen die **Initiative zur Verschmelzung** typischerweise allein **vom Verwalter aus**, aber das kostenlose Austrittsrecht zum Nettoinventarwert gem. § 187 Abs. 1 KAGB lässt eine Umgehung des Kündigungsrechts – anders als beim AGB-Änderungsvorbehalt[7] – nicht befürchten. Wegen der Exit-Option kann die investmentrechtliche „Verschmelzung" in den Kategorien des hier vertretenen rechtsgeschäftlichen Ansatzes als **Kündigung des Anlagevertrags mit dem Angebot zur Neuanlage in einen Fonds mit gleicher oder abweichender Strategie** gedeutet werden. Einzig die Initiativlast verschiebt sich: Bei einer Kündigung müsste der Anleger seinen Willen zum Fortbestehen des Anlagevertrags erklären (Kontinuitätslösung), bei der Verschmelzung muss er handeln, wenn er den Anlagevertrag nicht fortsetzen will (Widerspruchslösung). Hier deutet sich der allgemeine Grundsatz an, wonach eine Änderung des Anlagevertrags nur zum Preis eines Austrittsrechts zum Nettoinventarwert abzgl. Auflösungskosten zu haben ist.

9 Mit **Wirksamkeit der Verschmelzung** (§ 189 KAGB) werden alle Vermögensgegenstände und Verbindlichkeiten des Investmentvermögens übertragen. Die Anleger werden Anleger des übernehmenden oder neu gegründeten Investmentvermögens, das **übertragende Investmentvermögen erlischt** (§ 190 KAGB). Die Terminologie ist dem europäischen Verschmelzungsrecht entnommen. Daran verwundert, dass das Sondervermögen eigentlich keine Rechtspersönlichkeit hat, daher auch nicht erlöschen kann. Die Wortwahl ist eines von vielen Indizien für die **vom EU-Recht unterstellte Teilrechtsfähigkeit des Sondervermögens** (s. auch Rz. 23), die deutscher Dogmatik zuwiderläuft.

III. Zu verschmelzende Investmentvermögen (§ 181 Abs. 1, § 191, § 281 Abs. 1 Satz 1 KAGB)

10 § 181 Abs. 1 KAGB separiert erstens Spezial- und Publikums-AIF und sichert zweitens das Umwandlungsverbot gem. Art. 1 Abs. 5 OGAW-RL.

1. Offene Investmentvermögen und Rechtsformen (§ 181 Abs. 1, § 191 Abs. 1 und 2 KAGB)

11 Die Verschmelzung der zulässigen Vehikel ist gem. §§ 181 ff. KAGB grds. **rechtsformunabhängig ausgestaltet**. Die §§ 181 ff. KAGB betreffen – als Ganzes betrachtet – die **Verschmelzung offener Investmentvermögen**. Dies sind neben Sondervermögen gem. §§ 92 ff. KAGB auch **offene Investmentgesellschaften in Form der AG oder KG, sofern diese selbst Anlagevermögen sind.** *Beispiel*: Für eine extern verwaltete offene InvAG wurde kein Teilgesellschaftsvermögen gebildet. Dies gilt auch für den Fall, dass Investmentvermögen und Verwalter personenidentisch sind (Fall der intern verwalteten Investmentgesellschaft[8]). S. auch Rz. 17.

12 §§ 182 bis 190 KAGB regeln nur die **Verschmelzung von Sondervermögen**. § 191 KAGB erklärt die §§ 181 bis 190 KAGB für entsprechend anwendbar auf die **Verschmelzung mit anderen Rechtsformen**. Ggf. müssen in diesen Fällen Vorschriften des UmwG beachtet werden, vgl. § 191 Abs. 3 KAGB.

---

7 Dazu *Zetzsche*, Prinzipien der kollektiven Vermögensanlage, 2015, S. 838.

8 Entgegen dem Wortlaut von § 112 Abs. 2 KAGB verlangt die BaFin bei intern verwalteten InvAGen immer die Bildung eines separaten Investmentbetriebsvermögens; das Anlagevermögen muss daneben in einem oder mehreren Teilgesellschaftsvermögen gehalten werden.

Tabelle 1: Geltung der §§ 181 ff. gem. § 191 Abs. 1 KAGB nach übertragendem Investmentvermögen 13

Übertragendes Investmentvermögen	Vorschrift des § 191	Aufnehmendes Investmentvermögen
Sondervermögen	Abs. 1 Nr. 1	Offene InvAG
		Teilgesellschaftsvermögen einer offenen InvAG
Teilgesellschaftsvermögen einer offenen InvAG	Abs. 1 Nr. 2	Teilgesellschaftsvermögen derselben offenen InvAG
	Abs. 2 Nr. 3, Alt. 1	andere offenen InvAG
	Abs. 2 Nr. 3, Alt. 2	Teilgesellschaftsvermögen einer anderen offenen InvAG
	Abs. 2 Nr. 4, Alt. 1	Sondervermögen
	Abs. 2 Nr. 4, Alt. 2	EU OGAW
EU OGAW	Abs. 2, Alt. 1	OGAW-InvAG
	Abs. 2, Alt. 2	Teilgesellschaftsvermögen einer OGAW-InvAG

2. Publikumsfonds, Spezialfonds

Gemäß dem in §§ 181 bis 190 (i.V.m. 281) KAGB bestimmten Verfahren können jeweils **Publikumsfonds mit Publikumsfonds, Spezialfonds mit Spezialfonds** verschmolzen werden. Eine Verschmelzung von Publikums- auf Spezialfonds et vice versa ist ausgeschlossen (§ 181 Abs. 1 Satz 1, § 281 Abs. 1 Satz 1 KAGB). 14

Für das Verbot der **Verschmelzung von Spezial-AIF auf Publikums-AIF** gibt es kein sachliches,[9] aber das technische Argument,[10] dass Verschmelzungen unter Beteiligung von Spezial-AIF nicht genehmigungspflichtig sind (§ 281 Abs. 1 Satz 3 KAGB), so dass ein **Verfahren für den übertragenden Spezial-AIF fehlt**, auf dem die §§ 182 ff. KAGB beruhen. 15

3. OGAW und AIF

OGAW und Publikums-AIF dürfen verschmolzen werden, wenn das übernehmende oder neu gegründete Investmentvermögen auch ein OGAW ist (§ 181 Abs. 1 Satz 2 KAGB). Dem umgekehrten Fall steht Art. 1 Abs. 5 OAGW-RL entgegen, der in § 181 Abs. 1 KAGB umgesetzt ist. 16

4. Verwaltungsform und Verschmelzung der Rechtsträger

Die §§ 181 ff. KAGB betreffen die Verschmelzung von Anlagevermögen; auf die **Verwaltungsform** (extern oder intern verwaltet, vgl. § 1 Abs. 12, 13, § 17 Abs. 2 KAGB) kommt es im Grundsatz nicht an. §§ 181 ff. erfassen nicht die **Verschmelzung der externen KVG** sowie der (**intern oder extern verwalteten**) **Investmentgesellschaft als Träger von Teilgesellschaftsvermögen**. Dafür sind die Vorschriften des UmwG heranzuziehen, vgl. §§ 191 Abs. 3, 281 Abs. 3 KAGB. Aus der Gegenüberstellung der Regelungen des § 191 Abs. 1 KAGB, der auch Teilgesellschaftsvermögen einer InvAG erfasst, und des § 191 Abs. 3 KAGB, der die InvAG „als solche" adressiert, wird man wie folgt differenzieren können: 17

- Die Verschmelzung eines **Teilgesellschaftsvermögens**, für das **nur Anlageaktien ausgegeben** worden sind, mit einem anderen Investmentvermögen unterliegt § 191 Abs. 1 KAGB und nicht dem UmwG; ist das andere Investmentvermögen ein Teilgesellschaftsvermögen einer anderen InvAG, so kommt für das übertragende Teilgesellschaftsvermögen § 123 UmwG nicht zur Anwendung, weil dieses Teilgesellschaftsvermögen nach § 117 Abs. 2 KAGB bereits haftungs- und vermögensrechtlich vom Rest der InvAG getrennt ist;
- Die Verschmelzung **eines Investmentbetriebsvermögens nach § 112 Abs. 2 KAGB** mit einem Investmentbetriebsvermögen einer anderen InvAG unterliegt **ausschließlich und unmittelbar dem UmwG**, da hier kein Investmentvermögen betroffen ist; § 191 Abs. 3 KAGB läuft mit dem Verweis auf §§ 167, 182, 188–190 KAGB ins Leere;

9 So auch *Decker* in Moritz/Klebeck/Jesch, § 281 KAGB Rz. 13.
10 Vgl. BT-Drucks. 17/4510, 104 zu § 95 Abs. 7 InvG.

- Für die **Verschmelzung von zwei (extern verwalteten) InvAGen** ohne Investmentbetriebsvermögen gilt § 191 Abs. 3 KAGB mit dem dort geregelten spezifischen Vorrang der §§ 167, 182, 188–190 KAGB;
- Die **Verschmelzung einer extern verwalteten InvAG ohne Investmentbetriebsvermögen** mit einem Investmentbetriebsvermögen einer intern verwalteten InvAG dürfte von vornherein **unzulässig** sein, da hier ein Investmentvermögen mit einem Nicht-Investmentvermögen verschmolzen würde;
- Die Verschmelzung eines übertragenden **Teilgesellschaftsvermögens einer InvAG, für das nur Anlageaktien** ausgegeben worden sind, mit einer aufnehmenden **(extern verwalteten) InvAG** (ohne Investmentbetriebsvermögen), ist eine Verschmelzung von zwei Investmentvermögen, die vom Wortlaut des § 191 KAGB nicht erfasst wird: § 191 Abs. 1 KAGB regelt nur die Verschmelzung von zwei Teilgesellschaftsvermögen, was hier nicht vorliegt. § 191 Abs. 3 KAGB findet ebenso keine Anwendung, weil das Teilgesellschaftsvermögen nach der hier vertretenen Auffassung nicht unter § 191 Abs. 3 KAGB fällt, sondern wegen § 117 Abs. 2 KAGB ausschließlich unter § 191 Abs. 1 KAGB. Eine Verschmelzung sollte dennoch möglich sein, und zwar in **entsprechender Anwendung des § 191 Abs. 1 KAGB.**

5. Herkunftsland des Investmentvermögens

18 Die Verschmelzung nach §§ 181 ff. KAGB steht immer für die Verschmelzung **inländischer Investmentvermögen** (§ 1 Abs. 7 KAGB) zur Verfügung. Unter prinzipiell den gleichen Voraussetzungen wie für inländische Investmentvermögen ist die **grenzüberschreitende** Verschmelzung von und mit EU-OGAW (i.e. OGAW, die in einem anderen EU/EWR-Staat zugelassen sind) eröffnet (§ 183 KAGB).

19 Für **EU-AIF** steht ein durch europäisches Recht vollharmonisiertes Verschmelzungsrecht nicht zur Verfügung. Dies folgt aus den Klammerdefinitionen des § 182 Abs. 1 KAGB sowie der Stellung von § 281 KAGB[11] im Abschnitt über inländische Spezial-AIF. Jedoch verstößt es gegen Europarecht, in solchen Fällen eine Verschmelzung per se als unzulässig anzusehen, weil eine solche Auslegung nicht zuletzt die **Niederlassungsfreiheit und Dienstleistungsfreiheit über Gebühr einschränkt.** Die weite Terminologie des § 181 Abs. 1 KAGB erzwingt ein grenzüberschreitendes Verschmelzungsverbot nicht, dort geht es nur um Inhabilität gewisser Fondsarten. Jedenfalls bei der Herausverschmelzung drängt sich eine **europarechtskonforme Auslegung** auf, wonach eine **Verschmelzung in entsprechender Anwendung der §§ 181 ff., 281 KAGB** zulässig ist. **Ausländische Investmentvermögen**, die keine EU-AIF, sondern ausländische (Drittstaaten-)AIF sind (§ 1 Abs. 9 KAGB), können nicht nach §§ 182 ff. KAGB verschmolzen werden.

6. Geschlossene Investmentvermögen

20 Die **Verschmelzung geschlossener Investmentvermögen** (§ 1 Abs. 5 KAGB), die nur InvAG und InvKG sein können, ist **im KAGB nicht geregelt.** Umstritten ist, ob die Vorschriften des UmwG anzuwenden sind. Siehe dazu zutr. bejahend die Kommentierung von *Wallach*, § 108 Rz. 53 ff., § 140 Rz. 43 f., § 149 Rz. 32 ff.

IV. Verschmelzungsarten (§ 1 Abs. 19 Nr. 37 und 39, § 181 Abs. 2 KAGB)

21 Aus den § 1 Abs. 19 Nr. 37 und 39, § 190, § 181 Abs. 2 KAGB resultiert ein **numerus clausus der Verschmelzungsarten.** Im Ergebnis stehen **drei Arten** zur Verfügung, wovon zwei in § 1 Abs. 19 Nr. 37 KAGB sowie § 190 Abs. 1 und 2 KAGB und eine unmittelbar in der OGAW-RL geregelt sind, auf welche § 181 Abs. 2 KAGB verweist.

1. Verschmelzung durch Aufnahme (§ 1 Abs. 19 Nr. 37 KAGB)

22 Verschmelzung durch Aufnahme ist nach der **Klammerdefinition in § 1 Abs. 19 Nr. 37 lit. a KAGB** die „Übertragung sämtlicher Vermögensgegenstände und Verbindlichkeiten eines oder mehrerer übertragender offener Investmentvermögen auf ein anderes bestehendes übernehmendes Sondervermögen, auf einen anderen **bestehenden übernehmenden EU-OGAW**, auf eine andere bestehende übernehmende Investmentaktiengesellschaft mit veränderlichem Kapital oder auf eine andere bestehende übernehmende offene Investmentkommanditgesellschaft." Wie die Übertragung zu erfolgen hat, ist §§ 182 ff. KAGB zu entnehmen. Zu den Verbindlichkeiten zählen auch alle Rückstellungen, Abgrenzungen etc., die auch bei der **Nettoinventarwert-Berechnung** zu berücksichtigen sind; die entsprechenden Vorschriften sind entsprechend heranzuziehen.

23 Rechtsfolge der Verschmelzung durch Aufnahme ist die **Gesamtrechtsnachfolge des aufnehmenden in alle Vermögensgegenstände und Verbindlichkeiten des übertragenden Sondervermögens (§ 190 Abs. 1 Nr. 1**

---

11 Dazu *Decker* in Moritz/Klebeck/Jesch, § 281 KAGB Rz. 14.

KAGB).[12] Daran ist methodisch bemerkenswert, dass das Sondervermögen für sich kein Träger von Rechten und Pflichten ist, sondern die KVG. Die Norm ist Indiz für die **Teilrechtsfähigkeit des Sondervermögens** (s. dazu bereits § 91 Rz. 10); sie knüpft im Ergebnis an die Abschirmwirkung der §§ 92 ff. KAGB eine weitergehende Rechtsfolge. Beim **Treuhandmodell** (§ 92 Rz. 13) ist bei identischer KVG (wohl gemeint und) erforderlich, dass sich der Treuhänderwille mit Wirksamkeit der Verschmelzung auf die Rechtsausübung zugunsten des aufnehmenden Sondervermögens richtet. Beim **Miteigentumsmodell** (§ 92 Rz. 9) ist bei identischer KVG erforderlich, dass der Treuhänderwille mit Wirksamkeit der Verschmelzung für die neue Anlegerschaft besitzen will. Für Sondervermögen wäre daher eher der Begriff „Zuordnung" als die Begriffe „Übertragung" (§ 1 Abs. 19 Nr. 37 lit. a) KAGB) bzw. „gehen ... über" (§ 190 Abs. 1 Nr. 1 KAGB) treffend. Jedoch überlagert § 93 Abs. 1 KAGB diese dogmatischen Strukturen.

Zweite Rechtsfolge ist das **Einrücken der Anleger des übertragenden Investmentvermögens in die Stellung eines Anlegers des übernehmenden Investmentvermögens** (§ 190 Abs. 1 Nr. 2 KAGB). Rechte Dritter an den Anteilen der Anleger bestehen fort. Ggf. kann ein Barabfindungsanspruch i.H.v. bis zu 10 Prozent des Anteilswertes entstehen. Dies dient dazu, Spitzen auszugleichen. Gemeint ist der Wert des **einzelnen Anteils**, nicht des gesamten vom Anleger gehalten Anteils (arg. Wortlaut des § 1 Abs. 19 Nr. 37 KAGB am Ende). Die Wahl des 10 %-Schwellenwertes wirkt etwas willkürlich und kann zu kostenintensiven Umstrukturierungen nötigen. 24

Drittens **erlischt das übertragende Investmentvermögen**. Da sämtliche Vermögensgegenstände und Verbindlichkeiten übertragen sind, braucht es keine Liquidation. Bei einer Investmentgesellschaft ohne Teilgesellschaftsvermögen muss das Register durch Löschung bereinigt werden; dies geschieht nach den Regeln des UmwG. Zu den Wegen vgl. Rz. 11, 17. Ist bei einer Investmentgesellschaft mit separatem Investmentbetriebsvermögen das letzte Anlage-Teilgesellschaftsvermögen übertragen worden und ist keine Fortführung beabsichtigt, muss die Investmentgesellschaft selbst ggf. noch liquidiert werden. Dazu § 191 Rz. 5 f. 25

2. Verschmelzung durch Neugründung (§ 1 Abs. 19 Nr. 37 KAGB)

Verschmelzung durch Aufnahme ist nach der **Klammerdefinition in § 1 Abs. 19 Nr. 37 lit. b KAGB** die „Übertragung sämtlicher Vermögensgegenstände und Verbindlichkeiten zweier oder mehrerer übertragender offener Investmentvermögen auf **ein neues, dadurch gegründetes übernehmendes Sondervermögen**, auf einen neuen, dadurch gegründeten übernehmenden EU-OGAW, auf eine neue, dadurch gegründete übernehmende Investmentaktiengesellschaft mit veränderlichem Kapital oder auf eine neue, dadurch gegründete übernehmende offene Investmentkommanditgesellschaft." Der Rechtsträger entsteht erst in dem Moment der Übertragung. Bei Einsatz eines Mantel-Sondervermögens handelt es sich um einen Fall der Verschmelzung durch Aufnahme, selbst wenn im Mantel keine Vermögensgegenstände oder Verbindlichkeiten enthalten sind. Wie die Übertragung zu erfolgen hat, ist §§ 182 ff. KAGB zu entnehmen. Zu den Verbindlichkeiten vgl. Rz. 22 f. 26

Die **Verschmelzung durch Neugründung ruft dieselben drei Rechtsfolgen wie die Verschmelzung durch Aufnahme** hervor. Dazu Rz. 22 ff. Der Unterschied zur Verschmelzung durch Aufnahme besteht darin, dass neben der Verschmelzung auch die Genehmigung der Anlagebedingungen des neu gegründeten Investmentvermögens erforderlich ist (§ 182 Abs. 2 Satz 2 und 3 KAGB). Umgekehrt bestehen geringere Informationspflichten in Bezug auf vorhandene Vermögensgegenstände und Verbindlichkeiten, weil es beides nicht gibt. Folglich ist auch der Prüfungsumfang nach § 185 KAGB reduziert. 27

3. Scheme of Arrangement gem. Art. 2 Abs. 1 lit. p Ziff. iii OGAW-RL (§ 181 Abs. 2 KAGB)

Gemäß § 181 Abs. 2 KAGB steht neben der Verschmelzung durch Aufnahme und der Verschmelzung zur Neugründung für **Verschmelzungen eines EU-OGAW auf einen inländischen OGAW** (i.e. ein OGAW-Sondervermögen, eine OGAW-InvAG oder ein Teilgesellschaftsvermögen einer OGAW-InvAG) eine **dritte Verschmelzungsart**, die sog. Verschmelzung durch *scheme of arrangement/amalgamation* offen. Das Scheme of Arrangement führt zur **Übertragung des Nettovermögens** (nicht der gesamten Vermögensgegenstände, s. Art. 48 Abs. 1, 2 OGAW-RL: „alle Vermögenswerte und Verbindlichkeiten", demgegenüber Art. 48 Abs. 3 OGAW-RL: „die Nettovermögenswerte"), während die **Verbindlichkeiten und Vermögensgegenstände in entsprechender Höhe im übertragenden Vehikel bleiben und dort getilgt bzw. liquidiert** werden müssen. Dazu, welche Vermögensgegenstände in Höhe des Wertes des Nettovermögens übertragen werden und welche Vermögensgegenstände in Höhe der bestehenden Verbindlichkeiten beim übertragenden OGAW verbleiben, sagt die OGAW-RL nichts. Art. 40 Abs. 1 Unterabs. 2 lit. g OGAW-RL schreibt dies im Katalog der Pflichtangaben im Verschmelzungsplan nicht vor. Es liegt durchaus im Anlegerinteresse, den Betrag und 28

12 Begrenzt auf Investmentgesellschaften, BT-Drucks. 17/4510, 70.

die Zuordnung der Vermögensgegenstände zu erfahren, so dass die zuständige Finanzmarktaufsicht auf deren Aufnahme drängen könnte. Jedenfalls muss der Betrag Grundlage zur Berechnung des Umtauschverhältnisses sein.

29 Da für die Verschmelzungsart das **Recht des übertragenden Rechtsträgers** maßgeblich ist, das EU-Recht zur Öffnung für alle Verschmelzungsarten zwingt (ErwGr. 28 OGAW-RL) und nach dem Recht des zu übertragenden EU-OGAW das *scheme of arrangement* in Ausübung des Wahlrechts gem. Art. 2 Abs. 1 lit. p Ziff. iii OGAW-RL zulässig sein kann, eröffnet § 181 Abs. 2 KAGB diese Verschmelzungsform aus Sicht des aufnehmenden Investmentvermögens.

§ 182 Genehmigung der Verschmelzung

(1) Die Verschmelzung von Sondervermögen auf ein anderes bestehendes oder ein neues, dadurch gegründetes übernehmendes Sondervermögen (inländische Verschmelzung) oder eines OGAW-Sondervermögens auf ein anderes bestehendes oder einen neuen, dadurch gegründeten übernehmenden EU-OGAW (grenzüberschreitende Verschmelzung) bedarf der Genehmigung der Bundesanstalt.

(2) [1]Bei einer Verschmelzung durch Aufnahme hat die Kapitalverwaltungsgesellschaft des übertragenden Sondervermögens dem Antrag auf Genehmigung folgende Angaben und Unterlagen beizufügen:

1. **den Verschmelzungsplan nach § 184,**
2. **bei grenzüberschreitender Verschmelzung eine aktuelle Fassung des Verkaufsprospekts gemäß Artikel 69 Absatz 1 und 2 der Richtlinie 2009/65/EG und der wesentlichen Anlegerinformationen gemäß Artikel 78 der Richtlinie 2009/65/EG des übernehmenden EU-OGAW,**
3. **eine Erklärung der Verwahrstellen des übertragenden Sondervermögens und des übernehmenden Sondervermögens oder des EU-OGAW zu ihrer Prüfung nach § 185 Absatz 1 oder bei einer grenzüberschreitenden Verschmelzung gemäß Artikel 41 der Richtlinie 2009/65/EG und**
4. **die Verschmelzungsinformationen nach § 186 Absatz 1 oder bei einer grenzüberschreitenden Verschmelzung gemäß Artikel 43 der Richtlinie 2009/65/EG, die den Anlegern des übertragenden Sondervermögens und des übernehmenden Sondervermögens oder des EU-OGAW zu der geplanten Verschmelzung übermittelt werden sollen.**

[2]Bei einer Verschmelzung durch Neugründung eines Sondervermögens ist dem Antrag auf Genehmigung zusätzlich zu den in Satz 1 genannten Angaben und Unterlagen ein Antrag auf Genehmigung der Anlagebedingungen des neu zu gründenden Sondervermögens nach den §§ 162 und 163 beizufügen. [3]Bei einer Verschmelzung durch Neugründung eines EU-OGAW ist dem Antrag auf Genehmigung zusätzlich zu den in Satz 1 genannten Angaben und Unterlagen ein Nachweis darüber beizufügen, dass die Genehmigung der Anlagebedingungen des neu zu gründenden EU-OGAW bei der zuständigen Stelle des Herkunftsmitgliedstaates beantragt wurde. [4]Die Angaben und Unterlagen nach Satz 1 Nummer 1 bis 4 sind in deutscher Sprache und bei einer grenzüberschreitenden Verschmelzung auch in der Amtssprache oder in einer der Amtssprachen der zuständigen Stellen des Herkunftsmitgliedstaates des übernehmenden EU-OGAW oder einer von diesen gebilligten Sprache einzureichen.

(3) [1]Fehlende Angaben und Unterlagen fordert die Bundesanstalt innerhalb von zehn Arbeitstagen nach Eingang des Genehmigungsantrags an. [2]Liegt der vollständige Antrag vor, übermittelt die Bundesanstalt bei einer grenzüberschreitenden Verschmelzung den zuständigen Stellen des Herkunftsstaates des übernehmenden EU-OGAW unverzüglich Abschriften der Angaben und Unterlagen nach Absatz 2.

(4) [1]Die Bundesanstalt prüft, ob den Anlegern angemessene Verschmelzungsinformationen zur Verfügung gestellt werden; dabei berücksichtigt sie die potenziellen Auswirkungen der geplanten Verschmelzung auf die Anleger des übertragenden und des übernehmenden Sondervermögens. [2]Sie kann von der Kapitalverwaltungsgesellschaft des übertragenden Sondervermögens schriftlich verlangen, dass die Verschmelzungsinformationen für die Anleger des übertragenden Sondervermögens klarer gestaltet werden. [3]Soweit sie eine Nachbesserung der Verschmelzungsinformationen für die Anleger des übernehmenden Sondervermögens für erforderlich hält, kann sie innerhalb von 15 Arbeitstagen nach dem Erhalt des vollständigen Antrags gemäß Absatz 2 schriftlich eine Änderung verlangen.

(5) Die Bundesanstalt genehmigt die geplante Verschmelzung, wenn

1. die geplante Verschmelzung den Anforderungen der §§ 183 bis 186 entspricht,

2. bei einer grenzüberschreitenden Verschmelzung für den übernehmenden EU-OGAW der Vertrieb der Anteile sowohl gemäß § 310 im Inland als auch gemäß Artikel 93 der Richtlinie 2009/65/EG zumindest in denjenigen Mitgliedstaaten der Europäischen Union oder Vertragsstaaten des Abkommens über den Europäischen Wirtschaftsraum angezeigt wurde, in denen auch für das übertragende OGAW-Sondervermögen der Vertrieb der Anteile gemäß Artikel 93 der Richtlinie 2009/65/EG angezeigt wurde,

3. die Bundesanstalt

a) keine oder keine weitere Nachbesserung der Verschmelzungsinformationen nach Absatz 4 verlangt hat oder

b) bei einer grenzüberschreitenden Verschmelzung keinen Hinweis der zuständigen Stellen des Herkunftsmitgliedstaates des übernehmenden EU-OGAW erhalten hat, dass die Verschmelzungsinformationen nicht zufriedenstellend im Sinne des Artikels 39 Absatz 3 Unterabsatz 4 Satz 1 der Richtlinie 2009/65/EG sind, oder eine Mitteilung der zuständigen Stellen des Herkunftsmitgliedstaates im Sinne des Artikels 39 Absatz 3 Unterabsatz 4 Satz 2 der Richtlinie 2009/65/EG erhalten hat, dass die Nachbesserung der Verschmelzungsinformationen zufriedenstellend ist, und

4. bei einer Verschmelzung durch Neugründung eines EU-OGAW ein Nachweis der Genehmigung der Anlagebedingungen des neu gegründeten EU-OGAW durch die zuständige Stelle des Herkunftsstaates von der EU-OGAW-Verwaltungsgesellschaft des neu gegründeten EU-OGAW der Bundesanstalt eingereicht wurde.

(6) [1]Die Bundesanstalt teilt der Kapitalverwaltungsgesellschaft innerhalb von 20 Arbeitstagen nach Vorlage der vollständigen Angaben nach Absatz 2 mit, ob die Verschmelzung genehmigt wird. [2]Der Lauf dieser Frist ist gehemmt, solange die Bundesanstalt eine Nachbesserung der Verschmelzungsinformationen nach Absatz 4 verlangt oder ihr bei einer grenzüberschreitenden Verschmelzung eine Mitteilung der zuständigen Stellen des Herkunftsstaates des übernehmenden EU-OGAW vorliegt, dass die Verschmelzungsinformationen nicht zufriedenstellend sind. [3]Ist die Frist bei einer grenzüberschreitenden Verschmelzung gehemmt, gilt Satz 1 mit der Maßgabe, dass die Bundesanstalt der Kapitalverwaltungsgesellschaft nach 20 Arbeitstagen mitteilt, dass die Genehmigung erst erteilt werden kann, wenn sie eine Mitteilung der zuständigen Stellen des Herkunftsmitgliedstaates darüber erhalten hat, dass die Nachbesserung der Verschmelzungsinformationen zufriedenstellend ist und dass damit die Hemmung der Frist beendet ist. [4]Bei einer grenzüberschreitenden Verschmelzung unterrichtet die Bundesanstalt die zuständigen Stellen des Herkunftsstaates des übernehmenden EU-OGAW darüber, ob sie die Genehmigung erteilt hat.

(7) Bei einer Verschmelzung durch Neugründung eines Sondervermögens gilt § 163 Absatz 2 mit der Maßgabe, dass an die Stelle der Frist von vier Wochen eine Frist von 20 Arbeitstagen tritt; werden fehlende oder geänderte Angaben oder Unterlagen angefordert, beginnt der Lauf der in Absatz 6 Satz 1 genannten Frist mit dem Eingang der angeforderten Angaben oder Unterlagen erneut.

In der Fassung vom 4.7.2013 (BGBl. I 2013, S. 1981).

Schrifttum: S. Vor §§ 181 ff. KAGB.

I. Zweck

1 Die Vorschrift ordnet ein **Genehmigungsverfahren zur Verschmelzung vor der BaFin** an. § 182 Abs. 1 KAGB statuiert die Genehmigungspflicht; aus der Definition der grenzüberschreitenden Verschmelzung folgt, dass die BaFin das Genehmigungsverfahren als **Aufsichtsbehörde des übertragenden Investmentvermögens** durchzuführen hat. § 182 Abs. 2 KAGB ordnet an, welche **Unterlagen** im Fall der Verschmelzung durch Aufnahme (vgl. § 181 Rz. 22) und Verschmelzung durch Neugründung (§ 181 Rz. 26) dem Genehmigungsantrag beizufügen sind. § 182 Abs. 3 bis 7 KAGB enthält Vorgaben zum Genehmigungsverfahren, u.a. mit den Genehmigungsvoraussetzungen (§ 182 Abs. 5 KAGB) und detaillierten Bearbeitungsfristen u.a. für die grenzüberschreitende Verschmelzung (§ 182 Abs. 6 und 7 KAGB).

2 § 182 KAGB geht zurück auf **§ 40 InvG.**[1] Die Vorschrift setzt in Bezug auf **OGAW** zugleich Art. 39 OGAW-RL um.

II. Genehmigungspflicht (§ 182 Abs. 1 KAGB)

3 § 182 Abs. 1 KAGB statuiert die Genehmigungspflicht und enthält **zwei Klammerdefinitionen** für die inländische sowie grenzüberschreitende Verschmelzung. Beide Definitionen werden in den Folgeabsätzen aufgegriffen. Inländische Verschmelzung meint die Verschmelzung zweier **inländischer Investmentvermögen (vgl. § 1 Abs. 7 KAGB)**, grenzüberschreitende Verschmelzung meint die Verschmelzung eines inländischen Investmentvermögens auf einen **EU-OGAW**, also einen OGAW mit Zulassung in einem EU/EWR-Staat. Zu den **möglichen Kombinationen** s. § 181 Rz. 11 ff. Der weitere Begriff des EU-Investmentvermögens gem. § 1 Abs. 8 KAGB wird nicht verwendet, so dass eine Verschmelzung eines inländischen Investmentvermögens auf einen EU-AIF unzulässig ist. Näher § 181 Rz. 18 f.

4 Während die BaFin bei inländischen Investmentvermögen Aufsichtsbehörde des übertragenden und aufnehmenden Investmentvermögens ist, folgt aus der Definition der grenzüberschreitenden Verschmelzung, dass die BaFin das Genehmigungsverfahren als **Aufsichtsbehörde des übertragenden Investmentvermögens** durchzuführen hat.

III. Genehmigungsantrag (§ 182 Abs. 2 KAGB)

5 Für die beiden bei Übertragung eines inländischen Investmentvermögens eröffneten Verschmelzungsarten (dazu § 181 Rz. 21 f.)[2] ist jeweils ein **Antrag bei der BaFin einzureichen und ein Genehmigungsverfahren vor der BaFin** durchzuführen. Die nach § 182 Abs. 2 Nr. 1 bis 4 KAGB erforderlichen Unterlagen sind in beiden Fällen einzureichen. Für die grenzüberschreitende Fonds-Verschmelzungsprüfung sind den Behörden **Prospekt und wesentliche Anlegerinformation**, **nicht** aber die **Anlagebedingungen im Status ex ante** zu übermitteln.[3]

6 Bei der **Verschmelzung durch Neugründung** müssen zusätzlich die Anlagebedingungen des neuen Investmentvermögens genehmigt werden, so dass weitere Unterlagen und Prüfungen erforderlich sind; dies kann auch die in § 182 Abs. 2 Satz 3 KAGB genannten Unterlagen zum Verfahren vor einer Aufsichtsbehörde im Herkunftsland des aufnehmenden OGAW umfassen. Dabei kommt der Rechtssicherheit zu Gute, dass sämtliche OGAW einer Produktzulassungspflicht unterliegen (vgl. Art. 5 Abs. 1 OGAW-RL). Über den gesetzlichen Katalog hinaus wird bei inländischen Verschmelzungen üblicherweise der **Antrag auf Auswahl der Verwahrstelle** gem. §§ 69 Abs. 1, 87 KAGB eingereicht, damit diese ihren Mitwirkungspflichten nachkommen kann.[4]

7 Die **Sprachenregelung** in § 182 Abs. 2 Satz 4 KAGB stellt sicher, dass Aufsichtsbehörde und Anleger im Land des aufnehmenden oder dort neu zu gründenden OGAW die Unterlagen lesen können.

---

1 BT-Drucks. 17/12294, S. 260.

2 Zur Verschmelzung nach Art. 2 Abs. 1 lit. p Ziff. iii OGAW-RL muss sich § 182 KAGB nicht verhalten, weil dieses Verfahren nur eröffnet ist, wenn der übertragende EU-OGAW nach dessen Heimatrecht auf dieses Verfahren zurückgreifen darf. S. § 181 Rz. 28 f.

3 Art. 39 Abs. 2 lit. b OGAW-RL, umgesetzt in § 182 Abs. 2 Nr. 2 KAGB. Die konstituierenden Dokumente ex post sind Teil des Verschmelzungsplans, vgl. Art 40 Abs. 1 lit. h OGAW-RL/§ 184 Nr. 8 KAGB. Allerdings sind unter den Bedingungen des § 297 Abs. 3 KAGB die Anlagebedingungen dem Verkaufsprospekt beizufügen und damit in praxi Bestandteil des Verkaufsprospekts.

4 *Springer/Sittmann* in Weitnauer/Boxberger/Anders, § 182 KAGB Rz. 9.

IV. Genehmigungsverfahren (§ 182 Abs. 3 bis 5 KAGB)

1. Fehlende Angaben (§ 182 Abs. 3 Satz 1 KAGB)

Fehlende Angaben sind von der BaFin binnen zehn Tagen nach Eingang des Genehmigungsantrags nachzufordern (§ 181 Abs. 3 Satz 1 KAGB). Es handelt sich um eine gesetzliche und ohne weiteres **verbindliche Bearbeitungsfrist für die BaFin**, die für eine zügige Durchführung des Verschmelzungsverfahrens sorgen soll.[5] Auch ein späteres Begehren wird die KVG erfüllen, aus § 181 Abs. 3 Satz 1 KAGB folgt **keine Präklusion**. Allerdings handelt die BaFin bei Untätigkeit binnen des Fristlaufs pflichtwidrig und macht sich ggf. ersatzpflichtig, da die Nichtanforderung binnen der gebotenen Frist auf Seiten des Aufsichtsadressaten einen **Vertrauenstatbestand** erzeugt, der zu weiteren Dispositionen (z.B. Auftrag für Werbemaßnahmen) Anlass geben kann. 8

2. Übermittlung an Aufsichtsbehörde des übernehmenden EU-OGAW (Abs. 3 Satz 2)

Bei vollständigen Unterlagen muss die BaFin diese im Fall der grenzüberschreitenden Verschmelzung **unverzüglich** an die Aufsichtsbehörde des übernehmen EU-OGAW übermitteln. Aus § 182 Abs. 3 Satz 1 KAGB folgt, dass das schuldhafte Zögern im Grundsatz zehn Tage nach Eingang des Genehmigungsantrags ohne Nachforderungsverlangen beginnt. 9

3. Prüfung und Nachbesserung der Verschmelzungsinformation (§ 182 Abs. 4 KAGB)

§ 182 Abs. 4 KAGB regelt den **Prüfungsmaßstab**. Es geht einzig um die **Angemessenheit der Information.** Eine Zweckmäßigkeits- oder Wirtschaftlichkeitsprüfung erfolgt nicht. Die Informationen müssen insbesondere die **Auswirkungen auf die Anleger** korrekt und unmissverständlich darstellen. Ggf. ist nachzubessern. 10

Die (**Maximal-)Frist für die Nachbesserung** nach § 182 Abs. 4 KAGB berechnet sich wie folgt: Die BaFin hat bis zu zehn Tage Zeit für die Prüfung der Vollständigkeit. Ab Feststellung der Vollständigkeit, die auch früher als zehn Tage erfolgen kann, läuft die 15 Tage-Frist. Nach 25 Tagen liegt ein Pflichtverstoß der BaFin nahe, jedoch kann sich die BaFin exkulpieren. Für den **Fall des Fristablaufs** gilt das oben Gesagte (Rz. 8): Eine Präklusion geht damit nicht einher, die BaFin kann und muss weiterhin auf Ergänzung dringen; dies gebietet der Anlegerschutz. 11

Die Prüfung durch die BaFin nach § 182 Abs. 4 KAGB erfolgt nur bei **reinen Inlandssachverhalten** (arg. „Sondervermögen");[6] ansonsten obliegt die Prüfung Behörde des übertragenden EU-OGAW, vgl. Rz. 1, 3). 12

4. Genehmigungsvoraussetzungen (§ 182 Abs. 5 KAGB)

Aus § 182 Abs. 5 KAGB folgt: Sind die Informationen angemessen und liegen alle Unterlagen vor, muss die BaFin die Verschmelzung genehmigen (**gebundene Entscheidung**).[7] 13

5. Bearbeitungsfristen, grenzüberschreitende Verschmelzung (§ 182 Abs. 6 und 7 KAGB)

§ 182 Abs. 6 KAGB sind **Bearbeitungsfristen für den Entscheidungsvorgang** zu entnehmen. Die **Entscheidungsfrist** nach § 182 Abs. 6 KAGB berechnet sich wie folgt: Die BaFin hat gem. § 182 Abs. 2 KAGB bis zu zehn Tage für die Prüfung der Vollständigkeit. Ab Feststellung der Vollständigkeit läuft die 20 Tage-Entscheidungsfrist. Die Frist ist gehemmt, wenn die BaFin Ergänzungen nach § 182 Abs. 4 KAGB verlangt, was bis zu 25 Tage nach Eingang der Unterlagen erfolgen kann, und zwar bis die Ergänzungen der BaFin zugegangen sind. Ab Zugang der Ergänzungen läuft die Entscheidungsfrist, und zwar im vollen Umfang von 20 Tagen. Die Frist läuft nicht etwa teilweise bis zum Ergänzungsverlangen; dies deshalb, weil die Entscheidung erst gefällt werden und bearbeitet kann, wenn alle Informationen vorliegen. 14

Für die gebundene Entscheidung wirkt der Zeitraum von 20 Tagen zwar recht lang, zumal die Abwägung der Informationen separat erfolgt, jedoch knüpfen daran ggf. auch behördeninterne Vorgänge, die ein gewisses Zuwarten rechtfertigen. Dagegen ist die **Frist knapp bemessen**, wenn nach § 182 Abs. 7 KAGB zugleich die Anlagebedingungen des neugegründeten Sondervermögens zu prüfen sind; bei einer reinen Neugründung hätte die BaFin eine Frist von 4 Wochen. 15

---

5 I.E. auch *Springer/Sittmann* in Weitnauer/Boxberger/Anders, § 182 KAGB Rz. 12.

6 BT-Drucks. 17/4510, 68.

7 *Springer/Sittmann* in Weitnauer/Boxberger/Anders, § 182 KAGB Rz. 18; *Schmitz* in Emde/Dornseifer/Dreibus/Hölscher, § 40 InvG Rz. 31.

V. Keine Geltung für Spezial-AIF

16 Die Vorschrift gilt nicht für die Verschmelzung von Spezial-AIF (§ 281 Abs. 1 KAGB); an die Stelle der behördlichen Genehmigung tritt die Zustimmung der Anleger (§ 281 Abs. 1 Satz 3 KAGB).

§ 183 Verschmelzung eines EU-OGAW auf ein OGAW-Sondervermögen

(1) [1]Werden der Bundesanstalt bei einer geplanten Verschmelzung eines EU-OGAW auf ein OGAW-Sondervermögen Abschriften der Angaben und Unterlagen nach Artikel 39 Absatz 2 der Richtlinie 2009/65/EG von den zuständigen Stellen des Herkunftsmitgliedstaates des übertragenden EU-OGAW übermittelt, prüft sie, ob den Anlegern angemessene Verschmelzungsinformationen zur Verfügung gestellt werden; dabei berücksichtigt sie die potenziellen Auswirkungen der geplanten Verschmelzung auf die Anleger des übernehmenden OGAW-Sondervermögens. [2]Soweit die Bundesanstalt eine Nachbesserung für erforderlich hält, kann sie innerhalb von 15 Arbeitstagen nach dem Erhalt der vollständigen Angaben und Unterlagen gemäß Artikel 39 Absatz 2 der Richtlinie 2009/65/EG von der OGAW-Kapitalverwaltungsgesellschaft des übernehmenden OGAW-Sondervermögens schriftlich eine Änderung der Verschmelzungsinformationen für die Anleger des übernehmenden OGAW-Sondervermögens verlangen.

(2) [1]Verlangt die Bundesanstalt die Nachbesserung der Verschmelzungsinformationen nach Absatz 1, setzt sie die zuständigen Stellen des Herkunftsmitgliedstaates des übertragenden EU-OGAW hierüber in Kenntnis. [2]Sobald sie von der OGAW-Kapitalverwaltungsgesellschaft des übernehmenden OGAW-Sondervermögens eine zufriedenstellende Nachbesserung der Verschmelzungsinformationen erhalten hat, teilt sie dies den zuständigen Stellen des Herkunftsmitgliedstaates des übertragenden EU-OGAW mit, spätestens jedoch innerhalb von 20 Arbeitstagen.

In der Fassung vom 4.7.2013 (BGBl. I 2013, S. 1981).

Schrifttum: S. Vor §§ 181 ff. KAGB.

I. Zweck

1 Die Norm regelt den **Prüfungsumfang der BaFin** bei der Verschmelzung von EU-OGAW auf inländische OGAW. Die BaFin hat nur die Angemessenheit der Verschmelzungsinformation (§ 186 Abs. 1 KAGB) zu prüfen. § 183 Abs. 2 KAGB stipuliert zudem eine Kooperationspflicht mit den Aufsichtsbehörden des übertragenden EU-OGAW.

2 § 183 KAGB geht zurück auf § 40a InvG, der die **Verschmelzung eines EU-Investmentvermögens auf ein inländisches OGAW-Investmentvermögen** betraf,[1] aber noch ein Nachforderungsrecht gegenüber der KVG des übertragenden OGAW vorsah.[2] Die Vorschrift setzt zugleich Art. 39 Abs. 3 OGAW-RL um. Die starren Verfahrensanforderungen in Bezug Informations- und Kooperationspflichten sowie Fristen sind Ausdruck der **Vollharmonisierung** (Vor §§ 181 ff. Rz. 11) und sollen den **reibungslosen Ablauf grenzüberschreitender Verschmelzung** sichern, obwohl die Aufsichtsbehörde des übertragenden Rechtsträgers dabei die Aufsicht über ein Investmentvermögen verliert, aber potentielle Risiken für Anleger in ihrem Aufsichtsgebiet hinzukommen.

---

1 Vgl. BT-Drucks. 17/4510, 69.
2 Vgl. *Schmitz* in Emde/Dornseifer/Dreibus/Hölscher, § 40a InvG Rz. 7.

II. Prüfung der Angemessenheit der Anlegerinformation (§ 183 Abs. 1 KAGB)

§ 183 Abs. 1 KAGB regelt für den Fall der grenzüberschreitenden Verschmelzung die Stellung der BaFin als Aufsichtsbehörde spiegelbildlich zu § 182 KAGB, also als **Aufsichtsbehörde des aufnehmenden inländischen OGAW**. Ebenso wie die Aufsichtsbehörde des übertragenden Rechtsträgers (vgl. § 182 Abs. 4 KAGB) kann sie ein **Nachbesserungsverlangen** stellen (zu den Kriterien § 182 Rz. 8 ff.), dessen Adressat jedoch die **KVG des aufnehmenden OGAW** ist. Diese kann im Fall der grenzüberschreitenden Portfolioverwaltung (vgl. § 49 KAGB), muss aber nicht deckungsgleich mit der KVG des übertragenden Rechtsträgers sein. 3

Unterschiedlich sind die **Auswirkungen des Nachbesserungsverlangens**. Die Behörde des *übertragenden* OGAW entscheidet abschließend über die Verschmelzung, um sicherzustellen, dass die Interessen der Anleger, die den OGAW wechseln, ausreichend geschützt werden.[3] Wird ihrem Nachbesserungsverlangen nicht entsprochen, wird die Verschmelzung i.d.R. nicht genehmigt und scheitert. Dies kann die Behörde des *aufnehmenden* OGAW nicht erzwingen. Die Behörde des übertragenden OGAW kann sich grds. über die Bedenken der Behörde des aufnehmenden OGAW hinwegsetzen; sie wird dies aber im Rahmen der europäischen Aufsichtskooperation nur selten tun. 4

III. Informationspflichten gegenüber Herkunftsstaatbehörden des übertragenden OGAW (§ 183 Abs. 2 KAGB)

Über das Nachbesserungsverlangen sowie dessen Erfüllung ist die Behörde des übertragenden OGAW zu informieren (§ 183 Abs. 2 KAGB). Dies sichert ein einheitliches Wissensniveau und soll widersprüchliche Entscheidungen vermeiden.[4] 5

IV. Keine Geltung für Spezial-AIF

Die Vorschrift gilt nicht für die Verschmelzung von Spezial-AIF (§ 281 Abs. 1 KAGB), weil Spezial-AIF keine OGAW sind. 6

§ 184 Verschmelzungsplan

[1]Die Vertretungsorgane der an der Verschmelzung beteiligten Rechtsträger haben für gemeinschaftliche Rechnung der Anleger des übertragenden Sondervermögens und der Anleger des übernehmenden Sondervermögens oder übernehmenden EU-OGAW einen gemeinsamen Verschmelzungsplan aufzustellen. [2]Soweit unterschiedliche Rechtsträger an der Verschmelzung beteiligt sind, handelt es sich dabei um einen Vertrag, auf den § 311b Absatz 2 des Bürgerlichen Gesetzbuchs keine Anwendung findet. [3]Der Verschmelzungsplan muss mindestens die folgenden Angaben enthalten:

1. **die Art der Verschmelzung und die beteiligten Sondervermögen oder EU-OGAW,**
2. **den Hintergrund der geplanten Verschmelzung und die Beweggründe dafür,**
3. **die erwarteten Auswirkungen der geplanten Verschmelzung auf die Anleger des übertragenden Sondervermögens und des übernehmenden Sondervermögens oder EU-OGAW,**
4. **die beschlossenen Kriterien für die Bewertung der Vermögensgegenstände und Verbindlichkeiten im Zeitpunkt der Berechnung des Umtauschverhältnisses,**
5. **die Methode zur Berechnung des Umtauschverhältnisses,**
6. **den geplanten Übertragungsstichtag, zu dem die Verschmelzung wirksam wird,**
7. **die für die Übertragung von Vermögenswerten und den Umtausch von Anteilen geltenden Bestimmungen und**
8. **bei einer Verschmelzung durch Neugründung gemäß § 1 Absatz 19 Nummer 37 Buchstabe b die Anlagebedingungen oder die Satzung des neuen Sondervermögens oder EU-OGAW.**

[4]Weitere Angaben sind zulässig, können aber nicht von der Bundesanstalt verlangt werden.

In der Fassung vom 4.7.2013 (BGBl. I 2013, S. 1981).

---

3 Vgl. ErwGr. 29 Satz 2 OGAW-RL.
4 *Springer/Sittmann* in Weitnauer/Boxberger/Anders, § 183 KAGB Rz. 10.

Schrifttum: S. Vor §§ 181 ff. KAGB.

I. Zweck

1 Die Norm regelt die **Pflicht zur Aufstellung eines Verschmelzungsplans** sowie dessen Mindestinhalt. Zugleich ergeben sich aus der Norm Rückschlüsse auf den Rechtscharakter des Verschmelzungsplans.

2 § 184 KAGB geht zurück auf § 40b InvG. Die Vorschrift setzt in Bezug auf **OGAW** zugleich Art. 40 OGAW-RL um.[1] Zu weiteren Details vgl. Art. 3 bis 7 Richtlinie 2010/44/EU, auf welche die Vorschrift an mehreren Stellen verweist.

II. Aufstellungspflicht (§ 184 Satz 1 und 2 KAGB)

3 Zentrales Dokument ist der Verschmelzungsplan. Dieses ist von den **„Vertretungsorganen" aufzustellen.** Der Begriff ist ungewöhnlich und offensichtlich dem Umstand geschuldet, dass Art. 40 Abs. 1 OGAW-RL die Erstellung des Verschmelzungsplans durch den übertragenden und übernehmenden OGAW unterstellt und hierbei implizit von der eigenständigen Rechtspersönlichkeit eines OGAW ausgeht. Die Gesetzesmaterialien[2] erklären sich hierzu nicht. Gemeint sind die Organe mit **Geschäftsführungs- und Vertretungsbefugnis in Bezug auf die kollektive Vermögensverwaltung des Investmentvermögens.**

4 Dies ist bei einem **Sondervermögen** gem. § 93 Abs. 1 KAGB der **Vorstand einer KVG-AG** bzw. die **Geschäftsführer der KVG-GmbH**, jeweils in vertretungsberechtigter Anzahl. Bei einer **intern verwalteten Investmentgesellschaft** (§ 17 Abs. 2 Nr. 2 KAGB) ist deren Vorstand bzw. die Geschäftsführung der Komplementär-KG gemeint.

5 Als Adressaten der Aufstellungspflicht stehen bei **extern verwalteten Investmentgesellschaften** zur Auswahl die **KVG** als Trägerin der Portfolioverwaltung (arg. § 17 Abs. 2 Nr. 1 KAGB) und der **Vorstand bzw. Geschäftsführer der Investmentgesellschaft.** „Vertretungsorgan" der Gesellschaft sind letztere. Auch spricht für dieses Verständnis, dass die Verschmelzung keine Handlung im Rahmen der Portfolioverwaltung i.e.S. ist (Vor §§ 181 ff. Rz. 18), sowie dass der Katalog administrativer Tätigkeiten in Anhang II OGAW-RL, der den Pflichtenkreis der KVG absteckt, keine Tätigkeiten vorsieht, die als Verschmelzung oder verschmelzungsähnlich qualifiziert werden können. Dem steht gegenüber, dass der Vorstand einer extern verwalteten Investmentgesellschaft regelmäßig keinerlei Ressourcen hat, um die Verschmelzungsunterlagen zu erstellen, es sich bei der „Aufstellung" somit um eine unmögliche Pflicht handelt. Dagegen ließe sich einwenden, die Investmentgesellschaft könne die Aufstellung delegieren und durch Unterzeichnung die Verantwortung übernehmen. Auch könnte man die der KVG zustehende Handlungsbefugnis für deren Stellung als „Vertretungsorgan" genügen lassen; das europäische Recht schert sich nicht um dogmatische Feinheiten des deutschen Rechts.

6 Im Ergebnis kommt es auf die **interne Ausgestaltung der betroffenen Investmentgesellschaft sowie der Mandatsbeziehung** an: In manchen Investmentgesellschaften kommt einzig die KVG als aufstellende Einheit in Betracht, in anderen können es auch oder nur die Gesellschaftsorgane sein. Auf der sicheren Seite ist man, wenn sowohl die Gesellschaftsorgane, als auch die KVG in vertretungsberechtigter Zahl den Verschmelzungsplan unterzeichnen. Eine entsprechende **Befugnis der KVG** sollte ggf. **im Mandatsvertrag und den Gesellschaftsstatuten klargestellt** werden; das zwingende Gesellschaftsrecht steht bei der InvAG nicht dagegen (arg. § 108 Abs. 2 KAGB). Nimmt die KVG bei der InvKG die Stellung der geschäftsführenden Kommanditistin ein, stellt sich die Frage schon nicht.

7 Der Verschmelzungsplan wird von den „Vertretungsorganen" (dazu Rz. 3) des übertragenden und des aufnehmenden Investmentvermögens gemeinsam erstellt, es gibt also **einen gemeinsamen Verschmelzungsplan** für mehrere an der Verschmelzung beteiligte Investmentvermögen. Dieser ist den Aufsichtsbehörden (§ 182 Abs. 2 Nr. 1 KAGB), den nach § 185 KAGB prüfpflichtigen Stellen (vgl. § 185 Abs. 1 KAGB für die Verwahrstelle), den beteiligten KVGs und bei intern und extern verwalteten Investmentgesellschaften deren

1 Vgl. BT-Drucks. 17/4510, 69.
2 Vgl. BT-Drucks. 17/4510, 69 zu § 40b InvG.

(sonstigen) Organen offenzulegen, weil er das Gesellschaftsvermögen betrifft und ggf. für die Maßnahmen nach dem UmwG von Bedeutung sein kann (vgl. § 191 Abs. 3 KAGB).

Die **ein Sondervermögen verwaltende KVG** bezeichnet § 184 Satz 2 KAGB als **„Rechtsträger"**, was inhaltlich wohl auf der Verwaltungsbefugnis gem. § 93 Abs. 1 KAGB beruht, aber jedenfalls dann unpassend ist, wenn die zum Sondervermögen gehörenden Vermögensgegenstände nach § 92 Abs. 1 Satz 1 Alt. 2 KAGB im Miteigentum der Anleger stehen. Diese können auch in diesem Fall nicht als Rechtsträger ihres Sondervermögens betrachtet werden; insofern ist auf Art. 40 OGAW-RL zu rekurrieren, der den OGAW, aber nicht dessen Anleger zur Partei eines Verschmelzungsplans macht. Rechtsträger sind bei der Verschmelzung unter Beteiligung von **Investmentgesellschaften** (vgl. § 191 KAGB) auch diese, sofern diesen das Anlagevermögen rechtlich zugeordnet ist. 8

Sind die **„Rechtsträger" verschieden**, ist der Verschmelzungsplan gem. § 184 Satz 2 KAGB ein „Vertrag, auf den § 311b Absatz 2 des Bürgerlichen Gesetzbuchs keine Anwendung findet." Daraus folgt zunächst, dass der Verschmelzungsplan ein **zwischen den Rechtsträgern geschlossener Vertrag** ist. Art. 40 OGAW-RL trifft eine solche Unterscheidung nicht, sondern geht implizit von dem übertragenden und aufnehmenden OGAW als zwei verschiedenen Rechtspersönlichkeiten aus, die einen „gemeinsamen" Verschmelzungsplan erstellen, der damit per se Vertragscharakter hat. Für die Anwendung dieser Regelung auf Sondervermögen ohne eigene Rechtspersönlichkeit musste die Vorschrift daher angepasst werden. Vertragsinhalt ist die Verpflichtung der zur Vornahme einer Verschmelzung notwendigen Handlungen.[3] Die **Wirksamkeit** des Vertrages ist bei Publikums-Investmentvermögen an die Genehmigung der Aufsichtsbehörde des übertragenden Investmentvermögens geknüpft (§ 182 Abs. 1 KAGB).[4] Anderes regelt § 281 Abs. 1 Satz 3 KAGB für Spezial-AIF; dort entfaltet der Vertrag unmittelbare Wirkung. 9

§ 184 Satz 2 KAGB bedingt **§ 311b Abs. 2 BGB** ab, wonach ein Vertrag mit der Verpflichtung zur Übertragung zukünftigen Vermögens nichtig ist. Dies versteht sich als **Vorsichtsmaßnahme**, da die Vermögensgegenstände am Tag des Vertragsschlusses vielfach andere als am Tag der Wirksamkeit der Verschmelzung (vgl. § 190 KAGB) sein werden. 10

III. Inhalt des Verschmelzungsplans (§ 184 Satz 3 und 4 KAGB)

Pflichtangaben sind zunächst die **Verschmelzungsart** (dazu § 181 Rz. 21 ff.) sowie die **beteiligten Investmentvermögen**. Das sind auch in eine Umbrella-Konstruktion eingebundene **Teilsondervermögen oder Teilgesellschaftsvermögen**[5] da diese jeweils separate Investmentvermögen darstellen. Keine Pflichtangabe, aber sinnvolle freiwillige Angabe zur eindeutigen Identifikation auch für die depotführende Bank des Anlegers (dazu § 184 Satz 4 KAGB) sind die **Wertpapierkennnummer (WKN) und die ISIN**. Da verschiedene Anteil- bzw. Aktienklassen eines Investmentvermögens verschiedene WKNs und ISINs haben, bietet es sich ebenfalls an, **alle Anteil- und Aktienklassen anzugeben**. Ebenso ist die Angabe, dass ein oder beide betroffenen Investmentvermögen in eine oder verschiedene Umbrella-Konstruktion(en) eingebettet sind und ggf. durch die Verschmelzung aus einer solchen ausscheiden, keine Pflichtangabe.[6] Art. 37 OGAW-RL ist nicht dahingehend zu verstehen, dass an der Verschmelzung die Umbrella-Konstruktion als solche beteiligt ist, sondern wie in Art. 49 OGAW-RL, dass der Teilfonds als solcher als eigenständiger Fonds betrachtet wird, der mit einem anderen Fonds, der auch ein Teilfonds derselben oder einer anderen Umbrella-Konstruktion sein kann, verschmilzt. Allerdings kann es unabhängig vom Inhalt des Verschmelzungsplans ggf. notwendig sein, die Anlagebedingungen nach § 162 Abs. 2 Nr. 8 KAGB anzupassen, wenn wegen der Verschmelzung eine Umbrella-Konstruktion entsteht (bei Neugründung) oder erlischt (bei „Herausverschmelzung" eines Fonds aus einer Umbrella-Konstruktion). 11

Hintergrund und Beweggründe (§ 184 Satz 3 Nr. 2 KAGB) meint die objektiven Umstände und subjektiven Motive für die Verschmelzung, z.B. Effizienzsteigerungen, Kostensenkungen für die KVG und/oder den Anleger, günstigere Volumenstrukturen, Veränderungen im Marktumfeld etc. 12

Auswirkungen der Verschmelzung (§ 184 Satz 3 Nr. 3 KAGB) meint die Konsequenzen für die Anleger sowohl des übertragenden als auch des aufnehmenden Fonds. Es geht um schonungslose Transparenz, gerade auch unter Berücksichtigung negativer Auswirkungen (z.B. Kostensteigerungen für die Anleger). 13

3 *Springer/Sittmann* in Weitnauer/Boxberger/Anders, § 184 KAGB Rz. 2.
4 *Springer/Sittmann* in Weitnauer/Boxberger/Anders, § 184 KAGB Rz. 2.
5 *Eckner/Klebeck* in Moritz/Klebeck/Jesch, § 184 KAGB Rz. 8.
6 Anders wohl *Eckner/Klebeck* in Moritz/Klebeck/Jesch, § 184 KAGB Rz. 8.

14 Die **Kriterien für die Bewertung** der Vermögensgegenstände und Verbindlichkeiten (§ 184 Satz 3 Nr. 4 KAGB) sind teils der gesetzlichen Regelung, insb. § 26 ff. KARBV, und teils den konstituierenden Dokumenten beider Investmentvermögen zu entnehmen. Diese sind häufig, zumal bei Grenzüberschreitung, unterschiedlich, es müssen jedoch zur Sicherstellung einer fairen Verschmelzungsrelation beide Investmentvermögen anhand identischer Kriterien bewertet werden. Im Fall eines unlösbaren Konflikts muss auf die **Grundsätze des übertragenden Investmentvermögens** abgestellt werden, da sich danach die Genehmigung der Verschmelzung letztlich richtet (vgl. § 182 Abs. 1 KAGB). Die Alternativlösung, dass nur Investmentvermögen mit kompatiblen Grundsätzen verschmolzen werden können, überzeugt nicht, da sie der europäischen Intention einer Erleichterung kostengünstiger Verschmelzungen zuwiderliefe: Die Bewertungskriterien müssten, soweit diese in den Anlagebedingungen festgelegt sind, zunächst in einem separaten Genehmigungsgang angepasst und dann die Verschmelzung in einem zweiten Genehmigungsverfahren beantragt werden. Auch geht es nicht um abstrakte Richtigkeit, sondern um eine Verschmelzungsrelation, wofür es vor allem auf die **Identität der Bewertungskriterien** ankommt.

15 Die **Methode zur Berechnung des Umtauschverhältnisses** (§ 184 Satz 3 Nr. 5 KAGB) ist üblicherweise die Division des Anteilwertes des übertragenden Fonds durch den Anteilwert des aufnehmenden Fonds. Dieser Quotient ist dann der für den betreffenden Anleger maßgebliche Faktor, mit dem die Anzahl seiner Anteile am übertragenden Fonds multipliziert wird, um die maßgebliche Anzahl seiner Anteile am übernehmenden Fonds zu erhalten.

16 **Übertragungsstichtag** (§ 184 Satz 3 Nr. 6 KAGB) meint den in § 189 Abs. 1 Nr. 3 KAGB definierten **Termin** (Ende des Geschäftsjahres des übertragenden Investmentvermögens), sofern nicht nach § 189 Abs. 2 ein anderer Termin benannt wurde.[7] Näher § 189 Rz. 4.

17 Die **Angabe der für die Übertragung von Vermögenswerten und den Anteilsumtausch geltenden** Bestimmungen (§ 184 Satz 3 Nr. 7 KAGB) sind §§ 189, 190 KAGB und ggf. Zusatzerfordernisse aufgrund der konstituierenden Dokumente der beteiligten Investmentvermögen. Bei grenzüberschreitender Verschmelzung ist die entsprechende Bestimmung des Rechts des übertragenden OGAW anzugeben.

18 Bei der Verschmelzung durch Neugründung (§ 181 Rz. 26 f.) sind die Anlagebedingungen resp. Satzung anzugeben, vgl. § 184 Satz 3 Nr. 8 KAGB. Gemeint ist die **als Genehmigungsunterlage eingereichte Version** (vgl. § 182 Abs. 2 Satz 2 KAGB).

19 **Freiwillige Angaben sind zulässig, dürfen aber von der BaFin nicht erzwungen werden (§ 184 Satz 4 KAGB).** Es kann z.B. um Angaben zu geplanten Barzahlungen gem. § 190 Abs. 1 Nr. 2 KAGB gehen, die Teil des Verschmelzungsplans sind.[8]

IV. Geltung für Spezial-AIF

20 § 184 KAGB gilt im Grundsatz für die Verschmelzung von Spezial-AIF, jedoch kann auf die Angaben gem. § 184 Abs. 1 Satz 3 Nr. 1 bis 4 KAGB zur **Art der Verschmelzung und den Beteiligten, zu Hintergrund und Motiven, den erwarteten Auswirkungen und den Bewertungskriterien** für die Verschmelzungsrelation im Verschmelzungsplan **verzichtet** werden. Diese Angaben werden qualifizierten Anlegern bekannt sein bzw. mit diesen besprochen, andernfalls diese die **Zustimmung verweigern** (arg. § 281 Abs. 1 Satz 3 KAGB).

§ 185 Prüfung der Verschmelzung; Verordnungsermächtigung

(1) Die Verwahrstellen des übertragenden Sondervermögens und des übernehmenden Sondervermögens oder EU-OGAW haben zu überprüfen, ob die Angaben nach § 184 Satz 3 Nummer 1, 6 und 7 mit den Anforderungen dieses Gesetzes und den Anlagebedingungen des jeweiligen Sondervermögens übereinstimmen.

(2) [1]Die Verschmelzung ist entweder durch eine Verwahrstelle, durch einen Wirtschaftsprüfer oder durch den Abschlussprüfer des übertragenden Sondervermögens oder des übernehmenden Sondervermögens oder EU-OGAW zu prüfen. [2]Die Prüfung ist mit einer Erklärung darüber abzuschließen, ob bei der Verschmelzung

7 I.E. ebenso *Springer/Sittmann* in Weitnauer/Boxberger/Anders, § 184 KAGB Rz. 9.
8 *Springer/Sittmann* in Weitnauer/Boxberger/Anders, § 183 KAGB Rz. 12.

1. die Kriterien, die im Zeitpunkt der Berechnung des Umtauschverhältnisses für die Bewertung der Vermögensgegenstände und gegebenenfalls der Verbindlichkeiten beschlossen worden sind, beachtet wurden,

2. die Barzahlung, sofern eine Barzahlung erfolgt, je Anteil entsprechend den getroffenen Vereinbarungen berechnet wurde und

3. die Methode, die zur Berechnung des Umtauschverhältnisses beschlossen worden ist, beachtet wurde und das tatsächliche Umtauschverhältnis zu dem Zeitpunkt, auf den die Berechnung dieses Umtauschverhältnisses erfolgte, nach dieser Methode berechnet wurde.

[3]§ 318 Absatz 3 bis 8 sowie die §§ 319, 319b und 323 des Handelsgesetzbuchs gelten entsprechend.

(3) [1]Das Bundesministerium der Finanzen wird ermächtigt, im Einvernehmen mit dem Bundesministerium der Justiz und für Verbraucherschutz durch Rechtsverordnung, die nicht der Zustimmung des Bundesrates bedarf, nähere Bestimmungen über den Zeitpunkt der Prüfung, Inhalte der Prüfung sowie Umfang und Darstellungen des Prüfungsberichts zu erlassen, soweit dies zur Erfüllung der Aufgaben der Bundesanstalt erforderlich ist. [2]Das Bundesministerium der Finanzen kann die Ermächtigung durch Rechtsverordnung auf die Bundesanstalt übertragen.

In der Fassung vom 4.7.2013 (BGBl. I 2013, S. 1981), zuletzt geändert durch die Zehnte Zuständigkeitsanpassungsverordnung vom 31.8.2015 (BGBl. I 2015, S. 1474).

Schrifttum: S. Vor §§ 181 ff. KAGB.

I. Zweck

Zum Schutz der Anleger hat die Verwahrstelle vor Vollzug der Verschmelzung eine **Rechtsprüfung** in Bezug auf bestimme Angaben durchzuführen. Des Weiteren ist nach Vollzug der Verschmelzung das Umtauschverhältnis (sog. **Verschmelzungsrelation**) zu prüfen (§ 185 Abs. 2 KAGB). § 185 Abs. 3 KAGB beinhaltet eine Verordnungsermächtigung. 1

§ 185 KAGB wurde mit redaktionellen Änderungen aus § 40c InvG übernommen. Abs. 1 und 2 setzen für **OGAW** Art. 41 sowie Art. 42 Abs. 1 und 2 OGAW-RL um. Die Verordnungsermächtigung in Abs. 3 dient der ggf. erforderlichen Konkretisierung der Prüfungsinhalte nach Abs. 1 und 2.[1] Zu weiteren Details vgl. Art. 4 Abs. 3 lit. b RL 2010/44/EU. 2

II. Verwahrstellenprüfung (§ 185 Abs. 1 KAGB)

Die Prüfung durch die Verwahrstelle **vor Vollzug der Verschmelzung** betrifft von den Angaben nach § 184 Satz 3 KAGB solche nach Nr. 1 (**Art der Verschmelzung**, dazu § 181 Rz. 21 f., sowie **betroffene Investmentvermögen**), Nr. 6 (**Verschmelzungstermin**, dazu § 189 Rz. 3 f.) und Nr. 7 (**für Anteilsumtausch und Übertragung der Vermögensgegenstände maßgebliche Bestimmungen**, dazu § 184 Rz. 17). Die Verwahrstelle prüft die Vereinbarkeit mit den Anforderungen des KAGB und den Anlagebedingungen des Investmentvermögens, für welches sie bestellt ist. Diese Prüfung ist der Genehmigung der Verschmelzung vorgelagert, arg. § 182 Abs. 2 Nr. 3 KAGB. 3

1 Vgl. BT-Drucks. 17/4510, 69 zu § 40c InvG.

III. Prüfung des Umtauschverhältnisses (§ 185 Abs. 2 KAGB)

1. Prüfungsberechtigte (§ 185 Abs. 2 Satz 1 KAGB)

4 **Nach Vollzug der Verschmelzung** ist das Umtauschverhältnis im Rahmen einer alle an der Verschmelzung beteiligten Investmentvermögen umfassenden Prüfung zu prüfen. Prüfungsberechtigt ist eine der **Verwahrstellen** der beteiligten Investmentvermögen,[2] ein **Wirtschafts- oder Abschlussprüfer**. Der Wirtschaftsprüfer muss gem. Art. 3 Abs. 1 Abschlussprüfer-RL[3] zugelassen sein,[4] kann aber unabhängig oder der für das übertragende oder übernehmende Investmentvermögen (s. §§ 102, 121, 136 KAGB) oder die KVG (§ 38 KAGB) bestellte Abschlussprüfer sein. Die Auswahl treffen die beteiligten KVGen einvernehmlich,[5] bzw., wenn das Investmentvermögen eine extern verwaltete Investmentgesellschaft oder ein Teilgesellschaftsvermögen davon ist, dessen „Vertretungsorgane" (dazu ausf. § 184 Rz. 3 ff.).

5 § 318 Abs. 3 bis 8 HGB sowie die §§ 319, 319b und 323 HGB zur **Prüferauswahl, Inhabilität und Haftung** gelten nach Abs. 3 Satz 3 entsprechend. Im Zusammenhang mit dem Verweis auf § 318 Abs. 3 HGB ist fraglich, wer bei Sondervermögen berechtigt ist, einen **Antrag auf einen Prüferwechsel** zu stellen. Allerdings ist § 318 Abs. 3 HGB im Zusammenhang mit § 318 Abs. 1 Satz 1 HGB zu sehen, wonach der Abschlussprüfer von den Gesellschaftern bestellt wird. Bei der Verschmelzungsprüfung erfolgt die Beauftragung dagegen durch die beteiligten KVGen (s. Rz. 4 a.E.). Daher ist nicht eng am Wortlaut zu haften, sondern der **Kreis der Antragsberechtigten nach Zweckkriterien abzugrenzen**.

6 Die **gesetzlichen Vertreter der KVG** werden, da sie einvernehmlich die Prüferauswahl vorgenommen haben, einen Antrag nach § 318 Abs. 3 HGB in der Praxis nicht stellen. Vertritt man die Auffassung, dass bei einer extern verwalteten Investmentgesellschaft die KVG, aber nicht die Investmentgesellschaft für die Auswahl zuständig ist, dürfte aber der **Vorstand bzw. die Geschäftsführung sowie ggf. der Aufsichtsrat der extern verwalteten Investmentgesellschaft** ein entsprechendes Antragsrecht haben. Des Weiteren in Betracht kommen die **Inhaber von Unternehmeraktien und -anteilen** (§ 108 Abs. 2 KAGB); deren Interesse an einer Rechtsausübung dürfte nur gegeben sein, wenn es sich ausnahmsweise auch um Anleger handelt.

7 Unklar ist, ob **Anleger eines Sondervermögens oder nicht stimmberechtigte Anlageaktionäre** einer InvAG als Gesellschafter i.S.d. § 318 Abs. 3 Satz 1 HGB zu behandeln sind, mit der Folge, dass diese ein entsprechendes Antragsrecht haben, wenn nicht nur der zwanzigste Teil der Stimmrechte, sondern auch des Grundkapitals die relevante Schwelle überschreitet. Im **Interesse des Anlegerschutzes ist das Antragsrecht zu bejahen**. Denn dieses stellt insbesondere die Unabhängigkeit des Prüfers sicher, so dass kein Grund ersichtlich ist, dieses Recht den betreffenden Anlegern zu versagen. Die relevanten Schwellen beziehen sich dann entsprechend auf den zwanzigsten Teil des Nettoinventarwertes jeweils eines der beteiligten Investmentvermögen, nicht aber auf die Summe der Nettoinventarwerte aller an der Verschmelzung beteiligten Investmentvermögen, da ansonsten in dem Fall, dass ein kleines auf ein großes Investmentvermögen verschmolzen wird, den Anlegern des übertragenden Sondervermögens von vornherein ein Antragsrecht versagt wäre.

8 Insbesondere im Zusammenhang mit der aus § 323 HGB folgenden **Haftungsbegrenzung** wird diskutiert, ob der Verweis auf das HGB **auch für die Verwahrstellen** gilt, die eine solche Prüfung durchführen. Aber auch für die anderen genannten Vorschriften stellt sich dieselbe Frage. Sicherlich wird ein Verweis auf Vorschriften, die nur bei einer Prüfung durch Wirtschafts- oder Abschlussprüfer Sinn ergeben, wie z.B. § 318 Abs. 8 HGB, von vornherein ins Leere laufen. Auch stellt sich die Frage, ob nach § 318 Abs. 3 HGB die dort genannten Personen z.B. beantragen können, dass statt einer Verwahrstelle ein Abschlussprüfer oder umgekehrt statt eines Abschlussprüfers eine Verwahrstelle die Prüfung durchführt, oder ob die Verwahrstelle nach § 323 Abs. 1 Satz 1 Halbs. 1 HGB zur gewissenhaften und unparteiischen Prüfung und zur Verschwiegenheit verpflichtet ist. Mit Bezug auf die aus dem Verweis auf § 323 HGB folgende **Haftungsbegrenzung** führt die Regierungsbegründung aus, dass eine vertragliche Haftungsbegrenzung wegen der Vielzahl an Beteiligten nicht zu erreichen sei.[6] Entsprechend wird im Schrifttum vertreten, diesen Gedanken nicht nur zugunsten der Abschluss- und Wirtschaftsprüfer, sondern auch **zugunsten der Verwahrstelle** anzuwenden.[7]

---

2 Mit dem Wortlaut vereinbar ist auch eine unbeteiligte Verwahrstelle, vgl. *Springer/Sittmann* in Weitnauer/Boxberger/Anders, § 185 KAGB Rz. 4.

3 Richtlinie 2006/43/EG über Abschlussprüfungen von Jahresabschlüssen und konsolidierten Abschlüssen, ABl. EU Nr. L 157 v. 9.6.2006, S. 87.

4 Vgl. BT-Drucks. 17/4510, 69 zu § 40c InvG.

5 *Springer/Sittmann* in Weitnauer/Boxberger/Anders, § 185 KAGB Rz. 4; *Schmitz* in Emde/Dornseifer/Dreibus/Hölscher, § 40c InvG Rz. 9, 11.

6 BT-Drucks. 17/4510, S 69.

7 *Springer/Sittmann* in Weitnauer/Boxberger/Anders, § 185 KAGB Rz. 8; *Schmitz* in Emde/Dornseifer/Dreibus/Hölscher, § 40c InvG Rz. 22.

Jedoch könnte eine Haftungsbegrenzung analog § 323 HGB im Verwahrstellenvertrag bzw. Prüfauftrag zwischen KVG und Verwahrstelle wirksam verankert werden; ein Vertrag zu Lasten Dritter ist dies ebenso wenig wie eine überraschende Klausel i.S.d. AGB-Kontrolle – das Gesetz zeichnet diesen Weg vor. Im Ergebnis steht die Verwahrstelle nicht schlechter als ein Wirtschaftsprüfer bei gleicher Tätigkeit.

2. Darstellung der Prüfungsergebnisse (§ 185 Abs. 2 Satz 1 KAGB)

Die Prüfungsergebnisse sind in einer Erklärung des Inhalts gem. Abs. 3 Satz 1 zusammenzufassen. Zur Kostensenkung kann **ein einziger Bericht** für alle an der Verschmelzung beteiligten Investmentvermögen erstellt werden.[8] Dies gilt auch dann, wenn an der Verschmelzung mehr als zwei Investmentvermögen beteiligt sind. Zur Bestellung eines Prüfers für alle Investmentvermögen s. bereits Rz. 4. 9

3. Prüfungsgegenstand (§ 185 Abs. 2 Satz 1 KAGB)

Zwar suggeriert § 185 Abs. 3 KAGB, dass es um die gesamte Verschmelzung geht („Die Verschmelzung ..."), jedoch ist der **Prüfungsgegenstand indirekt aus § 185 Abs. 2 Satz 1 KAGB abzuleiten.**[9] Denn es wäre sinnlos, etwas zu prüfen, worüber man nicht zu berichten hat. Art. 42 OGAW-RL verlangt dementsprechend auch nur die entsprechende **Bestätigung, nicht die Prüfung der Verschmelzung**; § 185 Abs. 2 Satz 1 KAGB dürfte eher als missglückte Umsetzung der OGAW-RL zu deuten sein. Zu prüfen sind danach nur (1) die für die Berechnung des Umtauschverhältnisses zugrunde gelegten **Bewertungskriterien** in Bezug auf Vermögensgegenstände und Verbindlichkeiten, (2) die Berechnung und Vereinbarungsgemäßheit einer **Barzahlung**, (3) die **Berechnung des Umtauschverhältnisses und deren Ergebnis**, das tatsächliche Umtauschverhältnis. 10

4. Zeitpunkt

Der Bericht über die Prüfung ist nicht Pflichtunterlage nach § 182 Abs. 2 KAGB, gleichwohl genehmigt die BaFin die Verschmelzung nur, wenn die Voraussetzungen der §§ 183 bis 186 KAGB erfüllt sind (vgl. § 182 Abs. 5 Nr. 1 KAGB). Zum Genehmigungszeitpunkt muss die Prüfung somit erfolgt sein. Da das tatsächliche Umtauschverhältnis zu diesem Zeitpunkt noch nicht feststeht, genügt die Angabe der Berechnungsmethode, die im Verschmelzungszeitpunkt angewandt werden soll. 11

IV. Verordnungsermächtigung

Die Verordnungsermächtigung in § 185 Abs. 3 KAGB dient der ggf. erforderlichen **Konkretisierung der Prüfungsinhalte** nach Abs. 1 und 2.[10] Der Wortlaut von § 185 Abs. 3 KAGB wurde im Jahr 2015 an die neue Ministeriumsbezeichnung angepasst.[11] Die Verordnungsermächtigung wurde bislang nicht ausgeübt. 12

V. Geltung für Spezial-AIF

§ 185 KAGB gilt im Grundsatz für die Verschmelzung von Spezial-AIF, jedoch kann mit Zustimmung der Anleger die Verschmelzungsprüfung durch die Verwahrstelle entfallen. Die Prüfung nach § 185 Abs. 2 KAGB bleibt auch dann erforderlich (vgl. § 281 Abs. 1 Nr. 2 KAGB). Zu den Prüfungsberechtigten vgl. § 281 Rz. 9. 13

§ 186 Verschmelzungsinformationen

(1) [1]Den Anlegern des übertragenden Sondervermögens und des übernehmenden Sondervermögens oder EU-OGAW sind von der Kapitalverwaltungsgesellschaft geeignete und präzise Informationen über die geplante Verschmelzung zu übermitteln, damit sie sich ein verlässliches Urteil über die Auswirkungen des Vorhabens auf ihre Anlage bilden und ihre Rechte nach § 187 ausüben können (Verschmelzungsinformationen). [2]Hierbei sind insbesondere die Vorgaben nach Artikel 3 der Richtlinie 2010/44/EU zu beachten.

---

8 ErwGr. 31 OGAW-RL, auf den sich BT-Drucks. 17/4510, 69 zu § 40c InvG bezieht.

9 A.A. *Springer/Sittmann* in Weitnauer/Boxberger/Anders, § 185 KAGB Rz. 6; *Eckner/Klebeck* in Moritz/Klebeck/Jesch, § 185 KAGB Rz. 11; *München* in Baur/Tappen, § 285 KAGB Rz. 6.

10 Vgl. BT-Drucks. 17/4510, 69 zu § 40c InvG.

11 Vgl. Art. 344 Verordnung vom 31.8.2015, BGBl. I 2015, S. 1474.

(2) [1]Die Verschmelzungsinformationen sind den Anlegern des übertragenden Sondervermögens und des übernehmenden Sondervermögens oder EU-OGAW erst zu übermitteln, nachdem die Bundesanstalt oder, bei der Verschmelzung eines EU-OGAW auf ein OGAW-Sondervermögen, die zuständigen Stellen des Herkunftsstaates die geplante Verschmelzung genehmigt haben. [2]Zwischen der Übermittlung der Verschmelzungsinformationen und dem Fristablauf für einen Antrag auf Rücknahme oder gegebenenfalls Umtausch ohne weitere Kosten gemäß § 187 Absatz 1 muss ein Zeitraum von mindestens 30 Tagen liegen.

(3) [1]Die Verschmelzungsinformationen müssen die folgenden Angaben enthalten:

1. **Hintergrund der geplanten Verschmelzung und die Beweggründe dafür,**
2. **potenzielle Auswirkungen der geplanten Verschmelzung auf die Anleger nach Maßgabe des Artikels 4 Absatz 1 und 2 der Richtlinie 2010/44/EU, insbesondere hinsichtlich wesentlicher Unterschiede in Bezug auf Anlagepolitik und -strategie, Kosten, erwartetes Ergebnis, Jahres- und Halbjahresberichte, etwaige Beeinträchtigung der Wertentwicklung und gegebenenfalls eine eindeutige Warnung an die Anleger, dass sich hinsichtlich ihrer steuerlichen Behandlung im Zuge der Verschmelzung Änderungen ergeben können,**
3. **spezifische Rechte der Anleger in Bezug auf die geplante Verschmelzung nach Maßgabe des Artikels 4 Absatz 3 und 4 der Richtlinie 2010/44/EU, insbesondere das Recht auf zusätzliche Informationen, auf Erhalt einer Abschrift der Erklärung des Prüfers gemäß § 185 Absatz 2 auf Anfrage, auf kostenlose Rücknahme und gegebenenfalls Umtausch der Anteile gemäß § 187 Absatz 1 sowie die Frist für die Wahrnehmung dieses Rechts,**
4. **maßgebliche Verfahrensaspekte und den geplanten Übertragungsstichtag, zu dem die Verschmelzung wirksam wird, nach Maßgabe des Artikels 4 Absatz 5 bis 8 der Richtlinie 2010/44/EU und**
5. **eine aktuelle Fassung der wesentlichen Anlegerinformationen gemäß den §§ 164 und 166 oder gemäß Artikel 78 der Richtlinie 2009/65/EG des übernehmenden Sondervermögens oder EU-OGAW nach Maßgabe des Artikels 5 der Richtlinie 2010/44/EU.**

[2]Werden zu Beginn der Verschmelzungsinformationen die wesentlichen Punkte der Verschmelzung zusammengefasst, ist darin auf den jeweiligen Abschnitt im Dokument zu verweisen, der die weiteren Informationen enthält. [3]Die Verschmelzungsinformationen sind den Anlegern auf einem dauerhaften Datenträger zu übermitteln und auf der Internetseite der Kapitalverwaltungsgesellschaft zugänglich zu machen. [4]Die Kapitalverwaltungsgesellschaft hat die Übermittlung der Verschmelzungsinformationen an die Anleger im Bundesanzeiger bekannt zu machen; dabei ist mitzuteilen, wo und auf welche Weise weitere Informationen zur Verschmelzung erlangt werden können. [5]Die Übermittlung der Verschmelzungsinformationen gilt drei Tage nach der Aufgabe zur Post oder Absendung als erfolgt. [6]Dies gilt nicht, wenn feststeht, dass der dauerhafte Datenträger den Empfänger nicht oder zu einem späteren Zeitpunkt erreicht hat.

(4) [1]Wurde die Absicht, EU-OGAW-Investmentanteile am übertragenden oder übernehmenden EU-OGAW im Geltungsbereich dieses Gesetzes zu vertreiben, gemäß § 310 angezeigt, müssen die Verschmelzungsinformationen der Bundesanstalt unverzüglich in deutscher Sprache eingereicht werden. [2]Die EU-OGAW-Verwaltungsgesellschaft oder die Kapitalverwaltungsgesellschaft, die diese Informationen zu übermitteln hat, ist für die Übersetzung verantwortlich. [3]Die Übersetzung hat den Inhalt des Originals richtig und vollständig wiederzugeben.

In der Fassung vom 4.7.2013 (BGBl. I 2013, S. 1981).

Schrifttum: S. Vor §§ 181 ff. KAGB.

I. Zweck

§ 186 KAGB sichert den Anlegern einen gewissen **Mindestinformationsstandard** in Bezug auf die Verschmelzung. Abs. 1 statuiert eine Informationspflicht, Abs. 2 regelt den Übermittlungszeitpunkt, Abs. 3 definiert die Pflichtinhalte und Abs. 4 die Sprache der Verschmelzungsinformation. 1

§ 186 KAGB wurde mit redaktionellen Änderungen aus § 40d InvG übernommen; die früher in der Norm enthaltene Regelung zu Verschmelzungen mit Bezug zu Master-Feeder-Fonds ist jetzt in §§ 179, 180 KAGB enthalten. Die Vorschrift setzt in Bezug auf **OGAW** zugleich Art. 43 OGAW-RL sowie § 186 Abs. 3 Satz 2 und 3 KAGB auch Art. 4 Abs. 8 und Art. 7 Richtlinie 2010/44/EU um. Zu weiteren Details vgl. die Art. 3, 4, Art. 5 Richtlinie 2010/44/EU, auf welche die Vorschrift an mehreren Stellen verweist. 2

II. Informationspflicht; Verschmelzungsinformation (§ 186 Abs. 1 KAGB)

§ 186 Abs. 1 KAGB definiert die Verschmelzungsinformationen und verweist für Details auf Art. 3 der Richtlinie 2010/44/EU. Die Richtlinie 2010/44/EU selbst wurde überwiegend durch Verweis aus dem KAGB auf diese Richtlinie, punktuell jedoch im KAGB umgesetzt, so z.B. Art. 4 Abs. 8 Richtlinie 2010/44/EU in § 186 Abs. 3 Satz 2 KAGB und Art. 7 Abs. 1 Richtlinie 2010/44/EU in § 186 Abs. 3 Satz 3 KAGB. 3

Die **Klammerdefinition der Verschmelzungsinformation** in § 186 Abs. 1 KAGB ist misslungen; sie beschreibt eine qualitative Informationserwartung, gemeint ist aber nur der Informationsinhalt nach Abs. 1 Satz 2 und Abs. 3. Der Vorschrift kommt jedoch insofern Bedeutung zu, dass die **Darstellung der Information** geeignet und präzise sein muss. 4

III. Übermittlungszeitpunkt und Mindestreaktionszeitraum (§ 186 Abs. 2 KAGB)

§ 186 Abs. 2 Satz 1 KAGB bestimmt den **Informationszeitpunkt.** Dieser liegt, um Verwirrungen auf Seiten der Anleger zu vermeiden, **nach der Genehmigung**. Dies schließt aus, dass nach der Information der Anleger die BaFin gem. § 182 Abs. 4 Satz 2, 3 KAGB oder bei der Verschmelzung eines EU-OGAW auf ein OGAW-Sondervermögen die zuständigen Stellen des Herkunftsstaates Klarstellungen oder Nachbesserungen der Verschmelzungsinformationen verlangen. 5

Ab der Übermittlung der Informationen müssen die Anleger gem. § 186 Abs. 2 Satz 2 KAGB eine mindestens 30 Kalendertage dauernde Überlegungs- und Reaktionszeit gewährt bekommen, bis zu dem sie einen Antrag auf Rücknahme ihrer Anteile wegen der Verschmelzung gem. § 187 Abs. 1 KAGB stellen können. Es handelt sich nach dem Gesetzeswortlaut um ein **Minimum;**[1] die Verwaltungsgesellschaften können auch deutlich längere Überlegungszeiträume gewähren. 6

Nach allgemeinen Regeln würde sich der **Fristbeginn** nach dem **Zugangszeitpunkt** bestimmen, dieser wäre beim elektronischen Zugang mit Eingang im Postfach zu vermuten. Davon abweichend regelt § 186 Abs. 3 Satz 5 KAGB, dass die Übermittlung der Verschmelzungsinformationen drei Tage nach der Aufgabe zur Post oder Absendung zu vermuten ist. Die **Vermutungswirkung**[2] tritt nach Satz 6 nicht ein, „wenn feststeht, dass der dauerhafte Datenträger den Empfänger nicht oder zu einem späteren Zeitpunkt erreicht hat." Dies steht – erstens – fest, wenn der Datenträger niemals abgesandt wurde; eine bösgläubige KVG kann sich nicht auf die Vermutung berufen. Zweitens kann der Anleger Beweis in Bezug auf den Zugangszeitpunkt antreten. Beides schiebt den Zugangszeitpunkt und damit den Fristbeginn hinaus. Das **Fristende** fällt nach der gesetzlichen Regelung zeitlich mit dem **Fristablauf für einen Antrag auf Rücknahme oder gegebenenfalls Umtausch** zusammen. Zur Frage, ob gesetzliche oder in den Anlagebedingungen geregelte Rückgabefristen oder -termine auch für das Rückgaberecht nach § 187 Abs. 1 KAGB gelten, s. § 187 Rz. 15. 7

IV. Pflichtinhalte (§ 186 Abs. 3 KAGB)

§ 186 Abs. 3 KAGB bestimmt die **Mindestinhalte der Verschmelzungsinformation**. Nr. 1 bezieht sich auf § 184 Satz 3 Nr. 2 KAGB (dazu § 184 Rz. 12), Nr. 2 bis 4 beziehen sich auf Pflichtangaben nach Art. 4 Richtlinie 2010/44/EU, Nr. 5 verlangt die Zusendung der wesentlichen Anlegerinformationen des übernehmenden Investmentvermögens (näher § 164 Rz. 1, § 166 Rz. 16 ff.). Da das Gesetz von einer Kontinuität 8

1 *Schmitz* in Emde/Dornseifer/Dreibus/Hölscher, § 40d InvG Rz. 32.
2 Anders *Springer/Sittmann* in Weitnauer/Boxberger/Anders, § 186 KAGB Rz. 40.

beim übernehmenden Investmentvermögen ausgeht, handelt es sich um die für die Anleger des übertragenden Investmentvermögens **erstmals** und für die Anleger des übernehmenden Investmentvermögens **weiterhin geltenden** wesentlichen Anlegerinformationen.

9 **Übermittlungsmedium** ist einerseits ein **dauerhafter Datenträger** (dazu näher bei § 167 Rz. 2), andererseits die **Internetseite der KVG** (§ 186 Satz 3 KAGB). Zur Zugangsvermutung vgl. Rz. 7.

10 Hinzu kommt eine **Hinweisbekanntmachung im Bundesanzeiger** (§ 186 Satz 4 KAGB). Diese soll der Rechtssicherheit dienen.[3] Es genügt der Hinweis nebst Angabe einer Bezugsquelle für die weiteren Informationen.[4] **Weitere Informationen** zur Verschmelzung sind z.B. der **Verkaufsprospekt** (§ 182 Abs. 2 Satz 1 Nr. 2 KAGB), der genehmigte **Verschmelzungsplan** (§ 184 KAGB) sowie die **Erklärungen der Prüfer** nach § 185 Abs. 1 und 2 KAGB.

V. Sprache der Verschmelzungsinformation (§ 186 Abs. 4 KAGB)

11 Bei **grenzüberschreitendem Vertrieb** eines an der Verschmelzung beteiligten EU-OGAW im Inland gilt § 186 Abs. 4 KAGB. Erforderlich ist eine deutsche Übersetzung der Verschmelzungsinformation gem. § 186 Abs. 3 Satz 1 KAGB. Die KVG, die die Anteile des EU-OGAW im Inland vertreibt, ist für den Inhalt verantwortlich; dies kann eine EU-OGAW-KVG oder eine inländische KVG sein, wenn die inländische KVG grenzüberschreitend den EU-OGAW verwaltet.

VI. Keine Geltung für Spezial-AIF

12 Die Vorschrift gilt nicht für die Verschmelzung von Spezial-AIF (§ 281 Abs. 1 KAGB).

§ 187 Rechte der Anleger

(1) [1]Die Anleger des übertragenden Sondervermögens und des übernehmenden Sondervermögens oder EU-OGAW haben das Recht, von der Kapitalverwaltungsgesellschaft Folgendes zu verlangen:

1. die Rücknahme ihrer Anteile ohne weitere Kosten, mit Ausnahme der Kosten, die zur Deckung der Auflösungskosten einbehalten werden, oder

2. soweit möglich, den Umtausch ihrer Anteile ohne weitere Kosten in Anteile eines anderen Sondervermögens oder EU-OGAW, das mit den bisherigen Anlagegrundsätzen vereinbar ist und von derselben Kapitalverwaltungsgesellschaft oder von einem Unternehmen, das zu der Kapitalverwaltungsgesellschaft in einer Verbindung im Sinne des § 290 Absatz 1 Satz 1 des Handelsgesetzbuchs steht, verwaltet wird oder

3. im Fall der Verschmelzung von Immobilien-Sondervermögen den Umtausch ihrer Anteile ohne weitere Kosten in Anteile eines anderen Immobilien-Sondervermögens, das mit den bisherigen Anlagegrundsätzen vereinbar ist.

[2]Dieses Recht auf Rücknahme oder Umtausch besteht ab dem Zeitpunkt, in dem die Anleger sowohl des übertragenden Sondervermögens als auch des übernehmenden Sondervermögens oder EU-OGAW nach § 186 Absatz 2 über die geplante Verschmelzung unterrichtet werden; es erlischt fünf Arbeitstage vor dem Zeitpunkt der Berechnung des Umtauschverhältnisses nach § 189 Absatz 1 Nummer 3 oder Artikel 47 Absatz 1 Unterabsatz 1 der Richtlinie 2009/65/EG. [3]§ 255 Absatz 3 und 4 bleibt unberührt. [4]Rückgabeerklärungen, die ein Anleger vor der Verschmelzung bezüglich der von ihm gehaltenen Anteile abgibt, gelten nach der Verschmelzung weiter und beziehen sich dann auf Anteile des Anlegers an dem übernehmenden Investmentvermögen mit entsprechendem Wert.

(2) Unbeschadet der Bestimmungen des Absatzes 1 kann die Bundesanstalt bei Verschmelzungen abweichend von § 98 Absatz 1 die zeitweilige Aussetzung der Rücknahme der Anteile verlangen oder gestatten, wenn eine solche Aussetzung aus Gründen des Anlegerschutzes gerechtfertigt ist.

---

3 BT-Drucks. 17/4510, 69.
4 BT-Drucks. 17/4510, 69.

(3) Die Kapitalverwaltungsgesellschaft hat den Anlegern des übertragenden Sondervermögens und des übernehmenden Sondervermögens oder EU-OGAW sowie der Bundesanstalt auf Anfrage kostenlos eine Abschrift der Erklärung des Prüfers gemäß § 185 Absatz 2 zur Verfügung zu stellen.

In der Fassung vom 4.7.2013 (BGBl. I 2013, S. 1981).

Schrifttum: S. Vor §§ 181 ff. KAGB.

I. Zweck

Die Vorschrift sichert einen **Mindestbestand an Anlegerrechten.** § 187 Abs. 1 KAGB gewährt ein Rückgaberecht über § 98 Abs. 1 KAGB hinaus sowie ein Umtauschrecht in Anteile anderer, ähnlicher Fonds. Es geht um die Realisierung des bei offenen Investmentvermögen für alle Strukturmaßnahmen in Bezug auf Publikumsfonds etablierten Grundsatzes **Exit over Voice:** Kommt es zu einer wesentlichen Vertragsänderung, soll der Anleger sein Kapital möglichst kostengünstig abziehen und neu anlegen können. Näher Vor §§ 181 ff. Rz. 14, 23 f. § 187 Abs. 2 KAGB räumt als Ausnahme von Abs. 1 und § 98 Abs. 1 KAGB der BaFin ein Recht auf Aussetzung der Anteilsrücknahme ein. § 187 Abs. 3 KAGB regelt Informationspflichten der KVG im Zusammenhang mit der Verschmelzungsprüfung. 1

§ 187 KAGB wurde mit redaktionellen Änderungen aus § 40e InvG übernommen. Dabei entfiel der Bezug zu Infrastruktursondervermögen, die unter dem KAGB nur noch als geschlossene Investmentvermögen aufgelegt werden können.[1] Die Vorschrift setzt in Bezug auf **OGAW** zugleich Art. 45 und 42 Abs. 3 OGAW-RL um. 2

II. Grundzüge der Anlegerrechte (§ 187 Abs. 1 KAGB)

§ 187 Abs. 1 Nr. 1 KAGB gewährt ein über § 98 Abs. 1 KAGB in **Bezug auf Fristen und Kosten außerordentliches Recht zur Anteilrückgabe.** Näher Rz. 6 f., 11 f. Dieses ist gesetzlich geregelt und von den Anlagebedingungen unabhängig. Ein Umtauschrecht kennt das KAGB ansonsten nicht, es handelt sich um eine alternative Exit-Option, also eine Variante des Rechts zur Anteilsrückgabe. 3

Berechtigt sind die **Anleger des übertragenden und des übernehmenden Investmentvermögens,** also alle Anleger, die sich im verschmolzenen Fonds wiederfinden. Es handelt sich jeweils um Rechte, keine Pflichten. Die Anleger können Anteilseigner bleiben, werden dann jedoch am verschmolzenen Fonds beteiligt sein. Ein Recht der KVG zum Squeeze-out sieht das KAGB nicht vor. 4

Adressaten der korrespondierenden Pflicht sind die **KVGen des übertragenden und des aufnehmenden Investmentvermögens.** Dies gilt auch im Fall der **extern verwalteten OGAW-Investmentgesellschaft** (vgl. § 191 Abs. 1 KAGB), da bei **OGAW** das Mandat der KVG auch die Ausgabe und Rücknahme von Anteilen erfasst (s. Anhang II, 2. SpStr., Buchst. g OGAW-RL). Anders kann dies im Mandatsvertrag der AIF-KVG geregelt sein, da dort die Anteilsausgabe und -rücknahme nur optionale Aufgaben der KVG sind (vgl. Anhang I.2. Buchst. a) vii) AIFM-RL. Näher zur Diskussion § 1 Rz. 201 ff. Bei der **intern verwalteten Investmentgesellschaft** ist Adressat das geschäftsführende Organ der Investmentgesellschaft. 5

1 BT-Drucks. 17/12294, 261.

1. Rückgaberecht (§ 187 Abs. 1 Nr. 1 KAGB)

6 Das Recht zur Anteilsrückgabe besteht „**ohne weitere Kosten, mit Ausnahme der Kosten, die zur Deckung der Auflösungskosten einbehalten werden**". Untersagt sind damit Rücknahmeabschläge, soweit diese über die Deckung der Auflösungskosten hinausgehen. Zu den Auflösungskosten zählen nur die **unmittelbar aus der Auflösung entstehenden Kosten** (z.B. Transaktionskosten aus dem Verkauf von Vermögensgegenständen), jedoch nicht mittelbare Kosten (z.B. Planungskosten, Kosten für das Liquiditätsmanagement im Fonds, entgangener Gewinn für das Vorhalten von Liquidität) sowie Kosten, die mit der Vorbereitung und Durchführung der Verschmelzung verbunden sind, § 188 KAGB.

7 § 187 Abs. 1 Nr. 1 KAGB **konkretisiert das Verbot der Kostenbelastung nach § 188 KAGB für den austretenden Anleger.** Daraus folgt zugleich, dass die regulären im Rahmen der Verschmelzung ohnedies anfallenden Wirtschaftsprüferkosten den Anlegern nicht belastet werden können; sie dürften auch nicht nach § 188 KAGB belastet werden.[2]

8 Das **Rückgaberecht** besteht unkonditioniert, also **auch zur Unzeit.** Es besteht im Grundsatz auch bei einem Investmentvermögen, bei dem die Rücknahme der Anteile ausgesetzt ist, es sei denn, die Schließung beruht auf dem Umstand, dass der Wert der Anteile nicht ermittelt werden kann, denn dann kann dem Anleger kein bestimmter Rücknahmepreis gezahlt werden. Würde die Rückgabe den Anlegern schaden, kann ggf. eine Anordnung nach § 187 Abs. 2 KAGB erwirkt werden. Dazu Rz. 20.

2. Umtauschrecht (§ 187 Abs. 1 Nr. 2 und 3 KAGB)

9 § 187 Abs. 1 Nr. 2 und 3 KAGB regelt zwei Umtauschrechte. Nr. 2 betrifft **sämtliche Investmentvermögen**, Nr. 3 **nur Immobilien-Investmentvermögen.** Jeweils ist Voraussetzung, dass der Umtausch mit den bisherigen Anlagegrundsätzen vereinbar ist; der neue Anteile gewährende Fonds muss also eine **ähnliche Anlagepolitik i.S.v. § 162 KAGB aufweisen.**[3] Dass dies ein weiteres Spektrum eröffnet, steht nicht entgegen: Der Anleger kann ja auf sein Rückgaberecht nach § 187 Abs. 1 Satz 1 Nr. 1 KAGB ausweichen. Im Fall des Nr. 2 muss das Investmentvermögen zudem im selben Konzern verwaltet werden. Zugleich muss der Umtausch „möglich" sein. Der Umtausch ist unmöglich, wenn alle Fonds, die in Frage kommen, die Rücknahme der Anteile ausgesetzt haben, oder es nur keinen weiteren Fonds mit ähnlicher Anlagepolitik gibt.

10 Von dem Konzernerfordernis wird bei **offenen Immobilien-Investmentvermögen** (§ 187 Abs. 1 Nr. 3 KAGB) abgewichen, da es eher selten mehrere solcher Fonds im Konzernverbund gibt, so dass das Umtauschrecht faktisch leerliefe. Die KVG muss daher auch den Umtausch in Anteile an von anderen KVGen verwalteten Immobilien-Sondervermögen anbieten. Diese Pflicht wird der KVG eher nicht zusagen und von einer Verschmelzung abhalten.[4] Jedoch **fehlt** im Gegensatz zu § 187 Abs. 1 Satz 1 Nr. 2 KAGB **die Einschränkung auf die Möglichkeit des Umtausches.** Doch kann hier erst recht nichts Anderes gelten, da es sich bei dem Fonds, der neue Anteile geben soll, um einen Fonds handeln kann, den die KVG nicht selbst verwaltet und daher auch nicht beeinflussen kann. So ist denkbar, dass alle anderen Immobilien-Fonds derzeit die Rücknahme der Anteile ausgesetzt haben. Dies darf eine Verschmelzung nicht behindern.

3. Rückgabe-/Umtauschfrist (§ 187 Abs. 1 Satz 2 KAGB)

11 § 187 Abs. 1 Satz 2 KAGB regelt die Rückgabe- bzw. Umtauschfristen. Das Recht entsteht **ab Unterrichtung nach § 186 Abs. 2 KAGB** (dazu § 186 Rz. 5 f.) und **erlischt fünf Arbeitstage vor dem Zeitpunkt der Berechnung des Umtauschverhältnisses** nach § 189 Abs. 1 Nr. 3 KAGB (dazu § 189 Rz. 3 f.) oder bei EU-OGAW gem. Art. 47 Abs. 1 Unterabs. 1 OGAW-RL; gemeint ist, dass volle fünf Arbeitstage zwischen dem Fristablauf und der Berechnung liegen sollen, um für die Berechnung ausreichend Zeit zu lassen. Zur Frage, ob das Recht eine **fristlose Rückgabe** ermöglicht, so dass eine KVG, obwohl entsprechend § 98 Abs. 1 Satz 1 KAGB nur zwei Rückgabetermine pro Monat vorgesehen sind, ab dem für die KVG nicht zwangsläufig eindeutig bestimmbaren Zeitpunkt nach § 187 Abs. 1 Satz 2 KAGB eine tägliche Rücknahme ermöglichen muss, s. Rz. 15.

---

2 Anders wohl *Schmitz* in Emde/Dornseifer/Dreibus/Hölscher, § 40f InvG Rz. 1 ff. („Jegliche Kosten" meint lediglich die mit der Vorbereitung und Durchführung verbundene Kosten, welche den Anlegern nicht in Rechnung gestellt werden dürfen); *Springer/Sittmann* in Weitnauer/Boxberger/Anders, § 187 KAGB Rz. 8. Für diese Auslegung spricht immerhin Art. 4 Abs. 1 lit. f Richtlinie 2010/42/EU.

3 Krit. mit dem Hinweis, die faktische Politik könne sich unterscheiden, *Springer/Sittmann* in Weitnauer/Boxberger/Anders, § 187 JAGB Rz. 8.

4 Ebenso *Springer/Sittmann* in Weitnauer/Boxberger/Anders, § 187 KAGB Rz. 11.

Aus der Vorschrift folgt zugleich, dass die Anleger im **Ungewissen über das Umtauschverhältnis** sind, wenn sie entscheiden. Dies mindert die Tauglichkeit als Anlegerschutzinstrument, versteht sich jedoch vor dem Hintergrund, dass das Umtauschverhältnis nach dem Verständnis von § 189 KAGB eine Technikalie ist und eine Überzahlung oder eine Art Übernahmezuschlag unzulässig sind. Auch **unterbindet dies Arbitrage** zum Nachteil der Anleger des jeweils anderen Fonds. 12

4. Fortgeltung von Mindesthalte- und Rückgabefristen bei Immobilien-Investmentvermögen (§ 187 Abs. 1 Satz 3 KAGB)

Aus § 187 Abs. 1 Satz 3 KAGB folgt, dass **Mindesthaltefristen**, insbesondere die 24-Monats-Frist nach § 255 Abs. 3 KAGB, sowie **Rückgabefristen**, insbesondere die 24-Monats-Frist nach § 255 Abs. 4 KAGB, **fortgelten.** Die Regelung ist jedenfalls so zu verstehen, dass eine Rückgabe nach § 98 Abs. 1 KAGB nicht schneller möglich ist, weil eine Verschmelzung ansteht. Nach § 187 Abs. 1 Satz 4 KAGB wird die Rückgabefrist weiterberechnet, als ob das (übertragende) Investmentvermögen fortbesteht. 13

Die Lesart der Regelung entscheidet über deren Anwendungsbereich: Möglich ist die Geltung nur für in § 255 KAGB geregelte Immobilien-Investmentvermögen oder alle Investmentvermögen (also auch OGAW). Der **Verweis auf § 255 Abs. 3 und 4 KAGB überwindet das Rückgaberecht nach § 187 Abs. 1 Nr. 1 KAGB,** setzt also bei Immobilien-Investmentvermögen die Regelung nach § 255 Abs. 3 und 4 KAGB gleichsam in Gang.[5] Eine solche Auslegung schwächt die Wirksamkeit des Rückgaberechts, weil eine Verschmelzung zwischen Ankündigung der ordentlichen Rückgabe und Entstehen des Rücknahmeanspruchs erfolgen kann, wenn nicht sogar immer wird, die Regelung ist aber als Kompromiss zwischen Bestandsinteresse der verbleibenden und dem Ausscheidensinteresse des ausscheidenden Anlegers gerechtfertigt. Letzteres versteht sich vor dem Hintergrund, dass der Gesetzgeber bei Immobilien-Investmentvermögen aufgrund zahlreicher Krisen zuletzt das Interesse am Bestand des Fonds betont hat. Näher § 255 Rz. 1. 14

Bei anderen Fondstypen als Immobilien-Investmentvermögen lässt sich dies aber nicht rechtfertigen, zumal § 187 KAGB auch für höchst liquide Anlagestrategien und insbesondere OGAW gilt, für die es keine Regelung entspr. § 255 Abs. 3 und 4 KAGB in Art. 45 OGAW-RL gibt. Sähe man dies anders, würde die Erstinformation über die Verschmelzung zum Signal für die Anteilsrückgabe. Schließlich soll es sich lt. Begründung um eine Klarstellung handeln. Daher drängt sich eine Auslegung auf, die die Anwendung von § 187 Abs. 1 Satz 3 KAGB **auf aufnehmende Immobilien-Investmentvermögen** beschränkt. Es handelt sich dann um eine Regelung des deutschen Gesetzgebers, die zulässig ist, weil Immobilien-Investmentvermögen nicht der OGAW-RL unterstehen. 15

5. Fortgeltung von Rückgabeerklärungen (§ 187 Abs. 1 Satz 4 KAGB)

Nach § 187 Abs. 1 Satz 4 KAGB gelten **Rückgabeerklärungen**, die ein Anleger vor der Verschmelzung bezüglich der von ihm gehaltenen Anteile abgibt, nach der Verschmelzung weiter und beziehen sich dann auf Anteile des Anlegers an dem übernehmenden Investmentvermögen mit entsprechendem Wert. § 187 Abs. 1 Satz 4 KAGB beschränkt sich nicht auf Immobilien-Sondervermögen,[6] sondern erfasst nach der Gesetzesbegründung u.a. Gemischte Sondervermögen.[7] Es soll sich um eine lediglich **klarstellende Regelung** handeln.[8] Dazu Rz. 18. 16

Für den Fall, dass die **Anlagebedingungen** nach § 98 Abs. 1 Satz 1 KAGB **nur zwei Rücknahmetermine im Monat** vorsehen – dies ist auch für OGAW von Interesse – oder für sonstige im KAGB geregelte Möglichkeiten für verlängerte Rückgabefristen, z.B. nach §§ 223 Abs. 1, 227 Abs. 2 KAGB, stellt sich die Frage, ob der Anleger über sein gewöhnliches Rückgaberecht hinaus **direkt aus § 187 Abs. 1 Satz 2 KAGB ein Recht auf fristlose Rückgabe** hat. Dann müsste die KVG ab dem dort bestimmten Zeitpunkt eine tägliche Rücknahmemöglichkeit vorsehen. Alternativ könnte § 187 Abs. 1 Satz 4 KAGB auch hierfür gelten. Eine entsprechende Frage stellt sich für **vertraglich geregelte Mindesthaltefristen.** In beiden Fällen wird **zugunsten der bestehenden Rückgabefristen** zu entscheiden sein. § 186 Abs. 2 Satz 2 KAGB geht im Einklang mit Art. 43 Abs. 2 Unterabs. 2 OGAW-RL davon aus, dass sich der 30-Tages-Überlegungszeitraum nach dem Ablauf einer Rückgabefrist bestimmt und setzt eine solche Rückgabefrist damit implizit als zulässig voraus. Es gibt kein Verbot, Anleger vorübergehend gegen ihren Willen an einem durch die Verschmelzung geänderten Fonds zu beteiligen. Dies ist auch sachgerecht, weil Rückgabefristen dem Schutz der **Anle-** 17

---

5 So wohl *Springer/Sittmann* in Weitnauer/Boxberger/Anders, § 187 KAGB Rz. 13.

6 So wohl auch *Geese/Wülfert* in Baur/Tappen, § 187 KAGB Rz. 12: *Eckner/Klebeck* in Moritz/Klebeck/Jesch, § 187 KAGB Rz. 15; unklar *Springer/Sittmann* in Weitnauer/Boxberger/Anders, § 187 KAGB Rz. 15.

7 BT-Drucks. 17/5417, 11.

8 BT-Drucks. 17/5417, 11 zu § 40e Abs. 1 InvG.

ger dienen, die im Fonds verbleiben und die nicht durch überstürzte Liquiditätsbeschaffung wegen verschmelzungsbedingter vermehrter Rückgabeerklärungen geschädigt werden sollen. Andernfalls würde auch die Gefahr bestehen, dass die BaFin von ihrer Befugnis nach § 187 Abs. 2 KAGB vermehrt Gebrauch machen muss, was gegenüber dem Festhalten an den bekannten Rückgabefristen ein deutlich schärferes Mittel darstellt.

18 Entgegen der Regierungsbegründung[9] ist § 187 Abs. 1 Satz 4 KAGB nicht lediglich eine **klarstellende Regelung**. Gemäß § 190 Abs. 1 Nr. 3, Abs. 2 Nr. 3 KAGB erlischt das übertragende Sondervermögen mit der Verschmelzung, darauf gerichtete Rückgabeerklärungen müssten wirkungslos werden. § 187 Abs. 1 Satz 4 KAGB ordnet insoweit eine **Weitergeltung trotz Erlöschen des betreffenden Sondervermögens** für das übernehmende Sondervermögen an.

19 Das **aufnehmende Investmentvermögen** kann eine **kürzere Rückgabefrist vorsehen als das übertragende Investmentvermögen**. *Beispiel*: Die Anlagebedingungen sehen für den übertragenden OGAW eine zweiwöchige Rückgabefrist vor, während – wie unter dem InvG vorgeschrieben und heute für deutsche OGAW noch weitgehend üblich – die Anlagebedingungen für den aufnehmenden OGAW die Rückgabe börsentäglich gewähren. Es führte zu einer Anlegerungleichbehandlung (und zudem zu einem erheblichen administrativen Aufwand), wenn der Anleger des übertragenden Fonds an der bisher für ihn geltenden Rückgabefrist festgehalten würde: Die im übernehmenden Fonds befindlichen Anleger könnten nämlich ihre Anteile bei neuen Informationen täglich zurückgeben, der neue Anleger wäre indes im Investment gefangen. Ein solcher Fall ist in den Verschmelzungsinformationen nach § 186 Abs. 3 Satz 1 Nr. 2 KAGB deutlich anzusprechen; der Anleger des übertragenden Fonds ist darauf hinzuweisen, dass er seine Anteile ggf. früher zurückgeben kann, wenn er die Rückgabeerklärung erst nach Wirksamwerden der Verschmelzung abgibt.

III. Anordnungsbefugnisse der BaFin (§ 187 Abs. 2 KAGB)

20 Die **Anordnungsbefugnis der BaFin** gehört systematisch zum Rückgaberecht der Anleger. Sie soll für besondere Fälle sicherstellen, dass eine Aussetzung möglich ist. Zu denken ist z.B. an eine zu Sanierungszwecken erfolgende Verschmelzung, bei der ein Fonds mit Liquiditätsengpässen auf einen solchen mit Liquiditätsüberschuss übertragen wird, um einen ausgeglichenen Liquiditätsstatus zu erreichen. Die Aussetzung ist derart zu befristen und zu überwachen, dass das Rückgaberecht auflebt, sobald der Rechtfertigungsgrund entfallen ist.

21 Die Aussetzung muss jeweils aus Gründen des Anlegerschutzes gerechtfertigt sein. Nicht genannt sind **Systemrisiken** als Aussetzungsgrund, die etwa bei großen Geldmarktfonds entstehen können. Das Anlegerinteresse erstreckt sich jedoch auch darauf, auf funktionierenden Finanzmärkten tätig zu sein, so dass eine Aussetzung zum Schutz des Finanzsystems ebenfalls zulässig ist.

22 Die Anordnungsbefugnis beschränkt sich auf die Aussetzung des Rückgaberechts. Die BaFin darf eine **Aussetzung des Umtauschrechts nicht nach § 187 Abs. 2 KAGB** verfügen. Wohl aber kann sie die Anteilsausgabe und -rücknahme in dem Fonds, dessen Anteile neu ausgegeben werden sollen, nach allgemeinen Regeln untersagen. Dies sowie die von der Rücknahme zu unterscheidende Auszahlung ist im Gegensatz zu § 187 Abs. 2 in Art. 45 Abs. 2 OGAW-RL ausdrücklich geregelt. Siehe dazu § 98 Abs. 3 KAGB.

IV. Abschrift der Erklärung des Verschmelzungsprüfers (§ 187 Abs. 3 KAGB)

23 Die KVG muss den Anlegern der beteiligten Investmentvermögen sowie der BaFin die Erklärung des Prüfers nach § 185 Abs. 2 KAGB (§ 185 Rz. 4 f.) **zur Verfügung stellen**. Die Art ist nicht bestimmt. Eine Mitteilung auf einem Datenträger nach § 167 KAGB genügt jedenfalls, nach richtiger Ansicht jedoch auch eine Publikation im Internet.

24 An der Pflicht überrascht **die systematische Stellung** im Kontext mit den Anlegerrechten nach § 187 Abs. 1 und 2 KAGB. Ein Zusammenhang besteht nicht. Insbesondere lässt sich der maßgebliche Zeitpunkt nicht den Rechten gem. § 187 Abs. 1 KAGB entnehmen. Wie auch aus Art. 42 OGAW-RL als europäischer Rezeptionsgrundlage folgt, gehört § 187 Abs. 3 KAGB in den **Kontext des § 185 Abs. 2 KAGB.** Die Informationspflicht ist **unverzüglich nach Eingang der Erklärung** bei der KVG zu erfüllen.

---

9 BT-Drucks. 17/5417, 11 zu § 40e Abs. 1 InvG.

V. Keine Geltung für Spezial-AIF

Die Vorschrift gilt **nicht für die Verschmelzung von Spezial-AIF** (§ 281 Abs. 1 KAGB). Die Anlegerrechte bestimmen sich dann ggf. nach den Anlagebedingungen oder konstituierenden Dokumenten. 25

§ 188 Kosten der Verschmelzung

Eine Kapitalverwaltungsgesellschaft darf jegliche Kosten, die mit der Vorbereitung und Durchführung der Verschmelzung verbunden sind, weder dem übertragenden Sondervermögen noch dem übernehmenden Sondervermögen oder EU-OGAW noch ihren Anlegern in Rechnung stellen.

In der Fassung vom 4.7.2013 (BGBl. I 2013, S. 1981).

Schrifttum: S. Vor §§ 181 ff. KAGB.

I. Entwicklung

1 § 188 KAGB wurde mit redaktionellen Änderungen aus § 40f InvG übernommen. Die Vorschrift setzt in Bezug auf **OGAW** zugleich Art. 46 OGAW-RL um; der deutsche Richtlinientext verbietet nur die Belastung mit Rechts-, Beratungs- und Verwaltungskosten. Der Wortlaut des § 188 KAGB („**jegliche Kosten**") geht darüber hinaus, was dem Sinn der Vorschrift zur Durchsetzung verhelfen soll.[1] Zu weiteren Details vgl. Art. 4 Abs. 1 lit. f Richtlinie 2010/44/EU.

II. Zweck und Rechtsfolge des Kostenbelastungsverbots

2 § 188 KAGB statuiert ein **Kostenbelastungsverbot.** Es schützt die Anleger davor, dass Verschmelzungen im Interesse und zugunsten der KVG durchgeführt, aber die Anleger mit den Kosten belastet werden. Hintergrund ist, dass eine Verschmelzung zumeist die Effizienz und damit den Gewinn der KVG steigert.[2] Auch die Verwahrstelle profitiert von größeren Mengengerüsten. Zugleich zählt die im Rahmen der Verschmelzung erforderliche Administration nicht zur gewöhnlichen Portfolioverwaltung (Vor §§ 181 ff. Rz. 18), so dass sie nach allgemeinen Regeln gesondert zu vergüten wäre. Diese aus Sicht der Anleger unerwünschte Konsequenz unterbindet § 188 KAGB.

3 Die Wortlauterweiterung im Rahmen des OGAW-UmsG deutet auf ein weites Verständnis des deutschen Gesetzgebers hin.[3]

4 **Unerwünschte Folge** der Regelung kann sein, dass in bestimmten Fällen eine aus Sicht der Anleger wertsteigernde Transaktion (z.B. Verschmelzung auf einen Fonds mit geringeren Gebühren) nicht stattfinden wird, weil die KVG die aus ihrer Sicht hohen Kosten für die Transaktion nicht aus eigenem Vermögen aufbringen kann oder möchte.

III. Keine Geltung für Spezial-AIF

5 Die Vorschrift gilt **nicht für die Verschmelzung von Spezial-AIF** (§ 281 Abs. 1 KAGB). Die BVI-Musterbedingungen für Spezial-AIF regen zur Kostentragung bei Verschmelzungen eine vertragliche Regelung an.[4]

1 Vgl. BT-Drucks. 17/4510, 69 f.
2 Vgl. BT-Drucks. 17/4510, 69 f.
3 I.E. auch *Springer/Sittmann* in Weitnauer/Boxberger/Anders, § 188 KAGB Rz. 3.
4 Vgl. dazu § 6 der Besonderen Anlagebedingungen des BVI für Spezialsondervermögen.

§ 189 Wirksamwerden der Verschmelzung

(1) Die Verschmelzung wird mit Ablauf des Geschäftsjahres des übertragenden Sondervermögens wirksam, wenn

1. die Verschmelzung im laufenden Geschäftsjahr genehmigt worden ist,

2. soweit erforderlich, die Hauptversammlungen der beteiligten Investmentvermögen zugestimmt haben,

3. die Werte des übernehmenden und des übertragenden Sondervermögens oder EU-OGAW zum Ende des Geschäftsjahres des übertragenden Sondervermögens (Übertragungsstichtag) berechnet worden sind und

4. das Umtauschverhältnis der Anteile sowie gegebenenfalls der Barzahlung in Höhe von nicht mehr als 10 Prozent des Nettoinventarwertes dieser Anteile zum Übertragungsstichtag festgelegt worden ist.

(2) [1]Es kann ein anderer Stichtag bestimmt werden, mit dessen Ablauf die Verschmelzung wirksam werden soll. [2]Dieser Zeitpunkt darf erst nach einer gegebenenfalls erforderlichen Zustimmung der stimmberechtigten Aktionäre der übernehmenden oder übertragenden Investmentaktiengesellschaft mit veränderlichem Kapital oder des übernehmenden oder übertragenden EU-OGAW liegen. [3]Im Übrigen ist Absatz 1 mit der Maßgabe anzuwenden, dass die Werte des übernehmenden und des übertragenden Sondervermögens zu diesem Stichtag zu berechnen sind und das Umtauschverhältnis zu diesem Stichtag festzulegen ist.

(3) Die am Verschmelzungsvorgang beteiligten Kapitalverwaltungsgesellschaften und die Verwahrstellen haben die hierfür erforderlichen technischen Umbuchungen und rechtsgeschäftlichen Handlungen vorzunehmen und sich gegenseitig hierüber zu unterrichten.

(4) [1]Die Kapitalverwaltungsgesellschaft des übernehmenden Sondervermögens hat das Wirksamwerden der Verschmelzung im Bundesanzeiger und darüber hinaus in einer hinreichend verbreiteten Wirtschafts- oder Tageszeitung oder in den im Verkaufsprospekt bezeichneten elektronischen Informationsmedien bekannt zu machen. [2]Bei einer grenzüberschreitenden Verschmelzung hat sie das Wirksamwerden der Verschmelzung nach den entsprechenden Rechtsvorschriften des Herkunftsstaates des übernehmenden EU-OGAW zu veröffentlichen. [3]Die Bundesanstalt ist hierüber zu unterrichten; bei der Verschmelzung eines EU-OGAW auf ein OGAW-Sondervermögen sind auch die zuständigen Stellen im Herkunftsstaat des übertragenden EU-OGAW zu unterrichten.

(5) Eine Verschmelzung, die nach Absatz 1 oder Absatz 2 wirksam geworden ist, kann nicht mehr für nichtig erklärt werden.

In der Fassung vom 4.7.2013 (BGBl. I 2013, S. 1981).

Schrifttum: S. Vor §§ 181 ff. KAGB.

I. Zweck

1 Die Vorschrift regelt die **Voraussetzungen einer wirksamen Verschmelzung**, bestehend aus Regelungen zum Verschmelzungstermin (§ 189 Abs. 1 und 2 KAGB), einer Kooperationspflicht von KVG und Verwahrstelle (§ 189 Abs. 3 KAGB), Publikationspflichten (§ 189 Abs. 4 KAGB) und einem Kassationsverbot (§ 189 Abs. 5 KAGB). Die Rechtsfolgen ergeben sich aus § 190 KAGB.

2 § 189 KAGB setzt in Bezug auf **OGAW** zugleich Art. 47 Abs. 1 bis 3 sowie Art. 48 Abs. 4 OGAW-RL um. Die Vorschrift wurde mit redaktionellen Änderungen aus § 40g InvG übernommen, der mit dem OGAW IV-UmsG eingefügt wurde. § 40g Abs. 1 InvG hatte seinerseits einen Vorläufer in § 40 Nr. 4 Satz 1 InvG. Die

noch in § 40g Abs. 2 InvG enthaltene Vorschrift zum Stimmrechtsquorum ist jetzt in § 191 Abs. 4 KAGB enthalten.

II. Verschmelzungstermin (§ 189 Abs. 1 und 2 KAGB)

1. Grundsatz (§ 189 Abs. 1 KAGB)

Im Grundsatz ist Verschmelzungstermin das **Ende des Geschäftsjahres** (24.00/0.00 Uhr) des übertragenden Investmentvermögens. Zuvor muss die Verschmelzung durch die Aufsichtsbehörde des übertragenden Investmentvermögens **genehmigt** worden sein, bei Investmentgesellschaften eine **HV** bzw. Gesellschafterversammlung zugestimmt haben (dazu § 191 Abs. 4 KAGB), die **Nettoinventarwerte berechnet** und das **Umtauschverhältnis** nebst Barzahlung bis zu 10 % vom Nettoinventarwert **festgelegt** worden sein. 3

2. Abweichende Terminsbestimmung (§ 189 Abs. 2 KAGB)

Vom Grundsatz abweichend kann der Termin nach § 189 Abs. 2 KAGB bestimmt, also **vertraglich geregelt** werden. Zu dem vertraglichen Termin müssen im Kern dieselben Voraussetzungen vorliegen, wie bei der Regelung im Grundsatz. Allerdings muss die **Genehmigung nicht in demselben Geschäftsjahr** geschehen sein, eine Genehmigung in einem vorangehenden Geschäftsjahr genügt.[1] Der Verzicht auf eine Erwähnung der Barzahlungsgrenze hat wegen der geltenden Definition in § 1 Abs. 19 Nr. 37 KAGB keine Auswirkungen.[2] 4

3. Prozedurales

Die BaFin kann die **Geltung ihrer Genehmigung** mittels Nebenbestimmung **befristen.**[3] Die Verschmelzungstermine aller beteiligen Investmentvermögen müssen **identisch bestimmt** werden. § 189 Abs. 1 Nr. 3 KAGB definiert den Übertragungsstichtag, den das Gesetz an verschiedenen Stellen in Bezug nimmt (vgl. z.B. §§ 184 Satz 3 Nr. 6; 186 Abs. 3 Nr. 6 KAGB). 5

III. Zusammenarbeit von KVG und Verwahrstelle (§ 189 Abs. 3 KAGB)

Die **bis zu vier Beteiligten** (KVG und Verwahrstellen) haben bei der Verschmelzung nach § 189 Abs. 3 KAGB zu kooperieren, insbesondere die Informationen auszutauschen und Buchungsvorgänge einzuleiten. Eine dilatorische Behandlung ist pflichtwidrig. Die Vorgänge müssen so ausgeführt werden, dass der Verschmelzungstermin eingehalten werden kann. 6

Aus § 189 Abs. 5 KAGB folgt, dass die Kooperation **keine Wirksamkeitsbedingung** der Verschmelzung ist, sondern die Pflicht dazu Rechtsfolge eines wirksam geschlossenen Verschmelzungsvertrags. Auch ohne diese Regelung machte sich eine pflichtwidrig nicht kooperierende KVG oder Verwahrstelle **ersatzpflichtig**, weil die Kooperation Nebenpflicht zum Verschmelzungsvertrag ist, den die KVG mit abschließt und an dessen Vollzug die Verwahrstelle als Nebenpflicht zum Verwahrstellenvertrag mitwirken muss (arg. § 185 Abs. 1 KAGB). 7

IV. Publikationspflichten (§ 189 Abs. 4 KAGB)

§ 189 Abs. 4 KAGB regelt die Publikationspflichten im Zusammenhang mit der Verschmelzung. Aus § 189 Abs. 5 KAGB folgt, dass die Publikation **keine Wirksamkeitsbedingung** der Verschmelzung ist. Im Fall der Pflichtwidrigkeit macht sich die KVG indes ersatzpflichtig. Auch im Übrigen nennt § 189 Abs. 1 und 2 KAGB **keine Anlegerinformation.** Dies erklärt sich damit, dass die Genehmigung gem. § 182 Abs. 2 KAGB auch die ordnungsgemäße Anlegerinformation voraussetzt und die BaFin dahingehende Prüfungen vornimmt. 8

V. Endgültige Wirksamkeit (§ 189 Abs. 5 KAGB)

§ 189 Abs. 5 KAGB steht einer **Kassation** entgegen, **gleich ob kraft behördlichen oder gerichtlichen Aktes.** Eine Kassation käme etwa auf Anfechtungsklage hin nach §§ 243, 249 AktG in Betracht.[4] 9

---

1 I.E. auch *Springer/Sittmann* in Weitnauer/Boxberger/Anders, § 189 KAGB Rz. 9.
2 I.E. auch *Springer/Sittmann* in Weitnauer/Boxberger/Anders, § 189 KAGB Rz. 10.
3 *Springer/Sittmann* in Weitnauer/Boxberger/Anders, § 189 KAGB Rz. 4.
4 Dazu *Noack/Zetzsche* in KölnKomm. AktG, 3. Aufl. 2017, § 248 AktG Rz. 10 ff.

10 Keine Aussage trifft die Regelung zur **Nichtigkeitsklage**, etwa nach § 241 AktG,[5] da es sich nur um die Feststellung der Nichtigkeit handelt. Wurde also die HV einer InvAG nicht einberufen oder nicht beurkundet (vgl. § 241 Nr. 2 AktG), ist die Verschmelzung bereits nicht wirksam geworden, so dass § 189 Abs. 5 KAGB nicht greift. Zu **Nichtigkeitsgründen** verhält sich Abs. 5 nicht. Es gelten die allgemeinen Grundsätze. Diese fallen für Sondervermögen, für die die durch §§ 92 ff. KAGB modifizierten BGB-Regeln gelten, InvAG (vgl. § 241 AktG bzw. §§ 16 Abs. 3, 20 Abs. 2 UmwG)[6] und offene InvKG (über § 281 KAGB) unterschiedlich aus. Ebenfalls keine Auswirkungen hat § 189 Abs. 5 KAGB auf (schwebend oder dauerhaft) **unwirksame Beschlüsse**, weil diesen Beschlüssen ein Element fehlt, um Rechtswirkung zu entfalten.[7]

11 Mindestens liegt aber Nichtigkeit vor, wenn eine der **in § 189 Abs. 1 KAGB genannten Handlungen rechtlich unwirksam** ist. *Beispiel*: Die Genehmigung der BaFin ist gem. § 44 VwVfG nichtig. Eine nur anfechtbare Genehmigung entfaltet dagegen Wirkung.

VI. Geltung für Spezial-AIF

12 § 189 KAGB **gilt für die Verschmelzung von Spezial-AIF**, jedoch dürfen Publikationen nach § 189 Abs. 4 KAGB unterbleiben (§ 281 Abs. 1 KAGB).

§ 190 Rechtsfolgen der Verschmelzung

(1) Eine Verschmelzung durch Aufnahme hat folgende Auswirkungen:

1. alle Vermögensgegenstände und Verbindlichkeiten des übertragenden Sondervermögens gehen auf das übernehmende Sondervermögen oder den übernehmenden EU-OGAW über;

2. die Anleger des übertragenden Sondervermögens werden Anleger des übernehmenden Sondervermögens oder des übernehmenden EU-OGAW; sie haben, soweit dies im Verschmelzungsplan vorgesehen ist, Anspruch auf eine Barzahlung in Höhe von bis zu 10 Prozent des Wertes ihrer Anteile am übertragenden Sondervermögen, wobei dies nicht gilt, soweit das übernehmende Sondervermögen oder der übernehmende EU-OGAW Anteilsinhaber des übertragenden Sondervermögens ist; Rechte Dritter an den Anteilen bestehen an den an ihre Stelle tretenden Anteilen weiter und

3. das übertragende Sondervermögen erlischt.

(2) Eine Verschmelzung durch Neugründung hat folgende Auswirkungen:

1. alle Vermögensgegenstände und Verbindlichkeiten der übertragenden Sondervermögen gehen auf das neu gegründete Sondervermögen oder den neu gegründeten EU-OGAW über;

2. die Anleger der übertragenden Sondervermögen werden Anleger des neu gegründeten Sondervermögens oder des neu gegründeten EU-OGAW; sie haben, soweit dies im Verschmelzungsplan vorgesehen ist, Anspruch auf eine Barzahlung in Höhe von bis zu 10 Prozent des Wertes ihrer Anteile an dem übertragenden Sondervermögen; Rechte Dritter an den Anteilen bestehen an den an ihre Stelle tretenden Anteilen weiter und

3. die übertragenden Sondervermögen erlöschen.

(3) Die neuen Anteile des übernehmenden oder neu gegründeten Sondervermögens gelten mit Beginn des Tages, der dem Übertragungsstichtag folgt, als bei den Anlegern des übertragenden Sondervermögens oder EU-OGAW ausgegeben.

In der Fassung vom 4.7.2013 (BGBl. I 2013, S. 1981).

Schrifttum: S. Vor §§ 181 ff. KAGB.

5 Zur umstrittenen Rechtsnatur der Nichtigkeitsklage vgl. nach § 241 AktG vgl. *Noack/Zetzsche* in KölnKomm. AktG, 3. Aufl. 2017, § 249 AktG Rz. 3 ff.

6 Dazu *Noack/Zetzsche* in KölnKomm. AktG, 3. Aufl. 2017, § 241 AktG Rz. 186.

7 Zu Beschlusskategorien vgl. *Noack/Zetzsche* in KölnKomm. AktG, 3. Aufl. 2017, Vor § 241 AktG Rz. 24 ff.

I. Zweck

Die Vorschrift regelt die Rechtsfolgen der **Verschmelzung durch Aufnahme** (§ 190 Abs. 1 KAGB) sowie der **Verschmelzung durch Neugründung** (§ 190 Abs. 2 KAGB). Siehe dazu bereits zu § 181 Abs. 2 KAGB § 181 Rz. 21 ff. Daneben regelt die Vorschrift einzig den **Ausgabetag für die neuen Anteile**. 1

§ 190 KAGB setzt in Bezug auf **OGAW** zugleich Art. 48 Abs. 1 und 2 OGAW-RL um. Eine Umsetzung von Art. 48 Abs. 3 OGAW-RL hielt man zunächst für nicht erforderlich, weil die Verschmelzungsform nach Art. 2 Abs. 1 lit. p OGAW-RL nicht zugelassen wurde.[1] § 190 KAGB wurde mit redaktionellen Änderungen aus § 40h InvG übernommen. § 40h Abs. 3 InvG i.d.F. des OGAW IV-UmsG entsprach dem damaligen § 40 Satz 4 bis 6 InvG a.F. 2

II. Verschmelzungsformen (§ 190 Abs. 1 und 2 KAGB)

Siehe zu den zulässigen Verschmelzungsformen und deren Wirkungen § 181 Rz. 21 ff. 3

III. Ausgabetag für die neuen Anteile (§ 190 Abs. 3 KAGB)

Gemäß § 190 Abs. 3 KAGB gelten die neuen Anteile des übernehmenden oder neu gegründeten Sondervermögens „mit Beginn des Tages, der dem Übertragungsstichtag folgt, als bei den Anlegern des übertragenden Sondervermögens oder EU-OGAW ausgegeben." Vgl. zum **Übertragungsstichtag die Legaldefinition in § 189 Abs. 1 Nr. 3 KAGB.** Gemeint ist der nächste **Kalendertag;** dieser muss kein Werktag sein, sonst könnte es zu einem Zeitraum ohne Zuordnung kommen, etwa wenn in einem EU-Land Feiertag, in einem anderen Werktag ist. Obwohl das Gesetz nur den Übertragungsstichtag nach § 189 Abs. 1 Nr. 3 KAGB nennt, gilt nichts anderes bei abweichender Terminbestimmung nach § 189 Abs. 2 KAGB.[2] 4

Mit Beginn des Ausgabetags werden die Anteile des übertragenden und des aufnehmenden Investmentvermögens **unter derselben ISIN** geführt. Die alte ISIN des übertragenden Investmentvermögens wird nicht weitergeführt (sog. „retired"-Kennung von WM-Datenservice), es wird jedoch ein Verweis auf die übernehmende neue ISIN hinterlegt, die eine Zuordnung z.B. von Derivatkontrakten ermöglicht.[3] Ab diesem Moment werden die Anteile auch der neuen Einheit zugeordnet; dies schlägt sich in dem nach der EMIR zu führenden Transaktionsregister im **Wechsel des Legal Entity Identifier (LEI)** nieder.[4] Ab dem Ausgabetag gilt auch das **neue Vertragswerk**[5] in Bezug auf die Anlagepolitik, Gebühren, Verwahrstelle etc. 5

IV. Geltung für Spezial-AIF

§ 190 KAGB **gilt für die Verschmelzung von Spezial**-AIF (§ 281 Abs. 1 KAGB). Dies ist in Bezug auf § 190 Abs. 3 KAGB keineswegs zwingend, mehr Vertragsfreiheit ist wünschenswert. 6

§ 191 Verschmelzung mit Investmentaktiengesellschaften mit veränderlichem Kapital

(1) Die §§ 181 bis 190 sind entsprechend anzuwenden auf die Verschmelzung

1. **eines Sondervermögens auf eine Investmentaktiengesellschaft mit veränderlichem Kapital oder auf ein Teilgesellschaftsvermögen einer Investmentaktiengesellschaft mit veränderlichem Kapital,**
2. **eines Teilgesellschaftsvermögens einer Investmentaktiengesellschaft mit veränderlichem Kapital auf ein anderes Teilgesellschaftsvermögen derselben Investmentaktiengesellschaft,**
3. **eines Teilgesellschaftsvermögens einer Investmentaktiengesellschaft mit veränderlichem Kapital auf eine andere Investmentaktiengesellschaft mit veränderlichem Kapital oder auf ein Teilgesellschaftsvermögen einer anderen Investmentaktiengesellschaft mit veränderlichem Kapital und**

---

1 Vgl. BT-Drucks. 17/4510, 70 zu § 40h InvG.
2 *Springer/Sittmann* in Weitnauer/Boxberger/Anders, § 190 KAGB Rz. 14.
3 *Decker* in Moritz/Klebeck/Jesch, § 281 KAGB Rz. 69.
4 *Decker* in Moritz/Klebeck/Jesch, § 281 KAGB Rz. 67.
5 *Springer/Sittmann* in Weitnauer/Boxberger/Anders, § 190 KAGB Rz. 15.

4. eines Teilgesellschaftsvermögens einer Investmentaktiengesellschaft mit veränderlichem Kapital auf ein Sondervermögen oder auf einen EU-OGAW.

(2) Die §§ 183 bis 190 sind entsprechend anzuwenden auf die Verschmelzung eines EU-OGAW auf eine OGAW-Investmentaktiengesellschaft oder auf ein Teilgesellschaftsvermögen einer OGAW-Investmentaktiengesellschaft.

(3) [1]Auf die Fälle der Verschmelzung einer Investmentaktiengesellschaft mit veränderlichem Kapital auf eine andere Investmentaktiengesellschaft mit veränderlichem Kapital, auf ein Teilgesellschaftsvermögen einer Investmentaktiengesellschaft mit veränderlichem Kapital, auf ein Sondervermögen oder auf einen EU-OGAW sind die Vorschriften des Umwandlungsgesetzes über die Verschmelzung anzuwenden, soweit sich aus der entsprechenden Anwendung der §§ 167, 182, 188 und 189 Absatz 2 bis 5 sowie des § 190 nichts anderes ergibt. [2]Im Übrigen gilt das auf den übertragenden EU-OGAW anwendbare nationale Recht im Einklang mit den Artikeln 40 bis 42, 45 und 46 der Richtlinie 2009/65/EG.

(4) Die Satzung einer Investmentaktiengesellschaft mit veränderlichem Kapital darf für die Zustimmung der Aktionäre zu einer Verschmelzung nicht mehr als 75 Prozent der tatsächlich abgegebenen Stimmen der bei der Hauptversammlung anwesenden oder vertretenen Aktionäre verlangen.

(5) Bei intern verwalteten Investmentaktiengesellschaften mit veränderlichem Kapital dürfen entsprechend den Vorgaben des § 188 die Kosten einer Verschmelzung nicht den Anlageaktionären zugerechnet werden.

In der Fassung vom 4.7.2013 (BGBl. I 2013, S. 1981), zuletzt geändert durch das Gesetz zur Umsetzung der Richtlinie 2014/91/EU des Europäischen Parlaments und des Rates vom 23. Juli 2014 zur Änderung der Richtlinie 2009/65/EG zur Koordinierung der Rechts- und Verwaltungsvorschriften betreffend bestimmte Organismen für gemeinsame Anlagen in Wertpapieren (OGAW) im Hinblick auf die Aufgaben der Verwahrstelle, die Vergütungspolitik und Sanktionen vom 3.3.2016 (BGBl. I 2016, S. 348).

Schrifttum: S. Vor §§ 181 ff. KAGB.

I. Zweck

1 § 191 KAGB enthält in wenig systematischer Manier **Vorschriften verschiedenen Inhalts**, die im weitesten Sinn die offene InvAG betreffen. § 191 Abs. 1 und 2 KAGB betreffen den **Anwendungsbereich der §§ 181 ff. KAGB** und ordnen für **Verschmelzungen inländischer Investmentvermögen unter Beteiligung von offenen InvAG** die entsprechende Geltung der §§ 181 ff. KAGB an. Die Regelungen hätte man ebenso in § 181 KAGB aufnehmen können. Näher dazu bei § 181 Rz. 11 f. § 191 Abs. 3 KAGB ordnet für bestimmte Verschmelzungen, bei denen die **übertragende offene InvAG untergeht, im Grundsatz** – jedoch mit gewissen Einschränkungen und Ergänzungen – **die entsprechende Geltung des UmwG** an. Näher Rz. 2. § 191 Abs. 4 KAGB regelt das für die Verschmelzung erforderliche **Quorum des Zustimmungsbeschlusses der HV der InvAG**. Näher Rz. 9.

2 Die Vorschrift setzt wesentliche Vorschriften der Art. 37 ff. **OGAW-RL**, insbesondere Art. 38, 44, 46 OGAW-RL um, wonach auch Investmentvermögen unterschiedlicher Rechtsformen verschmolzen werden können.

3 Der Wortlaut der Vorschriften geht im Wesentlichen auf das **OGAW IV-UmsG** zurück. Abs. 1 des § 191 KAGB wurde im Rahmen des **AIFM-RL UmsG** mit redaktionellen Änderungen aus § 100 Abs. 5 Satz 1 Nr. 1 bis 4 InvG, Abs. 2 aus § 100 Abs. 5 Satz 1 Nr. 5 InvG, Abs. 3 im Grundsatz und mit Ergänzung um Satz 2 aus § 99 Abs. 6 Satz 1 und 2 InvG, Abs. 4 aus § 99 Abs. 6 Satz 3 InvG und Abs. 5 aus § 99a Abs. 2 InvG übernommen. Mit dem **OGAW V-RL UmsG**[1] wurden in Abs. 1 Nr. 3 eine bisher fehlende Variante der Verschmelzung mit offenen InvAG ergänzt.[2] In § 191 Abs. 2 KAGB wurde klargestellt, dass sämtliche

1 BGBl. I 2016, S. 348.
2 BT-Drucks. 18/6744, 61.

Vorschriften der §§ 183 ff. KAGB für die Verschmelzung von EU-OGAW auf inländische OGAW anzuwenden sind. Auf § 182 KAGB konnte verzichtet werden, weil die Norm die BaFin als Behörde des übertragenden OGAW betrifft. Insbesondere stehen im Falle des § 191 Abs. 2 KAGB den Anlegern einer übernehmenden inländischen OGAW-InvAG die in § 187 Abs. 1 Nr. 1 und 2 KAGB aufgeführten Rechte entsprechend der Vorgabe der OGAW-RL nach dem nationalen Recht des Herkunftsmitgliedstaats des übertragenden OGAW zu.[3] § 191 Abs. 3 KAGB erhielt einen neuen Satz 2, um klarzustellen, dass auch für die Fälle des § 191 Abs. 2 KAGB die Vorgaben der Art. 39 ff. OGAW-RL gelten.[4]

II. Entsprechende Anwendung der Vorschriften für Sondervermögen (§ 191 Abs. 1 und 2 KAGB)

§ 191 Abs. 1 und 2 KAGB sichern die rechtsformunabhängige Anwendung der §§ 182 ff. KAGB. Siehe dazu ausführlich § 181 Rz. 11 ff. 4

III. Entsprechende Anwendung von KAGB und UmwG (§ 191 Abs. 3 KAGB)

Gemäß § 191 Abs. 3 KAGB bzw. § 281 Abs. 3 KAGB ist das **UmwG** auf die Verschmelzung einer offenen InvAG auf eine andere offene InvAG, auf ein anderes Teilgesellschaftsvermögen einer InvAG oder auf ein Publikums- oder Spezialsondervermögen **entsprechend anwendbar**, soweit sich aus §§ 182, 188, 189 Abs. 2 bis 5 KAGB und § 190 KAGB zur Fondsverschmelzung und § 167 KAGB zur Informationsform nichts Anderes ergibt. Die Regelung versteht sich vor dem Hintergrund, dass der Gesetzgeber vor dem OGAW IV-UmsG das UmwG nicht für anwendbar hielt. Der Verweis auf das UmwG sichert nunmehr die **notarielle Beurkundung des Verschmelzungsvertrags** gem. § 6 UmwG und die **Eintragung der verschmolzenen InvAG in das Handelsregister** gem. §§ 16 ff. UmwG; zugleich wird die Anwendung der **Spaltungsvorschriften** bei Übertragung nur eines Teilgesellschaftsvermögens ausgeschlossen.[5] 5

Die Norm soll ausdrücklich auch die **Verschmelzung auf Sondervermögen als aufnehmender Rechtsträger** ermöglichen. Dagegen spricht nicht, dass Sondervermögen kein geeigneter aufnehmender Rechtsträger i.S.d. UmwG sind.[6] Dies ist keine Frage des UmwG, sondern eine Frage des **KAGB als vorrangigem, weil spezielleren Recht**. Eine rechtstechnische Betrachtung, wonach man nicht nach der Verschmelzungsfähigkeit des Sondervermögens zu fragen hätte, sondern beim Treuhandmodell nach der der KVG und beim Miteigentumsmodell nach der der Anleger, ist gleichfalls nicht gewollt. Das KAGB begnügt sich mit der Anknüpfung an die Verwaltungsmacht der KVG nach § 93 Abs. 1 KAGB. Ist diese gegeben, kann die KVG in Bezug auf die verwalteten Vermögen auch aufnehmender Rechtsträger sein (nach den Termini des UmwG ist sie es als GmbH oder AG ohnehin). 6

§ 191 Abs. 3 KAGB regelt **nicht den Fall der Übertragung eines Teilgesellschaftsvermögens** einer offenen Investmentgesellschaft, sondern nur den Fall, dass die offene Investmentgesellschaft als Ganzes verschmolzen wird. Da auch die Verschmelzung auf ein Teilgesellschafts- oder ein Sondervermögen explizit zulässig ist und die Verschmelzungsvorschriften der OGAW-RL nur Investmentvermögen erfassen, ergibt sich, dass hier nur eine InvAG gemeint sein kann, die keine Teilgesellschaftsvermögen gebildet hat und selbst ein einheitliches Investmentvermögen darstellt. Ein „übriggebliebenes" Investmentbetriebsvermögen nach § 112 7

3 Vgl. dazu BT-Drucks. 18/6744, 61 (zu Abs. 3, gemeint ist aber Abs. 2): „Durch die Änderungen werden zusätzlich die §§ 186 und 187 für entsprechend anwendbar erklärt. Diese Änderung erfolgt im Hinblick auf die Vorgaben der Artikel 38 Absatz 1, 43 Absatz 1 bis 4 und 45 der Richtlinie 2009/65/EG."

4 Vgl. dazu BT-Drucks. 18/6744, 61 (zu Abs. 2, gemeint ist aber Abs. 3): „§ 191 Absatz 2 behandelt die Fälle, in denen mit einem EU-OGAW ein nicht-inländisches Investmentvermögen auf eine inländische OGAW-Investmentaktiengesellschaft oder auf ein Teilgesellschaftsvermögen einer inländischen OGAW-Investmentaktiengesellschaft verschmolzen wird. Für die Genehmigung einer derartigen Verschmelzung ist gemäß Artikel 39 Absatz 1 der Richtlinie 2009/65/EG die Aufsichtsbehörde des Herkunftsmitgliedstaats des übertragenden OGAW zuständig. Diese Behörde ist auch für die Prüfung der Einhaltung der in Artikel 39 Absatz 4 genannten Voraussetzungen zuständig. Unabhängig von dieser Aufgabenverteilung gilt jedoch auch für die Fälle des § 191 Absatz 2, dass die Vorgaben der Artikel 39 ff., also auch der Artikel 40, 41, 42, 45 und 46 der Richtlinie 2009/65/EG bei grenzüberschreitenden Verschmelzungen von OGAW zu beachten sind. Dies stellt der angefügte Satz 2 klar. Damit wird beispielsweise deutlich gemacht, dass im Falle des § 191 Absatz 2 den Anlegern einer übernehmenden inländischen OGAW-Investmentaktiengesellschaft die in § 187 Absatz 1 Nummer 1 und 2 aufgeführten Rechte entsprechend der Vorgabe der Richtlinie 2009/65/EG nach dem **nationalen Recht des Herkunftsmitgliedstaats des übertragenden OGAW** zustehen." (Hervorhebung durch Verf.)

5 BT-Drucks. 17/4510, 81 (zu § 99 Abs. 6 InvG).

6 So aber *Decker* in Moritz/Klebeck/Jesch, § 281 KAGB Rz. 75 bei Betrachtung mit kleiner Münze.

Abs. 2 KAGB wird von dieser Regelung nicht erfasst (siehe dazu auch § 181 Rz. 17). Dafür gelten allenfalls die für andere Teilvermögen geltenden Verschmelzungsregeln.

8 Nach § 191 Abs. 3 Satz 2 KAGB gilt „im Übrigen … das auf den übertragenden EU-OGAW anwendbare nationale Recht im Einklang mit den Art. 40 bis 42, 45 und 46 der Richtlinie 2009/65/EG“. Es handelt sich um eine **Kollisionsnorm**, die z.B. deutlich macht, dass im Falle des § 191 Abs. 2 KAGB den Anlegern einer **übernehmenden inländischen OGAW-InvAG** die in § 187 Abs. 1 Nr. 1 und 2 KAGB aufgeführten Rechte entsprechend der OGAW-RL nach dem auf den **übertragenden OGAW anwendbaren Recht** (i.e. das Recht von dessen Herkunftsmitgliedstaat) zustehen.[7]

IV. Quorum des Zustimmungsbeschlusses (§ 191 Abs. 4 KAGB)

9 **§ 191 Abs. 4 KAGB** limitiert das statutarische Zustimmungsquorum entsprechend Art. 44 OGAW-RL auf 75 % der abgegebenen Stimmen. Stimmberechtigt sind grds. die **stimmberechtigten Unternehmeraktien** (§ 109 Abs. 2 KAGB).[8] Anlageaktien sind nach der gesetzlichen Ausgangslage stimmrechtslos. Deren Inhaber müssen der Verschmelzung nur zustimmen, wenn ihnen die Satzung ausnahmsweise ein Stimmrecht gewährt (§ 109 Abs. 3 KAGB). Die Anlegeraktionäre haben nur die Abfindungs- und Umtauschrechte gem. § 187 Abs. 1 KAGB. Auch für die Verschmelzung unter Beteiligung von InvAG gilt somit die für die Vertragsänderung ermittelte Kurzformel: Anlegerinformation und -austritt gegen Abfindung statt Mitbestimmung.

10 Mit dem **Bezug zu Stimmen** nimmt § 191 Abs. 4 KAGB dieselbe Kenngröße wie bei § 133 Abs. 1 AktG in Bezug. Diese weicht von § 65 UmwG ab, wonach eine **Drei-Viertel-Kapitalmehrheit** erforderlich ist.[9] Daraus erwächst eher selten ein Widerspruch, vgl. aber die Regelungen in § 134 Abs. 1 AktG, § 5 Abs. 1 und 2 EGAktG. Bei stimmrechtslosen Vorzugsaktien erhöht sich die anwesende Stimmenzahl indes nicht. Eine 75 %-Stimmenmehrheit ist daher i.d.R. auch eine 75 %-Kapitalmehrheit i.S.v. § 65 UmwG. Anwesend und vertreten müssen die Aktionäre in Bezug auf den Verschmelzungsbeschluss sein; **Stimmrechtsverbote** und ein **Rechtverlust** stehen eine Berücksichtigung als anwesende und vertretene Aktionäre ebenso entgegen wie **nichtige oder unwirksame Stimmabgaben**.[10]

V. Kostenzuweisung bei intern verwalteten InvAG (§ 191 Abs. 5 KAGB)

11 Die aus § 99a Abs. 2 InvG übernommene[11] Vorschrift soll das Kostenbelastungsverbot des Art. 46 OGAW-RL für intern verwaltete InvAGen umsetzen,[12] erstreckt dessen Anwendungsbereich jedoch über OGAW hinaus auf **alle inländischen intern verwalteten InvAG**. Die Kosten der Verschmelzung sind identisch auszulegen mit dem Terminus „jegliche Kosten“ in § 188 KAGB. Vgl. näher § 188 Rz. 2 f.

12 Die Vorschrift ignoriert den in Art. 46 OGAW-RL explizit definierten Anwendungsbereich auf OGAW, die „eine Verwaltungsgesellschaft benannt“ haben, also **extern verwaltet** werden. Damit wird ein **wesentlicher Unterschied** zwischen der internen und der externen Verwaltung **verwischt**. Nach der Konzeption der OGAW-RL und der AIFM-RL haben Investmentgesellschaften, die keine Verwaltungsgesellschaften benannt haben und sich intern (selbst) verwalten, keine vom Fonds selbst separierten Vermögen, die diese Kosten tragen können.[13] Nach § 112 Abs. 2 KAGB ist bei einer intern verwalteten InvAG die Bildung eines nur durch Ausgabe von Unternehmensaktien bestrittenen Investmentbetriebsvermögens nur erlaubt, aber nicht vorgeschrieben (wobei die BaFin in st. Aufsichtspraxis die Bildung eines solchen zum Schutz der Anleger vor Sozialverbindlichkeiten verlangt), so dass sich die Frage stellt, woraus, wenn nicht aus den Teilgesellschaftsvermögen, die Verschmelzungskosten gezahlt werden sollen.

7 Vgl. dazu BT-Drucks. 18/6744, 61 (zu Abs. 2, gemeint ist aber Abs. 3): „(…) Damit wird beispielsweise deutlich gemacht, dass im Falle des § 191 Absatz 2 KAGB den Anlegern einer übernehmenden inländischen OGAW-Investmentaktiengesellschaft die in § 187 Absatz 1 Nummer 1 und 2 KAGB aufgeführten Rechte entsprechend der Vorgabe der OGAW-RL nach dem nationalen Recht des Herkunftsmitgliedstaats des übertragenden OGAW zustehen.“

8 BT-Drucks. 17/4510, 119 (zu § 40g InvG).

9 Vgl. *Tröger* in KölnKomm. AktG, 3. Aufl. 2017, § 133 AktG Rz. 120 ff.

10 Vgl. *Tröger* in KölnKomm. AktG, 3. Aufl. 2017, § 133 AktG Rz. 124 f.

11 BT-Drucks. 17/12294, 261.

12 BT-Drucks. 17/4510, 81 zu § 99a Abs. 2 InvG.

13 Siehe BGH v. 19.5.2016 – III ZR 399/14, Rz. 31 f.; BGH v. 22.9.2016 – III ZR 264/15, Rz. 29 f.

Ob für den Fall der Bildung eines **Investmentbetriebsvermögens** dieses dafür herhalten muss, ist zweifelhaft. Anders als das Eigenvermögen einer externen Verwaltungsgesellschaft unterliegt das Investmentbetriebsvermögen einer engen Zweckbindung. Sollte der Gesetzgeber das Investmentbetriebsvermögen wie ein Eigenvermögen der externen KVG behandeln wollen, müsste er eine InvAG mit Investmentbetriebsvermögen als externe KVG behandeln. In der Tat ist dann diesbezüglich ein Unterschied zu einer externen KVG, die nach § 92 Abs. 1 Satz 1 Alt. 1 KAGB selbst das Eigentum an den Vermögensgegenständen der von ihr verwalteten Sondervermögen hält, nicht mehr erkennbar. Dies ist nicht in jedem Fall gerechtfertigt: Keineswegs jedes Investmentbetriebsvermögen ist **Lokalisationspunkt einer unternehmerischen Tätigkeit**, die von Kostendegressionen infolge der Verschmelzung profitiert und deshalb die Kosten der Verschmelzung tragen sollte. Gleichwohl sind auch Gestaltungen anzutreffen, wo diese Zuweisung den Kern trifft. 13

Das Gesetz verbietet die Zurechnung an „Anlageaktionäre". Gemeint sind die **Inhaber von Anlageaktien** gem. § 109 Abs. 3 KAGB (vgl. die einzige sonstige Verwendung dieses Begriffs in § 115 KAGB). Gibt es keine Anlageaktien, hat die Norm keinen Anwendungsbereich, auch wenn die Inhaber von Unternehmensaktien „Anleger" sind. 14

Buchungstechnisch erfolgt die Zurechnung zu den Unternehmensaktionären dadurch, dass die BaFin bei intern verwalteten Investmentgesellschaften die Bildung eines von den Teilgesellschaftsvermögen verschiedenen (Investment-)Betriebsvermögens verlangt, das nach § 112 Abs. 2 Satz 2 KAGB durch Ausgabe von Unternehmensaktien finanziert wird. Dieses muss dann die Kosten tragen. Näher § 117 Rz. 38. 15

VI. Keine Geltung für Spezial-AIF

§ 191 KAGB gilt nicht für die **Verschmelzung von Spezial-AIF** (§ 281 Abs. 1 KAGB). Dies erklärt sich in Bezug auf § 191 Abs. 1 und 3 KAGB mit Parallelregelungen in § 281 Abs. 1 Satz 1 und 3 KAGB; für § 191 Abs. 2 KAGB ist eine Regelung entbehrlich, weil Spezial-AIF keine OGAW sind. In Bezug auf Abs. 4 ist eine Regelung entbehrlich, weil die i.d.R. wenigen (semi-)professionellen Anleger einen für sie geeigneten Modus selbst regeln können. Die Kostenregelung nach § 191 Abs. 5 KAGB dient dem Anlegerschutz, der bei Spezial-AIF allgemein reduziert ist. 16

Abschnitt 2
Investmentvermögen gemäß der OGAW-Richtlinie

§ 192 Zulässige Vermögensgegenstände

[1]Die OGAW-Kapitalverwaltungsgesellschaft darf für einen inländischen OGAW nur die in den §§ 193 bis 198 genannten Vermögensgegenstände erwerben. [2]Edelmetalle und Zertifikate über Edelmetalle dürfen von der OGAW-Kapitalverwaltungsgesellschaft für einen inländischen OGAW nicht erworben werden.

In der Fassung vom 4.7.2013 (BGBl. I 2013, S. 1981).

Schrifttum: BaFin, FAQ Eligible Assets, WA 41-Wp 2137-2013/0001 (Stand: 5.7.2016); *Kestler/Benz*, Aktuelle Entwicklungen im Investmentrecht, BKR 2008, 403; Central Bank of Ireland, UCITS Questions and Answers, 12th Edition (Stand: 24.3.2016); ESMA, Questions and Answers, 2016/ESMA/181 (Stand 1.2.2016).

I. Allgemeines

Diese Vorschrift regelt zusammen mit den §§ 193 bis 198 KAGB die für einen inländischen OGAW **erwerbbaren Vermögensgegenstände**. Inländische OGAW können unter Beachtung der Emittenten- und Anlagegrenzen des KAGB frei in diese Vermögensgegenstände investieren.[1] Um einerseits der seither möglichen flexiblen Kombination der Anlage in die zulässigen Vermögensgegenstände Rechnung zu tragen, andererseits aber gleichzeitig dem Anleger eine Orientierung zur Unterscheidung der angebotenen Investmentvermögen zu ermöglichen, hat die BaFin in ihrer Fondskategorien-Richtlinie festgelegt, wie ein Investmentvermögen nach den Anlagebedingungen oder der Satzung investiert sein muss, damit es z.B. als Aktien- oder Geldmarktfonds klassifiziert werden kann.[2] 1

Teilweise werden die zulässigen Vermögensgegenstände als ***numerus clausus*** bezeichnet;[3] dabei handelt es sich um eine **Positivliste** der für einen inländischen OGAW erwerbbaren Vermögensgegenstände. Im Sinne der OGAW IV-RL ist der Numerus clausus korrekt. Hingegen ist der *numerus clausus* in der Praxis nicht sehr hilfreich. Es stellt sich daher die Frage, ob eine Negativliste ein sinnvollerer Ansatz wäre, da dabei geregelt wird, welche Vermögensgegenstände nicht zulässig sind. 2

II. Entstehungsgeschichte

1. EU-Recht

Mit den §§ 192 bis 198 KAGB wird Art. 50 OGAW IV-RL (entspricht Art. 19 OGAW-RL) ins deutsche Recht umgesetzt. Die OGAW IV-RL (RL 2009/65/EG) definiert spezielle Anforderungen an Fonds und ihre Verwaltungsgesellschaften, wobei die Regelungen in Bezug auf die zulässigen Vermögensgegenstände, in die ein OGAW investieren darf, den Schwerpunkt bilden. Detaillierte Vorschriften dazu enthält die Definitions-RL (RL 2007/16/EG). 3

---

1 *Höring* in Moritz/Klebeck/Jesch, § 192 KAGB Rz. 9.
2 Richtlinie zur Festlegung von Fondskategorien gemäß § 4 Absatz 2 Kapitalanlagegesetzbuch und weitere Transparenzanforderungen an bestimmte Fondskategorien, 22.7.2013, zuletzt geändert am 17.4.2015.
3 *von Rom* in Baur/Tappen, § 192 KAGB Rz. 1; *Höring* in Moritz/KLebeck/Jesch, § 192 KAGB Rz. 4.

2. Historie

4 Die Vorschriften §§ 192 bis 198 KAGB entsprechen inhaltlich den §§ 46 bis 52 InvG. Die Begriffe wurden den neuen Definitionen des KAGB angepasst. Insbesondere wurden hierbei die Begriffe Kapitalanlagegesellschaft und Sondervermögen durch die Begriffe OGAW-Kapitalverwaltungsgesellschaft und inländischer OGAW ersetzt.

5 § 192 KAGB übernimmt mit einigen redaktionellen Änderungen den Wortlaut des § 46 InvG. Im Zuge des InvModG wurde ein einheitlich für alle OGAW geltender, abschließender Katalog erwerbbarer, vom Gesetzgeber als gleichwertig eingestufter Vermögensgegenstände geschaffen und die gesetzliche Unterscheidung in verschiedene Fonds-Typen mit separaten Anlagekatalogen und Anlagegrenzen aufgehoben.[4]

3. BaFin-Fragenkatalog

6 Mit dem Erwerb von Vermögensgegenständen für OGAW sind eine Vielzahl von anlagerechtlichen Fragen verbunden. Die **BaFin** hat hierzu einen **Fragenkatalog**[5] entwickelt, der möglichst alle in diesem Zusammenhang bestehenden Fragen beantworten soll. Dieser Katalog wird fortlaufend überarbeitet; dabei werden nicht nur neue Fragen ergänzt, sondern auch bereits bestehende Inhalte geändert. Hierdurch soll der Katalog neueren Entwicklungen angepasst und auf jeweils aktuellem Stand gehalten werden.

7 Auch andere Länder haben sich mit den Fragen, die mit dem Erwerb von Vermögensgegenständen für OGAW verbunden sind, geäußert. In Irland hat beispielsweise die Central Bank of Ireland einen ähnlichen Katalog[6] wie den der BaFin veröffentlicht.

8 Auch die Europäische Union hat mit den Questions and Answers[7] der ESMA einen Fragenkatalog veröffentlicht. Bei diesem Katalog geht es nicht nur um erwerbbare Vermögensgegenstände, sondern allgemein um die Anwendung der OGAW IV-RL und der Definitions-RL. Der Fragenkatalog fasst die Questions and Answers der KIID für OGAW (2015/ESMA/631), die ESMA-Leitlinien für ETFs und andere OGAW-Themen (ESMA/2015/12), die Notifikation der OGAW und den Austausch von Informationen zwischen zuständigen Stellen (ESMA/2012/428) und die Risikomessung und -kalkulation für das Gesamt- und Gegenparteirisiko für OGAW (ESMA/2013/1950) zusammen.

III. Normzweck

9 § 192 KAGB sowie die §§ 193 bis 198 KAGB dienen gemäß den Vorgaben der OGAW IV-RL dem **Anlegerschutz**. Der Gesetzgeber erlaubt nur gewisse Instrumente, die mit dem Anlegerschutz vereinbar sind. Um den Schutz der Anleger zu erreichen, hat der Gesetzgeber in den §§ 193 bis 198 KAGB eine (abschließende) Liste erwerbbarer Vermögensgegenstände entwickelt. Mit dieser Liste hat der Gesetzgeber den Erwerb auf bestimmte tendenziell weniger risikobehaftete Vermögensgegenstände begrenzt.[8]

10 Gestützt wird die Regelung durch die §§ 199 bis 205 KAGB, durch die der Abschluss bestimmter risikobehafteter Geschäfte beschränkt wird, sowie durch die Anleger- und Emittentengrenzen gem. §§ 206 bis 211 KAGB.

IV. Norminhalt

11 Die Vorschriften §§ 192 bis 198 KAGB gelten unmittelbar für **OGAW-KVGen mit Sitz im Inland** (vgl. dazu § 17 KAGB) und die **von ihnen verwalteten inländischen OGAW**.

12 Aufgrund gesetzlicher Verweisungen gelten die §§ 192 bis 198 KAGB – vorbehaltlich abweichender speziellerer Regelungen – außerdem für Gemischte Investmentvermögen gem. § 218 KAGB, Sonstige Investmentvermögen gem. § 220 KAGB, Immobilien-Sondervermögen gem. § 230 Abs. 1 KAGB und offene inländische Spezial-AIF mit festen Anlagebedingungen gem. § 284 Abs. 1 KAGB. Die §§ 193 bis 195 KAGB gelten gem. 261 Abs. 1 Nr. 7 KAGB außerdem für geschlossene inländische Publikums-AIF. Gemäß § 317 Abs. 1 Nr. 7 lit. c KAGB gelten die §§ 192 bis 213 KAGB mittelbar auch für EU-AIF und ausländische AIF, die an Privatanleger in Deutschland vertrieben werden sollen.

---

4 BT-Drucks. 15/1553, S. 93.
5 BaFin, FAQ Eligible Assets, WA 41-Wp 2137-2013/0001 (Stand: 22.7.2013).
6 Central Bank of Ireland, UCITS Questions and Answers, 12th Edition (Stand: 24.3.2016).
7 ESMA, Questions and Answers, 2016/ESMA/181 (Stand 1.2.2016).
8 *Brümmer* in Berger/Steck/Lübbehüsen, Vor § 46 InvG Rz. 1 f.

1. Beschränkung der zuverlässigen Vermögensgegenstände (§ 193 Satz 1 KAGB)

Eine OGAW-KVG darf für einen inländischen OGAW nur Vermögensgegenstände erwerben, die gem. §§ 193 bis 198 KAGB zugelassen sind. Daraus folgt, dass Investitionen der OGAW-KVG auf bestimmte **Wertpapiere** gem. § 193 KAGB, **Geldmarktinstrumente** gem. § 194 KAGB, **Bankguthaben** gem. § 195 KAGB, **Investmentanteile** gem. § 196 KAGB und **Derivate** gem. § 197 KAGB begrenzt sind. 13

Unter Beachtung der Emittenten- und Anlagegrenzen sowie der konkreten Anlagebedingungen des OGAW dürfen die im abschließenden Katalog der in §§ 193 bis 198 KAGB genannten Vermögensgegenstände für Rechnung eines inländischen OGAW erworben werden. Dabei ist zu beachten, dass die Anlagebedingungen des OGAW die zwingenden Vorschriften der §§ 192 bis 198 KAGB nur begrenzen, nicht aber erweitern dürfen.[9] 14

Es ist noch darauf hinzuweisen, dass § 198 KAGB eine Öffnungsklausel[10] bezüglich zulässiger Vermögensgegenstände enthält. Gemäß dieser Klausel können 10 % des Wertes eines inländischen OGAW auch in eigentlich unzulässige Vermögensgegenstände investiert werden (vgl. dazu § 198 Rz. 5 ff.). 15

2. Verbot des Erwerbs von Edelmetallen und Zertifikaten über Edelmetalle (§ 193 Satz 2 KAGB)

Nach § 192 Satz 2 KAGB ist es einer OGAW-KVG **nicht erlaubt**, in **Edelmetalle** oder indirekt über **Zertifikate in Edelmetalle** zu investieren. 16

Edelmetalle sind besonders korrosionsfähige Metalle, wie z.B. Gold, Silber, Kupfer und Platinmetalle. Zertifikate sind gem. Art. 2 Abs. 1 Nr. 27 MiFIR jene Wertpapiere, die auf dem Kapitalmarkt handelbar sind und im Falle einer Tilgung einer Anlage seitens des Emittenten Vorrang vor Aktien haben, aber nicht besicherten Anleiheinstrumenten und anderen vergleichbaren Instrumenten nachgeordnet sind. 17

Das auf Art. 50 Abs. 2 lit. b OGAW IV-RL zurückgehende Verbot, Zertifikate über Edelmetalle zu erwerben, ist historisch dahingehend auszulegen, dass hiervon nur Zertifikate erfasst sind die eine physische Lieferung vorsehen bzw. das Recht auf eine physische Lieferung einräumen. Nicht unter dieses Verbot fallen daher 1:1-Zertifikate oder Delta 1-Zertifikate. Dabei handelt es sich um Zertifikate, die die Wertentwicklung eines Basiswertes, bei dem es sich ebenfalls nicht um ein Derivat handelt, 1:1 nachvollziehen. Außerdem führt oder berechtigt der Erwerb von 1:1-Zertifikaten über Edelmetalle nicht zu einer physischen Lieferung.[11] 18

§ 193 Wertpapiere

(1) [1]Die OGAW-Kapitalverwaltungsgesellschaft darf vorbehaltlich des § 198 für Rechnung eines inländischen OGAW nur Wertpapiere erwerben,

1. **die an einer Börse in einem Mitgliedstaat der Europäischen Union oder in einem anderen Vertragsstaat des Abkommens über den Europäischen Wirtschaftsraum zum Handel zugelassen oder in einem dieser Staaten an einem anderen organisierten Markt zugelassen oder in diesen einbezogen sind,**
2. **die ausschließlich an einer Börse außerhalb der Mitgliedstaaten der Europäischen Union oder außerhalb der anderen Vertragsstaaten des Abkommens über den Europäischen Wirtschaftsraum zum Handel zugelassen oder in einem dieser Staaten an einem anderen organisierten Markt zugelassen oder in diesen einbezogen sind, sofern die Wahl dieser Börse oder dieses organisierten Marktes von der Bundesanstalt zugelassen ist,**
3. **deren Zulassung an einer Börse in einem Mitgliedstaat der Europäischen Union oder in einem anderen Vertragsstaat des Abkommens über den Europäischen Wirtschaftsraum zum Handel oder deren Zulassung an einem organisierten Markt oder deren Einbeziehung in diesen Markt in einem Mitgliedstaat der Europäischen Union oder in einem anderen Vertragsstaat des Abkommens über den Europäischen Wirtschaftsraum nach den Ausgabebedingungen zu beantragen ist, sofern die Zulassung oder Einbeziehung dieser Wertpapiere innerhalb eines Jahres nach ihrer Ausgabe erfolgt,**

---

9 *von Rom* in Baur/Tappen, § 192 KAGB Rz. 8.
10 *von Rom* in Baur/Tappen, § 192 KAGB Rz. 5; *Höring* in Moritz/Klebeck/Jesch, § 192 KAGB Rz. 4.
11 BaFin, FAQ Eligible Assets, WA 41-Wp 2137-2013/0001, Teil 1 Frage 1 bis 3 (Stand: 5.7.2016).

4. deren Zulassung an einer Börse zum Handel oder deren Zulassung an einem organisierten Markt oder die Einbeziehung in diesen Markt außerhalb der Mitgliedstaaten der Europäischen Union oder außerhalb der anderen Vertragsstaaten des Abkommens über den Europäischen Wirtschaftsraum nach den Ausgabebedingungen zu beantragen ist, sofern die Wahl dieser Börse oder dieses organisierten Marktes von der Bundesanstalt zugelassen ist und die Zulassung oder Einbeziehung dieser Wertpapiere innerhalb eines Jahres nach ihrer Ausgabe erfolgt,

5. in Form von Aktien, die dem inländischen OGAW bei einer Kapitalerhöhung aus Gesellschaftsmitteln zustehen,

6. die in Ausübung von Bezugsrechten, die zum inländischen OGAW gehören, erworben werden,

7. in Form von Anteilen an geschlossenen Fonds, die die in Artikel 2 Absatz 2 Buchstabe a und b der Richtlinie 2007/16/EG der Kommission vom 19. März 2007 zur Durchführung der Richtlinie 85/611/EWG des Rates zur Koordinierung der Rechts- und Verwaltungsvorschriften betreffend bestimmte Organismen für gemeinsame Anlagen in Wertpapieren (OGAW) im Hinblick auf die Erläuterung gewisser Definitionen (ABl. L 79 vom 20.3.2007, S. 11) genannten Kriterien erfüllen,

8. in Form von Finanzinstrumenten, die die in Artikel 2 Absatz 2 Buchstabe c der Richtlinie 2007/16/EG genannten Kriterien erfüllen.

[2]Der Erwerb von Wertpapieren nach Satz 1 Nummer 1 bis 4 darf nur erfolgen, wenn zusätzlich die Voraussetzungen des Artikels 2 Absatz 1 Unterabsatz 1 Buchstabe a bis c Ziffer i, Buchstabe d Ziffer i und Buchstabe e bis g der Richtlinie 2007/16/EG erfüllt sind.

(2) Wertpapiere nach Maßgabe des Absatzes 1 sind auch Bezugsrechte, sofern sich die Wertpapiere, aus denen die Bezugsrechte herrühren, im inländischen OGAW befinden können.

In der Fassung vom 4.7.2013 (BGBl. I 2013, S. 1981).

Schrifttum: BaFin, FAQ Eligible Assets, WA 41-Wp 2137-2013/0001, (Stand: 05.07.2016); CESR, CESR's guidelines concerning eligible assets for investment by UCITS, CESR/07-044.

I. Allgemeines

1 Die Vorschrift regelt, welche Wertpapiere für Rechnung eines inländischen OGAW erworben werden dürfen. Der **Katalog** an erwerbbaren Wertpapieren des § 193 KAGB ist **abschließend**.

§ 193 KAGB steht ausdrücklich unter dem **Vorbehalt des § 198 KAGB**. Daraus folgt, dass Wertpapiere, die nach § 198 KAGB erworben werden dürfen, nicht zusätzlich die Anforderungen des § 193 KAGB erfüllen müssen. 2

II. Entstehungsgeschichte

1. EU-Recht

Durch diese Vorschrift wird Art. 50 Abs. 1 lit. a bis d OGAW IV-RL (entspricht Art. 19 Abs. 1 lit. a bis d OGAW-TL) in Verbindung mit der Definitions-RL umgesetzt. 3

Die Definition des Wertpapierbegriffs ist in Art. 2 Abs. 1 lit. n OGAW IV-RL geregelt und wird in Art. 2 Definitions-RL weiter konkretisiert. 4

2. Historie

§ 193 KAGB übernimmt mit einigen redaktionellen Änderungen den Wortlaut des § 47 InvG, dessen Katalog der erwerbbaren Wertpapiere durch das InvÄndG deutlich erweitert wurde. 5

III. Vorliegen eines Wertpapiers (§ 193 Abs. 1 KAGB)

§ 193 KAGB beschränkt die zulässigen Vermögensgegenstände auf Wertpapiere, die unter eine Kategorie nach § 193 Abs. 1 Satz 1 Nr. 1 bis 8 KAGB fallen. 6

1. Definition des Wertpapierbegriffs

Das KAGB enthält keine Legaldefinition des Begriffs des Wertpapiers. Auf deutscher und europäischer Ebene gibt es **verschiedene Wertpapierdefinitionen**. Auf nationaler Ebene gibt es eine zivilrechtliche, eine wirtschaftliche und börsenrechtliche Definitionen des Wertpapierbegriffs. Auf europäischer Ebene kommt noch die Definition des Wertpapierbegriffs aus der OGAW-RL und ihren Folgerichtlinien hinzu. Die verschiedenen Wertpapierdefinitionen stellen inhaltlich auf unterschiedliche Anforderungen auf sowie auf unterschiedliche Schwerpunkte ab. 7

a) Zivilrechtliche Definition

Zunächst ist auf den allgemeinen zivilrechtlichen Wertpapierbegriff abzustellen. Eine Legaldefinition des Wertpapierbegriffs enthält das deutsche Zivilrecht nicht. Nach herrschender Meinung des deutschen Zivilrechts handelt es sich bei einem Wertpapier zivilrechtlich um ein in Form einer **Urkunde** verbrieftes Vermögensrecht. Die Ausübung dieses subjektiven Rechts ist nur durch den Inhaber der Urkunde möglich.[1] 8

b) Wirtschaftliche Definition

Nach dem wirtschaftlichen Wertpapierbegriff ist zur Bestimmung von Wertpapieren maßgeblich, ob diese nach **Sinn und Zweck** als solche zu qualifizieren sind; insbesondere sollen Wertpapiere daher liquide und fungibel sein, um als Anlage für ein Investmentvermögen geeignet zu sein.[2] § 2 Abs. 4 Nr. 1 InvG ging von diesem Wertpapierbegriff aus. 9

c) Börsenrechtliche Definitionen

Das WpHG, das WpPG und das WpÜG enthalten **eigene Legaldefinitionen** des Begriffs Wertpapier. 10

Gem. § 2 Abs. 1 WpHG sind Wertpapiere im Sinne des WpHG, auch wenn keine Urkunden über sie ausgestellt sind, alle Gattungen von übertragbaren Wertpapieren mit Ausnahme von Zahlungsinstrumenten, die ihrer Art nach auf den Finanzmärkten handelbar sind, insbesondere

(1) Aktien,

(2) andere Anteile an in- oder ausländischen juristischen Personen, Personengesellschaften und sonstigen Unternehmen, soweit sie Aktien vergleichbar sind, sowie Hinterlegungsscheine, die Aktien vertreten, und

---

1 *Sprau* in Palandt, Einf. v. § 793 BGB Rz. 1.

2 BT-Drucks. 15/1553, S. 75.

(3) Schuldtitel, insbesondere Genussscheine und Inhaberschuldverschreibungen und Orderschuldverschreibungen sowie Hinterlegungsscheine, die Schuldtitel vertreten, oder sonstige Wertpapiere, die zum Erwerb oder zur Veräußerung von Wertpapieren nach den Nummern (1) und (2) berechtigen oder zu einer Barzahlung führen, die in Abhängigkeit von Wertpapieren, von Währungen, Zinssätzen oder anderen Erträgen, von Waren, Indices oder Messgrößen bestimmt wird; nähere Bestimmungen enthält die Delegierte Verordnung (EU) 2017/565 der Kommission vom 25. April 2016 zur Ergänzung der Richtlinie 2014/65/EU des Europäischen Parlaments und des Rates in Bezug auf die organisatorischen Anforderungen an Wertpapierfirmen und die Bedingungen für die Ausübung ihrer Tätigkeit sowie in Bezug auf die Definition bestimmter Begriffe für die Zwecke der genannten Richtlinie (ABl. L 87 vom 31.3.2017, S. 1), in der jeweils geltenden Fassung.

§ 2 Nr. 1 WpPG liefert eine wertpapierprospektrechtliche Definition des Begriffs Wertpapier. Er definiert Wertpapiere als übertragbare Wertpapiere, die an einem Markt gehandelt werden können, insbesondere

(a) Aktien und andere Wertpapiere, die Aktien oder Anteilen an Kapitalgesellschaften oder anderen juristischen Personen vergleichbar sind, sowie Zertifikate, die Aktien vertreten,

(b) Schuldtitel, insbesondere Schuldverschreibungen und Zertifikate, die andere als die in Buchstabe (a) genannten Wertpapiere vertreten,

(c) alle sonstigen Wertpapiere, die zum Erwerb oder zur Veräußerung solcher Wertpapiere berechtigen oder zu einer Barzahlung führen, die anhand von übertragbaren Wertpapieren, Währungen, Zinssätzen oder -erträgen, Waren oder anderen Indizes oder Messgrößen bestimmt wird,

mit Ausnahme von Geldmarktinstrumenten mit einer Laufzeit von weniger als zwölf Monaten. Auf die Verbriefung der Wertpapiere kommt es nicht an.[3]

Nach § 2 Abs. 2 WpÜG sind Wertpapiere, auch wenn für sie keine Urkunden ausgestellt sind,

(1) Aktien, mit diesen vergleichbare Wertpapiere und Zertifikate, die Aktien vertreten,

(2) andere Wertpapiere, die den Erwerb von Aktien, mit diesen vergleichbaren Wertpapieren oder Zertifikaten, die Aktien vertreten, zum Gegenstand haben.

§ 2 Abs. 1 WpHG besagt im Gegensatz zur allgemeinen zivilrechtlichen Wertpapierdefinition ausdrücklich, dass für den Wertpapierbegriff keine Verbriefung in Form einer Urkunde erforderlich ist. Erfasst sind gemäß WpHG alle Gattungen von übertragbaren Wertpapieren mit Ausnahme von Zahlungsinstrumenten, die ihrer Art nach auf den Finanzmärkten handelbar sind.

Gemeinsamer Nenner dieser Definitionen ist, dass Wertpapiere **handelbar** sein müssen, wobei **keine Verbriefung erforderlich** ist.

Eine Handelbarkeit auf den Finanzmärkten setzt voraus, dass Wertpapiere vertretbare Sachen gem. § 91 BGB sind und somit nach allgemeinen Merkmalen wie Gattung, Nennbetrag und Stückzahl klassifiziert werden können.[4]

11 Um eine Zulassung zum Handel an einer Börse oder an einem anderen organisierten Markt gem. § 193 Abs. 1 Satz 1 Nr. 1 bis 4 KAGB zu erhalten, müssen Wertpapiere den Vorgaben des börsenrechtlichen Wertpapierbegriffs entsprechen.

d) Europarechtliche Definition

12 Art. 2 Abs. 1 lit. n) der OGAW IV-RL definiert Wertpapiere als

- Aktien und andere, Aktien gleichwertige Wertpapiere („Aktien"),
- Schuldverschreibungen und sonstige verbriefte Schuldtitel („Schuldtitel"),
- alle anderen marktfähigen Wertpapiere, die zum Erwerb von Wertpapieren im Sinne der OGAW IV-RL durch Zeichnung oder Austausch berechtigen.

Laut Erwägungsgrund 35 der OGAW IV-RL fallen Aktien oder Aktien gleichzustellende Wertpapiere, bei denen das Eigentum in der Praxis nur dadurch übertragen werden kann, dass sie von der ausgebenden Gesellschaft zurückgekauft werden, nicht unter die Wertpapierdefinition der OGAW IV-RL fallen.

2. Übertragbarkeit als zwingende Voraussetzung

13 Insbesondere aus der englischen Fassung der OGAW IV-RL ergibt sich, dass Wertpapiere übertragbar sein müssen. Anstelle des deutschen Begriffs der Wertpapiere wird in der englischen Fassung das Begriffspaar

3 *Groß*, Kapitalmarktrecht, 6. Aufl. 2016, § 2 WpPG Rz. 3.
4 *Höring* in Moritz/Klebeck/Jesch, § 193 KAGB Rz. 7.

„transferable securities" verwendet. Außerdem ergibt sich aus dem Umkehrschluss des Erwägungsgrunds 35 OGAW IV-RL, dass die Übertragbarkeit des anlagerechtlichen Wertpapierbegriffs vorausgesetzt wird. Daher wird die Übertragbarkeit als zwingende Voraussetzung für die Qualifikation als Wertpapier gemäß der OGAW IV-RL angesehen.

Auch das WpHG und das WpPG knüpfen in ihrem Wertpapierbegriff an die Übertragbarkeit des Wertpapiers an (siehe Rz. 10).

§ 193 KAGB muss als nationale Umsetzungsnorm des Art. 50 Abs. 1 lit. a bis d OGAW IV-RL mit Börsenbezug und Bezug zu anderen organisierten Märkten, die Vorgaben der OGAW IV-RL und des WpHG, WpPG und WpÜG beachten. Für die Zwecke des § 193 KAGB gilt somit ein **eigener anlagerechtlicher Wertpapierbegriff**, der sich aus der OGAW IV-RL, der dazugehörigen Definitions-RL und den vorstehenden deutschen Gesetzen ergibt. 14

Als Ausgangspunkt gilt die Definition in Art. 2 Abs. 1 lit. n OGAW IV-RL, wobei diese Definition sehr weit und wenig trennscharf ist. Art. 2 Definitions-RL konkretisiert den Wertpapierbegriff. Der deutsche Gesetzgeber hat bei der Umsetzung der Definitions-RL diese Konkretisierungen jedoch nicht als Begriffsmerkmal für Wertpapiere übernommen, sondern als **Erwerbbarkeitsvoraussetzungen** gem. § 193 Abs. 1 Satz 2 KAGB. Daraus ergeben sich zwei unterschiedliche Wertpapierbegriffe, wobei diese Unterscheidung nur begrifflich ist und keine praktische Auswirkung hat.[5] 15

3. Erweiterung des Wertpapierbegriffs um Bezugsrechte

Aufgrund des § 193 Abs. 2 KAGB wird der Wertpapierbegriff auf **Bezugsrechte** erweitert (vgl. dazu Rz. 51). 16

IV. Erwerbbarkeitsvoraussetzungen

§ 193 KAGB enthält eine **Eignungsprüfung** für das Vorliegen eines erwerbsfähigen Wertpapiers. Wertpapiere sind erwerbsfähig, wenn sie einer der Kategorien gem. § 193 Abs. 1 Satz 1 Nr. 1 bis 8 KAGB zugeordnet werden können. 17

1. An einer Börse oder einem anderen organisierten Markt gehandelte Wertpapiere (§ 193 Abs. 1 Satz 1 Nr. 1 bis 4 KAGB)

a) Allgemeine Anforderungen

In § 193 Abs. 1 Satz 1 Nr. 1 bis 4 KAGB wird der Erwerb von Wertpapieren, die an einer Börse oder einem anderen organisierten Markt zum Handel zugelassen oder einbezogen sind oder zugelassen oder einbezogen werden sollen, geregelt. Unter den Begriff „Börse" nach deutschem Recht fallen gem. **§ 2 Abs. 1 BörsG** teilrechtsfähige Anstalten des öffentlichen Rechts, die nach Maßgabe des BörsG multilaterale Systeme regeln und überwachen. Auf diesen Systemen werden die Interessen einer Vielzahl von Personen am Kauf und Verkauf von dort zum Handel zugelassenen Wirtschaftsgütern und Rechten zusammengebracht oder das Zusammenbringen gefördert. Die Zusammenführung erfolgt nach festgelegten Bestimmungen, die zu einem Vertrag über einen Kauf dieser Handelsobjekte führt. 18

Neben der Börse spricht der Gesetzgeber außerdem von einem „anderen" organisierten Markt. Aus dieser Wortwahl geht deutlich hervor, dass die Börse als Unterfall des „organisierten Marktes" anzusehen ist. Diesen Begriff des „organisierten Markes" hat der Gesetzgeber in **§ 1 Abs. 19 Nr. 29 KAGB** wie folgt definiert: Ein Markt, der anerkannt und für das Publikum offen ist und dessen Funktionsweise ordnungsgemäß ist, sofern nicht ausdrücklich etwas anderes bestimmt ist. § 2 Abs. 11 WpHG beinhaltet eine Definition des organisierten Marktes. Demnach handelt es sich bei einem organisierten Markt um ein im Inland, in einem anderen Mitgliedstaat der EU oder einem anderen Vertragsstaat des EWR betriebenes oder verwaltetes durch staatliche Stellen genehmigtes, geregeltes und überwachtes multilaterales System, das die Interessen einer Vielzahl von Personen am Kauf und Verkauf von dort zum Handel zugelassenen Finanzinstrumenten innerhalb des Systems und nach nicht diskretionären Bestimmungen in einer Weise zusammenbringt oder das Zusammenbringen fördert, die zu einem Vertrag über den Kauf dieser Finanzinstrumente führt. 19

Der Erwerb von an einem organisierten Markt gehandelten Wertpapieren ist gem. § 193 Abs. 1 Satz 1 Nr. 1 bis 4 KAGB nur erlaubt, wenn zusätzlich die Voraussetzungen des Art. 2 Abs. 1 Unterabs. 1 lit. a bis c Nr. 1, 20

5 *von Rom* in Baur/Tappen, § 193 KAGB Rz. 6.

lit. d Nr. 1 und lit. e bis g der Definitions-RL erfüllt sind. Die CESR/07-044 Leitlinien konkretisieren diese Voraussetzungen.[6]

aa) Verlustbegrenzung

21 Zum Zweck des Anlegerschutzes wird in Art. 2 Abs. 1 Unterabs. 1 lit. a der Definitions-RL festgelegt, dass der potentielle Verlust, der dem OGAW durch das Halten der Wertpapiere entstehen kann, den dafür gezahlten Betrag nicht übersteigen darf. Demnach sind Wertpapiere, die zu einer **Nachschusspflicht** zu Lasten der Anleger führen können, stets vom Erwerb nach dem KAGB **ausgenommen.** Wird der Anlagebetrag nicht in einer Summe, sondern zeitlich versetzt in mehreren Tranchen gezahlt, ist das Erfordernis der Verlustbegrenzung auch dann erfüllt, wenn das Investmentvermögen keinem Zahlungsrisiko ausgesetzt wird, das über den noch zu zahlenden Anlagebetrag hinausgeht.[7]

22 Wertpapiere, die die Anleger zu einem Nachschuss verpflichten, erfüllen den Wertpapierbegriff des KAGB, sind jedoch nicht erwerbsfähig. Hingegen erfüllen solche Wertpapiere bereits den Wertpapierbegriff gemäß der OGAW IV-RL bzw. Definitions-RL nicht. Diese Unterscheidung hat in der Praxis jedoch keine Auswirkungen.

bb) Liquidität

23 Gemäß Art. 2 Abs. 1 Unterabs. 1 lit. b der Definitions-RL darf die Liquidität nicht die Fähigkeit der OGAW zur Einhaltung von **Art. 37 OGAW-RL** beeinträchtigen. Der Art. 37 OGAW-RL entspricht Art. 84 Abs. 1 bis 3 OGAW IV-RL. Diese Artikel regeln die Pflicht des OGAW zur Rücknahme oder Auszahlung der Anteile. Daraus folgt, dass der Erwerb von Wertpapieren die Fähigkeit des OGAW, die Anteile seiner Anleger zurückzuzahlen oder auszuzahlen, nicht beeinträchtigen darf. Für Wertpapiere, die am geregelten Markt gehandelt werden, wird gem. Art. 2 Abs. 1 Unterabs. 2 der Definitions-RL vermutet, dass sie die Liquiditätsanforderung erfüllen. In den Fällen des § 193 Abs. 1 Satz 1 Nr. 1 und 2 KAGB greift diese Vermutung. Soweit die Vermutung nicht greift oder bei Anhaltspunkten für unzureichende Liquidität muss die OGAW-KVG die Liquidität vor Erwerb des Wertpapiers prüfen. Die CESR schlägt in ihren Leitlinien (07-044) vor, bei der Prüfung folgende Aspekte zu berücksichtigen:

- Volumen und Häufigkeit von Umsätzen in Wertpapieren;
- das Emissionsvolumen und den zu erwerbenden Anteil an der Emission sowie die Möglichkeit und die nötige Zeit für Kauf und Verkauf;
- Geld- und Briefkurse für das Wertpapier sowie die Vergleichbarkeit verfügbarer Preise;
- Analyse der Sekundärmarktaktivität: die Qualität und Anzahl von Vermittlern und Marktet Makern, die mit Wertpapieren handeln.[8]

24 Wenn die Prüfung ergibt, dass das Wertpapier nicht ausreichend liquide ist, darf es dennoch erworben werden, soweit andere liquide Vermögensgegenstände vorhanden sind. Zur Einhaltung des Art. 37 OGAW-RL bzw. Art. 84 Abs. 1 bis 3 OGAW IV-RL ist es somit ausreichend, dass das Vermögen der OGAW insgesamt hinreichend liquide ist.

25 In der Praxis wird die Liquidität häufig anhand folgender Faktoren gemessen:

- Regelmäßiger Vergleich des verwalteten Vermögens in einem Finanzinstrument zum Marktvolumen und dem durchschnittlichen täglichen bzw. wöchentlichen Umsatz im Finanzinstrument;
- bei Aktien wird typischerweise auf das Finanzinstrument selbst abgestellt, während bei Schuldverschreibungen meist das gesamte ausgegebene Volumen eines Emittenten die größere Bedeutung einnimmt:
- Spread Analyse;
- Analyse der Sekundärmarktaktivität.

cc) Unternehmenskontrolle

26 Anhaltspunkte für das Kriterium der Unternehmenskontrolle können nach den **CESR** guidelines concerning eligible assets for investment by UCITS (CESR/07-044b – „CESR Guidelines“) folgende Faktoren sein:

6 CESR ist der Vorläufer der heutigen ESMA und ist die Abkürzung für das Committee of European Securities Regulators.

7 BaFin, FAQ Eligible Assets, WA 41-Wp 2137-2013/0001, Teil 1 Frage 13 (Stand: 5.7.2016).

8 CESR/07-044, S. 6, Anmerkung zu Art. 2 Abs. 2.

- Die Anteilsinhaber verfügen über Stimmrechte bei wesentlichen Entscheidungen (u.a. Wahl/Abberufung des Asset Managers, Einflussnahme auf die Satzung/Anlagepolitik/Verschmelzung/Liquidation);
- die Anteilsinhaber haben das Recht, die Anlagepolitik mittels angemessener Mechanismen zu kontrollieren.[9]

dd) Bewertbarkeit

Für Wertpapiere muss gem. Art. 2 Abs. 1 Unterabs. 1 lit. c der Definitions-RL eine **verlässliche Bewertung** verfügbar sein. Die Bewertbarkeit dient dazu, den Anteilswert zu bestimmen und damit dem Anlegerschutz.[10] Die Bewertung von Wertpapieren, die an einem geregelten Markt notieren oder gehandelt werden, muss gem. Art. 2 Abs. 1 Unterabs. 1 lit. c Nr. 1 der Definitions-RL in Form von exakten, verlässlichen und gängigen Preisen vorliegen, die entweder Marktpreise sind oder von einem Emittenten unabhängigen Bewertungssystem bereitgestellt werden. 27

Der Verweis in § 193 Abs. 1 Satz 2 KAGB gilt nur für Fälle des § 193 Abs. 1 Satz 1 Nr. 1 bis 4 KAGB, daher verweist er nur auf Art. 2 Abs. 1 Unterabs. 1 lit. c Nr. 1 der Definitions-RL. § 198 Nr. 1 KAGB verweist dagegen konsequenterweise nur auf Art. 2 Abs. 1 Unterabs. 1 lit. c Nr. 2 der Definitions-RL. 28

ee) Verfügbarkeit von Informationen

Gem. Art. 2 Abs. 1 Unterabs. 1 lit. d der Definitions-RL müssen für Finanzinstrumente **angemessene Informationen** zur Verfügung stehen. Für Wertpapiere, die an einem geregelten Markt notieren oder gehandelt werden, müssen diese Informationen gem. Art. 2 Abs. 1 Unterabs. 1 lit. d Ziff. i der Definitions-RL in Form von regelmäßigen, exakten und umfassenden Informationen des Marktes über das Wertpapier oder gegebenenfalls das zugehörige Portfolio verfügbar sein. 29

Der Verweis in § 193 Abs. 1 Satz 2 KAGB gilt nur für Fälle des § 193 Abs. 1 Satz 1 Nr. 1 bis 4 KAGB, daher verweist er nur auf Art. 2 Abs. 1 Unterabs. 1 lit. d Nr. 1 der Definitions-RL. § 198 Nr. 1 KAGB verweist dagegen konsequenterweise nur auf Art. 2 Abs. 1 Unterabs. 1 lit. d Nr. 2 der Definitions-RL. 30

ff) Handelbarkeit

In Art. 2 Abs. 1 Unterabs. 1 lit. e der Definitions-RL wird festgelegt, dass Wertpapiere **handelbar** sein müssen. Für Wertpapiere, die am geregelten Markt gehandelt werden, wird gem. Art. 2 Abs. 1 Unterabs. 2 der Definitions-RL vermutet, dass sie das Erwerbserfordernis der Handelbarkeit erfüllen. Wie auch die Liquiditätsvermutung greift die Vermutung der Handelbarkeit für alle Fälle des § 193 Abs. 1 Satz 1 Nr. 1 und 2 KAGB. Sofern diese Vermutungsregelung nicht greift oder bei Vorliegen von Anhaltspunkten für unzureichende Handelbarkeit muss die OGAW-KVG die Handelbarkeit vor Erwerb des Wertpapiers im Einzelfall prüfen. Falls die Wertpapiere nicht auf regulierten Märkten gehandelt werden, so wird in der Praxis sichergestellt, dass mindestens drei unabhängige Preisquellen verwendet werden. Erfüllt ein Wertpapier die Voraussetzung der Handelbarkeit nicht, ist es für einen inländischen OGAW nicht erwerbbar. 31

gg) Übereinstimmung mit den Anlagezielen bzw. der Anlagestrategie

Der Erwerb eines Wertpapiers muss gem. Art. 2 Abs. 1 Unterabs. 1 lit. f der Definitions-RL mit den **Anlagezielen bzw. der Anlagestrategie des OGAW** im Einklang stehen. Diese Anlageziele und Anlagebedingungen werden in den Vertragsbedingungen bzw. dem Prospekt des OGAW festgelegt. 32

hh) Risikomanagement

Gem. Art. 2 Abs. 1 Unterabs. 1 lit. g der Definitions-RL müssen Risiken durch das Risikomanagement des OGAW **in angemessener Weise** erfasst werden. Konkretere Anforderungen an diese Erfassung ergeben sich aus § 29 KAGB. 33

b) (Geplante) Zulassung innerhalb der EU/EWR (§ 193 Abs. 1 Satz 1 Nr. 1 und 3 KAGB)

Von der Regelung gem. § 193 Abs. 1 Satz 1 Nr. 1 KAGB sind Wertpapiere erfasst, die an einer Börse oder an einem anderen organisierten Markt in der **EU** oder in einem Vertragsstaat des **EWR zum Handel zugelassen oder einbezogen** sind. Der Erwerb dieser Wertpapiere für Rechnung eines inländischen OGAW kann 34

---

9 BaFin, FAQ Eligible Assets, WA 41-Wp 2137-2013/0001, Teil 1 Frage 13 (Stand: 5.7.2016).

10 *Kayser/Schlikker* in Emde/Dornseifer/Dreibus/Hölscher, § 47 InvG Rz. 6; *Brümmer* in Berger/Steck/Lübbehüsen, § 47 InvG Rz. 15.

ohne weitere Anforderungen erfolgen. Die Zulassung eines Wertpapiers zum Börsenhandel erfolgt durch die BaFin und ist Voraussetzung für die amtliche Ermittlung des Preises.

35 Bei Neuemissionen gem. § 193 Abs. 1 Satz 1 Nr. 3 KAGB ist es ausreichend, wenn die Zulassung nach den Ausgabebedingungen beantragt wird und die Wertpapiere innerhalb eines Jahres nach ihrer Ausgabe eine Zulassung erhalten.

36 Erfahrungsgemäß sind die geplanten Zulassungen in der Praxis nicht besonders relevant, da Wertpapiere aus Neuemissionen, welche bei Emission nicht bereits das Datum der Zulassung bekannt geben, meist nicht erworben werden.

c) (Geplante) Zulassung außerhalb der EU/EWR (§ 193 Abs. 1 Satz 1 Nr. 2 und 4 KAGB)

37 Von der Regelung gem. § 193 Abs. 1 Satz 1 Nr. 2 KAGB sind Wertpapiere erfasst, die an einer Börse oder an einem anderen organisierten Markt in einem **Drittstaat zugelassen oder einbezogen** sind. Um diese Wertpapiere für Rechnung eines inländischen OGAW erwerben zu dürfen, muss die Börse oder der organisierte Markt von der BaFin zugelassen sein. Die zugelassenen Börsen und andere organisierte Märkte werden von der BaFin in einer Liste,[11] der sog. **Börsenliste**, veröffentlicht. Bei dieser Liste handelt es sich dogmatisch um in Hinblick auf einzelne Auslegungsentscheidungen veröffentlichte Verwaltungspraxis der BaFin.

Folgende Börsen in europäischen Ländern außerhalb der Mitgliedstaaten der Europäischen Union und außerhalb der anderen Vertragsstaaten des Abkommens über den Europäischen Wirtschaftsraum sind von der BaFin zugelassen:[12]

Armenien	NASDAQ OMX – Armenia
Bosnien und Herzegowina	Banja Luka Stock Exchange
Kanalinseln	The International Stock Exchange Authority (TISEA)
Montenegro	Montenegro Stock Exchange
Russland	Russian Trading System Stock Exchange und Moscow Interbank Currency Exchange
Schweiz	SWX Swiss Exchange
Serbien	Belgrade Stock Exchange
Türkei	Istanbul Stock Exchange
Ukraine	PFTS Stock Exchang

In außereuropäischen Ländern hat die BaFin Wahl folgende Börsen zugelassen:[13]

Ägypten	Cairo & Alexandria Stock Exchanges
Argentinien	Buenos Aires
Australien	Australian Securities Exchange (ASX)
Bermuda	Bermuda Stock Exchange
Brasilien	Sao Paulo und Rio de Janeiro
Chile	Santiago
China	Chinese Interbank Bond Market (CIBM), Hong Kong Stock Exchange, Shanghai Stock Exchange und Shenzhen Stock Exchange
Indien	Bombay Stock Exchange (BSE), National Stock Exchange of India (NSE), Calcutta, Delhi und Madras
Indonesien	Indonesia Stock Exchange

11 BaFin, Liste der zugelassenen Börsen und der anderen organisierten Märkte gemäß § 193 Abs. 1 Nr. 2 und 4 KAGB, WA 43-Wp 2100-2013/0003 (Stand: 26.6.2017).
12 Stand: 26.6.2017.
13 Stand: 26.6.2017.

Iran	Stock Exchange of Tehran
Israel	Tel-Aviv Stock Exchange
Japan	Tokyo, Osaka, Nagoya, Fukuoka, Sapporo und JASDAQ Securities Exchange
Jordanien	Amman Stock Exchange
Kanada	Toronto Stock Exchange, Montréal Stock Exchange und TSX Venture Exchange
Kasachstan	Kazakhstan Stock Exchange (KASE)
Katar	Qatar Stock Exchange (QE)
Kenia	Nairobi Securities Exchange
Kolumbien	Colombian Stock Exchange
Korea	Korea Exchange (Busan, Seoul)
Malaysia	Bursa Malaysia und Malaysian Bonds Market
Mauritius	Stock Exchange of Mauritius
Mexiko	Mexiko City
Neuseeland	New Zealand Exchange (NZX)
Nigeria	The Nigerian Stock Exchange
Pakistan	Pakistan Stock Exchange Limited (PSX)
Peru	Lima
Philippinen	Philippine Stock Exchange
Saudi Arabien	Saudi Stock Exchange (Tadawul)
Singapur	Singapore Exchange Ltd.
Sri Lanka	Colombo Stock Exchange
Südafrika	Johannesburg (JSE)
Taiwan	Taiwan Stock Exchange (TWE)
Thailand	Stock Exchange of Thailand
USA	NYSE Amex LLC, New York Stock Exchange LLC, NASDAQ OMX PHLX, Inc., Chicago Board Options Exchange, Inc., Chicago Stock Exchange, Inc., NASDAQ OMX BX, Inc., National Stock Exchange, Inc., International Securities Exchange (ISE), The Nasdaq Stock Market LLC
Vereinigte Arabische Emirate	Abu Dhabi Securities Exchange, Dubai Financial Market (DFM)
Vietnam	Hochiminh Stock Exchange

Von der BaFin zugelassene organisierte Märkte in Ländern außerhalb der Mitgliedstaaten der Europäischen Union und außerhalb der anderen Vertragsstaaten des Abkommens über den Europäischen Wirtschaftsraum sind:[14]

Japan	Over the Counter Market
Kanada	Over the Counter Market
Korea	Over the Counter Market
Schweiz	BX Berne eX-change

14 Stand: 26.6.2017.

USA	Over the Counter Market (unter Beaufsichtigung der FINRA oder SEC)
Over the Counter Market der Mitglieder der International Capital Market Association (ICMA), Zürich	

38 Bei Neuemissionen gem. § 193 Abs. 1 Satz 1 Nr. 4 KAGB ist es ausreichend, wenn die Zulassung nach den Ausgabebedingungen beantragt wird und die Wertpapiere innerhalb eines Jahres nach ihrer Ausgabe eine Zulassung erhalten.

2. Aktien aus einer Kapitalerhöhung aus Gesellschaftsmitteln (§ 193 Abs. 1 Satz 1 Nr. 5 KAGB)

39 Gem. § 193 Abs. 1 Satz 1 Nr. 5 KAGB ist der Erwerb von Aktien, die dem inländischen OGAW bei einer Kapitalerhöhung aus Gesellschaftsmitteln zustehen, erlaubt. Die Kapitalerhöhung aus Gesellschaftsmitteln wird auch **nominelle Kapitalerhöhung** genannt. Kapital- und Gewinnrücklagen werden im Rahmen eines Passivtauschs in Grund- bzw. Stammkapital umgewandelt. Es werden keine neuen Mittel von außen zugeführt. § 193 Abs. 1 Satz 1 Nr. 5 KAGB fordert für diese Aktien keine bestehende oder geplante Zulassung zu einer Börse oder einem anderen organisierten Markt.

3. Ausübung von zum inländischen OGAW gehörenden Bezugsrechten (§ 193 Abs. 1 Satz 1 Nr. 6 KAGB)

40 Die OGAW-KVG darf gem. § 193 Abs. 1 Satz 1 Nr. 6 KAGB für Rechnung eines inländischen OGAW Wertpapiere erwerben, die in **Ausübung von Bezugsrechten** (vgl. dazu Rz. 55), die zum inländischen OGAW gehören, erworben werden. Wie schon § 193 Abs. 1 Satz 1 Nr. 5 KAGB fordert auch diese Regelung für Wertpapiere keine bestehende oder geplante Zulassung zu einer Börse oder einem anderen organisierten Markt.

4. Erwerb von Anteilen an geschlossenen Fonds (§ 193 Abs. 1 Satz 1 Nr. 7 KAGB)

41 Grundsätzlich müssen Investmentvermögen die besonderen Voraussetzungen des § 196 KAGB erfüllen, um für ein OGAW erwerbbar zu sein. Die einzige **Ausnahme** besteht für Anteile an geschlossenen Fonds, die als Wertpapier gem. § 193 Abs. 1 Satz 1 Nr. 7 KAGB erworben werden dürfen, sofern sie die in Art. 2 Abs. 2 lit. a und b der Definitions-RL genannten Kriterien erfüllen.

42 Art. 2 Abs. 2 der Definitions-RL unterscheidet zwischen geschlossenen Fonds in Gesellschaftsform und in Vertragsform, wobei im Ergebnis für beide Formen dieselben Kriterien angewendet werden. Meist handelt es sich bei geschlossenen Fonds jedoch um Kommanditgesellschaften, z.B. die deutsche Kommanditgesellschaft (KG) oder die Luxemburger *société en commandite simple* (SCS). Die Anteile an geschlossenen Fonds, die Investoren erwerben, sind unternehmerische Beteiligungen. Durch die Auflegung eines geschlossenen Fonds wird Geld für ein bestimmtes Vorhaben gesammelt, wobei es eine festgelegte Gesamtanlagesumme gibt und daher die Anzahl der Fondsanteile begrenzt ist. Bei Erreichung dieser Gesamtanlagesumme sind keine weiteren Zahlungen mehr möglich und der Fonds wird geschlossen. Die Anleger können ihre Beteiligungen erst nach Fälligkeit, also am Ende des Anlagezeitraums wieder einlösen.[15]

43 Für Anteile an geschlossenen Fonds gem. § 193 Abs. 1 Satz 1 Nr. 7 KAGB gilt grundsätzlich die Durchschaupflicht zur Klärung der Erwerbbarkeit nicht. Die Vermögensgegenstände, in die der geschlossene Fonds investiert, müssen nicht zu den für OGAW erwerbbaren Vermögensgegenständen gehören. Eventuelle Investitionen der geschlossenen Fonds in Derivate führen nicht dazu, dass die Anteile an den geschlossenen Fonds als strukturierte Produkte mit derivativer Komponente im Sinne der RL 2001/16/EG einzuordnen sind. Ungeachtet dessen muss gem. Art. 2 Abs. 1 lit. g der Definitions-RL das Risikomanagement in der Lage sein, die Risiken adäquat abbilden zu können.[16]

a) Allgemeine Anforderungen

44 Gem. § 193 Abs. 2 KAGB i.V.m. Art. 2 lit. a Nr. 1 und b Nr. 1 der Definitions-RL müssen auch diese Wertpapiere die allgemeinen Kriterien des Art. 2 Abs. 1 der Definitions-RL erfüllen. Für die Erläuterung dieser Kriterien: Liquidität, Bewertbarkeit, Verfügbarkeit von Informationen, Verlustbegrenzung, Handelbarkeit,

15 *von Rom* in Baur/Tappen, § 193 KAGB Rz. 31 ff.; *Hartrott* in Weitnauer/Boxberger/Anders, § 193 KAGB Rz. 46.
16 BaFin, FAQ Eligible Assets, WA 41-Wp 2137-2013/0001, Teil 1 Frage 14 (Stand: 5.7.2016).

Unternehmenskontrolle, Übereinstimmung mit den Anlagezielen bzw. der Anlagestrategie, Risikomanagement (vgl. dazu Rz. 18 ff.).

Da die meisten geschlossenen Fonds nicht an der Börse notieren, greift die Vermutung der Liquidität und Handelbarkeit gem. § 193 Art. 2 Abs. 1 Unterabs. 2 KAGB nicht. Die Liquidität und Handelbarkeit sind somit im Einzelfall festzustellen. Außerdem sind bei nicht börsennotierten geschlossenen Fonds die Voraussetzungen gem. Art. 2 Abs. 1 Unterabs. 1 lit. c Nr. 2 und lit. d Nr. 2 der Definitions-RL zu erfüllen. Gem. Art. 2 Abs. 1 Unterabs. 1 lit. c Nr. 2 der Definitions-RL muss eine verlässliche Bewertung des Fonds verfügbar sein, die in regelmäßigen Abständen aus Informationen des Wertpapieremittenten oder einer kompetenten Finanzanalyse abgeleitet wird. Art. 2 Abs. 1 Unterabs. 1 lit. d Nr. 2 der Definitions-RL verlangt regelmäßige und exakte Informationen des OGAW über den Fonds oder gegebenenfalls das zugehörige Portfolio. 45

Ergänzend gilt folgende Besonderheit: Bei geschlossenen Fonds wird der Anlagebetrag meist nicht in einer Summe, sondern zeitlich versetzt in mehreren Teilen oft erst nach Zeichnung gezahlt. Derartige **Capital Calls** verstoßen nicht gegen das Verbot der Nachschusspflicht gem. Art. 2 Abs. 1 Unterabs. 1 lit. a der Definitions-RL. Das Erfordernis der Verlustbegrenzung ist auch erfüllt, sofern das Investmentvermögen keinem Zahlungsrisiko ausgesetzt wird, das über den noch zu zahlenden Anlagebetrag hinausgeht.[17] 46

b) Besondere Anforderungen

Für geschlossene Fonds gelten zusätzlich zu den allgemeinen Anforderungen gem. Art. 2 Abs. 1 der Definitions-RL (vgl. dazu Rz. 20 ff.) die besonderen Anforderungen gem. Art. 2 Abs. 2 der Definitions-RL. Gemäß den besonderen Anforderungen gilt ein geschlossener Fonds nur dann als Wertpapiere und darf nur dann für Rechnung eines inländischen OGAW erworben werden, wenn der Fonds einer **Unternehmenskontrolle** unterliegt. Außerdem muss der Rechtsträger, der den Fonds verwaltet, den einzelstaatlichen Vorschriften für den Anlegerschutz unterliegen. 47

aa) Unternehmenskontrolle

Ein geschlossener Fonds ist gem. Art. 2 Abs. 2 lit. a Nr. 2 und lit. b Nr. 2 der Definitions-RL nur dann ein Wertpapier, wenn er einer Unternehmenskontrolle unterliegt. Ob eine ausreichende Kontrolle vorliegt, ist im Einzelfall zu prüfen. Anhaltspunkte für das Kriterium der Unternehmenskontrolle hat die CESR in ihren Leitlinien (CESR/07-044) festgelegt. Die BaFin hat diese Anhaltspunkte in ihren Fragenkatalog (FAQ Eligible Assets) übernommen: 48

- Anteilsinhaber verfügen über Stimmrechte bei wesentlichen Entscheidungen (u.a. Wahl bzw. Abberufung des Asset Managers, Einflussnahme auf die Satzung, Anlagepolitik, Verschmelzung bzw. Liquidation des Fonds);
- die Anteilsinhaber haben das Recht, die Anlagepolitik mittels angemessener Mechanismen zu kontrollieren.[18]

bb) Aufsicht über die Vermögensverwaltung

Gem. Art. 2 Abs. 2 lit. a Nr. 3 und lit. b Nr. 3 der Definitions-RL muss der Verwalter des geschlossenen Fonds den einzelstaatlichen Vorschriften für **Anlegerschutz** unterliegen. Bei geschlossenen Fonds in Gesellschaftsform gilt diese Vorschrift nur für extern verwaltete Fonds. 49

Zudem geht aus den Leitlinien der CESR hervor, dass das verwaltete Vermögen von dem Vermögen des Verwalters getrennt zu halten ist, sowie dass der Fonds Regelungen vorsehen muss, wodurch die Anleger bei Liquidation des Fonds angemessen geschützt werden.[19] 50

Diese Anforderung ist dann erfüllt, wenn der Verwalter gemäß den Regelungen des KAGB beaufsichtigt wird oder den entsprechenden Regelungen zur Umsetzung der AIFM-RL eines anderen Mitgliedstaats unterliegt.[20] 51

---

17 BaFin, FAQ Eligible Assets, WA 41-Wp 2137-2013/0001, Teil 1 Frage 13 (Stand: 5.7.2016).
18 CESR/07-044; BaFin, FAQ Eligible Assets, WA 41-Wp 2137-2013/0001, Teil 1 Frage 13 (Stand: 5.7.2016).
19 CESR/07-044, S. 7, Anmerkung zu 2.2(b)(ii)).
20 *von Rom* in Baur/Tappen, § 193 KAGB Rz. 41.

5. Erwerb von Finanzinstrumenten (§ 193 Abs. 1 Satz 1 Nr. 8 KAGB)

52 Für Rechnung eines inländischen OGAW ist der Erwerb von Wertpapieren in Form von Finanzinstrumenten gem. § 193 Abs. 1 Satz 1 Nr. 8 KAGB erlaubt, sofern sie die Kriterien des Art. 2 Abs. 2 lit. c der Definitions-RL erfüllen. Finanzinstrumente sind in § 1 Abs. 11 KWG und Abschnitt C MiFID I definiert.

53 Aus § 193 Abs. 1 Satz 1 Nr. 8 KAGB folgt, dass Finanzinstrumente folgende Kriterien des Art. 2 Abs. 2 lit. c der Definitions-RL erfüllen müssen:

- Das Finanzinstrument muss die allgemeinen Wertpapierkriterien gem. Art. 2 Abs. 1 der Definitions-RL erfüllen.
- Außerdem muss das Finanzinstrument durch andere Vermögenswerte besichert oder an die Entwicklung anderer Vermögenswerte gekoppelt sein. Es ist dabei ausdrücklich erlaubt, dass diese Vermögenswerte von den in Art. 19 Abs. 1 OGAW-RL bzw. Art. 50 Abs. 1 OGAW IV-RL genannten abweichen können.
- Nach allgemeiner Auffassung ist Art. 2 Abs. 3 der Definitions-RL vom Verweis des § 193 Abs. 1 Satz 1 Nr. 8 KAGB auf Art. 2 Abs. 2 lit. c der Definitions-RL mit erfasst. Demnach dürfen Finanzinstrumente, die in eine Derivatkomponente gem. Art. 10 der Definitions-RL eingebettet sind, nicht als Wertpapiere erworben werden. Unter Einhaltung der Anforderungen von Art. 21 OGAW-RL ist es allerdings möglich, diese als Derivat gem. § 197 KAGB zu erwerben.

54 Die **Abgrenzung zu strukturierten Produkten** bereitet in der Praxis besondere Schwierigkeiten. Im Fragenkatalog zu erwerbbaren Vermögensgegenständen hat sich die BaFin dazu geäußert, welche Finanzinstrumente ihrer Meinung nach keine strukturierten Produkte sind und somit unter § 193 Abs. 1 Satz 1 Nr. 8 KAGB fallen, vorausgesetzt sie erfüllen die in Art. 2 Abs. 2 lit. c der Definitions-RL genannten Kriterien. Folgende Finanzinstrumente fallen unter § 193 Abs. 1 Satz 1 Nr. 8 KAGB:

- 1:1-Zertifikate oder Delta 1-Zertifikate auf nicht derivative Basiswerte, d.h. Zertifikate, die die Wertentwicklung eines Basiswertes, bei dem es sich ebenfalls nicht um ein Derivat handelt, 1:1 nachvollziehen;[21]
- 1:1-Zertifikate auf Edelmetalle, wenn der Erwerb nicht zu einer physischen Lieferung führt oder berechtigt;[22]
- 1:1-Zertifikate oder Delta 1-Zertifikate auf Rohöl, da der Rohölpreis üblicherweise durch die Bezugnahme auf Rohöl-Futures abgebildet wird und damit keine Hebelwirkung verbunden ist.[23]
- 1:1-Zertifikate oder Delta 1-Zertifikate auf Hedgefonds oder Hedgefonds-Indizies;[24]
- währungsbesicherte 1:1-Zertifikate (Quanto-Zertifikate) und kapitalgarantierte Zertifikate mit einem Partizipationsgrad gleich 100 %;[25]
- inflationsindixierte Anleihen, wenn der zugrundeliegende Inflationsindex von der jeweiligen nationalen Zentralbank als Inflationsmaßstab anerkannt wird und ein gewisses Maß an Aggregation aufweist;[26]
- Asset Backed Securities (ABS) einschließlich Collateralised Debt Obligations (CDOs), soweit der Verlust nicht höher als das eingesetzte Kapital sein kann oder der Forderungspool ausreichend diversifiziert ist.[27]

V. Bezugsrechte (§ 193 Abs. 2 KAGB)

55 Der Erwerb von Bezugsrechten ist gem. § 193 Abs. 2 KAGB erlaubt, soweit sich die **Wertpapiere**, aus denen die Bezugsrechte herrühren, **im inländischen OGAW** befinden können. Für die Definition des Bezugsrechtsbegriffs kann § 186 AktG herangezogen werden. Demnach versteht man unter Bezugsrecht das dem Aktionär zustehende Recht, bei einer Kapitalerhöhung einen seinem Anteil am Grundkapital entsprechenden Teil der neuen bzw. jungen Aktien zu beziehen.

§ 193 Abs. 2 KAGB enthält keine Beschränkung auf Bezugsrechte bestimmter Wertpapiere wie z.B. Aktien, sondern umfasst Bezugsrechte in Bezug auf alle Wertpapiere, die sich im inländischen OGAW befinden können.

---

21 BaFin, FAQ Eligible Assets, WA 41-Wp 2137-2013/0001, Teil 1 Frage 1 (Stand:5.7.2016).
22 BaFin, FAQ Eligible Assets, WA 41-Wp 2137-2013/0001, Teil 1 Frage 2 (Stand: 5.7.2016).
23 BaFin, FAQ Eligible Assets, WA 41-Wp 2137-2013/0001, Teil 1 Frage 3 (Stand: 5.7.2016).
24 BaFin, FAQ Eligible Assets, WA 41-Wp 2137-2013/0001, Teil 1 Frage 7 (Stand: 5.7.2016).
25 BaFin, FAQ Eligible Assets, WA 41-Wp 2137-2013/0001, Teil 1 Frage 7 (Stand: 5.7.2016).
26 BaFin, FAQ Eligible Assets, WA 41-Wp 2137-2013/0001, Teil 1 Frage 10 (Stand: 5.7.2016).
27 BaFin, FAQ Eligible Assets, WA 41-Wp 2137-2013/0001, Teil 1 Frage 17 (Stand: 5.7.2016).

§ 194 Geldmarktinstrumente

(1) Die OGAW-Kapitalverwaltungsgesellschaft darf vorbehaltlich des § 198 für Rechnung eines inländischen OGAW Instrumente, die üblicherweise auf dem Geldmarkt gehandelt werden, sowie verzinsliche Wertpapiere, die im Zeitpunkt ihres Erwerbs für den inländischen OGAW eine restliche Laufzeit von höchstens 397 Tagen haben, deren Verzinsung nach den Ausgabebedingungen während ihrer gesamten Laufzeit regelmäßig, mindestens aber einmal in 397 Tagen, marktgerecht angepasst wird oder deren Risikoprofil dem Risikoprofil solcher Wertpapiere entspricht (Geldmarktinstrumente), nur erwerben, wenn sie

1. an einer Börse in einem Mitgliedstaat der Europäischen Union oder in einem anderen Vertragsstaat des Abkommens über den Europäischen Wirtschaftsraum zum Handel zugelassen oder dort an einem anderen organisierten Markt zugelassen oder in diesen einbezogen sind,
2. ausschließlich an einer Börse außerhalb der Mitgliedstaaten der Europäischen Union oder außerhalb der anderen Vertragsstaaten des Abkommens über den Europäischen Wirtschaftsraum zum Handel zugelassen oder dort an einem anderen organisierten Markt zugelassen oder in diesen einbezogen sind, sofern die Wahl dieser Börse oder dieses organisierten Marktes von der Bundesanstalt zugelassen ist,
3. von der Europäischen Union, dem Bund, einem Sondervermögen des Bundes, einem Land, einem anderen Mitgliedstaat oder einer anderen zentralstaatlichen, regionalen oder lokalen Gebietskörperschaft oder der Zentralbank eines Mitgliedstaates der Europäischen Union, der Europäischen Zentralbank oder der Europäischen Investitionsbank, einem Drittstaat oder, sofern dieser ein Bundesstaat ist, einem Gliedstaat dieses Bundesstaates oder von einer internationalen öffentlich-rechtlichen Einrichtung, der mindestens ein Mitgliedstaat der Europäischen Union angehört, begeben oder garantiert werden,
4. von einem Unternehmen begeben werden, dessen Wertpapiere auf den unter den Nummern 1 und 2 bezeichneten Märkten gehandelt werden,
5. begeben oder garantiert werden
   a) von einem Kreditinstitut, das nach den im Recht der Europäischen Union festgelegten Kriterien einer Aufsicht unterstellt ist, oder
   b) einem Kreditinstitut, das Aufsichtsbestimmungen, die nach Auffassung der Bundesanstalt denjenigen des Rechts der Europäischen Union gleichwertig sind, unterliegt und diese einhält oder
6. von anderen Emittenten begeben werden und es sich bei dem jeweiligen Emittenten
   a) um ein Unternehmen mit einem Eigenkapital von mindestens 10 Millionen Euro handelt, das seinen Jahresabschluss nach den Vorschriften der Richtlinie 2013/34/EU des Europäischen Parlaments und des Rates vom 26. Juni 2013 über den Jahresabschluss, den konsolidierten Abschluss und damit verbundene Berichte von Unternehmen bestimmter Rechtsformen und zur Änderung der Richtlinie 2006/43/EG des Europäischen Parlaments und des Rates und zur Aufhebung der Richtlinien 78/660/EWG und 83/349/EWG des Rates (ABl. L 182 vom 29.6.2013, S. 19) erstellt und veröffentlicht,
   b) um einen Rechtsträger handelt, der innerhalb einer Unternehmensgruppe, die eine oder mehrere börsennotierte Gesellschaften umfasst, für die Finanzierung dieser Gruppe zuständig ist, oder
   c) um einen Rechtsträger handelt, der die wertpapiermäßige Unterlegung von Verbindlichkeiten durch Nutzung einer von einer Bank eingeräumten Kreditlinie finanzieren soll; für die wertpapiermäßige Unterlegung und die von einer Bank eingeräumte Kreditlinie gilt Artikel 7 der Richtlinie 2007/16/EG.

(2) [1]Geldmarktinstrumente im Sinne des Absatzes 1 dürfen nur erworben werden, wenn sie die Voraussetzungen des Artikels 4 Absatz 1 und 2 der Richtlinie 2007/16/EG erfüllen. [2]Für Geldmarktinstrumente im Sinne des Absatzes 1 Nummer 1 und 2 gilt Artikel 4 Absatz 3 der Richtlinie 2007/16/EG.

(3) [1]Geldmarktinstrumente im Sinne des Absatzes 1 Nummer 3 bis 6 dürfen nur erworben werden, wenn die Emission oder der Emittent dieser Instrumente Vorschriften über den Einlagen- und den Anlegerschutz unterliegt und zusätzlich die Kriterien des Artikels 5 Absatz 1 der Richtlinie 2007/16/EG erfüllt sind. [2]Für den Erwerb von Geldmarktinstrumenten, die nach Absatz 1 Nummer 3 von

einer regionalen oder lokalen Gebietskörperschaft eines Mitgliedstaates der Europäischen Union oder von einer internationalen öffentlich-rechtlichen Einrichtung im Sinne des Absatzes 1 Nummer 3 begeben werden, aber weder von diesem Mitgliedstaat oder, wenn dieser ein Bundesstaat ist, einem Gliedstaat dieses Bundesstaates garantiert werden und für den Erwerb von Geldmarktinstrumenten nach Absatz 1 Nummer 4 und 6 gilt Artikel 5 Absatz 2 der Richtlinie 2007/16/EG; für den Erwerb aller anderen Geldmarktinstrumente nach Absatz 1 Nummer 3 außer Geldmarktinstrumenten, die von der Europäischen Zentralbank oder der Zentralbank eines Mitgliedstaates der Europäischen Union begeben oder garantiert wurden, gilt Artikel 5 Absatz 4 dieser Richtlinie. [3]Für den Erwerb von Geldmarktinstrumenten nach Absatz 1 Nummer 5 gelten Artikel 5 Absatz 3 und, wenn es sich um Geldmarktinstrumente handelt, die von einem Kreditinstitut, das Aufsichtsbestimmungen, die nach Auffassung der Bundesanstalt denjenigen des Rechts der Europäischen Union gleichwertig sind, unterliegt und diese einhält, begeben oder garantiert werden, Artikel 6 der Richtlinie 2007/16/EG.

In der Fassung vom 4.7.2013 (BGBl. I 2013, S. 1981), zuletzt geändert durch das Bilanzrichtlinie-Umsetzungsgesetz (BilRUG) vom 17.7.2015 (BGBl. I 2015, S. 1245).

Schrifttum: BaFin, Erläuternde Aussagen zur Solvabilitätsverordnung (mit Ausnahme des Operationellen Risikos), Anfrage T028N001F001; BaFin, FAQ Eligible Assets, WA 41-Wp 2137-2013/0001 (Stand: 5.7.2016); BaFin, Fondskategorien-RL (Stand: 17.4.2015); BaFin, Liste der zugelassenen Börsen und der anderen organisierten Märkte gemäß § 193 Abs. 1 Nr. 2 und 4 KAGB, WA 43-Wp 2100-2013/0003 (Stand: 16.11.2015); CESR, CESR's guidelines concerning eligible assets for investment by UCITS, CESR/07-044.

I. Allgemeines

1 Der Erwerb von Geldmarktinstrumenten nach § 194 KAGB steht ausdrücklich unter dem **Vorbehalt des § 198 KAGB**; daraus folgt, dass Geldmarktinstrumente, die nach § 198 KAGB erworben werden dürfen, nicht zusätzlich die Anforderungen des § 194 KAGB erfüllen müssen. § 194 KAGB legt fest, welche Geldmarktinstrumente neben den Geldmarktinstrumenten gem. § 198 Nr. 2 KAGB für einen OGAW erworben werden dürfen. Die Norm findet nur auf OGAW-KVGen und von diesen verwaltete inländische OGAW Anwendung.

II. Entstehungsgeschichte

1. EU-Recht

2 § 194 KAGB setzt Art. 50 Abs. 1 lit. h OGAW IV-RL (entspricht Art. 19 Abs. 1 lit. h OGAW-RL) und Art. 3 bis 6 der Definitions-RL um.

3 Die Definition der Geldmarktinstrumente gem. § 194 Abs. 1 Halbs. 1 KAGB beruht auf Art. 2 Abs. 1 lit. o OGAW IV-RL und deren Konkretisierung in Art. 3 und 4 der Definitions-RL.

2. Historie

Die Vorschrift entspricht mit Ausnahme von redaktionellen Änderungen § 48 InvG, welcher durch das InvÄndG seinerzeit umfassend modofziert wurde.[1] 4

III. Begriff Geldmarktinstrument

Die OGAW IV-RL, die Definitions-RL und das KAGB selbst enthalten die wichtigsten Definitionen im Hinblick auf den Begriff Geldmarktinstrument. 5

1. Geldmarktinstrumente gem. der OGAW IV-RL

Als Geldmarktinstrumente gem. Art. 2 Abs. 1 lit. o OGAW IV-RL gelten Instrumente, die üblicherweise auf dem Geldmarkt **gehandelt** werden, **liquide** sind und deren **Wert** jederzeit genau bestimmt werden kann. Die Definitions-RL konkretisiert die soeben genannten Anforderungen, wobei diese größtenteils mit denen des KAGB übereinstimmen. 6

2. Geldmarktinstrumente gem. § 194 KAGB und der Definitions-RL

Der Begriff des Geldmarktinstruments ist in § 194 Abs. 1 Halbs. 1 KAGB definiert und stimmt mit Art. 3 Abs. 2 der Definitions-RL überein. Demnach handelt sich bei Geldmarktinstrumenten entweder um Instrumente, die üblicherweise auf dem Geldmarkt gehandelt werden, oder um verzinsliche Wertpapiere, die mindestens eine der folgenden Anforderungen erfüllen: 7

- **Begrenzte Restlaufzeit**: Wertpapiere, die im Zeitpunkt ihres Erwerbs eine Restlaufzeit von höchstens 397 Tagen haben.
- **Zinsanpassung**: Wertpapiere, deren Verzinsung nach den Ausgabebedingungen während der gesamten Laufzeit regelmäßig, mindestens aber einmal in 397 Tagen, marktgerecht angepasst wird.
- **Risikoprofil**: Wertpapiere, deren Risikoprofil dem Risikoprofil der beiden vorgenannten Wertpapiere entspricht. Mit Risikoprofil ist gem. Art. 3 Abs. 2 lit. d der Definitions-RL insbesondere das Kredit- und Zinsrisiko gemeint.

Geldmarkt ist der Markt, auf dem Produkte gehandelt werden, die wegen ihrer kurzen Laufzeit von in der Regel nicht mehr als einem Jahr als nicht für den Kapitalmarkt geeignet gelten.[2] Geldmarktinstrumente sind in Deutschland insbesondere kurzfristige Schuldscheindarlehen; Schatzanweisungen, Einlagenzertifikate und Commercial Papers sind in der Regel Schuldverschreibungen und damit Wertpapiere.[3]

In Art. 4 der Definitions-RL wird zudem die Liquidität als Begriffsmerkmal konkretisiert. Der deutsche Gesetzgeber hat diese Anforderungen nicht als Begriffsmerkmale für Geldmarktinstrumente übernommen, sondern als Erwerbbarkeitsvoraussetzung in § 194 Abs. 2 KAGB geregelt. Somit liegt ein Geldmarktinstrument gemäß dem KAGB auch vor, wenn es nicht liquide oder jederzeit bewertbar ist, es darf jedoch nicht für ein inländisches OGAW erworben werden. Daraus ergeben sich zu den Vorgaben der Richtlinie materiell keine Unterschiede. Termingelder und Sparbriefe sind mangels Fungibilität und damit Handelbarkeit an einem Markt bereits aus dem Begriff der Geldmarktinstrumente ausgenommen.[4] 8

IV. Erwerbbarkeitsvoraussetzungen für Geldmarktinstrumente

Soweit die Voraussetzungen des § 194 KAGB erfüllt sind, dürfen Geldmarktinstrumente für Rechnung eines inländischen OGAW erworben werden. In § 194 Abs. 1 Nr. 1 bis 6 KAGB sind dazu abschließend verschiedene Fallkonstellationen enthalten, innerhalb derer Geldmarktinstrumente erworben werden können. 9

In diesem Zusammenhang sind **zwei Fallgruppen** zu unterscheiden. Die erste Gruppe (§ 194 Abs. 1 Nr. 1 und 2 KAGB) enthält marktbezogene Voraussetzungen für den Erwerb, wohingegen die zweite Fallgruppe (§ 194 Abs. 1 Nr. 3 bis 6 KAGB) emittentenbezogene Erwerbsvoraussetzungen enthält.[5] 10

---

1 Vgl. hierzu *Höring* in Moritz/Klebeck/Jesch, § 194 KAGB Rz. 2.
2 *Fuchs* in Fuchs, § 2 WpHG Rz. 35.
3 BR-Drucks. 13/7142, S. 100.
4 BR-Drucks. 13/7142, S. 100.
5 *Kayser/Schlikker* in Emde/Dornseifer/Dreibus/Hölscher, § 48 InvG Rz. 8.

1. Allgemeine Voraussetzungen (§ 194 Abs. 2 Satz 1 KAGB)

11 Gemäß § 194 Abs. 2 Satz 1 KAGB müssen alle Geldmarktinstrumente die Voraussetzungen gem. Art. 4 der Definitions-RL erfüllen. Es wird dabei gefordert, dass die Geldmarktinstrumente liquide und jederzeit bewertbar sind.

12 Art. 4 Abs. 1 der Definitions-RL setzt voraus, dass ein Geldmarktinstrument ausreichend liquide ist. Liquide ist ein Geldmarktinstrument demnach, wenn es innerhalb hinreichend kurzer Zeit mit begrenzten Kosten veräussert werden kann.

13 Das **CESR** hat in seiner Richtlinie zu den zulässigen Vermögensgegenständen Anhaltspunkte genannt, wann die Liquidität eines Geldmarktinstruments angenommen werden kann.

Auf der Ebene des Geldmarktinstruments sind dies:
- Häufigkeit der Handelsgeschäfte und Angebote;
- Anzahl der handelswilligen Marktteilnehmer, deren Bereitschaft zum Handel sowie die Art und Weise des Handelsgeschäfts;
- Größe der Emission bzw. des Emissionsprogramms;
- Möglichkeit des kurzfristigen Rückkaufs bei angemessenen Kosten.

Auf der Ebene des Fonds sind dies:
- Struktur und Konzentration der Anteilsinhaber des Fonds;
- Investitionszweck der Anteilsinhaber;
- Qualität der Informationen über die Cash-Flow-Struktur des Fonds;
- Vorgaben des Prospekts im Hinblick auf die Begrenzung von Rückgabemöglichkeiten.

Es ist jedoch nicht erforderlich, dass auf jeder Ebene sämtliche Anhaltspunkte erfüllt sind. Vielmehr wird die Liquidität im Rahmen einer Gesamtbetrachtung beurteilt, wobei die Kriterien unterschiedlich Gewichtet werden können.[6]

14 Art. 4 Abs. 2 Definitions-RL setzt voraus, dass der Wert eines Geldmarktinstruments jederzeit genau bestimmt werden kann. Hierfür verlangt Art. 4 Abs. 2 Definitions-RL exakte und verlässliche Bewertungssysteme, die auf den fortgeführten Anschaffungskosten basieren. Die daraus resultierenden Werte sollen zudem auf Marktdaten oder Bewertungsmodellen beruhen. Die OGAW-KVG hat sicherzustellen, dass zwischen dem tatsächlichen Wert des Geldmarktinstruments und dem mit Hilfe der Amortisierungsmethode ermittelten Werts kein wesentlicher Unterschied entsteht.[7]

15 Das CESR geht davon aus, dass bei entsprechender Umsetzung der folgenden Vorgaben weder auf Ebene des Geldmarktinstruments noch auf Ebene des OGAW wesentliche Bewertungsdifferenzen auftreten können:
- Geldmarktinstrumente mit einer Restlaufzeit von weniger als drei Monaten, die keine besondere Sensibilität gegenüber marktspezifischen Einflussfaktoren aufweisen;
- OGAW, die ausschließlich in hochwertige Instrumente investieren, welche entweder eine maximale Restlaufzeit von 397 Tagen haben oder bei welchen die Verzinsung regelmäßig im entsprechenden Zeitraum angepasst wird und die durchschnittliche Laufzeit 60 Tage beträgt.[8]

2. Marktbezogene Voraussetzungen (§ 194 Abs. 1 Nr. 1 und 2 sowie Abs. 2 Satz 2 KAGB)

16 Der Erwerb von Geldmarktinstrumenten, die gem. § 194 Abs. 1 Nr. 1 KAGB an einer **Börse** oder einem anderen **organisierten Markt** in der EU oder in einem Vertragsstaat des EWR zum Handel zugelassen oder einbezogen sind, ist erlaubt. Dasselbe gilt gem. § 194 Abs. 1 Nr. 2 KAGB bei einer Zulassung oder Einbeziehung an einer Börse oder einem anderen organisierten Markt in einem Drittstaat, vorausgesetzt die Börse oder der andere organisierte Markt ist von der BaFin zugelassen. Der Begriff der Börse und der anderen organisierten Märkte entspricht der Ausführung unter § 193 Abs. 1 Satz 1 Nr. 1 und 2 KAGB (vgl. dazu § 193 Rz. 18 f.). Für Börsen und andere organisierte Märkte wird dieselbe Liste der BaFin verwendet, die auch im

---

6 CESR/07-044, S. 8, Anmerkung zu Art. 4 Abs. 1; *Kayser/Hartrott* in Weitnauer/Boxberger/Anders, § 194 KAGB Rz. 9.

7 CESR/07-044, S. 8, Anmerkung zu Art. 4 Abs. 2; *Kayser/Hartrott* in Weitnauer/Boxberger/Anders, § 194 KAGB Rz. 10.

8 CESR/07-044, S. 8, Anmerkung zu Art. 4 Abs. 2; *Kayser/Hartrott* in Weitnauer/Boxberger/Anders, § 194 KAGB Rz. 10.

Rahmen von § 193 Abs. 1 Satz 1 Nr. 2 und 4 KAGB verwendet wird.[9] Die Liste bezieht sich zwar ausdrücklich auf § 193 Abs. 1 Satz 1 Nr. 2 und 4 KAGB, sie wird aber auch als Grundlage für den Erwerb von Geldmarktinstrumenten angesehen.[10]

Für den Erwerb von börsennotierten Geldmarktinstrumenten gem. § 194 Abs. 1 Nr. 1 und 2 KAGB gelten gewisse Erleichterungen. Gemäß § 194 Abs. 2 Satz 2 KAGB i.V.m. Art. 4 Abs. 3 der Definitions-RL wird vermutet, dass börsennotierte Geldmarktinstrumente die Voraussetzungen der Liquidität und jederzeitigen Bewertbarkeit des Art. 4 Abs. 1 und 2 der Definitions-RL erfüllen. Trifft die Vermutungsregelung nicht zu, muss die OGAW-KVG die Einhaltung der Liquiditätsanforderungen im Einzelnen überprüfen.[11] 17

3. Emittentenbezogene Voraussetzungen (§ 194 Abs. 1 Nr. 3 bis 6 sowie Abs. 3 KAGB)

§ 194 Abs. 1 Nr. 3 bis 6 KAGB enthält enthalten weitere Voraussetzungen für den Erwerb von Geldmarktinstrumenten für ein inländisches OGAW. Maßgeblich hierfür ist, wer Emittent des Geldmarktinstruments ist. 18

a) Allgemeine Voraussetzungen (§ 194 Abs. 3 Satz 1 KAGB)

Gemäß § 194 Abs. 3 Satz 1 KAGB dürfen Geldmarktinstrumente gem. § 194 Abs. 1 Nr. 3 bis 6 KAGB nur erworben werden, wenn die Emission oder der Emittent dieser Instrumente Vorschriften über den **Einlagen- und den Anlegerschutz** unterliegt und zusätzlich die Kriterien des Art. 5 Abs. 1 der Definitions-RL erfüllt sind. 19

Im Hinblick auf den deutschen Einlagen- und Anlegerschutz gilt folgendes: CRR-Kreditinstitute i.S.d. § 1 Abs. 3d Satz 1 KWG sind gem. § 1 Abs. 1 **EinSiG** verpflichtet, ihre Einlagen nach Maßgabe des EinSiG durch Zugehörigkeit zu einem Einlagensicherungssystem zu sichern. Finanzdienstleistungsinstitute, die über eine Erlaubnis zur Erbringung von Finanzdienstleistungen i.S.d. § 1 Abs. 1a Satz 2 Nr. 1 bis 4 lit. a bis c KWG erteilt ist, und Kreditinstitute, denen eine Erlaubnis zum Betreiben von Bankgeschäften i.S.d. § 1 Abs. 1 Satz 2 Nr. 4 oder Nr. 10 KWG oder zur Erbringung von Finanzdienstleistungen i.S.d. § 1 Abs. 1a Satz 2 Nr. 1 bis 4 lit. a bis c KWG erteilt ist und denen keine Erlaubnis zum Betreiben des Einlagen- und Kreditgeschäfts nach § 1 Abs. 1 Satz 2 Nr. 1 und 2 KWG erteilt ist, sind nach § 2 **AnlEntG** verpflichtet, ihre Verbindlichkeiten aus Wertpapiergeschäften nach Maßgabe des AnlEntG durch Zugehörigkeit zu einer Entschädigungseinrichtung zu sichern.

Um die Kriterien des Art. 5 Abs. 1 der Definitions-RL zu erfüllen, müssen die Geldmarktinstrumente frei übertragbar sein und es müssen angemessene Informationen insbesondere im Hinblick auf die Bewertbarkeit von Kreditrisiken verfügbar sein.

b) Begebung oder Garantie durch öffentliche Stellen (§ 194 Abs. 1 Nr. 3 KAGB)

Geldmarktinstrumente können zudem erworben werden, wenn sie gem. § 194 Abs. 1 Nr. 3 KAGB von bestimmten **öffentlichen Stellen** begeben oder garantiert werden. Die zulässigen Emittenten und Garanten sind in § 194 Abs. 1 Nr. 3 KAGB abschließend aufgelistet: 20

- die EU,
- der Bund,
- ein Sondervermögen (gem. § 1 Abs. 10 KAGB) des Bundes,
- ein Land,
- ein anderer Mitgliedstaat,
- eine andere zentralstaatliche, regionale oder lokale Gebietskörperschaft,
- die Zentralbank eines Mitgliedstaates der EU,
- die EZB,
- die Europäischen Investitionsbank,
- ein Drittstaat,
- sofern dieser ein Bundesstaat ist, ein Gliedstaat dieses Bundesstaates oder
- eine international öffentlich-rechtliche Einrichtung, der mindestens ein Mitgliedstaat der EU angehört.

---

9 BaFin, Liste der zugelassenen Börsen und der anderen organisierten Märkte gemäß § 193 Abs. 1 Nr. 2 und 4 KAGB, WA 43-Wp 2100-2013/0003 (Stand: 16.11.2015).
10 *von Rom* in Baur/Tappen, § 194 KAGB Rz. 8.
11 CESR/07-044, S. 9, Anmerkung zu Art. 4 Abs. 3.

21 Gemäß § 194 Abs. 3 KAGB gelten für Geldmarktinstrumente gem. § 194 Abs. 1 Nr. 3 KAGB zusätzliche Anforderungen. Der Umfang der **zusätzlichen Information** hängt davon ab, wer das Geldmarktinstrument emittiert oder garantiert und richtet sich nach Art. 5 Abs. 2 und 4 der Definitions-RL. Die in Art. 5 Abs. 1 der Definitions-RL enthaltenen Verweise auf Art. 3 Abs. 2 der Definitions-RL und Art. 4 Abs. 1 und 2 der Definitions-RL sind nicht weiter zu beachten, da sie bereits über die Definition des Begriffs Geldmarktinstrument (vgl. dazu Rz. 7) bzw. § 194 Abs. 2 Satz 1 KAGB (vgl. dazu Rz. 11) erfasst sind.

- Aus einem Umkehrschluss aus § 194 Abs. 3 Satz 2 Halbs. 2 KAGB ergibt sich, dass Geldmarktinstrumente, die von der EZB oder einer Zentralbank eines Mitgliedstaats der EU begeben oder garantiert werden, keine zusätzlichen Informationsanforderungen gelten.
- Art. 5 Abs. 2 der Definitions-RL gilt für den Erwerb von Geldmarktinstrumenten die von einer regionalen oder lokalen Körperschaft eines Mitgliedstaates der EU oder von einer internationalen öffentlich-rechtlichen Einrichtung begeben werden, aber weder von einem Mitgliedstaat oder bei einem Bundesstaat von einem Gliedstaat garantiert werden.
- Art. 5 Abs. 4 der Definitions-RL gilt für alle anderen Geldmarktinstrumente öffentlicher Stellen gem. § 194 Abs. 1 Nr. 3 KAGB.

c) Begebung oder Garantie durch börsennotierte Unternehmen (§ 194 Abs. 1 Nr. 4 KAGB)

22 Gem. § 194 Abs. 1 Nr. 4 KAGB können Geldmarktinstrumente erworben werden, wenn die Wertpapiere des emittierenden Unternehmens auf einem der unter § 194 Abs. 1 oder 2 KAGB genannten Märkte gehandelt werden. Es ist nach dieser Vorschrift nicht erforderlich, dass die Geldmarktinstrumente börsennotiert sind. Es muss sich lediglich um ein Unternehmen handeln, das an der Börse oder an einem anderen organisierten Markt notiert. Daraus folgt jedoch auch, dass die Erleichterungen für börsennotierte Geldmarktinstrumente gem. § 194 Abs. 2 Satz 2 KAGB i.V.m. Art. 4 Abs. 3 der Definitions-RL (vgl. dazu Rz. 17) nicht gelten.

23 Für von börsennotierten Unternehmen begebene Geldmarktinstrumente gelten gem. § 194 Abs. 3 Satz 2 KAGB die in Art. 5 Abs. 2 der Definitions-RL genannten Informationsanforderungen.

d) Begebung oder Garantie durch Kreditinstitute (§ 194 Abs. 1 Nr. 5 KAGB)

24 Der Erwerb von Geldmarktinstrumenten gem. § 194 Abs. 1 Nr. 5 KAGB ist zulässig, wenn sie von einem Kreditinstitut begeben oder garantiert werden. Das Kreditinstitut muss nach den Kriterien des EU-Rechts oder einem gleichwertigen Recht beaufsichtigt werden. Ob gleichwertige Kriterien für die Aufsicht vorliegen, wird von der BaFin beurteilt. Die BaFin hat in ihrer Aussage zur SolvV die Aufsichtskriterien folgender Staaten als gleichwertig anerkannt: Andorra, Australien, Bahrain, Bermuda, Brasilien, Chile, Guernsey, Hongkong, Indien, Isle of Man, Japan, Jersey, Jordanien, Kanada, Mexiko, Monaco, Neuseeland, Saudi-Arabien, Südafrika, Südkorea, Schweiz, Singapur, Türkei und die USA.[12]

25 Für Geldmarktinstrumente, die durch Kreditinstitute begeben oder garantiert werden, gelten gem. § 194 Abs. 3 Satz 3 KAGB die Informationsanforderungen gem. Art. 5 Abs. 3 der Definitions-RL. Für Kreditinstitute, deren Kriterien als gleichwertig angesehen werden, ist außerdem Art. 6 der Definitions-RL zu berücksichtigen.

e) Begebung durch andere Emittenten (§ 194 Abs. 1 Nr. 6 KAGB)

26 In § 194 Abs. 1 Nr. 6 KAGB werden sonstige Rechtsträger angeführt, von denen Geldmarktinstrumente erworben werden dürfen. Diese Rechtsträger sind:

- Unternehmen mit einem Eigenkapital von mindestens 10 Mio. Euro und einem Jahresabschluss gem. RL 2013/34/EG;
- Rechtsträger, die Mitglied einer Unternehmensgruppe sind und innerhalb dieser Gruppe für die Finanzierung zuständig sind. Die Unternehmensgruppe muss aus ein oder mehrere börsennotierten Unternehmen bestehen; oder
- Rechtsträger, die die wertpapiermäßige Unterlegung von Verbindlichkeiten durch Nutzung einer von einer Bank eingeräumten Kreditlinie finanzieren sollen. Hierbei ist zusätzlich Art. 7 der Definitions-RL zu berücksichtigen.

---

12 BaFin, Erläuternde Aussagen zur Solvabilitätsverordnung (mit Ausnahme des Operationellen Risikos), Anfrage T028N001F001, S. 4 (Stand: 25.11.2013).

Für Geldmarktinstrumente anderer Emittenten gelten gem. § 194 Abs. 3 Satz 3 KAGB die Informationsanforderungen gem. Art. 5 Abs. 2 der Definitions-RL. 27

V. Geldmarktinstrumente mit derivativer Komponente

Gemäß Art. 10 Abs. 2 der Definitions-RL können in Geldmarktinstrumente Derivate eingebettet sein. Hierfür müssen die Geldmarktinstrumente die in Art. 10 Abs. 2 der Definitions-RL genannten Voraussetzungen erfüllen. Entsprechend müssen die Kriterien gem. Art. 3 Abs. 2 der Definitions-RL (vgl. dazu Rz. 7) und Art. 4 Abs. 1 und 2 der Definitions-RL (vgl. dazu Rz. 11 ff.) sowie Art. 10 Abs. 1 der Definitions-RL (vgl. dazu § 197 Rz. 22 ff.) erfüllt sein. 28

Enthält das Geldmarktinstrument dagegen eine Komponente, die unabhängig von diesem Geldmarktinstrument vertraglich transferierbar ist, so wird es gem. Art. 10 Abs. 3 Definitions-RL nicht als Wertpapier mit eingebettetem Derivat, sondern als eigenes Finanzinstrument betrachtet. 29

VI. Geldmarktfonds

Gemäß der BaFin Fondskategorien-RL müssen die Kriterien der **CESR Leitlinie (CESR/10-049) für Geldmarktfonds** (engl. Money Market Fund) eingehalten werden. Dabei ist wiederum die ESMA Opinion (ESMA/2014/1103) zu berücksichtigen. Folgende Kriterien müssen eingehalten werden: 30

a) vorrangiges Anlageziel des Investmentvermögen ist, den Wert des investierten Geldes zu erhalten und eine Wertsteigerung entsprechend den Geldmarktzinssätzen zu erwirtschaften;

b) das Investmentvermögens muss ausschließlich angelegt sein in:

   i. Geldmarktinstrumente nach § 194 KAGB. Zudem müssen die Geldmarktinstrumente von der OGAW-KVG als Geldmarktinstrumente von hoher Qualität eingestuft worden sein. Bei der Beurteilung, ob ein Geldmarktinstrument eine hohe Qualität aufweist, sind insbesondere die Kreditqualität, das Liquiditätsprofil sowie bei komplexen Produkten das operationelle Risiko und Kontrahentenrisiko zu berücksichtigen. Dabei soll die OGAW-KVG sicherstellen, dass sie eine eigene Beurteilung der Kreditqualität durchführt, die es ihr erlaubt, das Geldmarktinstrument als von hoher Qualität einzustufen. Sofern eine oder mehrere bei der ESMA registrierten und von ihr beaufsichtigte Ratingagenturen ein Rating für das Geldmarktinstrument zur Verfügung gestellt haben, sollte der interne Ratingprozess der OGAW-KVG u.a. auf diese Ratings Bezug nehmen. Auch wenn sich eine OGAW-KVG nicht automatisch auf externe Ratings stützen sollte, sollte eine Herabstufung auf eine Ratingstufe unterhalb der beiden höchsten verfügbaren Ratingstufen durch eine von ESMA beaufsichtigte Ratingagentur, die das Instrument geratet hat, die OGAW-KVG zu einer neuen Beurteilung der Kreditqualität des Geldmarktinstruments veranlassen, um sicherzustellen, dass ihm auch weiterhin eine hohe Qualität zukommt.

      Die Geldmarktinstrumente müssen eine Restlaufzeit von höchstens zwei Jahren haben, vorausgesetzt der Zeitraum bis zum nächsten Zinsanpassungstermin beträgt höchstens 397 Tage; zusätzlich kann das Investmentvermögen auch in Geldmarktinstrumenten angelegt werden, die von einer zentralstaatlichen, regionalen oder lokalen Gebietskörperschaft oder einer Zentralbank eines Mitgliedstaates der EU, der Europäischen Zentralbank, der EU oder der Europäischen Investitionsbank begeben oder garantiert werden; dies gilt auch dann, wenn die OGAW-KVG aufgrund ihrer internen Beurteilung der Kreditqualität zu dem Ergebnis gelangt, dass diese Geldmarktinstrumente eine niedrigere Kreditqualität aufweisen als oben gefordert. Sofern eine oder mehr bei der ESMA registrierte und von ihr beaufsichtigte Ratingagenturen ein Rating für das Geldmarktinstrument zur Verfügung gestellt haben, sollte der interne Ratingprozess der Kapitalverwaltungsgesellschaft u.a. auf diese Ratings Bezug nehmen; auch wenn sich eine OGAW-KVG nicht automatisch auf externe Ratings stützen sollte, sollte eine Herabstufung auf eine Ratingstufe unterhalb von „investment grade“ oder einer vergleichbaren Ratingstufe durch eine bei ESMA registrierte und von ihr beaufsichtigten Ratingagentur, die das Instrument geratet hat, die OGAW-KVG zu einer neuen Beurteilung der Kreditqualität des Geldmarktinstruments veranlassen, um sicherzustellen, dass ihm auch weiterhin eine angemessene Qualität zukommt;

   ii. Bankguthaben;

   iii. Anteilen an Investmentvermögen, die die Kriterien für Geldmarktfonds mit kurzer Laufzeitstruktur oder die Kriterien für Geldmarktfonds erfüllen; oder

iv. Derivaten, sofern dies im Einklang mit der Geldmarktanlagestrategie des Investmentvermögens steht. Währungsderivate dürfen nur zu Absicherungszwecken erworben werden. Vermögensgegenstände, deren Wertentwicklung unmittelbar oder mittelbar von der Wertentwicklung von Aktien und Rohstoffen abgeleitet ist, dürfen nicht erworben werden;

c) der Erwerb von den eben aufgeführten Vermögensgegenständen in einer anderen als der Fondswährung ist nur zulässig, wenn das Währungsrisiko absichert ist;

d) die gewichtete durchschnittliche Zinsbindungsdauer sämtlicher Vermögensgegenstände des Investmentvermögens beträgt nicht mehr als sechs Monate;

e) die gewichtete durchschnittliche Restlaufzeit sämtlicher Vermögensgegenstände des Investmentvermögens beträgt nicht mehr als 12 Monate;

f) für die Berechnung der Restlaufzeit eines Vermögensgegenstandes ist grundsätzlich auf den Zeitraum bis zur rechtlichen Endfälligkeit des Instruments abzustellen. Bei einem Finanzinstrument mit eingebetteter Verkaufsoption kann für die Berechnung der Restlaufzeit allerdings ausnahmsweise auf den Ausübungszeitpunkt der Verkaufsoption anstelle auf den Zeitpunkt der Endfälligkeit des Finanzinstrumentes abgestellt werden, wenn die folgenden Voraussetzungen jederzeit erfüllt sind:

   i. die Verkaufsoption kann von der OGAW-KVG am Ausübungstag frei ausgeübt werden,

   ii. der Ausübungspreis der Verkaufsoption befindet sich nahe dem zum Ausübungstag erwarteten Wert des Finanzinstruments, und

   iii. aufgrund der Anlagestrategie des Investmentvermögens besteht eine hohe Wahrscheinlichkeit, dass die Verkaufsoption am Ausübungstag ausgeübt wird;

g) die Berechnung des Wertes des Investmentvermögens sowie des Anteilwertes erfolgt börsentäglich. Eine börsentägliche Rücknahme der Anteile wird gewährleistet. Zudem hat die OGAW-KVG die notwendigen Vorkehrungen zu treffen, um grundsätzlich eine börsentägliche Ausgabe von Anteilen vorzunehmen.[13]

§ 195 Bankguthaben

[1]Die OGAW-Kapitalverwaltungsgesellschaft darf für Rechnung eines inländischen OGAW nur Bankguthaben halten, die eine Laufzeit von höchstens zwölf Monaten haben. [2]Die auf Sperrkonten zu führenden Guthaben können bei einem Kreditinstitut mit Sitz in einem Mitgliedstaat der Europäischen Union oder einem anderen Vertragsstaat des Abkommens über den Europäischen Wirtschaftsraum unterhalten werden; die Guthaben können auch bei einem Kreditinstitut mit Sitz in einem Drittstaat, dessen Aufsichtsbestimmungen nach Auffassung der Bundesanstalt denjenigen des Rechts der Europäischen Union gleichwertig sind, gehalten werden.

In der Fassung vom 4.7.2013 (BGBl. I 2013, S. 1981).

Schrifttum: BaFin, Erläuternde Aussagen zur Solvabilitätsverordnung (mit Ausnahme des Operationellen Risikos), Anfrage T028N001F001.

I. Allgemeines

1 § 195 KAGB regelt, unter welchen Voraussetzungen die OGAW-KVG für Rechnung eines inländischen OGAW Bankguthaben halten darf. Mindest- oder Höchstgrenzen für Bankguthaben sieht § 195 KAGB nicht vor.

13 BaFin, Fondskategorien-RL, Art. 3 Nr. 3 f. (Stand: 22.7.2013).

II. Entstehungsgeschichte

1. EU-Recht

Mit dieser Vorschrift wird Art. 50 Abs. 1 lit. f OGAW IV-RL (entspricht Art. 19 Abs. 1 lit. f OGAW-RL) ins deutsche Recht umgesetzt. 2

2. Historie

§ 195 KAGB entspricht abgesehen von redaktionellen Änderungen § 49 InvG in seiner letzten Fassung. Die bis 2007 unter dem InvG geltende Pflicht, dass das Kreditinstitut einer Einlagensicherung angehören muss wurde auch unter dem KAGB nicht wieder aufgegriffen (siehe hierzu Rz. 4). 3

III. Zulässigkeitsanforderungen

Die OGAW-KVG darf für Rechnung eines inländischen OGAW Bankguthaben halten, die eine Laufzeit von zwölf Monaten nicht überschreiten. Beim Begriff Bankguthaben handelt es sich um bei der Bank liegende Einlagen. § 195 KAGB fordert nicht, dass Bankguthaben bei einem Kreditinstitut unterhalten werden müssen, das Mitglied einer Einlagensicherungseinrichtung oder einer entsprechenden Sicherungseinrichtung eines anderen Staats der Europäischen Union oder eines anderen Vertragsstaats des Abkommens über den Europäischen Wirtschaftsraum ist. Allerdings darf gem. Art. 4 Abs. 3 RL 2014/49/EU (Einlagensicherungsrichtlinie) ein Kreditinstitut, das gem. Art. 8 der RL 2013/36/EU in einem Mitgliedstaat zugelassen ist, keine Einlagen entgegennehmen, wenn es nicht Mitglied eines Einlagensicherungssystems ist, das gemäß Art. 4 Abs. 1 RL 2014/49/EU in seinem Herkunftsmitgliedstaat amtlich anerkannt ist. Darüber hinaus greift das allgemeine Streuungsgebot des Art. 1 Abs. 2 lit. a) OGAW IV-RL greift auch bei Bankguthaben. Gemäß § 206 Abs. 4 KAGB dürfen in Umsetzung des Art. 22 der geänderten OGAW-RL höchstens 20 Prozent des Wertes des Sondervermögens in Bankguthaben bei ein- und demselben Kreditinstitut unterhalten werden.[1] 4

Das Guthaben muss bei einem Kreditinstitut mit Sitz in einem Mitgliedstaat der EU oder einem anderen Vertragsstaat des EWR unterhalten werden. Bankguthaben bei einem Kreditinstitut mit Sitz in einem Drittstaat sind nur erlaubt, wenn dessen Aufsichtskriterien nach Auffassung der BaFin dem EU Recht gleichwertig sind. Die Begründung des Regierungsentwurfs zum InvModG nimmt für Australien, Kanada, Japan, Schweiz, Südkorea, Neuseeland und die USA eine solche Gleichwertigkeit an.[2] Welche Drittstaaten die BaFin als gleichwertig ansieht, hat sie in der Aussage zur SolvV festgehalten. Es handelt sich neben den vorstehend genannten um Andorra, Bahrain, Bermuda, Brasilien, Chile, Guernsey, Hongkong, Indien, Isle of Man, Jersey, Jordanien, Mexiko, Monaco, Saudi-Arabien, Südafrike, Singapur und die Türkei.[3] 5

Die OGAW-KVG darf die Mittel des inländischen OGAW gem. § 75 Abs. 1 Nr. 2 KAGB nur mit Zustimmung der Verwahrstelle in Bankguthaben anlegen sowie darüber verfügen. Diesem Wortlaut nach und aus den vorstehenden Vorgaben folgend qualifizieren Bankguthaben als Anlage. Aus dem Zustimmungserfordernis der Verwahrstelle folgt, dass Bankguthaben eines OGAW nicht bei der Verwahtsstelle angelegt werden müssen. Ansonsten wäre die Grenze des § 206 KAGB eine fixe Grenze, die besagt, dass Bankguthaben nie mehr als 20 % des Wertes des OGAW ausmachen dürfen. Außerdem ergibt sich aus § 195 KAGB und § 72 Abs. 2 Satz 1 KAGB, dass das Bankguthaben zur Absicherung der Kontrollfunktion der Verwahrstelle nur auf Sperrkonten gehalten werden darf. 6

§ 196 Investmentanteile

(1) [1]Die OGAW-Kapitalverwaltungsgesellschaft kann für Rechnung eines inländischen OGAW Anteile an OGAW erwerben. [2]Anteile an anderen inländischen Sondervermögen und Investmentaktiengesellschaften mit veränderlichem Kapital sowie Anteile an offenen EU-AIF und ausländischen offenen AIF kann sie nur erwerben, wenn

1 BT-Drucks. 15/1553, S. 94.
2 BT-Drucks. 15/1553, S. 94.
3 BaFin, Erläuternde Aussagen zur Solvabilitätsverordnung (mit Ausnahme des Operationellen Risikos), Anfrage T028N001F001 (Stand: 25.11.2013).

1. diese nach Rechtsvorschriften zugelassen wurden, die sie einer wirksamen öffentlichen Aufsicht zum Schutz der Anleger unterstellen und ausreichende Gewähr für eine befriedigende Zusammenarbeit zwischen den Behörden besteht,

2. das Schutzniveau des Anlegers dem Schutzniveau eines Anlegers in einem inländischen OGAW gleichwertig ist und insbesondere die Vorschriften für die getrennte Verwahrung der Vermögensgegenstände, für die Kreditaufnahme und die Kreditgewährung sowie für Leerverkäufe von Wertpapieren und Geldmarktinstrumenten den Anforderungen der Richtlinie 85/611/EWG gleichwertig sind,

3. die Geschäftstätigkeit Gegenstand von Jahres- und Halbjahresberichten ist, die es erlauben, sich ein Urteil über das Vermögen und die Verbindlichkeiten, die Erträge und die Transaktionen im Berichtszeitraum zu bilden,

4. die Anteile dem Publikum ohne eine zahlenmäßige Begrenzung angeboten werden und die Anleger das Recht zur Rückgabe der Anteile haben.

[3]Anteile an inländischen Sondervermögen, an Investmentaktiengesellschaften mit veränderlichem Kapital, an EU-OGAW, an offenen EU-AIF und an ausländischen offenen AIF dürfen nur erworben werden, wenn nach den Anlagebedingungen oder der Satzung der Kapitalverwaltungsgesellschaft, der Investmentaktiengesellschaft mit veränderlichem Kapital, des EU-Investmentvermögens, der EU-Verwaltungsgesellschaft, des ausländischen AIF oder der ausländischen AIF-Verwaltungsgesellschaft insgesamt höchstens 10 Prozent des Wertes ihres Vermögens in Anteilen an anderen inländischen Sondervermögen, Investmentaktiengesellschaften mit veränderlichem Kapital, offenen EU-Investmentvermögen oder ausländischen offenen AIF angelegt werden dürfen.

(2) Beim Erwerb von Anteilen im Sinne des Absatzes 1, die direkt oder indirekt von derselben OGAW-Kapitalverwaltungsgesellschaft oder von einer Gesellschaft verwaltet werden, mit der die OGAW-Kapitalverwaltungsgesellschaft durch eine wesentliche unmittelbare oder mittelbare Beteiligung verbunden ist, darf die OGAW-Kapitalverwaltungsgesellschaft oder die andere Gesellschaft für den Erwerb und die Rücknahme keine Ausgabeaufschläge und Rücknahmeabschläge berechnen.

In der Fassung vom 4.7.2013 (BGBl. I 2013, S. 1981), zuletzt geändert durch das Gesetz zur Anpassung von Gesetzen auf dem Gebiet des Finanzmarktes vom 15.7.2014 (BGBl. I 2014, S. 934).

Schrifttum: BaFin, Rundschreiben 14/2008 (WA) zum Anwendungsbereich des Investmentgesetzes nach § 1 Satz 1 Nr. 3 InvG, WA 41-Wp 2136–2008/0001 (Stand: 22.12.2008).

I. Allgemeines

1 Durch § 196 haben OGAW-KVGen die Möglichkeit für Rechnung von inländischen OGAW in andere OGAW zu investieren und Dachfonds aufzulegen. Das Investmentvermögen, in das investiert wird, wird als **Zielfonds** bezeichnet. Hingegen wird das investierende Investmentvermögen als **Dachfonds** bezeichnet; gebräuchlich ist auch die Bezeichnung **„Fund of Funds"**.

II. Entstehungsgeschichte

1. EU-Recht

Durch die Vorschrift § 196 KAGB wird Art. 50 Abs. 1 lit. e OGAW IV-RL (entspricht Art. 19 Abs. 1 lit. e OGAW-RL) umgesetzt. Nach Erwägungsgrund 38 der OGAW IV-RL soll ein OGAW sein Vermögen in Anteilen von OGAW und anderen Organismen für gemeinsame Anlagen des offenen Typs anlegen können, die ebenfalls nach dem Grundsatz der Risikostreuung in die in der OGAW IV-RL genannten liquiden Finanzanlagen investieren. Insbesondere vor dem Hintergrund einer erhöhten Diversifizierung macht dies Sinn. Zudem können die spezifischen Investmentkompetenzen des Zielfonds genutzt werden.[1] Um die Entwicklung von Anlagemöglichkeiten eines OGAW in OGAW und in andere Organismen für gemeinsame Anlagen zu erleichtern, stellte der europäische Gesetzgeber sicher, dass durch derartige Anlagetätigkeiten der **Anlegerschutz** nicht verringert wird und legte bestimmte Vorschriften für quantitative Anlagegrenzen, die Veröffentlichung von Informationen und zur Verhütung des Kaskade-Phänomens fest.[2] 2

2. Historie

§ 196 KAGB übernimmt mit wenigen redaktionellen Änderungen den Wortlaut des § 50 Abs. 1 und 2 InvG. Die Regelung des § 50 Abs. 3 InvG wurde aus systematischen Gründen in § 174 Abs. 2 KAGB im Abschnitt über Master-Feeder-Strukturen verschoben.[3] 3

III. Vorliegen von Investmentanteilen

§ 196 KAGB regelt, welche Investmentanteile die OGAW-KVG für Rechnung eines inländischen OGAW erwerben darf. Dabei wird zwischen Erwerb von **OGAW** und **anderen Investmentanteilen** unterschieden. 4

§ 1 Abs. 2 KAGB enthält eine Definition für den Begriff OGAW, wobei diese sowohl inländische als auch EU-OGAW umfasst. Organismen für gemeinsame Anlagen in Wertpapiere (OGAW) sind Investmentvermögen, die die Anforderungen des Art. 1 Abs. 2 OGAW IV-RL erfüllen. 5

Zu den anderen Investmentanteilen zählen gem. § 196 Abs. 1 Satz 2 KAGB Anteile an anderen inländischen Sondervermögen und Investmentaktiengesellschaften mit veränderlichem Kapital sowie Anteile an offenen EU-AIF und ausländischen offenen AIF. 6

- Inländische Sondervermögen sind gem. § 1 Abs. 10 KAGB inländische offene Investmentvermögen in Vertragsform, die von einer Verwaltungsgesellschaft für Rechnung der Anleger nach Maßgabe des KAGB und den Anlagebedingungen verwaltet werden. Darunter fallen OGAW und offene inländische AIF in Vertragsform.
- Investmentaktiengesellschaften mit veränderlichem Kapital beziehen sich auf die §§ 108 und 123 KAGB.
- Alternative Investmentfonds (AIF) sind gem. § 1 Abs. 3 KAGB alle Investmentvermögen, die keine OGAW sind.
- Offene AIF sind gem. § 1 Abs. 4 Nr. 2 KAGB alternative Investmentfonds, die die Kriterien von Art. 1 Abs. 2 VO (EU) 694/2014 erfüllen. Ein offener AIF ist demzufolge ein AIF, dessen Anteile vor Beginn der Liquidations- oder Auslaufphase auf Ersuchen eines Anteilseigners direkt oder indirekt aus den Vermögenswerten des AIF und nach den Verfahren und mit der Häufigkeit, die in den Vertragsbedingungen oder der Satzung, dem Prospekt oder den Emissionsunterlagen festgelegt sind, zurückgekauft oder zurückgenommen werden.[4]

Geschlossene AIF (§ 1 Abs. 5 KAGB) und **Spezial-AIF** (§ 1 Abs. 6 KAGB) sind keine tauglichen Zielfonds.

---

1 *Höring* in Moritz/Klebeck/Jesch, § 195 KAGB Rz. 3.

2 Erwägungsgrund 39 OGAW IV-RL.

3 Begr. RegE, BT-Drucks. 17/12294, 457.

4 Eine Kapitalherabsetzung des AIF im Zusammenhang mit Ausschüttungen gemäß den Vertragsbedingungen oder der Satzung des AIF, dem Prospekt oder den Emissionsunterlagen, einschließlich Unterlagen, die durch einen im Einklang mit den Vertragsbedingungen oder der Satzung, dem Prospekt oder den Emissionsunterlagen getroffenen Beschluss der Anteilseigner genehmigt wurden, wird gem. Art. 1 Abs. 2 Satz 2 VO (EU) Nr. 694/2014 bei der Feststellung, dass es sich bei dem AIF um einen offenen AIF handelt, nicht berücksichtigt. Gem. Art. 1 Abs. 2 Satz 3 VO (EU) Nr. 694/2014 wird die Tatsache, dass die Anteile eines AIF auf dem Sekundärmarkt gehandelt werden können und vom AIF nicht zurückgekauft oder zurückgenommen werden, bei der Feststellung, dass es sich um einen offenen AIF handelt, ebenfalls nicht berücksichtigt.

IV. Erwerbbarkeitsvoraussetzungen

1. Erwerb von Anteilen an OGAW-Zielfonds

7 Gemäß § 196 Abs. 1 Satz 1 KAGB dürfen inländische OGAW Anteile an (anderen) inländischen OGAW und an EU OGAW erwerben. Die Einschränkungen gem. § 196 Abs. 1 Satz 2 KAGB gelten für den Erwerb von OGAW nicht. Der Erwerb von OGAW steht jedoch unter dem Vorbehalt des **Kaskadenverbots** gem. § 196 Abs. 1 Satz 3 KAGB (vgl. dazu Rz. 22) und muss den zusätzlichen Anforderungen des § 196 Abs. 2 KAGB genügen (vgl. dazu Rz. 23).

2. Erwerb von Anteilen an anderen Investmentanteilen

8 Für den Erwerb von anderen Investmentanteilen (Anteile an anderen inländischen Sondervermögen und Investmentaktiengesellschaften mit veränderlichem Kapital sowie Anteile an offenen EU-AIF und ausländischen offenen AIF) müssen die zusätzlichen Voraussetzungen des § 196 Abs. 1 Satz 2 KAGB vorliegen, um für Rechnung eines inländischen OGAW erworben werden zu dürfen. Folgende Voraussetzungen müssen kumulativ erfüllt werden:

- wirksame öffentliche Aufsicht,
- Gleichwertigkeit des Schutzniveaus,
- Transparenz- und Publizitätsanforderungen sowie
- Zielfonds ist ein offener Publikumsfonds.

a) Wirksame öffentliche Aufsicht (§ 196 Abs. 1 Nr. 1 KAGB)

9 Anteile an anderen Investmentvermögen können gem. § 196 Abs. 1 Nr. 1 KAGB nur erworben werden, wenn das jeweilige Investmentvermögen nach Rechtsvorschriften zugelassen wurde, die es einer wirksamen öffentlichen Aufsicht zum **Schutz der Anleger** unterstellt. Außerdem muss ausreichend Gewähr für eine befriedigende Zusammenarbeit zwischen den Behörden bestehen.

10 Der Gesetzgeber hat bei der Entwicklung des KAGB, wie auch schon beim InvG, darauf verzichtet zu erläutern, was unter einer ausreichenden Gewähr bzw. einer befriedigenden Zusammenarbeit zu verstehen ist.

11 Nach dem Gesetzesentwurf des InvModG ist eine spezielle dem Anlegerschutz dienende Aufsicht, die die Bonität der beteiligten Gesellschaften, die Zuverlässigkeit und fachliche Eignung der leitenden Personen und die Beachtung der für das inländische OGAW geltenden Vertragsbedingungen überprüft und die mit der nach den Vorschriften des KAGB ausgeübten Aufsicht vergleichbar ist.[5] Es ist anzumerken, dass die Voraussetzungen für all jene Staaten zu bejahen ist, welche die AIFM-RL (RL 2011/61/EU) umgesetzt haben.[6]

12 Die BaFin hat die Merkmale für eine wirksame öffentliche Aufsicht in ihrem **Rundschreiben zum Vorliegen ausländischer Investmentanteile** weiter konkretisiert. Demnach ist für die jeweiligen ausländischen Vermögen ohne Rückgabemöglichkeit jeweils anhand der gesetzlich vorgesehenen Art und des Umfangs der Beaufsichtigung dieser ausländischen Vermögen zu entscheiden, ob eine Investmentaufsicht besteht oder nicht. Dies kann je nach ausländischem Vermögen auch bei der Unterstellung unter ein und dieselbe ausländische Behörde zu unterschiedlichen Ergebnissen führen.[7]

13 Die Merkmale der BaFin für eine wirksame öffentliche Aufsicht ausländischer Investmentanteile sind denen der Gesetzesbegründung (vgl. dazu Rz. 11) sehr ähnlich. Hingegen liegt eine Aufsicht nicht vor, wenn aufsichtsrechtliches Handeln nur der Integrität und Funktionsfähigkeit des Marktes oder der Überprüfung steuerlicher Voraussetzungen dienen soll, sowie wenn ausländische Vermögen lediglich einer Registrierungspflicht im Sitzstaat unterliegen.[8]

b) Gleichwertigkeit des Schutzniveaus (§ 196 Abs. 1 Nr. 2 KAGB)

14 Gemäss § 196 Abs. 1 Nr. 2 KAGB muss das Schutzniveau des Anlegers beim Erwerb von anderen Investmentanteilen demjenigen eines inländischen OGAW gleichwertig sein. Außerdem müssen die Vorschriften für die getrennte Verwahrung der Vermögensgegenstände, für die Kreditaufnahme und die Kreditgewäh-

---

5 Begr. RegE, BT-Drucks. 15/1553, 94.

6 Gleiche Meinung: *von Rom* in Baur/Tappen, § 196 KAGB Rz. 8.

7 BaFin, Rundschreiben 14/2008 (WA) zum Anwendungsbereich des Investmentgesetzes nach § 1 Satz 1 Nr. 3 InvG, WA 41-Wp 2136–2008/0001, I. Nr. 3 (Stand: 22.12.2008).

8 BaFin, Rundschreiben 14/2008 (WA) zum Anwendungsbereich des Investmentgesetzes nach § 1 Satz 1 Nr. 3 InvG, WA 41-Wp 2136–2008/0001, I. Nr. 3 (Stand: 22.12.2008).

rung sowie für Leerverkäufe von Wertpapieren und Geldmarktinstrumenten den Anforderungen der OGAW-RL gleichwertig sein.

Durch diese Vorschrift soll verhindert werden, dass Zielfonds erworben werden dürfen, deren Anlagestrategie nicht den Anforderungen der OGAW IV-RL entsprechen.[9] Ob diese Kriterien erfüllt sind ist im Einzelfall zu prüfen. Es ist dabei nicht nur auf die gesetzlichen Bestimmungen des jeweiligen Fonds abzustellen, sondern es kann auf die Anlagebedingungen des Zielfonds abgestellt werden.[10] 15

Aufgrund der nicht abschließenden Aufzählung wird die Beurteilung, ob über diese Vorgaben hinaus noch andere Punkte erfüllt sein müssen, der OGAW-KVG überlassen. In der Praxis wurde die Gleichwertigkeit regelmäßig zurückhaltend beschieden oder die Investition in Nicht-OGAW abgelehnt. Letztlich muss jeder AIF einer eingehenden Einzelprüfung unterzogen werden. 16

c) Transparenz- und Publizitätsanforderungen (§ 196 Abs. 1 Nr. 3 KAGB)

In § 196 Abs. 1 Nr. 3 KAGB wird die Einhaltung der Transparenz- und Publizitätsanforderungen verlangt. Es ist erforderlich, dass die Geschäftstätigkeit des Fonds Gegenstand der **Jahres- und Halbjahresberichte** ist. Hierbei müssen diese Berichte im Berichtszeitraum Aufschluss über Vermögen und Verbindlichkeiten sowie die Erträge und Transaktionen geben. 17

Mit dieser Regelung soll dem inländischen OGAW während der Dauer der Investition Transparenz bezüglich der wirtschaftlichen Lage des Zielfonds ermöglicht werden.[11] 18

d) Zielfonds ist ein offener Publikumsfonds (§ 196 Abs. 1 Nr. 4 KAGB)

Schließlich muss es sich beim Zielfonds gem. § 196 Abs. 1 Nr. 4 KAGB um einen offenen Publikumsfonds handeln. Die Anteile dieses Fonds müssen dem Publikum ohne eine zahlenmäßige Begrenzung angeboten werden und den Anlegern muss zur Rückgabe der Anteile berechtigt sein. 19

Daraus folgt, dass der Erwerb von Anteilen an geschlossenen Fonds und Spezialfonds als Investmentanteile gem. § 196 KAGB ausgeschlossen ist.[12] Unschädlich sind hingegen Beschränkungen, die die Anteilsausgabe und -rücknahme vorübergehend aussetzen.[13] 20

Hingegen können geschlossene Fonds gem. § 193 Abs. 1 Satz 1 Nr. 7 KAGB erworben werden, sofern sie die Voraussetzungen eines Wertpapiers erfüllen (vgl. dazu § 193 Rz. 7 ff.). 21

3. Kaskadenverbot (§ 196 Abs. 1 Satz 3 KAGB)

Alle Investitionen in Investmentanteile gem. § 196 Abs. 1 Satz 1 und 2 KAGB unterliegen gem. § 196 Abs. 1 Satz 3 KAGB dem Kaskadenverbot. Das Kaskadenverbot legt fest, dass Anteile an Investmentvermögen nur erworben werden dürfen, wenn nach deren Anlagebedingungen oder Satzung festgelegt ist, dass diese insgesamt höchstens 10 % des Werts ihres Vermögens in Anteile anderer Investmentanteile anlegen dürfen. Diese Regelung soll die Bildung von Investitionskaskaden verhindern, die für den Anleger intransparent und teuer sind.[14] 22

4. Begrenzung von Verwaltungsgebühren bei verflochtenen Kapitalverwaltungsgesellschaften (§ 196 Abs. 2 KAGB)

Bei allen Investitionen, bei denen der Dachfonds und der Zielfonds von derselben OGAW-KVG verwaltet werden, oder wenn die OGAW-KVG durch eine Beteiligung miteinander verbunden sind, dürfen keine **Ausgabeaufschläge und Rücknahmeabschläge** berechnet werden. Aus diesem Grund ist bei verflochtenen OGAW-KVGen zu beachten, dass Managementgebühren nicht doppelt erhoben werden, sondern entsprechend zu reduzieren sind. Dies ist bereits alleine aufgrund des immanenten Interessenkonflikts angezeigt. 23

---

9 Begr. RegE, BT-Drucks. 15/1553, 94.
10 *von Rom* in Baur/Tappen, § 196 KAGB Rz. 9.
11 Begr. RegE, BT-Drucks. 15/1553, 94.
12 Begr. RegE, BT-Drucks. 15/1553, 94.
13 *von Rom* in Baur/Tappen, § 194 KAGB Rz. 11.
14 *Kayser/Schlikker* in Emde/Dornseifer/Dreibus/Hölscher, § 50 InvG Rz. 18 ff.

§ 197 Gesamtgrenze; Derivate; Verordnungsermächtigung

(1) [1]Der inländische OGAW darf nur in Derivate, die von Wertpapieren, Geldmarktinstrumenten, Investmentanteilen gemäß § 196, Finanzindizes im Sinne des Artikels 9 Absatz 1 der Richtlinie 2007/16/EG, Zinssätzen, Wechselkursen oder Währungen, in die der inländische OGAW nach seinen Anlagebedingungen investieren darf, abgeleitet sind, zu Investmentzwecken investieren. [2]Satz 1 gilt entsprechend für Finanzinstrumente mit derivativer Komponente im Sinne des Artikels 10 Absatz 1 der Richtlinie 2007/16/EG.

(2) Die OGAW-Verwaltungsgesellschaft muss sicherstellen, dass sich das Marktrisikopotenzial eines inländischen OGAW durch den Einsatz von Derivaten und Finanzinstrumenten mit derivativer Komponente gemäß Absatz 1 höchstens verdoppelt.

(3) [1]Das Bundesministerium der Finanzen wird ermächtigt, durch Rechtsverordnung, die nicht der Zustimmung des Bundesrates bedarf,

1. **die Beschaffenheit von zulässigen Risikomesssystemen für Derivate einschließlich der Bemessungsmethode des Marktrisikopotenzials festzulegen,**
2. **vorzuschreiben, wie die Derivate auf die Grenzen gemäß den §§ 206 und 207 anzurechnen sind,**
3. **nähere Bestimmungen über Derivate zu erlassen, die nicht zum Handel an einer Börse zugelassen oder an einem anderen organisierten Markt zugelassen oder in diesen einbezogen sind,**
4. **Bestimmungen über die Berechnung und Begrenzung des Anrechnungsbetrages für das Kontrahentenrisiko nach § 206 Absatz 5 Satz 1 Nummer 3 festzulegen,**
5. **Aufzeichnungs- und Unterrichtungspflichten festzulegen,**
6. **weitere Voraussetzungen für den Abschluss von Geschäften, die Derivate zum Gegenstand haben, festzulegen, insbesondere für Derivate, deren Wertentwicklung zur Wertentwicklung des dazugehörigen Basiswertes entgegengesetzt verläuft.**

[2]Das Bundesministerium der Finanzen kann die Ermächtigung durch Rechtsverordnung auf die Bundesanstalt übertragen.

In der Fassung vom 4.7.2013 (BGBl. I 2013, S. 1981).

Schrifttum: BaFin, Erläuterungen zur Derivateverordnung in der Fassung vom 16.7.2013 (Stand: 22.7.2013); BaFin, FAQ Eligible Assets, WA 41-Wp 2137-2013/0001 (Stand: 5.7.2016); BaFin, Merkblatt „Hinweise zu Finanzinstrumenten nach § 1 Abs. 11 Satz 1 Nummern 1 bis 7 KWG“ (Stand: Juli 2013); ESMA, Leitlinien 2014/937DE (Stand: 1.8.2014); *Gondesen*, Rechtssetzung durch die Exekutive im Investmentrecht – Die wesentlichen Elemente der Derivateverordnung der Bundesanstalt für Finanzdienstleistungsaufsicht vom 6. Februar 2004, WM 2005, 116.

I. Entstehungsgeschichte

1. EU-Recht

§ 197 KAGB dient der Umsetzung von Art. 50 Abs. 1 lit. g OGAW IV-RL (entspricht Art. 19 Abs. 1 lit. g OGAW-RL in seiner geänderten Fassung) sowie Art. 51 Abs. 1 bis 3 OGAW IV-RL. 1

2. Historie

Diese Vorschrift entspricht mit Ausnahme von wenigen redaktionellen Änderungen dem § 51 InvG. Allerdings steht hinter diesem eine längere Entwicklungsgeschichte. Gem. § 8d Abs. 1 KAGG durfte die Kapitalanlagegesellschaft ursprünglich nur im Rahmen der ordnungsgemäßen Verwaltung eines Wertpapiersondervermögens für dessen Rechnung unter den Voraussetzungen der §§ 8e bis 8l KAGG Geschäfte tätigen, die Derivate zum Gegenstand hatten. Mit der Änderungsrichtlinie 2001/108/EG wurden Derivate nicht mehr als gewissermaßen indirektes Investment in die zugrundeliegenden Wertpapiere begriffen, sondern als eigenständige, den anderen Assetklassen alternative Anlagegegenstände.[1] Entsprechend wurden sodann in Art. 19 Abs. 1 lit. g der durch RL 2001/108/EG geänderten OGAW-RL Derivate zugelassen und in dem Anlagekatalog des Art. 19 gleichrangig neben den anderen Anlagegegenständen aufgeführt. 2

Mit Inkrafttreten des InvModG am 1.1.2004 wurden diese Änderungen sodann in § 51 Abs. 1 InvG nationales Recht übernommen. § 51 Abs. 1 InvG gestattet ausdrücklich die Investition in Derivate „zu Investmentzwecken".

II. Anforderungen für die Zulässigkeit von Derivaten

Das Gesetz sieht für inländische OGAW keinerlei Einschränkungen für den Einsatzzweck von Derivaten vor. Somit können OGAW in Derivate sowohl zu **Absicherungszwecken** als auch zu **Investitions- und Spekulationszwecken** investieren. Sogar die Position eines synthetischen Leerverkaufs ist zulässig, obwohl damit im Vergleich zu echten Leerverkäufen gem. § 205 KAGB erhebliche Risiken verbunden sind. Die OGAW-KVG muss gem. § 3 Abs. 1 Nr. 2 DerivateV einzig sicherstellen, dass jederzeit ausreichend Deckung für diese Geschäfte vorhanden ist. 3

Die Aussage in § 197 Abs. 1 KAGB, dass Derivate zu Investmentzwecken eingesetzt werden können, hat den historischen Hintergrund, dass im Zuge der Finanzmarktförderungsgesetze der Einsatz von Derivaten zunehmend liberalisiert wurde (vgl. Rz. 2). 4

1. Derivate

Das KAGB oder auch die zugrundeliegenden OGAW-Richtlinien enthalten keine ausführliche Definition des Derivatebegriffs. Gemäß Art. 8 Abs. 1 Definitions-RL müssen Derivate auf einem oder mehrerer zulässigen Basiswerte (vgl. dazu Rz. 7 ff.) beruhen. Art. 50 Abs. 1 lit. g OGAW IV-RL definiert „Derivate" als Finanzinstrumente. 5

Die BaFin definiert Derivate als Finanzinstrumente, die hinsichtlich ihres Werts und ihrer Konstruktion von einem oder mehrerer **Basiswerte** abgeleitet sind.[2] Als Derivate gelten gem. § 1 Abs. 11 KWG alle Arten der börslichen und außerbörslichen (OTC) Finanztermingeschäfte (wie Forwards, Optionen, Futures und Swaps), finanzielle Differenzgeschäfte und Kreditderivate sowie alle Mischformen dieser Derivatetypen.[3] Die Definition von Derivaten im KWG stimmt mit der Definition in § 2 Abs. 3 WpHG überein und beruht auf MiFID I 2004/39/EG (heute MiFID II 2014/65/EU). Auch die MIFIR (VO (EU) Nr. 600/2014) bezieht sich auf MiFID II. 6

2. Zulässige Basiswerte (§ 197 Abs. 1 Satz 1 KAGB)

a) Wertpapiere, Geldmarktinstrumente und sonstige Referenzwerte

Der inländische OGAW darf nur in Derivate mit **festgelegten Basiswerten** investieren. Zu diesen Basiswerten zählen die für OGAW erwerbbare Vermögensgegenstände gem. §§ 193 ff. KAGB (d.h. Wertpapiere, Geldmarktinstrumente, Investmentanteile und andere Derivate). Außerdem gehören zu den erlaubten Ba- 7

---

1 *Gondesen*, WM 2005, 116 (116).

2 BaFin, Merkblatt „Hinweise zu Finanzinstrumenten nach § 1 Abs. 11 Satz 1 Nr. 1 bis 7 KWG" (Stand: Juli 2013); OGAW IV-RL Art. 50 Abs. 1 lit. g.

3 *Bahr* in Weitnauer/Boxberger/Anders, § 197 KAGB Rz. 4.

siswerten Finanzindizes, Zinssätze, Wechselkurse und Währungen, die der inländische OGAW nach seinen Anlagebedingungen unmittelbar erwerben darf.

8 Zulässig sind Basiswerte aber auch dann, wenn die Anlagebedingungen zwar nicht die direkte Investition in diese Basiswerte erlauben, jedoch ausdrücklich die Investition in Derivate mit derartigen Basiswerten zulassen.[4]

b) Finanzindizes

9 Gemäß Art. 9 Abs. 1 lit. a iii) der Definitions-RL kann ein Finanzindex auch aus Komponenten zusammengesetzt sein, die selbst nicht zu den für OGAW erwerbbaren Vermögensgegenständen gehören. Rohstoff-, Edelmetall oder Immobilienindizes sind daher bspw. zulässige Basiswerte für Derivate oder Finanzinstrumente mit derivativer Komponente gem. § 197 Abs. 1 KAGB, wenn die Voraussetzungen des Art. 9 Abs. 1 Definitions-RL erfüllt sind. Der Index muss demnach:

- hinreichend diversifiziert sein,
- eine adäquate Bezugsgrundlage für den Markt darstellen, auf den er sich bezieht, und
- in angemessener Weise veröffentlicht worden sein.

Konkrete Anforderungen hierzu werden im Abschnitt XIII der ESMA-Leitlinien zu börsengehandelten Indexfonds (Stand: 18.12.2012) aufgeführt. Die BaFin wendet die ESMA-Anforderung zu Finanzindizes, die in den Leitlinien niedergelegt sind, im Rahmen ihrer Verwaltungspraxis an.[5]

aa) Hinreichend diversifiziert

10 Gemäß der BaFin ist eine hinreichende Diversifikation bei Indizes, die sich aus nicht erwerbbaren Vermögenswerten zusammensetzen, dann erfüllt, wenn sie die Diversifikationsvorgaben des Art. 52 OGAW IV-RL erfüllen.[6] Der Index muss dafür so zusammengesetzt sein, dass eine Veränderung einzelner Indexkomponenten keinen übermässigen Einfluss auf die Gesamtentwicklung hat.

11 Zudem enthalten die ESMA Leitlinien weitere Konkretisierungen zur hinreichenden Diversifikation. Hiernach sollte ein OGAW nicht in einen Finanzindex anlegen, wenn dieser einen einzelnen Bestandteil umfasst, dessen Auswirkungen auf die Gesamtrendite der Indizes die maßgeblichen Diversifizierungsvoraussetzungen, d.h. **20 bzw. 35 %**, überschreiten. Im Falle eines gehebelten Indexes müssen für die Auswirkungen eines Bestandteils auf die Gesamtrendite des Indexes unter Berücksichtigung des Leverage dieselben Grenzen eingehalten werden.[7]

12 Zusätzlich sollte ein OGAW gemäß ESMA-Leitlinien nicht in **Rohstoffindizes** investieren, die sich nicht aus verschiedenen Rohstoffen zusammensetzen. Unterkategorien desselben Rohstoffs (z.B. aus verschiedenen Regionen oder Märkten oder im Rahmen eines industrialisierten Verfahrens aus denselben Primärprodukten erzeugt) sind zur Berechnung der Diversifizierungsgrenzen als derselbe Rohstoff zu betrachten. Kontrakte für Rohöl der Sorten WTI (West Texas Intermediate) oder Brent, Benzin oder Heizöl sind z.B. als Unterkategorien desselben Rohstoffs zu betrachten (d.h. Öl). Unterkategorien eines Rohstoffs sind nicht als derselbe Rohstoff zu betrachten, wenn keine hohe Korrelation besteht. Im Hinblick auf den Korrelationsfaktor besteht zwischen zwei Bestandteilen eines Rohstoffindizes, bei denen es sich um Unterkategorien desselben Rohstoffs handelt, keine hohe Korrelation, wenn 75 % der beobachteten Korrelation unter 0,8 liegen. Zu diesem Zweck sollte die beobachtete Korrelation wie folgt berechnet werden: (i) auf der Grundlage der gleichwertig gewichteten täglichen Erträge der entsprechenden Rohstoffpreise und (ii) auf der Grundlage eines rollierenden Zeitfensters von 250 Tagen über einen Zeitraum von fünf Jahren.[8]

bb) Adäquate Bezugsgrundlage

13 Die BaFin bezieht sich für die Konkretisierung der adäquaten Bezugsgrundlage für den Markt auf die ESMA-Leitlinien. Aus diesen geht hervor, dass

- der Index hierfür über ein einziges klares Ziel verfügen muss, um eine adäquate Bezugsgrundlage für den Markt darzustellen;

4 *Bahr* in Weitnauer/Boxberger/Anders, § 197 KAGB Rz. 6.
5 BaFin, FAQ Eligible Assets, WA 41-Wp 2137-2013/0001, Teil 1 Frage 5 (Stand: 5.7.2016).
6 BaFin, FAQ Eligible Assets, WA 41-Wp 2137-2013/0001, Frage 5 (Stand: 5.7.2016).
7 ESMA, Leitlinien 2014/937DE (Stand: 1.8.2014).
8 ESMA, Leitlinien 2014/937DE (Stand: 1.8.2014).

- die Auswahl der Indexbestandteile und die Grundlage, auf der diese Bestandteile für die Strategie ausgewählt werden, für Anleger und die zuständige Behörde (BaFin) klar erkennbar sein;
- der OGAW in Fällen, in denen die Indexstrategie teilweise auf Cash-Management beruht, nachweisen kann, dass sich dies nicht auf die Objektivität der Methode zur Indexberechnung auswirkt.[9]

Des Weiteren beinhalten die ESMA-Leitlinien Tatbestände bei denen die Voraussetzungen für eine adäquate Bezugsgrundlage für den Markt nicht erfüllt werden. Wenn ein Index im Auftrag eines Marktteilnehmers oder einer sehr kleinen Anzahl von Marktteilnehmern und gemäß den Vorgaben dieser Marktteilnehmer festgelegt und berechnet worden ist, ist dieser in der Regel keine adäquate Bezugsgrundlage. Es handelt sich hierbei um einen Anhaltspunkt bzw. eine Regelvermutung. Dies soll keine Neuentwicklungen verhindern, sondern vielmehr Umgehungstatbestände erfassen. Verhindert werden soll insbesondere, dass Investmentstrategien, die nicht direkt durch OGAW-KVGen umgesetzt werden können, in sog. Strategieindizes „verpackt" werden.[10] 14

Außerdem soll die Anpassungshäufigkeit eines Finanzindizes nicht verhindern, dass Anleger den Finanzindex nachbilden könnten. Indizes, bei denen die Zusammensetzung innertäglich oder täglich angepasst wird, erfüllen dieses Kriterium nicht (mit Ausnahme von anhand öffentlich zugänglicher Kriterien vorgenommenen technischen Anpassungen; bspw. bei gehebelten Indizes oder Indizes mit Volatilitätsziel). 15

cc) Transparenz

Die ESMA-Leitlinien[11] fordern zudem, dass der Index transparent ist und daher eine angemessene Veröffentlichung der Indexinformationen vorliegt. Hierfür hat die ESMA eine Liste mit Finanzindizes entwickelt, in die ein OGAW nicht anlegen sollte: 16

- Finanzindizes, bei denen die vollständige Berechnungsmethode, mit der u.a. Anleger den Finanzindex nachbilden können, vom Indexanbieter nicht offengelegt wird (ex-ante Transparenz, vgl. dazu Rz. 17).
- Finanzindizes, die keine Informationen über ihre Konstituenten sowie deren jeweilige Gewichtung veröffentlichen (laufende bzw. ex-post Transparenz, vgl. dazu Rz. 18).
- Finanzindizes, deren Methode für die Auswahl und Anpassung der Zusammensetzung der Bestandteile nicht auf einer Reihe vorab festgelegter Regeln und objektiver Kriterien basiert.
- Finanzindizes, deren Indexanbieter Zahlungen aus potentiellen Indexbestandteilen zur Aufnahme in den Index akzeptiert.
- Finanzindizes, deren Methode rückwirkende Änderungen an bereits veröffentlichten Indexwerten gestattet (engl. Backfilling).

Bei der ex-ante Transparenz müssen folgende Informationen ausführlich bereitgestellt werden. Informationen über Indexkonstituenten, Indexberechnung (einschließlich der Hebelwirkung innerhalb des Indexes), Methoden zur Anpassung der Indexzusammensetzung, Indexveränderungen und operationelle Schwierigkeiten bei der Bereitstellung zeitnaher oder genauer Informationen. Bei den Berechnungsmethoden sollten keine wichtigen Parameter oder Elemente ausgelassen werden, die Anleger bei der Nachbildung der Finanzindizes berücksichtigen müssen. Diese Informationen sollten Anlegern und potentiellen Anlegern gebührenfrei und einfach zugänglich gemacht werden, z.B. über das Internet. Informationen zur Indexentwicklung sollten den Anlegern gebührenfrei zur Verfügung stehen. 17

Die Informationen bei der laufenden bzw. ex-post Transparenz sollten Anlegern und potentiellen Anlegern gebührenfrei und einfach zugänglich gemacht werden. Informationen über die Gewichtung können nach jeder Anpassung der Zusammensetzung rückwirkend veröffentlicht werden. Diese Informationen sollten den Zeitraum seit der letzten Anpassung abdecken und alle Ebenen der Indizes umfassen. 18

Darüber hinaus sollte der OGAW gebührende Sorgfalt in Bezug auf die Qualität der Indizes walten lassen und dies angemessen dokumentieren. Im Rahmen der gebührenden Sorgfalt ist zu berücksichtigen, ob die Indexmethode eine angemessene Erläuterung zur Gewichtung und Einstufung der Bestandteile auf der Grundlage der Anlagestrategie enthält und ob der Index als adäquate Bezugsgrundlage zu betrachten ist. Unter die gebührende Sorgfalt fallen auch Aspekte i.V.m. den Indexbestandteilen. Der OGAW sollte außerdem die Verfügbarkeit von Informationen über den Index bewerten, z.B.: 19

9 BaFin, FAQ Eligible Assets, WA 41-Wp 2137-2013/0001, Frage 5 (Stand: 5.7.2016); ESMA, Leitlinien 2014/937DE (Stand: 1.8.2014).
10 ESMA, Leitlinien 2014/937DE (Stand: 1.8.2014).
11 ESMA, Leitlinien 2014/937DE (Stand: 1.8.2014).

- Vorhandensein einer klaren und ausführlichen Beschreibung der Bezugsgrundlage;
- Vorhandensein einer unabhängigen Prüfung sowie Umfang dieser Prüfung;
- Häufigkeit der Indexveröffentlichung und potentielle Auswirkungen auf die Fähigkeit des OGAW zur Berechnung des Nettoinventarwerts.

20 Außerdem sollte der OGAW sicherstellen, dass die Finanzindizes unabhängig bewertet werden.

c) Baskets

21 Sofern die Voraussetzungen für einen Finanzindex gem. Art. 9 Abs. 1 der Definitions-RL nicht erfüllt sind, ist es dennoch möglich, die Zusammensetzung als Basiswert für ein Derivat heranzuziehen. Dabei handelt es sich um einen sog. Basket. Es ist jedoch erforderlich, dass die Einzelbestandteile des Baskets gesondert die Kriterien gem. Art. 8 Abs. 1 der Definitions-RL (vgl. dazu Rz. 5) erfüllen, um für sich betrachtet als zulässige Basiswerte gelten. Sofern diese Voraussetzungen erfüllt sind ist eine Kombination aus den Vermögenswerten gem. Art. 8 Abs. 1 lit. a Nr. i bis iii der Definitions-RL als Derivat zulässig.[12]

3. Finanzinstrumente mit derivativer Komponente (§ 197 Abs. 1 Satz 2 KAGB)

22 Finanzinstrumente mit derivativer Komponente werden auch **strukturierte Produkte** genannt. Hierbei handelt es sich um Wertpapiere oder Geldmarktinstrumente, in die ein Derivat eingebettet ist.

23 Strukturierte Produkte gem. §§ 33 und 34 DerivateV sind im Licht der Definitions-RL auszulegen. Der in der DerivateV verwendete Begriff des strukturierten Produkts ist als strukturiertes Produkt mit derivativer Komponente gemäß der Definitions-RL zu verstehen. Als strukturiertes Produkt mit derivativer Komponente wird danach nur ein Finanzinstrument verstanden, das eine Komponente enthält, die die Voraussetzungen des Art. 10 Abs. 1 lit. a bis c der Definitions-RL erfüllt.

a) Eingebettetes Derivat

24 Ob es sich um eine derivative Komponente bzw. ein eingebettetes Derivat handelt wird gem. Art. 10 der Definitions-RL festgelegt. Die CESR-Leitlinien sowie die FAQ der BaFin beinhalten hilfreiche Ausführungen zur Interpretation der eingebetteten Derivate.

25 Laut BaFin FAQ Eligible Assets sind folgende Instrumente Finanzinstrumente mit derivativer Komponente gem. § 197 Abs. 1 Satz 2 KAGB:

- Kapitalgarantierte Zertifikate mit einem Partizipationsgrad ungleich 100 %;[13]
- Bonuszertifikate und Discountzertifikate;[14]
- Zertifikate, die ein Delta ungleich 1 haben bzw. die Wertentwicklung eines Basiswertes nicht 1:1 nachvollziehen oder deren Wertentwicklung an einen derivativen Basiswert anknüpft;[15]

26 Wenn ein eingebettetes Derivat für ein strukturiertes Produkt vorliegt, muss das Derivat gem. § 197 Abs. 1 Satz 1 KAGB einen zulässigen Basiswert haben, damit das strukturierte Produkt insgesamt ein zulässiges Instrument ist. Dies hat u.a. zur Folge, dass eine Durchschau auf den Basiswert erfolgt sowie eine Zerlegung nach § 33 DerivateV vorzunehmen ist.[16]

27 Bei Zertifikaten, die von Wertpapieren oder Geldmarktinstrumenten abgeleitet sind, gilt zudem die Emittentengrenze des § 206 Abs. 1 KAGB. Bei OTC-Derivaten findet zusätzlich § 206 Abs. 5 KAGB Anwendung. Klarstellend ist hier anzumerken, dass der Anrechnungsbetrag für das Kontrahentenrisiko nur in die Grenzen des § 206 Abs. 5 KAGB einzubeziehen ist.[17]

28 Verbriefungsstrukturen, wie Asset Backed Securities (ABS) einschließlich Collaterised Debt Obligations (CDOs) werden grundsätzlich nicht als Finanzinstrumente mit derivativer Komponente angesehen, sofern der Forderungspool ausreichend diversifiziert ist und der Verlust nicht höher als das eingesetzte Kapital sein kann. Sind die eben genannten Voraussetzungen nicht erfüllt werden ABS als Finanzinstrumente mit deriva-

---

12 *Bahr* in Weitnauer/Boxberger/Anders, § 197 KAGB Rz. 9.
13 BaFin, FAQ Eligible Assets, WA 41-Wp 2137-2013/0001, Teil 1 Frage 8 (Stand: 5.7.2016).
14 BaFin, FAQ Eligible Assets, WA 41-Wp 2137-2013/0001, Teil 1 Frage 9 (Stand: 5.7.2016).
15 BaFin, FAQ Eligible Assets, WA 41-Wp 2137-2013/0001, Teil 1 Frage 3 (Stand: 5.7.2016).
16 BaFin, FAQ Eligible Assets, WA 41-Wp 2137-2013/0001, Teil 1 Frage 8 f. (Stand: 5.7.2016). In anderen Mitgliedstaaten ist eine Durchschau auf den Basiswert nicht in jedem Fall erforderlich. Wenn eine hinreichende Diversifikation gegeben ist, kann auf eine Zerlegung des Indexes verzichtet werden.
17 BaFin, FAQ Eligible Assets, WA 41-Wp 2137-2013/0001, Teil 1 Frage 3 und 9 (Stand: 5.7.2016).

tiver Komponente angesehen mit der Folge, dass eine Durchschau erfolgt, sowie eine Zerlegung nach § 33 DerivateV vorzunehmen ist. Ohne Bedeutung ist, ob der Forderungspool aktiv verwaltet wird und ob eine true-sale oder eine synthetische Verbriefung vorliegt. Die in der ABS-Verbriefung oftmals enthaltene Wasserfallstruktur wird nicht als derivative Komponente, sondern als Nachrangigkeitsabrede angesehen.[18]

b) 1:1-Zertifikate

Aus § 197 Abs. 1 Satz 1 Nr. 8 KAGB i.V.m. Art. 2 Abs. 2 lit. c der Definitions-RL ergibt sich, dass 1:1-Zertifikate bzw. Delta 1-Zertifikate nicht als Finanzinstrumente mit derivativer Komponente angesehen werden, sondern unmittelbar als Wertpapiere gelten (siehe dazu auch § 193 Rz. 54). Um als strukturiertes Produkt mit derivativer Komponente gemäß der Definitions-RL (Definitions-RL) zu gelten, fehlt es den 1:1-Zertifikaten insoweit an einer Hebelwirkung sowie den Voraussetzungen des Art. 10 Abs. 1 lit. a bis c Definitions-RL. 29

1:1-Zertifikate bzw. Delta 1-Zertifikate beinhalten zwar einen derivative Komponente, bilden aber unmittelbar und ungehebelt die Wertentwicklung eines anderen Vermögenswert ab. Bei diesem anderen Vermögenswert darf es sich nicht um ein Derivat handeln. Eine Ausnahme davon ist die Bezugnahme auf Rohöl-Futures. Da bei 1:1-Zertifikaten auf Rohöl der Rohölpreis üblicherweise durch eine Bezugnahme auf Rohöl-Futures abgebildet wird und zudem mit der Bezugnahme auf die Futures keine Hebelwirkung verbunden ist, werden solche Zertifikate weder als Derivate noch als Finanzinstrumente mit derivativer Komponente gem. § 197 Abs. 1 KAGB angesehen. Sie können als Wertpapiere gem. § 193 Abs. 1 Satz 1 Nr. 8 KAGB erworben werden, wenn sie die in Art. 2 Abs. 2 lit. c der Definitions-RL genannten Kriterien erfüllen.[19] 30

Der Erwerb von Delta 1- oder 1:1-Zertifikaten auf OGAW als 1:1-Produkte ist grundsätzlich zulässig, wenn die Kriterien des Art. 2 Abs. 2 lit. c der Definitions-RL erfüllt sind. Einschränkend auf den Erwerb beispielsweise von Zertifikaten auf Hedgefonds kann jedoch die in der Verantwortung der OGAW-KVG liegende Verpflichtung gem. Art. 2 Abs. 1 lit. g der Definitions-RL wirken, wonach die Risiken adäquat im Risikomanagement abgebildet werden müssen. Dies bedeutet auch, dass ein Erwerb solcher Wertpapiere mit dem Risikoprofil des Fonds übereinstimmen muss. Bei Indizes als Basiswert eines Zertifikates kommt es darauf an, ob der Index die Anforderungen an einen Finanzindex erfüllt (vgl. dazu Rz. 9).[20] 31

Bei 1:1-Zertifikaten auf nicht derivative Basiswerte oder auf Rohöl muss keine Durchschau auf den Basiswert erfolgen und auch keine Zerlegung gem. § 33 DerivateV vorgenommen werden. Eine Zerlegung derartiger Finanzinstrumente in ihre einzelnen Bestandteile ist für Zwecke der Erwerbbarkeitsprüfung grundsätzlich nicht notwendig. Hiervon unberührt bleibt die Verpflichtung, die einzelnen Risikopositionen dieser Produkte im Rahmen des Risikomanagements zu erfassen. Gemäß Art. 2 Abs. 1 lit. g der Definitions-RL muss das mit der Investition in Wertpapiere verbundene Risiko durch das Risikomanagement in angemessener Weise erfasst werden.[21] 32

c) Zulässigkeit bzw. Unzulässigkeit

Um bewerten zu können, ob ein strukturiertes Produkt erwerbbar ist. kommt es neben den Kriterien für Wertpapiere gem. § 193 KAGB bzw. Geldmarktinstrumente gem. § 194 KAGB auf das eingebettete Derivat an. Das eingebettete Derivat muss isoliert betrachtet für den OGAW erworben werden dürfen. Um diese Bewertung vorzunehmen, ist es erforderlich das strukturierte Produkt in den Basisvertrag und das eingebettete Derivat zu zerlegen. Eingebettete Derivate gelten als zulässiger Basiswert, wenn sie den Kriterien des Art. 8 Abs. 1 der Definitions-RL (vgl. dazu Rz. 24) entsprechen. 33

Gem. Art. 8 Abs. 2 lit. b der Definitions-RL ist es nicht erlaubt in Derivate zu investieren, die eine physische Lieferung von Vermögensgegenständen zur Folge haben, die für einen OGAW nicht erwerbbar sind. Davon nicht erfasst sind Derivate, die nach Wahl der OGAW-KVG auch einen Barausgleich ermöglichen. 34

Warenderivate zählen gem. Art. 8 Abs. 5 der Definitions-RL nicht zu den erwerbbaren Vermögensgegenständen. Ein Rohstoff Future wäre daher beispielsweise nicht erwerbbar.[22] 35

Finanzinstrumente mit einem Delta ungleich 1 bzw. mit einem Hebeleffekt auf 1:1-Wrapper (z.B. 1:1-Zertifikate oder Anleihen) nicht erwerbbarer Vermögensgegenstände können nicht erworben werden. Zwar kön- 36

---

18 BaFin, FAQ Eligible Assets, WA 41-Wp 2137-2013/0001, Teil 1 Frage 17 f. (Stand: 5.7.2016).
19 BaFin, FAQ Eligible Assets, WA 41-Wp 2137-2013/0001, Teil 1 Frage 1 ff. (Stand: 5.7.2016).
20 BaFin, FAQ Eligible Assets, WA 41-Wp 2137-2013/0001, Teil 1 Frage 7 (Stand: 5.7.2016).
21 BaFin, FAQ Eligible Assets, WA 41-Wp 2137-2013/0001, Teil 1 Frage 1 (Stand: 5.7.2016).
22 BaFin, FAQ Eligible Assets, WA 41-Wp 2137-2013/0001, Teil 1 Frage 11 (Stand: 5.7.2016).

nen Delta 1- oder 1:1-Zertifikate auf nicht erwerbbare Vermögensgegenstände als Wertpapiere gem. § 193 Abs. 1 Satz 1 Nr. 8 KAGB erworben werden, wenn sie die in Art. 2 Abs. 2 lit. c der Definitions-RL genannten Kriterien erfüllen. Eine Option auf solche Wertpapiere kann dagegen wegen des damit verbundenen Hebeleffekts nicht erworben werden.[23]

37 Der Erwerb von Anleihen, deren Ertrag bzw. deren Bedienung vom Eintritt eines Katastrophenereignisses abhängig ist (Cat Bonds), ist in Deutschland nicht zulässig, da sie sich nicht auf einen zulässigen Basiswert gem. Art. 8 Abs. 1 lit. a der Definitions-RL beziehen.[24]

4. Investitionsgrenze für Derivate (§ 197 Abs. 2 KAGB)

38 Für Derivate besteht anders als für andere Vermögensgegenstände **keine Emittentengrenze**, die sich am Wert der OGAW bemisst. Stattdessen ist in § 197 Abs. 2 KAGB eine **Marktrisikogrenze** für die zulässige Derivateinvestition festgelegt. Dabei darf sich das Marktrisikopotential eines inländischen OGAW durch den Einsatz von Derivaten und Finanzinstrumenten mit derivativer Komponente gem. § 197 Abs. 1 KAGB höchstens **verdoppeln**. Zur Ermittlung der Grenzauslastung kann das Marktrisiko des OGAW oder der Investitionsgrad durch Leverage herangezogen werden. Hierbei ist entweder der qualifizierte Ansatz gem. §§ 7 bis 14 DerivateV oder der einfache Ansatz gem. §§ 15 bis 22 DerivateV anzuwenden. In beiden Fällen ist die OGAW-KVG verpflichtet einen angemessenen Risikomanagementprozess einschließlich Risikomessung und Begrenzung zu implementieren. Konkretisierungen dazu enthält Abschnitt 2 der DerivateV.

5. Verordnungsermächtigung (§ 197 Abs. 3 KAGB)

39 § 197 Abs. 3 KAGB enthält eine Verordnungsermächtigung für das Bundesministerium für Finanzen. Diese Ermächtigung hat das BMF durch § 1 Nr. 3a BaFinBefugV auf die BaFin übertragen. Von dieser Ermächtigung hat die BaFin durch Erlass der Verordnung über Risikomanagement und Risikomessung beim Einsatz von Derivaten, Wertpapier-Darlehen und Pensionsgeschäften in Investmentvermögen nach dem Kapitalanlagegesetzbuch (DerivateV) Gebrauch gemacht. Diese Verordnung setzt Bestimmungen unterschiedlicher europäischer Vorgaben um und ist für den Einsatz von Derivaten in inländischen OGAW maßgeblich.

Die DerivateV behandelt in ihren einzelnen Abschnitten folgende Punkte:

- Marktrisiko,
- Kreditrisiko und Liquiditätsrisiko,
- Stresstests,
- strukturierte Produkte mit derivativer Komponente,
- besondere Veröffentlichungs- und Meldebestimmungen.

a) Erläuterungen zur Derivateverordnung

40 Seit ihrem Inkrafttreten wurden wesentliche Vorschriften in der Derivateverordnung neu gefasst. Die Änderungen dienten dabei insbesondere der Umsetzung der RL 2010/43/EU, der CESR's Guidelines on Risk Measurement and the Calculation of Global Exposure and Counterparty Risk for UCITS vom 28.7.2010 (Ref.: CESR/10-788) sowie der ESMA-Leitlinien zur Risikomessung und zur Berechnung des Gesamtrisikos für bestimmte Arten strukturierter OGAW vom 23.3.2012 (Ref.: ESMA/2012/197).

41 Im Zuge der Aufhebung des InvG durch das AIFM-Umsetzungsgesetz und der gleichzeitigen Einführung des KAGB wurde eine weitere umfassende Überarbeitung der DerivateV erforderlich. Gleichzeitig mit dieser Überarbeitung werden die ESMA-Leitlinien zu börsengehandelten Indexfonds (Exchange-Traded Funds, ETF) und anderen OGAW-Themen vom 18.12.2012 (Ref.: ESMA/2012/832) umgesetzt. Im Zuge

---

23 BaFin, FAQ Eligible Assets, WA 41-Wp 2137-2013/0001, Teil 1 Frage 12 (Stand: 5.7.2016).

24 BaFin, FAQ Eligible Assets, WA 41-Wp 2137-2013/0001, Teil 1 Frage 15 (Stand: 5.7.2016). In anderen Mitgliedstaaten sind Cat Bonds hingegen zulässig. Dabei sind insbesondere der „faire Bewertungsgrundsatz" und die Handelbarkeit zu beachten. Falls ein OGAW ein Wertpapier beinhaltet, dass momentan nicht handelbar ist oder keine Marktbewertung hat, muss der Verwaltungsrat entscheiden, ob eine „faire Bewertung" vorgenommen werden soll – insbesondere in dem Fall, dass der letzte offiziell veröffentlichte Marktwert nicht mehr als aktuell „fair" angenommen wird. In diesem Fall legt der Verwaltungsrat einen entsprechenden „fairen Wert" fest (unter Umständen unter Beratung eines bestellten Preis-Kommittees) und überprüft diesen regelmäßig. Dieser „faire Wert" des Wertpapiers geht dann anstelle des letzten offiziell veröffentlichen Marktwertes für das entsprechende Wertpapier in die Ermittlung des Nettoinventarwertes des OGAW ein. Dies ist entsprechend zu dokumentieren. Sollte ein Wertpapier als dauerhaft nicht handelbar eingestuft werden, kann der Verwaltungsrat entscheiden, dies mit einem „fairen Bewertungswert" von Null zu bewerten.

dessen erfolgt eine vollständige Neufassung, so dass die Derivateverordnung vom 6.2.2004 außer Kraft getreten ist und durch die neue Derivateverordnung vom 22.7.2013 ersetzt wurde.

Im Zuge dieser Neufassung hat die BaFin für Finanzdienstleistungsaufsicht auch die Erläuterungen zur DerivateV[25] neu gefasst. Sie tragen wesentlich zur Konkretisierung und Auslegung der Vorschriften der DerivateV bei. 42

b) Anwendungsbereich der Derivateverordnung

Anwendungsbereich der Verordnung wird in § 1 DerivateV klargestellt. Die DerivateV gilt für OGAW sowie – per Verweis in den entsprechenden Vorschriften des KAGB – für bestimmte Arten von AIF. Diese bestimmten Arten sind offene inländische Publikumsinvestmentvermögen gem. §§ 162 bis 260 KAGB und offene inländische Spezial-AIF mit festen Anlagebedingungen gem. § 284 KAGB. 43

Der Anwendungsbereich knüpft nicht nur an den Einsatz von Derivaten, sondern auch an den Einsatz von Wertpapierdarlehensgeschäfte und Pensionsgeschäfte nach §§ 200 bis 203 KAGB an. Wesentlich ist, ob eines dieser Geschäfte nach den Anlagebedingungen getätigt werden kann. Insofern ist klargestellt, dass es auf die nach den Anlagebedingungen vorgesehene und nicht auf die tatsächliche Investition ankommt. 44

Die DerivateV gilt nicht für geschlossene AIF und nicht für offene Spezial-AIF, die keine Spezial-AIF mit festen Anlagebedingungen sind. Geschlossene Publikums-AIF sind nicht im Anwendungsbereich enthalten, da diese Geschäfte nicht getätigt werden dürfen, bzw. Derivate nur zur Absicherungszwecken und nicht zur Generierung von Leverage eingesetzt werden dürfen. Die Verordnungsermächtigung des § 197 KAGB greift hier nicht. Bezüglich der Kontrahentenrisiken, die auch hier beim Einsatz von Derivaten entstehen können, ist § 262 KAGB relevant, der eine Risikomischung des Ausfallrisikos vorschreibt. 45

c) Kernaspekte der Derivateverordnung

aa) Keine Veränderung des Anlagecharakters

§ 2 Abs. 1 DerivateV stellt klar, dass die OGAW-KVG unabhängig von den sonstigen Vorgaben der DerivateV sicher zu stellen hat, dass der Einsatz von Derivaten, Wertpapier-Darlehen und Pensionsgeschäften in einem OGAW nicht zu einer Veränderung des: 46

- nach dem KAGB und den Anlagebedingungen des OGAW zulässigen Anlagecharakters oder zu einer Veränderung des im Verkaufsprospekt oder
- den wesentlichen Anlegerinformationen beschriebenen Anlagecharakters des OGAW führt.

Gemäß § 2 Abs. 2 DerivateV ist die OGAW-KVG verpflichtet nur solche Derivate-Geschäfte abzuschließen, die mit den jeweiligen Anlagevorschriften des KAGB und den jeweiligen Anlagebedingungen der OGAW vereinbare Basiswerte haben. Hierfür bestehen jedoch Ausnahmen (vgl. dazu auch §§ 229 und 284 KAGB). 47

bb) Deckung der Liefer- und Zahlungsverpflichtungen

Die OGAW-KVG verpflichtet sich gem. § 4 DerivateV den eingegangenen Verpflichtungen aus Geschäften mit Derivaten, Wertpapier-Darlehen und Pensionsgeschäften in vollem Umfang nachzukommen. Außerdem müssen die Verpflichtungen aus Derivaten, einschließlich synthetischen Leerverkaufspositionen angemessen gedeckt sein. Diese Vorschrift trägt der Tatsache Rechnung, dass synthetische Leerverkaufspositionen für OGAW eingegangen werden können und nicht von § 205 KAGB erfasst sind. 48

cc) Vermeidung von Interessenkonflikten

OGAW-KVGen haben gegebenenfalls zumeist eine starke, auch geschäftliche Anbindung an die sonstigen Gesellschaften ihres Konzerns. Diese Anbindung ist zulässig, bedarf aber eigenständiger Kontrollmechanismen um zu verhindern, dass sich Interessenkonflikte innerhalb des Konzerns zu Lasten der durch die OGAW-KVGen verwalteten OGAW auswirken. 49

dd) Marktrisiko

Die gesetzliche Obergrenze für das Marktrisiko in einem OGAW ist in § 197 Abs. 2 KAGB festgeschrieben. Gemäß dieser Regelung darf sich das Marktrisikopotential eines OGAW durch den Einsatz von Derivaten höchstens verdoppeln. Die Marktrisikoobergrenze des § 197 Abs. 2 KAGB ist gem. § 5 Abs. 1 DerivateV laufend einzuhalten. Sie ist mindestens täglich zu ermitteln. 50

---

25 BaFin, Erläuterungen zur Derivateverordnung in der Fassung vom 16.7.2013 (Stand: 5.7.2016).

51 Die OGAW-KVG wählt gem. § 5 Abs. 2 DerivateV in eigener Verantwortung die Methode zur Messung des Marktrisikos. Dabei hat sie gem. § 6 DerivateV die der Entscheidung zugrunde liegenden Annahmen zu dokumentieren; ein Wechsel der Methode ist der BaFin unverzüglich anzuzeigen.

(1) Qualifizierter Ansatz

52 Im Rahmen des qualifizierten Ansatzes kann die OGAW-KVG den potentiellen Risikobetrag gem. § 8 DerivateV entweder relativ im Verhältnis zu dem zugehörigen Vergleichsvermögen nach § 7 Abs. 1 DerivateV oder absolut nach § 7 Abs. 2 DerivateV begrenzen.

53 Bei der relativen Risikobegrenzung darf der potentielle Risikobetrag für das Marktrisiko zu keinem Zeitpunkt das Zweifache des potentiellen Risikobetrags für das Marktrisiko des zugehörigen Vergleichsvermögens übersteigen.

54 Hingegen darf bei der absoluten Risikobegrenzung der potentielle Risikobetrag für das Marktrisiko zu keinem Zeitpunkt 20 % des Wertes des OGAW übersteigen.

(2) Einfacher Ansatz

55 Beim einfachen Ansatz darf gem. § 15 Abs. 1 DerivateV der Anrechnungsbetrag für das Marktrisiko gem. § 16 Abs. 3 DerivateV zu keinem Zeitpunkt den Wert des OGAW übersteigen.

56 Der Grundgedanke des einfachen Ansatzes ist es jedes Derivat in das entsprechende Basiswertäquivalent umzurechnen. Hierbei ist grundsätzlich der Marktwert des Basiswertes zugrunde zu legen, es sei denn die Berechnungsvorgaben nach § 16 Abs. 7 DerivateV bestimmen etwas anderes. Sofern der Nominalwert oder der Preis des Finanzterminkontraktes zu einer konservativeren Ermittlung führen, können diese alternativ verwendet werden.

ee) Kredit- und Liquiditätsrisiko

(1) Emittentenrisiko

57 Gemäß § 24 DerivateV kann für die Ermittlung des Emittentenrisikos von Derivaten und derivativen Komponenten, welches in die Berechnung der Emittentengrenze des KAGB einbezogen werden muss, nur die Berechnung i.S.d. einfachen Ansatzes angewendet werden.

(2) Liquiditätsrisiko

58 § 26 DerivateV legt fest, dass die OGAW-KVGen berechtigt sein muss, ein Wertpapier-Darlehen jederzeit zu kündigen und zu beenden. Zudem müssen alle darlehensweise übertragenen Wertpapiere jederzeit zurückübertragen werden können.

59 Ein OGAW-KVG muss ausserdem berechtigt sein ein Pensionsgeschäft jederzeit zu kündigen oder zu beenden. Bei einem einfachen Pensionsgeschäft (Repo-Geschäft) müssen überdies die zugrundeliegenden Wertpapiere zurückgefordert werden können. Hingegen muss eine OGAW-KVG bei einem umgekehrten Pensionsgeschäft (Reverse-Repo-Geschäft) den vollen Geldbetrag oder den angelaufenen Geldbetrag in Höhe des Reverse-Repo-Geschäfts zurückfordern können.

60 Hintergrund dafür ist die Sicherstellung der täglichen Liquidität des OGAW und die Dispositionsmöglichkeit über die Wertpapiere.

(3) Kontrahentenrisiko

61 OTC-Geschäft dürfen gem. § 25 DerivateV für OGAW nur aufgrund standardisierter Rahmenverträge abgeschlossen werden. Dabei muss für die Rahmenverträge eine hinreichende Markttiefe gegeben sein und als Vertragspartner sind nur geeignete Kreditinstitute oder Finanzdienstleistungsinstitute zulässig. Geeignet ist ein Vertragspartner im Sinne der DerivateV immer dann, wenn davon ausgegangen werden kann, dass er bezüglich des spezifischen Derivats ein anerkannter Marktpartner ist.

62 Der Anrechnungsbetrag für das Kontrahentenrisiko gem. § 27 Abs. 1 DerivateV kann durch Stellung von Sicherheiten gem. § 27 Abs. 7 DerivateV verringert werden.[26]

26 BaFin, FAQ Eligible Assets, WA 41-Wp 2137-2013/0001, Teil 1 Frage 19 (Stand: 5.7.2016).

§ 27 DerivateV in der Fassung vom 22.7.2013 enthält nun konkrete Anforderungen an die Diversifikation der Sicherheiten. Seit der Neufassung besteht daher gem. § 27 Abs. 7 DerivateV eine Diversifikationspflicht bei der Stellung von Sicherheiten.[27] 63

ff) Stresstest

Stresstests sind gem. § 28 DerivateV für jedes OGAW und grundsätzlich für alle Risikoarten durchzuführen. 64 Sie dienen dazu, potentielle Auswirkungen besonderer Ereignisse in die Risikobetrachtung der KVG einzubeziehen und damit der Analyse von Änderungen der wertbestimmenden Faktoren des OGAW.[28] Sie sollen jedoch risikoadäquat sein, d.h., der zu betreibende Aufwand muss der jeweiligen Risikosituation angemessen sein.

Gemäss § 30 DerivateV sind Stresstests monatlich durchzuführen. Zusätzlich wird allerdings verlangt, dass 65 Stresstests immer dann durchzuführen sind, wenn ihr Ergebnis gegenüber der letzten Durchführung wesentlich anders ausfallen könnte. Wertpapierindex-Investmentvermögen nach § 209 KAGB können von der Grundfrequenz von einem Monat abweichen.

§ 198 Sonstige Anlageinstrumente

Die OGAW-Kapitalverwaltungsgesellschaft darf nur bis zu 10 Prozent des Wertes des inländischen OGAW insgesamt anlegen in

1. **Wertpapiere, die nicht zum Handel an einer Börse zugelassen oder an einem anderen organisierten Markt zugelassen oder in diesen einbezogen sind, im Übrigen jedoch die Kriterien des Artikels 2 Absatz 1 Buchstabe a bis c Ziffer ii, Buchstabe d Ziffer ii und Buchstabe e bis g der Richtlinie 2007/16/EG erfüllen,**
2. **Geldmarktinstrumente von Emittenten, die nicht den Anforderungen des § 194 genügen, sofern die Geldmarktinstrumente die Voraussetzungen des Artikels 4 Absatz 1 und 2 der Richtlinie 2007/16/EG erfüllen,**
3. **Aktien, welche die Anforderungen des § 193 Absatz 1 Nummer 3 und 4 erfüllen,**
4. **Forderungen aus Gelddarlehen, die nicht unter § 194 fallen, Teilbeträge eines von einem Dritten gewährten Gesamtdarlehens sind und über die ein Schuldschein ausgestellt ist (Schuldscheindarlehen), sofern diese Forderungen nach dem Erwerb für den inländischen OGAW mindestens zweimal abgetreten werden können und das Darlehen gewährt wurde**
   a) **dem Bund, einem Sondervermögen des Bundes, einem Land, der Europäischen Union oder einem Staat, der Mitglied der Organisation für wirtschaftliche Zusammenarbeit und Entwicklung ist,**
   b) **einer anderen inländischen Gebietskörperschaft oder einer Regionalregierung oder örtlichen Gebietskörperschaft eines anderen Mitgliedstaates der Europäischen Union oder eines anderen Vertragsstaates des Abkommens über den Europäischen Wirtschaftsraum, sofern die Forderung an die Regionalregierung oder an die Gebietskörperschaft gemäß Artikel 115 Absatz 2 der Verordnung (EU) Nr. 575/2013 in derselben Weise behandelt werden kann wie eine Forderung an den Zentralstaat, auf dessen Hoheitsgebiet die Regionalregierung oder die Gebietskörperschaft ansässig ist,**
   c) **sonstigen Körperschaften oder Anstalten des öffentlichen Rechts mit Sitz im Inland oder in einem anderen Mitgliedstaat der Europäischen Union oder einem anderen Vertragsstaat des Abkommens über den Europäischen Wirtschaftsraum,**
   d) **Unternehmen, die Wertpapiere ausgegeben haben, die an einem organisierten Markt im Sinne von § 2 Absatz 11 des Wertpapierhandelsgesetzes zum Handel zugelassen sind oder die an einem anderen organisierten Markt, der die wesentlichen Anforderungen an geregelte Märkte im Sinne der Richtlinie 2014/65/EU in der jeweils geltenden Fassung erfüllt, zum Handel zugelassen sind, oder**

27 BaFin, FAQ Eligible Assets, WA 41-Wp 2137-2013/0001, Teil 1 Frage 20 (Stand: 5.7.2016).
28 *Höring* in Moritz/Klebeck/Jesch, § 197 KAGB Rz. 126.

e) **gegen Übernahme der Gewährleistung für die Verzinsung und Rückzahlung durch eine der in den Buchstaben a bis c bezeichneten Stellen.**

In der Fassung vom 4.7.2013 (BGBl. I 2013, S. 1981), zuletzt geändert durch das Zweite Finanzmarktnovellierungsgesetz (2. FiMaNoG) vom 23.6.2017 (BGBl. I 2017, S. 1693).

Schrifttum: ESMA, Opinion, Article 50(2)(a) of Directive 2009/65/EC, 20 November 2012, 2012/721.

I. Entstehungsgeschichte

1. EU-Recht

1 § 198 KAGB setzt Art. 50 Abs. 2 lit. a OGAW IV-RL (entspricht Art. 19 Abs. 2 lit. a OGAW-RL) um.

2 Diese Bestimmung legt eine **10 %-Grenze** für die Vermögensanlage in andere als den in §§ 193 bis 197 KAGB spezifizierten Wertpapieren und Geldmarktinstrumenten fest. In einigen europäischen Mitgliedstaaten hat sich zu dieser RL-Vorgabe eine sehr großzügige Interpretation, die sog. Trash-Ratio etabliert. Im Vergleich zu anderen Mitgliedsstaaten (z.B. Luxemburg in Art. 41 des Gesetzes vom 17.12.2010) hat der deutsche Gesetzgeber eine umfangreichere Regelung gewählt. In Deutschland wurde die europäische Vorgabe recht eng am Wortlaut der Richtlinie umgesetzt. Lediglich die in § 198 Nr. 4 KAGB genannten Schuldscheindarlehen sind in der Richtlinie weder Wertpapiere noch Geldmarktinstrumente, sondern nur anleiheähnlich.[1]

Die ESMA hat sich in einer Opinion 2012[2] mit der Frage auseinandergesetzt, ob Art. 50 Abs. 2 lit. a OGAW IV-RL auch Anteile von OGAW i.S.d. Definition des Art. 50 Abs. 1 lit. e OGAW IV-RL umfasst. Nach Auffassung der ESMA bezieht sich Art. 50 Abs. 2 lit. a OGAW IV-RL nur auf Wertpapiere und Geldmarktinstrumente und nicht auf Anteile von OGAW, da der Begriff „Wertpapier" nur in Art. 50 Abs. 1 lit. a bis d OGAW IV-RL verwendet werde. Vor diesem Hintergrund steht die ESMA auf dem Standpunkt, dass OGAW nur in Anteile an OGAW wie unter Art. 50 Abs. 1 lit. e OGAW IV-RL definiert investieren dürfen. Diese Sichtweise der ESMA wird von den europäischen Aufsichtsbehörden geteilt und in Teilen öffentlich zugänglich bestätigt.[3]

2. Historie

3 Diese Vorschrift entspricht inhaltlich § 52 InvG.

II. Erwerbbarkeitsvoraussetzungen

4 In § 198 KAGB wird festgelegt in welche Instrumente die OGAW-KVG insgesamt maximal 10 % des Wertes eines inländischen OGAW anlegen darf. Unter diese Instrumente fallen nicht notierte Wertpapiere und Geldmarktinstrumente, Aktien aus Neuemissionen und Schuldscheindarlehen.

1. Nicht notierte Wertpapiere und Geldmarktinstrumente (§ 198 Nr. 1 und 2 KAGB)

5 Aufgrund von § 198 Nr. 1 KAGB dürfen für ein inländisches OGAW auch nicht an der Börse oder an einem anderen organisierten Markt zugelassene oder einbezogene Wertpapiere erworben werden. Diese Wertpapiere müssen somit die Voraussetzungen des § 193 Abs. 1 Nr. 1 und 2 KAGB nicht erfüllen und auch

1 Begr. RegE, BT-Drucks. 11/5411, 27.
2 ESMA, Opinion, Article 50(2)(a) of Directive 2009/65/EC, 20 November 2012, 2012/721.
3 Vgl. z.B. CSSF, Pressemitteilung 12/46 vom 23. November 2012.

sonst nicht als Vermögensgegenstand gem. § 193 KAGB zugelassen sein. Jedoch müssen auch nicht notierte Wertpapiere die Kriterien des Art. 2 der Definitions-RL (vgl. dazu § 193 Rz. 20 ff.) erfüllen.

Der Kreis der erwerbbaren Geldmarktinstrumente, die für einen OGAW erworben werden dürfen, wird durch § 198 Nr. 2 KAGB erweitert. Diese Regelung sieht vor, dass auch nicht an einer Börse oder einem anderen organisierten Markt zugelassene oder einbezogenen Geldmarktinstrumente, sowie auch nicht von einem qualifizierten Emittenten gem. § 194 KAGB stammende Geldmarktinstrumente erworben werden dürfen. Einzig die Kriterien des Art. 4 Abs. 1 und 2 der Definitions-RL (vgl. dazu § 194 Rz. 12 ff.) müssen eingehalten werden. 6

2. Anlagegrenzen für Aktien aus Neuemissionen (§ 198 Nr. 3 KAGB)

Die Vorschrift in § 198 Nr. 3 KAGB sieht anders als § 198 Nr. 1, 2 und 4 KAGB keine Erweiterung der durch §§ 193 und 194 KAGB gegebenen Anlagemöglichkeiten vor, sondern ist lediglich eine Anlagegrenze.[4] Diese Anlagegrenze betrifft Aktien aus Neuemissionen, deren Zulassung oder Einbeziehung zum Handel an der Börse oder einem anderen organisierten Markt innerhalb eines Jahres nach ihrer Ausgabe erfolgt und somit die Anforderungen gem. § 193 Abs. 1 Nr. 3 und 4 KAGB erfüllen. Der Erwerb von Aktien aus Neuemissionen ist gem. § 193 Abs. 1 Nr. 3 und 4 KAGB bereits erlaubt, mit § 198 KAGB wird allerdings der Umfang auf **10 % des Wertes des OGAW** begrenzt. 7

Mit dieser Anlagegrenze soll u.a. die Liquidität und sachgerechte Bewertung des OGAW-Vermögens sichergestellt werden.[5] Zusätzlich wird durch diese Vorschrift das Risiko eliminiert, dass gegebenenfalls ein Veräußerungszwang entsteht, wenn die Aktien bei einem Scheitern der Zulassung bzw. Einbeziehung nicht mehr § 193 KAGB, sondern § 198 KAGB zuzuordnen sind.[6] 8

Weiterhin unklar ist jedoch, warum sich § 198 Nr. 3 KAGB nur auf Aktien und nicht allgemein auf Wertpapiere bezieht. Nach der ursprünglichen Gesetzesbegründung war diese Regelung notwendig, da für neu emittierte Aktien, anders als für Schuldscheindarlehen und nicht notierte Wertpapiere, keinerlei Beschränkungen galten.[7] Da der Gesetzgeber davon ausging, eine nur für Aktien bestehende Regelungslücke zu schließen, diese tatsächlich aber für alle Wertpapiere ungeregelt ist, wird allgemein davon ausgegangen, dass diese Vorschrift für alle Wertpapiere Anwendung zu finden hat.[8] Da die Beschränkung des § 198 Nr. 3 KAGB sich von ihrem Wortlaut her aber nur auf Aktien bezieht und eine Ausweitung seiner Anwendung einen Eingriff ohne explizite Ermächtigungsgrundlage darstellen würde, erscheint fraglich, ob ohne gesetzgeberische Klarstellung, eine Ausweitung des Anwendungsbereichs des § 198 Nr. 3 KAGB einer gerichtlichen Prüfung standhalten würde. 9

3. Schuldscheindarlehen (§ 198 Nr. 4 KAGB)

§ 198 Nr. 4 KAGB eröffnet einem OGAW die Möglichkeit in Schuldscheindarlehen zu investieren. Bei einem Schuldschein handelt sich lediglich um eine Beweisurkunde, die die Anforderungen an ein Wertpapier nicht erfüllt.[9] Schuldscheindarlehen werden durch Abtretung der Forderung übertragen, das Eigentum steht dem Forderungsinhaber zu.[10] Sie stellen eine Sonderform der unverbrieften Darlehnsforderungen dar,[11] werden aber als wertpapierähnlich betrachtet, wodurch ihre Einbeziehung in die Erwerbbarkeit für einen OGAW als gerechtfertigt angesehen wird.[12] 10

a) Kein Geldmarktinstrument

Von § 198 KAGB werden Forderungen aus Gelddarlehen erfasst, die keine Geldmarktinstrumente gem. § 194 KAGB sind. 11

4 *Bahr* in Weitnauer/Boxberger/Anders, § 198 KAGB Rz. 4; *Höring* in Moritz/Klebeck/Jesch, § 198 KAGB Rz. 10.
5 Begr. RegE, BT-Drucks. 13/8933, 99.
6 *Kayser/Schlikker* in Emde/Dornseifer/Dreibus/Hölscher, § 52 InvG Rz. 15.
7 Begr. RegE, BT-Drucks. 13/8933, 99; *Weitnauer/Boxberger/Anders*, § 198 KAGB Rz. 6.
8 *Bahr* in Weitnauer/Boxberger/Anders, § 198 KAGB Rz. 6; *Höring* in Moritz/Klebeck/Jesch, § 198 KAGB Rz. 10.
9 *Bümmer* in Berger/Steck/Lübbehüsen, § 51 InvG Rz. 13; *Kayser/Schlikker* in Emde/Dornseifer/Dreibus/Hölscher, § 52 InvG Rz. 20.
10 *Bahr* in Weitnauer/Boxberger/Anders, § 198 KAGB Rz. 7.
11 *Kayser/Schlikker* in Emde/Dornseifer/Dreibus/Hölscher, § 52 InvG Rz. 21.
12 Begr. RegE, BT-Drucks. 11/5411, 27.

b) Bestehendes Darlehen

12 Da ein OGAW bzw. ein OGAW-KVG für Rechnung des OGAW keine Gelddarlehen gewähren darf (vgl. § 93 KAGB), muss es sich um ein bestehendes, von einem Dritten im eigenen Namen und auf eigene Rechnung gewährtes Darlehen handeln.[13] Für einen OGAW darf ein Gelddarlehen erst nach Gewährung durch einen Dritten erworben werden.

c) Teilbetrag eines Geldmarktdarlehens

13 Für einen inländischen OGAW dürfen nur Teilbeträge eines Gelddarlehns erworben werden. Daraus folgt, dass das Darlehen in mehrere Tranchen aufgeteilt wird. Um dabei die Transparenz für den OGAW-KVG zu wahren muss im Schuldschein auf das Gesamtdarlehen Bezug genommen werden. Aus dieser Vorschrift folgt auch, dass ein OGAW durch Erwerb des Schuldscheins nicht alleiniger Gläubiger des Gesamtdarlehens werden darf. Das heißt, dass ein OGAW das zugrundeliegende Darlehen nicht vollumfänglich erwerben darf.[14]

d) Zweimalige Abtretbarkeit

14 Des Weiteren muss das Schuldscheindarlehen nach dem Erwerb für einen inländischen OGAW noch mindestens zweimal abgetreten werden können. Es sollen damit Bewertungsabschläge für den OGAW infolge weitgehender Beschränkungen der Übertragbarkeit vermindert werden.[15]

e) Schuldnerkreis

15 Als letzte Voraussetzung für die Erwerbbarkeit eines Schuldscheindarlehens für einen inländischen OGAW muss das Darlehen von einem qualifizierten öffentlichen Schuldner oder einem bestimmten Kreis privatrechtlicher Schuldner gewährt werden.

16 Privatrechtliche Schuldner können Unternehmen sein, deren ausgegebene Wertpapiere an einem organisierten Markt gem. WpHG bzw. MiFID II (RL 2014/65/EU) zugelassen sind.[16]

§ 199 Kreditaufnahme

Die OGAW-Kapitalverwaltungsgesellschaft darf für gemeinschaftliche Rechnung der Anleger kurzfristige Kredite nur bis zur Höhe von 10 Prozent des Wertes des inländischen OGAW und nur aufnehmen, wenn die Bedingungen der Kreditaufnahme marktüblich sind und dies in den Anlagebedingungen vorgesehen ist.

In der Fassung vom 4.7.2013 (BGBl. I 2013, S. 1981).

Schrifttum: BaFin, Fragenkatalog zu § 53 InvG, WA 41-Wp 2136-2008/0053 (Stand: 1.12.2009); BaFin, Rundschreiben 6/2010 (WA) zu den Aufgaben und Pflichten der Depotbank nach den §§ 20 ff. InvG, WA 41-Wp-2136-2008/0020 (Stand: 2.7.2010); *Kraushaar*, Die Kreditaufnahme durch Kapitalverwaltungsgesellschaften für OGAW- und AIF-Son-

13 *Bümmer* in Berger/Steck/Lübbehüsen, § 21 InvG Rz. 5; *Kayser/Schlikker* in Emde/Dornseifer/Dreibus/Hölscher, § 52 InvG Rz. 17; *Höring* in Moritz/Klebeck/Jesch, § 198 KAGB Rz. 12.
14 *Bahr* in Weitnauer/Boxberger/Anders, § 198 KAGB Rz. 10.
15 Begr. RegE, BT-Drucks. 11/5411, 27.
16 *Bahr* in Weitnauer/Boxberger/Anders, § 198 KAGB Rz. 14.

dervermögen nach dem Kapitalanlagegesetzbuch, BKR 2017, 496; Association of the Luxembourg Fund Industry (ALFI), Guidance on the UCITS borrowing principles (veröffentlicht im August 2009).

I. Entstehungsgeschichte

1. EU-Recht

§ 199 KAGB setzt Art. 83 Abs. 2 OGAW IV-RL (entspricht Art. 36 der OGAW-RL) um. Gemäß Art. 83 OGAW IV-RL darf eine OGAW-KVG für Rechnung eines OGAW keine Kredite aufnehmen, außer die Mitgliedstaaten genehmigen die Aufnahme von Krediten gem. Art. 83 Abs. 2 OGAW IV-RL. Der deutsche Gesetzgeber hat mit den Vorschriften in § 199 KAGB den OGAW die Aufnahme von Krediten genehmigt. 1

2. Historie

Abgesehen von redaktionellen Änderungen entspricht § 199 KAGB dem zuvor geltenden § 53 InvG. 2

II. Zulässigkeitsvoraussetzungen

§ 199 KAGB regelt, unter welchen Voraussetzungen eine OGAW-KVG **für Rechnung** eines inländischen **OGAW** Kredite aufnehmen darf. Die Aufnahme von Krediten für eigene Rechnung des OGAW-KVG wird dadurch nicht beschränkt. 3

1. Begriff der Kreditaufnahme

Das KAGB enthält keine Legaldefinition des Begriffs „Kredit" oder „Kreditaufnahme". Die **BaFin** hat zur Konkretisierung des Kreditbegriffs nach § 53 InvG einen **Fragenkatalog** veröffentlicht. Da der Fragenkatalog seit Inkrafttreten des KAGB nicht außer Kraft gesetzt wurde, ist davon auszugehen, dass er weiterhin Anwendung findet. 4

Der Kreditbegriff umfasst alle Vorgänge, die wirtschaftlich zu einer **Fremdfinanzierung** von Anlagen im Sondervermögen (inländischen OGAW) führen. Neben der Aufnahme von Darlehen im klassischen Sinne ist auch eine Kontoüberziehung als Kreditaufnahme zu qualifizieren.[1] Die Überziehung von Bankkonten stellt nach der Auffassung der BaFin zu § 53 InvG auch dann einen Kredit dar, wenn das negative Kontosaldo eines Bankkkontos durch ein Guthaben auf einem anderen dem inländischen OGAW gehörenden Bankkonto gedeckt ist. Eine Saldierung verschiedener Konten des Investmentvermögens ist für die BaFin aufgrund des Aufrechnungsverbots gemäß § 31 Abs. 6 Satz 1 InvG/§ 93 Abs. 6 KAGB nicht zulässig.[2] Dass diese Sichtweise keineswegs zwingend ist, zeigt die Luxemburger Sichtweise auf Art. 50 Abs. 2 des Gesetzes vom 17.12.2010 als Parallelvorschrift zu § 199 KAGB. Die CSSF lässt Verrechnungen zwischen verschiedenen Konten bei derseben Gegenpartei zu, sofern die Konten nicht verpfändet sind und die Verträge zwischen dem OGAW und der Gegenpartei und das auf diese anwendbare Recht eine Verrechnung zulassen.[3] 5

2. Ausnahmen

Aus dem Fragenkatalog zu § 53 InvG gehen zwei Ausnahmen der Kreditaufnahme hervor: 6

Keine Kredite i.S.v. § 199 sind:

1. **kurzfristige valutarische Sollsalden**, die innerhalb üblicher Zeiten entstehen und
2. **Back-to-Back-Darlehen**.

Die valutarischen Sollsalden entstehen durch Wertpapiergeschäfte, weil das Konto mit dem Kaufgeschäft buchhalterisch früher belastet wird als mit der Gutschrift eines Verkaufsgeschäfts.

Ein sog. Back-to-Back-Darlehen liegt vor, wenn ein OGAW im Rahmen des Erwerbs und des Besitzes ausländischer Wertpapiere einen Kredit in einer Fremdwährung aufnimmt und gleichzeitig ein Betrag in der Landeswährung des OGAW mindestens in Höhe des aufgenommen Darlehen beim Darlehensgeber, dessen Beauftragtem oder einem von diesem benannten Dritten hinterlegt wird. Gem. Art. 83 Abs. 1 Satz 2 OGAW IV-RL (bzw. Art. 36 Abs. 1 Satz 2 OGAW-RL) darf ein OGAW Fremdwährungen durch ein Back-Back-Darlehen erwerben.[4]

1 BaFin, Fragekatalog zu § 53 InvG, WA 41-Wp 2136-2008/0053, Teil 1 Frage 1 (Stand: 1.12.2009).
2 BaFin, Fragekatalog zu § 53 InvG, WA 41-Wp 2136-2008/0053, Teil 1 Frage 4 (Stand: 1.12.2009).
3 CSSF, Rapport d'activités 2009, S. 120.
4 BaFin, Fragekatalog zu § 53 InvG, WA 41-Wp 2136-2008/0053, Teil 1 Frage 2 f. (Stand: 1.12.2009).

3. Voraussetzungen der Kreditaufnahme

7 Die Kreditaufnahme gem. § 199 KAGB ist nur zulässig, wenn die folgenden Kriterien kumulativ erfüllt sind: Kurzfristigkeit, Umfangsbeschränkung, marktübliche Kreditbedingungen, in den Anlagebedingungen vorgesehen und Zustimmung der Verwahrstelle. Eine bestimmte Zweckbindung der Kreditaufnahme sieht § 199 KAGB nicht vor.

a) Kurzfristigkeit

8 Die Kreditaufnahme darf **nicht** zu einer **dauerhaften Anlagestrategie** führen. Gemäß § 199 KAGB dürfen demnach nur kurzfristige Kredite aufgenommen werden. Hierdurch wird der KVG ein Instrument zur Liquiditätssteuerung an die Hand gegeben.[5] Die Kurzfristigkeit wird jedoch weder im KAGB noch der OGAW-RL oder OGAW IV-RL konkretisiert. Bei den vorbereitenden Arbeiten zur OGAW-RL ist häufig eine Laufzeit von drei Monaten als Obergrenze erwähnt worden. Die Literatur weist dahingegen teilweise auf das Begriffsverständnis der Bundesstatistik hin. Danach sind Kredite mit einer Laufzeit von **bis zu einem Jahr** als kurzfristige Kredite anzusehen. Letztendlich sollte die Beurteilung der Kurzfristigkeit unter Berücksichtigung der Umstände des Einzelfalls erfolgen.[6] Die BaFin geht davon aus, dass Kredite mit einer Laufzeit von über einem Jahr jedenfalls nicht mehr kurzfristig sind.[7]

9 Wenn die Kreditaufnahme durch die Inanspruchnahme eines Kontokorrentkredits oder einer sonstigen eingeräumten Kreditlinie erfolgt, kann die Kurzfristigkeit des Kredits genauso wir die Einhaltung der 10 %-Grenze erst **ex post** endgültig kontrolliert werden. Eine Überwachung des Kontokorrents oder der gewährten Kreditlinie ist während der Laufzeit des Kredits unabdinglich.

b) Umfangsbeschränkungen

10 Kredite, die für ein inländisches OGAW aufgenommen werden, dürfen maximal **10 %** des Werts des inländischen OGAW betragen. Der Wert des inländischen OGAW wird gem. § 168 KAGB ermittelt. Danach ist der Wert des inländischen OGAW auf Grund der jeweiligen Kurswerte der zu ihm gehörenden Vermögensgegenstände abzüglich der aufgenommenen Kredite und sonstigen Verbindlichkeiten zu berechnen.[8]

11 Wenn sich der Wert des inländischen OGAW nachträglich verringert und dadurch die 10 %-Grenze überschritten wird, muss die Höhe des Kredits angepasst und entsprechend verringert werden. Die BaFin verlangt allerdings nicht unbedingt eine sofortige Rückführung der Höhe des Kredits sondern behält sich eine Einzelfallentscheidung vor. Dabei sind die Anlegerinteressen zu berücksichtigen.[9]

c) Marktübliche Kreditbedingungen

12 Der OGAW-KVG darf für einen OGAW nur Kredite mit **marktüblichen Bedingungen** aufnehmen. Diese Voraussetzung ergibt sich bereits aus der Verpflichtung der OGAW-KVG, im besten Interesse des OGAW zu handeln und somit keine Geschäfte zu nicht marktüblichen Bedingungen abzuschließen. Erlaubt ist das nur, wenn die OGAW durch diese Bedingungen begünstigt wird.

13 Die Marktüblichkeit ist vor der Aufnahme des Kredits (ex ante) zu überprüfen. Diese Prüfung kann anhand von vergleichbaren Kreditangeboten oder anhand interner Mechanismen erfolgen. Interne Mechanismen sind beispielweise Referenzzinssätze für die jeweils relevante Laufzeit.[10]

d) In Anlagebedingungen vorgesehen

14 Schließlich ist die Kreditaufnahme gem. § 199 KAGB nur zulässig, wenn sie in den **Anlagebedingungen** des Sondervermögen (inländischen OGAW) vorgesehen ist. Diese Anforderung ergibt sich neben § 199 KAGB auch aus § 162 Abs. 2 Nr. 1 KAGB.

---

5 *Höring* in Moritz/Klebeck/Jesch, § 199 KAGB Rz. 4.
6 BaFin, Rundschreiben 08/2015 (WA) – Aufgaben und Pflichten der Verwahrstelle nach Kapitel 1 Abschnitt 3 des Kapitalanlagesetzbuchs, Fußnote 11 (Stand: 7.10.2015).
7 BaFin, Fragekatalog zu § 53 InvG, WA 41-Wp 2136-2008/0053, Teil 1 Frage 5 und 8 (Stand: 1.12.2009).
8 BaFin, Fragekatalog zu § 53 InvG, WA 41-Wp 2136-2008/0053, Teil 1 Frage 6 (Stand: 1.12.2009).
9 BaFin, Fragekatalog zu § 53 InvG, WA 41-Wp 2136-2008/0053, Teil 1 Frage 7 (Stand: 1.12.2009).
10 BaFin, Rundschreiben 6/2010 (WA) zu den Aufgaben und Pflichten der Depotbank nach den §§ 20 ff. InvG, WA 41-Wp-2136-2008/0020, Abschnitt VII. 3. A) (1) (Stand: 2.7.2010).

e) Zustimmung der Verwahrstelle

Gemäß § 75 Abs. 1 Nr. 1 KAGB bedarf die Kreditaufnahme für Rechnung eines inländischen OGAW der **Zustimmung der Verwahrstelle**. Die Verwahrstelle hat gem. § 75 Abs. 2 Satz 1 KAGB zuzustimmen, wenn der Kredit die in § 199 KAGB genannten Anforderungen erfüllt und mit den weiteren Vorschriften des Gesetzes und den Anlagebedingungen übereinstimmt. 15

f) Kreditnehmereigenschaft

Die OGAW-KVG nimmt den Kredit **im eigenen Namen**, aber für Rechnung der Anleger auf. Gem. § 93 Abs. 2 Satz 2 KAGB ist eine KVG nicht berechtigt, im Namen der Anleger Verbindlichkeiten einzugehen. Damit die Kreditvaluta dem OGAW gutgeschrieben werden können, muss die Kreditaufnahme aber für gemeinsame Rechnung der Anleger erfolgen.[11] 16

III. Verstoß gegen die Vorgaben des § 199 KAGB

1. Ordnungswidrigkeit

Ein Verstoß gegen die Vorgaben des § 199 KAGB begründet gem. § 340 Abs. 1 Nr. 3 KAGB eine Ordnungswidrigkeit. Diese kann gemäß § 340 Abs. 7 Satz 1 Nr. 2 KAGB mit einer Geldbuße bis zu einer Million Euro, gegenüber einer juristischen Person oder Personenvereinigung bis zu zwei Prozent des jährlichen Gesamtumsatzes, geahndet werden. 17

2. Zivilrechtliche Folgen

a) Wirksamkeit des Rechtsgeschäfts

Gemäß § 134 BGB ist ein Rechtsgeschäft, das gegen ein gesetzliches Verbot verstößt nichtig, wenn sich nicht aus dem Gesetz ein anderes ergibt. Ob ein Verstoß gegen § 199 KAGB einen Verstoß gegen ein gesetzliches Verbot i.S.d. § 134 BGB begründet, hängt davon ab, ob man § 199 KAGB als Verbotsgesetz oder reine Ordnungsvorschrift einstuft. Als Leitlinie für diese Einstufung ist die Frage anzusehen, ob das grundsätzliche Verbot zur Kreditaufnahme außerhalb der tatbestandlichen Voraussetzungen des § 199 KAGB bezweckt, eine Kreditaufnahme als solche zu untersagen (Verbotsgesetz), oder sich lediglich gegen die Umstände ihres Zustandekommens (Ordnungsvorschrift) wendet.[12] Vor diesem Hintergrund liegt es näher, von einem Verbotsgesetz auszugehen. Normadressat des § 199 KAGB ist allerdings nur die OGAW-KVG und nicht der Kreditgeber. Insofern ist in Übereinstimmung mit der ständigen Rechtsprechung zu einseitigen Verbotsgesetzen[13] von einer zivilrechtlichen Wirksamkeit des Kreditvertrages auszugehen. 18

b) Schadensersatzansprüche gegen die OGAW-KVG

Hat die OGAW-KVG bei einer Kreditaufnahme unter Verstoß gegen § 199 KAGB ohne die Zustimmung der Verwahrstelle gehandelt, ist die Kreditaufnahme – wie jede Verfügung i.S.d. § 75 Abs. 1 KAGB ohne Zustimmung der Verwahrstelle – gemäß § 75 Abs. 2 Satz 3 KAGB gegenüber den Anlegern relativ unwirksam. Die OGAW-KVG muss den OGAW und seine Anlager insofern schadlos stellen und macht sich diesen gegenüber schadensersatzpflichtig.[14] 19

c) Schadensersatzansprüche gegen die Verwahrstelle

Über § 75 Abs. 1 Nr. 1 KAGB hat die Verwahrstelle nicht nur ein Kontrollrecht, sondern auch eine Kontrollpflicht.[15] Da es sich be § 75 Abs. 1 Satz 1 KAGB um ein Schutzgesetz zugunsten der Anlager handelt, kann sich aus § 823 Abs. 2 BGB ein Schadensersatzanspruch der Anleger gegen die Verwahrstelle ergeben.[16] 20

---

11 *Höring* in Moritz/Klebeck/Jesch, § 199 KAGB Rz. 22.

12 *Armbrüster* in MünchKomm. BGB, 7. Aufl. 2015, § 134 BGB Rz. 42.

13 BGH v. 14.12.1999 – X ZR 34/98, NJW 2000, 1186.

14 *Klusak* in Weitnauer/Boxberger/Anders, § 75 KAGB Rz. 12; so im Ergebnis auch *Dreibus in* Emde/Dornseifer/Dreibus/Hölscher, 26 InvG Rz. 25.

15 So auch *Kraushaar*, BKR 2017, 496 (499).

16 *Beckmann* in Beckmann/Scholtz/Vollmer, § 26 InvG Rz. 65; *Dreibus* in Emde/Dornseifer/Dreibus/Hölscher, § 26 InvG Rz 24, die aufgrund der Verletzung des gesetzlich bestehenden Schuldverhältnisses ein Schadensersatzanspruch begründet sieht.

§ 200 Wertpapier-Darlehen, Sicherheiten

(1) [1]Die OGAW-Kapitalverwaltungsgesellschaft darf für Rechnung des inländischen OGAW Wertpapiere an einen Dritten (Wertpapier-Darlehensnehmer) gegen ein marktgerechtes Entgelt nur mit der Maßgabe übertragen, dass der Wertpapier-Darlehensnehmer der OGAW-Kapitalverwaltungsgesellschaft für Rechnung des inländischen OGAW Wertpapiere von gleicher Art, Güte und Menge zurückzuerstatten hat (Wertpapier-Darlehen), wenn dies in den Anlagebedingungen vorgesehen ist. [2]Wertpapier-Darlehen dürfen einem Wertpapier-Darlehensnehmer nur insoweit gewährt werden, als der Kurswert der zu übertragenden Wertpapiere zusammen mit dem Kurswert der für Rechnung des inländischen OGAW dem Wertpapier-Darlehensnehmer bereits als Wertpapier-Darlehen übertragenen Wertpapiere 10 Prozent des Wertes des inländischen OGAW nicht übersteigt; Wertpapier-Darlehen an konzernangehörige Unternehmen im Sinne des § 290 des Handelsgesetzbuchs gelten als Wertpapier-Darlehen an dasselbe Unternehmen. [3]Die OGAW-Kapitalverwaltungsgesellschaft muss jederzeit zur Kündigung des Wertpapier-Darlehens berechtigt sein.

(2) [1]Die OGAW-Kapitalverwaltungsgesellschaft darf Wertpapiere nach Absatz 1 nur übertragen, wenn sie sich vor Übertragung oder Zug um Zug gegen Übertragung der Wertpapiere für Rechnung des inländischen OGAW ausreichende Sicherheiten durch Geldzahlung oder durch Verpfändung oder Abtretung von Guthaben oder durch Übereignung oder Verpfändung von Wertpapieren oder Geldmarktinstrumenten nach Maßgabe der Sätze 2 und 3 und des Absatzes 3 hat gewähren lassen. [2]Die durch Verfügungen nach Satz 1 gewährten Guthaben müssen auf Euro oder auf die Währung lauten, in der die Anteile oder Aktien des inländischen OGAW begeben wurden. [3]Die Guthaben müssen

1. auf Sperrkonten bei der Verwahrstelle oder mit ihrer Zustimmung auf Sperrkonten bei anderen Kreditinstituten mit Sitz in einem Mitgliedstaat der Europäischen Union oder eines anderen Vertragsstaates des Abkommens über den Europäischen Wirtschaftsraum oder bei einem anderen Kreditinstitut mit Sitz in einem Drittstaat nach Maßgabe des § 195 Satz 2 Halbsatz 2 unterhalten werden oder

2. in der Währung des Guthabens angelegt werden

a) in Schuldverschreibungen, die eine hohe Qualität aufweisen und die vom Bund, von einem Land, der Europäischen Union, einem Mitgliedstaat der Europäischen Union oder seinen Gebietskörperschaften, einem anderen Vertragsstaat des Abkommens über den Europäischen Wirtschaftsraum oder einem Drittstaat ausgegeben worden sind,

b) in Geldmarktfonds mit kurzer Laufzeitstruktur entsprechend von der Bundesanstalt auf Grundlage von § 4 Absatz 2 erlassenen Richtlinien oder

c) im Wege eines Pensionsgeschäftes mit einem Kreditinstitut, das die jederzeitige Rückforderung des aufgelaufenen Guthabens gewährleistet.

[4]Die Erträge aus der Anlage der Sicherheiten stehen dem inländischen OGAW zu. [5]Zu verpfändende Wertpapiere müssen von einem geeigneten Kreditinstitut verwahrt werden. [6]Als Sicherheit unzulässig sind Wertpapiere, die vom Wertpapier-Darlehensnehmer oder von einem zu demselben Konzern gehörenden Unternehmen ausgestellt sind.

(3) [1]Der Kurswert der als Wertpapier-Darlehen zu übertragenden Wertpapiere bildet zusammen mit den zugehörigen Erträgen den zu sichernden Wert (Sicherungswert). [2]Der Umfang der Sicherheitsleistung ist insbesondere unter Berücksichtigung der wirtschaftlichen Verhältnisse des Wertpapier-Darlehensnehmers zu bestimmen. [3]Die Sicherheitsleistung darf den Sicherungswert zuzüglich eines marktüblichen Aufschlags nicht unterschreiten. [4]Die OGAW-Kapitalverwaltungsgesellschaft hat unverzüglich die Leistung weiterer Sicherheiten zu verlangen, wenn sich auf Grund der börsentäglichen Ermittlung des Sicherungswertes und der erhaltenen Sicherheitsleistung oder einer Veränderung der wirtschaftlichen Verhältnisse des Wertpapier-Darlehensnehmers ergibt, dass die Sicherheiten nicht mehr ausreichen.

(4) Die OGAW-Kapitalverwaltungsgesellschaft hat der Bundesanstalt unverzüglich die Unterschreitung des Wertes der Sicherheitsleistung unter den Sicherungswert unter Darlegung des Sachverhalts anzuzeigen.

In der Fassung vom 4.7.2013 (BGBl. I 2013, S. 1981).

Schrifttum: *Bachmann*, Rechtsfragen der Wertpapierleihe, ZHR 173 (2009), 596; BaFin, Erläuterungen zur Derivateverordnung in der Fassung vom 16.7.2013 (Stand: 22.7.2013); BaFin, Fondskategorien-RL (Stand: 22.7.2013); BaFin, Musterbaustein für Kostenregelung von Sondervermögen (ohne Immobilien-Sondervermögen) (Stand: 4.9.2012); *Bahr* in Weitnauer/Boxberger/Anders, KAGB, 2014; *Beck/Kestler*, Wertpapierdarlehen im Rahmen der Verwaltung von Sondervermögen nach dem Investmentgesetz, Kreditwesen 2005, 42; ESMA, Leitlinien 2014/937DE (Stand: 1.8.2014); *Dörge*, Wertpapierleih- und Wertpapierpensionsgeschäfte, AG 1997, 396; *Gesell*, Wertpapierleihe und Repurchase Agreement im deutschen Recht, 1995; *Haisch/Helios*, Rechtshandbuch Finanzinstrumente, 2011; *Herkströter/Herring/Krause/Loff*, Wertpapierleihe für deutsche Investmentfonds, 2008.

I. Allgemeines

Wertpapier-Darlehen (engl. Securities Lending) werden auch Wertpapierleihe genannt. Vor allem auf dem U.S.-amerikanischen Markt sind Wertpapier-Darlehen sehr verbreitet, aber auch in der EU gewinnen sie zunehmend an Bedeutung. Sie werden von einer Vielzahl von Marktteilnehmern für die verschiedensten Zwecke genutzt: Banken nutzen die darlehensweise Überlassung von Wertpapieren zur Erfüllung eigener Verbindlichkeiten oder auch zur Optimierung ihrer zu leistenden Sicherheit. Bei der Optimierung der zu leistenden Sicherheit handelt es sich um das sog. collateral mining. Dabei leiht die Bank höherwertige Wertpapiere und stellt dagegen weniger hochwertige Wertpapiere als Sicherheit, die höherwertigen Wertpapiere werden wiederum als Sicherheit beispielsweise gegenüber der Zentralbank genutzt.[1] 1

Auch die OGAW-KVGen nutzen einen Teil des Wertpapier-Darlehen-Marktes. Die KVGen können durch den Abschluss von Wertpapier-Darlehen **zusätzliche Erträge** für den OGAW erwirtschaften. Dies geschieht durch die Vereinnahmung des Darlehensentgelts, welche die Darlehensnehmer für die darlehensweise Überlassung der Wertpapiere an die OGAW-KVG (handelnd für Rechnung des OGAW) zu leisten hat. Außerdem können OGAW-KVGen einen Nutzen aus der Verwaltung von Single-Hedgefonds ziehen, da sie hierbei auch als Darlehensnehmer handeln dürfen.[2] 2

II. Entstehungsgeschichte

1. EU-Recht

Die OGAW IV-RL enthält in Art. 51 Abs. 2 OGAW IV-RL (entspricht Art. 21 Abs. 2 OGAW-RL) lediglich eine allgemeine Regelung zur Verwendung von Techniken und Instrumenten, die Wertpapiere und Geldmarktinstrumente zum Gegenstand haben. Konkretisiert werden diese Vorschriften in den ESMA-Leitlinien zu börsengehandelten Indexfonds (engl. Exchange-Traded Funds, ETF) und anderen OGAW-Themen (2014/937DE). 3

2. Historie

Diese Vorschrift entspricht mit einigen Änderungen § 54 InvG, der auf § 9a KAGG zurückgeht. Weggefallen sind die Regelungen zu befristeten Wertpapier-Darlehen, da diese nach dem KAGB für einen OGAW nicht mehr erworben werden dürfen. 4

1 *Loff* in Baur/Tappen, § 200 KAGB Rz. 1 ff.
2 *Loff* in Baur/Tappen, § 200 KAGB Rz. 4 ff.

5 Noch im Rahmen des InvG erfolgte eine Änderung des Konzernbegriffs gem. § 18 AktG auf den Begriff gem. § 290 HGB. Daraus folgte, dass auch Zweckgesellschaften und sonst beherrschte Unternehmen, die nicht bereits über den Terminus „einheitliche Leitung" oder der „tatsächlichen Kontrolle" in den Konzernbegriff eingebunden sind.

6 Außerdem haben sich gegenüber §§ 54 ff. InvG einige Änderungen in Bezug auf Wertpapier-Darlehen ergeben. Bei diesen Änderungen handelt es sich insbesondere um die Kündbarkeit, Sicherheitsverwahrung und Sicherheitsanlage. Das InvG sah in § 54 Abs. 1 Satz 3 bis 5 die Möglichkeit vor, befristete und unbefristete Wertpapier-Darlehensgeschäfte abzuschließen. Im KAGB muss die OGAW-KVG zur **jederzeitigen Kündigung** berechtigt sein. Diese Änderung war laut Gesetzgeber erforderlich, um das Liquiditätsrisiko zu beschränken und die Dispositionsmöglichkeiten weiter zu erhöhen.[3] Außerdem trägt der Gesetzgeber mit dieser Regelung den ESMA-Leitlinien Rechnung.[4]

III. Normzweck

7 § 200 KAGB regelt die **Zulässigkeit** von Wertpapierdarlehen und die zu stellenden **Sicherheiten** sowie die deren Unterschreitung.

8 Außerdem sollen die **Ausfallrisiken** minimiert werden. Wenn der Darlehensnehmer der Nachschusspflicht nicht nachkommen kann, besteht das Risiko, dass der Rückübertragungsanspruch bei Ausfall des Vertragspartners nicht vollumfänglich abgesichert ist. Werden die Sicherheiten bei einer anderen Einrichtung als der Verwahrstelle des Fonds verwahrt, besteht zudem das Risiko, dass diese bei Ausfall des Entleihers gegebenenfalls nicht sofort bzw. nicht in vollem Umfang verwertet werden können.[5]

IV. Zulässigkeitsvoraussetzungen

9 §§ 200 ff. KAGB ermöglicht den OGAW-KVGen, für Rechnung des inländischen OGAW am Wertpapier-Darlehen-Markt teilzunehmen. Dabei enthält § 200 KAGB die Kriterien für die Übertragung von Wertpapieren sowie die Art und Höhe der zu fordernden Sicherheiten des Darlehens. Von den Anforderungen des § 200 KAGB kann abgesehen werden, wenn sich die OGAW-KVG eines organisierten Wertpapier-Darlehenssystems gem. § 202 KAGB bedient.

1. Vorliegen eines Wertpapier-Darlehens (§ 200 Abs. 1 Satz 1 KAGB)

10 § 200 Abs. 1 Satz 1 KAGB definiert die Begriffe Wertpapier-Darlehen und Wertpapier-Darlehensnehmer. Ein Wertpapier-Darlehen ist die Übertragung vom zum OGAW gehörenden Wertpapieren auf einen Dritten, den Wertpapier-Darlehensnehmer. Der Darlehensnehmer hat als Gegenleistung ein marktgerechtes Entgelt zu bezahlen hat und Wertpapiere von gleicher Art, Güte und Menge zurückzuerstatten hat.

Zivilrechtlich ist das Wertpapierdarlehen ein **Sachdarlehensvertrag** i.S.v. § 607 BGB.[6] Vertragsobjekt sind vertretbare Sachen i.S.d. § 91 BGB in Form von Wertpapieren.[7]

11 § 200 KAGB spricht nur von OGAW-KVG und inländischen OGAW. Jedoch findet diese Regelung auch auf gemischte und sonstige Sondervermögen Anwendung (vgl. dazu beispielsweise §§ 218 und 220 KAGB).

2. Festlegung in den Anlagebedingungen

12 Die OGAW-KGV darf für Rechnung eines inländischen OGAW Wertpapier-Darlehensgeschäfte nur abschließen, wenn dies in den Anlagebedingungen vorgesehen ist. Die Muster für OGAW-Sondervermögen des BVI (Bundesverband Investment und Asset Management e.V.) sehen in § 13 der Allgemeinen Anlagebedingungen die Möglichkeit zur Gewährung eines Wertpapier-Darlehens vor.

---

3 Begr. RegE, BT-Drucks. 17/12294, 262.

4 ESMA, Leitlinien 2014/937DE, Nr. 30 (Stand: 1.8.2014).

5 ACATIS 5 STERNE-UNIVERSAL-FONDS, OGAW-Sondervermögen deutschen Rechts – Verkaufsprospekt einschließlich Anlagebedingungen, S. 22 (Stand: 18.3.2016).

6 H.M., vgl. *Ebel* in Moritz/Klebeck/Jesch, § 200 KAGB Rz. 13; *Herkströter/Herring/Krause/Loff*, Wertpapierleihe für deutsche Investmentfonds, S. 1; *Bachmann*, Rechtsfragen der Wertpapierleihe, ZHR 173 (2009), 596, 600; *Gesell*, Wertpapierleihe und Repurchase Agreement im deutschen Recht, S. 20 f.; *Brümmer* in Berger/Steck/Lübbehüsen, § 54 InvG Rz. 8; *Marconnet* in Emde/Dornseifer/Dreibus/Hölscher, § 54 InvG Rz. 2.

7 *Ebel* in Moritz/Klebeck/Jesch, § 200 KAGB Rz. 13.

Auch § 2 DerivateV stellt klar, dass die OGAW-KVG unabhängig von den sonstigen Vorgaben der DerivateV sicher zu stellen hat, dass der Einsatz Wertpapier-Darlehen in einem OGAW nicht zu einer Veränderung des nach dem KAGB und den Anlagebedingungen des OGAW zulässigen Anlagecharakters oder zu einer Veränderung des im Verkaufsprospekt oder den wesentlichen Anlegerinformationen beschriebenen Anlagecharakters des OGAW führt.[8] 13

Gemäß den ESMA-Leitlinien ist im Prospekt zu einem OGAW für die Anleger klar verständlich darzulegen, dass die Anwendung der Techniken und Instrumente gem. Art. 51 Abs. 2 OGAW IV-RL und Art. 11 der Definitions-RL beabsichtigt wird. Dies sollte eine ausführliche Beschreibung der damit verbundenen Risiken, z.B. das Kontrahentenrisiko und potentielle Interessenkonflikte, sowie der Auswirkungen auf die Entwicklung des OGAW, einschließen.[9] 14

3. Marktgerechtes Entgelt (§ 200 Abs. 1 Satz 1 KAGB)

Aus § 200 Abs. 1 Satz 1 KAGB geht eindeutig hervor, dass das Entgelt für die darlehensweise Überlassung der Wertpapiere (die sog. **Darlehensgeberprovision**) marktgerecht sein muss. Diese Festlegung in § 200 KAGB wäre jedoch gar nicht notwendig gewesen, da sich dies bereits aus der allgemeinen Pflicht der OGAW-KVG gem. § 26 KAGB ergibt, im besten Interesse der von ihr verwalteten Investmentvermögen, der Anleger und der Integrität des Marktes zu handeln. Somit stellt § 200 KAGB eine bloße Konkretisierung dieser allgemeinen Pflichten dar. 15

Grundsätzlich steht die Darlehensgeberprovision dem OGAW bzw. der OGAW-KVG für Rechnung des OGAW zu. Jedoch sind von diesem Betrag die Kosten der OGAW-KVG und gegebenenfalls eingesetzter Dritter, die in Verbindung mit dem Wertpapier-Darlehensgeschäft entstehen, abzuziehen. Fraglich ist jedoch, wie groß die Darlehenserträge sein müssen, die dem OGAW zufließen. Eine von der BaFin genannte Höhe von mehr als 50 % ist mit Sicherheit zu hinterfragen, wenn eindeutig ein Mehrertrag zugunsten des OGAW festgestellt werden kann. Jedenfalls unzulässig müssten Wertpapier-Darlehensgeschäfte sein, die die OGAW-KVG vorwiegend aus Eigeninteresse abschließt.[10] 16

In der Praxis wird die Marktgerechtigkeit des Entgelts meist durch Anfrage mehrerer potentieller Darlehensnehmer sichergestellt. Dabei werden u.a. die Bonität des Darlehensnehmers, die bisherigen Erfahrungen und die technischen Voraussetzungen berücksichtigt, ohne dass eine Marktpreisanalyse im engeren Sinn durchgeführt werden muss. 17

Die Höhe eines marktgerechten Entgelts muss im Einzelfall festgestellt werden und ist abhängig von Angebot und Nachfrage des darlehensweise überlassenen Wertpapieres. Außerdem ist sie meist umgekehrt proportional zur Liquidität des darlehensweise überlassenen Wertpapiers; d.h. je marktgängiger und liquider ein Wertpapier ist, desto niedriger ist normalerweise das Darlehensentgelt.[11] 18

4. Rückerstattung

Nach Beendigung des Wertpapier-Darlehens muss der Wertpapier-Darlehensnehmer **Wertpapiere gleicher Art, Güte und Menge zurückerstatten**. Wenn der Darlehensnehmer diese Anforderung nicht erfüllt, können die Sicherheiten verwertet werden. 19

Bei Wertpapieren bedeutet gleiche Art und Güte die gleiche Wertpapiergattung, die durch Wertpapierkennnummer (WKN) bzw. International Securities Identification Number (ISIN) gekennzeichnet ist. Damit wird sichergestellt, dass bei der darlehensweisen Überlassung von Aktien der Emittent und die Gattung maßgeblich sind. Bei der Gattung wird zwischen Stamm- und Vorzugsaktien unterschieden. Für Schuldverschreibungen sollte es sich um das gleiche Emissions- und Laufzeitdatum handeln sowie in der Verzinsung und im Nennbetrag gleich sein.[12] 20

5. Ausschließliches Auftreten als Darlehensgeber

Die OGAW-KVG darf für Rechnung des OGAW ausschließlich Wertpapiere als Darlehensgeber übertragen. Für das OGAW ist das Auftreten als Darlehensnehmer ausgeschlossen. 21

---

8 BaFin, Erläuterungen zur Derivateverordnung in der Fassung vom 16.7.2013 (Stand: 22.7.2013).
9 ESMA, Leitlinien 2014/937DE, Nr. 25 (Stand: 1.8.2014).
10 *Loff* in Baur/Tappen, § 200 KAGB Rz. 22.
11 *Marconnet* in Emde/Dornseifer/Dreibus/Hölscher, § 54 InvG Rz. 9.
12 *Brümmer* in Berger/Steck/Lübbehüsen, § 54 InvG Rz. 9.

6. Kontrahentengrenze, Risikominimierung durch Streuung (§ 200 Abs. 1 Satz 2 KAGB)

22 § 200 Abs. 1 Satz 2 KAGB sieht hinsichtlich des Umfangs eines Wertpapier-Darlehens eine Begrenzung bezüglich der an einen Wertpapier-Darlehensnehmer maximal darlehensweise zu überlassenden Wertpapiere vor. Die Kontrahentengrenze wurde gem. § 200 Abs. 1 Satz 2 KAGB bei zehn Prozent des Wertes des inländischen OGAW festgelegt. Wertpapier-Darlehen an konzernangehörige Unternehmen gem. § 290 HGB gelten als Wertpapier-Darlehen an dasselbe Unternehmen (vgl. dazu Rz. 5). Ziel dieser Vorschrift ist die Vermeidung eines Klumpenrisikos.[13] Diese Regelung geht über die Anforderungen der OGAW IV-RL hinaus.

7. Jederzeitige Kündigungsmöglichkeit (§ 200 Abs. 1 Satz 3 KAGB)

23 Der Gesetzgeber hat in § 200 Abs. 1 Satz 3 KAGB festgelegt, dass die OGAW-KVG jederzeit zur Kündigung berechtigt sein muss (vgl. dazu Rz. 6). Zudem müssen alle darlehensweise übertragenen Wertpapiere gem. § 26 DerivateV jederzeit zurückübertragen werden können.

8. Sicherheiten (§ 200 Abs. 2 und 3 KAGB)

24 In § 200 Abs. 2 und 3 KAGB werden die Art und Höhe der von der OGAW-KVG zu fordernden Sicherheit bei Wertpapier-Darlehensgeschäften geregelt. Diese Sicherheiten sollen zur Vermeidung eventueller Verluste für die Anteilinhaber dienen. Da die OGAW-KVG bezüglich der Anzahl und Auswahl der Darlehensnehmer keiner Beschränkung unterliegt, kommt den Sicherheiten eine besondere Bedeutung zu. Die Stellung von Sicherheiten muss **vor Übertragung** oder **Zug um Zug** gegen die Übertragung der Wertpapiere erfolgen.

25 Typischerweise werden Sicherheiten vom Wertpapier-Darlehensnehmer gestellt, allerdings ist dies nicht zwingend, sondern vielmehr auf Standardverträge zurückzuführen. Es ist somit auch möglich, dass ein Dritter zugunsten des OGAW Sicherheiten stellt.

26 Der Umfang der Sicherheitsleistung entspricht mindestens dem **Kurswert** der darlehensweise Übertragenen Wertpapieren. Der Darlehensnehmer hat weitere Sicherheiten zu stellen, wenn der Wert der als Darlehen gewährten Vermögensgegenstände steigt, die Qualität der gestellten Sicherheiten abnimmt oder eine Verschlechterung seiner wirtschaftlichen Verhältnisse eintritt und die bereits gestellten Sicherheiten nicht ausreichen.

a) Barsicherheiten

27 Die Besicherung kann gem. § 200 Abs. 2 KAGB durch Sicherheiten in Geld erfolgen, wobei hierfür Geldzahlungen oder die Abtretung oder Verpfändung von Guthaben in Betracht kommen.

28 Bei den Geldzahlungen wird es sich meist um die Überweisung eines Geldbetrags in der notwendigen Höhe der Sicherheit auf ein Konto des inländischen OGAW handeln. Bei der Abtretung oder Verpfändung von Guthaben handelt es sich dagegen um bestehende Bankguthaben, die zunächst nicht verändert werden. Die Barsicherheiten müssen auf Euro, oder wenn damit kein zusätzliches Währungsrisiko verbunden ist, auf die Währung des Fonds lauten.[14] Außerdem müssen die Barsicherheiten auf einem Sperrkonto der Verwahrstelle oder mit ihrer Zustimmung auf einem Sperrkonto bei einem anderen Kreditinstitut unterhalten werden. Für diese Kreditinstitute gelten dieselben Kriterien wie für Kreditinstitute, bei denen Vermögensanlagen in Bankguthaben nach § 195 KAGB erfolgen (vgl. dazu § 195 Rz. 4 ff.).

b) Wiederanlage von Guthaben

29 § 200 Abs. 2 Satz 3 Nr. 2 KAGB erfasst die durch Geldzahlung geleisteten Sicherheiten. Diese Anlage darf gemäß den ESMA-Leitlinien nur in besonders sichere und liquide Anlageformen erfolgen.[15] Darunter fallen die Anlage in Staatsanleihen hoher Bonität, Geldmarktfonds mit kurzer Laufzeitstruktur entsprechend der von der BaFin auf Grundlage von § 4 Abs. 2 KAGB erlassenen Richtlinien oder auch Pensionsgeschäfte.

30 Die BaFin hat von der in § 200 Abs. 2 Nr. 2 lit. b KAGB genannten Richtlinienkompetenz gem. § 4 Abs. 2 KAGB durch ihre Fondskategorien-RL Gebrauch gemacht. Demnach müssen die Kriterien für Short-Term Money Market Fonds der CESR-Leitlinie (CESR/10-049) unter Berücksichtigung der ESMA-Opinion (ESMA/2014/1103) eingehalten werden. Abweichend von den Kriterien gem. § 194 Rz. 30 bestehen für Short-Term Money Market Fonds folgende Unterschiede:

---

13 Begr. RegE, BT-Drucks. 17/4510, 77.
14 Begr. RegE, BT-Drucks. 15/1553, 95.
15 ESMA, Leitlinien 2014/937DE, Nr. 43 lit. j (Stand: 1.8.2014).

- gemäß Ziffer 3 lit. b i Unterabs. 2 der Fondskategorien-RL müssen die Geldmarktinstrumente eine Restlaufzeit von höchstens 397 Tagen haben;
- gemäß Ziffer 3 lit. b iii der Fondskategorien-RL. kann das Investmentvermögen nur Anteilen an Investmentvermögen erwerben, die die Kriterien für Geldmarktfonds mit kurzer Laufzeitstruktur erfüllen;
- gemäß Ziffer 3 lit. d der Fondskategorien-RL beträgt die gewichtete durchschnittliche Zinsbindungsdauer sämtlicher Vermögensgegenstände des Investmentvermögens nicht mehr als 60 Tage;
- gemäß Ziffer 3 lit. e der Fondskategorien-RL beträgt die gewichtete durchschnittliche Restlaufzeit sämtlicher Vermögensgegenstände des Investmentvermögens nicht mehr als 120 Tage.[16]

c) Erträge aus der Anlage

In § 200 Abs. 2 Satz 4 KAGB wird festgelegt, dass die Erträge aus der Anlage der Sicherheiten dem inländischen OGAW zustehen. Dabei sind nur die Erträge aus der Anlage gem. § 200 Abs. 2 Satz 3 Nr. 2 KAGB erfasst. **Nicht** erfasst werden Erträge aus der **Guthabenverzinsung** selbst. Bei verpfändeten und abgetretenen Guthaben kann dies nicht der Fall sein, da hier nach wie vor der Darlehensnehmer Gläubiger ist. Daraus folgt, dass die Zuordnung der zusätzlichen Erträge zum OGAW nach einer risiko- und interessensgerechten Aufteilung erfolgt. Erfasst werden somit nur Erträge, die durch die weitergehende Anlage erzielt werden, aus der für den OGAW zusätzliche Risiken entstehen können. 31

d) Wertpapiersicherheiten

Die Sicherheitsleistung kann auch durch Verpfändung oder Übereignung von Wertpapieren oder Geldmarktinstrumenten erfolgen, wenn sie von einem geeigneten Kreditinstitut verwahrt werden. Das KAGB enthält keine besonderen Anforderungen an die als Sicherheit verpfändeten oder übertragenen Wertpapiere oder Geldmarktinstrumenten. 32

Die ESMA-Leitlinien (2014/937DE) sowie die Vorschriften des § 27 Abs. 7 DerivateV stellen Anforderungen an die gestellten Sicherheiten. Unter diese Anforderungen fallen u.a. die börsentaugliche Bewertung, die Hochliquidität, die hohe Kreditliquidität und die Diversifikation. Als hochliquide gelten Sicherheiten, wenn sie kurzfristig und nahe dem der Bewertung zugrunde gelegten Preis veräußert werden können und an einem liquiden Markt mit transparenten Preisfeststellungen gehandelt werden. 33

e) Ausgeschlossene Sicherheiten

Als Sicherheit unzulässig sind gem. § 200 Abs. 2 Satz 6 KAGB Wertpapiere, die vom Darlehensnehmer selbst oder von einem demselben konzernangehörigen Unternehmen ausgestellt sind. Davon ausgenommen sind Pfandbriefe und Kommunalobligationen.[17] Dieser Regelung liegt zugrunde, dass wenn der Darlehensnehmer ausfällt die von ihm ausgestellten Wertpapiere einer starken Wertbeeinträchtigung unterlägen bzw. wertlos wären. Das ähnliche Schicksal würde konzernangehörige Unternehmen treffen. 34

9. Umfang der Besicherung (§ 200 Abs. 3 KAGB)

§ 200 Abs. 3 KAGB bestimmt, dass der Umfang der Sicherheitsleistung insbesondere unter Berücksichtigung der wirtschaftlichen Verhältnisse des Wertpapier-Darlehensnehmers zu bestimmen ist. Dabei darf die Sicherungsleistung den **Sicherungswert zuzüglich** eines **marktüblichen Aufschlags** nicht unterschreiten. Der zu Sicherungswert bildet sich aus dem Kurswert der Wertpapiere und den dazugehörigen Erträgen. 35

Zudem ist bei der Bemessung der Sicherheitsleistung zu berücksichtigen, dass einem doppelten Kursrisiko Rechnung getragen werden muss. Das ist auf die täglichen Kursschwankungen des Werts der übertragenen Wertpapiere als auch der als Sicherheit dienenden Wertpapiere zurückzuführen. Dieses Risiko wird durch einen sog. Haircut abgefangen, d.h. die Sicherheiten werden nur mit einem Abschlag berücksichtigt oder die Sicherheiten müssen den Sicherungswert entsprechend übersteigen. 36

Gemäß den ESMA-Leitlinien sollte ein OGAW-KVG über eine eindeutige Haircut-Strategie verfügen, die auf alle als Sicherheiten entgegengenommene Arten von Vermögenswerten abgestimmt ist.[18] 37

Als allgemeine Regel gilt, dass der Bewertungsabschlag, der auf Anleihen angewandt wird, umso höher ist, je länger die Restlaufzeit bzw. die verbleibende Zeit bis zur regelmäßigen Renditeanpassung ist. In der Praxis werden in der Regel Anleihen mit einer Restlaufzeit von mehr als zehn Jahren nicht akzeptiert. Hin- 38

16 BaFin, Fondskategorien-RL, Art. 3 Nr. 3 f. (Stand: 22.7.2013).
17 *Loff* in Baur/Tappen, § 200 KAGB Rz. 9; *Marconnet* in Emde/Dornseifer/Dreibus/Hölscher, § 54 InvG Rz. 56.
18 ESMA, Leitlinien 2014/937DE, Nr. 30 (Stand: 1.8.2014).

gegen werden Aktien werden nur als Sicherheiten akzeptiert, soweit sie in maßgeblichen Aktienindizes enthalten sind. Zusätzliche Bewertungsabschläge gelten für als Sicherheiten erhaltene Wertpapiere, die auf eine von der Basiswährung des Fonds abweichende Währung lauten. Es sollte jedoch erwähnt werden, dass dies eine allgemeine Darstellung ist und im Einzelfall andere Haircuts angewendet werden können.

10. Unterschreitung der Besicherung (§ 200 Abs. 4 KAGB)

39 Bei stark schwankenden Wertpapieren kann es trotz des marktüblichen Aufschlags zur Unterschreitung des Sicherungswerts kommen. Diese Unterschreitung wird durch die börsentäglichen Ermittlung des Sicherungswertes und der Sicherungsleistung ermittelt. Dabei ist es einerseits möglich, dass der Sicherungswert so stark steigt, dass er dadurch nicht mehr durch die Sicherheitsleistung abgedeckt ist. Andererseits können die Werte der Sicherheiten so stark sinken, dass sie den Sicherungswert nicht mehr voll abdecken. Bei nicht ausreichender Besicherung muss die OGAW-KGV gem. § 200 Abs. 3 Satz 3 KAGB unverzüglich (d.h. ohne schuldhaftes Zögern) die **Leistung weiter Sicherheiten** verlangen.

40 Die OGAW-KGV muss gem. § 200 Abs. 4 KAGB bei Wertunterschreitung unverzüglich eine **Anzeige** an die **BaFin** erstatten. In der Praxis haben die OGAW-KVGen und die Verwahrstelle Warnprozesse etabliert, die bereits rechtzeitig vor Wertunterschreitung entsprechende Sicherheitsnachschüsse aufzeigen. Daher geht der Gesetzgeber davon aus, dass es sich bei den Anzeigen an die Bundesanstalt um gravierende Ausnahmefälle handelt.[19]

11. Sonstiges

a) Vergütung der OGAW-KVG

41 In den ESMA-Leitlinien wird festgelegt, dass direkte und indirekte operationelle Kosten bzw. Gebühren im Prospekt eines OGAW anzugeben sind. Außerdem sollten den ESMA-Leitlinien zufolge alle Erträge, die sich aus einem Wertpapier-Darlehen ergeben, abzüglich direkter und indirekter operationeller Kosten, an den OGAW gezahlt werden. Aus diesen Regelungen ergibt sich, dass die OGAW-KVG ein Entgelt für Wertpapier-Darlehen vereinbaren darf, sofern sich dieses Entgelt an der Höhe der Erträge aus dem Wertpapier-Darlehen bemisst.[20]

42 Die BaFin hat in ihrem „Musterbaustein für Kostenregelung von Sondervermögen (ohne Immobilien-Sondervermögen)" die Regelung aufgestellt, dass die KVG für die Anbahnung, Vorbereitung und Durchführung von Wertpapierdarlehensgeschäften und Wertpapierpensionsgeschäften für Rechnung des Sondervermögens eine marktübliche Vergütung in Höhe von maximal einem Drittel der Bruttoerträge aus diesen Geschäften erhalten darf; die im Zusammenhang mit der Vorbereitung und Durchführung von solchen Geschäften entstandenen Kosten einschließlich der an Dritte zu zahlenden Vergütungen muss die KVG tragen.[21] Durch diese Musterregelung hat die BaFin ihre Verwaltungspraxis bei der Genehmigung von Kostenregelungen in den Anlagebedingungen offener Publikumsinvestmentvermögen (ohne Immobilien-Sondervermögen) offengelegt und die aufsichtsrechtliche Konformität derartiger Entgeltregelungen bestätigt.[22]

43 In der Praxis ist das Entgelt für die OGAW-KVG meist in den besonderen Anlagebedingungen des OGAW-Prospekts festgelegt.

b) Netto-Leihe

44 Gemäß § 200 Abs. 1 KAGB ist für ein Wertpapier-Darlehen ein marktgerechtes Entgelt zu zahlen und die Erträge aus den darlehensweise Übertragenen Wertpapieren müssen dem OGAW zugutekommen. Abweichend von diesem Grundsatz kann die OGAW-KVG auch Wertpapier-Darlehen abschließen, bei denen das nur mittelbar geschieht. Der Grundgedanke, dass dem OGAW die wirtschaftlichen Werte aus den übertragenen Wertpapieren bzw. der wirtschaftliche Ertrag zugutekommen, muss erhalten bleiben. Verzichtet die OGAW-KVG darauf, muss sie sicherstellen, dass die wirtschaftlichen Werte für den OGAW auf andere Wei-

19 Begr. RegE, BT-Drucks. 12/6679, 81.

20 ESMA, Leitlinien, 2014/937DE, Nr. 28 f. (Stand: 1.8.2014); *Bahr* in Weitnauer/Boxberger/Anders, § 200 KAGB Rz. 27.

21 BaFin, Musterbausteine für Kostenklauseln offener Publikumsinvestmentvermögen (ohne Immobilien-Sondervermögen), S. 5 (Stand: 20.6.2018).

22 BaFin, Musterbausteine für Kostenklauseln offener Publikumsinvestmentvermögen (ohne Immobilien-Sondervermögen), Stand 22.6.2018.

se gesichert werden. D.h., sie muss für den OGAW eine anderweitige, mindestens gleichwertige Kompensation erlangen.[23]

c) Leihe-Ersatzgeschäft

Mit dem Einsatz von anderen Techniken und Instrumenten kann die OGAW-KVG ein ähnliches wirtschaftliches Ergebnis erzielen wie durch die Vergabe eines Wertpapier-Darlehens. Ein Beispiel dafür ist die Verbindung eines Verkaufs mit dem Erwerb einer Kaufoption. Nach § 200 KAGB liegt in diesem Fall kein Wertpapier-Darlehen vor und die rechtliche Bewertung erfolgt ausschließlich anhand der einschlägigen Vorschriften (wie z.B. § 197 KAGB) für die eingesetzten Instrumente.[24] 45

§ 201 Wertpapier-Darlehensvertrag

In dem Darlehensvertrag zwischen der OGAW-Kapitalverwaltungsgesellschaft und dem Wertpapier-Darlehensnehmer sind neben den auf Grund des § 200 erforderlichen Regelungen insbesondere festzulegen:

1. **die Verpflichtung des Wertpapier-Darlehensnehmers, die Erträge aus den als Wertpapier-Darlehen erhaltenen Wertpapieren bei Fälligkeit an die Verwahrstelle für Rechnung des inländischen OGAW zu zahlen;**
2. **die Verpflichtung des Wertpapier-Darlehensnehmers, als Wertpapier-Darlehen erhaltene Aktien der OGAW-Kapitalverwaltungsgesellschaft so rechtzeitig zurückzuerstatten, dass diese die verbrieften Rechte ausüben kann; dies gilt nicht für Ansprüche auf Anteile am Gewinn; die Verpflichtung zur Rückerstattung ist entbehrlich, wenn die OGAW-Kapitalverwaltungsgesellschaft zur Ausübung der Stimmrechte aus den Aktien bevollmächtigt worden ist und die Stimmrechte ausüben kann, und**
3. **die Rechte der OGAW-Kapitalverwaltungsgesellschaft bei nicht rechtzeitiger Erfüllung der Verpflichtungen des Wertpapier-Darlehensnehmers.**

In der Fassung vom 4.7.2013 (BGBl. I 2013, S. 1981).

I. Entstehungsgeschichte

1. EU-Recht

Vgl. dazu § 200 Rz. 3. 1

2. Historie

§ 201 KAGB entspricht dem zuvor geltenden § 55 InvG. 2

II. Normzweck

§ 201 KAGB regelt die **Mindestinhalte** eines Wertpapier-Darlehensvertrags zwischen der OGAW-KVG und den Wertpapier-Darlehensnehmer. Die Interessen der Anleger des OGAW sollen über § 201 KAGB gesichert werden. 3

---

23 *Bahr* in Weitnauer/Boxberger/Anders, § 200 KAGB Rz. 27.
24 *Bahr* in Weitnauer/Boxberger/Anders, § 200 KAGB Rz. 28.

III. Anwendungsbereich

4 Von den Anforderungen des § 201 KAGB kann, wie auch von denen des § 200 KAGB, dann abgesehen werden, wenn sich die OGAW-KVG eines organisierten Wertpapier-Darlehenssystems gem. § 202 KAGB bedient.

1. Rahmenvertrag

5 Anders als bei Pensionsgeschäften gem. § 203 KAGB ist für Wertpapier-Darlehen die Verwendung von standardisierten Verträgen nicht zwingend vorgeschrieben. Trotzdem werden Wertpapier-Darlehen meist auf Grundlage standardisierter Rahmenverträge abgeschlossen.

Beispiele für derartige Rahmenverträge sind der deutsche Rahmenvertrag für Wertpapierdarlehen (RV WPD) des Bundesverbandes deutscher Banken e.V., das European Master Agreement (EMA) der Banking Federation of the European Union sowie das Global Master Securities Lending Agreement (GMSLA) der International Secuities Lending Association (ISLA). Bei EMA und GMSLA ist zu beachten, dass die letzten Fassungen beider Rahmenverträge vor Inkraftttreten des KAGB datieren und daher nicht die aktuelle Rechtslage spiegeln.

2. Mindestinhalte

6 Der Wertpapier-Darlehensvertrag muss neben den erforderlichen **Inhalten gem. § 200 KAGB** (wie etwa marktgerechtes Entgelt, Rückübertragung, Kündigungsmöglichkeit und Sicherheiten) die weiteren Angaben gem. § 201 KAGB enthalten. Folge des Wortlauts des § 201 KAGB („sind ... festzulegen") ist, dass ein Verweis auf die Norm des § 201 KAGB im Darlehensvertrag nicht ausreichend ist. Im Folgenden werden die weiteren Angaben im Einzelnen erläutert.

a) Erträge (§ 201 Nr. 1 KAGB)

7 Trotz der Tatsache, dass der Wertpapier-Darlehensnehmer Eigentümer der darlehensweise überlassenden Wertpapiere wird, sollen gem. § 201 Nr. 1 KAGB die während der Laufzeit des Wertpapier-Darlehens entstandenen Erträge (wie Zinsen, Dividenden, etc.) dem OGAW zustehen. In anderen Worten hat der Wertpapier-Darlehensvertrag eine Regelung vorzusehen, die den Darlehensnehmer dazu verpflichtet die Erträge aus den darlehensweise überlassenen Wertpapieren bei Fälligkeit an die Verwahrstelle für Rechnung des inländischen OGAW (d.h. auf das Konto des OGAW) zu zahlen.

8 Dabei sei darauf hingewiesen, dass der Wertpapier-Darlehensnehmer lediglich dazu verpflichtet ist, eine **Kompensationszahlung** zugunsten des OGAW in der Höhe der vereinnahmten Erträge, nicht aber genau die Erträge herauszugeben, welche ihm sachenrechtlich oder schuldrechtlich zugeordnet sind.[1] Die KVG kann daher im Wertpapier-Darlehensvertrag eine anderweitige Kompensation vereinbaren. Ebenfalls zulässig ist eine alternative Regelung, die den wirtschaftlichen Wert sichert.[2]

9 Außerdem muss noch angemerkt werden, dass bei einem Standarddarlehensvertrag der Darlehensnehmer die Erträge einbehalten kann. In diesem Punkt ist das Wertpapier-Darlehen also doch eher mit einer Leihe vergleichbar.[3]

b) Rückerstattung von darlehensweise überlassenen Aktien (§ 201 Nr. 2 KAGB)

10 Auch die sonstigen mit den darlehensweise überlassenen Aktien in Verbindung stehenden Rechte sollen, trotz Eigentumsübergang auf den Wertpapier-Darlehensnehmer, bei der OGAW-KVG verbleiben und damit dem OGAW erhalten bleiben. Daher werden die werden die Vertragsparteien durch § 201 Nr. 2 KAGB verpflichtet, im Wertpapier-Darlehensvertrag eine **rechtzeitige Rückerstattung** der darlehensweise überlassenen Aktien zu vereinbaren.

11 Das Erfordernis der rechtzeitigen Rückerstattung ist darauf zurückzuführen, dass die verbrieften Rechte (z.B. Stimmrechte auf der Hauptversammlung, Ausübung von Bezugsrechten, etc.) das Verfügungsrecht der OGAW-KVG über die darlehensweise überlassenen Aktien voraussetzt. Aus diesem Grund wird der Darlehensnehmer verpflichtet, die darlehensweise überlassenen Aktien so rechtzeitig an die OGAW-KVG

1 *Loff* in Baur/Tappen, § 201 KAGB Rz. 3.
2 *Bahr* in Weitnauer/Boxberger/Anders, § 201 KAGB Rz. 8.
3 *Bahr* in Weitnauer/Boxberger/Anders, § 201 KAGB Rz. 7.

zurückzuerstatten, dass diese die verbrieften Rechte ausüben kann. Folglich dürfen die Aktien grundsätzlich nicht über den Termin der Hauptversammlung darlehensweise überlassen werden.[4]

Davon ausgenommen sind Ansprüche auf Gewinnanteile, da das Recht auf Auszahlung bereits nach § 201 Nr. 1 KAGB gewahrt wird. Die Rückerstattungsverpflichtung greift zudem nicht, wenn die OGAW-KVG zur Ausübung der Stimmrechte bevollmächtigt wurde. Diese Regelung lässt sich darauf zurückführen, dass die Interessen der Anleger der jeweiligen OGAW-KVG hinreichend gewahrt werden. 12

Gemäß § 94 Abs. 1 Satz 3 KAGB muss die OGAW-KVG die Stimmrechte nur für **Aktien inländischer Emittenten** selbst ausüben. Daraus folgt, dass auch die Rückerstattungsverpflichtung gem. § 201 Nr. 2 KAGB grundsätzlich nur für darlehensweise überlassenen Aktien inländischer Emittenten gilt. Aufgrund des meist sehr hohen Aufwand für die Rückerstattung darlehensweise überlassenen Aktien ausländischer Emittenten, ist die Nichtausübung der Stimmrechte mit der Interessenswahrungspflicht der OGAW-KVG gegenüber den Anlegern vereinbar.[5] 13

c) „Default"-Regelungen (§ 201 Nr. 3 KAGB)

Gemäß § 201 Nr. 3 KAGB muss der Wertpapier-Darlehensvertrag die Rechte der OGAW-KVG bei nicht rechtzeitiger Erfüllung der Verpflichtungen des Darlehensnehmers enthalten. Zu den Verpflichtungen des Darlehensnehmers zählen die Rückübertragung der Wertpapiere, die Zahlung des Darlehensentgelts, die Stellung zusätzlicher Sicherheiten, die Herausgabe von Erträgen und die Bevollmächtigung zur Stimmrechtsabgabe. 14

Diese Regelung soll vor allem Wertverluste, aber auch Rechtsverluste für den OGAW aus dem Wertpapierdarlehen weit möglichst vermeiden. Zu diesen Rechten gehören das außerordentliche Kündigungsrecht der OGAW-KVG, Regelung für die Berechnung der Schadenersatzansprüche sowie der Mechanismus zur Verwertung der Sicherheiten.[6] 15

§ 202 Organisierte Wertpapier-Darlehenssysteme

[1]Die OGAW-Kapitalverwaltungsgesellschaft kann sich eines von einer Wertpapiersammelbank oder von einem anderen Unternehmen, dessen Unternehmensgegenstand die Abwicklung von grenzüberschreitenden Effektengeschäften für andere ist und das in den Anlagebedingungen genannt ist, organisierten Systems zur Vermittlung und Abwicklung von Wertpapier-Darlehen bedienen, das von den Anforderungen nach den §§ 200 und 201 abweicht, wenn durch die Bedingungen dieses Systems die Wahrung der Interessen der Anleger gewährleistet ist. [2]Von dem jederzeitigen Kündigungsrecht nach § 200 Absatz 1 darf nicht abgewichen werden.

In der Fassung vom 4.7.2013 (BGBl. I 2013, S. 1981).

Schrifttum: *Bachmann*, Rechtsfragen der Wertpapierleihe, ZHR 173 (2009), 596; BaFin, Merkblatt Hinweise zum Tatbestand des Depotgeschäfts (Stand 17.2.2014); ESMA, Leitlinien 2014/937DE (Stand: 1.8.2014); *Kümpel*, Investmentfonds als Wertpapierverleiher im Rahmen des geltenden Rechts, WM-Festgabe für Theordor Heinsius vom 25. September 1991, S. 31.

I. Entstehungsgeschichte

1. EU-Recht

Vgl. dazu § 200 Rz. 3. 1

4 *Loff* in Baur/Tappen, § 201 KAGB Rz. 5.
5 *Loff* in Baur/Tappen, § 201 KAGB Rz. 6.
6 *Brümmer* in Berger/Steck/Lübbehüsen, § 55 InvG Rz. 13.

2. Historie

2 Abgesehen von redaktionellen Änderungen entspricht § 202 KAGB dem zuvor geltenden § 56 InvG, welcher auf § 9d KAGG zurückgeht. Über die §§ 9a bis 9d KAGG sollte KAGen die Möglichkeit zur darlehensweisen Übertragung von Wertpapieren auf Dritte gegeben werden.[1]

II. Normzweck

3 § 202 KAGB beschreibt organisierte Wertpapier-Darlehenssysteme, deren sich OGAW-KVGen zum Abschluss von Wertpapier-Darlehen bedienen dürfen. Es sollen nicht nur Direktgeschäfte von den für OGAW-KVGen zulässigen Wertpapier-Darlehen erfasst werden, sondern auch Wertpapier-Darlehen über organisierte Systeme.[2]

III. Anwendungsbereich

4 Neben den direkten Geschäften, bei denen vor allem Kreditinstitute und andere Finanzdienstleister als Wertpapier-Darlehnsnehmer in Erscheinung treten, haben sich organisierte Wertpapier-Darlehenssysteme entwickelt.

1. Organisiertes System

5 Gemäß § 202 KAGB kann sich die OGAW-KVG zum Abschluss von Wertpapier-Darlehen eines organisierten Systems bedienen. Voraussetzung ist, dass dieses System von einer Wertpapiersammelbank oder einem anderen auf grenzüberschreitenden Effektenverkehr spezialisierten Unternehmen betrieben wird.

6 Eine Wertpapiersammelbank ist gem. § 1 Abs. 3 DepotG ein Kreditinstitut, das von der nach Landesrecht zuständigen Stelle des Landes, in dessen Gebiet das Kreditinstitut seinen Sitz hat, als solche anerkannt sind. In Deutschland ist die Clearstream Banking AG die einzige Wertpapiersammelbank gem. § 1 Abs. 3 DepotG, die als organisiertes System für Wertpapier-Darlehen die unter dem Namen KAGplus bekannte Plattform anbietet.[3] Es wird aber auch auf die in Brüssel angesiedelte Euroclear Band S.A. zurückgegriffen.

7 Beim System der Clearstream Banking AG werden die einzelnen Wertpapier-Darlehen über Kommissionäre unter Vermittlung Clearstream Banking AG abgeschlossen. Eine Besonderheit der organisierten Wertpapier-Darlehen-Systeme ist, dass die Kontraktpartner anonym bleiben. Dieser Grundsatz wird nur im Falle der nicht fristgerechten Rückgabe der darlehensweise überlassenen Wertpapiere durchbrochen.[4]

8 Das organisierte System zur Vermittlung und Abwicklung von Wertpapier-Darlehen kann auch von einem anderen Unternehmen, dessen Unternehmensgegenstand die Abwicklung von grenzüberschreitenden Effektengeschäften für andere ist und das in den Anlagebedingungen genannt ist, organisiert werden. Der Gesetzgeber ging bei der Schaffung dieser Möglichkeit davon aus, dass auch von Unternehmen, deren Unternehmensgegenstand die Abwicklung von grenzüberschreitenden Effektengeschäften für andere ist, angebotene Systeme für Wertpapier-Darlehen in Marktkreisen anerkannt und damit grundsätzlich für Wertpapierdarlehensgeschafte von KVGen geeignet sein können.[5] Um das Angebotsspektrum nicht unnötig einzuschränken, sollten deswegen Unternehmen, die keine Wertpapiersammelbanken sind, nicht von vornherein ausgeschlossen werden, wobei dem Anlegerschutz ausreichend dadurch Rechnung getragen wird, dass die KVG in den Anlagebedingungen das Unternehmen nennen muss, dessen sie sich für die Vermittlung und Abwicklung von Wertpapier-Darlehen bedient.[6]

2. Wahrung der Interessen der Anleger

9 Die OGAW-KVG kann nur dann auf § 202 KAGB zurückgreifen, wenn durch die Bedingungen des Systems die Interessen der Anleger gewahrt bleiben. § 202 KAGB liegt die Überlegung des Gesetzgebers zugrunde, dass ein von einer Wertpapiersammelbank organisiertes System aufgrund der Anwendung depotrechtlicher Vorschriften, der Art der Sicherheitenbestellung und der sonstigen vertraglichen Vereinbarungen einen aus-

---

1 RegE, BT-Drucks. 12/6679, S. 79.
2 RegE, BT-Drucks. 12/6679, S. 81.
3 BaFin, Merkblatt „Hinweise zum Tatbestand des Depotgeschäfts", Abs. 2 Unterabs. 2 (Stand 17.2.2014).
4 *Loff* in Baur/Tappen, § 202 KAGB Rz. 1.
5 RegE, BT-Drucks. 12/7918, S. 115 f.
6 RegE, BT-Drucks. 12/7918, S. 116.

reichenden **Schutz der Anteilinhaber** gewährleistet.[7] Hieraus ist zu folgern, dass mit Anlegerinteressen i.S.d. § 202 KAGB die größtmögliche Sicherheit der entsprechenden Geschäfte gemeint ist.[8] Nur so rechtfertigt sich die Möglichkeit der Abweichung von den §§ 200 und 201 KAGB.[9]

3. Abweichungen von den §§ 200 und 201 KAGB

Bei der Abwicklung von Wertpapier-Darlehen durch ein organisiertes System kann von einzelnen Vorschriften der §§ 200 und 201 KAGB (Risikostreuung und Sicherheitenbestand) abgewichen werden. Die Risikostreuungsvorschriften in Form der Kontrahentengrenze von 10 % muss nicht beachtet werden. Ebenso muss der Bestand der Sicherheiten nicht durch die OGAW-KVG beachtet werden. Das bedeutet aber nicht, dass diesbezüglich geringere Anforderungen zu erfüllen sind. Aus § 27 Abs. 14 DerivateV lässt sich ableiten, dass an Stelle der Sicherheitsgrundsätze der OGAW-KVG die Geschäftsbedingungen des Systembetreibers treten und daher weitestgehend die gleichen Anforderungen erfüllt werden müssen. Diese Abweichungsmöglichkeiten lassen sich dadurch rechtfertigen, dass ein organisiertes System ein notwendiges Maß an Sicherheit und Gewährleistung bietet, wodurch die Kontrolle durch eine OGAW-KVG nicht mehr notwendig ist.[10] 10

Abgewichen werden darf hingegen nicht von der jederzeitigen Kündigungsmöglichkeit der OGAW-KVG. Diese Möglichkeit muss weiterhin bestehen, dass die Dispositionsmöglichkeiten für die OGAW-KVG erhalten bleiben.[11] Somit werden auch für organisierte Systeme die ESMA-Leitlinien ungesetzt.[12] 11

§ 203 Pensionsgeschäfte

[1]Die OGAW-Kapitalverwaltungsgesellschaft darf für Rechnung eines inländischen OGAW Pensionsgeschäfte im Sinne des § 340b Absatz 2 des Handelsgesetzbuchs mit Kreditinstituten oder Finanzdienstleistungsinstituten auf der Grundlage standardisierter Rahmenverträge nur abschließen, wenn dies in den Anlagebedingungen vorgesehen ist. [2]Die Pensionsgeschäfte müssen Wertpapiere zum Gegenstand haben, die nach den Anlagebedingungen für den inländischen OGAW erworben werden dürfen. [3]Die Pensionsgeschäfte dürfen höchstens eine Laufzeit von zwölf Monaten haben. [4]Die OGAW-Kapitalverwaltungsgesellschaft muss jedoch jederzeit zur Kündigung des Pensionsgeschäftes berechtigt sein. [5]Die in Pension genommenen Wertpapiere sind auf die Anlagegrenzen des § 206 Absatz 1, 2 und 3 anzurechnen.

In der Fassung vom 4.7.2013 (BGBl. I 2013, S. 1981).

Schrifttum: ESMA, Leitlinien 2014/937DE (Stand: 1.8.2014).

7 RegE, BT-Drucks. 12/6679, S. 81.
8 *Chromek* in Moritz/Klebeck/Jesch, § 202 KAGB Rz. 18; *Scherer* in Brinkhaus/Scherer, KAGG/AuslInvestmG, § 9d KAGG Rz. 10; *Rinker* in Beckmann/Scholtz/Vollmer, § 56 InvG Rz. 15.
9 So auch *Chromek* in Moritz/Klebeck/Jesch, § 202 KAGB Rz. 18.
10 *Bahr* in Weitnauer/Boxberger/Anders, § 202 KAGB Rz. 3 ff.
11 Begr. RegE, BT-Drucks. 17/12294, 262.
12 ESMA, Leitlinien 2014/937DE (Stand: 1.8.2014).

I. Entstehungsgeschichte

1. EU-Recht

1 Die OGAW IV-RL enthält in Art. 51 Abs. 2 OGAW IV-RL (entspricht Art. 21 Abs. 2 OGAW-RL) lediglich eine allgemeine Regelung zur Verwendung von Techniken und Instrumenten, die Wertpapiere und Geldmarktinstrumente zum Gegenstand haben. Konkretisiert werden diese Vorschriften in den ESMA-Leitlinien zu börengehandelten Indexfonds (engl. Exchange-Traded Funds, ETF) und anderen OGAW-Themen (2014/937DE).

2. Historie

2 Diese Vorschrift führt im Wesentlichen § 57 InvG fort, dessen Vorgängernorm § 9e KAGG war. § 203 KAGB unterscheidet sich jedoch hinsichtlich der Anforderungen, dass die OGAW-KVG jederzeit zur Kündigung des Pensionsgeschäfts berechtigt sein muss. Über § 57 InvG nahm der Gesetzgeber zusätzlich auf, dass Pensionsgeschäften standardisierte Rahmenverträge zugrunde liegen mussten.[1] Zur Klarstellung wurde zudem in den Gesetzestext aufgenommen, dass die in Pension genommenen Wertpapiere auf die Anlagegrenzen des § 206 Abs. 1, 2 und 3 (Liquiditätsgrenezen) anzurechenen sind.[2] § 203 KAGB führte die Bedingung der **jederzeitigen Kündbarkeit** des Pensionsgeschäftes ein.

II. Normzweck

3 § 203 KAGB regelt die Voraussetzungen für Pensionsgeschäfte, die eine OGAW-KVG für Rechnung eines inländischen OGAW abschließen darf.

III. Anwendungsbereich

4 Die OGAW-KVG darf für Rechnung eines inländischen OGAW Pensionsgeschäfte abschließen, sofern dies in den **Anlagebedingungen** vorgesehen ist. Pensionsgeschäfte werden auch Rückkaufvereinbarung (engl. Repurchase-Agreement oder kurz Repo) genannt. Die OGAW-KVG darf als Pensionsnehmer als auch als Pensionsgeber auftreten.[3] Aus der Sicht des Pensionsnehmers ist auch der Begriff des umgekehrten Pensionsgeschäfts (engl. Reverse-Repurchase-Agreement oder kurz Reverse-Repo) geläufig. Entsprechende Anwendung findest § 203 KAGB gemäß § 52 Abs. 5 KAGB auf EU-OGAW-KVGen, die inländische OGAW verwalten. Eine entsprechende Anwendung des § 203 KAGB ordnen ferner § 218 Satz 2 KAGB für gemischte Investmentvermögen, § 220 KAGB für sonstige Investmentvermögen, § 230 Abs. 1 KAGB für Immobilien-Sondervermögen und § 284 Abs. 1 KAGB für offene inländische Spezial-AIF mit festen Anlagebedingungen[4] an. Gemäß § 317 Abs. 1 Nr. 7 lit. c) KAGB ist der Vertrieb von EU-AIF und ausländischen AIF durch eine EU-AIF-KVG oder eine ausländische AIF-KVG an Privatanleger im Geltungsbereich des KAGB bei offenen nur zulässig, wenn die Anlagebedingungen, die Satzung oder der Gesellschaftsvertrag Regelungen enthalten, die die Einhaltung der Vorgaben des § 203 KAGB sicherstellen.

1. Pensionsgeschäft

5 Nach der **Definition** des **§ 340b Abs. 1 HGB** ist ein Pensionsgeschäft ein Vertrag, durch den ein Kreditinstitut oder ein Kunde eines Kreditinstituts (Pensionsgeber) ihm gehöhrende Vermögensgegenstände einem anderen Kreditinstitut oder einem seiner Kunden (Pensionsnehmer) gegen Geldzahlung überträgt. Dabei wird gleichzeitig vereinbart, dass die Vermögensgegenstände später gegen Entrichtung des empfangenen oder eines im Voraus vereinbarten anderen Betrags an den Pensionsgeber zurückübertragen werden muss.

6 Bei typisch deutschen Pensionsgeschäften muss meist genau das übertragene Pensionsgut zurückübertragen werden. Hingegen sind Standard-Repo-Verträge gemäß dem KAGB dahingehend auszulegen, dass bei Wertpapieren eine Rückübertragung gleicher Art, Menge und Güte ausreichend ist.[5]

---

1 RegE, BT-Drucks. 15/1553, S. 95.
2 RegE, BT-Drucks. 15/1553, S. 96.
3 RegE, BT-Drucks. 13/8933, S. 111.
4 § 284 Abs. 2 KAGB sieht allerdings Voraussetzungen vor, unter denen von den Vorgaben des § 203 KAGB abgewichen werden darf.
5 *Loff* in Baur/Tappen, § 203 KAGB Rz. 3.

§ 203 KAGB verweist nur auf echte Pensionsgeschäfte, also solche mit einer mit einer unbedingten Verpflichtung zur Rückübertragung der Vermögensgegenstände. Für einen OGAW unzulässig sind unechten Pensionsgeschäften; hierbei wird dem Pensionsnehmer eine Rückübertragungsoption eingeräumt.[6] 7

Rechtlich setzt sich ein Pensionsgeschäft aus einem Kassa- und einem Termingeschäft zusammen. Die Übertragung des Pensionsguts stellt das Kassageschäft dar; wohingegen die Verpflichtung, bei Fälligkeit Wertpapiere gleicher Art, Menge und Güte zurückzugeben, das Pensionsgeschäft darstellt.[7] 8

Wirtschaftlich kann das Pensionsgeschäft als Aufnahme bzw. Vergabe eines Cash-besicherten Wertpapierdarlehens oder als Aufnahme bzw. Vergabe eines wertpapierbesicherten Kredits betrachtet werden. Es handelt sich dabei weder um einen Verstoß gegen die Wertpapierdarlehensvorschrift des § 200 KAGB, die nur die Vergabe, nicht aber die Aufnahme von Wertpapierdarlehen zulässt, noch um eine unzulässige Kreditaufnahme zu Lasten des OGAW nach § 199 KAGB.[8] 9

2. Vertragspartner

Als geeignete Vertragspartner[9] für die von einer OGAW-KVG für Rechnung eines OGAW abgeschlossenen Pensionsgeschäfts werden **Kreditinstitute** und **Finanzdienstleistungsinstitute** angesehen. Das KWG definiert die Begriffe des Kreditinstituts und des Finanzinstituts legal. Gemäß § 1 Abs. 1 Satz 1 KWG sind Kreditinstitute Unternehmen, die Bankgeschäfte gewerbsmäßig oder in einem Umfang betreiben, der einen in kaufmännischer Weise eingerichteten Geschäftsbetrieb erfordert. § 1 Abs. 1 Satz 2 KWG definiert, welche Tätigketen oder Geschäfte Bankgeschäfte sind. Da die die Verwahrung und die Verwaltung von Wertpapieren für andere gemäß § 1 Abs. 1 Satz 2 Nr. 5 KWG ein Bankgeschäft ist, ist auch eine Verwahrstelle ein solches Kreditinstitut.[10] Finanzdienstleistungsinstitute sind gemäß § 1 Abs. 1a Satz 1 KWG Unternehmen, die Finanzdienstleistungen für andere gewerbsmäßig oder in einem Umfang erbringen, der einen in kaufmännischer Weise eingerichteten Geschäftsbetrieb erfordert, und die keine Kreditinstitute sind. § 1 Abs. 1a Satz 2 KWG definiert, welche Dienstleistungen Finanzdienstleistungen sind, Anders als der Wortlaut des KAGB vermuten lässt, kommen auch ausländische Kreditinstitute in Betracht; zumindest andere EU-Institute sollten als Gegenpartei unproblematisch sein. Fraglich ist jedoch, ob ausländische Kreditinstitute zumindest vergleichbaren sicherheitsrechtlichen Anforderungen unterliegen müssen wie inländische Institute. Dagegen spricht, dass im Wortlaut von § 203 KAGB anders als beispielsweise in § 195 KAGB dieses Erfordernis nicht angeführt wird.[11] Dafür spricht die Beschränkung des Gesetzgebers der Vorgängernorm § 9e KAGG auf „regelmäßig nach strengen Maßstäben staatlich beaufsichtigte" Unternehmen.[12] Allerdings werden durch die Verwendung des Terminus „regelmäßig" Ausnahmen zugelassen. 10

Es ist jedoch zu beachten, dass die OGAW-KVG immer im Interesse der verwalteten Investmentvermögen und der dahinterstehenden Anleger zu handeln hat. Daraus ergibt sich, dass durch Abschluss eines Pensionsgeschäfts mit einer wenig oder gar nicht regulierten Gegenpartei diese Sorgfaltspflicht zuwiderlaufen kann. Die **Auswahl der Gegenpartei** hat somit jedenfalls mit gehöriger **Sorgfalt** zu erfolgen.[13] 11

3. Rahmenvertrag

Pensionsgeschäfte dürfen von einer OGAW-KVG nur auf Grundlage standardisierter Rahmenverträge abgeschlossen werden. Unter diesen Rahmenverträgen werden jeweils Einzelabschlüsse getätigt. Die im deutschen Geschäftsverkehr gebräuchlichen Rahmenverträge sind: 12

- der Rahmenvertag für Wertpapierpensionsgeschäfte (Repos) i.V.m. der Mantelvereinbarung für Finanzgeschäfte mit Kapitalverwaltungsgesellschaften (BdB),
- European Master Agreement 2004 (EMA) mit Produktanhang für Pensionsgeschäfte (EBF) und
- Global Master Repurchase Agreement 2011 (GMRA) der ICMA.[14]

6 *Brümmer* in Berger/Steck/Lübbehüsen, § 57 InvG Rz. 3.
7 Begr. RegE, BT-Drucks. 13/8933, 111; *Brümmer* in Berger/Steck/Lübbehüsen, § 57 InvG Rz. 5.
8 *Bahr* in Weitnauer/Boxberger/Anders, § 203 KAGB Rz. 4; Begr. RegE, BT-Drucks. 17/4510, 77.
9 In diesem Zusammenhang sind nicht „geeignete Gegenparteien" i.S.d. § 67 Abs. 4 WpHG gemeint, so dass es irrenführend wäre von geeigneten Gegenparteien zu sprechen.
10 Vgl. *Loff* in Baur/Tappen, § 203 KAGB Rz. 13; *Marconnet* in Emde/Dornseifer/Dreibus/Hölscher, § 57 InvG Rz. 8.
11 *Loff* in Baur/Tappen, § 203 KAGB Rz. 14; *Marconnet* in Emde/Dornseifer/Dreibus/Hölscher, § 57 InvG Rz. 8.
12 Begr. RegE, BT-Drucks. 13/8933, 111.
13 *Marconnet* in Emde/Dornseifer/Dreibus/Hölscher, § 57 InvG Rz. 5.
14 *Loff* in Baur/Tappen, § 203 KAGB Rz. 9.

4. Vermögensgegenstände

13 Den Pensionsgeschäften dürfen ausschließlich **Wertpapiere** zugrundeliegen, die **für einen inländischen OGAW** erworben werden dürfen. Mit dieser Regelung soll verhindert werden, dass über Pensionsgeschäfte die Anlagegrundsätze des OGAW umgangen werden.[15] Für einfache Pensionsgeschäfte (Repos) ist der Erwerb von unzulässigen Vermögensgegenständen nicht möglich, da die zu übertragenden Wertpapiere zuvor Teil des OGAW sein müssen. Bei umgekehrten Pensionsgeschäften (Reserve-Repos) ist die Vorschrift naheliegend, weil die Wertpapiere durch die Übertragung ebenfalls Teil des OGAW-Vermögens werden.

14 Gemäß § 204 Abs. 3 KAGB können auch bestimmte andere Vermögensgegenstände Gegenstand eines Pensionsgeschäfts sein. Die Begrenzung nach den Anlagebedingungen bleibt jedoch bestehen.

5. Laufzeit

15 Der deutsche Gesetzgeber hat die Laufzeit von Pensionsgeschäften auf **12 Monate** beschränkt. Diese Begrenzung bestand auch schon im InvG und wurde vom Gesetzgeber zur Risikobeschränkung übernommen. Neu mit dem KAGB hinzugekommen ist die Verpflichtung, dass die OGAW-KVG **jederzeit** zur **Kündigung** berechtigt sein muss. Hiermit sollen die Dispositionsmöglichkeiten erhöht und das Liquiditätsrisiko beschränkt werden.[16] Das jederzeitige Kündigungsrecht alleine wäre schon ausreichend um den vom Gesetzgeber geforderten „ausreichenden Anlagespielraum"[17] zu gewähren, trotzdem hat er die Höchstlaufzeit von 12 Monaten beibehalten. Details hinsichtlich der Kündigungs- und Rückforderungsregelungen werden in § 26 DerivateV (vgl. dazu § 197 Rz. 59) und den ESMA-Leitlinien (2014/937DE) angeführt, wobei diese Vorschriften weitestgehend deckungsgleich sind.

16 Gemäß den ESMA-Leitlinien muss ein OGAW sicherstellen, dass alle im Rahmen eines Pensionsgeschäfts übertragenen Wertpapiere jederzeit zurückübertragen und alle eingegangenen Pensionsgeschäftsvereinbarungen jederzeit beendet werden können. Wenn ein OGAW ein Reverse-Repo-Geschäft vereinbart, sollte er dafür sorgen, dass er jederzeit den vollen Geldbetrag zurückfordern oder das Reverse-Repo-Geschäft entweder in aufgelaufener Gesamthöhe oder zu einem Mark-to-Market-Wert beenden kann. Außerdem sollte ein OGAW dafür sorgen, dass er jederzeit die dem Repo-Geschäft unterliegenden Wertpapiere zurückfordern oder das vereinbarte Repo-Geschäft beenden kann. Zudem sollten Termin-Repo-Geschäfte und Reverse-Repo-Geschäfte mit einer maximalen Laufzeit von sieben Tage als Vereinbarungen betrachtet werden, bei denen ein OGAW die Vermögenswerte jederzeit zurückfordern kann.[18]

6. Verwendungsbeschränkungen für erlangte Vermögensgegenstände

17 Aus § 17 Abs. 11 i.V.m. Abs. 8 DerivateV ergeben sich strenge Verwendungsbeschränkungen für die Vermögensgegenstände, die ein OGAW aus einem Pensionsgeschäft erlangt. Diese Vorschrift geht auf die Vorgaben der ESMA-Leitlinien zurück. Erhaltene Vermögensgegenstände, die keine Geldzahlungen sind dürfen in keiner Weise weiterverwendet werden.

7. Anrechnung auf Anlagegrenzen

18 Die in Pension genommenen Wertpapiere sind auf die **Anlagegrenzen** gem. § 206 Abs. 1 bis 3 KAGB anzurechnen. Diese Regelung ist damit zu begründen, dass ein OGAW an den übernommenen Wertpapieren vollwertiges Eigentum erwirbt und somit auch allen damit verbundenen Risiken ausgesetzt ist.

19 Bei den Anlagegrenzen gem. § 206 Abs. 1 bis 3 KAGB handelt es sich um die Emittentengrenzen, also um die allgemeine 5/10/40-Grenze, die 35 %-Grenze für privilegierte Emittenten sowie die 25 %-Grenze für besonders gesicherte Schuldverschreibungen. Da sich § 203 KAGB konkret auch § 206 Abs. 1 bis 3 KAGB bezieht, ist eine Anrechnung auf weitere Anlagegrenzen nicht vorgesehen.

20 Gemäß § 23 Abs. 2 DerivateV sind alle Vermögensgegenstände, die Gegenstand des Pensionsgeschäftes sind, in die **Ausstellergrenzen** einzubeziehen. § 27 DerivateV schreibt vor, dass der Anrechnungsbetrag für das Kontrahentenrisiko des Vertragspartners 5 % des Wertes des OGAW nicht überschreitet. Wenn der Vertragspartner ein Kreditinstitut mit Sitz in einem Mitgliedstaat der EU oder einem anderen Vertragsstaat des EWR ist oder seinen Sitz in einem Drittstaat hat und Aufsichtsbestimmungen unterliegt, die nach Ansicht der BaFin denjenigen des Gemeinschaftsrechtes gleichwertig sind, darf der Anrechnungsbetrag bis zu

15 Begr. RegE, BT-Drucks. 13/8933, 111.
16 Begr. RegE, BT-Drucks. 17/12294, 262; ESMA, Leitlinien 2014/937DE, Nr. 30 (Stand: 1.8.2014).
17 Begr. RegE, BT-Drucks. 13/8933, 111.
18 ESMA, Leitlinien 2014/937DE, Nr. 30 ff. (Stand: 1.8.2014).

10 % des Wertes des OGAW betragen. Gemäß § 27 Abs. 6 DerivateV können bei diesem Anrechnungsbetrag die Marktwerte der von dem Vertragspartner gestellten Sicherheiten unter Berücksichtigung hinreichender Sicherheitsmargenabschläge (Haircuts) abgezogen werden. Außerdem gelten gem. § 27 Abs. 11 DerivateV die durch das Pensionsgeschäft erlangten Vermögensgegenstände als Sicherheit. Aus den oben genannten Gründen dürften sich aus daher aus der Regelung der DerivateV kaum Einschränkungen ergeben.[19]

8. Einbindung in das Risikomanagement der OGAW-KVG

Die Einhaltung der Vorgaben des § 203 KAGB ist Teil des Risikomanagements der OGAW-KVG. Die 21
OGAW-KVG hat gemäß 4.6 Tz. 5 KAMaRisk angemessene Vorkehrungen zu treffen, die ihr die Einhaltung der Vorgaben des § 203 KAGB ermöglichen.

9. Sanktionen

Gemäß § 340 Abs. 2 Nr. 58 KAGB begründet der Abschluss eines Pensionsgeschäfts entgegen § 203 Satz 1 22
KAGB (auch in Verbindung mit § 204 Abs. 1 oder Abs. 2 KAGB oder einer Rechtsverordnung nach § 204 Abs. 3 KAGB) eine Ordnungswidrigkeit.

§ 204 Verweisung; Verordnungsermächtigung

(1) Für die weiteren in den §§ 192 bis 211 genannten Vermögensgegenstände gelten die §§ 200 bis 203 sinngemäß.

(2) Die in den §§ 200 und 203 genannten Geschäfte müssen die in Artikel 11 Absatz 1 der Richtlinie 2007/16/EG genannten Kriterien erfüllen.

(3) [1]Das Bundesministerium der Finanzen wird ermächtigt, durch Rechtsverordnung, die nicht der Zustimmung des Bundesrates bedarf, weitere Kriterien für die in den §§ 200 und 203 genannten Geschäfte vorzuschreiben, insbesondere Bestimmungen über die Berechnung und Begrenzung des Marktrisikopotenzials und des Kontrahentenrisikos sowie über die Beschaffenheit und die Anlage der Sicherheiten oder der Gegenstände der Pensionsgeschäfte und deren Anrechnung auf die Anlagegrenzen. [2]Das Bundesministerium der Finanzen kann die Ermächtigung durch Rechtsverordnung auf die Bundesanstalt übertragen.

In der Fassung vom 4.7.2013 (BGBl. I 2013, S. 1981).

Schrifttum: *Beckmann/Scholtz/Vollmer*, Ergänzbares Handbuch für das gesamte Investmentwesen, Stand 7.3.2018.

I. Entstehungsgeschichte

§ 204 Abs. 1 KAGB wurde inhaltlich durch das InvModG in § 58 InvG das InvG eingefügt. § 58 InvG wird 1
von § 204 Abs. 1 KAGB inhaltlich mit nur redaktionellen Anpassungen übernommen.[1]

19 *Bahr* in Weitnauer/Boxberger/Anders, § 203 KAGB Rz. 12.
1 BGBl. I 2003, S. 2676; BT-Drucks. 791/12, S. 479 f.

§ 204 Abs. 2 KAGB wurde durch das InvÄndG in den damaligen § 58 Abs. 2 InvG eingefügt. Auch dieser wird vom KAGB inhaltlich mit nur redaktionellen Anpassungen übernommen.[2] Er dient der Umsetzung des Art. 11 der Definitions-RL.[3]

Die in § 204 Abs. 3 KAGB enthaltene Verordnungsermächtigung zur Regelung von Wertpapierdarlehen und Pensionsgeschäften wurde im Jahr 2013 im Rahmen des AIFM-Umsetzungsgesetzes neu ins KAGB aufgenommen.[4] Zudem übernimmt die Verordnungsermächtigung die Regelung des aufgehobenen § 51 Abs. 3 Nr. 2a InvG.[5]

II. Normzweck

2 § 204 Abs. 1 KAGB verfolgt den Zweck, den Kreis der Vermögensgegenstände, die Gegenstand eines Wertpapier-Darlehens oder Pensionsgeschäfts sein können, zu erweitern. Diese **Erweiterung** dient vor allem der Ermöglichung zusätzlicher Renditeerzielung, eines effizienteren Portfoliomanagements und der Erweiterung der Einsatzmöglichkeiten von Wertpapier-, Darlehens- und Pensionsgeschäften.[6]

§ 204 Abs. 2 KAGB dient der Einhaltung der Kriterien zur sogenannten effizienten Portfolioverwaltung in Art. 11 Abs. 1 der RL 2007/16/EG.

Die in § 204 Abs. 3 KAGB enthaltene Verordnungsermächtigung verfolgt den Zweck der Konkretisierung der Beschaffenheit der Sicherheiten bzw. der dem Pensionsgeschäft zugrundeliegenden Wertpapiere und Geldbeträge und die Anrechnung der Geschäfte auf die Anlagegrenzen.[7]

III. Norminhalt

1. Erweiterung des Kreises der Vermögensgegenstände (§ 204 Abs. 1 KAGB)

3 Aufgrund der Verweisvorschrift in § 204 Abs. 1 KAGB können nicht nur Wertpapiere Gegenstand von Wertpapier-Darlehen gem. §§ 200 ff. KAGB und Pensionsgeschäften § 203 KAGB sein, sondern auch alle anderen in **§§ 192 bis 211 KAGB** genannten Vermögensgegenstände. Die Einführung des inhaltlich identischen § 58 InvG durch das InvModG qualifiziert inhaltlich als Abkehr von der damaligen Gesetzgebung. Bis dahin durften nur Wertpapiere Gegenstand solcher Geschäfte sein.

Zwar erscheint die Verweisnorm des § 204 Abs. 1 KAGB auf die §§ 192 bis 211 KAGB auf den ersten Blick problematisch, weil dieser erstens einen Verweis auf die Norm des § 204 selbst enthält und weil zweitens auf Vorschriften verwiesen wird, die nicht unmittelbar Vermögensgegenstände nennen (vgl. § 205 KAGB). Allerdings lässt sich der Norm im Wege der historischen und teleologischen Auslegung eine eindeutige Aussage entnehmen: Da sich bereits § 58 InvG in seiner Fassung durch das InvModG pauschal auf den gesamten Abschnitt 2 bezieht und vom Gesetzgeber die Ermöglichung zusätzlicher Renditeerzielung, effizienteren Portfoliomanagements und die Erweiterung der Einsatzmöglichkeiten von Wertpapier-, Darlehens- und Pensionsgeschäften gewollt ist, enthält die Norm einen eindeutigen Verweis auf alle in den §§ 192 bis 211 genannten Vermögensgegenstände.[8]

Der Kreis von erwerbfähigen Vermögensgegenständen, die Gegenstand von Darlehens- und Pensionsgeschäften sein dürfen, wird also neben Wertpapieren (§ 193 KAGB) insbesondere auf Geldmarktinstrumente (§ 194 KAGB), Bankguthaben (§ 195 KAGB), Investmentanteile (§ 196 KAGB), Derivate (§ 197 KAGB) und sonstige Anlageinstrumente (§ 198 KAGB) erweitert.

2. Sinngemäße Anwendung der §§ 200 bis 203 (§ 204 Abs. 1 KAGB)

4 Gem. § 204 Abs. 1 KAGB gelten für die weiteren in den §§ 192 bis 211 KAGB genannten Vermögensgegenstände (vgl. Rz. 3), die §§ 200 bis 203 KAGB sinngemäß. Eine Erläuterung der inhaltlichen Ausgestaltung dieser Anwendungsbereichserweiterung der §§ 200 bis 203 KAGB nimmt das Gesetz allerdings nicht vor.

---

2 BGBl. I 2007, S. 3089; BT-Drucks. 791/12, S. 479 f.

3 BGBl. I 2013, S. 1981; BT-Drucks. 16/5576, S. 73; *Bahr* in Weitnauer/Boxberger/Anders, § 204 KAGB Rz. 1; *Brenner* in Moritz/Klebeck/Jesch, § 204 KAGB Rz. 1.

4 BGBl. I 2013, S. 1981; BT-Drucks. 17/12603, S. 1 f.

5 BT-Drucks. 791/12, S. 479 f.

6 *Stabenow* in Emde/Dornseifer/Dreibus/Hölscher, § 58 InvG Rz. 1; *Brümmer* in Berger/Steck/Lübbehüsen, § 58 InvG Rz. 1.

7 BT-Drucks. 791/12, S. 479 f.

8 Dies kritisiert mit gleichem Ergebnis auch *Kunschke* in Beckmann/Scholtz/Vollmer, § 204 KAGB Rz. 5.

Primär lässt sich dabei an die gesetzliche Anordnung einer Analogie über den Wortlaut der §§ 200 bis 203 hinaus denken, da diese der gesetzlichen Formulierung der §§ 200 bis 203 KAGB nach nur von „Wertpapieren" sprechen. Unter dieser Prämisse ginge es dem § 204 Abs. 1 KAGB also darum, nur das Wort „Wertpapier" in den entsprechenden Normen durch den jeweiligen Vermögensgegenstand zu ersetzen, die Vorschriften im Übrigen unverändert anzuwenden.[9]

Andererseits lässt sich dem Wort „sinngemäß" auch die Anordnung entnehmen, die Vorschriften ihrem Telos nach anzuwenden. Dies könnte letztlich nur dadurch erreicht werden, dass die Anwendung der §§ 200 bis 203 jeweils im Lichte der spezifischen Merkmale des entsprechenden Vermögensgegenstandes vorgenommen wird. Damit würde § 204 Abs. 1 KAGB letztlich so verstanden, dass eine sinngemäße Anwendung die Auslegung der §§ 200 bis 203 KAGB im Lichte der rechtlichen und wirtschaftlichen Eigenheiten der weiteren Vermögensgegenstände erfordert.[10]

Zwar ist der Wortlaut der Norm insoweit offen und es lässt sich in Erwägung ziehen, dass vor dem Hintergrund des „Innovationscharakters" des § 204 Abs. 1 KAGB eine Einbeziehung wirtschaftlicher Faktoren in die Anwendung der §§ 200 bis 203 KAGB intendiert sein könnte.[11] Allerdings trifft bereits der Gesetzesentwurf zum InvModG insoweit eine eindeutige Aussage: *„Die Vorschrift ermöglicht eine sinngemäße Anwendung der Vorschriften zu den Wertpapier-Darlehen und Wertpapier-Pensionsgeschäfte auf weitere Vermögensgegenstände, z.B. auf Investmentanteile.*"[12] Dazu kommt, dass es unter systematischen Gesichtspunkten nicht die Absicht des § 204 Abs. 1 sein kann, mittels einer Verweisnorm auf die in Bezug genommenen Normen inhaltlichen Einfluss zu nehmen. Es geht darum, den **Anwendungsbereich** der insoweit eindeutig auf Wertpapiere zugeschnittenen Normen auch für weitere Vermögensgegenstände **zu öffnen**. Eine darüber hinausgehende Auslegung der Norm ist daher abzulehnen.[13]

3. Kriterien effizienter Portfolioverwaltung (§ 204 Abs. 2 KAGB)

§ 204 Abs. 2 KAGB dient der Umsetzung des Art. 11 der Definitions-RL. Dieser bestimmt, dass die in der Richtlinie enthaltenen Anforderungen an OGAW zu Kriterien bezüglich Techniken und Instrumenten zur effektiven Portfolioverwaltung von Geschäften gem. §§ 200 und 203 KAGB, also von Wertpapier-Darlehen und Pensionsgeschäften, erfüllt sein müssen. Nach dieser Vorschrift müssen diese „ökonomisch angemessen" sein. Dies umfasst gem. Art. 11 RL 2007/16/EG Folgendes: 5

- Die Geschäfte werden kostenwirksam eingesetzt.
- Sie werden mit einem oder mehreren der folgenden spezifischen Ziele eingesetzt:
  - Risikosenkung,
  - Kostensenkung,
  - Generierung zusätzlichen Kapitals oder Ertrags für den OGAW mit einem Risiko, das dem Risikoprofil des OGAW und den Risikodiversifizierungsvorschriften in Artikel 22 der Richtlinie 85/611/EWG entspricht.
- Die Risiken der Geschäfte werden durch das Risikomanagement des OGAW in angemessener Weise erfasst.

4. Verordnungsermächtigung (§ 204 Abs. 3 KAGB)

a) Umsetzung der Verordnungsermächtigung

Das Bundesministerium der Finanzen wird durch § 204 Abs. 3 KAGB ermächtigt, durch Rechtsverordnung weitere Kriterien für die in den §§ 200 und 203 genannten Geschäfte vorzuschreiben. Insbesondere (nicht abschließend) sind von dieser Ermächtigungsgrundlage gedeckt Bestimmungen über die Berechnung und Begrenzung des **Marktrisikopotenzials** und des **Kontrahentenrisikos** sowie über die Beschaffenheit und die Anlage der Sicherheiten oder der Gegenstände der Pensionsgeschäfte und deren Anrechnung auf die Anlagegrenzen. 6

Das Bundesministerium für Finanzen hat von der Ermächtigung in § 1 Nr. 3a der Verordnung zur Übertragung von Befugnissen zum Erlass von Rechtsverordnungen auf die Bundesanstalt für Finanzdienstleis-

9 So *Loff* in Baur/Tappen, § 204 KAGB Rz. 1.
10 So *Kunschke* in Beckmann/Scholtz/Vollmer, § 204 KAGB Rz. 8.
11 *Kunschke* in Beckmann/Scholtz/Vollmer, § 204 KAGB Rz. 8.
12 BT-Drucks. 15/1553, S. 96.
13 So im Ergebnis auch: *Bahr* in Weitnauer/Boxberger/Anders, § 204 KAGB Rz. 2; *Stabenow* in Emde/Dornseifer/Dreibus/Hölscher, § 58 InvG Rz. 1; *Loff* in Baur/Tappen, § 204 KAGB Rz. 1; *Brenner* in Moritz/Klebeck/Jesch, § 204 KAGB Rz. 1; *Brümmer* in Berger/Steck/Lübbehüsen, § 58 InvG Rz. 1.

tungsaufsicht (BaFinBefugVO) Gebrauch gemacht und damit die Ermächtigung des § 204 Abs. 3 KAGB auf die BaFin übertragen.

Gestützt auf diese Ermächtigungsgrundlage hat die BaFin zur Umsetzung der Vorgaben des KAGB sowie der Vorgaben der ESMA-Leitlinien[14] die Derivateverordnung (DerivateV) erlassen.

b) Kriterien der DerivateV

7 Nennenswert sind im Kontext des § 204 KAGB insbesondere die folgenden Inhalte der DerivateV:

aa) Die BaFin hat Wertpapier-Darlehen und Pensionsgeschäfte in den Anwendungsbereich der DerivateV einbezogen. In § 1 Abs. 2 DerivateV wird aber klargestellt, dass eine Anwendung nur in Betracht kommt, sofern die Anlagebedingungen der Investmentvermögen eine Investition in Derivate, Wertpapier-Darlehen und Pensionsgeschäfte nicht ausschließen. Außerdem darf die Anwendung nicht zur Veränderung des Anlagecharakters führen, § 2 Abs. 2 DerivateV.

bb) Nach § 23 Abs. 2 DerivateV sind bei Pensionsgeschäften alle Vermögensgegenstände, die Gegenstand des Pensionsgeschäftes sind, in die Ausstellergrenzen einzubeziehen.

cc) Gem. § 26 DerivateV muss die OGAW-KVG jederzeit berechtigt sein, ein Wertpapier-Darlehen zu kündigen und zu beenden. Alle im Rahmen des Wertpapier-Darlehens übertragenen Wertpapiere müssen jederzeit zurückübertragen werden können. Pensionsgeschäfte mit einer Laufzeit von bis zu einer Woche gelten als Geschäfte, bei denen der volle Geldbetrag oder die zugrunde liegenden Wertpapiere jederzeit zurückgefordert werden können. Wertpapier-Darlehen und Pensionsgeschäfte sind im Liquiditätsrisikomanagement angemessen zu berücksichtigen.

dd) § 27 Abs. 11 DerivateV normiert Anforderungen an gestellte Sicherheiten und konkretisiert die Begrenzung des Kontrahentenrisikos.

ee) Aus § 35 Abs. 3 DerivateV folgt, dass beim Einsatz von Wertpapier-Darlehen und Pensionsgeschäften im Verkaufsprospekt gem. § 165 KAGB besondere Angaben gemacht werden müssen. Dazu zählen u.a. Angaben zu den Risiken, zu Interessenskonflikten, zu Kosten und Gebühren und zur Sicherheitenstrategie.

ff) Gem. § 37 Abs. 2 DerivateV müssen beim Einsatz von Wertpapier-Darlehen und Pensionsgeschäften im Jahresbericht eines OGAW besonderer Angaben zum Exposure, zum Vertragspartner, zu der entgegengenommenen Sicherheit und zu den Erträgen gemacht werden.

§ 205 Leerverkäufe

[1]Die Kapitalverwaltungsgesellschaft darf für gemeinschaftliche Rechnung der Anleger keine Vermögensgegenstände nach Maßgabe der §§ 193, 194 und 196 verkaufen, wenn die jeweiligen Vermögensgegenstände im Zeitpunkt des Geschäftsabschlusses nicht zum inländischen OGAW gehören; § 197 bleibt unberührt. [2]Die Wirksamkeit des Rechtsgeschäfts wird durch einen Verstoß gegen Satz 1 nicht berührt.

In der Fassung vom 4.7.2013 (BGBl. I 2013, S. 1981).

Schrifttum: BaFin, FAQ Eligible Assets, WA 41-Wp 2137-2013/0001 (Stand: 22.7.2013); BaFin, Erläuterungen zur Derivateverordnung in der Fassung vom 16.7.2013 (Stand: 22.7.2013); *Schlimbach*, Leerverkäufe. Die Regulierung des gedeckten und ungedeckten Leerverkaufs in der Europäischen Union, 2015.

14 ESMA, Leitlinien zu börsengehandelten Indexfonds und anderen OGAW-Themen, ESMA/2014/937.

I. Entstehungsgeschichte

1. EU-Recht

Das Leerverkaufsverbot setzt Art. 89 OGAW IV-RL (entspricht Art. 42 OGAW-RL) um. Während sich das Leerverkaufsverbot in Art. 42 OGAW-RL nur auf Wertpapiere bezog, dehnte Art. 89 OGAW IV-RL das Leerverkaufsverbot auf Wertpapiere, Geldmarktinstrumente und andere in Art. 50 Abs. 1 lit. e), g) und h) OGAW IV-RL genannte Finanzinstrumente aus. 1

2. Historie

§ 205 KAGB übernimmt ohne Änderung die Regelung des § 59 InvG. Bereits in § 9 Abs. 5 Satz 1 KAGG wurde das im Wesentlichen gleichlautende Leerverkaufsverbot für Wertpapiere festgelegt. 2

II. Normzweck

§ 205 KAGB dient anders als die Leerverkaufs-VO nicht primär dem Schutz der Funktionsfähigkeit der Finanzmärkte, sondern dem **Schutz der Anleger** vor den spezifischen Risiken von Leerverkäufen. Leerverkäufe sind besonders spekulativ und können ggf. bedeutende Verluste verursachen.[1] 3

III. Leerverkaufsbegriff

In der OGAW IV-RL, der OGAW-RL und dem KAGB ist keine eigene Definition des Leerverkaufs enthalten. 4

Die Leerverkaufs-VO enthält allerdings eine solche Definition. Nach Art. 2 Abs. 1 lit. b Leerverkaufs-VO liegt ein Leerverkauf auch dann vor, wenn der Verkäufer zum Zeitpunkt des Eingehens der Verkaufsvereinbarung den Vermögensgegenstand geliehen hat oder eine Vereinbarung getroffen hat, den Vermögensgegenstand zu leihen, um ihn bei der Abwicklung zu liefern. Zwar unterscheiden sich die Regelungen zum Leerverkauf der OGAW IV-RL und OGAW-RL von den Regeln zum Leerverkauf der Leerverkaufs-VO bezüglich ihres Normzwecks. Gemeinsam haben diese Regelungen jedoch, dass sie sämtliche Verkaufsgeschäfte von Wertpapieren erfassen, die eine Short-Position begründen. Vor diesem Hintergrund und dem grundsätzlichen Prinzip der Einheit der Rechtsordnung kann daher die Begriffsdefinition des Art. 2 Abs. 1 lit. b) Leerverkaufs-VO auf die OGAW IV-RL und § 205 KAGB angewendet werden.

Beim Leerverkauf gem. § 205 KAGB werden somit Vermögensgegenstände verkauft, die im Zeitpunkt des Geschäftsabschlusses nicht Teil des OGAW sind und somit **nicht** in seinem **Besitz** stehen. Der Leerverkauf wird auch Short Selling genannt. 5

Ziel des Leerverkaufs ist es, nach Abschluss des Verkaufsgeschäfts die verkauften Vermögensgegenstände zu einem günstigeren Kurs einzukaufen und dadurch einen Gewinn zu erzielen. Aufgrund des leerverkaufstypischen Marktrisikos (Kursänderungs- und Eindeckungsrisiko) gelten Leerverkäufe allgemein als hochspekulativ.[2] 6

IV. Zugehörigkeit zum OGAW

Der Wortlaut des § 205 Satz 1 Halbsatz 1 KAGB fordert, dass die Vermögensgegenstände zum OGAW „gehören". Welche Anforderungen an des Begriff „gehören" zu stellen sind, wird unterschiedlich beantwortet. Die Sichtweisen reichen von einer rein formellen, über eine gemischt-formell-materielle bis hin zu einer rein materiellen Sichtweise. 7

Nach der rein formellen Sichtweise erfordert das Tatbestandsmerkmal „gehören", dass der Vermögensgegenstand im Eigentum des OGAW steht, damit kein Verstoß gegen das Leerverkaufsverbot vorliegt.[3] Nach der rein materiellen Sichtweise reicht eine wirtschaftliche Zugehörigkeit des zu verkaufenden Vermögensgegenstands zum Vermögen des OGAW aus, um nicht gegen das Leerverkaufsverbot zu verstoßen.[4]

---

1 Europäische Kommission, Auf dem Weg zu einem Europäischen Markt für die Organismen für gemeinsame Anlagen in Wertpapieren (Vandamme-Report zur OGAW-Richtlinie vom 20.12.1985), Rz. 159.

2 *Bahr* in Weitnauer/Boxberger/Anders, § 205 KAGB Rz. 3.

3 *Brümmer* in Berger/Steck/Lübbehüsen, § 59 InvG Rz. 1; *Brenner* in Moritz/Klebeck/Jesch, § 205 KAGB Rz. 5.

4 *Stabenow* in Emde/Dornseifer/Dreibus/Hölscher, § 59 InvG Rz. 1.

Vermittelnde gemischt-formell-materielle Sichtweisen versuchen über Mittelwege einzelnen Fallkonstellationen Rechnung zu tragen.

Vor dem Hintergrund des Schutzzwecks des § 205 KAGB ist der rein formellen Sichtweise zuzustimmen. Nur wenn lediglich im Eigentum des OGAW stehende Vermögensgegenstände veräußert werden dürfen, besteht ein echter Schutz für die Anleger. Die materielle und die vermittelnden Sichtweisen bergen deutlich höhere Risiken für die Anleger des OGAW.[5] Es sollte daher rein formal geprüft werden, ob im Zeitpunkt des Verkaufs des Vermögensgegenstand, d.h. bei Abschluss des schuldrechtlichen Kaufvertrags, der Verkaufsgegenstand dinglich **im Eigentum** des OGAW steht.

V. Verbot von echten Leerverkäufen

8 Leerverkäufe für OGAW sind unzulässig. Außerdem sind Leerverkäufe für gemischte Investmentvermögen gem. § 218 Satz 2 KAGB, sonstige Investmentvermögen gem. § 220 KAGB, Dach-Hedgefonds gem. § 225 Abs. 1 KAGB, offene Immobilien-Sondervermögen gem. § 230 KAGB, geschlossene Publikums-AIF gem. § 265 KAGB, Spezial-AIF gem. § 176 KAGB und offene Spezial-AIF mit festen Anlagebedingungen gem. § 284 KAGB unzulässig. Einzig für offene Hedgefonds gem. 283 KAGB sind Leerverkäufe aufgrund von § 276 Abs. 2 KAGB zulässig.

9 Gemäß dem Wortlaut von § 205 KAGB werden nur Wertpapiere gem. § 193 KAGB, Geldmarktinstrumente gem. § 194 KAGB und Investmentanteile gem. § 196 KAGB von diesem Verbot erfasst. Es war jedoch vom Gesetzgeber vorgesehen sämtliche Vermögensgegenstände, die leer verkauft werden können, zu erfassen.[6]

VI. Synthetische Leerverkäufe

10 Der Verweis in § 205 Satz 1 Halbsatz 2 KAGB auf § 197 KAGB stellt klar, dass **Derivative-Geschäfte** nicht vom Leerverkaufsverbot erfasst sind. Es ist somit möglich, durch Kombination verschiedener Finanzinstrumente das Verlust- und Gewinnprofil von klassischen Leerverkäufen nachzubilden und damit eine synthetische Leerverkaufsposition aufzubauen. Daraus folgt, dass ohne ein Wertpapierleihe-Geschäft und ohne einen tatsächlichen Leerverkauf wirtschaftlich das gleiche Ergebnis erzielt werden kann, wie mit physischen Leerkäufen.

11 In ihren Erläuterungen zur Derivateverordnung stellt die BaFin klar, dass ein synthetischer Leerverkauf über Derivate zulässig ist, soweit das Geschäft angemessen gedeckt ist.[7] Gemäß § 3 Abs. 1 Nr. 2 DerivateV muss die OGAW-KVG sicherstellen, dass sie allen für Rechnung eines OGAW eingegangenen, bedingten und unbedingten Liefer- und Zahlungsverpflichtungen aus Derivaten, Wertpapier-Darlehen und Pensionsgeschäften in vollem Umfang nachkommen kann. Außerdem muss die OGAW-KVG über eine ausreichende Deckung für Verpflichtungen aus Derivaten (einschließlich synthetischer Leerverkaufspositionen) verfügen. Für eine angemessene Deckung ist bei Derivaten, die bei Fälligkeit bzw. Ausübung üblicherweise die Lieferung des Basiswertes vorsehen, grundsätzlich das Basisinstrument selbst zur Deckung im Portfolio zu halten. Alternativ kann die Deckung auch durch ausreichende liquide Mittel erfolgen, sofern der zu liefernde Basiswert hochliquide ist, die liquiden Mittel jederzeit zum Ankauf des zu liefernden Basiswertes eingesetzt werden können, angemessene Schutzmechanismen angewandt werden und das mit dieser Art von Geschäft verbundene zusätzliche Marktrisiko hinreichend genau erfasst und gemessen wird. Die ausreichende Deckung ist zudem im Rahmen des Risikomanagementprozesses laufend zu überwachen.[8]

VII. Rechtsfolgen eines Verstoßes

12 In § 205 Satz 2 KAGB regelt, dass die Wirksamkeit des entgegen dem Leerverkaufsverbot abgeschlossenen Geschäfts nicht berührt wird. Eine Nichtigkeit des Rechtsgeschäfts nach § 134 BGB scheidet damit aus. Die Regelung dient dem Schutz der Geschäftspartner, denen gegenüber die OGAW-KVG zur Erfüllung verpflichtet bleibt. Auch gegenüber dem OGAW wurde keine relative Unwirksamkeit vorgesehen.

5 So auch *Brenner* in Moritz/Klebeck/Jesch, § 205 KAGB Rz. 5.
6 Begr. RegE, BT-Drucks. 15/1553, 96; *Stabenow* in Emde/Dornseifer/Dreibus/Hölscher, § 59 InvG Rz. 4 f.
7 BaFin, Erläuterungen zur Derivateverordnung in der Fassung vom 16.7.2013, Zu § 3 Abs. 1, Datum: 22.7.2013.
8 BaFin, Erläuterungen zur Derivateverordnung in der Fassung vom 16.7.2013, Zu § 3 Abs. 2, Datum: 22.7.2013.

§ 205 Satz 1 KAGB wird aber allgemein als Schutzgesetz zugunsten der Anleger angesehen.[9] Verstößt die KVG gegen die Vorgaben des § 205 Satz 1 kann daher ein Schadensersatzanspruch der Anleger gem. § 823 Abs. 2 BGB i.V.m. § 205 Satz 2 KAGB gegen die KVG entstehen. 13

Vorbemerkungen vor §§ 206 ff.

Übersicht zu Emittentengrenzen

Als zentrales Element des Anlegerschutzes normieren die §§ 206 ff. KAGB die Gewährleistung einer angemessenen Risikomischung. Die Emittenten- und Anlagegrenzen der §§ 206 ff. KAGB dienen über die reine Risikodiversifizierung hinaus der Sicherstellung einer adäquaten Streuung des Fondsvermögens und der Vermeidung sog. „Klumpen-" oder „Konzentrationsrisiken".[1] 1

Die in den §§ 206 ff. KAGB statuierten Emittenten- und Anlagegrenzen lassen sich wie folgt zusammenfassen:

	Emittenten- oder emittentenbezogene Anlagegrenze (in % des Wertes eines inländischen OGAW)
Aktien	
Mit Zulassung in der EU/EWR gem. § 193 Abs. 1 Satz 1 Nr. 1 KAGB	5/10/40 %-Regel Bis zu 10 % der gesamten Stimmrechte desselben Emittenten Bis zu 10 % der Anteile ohne Stimmrechte desselben Emittenten
Mit Zulassung außerhalb der EU/EWR gem. § 193 Abs. 1 Satz 1 Nr. 2 KAGB	5/10/40 %-Regel Bis zu 10 % der gesamten Stimmrechte desselben Emittenten Bis zu 10 % der Anteile am Kapital der Aktien ohne Stimmrechte desselben Emittenten
Aus Neuemissionen gem. 193 Abs. 1 Satz 1 Nr. 3 und 4 und § 198 Nr. 3 KAGB	Gesamt 10 % Bis zu 10 % der gesamten Stimmrechte desselben Emittenten Bis zu 10 % der Anteile am Kapital der Aktien ohne Stimmrechte desselben Emittenten
Aus einer nominellen Kapitalerhöhung gem. § 193 Abs. 1 Satz 1 Nr. 5 KAGB	5/10/40 %-Regel Bis zu 10 % der gesamten Stimmrechte desselben Emittenten Bis zu 10 % der Anteile am Kapital der Aktien ohne Stimmrechte desselben Emittenten
Aus der Ausübung von Bezugsrechten gem. § 193 Abs. 1 Satz 1 Nr. 6 KAGB	5/10/40 %-Regel Bis zu 10 % der gesamten Stimmrechte desselben Emittenten Bis zu 10 % der Anteile am Kapital der Aktien ohne Stimmrechte desselben Emittenten
Aus Anteilen an geschlossenen Fonds gem. § 193 Abs. 1 Satz 1 Nr. 7 KAGB	5/10/40 %-Regel Bis zu 10 % der gesamten Stimmrechte desselben Emittenten Bis zu 10 % der Anteile am Kapital der Aktien ohne Stimmrechte desselben Emittenten

9 *Brenner* in Moritz/Klebeck/Jesch, § 205 KAGB Rz. 13; *Brümmer* in Berger/Steck/Lübbehüsen, § 59 InvG Rz. 4.
1 *Fleischer/Schmolke*, Klumpenrisiken im Bankaufsichts-, Investment- und Aktienrecht, ZHR 2009, 649 (652).

	Emittenten- oder emittentenbezogene Anlagegrenze (in % des Wertes eines inländischen OGAW)
Finanzinstrumente gem. § 193 Abs. 1 Satz 1 Nr. 8 KAGB	5/10/40 %-Regel Bis zu 10 % der gesamten Stimmrechte desselben Emittenten Bis zu 10 % der Anteile am Kapital der Aktien ohne Stimmrechte desselben Emittenten
Nicht notierte Aktien gem. § 198 Nr. 1 KAGB	Gesamt 10 % Bis zu 10 % der gesamten Stimmrechte desselben Emittenten Bis zu 10 % der Anteile am Kapital der Aktien ohne Stimmrechte desselben Emittenten
Obligationen	
Obligationen (Unternehmensanleihen) gem. § 198 Nr. 2 KAGB	5/10/40 %-Regel Bis zu 10 % des Gesamtbetrags der im Umlauf befindlichen Schuldverschreibungen und Geldmarktinstrumente desselben Emittenten
Schuldverschreibungen mit Begebung oder Garantie durch öffentliche Stellen gem. § 194 Abs. 1 Nr. 3 KAGB (außer der Europäischen Zentralbank oder der Zentralbank eines Mitgliedstaates der EU)	Bis zu 35 % 100 %, wenn mind. 6 verschiedene Emissionen, wobei je Emission nicht mehr als 30 %
Schuldscheindarlehen mit Begebung oder Garantie durch öffentliche Stellen gem. § 194 Abs. 1 Nr. 3 KAGB (außer der Europäischen Zentralbank oder der Zentralbank eines Mitgliedstaates der EU)	Bis zu 35 % 100 %, wenn mind. 6 verschiedene Emissionen, wobei je Emission nicht mehr als 30 %
Kommunalschuldverschreiben mit Begebung durch ein Kreditinstitut gem. § 194 Abs. 1 Nr. 5 KAGB	Bis zu 25 % Bis zu 10 % des Gesamtnennbetrags der im Umlauf befindlichen Schuldverschreibungen und Geldmarkt-instrumente desselben Emittenten
Pfandbriefe mit Begebung durch ein Kreditinstitut gem. § 194 Abs. 1 Nr. 5 KAGB	Bis zu 25 % Bis zu 10 % des Gesamtnennbetrags der im Umlauf befindlichen Schuldverschreibungen und Geldmarkt-instrumente desselben Emittenten
Schuldverschreibungen mit Begebung durch ein Kreditinstitut gem. § 194 Abs. 1 Nr. 5 KAGB	Bis zu 25 %/Gesamt 80 %, wenn je Schuldverschreibung desselben Emittenten mehr als 5 % Bis zu 10 % des Gesamtnennbetrags der im Umlauf befindlichen Schuldverschreibungen und Geldmarkt-instrumente desselben Emittenten
Schuldscheindarlehen gem. § 198 Nr. 4 KAGB	Gesamt 10 % Bis zu 10 % des Gesamtbetrags der im Umlauf befindlichen Schuldverschreibungen und Geldmarktinstrumente desselben Emittenten
Geldmarktinstrumente	
Mit Zulassung innerhalb der EU/EWR gem. § 194 Abs. 1 Nr. 1 KAGB	5/10/40 %-Regel Bis zu 10 % des Gesamtnennbetrags der im Umlauf befindlichen Schuldverschreibungen und Geldmarkt-instrumente desselben Emittenten
Mit Zulassung außerhalb der EU/EWR gem. § 194 Abs. 1 Nr. 2 KAGB	5/10/40 %-Regel Bis zu 10 % des Gesamtnennbetrags der im Umlauf befindlichen Schuldverschreibungen und Geldmarkt-instrumente desselben Emittenten

	Emittenten- oder emittentenbezogene Anlagegrenze (in % des Wertes eines inländischen OGAW)
Mit Begebung oder Garantie durch eine öffentlichen Stelle gem. § 194 Abs. 1 Nr. 3 KAGB (außer der Europäischen Zentralbank oder der Zentralbank eines Mitgliedstaates der EU)	Bis zu 35 % 100 %, wenn mind. 6 verschiedene Emissionen, wobei je Emission nicht mehr als 30 %
Mit Begebung oder Garantie durch die Europäischen Zentralbank oder eine Zentralbank eines Mitgliedstaates der EU gem. § 194 Abs. 1 Nr. 3 KAGB	5/10/40 %-Regel Bis zu 10 % des Gesamtnennbetrags der im Umlauf befindlichen Schuldverschreibungen und Geldmarktinstrumente desselben Emittenten
Mit Begebung oder Garantie durch börsennotierte Unternehmen gem. § 194 Abs. 1 Nr. 4 KAGB	5/10/40-%-Regel Bis zu 10 % des Gesamtnennbetrags der im Umlauf befindlichen Schuldverschreibungen und Geldmarktinstrumente desselben Emittenten
Mit Begebung oder Garantie durch ein Kreditinstitut gem. § 194 Abs. 1 Nr. 5 KAGB	5/10/40 %-Regel Bis zu 10 % des Gesamtnennbetrags der im Umlauf befindlichen Schuldverschreibungen und Geldmarktinstrumente desselben Emittenten
Mit Begebung durch andere Emittenten gem. § 194 Abs. 1 Nr. 6 KAGB	5/10/40 %-Regel Bis zu 10 % des Gesamtnennbetrags der im Umlauf befindlichen Schuldverschreibungen und Geldmarktinstrumente desselben Emittenten
Nicht notierte Geldmarktinstrumente gem. § 198 Nr. 2 KAGB	Gesamt 10 % Bis zu 10 % des Gesamtnennbetrags der im Umlauf befindlichen Schuldverschreibungen und Geldmarktinstrumente desselben Emittenten
Derivate gem. § 197 KAGB	
Mit erwerbbaren Vermögensgegenständen gem. §§ 193 ff. KAGB als Basiswert	Qualifizierter Ansatz: Relativ bis zu 200 % oder Absolut bis 20 % des potentiellen Risikobetrags für das Marktrisiko gem. § 10 DerivateV 210 % mit Kreditaufnahme Einfacher Ansatz: Bis zu 100 %
Mit Finanzindizes als Basiswert	Qualifizierter Ansatz: Relativ bis zu 200 % oder Absolut bis 20 % des potentiellen Risikobetrags für das Marktrisiko gem. § 10 DerivateV 210 % mit Kreditaufnahme Einfacher Ansatz: Bis zu 100 %
Baskets	Qualifizierter Ansatz: Relativ bis zu 200 % oder Absolut bis 20 % des potentiellen Risikobetrags für das Marktrisiko gem. § 10 DerivateV 210 % mit Kreditaufnahme Einfacher Ansatz: Bis zu 100 %
Strukturierte Produkte gem. § 197 Abs. 1 Satz 2 KAGB – Kapitalgarantierte Zertifikate mit einem Partizipationsgrad ungleich 100 % – Bonuszertifikate und Discountzertifikate – Zertifikate mit Delta ungleich 1 bzw. nicht 1:1 – ABS einschließlich CDOs, wenn Forderungspool nicht ausreichend diversifiziert ist und der Verlust höher als das eingesetzte Kapital sein kann	Qualifizierter Ansatz: Relativ bis zu 200 % oder Absolut bis 20 % des potentiellen Risikobetrags für das Marktrisiko gem. § 10 DerivateV 210 % mit Kreditaufnahme Einfacher Ansatz: Bis zu 100 %
Wertpapierindex gem. § 209 KAGB	Bis zu 20 % für einen Emittenten 35 %

	Emittenten- oder emittentenbezogene Anlagegrenze (in % des Wertes eines inländischen OGAW)
Zertifikate	
1:1-Zertifikate auf nicht erwerbbare Vermögensgegenstände	5/10/40 %-Regel
Investmentanteile	
Anteile an OGAW-Zielfonds gem. § 196 Abs. 1 Satz 1 KAGB	Bis zu 20 % Bis zu 25 % der ausgegeben Anteile eines Investmentvermögens desselben Emittenten
Anteile an anderen Investmentanteilen gem. § 196 Abs. 1 Satz 2 KAGB	Bis zu 20 % Gesamt 30 % Bis zu 25 % der ausgegeben Anteile eines Investmentvermögens desselben Emittenten
Bankguthaben gem. § 195 KAGB	Bis zu 20 %
Kombinationsgrenze gem. § 206 Abs. 5 KAGB	
Wertpapiere, Geldmarktinstrumente, Einlagen und Anrechnungsbeträge für das Kontrahentenrisiko eines Emittenten	Gesamt 20 %
Wertpapiere, Geldmarktinstrumente, Einlagen und Anrechnungsbeträge für das Kontrahentenrisiko eines Emittenten oder Garanten gem. § 206 Abs. 2 und 3 KAGB	Gesamt 35 %

§ 206 Emittentengrenzen

(1) Die OGAW-Kapitalverwaltungsgesellschaft darf in Wertpapiere und Geldmarktinstrumente desselben Emittenten nur bis zu 5 Prozent des Wertes des inländischen OGAW anlegen; in diesen Werten dürfen jedoch bis zu 10 Prozent des Wertes des inländischen OGAW angelegt werden, wenn dies in den Anlagebedingungen vorgesehen ist und der Gesamtwert der Wertpapiere und Geldmarktinstrumente dieser Emittenten 40 Prozent des Wertes des inländischen OGAW nicht übersteigt.

(2) Die OGAW-Kapitalverwaltungsgesellschaft darf in Schuldverschreibungen, Schuldscheindarlehen und Geldmarktinstrumente, die vom Bund, von einem Land, der Europäischen Union, einem Mitgliedstaat der Europäischen Union oder seinen Gebietskörperschaften, einem anderen Vertragsstaat des Abkommens über den Europäischen Wirtschaftsraum, einem Drittstaat oder von einer internationalen Organisation, der mindestens ein Mitgliedstaat der Europäischen Union angehört, ausgegeben oder garantiert worden sind, jeweils bis zu 35 Prozent des Wertes des inländischen OGAW nur anlegen, wenn dies in den Anlagebedingungen vorgesehen ist.

(3) [1]Die OGAW-Kapitalverwaltungsgesellschaft darf in Pfandbriefe und Kommunalschuldverschreibungen sowie Schuldverschreibungen, die von Kreditinstituten mit Sitz in einem Mitgliedstaat der Europäischen Union oder in einem anderen Vertragsstaat des Abkommens über den Europäischen Wirtschaftsraum ausgegeben worden sind, jeweils bis zu 25 Prozent des Wertes des inländischen OGAW nur anlegen, wenn

1. dies in den Anlagebedingungen vorgesehen ist,

2. die Kreditinstitute auf Grund gesetzlicher Vorschriften zum Schutz der Inhaber dieser Schuldverschreibungen einer besonderen öffentlichen Aufsicht unterliegen,

3. die mit der Ausgabe der Schuldverschreibungen aufgenommenen Mittel nach den gesetzlichen Vorschriften in Vermögenswerten angelegt werden, die

   a) während der gesamten Laufzeit der Schuldverschreibungen die sich aus ihnen ergebenden Verbindlichkeiten ausreichend decken und

b) bei einem Ausfall des Emittenten vorrangig für die fällig werdenden Rückzahlungen und die Zahlung der Zinsen bestimmt sind.

2Legt die OGAW-Kapitalverwaltungsgesellschaft mehr als 5 Prozent des Wertes des inländischen OGAW in Schuldverschreibungen desselben Emittenten nach Satz 1 an, hat sie sicherzustellen, dass der Gesamtwert dieser Schuldverschreibungen 80 Prozent des Wertes des inländischen OGAW nicht übersteigt. 3Die Bundesanstalt übermittelt der Europäischen Wertpapier- und Marktaufsichtsbehörde und der Europäischen Kommission ein Verzeichnis der in Satz 1 genannten Kategorien von Schuldverschreibungen und Emittenten; diesem Verzeichnis ist ein Vermerk beizufügen, in dem die Art der Deckung erläutert wird.

(4) Die OGAW-Kapitalverwaltungsgesellschaft darf nur bis zu 20 Prozent des Wertes des inländischen OGAW in Bankguthaben nach Maßgabe des § 195 bei demselben Kreditinstitut anlegen.

(5) 1Die OGAW-Kapitalverwaltungsgesellschaft hat sicherzustellen, dass eine Kombination aus

1. Wertpapieren oder Geldmarktinstrumenten, die von ein und derselben Einrichtung begeben werden,

2. Einlagen bei dieser Einrichtung und

3. Anrechnungsbeträgen für das Kontrahentenrisiko der mit dieser Einrichtung eingegangenen Geschäfte

20 Prozent des Wertes des jeweiligen inländischen OGAW nicht übersteigt. 2Satz 1 gilt für die in den Absätzen 2 und 3 genannten Emittenten und Garantiegeber mit der Maßgabe, dass die OGAW-Kapitalverwaltungsgesellschaft sicherzustellen hat, dass eine Kombination der in Satz 1 genannten Vermögensgegenstände und Anrechnungsbeträge 35 Prozent des Wertes des jeweiligen inländischen OGAW nicht übersteigt. 3Die jeweiligen Einzelobergrenzen bleiben in beiden Fällen unberührt.

(6) 1Die in den Absätzen 2 und 3 genannten Schuldverschreibungen, Schuldscheindarlehen und Geldmarktinstrumente werden bei der Anwendung der in Absatz 1 genannten Grenze von 40 Prozent nicht berücksichtigt. 2Die in den Absätzen 1 bis 5 genannten Grenzen dürfen abweichend von der Regelung in Absatz 5 nicht kumuliert werden.

(7) Wertpapiere und Geldmarktinstrumente von Unternehmen, zwischen denen eine Verbindung im Sinne des § 290 Absatz 1 Satz 1 des Handelsgesetzbuchs besteht, gelten als Wertpapiere desselben Emittenten.

In der Fassung vom 4.7.2013 (BGBl. I 2013, S. 1981).

Schrifttum: BaFin, FAQ Eligible Assets, WA 41-Wp 2137-2013/0001 (Stand: 5.7.2016); *Köndgen/Schmies* in Schimansky/Bunte/Lwowski, Bankrechts-Handbuch, 5. Aufl. 2017.

I. Entstehungsgeschichte

1. EU-Recht

Die §§ 206 bis 211 KAGB setzen Art. 52 bis 57 OGAW IV-RL um. § 206 KAGB setzt Art. 52 OGAW IV-RL um. 1

2. Historie

2 § 206 KAGB übernimmt mit einigen redaktionellen Änderungen den Wortlaut des § 60 InvG. Die Begriffe des Ausstellers und der Ausstellergrenze wurden an die neuen Definitionen des KAGB angepasst. Die neuen Begriffe gemäß KAGB lauten Emittent und Emittentengrenze.

II. Normzweck

3 Mit §§ 206 bis 210 KAGB soll dem Grundsatz der Risikomischung Rechnung getragen werden. Die Risikomischung gilt als wesentliche Pflicht der OGAW-KVG und hat als Funktion eines Auffangtatbestandes eine überragende Bedeutung für die Anlagepolitik der OGAW-KVG.[1] Die OGAW-KVG soll mit den festgelegten Grenzen gezwungen werden, ihre Investitionen möglichst breit zu streuen; dadurch werden die Anleger vor einseitigen Investitionsentscheidungen der OGAW-KVG geschützt. **Markt- und Kreditrisiken** sollen limitiert werden.[2]

4 Aus § 211 Abs. 2 KAGB ergibt sich, dass für Grenzen das Bestandsgrenzenprinzip gilt. Das bedeutet, dass die Grenzen nicht nur beim Erwerb von Vermögensgegenständen zu beachten ist, sondern auch bei jedem Geschäftsvorfall eingehalten werden muss.[3]

III. Anwendungsbereich

5 Die §§ 206 bis 211 KAGB gelten unmittelbar für OGAW. Aufgrund diverser gesetzlicher Verweisungen gelten diese Vorschriften – vorbehaltlich abweichender speziellerer Regelungen – außerdem für andere offene Publikums-AIF, wie gemischte Investmentvermögen gem. § 218 KAGB, Immobilien-Sondervermögen gem. § 230 Abs. 1 KAGB und offene inländische Spezial-AIF mit festen Anlagebedingungen gem. § 284 Abs. 1 KAGB. Gem. § 317 Abs. 1 Nr. 7 lit. c KAGB gelten die §§ 192 bis 213 KAGB mittelbar auch für EU-AIF und ausländische AIF, die an Privatanleger in Deutschland vertrieben werden sollen.

1. Allgemeine Emittentengrenzen (§ 200 Abs. 1 KAGB)

6 Die in § 206 KAGB enthaltenen Emittentengrenzen enthalten nur **Höchstgrenzen.** Es ist keine Mindestanlage in Wertpapiere oder Geldmarktinstrumente vorgeschrieben. Aus den Anlagebedingungen des inländischen OGAW kann sich jedoch eine Anforderung an eine Mindestanlage ergeben.

7 Die Grenzen gelten immer in Bezug auf einen bestimmten Emittenten. Ein Emittent ist derjenige, der die Wertpapiere begibt oder durch Dritte begeben lässt.

8 § 206 Abs. 1 KAGB beinhaltet die Grundregel (die sog. **5/10/40 %-Regel**) für die Risikomischung für die Anlage des inländischen OGAW in Wertpapiere und Geldmarktinstrumente. Diese Regel legt fest, dass ein OGAW-KVG maximal 5 % des Wertes des inländischen OGAW in Wertpapiere und Geldmarktinstrumente desselben Emittenten investieren darf. Davon abweichend ist die Ausweitung der Grenze auf bis zu 10 % möglich, sofern dies in den Anlagebedingungen des OGAW vorgesehen ist. Gleichzeitig darf der Gesamtwert der Wertpapiere und Geldmarktinstrumente dieser Emittenten (nämlich derjenigen, die 5 % übersteigen) 40 % des Wertes des inländischen OGAW nicht übersteigen. Daraus ergibt sich, dass bei voller Ausschöpfung der Anlegergrenzen der inländischen OGAW Anlageinstrumente von mindestens 16 verschiedenen Emittenten in seinem Portfolio halten muss.

9 Die Emittentengrenzen gelten für Wertpapiere gem. § 193 KAGB, diese umfassen auch Schuldscheindarlehen,[4] sowie Geldmarktinstrumente gem. § 194 Abs. 1 KAGB und Bezugsrechte, die nicht in Wertpapiere verbrieft werden. Von Pensionsgeschäften betroffene Vermögensgegenstände, Derivate und Anlageinstrumente mit derivativen Komponenten sind gem. §§ 23 f. DerivateV bei der Berechnung der Emittentengrenze nach ihrem Risiko anzurechnen. In der DerivateV wird dabei von der Ausstellergrenze gesprochen, der Begriff ist jedoch als Synonym für den im KAGB verwendeten Begriff der Emittentengrenze zu verstehen.

10 Beim Erwerb von 1:1-Zertifikaten, die von 16 unterschiedlichen Emittenten stammen, aber alle das gleiche Referenz-Asset (z.B. die gleiche Aktie) haben, wird die Emittentengrenze des § 206 Abs. 1 KAGB eingehal-

1 *Köndgen/Schmies* in Schimansky/Bunte/Lwowski, § 113 Rz. 2.
2 *Brenner* in Moritz/Klebeck/Jesch, § 206 KAGB Rz. 7.
3 Begr. RegE, BT-Drucks. 11/5411, 29.
4 *Kayser/Holleschek* in Emde/Dornseifer/Dreibus/Hölscher, § 60 InvG Rz. 8.

ten. Jedoch wird die qualitative Komponente des Grundsatzes der Risikomischung (Art. 1 Abs. 2 lit. a OGAW IV-RL) nicht beachtet, da alle Zertifikate das gleiche Referenz-Asset haben.[5]

§ 206 KAGB enthält keine dem § 27 Abs. 7 DerivateV entsprechende Regelung, nach der durch Stellung von Sicherheiten das Emittentenrisiko verringert bzw. die Emittentengrenze gem. § 206 Abs. 1 KAGB überschritten werden kann.[6] 11

2. Ausnahmen für Anlagen bei bestimmten öffentlichen Emittenten (§ 206 Abs. 2 KAGB)

Für Schuldverschreibungen, Schuldschein-Darlehen und Geldmarktinstrumente, die vom Bund, einem Bundesland, der Europäischen Union, einem Mitgliedsstaat der EU oder seinen Gebietskörperschaften, einem Vertragsstaat des EWR, einem Drittstaat oder einer internationalen Organisation, der mindestens ein Mitgliedstaat der EU angehört, emittiert oder garantiert werden, sieht § 206 Abs. 2 KAGB eine Anhebung der Emittentengrenze vor. Abweichend von der Grundregel ist der Erwerb dieser Vermögensgegenstände jeweils bis zu **35 %** des Wertes des inländischen OGAW erlaubt, jedoch nur wenn dies in den **Anlagebedingungen** ausdrücklich vorgesehen ist. 12

Nach der Systematik der Risikomischungsvorschriften stellen diese privilegierten Schuldverschreibungen eine andere Risikoklasse als „normale" Anlagen dar. Ein inländischer OGAW darf nach § 206 Abs. 2 KAGB aus Wertpapieren von nur **drei Emittenten** bestehen. 13

Diese Ausweitung der Obergrenze wurde bisher damit gerechtfertigt, dass für staatliche Emittenten praktisch kein Ausfallrisiko besteht, da ein Staat oder eine staatliche Einrichtung nicht wie ein Unternehmen insolvent gehen kann.[7] Diese Annahme ist jedoch nach der Schuldenkrise einiger Staaten in Europa zu überdenken. Dennoch ist aus politischen und staatsfinanziell motivierten Gründen nicht davon auszugehen, dass der Gesetzgeber auf diese Umstände reagiert und diese Norm entsprechend anpasst.[8] 14

3. Besondere Anlagegrenzen für bestimmte Anlagen bei Kreditinstituten (§ 206 Abs. 3 KAGB)

In § 206 Abs. 3 Satz 1 KAGB ist eine Grenze von maximal **25 % je Emittent** für **Pfandbriefe** gem. § 1 PfandBG, Kommunalschuldverschreibungen sowie besonders gedeckte Schuldverschreibungen festgelegt. Kommunalschuldverschreibungen werden auch als öffentliche Pfandbriefe bezeichnet (vgl. § 1 Abs. 1 Nr. 2 PfandBG); die zusätzliche Nennung im KAGB begründet sich daraus, dass das PfandBG erst nach dem Inkrafttreten des InvG verabschiedet wurde und die Vorschrift aus dem InvG in das KAGB übernommen wurde. Besonders gedeckte Schuldverschreibungen sind solche, die von Kreditinstituten mit Sitz in einem Mitgliedstaat der EU oder einem Vertragsstaat des Abkommens über den EWR ausgegeben worden sind. Diese Schuldverschreibungen werden auch als „covered bonds" bezeichnet. 15

Eine OGAW-KVG darf für einen inländischen OGAW die Obergrenze von 25 % nur in Anspruch nehmen, wenn folgende **Voraussetzungen kumulativ** erfüllt werden: 16

- die Anlagenobergrenze von 25 % in den Anlagebedingungen festgeschrieben ist,
- die ausgebenden Kreditinstitute auf Grund gesetzlicher Vorschriften zum Schutz der Inhaber dieser Schuldverschreibungen einer besonderen öffentlichen Aufsicht unterliegen,
- die mit der Ausgabe der Schuldverschreibungen aufgenommenen Mittel nach den gesetzlichen Vorschriften in Vermögenswerten angelegt werden, die a) während der gesamten Laufzeit der Schuldverschreibungen die sich aus ihnen ergebenden Verbindlichkeiten ausreichend decken und b) bei einem Ausfall des Emittenten vorrangig für die fällig werdenden Rückzahlungen und die Zahlung der Zinsen bestimmt sind.

Gemäß § 206 Abs. 3 Satz 3 KAGB übermittelt die BaFin der ESMA und der Europäischen Kommission ein Verzeichnis der in § 206 Abs. 3 Satz 1 KAGB genannten Kategorien von Schuldverschreibungen und Emittenten. Auch die Art der Deckung ist dem Verzeichnis beigefügt. 17

Die Regelung des § 206 Abs. 3 Satz 2 KAGB schränkt diese Privilegierung durch eine 80 %-Grenze teilweise wieder ein. Demnach hat die OGAW-KVG sicherzustellen, dass der Gesamtwert dieser Schuldverschreibungen 80 % des Wertes des inländischen OGAW nicht übersteigt, sofern mehr als 5 % des Wertes des inländischen OGAW in Schuldverschreibungen desselben Emittenten nach § 206 Abs. 3 Satz 1 KAGB angelegt werden. 18

5 BaFin, FAQ Eligible Assets, WA 41-Wp 2137-2013/0001, Teil 1 Frage 21 (Stand: 5.7.2016).
6 BaFin, FAQ Eligible Assets, WA 41-Wp 2137-2013/0001, Teil 1 Frage 19 (Stand: 5.7.2016).
7 *Brümmer* in Berger/Steck/Lübbehüsen, § 62 InvG Rz. 1.
8 *Kayser/Holleschek* in Emde/Dornseifer/Dreibus/Hölscher, § 62 InvG Rz. 1.

19 Kombiniert man die 25 %-Grenze hinsichtlich der einzelnen Emissionen mit der Gesamtobergrenze von 80 % für Schuldverschreibungen gem. § 206 Abs. 3 KAGB, so kann dies dazu führen, dass eine OGAW-KVG diese Obergrenze bereits durch den Erwerb von Schuldverschreibungen aus vier einzelnen Emissionen erreicht. Bei vollständiger Ausreizung dieser Grenzen erwirbt die OGAW-KVG drei Emissionen mit einem Anteil von 25 % sowie eine weitere Emission mit einem Anteil von 5 %.[9]

4. Spezielle Anlagegrenzen für Bankguthaben (§ 206 Abs. 4 KAGB)

20 Gemäß § 206 Abs. 4 KAGB darf die OGAW-KVG maximal 20 % des Wertes des inländischen OGAW in Bankguthaben gem. § 195 KAGB bei demselben Kreditinstitut anlegen. Jedoch kann die OGAW-KVG den maximalen Anteil an Bankguthaben frei festlegen. In der Praxis geben die meisten OGAW-KVGen nur den Gesetzeswortlaut des § 195 KAGB wieder (vgl. § 7 BVI Muster AAB für inländische OGAW). Die BaFin vertritt die Meinung, dass sich diese Grenze auf eine Gruppe von Kreditinstituten bezieht. In einem unveröffentlichten Schreiben vom 17.2.2010 begründet die BaFin diese Ansicht mit der Auslegung des Wortlauts des § 60 Abs. 5 Satz 1 Nr. 2 InvG (jetzt § 206 Abs. 5 Satz 1 Nr. 2 KAGB). Mit „Einlagen bei diesen Einrichtungen" sei nach allgemeinem Verständnis die gesamte Unternehmensgruppe gemeint.[10] In Hinblick auf die Insolvenz von Lehman Brothers und anderen vergleichbare Regelungen im Bankenrecht ist diese Ansicht sicherlich als sachgerecht zu bewerten.[11]

5. Kombinationsgrenze bei Anwendung mehrerer Ausstellergrenzen (§ 206 Abs. 5 KAGB)

21 § 206 Abs. 5 Satz 1 KAGB erfasst eine sog. **Kombinationsgrenze** für Anlagen in bestimmte Vermögensgegenstände, die in ein und derselben Einrichtung erfolgen. Dadurch soll verhindert werden, dass bei einem Ausfall eines Kreditinstituts das inländische OGAW mit erheblichen Verlusten belastet wird. Daher hat die OGAW-KVG sicherzustellen, dass eine Kombination der folgenden Vermögensgegenstände **20 %** des Werts des inländischen OGAW nicht übersteigt:

- Wertpapieren oder Geldmarktinstrumenten, die von ein und derselben Einrichtung begeben werden,
- Einlagen bei dieser Einrichtung und
- Anrechnungsbeträgen für das Kontrahentenrisiko der mit dieser Einrichtung eingegangenen Geschäfte.

22 Die 20 %-Grenze wiederspricht der Privilegierung gem. § 206 Abs. 3 KAGB. Daher legt § 206 Abs. 5 Satz 2 KAGB für die in § 206 Abs. 2 und 3 KAGB genannten Emittenten und Garantiegeber eine erweiterte Kombinationsgrenze von 35 % des Werts des inländischen OGAW fest. Allerdings müssen die in § 206 Abs. 1 bis 4 KAGB festgelegten Einzelobergrenzen (10 %, 25 %, 35 % und 20 %) weiterhin eingehalten werden.

6. Beziehung der Ausstellergrenzen zueinander (§ 206 Abs. 6 KAGB)

23 In § 206 Abs. 6 KAGB wird festgelegt, dass die 40 %-Grenze von § 206 Abs. 1 KAGB für die in § 206 Abs. 2 und 3 KAGB genannten Anlagen nicht gilt. Diese Regelung wird mit der geringeren Ausfallswahrscheinlichkeit der dort genannten Emittenten begründet.[12] Die OGAW-KVG kann damit wie nach § 206 Abs. 1 KAGB zulässig jeweils bis zu 10 % des Werts des OGAW in Wertpapiere von vier verschiedenen Emittenten anlegen. Zusätzlich kann sie noch jeweils bis zu 35 % in Wertpapiere eines Emittenten i.S.d. § 206 Abs. 2 KAGB investieren, wodurch die Mindestzahl der Emittenten von 16 auf lediglich sechs gesenkt wird (4 mal 10 % nach § 206 Abs. 1 KAGB sowie 1 mal 35 % und 1 mal 25 % nach § 206 Abs. 2 Satz 1 KAGB).[13] Abweichend von der Regelung in § 206 Abs. 5 KAGB dürfen die in § 206 Abs. 1 bis 5 KAGB genannten Grenzen nicht kumuliert werden.

7. Sonderregelung für Konzernunternehmen (§ 206 Abs. 7 KAGB)

24 Gemäß § 206 Abs. 7 KAGB wird festgelegt, dass Wertpapiere und Geldmarktinstrumente als Wertpapiere desselben Emittenten gelten, wenn zwischen diese Emittenten eine **Verbindung** i.S.d. § 290 Abs. 1 Satz 1 HGB besteht. Eine Verbindung i.S.d. § 290 Abs. 1 Satz 1 HGB besteht, wenn ein Mutterunternehmen auf ein anderes Unternehmen (Tochterunternehmen) unmittelbar oder mittelbar einen beherrschenden Einfluss ausüben kann. Es wird folglich auf die „mögliche Beherrschung" eines Unternehmens abgestellt.

---

9 *Kayser/Holleschek* in Weitnauer/Boxberger/Anders, § 206 KAGB Rz. 12.

10 *Brümmer* in Berger/Steck/Lübbehüsen, § 60 InvG Rz. 24.

11 *Kayser/Holleschek* in Emde/Dornseifer/Dreibus/Hölscher, § 60 InvG Rz. 33.

12 *Brenner* in Moritz/Klebeck/Jesch, § 206 KAGB Rz. 12; *Kayser/Holleschek* in Emde/Dornseifer/Dreibus/Hölscher, § 60 InvG Rz. 66.

13 *Kayser/Holleschek* in Emde/Dornseifer/Dreibus/Hölscher, § 60 InvG Rz. 40.

Nach § 290 Abs. 2 HGB besteht stets ein beherrschender Einfluss des Mutterunternehmens, wenn

- ihm bei einem anderen Unternehmen hm bei einem anderen Unternehmen die Mehrheit der Stimmrechte der Gesellschafter zusteht,
- ihm bei einem anderen Unternehmen das Recht zusteht, die Mehrheit der Mitglieder des die Finanz- und Geschäftspolitik bestimmenden Verwaltungs-, Leitungs- oder Aufsichtsorgans zu bestellen oder abzuberufen, und es gleichzeitig Gesellschafter ist,
- ihm das Recht zusteht, die Finanz- und Geschäftspolitik auf Grund eines mit einem anderen Unternehmen geschlossenen Beherrschungsvertrages oder auf Grund einer Bestimmung in der Satzung des anderen Unternehmens zu bestimmen, oder
- es bei wirtschaftlicher Betrachtung die Mehrheit der Risiken und Chancen eines Unternehmens trägt, das zur Erreichung eines eng begrenzten und genau definierten Ziels des Mutterunternehmens dient (Zweckgesellschaft). Neben Unternehmen können Zweckgesellschaften auch sonstige juristische Personen des Privatrechts oder unselbständige Sondervermögen des Privatrechts sein, ausgenommen Spezial-Sondervermögen im Sinn des § 2 Abs. 3 InvG oder vergleichbare ausländische Investmentvermögen oder als Sondervermögen aufgelegte offene inländische Spezial-AIF mit festen Anlagebedingungen i.S.d. § 284 KAGB oder vergleichbare EU-Investmentvermögen oder ausländische Investmentvermögen, die den als Sondervermögen aufgelegten offenen inländischen Spezial-AIF mit festen Anlagebedingungen i.S.d. § 284 KAGB vergleichbar sind.

Somit sind bei der Bestimmung der Austellergrenzen auch **Zweckgesellschaften** zu berücksichtigen.[14]

§ 207 Erwerb von Anteilen an Investmentvermögen

(1) Die OGAW-Kapitalverwaltungsgesellschaft darf in Anteile an einem einzigen Investmentvermögen nach Maßgabe des § 196 Absatz 1 nur bis zu 20 Prozent des Wertes des inländischen OGAW anlegen.

(2) Die OGAW-Kapitalverwaltungsgesellschaft darf in Anteile an Investmentvermögen nach Maßgabe des § 196 Absatz 1 Satz 2 insgesamt nur bis zu 30 Prozent des Wertes des inländischen OGAW anlegen.

In der Fassung vom 4.7.2013 (BGBl. I 2013, S. 1981).

Schrifttum: BaFin, Rundschreiben 14/2008 (WA) zum Anwendungsbereich des Investmentgesetzes nach § 1 Satz 1 Nr. 2 InvG, WA 41-Wp 2136-2008/0001 (Stand: 22.12.2008).

I. Entstehungsgeschichte

1. EU-Recht

Mit § 207 KAGB wird der Art. 55 OGAW IV-RL (entspricht Art. 24 OGAW-RL) ins deutsche Recht umgesetzt. 1

14 So auch *Brenner* in Moritz/Klebeck/Jesch, § 206 KAGB Rz. 37; *Kayser/Holleschek* in Weitnauer/Boxberger/Anders, § 206 KAGB Rz. 23.

2. Historie

2 § 207 KAGB wurde inhaltlich im Zuge des InvModG als § 61 in das InvG eingefügt und ist seither in seinem Gehalt unverändert geblieben.[1] Abgesehen von redaktionellen Änderungen entspricht § 207 KAGB dem zuvor geltenden § 61 InvG.

II. Normzweck

3 § 207 KAGB legt für eine OGAW-KVG die Erwerbsgrenzen von Anteilen an Investmentvermögen i.S.d. § 196 KAGB fest, um eine **Diversifikation** zu gewährleisten und die doppelte **Kostenbelastung** der Anleger zu begrenzen. Durch die Regelung soll sichergestellt werden, dass ein OGAW nur einen bestimmten Wert in inländische OGAW und in nicht harmonisierte Investmentvermögen investieren kann. § 207 KAGB dient so dem Anlegerschutz kraft Risikostreuung und soll einer Umgehung der Vorschriften über den Erwerb von nicht OGAW-konformen Investmentvermögen vermeiden.[2]

III. Anwendungsbereich

4 Die OGAW-KVGen investieren in der Regel unmittelbar in verschiedene Vermögensgegenstände, wie Aktien, Anleihen oder Derivate. Gemäß § 196 KAGB besteht aber auch die Möglichkeit Anteile an anderen Investmentvermögen zu erwerben. Dadurch kann eine größere **Risikostreuung** erzielt werden.

5 Es ist jedoch zu beachten, dass die Anlage in andere Investmentanteile nur die Ausnahme sein sollte. Dies ist damit zu begründen, dass die Anleger die OGAW-KVGen dafür bezahlen, die Vermögensallokation selbst zu treffen. Außerdem entsteht eine „doppelte" Managementgebühr, einmal auf Ebene der investierenden Fonds und einmal auf Ebene der Zielfonds.[3] Daher wurden Anlagegrenzen für Anlagen in Investmentvermögen geschaffen.

6 Um eine Risikostreuung auf Ebene des investierenden Fonds zu gewährleistet enthält § 207 KAGB eine Risikomischungsvorschrift für die Anlage in andere Investmentvermögen. Diese Risikostreuungsvorschrift geht über die Risikomischung auf Ebene des Zielfonds hinaus.

1. Anlagegrenzen je Investmentvermögen (§ 207 Abs. 1 KAGB)

7 Eine inländische OGAW-KVG darf maximal **20 %** ihres Fondsvermögens in Anteile an einem einzigen Investmentvermögen gem. § 196 Abs. 1 KAGB anlegen. Diese Grenze gilt daher für alle zulässigen Zielfonds, also sowohl für inländische und EU-OGAW als auch zulässige AIF.

8 Eine Gesamtanlagegrenze für die Anlage in andere OGAW besteht nicht. Es ist somit grundsätzlich möglich, dass eine OGAW-KVG unter Einhaltung der jeweils geltenden 20 %-Grenze das gesamte Vermögen des OGAW in andere OGAW investiert. Der Risikomischungsgrundsatz wird selbst bei voller Ausnutzung der Grenzen beachtet, da diese Investmentvermögen selbst diesen Grundsatz einhalten müssen.[4]

2. Gesamtanlagegrenze in AIF (§ 207 Abs. 2 KAGB)

9 Investitionsvermögen, die nicht der OGAW-RL unterliegen, dürfen für inländische OGAW nur erworben werden, soweit sie die weiteren Voraussetzungen des § 196 Abs. 1 Satz 2 KAGB erfüllen. Diese erwerbbaren AIF müssen zwar mit OGAW grundsätzlich vergleichbar sein, haben aber keine vergleichbaren Vorgaben hinsichtlich der Diversifikation und des Anlegerschutzes. Daher ist die Sicherstellung des Grundsatzes der Risikomischung problematisch.

10 Die BaFin hat in ihrem Rundschreiben zum Anwendungsbereich des Investmentgesetzes nach § 1 Satz 1 Nr. 2 InvG gewisse Mindestanforderungen an die Risikomischung ausländischer Investmentvermögen gestellt. Gemäß diesen Anforderungen liegt eine Risikomischung regelmäßig dann vor, wenn:

– das Vermögen zum Zwecke der Risikostreuung in mehr als drei Vermögensgegenständen mit unterschiedlichen Anlagerisiken angelegt ist;

---

1 BGBl. I 2003, S. 2676.
2 *Brenner* in Moritz/Klebeck/Jesch, § 207 KAGb Rz. 3; *Mayer* in Baur/Tappen, § 207 KAGB Rz. 1.
3 *Glander/Mayr* in Baur/Tappen, § 207 KAGB Rz. 1.
4 *Kayser/Holleschek* in Emde/Dornseifer/Dreibus/Hölscher, § 61 InvG Rz. 4; *Kayser/Holleschek* in Weitnauer/Boxberger/Anders, § 207 KAGB Rz. 3.

- das Halten der Vermögensgegenstände Anlagezwecken und nicht etwa der Unterhaltung von Liquidität dient;
- das Vermögen in nicht nur unerheblichem Umfang Anteile an einem oder mehreren anderen Vermögen enthält und diese anderen Vermögen unmittelbar oder mittelbar nach dem Grundsatz der Risikomischung angelegt sind.

Demgemäß genügt die zufällige Herbeiführung einer Risikomischung nicht, wenn für die Bildung und Zusammensetzung des Vermögens auch andere Überlegungen als die Herbeiführung einer Risikomischung maßgebend sind. Bei den vorgenannten anderen Vermögen muss es sich nicht um Investmentvermögen gem. § 1 Abs. 1 KAGB handeln, es kann sich auch um Immobilien-Gesellschaften oder ÖPP-Projektgesellschaften handeln.[5]

Diese Anforderungen entsprechen jedoch noch nicht den strengen Anforderungen der Emittentengrenzen gem. §§ 206 ff. KAGB. Daher darf die OGAW-KVG insgesamt maximal **30 %** des Werts des inländischen OGAW in Anteile an nicht richtlinienkonforme Investmentvermögen gem. § 196 Abs. 1 Satz 2 KAGB anlegen. 11

3. Einbeziehung von Derivaten in die Berechnung der Anlagegrenzen

Bei der Berechnung der Auslastung der Anlagegrenzen sind gem. § 23 Abs. 1 DerivateV Derivate sowie derivative Komponenten, die von Wertpapieren, Geldmarktinstrumenten oder Investmentanteilen gemäß § 196 KAGB abgeleitet sind, einzubeziehen. 12

4. Anteile an geschlossenen Fonds

Anteile an geschlossenen Fonds, die die Vorgaben des § 193 Abs. 1 Nr. 7 KAGB erfüllen, werden als Wertpapiere erworben. Somit ist § 206 und nicht § 207 bei dem Erwerb solcher Anteile anwendbar. 13

§ 208 Erweiterte Anlagegrenzen

Die OGAW-Kapitalverwaltungsgesellschaft darf abweichend von § 206 Absatz 1 in Wertpapiere und Geldmarktinstrumente desselben Emittenten nach Maßgabe des § 206 Absatz 2 mehr als 35 Prozent des Wertes des inländischen OGAW anlegen, wenn

1. **dies in den Anlagebedingungen des inländischen OGAW unter Angabe der betreffenden Emittenten vorgesehen ist und**
2. **die für Rechnung des inländischen OGAW gehaltenen Wertpapiere und Geldmarktinstrumente aus mindestens sechs verschiedenen Emissionen stammen, wobei nicht mehr als 30 Prozent des Wertes des inländischen OGAW in einer Emission gehalten werden dürfen.**

In der Fassung vom 4.7.2013 (BGBl. I 2013, S. 1981).

I. Entstehungsgeschichte

1. EU-Recht

§ 208 KAGB setzt Art. 54 OGAW IV-RL (entspricht Art. 23 OGAW-RL) um. 1

2. Historie

Diese Vorschrift übernimmt in § 207 KAGB inhaltlich die Regelung des § 62 InvG. In § 8a KAGG waren bereits erweiterte Anlagegrenzen für bestimmte öffentliche Emittenten vorgesehen. 2

5 BaFin, Rundschreiben 14/2008 (WA) zum Anwendungsbereich des Investmentgesetzes nach § 1 Satz 1 Nr. 2 InvG, WA 41-Wp 2136-2008/0001, I.1.b) (Stand: 22.12.2008).

II. Normzweck

3 § 208 KAGB erweitert für ein OGAW die Möglichkeit in Wertpapiere und Geldmarktinstrumente zu anzulegen, die gem. § 206 Abs. 2 KAGB von einer öffentlichen Institution emittiert oder garantiert wurden. Hintergrund der Regelung ist, dass ein Ausfall eines solchen öffentlichen Emittenten, als sehr unwahrscheinlich galt[1] und der Gesetzgeber von nahezu keinem Ausfallrisiko ausging.[2, 3]

III. Anwendungsbereich

4 § 208 KAGB bezieht sich auf Wertpapiere und Geldmarktinstrumente der in § 206 Abs. 2 KAGB genannten Emittenten. Diese Vorschrift erweitert die nach § 206 Abs. 2 KAGB für bestimmte Emittenten ohnehin schon im Vergleich zu § 206 Abs. 1 KAGB schon erhöhte Anlegergrenzen nochmals. Nach § 208 KAGB ist es zulässig, dass die OGAW-KVG mehr als **35 %** des Wertes der inländischen OGAW in Wertpapiere und Geldmarktinstrumente der folgenden Emittenten oder Garanten anlegt:

- dem Bund oder einem Bundesland,
- der Europäischen Union, einem Mitgliedsstaat der EU oder seinen Gebietskörperschaften,
- einem Vertragsstaat des EWR, einem Drittstaat oder einer internationalen Organisation, der mindestens ein Mitgliedstaat der EU.

5 Um die 35 %-Grenze erweitern zu dürfen, muss in den **Anlagebedingungen** diese Erweiterung vorgesehen sowie die Emittenten, die von der Erweiterung betroffen sind, angegeben werden. Im Ergebnis lässt damit die OGAW-KVG die Erweiterung für die Emittenten zu, deren Bonität sie für ausreichend erachtet.[4] Um auch hier dem Risikostreuungsgrundsatz gerecht zu werden, müssen für Rechnung des inländischen OGAW gehaltenen Wertpapiere und Geldmarktinstrumente aus mindestens **sechs verschiedenen Emissionen** stammen. Zudem darf eine einzelne Emission max. 30 % des Wertes des inländischen OGAW betragen. Unter Einhaltung dieser Vorgaben darf die OGAW-KVG ausschließlich Anlagen erwerben, die von einem einzigen öffentlichen Emittenten stammen (auch Ein-Emittenten- oder Staatsanleihen-Fonds). § 208 KAGB ermöglicht damit, dass ein inländischer OGAW zu 100 % in öffentliche Wertpapiere oder Geldmarktinstrumente nur eines Emittenten investiert ist.

6 Die Erweiterung der Ausnahmeregelung wurde bisher damit gerechtfertigt, dass für staatliche Emittenten praktisch kein Ausfallrisiko besteht. Diese Annahme ist jedoch nach der Schuldenkrise einiger Staaten in Europa zu überdenken. Dennoch ist aus politischen und staatsfinanziell motivierten Gründen nicht davon auszugehen, dass der Gesetzgeber auf diese Umstände reagiert und diese Norm entsprechend anpasst.

§ 209 Wertpapierindex-OGAW

(1) [1]Abweichend zu der in § 206 bestimmten Grenze darf die OGAW-Kapitalverwaltungsgesellschaft bis zu 20 Prozent des Wertes des inländischen OGAW in Wertpapiere eines Emittenten anlegen, wenn nach den Anlagebedingungen die Auswahl der für den inländischen OGAW zu erwerbenden Wertpapiere darauf gerichtet ist, unter Wahrung einer angemessenen Risikomischung einen bestimmten, von der Bundesanstalt anerkannten Wertpapierindex nachzubilden (Wertpapierindex-OGAW). [2]Der Wertpapierindex ist insbesondere anzuerkennen, wenn

1. seine Zusammensetzung hinreichend diversifiziert ist,

2. er eine adäquate Bezugsgrundlage für den Markt darstellt, auf den er sich bezieht,

3. er in angemessener Weise veröffentlicht wird.

[3]Ein Wertpapierindex stellt eine adäquate Bezugsgrundlage für den Markt dar, wenn er die Anforderungen des Artikels 12 Absatz 3 der Richtlinie 2007/16/EG erfüllt. [4]Ein Wertpapierindex wird in angemessener Weise veröffentlicht, wenn die Kriterien des Artikels 12 Absatz 4 der Richtlinie 2007/16/EG erfüllt sind.

1 *Kayser/Holleschek* in Emde/Dornseifer/Dreibus/Hölscher, § 62 InvG Rz. 1.
2 *Brümmer* in Berger/Steck/Lübbehüsen, § 62 InvG Rz. 1.
3 *Brenner* in Moritz/Klebeck/Jesch, § 208 KAGB Rz. 2.
4 *Kayser/Holleschek* in Emde/Dornseifer/Dreibus/Hölscher, § 62 InvG Rz. 1.

(2) [1]Die in § 206 Absatz 1 bestimmte Grenze darf für Wertpapiere eines Emittenten auf bis zu 35 Prozent des Wertes des inländischen OGAW angehoben werden, wenn die Anforderungen nach Maßgabe des Absatzes 1 erfüllt sind. [2]Eine Anlage bis zu der Grenze nach Satz 1 ist nur bei einem einzigen Emittenten zulässig.

In der Fassung vom 4.7.2013 (BGBl. I 2013, S. 1981).

Schrifttum: BaFin, FAQ Eligible Assets, WA 41-Wp 2137-2013/0001 (Stand: 5.7.2016); BaFin, Richtlinie zur Festlegung von Fondskategorien gemäß § 4 Absatz 2 KAGB und weitere Transparenzanforderungen an bestimmte Fondskategorien (Fassung vom 22.7.2013); ESMA, Leitlinien 2014/937DE (Stand: 1.8.2014).

I. Allgemeines zu Indexfonds

Im Vergleich zu aktiv gemanagten Investmentvermögen handelt es sich bei Wertpapierindex-OGAW um Investmentvermögen, welche eine **passive Investmentstrategie** verfolgen und die Performance einer bestimmten **Benchmark** oder eines **Index** nachvollziehen. Die passive Investmentstrategie hat den Vorteil, dass keine permanente Marktbeobachtung erforderlich ist und somit geringere Managementgebühren für die Verwaltung derartiger Fonds anfallen.[1] 1

In der Regel gibt es zwei Möglichkeiten, wie die Wertentwicklung einer Benchmark oder eines Indexes mit Hilfe eines Fonds nachvollzogen werden kann, nämlich als voll replizierte Indexfonds oder als synthetische Indexfonds. Charakteristisch für einen voll replizierten Indexfonds ist, dass die Wertpapiere eines Index tatsächlich, also physisch in der entsprechenden Gewichtung im Portfolio enthalten sind. Der grösste Vorteil dieser Variante ist die größtmögliche Transparenz des Fonds. Bei der synthetischen Replikation investiert der Fonds den Großteil seines Vermögens in liquide Vermögensgegenstände, wobei diese nicht zwingend jenen des zugrunde liegenden Index entsprechen müssen. Gleichzeitig schließt der Fonds Swap-Geschäfte ab, um die Wertentwicklung einer Benchmark oder eines Indexes nachzuvollziehen.[2] 2

Ein Swap-Geschäft ist eine vertragliche Vereinbarung zwischen zwei Parteien, die gewisse zukünftige Zahlungsströme untereinander austauschen. Mit diesem Vorgehen wird bezweckt, dass die Wertentwicklung der Wertpapiere aus dem Portfolio für Fonds gegen die Wertentwicklung des durch den Indexfonds replizierten Index auf täglicher Basis getauscht wird. Der Vorteil dieses Geschäfts liegt den niedrigeren Transaktionskosten sowie im geringeren Tracking-Error, also der geringeren Abweichung der Wertentwicklung des Fonds im Vergleich zu dem in Bezug genommenem Index. Allerdings sind synthetische Replikationen intransparenter als voll replizierte Indexfonds, da den Anlegern die tatsächliche Zusammensetzung nicht auf den ersten Blick ersichtlich ist. Um die tatsächliche Zusammensetzung zu erkennen müssen die Anleger sich mit Hilfe des Verkaufsprospekts oder des Jahresberichts des Fonds informieren.[3] 3

Im vergangen Jahrzehnt haben sich Indexfonds bei den Anlegern zu einem sehr beliebtem Investment entwickelt. Eine beliebte Variante sind vor allem die börsengehandelten Indexfonds, die sog. ETFs (engl. Exchange Traded Funds). Innerhalb eines Jahrzehnts hat sich das weltweit in ETFs verwaltete Vermögen mehr als versiebenfacht. Von 396,9 Mrd. US-Dollar im Jahr 2005 auf 2.878,9 Mrd. US-Dollar im Jahr 2015.[4] 4

Die **Fondskategorien-RL** der BaFin[5] definiert Indexfonds in Art. 3 Nr. 2 als ein indexnachbildendes Investmentvermögen nach Art. 4 Abs. 3 der Fondkategorien-RL der BaFin, nach dessen Anlagebedingungen sichergestellt ist, dass die im Investmentvermögen gehaltenen Wertpapiere und Derivate unter Wahrung einer angemessenen Risikomischung einen bestimmten, allgemein und von der BaFin anerkannten Wertpapierindex zu mindestens 95 % nachbilden. Ferner müssen diese Vermögensgegenstände grundsätzlich 95 % des 5

1 *Glander/Mayr* in Baur/Tappen, § 209 KAGB Rz. 1.
2 *Kayser/Holleschek* in Weitnauer/Boxberger/Anders, § 209 KAGB Rz. 2 ff.
3 *Kayser/Holleschek* in Weitnauer/Boxberger/Anders, § 209 KAGB Rz. 4.
4 Quelle: Statista 2016.
5 BaFin, Richtlinie zur Festlegung von Fondskategorien gemäß § 4 Absatz 2 Kapitalanlagegesetzbuch und weitere Transparenzanforderungen an bestimmte Fondskategorien, 22.7.2013, zuletzt geändert am 17.4.2015.

Wertes des Investmentvermögens darstellen; in von der BaFin zu genehmigenden Ausnahmefällen kann von diesem Wert abgewichen werden. Der verbleibende Anteil ist in Bankguthaben, Geldmarktinstrumenten oder Geldmarktfondsanteilen anzulegen; bei der Anlage in Geldmarktfondsanteilen ist insbesondere auch § 196 Abs. 1 Satz 3 KAGB zu beachten.

In der Fondskategorien-Richtlinie der BaFin derfiniert diese auch ETFs. Gemäß Art. 4 Abs. 1 der Fondskategorien-RL der BaFin ist ein ETF ein offenes Publikumsinvestmentvermögen, bei dem mindestens ein Anteil oder eine Aktie, auch einer einzelnen Anteilsklasse oder eines Teilgesellschaftsvermögens, durchgängig während des Handelstages auf mindestens einem organisierten Markt i.S.d. § 2 Abs. 5 WpHG oder innerhalb eines multilateralen Handelssystems i.S.d. § 2 Abs. 3 Satz 1 Nr. 8 WpHG gehandelt wird und für das mindestens ein Market Maker sicherstellt, dass der börsengehandelte Wert der Anteile oder Aktien nicht wesentlich vom Nettoinventarwert und, sofern relevant, vom indikativen Nettoinventarwert abweicht.

II. Entstehungsgeschichte

1. EU-Recht

5a Die Vorschrift § 209 KAGB setzt Art. 53 OGAW IV-RL (entspricht Art. 22a OGAW-RL) um. Jedoch machen diese Vorschriften keine Vorgaben zur Technik der Indexreplikation eines Wertpapierindex-OGAW.

2. Historie

6 Abgesehen von redaktionellen Änderungen entspricht § 209 KAGB dem zuvor geltenden § 63 InvG.

III. Normzweck

7 § 209 KAGB erlaubt einer OGAW-KVG, für Rechnung eines inländischen OGAW Wertpapiere zu erwerben, die einen von der BaFin anerkannten Wertpapierindex nachbilden und regelt die Voraussetzungen zur Nachbildung.

IV. Zulässige Nachbildung von Wertpapierindizes

8 In der Vergangenheit war umstritten, ob die Nachbildung eines Index ausschließlich durch die volle Replizierung oder auch mittels einer **synthetischen Nachbildung** durchgeführt werden darf. Weder die OGAW-RL noch die Definitions-RL machen Vorgaben zur Technik der Indexreplikation eines Wertpapierindex-OGAW.

9 Die BaFin war zunächst der Meinung, dass nur die physische Nachbildung, also die Nachbildung des Index durch den direkten Erwerb der entsprechenden Wertpapiere, zulässig ist. Mit Art. 12 Abs. 1 der Definitions-RL wurde die Frage jedoch eindeutig beantwortet. Der Artikel legt fest, dass die Bezugnahme in Art. 53 Abs. 1 OGAW IV-RL auf die Nachbildung eines Aktien- oder Schuldtitelindex als Bezugnahme auf die Nachbildung des Basiswerts des Index einschließlich der Verwendung von Derivaten oder sonstigen Techniken und Instrumenten i.S.v. Art. 51 Abs. 2 OGAW IV-RL und Art. 11 der Definitions-RL zu verstehen ist.

10 Folglich hat auch die BaFin ihre Verwaltungspraxis angepasst und ist der Ansicht, dass eine direkte Replikation für die Anwendung des § 209 KAGB nicht zwingend erforderlich ist. Nach den Anlagebedingungen ist jedoch sicherzustellen, dass die im OGAW gehaltenen Wertpapiere und Derivate unter Wahrung einer angemessenen Risikomischung einen bestimmten, allgemein und von der BaFin anerkannten Wertpapierindex nachbilden. Es gelten die Vorschriften für Finanzindizes gem. der BaFin FAQ Eligible Assets und den ESMA Leitlinien, wobei bei einer physischen Nachbildung keine nichterwerbbaren Vermögensgegenstände im Index enthalten sein dürfen.[6]

11 Werden Indizes durch eine synthetische Technik unter Einsatz von Derivaten abgebildet, ist dies in den Anlagebedingungen des OGAW offenzulegen. Allerdings können bei der synthetischen Nachbildung für den Anleger neben den mit dem Index verbundenen Marktpreisrisiken weitere Risiken beim Ausfall von Kontrahenten aus Derivate-Transaktionen bestehen auf die im Verkaufsprospekt hinzuweisen ist. § 35 DerivateV enthält spezifische Anforderungen an die Angaben im Verkaufsprospekt. In diesem Fall hat die OGAW-KVG insbesondere auch in ihrem Risikomanagement unabhängig von den Vorgaben der DerivateV

6 BaFin, FAQ Eligible Assets, WA 41-Wp 2137-2013/0001, Teil 1 Frage 23 (Stand: 5.7.2016).

angemessene Vorkehrungen zur Erfassung des Kontrahentenrisikos zu treffen, insbesondere unter dem Gesichtspunkt der Risikokonzentrationen. Auch die Anforderungen gem. Art. 4 Fondskategorien-RL[7] für indexnachbildende Investmentvermögen sind zu beachten. Diese Transparenzpflichten gelten unabhängig vom Einsatz von Derivaten.[8]

V. Anwendung von § 209 KAGB

Der Regelungsinhalt des § 209 KAGB bezieht sich ausschließlich auf **inländische OGAW**, die einen **Wertpapierindex** nachbilden anwendbar. Für alle anderen Indexfonds, unabhängig davon, ob sie richtlinienkonform sind oder nicht, kommen die allgemeinen Regelungen zur Anwendung. Sofern § 209 KAGB anwendbar ist, finden die allgemeinen Emittentengrenzen gem. §§ 206 ff. KAGB keine Anwendung, da § 209 KAGB die lex specialis gegenüber diesen allgemeinen Vorschriften ist.[9] 12

Neben den Wertpapierindizes gem. § 209 KAGB gibt es auf dem Markt auch Finanzindizes gem. Art. 9 Abs. 1 der Definitions-RL (vgl. dazu § 197 Rz. 9 ff.). Zwar können Finanzindizes auch Wertpapierindizes sein, wie beispielsweise der DAX, jedoch ist der Begriff des Finanzindexes wesentlich weiter und umfasst auch Komponenten, die nicht zu den für OGAW erwerben Vermögensgegenständen gehören.[10] 13

§ 209 Abs. 1 KAGB ermöglicht eine weitere, über § 206 Abs. 2 und 3 KAGB sowie § 208 KAGB hinausgehende, zulässige Überschreitung der allgemeinen Anlagegrenzen gem. § 206 Abs. 1 KAGB. Die Anlegergrenzen pro Emittent werden auf 20 % des Werts des inländischen OGAW angehoben. Mit dieser Anhebung soll die Nachbildung von Wertpapierindizes ermöglicht werden, bei denen einzelne Indexkomponenten einen größeren Anteil am Index haben.[11] Für den Fall, dass der Wertpapierindex von einer einzigen Indexkomponente dominiert wird, sieht § 209 Abs. 2 KAGB eine zusätzliche Anhebung der Emittentengrenzen für einen einzigen Austeller auf 35 % des Werts des inländischen OGAW vor. 14

Damit § 209 KAGB zur Anwendung kommen kann, muss der OGAW einen von der BaFin anerkannten Wertpapierindex nachbilden. Ein Wertpapierindex ist insbesondere anzuerkennen, wenn 15

- seine Zusammensetzung hinreichend diversifiziert ist;
- er eine adäquate Bezugsgrundlage für den Markt darstellt, auf den er sich bezieht; und
- er in angemessener Weise veröffentlicht wird.

Beispiele für anerkannte Wertpapierindizes sind DAX, CAC 40, SLI, UK Dividend, AEX, EURO STOXX 50, EURO Total Market Value Large, FTSE 250, S&P 500, MSCI World, MSCI Emergin Markets, Nasdaq 100, China Large Cap, Asia Pacific Dividend, Gold Producers, Listed Private Equity, BRIC 50, Down Jones Indastrial Average, Emerging Markets Dividend und Oil & Gas Exploration & Production. 16

Der Schweizer Leitindex SMI hingegen ist aufgrund der Nichteinhaltung der 35/20-Regel nicht zugelassen. 17

VI. Konkretisierung der Kriterien für Wertpapierindizes gem. § 209 KAGB

Um die einheitliche Umsetzung der genannten Kriterien zu gewährleisten, ist deren Konkretisierung notwendig. Maßgeblich sind hierfür die ESMA-Leitlinien zu börsengehandelten Indexfonds und anderen OGAW-Themen (Stand: 18.12.2012). Die BaFin wendet die ESMA-Anforderung zu Finanzindizes, die in den Leitlinien niedergelegt sind, im Rahmen ihrer Verwaltungspraxis an (vgl. dazu § 197 Rz. 9 ff.).[12] 18

§ 210 Emittentenbezogene Anlagegrenzen

(1) [1]Schuldverschreibungen desselben Emittenten oder Geldmarktinstrumente desselben Emittenten darf die OGAW-Kapitalverwaltungsgesellschaft für Rechnung eines inländischen OGAW nur in-

7 BaFin, Richtlinie zur Festlegung von Fondskategorien gemäß § 4 Abs. 2 KAGB und weitere Transparenzanforderungen an bestimmte Fondskategorien (Fassung vom 22.7.2013).
8 BaFin, FAQ Eligible Assets, WA 41-Wp 2137-2013/0001, Teil 1 Frage 23 (Stand: 5.7.2016).
9 *Kayser/Holleschek* in Emde/Dornseifer/Dreibus/Hölscher, § 63 InvG Rz. 12.
10 BaFin, FAQ Eligible Assets, WA 41-Wp 2137-2013/0001, Teil 1 Frage 5 (Stand: 5.7.2016).
11 Begr. RegE, BT-Drucks. 15/1553, 97.
12 BaFin, FAQ Eligible Assets, WA 41-Wp 2137-2013/0001, Teil 1 Frage 5 (Stand: 5.7.2016); ESMA, Leitlinien 2014/937DE (Stand: 1.8.2014).

soweit erwerben, als der Gesamtnennbetrag jeweils 10 Prozent des Gesamtnennbetrags der in Umlauf befindlichen Schuldverschreibungen und Geldmarktinstrumente desselben Emittenten nicht übersteigt. [2]Dies gilt nicht für Wertpapiere oder Geldmarktinstrumente nach Maßgabe des § 206 Absatz 2. [3]Die in Satz 1 bestimmte Grenze braucht beim Erwerb nicht eingehalten zu werden, wenn der Gesamtnennbetrag der in Umlauf befindlichen Schuldverschreibungen oder Geldmarktinstrumente desselben Emittenten von der OGAW-Kapitalverwaltungsgesellschaft nicht ermittelt werden kann. [4]Aktien ohne Stimmrechte desselben Emittenten dürfen für einen inländischen OGAW nur insoweit erworben werden, als ihr Anteil an dem Kapital, das auf die ausgegebenen Aktien ohne Stimmrechte desselben Emittenten entfällt, 10 Prozent nicht übersteigt.

(2) [1]Die OGAW-Kapitalverwaltungsgesellschaft darf für alle von ihr verwalteten inländischen OGAW Aktien desselben Emittenten nur insoweit erwerben, als die Stimmrechte, die der OGAW-Kapitalverwaltungsgesellschaft aus Aktien desselben Emittenten zustehen, 10 Prozent der gesamten Stimmrechte aus Aktien desselben Emittenten nicht übersteigen. [2]Hat ein anderer Mitgliedstaat der Europäischen Union oder ein anderer Vertragsstaat des Abkommens über den Europäischen Wirtschaftsraum eine niedrigere Grenze für den Erwerb von Aktien mit Stimmrechten desselben Emittenten festgelegt, so ist diese Grenze maßgebend, wenn eine OGAW-Kapitalverwaltungsgesellschaft für die von ihr verwalteten inländischen OGAW solche Aktien eines Emittenten mit Sitz in diesem Staat erwirbt.

(3) Die OGAW-Kapitalverwaltungsgesellschaft darf für Rechnung eines inländischen OGAW nicht mehr als 25 Prozent der ausgegebenen Anteile eines anderen offenen inländischen, EU- oder ausländischen Investmentvermögens, das nach dem Grundsatz der Risikomischung in Vermögensgegenstände im Sinne der §§ 192 bis 198 angelegt ist, erwerben.

In der Fassung vom 4.7.2013 (BGBl. I 2013, S. 1981).

I. Entstehungsgeschichte

1. EU-Recht

1 Mit § 210 KAGB wird Art. 56 OGAW IV-RL (entspricht Art. 25 OGAW-RL) ins deutsche Recht umgesetzt.

2. Historie

2 § 210 KAGB entspricht inhaltlich der früheren Regelung in § 64 InvG. Die Regelung geht zurück auf Art. 25 Abs. 2 OGAW-RL und § 8a Abs. 2 KAGG.

II. Normzweck

3 Im Gegensatz zu § 206 bis § 209 KAGB bestimmt § 210 KAGB nicht die Anlagegrenzen im Verhältnis zwischen dem jeweiligen Vermögenswert und dem Gesamtwert des inländischen OGAW, sondern **begrenzt** den **Erwerb** in Bezug auf das Verhältnis der vom Emittenten emittierten Wertpapiere. Somit unterschiedet sich § 210 KAGB in Hinsicht auf die Perspektive und die Bezugsgrundlage. Ferner wollte der Gesetzgeber sicherstellen, dass die KVG **keine beherrschende Stellung** gegenüber Ausstellern oder Schuldnern von Wertpapieren, Geldmarktinstrumenten oder Investmentanteilen einnimmt.[1] Aus diesem Grund bezieht sich die Anlagegrenze des § 210 Abs. 2 KAGB auf die Aktien, die von allen von der OGAW-KVG verwalteten inländischen OGAW zusammen gehalten werden.[2] Die Nichtanwendbarkeit von § 210 Abs. 1 Satz 1 auf

1 Reg.Begr., BT-Drucks. 609/03, 232.
2 *Decker* in Moritz/Klebeck/Jesch, § 210 KAGB Rz. 7.

Wertpapiere oder Geldmarktinstrumente nach Maßgabe des § 206 Abs. 2 KAGB zeigt auf, dass der Schutzzweck des § 210 KAGB sich grundsätzlich auf nicht-staatliche Emissionen bezieht.[3]

III. Anwendungsbereich

1. Emittentenbezogene Grenzen für Schuldverschreibungen, Geldmarktinstrumente und Aktien ohne Stimmrechte (§ 210 Abs. 1 KAGB)

§ 210 Abs. 1 KAGB bestimmt für Schuldverschreibungen und Geldmarktinstrumente desselben Emittenten eine Erwerbsgrenze von **10 %** des **Gesamtnennbetrags** der im Umlauf befindlichen Schuldverschreibungen oder Geldmarktinstrumente desselben Emittenten. Diese Grenze bezieht sich auf den jeweiligen OGAW, nicht auf die OGAW-KVG. Außerdem ist die Grenze lediglich **beim Erwerb** der jeweiligen Anteile einzuhalten, eine spätere Überschreitung ist insoweit nicht schädlich. Von der Bonitätsprüfung des Emittenten wird die OGAW-KVG jedoch nicht befreit.[4] 4

Eine Ausnahme der Erwerbsgrenze gilt gem. § 210 Abs. 1 Satz 2 KAGB für Emissionen der in § 206 Abs. 2 KAGB genannten **öffentlichen Emittenten.** Da es bei § 210 KAGB nicht um die Diversifizierung des Portfolios, sondern um die Entstehung einer beherrschenden Stellung der OGAW-KVG gegenüber den Emittenten der Wertpapiere geht, lässt sich die Ausnahmeregelung für öffentliche Emittenten am ehesten mit der Souveränität der Staaten rechtfertigen.[5] 5

Sofern der Gesamtnennbetrag der im Umlauf befindlichen Schuldverschreibungen oder Geldmarktinstrumente desselben Emittenten nicht ermittelbar ist, muss diese Erwerbsgrenze gem. § 201 Abs. 1 Satz 3 KAGB nicht eingehalten werden. Es ist jedoch fraglich, welcher Ermittlungsaufwand in Bezug auf die Informationen an OGAW-KVGen gestellt wird. Es ist davon auszugehen, dass diese Ausnahmeregelung restriktiv ausgelegt werden muss und die OGAW-KVG somit alles Mögliche tun sollte, um die benötigten Informationen zu ermitteln.[6] 6

In § 201 Abs. 1 Satz 4 KAGB wird eine 10 %-Grenze für Aktien ohne Stimmrechte desselben Emittenten festgelegt. Es ist dabei zu beachten, dass die Bezugsgrundlage nicht der Gesamtnennbetrag der emittierenden Schuldverschreibungen und Geldmarktinstrumente, sondern ausschließlich die stimmrechtslosen Aktien sind. Diese 10 %-Grenze für Aktien ohne Stimmrechte ist mit der ebenfalls zehnprozentigen Erwerbsgrenze für Schuldverschreibungen und Geldmarktinstrumente parallel anwendbar.[7] 7

2. Emittentenbezogene Grenzen für Aktien mit Stimmrechten (§ 210 Abs. 2 KAGB)

Um eine beherrschende Stellung der OGAW-KVG auf ein Unternehmen zu verhindern, sieht § 210 Abs. 2 KAGB eine **10 %**-Grenze für **Aktien mit Stimmrechten** vor. Ein maßgeblicher Anteil am stimmberechtigten Kapital eines Unternehmens widerspräche der Philosophie des OGAW-Produkts, mit dem grundsätzlich eine passive Anlagestrategie verfolgt wird. Der Wortlaut in § 210 Abs. 2 Satz 1 KAGB bezieht sich auf alle inländischen OGAW, also nicht auf EU-OGAW oder ausländische OGAW, die von einer OGAW-KVG verwaltet werden. Somit sind bei der Berechnung der Anlagegrenze des § 210 Abs. 2 KAGB alle Aktien mit Stimmrechten eines Emittenten, die von den einzelnen von der OGAW-KVG verwalteten inländischen OGAW erworben werden, kumulativ zu berücksichtigen. 8

Da sich § 210 Abs. 2 KAGB nur auf inländische OGAW derselben OGAW-KVG bezieht und jede OGAW-KVG einen eigenen Verantwortungsbereich darstellt, bleiben inländische OGAW verbundener OGAW-KVGen unberücksichtigt. Auch Aktien im Eigenbesitz der OGAW-KVG werden gem. § 210 Abs. 2 KAGB nicht erfasst.[8] 9

Hat ein anderer Mitgliedstaat der EU oder ein anderer Vertragsstaat des EWR eine niedrigere Grenze für den Erwerb von Aktien mit Stimmrechten desselben Emittenten festgelegt, so ist diese Grenze maßgebend, wenn eine OGAW-KVG für die von ihr verwalteten inländischen OGAW Aktien mit Stimmrechten eines 10

---

3 So auch *Decker* in Moritz/Klebeck/Jesch, § 210 KAGB Rz. 5.
4 *Glander/Mayr* in Baur/Tappen, § 210 KAGB Rz. 5.
5 *Glander/Mayr* in Baur/Tappen, § 210 KAGB Rz. 7.
6 *Kayser/Holleschek* in Emde/Dornseifer/Dreibus/Hölscher, § 64 InvG Rz. 4; *Glander/Mayr* in Baur/Tappen, § 210 KAGB Rz. 6.
7 *Kayser/Holleschek* in Weitnauer/Boxberger/Anders, § 211 KAGB Rz. 5.
8 *Glander/Mayr* in Baur/Tappen, § 210 KAGB Rz. 11.

Emittenten mit Sitz in diesem Staat erwirbt. Sofern in einem Staat keine oder eine höhere Grenze festgelegt ist gilt für eine deutsche OGAW-KVG die 10 %-Grenze gem. § 210 Abs. 2 KAGB.

3. Emittentenbezogene Grenzen für Investitionen in Investmentvermögen (§ 210 Abs. 3 KAGB)

11 § 210 Abs. 3 KAGB beinhaltet eine Sonderregelung für den Erwerb von Anteilen eines inländischen, EU- oder ausländischen Investmentvermögens durch die OGAW-KVG. Der Erwerb solcher Anteile ist dabei auf 25 % der Anteile des Zielfonfds begrenzt. Die Bezugsgrundlage ist im Gegensatz zu §§ 206 bis 209 KAGB nicht der Wert des inländischen OGAW, sondern eben der Wert der Anteile des Investmentvermögens (OGAW) in das investiert werden soll. Durch diese Regelung wird für das emittierende Investmentvermögen das Risiko einer Rückgabe einer hohen Anzahl von Anteilen und damit verbundene Liquiditätsschwierigkeiten verringert.[9] Ferner darf nur in solche Investmentvermögen investiert werden, die nach dem Grundsatz der **Risikomischung** in Vermögensgegenstände i.S.d. §§ 192 bis 198 KAGB anlegen. Der Verweis auf den Grundsatz der Risikomischung ist insofern nicht lediglich deklaratorisch, als es durchaus EU-[10] oder ausländische Investmentvermögen gibt, die über keine Risikodiversifikation verfügen.[11]

12 Die im Vergleich zu § 210 Abs. 1 und Abs. 2 KAGB höhere Investitionsgrenze von 25 % findet ihre Rechtfertigung darin, dass bei einem Erwerb von Anteilen eines Investmentvermögens in der Regel keine direkte Einflussnahmemöglichkeit des investierenden OGAW oder der investierenden KVG gegeben ist.[12]

§ 211 Überschreiten von Anlagegrenzen

(1) Die in den §§ 198, 206 und 210 bestimmten Grenzen dürfen überschritten werden, wenn es sich um den Erwerb von Aktien, die dem inländischen OGAW bei einer Kapitalerhöhung aus Gesellschaftsmitteln zustehen, oder um den Erwerb von neuen Aktien in Ausübung von Bezugsrechten aus Wertpapieren handelt, die zum inländischen OGAW gehören.

(2) Werden die in den §§ 206 bis 210 bestimmten Grenzen in den Fällen des Absatzes 1 oder unbeabsichtigt von der OGAW-Kapitalverwaltungsgesellschaft überschritten, so hat die OGAW-Kapitalverwaltungsgesellschaft bei ihren Verkäufen für Rechnung des inländischen OGAW als vorrangiges Ziel anzustreben, diese Grenzen wieder einzuhalten, soweit dies den Interessen der Anleger nicht zuwiderläuft.

(3) Die in den §§ 206 bis 209 bestimmten Grenzen dürfen in den ersten sechs Monaten seit Errichtung eines inländischen OGAW sowie nach vollzogener Verschmelzung durch den übernehmenden inländischen OGAW jeweils unter Beachtung des Grundsatzes der Risikostreuung überschritten werden.

In der Fassung vom 4.7.2013 (BGBl. I 2013, S. 1981).

9 *Glander/Mayr* in Baur/Tappen, § 210 KAGB Rz. 16.
10 So kann beispielsweise der Luxemburger RAIF gemäß Art. 48 Abs. 1 des Gesetzes vom 23.7.2016 über reservierte alternative Investmentfonds ohne Risikodiversifikation ausgestaltet werden.
11 A.A. *Decker* in Moritz/Klebeck/Jesch, § 210 KAGB Rz. 44.
12 *Decker* in Moritz/Klebeck/Jesch, § 210 KAGB Rz. 45.

I. Entstehungsgeschichte

1. EU-Recht

Durch die Vorschrift § 211 KAGB werden die Art. 54 und 57 OGAW IV-RL (entspricht Art. 26 OGAW-RL) umgesetzt. 1

2. Historie

§ 211 KAGB übernimmt mit Ausnahme von redaktionellen Änderungen den Wortlaut des § 65 InvG. 2

II. Normzweck

§ 211 KAGB dient dem **Anlegerschutz**. Die von § 211 KAGB erfassten Anlagegrenzverletzungen nutzen dem Anleger. Der Gesetzgeber verpflichtet die OGAW-KVG bei allfälliger Überschreitung der Anlegergrenzen nicht zu kurzfristigen Verkäufen, soweit dies den Interessen der Anleger zuwiderläuft. Vielmehr hat die OGAW-KVG die Wiedereinhaltung der Anlegergrenzen anzustreben. 3

III. Anwendungsbereich

Trotz der von der BaFin vorgesehenen zwingenden Risikomanagementsysteme kann es im Rahmen des Portfoliomanagements eines inländischen OGAW durch die OGAW-KVG zu Überschreitung von Anlagegrenzen kommen. Dabei kann die Überschreitung der in §§ 206 bis 210 KAGB genannten Anlegergrenzen bewusst oder unbeabsichtigt erfolgen. § 211 KAGB regelt, unter welchen Voraussetzungen eine bewusste Überschreitung der Anlegergrenzen zulässig ist und wie sich die OGAW-KVG zu verhalten hat, wenn die Anlegergrenzen unbeabsichtigt überschritten wurden. 4

Der Begriff Anlagegrenzen i.S.d. § 211 KAGB umfasst nur vom Gesetzgeber vorgesehene Anlagegrenzen. Zusätzliche, in den vertraglich vereinbarten Anlagebedingungen enthaltene Anlagegrenzen fallen nicht in den Anwendungsbereich des § 211 KAGB.[1]

IV. Überschreitung der Anlegergrenzen

Der Vermögensbestand des OGAW ist für die Anlegergrenze maßgeblich, so dass die Entwicklung der Einzelwerte und der Gesamtwerte des inländischen OGAW zu beobachten sind. Ausnahmen beim Zukauf gelten für Aktien aus Kapitalerhöhung aus Gesellschaftsmitteln oder bei neuen Aktien, die in Ausübung von Bezugsrechten erworben werden. 5

1. Bewusste (zulässige) Überschreitung der Anlagegrenzen durch Befreiung von § 198 KAGB (§ 211 Abs. 1 KAGB)

Die OGAW-KVG darf gem. § 211 Abs. 1 KAGB die Anlagegrenzen der §§ 198 (10 %-Grenze für sonstige Anlageinstrumente), 206 (Emittentengrenzen) und 210 (emittentenbezogene Anlagegrenzen) KAGB zeitlich beschränkt überschreiten, sofern es sich um den Erwerb von Aktien handelt, die dem inländischen OGAW bei einer Kapitalerhöhung aus Gesellschaftsmitteln zustehen. Diese zeitlich beschränkte zulässige Überschreitung gilt auch für den Erwerb von neuen Aktien in Ausübung von Bezugsrechten aus Wertpapieren, die zum inländischen OGAW gehören. 6

Die Überschreitung der Anlagegrenzen der §§ 198, 206 oder 210 KAGB führt zu einer Erhöhung des Aktienbestandes des OGAW. Die OGAW-KVG übt Rechte aus, die dem OGAW über die gehaltenen Aktien bereits zustehen.[2] Bei einer **Kapitalerhöhung aus Gesellschaftsmitteln** stehen die neuen Aktien den Aktionären gem. § 212 AktG im Verhältnis ihrer Anteile am bisherigen Grundkapital zu. Der Gesamtwert der Beteiligung des OGAW an der Aktiengesellschaft, deren Aktien der OGAW hält, unterscheidet sich vor und nach dem zusätzlichen Aktienerwerb nicht. Gem. § 214 Abs. 1 Satz 1 AktG hat der Vorstand der Aktiengesellschaft nach der Eintragung des Beschlusses über die Erhöhung des Grundkapitals durch Ausgabe neuer Aktien unverzüglich die Aktionäre aufzufordern, die neuen Aktien abzuholen. Nicht abgeholte Aktien würden gem. § 214 Abs. 3 Satz 1 AktG für Rechnung des OGAW verkauft. § 211 Abs. 1 KAGB trägt damit den Regelungen des § 214 AktG zu Gunsten des OGAW Rechnung.

---

1 So auch *Decker* in Moritz/Klebeck/Jesch, § 211 KAGB Rz. 3.

2 *Decker* in Moritz/Klebeck/Jesch, § 211 KAGB Rz. 5.

2. Rechtsfolgen bei bewusster (zulässiger) und unbeabsichtigter Überschreitung (§ 211 Abs. 2 KAGB)

7 Werden die in §§ 206 bis 210 KAGB bestimmten Anlegergrenzen in den oben erwähnten zulässigen Fällen gem. § 211 Abs. 1 KAGB von der OGAW-KVG **bewusst überschritten**, so hat die OGAW-KVG als vorrangiges Ziel anzustreben die **Anlegergrenzen wieder einzuhalten**, soweit dies den Interessen der Anleger nicht zuwiderläuft. Diese Regelung ist darauf zurückzuführen, dass eine sofortige Veräusserung aus wirtschaftlichen Gründen nicht zweckmäßig sein könnte.[3]

8 Neben den zulässigen Überschreitungen gem. § 211 Abs. 1 KAGB ist es möglich, dass die in §§ 206 bis 210 KAGB genannten Anlegergrenzen durch die OGAW-KVG unbeabsichtigt überschritten werden. Als unbeabsichtigt i.S.d. Gesetzes sind alle Fälle anzusehen, durch die entweder ohne Mitwirkung der OGAW-KVG oder aufgrund eines Handels der OGAW-KVG, durch das sie durch Gesetz, im Rahmen der Vertragsbedingungen oder aufgrund zulässig abgeschlossener Geschäfte verpflichtet ist, die Anlegergrenzen überschritten werden.[4] Eine unbeabsichtigte Überschreitung ohne Mitwirkung der OGAW-KVG kann beispielsweise durch Kursschwankungen von Aktien, in die eine OGAW-KVG investiert hat, bedingt sein. Ein Beispiel für die Überschreitung infolge einer vertraglichen oder gesetzlichen Verpflichtung der OGAW-KVG zum Handel stellt die Anteilsrücknahme dar. Auch in den Fällen der unbeabsichtigten Überschreitung der Anlegergrenzen gilt gem. § 211 Abs. 2 KAGB, dass die OGAW-KVG als vorrangiges Ziel anzustreben hat, die Anlegergrenzen wieder einzuhalten, soweit dies den Interessen der Anleger nicht zuwiderläuft.

9 Soweit die in §§ 206 bis 210 KAGB genannten Anlegergrenzen bewusst gem. § 211 Abs. 1 KAGB oder unbeabsichtigt von der OGAW-KVG überschritten werden, ist diese verpflichtet, die Wiedereinhaltung der Anlegergrenzen anzustreben. Die OGAW-KVG wird durch das Gesetz nicht verpflichtet, kurzfristig Verkäufe zu tätigen. Vielmehr hat die OGAW-KVG einen **Ermessenspielraum**; sie muss beurteilen, ob ein kurzfristiger Verkauf der Anteile zur Einhaltung der gesetzlichen Anlegergrenzen nicht zugleich einen Nachteil für die Anleger darstellt. Das Handeln der OGAW-KVG steht unter der Prämisse, die Interessen der Anteilinhaber zu wahren. Die vom KAGB geforderte Einhaltung der Anlegergrenzen ist also nicht um jeden Preis anzusteuern.[5]

3. Zulässige Überschreitung bei Neugründung und Verschmelzung inländischer OGAW (§ 211 Abs. 3 KAGB)

10 Gemäß § 211 Abs. 3 KAGB dürfen die in den §§ 206 bis 209 KAGB bestimmten Anlegergrenzen in den **ersten sechs Monaten** seit Errichtung eines inländischen OGAW sowie nach vollzogener Verschmelzung durch den übernehmenden inländischen OGAW überschritten werden. Dabei ist jedoch weiterhin der Grundsatz der **Risikostreuung** einzuhalten. Diese Regelung trägt dem Umstand Rechnung, dass das Portfolio zuerst einmal schrittweise aufzubauen ist und es bei der erstmaligen Investition praktisch unmöglich ist, die Anlegergrenzen einzuhalten. Ähnlich gestaltet sich die Situation bei vollzogener Verschmelzung, insbesondere durch Überschneidung einzelner Positionen sowie durch Anteilsrücknahme.

4. Anlegerrechte

11 Gem. § 78 Abs. 1 Satz 1 Nr. 1 KAGB ist die **Verwahrstelle** berechtigt und verpflichtet, im eigenen Namen Ansprüche der Anleger wegen Verletzung der Vorschriften des KAGB oder der Anlagebedingungen gegen die OGAW-KVG geltend zu machen. Durch § 78 Abs. 1 Satz 1 KAGB wird die Geltendmachung von Ansprüchen gegen die OGAW-KVG durch die Anleger gem. § 78 Abs. 1 Satz 2 KAGB nicht ausgeschlossen. § 78 Abs. 3 Satz 1 KAGB regelt, dass die OGAW-KVG für die Fälle einer Verletzung von Anlagegrenzen oder Erwerbsvorgaben bei einem inländischen OGAW geeignete Entschädigungsverfahren für die betroffenen Anleger vorzusehen hat. Aus den vorstehend genannten Umständen ergibt sich jedoch regelmäßig, dass weder die bewusste Überschreitung gem. § 211 Abs. 1 KAGB noch die unbeabsichtigte Überschreitung der Anlegergrenzen eine Haftung der OGAW-KVG auslöst, da § 211 Abs. 1 und 2 KAGB die Interessen der Anleger wahrt.[6]

3 *Glander/Mayr* in Baur/Tappen, § 211 KAGB Rz. 4.
4 *Brümmer* in Berger/Steck/Lübbehüsen, § 65 InvG Rz. 2; *Glander/Mayr* in Baur/Tappen, § 211 KAGB Rz. 6.
5 *Glander/Mayr* in Baur/Tappen, § 211 KAGB Rz. 8; *Kayser/Holleschek* in Weitnauer/Boxberger/Anders, § 211 KAGB Rz. 3.
6 *Glander/Mayr* in Baur/Tappen, § 211 KAGB Rz. 9.

§ 212 Bewerter; Häufigkeit der Bewertung und Berechnung

Der Wert eines inländischen OGAW und der Nettoinventarwert je Anteil oder Aktie sind bei jeder Möglichkeit zur Ausgabe und Rückgabe von Anteilen oder Aktien entweder von der Verwahrstelle unter Mitwirkung der OGAW-Kapitalverwaltungsgesellschaft oder von der OGAW-Kapitalverwaltungsgesellschaft selbst zu ermitteln.

In der Fassung vom 4.7.2013 (BGBl. I 2013, S. 1981).

Schrifttum: *Miederhoff*, Rolle des Bewerters von Vermögenswerten nach KAGB für OGAW und AIF im Vergleich, RdF 2016, 22; *Patz*, Das Zusammenwirken zwischen Verwahrstelle, Bewerter, Abschlussprüfer und BaFin bei der Aufsicht über Investmentvermögen nach dem KAGB – Zuständigkeiten bei der Überprüfung der Einhaltung der Bewertungsmaßstäbe und -verfahren für Vermögensgegenstände von AIF und OGAW, BKR 2015, 193; *Schultheiß*, Die Haftung von Verwahrstellen und externen Bewertern unter dem KAGB, WM 2015, 603.

I. Entstehungsgeschichte

1. EU-Recht

Diese Vorschrift setzt Art. 85 OGAW IV-RL (entspricht Art. 34 OGAW-RL) ins deutsche Recht um. Art. 85 OGAW IV-RL schreibt lediglich vor, dass die Regeln für die Bewertung des inländischen OGAW in den nationalen Rechtsvorschriften, den Vertragsbedingungen oder der Satzung der Investmentgesellschaft angegeben werden. 1

2. Historie

§ 212 KAGB ersetzt im Hinblick auf die Frage, wer den Wert des Investmentvermögens und den Nettoinventarwert zu ermitteln hat, die Regelung des § 36 Abs. 1 Satz 2 InvG, der auf § 21 Abs. 2 Satz 3 Halbsatz 1 KAGG beruht. Im Gegensatz zu § 36 Abs. 1 Satz 2 InvG, wonach der Wert eines inländischen OGAW ausdrücklich börsentäglich ermittelt werden musste, sind gem. § 212 KAGB der Wert eines inländischen OGAW und der Nettoinventarwert je Anteil oder Aktie bei jeder Möglichkeit zur Ausgabe und Rückgabe von Anteilen oder Aktien zu ermitteln. 2

II. Anwendungsbereich

Gemäß § 212 KAGB sind der **Wert eines inländischen OGAW** und der **Nettoinventarwert** (sog. Net Asset Value oder NAV) je Anteil oder Aktie entweder von der Verwahrstelle unter Mitwirkung der OGAW-KVG oder von der OGAW-KVG selbst zu ermitteln. Durch diese Vorschrift soll verhindert werden, dass die Bewertung des inländischen OGAW auf externe Bewerter übertragen wird. Eine solche Übertragung auf externe Dritte ist nur für AIFs möglich (§§ 216 und 278 KAGB). Ferner soll die Einhaltung der zu beachtenden Vorschriften sichergestellt werden (vgl. dazu § 168 Rz. 8 ff.).[1] Bei einer Ermittlung des Werts des OGAW durch die OGAW-KVG besteht keine zusätzliche Kontrollpflicht der Verwahrstelle.[2] § 76 KAGB statuiert lediglich eine Kontrollpflicht der Verwahrstelle im Hinblick auf die Ermittlung des Wertes der Anteile oder Aktien des inländischen OGAW. 3

Der Wert eines inländischen OGAW und der Nettoinventarwert je Anteil oder Aktie sind bei jeder Möglichkeit zur **Ausgabe und Rückgabe von Anteilen oder Aktien** zu ermitteln. Wie häufig eine OGAW-KVG ein Rückgaberecht gewähren muss und entsprechend deren Wert zu ermitteln hat, ist noch nicht übereinstimmend festgelegt. Der Nettoinventarwert ist gemäß § 168 Abs. 1 Satz 1 KAGB der Quotient aus dem Wert des OGAW dividiert durch die Zahl seiner in den Verkehr gelangten Anteile oder Aktien. 4

1 *Kayser/Holleschek* in Weitnauer/Boxberger/Anders, § 212 KAGB Rz. 2.
2 So auch: *Decker* in Moritz/Klebeck/Jesch, § 212 KAGB Rz. 3.

5 In Art. 32 Abs. 5 lit. c OGAW IV-RL, aktuell umgesetzt in § 170 Satz 2 KAGB, wird festgelegt, dass der Nettoinventarwert der Anteile mindestens zweimal wöchentlich den zuständigen Behörden mitgeteilt werden muss und er zweimal im Monat zu veröffentlichen ist.

6 Gemäß Art. 76 OGAW IV-RL, aktuell umgesetzt in § 170 KAGB, muss der OGAW den Ausgabe- und Rücknahmepreis seiner Anteile jedes Mal dann in geeigneter Weise veröffentlichen, wenn eine Ausgabe oder eine Rücknahme seiner Anteile stattfindet, mindestens aber zweimal im Monat. Außerdem wird in Art. 94 Abs. 3 OGAW IV-RL festgelegt, dass die **Häufigkeit** der in Art. 76 OGAW IV-RL vorgesehenen **Veröffentlichungen** durch die Rechts- und Verwaltungsvorschriften des Herkunftsmitgliedstaats des OGAW geregelt wird. Aus dieser Regelung kann man schließen, dass den Anlegern eines OGAW mindestens zweimal im Monat ein Rückgaberecht eingeräumt werden muss und somit die Ermittlung des Wertes eines OGAW entsprechend zu erfolgen hat. Die Interpretation dieser Regelung ist in Europa weit verbreitet.[3]

7 Gemäß § 18 Abs. 4 des **Muster der Allgemeinen Anlagebedingungen für OGAW-Sondervermögen des BVI** (Stand: 19.2.2014) müssen die Ausgabe- und Rücknahmepreise **börsentäglich** ermittelt werden. Demzufolge ist die BaFin der Meinung, dass ein OGAW seinen Anlegern ein börsentägliches **Rückgaberecht** gewähren muss und der Wert eines inländischen OGAW und der Nettoinventarwert je Anteil oder Aktie börsentäglich zu ermitteln ist. § 36 Abs. 1 Satz 3 InvG sah noch explizit vor, dass an gesetzlichen Feiertagen im Geltungsbereich des InvG, die Börsentage sind, sowie am 24. und 31. Dezember jedes Jahres die Kapitalanlagegesellschaft und die Depotbank von einer Ermittlung des Wertes absehen können. Die Tatsache, dass diese Regelung nicht in § 212 KAGB übernommen wurde, führt nicht dazu, dass an gesetzlichen Feiertagen, die Börsentage sind, und am 24. und 31. Dezember Wertermittlungen durchzuführen sind. Nach Art. 3 Abs. 3 lit. g der Fondskategorien-Richtlinie der BaFin[4] können die Kapitalverwaltungsgesellschaft und die Verwahrstelle an diesen Tagen von der Rücknahme der Anteile sowie von der Berechnung des Rücknahmepreises absehen.

8 Bei einer fehlerhafte Bewertung des OGAW oder einer fehlerhaften Ermittlung des Nettoinventarwertes kommt eine deliktische Haftung nach § 823 Abs. 2 BGB i.V.m. § 212 KAGB als individualschützende Norm in Betracht, so dass eine Haftung im Grundsatz möglich ist.[5]

§ 213 Umwandlung von inländischen OGAW

Inländische OGAW dürfen nicht in AIF umgewandelt werden.

In der Fassung vom 4.7.2013 (BGBl. I 2013, S. 1981).

Schrifttum: Kommission der Europäischen Gemeinschaften, Auf dem Wege zu einem Europäischen Markt für die Organismen für gemeinsame Anlagen in Wertpapieren (Vandamme-Report zur OGAW-Richtlinie vom 20.12.1985).

I. Entstehungsgeschichte

1. EU-Recht

1 Mit dieser Vorschrift wird Art. 1 Abs. 5 OGAW IV-RL (entspricht Art. 1 Abs. 5 OGAW-RL) umgesetzt. Die OGAW IV-RL legt fest, dass die Mitgliedstaaten den unter diese RL fallenden OGAW untersagen, sich in einen dieser RL nicht unterliegenden Organismus für gemeinsame Anlagen umzubilden.

2. Historie

2 § 213 KAGB übernimmt die Regelung des § 43 Abs. 6 InvG.

---

3 *Kayser/Holleschek* in Weitnauer/Boxberger/Anders, § 212 KAGB Rz. 3.

4 Richtlinie zur Festlegung von Fondskategorien gemäß § 4 Absatz 2 Kapitalanlagegesetzbuch und weitere Transparenzanforderungen an bestimmte Fondskategorien vom 22.7.2013 in ihrer geänderten Fassung vom 17.4.2015.

5 So auch *Schultheiß*, WM 2015, 603 (607); *Patz*, BKR 2015, 193 (197).

II. Anwendungsbereich

Das KAGB **verbietet** in § 213 KAGB die Umwandlung von inländischen OGAW in AIF. AIF sind gem. § 1 Abs. 3 KAGB Investmentvermögen, die keine OGAW sind. Richtlinienkonforme Investmentvermögen dürfen nicht in nicht-richtlinienkonforme Investmentvermögen umgewandelt werden. Es soll der Gefahr vorgebeugt werden, dass ein richtlinienkonformes Investmentvermögen zunächst unter Rückgriff auf die erleichterten grenzüberschreitenden Vertriebsmöglichkeiten für OGAW in anderen EU-Mitgliedstaaten vertrieben und nachträglich in einen nicht-richtlinienkonformen Fondstyp umgewandelt wird.[1] 3

Wenn sich ein OGAW in einen der OGAW IV-RL nicht unterliegenden Organismus umwandeln will, besteht grundsätzlich die einzige Lösung für ihn in einer **Auflösung und anschließenden Neugründung**.[2]

Ob es zulässig ist, mit Zustimmung aller Anleger die OGAW-Zulassung zurückzugeben und sodann das Vehikel als AIF zu betreiben, ist nicht abschließend geklärt. Es könnte als rechtsmissbräuchlich angesehen werden, eine Anlegeransprache unter dem „Deckmantel" eines OGAW durchzuführen, wenn von Anfang an beabsichtigt ist, den OGAW nach Zeichnung der Anleger in einen AIF umzuwandeln, der OGAW also nur gewählt würde, um seine grenzüberschreitenden Vertriebsmöglichkeiten zu nutzen. Umgekehrt erscheint es unter Verhältnismäßigkeitsgesichtspunkten problematisch, wenn kein Publikumsvertrieb mehr erfolgt und auf die Risikostreuung mit Zustimmung der Anleger verzichtet werden soll, dass § 213 KAGB ohne die Möglichkeit einer teleologischen Reduktion seines Anwendungsbereichs voll angewendet werden soll. Über eine teleologische Reduktion des § 213 KAGB müsste es in diesem Fall möglich sein, die OGAW-Erlaubnis zurückzugeben und statt dessen mit Zustimmung aller Anleger das Vehikel als AIF zu betreiben.

1 *Rozok* in Emde/Dornseifer/Dreibus/Hölscher, § 43 InvG Rz. 124.
2 Kommission der Europäischen Gemeinschaften, Auf dem Wege zu einem Europäischen Markt für die Organismen für gemeinsame Anlagen in Wertpapieren, S. 16.

Abschnitt 3
Offene inländische Publikums-AIF

Unterabschnitt 1
Allgemeine Vorschriften für offene inländische Publikums-AIF

§ 214 Risikomischung, Arten

Offene Publikums-AIF müssen nach dem Grundsatz der Risikomischung angelegt sein und dürfen nur als Gemischte Investmentvermögen gemäß den §§ 218 und 219, als Sonstige Investmentvermögen gemäß den §§ 220 bis 224, als Dach-Hedgefonds gemäß den §§ 225 bis 229 oder als Immobilien-Sondervermögen gemäß den §§ 230 bis 260 aufgelegt werden.

In der Fassung vom 4.7.2013 (BGBl. I 2013, S. 1981).

Schrifttum: *Baur*, Investmentgeschäft und -vertrieb, in Assmann/Schütze (Hrsg.), Handbuch des Kapitalanlagerechts, 3. Aufl. 2007, § 20; *Brealey/Myers/Allen*, Principles of Corporate Finance, 12th ed. 2017; *Burgard/Heimann*, Das neue Kapitalanlagegesetzbuch, WM 2014, 821; *Emde/Dreibus*, Der Regierungsentwurf für ein Kapitalanlagegesetzbuch, BKR 2013, 89; *Fleischer/Schmolke*, Klumpenrisiken im Bankaufsichts-, Investment- und Aktienrecht, ZHR 173 (2009), 649; *van Kann/Redeker/Keiluweit*, Überblick über das Kapitalanlagengesetzbuch (KAGB), DStR 2013, 1483; *Köndgen/Schmies*, Investmentgeschäft, in Schimansky/Bunte/Lwowski (Hrsg.), Bankrechts-Handbuch, 5. Aufl. 2017, § 113; *Markowitz*, Portfolio Selection, Journal of Finance 7 (1952), 77; *Markovitz*, Portfolio Selection: Efficient Diversification of Investments, 1959; *Möllers*, Umfang und Grenzen des Anlegerschutzes im Investmentgesetz: Der Trennungsgrundsatz und die Grenzen der Aufrechnung im InvG, BKR 2011, 353; *Sharpe*, Capital Asset Prices: A Theory of Market Equilibrium under Conditions of Risk, Journal of Finance 19 (1964), 425; *Zetzsche*, Prinzipien der kollektiven Vermögensanlage, 2015; *Zetzsche*, Grundprinzipien des KAGB, in Möllers/Kloyer (Hrsg.), Das neue Kapitalanlagegesetzbuch, 2013, S. 131 ff.

Materialien: BaFin, Rundschreiben 14/2008 (WA) zum Anwendungsbereich des Investmentgesetzes nach § 1 Satz 1 Nr. 3 InvG, Gz. WA 41-Wp 2136–2008/0001, 22.12.2008, online abrufbar unter: https://www.bafin.de/SharedDocs/Veroeffentlichungen/DE/Rundschreiben/rs_0814_wa.html; BaFin, Schreiben v. 27.7.2009 an den Bundesverband Investment und Asset Management e.V. (BVI), Grundsatz der Risikomischung, Goldfonds, Gz. 41-Wp 2136-2008/0001, abgedruckt bei Beckmann/Scholtz/Vollmer (Hrsg.), Ordnungsnummer 412 Nr. 66.

I. Inhalt, Anwendungsbereich und Entstehungsgeschichte

1. Inhalt und Adressat der Regelung

§ 214 KAGB hat einen doppelten Inhalt: Zum einen schreibt die Regelung für offene Publikums-AIF die Anlage nach dem **Grundsatz der Risikomischung** vor. Zum anderen bestimmt § 214 KAGB, dass offene Publikums-AIF nur als Gemischte Investmentvermögen, Sonstige Investmentvermögen, Dach-Hedgefonds und Immobilien-Sondervermögen aufgelegt werden dürfen und verweist insofern auf die hierfür geltenden Produktregeln in den §§ 218 ff. KAGB. Damit legt die Bestimmung die **zulässigen Fondsarten** für Publikums-AIF fest und beschränkt sie auf die vier genannten (**Numerus clausus**).[1] 1

1 So im Erg. auch *Burgard/Heimann*, WM 2014, 821 (823).

2 Adressat der Regelung sind **inländische AIF-KVGen** (vgl. §§ 17, 20, 22 KAGB), welche offene inländische Publikums-AIF auflegen.[2] EU-AIF-Verwaltungsgesellschaften und ausländischen AIF-Verwaltungsgesellschaften erlaubt das KAGB hingegen nur die Verwaltung inländischer Spezial-AIF (vgl. §§ 54 und 57 KAGB). Insofern findet § 214 KAGB auf diese Verwaltungsgesellschaften keine (direkte) Anwendung.[3] Allerdings werden die Vorgaben des § 214 KAGB auch für EU-AIF- und ausländische AIF-Verwaltungsgesellschaften über § 317 Abs. 1 Nr. 7 lit. a) und c) KAGB bedeutsam, sofern sie EU-AIF oder ausländische AIF in Deutschland an Privatanleger vertreiben wollen.[4] S. dazu noch näher in Rz. 5.

2. Anwendungsbereich

3 Die Vorschrift betrifft ebenso wie der gesamte Abschnitt 3 des zweiten Kapitels **offene** (inländische) **Publikums-AIF**. Die Merkmale dieser Fondskategorie ergeben sich aus den Begriffsumschreibungen des AIF in § 1 Abs. 1 bis 3 KAGB sowie des offenen Investmentvermögens und des Publikumsinvestmentvermögens in § 1 Abs. 4 Nr. 2 bzw. Abs. 6 Satz 2 KAGB. Danach ist ein offener Publikums-AIF ein Investmentvermögen i.S.d. § 1 Abs. 1 KAGB, das *erstens* kein OGAW ist (s. § 1 Abs. 2 und 3 KAGB), dessen Anteile *zweitens* vor Beginn der Liquidations- oder Auslaufphase auf Ersuchen eines Anteilseigners direkt oder indirekt aus den Vermögenswerten des AIF und nach den Verfahren und mit der Häufigkeit, die in den Vertragsbedingungen oder der Satzung, dem Prospekt oder den Emissionsunterlagen festgelegt sind, zurückgekauft oder zurückgenommen werden (§ 1 Abs. 4 Nr. 2 KAGB i.V.m. Art. 1 Abs. 2 Unterabs. 1 DelVO 694/2014[5]) und das *drittens* kein Spezial-AIF i.S.d. § 1 Abs. 6 Satz 1 KAGB ist (§ 1 Abs. 6 Satz 2 KAGB).[6]

4 § 214 KAGB findet zudem **nur auf inländische** offene Publikums-**AIF** direkte Anwendung.[7] Dies ergibt sich zwar nicht aus dem insofern offenen Wortlaut der Norm, jedoch aus folgenden Überlegungen: Ausweislich der Überschriften des Abschnitts 3 und von dessen Unterabschnitt 1 gehört § 214 KAGB zu den (allgemeinen) Vorschriften über „offene inländische Publikums-AIF". Dieser Befund stimmt mit der Gesetzesbegründung überein, die allein „AIF-Sondervermögen und AIF-Investmentaktiengesellschaften mit veränderlichem Kapital" unter die offenen Publikums-AIF i.S.d. § 214 KAGB fasst.[8] Zudem ergibt sich die Beschränkung auf inländische AIF auch insofern aus dem Regelungsinhalt der Vorschrift, als sie für die zulässigen Fondsarten auf die in den §§ 218 ff. KAGB statuierten inländischen Typen verweist.[9] Schließlich könnte die BaFin diesen Numerus clausus bei ausländischen Fonds auch gar nicht durchsetzen.[10]

5 Wollen EU-AIF- oder ausländische AIF-Verwaltungsgesellschaften **offene ausländische und EU-AIF im Inland an Privatanleger vertreiben**, müssen sie jedoch zahlreiche, der in § 214 KAGB in Bezug genommenen Vorschriften beobachten bzw. deren Einhaltung sicherstellen. Dies ergibt sich aus den Regelungen in § 317 Abs. 1 Nr. 7 a) und c) KAGB, die eine „weitgehende Äquivalenz" zwischen EU-AIF und ausländischen AIF einerseits und inländischen Publikumsinvestmentvermögen andererseits herstellen wollen.[11]

6 Für **Feederfonds** im Rahmen einer Master-Feeder-Struktur für ein offenes Publikumsinvestmentvermögen gilt § 214 KAGB mit der Maßgabe, dass lediglich das Sonstige Investmentvermögen gem. §§ 220 ff. KAGB als genehmigungsfähige Fondsart zur Verfügung steht (vgl. § 171 Abs. 1 S. 3 KAGB).[12] Der Grundsatz der Risikomischung gilt für solche Feederfonds hingegen ohne Weiteres, wobei dieser Vorgabe bereits durch die Anlage in den Masterfonds genügt wird.[13]

2 Zum Begriff der offenen Publikums-AIF sogleich in Rz. 3.
3 S. *Kretzschmann* in Moritz/Klebeck/Jesch, § 214 KAGB Rz. 9.
4 S. *Kretzschmann* in Moritz/Klebeck/Jesch, § 214 KAGB Rz. 11.
5 DelVO (EU) Nr. 694/2014 v. 17.12.2013, ABl. EU Nr. L 183 v. 24.6.2014, S. 18.
6 S. *Kretzschmann* in Moritz/Klebeck/Jesch, § 214 KAGB Rz. 17.
7 Zur mittelbaren Anwendung auf ausländische und EU-AIF, die in Deutschland vertrieben werden, s. sogleich in Rz. 5.
8 Begr. RegE AIFM-UmsG, BT-Drucks. 17/12294, S. 263; s. auch *Kretzschmann* in Moritz/Klebeck/Jesch, § 214 KAGB Rz. 10.
9 Zumindest ähnlich *Kretzschmann* in Moritz/Klebeck/Jesch, § 214 KAGB Rz. 10.
10 *Kretzschmann* in Moritz/Klebeck/Jesch, § 214 KAGB Rz. 10.
11 Vgl. Begr. RegE AIFM-UmsG, BT-Drucks. 17/12294, S. 263; s. zum Ganzen *Kretzschmann* in Moritz/Klebeck/Jesch, § 214 KAGB Rz. 11; dort auch zur Inbezugnahme des Grundsatzes der Risikomischung; ferner *Köndgen/Schmies* in Schimansky/Bunte/Lwowski, § 113 Rz. 158: Das KAGB „drücke" dem auslandsbasierten Investmentgeschäft insofern „seinen Stempel auf".
12 S. *Kretzschmann* in Moritz/Klebeck/Jesch, § 214 KAGB Rz. 13, der daher für solche Strukturen § 214 „keine Bedeutung" beimisst.
13 *Kretzschmann* in Moritz/Klebeck/Jesch, § 214 KAGB Rz. 13.

Auf **geschlossene Publikums-AIF** und **Spezial-AIF** ist § 214 KAGB **nicht anwendbar**. Für geschlossene Publikums-AIF ergibt sich der Grundsatz der Risikomischung jedoch aus § 262 Abs. 1 KAGB, für offene Spezial-AIF aus § 282 Abs. 1 KAGB (mit § 283 Abs. 1 bzw. § 284 Abs. 1 KAGB).[14] 7

§ 214 KAGB **erfasst** schließlich auch **keine OGAW** i.S.d. § 1 Abs. 2 KAGB, für die eigene Vorschriften in den §§ 192 ff. KAGB gelten. Der Grundsatz der Risikomischung gilt auch für OGAW, wie sich aus § 1 Abs. 2 KAGB i.V.m. Art. 1 Abs. 2 lit. a) OGAW-RL[15] ergibt.[16] 8

3. Entstehungsgeschichte

Bei der Regelung des § 214 KAGB handelt es sich um **autonomes nationales Recht**, das nicht auf Vorgaben des Unionsrechts beruht.[17] Die AIFM-RL enthält keine Produktregulierung für AIF in Gestalt zwingender Anlagebestimmungen[18] und verzichtet auch sonst weitgehend auf die Regelung von AIF selbst.[19] Speziell für Publikums-AIF lässt Art. 43 AIFM-RL ausdrücklich strengere nationale Regelungen zu (sog. „goldplating").[20] 9

Der in § 214 KAGB speziell für offene Publikums-AIF statuierte **Grundsatz der Risikomischung** war unter dem InvG noch Definitionsmerkmal des Investmentvermögens (§ 1 Satz 2 i.V.m. § 2 Abs. 4 InvG).[21] Das KAGB hat den Grundsatz aus der Definition des Investmentvermögens getilgt. Ungeachtet dessen bleibt er Typusmerkmal des Investmentvermögens. Dies zeigt sich nicht zuletzt darin, dass das Risikomischungsgebot nunmehr ausdrücklich für Publikums-AIF in § 214 KAGB und § 262 KAGB festgeschrieben wird[22] und auch für offene Spezial-AIF über § 282 Abs. 1 KAGB gilt. In seiner **Doppelfunktion als Typusmerkmal und Verhaltenspflicht** war der Grundsatz der Risikomischung bereits unter dem KAGG anerkannt. Er war zudem Definitionsmerkmal der Kapitalanlagegesellschaften (§ 1 Abs. 1 KAGG).[23] 10

Die **vier in § 214 KAGB aufgeführten Fondstypen** sind sämtlich aus dem InvG übernommen worden.[24] Die Gemischten Investmentvermögen waren in den §§ 83-86 InvG geregelt, die Sonstigen Investmentvermögen in den §§ 90g-90k InvG, die Dach-Hedgefonds in den §§ 113-115 InvG und Immobilien-Sondervermögen in den §§ 66-82 InvG. Die im Zuge der Überführung der Fondstypen in das KAGB vorgenommenen Änderungen sind zum kleinen Teil den Vorgaben der AIFM-RL geschuldet. Dies betrifft namentlich die Regelungen über die Bewertung.[25] Die weiteren Änderungen bezeichnet die Regierungsbegründung als lediglich redaktioneller Natur.[26] Auf die Regelung von Dach-Hedgefonds sowie für Immobilien-Sonderver- 11

---

14 *Kretzschmann* in Moritz/Klebeck/Jesch, § 214 KAGB Rz. 14; *Hübner*, WM 2014, 106 (110); kritisch zu dieser Vorgabe für offene Spezial-AIF *Baum* in Weitnauer/Boxberger/Anders, § 282 KAGB Rz. 5 ff.

15 RL 2009/65/EG v. 13.7.2009, ABl. EU Nr. L 302 v. 17.11.2009, S. 32, in der durch die RL 2014/91/EU v. 23.7.2014, ABl. EU Nr. L 257 v. 28.8.2014, S. 186, geänderten Fassung.

16 *Kretzschmann* in Moritz/Klebeck/Jesch, § 214 KAGB Rz. 12. In Art. 1 Abs. 2 lit. a) OGAW-RL ist von „Risikostreuung" bzw. „risk-spreading" die Rede. Hieraus dürfte sich jedoch kein Unterschied i.S. einer Beschränkung auf eine bloße Risikozerfällung (s. dazu noch in Rz. 18) ergeben.

17 S. etwa *Kretzschmann* in Moritz/Klebeck/Jesch, § 214 KAGB Rz. 1, 15.

18 *Köndgen/Schmies* in Schimansky/Bunte/Lwowski, § 113 Rz. 189; *Kretzschmann* in Moritz/Klebeck/Jesch, § 214 KAGB Rz. 15.

19 Deutlich Erwägungsgrund 10 AIFM-RL: „Diese Richtlinie enthält keine Regelung für AIF. Die Regelung für AIF und ihre Beaufsichtigung sollten daher weiterhin auf nationaler Ebene erfolgen."; dazu etwa *Köndgen/Schmies* in Schimansky/Bunte/Lwowski, § 113 Rz. 36; näher *Dornseifer* in Dornseifer/Jesch/Klebeck/Tollmann, Vorb zu Kapitel V – Abschnitt 1 Rz. 1 f.

20 Hierauf weist *Kretzschmann* in Moritz/Klebeck/Jesch, § 214 KAGB Rz. 15, hin.

21 *Möllers*, BKR 2011, 353 (355); dazu auch *Fleischer/Schmolke* ZHR 173 (2009), 649 (667). Kritisch zu dieser Konzeption *Köndgen/Schmies* in Schimansky/Bunte/Lwowski, § 113 Rz. 69, die von einem konzeptionellen Missgriff des Gesetzgebers sprachen, weil der Anwendungsbereich des InvG durch die Aufnahme des Risikomischungsprinzips in die Legaldefinition des Investmentvermögens vorschnell eingeengt worden sei; zur „Erosion" des Risikomischungsgebots unter dem InvG *Fleischer/Schmolke* ZHR 173 (2009), 649 (668).

22 Vgl. zu § 214 auch Begr. RegE AIFM-UmsG, BT-Drucks. 17/12294, S. 263: „Da anders als im aufzuhebenden Investmentgesetz der Grundsatz der Risikomischung nicht mehr Bestandteil der Definition von Investmentvermögen ist, wird diese Regelung in § 214 aufgenommen." Ausführlich zum Grundsatz der Risikomischung als Typusmerkmal des Investmentvermögens unter dem KAGB *Zetzsche*, Prinzipien der kollektiven Vermögensanlage, 2015, S. 123 ff. *Paul* in Weitnauer/Boxberger/Anders, § 262 KAGB Rz. 1 will indes zwischen dem Grundsatz der Risikomischung als „Strukturelement" (§ 214) und als „Investitionsgebot" (§ 262) unterscheiden.

23 S. dazu nur *Baur*, Investmentgesetze, 2. Aufl. 1997, § 1 KAGG, Rz. 15 ff.

24 S. dazu auch Begr. RegE AIFM-UmsG, BT-Drucks. 17/12294, S. 190 f.

25 S. Begr. RegE AIFM-UmsG, BT-Drucks. 17/12294, S. 190 f. Dazu näher die Kommentierung der §§ 217 f. sowie §§ 248, 250 f.

26 Begr. RegE AIFM-UmsG, BT-Drucks. 17/12294, S. 190.

mögen[27] trifft dies zu. Ansonsten zeichnen sich die Änderungen aber durch materielle Einschränkungen der Anlagemöglichkeiten aus: Gemischte und Sonstige Investmentvermögen dürfen anders als unter dem InvG weder Anteile an Immobilien-Sondervermögen noch an Hedgefonds erwerben.[28] Sonstige Investmentvermögen dürfen zudem nicht mehr in Unternehmensbeteiligungen investieren.[29]

12 Die Entstehungsgeschichte der vier Fondstypen reicht indes teils noch weiter zurück. So ist das Gemischte Sondervermögen bereits mit dem 3. Finanzmarktförderungsgesetz[30] als „gemischtes Wertpapier- und Grundstückssondervermögen" in das seinerzeit geltende KAGG eingeführt worden. Seit dem Investmentmodernisierungsgesetz[31] trägt der Fondstyp seinen heutigen Namen. Mit der Namensänderung ging auch eine Änderung der zulässigen Anlagegegenstände einher.[32] Die Sonstigen Sondervermögen wurden hingegen erst mit dem Investmentänderungsgesetz zum 28.12.2007[33] in das Investmentgesetz eingefügt. Die Regelung zu Dach-Hedgefonds war bereits im ursprünglichen InvG enthalten.[34] Die Immobilien-Sondervermögen können schließlich auf die längste Regelungsgeschichte zurückblicken. Sie wurden bereits 1969 als Grundstücks-Sondervermögen in das damalige KAGG eingefügt.[35]

II. Normzweck und ökonomische Grundlagen

1. Normzweck

13 Der **Grundsatz der Risikomischung** ist letztlich ein Gebot jedweder effizienten Vermögenanlage.[36] Gerade Kleinanlegern, an die sich Publikumsfonds insbesondere richten (vgl. § 1 Abs. 6 KAGB), werden jedoch häufig Mittel, Zeit und Expertise fehlen, selbst ein effizient diversifiziertes Anlageportfolio zusammenzustellen und zu verwalten.[37] Damit aber auch der (Klein-)Anleger in offenen Publikums-AIF an den Vorteilen der Portfoliodiversifikation partizipieren kann, schreibt § 214 KAGB den Grundsatz der Risikomischung auf der Ebene des einzelnen Sondervermögens (Fonds) fest.[38] Die Regelung dient dem **Anlegerschutz**, genauer: dem Schutz vor anlagespezifischen und daher „hinwegdiversifizierbaren", also vermeidbaren Risiken.[39] Mittelbar fördert das Risikomischungsgebot auch eine gewisse Liquidität des Fonds, was bei offenen Fonds wiederum den Rücknahmeanspruchs der Anleger absichert.[40]

14 Das Prinzip der Risikomischung – und damit der hierdurch vermittelte Anlegerschutz – wird insofern durch den in § 214 KAGB statuierten Typenzwang „vertieft",[41] als die Anlagevorschriften, welche die zugelassenen Fondstypen ausgestalten und definieren, zu einem erheblichen Anteil Konkretisierungen des Risikomischungsprinzips sind.[42] Da sich diese Konkretisierungen auf die Statuierung von Aussteller- und Anlagegrenzen beschränken, behält die Generalklausel des Risikomischungsgebots in § 214 KAGB eigenständige Be-

27 Hierzu ausführlich die Kommentierung des § 255 Rz. 2 ff.
28 *Burgard/Heimann*, WM 2014, 821 (824); *van Kann/Redeker/Keiluweit*, DStR 2013, 1483 (1485).
29 S. hier nur Begr. RegE AIFM-UmsG, BT-Drucks. 17/12294, S. 190 f.
30 Gesetz zur weiteren Fortentwicklung des Finanzplatzes Deutschland (Drittes Finanzmarktförderungsgesetz) v. 24.3.1998, BGBl. I 1998, S. 529.
31 Gesetz zur Modernisierung des Investmentwesens und zur Besteuerung von Investmentvermögen (Investmentmodernisierungsgesetz) v. 15.12.2003, BGBl. I 2003, S. 2676.
32 S. dazu sowie zu weiteren Gesetzesänderungen *Lang* in Emde/Dornseifer/Dreibus/Hölscher/, 2013, Vorbemerkung zu §§ 83-86 InvG, Rz. 1.
33 Gesetz zur Änderung des Investmentgesetzes und zur Anpassung anderer Vorschriften (Investmentänderungsgesetz) v. 21.12.2007, BGBl. I 2007, S. 3089.
34 Gesetz zur Modernisierung des Investmentwesens und zur Besteuerung von Investmentvermögen (Investmentmodernisierungsgesetz) v. 15.12.2003, BGBl. I 2003, S. 2676; s. dazu auch Begr. RegE, BT-Drucks. 15/1553, S. 107 ff.
35 Gesetz über den Vertrieb ausländischer Investmentanteile, über die Besteuerung ihrer Erträge sowie zur Änderung und Ergänzung des Gesetzes über Kapitalanlagegesellschaften v. 28.7.1969, BGBl. I 1969, S. 986; s. zur Gesetzesgeschichte der Immobilien-Sondervermögen ausführlich Vor §§ 230 ff. Rz. 12 ff.
36 So wörtlich *Köndgen/Schmies* in Schimansky/Bunte/Lwowski, § 113 Rz. 3.
37 Vgl. wiederum nur *Köndgen/Schmies* in Schimansky/Bunte/Lwowski, § 113 Rz. 3.
38 S. etwa *Zetzsche* in Möllers/Kloyer, Rz. 329.
39 Deutlich *Zetzsche* in Möllers/Kloyer, Rz. 329; *Paul* in Weitnauer/Boxberger/Anders, § 262 KAGB Rz. 2, dort auch gegen andere Deutungsversuche; s. auch *Baur* in Assmann/Schütze, § 20 Rz. 319; *Kretzschmann* in Moritz/Klebeck/Jesch, § 214 KAGB Rz. 19; unspezifischer *Zetzsche*, Prinzipien der kollektiven Vermögensanlage, S. 123.
40 *Zetzsche* in Möllers/Kloyer, Rz. 331; *Zetzsche*, Prinzipien der kollektiven Vermögensanlage, S. 123.
41 So *Zetzsche* in Möllers/Kloyer, Rz. 332.
42 *Köndgen/Schmies* in Schimansky/Bunte/Lwowski, § 113 Rz. 127 unter Verweis auf §§ 225 Abs. 2 und 4, 233 Abs. 2, 237 KAGB; noch zum InvG *Fleischer/Schmolke*, ZHR 173 (2009), 649 (670 ff.).

deutung.[43] Dies gilt insbesondere für die qualitative Risikomischung.[44] Zum Verhältnis des in § 214 KAGB niedergelegten Grundsatzes zu seinen Konkretisierungen in den §§ 218 ff. KAGB s. näher Rz. 19 f.

Der in § 214 KAGB festgeschriebene **Numerus clausus der Typen** offener Publikums-AIF dient auch jenseits des Diversifikationsgebots dem **(Klein-)Anlegerschutz**.[45] Weitere Schutzdimensionen sind etwa die Schaffung eines „Minimums an Transparenz" auf dem Markt für Fondsprodukte[46] oder die Gewährleistung eines gewissen Liquiditätsniveaus.[47] 15

2. Ökonomischer Hintergrund

Das Prinzip der Risikomischung findet sein ökonomisches Fundament in der auf *Harry Markowitz* zurückgehenden **Portfoliotheorie**.[48] Diese versteht sich als normative Theorie, die Handlungsanweisungen für die effiziente Kapitalanlage aufstellt.[49] Sie setzt den risikoscheuen Anleger voraus, der in Abhängigkeit von der Renditeerwartung ein möglichst geringes Risiko anstrebt. Die zentrale Erkenntnis der Portfoliotheorie ist nun, dass sich zwar die Renditeerwartung eines Anlageportfolios als gewogener Durchschnitt aus den erwarteten Renditen der einzelnen, dem Portfolio zugehörigen Anlageobjekte ergibt, die Standardabweichung – und damit das Risikomaß – des Portfolios aber nicht nur von den Standardabweichungen der Einzelrenditen abhängt, sondern auch davon, wie die Einzelrenditen miteinander korrelieren. Wählt man nun Anlageobjekte, deren Renditeerwartungen nicht vollständig positiv miteinander korrelieren, so lassen sich die Risiken eines Anlageportfolios unter den Wert des gewogenen Durchschnittsrisikos der einzelnen Anlagegegenstände drücken. Mithilfe dieses sog. **Diversifikationseffekts** lässt sich das spezifische Risiko des einzelnen Anlagegegenstands (anlagespezifisches oder unsystematisches Risiko)[50] vollständig „hinwegdiversifizieren". Der Anleger muss dann nur noch das sog. systematische oder Marktrisiko tragen.[51] 16

Diversifikation im Sinne der Portfoliotheorie dient der **Optimierung des Risiko-Rendite-Verhältnisses** des Anlageportfolios, d.h. der Erstellung eines effizienten Anlageportfolios. Keine Auskunft gibt es über die für den einzelnen Anleger konkret beste Risiko-Rendite-Struktur des Portefeuille. Diese bestimmt sich nach den individuellen Risiko- bzw. Renditepräferenzen des einzelnen Anlegers.[52] 17

III. Grundsatz der Risikomischung – Inhaltsvermessung

1. Definition und Inhalt

§ 214 KAGB spricht vom Grundsatz der Risikomischung, ohne diesen zu definieren. Ein Rückgriff auf die konkretisierenden Umschreibungen für Immobilien-Sondervermögen in § 243 KAGB und für geschlossene Publikums-AIF in § 262 KAGB ist schon aus systematischen Gründen nicht möglich, jedenfalls aber nicht sachgerecht.[53] Für eine Begriffsbestimmung kann jedoch auf den Diversifikationsbegriff der Portfoliotheo- 18

---

43 *Köndgen/Schmies* in Schimansky/Bunte/Lwowski, § 113 Rz. 127: „Auffangtatbestand"; ausführlich auch *Zetzsche*, Prinzipien der kollektiven Vermögensanlage, S. 127 f. unter Verweis auf die Gegenposition.

44 S. dazu näher in Rz. 16 ff.

45 *Köndgen/Schmies* in Schimansky/Bunte/Lwowski, § 113 Rz. 51.

46 *Köndgen/Schmies* in Schimansky/Bunte/Lwowski, § 113 Rz. 96; vgl. auch Begr. RegE AIFM-UmsG, BT-Drucks. 17/12294, S. 191 zur Regelung von Immobilien-Sondervermögen: „Um dem Anleger bewusst zu machen [sic!], dass er in eine langfristige Anlage mit illiquiden Vermögensgegenständen investiert, […]".

47 S. wiederum Begr. RegE AIFM-UmsG, BT-Drucks. 17/12294, S. 191.

48 Grundlegend *Markowitz*, Journal of Finance 7 (1952), 77; vertiefend *Markowitz*, Portfolio Selection: Efficient Diversification of Investments, 1959. S. zum Folgenden bereits die zusammenfassende Darstellung bei *Fleischer/Schmolke*, ZHR 173 (2009), 649 (653 ff.); vgl. ferner nur *Köndgen/Schmies* in Schimansky/Bunte/Lwowski, § 113 Rz. 2; *Zetzsche*, Prinzipien der kollektiven Vermögensanlage, S. 119 ff.

49 Zu den – möglicherweise zu hohen – Kosten der Diversifikation durch Fondsanlage s. nur *Zetzsche*, Prinzipien der kollektiven Vermögensanlage, S. 120 f.

50 S. zum Begriff *Sharpe*, Journal of Finance 19 (1964), 425, 439; für weitere Bezeichnungen etwa *Brealey/Myers/Allen*, Principles of Corporate Finance, 12th ed. 2017, S. 176 Fn. 26.

51 S. wiederum *Sharpe*, Journal of Finance 19 (1964), 425, 436, 439; *Brealey/Myers/Allen*, S. 176.

52 S. nur *Zetzsche*, Prinzipien der kollektiven Vermögensanlage, S. 121; *Fleischer/Schmolke*, ZHR 173 (2009), 649 (654).

53 Wie hier etwa *Kretzschmann* in Moritz/Klebeck/Jesch, § 214 KAGB Rz. 25 f. mit näheren Ausführungen; demgegenüber an § 262 Abs. 1 KAGB Maß nehmend *Baum* in Weitnauer/Boxberger/Anders, § 214 KAGB Rz. 19 ff. Zum umgekehrten Vorgehen, d.h. Rückgriff auf die Grundsätze des § 214 KAGB für die Zwecke des § 262 KAGB s. etwa *Paul* in Weitnauer/Boxberger/Anders, § 262 KAGB Rz. 1.

rie Bezug genommen werden:[54] Risikomischung meint Portfoliodiversifikation.[55] Damit ist klar, dass sich die Risikomischung **nicht auf eine bloß quantitative Risikostreuung** oder Risikozerfällung beschränkt, die eine Anlage in hinreichend viele Anlageobjekte sicherstellt. Vielmehr fordert der Grundsatz der Risikomischung **darüber hinaus in qualitativer Hinsicht** eine Anlage in Objekte mit hinreichend unterschiedlicher Wertentwicklung i.S. einer negativen Korrelation.[56]

19 Aus diesem Begriffsverständnis folgt damit auch, dass sich der Grundsatz der Risikomischung **nicht** in der für die einzelnen Fondstypen **in den §§ 218 ff. KAGB** vorgesehene Gewichtung der verschiedenen Anlageklassen (sog. *asset allocation*) sowie der dort aufgestellten Ausstellergrenzen **erschöpft.**[57] Vielmehr gebietet das Diversifikationsgebot darüber hinaus die **Risikokorrelation der Einzelanlagen innerhalb dieser gesetzlichen Grenzen zu beachten**. Dabei gilt als Faustformel: Je geringer die Zahl der Anlageobjekte, desto geringer hat die Korrelation unter diesen Objekten zu sein.[58] Insofern erscheint es zu grobschlächtig, wenn man es mit der von der BaFin zu ausländischen Investmentvermögen unter dem InvG geäußerten Position für die Einhaltung des Risikomischungsgebots „regelmäßig" genügen lassen will, wenn „das Vermögen zum Zwecke der Risikostreuung in mehr als drei Vermögensgegenständen mit unterschiedlichen Anlagerisiken angelegt ist"[59].[60]

20 Vielmehr hat die KVG im Rahmen der gesetzlich zulässigen Ausstellergrenzen[61] grundsätzlich jede vermeidbare Risikokonzentration auch tatsächlich zu vermeiden.[62] Dies ergibt sich letztlich auch aus dem Gesetz: Der Grundsatz der Risikomischung **tritt** in § 214 KAGB **neben die dort über die §§ 218 ff. KAGB in Bezug genommenen Ausstellergrenzen.**[63] Eine Ausnahme vom Gebot der Vermeidung vermeidbarer Risikokonzentrationen bedarf der Rechtfertigung, etwa durch eine höhere Risikoprämie oder eine gegenüber dem Markt überlegene Risikobewertung.[64]

2. Risikogemischte Anlage als objektiver Geschäftszweck

21 Aus dem Gebot, das Vermögen des offenen Publikums-AIF nach dem Grundsatz der Risikomischung anzulegen, ergibt sich, dass die Vermögensanlage darauf abzielen soll, eine Risikomischung herzustellen. Danach muss also der **objektive Geschäftszweck** des Vermögens auf die Herbeiführung der Risikomischung ausgerichtet sein.[65] Dieses Verständnis liegt auch der Regelung des § 110 Abs. 2 Satz 1 KAGB zum satzungsmäßigen Unternehmensgegenstand bei der Investment-AG mit veränderlichem Kapital zugrunde.[66] Nicht ausreichend ist danach die bloß tatsächliche, aber nur zufällig und damit nicht gezielt herbeigeführte Risi-

54 S. dazu soeben in Rz. 16 f.

55 H.M., s. nur *Köndgen/Schmies* in Schimansky/Bunte/Lwowski, § 113 Rz. 2 mit 125, 127 ff.; *Zetzsche*, Prinzipien der kollektiven Vermögensanlage, S. 119 ff. m.w.N.

56 *Köndgen/Schmies* in Schimansky/Bunte/Lwowski, § 113 Rz. 128; *Kretzschmann* in Moritz/Klebeck/Jesch, § 214 KAGB Rz. 26 f. m.w.N. aus der Lit. zum InvG; *Wülfert* in Baur/Tappen, § 214 KAGB Rz. 8; demgegenüber für Übernahme des in § 262 Abs. 1 KAGB statuierten Alternativverhältnisses zwischen quantitativer und qualitativer Risikomischung *Baum* in Weitnauer/Boxberger/Anders, § 214 KAGB Rz. 20.

57 Wie hier etwa *Kretzschmann* in Moritz/Klebeck/Jesch, § 214 KAGB Rz. 51.

58 *Köndgen/Schmies* in Schimansky/Bunte/Lwowski, § 113 Rz. 2 mit 128.

59 S. BaFin, Rundschreiben 14/2008 (WA) zum Anwendungsbereich des Investmentgesetzes nach § 1 Satz 1 Nr. 3 InvG, Gz. WA 41-Wp 2136–2008/0001, 22.12.2008, I.1.b).

60 Zutr. *Köndgen/Schmies* in Schimansky/Bunte/Lwowski, § 113 Rz. 2 mit 128.

61 Vgl. auch *Zetzsche*, Prinzipien der kollektiven Vermögensanlage, S. 128 f.: „Der Umfang der Diversifikation muss sich an den Ausstellergrenzen orientieren. [... Der] gesetzliche Risikogrundsatz [muss] im Verhältnis dazu großzügiger sein, sonst wären die Ausstellergrenzen ohne Bedeutung."

62 So sagt etwa § 222 Abs. 1 S. 4 nichts über die Korrelation der von ein und demselben Mikrofinanzinstitut erwerbbaren Vermögensgegenstände. Zur Relativierung des Grundsatzes der Risikomischung durch die Anlagebedingungen s. noch die Ausführungen in Rz. 26.

63 S. insofern auch *Wülfert* in Baur/Tappen, § 214 KAGB Rz. 10. Zum Verhältnis des Grundsatzes der Risikomischung zu seinen gesetzlichen Konkretisierungen s. noch den Text in Rz. 22 ff.

64 S. bereits zum InvG *Fleischer/Schmolke*, ZHR 173 (2009), 649 (673).

65 *Wülfert* in Baur/Tappen, § 214 KAGB Rz. 7; *Kretzschmann* in Moritz/Klebeck/Jesch, § 214 KAGB Rz. 39 m.w.N. aus der Lit. zum InvG; noch zum InvG *Fleischer/Schmolke* ZHR 173 (2009), 649 (673); aus der Rspr. BVerwG v. 16.10.1979 – 1 C 14/75, NJW 1980, 2482 Ls. (zum AuslInvestmG); BGH v. 23.3.2010 – VI ZR 57/09, AG 2010, 449 = ZIP 2010, 1122 m.w.N.; ferner BaFin, Rundschreiben 14/2008 (WA) zum Anwendungsbereich des Investmentgesetzes nach § 1 Satz 1 Nr. 3 InvG, Gz. WA 41-Wp 2136–2008/0001, 22.12.2008; offen *Baum* in Weitnauer/Boxberger/Anders, § 214 KAGB Rz. 20.

66 In diesem Sinne *Kretzschmann* in Moritz/Klebeck/Jesch, § 214 KAGB Rz. 41.

komischung. Es genügt also nicht, wenn „für die Bildung und Zusammensetzung des Vermögens auch andere Überlegungen als die Herbeiführung einer Risikomischung maßgebend sind".[67]

3. Verhältnis zu gesetzlichen Konkretisierungen

Der Grundsatz der Risikomischung wird durch die gesetzlichen Anlagevorschriften, insbesondere die dort niedergelegten Anlage- und Ausstellergrenzen, näher konkretisiert.[68] Allerdings regeln diese Vorschriften zumeist nur das Verhältnis der verschiedenen Kategorien zulässiger Vermögensgegenstände zueinander und nur im Einzelfall die Risikomischung innerhalb einer solchen Kategorie. Insofern kommt dem allgemeinen, in § 214 KAGB statuierten Grundsatz der Risikomischung als **Generalklausel auch neben den Konkretisierungen** in den in § 214 KAGB in Bezug genommenen Vorschriften weiterhin **praktische und nicht lediglich deklaratorische Bedeutung** zu.[69] 22

Dies gilt insbesondere für die **qualitative Risikomischung.**[70] So erlaubt § 222 Abs. 1 Satz 4 KAGB zwar den Erwerb von Vermögensgegenständen desselben Mikrofinanzinstituts bis zur Höhe von 10 % des Wertes des Sonstigen Investmentvermögens. Die Vorschrift sagt aber nichts über die Korrelation der von ein und demselben Mikrofinanzinstitut erwerbbaren Vermögensgegenstände aus. Insofern ist das allgemeine in § 214 KAGB statuierte Gebot der Risikomischung zu beachten. 23

Vorbehaltlich einer qualitativ ausreichenden Risikomischung bestimmen die Aussteller- und Anlagegrenzen jedoch konkret, was **in quantitativer Hinsicht** an Diversifikation genügt. So lassen es die Regelungen in § 225 Abs. 2 und 4 KAGB etwa zu, dass ein Dach-Hedgefonds bis zu 49 % des Fondsvermögenswertes in Bankguthaben, Geldmarktinstrumente oder Investmentvermögen, die ausschließlich in solche Anlagen investieren, anlegt und bis zu 20 % des Fondsvermögenswertes in einen einzigen Zielfonds investiert. Dann kann es aber nicht aufgrund des Risikomischungsgebots per se unzulässig sein, wenn der Dach-Hedgefonds lediglich in drei Zielfonds anlegt.[71] 24

Schließlich finden sich für Immobilien-Sondervermögen in den §§ 243, 244 KAGB **Sondervorschriften,** die für diesen Fondstyp die notwendigen, aber auch hinreichenden Bedingungen für eine Risikomischung festlegen.[72] Für einen Rückgriff auf die allgemeine Generalklausel des § 214 KAGB bleibt daneben kein Raum.[73] 25

4. Relativierung des Grundsatzes nach Maßgabe der Anlagebedingungen

Wie bereits verschiedentlich angeklungen,[74] vermittelt der Grundsatz der Risikomischung keinen absoluten Maßstab der Risikominimierung. Vielmehr verhält er sich relativ zu den individuellen Risiko- und Renditepräferenzen des einzelnen Anlegers. Eine höhere Rendite kann also einen geringeren Diversifikationsgrad rechtfertigen. Dabei geht die Portfoliotheorie, welche das Gebot der Risikodiversifikation aufstellt, zwar grundsätzlich vom risikoaversen Anleger aus.[75] Das KAGB selbst lässt aber erkennen, dass ein in den Anlagebedingungen entsprechend aufgeklärter Anleger auch höhere Risiken eingehen darf (vgl. §§ 219, 221 Abs. 2, 234 Abs. 1 Nr. 1 KAGB). Dies gilt auch in Bezug auf einen niedrigeren Diversifikationsgrad. Insofern spricht 26

---

67 So BaFin, Rundschreiben 14/2008 (WA) zum Anwendungsbereich des Investmentgesetzes nach § 1 Satz 1 Nr. 3 InvG, Gz. WA 41-Wp 2136–2008/0001, 22.12.2008 in Bezug auf ausländische Investmentanteile i.S.d. InvG. Gleichsinnig für die Rechtslage unter dem KAGB *Kretzschmann* in Moritz/Klebeck/Jesch, § 214 KAGB Rz. 39 ff. (dort ausführlich zur Ausschließlichkeit dieses Geschäftszwecks); ferner auch *Wülfert* in Baur/Tappen, § 214 KAGB Rz. 7.

68 S. etwa *Köndgen/Schmies* in Schimansky/Bunte/Lwowski, § 113 Rz. 127; ausführlich noch zum alten InvG *Fleischer/Schmolke* ZHR 173 (2009), 649 (670 ff.).

69 S. zum Ganzen *Köndgen/Schmies* in Schimansky/Bunte/Lwowski, § 113 Rz. 127: „erhebliche Bedeutung"; ferner *Kretzschmann* in Moritz/Klebeck/Jesch, § 214 KAGB Rz. 20; *Wülfert* in Baur/Tappen, § 214 KAGB Rz. 6, 10; vgl. auch *Zetzsche*, Prinzipien der kollektiven Vermögensanlage, S. 128: Der Grundsatz gilt auch dort, „wo das Gesetz keine Aussteller- oder Anlagegrenzen vorsieht"; **a.A.** scheinbar *Baum* in Weitnauer/Boxberger/Anders, § 214 KAGB Rz. 21.

70 S. dazu bereits in Rz. 18; insofern **a.A.** *Zetzsche*, Prinzipien der kollektiven Vermögensanlage, S. 128.

71 S. wiederum *Köndgen/Schmies* in Schimansky/Bunte/Lwowski, § 113 Rz. 178; vgl. insofern auch allgemeiner *Zetzsche*, Prinzipien der kollektiven Vermögensanlage, S. 128.

72 S. insofern die amtliche Überschrift zu § 243 KAGB.

73 In diesem Sinne auch *Kretzschmann* in Moritz/Klebeck/Jesch, § 214 Rz. 25; wohl auch *Köndgen/Schmies* in Schimansky/Bunte/Lwowski, § 113 Rz. 185: „Sondervorschrift" zum Gebot der Risikomischung; *Kautenburger-Behr* in Weitnauer/Boxberger/Anders, § 243 KAGB Rz. 1.

74 S. die Ausführungen in Rz. 16 ff.

75 S. in Rz. 16.

man zu Recht von einer „gewisse[n] Disposivität des Gebots der Risikomischung": Das Gebot gilt nach Maßgabe der Anlagebedingungen, bleibt aber innerhalb des so gesteckten Rahmens beachtlich.[76]

5. Bisherige Verwaltungspraxis

27 Unter dem InvG hatte sich eine Verwaltungspraxis zu den Anforderungen an die Erfüllung des Risikomischungsgebots etabliert, deren wesentlichen Inhalt die BaFin in zwei Schreiben zusammengefasst hat.[77] Das Rundschreiben 14/2008 (WA) enthält die (allzu) grobe Aussage, dass eine Risikomischung regelmäßig vorliege, wenn das Investmentvermögen zum Zwecke der Risikostreuung in mehr als drei Vermögensgegenständen mit unterschiedlichen Anlagerisiken angelegt ist.[78]

28 In einem späteren Schreiben an den BVI hat die BaFin nachjustiert und Präzisierungen vorgenommen: Danach kann auch bei der Anlage in vier oder mehr Vermögensgegenstände aufgrund der „besonderen Gewichtung der einzelnen Vermögensgegenstände" ein Verstoß gegen das Gebot der Risikomischung vorliegen.[79] Dabei gelte, dass die prozentuale Gewichtung der einzelnen Vermögensgegenstände umso weniger auseinanderfallen dürfe, je weniger Vermögensgegenstände als Anlage gehalten werden. Mit Blick auf die „unterschiedlichen Anlagerisiken" stellte die BaFin zudem klar, dass eine hinreichende qualitative Risikostreuung nicht vorliege, wenn die Preisbewegungen eines einzigen Vermögensgegenstands die Wertentwicklung des Fondsvermögens über Gebühr beeinflusse. Dasselbe gelte für mehrere Vermögensgegenstände mit nahezu identischen Anlagerisiken.[80]

29 Eine wichtige, auch unter dem KAGB zutreffende Aussage der BaFin betrifft das Verhältnis der gesetzlichen Anlagebeschränkungen zum allgemeinen Gebot der Risikomischung: Die Einhaltung ersterer reicht für sich genommen nicht aus, um letzterem zu genügen.[81]

6. Rechtsfolgen bei Verstoß

30 Das Gebot der Risikomischung hat eine aufsichtsrechtliche und eine privatrechtliche Dimension. Entsprechend dieser Doppelfunktion zieht ein Verstoß sowohl aufsichtsrechtliche als auch privatrechtliche Rechtsfolgen nach sich:

31 Sofern bereits die **Anlagebedingungen** die Anlage nicht hinreichend[82] auf den Grundsatz der Risikomischung ausrichten, wird die BaFin die **Genehmigung** des offenen Publikums-AIF **nach § 163 KAGB verweigern.** Bei ausländischen bzw. EU-AIF wird die BaFin in derart gelagerten Fällen den **Vertrieb** im Inland nicht zulassen bzw. **untersagen.**[83]

32 Die Beachtung des – in den Anlagebedingungen hinreichend verankerten[84] – Risikomischungsprinzips ist eine kardinale Verwalterpflicht der KVG.[85] Verstößt die KVG gegen diese Pflicht, stehen der BaFin bei inländischen offenen Publikums-AIF die allgemeinen **aufsichtsrechtlichen Eingriffsbefugnisse** zu, um diesen Verstoß abzustellen. Darüber hinaus kommt auch bei ausländischen und EU-AIF die **Untersagung des Vertriebs** gem. § 314 Abs. 1 Nr. 3, 6 KAGB in Betracht.[86]

76 S. zum Ganzen *Köndgen/Schmies* in Schimansky/Bunte/Lwowski, § 113 Rz. 128; vgl. ferner *Kretzschmann* in Moritz/Klebeck/Jesch§ 214 KAGB Rz. 28.

77 BaFin, Rundschreiben 14/2008 (WA) zum Anwendungsbereich des Investmentgesetzes nach § 1 Satz 1 Nr. 3 InvG, Gz. WA 41-Wp 2136–2008/0001, 22.12.2008; BaFin, Schreiben v. 27.7.2009 an den BVI, Grundsatz der Risikomischung, Goldfonds, Gz. 41-Wp 2136-2008/0001, abgedruckt bei Beckmann/Scholtz/Vollmer, Ordnungsnummer 412 Nr. 66.

78 BaFin, Rundschreiben 14/2008 (WA) zum Anwendungsbereich des Investmentgesetzes nach § 1 Satz 1 Nr. 3 InvG, Gz. WA 41-Wp 2136–2008/0001, 22.12.2008, sub I.1.b); s. dazu bereits in Rz. 19.

79 S. auch zum Folgenden BaFin, Schreiben v. 27.7.2009 an den BVI, Grundsatz der Risikomischung, Goldfonds, Gz. 41-Wp 2136-2008/0001, abgedruckt bei Beckmann/Scholtz/Vollmer, Ordnungsnummer 412 Nr. 66, sub IV.

80 S. dazu auch *Kretzschmann* in Moritz/Klebeck/Jesch, § 214 KAGB Rz. 32.

81 S. zusammenfassend zu der vorstehend skizzierten Verwaltungspraxis *Baum* in Weitnauer/Boxberger/Anders, § 214 KAGB Rz. 8 ff.; *Kretzschmann* in Moritz/Klebeck/Jesch, § 214 KAGB Rz. 30 ff. Zum Verhältnis des allgemeinen Risikomischungsgrundsatzes zu seinen gesetzlichen Konkretisierungen in Rz. 22 ff.

82 S. zur Relativierung des Risikomischungsprinzips durch die Festlegungen in den Anlagebedingungen in Rz. 26.

83 S. dazu *Kretzschmann* in Moritz/Klebeck/Jesch, § 214 KAGB Rz. 22.

84 S. dazu soeben in Rz. 31.

85 S. bereits zum InvG *Fleischer/Schmolke* ZHR 173 (2009), 649 (673).

86 S. *Kretzschmann* in Moritz/Klebeck/Jesch, § 214 KAGB Rz. 23.

Die (auch) **privatrechtliche** Natur der Pflicht zur Risikomischung schlägt sich bei einem Verstoß in der **Haftung der KVG** gegenüber **den Anlegern** aus § 280 Abs. 1 BGB nieder.[87] Die zugrunde liegende Sonderverbindung zwischen KVG und Anleger beruht entweder auf dem Investmentvertrag oder einem gesetzlichen Schuldverhältnis.[88] Darüber hinaus ist auch an **Ansprüche der Anleger gegen die Verwahrstelle** zu denken, soweit diese ihrer Rechtmäßigkeitskontrolle nicht in ausreichendem Maße nachgekommen ist.[89] 33

IV. Zulässige Fondsarten

Ausweislich des § 214 KAGB dürfen offene inländische Publikums-AIF nur noch als Gemischte Investmentvermögen gemäß den §§ 218 und 219 KAGB, als Sonstiger Investmentvermögen gemäß den §§ 220 bis 224 KAGB, als Dach-Hedgefonds gemäß den §§ 225 bis 229 KAGB oder als Immobilien-Sondervermögen gemäß den §§ 230 bis 260 KAGB aufgelegt werden. **Offene Publikums-AIF, die diesen Produktregeln** in den Unterabschnitten 2 bis 5 des Abschnitts 3 **widersprechen**, sind **unzulässig.**[90] Genügen die Anlagebedingungen eines offenen Publikums-AIF von vorneherein keinem der in § 214 KAGB angesprochenen Produktreglements, wird die BaFin daher die Genehmigung nach § 163 KAGB verweigern.[91] 34

Mit der Beschränkung auf die **vier genannten Fondsarten** geht eine **Bereinigung** gegenüber der Rechtslage unter dem InvG einher. Fondstypen nach dem InvG, die in der Praxis keine nennenswerte Bedeutung erlangt hatten, wurden nicht in das KAGB überführt.[92] **Nicht mehr zulässig** sind danach: Altersvorsorge-Sondervermögen gem. §§ 87 ff. InvG, „Publikums-Single-Hedgefonds" nach § 112 InvG,[93] Infrastruktur-Sondervermögen nach §§ 90a ff. InvG und Mitarbeiterbeteiligungs-Sondervermögen nach §§ 90l ff. InvG.[94] Spezielle **Übergangsregelungen** bestehen für Altersvorsorge-Sondervermögen sowie für Publikums-Single-Hedgefonds. So dürfen Altersvorsorge-Sondervermögen die vor dem 22.6.2013 aufgelegt worden sind, gem. § 347 KAGB fortgeführt werden. Ferner bleibt es Privatanlegern gem. § 350 Abs. 1 KAGB erlaubt, vor dem 22.7.2013 erworbene Anteile an Single-Hedgefonds i.S.d. § 112 InvG weiter zu halten.[95] 35

§ 215 Begrenzung von Leverage durch die Bundesanstalt

(1) Die AIF-Kapitalverwaltungsgesellschaft hat der Bundesanstalt zu zeigen, dass die von der AIF-Kapitalverwaltungsgesellschaft angesetzte Begrenzung des Umfangs des eingesetzten Leverage angemessen ist und dass sie diese Begrenzung stets einhält.

(2) [1]Die Bundesanstalt bewertet die Risiken, die aus dem Einsatz von Leverage durch die AIF-Kapitalverwaltungsgesellschaft erwachsen könnten; sie beschränkt nach Information der Europäischen Wertpapier- und Marktaufsichtsbehörde, des Europäischen Ausschusses für Systemrisiken und der zuständigen Stellen des Herkunftsmitgliedstaates des AIF den Umfang des Leverage, den die AIF-Kapitalverwaltungsgesellschaft einsetzen darf, wenn sie dies zur Gewährleistung der Stabilität und Integrität des Finanzsystems als nötig erachtet. [2]Alternativ ordnet die Bundesanstalt sonstige Beschränkungen in Bezug auf die Verwaltung des AIF an, sodass das Ausmaß begrenzt wird, in dem der Einsatz von Leverage zur Entstehung von Systemrisiken im Finanzsystem oder des Risikos von Markt-

---

87 *Köndgen/Schmies* in Schimansky/Bunte/Lwowski, § 113 Rz. 248 m.w.N.; vgl. auch den pauschalen Hinweis bei *Kretzschmann* in Moritz/Klebeck/Jesch, § 214 KAGB Rz. 24.

88 Vgl. dazu hier etwa *Winterhalder* in Weitnauer/Boxberger/Anders, § 17 KAGB Rz. 47; *Köndgen/Schmies* in Schimansky/Bunte/Lwowski, § 113 Rz. 244, 248; ferner bereits die Kommentierung zu § 31 Rz. 25.

89 S. dazu ausführlich *Köndgen/Schmies* in Schimansky/Bunte/Lwowski, § 113 Rz. 249 mit 243. Zur Geltendmachung der Ansprüche s. näher die Kommentierung zu §§ 78 und 89 KAGB.

90 Begr. RegE AIFM-UmsG, BT-Drucks. 17/12294, S. 263.

91 S. nur *Kretzschmann* in Moritz/Klebeck/Jesch, § 214 Rz. 47, dort auch zu den Rechtsfolgen bei späterem Verstoß der Verwaltung gegen die genehmigten Anlagebedingungen.

92 S. dazu Begr. RegE AIFM-UmsG, BT-Drucks. 17/12294, S. 191; ausführlich *Kretzschmann* in Moritz/Klebeck/Jesch, § 214 KAGB Rz. 50 ff.; *Köndgen/Schmies* in Schimansky/Bunte/Lwowski, § 113 Rz. 160; ferner *Emde/Dreibus* BKR 2013, 89 (94 f.), der von einer „Entrümpelung" spricht.

93 Single-Hedgefonds sind aus Gründen des Anlegerschutzes nur noch als Spezial-AIF zulässig, s. Begr. RegE AIFM-UmsG, BT-Drucks. 17/12294, S. 191; ferner *Köndgen/Schmies* in Schimansky/Bunte/Lwowski, § 113 Rz. 160; *Kretzschmann* in Moritz/Klebeck/Jesch, § 214 KAGB Rz. 51.

94 *Baum* in Weitnauer/Boxberger/Anders, § 214 KAGB Rz. 1 mit Fn. 1; *Kretzschmann* in Moritz/Klebeck/Jesch, § 214 Rz. 49; ferner *Köndgen/Schmies* in Schimansky/Bunte/Lwowski, § 113 Rz. 160.

95 S. hierzu näher die Kommentierungen zu § 347 und § 350 sowie allgemein zu den Übergangsvorschriften für die abgeschafften Publikums-AIF *Kretzschmann* in Moritz/Klebeck/Jesch, § 214 KAGB Rz. 50 ff.

störungen beiträgt. [3]Die Bundesanstalt informiert die Europäische Wertpapier- und Marktaufsichtsbehörde, den Europäischen Ausschuss für Systemrisiken und die zuständigen Stellen des Herkunftsmitgliedstaates des AIF ordnungsgemäß über die diesbezüglich eingeleiteten Maßnahmen.

(3) [1]Die Information gemäß Absatz 2 erfolgt spätestens zehn Arbeitstage vor dem geplanten Wirksamwerden oder der Erneuerung der eingeleiteten Maßnahme. [2]Die Mitteilung enthält Einzelheiten der vorgeschlagenen Maßnahme, die Gründe für diesen Vorschlag und den Zeitpunkt, zu dem die Maßnahme wirksam werden soll. [3]Unter besonderen Umständen kann die Bundesanstalt verfügen, dass die vorgeschlagene Maßnahme innerhalb des in Satz 1 genannten Zeitraums wirksam wird.

(4) [1]Die Bundesanstalt berücksichtigt bei ihrer Entscheidung über Maßnahmen die Empfehlung der Europäischen Wertpapier- und Marktaufsichtsbehörde, die diese nach der Information gemäß Absatz 2 Satz 3 oder auf Grundlage der Information nach Absatz 2 Satz 1 ausspricht. [2]Sieht die Bundesanstalt eine Maßnahme vor, die dieser Empfehlung nicht entspricht, unterrichtet sie die Europäische Wertpapier- und Marktaufsichtsbehörde hiervon unter Angabe der Gründe.

(5) Für die Bedingungen, unter welchen die Maßnahmen nach Absatz 2 angewendet werden, gilt Artikel 112 der Delegierten Verordnung (EU) Nr. 231/2013 entsprechend.

In der Fassung vom 4.7.2013 (BGBl. I 2013, S. 1981).

Schrifttum: *Dornseifer*, Hedge Funds and Systemic Risk Reporting, in Zetzsche (ed.), The AIFM Directive, 2012, S. 557; *Koch*, Das Kapitalanlagegesetzbuch: Neue Rahmenbedingungen für Private-Equity-Fonds – Transparenz, gesellschaftsrechtliche Maßnahmen und Finanzierung, WM 2014, 433; *Kremer*, BaFin-Journal 5/2013, S. 13 ff.; *Söhner*, Neuer Rechtsrahmen für Private Equity – AIFM-Umsetzungsgesetz, Aktienrechtsnovelle 2014 und weitere Vorschriften, WM 2014, 2110; *Wallach*, Alternative Investment Funds Managers Directive – ein neues Kapitel des europäischen Investmentrechts, RdF 2011, 80.

Materialien: BaFin, Fragen zur Umsetzung der AIFM-Richtlinie in Bezug auf Eigenmittel und Leverage: Ergebnisprotokoll der Sitzung v. 19.6.2013, Gz. WA 41-WP 2136-2011/0090, 9.8.2013; ESMA, Questions raised by EIOPA on the interpretation of the AIFMD, ESMA34-32-427, 25 July 2018; FSF, Update of the FSF Report on Highly Leveraged Institutions, 19 May 2007, online abrufbar unter: http://www.fsb.org/wp-content/uploads/r_0705.pdf.

I. Inhaltsübersicht, Anwendungsbereich und Entstehungsgeschichte

1. Inhalt und Adressat der Vorschrift

Der Inhalt des § 215 KAGB lässt sich in **zwei Regelungskomplexe** aufteilen.[1] Den ersten Regelungskomplex bildet § 215 Abs. 1 KAGB, der eine **Anzeigepflicht der AIF-KVG** gegenüber der BaFin statuiert. Hiernach hat die KVG der Behörde darzulegen, dass die gem. § 29 Abs. 4 KAGB angesetzte Begrenzung des Umfangs des eingesetzten Leverage angemessen ist und dass diese Begrenzung auch stets eingehalten wird. Hieran schließt sich der zweite Regelungskomplex in § 215 Abs. 2-5 KAGB an: § 215 Abs. 2 KAGB weist der **BaFin** die Aufgabe zu, diese **Umfangsbegrenzung zu bewerten**, und stattet sie zugleich mit der **Befugnis** aus, diesen Umfang weiter zu beschränken oder anderweitige **Beschränkungen** in Bezug auf den Einsatz von Leverage **anzuordnen**, sofern sie dies zur Gewährleistung der Stabilität und Integrität des Finanzsystems für notwendig erachtet. Vor dem Wirksamwerden dieser Maßnahmen hat sie jedoch die ESMA, den ESRB sowie die zuständigen Stellen des Herkunftsmitgliedstaates des AIF zu informieren (§ 215 Abs. 2, 3 KAGB). Eine hieran anschließende Empfehlung der ESMA hat die BaFin zu berücksichtigen (§ 215 Abs. 4 KAGB). Für die im Vorfeld beschränkender Maßnahmen erfolgende Bewertung seitens der BaFin gelten die Vorgaben des Art. 112 der DelVO (EU) Nr. 231/2013[2] entsprechend (§ 215 Abs. 5 KAGB). 1

Adressat der Anzeigepflicht des § 215 **Abs. 1** KAGB ist die **AIF-KVG.** Dies entspricht dem Regelungskonzept der hier umgesetzten AIFM-RL, welche die Fondsverwalter und nicht die Fondsprodukte selbst reguliert. Die umgesetzte Regelung in Art. 25 Abs. 3 Satz 1 AIFM-RL adressiert daher auch den „AIFM".[3] Die Regelungen in § 215 **Abs. 2-5** KAGB richten sich demgegenüber an die **BaFin.** 2

2. Anwendungsbereich

§ 215 KAGB gilt ausweislich seiner systematischen Stellung zunächst für die Verwaltung von **offenen inländischen Publikums-AIF.** Über den Verweis in § 263 Abs. 2 bzw. 274 Satz 1 KAGB findet die Regelung aber auch auf geschlossene inländische Publikums-AIF sowie inländische Spezial-AIF Anwendung.[4] Ungeachtet der systematischen Stellung ergibt sich indes aus dem Verweis auf die „zuständigen Stellen des Herkunftsmitgliedstaates des AIF" in § 215 Abs. 2 KAGB, dass § 215 KAGB auch auf AIF-KVGen Anwendung findet, die **offene EU-Publikums-AIF** verwalten. Darüber hinaus gilt § 215 KAGB auch für AIF-KVGen, die **offene ausländische Publikums-AIF** verwalten. Die durch § 215 KAGB umgesetzten Teile des Art. 25 AIFM-RL[5] erfassen jedenfalls auch solche AIFM.[6] Der Wortlaut der Vorschrift lässt diese weite Lesart auch zu.[7] 3

Eine **analoge Anwendung** auch nur des § 215 Abs. 1 KAGB **auf OGAW scheidet** entgegen entsprechender Überlegungen im Schrifttum hingegen **aus.**[8] Zwar ist richtig, dass zwischen dem auch auf OGAW anwendbaren § 29 Abs. 4 KAGB und § 215 Abs. 1 KAGB ein Regelungszusammenhang besteht.[9] Jedoch wird einer analogen Anwendung auf OGAW entgegengehalten, dass schon kein entsprechendes Informationsbedürfnis der BaFin bestehe. Denn diese könne sich bereits mithilfe der Ausführungen im Prüfungsbericht zur Auslastung der Marktrisiko(potenzial)grenze gem. § 197 Abs. 2 KAGB und der Anzeigen zum Wechsel von deren Berechnungsmethode (s. § 6 DerivateV[10])[11] sowie des gem. § 38 DerivateV jährlich einzureichenden Berichts ein Bild machen. Davon abgesehen dürfte der Gesetzgeber mit der Festschreibung des Hebelmaßes auf eine maximale Verdoppelung des Marktrisikopotenzials gem. § 197 Abs. 2 KAGB auch eine Entschei- 4

---

1 Vgl. auch *Kretzschmann* in Moritz/Klebeck/Jesch, § 215 KAGB Rz. 3 ff.

2 ABl. EU Nr. L 83 v. 22.3.2013, S. 1.

3 S. allgemein zum Regelungskonzept der AIFM-RL etwa Erwägungsgrund Nr. 10 AIFM-RL; vgl. in Bezug auf Art. 25 ff. AIFM-RL ferner *Dornseifer* in Dornseifer/Jesch/Klebeck/Tollmann, Vorb. Kap. V Abschn. 1 Rz. 1 f., 15 ff., der aber zu Recht darauf hinweist, dass die Regelung in Art. 25 „im Ergebnis produktregulierenden Charakter" hat.

4 S. auch *Kretzschmann* in Moritz/Klebeck/Jesch§ 215 KAGB Rz. 6; *Lindemann* in Beckmann/Scholtz/Vollmer, § 215 KAGB Rz. 107.

5 S. zu den unionsrechtlichen Grundlagen der Regelung noch in Rz. 5.

6 S. allgemein zum Anwendungsbereich der AIFM-RL deren Art. 2.

7 Vgl. auch *Kretzschmann* in Moritz/Klebeck/Jesch, § 215 KAGB Rz. 8: Anwendbarkeit auf AIF-KVG, die EU-AIF oder ausländische AIF verwalten.

8 Vgl. *Kretzschmann* in Moritz/Klebeck/Jesch, § 215 KAGB Rz. 7.

9 S. wiederum *Kretzschmann* in Moritz/Klebeck/Jesch, § 215 KAGB Rz. 4, 7, 12 f., 15. Dieser Zusammenhang besteht bereits auf europarechtlicher Ebene zwischen Art. 15 Abs. 4 und Art. 25 Abs. 3 AIFM-RL, s. dazu *Dornseifer* in Zetzsche, The AIFM Directive, S. 557, 569 mit Fn. 36.

10 VO über Risikomanagement und Risikomessung beim Einsatz von Derivaten, Wertpapier-Darlehen und Pensionsgeschäften in Investmentvermögen nach dem Kapitalanlagegesetzbuch v. 16.7.2013, BGBl. I 2013, S. 2463.

11 *Josek/Steffen* in Baur/Tappen, § 29 KAGB Rz. 83.

dung zur Angemessenheit der Hebelung durch Derivate getroffen haben.[12] Freilich gilt all' dies auch für offene Publikums-AIF, soweit in den §§ 214 ff. KAGB auf § 197 KAGB verwiesen wird.[13] Jedoch beruhen diese Verweise auf § 197 KAGB auf einer autonomen Entscheidung des nationalen Gesetzgebers. Aus dieser Entscheidung lässt sich jedoch kein gesetzgeberischer Plan dahingehend ableiten, dass umgekehrt die in § 215 KAGB umgesetzten Regelungen der AIFM-RL[14] auch auf OGAW Anwendung finden sollen. Der deutsche Gesetzgeber des AIFM-UmsG wollte mit § 215 KAGB vielmehr allein den Vorgaben der AIFM-RL genügen.[15] Systematisch lässt sich diese Sichtweise zudem mit einem Blick auf die Verweise in §§ 263 Abs. 2 und 274 KAGB stützen, die einen Umkehrschluss für die Anwendbarkeit des § 215 KAGB auf OGAW zumindest nahelegen.

3. Entstehungsgeschichte

a) Unionsrechtliche Grundlagen

5 § 215 KAGB dient der Umsetzung von Art. 25 Abs. 3, 4 und 8 AIFM-RL.[16] Der in § 215 Abs. 5 KAGB in Bezug genommene Art. 112 DelVO (EU) Nr. 213/2013[17] beruht auf der Ermächtigungsgrundlage in Art. 25 Abs. 9 AIFM-RL. Der für die Regelung des § 215 KAGB zentrale Begriff des „Leverage" nimmt Maß an der Definition der „Hebelfinanzierung" in Art. 4 Abs. 1 lit. v) AIFM-RL.[18]

b) Bisherige Regelung im deutschen Recht

6 Die in § 215 KAGB statuierte Regulierung des Leverage zur Sicherung der Finanzmarktstabilität[19] ist im bisherigen deutschen Investmentrecht ohne Vorbild.[20] Das InvG regelte die Begrenzung von Leverage bislang derart auf der Produktebene, dass es für die verschiedenen Fondsarten etwa die Kreditaufnahme oder die Investition in Derivate beschränkte.[21] Für Hedgefonds, die sich gerade durch den Einsatz von Leverage auszeichnen,[22] ermächtigte § 112 Abs. 4 InvG das BMF zum Erlass einer Rechtsverordnung, um die „Voraussetzungen und Kriterien für eine Beschränkung von Leverage" zu bestimmen, „soweit dies zur Abwendung von Missbrauch und zur Wahrung der Integrität des Marktes erforderlich" war. Beabsichtigt war eine „allgemeine Regelung" und keine Ermächtigung für Eingriffe im Einzelfall bei bereits am Markt befindlichen Produkten.[23] Das BMF hat von dieser Ermächtigung indes nie Gebrauch gemacht.[24]

II. Normzweck

1. Regelungsanliegen

7 Der Zweck des § 215 KAGB leitet sich von der durch ihn umgesetzten Norm des Art. 25 AIFM-RL[25] ab. Dementsprechend zielt die Regelung darauf, die mit Hebelfinanzierungen unter Umständen verbundenen Systemrisiken und Marktstörungen einzuhegen.[26] § 215 KAGB ist also ein Mosaikstein im weit ausgreifenden regulatorischen Schutzprogramm zur Gewährleistung der **Stabilität und Integrität der Finanzmärkte.**[27]

---

12 Vgl. *Kretzschmann* in Moritz/Klebeck/Jesch, § 215 KAGB Rz. 16.
13 *Josek* in Baur/Tappen, § 197 KAGB Rz. 14 ff.
14 Dazu sogleich in Rz. 5.
15 S. dazu wiederum die N. in Rz. 5.
16 S. Begr. RegE AIFM-UmsG, BT-Drucks. 17/12294, S. 263. S. ausführlich zu Art. 25 AIFM-RL und dem Zusammenspiel mit Art. 24 AIFM-RL *Dornseifer* in Zetzsche, The AIFM Directive, S. 557, 566 ff.
17 ABl. EU Nr. L 83 v. 22.3.2013, S. 1.
18 S. dazu noch in Rz. 8 f.
19 S. zum Normzweck noch näher in Rz. 7.
20 *Lindemann* in Beckmann/Scholtz/Vollmer, § 215 KAGB Rz. 99.
21 S. *Kretzschmann* in Moritz/Klebeck/Jesch, § 215 KAGB Rz. 2. Ein Beispiel wäre etwa die OGAW-Regelung in § 51 InvG, dem Vorgänger des § 197 KAGB.
22 Vgl. auch § 283 Abs. 1 Satz 1 Nr. 1 KAGB.
23 S. Begr. RegE Investmentmodernisierungsgesetz, BT-Drucks. 15/1553, S. 109.
24 S. zum Ganzen *Kretzschmann* in Moritz/Klebeck/Jesch, § 215 KAGB Rz. 2.
25 S. zu den europarechtlichen Grundlagen soeben unter Rz. 5.
26 S. Erwägungsgrund 49 AIFM-RL; so ausdrücklich auch *Lindemann* in Beckmann/Scholtz/Vollmer, § 215 KAGB Rz. 100.
27 *Baum* in Weitnauer/Boxberger/Anders, § 215 KAGB Rz. 2: Der Schutz der Finanzmarktstabilität war letztlich einer der maßgeblichen Beweggründe für die europaweite Harmonisierung der Regelungen über AIFM; so auch *Koch*, WM 2014, 433 (437); vgl. auch Erwägungsgründe 1 ff. AIFM-RL.

2. Begriff des Leverage

Zentralbegriff der Regelung in § 215 KAGB ist der „Leverage“. Dieser wird in **§ 1 Abs. 19 Nr. 25 Satz 1 KAGB** definiert als „jede Methode, mit der die Verwaltungsgesellschaft den Investitionsgrad eines von ihr verwalteten Investmentvermögens durch Kreditaufnahme, Wertpapier-Darlehen, in Derivate eingebettete Hebelfinanzierungen oder auf andere Weise erhöht“. Leverage meint also dasselbe wie **Hebelfinanzierungen**, wie auch die europäische Definitionsnorm des Art. 4 Abs. 1 lit. v) AIFM-RL erhellt.[28] 8

Für eine weitere Konkretisierung ermächtigt Art. 4 Abs. 3 AIFM-RL die Kommission zur Festlegung der Methoden für Hebelfinanzierungen i.S.d. Art. 4 Abs. 1 lit. v) AIFM-RL sowie zur Festlegung, wie Hebelfinanzierungen zu berechnen sind. Darauf fußende Regeln zur Berechnung der „Hebelkraft“ (Leverage) finden sich in Art. 6 ff. DelVO (EU) Nr. 231/2013.[29] Nach der Grundregel in Art. 6 Abs. 1 DelVO (EU) Nr. 231/2013 gilt: Die **Hebelkraft** eines AIF bezeichnet das **Verhältnis zwischen dem Risiko eines AIF (*exposure*) und seinem Nettoinventarwert**. Das Risiko ist dabei durch den AIFM auf zweierlei Weise zu berechnen: mithilfe der Brutto-Methode[30] sowie zusätzlich mittels der Commitment-Methode[31] (Art. 6 Abs. 2 DelVO (EU) Nr. 231/2013).[32] Als Methoden „zur Erhöhung des Risikos“ also zur Hebelung nennt Art. 9 DelVO (EU) Nr. 231/2013 mit Anhang I: Unbesicherte und Besicherte Barkredite, Wandeldarlehen, Zinsswaps, finanzielle Differenzgeschäfte, Finanzterminkontrakte, Total-Return-Swaps, außerbörsliche Finanztermingeschäfte, Optionen, (umgekehrte) Pensionsgeschäfte, Wertpapierdarlehensvergabe und -aufnahme sowie Credit Default Swaps.[33] 9

3. Risiken des Leverage

Art. 25 AIFM-RL sowie die Erwägungsgründe der AIFM-RL sprechen zumeist nur allgemein von den möglichen **Risiken** von Hebelfinanzierungen **für die Stabilität und Integrität der Finanzmärkte**.[34] Art. 25 Abs. 2 Satz 2 AIFM-RL, aber auch Erwägungsgrund 49 AIFM-RL werden jedoch konkreter, wenn mit Blick auf den Informationsaustausch der zuständigen Behörden auf das (erhebliche) „Gegenparteirisiko für ein Kreditinstitut oder ein sonstiges systemrelevantes Institut“ (in anderen Mitgliedstaaten) hingewiesen wird.[35] Ferner benennt Art. 112 Abs. 3 lit. b) DelVO (EU) Nr. 231/2013 als Aspekt für die Bewertung, inwieweit der Einsatz von Leverage zur Entstehung von Systemrisiken im Finanzsystem oder des Risikos von Marktstörungen beitragen kann, das Risiko einer „spiralförmigen Abwärtsbewegung der Preise von Finanzinstrumenten oder sonstigen Vermögenswerten“. Tatsächlich werden vor allem zwei Risikoeffekte von Leverage für die Finanzmarktstabilität (**systemisches Risiko**) ausgemacht: ein „direktes“ Risiko und ein „indirektes“ Risiko.[36] Das **„direkte“ Risiko** meint das in Erwägungsgrund 49 AIFM-RL angesprochene (Kredit-)Risiko systemrelevanter Finanzmarktakteure, das sie als Gegenpartei des hebelnden AIF eingehen (*counterparty credit risks*).[37] Hierneben tritt das **„indirekte“ Risiko** von marktweiten Liquiditätsengpässen. Diese können sich als Folge einer Negativdynamik einstellen, die unter Umständen durch starke Wertverluste bei einem gehebelten AIF ausgelöst wird. Als Beispiel für ein solches Auslöse-Szenario wird auf den Fall verwiesen, dass ein gehebelter AIF nicht genügend freie Liquidität aufweist, um *margin calls* seiner Gegenparteien zu bedienen, woraufhin diese ihre Positionen schließen.[38] 10

Neben diesen systemischen Risiken begründet der Einsatz umfangreicher Hebelfinanzierungen auch konkrete Risiken für einzelne Marktteilnehmer. Dies betrifft zum einen das bereits angesprochene[39] Kreditrisiko der Gegenparteien des AIF, das selbstredend auch dann besteht, wenn diese Parteien keine Systemrele- 11

28 Die deutsche Sprachfassung spricht dort von „Hebelfinanzierung“, die englische von „Leverage“. Vgl. auch *Baum* in Weitnauer/Boxberger/Anders, § 215 KAGB Rz. 4; *Kretzschmann* in Moritz/Klebeck/Jesch, § 215 KAGB Rz. 10.

29 ABl. EU Nr. L 83 v. 22.3.2013, S. 1.

30 Art. 7 DelVO (EU) Nr. 231/2013. S. hierzu ferner Erwägungsgründe 12-14.

31 Art. 8 DelVO (EU) Nr. 231/2013. S. hierzu ferner Erwägungsgründe 15-31.

32 S. dazu auch Erwägungsgründe 11 und 12 DelVO (EU) Nr. 231/2013. Vgl. ferner jüngst zu Einzelfragen der Auslegung der Art. 6 ff. DelVO (EU) Nr. 231/2013 ESMA, Questions raised by EIOPA on the interpretation of the AIFMD, ESMA34-32-427, 25 July 2018.

33 S. zum Ganzen *Dornseifer* in Zetzsche, The AIFM Directive, S. 557, 559 ff.; einen umfassenden Überblick zur Berechnung des Leverage bietet *Lindemann* in Beckmann/Scholtz/Vollmer, § 215 KAGB Rz. 109 ff.

34 Vgl. Erwägungsgründe 49 ff. AIFM-RL.

35 S. ferner Art. 112 Abs. 3 lit. a) DelVO (EU) Nr. 231/2013: „Gegenparteirisiko für ein Finanzinstitut“.

36 S. zum Folgenden FSF, Update of the FSF Report on Highly Leveraged Institutions, 19 May 2007, insb. S. 11 f.

37 S. insofern auch Art. 15 Abs. 4 lit. c) und d) AIFM-RL bzw. § 29 Abs. 4 Nr. 3 und 4 KAGB.

38 S. auch die illustrative Schilderung der berühmten Fälle „Orange County“ und „LTCM“ bei *Decker* in Moritz/Klebeck/Jesch, § 274 KAGB Rz. 5 ff.

39 S. vorstehende Rz. 10.

vanz besitzen. Zum anderen ist hier das erhöhte **Verlustrisiko für die Anleger** des AIF zu nennen, der Leverage einsetzt. Um diese Risiken für einzelne Marktteilnehmer und Anleger geht es der Regelung des § 215 KAGB jedoch nicht.[40] Insofern vermittelt die Regelung lediglich einen Schutzreflex.[41]

III. Anzeigepflicht der AIF-KVG (§ 215 Abs. 1 KAGB)

12 Nach § 215 Abs. 1 KAGB hat die AIF-KVG der BaFin „zu zeigen", dass (1) die von ihr angesetzte Begrenzung des Umfangs des eingesetzten Leverage angemessen ist und (2) dass sie diese Begrenzung auch stets einhält.

1. Pflichtennatur – Informations- oder Nachweispflicht?

13 Die in § 215 Abs. 1 KAGB geregelte Pflicht der AIF-KVG wird in § 263 Abs. 2 KAGB sowie in § 274 Satz 1 KAGB als „Informationspflicht" bezeichnet. Indes gehen die dort statuierten Verhaltensgebote über eine bloße Informationspflicht hinaus. Die AIF-KVG hat der BaFin zu „zeigen", also **nachzuweisen**, dass die angesetzte Leverage-Grenze tatsächlich angemessen ist und stets eingehalten wird.[42]

2. Gegenstand der Nachweispflicht

a) Interne Leverage-Grenze des einzelnen Publikums-AIF

14 Die Nachweispflicht in § 215 Abs. 1 KAGB bezieht sich auf die von der AIF-KVG angesetzte „Begrenzung des Umfangs des eingesetzten Leverage". Dies meint dasselbe wie das nach § 29 Abs. 4 KAGB festzulegende „Höchstmaß an Leverage".[43] Insofern stellt die **Nachweispflicht** des § 215 Abs. 1 KAGB eine **Ergänzung der Pflicht zur Festlegung der internen Leverage-Grenze** nach § 29 Abs. 4 KAGB dar.[44] Wie dort[45] bezieht sich die angemessene Begrenzung auf jeden einzelnen von der nachweispflichtigen AIF-KVG verwalteten Fonds, hier: jeden Publikums-AIF.[46]

b) Angemessenheit

15 Aus dem Regelungszusammenhang des § 215 Abs. 1 KAGB mit § 29 Abs. 4 KAGB[47] ergibt sich auch, dass für die Bestimmung der Angemessenheit des internen Leverage-Limits **auf die in § 29 Abs. 4 KAGB genannten Kriterien abzustellen** ist.[48] Zu berücksichtigen sind also, (1) die Art des Investmentvermögens, (2) die Anlagestrategie,[49] (3) die Herkunft des Leverage, (4) jede andere Verbindung oder relevante Beziehung zu anderen Finanzdienstleistungsinstituten, die potentiell ein Systemrisiko darstellen, (5) die Notwendigkeit, das Risiko gegenüber jedem einzelnen Kontrahenten zu begrenzen, (6) das Ausmaß, bis zu dem das Leverage abgesichert ist, (7) das Verhältnis von Aktiva und Passiva sowie (8) der Umfang, die Art und das Ausmaß der

---

40 Vgl. insofern etwa § 165 Abs. 2 Nr. 6 KAGB zu den Mindestangaben im Verkaufsprospekt.

41 Zum Normzweck des § 215 KAGB s. soeben in Rz. 7.

42 *Kretzschmann* in Moritz/Klebeck/Jesch, § 215 KAGB Rz. 14; wohl auch *Baum* in Weitnauer/Boxberger/Anders, § 215 KAGB Rz. 7; *Wülfert* in Baur/Tappen, § 215 KAGB Rz. 6. S. auch die englische Sprachfassung des Art. 25 Abs. 3 S. 1 AIFM-RL, wo es heißt: „The AIFM shall demonstrate …". *Dornseifer* in Dornseifer/Jesch/Klebeck/Tollmann, Art. 25 AIFM-RL Rz. 45 ff. spricht von „Darlegungspflicht". Ob hiermit allerdings ein Unterschied in der Sache verbunden ist [so *Kretzschmann* in Moritz/Klebeck/Jesch, § 215 KAGB Rz. 14], ist unklar; für ein „zur Verfügung stellen" *Lindemann* in Beckmann/Scholtz/Vollmer, § 215 KAGB Rz. 123.

43 *Kretzschmann* in Moritz/Klebeck/Jesch, § 215 KAGB Rz. 12; vgl. auch *Dornseifer* in Dornseifer/Jesch/Klebeck/Tollmann, Art. 25 AIFM-RL Rz. 41 ff. für Art. 15 Abs. 4 und 25 Abs. 3 AIFM-RL.

44 *Kretzschmann* in Moritz/Klebeck/Jesch, § 215 KAGB Rz. 15.

45 Nach § 29 Abs. 4 KAGB ist das Leverage-Höchstmaß „für jedes der von [… der KVG] verwalteten Investmentvermögen" festzulegen.

46 *Kretzschmann* in Moritz/Klebeck/Jesch, § 215 KAGB Rz. 11; *Lindemann* in Beckmann/Scholtz/Vollmer, § 215 KAGB Rz. 101.

47 S. dazu soeben in Rz. 14; vgl. ferner *Dornseifer* in Dornseifer/Jesch/Klebeck/Tollmann, Art. 25 AIFM-RL Rz. 41 ff. zur Entstehungsgeschichte von Art. 15 Abs. 4 und 25 Abs. 3 AIFM-RL.

48 *Kretzschmann* in Moritz/Klebeck/Jesch, § 215 KAGB Rz. 16; *Lindemann* in Beckmann/Scholtz/Vollmer, § 215 KAGB Rz. 105; vgl. auch *Dornseifer* in Dornseifer/Jesch/Klebeck/Tollmann, Art. 25 AIFM-RL Rz. 46 zur Berücksichtigung in Art. 15 Abs. 4 AIFM-RL genannten Kriterien für die Angemessenheitsprüfung nach 25 Abs. 3 Satz 1 AIFM-RL.

49 S. dazu informativ die in einem Schaubild aufbereiteten Daten bei *Dornseifer* in Dornseifer/Jesch/Klebeck/Tollmann, Art. 25 AIFM-RL Rz. 43.

Geschäftstätigkeiten der KVG auf den betreffenden Märkten.[50] Die Parameter für die nach § 215 Abs. 1 KAGB darzulegende Angemessenheit beschränken sich also nicht auf solche mit Relevanz für allfällige systemische Risiken. Der Umfang der Nachweispflicht geht mithin über den Prüf- und Bewertungsumfang der BaFin im Rahmen der § 215 Abs. 2 ff. KAGB hinaus.[51] Diese, nicht die AIF-KVG, filtert die für die Prüfung relevanten Faktoren aus den angezeigten Informationen heraus.

Nicht sachgerecht ist es hingegen, für die Frage der Angemessenheit auf **starre Leverage-Quoten** abzustellen. Vielmehr hängt die (angemessene) Höhe dieser Quoten stark von der individuellen Anlagestrategie des jeweiligen AIF ab. Der AIFM-Richtliniengeber hat daher entsprechenden Rufen nach starren Leverage-Quoten bewusst nicht nachgegeben.[52] Allerdings wird der für OGAW geltenden Leverage-Begrenzung in § 197 Abs. 2 KAGB eine Art „Safe-Harbor-Wirkung" zugesprochen. Wenn das Gesetz für OGAW die Verdoppelung des Marktrisikopotenzials durch den Einsatz von Derivaten zulässt und zugleich auf eine Nachweispflicht nach § 215 Abs. 1 KAGB für OGAW verzichtet,[53] dann zeige dies, dass der Gesetzgeber eine solche Leverage-Quote für angemessen erachte.[54] So plausibel diese Argumentation klingt, so vorsichtig muss man mit diesem systematischen Argument sein. Denn für zahlreiche offene Publikums-AIF gilt sowohl die Nachweispflicht des § 215 Abs. 1 KAGB als auch – über entsprechende Verweisungen – die in § 197 Abs. 2 KAGB statuierte Höchstquote.[55] 16

3. Zeitpunkt des Nachweises und fortlaufende Überprüfungspflicht

Den **Nachweis** der Angemessenheit der Leverage-Begrenzung hat die AIF-KVG **erstmals** im Rahmen der **Vertriebsanzeige** gem. §§ 295, 316 KAGB zu erbringen.[56] Gemäß §§ 316 Abs. 1 Nr. 4, 165 Abs. 2 Nr. 6 KAGB muss die KVG dann nämlich Informationen über die Einsatzmöglichkeiten von Leverage bereitstellen, genauer: über die Umstände unter denen das Investmentvermögen Leverage einsetzen kann, Art und Herkunft des zulässigen Leverage und die damit verbundenen Risiken, sonstige Beschränkungen für den Einsatz von Leverage sowie den maximalen Umfang des Leverage, die die KVG für Rechnung des Investmentvermögens einsetzen dürfen.[57] Diese Informationen erlauben dann auch eine erste Darlegung der Angemessenheit i.S.d. § 215 Abs. 1 KAGB.[58] 17

Das Pflichtenprogramm des § 215 Abs. 1 KAGB beschränkt sich jedoch nicht auf eine einmalige Nachweispflicht. Vielmehr muss die AIF-KVG die Angemessenheit der internen Leverage-Grenze unabhängig von einem konkreten Prüf- bzw. Nachweisverlangen der BaFin[59] **fortlaufend überprüfen.**[60] Ein **Nachweis** der in dieser Weise fortlaufend geprüften Angemessenheit hat nach richtiger Ansicht hingegen **nicht regelmäßig** ohne gesonderte Aufforderung durch die BaFin zu erfolgen.[61] Der Angemessenheitsnachweis nach § 215 Abs. 1 KAGB muss insbesondere nicht im Rahmen der Meldepflicht nach § 35 Abs. 4 KAGB erfolgen. Diese 18

---

50 S. *Kretzschmann* in Moritz/Klebeck/Jesch, § 215 KAGB Rz. 17; vgl. auch *Baum* in Weitnauer/Boxberger/Anders, § 215 KAGB Rz. 7.

51 S. *Kretzschmann* in Moritz/Klebeck/Jesch, § 215 KAGB Rz. 17; vgl. auch *Baum* in Weitnauer/Boxberger/Anders, § 215 KAGB Rz. 7; ferner BaFin, Fragen zur Umsetzung der AIFM-Richtlinie in Bezug auf Eigenmittel und Leverage, Gz. WA 41-WP 2136-2011/0090, 9.8.2013, S. 3 (sub 5); tendenziell anders *Wülfert* in Baur/Tappen, § 215 KAGB Rz. 6.

52 *Kretzschmann* in Moritz/Klebeck/Jesch, § 215 KAGB Rz. 16; *Lindemann* in Beckmann/Scholtz/Vollmer, § 215 KAGB Rz. 128; ausführlich *Dornseifer* in Dornseifer/Jesch/Klebeck/Tollmann, Art. 25 AIFM-RL Rz. 41 ff.

53 S. zur Frage der analogen Anwendung in Rz. 4.

54 So *Kretzschmann* in Moritz/Klebeck/Jesch, § 215 KAGB Rz. 16.

55 S. dazu bereits in Rz. 4.

56 S. auch BaFin, Fragen zur Umsetzung der AIFM-Richtlinie in Bezug auf Eigenmittel und Leverage, Gz. WA 41-WP 2136-2011/0090, 9.8.2013, S. 3 (sub. 5): durch die Angaben im Verkaufsprospekt (Publikumsfonds) bzw. die Angaben nach § 307 Abs. 1 KAGB (Spezial-AIF).

57 Vgl. auch *Dornseifer* in Dornseifer/Jesch/Klebeck/Tollmann, Art. 25 AIFM-RL Rz. 46 unter Verweis auf Art. 31 Abs. 2 und Anhang III lit. f) mit Art. 23 Abs. 1 AIFM-RL; i. Erg. ebenso *Baum* in Weitnauer/Boxberger/Anders, § 215 KAGB Rz. 7; **a.A.** *Kretzschmann* in Moritz/Klebeck/Jesch, § 215 KAGB Rz. 20, der unter Verweis auf § 22 Abs. 1 Nr. 10 lit. b) KAGB den früheren Zeitpunkt des Erlaubnisantrags für maßgeblich hält.

58 Zu deren eingeschränkter Aussagekraft zu diesem frühen Zeitpunkt *Dornseifer* in Dornseifer/Jesch/Klebeck/Tollmann, Art. 25 AIFM-RL Rz. 46.

59 Zutr. *Kretzschmann* in Moritz/Klebeck/Jesch, § 215 KAGB Rz. 18; vgl. auch *Baum* in Weitnauer/Boxberger/Anders, § 215 KAGB Rz. 6: „regelmäßige" Mitteilung.

60 *Kretzschmann* in Moritz/Klebeck/Jesch, § 215 KAGB Rz. 18 hält hier eine Angemessenheitsprüfung innerhalb der regelmäßigen Kontrolle der Risikosysteme gem. Art. 41 DelVO (EU) 231/2013 für ausreichend, sofern nicht ein konkreter Überprüfungsanlass besteht.

61 S. zur Unterscheidung von Überprüfungs- und Nachweispflicht auch *Kretzschmann* in Moritz/Klebeck/Jesch, § 215 KAGB Rz. 19.

Pflicht basiert nämlich auf Art. 24 Abs. 4 AIFM-RL i.V.m. Art. 110 Abs. 5 DelVO (EU) 231/2013 und nicht auf dem hiervon verschiedenen Art. 25 Abs. 3 AIFM-RL.[62] Im Ergebnis besteht eine Nachweispflicht i.S.d. § 215 Abs. 1 KAGB also nach erfolgter Vertriebsanzeige[63] nur aufgrund einer entsprechenden Anordnung der BaFin.[64] Dessen ungeachtet geht die **Verwaltungspraxis** davon aus, dass „[e]twaige Anpassungen der Leverage-Begrenzung [...] unverzüglich anzuzeigen sind."[65]

4. Verstöße gegen das interne Leverage-Limit

19 Die AIF-KVG hat das interne Leverage-Limit gem. § 215 Abs. 1 KAGB „stets" einzuhalten. Verstöße gegen diese Verpflichtung können zum einen **aufsichtsrechtliche Maßnahmen der BaFin** nach sich ziehen.[66] Teils wird dies freilich mit Hinweis auf die bloß interne Natur der Leverage-Grenze verneint.[67] Indes ist die Festlegung der internen Leverage-Grenze nach § 29 Abs. 4 KAGB und folgerichtig auch deren Einhaltung Teil der Pflicht, ein Risikomanagementsystem einzurichten und zu unterhalten.[68]

20 Theoretisch sind bei Verstoß gegen die interne Leverage-Grenze auch **Ersatzansprüche geschädigter Anleger** denkbar. Jedoch dürfte der Nachweis eines ersatzfähigen Schadens regelmäßig Schwierigkeiten bereiten.[69]

21 Jenseits von aufsichtsrechtlichen Maßnahmen und Ersatzansprüchen der Anleger stellt sich die Frage, ob die AIF-KVG gem. § 215 Abs. 1 Alt. 2 KAGB verpflichtet ist, der BaFin Überschreitungen der internen Leverage-Grenze zu melden. Eine Informationspflicht besteht bereits insofern, als eine AIF-KVG, die einen AIF verwaltet, der in beträchtlichem Umfang Leverage einsetzt, gem. § 35 Abs. 4, 8 KAGB i.V.m. Art. 110 Abs. 5 DelVO (EU) 231/2013 periodisch über den Gesamtumfang des eingesetzten Leverage Auskunft geben muss, was dann zwangsläufig auch Überschreitungen der intern gesetzten Leverage-Grenze offenlegt.[70] Darüber hinaus wird man aber auch für nicht unter § 35 Abs. 4 KAGB fallende AIF-KVG eine **Informationspflicht gegenüber der BaFin** bejahen müssen, die sich aus § 215 Abs. 1 Alt. 2 KAGB ableitet. Denn die AIF-KVG hat zu zeigen, dass sie die interne Leverage-Grenze „stets" einhält. Eine eng getaktete Abfrage durch die BaFin ist ohne konkrete Anhaltspunkte für eine Überschreitung der Grenze jedoch nicht sinnvoll. Insofern ist die Nachweispflicht des § 215 Abs. 1 Alt. 2 KAGB – gerade auch mit Rücksicht auf den Compliance-Aufwand der AIF-KVG – dahin auszulegen, dass jenseits konkreter Informationsanforderungen der BaFin, Verstöße gegen die selbst gesetzte Leverage-Grenze zu melden sind.[71] Freilich wird man hierfür ein gewisses Gewicht des Verstoßes voraussetzen dürfen. Ganz unwesentliche Verstöße müssen also nicht gemeldet werden.[72] Die BaFin selbst geht dabei davon aus, dass eine solche Meldung **unverzüglich** zu erfolgen hat.[73]

---

62 *Kretzschmann* in Moritz/Klebeck/Jesch, § 215 KAGB Rz. 22; **a.A.** offenbar *Baum* in Weitnauer/Boxberger/Anders, § 215 KAGB Rz. 6 unter Rekurs auf *Kremer*, BaFin-Journal 5/2013, S. 13, 15.

63 Dazu soeben in Rz. 17.

64 *Kretzschmann* in Moritz/Klebeck/Jesch, § 215 KAGB Rz. 19 unter Verweis auf § 5 KAGB. Zu denken wäre zudem an eine Anforderung gem. § 35 Abs. 5 KAGB; insofern zweifelnd jedoch *Dornseifer* in Dornseifer/Jesch/Klebeck/Tollmann, Art. 25 AIFM-RL Rz. 49 (in Bezug auf Art. 24 Abs. 5 AIFM-RL).

65 BaFin, Fragen zur Umsetzung der AIFM-RL in Bezug auf Eigenmittel und Leverage: Ergebnisprotokoll der Sitzung v. 19.6.2013, Gz. WA 41-WP 2136-2011/0090, 9.8.2013, S. 3 f. im Zusammenhang mit § 215 Abs. 1 KAGB; s. auch *Decker* in Moritz/Klebeck/Jesch, § 274 KAGB Rz. 14.

66 *Kretzschmann* in Moritz/Klebeck/Jesch, § 215 KAGB Rz. 28.

67 S. *Dornseifer* in Dornseifer/Jesch/Klebeck/Tollmann, Art. 25 AIFM-RL Rz. 57 mit Blick auf den Entzug der Zulassung nach Art. 11 AIFM-RL; auch insofern anders *Kretzschmann* in Moritz/Klebeck/Jesch, § 215 KAGB Rz. 28.

68 Zutr. *Kretzschmann* in Moritz/Klebeck/Jesch, § 215 KAGB Rz. 23.

69 *Kretzschmann* in Moritz/Klebeck/Jesch, § 215 KAGB Rz. 29; s. auch *Dornseifer* in Dornseifer/Jesch/Klebeck/Tollmann, Art. 25 AIFM-RL Rz. 58.

70 *Dornseifer* in Dornseifer/Jesch/Klebeck/Tollmann, Art. 25 AIFM-RL Rz. 57 in Bezug auf Art. 24 Abs. 4 AIFM-RL, der aber grundsätzlich keine Meldepflicht annimmt, wenn die Überschreitung zum Berichtsstichtag wieder zurückgeführt worden ist.

71 Im Ergebnis ebenso BaFin, Fragen zur Umsetzung der AIFM-RL in Bezug auf Eigenmittel und Leverage: Ergebnisprotokoll der Sitzung am 19.6.2013, Gz. WA 41-WP 2136-2011/0090, 9.8.2013, S. 3; *Baum* in Weitnauer/Boxberger/Anders, § 215 KAGB Rz. 7; *Kretzschmann* in Moritz/Klebeck/Jesch, § 215 KAGB Rz. 24.

72 In diesem Sinne auch *Kretzschmann* in Moritz/Klebeck/Jesch, § 215 KAGB Rz. 25 f.

73 BaFin, Fragen zur Umsetzung der AIFM-RL in Bezug auf Eigenmittel und Leverage: Ergebnisprotokoll der Sitzung v. 19.6.2013, Gz. WA 41-WP 2136-2011/0090, 9.8.2013, S. 3 f.; zust. *Baum* in Weitnauer/Boxberger/Anders, § 215 KAGB Rz. 7; **a.A.** *Kretzschmann* in Moritz/Klebeck/Jesch, § 215 KAGB Rz. 24 ff.: Meldung nur im Rahmen des regelmäßigen Reporting nach § 35 Abs. 1 und 2 i.V.m. Abs. 8 KAGB.

Gegenüber den Anlegern hat eine AIF-KVG für die von ihr verwalteten AIF darüber hinaus gem. § 300 Abs. 2 KAGB regelmäßig alle Änderungen der internen Leverage-Grenze sowie die Gesamthöhe des Leverage offenzulegen.[74] 22

IV. Risikobewertung durch die BaFin und Beschränkung des Leverage (§ 215 Abs. 2-5 KAGB)

1. Risikobewertung (§ 215 Abs. 2 Satz 1 Halbs. 1, Abs. 5 KAGB)

Die BaFin hat gem. § 215 Abs. 2 Satz 1 Halbs. 1 KAGB die Risiken zu bewerten, die aus dem Einsatz von Leverage durch die AIF-KVG entstehen könnten. 23

a) Informationsgrundlage

Diese Bewertung geschieht nicht nur auf Grundlage der gem. § 215 Abs. 1 KAGB erlangten Informationen.[75] Vielmehr zieht die BaFin **alle ihr zur Verfügung stehenden Informationen** heran, insbesondere diejenigen, die sie i.R. der Meldepflichten nach § 35 KAGB erlangt hat.[76] 24

b) Bewertungsgegenstand – Maßgebliche Risiken

Die BaFin hat die „Risiken“ zu bewerten, die aus dem Einsatz von Leverage erwachsen könnten. Gemeint sind hiermit aber nur **Risiken für die „Stabilität und Integrität des Finanzsystems“** oder – gleichbedeutend – „Systemrisiken im Finanzsystem“ und Risiken von Marktstörungen.[77] Dies ergibt sich aus dem Normzweck[78] sowie dem Regelungszusammenhang zwischen § 215 Abs. 2 Satz 1 Halbs. 1 und § 215 Abs. 1 Satz 1 Halbs. 2, Satz 2 KAGB. 25

c) Bewertungsmaßstab – Kriterien nach § 215 Abs. 5 KAGB i.V.m. Art. 112 Abs. 3 VO (EU) 231/2013

Man kann bezweifeln, ob die BaFin – oder eine andere zuständige Behörde – in der Lage ist, ex ante ein angemessenes internes Leverage-Limit für AIF zu ermitteln, zumal ein anerkannter Standard für die Bestimmung eines solchen Limits nicht besteht.[79] Für die Frage, ob der Einsatz von Leverage im Rahmen dieses intern gesetzten Limits zur Entstehung von **Systemrisiken** für das Finanzsystem oder dem **Risiko von Marktstörungen** beiträgt, stellt das Gesetz selbst ein (Mindest-)Prüfungsprogramm[80] für die BaFin auf, indem es über § 215 Abs. 5 KAGB auf den nicht abschließenden[81] **Kriterienkatalog in Art. 112 Abs. 3 DelVO (EU) 231/2013** verweist.[82] 26

Danach sind von der BaFin zumindest folgende Aspekte bei ihrer Bewertung zu berücksichtigen: (a.) die Umstände, unter denen das Engagement eines oder mehrerer AIF ein **erhebliches Markt, Liquiditäts- oder Gegenparteirisiko für ein Finanzinstitut** darstellen könnte; (b.) die Umstände, unter denen die Tätigkeiten eines AIFM oder seine Interaktion beispielsweise mit einer Gruppe von AIFM oder anderen Finanzinstituten zu einer **spiralförmigen Abwärtsbewegung der Preise von Finanzinstrumenten oder sonstigen Vermögenswerten** beitragen oder beitragen könnten, die die Lebensfähigkeit dieser Finanzinstrumente oder sonstiger Vermögenswerte gefährdet bzw. gefährden würde; (c.) Kriterien wie die Art des AIF, die Anlagestrategie des AIFM für die betreffenden AIF, die Marktbedingungen, unter denen der AIFM und der AIF tätig sind, sowie **wahrscheinliche prozyklische Wirkungen**, die eintreten könnten, wenn die zuständigen Behörden dem betreffenden AIFM Limits oder andere Beschränkungen für den Einsatz von Hebel- 27

---

74 S. dazu im Einzelnen die Kommentierung zu § 300 KAGB.

75 Insofern missverständlich *Wülfert* in Baur/Tappen, § 215 KAGB Rz. 7.

76 Ganz zutr. *Kretzschmann* in Moritz/Klebeck/Jesch, § 215 KAGB Rz. 35; in diesem Sinne wohl auch *Dornseifer* in Dornseifer/Jesch/Klebeck/Tollmann, Art. 25 AIFM-RL Rz. 59. Aus Art. 25 Abs. 1 und 2 AIFM-RL ergibt sich mit aller Deutlichkeit, dass die zuständigen Behörden, die nach Art. 24 AIFM-RL zu erhebenden Informationen nutzen sollen, um mögliche Risiken für die Finanzmarktstabilität festzustellen.

77 So auch *Kretzschmann* in Moritz/Klebeck/Jesch, § 215 KAGB Rz. 34, 36.

78 S. dazu in Rz. 7.

79 S. zu diesen Zweifeln *Dornseifer* in Zetzsche, The AIFM Directive, S. 557, 566; **a.A.** *Lindemann* in Beckmann/Scholtz/Vollmer, § 215 KAGB Rz. 125.

80 So der Terminus bei *Kretzschmann* in Moritz/Klebeck/Jesch, § 215 KAGB Rz. 34.

81 S. den Wortlaut des Art. 112 Abs. 3 DelVO (EU) 231/2013: „zumindest“; ferner *Kretzschmann* in Moritz/Klebeck/Jesch, § 215 KAGB Rz. 42.

82 *Baum* in Weitnauer/Boxberger/Anders, § 215 KAGB Rz. 10; *Kretzschmann* in Moritz/Klebeck/Jesch, § 215 KAGB Rz. 34.

finanzierungen vorschreiben; (d.) Kriterien wie die Größe eines oder mehrerer AIF und die entsprechenden Auswirkungen in einem bestimmten Marktsektor, **Risikokonzentrationen** in bestimmten Märkten, in denen ein oder mehrere AIF investieren, etwaige **Ansteckungsrisiken** für andere Märkte durch einen Markt, in dem Risiken festgestellt wurden, Liquiditätsprobleme in bestimmten Märkten zu einem bestimmten Zeitpunkt, das Ausmaß des mit einem Missverhältnis zwischen Vermögenswerten und Verbindlichkeiten verbundenen Risikos in einer bestimmten AIFM-Anlagestrategie oder irreguläre Preisbewegungen bei Vermögenswerten, in die ein AIF investieren könnte.

28 Die unionsrechtlich präformierte Regelung in § 215 Abs. 2, Abs. 5 KAGB i.V.m. Art. 112 Abs. 3 DelVO (EU) 231/2013 sieht sich **berechtigter Kritik aus dem Schrifttum** ausgesetzt. Ihr **mangelt es** nämlich sowohl bei der Beschreibung der adressierten Risiken als auch hinsichtlich des Zusammenhangs zwischen diesen Risiken und dem Einsatz von Leverage durch AIF **an Konturenschärfe.**[83] Dies gilt auch für das unter Art. 112 Abs. 3 lit. b) DelVO (EU) 231/2013 angesprochene Kriterium. Zwar scheint die Regelung den Einsatz von Leerverkäufen vor Augen zu haben, legt dies jedoch nicht zweifelsfrei offen.[84]

2. Begrenzung des Leverage und sonstige Beschränkungen (§ 215 Abs. 2 Satz 1 Halbs. 2, Satz 2 KAGB)

29 Kommt die BaFin aufgrund ihrer Risikoanalyse[85] zu dem Ergebnis, dass der Leverage-Einsatz der betreffenden AIF-KVG die Integrität und Stabilität des Finanzsystems in einem Maße gefährdet, das Gegenmaßnahmen erforderlich macht, kann sie entweder den Umfang des Leverage begrenzen, den die AIF-KVG einsetzen darf (§ 215 Abs. 2 Satz 1 Halbs. 2),[86] oder alternativ sonstige Beschränkungen in Bezug auf die Verwaltung des AIF anordnen (§ 215 Abs. 2 Satz 2).[87]

30 Die Regelung lässt völlig **offen, welche alternativen Maßnahmen** i.S.d. § 215 Abs. 2 Satz 2 KAGB konkret in Betracht kommen.[88] Richtigerweise wird man aber einen unmittelbaren Bezug zum Einsatz von Leverage zu fordern haben.[89] Hierbei ließe sich etwa an Beschränkungen in Bezug auf bestimmte Gegenparteien denken.[90] Allgemeine Handelsverbote für einzelne Märkte oder Titel sind hingegen nicht von der Ermächtigung des § 215 Abs. 2 Satz 2 KAGB gedeckt.[91]

31 Belastende Maßnahmen der BaFin müssen sich selbstredend am **Verhältnismäßigkeitsgebot** messen lassen. Insofern ist zu konstatieren, dass es sich bei den Beschränkungen nach § 215 Abs. 2 Satz 1 Halbs. 2 oder Satz 2 KAGB um **erhebliche Eingriffe** in die Aktivitäten eines AIF handelt, die regelmäßig negative Auswirkungen auf die **Renditeerwartungen der Anleger** haben werden.[92] Vor diesem Hintergrund erscheint die Anordnungsermächtigung bereits **auf grundlegender Ebene problematisch**. Denn mit Blick auf den Anordnungszweck sind die in § 215 Abs. 2 Satz 1 Halbs. 2 und Satz 2 KAGB genannten Beschränkungen durchaus **ambivalent**: Sie können ihrerseits systemische Risiken erhöhen oder zu Marktstörungen beitragen, wenn etwa eine Vielzahl von AIF-KVGen gleichzeitig ihren Leverage reduzieren muss oder eine einzelne AIF-KVG zu *fire sales* genötigt wird.[93] Jenseits dieser **Risikoträchtigkeit** der Beschränkungen ergeben sich anderweitige **Zweifel an** deren **Effektivität**. So wird etwa mit Blick auf das Kriterium nach Art. 112 Abs. 3 lit. a) DelVO (EU) 231/2013 zu Recht moniert, dass es für den Schutz systemrelevanter Finanzinstitute deutlich „sachnä-

---

83 S. zu dieser Kritik *Dornseifer* in Dornseifer/Jesch/Klebeck/Tollmann, Art. 25 AIFM-RL Rz. 60 ff., 69, 70 ff.; zust. *Kretzschmann* in Moritz/Klebeck/Jesch, § 215 KAGB Rz. 36.

84 Zu den Einzelheiten *Dornseifer* in Dornseifer/Jesch/Klebeck/Tollmann, Art. 25 AIFM-RL Rz. 72.

85 S. dazu soeben unter Rz. 25 ff.

86 S. dazu *Wallach*, RdF 2011, 80 (85).

87 S. dazu *Söhner*, WM 2014, 2110 (2113).

88 Krit. *Dornseifer* in Dornseifer/Jesch/Klebeck/Tollmann, Art. 25 AIFM-RL Rz. 75 f. zu Art. 25 Abs. 3 Satz 2 AIFM-RL; zu § 215 KAGB *Kretzschmann* in Moritz/Klebeck/Jesch, § 215 KAGB Rz. 44.

89 *Dornseifer* in Dornseifer/Jesch/Klebeck/Tollmann, Art. 25 AIFM-RL Rz. 76 zu Art. 25 Abs. 3 S. 2 AIFM-RL.

90 So *Kretzschmann* in Moritz/Klebeck/Jesch, § 215 KAGB Rz. 44. S. aber noch zu den Bedenken gegen solche Maßnahmen vor dem Hintergrund des Verhältnismäßigkeitsgebots in Rz. 31.

91 S. *Dornseifer* in Dornseifer/Jesch/Klebeck/Tollmann, Art. 25 AIFM-RL Rz. 76 zu Art. 25 Abs. 3 Satz 2 AIFM-RL.

92 *Dornseifer* in Dornseifer/Jesch/Klebeck/Tollmann, Art. 25 AIFM-RL Rz. 78: „schwerwiegender Eingriff in die Aktivitäten eines AIF"; *Kretzschmann* in Moritz/Klebeck/Jesch, § 215 KAGB Rz. 45; als ein im Ergebnis „geeignetes Instrument" sieht es *Lindemann* in Beckmann/Scholtz/Vollmer, § 215 KAGB Rz. 125; vgl. auch zur Widerlegung der Kritik Dornseifers *Lindemann* in Beckmann/Scholtz/Vollmer § 215 KAGB Rz. 141.

93 S. *Dornseifer* in Dornseifer/Jesch/Klebeck/Tollmann, Art. 25 AIFM-RL Rz. 78 ff.; zust. *Kretzschmann* in Moritz/Klebeck/Jesch, § 215 KAGB Rz. 45; *Lindemann* in Beckmann/Scholtz/Vollmer, § 215 KAGB Rz. 141.

her und effektiver“ sei, deren Kreditvergabe zu begrenzen als den Leverage von AIF-KVGen zu beschränken.[94]

Lässt man diese grundlegenden Bedenken an Beschränkungen i.S.d. § 215 Abs. 2 Satz 1 Halbs. 2 und Satz 2 KAGB einmal beiseite, ergeben sich weitere **Schwierigkeiten in der konkreten Anwendung der Anordnungsbefugnis**. Dies betrifft etwa die Frage, ob sich derlei Anordnungen im konkreten Fall auf einzelne AIF beschränken dürfen, auch wenn (zahlreiche) weitere AIF zu dem betreffenden System- oder Marktrisiko beitragen, oder ob dies als Verstoß gegen den **Gleichbehandlungsgrundsatz** zu werten wäre.[95] 32

Gegen die Anordnungen der BaFin steht der AIF-KVG der Verwaltungsrechtsweg offen.[96] Etwaige Amtshaftungsansprüche[97] hat die KVG vor den ordentlichen Gerichten geltend zu machen (Art. 34 Satz 3 GG). 33

3. Verfahren (§ 215 Abs. 2 Satz 1 Halbs. 2, Satz 3, Abs. 3 und 4 KAGB)

Beabsichtigt die BaFin eine Anordnung nach § 215 Abs. 2 Satz 1 Halbs. 2 oder Satz 2 KAGB zu erlassen, so hat sie die in § 215 Abs. 2 Satz 1 Halbs. 2, Satz 3, Abs. 3 und 4 KAGB geregelten Verfahrensvorgaben einzuhalten. Diese dienen zunächst der **Information** der ESMA, des ESRB und der zuständigen Stellen des Herkunftsmitgliedstaats des betroffenen AIF **über die beabsichtigte Maßnahme** durch die BaFin (a.). Die eingehende Information dient der **ESMA** als Grundlage für eine **Empfehlung** an die BaFin. Mithilfe dieser Empfehlung soll die ESMA ihrer Aufgabe zur **europaweiten Koordination** beschränkender Maßnahmen der nationalen zuständigen Behörden (vgl. Art. 25 Abs. 5 AIFM-RL) nachkommen (b.). 34

a) Informationspflichten der BaFin

Nach „Einleitung“ einer beschränkenden Anordnung i.S.d. § 215 Abs. 2 Satz 1 Halbs. 2, Satz 2 KAGB und vor deren „Wirksamwerden“, hat die BaFin die **ESMA**, den **ESRB** und ggf. die **zuständigen Stellen des Herkunftsmitgliedstaats des betroffenen AIF** über die eingeleitete Maßnahme zu informieren (§ 215 Abs. 2 Satz 1 Halbs. 2, Satz 3 KAGB),[98] und zwar „ordnungsgemäß“. Was dies bedeutet, konkretisiert § 215 Abs. 3 KAGB in Bezug auf den Zeitpunkt und den Gegenstand der Information: 35

Die Information muss nach § 215 Abs. 3 Satz 2 KAGB zumindest **dreierlei enthalten**: (1) die Einzelheiten der „vorgeschlagenen“ (meint: beabsichtigten bzw. „eingeleiteten“) Maßnahme, (2) die Gründe für die geplante Maßnahme und (3) den Zeitpunkt, zu dem die Maßnahme wirksam werden soll. 36

In zeitlicher Hinsicht hat diese Information mit Rücksicht auf die nach § 215 Abs. 4 KAGB zu berücksichtigenden Empfehlungen der ESMA nach Art. 25 Abs. 6 AIFM-RL[99] **spätestens zehn Arbeitstage** vor dem geplanten Wirksamwerden zu erfolgen (§ 215 Abs. 3 Satz 1 KAGB). Diesen Zeitraum kann die BaFin nach § 215 Abs. 3 Satz 3 KAGB „unter besonderen Umständen“ verkürzen. Es geht hier offenbar um Fälle besonderer Dringlichkeit.[100] 37

b) Berücksichtigung von ESMA-Empfehlungen (§ 215 Abs. 4 KAGB)

Nachdem die ESMA die Information erhalten hat, spricht sie gem. Art. 25 Abs. 6 AIFM-RL gegenüber den zuständigen Behörden des Herkunftsmitgliedstaats des AIFM hinsichtlich der vorgeschlagenen oder getroffenen Maßnahme eine Empfehlung aus, die sich insbesondere auf das Vorliegen der nötigen Voraussetzungen für eine Anordnung, die Angemessenheit der Maßnahme oder deren Dauer beziehen kann. 38

An diese Empfehlung der ESMA knüpft § 215 Abs. 4 KAGB an, der Art. 25 Abs. 8 AIFM-RL umsetzt. Hiernach ist die BaFin verpflichtet, die ESMA-Empfehlung bei ihrer Entscheidung über die Maßnahme zu „berücksichtigen“ (§ 215 Abs. 4 Satz 1 KAGB). Die BaFin hat sich mit der Empfehlung also auseinanderzusetzen und die beabsichtigte Maßnahme im Lichte dieser Empfehlung noch einmal zu überprüfen. Am Ende 39

94 *Dornseifer* in Dornseifer/Jesch/Klebeck/Tollmann, Art. 25 AIFM-RL Rz. 71; zust. *Kretzschmann* in Moritz/Klebeck/Jesch§ 215 KAGB Rz. 38.

95 S. dazu *Baum* in Weitnauer/Boxberger/Anders, § 215 KAGB Rz. 7; *Kretzschmann* in Moritz/Klebeck/Jesch, § 215 KAGB Rz. 46.

96 *Kretzschmann* in Moritz/Klebeck/Jesch, § 215 KAGB Rz. 47.

97 S. *Dornseifer* in Dornseifer/Jesch/Klebeck/Tollmann, Art. 25 AIFM-RL Rz. 80; *Lindemann* in Beckmann/Scholtz/Vollmer, § 215 KAGB Rz. 142.

98 Zur erforderlichen Unterrichtung *Söhner*, WM 2014, 2110 (2113).

99 S. zur Berücksichtigung der ESMA-Empfehlung durch die BaFin sogleich in Rz. 38 f.

100 *Lindemann* in Beckmann/Scholtz/Vollmer, § 215 KAGB Rz. 146 bezweifelt die praktische Bedeutung der Vorschrift, da bereits die Einleitung der Maßnahme besondere Umstände voraussetze, so dass im Dunkeln bleibe, welche zusätzlichen Voraussetzungen für § 215 Abs. 3 Satz 3 KAGB vorliegen müssen.

dieses Prüfungsprozesses kann die BaFin freilich auch eine Maßnahme anordnen, die der ESMA-Empfehlung nicht entspricht. In diesem Fall hat sie jedoch gem. § 215 Abs. 4 Satz 2 KAGB die ESMA hierüber unter Angabe der Gründe zu unterrichten (*comply or explain*).

4. Ordnungswidrigkeit bei Verstoß gegen Anordnung

40 Ein vorsätzlicher Verstoß gegen eine vollziehbare Anordnung der BaFin nach § 215 Abs. 2 Satz 1 Halbs. 2 KAGB ist gem. § 340 Abs. 1 Nr. 4 KAGB bußgeldbewehrt.

§ 216 Bewerter

(1) [1]Die Bewertung der Vermögensgegenstände ist durchzuführen

1. entweder durch einen externen Bewerter, der eine natürliche oder juristische Person oder eine Personenhandelsgesellschaft ist, die unabhängig vom offenen Publikums-AIF, von der AIF-Kapitalverwaltungsgesellschaft und von anderen Personen mit engen Verbindungen zum Publikums-AIF oder zur AIF-Kapitalverwaltungsgesellschaft ist, oder

2. von der AIF-Kapitalverwaltungsgesellschaft selbst, vorausgesetzt die Bewertungsaufgabe ist von der Portfolioverwaltung und der Vergütungspolitik funktional unabhängig und die Vergütungspolitik und andere Maßnahmen stellen sicher, dass Interessenkonflikte gemindert und ein unzulässiger Einfluss auf die Mitarbeiter verhindert werden.

[2]Die für einen Publikums-AIF bestellte Verwahrstelle kann nicht als externer Bewerter dieses Publikums-AIF bestellt werden, es sei denn, es liegt eine funktionale und hierarchische Trennung der Ausführung ihrer Verwahrfunktionen von ihren Aufgaben als externer Bewerter vor und die potenziellen Interessenkonflikte werden ordnungsgemäß ermittelt, gesteuert, beobachtet und den Anlegern des Publikums-AIF gegenüber offengelegt.

(2) Wird ein externer Bewerter für die Bewertung herangezogen, so weist die AIF-Kapitalverwaltungsgesellschaft nach, dass

1. der externe Bewerter einer gesetzlich anerkannten obligatorischen berufsmäßigen Registrierung oder Rechts- und Verwaltungsvorschriften oder berufsständischen Regeln unterliegt,

2. der externe Bewerter ausreichende berufliche Garantien vorweisen kann, um die Bewertungsfunktion wirksam ausüben zu können, und

3. die Bestellung des externen Bewerters den Anforderungen des § 36 Absatz 1, 2 und 10 entspricht.

(3) Die Kriterien und der Inhalt der erforderlichen beruflichen Garantien des externen Bewerters nach Absatz 2 Nummer 2 bestimmen sich nach Artikel 73 der Delegierten Verordnung (EU) Nr. 231/2013.

(4) Ein bestellter externer Bewerter darf die Bewertungsfunktion nicht an einen Dritten delegieren.

(5) [1]Die AIF-Kapitalverwaltungsgesellschaft teilt die Bestellung eines externen Bewerters der Bundesanstalt mit. [2]Liegen die Voraussetzungen von Absatz 2 nicht vor, kann die Bundesanstalt die Bestellung eines anderen externen Bewerters verlangen.

(6) Wird die Bewertung nicht von einem externen Bewerter vorgenommen, kann die Bundesanstalt verlangen, dass die Bewertungsverfahren sowie Bewertungen der AIF-Kapitalverwaltungsgesellschaft durch den Abschlussprüfer im Rahmen der Jahresabschlussprüfung des Publikums-AIF zu überprüfen sind.

(7) [1]Die AIF-Kapitalverwaltungsgesellschaft bleibt auch dann für die ordnungsgemäße Bewertung der Vermögensgegenstände des Publikums-AIF sowie für die Berechnung und Bekanntgabe des Nettoinventarwertes verantwortlich, wenn sie einen externen Bewerter bestellt hat. [2]Ungeachtet des Satzes 1 und unabhängig von anders lautenden vertraglichen Regelungen haftet der externe Bewerter gegenüber der AIF-Kapitalverwaltungsgesellschaft für jegliche Verluste der AIF-Kapitalverwaltungsgesellschaft, die sich auf fahrlässige oder vorsätzliche Nichterfüllung der Aufgaben durch den externen Bewerter zurückführen lassen.

In der Fassung vom 4.7.2013 (BGBl. I 2013, S. 1981).

Schrifttum: *Heinze/Wenk*, Berichterstattungs-, Bewertungs- und Prüfungspflichten extern verwalteter Venture Capital Publikumsfonds in der Rechtsform der (Investment-)KG, KoR 2014, 268; *Hübner*, Immobilienanlagen unter dem KAGB – Alte Fragen – neue Fragen – neue Antworten –, WM 2014, 106; *Patz*, Das Zusammenwirken zwischen Verwahrstelle, Bewerter, Abschlussprüfer und BaFin bei der Aufsicht über Investmentvermögen nach dem KAGB – Zuständigkeiten bei der Überprüfung der Einhaltung der Bewertungsmaßstäbe und -verfahren für Vermögensgegenstände von AIF und OGAW, BKR 2015, 193; *Postler*, Private Equity und das Kapitalanlagegesetzbuch, 2015; *Schultheiß*, Die Haftung von Verwahrstellung und externen Bewertern unter dem KAGB, WM 2015, 603; *Strücker/Eisenhuth/Lemnitzer/Sundermann*, Neue Herausforderungen für den Wirtschaftsprüfer als Beteiligungsbewerter vor dem Hintergrund des Kapitalanlagegesetzbuches, WPg 2015, 667.

I. Regelungsgegenstand und -zweck

Die Vorschrift des § 216 KAGB stellt klar, **wer** zur Bewertung der Vermögensgegenstände eines Investmentvermögens berechtigt ist und welche **Anforderungen** an den Bewerter gestellt werden. Damit wird Art. 19 Abs. 4 bis 10 der AIFM-RL umgesetzt. 1

Die gem. § 212 KAGB für OGAW zulässige Bewertung durch die KVG oder durch die Verwahrstelle ist auch für offene Publikums-AIF gem. § 216 Abs. 1 KAGB zulässig. Darüber hinaus wird der Kreis der zulässigen Bewerter jedoch für offene Publikums-AIF auch um **externe Bewerter** erweitert (§ 216 Abs. 1 Nr. 1 KAGB). § 216 Abs. 2 bis 4 KAGB konkretisieren in diesem Zusammenhang, unter Erfüllung welcher Anforderungen eine Bewertung durch einen externen Bewerter vorgenommen werden kann. Die Bestellung eines externen Bewerters ist der BaFin mitzuteilen (§ 216 Abs. 5 KAGB). Die Verantwortlichkeit für die Bewertung bei externer Bewertung und die Haftung bei fahrlässiger oder vorsätzlicher Nichterfüllung der Aufgaben regelt § 216 Abs. 7 KAGB. Sofern eine Bewertung nicht von einem externen Bewerter vorgenommen wird, hat die BaFin das Recht, Bewertungsverfahren und Bewertungen der KVG im Rahmen der Jahresabschlussprüfung durch den Abschlussprüfer **überprüfen** zu lassen (§ 216 Abs. 6 KAGB). 2

II. Anwendungsbereich

§ 216 KAGB ist die **zentrale Vorschrift** hinsichtlich der zulässigen Bewerter für **Publikums- und Spezial-AIF**. Die Regelung ist unmittelbar auf offene inländische Publikums-AIF anzuwenden und durch Verweise in §§ 271, 278, 286 KAGB auch für geschlossene inländische Publikums-AIF und offene und geschlossene inländische Spezial-AIF maßgeblich. 3

Zudem wird durch Verweise in §§ 231, 236 KAGB bzw. § 250 KAGB die Anwendung auch für die sog. Eingangsbewertung bzw. die laufende Bewertung von **Immobilien-Sondervermögen** hergestellt. Auch für die Eingangsbewertung bei geschlossenen Spezial-AIF rekurriert § 261 KAGB auf die grundsätzliche Regelung des § 216 KAGB. 4

III. Zulässige Bewerter (§ 216 Abs. 1 KAGB)

Die Vorgabe hinsichtlich der zulässigen Bewerter des Art. 19 Abs. 4 AIFM-RL wird unter redaktionellen Anpassungen in § 216 Abs. 1 KAGB übernommen. Die Regelung des § 216 Abs. 1 KAGB eröffnet die Möglichkeit der Bewertung durch einen externen Bewerter, durch die KVG selbst oder durch die Verwahrstelle (als Spezialfall des externen Bewerters). Ohne Rücksicht auf bestimmte Vermögensgegenstände besitzt die KVG ein **Wahlrecht zwischen interner und externer Bewertung**, welche rechtlich als gleichwertig angesehen werden. Möglich ist auch eine Aufteilung des Portfolios in intern und extern zu bewertende Vermögensgegenstände.[1] 5

1 Vgl. *Kretzschmann* in Moritz/Klebeck/Jesch, § 216 KAGB Rz. 20.

6 Hinsichtlich der Entscheidung zwischen interner und externer Bewertung ergeben sich spezifische **Vor- und Nachteile** beider Varianten. Vorteile der internen Bewertung sind mögliche mittel- bis langfristige Kostenvorteile gegenüber der externen Bewertung bei einem großen Portfolio mit einer Vielzahl an Bewertungen und die Identität von Verantwortlichen und Durchführenden.[2] Faktoren, die gegen eine interne Bewertung sprechen, sind insbesondere der Aufbau von Kapazitäten mit ausreichender Branchenkenntnis, ggf. zusätzliche Kosten einer Überprüfung der Bewertung durch den Abschlussprüfer (s. Rz. 12) und die sich ggf. ergebende Unterauslastung des hochqualifizierten Personals bei kleinen Portfolien zwischen den Bewertungszeitpunkten. Für eine externe Bewertung sprechen u.a. dagegen die schnelle Umsetzbarkeit, die Möglichkeit der KVG, sich auf ihre Kernkompetenzen zu konzentrieren, die Sicherstellung von Erfahrung und Kompetenz des Bewerters und fehlende Zusatzkosten für ggf. anfallende Bewertungsüberprüfungen durch Abschlussprüfer (s. Rz. 43). Gegen eine externe Bewertung sprechen insbesondere, dass die Verantwortung für die Bewertung bei der KVG verbleibt (s. Rz. 36). Daneben können ggf. mittel- oder langfristig Kostennachteile für die KVG gegenüber der internen Bewertung bei einem großen Portfolio mit einer Vielzahl an Bewertungen gesehen werden.

7 Ob auch **aus Sicht der Anleger** eine entsprechend gleichwertige Sichtweise bei der Bewertung aller Asset-Klassen eingenommen wird, bleibt abzuwarten. Zumindest bei offenen Immobilienfonds wird von Investoren eine Bewertung durch externe Bewerter erwartet.

1. Bewertung durch AIF-KVG (§ 216 Abs. 1 Satz 1 Nr. 2 KAGB)

8 Die Bewertung kann durch die **AIF-KVG** selbst erfolgen, sofern diese von der Portfolioverwaltung und der Vergütungspolitik funktional unabhängig ist (§ 216 Abs. 1 Satz 1 Nr. 2 KAGB). Diese Trennung ist bis auf Ebene der Geschäftsleitung einzurichten (vgl. § 26 Abs. 2 Satz 2 KARBV). In diesem Zusammenhang kann es vorteilhaft sein, die Leitung der Bewertungsfunktion in der Geschäftsführung einzurichten. Hierdurch können bewertungsrelevante Sachverhalte unmittelbar in die Entscheidungen der Geschäftsführung Eingang finden.[3]

9 Relevant ist in diesem Zusammenhang auch die Frage, wie **Informationen** zwischen der KVG und dem Bewertungsobjekt prozessual **ausgetauscht** werden. Eine explizite gesetzliche Verpflichtung findet sich zwar nur für den Fall des externen Bewerters (vgl. § 169 Rz. 32), jedoch ist unter Aspekten der Rechtssicherheit im Hinblick auf die interne Bewertung auch der direkte Austausch geboten. Die Verwendung von Daten der Portfolioverwaltung oder die Integration der Portfolioverwaltung als Informationsvermittler führen zu einer Durchbrechung der funktionalen Trennung.[4] Eine Dokumentation des Verfahrens zum Informationsaustausch empfiehlt sich in diesem Zusammenhang.[5]

10 Zudem sollen die **Vergütungspolitik** und andere Maßnahmen sicher stellen, dass Interessenkonflikte gemindert und ein unzulässiger Einfluss auf die Mitarbeiter verhindert werden (§ 216 Abs. 1 Satz 1 Nr. 2 KAGB). Entsprechend sind Maßnahmen einzurichten, die dies gewährleisten (s. § 169 Rz. 14). Von einer performanceorientierten Vergütung ist daher abzusehen. Sollen dennoch variable Gehaltsbestandteile Einfluss finden, so sollten diese auf nachvollziehbaren und objektiven Kriterien beruhen und nicht zu Interessenkonflikten führen.[6] Variable Vergütungsbestandteile sollten qualitätsorientierte Parameter wie die Fehleranfälligkeit des Bewertungsergebnisses als Grundlage haben.[7] Diskretionäre Vergütungsbestandteile sind jedoch unter keinen Umständen zulässig.

11 Die **Beförderungspolitik** der KVG muss auch auf die Unabhängigkeit ausgerichtet sein. Entsprechende Abwehrmaßnahmen von Mitarbeitern gegenüber versuchter Einflussnahme der Geschäftsführung oder anderer Personen auf die Bewertung dürfen sich daher nicht nachteilig auswirken, sondern sind positiv zu berücksichtigen.[8]

12 § 216 KAGB enthält keine Anforderungen an die **Eignung und Qualifikation** des internen Bewerters. Daher ist als erster Anhaltspunkt die grundsätzliche Regelung des § 169 Abs. 2 KAGB, der die gebotene Sachkenntnis, Sorgfalt und Gewissenhaftigkeit einfordert, heranzuziehen (vgl. § 169 Rz. 21). Dabei ist nicht davon auszugehen, dass die BaFin dies als ausreichend betrachtet. Wie jedoch in der Praxis damit umgegangen wird, ist

2 Vgl. hierzu und zum Folgenden *Postler*, Private Equity und das Kapitalanlagegesetzbuch, S. 66 f.
3 Vgl. *Tollmann* in Dornseifer/Jesch/Klebeck/Tollmann, Art. 19 AIFM-RL Rz. 91.
4 Vgl. *Postler*, Private Equity und das Kapitalanlagegesetzbuch, S. 64.
5 Vgl. *Postler*, Private Equity und das Kapitalanlagegesetzbuch, S. 71.
6 Vgl. *Postler*, Private Equity und das Kapitalanlagegesetzbuch, S. 64.
7 Vgl. *Schneider* in Baur/Tappen, § 278 KAGB Rz. 18.
8 Vgl. *Tollmann* in Dornseifer/Jesch/Klebeck/Tollmann, Art. 19 AIFM-RL Rz. 93.

aktuell ungewiss. Denkbar ist die Verwendung der Anforderungen an externe Bewerter (s. Rz. 22) als Maßstab und bei Zweifeln die Überprüfung der Bewertung durch einen externen Abschlussprüfer.[9]

Im Rahmen der **Jahresabschlussprüfung** hat der Abschlussprüfer zu bestätigen, dass diese organisatorischen Anforderungen eingehalten werden (§ 32 Abs. 2 KAPrüfBV). Dabei hat dieser auch die erforderliche **Sachkenntnis** der bewertenden Mitarbeiter zu beurteilen. 13

Die Geschäftsleitung verfügt zwar grundsätzlich über ein Weisungsrecht gegenüber dem Bewerter, hinsichtlich der Bewertung von Vermögensgegenständen darf diese aber **nicht weisungsgebunden** sein und erfordert daher vorab festgelegte Regeln.[10] 14

Auf **Verlangen der BaFin** sind die Bewertungsverfahren und Bewertungen der AIF-KVG gem. § 216 Abs. 6 KAGB durch den Abschlussprüfer im Rahmen der Jahresabschlussprüfung des Publikums-AIF zu überprüfen. Hierdurch sollen die im Vergleich zur externen Bewertung tendenziell größeren Interessenkonflikte durch die Möglichkeit der jederzeitigen Überprüfung mitigiert werden. Voraussetzung ist eine Anordnung der BaFin nach Berücksichtigung des Proportionalitätsgrundsatzes. Nicht weiter ausgeführt sind die Folgen bei Feststellung einer fehlerhaften Bewertung. Zur **Korrektur** einer fehlerhaften Einzelbewertung, resultierend aus Fehlern am Bewertungsverfahren, ist eine außerordentliche Bewertung vorzunehmen.[11] Entsprechend ist mit aus anderen Gründen fehlerhaften Bewertungen umzugehen. Zusätzlich kommen ggf. Schadensersatzforderungen durch die Anleger in Betracht und ggf. die Beauftragung einer externen Bewertung, zur Klärung ob tatsächlich ein Fehler vorgelegen hat.[12] 15

Gemäß Art. 68 Abs. 3 Satz 2 AIFM-VO kann die BaFin zudem verlangen, dass ein **zur Bewertung verwendetes Modell** von einem externen Bewerter oder Rechnungsprüfer überprüft wird. 16

2. Externe Bewerter (§ 216 Abs. 1 Satz 1 Nr. 1 KAGB)

a) Voraussetzungen

Als **externer Bewerter** sind natürliche oder juristische Personen sowie Personenhandelsgesellschaften zulässig (§ 216 Abs. 1 Satz 1 Nr. 1 KAGB). Eine AIF-KVG kann bei vorliegenden objektiven Gründen (z.B. verschiedene Vermögensgegenstände, die unterschiedliche Expertise erfordern) auch mehrere externe Bewerter bestellen.[13] Dies erhöht jedoch das Risiko einer nicht einheitlichen Bewertung, auch wenn die jeweiligen Bewerter zur Beachtung der Bewertungsrichtlinie verpflichtet werden würden.[14] 17

Voraussetzung für die Bewertung durch einen externen Bewerter ist die **Unabhängigkeit** vom offenen Publikums-AIF, von der AIF-KVG und von anderen Personen mit engen Verbindungen zum Publikums-AIF oder zu AIF-KVG. Eine explizite Definition der Unabhängigkeit wird im Gesetz nicht gegeben. In Anlehnung an die Anforderungen an die Mitglieder des Aufsichtsrats einer externen KVG kann diese als wirtschaftliche Unabhängigkeit und Weisungsfreiheit ausgelegt werden.[15] Eine enge Verbindung besteht, wenn durch das unmittelbare oder mittelbare Halten durch ein oder mehrere Tochterunternehmen oder Treuhänder mindestens 20 % des Kapitals oder der Stimmrechte gehalten werden oder ein Mutter-Tochterverhältnis bzw. ein gleichartiges Verhältnis oder Schwesterverhältnis besteht (§ 1 Abs. 19 Nr. 10 KAGB). 18

Daneben wird auch **wirtschaftliche Unabhängigkeit** gefordert. Explizite Vorschriften hierzu sind aber im Gesetz ebenfalls nicht enthalten. Der überwiegende Teil der Gesamteinnahmen sollte jedoch für Dritte erzielt worden sein; auf erfolgsbezogene Komponenten sollte verzichtet werden.[16] Dies ist auch im Hinblick auf die interne Vergütungspolitik einer Bewertungsgesellschaft zu beachten, so dass Gehaltsbestandteile nicht an die Aufrechterhaltung, Verlängerung oder den Erhalt von Bewertungsaufträgen gekoppelt sein dürfen.[17] 19

Die AIFMD sieht die Funktion des Risikomanagements nicht als konfliktär zur Bewertungsfunktion.[18] Eine Durchführung der externen Bewertung durch den externen Risikomanager ist jedoch abzulehnen, da sich hier die gleichen Konflikte wie bei einer Bewertung durch den Portfoliomanager ergeben. Daher ist in diesem Zusammenhang auch eine Funktionstrennung anzustreben. 20

---

9 Vgl. *Postler*, Private Equity und das Kapitalanlagegesetzbuch, S. 65.
10 Vgl. *Kayser/Selkinski* in Weitnauer/Boxberger/Anders, § 169 KAGB Rz. 27.
11 Vgl. *Postler*, Private Equity und das Kapitalanlagegesetzbuch, S. 63.
12 Vgl. *Tollmann* in Dornseifer/Jesch/Klebeck/Tollmann, Art. 19 AIFM-RL Rz. 113f.
13 Vgl. *Schneider* in Baur/Tappen, § 278 KAGB Rz. 25.
14 Vgl. *Tollmann* in Dornseifer/Jesch/Klebeck/Tollmann, Art. 19 AIFM-RL Rz. 110.
15 Vgl. *Baum* in Weitnauer/Boxberger/Anders, § 216 KAGB Rz. 12.
16 Vgl. *Schneider* in Baur/Tappen, § 278 KAGB Rz. 26.
17 Vgl. *Postler*, Private Equity und das Kapitalanlagegesetzbuch, S. 54.
18 Vgl. *Zetzsche/Eckner* in Zetzsche, AIFMD, S. 238.

21 Prozessual ist ein Verfahren für den direkten **Informationsaustausch** zwischen dem externen Bewerter und dem Bewertungsobjekt einzurichten (s. § 169 Rz. 32).

22 Für den Einsatz eines externen Bewerters sind diverse, in § 216 Abs. 2 KAGB spezifizierte **Nachweise** durch die AIF-KVG zu erbringen. So muss gem. § 216 Abs. 2 Satz 1 Nr. 1 KAGB der externe Bewerter einer gesetzlich anerkannten obligatorischen **berufsmäßigen Registrierung** oder **Rechts- und Verwaltungsvorschriften** oder **berufsständischen Regeln** unterliegen. Der Verweis auf Rechts- und Verwaltungsvorschriften ist jedoch sehr weit formuliert, da hierdurch grundsätzlich jeder Teilnehmer des Wirtschaftslebens erfasst wird.[19] Im Hinblick auf die Berufsausübung ist aber Voraussetzung, dass die entsprechenden Vorschriften die Berufsausübung regeln wie z.B. bei öffentlich bestellten Sachverständigen gem. § 36 GewO.[20] **Berufsständische Regeln** erfassen alle Berufe, die in berufsständischen Körperschaften des öffentlichen Rechts organisiert sind, können aber auch bei Erfüllung bestimmter Voraussetzungen durch privatrechtlich organisierte Verbände erlassen werden.[21] In diesem Zusammenhang stellen berufsständische Regeln insbesondere Standards für die Wertermittlung, Regeln zur Aus- und Fortbildung, ein Verfahren zum Umgang mit Beschwerden und Sanktionsmöglichkeiten im Fall der Nichtbeachtung der Regelung dar, welche zwingend durch die Verbandsmitglieder anzuwenden sind.[22] Aus **praktischer Sicht** kommen insbesondere öffentlich bestellte Sachverständige nach § 36 GewO, die Verwahrstelle, Wirtschaftsprüfer oder zertifizierte Sachverständige als externe Bewerter in Frage.[23] Ein Nachweis über die öffentliche Bestellung, die Mitgliedschaft in einem privatrechtlich organisierten Berufsverband, die Zertifizierung als Sachverständiger oder die Bestellung als Wirtschaftsprüfer ist bei der BaFin einzureichen.[24]

23 Weiterhin ist gem. § 216 Abs. 2 Satz 1 Nr. 2 KAGB nachzuhalten, ob der externe Bewerter ausreichende **berufliche Garantien** vorweisen kann, um die Bewertungsfunktion wirksam ausüben zu können. Hinsichtlich der Kriterien und des Inhalts dieser Garantien verweist § 216 Abs. 3 KAGB auf Art. 73 der AIFM-VO. Diese umfassen Nachweise für die Qualifikation des externen Bewerters und dessen Fähigkeit sowie Verfahren, um eine ordnungsgemäße und unabhängige Bewertungen vorzunehmen (Art. 73 Abs. 2 AIFM-VO). Darüber hinaus sind **ausreichende Personal- und technische Ressourcen, ausreichendes Wissen und Verständnis** in Bezug auf die Anlagestrategie des AIF und die zu bewertenden Vermögensgegenstände sowie **ausreichende Bewertungserfahrung** zu belegen. Die Nachweise sind schriftlich zu erbringen (Art. 73 Abs. 1 Satz 2 AIFM-VO). Als Nachweis quantitativer, personeller und technischer Ressourcen ist eine Dokumentation der Aufbau- und Ablauforganisation der Bewertungsgesellschaft respektive Prozessbeschreibungen bei Einzelbewertern denkbar.[25] Im Hinblick auf Fachkenntnisse und Erfahrung könnte die Vorlage von erstellten Gutachten zweckmäßig sein (vgl. Rz. 26).

24 Als Beweis persönlicher Zuverlässigkeit ist zudem ein **guter Leumund** erforderlich. Bei Bestellung einer Bewertungsgesellschaft ist diese Voraussetzung auch auf die einzelnen Berufsträger des Bewertungsteams anzuwenden.[26] Negativ auf den Leumund wirken sich u.a. strafbare Handlungen sowie gerichtliche Verfahren oder Verwaltungssanktionen mit Bezug auf die Ausführung der übertragenen Aufgaben aus, wobei Finanzvergehen besondere Aufmerksamkeit zukommt (Art. 77 Abs. 3 AIFM-VO). Von besonderem Gewicht dürften insbesondere Vergehen aus der Ausnutzung vertraulicher Informationen in diesem Zusammenhang sein. Der Bewerter hat regelmäßig Zugang zu vertraulichen Informationen zur Bewertung von Vermögensgegenständen, was ihn grundsätzlich dazu befähigt, die Reaktion des Finanzmarkts auf diese Informationen zu antizipieren und zu seinem Vorteil auszunutzen. Ein guter Leumund als Nachweis der Vertraulichkeit ist daher unabdingbar.

25 Ist der externe Bewerter zur obligatorischen **berufsmäßigen Registrierung** bei der für ihn zuständigen Behörde verpflichtet, so enthält die berufliche Garantie die Bezeichnung dieser Behörde sowie Kontaktangaben und darüber hinaus klare Angaben zu den Rechts- und Verwaltungsvorschriften oder berufsständischen Regeln, denen der externe Bewerter unterliegt (Art. 73 Abs. 2 AIFM-VO).

---

19 Vgl. *Baum* in Weitnauer/Boxberger/Anders, § 216 KAGB Rz. 15.

20 Vgl. *BaFin*, Rundschreiben 7/2015 – Anforderungen bei der Bestellung externer Bewerter für Immobilien und Immobilien-Gesellschaften, Gz. WA 41-Wp 2137-2013/0216, zu I.

21 Vgl. *BaFin*, Rundschreiben 7/2015 – Anforderungen bei der Bestellung externer Bewerter für Immobilien und Immobilien-Gesellschaften, Gz. WA 41-Wp 2137-2013/0216, zu II.

22 Vgl. *BaFin*, Rundschreiben 7/2015 – Anforderungen bei der Bestellung externer Bewerter für Immobilien und Immobilien-Gesellschaften, Gz. WA 41-Wp 2137-2013/0216, zu II.

23 Vgl. *Schneider* in Baur/Tappen, § 278 KAGB Rz. 21.

24 Vgl. *BaFin*, Rundschreiben 7/2015 – Anforderungen bei der Bestellung externer Bewerter für Immobilien und Immobilien-Gesellschaften, Gz. WA 41-Wp 2137-2013/0216, zu II.

25 Vgl. *Postler*, Private Equity und das Kapitalanlagegesetzbuch, S. 58.

26 Vgl. *Tollmann* in Dornseifer/Jesch/Klebeck/Tollmann, Art. 19 AIFM-RL Rz. 136.

26 Hinweise zu den Nachweisen gibt auch das **Rundschreiben 7/2015 der BaFin** zu den Anforderungen bei der Bestellung externer Bewerter für Immobilien und Immobilien-Gesellschaften. Demgemäß sind folgende Unterlagen im Zusammenhang mit beruflichen Garantien gem. § 216 Abs. 2 Nr. 2 KAGB i.V.m. Art. 73 AIFM-VO zu erbringen:[27]

- Ausreichendes Personal und technische Ressourcen (Art. 73 Abs. 2 lit. a AIFM-VO)
  - Nennung der Person, die für die Bewertung verantwortlich ist, die für die Gutachtenerstellung verantwortlich ist und die die Objektbesichtigung durchführt,
  - Erklärung, dass die zur Wahrnehmung der Aufgabe erforderliche technisch-organisatorische Ausstattung zur Verfügung steht.
- Adäquate Bewertungsverfahren (Art. 73 Abs. 2 lit. b AIFM-VO)
  - Darstellung der internen Abläufe im Bewertungsverfahren inklusive einer kurzen Beschreibung des Prozesses,
  - Eine Erklärung des externen Bewerters, ob dieser
    - Angestellter der KVG oder eines damit verbundenen Unternehmens ist,
    - Mitglied eines Aufsichtsorgans der KVG oder eines damit verbundenen Unternehmens oder der Verwahrstelle ist,
    - in engen Beziehungen persönlicher oder verwandtschaftlicher Art zu Geschäftsleitern oder Mitarbeitern der KVG oder Mitarbeitern eines mit der KVG verbundenen Unternehmens oder der Verwahrstelle steht,
    - Kapitalanteile an der KVG oder eines damit verbundenen Unternehmens oder der Verwahrstelle und welchen Wert diese besitzen,
    - keine Anteile oder Aktien an dem Investmentvermögen hält, dessen Vermögensgegenstände er bewertet, und
    - inwieweit wirtschaftliche Beziehungen zur KVG oder mit verbundenen Unternehmen unterhalten werden und inwieweit mögliche Interessenkonflikte aufgrund dieser wirtschaftlichen Beziehungen ausgeschlossen sind.
  - Fachliche Eignung und Zuverlässigkeit (Art. 73 Abs. 2 lit. c und Abs. 2 lit. d AIFM-VO)
    - Lückenloser, unterzeichneter Lebenslauf,
    - Führungszeugnis und ein Auszug aus dem Gewerbezentralregister oder vergleichbarem Register sowie eine Erklärung, ob gegen den externen Bewerter ein Strafverfahren schwebt, ob ein Strafverfahren anhängig gewesen ist oder ob er oder ein von ihm geführtes Unternehmen in ein Insolvenzverfahren oder in ein Verfahren zur Abgabe einer eidesstattlichen Versicherung oder in vergleichbare Verfahren verwickelt war,
    - Anonymisierte Zusammenstellung der Verkehrswertgutachten des externen Bewerters, die der externe Bewerter in den letzten fünf Kalenderjahren vor seiner Bestellung erstellt hat.

27 Die Erklärungen im Zusammenhang mit Art. 73 Abs. 2 lit. b AIFM-VO sind mit Ausnahme der letztgenannten, hinsichtlich der wirtschaftlichen Beziehungen zur KVG oder mit verbundenen Unternehmen, auch im Falle einer Bestellung einer juristischen Person oder Personenhandelsgesellschaft durch die **konkret handelnde Person** nachzuweisen.[28] Dies gilt auch für die Nachweise zur fachlichen Eignung und Zuverlässigkeit gem. Art. 73 Abs. 2 lit. c und Abs. 2 lit. d AIFM-VO. Der Nachweis, ob wirtschaftliche Beziehungen zur KVG oder mit verbundenen Unternehmen unterhalten werden, ist nur bezogen auf die juristische Person oder Personenhandelsgesellschaft zu erbringen.[29]

28 Die gesetzlichen Anforderungen an die Qualifikation des externen Bewerters werden insbesondere durch **folgende Professionen oder Firmen** erfüllt:

- Verwahrstellen,
- Finanzfirmen wie u.a. AIFMs,
- Buchhalter,

27 Vgl. *BaFin*, Rundschreiben 7/2015 – Anforderungen bei der Bestellung externer Bewerter für Immobilien und Immobilien-Gesellschaften, Gz. WA 41-Wp 2137-2013/0216, zu II.

28 Vgl. *BaFin*, Rundschreiben 7/2015 – Anforderungen bei der Bestellung externer Bewerter für Immobilien und Immobilien-Gesellschaften, Gz. WA 41-Wp 2137-2013/0216, zu V.

29 Vgl. *BaFin*, Rundschreiben 7/2015 – Anforderungen bei der Bestellung externer Bewerter für Immobilien und Immobilien-Gesellschaften, Gz. WA 41-Wp 2137-2013/0216, zu V.

– Rechtsanwälte,
– in manchen Staaten,
  i. Verwalter, die nach nationalem Recht hierzu zugelassen sind;
  ii. Steuerberater;
  iii. Treuhänder;
  iv. Bewertungsexperten, die nach nationalem Recht zugelassen sind.[30]

29 Die Bestellung eines externen Bewerters ist gem. § 216 Abs. 5 KAGB der BaFin durch die KVG **mitzuteilen**. Im Zusammenhang mit den Anforderungen des Art. 73 Abs. 2 AIFM-VO (s. Rz. 26 f.) sind in diesem Zusammenhang natürliche und für die Bewertung verantwortliche Personen zu benennen.[31] Die entsprechenden Personen, die für die Bewertung zuständig sind, sind in der Bewertungsrichtlinie zu benennen (s. § 169 Rz. 30). Eine Anzeigepflicht ergibt sich parallel aus § 36 Abs. 2 KAGB. Kommt die BaFin zu der Einschätzung, dass die Anforderungen des § 216 Abs. 2 KAGB im Hinblick auf § 36 Abs. 1, 2 und 10 KAGB nicht erfüllt sind, kann diese die Bestellung eines **anderen externen Bewerters** verlangen (§ 216 Abs. 5 Satz 2 KAGB). Dies kann auch dann erforderlich sein, wenn für bestimmte spezifische Assetklassen wie Spezial-Immobilien mehr als ein Bewerter erforderlich ist.[32] Die Wirksamkeit der Bestellung bedarf nicht der Zustimmung der BaFin.[33] Eine Anzeige, dass die Bestellung erfolgt ist, ist nicht notwendig.[34] Bei einem Wechsel einer angezeigten Person, welche die Anforderungen des Art. 73 Abs. 2 AIFM-VO erfüllte, ist dieser der BaFin anzuzeigen, und die Voraussetzungen des § 216 Abs. 2 KAGB müssen auch für die neue Person erfüllt sein.[35] Der BaFin ist die Beendigung der Tätigkeit als externer Bewerter unverzüglich anzuzeigen.[36]

b) Berücksichtigung von Auslagerungsanforderungen

30 Nach Auffassung der BaFin stellt die Bestellung eines externen Bewerters keine Auslagerung dar.[37] Jedoch sind gem. § 216 Abs. 2 Satz 1 Nr. 3 KAGB die Anforderungen des § 36 Abs. 1, 2 und 10 KAGB hinsichtlich **Auslagerungen** zu berücksichtigen. § 36 Abs. 1 KAGB umfasst dabei ein umfassenden Katalog an Bedingungen, unter denen Aufgaben ausgelagert werden dürfen. Beachtlich mit Erfüllung der Bedingungen sind insbesondere Nachweise zu § 36 Abs. 1, 7 und 8 KAGB.[38] Als übergeordnetes Prinzip muss die KVG ihre gesamte Auslagerungsstruktur anhand **objektiver Gründe** rechtfertigen können (§ 36 Abs. 1 Nr. 1 KAGB). Durch das Erfordernis der Angabe objektiver Gründe ist jedoch nicht beabsichtigt, der internen Bewertung eine präferierte Stellung gegenüber der externen Bewertung einzuräumen. Im Zusammenhang mit der Übertragung der Bewertungsaufgabe kommen insbesondere die in Art. 76 Abs. 1 lit. a bis c AIFM-RL **genannten Gründe** in Betracht:

– Optimierung von Geschäftsfunktionen und -verfahren,
– Kosteneinsparungen,
– Fachkenntnisse des Beauftragten im Bereich der Verwaltung oder auf bestimmten Märkten oder mit bestimmten Anlagen.

31 Die Anforderungen aus dem Rundschreiben gelten vollumfassend für die Bestellung externer Bewerter für Immobilien und Immobilien-Gesellschaften. Bei **anderen Assetklassen** ist eine flexible Handhabung der Anforderungen durch die BaFin zu erwarten. Denkbar ist beispielsweise der Nachweis von Verkehrswertgutachten über einen kürzeren Zeitraum als fünf Jahre.

32 Für Vermögenswerte ohne Marktpreis wird die **Optimierung** von Geschäftsfunktionen und -verfahren regelmäßig als gegeben angenommen werden können, da die KVG Vorteile aus der Konzentration auf ihre

---

30 Vgl. *Zetzsche/Eckner* in Zetzsche, AIFMD, + S. 239 f.
31 Vgl. *BaFin*, Rundschreiben 7/2015 – Anforderungen bei der Bestellung externer Bewerter für Immobilien und Immobilien-Gesellschaften, zu V.
32 Vgl. *Zetzsche/Eckner* in Zetzsche, AIFMD, S. 240.
33 Vgl. *Kretzschmann* in Moritz/Klebeck/Jesch, § 216 KAGB Rz. 101.
34 Vgl. *BaFin*, Rundschreiben 7/2015 – Anforderungen bei der Bestellung externer Bewerter für Immobilien und Immobilien-Gesellschaften, Gz. WA 41-Wp 2137-2013/0216, zu III.
35 Vgl. *BaFin*, Rundschreiben 7/2015 – Anforderungen bei der Bestellung externer Bewerter für Immobilien und Immobilien-Gesellschaften, Gz. WA 41-Wp 2137-2013/0216, zu V.
36 Vgl. *BaFin*, Rundschreiben 7/2015 – Anforderungen bei der Bestellung externer Bewerter für Immobilien und Immobilien-Gesellschaften, Gz. WA 41-Wp 2137-2013/0216, zu VII.
37 Vgl. *BaFin*, Rundschreiben 7/2015 – Anforderungen bei der Bestellung externer Bewerter für Immobilien und Immobilien-Gesellschaften, Gz. WA 41-Wp 2137-2013/0216, zu III.
38 Vgl. *BaFin*, Rundschreiben 7/2015 – Anforderungen bei der Bestellung externer Bewerter für Immobilien und Immobilien-Gesellschaften, Gz. WA 41-Wp 2137-2013/0216, zu III.

Kernkompetenzen (Portfolio- und Risikomanagement) erlangen kann.[39] Beispielsweise stellt die Bewertung der Portfoliounternehmen eines Private Equity Fonds häufig eine komplexe Tätigkeit dar, welche Know-how sowie intensiven Einsatz personeller Ressourcen erfordert.[40] Im Hinblick auf die **Kostenersparnis** kann der Aufbau eigener Ressourcen kostspieliger als die Beauftragung eines externen Bewerters sein (vgl. Rz. 6). Insbesondere die Besonderheiten bei der Bewertung von Sachwerten (z.B. Immobilien, Schiffe) und Kenntnisse regionaler Märkte fallen unter **Fachkenntnisse**, die häufig bei der KVG nicht vorhanden sein werden.[41]

Gemäß § 36 Abs. 1 Nr. 5 KAGB darf die Wirksamkeit der **Beaufsichtigung** der Kapitalverwaltungsgesell- 33
schaft durch die externe Bewertung nicht beeinträchtigt werden. In diesem Zusammenhang ist eine vertragliche Verpflichtung des externen Bewerters durch die KVG erforderlich, welche diesen dazu verpflichtet, mit der BaFin und dem Abschlussprüfer der KVG und des Investmentvermögens zusammenzuarbeiten und diesen Zugang zu den mit der Bewertung zusammenhängenden Daten zu ermöglichen.[42]

§ 36 Abs. 1 Nr. 7 KAGB fordert, dass die KVG in der Lage sein muss, die ausgelagerten Aufgaben jederzeit 34
wirksam zu überwachen und sich insbesondere die erforderlichen Weisungsbefugnisse und die Kündigungsrechte vertraglich zu sichern. Insbesondere steht der Kapitalverwaltungsgesellschaft kein umfassendes Weisungsrecht gegenüber dem externen Bewerter zu, da dieses nicht mit dessen Unabhängigkeit vereinbar wäre.[43] Überwachungsmaßnahmen dürfen sich nur auf die **Ordnungsmäßigkeit des Bewertungsprozesses** beziehen.[44] Die zu vereinbarenden Kontroll-, Eingriffs- und Weisungsbefugnisse dürfen sich daher nur auf den Umfang und den Inhalt der Beauftragung beziehen, nicht aber auf den Gutachteninhalt und das Bewertungsergebnis.[45] Ausgenommen hiervon ist jedoch die Korrektur nachgewiesen fehlerhafter Bewertungen,[46] wobei die zu definierenden Eskalationsmaßnahmen zu beachten sind (s. § 169 Rz. 57). Ein jederzeitiges ordentliches **Kündigungsrecht** würde ebenfalls die Unabhängigkeit unterminieren.[47] Im Ergebnis soll die KVG keinen Einfluss auf die Bewertung nehmen dürfen. Im Hinblick auf die Unabhängigkeit gibt es insofern, abgesehen von der entfallenden Pflichtrotation, keinen qualitativen Unterschied zu dem bisher gemäß InvG einzurichtenden Sachverständigenausschuss (vgl. hierzu auch Vor § 168 Rz. 77). Unklar ist vor diesem Hintergrund, weshalb die BaFin den Abschluss eines Auslagerungsvertrags als erforderlich ansieht, sofern die Verwahrstelle als externer Bewerter bestellt wird (vgl. Rz. 44).[48]

Die **Delegation** der Bewertungsfunktion durch den bestellten externen Bewerter ist gem. § 216 Abs. 4 35
KAGB ausgeschlossen. Von einer sog. Unterauslagerung kann daher kein Gebrauch gemacht werden, und dies ist auch nicht durch eine lückenlose Kontrollkette zu begründen.[49] Im Gegenteil soll durch das Verbot sichergestellt werden, dass die Qualität der Bewertung gewährleistet und die Möglichkeit zur Überwachung des externen Bewerters durch die KVG und die Aufsichtsbehörde gegeben ist.[50]

Unklar ist, ob das Verbot der Unterauslagerung auch **Teilprozesse der Bewertung** betrifft. Würde man 36
dem Wortlaut in § 216 Abs. 1 KAGB folgen, ist die Bewertung der Vermögensgegenstände nur durch einen externen Bewerter oder durch die KVG vorzunehmen. Wer die Ermittlung des Nettoinventarwerts übernehmen kann, ist hieraus jedoch nicht klar ersichtlich.

Ein Beispiel ist der Fall, wenn beispielsweise bei Objekten im Ausland **lokale Expertise** erforderlich ist. Die 37
praktikabelste Lösung wäre hier, das Verbot der Unterauslagerung weit auszulegen und dieses nur auf die Bewertungsfunktion als ganzes zu beziehen und nicht auf die Bewertung einzelner Vermögensgegenstände.[51]

Schwierigkeiten ergeben sich in der Praxis auch häufig beispielsweise bei **Dach-Private Equity Fonds**, bei 38
denen die Bewertung der Zielfondsanteile dem Investment Advisor überlassen wird und dieser die Daten

---

39 Vgl. *Tollmann* in Dornseifer/Jesch/Klebeck/Tollmann, Art. 19 AIFM-RL Rz. 139.
40 Vgl. *Postler*, Private Equity und das Kapitalanlagegesetzbuch, S. 60.
41 Vgl. *Tollmann* in Dornseifer/Jesch/Klebeck/Tollmann, Art. 19 AIFM-RL Rz. 143.
42 Vgl. *BaFin*, Rundschreiben 7/2015 – Anforderungen bei der Bestellung externer Bewerter für Immobilien und Immobilien-Gesellschaften, Gz. WA 41-Wp 2137-2013/0216, zu III.
43 Vgl. *Schneider* in Baur/Tappen, § 278 KAGB Rz. 24.
44 Vgl. *BaFin*, Rundschreiben 7/2015 – Anforderungen bei der Bestellung externer Bewerter für Immobilien und Immobilien-Gesellschaften, Gz. WA 41-Wp 2137-2013/0216, zu III.
45 Vgl. Begr. RegE, BT-Drucks. 17/12294, 263f.
46 Vgl. *Tollmann* in Dornseifer/Jesch/Klebeck/Tollmann, Art. 19 AIFM-RL Rz. 151.
47 Vgl. *Tollmann* in Dornseifer/Jesch/Klebeck/Tollmann, Art. 19 AIFM-RL Rz. 152.
48 Vgl. *BaFin*, Rundschreiben 8/2015 – Aufgaben und Pflichten der Verwahrstelle nach Kapitel 1 Abschnitt 3 des Kapitalanlagegesetzbuches, Gz. WA 41-Wp 2137-2013/0068, zu Ziff. 9.
49 Vgl. *Wülfert* in Baur/Tappen, § 216 KAGB Rz. 18.
50 Vgl. *Tollmann* in Dornseifer/Jesch/Klebeck/Tollmann, Art. 19 AIFM-RL Rz. 153.
51 Vgl. *Zetzsche/Eckner* in Zetzsche, AIFMD, S. 241.

der KVG bzw. dem externen Bewertung zuliefert. Im KAGB findet sich zwar kein expliziter Ausschluss, dass ein ausgelagertes Portfolio-Management nicht gleichzeitig auch der ausgelagerte externe Bewerter sein kann, doch müssen hier konsequenterweise die gleichen Maßstäbe zur Funktionstrennung wie bei der KVG angelegt werden (vgl. Rz. 8).

c) Haftung

39 Die **Verantwortung** für die ordnungsgemäße Bewertung der Vermögensgegenstände sowie für die Berechnung und Bekanntgabe des Nettoinventarwerts trägt nach § 216 Abs. 7 Satz 1 KAGB auch bei externer Bewertung die AIF-KVG.

40 Die **Haftung** des externen Bewerters ist in § 216 Abs. 7 Satz 2 KAGB geregelt. Dementsprechend haftet der externe Bewerter, ungeachtet der Verantwortung der KVG und unabhängig von anders lautenden vertraglichen Regelungen, **gegenüber der KVG** für jegliche Verluste der KVG, die sich auf fahrlässige oder vorsätzliche Nichterfüllung der Aufgaben durch den externen Bewerter zurückführen lassen. Aus dem Wortlaut der Vorschrift wird teilweise geschlussfolgert, dass durch anders lautende vertragliche Regelungen eine Begrenzung der Haftung eingerichtet werden kann.[52] Die Abweichung zur üblichen Formulierung für eine trotz expliziter gesetzlicher Haftungsnorm zulässige Vereinbarung eines Haftungsausschlusses („unbeschadet") soll lediglich aus der Übersetzung des Wortlautes der AIFM-RL resultieren.[53] Dieser Auffassung ist jedoch nicht zu folgen. Ein vertraglicher Ausschluss oder eine Einschränkung der Haftung ist nicht wirksam.[54] Für die Bewertung durch die AIF-KVG besitzt die Regelung zur Haftung keine Bedeutung.[55]

41 Zwischen externem Bewerter und dem **einzelnen Anleger** fehlt es an einer vertraglichen Beziehung. Die Voraussetzungen für einen Vertrag zugunsten Dritter i.S.d. § 328 BGB, eines Vertrages mit Schutzwirkungen zugunsten Dritter, die Übertragbarkeit der BGH-Rechtsprechung zur Haftung von Sachverständigen oder der Prospekthaftung sind ebenfalls nicht gegeben.[56] Denkbar sind hingegen deliktische Ansprüche des Anlegers.

d) Ausgewählte Einzelfragen

42 **Keine externe Bewertung** stellt die bloße technische Bereitstellung von Kursen oder Preisen durch sog. Preisanbieter oder Datenprovider dar, da die Entscheidung zur Bewertung auf dieser Grundlage durch die KVG getroffen wird.[57] Zur Bewertung auf Grundlage von handelbaren Kursen s. § 168 Rz. 25.

43 Die **Möglichkeit einer Überprüfung** der Verfahren und Bewertung des externen Bewerters, wie bei der internen Bewertung durch die AIF-KVG durch die BaFin (vgl. Rz. 15), ist nicht vorgesehen.[58]

44 Die Bewertung durch die **Verwahrstelle** stellt einen Sonderfall des externen Bewerters dar. Grundsätzlich wird in § 216 Abs. 1 Satz 2 Halbs. 1 KAGB die Bewertung durch die Verwahrstelle zwar versagt. Dennoch kann eine Bewertung durch die Verwahrstelle unter der Erfüllung bestimmter Voraussetzungen vorgenommen werden. Zum einen muss eine funktionale und hierarchische Trennung der Ausführung ihrer Verwahrfunktionen von ihren Aufgaben als externer Bewerter vorliegen (§ 216 Abs. 1 Satz 2 Halbs. 2 KAGB). Zum anderen müssen die potentiellen Interessenkonflikte ordnungsgemäß ermittelt, gesteuert, beobachtet und den Anlegern des Publikums-AIF gegenüber offengelegt werden (§ 216 Abs. 1 Satz 2 Halbs. 2 KAGB). Hinsichtlich der Ermittlung, Steuerung und Beobachtung potentieller Interessenkonflikte ist die Einrichtung umfangreicher und strukturiert implementierter Prozesse erforderlich.[59] Diese sog. „Divisionslösung" ist im Rahmen eines eigenständigen Auslagerungsvertrags zu realisieren, bei dem die KVG insoweit für das Auslagerungscontrolling gegenüber der Verwahrstelle verantwortlich bleibt.[60]

---

52 Vgl. *Tollmann* in Dornseifer/Jesch/Klebeck/Tollmann, Art. 19 AIFM-RL Rz. 179, 186; ähnlich auch *Kretzschmann* in Moritz/Klebeck/Jesch, § 216 KAGB Rz. 126.
53 Vgl. *Schultheiß*, WM 2015, 603 (607).
54 Vgl. *Strücker/Eisenhuth/Lemnitzer/Sundermann*, WPg 2015, 667 (668).
55 Vgl. *Schultheiß*, WM 2015, 603 (605).
56 Vgl. *Schultheiß*, WM 2015, 603 (608 f.).
57 Vgl. *Schneider* in Baur/Tappen, § 278 KAGB Rz. 27.
58 Vgl. *Postler*, Private Equity und das Kapitalanlagegesetzbuch, S. 63.
59 Vgl. *Wülfert* in Baur/Tappen, § 216 KAGB Rz. 24.
60 Vgl. *BaFin*, Rundschreiben 08/2015 – Aufgaben und Pflichten der Verwahrstelle nach Kapitel 1 Abschnitt 3 des Kapitalanlagegesetzbuches, Gz. WA 41-Wp 2137-2013/0068, Ziff. 9.

§ 26 Abs. 1 Satz 1 KARBV bestimmt, dass bei der Bewertung eines OGAW durch die Verwahrstelle unter Mitwirkung der KVG, die KVG die ermittelten Wertansätze auf Plausibilität zu prüfen hat und Auffälligkeiten geklärt werden sollen. Diese Plausibilitätsprüfung soll in **geeigneter** Weise erfolgen. Welche Prüfmethoden in diesem Zusammenhang geeignet sind, wird jedoch nicht weiter erläutert. Die Mitwirkung der KVG ist revisionssicher zu dokumentieren.[61] Um eine wirksame Mitwirkung durch die KVG zu ermöglichen, ist die Verwahrstelle gem. § 26 Abs. 1 Satz 3 KARBV der KVG gegenüber zur Auskunft hinsichtlich Einzelheiten der Bewertung des Investmentvermögens verpflichtet.[62] 45

IV. Sonderregeln

Spezifische Regelungen im KAGB existieren über die grundlegenden Anforderungen für die (Eingangs-)Bewerter von Vermögensgegenständen von **Immobilien-Sondervermögen, geschlossenen inländischen Publikums-AIF** und **Spezial-AIF**. 46

§ 216 KAGB gilt entsprechend auch für den bzw. die externen Bewerter, welche die Eingangsbewertung für Immobilien-Beteiligungen gem. § 236 KAGB durchführen. Zu beachten ist hierbei, dass § 250 Abs. 2 KAGB entsprechend anzuwenden ist. § 250 Abs. 2 KAGB definiert Tatbestände, die einen Ausschluss für die Tätigkeit als externen Bewerter zur Folge haben. Der externe Bewerter darf höchstens drei Jahre die Bewertung für eine AIF-KVG durchführen. Im Hinblick auf diese **Pflichtrotation** ist bei Erbringung durch eine juristische Person ein zwingender Wechsel der juristischen Person erforderlich.[63] Eine erneute Bestellung als externer Bewerter ist erst nach einer Cooling-off Period von zwei Jahren zulässig (vgl. § 250 Abs. 2 Satz 4 KAGB). Ein bloßer Wechsel des Unterzeichnenden innerhalb der Gesellschaft ist nicht ausreichend. Die **Einnahmen** aus der Tätigkeit für die AIF-KVG dürfen zudem maximal 30 % der Gesamteinnahmen des externen Bewerters ausmachen (vgl. § 250 Abs. 2 Satz 2 KAGB). 47

Der Anwendungsbereich des § 250 Abs. 2 KAGB ist dabei auf Vermögensgegenstände des § 231 Abs. 1 Satz 1 Nr. 1 bis 6 KAGB beschränkt. Einer darüber hinaus geltende **Anwendung auf Immobilien-Gesellschaften**, wie teilweise gefordert,[64] kann nicht gefolgt werden. Im Zusammenhang mit der Einführung des Gesetzes zur Anpassung von Gesetzen auf dem Gebiet des Finanzmarktes wurde der Geltungsbereich der Regelung klar gestellt.[65] 48

Wertermittlungen bei **Beteiligungen an einer Immobilien-Gesellschaft** nach § 250 Abs. 1 Nr. 2 KAGB und § 236 Abs. 1 KAGB sind durch Abschlussprüfer i.S.d. § 319 Abs. 1 Satz 1 und 2 HGB vorzunehmen. Für eine Konkretisierung der entsprechenden Anforderungen an die Bewertung hat das Institut deutscher Wirtschaftsprüfer e.V. eine berufsständische Verlautbarung veröffentlicht (IDW Standard: Wertermittlungen bei Beteiligungen an einer Immobilien-Gesellschaft nach § 250 Abs. 1 Nr. 2 und § 236 Abs. 1 KAGB [IDW S 12]). 49

Zu weiteren Details hinsichtlich der **Eingangsbewertung** bei Immobilien-Sondervermögen wird auf die Kommentierung zu § 236 KAGB verwiesen. 50

§ 250 Abs. 1 Nr. 1 KAGB bestimmt zudem, dass die **laufenden externen Bewerter** von Vermögensgegenständen i.S.d. § 231 Abs. 1 Satz 1 Nr. 1 bis 6 KAGB auch den Anforderungen des § 216 KAGB entsprechend unterliegen. 51

Die BaFin hat mit einem Rundschreiben die Anforderungen des § 216 KAGB mit Blick auf Immobilien als Vermögenswert **konkretisiert**. Hierzu wurde am 29.7.2015 das Rundschreiben 07/2015 zu den Anforderungen bei der Bestellung externer Bewerter veröffentlicht. Dieses tritt an die Stelle des BaKred-Schreibens vom 25.4.1994 zur Bestellung von Sachverständigen in SV-Ausschüssen. 52

Auch für die gem. § 261 Abs. 6 KAGB durchzuführende **Eingangsbewertung** sind § 216 KAGB sowie § 250 Abs. 2 KAGB zu beachten. 53

61 Vgl. *BaFin*, Begründung zu § 26 KARBV, 2013.
62 Vgl. *BaFin*, Begründung zu § 26 KARBV, 2013.
63 Vgl. *BaFin*, Rundschreiben 07/2015 – Anforderungen bei der Bestellung externer Bewerter für Immobilien und Immobilien-Gesellschaften, Gz. WA 41-Wp 2137-2013/0216.
64 Vgl. *Hübner*, WM 2014, 106 (112).
65 Vgl. Begr. RegE, BT-Drucks. 18/1305, 49.

§ 217 Häufigkeit der Bewertung und Berechnung; Offenlegung

(1) Die Bewertung der Vermögensgegenstände und die Berechnung des Nettoinventarwertes je Anteil oder Aktie sind in einem zeitlichen Abstand durchzuführen, der den zum Investmentvermögen gehörenden Vermögensgegenständen und der Ausgabe- und Rücknahmehäufigkeit der Anteile oder Aktien angemessen ist, jedoch mindestens einmal im Jahr.

(2) Die Kriterien zur Bestimmung der Häufigkeit der Bewertung der Vermögensgegenstände und zur Berechnung des Nettoinventarwertes je Anteil oder Aktie bestimmen sich nach den Artikeln 67 bis 74 der Delegierten Verordnung (EU) Nr. 231/2013.

(3) [1]Die Offenlegung des Nettoinventarwertes je Anteil oder Aktie erfolgt gemäß § 170. [2]Die Bewertung der Vermögensgegenstände ist entsprechend den diesbezüglichen Anlagebedingungen offenzulegen; sie hat nach jeder Bewertung zu erfolgen.

In der Fassung vom 4.7.2013 (BGBl. I 2013, S. 1981).

Schrifttum: *Postler*, Private Equity und das Kapitalanlagegesetzbuch, 2015.

I. Regelungsgegenstand und -zweck

1 Die Vorschrift des § 217 Abs. 1 KAGB stellt die Umsetzung des Art. 19 Abs. 3 AIFM-RL in nationales Recht dar und bestimmt den **zeitlichen Abstand** für die Bewertung der Vermögensgegenstände und die Berechnung des Nettoinventarwerts je Anteil oder Aktie. Wie bereits § 169 KAGB, verweist § 217 Abs. 2 KAGB auf Abschnitt 7 der AIFM-VO und stellt damit den Bezug dieser Verordnung zu offenen Publikums-AIF her.[1] § 217 Abs. 3 Satz 2 KAGB setzt Art. 19 Abs. 3 Unterabs. 5 AIFM-RL um.

II. Anwendungsbereich

2 Neben der unmittelbaren Geltung für **offene Publikums-AIF** dient die Regelung des § 217 KAGB auch unter Modifikationen für **Immobilien-Sondervermögen** (§ 251 Abs. 1 Satz 1 KAGB). Abweichend von der sonst üblichen Verweissystematik bestehen für geschlossene Publikums-AIF und offene und geschlossene Spezial-AIF **eigene Regelungen**.

III. Häufigkeit der Bewertung und Berechnung (§ 217 Abs. 1 und 2 KAGB)

3 Die Vorschriften des § 217 Abs. 1 und 2 KAGB bilden ein **Nebeneinander nationaler und gemeinschaftsrechtlicher Regelungen**. Gemäß der Regelung des § 217 Abs. 1 KAGB ist ein **Dreiklang** im Hinblick auf die Häufigkeit der Bewertung der Vermögensgegenstände und die Berechnung des Nettoinventarwerts je Anteil oder je Aktie herzustellen. Demgemäß hat die Häufigkeit der Bewertung und Berechnung

- angemessen zur Ausnahme- und Rücknahmehäufigkeit,
- angemessen zu den im Investmentvermögen enthaltenen Gegenständen und
- mindestens jährlich zu sein.

4 Die Berücksichtigung der Ausnahme- und Rücknahmehäufigkeit sowie die im Investmentvermögen enthaltenen Gegenstände ist dahingehend relevant, dass bei Vermögensgegenständen ohne Marktpreis die Anteilspreisermittlung nur vorgenommen werden kann, wenn der Verkehrswert der entsprechenden Gegenstände mit einem **aufwendigen Bewertungsmodell** bestimmt wurde.[2] Mit zunehmenden Abstand zum Zeitpunkt der letzten Bewertung steigt die **Unsicherheit**, ob diese noch repräsentativ für den gegenwärtigen Wert des Portfolios sein kann. Um vor diesem Hintergrund die Gefahr eines überhöhten oder zu niedrigen Anteilspreises für Anleger zu beseitigen, ist die Bewertungsfrequenz an der **Ausgabe- und Rücknahmehäufigkeit** auszurichten.

1 Vgl. Begr. RegE, BT-Drucks. 17/12294, 264.
2 Vgl. hierzu und im Folgenden *Tollmann* in Dornseifer/Jesch/Klebeck/Tollmann, Art. 19 AIFM-RL Rz. 156.

Parallel zu den Maßgaben des § 217 Abs. 1 KAGB führt § 217 Abs. 2 KAGB hingegen aus, dass die Kriterien der Häufigkeit der Bewertung der Vermögensgegenstände und zur Berechnung des Nettoinventarwertes gemäß den Art. 67 bis 74 AIFM-VO bestimmt werden. Dies dient der Konkretisierung des Begriffs der **Angemessenheit**.[3] 5

Die **Berechnung des Nettoinventarwerts** je Anteil erfolgt grundsätzlich nach der in § 168 Abs. 1 KAGB beschriebenen Vorgehensweise. Der Nettoinventarwert ist mindestens jährlich und zudem bei jeder Ausgabe, Zeichnung, Rücknahme oder Annullierung von Anteilen zu berechnen (Art. 72 Abs. 1 AIFM-VO). Art. 72 Abs. 2 bis 4 AIFM-VO bestimmen weiterhin, dass der AIFM 6

- die Verfahren und die Methode für die Berechnung des Nettoinventarwerts je Anteil **vollständig dokumentiert**,
- die Verfahren und Methoden für die Berechnung und ihre Anwendung **regelmäßig prüft** und die Dokumentation gegebenenfalls anpasst,
- für den Fall einer nicht korrekten Berechnung des Nettoinventarwerts **Abhilfemaßnahmen** vorhält und
- die **Anzahl der ausgegebenen Anteil**e regelmäßig **überprüft**, und zwar mindestens ebenso häufig, wie der Preis des Anteils berechnet wird.

Die Prüfung der Anzahl der ausgegeben Anteile ist gegebenenfalls durch die Verwahrstelle vorzunehmen, sofern diese wie bei Publikums-Investmentvermögen **ausgebende Stelle** ist und die externe KVG nicht unbedingt Kenntnis über alle Anleger besitzt.[4] 7

Für offene inländische Publikums-AIF besteht die Verpflichtung, **mindestens zweimal im Monat** die Rückgabe des Anteils gegen Auszahlung des Anteils am Sondervermögen zu ermöglichen (§ 98 Abs. 1 Satz 1 KAGB). Gleiches gilt gem. § 116 Abs. 2 Satz 1 KAGB für die InvAG mit veränderlichem Kapital. 8

Hinsichtlich der Häufigkeit der **Bewertung der Vermögenswerte** bestimmt Art. 74 Abs. 1 AIFM-VO, dass die Bewertung von Finanzinstrumenten jedes Mal zu erfolgen hat, wenn der Nettoinventarwert berechnet wird. Die Regelung des § 217 Abs. 1 KAGB geht daher über den Wortlaut der AIFM-RL hinaus und bestimmt auch für AIF, welche ausschließlich Finanzinstrumente halten, eine unterjährige Bewertung im Hinblick auf die Angemessenheit. Finanzinstrumente sind die in Anhang C der MiFID genannten Instrumente. 9

Die Bewertung anderer Vermögenswerte erfolgt gem. Art. 74 Abs. 2 AIFM-VO mindestens jährlich sowie jedes Mal, wenn Belege vorliegen, dass die zuletzt durchgeführte Bewertung nicht mehr fair oder angemessen ist. Dies trägt der Tatsache Rechnung, dass Marktpreise für diese Vermögensgegenstände in der Regel nur schwer zu ermitteln sind und eine Neubewertung daher aufwendig und kostenintensiv sein kann.[5] Fraglich ist jedoch, wann eine Bewertung nicht als **fair** oder **angemessen** angesehen werden kann. Die AIFM-VO enthält zu diesen Begriffen keine Definitionen. Es empfiehlt sich daher, Auslöser für eine Neubewertung wie beispielsweise Veränderungen der Marktsituation oder wesentliche Veränderungen am Vermögensgegenstand in der sog. Dreiervereinbarung festzulegen.[6] Grundsätzlich sollten auch in den Bewertungsgrundsätzen und -verfahren die zu überwachenden Bewertungsfaktoren und tolerierbaren Abweichungen eindeutig festgelegt werden.[7] Unklar ist, wer für die Einschätzung zuständig ist, dass die zuletzt durchgeführte Bewertung nicht mehr fair oder angemessen ist. Für eine Einschätzung durch den externen Bewerter sprechen dessen Unabhängigkeit und dessen Haftung für eine nicht marktgerechte Bewertung.[8] Jedoch muss die laufende Überprüfung von Veränderungen der Bewertungsfaktoren unabhängig von der Durchführung erfolgen, da diese nicht Teil der Bewertung ist, so dass der Bewerter hierzu nicht berechtigt und verpflichtet sein kann.[9] 10

Der ursprünglich beabsichtigte **Gleichlauf** von Bewertung und Ausgabe- und Rücknahmehäufigkeit wird bei offenen AIF durch die Regelung des Art. 74 AIFM-VO ausgehebelt, da Finanzinstrumente täglich und andere Vermögenswerte grundsätzlich **nur jährlich** zu bewerten sind. 11

---

3 Vgl. *Schultheiß* in Baur/Tappen, § 168 KAGB Rz. 72.
4 Vgl. *Grimm* in Baur/Tappen, § 272 KAGB Rz. 2.
5 Vgl. *Schneider* in Baur/Tappen, § 279 KAGB Rz. 6.
6 Vgl. *Schneider* in Baur/Tappen, § 279 KAGB Rz. 8.
7 Vgl. *Kretzschmann* in Moritz/Klebeck/Jesch, § 217 KAGB Rz. 23f.
8 Vgl. *Tollmann* in Dornseifer/Jesch/Klebeck/Tollmann, Art. 19 AIFM-RL Rz. 163.
9 Vgl. *Kretzschmann* in Moritz/Klebeck/Jesch, § 217 KAGB Rz. 26.

IV. Offenlegung (§ 217 Abs. 3 KAGB)

12 § 217 Abs. 3 Satz 1KAGB besitzt lediglich **klarstellende Bedeutung**, da sich die Regelung bereits aus § 170 KAGB ergibt.[10] § 217 Abs. 3 Satz 2 KAGB dient der Umsetzung von Art. 19 Abs. 3 Unterabs. 5 AIFM-RL. Die Offenlegung knüpft damit an die Frequenz der Bewertung an.

13 Die **Veröffentlichung** des Anteilswertes hat in einer hinreichend verbreiteten Wirtschafts- oder Tageszeitung oder in elektronischen Informationsmedien zu erfolgen (§ 217 Abs. 3 Satz 1 KAGB i.V.m. § 170 KAGB). Ausgabe- und Rücknahmepreis können **nur gemeinsam** bekannt gegeben werden.

Unterabschnitt 2
Gemischte Investmentvermögen

§ 218 Gemischte Investmentvermögen

[1]Gemischte Investmentvermögen sind offene inländische Publikums-AIF, die in Vermögensgegenstände nach Maßgabe des § 219 anlegen. [2]Auf die Verwaltung von Gemischten Investmentvermögen sind die Vorschriften der §§ 192 bis 211 insoweit anzuwenden, als sich aus den nachfolgenden Vorschriften nichts anderes ergibt.

In der Fassung vom 4.7.2013 (BGBl. I 2013, S. 1981).

Schrifttum: *Fock*, Gemischte Sondervermögen, WM 2006, 2160; *Köndgen/Schmies*, Investmentgeschäft, in Schimansky/Bunte/Lwowski (Hrsg.), Bankrechts-Handbuch, 5. Aufl. 2017, § 113; *Wallach*, Umsetzung der AIFM-Richtlinie in deutsches Recht – erste umfassende Regulierung des deutschen Investmentrechts, RdF 2013, 92.

I. Inhalt und Entstehungsgeschichte

1. Norminhalt

1 § 218 KAGB definiert in Satz 1 den gesetzlichen Fondstyp des Gemischten Investmentvermögens als Unterfall des offenen inländischen Publikums-AIF, für den die spezifischen Anlagevorschriften des § 219 KAGB gelten. Für die Verwaltung solcher Gemischter Investmentvermögen verweist § 218 Satz 2 KAGB auf die für OGAW geltenden §§ 192 bis 211 KAGB. Deren Anwendung steht jedoch unter dem Vorbehalt, dass § 219 KAGB keine abweichende – und dann vorrangige – Regelung trifft.

2. Entstehungsgeschichte der Norm und Übergangsvorschriften

2 Das Gemischte Investmentvermögen wurde durch das 3. Finanzmarktförderungsgesetz v. 24.3.1998 als „Gemischtes Wertpapier- und Grundstücks-Sondervermögen" in das seinerzeit geltende KAGG eingefügt.[1] Die Regelung in den §§ 37a bis 37g KAGG stellte erstmals einen Fondstyp zur Verfügung, der die Anlage sowohl in Wertpapiere als auch in Grundstücke erlaubte und damit eine Typenkombination aus Wertpapier- und Immobilienfonds darstellte.[2] Seine heutige Bezeichnung erhielt das Gemischte Investmentvermögen im Zuge des Investmentmodernisierungsgesetzes v. 15.12.2003.[3] Die neue Regelung in den §§ 83 bis 86 InvG sah jedoch nur noch die Möglichkeit zur indirekten Anlage in Grundstücke über die Investition in

10 Vgl. Begr. RegE, BT-Drucks. 17/12294, 264.

1 Art. 4 Nr. 36 des Gesetzes zur weiteren Fortentwicklung des Finanzplatzes Deutschland (3. FMFG) v. 24.3.1998, BGBl. I 1998, S. 529.

2 *Köndgen/Schmies* in Schimansky/Bunte/Lwowski, § 113 Rz. 171; *Lang* in Emde/Dornseifer/Dreibus/Hölscher, Vor §§ 83-86 InvG Rz. 1.

3 Gesetz zur Modernisierung des Investmentwesens und zur Besteuerung von Investmentvermögen (Investmentmodernisierungsgesetz) v. 15.12.2003, BGBl. I 2003, S. 2676.

Immobilien-Investmentvermögen vor, gestattete zusätzlich aber auch die Anlage in Anteile von Sondervermögen mit zusätzlichen Risiken (Hedgefonds). Mit dem Investmentänderungsgesetz v. 21.12.2007[4] wurden die Anlagemöglichkeiten des Gemischten Investmentvermögens noch einmal erweitert. Nunmehr können Gemischte Investmentvermögen auch Anteile anderer Gemischter Investmentvermögen und Sonstiger Investmentvermögen erwerben.[5]

Das AIFM-UmsG v. 4.7.2013[6] hat die Regelung zu den Gemischten Investmentvermögen in die §§ 218, 219 KAGB überführt. Dabei übernimmt die Neuregelung zwar grundsätzlich die Definition der aufgehobenen §§ 83 ff. InvG, macht jedoch einige Anpassungen bei den zulässigen Anlagegegenständen. So ist eine Anlage in Anteile von Immobilien-Sondervermögen nicht mehr erlaubt.[7] Dasselbe gilt für die Investition in Anteile an Hedgefonds. Diese soll Privatanlegern nur noch indirekt über Dach-Hedgefonds (§§ 225 ff. KAGB) gestattet sein, da nur die hierfür geltenden Regeln gewährleistet, dass den Anlegern der besondere Risikogehalt einer solchen Anlage bewusst werde.[8] Im Ergebnis bleibt für Gemischte Sondervermögen damit nur noch die Anlage in richtlinienkonforme Vermögensgegenstände nach den §§ 193 ff. KAGB, in OGAW-Investmentvermögen, andere Gemischte Investmentvermögen und Sonstige Investmentvermögen.[9] 3

§ 348 KAGB gestattet es jedoch Gemischten Investmentvermögen, die vor dem 22.7.2013 aufgelegt wurden und die bis zu diesem Zeitpunkt Anteile an Immobilien-Investmentvermögen oder an Hedgefonds erworben haben, diese Anteile abweichend von § 219 KAGB weiter zu halten.[10] 4

II. Definition und Abgrenzung (§ 218 Satz 1 KAGB)

§ 218 Satz 1 KAGB definiert das Gemischte Investmentvermögen zunächst als **offenen inländischen Publikums-AIF**. Hieraus ergeben sich vier allgemeine Definitions- und Abgrenzungsmerkmale: Gemischte Investmentvermögen sind mithin **offene** Investmentvermögen i.S.d. § 1 Abs. 4 Nr. 2 KAGB, deren Anteile vor Beginn der Liquidations- oder Auslaufphase auf Ersuchen eines Anteilseigners direkt oder indirekt aus den Vermögenswerten des AIF und nach den Verfahren und mit der Häufigkeit, die in den Vertragsbedingungen oder dem Satzung, dem Prospekt oder den Emissionsunterlagen festgelegt sind, zurückgekauft oder zurückgenommen werden (Art. 1 Abs. 2 DelVO (EU) Nr. 694/2014). Gemischte Investmentvermögen **unterliegen** dem **inländischen Recht** (§ 1 Abs. 7 KAGB). Als **Publikumsinvestmentvermögen** dürfen ihre Anteile auch von Privatanlegern i.S.d. § 1 Abs. 19 Nr. 31 KAGB erworben werden (§ 1 Abs. 6 Satz 2 KAGB). Schließlich handelt es sich bei Gemischten Investmentvermögen nicht um OGAW, sondern **AIF** (§ 1 Abs. 3 KAGB).[11] 5

Innerhalb der Kategorie der offenen inländischen Publikums-AIF zeichnen sich Gemischte Investmentvermögen durch den **spezifischen Katalog zulässiger Anlagegegenstände** aus (s. § 219 Abs. 1 Nr. 1 und 2 KAGB). Dieser Katalog lässt sich freilich auch mithilfe eines Spezial-AIF nachbilden (vgl. § 284 KAGB).[12] 6

III. Anwendbare Vorschriften (§ 218 Satz 2 KAGB)

§ 218 Satz 2 KAGB erklärt die unmittelbar für OGAW-Investmentvermögen geltenden Vorschriften der §§ 192 bis 211 KAGB auf das Gemischte Investmentvermögen für anwendbar, sofern sich nicht aus den „nachfolgenden Vorschriften", d.h. den Regelungen des § 219 KAGB, etwas anderes ergibt. Damit können für das Gemischte Investmentvermögen zunächst sämtliche Anlagegegenstände erworben werden, in die 7

---

4 Gesetz zur Änderung des Investmentgesetzes und zur Anpassung anderer Vorschriften (Investmentänderungsgesetz) v. 21.12.2007, BGBl. I 2007, S. 3089.

5 S. zur Entwicklung des Gemischten Sondervermögens *Lang* in Emde/Dornseifer/Dreibus/Hölscher, Vor §§ 83-86 InvG Rz. 1; *Alexander-Huhle* in Moritz/Klebeck/Jesch, § 218 KAGB Rz. 1 f.; *Fock*, WM 2006, 2160 ff.

6 Gesetz zur Umsetzung der RL 2011/61/EU über die Verwalter alternativer Investmentfonds v. 4.7.2013, BGBl. I 2013, S. 1981.

7 Ausführlich zu den Beweggründen für diese Einschränkung *Alexander-Huhle* in Moritz/Klebeck/Jesch, § 218 KAGB Rz. 4 f. und mit eingehender Kritik hieran in Rz. 7.

8 S. zum Ganzen Begr. RegE AIFM-UmsG, BT-Drucks. 17/12294, S. 264; ferner *Köndgen/Schmies* in Schimansky/Bunte/Lwowski, § 113 Rz. 171; krit. zu diesen Einschränkungen *Wallach*, RdF 2013, 92 (99).

9 S. mit tabellarischer Gegenüberstellung der zulässigen Anlagegegenstände nach InvG und KAGB *Alexander-Huhle* in Moritz/Klebeck/Jesch, § 218 KAGB Rz. 3.

10 S. *Baum* in Weitnauer/Boxberger/Anders, § 218 KAGB Rz. 5; *Alexander-Huhle* in Moritz/Klebeck/Jesch, § 218 KAGB Rz. 11 f.; für Einzelheiten zu § 348 KAGB s. die zugehörige Kommentierung.

11 S. zum Ganzen auch *Barac* in Baur/Tappen, § 218 KAGB Rz. 3 ff.

12 *Baum* in Weitnauer/Boxberger/Anders, § 218 KAGB Rz. 9.

auch ein OGAW-Investmentvermögen investiert werden darf, also Wertpapiere (§ 193 KAGB), Geldmarktinstrumente (§ 194 KAGB), Bankguthaben (§ 195 KAGB), Investmentanteile (§ 196 KAGB), Derivate (§ 197 KAGB) sowie sonstige Anlageinstrumente i.S.d. § 198 KAGB.[13] All' dies ergibt sich freilich auch noch einmal aus dem speziellen Verweis in § 219 Abs. 1 Nr. 1 KAGB.

8 Weiterhin gelten über § 218 Satz 2 KAGB auch die Kreditaufnahmebeschränkungen des § 199 KAGB sowie die Vorgaben für die Hingabe von Wertpapier-Darlehen und die Vornahme von Pensionsgeschäften (§§ 200 bis 204 KAGB). Ferner sind Leerverkäufe nach Maßgabe des § 205 KAGB verboten und der Einsatz von Derivaten und Finanzinstrumenten entsprechend § 197 KAGB beschränkt.[14] Schließlich beanspruchen jedenfalls im Ausgangspunkt die für OGAW-Investmentvermögen geltenden Anlage- und Emittentengrenzen über § 218 Satz 2 KAGB auch Gültigkeit für Gemischte Investmentvermögen.

9 Die Anwendung der §§ 192 bis 211 KAGB gilt allerdings nur **vorbehaltlich abweichender Regelungen** in § 219 KAGB. Eine solche findet sich in Bezug auf die zulässigen Anlagegegenstände in § 219 Abs. 1 Nr. 2 lit. a und b KAGB, wonach für Gemischte Investmentvermögen auch in Anteile an anderen Gemischten Investmentvermögen und Sonstigen Investmentvermögen angelegt werden darf.[15] Für weitere Abweichungen von den §§ 192 ff. KAGB s. im Einzelnen die Kommentierung zu § 219.

IV. Ordnungswidrigkeit

10 Gemäß § 340 Abs. 2 Nr. 59 lit. a) KAGB ist ein Verstoß gegen das Leerverkaufsverbot nach § 205 i.V.m. § 218 Satz 2 KAGB bußgeldbewehrt.

§ 219 Zulässige Vermögensgegenstände, Anlagegrenzen

(1) Die AIF-Kapitalverwaltungsgesellschaft darf für Rechnung eines Gemischten Investmentvermögens nur erwerben:

1. Vermögensgegenstände nach Maßgabe der §§ 193 bis 198,

2. Anteile oder Aktien an

a) inländischen AIF nach Maßgabe der §§ 218, 219 sowie Anteile an vergleichbaren EU- oder ausländischen AIF,

b) inländischen AIF nach Maßgabe der §§ 220 bis 224 sowie Anteile an vergleichbaren EU- oder ausländischen AIF.

(2) [1]Anteile oder Aktien nach Absatz 1 Nummer 2 Buchstabe a dürfen nur erworben werden, soweit der Publikums-AIF seine Mittel nach den Anlagebedingungen insgesamt zu höchstens 10 Prozent des Wertes seines Vermögens in Anteile an anderen Investmentvermögen anlegen darf. [2]Anteile oder Aktien nach Absatz 1 Nummer 2 Buchstabe b dürfen nur erworben werden, soweit der Publikums-AIF seine Mittel nach den Anlagebedingungen nicht in Anteile oder Aktien an anderen Investmentvermögen anlegen darf.

(3) Absatz 2 gilt nicht für Anteile oder Aktien an anderen inländischen, EU- oder ausländischen Publikums-AIF im Sinne des § 196 oder für Anteile oder Aktien an Spezial-AIF, die nach den Anlagebedingungen ausschließlich in die folgenden Vermögensgegenstände anlegen dürfen:

1. Bankguthaben,

2. Geldmarktinstrumente,

3. Wertpapiere, die zur Sicherung der in Artikel 18.1 des Protokolls über die Satzung des Europäischen Systems der Zentralbanken und der Europäischen Zentralbank vom 7. Februar 1992 (BGBl. 1992 II S. 1299) genannten Kreditgeschäfte von der Europäischen Zentralbank oder der Deutschen Bundesbank zugelassen sind oder deren Zulassung nach den Emissionsbedingungen beantragt wird, sofern die Zulassung innerhalb eines Jahres nach ihrer Ausgabe erfolgt.

---

13 *Alexander-Huhle* in Moritz/Klebeck/Jesch, § 218 KAGB Rz. 9.

14 S. auch *Baum* in Weitnauer/Boxberger/Anders, § 218 KAGB Rz. 9; *Alexander-Huhle* in Moritz/Klebeck/Jesch, § 218 KAGB Rz. 7 f.

15 S. bereits in Rz. 3.

(4) Ist es der AIF-Kapitalverwaltungsgesellschaft nach den Anlagebedingungen gestattet, für Rechnung des Gemischten Investmentvermögens Anteile oder Aktien nach Absatz 1 Nummer 2 Buchstabe b zu erwerben, gelten § 225 Absatz 3 und 4 Satz 2 und 3, § 228 Absatz 1 und § 229 Absatz 2 entsprechend.

(5) [1]Die AIF-Kapitalverwaltungsgesellschaft darf in Anteile oder Aktien nach Absatz 1 Nummer 2 Buchstabe b insgesamt nur bis zu 10 Prozent des Wertes des Investmentvermögens anlegen. [2]Nach Maßgabe des § 207 Absatz 1 darf die AIF-Kapitalverwaltungsgesellschaft in Anteile oder Aktien an einem einzigen Investmentvermögen nach § 196 Absatz 1 Satz 1 und 2 insgesamt nur in Höhe von bis zu 20 Prozent des Wertes des Investmentvermögens anlegen; § 207 Absatz 2 ist nicht anzuwenden.

(6) [1]Die AIF-Kapitalverwaltungsgesellschaft kann die in § 209 bestimmten Grenzen für ein Wertpapierindex-OGAW-Investmentvermögen überschreiten, wenn nach den Anlagebedingungen die Auswahl der für das Gemischte Investmentvermögen zu erwerbenden Wertpapiere darauf gerichtet ist, unter Wahrung einer angemessenen Risikomischung einen bestimmten, allgemein und von der Bundesanstalt anerkannten Wertpapierindex nachzubilden. [2]§ 209 Absatz 1 Satz 2 gilt entsprechend.

In der Fassung vom 4.7.2013 (BGBl. I 2013, S. 1981).

Schrifttum: *Fock*, Gemischte Sondervermögen, WM 2006, 2160; *Köndgen/Schmies*, Investmentgeschäft, in Schimansky/Bunte/Lwowski (Hrsg.), Bankrechts-Handbuch, 5. Aufl. 2017, § 113.

Materialien: BaFin, Häufige Fragen zu den Übergangsvorschriften nach den §§ 343 ff. des KAGB, Gz. WA 41-Wp 2137-2013/0343, 18.6.2013, online abrufbar unter: https://www.bafin.de/SharedDocs/Veroeffentlichungen/DE/FAQ/faq_kagb_ubergangsvorschriften_130618.html.

I. Inhalt und Entstehungsgeschichte

1 § 219 KAGB regelt neben § 218 KAGB den Fondstyp des Gemischten Investmentvermögens. Abs. 1 bestimmt zunächst den Katalog zulässiger Anlagegegenstände. § 219 Abs. 2 KAGB legt ein eingeschränktes bzw. absolutes Kaskadenverbot für den Erwerb von Anteilen an Gemischten bzw. Sonstigen Investmentvermögen fest. Hiervon macht § 219 Abs. 3 KAGB wiederum eine Ausnahme, wenn der Zielfonds ausschließlich in hochliquide Anlagegegenstände investieren darf. Für den Fall, dass das Gemischte Investmentvermögen nach den Anlagebedingungen in Sonstige Investmentvermögen investieren darf, erklärt § 219 Abs. 4 KAGB bestimmte, unmittelbar für Dach-Hedgefonds geltende Vorschriften für entsprechend anwendbar. § 219 Abs. 5 KAGB legt Anlagegrenzen für die Investition in Sonstige Investmentvermögen fest und verweist zudem auf die Anlagegrenzen des § 207 Abs. 1 KAGB. § 207 Abs. 2 KAGB findet hingegen keine An-

wendung. § 219 Abs. 6 KAGB schließlich erweitert die in § 209 KAGB bestimmten Anlagegrenzen für Wertpapierindex-OGAW.

2 Für die allgemeine Entstehungsgeschichte der Regelungen über den Fondstyp des Gemischten Investmentvermögens kann auf die entsprechenden Ausführungen zu § 218 KAGB verwiesen werden.[1] Das AIFM-UmsG hat die Regelungen der §§ 84 bis 86 InvG ganz weitgehend in § 219 KAGB zusammengefasst. Neben redaktionellen Änderungen besteht der wesentliche materielle Unterschied in der Einschränkung zulässiger Anlagegegenstände. Die Anlage in Immobilien-Investmentvermögen und Hedgefonds ist anders als unter dem InvG nicht mehr zulässig.[2]

II. Normzweck

3 Die Produktregeln des § 219 KAGB dienen insgesamt dem **(Privat-)Anlegerschutz**. § 219 Abs. 1 KAGB übernimmt weitgehend die Regelung des § 84 Abs. 1 InvG,[3] der seinerseits dem Anliegen diente, die „in der Anlagetradition gewachsenen und von den Anlegern nachgefragten Anlagemöglichkeiten nach dem Kapitalanlagegesetz zu wahren".[4] Die Regelungen zum Kaskadenverbot in § 219 Abs. 2 und 3 KAGB zielen darauf, die mit mehrstufigen Investmentstrukturen (Dachfondskonzept) verbundenen Einbußen an Performance-, Risiko- und insbesondere Kostentransparenz einzudämmen.[5] Die weiteren Abs. 4 bis 6 haben ebenfalls eine anlegerschützende Stoßrichtung.[6] So übernimmt § 219 Abs. 4 KAGB einzelne Anlegerschutzvorschriften des Dach-Hedgefonds-Regimes für das Gemischte Investmentvermögen.[7] Die Anlagegrenzen des § 219 Abs. 5 KAGB dienen der Risikoreduktion.[8] Bei § 219 Abs. 6 KAGB geht es hingegen um die Ermöglichung etablierter und in der Praxis erfolgreich genutzter Anlageformen.[9]

III. Zulässige Vermögensgegenstände (§ 219 Abs. 1 KAGB)

4 § 219 Abs. 1 KAGB stellt einen Katalog der zulässigerweise für Rechnung eines Gemischten Investmentvermögens erwerbbaren Vermögensgegenstände auf. Die Regelung benennt hierfür drei Kategorien: OGAW-konforme Vermögensgegenstände (Nr. 1), Anteile oder Aktien an Gemischten Investmentvermögen (Nr. 2 lit. a) sowie Anteile oder Aktien an Sonstigen Investmentvermögen (Nr. 2 lit. b) bzw. vergleichbaren EU- oder ausländischen AIF.

1. OGAW-konforme Vermögensgegenstände (§ 219 Abs. 1 Nr. 1 KAGB)

5 Gemischte Investmentvermögen dürfen zunächst in Vermögensgegenstände „nach Maßgabe der §§ 193 bis 198" KAGB investieren. Damit wird auf diejenigen Vermögensgegenstände verwiesen, die auch für OGAW zulässige Anlagegegenstände sind. Erfasst sind damit Wertpapiere (§ 193 KAGB), Geldmarktinstrumente (§ 194 KAGB), Bankguthaben (§ 195 KAGB), Investmentanteile (§ 196 KAGB), Derivate (§ 197 KAGB) und sonstige Anlageinstrumente (§ 198 KAGB).[10]

2. Anteile oder Aktien an Gemischten oder Sonstigen Investmentvermögen (§ 219 Abs. 1 Nr. 2 KAGB)

6 Jenseits der auch für OGAW zulässigen Vermögensgegenstände dürfen Gemischte Investmentvermögen in Anteile oder Aktien an „inländischen AIF nach Maßgabe der §§ 218, 219" KAGB, also an anderen Gemischten Investmentvermögen investieren (§ 219 Abs. 1 Nr. 2 lit. a KAGB) sowie in Anteile oder Aktien an „inländischen AIF nach Maßgabe der §§ 220 bis 224", also an Sonstigen Investmentvermögen (§ 219 Abs. 1

1 S. dort in Rz. 2 f.
2 S. zum Ganzen auch *Barac* in Baur/Tappen, § 219 KAGB Rz. 2 ff. mit einer tabellarischen Gegenüberstellung der Alt- und Neuregelung; ferner *Baum* in Weitnauer/Boxberger/Anders, § 218 KAGB Rz. 1. S. zur Beschränkung zulässiger Anlagegegenstände bereits die Kommentierung zu § 218 Rz. 3.
3 Begr. RegE AIFM-UmsG, BT-Drucks. 17/12294, S. 264.
4 Begr. RegE InvModG, BT-Drucks. 15/1553, S. 101.
5 S. nur *Barac* in Baur/Tappen, § 219 KAGB Rz. 26 ff.; vgl. ferner – und erkennbar kritisch gegenüber dem Dachfondskonzept – *Köndgen/Schmies* in Schimansky/Bunte/Lwowski, § 113 Rz. 168.
6 S. dazu auch noch die Einzelerläuterungen.
7 S. etwa *Lang* in Emde/Dornseifer/Dreibus/Hölscher, § 84 InvG Rz. 21 zu § 84 Abs. 3 InvG.
8 Vgl. Begr. RegE InvModG, BT-Drucks. 15/1553 zu § 85 InvG.
9 Vgl. Begr. RegE InvModG, BT-Drucks. 15/1553 zu § 86 InvG.
10 Für Einzelheiten s. die Kommentierung zu den §§ 193 ff.

Nr. 2 lit. b KAGB). Ebenso dürfen Gemischte Investmentvermögen in Anteile an EU- oder ausländischen AIF investieren, die mit Gemischten oder Sonstigen Investmentvermögen vergleichbar sind.

Damit wird das für OGAW nach § 196 KAGB zugängliche **Dachfondskonzept** auf Gemischte Investmentvermögen übertragen.[11] Die indirekte Anlage über Zielfonds verursacht im Vergleich zur direkten Anlage indes zusätzliche Kosten. Eine solche indirekte Anlage ist daher nur dann im Anlegerinteresse, wenn diesen Kosten Vorteile gegenüberstehen, etwa eine bessere Expertise der Verwaltung des Zielfonds.[12] 7

a) Gemischte Investmentvermögen (§ 219 Abs. 1 Nr. 2 lit. a KAGB)

Zulässige Anlagegegenstände sind danach zunächst Anteile oder Aktien an „inländischen AIF nach Maßgabe der §§ 218, 219" KAGB. Dies erfasst jedenfalls Sonstige Investmentvermögen i.S.d. Vorschriften. Darüber hinaus wird diskutiert, ob die Formulierung auch Spezial-AIF erfasst, die nach Maßgabe der §§ 218, 219 KAGB investieren. Dies ist indes nicht der Fall.[13] Dogmatisch ergibt sich dies zum einen aus § 219 Abs. 2 Satz 1 KAGB, der in Bezug auf Zielfonds i.S.d. § 219 Abs. 1 Nr. 2 lit. a KAGB von „Publikums-AIF" spricht.[14] Zum anderen wird mit der Inbezugnahme des § 218 KAGB auch auf die Definition in § 218 Satz 1 KAGB verwiesen, die **allein** (offene inländische) **Publikums-AIF** erfasst. Diese Lesart entspricht auch der bereits unter der Vorgängervorschrift des § 84 InvG geltenden Rechtslage.[15] Zur Begründung verwies man seinerzeit auf das niedrigere Anlagerschutzniveau bei Spezial-Sondervermögen.[16] Hieran hat sich aber auch unter dem KAGB nichts geändert.[17] 8

Aus dem Verweis auf § 218 Satz 1 KAGB ergibt sich zudem, dass § 219 Abs. 1 Nr. 2 lit. a KAGB **nur Anteile und Aktien an offenen** (Publikums-)**AIF** meint.[18] Hinzukommt, dass der Gesetzgeber des AIFM-UmsG den Erwerb von Anteilen an Immobilien-Investmentvermögen gerade deshalb nicht mehr zugelassen hat, weil deren eingeschränkte Rückgabemöglichkeit „im Widerspruch zur regelmäßigen, kurzfristigeren Rückgabemöglichkeit bei Gemischten Investmentvermögen" stehe.[19] Es widerspräche damit dem erkennbaren gesetzgeberischen Willen, die Anlage in geschlossene Ziel-AIF ohne regelmäßige Rückgabemöglichkeit zuzulassen. 9

b) Sonstige Investmentvermögen (§ 219 Abs. 1 Nr. 2 lit. b KAGB)

Gemischte Investmentvermögen dürfen gem. § 219 Abs. 1 Nr. 2 lit. b KAGB zudem in inländische AIF „nach Maßgabe der §§ 220 bis 224" KAGB, also Sonstige Investmentvermögen, investieren. Damit wird es Gemischten Investmentvermögen erlaubt, indirekt auch in Edelmetalle und unverbriefte Darlehensforderungen anzulegen (vgl. § 221 Abs. 1 Nr. 3 und 4 KAGB). Die direkte Anlage in diese Gegenstände bleibt indes verboten.[20] Der Sinn dieser Beschränkung bleibt unklar.[21] 10

Auch[22] im Rahmen des § 219 Abs. 1 Nr. 2 lit. b KAGB sind **Spezial-AIF**, die nach Maßgabe der §§ 220 ff. KAGB investieren, **nicht** erfasst.[23] Dies ergibt sich schon aus dem Wortlaut des § 219 Abs. 2 Satz 2 KAGB, der erkennbar davon ausgeht, dass AIF i.S.d. § 219 Abs. 1 Nr. 2 lit. b KAGB **allein Publikums-AIF** meint. Zur weiteren argumentativen Abstützung dieses Ergebnisses sei auf die entsprechenden Ausführungen zur Anlage in andere Gemischte Sondervermögen (§ 219 Abs. 1 Nr. 2 lit. a KAGB) verwiesen.[24] Auch mit Blick auf die Anlage in Zielfonds nach Maßgabe des § 219 Abs. 1 Nr. 2 lit. b KAGB ergibt sich aus der Entste- 11

---

11 *Barac* in Baur/Tappen, § 218 KAGB Rz. 10; *Baum* in Weitnauer/Boxberger/Anders, § 219 KAGB Rz. 5.
12 In diesem Sinne *Barac* in Baur/Tappen, § 219 KAGB Rz. 10.
13 Wohl allg.M., s. nur *Alexander-Huhle* in Moritz/Klebeck/Jesch, § 219 KAGB Rz. 4 ff.; *Baum* in Weitnauer/Boxberger/Anders, § 219 KAGB Rz. 4.
14 S. auch *Baum* in Weitnauer/Boxberger/Anders, § 218 KAGB Rz. 4.
15 S. nur *Lang* in Emde/Dornseifer/Dreibus/Hölscher, § 84 InvG Rz. 12; dazu auch *Alexander-Huhle* in Moritz/Klebeck/Jesch, § 219 KAGB Rz. 4.
16 S. nur *Lang* in Emde/Dornseifer/Dreibus/Hölscher, § 84 InvG Rz. 12 m.w.N.
17 In diesem Sinne auch *Alexander-Huhle* in Moritz/Klebeck/Jesch, § 219 KAGB Rz. 5 f.
18 In diesem Sinne auch *Alexander-Huhle* in Moritz/Klebeck/Jesch, § 219 KAGB Rz. 3, 11, 13.
19 Begr. RegE AIFM-UmsG, BT-Drucks. 17/12294, S. 264.
20 *Barac* in Baur/Tappen, Investmentgesetze, § 219 KAGB Rz. 11; *Baum* in Weitnauer/Boxberger/Anders, § 219 KAGB Rz. 12 f.
21 *Barac* in Baur/Tappen, § 219 KAGB Rz. 11.
22 Zu Zielfonds nach Maßgabe des § 219 Abs. 1 Nr. 2 lit. a KAGB s. Rz. 8.
23 Wohl allg.M., s. nur *Alexander-Huhle* in Moritz/Klebeck/Jesch, § 219 KAGB Rz. 4 ff.; *Baum* in Weitnauer/Boxberger/Anders, § 219 KAGB Rz. 4.
24 S. in Rz. 8.

hungsgeschichte der Norm, insbesondere aus der Streichung von Anteilen an Immobilien-Fonds als zulässige Anlagegegenstände, dass allein die Investition in **offene Zielfonds** zulässig ist.[25]

c) Vergleichbare EU- oder ausländische AIF

12 Neben der Anlage in inländische AIF nach Maßgabe der §§ 218 f. und §§ 220 bis 224 KAGB darf für Rechnung Gemischter Sondervermögen auch in vergleichbare EU- oder ausländische AIF investiert werden. Nach welchen **Kriterien** diese **Vergleichbarkeit** zu bestimmen ist, sagt § 219 KAGB nicht. Einigkeit besteht aber dahingehend, dass der **Gedanke des (gleichwertigen) Anlegerschutzes leitend** sein muss.[26] Unerheblich ist demgegenüber, ob der Ziel-AIF eine gesellschaftsrechtliche Form hat oder nicht.[27] Stellt man also auf eine Vergleichbarkeit vor allem des Anlegerschutzniveaus ab, so liegt es nahe, **die in § 317 KAGB aufgeführten Vorgaben** für den Vertrieb von EU- und ausländischen AIF an Privatanleger **für eine Vergleichbarkeitsprüfung heranzuziehen.** Konkret müssen der AIF und seine Verwaltungsgesellschaft also einer wirksamen öffentlichen Aufsicht unterliegen und die AIF-KVG und die Verwaltung des AIF müssen den Anforderungen der AIFM-RL entsprechen. Ferner muss eine Verwahrstelle die Gegenstände des AIF in einer Weise sichern, die den Vorgaben der §§ 80 bis 90 KAGB entspricht. Zudem ist für eine Vergleichbarkeit zu fordern, dass die Anlagebedingungen, die Satzung oder der Gesellschaftsvertrag Regelungen enthalten, welche die Vorgaben in §§ 218 f. bzw. §§ 220 ff. KAGB abbilden. Schließlich muss die Anteilsrücknahme nach Maßgabe des § 98 KAGB gewährleistet sein.[28]

3. Regelung für „Altfonds" (§ 348 KAGB)

13 Mit der Regelung des Gemischten Investmentvermögens im KAGB sind die zulässigen Anlagemöglichkeiten beschränkt worden. Anders als unter dem InvG ist es nun nicht mehr zulässig, für Gemischte Investmentvermögen in Immobilien-Fonds oder Hedgefonds anzulegen.[29] Vor diesem Hintergrund wird es „Altfonds", d.h. Gemischten Investmentvermögen, die vor dem 22.7.2013 aufgelegt wurden und die bis zu diesem Zeitpunkt Anteile an Immobilien-Investmentvermögen oder an Hedgefonds erworben haben, gestattet, diese Anteile abweichend von § 219 KAGB weiter zu halten.[30] Die BaFin hält es in diesen Fällen für erforderlich, dass die Anlagebedingungen sowie der Verkaufsprospekt und die wesentlichen Anlegerinformationen Angaben zu den nach neuem Recht nicht mehr erwerbbaren Vermögensgegenständen enthalten.[31]

IV. Kaskadenverbot (§ 219 Abs. 2, 3 KAGB)

14 § 219 Abs. 2 KAGB enthält Erwerbsbeschränkungen zur Verhinderung bzw. Eindämmung von Kaskadenstrukturen in Zielfonds des Gemischten Investmentvermögens (sog. Kaskadenverbot). Von diesen Beschränkungen macht § 219 Abs. 3 KAGB wiederum eine Ausnahme für bestimmte Zielfonds, die ausschließlich in hoch liquide Anlagegegenstände investieren. § 219 Abs. 2 und 3 KAGB gelten über den Verweis in § 221 Abs. 2 Satz 2 KAGB auch bei Anlage für Rechnung eines Sonstigen Investmentvermögens in Anteilen an Gemischten Investmentvermögen.

1. Erwerbsbeschränkungen für Anteile oder Aktien an Gemischten oder Sonstigen Investmentvermögen (§ 219 Abs. 2 KAGB)

15 § 219 Abs. 2 Satz 1 KAGB sieht ein **eingeschränktes Kaskadenverbot** bei Anlage in Zielfonds i.S.d. § 219 Abs. 1 Nr. 2 lit. a KAGB, also in andere **Gemischten Investmentvermögen**, vor.[32] In diese darf nur investiert werden, wenn deren Anlagebedingungen ihrerseits die Anlage von höchstens 10 % des Vermögens in

---

25 S. dazu in Rz. 9 mit N.

26 S. *Alexander-Huhle* in Moritz/Klebeck/Jesch, § 219 KAGB Rz. 16; *Barac* in Baur/Tappen, Investmentgesetze, § 219 KAGB Rz. 12, 16; *Baum* in Weitnauer/Boxberger/Anders, § 219 KAGB Rz. 8.

27 S. *Baum* in Weitnauer/Boxberger/Anders, § 219 KAGB Rz. 7, 15.

28 Überzeugend *Baum* in Weitnauer/Boxberger/Anders, § 219 KAGB Rz. 9, 15 ff.; zumindest ähnlich *Alexander-Huhle* in Moritz/Klebeck/Jesch, § 219 KAGB Rz. 16 f.; *Barac* in Baur/Tappen, § 219 KAGB Rz. 14 ff.

29 S. dazu bereits in Rz. 2 sowie in § 218 Rz. 3.

30 *Alexander-Huhle* in Moritz/Klebeck/Jesch, § 219 KAGB Rz. 18; *Barac* in Baur/Tappen, § 219 KAGB Rz. 18 ff. S. dazu bereits in § 218 Rz. 4.

31 BaFin, Häufige Fragen zu den Übergangsvorschriften nach den §§ 343 ff. des KAGB, Gz. WA 41-Wp 2137-2013/0343, 18.6.2013, sub II.7; vorsichtiger formuliert *Alexander-Huhle* in Moritz/Klebeck/Jesch, § 219 KAGB Rz. 18.

32 Zum Normzweck s. bereits in Rz. 3.

Anteile an anderen Investmentvermögen erlauben. Die Regelung ist dem beschränkten Kaskadenverbot in § 196 Abs. 1 Satz 3 KAGB nachgebildet, das über die Verweisung in § 219 Abs. 1 Nr. 1 KAGB auch für den Erwerb von Anteilen an Zielfonds i.S.d. § 196 KAGB gilt.[33]

16 Für den Erwerb von Anteilen an Sonstigen Investmentvermögen für Rechnung des Gemischten Investmentvermögens gilt gem. § 219 Abs. 2 Satz 2 KAGB hingegen ein **absolutes Kaskadenverbot**. Die Investition in solche Sonstigen Investmentvermögen ist also nur erlaubt, wenn deren Anlagebedingungen ihrerseits den Erwerb von Anteilen an anderen Investmentvermögen verbieten.

2. Ausnahmen (§ 219 Abs. 3 KAGB)

17 § 219 Abs. 3 KAGB macht eine Ausnahme vom Kaskadenverbot nach § 219 Abs. 2 KAGB. Die dort niedergelegten Erwerbsbeschränkungen gelten nicht für den Erwerb von Anteilen an AIF, die nach ihren Anlagebedingungen ausschließlich in Bankguthaben, Geldmarktinstrumente und Wertpapiere investieren dürfen, die zur Sicherung bestimmter Kreditgeschäften von der EZB oder der Bundesbank zugelassen sind.[34] Das Kaskadenverbot des § 219 Abs. 2 KAGB soll also dem Erwerb von Anteilen an Zielfonds nicht im Wege stehen, die ihre Liquiditätsanlage in Geldmarktfonds bündeln, sofern letztere ausschließlich in die genannten Gegenstände investieren.[35]

V. Anwendbare Regelungen bei Anlage in Sonstige Investmentvermögen (§ 219 Abs. 4 KAGB)

18 Erlauben die Anlagebedingungen des Gemischten Investmentvermögens den Erwerb von Anteilen an Sonstigen Investmentvermögen (vgl. § 219 Abs. 1 Nr. 2 lit. b KAGB), dann sind gem. § 219 Abs. 4 KAGB zusätzliche Vorgaben einzuhalten, die aus dem Reglement für Dach-Hedgefonds stammen. Die Inbezugnahme dieser Regelungen wurde seinerzeit vor dem Hintergrund eingeführt, dass Gemischte Investmentvermögen auch in Hedgefonds investieren durften.[36] Die Anlage in Hedgefonds ist für Rechnung Gemischter Investmentvermögen unter Geltung des KAGB aber weder direkt[37] noch indirekt über die Investition in Anteile an Sonstigen Investmentvermögen[38] zulässig.[39] Insofern erscheint die Beibehaltung der Regelung in § 219 Abs. 4 KAGB auf einem gesetzgeberischen Versehen zu beruhen.[40] Auch wenn man daher die Inbezugnahme der Regeln zu Dach-Hedgefonds für nicht sachgerecht hält,[41] sind die in Bezug genommenen Vorschriften im Sinne einer normerhaltenden Auslegung auf Gemischte Investmentvermögen anzuwenden, sofern die Regelungen nicht den Erwerb von Anteilen an Hedgefonds tatsächlich voraussetzen.[42] Im Einzelnen erklärt § 219 Abs. 4 KAGB die Regelungen in §§ 225 Abs. 3 sowie Abs. 4 Satz 2 und 3, 228 Abs. 1 und 229 Abs. 2 KAGB für entsprechend anwendbar.

1. Verwahrung der Vermögensgegenstände (§ 219 Abs. 4 i.V.m. § 225 Abs. 3 KAGB)

19 Gemäß § 219 Abs. 4 i.V.m. § 225 Abs. 3 KAGB dürfen Anteile an „ausländischen Zielfonds", im hiesigen Kontext also ausländische AIF, die Sonstigen Investmentvermögen nach Maßgabe der §§ 220 ff. KAGB vergleichbar sind,[43] nur erworben werden, wenn deren Vermögensgegenstände von einer Verwahrstelle oder einem Primebroker, der die Voraussetzungen des § 85 Abs. 4 Nr. 2 KAGB erfüllt, verwahrt werden.[44] For-

---

33 *Barac* in Baur/Tappen, § 219 KAGB Rz. 22 f.; *Baum* in Weitnauer/Boxberger/Anders, § 219 KAGB Rz. 33, 36.

34 *Barac* in Baur/Tappen, § 219 KAGB Rz. 29 f.; *Baum* in Weitnauer/Boxberger/Anders, § 219 KAGB Rz. 38 f.; anders *Alexander-Huhle* in Moritz/Klebeck/Jesch, § 219 KAGB Rz. 20, der meint, der Relativsatz beziehe sich nur auf die genannten Spezial-AIF. Dies widerspricht jedoch der Entstehungsgeschichte der Norm; s. zur Vorgängerregelung des § 84 Abs. 2 Satz 3 InvG Begr. RegE InvÄndG, BT-Drucks. 16/5576, S. 78.

35 *Barac* in Baur/Tappen, § 219 KAGB Rz. 30; *Baum* in Weitnauer/Boxberger/Anders, § 219 KAGB Rz. 38 f.

36 S. Begr. RegE InvModG, BT-Drucks. 15/1553, S. 102 zur Vorgängerregelung in § 84 Abs. 2 InvG a.F., dem späteren § 84 Abs. 3 InvG.

37 S. dazu in Rz. 2.

38 S. zur entsprechenden Einschränkung der für ein Sonstiges Investmentvermögen zulässigerweise erwerbbaren Vermögensgegenstände Begr. RegE AIFM-UmsG, BT-Drucks. 17/12294, S. 265.

39 S. etwa *Barac* in Baur/Tappen, § 219 KAGB Rz. 32 f.

40 Ohne Problembewusstsein jedenfalls Begr. RegE AIFM-UmsG, BT-Drucks. 17/12294, S. 264.

41 *Barac* in Baur/Tappen, § 219 KAGB Rz. 33.

42 In diesem Sinne *Alexander-Huhle* in Moritz/Klebeck/Jesch, § 219 KAGB Rz. 21 ff.; *Baum* in Weitnauer/Boxberger/Anders, § 219 KAGB Rz. 16 ff., 43; anders scheinbar *Barac* in Baur/Tappen, § 219 KAGB Rz. 33.

43 S. zu den Kriterien der Vergleichbarkeit näher in Rz. 12.

44 S. hier nur *Baum* in Weitnauer/Boxberger/Anders, 219 KAGB Rz. 17 ff.; ausführlich *Alexander-Huhle* in Moritz/Klebeck/Jesch, § 219 KAGB Rz. 23 ff.; näher hierzu die Kommentierung zu § 225 KAGB.

dert man für die Vergleichbarkeit des ausländischen AIF mit einem Sonstigen Investmentvermögen ohnehin die Einhaltung der Vorgabe in § 317 Abs. 1 Nr. 5 KAGB,[45] so fügt dem der Verweis auf § 225 Abs. 3 KAGB mithin nichts Neues hinzu.[46]

2. Erwerbsbeschränkungen (§ 219 Abs. 4 i.V.m. § 225 Abs. 4 Satz 2 und 3 KAGB)

20 Nach § 219 Abs. 4 i.V.m. § 225 Abs. 4 Satz 2 KAGB dürfen Gemischte Investmentvermögen nicht in mehr als zwei Sonstige Investmentvermögen (oder vergleichbare EU- oder ausländische AIF) vom gleichen Emittenten oder Fondsmanager anlegen. Soweit § 225 Abs. 4 Satz 2 KAGB weiter ein absolutes Kaskadenverbot ausspricht, ist dem für die Anlage Gemischter Investmentvermögen in Sonstige Investmentvermögen bereits durch § 219 Abs. 2 Satz 2 KAGB Rechnung getragen.[47] Über § 219 Abs. 4 i.V.m. § 225 Abs. 4 Satz 3 KAGB ist es Gemischten Investmentvermögen zudem verboten in ausländische Zielfonds aus Staaten zu investieren, die bei der Bekämpfung der Geldwäsche nicht im Sinne internationaler Vereinbarungen kooperieren.

3. Zusätzliche Angaben im Verkaufsprospekt (§ 219 Abs. 4 i.V.m. § 228 Abs. 1 KAGB)

21 Sofern es der AIF-KVG nach den Anlagebedingungen gestattet ist, Anteile an einem Sonstigen Investmentvermögen oder einem vergleichbaren EU- oder ausländischen AIF für Rechnung eines Gemischten Investmentvermögens zu erwerben, hat der **Verkaufsprospekt** zudem die **zusätzlichen Angaben** des § 228 Abs. 1 KAGB zu enthalten. Allerdings gilt dieser Verweis nicht für diejenigen Angaben, die sich speziell auf die Anlage in Hedgefonds beziehen, für die Investition in Sonstige Investmentvermögen aber keine Bedeutung haben (vgl. § 228 Abs. 1 Nr. 2 und Nr. 4 KAGB).[48]

4. Zusätzliche Angaben in den Anlagebedingungen (§ 219 Abs. 4 i.V.m. § 229 Abs. 2 KAGB)

22 Die **Anlagebedingungen** von AIF-KVG, die Gemischte Investmentvermögen verwalten, welchen der Erwerb von Anteilen an Zielfonds i.S.d. § 219 Abs. 1 Nr. 2 lit. b KAGB gestattet ist, haben gem. § 219 Abs. 4 KAGB zudem die **zusätzlichen**, in § 229 Abs. 2 KAGB aufgeführten **Angaben** zu enthalten. Auch hier ist dem Umstand Rechnung zu tragen, dass Gemischte Investmentvermögen weder direkt noch indirekt in Hedgefonds investieren dürfen. Der Verweis auf § 229 Abs. 2 Nr. 2 KAGB und Teile von § 229 Abs. 2 Nr. 3 KAGB ist daher obsolet.[49]

VI. Anlagegrenzen (§ 219 Abs. 5, 6 KAGB)

1. Anteile oder Aktien von Investmentvermögen (§ 219 Abs. 5 KAGB)

23 § 219 Abs. 5 KAGB statuiert in der Nachfolge des § 85 InvG Anlagegrenzen für Gemischte Investmentvermögen. Diese Anlagegrenzen dienen zum einen der Risikobegrenzung (vgl. § 219 Abs. 5 Satz 1 KAGB). Sie sind zum anderen Ausdruck des Gebots der Risikomischung,[50] ohne diesen Grundsatz indes zu erschöpfen.[51]

a) 10-Prozent-Grenze bei Sonstigen Investmentvermögen (§ 219 Abs. 5 Satz 1 KAGB)

24 Gemäß § 219 Abs. 5 Satz 1 KAGB darf in Anteile an Sonstigen Investmentvermögen oder vergleichbaren EU- oder ausländischen AIF insgesamt nur bis zu 10 Prozent des Wertes des Gemischten Investmentvermögens angelegt werden. Die Vorgängerregelung in § 85 InvG bezog sich ursprünglich allein auf die Anlage in Hedgefonds und sollte gewährleisten, dass diese in Ansehung der hiermit verbundenen Risiken nur als „Beimischung" dient und nicht den Schwerpunkt der Anlage bildet.[52] Obgleich unter dem KAGB auch keine indirekte Anlage in Hedgefonds über den Erwerb von Anteilen an Sonstigen Investmentvermögen mehr

---

45 S. dazu in Rz. 12.

46 In diesem Sinne auch *Baum* in Weitnauer/Boxberger/Anders, § 219 KAGB Rz. 18.

47 *Baum* in Weitnauer/Boxberger/Anders, § 219 KAGB Rz. 43. Zu § 219 Abs. 2 Satz 2 s. in Rz. 16.

48 *Baum* in Weitnauer/Boxberger/Anders, § 219 KAGB Rz. 22 f. Der BVI hält Mustertexte für die Verkaufsprospekte für Gemischte Sondervermögen vor, online abrufbar unter: https://www.bvi.de/regulierung/kapitalanlagegesetzbuch/muster/.

49 S. auch *Alexander-Huhle* in Moritz/Klebeck/Jesch, § 219 KAGB Rz. 22; *Baum* in Weitnauer/Boxberger/Anders, § 219 KAGB Rz. 24.

50 Insofern zutreffend *Baum* in Weitnauer/Boxberger/Anders, § 219 KAGB Rz. 41.

51 **A.A.** *Baum* in Weitnauer/Boxberger/Anders, § 219 KAGB Rz. 41; s. zum Verhältnis des § 214 KAGB zu den Einzelregelungen in den §§ 218 ff. KAGB ausführlich in der Kommentierung zu § 214 Rz. 22 ff.

52 S. Begr. RegE InvModG, BT-Drucks. 15/1553, S. 102.

möglich ist, hat der Gesetzgeber die Regelung beibehalten.[53] Angesichts der etwas liberaleren Vorgaben für Sonstige Investmentvermögen bleibt als Regelungsanliegen eine gewisse Risikobeschränkung.

b) Anlagegrenzen für OGAW- oder vergleichbare Investmentvermögen (§ 219 Abs. 5 Satz 2 KAGB)

§ 219 Abs. 5 Satz 2 KAGB erklärt in seinem ersten Halbsatz zunächst § 207 Abs. 1 KAGB für entsprechend anwendbar. Sofern die AIF-KVG für das Gemischte Investmentvermögen in Anteile oder Aktien an Investmentvermögen i.S.d. § 196 Abs. 1 Satz 1 und 2 KAGB erwirbt, darf sie in einen einzigen derartigen Zielfonds höchstens 20 Prozent des Gemischten Investmentvermögens investieren. Die Regelung dient der Risikozerfällung als Teilaspekt der Risikomischung. 25

Ist der Verweis auf § 207 Abs. 1 KAGB angesichts der Inbezugnahme des § 207 KAGB in § 218 Satz 2 KAGB entbehrlich, zeigt sich der eigentliche Regelungsgehalt des § 219 Abs. 5 Satz 2 KAGB in dessen zweiten Halbsatz. Dieser bestimmt, dass § 207 Abs. 2 KAGB nicht anzuwenden ist. Für das Gemischte Investmentvermögen darf also insgesamt mehr als 30 Prozent seines Wertes in Anteile oder Aktien an Investmentvermögen i.S.d. § 196 Abs. 1 Satz 1 und 2 KAGB angelegt werden. 26

Unter der Vorgängervorschrift des § 85 Satz 2 InvG galt die 20-%-Grenze des § 219 Abs. 5 Satz 2 Halbs. 1 KAGB auch für die Anlage in Gemischte Investmentvermögen. Die Gesetzesbegründung lässt nicht erkennen, warum diese Anlagebeschränkung nunmehr entfallen ist.[54] Für eine analoge Anwendung der Vorschrift bei Anlage in Gemischte Investmentvermögen besteht indes kein Bedarf.[55] Es gilt vielmehr das allgemeine Gebot der Risikomischung gem. § 214 KAGB, das eine hinreichende, dem Gebot sorgfältiger Vermögensverwaltung entsprechende Risikozerfällung gebietet. 27

2. Wertpapiere für Gemischte Wertpapierindex-Investmentvermögen (§ 219 Abs. 6 KAGB)

§ 219 Abs. 6 Satz 1 KAGB hebt für Gemischte Investmentvermögen die in § 209 KAGB für Wertpapierindex-OGAW-Investmentvermögen bestimmten Anlagegrenzen auf. Ist also die Auswahl der für das Gemischte Investmentvermögen zu erwerbenden Wertpapiere nach den Anlagebedingungen darauf gerichtet, unter Wahrung einer angemessenen Risikomischung einen bestimmten, allgemein und von der BaFin anerkannten Wertpapierindex nachzubilden, dann darf die AIF-KVG auch mehr als 20 bzw. 35 Prozent des Wertes des Gemischten Investmentvermögens in die Wertpapiere eines einzelnen Emittenten anlegen (vgl. § 209 Abs. 1 Satz 1 und Abs. 2 KAGB[56]). Allerdings ist zu betonen, dass die Überschreitung dieser starren Grenzen nur unter „Wahrung einer angemessenen Risikomischung" zulässig ist. 28

§ 219 Abs. 6 Satz 2 KAGB erklärt § 209 Abs. 1 Satz 2 KAGB für entsprechend anwendbar. Danach ist ein Wertpapierindex von der BaFin insbesondere dann anzuerkennen, wenn (1) seine Zusammensetzung hinreichend diversifiziert ist, (2) er eine adäquate Bezugsgrundlage für den Markt darstellt, auf den er sich bezieht, und (3) er in angemessener Weise veröffentlicht wird.[57] 29

Zur näheren Konkretisierung der Voraussetzungen (2) und (3) können die Kriterien und Anforderungen in Art. 12 Abs. 3 und 4 der Durchführungs-RL 2007/16/EG[58] herangezogen werden, auch wenn § 219 Abs. 6 Satz 2 KAGB nicht ausdrücklich auf § 209 Abs. 1 Satz 3 und 4 KAGB verweist.[59] 30

§ 219 Abs. 6 Satz 1 KAGB weicht vom Wortlaut des § 209 Abs. 1 Satz 1 KAGB insofern ab, als der nachzubildende Wertpapierindex nicht nur von der BaFin, sondern auch „allgemein" anerkannt sein muss. Diese zusätzliche Anforderung soll Umgehungsstrategien vereiteln, genauer: dass Indizes ausschließlich zu dem Zweck zusammengestellt werden, sie in einem Investmentvermögen abzubilden und so die regelmäßig geltenden Anlagegrenzen zu umgehen.[60] Ihr dürfte daher neben der Anerkennung durch die BaFin in aller Regel keine praktische Bedeutung zukommen.[61] 31

---

53 Zu Recht kritisch *Barac* in Baur/Tappen, § 219 KAGB Rz. 35.
54 Vgl. Begr. RegE AIFM-UmsG, BT-Drucks. 17/12294, S. 265.
55 So aber *Alexander-Huhle* in Moritz/Klebeck/Jesch, § 219 KAGB Rz. 32.
56 Ausführlich zu diesen Regelungen die Kommentierung zu § 209.
57 Ausführlich *Alexander-Huhle* in Moritz/Klebeck/Jesch, § 219 KAGB Rz. 33 ff. S. für Einzelheiten wiederum die Kommentierung zu § 209.
58 ABl. EU Nr. L 79 v. 20.3.2007, S. 11.
59 So auch *Alexander-Huhle* in Moritz/Klebeck/Jesch, § 219 KAGB Rz. 36; *Barac* in Baur/Tappen, § 219 KAGB Rz. 42 f.; *Baum* in Weitnauer/Boxberger/Anders, § 219 KAGB Rz. 47.
60 S. Begr. RegE Viertes Finanzmarktförderungsgesetz, BT-Drucks. 14/8017, S. 101 zu § 8c KAGG.
61 *Alexander-Huhle* in Moritz/Klebeck/Jesch, § 219 KAGB Rz. 40; *Fock*, WM 2006, 2160 (2167).

VII. Ordnungswidrigkeiten

32 Gemäß § 340 Abs. 2 Nr. 49 lit. a KAGB handelt ordnungswidrig, wer zumindest fahrlässig entgegen § 219 Abs. 1 oder Abs. 2 KAGB einen Vermögensgegenstand erwirbt. Ferner sind Überschreitungen der in § 219 Abs. 5 KAGB genannten Anlagegrenzen bußgeldbewehrt (§ 340 Abs. 2 Nr. 54 KAGB).

Unterabschnitt 3
Sonstige Investmentvermögen

§ 220 Sonstige Investmentvermögen

Auf die Verwaltung von Sonstigen Investmentvermögen nach Maßgabe der §§ 220 bis 224 sind die Vorschriften der §§ 192 bis 205 insoweit anzuwenden, als sich aus den nachfolgenden Vorschriften nichts anderes ergibt.

In der Fassung vom 4.7.2013 (BGBl. I 2013, S. 1981).

Schrifttum: *Köndgen/Schmies*, Investmentgeschäft, in Schimansky/Bunte/Lwowski (Hrsg.), Bankrechts-Handbuch, 5. Aufl. 2017, § 113.

I. Inhalt und Entstehungsgeschichte

1. Regelungsinhalt

1 Für die Verwaltung von Sonstigen Investmentvermögen erklärt § 220 KAGB die für OGAW-Investmentvermögen geltenden §§ 192 bis 205 KAGB für anwendbar. Die Anwendung steht jedoch unter dem Vorbehalt, dass sich aus den §§ 220 bis 224 KAGB keine Abweichungen ergeben. Die §§ 220 bis 224 KAGB gehen also als speziellere Regelungen vor.[1] Anders als bei Gemischten Sondervermögen (vgl. § 218 Satz 2 KAGB) sind zudem die §§ 206 bis 211 KAGB von der Verweisung nicht erfasst.

2. Entstehungsgeschichte

2 Der Fondstyp des Sonstigen Investmentvermögens wurde im Zuge des Investmentänderungsgesetzes v. 21.12.2007[2] durch Einfügung der §§ 90g bis 90k InvG eingeführt. Der Gesetzgeber wollte hiermit ein Anlagevehikel zur Verfügung stellen, das die Investition in innovative Finanzprodukte erlaubt. Das Sonstige Investmentvermögen nimmt insofern eine „Mittelstellung" ein, als das Gesetz einerseits eine liberalere und flexiblere Anlagepolitik als bei OGAW-RL-konformen Fonds erlaubt, andererseits aber aus Gründen des Anlegerschutzes deutlich restriktivere Vorgaben macht als bei Hedgefonds.[3] Man hat das Sonstige Investmentvermögen daher auch als **„Hedgefonds light"** apostrophiert.[4]

3 Das **KAGB hat** die **Anlagemöglichkeiten** Sonstiger Investmentvermögen in verschiedener Hinsicht weiter **eingeschränkt**.[5] Die Anlage in Unternehmensbeteiligungen, die keine Wertpapiere sind, ist nun nicht mehr möglich, weil deren Illiquidität nach Ansicht des Gesetzgebers nicht zum offenen Fondstyp passt. Zudem

1 S. dazu näher etwa *Krause* in Beckmann/Scholtz/Vollmer, § 220 KAGB Rz. 14 f.; ausführlich dazu in Rz. 12.
2 BGBl. I 2007, S. 3089.
3 Begr. RegE InvÄndG, BT-Drucks. 16/5576, S. 80; krit. *Baum* in Weitnauer/Boxberger/Anders, § 220 KAGB Rz. 2 m.w.N.
4 *Köndgen/Schmies* in Schimansky/Bunte/Lwowski, § 113 Rz. 172.
5 S. auch *Krause* in Beckmann/Scholtz/Vollmer, § 220 KAGB Rz. 4: „beachtliche Kürzung des Anlagekatalogs".

versagt das KAGB Sonstigen Investmentvermögen ebenso wie den Gemischten Investmentvermögen und mit derselben Begründung[6] die Anlage in Immobilien- und Hedgefonds: Für erstere wird auf die eingeschränkte Rücknahmemöglichkeit verwiesen,[7] für letztere auf das für Privatanleger zu hohe Risiko, genauer: das Fehlen von Vorschriften, welche Privatanlegern in Sonstige Investmentvermögen den „Risikogehalt ihrer Anlage" in Hedgefonds hinreichend „bewusst" machen würden.[8]

Für **„Altfonds"**, die vor dem 22.7.2013 nach Maßgabe der §§ 90g ff. InvG aufgelegt worden sind, sieht § 349 KAGB eine **bestandsschützende Übergangsregelung** vor. Diese Investmentvermögen dürfen die bis zum 21.7.2013 erworbenen Anteile an Immobilien- und Hedgefonds sowie Unternehmensbeteiligungen weiter halten.[9] 4

II. Definition und Abgrenzung

Anders als § 218 Satz 1 KAGB für Gemischte Investmentvermögen enthält § 220 KAGB keine ausdrückliche Definition des Sonstigen Investmentvermögens.[10] Diese ergibt sich jedoch aus der systematischen Stellung der Vorschrift im Verein mit den spezifischen Regelungen in den §§ 221 bis 224 KAGB. 5

Sonstige Investmentvermögen sind **offene inländische Publikums-AIF**. Sie sind zunächst offene Investmentvermögen i.S.d. § 1 Abs. 4 Nr. 2 KAGB. Ferner handelt es sich um Publikums-AIF i.S.d. §§ 214 ff. KAGB. Beides ergibt sich aus der systematischen Stellung der §§ 220 ff. KAGB und wird in § 223 KAGB sowie in der Gesetzesbegründung entsprechend vorausgesetzt.[11] Aus dieser Einordnung ergibt sich zunächst, dass Sonstige Investmentvermögen nicht als Spezial-AIF ausgestaltet werden können,[12] während Spezial-AIF in ihren Anlagebedingungen die Vorgaben der §§ 220 ff. KAGB jedoch dessen ungeachtet nachahmen können (vgl. § 284 KAGB). Aus der Eigenschaft des Sonstigen Investmentvermögens als Publikumsinvestmentvermögen folgt zudem, dass eine Auflage des Fonds in der Rechtsform der Investment-KG nicht zulässig ist (arg. e contr. § 91 Abs. 2 KAGB).[13] 6

Der spezifische Gehalt des Sonstigen Investmentvermögens als Subkategorie der offenen inländischen Publikums-AIF ergibt sich aus der Anwendung der Spezialregeln in den §§ 221 bis 224 KAGB. Insofern kommt dem Verweis auf diese Vorschriften („nach Maßgabe ...") ein definitorischer Charakter zu.[14] 7

Sonstige Investmentvermögen sind ausweislich des § 1 Abs. 19 Nr. 12 KAGB als Masterfonds geeignet.[15] Als Feederfonds sind sie genehmigungsfähig, wenn auch der Masterfonds ein Sonstiges Investmentvermögen ist (§ 171 Abs. 1 Satz 3 KAGB).[16] 8

III. Anwendbare Vorschriften

1. Verweis auf die §§ 192 bis 205 KAGB

§ 220 KAGB ordnet die Anwendung der §§ 192 bis 205 KAGB auf die Verwaltung Sonstiger Investmentvermögen an. Hierbei handelt es sich zumindest grundsätzlich[17] um eine Rechtsgrundverweisung.[18] Diese Verweisung erfasst insbesondere auch die Ermächtigungsgrundlage in § 197 Abs. 3 KAGB, so dass auch die **DerivateV** für Sonstige Investmentvermögen gilt.[19] 9

Über die Verweisung in § 220 KAGB gilt für Sonstige Investmentvermögen auch das **Leerverkaufsverbot** nach § 205 KAGB. Der Umfang dieser Verweisung ist indes unklar. In der Literatur wird insofern diskutiert, 10

6 S. dazu die Kommentierung zu § 218 Rz. 3.
7 S. zu den Hintergründen näher *Barac* in Baur/Tappen, § 221 KAGB Rz. 4.
8 S. zum Ganzen Begr. RegE AIFM-UmsG, BT-Drucks. 17/12294, S. 265.
9 S. ausführlich zu § 349 die zugehörige Kommentierung.
10 S. auch *Barac* in Baur/Tappen, § 221 KAGB Rz. 3.
11 S. Begr. RegE AIFM-UmsG, BT-Drucks. 17/12294, S. 265.
12 *Krause* in Beckmann/Scholtz/Vollmer, § 220 KAGB Rz. 6.
13 S. wiederum *Krause* in Beckmann/Scholtz/Vollmer, § 220 KAGB Rz. 6.
14 Vgl. auch *Krause* in Beckmann/Scholtz/Vollmer, § 220 KAGB Rz. 4.
15 *Krause* in Beckmann/Scholtz/Vollmer, § 220 KAGB Rz. 6.
16 *Baum* in Weitnauer/Boxberger/Anders, § 220 KAGB Rz. 4.
17 Zur Auslegung der Verweisung auf § 205 KAGB s. sogleich in Rz. 10; zum Anwendungsbereich des § 197 Abs. 2 KAGB s. noch § 221 Rz. 34.
18 *Krause* in Beckmann/Scholtz/Vollmer, § 220 KAGB Rz. 7; zust. *Baum* in Weitnauer/Boxberger/Anders, § 220 KAGB Rz. 6.
19 S. insb. §§ 1 Abs. 2, 2 Abs. 2 DerivateV; zum Ganzen *Krause* in Beckmann/Scholtz/Vollmer, § 220 KAGB Rz. 9.

ob sich das Leerverkaufsverbot allein auf OGAW-richtlinienkonforme Vermögensgegenstände bezieht oder etwa auch den Leerverkauf von Edelmetallen (vgl. § 221 Abs. 1 Nr. 3 KAGB) erfasst.[20] Die grundsätzliche Annahme einer Rechtsgrundverweisung[21] scheint Ersteres nahezulegen. Auch spricht der Wortlaut des § 340 Abs. 2 Nr. 59 lit. a KAGB für einen Gleichlauf.[22] Die Normhistorie deutet indes auf ein generelles, sämtliche für Rechnung eines Sonstigen Investmentvermögen erwerbbaren Vermögensgegenstände erfassendes Leerverkaufsverbot hin.[23] In der Praxis dürfte diese Einschränkung indes nicht allzu gravierend sein, da Sonstigen Investmentvermögen der Einsatz substituierender Derivate zur Verfügung steht.[24]

2. Kein Verweis auf §§ 206 bis 211 KAGB

11 Im Vergleich zu der Verweisung für Gemischte Investmentvermögen in § 218 Satz 2 KAGB fällt auf, dass § 220 KAGB für Sonstige Investmentvermögen nicht auf die Anlagebeschränkungen der §§ 206 bis 211 KAGB verweist. Damit gelten mit Ausnahme der Sonderregelung in § 222 Abs. 1 Satz 4 KAGB **keine speziellen emittentenbezogenen Anlagegrenzen** für Sonstige Investmentvermögen.[25] Allerdings hat die das Sonstige Investmentvermögen verwaltende AIF-KVG neben den Regelungen zur *asset allocation* in § 221 Abs. 3 bis 5 KAGB sowie in § 222 KAGB auch das allgemeine Gebot der Risikomischung aus § 214 KAGB zu beachten.[26] Für die Anlage des Sonstigen Investmentvermögens in OGAW- oder Gemischte Investmentvermögen bleibt zudem die 85-Prozent-Grenze für Feederfonds nach § 1 Abs. 19 Nr. 11 KAGB zu beachten[27]: Bei Überschreiten der Grenze wäre das Sonstige Investmentvermögen als Feederfonds nach § 171 Abs. 1 Satz 1 KAGB genehmigungspflichtig, aber wegen der Vorgaben in § 171 Abs. 1 Satz 3 KAGB nicht genehmigungsfähig.[28]

3. Vorrang der §§ 221 bis 224 KAGB

12 Die Verweisung auf die §§ 192 bis 205 KAGB wird durch den Vorrang der Regelungen in den §§ 221 bis 224 KAGB eingeschränkt. Hiermit wird eine gegenüber OGAW-Investmentvermögen höhere Flexibilität bei der Vermögensanlage erreicht. So unterliegen Sonstige Investmentvermögen nicht den Beschränkungen des § 197 Abs. 1 KAGB für den Erwerb von Derivaten (§ 221 Abs. 1 Nr. 1 KAGB). Sie dürfen entgegen § 192 Satz 2 KAGB in Edelmetalle investieren sowie in unverbriefte Darlehensforderungen (§ 221 Abs. 1 Nr. 3 und 4 KAGB). Die Anlagegrenze für Vermögensgegenstände i.S.d. § 198 KAGB ist von 10 auf 20 Prozent des Wertes des Investmentvermögens erhöht (§ 221 Abs. 3 KAGB). Ebenso ist das zulässige (relative) Volumen der möglichen Kreditaufnahme im Vergleich zu § 199 KAGB höher (§ 221 Abs. 6 KAGB). Schließlich sieht § 221 Abs. 7 KAGB gegenüber den §§ 200 ff. KAGB Lockerungen für die Wertpapierleihe und für Pensionsgeschäfte vor.[29]

IV. Ordnungswidrigkeit

13 Ein zumindest fahrlässiger Verstoß gegen das Leerverkaufsverbot gem. § 205 Satz 1 KAGB i.V.m. § 220 KAGB ist gem. § 340 Abs. 2 Nr. 59 lit. a KAGB bußgeldbewehrt.

---

20 S. hier nur *Kunschke* in Beckmann/Scholtz/Vollmer, § 205 KAGB Rz. 8 f. m.w.N.; hierauf Bezug nehmend *Krause* in Beckmann/Scholtz/Vollmer, § 220 KAGB Rz. 10.

21 S. dazu Rz. 9.

22 Dazu noch Rz. 13.

23 S. Begr. RegE InvÄndG, BT-Drucks. 16/5576, S. 80: „[A]us Anlegerschutzgründen können jedoch von Sonstigen Sondervermögen die flexiblen Anlagestrategien, wie sie Hedgefonds kennzeichnen, nicht verfolgt werden: Leerverkäufe […] sind auch für Sonstige Sondervermögen nicht zulässig."; **a.A.** hingegen *Baum* in Weitnauer/Boxberger/Anders, § 221 KAGB Rz. 38.

24 In diesem Sinne *Krause* in Beckmann/Scholtz/Vollmer, § 220 KAGB Rz. 10.

25 *Krause* in Beckmann/Scholtz/Vollmer, § 220 KAGB Rz. 11; vgl. auch *Baum* in Weitnauer/Boxberger/Anders, § 220 KAGB Rz. 7.

26 S. dazu *Krause* in Beckmann/Scholtz/Vollmer, § 220 KAGB Rz. 11 ff. mit konkreten Beispielen.

27 *Krause* in Beckmann/Scholtz/Vollmer, § 220 KAGB Rz. 13.

28 Zu Ersterem wiederum *Krause* in Beckmann/Scholtz/Vollmer, § 220 KAGB Rz. 13.

29 S. zum Vorstehenden und zu weiteren Erleichterungen gegenüber den §§ 192 ff. KAGB *Krause* in Beckmann/Scholtz/Vollmer, § 220 KAGB Rz. 14 ff. Für Einzelheiten s. noch die Kommentierung der §§ 221 und 222.

§ 221 Zulässige Vermögensgegenstände, Anlagegrenzen, Kreditaufnahme

(1) Die AIF-Kapitalverwaltungsgesellschaft darf für ein Sonstiges Investmentvermögen nur erwerben:

1. Vermögensgegenstände nach Maßgabe der §§ 193 bis 198, wobei sie nicht den Erwerbsbeschränkungen nach § 197 Absatz 1 unterworfen ist,

2. Anteile oder Aktien an inländischen Investmentvermögen nach Maßgabe der §§ 196, 218 und 220 sowie an entsprechenden EU-Investmentvermögen oder ausländischen AIF,

3. Edelmetalle,

4. unverbriefte Darlehensforderungen.

(2) [1]Ist es der AIF-Kapitalverwaltungsgesellschaft nach den Anlagebedingungen gestattet, für Rechnung des Sonstigen Investmentvermögens Anteile oder Aktien an anderen Sonstigen Investmentvermögen sowie an entsprechenden EU-AIF oder ausländischen AIF zu erwerben, gelten § 225 Absatz 3 und 4 Satz 2 und 3, § 228 Absatz 1 und § 229 Absatz 2 entsprechend. [2]Ist es der AIF-Kapitalverwaltungsgesellschaft nach den Anlagebedingungen gestattet, für Rechnung des Sonstigen Investmentvermögens Anteile oder Aktien an inländischen Investmentvermögen nach Maßgabe des § 218 sowie an entsprechenden EU-AIF oder ausländischen AIF zu erwerben, gilt § 219 Absatz 2 und 3 entsprechend.

(3) Die AIF-Kapitalverwaltungsgesellschaft darf in Anteile oder Aktien an anderen Sonstigen Investmentvermögen sowie an entsprechenden EU-AIF oder ausländischen AIF nur bis zu 30 Prozent des Wertes des Sonstigen Investmentvermögens anlegen.

(4) Die AIF-Kapitalverwaltungsgesellschaft darf in Vermögensgegenstände im Sinne des § 198 nur bis zu 20 Prozent des Wertes des Sonstigen Investmentvermögens anlegen.

(5) [1]Die AIF-Kapitalverwaltungsgesellschaft muss sicherstellen, dass der Anteil der für Rechnung des Sonstigen Investmentvermögens gehaltenen Edelmetalle, Derivate und unverbrieften Darlehensforderungen einschließlich solcher, die als sonstige Anlageinstrumente im Sinne des § 198 erwerbbar sind, 30 Prozent des Wertes des Sonstigen Investmentvermögens nicht übersteigt. [2]Derivate im Sinne des § 197 Absatz 1 werden auf diese Grenze nicht angerechnet.

(6) Die AIF-Kapitalverwaltungsgesellschaft darf für gemeinschaftliche Rechnung der Anleger kurzfristige Kredite nur bis zur Höhe von 20 Prozent des Wertes des Sonstigen Investmentvermögens und nur aufnehmen, wenn die Bedingungen der Kreditaufnahme marktüblich sind und dies in den Anlagebedingungen vorgesehen ist.

(7) [1]Abweichend von § 200 darf die AIF-Kapitalverwaltungsgesellschaft Wertpapiere auf bestimmte Zeit übertragen. [2]Ist für die Rückerstattung eines Wertpapier-Darlehens eine Zeit bestimmt, muss die Rückerstattung spätestens 30 Tage nach der Übertragung der Wertpapiere fällig sein. [3]Der Kurswert der für eine bestimmte Zeit zu übertragenden Wertpapiere darf zusammen mit dem Kurswert der für Rechnung des Sonstigen Investmentvermögens bereits als Wertpapier-Darlehen für eine bestimmte Zeit übertragenen Wertpapiere 15 Prozent des Wertes des Sonstigen Investmentvermögens nicht übersteigen. [4]Abweichend von § 203 müssen Pensionsgeschäfte nicht jederzeit kündbar sein.

In der Fassung vom 4.7.2013 (BGBl. I 2013, S. 1981), zuletzt geändert durch das Zweite Finanzmarktnovellierungsgesetz (2. FiMaNoG) vom 23.6.2017 (BGBl. I 2017, S. 1693).

Schrifttum: *Gänßler*, Kreditfonds, BaFin-Journal Oktober 2016, S. 22; *Zander*, Einführung von Kreditfonds durch das OGAW-V-Umsetzungsgesetz – Zugleich Überblick über die wesentlichen Neuregelungen –, DB 2016, 331.

Materialien: BaFin, Schreiben vom 13.1.2009 an den Bundesverband Investment und Asset Management e.V. (BVI), Gz. WA 41-Wp 2136 – 2008/0061; BaFin, Fragenkatalog zu § 53 InvG, Gz. WA 41-Wp 2136-2008/0053, 1.12.2009; BaFin, Schreiben vom 23.3.2012 an den Bundesverband Investment and Asset Management e.V. (BVI), Gz. WA 41-Wp 2136-2011/0090; BaFin, Häufige Fragen zu den Übergangvorschriften nach den §§ 343 ff. des KAGB, Gz. WA 41-Wp 2137-2013/0343, Stand: 18.6.2013, online abrufbar unter: https://www.bafin.de/SharedDocs/Veroeffentlichungen/DE/FAQ/faq_kagb_ubergangsvorschriften_130618.html; BaFin, Rundschreiben 08/2015 (WA) – Aufgaben und Pflichten der Verwahrstelle nach Kapitel 1 Abschnitt 3 des KAGB, Gz. WA 41-Wp 2137-2013/0068, 7.10.2015, online abrufbar unter: https://www.bafin.de/SharedDocs/Veroeffentlichungen/DE/Rundschreiben/2015/rs_1508_wa_verwahrstellen.html; BaFin, Fragenkatalog zu erwerbbaren Vermögensgegenständen (Eligible Assets), Gz. WA 41-Wp 2137-2013/0001, Stand: 5.7.2016.

I. Inhalt und Entstehungsgeschichte

1 Entsprechend seiner amtlichen Überschrift „Zulässige Vermögensgegenstände, Anlagegrenzen, Kreditaufnahme“ legt § 221 KAGB wesentliche Aspekte des Regelungsrahmens fest, innerhalb dessen die Anlage für ein Sonstiges Investmentvermögen zu erfolgen hat. Die Regelung ergänzt und modifiziert damit die über § 220 KAGB in Bezug genommenen und unmittelbar für OGAW-Investmentvermögen geltenden Bestimmungen der §§ 192 bis 205 KAGB und gibt dem Sonstigen Investmentvermögen sein „Gepräge“.

2 § 221 Abs. 1 KAGB enthält den Katalog der zulässigerweise für ein Sonstiges Investmentvermögen erwerbbaren Vermögensgegenstände. § 221 Abs. 2 KAGB erklärt bestimmte Regelungen für Dach-Hedgefonds auf die Verwaltung Sonstiger Investmentvermögen für anwendbar, wenn deren Anlagebedingungen den Erwerb an Anteilen an anderen Sonstigen Investmentvermögen oder vergleichbaren Fonds erlauben. § 221 Abs. 3 KAGB beschränkt die Bildung von Kaskaden Sonstiger Investmentvermögen. In § 221 Abs. 4 KAGB wird die Anlage in Vermögensgegenstände i.S.d. § 198 KAGB gemessen am Gesamtwert des Sonstigen Investmentvermögens begrenzt. § 221 Abs. 5 KAGB zieht eine entsprechende Grenze für die Investition in Edelmetalle, bestimmte Derivate und unverbriefte Darlehensforderungen. § 221 Abs. 6 KAGB legt eine Begrenzung für die Kreditaufnahme fest, die wiederum am Gesamtwert des Sonstigen Investmentvermögens ausgerichtet ist. § 221 Abs. 7 KAGB lockert schließlich für Sonstige Investmentvermögen die strikten Vorgaben der §§ 200 ff. KAGB für die Vergabe von Wertpapierdarlehen und den Abschluss von Pensionsgeschäften.

§ 221 Abs. 1 bis 6 KAGB übernehmen mit redaktionellen Anpassungen die Regelungen aus § 90h Abs. 1 Nr. 1, 4, 5 und Teilen der Nr. 2 InvG sowie aus § 90h Abs. 2 bis 6 InvG zum Sonstigen Sondervermögen.[1] Diese Regelungskontinuität darf jedoch nicht darüber hinwegtäuschen, dass mit der Neuregelung in § 221 KAGB eine massive Einschränkung der zulässigen Anlagemöglichkeiten einhergeht: Sonstigen Investmentvermögen ist es unter dem KAGB nicht mehr gestattet in Immobilienfonds, Hedgefonds oder Unternehmensbeteiligungen zu investieren.[2] Lediglich der Klarstellung dient der durch das Zweite Finanzmarktnovellierungsgesetz v. 23.6.2017[3] eingeführte § 221 Abs. 2 Satz 2 KAGB, wonach das Kaskadenverbot nach § 219 Abs. 2 und 3 KAGB bei Investition des Sonstigen Investmentvermögens in Anteile an Gemischten Investmentvermögen zu beachten ist.[4] 3

§ 221 Abs. 7 KAGB hat hingegen kein Vorbild im InvG. Die Regelung nimmt Sonstige Investmentvermögen vielmehr von den verschärften Anforderungen an Wertpapier-Darlehen und Pensionsgeschäfte für OGAW nach §§ 200 und 203 KAGB aus, die ihrerseits erst unter dem KAGB eingeführt worden sind.[5] 4

II. Normzweck

Die mit den Produktregeln des § 221 KAGB einhergehende Einschränkung der Anlage- und Kreditaufnahmemöglichkeiten für Rechnung des Sonstigen Investmentvermögens dient insgesamt dem **Schutz der (Privat-)Anleger**. Zu den spezifischen Zwecken der in § 221 KAGB enthaltenen Einzelregelungen s. die zugehörigen Erläuterungen. 5

III. Zulässige Vermögensgegenstände (§ 221 Abs. 1 KAGB)

§ 221 Abs. 1 KAGB listet die für ein Sonstiges Investmentvermögen erwerbbaren Vermögensgegenstände auf. Als solche nennt die Vorschrift Vermögensgegenstände, die auch für einen OGAW erworben werden dürfen (§ 221 Abs. 1 Nr. 1 KAGB), ferner Anteile an OGAW, Gemischten Investmentvermögen und Sonstigen Investmentvermögen sowie entsprechenden EU- oder ausländischen Fonds (§ 221 Abs. 1 Nr. 2 KAGB), Edelmetalle (§ 221 Abs. 1 Nr. 3 KAGB) und schließlich unverbriefte Darlehensforderungen (§ 221 Abs. 1 Nr. 4 KAGB). 6

1. OGAW-konforme Vermögensgegenstände und Derivate (§ 221 Abs. 1 Nr. 1 KAGB)

a) Katalog der zulässigen Vermögensgegenstände

Für Sonstige Investmentvermögen dürfen gem. § 221 Abs. 1 Nr. 1 KAGB zunächst Vermögensgegenstände nach Maßgabe der §§ 193 bis 198 KAGB erworben werden, deren Erwerb auch für OGAW zulässig ist. Erfasst werden damit namentlich Wertpapiere (§ 193 KAGB), Geldmarktinstrumente (§ 194 KAGB), Bankguthaben (§ 195 KAGB), bestimmte Investmentanteile (§ 196 KAGB)[6] sowie sonstige Anlageinstrumente i.S.d. § 198 KAGB.[7] 7

b) Derivate insbesondere; keine Anwendung von § 197 Abs. 1 KAGB

§ 221 Abs. 1 Nr. 1 KAGB verweist auch auf § 197 KAGB, so dass Sonstige Investmentvermögen auch Derivate und Finanzinstrumente mit derivativer Komponente[8] erwerben können. Die Vorschrift befreit Sonstige Investmentvermögen dabei ausdrücklich von den „Erwerbsbeschränkungen nach § 197 Abs. 1“ KAGB. Für Sonstige Investmentvermögen dürfen also auch solche Derivate erworben werden, die nicht von denen in § 197 Abs. 1 Satz 1 KAGB genannten Basiswerten abgeleitet sind. Die Anlage in Warenderivate, wie etwa ein 8

1 S. für eine tabellarische Gegenüberstellung *Barac* in Baur/Tappen, § 221 KAGB Rz. 1.
2 *Krause* in Beckmann/Scholtz/Vollmer, § 221 KAGB Rz. 1: „massive Reduktion des Anlagehorizonts“. S. zur Einschränkung zulässiger Vermögensgegenstände unter dem KAGB bereits die Kommentierung zu § 220 Rz. 3.
3 BGBl. I 2017, S. 1693.
4 S. Begr. RegE 2. FiMaNoG, BT-Drucks. 18/10936, S. 227.
5 Vgl. Begr. RegE AIFM-UmsG, BT-Drucks. 17/12294, S. 265 mit 262; s. ferner *Barac* in Baur/Tappen, § 221 KAGB Rz. 5.
6 S. dazu noch in Rz. 9 ff.
7 Für Einzelheiten zu den verschiedenen Vermögensgegenständen s. die Kommentierung zu den §§ 193 bis 198.
8 S. Art. 10 Abs. 1 Durchführungs-RL 2007/16/EG. Zu dem im KAGB nicht definierten Begriff des Derivats s. *Krause* in Beckmann/Scholtz/Vollmer, § 220 KAGB Rz. 10.

commodity future, wäre also zulässig.[9] Investiert das Sonstige Investmentvermögen in Derivate, sind die Vorgaben der DerivateV zu beachten (vgl. zu deren Anwendbarkeit auf Sonstige Investmentvermögen § 1 Abs. 2 DerivateV).[10] Zu den Anlagebeschränkungen des § 221 Abs. 5 KAGB s. die Erläuterungen in Rz. 33 f.

2. Investmentanteile gem. § 196 KAGB; Anteile oder Aktien an Gemischten und Sonstigen Investmentvermögen (§ 221 Abs. 1 Nr. 2 KAGB)

9 § 221 Abs. 1 Nr. 2 KAGB listet die Investmentvermögen auf, in welche für ein Sonstiges Investmentvermögen investiert werden darf. Dies sind zunächst die bereits in § 221 Abs. 1 Nr. 1 KAGB angesprochenen[11] Anteile oder Aktien an inländischen Investmentvermögen nach Maßgabe des § 196 KAGB, also **OGAW** (§ 196 Abs. 1 Satz 1 KAGB) sowie entsprechend der in § 196 Abs. 1 Satz 2 Nr. 1 bis 4 KAGB genannten Kriterien **vergleichbare inländische, ausländische oder EU-AIF.**

10 Ferner nennt § 221 Abs. 1 Nr. 2 KAGB Anteile oder Aktien an inländischen Investmentvermögen „nach Maßgabe der §§ [...] 218 und 220". Dies meint **Gemischte** und **Sonstige Investmentvermögen** i.S.d. Vorschriften. Nicht erfasst sind hingegen Spezial-AIF, welche die Anlagevorgaben der §§ 218 f., 220 ff. KAGB nachbilden. Für „Gemischte" Spezial-AIF ergibt sich dies bereits daraus, dass § 221 Abs. 1 Nr. 2 KAGB auf § 218 KAGB verweist, der in Satz 1 den Charakter des Investmentvermögens als Publikums-AIF festschreibt.[12] Aber auch für den Verweis auf § 220 KAGB ergibt sich kein Anhaltspunkt dafür, dass hiermit auch Spezial-Fonds erfasst sein sollen, die in ihren Anlagebedingungen die Vorgaben der §§ 220 ff. KAGB nachahmen. Hierfür bedürfte es aber schon angesichts des fehlenden Genehmigungserfordernisses der Anlagebedingungen von Spezial-AIF (vgl. § 273 Satz 2 KAGB) eines deutlicheren Hinweises.[13]

11 AIF-KVG dürfen für Sonstige Investmentvermögen schließlich Anteile und Aktien an **EU-Investmentvermögen und ausländischen AIF** erwerben, die den inländischen **Investmentvermögen nach Maßgabe der §§ 196, 218 und 220 KAGB** „entsprechen". Sie müssen diesen also **vergleichbar** sein.[14] § 221 KAGB selbst gibt keine Hinweise auf die hierfür maßgeblichen Kriterien. Leitend ist aber auch hier[15] der **Gedanke des gleichwertigen Anlegerschutzes.**[16]

12 Mit Blick auf **OGAW und ähnliche Investmentvermögen** scheinen indes vergleichbare EU- und ausländische Fonds bereits über die Regelung in § 196 Abs. 1 Satz 2 KAGB erfasst. Jedenfalls hätten die dort genannten Kriterien auch im Rahmen des § 221 Abs. 1 Nr. 2 KAGB zu gelten.[17]

13 Für die Vergleichbarkeit EU- und ausländischer AIF mit **Gemischten Investmentvermögen** i.S.d. § 218 KAGB oder **Sonstigen Investmentvermögen** i.S.d. § 220 KAGB ist entsprechend der Ausführungen zu § 219 Abs. 1 Nr. 2 lit. a und b KAGB auf die **in § 317 KAGB aufgeführten Vorgaben** für den Vertrieb von EU- und ausländischen AIF an Privatanleger abzustellen.[18] Konkret müssen der AIF und seine Verwaltungsgesellschaft also einer wirksamen öffentlichen Aufsicht unterliegen, die AIF-KVG und die Verwaltung des AIF müssen den Anforderungen der AIFM-RL entsprechen. Ferner muss eine Verwahrstelle die Gegenstände des AIF in einer Weise sichern, die den Vorgaben der §§ 80 bis 90 KAGB entspricht. Zudem ist für eine Vergleichbarkeit zu fordern, dass die Anlagebedingungen, die Satzung oder der Gesellschaftsvertrag Regelungen enthal-

---

9 Vgl. BaFin, Fragenkatalog zu erwerbbaren Vermögensgegenständen (Eligible Assets), Gz. WA 41-Wp 2137-2013/0001, Stand: 5.7.2016, Teil 3 Nr. 2 sowie Teil 1 Nr. 10. S. auch *Barac* in Baur/Tappen, § 221 KAGB Rz. 10: „jegliche Derivate" erwerbbar.

10 S. auch *Barac* in Baur/Tappen, § 221 KAGB Rz. 10; zu den Einzelheiten *Krause* in Beckmann/Scholtz/Vollmer, § 221 KAGB Rz. 12.

11 S. zu dieser Doppelung etwa *Alexander-Huhle* in Moritz/Klebeck/Jesch, § 221 KAGB Rz. 5.

12 S. dazu näher die Kommentierung zu § 218 Rz. 5.

13 S. zum Ganzen auch *Alexander-Huhle* in Moritz/Klebeck/Jesch, § 221 KAGB Rz. 6 ff.; i.Erg. ebenso ferner *Barac* in Baur/Tappen, § 221 KAGB Rz. 13; *Krause* in Beckmann/Scholtz/Vollmer, § 221 KAGB Rz. 18; **a.A.** offenbar *Baum* in Weitnauer/Boxberger/Anders, § 221 KAGB Rz. 10.

14 Vgl. zu dem etwa in § 219 Abs. 2 Nr. 2 lit. a und b KAGB verwendeten Begriff der Vergleichbarkeit die Kommentierung zu § 219 Rz. 12. Zur Inhaltsgleichheit der Begriffe „entsprechen" und „vergleichbar" s. etwa *Alexander-Huhle* in Moritz/Klebeck/Jesch, § 221 KAGB Rz. 17 mit Fn. 5; *Barac* in Baur/Tappen, § 221 KAGB Rz. 18; *Baum* in Weitnauer/Boxberger/Anders, § 221 KAGB Rz. 8.

15 S. zu § 219 Abs. 1 Nr. 2 lit. a und b KAGB die Kommentierung zu § 219 Rz. 12.

16 So etwa auch *Alexander-Huhle* in Moritz/Klebeck/Jesch, § 221 KAGB Rz. 17; *Baum* in Weitnauer/Boxberger/Anders, § 221 KAGB Rz. 9.

17 Ganz ähnlich *Alexander-Huhle* in Moritz/Klebeck/Jesch, § 221 KAGB Rz. 5; jedenfalls im Ergebnis wie hier *Baum* in Weitnauer/Boxberger/Anders, § 221 KAGB Rz. 9 f. und 12, der die Frage der „Vergleichbarkeit" lediglich für Gemischte und Sonstige Investmentvermögen problematisiert.

18 Überzeugend *Baum* in Weitnauer/Boxberger/Anders, § 221 KAGB Rz. 10, 12. S. zu § 219 KAGB bereits die entsprechende Argumentation in der Kommentierung zu § 219 Rz. 12.

ten, welche die Vorgaben in §§ 218 f. KAGB bzw. §§ 220 ff. KAGB abbilden. Schließlich muss die Anteilsrücknahme nach Maßgabe des § 98 KAGB gewährleistet sein.[19]

3. Edelmetalle (§ 221 Abs. 1 Nr. 3 KAGB)

Gemäß § 221 Abs. 1 Nr. 3 KAGB dürfen für Rechnung eines Sonstigen Investmentvermögens auch Edelmetalle erworben werden.[20] Der Begriff ist im KAGB nicht legaldefiniert. Daher ist auf das allgemeine, sich an der naturwissenschaftlichen Definition orientierende Begriffsverständnis abzustellen.[21] Erfasst sind damit etwa Gold, Silber, Platin oder Palladium, ferner die sog. **Halbedelmetalle** wie Kupfer, Bismut oder Rhenium.[22] Nicht hierher gehören hingegen die sog. unedlen Metalle wie Aluminium, Eisen oder Blei. 14

Für das Sonstige Investmentvermögen dürfen auch **Edelmetallzertifikate** erworben werden. Zwar sind diese in § 221 Abs. 1 Nr. 3 KAGB nicht ausdrücklich aufgeführt. Und auch der Verweis in § 220 KAGB auf § 192 Satz 2 KAGB scheint gegen die Zulässigkeit der Investition in Edelmetallzertifikate zu sprechen. Zudem besteht in der Sache ein Unterschied zwischen dem Erwerb von Edelmetallen und Edelmetallzertifikaten, als erstere nicht mit einem Emittentenrisiko behaftet sind, letztere hingegen schon.[23] Indes wäre ein solches Erwerbsverbot vor dem Hintergrund der liberalen Regelung zu Derivaten in § 221 Abs. 1 Nr. 1 KAGB[24] kaum sachlich begründbar. Insofern ergibt sich aus § 221 Abs. 1 Nr. 1 KAGB „anderes" i.S.d. § 220 KAGB; das Verbot des § 192 Satz 2 KAGB ist somit im Ergebnis auf Sonstige Investmentvermögen nicht anzuwenden.[25] Davon abgesehen ist der Erwerb von 1:1-Zertifikaten auf Edelmetalle **als Wertpapiere** i.S.d. § 194 Abs. 1 Satz 1 Nr. 8 KAGB möglich, wenn der Erwerb nicht zu einer physischen Lieferung führt.[26] 15

4. Unverbriefte Darlehensforderungen (§ 221 Abs. 1 Nr. 4 KAGB)

§ 221 Abs. 1 Nr. 4 KAGB nennt schließlich unverbriefte Darlehensforderungen als Vermögensgegenstände, die für Rechnung Sonstiger Investmentvermögen erworben werden dürfen. 16

a) Erfasste Darlehensforderungen

Unverbriefte Darlehensforderungen waren ursprünglich unter der Nr. 5 des § 90h Abs. 1 InvG in den Katalog erwerbbarer Vermögensgegenstände aufgenommen worden, um Sonstigen Investmentvermögen[27] die Teilnahme an den Marktentwicklungen im Bereich der Mikrofinanzdienstleistungen und Konsumentenkredite zu ermöglichen.[28] Indes beschränkt sich der Begriff der unverbrieften Darlehensforderungen nicht auf dieses Feld. Von § 221 Abs. 1 Nr. 4 KAGB sind vielmehr **sämtliche** unverbriefte **Gelddarlehen** erfasst.[29] Dies schließt **Schuldscheindarlehen** grundsätzlich mit ein. Zweifeln könnte man allenfalls, ob dies auch für solche Schuldscheindarlehen gilt, die nach dem Erwerb für das Investmentvermögen mindestens zweimal abgetreten werden können. Für solche Schuldscheindarlehen ging der Gesetzgeber des Investmentmodernisierungsgesetzes davon aus, dass sie unter den „wirtschaftlich" zu verstehenden Wertpapierbegriff des § 2 Abs. 4 Nr. 1 InvG fielen.[30] Indes zeigt § 221 Abs. 5 KAGB, dass das KAGB auch derart fungible Schuldscheindarlehen als unverbriefte Darlehensforderungen einordnet. Danach sind unverbriefte Darlehensforderungen nämlich auch solche, die als sonstige Anlageinstrumente i.S.d. § 198 KAGB erwerbbar sind.[31] Die 17

19 Im Ergebnis ähnlich *Alexander-Huhle* in Moritz/Klebeck/Jesch, § 221 KAGB Rz. 17 f.; *Barac* in Baur/Tappen, § 221 KAGB Rz. 18.
20 Zu den Vorteilen der indirekten Anlage in Edelmetalle s. *Alexander-Huhle* in Moritz/Klebeck/Jesch, § 221 KAGB Rz. 19.
21 Wohl unstr., s. etwa *Baum* in Weitnauer/Boxberger/Anders, § 221 Rz. 24; *Krause* in Beckmann/Scholtz/Vollmer, § 221 KAGB Rz. 21; jedenfalls im Ausgangspunkt auch *Barac* in Baur/Tappen, § 221 KAGB Rz. 20.
22 S. die N. in vorstehender Fn.
23 Vgl. *Barac* in Baur/Tappen, § 221 KAGB Rz. 21.
24 S. dazu soeben in Rz. 8.
25 Hierzu ausführlich und überzeugend *Krause* in Beckmann/Scholtz/Vollmer, § 221 KAGB Rz. 22; zust. *Baum* in Weitnauer/Boxberger/Anders, § 221 KAGB Rz. 23.
26 S. BaFin, Fragenkatalog zu erwerbbaren Vermögensgegenständen (Eligible Assets), Gz. WA 41-Wp 2137-2013/0001, Stand: 5.7.2016, Teil 1 Nr. 2.
27 Genauer: Sonstigen Sondervermögen.
28 S. Begr. RegE InvÄndG, BT-Drucks. 16/5576, S. 80.
29 Allg.M., s. etwa *Alexander-Huhle* in Moritz/Klebeck/Jesch, § 221 KAGB Rz. 20; *Barac* in Baur/Tappen, § 221 KAGB Rz. 23 f.; *Baum* in Weitnauer/Boxberger/Anders, § 221 KAGB Rz. 25; *Krause* in Beckmann/Scholtz/Vollmer, § 221 KAGB Rz. 24.
30 Die Einordnung solcher Darlehen daher tatsächlich für offen haltend *Krause* in Beckmann/Scholtz/Vollmer, § 221 KAGB Rz. 25.
31 S. zu den Hintergründen dieser Regelung auch Begr. RegE OGAW-IV-UmsG, BT-Drucks. 17/4510, S. 78.

Vorschrift verweist damit gerade auch auf Darlehen i.S.d. § 198 Nr. 4 KAGB, die nämlich ihrerseits mindestens zweimal nach Erwerb für das Investmentvermögen abtretbar sein müssen.[32]

18 Fraglich ist, ob § 221 Abs. 1 Nr. 4 KAGB auch unverbriefte **Sachdarlehensforderungen** i.S.d. § 607 BGB erfasst. Dies wird mitunter bejaht.[33] Zur Begründung wird auf die Regelungen zum Wertpapierdarlehen verwiesen (§§ 220, 200, 221 Abs. 7 KAGB). Wenn das Sonstige Investmentvermögen aber Sachdarlehensforderungen qua Vergabe von Wertpapierdarlehen selbst begründen könne, so müsse es solche Darlehensforderungen auch von Dritten erwerben können.[34] Diese Schlussfolgerung ist allerdings kaum zwingend, wenn man bedenkt, dass für Rechnung eines Sonstigen Investmentvermögens zwar Gelddarlehen erworben werden dürfen, eine Vergabe von Gelddarlehen aber gerade nicht zulässig ist (arg. e § 20 Abs. 9 Satz 1 KAGB).[35] Indes nennt § 221 Abs. 1 Nr. 4 KAGB ganz allgemein „Darlehensforderungen", während das KAGB an anderer Stelle ausdrücklich von „Gelddarlehen" spricht. Im Sinne einer freiheitsfreundlichen, am ursprünglichen Leitbild des Sonstigen Investmentvermögens als liberal ausgestaltetes und flexibles Anlagevehikel[36] ausgerichteten Auslegung ist daher davon auszugehen, dass auch unverbriefte Sachdarlehensforderungen erworben werden dürfen.

b) Vergabe, Restrukturierung und Prolongation von Darlehen

19 Ob eine KVG für Rechnung eines Sonstigen Investmentvermögens auch Darlehen vergeben darf, war lange Gegenstand der Diskussion.[37] Im Zuge des OGAW-V-Umsetzungsgesetzes v. 3.3.2016[38] hat der deutsche Gesetzgeber zu dieser Frage in § 20 Abs. 9 KAGB eine klare und abschließende[39] Regelung getroffen.[40] Danach dürfen AIF-KVG im Rahmen der kollektiven Vermögensverwaltung ein Gelddarlehen für Rechnung eines AIF nur gewähren, soweit dies durch die in § 20 Abs. 9 Satz 1 KAGB genannten Vorschriften des EU-Rechts oder des KAGB erlaubt wird. Danach dürfen neben EuVECA, EuSEF, ELTIF allein geschlossene und offene Spezial-AIF sowie geschlossene Publikums-AIF unter bestimmten Bedingungen Gelddarlehen gewähren. Mit Ausnahme von Immobilien-Sondervermögen (s. § 240 KAGB) **dürfen** für offene Publikums-AIF und damit auch **für Sonstige Investmentvermögen** hingegen **keine Darlehen vergeben werden.**[41] Möglich bleibt aber die Vorschaltung einer sog. **Fronting Bank**, welche die Darlehen im eigenen Namen ausreicht, die dabei entstehenden Forderungen aber sogleich an das Sonstige Investmentvermögen abtritt.[42]

20 § 20 Abs. 9 KAGB stellt in Satz 2 außerdem klar, dass nachfolgende Änderungen der Darlehensbedingungen nicht als Darlehensgewährung i.S.d. Satz 1 zu bewerten sind. Mit anderen Worten: Die **Restrukturierung** bereits erworbener unverbriefter Darlehensforderungen ist allen AIF und damit auch Sonstigen Investmentvermögen **erlaubt**. Dies betrifft insbesondere die **Prolongation**, aber etwa auch die Änderung der Tilgungsleistungen oder der Zinslasten.[43]

5. Regelung für „Altfonds" (§ 349 KAGB)

21 Sonstige Sondervermögen, die vor dem 22.7.2013 nach Maßgabe der §§ 90g ff. InvG aufgelegt worden sind, durften auch Anteile an Immobilien- und Hedgefonds sowie Unternehmensbeteiligungen erwerben.[44] Für diese **„Altfonds"** sieht § 349 KAGB eine **bestandsschützende Übergangsregelung** vor, wonach sie die bis zum 21.7.2013 erworbenen Anteile an Immobilien- und Hedgefonds sowie Unternehmensbeteiligungen

---

32 So auch *Alexander-Huhle* in Moritz/Klebeck/Jesch, § 221 KAGB Rz. 20, der § 198 Nr. 4 KAGB in Bezug nimmt.
33 *Krause* in Beckmann/Scholtz/Vollmer, § 221 KAGB Rz. 26; zumindest tendenziell ablehnend hingegen *Alexander-Huhle* in Moritz/Klebeck/Jesch, § 221 KAGB Rz. 20 mit Fn. 11.
34 So die Argumentation bei *Krause* in Beckmann/Scholtz/Vollmer, § 221 KAGB Rz. 26.
35 S. dazu noch sogleich in Rz. 19 f.
36 S. dazu näher § 220 Rz. 2.
37 S. zur Diskussion *Krause* in Beckmann/Scholtz/Vollmer, § 221 KAGB Rz. 27 ff.; vgl. zur Rechtslage unter dem InvG auch *Nietsch* in Emde/Dornseifer/Dreibus/Hölscher, § 31 InvG Rz. 28.
38 BGBl. I 2016, S. 348.
39 S. zum abschließenden Charakter Begr. RegE OGAW-V-UmsG, BT-Drucks. 18/6744, S. 45.
40 S. dazu auch die Überblicksdarstellungen von *Gänßler*, BaFin-Journal Oktober 2016, S. 22 ff. und *Zander*, DB 2016, 331 ff.
41 S. auch *Baum* in Weitnauer/Boxberger/Anders, § 221 KAGB Rz. 26. Näher zu § 20 Abs. 9 KAGB in der zugehörigen Kommentierung.
42 S. dazu bereits BaFin, Schreiben vom 23.3.2012 an den BVI, Gz. WA 41-Wp 2136-2011/0090; zur Zulässigkeit unter dem KAGB auch Begr. RegE AIFM-UmsG, BT-Drucks. 7/12294, S. 265 f. (zu § 222); ferner *Baum* in Weitnauer/Boxberger/Anders, § 221 KAGB Rz. 26; *Krause* in Beckmann/Scholtz/Vollmer, § 221 KAGB Rz. 31.
43 S. Begr. RegE OGAW-V-UmsG, BT-Drucks. 18/6744, S. 46; ferner etwa *Baum* in Weitnauer/Boxberger/Anders, § 221 KAGB Rz. 26.
44 S. dazu bereits in Rz. 3 sowie § 220 Rz. 3.

weiter halten dürfen.[45] Zu diesen weiterhin gehaltenen „Altbeständen" hat die AIF-KVG dann auch Regelungen in den Anlagebedingungen zu treffen sowie die nötigen Angaben im Verkaufsprospekt und in den wesentlichen Anlegerinformationen zu machen.[46]

IV. Anwendbare Regelungen bei Anlage in Sonstige und Gemischte Investmentvermögen (§ 221 Abs. 2 KAGB)

§ 221 Abs. 2 KAGB erklärt in Satz 1 bestimmte Vorschriften des Reglements für Dach-Hedgefonds in §§ 225 ff. KAGB für anwendbar, falls es der AIF-KVG nach den Anlagebedingungen gestattet ist, in Anteile oder Aktien an Sonstigen Investmentvermögen zu investieren (1.). Der neue Satz 2 regelt demgegenüber die Anlage in Anteile oder Aktien an Gemischten Investmentvermögen und verweist insofern auf die Kaskadenbeschränkungen in § 219 Abs. 2 und 3 KAGB (2.). 22

1. Anwendbare Regelungen bei Anlage in Sonstige Investmentvermögen (§ 221 Abs. 2 Satz 1 KAGB)

Erlauben die Anlagebedingungen des Sonstigen Investmentvermögens den Erwerb von Anteilen an anderen Sonstigen Investmentvermögen, dann sind gem. § 221 Abs. 2 Satz 1 KAGB zusätzliche Vorgaben zu beachten, die aus dem Reglement für Dach-Hedgefonds stammen. Die Inbezugnahme dieser Regelungen wurde seinerzeit vor dem Hintergrund eingeführt, dass Sonstige Investmentvermögen auch in Hedgefonds investieren durften. Die Anlage in Hedgefonds ist für Rechnung Sonstiger Investmentvermögen unter Geltung des KAGB allerdings nicht mehr zulässig.[47] Die in Bezug genommenen Vorschriften sind daher nur insoweit anzuwenden, als sie nicht den Erwerb von Anteilen an Hedgefonds tatsächlich voraussetzen.[48] 23

Im Einzelnen erklärt § 221 Abs. 2 Satz 1 KAGB die Regelungen in § 225 Abs. 3 sowie Abs. 4 Satz 2 und 3, § 228 Abs. 1 und § 229 Abs. 2 KAGB für entsprechend anwendbar. 24

a) Verwahrung der Vermögensgegenstände (§ 221 Abs. 2 Satz 1 i.V.m. § 225 Abs. 3 KAGB)

Gemäß § 221 Abs. 2 Satz 1 i.V.m. § 225 Abs. 3 KAGB dürfen Anteile an „ausländischen Zielfonds", im hiesigen Kontext also ausländische AIF, die Sonstigen Investmentvermögen nach Maßgabe der §§ 220 ff. KAGB vergleichbar sind,[49] nur erworben werden, wenn deren Vermögensgegenstände von einer Verwahrstelle oder einem Primebroker, der die Voraussetzungen des § 85 Abs. 4 Nr. 2 KAGB erfüllt, verwahrt werden.[50] Fordert man für die Vergleichbarkeit des ausländischen AIF mit einem Sonstigen Investmentvermögen ohnehin die Einhaltung der Vorgabe in § 317 Abs. 1 Nr. 5 KAGB,[51] so hat der Verweis auf § 225 Abs. 3 KAGB lediglich klarstellende Funktion.[52] 25

b) Erwerbsbeschränkungen (§ 221 Abs. 2 Satz 1 i.V.m. § 225 Abs. 4 Satz 2 und 3 KAGB)

Nach § 221 Abs. 2 Satz 1 i.V.m. § 225 Abs. 4 Satz 2 KAGB dürfen Sonstige Investmentvermögen nicht in mehr als zwei Sonstige Investmentvermögen (oder vergleichbare EU- oder ausländische AIF) vom gleichen Emittenten oder Fondsmanager anlegen. Überdies gilt gem. § 225 Abs. 4 Satz 2 KAGB ein absolutes Kaskadenverbot. Über § 221 Abs. 2 Satz 1 i.V.m. § 225 Abs. 4 Satz 3 KAGB ist es Sonstigen Investmentvermögen zudem verboten in ausländische Zielfonds aus Staaten zu investieren, die bei der Bekämpfung der Geldwäsche nicht im Sinne internationaler Vereinbarungen kooperieren. 26

c) Zusätzliche Angaben im Verkaufsprospekt (§ 221 Abs. 2 Satz 1 i.V.m. § 228 Abs. 1 KAGB)

Sofern es der AIF-KVG nach den Anlagebedingungen gestattet ist, Anteile an einem Sonstigen Investmentvermögen oder einem vergleichbaren EU- oder ausländischen AIF für Rechnung eines Gemischten Invest- 27

---

45 S. dazu bereits § 220 Rz. 4 sowie ausführlich die Kommentierung zu § 349.

46 BaFin, Häufige Fragen zu den Übergangsvorschriften nach den §§ 343 ff. des KAGB, Gz. WA 41-Wp 2137-2013/0343, Stand: 18.6.2013, sub. II.7; zust. *Barac* in Baur/Tappen, § 221 KAGB Rz. 29: aus Anlegerschutzgründen geboten; offener *Alexander-Huhle* in Moritz/Klebeck/Jesch, § 221 KAGB Rz. 22.

47 S. dazu in Rz. 3.

48 S. zur parallelen Problematik bei § 219 Abs. 4 KAGB die Kommentierung zu § 219 Rz. 18 m.w.N.

49 S. zu den Kriterien der Vergleichbarkeit näher in Rz. 13.

50 S. hier nur *Baum* in Weitnauer/Boxberger/Anders, § 221 KAGB Rz. 14 ff.; ausführlich *Alexander-Huhle* in Moritz/Klebeck/Jesch, § 221 KAGB Rz. 24 ff.; näher hierzu die Kommentierung zu § 225 KAGB.

51 S. dazu in Rz. 13.

52 In diesem Sinne auch *Baum* in Weitnauer/Boxberger/Anders, § 221 KAGB Rz. 15 f.

mentvermögens zu erwerben, hat der **Verkaufsprospekt** zudem die **zusätzlichen Angaben** des § 228 Abs. 1 KAGB zu enthalten. Allerdings gilt dieser Verweis nicht für diejenigen Angaben, die sich speziell auf die Anlage in Hedgefonds beziehen, und daher für die Investition in Sonstige Investmentvermögen keine Bedeutung haben (vgl. § 228 Abs. 1 Nr. 2 und Nr. 4 KAGB).[53]

d) Zusätzliche Angaben in den Anlagebedingungen (§ 221 Abs. 2 Satz 1 i.V.m. § 229 Abs. 2 KAGB)

28 Erlauben die **Anlagebedingungen** den Erwerb von Anteilen an Sonstigen Investmentvermögen und vergleichbaren EU- oder ausländischen AIF, haben sie gem. § 221 Abs. 2 Satz 1 KAGB zudem die **zusätzlichen**, in § 229 Abs. 2 KAGB aufgeführten **Angaben** zu enthalten. Auch hier ist dem Umstand Rechnung zu tragen, dass Sonstige Investmentvermögen weder direkt noch indirekt in Hedgefonds investieren dürfen. Der Verweis auf § 229 Abs. 2 Nr. 2 KAGB und Teile von § 229 Abs. 2 Nr. 3 KAGB ist daher obsolet.[54]

2. Kaskadenverbot bei Anlage in Gemischte Investmentvermögen (§ 221 Abs. 2 Satz 2 KAGB)

29 Ist es der AIF-KVG nach den Anlagebedingungen gestattet für Rechnung des Sonstigen Investmentvermögens Anteile oder Aktien an Gemischten Investmentvermögen oder entsprechenden EU- oder ausländischen AIF[55] zu erwerben, so gilt das Kaskadenverbot des § 219 Abs. 2 KAGB und die Ausnahmeregelung des § 219 Abs. 3 KAGB entsprechend. Die Regelung ist durch das 2. FiMaNoG v. 23.6.2017[56] eingeführt worden. Sie hat nach Ansicht des Gesetzgebers nur klarstellende Bedeutung, da die Regelungen in § 219 Abs. 2 und 3 KAGB bereits über die Inbezugnahme des § 218 KAGB in § 221 Abs. 1 Nr. 2 KAGB Anwendung findet, der seinerseits auf § 219 KAGB verweist.[57] Die BaFin war hingegen vor dieser „Klarstellung" davon ausgegangen, dass das Kaskadenverbot des § 196 Abs. 1 Satz 2 KAGB analog anzuwenden sei,[58] während man im Schrifttum teils davon ausging, dass insofern gar keine Kaskadenbeschränkungen gelten würden.[59] Für Einzelheiten zum Inhalt der Regelungen s. die Kommentierung zu § 219 Abs. 2 und 3.[60]

V. Anlagegrenzen (§ 221 Abs. 3-5 KAGB)

30 § 221 Abs. 3 bis 5 KAGB legen Anlagegrenzen für den Erwerb bestimmter Vermögensgegenstände fest, die am Wert des Sonstigen Investmentvermögens ausgerichtet sind. Im Einzelnen gilt:

1. 30-Prozent-Grenze für Anteile an Sonstigen Investmentvermögen (§ 221 Abs. 3 KAGB)

31 Nach § 221 Abs. 3 KAGB dürfen Anteile und Aktien an anderen Sonstigen Investmentvermögen oder entsprechenden EU- oder ausländischen AIF nur bis zu einer Grenze von 30 Prozent des Wertes des Sonstigen Investmentvermögens angelegt werden.[61]

2. 20-Prozent-Grenze für Vermögensgegenstände i.S.d. § 198 KAGB (§ 221 Abs. 4 KAGB)

32 Für die Investition in Sonstige Anlageinstrumente i.S.d. § 198 KAGB würde über den Verweis in § 220 KAGB und § 221 Abs. 1 Nr. 1 KAGB grundsätzlich auch die in § 198 KAGB statuierte Anlagegrenze von 10 Prozent des Wertes des Investmentvermögens gelten. § 221 Abs. 4 KAGB behält diese Grenze für Sonstige Investmentvermögen aus Gründen der Liquiditätssteuerung zwar grundsätzlich bei, erhöht sie indes

53 *Baum* in Weitnauer/Boxberger/Anders, § 221 KAGB Rz. 20 f.; s. ferner *Alexander-Huhle* in Moritz/Klebeck/Jesch§ 221 KAGB Rz. 28. Der BVI hält Mustertexte für die Verkaufsprospekte für Sonstige Sondervermögen vor, online abrufbar unter: https://www.bvi.de/regulierung/kapitalanlagegesetzbuch/muster/.

54 S. auch *Baum* in Weitnauer/Boxberger/Anders, § 221 KAGB Rz. 22; ohne derartige Einschränkung *Alexander-Huhle* in Moritz/Klebeck/Jesch, § 221 KAGB Rz. 29.

55 S. zu den maßgeblichen Vergleichbarkeitskriterien bereits Rz. 13 sowie die Kommentierung zu § 219 Rz. 12.

56 BGBl. I 2017, S. 1693.

57 S. Begr. RegE 2. FiMaNoG, BT-Drucks. 18/10936, S. 227.

58 BaFin, Schreiben an den BVI v. 13.1.2009, Bz. WA 41-Wp 2136-2008/0061, S. 4.

59 S. zur seinerzeitigen Diskussion nur *Alexander-Huhle* in Moritz/Klebeck/Jesch, § 221 KAGB Rz. 31; sowie ausführlich *Barac* in Baur/Tappen, § 221 KAGB Rz. 14 ff.

60 § 219 Rz. 14 ff.

61 Krit. *Barac* in Baur/Tappen, § 221 KAGB Rz. 31: Nach Streichung von Hedgefonds-Anteilen als zulässigerweise erwerbbare Vermögensgegenstände sei die mit Blick hierauf eingeführte Grenze nicht mehr sachgerecht.

auf 20 Prozent für Vermögensgegenstände nach § 198 Nr. 1 bis 3 KAGB.[62] Für Schuldscheindarlehen i.S.d. § 198 Nr. 4 KAGB gilt ausweislich des § 221 Abs. 5 KAGB die dort statuierte 30-Prozent-Grenze.[63]

3. 30-Prozent-Grenze für Edelmetalle, Derivate und unverbriefte Darlehensforderungen (§ 221 Abs. 5 KAGB)

Für Edelmetalle, Derivate und unverbriefte Darlehensforderungen besteht gem. § 221 Abs. 5 Satz 1 KAGB 33
eine gemeinsame Anlagegrenze von 30 Prozent bezogen auf den Wert des Sonstigen Investmentvermögens. Der Gesetzgeber hat im Zuge des OGAW-IV-Umsetzungsgesetzes klargestellt, dass dies auch für unverbriefte Darlehensforderungen i.S.d. § 198 Nr. 4 KAGB gilt. Auf diese war nämlich bis dahin zugleich die niedrigere 20-Prozent-Grenze des § 221 Abs. 4 KAGB anzuwenden, obwohl die in § 198 Nr. 4 KAGB benannten Schuldscheindarlehen vergleichsweise fungibel und unter Umständen auch mit einem eher niedrigen Ausfallrisiko behaftet sind.[64]

Zur Berechnung der Auslastung der 30-Prozent-Grenze ist für **Derivate** nicht auf den Marktwert des Deri- 34
vats abzustellen, sondern auf das Underlying-Exposure. Es ist mit anderen Worten eine delta-adjustierte Berechnung vorzunehmen.[65] Nach § 221 Abs. 5 Satz 2 KAGB sind aus der gemeinsamen Anlagegrenze von 30 Prozent jedoch solche Derivate vollständig herauszurechnen, die den Vorgaben des § 197 Abs. 1 KAGB entsprechen. Denn in Bezug auf solche Derivate besteht auch für OGAW keine am Gesamtvermögenswert Maß nehmende Anlagegrenze.[66] Insofern lässt es die BaFin auch zu, das Sonstige Investmentvermögen sein gesamtes Vermögen in ein einziges OTC-Derivat investiert, sofern nur (1) die Basiswerte dieses Derivats i.S.d. § 197 Abs. 1 Satz 1 KAGB risikodiversifiziert sind und (2) der Kontrahent Sicherheiten nach § 27 Abs. 7 DerivateV stellt.[67] Die Vorgabe des § 197 Abs. 2 KAGB ist jedoch über den Verweis in §§ 220, 221 Abs. 1 Nr. 1 KAGB zu beachten; der Einsatz von Derivaten darf insgesamt höchstens zur Verdoppelung des Marktrisikopotenzials führen.[68] Die Vorgabe ist also nicht auf Derivate i.S.d. § 197 Abs. 1 KAGB beschränkt.[69]

VI. Beschränkungen der Kreditaufnahme (§ 221 Abs. 6 KAGB)

§ 221 Abs. 6 KAGB regelt in Anlehnung an die für OGAW geltende Regelung in § 199 KAGB die Zulässig- 35
keit der Kreditaufnahme für Rechnung des Sonstigen Investmentvermögens und macht hierzu verschiedene Vorgaben.

1. Kurzfristigkeit der Kredite

So dürfen überhaupt nur kurzfristige Kredite aufgenommen werden. Das Gesetz konkretisiert den Begriff 36
der Kurzfristigkeit nicht. Aus der Gesetzesbegründung ergibt sich immerhin, dass das Merkmal der Kurzfristigkeit dazu dient, solche Kreditaufnahmen auszuschließen, die der Steigerung des Investitionsgrades dienen. Soweit die Kreditaufnahme erlaubt wird, geht es dem Gesetzgeber vielmehr darum, die Überbrückung von Liquiditätsengpässen zu ermöglichen.[70] Die BaFin hatte seinerzeit zu § 53 InvG, dem Vorgänger

---

62 Zur fortwährenden Maßgeblichkeit des Gedankens der Liquiditätssteuerung s. *Alexander-Huhle* in Moritz/Klebeck/Jesch, § 221 KAGB Rz. 32 unter Verweis auf Begr. RegE InvÄndG, BT-Drucks. 16/5576, S. 81 zu § 90h Abs. 4 InvG; ferner ausführlich *Barac* in Baur/Tappen, § 221 KAGB Rz. 32 f.

63 S. dazu noch sogleich in Rz. 33.

64 Begr. RegE OGAW-IV-UmsG, BT-Drucks. 17/4510, S. 78; zust. *Barac* in Baur/Tappen, § 221 KAGB Rz. 34; *Baum* in Weitnauer/Boxberger/Anders, § 221 KAGB Rz. 33.

65 BaFin, Fragenkatalog zu erwerbbaren Vermögensgegenständen (Eligible Assets), Gz. WA 41-Wp 2137-2013/0001, Stand: 5.7.2016, Teil 3 Nr. 2; s. dazu *Barac* in Baur/Tappen, § 221 KAGB Rz. 11.

66 S. Begr. RegE InvÄndG, BT-Drucks. 16/5576, S. 81 zu § 90h Abs. 5 InvG; s. ferner *Alexander-Huhle* in Moritz/Klebeck/Jesch, § 221 KAGB Rz. 33; *Barac* in Baur/Tappen, § 221 KAGB Rz. 35.

67 BaFin, Fragenkatalog zu erwerbbaren Vermögensgegenständen (Eligible Assets), Gz. WA 41-Wp 2137-2013/0001, Stand: 5.7.2016, Teil 3 Nr. 3.

68 S. dazu auch BaFin, Fragenkatalog zu erwerbbaren Vermögensgegenständen (Eligible Assets), Gz. WA 41-Wp 2137-2013/0001, Stand: 5.7.2016, Teil 3 Nr. 2.

69 Scheinbar anders *Baum* in Weitnauer/Boxberger/Anders, § 221 KAGB Rz. 28: entsprechende Anwendung des § 197 Abs. 2 KAGB auf Derivate „i.S.d. § 197 Abs. 1" KAGB. Insofern liegt also keine vollständige Rechtsgrundverweisung auf § 197 Abs. 2 KAGB vor; s. allgemein zur Frage der Rechtsfolgen- oder -grundverweisung § 220 Rz. 9.

70 S. Begr. RegE InvÄndG, BT-Drucks. 16/5576, S. 81 zu § 90h Abs. 6 InvG; mit Blick auf § 53 InvG scheinbar weitherziger BaFin, Fragenkatalog zu § 53 InvG, Gz. WA 41-Wp 2136-2008/0053, 1.12.2009, Frage 5. S. zur abweichenden Auslegung des § 284 Abs. 4 KAGB in § 284 Rz. 31.

zu § 199 KAGB, vertreten, dass bei Laufzeiten oder Kündigungsfristen von mehr als einem Jahr keine Kurzfristigkeit mehr anzunehmen sei.[71]

2. Zulassung in den Anlagebedingungen

37 Eine Kreditaufnahme für Rechnung des Sonstigen Investmentvermögens ist zudem nur zulässig, wenn die Anlagebedingungen die Möglichkeit der Kreditaufnahme vorsehen.

3. Marktüblichkeit der Kreditbedingungen

38 Eine Kreditaufnahme ist überdies nur erlaubt, wenn sie zu marktüblichen Bedingungen erfolgt. Diese Vorgabe dient dem Schutz vor Missbrauch.[72] Marktüblichkeit kann mithilfe vergleichbarer Kreditangebote oder anhand von Referenzzinssätzen für die jeweils relevante Laufzeit dokumentiert werden.[73]

4. 20-Prozent-Grenze

39 Schließlich sieht § 221 Abs. 6 KAGB eine quantitative Kreditgrenze von 20 % des Wertes des Sonstigen Investmentvermögens vor. Die Grenze ist damit doppelt so hoch wie für OGAW (10 %, s. § 199 KAGB).

5. Zustimmung durch die Verwahrstelle

40 Die Einhaltung der vorstehenden Anforderungen an die Kreditaufnahme wird durch die Verwahrstelle kontrolliert. Sie muss der Aufnahme von Krediten gem. § 84 Abs. 1 Nr. 1 KAGB zustimmen.[74]

VII. Erweiterte Zulässigkeit von Wertpapierdarlehen und Pensionsgeschäften (§ 221 Abs. 7 KAGB)

1. Allgemeines

41 Mit der Neuregelung des Investmentrechts im KAGB sind die vormaligen OGAW-Regelungen zur Vergabe von Wertpapier-Darlehen in § 54 InvG und zum Abschluss von Pensionsgeschäften in § 57 InvG verschärft worden, um das Liquiditätsrisiko für OGAW weiter einzuschränken (vgl. §§ 200, 203 KAGB).[75] Zugleich wurde die neue Regelung des § 221 Abs. 7 KAGB eingeführt, um Sonstige Investmentvermögen von dieser Regelungsverschärfung auszunehmen.[76]

2. Erleichterungen für die Ausreichung von Wertpapier-Darlehen

42 Abweichend von § 200 Abs. 1 Satz 3 KAGB muss ein ausgereichtes Wertpapier-Darlehen nicht jederzeit kündbar sein. Die Wertpapiere dürfen vielmehr auf bestimmte Zeit übertragen werden (§ 221 Abs. 7 Satz 1 KAGB). Dies ist allerdings nur unter der Voraussetzung zulässig, dass die Rückerstattung des Wertpapier-Darlehens spätestens 30 Tage nach der Übertragung der Wertpapiere fällig ist (§ 221 Abs. 7 Satz 2 KAGB). Im Vergleich zu § 200 Abs. 1 Satz 2 KAGB wird die Obergrenze an einen einzelnen Darlehensnehmer[77] zulässigerweise übertragbaren Wertpapieren auf einen Kurswert von 10 Prozent auf 15 Prozent des Wertes des Sonstigen Investmentvermögens erhöht.[78]

---

71 BaFin, Fragenkatalog zu § 53 InvG, Gz. WA 41-Wp 2136-2008/0053, 1.12.2009, Frage 8; s. auch BaFin, Rundschreiben 08/2015 (WA), Gz. WA 41-Wp 2137-2013/0068, 7.10.2015, 6.2.1.1.; zust. etwa *Alexander-Huhle* in Moritz/Klebeck/Jesch, § 221 KAGB Rz. 35; *Bahr* in Weitnauer/Boxberger/Anders, § 199 KAGB Rz. 11.

72 Begr. RegE InvÄndG, BT-Drucks. 16/5576, S. 81 zu § 90h Abs. 6 InvG.

73 BaFin, Rundschreiben 08/2015 (WA), Gz. WA 41-Wp 2137-2013/0068, 7.10.2015, 6.2.1.1.; zust. *Alexander-Huhle* in Moritz/Klebeck/Jesch, § 221 KAGB Rz. 35; *Bahr* in Weitnauer/Boxberger/Anders, § 199 KAGB Rz. 12.

74 Begr. RegE InvÄndG, BT-Drucks. 16/5576, S. 81 zu § 90h Abs. 6 InvG; s. dazu ferner BaFin, Rundschreiben 08/2015 (WA), Gz. WA 41-Wp 2137-2013/0068, 7.10.2015, 6.2.1.1.

75 S. dazu Begr. RegE AIFM-UmsG, BT-Drucks. 17/12294, S. 262.

76 Begr. RegE AIFM-UmsG, BT-Drucks. 17/12294, S. 265. Ausführlich zum Ganzen *Barac* in Baur/Tappen, § 221 KAGB Rz. 37 ff.

77 Dies ergibt sich aus einer Zusammenschau mit § 200 Abs. 1 Satz 2 KAGB. Der Wortlaut des § 221 Abs. 7 Satz 3 KAGB macht dies nicht hinreichend klar. S. dazu auch *Baum* in Weitnauer/Boxberger/Anders, § 221 KAGB Rz. 37: Redaktionsversehen.

78 S. auch *Baum* in Weitnauer/Boxberger/Anders, § 221 KAGB Rz. 36.

3. Erleichterungen für den Abschluss von Pensionsgeschäften

§ 221 Abs. 7 Satz 2 KAGB bestimmt schließlich für den Abschluss von Pensionsgeschäften, dass diese abweichend von § 203 Satz 4 KAGB nicht jederzeit kündbar sein müssen. Die sonstigen Vorgaben des § 203 KAGB bleiben über § 220 KAGB jedoch anwendbar.[79] 43

VIII. Ordnungswidrigkeiten

Verstöße gegen § 221 KAGB sind in vielfacher Hinsicht bußgeldbewehrt. So handelt ordnungswidrig, wer zumindest fahrlässig entgegen § 221 Abs. 1 KAGB einen Vermögensgegenstand erwirbt (§ 340 Abs. 2 Nr. 49 lit. a KAGB), entgegen § 221 Abs. 2 i.V.m. § 225 Abs. 4 Satz 2 und 3 KAGB in einen dort genannten Zielfonds anlegt (§ 340 Abs. 2 Nr. 67 KAGB), entgegen § 221 Abs. 3 oder 4 KAGB mehr als einen dort genannten Prozentsatz des Wertes in einen dort genannten Vermögensgegenstand anlegt (§ 340 Abs. 2 Nr. 54 KAGB), der in § 221 Abs. 5 Satz 1 KAGB genannten Sicherstellungspflicht zuwiderhandelt (§ 340 Abs. 2 Nr. 61 KAGB) oder vorsätzlich entgegen § 221 Abs. 6 KAGB einen Kredit aufnimmt (§ 340 Abs. 1 Nr. 3 KAGB). 44

§ 222 Mikrofinanzinstitute

(1) [1]Abweichend von § 221 Absatz 5 Satz 1 darf die AIF-Kapitalverwaltungsgesellschaft bis zu 95 Prozent des Wertes des Sonstigen Investmentvermögens in unverbriefte Darlehensforderungen von regulierten Mikrofinanzinstituten und in unverbriefte Darlehensforderungen gegen regulierte Mikrofinanzinstitute anlegen; ein Erwerb von unverbrieften Darlehensforderungen gegen regulierte Mikrofinanzinstitute ist jedoch nur zulässig, wenn der Erwerb der Refinanzierung des Mikrofinanzinstituts dient. [2]Regulierte Mikrofinanzinstitute im Sinne des Satzes 1 sind Unternehmen,

1. **die als Kredit- oder Finanzinstitut von der in ihrem Sitzstaat für die Beaufsichtigung von Kreditinstituten zuständigen Behörde zugelassen sind und nach international anerkannten Grundsätzen beaufsichtigt werden,**
2. **deren Haupttätigkeit die Vergabe von Gelddarlehen an Klein- und Kleinstunternehmer für deren unternehmerische Zwecke ist und**
3. **bei denen 60 Prozent der Darlehensvergaben an einen einzelnen Darlehensnehmer den Betrag von insgesamt 10.000 Euro nicht überschreitet.**

[3]Abweichend von § 221 Absatz 5 Satz 1 darf die AIF-Kapitalverwaltungsgesellschaft auch bis zu 75 Prozent des Wertes des Sonstigen Investmentvermögens in unverbriefte Darlehensforderungen von unregulierten Mikrofinanzinstituten und in unverbriefte Darlehensforderungen gegen unregulierte Mikrofinanzinstitute anlegen, deren Geschäftstätigkeit jeweils die in Satz 2 Nummer 2 und 3 genannten Kriterien erfüllt und

1. **die seit mindestens drei Jahren neben der allgemeinen fachlichen Eignung über ein ausreichendes Erfahrungswissen für die Tätigkeit im Mikrofinanzsektor verfügen,**
2. **die ein nachhaltiges Geschäftsmodell vorweisen können und**
3. **deren ordnungsgemäße Geschäftsorganisation sowie deren Risikomanagement von einem im Staat des Mikrofinanzinstituts niedergelassenen Wirtschaftsprüfer geprüft sowie von der AIF-Kapitalverwaltungsgesellschaft regelmäßig kontrolliert werden.**

[4]Die AIF-Kapitalverwaltungsgesellschaft darf Vermögensgegenstände desselben Mikrofinanzinstituts jedoch nur in Höhe von bis zu 10 Prozent und von mehreren Mikrofinanzinstituten desselben Staates nur in Höhe von bis zu 15 Prozent des Wertes des Sonstigen Investmentvermögens erwerben.

(2) [1]Macht eine AIF-Kapitalverwaltungsgesellschaft von den Anlagemöglichkeiten nach Absatz 1 Gebrauch, darf sie für Rechnung des Sonstigen Investmentvermögens auch Wertpapiere erwerben, die von Mikrofinanzinstituten im Sinne des Absatzes 1 Satz 2 begeben werden, ohne dass die Erwerbsbeschränkungen nach § 193 Absatz 1 Satz 1 Nummer 2 und 4 gelten. [2]Die AIF-Kapitalverwaltungsgesellschaft darf in Wertpapiere im Sinne des Satzes 1 nur bis zu 15 Prozent des Wertes des Sonstigen Investmentvermögens anlegen.

---

79 S. auch *Barac* in Baur/Tappen, § 221 KAGB Rz. 41.

(3) In den Fällen des Absatzes 1 müssen die Personen, die für die Anlageentscheidungen bei dem Sonstigen Investmentvermögen verantwortlich sind, neben der allgemeinen fachlichen Eignung für die Durchführung von Investmentgeschäften ausreichendes Erfahrungswissen in Bezug auf die in Absatz 1 genannten Anlagemöglichkeiten haben.

In der Fassung vom 4.7.2013 (BGBl. I 2013, S. 1981).

Materialien: BaFin, Liste der zugelassenen Börsen und der anderen organisierten Märkte gem. § 193 Abs. 1 Nr. 2 und 4 KAGB, WA 43-Wp 2100-2013/0003, Stand: 26.6.2017.

I. Inhalt und Entstehungsgeschichte

1 § 222 KAGB enthält Spezialregelungen für sog. Mikrofinanzfonds,[1] die als Variante des Sonstigen Investmentvermögens angelegt sind. Über das gesetzliche Angebot dieser Fondstypvariante soll es Privatanlegern ermöglicht werden, sich an der Refinanzierung der von Mikrofinanzinstituten in Entwicklungs- und Schwellenländern vergebenen Darlehen zu beteiligen. Hierdurch können sie zum einen ihr Portfolio um eine nur eingeschränkt mit den klassischen Anlagegegenständen korrelierende Anlageform ergänzen. Zum anderen – so die gesetzgeberische Intention – können sie durch die Investition in Mikrofinanzfonds jenseits von Renditeerwartungen einen Beitrag zur Bekämpfung des wirtschaftlichen und sozialen Ungleichgewichts leisten.[2]

2 § 222 Abs. 1 KAGB beschreibt das prägende Spezifikum des Mikrofinanzfonds.[3] Für dessen Rechnung darf die AIF-KVG in Abweichung von der Anlagegrenze des § 221 Abs. 5 Satz 1 KAGB i.H.v. 30 Prozent bis zu 95 Prozent des Wertes des Sonstigen Investmentvermögens in unverbriefte Darlehensforderungen regulierter Mikrofinanzinstitute und in unverbriefte Darlehensforderungen gegen solche Institute anlegen (§ 222 Abs. 1 Satz 1 KAGB). Für unregulierte Mikrofinanzinstitute, die bestimmte Voraussetzungen erfüllen, gilt eine entsprechende Anlagegrenze i.H.v. 75 Prozent (§ 222 Abs. 1 Satz 3 KAGB). Wann ein reguliertes Mikrofinanzinstitut i.S.d. § 222 Abs. 1 Satz 1 KAGB vorliegt, definiert § 222 Abs. 1 Satz 2 KAGB. § 222 Abs. 1 Satz 4 KAGB ergänzt diese allgemeine Anlagegrenze um weitere Beschränkungen zur Verhinderung von Klumpenrisiken. Im Hinblick auf Wertpapiere, die von einem regulierten Mikrofinanzinstitut ausgegeben werden, befreit § 222 Abs. 2 KAGB die Verwaltung des Mikrofinanzfonds von den Erwerbsbeschränkungen in § 193 Abs. 1 Satz 1 Nr. 2 bis 4 KAGB, schreibt aber eine quantitative Anlagegrenze für solche Papiere von 15 Prozent des Fondswerts fest. § 222 Abs. 3 KAGB verlangt schließlich von den Managern eines Mikrofinanzfonds hinreichendes Erfahrungswissen auf dem Gebiet der Mikrofinanz.

3 Die Regelung zu Mikrofinanzfonds wurde auf Anregung des Finanzausschusses zusammen mit dem Grundtypus des Sonstigen Sondervermögens durch das InvÄndG v. 21.12.2007 in § 90h Abs. 7 bis 9 InvG eingeführt.[4] Allerdings erwiesen sich die ursprünglichen Anforderungen als zu restriktiv, weshalb Mikrofinanzfonds in Deutschland in der Praxis bedeutungslos blieben. Das OGAW-IV-UmsG v. 22.6.2011[5] hat

1 So die Bezeichnung in Beschlussempfehlung und Bericht des FinA zum RegE InvÄndG, BT-Drucks. 16/6874, S. 117 bei Einführung der Vorgängerregelung zu § 222 KAGB.
2 Beschlussempfehlung und Bericht des FinA zum RegE InvÄndG, BT-Drucks. 16/6874, S. 177.
3 Vgl. auch *Baum* in Weitnauer/Boxberger/Anders, § 222 KAGB Rz. 7.
4 BGBl. I 2007, S. 2089.
5 BGBl. I 2011, S. 1126.

daher die Anlagevorgaben gelockert, insbesondere die Anlagegrenzen herauf- und die Anforderungen an die Mikrofinanzinstitute herabgesetzt. Im Zuge dessen wurde auch die Unterscheidung zwischen regulierten und unregulierten Mikrofinanzinstituten eingeführt.[6]

4 Das AIFM-UmsG v. 4.7.2013[7] hat die Regelungen des § 90h Abs. 7 bis 9 InvG mit redaktionellen Anpassungen im neuen § 222 KAGB übernommen.[8] Zugleich hat der Gesetzgeber klargestellt, dass auch Forderungen gegen Mikrofinanzinstitute erworben werden dürfen, wenn der Erwerb der Refinanzierung des Mikrofinanzinstituts dient.[9] Eine originäre Vergabe von Darlehen an das Mikrofinanzinstitut bleibt aber entgegen entsprechenden Wünschen aus der Praxis und ausweislich des § 20 Abs. 9 Satz 1 KAGB unzulässig. Die für einen Mikrofinanzfonds tätige AIF-KVG bleibt damit auf die Zwischenschaltung eines Kreditinstituts (sog. Fronting) angewiesen,[10] was zu Recht als unnötiger Kostentreiber kritisiert wird.[11]

5 Trotz der gesetzlichen Liberalisierung ist die **praktische Bedeutung** von Mikrofinanzfonds auch unter dem KAGB bislang **gering** geblieben.[12] Dies wird vor allem auf den hohen Aufwand der KVG bei der Prüfung geeigneter Mikrofinanzinstitute[13] zurückgeführt, der sich in vergleichsweise hohen Gebühren niederschlägt.[14]

II. Regulierte und unregulierte Mikrofinanzinstitute (§ 222 Abs. 1 Satz 2 und 3 KAGB)

6 Zentralbegriff der Regelung in § 222 KAGB ist das Mikrofinanzinstitut. Das Gesetz unterscheidet dabei zwischen regulierten (1.) und unregulierten Mikrofinanzinstituten (2.). Die hierfür aufgestellten Anforderungen sollen im Interesse des Anlegerschutzes gewisse Qualitätsstandards sichern.[15]

1. Regulierte Mikrofinanzinstitute (§ 222 Abs. 1 Satz 2 KAGB)

7 Regulierte Mikrofinanzinstitute sind Unternehmen, welche die in § 222 Abs. 1 Satz 2 Nr. 1 bis 3 KAGB aufgeführten Vorgaben erfüllen. Insbesondere die Vorgabe in § 222 Abs. 1 Satz 2 Nr. 1 KAGB sollte ursprünglich Nichtregierungsorganisationen ohne Bankstatus ausschließen.[16] Mikrofinanzfonds können in Forderungen von solchen und gegen solche Organisationen aber nunmehr investieren, wenn sie die Vorgaben für unregulierte Mikrofinanzinstitute nach § 222 Abs. 1 Satz 3 KAGB erfüllen.[17]

a) Zulassung als Kredit- oder Finanzinstitut und Beaufsichtigung (§ 222 Abs. 1 Satz 2 Nr. 1 KAGB)

8 Ein Mikrofinanzinstitut muss gem. § 222 Abs. 1 Satz 2 Nr. 1 KAGB zunächst in seinem Sitzstaat von der zuständigen Bankaufsicht zugelassen worden sein und **nach international anerkannten Grundsätzen beaufsichtigt** werden. Als Beispiel solcher Grundsätze nennen die Materialien des InvÄndG die „Core Principles for effective banking supervision" des Basel Committee on Banking Supervision.[18] Im August 2010 hat das Basel Committee spezielle Leitlinien der Aufsicht für den Bereich der Mikrofinanzierung unter dem Ti-

---

6 S. zur Motivlage des Gesetzgeber Begr. RegE OGAW-IV-UmsG, BT-Drucks. 17/4510, S. 54 f., sowie zu den Details der Änderung ebenda, S. 78 f.

7 Gesetz zur Umsetzung der RL 2011/61/EU über die Verwalter alternativer Investmentfonds v. 4.7.2013, BGBl. I 2013, S. 1981.

8 Für eine tabellarische Gegenüberstellung *Barac* in Baur/Tappen, § 222 KAGB Rz. 1.

9 Begr. RegE AIFM-UmsG, BT-Drucks. 17/12294, S. 265 f.; zur entsprechenden Praxis unter dem InvG s. *Knöfler/Ghedina* in Emde/Dornseifer/Dreibus/Hölscher, § 90h InvG Rz. 38.

10 S. hierzu bereits die ausführlicher Darstellung in § 221 Rz. 19 m.w.N.

11 S. die ausführliche Kritik bei *Baum* in Weitnauer/Boxberger/Anders, § 222 KAGB Rz. 3 ff.

12 Die Fonds-Datenbank der BaFin (Stand: 9.3.2018) führt soweit ersichtlich nur einen von insgesamt 446 inländischen Publikums-AIF (davon insgesamt 69 Sonstige Investmentvermögen) auf („IIV Mikrofinanzfonds"). Vgl. auch die entsprechende Prognose für die Zukunft bei *Barac* in Baur/Tappen, § 222 KAGB Rz. 10.

13 S. dazu noch näher in Rz. 11 und 13.

14 So *Alexander-Huhle* in Moritz/Klebeck/Jesch, § 222 KAGB Rz. 15.

15 Beschlussempfehlung und Bericht des FinA InvÄndG, BT-Drucks. 16/6874, S. 118.

16 Beschlussempfehlung und Bericht des FinA InvÄndG, BT-Drucks. 16/6874, S. 118.

17 S. Begr. RegE OGAW-IV-UmsG, BT-Drucks. 17/4510, S. 79; s. zu unregulierten Mikrofinanzinstituten noch in Rz. 12 f.

18 S. Beschlussempfehlung und Bericht des FinA InvÄndG, BT-Drucks. 16/6874, S. 118, wo auf die im Oktober 2006 verabschiedeten Principles verwiesen wird. Die aktuelle Version stammt von September 2012, online abrufbar unter: https://www.bis.org/publ/bcbs230.htm.

tel „Microfinance activities and the Core Principals for Effective Banking Supervision“ verabschiedet,[19] die selbstredend ebenfalls den Anforderungen des § 222 Abs. 1 Satz 2 Nr. 1 KAGB genügen.[20]

b) Vergabe von Gelddarlehen an Klein- und Kleinstunternehmer (§ 222 Abs. 1 Satz 2 Nr. 2 KAGB)

9 Gemäß § 222 Abs. 1 Satz 2 Nr. 2 KAGB muss die Haupttätigkeit eines regulierten Mikrofinanzinstituts zudem in der Vergabe von Gelddarlehen an Klein- und Kleinstunternehmer **für deren unternehmerische Zwecke** liegen. Diese gesetzliche Anforderung zielt insbesondere darauf, solche Institute auszuschließen, die hauptsächlich Konsumentenkredite vergeben.[21]

c) 60 Prozent der Darlehensvergaben ≤ 10.000 € (§ 222 Abs. 1 Satz 2 Nr. 3 KAGB)

10 Schließlich dürfen die von dem regulierten Mikrofinanzinstitut an einen einzelnen Darlehensnehmer vergebenen Gelddarlehen in mindestens 60 Prozent der Fälle den Betrag von insgesamt 10.000 € nicht überschreiten (§ 222 Abs. 1 Satz 2 Nr. 3 KAGB). Diese Vorgabe soll sicherstellen, dass das Institut tatsächlich in der Hauptsache Mikrofinanzierungen durchführt.[22]

d) Umfang der Prüfpflichten der AIF-KVG

11 Es stellt sich die Frage, wie intensiv die AIF-KVG das tatsächliche Vorliegen der in § 222 Abs. 1 Satz 2 Nr. 1 bis 3 KAGB statuierten Anforderungen zu prüfen hat, bevor sie Darlehensforderungen von dem und gegen das konkrete Institut erwirbt. Dabei ist zu berücksichtigen, dass allzu intensive Prüfvorgaben schnell prohibitiv hohe Kosten verursachen können. In Bezug auf die tatsächliche Einhaltung international anerkannter Grundsätze der Aufsicht durch die zuständigen Behörden des Sitzstaates (§ 222 Abs. 1 Satz 2 Nr. 1 KAGB) wird sich die AIF-KVG daher auf die Selbstauskunft der Aufsicht oder die Angaben von im Sitzstaat ansässigen oder tätigen Beratern regelmäßig verlassen dürfen, muss also ohne konkrete Anhaltspunkte keine darüber hinausgehende eigene Prüfung vornehmen. Ebenso darf sich die AIF-KVG hinsichtlich der Anforderungen nach § 222 Abs. 1 Satz 2 Nr. 2 und 3 KAGB grundsätzlich mit den Auskünften des betreffenden Instituts zufrieden geben.[23]

2. Unregulierte Mikrofinanzinstitute (§ 222 Abs. 1 Satz 3 KAGB)

12 Durch die Einführung des unregulierten Mikrofinanzinstituts im Zuge des OGAW-IV-Umsetzungsgesetzes[24] soll Mikrofinanzfonds die Anlage auch in solche unregulierte Institute ermöglicht werden, die im Bereich der Mikrofinanzierung tätig sind und einen Bedarf nach Fremdfinanzierung haben.[25] **Unreguliert** sind Institute, die nicht den Anforderungen des § 222 Abs. 1 Satz 2 Nr. 1 KAGB hinsichtlich Zulassung und Aufsicht genügen. Dessen ungeachtet müssen sie aber gleichwohl die weiteren Voraussetzungen in § 222 Abs. 1 Satz 2 Nr. 2 und 3 KAGB erfüllen (§ 222 Abs. 1 Satz 3 KAGB a.E.).[26]

13 An die Stelle des Verzichts auf die Vorgaben des § 222 Abs. 1 Satz 2 Nr. 1 KAGB rücken **drei zusätzliche Voraussetzungen**, unter denen der Mikrofinanzfonds Forderungen von dem unregulierten bzw. gegen das unregulierte Institut erwerben darf: Das Institut muss erstens seit mindestens drei Jahren neben der allgemeinen fachlichen Eignung ausreichendes Erfahrungswissen auf dem Gebiet der Mikrofinanzierung aufweisen (§ 222 Abs. 1 Satz 3 Nr. 1 KAGB). Es muss zweitens ein nachhaltiges Geschäftsmodell vorweisen können (§ 222 Abs. 1 Satz 3 Nr. 2 KAGB). Schließlich muss die ordnungsgemäße Geschäftsorganisation und das Risikomanagement durch einen Wirtschaftsprüfer aus dem Sitzstaat geprüft und von der AIF-KVG regelmäßig kontrolliert werden (§ 222 Abs. 1 Satz 3 Nr. 3 KAGB). Die **entsprechenden Prüfpflichten der AIF-KVG** sind mit hohem Aufwand verbunden, der das Engagement des Fonds gerade bei kleineren Instituten mit entsprechend geringerem Forderungsvolumen unter Wirtschaftlichkeitsgesichtspunkten in Frage stellen kann.[27]

---

19 Online abrufbar unter: https://www.bis.org/publ/bcbs175.htm.

20 Vgl. *Alexander-Huhle* in Moritz/Klebeck/Jesch, § 222 KAGB Rz. 10; *Barac* in Baur/Tappen, § 222 KAGB Rz. 14; *Baum* in Weitnauer/Boxberger/Anders, § 222 KAGB Rz. 13.

21 Beschlussempfehlung und Bericht des FinA InvÄndG, BT-Drucks. 16/6874, S. 118.

22 Vgl. Beschlussempfehlung und Bericht des FinA InvÄndG, BT-Drucks. 16/6874, S. 118.

23 S. zu diesem Problemkreis *Baum* in Weitnauer/Boxberger/Anders, § 222 KAGB Rz. 14 und 16.

24 S. dazu bereits in Rz. 3.

25 Begr. RegE OGAW-IV-UmsG, BT-Drucks. 17/4510, S. 79.

26 S. zu diesen Vorgaben näher in Rz. 9 f.

27 Hierauf hinweisend *Baum* in Weitnauer/Boxberger/Anders, § 222 KAGB Rz. 18 f.; s. auch *Alexander-Huhle* in Moritz/Klebeck/Jesch, § 222 KAGB Rz. 15; s. auch speziell zur Durchsetzbarkeit der gesetzlichen Anforderungen durch die AIF-KVG *Barac* in Baur/Tappen, § 222 KAGB Rz. 18; ferner bereits in Rz. 5.

III. Anlagegrenzen in Abweichung von § 221 KAGB

1. Anlage von bis zu 95 Prozent des Fondswertes in qualifizierte Darlehensforderungen

Im Vergleich zum Grundtypus des Sonstigen Investmentvermögens besteht das prägende Charakteristikum des Mikrofinanzierungsfonds in der Möglichkeit, **in Abweichung von § 221 Abs. 5 Satz 1 KAGB** nahezu das gesamte Fondsvermögen, nämlich **bis zu 95 Prozent des Fondswerts**, in unverbriefte Darlehensforderungen von regulierten Mikrofinanzinstituten oder gegen diese anzulegen (§ 222 Abs. 1 Satz 1 Halbs. 1 KAGB). Im Falle unregulierter Mikrofinanzinstitute gilt immerhin noch eine Obergrenze von 75 Prozent des Fondswerts (§ 222 Abs. 1 Satz 3 KAGB). 14

Die gegenüber § 221 Abs. 5 Satz 1 KAGB (dort: 30 Prozent) deutlich angehobene Anlagegrenze betrifft nicht nur unverbriefte Darlehensforderungen von Mikrofinanzinstituten, bei denen diese also (ursprünglich) Forderungsinhaber sind. Sie gilt **auch für Darlehensforderungen gegen Mikrofinanzinstitute**, bei denen diese sich also in der Schuldnerrolle befinden. Der Gesetzgeber des AIFM-UmsG hat dies im Normtext des § 222 KAGB nunmehr ausdrücklich klargestellt (§ 222 Abs. 1 Satz 1 Halbs. 1 KAGB).[28] Freilich hat er diese Anlagemöglichkeit an die weitere Voraussetzung geknüpft, dass der Erwerb solcher Forderungen gegen das Mikrofinanzinstitut dessen **Refinanzierung dient.** Diese Einschränkung soll die gesetzgeberische Absicht verdeutlichen, Mikrofinanzinstitute zu fördern.[29] Entsprechend gilt die Vorgabe nicht nur für regulierte, sondern **auch für unregulierte Mikrofinanzinstitute**, auch wenn dies im Wortlaut des § 222 Abs. 1 Satz 3 KAGB nicht zum Ausdruck kommt.[30] 15

Die Regierungsbegründung zum AIFM-UmsG stellt klar, dass ein solcher **Refinanzierungszweck** dann gegeben ist, wenn eine Bank ein Darlehen nur mit Blick auf den anschließenden Erwerb der Darlehensforderung für Rechnung des Mikrofinanzfonds an das Mikrofinanzinstitut vergibt.[31] Mit dem Sinn und Zweck der Refinanzierung sei es hingegen in der Regel nicht vereinbar, wenn der Mikrofinanzfonds alte, bereits bestehende Darlehensforderungen gegen das Mikrofinanzinstitut übernimmt.[32] Anders kann es indes liegen, wenn die Gläubigerbank den Abverkauf solcher bestehenden Darlehensforderungen zur Voraussetzung für eine Vergabe „frischer" Kredite an das Mikrofinanzinstitut macht.[33] 16

2. Grenzen der Anlagekonzentration (§ 222 Abs. 1 Satz 4 KAGB)

Zur Sicherstellung einer angemessenen Risikostreuung[34] dürfen gem. § 222 Abs. 1 Satz 4 KAGB indes nur bis zu 10 Prozent des Fondswerts in Vermögensgegenstände desselben Mikrofinanzinstituts und nur bis zu 15 Prozent des Fondswerts in Mikrofinanzinstitute desselben Staates investiert werden. Angesichts des gesetzlichen Ziels Klumpenrisiken einzuhegen, beziehen sich diese Obergrenzen nicht nur auf Darlehensforderungen von Mikrofinanzinstituten,[35] sondern – erst recht – **auch auf Darlehensforderungen gegen Mikrofinanzinstitute.**[36] Der Normzweck sowie die Verwendung des allgemeinen Begriffs der „Vermögensgegenstände" spricht überdies dafür, die Grenzen des § 222 Abs. 1 Satz 4 KAGB nicht nur auf unverbriefte Darlehensforderungen, sondern auch auf Wertpapiere anzuwenden, die von Mikrofinanzinstituten ausgegeben werden.[37] 17

---

28 Begr. RegE AIFM-UmsG, BT-Drucks. 17/12294, S. 265 f. S. zur Entstehungsgeschichte des § 222 bereits in Rz. 4 m.w.N.

29 Begr. RegE AIFM-UmsG, BT-Drucks. 17/12294, S. 265.

30 So auch *Alexander-Huhle* in Moritz/Klebeck/Jesch, § 222 KAGB Rz. 6.

31 Begr. RegE AIFM-UmsG, BT-Drucks. 17/12294, S. 265 f. Während also ein solches „Fronting" unter Zwischenschaltung einer Bank erlaubt ist, bleibt eine direkte Darlehensvergabe für Rechnung des Mikrofinanzfonds an das Mikrofinanzinstitut ausweislich des § 20 Abs. 9 Satz 1 KAGB unzulässig. S. dazu bereits in Rz. 4 sowie ausführlicher und m.w.N. in § 221 Rz. 19.

32 Begr. RegE AIFM-UmsG, BT-Drucks. 17/12294, S. 266.

33 Dies meint wohl *Krause* in Beckmann/Scholtz/Vollmer, § 220 KAGB Rz. 10.

34 Begr. RegE AIFM-UmsG, BT-Drucks. 17/12294, S. 266.

35 Entgegen *Baum* in Weitnauer/Boxberger/Anders, § 221 KAGB Rz. 9 kann die Regelung des § 222 Abs. 1 Satz 4 KAGB auch insofern Sinn ergeben, wenn man einen tendenziell regional begrenzten Wirkkreis von Mikrofinanzinstituten als typisch unterstellt und daher von einer gewissen Risikokonzentration im Forderungsportfolio des Instituts ausgeht.

36 S. *Baum* in Weitnauer/Boxberger/Anders, § 221 KAGB Rz. 9.

37 So auch *Krause* in Beckmann/Scholtz/Vollmer, § 220 KAGB Rz. 13 mit 17.

3. Erwerbsgrenzen für Wertpapiere von Mikrofinanzinstituten (§ 222 Abs. 2 KAGB)

18 Sofern die AIF-KVG nach Maßgabe des § 222 Abs. 1 KAGB in unverbriefte Darlehensforderungen von oder gegen Mikrofinanzinstitute(n) investiert, **befreit** § 222 Abs. 2 Satz 1 KAGB die für Rechnung des Mikrofinanzfonds handelnde AIF-KVG zudem **von den Beschränkungen des § 193 Abs. 1 Satz 2 Nr. 2 und 4 KAGB** für die Anlage in Wertpapiere, die von einem regulierten Mikrofinanzinstitut ausgegeben werden. Solche Wertpapiere müssen also nicht an einer Börse oder einem anderen organisierten Markt gehandelt werden, der von der BaFin nach Maßgabe der genannten Vorschriften zugelassen worden ist.[38] Diese Regelung soll ebenfalls die Refinanzierung der Mikrofinanzinstitute erleichtern.[39] Aus Anlegerschutzgründen[40] wird die Möglichkeit des Erwerbs dieser Papiere jedoch auf maximal 15 Prozent des Fondswerts begrenzt (§ 222 Abs. 2 Satz 2 KAGB). Daneben tritt die Streuungsgrenze aus § 222 Abs. 1 Satz 4 KAGB.[41]

IV. Ausreichendes Erfahrungswissen der Anlageentscheider (§ 222 Abs. 3 KAGB)

19 § 222 Abs. 3 KAGB fordert schließlich von den Managern des Mikrofinanzfonds zusätzlich zur allgemeinen Eignung für das Investmentgeschäft ein ausreichendes Erfahrungswissen mit Blick auf die Mikrofinanzbranche. Dies erscheint schon angesichts Prüf- und Kontrollpflichten der AIF-KVG, insbesondere in Bezug auf die Kriterien in § 222 Abs. 1 Satz 3 Nr. 2 und 3 KAGB,[42] folgerichtig.[43] Ein solches Erfahrungswissen setzt indes keine frühere Tätigkeit bei einem Mikrofinanzinstitut voraus. Vielmehr dürften nachgewiesene Tätigkeiten und Kenntnisse aus dem Bankenverkehr mit Entwicklungs- und Schwellenländern bereits ausreichen.[44]

V. Bußgeldbewerte Verstöße gegen § 222 KAGB

20 Verstöße gegen die Anlagegrenze des § 222 Abs. 1 Satz 4 KAGB sind gem. § 340 Abs. 2 Nr. 64 KAGB bußgeldbewehrt. Dasselbe gilt für Überschreitungen der § 222 Abs. 2 Satz 2 KAGB statuierten Obergrenze (§ 340 Abs. 2 Nr. 54 KAGB).

§ 223 Sonderregelungen für die Ausgabe und Rücknahme von Anteilen oder Aktien

(1) [1]Die Anlagebedingungen von Sonstigen Investmentvermögen können abweichend von § 98 Absatz 1 oder § 116 Absatz 2 Satz 1 vorsehen, dass die Rücknahme von Anteilen oder Aktien höchstens einmal halbjährlich und mindestens einmal jährlich zu einem in den Anlagebedingungen bestimmten Termin erfolgt, wenn zum Zeitpunkt der Rückgabe der Anteile oder Aktien die Summe der Werte der zurückgegebenen Anteile oder Aktien einen in den Anlagebedingungen bestimmten Betrag überschreitet. [2]In den Fällen des Satzes 1 müssen die Anlagebedingungen vorsehen, dass die Rückgabe eines Anteils oder von Aktien durch eine unwiderrufliche schriftliche Rückgabeerklärung gegenüber der AIF-Kapitalverwaltungsgesellschaft unter Einhaltung einer Rückgabefrist erfolgen muss, die mindestens einen Monat betragen muss und höchstens zwölf Monate betragen darf; § 227 Absatz 3 gilt entsprechend.

(2) [1]In den Fällen des § 222 Absatz 1 ist § 98 Absatz 1 oder § 116 Absatz 2 Satz 1 mit der Maßgabe anzuwenden, dass die Anlagebedingungen vorsehen müssen, dass die Rücknahme von Anteilen oder Aktien nur zu bestimmten Rücknahmeterminen erfolgt, jedoch höchstens einmal vierteljährlich und mindestens einmal jährlich. [2]Die Rückgabe von Anteilen oder Aktien ist nur zulässig durch ei-

38 S. für eine Liste der zugelassenen Marktplätze BaFin, Liste der zugelassenen Börsen und der anderen organisierten Märkte gem. § 193 Abs. 1 Nr. 2 und 4 KAGB, WA 43-Wp 2100-2013/0003, Stand: 26.6.2017.
39 Beschlussempfehlung und Bericht des FinA InvÄndG, BT-Drucks. 16/6874, S. 118.
40 Beschlussempfehlung und Bericht des FinA InvÄndG, BT-Drucks. 16/6874, S. 118.
41 S. in Rz. 17 sowie *Krause* in Beckmann/Scholtz/Vollmer, § 220 KAGB Rz. 17.
42 S. dazu in Rz. 13.
43 S. auch *Barac* in Baur/Tappen, § 222 KAGB Rz. 22.
44 So *Alexander-Huhle* in Moritz/Klebeck/Jesch, § 222 KAGB Rz. 14; *Baum* in Weitnauer/Boxberger/Anders, § 222 KAGB Rz. 20; *Krause* in Beckmann/Scholtz/Vollmer, § 220 KAGB Rz. 18.

ne unwiderrufliche Rückgabeerklärung unter Einhaltung einer Rückgabefrist, die zwischen einem Monat und 24 Monaten betragen muss; § 227 Absatz 3 gilt entsprechend.

In der Fassung vom 4.7.2013 (BGBl. I 2013, S. 1981), zuletzt geändert durch Gesetz zur Anpassung von Gesetzen auf dem Gebiet des Finanzmarktes vom 15.7.2014 (BGBl. I 2014, S. 934).

Materialien: Bundesverband Investment und Asset Management e.V. (BVI), Sonstiges Sondervermögen, Bausteine für besondere Anlagebedingungen für Sonstige Sondervermögen, Stand: Mai 2017, online abrufbar unter: https://www.bvi.de/?id=1762&file=170519_BAB_SonstigeSV_InvStG2018_IIIabgestCV.docx.

I. Inhalt und Entstehungsgeschichte

§ 98 Abs. 1 KAGB und § 116 Abs. 2 Satz 1 KAGB gewähren Anlegern offener Publikums-Investmentvermögen das Recht, ihre Anteile mindestens zweimal im Monat zurückzugeben.[1] § 223 KAGB modifiziert diese Regelungen für Sonstige Investmentvermögen. Für den Grundtypus des Sonstigen Investmentvermögens eröffnet § 223 Abs. 1 KAGB die Möglichkeit, die Anteile höchstens einmal im halben Jahr und mindestens einmal jährlich zurückzunehmen, wenn bei Rückgabe der Anteile deren Wertsumme einen in den Anlagebedingungen festgesetzten Betrag überschreitet. Für Mikrofinanzfonds i.S.d. § 222 KAGB schreibt § 223 Abs. 2 KAGB eine Abweichung von §§ 98 Abs. 1, 116 Abs. 2 Satz 1 KAGB hingegen zwingend vor. Die Anlagebedingungen müssen danach vorsehen, dass die Rücknahme von Anteilen nur zu bestimmten Terminen erfolgt, und zwar höchstens einmal im Quartal und mindestens einmal jährlich. Sowohl § 223 Abs. 1 als auch Abs. 2 KAGB enthalten daneben Detailregelungen zur Rückgabeerklärung und verweisen auf die Sperrregelung des § 227 Abs. 3 KAGB. 1

§ 223 Abs. 1 und 2 KAGB übernehmen mit redaktionellen Anpassungen die im Zuge des InvÄndG vom 21.12.2007[2] eingefügten Regelungen aus § 90i Abs. 1 und 3 InvG[3] in das KAGB. Der Verweis auf § 116 Abs. 2 Satz 1 KAGB wurde – ebenso wie die Regelung des § 116 Abs. 2 Satz 1 KAGB selbst – später durch das Finanzmarktanpassungsgesetz v. 15.7.2014 eingefügt.[4] 2

II. Normzweck

Die in § 223 KAGB geregelten Abweichungen von §§ 98 Abs. 1, 116 Abs. 2 Satz 1 KAGB dienen der besseren **Liquiditätssteuerung**.[5] So soll die für Mikrofinanzfonds geltende Regelung in § 223 Abs. 2 Satz 1 KAGB dem Umstand Rechnung tragen, dass die Liquidität unverbriefter Darlehensforderungen von Mikro- 3

1 S. für Einzelheiten die Kommentierungen zu § 98 und 116.
2 BGBl. I 2007, S. 3089.
3 S. zur Absenkung der Mindestrückgabefrist in § 90i Abs. 3 S. 1 durch das OGAW-IV-UmsG v. 22.6.2011 [BGBl. I 2011, S. 1126] Bericht des FinA zum RegE OGAW-IV-UmsG, BT-Drucks. 17/5417, S. 13.
4 Gesetz zur Anpassung von Gesetzen auf dem Gebiet des Finanzmarktes, BGBl. I 2014, S. 934.
5 S. Begr. RegE InvÄndG, BT-Drucks. 16/5576, S. 81, zu § 90i Abs. 1 InvG; ferner Bericht des FinA zum RegE OGAW-IV-UmsG, BT-Drucks. 17/5417, S. 13 zu § 90i Abs. 3 InvG.

finanzinstituten eingeschränkt ist.[6] Demselben Zweck dienen die Regelungen zur Rückgabefrist.[7] Die weiteren Regelungen zur Rückgabeerklärung in § 223 Abs. 1 Satz 2 Halbs. 1 und Abs. 2 Satz 2 Halbs. 1 KAGB dienen der **Rechtssicherheit.**[8] Speziell die Unwiderruflichkeit der Rückgabeerklärung soll der Fondsverwaltung Sicherheit für die notwendigen Dispositionen im Fondsvermögen gewähren. Demselben Zweck dient die entsprechende Anwendung der Sperrregelung in § 227 Abs. 3 KAGB.[9]

III. Anteilsrücknahme bei Sonstigen Investmentvermögen (§ 223 Abs. 1 KAGB)

1. Gestaltungsmöglichkeiten für Anteilsrücknahme in Anlagebedingungen (§ 223 Abs. 1 Satz 1 KAGB)

a) Rücknahmeturnus

4 Nach § 223 Abs. 1 Satz 1 KAGB können die Anlagebedingungen Sonstiger Investmentvermögen, die keine Mikrofinanzfonds i.S.d. § 222 KAGB sind, bestimmte Termine für die Anteilsrückgabe vorsehen, wenn ein bestimmter Schwellenwert überschritten wird.[10] Der Zeitraum zwischen den Rücknahmeterminen muss dabei zwischen einem halben und einem ganzen Jahr liegen.[11] Der mindestens jährliche Rückgabeturnus korrespondierte ursprünglich mit den Mindestvoraussetzung zur Einordnung eines AIF als offenes Investmentvermögen gem. § 1 Abs. 4 Nr. 2 KAGB i.d.F. des AIFM-UmsG. Seit der Änderung durch das Finanzmarktanpassungsgesetz v. 15.7.2014[12] verweist § 1 Abs. 4 Nr. 2 KAGB auf Art. 1 Abs. 2 DelVO (EU) Nr. 694/2014, der keine derartige Mindestvorgabe für den Rückgabeturnus macht.[13]

b) Schwellenwert

5 Die Möglichkeit, eine Lockerung der Rücknahmepflicht für Anteile des Sonstigen Investmentvermögens in den Anlagebedingungen vorzusehen, ist nicht voraussetzungsfrei. Vielmehr verlangt § 223 Abs. 1 Satz 1 KAGB hierfür die Überschreitung eines in den Anlagebedingungen festgesetzten Schwellenwertes. Die Beschränkung der Rücknahmepflicht wird ausgelöst, „wenn zum Zeitpunkt der Rückgabe der Anteile oder Aktien die Summe der Werte der zurückgegebenen Anteile oder Aktien" diesen Schwellenwert überschreitet. Freilich lässt der Gesetzestext offen, ob sich die angesprochene Summe auf den einzelnen rückgabewilligen Anleger oder aber auf die Gesamtsumme der zurückgegebenen Anteile bezieht.

6 Nach traditioneller, **in der Praxis** vorherrschender Ansicht handelt es sich hierbei um einen **auf den einzelnen Anleger bezogenen Schwellenwert.** Für diese Sichtweise sprechen in der Tat normhistorische Gründe. So bot die Gesetzesbegründung zu § 80c Abs. 2 InvG, der eine parallele Regelung zu § 90i Abs. 1 InvG – der Vorgängerregelung des § 223 Abs. 1 KAGB – für offene Immobilienfonds enthielt, gewisse Anhaltspunkte für eine solche anlegerbezogene Lesart. Denn sie begründete die Vorgabe eines Schwellenwertes mit dem Schutz von Privatanlegern mit kleinen Anteilsbeständen.[14] Die Praxis hat sich dieser Sichtweise angeschlossen. Die vom BVI bereit gestellten und mit der BaFin abgestimmten Bausteine für Besondere Anlagebedingungen für Sonstige Sondervermögen[15] enthalten in Baustein 7 eine Beispielklausel, die auf den „Gesamtwert einer Rückgabeorder" als Bezugsgröße des Schwellenwertes i.S.d. § 223 Abs. 1 Satz 1 KAGB abstellt.

7 Indes entspricht eine **auf die Gesamtheit der rückgabewilligen Anleger abstellende Deutung** stärker dem Regelungsanliegen einer **effizienten Liquiditätssteuerung.**[16] Denn für die Fondsverwaltung kommt es in-

---

6 Beschlussempfehlung und Bericht des FinA InvÄndG, BT-Drucks. 16/6874, S. 118 zu § 90i Abs. 3 InvG.

7 S. auch *Baum* in Weitnauer/Boxberger/Anders, § 223 KAGB Rz. 8; vgl. ferner *Alexander-Huhle* in Moritz/Klebeck/Jesch, § 221 KAGB Rz. 7.

8 Begr. RegE InvÄndG, BT-Drucks. 16/5576, S. 81, zu § 90i Abs. 1 InvG.

9 Vgl. *Kunschke/Schaffelhuber* in Moritz/Klebeck/Jesch, § 227KAGB Rz. 19.

10 Zu diesem Schwellenwert sogleich in Rz. 5.

11 S. dazu näher *Krause* in Beckmann/Scholtz/Vollmer, § 223 KAGB Rz. 16.

12 BGBl. I 2014, S. 934.

13 S. *Alexander-Huhle* in Moritz/Klebeck/Jesch, § 223 KAGB Rz. 2.

14 S. Begr. RegE InvÄndG, BT-Drucks. 16/5576, S. 77: „Die Festlegung eines Schwellenwertes dient dem Schutz der Privatanleger. Durch Festlegung eines bestimmten Schwellenwertes, bei dessen Überschreitung erst von der täglichen Rücknahmeverpflichtung abgewichen werden kann, ist gewährleistet, dass das Recht von Privatanlegern mit kleinen Beständen zur täglichen Rückgabe unberührt bleibt."; s. dazu auch *Alexander-Huhle* in Moritz/Klebeck/Jesch, § 223 KAGB Rz. 5: „eindeutig" anlegerbezogene Schwelle; ferner *Krause* in Beckmann/Scholtz/Vollmer, § 223 KAGB Rz. 10.

15 Online abrufbar unter: https://www.bvi.de/?id=1762&file=170519_BAB_SonstigeSV_InvStG2018_IIIabgestCV.docx. Die abgerufene Version ist auf dem Stand von Mai 2017.

16 Zum Normzweck des § 223 Abs. 1 Satz 1 KAGB s. in Rz. 3.

sofern allein auf eine Betrachtung des Aggregats an. Geben etwa 10.000 Kleinanleger Anteile im Wert von jeweils 10.000 € zurück, so ist dies unter dem Gesichtspunkt der Liquiditätssteuerung nicht anders zu beurteilen, als wenn ein einzelner Großanleger Anteile im Wert von 100 Mio. € zurückgibt.[17] Zudem werden für den Fall eines auf den einzelnen Anleger bezogenen Schwellenwertes Umgehungsversuche in Form der Stückelung der Rückgabeorder in kleinere Tranchen befürchtet, die dann unter den Schwellenwert fallen.[18]

Die von der Praxis vertretene Auslegung des § 223 Abs. 1 Satz 1 KAGB lässt sich jedoch auch vor dem Hinter- 8
grund des Normzwecks begründen, wenn man die danach maßgebliche Bezugsgröße des Schwellenwertes als **gesetzliche Auflösung des Zielkonflikts zwischen optimaler Liquiditätssteuerung und Klein- bzw. Privatanlegerschutz** begreift.[19] Die Einfügung einer entsprechenden Klausel in den Anlagebedingungen führt jedenfalls auch bei einer auf die Rückgabeorder des einzelnen Anlegers bezogenen Lesart immer noch zu einer besseren Steuerbarkeit der Liquidität, als sie nach den allgemeinen Regeln der §§ 98 Abs. 1, 116 Abs. 2 Satz 1 KAGB bestünde.

Freilich stellt sich dann sogleich die Folgefrage, ob das Motiv des Privat- bzw. Kleinanlegerschutzes auch von 9
der AIF-KVG bei der **Festlegung der konkreten Höhe des Schwellenwertes** zu berücksichtigen ist. Unbestreitbar ist jedenfalls, dass sie den Wert nicht so niedrig ansetzen darf, dass dieser gesetzlichen Voraussetzung für eine Rücknahmebeschränkung praktisch keine nennenswerte Bedeutung mehr zukäme.[20] Gleichgültig ist, ob die Anlagebedingungen einen absoluten Festbetrag als Schwellenwert vorsehen oder eine Prozentzahl angeben, etwa bezogen auf den Nettoinventarwert des Fonds.[21]

2. Rückgabeerklärung und Sperrung der Anteile (§ 223 Abs. 1 Satz 2 KAGB)

a) Unwiderrufliche schriftliche Rückgabeerklärung (§ 223 Abs. 1 Satz 2 Halbs. 1 KAGB)

Aus Gründen der Rechtssicherheit, die wiederum Dispositionssicherheit für die Fondsverwaltung schafft,[22] 10
hat die Anteilsrückgabe durch schriftliche und unwiderrufliche Rückgabeerklärung gegenüber der AIF-KVG zu erfolgen.

b) Rückgabefrist (§ 223 Abs. 1 Satz 2 Halbs. 1 KAGB)

Die Rückgabeerklärung ist zwingend fristgebunden. Dies soll wiederum die Liquiditätssteuerung durch die 11
Fondsverwaltung erleichtern.[23] Die AIF-KVG kann die Frist innerhalb des gesetzlich vorgegebenen Intervalls von mindestens einem und höchstens zwölf Monaten frei wählen. Dabei ist es jedenfalls grundsätzlich auch nicht zu beanstanden, wenn eine Rückgabefrist bestimmt wird, die länger als der Zeitraum zwischen zwei Rücknahmeterminen ist.[24]

c) Sperrung der betroffenen Anteile (§ 223 Abs. 1 Satz 2 Halbs. 2 KAGB)

§ 223 Abs. 1 Satz 2 Halbs. 2 KAGB erklärt die Regelung in § 227 Abs. 3 KAGB für entsprechend anwendbar. 12
Danach sind die von der Rückgabeerklärung betroffenen Anteile bis zur tatsächlichen Rückgabe von der depotführenden Stelle zu sperren. Hierdurch soll es der KVG ermöglicht werden, die Rückgabe der Anteile Zug um Zug gegen Auszahlung ihres Wertes zu kontrollieren.[25] Für Einzelheiten s. die Kommentierung zu § 227 Abs. 3 (§ 227 Rz. 13).

---

17 In diesem Sinne auch *Baum* in Weitnauer/Boxberger/Anders, § 223 KAGB Rz. 7; *Krause* in Beckmann/Scholtz/Vollmer, § 223 KAGB Rz. 11.

18 *Krause* in Beckmann/Scholtz/Vollmer, § 223 KAGB Rz. 11, der sich daher insgesamt gegen die von der Praxis favorisierte Lesart des § 223 Abs. 1 Satz 1 KAGB stellt.

19 Zum Kompromisscharakter der gesamten Regelung s. auch *Krause* in Beckmann/Scholtz/Vollmer, § 223 KAGB Rz. 4; ferner Begr. RegE InvÄndG, BT-Drucks. 16/5576, S. 77 für § 80c Abs. 2 InvG: „Die Neuregelung trägt dazu bei, den Zielkonflikt zwischen täglicher Rückgabemöglichkeit und langfristiger Bindung der Anlegergelder in Vermögensgegenständen mit eingeschränkter Liquidität [...] zu lösen."

20 In diesem Sinne auch *Krause* in Beckmann/Scholtz/Vollmer, § 223 KAGB Rz. 13.

21 *Alexander-Huhle* in Moritz/Klebeck/Jesch, § 223 KAGB Rz. 6; *Krause* in Beckmann/Scholtz/Vollmer, § 223 KAGB Rz. 14.

22 S. zum Normzweck in Rz. 3.

23 S. zum Normzweck in Rz. 3.

24 *Krause* in Beckmann/Scholtz/Vollmer, § 223 KAGB Rz. 17; zust. *Baum* in Weitnauer/Boxberger/Anders, § 223 KAGB Rz. 9; s. auch *Barac* in Baur/Tappen, § 223 KAGB Rz. 5.

25 Begr. RegE InvÄndG, BT-Drucks. 16/5576, S. 81 zu § 90i InvG.

d) Ableitungen für den maßgeblichen Zeitpunkt der Preisbestimmung?

13 Aus der Regelung in § 223 Abs. 1 KAGB und dem dahinter stehenden gesetzlichen Anliegen, der Fondsverwaltung die Liquiditätssteuerung zu erleichtern, wird teils gefolgert, dass **für den Rücknahmepreis auf den Wert im Zeitpunkt der tatsächlichen Rücknahme** und nicht auf einen früheren Zeitpunkt **abzustellen** sei. Andernfalls – so das Argument – würden die Beschränkungen durch die Rückgabefrist und die Rückgabetermine unterlaufen und das Wertänderungsrisiko der KVG bzw. der Anlegergesamtheit aufgebürdet.[26] Diese **Argumentation** erscheint indes **nicht zwingend**, wenn man bedenkt, dass der Anteilswert zwischen der Preisfixierung und der tatsächlichen Rückgabe nicht nur fallen, sondern auch steigen, und eine frühere Preisfixierung für die KVG zudem eine höhere Planungssicherheit bedeuten kann.

IV. Eingeschränkte Anteilsrücknahme bei Mikrofinanzfonds (§ 223 Abs. 2 KAGB)

14 Die Regelung des § 223 Abs. 2 Satz 1 KAGB sieht für Mikrofinanzfonds eine **zwingende** Abweichung von den Rücknahmeregelungen in §§ 98 Abs. 1, 116 Abs. 2 Satz 1 KAGB vor, die zu einer im Vergleich zur Regelung des § 223 Abs. 1 Satz 2 KAGB **weitergehenden Rückgabebeschränkung** führt. Das Gesetz will hiermit der eingeschränkten Liquidität unverbriefter Darlehensforderungen Rechnung tragen, die nach der gesetzlichen Konzeption des Mikrofinanzfonds den „Löwenanteil" der von ihm gehaltenen Anlagegegenstände ausmachen.[27]

1. Rücknahmetermin und Rücknahmeturnus (§ 223 Abs. 2 Satz 1 KAGB)

15 Die Anlagebedingungen eines Mikrofinanzfonds i.S.d. § 222 KAGB müssen vorsehen, dass die Anteilsrückgabe nur zu bestimmten Rücknahmeterminen erfolgen kann, wobei die Rücknahme maximal quartalsweise[28] und minimal jährlich zu erfolgen hat. Die entsprechend dieser Vorgaben von der KVG gewählten Rücknahmetermine sind in die Anlagebedingungen aufzunehmen.[29] Die Erreichung eines Schwellenwertes als Auslöseereignis ist anders als in § 223 Abs. 1 Satz 1 KAGB für Mikrofinanzfonds nicht vorgesehen.

2. Rückgabeerklärung und Rückgabefrist (§ 223 Abs. 2 Satz 2 Halbs. 1 KAGB)

16 Die Rückgabe der Anteile kann gem. § 223 Abs. 2 Satz 2 Halbs. 1 KAGB nur durch **unwiderrufliche Erklärung** erfolgen. Anders als in § 223 Abs. 1 Satz 2 Halbs. 1 KAGB fordert das Gesetz hier keine Schriftform. Die Rückgabeerklärung ist nur unter Einhaltung einer **Rückgabefrist** zulässig, die zwischen einem und 24 Monaten liegen muss. Die Maximalfrist ist also gegenüber der Regelung in § 223 Abs. 1 Satz 2 Halbs. 1 KAGB für andere Sonstige Investmentvermögen noch einmal deutlich erhöht.[30]

3. Sperrung der betroffenen Anteile oder Aktien (§ 223 Abs. 2 Satz 2 Halbs. 2 KAGB)

17 § 223 Abs. 2 Satz 2 Halbs. 2 KAGB erklärt die Regelung des § 227 Abs. 3 KAGB für entsprechend anwendbar. Es gilt das zu § 223 Abs. 1 Satz 2 Halbs. 2 KAGB Gesagte (vgl. Rz. 12). Für Einzelheiten s. die Kommentierung zu § 227 (§ 227 Rz. 13).

§ 224 Angaben im Verkaufsprospekt und in den Anlagebedingungen

(1) Der Verkaufsprospekt muss bei Sonstigen Investmentvermögen zusätzlich zu den Angaben nach § 165 folgende Angaben enthalten:

1. ob und in welchem Umfang in Vermögensgegenstände im Sinne des § 198, in Edelmetalle, Derivate und unverbriefte Darlehensforderungen angelegt werden darf;

---

26 S. *Alexander-Huhle* in Moritz/Klebeck/Jesch, § 223 KAGB Rz. 8 ff. m.N. zum Meinungsstand zu § 90i InvG; ferner *Krause* in Beckmann/Scholtz/Vollmer, § 223 KAGB Rz. 19.

27 Beschlussempfehlung und Bericht des FinA InvÄndG, BT-Drucks. 16/6874, S. 118 zu § 90i Abs. 3 InvG.

28 Das OGAW-IV-Gesetz hat das minimale Rücknahmeintervall von einem halben auf ein viertel Jahr verkürzt, um die Attraktivität von Mikrofinanzfonds für die Anleger zu steigern, s. Bericht des FinA zum RegE OGAW-IV-UmsG, BT-Drucks. 17/5417, S. 13.

29 *Krause* in Beckmann/Scholtz/Vollmer, § 220 KAGB Rz. 20.

30 S. zum Zusammenspiel von Rücknahmeterminen und Rückgabefristen das Fallbeispiel bei *Krause* in Beckmann/Scholtz/Vollmer, § 220 KAGB Rz. 22.

2. eine Beschreibung der wesentlichen Merkmale der für das Sonstige Investmentvermögen erwerbbaren unverbrieften Darlehensforderungen;

3. Angaben zu dem Umfang, in dem Kredite aufgenommen werden dürfen, verbunden mit einer Erläuterung der Risiken, die damit verbunden sein können;

4. im Fall des § 222 Absatz 1 und 2, ob und in welchem Umfang von den dort genannten Anlagemöglichkeiten Gebrauch gemacht wird und eine Erläuterung der damit verbundenen Risiken sowie eine Beschreibung der wesentlichen Merkmale der Mikrofinanzinstitute und nach welchen Grundsätzen sie ausgewählt werden;

5. im Fall des § 223 Absatz 1 einen ausdrücklichen, drucktechnisch hervorgehobenen Hinweis, dass der Anleger abweichend von § 98 Absatz 1 oder § 116 Absatz 2 Satz 1 von der AIF-Kapitalverwaltungsgesellschaft die Rücknahme von Anteilen oder Aktien und die Auszahlung des Anteil- oder Aktienwertes nur zu bestimmten Terminen verlangen kann, wenn zum Zeitpunkt der Rückgabe der Anteile oder Aktien die Summe der Werte der zurückgegebenen Anteile oder Aktien den in den Anlagebedingungen bestimmten Betrag überschreitet;

6. im Fall des § 223 Absatz 2 einen ausdrücklichen, drucktechnisch hervorgehobenen Hinweis, dass der Anleger abweichend von § 98 Absatz 1 oder § 116 Absatz 2 Satz 1 von der AIF-Kapitalverwaltungsgesellschaft die Rücknahme von Anteilen oder Aktien und die Auszahlung des Anteil- oder Aktienwertes nur zu bestimmten Terminen verlangen kann;

7. alle Voraussetzungen und Bedingungen für die Rücknahme und Auszahlung von Anteilen oder Aktien aus dem Sonstigen Investmentvermögen Zug um Zug gegen Rückgabe der Anteile oder Aktien.

(2) Die Anlagebedingungen eines Sonstigen Investmentvermögens müssen zusätzlich zu den Angaben nach § 162 folgende Angaben enthalten:

1. die Arten der Edelmetalle, Derivate und Darlehensforderungen, die für das Sonstige Investmentvermögen erworben werden dürfen;

2. in welchem Umfang die zulässigen Vermögensgegenstände erworben werden dürfen;

3. den Anteil des Sonstigen Investmentvermögens, der mindestens in Bankguthaben, Geldmarktinstrumenten oder anderen liquiden Mitteln gehalten werden muss;

4. alle Voraussetzungen und Bedingungen für die Rücknahme und Auszahlung von Anteilen oder Aktien aus dem Sonstigen Investmentvermögen Zug um Zug gegen Rückgabe der Anteile oder Aktien.

In der Fassung vom 4.7.2013 (BGBl. I 2013, S. 1981), zuletzt geändert durch Gesetz zur Anpassung von Gesetzen auf dem Gebiet des Finanzmarktes vom 15.7.2014 (BGBl. I 2014, S. 934).

Schrifttum: *Köndgen/Schmies*, Investmentgeschäft, in Schimansky/Bunte/Lwowski (Hrsg.), Bankrechts-Handbuch, 5. Aufl. 2017, § 113.

I. Inhalt und Entstehungsgeschichte

1 § 224 Abs. 1 KAGB erweitert den Katalog der Pflichtangaben im Verkaufsprospekt gegenüber der allgemeinen Regelung in § 165 KAGB um spezielle Informationen zur Anlage in bestimmte Vermögensgegenstände, zur Kreditaufnahme sowie zu den Bedingungen und Voraussetzungen der Anteilsrücknahme einschließlich etwaiger Rücknahmebeschränkungen. § 224 Abs. 2 KAGB enthält eine entsprechende Regelung zu den Pflichtangaben in den Anlagebedingungen. Zusätzlich zu den allgemeinen Angaben nach § 162 KAGB müssen die Anleger danach über Merkmale bestimmter erwerbbarer Vermögensgegenstände, den Umfang des Erwerbs zulässiger Vermögensgegenstände, den Mindestanteil an liquiden Mitteln sowie alle Voraussetzungen und Bedingungen der Anteilsrücknahme und der Auszahlungsmodalitäten informiert werden.

2 Das AIFM-UmsG v. 4.7.2013[1] hat die Regelungen in § 224 Abs. 1 und 2 KAGB aus § 90j Abs. 2 und 3 InvG übernommen und dabei an den reduzierten Katalog für Rechnung Sonstiger Investmentvermögen erwerbbarer Vermögensgegenstände[2] angepasst.[3] § 90j Abs. 2 und 3 InvG waren ihrerseits im Zuge der Einführung des Sonstigen Sondervermögens und seiner Mikrofinanzfondsvariante durch das InvÄndG v. 21.12.2007[4] in das InvG eingefügt worden.

II. Normzweck

3 § 224 KAGB dient dem besonderen **Informationsbedürfnis der Anleger** in Mikrofinanzfonds und andere Sonstige Investmentvermögen und zielt auf **Transparenz** der in § 224 Abs. 1 und 2 KAGB genannten Angaben über die Veröffentlichung im Verkaufsprospekt bzw. den Anlagebedingungen.[5] Die §§ 221 bis 223 KAGB belassen der AIF-KVG Gestaltungsspielräume in Bezug auf die erwerbbaren Vermögensgegenstände, die Anlagemischung sowie die Regelung der Modalitäten für die Anteilsrücknahme. Für eine informierte Investitionsentscheidung benötigt der Anleger Auskunft darüber, wie die AIF-KVG diese Spielräume konkret ausnutzt.[6]

III. Zusätzliche Angaben im Verkaufsprospekt (§ 224 Abs. 1 KAGB)

4 § 224 Abs. 1 KAGB enthält einen Katalog von Pflichtangaben für den Verkaufsprospekt, die zu den allgemeinen Pflichtangaben nach § 165 KAGB hinzutreten. Diese in den Nr. 1 bis 7 im Einzelnen aufgeführten Angaben lassen sich grob zwei Themenkreisen zuordnen. Zum einen geht es um Angaben zum Anlageprofil (§ 224 Abs. 1 Nr. 1 bis 4 KAGB) und zum anderen um Angaben zur Anteilsrücknahme und zu den Auszahlungsmodalitäten (§ 224 Abs. 1 Nr. 5 bis 7 KAGB).[7]

1. Angaben zum Anlageprofil (§ 223 Abs. 1 Nr. 1-4 KAGB)

5 § 224 Abs. 1 Nr. 1 KAGB verlangt Angaben dazu, in welchem Umfang in Vermögensgegenstände des § 198, in Edelmetalle, Derivate und unverbriefte Darlehensforderungen angelegt werden darf.[8] Mit Blick auf unverbriefte Darlehensforderungen hat zudem eine Beschreibung der wesentlichen Merkmale zu erfolgen (§ 224 Abs. 1 Nr. 2 KAGB). Zu diesen Merkmalen gehören insbesondere die Bonitätsanforderungen, die Besicherung der Darlehen sowie die Kündigungsregeln.[9] Ferner muss der Verkaufsprospekt Angaben zum Umfang zulässiger Kreditaufnahme und den damit verbundenen Risiken enthalten (§ 224 Abs. 1 Nr. 3 KAGB).[10]

6 Speziell für Mikrofinanzfonds i.S.d. § 222 KAGB fordert § 224 Abs. 1 Nr. 4 KAGB Informationen im Verkaufsprospekt über den Umfang, in dem von der Möglichkeit Gebrauch gemacht wird, in unverbriefte Darlehensforderungen von Mikrofinanzinstituten und gegen solche Institute[11] sowie in Wertpapiere regulierter Mikrofinanzinstitute[12] zu investieren. Zudem sind neben Angaben zu den damit verbundenen Risiken auch die wesentlichen Merkmale der Mikrofinanzinstitute und die von der Fondsverwaltung angewandten Auswahlkriterien zu beschreiben.

---

1 Gesetz zur Umsetzung der RL 2011/61/EU über die Verwalter alternativer Investmentfonds v. 4.7.2013, BGBl. I 2013, S. 1981.
2 S. dazu § 220 Rz. 3 sowie § 221 Rz. 6 ff.
3 Begr. RegE AIFM-UmsG, BT-Drucks. 17/12294, S. 266.
4 Gesetz zur Änderung des Investmentgesetzes und zur Anpassung anderer Vorschriften (Investmentänderungsgesetz) v. 21.12.2007, BGBl. I 2007, S. 3089. S. zur Einführung des Sonstigen Sondervermögens allgemein bereits in § 220 Rz. 2 und zu Mikrofinanzfonds § 222 Rz. 3.
5 S. Begr. RegE InvÄndG, BT-Drucks. 16/5576, S. 81 sowie Beschlussempfehlung und Bericht des FinA zum RegE InvÄndG, BT-Drucks. 16/6874, S. 118.
6 *Barac* in Baur/Tappen, § 224 KAGB Rz. 3.
7 S. für diese Einteilung *Barac* in Baur/Tappen, § 224 KAGB Rz. 4 ff.
8 Zu den gesetzlichen Höchstgrenzen s. § 221 Abs. 4 und 5 KAGB; dazu näher § 221 Rz. 32 und 33 f.
9 S. *Krause* in Beckmann/Scholtz/Vollmer, § 224 KAGB Rz. 6.
10 Zur gesetzlichen Höchstgrenze s. § 221 Abs. 6 KAGB; dazu näher § 221 Rz. 39. Zu den wesentlichen Risiken der Kreditaufnahme s. nur *Krause* in Beckmann/Scholtz/Vollmer, § 224 KAGB Rz. 7.
11 Vgl. § 222 Abs. 1 KAGB; dazu näher in § 222 Rz. 14 f.
12 Vgl. § 222 Abs. 1 KAGB; dazu näher in § 222 Rz. 18.

2. Angaben zu Anteilsrücknahme- und Auszahlungsmodalitäten (§ 224 Abs. 1 Nr. 5-7 KAGB)

Für die Anleger offener Investmentvermögen sind Anteilsrücknahmebeschränkungen in Abweichung von den Grundregeln in §§ 98, 116 Abs. 2 KAGB von besonderem Interesse. Daher verlangen § 224 Abs. 1 Nr. 5 und 6 KAGB einen ausdrücklichen und drucktechnisch hervorgehobenen Hinweis auf die nach Maßgabe des § 223 Abs. 1 und 2 KAGB in den Anlagebedingungen festgelegten Abweichungen von §§ 98 Abs. 1, 116 Abs. 2 Satz 1 KAGB.[13] 7

Schließlich sind im Verkaufsprospekt alle Voraussetzungen und Bedingungen für die Rücknahme und Auszahlung von Anteilen aus dem Sonstigen Investmentvermögen aufzuführen, wozu etwa die Anforderungen an die Rückgabeerklärung oder die Rückgabefristen gem. § 223 Abs. 1 Satz 2 Halbs. 1 und Abs. 2 Satz 2 Halbs. 1 KAGB gehören. 8

IV. Zusätzliche Angaben in den Anlagebedingungen (§ 224 Abs. 2 KAGB)

Nach § 224 Abs. 2 KAGB müssen die Anlagebedingungen Sonstiger Investmentvermögen zusätzlich zu den Pflichtangaben gem. § 162 KAGB die in den § 224 Abs. 2 Nr. 1 bis 4 KAGB aufgeführten Informationen enthalten. Die Anlagebedingungen müssen danach Auskunft geben über die Arten der Edelmetalle, Derivate und Darlehensforderungen, die für das Sonstige Investmentvermögen erworben werden dürfen (§ 224 Abs. 2 Nr. 1 KAGB), zudem in welchem Umfang die zulässigen Vermögensgegenstände erworben werden dürfen (§ 224 Abs. 2 Nr. 2 KAGB). Die zusätzlichen anlagebezogenen Pflichtangaben werden abgerundet durch Informationen über den Anteil des Fondsvermögens, der mindestens in Bankguthaben, Geldmarktinstrumente oder anderen liquiden Mitteln zu halten ist (§ 224 Abs. 2 Nr. 3 KAGB). Die zusätzliche Pflichtangabe nach § 224 Abs. 2 Nr. 4 KAGB hat in Parallele zu § 224 Abs. 1 Nr. 7 KAGB wiederum alle Voraussetzungen und Bedingungen für die Rücknahme und Auszahlung von Anteilen aus dem Sonstigen Investmentvermögen zum Gegenstand.[14] 9

V. Rechtsfolgen bei Verstoß

Verstößt die AIF-KVG gegen die Vorgaben des § 224 KAGB kann dies zum einen aufsichtsrechtliche Maßnahmen zur Folge haben. So kann die BaFin die Genehmigung der Anlagebedingungen (vgl. § 163 KAGB) verweigern oder Ergänzungen des unvollständigen Verkaufsprospekts verlangen.[15] Darüber hinaus kann ein Verstoß gegen § 224 Abs. 1 KAGB zivilrechtlich u.U. zur Prospekthaftung der AIF-KVG führen (s. § 306 KAGB).[16] 10

Unterabschnitt 4
Dach-Hedgefonds

§ 225 Dach-Hedgefonds

(1) [1]Dach-Hedgefonds sind AIF, die vorbehaltlich der Regelung in Absatz 2 in Anteile oder Aktien von Zielfonds anlegen. Zielfonds sind Hedgefonds nach Maßgabe des § 283 oder EU-AIF oder ausländische AIF, deren Anlagepolitik den Anforderungen des § 283 Absatz 1 vergleichbar ist. [2]Leverage mit Ausnahme von Kreditaufnahmen nach Maßgabe des § 199 und Leerverkäufe dürfen für Dach-Hedgefonds nicht durchgeführt werden.

(2) [1]Die AIF-Kapitalverwaltungsgesellschaft darf für Rechnung eines Dach-Hedgefonds nur bis zu 49 Prozent des Wertes des Dach-Hedgefonds in

1. Bankguthaben,

2. Geldmarktinstrumente und

---

13 S. dazu ausführlich die Kommentierung zu § 223.

14 Eine Orientierungshilfe für die Praxis liefern die mit der BaFin abgestimmten Bausteine des BVI für Besondere Anlagebedingungen für Sonstige Sondervermögen, die aktuelle Version (Stand: Mai 2017) ist online abrufbar unter: https://www.bvi.de/regulierung/kapitalanlagegesetzbuch/muster/.

15 S. dazu allgemein nur *Köndgen/Schmies* in Schimansky/Bunte/Lwowski, § 113 Rz. 87.

16 S. auch *Krause* in Beckmann/Scholtz/Vollmer, § 224 KAGB Rz. 4.

3. **Anteile an Investmentvermögen im Sinne des § 196, die ausschließlich in Bankguthaben und Geldmarktinstrumente anlegen dürfen, sowie Anteile an entsprechenden EU-AIF oder ausländischen AIF**

anlegen. [2]Nur zur Währungskurssicherung von in Fremdwährung gehaltenen Vermögensgegenständen dürfen Devisenterminkontrakte verkauft sowie Verkaufsoptionsrechte auf Devisen oder auf Devisenterminkontrakte erworben werden, die auf dieselbe Fremdwährung lauten.

(3) Die AIF-Kapitalverwaltungsgesellschaft darf für Rechnung eines Dach-Hedgefonds ausländische Zielfonds nur erwerben, wenn deren Vermögensgegenstände von einer Verwahrstelle oder einem Primebroker, der die Voraussetzungen des § 85 Absatz 4 Nummer 2 erfüllt, verwahrt werden.

(4) [1]Die AIF-Kapitalverwaltungsgesellschaft darf nicht mehr als 20 Prozent des Wertes eines Dach-Hedgefonds in einem einzelnen Zielfonds anlegen. [2]Sie darf nicht in mehr als zwei Zielfonds vom gleichen Emittenten oder Fondsmanager und nicht in Zielfonds anlegen, die ihre Mittel selbst in anderen Zielfonds anlegen. [3]Die AIF-Kapitalverwaltungsgesellschaft darf nicht in ausländische Zielfonds aus Staaten anlegen, die bei der Bekämpfung der Geldwäsche nicht im Sinne internationaler Vereinbarungen kooperieren. [4]Dach-Hedgefonds dürfen auch sämtliche ausgegebene Anteile oder Aktien eines Zielfonds erwerben.

(5) AIF-Kapitalverwaltungsgesellschaften, die Dach-Hedgefonds verwalten, müssen sicherstellen, dass ihnen sämtliche für die Anlageentscheidung notwendigen Informationen über die Zielfonds, in die sie anlegen wollen, vorliegen, mindestens jedoch

1. **der letzte Jahres- und gegebenenfalls Halbjahresbericht,**
2. **die Anlagebedingungen und Verkaufsprospekte oder gleichwertige Dokumente,**
3. **Informationen zur Organisation, zum Management, zur Anlagepolitik, zum Risikomanagement und zur Verwahrstelle oder zu vergleichbaren Einrichtungen,**
4. **Angaben zu Anlagebeschränkungen, zur Liquidität, zum Umfang des Leverage und zur Durchführung von Leerverkäufen.**

(6) [1]Die AIF-Kapitalverwaltungsgesellschaften haben die Zielfonds, in die sie anlegen, in Bezug auf die Einhaltung der Anlagestrategien und Risiken laufend zu überwachen und haben sich regelmäßig allgemein anerkannte Risikokennziffern vorlegen zu lassen. [2]Die Methode, nach der die Risikokennziffer errechnet wird, muss der AIF-Kapitalverwaltungsgesellschaft von dem jeweiligen Zielfonds angegeben und erläutert werden. [3]Die Verwahrstelle der Zielfonds hat eine Bestätigung des Wertes des Zielfonds vorzulegen.

In der Fassung vom 4.7.2013 (BGBl. I 2013, S. 1981).

Schrifttum: *Köndgen/Schmies*, Investmentgeschäft, in Schimansky/Bunte/Lwowski (Hrsg.), Bankrechts-Handbuch, 5. Aufl. 2017, § 113; *Pütz/Schmies*, Die Umsetzung der neuen rechtlichen Rahmenbedingungen für Hedgefonds in der Praxis, BKR 2004, 51; *Wilhelmi*, Möglichkeiten und Grenzen der wirtschaftsrechtlichen Regelung von Hedgefonds, WM 2008, 861.

Materialien: BaFin, Jahresbericht 2017, 3.5.2018; FATF, Public Statement of 23 February 2018, online abrufbar unter: http://www.fatf-gafi.org/publications/high-riskandnon-cooperativejurisdictions/documents/public-statement-february-2018.html; Hedge Fund Standards Board, The Alternative Investment Standards, online abrufbar unter: http://www.sbai.org/wp-content/uploads/2016/04/SBAI-Standards-2017.pdf.

I. Inhalt, Entstehungsgeschichte und praktische Bedeutung

§ 225 KAGB ist Eingangsvorschrift und Kernstück der Regelung von Dach-Hedgefonds in den §§ 225 bis 229 KAGB. Als offene Publikums-Investmentvermögen ermöglichen Dach-Hedgefonds Privatanlegern die mittelbare Anlage in Single-Hedgefonds, die unter dem KAGB lediglich als Spezial-AIF aufgelegt werden können (vgl. § 283 KAGB).[1] 1

§ 225 Abs. 1 Satz 1 KAGB definiert den Dach-Hedgefonds anhand des typusprägenden Anlagegegenstands „Zielfonds". § 225 Abs. 1 Satz 2 KAGB liefert sodann eine Definition des „Zielfonds" nach. § 225 Abs. 1 Satz 3 KAGB enthält ein weitgehendes Verbot von Leverage und ein umfassendes Leerverkaufsverbot. § 225 Abs. 2 KAGB führt die weiteren, zulässigerweise für Rechnung von Dach-Hedgefonds erwerbbaren Vermögensgegenstände auf und trifft Aussagen zum Mischungsverhältnis. § 225 Abs. 3 KAGB stellt bestimmte Anforderungen an die Verwahrung der Vermögensgegenstände für den Erwerb von ausländischen Zielfonds. § 225 Abs. 4 KAGB enthält Diversifizierungsvorschriften für den Erwerb von Anteilen an Zielfonds (Satz 1, 2 und 4), ein Kaskadeverbot (Satz 2 a.E.) und ein Erwerbsverbot für Zielfonds aus Staaten, die bei der Bekämpfung von Geldwäsche nicht kooperieren (Satz 3). § 225 Abs. 5 KAGB macht detaillierte Vorgaben zu den Informationen, die eine AIF-KVG bei ihrer Entscheidung über die Anlage in einen bestimmten Zielfonds zugrunde legen muss. § 225 Abs. 6 KAGB verpflichtet die AIF-KVG des Dach-Hedgefonds schließlich zur laufenden Überwachung der Zielfonds in Bezug auf die Einhaltung der Anlagestrategie und mögliche Risiken. 2

Das KAGG kannte den Hedgefonds als gesetzlichen Fondstypus nicht. Er wurde erst durch das Investmentmodernisierungsgesetz v. 15.12.2003[2] in das neue InvG aufgenommen. Die §§ 112 bis 120 InvG enthielten besondere Vorschriften für sog. „Sondervermögen mit zusätzlichen Risiken"[3] und regulierten sowohl Single-Hedgefonds (§ 112 InvG) als auch Dach-Hedgefonds (§ 113 InvG). Die neuen Vorschriften sollten einen Regelungsrahmen schaffen, der die Errichtung von Hedgefonds in Deutschland ermöglichte und förderte, indem er auf strikte Vorgaben zur Anlagepolitik verzichtete. Den mit diesem Verzicht verbundenen Risiken für die Anleger sollten erhöhte Anforderungen an die Transparenz Rechnung tragen, und zwar insbesondere mit Blick auf Dach-Hedgefonds, deren Anteile auch an Privatanleger vertrieben werden durften.[4] 3

Das KAGB hat die Regelungen zu Dach-Hedgefonds (§§ 225 ff. KAGB) und Single-Hedgefonds (§ 283 KAGB) auseinandergezogen. Während Dach-Hedgefonds als offene Publikums-AIF ausgestaltet bleiben, können Single-Hedgefonds nur mehr als Spezial-AIF aufgelegt werden, stehen als Anlagevehikel also ausschließlich professionellen und semiprofessionellen Anlegern offen.[5] Damit hat der Gesetzgeber aus Gründen des Anlegerschutzes eine ursprünglich bereits für das InvG angedachte Regelungsidee umgesetzt.[6] Die Vorschrift des § 225 KAGB übernimmt mit redaktionellen Anpassungen den Regelungsinhalt des § 113 InvG.[7] 4

Die praktische Bedeutung von Hedgefonds, insbesondere Dach-Hedgefonds, ist hierzulande gering. Laut Jahresbericht der BaFin für 2017 existierte in Deutschland sowohl 2016 als auch 2017 kein einziger inländischer Dach-Hedgefonds.[8] Hieran hat sich bis heute nichts geändert.[9] 5

---

1 Begr. RegE AIFM-UmsG, BT-Drucks. 17/12294, 266. Zur Regelung von Single-Hedgefonds unter dem InvG s. § 283 Rz. 2.

2 BGBl. I 2003, S. 2676.

3 Zu den Motiven für die Wahl dieser Bezeichnung s. Begr. RegE InvModG, BT-Drucks. 15/1553, 107.

4 Begr. RegE InvModG, BT-Drucks. 15/1553, 107 f.; s. zum Hintergrund der Regelung auch *Köndgen/Schmies* in Schimansky/Bunte/Lwowski, § 113 Rz. 175 f.; *Stabenow* in Emde/Dornseifer/Dreibus/Hölscher, Vor §§ 112–120 InvG Rz. 37.

5 Begr. RegE AIFM-UmsG, BT-Drucks. 17/12294, 266.

6 S. § 112 Abs. 2 InvG i.d.F. des RegE InvModG, dazu Begr. RegE InvModG, BT-Drucks. 15/1553, 43 mit 108; s. zur Abstandnahme von dieser Idee im weiteren Gesetzgebungsverfahren Beschlussempfehlung des FinA zum RegE InvModG, BT-Drucks. 15/1896, 3, 78; zum Ganzen *Stabenow* in Emde/Dornseifer/Dreibus/Hölscher, § 112 InvG Rz. 37. Zur Branchenkritik an dieser Regelungskonzeption *Kunschke/Schaffelhuber* in Moritz/Klebeck/Jesch, § 225 KAGB Rz. 3 f.; *Lindemann* in Beckmann/Scholtz/Vollmer, § 225 KAGB Rz. 1.

7 Begr. RegE AIFM-UmsG, BT-Drucks. 17/12294, 266.

8 BaFin, Jahresbericht 2017, S. 152.

9 So das Ergebnis einer Abfrage der Investmentfonds-Datenbank der BaFin am 14.3.2018.

II. Definition und Abgrenzung (§ 225 Abs. 1 Satz 1 KAGB)

6 § 225 Abs. 1 Satz 1 KAGB definiert Dach-Hedgefonds als AIF, die ihr Vermögen im Wesentlichen[10] in „Zielfonds" i.S.d. § 225 Abs. 1 Satz 2 KAGB, also Single-Hedgefonds, investieren. Dach-Hedgefonds sind mithin AIF i.S.d. § 1 Abs. 3 KAGB, und zwar **offene Publikums-AIF** (vgl. § 1 Abs. 4 Nr. 2, Abs. 6 Satz 2 KAGB), wie sich aus der systematischen Stellung der §§ 225 ff. KAGB ergibt.

III. Zulässige Anlagegegenstände und Anlagegrenzen (§ 225 Abs. 1 Satz 1, 2 und Abs. 2 KAGB)

7 Dach-Hedgefonds definieren sich maßgeblich durch die Anlage in Single-Hedgefonds („Zielfonds", § 225 Abs. 1 KAGB). Soweit § 225 Abs. 2 KAGB die Investition in weitere Vermögensgegenstände zulässt, dient dies lediglich der Liquiditätssteuerung (Satz 1) bzw. der Währungskurssicherung (Satz 2).[11] Die Anlage in Liquiditätsanlagen i.S.d. § 225 Abs. 2 Satz 1 KAGB darf zudem nur bis zu 49 Prozent des Wertes des Dachfonds ausmachen.

1. Zielfonds (§ 225 Abs. 1 Satz 1 und 2 KAGB)

a) Definition (§ 225 Abs. 1 Satz 2 KAGB)

8 Nach der Definition des § 225 Abs. 1 Satz 2 KAGB handelt es sich bei „Zielfonds" i.S.d. Abs. 1 Satz 1 entweder um Hedgefonds gem. § 283 KAGB oder um EU-AIF oder ausländische AIF,[12] deren Anlagepolitik den Anforderungen des § 283 Abs. 1 KAGB vergleichbar ist.

9 Das Erfordernis der **Vergleichbarkeit** von EU- oder ausländischen AIF mit inländischen Hedgefonds bezieht sich ausweislich des Normtextes **allein** auf die **Anlagepolitik**. Unerheblich ist damit, ob es sich bei dem EU- oder ausländischen AIF um Publikums- oder Spezialfonds handelt, oder ob Vorgaben für die Anteilsrücknahme bestehen, die denjenigen wie § 283 Abs. 3 KAGB entsprechen.[13] Die Anlagepolitik muss dabei den **Anforderungen des § 283 Abs. 1 KAGB** vergleichbar sein. Konkret bedeutet dies, dass der Fonds den Grundsatz der Risikomischung zu beachten hat und nach seinen Anlagebedingungen Leverage[14] in beträchtlichem Umfang (vgl. § 283 Abs. 1 Satz 2 KAGB) einsetzen oder Leerverkäufe tätigen darf, um i.S.d. § 225 Abs. 1 Satz 2 KAGB vergleichbar zu sein.[15] Im Hinblick auf die **erwerbbaren Vermögensgegenstände** ergeben sich **grundsätzlich keine praktisch relevanten Einschränkungen** für die Vergleichbarkeit, da inländische Hedgefonds in alle erdenklichen Gegenstände investieren dürfen, sofern nur deren Verkehrswert ermittelt werden kann (§ 282 Abs. 2 Satz 1 KAGB).[16] Auch der Erwerb von Kontrollmehrheiten an nicht börsennotierten Unternehmen ist Hedgefonds seit Änderung des § 282 Abs. 3 KAGB durch das Finanzmarktanpassungsgesetz v. 15.6.2014[17] nicht mehr per se verwehrt (vgl. noch § 282 Abs. 3 i.d.F. des AIFM-UmsG).[18] Dementsprechend dürfen auch Zielfonds für eine Vergleichbarkeit nach § 225 Abs. 1 Satz 2 KAGB derartige Erwerbsaktivitäten entfalten.[19] Angesichts der weitherzigen Regelung in den §§ 282, 283 KAGB ist die zu § 113 InvG geführte Diskussion über die Anforderungen an den Katalog zulässiger Vermögensgegenstände als Voraussetzung der Vergleichbarkeit ausländischer Zielfonds zumindest weitgehend obsolet.[20]

---

10 S. zur Regelung des § 225 Abs. 2 KAGB näher in Rz. 7, 16 f.

11 S. auch *Zingler* in Baur/Tappen, § 225 KAGB Rz. 2.

12 S. § 1 Abs. 3, 8 und 9 KAGB.

13 Vgl. *Baum* in Weitnauer/Boxberger/Anders, § 225 KAGB Rz. 7; *Zingler* in Baur/Tappen, § 225 KAGB Rz. 15.

14 S. die Legaldefinition in § 1 Abs. 19 Nr. 25 KAGB; s. dazu § 1 Rz. 207 ff.

15 S. *Baum* in Weitnauer/Boxberger/Anders, § 225 KAGB Rz. 8 ff.; *Lindemann* in Beckmann/Scholtz/Vollmer, § 225 KAGB Rz. 10; *Zingler* in Baur/Tappen, § 225 KAGB Rz. 13; letztlich auch *Kunschke/Schaffelhuber* in Moritz/Klebeck/Jesch, § 225 KAGB Rz. 16: bloße Möglichkeit des Einsatzes von Leverage und der Tätigung von Leerverkäufen ausreichend; **a.A.** zu § 113 InvG *Stabenow* in Emde/Dornseifer/Dreibus/Hölscher, § 113 InvG Rz. 6; *Wilhelmi*, WM 2008, 861 m.w.N.; für Einzelheiten zu den Voraussetzungen des § 283 Abs. 1 KAGB s. die zugehörige Kommentierung.

16 Zu steuerrechtlichen Vorgaben s. nur *Lindemann* in Beckmann/Scholtz/Vollmer, § 224 KAGB Rz. 2.

17 BGBl. I 2014, S. 934.

18 S. für Einzelheiten § 282 Rz. 2 und § 283 Rz. 11.

19 Anders noch *Baum* in Weitnauer/Boxberger/Anders, § 225 KAGB Rz. 8; *Kunschke/Schaffelhuber* in Moritz/Klebeck/Jesch, § 225 KAGB Rz. 17; *Zingler* in Baur/Tappen, § 225 KAGB Rz. 9.

20 *Baum* in Weitnauer/Boxberger/Anders, § 225 KAGB Rz. 8; zur seinerzeitigen Diskussion s. nur den Überblick bei *Stabenow* in Emde/Dornseifer/Dreibus/Hölscher, § 113 InvG Rz. 6. Ungeachtet der spärlichen Vorgaben für die Anlagepolitik von Hedgefonds unter dem KAGB hegen *Köndgen/Schmies* in Schimansky/Bunte/Lwowski,

Master-Feeder-Strukturen werden im Hinblick auf ihre Qualifikation als Zielfonds einer Einheitsbetrachtung unterzogen. Der Dach-Hedgefonds darf also in einen Feederfonds investieren, sofern nur der Masterfonds den Anforderungen des § 225 Abs. 1 Satz 2 KAGB an einen Zielfonds genügt.[21] 10

b) Weitere Vorgaben für ausländische Zielfonds (§ 225 Abs. 3, 4 Satz 3 KAGB)

Für die Investition in **ausländische Zielfonds** machen § 225 Abs. 3 und Abs. 4 Satz 3 KAGB weitere Vorgaben. So müssen die Vermögensgegenstände des ausländischen Zielfonds von einer Verwahrstelle oder einem Primebroker, der die Voraussetzungen des § 85 Abs. 4 Nr. 2 KAGB erfüllt, verwahrt werden (§ 225 Abs. 3 KAGB). Der Begriff der Verwahrstelle ist dabei funktional (Sicherung des Vier-Augen-Prinzips, Verwahrung auch im Anlegerinteresse) und mithin weit zu verstehen.[22] Bei **Verwahrung** durch einen Primebroker[23] bedarf es also einer funktionalen und hierarchischen Trennung von seinen sonstigen Aufgaben.[24] Ferner darf die AIF-KVG nicht in Zielfonds solcher Staaten anlegen, die bei der **Bekämpfung der Geldwäsche** nicht im Sinne internationaler Vereinbarungen kooperieren (§ 225 Abs. 4 Satz 3 KAGB). Die Regelung bezieht sich auf die Aktivitäten der Financial Action Task Force (FATF) zur Bekämpfung der Geldwäsche.[25] Als nicht kooperativer Staat verbleibt momentan allein Nordkorea, von dem nach der letzten öffentlichen Verlautbarung der FATF substantielle Risiken für das internationale Finanzsystem hinsichtlich Geldwäsche und Terrorfinanzierung ausgehen.[26] 11

c) Vorgaben zur Anlagestreuung (§ 225 Abs. 4 Satz 1, 2 und 4 KAGB)

Vorgaben zur Anlage- und damit Risikostreuung finden sich in § 225 Abs. 4 Satz 1, 2 und 4 KAGB. So darf die AIF-KVG nicht mehr als 20 Prozent des Fondswertes in einen einzigen Zielfonds investieren (§ 225 Abs. 4 Satz 1 KAGB). In Verbindung mit der Obergrenze von 49 Prozent für die Anlage in Liquiditätsanlagen (§ 225 Abs. 2 Satz 1 KAGB) ergibt sich daraus, dass der Dach-Hedgefonds **in mindestens drei Zielfonds** investieren muss.[27] 12

Der Dach-Hedgefonds darf zudem **nicht in mehr als zwei Zielfonds desselben Emittenten oder Fondsmanagers** anlegen (§ 225 Abs. 4 Satz 2 KAGB). Aus der Normhistorie ergibt sich, dass Zielfonds durchaus sämtlich vom gleichen Anbieter stammen dürfen, sofern nur nicht mehr als zwei Fonds von demselben Fondsmanager verwaltet werden. Auch verbietet die Regelung nicht die Investition von mehr als 40 Prozent des Fondswertes in Zielfonds mit ein und derselben Anlagestrategie.[28] § 225 Abs. 4 Satz 4 KAGB stellt schließlich klar, dass der Dach-Hedgefonds sämtliche Anteile eines Zielfonds erwerben darf. 13

Neben diesen quantitativen wie qualitativen Diversifikationsvorgaben in § 225 Abs. 4 Satz 1, 2 und 4 KAGB dürfte für die Anwendung des allgemeinen Grundsatzes der Risikomischung gem. § 214 KAGB praktisch kaum mehr Raum verbleiben.[29] 14

---

§ 113 Rz. 179, die Einschätzung, dass „nur wenige ausländische Hedgefonds das Vergleichbarkeitskriterium des § 283 KAGB [erfüllen]".

21 S. auch *Kunschke/Schaffelhuber* in Moritz/Klebeck/Jesch, § 225 KAGB Rz. 18; *Lindemann* in Beckmann/Scholtz/Vollmer, § 225 KAGB Rz. 13; *Zingler* in Baur/Tappen, § 225 KAGB Rz. 27; ferner *Stabenow* in Emde/Dornseifer/Dreibus/Hölscher, § 113 InvG Rz. 7 unter Verweis auf die entsprechende Praxis der BaFin unter dem InvG.

22 S. *Kunschke/Schaffelhuber* in Moritz/Klebeck/Jesch, § 225 KAGB Rz. 20 f. unter Verweis auf Begr. RegE InvModG, BT-Drucks. 15/1552, 109 f.; ausführlich *Lindemann* in Beckmann/Scholtz/Vollmer, § 225 KAGB Rz. 118 ff.

23 S. die Legaldefinition in § 1 Abs. 19 Nr. 30 KAGB; ausführlich zum Primebroker auch in § 31 Rz. 8 ff.

24 Für Einzelheiten s. die Kommentierung zu § 85 KAGB.

25 S. Begr. RegE InvModG, BT-Drucks. 15/1553, 110.

26 S. FATF, Public Statement of 23 February 2018, online abrufbar unter: http://www.fatf-gafi.org. Der Iran hat sich hingegen zur Bekämpfung der Geldwäsche und Terrorfinanzierung verpflichtet und wird momentan nicht mehr der höchsten Risikostufe zugeordnet. S. zum Ganzen auch *Zingler* in Baur/Tappen, § 225 KAGB Rz. 28 mit älteren Daten; ferner *Kunschke/Schaffelhuber* in Moritz/Klebeck/Jesch, § 225 KAGB Rz. 28, die allerdings von der Einordnung als „non-cooperative jurisdiction" nicht auf die Nichtkooperation i.S.d. § 225 Abs. 4 Satz 3 KAGB schließen wollen.

27 Begr. RegE InvModG, BT-Drucks. 15/1553, 110; ebenso etwa *Baum* in Weitnauer/Boxberger/Anders, § 225 KAGB Rz. 22; *Kunschke/Schaffelhuber* in Moritz/Klebeck/Jesch, § 225 KAGB Rz. 24; *Lindemann* in Beckmann/Scholtz/Vollmer, § 225 KAGB Rz. 25; *Zingler* in Baur/Tappen, § 225 KAGB Rz. 21.

28 S. zu den entsprechenden Änderungen im Zuge des Gesetzgebungsverfahrens den Bericht des FinA zum RegE InvModG, BT-Drucks. 15/1944, 10; s. ferner *Baum* in Weitnauer/Boxberger/Anders, § 225 KAGB Rz. 23; *Kunschke/Schaffelhuber* in Moritz/Klebeck/Jesch, § 225 KAGB Rz. 25; *Lindemann* in Beckmann/Scholtz/Vollmer, § 225 KAGB Rz. 26; *Zingler* in Baur/Tappen, § 225 KAGB Rz. 22.

29 S. allgemein zum Verhältnis des § 214 KAGB zu den speziellen Anlage- und Streuungsvorschriften sowie speziell zu § 225 Abs. 4 KAGB bereits in § 214 Rz. 21 ff.

d) Absolutes Kaskadenverbot (§ 225 Abs. 4 Satz 2 KAGB a.E.)

15 Dach-Hedgefonds dürfen gem. § 225 Abs. 4 Satz 2 KAGB a.E. nicht in Zielfonds investieren, die ihre Mittel selbst in Zielfonds anlegen. Dieses Verbot dient dem Schutz der Anleger vor intransparenten Kaskadenstrukturen und soll mittelbar die der Risikominimierung dienenden Diversifizierungsvorgaben absichern.[30] Es erfasst allerdings nur „Zielfondskaskaden". Die Anlage in Zielfonds, die ihrerseits in andere, nicht unter § 225 Abs. 1 Satz 2 KAGB fallende Fonds investieren, bleibt also zulässig.[31]

2. Liquiditätsanlagen (§ 225 Abs. 2 Satz 1 Nr. 1 bis 3 KAGB)

16 Die AIF-KVG darf für Rechnung des Dach-Hedgefonds neben Zielfonds i.S.d. § 225 Abs. 1 KAGB[32] gem. Abs. 2 Satz 1 bis zu 49 Prozent des Fondswertes in Liquiditätsanlagen investieren, genauer: in Bankguthaben (Nr. 1), Geldmarktinstrumente i.S.d. § 194 Abs. 1[33] (Nr. 2) und Anteile an Investmentvermögen i.S.d. § 196 KAGB, die ausschließlich in Bankguthaben und Geldmarktinstrumente anlegen dürfen, sowie Anteile an entsprechenden EU-AIF oder ausländischen AIF (Nr. 3). Bankguthaben i.S.d. § 225 Abs. 2 Satz 1 Nr. 1 KAGB unterliegen dabei nicht den Einschränkungen des § 195 KAGB.[34]

3. Geschäfte zur Währungskursabsicherung (§ 225 Abs. 2 Satz 2 KAGB)

17 Neben der Investition in Zielfonds i.S.d. § 225 Abs. 1 KAGB und Liquiditätsanlagen i.S.d. § 225 Abs. 2 Satz 1 KAGB dürfen für Rechnung des Dach-Hedgefonds auch Devisenterminkontrakte verkauft sowie Verkaufsoptionsrechte auf Devisen oder auf Devisenterminkontrakte erworben werden (§ 225 Abs. 2 Satz 2 KAGB). Dies darf allerdings **nur zur Währungskursabsicherung** von in Fremdwährung gehaltenen Vermögensgegenständen, also Anteilen an Zielfonds oder Liquiditätsanlagen i.S.d. § 225 Abs. 2 Satz 1 KAGB,[35] geschehen. Daher müssen die Devisenterminkontrakte oder Optionsrechte auch auf dieselbe Fremdwährung wie die betroffenen Vermögensgegenstände lauten. Andere derivative Geschäfte für Rechnung des Dach-Hedgefonds sind nicht gestattet.[36]

IV. Leverage- und Leerverkaufsverbot (§ 225 Abs. 1 Satz 3 KAGB)

18 Während sich Single-Hedgefonds gerade durch den Einsatz von Leverage[37] oder die Vornahme von Leerverkäufen[38] auszeichnen (vgl. § 283 Abs. 1 Satz 1 KAGB), ist es Dach-Hegefonds gem. § 225 Abs. 1 Satz 3 KAGB aus Gründen des Anlegerschutzes[39] verboten Leverage einzusetzen oder Leerverkäufe durchzuführen. Der Dach-Hedgefonds darf jedoch Kredite nach Maßgabe des § 199 aufnehmen.[40] Anders als der Gesetzeswortlaut suggeriert, handelt es sich hierbei um keine echte Ausnahme vom Leverageverbot, dient die Aufnahme kurzfristiger Kredite nach § 199 KAGB doch ausschließlich der Liquiditätssteuerung. An dem Verbot der Kreditaufnahme zur Steigerung des Investitionsgrades ändert sich durch den Verweis auf § 199 KAGB also nichts.[41]

---

30 Begr. RegE InvModG, BT-Drucks. 15/1553, 110 zu § 113 Abs. 4 InvG. Kritisch zu dieser Begründung *Kunschke/Schaffelhuber* in Moritz/Klebeck/Jesch, § 225 KAGB Rz. 27.

31 *Baum* in Weitnauer/Boxberger/Anders, § 225 KAGB Rz. 12; *Lindemann* in Beckmann/Scholtz/Vollmer, § 225 KAGB Rz. 11; *Zingler* in Baur/Tappen, § 225 KAGB Rz. 26.

32 Dazu soeben in Rz. 8 ff.

33 Zur Anwendbarkeit der dortigen Legaldefinition s. *Baum* in Weitnauer/Boxberger/Anders, § 225 KAGB Rz. 17; *Zingler* in Baur/Tappen, § 225 KAGB Rz. 29.

34 S. auch *Zingler* in Baur/Tappen, § 225 KAGB Rz. 29; **a.A.** offenbar *Baum* in Weitnauer/Boxberger/Anders, § 225 KAGB Rz. 17.

35 S. *Kunschke/Schaffelhuber* in Moritz/Klebeck/Jesch, § 225 KAGB Rz. 36; *Zingler* in Baur/Tappen, § 225 KAGB Rz. 31.

36 S. *Zingler* in Baur/Tappen, § 225 KAGB Rz. 31; auch *Baum* in Weitnauer/Boxberger/Anders, § 225 KAGB Rz. 19.

37 Legaldefiniert in § 1 Abs. 19 Nr. 25 KAGB; dazu § 1 Rz. 207 ff.

38 Legaldefiniert in 283 Abs. 1 Satz 1 Nr. 2 KAGB; dazu § 283 Rz. 19 sowie § 276 Rz. 4, 6 f.

39 S. Begr. RegE InvModG, BT-Drucks. 15/1553, 109.

40 S. für Einzelheiten die Kommentierung zu § 199 KAGB.

41 Klar Begr. RegE InvÄndG, BT-Drucks. 16/5576, S. 90; s. auch *Baum* in Weitnauer/Boxberger/Anders, § 225 KAGB Rz. 21; *Zingler* in Baur/Tappen, § 225 KAGB Rz. 33; mit Blick auf § 53 InvG scheinbar weitherziger BaFin, Fragenkatalog zu § 53 InvG, Gz. WA 41-Wp 2136-2008/0053, 1.12.2009, Frage 5. Zur abweichenden Auslegung in § 284 Abs. 4 KAGB s. in § 284 Rz. 31.

V. Informationsverschaffungspflicht der AIF-Kapitalverwaltungsgesellschaft (§ 225 Abs. 5 KAGB)

Die AIF-KVG hat bei der **Auswahl ihrer Anlagegenstände** sorgfältig vorzugehen. Dies setzt eine hinreichende Informationsgrundlage für die Auswahlentscheidung voraus. Konkretisierend schreibt § 5 Abs. 2 KAVerOV für die Verwaltung von OGAW und Publikums-AIF vor, dass vor dem Erwerb eines Vermögensgegenstands über dessen Auswirkungen auf die Zusammensetzung des Investmentvermögens, dessen Liquidität und dessen Risiko- und Ertragsprofil Prognosen abzugeben und Analysen durchzuführen sind. Dabei dürfen sich die Analysen nur auf quantitativ wie qualitativ verlässliche und aktuelle Daten stützen.[42] 19

Speziell für den Erwerb von Anteilen an Zielfonds wiederholt und konkretisiert § 225 Abs. 5 KAGB die allgemeine Sorgfaltsanforderung[43] an die Auswahl von Vermögensgegenständen für das Fondsvermögen: Die AIF-KVG hat sicherzustellen, dass sie sämtliche für die Anlageentscheidung notwendigen Informationen hat. Zu ihrer Information muss sie mindestens den letzten Jahres- und gegebenenfalls Halbjahresbericht (Nr. 1), die Anlagebedingungen und Verkaufsprospekte oder gleichwertige Dokumente (Nr. 2), Informationen zur Organisation, zum Management, zur Anlagepolitik, zum Risikomanagement und zur Verwahrstelle oder zu vergleichbaren Einrichtungen (Nr. 3) sowie Angaben zu Anlagebeschränkungen, zur Liquidität, zum Umfang des Leverage und zur Durchführung von Leerverkäufen (Nr. 4) heranziehen. 20

Hinsichtlich der in § 225 Abs. 5 Nr. 3 und 4 KAGB aufgeführten Informationen finden sich in der Regierungsbegründung zum InvModG erläuternde Hinweise. Als Informationen über das Fondsmanagement werden hier beispielhaft die Anzahl der Manager und deren Lebensläufe angeführt, hinsichtlich der Organisation des Fonds wird auf die internen Betriebsabläufe, Verantwortlichkeiten, Verfahren der Order-Erteilung und -Abwicklung verwiesen. Für ein Bild über das Risikomanagement soll die KVG etwa Informationen zu Organisation und Struktur, Verantwortlichkeiten und Verfahren der Risikokontrolle einholen. Für Angaben zur Anlagepolitik und zu Anlagebeschränkungen nennen die Gesetzesmaterialien als Beispiele das Ausmaß der Risikodiversifizierung sowie Maximum- und Minimum-Positionen.[44] 21

Für eine hinreichende Informationsgrundlage des Dach-Hedgefonds ist indes **keine vollständige Transparenz des Zielfonds** hinsichtlich der aufgeführten Gesichtspunkte zu verlangen. Dem stehen – gerade mit Blick auf Angaben zur Anlagepolitik – **berechtigte Geheimhaltungsinteressen** der Zielfonds-Manager entgegen, was auch der historische Gesetzgeber anerkennt.[45] Für die Praxis bemüht sich der vom BAI herausgegebene und mit der BaFin abgestimmte „Due Diligence Fragenkatalog" die Balance zwischen dem Interesse an umfangreicher und detaillierter Information einerseits und demjenigen an Geheimhaltung andererseits herzustellen.[46] 22

VI. Pflicht zur laufenden Überwachung (§ 225 Abs. 6 KAGB)

§ 225 Abs. 6 KAGB verpflichtet die AIF-KVG zur laufenden Überwachung der Zielfonds, an denen der Dach-Hedgefonds Anteile hält. Diese Pflicht zur laufenden Überwachung bezieht sich auf die Einhaltung der Anlagestrategien und allfällige Risiken. Der Gesetzgeber hat aufgrund berechtigter Geheimhaltungsinteressen auf Seiten des Zielfondsmanagements bewusst darauf verzichtet, „vollständige Positionstransparenz" über tägliche Vermögensaufstellungen einzufordern.[47] Stattdessen verlangt er, dass sich die AIF-KVG **regelmäßig allgemein anerkannte Risikokennziffern** vorlegen lässt (§ 225 Abs. 6 Satz 1 KAGB). Der Zielfonds hat dabei der AIF-KVG die Methode zur Ermittlung der Kennziffer offenzulegen und zu erläutern (§ 225 Abs. 6 Satz 2 KAGB). 23

Die „allgemeine Anerkennung" der Kennziffern richtet sich vornehmlich nach den **Branchenstandards**, weshalb etwa „Value at risk"-basierte Kennzahlen taugliche Risikokennziffern darstellen.[48] Daneben sind 24

42 S. dazu *Baum* in Weitnauer/Boxberger/Anders, § 225 KAGB Rz. 25.

43 S. auch *Kunschke/Schaffelhuber* in Moritz/Klebeck/Jesch, § 225 KAGB Rz. 38.

44 S. Begr. RegE BT-Drucks. InvModG, BT-Drucks. 15/1553, 110.

45 S. Begr Begr. RegE BT-Drucks. InvModG, BT-Drucks. 15/1553, 110; dies mit Nachdruck betonend auch *Zingler* in Baur/Tappen, § 225 KAGB Rz. 36.

46 Der Katalog kann online unter www.bvai.de angefordert werden.

47 Begr. RegE InvModG, BT-Drucks. 15/1553, 110; s. zu den Beweggründen des Gesetzgebers auch *Lindemann* in Beckmann/Scholtz/Vollmer, § 225 KAGB Rz. 40.

48 *Kunschke/Schaffelhuber* in Moritz/Klebeck/Jesch, § 225 KAGB Rz. 42 f.; *Baum* in Weitnauer/Boxberger/Anders, § 225 KAGB Rz. 33.

auch die aufsichtlich im „Consolidated AIFMD Reporting Template" der ESMA[49] verwandten Risikokennziffern als „allgemein anerkannt" i.S.d. § 225 Abs. 6 KAGB anzusehen.[50]

25 Für eine „regelmäßige" Vorlage i.S.d. § 225 Abs. 6 Satz 1 KAGB reicht typischerweise ein **monatlicher Turnus** aus. Dies entspricht dem ambitionierten Branchenstandard.[51] Bei konkretem Anlass können aber auch kürzere Abstände geboten sein.[52]

26 Gemäß § 225 Abs. 6 Satz 3 KAGB hat die Verwahrstelle der Zielfonds eine Bestätigung des Wertes des Zielfonds vorzulegen. Verwahrstelle in diesem Sinne ist auch ein Primebroker, der den Vorgaben des Abs. 3 genügt.[53] Anders als unter § 113 Abs. 5 Satz 4 InvG werden Bestätigungen „vergleichbarer Einrichtungen" nicht mehr erwähnt, was sich jedoch mit dem terminologischen Wechsel vom engeren Begriff der „Depotbank" zum weiteren Begriff der „Verwahrstelle"[54] erklärt.[55]

VII. Bußgeldbewehrte Verstöße gegen § 225 KAGB

27 Vorsätzliche oder fahrlässige Verstöße gegen die Vorgaben des § 225 KAGB sind nach Maßgabe des § 340 Abs. 2 Nr. 49 lit. a, 54, 59 lit. b und 65 bis 68 KAGB mit Bußgeld bewehrt. Dies betrifft einen Verstoß gegen das Leerverkaufs- oder das Leverageverbot des § 225 Abs. 1 Satz 3 KAGB (§ 340 Abs. 2 Nr. 59 lit. c bzw. Nr. 65 KAGB), ferner den Erwerb von Verkaufsoptionsrechten auf Devisen oder Devisenterminkontrakte oder den Verkauf von Devisenterminkontrakten, die nicht den Vorgaben des § 225 Abs. 2 Satz 2 KAGB entsprechen (§ 340 Abs. 2 Nr. 49 lit. a bzw. Nr. 66 KAGB). Eine schuldhafte Verletzung der in § 225 Abs. 2 Satz 1 und Abs. 4 Satz 1 KAGB genannten Erwerbsobergrenzen (§ 340 Abs. 2 Nr. 54 KAGB) sowie der Verstoß gegen das Kaskadenverbot des Abs. 4 Satz 3 oder das Verbot, Anteile an den in Abs. 2 Satz 3 genannten Zielfonds zu erwerben (§ 340 Abs. 2 Nr. 67 KAGB), stellen ebenfalls Ordnungswidrigkeiten dar. Bußgeldbewehrt ist schließlich der vorsätzliche oder fahrlässige Verstoß gegen die in § 225 Abs. 5 KAGB statuierte Informationsbeschaffungspflicht (§ 340 Abs. 2 Nr. 68 KAGB).

§ 226 Auskunftsrecht der Bundesanstalt

AIF-Kapitalverwaltungsgesellschaften, die Dach-Hedgefonds verwalten, haben der Bundesanstalt auf Anforderung alle Unterlagen und Risikokennziffern, die ihnen nach Maßgabe des § 225 Absatz 5 und 6 vorliegen, vorzulegen.

In der Fassung vom 4.7.2013 (BGBl. I 2013, S. 1981).

I. Überblick und Entstehungsgeschichte

1 § 226 KAGB statuiert ein Auskunftsrecht der BaFin gegenüber einer AIF-KVG, die Dach-Hedgefonds i.S.d. § 225 KAGB verwaltet. Das AIFM-UmsG[1] hat in § 226 KAGB die Regelung aus § 115 InvG mit redaktionel-

49 Online abrufbar unter: https://www.esma.europa.eu/document/consolidated-aifmd-reporting-template-revised.
50 Dazu *Kunschke/Schaffelhuber* in Moritz/Klebeck/Jesch, § 225 KAGB Rz. 43.
51 Vgl. Standard A.1.5 des Hedge Fund Standards Board, online abrufbar unter: http://www.sbai.org/wp-content/uploads/2016/04/SBAI-Standards-2017.pdf; hieran anknüpfend *Kunschke/Schaffelhuber* in Moritz/Klebeck/Jesch, § 225 KAGB Rz. 44; vgl. auch *Pütz/Schmies*, BKR 2004, 51 (57); *Zingler* in Baur/Tappen, § 225 KAGB Rz. 39; **a.A.** *Lindemann* in Beckmann/Scholtz/Vollmer, § 225 KAGB Rz. 40, der für den Regelfall eine wöchentliche Kontrolle für geboten hält.
52 *Kunschke/Schaffelhuber* in Moritz/Klebeck/Jesch, § 225 KAGB Rz. 44; *Zingler* in Baur/Tappen, § 225 KAGB Rz. 39.
53 Unstr., s. *Baum* in Weitnauer/Boxberger/Anders, § 225 KAGB Rz. 34; *Kunschke/Schaffelhuber* in Moritz/Klebeck/Jesch, § 225 KAGB Rz. 45; *Lindemann* in Beckmann/Scholtz/Vollmer, § 225 KAGB Rz. 39.
54 Zum Begriff der Verwahrstelle s. in Rz. 11.
55 *Lindemann* in Beckmann/Scholtz/Vollmer, § 225 KAGB Rz. 6; s. auch *Kunschke/Schaffelhuber* in Moritz/Klebeck/Jesch, § 225 KAGB Rz. 20 f.; wohl ähnlich *Zingler* in Baur/Tappen, § 225 KAGB Rz. 40; der Streichung materiellen Gehalt beimessend hingegen *Baum* in Weitnauer/Boxberger/Anders, § 225 KAGB Rz. 34.
1 Gesetz zur Umsetzung der RL 2011/61/EU über die Verwalter alternativer Investmentfonds v. 4.7.2013, BGBl. I 2013, S. 1981.

len Anpassungen übernommen.[2] Die Vorschrift soll sicherstellen, dass die BaFin im Interesse der privaten Anleger effektiv überprüfen kann, ob die AIF-KVG ihren Verpflichtungen zur Informationsbeschaffung und laufenden Überwachung aus § 225 Abs. 5 und 6 KAGB nachkommt.[3]

II. Einzelheiten

§ 226 KAGB verpflichtet eine AIF-KVG, die Dach-Hedgefonds verwaltet, die ihr nach Maßgabe des § 225 Abs. 5 und 6 KAGB vorliegenden Unterlagen und Risikokennziffern auf Anforderung der BaFin vorzulegen. Die AIF-KVG hat also im Anforderungsfalle **sämtliche für ihre Anlageentscheidung herangezogenen Unterlagen** über diejenigen Zielfonds vorzulegen, in die sie schließlich investiert hat. Die Vorlagepflicht beschränkt sich also nicht auf die in § 225 Abs. 5 KAGB konkret benannten Dokumente, wie Jahres- oder Halbjahresberichte.[4] Die Vorlagepflicht der AIF-KVG bzw. das korrespondierende Auskunftsrecht der BaFin erfasst darüber hinaus **alle Unterlagen und Risikokennziffern**, welche die AIF-KVG **im Rahmen ihrer laufenden Überwachungspflicht nach § 225 Abs. 6 KAGB erlangt** hat. Die Vorlagepflicht erfasst **nur** der AIF-KVG **bereits vorliegende Unterlagen** und Kennziffern; die BaFin kann also aufgrund von § 226 KAGB keine aktive Beschaffung (noch) nicht vorliegender Unterlagen verlangen.[5] 2

Die Vorlagepflicht setzt eine **vorausgehende Anforderung** der Unterlagen und Kennziffern durch die BaFin voraus. Hierzu ist sie jedenfalls bei Vorliegen konkreter Anhaltspunkte für Verstöße der betreffenden AIF-KVG gegen die Pflichten aus § 225 Abs. 5 oder 6 KAGB berechtigt.[6] Daneben wird man der BaFin im Rahmen der Verhältnismäßigkeit[7] aber auch die Befugnis zugestehen müssen, anhaltslose Stichproben vorzunehmen. Nur dies wird dem Normzweck der effektiven Überprüfung[8] gerecht.[9] 3

Das spezielle Auskunftsrecht des § 226 KAGB tritt neben die allgemeinen Auskunfts- und Prüfungsbefugnisse der BaFin nach § 5 Abs. 6 Satz 3 Nr. 1 und § 14 KAGB, entfaltet insofern also keine Sperrwirkung.[10] 4

§ 227 Rücknahme

(1) Bei Dach-Hedgefonds können die Anlagebedingungen abweichend von § 98 Absatz 1 oder § 116 Absatz 2 Satz 1 vorsehen, dass die Rücknahme von Anteilen oder Aktien nur zu bestimmten Rücknahmeterminen, jedoch mindestens einmal in jedem Kalendervierteljahr, erfolgt.

(2) [1]Anteil- oder Aktienrückgaben sind bei Dach-Hedgefonds bis zu 100 Kalendertage vor dem jeweiligen Rücknahmetermin, zu dem auch der Anteil- oder Aktienwert ermittelt wird, durch eine unwiderrufliche Rückgabeerklärung gegenüber der AIF-Kapitalverwaltungsgesellschaft zu erklären. [2]Im Fall von im Inland in einem Depot verwahrten Anteilen oder Aktien hat die Erklärung durch die depotführende Stelle zu erfolgen.

(3) [1]Die Anteile oder Aktien, auf die sich die Rückgabeerklärung bezieht, sind bis zur tatsächlichen Rückgabe von der depotführenden Stelle zu sperren. [2]Bei Anteilen oder Aktien, die nicht im Inland in einem Depot verwahrt werden, wird die Rückgabeerklärung erst wirksam und beginnt die Frist erst zu laufen, wenn die Verwahrstelle die zurückzugebenden Anteile oder Aktien in ein Sperrdepot übertragen hat.

(4) Der Rücknahmepreis muss unverzüglich, spätestens aber 50 Kalendertage nach dem Rücknahmetermin gezahlt werden.

---

2 Begr. RegE AIFM-UmsG, BT-Drucks. 17/12294, S. 266.
3 Vgl. Begr. RegE InvModG, BT-Drucks. 15/1553, S. 110 zu § 115 InvG; ferner *Baum* in Weitnauer/Boxberger/Anders, § 226 KAGB Rz. 2.
4 In diesem Sinne auch *Wülfert/Zackor* in Baur/Tappen, § 226 KAGB Rz. 3.
5 *Kunschke/Schaffelhuber* in Moritz/Klebeck/Jesch, § 226 KAGB Rz. 6.
6 Soweit auch *Kunschke/Schaffelhuber* in Moritz/Klebeck/Jesch, § 226 KAGB Rz. 4.
7 Vgl. dazu *Kunschke/Schaffelhuber* in Moritz/Klebeck/Jesch, § 226 KAGB Rz. 5.
8 S. dazu in Rz. 1.
9 **A.A.** *Kunschke/Schaffelhuber* in Moritz/Klebeck/Jesch, § 226 KAGB Rz. 4 f.: Auskunftsrecht allein bei konkreten Anhaltpunkten für Verstöße gegen § 225 Abs. 5 oder 6 KAGB.
10 *Kunschke/Schaffelhuber* in Moritz/Klebeck/Jesch, § 226 KAGB Rz. 3 mit Fn. 4; für § 14 KAGB auch *Baum* in Weitnauer/Boxberger/Anders, § 226 KAGB Rz. 3; *Lindemann* in Beckmann/Scholtz/Vollmer, § 226 KAGB Rz. 2; *Wülfert/Zackor* in Baur/Tappen, § 226 KAGB Rz. 5.

In der Fassung vom 4.7.2013 (BGBl. I 2013, S. 1981), zuletzt geändert durch Gesetz zur Anpassung von Gesetzen auf dem Gebiet des Finanzmarktes vom 15.7.2014 (BGBl. I 2014, S. 934).

Schrifttum: *Geibel*, Investmentgeschäft, in Derleder/Knops/Bamberger (Hrsg.), Deutsches und europäisches Bank- und Kapitalmarktrecht, Bd. 2, 3. Aufl. 2017, § 58; *Servatius*, Offene Fondsbeteiligungen – Rechtliche Grundsätze, in Derleder/Knops/Bamberger (Hrsg.), Deutsches und europäisches Bank- und Kapitalmarktrecht, Bd. 2, 3. Aufl. 2017, § 62.

I. Inhalt und Entstehungsgeschichte

1 § 227 KAGB regelt Einzelheiten der Rücknahme von Anteilen an Dach-Hedgefonds. So ermächtigt § 227 Abs. 1 KAGB die AIF-KVG in den Anlagebedingungen des Dach-Hedgefonds in Abweichung von § 98 Abs. 1 KAGB oder § 116 Abs. 2 Satz 1 KAGB die Anteilsrücknahme nur zu bestimmten Rücknahmeterminen zu gestatten. § 227 Abs. 2 KAGB enthält Detailregelungen zur Rückgabeerklärung. § 227 Abs. 3 KAGB ordnet eine Sperrung der betroffenen Anteile bis zur tatsächlichen Rücknahme an. § 227 Abs. 4 KAGB regelt, wann die Zahlung des Rücknahmepreises zu erfolgen hat.

2 Das AIFM-UmsG v. 4.7.2013[1] hat die Regelung aus § 116 InvG für Dach-Hedgefonds weitgehend in § 227 KAGB überführt.[2] Die aktuell in § 227 Abs. 2 Satz 1 KAGB geregelte Rückgabefrist von bis zu 100 Tagen war im Regierungsentwurf des InvModG noch als Mindestfrist ausgestaltet,[3] wurde dann aber im Laufe des Gesetzgebungsverfahrens in eine Höchstfrist umgewandelt.[4] Durch das InvÄndG v. 21.12.2007[5] wurde der Wortlaut der Vorschrift geschärft, indem seither klar zwischen dem Termin zur Rücknahme der Anteile, dem (zeitgleichen) Termin zur Ermittlung des Anteilswerts und dem Termin zur Zahlung des Rücknahmepreises unterschieden wird.[6] Eingefügt wurde zudem die jetzt in § 227 Abs. 4 KAGB geregelte Möglichkeit, die Zahlung des Rücknahmepreises aufzuschieben. Neben bloß redaktionellen Anpassungen hat der Gesetzgeber des AIFM-UmsG die Beschränkung der Anteilswertermittlung auf die in den Anlagebedingungen bestimmten Rücknahmetermine gestrichen. Dies ist Art. 72 Abs. 1 DelVO (EU) Nr. 231/2013[7] geschuldet, der eine eigene, unmittelbar geltende Regelung zur Ermittlung des Anteilswerts vorhält.[8] Der Verweis auf § 116 Abs. 2 Satz 1 KAGB in § 227 Abs. 1 KAGB wurde – ebenso wie die Regelung des § 116 Abs. 2 Satz 1 KAGB selbst – später durch das Finanzmarktanpassungsgesetz v. 15.7.2014[9] eingefügt.

II. Normzweck

3 Die Ermächtigung der AIF-KVG, die Rücknahme von Anteilen an dem von ihr verwalteten Dach-Hedgefonds in Abweichung von §§ 98 Abs. 1, 116 Abs. 2 Satz 1 KAGB zu beschränken (§ 227 Abs. 1 KAGB), dient der besseren **Liquiditätssteuerung**. Die Rücknahmebeschränkung erlaubt es der Fondsverwaltung, weniger Liquiditätsreserven vorzuhalten und damit mehr Mittel in renditeträchtige Anlagen, konkret: in

1 BGBl. I 2013, S. 1981.
2 Begr. RegE AIFM-UmsG, BT-Drucks. 17/12294, S. 266. Für Single-Hedgefonds gilt die Rücknahmeregelung in § 283 Abs. 3 KAGB, die weitgehend auf § 227 KAGB verweist. S. dazu näher § 283 Rz. 26.
3 § 116 Satz 2 InvModG. S. hierzu RegE InvModG, BT-Drucks. 15/1553, S. 44.
4 S. Beschlussempfehlung des FinA zum RegE InvModG, BT-Drucks. 15/1896, S. 80.
5 BGBl. I 2007, S. 3089.
6 S. Begr. RegE InvÄndG, BT-Drucks. 16/5576, S. 91.
7 ABl. EU Nr. L 83 v. 22.3.2013, S. 1.
8 Dort heißt es: „Ein AIFM gewährleistet, dass bei allen von ihm verwalteten AIF der Nettoinventarwert je Anteil bei jeder Ausgabe oder Zeichnung oder Rücknahme oder Annullierung von Anteilen berechnet wird, mindestens aber einmal jährlich." S. zum Ganzen *Kunschke/Schaffelhuber* in Moritz/Klebeck/Jesch, § 227 KAGB Rz. 5.
9 BGBl. I 2014, S. 934.

Zielfonds (Hedgefonds), zu investieren.[10] Die verlängerte Rückgabefrist (§ 227 Abs. 2 Satz 1 KAGB) trägt dem Umstand Rechnung, dass Dach-Hedgefonds ihrerseits Rückgabefristen gegenüber ihren Zielfonds einzuhalten haben, die nicht selten 30 oder mehr Tage betragen. Die weiteren Detailregelungen zur Rückgabeerklärung (§ 227 Abs. 2 KAGB) dienen der Rechtssicherheit. Insbesondere die Unwiderruflichkeit der Erklärung soll der Fondsverwaltung **Dispositionssicherheit** gewähren.[11] Diesem Zweck dient letztlich auch die Sperrregelung in § 227 Abs. 3 KAGB, die Zwischenverfügungen des Anlegers verhindern soll.[12] Die Vorschrift in § 227 Abs. 4 KAGB soll es der Dachfondsverwaltung ermöglichen, die Zahlung des Rücknahmepreises solange aufzuschieben, bis die Zielfonds ihrerseits den Anteilswert mitgeteilt bzw. den Rücknahmepreis an den Dachfonds ausgekehrt haben.[13] Jedoch wird diese Aufschubmöglichkeit durch eine Höchstfrist gedeckelt.[14]

III. Anwendungsbereich

§ 227 KAGB findet unmittelbare Anwendung auf Dach-Hedgefonds i.S.d. § 225 KAGB. Darüber hinaus verweist § 283 Abs. 3 KAGB für Single-Hedgefonds weitgehend auf § 227 KAGB. Die Regelung zur Sperrung der zurückgegebenen Anteile in § 227 Abs. 3 KAGB gilt zudem über die Verweisungen in § 223 Abs. 1 Satz 2 Halbs. 2, Abs. 2 Satz 2 Halbs. 2 KAGB und § 255 Abs. 4 Satz 2 Halbs. 1 KAGB auch für Sonstige Investmentvermögen i.S.d. §§ 220 f., 222 KAGB sowie für Immobilien-Sondervermögen i.S.d. §§ 230 ff. KAGB.[15] Schließlich bestimmt § 317 Abs. 1 Nr. 7 lit. e KAGB, dass mit Dach-Hedgefonds vergleichbare EU- oder ausländische AIF, die ihre Anteile im Inland an Privatanleger vertreiben wollen, dass von einem täglichen Recht zur Anteilsrückgabe nur durch dem § 227 KAGB entsprechende Regelungen abgewichen werden darf.[16] 4

IV. Gelockerte Rücknahmeregelung gegenüber §§ 98 Abs. 1, 116 Abs. 2 Satz 1 KAGB (§ 227 Abs. 1 KAGB)

Anleger offener Publikumsinvestmentvermögen können nach §§ 98 Abs. 1, 116 Abs. 2 Satz 1 KAGB grundsätzlich mindestens zweimal im Monat verlangen, dass ihnen gegen Rückgabe des Anteils ihr Anteil an dem Sondervermögen ausgezahlt wird. § 227 Abs. 1 KAGB eröffnet Dach-Hedgefonds mit Rücksicht auf die eher mittel- bis langfristig angelegte Investition in Zielfonds[17] die Möglichkeit, hiervon abzuweichen. In den Anlagebedingungen kann daher vorgesehen werden, dass die **Rücknahme nur zu bestimmten Terminen** erfolgt. 5

Die Rücknahme muss auch dann jedoch **mindestens einmal in jedem Kalendervierteljahr** erfolgen. Dies ist nicht mit einer mindestens vierteljährlichen Rücknahme gleichzusetzen. Vielmehr können die Rücknahmetermine frei innerhalb des jeweiligen Kalenderquartals gewählt werden, so dass die Termine teilweise auch mehr als drei Monate auseinanderliegen können.[18] Sehen die Anlagebedingungen mehr als einen Rücknahmetermin pro Kalenderquartal vor, so dürfen diese zusätzlichen Termine eine betragsmäßige Beschränkung der Rücknahme vorsehen, solange nur einmal im Kalendervierteljahr die betragsmäßig unbeschränkte Rückgabe möglich bleibt.[19] 6

V. Rückgabeerklärung und Anteilssperrung (§ 227 Abs. 2, 3 KAGB)

1. Unwiderrufliche Rückgabeerklärung (§ 227 Abs. 2 KAGB)

Nach § 227 Abs. 2 Satz 1 KAGB haben Anteilsrückgaben bei Dach-Hedgefonds durch eine **unwiderrufliche Erklärung gegenüber der AIF-KVG** zu erfolgen. Die Unwiderruflichkeit soll für die Fondsverwaltung Pla- 7

10 Begr. RegE InvModG, BT-Drucks. 15/1553, S. 111; s. ferner etwa *Baum* in Weitnauer/Boxberger/Anders, § 227 KAGB Rz. 3; *Kunschke/Schaffelhuber* in Moritz/Klebeck/Jesch, § 227 KAGB Rz. 2; *Lindemann* in Beckmann/Scholtz/Vollmer, § 227 KAGB Rz. 6; *Wülfert/Zackor* in Baur/Tappen§ 227 KAGB Rz. 3.

11 S. zum Ganzen Begr. RegE InvModG, BT-Drucks. 15/1553, S. 111.

12 S. dazu krit. *Servatius* in Derleder/Knops/Bamberger, § 62 Rz. 53; s. noch näher in Rz. 13.

13 S. hierzu *Lindemann* in Beckmann/Scholtz/Vollmer, § 227 KAGB Rz. 13.

14 Begr. RegE InvÄndG, BT-Drucks. 16/5576, S. 91.

15 S. dazu noch in Rz. 13.

16 S. *Lindemann* in Beckmann/Scholtz/Vollmer, § 227 KAGB Rz. 3.

17 Zur Normzweck s. in Rz. 3.

18 *Baum* in Weitnauer/Boxberger/Anders, § 227 KAGB Rz. 4; *Kunschke/Schaffelhuber* in Moritz/Klebeck/Jesch, § 227 KAGB Rz. 12.

19 S. *Kunschke/Schaffelhuber* in Moritz/Klebeck/Jesch, § 227 KAGB Rz. 12, der damit *Stabenow* in Emde/Dornseifer/Dreibus/Hölscher, § 116 InvG Rz. 11, folgt.

nungssicherheit schaffen.[20] Sie erfährt jedoch eine Ausnahme, wenn der Anleger unter den in § 305 Abs. 1 KAGB beschriebenen situativen Voraussetzungen zur Abgabe der Rückgabeerklärung bestimmt worden ist (§ 305 Abs. 6 KAGB). In diesen Fällen bleibt der Widerruf also möglich.[21] Das Recht zur Anfechtung wegen Willensmängeln bleibt ebenfalls unberührt.

8 Richtiger **Adressat der Rückgabeerklärung** ist ausweislich des Normtextes die AIF-KVG. Dies schließt es jedoch nicht aus, dass die Verwahrstelle ggf. als Empfangsbote der KVG fungiert.[22]

9 Werden die betreffenden Anteile im Inland in einem Depot verwahrt, so hat die Rückgabeerklärung nach § 227 Abs. 2 Satz 2 KAGB **durch die depotführende Stelle** des Anlegers zu erfolgen. Führt die den Dach-Hedgefonds verwaltende AIF-KVG sog. Investmentkonten[23] für die Fondsanteile, dann bleibt die Erklärungsbefugnis beim Anleger.[24]

10 Anders als im Falle des § 223 Abs. 1 KAGB[25] ist nach § 227 Abs. 2 KAGB **keine Schriftform** der Erklärung **erforderlich**. Auch **muss** sie bei Erklärung durch die depotführende Stelle (§ 227 Abs. 2 Satz 2 KAGB) **nicht im Namen des Anlegers** erfolgen.[26] Diese in der ursprünglichen Fassung des § 116 InvG vorgesehene Voraussetzung war durch das InvÄndG getilgt worden, um unnötigen Mehraufwand in der banktechnischen Bearbeitung von Rücknahmeverlangen zu vermeiden.[27]

2. Rückgabefrist (§ 227 Abs. 2 Satz 1, Abs. 3 Satz 2 KAGB)

11 Die Anlagebedingungen des Dach-Hedgefonds können neben der Bestimmung von Rückgabeterminen nach Maßgabe des § 227 Abs. 1 KAGB auch verlangen, dass die Rückgabeerklärung des Anlegers **bis zu 100 Kalendertage vor dem jeweiligen Rückgabetermin** zu erfolgen hat (§ 227 Abs. 2 Satz 1 KAGB). Innerhalb dieses gesetzlichen Fristenrahmens hat die AIF-KVG in den Anlagebedingungen eine konkrete Fristenspanne festzulegen, um die für die Anleger notwendige Regelungsklarheit zu gewährleisten.[28]

12 Der **Fristenlauf beginnt** mit Wirksamwerden der Rückgabeerklärung. Die Erklärung wird grundsätzlich mit Zugang der Rückgabeerklärung bei der AIF-KVG wirksam. Im Falle der Rückgabe von Anteile oder Aktien, die nicht im Inland in einem Depot verwahrt werden, tritt die Wirksamkeit der Rückgabeerklärung gem. § 227 Abs. 3 Satz 2 KAGB jedoch erst ein, wenn die Verwahrstelle die zurückgegebenen Anteile oder Aktien in ein Sperrdepot übertragen hat.[29] Ab diesem Zeitpunkt beginnt dann auch erst die Rückgabefrist zu laufen. Die aufgrund der Regelung des § 227 Abs. 3 Satz 2 KAGB erforderliche Verbringung der Fondsanteile ins Inland bereitet die tatsächliche Rückgabeabwicklung vor.[30]

3. Sperrung der betroffenen Anteile (§ 227 Abs. 3 KAGB)

13 § 227 Abs. 3 Satz 1 KAGB bestimmt, dass die Anteile oder Aktien, für die eine Rückgabeerklärung abgegeben worden ist, bis zur tatsächlichen Rückgabe von der depotführenden Stelle zu sperren sind. Die Regelung des gesamten § 227 Abs. 3 KAGB gilt über die Verweisungsnormen in §§ 223 Abs. 1 Satz 2 Halbs. 2, Abs. 2 Satz 2 Halbs. 2, 255 Abs. 4 Halbs. 1 und 283 Abs. 3 KAGB auch für die Rückgabe von Anteilen an Sonstigen Investmentvermögen einschließlich Mikrofinanzfonds sowie an Immobilien-Sondervermögen und Single-Hedgefonds. Die Sperrung hat den Zweck, **Verfügungen** über die Anteile im Zeitraum zwischen dem Wirksamwerden der Rückgabeerklärung und der tatsächlichen Rückgabe **zu verhindern**.[31] Dies soll die tatsächliche Rückgabe sicherstellen, derentwegen die AIF-KVG möglicherweise Dispositionen im Fondsvermögen zu treffen hat.[32] Die Regelung ruht folglich auf der Prämisse, dass sich ein etwaiger An-

---

20 S. zum Normzweck in Rz. 3.
21 *Baum* in Weitnauer/Boxberger/Anders, § 227 KAGB Rz. 8.
22 S. *Kunschke/Schaffelhuber* in Moritz/Klebeck/Jesch, § 227 KAGB Rz. 14 mit Fn. 20.
23 Dazu näher *Geibel* in Derleder/Knops/Bamberger, § 58 Rz. 53.
24 S. *Kunschke/Schaffelhuber* in Moritz/Klebeck/Jesch, § 227 KAGB Rz. 17 im Anschluss an *Stabenow* in Emde/Dornseifer/Dreibus/Hölscher, § 116 InvG Rz. 19.
25 S. dessen Satz 2; näher hierzu § 223 Rz. 10.
26 S. auch *Kunschke/Schaffelhuber* in Moritz/Klebeck/Jesch, § 227 KAGB Rz. 15.
27 S. Begr. RegE InvÄndG, BT-Drucks. 16/5576, S. 91; ferner *Baum* in Weitnauer/Boxberger/Anders, § 227 KAGB Rz. 5; i. Erg. auch *Kunschke/Schaffelhuber* in Moritz/Klebeck/Jesch, § 227 KAGB Rz. 15.
28 Abw. *Kunschke/Schaffelhuber* in Moritz/Klebeck/Jesch, § 227 KAGB Rz. 16.
29 Allgemein zur Sperrung der zurückgegebenen Anteile s. sogleich in Rz. 13.
30 *Kunschke/Schaffelhuber* in Moritz/Klebeck/Jesch, § 227 KAGB Rz. 20.
31 *Kunschke/Schaffelhuber* in Moritz/Klebeck/Jesch, § 227 KAGB Rz. 19; *Wülfert/Zackor* in Baur/Tappen, § 227 KAGB Rz. 7; ferner *Servatius* in Derleder/Knops/Bamberger, § 62 Rz. 53.
32 *Kunschke/Schaffelhuber* in Moritz/Klebeck/Jesch, § 227 KAGB Rz. 19.

teilserwerber nicht an der Rückgabeerklärung des Veräußerers festhalten lassen muss.[33] Dies wird im Schrifttum freilich bestritten und die Regelung daher als überflüssig kritisiert.[34]

Zur Regelung des § 227 Abs. 3 Satz 2 s. soeben in Rz. 12. 14

VI. Zahlung des Rücknahmepreises (§ 227 Abs. 4 KAGB)

Der Rücknahmepreis muss gem. § 227 Abs. 4 KAGB **unverzüglich** gezahlt werden, **spätestens** aber **50 Kalendertage nach dem Rücknahmetermin**. Die Regelung kombiniert also den flexiblen Maßstab der Unverzüglichkeit mit einer absoluten zeitlichen Obergrenze. 15

Unverzüglich bedeutet auch hier **ohne schuldhaftes Zögern** (vgl. § 121 Abs. 1 Satz 1 BGB).[35] Dies lässt sich mithilfe des in den Materialien dokumentierten Normzwecks konkretisieren. Danach soll die Regelung des § 227 Abs. 4 KAGB Dach-Hedgefonds die grundsätzliche Möglichkeit gewähren, die Zahlung des Rücknahmepreises solange aufzuschieben, bis die Single-Hedgefonds ihrerseits dem Dachfonds den Anteilswert mitgeteilt bzw. den Rücknahmepreis an den Dachfonds ausgekehrt haben.[36] Solange der genaue Rücknahmepreis zum Zeitpunkt des Rückgabetermins noch nicht feststeht, kann sich die den Dach-Hedgefonds verwaltende KVG daher zunächst mit einer **Abschlagszahlung** begnügen und den noch zu ermittelnden Restbetrag später, spätestens aber 50 Kalendertage nach dem Rücknahmetermin auszahlen.[37] 16

Bei den 50 Kalendertagen nach dem Rücknahmetermin handelt es sich um eine **absolute zeitliche Obergrenze**, welche die Fondsverwaltung keinesfalls überschreiten darf. Diese Obergrenze kann den nach dem allgemeinen Maßstab der Unverzüglichkeit zulässigen Zahlungsaufschub allenfalls abkürzen. Sie kann ihn jedoch nicht (auf bis zu 50 Kalendertage) verlängern, wenn dies nicht erforderlich ist.[38] 17

§ 228 Verkaufsprospekt

(1) Der Verkaufsprospekt muss bei Dach-Hedgefonds zusätzlich zu den Angaben nach § 165 folgende Angaben enthalten:

1. **Angaben zu den Grundsätzen, nach denen die Zielfonds ausgewählt werden;**
2. **Angaben zu dem Umfang, in dem Anteile ausländischer nicht beaufsichtigter Zielfonds erworben werden dürfen, mit dem Hinweis, dass es sich bei diesen Zielfonds um AIF handelt, deren Anlagepolitik den Anforderungen für Hedgefonds vergleichbar ist, die aber möglicherweise keiner mit diesem Gesetz vergleichbaren staatlichen Aufsicht unterliegen;**
3. **Angaben zu den Anforderungen, die an die Geschäftsleitung der Zielfonds gestellt werden;**
4. **Angaben zu dem Umfang, in dem von den ausgewählten Zielfonds im Rahmen ihrer Anlagestrategien Kredite aufgenommen und Leerverkäufe durchgeführt werden dürfen, mit einem Hinweis zu den Risiken, die damit verbunden sein können;**
5. **Angaben zur Gebührenstruktur der Zielfonds mit einem Hinweis auf die Besonderheiten bei der Höhe der Gebühren sowie Angaben zu den Methoden, nach denen die Gesamtkosten berechnet werden, die der Anleger zu tragen hat;**
6. **Angaben zu den Einzelheiten und Bedingungen der Rücknahme und der Auszahlung von Anteilen oder Aktien, gegebenenfalls verbunden mit einem ausdrücklichen, drucktechnisch hervorgehobenen Hinweis, dass der Anleger abweichend von § 98 Absatz 1 oder § 116 Absatz 2 Satz 1 nicht mindestens zweimal im Monat von der AIF-Kapitalverwaltungsgesellschaft die Rücknahme von Anteilen oder Aktien und die Auszahlung des auf die Anteile oder Aktien entfallenden Vermögensanteils verlangen kann.**

---

33 In diesem Sinne auch *Kunschke/Schaffelhuber* in Moritz/Klebeck/Jesch, § 227 KAGB Rz. 19.
34 So *Servatius* in Derleder/Knops/Bamberger, § 62 Rz. 53.
35 S. auch *Wülfert/Zackor* in Baur/Tappen, § 227 KAGB Rz. 9.
36 S. zum Normzweck bereits in Rz. 3.
37 S. *Lindemann* in Beckmann/Scholtz/Vollmer, § 227 KAGB Rz. 12; zust. *Kunschke/Schaffelhuber* in Moritz/Klebeck/Jesch, § 227 KAGB Rz. 23.
38 S. Begr. RegE InvÄndG, BT-Drucks. 16/5576, S. 91; ferner *Baum* in Weitnauer/Boxberger/Anders, § 227 KAGB Rz. 13; *Kunschke/Schaffelhuber* in Moritz/Klebeck/Jesch, § 227 KAGB Rz. 24.

(2) Zusätzlich muss der Verkaufsprospekt eines Dach-Hedgefonds an auffälliger Stelle drucktechnisch hervorgehoben folgenden Warnhinweis enthalten: „Der Bundesminister der Finanzen warnt: Dieser Investmentfonds investiert in Hedgefonds, die keinen gesetzlichen Leverage- oder Risikobeschränkungen unterliegen."

In der Fassung vom 4.7.2013 (BGBl. I 2013, S. 1981), zuletzt geändert durch Gesetz zur Anpassung von Gesetzen auf dem Gebiet des Finanzmarktes vom 15.7.2014 (BGBl. I 2014, S. 934).

Schrifttum: *Brocker*, BGH: Angabe von Managementfees auf Zielfondsebene im Prospekt von Private-Equity-Dachfonds nicht erforderlich (Urt. v. 12.10.2017 – III ZR 254/15), RdF 2018, 83; *Köndgen/Schmies*, Investmentgeschäft, in Schimansky/Bunte/Lwowski (Hrsg.), Bankrechts-Handbuch, 5. Aufl. 2017, § 113; *Patz*, Verkaufsprospektpflicht für offene inländische Investmentvermögen – De facto eine gesetzliche Prospektpflicht für offene Spezial-Investmentfonds aufgrund der Vertriebsvorschriften des KAGB, BKR 2014, 271.

I. Inhalt, Normzweck und Entstehungsgeschichte

1 § 228 Abs. 1 KAGB sieht für Dach-Hedgefonds zusätzliche produkttypische Pflichtangaben im Verkaufsprospekt vor, welche die allgemeinen Mindestangaben für offene Publikumsinvestmentvermögen gem. § 165 KAGB ergänzen. Gemäß § 228 Abs. 2 KAGB ist zudem ein allgemeiner Warnhinweis in den Verkaufsprospekt aufzunehmen, der auf die besonderen Risiken der Anlage in Hedgefonds aufmerksam macht.

2 Die Regelung dient dem **Schutz der Anleger**, die mithilfe der Prospektangaben nach § 228 Abs. 1 Nr. 1 bis 6 KAGB und des zusätzlichen Warnhinweises nach § 228 Abs. 2 KAGB über die besonderen Risiken des Produkts Dach-Hedgefonds informiert werden sollen.[1] Ergänzt werden diese Schutzinstrumente durch besondere Vorgaben für den Inhalt der wesentlichen Anlegerinformationen.[2]

3 § 228 Abs. 1 und 2 KAGB übernehmen mit redaktionellen Anpassungen die Regelungen aus § 117 Abs. 1 Satz 2 und Abs. 2 Satz 1 InvG. Der Warnhinweis in § 228 Abs. 2 KAGB wurde dabei gegenüber der Vorgängerregelung deutlicher auf die spezifischen Risiken von Hedgefonds ausgerichtet.[3]

II. Anwendungsbereich

4 § 228 Abs. 2 KAGB gilt für inländische Dach-Hedgefonds i.S.d. § 225 KAGB. Darüber hinaus muss der Verkaufsprospekt von EU-AIF oder ausländischen AIF, die hinsichtlich ihrer Anlagepolitik Dach-Hedgefonds nach § 225 KAGB vergleichbar sind, die Angaben nach § 228 KAGB enthalten, damit die Fondsanteile solcher AIF an Privatanleger in Deutschland vertrieben werden dürfen (§ 318 Abs. 2 Satz 1 KAGB).[4]

1 S. Begr. RegE InvModG, BT-Drucks. 15/1553, S. 111; s. ferner *Baum* in Weitnauer/Boxberger/Anders, § 228 KAGB Rz. 3; *Kunschke/Schaffelhuber* in Moritz/Klebeck/Jesch, § 228 KAGB Rz. 6.
2 S. dazu § 166 Abs. 7 KAGB. Vgl. insofern auch *Baum* in Weitnauer/Boxberger/Anders, § 228 KAGB Rz. 2; *Kunschke/Schaffelhuber* in Moritz/Klebeck/Jesch, § 228 KAGB Rz. 4; unzutreffend hingegen *Wülfert/Zackor* in Baur/Tappen, § 228 KAGB Rz. 4, wonach für Dach-Hedgefonds keine wesentlichen Anlegerinformationen veröffentlicht werden dürften.
3 Begr. RegE AIFM-UmsG, BT-Drucks. 17/12294, S. 267.
4 S. auch *Lindemann* in Beckmann/Scholtz/Vollmer, § 228 KAGB Rz. 7.

III. Zusätzliche Angaben im Verkaufsprospekt (§ 228 Abs. 1 KAGB)

§ 228 Abs. 1 KAGB führt in den Nr. 1 bis 6 die Gegenstände auf, zu welchen der Verkaufsprospekt für Anteile an einem Dach-Hedgefonds Auskunft geben muss. 5

1. Grundsätze der Zielfondsauswahl (§ 228 Abs. 1 Nr. 1 KAGB)

Der Verkaufsprospekt hat gem. § 228 Abs. 1 Nr. 1 KAGB darüber zu informieren, nach welchen Grundsätzen die Zielfonds ausgewählt werden. Dies soll dem Anleger die Einschätzung des mit der Anlage verbundenen Risikos erleichtern.[5] Allerdings sind die Anlagegrundsätze bereits gem. § 165 Abs. 2 Nr. 2 KAGB im Verkaufsprospekt zu beschreiben. § 228 Abs. 1 Nr. 1 KAGB dürfte daneben kaum eigenständige Bedeutung zukommen.[6] Überdies sind die Auswahlgrundsätze auch Pflichtinhalt der Anlagebedingungen (§ 229 Abs. 2 Nr. 1 KAGB). 6

Nach Ansicht des historischen Gesetzgebers sind gem. § 228 Abs. 1 Nr. 1 KAGB nicht nur Angaben zur Auswahl und Art der künftig zu erwerbenden Zielfonds zu machen, sondern auch über die Anlagestrategien, Anlagegrundsätze und Anlagegrenzen der bereits ausgewählten Zielfonds.[7] Für bereits ausgewählte Fonds kann der Prospekt insofern sehr konkrete und genaue Angaben machen. Für künftig zu erwerbende Zielfonds sollten jedoch **„typisierende" Angaben** ausreichen, schon um die Bewegungsfreiheit der Dachfondsverwaltung bei der Zielfondsauswahl nicht über Gebühr einzuschränken.[8] 7

Zu den „Grundsätzen" der Auswahl gehören nicht nur die einzelnen **Auswahlkriterien**, nach denen die Fondsverwaltung ihre Entscheidung trifft, sondern auch deren jeweilige **Gewichtung**.[9] 8

2. Zulässiger Umfang des Erwerbs von Anteilen ausländischer nicht beaufsichtigter Zielfonds (§ 228 Abs. 1 Nr. 2 KAGB)

Der Verkaufsprospekt für Dach-Hedgefonds hat gem. § 228 Abs. 1 Nr. 2 KAGB zudem Angaben darüber zu machen, in welchem Umfang Anteile an ausländischen, nicht beaufsichtigten Zielfonds i.S.d. § 225 Abs. 1 Satz 2 Alt. 2 KAGB[10] erworben werden dürfen. Diese Angaben sind um den Hinweis zu ergänzen, dass es sich bei diesen Zielfonds zwar um AIF handelt, deren Anlagepolitik den Anforderungen für Hedgefonds vergleichbar ist, die aber möglicherweise keiner mit diesem Gesetz vergleichbaren staatlichen Aufsicht unterliegen. Die Gesetzesmaterialien zur Vorgängervorschrift des § 117 Abs. 1 Satz 2 Nr. 2 InvG gehen davon aus, dass hier insbesondere Informationen zur Anlagepolitik dieser ausländischen Zielfonds für die Anleger wichtig sind.[11] Diese erhält der Anleger jedoch bereits im Rahmen der Angaben nach § 228 Abs. 1 Nr. 2 KAGB. Insofern sind Doppelungen in der Darstellung zu vermeiden.[12] 9

„Nicht beaufsichtigte" Zielfonds i.S.d. § 228 Abs. 1 Nr. 2 KAGB sind solche, die nicht der inländischen staatlichen Aufsicht nach dem KAGB unterfallen. Solche Zielfonds, die einer ausländischen, aber mit dem KAGB vergleichbaren Aufsicht unterliegen, sind also bei den Umfangsangaben im Prospekt ebenfalls zu berücksichtigen. Dies ergibt sich aus dem Wort „möglicherweise". Für die Anleger ist die Information jedoch durchaus von Bedeutung, ob die erwerbbaren ausländischen Zielfonds einer vergleichbaren Aufsicht unterliegen oder nicht. Entsprechende Auskünfte im Prospekt sind daher zulässig und jedenfalls für eine gehaltvolle Anlegerinformation wünschenswert.[13] 10

3. Anforderungen an die Geschäftsleitung der Zielfonds (§ 228 Abs. 1 Nr. 3 KAGB)

Der Verkaufsprospekt hat Angaben zu den Anforderungen zu enthalten, welche die KVG an die Geschäftsleitung der Zielfonds stellt (§ 228 Abs. 1 Nr. 3 KAGB). Diese Angaben sind nach Ansicht des Gesetzgebers für den Anleger von Interesse, weil die Anlagestrategien der Zielfonds auch von der Person des Fondsmana- 11

---

5 Vgl. Begr. RegE InvModG, BT-Drucks. 15/1553, S. 111.

6 In diesem Sinne *Baum* in Weitnauer/Boxberger/Anders, § 228 KAGB Rz. 4: „überflüssig"; zweifelnd auch *Kunschke/Schaffelhuber* in Moritz/Klebeck/Jesch, § 228 KAGB Rz. 5.

7 S. Begr. RegE InvModG, BT-Drucks. 15/1553, S. 111, zum gleichlautenden § 117 Abs. 1 Satz 2 Nr. 1 InvG.

8 S. *Baum* in Weitnauer/Boxberger/Anders, § 228 KAGB Rz. 5; *Wülfert/Zackor* in Baur/Tappen, § 228 KAGB Rz. 5.

9 Zutr. *Baum* in Weitnauer/Boxberger/Anders, § 228 KAGB Rz. 6.

10 S. dazu näher in § 225 Rz. 8 f.

11 Begr. RegE InvModG, BT-Drucks. 15/11653, S. 111.

12 Zutr. *Kunschke/Schaffelhuber* in Moritz/Klebeck/Jesch, § 228 KAGB Rz. 8; s. auch *Wülfert/Zackor* in Baur/Tappen, § 228 KAGB Rz. 6: keine Information zur Anlagepolitik i.R. des § 228 Abs. 1 Nr. 2 KAGB erforderlich.

13 Vgl. auch *Kunschke/Schaffelhuber* in Moritz/Klebeck/Jesch, § 228 KAGB Rz. 9 zu bereits erworbenen Zielfondsanteilen. S. dort auch zur Frage der Vergleichbarkeit der Aufsicht.

gers abhängen.[14] Allerdings geht es hierbei nicht nur um die angewandte Strategie, sondern auch um die Frage, ob der Fondsmanager die Fertigkeiten besitzt, eine bestimmte Strategie lege artis umzusetzen. Es geht hier also insbesondere auch um die Ausbildung und praktische Erfahrung eines Fondsmanagers im Hedgefondsbereich.[15] In der Sache hat die KVG hier offenzulegen, nach welchen Kriterien sie das Fondsmanagement im Rahmen ihrer Anlageentscheidungen (vgl. auch § 225 Abs. 5 Nr. 3 KAGB) bewertet.[16]

4. Umfang und Risiken von Kreditaufnahmen und Leerverkäufen der Zielfonds (§ 228 Abs. 1 Nr. 4 KAGB)

12 Der Verkaufsprospekt hat auch Angaben darüber zu enthalten, in welchem Umfang von den ausgewählten Zielfonds im Rahmen ihrer Anlagestrategie Kredite aufgenommen und Leerverkäufe getätigt werden dürfen (§ 228 Abs. 1 Nr. 4 KAGB). Diese Angaben sind um einen Hinweis auf die damit verbundenen Risiken zu ergänzen. Diese auch in die Anlagebedingungen aufzunehmenden Informationen (vgl. § 229 Abs. 2 Nr. 3 KAGB) tragen dem Umstand Rechnung, dass Hedgefonds gerade durch den Einsatz von Leverage in beträchtlichem Umfang und die Vornahme von Leerverkäufen gekennzeichnet sind (vgl. § 283 Abs. 1 KAGB).[17]

5. Gebührenstruktur der Zielfonds (§ 228 Abs. 1 Nr. 5 KAGB)

13 Dachfondskonstruktionen führen dazu, dass für Anleger sowohl auf Dachfondsebene als auch auf Zielfondsebene Kosten anfallen.[18] § 228 Abs. 1 Nr. 5 KAGB will hier **Kostentransparenz** schaffen, indem es die KVG verpflichtet, Angaben zur Kostenstruktur des Zielfonds sowie zu den Methoden, nach denen die vom Anleger zu tragenden Gesamtkosten berechnet werden, in den Verkaufsprospekt aufzunehmen.[19]

14 Diese Angaben sind mit einem Hinweis auf die Besonderheiten bei der Höhe der Gebühren zu verbinden. Hiermit wird dem Umstand Rechnung getragen, dass die **Gebühren** bei Hedgefonds **üblicherweise deutlich höher** sind als bei herkömmlichen Investmentfonds. Dies resultiert nicht zuletzt daraus, dass bei Hedgefondsmanagern prozentuale Gewinnbeteiligungen von beträchtlichem Umfang bei relativ niedrigen Verwaltungsgebühren üblich sind.[20] In Bezug auf letztere ist bei der Darstellung der Gesamtkosten zu verdeutlichen, dass diese anders als die Gewinnbeteiligung auch bei negativer Entwicklung der Anlage anfallen.[21] Die „Besonderheit" der Gebührenstruktur von Hedgefonds ergibt sich insofern also aus dem Nebeneinander von gewinnabhängigen und gewinnunabhängigen Gebühren- bzw. Kostenanteilen.[22]

6. Rücknahme und Auszahlung von Anteilen oder Aktien (§ 228 Abs. 1 Nr. 6 KAGB)

15 Gemäß § 228 Abs. 1 Nr. 6 KAGB hat der Verkaufsprospekt von Dach-Hedgefonds **Angaben zu den Einzelheiten und Bedingungen der Rücknahme und der Auszahlung** von Anteilen (oder Aktien) zu enthalten, wie sie sich aus den Anlagebedingungen und § 227 KAGB ergeben. Ausführungen sind etwa zu den Rückgabeterminen, der Unwiderruflichkeit der Rückgabeerklärung, dem Erklärungsadressaten, den Rückgabefristen, der Sperrung der Anteile nach erfolgter Rückgabeerklärung sowie zu den Auszahlungsmodalitäten zu machen.[23]

---

14 Begr. RegE InvModG, BT-Drucks. 15/11653, S. 111.

15 Begr. RegE InvModG, BT-Drucks. 15/11653, S. 111; *Baum* in Weitnauer/Boxberger/Anders, § 228 KAGB Rz. 8; *Kunschke/Schaffelhuber* in Moritz/Klebeck/Jesch, § 228 KAGB Rz. 11; *Wülfert/Zackor* in Baur/Tappen, § 228 KAGB Rz. 7.

16 S. auch *Baum* in Weitnauer/Boxberger/Anders, § 228 KAGB Rz. 9; *Kunschke/Schaffelhuber* in Moritz/Klebeck/Jesch, § 228 KAGB Rz. 9; nach *Wülfert/Zackor* in Baur/Tappen, § 228 KAGB Rz. 7, sind mit Blick auf Ausbildung und praktischer Erfahrung nur „Minimalanforderungen" zu nennen.

17 Begr. RegE InvModG, BT-Drucks. 15/1553, S. 111; s. auch *Baum* in Weitnauer/Boxberger/Anders, § 228 KAGB Rz. 10 f.; *Kunschke/Schaffelhuber* in Moritz/Klebeck/Jesch, § 228 KAGB Rz. 12 f.; *Wülfert/Zackor* in Baur/Tappen, § 228 KAGB Rz. 8.

18 Insofern durchaus kritisch *Köndgen/Schmies* in Schimansky/Bunte/Lwowski, § 113 Rz. 168.

19 S. demgegenüber BGH v. 12.10.2017 – III ZR 254/15, WM 2017, 2188, zu den (nicht) erforderlichen Angaben zur Kostenstruktur der Zielfonds im Prospekt eines Private-Equity-Dachfonds. Zu dieser Entscheidung *Brocker*, RdF 2018, 83 f.

20 Vgl. auch Begr. RegE InvModG, BT-Drucks. 15/1553, S. 111.

21 Begr. RegE InvModG, BT-Drucks. 15/1553, S. 111.

22 Solche Gebührenstrukturen finden sich aber etwa auch bei Private-Equity-Fonds, vgl. dazu *Brocker*, RdF 2018, 83 f.

23 S. auch *Baum* in Weitnauer/Boxberger/Anders, § 228 KAGB Rz. 14; *Kunschke/Schaffelhuber* in Moritz/Klebeck/Jesch, § 228 KAGB Rz. 17 ff.; *Lindemann* in Beckmann/Scholtz/Vollmer, § 228 KAGB Rz. 14; *Wülfert/Zackor* in Baur/Tappen, § 228 KAGB Rz. 10.

Sofern die Anlagebedingungen bestimmte Rücknahmetermine nach Maßgabe des § 227 Abs. 1 KAGB vorsehen, muss der Verkaufsprospekt überdies **einen ausdrücklichen und drucktechnisch hervorgehobenen Hinweis** darauf enthalten, dass der Anleger abweichend von §§ 98 Abs. 1, 116 Abs. 2 Satz 1 KAGB seine Anteile nicht mindestens zweimal im Monat zurückgeben und eine entsprechende Auszahlung verlangen kann. 16

IV. Warnhinweis des BMF (§ 228 Abs. 2 KAGB)

Der Verkaufsprospekt hat gem. § 228 Abs. 2 KAGB einen Warnhinweis zu enthalten, der darauf aufmerksam macht, dass der Dach-Hedgefonds in Zielfonds investiert, die keinen gesetzlichen Leverage- oder Risikobeschränkungen unterliegen.[24] Dieser Hinweis muss **an auffälliger Stelle** erscheinen und ist zudem **drucktechnisch hervorzuheben.** In der Praxis findet sich die Warnung daher regelmäßig auf dem Deckblatt oder der ersten Seite des Prospekts (= auffällige Stelle) und ist dabei durch Fettdruck, eine größere Schrift oder einen Rahmen vom übrigen Text abgesetzt (= drucktechnische Hervorhebung).[25] 17

Angesichts des auch für Hedgefonds bestehenden gesetzlichen Rahmens für den Einsatz von Leverage und die Eingehung von Risiken gem. §§ 29 und 274 i.V.m. § 215 KAGB wird der Warnhinweis teilweise als unzutreffend und die Regelung des § 228 Abs. 2 KAGB daher als möglicherweise verfassungswidrig eingestuft.[26] 18

Gemäß § 302 Abs. 6 KAGB muss der Warnhinweis gem. § 228 Abs. 2 KAGB auch im Zusammenhang mit der **Werbung** für Dach-Hedgefonds erfolgen.[27] 19

V. Rechtsfolgen bei Verstoß

Die Pflichtangaben des § 228 Abs. 1 KAGB sind Angaben von wesentlicher Bedeutung i.S.d. § 306 Abs. 1 KAGB. Sind die entsprechenden Angaben im Verkaufsprospekt unrichtig oder unvollständig, so haften hierfür die Prospektverantwortlichen den Anlegern **nach Maßgabe des § 306 KAGB auf Erstattung des gezahlten Betrags.**[28] 20

Auch der Warnhinweis nach § 228 Abs. 2 KAGB stellt eine Angabe von wesentlicher Bedeutung i.S.d. § 306 Abs. 1 KAGB dar. Fehlt der Hinweis ganz oder ist er unvollständig, können die Anleger daher **Erstattung nach Maßgabe des § 306 KAGB** fordern.[29] § 228 Abs. 2 KAGB ist daneben auch **Schutzgesetz i.S.d. § 823 Abs. 2 BGB.**[30] Der Anspruch auf Schadensersatz aus § 823 Abs. 2 BGB tritt neben denjenigen aus Prospekthaftung (s. § 306 Abs. 6 Satz 2 KAGB).[31] Er greift aber auch jenseits der Haftung aus § 306 Abs. 1 KAGB ein, wenn der Hinweis zwar vollständig im Prospekt enthalten ist, jedoch nicht an auffälliger Stelle steht oder nicht drucktechnisch hervorgehoben ist. 21

Jenseits der privatrechtlichen Schadensersatzhaftung kommen als Reaktion auf einen Verstoß gegen die Vorgaben des § 228 KAGB **aufsichtsrechtliche Maßnahmen der BaFin** in Betracht. 22

---

24 In § 117 Abs. 2 InvG lautete die Formulierung des Warnhinweises noch: „Bei diesem Investmentfonds müssen Anleger bereit und in der Lage sein, Verluste des eingesetzten Kapitals bis hin zum Totalverlust hinzunehmen." Krit. zur Neuformulierung *Lindemann* in Beckmann/Scholtz/Vollmer, § 228 KAGB Rz. 16.

25 S. *Kunschke/Schaffelhuber* in Moritz/Klebeck/Jesch, § 228 KAGB Rz. 21; ferner *Baum* in Weitnauer/Boxberger/Anders, § 228 KAGB Rz. 17; vgl. auch *Patz*, BKR 2014, 271 (274).

26 S. *Kunschke/Schaffelhuber* in Moritz/Klebeck/Jesch, § 228 KAGB Rz. 23 ff.; *Lindemann* in Beckmann/Scholtz/Vollmer, § 228 KAGB Rz. 16 bezweifelt, dass der Warnhinweis nach Abs. 2 ein wirksames Mittel des Anlegerschutzes darstellt.

27 S. auch *Lindemann* in Beckmann/Scholtz/Vollmer, § 228 KAGB Rz. 6.

28 Möglicherweise anders, jedoch unklar *Lindemann* in Beckmann/Scholtz/Vollmer, § 228 KAGB Rz. 8, der allein die „Prospekthaftung nach § 306 Abs. 2" anspricht.

29 Vgl. auch Begr. RegE InvModG, BT-Drucks. 15/1553, S. 111: „Bei einem Verstoß gegen die Verpflichtung zur Aufnahme des Warnhinweises in den Verkaufsprospekt hat der Anleger Anspruch auf Schadensersatz." Allgemein zu Hinweisen auf gesetzliche Regelungen als Angaben wesentlicher Bedeutung *Paul* in Weitnauer/Boxberger/Anders, § 306 KAGB Rz. 18.

30 S. auch *Kunschke/Schaffelhuber* in Moritz/Klebeck/Jesch, § 228 KAGB Rz. 22 unter Verweis auf Begr. RegE InvModG, BT-Drucks. 15/1553, S. 111; Schadensersatzanspruch bejahend, aber ohne dogmatische Einordnung *Wülfert/Zackor* in Baur/Tappen, § 228 KAGB Rz. 14.

31 Allgemein zum Verhältnis von Ansprüchen aus Delikt und aus Prospekthaftung hier nur *Paul* in Weitnauer/Boxberger/Anders, § 306 KAGB Rz. 56.

§ 229 Anlagebedingungen

(1) Die Anlagebedingungen von AIF-Kapitalverwaltungsgesellschaften, die Dach-Hedgefonds verwalten, müssen die Angaben nach Maßgabe des § 162 enthalten.

(2) Ergänzend zu § 162 Absatz 2 Nummer 1 ist von den AIF-Kapitalverwaltungsgesellschaften anzugeben,

1. nach welchen Grundsätzen Zielfonds, in die sie anlegen, ausgewählt werden,

2. dass es sich bei diesen Zielfonds um Hedgefonds, EU-AIF oder ausländische AIF handelt, deren Anlagepolitik jeweils Anforderungen unterliegt, die denen nach § 283 vergleichbar sind,

3. welchen Anlagestrategien diese Zielfonds folgen und in welchem Umfang sie im Rahmen ihrer Anlagestrategien zur Generierung von Leverage Kredite aufnehmen, Wertpapier-Darlehen oder Derivate einsetzen und Leerverkäufe durchführen dürfen,

4. bis zu welcher Höhe Mittel in Bankguthaben, Geldmarktinstrumenten und in Anteilen oder Aktien an inländischen AIF, EU-AIF oder ausländischen AIF nach § 225 Absatz 2 Satz 1 angelegt werden dürfen und

5. ob die Vermögensgegenstände eines Zielfonds bei einer Verwahrstelle oder einem Primebroker verwahrt werden.

(3) Ergänzend zu § 162 Absatz 2 Nummer 4 haben AIF-Kapitalverwaltungsgesellschaften, die Dach-Hedgefonds verwalten, alle Voraussetzungen und Bedingungen der Rückgabe und Auszahlung von Anteilen aus dem Dach-Hedgefonds Zug um Zug gegen Rückgabe der Anteile anzugeben.

In der Fassung vom 4.7.2013 (BGBl. I 2013, S. 1981).

Schrifttum: *Dornseifer*, Hedge Funds and Systemic Risk Reporting, in Zetzsche (ed.), The AIFM Directive, 2012, S. 557; *Schmies*, Die Regulierung von Hedgefonds, 2010.

Materialien: IOSCO, Report on the Fourth IOSCO Hedge Funds Survey, November 2017, online abrufbar unter: https://www.iosco.org/library/pubdocs/pdf/IOSCOPD587.pdf.

I. Inhaltsübersicht und Entstehungsgeschichte

1 § 229 KAGB bestimmt zwingende Inhalte („Angaben")[1] der Anlagebedingungen von Dach-Hedgefonds. § 229 Abs. 1 KAGB verweist dafür zunächst auf die für alle offenen Publikumsinvestmentvermögen geltenden Mindestinhalte nach § 162 KAGB (genauer: § 162 Abs. 2 KAGB). § 229 Abs. 2 KAGB bestimmt obligatorische Ergänzungen zu den Inhalten des § 162 Abs. 2 Nr. 1 KAGB. Dies betrifft die Auswahl der Zielfonds sowie deren Anlagestrategien einschließlich des Einsatzes von Leverage und Leerverkäufen, ferner die zulässige Höhe der Investition des Dachfonds in Liquiditätsanleihen und die Verwahrung der Vermögensgegenstände der Zielfonds. § 229 Abs. 3 KAGB sieht schließlich zwingende Ergänzungen zu den Pflichtinhalten nach § 162 Abs. 2 Nr. 4 KAGB vor: Sämtliche Voraussetzungen und Bedingungen der Rückgabe und Auszahlung von Anteilen an Dach-Hedgefonds sind in den Anlagebedingungen zu regeln.

1 Vgl. zur Unschärfe dieser gesetzlichen Begriffswahl *Kunschke/Schaffelhuber* in Moritz/Klebeck/Jesch, § 229 KAGB Rz. 3.

§ 229 KAGB übernimmt mit redaktionellen Anpassungen die Regelungen aus § 118 Abs. 1 InvG.[2] Diese wurden durch das InvModG als § 118 InvG eingeführt[3] und blieben inhaltlich weitgehend unberührt. Geringfügige Änderung erfolgten durch das InvÄndG, welches den Begriff des Prime Brokers in das InvG einführte und den Katalog der durch Dach-Hedgefonds erwerbbaren Vermögensgegenstände um Investmentanteile an Investmentvermögen, die ausschließlich in Bankguthaben und Geldmarktinstrumente anlegen dürfen, erweiterte (nunmehr: § 225 Abs. 2 Satz 1 Nr. 3 KAGB).[4] Seitdem haben die Anlagebedingungen eine Vereinbarung auch über die zulässige Höhe der Anlage in solche Anteile sowie darüber zu enthalten, ob die Vermögensgegenstände eines Zielfonds bei einer Depotbank oder einem Prime Broker verwahrt werden (§ 118 Abs. 1 S. 2 InvG a.E.). 2

II. Normzweck

§ 229 KAGB dient, ebenso wie die hierdurch ergänzte Regelung des § 162 Abs. 2 KAGB, dem **Anlegerschutz.** 3
Die Vorgabe von Mindestinhalten soll eine informierte Investitionsentscheidung des Anlegers fördern,[5] auch wenn die Anlagebedingungen nicht vorrangig der Information der Anleger dienen.[6] Die Festlegung gesetzlicher Mindestinhalte steht zudem im Zusammenhang mit dem Genehmigungserfordernis nach § 163 KAGB: Gesetzliche Mindestinhalte gewährleisten insofern die Abdeckung der – gerade unter dem Gesichtspunkt des Anlegerschutzes – wesentlichen Regelungsgegenstände durch die Anlagebedingungen.[7] Zudem tragen sie zu einer gewissen Standardisierung dieser Regelwerke bei. Die Praxis greift insofern regelmäßig auf die entsprechenden Muster des Branchenverbands BVI zurück.[8]

Die in § 229 KAGB enthaltenen Ergänzungen der Mindestinhalte sollen den besonderen Eigenschaften von Dach-Hedgefonds und den hiermit verbundenen Risiken Rechnung tragen.[9] 4

III. Anwendungsbereich

§ 229 KAGB gilt für inländische Dach-Hedgefonds i.S.d. § 225 KAGB. Darüber hinaus müssen die Anlagebedingungen, die Satzung oder der Gesellschaftsvertrag von EU-AIF oder ausländischen AIF, die hinsichtlich ihrer Anlagepolitik Dach-Hedgefonds nach § 225 KAGB vergleichbar sind, die Angaben nach § 229 KAGB enthalten, damit die Fondsanteile solcher AIF an Privatanleger in Deutschland vertrieben werden dürfen (§ 317 Abs. 1 Nr. 7 lit. a) bb) KAGB).[10] 5

IV. Verweis auf § 162 KAGB (§ 229 Abs. 1 KAGB)

Der Verweis auf § 162 KAGB ist rein deklaratorischer Natur. Dach-Hedgefonds sind offene Publikumsinvestmentvermögen, auf welche die §§ 162 bis 170 KAGB ohnehin Anwendung finden.[11] Vor diesem Hintergrund ist es auch praktisch ohne Bedeutung, dass über den Verweis auf „die Angaben nach Maßgabe des § 162" nur § 162 Abs. 2 KAGB in Bezug genommen ist, da nur dieser Regelungen zu (Mindest-)Angaben in den Anlagebedingungen enthält. 6

2 S. Begr. RegE AIFM-UmsG, BT-Drucks. 17/12294, S. 267. Die Regelung des § 118 Abs. 2 InvG betraf Single-Hedgefonds. Ihr Nachfolger findet sich daher in § 283 Abs. 2 KAGB.

3 Gesetz zur Modernisierung des Investmentwesens und zur Besteuerung von Investmentvermögen v. 15.12.2003, BGBl. I 2003, S. 2676.

4 Gesetz zur Änderung des Investmentgesetzes und zur Anpassung anderer Vorschriften v. 21.12.2007, BGBl. I 2007, S. 3089.

5 Vgl. insofern Begr. RegE InvModG, BT-Drucks. 15/1553, S. 91 zu § 43 Abs. 4 InvG, dem Vorgänger von § 162 Abs. 2 KAGB.

6 S. Begr. RegE InvModG, BT-Drucks. 15/1553, S. 112, zu § 118 InvG. Hiermit wird der Verzicht auf einen Warnhinweis, wie er im Verkaufsprospekt enthalten sein muss (s. jetzt § 228 Abs. 2 KAGB), begründet.

7 Zum Prüfungsumfang der BaFin im Rahmen der Genehmigungsentscheidung nach § 163 KAGB s. die Kommentierung zu § 163 Rz. 14 f.

8 Der BVI stellt seinen Mitgliedern auch ein Muster für Anlagebedingungen von Dach-Hedgefonds zur Verfügung.

9 Vgl. Begr. RegE InvModG, BT-Drucks. 15/1553, S. 111 f.; ferner *Baum* in Weitnauer/Boxberger/Anders, § 229 KAGB Rz. 4; *Kunschke/Schaffelhuber* in Moritz/Klebeck/Jesch, § 229 KAGB Rz. 1; *Wülfert/Zackor* in Baur/Tappen, § 229 KAGB Rz. 2.

10 S. auch *Lindemann* in Beckmann/Scholtz/Vollmer, § 229 KAGB Rz. 5.

11 S. auch *Baum* in Weitnauer/Boxberger/Anders, § 229 KAGB Rz. 2.

V. Ergänzende Angaben (§ 229 Abs. 2 und 3 KAGB)

1. Ergänzungen zu § 162 Abs. 2 Nr. 1 KAGB (§ 229 Abs. 2 KAGB)

7 § 229 Abs. 2 führt in den Nr. 1 bis 5 Pflichtinhalte auf, welche die gem. § 162 Abs. 2 Nr. 1 KAGB in die Anlagebedingungen aufzunehmenden Angaben[12] zur Auswahl der zu beschaffenden Vermögensgegenstände einschließlich Liquiditätsanlagen sowie des zulässigen Einsatzes von Derivaten und Kreditaufnahmen ergänzen und präzisieren.

a) Grundsätze der Auswahl von Zielfonds (§ 229 Abs. 2 Nr. 1 KAGB)

8 In den Anlagebedingungen ist gem. § 229 Abs. 2 Nr. 1 KAGB anzugeben, nach welchen Grundsätzen die AIF-KVG die Zielfonds (§ 225 Abs. 1 Satz 2 KAGB)[13] auswählt, in die sie investiert. Die entsprechenden Angaben sind gem. § 228 Abs. 1 Nr. 1 KAGB auch in den Verkaufsprospekt aufzunehmen. Wie dort sind auch in den Anlagebedingungen Angaben zur Auswahl und Art der künftig zu erwerbenden Zielfonds vor allem in Bezug auf die Anlagestrategien, Anlagegrundsätze und Anlagegrenzen erforderlich, wobei „typisierende" Angaben ausreichen. Hier ergeben sich daher gewisse Überschneidungen mit den Angaben nach § 229 Abs. 2 Nr. 3 KAGB.[14] Neben den Auswahlkriterien ist auch deren Gewichtung anzugeben.[15]

b) Allgemeine Anforderungen an die Anlagepolitik der Zielfonds (§ 229 Abs. 2 Nr. 2 KAGB)

9 Die Anlagebedingungen haben gem. § 229 Abs. 2 Nr. 2 KAGB ferner anzugeben, dass es sich bei den Zielfonds um Hedgefonds, EU-AIF oder ausländische AIF[16] handelt, deren Anlagepolitik jeweils Anforderungen unterliegt, die denen nach § 283 KAGB vergleichbar sind. Damit wird die aufsichtsrechtliche Vorgabe des § 225 Abs. 1 Satz 1 und 2 KAGB in den Anlagebedingungen wiederholt und so zum Inhalt des Vertrages zwischen AIF-KVG und Anleger.[17]

c) Anlagestrategien und zulässiger Leverageumfang der Zielfonds (§ 229 Abs. 2 Nr. 3 KAGB)

10 Gemäß § 229 Abs. 2 Nr. 3 KAGB sind die Anlagestrategien der potenziellen Zielfonds zu beschreiben. Auch wenn sich die Anlagestrategien von Hedgefonds durch eine große Heterogenität auszeichnen,[18] hat sich die Einteilung in bestimmte Strategieklassen eingebürgert. IOSCO nennt ein knappes Dutzend solcher Strategieklassen, denen sich das Anlageverhalten von Hedgefonds weitgehend zuordnen lässt. Hierzu zählen etwa Equity Long/Short, Macro, Fixed Income Arbitrage, Distressed/Restructuring und weitere.[19] Diese Strategieklassen lassen sich wiederum in drei Großgruppen – Relative Value, Event-Driven und opportunistische Strategien – zusammenfassen.[20] Teils werden die einzelnen Strategien von Hedgefonds auch kombiniert. Soll auch in Zielfonds investiert werden, die solche Kombinationsstrategien anwenden, ist dies in die Anlagebedingungen aufzunehmen.[21]

11 Im Zusammenhang mit der Beschreibung der Anlagestrategien der Zielfonds ist auch anzugeben, in welchem Umfang die Zielfonds hierfür zur Generierung von Leverage (§ 1 Abs. 19 Nr. 25 KAGB) Kredite aufnehmen, Wertpapier-Darlehen oder Derivate einsetzen und Leerverkäufe durchführen dürfen.[22] Diese Angaben sind teilweise auch in den Verkaufsprospekt aufzunehmen, der zudem auf die mit Kreditaufnahmen und Leerverkäufen verbundenen Risiken hinzuweisen hat (s. § 228 Abs. 1 Nr. 4 KAGB).

---

12 S. dazu ausführlich die Kommentierung zu § 162.
13 S. auch *Baum* in Weitnauer/Boxberger/Anders, § 229 KAGB Rz. 6: Geldmarktfonds sind keine Zielfonds i.S.d. Regelung.
14 S. auch *Kunschke/Schaffelhuber* in Moritz/Klebeck/Jesch, § 229 KAGB Rz. 7.
15 S. § 228 Rz. 8; vgl. auch *Kunschke/Schaffelhuber* in Moritz/Klebeck/Jesch, § 229 KAGB Rz. 7.
16 Zur Definition von AIF, EU-AIF und ausländischem AIF s. § 1 Abs. 3, 8 und 9 KAGB.
17 Für Einzelheiten zum Begriff des Zielfonds s. § 225 Rz. 8 ff.
18 *Schmies*, Die Regulierung von Hedgefonds, S. 44; s. auch IOSCO, Report on the Fourth IOSCO Hedge Funds Survey, November 2017, S. 15: „'Hedge fund' is an umbrella term, […] broad group [of funds]".
19 IOSCO, Report on the Fourth IOSCO Hedge Funds Survey, November 2017, S. 16.
20 *Schmies*, Die Regulierung von Hedgefonds, S. 44 ff.; s. ferner die Einteilung bei *Kunschke/Schaffelhuber* in Moritz/Klebeck/Jesch, Anlage 1 zu § 283 KAGB.
21 S. auch *Kunschke/Schaffelhuber* in Moritz/Klebeck/Jesch, § 229 KAGB Rz. 12.
22 Vgl. insofern auch das bei *Dornseifer* in Zetzsche (ed.), The AIFM Directive, S. 557, 564 f. präsentierte Zahlenmaterial zum tatsächlichen Einsatz von Leverage im Rahmen verschiedener Anlagestrategien von Hedgefonds.

d) Zulässige Höhe von Liquiditätsanlagen (§ 229 Abs. 2 Nr. 4 KAGB)

§ 229 Abs. 2 Nr. 4 KAGB fordert in den Anlagebedingungen Angaben, bis zu welcher Höhe der Dach-Hedgefonds in Liquiditätsanlagen i.S.d. § 225 Abs. 2 Satz 1 KAGB[23] anlegen darf. Die Anlagebedingungen können hier die nach § 225 Abs. 2 Satz 1 KAGB zulässige Höchstgrenze von 49 Prozent des Wertes des Dachfonds ausschöpfen, müssen dies aber nicht. 12

e) Verwahrung der Vermögensgegenstände des Zielfonds (§ 229 Abs. 2 Nr. 5 KAGB)

Gemäß § 229 Abs. 2 Nr. 5 KAGB ist in den Anlagebedingungen zu vereinbaren, ob die Vermögensgegenstände eines Zielfonds bei einer Verwahrstelle oder einem Primebroker (§ 1 Abs. 19 Nr. 30 KAGB) verwahrt werden. Zur Erhaltung hinreichender Flexibilität dürfte es aber zulässig sein, wenn die Anlagebedingungen des Dach-Hedgefonds nicht die eine oder die andere Verwahrung unter Ausschluss der Alternative festlegen, sondern beide Möglichkeiten für die Verwahrung auf Zielfondsebene (ausdrücklich) zulassen.[24] Handelt es sich bei dem Zielfonds um einen inländischen Hedgefonds i.S.d. § 283 KAGB haben dessen (!) Anlagebedingungen jedoch zwingend eine Regelung zu enthalten, ob die Vermögensgegenstände bei einer Verwahrstelle oder aber bei einem Primebroker verwahrt werden (§ 283 Abs. 2 KAGB).[25] 13

2. Ergänzungen zu § 162 Abs. 2 Nr. 4 KAGB, Anteilsrückgabe (§ 229 Abs. 3 KAGB)

Gemäß § 229 Abs. 3 KAGB haben die Anlagebedingungen für Dach-Hedgefonds „ergänzend" zu § 162 Abs. 2 Nr. 4 KAGB alle Voraussetzungen und Bedingungen der Rückgabe und Auszahlung von Anteilen aus dem Dach-Hedgefonds Zug um Zug gegen Rückgabe der Anteile anzugeben. Da § 162 Abs. 2 Nr. 4 KAGB jedoch bereits die Angabe sämtlicher Voraussetzungen und Bedingungen der Anteilsrückgabe, einschließlich des Adressaten der Rückgabeerklärung vorschreibt, beschränkt sich die Ergänzung der Regelung durch § 229 Abs. 3 KAGB auf die Modalitäten der Auszahlung (dazu § 227 Abs. 4 KAGB).[26] 14

Soweit § 227 Abs. 1 KAGB für eine Abweichung von §§ 98 Abs. 1, 116 Abs. 2 Satz 1 KAGB bereits eine Regelung in den Anlagebedingungen verlangt,[27] fügt § 229 Abs. 3 KAGB dem nichts mehr hinzu.[28] 15

Unterabschnitt 5
Immobilien-Sondervermögen

Vorbemerkungen vor §§ 230 ff.

I. Grundsätze einer Immobilienanlage

Immobilienanlagen treten in zwei Formen in Erscheinung. Zum einen kann diese **direkt** erfolgen, indem der Anleger die Immobilie selbst und unmittelbar erwirbt. Zum anderen kann die Anlage **indirekt** erfolgen, 1

---

23 S. für Einzelheiten § 225 Rz. 16.
24 So auch *Wülfert*/*Zackor* in Baur/Tappen, § 229 KAGB Rz. 7.
25 S. dazu noch in § 283 Rz. 25.
26 *Baum* in Weitnauer/Boxberger/Anders, § 229 KAGB Rz. 10.
27 S. für Einzelheiten § 227 Rz. 5.
28 So auch *Baum* in Weitnauer/Boxberger/Anders, § 229 KAGB Rz. 9; ferner *Kunschke*/*Schaffelhuber* in Moritz/Klebeck/Jesch, § 229 KAGB Rz. 18: „deklaratorische Bedeutung".

indem ein Investmentvermögen eine Immobilie erwirbt und der Anleger Anteile an dem Investmentvermögen kauft.

2 Da es Privatanlegern in der Regel aber an den entsprechenden Anlagevolumina für eine Direktinvestition fehlt, sind für diese Anlegergruppe indirekte Immobilienanlagen häufig die einzige Möglichkeit, in Immobilien zu investieren. Eine indirekte Immobilienanlage kann nach deutschem Recht in zwei Formen erfolgen: entweder durch **geschlossene** oder **offene Immobilieninvestmentvermögen**. Beiden Arten immanent ist, dass die verwaltende KVG bei den Anlegern Geld einsammelt, und es anschließend in einzelne oder mehrer Immobilien oder größere Immobilien-Projekte investiert (s. dazu auch die Kommentierung zu § 230 Rz. 8 ff.).

1. Offene Immobilieninvestmentvermögen

3 Offene Immobilieninvestmentvermögen sind nach § 1 Abs. 4 KAGB entweder OGAW oder AIF, die die Voraussetzungen von Art. 1 Abs. 2 der Delegierten Verordnung (EU) Nr. 694/2014 erfüllen. Danach ist ein offenes Investmentvermögen ein solches, „dessen Anteile [bereits] **vor** Beginn der Liquidations- oder Auslaufphase auf Ersuchen eines Anteilseigners direkt oder indirekt aus den Vermögenswerten des AIF und nach den Verfahren und mit der Häufigkeit, die in den Vertragsbedingungen oder der Satzung, dem Prospekt oder den Emissionsunterlagen festgelegt sind, **zurückgekauft oder zurückgenommen** werden."

4 Die Besonderheit der offenen Immobilieninvestmentvermögen liegt folglich darin, dass diese gerade **nicht mit einer festen Laufzeit aufgelegt** werden. Die Anleger haben vielmehr die Möglichkeit, die Anteile bereits vor der endgültigen Liquidation des Investmenvermögens zurückzugeben (zur Rückgabehäufigkeit s. unten Rz. 23 ff.). Durch die offene Struktur ist die Anzahl der Anleger bei einem offenen Immobilieninvestmentvermögen unbegrenzt. Neue Anleger können jederzeit dazukommen. Je mehr Geld die KVG einsammelt, desto mehr Investitionen in Immobilien und/oder Immobilien-Projekte kann das Investmentvermögen tätigen. Dadurch wird dem Umstand Rechnung getragen, dass Immobilien grundsätzlich nicht so zielgerichtet, flexibel und zeitlich ungebunden veräußert werden können, wie beispielsweise Wertpapiere oder andere Anlagegegenstände.[1] Vielmehr kommt es bei einem Verkauf von Immobilien darauf an, wie sich die **aktuellen Marktumstände** und die sonstigen **wirtschaftlichen Gegebenheiten** im konkreten Verkaufszeitpunkt darstellen.[2] Die KVG kann im Rahmen eines offenen Immobilieninvestmentvermögens besser und flexibler auf die aktuellen Marktgegebenheiten reagieren, da sie ohne begrenzte vorgegebene Laufzeit über das eingesammelte Kapital verfügen kann. So kann sie Immobilien dann erwerben und veräußern, wenn die Marktlage sich gerade besonders positiv hierfür darstellt.

5 Offene Immobilieninvestmentvermögen können nach deutschem Recht ausschließlich als sog. **Immobilien-Sondervermögen** aufgelgt werden, vgl. § 91 Abs. 3 KAGB.

2. Geschlossene Immobilieninvestmentvermögen

6 Die zweite Variante der geschlossenen Immobilieninvestmentvermögen zeichnet sich im Gegensatz zu offenen Immobilieninvestmentvermögen dadurch aus, dass die Anleger ihre Anteile oder Aktien während der Laufzeit gerade nicht zurückgeben können. Vielmehr werden geschlossene Immobilieninvestmentvermögen für eine **feste Laufzeit** aufgelegt. Erst nach Ablauf des Anlagezeitraums werden die Immobilien (und die sonstigen Vermögensgegenstände) veräußert und das Investmentvermögen abgewickelt bzw. liquidiert.[3] Gerade darin besteht der Hauptvorteil eines geschlossenen Immobilieninvestmentvermögens. Die KVG kann mit einem **unveränderlichen Kapitalstock** wirtschaften. Ein Liquiditätsengpass durch zu viele gleichzeite Rückgaben der Anleger während der Laufzeit des Investmentvermögens, kann in dieser Variante gerade nicht drohen (zu den Liquiditätsproblemen eines offenen Immobilien-Sondervermögens s. unten Rz. 16).

7 Außerdem gibt die KVG von vornherein nur eine **begrenzte Anzahl an Anteilen oder Aktien** aus. Ist das Anlagevolumen des Investmenvermögens erreicht, können keine weiteren Anleger mehr Anteile oder Aktien erwerben. Das Gleiche gilt während der Laufzeit des Immobilieninvestmentvermögens.

8 Geschlossene Immobilieninvestmentvermögen können nach deutschem Recht daher nur als **InvKG mfK** oder als **InvAG mfK** aufgelegt werden, vgl. § 139 KAGB.

---

1 *Schultz-Süchting* in Emde/Dornseifer/Dreibus/Hölscher, § 66 InvG Rz. 159; *Hinrichs/Virreira Winter* in Baur/Tappen, § 230 KAGB Rz. 28; *Brockhausen* in Moritz/Klebeck/Jesch, § 230 KAGB Rz. 36.

2 *Schultz-Süchting* in Emde/Dornseifer/Dreibus/Hölscher, § 66 InvG Rz. 159; *Hinrichs/Virreira Winter* in Baur/Tappen, § 230 KAGB Rz. 28.

3 S. dazu auch *Hübner*, WM 2014, 106 (109); *Schultz-Süchting* in Emde/Dornseifer/Dreibus/Hölscher, Vor §§ 66-82 InvG Rz. 5.

3. Vorteile von Immobilieninvestmentvermögen im Vergleich zu Direktanlagen

Vor allem Privatanlegern bietet sich mithilfe von offenen und geschlossenen Immobilieninvestmentvermögen eine gute **Alternative** zu direkten Immobilieninvestitionen, die ihnen meist aufgrund der enormen Anlagesummen nicht zur Verfügung stehen.[4] Während Investitionen in Wertpapiere und Rohstoffe wie Gold oder Öl auch bereits mit kleinen Anlagesummen möglich sind, ist ein Direkterwerb einer Immobilie (und vor allem einer großen Immobilie) für viele Privatanleger unerreichbar. Außerdem geht mit dem Direkterwerb nur einer oder weniger Immobilien ein großes Ausfallrisiko mit einher, da eine **Diversifizierung der Anlagesumme** aufgrund der Höhe der jeweiligen Investitionen für den einzelnen Anleger nicht möglich ist.[5] Fallen beispielsweise die Einnahmen aus der einzigen erworbenen Immobilie weg oder werden nachträglich Altlasten bekannt, die zu einem besonderen Renovierungsaufwand führen, trägt der Anleger das **Risiko eines Totalausfalls.** Daneben sind Immobilien im Gegensatz zu täglich handelbaren Wertpapieren oder Rohstoffen nur schwer veräußerbar.[6] Der Verkaufsprozess gestaltet sich hier meist als sehr langwierig und hängt gerade von den aktuellen Marktgegebenheiten ab. 9

Erwirbt der Anleger dagegen Anteile oder Aktien an einem Immobilieninvestmentvermögen kann er die meisten Nachteile eines Direkterwerbs ausgleichen. Das Investmentvermögen ist aufgrund des eingesammelten Anlagevolumens in der Lage, in mehrere Immobilien zu investieren und so zu **diversifizieren.** Das Totalausfallrisiko ist für den Anleger folglich deutlich geringer. 10

Bei offenen Immobilien-Sondervermögen kommt zusätzlich noch der Vorteil hinzu, dass der Anleger die Anteile nicht für eine feste Laufzeit von in der Regel mehreren Jahren behalten muss. Vielmehr kann er die Anteile **regelmäßig und leicht zurückgeben** (zur Rückgabehäufigkeit s. unten Rz. 23 ff.). Dies ermöglicht vor allem auch Privatanlegern von Immobilienanlagen zu profitieren, gleichzeitig aber auch ihre Flexibilität zu behalten. 11

II. Entwicklung der Immobilien-Sondervermögen

1. Immobilien-Sondervermögen damals und heute

Vor diesem Hintergrund ist es nicht verwunderlich, dass die Nachfrage an Anteilen an offenen Immobilien-Sondervermögen auch heute noch sehr hoch ist. Laut Statistik des BVI betrug das **Fondsvolumen von offenen Immobilienfonds in Deutschland zum letzten Stichtag (31.5.2017) 158 Mio. Euro**, wovon 88,388 Mio. Euro in offene Publikums-Immobilien-Sondervermögen investiert sind.[7] 12

Erstmals aufgelegt wurde ein mit unserem heutigen Immobilien-Sondervermögen vergleichbares sog. **Grundstücks-Sondervermögen im Jahr 1959.**[8] Die in der Folge aufgelegten Grundstücks-Sondervermögen zeichneten sich dadurch aus, dass sie Geld von Anlegern einsammelten und in diversifiziertes Immobilien-Portfolio investierten. Die Anleger konnten ihre Anteile zum damaligen Zeitpunkt bereits jederzeit zurückgeben oder neue Anteile erwerben.[9] Bereits zum damaligen Zeitpunkt war die Nachfrage der Anleger nach Immobilieninvestmentvermögen groß. Gerade vor dem Hintergrund der oben genannten Vorteile einer indirekten Immobilienanlage ist es nicht verwunderlich, das der Ansatz, die Investitionen mehrer Anleger zu bündeln und anschließend in größere Immobilien und/oder Immobilien-Projekte zu investieren, von großem Erfolg geprägt war (s. zu den Vorteilen einer indirekten Immobilienanlage Rz. 9 ff.). 13

Der Gesetzgeber folgte dieser Initiative rund zehn Jahre später im **Juli 1969** und regelte die Grundstücks-Sondervermögen ausdrücklich in den **§§ 24 ff. KAGG.**[10] Ein Grundstücks-Sondervermögen musste zum damaligen Zeitpunkt noch aus mindestens zehn Grundstücken bestehen, wobei keines der Grundstücke den Wert des Grundstücks-Sondervermögens um mehr als 15 % übersteigen durfte, vgl. § 25 Abs. 1 und 2 KAGG. 14

Mit dem **InvModG im Jahre 2003** wurden die Regelungen über Grundstücks-Sondervermögen in das neu geschaffene **InvG** (§§ 66 bis 82 InvG a.F.) übernommen und an die Vorgaben der OGAW-RiL angepasst.[11] 15

4 Vgl. dazu auch *Schultz-Süchting* in Emde/Dornseifer/Dreibus/Hölscher, Vor §§ 66-82 InvG Rz. 1 ff.
5 Zu den Risiken auch *Schultz-Süchting* in Emde/Dornseifer/Dreibus/Hölscher, Vor §§ 66-82 InvG Rz. 11 ff.
6 *Schultz-Süchting* in Emde/Dornseifer/Dreibus/Hölscher, Vor §§ 66-82 InvG Rz. 13.
7 Vgl. Statistik des BVI, abrufbar unter https://www.bvi.de/fileadmin/user_upload/Statistik/2017_05_OIF_Status_und_FV.pdf (Abruf v. 31.7.2017).
8 *Schultz-Süchting* in Emde/Dornseifer/Dreibus/Hölscher, Vorb. § 66-82 InvG Rz. 1 sowie § 66 InvG Rz. 1.
9 *Schultz-Süchting* in Emde/Dornseifer/Dreibus/Hölscher, Vorb. § 66-82 InvG Rz. 1 sowie § 66 InvG Rz. 1.
10 BGBl. I 1969, S. 985 und BT-Drucks. V/4414, S. 12 ff.
11 BT-Drucks. 15/1553, S. 98 ff.

Hierbei wurde auch der Name des Grundstück-Sondervermögens in *„Immobilien-Sondervermögen"* geändert, um dem Umstand Rechnung zu tragen, dass die Sondervermögen auch in Immobilien und nicht nur in Grundstücke investieren durften.[12]

2. Auswirkungen der Finanzkrise im Jahr 2008 und grundsätzliche Liquiditätsprobleme von offenen Immobilien-Sondervermögen

16 Die große Euphorie für offene Immobilien-Sondervermögen flachte allerdings im Zuge der Finanzkrise ab dem Jahr 2008 massiv ab. Das Problem bestand darin, dass viele Anleger aus Angst um ihre Ersparnisse, von ihrem Rückgaberecht Gebrauch machten und ihre Anteile an offenen Immobilien-Sondervermögen gleichzeitig und in großem Umfang zurückgaben.[13] Dadurch sank die Liquidität in den Immobilien-Sondervermögen rapide ab, so dass laufende Zahlungen und eine ordnungsgemäße Bewirtschaftung der Immobilien und Grundstücke kaum mehr möglich waren. Zu dem Liquiditätsverlust kam weitergehend der Umstand hinzu, dass viele Immobilien aufgrund der allgemeinen Finanzkrise an Wert eingebüßt hatten.[14] Um die Immobilien-Sondervermögen vor einer Liquidation und Abwicklung zu bewahren, waren die KVGen gezwungen die Rücknahme der Anteile auszusetzen. Die Anleger, die ihre Anteile nicht schnell genug zurückgeben konnten, mussten ihre Anteile behalten und waren somit zunächst in dem Immobilien-Sondervermögen „gefangen". Der damit einhergehende **Vertrauensverlust der Anleger in offene Immobilien-Sondervermögen** war in der Folge immens, vertrauten die Anleger doch gerade darauf, dass sie ihre Anteile im Gegensatz zu geschlossenen Investmentvermögen jederzeit zurückgeben konnten (s. zur Liquiditätsproblematik bei Immobilien-Sondervermögen die Kommentierung zu § 253 Rz. 4 ff.).[15]

3. Auswirkungen durch AnsFuG im Jahr 2011

a) Einführung von Mindesthaltefristen

17 Mit dem Anlegerschutz- und Funktionsverbesserungsgesetz (AnsFuG) zog der Gesetzgeber im Jahr 2011 die Konsequenzen aus der Krise und sah mehrere neue Regulierungen vor.[16] Um den schwierigen **Ausgleich** zwischen dem eigentlich langfristigen Anlageziel einer Immobilienanlage und dem teilweise kurzfristigen Liquiditätsbedarf eines Immobilien-Sondervermögens im Falle von erhöhten Anteilsrückgaben gerecht zu werden, führte er sog. Mindesthaltefristen ein.[17] Diese sollten auch dem **Anlegerschutz** dienen, indem sie den Anleger vor übereilten Verkaufsentscheidungen der KVG schützen sollten. Durch die Mindesthaltefristen sollte der KVG eine bessere Liquiditätsplanung ermöglicht werden. So sollte verhindert werden, dass die KVG die vom Sondervermögen gehaltenen Immobilien übereilt und zu schlechten Preisen verkaufen musste, um die erforderliche Liquidität zur Bedienung der Anteilsrücknahmen herzustellen.[18]

18 So sah das AnsFuG vor, dass es den KVGen nach § 80c Abs. 2 Satz 1 InvG a.F. freigestellt sein sollte, in ihren Anlagebedingungen **bestimmte Rücknahmetermine** vorzusehen und eine börsentägliche Rücknahme der Anteile auszuschließen. Die KVG musste den Anlegern die Rücknahme der Anteile nur **mindestens alle 12 Monate** anbieten. Dadurch sollte die KVG einerseits in die Lage versetzt werden, eine angemessene und realistische Liquiditätsplanung vorzunehmen und sich nicht der Gefahr einer kurzfristigen erhöhten Rückgabewelle aussetzen zu müssen.[19] Andererseits sollte dadurch dem Umstand Rechnung getragen werden, dass Immobilienanlagen grundsätzlich ein langfristiges Anlageziel verfolgen.

19 Für **Anteile, die einen Mindestbetrag von 30.000 Euro überstiegen**, sah der Gesetzgeber zusätzlich eine sog. **Mindesthaltefrist von 24 Monaten** vor, vgl. § 80c Abs. 3 InvG a.F. Außerdem mussten die Anleger nach § 80c Abs. 4 InvG a.F. die Rückgabe in diesem Fall mit einer Rückgabefrist von zwölf Monaten schriftlich ankündigen. Neben der Liquiditätssicherung sollte den Anlegern auf diese Weise auch vor Augen geführt werden, dass Immobilienanlagen langfristige Anlageziele verfolgen und gerade nicht als „Notgroschen-Anlagen" dienen sollten, deren Verfügbarkeit jederzeit gewährleistet war.[20]

---

12 BT-Drucks. 15/1553, S. 98.
13 *Schultz-Süchting* in Emde/Dornseifer/Dreibus/Hölscher, Vorb. § 66-82 InvG Rz. 15.
14 *Brockhausen* in Moritz/Klebeck/Jesch, § 230 KAGB Rz. 2.
15 *Schultz-Süchting* in Emde/Dornseifer/Dreibus/Hölscher, Vorb. § 66-82 InvG Rz. 15.
16 RegE, BT-Drucks. 17/3628, S. 18.
17 RegE, BT-Drucks. 17/3628, S. 18. Zur Entwicklung von Immobilien-Sondervermögen im Rahmen des AnsFuG vgl. auch *Görke/Ruhl*, BKR 2013, 142 ff.
18 RegE, BT-Drucks. 17/3628, S. 27.
19 RegE, BT-Drucks. 17/3628, S. 39.
20 RegE, BT-Drucks. 17/3628, S. 18; vgl. dazu auch die Gegenäußerung der BReg in BT-Drucks. 17/3803, S. 3 auf die Stellungnahme des BRats, BR-Drucks. 584/10 (B), S. 17 f.

Die Mindesthaltefristen galten für **alle Anleger** gleichermaßen. Der Gesetzgeber differenzierte dabei gerade nicht zwischen professionellen Anlegern und Privatanlegern. Dies wurde in der Literatur teilweise kritisiert, da die Interessen der Privatanleger im Hinblick auf die Bindungsdauer durch eine differenzierte Lösung stärker hätten berücksichtigt werden können.[21]

b) Häufigere Bewertungsintervalle

Daneben sah das AnsFuG auch vor, dass die Anlagegegenstände **häufiger durch einen Sachverständigenausschuss bewertet** werden sollten. Die neu eingefügte Vorschrift des § 79 Abs. 1 InvG a.F. sah damals vor, dass bei jeder Rücknahme von Anteilen die Vermögensgegenstände neu zu bewerten waren. Dadurch sollte die KVG in die Lage versetzt werden, auf Wertentwicklungen am Immobilienmarkt schneller reagieren zu können.[22] Die KVG konnte somit die Ausgabe- und Rücknahmepreise anhand der aktuellen Marktentwicklungen ermitteln und entsprechend anpassen. 20

4. Auswirkungen durch das KAGB im Jahr 2013

a) Vollständige Abschaffung von Immobilien-Sondervermögen?

Die nächste Phase der Neuregulierung ergab sich im Zuge des AIFM-UmsG. Um den Fondsmarkt zu stabilisieren und Liquiditätsengpässe künftig gänzlich zu vermeiden, sah der erste **Diskussionsentwurf zum AIFM-UmsG** des BMF zunächst sogar noch vor, Immobilien-Sondervermögen sowohl für Privatanleger als auch für professionelle Anleger gänzlich abzuschaffen. So waren lediglich noch Bestandsschutz- und Übergangsvorschriften zu bestehenden Immobilien-Sondervermögen zu finden.[23] 21

Im weiteren Gesetzgebungsverfahren wurden Immobilien-Sondervermögen allerdings nach langen und intensiven Diskussionen mit Vertretern der Fachressorts, der Immobilienwirtschaft und der Fondsbranche **wieder aufgenommen**.[24] So waren Immobilien-Sondervermögen im Regierungsentwurf zum AIFM-UmsG wieder vorgesehen.[25] Der Gesetzentwurf stützte sich dabei überwiegend auf die bisherigen Vorschriften der §§ 66 bis 82 InvG. Neu geregelt hat der Gesetzgeber in diesem Zusammenhang v.a. die Mindesthaltefristen sowie die Bewertungsregeln.[26] 22

b) Verschärfung der Mindesthaltefristen

Um den Liquiditätsschwierigkeiten aus der Zeit der Finanzkrise im Jahr 2008 noch besser begegnen zu können, verschärfte der Gesetzgeber aber die Mindeshaltefristen. Die Mindesthaltefrist von 24 Monaten gilt künftig für alle Anteile, unabhängig vom Rückgabewert. Die Beschränkung auf Anteile mit einem Wert von über 30.000 Euro wurde folglich gestrichen. Auch Anleger, die Anteile mit einem Wert von unter 30.000 Euro zurückgeben möchten, müssen künftig nach § 255 Abs. 4 KAGB eine Rückgabeerklärung mit einer Rückgabefrist von zwölf Monaten einhalten und die Anteile insgesamt mindestens 24 Monate gehalten haben (s. zu den Besonderheiten der Ausgabe und Rücknahme von Anteilen die Kommentierung zu § 255 Rz. 11 ff.). 23

c) Bewertung

Darüber hinaus hat der Gesetzgeber die Regelungen für die Bewertung nach Art. 19 der AIFM-RiL für Immobilien und Immobiliengesellschaften auch für offenen Publikums-Immobilien-Sondervermögen übernommen, obwohl die AIFM-Richtlinie nur Regelungen für Investmentvermögen vorsieht, in die professionelle Anleger investieren.[27] Damit wird der nach § 67 Abs. 5 InvG a.F. vorgesehen Sachverständigenausschuss zur Ankaufsbewertung abgelöst und durch zwei voneinander **unabhängige externe Bewerter** ersetzt, wenn der Wert des zu erwerbenden Vermögensgegenstandes 50 Mio. Euro überschreitet, vgl. § 231 Abs. 2 Nr. 1 lit. b KAGB. Liegt der Wert des zu erwerbenden Vermögensgegenstandes unter 50 Mio. Euro reicht die Bewertung durch einen externen Bewerter aus, vgl. § 231 Abs. 2 Nr. 1 lit. a KAGB. Die Bewerter müssen außerden Objektbesichtigungen durchführen (§ 231 Abs. 2 Nr. 2 KAGB), alle drei Jahre rotieren (§ 250 Abs. 2 24

---

21 *Schultz-Süchting* in Emde/Dornseifer/Dreibus/Hölscher, Vorb. § 66-82 InvG Rz. 18.
22 RegE, BT-Drucks. 17/3628, S. 18 und S. 26.
23 Vgl. Diskussionsentwurf des BMF vom 20.7.2012, S. 513. In § 314 des Diskussionsentwurfs waren Übergangsvorschriften für Immobilien-Sondervermögen enthalten.
24 *Niewerth/Rybarz*, WM 2013, 1154 (1160).
25 Vgl. §§ 224a ff. des Gesetzentwurfes der BReg v. 30.10.2012, S. 428 ff.
26 Zu weiteren Neueregelungen vgl. *Görke/Ruhl*, BKR 2013, 142 (143 ff.).
27 Zur Bewertung von offenen Immobilien-Sondervermögen s. auch *Niewerth/Rybarz*, WM 2013, 1154 (1161 f.); *Görke/Ruhl*, BKR 2013, 142 (144).

Satz 1 KAGB) und nicht zugleich für die regelmäßige Bewertung des Immobilien-Sondervermögens tätig sein (§ 231 Abs. 2 Nr. 3 KAGB). Im Hinblick auf die Bewertung wird auf die Kommentierungen zu § 231 Rz. 53 ff., §§ 249, 250 und 251 KAGB verwiesen.

§ 230 Immobilien-Sondervermögen

(1) Für die Verwaltung von Immobilien-Sondervermögen gelten die Vorschriften der §§ 192 bis 211 sinngemäß, soweit sich aus den §§ 231 bis 260 nichts anderes ergibt.

(2) Das Immobilien-Sondervermögen darf nicht für eine begrenzte Dauer gebildet werden.

In der Fassung vom 4.7.2013 (BGBl. I 2013, S. 1981).

Schrifttum: *Burgard/Heimann*, Das neue Kapitalanlagegesetzbuch, WM 2014, 821; *Emde/Dreibus*, Der Regierungsentwurf für ein Kapitalanlagegesetzbuch, BKR 2013, 89; *Göhrke/Ruhl*, Neuregelung der offenen Immobilienfonds nach dem Regierungsentwurf des Kapitalanlagegesetzbuches: Bestandsaufnahme und erste Bewertung, BKR 2013, 142; *Hartrott/Goller*, Immobilienfonds nach dem Kapitalanlagegesetzbuch, BB 2013, 1603; *Hübner*, Immobilienanlagen unter dem KAGB – Alte Fragen – Neue Fragen – Neue Antworten, WM 2014, 106; *Kann/Redeker/Keiluweit*, Überblick über das Kapitalanlagegesetzbuch (KAGB), DStR 2013, 1485; *Niewerth/Rybarz*, Änderung der Rahmenbedingungen für Immobilienfonds – das AIFM-Umsetzungsgesetz und seine Folgen, WM 2013, 1154; *Sprengnether/Wächter*, Risikomanagement nach dem Kapitalanlagegesetzbuch (KAGB), WM 2014, 877; *Wollenhaupt/Beck*, Das neue Kapitalanlagegesetzbuch (KAGB), DB 2013, 1950.

I. Gesetzessystematik der Immobilien-Sondervermögen

1 Die umfassenden Regelungen zu Immobilien-Sondervermögen finden sich in den §§ 230 bis 260 KAGB. Diese wurden überwiegend aus den §§ 66 bis 82 InvG a.F. mit lediglich redaktionellen Anpassungen übernommen, ohne dass größere inhaltliche und materielle Änderungen erfolgt sind.[1] Dabei hat der Gesetzgeber es auch unterlassen, bereits aus dem InvG bekannte Fehler zu beheben oder zu thematisieren.[2] Ledig-

1 *Niewerth/Rybarz*, WM 2013, 1154 (1160 f.); die ursprüngliche Idee des BMF, offene Immobilienfonds gänzlich abzuschaffen, wurde nach vielfältiger Prüfung und Branchenkritik wieder aufgegeben, vgl. *Emde/Dreibus*, BKR 2013, 89 (94); dazu auch *Göhrke/Ruhl*, BKR 2013, 142 (143).

2 Nach *Hübner*, WM 2014, 106 (115) ist dem KAGB die „Unlust des Gesetzgebers, sich mit der Rechtswirklichkeit der Gesetzesanwendung für offene Immobilienfonds zu befassen, […] überdeutlich zu entnehmen."

lich die Struktur der Vorschriften wurde an einigen Stellen geändert und teilweise entzerrt. So finden sich die Regelungen zu Beteiligungen an Immobilien-Gesellschaften beispielsweise nun in vier verschiedenen Vorschriften (§§ 234 bis 237 KAGB), während diese bislang überwiegend in der sehr langen und teils unübersichtlichen Regelung des § 68 InvG a.F. enthalten waren. Daneben wurden Vorschriften auch teilweise in andere Bereiche verschoben, wenn sie dort strukturell besser verortet werden konnten. Die Vorschrift des § 80b InvG a.F. wurde daher nun in der neuen allgemeinen Risikomanagementvorschrift des § 29 ff. KAGB verortet.[3]

Echte Neuerungen finden sich hingegen im Rahmen der Bewertungsregelungen, die an die Vorgaben des Art. 19 AIFM-RL angepasst werden mussten. Die bisherigen Bewertungsvorschriften wurden daher im Rahmen der Neufassung des KAGB entsprechend geändert und teilweise neu gefasst. 2

II. Allgemeines

1. Regelungsgegenstand

Die Vorschrift des § 230 Abs. 1 KAGB stellt die Grundlage für Immobilien-Sondervermögen dar und nennt die auf Immobilien-Sondervermögen anwendbaren Vorschriften. 3

Bei Immobilien-Sondervermögen handelt es sich um eine besondere Form von offenen inländischen Publikums-AIF.[4] Nach § 91 Abs. 3 KAGB dürfen Publikums-Investmentvermögen nur als Sondervermögen aufgelegt werden, soweit sie das bei ihnen eingelegte Kapital überwiegend in Immobilien investieren. Die sonst bei offenen Investmentvermögen möglichen Gestaltungsformen einer InvAG mvK für Privatanleger oder einer InvKG für professionelle oder semiprofessionelle Anleger stehen der AIF-KVG bei der Anlage in Immobilien nicht offen.[5] 4

Aufgrund ihrer Ausgestaltung als Sondervermögen sind die allgemeinen Vorschriften für OGAW-Sondervermögen auch auf Immobilien-Sondervermögen sinngemäß anzuwenden, soweit sich aus den §§ 231 bis 260 KAGB nicht ein anderes ergibt. Außerdem zeichnen sich Immobilien-Sondervermögen, wie auch alle anderen Sondervermögen, dadurch aus, dass sie selbst nicht rechtsfähig sind und zwingend durch eine AIF-KVG extern verwaltet werden müssen.[6] Während die AIF-KVG bei Sondervermögen grundsätzlich zwischen der Miteigentums- und der Treuhandlösung wählen kann, schreibt der Gesetzgeber bei Immobilien-Sondervermögen aus praktischen Gründen zwingend die Treuhandlösung vor (vgl. § 245 Rz. 1 ff.). Danach befinden sich die Vermögensgegenstände des Immobilien-Sondervermögens im Eigentum der AIF-KVG, die sie für Rechnung des Immobilien-Sondervermögens und ausschließlich im Interesse der Anleger verwaltet.[7] 5

Auch bei anderen Spezialformen von Sondervermögen verweist der Gesetzgeber auf die allgemeinen Grundregeln der §§ 192 ff. KAGB, so beispielsweise bei gemischten Sondervermögen nach § 218 Satz 2 KAGB oder sonstigen Sondervermögen nach § 220 KAGB. Der Gesetzgeber unterstellt damit alle Arten von Sondervermögen den gleichen Regelungen und trägt den Besonderheiten einzelner Sondervermögen in weiteren speziellen Vorschriften Rechnung. Die systematische Technik, allgemeine Vorschriften „vor die Klammer" zu ziehen, wird vom Gesetzgeber im Rahmen des KAGB durchgängig angewendet und findet sich an vielen Stellen des Gesetzes wieder.[8] 6

2. Entstehungsgeschichte

§ 230 Abs. 1 KAGB übernimmt mit redaktionellen Anpassungen den Wortlaut des aufgehobenen § 66 InvG a.F.[9] Daneben findet sich in § 230 Abs. 2 KAGB das bislang im Rahmen der Erwerbsvorschriften ver- 7

---

3 *Sprengnether/Wächter*, WM 2014, 877 (885); *Josek/Steffen* in Baur/Tappen, § 29 KAGB Rz. 10; *Zöll* in Beckmann/Scholtz/Vollmer, § 66 InvG Rz. 1.
4 Zu offenen Publikums-AIF generell s. *Wollenhaupt/Beck*, DB 2013, 1950 (1953).
5 Siehe dazu auch *Kann/Redeker/Keiluweit*, DStR 2013, 1483 (1485); *Hübner*, WM 2014, 106 (107); *Niewerth/Rybarz*, WM 2013, 1154 (1158); *Hartrott/Goller*, BB 2013, 1603 (1607); *Burgard/Heimann*, WM 2014, 821 (823 f.).
6 Insofern gibt es keine Neuerungen im Vergleich zum alten Recht, siehe dazu auch *Hübner*, WM 2014, 106 (109). Zu den Anforderungen an die das Immobilien-Sondervermögen verwaltende KVG vgl. *Hartrott/Goller*, BB 2013, 1603 (1605 f.).
7 Siehe dazu auch *Hübner*, WM 2014, 106 (109).
8 Vgl. allgemein zur Systematik des KAGB vgl. *Möllers/Seidenschwann* in Möllers/Kloyer, Das neue Kapitalanlagegesetzbuch, Rz. 6 ff.
9 Begr. RegE, BT-Drucks. 17/12294, S. 267.

ortete, allgemeine Verbot von Laufzeitfonds (bislang § 67 Abs. 9 InvG a.F.).[10] Mit der Neufassung des KAGB nutzte der Gesetzgeber die Möglichkeit, das Verbot von Laufzeitfonds aus systematischen Gründen aus den Erwerbsvorschriften herauszunehmen und an den Beginn des Abschnitts für Immobilien-Sondervermögen zu verschieben.[11] Die sich bislang in § 66 InvG a.F. befindliche Legaldefinition der Immobilien-Sondervermögen wurde systematisch korrekt in den allgemeinen Definitionskatalog in § 1 Abs. 19 Nr. 23 KAGB verschoben.

III. Anwendbare Vorschriften für die Verwaltung von Immobilien-Sondervermögen (§ 230 Abs. 1 KAGB)

1. Definition von Immobilien-Sondervermögen

8 Um den Anwendungsbereich der §§ 230 ff. KAGB näher abgrenzen zu können ist zunächst der Begriff des Immobilien-Sondervermögens näher zu bestimmen. Die Bedeutung des Begriffs Immobilien-Sondervermögen ergibt sich aus einem Zusammenspiel verschiedener Definitionen, die sich alle in dem allgemeinen Definitionskatalog des § 1 KAGB wiederfinden.

a) Immobilien-Sondervermögen gem. § 1 Abs. 19 Nr. 23 KAGB

9 Zunächst definiert § 1 Abs. 19 Nr. 23 KAGB **Immobilien-Sondervermögen** als Sondervermögen, die nach den Anlagebedingungen das bei ihnen eingelegte Geld in Immobilien anlegen. Der Gesetzgeber hat die alte Definition des § 66 InvG a.F. wortwörtlich übernommen. Nach dieser Definition wäre nur eine Anlage in Immobilien zulässig. Zieht man allerdings den Katalog der Anlageobjekte in § 231 Abs. 1 KAGB heran, so darf ein Immobilien-Sondervermögen darüber hinaus auch in Beteiligungen an Immobilien-Gesellschaften, Bewirtschaftungsgegenstände und bestimmte Rechte an Immobilien investieren.[12] Insofern kritisierten damals bereits Stimmen in der Literatur die Definitionskette als „gesetzgeberisch wenig glücklich“ und widersprüchlich.[13] Leider hat es der Gesetzgeber im Rahmen der Neufassung des KAGB unterlassen, diesen Widerspruch aufzulösen. Letztlich wird man diesen Widerspruch, wie bereits im Rahmen des § 67 InvG a.F., so auslegen müssen, dass ein Immobilien-Sondervermögen, welches in Beteiligungen an Immobilien-Gesellschaften und nicht nur in Immobilien, die unter die Begriffsdefinition in § 1 Abs. 19 Nr. 21 KAGB fallen (Grundstücke, grundstücksgleiche Rechte und vergleichbare Rechte nach dem Recht anderer Staaten), auch weiterhin als Immobilien-Sondervermögen zu qualifizieren ist.[14]

b) Immobilien gem. § 1 Abs. 19 Nr. 21 KAGB

10 Immobilien sind nach der Legaldefinition in § 1 Abs. 19 Nr. 21 KAGB **Grundstücke, grundstücksgleiche Rechte** und **vergleichbare Rechte nach dem Recht anderer Staaten**. Da eine besondere Definition von Grundstücken und grundstücksgleichen Rechten im KAGB fehlt, ist insofern grundsätzlich auf das allgemeine Begriffsverständnis des BGB zurückzugreifen.[15] Konkretisieren lassen sich diese allgemeinen Begriffe mit Hilfe des Katalogs der erwerbbaren Vermögensgegenstände eines Immobilien-Sondervermögens in § 231 Abs. 1 KAGB.[16]

11 Immobilien sind nach der Legaldefinition in § 1 Abs. 19 Nr. 21 KAGB zunächst **Grundstücke**. Nach § 231 Abs. 1 Nr. 1 bis 3 KAGB gehören dazu Mietwohngrundstücke, Geschäftsgrundstücke und gemischt genutzte Grundstücke, bebaut oder auch unbebaut, wenn die alsbaldige Bebauung vorgesehen ist, sowie Grundstücke im Zustand der Bebauung. Andere Grundstücke als die gerade Genannten dürfen nach § 231 Abs. 1

---

10 Begr. RegE, BT-Drucks. 17/12294, S. 267.

11 Begr. RegE, BT-Drucks. 17/12294, S. 267; zur bislang systemwidrigen Verortung des Verbots von Laufzeitfonds in § 67 Abs. 9 InvG vgl. *Conradi* in Emde/Dornseifer/Dreibus/Hölscher, § 67 InvG Rz. 161; auch *Hinrichs/Virreira Winter* in Baur/Tappen, § 230 KAGB Rz. 2.

12 Siehe dazu auch *Hübner*, WM 2014, 106 (108).

13 *Conradi* in Emde/Dornseifer/Dreibus/Hölscher, § 66 InvG Rz. 5; *Brockhausen* in Moritz/Klebeck/Jesch, § 230 KAGB Rz. 8 f.

14 *Brockhausen* in Moritz/Klebeck/Jesch, § 230 KAGB Rz. 9.

15 Vgl. *Kohler* in MünchKomm. BGB, 6. Aufl. 2013, Vorbemerkung zu § 873 ff. BGB Rz. 1 ff. Danach sind Grundstücke im grundbuch- und materiellrechtlichen Sinne räumlich abgegrenzte, vermessene Teile der Erdoberfläche, die auf einem besonderen Grundbuchblatt unter einer besonderen Nummer im Bestandsverzeichnis eingetragen sind.

16 Eine Konkretisierung für Immobilien, in die ein geschlossener inländischer Publikums-AIF investieren darf, findet sich in § 261 Abs. 2 Nr. 1 KAGB, wonach auch Wald, Forst und Agrarland als Immobilien für diesen Zweck gelten.

Nr. 5 KAGB nur erworben werden, wenn ein solcher Erwerb in den Anlagebedingungen vorgesehen ist und die Grundstücke einen dauernden Ertrag erwarten lassen(vgl. § 231 Abs. 1 Satz 2 KAGB).

Zu den **Rechten an einem Grundstück** zählen neben dem Eigentum nach §§ 905 ff. BGB auch grundstücksgleiche Rechte, soweit sie in § 231 Abs. 1 KAGB genannt sind. Die Besonderheit von grundstücksgleichen Rechten liegt darin, dass sie als verselbständigte Rechte an einem Grundstück einen großen Einfluss des Rechtsinhabers begründen und daher im Wesentlichen wie Grundstücke zu behandeln sind.[17] Zu den von § 231 Abs. 1 KAGB vorgesehenen grundstücksgleichen Rechten gehören das Erbbaurecht, das Wohnungs- und Teilerbbaurecht sowie das Wohnungs- und Teileigentum (vgl. § 231 Abs. 1 Nr. 4 und 5 KAGB).[18] Weitergehend kann die AIF-KVG unter den Voraussetzungen des § 231 Abs. 1 Nr. 6 KAGB auch ein Nießbrauchrecht für Rechnung des Immobilien-Sondervermögens erwerben, wenn die Anlagebedingungen dies vorsehen und das Nießbrauchrecht einen dauernden Ertrag erwarten lässt (vgl. § 231 Abs. 1 Satz 2 KAGB).[19] Dagegen sieht § 231 Abs. 1 KAGB weder den Erwerb eines Miteigentumsrechts nach Bruchteilen (§§ 1008 ff. BGB) noch eine gesamthänderische Beteiligung an einem Grundstück (§ 718 ff. BGB) vor.[20] 12

Ein **vergleichbares Recht nach dem Recht anderer Staaten** liegt vor, wenn der Inhaber eine dem deutschen Eigentum vergleichbare Position erlangt.[21] Die Beurteilung einer dem deutschen Eigentum vergleichbaren Rechtsposition kann sich im Einzelfall allerdings als schwierig erweisen, da kaum eine ausländische Rechtsordnung über ein öffentliches Register verfügt, welches mit dem deutschen Grundbuch vergleichbar ist.[22] Umso wichtiger ist es, im konkreten Einzelfall zu prüfen, ob die nach dem ausländischen Recht erlangte Rechtsposition dieselben oder zumindest ähnliche Rechtswirkungen entfalten wie ein deutsches Eigentums- oder grundstücksgleiches Recht.[23] 13

Schließlich können für das Immobilien-Sondervermögen nach § 231 Abs. 1 Nr. 7 KAGB auch **sonstige Vermögensgegenstände** wie Beteiligungen an Immobiliengesellschaften (§ 234 KAGB) sowie Bankguthaben, Geldmarktinstrumente, Investmentanteile, Wertpapiere, Aktien von REIT-Aktiengesellschaften oder Derivaten unter den Voraussetzungen des § 253 KAGB (sog. Liquiditätsanlagen) erworben werden.[24] 14

c) Immobilien-Gesellschaften gemäß § 1 Abs. 19 Nr. 23 KAGB

Neben Immobilien im gerade genannten Sinne darf das Immobilien-Sondervermögen nach § 231 Abs. 1 Nr. 7 i.V.m. § 234 KAGB auch **Beteiligungen an Immobilien-Gesellschaften** erwerben. Solche Beteiligungen stellen nach dem Willen des Gesetzgebers selbstständige Vermögensgegenstände dar.[25] Eine Definition der Immobilien-Gesellschaft findet sich in § 1 Abs. 19 Nr. 22 KAGB, wonach diese als Gesellschaft definiert wird, die nach dem Gesellschaftsvertrag oder der Satzung nur Immobilien oder die zur Bewirtschaftung der Immobilien erforderlichen Gegenstände erwerben darf. 15

2. Sinngemäße Anwendung der Vorschriften über OGAW-Sondervermögen

Nach § 230 Abs. 1 KAGB sind nahezu alle Vorschriften für OGAW-Sondervermögen auch auf Immobilien-Sondervermögen **sinngemäß anwendbar**. Dies bedeutet, dass der Grundgedanke der jeweiligen Vorschrift bei der Auslegung zwar erhalten bleibt, die einzelne Vorschrift jedoch im Lichte der bei Immobilien-Sondervermögen geltenden Besonderheiten auszulegen ist.[26] So werden Sondervermögen einerseits einheitlich behandelt. Andererseits können Besonderheiten, die sich aus dem Immobilien–Bezug ergeben, mitberücksichtigt werden. Bei der sinngemäßen Anwendung der Vorschriften über OGAW-Sondervermögen sind im- 16

17 *Kohler* in MünchKomm. BGB, 6. Aufl. 2013, Vorbemerkung §§ 873-902 BGB Rz. 6; *H.-W. Eckert* in BeckOK/BGB, § 873 BGB Rz. 3.
18 Das grundstücksgleiche Recht des Bergwerkseigentums ist in § 231 KAGB genannt und gehört folglich nicht zu den zulässigen Gegenständen, in die ein Immobilien-Sondervermögen investieren darf.
19 Zum Inhalt von Nießbrauchrechten *Wegmann* in BeckOK/BGB, § 1030 BGB Rz. 1 ff.
20 *Hinrichs/Virreira Winter* in Baur/Tappen, § 230 KAGB Rz. 8.
21 *Volhard/Jang* in Weitnauer/Boxberger/Anders, § 1 KAGB Rz. 88 mit Verweis auf *Verfrüth/Emde* in Emde/Dornseifer/Dreibus/Hölscher, § 2 InvG Rz. 51. Eine schöne Aufstellung nach Ländern findet sich bei *Zöll* in Beckmann/Scholtz/Vollmer, § 231 KAGB Rz. 1.
22 *Verfürth/Emde* in Emde/Dornseifer/Dreibus/Hölscher, § 2 InvG Rz. 53.
23 *Verfürth/Emde* in Emde/Dornseifer/Dreibus/Hölscher, § 2 InvG Rz. 53.
24 *Hartrott/Goller*, BB 2013, 1603 (1608).
25 *Volhard/Jang* in Weitnauer/Boxberger/Anders, § 1 KAGB Rz. 90.
26 *Conradi* in Emde/Dornseifer/Dreibus/Hölscher, § 66 InvG Rz. 8; auch *Hinrichs/Virreira Winter* in Baur/Tappen, § 230 KAGB Rz. 3.

mer auch die in § 253 KAGB genannten, besonderen Liquiditätsgrenzen für Immobilien-Sondervermögen zu beachten.[27]

17 Nicht erfasst von dem Verweis ist die allgemeine Vorschrift zur Bewertung von Sondervermögen nach § 212 KAGB, da der Gesetzgeber nun in §§ 247 ff. KAGB besondere Regeln zur Bewertung von Immobilien und Beteiligungen an Immobilien-Gesellschaften vorsieht. Schließlich erübrigt sich ein Verweis auf das Umwandlungsverbot in § 213 KAGB. Danach darf ein inländischer OGAW nicht in einen AIF umgewandelt werden. Da Immobilien-Sondervermögen aber als AIF einzustufen sind, kann der Fall einer Umwandlung von vornherein nicht eintreten, sodass die sinngemäße Anwendung des § 213 KAGB leerlaufen würde.

a) Zulässige Vermögensgegenstände (§ 192 KAGB)

18 Da die zulässigen Vermögensgegenstände, die von einem Immobilien-Sondervermögen erworben werden dürfen, separat in § 231 KAGB geregelt sind, scheidet eine sinngemäße Anwendung des § 192 Satz 1 KAGB aus.[28] Die Vorschrift des § 231 KAGB enthält insofern eine ***lex specialis*-Regelung**. Edelmetalle und Zertifikate über Edelmetalle dürfen nach § 192 Satz 2 KAGB allerdings genauso wenig für ein Immobilien-Sondervermögen erworben werden wie für ein inländisches OGAW-Sondervermögen.[29]

b) Wertpapiere (§ 193 KAGB)

19 Die Vorschrift des § 193 KAGB findet **grundsätzlich sinngemäße Anwendung** auf Immobilien-Sondervermögen. Zu berücksichtigen ist allerdings die *lex specialis*-Vorschrift des § 253 Abs. 1 Nr. 4 KAGB, die besondere Liquiditätsgrenzen für Immobilien-Sondervermögen enthält und den **Erwerb von Wertpapieren** durch das Immobilien-Sondervermögen einschränkt. Ein Immobilien-Sondervermögen darf Wertpapiere daher nur erwerben, wenn sowohl die Voraussetzungen des § 193 KAGB als auch die Voraussetzungen des § 253 Abs. 1 Nr. 4 KAGB gegeben sind.[30]

20 Für die Definition von Wertpapieren kann demnach zunächst auf die in § 193 KAGB genannten Kriterien zurückgegriffen werden.[31] Wertpapiere sind als Erwerbsziel allerdings nur dann geeignet, wenn es sich um solche handelt, die

- nach § 253 Abs. 1 Nr. 4 lit. a KAGB zur Sicherung der in Art. 18.1 des Protokolls über die Satzung des europäischen Systems der Zentralbanken und der EZB vom 7.2.1992 genannten Kreditgeschäfte von der EZB oder der Deutschen Bundesbank zugelassen sind oder deren Zulassung nach den Emissionsbedingungen beantragt wird und die Zulassung innerhalb eines Jahres nach ihrer Ausgabe erfolgt,[32] oder
- nach § 253 Abs. 1 Nr. 4 lit. b KAGB entweder an einem organisierten Markt im Sinne von § 2 Abs. 5 WpHG zum Handel zugelassen oder als festverzinsliche Wertpapiere einzustufen sind, soweit deren Wert einen Betrag von 5 % des Immobilien-Sondervermögens nicht übersteigt.

21 Außerdem ist bei jedem Erwerb die Höchstliquiditätsgrenze des § 253 Abs. 1 KAGB von 49 % für sämtliche Anlageformen insgesamt zu beachten. Ein Erwerb von Wertpapieren darf daher nur erfolgen, wenn die genannte Grenze nicht überschritten wird (siehe zu den Liquiditätsanlagen die Kommentierung zu § 253). Zu berücksichtigen sind in diesem Zusammenhang auch die Emittentengrenzen gemäß § 206 KAGB (siehe dazu Rz. 42).

---

27 *Wind/Fritz* in Weitnauer/Boxberger/Anders, § 230 KAGB Rz. 8.

28 *Hinrichs/Virreira Winter* in Baur/Tappen, § 230 KAGB Rz. 8.

29 *Hinrichs/Virreira Winter* in Baur/Tappen, § 230 KAGB Rz. 8 mit Verweis auf *Zöll* in Beckmann/Scholtz/Vollmer, § 66 InvG Rz. 2.

30 *Wind/Fritz* in Weitnauer/Boxberger/Anders, § 230 KAGB Rz. 9; *Schultz-Süchting* in Emde/Dornseifer/Dreibus/Hölscher, § 66 InvG Rz. 9; anders wohl *Hinrichs/Virreira Winter* in Baur/Tappen, § 230 KAGB Rz. 10 mit Verweis auf *Zöll* in Beckmann/Scholtz/Vollmer, § 66 InvG Rz. 3, wonach Wertpapiere zugunsten eines Immobilien-Sondervermögens nur erworben werden dürfen, wenn sie dem Sondervermögen bei einer Kapitalerhöhung aus Gesellschaftsmitteln oder aufgrund der Ausübung von Bezugsrechten zustehen, die dem Sondervermögen zustehen. *Zöll* verweist in diesem Zusammenhang auf das Recht der AIF-KVG, dem Sondervermögen zustehende Bezugsrechte zum Börsenkurs zu veräußern.

31 *Schultz-Süchting* in Emde/Dornseifer/Dreibus/Hölscher, § 66 InvG Rz. 9; *Wind/Fritz* in Weitnauer/Boxberger/Anders, § 253 KAGB Rz. 8.

32 Hier bietet die EZB einen besonderen Service, indem sie eine Liste der Wertpapiere online stellt, die den gerade genannten Kriterien des § 253 Abs. 1 Nr. 4a KAGB entsprechen, abrufbar unter https://www.ecb.europa.eu/paym/coll/assets/html/index.en.html (Abruf vom 20.6.2017). Siehe dazu auch *Reiss* in Baur/Tappen, § 253 KAGB Rz. 13.

22 Ausnahmsweise darf ein Immobilien-Sondervermögen auch in Wertpapiere investieren, die nicht den Anforderungen des § 193 KAGB entsprechen.[33] Diese Ausnahme greift dann ein, wenn die **Wertpapiere eine Beteiligung an einer Immobilien-Gesellschaft darstellen** und die entsprechenden Voraussetzungen des § 234 KAGB eingehalten werden.[34]

23 Weitergehend dürfen **Bezugsrechte an Wertpapieren** von einem Immobilien-Sondervermögen selbst dann nicht erworben werden, wenn sich die Wertpapiere bereits im Immobilien-Sondervermögen befinden.[35] Insoweit findet § 193 Abs. 2 KAGB keine sinngemäße Anwendung, da die Risiken, die mit einem Erwerb von Bezugsrechten aufgrund ihrer kurzen Laufzeit einhergehen, als unangemessen hoch eingestuft werden.[36]

c) Geldmarktinstrumente (§ 194 KAGB)

24 Die Vorschrift des § 194 KAGB ist sinngemäß auch auf Immobilien-Sondervermögen **vollumfänglich anwendbar.**[37] Allerdings werden Geldmarktinstrumente dabei lediglich zur Liquiditätsverwaltung nach § 253 KAGB erworben, so dass auch hier die Höchstliquiditätsgrenze von 49 % zu beachten ist. Dies hat den Hintergrund, dass Anleger eines Immobilien-Sondervermögens gerade nicht den täglichen Risiken und Schwankungen von Geldmarktinstrumenten ausgeliefert sein sollen. Daher ist es nur konsequent, die besonderen Kriterien des § 194 KAGB auch bei einem Erwerb von Geldmarktinstrumenten durch Immobilien-Sondervermögen anzuwenden.[38]

d) Bankguthaben (§ 195 KAGB)

25 Die Anforderungen an Bankguthaben nach § 195 KAGB, die eine OGAW-KVG für ihre Sondervermögen halten darf, finden unter Beachtung der Höchstliquiditätsgrenze von 49 % nach § 253 Abs. 1 KAGB ebenfalls **vollumfänglich** auch auf **Immobilien-Sondervermögen Anwendung.**[39]

e) Investmentanteile (§ 196 KAGB)

26 Die Vorschrift zum Erwerb von Investmentanteilen ist **vollumfänglich auch auf Immobilien-Sondervermögen anwendbar**, wobei die Einschränkungen nach § 253 Abs. 1 Nr. 3 und 6 KAGB sowie die Höchstliquiditätsgrenze von 49 % auch hier zu berücksichtigen sind.[40]

f) Gesamtgrenze; Derivate; Verordnungsermächtigung (§ 197 KAGB)

27 **Derivate** dürfen von Immobilien-Sondervermögen nur zu dem Zweck erworben werden, Vermögensgegenstände des Immobilien-Sondervermögens **abzusichern.**[41] Ansonsten sind die Regelungen in § 197 KAGB zur Gesamtgrenze, zu Derivaten und zur Verordnungsermächtigung **vollumfänglich sinngemäß anwendbar.**[42]

g) Sonstige Anlageinstrumente (§ 198 KAGB)

28 Nach § 198 KAGB darf die OGAW-KVG bis zu 10 % des Wertes des Sondervermögens in sonstige Anlagegegenstände, wie Wertpapiere, Geldmarktinstrumente, Aktien oder Forderungen investieren. Da § 253 Abs. 1 KAGB Sondervorschriften für den Erwerb von Wertpapieren, Geldmarktinstrumenten und Aktien durch Immobilien-Sondervermögen enthält, bleibt für die **sinngemäße Anwendung** der Vorschrift des § 198 KAGB auf Immobilien-Sondervermögen **kein Raum.**[43]

---

33 *Schultz-Süchting* in Emde/Dornseifer/Dreibus/Hölscher, § 66 InvG Rz. 9.
34 *Schultz-Süchting* in Emde/Dornseifer/Dreibus/Hölscher, § 66 InvG Rz. 9.
35 *Zöll* in Beckmann/Scholtz/Vollmer, § 66 InvG Rz. 3.
36 *Zöll* in Beckmann/Scholtz/Vollmer, § 66 InvG Rz. 3.
37 *Zöll* in Beckmann/Scholtz/Vollmer, § 66 InvG Rz. 4; *Schultz-Süchting* in Emde/Dornseifer/Dreibus/Hölscher, § 66 InvG Rz. 9; *Hinrichs/Virreira Winter* in Baur/Tappen, § 230 KAGB Rz. 11; *Reiss* in Baur/Tappen, § 253 KAGB Rz. 8.
38 *Schultz-Süchting* in Emde/Dornseifer/Dreibus/Hölscher, § 66 InvG Rz. 9; *Zöll* in Beckmann/Scholtz/Vollmer, § 66 InvG Rz. 4; *Hinrichs/Virreira Winter* in Baur/Tappen, § 230 KAGB Rz. 11.
39 *Zöll* in Beckmann/Scholtz/Vollmer, § 66 InvG Rz. 5; *Hinrichs/Virreira Winter* in Baur/Tappen, § 230 KAGB Rz. 12.
40 Vgl. den ausdrücklichen Verweis in § 253 Abs. 1 Nr. 3 KAGB; auch *Schultz-Süchting* in Emde/Dornseifer/Dreibus/Hölscher, § 66 InvG Rz. 14; *Zöll* in Beckmann/Scholtz/Vollmer, § 66 InvG Rz. 6*Wind/Fritz.*
41 *Zöll* in Beckmann/Scholtz/Vollmer, § 66 InvG Rz. 7.
42 *Zöll* in Beckmann/Scholtz/Vollmer, § 66 InvG Rz. 7.
43 Im Ergebnis auch *Schultz-Süchting* in Emde/Dornseifer/Dreibus/Hölscher, § 66 InvG Rz. 14; *Zöll* in Beckmann/Scholtz/Vollmer, § 66 InvG Rz. 8; *Hinrichs/Virreira Winter* in Baur/Tappen, § 230 KAGB Rz. 11*Wind/Fritz.*

h) Kreditaufnahme (§ 199 KAGB)

29 Die Möglichkeit der **Kreditaufnahme durch ein Immobilien-Sondervermögen** ist bereits in § 254 KAGB vorgesehen. Danach darf ein Immobilien-Sondervermögen Kredite „unbeschadet des § 199 für gemeinschaftliche Rechnung der Anleger" aufnehmen.[44] Zu welchem Zweck eine Kreditaufnahme für Rechnung des Immobilien-Sondervermögens zulässig ist, war lange Zeit umstritten (siehe dazu § 254 Rz. 19). Im Ergebnis folgt nun auch die BaFin der Ansicht, dass eine Kreditaufnahme zu jedem Zweck, also auch zur kurzfristigen Finanzierung von Immobilien oder von Beteiligungen an Immobilien-Gesellschaften erfolgen darf.[45]

30 Die Vorschrift des § 199 KAGB ist daher **nur ergänzend sinngemäß anwendbar**, soweit § 254 KAGB keine besonderen Vorschriften für Immobilien-Sondervermögen enthält.[46] Insbesondere ist eine (kurzfristige) Kreditaufnahme zur Finanzierung der Rücknahme von Anteilen nur nach Maßgabe des § 254 Abs. 1 Satz 2 i.V.m. § 199 KAGB und damit nur bis zu einer maximalen Grenze von 10 % des Wertes des Immobilien-Sondervermögen zulässig. In allen anderen Fällen liegt die maximale Aufnahmegrenze für Kredite dagegen nach der Sonderregelung des § 254 Abs. 1 Satz 1 KAGB bei 30 % des Verkehrswertes der Immobilien, die zum Sondervermögen gehören.

31 Um am Markt auch tatsächlich Kredite zu erhalten, sieht § 93 Abs. 4 Satz 2 KAGB vor, dass Gegenstände des Sondervermögens ausnahmsweise belastet werden dürfen, wenn dies für die Kreditaufnahme erforderlich ist und die Kredite den Vorgaben der §§ 199, 254 u.a. KAGB entsprechen. Auch für Vermögensgegenstände des Immobilien-Sondervermögens dürfen demnach **Sicherheiten** bestellt werden.[47]

i) Wertpapierdarlehen und Sicherheiten (§ 200 KAGB)

32 Die Vorschrift des § 200 KAGB zur Gewährung von Wertpapierdarlehen und Sicherheiten findet grundsätzlich ebenfalls **sinngemäße Anwendung** auf Immobilien-Sondervermögen, soweit sich aus § 253 KAGB nichts anderes ergibt.[48] Zu berücksichtigen ist dabei insbesondere die Regelung in § 253 Abs. 3 KAGB, wonach die AIF-KVG Wertpapierdarlehen für Rechnung eines Immobilien-Sondervermögens nur auf unbestimmte Zeit gewähren darf. Dadurch soll sichergestellt werden, dass die AIF-KVG das Wertpapierdarlehen jederzeit kündigen kann, um kurzfristige Liquidität sicherzustellen.[49]

j) Wertpapierdarlehensvertrag (§ 201 KAGB)

33 Der Wertpapierdarlehensvertrag muss auch im Fall von Immobilien-Sondervermögen den inhaltlichen Anforderungen des § 201 KAGB genügen. Mit Ausnahme der unbestimmten Laufzeit sieht § 253 Abs. 3 KAGB keine Besonderheiten vor, sodass die Vorschrift des § 201 KAGB daher vollumfänglich **sinngemäß** auch auf Immobilien-Sondervermögen **anwendbar** ist.[50]

k) Organisierte Wertpapierdarlehenssysteme (§ 202 KAGB)

34 Auch hier enthalten die §§ 230 ff. KAGB keine Sonderregeln für Immobilien-Sondervermögen, sodass auch § 202 KAGB vollumfänglich **sinngemäß anwendbar** ist.[51]

l) Pensionsgeschäfte (§ 203 KAGB)

35 Die §§ 230 ff. KAGB enthalten für Pensionsgeschäfte des Immobilien-Sondervermögens zunächst keine besonderen Vorschriften, sodass grundsätzlich nichts gegen eine sinngemäße Anwendung des § 203 KAGB spricht.[52]

---

44 So auch *Brockhausen* in Moritz/Klebeck/Jesch, § 230 KAGB Rz. 19.

45 BaFin, Fragenkatalog zu § 53 InvG vom 1.12.2009, Gz. WA 41-Wp 2136-2008/0053f, S. 2 f.; siehe dazu auch *Schultz-Süchting* in Emde/Dornseifer/Dreibus/Hölscher, § 66 InvG Rz. 16 m.w.N.

46 *Zöll* in Beckmann/Scholtz/Vollmer, § 66 InvG Rz. 9; *Schultz-Süchting* in Emde/Dornseifer/Dreibus/Hölscher, § 66 InvG Rz. 15.

47 *Wind/Fritz* in Weitnauer/Boxberger/Anders, § 230 KAGB Rz. 13.

48 *Zöll* in Beckmann/Scholtz/Vollmer, § 66 InvG Rz. 10; *Wind/FritzFritz* in Weitnauer/Boxberger/Anders, § 230 KAGB Rz. 14; *Hinrichs/Virreira Winter* in Baur/Tappen, § 230 KAGB Rz. 17.

49 *Zöll* in Beckmann/Scholtz/Vollmer, § 66 InvG Rz. 10; *Wind/Fritz* in Weitnauer/Boxberger/Anders, § 230 KAGB Rz. 14; *Hinrichs/Virreira Winter* in Baur/Tappen, § 230 KAGB Rz. 17.

50 *Zöll* in Beckmann/Scholtz/Vollmer, § 66 InvG Rz. 11; *Hinrichs/Virreira Winter* in Baur/Tappen, § 230 KAGB Rz. 18.

51 *Zöll* in Beckmann/Scholtz/Vollmer, § 66 InvG Rz. 12; *Hinrichs/Virreira Winter* in Baur/Tappen, § 230 KAGB Rz. 18.

52 So auch *Wind/Fritz* in Weitnauer/Boxberger/Anders, § 230 KAGB Rz. 18.

Allerdings wurde bereits im Zusammenhang mit der im Wesentlichen inhaltsgleichen Vorgängervorschrift des § 57 InvG a.F. diskutiert, ob ein Immobilien-Sondervermögen echte Pensionsgeschäfte eingehen darf.[53] Bedenken ergaben sich in diesem Zusammenhang insbesondere im Hinblick darauf, dass echte Pensionsgeschäfte grundsätzlich eine längere Laufzeit haben und folglich nicht mit dem **Liquiditätsgedanken** des § 253 Abs. 3 KAGB **vereinbar** sind.[54] Diese Ansicht wurde mit dem Charakter eines echten Pensionsgeschäfts begründet, welches sich nach § 340b HGB gerade dadurch auszeichnet, dass Vermögensgegenstände von einem Kreditinstitut (oder einen Kunden des Kreditinstituts) auf ein anderes Kreditinstitut (oder einem seiner Kunden) gegen Zahlung eines Betrages übertragen werden, die erst zu einem späteren Zeitpunkt zu einem anderen Betrag wieder zurückübertragen werden. Geht man von einem grundsätzlichen Willen des Gesetzgebers dahingehend aus, dass ein Immobilien-Sondervermögen generell nur jederzeit kündbare Geschäfte tätigen darf, wäre es nur konsequent, Pensionsgeschäfte aus dem Vertragsrepertoire des Immobilien-Sondervermögens auszunehmen.[55] Auch eine entsprechende Anwendung des § 253 Abs. 3 KAGB auf Pensionsgeschäfte würde in diesem Zusammenhang nicht überzeugen. Eine jederzeitige Kündigungsmöglichkeit des Pensionsgeschäftes wäre wiederum mit dessen Grundgedanken nicht vereinbar, da ein Pensionsgeschäft von vornherein auf Dauer angelegt sei.[56] 36

Diesen Bedenken ist der Gesetzgeber im Rahmen der Neufassung des KAGB allerdings entgegengetreten, indem er den Erwerb von Pensionsgeschäften durch Sondervermögen generell einschränkt. Nach § 203 KAGB dürfen für Rechnung des Sondervermögens nur mehr Pensionsgeschäfte getätigt werden, die eine Laufzeit von maximal einem Jahr haben und jederzeit kündbar sind. Damit dürfte zwar der wirtschaftliche Sinn eines Pensionsgeschäftes in Frage stehen.[57] Eine kurzfristige Umwandlung der Pensionsanlagen in liquide Mittel ist allerdings nun jederzeit möglich. 37

Daher wird auch § 203 KAGB auf Immobilien-Sondervermögen **sinngemäß angewendet**. 38

m) Verweisung; Verordnungsermächtigung (§ 204 KAGB)

Die Verordnungsermächtigung findet sinngemäß auch auf Immobilien-Sondervermögen Anwendung, soweit auch die Vorschriften der §§ 192 bis 211 KAGB auf diese anwendbar sind.[58] 39

n) Leerverkäufe (§ 205 KAGB)

Das grundsätzliche **Verbot, Leerverkäufe zu tätigen, gilt sinngemäß** auch für Immobilien-Sondervermögen.[59] Das hohe spekulative Risiko, das mit einem Leerverkauf einhergeht, ist nicht mit der Anlagestrategie eines Immobilien-Sondervermögens und der Ausrichtung für Privatanleger zu vereinbaren. 40

Ein Leerverkauf soll im Wege einer teleologischen Reduktion des § 205 KAGB nur dann zulässig sein, wenn die AIF-KVG für Rechnung des Immobilien-Sondervermögens an einer Immobilie **bereits eine gesicherte Position** erworben hat und der Eigentumsübergang nur noch von der formalen Grundbucheintragung abhängt.[60] Voraussetzung ist folglich, dass der Grundstückskaufvertrag formal wirksam geschlossen wurde und der Besitz, sowie Nutzen und Lasten bereits auf das Immobilien-Sondervermögen übergegangen sind.[61] Be- 41

---

53 Siehe zu dem Streit *Schultz-Süchting* in Emde/Dornseifer/Dreibus/Hölscher, § 66 InvG Rz. 20; *Zöll* in Beckmann/Scholtz/Vollmer, § 66 InvG Rz. 13 (beide verneinend); *Klusak* in Berger/Steck/Lübbehüsen, § 66 InvG Rz. 3 (bejahend ohne nähere Begründung); *Brockhausen* in Moritz/Klebeck/Jesch, § 230 KAGB Rz. 24 ff.

54 *Schultz-Süchting* in Emde/Dornseifer/Dreibus/Hölscher, § 66 InvG Rz. 20; *Zöll* in Beckmann/Scholtz/Vollmer, § 66 InvG, Rz. 13 (beide verneinend); *Klusak* in Berger/Steck/Lübbehüsen, § 66 InvG Rz. 3 (bejahend ohne nähere Begründung); zur neuen Vorschrift *Hinrichs/Virreira Winter* in Baur/Tappen, § 230 KAGB Rz. 20.

55 Vgl. *Schultz-Süchting* in Emde/Dornseifer/Dreibus/Hölscher, § 66 InvG Rz. 20; *Zöll* in Beckmann/Scholtz/Vollmer, § 66 InvG Rz. 13; *Hinrichs/Virreira Winter* in Baur/Tappen, § 230 KAGB Rz. 20.

56 *Zöll* in Beckmann/Scholtz/Vollmer, § 66 InvG Rz. 13.

57 So auch *Brockhausen* in Moritz/Klebeck/Jesch, § 230 KAGB Rz. 26.

58 *Zöll* in Beckmann/Scholtz/Vollmer, § 66 InvG Rz. 14; *Hinrichs/Virreira Winter* in Baur/Tappen, § 230 KAGB Rz. 21.

59 *Zöll* in Beckmann/Scholtz/Vollmer, § 66 InvG Rz. 15; *Schultz-Süchting* in Emde/Dornseifer/Dreibus/Hölscher, § 66 InvG Rz. 21; *Wind/Fritz* in Weitnauer/Boxberger/Anders, § 230 KAGB Rz. 19; *Hinrichs/Virreira Winter* in Baur/Tappen, § 230 KAGB Rz. 22.

60 *Schultz-Süchting* in Emde/Dornseifer/Dreibus/Hölscher, § 66 InvG Rz. 21; *Wind/Fritz* in Weitnauer/Boxberger/Anders, § 230 KAGB Rz. 19.

61 *Schultz-Süchting* in Emde/Dornseifer/Dreibus/Hölscher, § 66 InvG Rz. 21; *Wind/Fritz* in Weitnauer/Boxberger/Anders, § 230 KAGB Rz. 19.

gründen lässt sich diese Ausnahme damit, dass in diesem Fall kein typischer Leerverkauf vorliegt, bei dem ein spekulatives Risiko besteht.[62]

o) Emittentengrenzen (§ 206 KAGB)

42 Erwirbt das Immobilien-Sondervermögen Wertpapiere oder Geldmarktinstrumente desselben Emittenten, so gelten auch die **Emittentengrenzen des § 206 KAGB vollumfänglich sinngemäß** für Immobilien-Sondervermögen.[63]

p) Erwerb von Anteilen an Investmentvermögen (§ 207 KAGB)

43 Die Vorschrift findet unter Beachtung der in § 253 KAGB genannten Höchstliquiditätsgrenze von 49 % **vollumfänglich sinngemäße Anwendung** auf Immobilien-Sondervermögen.[64]

q) Erweiterte Anlagegrenzen (§ 208 KAGB)

44 Die Regelung des § 208 KAGB zu den erweiterten Anlagegrenzen findet **vollumfänglich sinngemäße Anwendung** auf Immobilien-Sondervermögen.[65]

r) Wertpapierindex-OGAW (§ 209 KAGB)

45 Die Vorschrift findet auf Immobilien-Sondervermögen **keine sinngemäße Anwendung**, da Wertpapierindex-Sondervermögen (*Exchange Traded Funds*) eine eigene Kategorie von Sondervermögen darstellen und für diese folglich andere Regelungen gelten.[66]

s) Emittentenbezogene Anlagegrenzen (§ 210 KAGB)

46 Die Vorschrift findet **vollumfänglich sinngemäße Anwendung** auf Immobilien-Sondervermögen, soweit die Anlagegegenstände von dem Immobilien-Sondervermögen erworben werden dürfen und die §§ 231 bis 260 KAGB keine besonderen Anlagegrenzen enthalten.[67]

t) Überschreiten von Anlagegrenzen (§ 211 KAGB)

47 Die Vorschrift findet grundsätzlich ebenfalls **vollumfänglich sinngemäße Anwendung** auf Immobilien-Sondervermögen.[68] Jedoch ist zu berücksichtigen, dass nur die in § 211 KAGB ausdrücklich genannten Grenzen überschritten werden dürfen, die auch auf Immobilien-Sondervermögen anwendbar sind. Die besonderen Grenzen der §§ 231 ff. KAGB sind nicht von der Vorschrift umfasst und dürfen daher auch nicht überschritten werden.[69]

IV. Verbot von Laufzeitfonds (§ 230 Abs. 2 KAGB)

48 Der Gesetzgeber stellt mit dieser Vorschrift klar, dass Immobilien-Sondervermögen **nicht mit einer festen Laufzeit aufgelegt** werden können. Diese Einschränkung ergibt sich daraus, dass Immobilien grundsätzlich nicht so zielgerichtet, flexibel und zeitlich ungebunden veräußert werden können, wie beispielsweise Wertpapiere oder andere Anlagegegenstände.[70] Vielmehr kommt es bei einem Verkauf von Immobilien darauf an, wie sich die aktuellen Marktumstände und die wirtschaftlichen Gegebenheiten im konkreten Verkaufs-

---

62 *Schultz-Süchting* in Emde/Dornseifer/Dreibus/Hölscher, § 66 InvG Rz. 21; *Wind/Fritz* in Weitnauer/Boxberger/Anders, § 230 KAGB Rz. 19; *Brockhausen* in Moritz/Klebeck/Jesch, § 230 KAGB Rz. 28.

63 *Zöll* in Beckmann/Scholtz/Vollmer, § 66 InvG Rz. 14; *Hinrichs/Virreira Winter* in Baur/Tappen, § 230 KAGB Rz. 21.

64 *Zöll* in Beckmann/Scholtz/Vollmer, § 66 InvG, Rz. 17; *Hinrichs/Virreira Winter* in Baur/Tappen, § 230 KAGB Rz. 24.

65 *Zöll* in Beckmann/Scholtz/Vollmer, § 66 InvG, Rz. 18; *Hinrichs/Virreira Winter* in Baur/Tappen, § 230 KAGB Rz. 25.

66 *Hinrichs/Virreira Winter* in Baur/Tappen, § 230 KAGB Rz. 26; *Zöll* in Beckmann/Scholtz/Vollmer, § 66 InvG, Rz. 19. Generell zu Exchange Traded Funds vgl. *Harrer*, Exchange Traded Funds (ETFs), 2016.

67 *Zöll* in Beckmann/Scholtz/Vollmer, § 66 InvG Rz. 20; *Hinrichs/Virreira Winter* in Baur/Tappen, § 230 KAGB Rz. 27.

68 *Schultz-Süchting* in Emde/Dornseifer/Dreibus/Hölscher, § 66 InvG Rz. 22; *Zöll* in Beckmann/Scholtz/Vollmer, § 66 InvG Rz. 21; *Hinrichs/Virreira Winter* in Baur/Tappen, § 230 KAGB Rz. 28.

69 *Schultz-Süchting* in Emde/Dornseifer/Dreibus/Hölscher, § 66 InvG Rz. 22; *Hinrichs/Virreira Winter* in Baur/Tappen, § 230 KAGB Rz. 28.

70 *Schultz-Süchting* in Emde/Dornseifer/Dreibus/Hölscher, § 66 InvG Rz. 159; *Hinrichs/Virreira Winter* in Baur/Tappen, § 230 KAGB Rz. 28; *Brockhausen* in Moritz/Klebeck/Jesch, § 230 KAGB Rz. 36.

zeitpunkt darstellen.[71] Diese können aber nur sinnvoll wirtschaftlich genutzt werden, wenn der Verkauf nicht von einem vorher festgelegten Zeitpunkt abhängig ist. Daneben ist auch der Charakter eines Immobilien-Sondervermögens grundsätzlich auf eine längerfristige Vermögensanlage gerichtet.[72]

Diesen Umständen hat der Gesetzgeber Rechnung getragen. Um die Handlungsfreiheit des Immobilien-Sondervermögens stets zu wahren, ist daher die Auflage eines geschlossenen Publikumsinvestmentvermögens nach § 165 Abs. 2 Nr. 1 KAGB für Immobilien-Sondervermögen von vornherein nicht vorgesehen.[73] 49

§ 231 Zulässige Vermögensgegenstände; Anlagegrenzen

(1) ¹Die AIF-Kapitalverwaltungsgesellschaft darf für ein Immobilien-Sondervermögen nur folgende Vermögensgegenstände erwerben:

1. Mietwohngrundstücke, Geschäftsgrundstücke und gemischt genutzte Grundstücke;

2. Grundstücke im Zustand der Bebauung, wenn

a) die genehmigte Bauplanung die Nutzung als Mietwohngrundstücke, Geschäftsgrundstücke oder gemischt genutzte Grundstücke vorsieht,

b) mit einem Abschluss der Bebauung in angemessener Zeit zu rechnen ist und

c) die Aufwendungen für die Grundstücke insgesamt 20 Prozent des Wertes des Sondervermögens nicht überschreiten;

3. unbebaute Grundstücke, die für eine alsbaldige eigene Bebauung zur Nutzung als Mietwohngrundstücke, Geschäftsgrundstücke oder gemischt genutzte Grundstücke bestimmt und geeignet sind, wenn zur Zeit des Erwerbs ihr Wert zusammen mit dem Wert der unbebauten Grundstücke, die sich bereits in dem Sondervermögen befinden, 20 Prozent des Wertes des Sondervermögens nicht übersteigt;

4. Erbbaurechte unter den Voraussetzungen der Nummern 1 bis 3;

5. andere Grundstücke und andere Erbbaurechte sowie Rechte in Form des Wohnungseigentums, Teileigentums, Wohnungserbbaurechts und Teilerbbaurechts, wenn zur Zeit des Erwerbs ihr Wert zusammen mit dem Wert der Grundstücke und Rechte gleicher Art, die sich bereits in dem Sondervermögen befinden, 15 Prozent des Wertes des Sondervermögens nicht überschreitet;

6. Nießbrauchrechte an Mietwohngrundstücken, Geschäftsgrundstücken und gemischt genutzten Grundstücken, die der Erfüllung öffentlicher Aufgaben dienen, wenn zur Zeit der Bestellung die Aufwendungen für das Nießbrauchrecht zusammen mit dem Wert der Nießbrauchrechte, die sich bereits im Sondervermögen befinden, 10 Prozent des Wertes des Sondervermögens nicht übersteigen;

7. die in den §§ 234 und 253 genannten Vermögensgegenstände.

²Weitere Voraussetzung für den Erwerb der in den Nummern 5 und 6 genannten Vermögensgegenstände ist, dass deren Erwerb in den Anlagebedingungen vorgesehen sein muss und dass die Vermögensgegenstände einen dauernden Ertrag erwarten lassen müssen.

(2) ¹Ein in Absatz 1 Nummer 1 bis 6 genannter Vermögensgegenstand darf nur erworben werden, wenn

1. der Vermögensgegenstand zuvor bei einem Wert des

a) Vermögensgegenstands bis zu einschließlich 50 Millionen Euro von einem externen Bewerter, der die Anforderungen nach § 216 Absatz 1 Satz 1 Nummer 1 und Satz 2, Absatz 2 bis 5 erfüllt oder

71 *Schultz-Süchting* in Emde/Dornseifer/Dreibus/Hölscher, § 66 InvG Rz. 159; *Hinrichs/Virreira Winter* in Baur/Tappen, § 230 KAGB Rz. 28.

72 *Zöll* in Beckmann/Scholtz/Vollmer, § 66 InvG Rz. 47; *Hinrichs/Virreira Winter* in Baur/Tappen, § 230 KAGB Rz. 28.

73 *Schultz-Süchting* in Emde/Dornseifer/Dreibus/Hölscher, § 66 InvG Rz. 159; *Wind/Fritz* in Weitnauer/Boxberger/Anders, § 230 KAGB Rz. 22; *Hinrichs/Virreira Winter* in Baur/Tappen, § 230 KAGB Rz. 29.

b) Vermögensgegenstands über 50 Millionen Euro von zwei externen, voneinander unabhängigen Bewertern, die die Anforderungen nach § 216 Absatz 1 Satz 1 Nummer 1 und Satz 2, Absatz 2 bis 5 erfüllen und die die Bewertung des Vermögensgegenstands unabhängig voneinander vornehmen,

bewertet wurde,

2. der externe Bewerter im Sinne von Nummer 1 Buchstabe a oder die externen Bewerter im Sinne von Nummer 1 Buchstabe b Objektbesichtigungen vorgenommen haben,

3. der externe Bewerter im Sinne von Nummer 1 Buchstabe a oder die externen Bewerter im Sinne von Nummer 1 Buchstabe b nicht zugleich die regelmäßige Bewertung gemäß den §§ 249 und 251 Absatz 1 durchführt oder durchführen und

4. die aus dem Sondervermögen zu erbringende Gegenleistung den ermittelten Wert nicht oder nur unwesentlich übersteigt.

[2]§ 250 Absatz 2 gilt entsprechend. [3]Entsprechendes gilt für Vereinbarungen über die Bemessung des Erbbauzinses und über dessen etwaige spätere Änderung.

(3) Für ein Immobilien-Sondervermögen dürfen auch Gegenstände erworben werden, die zur Bewirtschaftung der Vermögensgegenstände des Immobilien-Sondervermögens erforderlich sind.

(4) Bei der Berechnung des Wertes des Sondervermögens gemäß Absatz 1 Satz 1 Nummer 2, 3, 5 und 6, § 232 Absatz 4 sowie bei der Angabe des Anteils des Sondervermögens gemäß § 233 Absatz 1 Nummer 3 werden die aufgenommenen Darlehen nicht abgezogen.

(5) Im Fall des § 234 sind die von der Immobilien-Gesellschaft gehaltenen Vermögensgegenstände bei dem Immobilien-Sondervermögen bei der Anwendung der in den Absätzen 1 und 2, §§ 232 und 233 genannten Anlagebeschränkungen und der Berechnung der dort genannten Grenzen entsprechend der Beteiligungshöhe zu berücksichtigen.

In der Fassung vom 4.7.2013 (BGBl. I 2013, S. 1981), zuletzt geändert durch das Gesetz zur Anpassung von Gesetzen auf dem Gebiet des Finanzmarktes vom 15.7.2014 (BGBl. I 2014, S. 934).

Schrifttum: *Hartrott/Goller*, Immobilienfonds nach dem Kapitalanlagegesetzbuch, BB 2013, 1603; *Hübner*, Immobilienanlagen unter dem KAGB – Alte Fragen – Neue Fragen – Neue Antworten, WM 2014, 106; *Kann/Redeker/Keiluweit*, Überblick über das Kapitalanlagegesetzbuch (KAGB), DStR 2013, 1485; *Kestler/Benz*, Aktuelle Entwicklungen im Investmentrecht, BKR 2008, 403; *Niewerth/Rybarz*, Änderung der Rahmenbedingungen für Immobilienfonds – das AIFM-Umsetzungsgesetz und seine Folgen, WM 2013, 1154; *Patzner*, Das Zusammenwirken zwischen Verwahrstelle, Bewerter, Abschlussprüfer und BaFin bei der Aufsicht über Investmentvermögen nach dem KAGB – Zuständigkeiten bei der Überprüfung der Einhaltung der Bewertungsmaßstäbe und -verfahren für Vermögensgegenstände von AIF und OGAW, BKR 2015, 193; *Schultz-Süchting/Thomas*, Investmentrecht in internationalen Immobilientransaktionen, WM 2008, 2285.

I. Allgemeines

1. Regelungsgegenstand und Gesetzessystematik

a) Zulässige Vermögensgegenstände

Nachdem die Regelung des § 230 KAGB den allgemeinen Verweis der auf Immobilien-Sondervermögen anwendbaren Vorschriften enthält, beinhaltet § 231 Abs. 1 KAGB eine Aufzählung der **zulässigen Vermögensgegenstände**, in die ein Immobilien-Sondervermögen investieren darf, sowie die jeweiligen **einzuhaltenden Anlagegrenzen.** Die zulässigen Vermögensgegenstände umfassen dabei zunächst Grundstücke, grundstücksgleiche Rechte und einzelne Nutzungsrechte (§ 231 KAGB). Die genannten Gegenstände werden durch Beteiligungen an Immobilien-Gesellschaften (§ 234 KAGB) sowie Liquiditätsanlagen bis zu einer maximalen Grenze von 49 % des Wertes des Immobilien-Sondervermögens (§ 253 KAGB) ergänzt. 1

Die Vermögensgegenstände sind dabei **abschließend aufgezählt** und beinhalten somit sämtliche Investitionsmöglichkeiten für Immobilien-Sondervermögen.[1] Nicht in diesem **abschließenden Typenkatalog** enthaltene Vermögensgegenstände dürfen von einem Immobilien-Sondervermögen folglich nicht erworben werden. Daneben enthalten die Vorschriften auch die entsprechenden Anlagegrenzen für die einzelnen Vermögensgegenstände. 2

Weitergehend enthält § 231 Abs. 2 KAGB die Voraussetzungen, die bei der **Bewertung der Vermögensgegenstände** vor dem Erwerb einzuhalten sind. Dadurch soll ein einheitlicher Bewertungsstandard für erwerbbare Vermögensgegenstände eines Immobilien-Sondervermögens geschaffen werden mit dem Ziel, den Schutz der Anleger zu stärken.[2]

b) Einordnung als Erwerbsvorschrift

Systematisch stellt § 231 KAGB eine sogenannte **Erwerbsvorschrift** dar.[3] Der Gesetzgeber hat im Zuge der Neufassung des § 231 KAGB auf die bisher geäußerte Kritik zu § 67 InvG a.F. reagiert und die systemfremden Vorschriften, wie die Belastung mit einem Erbbaurecht, das Verbot von Laufzeitfonds oder mögliche Grenzen für Währungsrisiken, richtigerweise aus dem Anwendungsbereich herausgenommen und in separaten Vorschriften verortet.[4] Um den Charakter einer Erwerbsvorschrift zu unterstreichen, sind auch die **Anlagegrenzen als sog. Erwerbsgrenzen** geregelt, sodass nach dem Erwerb eintretende Wertänderungen der Vermögensgegenstände für die Anlagegrenzen unberücksichtigt bleiben.[5] 3

Die korrespondierende Regelung zur **Veräußerung und Belastung** von Vermögensgegenständen findet sich im § 260 KAGB. 4

2. Entstehungsgeschichte

Die Vorschrift des § 231 KAGB beruht größtenteils auf dem aufgehobenen § 67 InvG a.F.[6] So finden sich die Absätze 1 und 2, 5 und 6 und 10 in § 231 KAGB wieder. Die fehlenden Vorschriften wurden im Zuge der Neufassung an anderen Stellen des KAGB systematisch passender verortet. § 231 Abs. 5 KAGB übernimmt mit redaktionellen Anpassungen den aufgehobenen § 68 Abs. 7 InvG a.F.[7] Diese Vorschrift regelt, dass die in den §§ 231 Abs. 1, 232 und 233 KAGB enthaltenen Anlagegrenzen im Falle der Beteiligungen an Immobilien-Sondervermögen entsprechend der jeweiligen Beteiligungshöhe zu berücksichtigen sind. 5

---

1 *Conradi* in Emde/Dornseifer/Dreibus/Hölscher, § 67 InvG Rz. 1, 6; *Brockhausen* in Moritz/Klebeck/Jesch, § 231 KAGB Rz. 3; *Schultz-Süchting/Thomas*, WM 2008, 2285 f.; *Hinrichs/Virreira Winter* in Baur/Tappen, § 231 KAGB Rz. 2; *Banzhaf*, WM 2011, 300; *Kestler/Benz*, BKR 2008, 403, 407; *Niewerth/Rybarz*, WM 2013, 1154 (1160 f.); *Hartrott/Goller*, BB 2013, 1603 (1608); *Poelzig/Volmer*, DNotZ 2014, 483 (492).

2 *Brockhausen* in Moritz/Klebeck/Jesch, § 231 KAGB Rz. 2.

3 *Conradi* in Emde/Dornseifer/Dreibus/Hölscher, § 67 InvG Rz. 2; *Wind/Kautenburger-Behr* in Weitnauer/Boxberger/Anders, § 231 KAGB Rz. 1.

4 Im früheren § 67 InvG a.F. fanden sich diese Regelungen noch in den Absätzen 4, 7 und 9, vgl. dazu auch *Schultz-Süchting* in Emde/Dornseifer/Dreibus/Hölscher, § 67 InvG Rz. 1; heute finden sich diese Regelungen in §§ 230 Abs. 2, 232 und 233 KAGB.

5 *Hinrichs/Virreira Winter* in Baur/Tappen, § 231 KAGB Rz. 4.

6 Begr. RegE, BT-Drucks. 17/12294, S. 267.

7 Begr. RegE, BT-Drucks. 17/12294, S. 267.

6 Der Wortlaut der aufgehobenen Vorschriften wurde dabei vom Gesetzgeber mit redaktionellen Anpassungen übernommen.[8] Eine materielle Änderung des Inhalts strebte der Gesetzgeber mit der Neuregelung nicht an.[9]

II. Zulässige Vermögensgegenstände (§ 231 Abs. 1 KAGB)

1. Allgemeine Anforderungen an den Erwerb

a) Mögliche Rechtspositionen

7 Zu den **zulässigen, erwerbbaren Vermögensgegenständen** gehören Grundstücke und grundstücksgleiche Rechte (§ 231 Abs. 1 Nr. 1 bis 6 KAGB), Bewirtschaftungsgegenstände (§ 231 Abs. 3 KAGB), Beteiligungen an Immobilien-Gesellschaften (§ 231 Abs. 1 Nr. 7 i.V.m. § 234 KAGB) und sonstige Vermögensgegenstände zum Zwecke der Liquiditätsanlage (§ 231 Abs. 1 Nr. 7 i.V.m. § 253 KAGB).

8 Diese Gegenstände dürfen von der AIF-KVG für das Immobilien-Sondervermögen erworben werden, wobei das Gesetz nicht definiert, was unter „Erwerb" zu verstehen ist und welche Rechtsposition das Immobilien-Sondervermögen tatsächlich erlangen muss. Erlangt das Immobilien-Sondervermögen **Alleineigentum** an den jeweiligen Vermögensgegenständen, so ist dies jedenfalls ausreichend.[10] Ob daneben auch der Erwerb von **Miteigentum oder Gesamthandseigentum** an einemVermögensgegenstand ausreichend ist, wird in der Literatur nicht einheitlich beurteilt.[11] Die besseren Gründe sprechen allerdings wohl dafür, auch den Erwerb von Mit- oder Gesamthandseigentum durch die AIF-KVG zuzulassen.[12] Dies ergibt sich vor allem im Hinblick darauf, dass ein Immobilien-Sondervermögen auch Minderheitsbeteiligungen an Immobilien-Gesellschaften erwerben kann. Auch im Fall einer Minderheitsbeteiligung kann die AIF-KVG nicht beliebig ihre Interessen durchsetzen, sondern wird auch durch die Interessen der anderen Gesellschafter tangiert. Insofern sind die Rechtspositionen des Miteigentums und der Minderheitsbeteiligung durchaus vergleichbar, sodass eine unterschiedliche Behandlung der beiden Rechtspositionen im Ergebnis nicht gerechtfertigt erscheint.[13]

9 Erwirbt die AIF-KVG Grundstücke oder grundstücksgleiche Rechte, so sind auch die **wesentlichen Bestandteile** des Grundstücks vom Erwerb umfasst.[14] Diese sind bereits aufgrund ihrer Definition in §§ 93 und 94 BGB fest mit dem Grund und Boden verbundene Sachen, die das gleiche Schicksal wie das Grundstück selbst erfahren sollen. **Zubehör** darf dagegen nur im Rahmen des § 231 Abs. 3 KAGB als Bewirtschaftungsgegenstand erworben werden.[15] Dabei handelt es sich im Gegensatz zu wesentlichen Bestandteilen nicht um mit dem Grund und Boden fest verbundene Sachen, sondern um bewegliche Sachen, die dazu bestimmt sind, dem Zweck des Grundstücks zu dienen (vgl. § 97 Abs. 1 BGB).

b) Sorgfaltspflichten der AIF-KVG

10 Bevor die einzelnen erwerbbaren Vermögensgegenstände näher dargestellt werden, sind zunächst die **allgemeinen Anforderungen** zu untersuchen, die bei einem Erwerb der Vermögensgegenstände durch die AIF-KVG zu berücksichtigen sind. Da die in § 231 KAGB enthaltenen Anlagegrenzen nur bei Erwerb der entsprechenden Vermögensgegenstände zu beachten sind, führt eine nachträgliche Wertsteigerung einzelner Vermögensgegenstände nicht zu einer Veräußerungspflicht der AIF-KVG.[16]

11 Grundsätzlich gelten die allgemeinen Verhaltensregeln des § 26 KAGB, wonach die AIF-KVG mit der gebotenen **Sachkenntnis, Sorgfalt und Gewissenhaftigkeit im besten Interesse** des von ihr verwalteten **Immo-**

---

8 Begr. RegE, BT-Drucks. 17/12294, S. 267; *Brockhausen* in Moritz/Klebeck/Jesch, § 231 KAGB Rz. 7.

9 So auch *Niewerth/Rybarz*, WM 2013, 1154, 1160.

10 *Conradi* in Emde/Dornseifer/Dreibus/Hölscher, § 67 InvG Rz. 10; *Zöll* in Beckmann/Scholtz/Vollmer, § 67 InvG Rz. 1.

11 Dafür *Conradi* in Emde/Dornseifer/Dreibus/Hölscher, § 67 InvG Rz. 10; *Hübner*, WM 2014, 106, 108; dagegen *Zöll* in Beckmann/Scholtz/Vollmer, § 67 InvG Rz. 1; *Hinrichs/Virreira Winter* in Baur/Tappen, § 231 KAGB Rz. 6.

12 *Hübner*, WM 2014, 106 (108) m.w.N.

13 *Hübner*, WM 2014, 106 (108) mit dem Hinweis darauf, dass sich die früheren Vertreter der ablehnenden Ansicht auch auf das Argument stützten, dass eine Minderheitsbeteiligung an Immobilien-Gesellschaften nicht möglich war.

14 *Conradi* in Emde/Dornseifer/Dreibus/Hölscher, § 67 InvG Rz. 11.

15 *Conradi* in Emde/Dornseifer/Dreibus/Hölscher, § 67 InvG Rz. 11.

16 *Brockhausen* in Moritz/Klebeck/Jesch, § 231 KAGB Rz. 7.

bilien-Sondervermögens und von dessen **Anlegern** zu handeln hat.[17] Dabei sind die spezifischen Anforderungen zu beachten, die sich bei einem Erwerb von Immobilien ergeben. Insbesondere muss die AIF-KVG die Immobilie vor dem Erwerb gewissenhaft und sorgfältig prüfen und bewerten und die damit einhergehenden Chancen und Risiken umfassend abwägen.[18] Die dabei gefundenen Ergebnisse müssen sich in der gesellschaftsrechtlichen und steuerlichen Vertragsgestaltung so widerspiegeln, dass den Interessen der Anleger und des Immobilien-Sondervermögens ausreichend Rechnung getragen wird.[19] Dabei beschränkt sich diese Pflicht nicht nur auf die eigene Tätigkeit der AIF-KVG, sondern auch auf die Auswahl der richtigen Berater, Dienstleister oder der anderen, am Erwerbsprozess Beteiligten.[20] Die Beachtung der gebotenen Sorgfalt und Gewissenhaftigkeit beinhaltet auch den Umstand, ob die AIF-KVG die in § 231 KAGB **vorgegebenen Anlagegrenzen** einhält.[21] Diese Grenzen sind bereits nach dem Wortlaut der Vorschrift verpflichtend und dürfen keinesfalls überschritten werden.

Die gerade beschriebenen Sorgfaltsanforderungen finden dabei auf den **gesamten Erwerbsprozess** einer Immobilie Anwendung und umfassen folglich Transaktionsphasen, beginnend mit der Angebotsphase, über die Prüfungs- und Verhandlungsphase, bis hin zur Vollzugsphase.[22] 12

c) Folgen bei Verstößen

Verstößt eine AIF-KVG gegen diese Sorgfaltspflichten, so stehen den Anlegern die **Schadensersatzansprüche** nach § 89 KAGB zu, die von der Verwahrstelle geltend zu machen sind.[23] Daneben kann die BaFin ggf. **aufsichtsrechtliche Maßnahmen** nach § 5 KAGB ergreifen.[24] Das Rechtsgeschäft an sich bleibt aber trotz eines Verstoßes gegen § 231 KAGB wirksam, vgl. § 242 KAGB. 13

Ein Verstoß der AIF-KVG gegen die Sorgfaltspflichten liegt auch vor, wenn sie die gesetzlich **vorgegebenen Anlagegrenzen – ungerechtfertigt – überschreitet.**[25] Eine Rechtfertigung kann sich aus § 211 KAGB ergeben, wobei zu beachten ist, dass nur die in § 211 KAGB ausdrücklich genannten Anlagegrenzen ausnahmsweise überschritten werden dürfen. Dagegen sind die in § 231 KAGB vorgesehenen Grenzen zwingend einzuhalten. Überschreitet eine AIF-KVG die vorgegebenen Anlagegrenzen, so ist sie schließlich verpflichtet, umgehend dafür Sorge zu tragen, dass die Anlagegrenzen wieder eingehalten werden.[26] 14

2. Anlagegrenzen

Die Vorschrift des § 231 KAGB enthält Anlagegrenzen für einzelne Immobilien und grundstücksgleiche Rechte, die für Rechnung eines Immobilien-Sondervermögens erworben werden dürfen. Hintergrund für diese Anlagegrenzen ist die Tatsache, dass sich Vermögensgegenstände wie Immobilien am Markt potentiell schwieriger veräußern lassen.[27] 15

Die Anlagegrenzen sind als sog. Erwerbsgrenzen ausgestaltet. Dies bedeutet, dass der **Erwerbspreis der jeweiligen Immobilie** einen gewissen Anteil am Wert des Immobilien-Sondervermögens nicht überschreiten darf. Nachträgliche Wertänderungen sind folglich unbeachtlich.[28] Dafür sprechen v.a. praktische Gesichtspunkte, da die AIF-KVG ansonsten bei jedem Erwerb eines neuen Anlagegegenstandes sämtliche Grundstücke der gleichen Kategorie neu bewerten müsste. 16

---

17 *Wind/Kautenburger-Behr* in Weitnauer/Boxberger/Anders, § 231 KAGB Rz. 5; *Brockhausen* in Moritz/Klebeck/Jesch, § 231 KAGB Rz. 7.
18 *Conradi* in Emde/Dornseifer/Dreibus/Hölscher, § 67 InvG Rz. 17.
19 *Conradi* in Emde/Dornseifer/Dreibus/Hölscher, § 67 InvG Rz. 18.
20 *Conradi* in Emde/Dornseifer/Dreibus/Hölscher, § 67 InvG Rz. 18; *Brockhausen* in Moritz/Klebeck/Jesch, § 231 KAGB Rz. 6.
21 Im Ergebnis *Conradi* in Emde/Dornseifer/Dreibus/Hölscher, § 67 InvG Rz. 21.
22 Eine ausführliche Beschreibung der einzelnen Phasen findet sich bei *Conradi* in Emde/Dornseifer/Dreibus/Hölscher, § 67 InvG Rz. 13 ff.; auch *Wind/Kautenburger-Behr* in Weitnauer/Boxberger/Anders, § 231 KAGB Rz. 6; *Brockhausen* in Moritz/Klebeck/Jesch, § 231 KAGB Rz. 6.
23 *Conradi* in Emde/Dornseifer/Dreibus/Hölscher, § 67 InvG Rz. 20. Zur Geltendmachung von Schadensersatzansprüchen durch die Verwahrstelle siehe auch *Zetzsche* in FS Köndgen, 2016, S. 677.
24 *Conradi* in Emde/Dornseifer/Dreibus/Hölscher, § 67 InvG Rz. 20; *Wind/Kautenburger-Behr* in Weitnauer/Boxberger/Anders, § 231 KAGB Rz. 7.
25 *Conradi* in Emde/Dornseifer/Dreibus/Hölscher, § 67 InvG Rz. 21.
26 *Conradi* in Emde/Dornseifer/Dreibus/Hölscher, § 67 InvG Rz. 21.
27 *Conradi* in Emde/Dornseifer/Dreibus/Hölscher, § 67 InvG Rz. 68.
28 *Hinrichs/Virreira Winter* in Baur/Tappen, § 231 KAGB Rz. 4 und 12; *Conradi* in Emde/Dornseifer/Dreibus/Hölscher, § 67 InvG Rz. 38.

17 Zum **Erwerbspreis** zählen neben dem Kaufpreis auch die Kaufnebenkosten sowie die bereits angefallenen Bau- und Baunebenkosten.[29] Kosten für eine zukünftige Bebauung sind dem Erwerbspreis hingegen nicht hinzuzurechnen.[30] Als **Bezugsgröße** zieht der Gesetzgeber jeweils den objektiven Wert des jeweiligen Immobilien-Sondervermögens heran.

18 Die **Anlagegrenzen** des § 231 Abs. 1 KAGB beziehen sich auf folgende Immobilien und Rechte:

- Grundstücke, die sich im Zustand der Bebauung befinden, dürfen nur erworben werden, wenn die Erwerbsaufwendungen insgesamt 20 % des Wertes des Immobilien-Sondervermögens nicht überschreiten (§ 231 Abs. 1 Nr. 2 lit. c) KAGB);
- Unbebaute Grundstücke dürfen nur erworben werden, wenn alle sich im Immobilien-Sondervermögen befindlichen unbebauten Grundstücke insgesamt 20 % des Wertes des Immobilien-Sondervermögens nicht übersteigen (§ 231 Abs. 1 Nr. 3 KAGB);
- Andere Grundstücke und andere Erbbaurechte etc. dürfen nur erworben werden, wenn alle derartigen Grundstücke und Rechte insgesamt 15 % des Wertes des Immobilien-Sondervermögens nicht überschreiten (§ 231 Abs. 1 Nr. 5 KAGB);
- Nießbrauchrechte dürfen nur bestellt werden, wenn der Wert aller sich im Immobilien-Sondervermögen befindlichen Nießbrauchrechte insgesamt 10 % des Wertes des Immobilien-Sondervermögens nicht übersteigen (§ 231 Abs. 1 Nr. 6 KAGB).

19 Anlagegrenzen können weitergehend auch in den Anlagebedingungen eines Immobilien-Sondervermögens vorgesehen werden.[31] Zu beachten ist schließlich auch, dass die Anlagegrenzen erst nach einer Anlaufzeit von vier Jahren seit Bildung des Immobilien-Sondervermögens anzuwenden sind, um der AIF-KVG einen entsprechenden Handlungsspielraum bei der Auflage eines Immobilien-Sondervermögens einzuräumen.

3. Die einzelnen zulässigen Vermögensgegenstände

a) Bebaute Grundstücke (§ 231 Abs. 1 Nr. 1 KAGB)

aa) Anwendbare Terminologie des BewG

20 Die erste Kategorie der zulässigen Vermögensgegenstände, in die ein Immobilien-Sondervermögen investieren darf, beinhaltet **Mietwohngrundstücke, Geschäftsgrundstücke und gemischt genutzte Grundstücke**, die allesamt **bebaut** sind.[32] Die in § 231 Abs. 1 Nr. 1 KAGB verwendete Terminologie greift dabei nicht auf die sachenrechtlichen Begrifflichkeiten zurück, sondern lehnt sich an die Terminologie des BewG an.[33] Der Gesetzgeber verfolgt damit das Ziel der Vereinfachung. So sollen die verwendeten Begriffe sowohl im Steuerrecht als auch im Investmentrecht gleichbedeutend verwendet werden können.[34] Relevant ist die Abgrenzung der Begriffe für die Vermögensaufstellungen, die die KVG halbjährlich und jährlich erstellen muss (vgl. § 247 Abs. 1 Satz 1 Nr. 1 KAGB, nach der die Größe, Art, Lage etc. anzugeben ist).[35]

21 Für die Begrifflichkeiten der bebauten Grundstücke i.S.d. § 231 Abs. 1 Nr. 1 KAGB ist vor allem auf die Vorschriften des §§ 72 ff. BewG zurückzugreifen. Bebaut ist ein Grundstück nach § 74 BewG zunächst dann, wenn sich auf dem Grundstück ein benutzbares Gebäude befindet. Als benutzbar gilt ein Gebäude nach § 72 Abs. 1 BewG sobald es bezugsfertig ist.

bb) Mietwohngrundstücke

22 Mietwohngrundstücke sind nach § 75 Abs. 1 Nr. 1 i.V.m. Abs. 2 BewG solche, die zu mehr als 80 % Wohnzwecken dienen. Dabei erfolgt die Berechnung nach der Jahresrohmiete gem. § 79 BewG, wobei die Jahres-

---

29 *Conradi* in Emde/Dornseifer/Dreibus/Hölscher, § 67 InvG Rz. 38; *Hinrichs/Virreira Winter* in Baur/Tappen, § 231 KAGB Rz. 12.

30 *Conradi* in Emde/Dornseifer/Dreibus/Hölscher, § 67 InvG Rz. 38; *Hinrichs/Virreira Winter* in Baur/Tappen, § 231 KAGB Rz. 12.

31 *Hinrichs/Virreira Winter* in Baur/Tappen, § 231 KAGB Rz. 4.

32 Dies ergibt sich aus den einzelnen Kategorien der in § 231 KAGB genannten Grundstücke. Während in Nr. 2 Grundstücke im Zustand der Bebauung und in Nr. 3 unbebaute Grundstücke beschrieben sind, kann sich die Nr. 1 nur auf bebaute Grundstücke beziehen, vgl. auch *Conradi* in Emde/Dornseifer/Dreibus/Hölscher, § 67 InvG Rz. 25.

33 *Conradi* in Emde/Dornseifer/Dreibus/Hölscher, § 67 InvG Rz. 24 und 25; auch *Brockhausen* in Moritz/Klebeck/Jesch, § 231 KAGB Rz. 13.

34 *Conradi* in Emde/Dornseifer/Dreibus/Hölscher, § 67 InvG Rz. 24; *Brockhausen* in Moritz/Klebeck/Jesch, § 231 KAGB Rz. 12.

35 *Brockhausen* in Moritz/Klebeck/Jesch, § 231 KAGB Rz. 13.

rohmiete das Gesamtentgelt eines Jahres umfasst, welches die Mieter oder Pächter für die Benutzung des Grundstücks aufgrund der vertraglichen Vereinbarungen bezahlen. Dazu zählen auch Mieten, die für Zubehörräume des Grundstücks anfallen, wie Garagen, Schuppen etc.[36] Betriebskosten, wie beispielsweise Kosten des Betriebs der zentralen Heizungs-, Warmwasserversorgungs- und Brennstoffversorgungsanlage sind dabei nicht miteinzubeziehen (§ 79 Abs. 1 Satz 2 BewG).

Keine Mietwohngrundstücke sind nach § 75 Abs. 1 Nr. 1 i.V.m. Abs. 2 BewG Ein- und Zweifamilienhäuser, die sich dadurch auszeichnen, dass sie entweder eine oder zwei Wohnungen enthalten (entweder Ein- oder Zweifamilienhaus, § 75 Abs. 5 und 6 BewG). Allerdings erscheint es nicht einleuchtend, Ein- und Zweifamilienhäuser gänzlich aus dem Katalog der erwerbbaren Vermögensgegenstände herauszunehmen. Diese sind vielmehr der Kategorie der anderen Grundstücke i.S.d. § 231 Abs. 1 Nr. 5 KAGB zuzuordnen.[37] 23

cc) Geschäftsgrundstücke

Geschäftsgrundstücke sind nach § 75 Abs. 1 Nr. 2 i.V.m. Abs. 3 BewG solche, die zu mehr als 80 % eigenen oder fremden gewerblichen oder öffentlichen Zwecken dienen. Dies ist der Fall, wenn die Räume insgesamt oder auch nur einzeln als Verkaufsräume oder Büroräume genutzt werden.[38] Nicht ausreichend ist dagegen, wenn die Räume sowohl privaten als auch gewerblichen Zwecken dienen.[39] 24

Die Berechnung, wann ein solches Grundstück zu mehr als 80 % eigenen oder fremden gewerblichen oder öffentlichen Zwecken dient, erfolgt, wie bei Wohngrundstücken, nach der Jahresrohmiete gem. § 79 BewG. 25

dd) Gemischt genutzte Grundstücke

Schließlich sind unter gemischt genutzten Grundstücken nach § 75 Abs. 1 Nr. 3 i.V.m. Abs. 4 BewG solche Grundstücke zu verstehen, die teils Wohnzwecken, teils eigenen oder fremden gewerblichen oder öffentlichen Zwecken dienen und nicht Mietwohngrundstücke, Geschäftsgrundstücke oder Ein- oder Zweifamilienhäuser sind. Das Grundstück muss folglich einem Zweck zu 80 % und dem anderen Zweck zu 20 % dienen, um als gemischt genutztes Grundstück zu gelten. 26

b) Grundstücke im Zustand der Bebauung (§ 231 Abs. 1 Nr. 2 KAGB)

Weiterhin kann die AIF-KVG unter den weiteren Voraussetzungen der Nr. 2 Grundstücke erwerben, die sich gerade im Zustand der Bebauung befinden. Dieses **Zwischenstadium** liegt vor, wenn die Bebauung zwar bereits begonnen hat, aber noch nicht vollständig abgeschlossen ist.[40] Die Zeitspanne beginnt mit den ersten Bau- und Fundamentierungsmaßnahmen und reicht bis zur Übergabe des bezugsfertigen Gebäudes.[41] 27

Nach § 231 Abs. 1 Nr. 2 lit. a KAGB darf eine AIF-KVG ein solches Grundstück nur erwerben, wenn eine **genehmigte Bauplanung** die Nutzung als Mietwohngrundstück, Geschäftsgrundstück oder als gemischt genutztes Grundstück vorsieht (zu den jeweiligen Grundstücksdefinitionen siehe gerade Rz. 22 ff.). Was der Gesetzgeber unter einer genehmigten Bauplanung versteht, ergibt sich nicht aus dem Gesetz. Die bloße Festsetzung eines allgemeinen Bebauungsplans für das Gebiet, in dem sich das Grundstück befindet, reicht jedenfalls nicht aus.[42] Auch ist es nicht als ausreichend anzusehen, wenn mit genehmigungsfreien Maßnahmen der Bebauung, wie Vermessungen oder dem Abriss eines bestehenden Gebäudes, begonnen worden ist.[43] Es ist vielmehr davon auszugehen, dass der Gesetzgeber eine zumindest baurechtlich gesicherte Rechtsposition verlangt, bevor die AIF-KVG ein solches Grundstück für Rechnung des Immobilien-Sondervermögens erwerben darf. Daher muss wohl zumindest eine **vollzugsfähige Baugenehmigung** vorliegen, die 28

---

36 *Hinrichs/Virreira Winter* in Baur/Tappen, § 231 KAGB Rz. 8.
37 *Hinrichs/Virreira Winter* in Baur/Tappen, § 231 KAGB Rz. 7; *Brockhausen* in Moritz/Klebeck/Jesch, § 231 KAGB Rz. 15.
38 *Hinrichs/Virreira Winter* in Baur/Tappen, § 231 KAGB Rz. 9.
39 *Hinrichs/Virreira Winter* in Baur/Tappen, § 231 KAGB Rz. 9.
40 *Conradi* in Emde/Dornseifer/Dreibus/Hölscher, § 67 InvG Rz. 33.
41 Nach § 72 BewG liegt ab dem Zeitpunkt der Benutzbarkeit kein unbebautes Grundstück mehr vor. Benutzbar ist das Grundstück im Zeitpunkt der Bezugsfertigkeit; vgl. dazu auch *Conradi* in Emde/Dornseifer/Dreibus/Hölscher, § 67 InvG Rz. 34 f.
42 *Conradi* in Emde/Dornseifer/Dreibus/Hölscher, § 67 InvG Rz. 36.
43 *Zöll* in Beckmann/Scholtz/Vollmer, § 231 KAGB Rz. 5.

alle genehmigungsrelevanten Aspekte abdeckt.[44] Dies ist nicht der Fall, wenn ein Rechtsbehelf eines unmittelbar betroffenen Dritten gegen die Baugenehmigung anhängig ist.[45] Denn Rechtsbehelfe im Zusammenhang mit baurechtlichen Nachbarschaftsstreitigkeiten haben aufschiebende Wirkung und verhindern somit einen unmittelbaren Baubeginn, solange über den Rechtsbehelf noch nicht entschieden ist. Dies gilt sowohl im Eilverfahren nach § 80 Abs. 5 VwGO als auch im Klageverfahren. Eine andere Beurteilung wäre vor dem Hintergrund eines damit verbundenen Risikos für das Immobilien-Sondervermögens nicht nachvollziehbar, da eine geplante und gewünschte Bebauung je nach Ausgang des Verfahrens möglicherweise nicht erfolgen kann und das Grundstück somit massiv an Wert verlieren könnte.

29 Weitergehend verlangt § 231 Abs. 1 Nr. 2 lit. b KAGB, dass mit einem Abschluss der Baumaßnahmen in angemessener Zeit gerechnet werden kann. Vor dem Hintergrund, dass es sich bei § 231 KAGB um eine Erwerbsvorschrift handelt, ist für die Beurteilung der Frage, wann mit einem Abschluss der Baumaßnahmen zu rechnen ist, auf den **Erwerbszeitpunkt** abzustellen. Entscheidend ist, dass zu diesem Zeitpunkt **keine rechtlichen oder tatsächlichen Umstände erkennbar sind**, die dazu führen können, dass sich die Baumaßnahmen langfristig verzögern.[46]

30 Schließlich enthält § 231 Abs. 1 Nr. 2 lit. c KAGB eine **Anlagegrenze** in Höhe von 20 % des Wertes des Immobilien-Sondervermögens. Die AIF-KVG darf folglich Grundstücke, die sich im Zustand der Bebauung befinden, nur erwerben, wenn der Erwerbspreis aller solchen Grundstücke 20 % des Wertes des Immobilien-Sondervermögens nicht übersteigen. Wie bei allen Anlagegrenzen ist auch hier auf den Erwerbspreis abzustellen, sodass nachträgliche Veränderungen unberücksichtigt bleiben können (siehe dazu bereits Rz. 16).

c) Unbebaute Grundstücke (§ 231 Abs. 1 Nr. 3 KAGB)

31 Die AIF-KVG kann für ein Immobilien-Sondervermögen weitergehend auch unbebaute Grundstücke erwerben, die für eine alsbaldige eigene Bebauung oder eine Bebauung zur Benutzung als Mietwohngrundstücke, Geschäftsgrundstücke oder gemischt genutzte Grundstücke bestimmt und geeignet sind.

32 Unbebaute Grundstücke werden nach § 72 Abs. 1 BewG als Grundstücke definiert, auf denen sich **keine benutzbaren Gebäude befinden**, wobei die Benutzbarkeit mit dem Zeitpunkt der Bezugsfertigkeit beginnt. Bezugsfertig sind Gebäude wiederum, wenn den zukünftigen Bewohnern zugemutet werden kann, sie zu benutzen. Daneben gilt ein Grundstück nach § 72 Abs. 2 BewG auch dann als unbebaut, wenn die sich auf dem Grundstück befindlichen Gebäude aufgrund ihrer Zweckbestimmung von untergeordneter Bedeutung sind. Schließlich gilt ein Grundstück nach § 72 Abs. 3 BewG als unbebaut, wenn infolge der Zerstörung oder des Verfalls der Gebäude ein benutzbarer Raum nicht mehr vorhanden ist.

33 Das unbebaute Grundstück muss zur **alsbaldigen Bebauung** bestimmt und geeignet sein. Damit stellt der Gesetzgeber sicher, dass eine AIF-KVG ein Grundstück nicht ohne konkretes Bebauungsvorhaben erwirbt. Wann mit einer alsbaldigen Bebauung zu rechnen ist, kann im Zusammenhang mit der Entwicklungsstufe, in welcher sich das Grundstück befindet, bestimmt werden. Dabei durchläuft ein Grundstück grundsätzlich die folgenden Entwicklungsstufen: von Ödland, über Bauerwartungsland und Rohbauland, bis hin zum baureifen Land.[47] Grundstücke, die sich in der letzten Entwicklungsstufe des sog. baureifen Landes befinden, dürfen für das Immobilien-Sondervermögen ohne weiteres erworben werden, da hier eine Bebauung unmittelbar bevorsteht.[48] Dagegen dürfen Grundstücke, die als Ödland oder Bauerwartungsland einzustufen sind, grundsätzlich nicht erworben werden, da für einen alsbaldigen Baubeginn noch viele Zwischenschritte erforderlich sind.[49] Die Zwischenstufe des Rohbaulandes kann unter Umständen als zur alsbaldigen

44 *Conradi* in Emde/Dornseifer/Dreibus/Hölscher, § 67 InvG Rz. 36; *Brockhausen* in Moritz/Klebeck/Jesch, § 231 KAGB Rz. 17 f. kommt zum selben Ergebnis, argumentiert aber damit, dass im Fall eines Rechtsbehelfs gegen die Baugenehmigung nicht mit einem Abschluss der Bebauung in angemessener Zeit gerechnet werden kann.

45 *Hinrichs/Virreira Winter* in Baur/Tappen, § 231 KAGB Rz. 12 verlangen dagegen eine Prüfung der Erfolgsaussichten eines eingelegten Rechtsbehelfs durch die AIF-KVG. Kritisch ist aber anzumerken, dass sich die Erfolgsaussichten unter Umständen nur schwer anhand objektiver Kriterien beurteilen lassen und somit gewisse Unwägbarkeiten verbleiben.

46 *Conradi* in Emde/Dornseifer/Dreibus/Hölscher, § 67 InvG Rz. 37; *Brockhausen* in Moritz/Klebeck/Jesch, § 231 KAGB Rz. 18.

47 Ausführlich zu den einzelnen Entwicklungsstufen siehe *Conradi* in Emde/Dornseifer/Dreibus/Hölscher, § 67 InvG Rz. 43.

48 *Conradi* in Emde/Dornseifer/Dreibus/Hölscher, § 67 InvG Rz. 44.

49 *Hinrichs/Virreira Winter* in Baur/Tappen, § 231 KAGB Rz. 13. Eine Ausnahme soll allerdings für Bauerwartungsland bestehen, wenn bereits feststeht, dass eine Umwandlung in baureifes Land erfolgt und die konkreten Um-

Bebauung geeignet eingestuft werden, wenn bereits ein Bebauungsplan vorliegt, eine Parzellierung erfolgt ist und die Erschließung feststeht und gesichert ist.[50]

Schließlich darf die AIF-KVG auch unbebaute Grundstücke für Rechnung des Sondervermögens nur bis zu einer bestimmten **Anlagegrenze** erwerben. Danach dürfen unbebaute Grundstücke nur erworben werden, wenn der Erwerbspreis aller sich im Immobilien-Sondervermögen befindlichen, unbebauten Grundstücke 20 % des Wertes des Immobilien-Sondervermögens nicht übersteigt. Wie bei allen Anlagegrenzen ist auch hier auf den Erwerbspreis abzustellen, sodass nachträgliche Veränderungen unberücksichtigt bleiben (siehe dazu bereits Rz. 16). 34

d) Erbbaurechte (§ 231 Abs. 1 Nr. 4 KAGB)

Daneben kann die AIF-KVG auch Erbbaurechte als weiteren Vermögensgegenstand für Rechnung eines Immobilien-Sondervermögens erwerben. Der jeweilige Erwerb erfolgt unter den in den Nrn. 1-3 genannten Voraussetzungen. Außerdem gilt für die Bestellung eines Erbbaurechts auch die spezielle Vorschrift des § 232 KAGB. 35

Ein **Erbbaurecht** ist ein veräußerliches und übertragbares Recht mit dem Inhalt, auf einem Grundstück oder unter der Oberfläche eines Grundstücks ein Bauwerk zu haben, ohne dass das Grundstück selbst im Eigentum des Erbbauberechtigten steht (vgl. § 1 ErbbauRG).[51] Es stellt ein sog. **grundstücksgleiches Recht** dar, auf das die Vorschriften über Grundstücke (§§ 873 ff. BGB) Anwendung finden (§ 11 Abs. 1 ErbbauRG). Die Bestellung eines Erbbaurechts erfolgt daher durch Einigung (in der Form des § 21 GBO) zwischen dem Grundstückseigentümer und dem Erbbauberechtigten sowie der Eintragung des Erbbaurechts im Grundbuch. 36

Die AIF-KVG darf ein Erbbaurecht nur an Grundstücken bestellen, die zur **Nutzung als Mietwohngrundstück, Geschäftsgrundstück oder als gemischt genutztes Grundstück** verwendet werden und die entweder bereits bebaut sind (§ 231 Abs. 1 Nr. 1 KAGB), sich im Zustand der Bebauung befinden (§ 231 Abs. 1 Nr. 2 KAGB) oder alsbald bebaut werden sollen (§ 231 Abs. 1 Nr. 3 KAGB). Von der Verweisung umfasst sind insbesondere auch die **Anlagegrenzen** für unbebaute Grundstücke und für Grundstücke, die sich im Zustand der Bebauung befinden.[52] So dürfen Erbbaurechte an unbebauten und sich im Zustand der Bebauung befindlichen Grundstücken nur bestellt werden, wenn diese Grundstücke 20 % des Wertes des Immobilien-Sondervermögens nicht überschreiten. Bei der Berechnung des Wertes der Grundstücke sind die an ihnen bestellten Erbbaurechte jeweils hinzuzurechnen.[53] 37

Unzulässig ist dagegen der Erwerb eines sog. **Untererbbaurechts**, da der Gesetzgeber den Erwerb eines Erbbaurechts ausdrücklich nur unter den Voraussetzungen der Nrn. 1-3 vorsieht. Der Verweis umfasst daher nur bebaute, unbebaute und sich in Bebauung befindliche Grundstücke. Die Bestellung eines Erbbaurechts an anderen Erbbaurechten ist somit nicht vorgesehen. Für diese Wertung spricht auch, dass das Untererbbaurecht an das Bestehen eines Erbbaurechts geknüpft ist.[54] 38

§ 232 Abs. 4 KAGB enthält darüber hinaus eine **eigene Anlagegrenze für Erbbaurechte**. Danach darf der Wert der mit einem Erbbaurecht belasteten Grundstücke maximal 10 % des gesamten Wertes des Immobilien-Sondervermögens betragen (siehe dazu § 232 Rz. 23 ff.). 39

e) Andere Grundstücke und Erbbaurechte (§ 231 Abs. 1 Nr. 5 KAGB)

aa) Andere Rechtspositionen

Die Vorschrift des § 231 Abs. 1 Nr. 5 KAGB erweitert die zulässigen erwerbbaren Vermögensgegenstände auf andere Grundstücke und andere Erbbaurechte, sowie auf Rechte in Form des Wohnungseigentums, Teileigentums, Wohnungserbbaurechts und Teilerbbaurechts und unterstellt diese weiteren, besonderen Voraus- 40

stände des Einzelfalls einen Erwerb ausnahmsweise zu lassen, vgl. *Conradi* in Emde/Dornseifer/Dreibus/Hölscher, § 67 InvG Rz. 44.

50 *Hinrichs/Virreira Winter* in Baur/Tappen, § 231 KAGB Rz. 13. S. zu den verschiedenen Ansichten auch *Brockhausen* in Moritz/Klebeck/Jesch, § 231 KAGB Rz. 21.

51 Siehe dazu ausführlich die Kommentierung zu § 232 KAGB.

52 *Conradi* in Emde/Dornseifer/Dreibus/Hölscher, § 67 InvG Rz. 47; anders wohl *Hinrichs/Virreira Winter* in Baur/Tappen, § 231 KAGB Rz. 14; *Zöll* in Beckmann/Scholtz/Vollmer, § 67 InvG Rz. 6.

53 *Conradi* in Emde/Dornseifer/Dreibus/Hölscher, § 67 InvG Rz. 47; *Klusak* in Berger/Steck/Lübbehüsen, § 67 InvG Rz. 16.

54 *Conradi* in Emde/Dornseifer/Dreibus/Hölscher, § 67 InvG Rz. 50, der den Erwerb eines Untererbbaurechts im Ergebnis allerdings für zulässig erachtet. So auch *Brockhausen* in Moritz/Klebeck/Jesch, § 231 KAGB Rz. 23.

setzungen. Hintergrund der Vorschrift ist es, unübliche und daher ggf. schwierig zu veräußernde Immobilien auf einen gesetzlich vorgegebenen Anteil am Immobilien-Sondervermögen zu reduzieren.[55]

41 Ein Immobilien-Sondervermögen darf folglich auch in **andere Grundstücke**, als Mietwohngrundstücke, Geschäftsgrundstücke oder gemischt genutzte Grundstücke, investieren. Darunter fallen zunächst die Ein- und Zweifamilienhäuser, die aufgrund der Definition des § 75 Abs. 1 i.V.m. Abs. 2 BewG nicht unter den Begriff des Mietwohngrundstücks subsumiert werden können (siehe Rz. 23).[56] Daneben umfasst der Auffangtatbestand alle sonstigen Grundstücke, wie beispielsweise Jagdhütten, Vereinshäuser, Sporthallen, Spielplätze, Seniorenheime, etc.[57] Von Bedeutung sind in diesem Zusammenhang auch Grundstücke, die mit Windkraftanlagen oder Solaranlagen bebaut sind, oder land- und/oder forstwirtschaftlich genutzt werden.[58]

42 **Andere Erbbaurechte** sind solche, die an den gerade definierten „anderen Grundstücken" bestellt werden.

43 Weitergehend umfasst der Auffangtatbestand des § 231 Abs. 1 Nr. 5 KAGB auch Rechte in Form des **Wohnungs- oder Teileigentums.** Nach § 1 Abs. 2 WEG ist das Wohnungseigentum das Sondereigentum an einer Wohnung i.V.m. dem Miteigentumsanteil an dem gemeinschaftlichen Eigentum, zu dem es gehört. Im Gegensatz dazu begründet das Teileigentum nach § 1 Abs. 3 WEG das Sondereigentum an Räumen eines Gebäudes, welches nicht zu Wohnzwecken dient.

44 Schließlich nennt § 231 Abs. 1 Nr. 5 KAGB auch **Wohnungs- und Teilerbbaurechte** als erwerbbare Vermögensgegenstände. Diese Rechte begründen nach § 30 Abs. 1 WEG ein Sondereigentum an Wohngebäuden (Wohnerbbaurecht) oder anderen Gebäuden (Teilerbbaurecht), die aufgrund eines Erbbaurechtes errichtet wurden oder zu errichten sind.[59]

45 In welchem **Zustand der Bebauung** sich die Grundstücke und Gebäude befinden müssen, lässt die Regelung im Gegensatz zu den Nrn. 1-4 offen. Da der Gesetzgeber den Erwerb der gerade genannten Rechtspositionen allerdings an zusätzliche Voraussetzungen knüpft, ist davon auszugehen, dass er bewusst von einer Regelung des Bebauungszustandes auch im Zuge der Neufassung der Vorschrift durch des KAGB abgesehen hat.[60]

bb) Regelung in den Anlagebedingungen

46 Der Erwerb von anderen Vermögensgegenständen in diesem Sinne muss nach § 231 Abs. 1 Satz 2 KAGB in den Anlagebedingungen des Immobilien-Sondervermögens vorgesehen sein. Allerdings reicht es dafür nicht aus, die anderen Vermögensgegenstände nur kurz zu nennen. Vielmehr ist eine ausführliche Beschreibung und Definition der im Einzelfall erwerbbaren Vermögensgegenstände erforderlich.[61] Diese finden sich in der Regel im zweiten Teil der Vertragsbedingungen, den sogenannten **Besonderen Vertragsbedingungen (BVB).**[62]

cc) Ertragserwartung

47 Weitergehend dürfen die anderen Vermögensgegenstände nur erworben werden, wenn sie nach § 231 Abs. 1 Satz 2 KAGB einen dauernden Ertrag erwarten lassen. Dabei lässt der Gesetzgeber offen, in welcher Form dieser dauernde Ertrag zu erzielen ist. Insbesondere ist die Ertragserwartung nicht auf Miet- und Pachteinnahmen beschränkt, sondern kann auch in Management- oder Betreibereinnahmen bestehen.[63] Bloße Wertesteigerungen einer Immobilie reichen dagegen nicht aus, um eine künftige Ertragserwartung zu bejahen, da die Preisentwicklung eines Grundstücks oder einer Immobilie von vielen unbekannten und gerade nicht vorhersehbaren Kriterien abhängt. Derartige Spekulationsgeschäfte wären mit dem Anleger-

---

55 *Brockhausen* in Moritz/Klebeck/Jesch, § 231 KAGB Rz. 28.

56 Auch *Hinrichs/Virreira Winter* in Baur/Tappen, § 231 KAGB Rz. 7; *Conradi* in Emde/Dornseifer/Dreibus/Hölscher, § 67 InvG Rz. 55; *Brockhausen* in Moritz/Klebeck/Jesch, § 231 KAGB Rz. 27.

57 *Conradi* in Emde/Dornseifer/Dreibus/Hölscher, § 67 InvG Rz. 56; *Brockhausen* in Moritz/Klebeck/Jesch, § 231 KAGB Rz. 28.

58 *Conradi* in Emde/Dornseifer/Dreibus/Hölscher, § 67 InvG Rz. 56; *Hinrichs/Virreira Winter* in Baur/Tappen, § 231 KAGB Rz. 15.

59 *Zöll* in Beckmann/Scholtz/Vollmer, § 67 InvG Rz. 14.

60 So auch für die aufgehobene Vorschrift des § 67 Abs. 2 InvG *Conradi* in Emde/Dornseifer/Dreibus/Hölscher, § 67 InvG Rz. 56; a.A. *Hinrichs/Virreira Winter* in Baur/Tappen, § 231 KAGB Rz. 15, die nur den Erwerb bebauten anderen Grundstücken als zulässig erachten.

61 *Conradi* in Emde/Dornseifer/Dreibus/Hölscher, § 67 InvG Rz. 63; Beispiele finden sich in den vom BVI herausgegebenen Musteranlagebedingungen für Immobilien-Sondervermögen, abrufbar unter https://www.bvi.de/regulierung/kapitalanlagegesetzbuch/muster/ (Abruf vom 13.7.2017).

62 *Conradi* in Emde/Dornseifer/Dreibus/Hölscher, § 67 InvG Rz. 63.

63 *Conradi* in Emde/Dornseifer/Dreibus/Hölscher, § 67 InvG Rz. 66.

schutzgedanken nicht vereinbar, zumal sich Immobilien-Sondervermögen vorwiegend an Privatanleger richten.[64]

dd) Anlagegrenze

Schließlich sieht der Gesetzgeber für den Erwerb der Vermögensgegenstände nach § 231 Abs. 1 Nr. 5 KAGB ebenfalls eine eigenständige Anlagegrenze vor. Danach dürfen andere Grundstücke etc. nur erworben werden, wenn sie zusammen mit den bereits vorhandenen Vermögensgegenständen dieser Kategorie 15 % des Wertes des Immobilien-Sondervermögens nicht überschreiten. 48

f) Nießbrauchrechte (§ 231 Abs. 1 Nr. 6 KAGB)

Zu den erwerbbaren Vermögensgegenständen gehören außerdem die in § 231 Abs. 1 Nr. 6 KAGB näher bezeichneten Nießbrauchrechte, wenn die Anlagebedingungen den Erwerb vorsehen und die Nießbrauchrechte einen Ertrag erwarten lassen (vgl. § 231 Abs. 1 Satz 2 KAGB). 49

Ein **Nießbrauchrecht** berechtigt den Nießbrauchberechtigten nach §§ 1030 und 1068 BGB dazu, sämtliche Nutzungen einer Sache zu ziehen. Nutzungen werden dabei nach der allgemeinen Definition des § 99 BGB als Früchte einer Sache oder eines Rechts definiert und umfassen auch deren Gebrauchsvorteile. Der Vorteil eines Nießbrauchrechts für das Immobilien-Sondervermögen liegt auf der Hand; einerseits muss das Sondervermögen die Kosten für einen Grundstückskauf nicht aufwenden, andererseits kann es aber die Nutzungen des Grundstücks umfassend ziehen.[65] 50

Bestellt wird das Nießbrauchrecht an Grundstücken durch Einigung und Eintragung im Grundbuch, während die Eintragung bei beweglichen Sachen durch die Übergabe der Sache ersetzt wird (vgl. §§ 873 und 1031 BGB). Auch hier sieht der Gesetzgeber eine **Anlagegrenze** in Höhe von 10 % des Wertes des Sondervermögens vor. Folglich ist ein Erwerb ausgeschlossen, wenn sämtliche, im Immobilien-Sondervermögen befindliche Nießbrauchrechte diesen Wert übersteigen. Da auch diese Anlagegrenze als Erwerbsgrenze ausgestaltet ist, sodass nachträgliche Wertsteigerungen unberücksichtigt bleiben.[66] 51

g) Vermögensgegenstände nach §§ 234 und 253 KAGB (§ 231 Abs. 1 Nr. 7 KAGB)

Schließlich darf die AIF-KVG auch Beteiligungen an Immobilien-Gesellschaften (§ 234 KAGB) und sonstige Vermögensgegenstände wie Bankguthaben, Geldmarktinstrumente, Investmentanteile, Wertpapiere, Aktien von REIT-Aktiengesellschaften sowie Derivate zu Absicherungszwecken im Rahmen der Liquiditätsgrenzen des § 253 KAGB (sog. Liquiditätsanlagen) erwerben.[67] Hier wird umfassend auf die Kommentierung der jeweiligen Vorschriften verwiesen. 52

III. Vorherige Bewertung eines zulässigen Vermögensgegenstandes (§ 231 Abs. 2 KAGB)

1. Bewertung durch externe Bewerter, die nicht die regelmäßige Bewertung vornehmen (§ 231 Abs. 2 Nr. 1 und 3 KAGB)

Eine weitere Erwerbsvoraussetzung für alle in § 231 Abs. 1 Nrn. 1-6 KAGB genannten Vermögensgegenstände enthält § 231 Abs. 2 KAGB. Danach sind Vermögensgegenstände bis zu einem Wert von einschließlich 50 Mio. Euro von einem externen Bewerter und alle Vermögensgegenstände über 50 Mio. Euro von zwei externen Bewertern zu bewerten.[68] 53

Bei Immobilien-Sondervermögen ist eine **objektive Bewertung der Vermögensgegenstände vor dem Erwerb** zwingend erforderlich, da Immobilien oder Grundstücke keinen einfach zu ermittelnden Marktpreis haben.[69] Während Wertpapiere oder sonstige Finanzinstrumente an Börsen gehandelt oder anhand eines täglich neu zu bestimmenden Marktpreises bemessen werden, hängt die Bewertung von Immobilien und 54

64 *Conradi* in Emde/Dornseifer/Dreibus/Hölscher, § 67 InvG Rz. 65.
65 *Conradi* in Emde/Dornseifer/Dreibus/Hölscher, § 67 InvG Rz. 76.
66 *Brockhausen* in Moritz/Klebeck/Jesch, § 231 KAGB Rz. 30.
67 Dazu auch *Hübner*, WM 2014, 106 (108).
68 Begr. RegE, BT-Drucks. 17/13395, S. 654; siehe zur Bewertung von Immobilien allgemein *Hübner*, WM 2014, 106 (111).
69 *Hinrichs/Virreira Winter* in Baur/Tappen, § 231 KAGB Rz. 16; *Brockhausen* in Moritz/Klebeck/Jesch, § 231 KAGB Rz. 31; zur Frage, wann eine Bewertung noch als „vor dem Erwerb" gilt, vgl. ausführlich *Conradi* in Emde/Dornseifer/Dreibus/Hölscher, § 67 InvG Rz. 122.

Grundstücken von vielen einzelnen Faktoren und den jeweiligen Marktgegebenheiten ab, die wiederum starken Schwankungen unterliegen.[70] Die objektive Bewertung soll somit eine Kontrollmöglichkeit schaffen, die den Erwerb einer Immobilie oder eines Grundstücks zu überhöhten oder unangemessenen Preisen verhindern soll.[71] Die Bewertung hat dabei zum Zeitpunkt des voraussichtlichen Erwerbs zu erfolgen.[72] Bei Grundstücken, die sich im Erwerbszeitpunkt gerade im Zustand der Bebauung befinden wird der Bewerter eine sog. Projektschätzung vornehmen.[73] Der Gesetzgeber schreibt weitergehend lediglich vor, dass die Bewertung vor dem Erwerb stattfinden muss, allerdings nicht, wieviel Zeit zwischen der Bewertung und dem Erwerbszeitpunkt liegen darf. Hier kann die Regelung in § 251 Abs. 1 KAGB weiterhelfen und als Anhaltspunkt für die Auslegung dienen.[74] Danach sind bei der Rücknahme von Vermögensgegenstände eines Immobilien-Sondervermögens diese innerhalb eines Zeitraums von drei Monaten vor jedem Rücknahmetermin zu ermittlen.

55 Der aufgehobene § 67 Abs. 5 InvG a.F. sah im Gegensatz dazu vor, dass die Bewertung durch einen unabhängigen Sachverständigen zu erfolgen hatte. Die neue Vorschrift des § 231 Abs. 2 KAGB ersetzt den Sachverständigen durch **einen oder zwei externe Bewerter**, die den Anforderungen des § 216 Abs. 1 und Abs. 2–5 KAGB gerecht werden müssen (siehe dazu die Kommentierung in § 216 KAGB).[75] Durch die Neuregelung soll vor allem sichergestellt werden, dass der Vermögensgegenstand **objektiv bewertet** und so ein **realistischer Marktpreis** bzw. Kaufpreis ermittelt wird.[76] Liegt der Wert des zu erwerbenden Vermögensgegenstandes über 50 Millionen Euro, so ist die Bewertung durch einen einzelnen externen Bewerter nicht mehr ausreichend. In diesem Fall ist vielmehr ein zweiter Bewerter heranzuziehen, der den Vermögensgegenstand nochmals unabhängig von den Ergebnissen des ersten Bewerters bewerten muss (§§ 248 Abs. 4 und 249 Abs. 1 Abs. 1 KAGB). § 231 Abs. 2 Satz 2 KAGB verweist auch auf die Regelung in § 250 Abs. 2 KAGB, wonach die Bewerter grundsätzlich nach spätestens drei Jahren ausgetauscht werden müssen. Allerdings können frühere Bewerter nach Ablauf einer Karenzzeit von zwei Jahren erneut als Bewerter bestellt werden, vgl. § 250 Abs. 2 Satz 3 KAGB. Dies dient nach der Gesetzesbegründung dazu, die Unabhängigkeit der Bewerter auch für die Zukunft sicherzustellen.[77]

56 Offen bleibt die Frage, wie die AIF-KVG im Falle **zweier unterschiedlicher Bewertungsergebnisse** handeln soll.[78] Letztlich wird in dieser Situation wohl die AIF-KVG die schwierige Entscheidung treffen müssen, welchem Bewertungsergebnis sie folgt. Entscheidet sie sich beispielsweise für die höhere Bewertung, muss sie sich im Falle von Problemen allerdings mit dem möglichen Vorwurf der „Bewertungskosmetik" auseinandersetzen.[79] Auch wenn der AIF-KVG ein **Wahlrecht** im Hinblick auf die unterschiedlichen Bewertungsergebnisse zusteht, muss sie dieses Wahlrecht eigenverantwortlich ausüben und sämtliche Haftungsrisiken selbst tragen.[80] Sobald sich die AIF-KVG für die Bewertung eines externen Bewerters entschieden hat, hat sie dieses Bewertungsergebnis auch bei der Bemessung der Gegenleistung nach § 231 Abs. 2 Nr. 3 KAGB zugrunde zu legen.[81] Die Gegenleistung darf danach den durch die Bewertung ermittelten Wert nicht wesentlich übersteigen.

---

70 *Hinrichs/Virreira Winter* in Baur/Tappen, § 231 KAGB Rz. 16.

71 *Conradi* in Emde/Dornseifer/Dreibus/Hölscher, § 67 InvG Rz. 116; *Brockhausen* in Moritz/Klebeck/Jesch, § 231 KAGB Rz. 31.

72 *Conradi* in Emde/Dornseifer/Dreibus/Hölscher, § 67 InvG Rz. 119; *Zöll* in Beckmann/Scholtz/Vollmer, § 231 KAGB Rz. 15.

73 *Zöll* in Beckmann/Scholtz/Vollmer, § 231 KAGB Rz. 17.

74 *Zöll* in Beckmann/Scholtz/Vollmer, § 231 KAGB Rz. 20 spricht sich für eine analoge Anwendung des § 251 KAGB aus.

75 Zu den Anforderungen an die Bestellung von externen Bewertern nach § 216 KAGB vgl. auch das BaFin Rundschreiben 07/2015 (Gz. WA 41-Wp 2137-2013/0216 vom 29.7.2015, geändert am 1.9.2015. S. dazu auch *Brockhausen* in Moritz/Klebeck/Jesch, § 231 KAGB Rz. 32 ff.

76 *Wind/Kautenburger-Behr* in Weitnauer/Boxberger/Anders, § 231 KAGB Rz. 17.

77 Begr. RegE, BT-Drucks. 17/13395, S. 654.

78 Diese sehr praxisrelevante Frage thematisieren auch *Hübner*, WM 2014, 106 (111); *Hinrichs/Virreira Winter* in Baur/Tappen, § 231 KAGB Rz. 16; *Brockhausen* in Moritz/Klebeck/Jesch, § 231 KAGB Rz. 33.

79 *Hübner*, WM 2014, 106 (111); auch *Hinrichs/Virreira Winter* in Baur/Tappen, § 231 KAGB Rz. 16.

80 *Hübner*, WM 2014, 106 (111); auch *Hinrichs/Virreira Winter* in Baur/Tappen, § 231 KAGB Rz. 16; *Zöll* in Beckmann/Scholtz/Vollmer, § 231 KAGB Rz. 21; *Brockhausen* in Moritz/Klebeck/Jesch, § 231 KAGB Rz. 33 mit Verweis darauf, dass die AIF-KVG in Extremfällen ggf. auch ein Drittgutachten einholen sollte. Schon aufgrund der mit dem Wahlrecht einhergehenden Haftungsrisiken liegt es im Interesse der AIF-KVG, bei gravierenden Wertunterschieden ein Drittgutachten einzuholen.

81 *Hübner*, WM 2014, 106 (111); auch *Hinrichs/Virreira Winter* in Baur/Tappen, § 231 KAGB Rz. 16.

2. Durchführung von Objektbesichtigungen (§ 231 Abs. 2 Nr. 2 KAGB)

Das Bewertungsverfahren richtet sich nach den §§ 248 ff. KAGB. Da das KAGB keine Vorgaben für die Bewertung der einzelnen Bewertungspositionen enthält, ist vor allem auf die Vorgaben der **Immobilienwertermittlungsverordnung** (ImmoWertV) zurückzugreifen, die mit einem gewissen Bewertungsspielraum einhergehen.[82] Die ImmoWertV wurde von der Bundesregierung auf Grundlage von § 199 Abs. 1 BauGB erlassen, um gleiche Grundsätze bei der Wertermittlung des Verkehrswertes von Immobilien zu schaffen.[83] Im Rahmen der Bewertung sind die externen Bewerter verpflichtet, den Vermögensgegenstand auch tatsächlich vor Ort zu besichtigen. Dieses Erfordernis wurde durch den Gesetzgeber neu eingeführt.[84] Dadurch soll im Interesse der Anleger sichergestellt werden, dass die Bewerter auch den tatsächlichen Zustand des Vermögensgegenstandes kennen und diesen nicht nur anhand abstrakter Kriterien „auf dem Papier" bewerten.[85] Im Verhältnis zu der bisherigen Bewertungsvorschrift des § 77 InvG a.F., nach der ein von der Kapitalverwaltungsgesellschaft bestellter Sachverständigenausschuss die Bewertung der Immobilien vorzunehmen hatte, ist dies zwar eine verschärfende Regelung, da zwei unabhängige Bewerter die Immobilie tatsächlich besichtigen und unabhängig voneinander bewerten müssen. Allerdings kann dies trotz des größeren Aufwandes und ggf. höherer Kosten zu einer objektiv besseren und richtigen Bewertung der einzelnen Immobilien beitragen.[86] So dient die Vorschrift wiederum dem Anlegerschutz.[87] 57

3. Prüfung der Gegenleistung (§ 231 Abs. 2 Nr. 3 KAGB)

Schließlich darf die Gegenleistung für den Vermögensgegenstand den ermittelten Wert nicht oder nur unwesentlich übersteigen. Diese Regelung ist Ausfluss des **Äquivalenzprinzips.**[88] Der von der AIF-KVG zu zahlende Preis muss mit dem Wert der Gegenleistung im Wesentlichen übereinstimmen. Als maximal zulässige Grenze hat sich dabei eine Abweichung von ca. 3 % zwischen dem ermittelten Wert und dem Wert der Gegenleistung herauskristallisiert.[89] Verstößt die AIF-KVG gegen das Äquivalenzprinzip, so bleibt der Kaufvertrag im Außenverhältnis wirksam. Im Innenverhältnis verpflichtet sich die AIF-KVG in diesem Fall allerdings selbst zur Zahlung des Kaufpreises, ohne dass ihr ein Aufwendungsersatzanspruch oder ein sonstiger Anspruch gegenüber dem Immobilien-Sondervermögen zusteht.[90] 58

Als **Gegenleistung** anzusehen sind in der Regel der Kaufpreis, die Befreiung von einer Verbindlichkeit, die Einräumung von Rechten an der erworbenen Immobilie oder dem Grundstück oder auch die tauschweise Überlassung eines Grundstücks aus dem Immobilien-Sondervermögen.[91] Die AIF-KVG kann als Gegenleistung auch Belastungen übernehmen, die an der Immobilie oder dem Grundstück bereits bestehen.[92] Dagegen fallen die Erwerbsnebenkosten wie Notarkosten, Aufwendungen für die Bewertung, sowie Honorare von Maklern oder Beratern nicht unter den Begriff der Gegenleistung.[93] 59

IV. Bewirtschaftungsgegenstände (§ 231 Abs. 3 KAGB)

Neben Immobilien und Grundstücken darf die AIF-KVG auch Gegenstände für Rechnung des Immobilien-Sondervermögens erwerben, die zu deren Bewirtschaftung erforderlich sind. Diese sog. **Bewirtschaftungsgegenstände** können bewegliche oder unbewegliche Sachen sowie Gesellschafterrechte und sonstige Rechte 60

82 *Conradi* in Emde/Dornseifer/Dreibus/Hölscher, § 67 InvG Rz. 120; *Wind/Kautenburger-Behr* in Weitnauer/Boxberger/Anders, § 231 KAGB Rz. 21; *Brockhausen* in Moritz/Klebeck/Jesch, § 231 KAGB Rz. 35.

83 Immobilienwertermittlungsverordnung vom 19.5.2010 (BGBl. I 2010, S. 639).

84 Begr. RegE, BT-Drucks. 17/13395, S. 654.

85 Siehe auch *Patz*, BKR 2015, 193 (200); *Wind/Kautenburger-Behr* in Weitnauer/Boxberger/Anders, § 231 KAGB Rz. 22.

86 Auf eine Verbesserung hindeutend auch *Patz*, BKR 2015, 193 (200). Eher kritisch *Brockhausen* in Moritz/Klebeck/Jesch, § 231 KAGB Rz. 32.

87 *Brockhausen* in Moritz/Klebeck/Jesch, § 231 KAGB Rz. 31.

88 *Conradi* in Emde/Dornseifer/Dreibus/Hölscher, § 67 InvG Rz. 125; *Brockhausen* in Moritz/Klebeck/Jesch, § 231 KAGB Rz. 37.

89 *Conradi* in Emde/Dornseifer/Dreibus/Hölscher, § 67 InvG Rz. 128; *Hübner*, WM 2014, 106 (111); *Brockhausen* in Moritz/Klebeck/Jesch, § 231 KAGB Rz. 35.

90 *Conradi* in Emde/Dornseifer/Dreibus/Hölscher, § 67 InvG Rz. 129.

91 *Conradi* in Emde/Dornseifer/Dreibus/Hölscher, § 67 InvG Rz. 126; *Hinrichs/Virreira Winter* in Baur/Tappen, § 231 KAGB Rz. 18; *Brockhausen* in Moritz/Klebeck/Jesch, § 231 KAGB Rz. 37.

92 Dabei sind allerdings die Voraussetzungen des § 260 KAGB zu beachten, vgl. auch *Hinrichs/Virreira Winter* in Baur/Tappen, § 231 KAGB Rz. 18.

93 *Conradi* in Emde/Dornseifer/Dreibus/Hölscher, § 67 InvG Rz. 126 f.; *Hinrichs/Virreira Winter* in Baur/Tappen, § 231 KAGB Rz. 16; *Brockhausen* in Moritz/Klebeck/Jesch, § 231 KAGB Rz. 37.

umfassen, soweit sie in einem nützlichen Zusammenhang mit der Immobilie oder dem Grundstück stehen und zur Bewirtschaftung erforderlich sind.[94] Wesentliche Bestandteile eines Grundstücks stellen schon aufgrund ihrer Definition als Bestandteil eines Grundstücks keine eigenständigen Bewirtschaftungsgegenstände dar, sondern werden bereits mit dem Grundstück zusammen erworben.[95]

61 Als bewegliche Sachen kommen beispielsweise Betriebsvorrichtungen, Geräte zur Pflege der Innen- und Außenanlagen im Winter und im Sommer, Werkzeuge zur Wartung und Instandhaltung, Aufzüge, Telefon- und Kommunikationsanlagen, möglicherweise auch Kunstwerke in Betracht.[96] Entfernt gelegene Stellplätze können als Bewirtschaftungsgegenstand erworben werden.[97] Zu den sonstigen Rechten, die als Bewirtschaftungsgegenstand eines Grundstücks erworben werden können, zählen schließlich Rechte aus Mietverträgen oder Grunddienstbarkeiten.[98]

V. Nichtberücksichtigung von Darlehen – Anlagegrenzen (§ 231 Abs. 4 KAGB)

62 Darlehen dürfen bei der Berechnung der in §§ 231 bis 233 KAGB vorgesehenen Anlagegrenzen nicht berücksichtigt werden. Dies bedeutet, dass Darlehen bei der Berechnung des jeweiligen Wertes der Immobilien-Sondervermögen nicht abgezogen werden dürfen. Die Vorschrift dient dem Sinn und Zweck, eine realistische Risikoverteilung im Immobilien-Sondervermögen nachzubilden.[99]

VI. Anlagegrenzen für Beteiligungen an Immobilien-Sondervermögen (§ 231 Abs. 5 KAGB)

63 Schließlich stellt § 231 Abs. 5 KAGB klar, dass nicht nur die direkt gehaltenen Vermögensgegenstände bei der Berechnung der Anlagegrenzen zu berücksichtigen sind, sondern auch die **indirekt, über Immobilien-Gesellschaften gehaltene Vermögensgegenstände derselben Anlagekategorie** zum Wert des Sondervermögens hinzuzurechnen sind. Hat eine Immobilien-Gesellschaft beispielsweise unbebaute Grundstücke in ihrem Repertoire und hält das Immobilien-Sondervermögen Gesellschaftsanteile an dieser Immobilien-Gesellschaft, so sind auch diese Grundstücke für die Anlagegrenze in § 231 Abs. 1 Nr. 3 KAGB relevant. Auch diese Vorschrift trägt zu einer ausgewogenen Risikostreuung in dem Immobilien-Sondervermögen bei.

§ 232 Erbbaurechtsbestellung

(1) Die AIF-Kapitalverwaltungsgesellschaft darf ein Grundstück nur unter den in den Anlagebedingungen festgelegten Bedingungen mit einem Erbbaurecht belasten.

(2) Vor der Bestellung des Erbbaurechts ist die Angemessenheit des Erbbauzinses entsprechend § 231 Absatz 2 zu bestätigen.

(3) Innerhalb von zwei Monaten nach der Bestellung des Erbbaurechts ist der Wert des Grundstücks entsprechend § 231 Absatz 2 neu festzustellen.

(4) Ein Erbbaurecht darf nicht bestellt werden, wenn der Wert des Grundstücks, an dem das Erbbaurecht bestellt werden soll, zusammen mit dem Wert der Grundstücke, an denen bereits Erbbaurechte bestellt worden sind, 10 Prozent des Wertes des Immobilien-Sondervermögens übersteigt.

(5) Die Verlängerung eines Erbbaurechts gilt als Neubestellung.

In der Fassung vom 4.7.2013 (BGBl. I 2013, S. 1981).

---

94 *Klusak* in Berger/Steck/Lübbehüsen, 2010, § 67 InvG Rz. 38; *Conradi* in Emde/Dornseifer/Dreibus/Hölscher, § 67 InvG Rz. 132.

95 *Conradi* in Emde/Dornseifer/Dreibus/Hölscher, § 67 InvG Rz. 132.

96 *Conradi* in Emde/Dornseifer/Dreibus/Hölscher, § 67 InvG Rz. 133; *Hinrichs/Virreira Winter* in Baur/Tappen, § 231 KAGB Rz. 19; *Wind/Kautenburger-Behr* in Weitnauer/Boxberger/Anders, § 231 KAGB Rz. 26; *Hartrott/Goller*, BB 2013, 1603 (1608).

97 *Conradi* in Emde/Dornseifer/Dreibus/Hölscher, § 67 InvG Rz. 134; *Wind/Kautenburger-Behr* in Weitnauer/Boxberger/Anders, § 231 KAGB Rz. 27.

98 *Conradi* in Emde/Dornseifer/Dreibus/Hölscher, § 67 InvG Rz. 136; *Wind/Kautenburger-Behr* in Weitnauer/Boxberger/Anders, § 231 KAGB Rz. 28; *Brockhausen* in Moritz/Klebeck/Jesch, § 231 KAGB Rz. 42.

99 *Conradi* in Emde/Dornseifer/Dreibus/Hölscher, § 67 InvG Rz. 162; *Hinrichs/Virreira Winter* in Baur/Tappen, § 231 KAGB Rz. 21.

Schrifttum: *Oefele/Heinemann* in MünchKomm. BGB, 6. Aufl. 2013, Kommentierung zum ErbbauRG.

I. Allgemeines

1. Regelungsgegenstand und Regelungszweck

a) Regelungszweck

1 Grundstücke eines Immobilien-Sondervermögens dürfen nach § 232 KAGB grundsätzlich mit einem **Erbbaurecht belastet** werden. Nach § 231 Abs. 1 Nr. 4 KAGB ist dieses Recht allerdings zweckmäßig **beschränkt auf Mietwohngrundstücke, Geschäftsgrundstücke und gemischt genutzte Grundstücke**, die entweder bereits bebaut sind (§ 231 Abs. 1 Nr. 1 KAGB), gerade bebaut werden (§ 231 Abs. 1 Nr. 2 KAGB) oder bei denen eine alsbaldige Bebauung vorgesehen ist (§ 231 Abs. 1 Nr. 3 KAGB). In den beiden letztgenannten Fällen sind die Aufwendungen für die Grundstücke auf maximal 20 % des Wertes des Immobilien-Sondervermögens beschränkt.

2 Die Regelung dient dem Zweck, der AIF-KVG **mehr Handlungsspielraum** in Bezug auf die sich im Immobilien-Sondervermögen befindlichen Grundstücke einzuräumen.[1] Um die finanziellen Mittel für weitere Investitionen in das jeweilige Grundstück tätigen zu können, darf die AIF-KVG das Grundstück mit einem Erbbaurecht belasten, wenn die Voraussetzungen des § 232 KAGB vorliegen. Dabei müssen auch die **Interessen der Anleger** ausreichend berücksichtigt werden, weshalb ein Erbbaurecht an einem Grundstück nicht beliebig bestellt werden darf. Vielmehr darf die Erbbaurechtsbestellung nach § 232 Abs. 2 und 4 KAGB nur dann erfolgen, wenn der Erbbauzins angemessen ist und die mit einem Erbbaurecht belasteten Grundstücke insgesamt maximal 10 % des Wertes des Immobilien-Sondervermögens nicht überschreiten.

b) Regelungsgegenstand

aa) Aufbau des § 232 KAGB

3 Während § 232 Abs. 1 KAGB die allgemeine Zulässigkeit regelt, Grundstücke eines Immobilien-Sondervermögens mit einem Erbbaurecht zu belasten, schränkt § 232 Abs. 2 KAGB die Erbbaurechtsbestellung dahingehend ein, dass der Erbbauzins vor der Bestellung von einem externen Bewerter als angemessen eingestuft wurde. Wurde ein Erbbaurecht bestellt, so ist der Wert des Grundstücks nach § 232 Abs. 3 KAGB innerhalb von zwei Monaten nach Bestellung neu festzustellen. § 232 Abs. 4 KAGB enthält die zulässige Grenze, bis zu der Erbbaurechte für Grundstücke des Immobilien-Sondervermögens bestellt werden dürfen. Schließlich stellt § 232 Abs. 5 KAGB klar, dass die Verlängerung eines Erbbaurechts wie eine Neubestellung zu behandeln ist. Folglich sind auch im Falle einer Verlängerung eines Erbbaurechts die Vorgaben der § 232 Abs. 1 bis 4 KAGB einzuhalten.

bb) Verhältnis von § 232 KAGB und § 260 Abs. 3 KAGB

4 Bereits im Zusammenhang mit der Vorgängervorschrift des § 67 Abs. 7 InvG a.F. wurde diskutiert, ob bei der Bestellung eines Erbbaurechts zusätzlich zu den gerade genannten Vorgaben des § 232 KAGB **auch die**

1 *Kautenburger-Behr* in Weitnauer/Boxberger/Anders, § 232 KAGB Rz. 4; *Brockhausen* in Moritz/Klebeck/Jesch, § 232 KAGB Rz. 3.

weiteren Voraussetzungen des § 260 Abs. 3 KAGB (vormals § 82 Abs. 3 InvG a.F.) Anwendung finden.[2] § 260 Abs. 3 KAGB beinhaltet die Voraussetzungen, die grundsätzlich einzuhalten sind, wenn Vermögensgegenstände des Investmentvermögens belastet werden.[3] Zusätzlich zu den ohnehin schon in § 232 KAGB genannten Voraussetzungen müsste danach auch die Verwahrstelle prüfen, ob der Erbbauzins den marktüblichen Konditionen entspricht, und der Bestellung zustimmen. Außerdem müsste die Bestellung des Erbbaurechts mit einer ordnungsgemäßen Wirtschaftsführung vereinbar sein. Schließlich würden auch die mit einem Erbbaurecht belasteten Immobilien unter die 30 %-ige Gesamtgrenze für Belastungen fallen. Ob diese zusätzlichen Voraussetzungen vorliegen müssen, hängt letztlich davon ab, ob § 232 KAGB als ***lex specialis*-Vorschrift** einzuordnen ist, die der allgemeinen Grundregel des § 260 KAGB vorgeht.[4]

5 Für eine Einordnung als lex specialis-Vorschrift werden teilweise die unterschiedlichen Belastungsgrenzen in § 232 Abs. 4 KAGB und in § 260 Abs. 3 Nr. 3 KAGB angeführt, die zu einem vermeintlichen Widerspruch der beiden Normen führen.[5] Allerdings ist zu berücksichtigen, dass den beiden Belastungsgrenzen unterschiedliche Ansatzpunkte zugrunde liegen und sie daher nicht im Widerspruch zueinander stehen. Während § 232 Abs. 4 KAGB vorsieht, dass der Wert der mit einem Erbbaurecht belasteten Grundstücke nicht mehr als 10 % des Wertes des Immobilien-Sondervermögens umfassen darf, enthält § 260 Abs. 3 Nr. 3 KAGB eine Maximalgrenze, nach der insgesamt maximal 30 % der Vermögensgegenstände des Immobilien-Sondervermögens belastet sein dürfen. Insofern sind grundsätzlich beide Grenzen nebeneinander anwendbar.

6 Weitergehend stellt sich die Frage, ob eine zusätzliche Zustimmung der Verwahrstelle nach § 260 Abs. 3 Nr. 2 KAGB auch bei der Bestellung eines Erbbaurechts sinnvoll ist. Dagegen wird vorgebracht, dass bereits der externe Bewerter nach § 232 Abs. 2 i.V.m. § 231 Abs. 2 KAGB überprüft, ob der Erbbauzins angemessen ist und folglich eine zusätzliche Prüfung durch die Verwahrstelle unterbleiben kann.[6] Der externe Bewerter wurde durch Art. 19 AIFM-RL eingeführt, um eine objektive, unabhängige Bewertung sicherzustellen und dadurch den Anlegerschutz zu erhöhen.[7] Dadurch soll sichergestellt werden, dass ein außenstehender und objektiver Dritter die Angemessenheit des Erbbauzinses prüft und nicht die AIF-KVG selbst. Aus Anlegerschutzgesichtspunkten erscheint es trotzdem sinnvoll, neben dem externen Bewerter auch weiterhin die Verwahrstelle als zusätzliche Prüfungsinstanz hinzuzuziehen, zumal die Verwahrstelle als Kreditinstitut die Marktüblichkeit und Angemessenheit des Erbbauzinses aus einem anderen Blickwinkel heraus überprüfen kann, als der externe Bewerter.

7 Letztlich spricht auch der **Wortlaut** des § 260 Abs. 3 KAGB dafür, die Vorschrift auf sämtliche Belastungen von Vermögensgegenständen anzuwenden.[8] Danach dürfen Vermögensgegenstände eines Sondervermögens nur belastet werden, wenn (a) dies in den Anlagebedingungen vorgesehen und mit einer ordnungsgemäßen Wirtschaftsführung vereinbar ist, (b) die Verwahrstelle zustimmt und (c) die Belastung maximal 30 % des Verkehrswertes des Sondervermögens nicht überschreitet. Die Bestellung eines Erbbaurechts stellt eine solche Belastung dar, da die Bestellung mit der Verpflichtung einhergeht, dem Erbbauberechtigten das Recht einzuräumen, auf dem Grundstück ein Bauwerk zu haben.[9] § 232 KAGB ist daher nur als zusätzliche

---

2 Vgl. *Klusak* in Berger/Steck/Lübbehüsen, § 67 InvG Rz. 43 und § 82 InvG Rz. 9; *Zöll* in Beckmann/Scholtz/Vollmer, § 67 InvG Rz. 40; *Conradi* in Emde/Dornseifer/Dreibus/Hölscher, § 67 InvG Rz. 139.

3 *Conradi* in Emde/Dornseifer/Dreibus/Hölscher, § 67 InvG Rz. 139 m.w.N.; *Schultz/Süchting* in Emde/Dornseifer/Dreibus/Hölscher, § 82 InvG Rz. 22.

4 *Kautenburger-Behr* in Weitnauer/Boxberger/Anders, § 232 KAGB Rz. 6; *Klusak* in Berger/Steck/Lübbehüsen, § 67 InvG Rz. 43 und § 82 InvG Rz. 9, der § 67 Abs. 7 S. 1 InvG a.F. sah § 67 Abs. 7 InvG a.F. zwar als lex specialis Vorschrift, forderte aber trotzdem eine Zustimmung der Depotbank; *Zöll* in Beckmann/Scholtz/Vollmer, § 67 InvG Rz. 40; a.A. *Conradi* in Emde/Dornseifer/Dreibus/Hölscher, § 67 InvG Rz. 139 mit Verweis auf Begr. RegE, BT-Drucks. 15/1553, S. 98, die auf die Prüfung durch die Depotbank verweist; *Brockhausen* in Moritz/Klebeck/Jesch, § 232 KAGB Rz. 4, der § 232 KAGB als lex specialis Vorschrift einordnet, die zusätzlichen Anforderungen des § 260 Abs. 3 Nr. 3 KAGB aber bereits aus den allgemeinen Sorgfaltspflichten der KVG herleitet; *Hinrichs/Virreira Winter* in Baur/Tappen, § 232 KAGB Rz. 2, die die Aufhebung der systemfremden Stellung der alten Regelung in § 67 Abs. 7 InvG begrüßen, allerdings nicht auf die Frage eingehen, ob die zusätzlichen Voraussetzungen einer Belastung von Vermögensgegenständen nach § 260 Abs. 3 KAGB vorliegen müssen.

5 *Kautenburger-Behr* in Weitnauer/Boxberger/Anders, § 232 KAGB Rz. 6 mit Verweis auf *Klusak* in Berger/Steck/Lübbehüsen, § 67 InvG Rz. 43 und § 82 InvG Rz. 9, der grundsätzlich davon ausging, dass neben den in § 67 Abs. 7 InvG a.F. genannten Voraussetzungen auch die Depotbank nach § 82 Abs. 3 Satz 1 InvG a.F. zustimmen musste. Lediglich in Bezug auf die Belastungsgrenze enthielte § 67 Abs. 7 InvG a.F. eine Spezialregelung.

6 *Kautenburger-Behr* in Weitnauer/Boxberger/Anders, § 232 KAGB Rz. 6.

7 ErwGr. 29 AIFM-RL; *Tollmann* in Dornseifer/Jesch/Klebeck/Tollmann, Art. 19 AIFM-RL Rz. 14.

8 Auch *Conradi* in Emde/Dornseifer/Dreibus/Hölscher, § 67 InvG Rz. 139 m.w.N.

9 Vgl. § 1 Abs. 1 ErbbauRG, „Ein Grundstück wird in der Weise belastet, dass demjenigen, zu dessen Gunsten die Belastung erfolgt, das veräußerliche und vererbliche Recht zusteht, auf oder unter der Oberfläche des Grundstücks ein Bauwerk zu haben (Erbbaurecht)."

Regelung für den Fall zu verstehen, dass ein Vermögensgegenstand mit einem Erbbaurecht belastet werden soll.[10]

2. Entstehungsgeschichte

§ 232 KAGB übernimmt mit redaktionellen Anpassungen die aufgehobene Regelung des § 67 Abs. 7 InvG a.F.[11] Für die **Bewertung des Erbbaurechts** verweist § 232 Abs. 3 KAGB auf § 231 Abs. 2 KAGB, der wiederum auf § 216 KAGB Bezug nimmt. Mit § 216 KAGB setzt der Gesetzgeber Art. 19 Abs. 4 und 5 AIFM-RL in nationales Recht um und führt die Vorschriften für externe Bewerter ein.[12] 8

II. Belastung mit einem Erbbaurecht (§ 232 Abs. 1 KAGB)

1. Inhalt des Erbbaurechts

Ein Erbbaurecht ist ein veräußerliches und übertragbares Recht mit dem Inhalt, auf einem Grundstück oder unter der Oberfläche eines Grundstücks ein Bauwerk zu haben, ohne dass das Grundstück selbst im Eigentum des Erbbauberechtigten steht.[13] Ein Bauwerk ist dabei ein Gebäude, das räumlich umschlossen ist und von Menschen betreten werden kann.[14] Die Regelungen für das Erbbaurecht finden sich im Erbbaurechtsgesetz (ErbbauRG). 9

Das Erbbaurecht räumt dem Erbbauberechtigten ein **beschränkt dingliches Recht** an einem **fremden Grundstück** ein.[15] Dabei erschöpft es sich nicht in einem bloßen Nutzungsrecht.[16] Auch ist der Erbbauberechtige weder Eigentümer des Grundstücks noch besteht umgekehrt Eigentum des Grundstückseigentümers am Bauwerk. Vielmehr wird das Eigentum am Grundstück vom Eigentum am Bauwerk abgespalten. Das Bauwerk steht folglich im Eigentum des Erbbauberechtigten, während das Eigentum am Grundstück beim Eigentümer verbleibt. Insofern stellt das Erbbaurecht eine **Ausnahme von dem in §§ 946, 93 BGB fixierten Grundsatz** dar, dass Bauwerke auf einem Grundstück grundsätzlich als wesentlicher Bestandteil des Grundstücks gelten und folglich ebenfalls im Eigentum des Grundstückseigentümers stehen.[17] Erst mit Beendigung des Erbbaurechts wird das Bauwerk wesentlicher Bestandteil des Grundstücks, sodass das Eigentum am Bauwerk auf den Grundstückseigentümer übergeht.[18] Dieser muss nach § 27 ErbbauRG eine Entschädigung an den Erbbauberechtigten zahlen. 10

Als Gegenleistung kann nach § 9 ErbbauRG vorgesehen werden, dass der Erbbauberechtigte dem Grundstückseigentümer einen **widerkehrenden Erbbauzins** bezahlt. 11

Wie bei dinglichen Rechten üblich, kommt das Erbbaurecht durch **Einigung und Eintragung im Grundbuch** zustande. Auf das Erbbaurecht als **grundstücksgleiches Recht** finden nach § 11 ErbbauRG die allgemeinen Vorschriften der §§ 873 ff. BGB für Grundstücke, mit Ausnahme der §§ 925, 927 und 928 BGB, Anwendung.[19] Im Grundbuch ist ein eigenes Grundbuchblatt für die Eintragung eines Erbbaurechts vorgesehen.[20] Die genauen Inhalte des Erbbaurechts können im Erbbaurechtsvertrag ausgestaltet werden. Als grundstücksgleiches Recht kann das Erbbaurecht, genauso wie jedes Grundstück, auch **mit Grundpfandrechten belastet** werden.[21] 12

Wird ein Grundstück eines Immobilien-Sondervermögens mit einem Erbbaurecht belastet, so muss dieses inhaltlich mit den **investmentrechtlichen Grundsätzen** übereinstimmen.[22] Dazu gehört nach § 260 Abs. 3 KAGB, dass das Erbbaurecht mit den Grundsätzen einer ordnungsgemäßen Wirtschaftsführung im Ein- 13

---

10 So auch *Conradi* in Emde/Dornseifer/Dreibus/Hölscher, § 67 InvG Rz. 139.
11 Begr. RegE, BT-Drucks. 17/12294, S. 267.
12 Begr. RegE, BT-Drucks. 17/12294, S. 263.
13 Vgl. § 1 ErbbauRG.
14 Der Begriff des Bauwerks wird ausführlich dargestellt bei *Oefele/Heinemann* in MünchKomm/BGB, 6. Aufl. 2013, § 1 ErbbauRG Rz. 9.
15 *Oefele/Heinemann* in MünchKomm/BGB, 6. Aufl. 2013, § 1 ErbbauRG Rz. 4.
16 *Oefele/Heinemann* in MünchKomm/BGB, 6. Aufl. 2013, § 1 ErbbauRG Rz. 5.
17 *Oefele/Heinemann* in MünchKomm/BGB, 6. Aufl. 2013, § 1 ErbbauRG Rz. 5.
18 *Oefele/Heinemann* in MünchKomm/BGB, 6. Aufl. 2013, § 27 ErbbauRG Rz. 5.
19 *Oefele/Heinemann* in MünchKomm/BGB, 6. Aufl. 2013, § 1 ErbbauRG Rz. 6; Auch *Conradi* in Emde/Dornseifer/Dreibus/Hölscher, § 67 InvG Rz. 140.
20 *Hinrichs/Virreira Winter* in Baur/Tappen, § 232 KAGB Rz. 4.
21 *Hinrichs/Virreira Winter* in Baur/Tappen, § 232 KAGB Rz. 5.
22 *Conradi* in Emde/Dornseifer/Dreibus/Hölscher, § 67 InvG Rz. 145; *Hinrichs/Virreira Winter* in Baur/Tappen, § 232 KAGB Rz. 5; *Brockhausen* in Moritz/Klebeck/Jesch, § 232 KAGB Rz. 7.

klang steht (zur Anwendbarkeit des § 260 Abs. 3 KAGB siehe Rz. 4 ff.).[23] Dies ist nicht bereits dann der Fall, wenn das Erbbaurecht zu marktüblichen Bedingungen bestellt wird. Vielmehr muss die Belastung mit dem Erbbaurecht Vorteile für das gesamte Immobilien-Sondervermögen mit sich bringen.[24] So kann es vorkommen, dass eine Immobilie beispielsweise erst dann zu Erträgen führt, wenn Einnahmen aus einem Erbbauzins generiert werden können.[25]

2. Anlagebedingungen

14 Ein Grundstück eines Immobilien-Sondervermögens darf nach § 232 Abs. 1 KAGB nur mit einem Erbbaurecht belastet werden, wenn die **Anlagebedingungen** dies vorsehen. Neben der grundsätzlichen Möglichkeit, dass ein Erbbaurecht bestellt werden kann, sollten die Anlagebedingungen auch vorsehen, zu welchen Konditionen und ggf. unter welchen Bedingungen dies erfolgen kann.[26]

III. Angemessenheit des Erbbauzinses (§ 232 Abs. 2 KAGB)

15 Nach § 232 Abs. 2 KAGB muss der Bewerter des Immobilien-Sondervermögens vor Bestellung des Erbbaurechts bestätigen, dass der Erbbauzins angemessen ist. § 232 Abs. 2 KAGB verweist insofern auf § 231 Abs. 2 KAGB, der wiederum einen Verweis auf die neue Bewertungsvorschrift des § 216 KAGB enthält.

1. Angemessenheit des Erbbauzinses

16 Der Erbbauzins kann durch einen wiederkehrenden, klassischen Erbbauzins nach § 9 ErbbauRG erfolgen. Alternativ kommt auch eine Einmalzahlung an den Grundstückseigentümer in Betracht. Wichtig ist, dass der Grundstückseigentümer einen **angemessenen wirtschaftlichen Gegenwert** dafür erhält, dass er das Grundstück zur Verfügung stellt.[27] Der Grundstückswert wird folglich verzinst.[28]

17 Wann der Erbbauzins im Rahmen **einer wiederkehrenden Leistung** angemessen ist, ist im Zusammenhang mit der Bewertung zu bestimmen. Vor Inkrafttreten des KAGB war darauf zu achten, dass die Bewertung und die Angemessenheitsprüfung von einem besonders qualifizierten Sachverständigen vorgenommen wurden, der ausreichend praktische Erfahrung in Bezug auf die konkrete Immobilienart und den jeweiligen Immobilienmarkt vorweisen konnte.[29] Nach § 216 Abs. 3 KAGB muss der externe Berater nun ebenfalls berufliche Garantien abgeben, die in Art. 73 Abs. 2 der Delegierten Verordnung (EU) Nr. 231/2013 näher definiert sind. Ein Indiz für die Angemessenheit kann der marktgerechte Zins sein.[30] Im Rahmen der Prüfung sind aber vor allem die konkreten Umstände des Einzelfalls miteinzubeziehen, wie Lage und Zustand des Grundstücks, sowie Bebaubarkeit und Laufzeit des Erbbaurechts.[31]

18 Bei einer **Einmalzahlung** muss besonders berücksichtigt werden, dass der Erbbauzins im Nachhinein nicht mehr an die laufende Zinsentwicklung angepasst werden kann.[32] Wird das Erbbaurecht beispielsweise mit einer Laufzeit von zehn Jahren bestellt, so muss in der Einmalzahlung bereits ein angemessener Betrag für die erwartete Zinsentwicklung enthalten sein. Weicht dieser geschätzte Betrag zu sehr von der tatsächlichen Entwicklung ab, kann sich dies unter Umständen negativ auf die Angemessenheitsprüfung auswirken.[33]

---

23 *Conradi* in Emde/Dornseifer/Dreibus/Hölscher, § 67 InvG Rz. 1450; *Hinrichs/Virreira Winter* in Baur/Tappen, § 232 KAGB Rz. 5; angesprochen auch bei *Kautenburger-Behr* in Weitnauer/Boxberger/Anders, § 232 KAGB Rz. 13.

24 *Conradi* in Emde/Dornseifer/Dreibus/Hölscher, § 67 InvG Rz. 147; *Brockhausen* in Moritz/Klebeck/Jesch, § 232 KAGB Rz. 7.

25 *Conradi* in Emde/Dornseifer/Dreibus/Hölscher, § 67 InvG Rz. 147.

26 *Conradi* in Emde/Dornseifer/Dreibus/Hölscher, § 67 InvG Rz. 146; *Kautenburger-Behr* in Weitnauer/Boxberger/Anders, § 232 KAGB Rz. 12; a.A. wohl *Klusak* in Berger/Steck/Lübbehüsen, § 67 InvG Rz. 40.

27 *Oefele/Heinemann* in MünchKomm/BGB, 6. Aufl. 2013, § 9 ErbbauRG Rz. 2.

28 *Oefele/Heinemann* in MünchKomm/BGB, 6. Aufl. 2013, § 9 ErbbauRG Rz. 2.

29 *Conradi* in Emde/Dornseifer/Dreibus/Hölscher, § 67 InvG Rz. 149.

30 *Hinrichs/Virreira Winter* in Baur/Tappen, § 232 KAGB Rz. 7; *Brockhausen* in Moritz/Klebeck/Jesch, § 232 KAGB Rz. 9.

31 *Zöll* in Beckmann/Scholtz/Vollmer, § 67 InvG Rz. 42; *Hinrichs/Virreira Winter* in Baur/Tappen, § 232 KAGB Rz. 7.

32 *Hinrichs/Virreira Winter* in Baur/Tappen, § 232 KAGB Rz. 7.

33 *Hinrichs/Virreira Winter* in Baur/Tappen, § 232 KAGB Rz. 7; *Zöll* in Beckmann/Scholtz/Vollmer, § 67 InvG Rz. 42.

Der Erbbauvertrag sollte daher in jedem Fall eine Anpassungsklausel enthalten, um künftige Zinsentwicklungen zu berücksichtigen.[34]

Eine **erneute Bestätigung** der Angemessenheit ist nur dann erforderlich, wenn sich der Erbbauzins **verändert** und diese Änderung nicht bereits von Beginn an im Erbbaurechtsvertrag vorgesehen ist.[35] 19

2. Prüfung vor Bestellung des Erbbaurechts

Die Angemessenheitsprüfung muss vor Bestellung des Erbbaurechts, also vor Abschluss des Erbbaurechts- 20
vertrages, durchgeführt werden.[36] Dadurch soll der AIF-KVG die Möglichkeit eingeräumt werden, den Erbbaurechtsvertrag eventuell noch an die Ergebnisse der Prüfung anzupassen.

IV. Neubewertung des Grundstücks nach Bestellung (§ 232 Abs. 3 KAGB)

Nachdem ein Erbbaurecht für eine Immobilie des Sondervermögens bestellt wurde, muss der Wert des 21
Grundstücks **innerhalb von zwei Monaten neu ermittelt** werden.[37] Nach § 248 Abs. 2 Satz 1 KAGB kann ein neu erworbener Vermögensgegenstand für höchstens ein Jahr mit dem Anschaffungspreis berücksichtigt werden. Ändern sich aber wesentliche Bewertungsfaktoren innerhalb eines Jahres, so hat nach § 248 Abs. 2 Satz 2 KAGB eine Neubewertung des Vermögensgegenstandes zu erfolgen. Hintergrund der Vorschrift ist, dass eine Neubewertung möglichst zeitnah nach der Änderung der wesentlichen Bewertungsfaktoren erfolgen soll.[38]

Die **Frist** beginnt nach § 232 Abs. 3 KAGB mit der **Bestellung des Erbbaurechts**. Die Bestellung eines Erb- 22
baurechts erfolgt wiederum durch Einigung und Eintragung im Grundbuch gem. § 11 ErbbauRG i.V.m. §§ 873 ff. BGB.[39] Um einen eindeutigen und klaren Zeitpunkt für den Fristbeginn zu bestimmen, bietet es sich an, den Zeitpunkt der **Eintragung ins Grundbuch** zu wählen.[40] Zum Teil wird auch erst auf den Zeitpunkt abgestellt, indem der tatsächliche Übergang von Besitz, Nutzen und Lasten erfolgt.[41] Eine weitere Ansicht stellt auf diesen Zeitpunkt nur dann ab, wenn der tatsächliche Übergang der wirtschaftlichen Lasten vor der Eintragung im Grundbuch erfolgen sollte.[42]

V. Grenze für die Bestellung von Erbbaurechten (§ 232 Abs. 4 KAGB)

Ein (weiteres) Erbbaurecht darf nach § 232 Abs. 4 KAGB nicht bestellt werden, wenn der Wert des Grund- 23
stücks an dem das Erbbaurecht bestellt werden soll, zusammen mit dem Wert der Grundstücke, an denen bereits ein Erbbaurecht bestellt worden ist, **10 % des Wertes des gesamten Immobilien-Sondervermögens** übersteigt. Mit anderen Worten darf der Wert der mit einem Erbbaurecht belasteten Grundstücke nicht mehr als 10 % des Wertes des Immobilien-Sondervermögens umfassen. Vor jeder Neubestellung ist daher zu überprüfen, ob die Neubestellung dazu führt, dass diese Obergrenze überschritten wird.[43]

Entscheidend für die **Berechnung der Obergrenze** ist einerseits der Wert des Grundstücks, an dem ein 24
neues Erbbaurecht bestellt werden soll. In diesem Wert ist die Neubewertung nach § 232 Abs. 3 KAGB noch nicht zu berücksichtigen.[44] Andererseits ist der Gesamtwert der Grundstücke maßgeblich, an denen in der Vergangenheit bereits ein Erbbaurecht bestellt wurde.[45] Da für die Berechnung der Obergrenze **der Zeitpunkt der Bestellung des neuen Erbbaurechts** maßgeblich ist, sind Bewertungsänderungen nach die-

---

34 Andernfalls können in Ausnahmefällen die Grundsätze über die Störung der Geschäftsgrundlage gem. § 313 BGB Anwendung finden, vgl. *Zöll* in Beckmann/Scholtz/Vollmer, § 67 InvG Rz. 42.

35 *Hinrichs/Virreira Winter* in Baur/Tappen, § 232 KAGB Rz. 8.

36 *Klusak* in Berger/Steck/Lübbehüsen, § 67 InvG Rz. 42.

37 Auch hierfür verweist § 232 Abs. 3 KAGB auf das Bewertungsverfahren in § 231 Abs. 2 i.V.m. § 216 KAGB.

38 *Klusak* in Berger/Steck/Lübbehüsen, § 67 InvG Rz. 42.

39 *Oefele/Heinemann* in MünchKomm/BGB, 6. Aufl. 2013, § 9 ErbbauRG Rz. 9 ff.

40 *Hinrichs/Virreira Winter* in Baur/Tappen, § 232 KAGB Rz. 9.

41 *Conradi* in Emde/Dornseifer/Dreibus/Hölscher, § 67 InvG Rz. 150; *Kautenburger-Behr* in Weitnauer/Boxberger/Anders, § 232 KAGB Rz. 17; *Brockhausen* in Moritz/Klebeck/Jesch, § 232 KAGB Rz. 10.

42 *Hinrichs/Virreira Winter* in Baur/Tappen, § 232 KAGB Rz. 9; *Zöll* in Beckmann/Scholtz/Vollmer, § 67 InvG Rz. 43.

43 *Conradi* in Emde/Dornseifer/Dreibus/Hölscher, § 67 InvG Rz. 151; *Brockhausen* in Moritz/Klebeck/Jesch, § 232 KAGB Rz. 12.

44 *Hinrichs/Virreira Winter* in Baur/Tappen, § 232 KAGB Rz. 10.

45 *Conradi* in Emde/Dornseifer/Dreibus/Hölscher, § 67 InvG Rz. 151.

sem Zeitpunkt für die Obergrenze irrelevant.[46] Insofern handelt es sich nicht um eine Bestandsgrenze, die fortlaufend beachtet werden muss, sondern um eine sog. Erwerbsgrenze.[47] Erhöht sich beispielsweise der Wert eines Grundstücks nach diesem Zeitpunkt wird das neu bestellte Erbbaurecht daher nicht im Nachhinein unwirksam.[48]

25 Zu beachten ist schließlich auch, dass die Anlagegrenze erst nach einer Anlaufzeit von vier Jahren seit Bildung des Immobilien-Sondervermögens anzuwenden ist, vgl. § 244 KAGB.

VI. Verlängerung des Erbbaurechts (§ 232 Abs. 5 KAGB)

26 Die Regelung des § 232 Abs. 5 KAGB stellt klar, dass eine **Verlängerung** eines abgelaufenen Erbbaurechts so zu behandeln ist, als würde das Erbbaurecht **neu bestellt** werden. Dies bedeutet, dass die Angemessenheit des Erbbauzinses sowie die Anlagegrenze des § 232 Abs. 4 KAGB erneut geprüft werden muss.

27 Eine Verlängerung im Sinne der Vorschrift liegt nach überwiegender Ansicht nur dann vor, wenn die AIF-KVG **mitentscheiden** kann, ob das Erbbaurecht verlängert wird und die Entscheidung **nicht nur einseitig durch den Erbbauberechtigten** erfolgt.[49] Eine Verlängerung liegt danach bei (i) einer einvernehmlichen Vertragsverlängerung, (ii) einer automatischen Verlängerung des Erbbaurechts aufgrund einer Vertragsklausel, wenn nicht innerhalb einer vorgegebenen Frist der Verlängerung widersprochen wird, oder (iii) einer Ausübung von vertraglichen oder gesetzlichen Options- oder Verlängerungsrechten durch die AIF-KVG vor.[50]

28 Nicht umfasst sind folglich Vertragsverlängerungen, bei denen nur der Erbbauberechtigte **ohne Widerspruchsmöglichkeit** das Erbbaurecht verlängern kann.[51] Ob eine derartige Differenzierung tatsächlich sachgerecht ist, ist fraglich, da sie sich weder aus dem Wortlaut noch aus dem Sinn und Zweck der Vorschrift ergibt.[52] Vielmehr ist die AIF-KVG im Hinblick auf den Anlegerschutz dazu angehalten, die Vermögensgegenstände des Immobilien-Sondervermögens nicht unbegrenzt zu belasten.[53] Dies gilt aber auch dann, wenn dem Erbbauberechtigten einseitig ein vertragliches Recht zur Verlängerung eingeräumt wurde und er von diesem Gebrauch macht.

VII. Entsprechende Anwendung bei Neuerwerb eines bereits mit einem Erbbaurecht belasteten Grundstücks

29 In der Literatur wird wohl überwiegend vertreten, dass § 232 KAGB entsprechend anzuwenden ist, wenn ein Grundstück neu erworben wird, welches bereits mit einem Erbbaurecht belastet ist.[54] Dem ist zuzustimmen, da bei einem neu erworbenen und mit einem Erbbaurecht belasteten Grundstück **die gleiche Interessenlage der Anleger** besteht, wie bei einem bereits erworbenen Grundstück, für das ein Erbbaurecht neu bestellt wird. In beiden Fällen dient die Anlagegrenze dazu, die Anzahl der belasteten Grundstücke im Immobilien-Sondervermögen zu begrenzen. Daneben ist nicht ersichtlich, warum der Erbbauzins bei einem bereits belasteten Grundstück nicht ebenfalls einer Angemessenheitsprüfung zu unterwerfen ist. Daher sind die beiden Grenzen im Interesse der Anleger auch dann anzuwenden, wenn das Grundstück bereits

46 *Conradi* in Emde/Dornseifer/Dreibus/Hölscher, § 67 InvG Rz. 151; *Hinrichs/Virreira Winter* in Baur/Tappen, § 232 KAGB Rz. 10.

47 *Klusak* in Berger/Steck/Lübbehüsen, § 67 InvG Rz. 43; *Conradi* in Emde/Dornseifer/Dreibus/Hölscher, § 67 InvG Rz. 151; *Hinrichs/Virreira Winter* in Baur/Tappen, § 232 KAGB Rz. 10.

48 *Klusak* in Berger/Steck/Lübbehüsen, § 67 InvG Rz. 43; *Hinrichs/Virreira Winter* in Baur/Tappen, § 232 KAGB Rz. 10.

49 *Conradi* in Emde/Dornseifer/Dreibus/Hölscher, § 67 InvG Rz. 155; *Zöll* in Beckmann/Scholtz/Vollmer, § 67 InvG Rz. 45; *Hinrichs/Virreira Winter* in Baur/Tappen, § 232 KAGB Rz. 11; kritisch *Kautenburger-Behr* in Weitnauer/Boxberger/Anders, § 232 KAGB Rz. 24.

50 *Conradi* in Emde/Dornseifer/Dreibus/Hölscher, § 67 InvG Rz. 155; *Hinrichs/Virreira Winter* in Baur/Tappen, § 232 KAGB Rz. 11; *Kautenburger-Behr* in Weitnauer/Boxberger/Anders, § 232 KAGB Rz. 21.

51 *Zöll* in Beckmann/Scholtz/Vollmer, § 67 InvG Rz. 45; *Conradi* in Emde/Dornseifer/Dreibus/Hölscher, § 67 InvG Rz. 155.

52 *Kautenburger-Behr* in Weitnauer/Boxberger/Anders, § 232 KAGB Rz. 24; *Brockhausen* in Moritz/Klebeck/Jesch, § 232 KAGB Rz. 14.

53 *Kautenburger-Behr* in Weitnauer/Boxberger/Anders, § 232 KAGB Rz. 24.

54 *Klusak* in Berger/Steck/Lübbehüsen, § 67 InvG Rz. 41; *Conradi* in Emde/Dornseifer/Dreibus/Hölscher, § 67 InvG Rz. 153; *Hinrichs/Virreira Winter* in Baur/Tappen, § 232 KAGB Rz. 12 *Brockhausen* in Moritz/Klebeck/Jesch, § 232 KAGB Rz. 16.

vor dem Erwerb mit einem Erbbaurecht belastet ist. Auch in diesem Fall müssen die Anlagebedingungen, die Belastung eines Grundstücks des Immobilien-Sondervermögens mit einem Erbbaurecht vorsehen.

Lediglich die **Pflicht zur Neubewertung nach § 232 Abs. 3 KAGB** kann bei dem Erwerb eines bereits belasteten Grundstücks **entfallen**, da das Erbbaurecht von vornherein bei der Wertermittlung des Grundstücks berücksichtigt wird.[55] Eine erneute Bewertung nach dem Erwerb ist in diesem Fall daher nicht erforderlich. 30

VIII. Rechtsfolgen bei Verstoß gegen § 232 KAGB

Sieht ein Erbbaurechtsvertrag einen unangemessenen Erbbauzins vor oder wird die Anlagegrenze für Erbbaurechtsbestellungen überschritten, **bleibt das Rechtsgeschäft trotzdem wirksam.** Dies ergibt sich aus § 242 KAGB. Die Vorschrift schützt den Vertragspartner der AIF-KVG, in diesem Fall den Erbbauberechtigten, da dieser nicht erkennen oder prüfen kann, ob die AIF-KVG die ihr vorgegebenen Grenzen einhält; sie dient daher dem Verkehrsschutz.[56] 31

Die BaFin kann allerdings nach § 5 Abs. 6 KAGB aufsichtsrechtliche Maßnahmen ergreifen. Im Übrigen ist die AIF-KVG auch verpflichtet, umgehend dafür Sorge zu tragen, dass die Voraussetzungen des § 232 KAGB wieder eingehalten werden.[57] 32

§ 233 Vermögensgegenstände in Drittstaaten; Währungsrisiko

(1) Vermögensgegenstände, die sich in Staaten befinden, die keine Vertragsstaaten des Abkommens über den Europäischen Wirtschaftsraum sind, dürfen für ein Immobilien-Sondervermögen nur dann erworben werden, wenn

1. die Anlagebedingungen dies vorsehen;

2. eine angemessene regionale Streuung der Vermögensgegenstände gewährleistet ist;

3. diese Staaten und der jeweilige Anteil des Sondervermögens, der in diesen Staaten höchstens angelegt werden darf, in den Anlagebedingungen angegeben sind;

4. in diesen Staaten die freie Übertragbarkeit der Vermögensgegenstände gewährleistet und der Kapitalverkehr nicht beschränkt ist;

5. die Wahrnehmung der Rechte und Pflichten der Verwahrstelle gewährleistet ist.

(2) Die AIF-Kapitalverwaltungsgesellschaft hat sicherzustellen, dass die für Rechnung eines Immobilien-Sondervermögens gehaltenen Vermögensgegenstände nur insoweit einem Währungsrisiko unterliegen, als der Wert der einem solchen Risiko unterliegenden Vermögensgegenstände 30 Prozent des Wertes des Sondervermögens nicht übersteigt.

In der Fassung vom 4.7.2013 (BGBl. I 2013, S. 1981).

55 *Klusak* in Berger/Steck/Lübbehüsen, § 67 InvG Rz. 42; *Conradi* in Emde/Dornseifer/Dreibus/Hölscher, § 67 InvG Rz. 153.

56 *Klusak* in Berger/Steck/Lübbehüsen, § 67 InvG Rz. 44; *Zöll* in Beckmann/Scholtz/Vollmer, § 67 InvG Rz. 46; *Conradi* in Emde/Dornseifer/Dreibus/Hölscher, § 67 InvG Rz. 156.

57 *Kautenburger-Behr* in Weitnauer/Boxberger/Anders, § 232 KAGB Rz. 25; *Brockhausen* in Moritz/Klebeck/Jesch, § 232 KAGB Rz. 7.

Schrifttum: *Hartrott/Goller*, Immobilienfonds nach dem Kapitalanlagegesetzbuch, BB 2013, 1603; *Niewerth/Rybarz*, Änderung der Rahmenbedingungen für Immobilienfonds – das AIFM-Umsetzungsgesetz und seine Folgen, WM 2013, 1154; *Schultz-Süchting/Thomas*, Investmentrecht in internationalen Immobilientransaktionen, WM 2008, 2285.

I. Allgemeines

1. Regelungsgegenstand und Regelungssystematik

1 Die Regelung des § 233 KAGB sieht vor, dass Immobilien-Sondervermögen auch in Vermögensgegenstände investieren können, die **außerhalb des EWR** belegen sind. Um allerdings einem unbeschränkten Erwerb von ausländischen Vermögensgegenständen entgegenzuwirken, sieht § 233 Abs. 1 KAGB verschiedene Voraussetzungen vor, die bei dem Erwerb von Vermögensgegenständen außerhalb des EWR besonders zu berücksichtigen sind. Da mit Investitionen im Ausland in der Regel ein gewisses Währungsrisiko verbunden ist, enthält § 233 Abs. 2 KAGB weitergehend eine Anlagegrenze in Höhe von maximal 30 % des Wertes des Immobilien-Sondervermögens für solche Investitionen.[1]

2 Der EWR ist ein Zusammenschluss aus den **Mitgliedstaaten der Europäischen Union** und den EFTA-Staaten. Allerdings sind von den **EFTA-Staaten** nur **Island, Liechtenstein und Norwegen** dem EWR-Abkommen beigetreten, während die Schweiz das Abkommen nicht ratifiziert hat. Für den EU-Mitgliedstaat Kroatien wurde ein Übereinkommen über den Beitritt zum EWR unterzeichnet, aber noch nicht von allen beteiligten Staaten ratifiziert. Da das Übereinkommen seit 2013 aber provisorisch in Kraft getreten ist, gilt Kroatien als zu den EWR-Staaten zugehörig.

2. Regelungszweck

3 Die Vorschrift dient zunächst dem Zweck, der AIF-KVG **mehr Handlungsspielraum für Investitionen** auch außerhalb Deutschlands und außerhalb des EWR einzuräumen.[2] Gerade solche Investitionen können aufgrund ihrer Entwicklungsmöglichkeiten für das Sondervermögen wirtschaftlich vorteilhaft sein. Auch im Hinblick auf eine stärkere Diversifizierung können Investitionen in ausländische Vermögensgegenstände sinnvoll sein.

4 Allerdings müssen hierbei die **Interessen der Anleger** ausreichend berücksichtigt werden, weshalb Vermögensgegenstände außerhalb des EWR nicht in beliebiger Höhe erworben werden dürfen.[3] Mit Investitionen, die im Ausland und in einer anderen Währung getätigt werden, sind immer auch gewisse Risiken verbunden. So können sich beispielsweise Verluste durch Kursschwankungen ergeben. Daneben ist es wahrscheinlicher, dass im Ausland belegene Vermögensgegenstände aufgrund ihrer räumlichen Entfernung von der Verwahrstelle teilweise schlechter oder nur eingeschränkt überwacht werden können. Diese Risiken sind für den Anleger schwer zu kalkulieren. Daher enthält § 233 Abs. 1 KAGB verschiedene Voraussetzungen, unter denen ein Erwerb von ausländischen Vermögensgegenständen überhaupt nur zulässig ist.

5 Daneben dient auch die Anlagegrenze in § 233 Abs. 2 KAGB dem **Anlegerschutz.**

3. Entstehungsgeschichte

6 Die Regelung des § 233 KAGB übernimmt mit redaktionellen Anpassungen den Wortlaut des aufgehobenen § 67 Abs. 3 und 4 InvG a.F.[4]

II. Erwerb von Vermögensgegenständen (§ 233 Abs. 1 KAGB)

7 Die Vorschrift des § 233 Abs. 1 KAGB enthält die Voraussetzungen, die bei einem Erwerb von Vermögensgegenständen in einem Drittstaat von der AIF-KVG einzuhalten sind. Im Umkehrschluss ist der Erwerb von Vermögensgegenständen innerhalb des EWR dagegen ohne besondere Voraussetzungen möglich. Im

---

1 *Brockhausen* in Moritz/Klebeck/Jesch, § 233 KAGB Rz. 2.
2 Begr. RegE, BT-Drucks. 936/01, S. 293.
3 *Klusak* in Berger/Steck/Lübbehüsen, § 67 InvG Rz. 26.
4 Begr. RegE, BT-Drucks. 17/12294, S. 267.

Folgenden wird daher zwischen dem Erwerb von Vermögensgegenständen innerhalb und außerhalb des EWR differenziert.

1. Erwerb von Vermögensgegenständen innerhalb des EWR

Bei einem Erwerb von Vermögensgegenständen, die innerhalb des EWR belegen sind, greifen die Voraus- 8
setzungen des § 233 Abs. 1 KAGB nicht ein. Dies hat den Hintergrund, dass der Gesetzgeber das Risiko eines Erwerbs von Vermögensgegenständen, die innerhalb des EWR belegen sind, und das Risiko von Investitionen im Inland als **gleichwertig** einstuft. Aus diesem Grund ist ein weitergehender Anlegerschutz nicht erforderlich.

An den Erwerb von Vermögensgegenständen innerhalb des EWR, aber außerhalb Deutschlands, sind daher 9
lediglich die Anforderungen zu stellen, die für einen Erwerb von Vermögensgegenständen im Inland nach § 231 KAGB gelten. Daneben müssen Vermögensgegenstände im Ausland im Fall von Immobilien mit den entsprechenden deutschen Vermögensgegenständen, wie Grundstücken oder grundstücksgleichen Rechten, **vergleichbar** sein. Dies ergibt sich aus der Legaldefinition der Immobilie in § 1 Abs. 19 Nr. 21 KAGB. Vergleichbarkeit bedeutet dabei nicht, dass die Vermögensgegenstände im Inland und im EWR-Staat identisch sein müssen.[5] Dies wäre aufgrund der unterschiedlichen rechtlichen Ausgestaltung häufig nicht zielführend. Vielmehr kommt es letztlich auf eine **funktionale Gleichwertigkeit** an, bei der die jeweiligen Rechte in ihren Eigenschaften und Schutzzwecken vergleichbar sein müssen.[6]

2. Erwerb von Vermögensgegenständen außerhalb des EWR

Erwirbt die AIF-KVG Vermögensgegenstände, die außerhalb des EWR belegen sind, so sind neben der Ver- 10
gleichbarkeit die Voraussetzungen des § 233 Abs. 1 KAGB einzuhalten. Die AIF-KVG muss dabei nachvollziehbar dokumentieren, dass sie die Voraussetzungen des § 233 Abs. 1 KAGB auch tatsächlich einhält.[7]

a) Angabe in den Anlagebedingungen (§ 233 Abs. 1 Nr. 1 und Nr. 3 KAGB)

Die **Anlagebedingungen** müssen zunächst nach § 233 Abs. 1 Nr. 1 KAGB vorsehen, dass außerhalb des 11
EWR belegene Vermögensgegenstände für das Immobilien-Sondervermögen grundsätzlich überhaupt erworben werden dürfen. Hierfür ist eine allgemein gehaltene Formulierung ausreichend.[8]

Die Pflicht zur detaillierteren Beschreibung ergibt sich aus § 233 Abs. 1 Nr. 3 KAGB. Die konkreten Anga- 12
ben sollten meist in den Besonderen Anlagebedingungen oder in einem Anhang enthalten sein.[9] Darin sind die **einzelnen Staaten** konkret aufzuzählen, in denen Vermögensgegenstände erworben werden dürfen. Für jeden einzelnen Staat ist weitergehend anzugeben, **welcher Anteil des Immobilien-Sondervermögens maximal in dem jeweiligen Staat** angelegt werden darf. Die Angabe erfolgt in der Regel durch Angabe eines **Prozentsatzes bezogen auf den Nettoinventarwert** des Immobilien-Sondervermögens.[10] Nach § 231 Abs. 4 KAGB bleiben Darlehen dabei unberücksichtigt. Da die maximalen Höchstwerte angegeben werden müssen, kann die Summe den eigentlichen Wert des Immobilien-Sondervermögens bzw. die 100 %-Marke deutlich überschreiten.[11]

Die Regelung dient dem **Zweck**, den Anleger darüber aufzuklären in welchen Staaten und in welcher Höhe 13
das Immobilien-Sondervermögen investiert.[12] Dem Anleger soll es mit Hilfe dieser Informationen möglich sein, sich selbst ein Bild von den mit der Anlage im Ausland verbundenen Risiken zu machen.

b) Angemessene regionale Streuung (§ 233 Abs. 1 Nr. 2 KAGB)

Daneben muss die AIF-KVG nach § 233 Abs. 1 Nr. 2 KAGB sicherstellen, dass sie bei der Portfoliozusam- 14
menstellung eine **angemessene regionale Streuung** berücksichtigt. Dadurch soll das Risiko für das Immo-

5 *Conradi* in Emde/Dornseifer/Dreibus/Hölscher, § 67 InvG Rz. 81.
6 *Niewerth/Rybarz*, WM 2013, 1154 (1161); *Conradi* in Emde/Dornseifer/Dreibus/Hölscher, § 67 InvG Rz. 82.
7 *Wind/Fritz* in Weitnauer/Boxberger/Anders, § 233 KAGB Rz. 11; *Brockhausen* in Moritz/Klebeck/Jesch, § 233 KAGB Rz. 6.
8 *Zöll* in Beckmann/Scholtz/Vollmer, § 67 InvG Rz. 17; *Conradi* in Emde/Dornseifer/Dreibus/Hölscher, § 67 InvG Rz. 89; *Siedler* in Baur/Tappen, § 233 KAGB Rz. 7; *Brockhausen* in Moritz/Klebeck/Jesch, § 233 KAGB Rz. 7.
9 § 2 Abs. 1 Satz 2 der Besonderen Musteranlagebedingungen; auch *Conradi* in Emde/Dornseifer/Dreibus/Hölscher, § 67 InvG Rz. 90.
10 *Siedler* in Baur/Tappen, § 233 KAGB Rz. 8.
11 *Klusak* in Berger/Steck/Lübbehüsen, § 67 InvG Rz. 26; *Conradi* in Emde/Dornseifer/Dreibus/Hölscher, § 67 InvG Rz. 90; *Siedler* in Baur/Tappen, § 233 KAGB Rz. 8.
12 *Conradi* in Emde/Dornseifer/Dreibus/Hölscher, § 67 InvG Rz. 88.

bilien-Sondervermögen begrenzt werden.[13] Ob eine regionale Streuung der Vermögensgegenstände tatsächlich zur Risikoreduzierung erforderlich ist, wird in der Literatur vereinzelt angezweifelt.[14] Einigkeit besteht zumindest darin, dass das Risiko durch eine Investition in Vermögensgegenstände reduziert wird, die in verschiedenen, voneinander unabhängigen Märkten belegen sind.[15] Andernfalls würden bei dem Erwerb von ausländischen Vermögensgegenständen an die Risikostreuung höhere Maßstäbe gesetzt als bei dem Erwerb von inländischen Vermögensgegenständen.[16]

15 Für den Begriff der **regionalen Streuung** ist es daher ausreichend, wenn die Vermögensgegenstände in **verschiedenen Märkten** belegen sind, die **nicht miteinander in direktem Zusammenhang** stehen.[17] Dies kann auch der Fall sein, wenn Immobilien zwar in einem Land, aber dort in unterschiedlichen Regionen erworben werden. Auch innerhalb eines Landes oder einer Region oder sogar innerhalb derselben Stadt können sich die Immobilienmärkte unterschiedlich entwickeln, sodass auch in diesem Fall von einer angemessenen regionalen Streuung auszugehen ist.[18] Daher ist es beispielsweise nicht zielführend, die Vermögensgegenstände in den einzelnen Staaten zahlenmäßig zu begrenzen.[19] Wann Märkte nicht in einem direkten Zusammenhang stehen und wann eine angemessene regionale Streuung vorliegt, ist von der AIF-KVG im **Einzelfall** und nach einer **wirtschaftlichen Gesamtbetrachtung** zu beurteilen, bei der die Sorgfalt eines ordentlichen Kaufmannes zugrunde zu legen ist.[20]

16 Zu Beginn der Auflage eines Immobilien-Sondervermögens ist es für die AIF-KVG schwierig, die Anlagegrenzen des KAGB und die Vorschriften zur Risikodiversifikation einzuhalten. Gerade Immobilien können u.U. nicht unmittelbar nach der Auflage in verschiedenen Märkten in verschiedenen Staaten erworben werden. Aus diesem Grund sieht der Gesetzgeber nun in § 244 KAGB vor, dass auch die **Anlagegrenze** des § 233 KAGB erst nach dem **Ablauf von vier Jahren** für ein Immobilien-Sondervermögen gilt (**Anlaufphase**).[21] Die aufgehobenen Vorgängervorschrift des § 74 InvG a.F. umfasste diese zeitliche Streckung noch nicht, sodass die AIF-KVG für die Anlaufphase nach § 74 Satz 2 InvG a.F. regelmäßig eine Ausnahmegenehmigung bei der BaFin beantragen musste.[22]

c) Übertragbarkeit der Vermögensgegenstände und Kapitalverkehrsfreiheit (§ 233 Abs. 1 Nr. 4 KAGB)

17 Daneben knüpft § 233 Abs. 1 Nr. 4 KAGB die Zulässigkeit des Erwerbs von Vermögensgegenständen im Ausland daran, dass die Vermögensgegenstände **frei übertragbar** sein müssen. Damit ist nicht die wirtschaftliche Übertragbarkeit der Vermögensgegenstände gemeint, sondern die Frage, ob **gesetzliche oder behördliche Hindernisse der fremden Rechtsordnung** einer Übertragung entgegenstehen.[23] Vertragliche Einschränkungen, beispielsweise im Kaufvertrag, fallen nicht hierunter, da die AIF-KVG hierauf selbst Einfluss nehmen kann.[24]

---

13 Begr. RegE, BT-Drucks. 936/01, S. 293; auch *Klusak* in Berger/Steck/Lübbehüsen, § 67 InvG Rz. 27; *Hartrott/Goller*, BB 2013, 1603, 1608; *Brockhausen* in Moritz/Klebeck/Jesch, § 233 KAGB Rz. 8.

14 *Klusak* in Berger/Steck/Lübbehüsen, § 67 InvG Rz. 27; *Wind/Fritz* in Weitnauer/Boxberger/Anders, § 233 KAGB Rz. 5.

15 *Schultz-Süchting/Thomas*, WM 2008, 2285 (2288); *Conradi* in Emde/Dornseifer/Dreibus/Hölscher, § 67 InvG Rz. 92; *Klusak* in Berger/Steck/Lübbehüsen, § 67 InvG Rz. 27.

16 *Schultz-Süchting/Thomas*, WM 2008, 2285 (2288).

17 *Klusak* in Berger/Steck/Lübbehüsen, § 67 InvG Rz. 27; *Conradi* in Emde/Dornseifer/Dreibus/Hölscher, § 67 InvG Rz. 93; *Siedler* in Baur/Tappen, § 233 KAGB Rz. 11; *Wind/Fritz* in Weitnauer/Boxberger/Anders, § 233 KAGB Rz. 5; *Hartrott/Goller*, BB 2013, 1603 (1608).

18 *Klusak* in Berger/Steck/Lübbehüsen, § 67 InvG Rz. 27; etwas zurückhaltender *Zöll* in Beckmann/Scholtz/Vollmer, § 67 InvG Rz. 18; *Brockhausen* in Moritz/Klebeck/Jesch, § 233 KAGB Rz. 8.

19 So aber *Siedler* in Baur/Tappen, § 233 KAGB Rz. 12; *Zöll* in Beckmann/Scholtz/Vollmer, § 233 KAGB Rz. 3 folgt einer zahlenmäßigen Begrenzung nicht und spricht sich dafür aus, dass die AIF-KVG dies im Einzelfall entscheiden müsse.

20 *Conradi* in Emde/Dornseifer/Dreibus/Hölscher, § 67 InvG Rz. 93; *Siedler* in Baur/Tappen, § 233 KAGB Rz. 13.

21 Begr. RegE, BT-Drucks. 17/12294, S. 268. S. dazu auch die Kommentierung zu § 244 KAGB.

22 Zum alten Recht siehe *Conradi* in Emde/Dornseifer/Dreibus/Hölscher, § 67 InvG Rz. 94; für eine entsprechende Anwendung des aufgehobenen § 74 Abs. 1 InvG dagegen *Zöll* in Beckmann/Scholtz/Vollmer, § 67 InvG Rz. 18.

23 *Klusak* in Berger/Steck/Lübbehüsen, § 67 InvG Rz. 28; *Wind/Fritz* in Weitnauer/Boxberger/Anders, § 233 KAGB Rz. 7.

24 *Siedler* in Baur/Tappen, § 233 KAGB Rz. 17; *Zöll* in Beckmann/Scholtz/Vollmer, § 67 InvG Rz. 20 nimmt privatrechtliche Vereinbarungen aus dem Anwendungsbereich heraus, bei denen die Zustimmung des Eigentümers oder des Verwalters der Wohnungs- und Teileigentümerschaft erforderlich ist; a.A. *Conradi* in Emde/Dornseifer/Dreibus/Hölscher, § 67 InvG Rz. 96 Fn. 178.

Allerdings dürfen an die Übertragbarkeit der Vermögensgegenstände im Ausland keine höheren Anforderungen gestellt werden, als an die Übertragbarkeit im Inland.[25] Auch im Inland können Immobilien nicht uneingeschränkt übertragen werden. So sind beispielsweise Immobilien und Grundstücke in Sanierungsgebieten oder städtebaulichen Entwicklungsgebieten regelmäßig nicht uneingeschränkt übertragbar. Vielmehr ist die Übertragung gem. §§ 144 Abs. 2 Nr. 1 und 169 Abs. 1 Nr. 3 BauGB abhängig von einer Genehmigung der Gemeinde.[26] Steht einer öffentlichen Institution ein Vorkaufsrecht zu, so hindert auch dies nicht die „freie Übertragbarkeit" i.S.d. § 233 Abs. 1 Nr. 4 KAGB.[27] Der AIF-KVG kommt die Aufgabe zu, zu prüfen, ob die ausländischen Rechtsregeln mit derartigen nationalen Einschränkungen **vergleichbar** sind.[28] Ansonsten liegen Beschränkungen i.S.d. § 233 Abs. 1 Nr. 4 KAGB dann vor, wenn der Behörde beispielsweise ein freies Ermessen zugebilligt wird, die Genehmigung zu versagen, obwohl alle gesetzlichen Voraussetzungen im Übrigen erfüllt sind.[29] 18

Daneben darf nach § 233 Abs. 1 Nr. 4 KAGB auch die **Kapitalverkehrsfreiheit nicht eingeschränkt** sein. 19
Die Vorschrift dient dem Zweck, sicherzustellen, dass die Immobilie im Ausland jederzeit veräußert werden kann und die Veräußerungserlöse nach Deutschland zurückgeführt werden können und somit den Anlegern zugutekommen.[30] Die Vorschrift umfasst nicht nur Verkaufserlöse, sondern **sämtliche Einnahmen des Immobilien-Sondervermögens,** wie Mieten und Pachtzinsen.[31] Meldepflichten und die Erhebung von Steuern stehen dem freien Kapitalverkehr in diesem Sinne nicht entgegen. Entscheidend ist hier vielmehr, dass der grenzüberschreitende Transfer der Einnahmen des Immobilien-Sondervermögens möglich ist, sobald gesetzliche oder behördliche Voraussetzungen eingehalten werden und es darüber hinaus nicht im freien Ermessen der Behörde steht, den Transfer zuzulassen oder nicht.[32]

d) Wahrnehmung der Rechte und Pflichten durch die Verwahrstelle (§ 233 Abs. 1 Nr. 5 KAGB)

Schließlich muss nach § 233 Abs. 1 Nr. 5 KAGB sichergestellt sein, dass die **Verwahrstelle** ihre investment- 20
rechtlichen **Rechte und Pflichten wahrnehmen** kann, obwohl die Vermögensgegenstände in einem ausländischen Staat belegen sind. Die Rechte und Pflichten der AIF-Verwahrstelle ergeben sich überwiegend aus §§ 80 ff. KAGB. Besonders hervorzuheben ist dabei die Verfügungsbeschränkung nach § 84 Abs. 1 Nr. 3 KAGB, die zugunsten der Verwahrstelle im Grundbuch eingetragen werden muss. Diese dient dem Anlegerschutz und soll sicherstellen, dass die AIF-KVG nicht allein über die Vermögensgegenstände des Immobilien-Sondervermögens verfügen kann. Damit die Verfügungsbeschränkung auch – und gerade – im Ausland ihre Wirkung entfalten kann, muss eine vergleichbare Eintragung im Grundbuch oder den Registern des Staates gewährleistet sein.[33] Ist in dem ausländischen Staat weder ein Grundbuch oder Register, noch ein vergleichbares Institut vorhanden, muss die Verwahrstelle die Verfügungsbeschränkung nach § 83 Abs. 4 Nr. 3 lit. b KAGB anderweitig sicherstellen. Hierbei muss die AIF-KVG zumindest die für einen Verkauf erforderlichen Unterlagen im Original an die Verwahrstelle aushändigen.[34] In Betracht kommen auch die Vereinbarung eines Vorkaufsrechts und eine entsprechende Eintragung einer Auflassungsvormerkung oder eines ähnlichen Rechts zugunsten der Verwahrstelle.[35]

---

25 *Conradi* in Emde/Dornseifer/Dreibus/Hölscher, § 67 InvG Rz. 96; *Schultz-Süchting/Thomas*, WM 2008, 2285 (2288); *Zöll* in Beckmann/Scholtz/Vollmer, § 67 InvG Rz. 20.

26 *Siedler* in Baur/Tappen, § 233 KAGB Rz. 16; *Conradi* in Emde/Dornseifer/Dreibus/Hölscher, § 67 InvG Rz. 96; *Schultz-Süchting/Thomas*, WM 2008, 2285 (2288).

27 *Klusak* in Berger/Steck/Lübbehüsen, § 67 InvG Rz. 28.

28 *Conradi* in Emde/Dornseifer/Dreibus/Hölscher, § 67 InvG Rz. 96; *Schultz-Süchting/Thomas*, WM 2008, 2285 (2288 f.).

29 *Conradi* in Emde/Dornseifer/Dreibus/Hölscher, § 67 InvG Rz. 96; *Klusak* in Berger/Steck/Lübbehüsen, § 67 InvG Rz. 28; *Wind/Fritz* in Weitnauer/Boxberger/Anders, § 233 KAGB Rz. 7 f.; *Brockhausen* in Moritz/Klebeck/Jesch, § 233 KAGB Rz. 11.

30 *Conradi* in Emde/Dornseifer/Dreibus/Hölscher, § 67 InvG Rz. 95.

31 *Conradi* in Emde/Dornseifer/Dreibus/Hölscher, § 67 InvG Rz. 97; *Brockhausen* in Moritz/Klebeck/Jesch, § 233 KAGB Rz. 13.

32 *Conradi* in Emde/Dornseifer/Dreibus/Hölscher, § 67 InvG Rz. 97; *Klusak* in Berger/Steck/Lübbehüsen, § 67 InvG Rz. 28.

33 *Conradi* in Emde/Dornseifer/Dreibus/Hölscher, § 67 InvG Rz. 98; *Klusak* in Berger/Steck/Lübbehüsen, § 67 InvG Rz. 29.

34 *Siedler* in Baur/Tappen, § 233 KAGB Rz. 19; *Brockhausen* in Moritz/Klebeck/Jesch, § 233 KAGB Rz. 14.

35 *Siedler* in Baur/Tappen, § 233 KAGB Rz. 19.

III. Anlagegrenze für Vermögensgegenstände mit Währungsrisiko (§ 233 Abs. 2 KAGB)

1. Räumlicher Anwendungsbereich

21 Da Vermögensgegenstände im Ausland in der Regel in der Währung des jeweiligen Landes erworben und veräußert werden, unterliegen die Beträge einem etwaigen Wechselkurs- und damit Währungsrisiko. Die Vorschrift begrenzt ihren Anwendungsbereich daher nicht von vornherein auf Staaten außerhalb des EWR, sondern bezieht **sämtliche Staaten mit ein, die eine andere Währung führen als den Euro.**[36] Nur in diesem Fall kann ein Wechselkursrisiko bestehen. Entscheidend für die Anwendbarkeit des § 233 Abs. 2 KAGB ist demnach die Frage, ob der entsprechende Staat in dem Europäischen Währungsraum liegt oder nicht.

2. Anlagegrenze für Vermögensgegenstände außerhalb des Europäischen Währungsraums

22 Ein **Wechselkursrisiko** liegt nur dann vor, wenn die Währung des Sondervermögens und die Währung des Landes, in dem der Vermögensgegenstand belegen ist, voneinander abweichen.[37] Das Sondervermögen erhält Zahlungen aus dem Vermögensgegenstand in der Regel in der jeweiligen Landeswährung.[38] Um die Zahlungen nach Deutschland zu transferieren, sind sie in Euro zu wechseln. Der Wechselkurs kann sich dabei jederzeit unvorhergesehen negativ verändern, ohne dass die AIF-KVG, die Verwahrstelle oder die Anleger dies beeinflussen könnten. Da sich der negative Wechselkurs unmittelbar auf den Wert des Immobilien-Sondervermögens auswirkt, sieht der Gesetzgeber in § 233 Abs. 2 KAGB eine **Anlagegrenze für Vermögensgegenstände im Ausland vor, die einem solchen Währungsrisiko unterliegen.**[39] Danach dürfen Vermögensgegenstände außerhalb des Europäischen Währungsraumes nur insoweit erworben werden, als sie insgesamt **maximal 30 % des gesamten Wertes des Immobilien-Sondervermögens** nicht überschreiten.

23 Das gerade beschriebene Wechselkursrisiko besteht im Übrigen nicht nur für den Kauf- und Verkaufspreis eines außerhalb des Europäischen Währungsraums belegenen Vermögensgegenstandes, sondern für **sämtliche Zahlungen, wie Mietzinsen, Ansprüche, Steuerrückzahlungen** etc.[40] Diese werden ebenfalls typischerweise in der jeweiligen Landeswährung gezahlt, sodass auch insofern ein Wechselkursrisiko besteht.

3. Sachlicher Anwendungsbereich

24 Erfasst werden **sämtliche Vermögensgegenstände** eines Immobilien-Sondervermögens, die außerhalb des Europäischen Währungsraumes belegen sind. Daher sind auch Beteiligungen an Immobilien-Gesellschaften von dem Anwendungsbereich erfasst. Auch sie können einem Währungsrisiko unterliegen, wenn entweder die Gesellschaft ihren Sitz außerhalb des Europäischen Währungsraumes hat, oder der Vermögensgegenstand, den die Gesellschaft hält, außerhalb des Europäischen Währungsraumes belegen ist.

25 Ausgenommen sind wiederum Gegenstände, die zwar grundsätzlich einem Währungsrisiko unterliegen können, bei denen das Währungsrisiko jedoch durch ein **Absicherungsgeschäft** begrenzt wird.[41] Wurde ein Absicherungsgeschäft getätigt, besteht für den entsprechenden Vermögensgegenstand insoweit kein Währungsrisiko mehr, sodass der Wert in dem abgesicherten Umfang für die Anlagegrenze unberücksichtigt bleiben kann.

26 Eine Absicherung kann entweder dadurch erfolgen, dass das Währungsrisiko auf eine dritte Partei verlagert oder anderweitig abgewendet wird.[42] So können **Darlehen zur Fremdfinanzierung** des Vermögensgegenstandes beispielsweise in der jeweiligen Landeswährung des Staates aufgenommen werden, in dem der Ver-

36 *Siedler* in Baur/Tappen, § 233 KAGB Rz. 20; *Wind/Fritz* in Weitnauer/Boxberger/Anders, § 233 KAGB Rz. 12; *Brockhausen* in Moritz/Klebeck/Jesch, § 233 KAGB Rz. 18.

37 *Zöll* in Beckmann/Scholtz/Vollmer, § 67 InvG Rz. 22; *Conradi* in Emde/Dornseifer/Dreibus/Hölscher, § 67 InvG Rz. 104; *Siedler* in Baur/Tappen, § 233 KAGB Rz. 21.

38 *Zöll* in Beckmann/Scholtz/Vollmer, § 67 InvG Rz. 23; *Conradi* in Emde/Dornseifer/Dreibus/Hölscher, § 67 InvG Rz. 106; *Siedler* in Baur/Tappen, § 233 KAGB Rz. 22.

39 *Conradi* in Emde/Dornseifer/Dreibus/Hölscher, § 67 InvG Rz. 104.

40 *Conradi* in Emde/Dornseifer/Dreibus/Hölscher, § 67 InvG Rz. 106; ausführlich zu Mietforderungen *Zöll* in Beckmann/Scholtz/Vollmer, § 233 KAGB Rz. 11.

41 *Zöll* in Beckmann/Scholtz/Vollmer, § 67 InvG Rz. 26; *Klusak* in Berger/Steck/Lübbehüsen, § 67 InvG Rz. 32; *Conradi* in Emde/Dornseifer/Dreibus/Hölscher, § 67 InvG Rz. 109 f.; *Siedler* in Baur/Tappen, § 233 KAGB Rz. 26; *Wind/Fritz* in Weitnauer/Boxberger/Anders, § 233 KAGB Rz. 16; *Brockhausen* in Moritz/Klebeck/Jesch, § 233 KAGB Rz. 21.

42 *Conradi* in Emde/Dornseifer/Dreibus/Hölscher, § 67 InvG Rz. 109 f.; *Siedler* in Baur/Tappen, § 233 KAGB Rz. 26.

mögensgegenstand belegen ist.[43] Dadurch ergibt sich zumindest im Umfang der Fremdfinanzierung kein Wechselkursrisiko mehr, da das Darlehen in der Landeswährung gewährt wurde und zurückzuzahlen ist. Gleichermaßen können beispielsweise **Devisentermingeschäfte, Swaps oder Optionen** abgeschlossen werden, um das Wechselkursrisiko auf eine dritte Partei zu übertragen.[44] Gleichwohl besteht keine Pflicht der AIF-KVG, dieses Währungsrisiko abzusichern.[45]

Zu beachten ist schließlich auch, dass auch insofern die Anlagegrenze in Höhe von 30 % des Wertes des Immobilien-Sondervermögens erst nach einer Anlaufzeit von vier Jahren seit Bildung des Immobilien-Sondervermögens anzuwenden ist, vgl. § 244 KAGB. 27

§ 234 Beteiligung an Immobilien-Gesellschaften

[1]Die AIF-Kapitalverwaltungsgesellschaft darf für Rechnung des Immobilien-Sondervermögens Beteiligungen an Immobilien-Gesellschaften nur erwerben und halten, wenn

1. **die Anlagebedingungen dies vorsehen,**
2. **die Beteiligung einen dauernden Ertrag erwarten lässt,**
3. **durch Vereinbarung zwischen AIF-Kapitalverwaltungsgesellschaft und Immobilien-Gesellschaft die Befugnisse der Verwahrstelle nach § 84 Absatz 1 Nummer 5 sichergestellt sind,**
4. **die AIF-Kapitalverwaltungsgesellschaft bei der Immobilien-Gesellschaft die Stimmen- und Kapitalmehrheit hat, die für eine Änderung der Satzung erforderlich ist,**
5. **durch die Rechtsform der Immobilien-Gesellschaft eine über die geleistete Einlage hinausgehende Nachschusspflicht ausgeschlossen ist und**
6. **die Immobilien-Gesellschaft, sofern sie an einer anderen Immobilien-Gesellschaft beteiligt ist, an dieser unmittelbar oder mittelbar mit 100 Prozent des Kapitals und der Stimmrechte beteiligt ist; eine mittelbare Beteiligung ist nur bei einer Immobilien-Gesellschaft mit Sitz im Ausland zulässig.**

[2]Abweichend von Satz 1 Nummer 4 darf die AIF-Kapitalverwaltungsgesellschaft Beteiligungen an einer Immobilien-Gesellschaft auch dann erwerben und halten, wenn sie nicht die für eine Änderung der Satzung erforderliche Stimmen- und Kapitalmehrheit hat (Minderheitsbeteiligung). [3]In diesem Fall ist die Anlagegrenze nach § 237 Absatz 3 zu beachten.

In der Fassung vom 4.7.2013 (BGBl. I 2013, S. 1981).

43 *Conradi* in Emde/Dornseifer/Dreibus/Hölscher, § 67 InvG Rz. 110; *Zöll* in Beckmann/Scholtz/Vollmer, § 67 InvG Rz. 26; *Klusak* in Berger/Steck/Lübbehüsen, § 67 InvG Rz. 32; *Siedler* in Baur/Tappen, § 233 KAGB Rz. 27.

44 *Conradi* in Emde/Dornseifer/Dreibus/Hölscher, § 67 InvG Rz. 111; *Zöll* in Beckmann/Scholtz/Vollmer, § 67 InvG Rz. 26; *Klusak* in Berger/Steck/Lübbehüsen, § 67 InvG Rz. 32; *Siedler* in Baur/Tappen, § 233 KAGB Rz. 28.

45 *Siedler* in Baur/Tappen, § 233 KAGB Rz. 29; *Brockhausen* in Moritz/Klebeck/Jesch, § 233 KAGB Rz. 21; für die Absicherung von Mietforderungen *Zöll* in Beckmann/Scholtz/Vollmer, § 67 InvG Rz. 26.

Schrifttum: *Banzhaf*, Fragen zu alternativen Finanzierungsformen bei Immobilien-Gesellschaften i.S.v. § 68 InvG, WM 2011, 299; *Fock*, Die Beteiligung offener Immobilienfonds an Grundstücks-Gesellschaften, WM 2000, 1729; *Hartrott/Goller*, Immobilienfonds nach dem Kapitalanlagegesetzbuch, BB 2013, 1603; *Göhrke/Ruhl*, Neuregelung der offnen Immobilienfonds nach dem Regierungsentwurf des Kapitalanlagegesetzbuches: Bestandsaufnahme und erste Bewertung, BKR 2013, 142; *Hübner*, Immobilienanlagen unter dem KAGB – Alte Fragen – neue Fragen – neue Antworten –, WM 2014, 106; *Kestler/Benz*, Aktuelle Entwicklungen im Investmentrecht, BKR 2008, 403; *Kann/Redeker/Keiluweit*, Überblick über das Kapitalanlagegesetzbuch (KAGB), DStR 2013, 1485; *Patz*, Das Zusammenwirken zwischen Verwahrstelle, Bewerter, Abschlussprüfer und BaFin bei der Aufsicht über Investmentvermögen nach dem KAGB – Zuständigkeiten bei der Überprüfung der Einhaltung der Bewertungsmaßstäbe und -verfahren für Vermögensgegenstände von AIF und OGAW, BKR 2015, 193; *Schneider*, Darlehensgewährung an Immobilien-Gesellschaften gem. § 69 InvG, NZG 2008, 5; *Schultz-Süchting/Koch*, Investmentrecht in internationalen Immobilientransaktionen, WM 2008, 2285; *Schultz-Süchting/Thomas*, Fremdfinanzierung offener Immobilienfonds, WM 2009, 2157; *Zetzsche/Preiner*, Was ist ein AIF?, WM 2013, 2101.

I. Allgemeines

1. Regelungsgegenstand und Anwendungsbereich

1 Die Möglichkeit der Beteiligung von Immobilien-Sondervermögen an Immobilien-Gesellschaften ist in den §§ 234 bis 238 KAGB geregelt. Zunächst erweitert die Vorschrift des § 234 KAGB den Bereich der erwerbbaren Vermögensgegenstände eines Immobilien-Sondervermögens um Beteiligungen an Immobilien-Gesellschaften. Eine AIF-KVG kann für Rechnung des Immobilien-Sondervermögens nicht nur direkt Immobilien oder Rechte an Immobilien nach § 231 KAGB ankaufen, sondern sich auch indirekt über Immobilien-Gesellschaften an Immobilien oder Rechten an Immobilien beteiligen. Das KAGB sieht dabei nicht nur die Möglichkeit einer Beteiligung an einer Immobilien-Gesellschaft vor, die selbst direkt eine Immobilie hält. Vielmehr darf die AIF-KVG auch eine Beteiligung an einer Immobilien-Gesellschaft, die selbst wiederum nur eine Beteiligung an einer anderen Immobilien-Gesellschaft hält (sog. **mehrstöckige Beteiligung**).[1] Diesen Fall sieht § 238 KAGB nun auch ausdrücklich vor.

2. Struktur der §§ 234 ff. KAGB

2 § 234 KAGB enthält zunächst die Voraussetzungen, die die AIF-KVG bei dem Erwerb einer solchen Beteiligung an einer Immobilien-Gesellschaft für Rechnung des Immobilien-Sondervermögens einhalten muss. Darüber hinaus enthält § 235 KAGB die Anforderungen, die an eine Immobilien-Gesellschaft als solche zu stellen sind. Möchte eine AIF-KVG für Rechnung des Immobilien-Sondervermögens eine Beteiligung an einer Immobilien-Gesellschaft erwerben, sind folglich beide Vorschriften zu beachten.

3 Aus § 237 KAGB ergeben sich weitergehend die Anlagegrenzen, bis zu denen eine AIF-KVG Beteiligungen an Immobilien-Gesellschaften für Rechnung des Immobilien-Sondervermögens halten darf. Um eine einheitliche Bewertung derartiger Beteiligungen sicherzustellen, enthält § 236 KAGB die Vorgaben, nach denen die Bewertung der Immobilien-Gesellschaften zu erfolgen hat.

1 *Schultz-Süchting* in Emde/Dornseifer/Dreibus/Hölscher, § 68 InvG Rz. 1.

Um die Einhaltung dieser Vorschriften bei dem Erwerb einer Beteiligung an einem Immobilien-Sondervermögen sicherzustellen, überwacht schließlich die Verwahrstelle die AIF-KVG in diesem Zusammenhang gem. § 83 Abs. 3 Satz 1 KAGB.[2] 4

3. Regelungszweck

a) Wunsch nach mehr Flexibilität

Die Beteiligung an Immobilien-Gesellschaften eröffnet der AIF-KVG **neue Anlagemöglichkeiten**. Die AIF- 5 KVG ist nicht mehr nur darauf begrenzt, Immobilien oder Vermögensgegenstände direkt zu erwerben und zu halten, sondern kann sich auch indirekt über eine Gesellschaftsbeteiligung am Immobilienmarkt betätigen. Die Möglichkeit für Immobilien-Sondervermögen, eine Beteiligung an einer Immobilien-Gesellschaft zu erwerben, führte der Gesetzgeber erstmals mit dem 3. FMFG ein und trug damit dem Umstand Rechnung, dass Investitionen am Immobilienmarkt mehr und mehr an Bedeutung gewannen und so auch Investitionen in größere Immobilienprojekte möglich wurden, die ein Immobilien-Sondervermögen allein nicht hätte durchführen können.[3]

Die Möglichkeit der Beteiligung an Immobilien-Gesellschaften bringt zahlreiche Vorteile, aber auch einige 6 Nachteile mit sich, die im Folgenden überblicksmäßig dargestellt werden sollen. Dem Gesetzgeber kam dabei die Aufgabe zu, Vor- und Nachteilen einer Beteiligung an einer Immobilien-Gesellschaft in ein ausgewogenes Gleichgewicht zu bringen.

b) Vorteile einer Beteiligung an einer Immobilien-Gesellschaft

Zunächst kann mit dem Erwerb einer bloßen Beteiligung an einer Immobilien-Gesellschaft in u.U. größere 7 Projekte (mit)investiert werden, die aufgrund des **hohen Kapitalbedarfs** ansonsten für das Immobilien-Sondervermögen nicht zugänglich wären. Dadurch werden auch **Joint-Venture Zusammenschlüsse mit Drittinvestoren** möglich, ohne dass es einer Teilung des Eigentums im eigentumsrechtlichen Sinne (etwa durch Miteigentum) bedarf.[4] Dies führt gleichzeitig dazu, dass das Portfolio des Immobilien-Sondervermögens mehr diversifiziert und breiter gestreut ist, als mit einem reinen Direkterwerb von Immobilien.

Weitergehend ist die **Haftung** der AIF-KVG von vornherein auf die für den **Erwerb eingesetzten Mittel** be- 8 schränkt, während das Haftungsrisiko bei dem direkten Erwerb einer Immobilie nicht kalkulierbar ist und ggf. auch über die investierte Summe hinausgehen kann (beispielsweise im Falle von Haftungsfragen aufgrund Umweltschäden etc.).[5]

Ein weiterer Vorteil des Erwerbs einer Beteiligung an einer Immobilien-Gesellschaft ergibt sich daraus, dass 9 die **Grunderwerbsteuer** im Inland dann nicht anfällt, wenn mehr als 5 % der Beteiligungsanteile bei dem veräußernden Gesellschafter verbleiben.[6] Beachtet die AIF-KVG bei dem Erwerb der Beteiligung diese Grenze und erwirbt folglich eine maximale Beteiligung i.H.v. 95 %, so fällt für den Erwerb keine Grunderwerbssteuer an. Auch Gesellschafterdarlehen des Immobilien-Sondervermögens können steueroptimierend zum Erwerb einer Beteiligung an einer Immobiliengesellschaft eingesetzt werden.[7] Die Darlehensgabe führt dazu, dass Eigenkapital des Sondervermögens bei der Immobilien-Gesellschaft als Fremdkapital eingebucht wird. Die durch die Mieten oder Pachtzinsen vereinnahmten Gewinne der Immobilien-Gesellschaft, können durch die mit dem Darlehen verbundenen Kosten (Zinsen) vermindert werden.[8]

Eine Investition an einer **im Ausland belegenen Immobilie** kann schließlich durch den Erwerb einer blo- 10 ßen Beteiligung erleichtert werden. Ein Direkterwerb einer ausländischen Immobilie ist meist aus steuerlichen Gründen schwieriger umsetzbar, als eine indirekte Beteiligung über eine Immobilien-Gesellschaft.[9]

---

2 *Patz*, BKR 2015, 193 (194 f.).

3 BGBl. I 1998, 529; s. auch dazu auch *Fock*, WM 2000, 1729; *Schultz-Süchting* in Emde/Dornseifer/Dreibus/Hölscher, § 68 InvG Rz. 1; *Siedler* in Baur/Tappen, § 234 KAGB Rz. 3.

4 *Schultz-Süchting* in Emde/Dornseifer/Dreibus/Hölscher, § 68 InvG Rz. 2; *Brockhausen* in Moritz/Klebeck/Jesch, § 234 KAGB Rz. 8.

5 *Schultz-Süchting* in Emde/Dornseifer/Dreibus/Hölscher, § 68 InvG Rz. 2; *Siedler* in Baur/Tappen, § 234 KAGB Rz. 9; auch *Klusak* in Berger/Steck/Lübbehüsen, § 68 InvG Rz. 6.

6 § 1 Abs. 2a) GrEStG. S. auch *Zöll* in Beckmann/Scholtz/Vollmer, § 68 InvG Rz. 1; *Schultz-Süchting* in Emde/Dornseifer/Dreibus/Hölscher, § 68 InvG Rz. 2; *Siedler* in Baur/Tappen, § 234 KAGB Rz. 10.

7 *Schultz-Süchting* in Emde/Dornseifer/Dreibus/Hölscher, § 68 InvG Rz. 2; *Siedler* in Baur/Tappen, § 234 KAGB Rz. 10. Bei der Vergabe von Gesellschafterdarlehen sindt allerdings die Vorgaben des § 240 KAGB zu beachten.

8 *Schultz-Süchting* in Emde/Dornseifer/Dreibus/Hölscher, § 68 InvG Rz. 2.

9 *Schultz-Süchting* in Emde/Dornseifer/Dreibus/Hölscher, § 68 InvG Rz. 2; *Brockhausen* in Moritz/Klebeck/Jesch, § 234 KAGB Rz. 7.

Als Gründe für diese Erleichterung werden zum einen unterschiedliche Marktgepflogenheiten im Hinblick auf den direkten oder indirekten Erwerb einer Immobilie,[10] zum anderen eine leichtere Rückholung von Gewinnen aus der Auslandsgesellschaft auf das Immobilien-Sondervermögen (sog. Gewinnrepatriierung) vorgetragen.[11]

c) Nachteile einer Beteiligung an einer Immobilien-Gesellschaft

11 Neben den gerade genannten Vorteilen kann der Erwerb einer Beteiligung an einer Immobilien-Gesellschaft aber auch Nachteile mit sich bringen. Je nachdem wie viele Geschäftsanteile durch das Immobilien-Sondervermögen erworben werden, können ggf. die **gesellschaftsrechtlichen Mitbestimmungsrechte eingeschränkt** sein.[12] Um dies zu vermeiden und eine gesellschaftsrechtliche Einflussnahme der Gesellschafter auf die Geschäftsführung sicherzustellen, muss die AIF-KVG für Rechnung des Immobilien-Sondervermögens eine entsprechende Mehrheit der Geschäftsanteile erwerben.[13] Diese Problematik stellt sich allerdings nur, wenn neben dem Immobilien-Sondervermögen auch noch dritte Investoren an der Immobilien-Gesellschaft beteiligt sind. Hält das Immobilien-Sondervermögen sämtliche Anteile an der Immobilien-Gesellschaft alleine, so kann sie die Geschäftsführung mithilfe eines Zustimmungskataloges an ihre Beschlüsse binden. Die gleichen Überlegungen ergeben sich im Zusammenhang mit der **direkten Einwirkungsmöglichkeit auf die Immobilie** selbst.[14] Bei einer mehrstufigen Gesellschaftsstruktur ist schließlich auch zu beachten, dass mehrere gesellschaftsrechtliche Ebenen überwacht und miteinander in Einklang gebracht werden müssen, was mit einem erhöhten Aufwand und folglich auch mit höheren Verwaltungskosten für das Immobilien-Sondervermögen einhergehen kann.[15]

12 Ein weiteres Argument für den direkten Erwerb einer Immobilie, stellt der **Gutglaubensschutz des deutschen Grundbuchs gem. § 892 BGB** dar.[16] Dieser greift allerdings nur ein, wenn eine Immobilie direkt erworben wird. Die Eigentümerstellung ist im Grundbuch verankert. Der Rechtsverkehr muss sich nach § 892 BGB den Inhalt des Grundbuchs als richtig entgegenhalten lassen. Für den Erwerb von Beteiligungen an Gesellschaften gibt es dagegen keinen entsprechenden Schutzmechanismus für den Erwerber.

13 Schließlich wirken sich **Schadensersatzansprüche Dritter** aufgrund einer Pflichtverletzung der Geschäftsführung der Immobilien-Gesellschaft immer auch indirekt auf das Immobilien-Sondervermögen aus. Ist die Immobilien-Gesellschaft verpflichtet, Schadensersatz an Dritte zu leisten, so mindert sich ihr Vermögen aufgrund des Zahlungsanspruches unmittelbar. Mittelbar ist dadurch auch das Vermögen des Immobilien-Sondervermögens betroffen, da die Immobilien-Gesellschaft selbst an Wert verliert.[17] Diese Folge tritt dagegen nicht ein, wenn die Immobilie direkt von dem Immobilien-Sondervermögen gehalten wird und die Geschäftsführung der AIF-KVG eine Pflicht bei der Verwaltung der Immobilie verletzt, die zu Schadensersatzansprüchen führt. In diesem Fall sind Schadensersatzansprüche Dritter ausschließlich gegen die AIF-KVG zu richten, während das Immobilien-Sondervermögen nach § 93 Satz 2 KAGB ausdrücklich von einer Haftung ausgenommen ist.[18]

d) Abwägung

14 Ob die AIF-KVG für Rechnung des Immobilien-Sondervermögens eine Immobilie direkt erwirbt oder sich indirekt über eine Beteiligung an einer Immobilien-Gesellschaft an ihr beteiligt, ist von der AIF-KVG sorgsam **unter Berücksichtigung der Anlegerinteressen abzuwägen**. Dies ergibt sich aus ihrer allgemeinen Sorgfaltspflicht nach § 26 Abs. 1 KAGB. Die Eigeninteressen der AIF-KVG haben dabei schon nach dem ausdrücklichen Wortlaut der Regelung vollständig zurückzutreten.[19]

---

10 *Schultz-Süchting* in Emde/Dornseifer/Dreibus/Hölscher, § 68 InvG Rz. 2; *Siedler* in Baur/Tappen, § 234 KAGB Rz. 11.

11 *Schultz-Süchting* in Emde/Dornseifer/Dreibus/Hölscher, § 68 InvG Rz. 2.

12 *Schultz-Süchting* in Emde/Dornseifer/Dreibus/Hölscher, § 68 InvG Rz. 3; *Siedler* in Baur/Tappen, § 234 KAGB Rz. 13.

13 *Schultz-Süchting* in Emde/Dornseifer/Dreibus/Hölscher, § 68 InvG Rz. 3; *Siedler* in Baur/Tappen, § 234 KAGB Rz. 13.

14 *Schultz-Süchting* in Emde/Dornseifer/Dreibus/Hölscher, § 68 InvG Rz. 3.

15 *Schultz-Süchting* in Emde/Dornseifer/Dreibus/Hölscher, § 68 InvG Rz. 3; *Siedler* in Baur/Tappen, § 234 KAGB Rz. 14; *Zöll* in Beckmann/Scholtz/Vollmer, § 68 InvG Rz. 1.

16 *Schultz-Süchting* in Emde/Dornseifer/Dreibus/Hölscher, § 68 InvG Rz. 3; *Siedler* in Baur/Tappen, § 234 KAGB Rz. 16.

17 *Zöll* in Beckmann/Scholtz/Vollmer, § 68 InvG Rz. 10; *Siedler* in Baur/Tappen, § 234 KAGB Rz. 15.

18 *Zöll* in Beckmann/Scholtz/Vollmer, § 68 InvG Rz. 10; *Siedler* in Baur/Tappen, § 234 KAGB Rz. 15.

19 Die AIF-KVG selbst hat durch einen Beteiligungserwerb ebenfalls Vor- und Nachteile. Einerseits ist der Erwerb einer Beteiligung für sie in der Regel mit höheren Kosten verbunden (Verwaltung mindestens einer weiteren Gesell-

4. Entstehungsgeschichte

Die Vorschrift des § 234 KAGB entspricht mit redaktionellen Anpassungen dem Wortlaut des bisher geltenden § 68 Abs. 1 Satz 1 und Abs. 3 InvG a.F.[20] § 68 Abs. 1 und 3 InvG a.F. wurde wiederum durch das 3. FMFG eingeführt.[21] Eine Änderung der materiellen Rechtslage strebte der Gesetzgeber mit der Neureglung nicht an.[22] 15

II. Beteiligung an Immobilien-Gesellschaften

Der Erwerb einer Beteiligung an einer Immobilien-Gesellschaft ist unter den in § 234 Nr. 1 bis 6 KAGB genannten Voraussetzungen zulässig. Bevor die Voraussetzungen im Einzelnen dargestellt werden, gilt es allerdings zunächst zu klären, welche Arten der Beteiligung von dem Begriffsverständnis des § 234 KAGB erfasst sind und welches Begriffsverständnis einer Immobilien-Gesellschaft zugrunde liegt. 16

1. Begriffsverständnis der Immobilien-Gesellschaft (§ 1 Abs. 19 Nr. 22 KAGB)

Nach der allgemeinen Definition in § 1 Abs. 19 Nr. 22 KAGB sind Immobilien-Gesellschaften Gesellschaften, die nach dem Gesellschaftsvertrag oder der Satzung nur Immobilien oder Gegenstände erwerben dürfen, die zur Bewirtschaftung dieser Immobilien erforderlich sind (zur Definition von Immobilien s. § 230 Rz. 10). Diese Definition stimmt mit den erwerbbaren Vermögensgegenständen in § 231 Abs. 1 bis 3 KAGB überein, wonach ein Immobilien-Sondervermögen auch unmittelbar Immobilien oder Bewirtschaftungsgegenstände erwerben darf.[23] Wann eine Immobilien-Gesellschaft diesen Anforderungen im Einzelnen gerecht wird, regelt § 235 KAGB. Es wird daher auf die umfangreiche Kommentierung dort verwiesen. 17

2. Arten der möglichen Beteiligungen

a) Allgemeine Definition der Beteiligung

Zu den Arten der zulässigen Beteiligungsformen, enthält § 234 KAGB, wie schon die Vorgängerregelung des § 68 InvG a.F., keinerlei Hinweise. Als Anhaltspunkt wurden daher bereits im Rahmen des InvG a.F. Begrifflichkeiten aus anderen Gesetzen zur Auslegung herangezogen.[24] So wurde beispielsweise auf den Beteiligungsbegriff des § 271 Abs. 1 Satz 1 HGB im Zusammenhang mit verbundenen Unternehmen abgestellt. Das KAGB enthält nun aber zumindest auch eine Begriffsdefinition der sog. „bedeutenden Beteiligung“, die als Auslegungshilfe herangezogen werden kann.[25] Beide Definitionen gehen davon aus, dass eine Beteiligung dann vorliegt, wenn eine Person oder ein Unternehmen Anteile an einem anderen Unternehmen hält. Legt man dieses weite Begriffsverständnis der Beteiligung zugrunde, so ist zumindest **jede Art der gesellschaftsrechtlichen Beteiligung** umfasst. Diese Auslegung wird auch gestützt durch das Auslegungsschreiben der BaFin zum Begriff der Unternehmensbeteiligung in § 284 Abs. 2 Nr. 2 lit. i KAGB.[26] Danach liegt eine Unternehmensbeteiligung vor, wenn **Mitgliedschaftsrechte an einem Unternehmen** erworben werden, die sowohl durch **Vermögensrechte** (z.B. Teilnahme am Gewinn) als auch durch **Verwaltungsrechte** (z.B. Mit- 18

---

schaft), als die direkte Verwaltung der Immobilie. Andererseits kann sich die AIF-KVG durch die Beteiligungsmöglichkeiten auch an größeren Projekten beteiligen, die ihr ansonsten nicht offen stünden. Ein Reputationsgewinn kann damit ebenfalls einhergehen. Siehe dazu auch *Schultz-Süchting* in Emde/Dornseifer/Dreibus/Hölscher, § 68 InvG Rz. 4 f.; *Brockhausen* in Moritz/Klebeck/Jesch, § 234 KAGB Rz. 12 ff.

20 Begr. RegE, BT-Drucks. 17/12294, S. 267. Zur Entwicklungsgeschichte von § 68 InvG vgl. ausführlich die Ausführungen in *Schultz-Süchting* in Emde/Dornseifer/Dreibus/Hölscher, § 68 InvG Rz. 9 ff.

21 BGBl. I 1998, 529; dazu auch *Fock*, WM 2000, 1729 f.

22 So auch *Niewerth/Rybarz*, WM 2013, 1154 (1160).

23 *Hartrott/Goller*, BB 2013, 1603 (1608); zur Begriffsbestimmung der Bewirtschaftungsgegenstände vgl. die Kommentierung zu § 231 Rz. 60. Zur Frage, ob eine Immobilien-Gesellschaft selbst ein AIF sein kann, vgl. *Zetzsche/Preiner*, WM 2013, 2101 (2110).

24 *Banzhaf*, WM 2011, 299 f.

25 Eine bedeutende Beteiligung liegt nach § 1 Abs. 19 Nr. 6 KAGB dann vor, „wenn unmittelbar oder mittelbar über ein oder mehrere Tochterunternehmen oder über ein gleichartiges Verhältnis oder im Zusammenwirken mit anderen Personen oder Unternehmen mindestens 10 % des Kapitals oder der Stimmrechte einer Verwaltungsgesellschaft (…) gehalten werden (…).“

26 BaFin, Fragenkatalog zu erwerbbaren Vermögensgegenständen (Eligible Assets) vom 13.7.2013, Gz. WA 41-Wp 2137-2013/000, Frage 7.

sprache- und Informationsrechte) gewährt werden.[27] Diese Begriffsdefinition befand sich auch schon in einem früheren Rundschreiben der BaFin zum Anwendungsbereich des InvG a.F.[28]

19 Im Umkehrschluss ist davon auszugehen, dass eine **rein schuldrechtliche Beziehung** für eine Beteiligung in diesem Sinne nicht ausreicht. Dies ergibt sich auch bereits daraus, dass die AIF-KVG nach § 234 Nr. 4 KAGB über die erforderliche Stimmen- oder Kapitalmehrheit verfügen muss, um die Satzung der Immobilien-Gesellschaft ändern zu können.[29] Daraus lässt sich schließen, dass auch der Gesetzgeber davon ausgeht, dass eine Beteiligung nur dann vorliegt, wenn mit ihr ein gesellschaftsrechtliches Stimmrecht verbunden ist. Ein solches steht allerdings nur einem Gesellschafter zu, der Kraft Gesellschafterstellung mit der Gesellschaft verbunden ist. Eine rein schuldrechtliche Beziehung kann eine solche Stellung dagegen nicht bewirken.[30]

b) Schuldrechtliche Beziehungen

20 Daher sind typische **Mezzanine-Instrumente,** wie der Erwerb eines **Genussrechts** oder **Nießbrauchs,** nicht vom Beteiligungsbegriff des § 234 KAGB erfasst, da in beiden Fällen lediglich eine schuldrechtliche Position ohne jegliche Mitspracherechte an der Gesellschaft erworben wird.[31]

21 Auch die Beteiligung als **stiller Gesellschafter** am Handelsgewerbe eines anderen, stellt keine echte Beteiligung dar.[32] Zwar erwirbt der stille Gesellschafter eine Beteiligung am Unternehmen eines anderen sowie eine Gewinnbeteiligung.[33] Allerdings wird kein eigenes Gesellschaftsvermögen begründet, welches rechtsfähig ist oder in welchem eine Immobilie gehalten werden kann, sodass es sich um eine bloße Innengesellschaft handelt.[34] Hält eine AIF-KVG für Rechnung des Immobilien-Sondervermögens allerdings bereits eine unmittelbare Beteiligung i.S.d. § 234 KAGB an der Immobilien-Gesellschaft, so kann sie ohne weiteres eine stille Beteiligung, Genussrechte oder einen Nießbrauch erwerben und dafür der Gesellschaft Mezzanine Kapital zur Verfügung stellen.[35] Lediglich die Begründung einer Beteiligung durch Mezzanine Kapital ist ausgeschlossen. Da Mezzanines Kapital in diesem Fall allerdings eine Sonderform der Eigenkapitalgewährung der Gesellschafter an die Immobilien-Gesellschaft darstellt, sind die Mezzanine Instrumente auch bei der Berechnung der Anlagegrenzen nach §§ 235 Abs. 2 Nr. 3, 237, 238 KAGB mit zu berücksichtigen.[36]

22 Auch die Gewährung von **Darlehen** an eine Gesellschaft räumt dem Darlehensgeber keine mitgliedschaftlichen Rechte an der Gesellschaft ein.[37] Daher sind auch sämtliche Formen der Darlehensgewährung wie **partiarische Darlehen** oder **Gesellschafter- bzw. Nachrangdarlehen** nicht als Beteiligungen i.S.d. § 234 KAGB zu qualifizieren.[38] In Übereinstimmung mit dieser Auffassung sieht der Gesetzgeber auch eine eigenständige Regelung in § 240 KAGB für die Darlehensgewährung vor.[39] Der Gesetzgeber setzt in § 240 Nr. 1 KAGB vielmehr sogar voraus, dass eine AIF-KVG ein Darlehen an eine Immobilien-Gesellschaft nur gewähren darf, wenn die AIF-KVG eine Beteiligung für Rechnung des Immobilien-Sondervermögens an der Immobilien-Gesellschaft unmittelbar oder mittelbar hält.

27 *Zöll* in Beckmann/Scholtz/Vollmer, § 68 InvG Rz. 3; *Wind/Fritz* in Weitnauer/Boxberger/Anders, § 234 KAGB Rz. 5.

28 BaFin, Fragenkatalog zum Anwendungsbereich des Investmentgesetzes nach § 1 Satz 1 Nr. 3 InvG und zum Rundschreiben 14/2008 (WA), Frage 2. Siehe dazu auch *Schultz-Süchting* in Emde/Dornseifer/Dreibus/Hölscher, § 68 InvG Rz. 14.

29 So auch *Banzhaf*, WM 2011, 299 (300).

30 *Banzhaf*, WM 2011, 299 (300).

31 *Banzhaf*, WM 2011, 299 (305); *Schultz-Süchting* in Emde/Dornseifer/Dreibus/Hölscher, § 68 InvG Rz. 16; *Siedler* in Baur/Tappen, § 234 KAGB Rz. 25; *Zöll* in Beckmann/Scholtz/Vollmer, § 68 InvG Rz. 4; *Brockhausen* in Moritz/Klebeck/Jesch, § 234 KAGB Rz. 18.

32 *Zöll* in Beckmann/Scholtz/Vollmer, § 68 InvG Rz. 3; Zur Einordnung der stillen Beteiligung als Mezzanine Kapital vgl. *Schmidt* in MünchKomm. HGB, 2. Aufl. 2007, § 230 HGB Rz. 169; nach *Banzhaf*, WM 2011, 299 (305 f.) kann. eine stille Beteiligung aber auch als Beteiligung ausgestaltet werden.

33 *Schmidt* in MünchKomm. HGB, 2. Aufl. 2007, § 230 HGB Rz. 2.

34 *Banzhaf*, WM 2011, 299 (305); *Schultz-Süchting* in Emde/Dornseifer/Dreibus/Hölscher, § 68 InvG Rz. 16; *Siedler* in Baur/Tappen, § 234 KAGB Rz. 25; *Brockhausen* in Moritz/Klebeck/Jesch, § 234 KAGB Rz. 18.

35 *Banzhaf*, WM 2011, 301; *Schultz-Süchting* in Emde/Dornseifer/Dreibus/Hölscher, § 68 InvG Rz. 18; *Siedler* in Baur/Tappen, § 234 KAGB Rz. 26.

36 *Siedler* in Baur/Tappen, § 234 KAGB Rz. 27; *Zöll* in Beckmann/Scholtz/Vollmer, § 68 InvG Rz. 4.

37 *Banzhaf*, WM 2011, 299 (300).

38 *Banzhaf*, WM 2011, 299 (300, 303, 305 f.); *Siedler* in Baur/Tappen, § 234 KAGB Rz. 25.

39 So auch *Siedler* in Baur/Tappen, § 234 KAGB Rz. 25.

In diesem Zusammenhang stellt sich weitergehend die Frage, ob eine AIF-KVG für Rechnung des Immobilien-Sondervermögens auch sog. **Total Return Swaps** mit der Gesellschaft vereinbaren kann.[40] Diese schuldrechtliche Verpflichtung zum Tausch von tatsächlichen Erträgen gegen Zahlung eines festen Bezugszinses wird in der Literatur mit der Gewährung eines Darlehens gleichgestellt.[41] Allerdings ist zu berücksichtigen, dass Swaps grundsätzlich zu den Derivaten zählen und eher dazu verwendet werden, Rendite zu erwirtschaften und bestehende Anlagen abzusichern, als Anlagen zu finanzieren.[42] Außerdem spricht auch der Grundgedanke des Investmentrechts, eine Haftung des Sondervermögens so weit wie möglich zu begrenzen, gegen eine Gleichstellung von Darlehen und Total Return Swaps.[43] 23

Schließlich ist auch die Gewährung einer **freiwilligen Zahlung als Einlage in die Kapitalrücklage gem. § 272 Abs. 2 Nr. 4 HGB** nicht als Beteiligung i.S.d. § 234 KAGB zu qualifizieren. Eine solche ist aber grundsätzlich ebenfalls zulässig, wenn die Einlagenzufuhr mit einer unmittelbaren Beteiligung an der Gesellschaft einhergeht.[44] Da die Einlage in die Kapitalrücklage eine freiwillige Zahlung darstellt, die keine mitgliedschaftlichen oder sonstigen Rechte gegenüber der Gesellschaft begründet, muss die AIF-KVG die wirtschaftliche Angemessenheit einer solchen Rücklage besonders prüfen.[45] 24

c) Beteiligung an Personen- und Kapitalgesellschaften

Grundsätzlich umfasst der Beteiligungsbegriff zunächst **jede Art der gesellschaftsrechtlichen Beteiligung an einer Personen- oder Kapitalgesellschaft**. Allerdings ist zu berücksichtigen, dass § 234 Nr. 1 bis 5 KAGB begrenzende Vorgaben enthält, die bei jedem Erwerb einer Beteiligung durch die AIF-KVG zu berücksichtigen sind. 25

So dürfen nach § 234 Nr. 5 KAGB Beteiligungen an solchen Gesellschaften nicht erworben werden, bei denen eine **über die geleistete Einlage hinausgehende Nachschusspflicht nicht ausgeschlossen** ist. Unter einer Nachschusspflicht kann richtigerweise nicht die Innenhaftung eines Gesellschafters gegenüber der Gesellschaft gemeint sein.[46] Dies ergibt sich daraus, dass eine solche Haftung zwar durch gesellschaftsvertragliche Regelung, nicht aber durch die Wahl der Rechtsform ausgeschlossen werden kann.[47] Sowohl bei Personengesellschaften als auch bei Kapitalgesellschaften kann eine Nachschusspflicht jederzeit beschlossen werden.[48] Folglich ist sie nicht aufgrund der Rechtsform der Gesellschaft an sich ausgeschlossen. Daher ist der Begriff der Nachschusspflicht vielmehr als eine über die geleistete Einlage hinausgehende Haftung gegenüber Dritten zu verstehen und auszulegen.[49] Bei einer Immobilien-Gesellschaft i.S.d. § 234 KAGB muss es sich daher folglich um eine Gesellschaftsform handeln, bei der bereits aufgrund der Rechtsform die Haftungsrisiken gegenüber Dritten auf das Vermögen der Gesellschaft beschränkt sind und keine darüber hinausgehende Haftung eintreten kann. Aufgrund der persönlichen Haftung der Gesellschafter einer Personengesellschaft scheiden Personengesellschaften mit Ausnahme von Kommanditgesellschaften daher von vornherein aus. 26

Als zulässige Formen einer Immobilien-Gesellschaft kommen daher grundsätzlich neben einer Kommanditgesellschaft nur die Kapitalgesellschaften in Form der AG und GmbH in Betracht, wobei bei einer Kommanditgesellschaft die folgenden Besonderheiten zu beachten sind. 27

d) Beteiligung an Kommanditgesellschaften

Legt man das gerade beschriebene Begriffsverständnis zugrunde, ist der Erwerb einer Kommanditbeteiligung an einer Kommanditgesellschaft durch die AIF-KVG für Rechnung eines Immobilien-Sondervermögens ohne weiteres zulässig.[50] Unzulässig wäre dagegen der Erwerb einer Beteiligung als persönlich haftender Gesellschafter, da damit wiederum eine unbegrenzte Nachschusspflicht verbunden wäre. Anders ist dies im Fall eines Beteiligungserwerbs an einer Komplementär-GmbH zu beurteilen, da diese wiederum haftungsbeschränkt auf ihr Stammkapital ist und Nachschusspflichten kraft Rechtsform der GmbH von vornherein ausgeschlossen sind. 28

---

40 Vgl. dazu *Banzhaf*, WM 2011, 299 (305).
41 *Schneider*, NZG 2008, 5 (6).
42 *Banzhaf*, WM 2011, 299 (305).
43 *Banzhaf*, WM 2011, 299 (305).
44 *Banzhaf*, WM 2011, 299 (300); *Siedler* in Baur/Tappen, § 234 KAGB Rz. 25 f.
45 *Siedler* in Baur/Tappen, § 234 KAGB Rz. 24.
46 *Fock*, WM 2000, 1729 (1731).
47 § 234 Nr. 5 KAGB; auch *Fock*, WM 2000, 1729 (1731).
48 *Fock*, WM 2000, 1729 (1731) mit Verweis auf § 53 Abs. 3 GmbHG.
49 *Fock*, WM 2000, 1729 (1731).
50 *Schultz-Süchting* in Emde/Dornseifer/Dreibus/Hölscher, § 68 InvG Rz. 15; *Siedler* in Baur/Tappen, § 234 KAGB Rz. 22.

29 Um eine ausreichende Einflussnahme auf das investierte Vermögen der am Immobilien-Sondervermögen beteiligten Anleger sicherzustellen, ist davon auszugehen, dass die AIF-KVG, soweit möglich, die **Komplementärstellung sogar selbst übernehmen** oder eine **Komplementär-GmbH im Rahmen des Immobilien-Sondervermögens etablieren** muss.[51] Dies folgt daraus, dass die AIF-KVG nur in diesem Fall die Geschäftsführung der GmbH & Co. KG stellen und ausreichend kontrollieren kann. Verfügt die AIF-KVG über diese Möglichkeit, so muss sie diese auch wahrnehmen, um den Anlegerinteressen und den Anforderungen des § 26 Abs. 1 KAGB gerecht zu werden.

30 Dabei sollte die Komplementär-GmbH weitergehend auch im Immobilien-Sondervermögen selbst etabliert und gehalten werden, da die AIF-KVG im Hinblick auf das Vermögen des Immobilien-Sondervermögens strengeren Bindungen unterliegt.[52] Während die AIF-KVG über eine selbst gehaltene Komplementär-GmbH jederzeit frei verfügen kann, bedarf sie bei Verfügungen über das Vermögen des Immobilien-Sondervermögens der Zustimmung der Verwahrstelle.[53] Durch die erste Variante kann daher ein stärkerer Anlegerschutz gewährleistet werden. Dies ist im Hinblick auf die generelle Pflicht der AIF-KVG, im ausschließlichen Interesse der Anleger zu handeln, vorzugswürdig.

e) Beteiligungen an ausländischen Immobilien-Gesellschaften

31 Die Bestimmung einer Beteiligung nach gesellschaftsrechtlichen Bestimmungen und deren Abgrenzung zu rein schuldrechtlichen Finanzierungsinstrumenten ist bereits nach nationalem Recht nicht ohne weiteres vorzunehmen. Erst recht ergeben sich daher Schwierigkeiten bei der Abgrenzung im Rahmen von ausländischen Rechtsordnungen. Ob eine ausländische Beteiligung den Anforderungen des investmentrechtlichen Beteiligungsbegriffs nach § 234 KAGB entspricht, muss die AIF-KVG durch eine **Vergleichbarkeitsprüfung** sicherstellen.[54] Wenn die ausländische Beteiligung im Kern die Merkmale der deutschen Beteiligung aufweist, so ist die Beteiligung letztlich zulässig.

III. Voraussetzungen einer Beteiligung im Einzelnen (§ 234 Nr. 1 bis 6 KAGB)

1. Vorsehen in den Anlagebedingungen (§ 234 Nr. 1 KAGB)

32 Zunächst darf eine AIF-KVG eine Beteiligung an einer Immobilien-Gesellschaft nur dann erwerben, wenn dies in den **Anlagebedingungen** vorgesehen ist. Der Gesetzeswortlaut hilft allerdings nicht weiter, wenn es um die Frage geht, wie genau der Erwerb einer Beteiligung an einer Immobilien-Gesellschaft zu umschreiben ist und welche konkreten Angaben die entsprechende Klausel beinhalten muss.[55] Als Ausgangspunkt kann zunächst Baustein 2 Abs. 1 der **Musteranlagebedingungen des BVI** herangezogen werden. Dieser enthält (i) einen Verweis auf den gesetzlich anwendbaren Rahmen (§§ 234 bis 242 KAGB), (ii) eine Umschreibung des Unternehmensgegenstandes einer Immobilien-Gesellschaft, an der eine Beteiligung erworben werden darf (Erwerb von Immobilien und Rechten i.S.d. § 231 KAGB), sowie (iii) einen Verweis auf die gesetzlichen Anlagegrenzen.

33 Fraglich ist, welche **weitergehenden Angaben** in die Anlagebedingungen aufgenommen werden sollten. Vor dem Hintergrund, eine größtmögliche Transparenz für den Anleger zu schaffen, empfehlen Stimmen in der Literatur, auch anzugeben, in welchem Umfang Beteiligungen an Immobilien-Gesellschaften erworben werden dürfen.[56] Dies umfasst Angaben dazu, ob eine Beteiligung an nur einer oder mehreren Immobilien-Gesellschaften erworben werden darf und welches Investitionsvolumen insgesamt für den Erwerb von Beteiligungen vorgesehen ist.[57] Weitergehend empfiehlt es sich anzugeben, ob der Erwerb von Beteiligungen an

51 *Schultz-Süchting* in Emde/Dornseifer/Dreibus/Hölscher, § 68 InvG Rz. 15; *Siedler* in Baur/Tappen, § 234 KAGB Rz. 22; *Brockhausen* in Moritz/Klebeck/Jesch, § 234 KAGB Rz. 17.

52 *Schultz-Süchting* in Emde/Dornseifer/Dreibus/Hölscher, § 68 InvG Rz. 15; *Siedler* in Baur/Tappen, § 234 KAGB Rz. 22.

53 *Schultz-Süchting* in Emde/Dornseifer/Dreibus/Hölscher, § 68 InvG Rz. 15; etwas zurückhaltender *Siedler* in Baur/Tappen, § 234 KAGB Rz. 22.

54 *Schultz-Süchting* in Emde/Dornseifer/Dreibus/Hölscher, § 68 InvG Rz. 19; *Brockhausen* in Moritz/Klebeck/Jesch, § 234 KAGB Rz. 20.

55 *Schultz-Süchting* in Emde/Dornseifer/Dreibus/Hölscher, § 68 InvG Rz. 21; *Siedler* in Baur/Tappen, § 234 KAGB Rz. 29.

56 *Schultz-Süchting* in Emde/Dornseifer/Dreibus/Hölscher, § 68 InvG Rz. 21; *Brockhausen* in Moritz/Klebeck/Jesch, § 234 KAGB Rz. 22.

57 *Schultz-Süchting* in Emde/Dornseifer/Dreibus/Hölscher, § 68 InvG Rz. 21.

Immobilien-Gesellschaften mit Sitz im Ausland geplant ist, wobei auf eine Aufzählung der einzelnen Länder verzichtet werden kann.[58]

Um dem Anleger die größtmögliche Klarheit über den Verbleib seiner Anlagegelder zu verschaffen, sollten auch die verschiedenen **zulässigen Erwerbsmöglichkeiten** definiert werden.[59] Dabei ist von dem Erwerbsbegriff zum einen die Übernahme von bereits bestehenden oder neu geschaffenen Gesellschaftsanteilen erfasst, zum anderen stellt auch die Übernahme von Gesellschaftsanteilen im Rahmen einer Neugründung oder Umwandlung einer Gesellschaft grundsätzlich einen Erwerb von Gesellschaftsanteilen dar.[60] 34

2. Dauernder Ertrag (§ 234 Nr. 2 KAGB)

Daneben muss die Beteiligung an einer Immobilien-Gesellschaft nach § 234 Nr. 2 KAGB einen **dauernden Ertrag** erwarten lassen. Was darunter zu verstehen ist, lässt der Gesetzgeber offen. Das Erfordernis eines dauernden Ertrages findet sich lediglich in § 231 Abs. 1 Satz 2 KAGB für den direkten Erwerb anderer Vermögensgegenstände i.S.d. § 231 Abs. 1 Nr. 5 und 6 KAGB (andere Grundstücke und andere grundstücksgleiche Rechte als Mietwohn-, Geschäfts- und gemischt-genutzte Grundstücke sowie Nießbrauchrechte). 35

Ob eine Beteiligung einen dauernden Ertrag erwarten lässt und die AIF-KVG die Beteiligung folglich für Rechnung des Immobilien-Sondervermögens erwerben darf, muss die AIF-KVG im Rahmen einer **Ermessensentscheidung** unter Berücksichtigung der ausschließlichen Interessen der Anleger sorgfältig prüfen und abwägen, vgl. § 26 Abs. 1 KAGB. Die AIF-KVG sollte ihre Ermessensentscheidung sorgfältig dokumentieren und hinreichend begründen.[61] 36

Vor diesem Hintergrund werden im Folgenden die einzelnen Teile des Tatbestandes näher untersucht. 37

a) Tatbestandsmerkmal „Beteiligung"

Nach dem Wortlaut des § 234 Nr. 2 KAGB muss die **Beteiligung** an der Immobilien-Gesellschaft einen Ertrag erwarten lassen. Eine ausdrückliche Beschränkung auf eine regelmäßige Gewinnausschüttung durch die Immobilien-Gesellschaft enthält die Vorschrift nicht.[62] Vielmehr muss die Beteiligung insgesamt einen positiven Ertrag zugunsten des Immobilien-Sondervermögens erwirtschaften, sodass vorübergehend ausbleibende Gewinne unschädlich sind.[63] Außerdem sind die Ertragseinnahmen nicht nur auf den eigentlichen Gewinn der Immobilien-Gesellschaft beschränkt, sondern umfassen auch andere Arten von Einnahmen (siehe dazu sogleich Rz. 40). 38

Bei mehrstöckigen Immobilien-Strukturen ist es nicht erforderlich, dass jede beteiligte Immobilien-Gesellschaft einen Ertrag erwirtschaftet.[64] Nach dem Wortlaut des § 234 Nr. 2 KAGB ist es vielmehr ausreichend, wenn diejenige Gesellschaft einen Ertrag erwarten lässt, an der das Immobilien-Sondervermögen die direkte Beteiligung hält. 39

b) Tatbestandsmerkmal „Ertrag"

Als Ertrag gelten neben den direkten Einnahmen aus der Immobilie, wie **Miet-, Pacht- oder Managementeinnahmen**, auch **Zinseinnahmen** aus Gesellschafterdarlehen, die das Immobilien-Sondervermögen der Immobilien-Gesellschaft gewährt.[65] 40

In diesem Zusammenhang wird diskutiert, ob die **Wertsteigerung** einer Immobilie oder eines Grundstücks ausreichend ist, um einen dauernden Ertrag i.S.d. § 234 Nr. 2 KAGB zu generieren.[66] Dagegen spricht zu- 41

58 *Schultz-Süchting* in Emde/Dornseifer/Dreibus/Hölscher, § 68 InvG Rz. 28; *Siedler* in Baur/Tappen, § 234 KAGB Rz. 30.

59 *Fock*, WM 2000, 1729 (1732 ff.); *Siedler* in Baur/Tappen, § 234 KAGB Rz. 28.

60 *Fock*, WM 2000, 1729 (1732 f.); *Siedler* in Baur/Tappen, § 234 KAGB Rz. 28.

61 *Zöll* in Beckmann/Scholtz/Vollmer, § 68 InvG Rz. 7; *Klusak* in Berger/Steck/Lübbehüsen, § 68 InvG Rz. 10 mit Verweis auf § 67 InvG Rz. 22.

62 *Schultz-Süchting* in Emde/Dornseifer/Dreibus/Hölscher, § 68 InvG Rz. 24; *Siedler* in Baur/Tappen, § 234 KAGB Rz. 32; *Zöll* in Beckmann/Scholtz/Vollmer, § 68 InvG Rz. 7; *Klusak* in Berger/Steck/Lübbehüsen, § 68 InvG Rz. 10.

63 *Zöll* in Beckmann/Scholtz/Vollmer, § 68 InvG Rz. 7; *Klusak* in Berger/Steck/Lübbehüsen, § 68 InvG Rz. 10.

64 *Schultz-Süchting* in Emde/Dornseifer/Dreibus/Hölscher, § 68 InvG Rz. 26; *Siedler* in Baur/Tappen, § 234 KAGB Rz. 33; *Zöll* in Beckmann/Scholtz/Vollmer, § 68 InvG Rz. 7.

65 *Zöll* in Beckmann/Scholtz/Vollmer, § 68 InvG Rz. 7; *Klusak* in Berger/Steck/Lübbehüsen, § 68 InvG Rz. 10; *Schultz-Süchting* in Emde/Dornseifer/Dreibus/Hölscher, § 68 InvG Rz. 24; *Siedler* in Baur/Tappen, § 234 KAGB Rz. 34.

66 Vgl. *Zöll* in Beckmann/Scholtz/Vollmer, § 68 InvG Rz. 7; *Schultz-Süchting* in Emde/Dornseifer/Dreibus/Hölscher, § 68 InvG Rz. 23; *Siedler* in Baur/Tappen, § 234 KAGB Rz. 36.

nächst, dass eine Wertsteigerung keine dauerhafte Rendite darstellt, sondern lediglich einmal beim Verkauf der Immobilie oder der Beteiligung anfällt.[67] Außerdem hängt die künftige Wertesteigerung einer Immobilie oder eines Grundstücks von vielen unbekannten und nicht vorhersehbaren Kriterien ab. Ob derartige „Spekulationen" mit dem sehr ausgeprägten Anlegerschutzgedanken der KAGB vereinbar sind, ist fraglich, zumal sich Immobilien-Sondervermögen vorwiegend an Privatanleger richten. Allerdings sind auch praktische Erwägungen zu berücksichtigen. Gerade in Zeiten der Niedrigzinspolitik erfahren inländische Immobilien in Ballungszentren eine enorme Wertesteigerung, da die Nachfrage nach Immobilien und Grundstücken als nahezu einzige sinnvolle Geldanlage stark zugenommen hat. Aufgrund der niedrigen Zinsen sind auch Kredite zur Finanzierung der Immobilien und Grundstücke extrem günstig am Markt zu erlangen, was die Nachfrage ebenfalls steigen lässt. Vor diesem Hintergrund stellt sich die Frage, ob es gerechtfertigt ist, den Anlegern aus vermeintlich anlegerschützenden Gesichtspunkten eine Teilnahme an dieser Entwicklung zu versagen. Da die AIF-KVG ohnehin nach § 26 Abs. 1 KAGB verpflichtet ist, Entscheidungen ausschließlich im Interesse der Anleger zu treffen und ihr Ermessenspielraum insofern begrenzt ist, ist auch eine Beteiligung, die einen Ertrag in Form einer Wertesteigerung erwarten lässt, als zulässig zu erachten.[68] Die AIF-KVG trifft in diesem Zusammenhang die Pflicht, ihr Ermessen besonders sorgfältig auszuüben und die Ertragserwartung auf objektive und nachvollziehbare Kriterien zu stützen. Schließlich stützt auch der Wortlaut des § 234 Nr. 2 KAGB eine solche Auslegung. Danach reicht es aus, wenn die Beteiligung einen Ertrag „erwarten" lässt.

c) Tatbestandsmerkmal „dauernd"

42 In zeitlicher Hinsicht fordert der Gesetzgeber einen „dauernden" Ertrag der Beteiligung. Einen Anfangs- und Endzeitpunkt für diese Zeitspanne nennt er allerdings nicht. Da bei einem klassischen Immobilien-Projekt jedoch mit einer gewissen Anlaufzeit und einer Entwicklungs- und Bauphase zu rechnen ist, besteht auch in der Literatur Einigkeit darüber, dass der Ertrag nicht bereits zu Beginn der Investitionsphase vorliegen muss.[69] Es reicht danach aus, wenn ein Ertrag nach einigen Jahren erwartungsgemäß erzielt wird. Für eine solche Auslegung spricht auch der Wortlaut des § 234 Nr. 2 KAGB, da die Beteiligung einen Ertrag lediglich **„erwarten"** lassen muss. Allerdings muss die AIF-KVG eine begründete Erwartungshaltung für das Erwirtschaften eines Ertrages über die **gesamte Laufzeit** haben, d.h. der Ertrag darf nicht ab einem bestimmten Zeitpunkt wegfallen oder verloren gehen.[70] Ob der Ertrag tatsächlich erzielt wird, ist irrelevant.

43 Folglich ist auch der Erwerb oder die Gründung einer Vorrats-Gesellschaft für Rechnung des Immobilien-Sondervermögens zulässig, solange die AIF-KVG vernünftigerweise damit rechnen darf, dass die **Vorrats-Gesellschaft** in absehbarer Zeit benötigt wird.[71] Das Halten von Vorrats-Gesellschaften ohne konkreten Bedarf ist dagegen wiederum unzulässig.

44 Nicht ausreichend ist es, wenn während des Haltens der Beteiligung überhaupt kein Gewinn erzielt wird und ein Ertrag von vornherein lediglich für den Fall des **Verkaufs der Immobilie oder der Beteiligung** erwartet werden kann. In diesem Fall ist das Kriterium des „dauernden" Ertrages bereits vom Wortlaut her nicht erfüllt. Für den Fall, dass eine Ertragserwartung entfällt, trifft die AIF-KVG nach § 237 Abs. 7 KAGB die Pflicht, die Beteiligung unter Wahrung der Anlegerinteressen zügig zu veräußern.[72]

3. Sicherung der Befugnisse der Verwahrstelle (§ 234 Nr. 3 KAGB)

a) Investmentvereinbarung

45 Weitergehend darf die AIF-KVG eine Beteiligung an einer Immobilien-Gesellschaft nur erwerben, wenn die Befugnisse der Verwahrstelle gem. § 84 Abs. 1 Nr. 5 KAGB sichergestellt sind. Dies erfolgt im Rahmen einer Vereinbarung zwischen der AIF-KVG und der Immobilien-Gesellschaft (sog. **Investmentvereinbarung**),

---

67 *Siedler* in Baur/Tappen, § 234 KAGB Rz. 36.

68 So auch die h.L., vgl. *Schultz-Süchting* in Emde/Dornseifer/Dreibus/Hölscher, § 68 InvG Rz. 23; *Siedler* in Baur/Tappen, § 234 KAGB Rz. 36; *Klusak* in Berger/Steck/Lübbehüsen, § 68 InvG Rz. 10; a.A. *Zöll* in Beckmann/Scholtz/Vollmer, § 68 InvG Rz. 7.

69 *Zöll* in Beckmann/Scholtz/Vollmer, § 68 InvG Rz. 7; *Schultz-Süchting* in Emde/Dornseifer/Dreibus/Hölscher, § 68 InvG Rz. 24; *Siedler* in Baur/Tappen, § 234 KAGB Rz. 32.

70 *Zöll* in Beckmann/Scholtz/Vollmer, § 68 InvG Rz. 7; *Klusak* in Berger/Steck/Lübbehüsen, § 68 InvG Rz. 10 mit Verweis auf § 67 InvG Rz. 22.

71 *Schultz-Süchting* in Emde/Dornseifer/Dreibus/Hölscher, § 68 InvG Rz. 26; *Zöll* in Beckmann/Scholtz/Vollmer, § 68 InvG Rz. 6 und § 236 KAGB Rz. 1.

72 *Siedler* in Baur/Tappen, § 234 KAGB Rz. 35.

wobei die Verwahrstelle an der Vereinbarung in der Regel nicht beteiligt ist.[73] Dies ergibt sich daraus, dass die Befugnisse der Verwahrstelle nur gegenüber der AIF-KVG und nicht auch gegenüber der Immobilien-Gesellschaft gelten. Allein die AIF-KVG ist Adressatin der Maßnahmen der Verwahrstelle.[74] Durch die Investmentvereinbarung wird die AIF-KVG verpflichtet, dafür Sorge zu tragen, dass die Befugnisse der Verwahrstelle auch im Verhältnis zur Immobilien-Gesellschaft berücksichtigt werden und dass die Immobilien-Gesellschaft davon Kenntnis erlangt.

Nach § 84 Abs. 1 Nr. 5 KAGB bedürfen (i) Verfügungen über Beteiligungen an Gesellschaften, (ii) Verfügungen über Vermögensgegenstände dieser Gesellschaft im Falle einer Mehrheitsbeteiligung der AIF-KVG für Rechnung des Immobilien-Sondervermögens und (iii) Änderungen des Gesellschaftsvertrages oder der Satzung der **Zustimmung der Verwahrstelle** (siehe dazu auch § 84 Rz. 31 ff.).[75] 46

b) Verfügung über Beteiligung (§ 84 Abs. 1 Nr. 5 Alt. 1 KAGB)

Die erste Alternative des § 84 Abs. 1 Nr. 5 KAGB umfasst den Fall, dass die AIF-KVG über eine **Beteiligung** 47 **an einer Immobilien-Gesellschaft** für Rechnung des Immobilien-Sondervermögens verfügen möchte. Nach dem zivilrechtlichen Begriffsverständnis sind **Verfügungen** dingliche Rechtsgeschäfte, durch die auf ein bestehendes Recht eingewirkt wird, indem dieses aufgehoben, übertragen oder inhaltlich verändert wird.[76] Von dem Verfügungsbegriff umfasst sind danach dingliche Einigungen oder Abtretungen von Forderungen, aber keine schuldrechtlichen Verpflichtungsgeschäfte.[77]

Möchte die AIF-KVG über eine Beteiligung an einer Immobilien-Gesellschaft verfügen, so muss sie die Zu- 48 stimmung der Verwahrstelle nach § 84 Abs. 1 Nr. 5 KAGB einholen. Ob es sinnvoll ist, diese Verpflichtung im Rahmen der Investmentvereinbarung gegenüber der Immobilien-Gesellschaft zu verankern, erscheint fraglich, da die Immobilien-Gesellschaft selbst im Falle einer Verfügung über Gesellschaftsanteile meist nicht direkt involviert ist.[78] Lediglich für den Fall, dass Gesellschaftsanteile oder Aktien vinkuliert sind, ist eine Zustimmung der Geschäftsführung der Gesellschaft erforderlich. Die schuldrechtliche Investmentvereinbarung kann in diesem Fall aber zumindest im Innenverhältnis die Befugnisse der Verwahrstelle sichern, wobei eine **relative Unwirksamkeit** gegenüber den Anlegern bereits nach § 84 Abs. 2 Satz 3 KAGB besteht. Dritten gegenüber kann die Wirksamkeit der Verfügung wegen des Verbots in § 137 BGB ohnehin nicht wirksam beschränkt werden.

Ansonsten kann jeder einzelne Gesellschafter über seine Anteile verfügen, ohne dass „die Gesellschaft" bzw. 49 deren Geschäftsführung zustimmen muss.[79] Denn selbst wenn der Gesellschaftsvertrag bzw. die Satzung oder eine Gesellschaftervereinbarung vorsehen, dass über Gesellschaftsanteile nur mit Zustimmung der anderen Gesellschafter verfügt werdend darf, so trifft diese Verpflichtung die anderen Gesellschafter und gerade nicht die Immobilien-Gesellschaft selbst.

c) Verfügung über Vermögensgegenstände der Immobilien-Gesellschaft (§ 84 Abs. 1 Nr. 5 Alt. 2 KAGB)

Die zweite Alternative des § 84 Abs. 1 Nr. 5 KAGB umfasst den Fall, dass die Immobilien-Gesellschaft über 50 ihre eigenen Vermögensgegenstände nach § 231 Abs. 1 KAGB verfügt. Die Vorschrift greift nach dem Wortlaut aber nur dann ein, wenn die AIF-KVG an der Immobilien-Gesellschaft eine Mehrheitsbeteiligung hält.

Aus der gesetzlichen Regelung des § 84 Abs. 1 Nr. 5 KAGB ergibt sich keine Verpflichtung der Immobilien- 51 Gesellschaft, vor einer Verfügung über Vermögensgegenstände die Zustimmung der Verwahrstelle einzuholen.[80] Vielmehr ist diese Pflicht ausschließlich an die AIF-KVG adressiert, der aber wiederum kein Recht zusteht, über Vermögensgegenstände der Immobilien-Gesellschaft zu verfügen. Daher muss die Investmentvereinbarung zwischen AIF-KVG und Immobilien-Gesellschaft für diesen Fall einen Zustimmungs-

---

73 *Schultz-Süchting* in Emde/Dornseifer/Dreibus/Hölscher, § 68 InvG Rz. 28; *Siedler* in Baur/Tappen, § 234 KAGB Rz. 38; *Zöll* in Beckmann/Scholtz/Vollmer, § 68 InvG Rz. 8; *Brockhausen* in Moritz/Klebeck/Jesch, § 234 KAGB Rz. 25.

74 *Schultz-Süchting* in Emde/Dornseifer/Dreibus/Hölscher, § 68 InvG Rz. 30.

75 Dazu auch *Kann/Redeker/Keiluweit*, DStR 2013, 1483, 1488.

76 *Schwab* in MünchKomm. BGB, 6. Aufl. 2013, § 816 BGB Rz. 9 m.w.Nachw.

77 BGH v. 21.12.1960 – V ZR 56/60, NJW 1961, 499 (500); BGH v. 20.3.1991 – VIII ARZ 6/90, NJW 1991, 1815 (1816); *Bub* in Bamberger/Roth, § 185 BGB Rz. 2; *Zöll* in Beckmann/Scholtz/Vollmer, § 234 KAGB Rz. 9; eine andere Auffassung vertritt *Schultz-Süchting* in Emde/Dornseifer/Dreibus/Hölscher, § 68 InvG Rz. 32.

78 *Siedler* in Baur/Tappen, § 234 KAGB Rz. 40.

79 *Siedler* in Baur/Tappen, § 234 KAGB Rz. 40.

80 *Schultz-Süchting* in Emde/Dornseifer/Dreibus/Hölscher, § 68 InvG Rz. 30.

vorbehalt zugunsten der Verwahrstelle beinhalten, um die Befugnisse der Verwahrstelle zu sichern.[81] Der Investmentvereinbarung kommt in diesem Fall die Wirkung eines echten Vertrages zugunsten Dritter gem. § 328 BGB zu.[82] Möchte die Immobilien-Gesellschaft über ihre Vermögensgegenstände verfügen, so bedarf der dies anordnende **Gesellschafterbeschluss** der Immobilien-Gesellschaft der **Zustimmung der Verwahrstelle**, wobei als Rechtsgrundlage für den Zustimmungsvorbehalt allein die Investmentvereinbarung herangezogen werden kann.[83]

52 Verfügungen ohne Zustimmung der Verwahrstelle sind nur den Anlegern gegenüber relativ unwirksam, vgl. § 84 Abs. 2 Satz 3 KAGB. Ein dingliches, umfassendes Verfügungsverbot gegenüber Dritten scheitert auch an dieser Stelle an dem Beschränkungsverbot des § 137 BGB.

53 In diesem Zusammenhang stellt sich weitergehend die Frage, ob die AIF-KVG verpflichtet ist, darauf hinzuwirken, dass der Zustimmungsvorbehalt der Verwahrstelle auch in dem Gesellschaftsvertrag oder in der Satzung verankert wird, um eine umfassende Schutzwirkung zu erzielen, die bestenfalls keiner Beschränkung gegenüber Dritten unterliegt.[84] Allerdings bindet auch ein in dem **Gesellschaftsvertrag oder in der Satzung verankerter Zustimmungsvorbehalt** die Geschäftsführung bzw. den Vorstand nur im Innenverhältnis.[85] Eine Außenwirkung gegenüber Dritten kann auch damit nicht erzielt werden. Dennoch sollte die AIF-KVG im Hinblick auf ihre allgemeine Sorgfaltspflicht darauf hinwirken, einen angemessenen und den Interessen der Anleger entsprechenden Zustimmungskatalog in der Corporate Governance-Struktur der Immobilien-Gesellschaft zu verankern. Dies kann sowohl durch Aufnahme des Zustimmungsvorbehalts in den Gesellschaftsvertag bzw. die Satzung oder in eine Geschäftsordnung für die Geschäftsführung der Immobilien-Gesellschaft erfolgen.

54 Von dem Zustimmungserfordernis umfasst sind Verfügungen über Vermögensgegenstände der Immobilien-Gesellschaft i.S.d. § 231 Abs. 1 KAGB oder des § 261 Abs. 1 Nr. 1 KAGB. Mit dem Verweis auf den gesamten ersten Absatz des § 231 KAGB schafft der Gesetzgeber Klarheit in Bezug auf **mehrstöckige Beteiligungen**. Nach der Vorgängerregelung waren Verfügungen über Beteiligungen der Immobilien-Gesellschaft an anderen Gesellschaften nicht ausdrücklich vom Zustimmungsvorbehalt erfasst. Aufgrund der gleichen Interessenlage wurde der Zustimmungsvorbehalt nach § 26 Abs. 1 Nr. 5 InvG a.F. daher analog angewendet.[86] Durch den umfassenden Verweis in § 84 Abs. 1 Nr. 5 KAGB auch auf § 231 Abs. 1 Nr. 7 KAGB sind Verfügungen über Beteiligungen an Gesellschaften nun auch ausdrücklich vom gesetzlich vorgesehen Zustimmungsvorbehalt erfasst, sodass sich eine analoge Anwendung erübrigt.[87]

d) Änderung des Gesellschaftsvertrages bzw. der Satzung (§ 84 Abs. 1 Nr. 5 Alt. 3 KAGB)

55 Auch die Änderung des Gesellschaftsvertrages bzw. der Satzung obliegt weder der Gesellschaft noch einem einzelnen Gesellschafter, sodass die Verankerung eines Zustimmungsvorbehalts im Rahmen der Investmentvereinbarung ins Leere läuft.[88] Auch eine dauerhafte Übertragung von gesellschaftsrechtlichen Stimmrechten ist nach deutschem Gesellschaftsrecht zumindest bei Personengesellschaften und der GmbH nicht möglich (sog. Abspaltungsverbot).[89]

56 Die einzige Möglichkeit besteht auch an dieser Stelle darin, dass die AIF-KVG als Gesellschafterin der Immobilien-Gesellschaft durch die Investmentvereinbarung verpflichtet wird, Satzungsänderungen nur mit Zustimmung der Verwahrstelle beschließen zu dürfen, sodass die Investmentvereinbarung insofern erneut als echter Vertrag zugunsten Dritter wirkt.[90]

81 *Schultz-Süchting* in Emde/Dornseifer/Dreibus/Hölscher, § 68 InvG Rz. 30.
82 *Siedler* in Baur/Tappen, § 234 KAGB Rz. 44.
83 *Schultz-Süchting* in Emde/Dornseifer/Dreibus/Hölscher, § 68 InvG Rz. 30; *Köndgen* in Berger/Steck/Lübbehüsen, § 26 InvG Rz. 16; *Beckmann* in Beckmann/Scholtz/Vollmer, § 26 InvG Rz. 54.
84 *Siedler* in Baur/Tappen, § 234 KAGB Rz. 43.
85 *Siedler* in Baur/Tappen, § 234 KAGB Rz. 43.
86 *Schultz-Süchting* in Emde/Dornseifer/Dreibus/Hölscher, § 68 InvG Rz. 31.
87 *Siedler* in Baur/Tappen, § 234 KAGB Rz. 41.
88 *Zöll* in Beckmann/Scholtz/Vollmer, § 68 InvG Rz. 8.
89 Bei einer AG wäre eine Stimmrechtsübertragung nach § 129 Abs. 3 AktG dagegen grundsätzlich möglich, vgl. auch *Siedler* in Baur/Tappen, § 234 KAGB Rz. 42.
90 *Siedler* in Baur/Tappen, § 234 KAGB Rz. 42; im Ergebnis auch *Köndgen* in Berger/Steck/Lübbehüsen, § 26 InvG Rz. 15.

e) Folgen der fehlenden Zustimmung

Unterbleibt die Zustimmung der Verwahrstelle zu den gerade erläuterten Verfügungen der AIF-KVG, so sind diese nach außen grundsätzlich wirksam. Lediglich die Anleger können sich auf deren Unwirksamkeit berufen, da die Verfügungen ihnen gegenüber nach § 84 Abs. 2 Satz 3 KAGB **relativ unwirksam** sind. 57

Dies gilt allerdings nur für Verfügungen der AIF-KVG. Handelt dagegen die Immobilien-Gesellschaft ohne die Zustimmung der Verwahrstelle, so sind die Verfügungen auch den Anlegern gegenüber wirksam. Dies ergibt sich daraus, dass die Immobilien-Gesellschaft dann **lediglich gegen eine schuldrechtlich vereinbarte Verpflichtung in der Investmentvereinbarung** verstoßen hat, während § 84 Abs. 3 Satz 2 KAGB die relative Unwirksamkeit nur für Verfügungen der AIF-KVG anordnet.[91] Eine dingliche Absicherung der Rechte der Verwahrstelle ist gegenüber der Immobilien-Gesellschaft nicht möglich. Der Verwahrstelle verbleibt daher nur die Möglichkeit der gerichtlichen Durchsetzung ihres schuldrechtlichen Anspruchs gegenüber der Immobilien-Gesellschaft.[92] 58

4. Qualifizierte Stimmen- und Kapitalmehrheit der AIF-KVG (§ 234 Nr. 4 KAGB)

a) Sinn und Zweck

Weitergehend ist eine Beteiligung der AIF-KVG an einer Immobilien-Gesellschaft nach § 234 Nr. 4 KAGB nur zulässig, wenn die AIF-KVG als Gesellschafterin die Stimmen- und Kapitalmehrheit an der Immobilien-Gesellschaft hält, die für eine Änderung der Satzung erforderlich ist. Hintergrund dieser Regelung ist der ausdrückliche Wunsch des Gesetzgebers, den Einfluss der AIF-KVG auf und die Kontrolle über die Immobilien-Gesellschaft sicherzustellen.[93] Dadurch ist die AIF-KVG indirekt für die Einhaltung der Anlagegrundsätze verantwortlich und kann diese auf Ebene der Immobilien-Gesellschaft durchsetzen. Verfügt die AIF-KVG über die **satzungsändernde Stimmen- und Kapitalmehrheit**, so kann sie die wesentlichen Entscheidungen innerhalb der Immobilien-Gesellschaft selbst treffen, wie beispielsweise die Entscheidung über den Verkauf einer Immobilie oder die Ausschüttung der Gewinne.[94] Da die Norm nahezu unverändert bereits im InvG bestand, hält der Gesetzgeber an seinem bisherigen Konzept der indirekten Gesellschaftssteuerung fest.[95] 59

Eine Mehrheitsbeteiligung der AIF-KVG ist immer dann gegeben, wenn die AIF-KVG insgesamt die Mehrheit der Gesellschaftsanteile hält, und zwar unabhängig davon, ob die Anteile für ein oder für mehrere verschiedene Immobilien-Sondervermögen gehalten werden.[96] Eine andere Betrachtung wäre im Hinblick auf den Sinn und Zweck der Vorschrift nicht zielführend, da es letztlich um die **Einflussnahme- und Kontrollmöglichkeit der AIF-KVG auf die Geschäftspolitik der Immobilien-Gesellschaft** geht.[97] Ob eine satzungsändernde Stimmen- und Kapitalmehrheit vorliegt, beurteilt sich allein nach gesellschaftsrechtlichen Grundsätzen. Schuldrechtliche Mitspracherechte Dritter in Bezug auf die Vermögensgegenstände (bspw. einer finanzierenden Bank) bleiben außer Betracht.[98] 60

b) Umfasste Handlungen

Die AIF-KVG kann aufgrund ihrer Gesellschafterstellung die Geschäfte der Immobilien-Gesellschaft zwar nicht selbst führen. Allerdings kann sie durch einen **Zustimmungskatalog** oder eine **Geschäftsordnung für die Geschäftsführung** Einfluss auf deren Tätigkeit nehmen.[99] So kann beispielsweise der Erwerb, Verkauf oder die Belastung einer Immobilie, die Darlehensaufnahme zur Finanzierung einer Immobilie, die Durchführung von Kapitalerhöhungen, Handlungen im Zusammenhang mit der Liquidation der Gesellschaft oder 61

---

91 *Schultz-Süchting* in Emde/Dornseifer/Dreibus/Hölscher, § 68 InvG Rz. 33; *Siedler* in Baur/Tappen, § 234 KAGB Rz. 47.

92 *Siedler* in Baur/Tappen, § 234 KAGB Rz. 47.

93 Vgl. die Gesetzesbegründung des 3. FFG, mit dem die Norm erstmals eingeführt wurde, Begr. RegE, BT-Drucks. 13/8933, S. 118.

94 Begr. RegE, BT-Drucks. 13/8933, S. 118.

95 Ob der Weg über die Satzungsmehrheit die gewünschte Einflussnahme der AIF-KVG auf die Immobilien-Gesellschaft sicherstellen kann, wurde bereits nach altem Recht diskutiert, vgl. *Schultz-Süchting* in Emde/Dornseifer/Dreibus/Hölscher, § 68 InvG Rz. 44. Wird die Satzung allerdings so ausgestaltet, dass die investmentrechtlichen wesentlichen Geschäfte, soweit gesellschaftsrechtlich möglich, von der satzungsändernden Mehrheit abhängen, ist ein ausreichender Einfluss der AIF-KVG gegeben.

96 *Zöll* in Beckmann/Scholtz/Vollmer, § 68 InvG Rz. 19; *Siedler* in Baur/Tappen, § 234 KAGB Rz. 49.

97 *Schultz-Süchting* in Emde/Dornseifer/Dreibus/Hölscher, § 68 InvG Rz. 43.

98 *Zöll* in Beckmann/Scholtz/Vollmer, § 234 KAGB Rz. 14.

99 *Siedler* in Baur/Tappen, § 234 KAGB Rz. 50 ff.

die Geschäftsführerbestellung von der Zustimmung der Gesellschafterversammlung abhängig gemacht werden. Dabei ist es nicht erforderlich, dass alle möglichen Handlungen der Zustimmung der Gesellschafterversammlung bedürfen. Vielmehr ist es ausreichend, wenn die AIF-KVG auf alle investmentrechtlich relevanten Handlungen Einfluss nehmen kann.[100] Insbesondere muss die AIF-KVG sicherstellen, dass die gesetzlichen Anforderungen, insbesondere die Anlagegrenzen, durch die Immobilien-Gesellschaft eingehalten und entsprechende notwendige Maßnahmen durchgesetzt werden können.[101]

62 Eine andere Beurteilung der satzungsändernden Mehrheit wäre nicht mit den gesellschaftsrechtlichen Grundsätzen zum Schutz von **Minderheitsgesellschaftern** oder sonstigen einzelnen Gesellschaftern vereinbar. Von einer satzungsändernden Mehrheitsregelung können daher nicht solche Geschäfte erfasst sein, bei denen sämtliche Gesellschafter zustimmen müssen (sog. **Grundlagengeschäfte**).[102] Andernfalls würde der gesetzlich in §§ 53 Abs. 3 GmbHG, 179 Abs. 3 sowie 180 AktG verankerte Minderheitenschutz ausgehebelt.[103] Auch Handlungen oder Geschäfte, die nur die Rechte eines Gesellschafters beeinflussen oder beschränken, bedürfen der zwingenden Zustimmung auch dieses Gesellschafters, so beispielsweise dessen Gewinnbeteiligung.[104]

63 Hat die AIF-KVG eine satzungsändernde Mehrheit, so ist weitergehend sicherzustellen, dass diese nicht durch **Gesellschaftervereinbarung** oder **sonstige schuldrechtliche Verpflichtungen** ausgehebelt wird. Um das Vorliegen der Anforderungen gem. § 234 Nr. 4 KAGB zu prüfen, sind daher nicht nur die Satzung, sondern auch Gesellschaftervereinbarungen und andere schuldrechtliche Verträge, unabhängig von deren dinglicher Sicherung mit in die Prüfung einzubeziehen.[105] Die AIF-KVG hat folglich nur eine satzungsändernde Mehrheit nach § 234 Nr. 4 KAGB, wenn die Satzung dies vorsieht und keine abweichenden Regelungen in einer Gesellschaftervereinbarungen oder einer sonstigen schuldrechtlichen Vereinbarung vorgesehen sind.[106]

c) Ausnahme bei Minderheitsbeteiligungen (§ 234 Satz 2 und 3 KAGB)

64 Trotz des grundsätzlichen Erfordernisses einer satzungsändernden Mehrheit, kann die AIF-KVG auch nur eine sog. **Minderheitsbeteiligung** erwerben.[107] Zwar ist in dieser Konstellation die indirekte Einflussnahme auf die Geschäftspolitik der Immobilien-Gesellschaft ausgeschlossen.[108] Der Gesetzgeber kompensiert diese Kontrolleinbuße der AIF-KVG allerdings damit, dass solche Minderheitsbeteiligungen nur innerhalb der Anlagegrenze des § 237 Abs. 3 KAGB erworben werden dürfen. Während eine AIF-KVG für Rechnung eines Immobilien-Sondervermögens grundsätzlich an Immobilien-Gesellschaften beteiligt sein darf, deren Vermögensgegenstände insgesamt bis zu maximal 49 % des Wertes des Immobilien-Sondervermögens ausmachen dürfen, hat der Gesetzgeber diese Grenze bei Minderheitsbeteiligungen auf 30 % herabgesetzt.

65 Für die **Berechnung der Beteiligungsquote** kommt es auch an dieser Stelle auf die Gesamtbeteiligung der AIF-KVG an der Immobilien-Gesellschaft an. Dies sieht der Gesetzgeber in § 237 Abs. 5 KAGB ausdrücklich vor. Einzelbeteiligungen der AIF-KVG für verschiedene Immobilien-Sondervermögen werden folglich zusammengerechnet, soweit die einzelne Kapitalbeteiligung unter 50 % des Wertes an der Immobilien-Gesellschaft beträgt. Der Gesetzgeber hat die Neufassung des KAGB leider nicht zum Anlass genommen, den bereits unter Geltung des InvG a.F. verwirrenden Gesetzestext des § 237 Abs. 5 KAGB so zu ändern, das er in das Konzept der §§ 234 ff. KAGB passt.[109] So spricht der Gesetzgeber in § 237 Abs. 5 KAGB von einer Kapitalbeteiligung i.H.v. 50 % während der in § 234 Nr. 4 KAGB gebrauchte Wortlaut auf eine satzungs-

100 *Schultz-Süchting* in Emde/Dornseifer/Dreibus/Hölscher, § 68 InvG Rz. 45.
101 *Zöll* in Beckmann/Scholtz/Vollmer, § 68 InvG Rz. 19.
102 *Schultz-Süchting* in Emde/Dornseifer/Dreibus/Hölscher, § 68 InvG Rz. 46; *Siedler* in Baur/Tappen, § 234 KAGB Rz. 51.
103 *Siedler* in Baur/Tappen, § 234 KAGB Rz. 50.
104 *Schultz-Süchting* in Emde/Dornseifer/Dreibus/Hölscher, § 68 InvG Rz. 46.
105 *Zöll* in Beckmann/Scholtz/Vollmer, § 234 KAGB Rz. 14; differenzierend nach dem Inhalt der schuldrechtlichen Regelung *Schultz-Süchting* in Emde/Dornseifer/Dreibus/Hölscher, § 68 InvG Rz. 49; auch *Siedler* in Baur/Tappen, § 234 KAGB Rz. 52; *Brockhausen* in Moritz/Klebeck/Jesch, § 234 KAGB Rz. 31.
106 *Schultz-Süchting* in Emde/Dornseifer/Dreibus/Hölscher, § 68 InvG Rz. 49; *Siedler* in Baur/Tappen, § 234 KAGB Rz. 52; *Schultz-Süchting/Thomas*, WM 2008, 2285, 2293 stellt auf den Einzelfall ab.
107 *Schultz-Süchting* in Emde/Dornseifer/Dreibus/Hölscher, § 68 InvG Rz. 73.
108 *Schultz-Süchting* in Emde/Dornseifer/Dreibus/Hölscher, § 68 InvG Rz. 43; *Siedler* in Baur/Tappen, § 234 KAGB Rz. 53.
109 So schon *Schultz-Süchting* in Emde/Dornseifer/Dreibus/Hölscher, § 68 InvG Rz. 75 zur nahezu wortgleichen Vorgängerregelung des § 68 Abs. 2 Satz 3 InvG.

ändernde Mehrheit abstellt. Außerdem ist nicht ersichtlich, warum bei der Anlagegrenze nur die Kapitalbeteiligung herangezogen wird, während im Rahmen von § 234 Nr. 4 KAGB neben der Kapitalmehrheit auch die Stimmenmehrheit erforderlich ist.[110] Letztlich kommt es nach dem Willen des Gesetzgebers darauf an, dass die strenge Anlagegrenze nur für solche Beteiligungen einer AIF-KVG gelten soll, die zusammen keine Einflussnahme der AIF-KVG auf die Immobilien-Gesellschaft ermöglichen.

5. Ausschluss der Nachschusspflicht (§ 234 Nr. 5 KAGB)

a) Begriff der Nachschusspflicht

66 Nach § 234 Nr. 5 KAGB darf sich eine AIF-KVG für Rechnung des Sondervermögens an einer Immobilien-Gesellschaft nur beteiligen, wenn die Rechtsform der Immobilien-Gesellschaft eine Nachschusspflicht ausschließt. Die Vorschrift dient dem Zweck, mögliche Risiken im Zusammenhang mit dem Erwerb einer Gesellschaftsbeteiligung einzudämmen.[111] Während die AIF-KVG bei einer Neugründung der Gesellschaft die gesellschaftsrechtlichen Risiken selbst beeinflussen kann, können sich bei dem Erwerb einer bereits bestehenden Beteiligung verschiedene Risiken aus der gesellschaftsrechtlichen Historie ergeben, auf die die AIF-KVG keinen Einfluss nehmen kann und die sie im Zweifel auch nicht kennt.[112] Durch die Beschränkung der Haftung auf die Einlage, ist die AIF-KVG insoweit ausreichend geschützt, wenn die **Einlage vollständig geleistet ist und keine Nachschusspflicht** besteht. Da der Begriff der Einlage sowohl Bar- als auch Sacheinlagen umfasst, ist es auch erforderlich, dass der Wert der Sacheinlage aufgrund einer angemessenen und den gesetzlichen Anforderungen genügenden Bewertung ermittelt wurde.

67 Weitergehend wurde bereits im Rahmen der Vorgängervorschrift diskutiert, ob neben dem Ausschluss der Nachschusspflicht auch jegliche **direkte und über die Einlage hinausgehende Haftung der Gesellschafter gegenüber den Gläubigern** der Immobilien-Gesellschaft ausgeschlossen sein muss.[113] Auch wenn der Gesetzgeber die Neufassung des KAGB auch an dieser Stelle nicht für eine Klarstellung genutzt hat, ist mit dem Sinn und Zweck der Vorschrift davon auszugehen, dass eine über die Einlage hinausgehende Haftung gegenüber den Gesellschaftsgläubigern ebenfalls ausgeschlossen sein muss, um das Risiko der AIF-KVG ausreichend begrenzen zu können.[114]

b) Ausschluss der Nachschusspflicht durch Rechtsform

68 Die Nachschusspflicht muss durch die **Rechtsform der Immobilien-Gesellschaft** ausgeschlossen werden. Ein **schuldrechtlicher Ausschluss** ist daher nicht ausreichend.[115] So sind Beteiligungen an Personengesellschaften wie der Gesellschaft bürgerlichen Rechts oder einer OHG nicht zulässig, da die Gesellschafter in beiden Konstellationen persönlich unbegrenzt haften.[116] Das gleiche gilt grundsätzlich für die Übernahme der Komplementärstellung in einer klassischen KG, während eine Kommanditbeteiligung aufgrund der Haftungsbegrenzung auf die Stammeinlage erworben werden darf.[117] Wird die Komplementärstellung jedoch von einer Komplementär-GmbH wahrgenommen, so ist eine Beteiligung der AIF-KVG sowohl an der Komplementär-GmbH als Gesellschafter als auch an der Kommanditgesellschaft als Kommanditist zulässig.[118] Dies gilt auch im Fall von **mehrstöckigen Strukturen**, solange sich die AIF-KVG unmittelbar an einer haftungsbeschränkten Komplementär-GmbH beteiligt. Damit ist eine Begrenzung der Haftung auf die geleistete Einlage sichergestellt, unabhängig davon, ob die Nachschusspflicht auch bei den anderen Gesellschaften in

---

110 *Wind/Fritz* in Weitnauer/Boxberger/Anders, § 234 KAGB Rz. 15 stellt auch auf die Stimmrechtsmehrheit ab.
111 *Schultz-Süchting* in Emde/Dornseifer/Dreibus/Hölscher, § 68 InvG Rz. 50.
112 *Siedler* in Baur/Tappen, § 234 KAGB Rz. 57.
113 S. dazu bereits *Schultz-Süchting* in Emde/Dornseifer/Dreibus/Hölscher, § 68 InvG Rz. 51; a.A. *Fock*, WM 200, 1729 (1731), wonach es ausreiche, wenn die Gesellschaftsform eine Außenhaftung gegenüber den Gläubigern ausschließe.
114 So auch *Siedler* in Baur/Tappen, § 234 KAGB Rz. 51.
115 *Schultz-Süchting* in Emde/Dornseifer/Dreibus/Hölscher, § 68 InvG Rz. 52; *Siedler* in Baur/Tappen, § 234 KAGB Rz. 60; *Klusak* in Berger/Steck/Lübbehüsen, § 68 Rz. 11; *Brockhausen* in Moritz/Klebeck/Jesch, § 234 KAGB Rz. 33.
116 *Zöll* in Beckmann/Scholtz/Vollmer, § 68 InvG Rz. 20; *Siedler* in Baur/Tappen, § 234 KAGB Rz. 61.
117 *Siedler* in Baur/Tappen, § 234 KAGB Rz. 62; *Zöll* in Beckmann/Scholtz/Vollmer, § 68 InvG Rz. 20; *Klusak* in Berger/Steck/Lübbehüsen, § 68 Rz. 11.
118 *Zöll* in Beckmann/Scholtz/Vollmer, § 234 KAGB Rz. 15 und *Zöll* in Beckmann/Scholtz/Vollmer, § 68 InvG Rz. 20; *Siedler* in Baur/Tappen, § 234 KAGB Rz. 63; *Brockhausen* in Moritz/Klebeck/Jesch, § 234 KAGB Rz. 34.

der mehrstöckigen Struktur ausgeschlossen ist oder nicht.[119] Daneben ist auch die Beteiligung an Kapitalgesellschaften wie der GmbH oder der AG aufgrund ihrer Haftungsbegrenzung zulässig.[120]

69 Schließlich stellt sich noch die Frage, ob eine **minimale Haftung** trotz Verstoßes gegen den Wortlaut des § 234 Nr. 5 KAGB ausnahmsweise zulässig sein soll. Von Interesse ist dies vor allem aus steuerlichen Gründen im Zusammenhang mit Beteiligungen an Immobilien-Gesellschaften im Ausland.[121] In einigen Ländern gibt es Gesellschaftsformen, deren Haftung anteilsmäßig auf die Beteiligung an der Gesellschaft beschränkt ist. So besteht beispielsweise bei einer Beteiligung i.H.v. 1,00 Euro auch eine maximale Haftung in dieser Höhe.[122] Auch wenn die Zulässigkeit einer solchen Beteiligung eindeutig gegen den Wortlaut des § 234 Nr. 5 KAGB verstößt, gehen vereinzelte Stimmen in der Literatur von einer Zulässigkeit der Beteiligung aus, solange die Beteiligung auf ein Minimum begrenzt ist und folglich kaum ein nennenswertes Risiko besteht.[123] Begründet wird dies damit, dass der Sinn und Zweck der Vorschrift nicht beeinträchtigt ist, da das Immobilien-Sondervermögen und folglich die Anleger trotz einer solchen Beteiligung lediglich einem minimalen Risiko ausgesetzt sind und der damit einhergehende Steuervorteil das Risiko eindeutig überwiegt.[124]

6. Mittelbare Beteiligung (§ 234 Nr. 6 KAGB)

70 Die Regelung des § 234 Nr. 6 KAGB enthält Vorgaben für sog. **mehrstöckige Beteiligungen.**[125] Eine mehrstöckige Beteiligung wird in der Praxis häufig dann gewählt, wenn mindestens eine Holding-Gesellschaft zwischengeschaltet wird, die ihrerseits keine Immobilie unmittelbar hält sondern an der Immobilie über eine oder mehrere weitere Gesellschaften beteiligt ist.[126]

a) Definition der mehrstöckigen Beteiligung

71 Bevor auf die einzelnen Voraussetzungen einer mehrstöckigen Beteiligungsmöglichkeit der AIF-KVG eingegangen werden kann, sind vorab die in diesem Zusammenhang verwendeten Begrifflichkeiten zu definieren.

72 Zunächst besteht die Möglichkeit einer **zweistöckigen Beteiligung**. Dies ist dann der Fall, wenn eine Immobilien-Gesellschaft (Gesellschaft 1. Stufe) an einer weiteren Immobilien-Gesellschaft (Gesellschaft 2. Stufe) beteiligt ist. Diese Struktur wird auch als zweistöckige Gesellschaftsstruktur bezeichnet.[127] In dieser Konstellation ist die Gesellschaft 1. Stufe an der Gesellschaft 2. Stufe direkt, d.h. **unmittelbar** beteiligt.

73 Die Gesellschaftsstruktur kann allerdings auch über eine zweistöckige Struktur hinausgehen. Beteiligt sich die Gesellschaft 2. Stufe an weiteren Immobilien-Gesellschaften (Gesellschaft 3. Stufe usw.) so liegt eine **mehrstöckige Gesellschaftsstruktur** vor. Die Gesellschaft 2. Stufe ist dann unmittelbar an der Gesellschaft 3. Stufe beteiligt, die Gesellschaft 3. Stufe ist wiederum unmittelbar an der Gesellschaft 4. Stufe beteiligt usw. Die Gesellschaft 1. Stufe ist in dieser Konstellation nicht direkt an der Gesellschaft 3. Stufe und 4. Stufe usw. beteiligt, sondern hält nur eine unmittelbare Beteiligung an der Gesellschaft 2. Stufe. An den weiteren Gesellschaften 3. und 4. Stufe ist sie daher nur indirekt bzw. **mittelbar** beteiligt.[128]

---

119 *Siedler* in Baur/Tappen, § 234 KAGB Rz. 63; im Ergebnis auch *Schultz-Süchting* in Emde/Dornseifer/Dreibus/Hölscher, § 68 InvG Rz. 54. Da der Verweis des § 238 KAGB nicht auch § 234 Abs. 1 Nr. 5 umfasst, muss eine Nachschusspflicht bei Immobilien-Gesellschaften ab der 2. Stufe nicht zwingend ausgeschlossen sein, vgl. dazu auch die Kommentierung zu § 238 KAGB.

120 *Zöll* in Beckmann/Scholtz/Vollmer, § 68 InvG Rz. 20; *Schultz-Süchting* in Emde/Dornseifer/Dreibus/Hölscher, § 68 InvG Rz. 54; *Siedler* in Baur/Tappen, § 234 KAGB Rz. 61; *Brockhausen* in Moritz/Klebeck/Jesch, § 234 KAGB Rz. 34.

121 *Schultz-Süchting* in Emde/Dornseifer/Dreibus/Hölscher, § 68 InvG Rz. 55; *Siedler* in Baur/Tappen, § 234 KAGB Rz. 64.

122 Beispiel aus *Siedler* in Baur/Tappen, § 234 KAGB Rz. 64.

123 *Schultz-Süchting* in Emde/Dornseifer/Dreibus/Hölscher, § 68 InvG Rz. 55; etwas vorsichtiger *Siedler* in Baur/Tappen, § 234 KAGB Rz. 64.

124 *Schultz-Süchting* in Emde/Dornseifer/Dreibus/Hölscher, § 68 InvG Rz. 55.

125 Zur Zulässigkeit vgl. auch *Kestler/Benz*, BKR 2008, 403 (404).

126 *Klusak* in Berger/Steck/Lübbehüsen, § 68 InvG Rz. 20.

127 *Schultz-Süchting* in Emde/Dornseifer/Dreibus/Hölscher, § 68 InvG Rz. 95.

128 *Schultz-Süchting* in Emde/Dornseifer/Dreibus/Hölscher, § 68 InvG Rz. 98; *Klusak* in Berger/Steck/Lübbehüsen, § 68 InvG Rz. 20.

b) Zulässigkeit einer mehrstöckigen Beteiligung

Das KAGB lässt den Erwerb von Beteiligungen an mehrstöckigen Immobilien-Strukturen für Immobilien-Sondervermögen zu, wenn (aa) die Immobilien-Gesellschaft jeweils zu 100 % unmittelbar oder mittelbar an den weiteren Immobilien-Gesellschaften beteiligt ist und (bb) bei Immobilien-Gesellschaften mit **Sitz im Inland** eine **maximal zweistöckige Gesellschaftsstruktur** vorliegt.[129] Bei Immobilien-Gesellschaften mit **Sitz im Ausland** ist dagegen eine mehrstöckige Gesellschaftsstruktur zulässig, wenn das Erfordernis einer **100-prozentigen Beteiligung auf allen Stufen vorliegt** (cc). 74

Ob diese Differenzierung nach dem Sitz der Immobilien-Gesellschaften im In- oder Ausland sinnvoll ist oder nicht, wurde bereits im Rahmen der Vorgängerregelung des § 68 Abs. 3 Nr. 2 InvG a.F. diskutiert.[130] Nach der Gesetzesbegründung zu § 68 Abs. 3 Nr. 2 InvG a.F. sollte die Differenzierung praktischen Bedürfnissen Rechnung tragen, nach denen ausländische Immobilien häufig nicht direkt, sondern nur über eine Beteiligung an einer Immobilien-Gesellschaft erworben werden können.[131] In diesem Zusammenhang wäre wohl eine Differenzierung nach dem Belegenheitsort der Immobilie sinnvoller gewesen.[132] Die Differenzierung nach dem Sitz führt dazu, dass auch inländische Immobilien im Rahmen einer mehrstöckigen Gesellschaftsstruktur gehalten werden können, wenn nur der Sitz der Immobilien-Gesellschaft im Ausland liegt. Daneben ist auch nicht ersichtlich, warum der Gesetzgeber überhaupt differenziert und im Inland maximal zweistöckige Gesellschaftsstrukturen erlaubt während im Ausland mehrstöckige Strukturen ohne Begrenzung möglich sind.[133] Trotz der bereits vorhandenen Kritik hat es der Gesetzgeber unterlassen, die Regelung mit Einführung des KAGB entsprechend zu ändern.[134] 75

aa) Erwerb einer Beteiligung an einer Immobilien-Gesellschaft

Das KAGB differenziert weitergehend zwischen dem Erwerb von Beteiligungen an Immobilien-Gesellschaften mit Sitz im Inland und mit Sitz im Ausland. Hat die Immobilien-Gesellschaft ihren Sitz im Inland, so darf die AIF-KVG für Rechnung des Immobilien-Sondervermögens lediglich Anteile an einer Immobilien-Gesellschaft erwerben, die maximal an einer weiteren Immobilien-Gesellschaft unmittelbar beteiligt ist. Das KAGB beschränkt den Erwerb von Beteiligungen im **Inland** daher auf eine **maximal zweistöckige Gesellschaftsstruktur**. 76

bb) 100-prozentige Beteiligung

Eine mittelbare Beteiligung über weitere Stufen kommt folglich nur in Betracht, wenn die Immobilien-Gesellschaften ab der 3. Stufe ihren Sitz im Ausland haben. 77

Die AIF-KVG darf sich für Rechnung des Immobilien-Sondervermögens nur an solchen Immobilien-Gesellschaften beteiligen, die ihrerseits im Rahmen einer mehrstöckigen Gesellschaftsstruktur eine **100-prozentige Beteiligung** an einer anderen Immobilien-Gesellschaft halten. Das Erfordernis der 100-prozentigen Beteiligung **zieht sich durch die gesamte Gesellschaftsstruktur**, so dass die Immobilien-Gesellschaft 1. Stufe eine 100-prozentige Beteiligung an der Immobilen-Gesellschaft 2. Stufe, die Immobilien-Gesellschaft 2. Stufe eine 100-prozentige Beteiligung an der Immobilien-Gesellschaft 3. Stufe usw. halten muss. Eine 100-prozentige Beteiligung liegt dabei vor, wenn die Immobilien-Gesellschaft der jeweiligen Stufe mit 100 % des Kapitals und der Stimmrechte jeweils an der Gesellschaft beteiligt ist.[135] 78

Mit der Neufassung des § 234 Nr. 6 KAGB hat der Gesetzgeber nun die alten Zweifel ausgeräumt und klargestellt, dass das 100 %-Erfordernis nicht für die Beteiligung der AIF-KVG an der Immobilien-Gesellschaft, sondern für die Beteiligung der Immobilien-Gesellschaft an weiteren Immobilien-Gesellschaften gilt.[136] Dahinter steht der Gedanke, dass der direkte Erwerb einer Immobilie mit dem Erwerb einer 100-prozenti- 79

---

129 Vgl. dazu auch *Kestler/Benz*, BKR 2008, 403 (407 f.); *Zöll* in Beckmann/Scholtz/Vollmer, § 68 InvG Rz. 21.

130 *Schultz-Süchting* in Emde/Dornseifer/Dreibus/Hölscher, § 68 InvG Rz. 103; *Siedler* in Baur/Tappen, § 234 KAGB Rz. 66 greift die Diskussion ebenfalls auf und führt sie im neuen Recht fort.

131 Begr. RegE, BT-Drucks. 16/6874, S. 117. Kritisch dazu *Wind/Fritz* in Weitnauer/Boxberger/Anders, § 234 KAGB Rz. 15.

132 So auch *Brockhausen* in Moritz/Klebeck/Jesch, § 234 KAGB Rz. 36.

133 *Siedler* in Baur/Tappen, § 234 KAGB Rz. 66; so bereits auch *Schultz-Süchting* in Emde/Dornseifer/Dreibus/Hölscher, § 68 InvG Rz. 103.

134 *Siedler* in Baur/Tappen, § 234 KAGB Rz. 66.

135 Begr. RegE, BT-Drucks. 16/6874, S. 117.

136 Siehe zu der alten Diskussion *Schultz-Süchting* in Emde/Dornseifer/Dreibus/Hölscher, § 68 InvG Rz. 96, wonach sich aufgrund des unklaren Wortlauts des § 68 Abs. 3 Satz 1 Nr. 2 InvG a.F. Zweifel ergaben, welche Beteiligung 100 % umfassen musste. Dazu auch *Brockhausen* in Moritz/Klebeck/Jesch, § 234 KAGB Rz. 38.

gen Beteiligung an einer weiteren Immobilien-Gesellschaft, in deren Eigentum die Immobilie steht, gleichgestellt werden.[137]

cc) Ausnahmen von dem 100 %-Erfordernis

80 Aus praktischen Erwägungen ist die BaFin allerdings bereits im Rahmen der Vorgängerregelung § 68 Abs. 3 Nr. 2 InvG a.F. von dem strikten 100 %-Beteiligungserfordernis abgewichen, wenn der Sinn und Zweck der Vorschrift auch bei einer geringeren Beteiligung der Immobilien-Gesellschaft an einer weiteren Immobilien-Gesellschaft erreicht werden kann.[138] Dies ist nach Ansicht der BaFin dann der Fall, wenn **neben der Immobilien-Gesellschaft auch die AIF-KVG eine Beteiligung an der Immobilien-Gesellschaft** oder einer zwischengeschalteten Gesellschaft hält, solange die AIF-KVG unmittelbar oder mittelbar alle Gesellschaften steuern kann und ausreichende **Kontrollbefugnisse** inne hat.[139] In der Regel handelt es sich bei zwischengeschalteten Gesellschaften um Objekt-Gesellschaften bzw. Special-Purpose-Vehicle (SPV) – Konstruktionen. Für eine solche direkte Beteiligung der AIF-KVG oder eine Beteiligung über eine zwischengeschaltete Gesellschaft gibt es verschiedene Gründe. Zum einen können steuerliche Erwägungen eine Rolle spielen, zum anderen können rechtliche Erwägungen gerade in anderen Staaten eine Beteiligung von mindestens zwei verschiedenen Gesellschaftern erforderlich machen.[140]

81 Dabei kommen folgende Beteiligungsmöglichkeiten in Betracht.

(1) Die AIF-KVG kann sich zunächst direkt an der Immobilien-Gesellschaft 2. Stufe mitbeteiligen.[141]

(2) Daneben können auch mehre Stufen in der Gesellschaftsstruktur vorgesehen werden, solange die AIF-KVG an diesen Gesellschaften zu 100 % unmittelbar oder mittelbar beteilig ist. Lediglich die Immobilien-Gesellschaft 1. Stufe muss stets eine unmittelbare Beteiligung an der Immobilien-Gesellschaft halten, in deren Eigentum die Immobilien stehen. Dies dient dem Erfordernis der Begrenzung auf eine maximal zweistöckige Gesellschaftsstruktur für Immobilien-Gesellschaften mit Sitz im Inland.

82 Beteiligt sich die AIF-KVG direkt, so ist es irrelevant, ob diese Beteiligung für eigene Rechnung erfolgt oder für Rechnung des Immobilien-Sondervermögens.[142] Um Interessenskonflikte zu vermeiden, ist allerdings im Falle der Beteiligung für eigene Rechnung sicherzustellen, dass die AIF-KVG damit keine eigenen wirtschaftlichen Interessen verfolgt.[143] Daher werden wohl auf eigene Rechnung der AIF-KVG nur Kleinstbeteiligungen (> 1 %)[144] oder Beteiligungen, die auf Mitgliedschaftsrechte beschränkt sind,[145] zulässig sein.

§ 235 Anforderungen an die Immobilien-Gesellschaften

(1) Die AIF-Kapitalverwaltungsgesellschaft darf für Rechnung des Immobilien-Sondervermögens Beteiligungen nur an solchen Immobilien-Gesellschaften erwerben und halten,

1. deren Unternehmensgegenstand im Gesellschaftsvertrag oder in der Satzung auf Tätigkeiten beschränkt ist, die die AIF-Kapitalverwaltungsgesellschaft für das Immobilien-Sondervermögen ausüben darf, und

2. die nach dem Gesellschaftsvertrag oder der Satzung nur Vermögensgegenstände im Sinne des § 231 Absatz 1 Satz 1 Nummer 1 bis 5 und 7 sowie Absatz 3 oder Beteiligungen an anderen Immo-

137 Begr. RegE, BT-Drucks. 16/6874, S. 117.

138 BaFin, Schreiben an den BVI vom 4.6.2008; dazu auch *Schultz-Süchting* in Emde/Dornseifer/Dreibus/Hölscher, § 68 InvG Rz. 96; *Klusak* in Berger/Steck/Lübbehüsen, § 68 InvG Rz. 23; zum neuen Recht *Siedler* in Baur/Tappen, § 234 KAGB Rz. 68 ff.

139 BaFin, Schreiben an den BVI vom 4.6.2008; vgl. auch *Schultz-Süchting* in Emde/Dornseifer/Dreibus/Hölscher, § 68 InvG Rz. 98; *Klusak* in Berger/Steck/Lübbehüsen, § 68 InvG Rz. 23; *Siedler* in Baur/Tappen, § 234 KAGB Rz. 68.

140 *Klusak* in Berger/Steck/Lübbehüsen, § 68 InvG Rz. 23.

141 Graphiken zu den einzelnen Fällen finden sich bei *Schultz-Süchting* in Emde/Dornseifer/Dreibus/Hölscher, § 68 InvG Rz. 98 ff. und *Brockhausen* in Moritz/Klebeck/Jesch, § 234 KAGB Rz. 40 ff.; Beispielsfälle sind auch bei *Zöll* in Beckmann/Scholtz/Vollmer, § 234 KAGB Rz. 16 beschrieben.

142 BaFin, Schreiben an den BVI vom 4.6.2008.

143 BaFin, Schreiben an den BVI vom 4.6.2008; vgl. auch *Schultz-Süchting* in Emde/Dornseifer/Dreibus/Hölscher, § 68 InvG Rz. 98; *Klusak* in Berger/Steck/Lübbehüsen, § 68 InvG Rz. 23; *Siedler* in Baur/Tappen, § 234 KAGB Rz. 68.

144 *Klusak* in Berger/Steck/Lübbehüsen, § 68 InvG Rz. 23; *Siedler* in Baur/Tappen, § 234 KAGB Rz. 68.

145 *Klusak* in Berger/Steck/Lübbehüsen, § 68 InvG Rz. 23.

bilien-Gesellschaften erwerben dürfen, die nach den Anlagebedingungen unmittelbar für das Immobilien-Sondervermögen erworben werden dürfen.

(2) [1]Die Satzung oder der Gesellschaftsvertrag der Immobilien-Gesellschaft muss sicherstellen, dass

1. die von der Immobilien-Gesellschaft neu zu erwerbenden Vermögensgegenstände vor ihrem Erwerb entsprechend § 231 Absatz 2 bewertet werden,

2. der externe Bewerter nicht zugleich die regelmäßige Bewertung gemäß den §§ 249 und 251 Absatz 1 durchführt und

3. die Immobilien-Gesellschaft eine Immobilie oder eine Beteiligung an einer anderen Immobilien-Gesellschaft nur erwerben darf, wenn der dem Umfang der Beteiligung entsprechende Wert der Immobilie oder der Beteiligung an der anderen Immobilien-Gesellschaft 15 Prozent des Wertes des Immobilien-Sondervermögens, für dessen Rechnung eine Beteiligung an der Immobilien-Gesellschaft gehalten wird, nicht übersteigt.

[2]§ 243 Absatz 2 und § 250 Absatz 2 gelten entsprechend.

(3) Entspricht der Gesellschaftsvertrag oder die Satzung der Immobilien-Gesellschaft nicht den Vorschriften der Absätze 1 und 2, so darf die AIF-Kapitalverwaltungsgesellschaft die Beteiligung an der Immobilien-Gesellschaft nur erwerben, wenn sichergestellt ist, dass der Gesellschaftsvertrag oder die Satzung unverzüglich nach dem Erwerb der Beteiligung entsprechend geändert wird.

(4) Die Gesellschafter einer Immobilien-Gesellschaft, an der die AIF-Kapitalverwaltungsgesellschaft für Rechnung des Immobilien-Sondervermögens beteiligt ist, müssen ihre Einlagen vollständig eingezahlt haben.

In der Fassung vom 4.7.2013 (BGBl. I 2013, S. 1981).

Schrifttum: *Emde/Dreibus*, Der Regierungsentwurf für ein Kapitalanlagegesetzbuch, BKR 2013, 89; *Hübner*, Immobilienanlagen unter dem KAGB – Alte Fragen – Neue Fragen – Neue Antworten, WM 2014, 106; *Michalski/Heidinger/Leible/J. Schmidt*, GmbHG, 3. Aufl. 2017.

I. Allgemeines

1. Regelungsgegenstand und Anwendungsbereich

Während § 234 KAGB die Voraussetzungen beinhaltet, die die AIF-KVG bei dem Erwerb einer Beteiligung an einer Immobilien-Gesellschaft für Rechnung des Immobilien-Sondervermögens einhalten muss, enthält § 235 KAGB die Anforderungen, die an die Immobilien-Gesellschaft als solche zu stellen sind. 1

2. Entstehungsgeschichte

2 Die Vorgängervorschrift des § 68 InvG a.F. enthielt sämtliche Regelungen für den Fall, dass eine AIF-KVG eine Beteiligung an einer Immobilien-Gesellschaft erwerben wollte. Im Rahmen der Neufassung des KAGB hat der Gesetzgeber die Chance genutzt und die Vorschrift entzerrt. Während § 234 KAGB die Vorschriften für die AIF-KVG und das Immobilien-Sondervermögen enthält, finden sich in § 235 KAGB nun die Anforderungen, die an die Immobilien-Gesellschaft zu stellen sind, deren Anteile für Rechnung des Immobilien-Sondervermögens erworben werden sollen.

3 So übernimmt § 235 Abs. 1 KAGB mit redaktionellen Anpassungen den Wortlaut des § 68 Abs. 1 Satz 2 InvG a.F.[1] Im Zuge der Neufassung des KAGB veränderte der Gesetzgeber das Regelungskonzept für Beteiligungen an Immobilien-Gesellschaften. War die Vorschrift des § 68 Abs. 1 Satz 2 InvG a.F. noch als Begriffsdefinition einer Immobilien-Gesellschaft ausgestaltet, enthält § 235 Abs. 1 KAGB nun die Voraussetzungen einer Immobilien-Gesellschaft.[2]

4 Weitergehend übernehmen § 235 Abs. 2 und 3 KAGB mit redaktionellen Anpassungen und unter Anpassung der neuen Bewertungsvorschriften den Wortlaut des aufgehobenen § 68 Abs. 5 InvG a.F.[3] § 235 Abs. 4 KAGB übernimmt schließlich mit redaktionellen Anpassungen den Wortlaut des § 68 Abs. 4 InvG a.F.[4]

II. Anforderungen an die Immobilien-Gesellschaft

5 Die AIF-KVG darf nach § 234 KAGB Beteiligungen an Immobilien-Gesellschaften für Rechnung des Immobilien-Sondervermögens erwerben. Allerdings muss die Immobilien-Gesellschaft den Voraussetzungen des § 235 KAGB genügen. Nur wenn diese Voraussetzungen bei der Immobilien-Gesellschaft erfüllt sind, darf die AIF-KVG für Rechnung des Immobilien-Sondervermögens eine Beteiligung an dieser Immobilien-Gesellschaft erwerben. Dabei macht es keinen Unterschied, ob die AIF-KVG eine direkte Beteiligung erwirbt oder sich über eine mehrstöckige Beteiligung indirekt an Immobilien-Gesellschaften höherer Stufe beteiligt. Auch diese müssen stets den Anforderungen des § 235 KAGB genügen (vgl. dazu § 238 Rz. 5 f.).

1. Unternehmensgegenstand der Immobilien-Gesellschaft (§ 235 Abs. 1 Nr. 1 KAGB)

a) Inhalt des Unternehmensgegenstandes

6 Zunächst muss der **Unternehmensgegenstand der Immobilien-Gesellschaft in deren Gesellschaftsvertrag bzw. der Satzung auf solche Tätigkeiten beschränkt sein, die auch die AIF-KVG für das Immobilien-Sondervermögen ausüben darf**. Zu diesen zulässigen Tätigkeiten der AIF-KVG gehören grundsätzlich der Erwerb oder die Errichtung, die Verwaltung sowie die Veräußerung von Vermögensgegenständen im Sinne des § 231 Abs. 1 KAGB.[5] Daneben darf die AIF-KVG innerhalb der gesetzlichen Grenzen auch Darlehen an Immobilien-Gesellschaften gewähren (§ 240 KAGB).[6] Während die erwerbbaren Vermögensgegenstände in § 231 Abs. 1 KAGB aufgezählt werden, enthält § 260 KAGB die Voraussetzungen für eine Veräußerung der Vermögensgegenstände durch die AIF-KVG. Der Gesellschaftsvertrag bzw. die Satzung der Immobilien-Gesellschaft darf folglich nur einen oder mehrere dieser gerade genannten Tätigkeiten als Unternehmensgegenstand wiedergeben.

b) Formulierung des Unternehmensgegenstandes

7 Bei der Formulierung des Unternehmensgegenstandes ist darauf zu achten, dass dieser nicht zu detailliert erfolgt, aber gleichwohl den gesetzlichen Anforderungen genügt. Eine **zu detaillierte Wiedergabe der Tätigkeiten im Unternehmensgegenstand** kann ansonsten dazu führen, dass die Geschäftsführer oder Vorstände der Immobilien-Gesellschaft in ihrem Tätigkeitsbereich zu stark eingeschränkt sind. Zwar entfaltet die Bezeichnung des Unternehmensgegenstandes nach inländischem Recht keine Bindungswirkung nach außen, sodass Rechtsgeschäfte, die entgegen des Unternehmensgegenstandes getätigt wurden, trotzdem grundsätz-

---

1 Begr. RegE, BT-Drucks. 17/12294, S. 267.

2 *Siedler* in Baur/Tappen, § 235 KAGB Rz. 5.

3 Begr. RegE, BT-Drucks. 17/12294, S. 267.

4 Begr. RegE, BT-Drucks. 17/12294, S. 268.

5 Siehe § 231 Abs. 1 KAGB, der neben den zulässigen Vermögensgegenständen an sich auch die zulässigen Tätigkeiten enthält, die das KAGB für den Umgang mit den Vermögensgegenständen vorsieht. Dazu auch *Hübner*, WM 2014, 106 (108).

6 Siehe dazu auch die Aufzählung der erlaubten Tätigkeiten bei *Zöll* in Beckmann/Scholtz/Vollmer, § 68 InvG Rz. 10.

lich wirksam sind und lediglich im Innenverhältnis zwischen den Geschäftsführern und der Gesellschaft zu Schadensersatzansprüchen führen können.[7] Allerdings gibt es auch ausländische Rechtsordnungen, nach denen die Umschreibung des Unternehmensgegenstands eine zwingende Bindungswirkung entfaltet, sodass solche Rechtsgeschäfte unwirksam sind, die nicht vom Unternehmensgegenstand umfasst sind (sog. **ultra vires Lehre**).[8] Verschärft wird dies noch zusätzlich dadurch, dass der Unternehmensgegenstand bei ausländischen Gesellschaften übersetzt werden muss und dabei Übersetzungsunstimmigkeiten sowie abweichende Auslegungskriterien hinzutreten können.

Vor dem Hintergrund der Rechtssicherheit ist es daher empfehlenswert, den **Unternehmensgegenstand** möglichst **allgemein zu formulieren** und folglich den Erwerb, die Errichtung und die Veräußerung sowie das Halten und Verwalten (insbesondere die Vermietung und Verpachtung) von Immobilien und Beteiligungen an Immobilien-Gesellschaften und aller damit im Zusammenhang stehenden Tätigkeiten vorzusehen.[9] Möchte die Immobilien-Gesellschaft darüber hinaus beispielsweise Darlehen aufnehmen oder vergeben (vgl. § 240 KAGB) oder anderweitige besondere Tätigkeiten erbringen, sollten diese besonderen Tätigkeiten ausdrücklich auch im Unternehmensgegenstand genannt sein.[10] Auch hier reicht eine allgemeine Formulierung aus. 8

Ansonsten kann darauf verzichtet werden, weitergehende Vorgaben oder Beschränkungen des KAGB, wie beispielsweise die Angabe von Anlagegrenzen etc., in den Unternehmensgegenstand aufzunehmen.[11] Dies ergibt sich daraus, dass der Unternehmensgegenstand nicht das Ziel verfolgt, die Allgemeinheit umfassend über gesetzliche Beschränkungen zu informieren. Der Unternehmensgegenstand dient vielmehr nur dazu, den Zweck der Gesellschaft widerzuspiegeln, die Geschäftsführungsbefugnis der Geschäftsführer im Innenverhältnis einzugrenzen sowie den Geschäftsverkehr über die Tätigkeit der Gesellschaft zu informieren.[12] 9

2. Zulässige erwerbbare Vermögensgegenstände (§ 235 Abs. 1 Nr. 2 KAGB)

§ 235 Abs. 1 Nr. 2 KAGB enthält zwei weitere Begrenzungen für die Immobilien-Gesellschaft: zum einen gibt § 235 Abs. 1 Nr. 2 KAGB vor, welche Vermögensgegenstände die Immobilien-Gesellschaft erwerben darf. Zum anderen müssen sich diese mit den direkt erwerbbaren Vermögensgegenständen decken. 10

a) Verweis auf erwerbbare Vermögensgegenstände nach § 231 Abs. 1 KAGB

Als weitergehendes Kriterium muss der Gesellschaftsvertrag bzw. die Satzung der Immobilien-Gesellschaft vorsehen, dass diese nur **Vermögensgegenstände i.S.d. § 231 Abs. 1 Satz 1 Nr. 1 bis 5 und 7 sowie Abs. 3 KAGB** oder **Beteiligungen an anderen Immobilien-Gesellschaften** erwerben darf. Der Verweis umfasst folglich nahezu sämtliche erwerbbaren Vermögensgegenstände, die die AIF-KVG auch für Rechnung des Immobilien-Sondervermögens direkt erwerben darf. Ausgenommen von dem Verweis ist lediglich der **Erwerb von Nießbrauchrechten an Grundstücken**, welcher in § 231 Abs. 1 Satz 1 Nr. 6 KAGB vorgesehen ist. 11

Der Verweis umfasst auch den Erwerb von Beteiligungen an anderen Immobilien-Gesellschaften nach § 234 KAGB, sowie den Erwerb von Bewirtschaftungsgegenständen nach § 231 Abs. 3 KAGB. Daneben verweist die Vorschrift auch auf die Liquiditätsvorschriften in § 253 KAGB. Zieht man allerdings die allgemeine Definition von Immobilien-Gesellschaften in § 1 Abs. 19 Nr. 22 KAGB heran, ergibt sich an dieser Stelle ein **Widerspruch**. Danach sind Immobilien-Gesellschaften nur solche Gesellschaften, die nach dem Gesellschaftsvertrag nur Immobilien sowie Bewirtschaftungsgegenstände erwerben dürfen. Wie bereits unter Geltung des InvG a.F., in dem dieser Widerspruch ebenfalls bereits bestand, ist davon auszugehen, dass es sich um ein Versehen des Gesetzgebers handelt.[13] 12

---

7 *J. Schmidt* in Michalski/Heidinger/Leible/J. Schmidt, § 3 GmbHG Rz. 12.

8 *Schultz-Süchting* in Emde/Dornseifer/Dreibus/Hölscher, § 68 InvG Rz. 37; *Siedler* in Baur/Tappen, § 235 KAGB Rz. 8; auch *J. Schmidt* in Michalski/Heidinger/Leible/J. Schmidt, § 3 GmbHG Rz. 12.

9 H.L. in der Literatur, vgl. dazu *Schultz-Süchting* in Emde/Dornseifer/Dreibus/Hölscher, § 68 InvG Rz. 37; *Zöll* in Beckmann/Scholtz/Vollmer, § 68 InvG Rz. 10; *Siedler* in Baur/Tappen, § 235 KAGB Rz. 8.

10 *Siedler* in Baur/Tappen, § 235 KAGB Rz. 8; *Brockhausen* in Moritz/Klebeck/Jesch, § 235 KAGB Rz. 4.

11 *Schultz-Süchting* in Emde/Dornseifer/Dreibus/Hölscher, § 68 InvG Rz. 37; *Siedler* in Baur/Tappen, § 235 KAGB Rz. 7.

12 *J. Schmidt* in Michalski/Heidinger/Leible/J. Schmidt, § 3 GmbHG Rz. 12.

13 *Zöll* in Beckmann/Scholtz/Vollmer, § 235 KAGB Rz. 5 und *Zöll* in Beckmann/Scholtz/Vollmer, § 68 InvG Rz. 12; *Siedler* in Baur/Tappen, § 235 KAGB Rz. 11; *Brockhausen* in Moritz/Klebeck/Jesch, § 235 KAGB Rz. 5.

13 Da die erwerbbaren Vermögensgegenstände umfassend bereits in der Regelung des § 235 Abs. 1 Nr. 1 KAGB enthalten sind, ist die eigenständige Bedeutung des § 235 Abs. 1 Nr. 2 KAGB nicht klar ersichtlich.[14] Lediglich der Ausnahme im Hinblick auf den Erwerb von Nießbrauchrechten an Grundstücken kommt ein **eigenständiger Regelungscharakter** zu. Auch diese Ungenauigkeit des Gesetzgebers bestand schon im Rahmen des § 68 Abs. 1 Nr. 2 InvG a.F. Ihr kommt wohl ebenfalls keine besondere Bedeutung zu.[15]

b) Deckungsgleichheit mit direkten erwerbbaren Vermögensgegenständen

14 Die Begrenzung auf die grundsätzlich erwerbbaren Vermögensgegenstände ist allerdings nicht die einzige Begrenzung, die § 235 Abs. 1 Nr. 2 KAGB enthält. Vielmehr muss der Gesellschaftsvertrag bzw. die Satzung vorsehen, dass die Immobilien-Gesellschaft **nur solche Vermögensgegenstände erwerben darf, die die AIF-KVG nach den Anlagebedingungen auch direkt für Rechnung des Immobilien-Sondervermögens** erwerben darf. Insofern enthält die Regelung des § 235 Abs. 1 Satz 1 Nr. 2 KAGB zwei Begrenzungen.

15 Die tatsächliche Formulierung dieser Deckungsgleichheit im Gesellschaftsvertrag bzw. in der Satzung gestaltet sich allerdings als schwierig. Nach dem Wortlaut des § 235 Abs. 1 Nr. 2 KAGB wäre eigentlich der Gesetzestext mit Verweis auf § 231 Abs. 1 sowie § 234 und § 253 KAGB in den Unternehmensgegenstand aufzunehmen. Dies ist allerdings gerade bei ausländischen Gesellschaften nicht empfehlenswert, da ein Verweis auf Normen des deutschen Investmentrechts mit Verständnisschwierigkeiten und Schwierigkeiten bei der Übersetzung und Auslegung der Norm einhergeht.[16] Gerade im Hinblick auf die ultra vires Lehre und deren Nichtigkeitsfolge wäre eine ausführliche Beschreibung des Unternehmensgegenstandes nach deutschem Investmentrecht im Hinblick auf die mit der Regelung angestrebte Rechtssicherheit sogar kontraproduktiv.[17] Daher wurde bereits zur Vorgängernorm des § 68 Abs. 1 Nr. 2 InvG a.F. vertreten, dass es im Gesellschaftsvertrag bzw. in der Satzung ausreichend sei, eine Regelung aufzunehmen, nach der **die AIF-KVG als Gesellschafterin die erwerbbaren Vermögensgegenstände festlegen** könne.[18] So ließe sich ein Verweis auf das nationale Investmentrecht vermeiden.[19] Dem ist zuzustimmen.

16 Die alternative Möglichkeit, die erwerbbaren Vermögensgegenstände außerhalb des Gesellschaftsvertrages bzw. der Satzung in einer Investmentvereinbarung zu regeln,[20] ist aus Gründen der Rechtssicherheit wohl abzulehnen. Der Wortlaut des § 235 Abs. 1 Nr. 2 KAGB stellt eindeutig auf eine **Verankerung der erwerbbaren Vermögensgegenstände im Gesellschaftsvertrag bzw. in der Satzung** ab. Die Verankerung im Gesellschaftsvertrag bzw. in der Satzung ist grundsätzlich auch mit einer stärkeren Bindung verbunden als eine Regelung in der Investmentvereinbarung. So bedarf die Änderung des Gesellschaftsvertrages bzw. der Satzung meist einer notariellen Beurkundung.[21] Außerdem ist der Gesellschaftsvertrag für jedermann im Handelsregister des betreffenden Staates (soweit vorhanden) einsehbar.

3. Bewertung der neu zu erwerbenden Vermögensgegenstände (§ 235 Abs. 2 Satz 1 Nr. 1 KAGB)

17 § 235 Abs. 2 Satz 1 KAGB enthält weitergehend bestimmte Vorgaben, die in dem Gesellschaftsvertrag bzw. in der Satzung der Immobilien-Gesellschaft enthalten sein müssen.

a) Bewertungsverfahren bei neu erwerbbaren Vermögensgegenständen

18 Weitergehend muss der Gesellschaftsvertrag bzw. die Satzung gem. § 235 Abs. 2 Satz 1 Nr. 1 KAGB sicherstellen, dass die erwerbbaren Vermögensgegenstände **vor dem Erwerb** entsprechend § 231 Abs. 2 KAGB von **einem oder mehreren externen Bewertern** bewertet wurden. Die Regelung dient dazu, einen Gleichlauf zwischen dem direkten und dem indirekten Erwerb von Vermögensgegenständen sicherzustellen und so die Anleger des Immobilien-Sondervermögens ausreichend zu schützen.[22] Dies bedeutet im Einzelnen,

---

14 *Schultz-Süchting* in Emde/Dornseifer/Dreibus/Hölscher, § 68 InvG Rz. 40; *Siedler* in Baur/Tappen, § 235 KAGB Rz. 13; *Zöll* in Beckmann/Scholtz/Vollmer, § 68 InvG Rz. 11.

15 In der Literatur zum InvG wurde teilweise vertreten, dass die Regelung nur bedeuten kann, dass entweder nur Vermögensgegenstände erwerbbare Vermögensgegenstände direkt oder aber nur Beteiligungen an anderen Immobilien-Gesellschaften erworben werden dürfen, vgl. *Schultz-Süchting* in Emde/Dornseifer/Dreibus/Hölscher, § 68 InvG Rz. 40. Der Sinn einer solchen Differenzierung lässt sich allerdings nicht erschließen, siehe dazu auch *Siedler* in Baur/Tappen, § 235 KAGB Rz. 13.

16 *Schultz-Süchting* in Emde/Dornseifer/Dreibus/Hölscher, § 68 InvG Rz. 42.

17 *Schultz-Süchting* in Emde/Dornseifer/Dreibus/Hölscher, § 68 InvG Rz. 42; siehe dazu auch Rz. 7.

18 *Schultz-Süchting* in Emde/Dornseifer/Dreibus/Hölscher, § 68 InvG Rz. 42.

19 *Schultz-Süchting* in Emde/Dornseifer/Dreibus/Hölscher, § 68 InvG Rz. 42.

20 *Schultz-Süchting* in Emde/Dornseifer/Dreibus/Hölscher, § 68 InvG Rz. 42.

21 Abhängig vom Staat, in Deutschland vgl. § 53 GmbHG.

22 *Siedler* in Baur/Tappen, § 235 KAGB Rz. 16.

dass der Gesellschaftsvertrag bzw. die Satzung eine Regelung enthalten muss, nach der bei dem Erwerb eines jeden neuen Vermögensgegenstandes zunächst eine externe Bewertung nach den besonderen Bewertungsvorschriften für Immobilien-Sondervermögen durchzuführen ist. Nach § 235 Abs. 2 Satz 2 KAGB gilt insbesondere § 250 Abs. 2 KAGB entsprechend. Danach darf ein externer Bewerter **maximal drei Jahre** für die Bewertung der erwerbbaren Vermögensgegenstände nach § 231 Abs. 1 Satz 1 Nr. 1 bis 6 KAGB tätig sein. Auch dadurch soll ein Gleichlauf der externen Bewertung sowohl beim direkten Erwerb von Vermögensgegenständen als auch beim indirekten Erwerb von Vermögensgegenständen über eine Beteiligung sichergestellt werden.[23]

Der Gesellschaftsvertrag bzw. die Satzung muss im Falle einer **Minderheitsbeteiligung** sicherstellen, dass 19
die neu zu erwerbenden Vermögensgegenstände vorher extern bewertet werden. Insofern decken sich die Anforderungen in den Fällen der Mehrheits- oder Minderheitsbeteiligung. Allerdings können der Gesellschaftsvertrag bzw. die Satzung im Falle einer Minderheitsbeteiligung jederzeit von den Mehrheitsgesellschaftern geändert werden, ohne dass die AIF-KVG (als Minderheitsgesellschafterin) eine entsprechende Einflussnahmemöglichkeit besitzt. Anders ist dies nur dann zu beurteilen, wenn der Gesellschaftsvertrag für diesen Fall ein Einstimmigkeitserfordernis zur Änderung vorsieht. Ansonsten ist die AIF-KVG angehalten, die Minderheitsbeteiligung unter Wahrung der Interessen der Anleger zu veräußern, vgl. § 237 Abs. 7 KAGB.[24]

Um dem Bewertungsgebot eine angemessene, anlegerschützende Wirkung beizubringen, wäre eine separate 20
Regelung wünschenswert gewesen, wonach die Geschäftsführer, Vorstände oder Gesellschafter der Immobilien-Gesellschafter wirksam auch den Anlegern gegenüber angehalten wären, einen Vermögensgegenstand erst dann zu erwerben, wenn ein Bewertungsverfahren tatsächlich stattgefunden hat.[25] Allerdings ist dies nach dem deutschen Gesellschaftsrecht nicht durchsetzbar, da die Vertretungsmacht der Geschäftsführer, Vorstände oder Gesellschafter nur im **Innenverhältnis zur Gesellschaft und den Gesellschaftern** beschränkt werden kann, nicht jedoch gegenüber Dritten.[26] Nach außen und damit den Anlegern gegenüber hat eine satzungsmäßige Beschränkung der Vertretungsmacht gerade keine dingliche Wirkung.[27]

b) Bewertung der einzelnen erwerbbaren Vermögensgegenstände

aa) Vermögensgegenstände im Sinne des § 231 Abs. 1 Nr. 1 bis 6 KAGB

Neu von der Immobilien-Gesellschaft zu erwerbende Vermögensgegenstände sind je nach Wert des Ver- 21
mögensgegenstandes von einem oder zwei externen Bewertern zu bewerten. Dies betrifft Grundstücke und Immobilien sowie Rechte an solchen Grundstücken oder Immobilien. Insofern verweist § 235 Abs. 2 Satz 1 Nr. 1 KAGB auf die Bewertungsvorschrift des § 231 Abs. 2 KAGB. Von dem Verweis umfasst ist auch die Vorgabe des § 231 Abs. 2 Nr. 4 KAGB, wonach der Kaufpreis nicht wesentlich höher sein darf als der ermittelte Wert des entsprechenden Vermögensgegenstandes.[28]

bb) Bewirtschaftungsgegenstände im Sinne des § 231 Abs. 3 KAGB

Die Bewertung von Bewirtschaftungsgegenständen nach § 231 Abs. 3 KAGB muss bei deren Neuerwerb da- 22
gegen nicht von einem externen Bewerter vorgenommen werden, da sich diese meist leicht nach ihrem aktuellen Verkehrswert bewerten lassen und eine externe Bewertung im Verhältnis zum jeweiligen Wert des Vermögensgegenstandes meist zu teuer sein wird.[29] Auch § 231 Abs. 2 KAGB sieht ein Bewertungsverfahren durch externe Bewerter nur für Vermögensgegenstände nach § 231 Abs. 1 Nr. 1 bis 6 KAGB vor.

---

23 Begr. RegE, BT-Drucks. 17/13395, S. 654.

24 Auch *Siedler* in Baur/Tappen, § 235 KAGB Rz. 14; zum alten Recht bereits *Schultz-Süchting* in Emde/Dornseifer/Dreibus/Hölscher, § 68 InvG Rz. 58; a.A. *Brockhausen* in Moritz/Klebeck/Jesch, § 235 KAGB Rz. 9 mit Verweis auf *Zöll* in Beckmann/Scholtz/Vollmer, § 68 InvG Rz. 25, die eine Pflicht der AIF-KVG zur Veräußerung der Anteile ablehnen.

25 *Siedler* in Baur/Tappen, § 235 KAGB Rz. 18; *Zöll* in Beckmann/Scholtz/Vollmer, § 68 InvG Rz. 24.

26 § 161 Abs. 2 i.V.m. § 126 Abs. 2 HGB bei der KG, § 82 Abs. 1 AktG bei der AG und § 37 Abs. 2 Satz 1 GmbHG für die GmbH; vgl. auch *Siedler* in Baur/Tappen, § 235 KAGB Rz. 18; *Zöll* in Beckmann/Scholtz/Vollmer, § 68 InvG Rz. 24.

27 *Zöll* in Beckmann/Scholtz/Vollmer, § 68 InvG Rz. 24; *Siedler* in Baur/Tappen, § 235 KAGB Rz. 18; *Schultz-Süchting* in Emde/Dornseifer/Dreibus/Hölscher, § 68 InvG Rz. 60.

28 *Wind/Fritz* in Weitnauer/Boxberger/Anders, § 235 KAGB Rz. 7d plädieren für eine analoge Anwendung des § 231 Abs. 2 Nr. 4 KAGB, die aufgrund des umfassenden Verweises in § 235 Abs. 2 Nr. 1 KAGB auf den vollständigen § 231 Abs. 2 KAGB nicht (mehr) erforderlich ist.

29 *Zöll* in Beckmann/Scholtz/Vollmer, § 235 KAGB Rz. 5 und *Zöll* in Beckmann/Scholtz/Vollmer, § 68 InvG Rz. 25; *Siedler* in Baur/Tappen, § 235 KAGB Rz. 16; *Brockhausen* in Moritz/Klebeck/Jesch, § 235 KAGB Rz. 7.

cc) Liquiditätsanlagen im Sinne des § 231 Abs. 1 Nr. 7 i.V.m. § 253 KAGB

23 Auch Liquiditätsanlagen im Sinne des § 253 KAGB sind nicht von der externen Bewertungspflicht des § 231 Abs. 2 KAGB umfasst. Diese sind in der Regel ebenfalls leicht anhand ihres Verkehrswertes zu bewerten, sodass eine externe Bewertung nicht erforderlich erscheint.[30]

dd) Beteiligungen an Immobilien-Gesellschaften im Sinne des § 231 Abs. 1 Nr. 7 i.V.m. § 234 KAGB

24 Schließlich sind auch Beteiligungen an Immobilien-Gesellschaften nach § 231 Abs. 1 Nr. 7 i.V.m. § 234 KAGB grundsätzlich nicht von der externen Bewertungspflicht des § 231 Abs. 2 KAGB umfasst. Allerdings enthält § 236 KAGB **eigenständige Bewertungsvorschriften** zum direkten Erwerb einer Beteiligung an Immobilien-Gesellschaften. Um einen Gleichlauf zwischen dem direkten und dem indirekten Erwerb einer Beteiligung zu schaffen, ist die Vorschrift des § 236 KAGB auch auf den Erwerb von Vermögensgegenständen durch eine Immobilien-Gesellschaft anzuwenden.[31] Nach § 236 Abs. 3 KAGB sind auch in diesem Fall die neu zu erwerbenden Vermögensgegenstände je nach Wert von einem oder zwei externen Bewertern zu bewerten.

25 Nicht zu verwechseln ist die Bewertung der Vermögensgegenstände aber mit der Bewertung der Immobilien-Gesellschaft selbst. Erwirbt die AIF-KVG eine Beteiligung an einer Immobilien-Gesellschaft so ist der Wert der Gesellschaft von einem Abschlussprüfer im Sinne des § 319 Abs. 1 Satz 1 und 2 HGB zu ermitteln, vgl. § 236 Abs. 1 KAGB.

c) Formulierung im Gesellschaftsvertrag oder in der Satzung

26 Der Gesellschaftsvertrag bzw. die Satzung müssen auch in diesem Fall nicht den exakten Wortlaut des Gesetzes wiedergeben. Im Hinblick auf die **ultra vires Lehre** wäre eine zu detaillierte Regelung im Gesellschaftsvertrag bzw. in der Satzung für die Rechtssicherheit nicht förderlich.[32] Daher ist es ausreichend, wenn die Bewertungspflicht allgemein formuliert wird.

4. Abgrenzung zur regelmäßigen Bewertung (§ 235 Abs. 2 Satz 1 Nr. 2 KAGB)

27 Nach § 235 Abs. 2 Satz 1 Nr. 2 KAGB muss der Gesellschaftsvertrag bzw. die Satzung aber eine Regelung enthalten, nach der die externen Bewerter, die den Vermögensgegenstand beim Neuerwerb bewerten, nicht mit den externen Bewertern übereinstimmen dürfen, die die **regelmäßige Bewertung** der Vermögensgegenstände nach §§ 248, 249 und 251 Abs. 1 KAGB vornehmen.[33]

28 Eine Wiedergabe des Gesetzeswortlauts in dem Gesellschaftsvertrag bzw. in der Satzung ist auch in diesem Fall aufgrund der Folgen der ultra vires Lehre nicht erforderlich, sodass eine allgemeine Formulierung ausreichend ist.[34]

5. Anlagegrenze bei dem Erwerb einer Beteiligung (§ 235 Abs. 2 Satz 1 Nr. 3 KAGB)

a) Inhalt der Anlagegrenze

29 Schließlich muss der Gesellschaftsvertrag bzw. die Satzung gem. § 235 Abs. 2 Satz 1 Nr. 3 KAGB vorsehen, dass die Immobilien-Gesellschaft eine Immobilie oder eine Beteiligung an einer anderen Immobilien-Gesellschaft nur erwerben darf, wenn diese Immobilie oder die Beteiligung **15 % des Wertes des Immobilien-Sondervermögens** nicht übersteigt. Diese Anlagegrenze dient dazu, die Bildung von **Klumpenrisiken** für das Immobilien-Sondervermögen zu vermeiden.[35] Durch sie soll im Allgemeinen sichergestellt werden, dass die AIF-KVG für Rechnung des Immobilien-Sondervermögens nicht nur einseitig Vermögensgegenstände erwirbt, sondern ein diversifiziertes Anlageportfolio anstrebt.[36] Zu beachten ist dabei, dass die Anla-

---

30 *Zöll* in Beckmann/Scholtz/Vollmer, § 68 InvG Rz. 25; *Siedler* in Baur/Tappen, § 235 KAGB Rz. 16; *Brockhausen* in Moritz/Klebeck/Jesch, § 235 KAGB Rz. 7.

31 *Siedler* in Baur/Tappen, § 235 KAGB Rz. 16.

32 *Schultz-Süchting* in Emde/Dornseifer/Dreibus/Hölscher, § 68 InvG Rz. 58; *Brockhausen* in Moritz/Klebeck/Jesch, § 235 KAGB Rz. 10; siehe dazu auch Rz. 7.

33 *Siedler* in Baur/Tappen, § 235 KAGB Rz. 19.

34 *Siedler* in Baur/Tappen, § 235 KAGB Rz. 20; siehe dazu auch Rz. 7.

35 *Schultz-Süchting* in Emde/Dornseifer/Dreibus/Hölscher, § 68 InvG Rz. 62; *Wind/Fritz* in Weitnauer/Boxberger/Anders, § 235 KAGB Rz. 9; *Brockhausen* in Moritz/Klebeck/Jesch, § 235 KAGB Rz. 11; allgemein zu Klumpenrisiken vgl. *Fleischer/Schmolke*, ZHR 173 (2009), 649 ff.

36 *Schultz-Süchting* in Emde/Dornseifer/Dreibus/Hölscher, § 68 InvG Rz. 62; *Wind/Fritz* in Weitnauer/Boxberger/Anders, § 235 KAGB Rz. 9.

gegrenze erst nach einer Anlaufzeit von vier Jahren seit Bildung des Immobilien-Sondervermögens anzuwenden ist, vgl. § 244 KAGB.

§ 235 Abs. 2 Satz 2 KAGB enthält einen Hinweis auf § 243 Abs. 2 KAGB, wonach eine aus mehreren Immobilien bestehende **wirtschaftliche Einheit** einer Immobilie gleichgestellt ist. Dies ist folglich im Rahmen der Berechnung der Anlagegrenze zu berücksichtigen. 30

b) Berechnung der Anlagegrenze

Zur Berechnung der Anlagegrenze ist der der Beteiligung entsprechende Wert der Immobilie oder Beteiligung zu dem Wert des Immobilien-Sondervermögens **ins Verhältnis zu setzen bzw. zu dividieren.**[37] Der Wortlaut nennt ausdrücklich nur Immobilien und Beteiligungen an anderen Immobilien-Gesellschaften. 31

Der **Wert der Immobilie oder Beteiligung** wird durch externe Bewertung ermittelt. Die jeweilige Immobilie oder Beteiligung ist allerdings nur dann vollständig anzusetzen, wenn die AIF-KVG auch 100 % der Beteiligung an der Immobilien-Gesellschaft für Rechnung des Immobilien-Sondervermögens hält. Hält die AIF-KVG eine geringere Beteiligung, so ist nur der der Beteiligung entsprechende Teilwert der jeweiligen Immobile oder Beteiligung in die Berechnung miteinzubeziehen.[38] Entscheidend ist dabei allein die Kapitalbeteiligung der AIF-KVG.[39] Bei mehrstöckigen Immobilien-Gesellschaften kommt es auf einen sog. „durchgerechneten Wert" der Beteiligung des Immobilien-Sondervermögens und nicht auf den Wert der Beteiligung der ersten Immobilien-Gesellschaft an der zweiten Immobilien-Gesellschaft usw. an.[40] 32

Hat die Immobilien-Gesellschaft zur Finanzierung der Immobilie oder Beteiligung ein Darlehen aufgenommen, so ist dieses vom Wert der jeweiligen Immobilie oder Beteiligung abzuziehen.[41] Der Wert jeder einzelnen Immobilie oder Beteiligung darf folglich abzüglich der zu seiner Finanzierung aufgenommenen Darlehen nicht mehr als 15 % des Wertes des Immobilien-Sondervermögens betragen. Der Wortlaut sieht diesen Abzug zwar nicht ausdrücklich vor. Allerdings ergibt sich dies aus dem Sinn und Zweck der Vorschrift. Bei einem Totalausfall der Immobilie oder der Beteiligung würde sich bei dem Immobilien-Sondervermögen selbst ein maximales Klumpenrisiko in Höhe von 15 % realisieren, da der Darlehensausfall nur bei der Immobilien-Gesellschaft selbst zu Buche schlägt und nicht bei dem Immobilien-Sondervermögen; das Immobilien-Sondervermögen steht gerade nicht für Darlehensausfälle auf Ebene der Immobilien-Gesellschaft ein.[42] Etwas anderes gilt nur dann, wenn die AIF-KVG oder das Immobilien-Sondervermögen für die Rückzahlung der Darlehen eine besondere Verpflichtung übernimmt, beispielsweise durch Schuldbeitritt, Übernahme einer Bürgschaft oder Garantie.[43] Dann betrifft der Darlehensausfall nicht nur die Immobilien-Gesellschaft, sondern auch die AIF-KVG bzw. das Immobilien-Sondervermögen selbst. In diesem Fall ist das Darlehen daher nicht vom Wert der Immobilien abzuziehen. 33

Dieser so berechnete Wert der neu zu erwerbenden Immobilie oder Beteiligung (in Höhe des entsprechenden Umfangs der Beteiligung) ist anschließend mit dem Wert des Immobilien-Sondervermögens ins Verhältnis zu setzen bzw. zu dividieren. Der **Wert des Immobilien-Sondervermögens** wird dabei durch Verrechnung der Aktiva und Passiva bestimmt.[44] Darlehensverbindlichkeiten sind an dieser Stelle, anders als 34

---

37 *Zöll* in Beckmann/Scholtz/Vollmer, § 68 InvG Rz. 26; *Wind/Fritz* in Weitnauer/Boxberger/Anders, § 235 KAGB Rz. 9; *Schultz-Süchting* in Emde/Dornseifer/Dreibus/Hölscher, § 68 InvG Rz. 63; *Brockhausen* in Moritz/Klebeck/Jesch, § 235 KAGB Rz. 12.

38 *Wind/Fritz* in Weitnauer/Boxberger/Anders, § 235 KAGB Rz. 10; *Schultz-Süchting* in Emde/Dornseifer/Dreibus/Hölscher, § 68 InvG Rz. 64.

39 *Wind/Fritz* in Weitnauer/Boxberger/Anders, § 235 KAGB Rz. 10; *Schultz-Süchting* in Emde/Dornseifer/Dreibus/Hölscher, § 68 InvG Rz. 64.

40 Eine Beispielberechnung findet sich bei *Schultz-Süchting* in Emde/Dornseifer/Dreibus/Hölscher, § 68 InvG Rz. 66. Dieser begründet die Heranziehung eines „durchgerechneten Wertes" damit, dass bei einer Einzelbetrachtung einer jeden Beteiligung und Unterbeteiligung Widersprüche auftauchen können. Siehe auch *Brockhausen* in Moritz/Klebeck/Jesch, § 235 KAGB Rz. 12.

41 *Wind/Fritz* in Weitnauer/Boxberger/Anders, § 235 KAGB Rz. 11; *Schultz-Süchting* in Emde/Dornseifer/Dreibus/Hölscher, § 68 InvG Rz. 65; *Zöll* in Beckmann/Scholtz/Vollmer, § 68 InvG Rz. 26; auch *Fock*, WM 2000, 1729, 1735; *Brockhausen* in Moritz/Klebeck/Jesch, § 235 KAGB Rz. 13; a.A. *Klusak* in Berger/Steck/Lübbehüsen, § 68 InvG Rz. 31.

42 Eine Beispielberechnung findet sich bei *Schultz-Süchting* in Emde/Dornseifer/Dreibus/Hölscher, § 68 InvG Rz. 65; auch *Wind/Fritz* in Weitnauer/Boxberger/Anders, § 235 KAGB Rz. 11; *Zöll* in Beckmann/Scholtz/Vollmer, § 68 InvG Rz. 26.

43 *Zöll* in Beckmann/Scholtz/Vollmer, § 68 InvG Rz. 26; *Wind/Fritz* in Weitnauer/Boxberger/Anders, § 235 KAGB Rz. 11; *Schultz-Süchting* in Emde/Dornseifer/Dreibus/Hölscher, § 68 InvG Rz. 65.

44 *Wind/Fritz* in Weitnauer/Boxberger/Anders, § 235 KAGB Rz. 12; *Schultz-Süchting* in Emde/Dornseifer/Dreibus/Hölscher, § 68 InvG Rz. 67; *Brockhausen* in Moritz/Klebeck/Jesch, § 235 KAGB Rz. 14.

auf Ebene der Immobilien-Gesellschaft, nicht abziehbar.[45] Dies wird damit begründet, dass ansonsten Darlehensverbindlichkeiten bei der Wertermittlung Berücksichtigung finden würden, die überwiegend aus Gründen der Steueroptimierung oder zur Absicherung von Währungsrisiken für Rechnung des Immobilien-Sondervermögens aufgenommen wurden.[46] Durch einen Abzug solcher Darlehen würde sich aber der Wert des Immobilien-Sondervermögens verringern, sodass die Aufnahme solcher Darlehen dazu führen würde, dass die AIF-KVG eine höhere Beteiligung an einer Immobilien-Gesellschaft erwerben kann und die Anlagegrenze damit ausgehebelt werden könnte.

6. Unverzügliche Anpassung des Gesellschaftsvertrages bzw. der Satzung (§ 235 Abs. 3 KAGB)

35 Für den Fall, dass der Gesellschaftsvertrag bzw. die Satzung im Zeitpunkt des Erwerbs (noch) nicht den gerade dargestellten Anforderungen (§ 235 Abs. 1 und 2 KAGB) entspricht, hat die AIF-KVG sicherzustellen, dass der Gesellschaftsvertrag bzw. die Satzung unverzüglich nach dem Erwerb der Beteiligung entsprechend geändert wird. Dadurch soll der AIF-KVG der erforderliche Handlungsspielraum eingeräumt werden; gleichzeitig soll auch sichergestellt werden, dass die gesetzlichen Anforderungen ohne großen Zeitverlust eingehalten werden.[47] Andernfalls darf die Beteiligung nicht erworben werden.[48]

36 Die AIF-KVG muss zunächst sicherstellen, dass die Satzung **unverzüglich** nach dem Erwerb der Beteiligung geändert wird. Dabei ist auf die allgemeine Definition in § 121 BGB zurückzugreifen, wonach die Änderung ohne schuldhaftes Zögern erfolgen muss.[49] Dies bezieht sich bereits auf die tatsächliche Änderung der Satzung, sodass die Planung und Prüfung der Satzung bereits vor dem Erwerb der Beteiligung abgeschlossen sein muss.[50]

37 Daneben muss die Änderung der Satzung alsbald nach Erwerb der Beteiligung **sichergestellt** sein, d.h. dass alle erforderlichen Vorbereitungen durch die AIF-KVG getroffen wurden und es keine begründeten Zweifel daran gibt, dass der zu erwartende Ablauf eingehalten wird.[51] Dazu gehören die Prüfung der Satzung, Einigung auf einen Wortlaut, Einholung etwaiger Vollmachten sowie Vorbereitung der satzungsändernden Beschlüsse.[52] Lediglich die tatsächliche Durchführung der Änderung, mit anderen Worten die **Fassung der entsprechenden satzungsändernden Gesellschafterbeschlüsse**, darf nach dem Erwerb der Beteiligung erfolgen. Daher sollten sich die Gesellschafter bereits vor dem Erwerb der Beteiligung durch die AIF-KVG **schuldrechtlich zur Durchführung der Satzungsänderung verpflichtet** haben.[53] Dies kann entweder durch eine entsprechende Regelung im Beteiligungskaufvertrag, durch Gesellschaftervereinbarung oder durch eine separate Verpflichtungserklärung erfolgen.[54] In der Praxis werden die Gesellschafterbeschlüsse meist als Anlage zum Beteiligungs-Kaufvertrag beigefügt, sodass nach Unterzeichnung nur noch die tatsächliche Beschlussfassung durchgeführt wird (meist als Vollzugs-Handlung im Rahmen des Closing).[55]

38 Fehlt im Gesellschaftsvertrag oder in der Satzung das Erfordernis der Bewertung nach § 235 Abs. 2 Nr. 2 KAGB und hat die AIF-KVG die Beteiligung trotzdem erworben, **ohne die Vermögensgegenstände vorher zu bewerten**, so verstößt sie nach dem Wortlaut des § 235 Abs. 3 KAGB nicht zwingend gegen das Gesetz, wenn sie die unverzügliche Änderung der Satzung vorher sichergestellt hat. Trotzdem ist von der AIF-KVG nach dem Sinn und Zweck der Vorschrift in diesem Fall zu verlangen, dass sie alle möglichen Anstrengun-

---

45 *Zöll* in Beckmann/Scholtz/Vollmer, § 68 InvG Rz. 26; *Brockhausen* in Moritz/Klebeck/Jesch, § 235 KAGB Rz. 14.

46 Dies ergibt sich aus der Gesetzesbegründung zu § 73 Abs. 1 InvG a.F., den § 68 Abs. 5 Satz 1 Nr. 2 InvG a.F. spiegeln sollte, vgl. Begr. RegE, BT-Drucks. 14/8017, S. 107. Siehe dazu *Schultz-Süchting* in Emde/Dornseifer/Dreibus/Hölscher, § 68 InvG Rz. 67.

47 *Zöll* in Beckmann/Scholtz/Vollmer, § 68 InvG Rz. 27; *Schultz-Süchting* in Emde/Dornseifer/Dreibus/Hölscher, § 68 InvG Rz. 68; *Siedler* in Baur/Tappen, § 235 KAGB Rz. 23.

48 *Zöll* in Beckmann/Scholtz/Vollmer, § 68 InvG Rz. 27.

49 *Schultz-Süchting* in Emde/Dornseifer/Dreibus/Hölscher, § 68 InvG Rz. 68; *Siedler* in Baur/Tappen, § 235 KAGB Rz. 24; *Zöll* in Beckmann/Scholtz/Vollmer, § 68 InvG Rz. 27; *Brockhausen* in Moritz/Klebeck/Jesch, § 235 KAGB Rz. 16.

50 *Schultz-Süchting* in Emde/Dornseifer/Dreibus/Hölscher, § 68 InvG Rz. 68; *Siedler* in Baur/Tappen, § 235 KAGB Rz. 24; *Wind/Fritz* in Weitnauer/Boxberger/Anders, § 235 KAGB Rz. 14.

51 *Schultz-Süchting* in Emde/Dornseifer/Dreibus/Hölscher, § 68 InvG Rz. 68; *Siedler* in Baur/Tappen, § 235 KAGB Rz. 25; *Wind/Fritz* in Weitnauer/Boxberger/Anders, § 235 KAGB Rz. 16.

52 *Schultz-Süchting* in Emde/Dornseifer/Dreibus/Hölscher, § 68 InvG Rz. 68.

53 *Schultz-Süchting* in Emde/Dornseifer/Dreibus/Hölscher, § 68 InvG Rz. 68; *Siedler* in Baur/Tappen, § 235 KAGB Rz. 27.

54 Die letzten beiden Varianten sind v.a. von Bedeutung wenn es neben dem Verkäufer der Beteiligung noch weitere Gesellschafter gibt, die nicht durch den Beteiligungskaufvertrag gebunden werden.

55 *Schultz-Süchting* in Emde/Dornseifer/Dreibus/Hölscher, § 68 InvG Rz. 68.

gen unternimmt, die Vermögensgegenstände auch ohne die satzungsmäßige Verpflichtung vor Erwerb zu bewerten.[56] Nur dann wäre eine Haftung der AIF-KVG gegenüber dem Anleger mangels eines schuldhaften Verhaltens ausgeschlossen.[57]

7. Vollständige Erbringung der Einlageleistung (§ 235 Abs. 4 KAGB)

39 Schließlich müssen nach § 235 Abs. 4 KAGB sämtliche Gesellschafter der Immobilien-Gesellschaft ihre **Einlagen vollständig erbracht** haben. Sinn und Zweck der Regelung ist es, die AIF-KVG als Gesellschafterin vor einer Ausfallhaftung eines Mitgesellschafters zu schützen.[58]

40 Daneben gibt es aber auch wirtschaftliche Gründe, die dafür sprechen, dass sämtliche Gesellschafter ihre Einlageleistung erbracht haben und das Kapital der Immobilien-Gesellschaft zur Verfügung steht.[59] Daher ist auch im Falle einer Gesellschaftsform, bei der eine Ausfallhaftung der AIF-KVG für einen Mitgesellschafter nicht eintreten kann, an dem Erfordernis der vollständigen Einlageleistung festzuhalten.[60] Dies ist beispielsweise bei einer GmbH & Co. KG der Fall.

41 Von dem Erfordernis der vollständigen Einlageleistung sind sowohl **Kapital-** als auch **Sacheinlagen** umfasst.[61] Zwar gehen mit der Erbringung einer Sacheinlage gewisse Risiken einher, wenn die tatsächliche Sacheinlage nicht dem ermittelten Wert entspricht und der einlegende Gesellschafter einer Differenzhaftung ausgesetzt sein kann.[62] Dieses Risiko hat der Gesetzgeber aber bewusst in Kauf genommen.

42 Im Falle einer Kapitalerhöhung reicht es aus, wenn die Einlagen unmittelbar geleistet werden, nachdem der Kapitalerhöhungsbeschluss gefasst wurde.[63] Da die Wirksamkeit der Kapitalerhöhung von der Eintragung ins Handelsregister abhängt, und diese erst nach der Einlagenleistung erfolgt, ist ein ausreichender Schutz der Anleger sichergestellt.

§ 236 Erwerb der Beteiligung; Wertermittlung durch Abschlussprüfer

(1) Bevor die AIF-Kapitalverwaltungsgesellschaft die Beteiligung an einer Immobilien-Gesellschaft erwirbt, ist der Wert der Immobilien-Gesellschaft von einem Abschlussprüfer im Sinne des § 319 Absatz 1 Satz 1 und 2 des Handelsgesetzbuchs zu ermitteln.

(2) [1]Bei der Wertermittlung ist von dem letzten mit dem Bestätigungsvermerk eines Abschlussprüfers versehenen Jahresabschluss der Immobilien-Gesellschaft auszugehen. [2]Liegt der Jahresabschluss mehr als drei Monate vor dem Bewertungsstichtag, ist von den Vermögenswerten und Verbindlichkeiten der Immobilien-Gesellschaft auszugehen, die in einer vom Abschlussprüfer geprüften aktuellen Vermögensaufstellung nachgewiesen sind.

(3) Für die Bewertung gelten die §§ 248 und 250 Absatz 1 Nummer 2 und Absatz 2 mit der Maßgabe, dass die im Jahresabschluss oder in der Vermögensaufstellung der Immobilien-Gesellschaft ausgewiesenen Immobilien mit dem Wert anzusetzen sind, der

1. zuvor bei einem Wert der Immobilie von

a) bis zu einschließlich 50 Millionen Euro von einem externen Bewerter, der die Anforderungen nach § 216 Absatz 1 Satz 1 Nummer 1 und Satz 2, Absatz 2 bis 5 erfüllt, oder

---

56 *Schultz-Süchting* in Emde/Dornseifer/Dreibus/Hölscher, § 68 InvG Rz. 68; auch *Wind/Fritz* in Weitnauer/Boxberger/Anders, § 235 KAGB Rz. 17.

57 *Schultz-Süchting* in Emde/Dornseifer/Dreibus/Hölscher, § 68 InvG Rz. 68.

58 *Schultz-Süchting* in Emde/Dornseifer/Dreibus/Hölscher, § 68 InvG Rz. 56, mit dem Verweis auf Begr. RegE, BT-Drucks. 13/8933, S. 118, die die Risiken aber nicht konkret benennt, die mit einer nicht vollständigen Erbringung der Einlageleistung einhergehen. Auch *Brockhausen* in Moritz/Klebeck/Jesch, § 235 KAGB Rz. 18.

59 *Siedler* in Baur/Tappen, § 235 KAGB Rz. 31.

60 *Siedler* in Baur/Tappen, § 235 KAGB Rz. 31; im Ergebnis auch *Schultz-Süchting* in Emde/Dornseifer/Dreibus/Hölscher, § 68 InvG Rz. 56.

61 *Siedler* in Baur/Tappen, § 235 KAGB Rz. 30; im Ergebnis auch *Schultz-Süchting* in Emde/Dornseifer/Dreibus/Hölscher, § 68 InvG Rz. 57; *Brockhausen* in Moritz/Klebeck/Jesch, § 235 KAGB Rz. 19.

62 *Siedler* in Baur/Tappen, § 235 KAGB Rz. 30; im Ergebnis auch *Schultz-Süchting* in Emde/Dornseifer/Dreibus/Hölscher, § 68 InvG Rz. 57.

63 *Schultz-Süchting* in Emde/Dornseifer/Dreibus/Hölscher, § 68 InvG Rz. 57; zurückhaltender, aber im Ergebnis auch *Siedler* in Baur/Tappen, § 235 KAGB Rz. 32; *Brockhausen* in Moritz/Klebeck/Jesch, § 235 KAGB Rz. 19.

b) mehr als 50 Millionen Euro von zwei externen, voneinander unabhängigen Bewertern, die die Anforderungen nach § 216 Absatz 1 Satz 1 Nummer 1 und Satz 2, Absatz 2 bis 5 erfüllen und die die Bewertung der Vermögensgegenstände unabhängig voneinander vornehmen,

festgestellt wurde und wobei

2. der Bewerter im Sinne von Nummer 1 Buchstabe a oder die Bewerter im Sinne von Nummer 1 Buchstabe b

a) Objektbesichtigungen vorgenommen hat oder haben,

b) nicht zugleich die regelmäßige Bewertung gemäß den §§ 249 und 251 Absatz 1 durchführt oder durchführen und

c) nicht zugleich Abschlussprüfer ist oder sind.

In der Fassung vom 4.7.2013 (BGBl. I 2013, S. 1981).

Schrifttum: *Emde/Dreibus*, Der Regierungsentwurf für ein Kapitalanlagegesetzbuch, BKR 2013, 89; *Hübner*, Immobilienanlagen unter dem KAGB – Alte Fragen – Neue Fragen – Neue Antworten, WM 2014, 106.

I. Allgemeines

1. Regelungsgegenstand und Regelungszweck

1 Die Regelung des § 236 KAGB enthält die einschlägigen Vorgaben für die Bewertung einer Beteiligung an einer Immobilien-Gesellschaft, bevor die AIF-KVG diese für Rechnung des Immobilien-Sondervermögens erwerben darf. Zwar besteht der Wert einer Beteiligung an einer Immobilien-Gesellschaft zum Großteil aus den sich in der Gesellschaft befindlichen Vermögensgegenständen. Allerdings kann auch die Immobilien-Gesellschaft selbst **Werte oder Risiken** beinhalten, die ihren Wert insgesamt mitbestimmen können.[1] Daher ist auch die Beteiligung an sich aus Anlegerschutzgesichtspunkten zu bewerten. Außerdem dient die Regelung auch dazu, einen angemessenen Kaufpreis für die Beteiligung zu ermitteln, wobei die strengen Anforderungen des § 231 Abs. 2 Nr. 3 KAGB nicht gelten (vgl. § 31 Abs. 1 KARBV).

2 Der Wert der Beteiligung ist gem. § 236 Abs. 1 KAGB durch einen **Abschlussprüfer im Sinne des § 319 Abs. 1 Satz 1 und 2 HGB** zu ermitteln. Dabei sind die in der Immobilien-Gesellschaft befindlichen Vermögensgegenstände gem. § 236 Abs. 3 KAGB mit einem Wert anzusetzen, den einer oder zwei externe Bewerter für den letzten Jahresabschluss ermittelt haben. Die Regelung des § 236 Abs. 3 KAGB entspricht ihrem Inhalt nach der Bewertungsvorschrift des § 231 Abs. 2 KAGB, der die Bewertung der Vermögensgegenstände bei einem direkten Erwerb durch die AIF-KVG regelt. Ausweislich der Gesetzesbegründung soll so ein Gleichlauf zwischen der Bewertung bei einem direkten Erwerb von Vermögensgegenständen und einem indirekten Erwerb über eine Beteiligung sichergestellt werden.[2]

2. Entstehungsgeschichte

3 Die Vorschrift entspricht mit redaktionellen Anpassungen dem Wortlaut des aufgehobenen § 68 Abs. 2 InvG a.F.[3]

1 *Wind/Fritz* in Weitnauer/Boxberger/Anders, § 236 KAGB Rz. 1.
2 Begr. RegE, BT-Drucks. 17/13395, S. 654.
3 Begr. RegE, BT-Drucks. 17/12294, S. 268; *Brockhausen* in Moritz/Klebeck/Jesch, § 236 KAGB Rz. 1.

II. Bewertung einer Beteiligung

1. Bewertung durch Abschlussprüfer (§ 236 Abs. 1 KAGB)

Die Bewertung der Beteiligung hat durch einen Abschlussprüfer gem. § 319 Abs. 1 Satz 1 und 2 HGB zu erfolgen. Dies können **Wirtschaftsprüfer oder Wirtschaftsprüfungsgesellschaften** sein oder, wenn es um den Erwerb einer Beteiligung an einer mittelgroßen GmbH (§ 267 Abs. 2 HGB) oder an einer mittelgroßen Personengesellschaft (§ 264a Abs. 1 HGB) geht, auch **vereidigte Buchprüfer oder Buchprüfungsgesellschaften**. Die Regelung des § 236 Abs. 1 KAGB enthält, wie schon die Vorgängerregelung des § 68 Abs. 2 InvG a.F., keinen Verweis auf die Befangenheitsvorschriften in § 319 Abs. 2 bis 5 HGB. Allerdings empfiehlt sich aufgrund der gebotenen kaufmännischen Sorgfalt bei der Auswahl des Abschlussprüfers grundsätzlich, einen solchen zu wählen, der von vornherein nicht wegen der Besorgnis der Befangenheit ausscheidet.[4] 4

Um eine einheitliche Bewertung von Beteiligungen an Immobilien-Gesellschaften sicherzustellen, hat das Institut für Wirtschaftsprüfer (IDW) bereits am 10.8.2012 einen IDW-Praxishinweis herausgegeben.[5] Dieser bezieht sich zwar noch auf die Vorgängerregelungen der §§ 68, 70 InvG a.F., konnte aber für die Bewertung von Beteiligungen herangezogen werden, soweit diese Regelungen im KAGB mit lediglich redaktionellen Anpassungen übernommen wurden.[6] Der IDW Praxishinweis wurde ersetzt durch die am 16.4.2016 neu verabschiedete Verlautbarung „IDW S 12 zu Wertermittlungen nach KAGB bei Beteiligungen an einer Immobiliengesellschaft". 5

2. Letzter geprüfter Jahresabschluss als Grundlage (§ 236 Abs. 2 KAGB)

Als Grundlage für die Wertermittlung der Immobilien-Gesellschaft ist der letzte geprüfte und mit einem Bestätigungsvermerk des Abschlussprüfers versehene Jahresabschluss der Gesellschaft heranzuziehen. Ist dieser am Bewertungsstichtag älter als drei Monate, so ist als Grundlage eine vom Abschlussprüfer geprüfte, aktuelle Vermögensaufstellung heranzuziehen, aus der die Vermögenswerte und Verbindlichkeiten der Immobilien-Gesellschaft hervorgehen.[7] 6

Um die **Bewertung einer Beteiligung zu vereinheitlichen** finden sich im KAGB an mehreren Stellen Verordnungsermächtigungen.[8] Auf dieser Grundlage hat die BaFin die **KARBV** erlassen, die u.a. Regelungen zur Bewertung von zu dem Investmentvermögen gehörenden Vermögensgegenständen enthält.[9] § 31 KARBV enthält die konkretisierenden Vorschriften zur Bewertung von Beteiligungen an Immobilien-Gesellschaften. Während § 31 Abs. 1 und 2 KARBV die Erstbewertung einer Beteiligung näher regeln, finden sich in § 31 Abs. 3 bis 8 KARBV nähere Regelungen zur sog. „Regelbewertung" der Beteiligung nach §§ 248 bis 250 KAGB. Nach § 31 Abs. 1 KARBV dient die erstmalige Wertermittlung in erster Linie dazu, einen angemessenen Kaufpreis für die zu erwerbende Beteiligung zu ermitteln (§ 31 Abs. 1 Satz 1 KARBV). Dabei muss die AIF-KVG die Sorgfalt eines ordentlichen Geschäftsmannes zugrunde legen und darf nicht jeden beliebigen Kaufpreis akzeptieren.[10] Ob sich dieser so ermittelte Wert im Kaufpreis tatsächlich widerspiegeln muss, war bereits unter der Geltung des inhaltsgleichen § 68 Abs. 2 InvG a.F. umstritten.[11] Nach dem Sinn und Zweck der Vorschrift ist aber davon auszugehen, dass die AIF-KVG sich bei den Kaufpreisverhandlungen an den ermittelten Wert halten sollte.[12] Ansonsten wäre die Bewertung vor Erwerb der Beteiligung sinnlos. Um die Wertermittlung der sich in der Immobilien-Gesellschaft befindlichen Vermögensgegenstände auch 7

---

4 *Schultz-Süchting* in Emde/Dornseifer/Dreibus/Hölscher, § 68 InvG Rz. 107; *Brockhausen* in Moritz/Klebeck/Jesch, § 236 KAGB Rz. 4.

5 IDW Praxishinweis 1/2012, Bewertung nach §§ 68, 70 InvG.

6 So auch *Schachinger* in Baur/Tappen, § 236 KAGB Rz. 2 und Fn. 3.

7 Zur Vermögensaufstellung vgl. *Zöll* in Beckmann/Scholtz/Vollmer, § 236 KAGB Rz. 7; *Brockhausen* in Moritz/Klebeck/Jesch, § 236 KAGB Rz. 7.

8 §§ 96 Abs. 4 Satz 1, 168 Abs. 8 Satz 1, 106 Satz 1, 120 Abs. 8 Satz 1 i.V.m. §§ 148 Abs. 1, 135 Abs. 11 Satz 1 und 158 Satz 1 KAGB sind die Grundlagen für die KARBV.

9 Verordnung über Inhalt, Umfang und Darstellung der Rechnungslegung von Sondervermögen, Investmentaktiengesellschaften und Investmentkommanditgesellschaften sowie über die Bewertung der zu dem Investmentvermögen gehörenden Vermögensgegenstände (Kapitalanlage-Rechnungslegungs- und -Bewertungsverordnung – KARBV) vom 16.7.2013, BGBl. I 2013, S. 2483.

10 *Brockhausen* in Moritz/Klebeck/Jesch, § 236 KAGB Rz. 6.

11 Die zu erbringende Gegenleistung darf danach den Wert der Beteiligung auch mehr als unwesentlich übersteigen, wobei die AIF-KVG die Gegenleistung trotzdem mit der Sorgfalt eines ordentlichen Geschäftsmannes wählen muss, *Zöll* in Beckmann/Scholtz/Vollmer, § 236 KAGB Rz. 2 und *Zöll* in Beckmann/Scholtz/Vollmer, § 68 InvG Rz. 13; zweifelnd *Klusak* in Berger/Steck/Lübbehüsen, § 68 InvG Rz. 16; a.A. *Schultz-Süchting* in Emde/Dornseifer/Dreibus/Hölscher, § 68 InvG Rz. 110.

12 *Schultz-Süchting* in Emde/Dornseifer/Dreibus/Hölscher, § 68 InvG Rz. 110.

nachvollziehbar zu dokumentieren, muss der externe Bewerter nach § 31 Abs. 1 Sa z 2 KARBV alle wesentlichen Grundlagen und Annahmen der Immobilienbewertung, insb. alle wertbeeinflussenden Faktoren, in seinem Gutachten darlegen. Der Abschlussprüfer wiederum, der die Beteiligung selbst bewertet, hat in seinem Gutachten die Differenzen zwischen dem Nettovermögenswert laut Vermögensaufstellung gem. § 247 KAGB und dem tatsächlich ermittelten Betiligungswert darzulegen. § 31 Abs. 2 S. 1 KARBV enthält weitergehend eine Regelung nach der die Anschaffungsnebenkosten der jeweiligen Vermögensgegenstände über die geplante Zugehörigkeitsdauer in Jahresbeträgen abzusetzen sind. Insofern verweist § 31 Abs. 2 Satz 1 KARBV auf die entsprechende Regelung in § 248 Abs. 2 und 3 Satz 1 KAGB.

8 Hält die Immobilien-Gesellschaft, an der eine Beteiligung erworben werden soll, bereits Beteiligungen an anderen Immobilien-Gesellschaften, so muss nur die zu erwerbende Beteiligung nach den Maßstäben des § 236 KAGB bewertet werden.[13]

3. Bewertung der Vermögensgegenstände (§ 236 Abs. 3 KAGB)

9 Für die Bewertung der Immobilien der Gesellschaft sind nach § 236 Abs. 3 KAGB die Regelungen der §§ 248 und 250 Abs. 1 Nr. 2 und Abs. 2 KAGB anzuwenden.[14] Dabei sind die in § 236 Abs. 3 KAGB genannten besonderen Kriterien für die externen Bewerter einzuhalten. Um einen **Gleichlauf zwischen dem direkten Erwerb und dem indirekten Erwerb von Vermögensgegenständen** durch die AIF-KVG für Rechnung des Immobilien-Sondervermögens zu schaffen, entsprechen die Kriterien in § 236 Abs. 3 KAGB den Kriterien des § 231 Abs. 2 KAGB. Insofern wird umfassend auf die Kommentierung dort verwiesen.

4. Bewertungsstichtag

10 Der Gesetzgeber sieht in § 236 Abs. 1 KAGB vor, dass der Wert der Beteiligung **vor dem „Erwerb" der Beteiligung** zu ermitteln ist, lässt aber eine weitergehende Konkretisierung dieses Zeitpunktes vermissen.[15] Auch die konkretisierende Regelung in § 31 KARBV enthält keinen genaueren Definitionszeitpunkt. Bereits unter Geltung des InvG a.F. wurde kritisiert, dass der Gesetzgeber den Erwerbszeitpunkt nicht näher definiert.[16] Trotzdem hat er es unterlassen dies im Rahmen der Neufassung des KAGB zu regeln.

11 Als Erwerbszeitpunkt kommen sowohl der Zeitpunkt der schuldrechtlichen Verpflichtung (Vertragsschluss) als auch der tatsächliche Übergang der Anteile (Vollzug) in Betracht.[17] Richtigerweise liegt ein tatsächlicher „Erwerb" der Beteiligung erst dann vor, wenn der **Erwerber in die Gesellschafterstellung** eingetreten ist und die Rechte aus dieser in Anspruch nehmen kann.[18] Dies ist aber erst dann der Fall, wenn die Anteile auch dinglich auf den Erwerber übergangen sind (sog. Vollzug). In der Praxis wird dies in der Regel von sog. Vollzugshandlungen abhängig gemacht. Erst wenn diese erbracht wurden, gehen die Anteile tatsächlich auf den Erwerber über. Vorher besteht „nur" eine schuldrechtliche Verpflichtung des Verkäufers, die Anteile an den Erwerber zu übertragen; Rechte aus den Anteilen kann der Erwerber daraus aber noch nicht herleiten. Ob diese Erwerbsdefinition im Rahmen von § 236 Abs. 1 KAGB für die Frage nach dem Zeitpunkt der Wertermittlung sachdienlich ist, ist allerdings mehr als fraglich, da die AIF-KVG die schuldrechtliche Verpflichtung zur Zahlung eines bereits zu diesem Zeitpunkt zwingend fest bestimmten Kaufpreises ohne die entsprechende Wertermittlung eingeht.[19] Dies würde dem Sinn und Zweck der Vorschrift, einen angemessenen Kaufpreis zu ermitteln, entgegenwirken. Daher erscheint es für die Zwecke des § 236 KAGB praxistauglicher und sinnvoller, ausnahmsweise auf den **Abschluss des Kaufvertrages** abzustellen.[20] Zugleich ist es für die AIF-KVG ratsam, die Zeitspanne zwischen Vertragsschluss und Vollzug so gering wie möglich zu halten.[21]

---

13 *Schultz-Süchting* in Emde/Dornseifer/Dreibus/Hölscher, § 68 InvG Rz. 111.

14 Siehe dazu im Einzelnen *Zöll* in Beckmann/Scholtz/Vollmer, § 236 KAGB Rz. 8 ff.; *Brockhausen* in Moritz/Klebeck/Jesch, § 236 KAGB Rz. 9.

15 Kritisch vor diesem Hintergrund auch *Schachinger* in Baur/Tappen, § 236 KAGB Rz. 4; *Zöll* in Beckmann/Scholtz/Vollmer, § 236 KAGB Rz. 3; *Brockhausen* in Moritz/Klebeck/Jesch, § 236 KAGB Rz. 8.

16 *Schultz-Süchting* in Emde/Dornseifer/Dreibus/Hölscher, § 68 InvG Rz. 109.

17 Die Trennung zwischen dem sog. Signing und Closing ist in den meisten M&A-Transaktionen Standard, so dass sich diese Frage in der Praxis regelmäßig stellt.

18 *Zöll* in Beckmann/Scholtz/Vollmer, § 68 InvG Rz. 14.

19 *Schultz-Süchting* in Emde/Dornseifer/Dreibus/Hölscher, § 68 InvG Rz. 109.

20 *Zöll* in Beckmann/Scholtz/Vollmer, § 136 KAGB Rz. 3; *Schultz-Süchting* in Emde/Dornseifer/Dreibus/Hölscher, § 68 InvG Rz. 109; *Brockhausen* in Moritz/Klebeck/Jesch, § 236 KAGB Rz. 5.

21 Vorschlag von *Schultz-Süchting* in Emde/Dornseifer/Dreibus/Hölscher, § 68 InvG Rz. 109; *Brockhausen* in Moritz/Klebeck/Jesch, § 236 KAGB Rz. 5.

§ 237 Umfang der Beteiligung; Anlagegrenzen

(1) Der Wert aller Vermögensgegenstände, die zum Vermögen der Immobilien-Gesellschaften gehören, an denen die AIF-Kapitalverwaltungsgesellschaft für Rechnung des Immobilien-Sondervermögens beteiligt ist, darf 49 Prozent des Wertes des Immobilien-Sondervermögens nicht übersteigen.

(2) Der Wert von Vermögensgegenständen, die zum Vermögen einer Immobilien-Gesellschaft gehören, an der die AIF-Kapitalverwaltungsgesellschaft für Rechnung des Immobilien-Sondervermögens zu 100 Prozent des Kapitals und der Stimmrechte beteiligt ist, wird auf die Anlagegrenze nach Absatz 1 nicht angerechnet.

(3) Unbeschadet der Anlagegrenze nach Absatz 1 darf der Wert der Vermögensgegenstände, die zum Vermögen von Immobilien-Gesellschaften gehören, an denen die AIF-Kapitalverwaltungsgesellschaft für Rechnung des Immobilien-Sondervermögens nicht mit einer Kapitalmehrheit beteiligt ist, 30 Prozent des Wertes des Immobilien-Sondervermögens nicht überschreiten.

(4) Bei der Berechnung des Wertes des Sondervermögens nach den Absätzen 1 und 3 werden die aufgenommenen Darlehen nicht abgezogen.

(5) Nicht anzurechnen auf die Anlagegrenzen der Absätze 3 und 4 ist die von einer AIF-Kapitalverwaltungsgesellschaft für Rechnung eines einzelnen Immobilien-Sondervermögens gehaltene Kapitalbeteiligung von weniger als 50 Prozent des Wertes der Immobilien-Gesellschaft, wenn die Beteiligung der AIF-Kapitalverwaltungsgesellschaft infolge zusätzlicher Kapitalbeteiligungen die Anforderungen des § 234 Satz 1 Nummer 4 erfüllt.

(6) Beteiligungen an derselben Immobilien-Gesellschaft dürfen nicht sowohl für Rechnung eines oder mehrerer Publikums-AIF als auch für Rechnung eines oder mehrerer Spezial-AIF gehalten werden.

(7) Wenn nach Erwerb einer Minderheitsbeteiligung die Voraussetzungen für den Erwerb und das Halten der Beteiligung nicht mehr erfüllt sind, hat die AIF-Kapitalverwaltungsgesellschaft die Veräußerung der Beteiligung unter Wahrung der Interessen der Anleger anzustreben.

In der Fassung vom 4.7.2013 (BGBl. I 2013, S. 1981).

I. Allgemeines

1. Regelungsgegenstand

Die Vorschrift des § 237 KAGB enthält mehrere Anlagegrenzen für den Erwerb von Beteiligungen an Immobilien-Gesellschaften für Rechnung des Immobilien-Sondervermögens. Bei der Höhe der **Anlagegrenzen** differenziert der Gesetzgeber nach der Höhe der Beteiligung der AIF-KVG an der Immobilien-Gesellschaft. So darf der Wert der Vermögensgegenstände, die zum Vermögen der Immobilien-Gesellschaft gehören 1

- bei Minderheitsbeteiligungen maximal 30 %,
- bei Mehrheitsbeteiligungen maximal 49 %

des Wertes des Immobilien-Sondervermögens nicht überschreiten (§ 237 Abs. 1 und 3 KAGB).

Hält die AIF-KVG dagegen 100 % der Beteiligung an der Immobilien-Gesellschaft, sieht das KAGB **keine Anlagegrenze** vor (§ 237 Abs. 2 KAGB). Auf diese Weise schafft der Gesetzgeber einen Gleichlauf zwischen direkt gehaltenen Immobilien und indirekt über eine Beteiligung an einer Immobilien-Gesellschaft gehalte- 2 nen Immobilien.[1] Eine Ungleichbehandlung dieser beiden Sachverhalte wäre nicht gerechtfertigt, da die AIF-KVG bei einer 100-prozentigen Beteiligung auch die vollständige Kontrolle über die Immobilien-Gesellschaft ausübt.

3 § 237 Abs. 4 KAGB enthält eine Regelung zur Berechnung der Anlagegrenzen und stellt klar, dass Darlehen des Immobilien-Sondervermögens dessen Wert nicht mindern können und folglich nicht abziehbar sind. Eine weitere Sonderregelung zur Berechnung der Anlagegrenzen enthält § 237 Abs. 5 KAGB. Danach sind **Minderheitsbeteiligungen mit weniger als 50 % dann nicht auf die Anlagegrenzen anzurechnen**, wenn die AIF-KVG insgesamt die für eine Satzungsänderung erforderliche Mehrheit an der Immobilien-Gesellschaft hält (§ 234 Satz 1 Nr. 4 KAGB). Auch in diesem Fall kann die AIF-KVG die wesentlichen Entscheidungen der Immobilien-Gesellschaft über ihre Mehrheitsgesellschafterstellung steuern, sodass solche Beteiligungen auch nicht auf die Anlagegrenzen des § 237 KAGB angerechnet werden sollen.[2]

4 Die Vorschrift des § 237 Abs. 6 KAGB stellt klar, dass eine AIF-KVG keine Beteiligungen an derselben Immobilien-Gesellschaft sowohl für Rechnung eines Publikums-AIF als auch gleichzeitig für Rechnung eines Spezial-AIF halten darf.

5 Schließlich enthält § 237 Abs. 7 KAGB noch die Verpflichtung der AIF-KVG im Falle eines nachträglichen Wegfalls der Beteiligungsvoraussetzungen einen Verkauf der Beteiligung anzustreben. Nach dem Wortlaut der Norm soll dies zunächst nur im Falle einer Minderheitsbeteiligung gelten. Bereits im Rahmend er Vorgängerregelung wurde allerdings vertreten, dass diese Verpflichtung auch im Fall einer Mehrheitsbeteiligung der AIF-KVG analog anzuwenden sei (siehe dazu Rz. 24 f.).

2. Regelungszweck

6 Hintergrund der Regelung ist es, die Risiken für die Anleger möglichst gering zu halten, die mit dem Erwerb einer Beteiligung an einer Immobilien-Gesellschaft einhergehen. Da die Risiken davon abhängen, welche Einflussnahmemöglichkeiten die AIF-KVG auf die Immobilien-Gesellschaft hat und ob sie ggf. auf die Rechte andere Gesellschafter, sei es auch nur von Minderheitsgesellschaftern Rücksicht nehmen muss, hat der Gesetzgeber eine Abstufung der Anlagegrenzen nach der Höhe der jeweiligen Beteiligung vorgenommen.[3] Hat die AIF-KVG wenig Einfluss auf die Geschäftsführung der Immobilien-Gesellschaft und auf die gehaltenen Immobilien oder Vermögensgegenstände, so darf nur eine im Verhältnis zum Wert des Immobilien-Sondervermögens geringe Anzahl an Minderheitsbeteiligungen erworben werden. Ist der Einfluss der AIF-KVG aufgrund einer Mehrheitsbeteiligung dagegen höher, so darf sie eine größere Anzahl an Mehrheitsbeteiligungen erwerben. Kann die AIF-KVG schließlich aufgrund ihrer 100-prozentigen Beteiligung die vollständige Kontrolle über die Immobilien-Gesellschaft ausüben, so sieht das Gesetz keine Anlagegrenze vor.

7 Der Gesetzgeber beschränkt den Erwerb von Beteiligungen durch bestimmte Anlagegrenzen. Dies dient in erster Linie dazu, das Immobilien-Sondervermögen vor **Klumpenrisiken** zu schützen und eine **ausgewogene Risikodiversifizierung** sicherzustellen.[4] Um der AIF-KVG allerdings auch eine gewisse Anlaufzeit zur Zusammenstellung des Portfolios zu geben, sind die Anlagegrenzen erst nach einer Anlaufzeit von vier Jahren seit Bildung des Immobilien-Sondervermögens anzuwenden, vgl. § 244 KAGB.

3. Entstehungsgeschichte

8 Die Regelungen des § 237 Abs. 1 bis 6 KAGB übernehmen mit redaktionellen Anpassungen den Wortlaut der Vorgängerschrift des § 68 Abs. 6 InvG a.F.[5] Weitergehend entspricht § 237 Abs. 7 KAGB mit redaktionellen Anpassungen dem Wortlaut des aufgehobenen § 68 Abs. 8 InvG a.F.[6]

1 *Schachinger* in Baur/Tappen, § 237 KAGB Rz. 4 mit Verweis auf das BaFin-Schreiben an den BVI vom 4.6.2008.
2 *Schachinger* in Baur/Tappen, § 237 KAGB Rz. 4.
3 *Wind/Fritz* in Weitnauer/Boxberger/Anders, § 237 KAGB Rz. 3 ff.; *Brockhausen* in Moritz/Klebeck/Jesch, § 237 KAGB Rz. 2.
4 *Brockhausen* in Moritz/Klebeck/Jesch, § 237 KAGB Rz. 2; allgemein zu Klumpenrisiken vgl. *Fleischer/Schmolke*, ZHR 173 (2009), 649 ff.; *Brockhausen* in Moritz/Klebeck/Jesch, § 237 KAGB Rz. 2.
5 Begr. RegE, BT-Drucks. 17/12294, S. 268.
6 Begr. RegE, BT-Drucks. 17/12294, S. 268.

II. Anlagegrenzen für Beteiligungen an Immobilien-Gesellschaften

1. AIF-KVG ist Alleingesellschafterin (§ 237 Abs. 2 KAGB)

9 Nach der Systematik des Gesetzes sieht § 237 Abs. 1 KAGB eine allgemeine Anlagegrenze von 49 % des Wertes des Immobilien-Sondervermögens vor, die zunächst nach dem Wortlaut auch 100 %-Beteiligungen umfasst. Erst § 237 Abs. 2 KAGB nimmt 100 %-Beteiligungen aus und ordnet an, dass solche Beteiligungen nicht auf die Anlagegrenze des § 237 Abs. 1 KAGB anzurechnen sind. Insofern ist § 237 Abs. 2 KAGB als **Ausnahmevorschrift** konzipiert.

10 Da es im Falle einer 100 %-Beteiligung keinen Unterschied macht, ob die AIF-KVG den Vermögensgegenstand **direkt** für das Immobilien-Sondervermögen erwirbt oder **indirekt über eine Immobilien-Gesellschaft**, über die sie als Alleingesellschafterin die vollständige Kontrolle ausüben kann, stellt das Gesetz diese beiden Fälle gleich.[7]

11 Eine 100-prozentige Beteiligung liegt zum einen vor, wenn die AIF-KVG sämtliche Anteile an der Immobilien-Gesellschaft hält. Zum anderen ergibt sich das gleiche Ergebnis für den Fall, dass zwar ein oder mehrere weitere Gesellschaften formell als Gesellschafter an der Immobilien-Gesellschaft beteiligt sind, diese Gesellschaften aber ebenfalls zu 100 % von der AIF-KVG gehalten werden.[8] Das Gleiche gilt für den Fall, dass die AIF-KVG die Beteiligungen für verschiedene Immobilien-Sondervermögen hält, insgesamt aber über 100 % der Anteile verfügt.[9] Auch in diesen Konstellationen ist die vollständige Kontrolle durch die AIF-KVG sichergestellt, sodass eine entsprechende Anwendung des § 237 Abs. 2 KAGB und folglich keine Anlagegrenze für solche Beteiligungen gerechtfertigt ist.

12 Eine **Ausnahme** von diesem Grundsatz besteht nur dann, wenn trotz der 100 %-Beteiligung noch **Dritte an der Immobilien-Gesellschaft „beteiligt"** sind, denen Rechte an der Gesellschaft zustehen; namentlich ist dies beispielsweise bei einem persönlich haftenden Gesellschafter einer InvKG der Fall.[10] Eine 100 %-Beteiligung der AIF-KVG liegt zwar nach dem Wortlaut des § 237 Abs. 2 KAGB auch in diesem Fall vor. Allerdings muss die AIF-KVG mögliche Rechte des persönlich haftenden Gesellschafters wahren. Daher ist die Vorschrift in diesem Fall nach ihrem Sinn und Zweck teleologisch zu reduzieren, sodass es bei der allgemeinen Anlagegrenze des § 237 Abs. 1 KAGB bleibt.[11]

2. AIF-KVG ist Mehrheitsgesellschafterin (§ 237 Abs. 1 KAGB)

13 Ist die AIF-KVG nicht Alleingesellschafterin, aber Mehrheitsgesellschafterin, so gilt die Anlagegrenze des § 237 Abs. 1 KAGB. Danach darf die AIF-KVG Beteiligungen an Immobilien-Gesellschaften erwerben, wobei der **Wert aller Vermögensgegenstände der Immobilien-Gesellschaft 49 % des Wertes des Immobilien-Sondervermögens nicht überschreiten** darf. Der Begriff der Vermögensgegenstände ist in diesem Zusammenhang nicht auf erwerbbare Vermögensgegenstände nach § 231 Abs. 1 KAGB begrenzt, sondern umfasst auch Bewirtschaftungsgegenstände (§ 231 Abs. 3 KAGB) und Liquiditätsanlagen (§ 253 KAGB).[12]

14 Wann eine **Mehrheitsbeteiligung** vorliegt, richtet sich nach § 234 Satz 1 Nr. 4 KAGB (satzungsändernde Kapital- und Stimmenmehrheit). Dies ergibt sich aus einem Umkehrschluss aus dem Wortlaut des § 234 Satz 2 KAGB. Danach liegt eine Minderheitsbeteiligung vor, wenn die AIF-KVG nicht die satzungsändernde Kapital- und Stimmenmehrheit hält. Folglich zieht der Gesetzgeber die Grenze zwischen Mehr- und Minderheitsbeteiligung dort, wo die AIF-KVG entweder eine satzungsändernde Kapital- und Stimmenmehrheit hält (Mehrheitsbeteiligung) oder nicht (Minderheitsbeteiligung).[13]

---

7 *Schachinger* in Baur/Tappen, § 237 KAGB Rz. 4 mit Verweis auf BaFin, Schreiben an den BVI vom 4.6.2008; *Klusak* in Berger/Steck/Lübbehüsen, § 68 InvG Rz. 26 mit Verweis auf Begr. RegE, BT-Drucks. 16/5576, S. 74.

8 *Wind/Fritz* in Weitnauer/Boxberger/Anders, § 237 KAGB Rz. 14; *Brockhausen* in Moritz/Klebeck/Jesch, § 237 KAGB Rz. 5.

9 *Wind/Fritz* in Weitnauer/Boxberger/Anders, § 237 KAGB Rz. 16; *Brockhausen* in Moritz/Klebeck/Jesch, § 237 KAGB Rz. 5.

10 Der persönlich haftende Gesellschafter einer KG ist Gesellschafter der KG, auch wenn er nicht über einen Kapital- oder Stimmenanteil verfügt, vgl. auch *Schultz-Süchting* in Emde/Dornseifer/Dreibus/Hölscher, § 68 InvG Rz. 69; *Wind/Fritz* in Weitnauer/Boxberger/Anders, § 237 KAGB Rz. 14. Auch *Brockhausen* in Moritz/Klebeck/Jesch, § 237 KAGB Rz. 5.

11 *Schultz-Süchting* in Emde/Dornseifer/Dreibus/Hölscher, § 68 InvG Rz. 69; *Wind/Fritz* in Weitnauer/Boxberger/Anders, § 237 KAGB Rz. 14.

12 *Zöll* in Beckmann/Scholtz/Vollmer, § 68 InvG Rz. 29.

13 Siehe dazu auch die Kommentierung zu § 234 Satz 1 Nr. 4 KAGB, § 234 Rz. 59 ff.; *Wind/Fritz* in Weitnauer/Boxberger/Anders, § 237 KAGB Rz. 14; *Schultz-Süchting* in Emde/Dornseifer/Dreibus/Hölscher, § 68 InvG Rz. 73; a.A. *Schachinger* in Baur/Tappen, § 237 KAGB Rz. 3 und *Klusak* in Berger/Steck/Lübbehüsen, § 68 InvG Rz. 26, wo-

3. AIF-KVG ist Minderheitsgesellschafterin (§ 237 Abs. 3 und 5 KAGB)

a) 30 %-Grenze bei Minderheitsbeteiligungen (§ 237 Abs. 3 KAGB)

15 Hält die AIF-KVG dagegen nur eine sog. Minderheitsbeteiligung (also weniger als die satzungsändernde Kapital- und Stimmenmehrheit nach § 234 Satz 1 Nr. 4 KAGB), so hängt die Einflussnahmemöglichkeit auf die Geschäftsführung der Immobilien-Gesellschaft von weiteren Gesellschaftern ab, denen ebenfalls Mitgliedschaftsrechte zustehen. Solche Beteiligungen darf die AIF-KVG zwar grundsätzlich erwerben (vgl. dazu auch § 234 Satz 2 KAGB), allerdings nur, wenn der **Wert der Vermögensgegenstände der Immobiliengesellschaft 30 % des Wertes des Immobilien-Sondervermögens** nicht übersteigt. Insofern wird auch auf die ausführliche Kommentierung zur Anlagegrenze bei Minderheitsbeteiligungen in § 234 Rz. 64 ff. verwiesen.

16 Eine Minderheitsbeteiligung liegt nach § 237 Abs. 5 KAGB dann vor, wenn die AIF-KVG eine Kapitalbeteiligung an der Immobilien-Gesellschaft hält, die weniger als 50 % des Wertes des Immobilien-Sondervermögens ausmacht. Der Wortlaut ist nicht gelungen. So stellt die Vorschrift an dieser Stelle nur auf eine Kapitalbeteiligung ab. Dies verwundert, da das Gesetz zur Abgrenzung ansonsten regelmäßig sowohl die satzungsändernde Kapital- als auch Stimmenmehrheit heranzieht.[14] Eine Differenzierung erscheint wenig sinnvoll, sodass hier von einem gesetzgeberischen Redaktionsversehen auszugehen ist.[15]

b) Nichtanrechenbare Minderheitsbeteiligungen (§ 237 Abs. 5 KAGB)

17 Nicht auf die Anlagegrenze anzurechnen sind nach § 237 Abs. 5 KAGB einzelne Minderheitsbeteiligungen dann, wenn die AIF-KVG zwar keine Mehrheitsbeteiligung für ein einzelnes Immobilien-Sondervermögen hält, aber **insgesamt über eine satzungsändernde Kapital- und Stimmenmehrheit an der Immobilien-Gesellschaft** verfügt.[16] Dies ist der Fall, wenn sie für Rechnung anderer Immobilien-Sondervermögen ebenfalls an der Immobilien-Gesellschaft beteiligt ist und demzufolge zwar nicht mit einer einzelnen Beteiligung die Kontrolle über die Immobilien-Gesellschaft erlangt, aber diese trotzdem insgesamt ausüben kann. Denn auch in diesem Fall ist insgesamt eine Mehrheitsgesellschafterstellung der AIF-KVG gegeben. Allerdings ist in diesem Zusammenhang § 237 Abs. 6 KAGB zu beachten, nachdem eine AIF-KVG nicht gleichzeitig für Rechnung eines Publikums-Investmentvermögens und eines Spezial-AIG an einer Immobilien-Gesellschaft beteiligt sein darf (siehe dazu gleich Rz. 22 f.).

18 Darüber hinaus schränkt der Gesetzgeber den Anwendungsbereich des § 237 Abs. 5 KAGB weitergehend ein, indem er die Anwendbarkeit der Vorschrift auf Fälle begrenzt, in denen die AIF-KVG eine Minderheitsbeteiligung unter 50 % an der Immobilien-Gesellschaft hält. Eine Minderheitsbeteiligung liegt allerdings auch in den Fällen vor, in denen die AIF-KVG beispielsweise nur 60 % der Anteile an der Immobilien-Gesellschaft hält. Die Differenzierung des Gesetzgebers führt aber dazu, dass die Vorschrift auf eine AIF-KVG, die beispielsweise 60 % für ein Immobilien-Sondervermögen und 20 % für ein anderes Immobilien-Sondervermögen an der gleichen Immobilien-Gesellschaft hält, nicht vom Wortlaut des § 237 Abs. 5 KAGB umfasst ist und die Beteiligung folglich auf die Anlagegrenze von 30 % anzurechnen ist. Dagegen ist eine AIF-KVG, die 50 % für das eine und 30 % für das andere Immobilien-Sondervermögen hält vom Wortlaut des § 237 Abs. 5 umfasst, sodass die Anlagegrenze keine Anwendung findet. Eine derartige Differenzierung erscheint nicht sachlich sinnvoll, ist aber vor dem gesetzgeberischen Hintergrund wohl hinzunehmen.[17]

---

nach eine Mehrheitsbeteiligung bereits dann vorliegen soll, wenn die AIF-KVG zu mindestens 50 % an der Immobilien-Gesellschaft beteiligt ist.

14 *Brockhausen* in Moritz/Klebeck/Jesch, § 237 KAGB Rz. 7.

15 *Schultz-Süchting* in Emde/Dornseifer/Dreibus/Hölscher, § 68 InvG Rz. 75; *Zöll* in Beckmann/Scholtz/Vollmer, § 68 InvG Rz. 31 geht zwar nicht von einem Redaktionsversehen aus, kommt aber letztlich zum gleichen Ergebnis, da ein Auseinanderfallen von Kapital- und Stimmenmehrheit in der Praxis eher selten vorkommt.

16 Kritisch zum Wortlaut der Norm *Schultz-Süchting* in Emde/Dornseifer/Dreibus/Hölscher, § 68 InvG Rz. 75; *Brockhausen* in Moritz/Klebeck/Jesch, § 237 KAGB Rz. 7; ohne näher auf den Wortlaut einzugehen, in der Anwendung aber wohl auch *Wind/Fritz* in Weitnauer/Boxberger/Anders, § 237 KAGB Rz. 14.

17 *Schultz-Süchting* in Emde/Dornseifer/Dreibus/Hölscher, § 68 InvG Rz. 75; *Zöll* in Beckmann/Scholtz/Vollmer, § 68 InvG Rz. 33; *Klusak* in Berger/Steck/Lübbehüsen, § 68 InvG Rz. 28 kritisiert den Gesetzgeber dahingehend, dass das Gesetz eine Lücke für Beteiligungen in Höhe von exakt 50 % enthält. In diesem Fall soll § 237 Abs. 5 KAGB daher analog anzuwenden sein.

4. Berechnung der Anlagegrenzen (§ 237 Abs. 4 und 5 KAGB)

Die Anlagegrenzen des § 237 KAGB werden berechnet, indem der Wert der Vermögensgegenstände der Immobilien-Gesellschaft zu dem Wert des Immobilien-Sondervermögens ins Verhältnis gesetzt bzw. dividiert werden.[18] 19

Die **Berechnung des Wertes der Vermögensgegenstände** erfolgt nicht etwa nur anteilig in Höhe der jeweiligen Beteiligung der AIF-KVG. Vielmehr ist der vollständige Wert der Vermögengegenstände in die Berechnung miteinzubeziehen.[19] Dies gilt auch für den Fall, dass Vermögensgegenstände der Immobilien-Gesellschaft durch Darlehen finanziert sind.[20] 20

Weitergehend sieht § 237 Abs. 4 KAGB vor, dass Darlehen bei der **Berechnung des Wertes des Immobilien-Sondervermögens** nicht abzuziehen sind, die die AIF-KVG für Rechnung des Immobilien-Sondervermögens aufgenommen hat (s. zur Berechnung des Wertes des Immobilien-Sondervermögens auch § 235 Abs. 2 Nr. 3 KAGB Rz. 31 ff.). 21

5. Trennung der Beteiligungen (§ 237 Abs. 6 KAGB)

Die Vorschrift des § 237 Abs. 6 KAGB stellt klar, dass eine AIF-KVG Beteiligungen an derselben Immobilien-Gesellschaft **nicht sowohl für Rechnung eines Publikums-AIF als auch für Rechnung eines Spezial-AIF** erwerben darf. Werden mehrere Beteiligungen an derselben Immobilien-Gesellschaft dagegen für Rechnung mehrerer verschiedener Publikums-AIF oder mehrerer verschiedener Spezial-AIF erworben, so ist dies zulässig. Die AIF-KVG muss sich also entscheiden, ob sie Beteiligungen nur für einen oder mehrere Publikums-AIF oder für einen oder mehrere Spezial-AIF erwerben möchte. 22

Dadurch soll sichergestellt werden, dass den unterschiedlichen Schutzbedürfnissen der Anleger Rechnung getragen wird. Für eine Immobilien-Gesellschaft, in die Privatanleger über ein Immobilien-Sondervermögen investieren, gelten andere Maßstäbe als für eine Immobilien-Gesellschaft, in die professionelle und semiprofessionelle Anleger investieren. § 237 Abs. 6 KAGB dient demnach dazu, mögliche **Interessenkonflikte der AIF-KVG** bei der Verwaltung und Führung der Immobilien-Gesellschaft zu **vermeiden.**[21] 23

III. Wegfall der Erwerbsvoraussetzungen (§ 237 Abs. 7 KAGB)

Schließlich enthält die Vorschrift des § 237 Abs. 7 KAGB für Minderheitsbeteiligungen die Pflicht der AIF-KVG die Veräußerung der Beteiligung anzustreben, wenn die Voraussetzungen für den Erwerb und das Halten der Beteiligung nicht mehr erfüllt sind. Entgegen des ausdrücklichen Wortlautes des § 237 Abs. 7 KAGB ist diese Regelung auch für den Fall einer **Mehrheitsbeteiligung entsprechend anzuwenden.**[22] Für eine Differenzierung zwischen Mehr- und Minderheitsbeteiligung besteht an dieser Stelle kein sachlicher Grund. 24

Fallen nachträglich eine oder mehrere Voraussetzungen der §§ 234 bis 237 KAGB weg, so ist die AIF-KVG verpflichtet eine **Veräußerung der Beteiligung unter Wahrung der Interessen der Anleger anzustreben.**[23] Dies bedeutet allerdings nicht, dass die AIF-KVG die Beteiligung so schnell wie möglich und folglich zu jedem Preis veräußern soll. Vielmehr muss die AIF-KVG die Interessen der Anleger wahren, d.h. sie muss auch darauf hinwirken, dass die Beteiligung zu einem angemessenen Preis und zu angemessenen Konditio- 25

18 *Schultz-Süchting* in Emde/Dornseifer/Dreibus/Hölscher, § 68 InvG Rz. 77; *Wind/Fritz* in Weitnauer/Boxberger/Anders, § 237 KAGB Rz. 9; *Brockhausen* in Moritz/Klebeck/Jesch, § 237 KAGB Rz. 8.

19 *Schultz-Süchting* in Emde/Dornseifer/Dreibus/Hölscher, § 68 InvG Rz. 77; *Wind/Fritz* in Weitnauer/Boxberger/Anders, § 237 KAGB Rz. 10; *Brockhausen* in Moritz/Klebeck/Jesch, § 237 KAGB Rz. 8.

20 *Schultz-Süchting* in Emde/Dornseifer/Dreibus/Hölscher, § 68 InvG Rz. 77; *Brockhausen* in Moritz/Klebeck/Jesch, § 237 KAGB Rz. 8.

21 *Schultz-Süchting* in Emde/Dornseifer/Dreibus/Hölscher, § 68 InvG Rz. 76; *Wind/Fritz* in Weitnauer/Boxberger/Anders, § 237 KAGB Rz. 18; *Schachinger* in Baur/Tappen, § 237 KAGB Rz. 5; *Zöll* in Beckmann/Scholtz/Vollmer, § 68 InvG Rz. 34; *Brockhausen* in Moritz/Klebeck/Jesch, § 237 KAGB Rz. 9.

22 *Zöll* in Beckmann/Scholtz/Vollmer, § 68 InvG Rz. 36; *Schultz-Süchting* in Emde/Dornseifer/Dreibus/Hölscher, § 68 InvG Rz. 78; *Schachinger* in Baur/Tappen, § 237 KAGB Rz. 6; *Wind/Fritz* in Weitnauer/Boxberger/Anders, § 237 KAGB Rz. 23 f.; a.A. *Brockhausen* in Moritz/Klebeck/Jesch, § 237 KAGB Rz. 12.

23 Der Wortlaut stellt darauf ab, dass die Voraussetzungen des Erwerbs und des Haltens von Beteiligungen nachträglich wegfallen. Da diese Voraussetzungen in den §§ 234 bis 237 KAGB geregelt sind, findet § 237 Abs. 7 KAGB auch im Falle des nachträglichen Wegfalls einer dieser Voraussetzungen Anwendung, so wohl auch *Schultz-Süchting* in Emde/Dornseifer/Dreibus/Hölscher, § 68 InvG Rz. 78.

nen veräußert wird.[24] Ansonsten besteht die Gefahr, dass die Vorschrift, die dem Schutz der Anleger dient, das Gegenteil bewirken kann und für den Anleger negative Folgen mit sich bringt.[25] Diese Gefahr realisiert sich gerade dann, wenn die AIF-KVG die Beteiligung zu schnell zu einem zu niedrigen Preis veräußert, nur um die gesetzlichen Voraussetzungen schnell wieder einzuhalten. Vielmehr sollte die AIF-KVG im Falle einer **Veräußerung unter Wert der Beteiligung** abwägen, welche anderen Handlungsalternativen bestehen, welche Prognose für eine künftige Veräußerung vorliegt und wie hoch der ansonsten mögliche Schaden für die Anleger ausfallen kann.[26]

§ 238 Beteiligungen von Immobilien-Gesellschaften an Immobilien-Gesellschaften

Für Beteiligungen von Immobilien-Gesellschaften an anderen Immobilien-Gesellschaften gelten § 231 Absatz 5, § 235 Absatz 2 bis 4 sowie die §§ 236, 237 Absatz 1 bis 6 entsprechend.

In der Fassung vom 4.7.2013 (BGBl. I 2013, S. 1981).

I. Allgemeines

1. Regelungsgegenstand

1 Die Vorschrift des § 238 KAGB enthält einen Verweis auf die Vorschriften, die bei sog. **mehrstöckigen Immobilien-Strukturen** zu beachten sind. Die generellen Voraussetzungen für den Erwerb solcher Strukturen, ergeben sich allerdings aus § 234 Satz 1 Nr. 6 KAGB. Insofern wird auf die Kommentierung dort verwiesen.

2 Die Regelung des § 238 KAGB enthält die weiteren Voraussetzungen, die eine Immobilien-Gesellschaft 1. Stufe einhalten muss, wenn sie sich an einer anderen oder mehreren Immobilien-Gesellschaften höherer Stufe beteiligen möchte.

2. Regelungszweck

3 Im Falle einer mehrstöckigen Beteiligung (also einer Beteiligung an einer Immobilien-Gesellschaft 1. Stufe, die an einer Immobilien-Gesellschaft 2. Stufe beteiligt ist und diese wiederum an einer Immobilien-Gesellschaft 3. Stufe etc.) sinkt zunächst die Einwirkungsmöglichkeit der AIF-KVG auf die Geschäftsführung der Immobilien-Gesellschaften der höheren Stufen. Außerdem wird die Gesellschaftsstruktur mit jeder weiteren beteiligten Gesellschaft komplizierter. Für die Anleger eines Immobilien-Sondervermögens ergeben sich daher im Vergleich zu einem direkten Erwerb von Vermögensgegenständen oder der Beteiligung an einer Immobilien-Gesellschaft **größere Risiken**, die schwer abzuschätzen sind. Um diese Risiken einzudämmen sieht der Gesetzgeber vor, dass im Falle einer mehrstöckigen Beteiligung alle beteiligten Immobilien-Gesellschaften den nahezu gleichen strengen Voraussetzungen unterfallen.[1]

24 *Schultz-Süchting* in Emde/Dornseifer/Dreibus/Hölscher, § 68 InvG Rz. 78; *Schachinger* in Baur/Tappen, § 237 KAGB Rz. 6; *Wind/Fritz* in Weitnauer/Boxberger/Anders, § 237 KAGB Rz. 21 f.8; *Brockhausen* in Moritz/Klebeck/Jesch, § 237 KAGB Rz. 11.

25 *Wind/Fritz* in Weitnauer/Boxberger/Anders, § 237 KAGB Rz. 22.

26 *Schachinger* in Baur/Tappen, § 237 KAGB Rz. 6; *Wind/Fritz* in Weitnauer/Boxberger/Anders, § 237 KAGB Rz. 22; *Schultz-Süchting* in Emde/Dornseifer/Dreibus/Hölscher, § 68 InvG Rz. 78; ausführlich dazu auch *Brockhausen* in Moritz/Klebeck/Jesch, § 237 KAGB Rz. 11.

1 *Wind/Fritz* in Weitnauer/Boxberger/Anders, § 237 KAGB Rz. 2; *Klusak* in Berger/Steck/Lübbehüsen, § 68 InvG Rz. 24; *Brockhausen* in Moritz/Klebeck/Jesch, § 238 KAGB Rz. 2.

3. Entstehungsgeschichte

Die Vorschrift des § 238 KAGB übernimmt mit redaktionellen Anpassungen den Wortlaut des aufgehobenen § 68 Abs. 9 InvG a.F.[2] 4

II. Generelle Zulässigkeit mehrstöckiger Beteiligungen

Die grundlegende Vorschrift für eine mehrstöckige Beteiligung ist § 234 Satz 1 Nr. 6 KAGB (s. zu den Voraussetzungen einer mehrstöckigen Beteiligung im Einzelnen § 234 Rz. 70 ff.). Das KAGB lässt den **Erwerb von Beteiligungen an mehrstöckigen Immobilien-Strukturen** für Immobilien-Sondervermögen grundsätzlich zu, wenn (i) die Immobilien-Gesellschaft jeweils zu 100 % unmittelbar oder mittelbar an der weiteren Immobilien-Gesellschaften höherer Stufe beteiligt ist und (ii) bei Immobilien-Gesellschaften mit Sitz im Inland eine maximal zweistöckige Gesellschaftsstruktur vorliegt. Bei Immobilien-Gesellschaften mit Sitz im Ausland ist dagegen eine mehrstöckige Gesellschaftsstruktur zulässig, wenn das Erfordernis einer jeweils 100-prozentigen Beteiligung auf allen Stufen vorliegt. 5

Darüber hinaus darf eine AIF-KVG nur Beteiligungen an Immobilien-Gesellschaften erwerben, die den Anforderungen des § 235 KAGB entsprechen. Die Vorschrift des § 238 KAGB verweist zwar „nur" auf die Anwendbarkeit der § 235 Abs. 2 bis 4 KAGB. Allerdings ergibt sich die Anwendbarkeit des § 235 Abs. 1 KAGB auch für Immobilien-Gesellschaften höherer Stufe bereits aus dessen Wortlaut.[3] Eine AIF-KVG darf danach von vornherein nur Beteiligungen an solchen Immobilien-Gesellschaften erwerben, welche ihrerseits nach ihrem Gesellschaftsvertrag bzw. ihrer Satzung nur Vermögensgegenstände erwerben dürfen, die die AIF-KVG nach den Anlagebedingungen auch direkt für das Immobilien-Sondervermögen darf. Diese Vorgaben gelten auch für indirekte Beteiligungen der AIF-KVG an Immobilien-Gesellschaften höherer Stufe. Andernfalls wäre der Verweis in § 238 KAGB auf die Geltung des § 235 Abs. 3 KAGB, nach dem der Gesellschaftsvertrag bzw. die Satzung der Immobilien-Gesellschaft unverzüglich nach Erwerb an die Vorgaben des § 235 Abs. 1 und 2 KAGB angepasst werden muss, obsolet. 6

III. Anwendbare Vorschriften auf mehrstöckige Beteiligungen nach § 238 KAGB

Neben den Voraussetzungen des § 235 Abs. 2 bis 4 KAGB sieht § 238 KAGB auch die entsprechende Anwendung der §§ 236 und 237 Abs. 1 bis 6 KAGB vor. So gelten bei mehrstöckigen Gesellschaftsstrukturen für alle beteiligten Immobilien-Gesellschaften die **gleichen Bewertungsmaßstäbe** (s. dazu ausführlich § 236 Rz. 4 ff.). Auch die **Anlagegrenzen** des § 237 Abs. 1 bis 6 KAGB sind von allen beteiligten Immobilien-Gesellschaften einzuhalten (s. dazu ausführlich § 237 Rz. 9 ff.). Lediglich die Veräußerungspflicht bei einem Verstoß gegen die gesetzlich vorgeschriebenen Voraussetzungen des Erwerbs oder des Haltens einer Beteiligung an einer Immobilien-Gesellschaft ist von dem Verweis ausgenommen. 7

Schließlich verweist § 238 KAGB auch auf die Anwendbarkeit des § 231 Abs. 5 KAGB. Danach gelten auch die **Anlagebeschränkungen** der § 231 Abs. 1 und 2 KAGB (erwerbbare Vermögensgegenstände) sowie der §§ 232 (Bestellung von Erbbaurechten) und 233 (Vermögensgegenstände in Drittstaaten und Währungsrisiken) für die Vermögensgegenstände aller beteiligten Immobilien-Gesellschaften entsprechend. 8

Die AIF-KVG muss unabhängig von § 238 KAGB auch bei einer indirekten Beteiligung die Anforderungen des § 234 KAGB beachten. Einen Verweis auf die generellen Voraussetzungen des § 234 KAGB hat der Gesetzgeber wohl vor diesem Hintergrund und der neuen Regelungsmechanik der §§ 234 ff. KAGB unterlassen (zur Regelungsmechanik der §§ 234 ff. KAGB generell s. § 234 Rz. 2 ff.). Während § 235 KAGB die Anforderungen enthält, die an die Immobilien-Gesellschaft zu stellen sind, sieht § 234 KAGB die Voraussetzungen vor, die von der AIF-KVG bei dem Erwerb einer Beteiligung einzuhalten sind. Diese neue Mechanik wird dabei nur von § 234 Nr. 5 KAGB unterbrochen, nach dem eine Nachschusspflicht der AIF-KVG aufgrund der Rechtsform der Immobilien-Gesellschaft ausgeschlossen sein muss. Dies ist im Grunde eine Anforderung, die die Immobilien-Gesellschaft erfüllen muss. Vor diesem Hintergrund ist es fraglich, ob diese Regelung auf sämtliche Immobilien-Gesellschaften einer mehrstöckigen Struktur Anwendung finden muss oder ob der Gesetzgeber einen Verweis ganz bewusst unterlassen hat. Die Vorgängervorschrift des § 68 Abs. 9 InvG a.F. verwies ebenfalls nicht auf die Regelung zur Nachschusspflicht. Die Literatur ging davon aus, dass dies eine 9

---

2 Begr. RegE, BT-Drucks. 17/12294, S. 268.

3 *Schultz-Süchting* in Emde/Dornseifer/Dreibus/Hölscher, § 68 InvG Rz. 104; *Wind/Fritz* in Weitnauer/Boxberger/Anders, § 237 KAGB Rz. 6; *Brockhausen* in Moritz/Klebeck/Jesch, § 238 KAGB Rz. 3. Zu den Einzelheiten des § 235 KAGB s. die Kommentierung dort; *Zöll* in Beckmann/Scholtz/Vollmer, § 68 InvG Rz. 37 spricht der Vorschrift daher rein deklaratorischen Charakter zu.

bewusste Entscheidung des Gesetzgebers darstellte.[4] Allerdings lag § 68 InvG a.F. auch keine differenzierende Regelungsmechanik zu Grunde. Trotzdem ist wohl davon auszugehen, dass der Gesetzgeber bewusst darauf verzichtet hat, das **Verbot der Nachschusspflicht auch für Immobilen-Gesellschaften höherer Stufe vorzusehen.**[5] Nach der Gesetzesbegründung wollte der Gesetzgeber die Vorschrift des § 68 Abs. 9 InvG a.F. inhaltsgleich übernehmen.[6] Auch ist es zum Schutz der Anleger nicht zwingend erforderlich, dass eine Nachschusspflicht auch bei Beteiligungen höherer Stufen ausgeschlossen ist.[7] Die AIF-KVG trifft eine unmittelbare Nachschusspflicht nur im Falle einer direkten Beteiligung. Bei einer indirekten Beteiligung ist Adressat der Nachschusspflicht nicht die AIF-KVG, sondern die direkt beteiligte Immobilien-Gesellschaft höherer Stufe.

§ 239 Verbot und Einschränkung von Erwerb und Veräußerung

(1) [1]Ein Vermögensgegenstand nach § 231 Absatz 1 oder nach § 234 darf für Rechnung eines Immobilien-Sondervermögens nicht erworben werden, wenn er bereits im Eigentum der AIF-Kapitalverwaltungsgesellschaft steht. [2]Er darf ferner für Rechnung eines Immobilien-Sondervermögens nicht von einem Mutter-, Schwester- oder Tochterunternehmen der AIF-Kapitalverwaltungsgesellschaft oder von einer anderen Gesellschaft erworben werden, an der die AIF-Kapitalverwaltungsgesellschaft eine bedeutende Beteiligung hält.

(2) Eine AIF-Kapitalverwaltungsgesellschaft darf nur mit Zustimmung der Bundesanstalt einen für Rechnung eines Immobilien-Sondervermögens gehaltenen Vermögensgegenstand nach § 231 Absatz 1 oder nach § 234

1. für eigene Rechnung erwerben,

2. an ein Unternehmen im Sinne des Absatzes 1 Satz 2 veräußern oder

3. auf einen anderen AIF übertragen, der von ihr oder einem Unternehmen im Sinne des Absatzes 1 Satz 2 verwaltet wird.

In der Fassung vom 4.7.2013 (BGBl. I 2013, S. 1981).

Schrifttum: *Göhrke/Ruhl*, Neuregelung der offenen Immobilienfonds nach dem Regierungsentwurf des Kapitalanlagegesetzbuches: Bestandsaufnahme und erste Bewertung, BKR 2013, 142.

I. Allgemeines

1. Regelungsgegenstand und Regelungszweck

a) Regelungsgegenstand

1 Die Vorschrift des § 239 KAGB enthält in Abs. 1 zunächst ein **Erwerbsverbot**. Danach darf die AIF-KVG für Rechnung des Immobilien-Sondervermögens keine Vermögensgegenstände im Sinne der § 231 Abs. 1 oder § 234 KAGB erwerben, wenn sie bereits im Eigentum der AIF-KVG selbst oder eines Mutter-, Schwes-

4 *Schultz-Süchting* in Emde/Dornseifer/Dreibus/Hölscher, § 68 InvG Rz. 104; kritisch *Klusak* in Berger/Steck/Lübbehüsen, § 68 InvG Rz. 24.
5 *Schachinger* in Baur/Tappen, § 238 KAGB Rz. 3; *Brockhausen* in Moritz/Klebeck/Jesch, § 238 KAGB Rz. 4.
6 Begr. RegE, BT-Drucks. 17/12294, S. 268.
7 *Schultz-Süchting* in Emde/Dornseifer/Dreibus/Hölscher, § 68 InvG Rz. 104 und Fn. 112; auch *Schachinger* in Baur/Tappen, § 238 KAGB Rz. 3.

ter- oder Tochterunternehmens stehen. Das Gleiche gilt auch für Vermögensgegenstände von Unternehmen, an denen die AIF-KVG eine bedeutende Beteiligung hält.

Umgekehrt enthält § 239 Abs. 2 KAGB einen **Zustimmungsvorbehalt der BaFin** für den Fall, dass die AIF-KVG einen solchen Vermögensgegenstand des Immobilien-Sondervermögens an ein Mutter-, Schwester- oder Tochterunternehmen oder ein Unternehmen, an dem die AIF-KVG eine bedeutende Beteiligung hält, veräußern möchte. Als Zustimmungsvorbehalt ausgestaltet, enthält § 239 Abs. 2 KAGB somit indirekt auch ein Veräußerungsverbot, sobald die BaFin ihre Zustimmung verweigert.[1] 2

Auch eine **Übertragung eines Vermögensgegenstandes von einem AIF auf einen anderen AIF**, der von der AIF-KVG selbst oder von einem mit ihr verbundenen Unternehmens im Sinne des § 239 Abs. 1 Satz 2 KAGB verwaltet wird, ist nunmehr nur noch mit Zustimmung der BaFin erlaubt. Diese Regelung wurde im Rahmen der Neufassung des KAGB erstmals zur Klarstellung eingefügt.[2] 3

b) Regelungszweck

Sinn und Zweck des Erwerbs- und Veräußerungsverbotes des § 239 KAGB ist es, die **Anleger des Immobilien-Sondervermögens vor Interessenkonflikten der AIF-KVG** zu schützen.[3] Auf einen tatsächlichen Schadenseintritt kommt es dabei nicht an.[4] Der Gesetzgeber verfolgt damit das Ziel, dass ein Erwerb oder eine Veräußerung von Vermögensgegenständen im Sinne der §§ 231 Abs. 1, 234 KAGB nur zu objektiven Marktpreisen erfolgen soll.[5] Dieses Erfordernis sieht er in Gefahr, wenn solche Vermögensgegenstände von der AIF-KVG selbst von einem mit ihr in Verbindung stehenden Unternehmen erworben oder in diesem Verhältnis veräußert werden.[6] Nach der Gesetzesbegründung fehlt es in diesen Konstellationen an einer **objektiven Preisbildung für den Vermögensgegenstand am Markt**, da ein unabhängiger Marktplatz bei konzerninternen Erwerbs- und Veräußerungsgeschäften gerade nicht vorhanden ist und die Anleger so einem möglichen Interessenkonflikt der AIF-KVG und deren Konzerngesellschaften ausgeliefert sind.[7] Gerade bei einem konzerninternen Erwerbs- oder Veräußerungsgeschäft besteht für den Anleger ein erhöhtes Risiko, dass die Vermögensgegenstände zu einem Preis unterhalb ihres eigentlichen Marktwertes veräußert werden und dem Immobilien-Sondervermögen dadurch Einbußen oder Nachteile drohen. Der Interessenkonflikt besteht offensichtlich darin, dass die AIF-KVG in dieser Konstellation als Veräußerer und Erwerber auf derselben Seite auftritt. 4

Durch die Norm wird weitergehend auch verhindert, dass Vermögensgegenstände nur übertragen werden, um Gebührentatbestände zu Gunsten der AIF-KVG auszulösen (sog. **Churning**).[8] 5

Der Gesetzgeber sieht die beiden Verbote ausdrücklich nur für Immobilien-Sondervermögen vor, in die **Privatanleger** investieren. Auf Spezial-Immobilien-Sondervermögen findet die Vorschrift aufgrund ihrer systematischen Stellung in den Vorschriften für Publikums-AIF dagegen keine Anwendung.[9] Dies entspricht auch dem gesetzgeberischen Willen, der einen erhöhten Anlegerschutz bei Interessenkollisionen seit jeher nur für Privatanleger für erforderlich erachtet.[10] Zwar erhöht das KAGB generell auch den Anlegerschutz für professionelle und semiprofessionelle Anleger.[11] Allerdings hat der Gesetzgeber die Vorschrift des § 239 KAGB wohl bewusst nur im Rahmen der offenen Publikums-AIF verortet und einen Verweis auf Spezial-AIF unterlassen. 6

1 *Schultz-Süchting* in Emde/Dornseifer/Dreibus/Hölscher, § 68a InvG Rz. 2.
2 Begr. RegE, BT-Drucks. 17/12294, S. 268.
3 *Schultz-Süchting* in Emde/Dornseifer/Dreibus/Hölscher, § 68a InvG Rz. 3; *Klusak* in Berger/Steck/Lübbehüsen, § 68a InvG Rz. 1; *Zöll* in Beckmann/Scholtz/Vollmer, § 68a InvG Rz. 1; *Schachinger* in Baur/Tappen, § 239 KAGB Rz. 1; *Kautenburger-Behr* in Weitnauer/Boxberger/Anders, § 239 KAGB Rz. 3; *Brockhausen* in Moritz/Klebeck/Jesch, § 239 KAGB Rz. 3.
4 *Schachinger* in Baur/Tappen, § 239 KAGB Rz. 17.
5 Begr. RegE, BT-Drucks. 14/8017, S. 105; s. dazu auch *Klusak* in Berger/Steck/Lübbehüsen, § 68a InvG Rz. 4.
6 Begr. RegE, BT-Drucks. 14/8017, S. 105.
7 Begr. RegE, BT-Drucks. 14/8017, S. 105 f.; auch *Schultz-Süchting* in Emde/Dornseifer/Dreibus/Hölscher, § 68a InvG Rz. 2; *Schachinger* in Baur/Tappen, § 239 KAGB Rz. 1.
8 *Schultz-Süchting* in Emde/Dornseifer/Dreibus/Hölscher, § 68a InvG Rz. 2; *Kautenburger-Behr* in Weitnauer/Boxberger/Anders, § 239 KAGB Rz. 3.
9 Ausführlich zur Frage einer analogen Anwendung vgl. *Schachinger* in Baur/Tappen, § 239 KAGB Rz. 7; *Brockhausen* in Moritz/Klebeck/Jesch, § 239 KAGB Rz. 4.
10 Begr. RegE, BT-Drucks. 14/8017, S. 106.
11 Vgl. nur *Tollmann* in Dornseifer/Jesch/Klebeck/Tollmann, Einleitung Rz. 20 f.

2. Lex-specialis-Regelung zu Interessenkonflikten

7 Das KAGB enthält in § 27 eine allgemeine Regelung dazu, wie eine AIF-KVG Interessenkonflikte vermeiden kann und soll. Insbesondere muss die AIF-KVG danach wirksame organisatorische und administrative Vorkehrungen und entsprechende Maßnahmen treffen, um Interessenkonflikte zu ermitteln und vorzubeugen, zu beobachten und notfalls beizulegen. Diese allgemeine Regelung bleibt grundsätzlich neben § 239 KAGB anwendbar.[12]

8 § 239 KAGB regelt nur den besonderen Fall, dass Interessenkonflikte bei Erwerbs- und Veräußerungsgeschäften innerhalb von Konzerngesellschaften entstehen. Nur insofern geht § 239 KAGB der allgemeinen Regelung des § 27 KAGB als **lex-specialis-Vorschrift** vor.

3. Entstehungsgeschichte

9 Die Vorschrift des § 239 KAGB übernimmt mit redaktionellen Anpassungen den Wortlaut des aufgehobenen § 68a InvG a.F.[13] Daneben enthält § 239 Abs. 2 Nr. 3 KAGB eine Ergänzung im Hinblick darauf, wie eine Übertragung von Vermögensgegenständen von einem AIF auf einen anderen AIF einzuordnen ist, der von der AIF-KVG selbst oder von ihrem Mutter-, Tochter- oder Schwesterunternehmen verwaltet wird. Die Vorschrift stellt klar, dass nun auch dieser Fall nur mit Zustimmung der BaFin erfolgen darf.[14]

II. Adressaten und Anwendungsbereich der Verbote

1. Adressaten

10 Der Gesetzgeber sieht die Gefahr eines möglichen Interessenkonfliktes, sobald die AIF-KVG einen Vermögensgegenstand im Sinn des §§ 231 Abs. 1, 234 KAGB für Rechnung des Immobilien-Sondervermögens erwirbt, der zuvor bereits **in ihrem Eigentum** stand. Das Gleiche gilt für den Fall, dass eine AIF-KVG einen solchen Vermögensgegenstand aus dem Immobilien-Sondervermögen an sich selbst für eigene Rechnung veräußert, es sei denn, die BaFin stimmt dem Veräußerungsgeschäft zu (vgl. Abs. 2). Die **dingliche Rechtsposition** des Eigentums richtet sich dabei nach § 903 BGB.[15]

11 Ein möglicher Interessenkonflikt droht nach Auffassung des Gesetzgebers auch, wenn der Vermögensgegenstand zuvor **im Eigentum des Mutter-, Schwester- oder Tochterunternehmens einer AIF-KVG** stand oder für deren Rechnung erworben wird.[16] Der Sitz oder die Rechtsform des jeweiligen Unternehmens ist dabei gleichgültig.[17] Das KAGB verweist in § 1 Abs. 19 Nr. 26 und Nr. 35 auf die jeweilige Definition in § 290 HGB. Ein Mutterunternehmen ist danach ein Unternehmen, das auf andere Unternehmen (Tochterunternehmen) unmittelbar oder mittelbar einen beherrschenden Einfluss ausüben kann. Ein beherrschender Einfluss liegt nach § 290 Abs. 2 Nr. 1 HGB u.a. vor, wenn dem Mutterunternehmen im Hinblick auf das Tochterunternehmen die Mehrheit der Stimmrechte zusteht. Der Begriff des Schwesterunternehmens ist im KAGB nicht definiert. Allerdings kann insofern auf die Definition des § 1 Abs. 7 Satz 2 KWG zurückgegriffen werden.[18] Danach sind Schwesterunternehmen solche Unternehmen, die ein gemeinsames Mutterunternehmen haben.

12 Schließlich ist auch der Fall erfasst, dass der Vermögensgegenstand im Eigentum eines **Unternehmens steht, an dem die AIF-KVG eine bedeutende Beteiligung** hält. Nach § 1 Abs. 19 Nr. 6 KAGB liegt eine bedeutende Beteiligung vor, wenn die AIF-KVG mindestens 10 % der Stimmrechte an der Gesellschaft im Eigen- oder Fremdinteresse unmittelbar oder mittelbar hält oder sie einen maßgeblichen Einfluss auf die Geschäftsführung der Gesellschaft ausüben kann. Mittelbar kann die AIF-KVG die Stimmreche über ein oder mehrere Tochterunternehmen oder über ein gleichartiges Verhältnis oder im Zusammenwirken mit anderen Personen oder Unternehmen halten.

2. Erfasste Vermögensgegenstände

13 Im Hinblick auf die **erfassten Vermögensgegenstände** verweist § 239 Abs. 1 und 2 KAGB auf §§ 231 Abs. 1 und 234 KAGB. Folglich sind sowohl Immobilien, Grundstücke, Rechte an Immobilien und Grundstücken

---

12 *Schultz-Süchting* in Emde/Dornseifer/Dreibus/Hölscher, § 68a InvG Rz. 3; *Schachinger* in Baur/Tappen, § 239 KAGB Rz. 4; *Brockhausen* in Moritz/Klebeck/Jesch, § 239 KAGB Rz. 3.
13 Begr. RegE, BT-Drucks. 17/12294, S. 268.
14 Begr. RegE, BT-Drucks. 17/12294, S. 268.
15 *Schachinger* in Baur/Tappen, § 239 KAGB Rz. 13 stellt ebenfalls auf eine dingliche Rechtsposition ab.
16 Siehe dazu auch *Zöll* in Beckmann/Scholtz/Vollmer, § 68a InvG Rz. 8 ff.
17 *Klusak* in Berger/Steck/Lübbehüsen, § 68a InvG Rz. 2.
18 *Schultz-Süchting* in Emde/Dornseifer/Dreibus/Hölscher, § 68a InvG Rz. 7.

(§ 231 Abs. 1 KAGB), sowie Beteiligungen an Immobilien-Gesellschaften (§ 234 KAGB) sowie Liquiditätsanlagen (§ 253 KAGB) erfasst. Letztere waren unter Geltung des § 68a InvG a.F. noch nicht von dem Verweis erfasst.[19] Mangels Verweis auf § 231 Abs. 3 KAGB dürfen Bewirtschaftungsgegenstände dagegen auch weiterhin zwischen den Konzerngesellschaften veräußert werden.[20]

Die Verbote gelten nur für **identische Vermögensgegenstände**, die bereits im Eigentum der AIF-KVG oder eines ihrer Konzernunternehmen stehen.[21] Etwas anderes gilt nur, wenn ein anderer Vermögensgegenstand durch die AIF-KVG erworben bzw. veräußert wird, der nicht im Eigentum der AIF-KVG oder eines Konzernunternehmens steht. Hält die AIF-KVG bereits einen Miteigentumsanteil an einem Vermögensgegenstand und soll ein weiterer, im Eigentum eines Dritten stehender Miteigentumsanteil für Rechnung des Immobilien-Sondervermögens erworben werden, so ist dies zulässig, da in diesem Fall keine Identität der Vermögensgegenstände vorliegt.[22] 14

III. Erwerbsverbot (§ 239 Abs. 1 KAGB)

Nach § 239 Abs. 1 KAGB ist es der AIF-KVG untersagt, einen Vermögensgegenstand nach obiger Definition für Rechnung des Immobilien-Sondervermögens zu erwerben, wenn er vorher bereits in ihrem Eigentum stand. Erfasst werden dabei Vermögensgegenstände, die im **unmittelbaren Eigentum der AIF-KVG** stehen. Daneben sind aber auch Vermögensgegenstände umfasst, die die AIF-KVG für Rechnung eines Sondervermögens und damit **mittelbar** hält.[23] Nach Ansicht der BaFin gilt dies nicht für den Fall, dass Vermögensgegenstände im Zuge einer Umstrukturierung von einem Sondervermögen auf ein anderes Sondervermögen übertragen wurden, da in diesem Fall gerade kein Interessenkonflikt vorliege.[24] Fraglich ist allerdings, ob diese Ausnahme nach der Neufassung der Norm noch aufrecht erhalten bleiben kann. Nach § 239 Abs. 2 Nr. 3 KAGB stellt der Gesetzgeber ausdrücklich klar, dass eine Übertragung eines Vermögensgegenstandes von einem AIF auf einen anderen AIF der Zustimmung der BaFin bedarf, wenn beide AIF von derselben AIF-KVG oder einem ihrer Konzernunternehmen verwaltet werden.[25] Der neue Wortlaut lässt folglich auch gerade interne Übertragungen innerhalb einzelner Immobilien-Sondervermögen ohne ausdrückliche Zustimmung der BaFin nicht mehr zu. 15

Ein **Erwerb** liegt vor, sobald die dingliche Vermögensübertragung stattgefunden hat.[26] Der Abschluss des schuldrechtlichen Vertrages reicht für einen Erwerb allerdings nicht aus. Denn die schuldrechtliche Verpflichtung der AIF-KVG zum Erwerb des Vermögensgegenstandes führt noch nicht zu einem Schaden für den Anleger. In diesem Fall wird lediglich die AIF-KVG verpflichtet, den Vermögensgegenstand, auf eigene Rechnung zu erwerben;[27] die AIF-KVG soll aber durch § 239 KAGB gerade nicht geschützt werden.[28] 16

19 Ob der Gesetzgeber tatsächlich auch Liquiditätsanlagen in das Erwerbsverbot aufnehmen wollte erscheint allerdings fraglich, zumal er neben dem generellen Verweis auf § 231 Abs. 1 KAGB explizit auf § 234 KAGB verweist, einen weiteren separaten Verweis auf § 253 KAGB aber unterlassen hat; ausführlich dazu *Brockhausen* in Moritz/Klebeck/Jesch, § 239 KAGB Rz. 8; *Schachinger* in Baur/Tappen, § 239 KAGB Rz. 9; *Kautenburger-Behr* in Weitnauer/Boxberger/Anders, § 239 KAGB Rz. 9.

20 *Schachinger* in Baur/Tappen, § 239 KAGB Rz. 10; *Kautenburger-Behr* in Weitnauer/Boxberger/Anders, § 239 KAGB Rz. 9.

21 *Schultz-Süchting* in Emde/Dornseifer/Dreibus/Hölscher, § 68a InvG Rz. 6; *Kautenburger-Behr* in Weitnauer/Boxberger/Anders, § 239 KAGB Rz. 11.

22 Das Gleiche gilt für WEG-Einheiten, vgl. *Schultz-Süchting* in Emde/Dornseifer/Dreibus/Hölscher, § 68a InvG Rz. 6; *Klusak* in Berger/Steck/Lübbehüsen, § 68a InvG Rz. 2; *Kautenburger-Behr* in Weitnauer/Boxberger/Anders, § 239 KAGB Rz. 11.

23 *Schultz-Süchting* in Emde/Dornseifer/Dreibus/Hölscher, § 68a InvG Rz. 5; *Kautenburger-Behr* in Weitnauer/Boxberger/Anders, § 239 KAGB Rz. 10.

24 Vgl. dazu BaFin, Schreiben an den BVI vom 20.6.2008; so auch *Schultz-Süchting* in Emde/Dornseifer/Dreibus/Hölscher, § 68a InvG Rz. 5 und 9.

25 Begr. RegE, BT-Drucks. 17/12294, S. 268; a.A. *Wind/Kautenburger-Behr* in Weitnauer/Boxberger/Anders, § 239 KAGB Rz. 10, und *Brockhausen* in Moritz/Klebeck/Jesch, § 239 KAGB Rz. 9, die davon ausgehen, dass die BaFin die Ausnahmeregelung auch für den neuen Wortlaut des § 239 KAGB aufrecht erhalten werde.

26 *Schachinger* in Baur/Tappen, § 239 KAGB Rz. 11; a.A. *Schultz-Süchting* in Emde/Dornseifer/Dreibus/Hölscher, § 68a InvG Rz. 6; offen lassend *Brockhausen* in Moritz/Klebeck/Jesch, § 239 KAGB Rz. 11. S. zur Auslegung des Erwerbsbegriffs im KAGB auch die Kommentierung zu § 236 Rz. 11.

27 So *Schultz-Süchting* in Emde/Dornseifer/Dreibus/Hölscher, § 68a InvG Rz. 6.

28 So auch *Schachinger* in Baur/Tappen, § 239 KAGB Rz. 11.

IV. Veräußerungsverbot (§ 239 Abs. 2 KAGB)

1. Vom Veräußerungsverbot umfasste Fallgruppen

17 Im Gleichklang mit dem Erwerbsverbot, enthält § 239 Abs. 2 KAGB ein Veräußerungsverbot für Vermögensgegenstände, die die AIF-KVG oder ein Konzernunternehmen für Rechnung eines Immobilien-Sondervermögens hält. Eine Veräußerung liegt dabei, parallel zu dem gerade dargestellten Erwerbsbegriff vor, wenn das dingliche Verfügungsgeschäft vollzogen ist (s. Rz. 16).[29]

2. Zustimmungsvorbehalt der BaFin

18 Um einer AIF-KVG die Veräußerung bzw. Übertragung von Vermögensgegenständen aber nicht vollständig zu untersagen, sieht § 239 Abs. 2 KAGB eine **Ausnahmeregelung** für die in § 239 Abs. 2 Nr. 1 bis 3 KAGB genannten Fälle vor.[30] Liegt ein solcher Fall vor und hat die BaFin ihre Zustimmung erteilt, so ist eine Veräußerung bzw. Übertragung des Vermögensgegenstandes ausnahmsweise zulässig.

19 Nach § 239 Abs. 2 Nr. 1 kann die BaFin **zustimmen**, wenn die AIF-KVG einen Vermögensgegenstand des Immobilien-Sondervermögens (i) für eigene Rechnung erwerben möchte, (ii) diesen an ein Konzernunternehmen veräußern möchte oder (iii) diesen an einen anderen AIF übertragen möchte, der von derselben AIF-KVG oder einem Konzernunternehmen verwaltet wird. In letzterem Fall differenziert der Gesetzgeber ausdrücklich nicht nach Publikums- und Spezial-AIF.[31] Vielmehr stellt er richtigerweise generell darauf ab, dass für die Anleger ein Interessenkonflikt entstehen kann, sobald ein Vermögensgegenstand von einem (Publikums-) AIF in einen anderen AIF, gleich ob Publikums- oder Spezial-AIF, verschoben wird und umgekehrt. Der Interessenkonflikt entsteht für die Privatanleger daraus, dass beide AIFs durch dieselbe AIF-KVG oder eines ihrer Konzernunternehmen verwaltet werden. Dabei reicht es bereits aus, wenn ein Publikums-AIF an der Vermögensübertragung beteiligt. Dagegen ist eine Vermögensübertragung zwischen zwei Spezial-AIF nicht von § 239 KAGB umfasst (s. dazu Rz. 6).

20 Das Zustimmungserfordernis der BaFin umfasst dabei nach allgemeiner Ansicht sowohl die **vorherige Einwilligung** als auch die **nachträgliche Genehmigung**.[32] Der AIF-KVG ist allerdings dringend anzuraten, die Zustimmung vorab einzuholen, um dem Risiko zu entgehen, dass die BaFin den Tatbestand anders beurteilt.[33]

21 Die BaFin muss nach **pflichtgemäßem Ermessen** prüfen, ob die (i) Veräußerung bzw. Übertragung des Vermögensgegenstandes aus objektiv nachvollziehbaren Gründen erfolgt ist und ob (ii) das Verfahren zur Preisbildung nachvollziehbar ist; lediglich das Verfahren der Preisbildung, jedoch nicht der Veräußerungspreis an sich, ist Prüfungsgegenstand der BaFin.[34] Weitergehend prüft sie, ob die AIF-KVG bei der Veräußerung die Interessen der Anleger ausreichend berücksichtigt hat.[35] Die BaFin geht dabei davon aus, dass die Interessen zumindest dann nicht ausreichend gewahrt wurden, wenn der Kaufpreis nicht mindestens dem letzten ermittelten Verkehrswert des Vermögensgegenstandes entspricht.[36]

V. Rechtsfolgen eines Verstoßes gegen § 239 KAGB

22 Verstößt die AIF-KVG gegen eines der Verbote in § 239 KAGB, so treten Rechtsfolgen nur gegenüber den Anlegern im Innenverhältnis ein. Gegenüber Dritten haben die Verfügungsbeschränkungen und Veräußerungsverbote in den §§ 239 bis 241 KAGB keine Wirkung, sodass sowohl das **schuldrechtliche Verpflichtungs- als auch das dingliche Verfügungsgeschäft wirksam bleiben**. Dies ergibt sich aus § 242 KAGB.

---

29 A.A. auch hier *Schultz-Süchting* in Emde/Dornseifer/Dreibus/Hölscher, § 68a InvG Rz. 8.

30 Dazu auch *Göhrke/Ruhl*, BKR 2013, 142 (145).

31 Vgl. den Gesetzeswortlaut und den Wortlaut in der Gesetzesbegründung, Begr. RegE, BT-Drucks. 17/12294, S. 268.

32 Vgl. auch das allgemeine Wortverständnis des Gesetzgebers in §§ 182 ff. BGB; auch *Schultz-Süchting* in Emde/Dornseifer/Dreibus/Hölscher, § 68a InvG Rz. 11; *Klusak* in Berger/Steck/Lübbehüsen, § 68a InvG Rz. 5; *Schachinger* in Baur/Tappen, § 239 KAGB Rz. 21.

33 So auch *Schultz-Süchting* in Emde/Dornseifer/Dreibus/Hölscher, § 68a InvG Rz. 11.

34 *Schultz-Süchting* in Emde/Dornseifer/Dreibus/Hölscher, § 68a InvG Rz. 11; *Schachinger* in Baur/Tappen, § 239 KAGB Rz. 20; *Brockhausen* in Moritz/Klebeck/Jesch, § 239 KAGB Rz. 13.

35 *Schultz-Süchting* in Emde/Dornseifer/Dreibus/Hölscher, § 68a InvG Rz. 11; *Schachinger* in Baur/Tappen, § 239 KAGB Rz. 20.

36 BaFin, Auslegungsentscheidung zur Anwendbarkeit des § 68a Abs. 2 InvG vom 27. November 2012, Gz. WA 42-Wp 2136-2012/0068.

Im Innenverhältnis können die Anleger gegenüber der AIF-KVG Schadensersatzansprüche geltend machen. Neben dem vertraglichen Anspruch aufgrund Pflichtverstoßes kommt auch ein Schadensersatzanspruch wegen Verletzung eines Schutzgesetzes nach § 823 Abs. 2 BGB i.V.m. § 239 KAGB in Betracht. Kann die AIF-KVG das Rechtsgeschäft rückabwickeln, so muss sie diese Variante zunächst in Betracht ziehen.[37] Ist dies nicht möglich so hat sie dem Immobilien-Sondervermögen die Differenz des tatsächlich gezahlten Kaufpreises und des objektiven Marktwertes zu erstatten.[38] 23

Schließlich kann die BaFin die allgemeinen aufsichtsrechtlichen Maßnahmen nach § 5 Abs. 1 und 6 KAGB ergreifen und die AIF-KVG mit einer Geldbuße belegen, vgl. § 340 Abs. 2 Nr. 49 lit. b KAGB. 24

§ 240 Darlehensgewährung an Immobilien-Gesellschaften

(1) Die AIF-Kapitalverwaltungsgesellschaft darf einer Immobilien-Gesellschaft für Rechnung des Immobilien-Sondervermögens ein Darlehen nur gewähren, wenn

1. sie an der Immobilien-Gesellschaft für Rechnung des Immobilien-Sondervermögens unmittelbar oder mittelbar beteiligt ist,

2. die Darlehensbedingungen marktgerecht sind,

3. das Darlehen ausreichend besichert ist und

4. bei einer Veräußerung der Beteiligung das Darlehen innerhalb von sechs Monaten nach der Veräußerung zurückzuzahlen ist.

(2) Die AIF-Kapitalverwaltungsgesellschaft hat sicherzustellen, dass

1. die Summe der Darlehen, die einer Immobilien-Gesellschaft für Rechnung des Immobilien-Sondervermögens insgesamt gewährt werden, 50 Prozent des Wertes der von der Immobilien-Gesellschaft gehaltenen Grundstücke nicht übersteigt und

2. die Summe der Darlehen, die den Immobilien-Gesellschaften insgesamt für Rechnung des Immobilien-Sondervermögens gewährt werden, 25 Prozent des Wertes des Immobilien-Sondervermögens nicht übersteigt; bei der Berechnung der Grenze sind die aufgenommenen Darlehen nicht abzuziehen.

(3) Einer Darlehensgewährung nach den Absätzen 1 und 2 steht gleich, wenn ein Dritter im Auftrag der AIF-Kapitalverwaltungsgesellschaft der Immobilien-Gesellschaft ein Darlehen im eigenen Namen für Rechnung des Immobilien-Sondervermögens gewährt.

In der Fassung vom 4.7.2013 (BGBl. I 2013, S. 1981).

Schrifttum: *Banzhaf*, Fragen zu alternativen Finanzierungsformen bei Immobilien-Gesellschaften im Sinne von § 68 InvG, WM 2011, 299; *Hartrott/Goller*, Immobilienfonds nach dem Kapitalanlagegesetzbuch, BB 2013, 1603; *Hübner*, Immobilienanlagen unter dem KAGB – Alte Fragen – Neue Fragen – Neue Antworten, WM 2014, 106; *Schneider*,

37 *Schultz-Süchting* in Emde/Dornseifer/Dreibus/Hölscher, § 68a InvG Rz. 12; *Schachinger* in Baur/Tappen, § 239 KAGB Rz. 24.

38 *Schultz-Süchting* in Emde/Dornseifer/Dreibus/Hölscher, § 68a InvG Rz. 12; *Schachinger* in Baur/Tappen, § 239 KAGB Rz. 24.

Darlehensgewährung an Immobilien-Gesellschaften gem. § 69 InvG, NZG 2008, 5; *Schultz-Süchting/Thomas*, Fremdfinanzierung offener Immobilienfonds, WM 2009, 2156; Seidenschwann, Die Master-Kapitalverwaltungsgesellschaft, 2016.

I. Allgemeines

1. Regelungszweck und Regelungsgegenstand

a) Regelungszweck

1 Grundsätzlich ist es der AIF-KVG gem. § 93 Abs. 4 KAGB u.a. untersagt, für Rechnung des Immobilien-Sondervermögens Gelddarlehen zu gewähren. Dadurch soll das Immobilien-Sondervermögen vor den Risiken geschützt werden, die mit der Gewährung eines Gelddarlehens einhergehen.[1] Dazu zählt insbesondere das **Ausfallrisiko.**

2 Abweichend von diesem Grundsatz sieht § 240 KAGB eine **Ausnahme** vor, wenn es darum geht, Darlehen an eine Immobilien-Gesellschaft zu gewähren, an der die AIF-KVG für Rechnung des Immobilien-Sondervermögens beteiligt ist. Dies kommt gerade dann in Betracht, wenn die Immobilien-Gesellschaft nicht fremdfinanziert wird. In diesem Fall haben die Gesellschafter die Gesellschaft mit eigenen Mitteln auszustatten. Neben Eigenkapital kann eine Ausstattung der Gesellschaft auch durch **Gesellschafterdarlehen** erfolgen.[2] Dadurch soll den AIF-KVGen eine wirtschaftliche, im Interesse der Anleger, liegende Verwaltung der Beteiligung an einer Immobilien-Gesellschaft ermöglicht werden.[3] Die Kapitalausstattung durch Gesellschafterdarlehen bringt dabei drei wesentliche Vorteile für die Gesellschafter (und mittelbar die Anleger) mit sich. Zunächst kann die Hingabe eines Gesellschafterdarlehens für den Gesellschafter steuerlich vorteilhaft sein, da Zinserträge (abhängig vom Sitzstaat) in der Regel niedriger besteuert werden als Dividenden.[4] Weitergehend kann sich je nach Belegenheitsstaat der Immobilien der steuerlich relevante Ertrag der Immobilien-Gesellschaft mindern. Für den Gesellschafter selbst ergibt sich durch die Darlehensgabe außerdem der Vorteil, dass er im Verhältnis zur Gesellschaft eine Gläubigerstellung einnimmt. Während Eigenkapital im Falle einer Insolvenz verloren geht, erlangt der Gesellschafter durch die Gläubigerstellung zumindest einen grundsätzlichen Anspruch im Rahmen des Insolvenzverfahrens und somit einen besseren Schutz (auch wenn Gesellschafterdarlehen nach § 39 InsO als nachrangig gelten).[5]

b) Regelungsgegenstand

3 § 240 Abs. 1 KAGB beinhaltet die Voraussetzungen, unter denen es der AIF-KVG erlaubt ist, Darlehen an die Immobilien-Gesellschaft zu gewähren. In § 240 Abs. 2 KAGB sind weitergehend die Grenzen genannt, bis zu denen die AIF-KVG Darlehen an die Immobilien-Gesellschaft gewähren darf. Schließlich enthält § 240 Abs. 3 KAGB noch die Vorgabe, dass es einer Darlehensgewährung durch die AIF-KVG gleichsteht, wenn ein Dritter im Auftrag der AIF-KVG für Rechnung des Immobilien-Sondervermögens das Darlehen gewährt.

4 Weitere Voraussetzungen muss die AIF-KVG nicht erfüllen. Insbesondere wird die **Darlehensgewährung nicht als Bankgeschäft eingestuft**, sodass es einer separaten Erlaubnis für das Betreiben von Bankgeschäften nach § 32 KWG nicht bedarf.[6] Da die AIF-KVG bereits über eine investmentrechtliche Erlaubnis nach § 20 KAGB verfügt, ist davon auszugehen, dass die BaFin auch weiterhin von dem Erfordernis einer separaten Bankerlaubnis absehen wird. Dafür spricht auch, dass die Anforderungen an die Bankerlaubnis grundsätzlich geringer sind, als die Anforderungen nach § 20 KAGB, sodass Banktätigkeiten bereits mit der investmentrechtlichen Erlaubnis abgedeckt sind.[7]

---

1 *Klusak* in Berger/Steck/Lübbehüsen, § 69 InvG Rz. 2; *Zöll* in Beckmann/Scholtz/Vollmer, § 69 InvG Rz. 1; *Lemnitzer* in Emde/Dornseifer/Dreibus/Hölscher, § 69 InvG Rz. 3.

2 *Klusak* in Berger/Steck/Lübbehüsen, § 69 InvG Rz. 2. Dazu auch umfassend *Banzhaf*, WM 2011, 299 ff.

3 Begr. RegE, BT-Drucks. 13/8933, S. 119; *Moroni* in Moritz/Klebeck/Jesch, § 240 KAGB Rz. 2.

4 *Klusak* in Berger/Steck/Lübbehüsen, § 69 InvG Rz. 2; *Lemnitzer* in Emde/Dornseifer/Dreibus/Hölscher, § 69 InvG Rz. 1; *Moroni* in Moritz/Klebeck/Jesch, § 240 KAGB Rz. 2.

5 *Klusak* in Berger/Steck/Lübbehüsen, § 69 InvG Rz. 2 und 6. Sehr kritische Bewertung der Zeitgemäßheit der Vorschrift bei *Zöll* in Beckmann/Scholtz/Vollmer, § 240 KAGB Rz. 12.

6 *Lemnitzer* in Emde/Dornseifer/Dreibus/Hölscher, § 69 InvG Rz. 3; ausführlich dazu *Kautenburger-Behr* in Weitnauer/Boxberger/Anders, § 240 KAGB Rz. 2; *Moroni* in Moritz/Klebeck/Jesch, § 240 KAGB Rz. 1.

7 *Schneider*, NZG 2008, 5 (6); siehe dazu auch *Seidenschwann*, Die Master-Kapitalverwaltungsgesellschaft, 2016, S. 294 ff.

2. Entstehungsgeschichte

Die Vorschrift des § 240 KAGB übernimmt mit redaktionellen Anpassungen den Wortlaut des aufgehobenen § 69 InvG a.F.[8] 5

II. Voraussetzung der Darlehensgewährung (§ 240 Abs. 1 KAGB)

1. Begriff des Darlehens

Der Begriff des Darlehens wird vom Gesetzgeber, wie schon im Rahmen des § 69 InvG a.F. nicht definiert. 6
Zu § 69 InvG a.F. vertrat die Literatur eine **weite Auslegung des Darlehensbegriffs**, sodass auch **andere Formen der Fremdfinanzierung** erfasst waren. So wurden Sachdarlehen, Wertpapierdarlehen, Schuldverschreibungen, Genussrechte mit Fremdfinanzierungscharakter, partiarische Darlehen, stille Beteiligungen, Mezzanine-Finanzierungen und Total Return Swaps als mögliche Finanzierungsformen angeführt (s. dazu § 234 Rz. 20 ff.).[9] Dieser Ansicht ist auch weiterhin zuzustimmen, da die AIF-KVG bei der Finanzierung und Liquiditätsausstattung der Immobilien-Gesellschaft flexibler agieren kann. Dies entspricht auch den Interessen der Anleger.[10] Durch die in § 240 Abs. 1 KAGB genannten Voraussetzungen der Marktüblichkeit der Darlehens, einer ausreichenden Besicherung und die in § 240 Abs. 2 KAGB vorgesehenen Darlehensgrenzen ist ein ausreichender Schutz der Anleger gewährleistet.[11]

2. Unmittelbare oder mittelbare Beteiligung an der Immobilien-Gesellschaft (§ 240 Abs. 1 Nr. 1 KAGB)

Nach § 240 Abs. 1 Nr. 1 muss die AIF-KVG an der Immobilien-Gesellschaft für Rechnung des Immobilien- 7
Sondervermögens **mittelbar oder unmittelbar beteiligt** sein. Dabei ist sowohl die Höhe der Beteiligung als auch die Höhe des Darlehens irrelevant.[12]

Fraglich ist, ob die AIF-KVG unter den weiteren Voraussetzungen des § 240 Abs. 1 KAGB auch Darlehen 8
an Immobilien-Gesellschaften im Rahmen einer **mehrstöckigen Beteiligungsstruktur** gewähren darf, die selbst keine Immobilien halten, sondern lediglich an einer weiteren Immobilien-Gesellschaft beteiligt sind, in der sich der Immobilienbesitz befindet. Die BaFin erachtete dies unter Geltung des § 69 InvG a.F. für unzulässig.[13] Allerdings wurde kritisiert, dass dies im Hinblick auf die Zulassung von mehrstöckigen Gesellschaftsstrukturen keinen Sinn ergebe, da der Gesetzgeber mehrstöckige Gesellschaftsstrukturen zwar zulässt, eine Finanzierung dieser dann aber untersage.[14] Allerdings ist diese Auffassung abzulehnen, da sie mit dem Wortlaut des § 240 Abs. 1 KAGB und der Definition der Immobilien-Gesellschaft in § 1 Abs. 19 Nr. 22 KAGB nicht übereinstimmt.[15] Nach letzterer ist eine Immobilien-Gesellschaft eine Gesellschaft, die nach der Satzung bzw. dem Gesellschaftsvertrag nur Immobilien, sowie die zur Bewirtschaftung erforderlichen Gegenstände erwerben darf. Der Erwerb von Beteiligungen ist an dieser Stelle ausdrücklich nicht vorgesehen.[16] Da es sich bei § 240 Abs. 1 KAGB um eine Ausnahmevorschrift handelt, ist der Anwendungsbereich eng auszulegen. Anders ist dies zu beurteilen, wenn die AIF-KVG die Immobilien-Gesellschaft (ohne Immobilienbesitz) mit Eigenkapital ausstattet und letztere dann ein Darlehen an die Immobilien-Gesellschaft zweiter Stufe (mit Immobilienbesitz) ausreicht.[17]

---

8 Begr. RegE, BT-Drucks. 17/12294, S. 268. Sehr kritisch zur wortgleichen Übernahme der Vorschrift *Hübner*, WM 2014, 106 (113).

9 Auch *Lemnitzer* in Emde/Dornseifer/Dreibus/Hölscher, § 69 InvG Rz. 4; *Schultz-Süchting/Thomas*, WM 2009, 2156 (2157 f.); *Schneider*, NZG 2008, 5 (6); allgemeiner *Klusak* in Berger/Steck/Lübbehüsen, § 69 InvG Rz. 5; *Banzhaf*, WM 2011, 299 (305); zum neuen Recht *Moroni* in Moritz/Klebeck/Jesch, § 240 KAGB Rz. 13 ff.

10 Im Ergebnis auch *Kautenburger-Behr* in Weitnauer/Boxberger/Anders, § 240 KAGB Rz. 3; differenzierender *Banzhaf*, WM 2011, 299 (305), der die Gleichstellung für Total Return Swaps und Genussrechte regelmäßig ablehnt.

11 Kritisch *Hübner*, WM 2014, 106 (114).

12 Für den Fall einer 100 %-Beteiligung ergibt sich aus der Darlehensgewährung keine zusätzliche Gefahr für das Immobilien-Sondervermögen, da die Darlehensgewährung in dieser Konstellation nur einen Ersatz für den Einsatz von Eigenkapital darstellt, vgl. *Klusak* in Berger/Steck/Lübbehüsen, § 69 InvG Rz. 6.

13 BaFin, Schreiben an den BVI vom 4.6.2008.

14 *Lemnitzer* in Emde/Dornseifer/Dreibus/Hölscher, § 69 InvG Rz. 6; *Schultz-Süchting/Thomas*, WM 2009, 2156, 2162 f.

15 Vgl. auch *Hübner*, WM 2014, 106 (113); auch *Moroni* in Moritz/Klebeck/Jesch, § 240 KAGB Rz. 16.

16 *Kautenburger-Behr* in Weitnauer/Boxberger/Anders, § 240 KAGB Rz. 6.

17 *Lemnitzer* in Emde/Dornseifer/Dreibus/Hölscher, § 69 InvG Rz. 6; *Schultz-Süchting/Thomas*, WM 2009, 2156 (2162 f.); *Kautenburger-Behr* in Weitnauer/Boxberger/Anders, § 240 KAGB Rz. 7.

3. Marktgerechte Darlehensbedingungen (§ 240 Abs. 1 Nr. 2 KAGB)

9 Bei der Prüfung der Marktgerechtigkeit der Darlehensbedingungen ist mangels näherer Beschreibung im Gesetzestext auf einen **Fremdvergleich** abzustellen.[18] Marktgerechte Darlehensbedingungen liegen daher dann vor, wenn ein Dritter das Darlehen zu den gleichen Konditionen gewährt hätte.[19] Als Vergleichskriterien können in diesem Zusammenhang die Höhe des Zinssatzes, die Marge des Darlehensgebers, ein Disagio, etwaige Gebühren, die Laufzeit oder Kündigungsrechte, Vorfälligkeitsentschädigungen etc. herangezogen werden.[20] Für die Beurteilung der Marktgerechtigkeit eines Gesellschafterdarlehens kann in diesem Zusammenhang auch die Häufigkeit der Gewährung von Gesellschafterdarlehen durch die AIF-KVG herangezogen werden.[21]

4. Ausreichende Besicherung (§ 240 Abs. 1 Nr. 3 KAGB)

10 Weitergehend müssen die Gesellschafterdarlehen ausreichend besichert sein. Dies gilt unabhängig vom Grad der Beteiligung an der Immobilien-Gesellschaft. Dabei beschreibt der Gesetzgeber weder die Art noch den Umfang der Besicherung.

11 Hinsichtlich der **Art der Sicherheiten** kann die AIF-KVG frei wählen. Neben der Belastung von Immobilien mit dinglichen Rechten kommen folglich auch die Abtretung von Forderungen (meist Mietforderungen) oder Personalsicherheiten wie Bürgschaft, Garantie, Schuldbeitritte, -anerkenntnisse oder -versprechen sowie auch die Patronatserklärung in Betracht.[22]

12 Der **Umfang der Sicherheiten** muss so gewählt sein, dass im Verwertungsfall der gesamte Forderungsbetrag aus dem gewährten Darlehen zuzüglich der entstehenden Zinsen abgedeckt ist.[23] Nur in diesem Fall ist das aus der Darlehensgewährung resultierende Risiko in angemessener und vor allem marktüblicher Weise abgedeckt.[24]

13 Grundsätzlich anders zu behandeln ist dagegen die Besicherung von Darlehen, wenn die AIF-KVG eine **100-prozentige Beteiligung an der Immobilien-Gesellschaft** hält.[25] Denn in diesem Fall ist die Beteiligung den direkt gehaltenen Immobilien der AIF-KVG gleichgestellt. Ein weitergehender Schutz durch Sicherheiten der Immobilien-Gesellschaft ist insofern nicht erforderlich, da die AIF-KVG auch ihren Eigenkapitaleinsatz für Rechnung des Immobilien-Sondervermögens bei direkt gehaltenen Immobilien nicht besichern kann.

5. Rückzahlung des Darlehens (§ 240 Abs. 1 Nr. 4 KAGB)

14 Schließlich bedarf es nach § 240 Abs. 1 Nr. 4 KAGB einer Vereinbarung zwischen der AIF-KVG und der Immobiliengesellschaft, nach der das Darlehen **innerhalb von sechs Monaten zurückzuzahlen** ist, wenn die AIF-KVG die Beteiligung veräußert. Diese Pflicht zur Rückzahlung greift nach dem Wortlaut nur, wenn

---

18 *Hartrott/Goller*, BB 2013, 1603 (1608); *Lemnitzer* in Emde/Dornseifer/Dreibus/Hölscher, § 69 InvG Rz. 8; *Klusak* in Berger/Steck/Lübbehüsen, § 69 InvG Rz. 7; *Kautenburger-Behr* in Weitnauer/Boxberger/Anders, § 240 KAGB Rz. 8; *Schneider*, NZG 2008, 5 (6); *Moroni* in Moritz/Klebeck/Jesch, § 240 KAGB Rz. 17.

19 *Lemnitzer* in Emde/Dornseifer/Dreibus/Hölscher, § 69 InvG Rz. 8; *Klusak* in Berger/Steck/Lübbehüsen, § 69 InvG Rz. 7.

20 *Lemnitzer* in Emde/Dornseifer/Dreibus/Hölscher, § 69 InvG Rz. 8; *Klusak* in Berger/Steck/Lübbehüsen, § 69 InvG Rz. 7; *Moroni* in Moritz/Klebeck/Jesch, § 240 KAGB Rz. 17.

21 *Lemnitzer* in Emde/Dornseifer/Dreibus/Hölscher, § 69 InvG Rz. 8; *Klusak* in Berger/Steck/Lübbehüsen, § 69 InvG Rz. 7.

22 *Schneider*, NZG 2008, 5 (6 f.); *Lemnitzer* in Emde/Dornseifer/Dreibus/Hölscher, § 69 InvG Rz. 11; *Klusak* in Berger/Steck/Lübbehüsen, § 69 InvG Rz. 8; *Kautenburger-Behr* in Weitnauer/Boxberger/Anders, § 240 KAGB Rz. 9; *Moroni* in Moritz/Klebeck/Jesch, § 240 KAGB Rz. 19.

23 *Lemnitzer* in Emde/Dornseifer/Dreibus/Hölscher, § 69 InvG Rz. 12; *Klusak* in Berger/Steck/Lübbehüsen, § 69 InvG Rz. 8; *Moroni* in Moritz/Klebeck/Jesch, § 240 KAGB Rz. 20.

24 *Lemnitzer* in Emde/Dornseifer/Dreibus/Hölscher, § 69 InvG Rz. 12; *Klusak* in Berger/Steck/Lübbehüsen, § 69 InvG Rz. 8. Teilweise wird in der Literatur empfohlen, dass die AIF-KVG im Rahmen der Vertragsbedingungen eine Nachforderungsklausel für den Fall der Untersicherung aufnehmen soll, vgl. *Lemnitzer* in Emde/Dornseifer/Dreibus/Hölscher, § 69 InvG Rz. 12. Ob eine solche Klausel im Hinblick auf die insolvenzrechtlichen Anfechtungsrechte erfolgsversprechend ist, ist fraglich, vgl. auch *Kautenburger-Behr* in Weitnauer/Boxberger/Anders, § 240 KAGB Rz. 10.

25 *Zöll* in Beckmann/Scholtz/Vollmer, § 69 InvG Rz. 6; *Lemnitzer* in Emde/Dornseifer/Dreibus/Hölscher, § 69 InvG Rz. 13; *Klusak* in Berger/Steck/Lübbehüsen, § 69 InvG Rz. 6; *Hübner*, WM 2014, 106 (113); zweifelnd auch *Schneider*, NZG 2008, 5 (8).

die AIF-KVG die **gesamte Beteiligung** veräußert.[26] Bei einer nur teilweisen Veräußerung kann das Darlehen zu den vereinbarten Konditionen zurückgezahlt werden.

An welcher Stelle die Vereinbarung aufzunehmen ist, regelt der Gesetzgeber nicht. Daher kann die Aufnahme im eigentlichen **Darlehensvertrag**, aber auch im **Gesellschaftsvertrag bzw. der Satzung** oder einer etwaigen **Gesellschaftervereinbarung** erfolgen.[27] 15

III. Grenzen der Darlehensgewährung (§ 240 Abs. 2 KAGB)

1. Inhalt der Darlehensgrenzen

Liegen die Voraussetzungen für eine Gewährung von Darlehen an die Immobilien-Gesellschaft vor, darf die AIF-KVG diese nicht unbegrenzt gewähren. Die Vorschrift des § 240 Abs. 2 KAGB sieht vielmehr zwei **Grenzen** vor, deren Einhaltung die AIF-KVG sicherstellen muss. 16

Nach § 240 Abs. 2 KAGB darf die Summe der Darlehen, die einer Immobilien-Gesellschaft für Rechnung des Immobilien-Sondervermögens gewährt werden, **50 % des Wertes der von der Immobilien-Gesellschaft gehaltenen Grundstücke** nicht übersteigen. Diese Grenze stellt eine sog. **Einzelobergrenze**[28] dar und gilt bei der Vergabe von Darlehen an eine einzelne Immobilien-Gesellschaft. Im Hinblick auf den Bezugspunkt der Darlehensgrenze stellt § 240 Abs. 2 Nr. 1 KAGB auf den addierten Verkehrswert aller sich im Eigentum der Immobilien-Gesellschaft befindlichen Grundstücke ab.[29] 17

Darüber hinaus sieht § 240 Abs. 2 Nr. 2 KAGB vor, dass die Summe der Darlehen, die den Immobilien-Gesellschaften insgesamt für Rechnung des Immobilien-Sondervermögens gewährt werden, **25 % des Wertes des Immobilien-Sondervermögens** nicht übersteigen darf. Diese Grenze stellt als sog. **Obergrenze**[30] für die Darlehensvergabe auf den Wert des Immobilien-Sondervermögens ab. Bei der Berechnung dieser Obergrenze sind nach § 240 Abs. 2 Nr. 2 Halbsatz 2 KAGB die aufgenommenen Darlehen nicht abzuziehen. Dies bedeutet, dass die von der AIF-KVG gewährten Darlehen und auch die durch einen Dritten nach § 240 Abs. 3 KAGB gewährten Darlehen in die Obergrenze miteinzubeziehen sind. Dadurch soll sichergestellt werden, dass der Charakter der **absoluten Obergrenze** erhalten bleibt und § 240 KAGB weiterhin die Wirkung einer Ausnahmevorschrift behält.[31] 18

Als **Summe der Darlehen** gelten dabei die zum Zeitpunkt der Berechnung der Grenze noch offenen Darlehensrückforderungen ohne Zinsansprüche.[32] Ansatzpunkt ist daher nicht die Höhe des Darlehens im Zeitpunkt der Darlehensgewährung, sondern der zum Zeitpunkt der Berechnung verbleibende Wert. Es handelt sich daher um sog. **Bestandsgrenzen**, die während der gesamten Dauer des Darlehens gemessen an den noch offenen Rückforderungen einzuhalten sind.[33] 19

2. Anwendung auf 100 %-Beteiligungen?

Unter Geltung des § 69 InvG a.F. wurde diskutiert, ob bei der **Berechnung der Darlehensobergrenze** auch solche Darlehen mit zu berücksichtigen sind, die von der AIF-KVG an Immobilien-Gesellschaften gewährt wurden, an denen die AIF-KVG eine **100 %-Beteiligung** hält.[34] Auch hier wurde dies damit begründet, dass das Halten einer Beteiligung dem direkten Halten von Immobilien gleichgestellt wird. Die AIF-KVG ist auch im Rahmen des Eigenkapitaleinsatzes für Rechnung des Immobilien-Sondervermögens bei direkt 20

---

26 *Lemnitzer* in Emde/Dornseifer/Dreibus/Hölscher, § 69 InvG Rz. 16; *Klusak* in Berger/Steck/Lübbehüsen, § 69 InvG Rz. 9; *Kautenburger-Behr* in Weitnauer/Boxberger/Anders, § 240 KAGB Rz. 12; *Moroni* in Moritz/Klebeck/Jesch, § 240 KAGB Rz. 21.

27 *Lemnitzer* in Emde/Dornseifer/Dreibus/Hölscher, § 69 InvG Rz. 15; *Kautenburger-Behr* in Weitnauer/Boxberger/Anders, § 240 KAGB Rz. 11; für eine ausschließliche Aufnahme in der Satzung bzw. im Gesellschaftsvertrag spricht sich *Moroni* in Moritz/Klebeck/Jesch, § 240 KAGB Rz. 21 aus.

28 *Lemnitzer* in Emde/Dornseifer/Dreibus/Hölscher, § 69 InvG Rz. 21; *Kautenburger-Behr* in Weitnauer/Boxberger/Anders, § 240 KAGB Rz. 13 spricht insofern von einer relativen Obergrenze.

29 *Moroni* in Moritz/Klebeck/Jesch, § 240 KAGB, Rz. 22.

30 *Lemnitzer* in Emde/Dornseifer/Dreibus/Hölscher, § 69 InvG Rz. 21; *Klusak* in Berger/Steck/Lübbehüsen, § 69 InvG Rz. 11; *Kautenburger-Behr* in Weitnauer/Boxberger/Anders, § 240 KAGB Rz. 13 spricht insofern von einer absoluten Obergrenze.

31 Begr. RegE, BT-Drucks. 13/8933, S. 119.

32 *Klusak* in Berger/Steck/Lübbehüsen, § 69 InvG Rz. 10.

33 *Lemnitzer* in Emde/Dornseifer/Dreibus/Hölscher, § 69 InvG Rz. 22.

34 *Lemnitzer* in Emde/Dornseifer/Dreibus/Hölscher, § 69 InvG Rz. 24 f.; *Klusak* in Berger/Steck/Lübbehüsen, § 69 InvG Rz. 11.

gehaltenen Immobilien nicht beschränkt.[35] Dem ist zuzustimmen, da ein weitergehender Schutz durch Anwendung der Darlehensobergrenze in diesem Fall nicht erforderlich ist.

IV. Indirekte Darlehensgewährung durch Dritte (§ 240 Abs. 3 KAGB)

21 Schließlich stellt § 240 Abs. 3 KAGB klar, dass auch eine Darlehensgewährung durch Dritte den Vorgaben des § 240 Abs. 1 und 2 KAGB entsprechen muss, wenn der Dritte durch die AIF-KVG beauftragt wurde und er im eigenen Namen, aber für Rechnung des Immobilien-Sondervermögens das Darlehen gewährt hat. Die Vorschrift gibt der AIF-KVG zum einen eine **weitere Möglichkeit der Darlehensvergabe durch Dritte**, um gerade bei Darlehen für im Ausland belegene Immobilien eine Finanzierung derselben ohne Währungsrisiken zu ermöglichen.[36] So kann die AIF-KVG ein Kreditinstitut mit Sitz in dem Staat mit der Darlehensgewährung beauftragen, in dem die Immobilie belegen ist.[37]

22 In dieser Konstellation ist der eigentliche Gläubiger zwar zunächst der Dritte, da er das Darlehen im eigenen Namen an die Immobilien-Gesellschaft gewährt.[38] Da er aber für Rechnung des Immobilien-Sondervermögens tätig wird, ist der **wirtschaftliche Gläubiger im Grunde das Immobilie-Sondervermögen selbst.**[39] Mit der Klarstellung in § 240 Abs. 3 KAGB wollte der Gesetzgeber einer möglichen Umgehung der Vorgaben für die Darlehensgewährung zuvorkommen.[40]

23 Nicht erfasst ist stattdessen der Fall, wenn der Dritte zwar im Auftrag der AIF-KVG, aber im eigenen Namen und auf eigene Rechnung ein Darlehen an die Immobilien-Gesellschaft gewährt.[41] In diesem Fall ist der Dritte nicht nur tatsächlicher, sondern auch wirtschaftlicher Darlehensgeber.

V. Rechtsfolgen eines Verstoßes gegen § 240 KAGB

24 Nach § 242 KAGB führt ein Verstoß gegen § 240 KAGB nicht zur Unwirksamkeit des Rechtsgeschäfts (s. ausführlich zu den Rechtsfolgen § 242 Rz. 4 ff.).

25 Im Innenverhältnis kann ein Anspruch der Anleger auf **Schadensersatz gegen die AIF-KVG** bestehen. Daneben kann die BaFin allgemeine aufsichtsrechtliche Maßnahmen nach § 5 Abs. 6 KAGB einleiten (s. dazu § 242 Rz. 4 ff. sowie § 239 Rz. 22).

§ 241 Zahlungen, Überwachung durch die Verwahrstelle

[1]Die AIF-Kapitalverwaltungsgesellschaft hat mit der Immobilien-Gesellschaft zu vereinbaren, dass die der AIF-Kapitalverwaltungsgesellschaft für Rechnung des Immobilien-Sondervermögens zustehenden Zahlungen, der Liquidationserlös und sonstige der AIF-Kapitalverwaltungsgesellschaft für Rechnung des Immobilien-Sondervermögens zustehende Beträge unverzüglich auf ein Konto nach § 83 Absatz 6 Satz 2 einzuzahlen sind. [2]Satz 1 gilt entsprechend für Immobilien-Gesellschaften, die Beteiligungen an anderen Immobilien-Gesellschaften erwerben oder halten.

In der Fassung vom 4.7.2013 (BGBl. I 2013, S. 1981).

---

35 *Lemnitzer* in Emde/Dornseifer/Dreibus/Hölscher, § 69 InvG Rz. 25; *Klusak* in Berger/Steck/Lübbehüsen, § 69 InvG Rz. 11; *Zöll* in Beckmann/Scholtz/Vollmer, § 240 KAGB Rz. 2 und 6 und *Zöll* in Beckmann/Scholtz/Vollmer, § 69 InvG Rz. 10; *Moroni* in Moritz/Klebeck/Jesch, § 240 KAGB Rz. 9; a.A. wohl *Banzhaf*, WM 2011, 299 (302).
36 Begr. RegE, BT-Drucks. 13/8933, S. 119.
37 Begr. RegE, BT-Drucks. 13/8933, S. 119.
38 *Klusak* in Berger/Steck/Lübbehüsen, § 69 InvG Rz. 13.
39 *Klusak* in Berger/Steck/Lübbehüsen, § 69 InvG Rz. 13; *Schneider*, NZG 2008, 5, 7.
40 *Kautenburger-Behr* in Weitnauer/Boxberger/Anders, § 240 KAGB Rz. 17; *Moroni* in Moritz/Klebeck/Jesch, § 240 KAGB Rz. 24.
41 *Zöll* in Beckmann/Scholtz/Vollmer, § 69 InvG Rz. 11.

I. Allgemeines

1. Regelungsgegenstand und Regelungszweck

Die Vorschrift des § 241 Satz 1 KAGB sieht vor, dass sämtliche **Zahlungen der Immobilien-Gesellschaft**, die an die AIF-KVG für Rechnung des Immobilien-Sondervermögens gerichtet sind, unverzüglich auf ein separates Geldkonto gem. § 83 Abs. 6 Satz 2 KAGB eingezahlt werden müssen. Die AIF-KVG hat dies mit der Immobilien-Gesellschaft zu vereinbaren. Nach § 241 Satz 2 KAGB gilt diese Vorgabe entsprechend bei mehrstöckigen Immobilien-Gesellschaften. 1

Die Vorschrift dient dem **Trennungsgrundsatz** und damit dem **Schutz der Anleger.**[1] Gerade bei indirekten Vermögensanlagen muss sichergestellt sein, dass die Zahlungsströme der Immobilien-Gesellschaft und der verwaltenden AIF-KVG strikt voneinander getrennt werden.[2] Dadurch soll der AIF-KVG ein Zugriff auf Mittel der Immobilien-Gesellschaft verwehrt und Pflichtverletzungen der AIF-KVG von vornherein unterbunden werden.[3] Darüber hinaus dient die Vorschrift auch dazu, die Konten des AIF vor einem **unberechtigten Zugriff Dritter** zu schützen.[4] 2

Praktisch richtet die AIF-KVG bei der Verwahrstelle ein besonderes Geldkonto ein, in der Regel ein sog. **Sperrkonto**, auf das sämtliche Zahlungen für Rechnung der Immobilien-Gesellschaft direkt verbucht werden.[5] So kann die Verwahrstelle nach § 83 Abs. 6 Satz 1 KAGB die Zahlungsströme der einzelnen AIF überwachen und vor allem Schneeballsysteme schneller und leichter erkennen.[6] 3

2. Entstehungsgeschichte

§ 241 KAGB übernimmt mit redaktionellen Anpassungen den Wortlaut des aufgehobenen § 71 InvG a.F.[7] 4

II. Unverzügliche Einzahlung auf ein Geldkonto

Nach dem Wortlaut der Vorschrift muss die AIF-KVG sämtliche Zahlungen, die sie für Rechnung des Immobilien-Sondervermögens erhält unverzüglich auf ein Geldkonto im Sinne des § 83 Abs. 6 Satz 2 KAGB einzahlen. Das Geldkonto muss dabei den umfassenden Anforderungen des § 83 Abs. 6 Satz 2 KAGB genügen. Die Vorschrift gibt genau vor, unter welchem **Namen, für wessen Rechnung** (§ 83 Abs. 6 Satz 2 KAGB) und bei welchem **Kreditinstitut** ein solches Konto eröffnet werden darf (§ 83 Abs. 6 Satz 2 Nr. 1 und 2 KAGB).[8] Vom Umfang erfasst sind dabei Zahlungen wie Gewinnausschüttungen, Liquidationserlöse im Falle einer Liquidation der Immobilien-Gesellschaft sowie sonstige der AIF-KVG für Rechnung des Immobilien-Sondervermögens zustehende Beträge.[9] 5

Die AIF-KVG muss die Zahlung auf das Geldkonto nach dem Wortlaut des § 241 KAGB „unverzüglich" vornehmen, wobei eine Zahlung ohne schuldhaftes Zögern nach der allgemeinen Definition des BGB bereits zu spät sein kann. Ein ausreichender Schutz der Anleger wird dadurch gerade nicht gewährleistet, da bei einer Durchgangszahlung an die AIF-KVG möglicherweise ein Zwischenerwerb dieser mit einhergehen kann. Ein solcher Zwischenerwerb soll durch die Vorschrift des § 241 KAGB aber gerade verhindert werden. Richtigerweise muss die AIF-KVG anstelle einer unverzüglichen Zahlung daher vielmehr eine ***„unmittelbare"* Zahlung** der Beträge auf das Geldkonto der Immobilien-Gesellschaft sicherstellen.[10] 6

---

1 *Bujotzek/Thömmes* in Emde/Dornseifer/Dreibus/Hölscher, § 71 InvG Rz. 1.
2 *Bujotzek/Thömmes* in Emde/Dornseifer/Dreibus/Hölscher, § 71 InvG Rz. 1.
3 *Boxberger* in Weitnauer/Boxberger/Anders, § 83 KAGB Rz. 29.
4 *Bujotzek/Thömmes* in Emde/Dornseifer/Dreibus/Hölscher, § 71 InvG Rz. 2.
5 *Klusak* in Berger/Steck/Lübbehüsen, § 71 InvG Rz. 1; auf *Zöll* in Beckmann/Scholtz/Vollmer, § 71 InvG Rz. 7 f.; *Moroni* in Moritz/Klebeck/Jesch, § 241 KAGB Rz. 2 bezeichnet das Konto als „Geldkonto" und steht dem Begriff des „Sperrkontos" aufgrund seines einengenden Charakters kritisch gegenüber.
6 *Boxberger* in Weitnauer/Boxberger/Anders, § 83 KAGB Rz. 26, 28. Zum Sinn und Zweck von Art. 21 Abs. 7 AIFM-Richtlinie vgl. *Tollmann* in Dornseifer/Jesch/Klebeck/Tollmann, Art. 21 AIFM-RL Rz. 144. Gerade der Skandal um das riesige Schneeballsystem von *Bernhard L. Madoff* brachte den europäischen Gesetzgeber dazu, die Regelungen zu den Verwahrstellen zu verschärfen.
7 Begr. RegE, BT-Drucks. 17/12294, S. 268.
8 Die Vorschrift setzt Art. 21 Abs. 7 der AIFM-Richtlinie um und wurde folglich neu ins KAGB eingefügt. Vgl. auch die ausführliche Kommentierung zu § 83 KAGB.
9 *Schachinger* in Baur/Tappen, § 241 KAGB Rz. 4.
10 *Schachinger* in Baur/Tappen, § 241 KAGB Rz. 13; *Klusak* in Berger/Steck/Lübbehüsen, § 71 InvG Rz. 1; ausf. *Zöll* in Beckmann/Scholtz/Vollmer, § 71 InvG Rz. 7 f.; *Bujotzek/Thömmes* in Emde/Dornseifer/Dreibus/Hölscher, § 71 InvG Rz. 1.

III. Vereinbarung der AIF-KVG mit der Immobilien-Gesellschaft

7 Die AIF-KVG muss mit der jeweiligen Immobilien-Gesellschaft eine Vereinbarung treffen, in der die Zahlungswege entsprechend den Vorgaben des § 241 Satz 1 KAGB festgehalten werden. Die Immobilien-Gesellschaft wird darin angewiesen, die Zahlungen im Sinne des § 241 Satz 2 KAGB unmittelbar auf das von der AIF-KVG eingerichtete Geldkonto zu veranlassen. Eine solche Vereinbarung kann entweder durch **Regelung in dem Gesellschaftsvertrag bzw. der Satzung** der Immobilien-Gesellschaft, oder durch eine **separate vertragliche Vereinbarung** zwischen der AIF-KVG und der Immobilien-Gesellschaft erfolgen.[11] Hält die AIF-KVG die Stimmenmehrheit an der Immobilien-Gesellschaft, wird dies unproblematisch möglich sein. Ist sie dagegen nur Minderheitsbeteiligte, ist dies unter Umständen im Verhältnis zu den Mitgesellschaftern schwer durchsetzbar. Allerdings muss die AIF-KVG auch in diesem Fall darauf hinwirken, dass die Immobilien-Gesellschaft eine solche Vereinbarung abschließt und die Anlegerinteressen ausreichend gewahrt werden.[12]

8 Bei **mehrstöckigen Beteiligungen** gilt § 241 Satz 1 KAGB entsprechend. Auch bei mehreren beteiligten Immobilien-Gesellschaften muss die AIF-KVG unverzüglich bzw. unmittelbar veranlassen, dass Zahlungen für Rechnung der Anleger auf ein Geldkonto im Sinne des § 83 Abs. 6 KAGB eingehen. Eine **entsprechende Vereinbarung** muss die AIF-KVG bei mehrstöckigen Beteiligungen mit jeder einzelnen beteiligten Immobilien-Gesellschaft treffen.[13] Alternativ kann die Vereinbarung auch nur zwischen der AIF-KVG und der Muttergesellschaft abgeschlossen werden, wobei die Vereinbarung dann vorsieht, dass jede Gesellschaft entlang der Corporate Governance Struktur zur Zahlung auf das Geldkonto verpflichtet wird.[14]

IV. Rechtsfolgen eines Verstoßes gegen § 241 KAGB

9 Ein Verstoß gegen § 241 KAGB hat im Verhältnis zu Dritten keine Auswirkungen. Nach § 242 KAGB berühren Verstöße gegen § 241 KAGB die Wirksamkeit des Rechtsgeschäfts nicht (s. ausführlich zu den Rechtsfolgen § 242 Rz. 4 ff.).

10 Im Innenverhältnis kann ein Anspruch der Anleger auf **Schadensersatz gegen die AIF-KVG** bestehen. Daneben kann die BaFin allgemeine aufsichtsrechtliche Maßnahmen nach § 5 Abs. 6 KAGB einleiten (s. dazu § 242 Rz. 4 ff. sowie § 239 Rz. 22).

§ 242 Wirksamkeit eines Rechtsgeschäfts

Die Nichtbeachtung der vorstehenden Vorschriften berührt die Wirksamkeit des Rechtsgeschäfts nicht.

In der Fassung vom 4.7.2013 (BGBl. I 2013, S. 1981).

I. Regelungsgegenstand

1 Die Vorschrift sieht vor, dass ein Verstoß gegen die §§ 239 bis 241 KAGB nicht dazu führt, dass das geschlossene Rechtsgeschäft Dritten gegenüber unwirksam wird. Vielmehr bleibt das Rechtsgeschäft selbst

---

11 *Bujotzek/Thömmes* in Emde/Dornseifer/Dreibus/Hölscher, § 71 InvG Rz. 3; a.A. *Zöll* in Beckmann/Scholtz/Vollmer, § 71 InvG Rz. 2 der eine Regelung im Gesellschaftsvertrag bzw. in der Satzung als nicht zweckmäßig erachtet; ähnlich auch *Moroni* in Moritz/Klebeck/Jesch, § 241 KAGB Rz. 4.

12 *Schachinger* in Baur/Tappen, § 241 KAGB Rz. 9 weist unter Verweis auf *Zöll* in Beckmann/Scholtz/Vollmer, § 71 InvG Rz. 2 darauf hin, dass die Regelungen in § 241 KAGB keine Voraussetzungen für den Erwerb einer Beteiligung darstellen und die AIF-KVG auch bei Weigerung der Immobilien-Gesellschaft die Minderheitsbeteiligung erwerben kann. Die BaFin kann in diesem Fall allerdings mit aufsichtsrechtlichen Maßnahmen reagieren. Im Falle eines Schadenseintritts ist die AIF-KVG den Anlegern auch zum Schadensersatz verpflichtet (vgl. dazu Rz. 10 und die Kommentierung zu § 242 KAGB). Ähnlich auch *Moroni* in Moritz/Klebeck/Jesch, § 241 KAGB Rz. 4.

13 *Bujotzek/Thömmes* in Emde/Dornseifer/Dreibus/Hölscher, § 71 InvG Rz. 5; *Moroni* in Moritz/Klebeck/Jesch, § 241 KAGB Rz. 8.

14 *Bujotzek/Thömmes* in Emde/Dornseifer/Dreibus/Hölscher, § 71 InvG Rz. 5 f.

rechtlich wirksam. Insofern hebt sich diese Regelung von dem gesetzlichen Verbot in § 134 BGB ab. Ein Verstoß gegen ein gesetzliches Verbot führt zur Nichtigkeit des gesamten Rechtsgeschäfts.[1] Da ein gesetzliches Verbot allerdings immer einer ausdrücklichen gesetzlichen Anordnung bedarf, hat § 242 KAGB nur klarstellende Funktion.[2] Hätte der Gesetzgeber eine Nichtigkeitsfolge gewünscht, so hätte er diese direkt in den §§ 239 bis 241 KAGB anordnen müssen.

II. Entstehungsgeschichte

Die Vorschrift übernimmt nach der Gesetzesbegründung den Wortlaut des aufgehobenen § 67 Abs. 8 InvG a.F. und berücksichtigt gleichzeitig aber auch den Wortlaut des § 72 InvG a.F.[3] 2

III. Regelungszweck

Die Vorschrift dient dem Zweck, das **Vertrauen des Vertragspartners** der AIF-KVG zu schützen, da dieser nicht erkennen oder überprüfen kann, ob die AIF-KVG die ihr in den §§ 239 bis 241 KAGB vorgegebenen Grenzen einhält.[4] Andernfalls müsste der Vertragspartner vor Abschluss eine Due Diligence Prüfung dahingehend vornehmen, dass alle aufsichtsrechtlichen Vorschriften von der AIF-KVG eingehalten werden.[5] Dies ist weder seine Aufgabe noch ist ihm eine aufsichtsrechtliche Due Diligence-Prüfung aufgrund der fehlenden Einblicke in den Geschäftsablauf der AIF-KVG möglich. Vielmehr muss der Vertragspartner auch im **Interesse eines effektiven Rechtsverkehrs** darauf vertrauen dürfen, dass die AIF-KVG sich entsprechend den Vorschriften des KAGB verhält.[6] Um diesen Zweck zu erreichen, bleiben bei einem Verstoß sowohl die das schuldrechtliche Geschäft als auch das Verfügungsgeschäft wirksam.[7] 3

IV. Rechtsfolgen

Die BaFin kann zunächst die allgemeinen aufsichtsrechtlichen Maßnahmen nach § 5 Abs. 1 und 6 KAGB ergreifen und die AIF-KVG, wenn diese in § 340 KAGB vorgesehen ist, mit einer Geldbuße belegen. 4

Daneben sind auch **zivilrechtliche Haftungsansprüche** der Anleger gegen die AIF-KVG im Innenverhältnis wegen der Verletzung der Vorschriften des KAGB denkbar,[8] die die Verwahrstelle nach § 78 Abs. 1 Nr. 1 KAGB für die Anleger geltend machen muss. Neben dem vertraglichen Schadensersatzanspruch aufgrund Pflichtverletzung kommt auch ein Schadensersatzanspruch wegen Verletzung eines Schutzgesetzes nach § 823 Abs. 2 BGB in Verbindung mit der verletzten Vorschrift des KAGB in Betracht, wenn die Vorschrift drittschützenden Charakter hat.[9] 5

Kann die AIF-KVG das Rechtsgeschäft rückabwickeln, so muss sie diese Variante ebenfalls zunächst in Betracht ziehen.[10] 6

Im Übrigen ist die AIF-KVG auch verpflichtet, umgehend dafür Sorge zu tragen, dass die in §§ 239 bis 241 KAGB geregelten **Anlagegrenzen wieder eingehalten** werden. 7

---

1 Vgl. *Ellenberger* in Palandt, § 134 BGB Rz. 13.
2 *Moroni* in Moritz/Klebeck/Jesch, § 242 KAGB Rz. 2.
3 Begr. RegE, BT-Drucks. 17/12294, S. 268.
4 *Moroni* in Moritz/Klebeck/Jesch, § 242 KAGB Rz. 2.
5 *Schachinger* in Baur/Tappen, § 242 KAGB Rz. 1.
6 *Klusak* in Berger/Steck/Lübbehüsen, § 67 InvG Rz. 44; *Zöll* in Beckmann/Scholtz/Vollmer, § 67 InvG Rz. 46; *Conradi* in Emde/Dornseifer/Dreibus/Hölscher, § 67 InvG Rz. 156; *Bujotzek/Thömmes* in Emde/Dornseifer/Dreibus/Hölscher, § 72 InvG Rz. 1; *Schachinger* in Baur/Tappen, § 242 KAGB Rz. 1.
7 *Klusak* in Berger/Steck/Lübbehüsen, § 67 InvG Rz. 44; *Conradi* in Emde/Dornseifer/Dreibus/Hölscher, § 67 InvG Rz. 156 m.w.N.; *Kautenburger-Behr* in Weitnauer/Boxberger/Anders, § 232 KAGB Rz. 2.
8 *Kautenburger-Behr* in Weitnauer/Boxberger/Anders, § 242 KAGB Rz. 4.
9 *Schultz-Süchting* in Emde/Dornseifer/Dreibus/Hölscher, § 68a InvG Rz. 12; *Schachinger* in Baur/Tappen, § 239 KAGB Rz. 24.
10 *Schultz-Süchting* in Emde/Dornseifer/Dreibus/Hölscher, § 68a InvG Rz. 12; *Schachinger* in Baur/Tappen, § 239 KAGB Rz. 24.

§ 243 Risikomischung

(1) [1]Der Wert einer Immobilie darf zur Zeit des Erwerbs 15 Prozent des Wertes des Sondervermögens nicht übersteigen. [2]Der Gesamtwert aller Immobilien, deren einzelner Wert mehr als 10 Prozent des Wertes des Sondervermögens beträgt, darf 50 Prozent des Wertes des Sondervermögens nicht überschreiten. [3]Bei der Berechnung der Werte werden aufgenommene Darlehen nicht abgezogen.

(2) Als Immobilie im Sinne des Absatzes 1 gilt auch eine aus mehreren Immobilien bestehende wirtschaftliche Einheit.

In der Fassung vom 4.7.2013 (BGBl. I 2013, S. 1981).

Schrifttum: *Hartrott/Goller*, Immobilienfonds nach dem Kapitalanlagegesetzbuch, BB 2013, 1603.

I. Allgemeines

1. Regelungszweck und Regelungsgegenstand

1 Die Vorschrift des § 243 KAGB beinhaltet zwei verschiedene Anlagegrenzen, die die AIF-KVG beim Erwerb von Immobilien beachten muss. Diese beiden Anlagegrenzen dienen dazu, die Bildung von **Klumpenrisiken** für das Immobilien-Sondervermögen zu vermeiden und so die **Risiken, die mit einem Totalausfall** einer Immobilie einhergehen, für den Anleger möglichst zu **begrenzen.**[1] Durch die Anlagegrenzen soll sichergestellt werden, dass die AIF-KVG für Rechnung des Immobilien-Sondervermögens nicht nur einen oder nur wenige einzelne Vermögensgegenstände erwirbt, sondern beim Erwerb der Vermögensgegenstände von vornherein gezwungen ist, zu **diversifizieren.**[2] Andernfalls bestünde die Gefahr, dass bei einem Wertverfall einer großen im Sondervermögen gehaltenen Immobilie, die Anleger ihr gesamtes eingesetztes Kapital verlieren könnten.

2 Dieser Gefahr begegnet der Gesetzgeber, indem er der AIF-KVG **verschiedene Anlagegrenzen** vorgibt. So darf nach § 243 Abs. 1 Satz 1 KAGB der Wert einer einzelnen Immobilie 15 % des Wertes des Immobilien-Sondervermögens nicht übersteigen. Der Gesetzgeber ermöglicht es der AIF-KVG dadurch, zwar auch „größere" Immobilien zu erwerben.[3] Gleichzeitig beschränkt er die AIF-KVG beim Erwerb sowohl im Hinblick auf den Wert der einzelnen Immobilien als auch im Gesamtwert der „großen" Immobilien (solche Immobilien, die mehr als 10 % des Wertes des Sondervermögens ausmachen), indem er die Gesamtanlagegrenze solcher Immobilien auf maximal 50 % des Wertes des Sondervermögens begrenzt. Dadurch erhält die AIF-KVG einen gewissen Spielraum bei der Zusammenstellung des Immobilienportfolios, gleichzeitig wird dieser Spielraum durch die absolute Anlageobergrenze im Hinblick auf den Anlegerschutz und das Totalausfallrisiko wieder beschränkt.[4]

3 Im Rahmen der ursprünglichen Regelung des § 28 KAGG sah der Gesetzgeber noch den Grundsatz der **allgemeinen Risikomischung** vor und begrenzte die Möglichkeit eines Sondervermögens zum Erwerb von Grundstücken auf maximal zehn Grundstücke. Diese Regelung wurde allerdings dem Sinn und Zweck der Vorschrift, das Sondervermögen vor einer Konzentration auf nur wenige „große" Immobilien zu schützen, nicht gerecht. Eine Umgehung war leicht möglich, indem die KVG ein „großes" und ansonsten nur „kleine" Immobilien erwarb.[5] Die prozentuale Beschränkung lässt eine Umgehung in dieser Weise zumindest

1 *Kautenburger-Behr* in Weitnauer/Boxberger/Anders, § 243 KAGB Rz. 1; *Zöll* in Beckmann/Scholtz/Vollmer, § 243 KAGB Rz. 1; allgemein zu Klumpenrisiken vgl. *Fleischer/Schmolke*, ZHR 173 (2009), 649 ff.; *Wösthoff* in Moritz/Klebeck/Jesch, § 243 KAGB Rz. 4.
2 *Bujotzek/Thömmes* in Emde/Dornseifer/Dreibus/Hölscher, § 73 InvG Rz. 1.
3 *Kautenburger-Behr* in Weitnauer/Boxberger/Anders, § 243 KAGB Rz. 5.
4 Siehe die Gesetzesbegründung zur erstmaligen Einführung der Vorschrift in § 28 KAGG, Begr. RegE, BT-Drucks. 14/8017, S. 107; auch *Klusak* in Berger/Steck/Lübbehüsen, § 73 InvG Rz. 8.
5 Dazu auch *Wösthoff* in Moritz/Klebeck/Jesch, § 243 KAGB Rz. 1.

nicht mehr zu. Ob wertmäßige prozentuale Beschränkungen die einzig sinnvolle Möglichkeit zur Risikominimierung darstellen, kann gegenwärtig noch nicht eindeutig beurteilt werden.[6] Die prozentualen Grenzen lassen zumindest eine Umgehung nicht mehr so leicht zu wie nach altem Recht. Insofern führt die Regelung bereits zu mehr Diversifikation und wohl auch einem angemessenen und ausreichenden Anlegerschutz.[7]

Um der AIF-KVG eine gewisse **Anlaufzeit** für die Entwicklung eines Immobilien-Sondervermögens zu geben, sind die Anlagegrenzen erst nach einer Anlaufzeit von vier Jahren seit Bildung des Immobilien-Sondervermögens anzuwenden, vgl. § 244 KAGB. 4

2. Entstehungsgeschichte

Die Vorschrift § 243 KAGB entspricht mit redaktionellen Anpassungen dem Wortlaut des aufgehobenen § 73 InvG a.F.[8] 5

II. Immobilienbegriff

Für die Berechnung der Anlagegrenzen sind nicht nur einzelne Immobilien heranzuziehen, sondern nach § 243 Abs. 2 KAGB auch solche, die eine wirtschaftliche Einheit bilden. Neben den Immobilien, die nach § 1 Abs. 19 Nr. 21 KAGB erfasst sind wird der Immobilienbegriff für die Bestimmung der Anlagegrenzen daher auf **wirtschaftliche Einheiten erweitert**. Dies hat den Hintergrund, dass eine Diversifizierung des Immobilienportfolios gerade dadurch erreicht wird, dass wirtschaftlich verschiedene Immobilien erworben werden.[9] Stehen die Immobilien in einem wirtschaftlichen Zusammenhang, so sind sie auch für im Rahmen der Anlagegrenzen zu berücksichtigen. Der Gesetzgeber legt somit im Rahmen der Anlagegrenzen eine wirtschaftliche Bewertung des Immobilienbegriffs zugrunde.[10] 6

Wann eine wirtschaftliche Einheit vorliegt, wird im KAGB nicht weiter konkretisiert. Vielmehr wird eine wirtschaftliche Einheit nach den tatsächlichen Verhältnissen beurteilt und liegt in der Regel vor, wenn mehrere selbstständige Immobilien so eng miteinander verbunden, dass sie **baulich gesehen als wirtschaftliche Einheit** anzusehen sind.[11] Hilfreich kann hier auch der Ansatz sein, dass eine wirtschaftliche Einheit dann vorliegt, wenn die einzelnen Vermögensgegenstände nicht separat, sondern nur gemeinsam als Einheit veräußerbar sind.[12] Letztlich ist eine Einzelfallbetrachtung erforderlich.[13] Als Hilfestellung greift die Literatur auf die Bewertungsgrundsätze nach § 70 i.V.m. mit § 2 BewG zurück, wonach die örtlichen Gewohnheiten, die tatsächliche Übung, die Zweckbestimmung sowie die wirtschaftliche Zusammengehörigkeit der einzelnen Immobilien herangezogen werden.[14] Daneben kann eine wirtschaftliche Einheit nur vorliegen, wenn die Immobilien im Eigentum eines Eigentümers oder im Miteigentum mehrere Eigentümer stehen und auch so miteinander verbunden sind.[15] Eine einheitliche Bewirtschaftung der Vermögensgegenstände ist bei mehreren Immobilien desselben Eigentümers oder derselben Eigentümergemeinschaft ein weiteres Indiz für das Vorliegen einer wirtschaftlichen Einheit.[16] 7

6 Vgl. dazu auch *Klusak* in Berger/Steck/Lübbehüsen, § 73 InvG Rz. 1; *Zöll* in Beckmann/Scholtz/Vollmer, § 73 InvG Rz. 2; zur Diskussion auch *Wösthoff* in Moritz/Klebeck/Jesch, § 243 KAGB Rz. 4.

7 So auch *Wösthoff* in Moritz/Klebeck/Jesch, § 243 KAGB Rz. 4.

8 Begr. RegE, BT-Drucks. 17/12294, S. 268.

9 *Klusak* in Berger/Steck/Lübbehüsen, § 73 InvG Rz. 3.

10 *Bujotzek/Thömmes* in Emde/Dornseifer/Dreibus/Hölscher, § 73 InvG Rz. 7.

11 *Klusak* in Berger/Steck/Lübbehüsen, § 73 InvG Rz. 3; *Bujotzek/Thömmes* in Emde/Dornseifer/Dreibus/Hölscher, § 73 InvG Rz. 7. *Zöll* in Beckmann/Scholtz/Vollmer, § 243 KAGB Rz. 6 differenziert danach, ob sich die Vermögensgegenstände getrennt veräußern lassen.

12 *Zöll* in Beckmann/Scholtz/Vollmer, § 243 KAGB Rz. 6.

13 *Wösthoff* in Moritz/Klebeck/Jesch, § 243 KAGB Rz. 13.

14 *Bujotzek/Thömmes* in Emde/Dornseifer/Dreibus/Hölscher, § 73 InvG Rz. 7; *Klusak* in Berger/Steck/Lübbehüsen, § 73 InvG Rz. 3; *Kautenburger-Behr* in Weitnauer/Boxberger/Anders, § 243 KAGB Rz. 7; *Wösthoff* in Moritz/Klebeck/Jesch, § 243 KAGB Rz. 13.

15 *Bujotzek/Thömmes* in Emde/Dornseifer/Dreibus/Hölscher, § 73 InvG Rz. 7; *Klusak* in Berger/Steck/Lübbehüsen, § 73 InvG Rz. 3; *Kautenburger-Behr* in Weitnauer/Boxberger/Anders, § 243 KAGB Rz. 8.

16 *Zöll* in Beckmann/Scholtz/Vollmer, § 243 KAGB Rz. 6; *Bujotzek/Thömmes* in Emde/Dornseifer/Dreibus/Hölscher, § 73 InvG Rz. 7; *Klusak* in Berger/Steck/Lübbehüsen, § 73 InvG Rz. 3.

III. 15 %-Anlagegrenze (§ 243 Abs. 1 Satz 1 KAGB)

8 Nach § 243 Abs. 1 Satz 1 KAGB darf der Wert einer Immobilie zum Zeitpunkt des Erwerbs 15 % des Wertes des Immobilien-Sondervermögens nicht übersteigen.

9 Als relevanter Zeitpunkt für die Wertermittlung stellt § 243 Abs. 1 Satz 1 KAGB auf den **„Erwerb"** der Immobilie ab, ohne diesen Zeitpunkt genauer zu definieren. Für den Erwerb einer Immobilie kommen zwei verschiedene Zeitpunkte (Beurkundung des Immobilienkaufvertrages oder Eintragung in das Grundbuch) in Betracht. Obwohl diese Ungenauigkeit im Wortlaut bereits in der Vorgängernorm des § 73 Abs. 1 InvG a.F. bestand, hat es der Gesetzgeber unterlassen, die bestehende Unsicherheit mit der Neufassung des KAGB aufzuheben. Die herrschende Ansicht in der Literatur stellt richtigerweise auf den Zeitpunkt der **notariellen Beurkundung des Kaufvertrages** ab.[17] Zwar ist der Erwerb einer Immobilie erst mit der Eintragung des Erwerbs im Grundbuch wirksam, da das Eigentum erst in diesem Zeitpunkt auf den Erwerber übergeht. Allerdings lässt sich der Wert der Immobilie zu diesem Zeitpunkt schwer bestimmen, sodass auch aus Gründen der Rechtssicherheit der Zeitpunkt der notariellen Beurkundung als sinnvoller und praktikabler Stichtag für die Berechnung der Anlagegrenze erscheint.[18] Mögliche **Wertesteigerungen** können lediglich im Rahmen der Kaufpreisberechnung mitberücksichtigt werden, wenn sie im Zeitpunkt der notariellen Beurkundung des Kaufvertrages vorhersehbar waren. Die AIF-KVG ist daher dazu angehalten, zum Zeitpunkt der notariellen Beurkundung des Kaufvertrages eine vernünftige und objektiv nachvollziehbare Prognose im Hinblick auf die Wertentwicklung der zu erwerbenden Immobilien zu stellen.[19] Nicht vorhersehbare Wertesteigerungen können folglich keinen Einfluss auf die Berechnung der Anlagegrenze haben, da sie im Rahmen einer Prognose unberücksichtigt bleiben. Dies deckt sich schließlich auch mit dem Verständnis des Gesetzgebers, nach dem die Anlagegrenze beim Erwerb der Immobilie einzuhalten ist. Daher sind künftige Wertesteigerungen der Immobilie für die Anlagegrenze nach § 243 Abs. 1 Satz 1 KAGB unbeachtlich, zumal solche Wertesteigerungen kaum vorhersehbar sind.[20]

IV. 50-prozentige Anlagegrenze (§ 243 Abs. 1 Satz 2 KAGB)

10 Weitergehend sieht § 243 Abs. 1 Satz 2 KAGB eine **Gesamtanlagegrenze für „große" Immobilien** vor, deren Wert jeweils mindestens 10 % des Wertes des Immobilien-Sondervermögens ausmachen. Diese Regelung implementiert, dass die AIF-KVG „große" Immobilien erwerben darf, die mehr als 10 % des Wertes des Immobilien-Sondervermögens ausmachen, dabei die Anlagegrenze von 15 % aber nicht überschreiten dürfen.[21] Solche „großen" Immobilien dürfen weitergehend aber nur bis zu einer **absoluten Obergrenze von 50 % des Wertes des Immobilien-Vermögens** erworben werden.

11 Für die Berechnung der absoluten Anlagegrenze kommt es dabei auf den Verkehrswert der im Immobilien-Sondervermögen enthaltenen „großen" Immobilien im **Zeitpunkt des Erwerbs** einer weiteren Immobilie an.[22] Eine neue „große" Immobilie darf folglich nur erworben werden, wenn (i) ihr Wert bei Erwerb 15 % des Verkehrswertes des Immobilien-Sondervermögens nicht übersteigt und (ii) der zu diesem Zeitpunkt ermittelte aktuelle Verkehrswert der sich in dem Immobilien-Sondervermögen bereits befindlichen „großen" Immobilien 50 % des Wertes des Immobilien-Sondervermögens nicht übersteigt.[23] Nachträgliche Wertesteigerungen werden daher bei der Berechnung der Anlagegrenze nach § 243 Abs. 1 Satz 2 KAGB im Gegensatz zu der Anlagegrenze nach § 243 Abs. 1 Satz 1 KAGB mit berücksichtigt.[24]

---

17 *Bujotzek/Thömmes* in Emde/Dornseifer/Dreibus/Hölscher, § 73 InvG Rz. 2; *Klusak* in Berger/Steck/Lübbehüsen, § 67 InvG Rz. 6; *Zöll* in Beckmann/Scholtz/Vollmer, § 243 KAGB Rz. 3; ausf. zum Streitstand s. auch *Wösthoff* in Moritz/Klebeck/Jesch, § 243 KAGB Rz. 6.

18 *Bujotzek/Thömmes* in Emde/Dornseifer/Dreibus/Hölscher, § 73 InvG Rz. 2; *Klusak* in Berger/Steck/Lübbehüsen, § 73 InvG Rz. 6; *Kautenburger-Behr* in Weitnauer/Boxberger/Anders, § 243 KAGB Rz. 4; *Zöll* in Beckmann/Scholtz/Vollmer, § 73 InvG Rz. 3.

19 *Zöll* in Beckmann/Scholtz/Vollmer, § 73 InvG Rz. 3.

20 *Klusak* in Berger/Steck/Lübbehüsen, § 73 InvG Rz. 7; *Wösthoff* in Moritz/Klebeck/Jesch, § 243 KAGB Rz. 7.

21 *Bujotzek/Thömmes* in Emde/Dornseifer/Dreibus/Hölscher, § 73 InvG Rz. 4; *Wind/Kautenburger-Behr* in Weitnauer/Boxberger/Anders, § 243 KAGB Rz. 6.

22 Es handelt sich also um eine sog. „Erwerbsgrenze", vgl. auch *Bujotzek/Thömmes* in Emde/Dornseifer/Dreibus/Hölscher, § 73 InvG Rz. 4; *Klusak* in Berger/Steck/Lübbehüsen, § 73 InvG Rz. 9; *Wind/Kautenburger-Behr* in Weitnauer/Boxberger/Anders, § 243 KAGB Rz. 6; *Wösthoff* in Moritz/Klebeck/Jesch, § 243 KAGB Rz. 9.

23 *Klusak* in Berger/Steck/Lübbehüsen, § 73 InvG Rz. 9; *Bujotzek/Thömmes* in Emde/Dornseifer/Dreibus/Hölscher, § 73 InvG Rz. 4.

24 *Bujotzek/Thömmes* in Emde/Dornseifer/Dreibus/Hölscher, § 73 InvG Rz. 4; *Klusak* in Berger/Steck/Lübbehüsen, § 73 InvG Rz. 9; auch *Wösthoff* in Moritz/Klebeck/Jesch, § 243 KAGB Rz. 10 (Fn. 18).

V. Abzug von Darlehen (§ 243 Abs. 1 Satz 3 KAGB)

Darlehen, die zur Finanzierung von Immobilien für Rechnung des Immobilien-Sondervermögens aufgenommen wurden, sind bei der Berechnung der Anlagegrenzen abzuziehen. Dies sieht § 243 Abs. 1 Satz 3 KAGB vor. Die Regelung dient dazu, gerade bei der Finanzierung von im Ausland gelegenen Immobilien mögliche Währungsrisiken abzusichern.[25] 12

§ 244 Anlaufzeit

Die Anlagegrenzen in den §§ 231 bis 238 und 243 sowie § 253 Absatz 1 Satz 1 gelten für das Immobilien-Sondervermögen einer AIF-Kapitalverwaltungsgesellschaft erst, wenn seit dem Zeitpunkt der Bildung dieses Sondervermögens eine Frist von vier Jahren verstrichen ist.

In der Fassung vom 4.7.2013 (BGBl. I 2013, S. 1981).

Schrifttum: *Hartrott/Goller*, Immobilienfonds nach dem Kapitalanlagegesetzbuch, BB 2013, 1603; *Niewerth/Rybarz*, Änderung der Rahmenbedingungen für Immobilienfonds – das AIFM-Umsetzungsgesetz und seine Folgen, WM 2013, 1154.

I. Allgemeines

1. Regelungsgegenstand

Die Vorschrift des § 244 KAGB sieht vor, dass die Anlagegrenzen und die Vorgaben zur Risikomischung erst dann Anwendung finden, wenn eine **Frist von vier Jahren ab dem Zeitpunkt der ersten Auflage** des Immobilien-Sondervermögens vergangen ist. Folglich gelten die Liquiditätsgrenzen nach § 253 Abs. 1 Satz 1 KAGB, die Vorgaben der Risikomischung nach § 243 KAGB und die in den §§ 231 bis 238 KAGB vorgesehenen Anlagegrenzen zunächst nicht. Die entsprechende Vorschrift für geschlossene Publikums-AIF sieht dagegen nur eine Anlauffrist von 18 Monaten vor. 1

2. Regelungszweck

Die Investitionen eines Immobilien-Sondervermögens sind in der Regel sehr hoch. Daher bedarf der Erwerb auch eines **längeren zeitlichen Aufwandes**, da die passenden Vermögensgegenstände zunächst erst einmal gefunden und die Vertragsverhandlungen geführt werden müssen.[1] Selbst wenn ein Grundstückskaufvertrag über die passenden Vermögensgegenstände zustande kommt, können die Eintragung ins Grundbuch und der tatsächliche dingliche Eigentumsübergang nochmals einige Zeit in Anspruch nehmen. Auch werden Immobilien in der Regel **sukzessive erworben**, sodass ein Immobilien-Sondervermögen nicht von Anfang an bereits über ein risikodiversifiziertes Portfolio verfügen kann.[2] 2

Diesen Besonderheiten eines Immobilien-Sondervermögens trägt die Regelung des § 244 KAGB Rechnung, um der AIF-KVG eine **realistische Planung und Durchsetzung des Portfolios** zu ermöglichen.[3] Der Gesetzgeber stellt der AIF-KVG eine Anlaufphase von vier Jahren zur Verfügung, in denen die AIF-KVG die Auflage des Immobilien-Sondervermögens planen kann. Erst nach Ablauf dieser Anlaufphase gelten sämtliche Anlagegrenzen, Liquiditätsgrundsätze und Risikomischungsgrundsätze vollständig für das Immobilien-Sondervermögen. 3

---

25 *Bujotzek/Thömmes* in Emde/Dornseifer/Dreibus/Hölscher, § 73 InvG Rz. 6.
1 *Kautenburger-Behr* in Weitnauer/Boxberger/Anders, § 244 KAGB Rz. 2.
2 *Bujotzek/Thömmes* in Emde/Dornseifer/Dreibus/Hölscher, § 74 InvG Rz. 1; *Kautenburger-Behr* in Weitnauer/Boxberger/Anders, § 244 KAGB Rz. 2; *Wösthoff* in Moritz/Klebeck/Jesch, § 244 KAGB Rz. 4.
3 *Klusak* in Berger/Steck/Lübbehüsen, § 74 InvG Rz. 1.

3. Entstehungsgeschichte

4 Die Vorschrift übernimmt größtenteils den Wortlaut des aufgehobenen § 74 InvG.[4] Die bislang von § 74 Satz 2 InvG a.F. vorgesehene Ausnahmegenehmigung durch die BaFin wurde abgeschafft, um Bürokratiehürden zu vermeiden.[5] Stattdessen hat der nationale Gesetzgeber den Anwendungsbereich ausgeweitet, sodass auch die Anlagegrenzen von der Vierjahresfrist erfasst sind, für deren Nichtanwendung früher eine Ausnahmegenehmigung der BaFin erteilt werden musste.

II. Beginn der Anlaufzeit

5 Als Beginn der vierjährigen Anlaufzeit setzt § 244 KAGB den Zeitpunkt fest, indem das Immobilien-Sondervermögen gebildet wird. Wann ein Sondervermögen gebildet ist, hängt davon ab, welche **Finanzierungsstrategie** die AIF-KVG verfolgt.[6] Sie kann zunächst Kapital von den Anlegern einsammeln und Anteilsscheine ausgeben, um anschließend die Vermögensgegenstände mit dem eingesammelten Kapital zu erwerben (sog. **Barmethode**).[7] Alternativ kann die AIF-KVG die Vermögensgegenstände zunächst auch mit Eigenkapital finanzieren und erst anschließend Anteilsscheine gegen Zahlung an die Anleger ausgeben (sog. **Bereitstellungsmethode**).[8] In beiden Varianten wird das Sondervermögen in dem Zeitpunkt gebildet, indem **Anteilsscheine erstmals an die Anleger ausgegeben** werden.[9] Die erste Variante stellt den Regelfall bei deutschen Immobilien-Sondervermögen dar.[10]

III. Rechtsfolgen bei Überschreiten der Anlaufzeit

6 Hält das Immobilien-Sondervermögen nach Ablauf der vierjährigen Anlaufzeit die Anlagegrenzen, Risikodiversifizierungsgrundsätze oder Liquiditätsgrundsätze nicht ein, so hat dies nach § 242 KAGB **keine Auswirkungen auf die abgeschlossenen Verträge** (s. ausführlich zu den Rechtsfolgen § 242 Rz. 4 ff.). Sowohl die Verpflichtungs- als auch die Verfügungsgeschäfte bleiben auch bei Verstoß gegen die genannten Vorschriften **wirksam**. Die AIF-KVG ist allerdings verpflichtet, umgehend dafür Sorge zu tragen, dass das Immobilien-Sondervermögen die vorgegebenen Grenzen des KAGB einhält.

7 Kommt die AIF-KVG ihrer Verpflichtung nicht nach, kann und muss die BaFin nach § 5 Abs. 6 KAGB **aufsichtsrechtliche Maßnahmen** ergreifen und die AIF-KVG notfalls zur Kündigung des Immobilien-Sondervermögens auffordern oder ihr im schlimmsten Falle die Erlaubnis entziehen.[11]

§ 245 Treuhandverhältnis

Abweichend von § 92 Absatz 1 können Vermögensgegenstände, die zum Immobilien-Sondervermögen gehören, nur im Eigentum der AIF-Kapitalverwaltungsgesellschaft stehen

In der Fassung vom 4.7.2013 (BGBl. I 2013, S. 1981).

4 Begr. RegE, BT-Drucks. 17/12294, S. 268.
5 Begr. RegE, BT-Drucks. 17/12294, S. 268; auch *Niewerth/Rybarz*, WM 2013, 1154 (1161).
6 *Bujotzek/Thömmes* in Emde/Dornseifer/Dreibus/Hölscher, § 74 InvG Rz. 4; *Kautenburger-Behr* in Weitnauer/Boxberger/Anders, § 244 KAGB Rz. 3.
7 *Bujotzek/Thömmes* in Emde/Dornseifer/Dreibus/Hölscher, § 74 InvG Rz. 4; *Klusak* in Berger/Steck/Lübbehüsen, § 74 InvG Rz. 3; *Wösthoff* in Moritz/Klebeck/Jesch, § 244 KAGB Rz. 7.
8 *Bujotzek/Thömmes* in Emde/Dornseifer/Dreibus/Hölscher, § 74 InvG Rz. 4; *Klusak* in Berger/Steck/Lübbehüsen, § 74 InvG Rz. 3; *Wösthoff* in Moritz/Klebeck/Jesch, § 244 KAGB Rz. 8.
9 *Bujotzek/Thömmes* in Emde/Dornseifer/Dreibus/Hölscher, § 74 InvG Rz. 4; *Kautenburger-Behr* in Weitnauer/Boxberger/Anders, § 244 KAGB Rz. 3; *Wösthoff* in Moritz/Klebeck/Jesch, § 244 KAGB Rz. 9; *Zöll* in Beckmann/Scholtz/Vollmer, § 244 KAGB Rz. 15.
10 *Klusak* in Berger/Steck/Lübbehüsen, § 74 InvG Rz. 3; *Bujotzek/Thömmes* in Emde/Dornseifer/Dreibus/Hölscher, § 74 InvG Rz. 4; *Zöll* in Beckmann/Scholtz/Vollmer, § 74 InvG Rz. 4.
11 *Wösthoff* in Moritz/Klebeck/Jesch, § 244 KAGB Rz. 10.

I. Regelungsgegenstand und Regelungszweck

Während die AIF-KVG bei einem Sondervermögen grundsätzlich die Wahlmöglichkeit zwischen der sog. Miteigentums- oder Treuhandlösung hat, ist bei Immobilien-Sondervermögen **ausschließlich die Treuhandlösung** möglich und zulässig (s. zur Miteigentums- und Treuhandlösung § 92 Abs. 1 KAGB Rz. 1 ff.). 1

Die **Treuhandlösung** ist gerade aus praktischen Gründen bei Immobilien-Sondervermögen vorzugswürdig, da bei der Treuhandlösung die AIF-KVG das Eigentum an den Vermögensgegenständen erwirbt und für Rechnung des jeweiligen Immobilien-Sondervermögens hält.[1] Die AIF-KVG wird daher in sämtlichen öffentlichen Registern als Eigentümerin der Vermögensgegenstände geführt.[2] Wird eine Immobilie oder ein Grundstück erworben oder veräußert, so muss nur die AIF-KVG als Eigentümerin im Grundbuch aufgenommen oder ausgetragen werden. Andernfalls wären sämtliche Anleger des Immobilien-Sondervermögens Miteigentümer der Vermögensgegenstände, was eine Übertragung gerade bei Immobilien und bei häufig wechselnden Anlegern praktisch sehr erschweren kann.[3] 2

Um den Handlungsspielraum der AIF-KVG zum Schutz der Anleger aber nicht zu weit auszudehnen, ist AIF-KVG verpflichtet, eine **Verfügungsbeschränkung gem. § 246 Abs. 1 KAGB zugunten der Verwahrstelle ins Grundbuch** eintragen lassen (zur Verfügungsbeschränkung § 246 Rz. 5 ff.). Dies gebietet der Schutz der Anleger, da die Vermögensgegenstände bei der Treuhandlösung im Eigentum der AIF-KVG stehen und sie dinglich frei darüber verfügen könnte.[4] Eine rein schuldrechtliche Begrenzung kann die Anleger nicht ausreichend schützen, da eine solche meist nur auf Geldersatz gerichtet ist. 3

Die Regelung der **zwingenden Treuhandlösung für Immobilien-Sondervermögen** ist als **lex specialis** Vorschrift zu § 92 Abs. 1 KAGB ausgestaltet. 4

II. Entstehungsgeschichte

Die Vorschrift übernimmt mit redaktionellen Anpassungen den Wortlaut des aufgehobenen § 75 InvG a.F.[5] 5

§ 246 Verfügungsbeschränkung

(1) [1]Die AIF-Kapitalverwaltungsgesellschaft hat dafür zu sorgen, dass die Verfügungsbeschränkung nach § 84 Absatz 1 Nummer 3 in das Grundbuch eingetragen wird. [2]Ist bei ausländischen Grundstücken die Eintragung der Verfügungsbeschränkung in ein Grundbuch oder ein vergleichbares Register nicht möglich, so ist die Wirksamkeit der Verfügungsbeschränkung in anderer geeigneter Form sicherzustellen.

(2) Die AIF-Kapitalverwaltungsgesellschaft kann gegenüber dem Grundbuchamt die Bestellung der Verwahrstelle durch eine Bescheinigung der Bundesanstalt nachweisen, aus der sich ergibt, dass die Bundesanstalt die Auswahl als Verwahrstelle genehmigt hat und von ihrem Recht, der AIF-Kapitalverwaltungsgesellschaft einen Wechsel der Verwahrstelle aufzuerlegen, keinen Gebrauch gemacht hat.

In der Fassung vom 4.7.2013 (BGBl. I 2013, S. 1981).

1 Vgl. § 92 Abs. 1 KAGB; so auch *Bujotzek/Thömmes* in Emde/Dornseifer/Dreibus/Hölscher, § 75 InvG Rz. 4; *Kautenburger-Behr* in Weitnauer/Boxberger/Anders, § 245 KAGB Rz. 2.

2 *Klusak* in Berger/Steck/Lübbehüsen, § 75 InvG Rz. 3.

3 *Klusak* in Berger/Steck/Lübbehüsen, § 75 InvG Rz. 1; *Bujotzek/Thömmes* in Emde/Dornseifer/Dreibus/Hölscher, § 75 InvG Rz. 2; *Moroni* in Moritz/Klebeck/Jesch, § 245 KAGB Rz. 1.

4 *Kautenburger-Behr* in Weitnauer/Boxberger/Anders, § 245 KAGB Rz. 4.

5 Begr. RegE, BT-Drucks. 17/12294, S. 268.

Schrifttum: *Hübner*, Immobilienanlagen unter dem KAGB – Alte Fragen – Neue Fragen – Neue Antworten, WM 2014, 106.

I. Allgemeines

1. Regelungszweck und Regelungsgegenstand

1 Aufgrund der in § 245 KAGB **zwingend vorgeschriebenen Treuhandlösung** ist die AIF-KVG formale Eigentümerin der Vermögensgegenstände, die sich im Immobilien-Sondervermögen befinden. Zwar ist die AIF-KVG „nur" Eigentümerin für Rechnung des Immobilien-Sondervermögens und in ihrer Verfügungsmacht aufgrund vertraglicher Verpflichtung grundsätzlich eingeschränkt. Allerdings beschränkt die schuldrechtliche Vereinbarung zwischen der AIF-KVG und den Anlegern nicht ihre tatsächliche dingliche Verfügungsmacht, die allein an der formalen Eigentümerstellung anknüpft. Dies ergibt sich daraus, dass im **deutschen Recht das Eigentum als absolutes Recht** ausgestaltet ist, welches durch eine schuldrechtliche Vereinbarung **nicht dinglich wirksam beschränkt** werden kann. Die AIF-KVG könnte somit dinglich wirksam über die Vermögensgegenstände verfügen, die für Rechnung des Immobilien-Sondervermögens in ihrem Eigentum stehen.

2 Um den Anlegern aber einen ausreichenden Schutz vor willkürlichen Verfügungen der AIF-KVG zu gewähren, sieht der Gesetzgeber in § 84 Abs. 1 Nr. 3 KAGB vor, dass die Verwahrstelle allen Verfügungen der AIF-KVG zustimmen muss.[1] Um schließlich auch eine **dingliche Wirkung dieser Verfügungsbeschränkung** im Außenverhältnis zu erzielen, sieht § 246 Abs. 2 KAGB vor, dass diese im Grundbuch eingetragen und so nach außen publik gemacht werden muss. Ist der Vermögensgegenstand im Ausland belegen, so muss die AIF-KVG die Verfügungsbeschränkung in einem vergleichbaren Register eintragen lassen oder, wenn dies nicht möglich ist, in anderer geeigneter Form sicherstellen, dass die Beschränkung ausreichend publik gemacht wird.[2]

3 Daneben sieht § 246 Abs. 2 KAGB eine Möglichkeit vor, wie die AIF-KVG gegenüber dem Grundbuchamt nachweisen kann, dass die Verwahrstelle wirksam für die Verwahrung der Vermögensgegenstände des Immobilien-Sondervermögens bestellt wurde.

2. Entstehungsgeschichte

4 Die Vorschrift des § 246 KAGB übernimmt mit redaktionellen Anpassungen den Wortlaut des aufgehobenen § 76 InvG a.F.[3]

II. Verfügungsbeschränkung (§ 246 Abs. 1 KAGB)

1. Inhalt der Verfügungsbeschränkung

5 Nach § 84 Abs. 1 Nr. 3 KAGB bedarf jede Verfügung der AIF-KVG über Vermögensgegenstände, die sie für Rechnung eines Immobilien-Sondervermögens hält, der Zustimmung der Verwahrstelle. Für die Begriffsdefinition der Verfügung kann dabei auf das allgemeine zivilrechtliche Begriffsverständnis zurückgegriffen werden.[4] Danach liegt eine **Verfügung** vor, sobald unmittelbar auf ein dingliches Recht eingewirkt wird, indem dieses aufgehoben, übertragen oder inhaltlich verändert wird.[5] So stellen beispielsweise die Übereignung oder die Belastung eines Vermögensgegenstandes mit einem dinglichen Recht eine Verfügung dar (beispielsweise die Bestellung eines Grundpfandrechts, eines Nießbrauchs oder die Eintragung einer Vormerkung, etc.). Auch eine Baulast ist wegen ihrer quasi-dinglichen Wirkung als Verfügung in diesem Sinne anzusehen, sodass eine analoge Anwendung von § 84 Abs. 1 Nr. 3 KAGB gerechtfertigt erscheint.[6]

6 Die AIF-KVG darf solche Verfügungen nur mit Zustimmung der Verwahrstelle vornehmen. Eine Zustimmung liegt dabei sowohl bei der **vorherigen Einwilligung** als auch bei der **nachträglichen Genehmigung**

1 *Kautenburger-Behr* in Weitnauer/Boxberger/Anders, § 246 KAGB Rz. 1; *Schultz-Süchting* in Emde/Dornseifer/Dreibus/Hölscher, § 76 InvG Rz. 1.

2 *Klusak* in Berger/Steck/Lübbehüsen, § 76 InvG Rz. 1.

3 Begr. RegE, BT-Drucks. 17/12297, S. 268.

4 *Zöll* in Beckmann/Scholtz/Vollmer, § 76 InvG Rz. 2; *Schultz-Süchting* in Emde/Dornseifer/Dreibus/Hölscher, § 76 InvG Rz. 3; *Klusak* in Berger/Steck/Lübbehüsen, § 76 InvG Rz. 3.

5 *Sprau* in Palandt, § 816 BGB Rz. 4 m.w.N.

6 Ausführlich dazu *Schultz-Süchting* in Emde/Dornseifer/Dreibus/Hölscher, § 76 InvG Rz. 3; *Zöll* in Beckmann/Scholtz/Vollmer, § 76 InvG Rz. 2; *Kautenburger-Behr* in Weitnauer/Boxberger/Anders, § 246 KAGB Rz. 4.

vor.[7] Auch im Fall der Genehmigung tritt die Zustimmungswirkung ex tunc ein.[8] Der AIF-KVG ist allerdings dringend anzuraten, die Zustimmung vorab einzuholen, um dem Risiko zu entgehen, dass die Verwahrstelle den Tatbestand anders beurteilt.[9]

Die Verfügungsbeschränkung stellt ein gesetzliches Veräußerungsverbot gem. § 135 Abs. 2 BGB dar. Verfügt die AIF-KVG ohne die erforderliche Zustimmung der Verwahrstelle über Vermögensgegenstände, die zu dem Immobilien-Sondervermögen gehören, so ist die **Verfügung den Anlegern gegenüber (relativ) unwirksam**, vgl. § 84 Abs. 2 Satz 2 KAGB. Einem Dritten gegenüber bleibt die Verfügung allerdings wirksam, wenn er das Verfügungsverbot der AIF-KVG nicht kennt oder der Berechtigte die Verfügung genehmigt.[10] Eine etwaige fehlende positive Kenntnis müsste die AIF-KVG im Zweifel nachweisen.[11] 7

2. Eintragung der Verfügungsbeschränkung ins Grundbuch

Um auch die Möglichkeit eines gutgläubigen Erwerbs durch einen Dritten auszuschließen, sieht der Gesetzgeber in § 246 Abs. 1 KAGB weiter vor, dass die **Verfügungsbeschränkung zugunsten der jeweiligen Verwahrstelle im Grundbuch einzutragen ist**. Die Verwahrstelle ist dabei namentlich zu nennen.[12] In diesem Fall ist ein gutgläubiger Erwerb des Vermögensgegenstandes ausgeschlossen, da jeder Dritte sich gem. § 892 Abs. 2 Satz 1 BGB den Inhalt des Grundbuches als richtig zurechnen lassen muss, unabhängig von der tatsächlichen Kenntnis. Insofern gilt das Grundbuch Dritten gegenüber als richtig und der Dritte muss die eingetragene Verfügungsbeschränkung gegen sich gelten lassen, unabhängig davon, ob er die Beschränkung tatsächlich kannte oder nicht. 8

Die Verwahrstelle muss gemäß § 83 Abs. 4 KAGB überwachen, ob die Verfügungsbeschränkung in das Grundbuch eingetragen bzw. ob ihre Wirksamkeit anderweitig sichergestellt wurde. Die Eintragung ins Grundbuch ist dabei keine Wirksamkeitsvoraussetzung der Verfügungsbeschränkung, sondern hat **nur deklaratorischen Charakter**.[13] Die Verfügungsbeschränkung selbst besteht unabhängig von der Eintragung, ein gutgläubiger Dritter muss sie ohne Eintragung allerdings nicht gegen sich gelten lassen (s. dazu gerade Rz. 8). 9

3. Eintragung der Verfügungsbeschränkung in einem vergleichbaren Register oder in anderer geeigneter Form

Ist das Grundstück oder die Immobilie in einem anderen Staat belegen, sieht § 246 Abs. 1 Satz 2 KAGB zunächst vor, dass die AIF-KVG sicherstellen muss, dass die **Verfügungsbeschränkung in einem vergleichbaren Register eingetragen wird**. Ist ein solches nicht vorhanden, so muss sie die Verfügungsbeschränkung in anderer Weise sicherstellen. 10

Gerade bei Grundstücken und Immobilien, die im Ausland belegen sind, gilt nach den Grundsätzen des Internationalen Privatrechts das **lex rei sitae** bzw. **das Recht des Ortes, in dem sie sich befinden**. In diesem Zusammenhang stellt sich das Problem, dass die jeweiligen Rechtsordnungen die Verfügungsbeschränkung bzw. etwaige ähnliche Vorschriften nicht kennen.[14] Der AIF-KVG stehen folglich keine vergleichbaren Mittel zur Verfügung, um die Verfügungsbeschränkung zu sichern, zumal die Verfügungsbeschränkung möglicherweise in der Rechtsordnung des jeweiligen Landes gar nicht vorgesehen ist. Auch ein Grundbuch oder ein dem Grundbuch ähnliches Register ist in vielen Rechtsordnungen nicht vorgesehen. Wie die AIF-KVG die Verpflichtung des § 246 Abs. 1 Satz 2 KAGB erfüllen soll und wie die Verwahrstelle dies überprüfen soll 11

---

7 Vgl. auch das allgemeine Wortverständnis des Gesetzgebers in §§ 182 ff. BGB; auch *Schultz-Süchting* in Emde/Dornseifer/Dreibus/Hölscher, § 76 InvG Rz. 5; *Kautenburger-Behr* in Weitnauer/Boxberger/Anders, § 246 KAGB Rz. 2.

8 *Schultz-Süchting* in Emde/Dornseifer/Dreibus/Hölscher, § 76 InvG Rz. 6.

9 *Kautenburger-Behr* in Weitnauer/Boxberger/Anders, § 246 KAGB Rz. 2.

10 Dazu auch *Schultz-Süchting* in Emde/Dornseifer/Dreibus/Hölscher, § 76 InvG Rz. 4; *Kautenburger-Behr* in Weitnauer/Boxberger/Anders, § 246 KAGB Rz. 9.

11 *Kautenburger-Behr* in Weitnauer/Boxberger/Anders, § 246 KAGB Rz. 5.

12 Zu dem Streit, ob der Name der Verwahrstelle und somit auch jeder Wechsel der Verwahrstelle im Grundbuch einzutragen ist, vgl. *Moroni* in Moritz/Klebeck/Jesch, § 246 KAGB Rz. 4 ff. Die hier vertretene Auffassung geht davon aus, dass aus Gründen der Rechtssicherheit auch der Name der jeweiligen Verwahrstelle im Grundbuch einzutragen ist.

13 *Schultz-Süchting* in Emde/Dornseifer/Dreibus/Hölscher, § 76 InvG Rz. 7; *Moroni* in Moritz/Klebeck/Jesch, § 246 KAGB Rz. 8.

14 *Schultz-Süchting* in Emde/Dornseifer/Dreibus/Hölscher, § 76 InvG Rz. 17; *Kautenburger-Behr* in Weitnauer/Boxberger/Anders, § 246 KAGB Rz. 7 f. Sehr kritisch zum Wortlaut des § 246 Abs. 1 Satz 2 KAGB vgl. *Moroni* in Moritz/Klebeck/Jesch, § 246 KAGB Rz. 12.

lässt der Gesetzgeber letztlich auch im Rahmen der Neufassung des KAGB offen.[15] Nach dem Sinn und Zweck der Vorschrift muss die AIF-KVG jedenfalls in irgendeiner Weise sicherstellen, dass Dritte Kenntnis von der Verfügungsbeschränkung erhalten. Beispielsweise könnte die AIF-KVG in diesem Fall die eigentumsrelevanten Dokumente bei der Verwahrstelle hinterlegen.[16] Auch eine Aufnahme der Verfügungsbeschränkung in Kaufvertragsurkunde, soweit diese öffentlich einsehbar ist, oder die Bestellung und Eintragung eines Vorkaufsrechts der Verwahrstelle in einem öffentlichen, dem Grundbuch vergleichbaren Register wären denkbare Instrumente zur Absicherung.[17]

III. Nachweis der wirksamen Bestellung der Verwahrstelle (§ 246 Abs. 2 KAGB)

12 Da die Verfügungsbeschränkung zugunsten der Verwahrstelle in das Grundbuch eingetragen wird, muss die AIF-KVG dem Grundbuchamt nachweisen, dass die Verwahrstelle wirksam für das jeweilige Immobilien-Sondervermögen bestellt wurde. § 246 Abs. 2 KAGB sieht vor, dass die Bestellung durch eine **Bescheinigung der BaFin** nachgewiesen wird, aus der sich ergibt, dass die BaFin die Auswahl der jeweiligen Verwahrstelle genehmigt hat und von ihrem Recht keinen Gebrauch gemacht hat, die AIF-KVG zum Wechsel der Verwahrstelle zu verpflichten.

§ 247 Vermögensaufstellung

(1) [1]Die AIF-Kapitalverwaltungsgesellschaft hat in der Vermögensaufstellung nach § 101 Absatz 1 Satz 3 Nummer 1 den Bestand der zum Sondervermögen gehörenden Immobilien und sonstigen Vermögensgegenstände aufzuführen und dabei Folgendes anzugeben:

1. Größe, Art und Lage sowie Bau- und Erwerbsjahr eines Grundstücks,

2. Gebäudenutzfläche, Leerstandsquote, Nutzungsentgeltausfallquote, Fremdfinanzierungsquote,

3. Restlaufzeiten der Nutzungsverträge,

4. Verkehrswert oder im Fall des § 248 Absatz 2 Satz 1 den Kaufpreis,

5. Nebenkosten bei Anschaffung von Vermögensgegenständen im Sinne des § 231 Absatz 1 und des § 234,

6. wesentliche Ergebnisse der nach Maßgabe dieses Unterabschnitts erstellten Wertgutachten,

7. etwaige Bestands- oder Projektentwicklungsmaßnahmen und

8. sonstige wesentliche Merkmale der zum Sondervermögen gehörenden Immobilien und sonstigen Vermögensgegenstände.

[2]Die im Berichtszeitraum getätigten Käufe und Verkäufe von Immobilien und Beteiligungen an Immobilien-Gesellschaften sind in einer Anlage zur Vermögensaufstellung anzugeben.

(2) [1]Bei einer Beteiligung nach § 234 hat die AIF-Kapitalverwaltungsgesellschaft oder die Immobilien-Gesellschaft in der Vermögensaufstellung anzugeben:

1. Firma, Rechtsform und Sitz der Immobilien-Gesellschaft,

2. das Gesellschaftskapital,

3. die Höhe der Beteiligung und den Zeitpunkt ihres Erwerbs durch die AIF-Kapitalverwaltungsgesellschaft und

4. Anzahl der durch die AIF-Kapitalverwaltungsgesellschaft oder Dritte nach § 240 gewährten Darlehen sowie die jeweiligen Beträge.

[2]Als Verkehrswert der Beteiligung ist der nach § 248 Absatz 4 ermittelte Wert anzusetzen. [3]Die Angaben nach Absatz 1 für die Immobilien und sonstigen Vermögensgegenstände der Immobilien-Gesellschaft sind nachrichtlich aufzuführen und besonders zu kennzeichnen.

In der Fassung vom 4.7.2013 (BGBl. I 2013, S. 1981).

15 Zum früheren Recht wurde andiskutiert, ob die AIF-KVG in diesem Fall das Eigentum an dem Vermögensgegenstand des Immobilien-Sondervermögens auf die Verwahrstelle übertragen soll, vgl. *Schultz-Süchting* in Emde/Dornseifer/Dreibus/Hölscher, § 76 InvG Rz. 17.

16 *Klusak* in Berger/Steck/Lübbehüsen, § 76 InvG Rz. 6; kritisch zur Hinterlegung der Unterlagen bei der Verwahrstelle *Moroni* in Moritz/Klebeck/Jesch, § 246 KAGB Rz. 18.

17 *Moroni* in Moritz/Klebeck/Jesch, § 246 KAGB Rz. 16 ff.

Schrifttum: *Hübner*, Immobilienanlagen unter dem KAGB – Alte Fragen – Neue Fragen – Neue Antworten, WM 2014, 106.

I. Allgemeines

1. Regelungsgegenstand und Regelungszweck

1 Die Vorschrift des § 247 KAGB ergänzt die Mindestangaben der Vermögensaufstellung im Rahmen des Jahresberichts für Immobilien-Sondervermögen. Nach § 247 Abs. 1 KAGB hat die AIF-KVG eine Vermögensaufstellung nach § 101 Abs. 1 Satz 3 Nr. 1 KAGB zu erstellen, in der die zum Immobilien-Sondervermögen gehörenden Immobilien und Vermögensgegenstände unter Angabe der in § 247 Abs. 1 KAGB genannten Kriterien aufzuführen sind. Dies bedeutet, dass die AIF-KVG für Immobilien-Sondervermögen neben den generellen Regelungen in § 101 Abs. 1 Satz 3 Nr. 1 KAGB weitere, **für Immobilien-Sondervermögen spezifische Angaben** im Jahresbericht aufführen muss.[1]

2 Hält die AIF-KVG für Rechnung des Immobilien-Sondervermögens **eine Beteiligung an einer Immobilien-Gesellschaft**, so hat sie die in § 247 Abs. 2 KAGB enthaltenen zusätzlichen Angaben in die Vermögensaufstellung für den Jahresbericht mitaufzunehmen.

3 Die generellen Regelungen des § 101 Abs. 1 Satz 3 Nr. 1 KAGB werden dabei durch die **KARBV** konkretisiert. Die **detaillierten Vorgaben** für die Vermögensaufstellung finden sich in § 10 KARBV. Die Vermögensaufstellung ist nach Vermögensgegenständen und Märkten zu untergliedern, vgl. § 10 Abs. 1 KARBV. Nach § 9 KARBV ist ihr zusätzlich eine Vermögensübersicht voranzustellen, die nach geeigneten Kriterien unter Berücksichtigung der Anlagepolitik des Sondervermögens, beispielsweise nach wirtschaftlichen oder geographischen Kriterien, und nach prozentualen Anteilen am Wert des Sondervermögens zu gliedern ist.[2] Nach § 9 Abs. 2 KARBV hat die Vermögensübersicht für Immobilien-Sondervermögen mindestens (i) die Vermögensgegenstände, sortiert nach Immobilien, Beteiligungen an Immobilien-Gesellschaften, Liquiditätsanlagen und Sonstigen Vermögensgegenständen, (ii) Schulden, sortiert nach Verbindlichkeiten und Rückstellungen und (iii) das Fondsvermögen zu enthalten.

4 Um den Besonderheiten der Rechnungslegung bei einem Immobilien-Sondervermögen Rechnung zu tragen, hat der BVI einen Musterjahresbericht für Immobilien-Sondervermögen erstellt und herausgegeben.[3]

2. Entstehungsgeschichte

5 Die Vorschrift des § 247 Abs. 1 KAGB entspricht mit redaktionellen Anpassungen dem Wortlaut des aufgehobenen § 79 Abs. 1 Satz 1 bis 9 InvG a.F.[4] § 247 Abs. 2 KAGB übernimmt ebenfalls mit redaktionellen Anpassungen die Vorschrift des § 79 Abs. 2 InvG a.F.[5]

1 *Schachinger* in Baur/Tappen, § 247 KAGB Rz. 2; *Kautenburger-Behr* in Weitnauer/Boxberger/Anders, § 247 KAGB Rz. 2; *Jesch* in Moritz/Klebeck/Jesch, § 247 KAGB Rz. 3.
2 Vgl. Wortlaut des § 9 Abs. 1 KARBV.
3 Auf den Musterjahresbericht verweist auch *Schachinger* in Baur/Tappen, § 247 KAGB Rz. 6.
4 Begr. RegE, BT-Drucks. 17/12297, S. 268.
5 Begr. RegE, BT-Drucks. 17/12297, S. 268.

II. Ergänzende Angaben für Immobilien-Sondervermögen (§ 247 Abs. 1 KAGB)

6 In die Vermögensaufstellung sind alle Vermögensgegenstände des Immobilien-Sondervermögens **ab dem Zeitpunkt ihres Erwerbs** aufzunehmen. Abzustellen ist dabei bereits auf den Übergang des wirtschaftlichen Eigentums auf die AIF-KVG, d.h. den Übergang der Nutzen und Lasten.[6]

1. Angaben nach § 247 Abs. 1 Satz 1 KAGB

a) Größe, Art, Lage, Bau- und Erwerbsjahr

7 Nach § 247 Abs. 1 Satz 1 Nr. 1 KAGB sind zunächst die Größe, Art und Lage der jeweiligen Immobilie zu nennen. Die **Größe** ist dabei in Quadratmetern anzugeben. Bei Wohn- oder Teileigentum entspricht diese Angabe dem entsprechenden Anteil an der Gesamtfläche.[7] Für die Angabe der **Art** der Immobilien bietet es sich an, die Immobilien nach den in § 231 Abs. 1 KAGB vorgegebenen Kategorien einzuteilen und aufzuzählen.[8] Die Beschreibung der **Lage** erfolgt schließlich in alphabetischer Reihenfolge der Immobilien unter Angabe der genauen Adresse (Straße, Hausnummer, Postleitzahl und Ort).[9]

8 Daneben sind das Bau- und Erwerbsjahr eines Grundstücks anzugeben. **Baujahr** ist dabei das Jahr, in dem das Bauvorhaben fertiggestellt wurde. Daneben ist es empfehlenswert, auch das Datum von wesentlichen Umbau- und/oder Modernisierungsmaßnahmen anzugeben.[10] Das **Erwerbsjahr** ist weitergehend das Jahr, in dem die Immobilie erworben wurde und Besitz, Nutzen und Lasten übergegangen sind.[11]

b) Gebäudenutzfläche, Leerstandsquote, Nutzungsentgeltausfallquote und Finanzierungsquote

9 Anzugeben sind weiter die Gebäudenutzfläche, Leerstandsquote sowie die Nutzungsentgeltausfallquote und die Finanzierungsquote. Die **Gebäudenutzfläche** einer Immobilie richtet sich nach der wirtschaftlichen Nutzung der Immobilie und ist in Quadratmetern nach DIN 277 anzugeben.[12] Die **Leerstandsquote** wird gegenwärtig berechnet, indem die unvermietete Fläche zur Jahresbruttosollmiete ins Verhältnis gestellt wird.[13] Die Berechnung orientiert sich dabei an einer vom BVI herausgegebenen Musterrechnung.[14] Im Gegensatz dazu sind in die Berechnung der **Nutzungsentgeltausfallquote** nur solche Immobilien miteinzubeziehen, die zwar grundsätzlich vermietet oder verpachtet sind, für die allerdings keine Miete oder Pacht bezahlt wird.[15] Schließlich ist die **Fremdfinanzierungsquote** anzugeben. Dabei werden die noch ausstehenden Darlehensverbindlichkeiten mit dem Verkehrswert aller Immobilien ins Verhältnis gestellt.[16]

---

6 *Zöll* in Beckmann/Scholtz/Vollmer, § 247 KAGB Rz. 2.

7 *Doublier* in Emde/Dornseifer/Dreibus/Hölscher, § 79 InvG Rz. 8; *Schachinger* in Baur/Tappen, § 247 KAGB Rz. 9; *Klusak* in Berger/Steck/Lübbehüsen, § 79 InvG Rz. 4.

8 *Doublier* in Emde/Dornseifer/Dreibus/Hölscher, § 79 InvG Rz. 9; *Schachinger* in Baur/Tappen, § 247 KAGB Rz. 9; *Kautenburger-Behr* in Weitnauer/Boxberger/Anders, § 247 KAGB Rz. 8; *Klusak* in Berger/Steck/Lübbehüsen, § 79 InvG Rz. 4.

9 *Doublier* in Emde/Dornseifer/Dreibus/Hölscher, § 79 InvG Rz. 9; *Schachinger* in Baur/Tappen, § 247 KAGB Rz. 9; *Kautenburger-Behr* in Weitnauer/Boxberger/Anders, § 247 KAGB Rz. 8; *Klusak* in Berger/Steck/Lübbehüsen, § 79 InvG Rz. 4.

10 *Doublier* in Emde/Dornseifer/Dreibus/Hölscher, § 79 InvG Rz. 10; *Schachinger* in Baur/Tappen, § 247 KAGB Rz. 9; *Klusak* in Berger/Steck/Lübbehüsen, § 79 InvG Rz. 4.

11 *Doublier* in Emde/Dornseifer/Dreibus/Hölscher, § 79 InvG Rz. 10; *Schachinger* in Baur/Tappen, § 247 KAGB Rz. 9, *Klusak* in Berger/Steck/Lübbehüsen, § 79 InvG Rz. 4.

12 *Doublier* in Emde/Dornseifer/Dreibus/Hölscher, § 79 InvG Rz. 11; *Schachinger* in Baur/Tappen, § 247 KAGB Rz. 10; *Kautenburger-Behr* in Weitnauer/Boxberger/Anders, § 247 KAGB Rz. 11; *Klusak* in Berger/Steck/Lübbehüsen, § 79 InvG Rz. 4.

13 *Zöll* in Beckmann/Scholtz/Vollmer, § 247 KAGB Rz. 8; *Schachinger* in Baur/Tappen, § 247 KAGB Rz. 10; *Klusak* in Berger/Steck/Lübbehüsen, § 79 InvG Rz. 4.

14 *Doublier* in Emde/Dornseifer/Dreibus/Hölscher, § 79 InvG Rz. 13; *Schachinger* in Baur/Tappen, § 247 KAGB Rz. 10.

15 *Doublier* in Emde/Dornseifer/Dreibus/Hölscher, § 79 InvG Rz. 17; *Schachinger* in Baur/Tappen, § 247 KAGB Rz. 10; *Kautenburger-Behr* in Weitnauer/Boxberger/Anders, § 247 KAGB Rz. 13.

16 *Doublier* in Emde/Dornseifer/Dreibus/Hölscher, § 79 InvG Rz. 19; *Schachinger* in Baur/Tappen, § 247 KAGB Rz. 10; *Kautenburger-Behr* in Weitnauer/Boxberger/Anders, § 247 KAGB Rz. 14; *Jesch* in Moritz/Klebeck/Jesch, § 247 KAGB Rz. 21; *Klusak* in Berger/Steck/Lübbehüsen, § 79 InvG Rz. 4.

c) Restlaufzeit der Nutzungsverträge

10 Nach § 247 Abs. 1 Satz 1 Nr. 3 KAGB ist die **Restlaufzeit der Nutzungsverträge** anzugeben. Dabei wird der Durchschnittswert aller bestehenden Miet- und Pachtverträge mit einer Nachkommastelle angegeben.[17]

d) Verkehrswert oder Kaufpreis

11 Weitergehend ist der Verkehrswert des Grundstücks oder im Fall des § 248 Abs. 2 Satz 1 KAGB der Kaufpreis der Immobilie anzugeben. Der **Verkehrswert** einer Immobilie wird von zwei externen und unabhängigen Bewertern nach den Vorgaben des § 30 KARBV ermittelt (§ 249 KAGB).[18] Abweichend von dem Verkehrswert kann auch der **Kaufpreis** (ohne Anschaffungsnebenkosten) der Immobilie angesetzt werden, wenn der Erwerb der Immobilie nicht länger als zwölf Monate zurücklag.

e) Anschaffungsnebenkosten

12 Nach § 247 Abs. 1 Satz 1 Nr. 5 KAGB sind auch die **Anschaffungsnebenkosten** getrennt nach der jeweiligen Immobilie anzugeben. Idealerweise sind die Anschaffungsnebenkosten aus Transparenzgründen als Gesamtbetrag pro Immobilie sowie als Prozentangabe im Verhältnis zum jeweiligen Kaufpreis anzugeben.[19] Dabei ist auch aufzuschlüsseln, in welcher Höhe Gebühren und Steuern bezahlt wurden und welche sonstigen Kosten angefallen sind (Maklergebühren, Notargebühren, Registergebühren, Rechtsberatungskosten, Verwaltungsvergütung an die AIF-KVG, Kosten die im Vorfeld der Transaktion anfallen, wie beispielsweise Kosten einer Due Diligence Prüfung, etc.).[20] Als Anhaltspunkt für Kosten, die als Anschaffungskosten berücksichtigt werden können, dient auch § 30 Abs. 2 Nr. 1 KARBV, der insbesondere auch Kosten im Vorfeld einer Transaktion als Anschaffungskosten bewertet. Schließlich sind auch die bisher erfolgten Abschreibungen, die zur Abschreibung verbliebenen Anschaffungsnebenkosten sowie der voraussichtliche künftige Abschreibungszeitraum zu nennen.[21]

f) Wesentliche Ergebnisse der Wertgutachten

13 Als wesentliches Ergebnis kommt zunächst der durch das Wertgutachten ermittelte Verkehrswert in Betracht, der allerdings nach § 247 Abs. 1 Satz 1 Nr. 4 KAGB bereits separat anzugeben ist. Daher sind an dieser Stelle besondere Ergebnisse des Gutachtens[22] sowie die wertbildenden Faktoren, wie Rohertrag, Liegenschaftszinssatz, Bewirtschaftungskosten sowie die wirtschaftliche Restnutzungsdauer anzugeben.[23]

g) Bestands- und Projektentwicklungsmaßnahmen

14 Nach § 247 Abs. 1 Satz 1 Nr. 7 KAGB sind hier etwaige Projektentwicklungsmaßnahmen, wie wesentliche und vor allem **werterhöhende Umbaumaßnahmen, Sanierungen** – jedoch nicht bloße Instandhaltungsmaßnahmen – anzugeben.[24] Idealerweise werden dabei auch Investitionsvolumen und voraussichtliche Bauzeiten genannt.[25]

---

17 *Doublier* in Emde/Dornseifer/Dreibus/Hölscher, § 79 InvG Rz. 20; *Schachinger* in Baur/Tappen, § 247 KAGB Rz. 11; *Kautenburger-Behr* in Weitnauer/Boxberger/Anders, § 247 KAGB Rz. 15; *Klusak* in Berger/Steck/Lübbehüsen, § 79 InvG Rz. 4.

18 *Zöll* in Beckmann/Scholtz/Vollmer, § 247 KAGB Rz. 12; *Doublier* in Emde/Dornseifer/Dreibus/Hölscher, § 79 InvG Rz. 21; *Schachinger* in Baur/Tappen, § 247 KAGB Rz. 12; *Klusak* in Berger/Steck/Lübbehüsen, § 79 InvG Rz. 4.

19 *Doublier* in Emde/Dornseifer/Dreibus/Hölscher, § 79 InvG Rz. 22; *Schachinger* in Baur/Tappen, § 247 KAGB Rz. 13; *Kautenburger-Behr* in Weitnauer/Boxberger/Anders, § 247 KAGB Rz. 18; *Jesch* in Moritz/Klebeck/Jesch, § 247 KAGB Rz. 24; *Klusak* in Berger/Steck/Lübbehüsen, § 79 InvG Rz. 4.

20 *Doublier* in Emde/Dornseifer/Dreibus/Hölscher, § 79 InvG Rz. 22 und 42; *Klusak* in Berger/Steck/Lübbehüsen, § 79 InvG Rz. 7; *Schachinger* in Baur/Tappen, § 247 KAGB Rz. 13; *Kautenburger-Behr* in Weitnauer/Boxberger/Anders, § 247 KAGB Rz. 17 f.

21 *Doublier* in Emde/Dornseifer/Dreibus/Hölscher, § 79 InvG Rz. 22; *Schachinger* in Baur/Tappen, § 247 KAGB Rz. 13; *Kautenburger-Behr* in Weitnauer/Boxberger/Anders, § 247 KAGB Rz. 18.

22 *Klusak* in Berger/Steck/Lübbehüsen, § 79 InvG Rz. 4.

23 *Doublier* in Emde/Dornseifer/Dreibus/Hölscher, § 79 InvG Rz. 23; *Schachinger* in Baur/Tappen, § 247 KAGB Rz. 14; *Kautenburger-Behr* in Weitnauer/Boxberger/Anders, § 247 KAGB Rz. 19.

24 *Doublier* in Emde/Dornseifer/Dreibus/Hölscher, § 79 InvG Rz. 24; *Klusak* in Berger/Steck/Lübbehüsen, § 79 InvG Rz. 4; *Schachinger* in Baur/Tappen, § 247 KAGB Rz. 15; *Kautenburger-Behr* in Weitnauer/Boxberger/Anders, § 247 KAGB Rz. 20.

25 *Klusak* in Berger/Steck/Lübbehüsen, § 79 InvG Rz. 4; *Doublier* in Emde/Dornseifer/Dreibus/Hölscher, § 79 InvG Rz. 24.

h) Sonstige wesentliche Merkmale

15 An dieser Stelle können schließlich besondere Ausstattungsmerkmale wie Aufzug, Klimaanlage, Garagen, etc. aufgezählt oder **Angaben zum baulichen Zustand** der Immobilie gemacht werden.[26]

2. Angaben nach § 247 Abs. 1 Satz 2 KAGB

16 Nach § 247 Abs. 1 Satz 2 KAGB sind schließlich die **im Berichtszeitraum (Geschäftsjahr) getätigten Käufe und Verkäufe** von Immobilien aufzuzählen. Welche genauen Angaben die AIF-KVG hier in die Vermögensaufstellung aufnehmen muss, geht aus dem Gesetz nicht hervor. Insofern kommt ihr ein Ermessenspielraum zu.[27] Sinnvolle Angaben können sein: Stammdaten, Kauf-/Verkaufspreis, Verkehrswert, Beteiligungsquote, Zeitpunkt des Übergangs der Nutzen und Lasten sowie ggf. die angefallenen Transaktionskosten.[28]

III. Ergänzende Angaben für Beteiligungen an einer Immobilien-Gesellschaft (§ 247 Abs. 2 KAGB)

1. Angaben nach § 247 Abs. 2 Satz 1 KAGB

17 Hält die AIF-KVG für Rechnung eines Immobilien-Sondervermögens Beteiligungen an Immobilien-Gesellschaften, so hat sie ebenfalls ergänzende Angaben für jede einzelne Immobilien-Gesellschaft in den Jahresbericht aufzunehmen. Dies gilt bei mehrstöckigen Gesellschaften auch für jede Beteiligungsstufe.[29] Neben **Firma, Rechtsform** und **Sitz der Immobilien-Gesellschaft** (§ 247 Abs. 2 Satz 1 Nr. 1 KAGB) ist auch das **Gesellschaftskapital** bzw. das haftende Kapital anzugeben (§ 247 Abs. 2 Satz 1 Nr. 2 KAGB).[30] Außerdem ist auch die **Höhe der Beteiligung** sowie der **Zeitpunkt des Erwerbs** durch die AIF-KVG zu nennen (§ 247 Abs. 2 Satz 1 Nr. 3 KAGB). Schließlich sind auch die durch die AIF-KVG oder durch Dritte gewährte **Darlehen im Sinne des § 240 KAGB** unter Angabe der jeweiligen Nominalbeträge anzugeben (§ 247 Abs. 2 Satz 1 Nr. 4 KAGB). Aufgelaufenen Zinsen sollten ebenfalls mit angegeben werden.[31] Darüber hinaus sind auch alle **Käufe und Verkäufe** der von Beteiligungen, die in dem jeweiligen Berichtszeitraum erfolgt sind, zu nennen.[32]

2. Angaben nach § 247 Abs. 2 Satz 2 und 3 KAGB

18 Als **Verkehrswert der Beteiligung** ist der nach § 248 Abs. 4 KAGB ermittelte Wert anzusetzen. Danach ist die Beteiligung nach den allgemein anerkannten Grundsätzen zu ermitteln, sodass letztlich auch hier der von einem oder zwei externen Bewertern ermittelte Wert anzusetzen ist, vgl. §§ 236 Abs. 3, 248 bis 250 KAGB.

19 Daneben sind nach § 247 Abs. 2 Satz 3 KAGB die **von der jeweiligen Immobilien-Gesellschaft gehaltenen Immobilien und Vermögensgegenstände** schließlich nachrichtlich in der Vermögensaufstellung anzugeben, vgl. § 247 Abs. 2 Satz 2 KAGB. Die Angaben haben dabei den Vorgaben des § 247 Abs. 1 KAGB zu entsprechen. Um die Übersichtlichkeit zu wahren, bietet es sich an, diese Angaben nach Immobilien-Gesellschaften geordnet in einer Anlage aufzunehmen.[33]

---

26 *Klusak* in Berger/Steck/Lübbehüsen, § 79 InvG Rz. 4; *Doublier* in Emde/Dornseifer/Dreibus/Hölscher, § 79 InvG Rz. 25; *Schachinger* in Baur/Tappen, § 247 KAGB Rz. 16; *Kautenburger-Behr* in Weitnauer/Boxberger/Anders, § 247 KAGB Rz. 21; *Jesch* in Moritz/Klebeck/Jesch, § 247 KAGB Rz. 27.

27 *Doublier* in Emde/Dornseifer/Dreibus/Hölscher, § 79 InvG Rz. 50; *Schachinger* in Baur/Tappen, § 247 KAGB Rz. 18.

28 *Doublier* in Emde/Dornseifer/Dreibus/Hölscher, § 79 InvG Rz. 50; *Schachinger* in Baur/Tappen, § 247 KAGB Rz. 18.

29 *Doublier* in Emde/Dornseifer/Dreibus/Hölscher, § 79 InvG Rz. 58.

30 *Klusak* in Berger/Steck/Lübbehüsen, § 79 InvG Rz. 9 und *Schachinger* in Baur/Tappen, § 247 KAGB Rz. 23 werfen die Frage auf, was an dieser Stelle unter Gesellschaftskapital zu verstehen ist. Dies könnte auch das gesamte Eigenkapital der Immobilien-Gesellschaft sein. Jedoch kommen auch beide zu dem Ergebnis, dass es sich hierbei um das haftende Kapital der Immobilien-Gesellschaft handelt.

31 *Schachinger* in Baur/Tappen, § 247 KAGB Rz. 25.

32 *Klusak* in Berger/Steck/Lübbehüsen, § 79 InvG Rz. 9.

33 *Doublier* in Emde/Dornseifer/Dreibus/Hölscher, § 79 InvG Rz. 61.

§ 248 Sonderregeln für die Bewertung

(1) § 168 ist mit den Maßgaben der Absätze 2 bis 4 anzuwenden.

(2) [1]Für Vermögensgegenstände im Sinne des § 231 Absatz 1 sowie des § 234 ist im Zeitpunkt des Erwerbs und danach nicht länger als zwölf Monate der Kaufpreis dieser Vermögensgegenstände anzusetzen. [2]Abweichend von Satz 1 ist der Wert erneut zu ermitteln und anzusetzen, wenn nach Auffassung der AIF-Kapitalverwaltungsgesellschaft der Ansatz des Kaufpreises auf Grund von Änderungen wesentlicher Bewertungsfaktoren nicht mehr sachgerecht ist; die AIF-Kapitalverwaltungsgesellschaft hat ihre Entscheidung und die Gründe dafür nachvollziehbar zu dokumentieren.

(3) [1]Die Anschaffungsnebenkosten eines Vermögensgegenstandes im Sinne des § 231 Absatz 1 sowie des § 234 sind gesondert anzusetzen und über die voraussichtliche Dauer seiner Zugehörigkeit zum Immobilien-Sondervermögen in gleichen Jahresbeträgen abzuschreiben, längstens jedoch über einen Zeitraum von zehn Jahren. [2]Wird ein Vermögensgegenstand veräußert, sind die Anschaffungsnebenkosten in voller Höhe abzuschreiben. [3]Die Abschreibungen sind nicht in der Ertrags- und Aufwandsrechnung zu berücksichtigen.

(4) [1]Der Wert der Beteiligung an einer Immobilien-Gesellschaft ist nach den für die Bewertung von Unternehmensbeteiligungen allgemein anerkannten Grundsätzen zu ermitteln. [2]Die im Jahresabschluss oder in der Vermögensaufstellung der Immobilien-Gesellschaft ausgewiesenen Immobilien sind dabei mit dem Wert anzusetzen, der entsprechend § 249 Absatz 1 festgestellt wurde.

In der Fassung vom 4.7.2013 (BGBl. I 2013, S. 1981).

Schrifttum: *Emde/Dreibus*, Der Regierungsentwurf für ein Kapitalanlagegesetzbuch, BKR 2013, 89; *Hartrott/Goller*, Immobilienfonds nach dem Kapitalanlagegesetzbuch, BB 2013, 1603; *Hübner*, Immobilienanlagen unter dem KAGB – Alte Fragen – Neue Fragen – Neue Antworten, WM 2014, 106; *Niewerth/Rybarz*, Änderung der Rahmenbedingungen für Immobilienfonds – das AIFM-Umsetzungsgesetz und seine Folgen, WM 2013, 1154.

I. Allgemeines

1. Regelungsgegenstand und Regelungszweck

Die Bewertung von Immobilien stellt die jeweiligen Bewerter vor große Herausforderungen. Aufgrund der größeren Marktschwankungen im Immobiliensektor, ist es nicht immer einfach, den aktuellen Marktwert einer Immobilie oder eines Grundstücks zu ermitteln.[1] Daher ist es besonders wichtig, den Bewertern **einheitliche Kriterien** an die Hand zu geben, nach denen die Bewertung der Immobilien und Vermögensgegenstände nach § 231 und § 234 KAGB zu erfolgen hat. Diesem Zweck dient § 248 KAGB. 1

Grundsätzlich ist für die Bewertung von Immobilien-Sondervermögen die allgemeine Bewertungsvorschrift des § 168 KAGB heranzuziehen. Nach § 248 Abs. 1 KAGB ist § 168 KAGB auf Immobilien-Sondervermögen unter **Berücksichtigung der Besonderheiten der Absätze 2 bis 4** anzuwenden. Zunächst sieht § 248 Abs. 2 KAGB eine Sonderregel für die Bewertung von Immobilien und Vermögensgegenständen vor, die neu angeschafft wurden. Diese Immobilien oder Vermögensgegenstände dürfen in den ersten zwölf Monaten nach Anschaffung mit dem Kaufpreis bewertet werden, es sei denn, der AIF-KVG sind wesentliche Umstände bekannt, die eine Zwischenbewertung erfordern. Die Vorschrift des § 248 Abs. 3 KAGB enthält eine Sonderregel für den Ansatz von Anschaffungskosten und deren Abschreibung über die voraussichtliche Zugehörigkeitsdauer zum Immobilien-Sondervermögen. Schließlich enthält § 248 Abs. 4 KAGB eine Sonderregel für die Bewertung von Beteiligungen an Immobilien-Gesellschaften. 2

1 So auch *Wind/Fritz* in Weitnauer/Boxberger/Anders, § 248 KAGB Rz. 1.

Die Vorgaben zu Bewertung von Vermögensgegenständen nach § 248 KAGB wird durch die **KARBV** ergänzt (auf die jeweiligen Vorgaben und Konkretisierungen der KARBV wird in der folgenden Einzelerläuterung an der jeweils relevanten Stelle hingewiesen).[2] Die Vorschriften der §§ 30 und 31 KARBV enthalten die konkretisierenden Vorschriften zur Bewertung von Immobilien und von Beteiligungen an Immobilien-Gesellschaften.

2. Entstehungsgeschichte

3 Die Vorschrift des § 248 Abs. 2 KAGB übernimmt mit redaktionellen Anpassungen die aufgehobenen Vorschriften des § 79 Abs. 1 Satz 4 und 5 InvG a.F. und passt diese an die neuen Bewertungsvorschriften der AIFM-Richtlinie an.[3] Weitergehend übernimmt § 248 Abs. 3 KAGB mit redaktionellen Anpassungen die Regelung des aufgehobenen § 79 Abs. 1 Satz 6 bis 8 InvG a.F.[4] Schließlich übernimmt § 248 Abs. 4 KAGB die aufgehobene Regelung des § 79 Abs. 2 Satz 1 InvG a.F. und passt sie ebenfalls den neuen Bewertungsvorschriften an.[5] Die bisher in § 79 Abs. 2 Satz 1 InvG a.F. enthaltene Regelung zur Frage, wer die Bewertung vornehmen darf, wurde aus systematischen Gründen in die Vorschrift des § 250 KAGB verschoben.[6] Dies Regelung enthält nun die gesamten Sonderregeln für die Bewerter.

II. Bewertung innerhalb von zwölf Monaten nach Erwerb (§ 248 Abs. 2 KAGB)

1. Bewertung nach Kaufpreis (§ 248 Abs. 2 Satz 1 KAGB)

4 Nach § 248 Abs. 2 Satz 1 KAGB sind Immobilien und Vermögensgegenstände nach § 231 Abs. 1 KAGB und Beteiligungen an Immobilien-Gesellschaften nach § 234 KAGB im Zeitpunkt ihres **Erwerbs und danach längstens für zwölf Monate** mit ihrem Kaufpreis anzusetzen. Hintergrund dieser Regelung war bereits unter Geltung des InvG a.F. der Wunsch des Gesetzgebers, die Einbuchung von sog. Einwertungsgewinnen abzumildern.[7] Einwertungsgewinne können sich immer dann ergeben, wenn bereits vor Erwerb eine Bewertung des Vermögensgegenstands durch externe Bewerter (oder unter Geltung des InvG durch den Sachverständigenausschuss) stattfindet und das Ergebnis dieser Bewertung von dem vereinbarten Kaufpreis abweicht.[8] Vor Einführung des InvÄndG musste die AIF-KVG im Falle einer Abweichung des Kaufpreises von dem Ergebnis der externen Bewertung diese Abweichung in die Bilanz einbuchen.[9]

5 Als **anzusetzender Kaufpreis** gilt die Gegenleistung, wie sie im Grundstückskaufvertrag oder im Kaufvertrag über den jeweiligen Vermögensgegenstand nach § 231 Abs. 1 KAGB vereinbart wurde und wie sie dem Verkäufer zufließt.[10] Dazu gehören mit Ausnahme der Anschaffungsnebenkosten (s. dazu gleich § 248 Abs. 3 KAGB) alle Aufwendungen und Kosten, die im Zusammenhang mit dem Erwerb der Immobilie oder mit dem Erwerb des Vermögensgegenstandes aufgewendet wurden und Niederschlag im jeweiligen Kaufvertrag gefunden haben.[11] Dazu zählt auch die Befreiung von einer Verbindlichkeit.[12] Bei einer nachträglichen Anpassung der Gegenleistung innerhalb von zwölf Monaten nach Erwerb der Immobilie ist der angepasste Preis anzusetzen.[13]

---

2 Verordnung über Inhalt, Umfang und Darstellung der Rechnungslegung von Sondervermögen, Investmentaktiengesellschaften und Investmentkommanditgesellschaften sowie über die Bewertung der zu dem Investmentvermögen gehörenden Vermögensgegenstände (Kapitalanlage-Rechnungslegungs- und -Bewertungsverordnung – KARBV) vom 16.7.2013, BGBl. I 2013, S. 2483. Zu den anwendbaren Vorschriften der KARBV s. *Zöll* in Beckmann/Scholtz/Vollmer, § 248 KAGB Rz. 10 ff.

3 Begr. RegE, BT-Drucks. 17/12297, S. 268.

4 Begr. RegE, BT-Drucks. 17/12297, S. 268.

5 Begr. RegE, BT-Drucks. 17/12297, S. 268.

6 Begr. RegE, BT-Drucks. 17/12297, S. 268.

7 *Doublier* in Emde/Dornseifer/Dreibus/Hölscher, § 79 InvG Rz. 33; *Schachinger* in Baur/Tappen, § 248 KAGB Rz. 3; *Wind/Fritz* in Weitnauer/Boxberger/Anders, § 248 KAGB Rz. 3; dazu *Zöll* in Beckmann/Scholtz/Vollmer, § 248 KAGB Rz. 3, der es kritisch sieht, dass die Vorschrift unterstellt, dass bewusst falsche Ankaufsgutachten erstellt würden.

8 *Doublier* in Emde/Dornseifer/Dreibus/Hölscher, § 79 InvG Rz. 33.

9 *Doublier* in Emde/Dornseifer/Dreibus/Hölscher, § 79 InvG Rz. 33.

10 *Zöll* in Beckmann/Scholtz/Vollmer, § 248 KAGB Rz. 3; *Doublier* in Emde/Dornseifer/Dreibus/Hölscher, § 79 InvG Rz. 34; *Schachinger* in Baur/Tappen, § 248 KAGB Rz. 4; *Wind/Fritz* in Weitnauer/Boxberger/Anders, § 248 KAGB Rz. 5; *Archner* in Moritz/Klebeck/Jesch, § 248 KAGB Rz. 9; *Klusak* in Berger/Steck/Lübbehüsen, § 79 InvG Rz. 6.

11 *Doublier* in Emde/Dornseifer/Dreibus/Hölscher, § 79 InvG Rz. 35.

12 *Zöll* in Beckmann/Scholtz/Vollmer, § 248 KAGB Rz. 3.

13 *Wind/Fritz* in Weitnauer/Boxberger/Anders, § 248 KAGB Rz. 5; *Archner* in Moritz/Klebeck/Jesch, § 248 KAGB Rz. 10; *Zöll* in Beckmann/Scholtz/Vollmer, § 248 KAGB Rz. 3.

Erwirbt die AIF-KVG eine **Beteiligung an einer Immobilien-Gesellschaft**, so ist deren Wert nach § 248 Abs. 4 KAGB zu bewerten und in Ansatz zu bringen. Die der Immobilien-Gesellschaft gehörenden Immobilien und Vermögensgegenstände nach § 231 Abs. 1 KAGB sind aber ebenfalls mit ihrem entsprechenden Kaufpreis nach § 248 Abs. 2 Satz 1 KAGB zu bewerten.[14] 6

2. Zwischenbewertung bei Änderung wesentlicher Bewertungsfaktoren (§ 248 Abs. 2 Satz 2 KAGB)

Abweichend zu § 248 Abs. 2 Satz 1 KAGB hat die AIF-KVG eine Bewertung der Immobilien und Vermögensgegenstände nach § 231 Abs. 1 KAGB ausnahmsweise innerhalb der ersten zwölf Monate nach Erwerb vorzunehmen, wenn sich **wesentliche Bewertungsfaktoren ändern** und als nicht mehr sachgerecht erscheinen. Hintergrund der Vorschrift ist es dabei, den Anleger vor Werteschwankungen zu schützen.[15] Dabei kommt der AIF-KVG nach dem Gesetzeswortlaut ein **Ermessenspielraum** zu, wonach sie selbst entscheiden muss, ab wann eine erneute Bewertung sachgerecht erscheint.[16] 7

Als **wesentliche Bewertungsfaktoren** wurden unter Geltung der aufgehobenen Regelung des § 79 Abs. 1 Satz 5 InvG a.F. beispielsweise die Änderung des Rohertrags durch Abschluss eines neuen Miet- oder Pachtvertrages, erhebliche Änderungen des Liegenschaftszinses, der Bewirtschaftungskosten oder der Restnutzungsdauer, aber auch Leerstände oder Baumängel herangezogen.[17] 8

Dagegen enthält § 31 Abs. 7 KARBV eine Aufzählung **nicht wesentlicher Bewertungsfaktoren**. Diese Vorschrift ist auch im Rahmen der Bewertungsvorschrift des § 248 Abs. 2 KAGB heranzuziehen.[18] Danach sind u.a. Kapitalmaßnahmen, Ausschüttungen, Aufnahme und Rückzahlung von Darlehen nicht als wesentliche Bewertungsfaktoren einzustufen. Auch der Verkauf der einzigen Immobilie des Immobilien-Sondervermögens ist dann nicht als wesentliches Bewertungskriterium heranzuziehen, wenn der Verkaufspreis nicht wesentlich vom Verkehrswert der Immobilie abweicht (vgl. § 31 Abs. 7 Nr. 3 KARBV). 9

Von einer **wesentlichen Veränderung** ist weitergehend dann auszugehen, wenn sich der Wert der Immobilie oder des Vermögensgegenstandes um **mehr als 15 %** verändert.[19] Daneben kann als Maßstab für eine wesentliche Veränderung auch die Verpflichtung der AIF-KVG zur **Unterrichtung der BaFin** herangezogen werden. Eine solche hat dann zu erfolgen, wenn eine dauerhafte Wertminderung von mehr als 5 % des Wertes des Immobilien-Sondervermögen droht.[20] 10

III. Ansatz und Abschreibung der Anschaffungsnebenkosten (§ 248 Abs. 3 KAGB)

1. Ansatz der Anschaffungsnebenkosten

Die **Anschaffungsnebenkosten** sind bereits in der Vermögensaufstellung nach § 247 Abs. 1 Satz 1 Nr. 5 KAGB gesondert aufzuführen.[21] Insbesondere sind dabei die einzelnen Bestandteile, wie Gebühren und Steuern oder sonstige Kosten, wie Maklergebühren, Rechts-/Steuerberatungskosten, Grundbuch- und Registergebühren oder Verwaltungsvergütungen an die AIF-KVG, einzeln auszuweisen.[22] Das Gleiche gilt, wenn die Immobilie oder der Vermögensgegenstand indirekt über eine Beteiligung an einer Immobilien-Gesellschaft gehalten wird. In diesem Fall können die Anschaffungsnebenkosten entweder indirekt in der Ver- 11

---

14 *Doublier* in Emde/Dornseifer/Dreibus/Hölscher, § 79 InvG Rz. 35; *Wind/Fritz* in Weitnauer/Boxberger/Anders, § 248 KAGB Rz. 6.

15 *Wind/Fritz* in Weitnauer/Boxberger/Anders, § 248 KAGB Rz. 7, der in diesem Zusammenhang auf Art. 74 Abs. 2 VO (EU) Nr. 231/2013 verweist.

16 *Doublier* in Emde/Dornseifer/Dreibus/Hölscher, § 79 InvG Rz. 37; *Wind/Fritz* in Weitnauer/Boxberger/Anders, § 248 KAGB Rz. 9.

17 *Doublier* in Emde/Dornseifer/Dreibus/Hölscher, § 79 InvG Rz. 37; *Schachinger* in Baur/Tappen, § 248 KAGB Rz. 7; *Wind/Fritz* in Weitnauer/Boxberger/Anders, § 248 KAGB Rz. 8; *Archner* in Moritz/Klebeck/Jesch, § 248 KAGB Rz. 11.

18 *Doublier* in Emde/Dornseifer/Dreibus/Hölscher, § 79 InvG Rz. 39; *Schachinger* in Baur/Tappen, § 248 KAGB Rz. 7.

19 *Doublier* in Emde/Dornseifer/Dreibus/Hölscher, § 79 InvG Rz. 37; *Schachinger* in Baur/Tappen, § 248 KAGB Rz. 7; *Wind/Fritz* in Weitnauer/Boxberger/Anders, § 248 KAGB Rz. 9.

20 *Doublier* in Emde/Dornseifer/Dreibus/Hölscher, § 79 InvG Rz. 37.

21 *Klusak* in Berger/Steck/Lübbehüsen, § 79 InvG Rz. 7.

22 Vgl. dazu auch die Darstellungen in *Archner* in Moritz/Klebeck/Jesch, § 248 KAGB Rz. 16; *Zöll* in Beckmann/Scholtz/Vollmer, § 79 InvG Rz. 14; *Klusak* in Berger/Steck/Lübbehüsen, § 79 InvG Rz. 7.

mögensaufstellung auf Ebene des Immobilien-Sondervermögens oder direkt in der Vermögensaufstellung auf Ebene der Immobilien-Gesellschaft ausgewiesen werden.[23]

12 Die Vorschrift des § 248 Abs. 3 KAGB findet nur auf Anschaffungsnebenkosten Anwendung, Herstellungskosten sind gerade nicht umfasst. Gerade in Projektentwicklungsphasen kann die **Abgrenzung** zwischen **Anschaffungsnebenkosten und Herstellungskosten** Schwierigkeiten bereiten.[24] Da das Investmentrecht über keine eigene Definition der Herstellungskosten verfügt, ist an dieser Stelle allein auf die Kriterien des Handelsrechts, insb. § 255 HGB, zurückzugreifen.[25] Nach den dort zugrundeliegenden Kriterien ist Hersteller, wer den Herstellungsvorgang beherrscht und das Herstellungsrisiko trägt.[26] Erwirbt die AIF-KVG ein unbebautes Grundstück, bei dem sich aber von vornherein ein Bauträger in eigener Verantwortung zur Bebauung verpflichtet, so trägt sie in der Regel nicht das Herstellungsrisiko; dieses liegt in dieser Konstellation vielmehr allein beim Bauträger (sog. **schlüsselfertiges Bauen**).[27] Das unbebaute Grundstück wird quasi inklusive einer künftigen Bebauung erworben. Ein anderer Sachverhalt liegt vor, wenn die AIF-KVG zunächst ein unbebautes Grundstück erwirbt und anschließend einen Bauträger zur Errichtung eines Gebäudes beauftragt. In dieser Sachverhaltskonstellation trägt sie das vollständige Risiko im Hinblick auf die Projektentwicklung, sodass hier von einem Herstellungsvorgang auszugehen ist.[28] In diesem Fall kann die AIF-KVG lediglich die Anschaffungsnebenkosten im Zusammenhang mit dem Erwerb des Grundstücks in Ansatz bringen.[29]

2. Abschreibung der Anschaffungsnebenkosten

13 Nach § 248 Abs. 3 Satz 1 KAGB hat die AIF-KVG die Anschaffungsnebenkosten eines Vermögensgegenstandes über die **voraussichtliche Dauer seiner Zugehörigkeit** zum Immobilien-Sondervermögen in gleichen Beträgen abzuschreiben, **längstens jedoch für einen Zeitraum von zehn Jahren**. Ist von vornherein eine kürzere Haltedauer für den Vermögensgegenstand vorgesehen, so ist dieser Zeitraum auch als Abschreibungsdauer anzusetzen.[30] Verkürzt sich die ursprünglich geplante Haltedauer des Vermögensgegenstands später, so muss die AIF-KVG gem. § 30 Abs. 1 Nr. 1 KARBV die Abschreibungsdauer sogar entsprechend anpassen. Außergewöhnliche Abschreibungen sieht der Gesetzeswortlaut nicht vor.[31] Nach § 30 Abs. 2 Nr. 1 KARBV dürfen außerplanmäßige Abschreibungen vielmehr überhaupt nicht vorgenommen werden. Dies dient auch dazu, die zum Immobilien-Sondervermögen gehörenden Anleger gleichmäßig zu belasten.[32] So tragen sowohl die zum Immobilien-Sondervermögen neu hinzukommenden Anleger einen Teil der Anschaffungsnebenkosten, als auch die ausscheidenden, die bis zum Zeitpunkt ihres Ausscheidens von den jeweiligen Erträgen profitiert haben.

14 Mangels gesetzlicher Regelung ist für den **Beginn der Abschreibungsfrist** nach Auffassung in der Literatur der tatsächliche Nutzungsbeginn der Immobilie oder des Vermögensgegenstandes, wie beispielsweise der Mietbeginn, ausschlaggebend.[33]

---

23 *Doublier* in Emde/Dornseifer/Dreibus/Hölscher, § 79 InvG Rz. 43; *Schachinger* in Baur/Tappen, § 248 KAGB Rz. 9; *Wind/Fritz* in Weitnauer/Boxberger/Anders, § 248 KAGB Rz. 12.

24 S. auch *Doublier* in Emde/Dornseifer/Dreibus/Hölscher, § 79 InvG Rz. 44; *Wind/Fritz* in Weitnauer/Boxberger/Anders, § 248 KAGB Rz. 11.

25 Vgl. § 30 Abs. 2 Nr. 1 KARBV; so auch *Doublier* in Emde/Dornseifer/Dreibus/Hölscher, § 79 InvG Rz. 44; *Wind/Fritz* in Weitnauer/Boxberger/Anders, § 248 KAGB Rz. 11.

26 *Doublier* in Emde/Dornseifer/Dreibus/Hölscher, § 79 InvG Rz. 44; *Wind/Fritz* in Weitnauer/Boxberger/Anders, § 248 KAGB Rz. 11.

27 *Doublier* in Emde/Dornseifer/Dreibus/Hölscher, § 79 InvG Rz. 44. Auch die BaFin hat diesen Vorgang als Anschaffungsvorgang gewürdigt, vgl. BaFin, Schreiben an den BVI vom 6.7.2010.

28 *Doublier* in Emde/Dornseifer/Dreibus/Hölscher, § 79 InvG Rz. 44; *Wind/Fritz* in Weitnauer/Boxberger/Anders, § 248 KAGB Rz. 13.

29 *Doublier* in Emde/Dornseifer/Dreibus/Hölscher, § 79 InvG Rz. 44; *Wind/Fritz* Weitnauer/Boxberger/Anders, § 248 KAGB Rz. 13.

30 *Archner* in Moritz/Klebeck/Jesch, § 248 KAGB Rz. 17.

31 *Doublier* in Emde/Dornseifer/Dreibus/Hölscher, § 79 InvG Rz. 45; *Schachinger* in Baur/Tappen, § 248 KAGB Rz. 9.

32 *Schachinger* in Baur/Tappen, § 248 KAGB Rz. 9.

33 *Doublier* in Emde/Dornseifer/Dreibus/Hölscher, § 79 InvG Rz. 46; *Wind/Fritz* in Weitnauer/Boxberger/Anders, § 248 KAGB Rz. 16.

Eine **vollständige Abschreibung der Anschaffungsnebenkosten** sieht der Gesetzgeber in § 248 Abs. 3 Satz 2 KAGB nur vor, wenn die Immobilie oder der Vermögensgegenstand veräußert wird. Buchhalterisch sind die noch verbleibenden Anschaffungsnebenkosten mit dem Verkaufserlös zu verrechnen.[34] 15

Nach § 248 Abs. 3 Satz 3 KAGB sind die Anschaffungsnebenkosten schließlich auch **nicht in der Aufwands- und Ertragsrechnung** zu berücksichtigen. Vielmehr sind sie wie nicht realisierte Wertänderungen zu betrachten, die direkt gegen das Fondskapital zu buchen und in einem gesonderten Posten zur Entwicklungsrechnung zu erfassen sind (analog dem Posten, in dem nicht realisierte Wertänderungen erfasst werden).[35] 16

IV. Bewertung von Beteiligungen an Immobilien-Gesellschaften (§ 248 Abs. 4 KAGB)

Für die Bewertung von Beteiligungen an Immobilien-Gesellschaften sind nach § 248 Abs. 4 Satz 1 KAGB die allgemein anerkannten Grundsätze heranzuziehen. Dabei werden nach § 248 Abs. 4 Satz 2 KAGB die Immobilien oder Vermögensgegenstände der Immobilien-Gesellschaft mit dem Wert angesetzt, der nach § 249 Abs. 1 KAGB ermittelt wurde (s. ausführlich dazu § 249 Rz. 8 ff.). 17

Der Gesetzgeber unterlässt allerdings im Rahmen des KAGB weitergehende Konkretisierungen zur Frage, wie die Bewertung einer Beteiligung gem. §§ 249 ff. KAGB zu erfolgen hat. Hier ist **§ 31 KARBV** ergänzend heranzuziehen, der einige Vorgaben zum Bewertungsverfahren für Beteiligungen enthält. Während § 31 Abs. 1 und 2 KARBV die Erstbewertung einer Beteiligung näher regeln, finden sich in § 31 Abs. 3 bis 8 KARBV nähere Regelungen zur sog. **„Regelbewertung" der Beteiligung** nach §§ 248 bis 250 KAGB. Nach § 31 Abs. 4 Satz 2 KARBV ist Ausgangspunkt der Bewertung der Nettowert, der sich aus der Vermögensaufstellung ergibt, wobei der darin angesetzte Wert für die Immobilien durch den zuletzt vom externen Bewerter festgestellten Verkehrswert der Immobilien oder, wenn dieser noch nicht maßgeblich ist, durch den Kaufpreis zu ersetzen ist, vgl. § 31 Abs. 4 Satz 3 KARBV. Anschließend sind nach § 31 Abs. 4 Satz 4 und 5 KARBV Rückstellungen, latente Steueransprüche und Verpflichtungen sowie weitere Vermögensgegenstände und Schulden nach den Wertmaßstäben des § 168 Abs. 1 bis 7 KAGB zu beurteilen und anzusetzen. Schließlich können weitere besondere Wertkomponenten angesetzt werden, wie z.B. ein Geschäftswert entsprechend dem Geschäftsmodell der Immobilien-Gesellschaft und deren tatsächlicher Geschäftstätigkeit, vgl. § 31 Abs. 4 Satz 6 KARBV. Welche besonderen Wertkomponenten angesetzt werden, steht im Ermessen des bewertenden Abschlussprüfers. 18

Bei der Bewertung der Beteiligung hat der Abschlussprüfer einen **marktnahen Wert** zu ermitteln, wie es nach den allgemeinen Grundsätzen für die Bewertung von Unternehmensbeteiligungen vorgeschrieben ist, vgl. § 31 Abs. 4 Satz 1 KARBV. **Gängige und den allgemeinen Grundsätzen entsprechende Verfahren zur Bewertung von Anteilen** an einer Immobilien-Gesellschaft sind dabei die Multiplikatormethode, die Optionspreismethode, das Ertragswertverfahren oder das Discounted-Cash-Flow Verfahren. Im Zusammenhang mit der Bewertung einer Immobilien-Gesellschaft gehen die auf die künftigen Erträge bezogenen Bewertungsverfahren (Multiplikatormethode) allerdings mit Schwierigkeiten einher. So entstehen die künftigen Erträge meist erst aus der Nutzung der Immobilien und/oder Vermögensgegenstände der Immobilien-Gesellschaft. Die Immobilien und Vermögensgegenstände sind von der AIF-KVG aber wiederum entsprechend der direkt gehaltenen Immobilien und Vermögensgegenstände zu bewerten. So finden Wertkomponenten, die im Zusammenhang mit der Vermarktung der von der Gesellschaft gehaltenen Immobilien stehen, ausschließlich über die Werte, die vom externen Bewerter nach §§ 249 und 250 KAGB für die Vermögensgegenstände festgestellt wurden, Eingang in den Beteiligungswert (§ 31 Abs. 4 Satz 7 KARBV). Damit obliegt die Bewertung der eigentlich werthaltigen Komponenten der Beteiligung, nämlich der Vermögensgegenstände der Immobilien-Gesellschaft, nicht dem Abschlussprüfer, sondern dem externen Bewerter.[36] Daher bietet es sich an, die Bewertungsverfahren für die Immobilien und Vermögensgegenstände und das Bewertungsverfahren für die Anteilspreisermittlung so weit wie möglich aneinander anzupassen. (S. ausf. zum konkreten Bewertungsverfahren § 249 Rz. 8 ff. und § 250 Rz. 7 ff.). 19

34 *Doublier* in Emde/Dornseifer/Dreibus/Hölscher, § 79 InvG Rz. 48; *Schachinger* in Baur/Tappen, § 248 KAGB Rz. 11.

35 *Doublier* in Emde/Dornseifer/Dreibus/Hölscher, § 79 InvG Rz. 49; *Wind/Fritz* in Weitnauer/Boxberger/Anders, § 248 KAGB Rz. 18; *Klusak* in Berger/Steck/Lübbehüsen, § 79 InvG Rz. 7.

36 Dazu ausf. *Archner* in Moritz/Klebeck/Jesch, § 248 KAGB Rz. 21 f.

§ 249 Sonderregeln für das Bewertungsverfahren

(1) § 169 ist mit der Maßgabe anzuwenden, dass die Bewertungsrichtlinien für Immobilien-Sondervermögen zusätzlich vorzusehen haben, dass

1. die Vermögensgegenstände im Sinne des § 231 Absatz 1 Satz 1 Nummer 1 bis 6 von zwei externen, voneinander unabhängigen Bewertern, die die Anforderungen nach § 216 Absatz 1 Satz 1 Nummer 1 und Satz 2, Absatz 2 bis 5 erfüllen und die die Bewertung der Vermögensgegenstände unabhängig voneinander vornehmen, bewertet werden und

2. die externen Bewerter im Sinne der Nummer 1 Objektbesichtigungen vornehmen.

(2) Die AIF-Kapitalverwaltungsgesellschaft oder die Immobilien-Gesellschaft muss die Immobilien-Gesellschaft, an der sie beteiligt ist, vertraglich verpflichten,

1. bei der AIF-Kapitalverwaltungsgesellschaft und der Verwahrstelle monatlich Vermögensaufstellungen einzureichen und

2. die Vermögensaufstellungen einmal jährlich anhand des von einem Abschlussprüfer mit einem Bestätigungsvermerk versehenen Jahresabschlusses der Immobilien-Gesellschaft prüfen zu lassen.

(3) Der auf Grund der Vermögensaufstellungen ermittelte Wert der Beteiligung an einer Immobilien-Gesellschaft ist den Bewertungen zur laufenden Preisermittlung zugrunde zu legen.

In der Fassung vom 4.7.2013 (BGBl. I 2013, S. 1981), zuletzt geändert durch das Gesetz zur Anpassung von Gesetzen auf dem Gebiet des Finanzmarktes vom 15.7.2014 (BGBl. I 2014, S. 934).

Schrifttum: *Geurts/Schubert,* KAGB kompakt, 2014; *Kleiber,* Verkehrswertermittlung von Grundstücken, 8. Aufl. 2016.

I. Entstehung der Norm

1 § 249 Abs. 1 KAGB wurde vom Bundestagsfinanzausschuss formuliert und verlangt zwei externe, voneinander unabhängige Bewerter. Durch die Einführung eines zweiten Bewerters wird die **Position der Bewerter gestärkt.**[1] Anderseits wird auf die Sachverständigenausschüsse gem. § 77 InvG verzichtet. Somit wird der Mehrheitsbeschluss des dreiköpfigen Sachverständigenausschusses durch zwei unabhängige Wertaussagen ersetzt.

2 § 249 Abs. 2 und 3 KAGB entsprechen § 70 Abs. 1 InvG.

II. Ziel der Norm

3 § 249 Abs. 1 KAGB fordert von der Kapitalverwaltungsgesellschaft, eine **Bewertungsrichtlinie gem. § 169 KAGB** für Immobilien-Sondervermögen vorzulegen.

4 In dieser ist u.a. zu regeln, dass die Immobilien durch **zwei externe, von einander unabhängige Bewerter** bewertet werden und dass **diese Bewerter** entsprechende **Objektbesichtigungen** vorzunehmen haben.

5 Neben den von der Kapitalverwaltungsgesellschaft zur Verfügung zu stellenden Objektunterlagen, sollen die beiden Bewerter durch **Inaugenscheinnahme** einen eigenen Eindruck der Immobilie gewinnen und somit die unabhängige und unparteiische Bewertung sichergestellt werden.

6 Nach § 249 Abs. 2 KAGB ist der Kapitalverwaltungsgesellschaft aufgegeben, die Immobilien-Gesellschaften an denen sie beteiligt sind, vertraglich zu verpflichten, monatliche Vermögensaufstellungen zu erstellen und diese der Kapitalverwaltungsgesellschaft einzureichen. Darüber hinaus sind diese **Vermögensaufstellungen** jährlich durch den **Abschlussprüfer zu prüfen** und mit einem Bestätigungsvermerk zu versehen.

7 § 249 Abs. 3 KAGB legt fest, dass die genannten Vermögensaufstellungen für die laufende **Preisermittlung** heranzuziehen sind.

1 Vgl. BT-Drucks. 17/13395, 407.

III. Inhalt der Norm

Nach § 249 Abs. 1 KAGB müssen die direkt oder indirekt gehaltenen Vermögensgegenstände – mithin die Immobilien – von **zwei externen, von einander unabhängigen Bewertern** bewertet werden. Dies stellt eine wesentliche Veränderung gegenüber § 79 Abs. 1 InvG dar, da vom InvG ein Gemeinschaftsgutachten erstellt von drei unabhängigen Bewertern gefordert war. Statt der gemeinsamen Gutachtenerstellung im Konsens und der Zusammenlegung des Einzelwissens von drei Bewertern, sind gem. § 249 KAGB lediglich zwei Bewerter beteiligt, die darüber hinaus von den Einschätzungen und Erfahrungen des jeweils anderen nicht profitieren. Der Wert einer Immobilie muss sich mathematisch eindeutig aus den beiden Wertgutachten ableiten lassen; nach *Döser*, mit Verweis auf ein unveröffentlichtes BaFin-Rundschreiben vom 17.10.2013 ist die Voraussetzung erfüllt, wenn der Mittelwert der beiden Verkehrswerte zur Anwendung kommt.[2] Es ist zweifelhaft, ob ein Mittelwert zweier Verkehrswerte den Markt besser abbildet, als ein im Konsens ermittelter Verkehrswert eines Sachverständigenausschusses nach InvG. 8

Gemäß § 249 Abs. 1 Nr. 2 KAGB haben beide Bewerter **Objektbesichtigungen** durchzuführen. Da nach § 216 Abs. 4 KAGB ein externer Bewerter die Bewertungsfunktion **nicht an Dritte delegieren** darf, ist die Objektbesichtigung von beiden Bewertern **höchstpersönlich** durchzuführen. 9

Bei der Bestellung von juristischen Personen sind laut BaFin-Rundschreiben 07/2015 vom 29.7.2015, zuletzt geändert am 1.9.2015,[3] die **konkret handelnden Personen zu bestimmen**, die sowohl die Bewertung als auch die Objektbesichtigungen durchzuführen haben. 10

Die **Ortsbesichtigung** ist von den beiden externen, voneinander unabhängigen Bewertern vorzunehmen. Aus guten Gründen nicht vorgeschrieben ist, dass die Ortsbesichtigungen voneinander unabhängig durchzuführen sind. Damit beide Bewerter von den gleichen Anknüpfungstatsachen ausgehen müssen, ist eine **gemeinsame Ortsbesichtigung sinnvoll**, da nur so sichergestellt ist, dass die Bewerter die gleiche Begleitung vor Ort erhalten haben, die gleichen Aussagen des Objektbetreuers vor Ort bekommen haben und die Besichtigung der gleichen Mieteinheiten erfolgen konnte. Da auch für die von Immobilien-Gesellschaften erhaltenen Immobilien die Werte gem. § 249 Abs. 1 KAGB bestimmt werden und somit durch **unabhängigen Bewertern** zu bewerten sind, muss auch für Immobilien, die von Immobilien-Gesellschaften gehalten werden, eine Ortsbesichtigung durch die externen Bewerter erfolgen. 11

Gemäß Abschnitt 10 der mit der BaFin abgestimmten BVI-Musterbewertungsrichtlinie beträgt die **Bewertungsfrequenz regelmäßig ein Jahr.** 12

Im Falle von objektspezifischen Besonderheiten kann im **Einzelfall eine höhere Besichtigungsfrequenz** notwendig sein. Der Umfang der Besichtigung fällt in die Ermessenskompetenz der externen Bewerter.[4] 13

§ 249 Abs. 2 KAGB fordert, dass die Kapitalverwaltungsgesellschaft vertraglich sicherstellt, dass sie von **Immobilien-Gesellschaften** monatliche Vermögensaufstellungen erhält. Diese **Vermögensaufstellungen** sind einmal jährlich von Wirtschaftsprüfern zu prüfen und mit dem **Bestätigungsvermerk** zu versehen. Da in § 249 Abs. 2 Nr. 2 KAGB nur von „einem" Abschlussprüfer gesprochen wird, muss der Abschlussprüfer der Immobilien-Gesellschaft **nicht identisch** sein mit dem Abschlussprüfer der Kapitalverwaltungsgesellschaft. 14

Nach § 249 Abs. 3 KAGB sind die Vermögensaufstellungen für die laufende Anteilsscheinberechnung für Ausgabe- und Rücknahmepreise maßgeblich. 15

§ 250 Sonderregeln für den Bewerter

(1) § 216 ist mit der Maßgabe anzuwenden, dass

1. **die Bewertung der Vermögensgegenstände im Sinne des § 231 Absatz 1 Satz 1 Nummer 1 bis 6 nur durch zwei externe Bewerter erfolgen darf,**
2. **der Wert der Beteiligung an einer Immobilien-Gesellschaft durch einen Abschlussprüfer im Sinne des § 319 Absatz 1 Satz 1 und 2 des Handelsgesetzbuchs zu ermitteln ist.**

---

2 Vgl. *Döser* in Patzner/Döser/Kempf, Investmentrecht, 3. Aufl. 2017, § 249 KAGB Rz. 1.

3 Rundschreiben 07/2015 (WA) – Anforderungen bei der Bestellung externer Bewerter für Immobilien und Immobilien-Gesellschaften, WA 41-Wp 2137-2013/0216 vom 29.7.2015, geändert am 1.9.2015.

4 BVI-Muster für eine Bewertungsrichtlinie für Immobilien-Sondervermögen und offene inländische Spezial-AIF mit festen Anlagebedingungen mit dem Investitionsschwerpunkt Immobilien vom 19.12.2013.

(2) [1]Ein externer Bewerter darf für eine AIF-Kapitalverwaltungsgesellschaft für die Bewertung von Vermögensgegenständen im Sinne des § 231 Absatz 1 Satz 1 Nummer 1 bis 6 nur für einen Zeitraum von maximal drei Jahren tätig sein. [2]Die Einnahmen des externen Bewerters aus seiner Tätigkeit für die AIF-Kapitalverwaltungsgesellschaft dürfen 30 Prozent seiner Gesamteinnahmen, bezogen auf das Geschäftsjahr des externen Bewerters, nicht überschreiten. [3]Die Bundesanstalt kann verlangen, dass ihr entsprechende Nachweise vorgelegt werden. [4]Die AIF-Kapitalverwaltungsgesellschaft darf einen externen Bewerter erst nach Ablauf von zwei Jahren seit Ende des Zeitraums nach Satz 1 erneut als externen Bewerter bestellen.

In der Fassung vom 4.7.2013 (BGBl. I 2013, S. 1981), zuletzt geändert durch das Gesetz zur Anpassung von Gesetzen auf dem Gebiet des Finanzmarktes vom 15.7.2014 (BGBl. I 2014, S. 934).

Schrifttum: *Strücker/Eisenhuth/Lemnitzer/Sundermann*, Bewertung von Beteiligungen an Immobiliengesellschaften (IDW S 12), WPg 2016, 1075.

I. Entstehung der Norm

1 § 250 Abs. 1 Nr. 1 KAGB wurde neu gefasst und somit der Sachverständigenausschuss des InvG durch zwei voneinander unabhängige Bewerter ersetzt.

§ 250 Abs. 1 Nr. 2 KAGB entspricht inhaltlich § 70 Abs. 2 Satz 1 InvG.

2 § 250 Abs. 2 KAGB wurde vom Finanzausschuss eingefügt und verschärft die Regelungen des § 77 InvG. Während der § 77 InvG noch die Verlängerung des **Bestellungszeitraums über die Dreijahresfrist** hinaus vorsah, beschränkt die Formulierung des § 250 Abs. 2 KAGB den Bestellungsraum auf maximal 3 Jahre.

II. Ziel der Norm

3 Während nach § 216 KAGB die Bewertung von Vermögensgegenständen durch die Kapitalverwaltungsgesellschaft selbst oder durch die Verwahrstelle durchgeführt werden kann, sofern entsprechende funktionale und hierarchische Trennungen vorliegen, fordert § 250 Abs. 1 Nr. 1 KAGB, dass die Bewertung von Immobilien ausschließlich durch **zwei externe Bewerter** erfolgen darf. Dadurch soll sichergestellt werden, dass die Bewertung durch Personen durchgeführt wird, die über besondere Kenntnisse und Erfahrungen verfügen. Die **Unabhängigkeit der Bewertung** soll gestärkt werden sowie Interessenskonflikte vermieden werden.[1]

4 Zur **Vermeidung von Abhängigkeiten** ist die Bestelldauer der externen Bewerter auf drei Jahre beschränkt. Darüber hinaus dürfen die externen Bewerter nur für die Kapitalverwaltungsgesellschaft tätig bleiben, wenn ihre Einnahmen aus der Tätigkeit 30 Prozent der Gesamteinnahmen nicht übersteigen.

5 Nach Ende des Dreijahreszeitraums darf die Kapitalverwaltungsgesellschaft den Bewerter erst wieder bestellen, wenn zwei Jahre vergangen sind („**Cooling Down-Periode**"). Auch dieser Umstand soll eine unabhängige Bewertung durch die Externen sicherstellen.

6 Durch die Formulierungen in § 250 Abs. 2 KAGB will der Gesetzgeber eine regelmäßige Rotation der Bewerter sicherstellen. Durch das „Gesetz zur Anpassung von Gesetzen auf dem Gebiet des Finanzmarktes"[2] (KAGB-Reparaturgesetz) ist die **Rotation auf die externen Bewerter** beschränkt worden. Die in der ursprünglichen Fassung des KAGB miterfassten Wirtschaftsprüfer der Immobilien-Gesellschaften sind von den Rotationsvorgaben nicht mehr betroffen.

III. Inhalt der Norm

7 Gemäß § 250 Abs. 1 Nr. 1 KAGB hat die Bewertung durch zwei externe, **voneinander unabhängige Bewerter** zu erfolgen. Der Begriff des Bewerters umfasst natürliche und juristische Personen, wobei nicht beide

1 Vgl. BT-Drucks. 17/12294, 269.
2 BGBl. I 2014, S. 934 ff.

Bewerter für dieselbe juristische Person tätig sein dürfen. Es ist möglich zwei juristische Personen zu bestellen oder eine natürliche und eine juristische Person.

Nach § 250 Abs. 2 KAGB ist der Wert einer **Immobilien-Gesellschaft** durch einen Abschlussprüfer zu bestimmen. Der Abschlussprüfer des Sondervermögens ist zur Vermeidung von Interessenskonflikten zwischen Bewertung und Prüfung ausgeschlossen. Aufgrund des Verweises auf § 319 Abs. 1 Satz 1 und 2 HGB, hat die Bewertung durch deutsche Wirtschaftsprüfer, Prüfungsgesellschaften oder vereidigte Buchprüfer bzw. Buchprüfungsgesellschaften zu erfolgen. *Wind/Fritz* gehen davon aus, trotz des Verweises auf § 319 HGB, dass auch ausländische Prüfer infrage kommen.[3] 8

Die Kapitalverwaltungsgesellschaft darf gem. § 250 Abs. 2 KAGB die externen Bewerter maximal für einen Zeitraum von drei Jahren bestellen. *Archner* geht davon aus, dass der Dreijahreszeitraum mit der **erstmaligen Tätigkeit** und somit **unabhängig von der zivilrechtlichen Bestellung** beginnt.[4] 9

Bei Bestellung von juristischen Personen gilt ebenfalls der Dreijahreszeitraum. Ein Austausch der handelnden Personen innerhalb der juristischen Person ist nicht ausreichend. 10

Neben der zeitlichen Begrenzung hat der Gesetzgeber den maximal zulässigen **Einkommensanteil auf 30 Prozent** der Gesamteinnahmen des Bewerters begrenzt. Das Nichtüberschreiten dieser Grenze ist der BaFin auf Verlangen nachzuweisen. Der maßgebliche Zeitraum ist das Geschäftsjahr des Bewerters, das für natürliche Personen dem Kalenderjahr entspricht. Als Gesamteinnahmen des externen Bewerters sind **sämtliche Einnahmen** des Bewerters zu verstehen, da es für die Frage der Unabhängigkeit unerheblich ist, aus welchen Quellen die Einnahmen herrühren. 11

§ 251 Sonderregeln für die Häufigkeit der Bewertung

(1) [1]§ 217 ist mit der Maßgabe anzuwenden, dass der Wert der Vermögensgegenstände im Sinne des § 231 Absatz 1 und des § 234 innerhalb eines Zeitraums von drei Monaten zu ermitteln ist. [2]Sehen die Anlagebedingungen eines Immobilien-Sondervermögens gemäß § 255 Absatz 2 die Rücknahme von Anteilen seltener als alle drei Monate vor, ist der Wert der Vermögensgegenstände im Sinne des § 231 Absatz 1 und des § 234 innerhalb eines Zeitraums von drei Monaten vor jedem Rücknahmetermin zu ermitteln. [3]Abweichend von Satz 1 und 2 ist der Wert stets erneut zu ermitteln und anzusetzen, wenn nach Auffassung der AIF-Kapitalverwaltungsgesellschaft der zuletzt ermittelte Wert auf Grund von Änderungen wesentlicher Bewertungsfaktoren nicht mehr sachgerecht ist; die AIF-Kapitalverwaltungsgesellschaft hat ihre Entscheidung und die Gründe dafür nachvollziehbar zu dokumentieren.

(2) Absatz 1 gilt entsprechend für die Bewertung der im Jahresabschluss oder in der Vermögensaufstellung der Immobilien-Gesellschaft ausgewiesenen Immobilien.

In der Fassung vom 4.7.2013 (BGBl. I 2013, S. 1981).

Schrifttum: *Strücker/Eisenhuth/Lemnitzer/Sundermann*, Bewertung von Beteiligungen an Immobiliengesellschaften (IDW S 12), WPg 2016, 1075.

I. Entstehung der Norm

§ 251 Abs. 1 Satz 1 KAGB greift auf die rollierende Bewertung des § 79 Abs. 1 InvG zurück, ohne diese vollständig zu übernehmen. 1

§ 251 Abs. 1 Satz 2 KAGB entspricht § 79 Abs. 1 Satz 10 InvG und § 251 Abs. 1 Satz 3 KAGB entspricht § 79 Abs. 1 Satz 5 InvG.

3 Vgl. *Wind/Fritz* in Weitnauer/Boxberger/Anders, § 250 KAGB Rz. 8.
4 Vgl. *Archner* in Moritz/Klebeck/Jensch, § 250 KAGB Rz. 7.

II. Ziel der Norm

2 Während § 217 KAGB für die Bewertung allgemein eine Berechnung des Nettoinventarwerts von einmal im Jahr vorgibt, ist für Immobilien bzw. Immobilien-Gesellschaften eine Bewertung innerhalb eines **Zeitraums** von drei Monaten vor einem Rücknahmetag vorgeschrieben. Durch die Wahl des Begriffs „Zeitraums" wird vermieden, dass die Vermögensgegenstände alle zum gleichen Stichtag zu bewerten sind. Vielmehr reicht es, wenn die Vermögensgegenstände zu einem beliebigen Zeitraum innerhalb der vergangenen drei Monate bewertet worden sind („**rollierende Bewertung**").

3 Analog zu der Vorschrift in § 248 Abs. 2 KAGB ist eine Zwischenbewertung durchzuführen, wenn die Kapitalverwaltungsgesellschaft Anhaltspunkte dafür hat, dass wesentliche Bewertungsfaktoren nicht mehr sachgerecht sind.

4 Während sich § 250 Abs. 1 KAGB auf Immobilien i.S.v. § 231 Abs. 1 KAGB bzw. auf die Immobilien-Gesellschaften nach § 234 KAGB bezieht, erweitert § 251 Abs. 2 KAGB die Vorschriften auf die in den **Immobilien-Gesellschaften** gehaltenen Immobilien. Damit wird erreicht, dass direkt gehaltene Immobilien und indirekt gehaltene Immobilien **gleich behandelt** werden.

III. Inhalt der Norm

5 § 251 KAGB verweist auf die allgemeine Norm in § 217 KAGB, wonach die Bewertung von Vermögensgegenständen **mindestens einmal jährlich** zu erfolgen hat bzw. in einem angemessenen zeitlichen Abstand von Ausgabe- und Rücknahmezeitpunkten.

6 Aus § 251 Abs. 1 Satz 1 KAGB ergibt sich eine **quartalsweise Bewertung** für Immobilien und Immobilien-Gesellschaften. Diese gilt für Sondervermögen mit börsentäglicher Ausgabe und Rücknahme.

7 Ist der Kauf bzw. die Rückgabe von Anteilsscheinen aufgrund der Vertragsbedingungen **nicht börsentäglich** möglich, so hat nach § 251 Abs. 1 Satz 2 KAGB die Bewertung innerhalb eines Dreimonatszeitraums vor einem Rückgabetag zu erfolgen. *Strücker/Eisenhuth/Lemnitzer/Sundermann* weisen darauf hin, dass der Dreimonatszeitraum bei ausländischen Immobiliengesellschaften aufgrund der vorher erforderlichen lokalen Abschlüsse und Anpassung an die investmentrechtlichen Erfordernisse ambitioniert ist.[1]

8 Unabhängig von den genannten Fristen müssen nach § 251 Abs. 1 Satz 3 KAGB Bewertungen erneut durchgeführt werden, wenn sich nach Ansicht der Kapitalverwaltungsgesellschaft wesentliche Bewertungsfaktoren maßgeblich verändert haben. Als wesentliche Bewertungsfaktoren sind der **Rohertrag**, der **Liegenschaftszinssatz** bzw. die **Restnutzungsdauer** anzusehen.

9 Im Gesetz fehlt eine Angabe, ab welcher prozentualen Höhe einer – durch die Fondsgesellschaft zu antizipierende – **Verkehrswertänderung** eine **Neubewertung** zu erfolgen hat. Analog zu den Ausführungen zu § 248 Rz. 7 ff. dürfte eine Notwendigkeit der Zwischenbewertung ab einer erwarteten Wertveränderung von rund 15 Prozent gegeben sein.

§ 252 Ertragsverwendung

(1) Die Anlagebedingungen müssen vorsehen, dass Erträge des Sondervermögens, die für künftige Instandsetzungen von Vermögensgegenständen des Sondervermögens erforderlich sind, nicht ausgeschüttet werden dürfen.

(2) Mindestens 50 Prozent der Erträge des Sondervermögens müssen ausgeschüttet werden, sofern sie nicht für künftige erforderliche Instandsetzungen einzubehalten sind; realisierte Gewinne aus Veräußerungsgeschäften sind keine Erträge im Sinne dieses Absatzes.

(3) Die Anlagebedingungen müssen angeben, ob und in welchem Umfang Erträge zum Ausgleich von Wertminderungen der Vermögensgegenstände des Sondervermögens und für künftige erforderliche Instandsetzungen nach Absatz 1 einbehalten werden.

In der Fassung vom 4.7.2013 (BGBl. I 2013, S. 1981).

1 Vgl. *Strücker/Eisenhuth/Lemnitzer/Sundermann*, WPg 2016, 1075 (1079).

I. Allgemeines

1. Regelungsgegenstand und Regelungszweck

a) Regelungsgegenstand

1 Inhalt der Regelung des § 252 KAGB ist die künftige Verwendung von Erträgen des Immobilien-Sondervermögens. Dazu sieht § 252 Abs. 1 KAGB zunächst vor, dass Erträge nicht ausgeschüttet werden dürfen, soweit sie für künftige Instandsetzungsmaßnahmen von Immobilien und Vermögensgegenständen des Immobilien-Sondervermögens erforderlich sind. Dieser Einbehalt ist in den Anlagebedingungen vorzusehen. Weitergehend sieht § 252 Abs. 2 KAGB vor, dass mindestens 50 % der **Erträge** des Immobilien-Sondervermögens an die Anleger ausgeschüttet werden müssen, **soweit sie nicht für künftige erforderliche Instandsetzungsmaßnahmen von der AIF-KVG einzubehalten sind.** Die Vorschrift stellt in einem zweiten Halbsatz klar, dass realisierte Gewinne aus Veräußerungsgeschäften keine Erträge in diesem Sinne sind. Schließlich müssen die Anlagebedingungen nach § 252 Abs. 3 KAGB vorsehen, ob und in welchem Umfang Erträge zum Ausgleich von Wertminderungen und für künftige Instandsetzungsmaßnahmen nach § 252 Abs. 1 KAGB einzubehalten sind.

2 Da laufende und regelmäßige Aufwendungen für Instandsetzungsmaßnahmen sowie die Bewirtschaftungskosten in der Ertrags- und Aufwandsrechnung berücksichtigt werden, enthält § 252 KAGB nur die Regelungen für künftige, meist umfangreichere Instandhaltungs- und Modernisierungsmaßnahmen.[1]

b) Regelungszweck

3 Die Vorschrift trägt dem Umstand Rechnung, dass Immobilien und Vermögensgegenstände im Sinne des § 231 Abs. 1 KAGB einem **Abnutzungs- und Alterungsprozess** unterliegen.[2] Um den Wert der Immobilien und Vermögensgegenstände dauerhaft aufrecht zu erhalten, müssen daher regelmäßige Instandsetzungs- und Modernisierungsmaßnahmen vorgenommen werden.[3] Nur so kann sichergestellt werden, dass die Anleger auch **dauerhaft** von den sich im Immobilien-Sondervermögen befindlichen Anlagegegenständen profitieren und **nicht einseitig belastet** werden.[4] Denn ohne eine entsprechende Regelung würden die jeweiligen fälligen Instandsetzungs- oder Modernisierungsmaßnahmen nur diejenigen Anleger treffen, die gerade an dem Immobilien-Sondervermögen beteiligt sind. Bei umfassenden Instandsetzungsmaßnahmen hätten die gegenwärtigen Anleger ansonsten für die Dauer der Instandsetzungsmaßnahmen keine Rendite zu erwarten. Dadurch würden diejenigen Anleger stärker belastet, die im Moment der Instandsetzung Anteile am Immobilien-Sondervermögen halten, während Anleger, die im Anschluss an die Maßnahmen Anteile erwerben, keine Einbußen durch die Maßnahmen zu erwarten hätten. Letztere würden daher von den Maßnahmen profitieren, ohne damit einhergehende Einbußen hinnehmen zu müssen.

4 Die Vorschrift ermöglicht es der AIF-KVG daher, künftige Instandsetzungs- und Modernisierungsmaßnahmen sorgfältig zu planen und die **Kosten den Anlegern gleichmäßig aufzuerlegen**. Sie dient daher in erster Linie dem Anlegerschutz.[5] Durch die Aufnahme entsprechender Regelungen in die Anlagebedingungen

1 *Doublier* in Emde/Dornseifer/Dreibus/Hölscher, § 78 InvG Rz. 1; *Klusak* in Berger/Steck/Lübbehüsen, § 78 InvG Rz. 1; *Wind/Fritz* in Weitnauer/Boxberger/Anders, § 252 KAGB Rz. 1 f.
2 *Jesch* in Moritz/Klebeck/Jesch, § 252 KAGB Rz. 2; *Reiss* in Baur/Tappen, § 252 KAGB Rz. 1; *Doublier* in Emde/Dornseifer/Dreibus/Hölscher, § 78 InvG Rz. 1; *Klusak* in Berger/Steck/Lübbehüsen, § 78 InvG Rz. 1.
3 *Doublier* in Emde/Dornseifer/Dreibus/Hölscher, § 78 InvG Rz. 1; *Klusak* in Berger/Steck/Lübbehüsen, § 78 InvG Rz. 1; *Reiss* in Baur/Tappen, § 252 KAGB Rz. 1; *Wind/Fritz* in Weitnauer/Boxberger/Anders, § 252 KAGB Rz. 1.
4 *Wind/Fritz* in Weitnauer/Boxberger/Anders, § 252 KAGB Rz. 3.
5 *Reiss* in Baur/Tappen, § 252 KAGB Rz. 7 für den Zweck des § 252 Abs. 2 KAGB; eine Übersicht weiterer Zwecke findet sich bei *Doublier* in Emde/Dornseifer/Dreibus/Hölscher, § 78 InvG Rz. 12 ff.

wird gleichzeitig die **Transparenz** für die Anleger gesichert.[6] So wird sichergestellt, dass der Anleger vor seiner Anlageentscheidung ausreichende Informationen darüber erhält, wie die Erträge des Immobilien-Sondervermögens verwendet werden.[7]

2. Entstehungsgeschichte

5 Die Vorschrift des § 252 KAGB übernimmt mit redaktionellen Anpassungen den Wortlaut des aufgehobenen § 78 InvG a.F.[8]

II. Einbehalt für künftige Instandsetzungsmaßnahmen (§ 252 Abs. 1 KAGB)

1. Künftige Instandsetzungsmaßnahmen

6 Nach § 252 Abs. 1 KAGB hat die AIF-KVG einen Teil der Erträge des Immobilien-Sondervermögens einzubehalten, um die Kosten für künftige Instandsetzungsmaßnahmen von Vermögensgegenständen des Immobilien-Sondervermögens abdecken zu können.

a) Instandsetzungsmaßnahme

7 Der Begriff der Instandsetzungsmaßnahme wird im KAGB nicht näher definiert. Daher stellt sich die Frage, ob zwischen den Begrifflichkeiten der **Instandsetzung und Instandhaltung** zu differenzieren ist, wobei der Gesetzgeber den Begriff der Instandhaltung nicht verwendet.[9] Auch Baustein 15 der vom BVI herausgegebenen Besonderen Anlagebedingungen für Immobilien-Sondervermögen verwendet lediglich den Begriff „Instandsetzungsmaßnahme".[10] Begrifflich liegt eine Instandsetzungsmaßnahme dann vor, wenn Schäden an dem Vermögensgegenstand durch Reparaturen behoben werden sollen, während eine Instandhaltungsmaßnahme dazu dient, den bestimmungsgemäßen Gebrauch des Vermögensgegenstandes durch die Pflege und Wartung sicherzustellen.[11] Nach überwiegender Ansicht in der Literatur werden die beiden Begrifflichkeiten allerdings synonym verwendet, da sich der Anwendungsbereich meist deckt.[12]

b) Höhe des Einbehalts

8 In welcher Höhe die AIF-KVG Erträge des Immobilien-Sondervermögens für künftige Instandsetzungsmaßnahmen einbehalten muss, steht grundsätzlich in ihrem Ermessen.[13] Das Gesetz enthält hierzu keinerlei Vorgaben, auch keine Mindestvorgaben.[14] Daher hat die AIF-KVG im Rahmen ihres Ermessenspielraumes eine **regelmäßige Planung** künftiger Instandsetzungsmaßnahmen vorzunehmen.[15] Dabei ist es nach überwiegender Ansicht ausreichend, wenn die AIF-KVG Instandsetzungsmaßnahmen für einen **begrenzten und absehbaren Zeitraum** vorsieht.[16] Eine Planung aller künftigen Instandsetzungsmaßnahmen für die gesamte voraussichtliche Haltedauer des Vermögensgegenstandes, ist dagegen wohl nicht erforderlich und auch nicht realisitisch möglich.[17]

---

6 *Klusak* in Berger/Steck/Lübbehüsen, § 78 InvG Rz. 1.
7 *Wind/Fritz* in Weitnauer/Boxberger/Anders, § 252 KAGB Rz. 13.
8 Begr. RegE, BT-Drucks. 17/12297, S. 269.
9 *Doublier* in Emde/Dornseifer/Dreibus/Hölscher, § 78 InvG Rz. 6; *Klusak* in Berger/Steck/Lübbehüsen, § 78 InvG Rz. 2; *Reiss* in Baur/Tappen, § 252 KAGB Rz. 4.
10 *Reiss* in Baur/Tappen, § 252 KAGB Rz. 4.
11 Ausführlich zu den beiden Begriffen *Zöll* in Beckmann/Scholtz/Vollmer, § 78 InvG Rz. 2; auch *Doublier* in Emde/Dornseifer/Dreibus/Hölscher, § 78 InvG Rz. 6; auch *Wind/Fritz* in Weitnauer/Boxberger/Anders, § 252 KAGB Rz. 4; *Klusak* in Berger/Steck/Lübbehüsen, § 78 InvG Rz. 2; *Jesch* in Moritz/Klebeck/Jesch, § 252 KAGB Rz. 5.
12 *Doublier* in Emde/Dornseifer/Dreibus/Hölscher, § 78 InvG Rz. 6; *Klusak* in Berger/Steck/Lübbehüsen, § 78 InvG Rz. 2; *Reiss* in Baur/Tappen, § 252 KAGB Rz. 4; *Jesch* in Moritz/Klebeck/Jesch, § 252 KAGB Rz. 5; a.A. *Zöll* in Beckmann/Scholtz/Vollmer, § 78 InvG Rz. 2, der eine Trennung nach DIN 31 051 ohne weiteres für möglich erachtet.
13 *Doublier* in Emde/Dornseifer/Dreibus/Hölscher, § 78 InvG Rz. 7.
14 *Zöll* in Beckmann/Scholtz/Vollmer, § 78 InvG Rz. 6; *Reiss* in Baur/Tappen, § 252 KAGB Rz. 6.
15 *Doublier* in Emde/Dornseifer/Dreibus/Hölscher, § 78 InvG Rz. 7; *Klusak* in Berger/Steck/Lübbehüsen, § 78 InvG Rz. 2; *Reiss* in Baur/Tappen, § 252 KAGB Rz. 5.
16 *Doublier* in Emde/Dornseifer/Dreibus/Hölscher, § 78 InvG Rz. 7; *Klusak* in Berger/Steck/Lübbehüsen, § 78 InvG Rz. 2; *Reiss* in Baur/Tappen, § 252 KAGB Rz. 5.
17 *Doublier* in Emde/Dornseifer/Dreibus/Hölscher, § 78 InvG Rz. 7; *Klusak* in Berger/Steck/Lübbehüsen, § 78 InvG Rz. 2; *Reiss* in Baur/Tappen, § 252 KAGB Rz. 5.

Die zurückbehaltenen Erträge sind buchhalterisch in einem **gesonderten Posten mit der entsprechenden Zweckbestimmung** zu verbuchen.[18] Dabei können die Instandhaltungskosten sowohl für jedes Objekt gesondert oder aber auch in einem Pauschalbetrag, der auf Werten aus der Vergangenheit beruht, berücksichtigt werden.[19] Als weiterer Ansatzpunkt für die Höhe der künftigen Instandhaltungskosten können auch Sachverständigengutachten dienen, bei denen die Instandhaltungskosten für die restliche Nutzungsdauer einkalkuliert wurden.[20] 9

III. Mindestausschüttungen (§ 252 Abs. 2 KAGB)

Die Vorschrift des § 252 Abs. 2 KAGB sieht daneben vor, dass die AIF-KVG **mindestens 50 % der Erträge des Immobilien-Sondervermögens an den Anleger ausschütten** muss, sofern diese nicht für künftige erforderliche Instandsetzungsmaßnahmen einzubehalten sind. Die Vorschrift stellt weiter klar, dass etwaige realisierte Veräußerungsgewinne keine Erträge im Sinne des § 252 Abs. 2 KAGB darstellen, sodass letztlich nur ordentliche Erträge unter die Ausschüttungspflicht des § 252 Abs. 2 KAGB fallen.[21] Veräußerungserträge sollen nach Ansicht des Gesetzgebers vielmehr für den Ausgleich möglicher Rücknahmeverlangen zur Verfügung stehen.[22] 10

Die Vorschrift korreliert mit den **Mindesthaltefristen in § 255 Abs. 3 KAGB**, wonach Anteile an einem Immobilien-Sondervermögen erst nach einer Haltefrist von mindestens 24 Monaten zurückgegeben werden dürfen. Dadurch soll sichergestellt werden, dass die Anleger während dieser Zeit zumindest mit **regelmäßigen Erträgen aus dem Immobilien-Sondervermögen rechnen** können, wenn sie ihre Anteile schon nicht zurückgeben dürfen, zumal auf die Erträge auch die Kapitalanlagesteuer regelmäßig anfällt.[23] 11

IV. Regelungen in den Anlagebedingungen (§ 252 Abs. 1 und 3 KAGB)

1. Regelung zu Instandsetzungsmaßnahmen (§ 252 Abs. 1 KAGB)

Die AIF-KVG hat den Anlegern in den **Anlagebedingungen** gem. § 252 Abs. 1 KAGB zunächst offen zu legen, dass sie Erträge für künftige Instandsetzungen der Vermögensgegenstände des Immobilien-Sondervermögens einbehalten wird und diese nicht vollständig an die Anleger ausgeschüttet werden. Eine **allgemeine Aussage, dass Erträge für künftige Instandsetzungsmaßnahmen** zurückbehalten werden müssen, ist dabei grundsätzlich ausreichend.[24] Eine solche Regelung ist auch in Baustein 14 Nr. 2 der vom BVI herausgegebenen Besonderen Anlagebedingungen für Immobilien-Sondervermögen vorgesehen. Die AIF-KVG kann darüber hinaus aber auch konkrete Angaben in Form von Prozentsätzen oder eines fixen Betrages in den Anlagebedingungen vorsehen, wobei die sie von einer solchen genauen Angabe absehen wird, um sich eine größere Flexibilität zu bewahren.[25] 12

2. Regelung zu Wertminderungen (§ 252 Abs. 3 KAGB)

Während Erträge für künftige Instandsetzungsmaßnahmen von der AIF-KVG zwingend einzubehalten sind, **kann** die AIF-KVG in den Anlagebedingungen auch vorsehen, dass Erträge für **künftige Wertminderungen** einbehalten werden.[26] Macht die AIF-KVG von dieser Möglichkeit Gebrauch, muss sie dies je- 13

18 *Zöll* in Beckmann/Scholtz/Vollmer, § 78 InvG Rz. 1; *Doublier* in Emde/Dornseifer/Dreibus/Hölscher, § 78 InvG Rz. 9.
19 *Klusak* in Berger/Steck/Lübbehüsen, § 78 InvG Rz. 2; *Doublier* in Emde/Dornseifer/Dreibus/Hölscher, § 78 InvG Rz. 10; *Reiss* in Baur/Tappen, § 252 KAGB Rz. 6.
20 *Doublier* in Emde/Dornseifer/Dreibus/Hölscher, § 78 InvG Rz. 8.
21 Ob Gewinne aus Veräußerungen ausgeschüttet werden, muss in den Anlagebedingungen im Rahmen der Ertragsverwendung gem. § 162 Abs. 2 Nr. 6 KAGB angegeben werden, vgl. auch *Reiss* in Baur/Tappen, § 252 KAGB Rz. 9.
22 BT-Drucks. 17/4739, S. 22.
23 *Doublier* in Emde/Dornseifer/Dreibus/Hölscher, § 78 InvG Rz. 18; *Reiss* in Baur/Tappen, § 252 KAGB Rz. 8.
24 *Klusak* in Berger/Steck/Lübbehüsen, § 78 InvG Rz. 4; *Wind/Fritz* in Weitnauer/Boxberger/Anders, § 252 KAGB Rz. 13; *Zöll* in Beckmann/Scholtz/Vollmer, § 78 InvG Rz. 1.
25 *Klusak* in Berger/Steck/Lübbehüsen, § 78 InvG Rz. 4; *Wind/Fritz* in Weitnauer/Boxberger/Anders, § 252 KAGB Rz. 13.
26 Dies ergibt sich aus dem Wortlaut des § 252 Abs. 3 KAGB („ob"); auch *Klusak* in Berger/Steck/Lübbehüsen, § 78 InvG Rz. 3; *Reiss* in Baur/Tappen, § 252 KAGB Rz. 10; *Zöll* in Beckmann/Scholtz/Vollmer, § 78 InvG Rz. 5.

doch ebenfalls zwingend in den **Anlagebedingungen** vorsehen.[27] Vor diesem Hintergrund muss die AIF-KVG auch dafür Sorge tragen, dass mindestens 50 % der Erträge des Immobilien-Sondervermögens an die Anleger ausgeschüttet werden. Eine Ausnahme hiervon sieht § 252 Abs. 2 Satz 1 KAGB nur für Einbehalte für Instandsetzungsmaßnahmen, nicht jedoch für Einbehalte für künftige Wertminderungen, vor.[28] Ein weiterer Einbehalt für Wertminderungen kann daher nicht mehr erfolgen, soweit bereits 50 % der Erträge für künftige Instandsetzungsmaßnahmen einbehalten werden.[29]

§ 253 Liquiditätsvorschriften

(1) [1]Die AIF-Kapitalverwaltungsgesellschaft darf für Rechnung eines Immobilien-Sondervermögens einen Betrag, der insgesamt 49 Prozent des Wertes des Sondervermögens entspricht, nur halten in

1. Bankguthaben;

2. Geldmarktinstrumenten;

3. Investmentanteilen nach Maßgabe des § 196 oder Anteilen an Spezial-Sondervermögen nach Maßgabe des § 196 Absatz 1 Satz 2, die nach den Anlagebedingungen ausschließlich in Vermögensgegenstände nach den Nummern 1, 2 und 4 Buchstabe a anlegen dürfen; die §§ 207 und 210 Absatz 3 sind auf Spezial-Sondervermögen nicht anzuwenden;

4. Wertpapieren, die

a) zur Sicherung der in Artikel 18.1 des Protokolls über die Satzung des Europäischen Systems der Zentralbanken und der Europäischen Zentralbank vom 7. Februar 1992 (BGBl. 1992 II S. 1299) genannten Kreditgeschäfte von der Europäischen Zentralbank oder der Deutschen Bundesbank zugelassen sind oder deren Zulassung nach den Emissionsbedingungen beantragt wird, sofern die Zulassung innerhalb eines Jahres nach ihrer Ausgabe erfolgt,

b) entweder an einem organisierten Markt im Sinne von § 2 Absatz 11 des Wertpapierhandelsgesetzes zum Handel zugelassen sind oder die festverzinsliche Wertpapiere sind, soweit ihr Wert einen Betrag von 5 Prozent des Wertes des Sondervermögens nicht übersteigt;

5. Aktien von REIT-Aktiengesellschaften oder vergleichbare Anteile ausländischer juristischer Personen, die an einem der in § 193 Absatz 1 Nummer 1 und 2 bezeichneten Märkte zugelassen oder in einen dieser Märkte einbezogen sind, soweit der Wert dieser Aktien oder Anteile einen Betrag von 5 Prozent des Wertes des Sondervermögens nicht überschreitet und die in Artikel 2 Absatz 1 der Richtlinie 2007/16/EG genannten Kriterien erfüllt sind, und

6. Derivaten zu Absicherungszwecken.

[2]Die AIF-Kapitalverwaltungsgesellschaft hat sicherzustellen, dass hiervon ein nach den überprüfbaren und dokumentierten Berechnungen des Liquiditätsmanagements ausreichender Betrag, der mindestens 5 Prozent des Wertes des Sondervermögens entspricht, für die Rücknahme von Anteilen verfügbar ist.

(2) Bei der Berechnung der Anlagegrenze nach Absatz 1 Satz 1 sind folgende gebundene Mittel des Immobilien-Sondervermögens abzuziehen:

1. die Mittel, die zur Sicherstellung einer ordnungsgemäßen laufenden Bewirtschaftung benötigt werden;

2. die Mittel, die für die nächste Ausschüttung vorgesehen sind;

3. die Mittel, die erforderlich werden zur Erfüllung von Verbindlichkeiten

a) aus rechtswirksam geschlossenen Grundstückskaufverträgen,

b) aus Darlehensverträgen,

c) für die bevorstehenden Anlagen in bestimmten Immobilien,

---

27 Vgl. dazu auch Baustein 14 Nr. 2 Satz 2 der vom BVI herausgegebenen Besonderen Anlagebedingungen; s. auch *Klusak* in Berger/Steck/Lübbehüsen, § 78 InvG Rz. 4; *Zöll* in Beckmann/Scholtz/Vollmer, § 78 InvG Rz. 5.

28 *Wind/Fritz* in Weitnauer/Boxberger/Anders, § 252 KAGB Rz. 7.

29 *Wind/Fritz* in Weitnauer/Boxberger/Anders, § 252 KAGB Rz. 7.

d) für bestimmte Baumaßnahmen sowie

e) aus Bauverträgen,

sofern die Verbindlichkeiten in den folgenden zwei Jahren fällig werden.

(3) Die AIF-Kapitalverwaltungsgesellschaft darf für Rechnung eines Immobilien-Sondervermögens Wertpapier-Darlehen nur auf unbestimmte Zeit gewähren.

In der Fassung vom 4.7.2013 (BGBl. I 2013, S. 1981), zuletzt geändert durch das Zweite Finanzmarktnovellierungsgesetz (2. FiMaNoG) vom 23.6.2017 (BGBl. I 2017, S. 1693).

Schrifttum: *Göhrke/Ruhl*, Neuregelung der offenen Immobilienfonds nach dem Regierungsentwurf des Kapitalanlagegesetzbuches: Bestandsaufnahme und erste Bewertung, BKR 2013, 142; *Niewerth/Rybarz*, Änderung der Rahmenbedingungen für Immobilienfonds – das AIFM-Umsetzungsgesetz und seine Folgen, WM 2013, 1154.

I. Allgemeines

1. Regelungsgegenstand und Regelungszweck

a) Regelungsgegenstand

Die Vorschrift des § 253 Abs. 1 Satz 1 KAGB enthält die Vorgabe, dass die AIF-KVG für Rechnung des Immobilien-Sondervermögens einen Betrag, der 49 % des Wertes des Immobilien-Sondervermögens entspricht, in die dort abschließend aufgezählten Anlageobjekte investieren darf. Diese Anlagegrenze dient der Sicherstellung einer sog. **Höchstliquidität**, die der AIF-KVG für Rechnung des Immobilien-Sondervermögens zur Verfügung stehen soll. Der Katalog der Anlageobjekte ist mit Bankguthaben (Nr. 1), Geldmarktinstrumenten (Nr. 2), Investmentanteilen (Nr. 3), Wertpapieren (Nr. 4), Aktien an REIT-AGen (Nr. 5) und Derivaten zu Absicherungszwecken (Nr. 6) abschließend. Andere Anlageobjekte dürfen für Rechnung des Immobilien-Sondervermögens zur Liquiditätswahrung nicht erworben werden.[1] 1

Daneben hat die AIF-KVG einen Betrag von mindestens 5 % des Wertes des Immobilien-Sondervermögens jederzeit verfügbar zu halten, um eine Rücknahme der Anteile und die Auszahlung des entsprechenden Betrages gegen Rücknahme der Anteilsscheine an die Anleger sicherzustellen (sog. **Mindestliquidität**). Weitergehend enthält § 253 Abs. 2 KAGB eine Aufzählung der sog. **gebundenen Mittel**, die bei der Berechnung der Höchstliquiditätsgrenze des Abs. 1 außer Betracht bleiben. Dazu gehören Mittel, die zur Sicherstellung einer ordnungsgemäßen laufenden Bewirtschaftung benötigt werden (Nr. 1), Mittel, die für die nächste Ausschüttung vorgesehen sind (Nr. 2), Mittel, die zur Erfüllung von Verbindlichkeiten, wie Darlehensverträgen, Bauverträgen etc., erforderlich werden sofern sie in den folgenden zwei Jahren fällig werden (Nr. 3). 2

1 *Doublier* in Emde/Dornseifer/Dreibus/Hölscher, § 80 InvG Rz. 5.

3 Schließlich regelt § 253 Abs. 3 KAGB, dass die AIF-KVG Wertpapierdarlehen gewähren darf, wenn diese auf unbestimmte Zeit laufen.

b) Regelungszweck

aa) Liquiditätsbeschaffung

4 Grundsätzlich zeichnet sich ein Immobilien-Sondervermögen dadurch aus, dass es Immobilien und andere Vermögensgegenstände im Sinne des § 231 Abs. 1 KAGB hält (inkl. Beteiligungen an Immobilien-Gesellschaften), die als **langfristige Anlage keine laufende Liquidität des Immobilien-Sondervermögens** sicherstellen. Zwar erfolgt die Liquiditätsbeschaffung zunächst durch die Ausgabe neuer Anteile und durch Erträge, die dem Immobilien-Sondervermögen durch Miet- und Pachteinnahmen und u.U. durch Veräußerungsgewinne zufließen.[2] Gleichzeitig verringert sich die Liquidität durch die Rückgabe von Anteilen und durch Kosten, die zur laufenden Bewirtschaftung und Inbetriebnahme, Instandhaltung und Modernisierung und für die Ausschüttung von Erträgen an die Anleger abfließen.[3]

5 Um aber laufende Kosten des Immobilien-Sondervermögens sowie Ansprüche der Anleger auf Auszahlung des entsprechenden Anlagebetrages im Falle einer Rückgabe der Anteile decken zu können, muss die AIF-KVG die Möglichkeit haben, **jederzeit liquide Mittel zu generieren.**[4] Da eine Immobilie oder ein Vermögensgegenstand nach § 231 Abs. 1 KAGB aufgrund von Schwankungen im Markt nicht immer kurzfristig zum jeweiligen Verkehrswert veräußert werden kann, sieht die Vorschrift des § 253 KAGB weitere Anlageobjekte vor, in die die AIF-KVG bis zu der in Abs. 1 genannten Anlagegrenze (49 %) investieren darf.[5] Hinzu kommt der Umstand, dass eine Immobilientransaktion in der Regel nicht immer kurzfristig erfolgen kann, sondern zunächst einer Suche nach einem entsprechenden Käufer und regelmäßig auch einer umfassenden vorvertraglichen Due Diligence Prüfung unterliegt. Die in § 253 Abs. 1 Satz 1 KAGB genannten Anlageobjekte sind in der Regel **einfach und kurzfristig zu ihrem jeweiligen Verkehrswert zu veräußern,** sodass der AIF-KVG auf diese Weise schnelle liquide Mittel zur Verfügung stehen, um ihren Zahlungsverpflichtungen auch gegenüber den Anlegern nachzukommen.[6]

Daneben kann die AIF-KVG auch kurzfristige Kredite bis zu einer Höhe von maximal 10 % des Wertes des Immobilien-Sondervermögens zur schnellen Liquiditätsbeschaffung aufnehmen.[7]

bb) Rücknahmeverpflichtung gegenüber den Anlegern

6 Aufgrund der Rücknahmeregelung in § 255 Abs. 3 KAGB und dem Charakter des Immobilien-Sondervermögens als offenes Investmentvermögen ist die AIF-KVG zur **Rücknahme der Anteilsscheine der Anleger** verpflichtet.[8] Zwar ist das Rücknahmerecht der Anleger auf bestimmte Rücknahmetermine beschränkt. Diese sind allerdings nach Ablauf der Mindesthaltefrist von 24 Monaten in einem Intervall von maximal zwölf Monaten gesetzlich vorgeschrieben.[9] Die AIF-KVG muss daher zumindest zu diesen regelmäßigen Rücknahmeterminen sicherstellen, dass sie über die erforderlichen liquiden Mittel verfügt, um dem gesetzlich vorgeschriebenen Rückgaberecht der Anleger uneingeschränkt nachkommen zu können. Diese Anforderung unterstreicht der Gesetzgeber nochmals durch die jederzeitige Mindestliquiditätsvorgabe in Höhe von 5 % des Wertes des Immobilien-Sondervermögens in § 253 Abs. 1 Satz 2 KAGB.[10]

cc) Charakter des Immobilien-Sondervermögens

7 Um den Charakter eines Immobilien-Sondervermögens zu wahren, sieht § 253 Abs. 1 KAGB die **Höchstliquiditätsgrenze in Höhe von maximal 49 % des Wertes des Immobilen-Sondervermögens** für andere Anlageobjekte als Immobilien, Vermögensgegenstände nach § 231 KAGB und Beteiligungen nach § 234

---

2 *Doublier* in Emde/Dornseifer/Dreibus/Hölscher, § 80 InvG Rz. 3.
3 *Doublier* in Emde/Dornseifer/Dreibus/Hölscher, § 80 InvG Rz. 3; *Klusak* in Berger/Steck/Lübbehüsen, § 80 InvG Rz. 1.
4 *Zöll* in Beckmann/Scholtz/Vollmer, § 80 InvG Rz. 1; *Klusak* in Berger/Steck/Lübbehüsen, § 80 InvG Rz. 1; *Doublier* in Emde/Dornseifer/Dreibus/Hölscher, § 80 InvG Rz. 4; *Reiss* in Baur/Tappen, § 253 KAGB Rz. 3; *Jesch* in Moritz/Klebeck/Jesch, § 253 KAGB Rz. 3.
5 *Klusak* in Berger/Steck/Lübbehüsen, § 80 InvG Rz. 1; *Doublier* in Emde/Dornseifer/Dreibus/Hölscher, § 80 InvG Rz. 4; *Reiss* in Baur/Tappen, § 253 KAGB Rz. 3.
6 *Doublier* in Emde/Dornseifer/Dreibus/Hölscher, § 80 InvG Rz. 4.
7 Vgl. § 254 Abs. 1 Satz 2 i.V.m. § 199 KAGB und die Kommentierung dort.
8 *Klusak* in Berger/Steck/Lübbehüsen, § 80 InvG Rz. 1.
9 Vgl. § 255 Abs. 3 und 4 KAGB.
10 Begr. RegE, BT-Drucks. 17/12297, S. 269.

KAGB vor.[11] So wird sichergestellt, dass mindestens 51 % und somit mehr als die Hälfte des Wertes des Immobilien-Sondervermögens in für Immobilien-Sondervermögen typische Anlageobjekte investiert werden müssen.[12]

Trotz der Schwierigkeiten und der vorhandenen Kritik hielt der Gesetzgeber an dem **Konzept eines offenen Immobilienfonds** fest und nahm diese Investitionsmöglichkeit auch im Rahmen des neuen KAGB auf.[13] Mithilfe der Liquiditätsvorschrift des § 253 KAGB versucht der Gesetzgeber, einerseits dem Charakter des Immobilien-Sondervermögens als offenes Investmentvermögen mit einem umfassenden Rückgaberecht der Anleger gerecht zu werden, und andererseits den Besonderheiten von langfristigen Immobilienanlagen Rechnung zu tragen.[14] 8

2. Entstehungsgeschichte

Die Vorschrift des § 253 Abs. 1 Nr. 1 bis 5 KAGB übernimmt mit redaktionellen Anpassungen den Wortlaut des aufgehobenen § 80 Abs. 1 Satz 1 InvG a.F.[15] Die Regelung zu Derivaten in § 253 Abs. 1 Nr. 6 KAGB wurde aufgrund der langjährigen Verwaltungspraxis nun auch klarstellend eingefügt, nach der die AIF-KVG Derivate zu Absicherungszwecken bereits erwerben durfte.[16] Die Regelung des § 80 Abs. 1 Satz 2 InvG a.F. wurde in § 253 Abs. 1 Satz 2 KAGB übernommen und der Neuregelung der Rücknahmevorschriften angepasst.[17] Danach muss die AIF-KVG einen Betrag in Höhe von mindestens 5 % des Wertes des Immobilien-Sondervermögens verfügbar halten, um den Anlegern eine Rückgabe ihrer Anteile zu ermöglichen.[18] Die Gesetzesbegründung zu § 80 Abs. 1 InvG a.F. betont, dass dieser Betrag täglich zur Verfügung stehen muss und zwar unabhängig von dem jeweils erworbenen Vermögensgegenstand, da die AIF-KVG jederzeit mit einem Rückgabeverlangen der Anleger rechnen muss.[19] Darin zeigt sich einmal mehr die Schwierigkeit, eines offenen Immobilienfonds (s. dazu Rz. 4 ff.). Die Regelungen in § 253 Abs. 2 und 3 KAGB übernehmen schließlich mit redaktionellen Anpassungen die aufgehobenen Vorschriften des § 80 Abs. 2 und 3 InvG a.F.[20] 9

II. Zulässige Anlageobjekte zur Liquiditätsbeschaffung (§ 253 Abs. 1 Satz 1 KAGB)

Zur Liquiditätsbeschaffung kann die AIF-KVG 49 % des Wertes eines Immobilien-Sondervermögens in die folgenden, abschließend aufgezählten Anlageobjekte investieren. 10

1. Bankguthaben (§ 253 Abs. 1 Satz 1 Nr. 1 KAGB)

Zunächst kann die AIF-KVG liquide Mittel in **Bankguthaben als Termin- oder Sichteinlagen** hinterlegen.[21] Dabei hat sie allerdings weitere Vorgaben, wie die allgemeine Vorschrift des § 195 KAGB für Investmentvermögen nach der OGAW-Richtlinie zu beachten.[22] Insofern wird auch auf die entsprechende Kommentierung in § 195 KAGB verwiesen. Nach § 195 Satz 1 KAGB müssen die Bankguthaben auf sog. **Sperrkonten** hinterlegt werden, die eine maximale Laufzeit von zwölf Monaten haben. Diese Sperrkonten können weitergehend nach § 195 Satz 2 KAGB bei Kreditinstituten im Inland oder im europäischen Ausland, in einem anderen Staat des EWR-Abkommens oder in einem Drittstaat, dessen Aufsichtsbestimmungen nach Ansicht der BaFin dem Recht der Europäischen Union gleichwertig sind, gehalten werden. Als anerkannte Drittstaaten kommen beispielsweise die USA, die Schweiz, Kanada, Australien und Neuseeland in Betracht.[23] 11

---

11 *Klusak* in Berger/Steck/Lübbehüsen, § 80 InvG Rz. 1; *Reiss* in Baur/Tappen, § 253 KAGB Rz. 3.
12 *Reiss* in Baur/Tappen, § 253 KAGB Rz. 3; *Zöll* in Beckmann/Scholtz/Vollmer, § 80 InvG Rz. 1.
13 Diskussionsentwurf des BMF für eine AIFM-UmsG vom 20.7.2012, S. 325.
14 *Klusak* in Berger/Steck/Lübbehüsen, § 80 InvG Rz. 1. Allgemein dazu auch *Zöll* in Beckmann/Scholtz/Vollmer, § 230 KAGB Rz. 1.
15 Begr. RegE, BT-Drucks. 17/12297, S. 269.
16 Begr. RegE, BT-Drucks. 17/12297, S. 269.
17 Begr. RegE, BT-Drucks. 17/12297, S. 269.
18 Begr. RegE, BT-Drucks. 17/12297, S. 269.
19 Begr. RegE, BT-Drucks. 15/1553, S. 101.
20 Begr. RegE, BT-Drucks. 17/12297, S. 269.
21 *Doublier* in Emde/Dornseifer/Dreibus/Hölscher, § 80 InvG Rz. 11; *Reiss* in Baur/Tappen, § 253 KAGB Rz. 4.
22 *Doublier* in Emde/Dornseifer/Dreibus/Hölscher, § 80 InvG Rz. 11; *Reiss* in Baur/Tappen, § 253 KAGB Rz. 5; *Klusak* in Berger/Steck/Lübbehüsen, § 80 InvG Rz. 3 verneinte unter Geltung des InvG a.F. noch eine entsprechende Anwendung der §§ 46 bis 59 InvG (wobei § 49 InvG a.F. dem jetzigen § 195 KAGB entspricht).
23 Begr. RegE, BT-Drucks. 15/1553, S. 94. Vgl. auch die Aufzählung bei *Doublier* in Emde/Dornseifer/Dreibus/Hölscher, § 80 InvG Rz. 12; *Zöll* in Beckmann/Scholtz/Vollmer, § 80 InvG Rz. 4; *Reiss* in Baur/Tappen, § 253 KAGB Rz. 4.

12 Daneben hat die AIF-KVG auch dafür Sorge zu tragen, dass maximal ein Betrag in Höhe von 20 % des Wertes des Immobilien-Sondervermögens als Bankguthaben bei demselben Kreditinstitut angelegt werden dürfen. Die für OGAW-Sondervermögen geltende **Emittentengrenze** des § 206 Abs. 4 KAGB gilt für Immobilien-Sondervermögen aufgrund des Verweises in § 230 KAGB entsprechend.[24] Die Vorschrift dient dazu, das **Kontrahentenrisiko** zu senken (s. auch § 206 Rz. 20). Dieses besteht grundsätzlich unabhängig von der Art des Sondervermögens, sodass die Emittentengrenze aus Anlegerschutzgesichtspunkten auch bei Immobilien-Sondervermögen anzuwenden ist. Konsequenterweise findet vor diesem Hintergrund auch die Vorschrift des § 206 Abs. 5 KAGB entsprechende Anwendung auf Immobilien-Sondervermögen. Danach hat die AIF-KVG weitergehend zu beachten, dass die 20 %-Grenze nicht nur für Bankguthaben gilt, sondern auch Wertpapiere oder Geldmarktinstrumente bei demselben Kreditinstitut mit in diese Grenze einfließen.[25]

2. Geldmarktinstrumente (§ 253 Abs. 1 Satz 1 Nr. 2 KAGB)

13 Die zulässigen Geldmarktinstrumente finden sich in § 194 KAGB, auf dessen sinngemäße Anwendung ebenfalls in § 230 KAGB verwiesen wird. Da Geldmarktinstrumente grundsätzlich einfach und schnell am Geldmarkt gehandelt werden können, kann die AIF-KVG mit diesen Instrumenten eine kurzfristige Liquidität sicherstellen. Es wird auch auf die entsprechende Kommentierung in § 194 KAGB verwiesen.

14 Geldmarktinstrumente dürfen nach § 194 Abs. 2 und 3 KAGB nur erworben werden, wenn sie die Voraussetzungen des Art. 4 Abs. 1 und 2 und zusätzlich die Kriterien des Art. 5 Abs. 1 der Richtlinie 2007/16/EG erfüllen. Dies bedeutet, dass die Geldmarktinstrumente sich innerhalb hinreichend kurzer Zeit mit begrenzten Kosten veräußern lassen und eine Bewertung des Sondervermögens mittels Nettoinventarwerts ermöglichen und auf Marktdaten oder Bewertungsmodellen beruhen, die auf fortgeführten Anschaffungskosten aufbauen.[26] Weitergehend fordert der EU-Gesetzgeber, dass die zulässigen Geldmarktinstrumente eines der folgenden Kriterien erfüllen müssen: (1) eine Laufzeit von bis zu 397 Tagen bei der Emission oder (2) eine Restlaufzeit von maximal 397 Tagen, (3) die Rendite reglmäßig, aber mindestens alle 397 Tage an den Geldmarkt angepasst wird, oder (4) ihr Risikoprofil einschließlich Kredit- und Zinsrisiko entspricht einem Geldmarktinstrument, welches eine eines der gerade genannten Kriterien aufweist.[27] Des Weiteren müssen angemessene Informationen darüber vorliegen, wie die Geldmarktinstrumente zu bewerten sind und welche Kreditrisiken mit ihnen einhergehen können.[28] Schließlich müssen die Geldmarktinstrumente transferierbar sein.[29] Daneben muss die AIF-KVG über den Verweis in § 230 KAGB auch die Emittentengrenze nach § 206 KAGB, die erweiterte Anlagegrenze nach § 208 KAGB sowie die emittentenbezogene Anlagegrenze des § 210 KAGB einhalten. Insofern wird auf die entsprechenden Kommentierungen zu den jeweiligen Vorschriften verwiesen.

3. Investmentanteile (§ 253 Abs. 1 Satz 1 Nr. 3 KAGB)

15 Weitergehend darf die AIF-KVG unter den besonderen Voraussetzungen des § 253 Abs. 1 Satz 1 Nr. 3 KAGB auch **Investmentanteile an anderen Sondervermögen** erwerben. Es wird auch auf die entsprechende Kommentierung in § 196 KAGB verwiesen.

a) OGAW-Sondervermögen und Publikums-AIF

16 Danach ist zunächst der Erwerb von Investmentanteilen nach Maßgabe des § 196 KAGB zulässig. Von § 196 Abs. 1 KAGB erfasst sind neben **Anteilen an inländischen OGAW** auch **Anteile an anderen inländischen Sondervermögen und InvAGen mvK.** Außerdem darf eine AIF-KVG auch **Anteile an offenen EU-AIF** und **ausländischen EU-AIF** erwerben, soweit (i) diese nach Rechtsvorschriften zugelassen sind, die eine ausreichende Gewähr für eine befriedigende Zusammenarbeit zwischen den Behörden gewährleisten, (ii) das Schutzniveau der Anleger mit einem inländischen OGAW vergleichbar ist, (iii) die Geschäftstätigkeit in Jahres- und Halbjahresberichten ein nachvollziehbares Bild über die Vermögenslage des Investmentvermögens ermöglicht, und (iii) die Rückgabe der Anteile gewährleistet ist.

17 Daneben dürfen auch **Investmentanteile im Sinne des § 196 Abs. 1 KAGB** erworben werden, die direkt oder indirekt von derselben AIF-KVG gehalten werden. Allerdings ist in diesem Fall zu berücksichtigen,

24 *Doublier* in Emde/Dornseifer/Dreibus/Hölscher, § 80 InvG Rz. 13; *Reiss* in Baur/Tappen, § 253 KAGB Rz. 6; *Kautenburger-Behr* in Weitnauer/Boxberger/Anders, § 253 KAGB Rz. 10.
25 *Reiss* in Baur/Tappen, § 253 KAGB Rz. 6.
26 Art. 4 Abs. 1 und 2 der Richtlinie 2017/16/EG.
27 Art. 5 Abs. 1 lit. a i.V.m. Art. 3 Abs. 2 und Art. 4 Abs. 1 und 2 der Richtlinie 2017/16/EG.
28 Art. 5 Abs. 1 lit. b der Richtlinie 2017/16/EG.
29 Art. 5 Abs. 1 lit. c der Richtlinie 2017/16/EG.

dass aus Gründen einer möglichen Interessenkollision keine Ausgabeaufschläge und Rückgabeabschläge von der AIF-KVG erhoben werden dürfen.[30]

b) Spezial-AIF

Nach § 253 Abs. 1 Satz 1 Nr. 3 KAGB dürfen auch **Anteile an Spezial-Sondervermögen** nach Maßgabe des § 196 Abs. 1 Satz 2 KAGB erworben werden, wenn die Anlagebedingungen vorsehen, dass der jeweilige Spezial-AIF ausschließlich in Bankguthaben (§ 253 Abs. 1 Satz 1 Nr. 1 KAGB), Geldmarktinstrumente (§ 253 Abs. 1 Satz 1 Nr. 2 KAGB) und in von der EZB oder der Deutschen Bundesbank besonders zugelassene Wertpapiere (§ 253 Abs. 1 Satz 1 Nr. 4 lit. a KAGB) investieren darf. Auf diese Weise verhindert der Gesetzgeber die Möglichkeit, die besonderen Vorgaben des § 253 KAGB durch Spezialfondskonstruktionen zu umgehen.[31] 18

Die Vorschrift stellt in HS 2 weiterhin klar, dass die Anlagegrenzen des § 207 KAGB (Erwerb von Anteilen an einem einzigen Investmentvermögen in Höhe von maximal 20 % des Wertes des Immobilien-Sondervermögens) und § 210 Abs. 3 KAGB (Erwerb von maximal 25 % der ausgegebenen Anteile eines anderen offenen inländischen, EU- oder ausländischen Investmentvermögens, das nach dem Grundsatz der Risikomischung in Vermögensgegenstände nach den Vorgaben der §§ 192 bis 198 KAGB angelegt ist) auf den Erwerb von Investmentanteilen an Spezial-AIF nicht anzuwenden sind. Der Gesetzgeber lässt es folglich zu, dass eine AIF-KVG einen **Spezial-AIF auflegen darf, der eigens dem Zweck der Liquiditätssicherung des Immobilien-Sondervermögens** dient, und in den das gesamte liquide Vermögen des Immobilien-Sondervermögens investiert wird.[32] 19

c) Anzuwendende Anlagegrenzen bei Erwerb von Anteilen an anderen OGAW-Sondervermögen und Publikums-AIF

Im Umkehrschluss bedeutet dies aber, dass die Anlagegrenzen der § 207 KAGB und § 210 Abs. 3 KAGB auf den **Erwerb von Anteilen an OGAW-Sondervermögen und offenen Publikums-Investmentvermögen** nach § 196 Abs. 1 KAGB anzuwenden sind. 20

4. Wertpapiere (§ 253 Abs. 1 Satz 1 Nr. 4 KAGB)

Wertpapiere stellen ebenfalls eine zulässige Anlageform für liquide Mittel der AIF-KVG dar, wenn sie die Voraussetzungen des § 253 Abs. 1 Satz 1 Nr. 4 lit. a oder b KAGB erfüllen. Es wird auch auf die entsprechende Kommentierung in § 193 KAGB verwiesen. 21

Nach § 253 Abs. 1 Satz 1 Nr. 4 lit. a KAGB darf die AIF-KVG in Wertpapiere investieren, wenn diese zur Sicherung der in Art. 18.1 des Protokolls über die Satzung der Europäischen Systems der Zentralbanken und der Europäischen Zentralbank vom 7. Februar 1992 (BGBl. 1992 II, S. 1299) genannten Kreditgeschäfte von der Europäischen Zentralbank oder der Deutschen Bundesbank zugelassen sind oder deren Zulassung nach den Emissionsbedingungen beantragt wird und diese innerhalb eines Jahres nach ihrer Ausgabe erfolgt. Diese Wertpapiere können **täglich bei der EZB abgerufen** werden.[33] Dabei handelt es sich um Schuldtitel, die auch die EZB und die Deutsche Zentralbank zur Erfüllung ihrer Aufgaben eingehen können. Dazu haben die Banken nach Art. 18.1 des Protokolls über die Satzung der Europäischen Systems der Zentralbanken und der Europäischen Zentralbank vom 7. Februar 1992 folgende Kriterien zu berücksichtigen: 22

- auf Gemeinschafts- oder Drittlandswährungen lautende Forderungen und börsengängige Wertpapiere sowie Edelmetalle endgültig (per Kasse oder Termin) oder im Rahmen von Rückkaufsvereinbarungen kaufen und verkaufen oder entsprechende Darlehensgeschäfte tätigen; und
- Kreditgeschäfte mit Kreditinstituten und anderen Marktteilnehmern, wobei für die Darlehen ausreichende Sicherheiten zu stellen sind.

Daneben ist bis zu einer Maximalgrenze von 5 % des Wertes des Immobilien-Sondervermögens auch der Erwerb von **Wertpapieren zulässig, die an einem organisierten Markt** im Sinne von § 2 Abs. 11 WpHG 23

30 § 196 Abs. 2 KAGB; vgl. auch *Kautenburger-Behr* in Weitnauer/Boxberger/Anders, § 253 KAGB Rz. 12.

31 Begr. RegE, BT-Drucks. 13/8933, S. 120. Vgl. dazu auch *Doublier* in Emde/Dornseifer/Dreibus/Hölscher, § 80 InvG Rz. 17; *Klusak* in Berger/Steck/Lübbehüsen, § 80 InvG Rz. 8; *Reiss* in Baur/Tappen, § 253 KAGB Rz. 11.

32 *Klusak* in Berger/Steck/Lübbehüsen, § 80 InvG Rz. 9; *Doublier* in Emde/Dornseifer/Dreibus/Hölscher, § 80 InvG Rz. 18; *Zöll* in Beckmann/Scholtz/Vollmer, § 80 InvG Rz. 6; *Reiss* in Baur/Tappen, § 253 KAGB Rz. 12.

33 Abrufbar unter http://www.ecb.europa.eu/mopo/assets/assets/html/index.en.html (Abruf vom 12.7.2017).

zum Handel zugelassen sind.[34] Daher können für Rechnung des Immobilien-Sondervermögens auch Aktien erworben werden.[35] Das Gleiche gilt für festverzinsliche Wertpapiere, deren Verzinsung von Anfang an für die gesamte Laufzeit feststeht.[36]

24 Schließlich hat die AIF-KVG über den Verweis in § 230 KAGB allerdings auch hier auf die **Emittentengrenze** nach § 206 KAGB, die erweiterte Anlagegrenze nach § 208 KAG sowie die **emittentenbezogene Anlagegrenze** des § 210 KAGB zu achten.

5. Aktien an REIT-AGen (§ 253 Abs. 1 Satz 1 Nr. 5 KAGB)

25 Unabhängig von der in § 253 Abs. 1 Satz 1 Nr. 4 lit. b KAGB genannten Anlagegrenze für den Erwerb von Wertpapieren, darf die AIF-KVG darüber hinaus auch **Aktien an REIT-AGen bis zu einem Maximalbetrag in Höhe von 5 % des Wertes des Immobilien-Sondervermögens** erwerben.[37] Der Gesetzgeber ermöglicht es der AIF-KVG dadurch auch indirekte Immobilien-Investitionen vorzunehmen. Neben dem Charakter der REIT-AG als Immobilien-Investment ist auch die steuerliche Transparenz dieses Anlageobjekts besonders hervorzuheben.[38]

26 Daneben lässt § 253 Abs. 1 Satz 1 Nr. 5 KAGB auch den Erwerb von **Anteilen an vergleichbaren ausländischen juristischen Personen** zu, soweit (i) diese zum Handel an einem der in § 193 Abs. 1 Nr. 1 und 2 KAGB bezeichneten Märkte zugelassen oder in diesen einbezogen sind, (ii) die Kriterien des Art. 2 Abs. 1 der Richtlinie 2007/16/EG erfüllt sind, und (iii) der Wert der erworbenen Aktien oder Anteile einen Betrag in Höhe von 5 % des Wertes des Immobilien-Sondervermögens nicht übersteigt. Eine Vergleichbarkeit der Anteile ist dabei in der Regel anzunehmen, wenn u.a. eine Nachschusspflicht ausgeschlossen ist, angemessene und regelmäßige Informationen über die ausländische Gesellschaft am Markt verfügbar sind und eine ausreichende Liquidität der ausländischen Gesellschaft vorliegt.[39]

6. Derivate zu Absicherungszwecken (§ 253 Abs. 1 Satz 1 Nr. 6 KAGB)

27 Nachdem in der langjährigen Verwaltungspraxis auch der Erwerb von Derivaten durch die AIF-KVG als zulässig erachtet wurde, hat der Gesetzgeber die Vorschrift des § 253 KAGB im Zuge der Neufassung des KAGB entsprechend ergänzt.[40] Nach § 253 Abs. 1 Satz 1 Nr. 6 KAGB ist nun auch ausdrücklich gesetzlich kodifiziert, dass die AIF-KVG für Rechnung des Immobilien-Sondervermögens **Derivate zu Absicherungszwecken erwerben darf.** Über die Verweisung in § 230 KAGB findet der in § 197 KAGB enthaltene Katalog mit zulässigen Derivaten sinngemäße Anwendung. Insofern wird auch auf die entsprechende Kommentierung in § 197 KAGB verwiesen. Daneben muss die AIF-KVG gem. § 197 Abs. 2 KAGB sicherstellen, dass sich das Marktrisikopotential höchstens verdoppelt.

III. Sicherstellung der Mindestliquidität (§ 253 Abs. 1 Satz 2 KAGB)

28 Um dem Rücknahmeanspruch der Anleger in regelmäßigen Abständen nachkommen zu können, hat die AIF-KVG nach § 253 Abs. 1 Satz 2 KAGB eine Mindestliquidität in Höhe von 5 % des Wertes des Immobilien-Sondervermögens vorzuhalten (s. dazu auch unter Rz. 6). Da der Rückgabeanspruch des Anlegers auf **bestimmte Rückgabetermine** beschränkt ist (vgl. § 253 Abs. 3 und 4 KAGB), ist es ausreichend, wenn die **Mindestliquidität zu diesen Zeitpunkten verfügbar** ist.[41] Die Höhe des entsprechenden Betrags muss nach dem Gesetzeswortlaut auch auf überprüfbaren und dokumentierten Berechnungen des Liquiditätsmanagements der AIF-KVG beruhen.

29 Unterschreitet die AIF-KVG die erforderliche Mindestliquidität an den regelmäßigen Rücknahmeterminen, hat sie die BaFin hierüber zu unterrichten und **unverzüglich dafür zu sorgen, dass die Mindestliquidität**

34 Die BaFin hat am 16.2.2011, zuletzt geändert am 26.6.2017 eine Liste der zugelassenen Börsen und der anderen organisierten Märkte gemäß § 193 Abs. 1 Nr. 2 und 4 KAGB veröffentlicht, Gz. WA 43 - Wp 2100 - 2013/0003.

35 *Klusak* in Berger/Steck/Lübbehüsen, § 80 InvG Rz. 10.

36 *Doublier* in Emde/Dornseifer/Dreibus/Hölscher, § 80 InvG Rz. 20.

37 Zur Frage, ob REIT-AGen selbst als Investmentvermögen zu qualifizieren sind, vgl. *Niewerth/Rybarz*, WM 2013, 1154, 1157; *Conradi/Jander-McAlister*, WM 2014, 733 ff.; *Merkt*, BB 2013, 1986 ff.

38 *Doublier* in Emde/Dornseifer/Dreibus/Hölscher, § 80 InvG Rz. 21; *Reiss* in Baur/Tappen, § 253 KAGB Rz. 14.

39 Ein umfassender Katalog mit allen Kriterien findet sich bei *Klusak* in Berger/Steck/Lübbehüsen, § 80 InvG Rz. 11.

40 Begr. RegE, BT-Drucks. 17/12297, S. 269; dazu auch *Niewerth/Rybarz*, WM 2013, 1154 (1162).

41 *Göhrke/Ruhl*, BKR 2013, 142 (144 f.); *Reiss* in Baur/Tappen, § 253 KAGB Rz. 22.

wieder eingehalten wird.[42] Unter Umständen muss die Rücknahme der Anteile nach § 257 KAGB vorübergehend ausgesetzt werden, wenn andernfalls die Vermögensgegenstände des Immobilien-Sondervermögens nicht mehr ausreichend bewirtschaftet werden können.[43]

IV. Gebundene Mittel (§ 253 Abs. 2 KAGB)

Die Vorschrift des § 253 Abs. 2 KAGB sieht vor, dass bestimmte zweckgebundene Mittel bei der Berechnung der Höchstliquidität abgezogen werden dürfen und folglich über die Anlagegrenze hinaus gehalten werden dürfen. Der Gesetzgeber verfolgt damit das Ziel, der AIF-KVG eine **größere wirtschaftliche Flexibilität** zu ermöglichen, indem zweckgebundene längerfristige Anlagen und Verbindlichkeiten bei der Berechnung der Höchstliquidität von vornherein außen vor bleiben.[44] Die Höhe der gebundenen Mittel ist, wenn sie nicht exakt berechenbar ist, auf Basis der Erfahrungswerte der Vergangenheit zu kalkulieren.[45] 30

1. Mittel für die ordnungsgemäße Bewirtschaftung (§ 253 Abs. 2 Nr. 1 KAGB)

Zu den zweckgebundenen Mitteln im Sinne des § 253 Abs. 2 KAGB zählen zunächst Mittel, die zur Sicherstellung einer ordnungsgemäßen laufenden Bewirtschaftung dienen. Während für Instandsetzungs- und Modernisierungsmaßnahmen eine Rücklage im Immobilien-Sondervermögen zu bilden ist (vgl. § 252 Abs. 1 KAGB), werden die laufenden Betriebskosten in der Regel vom Mieter oder Pächter getragen.[46] Folglich fallen unter § 253 Abs. 2 Nr. 1 KAGB **sämtliche sonstigen Kosten**, die vom Immobilien-Sondervermögen in diesem Zusammenhang zu tragen sind. 31

2. Mittel für die nächste Ausschüttung (§ 253 Abs. 2 Nr. 2 KAGB)

Weitergehend dürfen die **prognostizierten Mittel für die nächste Ausschüttung** neben der Höchstliquidität vorgehalten werden.[47] Die Ausschüttung von Erträgen erfolgt in der Regel nach Fassung des entsprechenden Gesellschafterbeschlusses und nach dessen Bekanntmachung im Jahresbericht.[48] 32

3. Mittel zur Erfüllung von Verbindlichkeiten (§ 253 Abs. 2 Nr. 3 KAGB)

Schließlich sind nach § 253 Abs. 2 Nr. 3 KAGB die Mittel zur Erfüllung von Verbindlichkeiten abzuziehen, soweit sie in den nächsten beiden Jahren fällig werden. Verbindlichkeiten können sich dabei zunächst aus **rechtswirksam geschlossenen Grundstückskaufverträgen** ergeben (§ 253 Abs. 2 Nr. 3 lit. a KAGB). Weitergehend dürfen Verbindlichkeiten, die sich aus Darlehensverträgen (§ 253 Abs. 2 Nr. 3 lit. b KAGB), aus bevorstehenden Anlagen in bestimmte Immobilien (§ 253 Abs. 2 Nr. 3 lit. c KAGB), aus bestimmten Baumaßnahmen (§ 253 Abs. 2 Nr. 3 lit. d KAGB) sowie aus Bauverträgen (§ 253 Abs. 2 Nr. 3 lit. e KAGB) ergeben, bei der Berechnung der Mindestliquidität unberücksichtigt bleiben. Da der Gesetzeswortlaut insofern auf das Bestehen eines rechtswirksam geschlossenen Vertrages verzichtet, reicht es aus, wenn eine **hinreichende Wahrscheinlichkeit** für deren Eintreten vorliegt.[49] 33

V. Wertpapier-Darlehen (§ 253 Abs. 3 KAGB)

Schließlich kann die AIF-KVG auch durch Gewährung von Wertpapierdarlehen liquide Mittel und zusätzliche Einkünfte generieren. Um eine kurzfristige Verfügbarkeit der liquiden Mittel sicherzustellen, dürfen die Wertpapierdarlehen nach § 253 Abs. 3 KAGB allerdings **nur auf unbestimmte Zeit gewährt werden**, um der AIF-KVG eine jederzeitige Kündigungsmöglichkeit zu geben. 34

Über den Verweis auf die allgemeinen Vorschriften für Sondervermögen in § 230 KAGB, finden auch die Vorschriften der §§ 200 f. KAGB Anwendung, die die Vergabe von Wertpapierdarlehen durch OGAW-KVGen regeln. Insofern wird auch auf die entsprechende Kommentierung in §§ 200 und 201 KAGB ver- 35

42 BaKred, Schreiben vom 25. Oktober 1996; vgl. auch *Doublier* in Emde/Dornseifer/Dreibus/Hölscher, § 80 InvG Rz. 24; *Reiss* in Baur/Tappen, § 253 KAGB Rz. 23; *Kautenburger-Behr* in Weitnauer/Boxberger/Anders, § 253 KAGB Rz. 19.

43 *Reiss* in Baur/Tappen, § 253 KAGB Rz. 23; vgl. auch die Kommentierung zu § 257 Rz. 6 ff.

44 Begr. RegE, BT-Drucks. 13/8933, S. 120.

45 *Kautenburger-Behr* in Weitnauer/Boxberger/Anders, § 253 KAGB Rz. 21.

46 *Doublier* in Emde/Dornseifer/Dreibus/Hölscher, § 80 InvG Rz. 26.

47 *Doublier* in Emde/Dornseifer/Dreibus/Hölscher, § 80 InvG Rz. 27; *Reiss* in Baur/Tappen, § 253 KAGB Rz. 19.

48 *Doublier* in Emde/Dornseifer/Dreibus/Hölscher, § 80 InvG Rz. 27; *Reiss* in Baur/Tappen, § 253 KAGB Rz. 19.

49 *Klusak* in Berger/Steck/Lübbehüsen, § 80 InvG Rz. 12; *Reiss* in Baur/Tappen, § 253 KAGB Rz. 20.

wiesen. Danach dürfen Wertpapierdarlehen nur bis zu einer Höhe gewährt werden, bei der der Kurswert der übertragenen Wertpapiere den Wert in Höhe von 10 % des Wertes des Immobilien-Sondervermögens nicht übersteigt. Außerdem ist die AIF-KVG verpflichtet, ausreichende Sicherheiten bei dem Wertpapierdarlehensnehmer einzuholen. Zur Ausgestaltung des Wertpapierdarlehensvertrages zwischen der AIF-KVG und dem Wertpapierdarlehensnehmer finden sich schließlich Vorgaben in § 201 KAGB. Der Gesetzgeber legt damit den Mindestinhalt eines solchen Vertrages fest (s. zu den einzelnen Vorgaben die Kommentierung zu § 201 KAGB).

§ 254 Kreditaufnahme

(1) [1]Die AIF-Kapitalverwaltungsgesellschaft darf unbeschadet des § 199 für gemeinschaftliche Rechnung der Anleger Kredite nur bis zur Höhe von 30 Prozent des Verkehrswertes der Immobilien, die zum Sondervermögen gehören, und nur dann aufnehmen und halten, wenn

1. dies in den Anlagebedingungen vorgesehen ist,

2. die Kreditaufnahme mit einer ordnungsgemäßen Wirtschaftsführung vereinbar ist,

3. die Bedingungen der Kreditaufnahme marktüblich sind und

4. die Grenze nach § 260 Absatz 3 Nummer 3 nicht überschritten wird.

[2]Eine Kreditaufnahme zur Finanzierung der Rücknahme von Anteilen ist nur nach Maßgabe des § 199 zulässig.

(2) Entsprechend der Beteiligungshöhe sind die von der Immobilien-Gesellschaft aufgenommenen Kredite bei dem Immobilien-Sondervermögen bei der Berechnung der in Absatz 1 genannten Grenzen zu berücksichtigen.

In der Fassung vom 4.7.2013 (BGBl. I 2013, S. 1981).

Schrifttum: *Hartrott/Goller*, Immobilienfonds nach dem Kapitalanlagegesetzbuch, BB 2013, 1603; *Hübner*, Immobilienanlagen unter dem KAGB – Alte Fragen – Neue Fragen – Neue Antworten, WM 2014, 106; *Kann/Redeker/Keiluweit*, Überblick über das Kapitalanlagegesetzbuch (KAGB), DStR 2013, 1485; *Niewerth/Rybarz*, Änderung der Rahmenbedingungen für Immobilienfonds – das AIFM-Umsetzungsgesetz und seine Folgen, WM 2013, 1154; *Schultz-Süchting/Thomas*, Fremdfinanzierung offener Immobilienfonds, WM 2009, 2156.

I. Allgemeines

1. Regelungsgegenstand und Regelungszweck

1 Die Aufnahme von Krediten kann für die AIF-KVG zum einen im Fall von Liquiditätsengpässen relevant werden. Zum anderen kann diese aber auch bewusst eingesetzt werden, um bestimmte **Vorteile** zu nutzen. Gerade in Zeiten von Niedrigzinsen kann die Fremdfinanzierung zu einer höheren Rendite für die Anleger führen, wenn die Immobilienrendite höher als die Zinsbelastung ausfällt.[1] Daneben kann eine Kreditauf-

1 *Zöll* in Beckmann/Scholtz/Vollmer, § 254 KAGB Rz. 3; *Doublier* in Emde/Dornseifer/Dreibus/Hölscher, § 80a InvG Rz. 1; *Reiss* in Baur/Tappen, § 254 KAGB Rz. 2; *Kautenburger-Behr* in Weitnauer/Boxberger/Anders, § 254 KAGB Rz. 1.

nahme im Ausland auch mit steuerlichen Vorteilen einhergehen, gerade in den Fällen, in denen Immobilien im Ausland erworben werden.[2] Auf diese Weise können auch entsprechende Währungsrisiken abgesichert werden.[3]

Dennoch ist die Aufnahme von Krediten auch mit **gewissen Risiken** verbunden, die bei der Entscheidung für einen Kredit **abzuwägen** sind. So können sich beispielsweise Zinsen bei langfristigen Anlagen anders entwickeln, als prognostiziert. Außerdem verringert die Verpflichtung zur Rückzahlung der Verbindlichkeiten auch die Liquidität des Immobilien-Sondervermögens, wodurch ein erhöhtes Ausfallrisiko entstehen kann.[4] Schließlich geht eine Kreditaufnahme in der Regel mit der Stellung von Sicherheiten einher, da ein Kreditinstitut regelmäßig Sicherheiten für die Darlehensgewährung verlangt. Die Zulässigkeit der Sicherheitengewährung durch die AIF-KVG ergibt sich dabei aus § 260 Abs. 3 KAGB. Die AIF-KVG darf grundsätzlich sämtliche Vermögensgegenstände nach § 231 Abs. 1 KAGB belasten, wenn die Voraussetzungen der §§ 239 und 260 Abs. 3 KAGB vorliegen (vgl. dazu § 260 Rz. 21 ff.). 2

Die Regelung des § 254 KAGB dient dem Zweck, die Vor- und Nachteile einer Kreditaufnahme in Einklang zu bringen.[5] Daher dürfen AIF-KVGen für Rechnung des Immobilien-Sondervermögens Kredite nur bis zu einer **maximalen Obergrenze von 30 % des Verkehrswertes der sich im Immobilien-Sondervermögen befindlichen Immobilien** aufnehmen. Kurzfristige Kredite, die zur Finanzierung der Rücknahme von Anteilen aufgenommen werden, sind weitergehend nur nach Maßgabe des § 199 KAGB, zulässig. Dies stellt der Gesetzgeber in § 254 Abs. 1 Satz 2 KAGB ausdrücklich klar. Schließlich sind nach § 254 Abs. 2 KAGB auch die von einer Immobilien-Gesellschaft aufgenommenen Kredite bei der Berechnung der Obergrenze zu berücksichtigen. 3

2. Entstehungsgeschichte

Die Aufnahme von Krediten war bereits in § 80a InvG a.F. vorgesehen, den § 254 KAGB übernimmt und im Hinblick auf die Anrechnung von Krediten der Immobilien-Gesellschaft auf die maximale Obergrenze ergänzt.[6] Eine entsprechende Anrechnung der Kredite der Immobilien-Gesellschaft auf die Obergrenze, wie noch unter der Geltung des aufgehobenen InvG a.F., ist daher nicht mehr erforderlich.[7] Daneben vermindert der Gesetzgeber die Möglichkeit der Fremdfinanzierung, indem er die maximale Obergrenze von 50 % auf 30 % des Immobilienwertes mindert.[8] Die Vorschrift des § 254 Abs. 1 KAGB sieht nun auch vor, dass Kredite nur bis zur maximalen Obergrenze „gehalten" werden dürfen, während der Wortlaut des aufgehobenen § 80a InvG a.F. auf die Aufnahme der Kredite abstellte. Damit stellt der Gesetzgeber klar, dass nicht mehr nur der Zeitpunkt der Aufnahme der Kredite für die Berechnung der maximalen Obergrenze relevant ist.[9] 4

3. Verhältnis zur kurzfristigen Kreditaufnahme nach § 199 KAGB

Die Vorschrift des § 199 KAGB für kurzfristige Kredite findet über den Verweis in § 230 KAGB grundsätzlich sinngemäße Anwendung. § 254 Abs. 1 Satz 1 KAGB stellt jedoch klar, dass die Kreditaufnahme unter den Voraussetzungen des § 254 KAGB unbeschadet des § 199 KAGB erfolgen kann. So darf die AIF-KVG unter den Voraussetzungen des § 254 KAGB s**owohl Kredite bis zur maximalen Obergrenze von 30 % des Immobilienwertes** als auch **zusätzlich kurzfristige Kredite nach § 199 KAGB** bis zu einer Höhe von 10 % des Wertes des Immobilien-Sondervermögens aufnehmen. Zu beachten ist hierbei allerdings der Unterschied in der Bemessung der beiden Obergrenzen.[10] 5

---

2 *Doublier* in Emde/Dornseifer/Dreibus/Hölscher, § 80a InvG Rz. 1; *Reiss* in Baur/Tappen, § 254 KAGB Rz. 2; *Kautenburger-Behr* in Weitnauer/Boxberger/Anders, § 254 KAGB Rz. 1; *Klusak* in Berger/Steck/Lübbehüsen, § 80a InvG Rz. 1.

3 *Doublier* in Emde/Dornseifer/Dreibus/Hölscher, § 80a InvG Rz. 1; *Reiss* in Baur/Tappen, § 254 KAGB Rz. 2.

4 *Kautenburger-Behr* in Weitnauer/Boxberger/Anders, § 254 KAGB Rz. 2.

5 *Reiss* in Baur/Tappen, § 254 KAGB Rz. 2; *Kautenburger-Behr* in Weitnauer/Boxberger/Anders, § 254 KAGB Rz. 2; einen Vergleich auch zu anderen Darlehensgrenzen findet sich bei *Kann/Redeker/Keiluweit*, DStR 2013, 1483, 1487.

6 Begr. RegE, BT-Drucks. 17/12297, S. 269.

7 Vgl. zum alten Recht *Doublier* in Emde/Dornseifer/Dreibus/Hölscher, § 80a InvG Rz. 3, 11; *Klusak* in Berger/Steck/Lübbehüsen, § 80a InvG Rz. 2.

8 Nach § 80a InvG a.F. war eine Fremdfinanzierung noch bis 50 % des Wertes der sich im Immobilien-Sondervermögen befindlichen Immobilien zulässig.

9 Begr. RegE, BT-Drucks. 17/12297, S. 269.

10 Insgesamt darf die AIF-KVG folglich Kredite in Höhe von 37 % des Wertes der sich im Immobilien-Sondervermögen befindlichen Immobilien aufnehmen, vgl. zur Herleitung dieser Zahl *Doublier* in Emde/Dornseifer/Dreibus/Hölscher, § 80a InvG Rz. 4.

II. Voraussetzungen der Kreditaufnahme

1. Begriff des Kredits

6 Der Begriff des „Kredits" wird im KAGB nicht näher definiert. Nach dem allgemeinen Sprachgebrauch sind **sämtliche Formen der Fremdfinanzierung** von dem Kreditbegriff umfasst.[11] Als Fremdfinanzierung kommen daher sowohl klassische Darlehen als auch Genussrechte, Schuldverschreibungen oder partiarischen Darlehen in Betracht (sog. **Mezzanine** Finanzierungen).[12] Auch die Kontoüberziehung (mit der Folge einer Zinszahlung für den Überziehungskredit) oder die Aufnahme von sog. Back-to-Back Darlehen fallen unter den Kreditbegriff, sodass sie als Kredit im Sinne des § 254 KAGB anzusehen sind.[13]

2. Vorsehen in den Anlagebedingungen (§ 254 Abs. 1 Satz 1 Nr. 1 KAGB)

7 Die Anlagebedingungen müssen zwingend vorsehen, dass eine **Kreditaufnahme für Rechnung des Immobilien-Sondervermögens** zulässig ist. Eine entsprechende Formulierung für die Anlagebedingungen findet sich in § 9 der vom BVI herausgegebenen Muster-Anlagebedingungen für Immobilien-Sondervermögen. Nur auf Basis dieser Informationsgrundlage kann der Anleger die bewusste Entscheidung treffen, ob er in ein Immobilien-Sondervermögen investieren möchte, welches teilweise fremdfinanziert ist, und ob er auch bereit ist, die **damit einhergehenden Risiken** einzugehen.[14]

3. Vereinbarkeit mit ordnungsgemäßer Wirtschaftsführung (§ 254 Abs. 1 Satz 1 Nr. 2 KAGB)

8 Weitergehend muss die Kreditaufnahme mit einer ordnungsgemäßen Wirtschaftsführung vereinbar sein. Dabei hat die AIF-KVG die Entscheidung zur Aufnahme des Kredits mit der **Sorgfalt eines ordentlichen Kaufmannes** zu treffen und dabei die Vorteile (höhere Liquidität, höhere Rendite, steuerliche Vorteile) und Nachteile (steigende Zinssätze, Risiko eines Ausfalls) der Kreditaufnahme gegeneinander **abzuwägen**.[15] Insoweit kommt ihr ein Ermessenspielraum zu. Der Nachteil der Zinsbelastung sollte jedoch stets mit Vorteilen für den Anleger ausgeglichen werden.[16] Diese Entscheidung hat die AIF-KVG auf eine angemessene Informationsgrundlage zu stellen und nachvollziehbar und nachprüfbar zu begründen.[17]

4. Marktüblichkeit (§ 254 Abs. 1 Satz 1 Nr. 3 KAGB)

9 Daneben muss die Kreditaufnahme zu marktüblichen Konditionen erfolgen. Dabei hat die AIF-KVG eine Fremdvergleichsprüfung durchzuführen, bei der die Bedingungen der Kreditaufnahme an einem **vergleichbaren, relevanten Markt** mit den Bedingungen der gewünschten Kreditaufnahme verglichen werden.[18] Die Kreditaufnahme darf gerade nicht zu schlechteren Konditionen erfolgen, als denen, die am relevanten Markt üblich sind.[19] Als relevanter Markt kommt der Kreditmarkt in Betracht, an dem im Hinblick auf die Bonität, Höhe des gewünschten Kredits, Laufzeit sowie Sicherheiten, vergleichbare professionelle Teilnehmer Kredite aufnehmen.[20] Die AIF-KVG muss ihre Auswahlentscheidung daher nicht zwingend an dem niedrigsten Zinssatz ausrichten, sondern hat dabei alle gerade genannten Kriterien in ihre Entscheidung miteinzubeziehen.[21]

---

11 *Doublier* in Emde/Dornseifer/Dreibus/Hölscher, § 80a InvG Rz. 9; *Reiss* in Baur/Tappen, § 254 KAGB Rz. 4; *Kautenburger-Behr* in Weitnauer/Boxberger/Anders, § 254 KAGB Rz. 3; *Jesch* in Moritz/Klebeck/Jesch, § 254 KAGB Rz. 2.

12 *Doublier* in Emde/Dornseifer/Dreibus/Hölscher, § 80a InvG Rz. 9; *Kautenburger-Behr* in Weitnauer/Boxberger/Anders, § 254 KAGB Rz. 3; *Jesch* in Moritz/Klebeck/Jesch, § 254 KAGB Rz. 2; so auch *Schultz-Süchting/Thomas*, WM 2008, 2285 (2286).

13 Siehe dazu ausführlich *Reiss* in Baur/Tappen, § 254 KAGB Rz. 5; *Zöll* in Beckmann/Scholtz/Vollmer, § 254 KAGB Rz. 12.

14 *Kautenburger-Behr* in Weitnauer/Boxberger/Anders, § 254 KAGB Rz. 9; *Jesch* in Moritz/Klebeck/Jesch, § 254 KAGB Rz. 7.

15 *Kautenburger-Behr* in Weitnauer/Boxberger/Anders, § 254 KAGB Rz. 10; *Doublier* in Emde/Dornseifer/Dreibus/Hölscher, § 80a InvG Rz. 7; *Reiss* in Baur/Tappen, § 254 KAGB Rz. 9; *Jesch* in Moritz/Klebeck/Jesch, § 254 KAGB Rz. 9; s. zu den Vor- und Nachteilen einer Kreditaufnahme Rz. 2.

16 *Zöll* in Beckmann/Scholtz/Vollmer, § 254 KAGB Rz. 16.

17 *Jesch* in Moritz/Klebeck/Jesch, § 254 KAGB Rz. 9; *Kautenburger-Behr* in Weitnauer/Boxberger/Anders, § 254 KAGB Rz. 10.

18 *Klusak* in Berger/Steck/Lübbehüsen, § 80a InvG Rz. 4.

19 *Reiss* in Baur/Tappen, § 254 KAGB Rz. 10.

20 *Doublier* in Emde/Dornseifer/Dreibus/Hölscher, § 80a InvG Rz. 8; *Kautenburger-Behr* in Weitnauer/Boxberger/Anders, § 254 KAGB Rz. 12; *Jesch* in Moritz/Klebeck/Jesch, § 254 KAGB Rz. 11.

21 *Doublier* in Emde/Dornseifer/Dreibus/Hölscher, § 80a InvG Rz. 8.

Eine besondere oder komplizierte Darlehenskonstruktion soll dabei nicht ausschlaggebend sein, solange die übrigen Darlehensbedingungen der Marktüblichkeit entsprechen.[22]

Diese Auswahlentscheidung sollte die AIF-KVG nachvollziehbar begründen und anhand mehrere verschiedener **Vergleichsangebote** nachprüfbar dokumentieren.[23] 10

5. Zustimmung der Verwahrstelle

Schließlich muss die Verwahrstelle der Kreditaufnahme gem. § 84 Abs. 1 Nr. 1 KAGB **zustimmen**, soweit es sich nicht um valutarische Überziehungen handelt. Die Zustimmung muss im Zeitpunkt der Auszahlung des Kredits vorliegen, da erst dann (und nicht schon mit Unterzeichnung des Kreditvertrages) die Vertragspflichten zu Lasten der Anleger, wie die Zinszahlungspflicht, tatsächlich entstehen.[24] Für den Fall, dass ein bestehender Kreditvertrag verlängert wird, muss die Verwahrstelle erneut zustimmen.[25] 11

III. Berechnung der maximalen Obergrenze (§ 254 Abs. 1 und 2 KAGB)

1. Berechnung der Obergrenze (§ 254 Abs. 1 KAGB)

Liegen die Voraussetzungen des § 254 Abs. 1 KAGB vor, so darf die AIF-KVG Kredite bis zu einer maximalen Grenze von 30 % des Wertes der sich im Immobilien-Sondervermögen befindlichen Immobilen aufnehmen. Die **Obergrenze** deckt sich mit der in § 260 Abs. 3 Nr. 3 KAGB genannten Grenze, auf den in § 254 Abs. 1 Nr. 4 KAGB verwiesen wird, und führt insofern zu keiner anderen Beurteilung dieser Obergrenze.[26] 12

Zur Berechnung der maximalen Obergrenze werden **alle ausstehenden Kredite** des Immobilien-Sondervermögens mit der **noch ausstehenden Rückzahlungsschuld**, aber abzüglich Zinsen, **addiert** und mit dem **gesamten Immobilienwert des Immobilien-Sondervermögens** ins Verhältnis gesetzt. Entscheidend ist demnach die Höhe der noch ausstehenden Kreditverbindlichkeiten zum Zeitpunkt der jeweiligen Berechnung.[27] Der Immobilienwert wird anhand des Verkehrswerts der Immobilien und Vermögensgegenstände ermittelt. 13

Gänzlich unberücksichtigt bei der Berechnung der maximalen Obergrenze bleiben **Gesellschafterdarlehen**, die ein Gesellschafter der Immobilien-Gesellschaft zur Verfügung gestellt hat.[28] Dies ergibt sich daraus, dass bei einem Gesellschafterdarlehen die typischen Risiken eines fremden Kredites gerade nicht bestehen.[29] Die Vergabe von Gesellschafterdarlehen ist lediglich an den Vorgaben des § 240 KAGB zu messen (s. dazu die Kommentierung zu § 240 Rz. 6 ff.). 14

2. Anrechnung der von Immobilien-Gesellschaften aufgenommenen Kredite (§ 254 Abs. 2 KAGB)

Für die Berechnung der maximalen Obergrenze sind auch die Kredite relevant, die von einer **Immobilien-Gesellschaft** aufgenommen wurden, und an der die AIF-KVG eine Beteiligung für Rechnung des Immobilien-Sondervermögens hält. Diese wurden zwar bereits unter Geltung des § 80a InvG a.F. aufgrund analoger Anwendung bei der Berechnung mitberücksichtigt.[30] Allerdings stellt § 254 Abs. 2 KAGB dies nun ausdrücklich auch im Gesetzeswortlaut klar.[31] Mithilfe einer Anrechnung von Krediten der Immobilien-Gesellschaften sollen **potentielle Umgehungskonstruktionen verhindert** werden.[32] Ansonsten könnte die AIF-KVG eine Immobilien-Gesellschaft auflegen, die zu 100 % von ihr gehalten, aber vollständig fremdfinanziert ist. Die Risiken, die mit einer Kreditaufnahme einhergehen, wären aber auch in dieser Konstellation aufgrund der 100 %-Beteiligung vollständig auf Seiten des Immobilien-Sondervermögens. Die in § 254 KAGB enthaltene 15

---

22 *Jesch* in Moritz/Klebeck/Jesch, § 254 KAGB Rz. 13.

23 *Kautenburger-Behr* in Weitnauer/Boxberger/Anders, § 254 KAGB Rz. 13; *Jesch* in Moritz/Klebeck/Jesch, § 254 KAGB Rz. 12; *Zöll* in Beckmann/Scholtz/Vollmer, § 254 KAGB Rz. 17.

24 *Zöll* in Beckmann/Scholtz/Vollmer, § 254 KAGB Rz. 12 und 15.

25 *Zöll* in Beckmann/Scholtz/Vollmer, § 254 KAGB Rz. 12.

26 *Kautenburger-Behr* in Weitnauer/Boxberger/Anders, § 254 KAGB Rz. 5.

27 *Doublier* in Emde/Dornseifer/Dreibus/Hölscher, § 80a InvG Rz. 11; *Kautenburger-Behr* in Weitnauer/Boxberger/Anders, § 254 KAGB Rz. 6.

28 *Doublier* in Emde/Dornseifer/Dreibus/Hölscher, § 80a InvG Rz. 11.

29 *Doublier* in Emde/Dornseifer/Dreibus/Hölscher, § 80a InvG Rz. 11.

30 *Doublier* in Emde/Dornseifer/Dreibus/Hölscher, § 80a InvG Rz. 11; *Klusak* in Berger/Steck/Lübbehüsen, § 80a InvG Rz. 2.

31 Vgl. dazu auch *Niewerth/Rybarz*, WM 2013, 1154 (1162 f.).

32 *Doublier* in Emde/Dornseifer/Dreibus/Hölscher, § 80a InvG Rz. 11; *Kautenburger-Behr* in Weitnauer/Boxberger/Anders, § 254 KAGB Rz. 21; *Jesch* in Moritz/Klebeck/Jesch, § 254 KAGB Rz. 17.

Obergrenze dient aber dazu, gerade dieses Fremdfinanzierungsrisiko einzudämmen (s. zu den Risiken Rz. 2).

16 Weitergehend sind die Kredite der Immobilien-Gesellschaft jeweils nur **anteilig** entsprechend der Höhe der Beteiligung des Immobilien-Sondervermögens bei der Berechnung der Obergrenze zu berücksichtigen. Für eine Anrechnung des gesamten Kreditvolumens der Immobilien-Gesellschaft besteht keine Veranlassung, da das Immobilien-Sondervermögen lediglich mögliche Nachteile in der Höhe zu erwarten hat, wie es an der Immobilien-Gesellschaft beteiligt ist.[33]

17 Das Gleiche gilt für die Berechnung des Immobilienwertes der Immobilien-Gesellschaft. Zwar ist zunächst ebenfalls der Wert aller Immobilien zu berücksichtigen, die sich im Eigentum der Immobilien-Gesellschaft befinden. Für die Berechnung der maximalen Obergrenze ist dann allerdings nur der **anteilige Wert der Vermögensgegenstände** entsprechend der Beteiligung des Immobilien-Sondervermögens an der Immobilien-Gesellschaft anzusetzen.[34]

IV. Kreditaufnahme zur Finanzierung der Anteilsrücknahme (§ 254 Abs. 1 Satz 2 KAGB)

18 Die Vorschrift des § 254 Abs. 1 Satz 2 KAGB stellt klar, dass eine Kreditaufnahme zum Zwecke der Finanzierung der Anteilsrücknahme nur nach Maßgabe des § 199 KAGB zulässig ist. Die Vorschrift des § 199 KAGB regelt die allgemeine Zulässigkeit einer **kurzfristigen Kreditaufnahme** für Sondervermögen. Die AIF-KVG darf demnach für diesen Zweck solche kurzfristigen Kredite nur bis zu einer **maximalen Obergrenze von 10 % des Wertes des Immobilien-Sondervermögens** aufnehmen. Im Unterschied zur langfristigen Kreditaufnahme kommt es für die Berechnung der Obergrenze bei kurzfristigen Krediten folglich auf den Inventarwert an, während bei der Berechnung der Obergrenze nach § 254 Abs. 1 KAGB der Verkehrswert anzusetzen ist.[35]

19 Daneben müssen auch hier die Anlagebedingungen vorsehen, dass die Aufnahme kurzfristiger Kredite zulässig ist. Schließlich muss auch die kurzfristige Kreditaufnahme zu marktüblichen Konditionen erfolgen.[36] Ob die Aufnahme kurzfristiger Kredite nur **zweckgebunden** erfolgen kann, wird in der Literatur nicht einheitlich beurteilt.[37] Insofern wird auf die Kommentierung zu § 199 KAGB verwiesen.

§ 255 Sonderregeln für die Ausgabe und Rücknahme von Anteilen

(1) Die AIF-Kapitalverwaltungsgesellschaft hat die Ausgabe von Anteilen vorübergehend auszusetzen, wenn eine Verletzung der Anlagegrenzen nach den Liquiditätsvorschriften dieses Abschnitts oder der Anlagebedingungen droht.

(2) [1]In Abweichung von § 98 Absatz 1 Satz 1 können die Anlagebedingungen von Immobilien-Sondervermögen vorsehen, dass die Rücknahme von Anteilen nur zu bestimmten Rücknahmeterminen, jedoch mindestens alle zwölf Monate erfolgt. [2]Neue Anteile dürfen in den Fällen des Satzes 1 nur zu den in den Anlagebedingungen festgelegten Rücknahmeterminen ausgegeben werden.

(3) [1]Die Rückgabe von Anteilen ist erst nach Ablauf einer Mindesthaltefrist von 24 Monaten möglich. [2]Der Anleger hat nachzuweisen, dass er mindestens den in seiner Rückgabeerklärung aufgeführten Bestand an Anteilen während der gesamten 24 Monate, die dem verlangten Rücknahmetermin unmittelbar vorausgehen, durchgehend gehalten hat. [3]Der Nachweis kann durch die depotführende Stelle in Textform als besonderer Nachweis der Anteilinhaberschaft erbracht oder auf andere in den Anlagebedingungen vorgesehene Weise geführt werden.

---

33 *Kautenburger-Behr* in Weitnauer/Boxberger/Anders, § 254 KAGB Rz. 20; *Jesch* in Moritz/Klebeck/Jesch, § 254 KAGB Rz. 16.

34 *Kautenburger-Behr* in Weitnauer/Boxberger/Anders, § 254 KAGB Rz. 7.

35 *Klusak* in Berger/Steck/Lübbehüsen, § 80a InvG Rz. 7.

36 *Bahr* in Weitnauer/Boxberger/Anders, § 199 KAGB Rz. 11 und *Kautenburger-Behr* in Weitnauer/Boxberger/Anders, § 254 KAGB Rz. 18 f.

37 Umfassend dazu *Schultz-Süchting/Thomas*, WM 2009, 2156 (2158).

(4) [1]Anteilrückgaben sind unter Einhaltung einer Rückgabefrist von zwölf Monaten durch eine unwiderrufliche Rückgabeerklärung gegenüber der AIF-Kapitalverwaltungsgesellschaft zu erklären. [2]§ 227 Absatz 3 gilt entsprechend; die Anlagebedingungen können eine andere Form für den Nachweis vorsehen, dass die Rückgabe in Einklang mit Satz 1 erfolgt.

In der Fassung vom 4.7.2013 (BGBl. I 2013, S. 1981).

Schrifttum: *Emde/Dreibus*, Der Regierungsentwurf für ein Kapitalanlagegesetzbuch, BKR 2013, 89; *Göhrke/Ruhl*, Neuregelung der offenen Immobilienfonds nach dem Regierungsentwurf des Kapitalanlagegesetzbuches: Bestandsaufnahme und erste Bewertung, BKR 2013, 142; *Niewerth/Rybarz*, Änderung der Rahmenbedingungen für Immobilienfonds – das AIFM-Umsetzungsgesetz und seine Folgen, WM 2013, 1154.

I. Allgemeines

1. Regelungszweck

1 Die Vorschrift des § 255 KAGB enthält Sonderregeln, die für die Ausgabe und Rücknahme von Anteilen an einem Immobilien-Sondervermögen gelten. Die Vorschrift dient in erster Linie der **Liquiditätsteuerung**, die sich gerade bei Immobilien-Sondervermögen aufgrund ihrer grundsätzlich illiquiden Anlageobjekte als äußerst schwierig darstellt.[1] Insofern reiht sich die Norm in das Gefüge der Liquiditätsvorschriften nach §§ 253 ff. KAGB ein, die ebenfalls dem Zweck dienen, einerseits ein ausreichendes Liquiditätsaufkommen zu sichern, andererseits aber auch sicherzustellen, dass die in § 253 Abs. 1 vorgesehene Höchstliquidität nicht überschritten wird. So soll trotz der illiquiden Anlageobjekte eines Immobilien-Sondervermögens stets eine ausreichende Zahlungsfähigkeit vorhanden sein. Gleichzeitig dürfen die Liquiditätsgrenzen des § 253 KAGB aber nicht überschritten werden. § 254 KAGB dient dazu, diese beiden konträren Ziele in Einklang zu bringen.

2. Regelungsgegenstand und Entstehungsgeschichte

a) Aussetzung der Ausgabe von Anteilen (§ 255 Abs. 1 KAGB)

2 Grundsätzlich ist die AIF-KVG in ihrer Entscheidung, Anteile auszugeben oder zurückzunehmen, unabhängig und frei.[2] § 255 KAGB enthält einige Sondervorschriften, die die **Entscheidungsfreiheit der AIF-KVG einschränken**.

3 So hat die AIF-KVG nach § 255 Abs. 1 KAGB zunächst die Ausgabe von neuen Anteilen auszusetzen, wenn eine **Verletzung der Anlagegrenzen nach den Liquiditätsvorschriften oder den Anlagebedingungen** droht. Die Vorschrift übernimmt den Wortlaut des aufgehobenen § 80c Abs. 1 InvG a.F.[3] Auf diese Weise kann die AIF-KVG die Liquiditätslage des Immobilien-Sondervermögens bewusst steuern und den Zufluss von Liquidität bei drohender Überschreitung der Höchstliquidität rechtzeitig stoppen. Andernfalls wäre sie gezwungen die zufließenden Mittel unmittelbar neu zu investieren, um die Grenze der Höchstliquidität

1 *Schultz-Süchting* in Emde/Dornseifer/Dreibus/Hölscher, § 80c InvG Rz. 1; *Kautenburger-Behr* in Weitnauer/Boxberger/Anders, § 255 KAGB Rz. 1; *Reiss* in Baur/Tappen, § 255 KAGB Rz. 1; *Wösthoff* in Moritz/Klebeck/Jesch, § 255 KAGB Rz. 5.
2 *Zöll* in Beckmann/Scholtz/Vollmer, § 255 KAGB Rz. 1.
3 Begr. RegE, BT-Drucks. 17/12297, S. 270.

umgehend wiederherzustellen. Um der AIF-KVG diesen unnötigen Anlagedruck zu nehmen, führte der Gesetzgeber bereits unter Geltung des InvG a.F. die Aussetzungspflicht ein.[4]

b) Regelungen für die Rücknahme von Anteilen (§ 255 Abs. 2 bis 4 KAGB)

4 Die Rücknahme von Anteilen an einem Immobilien-Sondervermögen wird in § 255 Abs. 2 bis 4 KAGB geregelt.

5 Hierzu übernimmt § 255 Abs. 2 KAGB mit redaktionellen Anpassungen zunächst die aufgehobene Regelung des § 80c Abs. 2 InvG a.F.[5] Der ursprüngliche Gesetzesentwurf sah dagegen noch vor, dass eine Rücknahme der Anteile „zwingend nur noch einmal im Jahr" erfolgen sollte.[6] Allerdings entschied er sich später im Rahmen der Beschlussempfehlung gegen eine solche Regelung und übernahm stattdessen den bereits bekannten Wortlaut des § 80c Abs. 2 InvG a.F. Danach ***kann*** die AIF-KVG in den Anlagebedingungen vorsehen, dass eine **Rücknahme der Anteile nur einmal im Jahr** erfolgt. Macht sie von diesem Wahlrecht Gebrauch, *darf* die Ausgabe neuer Anteile nach § 255 Abs. 2 Satz 2 KAGB aber ebenfalls nur zu den vorgegebenen Rückgabeterminen erfolgen. Auch diese Regelung war bereits in § 80c Abs. 2 Satz 2 InvG a.F. enthalten und wurde in § 255 Abs. 2 Satz 2 KAGB übernommen.[7] Der ursprüngliche Gesetzesentwurf sah auch an dieser Stelle zunächst eine andere Regelung vor, nach der die AIF-KVG die Ausgabe von Anteilen von der Rückgabe entkoppeln konnte.[8]

6 Weitergehend übernimmt § 255 Abs. 3 KAGB grundsätzlich die Regelung des § 80c Abs. 3 InvG. a.F.[9] Im Gegensatz zu § 80c Abs. 3 InvG a.F. sieht die neue Vorschrift **Anteilsrückgaben erst nach einer Mindesthaltefrist von 24 Monaten** vor, unabhängig von der Höhe der Anlagesumme (s. dazu ausf. Rz. 16).

7 Schließlich übernimmt § 255 Abs. 4 KAGB grundsätzlich die Regelung des aufgehobenen § 80c Abs. 4 InvG a.F.[10] Die Vorschrift wurde lediglich an die neue Regelung in § 255 Abs. 3 KAGB angepasst. Folglich dürfen alle Anleger unabhängig von der Rückgabesumme ihre Anteile **nur innerhalb einer Rückgabefrist von zwölf Monaten und durch unwiderrufliche Rückgabeerklärung** gegenüber der AIF-KVG zurückgeben. Die Beschränkung der Anwendbarkeit auf Anteile im Wert von mindestens 30.000 Euro wurde auch in § 255 Abs. 4 KAGB gestrichen.[11] Für Anleger, die bei Inkrafttreten des Gesetzes Anteile an bereits bestehenden Immobilien-Sondervermögen halten, enthält § 346 KAGB auch hier eine Übergangsregelung.[12] Danach dürfen solche Anleger aus Gründen des Bestandsschutzes weiterhin Anteile im Wert von bis zu 30.000 Euro pro Kalenderjahr ohne Einhaltung einer Kündigungsfrist und ohne Abgabe einer unwiderruflichen Rückgabeerklärung nach den Regelungen der zu diesem Zeitpunkt geltenden Anlagebedingungen zurückgeben.[13]

II. Beschränkungen bei der Anteilsausgabe (§ 255 Abs. 1 KAGB)

1. Aussetzung der Anteilsausgabe

8 Nach § 255 Abs. 1 KAGB hat die AIF-KVG die Ausgabe neuer Anteile vorübergehend auszusetzen, wenn eine **Verletzung der Anlagegrenzen nach den Liquiditätsvorschriften** oder den **Anlagebedingungen** droht. Die relevante Anlagegrenze, auf die § 255 Abs. 1 KAGB hierbei Bezug nimmt, ist die in § 253 Abs. 1 KAGB genannte **Höchstliquidität**. Danach darf die AIF-KVG für Rechnung des Immobilien-Sondervermögens maximal 49 % des Wertes des Immobilien-Sondervermögens in liquiden Mitteln vorhalten. Im Umkehr-

---

4 Begr. RegE, BT-Drucks. 16/6676, S. 77; vgl. dazu auch *Schultz-Süchting* in Emde/Dornseifer/Dreibus/Hölscher, § 80c InvG Rz. 2; *Reiss* in Baur/Tappen, § 255 Rz. 2.
5 Begr. RegE, BT-Drucks. 17/13395, S. 398.
6 Begr. RegE, BT-Drucks. 17/12297, S. 270.
7 Begr. RegE, BT-Drucks. 17/13395, S. 398.
8 Begr. RegE, BT-Drucks. 17/12297, S. 270.
9 Begr. RegE, BT-Drucks. 17/12297, S. 270.
10 Begr. RegE, BT-Drucks. 17/12297, S. 270.
11 Begr. RegE, BT-Drucks. 17/12297, S. 270. Zwar führt die Gesetzesbegründung an dieser Stelle die Regelung des ursprünglichen Gesetzesentwurfs auf, nach der eine Rückgabe zwingend nur zu einem Rückgabetermin pro Jahr erfolgen sollte. Da die Vorschrift allerdings, wie oben erläutert nicht in der ursprünglichen Fassung übernommen wurde, kann diese Begründung insofern nicht mehr greifen. Allerdings sieht § 255 Abs. 3 KAGB nun eine Mindesthaltefrist von mindestens 24 Monaten für alle Anteile vor, sodass eine Gleichbehandlung aller Anleger auch bei der Rückgabe der Anteile sinnvoll erscheint. Vgl. dazu auch *Reiss* in Baur/Tappen, § 255 Rz. 3 a.E.
12 Begr. RegE, BT-Drucks. 17/12297, S. 270; dazu auch *Emde/Dreibus*, BKR 2013, 89 (100 f.).
13 Begr. RegE, BT-Drucks. 17/12297, S. 270; dazu auch *Göhrke/Ruhl*, BKR 2013, 142 (143); *Niewerth/Rybarz*, WM 2013, 1154 (1163).

schluss bedeutet dies, dass mindestens 51 % des Wertes des Immobilien-Sondervermögens in illiquiden Mitteln, also Immobilien oder Vermögensgegenstände nach § 231 Abs. 1 KAGB, investiert sein müssen. Die Anlagebedingungen können abweichende, auch strengere Regelungen zur Höchstliquidität vorsehen.[14]

Setzt die AIF-KVG die Anteilsausgabe tatsächlich aus, so ist auch die **Verwahrstelle zu informieren**, da diese in der Regel die Anteile an die Anleger ausgibt.[15] Auch die Anleger sind über den **elektronischen Bundesanzeiger** und **sonstige im Jahresbericht vorgesehenen Informationsmedien** entsprechend zu unterrichten.[16]

2. Drohende Verletzung der Anlagegrenze

9 Besteht die Gefahr, dass die Höchstliquidität überschritten wird, hat die AIF-KVG die Ausgabe neuer Anteile auszusetzen, um den Zufluss neuer liquider Mittel zu verhindern. Die **Verletzung der Höchstliquidität** muss „**drohen**", d.h. bei ungehindertem Geschehensablauf eintreten. Wann und ob eine Verletzung der Anlagegrenze droht, hat die AIF-KVG anhand einer Prognoseentscheidung für jeden neuen Anteil und für einen künftigen überschaubaren Zeitraum zu beurteilen.[17] Eine Verletzung droht zumindest nicht erst dann, wenn eine Überschreitung der Anlagegrenze sicher eintreten wird.[18] Für die Prognoseentscheidung ist ein Zeitraum zu wählen, der für die AIF-KVG aufgrund der entsprechend vorhandenen Informationslage auch eine sinnvolle Prognose zulässt.[19] Dies wird regelmäßig ein Zeitraum von einigen Wochen sein.[20] Außerdem muss die AIF-KVG dabei verschiedene Kriterien heranziehen, wie künftige Zahlungseingänge (durch Ausgabe neuer Anteile, Mieteinnahmen oder Einnahmen durch etwaige Veräußerungen von Vermögensgegenständen) und Zahlungsabflüsse (für die Rückgabe von Anteilen, Investitionen in vorhandenen Vermögensgegenstände oder etwaige Neuinvestitionen).[21]

Mit der Entscheidungspärogative geht allerdings auch das Haftungsrisiko mit einher. Die AIF-KVG trägt die **alleinige Verantwortung** für die Prognoseentscheidung über eine Aussetzung der Anteilsaausgabe. Daher sollte die AIF-KVG regelmäßig und am besten täglich überprüfen und dokumentieren, ob die Anlagegrenzen nach den Liquiditätsvorschriften oder den Anlagebedingungen eingehalten werden und ob eine Verletzung droht.[22]

3. Vorübergehende Aussetzung

10 Droht eine Verletzung der zugelassenen Höchstliquidität, so hat die AIF-KVG die Ausgabe der Anteile vorübergehend auszusetzen, bis die Liquiditätsgrenze wieder eingehalten wird.

III. Beschränkungen bei der Anteilsrücknahme (§ 255 Abs. 2 bis 4 KAGB)

11 Die Beschränkungen für eine Anteilsrücknahme finden sich in § 255 Abs. 2 bis 4 KAGB. Neben festen Rücknahmeterminen mindestens alle zwölf Monate (Abs. 2) sieht die Regelung auch eine Mindesthaltefrist von 24 Monaten (Abs. 3) sowie eine Rückgabefrist von zwölf Monaten vor (Abs. 4).

1. Rücknahmetermine (§ 255 Abs. 2 KAGB)

12 Anleger können ihre Anteile an Sondervermögen grundsätzlich börsentäglich zurückgeben und eine Auszahlung des jeweiligen Anteilswertes mindestens zweimal pro Monat verlangen, vgl. § 98 Abs. 1 Satz 1 KAGB. Durch dieses Recht sollen die Anleger die Möglichkeit erhalten, **sich schnell von dem Sonderver-**

---

14 *Kautenburger-Behr* in Weitnauer/Boxberger/Anders, § 255 KAGB Rz. 8. Grundsätzlich wird die AIF-KVG allerdings von dieser Variante eher absehen, um sich nicht noch mehr Flexibilität zu nehmen.

15 *Reiss* in Baur/Tappen, § 255 KAGB Rz. 6.

16 *Klusak* in Berger/Steck/Lübbehüsen, § 80c InvG Rz. 4.

17 *Schultz-Süchting* in Emde/Dornseifer/Dreibus/Hölscher, § 80c InvG Rz. 8; *Zöll* in Beckmann/Scholtz/Vollmer, § 255 KAGB Rz. 2; *Kautenburger-Behr* in Weitnauer/Boxberger/Anders, § 255 KAGB Rz. 9; *Reiss* in Baur/Tappen, § 255 KAGB Rz. 5; *Wösthoff* in Moritz/Klebeck/Jesch, § 255 KAGB Rz. 8.

18 *Schultz-Süchting* in Emde/Dornseifer/Dreibus/Hölscher, 2013, § 80c InvG Rz. 8.

19 *Schultz-Süchting* in Emde/Dornseifer/Dreibus/Hölscher, 2013, § 80c InvG Rz. 8; *Kautenburger-Behr* in Weitnauer/Boxberger/Anders, § 255 KAGB Rz. 9; *Reiss* in Baur/Tappen, § 255 KAGB Rz. 5.

20 *Schultz-Süchting* in Emde/Dornseifer/Dreibus/Hölscher, § 80c InvG Rz. 8; *Kautenburger-Behr* in Weitnauer/Boxberger/Anders, § 255 KAGB Rz. 9; *Reiss* in Baur/Tappen, § 255 KAGB Rz. 5.

21 *Klusak* in Berger/Steck/Lübbehüsen, § 80c InvG Rz. 3; *Schultz-Süchting* in Emde/Dornseifer/Dreibus/Hölscher, § 80c InvG Rz. 8; *Kautenburger-Behr* in Weitnauer/Boxberger/Anders, § 255 KAGB Rz. 9; *Reiss* in Baur/Tappen, § 255 KAGB Rz. 5.

22 Dazu auch *Wösthoff* in Moritz/Klebeck/Jesch, § 255 KAGB Rz. 11.

mögen lösen zu können, wenn sie mit den Entscheidungen und der Leitung durch die AIF-KVG nicht einverstanden sind.[23] Eine anderweitige Einflussnahmemöglichkeit steht den Anlegern nicht zu.

13 Abweichend von dem jederzeitigen Rückgaberecht sieht § 255 Abs. 2 KAGB für Immobilien-Sondervermögen eine Sonderregelung vor. Die AIF-KVG kann in den Anlagebedingungen für die Rücknahme der Anteile bestimmte Rücknahmetermine vorsehen. Diese sind von der AIF-KVG im Vorfeld festzulegen und in den **Anlagebedingungen** exakt zu beschreiben.[24] Auch im **Verkaufsprospekt** muss sich ein ausdrücklicher Hinweis finden, vgl. § 256 Abs. 1 Nr. 1 KAGB (s. hierzu auch § 256 Rz. 6 ff.). Die Rücknahmetermine müssen allerdings mindestens alle zwölf Monate erfolgen. Die auszuzahlenden Anteilspreise werden zum jeweiligen Rücknahmetermin entsprechend berechnet.[25]

14 Die Einschränkung des Rückgaberechts der Anleger nimmt der Gesetzgeber hin, um dem besonderen Charakter des Immobilien-Sondervermögens Rechnung zu tragen. Durch die regelmäßig illiquiden Anlageobjekte eines Immobilien-Sondervermögens stellt sich eine tägliche Anteilsrücknahmeverpflichtung der AIF-KVG gerade bei Rückgaben mit hohen Anteilsvolumina als praktisch unmöglich dar.[26] Um der AIF-KVG aber eine **vernünftige Liquiditätsplanung** zu ermöglichen, sieht § 255 Abs. 2 KAGB daher die Möglichkeit von **festen, regelmäßigen Rücknahmeterminen** vor. Die damit einhergehende Einschränkung der individuellen Anlegerrechte nimmt der Gesetzgeber in Kauf, wohl auch, um die Interessen der anderen Anleger des Immobilien-Sondervermögens zu schützen.

15 Sieht die AIF-KVG feste Rücknahmetermine vor, so darf gleichzeitig auch die Ausgabe von Anteilen nach § 255 Abs. 2 Satz 2 KAGB nur zu diesen Terminen erfolgen (s. dazu Rz. 23 ff.).

2. Mindesthaltefrist (§ 255 Abs. 3 KAGB)

a) Inhalt der Mindesthaltefrist

16 Daneben enthält § 255 Abs. 3 Satz 1 KAGB eine Mindesthaltefrist von mindestens 24 Monaten. Die Mindesthaltefrist gilt nach der neuen Regelung für jeden Anleger, **unabhängig von der Höhe seiner Anlagesumme**. Nach der Gesetzesbegründung erachtete es der Gesetzgeber als notwendig, die Mindesthaltefrist im Gegensatz zur Vorgängerregelung des § 80c Abs. 3 InvG a.F. und zur Übergangsvorschrift des § 346 KAGB auch bei kleinen Anlagesummen vorzusehen. Während die Mindesthaltefrist nach der alten gesetzlichen Regelung nur für Anlagesummen in Höhe von mindestens 30.000 Euro vorgesehen war, ist die Frist nach der Neuregelung auf jede Anteilsrückgabe anzuwenden. Als Grund hierfür führt der Gesetzgeber Erfahrungen an, die in der Vergangenheit bei der Anteilsrückgabe der letzten drei großen Immobilien-Sondervermögen gemacht wurden.[27] Danach hielt die überwiegende Anzahl der Anleger eine kleinere Anlagesumme als 30.000 Euro, die bei einer kumulierten Anteilsrückgabe ebenfalls zu Liquiditätsengpässen beim Immobilien-Sondervermögen führen konnten.[28] Mit der Einführung einer Mindesthaltefrist für alle Anleger, wird die AIF-KVG gerade vor der Gefahr geschützt, dass Anleger unter besonderen Umständen voreilig Rückgabeentscheidungen treffen und so das Immobilien-Sondervermögen in die genannten Liquiditätsengpässe treiben könnten.[29]

Dies bedeutet, dass der Anleger einen Anteil durchgehend mindestens für einen Zeitraum von 24 Monaten **durchgängig** gehalten haben muss, bevor er ihn erstmalig zurückgeben kann. Der Anleger hat dies nach § 255 Abs. 3 Satz 2 KAGB nachzuweisen. Der Nachweis kann dabei in **Textform** gegenüber der AIF-KVG oder durch die depotführende Stelle erbracht werden oder in anderer, in den Anlagebedingungen erläuterten Weise erfolgen, vgl. § 255 Abs. 3 Satz 3 KAGB.[30] Auch diese Regelung dient dem Zweck, die AIF-KVG vor ungeplanten und kurzfristigen Liquiditätsabflüssen, gerade auch zu Beginn eines Investments, zu schützen.[31] So trägt der Gesetzgeber auch hier dem Umstand Rechnung, dass Immobilien oder Vermögensgegenstände nach § 231 Abs. 1 KAGB in der Regel mit einem hohen Investitionsvolumen erworben werden

---

23 Ausführlich dazu *Zöll* in Beckmann/Scholtz/Vollmer, § 255 KAGB Rz. 3.

24 *Klusak* in Berger/Steck/Lübbehüsen, § 80c InvG Rz. 7.

25 Dazu *Göhrke/Ruhl*, BKR 2013, 142 (143); auch *Schultz-Süchting* in Emde/Dornseifer/Dreibus/Hölscher, § 80c InvG Rz. 13.

26 *Klusak* in Berger/Steck/Lübbehüsen, § 80c InvG Rz. 6; *Wösthoff* in Moritz/Klebeck/Jesch, § 255 KAGB Rz. 15.

27 Begr. RegE, BT-Drucks. 17/12297, S. 270.

28 Begr. RegE, BT-Drucks. 17/12297, S. 270; vgl. dazu auch *Kautenburger-Behr* in Weitnauer/Boxberger/Anders, § 255 KAGB Rz. 5; *Zöll* in Beckmann/Scholtz/Vollmer, § 255 KAGB Rz. 7.

29 *Wösthoff* in Moritz/Klebeck/Jesch, § 255 KAGB Rz. 18.

30 Ausführlich zu den Anforderungen an eine Nachweis *Zöll* in Beckmann/Scholtz/Vollmer, § 255 KAGB Rz. 11; *Wösthoff* in Moritz/Klebeck/Jesch, § 255 KAGB Rz. 21.

31 *Schultz-Süchting* in Emde/Dornseifer/Dreibus/Hölscher, § 80c InvG Rz. 15; *Reiss* in Baur/Tappen, § 255 KAGB Rz. 10.

müssen, welches der AIF-KVG auch zur Verfügung stehen muss. Um dem Anleger eine angemessene Anlageentscheidung zu ermöglichen, ist die Mindesthaltefrist von 24 Monaten zwingend in den **Anlagebedingungen** ausdrücklich zu nennen.

Für Anleger, die bei Inkrafttreten des Gesetzes Anteile an bereits bestehenden Immobilien-Sondervermögen halten, enthält § 346 KAGB eine **Übergangsregelung**.[32] Danach dürfen solche Anleger aus Gründen des Bestandsschutzes weiterhin Anteile im Wert von bis zu 30.000 Euro pro Kalenderjahr ohne eine Mindesthaltefrist nach den Regelungen der bei geltenden Anlagebedingungen zurückgeben.[33]

Im Gegensatz zu den Rücknahmeterminen nach Abs. 1 ist die Mindesthaltefrist dabei so ausgestaltet, dass der AIF-KVG kein Ermessensspielraum zukommt. Insofern sieht der Gesetzgeber die Mindesthaltefrist zum Schutz der Liquiditätsvorgaben **zwingend** vor. Ein Verzicht der AIF-KVG auf die Einhaltung der Mindesthaltefrist ist daher nicht möglich.[34] 17

b) Fristbeginn

Wann die Frist beginnt, regelt das KAGB nicht. Die Mindesthaltefrist wird aber in der Regel m**it der Ausgabe der Anteile** beginnen und mit der Rückgabe der Anteile an die AIF-KVG enden. 18

Allerdings stellt sich die Frage, ob die Frist neu zu laufen beginnt, wenn die Anteile am **Sekundärmarkt** von einem Anleger an einen anderen Anleger veräußert werden. Dies war bereits in der Literatur zur Vorgängerregelung des § 80c Abs. 3 InvG a.F. umstritten. Während eine Ansicht auf einen Neubeginn des Fristenlaufs abstellt,[35] geht eine andere Ansicht davon aus, dass die ursprüngliche Frist weiterlief und der erwerbende Anleger an die Stelle des veräußernden Anlegers trat.[36] Vor dem Hintergrund des Sinn und Zwecks der Mindesthaltefrist, die AIF-KVG vor ungeplanten Liquiditätsabflüssen zu schützen, ist der letztgenannten Ansicht zu folgen.[37] Durch die Weitergabe der Anteile an einen neuen Erwerber, ergibt sich für die AIF-KVG gerade kein Liquiditätsabfluss, sodass ein Neubeginn der Mindesthaltefrist hier wohl nicht erforderlich erscheint.[38] 19

3. Rückgabefrist (§ 255 Abs. 4 KAGB)

a) Inhalt der Rückgabefrist

Schließlich ergänzt § 255 Abs. 4 KAGB die Rückgaberegelungen um eine **zwölfmonatige Rückgabefrist.** Dies bedeutet, dass Anleger ihre Anteile nur nach Ablauf der Mindesthaltefrist von 24 Monaten, zu einem bestimmten Rücknahmetermin nach Abs. 1 (soweit die AIF-KVG von dieser Regelung Gebrauch macht) **und unter Einhaltung einer zwölfmonatigen Rückgabefrist an die AIF-KVG zurückgeben können**. Die Regelung verleiht der AIF-KVG dadurch mehr Sicherheit bei der Liquiditätsplanung, da auf diese Weise bereits frühzeitig feststeht, welche Anleger von ihrem Rückgaberecht Gebrauch machen möchten.[39] 20

b) Rückgabeerklärung und Ablauf der Rückgabe

Die Rückgabe der Anteile erfolgt nach § 255 Abs. 4 Satz 1 KAGB durch eine **unwiderrufliche Rückgabeerklärung des Anlegers** gegenüber der AIF-KVG. Da die Rückgabeerklärung als Willenserklärung ohnehin unwiderruflich ist, sobald sie bei der AIF-KVG zugegangen ist, ist die Regelung der Unwiderruflichkeit insofern rein klarstellender Natur.[40] Eine bestimmte Form schreibt das Gesetz für die Rückgabeerklärung nicht vor. 21

---

32 Begr. RegE, BT-Drucks. 17/12297, S. 270; dazu auch *Emde/Dreibus*, BKR 2013, 89 (100 f.).

33 Begr. RegE, BT-Drucks. 17/12297, S. 270.

34 A.A. *Kautenburger-Behr* in Weitnauer/Boxberger/Anders, § 255 KAGB Rz. 19.

35 So *Schultz-Süchting* in Emde/Dornseifer/Dreibus/Hölscher, § 80c InvG Rz. 16 zumindest für den Fall der Einzelrechtsnachfolge. Im Rahmen der Gesamtrechtsnachfolge geht auch diese Ansicht davon aus, dass der Nachfolger in die Stellung des Vorgängers eintritt.

36 *Zöll* in Beckmann/Scholtz/Vollmer, § 255 KAGB Rz. 8.

37 Auch *Kautenburger-Behr* in Weitnauer/Boxberger/Anders, § 255 KAGB Rz. 16; a.A. *Reiss* in Baur/Tappen, § 255 KAGB Rz. 11.

38 *Zöll* in Beckmann/Scholtz/Vollmer, § 255 KAGB Rz. 8; *Kautenburger-Behr* in Weitnauer/Boxberger/Anders, § 255 KAGB Rz. 16.

39 *Schultz-Süchting* in Emde/Dornseifer/Dreibus/Hölscher, § 80c InvG Rz. 18; *Klusak* in Berger/Steck/Lübbehüsen, § 80c InvG Rz. 8; *Reiss* in Baur/Tappen, § 255 KAGB Rz. 13; *Wösthoff* in Moritz/Klebeck/Jesch, § 255 KAGB Rz. 22.

40 *Schultz-Süchting* in Emde/Dornseifer/Dreibus/Hölscher, § 80c InvG Rz. 19; *Reiss* in Baur/Tappen, § 255 KAGB Rz. 14; *Kautenburger-Behr* in Weitnauer/Boxberger/Anders, § 255 KAGB Rz. 22. Zur Abgrenzung zwischen Willenserklärung und Realakt in diesem Zusammenhang vgl. *Zöll* in Beckmann/Scholtz/Vollmer, § 255 KAGB Rz. 15.

Daher kann die Rückgabe schriftlich, mündlich oder durch schlüssiges Handeln erfolgen.[41] Es bietet sich zu Beweiszwecken jedoch an, die Rückgabe **schriftlich** zu erklären. Die AIF-KVG hat dem Anleger einen dauerhaften Datenträger zu übermitteln, auf dem der Rückgabeauftrag und das Rückgabeverfahren beschrieben werden.[42] Schließlich kann die Rückgabeerklärung auch bereits während der Mindesthaltefrist erfolgen, ihre Wirkung tritt dann allerdings erst nach Ablauf der Mindesthaltefrist ein.[43]

22 Die Vorschrift des § 255 Abs. 4 Satz 2 KAGB verweist auf die entsprechende Anwendung des § 227 Abs. 3 KAGB. Danach ist die depotführende Stelle über die Rückgabeerklärung zu informieren, um ihrer Pflicht zur Sperrung der Anteile oder Aktien nachzukommen. Mit dem **Sperrvermerk** wird dem Anleger seine Verfügungsbefugnis im Hinblick auf die Anteile entzogen, sodass er die Anteile nach Abgabe seiner Rückgabeerklärung nicht mehr weiterveräußern kann.[44]

IV. Gleichlauf von Anteilsrücknahme und -ausgabe (§ 255 Abs. 2 Satz 1 KAGB)

23 Macht die AIF-KVG von ihrem Recht Gebrauch, Rücknahmetermine nach § 255 Abs. 2 Satz 1 KAGB für die Rückgabe von Anteilen vorzusehen, so darf sie neue Anteile auch nur zu diesen Zeitpunkten ausgeben. Die Regelung dient dazu, dass der Anteilswert sowohl für die Ausgabe neuer Anteile als auch für die Rücknahme von Anteilen einheitlich bemessen wird und die Bewertung der Anteile auf diese Weise **einheitlich** erfolgt.[45]

24 Die Bewertung der Anteile erfolgt grundsätzlich nach der neuen Bewertungsvorschrift des § 251 KAGB. Nach § 251 Abs. 1 Satz 1 KAGB ist der Wert der Immobilien oder Vermögensgegenstände nach § 231 Abs. 1 KAGB innerhalb von drei Monaten zu ermitteln. Sieht die AFI-KVG Rücknahmetermine seltener als alle drei Monate vor, so ist der Wert der Anteile vor jedem Rücknahmetermin innerhalb eines Zeitraums von drei Monaten neu zu ermitteln, vgl. § 251 Abs. 1 Satz 2 KAGB.

§ 256 Zusätzliche Angaben im Verkaufsprospekt und in den Anlagebedingungen

(1) Der Verkaufsprospekt muss zusätzlich zu den Angaben nach § 165 folgende Angaben enthalten:

1. einen ausdrücklichen, drucktechnisch hervorgehobenen Hinweis, dass der Anleger abweichend von § 98 Absatz 1 Satz 1 von der AIF-Kapitalverwaltungsgesellschaft die Rücknahme von Anteilen und die Auszahlung des Anteilswertes nur zu den Rücknahmeterminen verlangen kann, die in den Anlagebedingungen bestimmt sind, sowie

2. alle Voraussetzungen und Bedingungen für die Rückgabe und Auszahlung von Anteilen aus dem Sondervermögen Zug um Zug gegen Rückgabe der Anteile.

(2) Die Angaben nach Absatz 1 Nummer 2 sind in die Anlagebedingungen aufzunehmen.

In der Fassung vom 4.7.2013 (BGBl. I 2013, S. 1981).

41 *Reiss* in Baur/Tappen, § 255 KAGB Rz. 14; *Wösthoff* in Moritz/Klebeck/Jesch, § 255 KAGB Rz. 24.

42 *Reiss* in Baur/Tappen, § 255 KAGB Rz. 14 mit Verweis auf § 2 Abs. 3 KAVerOV i.V.m. Art. 26 der VO (EU) Nr. 231/2013.

43 Auch *Wösthoff* in Moritz/Klebeck/Jesch, § 255 KAGB Rz. 25.

44 *Reiss* in Baur/Tappen, § 255 KAGB Rz. 15.

45 *Schultz-Süchting* in Emde/Dornseifer/Dreibus/Hölscher, § 80c InvG Rz. 10; *Reiss* in Baur/Tappen, § 255 KAGB Rz. 9; *Kautenburger-Behr* in Weitnauer/Boxberger/Anders, § 255 KAGB Rz. 10, alle mit Verweis auf Begr. RegE, BT-Drucks. 17/3628, S. 27; *Göhrke/Ruhl*, BKR 2013, 142 (144). Daneben erleichtert der Gesetzgeber die Koordination der Anteilsrücknahme und -ausgabe für die AIF-KVG, vgl. *Wösthoff* in Moritz/Klebeck/Jesch, § 255 KAGB Rz. 17.

I. Allgemeines

1. Regelungsgegenstand und Regelungszweck

a) Verkaufsprospekt und Anlagebedingungen

Während die allgemeinen Vorgaben für Verkaufsprospekt und Anlagebedingungen von Publikumsinvestmentvermögen in §§ 162 und 165 KAGB enthalten sind, umfasst § 256 KAGB besondere Regelungen, die bei Immobilien-Sondervermögen **zusätzlich** in das jeweilige Dokument aufzunehmen sind. Für Details zur Gestaltung, Form und dem grundlegenden Inhalt wird auf die Kommentierung in §§ 162 ff. KAGB verwiesen. 1

Da Immobilien-Sondervermögen gerade im Hinblick auf die Rücknahme von Anteilen besonderen Regelungen unterworfen sind, hat die AIF-KVG dies entsprechend in den Anlagebedingungen und im Verkaufsprospekt mit zu berücksichtigen.[1] Die Rückgabemöglichkeit nur zu den besonderen Rücknahmeterminen nach § 255 Abs. 2 KAGB stellt dabei eine solche besondere Regelung dar. Um den Anleger ausreichend über diesen Aspekt zu **informieren** und ihm so seine **Anlageentscheidung** zu ermöglichen, sieht die Regelung des § 256 Abs. 1 Nr. 1 KAGB vor, dass dies in dem Verkaufsprospekt des Immobilien-Sondervermögens aufzunehmen ist. Daneben sieht § 256 Abs. 1 Nr. 2 KAGB vor, dass auch sämtliche Voraussetzungen und Bedingungen für die Rückgabe und Auszahlung von Anteilen und die Rückgabe der Anteile Zug um Zug in dem Verkaufsprospekt enthalten sein müssen. Letztere sind nach § 256 Abs. 2 KAGB auch in die Anlagebedingungen des Immobilien-Sondervermögens aufzunehmen. 2

Der Verkaufsprospekt sowie die Anlagebedingungen dienen dazu, dem Anleger auf Basis aller wichtigen Informationen eine **angemessene Anlageentscheidung** zu ermöglichen.[2] Insofern dienen die Vorschriften der **Transparenz von Informationen** und folglich dem Anlegerschutz.[3] Der Anleger soll insbesondere auch über besondere Umstände und Folgen informiert werden, die sich in Zusammenhang mit seiner Anlageentscheidung ergeben können.[4] 3

b) Wesentliche Anlegerinformationen

Nicht umfasst von der Vorschrift des § 256 KAGB sind besondere Regelungen in den wesentlichen Anlegerinformationen. Die Besonderheiten, die sich in diesem Zusammenhang für Immobilien-Sondervermögen ergeben, sind vielmehr **direkt in § 166 Abs. 6 KAGB** enthalten. Danach hat die AIF-KVG die Darstellung des **Risiko- und Ertragsprofils** an die Besonderheiten des jeweiligen Immobilien-Sondervermögens anzupassen und u.a. auf die wesentlichen Risiken und Chancen einer solchen Anlage hinzuweisen. Für die Einzelheiten wird auf die Kommentierung zu § 166 KAGB verwiesen. 4

2. Entstehungsgeschichte

Die Vorschrift des § 256 KAGB übernimmt mit redaktionellen Anpassungen die Regelung des aufgehobenen § 80d InvG a.F.[5] 5

II. Zusätzliche Angaben im Verkaufsprospekt (§ 256 Abs. 1 KAGB)

1. Feste Rückgabetermine (§ 256 Abs. 1 Nr. 1 KAGB)

Zusätzlich zu den allgemeinen Angaben im **Verkaufsprospekt** hat die AIF-KVG bei Immobilien-Sondervermögen nach § 256 Abs. 1 Nr. 1 KAGB einen Hinweis aufzunehmen, dass die Anleger abweichend von § 98 Abs. 1 Satz 2 KAGB die Rücknahme von Anteilen und die Auszahlung des Anteilswertes nur zu den **in den Anlagebedingungen vorgesehenen Rückgabeterminen** verlangen können. Diese Angabe ist allerdings nur dann in den Verkaufsprospekt aufzunehmen, wenn die AIF-KVG von der Möglichkeit in § 255 Abs. 2 KAGB Gebrauch macht, besondere Rücknahmetermine vorzusehen. Entscheidet sie sich für die reguläre 6

---

1 *Klusak* in Berger/Steck/Lübbehüsen, § 80d InvG Rz. 1.

2 *Dreibus* in Emde/Dornseifer/Dreibus/Hölscher, § 80d InvG Rz. 1; *Klusak* in Berger/Steck/Lübbehüsen, § 80d InvG Rz. 1; *Reiss* in Baur/Tappen, § 256 KAGB Rz. 3; *Kautenburger-Behr* in Weitnauer/Boxberger/Anders, § 256 KAGB Rz. 5.

3 *Dreibus* in Emde/Dornseifer/Dreibus/Hölscher, § 80d InvG Rz. 1; *Klusak* in Berger/Steck/Lübbehüsen, § 80d InvG Rz. 1; *Reiss* in Baur/Tappen, § 256 KAGB Rz. 3; *Kautenburger-Behr* in Weitnauer/Boxberger/Anders, § 256 KAGB Rz. 5; *Wösthoff* in Moritz/Klebeck/Jesch, § 256 KAGB Rz. 1.

4 *Klusak* in Berger/Steck/Lübbehüsen, § 80d InvG Rz. 1; *Reiss* in Baur/Tappen, § 256 KAGB Rz. 3.

5 Begr. RegE, BT-Drucks. 17/12297, S. 270.

und jederzeitige Rückgabemöglichkeit nach § 98 Abs. 1 Satz 2 KAGB, so kann die Angabe nach § 256 Abs. 1 Nr. 1 KAGB unterbleiben.

7 Der Hinweis für die abweichende Regelung muss ausdrücklich und drucktechnisch hervorgehoben erfolgen, um dem Anleger unmissverständlich vor Augen zu führen, dass es sich hierbei um eine von den „normalen" Rückgaberegeln **abweichende Regelung** handelt.[6] Die Regelung muss eindeutig gefasst sein und dem Anleger deutlich machen, dass er seine Anteile nur zu den vorgegebenen Rückgabeterminen gegen Auszahlung des Anteilswertes zurückgeben kann. Drucktechnisch hervorgehoben wird der Hinweis beispielsweise durch Fettdruck oder innerhalb einer Einrahmung.[7]

2. Allgemeine Voraussetzungen für die Rückgabe und Auszahlung (§ 256 Abs. 1 Nr. 2 KAGB)

8 Während die Angabe nach § 256 Abs. 1 Nr. 1 KAGB nur dann zu erfolgen hat, wenn sich die AIF-KVG für feste Rücknahmetermine entscheidet, muss der **Verkaufsprospekt stets Angaben über die Voraussetzungen und Bedingungen der Rückgabe und Auszahlung von Anteilen** aus dem Immobilien-Sondervermögen **Zug um Zug gegen die Rückgabe der Anteile** enthalten.[8]

9 Unter Geltung des aufgehobenen § 80d InvG a.F. sah der Wortlaut ausdrücklich vor, dass „alle Voraussetzungen für die Kündigung und Auszahlung von Anteilen" im Verkaufsprospekt angegeben werden mussten. Da eine Kündigung des Anlegers allerdings nicht vorgesehen war, wurde diskutiert, auf was sich der Gesetzeswortlaut bezog. So wurde der Gesetzeswortlaut zum einen als Ausübung des Rückgaberechts durch den Anleger,[9] zum anderen als Kündigung des Verwaltungsrechts der AIF-KVG aufgefasst.[10] Der Gesetzgeber hat im Zuge der Neufassung des KAGB den Wortlaut des § 256 Abs. 1 Nr. 2 KAGB insofern angepasst, als dass das Wort „Kündigung" durch das Wort „Rückgabe" ersetzt wurde. Dadurch stellt er nun ausdrücklich klar, dass es sich insofern nicht um die Voraussetzungen und Bedingungen einer Kündigung durch die AIF-KVG handelt, sondern vielmehr lediglich die **Modalitäten einer Rückgabe** zu nennen sind.[11] Dafür spricht auch, dass der Gesetzgeber den Fall der Kündigung des Verwaltungsrechts durch die AIF-KVG separat in § 258 KAGB geregelt hat.

10 In dem Verkaufsprospekt sollten neben den genauen Terminen auch die folgenden Bedingungen enthalten sein, um dem Anleger das **gesamte Rückgabeverfahren** unmissverständlich aufzuzeigen: Genaue Rücknahmetermine; Pflicht des Anlegers, eine Rückgabeerklärung abzugeben (entsprechend § 255 Abs. 4 KAGB); Zeitpunkt und Unwiderruflichkeit der Rückgabeerklärung sowie Abgabe der Erklärung durch die depotführende Stelle (§ 255 Abs. 4 KAGB); Auszahlung des Anteilswertes Zug um Zug gegen die Rückgabe der Anteile.[12] Bei einem ausländischen Depot ist zusätzlich anzugeben, dass die Rückgabeerklärung erst wirksam wird, wenn die Anteile in ein **Sperrdepot** übertragen wurden.[13]

III. Zusätzliche Angaben in den Anlagebedingungen (§ 256 Abs. 2 KAGB)

11 Nach § 256 Abs. 2 KAGB sind die **Modalitäten der Rückgabe und Auszahlung** von Anteilen auch in den **Anlagebedingungen** aufzunehmen. Dies dient dem Zweck, die Modalitäten nicht nur aus Transparenzgründen in dem Verkaufsprospekt darzustellen, sondern auch einer **vertraglichen Grundlage zwischen dem Anleger und der AIF-KVG** zuzuführen.[14] Die Vorschrift ergänzt insofern die allgemeinen vertraglichen Bedingungen des § 162 KAGB.

---

6 *Dreibus* in Emde/Dornseifer/Dreibus/Hölscher, § 80d InvG Rz. 4; *Reiss* in Baur/Tappen, § 256 KAGB Rz. 6.
7 *Dreibus* in Emde/Dornseifer/Dreibus/Hölscher, § 80d InvG Rz. 4.
8 *Dreibus* in Emde/Dornseifer/Dreibus/Hölscher, § 80d InvG Rz. 5; *Reiss* in Baur/Tappen, § 256 KAGB Rz. 7; *Wösthoff* in Moritz/Klebeck/Jesch, § 256 KAGB Rz. 7.
9 So wohl *Zöll* in Beckmann/Scholtz/Vollmer, § 80d InvG, zitiert nach *Dreibus* in Emde/Dornseifer/Dreibus/Hölscher, § 80d InvG Rz. 6; *Kautenburger-Behr* in Weitnauer/Boxberger/Anders, § 256 KAGB Rz. 8.
10 So wohl die Ansicht von *Dreibus* in Emde/Dornseifer/Dreibus/Hölscher, § 80d InvG Rz. 8.
11 A.A. auch für das neue Recht *Kautenburger-Behr* in Weitnauer/Boxberger/Anders, § 256 KAGB Rz. 8.
12 *Klusak* in Berger/Steck/Lübbehüsen, § 80d InvG Rz. 3.
13 *Klusak* in Berger/Steck/Lübbehüsen, § 80d InvG Rz. 3.
14 *Dreibus* in Emde/Dornseifer/Dreibus/Hölscher, § 80d InvG Rz. 8.

§ 257 Aussetzung der Rücknahme

(1) [1]Verlangt der Anleger, dass ihm gegen Rückgabe des Anteils sein Anteil am Immobilien-Sondervermögen ausgezahlt wird, so hat die AIF-Kapitalverwaltungsgesellschaft die Rücknahme der Anteile zu verweigern und auszusetzen, wenn die Bankguthaben und der Erlös der nach § 253 Absatz 1 angelegten Mittel zur Zahlung des Rücknahmepreises und zur Sicherstellung einer ordnungsgemäßen laufenden Bewirtschaftung nicht ausreichen oder nicht sogleich zur Verfügung stehen. [2]Zur Beschaffung der für die Rücknahme der Anteile notwendigen Mittel hat die AIF-Kapitalverwaltungsgesellschaft Vermögensgegenstände des Sondervermögens zu angemessenen Bedingungen zu veräußern.

(2) [1]Reichen die liquiden Mittel gemäß § 253 Absatz 1 zwölf Monate nach der Aussetzung der Rücknahme gemäß Absatz 1 Satz 1 nicht aus, so hat die AIF-Kapitalverwaltungsgesellschaft die Rücknahme weiterhin zu verweigern und durch Veräußerung von Vermögensgegenständen des Sondervermögens weitere liquide Mittel zu beschaffen. [2]Der Veräußerungserlös kann abweichend von § 260 Absatz 1 Satz 1 den dort genannten Wert um bis zu 10 Prozent unterschreiten.

(3) [1]Reichen die liquiden Mittel gemäß § 253 Absatz 1 auch 24 Monate nach der Aussetzung der Rücknahme gemäß Absatz 1 Satz 1 nicht aus, hat die AIF-Kapitalverwaltungsgesellschaft die Rücknahme der Anteile weiterhin zu verweigern und durch Veräußerung von Vermögensgegenständen des Sondervermögens weitere liquide Mittel zu beschaffen. [2]Der Veräußerungserlös kann abweichend von § 260 Absatz 1 Satz 1 den dort genannten Wert um bis zu 20 Prozent unterschreiten. [3]36 Monate nach der Aussetzung der Rücknahme gemäß Absatz 1 Satz 1 kann jeder Anleger verlangen, dass ihm gegen Rückgabe des Anteils sein Anteil am Sondervermögen aus diesem ausgezahlt wird.

(4) [1]Reichen auch 36 Monate nach der Aussetzung der Rücknahme die Bankguthaben und die liquiden Mittel nicht aus, so erlischt das Recht der AIF-Kapitalverwaltungsgesellschaft, dieses Immobilien-Sondervermögen zu verwalten; dies gilt auch, wenn eine AIF-Kapitalverwaltungsgesellschaft zum dritten Mal binnen fünf Jahren die Rücknahme von Anteilen aussetzt. [2]Ein erneuter Fristlauf nach den Absätzen 1 bis 3 kommt nicht in Betracht, wenn die AIF-Kapitalverwaltungsgesellschaft die Anteilrücknahme binnen drei Monaten erneut aussetzt oder wenn sie, falls die Anlagebedingungen nicht mehr als vier Rückgabetermine im Jahr vorsehen, die Anteilrücknahme nur zu einem Rücknahmetermin wieder aufgenommen hatte, aber zum darauf folgenden Rücknahmetermin die Anteilrücknahme erneut unter Berufung auf Absatz 1 Satz 1 verweigert.

In der Fassung vom 4.7.2013 (BGBl. I 2013, S. 1981).

Schrifttum: *Döser*, Gleichbehandlung der Anleger bei der Aussetzung der Anteilsrücknahme nach § 81 InvG, jurisPR-BKR 5/2009, Anm. 3; *Ledermann*, Erstmals Aussetzung der Rücknahme von Anteilsscheinen an einem offenen Immobilienfonds, AG 2006, R36; *Niewerth/Rybarz*, Änderung der Rahmenbedingungen für Immobilienfonds – das AIFM-Umsetzungsgesetz und seine Folgen, WM 2013, 1154; *Schultheiß*, Der Umfang der Beratungspflichten beim Erwerb von Anteilen an offenen Immobilienfonds, VuR 2014, 300; *Vogel/Habbe*, Pflicht des Anlageberaters zur Aufklärung über die Möglichkeit der Aussetzung der Anteilsrücknahme bei Erwerb einer Beteiligung an einem offenen Immobilienfonds?, BKR 2016, 7.

I. Allgemeines

1. Regelungsgegenstand und Regelungszweck

a) Regelungsgegenstand

1 In Abweichung zu der generellen Rücknahmeregelung in § 98 Abs. 1 KAGB kann die AIF-KVG nach § 257 Abs. 1 KAGB die Rücknahme der Anteile verweigern und aussetzen, wenn die liquiden Mittel des Immobilien-Sondervermögens nicht ausreichen oder nicht sogleich zur Verfügung stehen. Um die erforderlichen liquiden Mittel zur Rücknahme der Anteile zu beschaffen, hat die AIF-KVG Vermögensgegenstände des Immobilien-Sondervermögens zu veräußern. Im Verhältnis zu der allgemeinen Rücknahmeregelung des § 98 Abs. 1 KAGB stellt § 257 KAGB eine **lex specialis Vorschrift** dar.[1]

2 Die Abs. 2 und 3 sehen eine weitere Aussetzungsmöglichkeit der AIF-KVG für den Fall vor, dass auch nach Ablauf von zwölf Monaten (§ 257 Abs. 2 KAGB) oder 24 Monaten (§ 257 Abs. 3 KAGB) die liquiden Mittel immer noch nicht ausreichen, um die Rücknahme der Anteile gegen Auszahlung des Anteilswertes zu ermöglichen. Nach einer Höchstfrist von 36 Monaten räumt § 257 Abs. 3 Satz 2 KAGB dem Anleger unabhängig davon, ob die liquiden Mittel ausreichen, ein **Recht zur Rückgabe der Anteile gegen Auszahlung des Anteilswertes** ein. Reichen die Mittel auch nach 36 Monaten nicht aus, sieht § 257 Abs. 4 KAGB zusätzlich vor, dass das Recht der AIF-KVG zur Verwaltung des Immobilien-Sondervermögens erlischt. Das Gleiche gilt nach § 257 Abs. 4 Halbs. 2 KAGB, wenn eine AIF-KVG zum dritten Mal innerhalb eines Zeitraumes von fünf Jahren die Rücknahme der Anteile aussetzt.

b) Regelungszweck

3 Die Vorschrift trägt dem Umstand Rechnung, dass die Anlageobjekte, die eine AIF-KVG für Rechnung des Immobilien-Sondervermögens erwirbt, in der Regel als langfristige Anlagen einzustufen sind und kurzfristig liquide Mittel zur Rücknahme von Anteilen und zur Auszahlung des Anteilswertes nicht immer zur Verfügung stehen.[2] Gerade dann, wenn viele Anleger gleichzeitig von ihrem Rückgaberecht Gebrauch machen, kann es zu **Liquiditätsengpässen** des Immobilien-Sondervermögens kommen.

4 Für diesen Fall sieht § 257 KAGB vor, dass die AIF-KVG die Rücknahme so lange aussetzen kann, bis wieder ausreichende liquide Mittel zur Verfügung stehen. Damit versucht die Vorschrift einen Ausgleich zwischen den **unterschiedlichen Anlegerinteressen** zu schaffen.[3] Während ein Teil der Anleger eher an langfristigen Anlagen interessiert ist, legen andere Anleger den Fokus auf kurzfristige Anlagen, um schnell liquide Mittel zu erlangen. Gerade wenn es um die Rückgabe der Anteile geht, machen sich diese Unterschiede bemerkbar. So haben die rückgabewilligen Anleger ein Interesse an einer schnellen Rückzahlung des Anteilswertes, wohingegen die bleibenden Anleger ein Interesse daran haben, dass die Vermögensgegenstände im Anlagevermögen verbleiben und ordnungsgemäß bewirtschaftet werden. Diesen **Interessenausgleich** versucht der Gesetzgeber mithilfe der **abgestuften Regelung in § 257 KAGB** zu erreichen.[4] So schützt der Gesetzgeber zu Beginn überwiegend die Interessen der langfristigen Anleger, während im weiteren Verlauf nach und nach die Interessen der rückgabewilligen Anleger in den Vordergrund rücken.[5] Insofern sieht § 257 KAGB ein abgestuftes System zur Aussetzung der Anteilsrücknahme vor.[6]

2. Entstehungsgeschichte

5 Die Regelung des § 257 Abs. 1 KAGB ist angelehnt an den Wortlaut des aufgehobenen § 81 Abs. 1 InvG a.F.[7] Im Gegensatz zu § 81 Abs. 1 Satz 2 InvG a.F. hat die AIF-KVG nach § 257 Abs. 1 KAGB die liquiden Mittel sofort durch die Veräußerung von Vermögensgegenständen zu beschaffen. Die Sechsmonatsfrist

1 *Schultz-Süchting* in Emde/Dornseifer/Dreibus/Hölscher, § 81 InvG Rz. 1; *Kautenburger-Behr* in Weitnauer/Boxberger/Anders, § 257 KAGB Rz. 6.

2 S. dazu auch ausführlich *Zöll* in Beckmann/Scholtz/Vollmer, vor § 230 KAGB Rz. 1.

3 *Schultz-Süchting* in Emde/Dornseifer/Dreibus/Hölscher, § 81 InvG Rz. 1; *Klusak* in Berger/Steck/Lübbehüsen, § 81 InvG Rz. 1; *Kautenburger-Behr* in Weitnauer/Boxberger/Anders, § 257 KAGB Rz. 5; *Reiss* in Baur/Tappen, § 257 KAGB Rz. 1; dazu auch *Wösthoff* in Moritz/Klebeck/Jesch, § 257 KAGB Rz. 21.

4 *Schultz-Süchting* in Emde/Dornseifer/Dreibus/Hölscher, § 81 InvG Rz. 1; *Klusak* in Berger/Steck/Lübbehüsen, § 81 InvG Rz. 1; *Kautenburger-Behr* in Weitnauer/Boxberger/Anders, § 257 KAGB Rz. 5; *Reiss* in Baur/Tappen, § 257 KAGB Rz. 1 spricht in diesem Zusammenhang von einem „Drei-Phasen-Modell", *Zöll* in Beckmann/Scholtz/Vollmer, § 257 KAGB Rz. 6 von vier Phasen.

5 *Kautenburger-Behr* in Weitnauer/Boxberger/Anders, § 257 KAGB Rz. 5.

6 Dazu auch *Wösthoff* in Moritz/Klebeck/Jesch, § 257 KAGB Rz. 8 f.

7 Begr. RegE, BT-Drucks. 17/12297, S. 270.

sowie § 81 Abs. 1 Satz 3 InvG a.F. wurden insofern im Rahmen der Neufassung des KAGB gestrichen.[8] § 257 Abs. 2 KAGB übernimmt mit redaktionellen Anpassungen den Wortlaut des aufgehobenen § 81 Abs. 2 InvG a.F.[9] Das Gleiche gilt für § 257 Abs. 3 KAGB, der mit redaktionellen Anpassungen den Wortlaut des aufgehobenen § 81 Abs. 3 InvG a.F. übernimmt.[10] In diesem Zusammenhang erhöhte der Gesetzgeber die Maximalfrist für die Aussetzung von 30 auf 36 Monate.[11] Schließlich übernimmt § 257 Abs. 4 KAGB mit redaktionellen Anpassungen den Wortlaut des § 81 Abs. 4 InvG a.F., wobei auch hier die Maximalfrist für den Entzug der Verwaltungsbefugnis von 30 auf 36 Monate erhöht wurde.[12]

II. Erstmalige Aussetzung der Anteilsrücknahme (§ 257 Abs. 1 KAGB)

1. Konsequenzen der Aussetzung

Die AIF-KVG hat die Rücknahme der Anteile zu verweigern und auszusetzen, wenn die Bankguthaben und der Erlös aus liquiden Mitteln nicht mehr ausreichen, um den Rücknahmepreis zu zahlen und gleichzeitig die Vermögensgegenstände ordnungsgemäß zu bewirtschaften. Der AIF-KVG kommt insofern **kein Ermessen** zu.[13] Vielmehr hat sie die Rücknahme in diesem Fall zwingend auszusetzen. Gegenüber dem rückgabewilligen Anleger steht der AIF-KVG in diesem Fall ein Leistungsverweigerungsrecht in Form einer **aufschiebenden Einrede** zu.[14] 6

Formal muss die AIF-KVG die Aussetzung der Rücknahme im elektronischen Bundesanzeiger und ggf. in den im Jahresbericht vorgesehenen weiteren Medien **bekannt machen**, um die Anleger entsprechend zu unterrichten.[15] Die Unterrichtung stellt allerdings noch nicht die Erhebung der Einrede dar, diese muss die AIF-KVG vielmehr gegenüber jedem einzelnen Anleger direkt erklären.[16] 7

2. Berechnung der liquiden Mittel (§ 257 Abs. 1 Satz 1 KAGB)

Um herauszufinden, ob die verfügbaren liquiden Mittel zur Zahlung des Rücknahmepreises und zur gleichzeitigen ordnungsgemäßen Bewirtschaftung ausreichen, muss die AIF-KVG sämtliche verfügbaren Mittel nach § 253 Abs. 1 KAGB abrufen und die Kosten der laufenden ordnungsgemäßen Bewirtschaftung abziehen. 8

§ 253 Abs. 1 KAGB sieht zur Absicherung der Liquidität nur solche Anlageobjekte vor, die kurzfristig zu angemessenen Bedingungen in der Regel innerhalb weniger Tage veräußert werden können. Dies sind neben **Geldmarktinstrumenten** auch **Investmentanteile, Wertpapiere, REIT-Aktien** sowie **Derivate**. Diese Mittel müssen „sogleich zur Verfügung stehen". Unter normalen Umständen sind hierfür ein paar weitere Bankarbeitstage anzusetzen.[17] 9

Von den so verfügbar gemachten liquiden Mitteln sind die **Kosten für die laufende ordnungsgemäße Bewirtschaftung abzuziehen**, um die Einnahmen aus den Immobilien und den anderen Vermögensgegenständen nach § 231 Abs. 1 KAGB abzusichern.[18] Dazu gehören alle Mittel, die zum Betrieb, zur Verwaltung und

8 Begr. RegE, BT-Drucks. 17/12297, S. 270; dazu *Niewerth/Rybarz*, WM 2013, 1154 (1163).
9 Begr. RegE, BT-Drucks. 17/12297, S. 270.
10 Begr. RegE, BT-Drucks. 17/12297, S. 270.
11 Begr. RegE, BT-Drucks. 17/12297, S. 270.
12 Begr. RegE, BT-Drucks. 17/12297, S. 270.
13 So bereits der Gesetzgeber in RegE, BT-Drucks. 17/3628, S. 27. So soll verhindert werden, dass einzelne Anleger im Verhältnis zu anderen Anlgern benachteiligt werden, vgl. dazu *Zöll* in Beckmann/Scholtz/Vollmer, § 257 KAGB Rz. 8; *Kautenburger-Behr* in Weitnauer/Boxberger/Anders, § 257 KAGB Rz. 26; *Wösthoff* in Moritz/Klebeck/Jesch, § 257 KAGB Rz. 10. An dieser Stelle wird auch diskutiert, ob es zur Aussetzung aufgrund der Wichtigkeit der Maßnahme einer Zustimmung des Aufsichtsrats bedarf, vgl. die Diskussion bei *Wösthoff* in Moritz/Klebeck/Jesch, § 257 KAGB Rz. 34 mit Verweis auf *Patzner/Döser*, § 81 InvG Rz. 2. Dagegen spricht allerdings, dass § 257 Abs. 1 KAGB eine Pflicht der AIF-KVG zur Aussetzung normiert, wenn die entsprechenden Voraussetzungen vorliegen. Diese dann noch von der Zustimmung des Aufsichtsrats abhängig zu machen erscheint nicht angemessen.
14 *Schultz-Süchting* in Emde/Dornseifer/Dreibus/Hölscher, § 81 InvG Rz. 7; *Klusak* in Berger/Steck/Lübbehüsen, § 81 InvG Rz. 3; *Zöll* in Beckmann/Scholtz/Vollmer, § 257 KAGB Rz. 8; *Wösthoff* in Moritz/Klebeck/Jesch, § 257 KAGB Rz. 15.
15 *Kautenburger-Behr* in Weitnauer/Boxberger/Anders, § 257 KAGB Rz. 26.
16 *Zöll* in Beckmann/Scholtz/Vollmer, § 257 KAGB Rz. 8.
17 *Schultz-Süchting* in Emde/Dornseifer/Dreibus/Hölscher, § 81 InvG Rz. 3.
18 *Schultz-Süchting* in Emde/Dornseifer/Dreibus/Hölscher, § 81 InvG Rz. 4; *Kautenburger-Behr* in Weitnauer/Boxberger/Anders, § 257 KAGB Rz. 9; *Reiss* in Baur/Tappen, § 257 KAGB Rz. 6.

zur Instandhaltung der Vermögensgegenstände erforderlich sind.[19] Daneben wurde bereits unter Geltung des InvG a.F. diskutiert, ob auch Verbindlichkeiten aus künftigen Investments in neue Vermögensgegenstände oder sonstige Verbindlichkeiten aus bereits geschlossenen Verträgen ebenfalls abzuziehen sind, wenn zum Zeitpunkt des Rückgabeverlangens bereits fest mit ihnen zu rechnen ist. Der Wortlaut sieht dies zwar nicht ausdrücklich vor, da nur die Kosten der laufenden ordnungsgemäßen Bewirtschaftung explizit genannt sind. Allerding sind auch künftige Verbindlichkeiten von der AIF-KVG zu begleichen, so dass auch diese die Liquidität mindern und bei einem erhöhten Rückgabeaufkommen dazu führen können, dass die AIF-KVG zahlungsunfähig wird.[20] Dies ist weder im Interesse der rückgabewilligen noch der verbleibenden Anleger. Daher erscheint es sinnvoll, die Norm entsprechend auch auf künftige Verbindlichkeiten anzuwenden, die zum Zeitpunkt des Rückgabeverlangens bereits durch Vertragsschluss verbindlich feststehen.

3. Beschaffung weiterer liquider Mittel (§ 257 Abs. 1 Satz 2 KAGB)

10 Reichen die liquiden Mittel aus Bankguthaben und sonstigen Erlösen nicht aus, um dem Rückgabeverlangen der Anleger nachzukommen und gleichzeitig eine ordnungsgemäße Bewirtschaftung der Vermögensgegenstände sicherzustellen, hat die AIF-KVG Vermögensgegenstände nach § 231 Abs. 1 KAGB zu **angemessenen Bedingungen** zu veräußern.[21] Der Gesetzgeber hat im Zuge der Neufassung des KAGB die bisher vorgesehene Karenzfrist von sechs Monaten für den Verkauf von Vermögensgegenständen gestrichen.[22] So muss die AIF-KVG nun unmittelbar damit beginnen, illiquide Vermögensgegenstände des Immobilien-Sondervermögens zu veräußern, um umgehend weitere liquide Mittel zu generieren.[23]

11 Dabei muss die AIF-KVG aber darauf achten, dass die Vermögensgegenstände zu **angemessenen Bedingungen** veräußert werden. Zur Frage, was angemessene Bedingungen sind, schweigt das Gesetz. Zieht man jedoch die weiteren Absätze des § 257 KAGB heran, so ergibt sich eine gesetzliche Systematik, nach der als Ausgangspunkt für eine angemessene Bewertung der Vermögensgegenstände die **Vorschrift des § 260 Abs. 1 Satz 1 KAGB** herangezogen werden kann.[24] Danach darf die AIF-KVG einen Vermögensgegenstand veräußern, wenn der Kaufpreis den nach § 249 KAGB ermittelten Wert nicht wesentlich unterschreitet. Da die § 257 Abs. 2 und 3 KAGB Abschläge von 10 % und 20 % vom Veräußerungspreis nach Ablauf bestimmter Fristen vorsehen, ist davon auszugehen, dass der für § 257 Abs. 1 KAGB maßgebliche Veräußerungspreis einen Abschlag von weniger als 10 % vorsehen darf, um noch als angemessen zu gelten.[25] Daneben kann bei dieser wertenden Beurteilung auch die Zahl der rückgabewilligen Anleger insofern eine Rolle spielen, dass bei einer Vielzahl von rückgabewilligen Anlegern ein höherer Abschlag des Veräußerungswertes in Kauf zu nehmen ist, als bei einer kleineren Anzahl an Anlegern.[26]

12 Sobald erneut genügend Mittel für die Rücknahme der Anteile und die laufende ordnungsgemäße Bewirtschaftung der Vermögensgegenstände zur Verfügung stehen, hat die AIF-KVG die **Rücknahme der Anteile wieder fortzusetzen.**[27] Entscheidend ist dabei, dass so viel ausreichende Mittel zur Verfügung stehen, dass alle rückgabewilligen Anleger ihre Anteile zurückgeben können und der Anteilswert an sie ausgezahlt werden kann. Dies gebietet der Grundsatz der **Anlegergleichbehandlung.**[28]

---

19 *Schultz-Süchting* in Emde/Dornseifer/Dreibus/Hölscher, § 81 InvG Rz. 4; *Kautenburger-Behr* in Weitnauer/Boxberger/Anders, § 257 KAGB Rz. 9. Uneinigkeit besteht in der Literatur bei Instandhaltungsmaßnahmen, wobie *Wösthoff* in Moritz/Klebeck/Jesch, § 257 KAGB Rz. 12 ff. mit Verweis auf *Zöll* in Beckmann/Scholtz/Vollmer, § 257 KAGB Rz. 10 darauf hinweisen, dass die Einschätzung im Einzelfall durch die AIF-KVG erfolgen muss, da diese allein das Gesamtportfolio beurteilen kann.

20 Auch *Klusak* in Berger/Steck/Lübbehusen, § 81 InvG Rz. 2.

21 *Schultz-Süchting* in Emde/Dornseifer/Dreibus/Hölscher, § 81 InvG Rz. 11; *Kautenburger-Behr* in Weitnauer/Boxberger/Anders, § 257 KAGB Rz. 14.

22 Vgl. die aufgehobene Regelung des § 81 Abs. 1 Satz 3 InvG a.F.

23 *Kautenburger-Behr* in Weitnauer/Boxberger/Anders, § 257 KAGB Rz. 15.

24 *Schultz-Süchting* in Emde/Dornseifer/Dreibus/Hölscher, § 81 InvG Rz. 11; *Kautenburger-Behr* in Weitnauer/Boxberger/Anders, § 257 KAGB Rz. 16; *Wösthoff* in Moritz/Klebeck/Jesch, § 257 KAGB Rz. 20.

25 *Schultz-Süchting* in Emde/Dornseifer/Dreibus/Hölscher, § 81 InvG Rz. 11; *Kautenburger-Behr* in Weitnauer/Boxberger/Anders, § 257 KAGB Rz. 14; *Wösthoff* in Moritz/Klebeck/Jesch, § 257 KAGB Rz. 20.

26 *Kautenburger-Behr* in Weitnauer/Boxberger/Anders, § 257 KAGB Rz. 17.

27 *Zöll* in Beckmann/Scholtz/Vollmer, § 257 KAGB Rz. 12.

28 A.A. *Zöll* in Beckmann/Scholtz/Vollmer, § 257 KAGB Rz. 10 und 12, der davon ausgeht, dass es eine Gesamtheit der Anleger nicht gibt und die AIF-KVG nur jedem einzelnen Anleger zur Leistung verpflichtet ist. Diese Ansicht ist allerdings abzulehnen, da es sich bei dem Immobilien-Sondervermögen um eine Kollektivanlage handelt und alle Anleger gleich zu behandeln sind, auch und gerade wenn es um die Rücknahme der Anteile geht.

III. Aussetzung der Anteilsrücknahme nach zwölf Monaten (§ 257 Abs. 2 KAGB)

Kann die AIF-KVG auch nach Ablauf von zwölf Monaten noch nicht ausreichend liquide Mittel generieren, um den Anteilswert an die rückgabewilligen Anleger auszuzahlen und gleichzeitig die laufende ordnungsgemäße Bewirtschaftung der Vermögensgegenstände sicherzustellen, so ist die AIF-KVG nach § 257 Abs. 2 KAGB verpflichtet, die **Rücknahme der Anteile weiterhin auszusetzen.** 13

Um die Wartezeit der Anleger zu verkürzen, sieht § 257 Abs. 2 Satz 2 KAGB vor, dass die AIF-KVG Vermögensgegenstände nun auch zu einem Verkaufspreis veräußern darf, der sich **maximal 10 % unter dem nach § 260 Abs. 1 Satz 1 i.V.m. § 249 KAGB ermittelten Wert** des jeweiligen Vermögensgegenstands bewegen darf.[29] Gleichzeitig muss die AIF-KVG aber auch im Interesse der verbleibenden Anleger versuchen, den Vermögensgegenstand zum bestmöglichen Preis zu veräußern.[30] 14

IV. Aussetzung der Anteilsrücknahme nach 24 Monaten (§ 257 Abs. 3 KAGB)

Kann die AIF-KVG auch nach Ablauf von 24 Monaten keine hinreichend liquiden Mittel vorweisen, so hat sie die **Rücknahme der Anteile auch weiterhin auszusetzen.** 15

Da das Interesse der Anleger an einer Rückgabe der Anteile nach einer Wartezeit von 24 Monaten immer dringlicher wird, darf die AIF-KVG die Vermögensgegenstände nach § 257 Abs. 3 Satz 2 KAGB nun auch mit einem **Abschlag von 20 % unter dem nach § 260 Abs. 1 Satz 1 i.V.m. § 249 KAGB ermittelten Wert** des jeweiligen Vermögensgegenstands veräußern.[31] Auch hier gilt, dass die AIF-KVG versuchen muss, den Vermögensgegenstand zum bestmöglichen Preis zu veräußern.[32] 16

V. Anspruch auf Rücknahme nach 36 Monaten (§ 257 Abs. 3 Satz 3 KAGB)

Schließlich sieht § 257 Abs. 3 Satz 2 KAGB einen **unbedingten Anspruch der Anleger auf Rücknahme der Anteile und Auszahlung des Anteilswertes** gegenüber der AIF-KVG vor, wenn seit der ersten Aussetzung mehr als 36 Monate vergangen sind und die AIF-KVG während dieser Zeit nicht ausreichend liquide Mittel generieren konnte. Das **Leistungsverweigerungsrecht** der AIF-KVG gegenüber dem Anleger **erlischt** in diesem Zeitpunkt.[33] 17

Der Anteilswert ist aus dem Immobilien-Sondervermögen heraus zurückzuzahlen.[34] Ein Rückgriff auf das Vermögen der AIF-KVG wäre insofern nicht sachgerecht.[35] Da die liquiden Mittel für eine vollständige Auszahlung des Anteilswertes an die Anleger auch zu diesem Zeitpunkt nicht vollständig vorhanden sein werden, hat die Auszahlung pro rata unter Beachtung des Gleichbehandlungsgrundsatzes an alle rückgabewilligen Anleger zu erfolgen.[36] 18

VI. Erlöschen des Verwaltungsrechts (§ 257 Abs. 4 Satz 1 KAGB)

Weitergehend **erlischt** nach Ablauf von 36 Monaten das **Verwaltungsrecht der AIF-KVG**, wenn sie auch nach dieser Zeitspanne die liquiden Mittel nicht beschaffen konnte, um sämtlichen Rücknahmeverlangen der Anleger vollständig nachzukommen, vgl. § 257 Abs. 4 Halbs. 1 KAGB. Das Verwaltungsrecht für das Immobilien-Sondervermögen geht dann **automatisch auf die Verwahrstelle** über, vgl. § 101 Abs. 1 Nr. 1 KAGB. Soweit keine neue AIF-KVG die Verwaltung des Immobilien-Sondervermögens übernimmt, muss die Verwahrstelle das Immobilien-Sondervermögen in der Folgezeit abwickeln und die Vermögensgegenstände veräußern.[37] Die dadurch gewonnenen Mittel werden dann unter den Anlegern aufgeteilt.[38] 19

---

29 *Reiss* in Baur/Tappen, § 257 KAGB Rz. 14; *Wösthoff* in Moritz/Klebeck/Jesch, § 257 KAGB Rz. 27.

30 *Kautenburger-Behr* in Weitnauer/Boxberger/Anders, § 257 KAGB Rz. 19.

31 *Schultz-Süchting* in Emde/Dornseifer/Dreibus/Hölscher, § 81 InvG Rz. 11; *Reiss* in Baur/Tappen, § 257 KAGB Rz. 14.

32 *Wösthoff* in Moritz/Klebeck/Jesch, § 257 KAGB Rz. 28.

33 *Kautenburger-Behr* in Weitnauer/Boxberger/Anders, § 257 KAGB Rz. 21.

34 *Zöll* in Beckmann/Scholtz/Vollmer, § 257 KAGB Rz. 24.

35 *Reiss* in Baur/Tappen, § 257 KAGB Rz. 17.

36 *Reiss* in Baur/Tappen, § 257 KAGB Rz. 17; *Kautenburger-Behr* in Weitnauer/Boxberger/Anders, § 257 KAGB Rz. 22; vgl. dazu auch *Döser*, jurisPR-BKR 5/2009, Anm. 3.

37 *Schultz-Süchting* in Emde/Dornseifer/Dreibus/Hölscher, § 81 InvG Rz. 14; *Reiss* in Baur/Tappen, § 257 KAGB Rz. 22.

38 *Schultz-Süchting* in Emde/Dornseifer/Dreibus/Hölscher, § 81 InvG Rz. 14.

20 Daneben **erlischt das Verwaltungsrecht der AIF-KVG** gem. § 257 Abs. 4 Halbs. 2 KAGB auch dann, wenn sie **innerhalb eines Zeitraumes der letzten fünf Jahre zum dritten Mal** die Rücknahme der Anteile ausgesetzt hat.

VII. Kein erneuter Fristenlauf (§ 257 Abs. 4 Satz 2 KAGB)

21 Das Gesetz sieht in § 257 Abs. 4 Satz 2 KAGB schließlich vor, dass ein erneuter Fristenlauf nach den Absätzen 1 bis 3 nicht in Betracht kommt, wenn die AIF-KVG die Rücknahme innerhalb von drei Monaten nach Ablauf des 36-Monatszeitraums **erneut aussetzt.** Das Gleiche gilt, wenn die AIF-KVG nach Ablauf der 36 Monate die Rücknahme der Anteile zu einem Rücknahmetermin wiederaufnimmt, zum darauffolgenden Rücknahmetermin die Rücknahme erneut aussetzt.

§ 258 Aussetzung nach Kündigung

(1) Außergewöhnliche Umstände im Sinne des § 98 Absatz 2 Satz 1 liegen vor, wenn die AIF-Kapitalverwaltungsgesellschaft die Kündigung der Verwaltung des Immobilien-Sondervermögens erklärt hat.

(2) Eine AIF-Kapitalverwaltungsgesellschaft, die die Verwaltung eines Immobilien-Sondervermögens gekündigt hat, ist bis zum Erlöschen des Verwaltungsrechts berechtigt und verpflichtet, in Abstimmung mit der Verwahrstelle sämtliche Vermögensgegenstände dieses Sondervermögens zu angemessen Bedingungen oder mit Einwilligung der Anleger gemäß § 259 zu veräußern.

(3) Während einer Aussetzung der Rücknahme nach § 98 Absatz 2 oder nach Absatz 1 in Verbindung mit § 98 Absatz 2 sind § 239 sowie die in § 244 genannten Anlaufbegrenzungen nicht anzuwenden, soweit die Veräußerung von Vermögensgegenständen des Sondervermögens es erfordert, dass diese Vorschriften im Interesse der Anleger nicht angewendet werden.

(4) Aus den Erlösen aus Veräußerungen nach Absatz 2 ist den Anlegern in Abstimmung mit der Verwahrstelle ungeachtet des § 252 ein halbjährlicher Abschlag auszuzahlen, soweit

1. diese Erlöse nicht zur Sicherstellung einer ordnungsgemäßen laufenden Bewirtschaftung benötigt werden und

2. nicht Gewährleistungszusagen aus den Veräußerungsgeschäften oder zu erwartende Auseinandersetzungskosten den Einbehalt im Sondervermögen verlangen.

In der Fassung vom 4.7.2013 (BGBl. I 2013, S. 1981).

I. Allgemeines

1. Regelungsgegenstand und Regelungszweck

a) Ablauf einer Kündigung der Verwaltung durch die AIF-KVG

1 Kündigt eine AIF-KVG die Verwaltung eines Immobilien-Sondervermögens gegenüber sämtlichen Anlegern, so findet die Vorschrift des § 258 KAGB Anwendung.[1] Zunächst enthält § 258 Abs. 1 KAGB die Regelung, dass eine Kündigung der AIF-KVG einen außergewöhnlichen Umstand im Sinne des § 98 Abs. 2

1 *Zöll* in Beckmann/Scholtz/Vollmer, § 258 KAGB Rz. 1.

Satz 1 KAGB darstellt. Daher ist die AIF-KVG auch in diesem Fall berechtigt, die Rücknahme der Anteile auszusetzen. Weitergehend sieht § 258 Abs. 2 KAGB vor, dass die AIF-KG nach der Kündigung bis zum tatsächlichen Erlöschen des Verwaltungsrechts **berechtigt und sogar verpflichtet ist, sämtliche Vermögensgegenstände zu angemessenen Bedingungen zu veräußern**. Dies hat sie in Abstimmung mit der Verwahrstelle zu tun. Schließlich regelt § 258 Abs. 4 KAGB, dass aus den Erlösen der Veräußerung halbjährlich ein Abschlag an die Anleger zu zahlen ist, es sei denn die Erlöse werden zur ordnungsgemäßen laufenden Bewirtschaftung der noch nicht veräußerten Vermögensgegenstände gebraucht. Auch erforderliche Einbehalte von Erlösen können zu einem Ausschluss des Abschlags führen.

Die Vorschrift dient folglich zunächst dem Zweck, das **Verfahren nach einer Kündigung der AIF-KVG** zu regeln.[2] Die Regelung soll insbesondere sicherstellen, dass das Immobilien-Sondervermögen auch in diesem Fall im Interesse der Anleger abgewickelt wird. Gerade die Veräußerung der Vermögensgegenstände soll danach idealerweise noch durch die AIF-KVG selbst erfolgen, da diese im Markt besser verwurzelt ist und über eine größere Sachkenntnis verfügt als die Verwahrstelle, die im Anschluss zur Auflösung des Immobilien-Sondervermögens verpflichtet wäre.[3] Um den Anleger an der Auflösung des Immobilien-Sondervermögens frühzeitig zu beteiligen, hat die AIF-KVG bereits **frühzeitig Abschläge an die Anleger** zu zahlen, soweit dies nicht zulasten des Immobilien-Sondervermögens geht. 2

b) Folgen der Aussetzung einer Rücknahme

§ 258 Abs. 3 KAGB enthält darüber hinaus allgemeine Vorschriften, die während einer Aussetzung der Rücknahme aufgrund des **Vorliegens außergewöhnlicher Umstände** zu beachten sind. So sind zum einen die Einschränkungen bei Erwerb und Veräußerung von Vermögensgegenständen nach § 239 KAGB nicht anzuwenden. Zum anderen kann die AIF-KVG die in § 244 KAGB vorgesehene Anlaufbegrenzung außer Acht lassen. Dadurch soll der AIF-KVG die Veräußerung der Vermögensgegenstände des Immobilien-Sondervermögens erleichtert und eine möglichst schnelle Liquiditätsbeschaffung sichergestellt werden.[4] 3

2. Entstehungsgeschichte

Die Vorschrift des § 258 KAGB übernimmt mit redaktionellen Anpassungen den Wortlaut des aufgehobenen § 81a InvG a.F.[5] 4

II. Aussetzung der Anteilsrücknahme (§ 258 Abs. 1 KAGB)

Für den Fall, dass die AIF-KVG ihr Verwaltungsrecht an dem Immobilien-Sondervermögen kündigt, sieht § 258 Abs. 1 KAGB das *Recht* der AIF-KVG vor, **die Rücknahme von Anteilen auszusetzen**. Anders als im Rahmen des § 257 KAGB, ist die AIF-KVG in diesem Zusammenhang *nicht verpflichtet*, die Rücknahme der Anteile auszusetzen. Vielmehr steht es ihr frei, das Vermögen des Immobilien-Sondervermögens durch Rücknahmen bereits abzusenken.[6] In diesem Fall kann die BaFin allerdings eine Aussetzung vorsehen, wenn es das Wohl der Anleger erfordert. 5

Macht die AIF-KVG von ihrem Recht zur Aussetzung Gebrauch, darf sie in Einklang mit § 98 Abs. 2 Satz 2 KAGB **keine neuen Anteile mehr ausgeben**. Außerdem hat sie die Aussetzung der Rücknahme sowie die Wiederaufnahme unverzüglich der BaFin anzuzeigen (vgl. § 98 Abs. 2 Satz 3 KAGB) und im elektronischen Bundesanzeiger bekannt zu machen (§ 98 Abs. 2 Satz 4 KAGB). Schließlich sind die Anleger mittels eines dauerhaften Datenträgers nach § 167 KAGB über die Aussetzung und ggf. die Wiederaufnahme zu unterrichten, vgl. § 98 Abs. 2 Satz 5 KAGB. 6

---

2 *Schultz-Süchting* in Emde/Dornseifer/Dreibus/Hölscher, § 81a InvG Rz. 1; *Kautenburger-Behr* in Weitnauer/Boxberger/Anders, § 258 KAGB Rz. 1; *Reiss* in Baur/Tappen, § 257 KAGB Rz. 1; *Zöll* in Beckmann/Scholtz/Vollmer, § 258 KAGB Rz. 1.

3 *Schultz-Süchting* in Emde/Dornseifer/Dreibus/Hölscher, § 81a InvG Rz. 1; *Kautenburger-Behr* in Weitnauer/Boxberger/Anders, § 258 KAGB Rz. 1; *Reiss* in Baur/Tappen, § 257 KAGB Rz. 1.

4 *Reiss* in Baur/Tappen, § 258 KAGB Rz. 5.

5 Begr. RegE, BT-Drucks. 17/12297, S. 270.

6 *Schultz-Süchting* in Emde/Dornseifer/Dreibus/Hölscher, § 81a InvG Rz. 2; *Kautenburger-Behr* in Weitnauer/Boxberger/Anders, § 258 KAGB Rz. 2; *Reiss* in Baur/Tappen, § 258 KAGB Rz. 4; *Zöll* in Beckmann/Scholtz/Vollmer, § 258 KAGB Rz. 2; *Wösthoff* in Moritz/Klebeck/Jesch, § 258 KAGB Rz. 6.

III. Rechtsfolgen der Aussetzung der Anteilsrücknahme (§ 258 Abs. 3 KAGB)

7 § 258 Abs. 3 KAGB enthält **einige Besonderheiten**, die während der Aussetzung der Rücknahme zusätzlich zu § 98 KAGB zu beachten sind.

8 Zunächst ist die Vorschrift des **§ 239 KAGB nicht anzuwenden**, die Beschränkungen bei dem Erwerb und der Veräußerung von Vermögensgegenständen des Immobilien-Sondervermögens enthält. Folglich darf die AIF-KVG im Falle einer Aussetzung aufgrund außergewöhnlicher Umstände auch selbst Vermögensgegenstände des Immobilien-Sondervermögens erwerben oder an ihre Mutter-, Schwester- oder Tochterunternehmen veräußern.

9 Außerdem ist die **Anlauffrist nach § 244 KAGB nicht anzuwenden**, nach der die AIF-KVG die in §§ 231 bis 238, 243 und 253 Abs. 1 Satz 1 KAGB vorgesehenen Anlagegrenzen nur während der ersten vier Jahre nach Bildung des Immobilien-Sondervermögens nicht einhalten muss. Vielmehr darf die AIF-KVG die Anlagegrenzen bei Vorliegen von außergewöhnlichen Umständen auch nach Ablauf der vier Jahre überschreiten.[7]

IV. Berechtigung und Pflicht zur Veräußerung der Vermögensgegenstände (§ 258 Abs. 2 KAGB)

1. Zustimmung der Verwahrstelle oder der Anleger

10 Nach § 258 Abs. 2 KAGB ist die AIF-KVG bis zum tatsächlichen Erlöschen ihres Verwaltungsrechts außerdem **berechtigt *und* verpflichtet die Vermögensgegenstände des Immobilien-Sondervermögens zu veräußern**. Diese Pflicht ist darauf zurückzuführen, dass die AIF-KVG in der Regel besser im Markt vernetzt ist und über eine bessere Sachkenntnis verfügt als die Verwahrstelle.[8] So soll sichergestellt werden, dass die Vermögensgegenstände im Interesse der Anleger gewinnbringend veräußert werden. Die AIF-KVG darf dabei sämtliche Maßnahmen ergreifen um diesem Ziel gerecht zu werden. So darf sie auch Dritte zur Vorbereitung des Verkaufs beauftragen.[9] Außerdem dient die Zuständigkeit der AIF-KVG in dieser Phase der Beschleunigung des Verkaufsprozesses, was wiederum ebenfalls im Interesse der Anleger liegt, da sie ihren Anteilswert im Zweifel schneller ausgezahlt bekommen.[10]

11 Die Maßnahmen haben dabei **in Abstimmung mit der Verwahrstelle** zu erfolgen. Die Verwahrstelle muss der Veräußerung nach § 84 Abs. 1 Nr. 3 in Verbindung mit Abs. 2 KAGB zustimmen, wenn sie zu den gesetzlichen Vorgaben und den Regelungen in den Anlagebedingungen erfolgt. Eine bloße Information von Seiten der AIF-KVG an die Verwahrstelle reicht hierbei regelmäßig nicht aus.[11] Andererseits muss die AIF-KVG sich nicht zwingend an die Einschätzung der Verwahrstelle halten, da diese gerade nicht über die erforderliche Expertise am Immobilienmarkt verfügt.[12] Alternativ kann die AIF-KVG auch die Zustimmung der Anleger durch Gesellschafterbeschluss nach § 259 KAGB einholen.

12 Trotz dem Ziel der Vorschrift, Vermögensgegenstände möglichst frühzeitig zu veräußern, bleibt die Pflicht der AIF-KVG zur **ordnungsgemäßen laufenden Verwaltung der Vermögensgegenstände des Immobilien-Sondervermögens** bis zum tatsächlichen Erlöschen ihres Verwaltungsrechts bestehen. Sie muss also auch in dieser Phase dafür Sorge tragen, dass die laufende ordnungsgemäße Bewirtschaftung der Vermögensgegenstände sichergestellt ist.[13]

2. Veräußerung zu angemessenen Bedingungen

13 Darüber hinaus muss die Veräußerung der Vermögensgegenstände zu angemessenen Bedingungen erfolgen. Als Ansatzpunkt gilt hierbei der Wert der Vermögensgegenstände, der durch eine Bewertung vor Veräußerung in Übereinstimmung mit §§ 260 Abs. 1 Satz 1, 249 KAGB ermittelt wurde (vgl. dazu auch die Kommentierung zu § 260 Abs. 1 Satz 1 KAGB [§ 260 Rz. 7 ff.] und zu § 257 Abs. 1 Satz 2 KAGB [§ 257 Rz. 8 f.]). Die

7 *Schultz-Süchting* in Emde/Dornseifer/Dreibus/Hölscher, § 81a InvG Rz. 3; *Reiss* in Baur/Tappen, § 258 KAGB Rz. 5.

8 *Schultz-Süchting* in Emde/Dornseifer/Dreibus/Hölscher, § 81a InvG Rz. 4; *Wösthoff* in Moritz/Klebeck/Jesch, § 258 KAGB Rz. 9.

9 Die damit zusammenhängenden Kosten sind aus dem Immobilien-Sondervermögen zu bestreiten, vgl. dazu auch *Schultz-Süchting* in Emde/Dornseifer/Dreibus/Hölscher, § 81a InvG Rz. 4.

10 *Wösthoff* in Moritz/Klebeck/Jesch, § 258 KAGB Rz. 9.

11 *Schultz-Süchting* in Emde/Dornseifer/Dreibus/Hölscher, § 81a InvG Rz. 5.

12 *Reiss* in Baur/Tappen, § 258 KAGB Rz. 7.

13 *Schultz-Süchting* in Emde/Dornseifer/Dreibus/Hölscher, § 81a InvG Rz. 4; *Reiss* in Baur/Tappen, § 258 KAGB Rz. 6.

AIF-KVG kann dabei vor dem Hintergrund der zeitlichen Begrenzung ihres verbleibenden Verwaltungsrechts auch angemessen Abschläge vornehmen.[14] Dabei hat sie eine **Prognose der künftigen Marktgegebenheiten und der tatsächlichen Verwertbarkeit der Vermögensgegenstände** vorzunehmen.[15] Das abgestufte Abschlagsystem des § 257 KAGB ist dagegen nicht anwendbar (vgl. dazu auch § 257 Rz. 6 ff.).[16] Die Vornahme von Abschlägen hat stattdessen vor dem Hintergrund zu erfolgen, dass der Gesetzgeber mit der Regelung des § 258 Abs. 3 KAGB darauf abzielt, dass die Veräußerung der Vermögensgegenstände möglichst noch durch die AIF-KVG erfolgen soll.[17]

Ein Vermögensgegenstand kann unabhängig von der Angemessenheit der Veräußerungsbedingungen zumindest dann durch die AIF-KVG veräußert werden, wenn die **Anleger** der Veräußerung durch Gesellschafterbeschluss **zugestimmt** haben, vgl. § 259 Abs. 1 Satz 1 KAGB.[18] Zu den Einzelheiten eines Anlegerbeschlusses wird auf die Kommentierung zu § 259 KAGB verwiesen. 14

V. Regelmäßige Abschlagszahlung an Anleger (§ 258 Abs. 4 KAGB)

Um die Anleger möglichst frühzeitig an den Erlösen aus der Veräußerung von Vermögensgegenstände zu beteiligen, sieht § 258 Abs. 4 KAGB eine **laufende halbjährliche Abschlagszahlung** an die Anleger vor. 15

Von einer Abschlagszahlung **absehen** kann die AIF-KVG daher nur, wenn (i) die Erlöse zur ordnungsgemäßen laufenden Bewirtschaftung von im Immobilien-Sondervermögen verbleibenden Vermögensgegenständen benötigt werden (§ 258 Abs. 4 Nr. 1 KAGB) oder wenn (ii) Einbehalte aufgrund von Gewährleistungszusagen und zu erwartenden Auseinandersetzungskosten erforderlich sind (§ 258 Abs. 4 Nr. 2 KAGB). Die AIF-KVG hat dabei die Veräußerung von Vermögensgegenständen so vorzubereiten, dass das damit einhergehende Haftungsrisiko möglichst gering bleibt.[19] Dazu hat die Haftungszusagen oder die Übernahme von Garantien, wenn möglich, auszuschließen oder mit einem Höchstbetrag zu versehen, um mögliche Risiken vorhersehbar und der Höhe nach begrenzt in die Berechnung der Erlöse miteinzubeziehen.[20] 16

§ 259 Beschlüsse der Anleger

(1) [1]Die Anlagebedingungen eines Immobilien-Sondervermögens haben für den Fall der Aussetzung der Rücknahme von Anteilen gemäß § 257 vorzusehen, dass die Anleger durch Mehrheitsbeschluss in die Veräußerung bestimmter Vermögensgegenstände einwilligen können, auch wenn die Veräußerung nicht zu angemessenen Bedingungen im Sinne des § 257 Absatz 1 Satz 3 erfolgt. [2]Ein Widerruf der Einwilligung kommt nicht in Betracht. [3]Die Einwilligung verpflichtet die AIF-Kapitalverwaltungsgesellschaft nicht zur Veräußerung.

(2) [1]Ein Beschluss der Anleger ist nur wirksam, wenn mindestens 30 Prozent der Stimmrechte bei der Beschlussfassung vertreten waren. [2]§ 5 Absatz 4 Satz 1 und Absatz 6 Satz 1 sowie die §§ 6 bis 20 des Schuldverschreibungsgesetzes über Beschlüsse der Gläubiger gelten für Beschlüsse der Anleger, mit denen diese eine Einwilligung erteilen oder versagen, mit der Maßgabe entsprechend, dass

1. **an die Stelle der ausstehenden Schuldverschreibungen die ausgegebenen Investmentanteile treten,**
2. **an die Stelle des Schuldners die AIF-Kapitalverwaltungsgesellschaft tritt und**
3. **an die Stelle der Gläubigerversammlung die Anlegerversammlung tritt.**

[3]Eine einberufene Anlegerversammlung bleibt von der Wiederaufnahme der Anteilrücknahme unberührt.

---

14 *Schultz-Süchting* in Emde/Dornseifer/Dreibus/Hölscher, § 81a InvG Rz. 6; *Kautenburger-Behr* in Weitnauer/Boxberger/Anders, § 258 KAGB Rz. 7; *Reiss* in Baur/Tappen, § 258 KAGB Rz. 8.

15 *Schultz-Süchting* in Emde/Dornseifer/Dreibus/Hölscher, § 81a InvG Rz. 6; *Kautenburger-Behr* in Weitnauer/Boxberger/Anders, § 258 KAGB Rz. 7; *Reiss* in Baur/Tappen, § 258 KAGB Rz. 8.

16 *Wösthoff* in Moritz/Klebeck/Jesch, § 258 KAGB Rz. 10.

17 *Schultz-Süchting* in Emde/Dornseifer/Dreibus/Hölscher, § 81a InvG Rz. 6; *Kautenburger-Behr* in Weitnauer/Boxberger/Anders, § 258 KAGB Rz. 7.

18 *Kautenburger-Behr* in Weitnauer/Boxberger/Anders, § 258 KAGB Rz. 8.

19 *Schultz-Süchting* in Emde/Dornseifer/Dreibus/Hölscher, § 81a InvG Rz. 10; *Reiss* in Baur/Tappen, § 258 KAGB Rz. 11.

20 *Schultz-Süchting* in Emde/Dornseifer/Dreibus/Hölscher, § 81a InvG Rz. 10.

(3) Die Abstimmung soll ohne Versammlung durchgeführt werden, wenn nicht außergewöhnliche Umstände eine Versammlung zur Information der Anleger erforderlich machen.

In der Fassung vom 4.7.2013 (BGBl. I 2013, S. 1981).

I. Allgemeines

1. Regelungsgegenstand und Regelungszweck

1 Die Vorschrift stellt eine Ausnahmevorschrift zu § 258 Abs. 2 KAGB dar und gibt den Anlegern eine Möglichkeit an die Hand, auf den Veräußerungsprozess von Vermögensgegenständen Einfluss zu nehmen. Dies gilt allerdings nur, **während die AIF-KVG die Rücknahme der Anteile nach § 257 KAGB ausgesetzt** hat. In diesem Fall sieht § 259 Abs. 1 KAGB vor, dass Vermögensgegenstände ausnahmsweise zu einem geringeren Wert veräußert werden dürfen, als dem nach § 260 Abs. 1 Satz 1 i.V.m. § 249 KAGB ermittelten Wert, wenn die Anleger durch einen **unwiderruflichen Gesellschafterbeschluss zustimmen**. Dies stellt eine Abweichung zu § 257 Abs. 1 Satz 3 KAGB dar, nachdem die AIF-KVG Vermögensgegenstände nur zu angemessenen Bedingungen veräußern darf. Allerdings verpflichtet der Beschluss die AIF-KVG nach § 259 Abs. 1 Satz 3 KAGB nicht zur Veräußerung.

2 Insofern gibt § 259 Abs. 1 KAGB den Anlegern die Möglichkeit an die Hand, während der Aussetzung einer Rücknahme von Anteilen zumindest durch ein **Mitspracherecht** an dem Veräußerungsprozess mitzuwirken.[1] Während der Aussetzung der Rücknahme von Anteilen ist es den Anlegern gerade nicht möglich, ihre Anteile gegen Auszahlung des Anteilswertes zurückzugeben und so ihr Investment zu beenden und an die entsprechenden liquiden Mitteln zu gelangen.[2] Um diesen Nachteil auszugleichen, hat der Gesetzgeber zumindest das Mitspracherecht nach § 259 KAGB eingeführt.[3]

3 Einstweilen frei.

2. Entstehungsgeschichte

4 Die Vorschrift des § 259 KAGB übernimmt mit redaktionellen Anpassungen den Wortlaut des aufgehobenen § 81b InvG a.F.[4]

II. Einwilligung der Anleger (§ 259 Abs. 1 KAGB)

1. Einwilligungsbeschluss der Anleger im Falle der Aussetzung der Rücknahme nach § 257 Abs. 1 Satz 3 KAGB

5 Entsprechend der Regelung in § 259 Abs. 1 KAGB können die Anleger im Falle einer Aussetzung der Anteilsrücknahme **beschließen**, dass eine Veräußerung von Vermögensgegenständen auch dann möglich sein soll, wenn sie nicht zu angemessenen Bedingungen im Sinne von § 257 Abs. 1 Satz 3 KAGB erfolgt.

6 Ein abweichender Anlegerbeschluss kommt daher grundsätzlich nur während einer Aussetzungsphase in Betracht.[5] Außerdem müssen die **Anlagebedingungen** vorsehen, dass in diesem Fall ein abweichender Mehr-

---

1 *Schultz-Süchting* in Emde/Dornseifer/Dreibus/Hölscher, § 81b InvG Rz. 2; *Kautenburger-Behr* in Weitnauer/Boxberger/Anders, § 259 KAGB Rz. 1; *Wösthoff* in Moritz/Klebeck/Jesch, § 259 KAGB Rz. 9.
2 Begr. RegE, BT-Drucks. 17/3682, S. 29.
3 Begr. RegE, BT-Drucks. 17/3682, S. 29.
4 Begr. RegE, BT-Drucks. 17/12297, S. 270.
5 *Schultz-Süchting* in Emde/Dornseifer/Dreibus/Hölscher, § 81b InvG Rz. 1; *Kautenburger-Behr* in Weitnauer/Boxberger/Anders, § 259 KAGB Rz. 2.

heitsbeschluss gefasst werden kann. Dies ist auch in § 12 Abs. 10 der vom BVI herausgegebenen Muster-Anlagebedingungen für Immobilien-Sondervermögen vorgesehen.

In diesem Zusammenhang stell sich die Frage, ob die Anlagebedingungen darüber hinaus auch vorsehen können, dass die Anleger auch außerhalb der Aussetzung der Rücknahme von Anteilen über die Veräußerung von Vermögensgegenständen unter dem nach §§ 260 Abs. 1 Satz 1, 249 KAGB ermittelten Wert beschließen können. Im Rahmen des § 81b InvG a.F. wurde vertreten, dass zumindest dann nichts gegen einen Anlegerbeschluss spricht, wenn **alle Anleger der Veräußerung unter Wert zustimmen.**[6] Dem ist zuzustimmen, da in diesem Fall die Anlegerinteressen eindeutig und einheitlich auf eine Veräußerung unter Wert gerichtet sind und ein weitergehender Anlegerschutz vor diesem Hintergrund nicht erforderlich erscheint.[7] Ob ein einstimmiger Anlegerbeschluss in der Praxis realistisch zu erzielen ist, ist allerdings fraglich. 7

2. Ausweitung des Anwendungsbereichs?

Der Wortlaut des § 259 Abs. 1 KAGB sieht eine Beschlussfassung nur dann vor, wenn die Veräußerung zu nicht angemessenen Bedingungen im Sinne des § 257 Abs. 1 Satz 3 KAGB erfolgen soll. Fraglich ist daher, ob eine **abweichende Beschlussfassung** der Anleger auch in anderen Situationen möglich ist, insbesondere im Falle der **Liquidation des Immobilien-Sondervermögen.** Im Falle einer Liquidation und eines endgültigen Abverkaufs aller Vermögensgegenstände ist die Interessenlage aller Anleger (auch der langfristig orientierten Anleger) dieselbe, namentlich ein möglichst schneller Abverkauf.[8] Entscheidet die Mehrheit der Anleger in dieser Situation, dass ein Vermögensgegenstand abweichend von § 257 Abs. 1 Satz 3 KAGB veräußert werden soll, so ist diesem Umstand Rechnung zu tragen. Dafür spricht auch der systematische Aufbau des § 257 KAGB, bei dem zu Beginn die Anlegerinteressen der langfristigen Anleger überwiegen, während diese mit fortschreitendem Zeitablauf immer mehr an Bedeutung verlieren und die Interessen der rückgabewilligen Anleger überwiegen.[9] Dies hatte der BVI bereits im Vorfeld der Einführung des § 81b KAGB empfohlen, der Gesetzgeber ist dieser Empfehlung allerdings nicht gefolgt.[10] 8

III. Verfahren der Beschlussfassung (§ 259 Abs. 2 und 3 KAGB)

1. Quorum und Ablauf der Anlegerversammlung

Der im Rahmen von § 259 Abs. 1 KAGB zu fassende Mehrheitsbeschluss ist nur wirksam, wenn bei Beschlussfassung **mindestens 30 % der Stimmrechte vertreten waren**, vgl. § 259 Abs. 2 Satz 1 KAGB. Dadurch soll sichergestellt werden, dass eine repräsentative Anzahl an Anlegern an der Beschlussfassung teilgenommen hat. Weitergehend verweist § 259 Abs. 1 Satz 2 KAGB auf die Anwendung des Schuldverschreibungsgesetzes (SchVG) mit der Maßgabe, dass die Besonderheiten des KAGB gelten.[11] 9

So ist die Anlegerversammlung nach § 9 Abs. 1 SchVG durch die AIF-KVG oder eine Vielzahl von Anlegern einzuberufen und nach § 12 Abs. 2 SchVG im elektronischen Bundesanzeiger **bekannt zu machen**, um alle Anleger über die bevorstehende Anlegerversammlung zu informieren. In Abweichung zu § 9 Abs. 3 SchVG ist eine physische Versammlung jedoch nicht erforderlich, um auch Anleger in die Abstimmung mit einbeziehen zu können, die eine Anreise möglicherweise scheuen.[12] Eine Abstimmung im **Umlaufverfahren** ist daher in diesem Fall vorzugswürdig.[13] 10

---

6 *Schultz-Süchting* in Emde/Dornseifer/Dreibus/Hölscher, § 81b InvG Rz. 4; auch aufgreifend *Kautenburger-Behr* in Weitnauer/Boxberger/Anders, § 259 KAGB Rz. 3.

7 *Schultz-Süchting* in Emde/Dornseifer/Dreibus/Hölscher, § 81b InvG Rz. 4. Zum Streitstand s. auch *Wösthoff* in Moritz/Klebeck/Jesch, § 259 KAGB Rz. 8.

8 *Schultz-Süchting* in Emde/Dornseifer/Dreibus/Hölscher, § 81b InvG Rz. 6; *Kautenburger-Behr* in Weitnauer/Boxberger/Anders, § 259 KAGB Rz. 4 f.

9 *Kautenburger-Behr* in Weitnauer/Boxberger/Anders, § 259 KAGB Rz. 5. S. dazu auch die Kommentierung zu § 257.

10 Stellungnahme des BVI zum Diskussionsentwurf des BMF zum AnsFuG vom 26.5.2010, S. 18.

11 Siehe dazu auch Begr. RegE, BT-Drucks. 17/3628, S. 29 f.

12 Begr. RegE, BT-Drucks. 17/3628, S. 30.

13 *Schultz-Süchting* in Emde/Dornseifer/Dreibus/Hölscher, § 81b InvG Rz. 11; *Kautenburger-Behr* in Weitnauer/Boxberger/Anders, § 259 KAGB Rz. 8; *Wösthoff* in Moritz/Klebeck/Jesch, § 259 KAGB Rz. 14.

2. Anforderungen an den Beschlussgegenstand

11 Der Beschluss muss sich auf die Einwilligung in **die Veräußerung eines bestimmten oder mehrerer bestimmter Vermögensgegenstände „unter Wert"** beziehen.[14] Während der Vermögensgegenstand konkret zu bestimmen ist, kann die Angabe der genauen Verkaufskonditionen, insbesondere eines bestimmten mindestens zu erzielenden Kaufpreises, unterbleiben. Der Gesetzgeber hat von einer Angabe eines konkreten Kaufpreises aus Praktikabilitätsgründen abgesehen, da ansonsten der Veräußerungsprozess unnötig erschwert werden könnte.[15]

12 Dazu wurde in der Literatur zur Vorgängervorschrift des § 81b InvG a.F. allerdings vorgebracht, dass die AIF-KVG zumindest einen **Anhaltspunkt** dafür benötige, welchen Veräußerungspreis die Anleger noch als ausreichend betrachten.[16] Dem ist allerdings entgegenzusetzen, dass die Anleger im Zweifel gerade nicht die entsprechende Expertise besitzen, um einen realistischen Mindestveräußerungspreis festzulegen, zumal es sich bei den Anlegern eines Immobilien-Sondervermögens in der Regel um Privatanleger handelt, die gerade nicht über die erforderliche Sachkenntnis verfügen. Über diese Expertise verfügt gerade die verwaltende AIF-KVG, sodass sie insofern nicht an eventuell unrealistische Vorstellungen der Anleger gebunden sein sollte.[17]

IV. Folgen der Beschlussfassung

13 Hält sich die AIF-KVG bei der Veräußerung an den Inhalt des Anlegerbeschlusses, so ist sie von einer **Haftung gegenüber den Anlegern befreit**.[18] Etwas anderes gilt nur dann, wenn sich der Markt überraschend erholt und die AIF-KVG auch einen höheren Wert hätte erzielen können.[19] In diesem Fall kann sie sich nicht auf den Anlegerbeschluss berufen, da sie die Wertsteigerung aufgrund ihrer Sachkenntnis hätte erkennen müssen.

14 Gleichzeitig ist die AIF-KVG aber durch den Anlegerbeschluss **nicht zur Veräußerung des Vermögensgegenstandes verpflichtet**, vgl. § 259 Abs. 1 Satz 3 KAGB. Diesen Umstand hat die AIF-KVG in ihre Abwägung zur Veräußerung zu berücksichtigen.[20]

15 Der Einwilligungsbeschluss ist aus Gründen der Rechtssicherheit unwiderruflich, um der AIF-KVG etwaige Verkaufsverhandlungen nicht zu erschweren.[21] Gleichzeitig ist der Beschluss auf die Phase des § 257 Abs. 1 Satz 3 KAGB beschränkt. Ein weiterer Gebrauch der AIF-KVG nach Beendigung des Zustandes nach § 257 Abs. 1 Satz 3 KAGB ist nicht zu empfehlen.[22] Der Einwilligungsbeschluss der Anleger beruht gerade auf der besonderen Situation der fehlenden Liquidität des Immobilien-Sondervermögens, sodass nach Beendigung dieses Zustandes kein Raum mehr für die Verwendung des Beschlusses vorhanden ist.

§ 260 Veräußerung und Belastung von Vermögensgegenständen

(1) [1]Die Veräußerung von Vermögensgegenständen nach § 231 Absatz 1 und § 234, die zu einem Sondervermögen gehören, ist vorbehaltlich des § 257 nur zulässig, wenn

1. dies in den Anlagebedingungen vorgesehen ist und

2. die Gegenleistung den gemäß § 249 Absatz 1 ermittelten Wert nicht oder nicht wesentlich unterschreitet.

[2]Werden durch ein einheitliches Rechtsgeschäft zwei oder mehr der in Satz 1 genannten Vermögensgegenstände an denselben Erwerber veräußert, darf die insgesamt vereinbarte Gegenleistung die

14 Begr. RegE, BT-Drucks. 17/3628, S. 29.
15 Begr. RegE, BT-Drucks. 17/3628, S. 29.
16 *Schultz-Süchting* in Emde/Dornseifer/Dreibus/Hölscher, § 81b InvG Rz. 9.
17 *Kautenburger-Behr* in Weitnauer/Boxberger/Anders, § 259 KAGB Rz. 9; *Wösthoff* in Moritz/Klebeck/Jesch, § 259 KAGB Rz. 12.
18 Begr. RegE, BT-Drucks. 17/3628, S. 29.
19 Begr. RegE, BT-Drucks. 17/3628, S. 29.
20 Begr. RegE, BT-Drucks. 17/3628, S. 29.
21 Begr. RegE, BT-Drucks. 17/3628, S. 29.
22 *Schultz-Süchting* in Emde/Dornseifer/Dreibus/Hölscher, § 81b InvG Rz. 10; *Kautenburger-Behr* in Weitnauer/Boxberger/Anders, § 259 KAGB Rz. 10.

Summe der Werte, die für die veräußerten Vermögensgegenstände ermittelt wurden, um höchstens 5 Prozent unterschreiten, wenn dies den Interessen der Anleger nicht zuwiderläuft.

(2) Von der Bewertung gemäß § 249 Absatz 1 kann abgesehen werden, wenn

1. **Teile des Immobilienvermögens auf behördliches Verlangen zu öffentlichen Zwecken veräußert werden,**
2. **Teile des Immobilienvermögens im Umlegungsverfahren getauscht oder, um ein Umlegungsverfahren abzuwenden, gegen andere Immobilien getauscht werden oder**
3. **zur Abrundung eigenen Grundbesitzes Immobilien hinzuerworben werden und die hierfür zu entrichtende Gegenleistung die Gegenleistung, die für eine gleich große Fläche einer eigenen Immobilie erbracht wurde, um höchstens 5 Prozent überschreitet.**

(3) Die Belastung von Vermögensgegenständen nach § 231 Absatz 1, die zu einem Sondervermögen gehören, sowie die Abtretung und Belastung von Forderungen aus Rechtsverhältnissen, die sich auf Vermögensgegenstände nach § 231 Absatz 1 beziehen, sind vorbehaltlich des § 239 zulässig, wenn

1. **dies in den Anlagebedingungen vorgesehen und mit einer ordnungsgemäßen Wirtschaftsführung vereinbar ist,**
2. **die Verwahrstelle den vorgenannten Maßnahmen zustimmt, weil sie die Bedingungen, unter denen die Maßnahmen erfolgen sollen, für marktüblich erachtet, und**
3. **die AIF-Kapitalverwaltungsgesellschaft sicherstellt, dass die Belastung insgesamt 30 Prozent des Verkehrswertes der im Sondervermögen befindlichen Immobilien nicht überschreitet.**

(4) Verfügungen über Vermögensgegenstände, die zum Vermögen der Immobilien-Gesellschaften gehören, gelten für die Prüfung ihrer Zulässigkeit als Vermögensgegenstände im Sinne der Absätze 1 und 3.

(5) Die Wirksamkeit einer Verfügung wird durch einen Verstoß gegen die Vorschriften der Absätze 1 und 3 nicht berührt.

In der Fassung vom 4.7.2013 (BGBl. I 2013, S. 1981).

Schrifttum: *Göhrke/Ruhl*, Neuregelung der offenen Immobilienfonds nach dem Regierungsentwurf des Kapitalanlagegesetzbuches: Bestandsaufnahme und erste Bewertung, BKR 2013, 142; *Hübner*, Immobilienanlagen unter dem KAGB – Alte Fragen – Neue Fragen – Neue Antworten, WM 2014, 106; *Niewerth/Rybarz*, Änderung der Rahmenbedingungen für Immobilienfonds – das AIFM-Umsetzungsgesetz und seine Folgen, WM 2013, 1154; *Schultz-Süchting/Thomas*, Fremdfinanzierung offener Immobilienfonds, WM 2009, 2156.

I. Allgemeines

1. Regelungsgegenstand und Regelungszweck

Neben Vorgaben über die Veräußerung von Vermögensgegenständen enthält § 260 KAGB auch Vorgaben über eine zulässige Belastung von Vermögensgegenständen. Systematisch handelt es sich dabei um eine 1

Vorschrift, die die **allgemeine Verfügungsbefugnis der AIF-KVG nach § 93 Abs. 1 KAGB einschränkt.**[1] Insofern schützt sie den Anleger davor, dass die AIF-KVG Vermögensgegenstände „unter Wert" veräußert oder sie ohne sachlichen Grund und Überprüfung durch die Verwahrstelle belastet werden.[2]

2 Inhaltlich regelt § 260 Abs. 1 Satz 1 KAGB zunächst, dass Vermögensgegenstände grundsätzlich nur zu marktüblichen Konditionen veräußert werden dürfen und die Gegenleistung nicht wesentlich unter dem nach § 249 KAGB ermittelten Wert des Vermögensgegenstandes liegen darf. In Bezug auf die Bewertung verweist § 260 Abs. 1 KAGB auf die allgemeinen Bewertungsvorschriften der §§ 249 ff. KAGB. Daneben enthält § 260 Abs. 1 Satz 2 KAGB noch eine Sondervorschrift für den Fall, dass zwei oder mehr Vermögensgegenstände an denselben Erwerber veräußert werden. Mögliche Ausnahmen von der Bewertungspflicht enthält § 260 Abs. 2 KAGB. In § 260 Abs. 3 KAGB ist weitergehend geregelt, unter welchen Umständen die AIF-KVG Vermögensgegenstände des Immobilien-Sondervermögens **belasten darf**. Insofern enthält § 260 Abs. 3 Nr. 3 KAGB auch eine Maximalgrenze für Belastungen in Höhe von 30 % des Verkehrswertes aller sich im Immobilien-Sondervermögen befindlichen Vermögensgegenstände. § 260 Abs. 4 KAGB stellt klar, dass Verfügungen und Belastungen über Vermögensgegenstände einer Immobilien-Gesellschaft, an der die AIF-KVG eine Beteiligung hält, ebenfalls den Beschränkungen des § 260 Abs. 1 und 3 KAGB unterliegen. Schließlich sieht § 260 Abs. 5 KAGB vor, dass Verfügungen über Vermögensgegenstände auch dann wirksam sind, wenn sie unter Verstoß gegen die Vorgaben des § 260 Abs. 1 und 3 KAGB erfolgt sind.

2. Entstehungsgeschichte

3 Die Vorschrift übernimmt mit redaktionellen Anpassungen und unter Berücksichtigung der neuen Bewertungsregeln den Wortlaut des aufgehobenen § 82 InvG a.F.[3] Gleichzeitig wurden die Veräußerungsvorgaben an die Erwerbsvorgaben angepasst.[4]

II. Veräußerung von Vermögensgegenständen (§ 260 Abs. 1 KAGB)

4 Die AIF-KVG darf Vermögensgegenstände des Immobilien-Sondervermögens unter den Voraussetzungen des § 260 Abs. 1 KAGB veräußern. Die Vorschrift stellt dabei auch klar, dass während der Aussetzung der Rücknahme von Anteilen die besonderen Vorgaben des § 257 KAGB zu beachten sind. Dies gilt auch für die Situationen nach §§ 258 und 259 KAGB. Insofern stellen §§ 257 ff. KAGB die spezielleren Vorschriften – sog. ***lex specialis***-Vorschriften – dar.[5]

1. Veräußerbare Vermögensgegenstände

5 Umfasst sind dabei **Vermögensgegenstände nach § 231 Abs. 1 KAGB** sowie **Beteiligungen an Immobilien-Gesellschaften nach § 234 KAGB**. Bewirtschaftungsgegenstände und Liquiditätsanlagen nach § 253 Abs. 1 KAGB sind dagegen nicht von den Beschränkungen des § 260 Abs. 1 KAGB umfasst. Über diese darf die AIF-KVG im Rahmen der allgemeinen Verfügungsbefugnis nach § 93 Abs. 1 KAGB abweichend von den Vorgaben in § 260 Abs. 1 KAGB verfügen.[6] Nach § 260 Abs. 4 KAGB sind weitergehend auch **Vermögensgegenstände** umfasst, **die zum Vermögen einer Immobilien-Gesellschaft** gehören.

2. Anlagebedingungen (§ 260 Abs. 1 Satz 1 Nr. 1 KAGB)

6 Nach § 260 Abs. 1 Satz 1 Nr. 1 KAGB darf eine AIF-KVG Vermögensgegenstände nur veräußern, wenn dies in den **Anlagebedingungen** vorgesehen ist. Die vom BVI herausgegebenen Musteranlagebedingungen für Immobilien-Sondervermögen enthalten eine entsprechende Formulierung in § 4 Abs. 3. Besonders zu berücksichtigen ist dabei, dass die zu veräußernden Vermögensgegenstände möglichst „zeitnah" zu bewerten sind.

---

1 *Schultz-Süchting* in Emde/Dornseifer/Dreibus/Hölscher, § 82 InvG Rz. 2; *Reiss* in Baur/Tappen, § 260 KAGB Rz. 1; *Wösthoff* in Moritz/Klebeck/Jesch, § 260 KAGB Rz. 4.
2 *Klusak* in Berger/Steck/Lübbehüsen, § 82 InvG Rz. 1; *Kautenburger-Behr* in Weitnauer/Boxberger/Anders, § 260 KAGB Rz. 1.
3 Begr. RegE, BT-Drucks. 17/12297, S. 271.
4 Begr. RegE, BT-Drucks. 17/12297, S. 271.
5 *Reiss* in Baur/Tappen, § 260 KAGB Rz. 3; *Kautenburger-Behr* in Weitnauer/Boxberger/Anders, § 260 KAGB Rz. 6; *Wösthoff* in Moritz/Klebeck/Jesch, § 260 KAGB Rz. 6.
6 *Kautenburger-Behr* in Weitnauer/Boxberger/Anders, § 260 KAGB Rz. 2.

3. Bewertung der Vermögensgegenstände (§ 260 Abs. 1 Satz 1 Nr. 2 und Satz 2 KAGB)

7 Weitergehend dürfen Vermögensgegenstände nur gegen eine **angemessene Gegenleistung** veräußert werden, vgl. § 260 Abs. 1 Satz 1 Nr. 2 KAGB. Danach ist eine Gegenleistung angemessen, wenn der nach § 249 Abs. 1 KAGB ermittelte Wert nicht wesentlich unterschritten wird.[7] Da auch Anteile an Immobilien-Gesellschaften gem. § 234 KAGB veräußert werden dürfen, ist der Verweis zur Bewertung auf § 249 Abs. 2 KAGB zu erweitern. Insofern handelt es sich um ein gesetzgeberisches Redaktionsversehen.[8]

8 Die **Gegenleistung** im Sinne des § 260 Abs. 1 Satz 1 Nr. 2 KAGB umfasst dabei nicht nur den Kaufpreis. Auch sonstige wertbildende oder wertmindernde Faktoren müssen von der AIF-KVG berücksichtigt werden, wie beispielweise bestehenden Belastungen oder sonstige Vermögensgegenstände oder auch bestehende Haftungsrisiken aufgrund von Altlasten oder Nutzungsbeschränkungen, die mit erworben werden.[9] Auch Modernisierungen oder Sanierungsmaßnahmen sind hierbei zu berücksichtigen, wobei sich diese regelmäßig bereits in der Bewertung nach § 249 Abs. 1 KAGB wiederspiegeln.

9 Die Gegenleistung darf den nach § 249 Abs. 1 KAGB ermittelten Wert nach § 260 Abs. 1 Satz 1 Nr. 2 KAGB **nicht wesentlich** unterschreiten.[10] Wann dies der Fall ist, regelt das Gesetz jedoch nicht. Zieht man die Systematik des Gesetzes heran, so ist die Untergrenze nach der der Wert maximal unterschritten werden darf, bei 5 % unter dem Verkehrswert zu ziehen. Dies ergibt sich aus einem Zusammenspiel der Vorschrift mit § 260 Abs. 1 Satz 2 KAGB. Danach darf die Gegenleistung ausnahmsweise 5 % unter dem Verkehrswert liegen, wenn mehrere Vermögensgegenstände an denselben Erwerber veräußert werden. Daher hat sich die Höhe der Gegenleistung bei einer Veräußerung von nur einem Gegenstand wohl eher **am ermittelten Verkehrswert** zu bewegen.[11]

4. Zustimmung der Verwahrstelle

10 Außerdem muss die Verwahrstelle der Veräußerung **zustimmen**, vgl. § 84 Abs. 1 Nr. 3 KAGB.

5. Veräußerung von mehreren Vermögensgegenständen an denselben Erwerber (§ 260 Abs. 1 Satz 2 KAGB)

11 Werden mehrere Vermögensgegenstände des Immobilien-Sondervermögens **an denselben Erwerber** veräußert, so darf die Gesamtgegenleistung den nach § 249 Abs. 1 KAGB ermittelten Verkehrswert um maximal 5 % unterschreiten, wenn dies den Interessen der Anleger nicht zuwiderläuft. Diese Vorgabe wird häufig relevant, wenn das gesamte Portfolio oder ein einheitlicher Teil des Portfolios veräußert werden.[12] Dadurch soll die AIF-KVG in die Lage versetzt werden, auch größere Portfoliopakete gut am Markt veräußern zu können.[13] Für die Anwendung von § 260 Abs. 1 Satz 2 KAGB ist es entscheidend, dass die Vermögensgegenstände zunächst durch ein **einheitliches Rechtsgeschäft** veräußert werden. Ob die Vermögensgegenstände im Rahmen eines Kaufvertrages oder aufgrund mehrerer Kaufverträge veräußert werden, spielt dabei keine Rolle. Entscheidend ist, dass ein Rechtsgeschäft vorliegt, welches sich rechtlich und wirtschaftlich auf eine einheitliche Übertragung der Vermögengegenstände bezieht.[14]

12 Dementsprechend hat die Veräußerung der Vermögensgegenstände nach der gesetzgeberischen Wertung auch an **denselben Erwerber** zu erfolgen. Ob dies wirklich im Sinne einer Personenidentität zu verstehen

---

7 *Göhrke/Ruhl*, BKR 2013, 142, 145; *Wösthoff* in Moritz/Klebeck/Jesch, § 260 KAGB Rz. 11; zu den Anforderungen an die Bewertung vgl. die Kommentierung zu § 249 KAGB.

8 So auch *Wösthoff* in Moritz/Klebeck/Jesch, § 260 KAGB Rz. 11.

9 *Schultz-Süchting* in Emde/Dornseifer/Dreibus/Hölscher, § 82 InvG Rz. 9; *Reiss* in Baur/Tappen, § 260 KAGB Rz. 6; *Kautenburger-Behr* in Weitnauer/Boxberger/Anders, § 260 KAGB Rz. 9.

10 Vgl. dazu auch *Niewerth/Rybarz*, WM 2013, 1154 (1163 f.).

11 *Klusak* in Berger/Steck/Lübbehusen, § 82 InvG Rz. 4; *Schultz-Süchting* in Emde/Dornseifer/Dreibus/Hölscher, § 82 InvG Rz. 11; *Kautenburger-Behr* in Weitnauer/Boxberger/Anders, § 260 KAGB Rz. 9; *Zöll* in Beckmann/Scholtz/Vollmer, § 82 InvG Rz. 14 und *Reiss* in Baur/Tappen, § 260 KAGB Rz. 6 sehen eine Unterschreitung von maximal 3 % als angemessen an.

12 Vgl. auch *Schultz-Süchting* in Emde/Dornseifer/Dreibus/Hölscher, § 82 InvG Rz. 11; *Klusak* in Berger/Steck/Lübbehusen, § 82 InvG Rz. 4; *Kautenburger-Behr* in Weitnauer/Boxberger/Anders, § 260 KAGB Rz. 10.

13 *Klusak* in Berger/Steck/Lübbehüsen, § 82 InvG Rz. 4.

14 *Schultz-Süchting* in Emde/Dornseifer/Dreibus/Hölscher, § 82 InvG Rz. 11; *Kautenburger-Behr* in Weitnauer/Boxberger/Anders, § 260 KAGB Rz. 10; *Wösthoff* in Moritz/Klebeck/Jesch, § 260 KAGB Rz. 14; *Reiss* in Baur/Tappen, § 260 KAGB Rz. 8 nennt beispielsweise eine Veräußerung eines Vermögensgegenstandes, die unter der Bedingung der Veräußerung eines weiteren Vermögensgegenstandes steht.

ist, war bereits im Rahmen der Vorgängervorschrift nicht unumstritten.[15] Für eine Auslegung im Sinne einer Personenidentität sprechen allerdings die Erforderlichkeit eines einheitlichen Rechtsgeschäfts sowie der Ausnahmecharakter des § 260 Abs. 1 Satz 2 KAGB.[16]

III. Ausnahmen von der Bewertungspflicht (§ 260 Abs. 2 KAG)

13 § 260 Abs. 2 KAGB sieht vor, in welchen Fällen von einer Bewertung im Sinne des § 249 Abs. 1 KAGB abgesehen werden kann.

1. Veräußerung auf behördliches Verlangen (§ 260 Abs. 2 Nr. 1 KAGB)

14 Als ersten Ausnahmefall nennt § 260 Abs. 2 Nr. 1 KAGB die Veräußerung von Teilen des Immobilien-Sondervermögens aufgrund eines **behördlichen Verlangens zu öffentlichen Zwecken.** Voraussetzung hierfür ist, dass die Behörde die Veräußerung nicht nur verlangt, sondern bereits mit einer **Enteignung gegen Entschädigung gedroht** hat.[17] Die AIF-KVG sollte in diesem Fall der Enteignung zuvorkommen, da die Entschädigung nach Art. 14 Abs. 3 Satz 3 GG in der Regel wesentlich niedriger ausfallen wird, als der Verkehrswert des Vermögensgegenstandes.[18] Daher sollte sie im Interesse der Anleger versuchen, den Vermögensgegenstand noch zu einem Preis zu veräußern, der zwar unter dem Verkehrswert aber zumindest über der zu erwartenden Entschädigungszahlung liegt.[19]

15 Auf eine Bewertung nach § 249 Abs. 1 KAGB kann in diesem Fall verzichtet werden, da sie im Rahmen der Ermittlung der Entschädigung ohnehin keine Rolle spielt.[20]

2. Tausch im Zuge eines Umlegungsverfahrens (§ 260 Abs. 2 Nr. 2 KAGB)

16 Als zweiten Fall, in dem eine Bewertung nach § 249 Abs. 1 KAGB nicht erforderlich ist, nennt § 260 Abs. 2 Nr. 2 KAGB das Umlegungsverfahren, bei dem Vermögensgegenstände durch andere getauscht werden. Im Rahmen eines **Umlegungsverfahrens nach §§ 45 ff. BauGB** erfolgt der Verlust des Eigentums kraft Gesetzes. Die AIF-KVG kann ein solches Verfahren nicht abwenden, weshalb § 260 Abs. 2 Nr. 2 KAGB insofern nur klarstellende Bedeutung zukommt.[21]

17 Da der tatsächliche Verkehrswert auch in diesem Rahmen keine Rolle spielt, kann auf eine Bewertung nach § 249 Abs. 1 KAGB auch in diesem Fall verzichtet werden.[22]

3. Hinzuerwerb von Vermögensgegenständen über Wert (§ 260 Abs. 2 Nr. 3 KAGB)

18 Im Gegensatz zu den beiden genannten Ausnahmetatbeständen erlaubt § 260 Abs. 2 Nr. 3 KAGB der AIF-KVG weitere Immobilien zu einem höheren Wert als dem Verkehrswert zu erwerben (**sog. Arrondierung**). Die AIF-KVG darf danach zum Zwecke der Vervollständigung eines bereits vorhandenen Grundbesitzes weitere Vermögensgegenstände auch dann erwerben, wenn die Gegenleistung maximal 5 % über der Gegenleistung liegt, die für eine gleich große Fläche einer eigenen Immobilie erbracht wurde.

19 Ein Hinzuerwerb von Immobilien kommt weitergehend dann in Betracht, wenn die Immobilie erforderlich ist, um den bereits **vorhandenen Grundbesitz zu vervollständigen**. Dies ist insbesondere denkbar, wenn

15 *Kautenburger-Behr* in Weitnauer/Boxberger/Anders, § 260 KAGB Rz. 10; *Zöll* in Beckmann/Scholtz/Vollmer, § 82 InvG Rz. 19.

16 *Kautenburger-Behr* in Weitnauer/Boxberger/Anders, § 260 KAGB Rz. 10; im Ergebnis auch *Wösthoff* in Moritz/Klebeck/Jesch, § 260 KAGB Rz. 15, der davon ausgeht, dass ein einheitliches Rechtsgeschäft nur bei Erwerberidentität vorliegt.

17 *Schultz-Süchting* in Emde/Dornseifer/Dreibus/Hölscher, § 82 InvG Rz. 16; *Kautenburger-Behr* in Weitnauer/Boxberger/Anders, § 260 KAGB Rz. 13; *Wösthoff* in Moritz/Klebeck/Jesch, § 260 KAGB Rz. 19.

18 Die Höhe der Entschädigung ist dabei unter Abwägung der Interessen der Allgemeinheit (öffentliche Belange) und der Beteiligten zu ermitteln, vgl. auch *Klusak* in Berger/Steck/Lübbehüsen, § 82 InvG Rz. 6; *Schultz-Süchting* in Emde/Dornseifer/Dreibus/Hölscher, § 82 InvG Rz. 16; *Kautenburger-Behr* in Weitnauer/Boxberger/Anders, § 260 KAGB Rz. 13.

19 *Schultz-Süchting* in Emde/Dornseifer/Dreibus/Hölscher, § 82 InvG Rz. 16.

20 *Klusak* in Berger/Steck/Lübbehüsen, § 82 InvG Rz. 6; *Zöll* in Beckmann/Scholtz/Vollmer, § 82 InvG Rz. 23; *Reiss* in Baur/Tappen, § 260 KAGB Rz. 13.

21 *Klusak* in Berger/Steck/Lübbehüsen, § 82 InvG Rz. 6; *Zöll* in Beckmann/Scholtz/Vollmer, § 82 InvG Rz. 24; *Reiss* in Baur/Tappen, § 260 KAGB Rz. 14.

22 *Klusak* in Berger/Steck/Lübbehüsen, § 82 InvG Rz. 6; *Zöll* in Beckmann/Scholtz/Vollmer, § 82 InvG Rz. 24; *Reiss* in Baur/Tappen, § 260 KAGB Rz. 14.

es sich um ein Grundstück handelt, das beispielsweise für die Erschließung des eigenen Grundbesitzes oder zur Realisierung eines Bauprojekts auf dem eigenen Grundbesitz erforderlich ist.[23] Daneben kann der Hinzuerwerb auch sinnvoll sein, wenn sich dadurch eine Wertesteigerung des eigenen Immobilienbesitzes ergibt.[24]

In diesen Fällen ist es der AIF-KVG erlaubt, das erforderliche Grundstück zu einem überhöhten Kaufpreis in den Grenzen des § 260 Abs. 2 Nr. 3 KAGB zu erwerben. Dies ist auch sinnvoll, da die AIF-KVG dadurch den Marktwert des bereits vorhandenen Immobiliengrundbesitzes steigern kann.[25] Um diese Wertesteigerung zu realisieren muss ihr eine gewisse Flexibilität bei der Preisgestaltung ermöglicht werden. Dafür sieht der Gesetzgeber die 5 %-Grenze vor. Als Vergleichsmaßstab für die **5 %-Grenze** wählt er die Gegenleistung, die für eine gleich große Fläche einer eigenen Immobilie erbracht wurde. Allerdings ist die Gegenleistung, die bei Erwerb der eigenen Immobilie erbracht wurde, durch Inflation und ggf. einer Wertesteigerung im Laufe der Zeit als Vergleichsmaßstab nicht mehr sachgerecht.[26] Daher haben sich bereits im Rahmen der Vorgängervorschrift verschiedene andere Berechnungsmaßstäbe entwickelt.[27] Als Ansatzpunkt sollte zunächst der gegenwärtige Wert der eigenen Immobilie inkl. des zur Abrundung zu erwerbenden Teils herangezogen werden.[28] Davon abzuziehen ist anschließend der gegenwärtige Wert der eigenen Immobilie. Der nach Abzug verbleibende Rest ist der voraussichtliche Mehrwert, den das Immobilien-Sondervermögen durch den Hinzuerwerb erlangen kann. Dieser Mehrwert darf anschließend um nicht mehr als 5 % überschritten werden.[29] Maßgeblich muss folglich der Mehrwert sein, den das Immobilien-Sondervermögen durch den Hinzuerwerb generieren kann. 20

IV. Belastung von Vermögensgegenständen (§ 260 Abs. 3 KAGB)

Neben der Veräußerung sieht § 260 Abs. 3 KAGB unter bestimmten Voraussetzungen auch die Belastung von Vermögensgegenständen vor. Insofern stellt § 260 Abs. 3 KAGB eine Ausnahme zu dem grundsätzlichen Belastungsverbot des § 93 Abs. 5 Satz 1 KAGB dar. 21

1. Belastbare Vermögensgegenstände

Als belastbare Vermögensgegenstände nennt § 260 Abs. 3 KAGB zunächst **sämtliche Vermögensgegenstände des § 231 Abs. 1 KAGB**. Nach § 231 Abs. 1 Nr. 7 KAGB wären davon grundsätzlich auch Beteiligungen an Immobilien-Sondervermögen und Liquiditätsanlagen nach § 253 KAGB erfasst. Im Hinblick auf den Wortlaut des § 260 Abs. 1 KAGB stellt sich allerdings die Frage, ob der Gesetzgeber tatsächlich auch eine Belastung von Beteiligungen und Liquiditätsanlagen zulassen wollte.[30] So enthält § 260 Abs. 1 KAGB einen ausdrücklichen Verweis darauf, dass neben Vermögensgegenständen auch **Beteiligungen** und **Liquiditätsanlagen** belastet werden dürfen.[31] 22

Daneben sieht § 260 Abs. 3 KAGB auch vor, dass Forderungen aus Rechtsverhältnissen, die sich auf Vermögensgegenstände nach § 231 Abs. 1 KAGB beziehen, abgetreten oder belastet werden können. Dies hat den Vorteil, dass eine Belastung oder Abtretung von Forderungen kostengünstiger erfolgen kann, als die Bestellung einer dinglichen Belastung. Eine notarielle Beurkundung oder ein Grundbucheintrag sind in diesen Fällen gerade nicht erforderlich. Als mögliche belastbare Forderungen kommen dabei Einnahmen 23

---

23 *Kautenburger-Behr* in Weitnauer/Boxberger/Anders, § 260 KAGB Rz. 16; *Wösthoff* in Moritz/Klebeck/Jesch, § 260 KAGB Rz. 21.
24 *Kautenburger-Behr* in Weitnauer/Boxberger/Anders, § 260 KAGB Rz. 16.
25 *Reiss* in Baur/Tappen, § 260 KAGB Rz. 15.
26 *Reiss* in Baur/Tappen, § 260 KAGB Rz. 15.
27 Vgl. dazu *Schultz-Süchting* in Emde/Dornseifer/Dreibus/Hölscher, § 82 InvG Rz. 19; *Klusak* in Berger/Steck/Lübbehüsen, § 82 InvG Rz. 7; zur neuen Vorschrift *Kautenburger-Behr* in Weitnauer/Boxberger/Anders, § 260 KAGB Rz. 15 f.
28 *Schultz-Süchting* in Emde/Dornseifer/Dreibus/Hölscher, § 82 InvG Rz. 19; *Reiss* in Baur/Tappen, § 260 KAGB Rz. 15.
29 *Schultz-Süchting* in Emde/Dornseifer/Dreibus/Hölscher, § 82 InvG Rz. 19; *Reiss* in Baur/Tappen, § 260 KAGB Rz. 15; ähnlich *Kautenburger-Behr* in Weitnauer/Boxberger/Anders, § 260 KAGB Rz. 15.
30 *Schultz-Süchting* in Emde/Dornseifer/Dreibus/Hölscher, § 82 InvG Rz. 20.
31 Dafür auch *Hübner*, WM 2014, 106 (114), der argumentiert, dass der ausdrückliche Verweis des Gesetzgebers in § 260 Abs. 3 KAGB auf § 231 Abs. 1 KAGB nicht anders ausgelegt werden kann. Vgl. auch *Schultz-Süchting/Thomas*, WM 2009, 2156 (2157).

aus Vermietung und Verpachtung oder Forderung aus Bau- und Wartungsverträgen oder Versorgungsunternehmen in Betracht.[32]

2. Begriff der Belastung

24 Von dem allgemeinen Begriff der Belastung umfasst sind **alle dinglichen Rechte** wie die Hypothek, Grundschuld, Reallast, Dienstbarkeit, Grunddienstbarkeit, Nießbrauchrechte, das dingliche Vorkaufsrecht sowie Dauerwohn- und Nutzungsrechte.[33] Ein rein schuldrechtliches Vorkaufsrecht oder eine Vormerkung sind dagegen nicht erfasst. Auch aus Anlegerschutzgesichtspunkten ergibt sich kein anderes Ergebnis, da dem Immobilien-Sondervermögen eine Gegenleistung zukommt, sodass der Wert des Immobilien-Sondervermögens nicht gefährdet ist.[34] Schließlich unterliegt auch die Bestellung eines Erbbaurechts den Voraussetzungen des § 260 Abs. 3 KAGB. Der Vorschrift des § 232 KAGB kommt insofern nur ergänzende Bedeutung zu (siehe dazu ausführlich § 232 Rz. 4).

25 Der Erwerb einer belasteten Immobilie fällt dagegen nicht unter den Anwendungsbereich des § 260 Abs. 3 KAGB.[35] In diesem Fall ist die Belastung bereits im Rahmen der Bewertung vor Erwerb berücksichtigt, sodass es insofern keines weiteren Anlegerschutzes mehr bedarf.[36]

3. Voraussetzungen der Belastung

26 Zunächst muss die Möglichkeit einer Belastung (oder Abtretung) von Vermögensgegenständen nach § 260 Abs. 3 Nr. 1 KAGB in den **Anlagebedingungen** vorgesehen sein, wobei eine allgemeine Formulierung ausreichend ist.[37] Die vom BVI herausgegebenen Allgemeinen Musteranlagebedingungen für Immobilien-Sondervermögen sehen in § 9 Abs. 2 eine entsprechende Formulierung vor.

27 Daneben muss die Belastung mit einer **ordnungsgemäßen Wirtschaftsführung vereinbar** sein. Dabei ist nicht auf den einzelnen Anleger abzustellen, da eine Belastung aus seiner Sicht stets nachteilig ist.[38] Vielmehr kommt es darauf an, dass die Belastung für das Immobilien-Sondervermögen insgesamt (und auch nicht für die einzelne Immobilie) mit Vorteilen verbunden ist.[39] Dies kann etwa dann der Fall sein, wenn das Immobilien-Sondervermögen günstigere Darlehenskonditionen erhält, da es als Sicherheit die Belastung eines Vermögensgegenstandes anbieten kann.[40]

28 Nach § 260 Abs. 3 Nr. 2 KAGB muss zudem **Verwahrstelle** der Belastung zustimmen. Dabei hat sie eigenständig zu prüfen, ob die Belastung zu **marktüblichen Konditionen** erfolgt. Aufgrund mangelnder Kenntnis des Marktes, gerade im Fall von im Ausland belegenen Vermögensgegenständen, wird dies häufig nur auf eine **Plausibilitätsprüfung** der Verwahrstelle hinauslaufen.[41]

29 Die Belastung darf nur vorbehaltlich der Regelung in § 239 KAGB erfolgen. Danach ist es der AIF-KVG untersagt, **eigene Vermögensgegenstände** oder **Vermögensgegenstände von Mutter-, Tochter-, Schwester-** oder sonstigen Gesellschaften, an denen sie eine erhebliche Beteiligung hält, **zu belasten**. Diese Regelung dient auch an dieser Stelle dazu, Interessenkonflikte zwischen der AIF-KVG und den Anlegern von vornherein auszuschließen.[42]

---

32 *Klusak* in Berger/Steck/Lübbehüsen, § 82 InvG Rz. 10; *Reiss* in Baur/Tappen, § 260 KAGB Rz. 16; *Zöll* in Beckmann/Scholtz/Vollmer, § 82 InvG Rz. 33 gehen sogar noch weiter und lassen auch eine Belastung oder Abtretung von Rückforderungen aus Grundsteuer vor.

33 Vgl. dazu *Schultz-Süchting* in Emde/Dornseifer/Dreibus/Hölscher, § 82 InvG Rz. 21; *Klusak* in Berger/Steck/Lübbehüsen, § 82 InvG Rz. 8; *Reiss* in Baur/Tappen, § 260 KAGB Rz. 17; *Wösthoff* in Moritz/Klebeck/Jesch, § 260 KAGB Rz. 23.

34 *Reiss* in Baur/Tappen, § 260 KAGB Rz. 16.

35 *Schultz-Süchting* in Emde/Dornseifer/Dreibus/Hölscher, § 82 InvG Rz. 23; a.A. *Klusak* in Berger/Steck/Lübbehüsen, § 82 InvG Rz. 8.

36 *Schultz-Süchting* in Emde/Dornseifer/Dreibus/Hölscher, § 82 InvG Rz. 23.

37 *Reiss* in Baur/Tappen, § 260 KAGB Rz. 20.

38 *Reiss* in Baur/Tappen, § 260 KAGB Rz. 20.

39 *Schultz-Süchting* in Emde/Dornseifer/Dreibus/Hölscher, § 82 InvG Rz. 25; *Klusak* in Berger/Steck/Lübbehüsen, § 82 InvG Rz. 8.

40 *Klusak* in Berger/Steck/Lübbehüsen, § 82 InvG Rz. 11.

41 *Schultz-Süchting* in Emde/Dornseifer/Dreibus/Hölscher, § 82 InvG Rz. 27; *Reiss* in Baur/Tappen, § 260 KAGB Rz. 20.

42 *Schultz-Süchting* in Emde/Dornseifer/Dreibus/Hölscher, § 82 InvG Rz. 28; *Reiss* in Baur/Tappen, § 260 KAGB Rz. 19.

4. Obergrenze

Schließlich darf die AIF-KVG Vermögensgegenstände des Immobilien-Sondervermögens nur insoweit belasten, dass die **Belastung insgesamt 30 % des Verkehrswertes der im Sondervermögen befindlichen Immobilien nicht überschreitet**. Die Obergrenze bezieht sich nach dem Wortlaut auf das Immobilien-Sondervermögen insgesamt und nicht auf einzelne Vermögensgegenstände. So ist es zulässig, dass einige Vermögensgegenstände vollständig und andere weniger belastet werden. Entscheidend ist letztlich nur, dass die **Gesamtbelastungsgrenze 30 % des Verkehrswertes** der Vermögensgegenstände nicht überschreitet. Relevanter Zeitpunkt für die Berechnung der Obergrenze ist der Zeitpunkt, zu dem eine neue Belastung aufgenommen werden soll.[43] 30

Bei der Belastung von Beteiligungen an Immobilien-Gesellschaften ist der Wert der jeweiligen Belastung an die **entsprechende Beteiligungsquote** anzupassen. Folglich ist die Belastung nur mit der entsprechenden Beteiligungsquote in Ansatz zu bringen.[44] 31

Für die Belastung oder Abtretung von **Forderungen** findet die Obergrenze **keine Anwendung**, da der Wortlaut des § 260 Abs. 3 Nr. 3 KAGB ausdrücklich nur für die Belastung von Immobilien des Immobilien-Sondervermögens Anwendung findet.[45] 32

V. Anwendung auf Vermögensgegenstände von Immobilien-Gesellschaften (§ 260 Abs. 4 KAGB)

Weitergehend stellt § 260 Abs. 4 KAGB klar, dass die Voraussetzungen für die Veräußerung (§ 260 Abs. 1 KAGB) und für die Belastung von Vermögensgegenständen (§ 260 Abs. 2 KAGB) **auch bei Verfügungen über Vermögensgegenstände von Immobilien-Gesellschaften einzuhalten** sind. Dies gilt auch für die in § 260 Abs. 3 Nr. 3 KAGB genannte Obergrenze, sodass Belastungen an Immobilien der Immobilien-Gesellschaft bei der Berechnung mit zu berücksichtigen sind.[46] 33

Da die Immobilien-Gesellschaft selbst nicht Adressatin des KAGB ist, hat **die AIF-KVG darauf hinzuwirken**, dass die Immobilien-Gesellschaft die Voraussetzungen einhält.[47] 34

VI. Wirksamkeit der Verfügungen trotz Verstoßes (§ 260 Abs. 5 KAGB)

Schließlich stellt die Vorschrift des § 260 Abs. 5 KAGB klar, dass Verfügungen der AIF-KVG trotz Verstoßes gegen § 260 Abs. 1 und 3 KAGB wirksam sind. Diese Vorschrift dient dem **Verkehrsschutz** und der **Rechtssicherheit**. 35

Verstöße gegen § 260 Abs. 1 und 3 KAGB können allerdings aufsichtsrechtliche Sanktionen der BaFin (§ 5 Abs. 6 KAGB) oder Schadensersatzansprüche der Anleger nach sich ziehen.[48] 36

43 *Kautenburger-Behr* in Weitnauer/Boxberger/Anders, § 260 KAGB Rz. 25.
44 *Schultz-Süchting* in Emde/Dornseifer/Dreibus/Hölscher, § 82 InvG Rz. 29; *Kautenburger-Behr* in Weitnauer/Boxberger/Anders, § 260 KAGB Rz. 24.
45 *Reiss* in Baur/Tappen, § 260 KAGB Rz. 21.
46 *Klusak* in Berger/Steck/Lübbehüsen, § 82 InvG Rz. 14; *Reiss* in Baur/Tappen, § 260 KAGB Rz. 22.
47 *Schultz-Süchting* in Emde/Dornseifer/Dreibus/Hölscher, § 82 InvG Rz. 31; *Kautenburger-Behr* in Weitnauer/Boxberger/Anders, § 260 KAGB Rz. 26. Zu den Schwierigkeiten, die bei einer Minderheitsbeteiligung entstehen können, vgl. die Kommentierung zu § 234 Rz. 59 ff. und die Darstellung bei *Wösthoff* in Moritz/Klebeck/Jesch, § 260 KAGB Rz. 39.
48 *Schultz-Süchting* in Emde/Dornseifer/Dreibus/Hölscher, § 82 InvG Rz. 32; *Klusak* in Berger/Steck/Lübbehüsen, § 82 InvG Rz. 15; *Reiss* in Baur/Tappen, § 260 KAGB Rz. 23; *Kautenburger-Behr* in Weitnauer/Boxberger/Anders, § 260 KAGB Rz. 27.

Abschnitt 4
Geschlossene inländische Publikums-AIF

§ 261 Zulässige Vermögensgegenstände, Anlagegrenzen

(1) Die AIF-Kapitalverwaltungsgesellschaft darf für einen geschlossenen inländischen Publikums-AIF nur investieren in

1. Sachwerte,
2. Anteile oder Aktien an ÖPP-Projektgesellschaften,
3. Anteile oder Aktien an Gesellschaften, die nach dem Gesellschaftsvertrag oder der Satzung nur Vermögensgegenstände im Sinne der Nummer 1 sowie die zur Bewirtschaftung dieser Vermögensgegenstände erforderlichen Vermögensgegenstände oder Beteiligungen an solchen Gesellschaften erwerben dürfen,
4. Beteiligungen an Unternehmen, die nicht zum Handel an einer Börse zugelassen oder in einen organisierten Markt einbezogen sind,
5. Anteile oder Aktien an geschlossenen inländischen Publikums-AIF nach Maßgabe der §§ 261 bis 272 oder an europäischen oder ausländischen geschlossenen Publikums-AIF, deren Anlagepolitik vergleichbaren Anforderungen unterliegt,
6. Anteile oder Aktien an geschlossenen inländischen Spezial-AIF nach Maßgabe der §§ 285 bis 292 in Verbindung mit den §§ 273 bis 277, der §§ 337 und 338 oder an geschlossenen EU-Spezial-AIF oder ausländischen geschlossenen Spezial-AIF, deren Anlagepolitik vergleichbaren Anforderungen unterliegt,
7. Vermögensgegenstände nach den §§ 193 bis 195,
8. Gelddarlehen nach § 285 Absatz 3 Satz 1 und 3, der mit der Maßgabe entsprechend anwendbar ist, dass abweichend von § 285 Absatz 3 Satz 1 höchstens 30 Prozent des aggregierten eingebrachten Kapitals und des noch nicht eingeforderten zugesagten Kapitals des geschlossenen Publikums-AIF für diese Darlehen verwendet werden und im Fall des § 285 Absatz 3 Satz 1 Nummer 3 die dem jeweiligen Unternehmen gewährten Darlehen nicht die Anschaffungskosten der an dem Unternehmen gehaltenen Beteiligungen überschreiten.

(2) Sachwerte im Sinne von Absatz 1 Nummer 1 sind insbesondere

1. Immobilien, einschließlich Wald, Forst und Agrarland,
2. Schiffe, Schiffsaufbauten und Schiffsbestand- und -ersatzteile,
3. Luftfahrzeuge, Luftfahrzeugbestand- und -ersatzteile,
4. Anlagen zur Erzeugung, zum Transport und zur Speicherung von Strom, Gas oder Wärme aus erneuerbaren Energien,
5. Schienenfahrzeuge, Schienenfahrzeugbestand- und -ersatzteile,
6. Fahrzeuge, die im Rahmen der Elektromobilität genutzt werden,
7. Container,
8. für Vermögensgegenstände im Sinne der Nummern 2 bis 6 genutzte Infrastruktur.

(3) Geschäfte, die Derivate zum Gegenstand haben, dürfen nur zur Absicherung von im geschlossenen inländischen Publikums-AIF gehaltenen Vermögensgegenständen gegen einen Wertverlust getätigt werden.

(4) Die AIF-Kapitalverwaltungsgesellschaft hat sicherzustellen, dass die Vermögensgegenstände eines geschlossenen inländischen Publikums-AIF nur insoweit einem Währungsrisiko unterliegen, als der Wert der einem solchen Risiko unterliegenden Vermögensgegenstände 30 Prozent des aggregierten eingebrachten Kapitals und noch nicht eingeforderten zugesagten Kapitals dieses AIF, berechnet auf der Grundlage der Beträge, die nach Abzug sämtlicher direkt oder indirekt von den Anlegern getragener Gebühren, Kosten und Aufwendungen für Anlagen zur Verfügung stehen, nicht übersteigt.

(5) [1]In einen Vermögensgegenstand im Sinne des Absatzes 1 Nummer 1 darf nur investiert werden, wenn

1. der Vermögensgegenstand zuvor bei einem Wert des

a) Vermögensgegenstandes bis zu einschließlich 50 Millionen Euro von einem externen Bewerter, der die Anforderungen nach § 216 Absatz 1 Satz 1 Nummer 1 und Satz 2, Absatz 2 bis 5 erfüllt, oder

b) Vermögensgegenstandes über 50 Millionen Euro von zwei externen, voneinander unabhängigen Bewertern, die die Anforderungen nach § 216 Absatz 1 Satz 1 Nummer 1 und Satz 2, Absatz 2 bis 5 erfüllen und die die Bewertung des Vermögensgegenstandes unabhängig voneinander vornehmen,

bewertet wurde,

2. der externe Bewerter im Sinne von Nummer 1 Buchstabe a oder die externen Bewerter im Sinne von Nummer 1 Buchstabe b nicht zugleich die jährliche Bewertung der Vermögensgegenstände gemäß § 272 durchführt oder durchführen und

3. die aus dem geschlossenen inländischen Publikums-AIF zu erbringende Gegenleistung den ermittelten Wert nicht oder nur unwesentlich übersteigt.

[2]§ 250 Absatz 2 und § 271 Absatz 2 gelten entsprechend.

(6) [1]Vor der Investition in einen Vermögensgegenstand im Sinne des Absatzes 1 Nummer 2 bis 6 ist der Wert der ÖPP-Projektgesellschaft, der Gesellschaft im Sinne des Absatzes 1 Nummer 3, des Unternehmens im Sinne des Absatzes 1 Nummer 4 oder des geschlossenen AIF im Sinne des Absatzes 1 Nummer 5 oder Nummer 6

1. durch

a) einen externen Bewerter, der die Anforderungen nach § 216 Absatz 1 Satz 1 Nummer 1 und Satz 2, Absatz 2 bis 5 erfüllt, wenn der Wert des Vermögensgegenstandes 50 Millionen Euro nicht übersteigt, oder

b) zwei externe, voneinander unabhängige Bewerter, die die Anforderungen nach § 216 Absatz 1 Satz 1 Nummer 1 und Satz 2, Absatz 2 bis 5 erfüllen und die die Bewertung des Vermögensgegenstandes unabhängig voneinander vornehmen,

zu ermitteln, wobei

2. der externe Bewerter im Sinne von Nummer 1 Buchstabe a oder die externen Bewerter im Sinne von Nummer 1 Buchstabe b nicht zugleich die jährliche Bewertung der Vermögensgegenstände gemäß § 272 durchführt oder durchführen.

[2]§ 250 Absatz 2 gilt entsprechend. [3]Bei der Bewertung ist von dem letzten mit Bestätigungsvermerk eines Abschlussprüfers versehenen Jahresabschluss der ÖPP-Projektgesellschaft, der Gesellschaft im Sinne des Absatzes 1 Nummer 3, des Unternehmens im Sinne des Absatzes 1 Nummer 4 oder des geschlossenen AIF im Sinne des Absatzes 1 Nummer 5 oder Nummer 6 oder, wenn der Jahresabschluss mehr als drei Monate vor dem Bewertungsstichtag liegt, von den Vermögenswerten und Verbindlichkeiten der ÖPP-Projektgesellschaft, der Gesellschaft im Sinne des Absatzes 1 Nummer 3, des Unternehmens im Sinne des Absatzes 1 Nummer 4 oder des geschlossenen AIF im Sinne des Absatzes 1 Nummer 5 oder Nummer 6 auszugehen, die in einer vom Abschlussprüfer geprüften aktuellen Vermögensaufstellung nachgewiesen sind.

(7) Investiert die AIF-Kapitalverwaltungsgesellschaft für einen geschlossenen inländischen Publikums-AIF in Vermögensgegenstände im Sinne von Absatz 1 Nummer 4, gelten die §§ 287 bis 292 entsprechend.

(8) Geschlossene Publikums-AIF dürfen nicht Feeder-AIF in einer Master-Feeder-Konstruktion sein.

In der Fassung vom 4.7.2013 (BGBl. I 2013, S. 1981), zuletzt geändert durch Gesetz zur Umsetzung der Richtlinie 2014/91/EU des Europäischen Parlaments und des Rates vom 23. Juli 2014 zur Änderung der Richtlinie 2009/65/EG zur Koordinierung der Rechts- und Verwaltungsvorschriften betreffend bestimmte Organismen für gemeinsame Anlagen in Wertpapieren (OGAW) im Hinblick auf die Aufgaben der Verwahrstelle, die Vergütungspolitik und Sanktionen vom 3.3.2016 (BGBl. I 2016, S. 348).

Schrifttum: *Hübner*, Immobilienanlagen unter dem KAGB, WM 2014, 106.

Materialien: BaFin, Fragenkatalog zu erwerbbaren Vermögensgegenständen (Eligible Assets), Gz. WA 41-Wp 2137-2013/0001, Stand: 5.7.2016, online abrufbar unter: https://www.bafin.de/SharedDocs/Veroeffentlichungen/DE/Auslegungsentscheidung/WA/ae_130722_fragen_ea.html; BaFin, Liste der zugelassenen Börsen und der anderen Märkte gem. § 193 Abs. 1 Nr. 2 und 4 KAGB, Gz. WA 43-Wp 2100-2013/0003 v. 16.2.2011, Stand: 26.6.2017, online abrufbar unter: https://www.bafin.de/SharedDocs/Veroeffentlichungen/DE/Auslegungsentscheidung/WA/ae_080208_boersenInvG.html.

I. Inhalt und Entstehungsgeschichte

1 Die §§ 261 bis 272 KAGB enthalten die Produktregeln für die Fondskategorie des geschlossenen inländischen Publikums-AIF. Die Spitzenvorschrift des § 261 KAGB enthält in Abs. 1 zunächst den Katalog zulässiger Anlagegegenstände. § 261 Abs. 2 KAGB listet wichtige Beispiele für Sachwerte i.S.d. § 261 Abs. 1 Nr. 1 KAGB auf. § 261 Abs. 3 KAGB bestimmt, dass Derivate nur zur Absicherung gegen Wertverluste eingesetzt werden dürfen. § 261 Abs. 4 KAGB begrenzt den zulässigen Anteil der Vermögensgegenstände des geschlossenen Publikums-AIF, die einem Währungsrisiko unterliegen. § 261 Abs. 5 und 6 KAGB betreffen Bewertungsfragen, die ansonsten in §§ 271 f. KAGB geregelt sind. § 261 Abs. 7 KAGB erklärt für den Fall, dass die AIF-KVG für einen geschlossenen inländischen Publikums-AIF in Beteiligungen an nicht börsennotierten Unternehmen investiert, die Sonderregeln der §§ 287 bis 292 KAGB für anwendbar. § 261 Abs. 8 KAGB verbietet schließlich den Einsatz von geschlossenen Publikums-AIF als Feeder-AIF.

2 Der Gesetzgeber des AIFM-UmsG[1] hat den Bedarf zur Umsetzung der AIFM-RL[2] zum Anlass genommen, geschlossene Fonds – und damit auch geschlossene Publikums-AIF – erstmals einer umfassenden Regulierung zu unterwerfen.[3] § 261 KAGB ist insofern ohne Vorbild im aufgehobenen InvG, wenn auch einzelne Regelungen des § 261 KAGB an Normen des InvG Maß nehmen. Auf Vorgaben der AIFM-RL beruht allein die Regelung in § 261 Abs. 7 KAGB, die Art. 26 bis 30 AIFM-RL umsetzt.[4] Ansonsten handelt es sich bei

1 Gesetz zur Umsetzung der RL 2011/61/EU über die Verwalter alternativer Investmentfonds v. 4.7.2013, BGBl. I 2013, S. 1981.
2 RL 2011/61/EU v. 8.6.2011, ABl. EU Nr. L 174 v. 1.7.2011, S. 1.
3 S. Begr. RegE AIFM-UmsG, BT-Drucks. 17/12294, S. 271. S. zur seinerzeit bereits bestehenden (Teil-)Regulierung durch das VermAnlG *Hartrott* in Baur/Tappen, § 261 KAGB Rz. 1; *F. Voigt* in Moritz/Klebeck/Jesch, § 261 KAGB Rz. 1.
4 S. Begr. RegE AIFM-UmsG; BT-Drucks. 17/12294, S. 271.

§ 261 KAGB um autonomes deutsches Recht.[5] Der Katalog zulässiger Anlagegegenstände wurde gegenüber dem restriktiven Diskussionsentwurf zum AIFM-UmsG[6] bereits im Regierungsentwurf[7] deutlich erweitert. Auf Intervention des Finanzausschusses erhielten die Bewertungsvorschriften in § 261 Abs. 5 und 6 KAGB ihre jetzige Gestalt. Zudem wurde der Vorschrift das Verbot in § 261 Abs. 8 KAGB hinzugefügt.[8]

3 Durch das OGAW-V-UmsG v. 3.3.2016[9] wurde der Katalog zulässiger Anlagegegenstände um Gelddarlehen (§ 261 Abs. 1 Nr. 8 KAGB) erweitert.[10] Ferner wurde die Bezugsgröße für die Begrenzung des Währungsrisikos in § 261 Abs. 4 KAGB geändert. Bezog sich die 30-Prozent-Grenze vorher auf den Wert des AIF, ist nunmehr das aggregierte eingebrachte Kapital und noch nicht eingeforderte zugesagte Kapital abzgl. sämtlicher von den Anlegern getragener Kosten maßgeblich.[11] Für Altfonds gilt die Übergangsvorschrift in § 353a KAGB.

II. Normzweck

4 Die Regelung des § 261 KAGB mit ihren Anlagerestriktionen dient ganz überwiegend dem **Anlegerschutz.**[12] So wird der Anleger durch die Beschränkung der Anlagegegenstände in § 261 Abs. 1 und 2 KAGB vor den – vermeintlich größeren – Risiken der Anlage in andere, nicht aufgeführte Vermögensgegenstände geschützt. Das in § 261 Abs. 3 KAGB enthaltene Verbot, Derivate zur Erhöhung des Investitionsgrads oder allgemein zur Spekulation einzusetzen, schützt die Anleger vor den damit verbundenen Verlustrisiken. § 261 Abs. 4 KAGB wiederum will allfällige Verluste der Anleger aufgrund von Währungsschwankungen begrenzen. Die Bewertungsregeln in § 261 Abs. 5 und 6 KAGB sollen den Erwerb zu überhöhten Preisen verhindern.[13] § 261 Abs. 7 KAGB teilt seinen Regelungszweck mit den §§ 287 ff. KAGB, dient also dem Schutz des Beteiligungsunternehmens (= der übrigen Anteilseigner) sowie dessen Arbeitnehmern.[14] Das Verbot des § 261 Abs. 8 KAGB dient lediglich der Klarstellung, dass geschlossene Fonds nicht als Feeder-Fonds eingesetzt werden können.[15]

III. Anwendungsbereich und Normadressat

5 § 261 KAGB findet ausweislich des Normtextes Anwendung auf **geschlossene inländische Publikums-AIF** (vgl. § 1 Abs. 4 bis 7 KAGB).[16] Normadressat ist die den Fonds verwaltende **AIF-KVG.**[17]

6 Die Regelung hat allerdings auch Bedeutung für geschlossene EU-AIF und geschlossene ausländische AIF, deren Anteile im Geltungsbereich des KAGB an Privatanleger vertrieben werden sollen. Gemäß § 317 Abs. 1 Nr. 7 lit. c KAGB müssen die Anlagebedingungen, die Satzung oder der Gesellschaftsvertrag solcher Fonds Regelungen enthalten, welche die Einhaltung der Vorgaben des § 261 KAGB sicherstellen.

7 **In zeitlicher Hinsicht** ist für die Anwendung des § 261 Abs. 1 Nr. 8 KAGB auf die Vergabe von Darlehen an Beteiligungsunternehmen die Übergangsvorschrift des § 353b KAGB zu beachten.

---

5 S. auch *D. Voigt* in Beckmann/Scholtz/Vollmer, § 261 KAGB Rz. 2; *F. Voigt* in Moritz/Klebeck/Jesch, § 261 KAGB Rz. 3.

6 S. BMF, Diskussionsentwurf eines AIFM-UmsG, 20.7.2012, dort § 225 KAGB-E.

7 RegE AIFM-UmsG, BT-Drucks. 17/12294, S. 124 f.

8 Beschlussempfehlung und Bericht des FinA zum RegE AIFM-UmsG, BT-Drucks. 17/13395, S. 252 f. S. zum Ganzen *Hartrott* in Baur/Tappen, § 261 KAGB Rz. 2; ausführlich *D. Voigt* in Beckmann/Scholtz/Vollmer, § 261 KAGB Rz. 6 ff.

9 BGBl. I 2016, S. 348.

10 Seine endgültige Gestalt erhielt die Nr. 8 erst im parlamentarischen Verfahren, s. Beschlussempfehlung und Bericht des FinA zum RegE OGAW-V-UmsG, BT-Drucks. 18/7393, S. 39, 76.

11 S. dazu auch *D. Voigt* in Beckmann/Scholtz/Vollmer, § 261 KAGB Rz. 7 f.

12 *Hartrott* in Baur/Tappen, § 261 KAGB Rz. 3; *D. Voigt* in Beckmann/Scholtz/Vollmer, § 261 KAGB Rz. 4; *F. Voigt* in Moritz/Klebeck/Jesch, § 261 KAGB Rz. 10 f. Zum Anlegerschutz als der übergeordneten Zielsetzung für die gesamte Regulierung geschlossener Publikums-AIF s. auch Beschlussempfehlung und Bericht des FinA zum RegE AIFM-UmsG, BT-Drucks. 17/13395, S. 388.

13 Vgl. auch Begr. RegE AIFM-UmsG, BT-Drucks. 17/12294, S. 271: Schutz der Anleger; s. zum Ganzen *F. Voigt* in Moritz/Klebeck/Jesch, § 261 KAGB Rz. 10 f.

14 S. dazu hier nur *Bärenz/Steinmüller* in Dornseifer/Jesch/Klebeck/Tollmann, Vor Abschn. 2 Rz. 13 f.

15 Beschlussempfehlung und Bericht des FinA zum RegE AIFM-UmsG, BT-Drucks. 17/13395, S. 408 unter Verweis auf § 317 Abs. 1 Nr. 7 lit. j) KAGB.

16 Ausführlich *Hartrott* in Baur/Tappen, § 261 KAGB Rz. 4.

17 S. nur *F. Voigt* in Moritz/Klebeck/Jesch, § 261 KAGB Rz. 6.

IV. Zulässige Vermögensgegenstände (§ 261 Abs. 1 KAGB)

§ 261 Abs. 1 KAGB listet in den Nr. 1 bis 8 die Vermögensgegenstände auf, in die für Rechnung des geschlossenen Publikums-AIF investiert werden darf. Die Aufzählung ist **abschließend** („nur").[18] Dabei ergeben sich für die in Nr. 2 bis 6 genannten Anteile und Unternehmensbeteiligungen teils Überschneidungen. Wie das hieraus entstehende **Konkurrenzverhältnis** aufzulösen ist, ist noch **nicht abschließend geklärt**. Die sich hierzu äußernden Stimmen gehen übereinstimmend von einem Ausschließlichkeitsverhältnis aus: Ein Vermögensgegenstand soll danach im Ergebnis nur unter eine der aufgeführten Kategorien fallen können und nicht unter mehrere.[19] Dies wird dahingehend konkretisiert, dass die – sich tatbestandlich gegenseitig ausschließenden – Nr. 5 und 6 als speziellere Kategorien denjenigen aus Nr. 2 und 3 vorgehen würden, die wiederum spezieller seien als die tatbestandlich sehr weite Beteiligungskategorie der Nr. 4.[20] Für die Anwendung der Regelungen in § 261 KAGB führte dies im Ergebnis dazu, dass der Verweis in § 261 Abs. 7 KAGB[21] nicht für Beteiligungen gelten würde, die unter die § 261 Abs. 1 Nr. 2, 3, 5 und 6 KAGB subsumiert werden können. Bedenkt man jedoch, dass **§ 261 Abs. 7 KAGB** der Umsetzung der Art. 26 bis 30 AIFM-RL dient, darf der Anwendungsbereich des § 261 Abs. 7 i.V.m. §§ 287 ff. KAGB in Bezug auf die erfassten Unternehmensbeteiligungen jedenfalls nicht hinter **Art. 4 Abs. 1 lit. ac) AIFM-RL** (≙ § 1 Abs. 19 Nr. 27 KAGB) zurückfallen,[22] und zwar ungeachtet etwaiger Überschneidungen mit den Begriffsbestimmungen in Nr. 2, 3, 5, 6 oder 8[23].[24] 8

1. Sachwerte (§ 261 Abs. 1 Nr. 1 KAGB)

Geschlossene inländische Publikums-AIF dürfen gem. § 261 Abs. 1 Nr. 1 KAGB in Sachwerte investieren. Erfasst sind ausweislich des § 261 Abs. 2 KAGB insbesondere Immobilien, aber etwa auch Schiffe oder andere Fahrzeuge.[25] Ganz allgemein erfasst der Begriff der Sachwerte jedenfalls Sachen i.S.d. § 90 BGB, geht aber darüber hinaus. So erfassen die in § 261 Abs. 2 KAGB genannten Immobilien nicht nur Grundstücke, sondern auch grundstücksgleiche Rechte unter Einschluss bestimmter Nießbrauchrechte (vgl. § 1 Abs. 19 Nr. 21 KAGB). Ferner werden auch Bestandteile an Sachen erfasst (vgl. § 261 Abs. 2 Nr. 2, 3 und 5 KAGB), ohne dass es auf ihre Sonderrechtsfähigkeit (vgl. §§ 93 ff. BGB) ankäme.[26] Nicht unter die Sachwerte fallen etwa reine Forderungen, Immaterialgüterrechte oder hiervon abgeleitete Rechte.[27] 9

2. Anteile oder Aktien an ÖPP-Projektgesellschaften (§ 261 Abs. 1 Nr. 2 KAGB)

Geschlossene inländische Publikums-AIF dürfen gem. § 261 Abs. 1 Nr. 2 KAGB ferner in Anteile oder Aktien an ÖPP-Projektgesellschaften anlegen. Letztere definiert § 1 Abs. 19 Nr. 28 KAGB als im Rahmen Öffentlich-Privater Partnerschaften tätige Gesellschaften, die nach dem Gesellschaftsvertrag oder der Satzung zu dem 10

18 Unstr., s. etwa *Hartrott* in Baur/Tappen, § 261 KAGB Rz. 4; *Paul* in Weitnauer/Boxberger/Anders, § 261 KAGB Rz. 3; *D. Voigt* in Beckmann/Scholtz/Vollmer, § 261 KAGB Rz. 10; *F. Voigt* in Moritz/Klebeck/Jesch, § 261 KAGB Rz. 14.

19 *F. Voigt* in Moritz/Klebeck/Jesch, § 261 KAGB Rz. 14; im Erg. auch *Paul* in Weitnauer/Boxberger/Anders, § 261 KAGB Rz. 3 über die Annahme von Spezialitätsverhältnissen.

20 *Paul* in Weitnauer/Boxberger/Anders, § 261 KAGB Rz. 3; vgl. auch *F. Voigt* in Moritz/Klebeck/Jesch, § 261 KAGB Rz. 25 (Verhältnis von Nr. 3 zu Nr. 5 und 6), 35 (Verhältnis von Nr. 4 zu Nr. 6), der jedoch nicht von einer Spezialität der Nr. 3 gegenüber der Nr. 4, sondern von tatbestandlicher Ausschließlichkeit ausgeht (s. Rz. 26); ferner *D. Voigt* in Beckmann/Scholtz/Vollmer, § 261 KAGB Rz. 37 (Verhältnis von Nr. 3 zu Nr. 5 und 6).

21 S. dazu näher in Rz. 44.

22 Dies gilt jedenfalls für solche Unternehmen mit Sitz im EWR. S. zu diesem Aspekt der Definition noch unten in Rz. 13.

23 S. zur Frage des Verhältnisses von Nr. 4 und 8 hier nur *D. Voigt* in Beckmann/Scholtz/Vollmer, § 261 KAGB Rz. 40.

24 S. in Bezug auf Nr. 5 und 6 auch die Regelungen zum Anwendungsbereich der §§ 288 ff. KAGB in § 287. Zur Maßgeblichkeit des § 287 KAGB für § 261 Abs. 7 KAGB s. Begr. RegE AIFM-UmsG, BT-Drucks. 12/12294, S. 271.

25 S. zu § 261 Abs. 2 KAGB noch näher in Rz. 21 ff.

26 S. auch *D. Voigt* in Beckmann/Scholtz/Vollmer, § 261 KAGB Rz. 11 ff., der den „Sachwert" definiert als jeden Vermögensgegenstand, der dem AIF „Teilhabe an der Bewirtschaftung einer Sache vermittelt, die aber nicht notwendigerweise eine Eigentumsposition an der Sache selbst erfordert". *Hartrott* in Baur/Tappen, § 261 KAGB Rz. 16 will Bestandteile gar nur als wesentliche Bestandteile i.S.d. §§ 93 f. BGB verstanden wissen, so dass es stets an der Sonderrechtsfähigkeit fehlen würde.

27 *Paul* in Weitnauer/Boxberger/Anders, § 261 KAGB Rz. 4; *D. Voigt* in Beckmann/Scholtz/Vollmer, § 261 KAGB Rz. 14.

Zweck gegründet wurden, Anlagen oder Bauwerke zu errichten, zu sanieren, zu betreiben oder zu bewirtschaften, die der Erfüllung öffentlicher Aufgaben dienen.[28]

3. Anteile oder Aktien an Sachwertgesellschaften (§ 261 Abs. 1 Nr. 3 KAGB)

11 § 261 Abs. 1 Nr. 3 KAGB erlaubt die Investition geschlossener inländischer Publikums-AIF in Anteile oder Aktien an Gesellschaften, die nach dem Gesellschaftsvertrag oder der Satzung nur Vermögensgegenstände i.S.d. § 261 Abs. 1 Nr. 1 KAGB, also Sachwerte,[29] sowie die zur Bewirtschaftung dieser Sachwerte erforderlichen Vermögensgegenstände oder Beteiligungen an solchen Gesellschaften erwerben dürfen. Die Regelung ermöglicht also die **mittelbare Anlage in Sachwerte über zwischengeschaltete Zweck- oder Objektgesellschaften.**[30] Vermögensgegenstände, die zur Bewirtschaftung von Sachwerten erforderlich sind, können etwa land- oder forstwirtschaftliche Maschinenparks, aber auch Dienstbarkeiten sein.[31] Als Zielgesellschaft nach § 261 Abs. 1 Nr. 3 KAGB scheiden jedoch geschlossene inländische AIF spätestens auf Konkurrenzebene aus. § 261 Abs. 1 Nr. 5 und 6 KAGB gehen insoweit vor.[32]

4. Beteiligung an weder börsennotierten noch in einen organisierten Markt einbezogenen Unternehmen (§ 261 Abs. 1 Nr. 4 KAGB)

12 Geschlossene inländische Publikums-AIF dürfen gem. § 261 Abs. 1 Nr. 4 KAGB auch in Beteiligungen an Unternehmen investieren, die nicht zum Handel an einer Börse zugelassen oder in einen organisierten Markt einbezogen sind. Es darf also weder eine Börsenzulassung vorliegen noch eine Einbeziehung in einen organisierten Markt.

13 Zur Bestimmung einer **fehlenden Börsenzulassung** ist für Unternehmen mit Sitz im EWR die Definition für „nicht börsennotierte Unternehmen" in § 1 Abs. 19 Nr. 27 KAGB maßgeblich.[33] Für Unternehmen mit Sitz außerhalb des EWR, die § 261 Abs. 1 Nr. 4 KAGB ebenfalls erfasst,[34] ist insofern eine Vergleichsbetrachtung anzustellen.[35] Unternehmen nach § 261 Abs. 1 Nr. 4 KAGB dürfen **darüber hinaus** auch **nicht in einen organisierten Markt einbezogen** sein. Für eine Begriffsbestimmung des organisierten Marktes liegt ein Blick in § 2 Abs. 11 WpHG nahe.[36] Allerdings hält das KAGB in § 1 Abs. 19 Nr. 29 KAGB eine eigene Begriffsbestimmung vor. Danach ist ein organisierter Markt ein Markt, der anerkannt und für das Publikum offen ist und dessen Funktionsweise ordnungsgemäß ist. Freilich ergeben sich dann keine wesentlichen Unterschiede zum Begriff nach § 2 Abs. 11 WpHG, wenn man die „Anerkennung" des organisierten Marktes i.S. einer staatlichen Genehmigung und Aufsicht interpretiert.[37] Indes legt gerade die Abweichung des Begriffs in § 1 Abs. 19 Nr. 29 KAGB von demjenigen in § 2 Abs. 11 WpHG nahe, dass es insofern nicht auf eine staatliche Zulassung ankommt.[38] Folgt man diesem weiteren Verständnis des organisierten Marktes, dann dürfte der vom Börsenträger betriebene und von der Börse zugelassene Freiverkehr (vgl. § 48 BörsG) jedenfalls hie-

---

28 Eine nähere Begriffsbeschreibung findet sich in § 1 Rz. 254; ferner *D. Voigt* in Beckmann/Scholtz/Vollmer, § 261 KAGB Rz. 28. S. zu den früheren Infrastruktur-Sondervermögen gem. §§ 90a ff. InvG, die eine entsprechende Investition in ÖPP-Projektgesellschaften gem. § 90b Abs. 1 Nr. 1 InvG zuließ, und den Gründen für ihre Abschaffung etwa *Hartrott* in Baur/Tappen, § 261 KAGB Rz. 6; *F. Voigt* in Moritz/Klebeck/Jesch, § 261 KAGB Rz. 17; ferner Begr. RegE AIFM-UmsG, BT-Drucks. 17/12294, S. 191.

29 S. für Einzelheiten soeben in Rz. 9 sowie noch näher in Rz. 21 ff.

30 S. hierzu ausführlich *F. Voigt* in Moritz/Klebeck/Jesch, § 261 KAGB Rz. 21 ff.

31 *Paul* in Weitnauer/Boxberger/Anders, § 261 KAGB Rz. 6; s. für Einzelheiten *D. Voigt* in Beckmann/Scholtz/Vollmer, § 261 KAGB Rz. 36; *F. Voigt* in Moritz/Klebeck/Jesch, § 261 KAGB Rz. 29.

32 *Paul* in Weitnauer/Boxberger/Anders, § 261 KAGB Rz. 6 unter Verweis auf sog. Zweitmarktfonds; weitergehend *F. Voigt* in Moritz/Klebeck/Jesch, § 261 KAGB Rz. 25: Investmentvermögen nach § 1 Abs. 1 KAGB scheiden ganz allgemein als taugliche Gesellschaften i.S.d. § 261 Abs. 1 Nr. 3 KAGB aus. Zur Beteiligung an inländischen Altfonds *D. Voigt* in Beckmann/Scholtz/Vollmer, § 261 KAGB Rz. 37.

33 *D. Voigt* in Beckmann/Scholtz/Vollmer, § 261 KAGB Rz. 41; so i.Erg. auch *F. Voigt* in Moritz/Klebeck/Jesch, § 261 KAGB Rz. 37; vgl. ferner *Hartrott* in Baur/Tappen, § 261 KAGB Rz. 9.

34 Nachdrücklich *F. Voigt* in Moritz/Klebeck/Jesch, § 261 KAGB Rz. 37; auch *D. Voigt* in Beckmann/Scholtz/Vollmer, § 261 KAGB Rz. 41.

35 *D. Voigt* in Beckmann/Scholtz/Vollmer, § 261 KAGB Rz. 41. S. insofern auch die von der BaFin erstellte Liste der zugelassenen Börsen und der anderen organisierten Märkte gem. § 193 Abs. 1 Nr. 2 und 4 KAGB, Gz. WA 43-Wp 2100 – 2013/0003 v. 16.2.2011, Stand: 22.7.2015.

36 Hierauf – bzw. auf die Vorgängervorschrift – abstellend *Hartrott* in Baur/Tappen, § 261 KAGB Rz. 10; *Paul* in Weitnauer/Boxberger/Anders, § 261 KAGB Rz. 8.

37 So *D. Voigt* in Beckmann/Scholtz/Vollmer, § 261 KAGB Rz. 41; vgl. auch *Vollhard/Jang* in Weitnauer/Boxberger/Anders, § 1 KAGB Rz. 104; ferner § 1 Rz. 218 unter Verweis auf die Verwaltungspraxis der BaFin.

38 So auch *Gottschling* in Moritz/Klebeck/Jesch, § 1 KAGB Rz. 390 ff., 392; noch für § 2 Abs. 13 InvG *Verfürth/Emde* in Emde/Dornseifer/Dreibus/Hölscher § 2 InvG Rz. 185 f.

runter fallen, so dass Beteiligungen, die dort gehandelt werden, nicht unter § 261 Abs. 1 Nr. 4 KAGB zu subsumieren sind.[39]

14 Bei den Beteiligungen muss es sich entweder um Eigenkapitalbeteiligungen oder zumindest um **eigenkapitalähnliche Beteiligungen** handeln.[40] Nach Ansicht der BaFin sind hiervon nur mitgliedschaftliche Beteiligungen erfasst, durch die sowohl Vermögensrechte als auch Verwaltungsrechte gewährt werden.[41] Nach diesem Verständnis wären etwa Genussrechte oder partiarische Darlehen nicht von § 261 Abs. 1 Nr. 4 KAGB erfasst.[42]

15 Vorbehaltlich der richtlinienkonformen Auslegung des § 261 Abs. 7 KAGB[43] ist im Überschneidungsbereich von § 261 Abs. 1 Nr. 4 mit Nr. 3, 5 und 6 von einer Subsidiarität der Nr. 4 bzw. einer Spezialität der Nr. 3, 5 und 6 auszugehen. Dies ergibt sich aus der Binnensystematik des § 261 Abs. 1 KAGB.[44]

5. Geschlossene inländische Publikums-AIF (§ 261 Abs. 1 Nr. 5 KAGB)

16 Geschlossene inländische Publikums-AIF dürfen gem. § 261 Abs. 1 Nr. 5 KAGB auch in Anteile oder Aktien an anderen geschlossenen inländischen Publikums-AIF „nach Maßgabe der §§ 216 bis 272" KAGB investieren oder in Anteile oder Aktien an europäischen oder ausländischen geschlossenen Publikums-AIF, deren Anlagepolitik vergleichbaren Anforderungen unterliegt. Dabei bleibt jedoch das Verbot von Master-Feeder-Konstruktionen nach § 261 Abs. 8 KAGB zu beachten. Der Passus „nach Maßgabe der §§ 261 bis 272" KAGB schließt inländische **Alt-AIF**, die aus der Zeit vor dem 22.7.2013 stammen, nicht unter das KAGB fallen und daher nicht den Vorgaben der §§ 261 ff. KAGB entsprechen, aus.[45] Teils wird allerdings in Analogie zu der Regelung für europäische und ausländische Fonds die Investition in solche inländischen Alt-AIF für zulässig erachtet, deren Anlagepolitik vergleichbaren Anforderungen wie geschlossenen Publikums-AIF nach §§ 261 ff. KAGB unterliegen.[46] Indes ist dieser Weg nicht gangbar. Denn bei der Regelung zu europäischen und ausländischen Fonds handelt es sich gerade um eine Konzession an die Eigenheiten ausländischer Investmentrechte.[47]

6. Geschlossene inländische Spezial-AIF (§ 261 Abs. 1 Nr. 6 KAGB)

17 Nach § 261 Abs. 1 Nr. 6 KAGB ist es ferner zulässig, wenn geschlossene inländische Publikums-AIF in Anteile oder Aktien an geschlossenen inländischen Spezial-AIF „nach Maßgabe der §§ 285 bis 292 in Verbindung mit den §§ 273 bis 277, der §§ 337 und 338" KAGB oder an geschlossenen EU-Spezial-AIF oder ausländischen geschlossenen Spezial-AIF, deren Anlagepolitik vergleichbaren Anforderungen unterliegt, investieren. Spezial-AIF sind in § 1 Abs. 6 Satz 1 KAGB definiert, geschlossene AIF in § 1 Abs. 5 mit Abs. 4 KAGB. Inländische Alt-AIF aus der Zeit vor dem 22.7.2013, die nicht den Vorgaben der §§ 285 bis 292 mit §§ 273 bis 277 KAGB entsprechen oder schon nicht als Spezial-AIF i.S.d. § 1 Abs. 6 KAGB zu qualifizieren sind, sind keine tauglichen Anlageobjekte i.S.d. § 261 Abs. 1 Nr. 6 KAGB.[48] Der Verweis auf die Regelungen des KAGB soll solche Fonds gerade ausnehmen. Über den Verweis auf §§ 337 und 338 KAGB ist auch die Anlage in die supranationalen Fondstypen EuVECA[49] und EuSEF[50] zulässig.

---

39 So zumindest i.Erg. auch *Paul* in Weitnauer/Boxberger/Anders, § 261 KAGB Rz. 8; unklar *F. Voigt* in Moritz/Klebeck/Jesch, § 261 KAGB Rz. 36.
40 Begr. RegE AIFM-UmsG, BT-Drucks. 17/12294, S. 271.
41 S. BaFin, Fragenkatalog zu erwerbbaren Vermögensgegenständen (Eligible Assets), Gz. WA 41-Wp 2137-2013/0001, Stand: 5.7.2016, Teil 2 Ziff. 7 zu § 284 Abs. 2 Nr. 2 lit. i); zust. *D. Voigt* in Beckmann/Scholtz/Vollmer, § 261 KAGB Rz. 40; *F. Voigt* in Moritz/Klebeck/Jesch, § 261 KAGB Rz. 39.
42 **Anders** auf Grundlage eines weiteren Beteiligungsbegriffs *Paul* in Weitnauer/Boxberger/Anders, § 261 KAGB Rz. 8; auch *Hartrott* in Baur/Tappen, § 261 KAGB Rz. 8. S. dazu auch noch § 285 Rz. 20.
43 S. dazu in Rz. 44.
44 So auch *Paul* in Weitnauer/Boxberger/Anders, § 261 KAGB Rz. 7; im Ergebnis ähnlich *F. Voigt* in Moritz/Klebeck/Jesch, § 261 KAGB Rz. 35, 38, der jedoch von einer tatbestandlichen Exklusivität der verschiedenen Beteiligungskategorien ausgeht.
45 *Hartrott* in Baur/Tappen, § 261 KAGB Rz. 11; *F. Voigt* in Moritz/Klebeck/Jesch, § 261 KAGB Rz. 46.
46 So *Paul* in Weitnauer/Boxberger/Anders, § 261 KAGB Rz. 10.
47 Vgl. auch *F. Voigt* in Moritz/Klebeck/Jesch, § 261 KAGB Rz. 49.
48 Vgl. auch *F. Voigt* in Moritz/Klebeck/Jesch, § 261 KAGB Rz. 57 f.; unklar *Hartrott* in Baur/Tappen, § 261 KAGB Rz. 12.
49 S. VO (EU) Nr. 345/2013 v. 17.4.2013, ABl. EU Nr. L 115 v. 25.4.2013, S. 1.
50 S. VO (EU) Nr. 346/2013 v. 17.4.2013, ABl. EU Nr. L 115 v. 25.4.2013, S. 18.

7. Vermögensgegenstände nach den §§ 193 bis 195 (§ 261 Abs. 1 Nr. 7 KAGB)

18 Geschlossene inländische Publikums-AIF dürfen gem. § 261 Abs. 1 Nr. 7 KAGB ferner in Wertpapiere (§ 193 KAGB), Geldmarktinstrumente (§ 194 KAGB) und Bankguthaben (§ 195 KAGB) investieren. OGAW-Anteile gem. § 196 KAGB werden hingegen nicht als zulässige Anlagegegenstände aufgeführt. Geschlossene inländische Publikums-AIF haben jedoch die Möglichkeit, Anteile an geschlossenen Fonds unter den Voraussetzungen des § 193 Abs. 1 Nr. 7 KAGB auch[51] als Wertpapiere zu erwerben.[52] In der Praxis wird die Investitionsmöglichkeit nach § 261 Abs. 1 Nr. 7 KAGB vor allem für die Anlage der Liquiditätsreserven des geschlossenen Publikums-AIF von Bedeutung sein.[53] Für weitere Einzelheiten s. die Kommentierungen zu §§ 193, 194 und 195.

8. Gelddarlehen nach § 285 Abs. 3 Satz 1 und 3 KAGB (§ 261 Abs. 1 Nr. 8 KAGB)

19 Die durch das OGAW-V-UmsG angefügte Regelung in § 261 Abs. 1 Nr. 8 KAGB[54] erlaubt es geschlossenen inländischen Publikums-AIF schließlich Gelddarlehen nach § 285 Abs. 3 Satz 1 und 3 KAGB zu gewähren. Der Begriff des Gelddarlehens bestimmt sich dabei nach allgemeinen zivilrechtlichen Grundsätzen.[55] Es gelten also die §§ 488 ff. BGB.[56] Über den Verweis auf § 285 Abs. 3 Satz 1 und 3 KAGB sowie aus den Materialien ergibt sich zudem, dass § 261 Abs. 1 Nr. 8 KAGB lediglich Gesellschafterdarlehen des geschlossenen Publikums-AIF erlaubt.[57] Soweit § 261 Abs. 1 Nr. 8 KAGB von der Beteiligung an Unternehmen spricht, ist damit keine Beschränkung auf Beteiligungen nach § 261 Abs. 1 Nr. 4 KAGB verbunden.[58] Für weitere Einzelheiten s. die Kommentierung zu § 285.

20 § 261 Abs. 1 Nr. 8 KAGB **weicht** gegenüber § 285 Abs. 3 Satz 1 und 3 KAGB jedoch **in zweierlei Hinsicht ab.** So sind Gesellschafterdarlehen nicht wie in § 283 Abs. 3 Satz 1 KAGB i.H.v. maximal 50 Prozent, sondern nur von **30 Prozent** des aggregierten eingebrachten Kapitals und des noch nicht eingeforderten zugesagten Kapitals des geschlossenen Publikums-AIF erlaubt. Dabei sind die in § 285 Abs. 3 Satz 1 KAGB genannten Abzugsposten in die Berechnung mit aufzunehmen.[59] Und im Fall des § 285 Abs. 3 Satz 3 KAGB dürfen die gewährten Darlehen die **(einfachen) Anschaffungskosten** der an dem Unternehmen gehaltenen Beteiligungen nicht überschreiten. Diese engeren Grenzen begründet der Gesetzgeber mit dem gegenüber Spezial-AIF gesteigerten **Anlegerschutz** bei Publikums-AIF.[60]

V. Beispiele für Sachwerte i.S.d. § 261 Abs. 1 Nr. 1 KAGB (§ 261 Abs. 2 KAGB)

21 § 261 Abs. 2 KAGB enthält eine nicht abschließende („insbesondere") Liste mit den wichtigsten Beispielen für Sachwerte i.S.d. § 261 Abs. 1 Nr. 1 KAGB.[61]

1. Immobilien, einschließlich Wald, Forst und Agrarland (§ 261 Abs. 2 Nr. 1 KAGB)

22 Die in der Praxis mit Abstand wichtigsten Anlagegegenstände geschlossener Publikums-AIF dürften die in § 261 Abs. 2 Nr. 1 KAGB genannten Immobilien sein.[62] Es gilt die Definition des § 1 Abs. 19 Nr. 21 KAGB.[63] Anders als bei dem für Immobilien-Sondervermögen geltenden § 231 Abs. 1 KAGB stellt § 261

---

51 Daneben besteht die Möglichkeit nach Maßgabe des § 261 Abs. 1 Nr. 5 und 6 in geschlossene Fonds zu investieren. S. dazu soeben in Rz. 16 f.

52 *D. Voigt* in Beckmann/Scholtz/Vollmer, § 261 KAGB Rz. 48. S. zu den Voraussetzungen des § 193 Abs. 1 Nr. 7 auch BaFin, Fragenkatalog zu erwerbbaren Vermögensgegenständen (Eligible Assets), Gz. WA 41-Wp 2137-2013/0001, Stand: 5.7.2016, Teil 1 Ziff. 13.

53 S. dazu näher *F. Voigt* in Moritz/Klebeck/Jesch, § 261 KAGB Rz. 64.

54 S. zur Entstehungsgeschichte der Norm Rz. 3.

55 Begr. RegE OGAW-V-UmsG, BT-Drucks. 18/6744, S. 61.

56 S. nur *D. Voigt* in Beckmann/Scholtz/Vollmer, § 261 KAGB Rz. 49b.

57 S. Beschlussempfehlung und Bericht des FinA zum RegE OGAW-V-UmsG, BT-Drucks. 18/7393, S. 76; ferner *D. Voigt* in Beckmann/Scholtz/Vollmer, § 261 KAGB Rz. 49c.

58 S. dazu *D. Voigt* in Beckmann/Scholtz/Vollmer, § 261 KAGB Rz. 49c.

59 S. näher *Paul* in Weitnauer/Boxberger/Anders, § 261 KAGB Rz. 13; ferner *D. Voigt* in Beckmann/Scholtz/Vollmer, § 261 KAGB Rz. 49d; zur Berechnung noch Rz. 29 ff. in Zusammenhang mit Abs. 4.

60 Beschlussempfehlung und Bericht des FinA zum RegE OGAW-V-UmsG, BT-Drucks. 18/7393, S. 76.

61 Für eingeschränkte Offenheit der Liste *F. Voigt* in Moritz/Klebeck/Jesch, § 261 KAGB Rz. 67. Die hierfür gelieferte Begründung überzeugt freilich nicht. Für den unterstellten gesetzgeberischen Willen finden sich keine Belege.

62 S. *F. Voigt* in Moritz/Klebeck/Jesch, § 261 KAGB Rz. 69 mit N.

63 Für Einzelheiten s. § 1 Rz. 193 ff.; ferner etwa *D. Voigt* in Beckmann/Scholtz/Vollmer, § 261 KAGB Rz. 16; *F. Voigt* in Moritz/Klebeck/Jesch, § 261 KAGB Rz. 71.

Abs. 2 Nr. 1 KAGB keine weiteren Anforderungen an Nutzung oder Zustand der erwerbbaren Immobilien.[64] Die Aufzählung von Wald, Forst und Agrarland ist wiederum nur beispielhaft.[65]

2. Fahrzeuge, deren Bestandteile sowie Ersatzteile (§ 261 Abs. 2 Nr. 2, 3, 5 und 6 KAGB)

Der Katalog des § 261 Abs. 2 KAGB führt an verschiedenen Stellen Fahrzeuge als taugliche Sachwerte i.S.d. § 261 Abs. 1 Nr. 1 KAGB auf. So nennt die Vorschrift Schiffe (Nr. 2), Luftfahrzeuge (Nr. 3), Schienenfahrzeuge (Nr. 5) sowie ganz allgemein Fahrzeuge, die im Rahmen der Elektromobilität genutzt werden (Nr. 6). Bei Schiffen, Luft und Schienenfahrzeugen erfasst das Gesetz zudem ausdrücklich deren Bestandteile sowie Ersatzteile. Mit Blick auf die Fahrzeugbestandteile wird teils vertreten, dass es sich um wesentliche Bestandteile i.S.d. §§ 93 f. BGB handeln müsse.[66] Für diese Sichtweise gibt das Gesetz freilich nichts her.[67] Bestandteile – gleich ob wesentlich oder nicht – sind zwar zivilrechtlich von Zubehör (§ 97 BGB) zu unterscheiden. Für die Anlagemöglichkeit des geschlossenen Publikums-AIF ist dies jedoch ohne Bedeutung, da es sich bei Zubehör ebenfalls um Sachwerte i.S.d. § 261 Abs. 1 Nr. 1 KAGB handelt.[68] 23

3. Anlagen, Container, Infrastruktur (§ 261 Abs. 2 Nr. 4, 7 und 8 KAGB)

Neben Immobilien und Fahrzeugen führt § 261 Abs. 2 KAGB als weitere Beispiele für Sachwerte auf: Anlagen zur Erzeugung, zum Transport und zur Speicherung von Strom, Gas oder Wärme aus erneuerbaren Energien (Nr. 4), Container (Nr. 7) sowie Infrastruktur, die für Vermögensgegenstände nach Nr. 2 bis 6 genutzt wird. Während die in Nr. 4 und Nr. 7 genannten Sachwerte weitgehend selbsterklärend sind,[69] bleibt der Verweis auf die Infrastruktur vage. Hierunter fallen etwa Schiffshäfen, Flughäfen oder Straßen.[70] Der Umstand, dass nur Vermögensgegenstände nach § 261 Abs. 2 Nr. 2 bis 6 KAGB, aber nicht Immobilien nach Nr. 1 in Bezug genommen worden sind, dürfte dem Erwerb entsprechender Infrastruktur zur Nutzung von Immobilien letztlich nicht entgegenstehen.[71] 24

VI. Beschränkter Einsatz von Derivaten (§ 261 Abs. 3 KAGB)

Nach § 261 Abs. 3 KAGB dürfen geschlossene inländische Publikums-AIF Derivate (vgl. § 2 Abs. 3 WpHG) nur zu dem Zweck einsetzen, um im AIF gehaltener Vermögensgegenstände gegen Wertverluste abzusichern. § 261 Abs. 3 KAGB übernimmt damit die aufgehobene Regelung des § 90b InvG für geschlossene inländische Publikums-AIF.[72] Absicherbare Wertverlustrisiken können etwa Mietausfallrisiken sein, aber auch Inflations- oder Währungsrisiken.[73] Mit der Beschränkung auf Absicherungszwecke geht das Verbot des Einsatzes von Derivaten als Teil der Anlagestrategie, insbesondere zur Generierung von Leverage, einher.[74] 25

VII. Begrenzung von Währungsrisiken (§ 261 Abs. 4 KAGB)

§ 261 Abs. 4 KAGB verpflichtet die AIF-KVG sicherzustellen, dass allenfalls ein bestimmter Anteil der Vermögensgegenstände eines geschlossenen inländischen Publikums-AIF einem Währungsrisiko unterliegt: 26

---

64 *D. Voigt* in Beckmann/Scholtz/Vollmer, § 261 KAGB Rz. 16; *F. Voigt* in Moritz/Klebeck/Jesch, § 261 KAGB Rz. 70.

65 S. für Einzelheiten der Begriffsbestimmung *Hartrott* in Baur/Tappen, § 261 KAGB Rz. 15; *D. Voigt* in Beckmann/Scholtz/Vollmer, § 261 KAGB Rz. 17; *F. Voigt* in Moritz/Klebeck/Jesch, § 261 KAGB Rz. 72.

66 So *Hartrott* in Baur/Tappen, § 261 KAGB Rz. 16; letztlich dann doch anders *F. Voigt* in Moritz/Klebeck/Jesch, § 261 KAGB Rz. 76.

67 Klar *D. Voigt* in Beckmann/Scholtz/Vollmer, § 261 KAGB Rz. 20.

68 Zutr. *D. Voigt* in Beckmann/Scholtz/Vollmer, § 261 KAGB Rz. 20.

69 Für Einzelheiten s. etwa *Hartrott* in Baur/Tappen, § 261 KAGB Rz. 18, 21; *D. Voigt* in Beckmann/Scholtz/Vollmer, § 261 KAGB Rz. 23, 26; *F. Voigt* in Moritz/Klebeck/Jesch, § 261 KAGB Rz. 79 ff., 85.

70 S. etwa *D. Voigt* in Beckmann/Scholtz/Vollmer, § 261 KAGB Rz. 27.

71 Tendenziell anders *F. Voigt* in Moritz/Klebeck/Jesch, § 261 KAGB Rz. 86, welcher der Nr. 8 damit aber einen Regelungsgehalt zuschreibt, der ihr nicht zukommt. Es handelt sich bei den Regelungen in Abs. 2 eben nur um eine Beispielsliste.

72 Begr. RegE AIFM-UmsG, BT-Drucks. 17/12294, S. 271.

73 *Paul* in Weitnauer/Boxberger/Anders, § 261 KAGB Rz. 17; *F. Voigt* in Moritz/Klebeck/Jesch, § 261 KAGB Rz. 87; ausführlich *D. Voigt* in Beckmann/Scholtz/Vollmer, § 261 KAGB Rz. 51: keine Beschränkungen in Bezug auf die absicherbaren Verlustrisiken.

74 Begr. RegE AIFM-UmsG, BT-Drucks. 17/12294, S. 271; s. ferner etwa *Paul* in Weitnauer/Boxberger/Anders, § 261 KAGB Rz. 17; *D. Voigt* in Beckmann/Scholtz/Vollmer, § 261 KAGB Rz. 51; *F. Voigt* in Moritz/Klebeck/Jesch, § 261 KAGB Rz. 89.

Der maximale Anteil derart mit Währungsrisiken behafteter Vermögensgegenstände darf 30 Prozent des aggregierten eingebrachten Kapitals und noch nicht eingeforderten zugesagten Kapitals nicht übersteigen. Die Berechnung hat dabei auf Grundlage der Beträge zu erfolgen, die nach Abzug sämtlicher direkt oder indirekt von den Anlegern getragenen Gebühren, Kosten und Aufwendungen für Anlagen zur Verfügung stehen. Die Regelung übernimmt den aufgehobenen § 67 Abs. 4 InvG für geschlossenen Publikums-AIF.[75] Anders als die Parallelregelung in § 233 Abs. 2 KAGB hat der Gesetzgeber jedoch im Zuge des OGAW-V-UmsG die Bezugsgröße der 30-Prozent-Grenze ausgetauscht.[76]

1. Währungsrisiko

27 § 261 Abs. 4 KAGB beschränkt den Anteil der Vermögensgegenstände des AIF, die einem **Währungsrisiko** unterliegen dürfen. Dies ist der Fall bei Währungsinkongruenz, wenn also die Fondswährung und die Währung, in welcher der Wert des Vermögensgegenstands ermittelt wird, voneinander abweichen. Ein Währungsrisiko ist daher zu bejahen, wenn der Vermögensgegenstand in einer anderen als der Fondswährung angelegt (bspw. Fremdwährungskonto) oder gehandelt wird.[77] Dies kann auch dann der Fall sein, wenn der Erwerb des Gegenstands in der Fondswährung erfolgt ist (Beispiel: das in einem Fremdwährungsstaat belegene Grundstück wird in der Fondswährung erworben).[78]

28 **Unerheblich** ist, **wie hoch** das Währungsrisiko im konkreten Fall ausfällt; es muss nur bestehen.[79] Allerdings kann die AIF-KVG ein bestimmtes Währungsrisiko durch Kurssicherungsgeschäfte oder über Derivate (vollständig) neutralisieren. Der hierbei abgesicherte Betrag ist dann aus dem Anteil nach § 261 Abs. 4 KAGB herauszurechnen. Für die Berechnung des mit Währungsrisiken behafteten Anteils ist mit anderen Worten nur auf die **Nettoposition** abzustellen.[80]

2. Berechnung des für Anlagen zur Verfügung stehenden Kapitals

29 Für die Bestimmung der Obergrenze von 30 Prozent ist dessen Bezugsgröße zu ermitteln, nämlich das für Anlagen zur Verfügung stehende Kapital. Hierfür sind in einem ersten Schritt das eingebrachte sowie das noch nicht eingeforderte, aber zugesagte Kapital zu „aggregieren", also zusammenzurechnen.[81] Entgegen dem insofern unglücklich formulierten Normtext muss aber auch **das zugesagte und schon eingeforderte, aber noch nicht eingebrachte Kapital** berücksichtigt werden.[82] Soweit feststeht, dass zugesagtes Kapital nicht mehr einbringlich ist, etwa wegen Insolvenz des verpflichteten Anlegers, ist der betreffende Betrag aus der Berechnung herauszunehmen. Denn andernfalls würde sich das Risiko für die verbliebenen Anleger über das vom Gesetzgeber intendierte Maß hinaus vergrößern.[83]

30 Streitig ist, ob das „aggregierte" Kapital nur das Anlegerkapital meint oder ob auch das aus anderer Quelle, insbesondere von den Gründern stammendes Kapital zu berücksichtigen ist.[84] Der Normtext legt zumindest nahe, dass der Gesetzgeber eine **Beschränkung auf das Anlegerkapital** im Sinn hatte. Denn bei den Abzugsposten (dazu sogleich in Rz. 31) stellt das Gesetz ausdrücklich nur auf solche Kosten und Gebühren ab, die von den Anlegern zu tragen sind. Eine solche Beschränkung erscheint aber nur dann sinnvoll, wenn man sie auch bei der Berechnung des eingebrachten sowie des zugesagten Kapitals zugrunde legt.[85]

31 Vom derart „aggregierten" Kapital sind sämtliche direkt oder indirekt von den Anlegern getragene **Gebühren, Kosten und Aufwendungen abzuziehen**, um das für Anlagen zur Verfügung stehende Kapital zu er-

75 Begr. RegE AIFM-UmsG, BT-Drucks. 17/12294, S. 271.
76 S. dazu näher in Rz. 3.
77 S. *F. Voigt* in Moritz/Klebeck/Jesch, § 261 KAGB Rz. 95; s. ferner *D. Voigt* in Beckmann/Scholtz/Vollmer, § 261 KAGB Rz. 53.
78 S. *F. Voigt* in Moritz/Klebeck/Jesch, § 261 KAGB Rz. 96, von dem auch das Beispiel entliehen ist. Vgl. auch *Paul* in Weitnauer/Boxberger/Anders, § 261 KAGB Rz. 19.
79 S. auch *F. Voigt* in Moritz/Klebeck/Jesch, § 261 KAGB Rz. 92 unter Verweis auf die Volatilität einer Währung.
80 Begr. RegE AIFM-UmsG, BT-Drucks. 17/12294, S. 271; *D. Voigt* in Beckmann/Scholtz/Vollmer, § 261 KAGB Rz. 52, 54; *F. Voigt* in Moritz/Klebeck/Jesch, § 261 KAGB Rz. 98.
81 Versteht man den Normtext in dieser Weise, ergibt das Adjektiv „aggregiert" durchaus Sinn. Wie hier *D. Voigt* in Beckmann/Scholtz/Vollmer, § 262 KAGB Rz. 10d i.V.m. § 261 Rz. 52; **anders** *Paul* in Weitnauer/Boxberger/Anders, § 261 KAGB Rz. 24.
82 Ganz richtig *Paul* in Weitnauer/Boxberger/Anders, § 261 KAGB Rz. 24.
83 *Paul* in Weitnauer/Boxberger/Anders, § 261 KAGB Rz. 24; in diesem Sinne auch *D. Voigt* in Beckmann/Scholtz/Vollmer, § 262 KAGB Rz. 10d i.V.m. § 261 Rz. 52.
84 Für erste Deutung *Paul* in Weitnauer/Boxberger/Anders, § 261 KAGB Rz. 25; für letztere Position hingegen *D. Voigt* in Beckmann/Scholtz/Vollmer, § 262 KAGB Rz. 10b i.V.m. § 261 Rz. 52.
85 S. *Paul* in Weitnauer/Boxberger/Anders, § 261 KAGB Rz. 25.

mitteln. Welche Kosten hierbei zu berücksichtigen sind, lässt das Gesetz nicht mit letzter Klarheit erkennen.[86] Insbesondere ist zweifelhaft, inwieweit Kosten, die bei dem Erwerb von Anlagegegenständen anfallen, ohne ein Äquivalent für deren Wert zu sein, in Abzug zu bringen sind oder nicht. Denn einerseits haben derlei **Erwerbsnebenkosten** (Beispiel: Vermittlungskosten) einen klaren Bezug zur Anlagetätigkeit, weshalb die hierfür eingesetzten Mittel als „für Anlagen verfügbares" Kapital angesehen werden könnten.[87] Teils wird jedoch zusätzlich gefordert, dass derlei Kosten das für Anlagen verfügbare Kapital nur dann nicht verringern, **wenn sie sich auf den Wert der Anlage erhöhend oder zumindest stabilisierend auswirken.**[88] Letzteres erscheint auch überzeugend. Die Änderung der Bezugsgröße vom „Verkehrswert der Vermögensgegenstände" zur jetzigen Bezugsgröße sollte neben Vereinheitlichungszwecken vor allem dazu dienen, deren Volatilität zu verringern. Entsprechend ging der Gesetzgeber davon aus, dass sich eine „Abweichung zwischen beiden Rechnungsarten [...] insbesondere dann [ergibt], wenn der Verkehrswert der erworbenen Vermögensgegenstände nach dem Erwerb steigt oder fällt."[89] Die neue Bezugsgröße soll sich nach diesem Verständnis also an den Mitteln orientieren, die dafür bestimmt sind, in Anlagewerte überführt zu werden. Dies ist etwa bei Vermittlungskosten, die nicht im Wert der erworbenen Anlage reflektiert werden, nicht der Fall.[90]

Von dem für Anlagen zur Verfügung stehenden Kapital sind alle Kosten abzuziehen, welche **die Anleger direkt oder indirekt zu tragen** haben. Nicht erfasst werden daher etwa Kosten, die von den Gründern zu tragen sind.[91] Die Anleger tragen Kosten „indirekt", wenn das Vermögen des AIF mit ihnen belastet wird.[92] Dies betrifft vor allem die sog. „Weichkosten".[93] 32

3. Fortlaufende Berechnung

Die AIF-KVG hat fortlaufend, d.h. für die gesamte Laufzeit des geschlossenen Publikums-AIF, sicherzustellen, dass die Währungsrisikogrenze des § 261 Abs. 4 KAGB nicht überschritten wird.[94] Entsprechend dieser fortlaufenden Pflicht hat sie auch die Berechnung der Bezugsgröße – gerade mit Blick auf sich verändernde Kosten – fortlaufend zu prüfen und gegebenenfalls anzupassen.[95] 33

VIII. Bewertung von Sachwerten (§ 261 Abs. 5 KAGB)

Der an den aufgehobenen § 67 Abs. 5 Satz 1 InvG angelehnte[96] § 261 Abs. 5 KAGB macht die Zulässigkeit des Erwerbs von Sachwerten von einer vorherigen Bewertung abhängig. Dabei stellt er bestimmte Anforderungen an das Bewertungsverfahren sowie an den Bewerter. Schließlich verlangt die Vorschrift, dass der Erwerbspreis das Bewertungsergebnis nicht wesentlich übersteigt. Im Einzelnen: 34

1. Anforderungen an das Bewertungsverfahren

§ 261 Abs. 5 Satz 1 Nr. 1 lit. a und lit. b bestimmen zunächst die **erforderliche Anzahl an Bewertern**, welche eine Bewertung des Sachwerts vorzunehmen haben, in den investiert werden soll. Vermögensgegenstände bis zu 50 Mio. € sind lediglich durch einen, Vermögensgegenstände über 50 Mio. € sind durch **zwei, voneinander unabhängige Bewerter** zu bewerten. Da der Wert des Gegenstands vor der Bewertung noch nicht sicher feststeht, ist auf den voraussichtlichen Wert abzustellen, wobei der aufgerufene Kaufpreis als Orientierungsgröße dienen kann.[97] Kommt der zunächst alleinige Bewerter zu dem Ergebnis, dass der betreffende Sachwert über 50 Mio. € liegt, ist eine zweite Bewertung durchzuführen. 35

Für die **weiteren Anforderungen an das Bewertungsverfahren** verweist § 261 Abs. 5 Satz 2 KAGB auf § 271 Abs. 2 KAGB, der wiederum § 169 KAGB in Bezug nimmt. Danach hat die AIF-KVG eine interne Be- 36

86 Vgl. auch die Einschätzung bei *F. Voigt* in Moritz/Klebeck/Jesch, § 261 KAGB Rz. 135.
87 S. dazu *D. Voigt* in Beckmann/Scholtz/Vollmer, § 262 KAGB Rz. 10e mit § 261 Rz. 52, der die Frage letztlich offen lässt.
88 So *Paul* in Weitnauer/Boxberger/Anders, § 261 KAGB Rz. 26.
89 S. Begr. RegE OGAW-V-UmsG, BT-Drucks. 18/6744, S. 62. S. dazu bereits in Rz. 3.
90 Vgl. auch die Beispiele für abzugsfähige Kosten bei *Paul* in Weitnauer/Boxberger/Anders, § 261 KAGB Rz. 26.
91 *Paul* in Weitnauer/Boxberger/Anders, § 261 KAGB Rz. 27.
92 *Paul* in Weitnauer/Boxberger/Anders, § 261 KAGB Rz. 27.
93 *D. Voigt* in Beckmann/Scholtz/Vollmer, § 262 KAGB Rz. 10e mit § 261 Rz. 52.
94 Vgl. zu § 261 Abs. 4 a.F. auch *F. Voigt* in Moritz/Klebeck/Jesch, § 261 KAGB Rz. 99.
95 *Paul* in Weitnauer/Boxberger/Anders, § 261 KAGB Rz. 28; scheinbar anders *D. Voigt* in Beckmann/Scholtz/Vollmer, § 262 KAGB Rz. 10e a.E. mit § 261 KAGB Rz. 52.
96 Begr. RegE AIFM-UmsG, BT-Drucks. 17/12294, S. 271.
97 *F. Voigt* in Moritz/Klebeck/Jesch, § 261 KAGB Rz. 106.

wertungsrichtlinie zu erstellen, die geeignete und kohärente Verfahren für eine ordnungsgemäße, transparente und unabhängige Bewertung der Sachwerte festlegt (vgl. § 169 Abs. 1 KAGB), wobei eine Objektbesichtigung durch den Bewerter zwingend vorzusehen ist (vgl. § 271 Abs. 2 KAGB). Für Einzelheiten zu den Vorgaben des in Bezug genommenen § 169 KAGB wird auf die zugehörige Kommentierung verwiesen.[98]

2. Anforderungen an die Bewerter

37 Zu den Anforderungen an die Bewerter bestimmen § 261 Abs. 5 Satz 1 Nr. 1 lit. a und lit. b KAGB zunächst, dass es sich um **externe Bewerter** handeln muss, die den Anforderungen nach § 216 Abs. 1 Satz 1 Nr. 1 und Satz 2, Abs. 2 bis 5 KAGB genügen. Es muss sich also um Bewerter handeln, die **von dem geschlossenen Publikums-AIF sowie von der AIF-KVG unabhängig** sind. Eine Bewertung durch die AIF-KVG selbst (vgl. § 216 Abs. 1 Satz 1 Nr. 2 KAGB) ist damit ausgeschlossen.[99] Bei Hinzuziehung von **zwei Bewertern**, müssen **deren Bewertungen wiederum voneinander unabhängig** sein (s. § 261 Abs. 5 Satz 1 Nr. 1 lit. b KAGB). Weichen deren Bewertungen voneinander ab, hat die AIF-KVG zu entscheiden, welchen Wert sie für maßgeblich erachtet.[100] Für weitere Einzelheiten zu den Anforderungen nach § 216 Abs. 1 Satz 1 Nr. 1 und Satz 2 sowie Abs. 2 bis 5 KAGB s. die zugehörige Kommentierung.

38 Darüber hinaus bestimmt § 261 Abs. 5 Satz 1 Nr. 2 KAGB, dass die für die Bewertung vor Erwerb des Anlagegegenstands herangezogenen Bewerter nicht dieselben sein dürfen, welche die jährliche Bewertung nach § 272 KAGB durchführen.

39 Schließlich gilt gem. § 261 Abs. 5 Satz 2 i.V.m. § 250 Abs. 2 KAGB: Der externe Berater darf **maximal für einen Zeitraum von drei Jahren** für die AIF-KVG, die den geschlossenen Publikums-AIF verwaltet, tätig sein und muss dann mindestens zwei Jahre mit seiner Bewertungstätigkeit für die AIF-KVG aussetzen. Ferner dürfen die Einnahmen aus der Bewertung maximal 30 Prozent der Gesamteinnahmen des Bewerters in dem betreffenden Geschäftsjahr ausmachen. Für weitere Einzelheiten s. die Kommentierung zu § 250 KAGB.

3. Maßgeblichkeit des Bewertungsergebnisses für die Gegenleistung

40 Gemäß § 261 Abs. 5 Satz 1 Nr. 3 KAGB darf die aus dem geschlossenen inländischen Publikums-AIF zu erbringende Gegenleistung, also der Erwerbspreis nebst etwaigen weiteren Entgeltkomponenten,[101] den im Zuge der vorgängigen Bewertung ermittelten Wert des zu erwerbenden Sachwerts allenfalls **unwesentlich übersteigen**. Als grobe Richtgröße für noch zulässige Abweichungen werden teils Überschreitungen von bis zu 3 Prozent des ermittelten Werts, teils von bis zu 10 Prozent genannt.[102] Auch wenn man der AIF-KVG eine gewisse Flexibilität zubilligen muss,[103] bleiben Wertüberschreitung immer begründungsbedürftig.

IX. Bewertung von Vermögensgegenständen nach § 261 Abs. 1 Nr. 2 bis 6 KAGB (§ 261 Abs. 6 KAGB)

41 § 261 Abs. 6 KAGB verlangt eine im Einzelnen geregelte Bewertung von Gesellschafts- oder Unternehmensbeteiligungen nach § 261 Abs. 1 Nr. 2 bis 6 KAGB vor dem Erwerb für den geschlossenen Publikums-AIF. Die Vorschrift ist an den aufgehobenen § 68 Abs. 2 InvG angelehnt[104] und **entspricht weitgehend der Regelung in § 261 Abs. 5 KAGB.**[105] Dies gilt zunächst für die **Anforderungen an die externen Bewerter** gem. § 261 Abs. 6 Satz 1 Nr. 1 und 2 sowie Satz 2 i.V.m. § 250 Abs. 2 KAGB (vgl. insofern mit § 261 Abs. 5 Satz Nr. 1 und 2 sowie Satz 2 i.V.m. § 250 Abs. 2 KAGB), aber auch für die erforderliche Anzahl an Bewertern gem. § 261 Abs. 6 Satz 1 Nr. 1 lit. a und b KAGB (vgl. insofern mit § 261 Abs. 5 Satz. 1 Nr. 1 lit. a und

98 S. ferner den Kurzüberblick bei *F. Voigt* in Moritz/Klebeck/Jesch, § 261 KAGB Rz. 111 ff.
99 S. auch *Hartrott* in Baur/Tappen, § 261 KAGB Rz. 28; *D. Voigt* in Beckmann/Scholtz/Vollmer, § 261 KAGB Rz. 58.
100 *Hübner*, WM 2014, 106 (111); vorsichtig zust. *D. Voigt* in Beckmann/Scholtz/Vollmer, § 261 KAGB Rz. 58; auch *F. Voigt* in Moritz/Klebeck/Jesch, § 261 KAGB Rz. 117, der auf die damit verbundenen Haftungsrisiken hinweist.
101 S. dazu nur *D. Voigt* in Beckmann/Scholtz/Vollmer, § 261 KAGB Rz. 62.
102 S. zur 3 %-Marke *D. Voigt* in Beckmann/Scholtz/Vollmer, § 261 KAGB Rz. 62; ferner *F. Voigt* in Moritz/Klebeck/Jesch, § 261 KAGB Rz. 116, der freilich im Einzelfall größere Abweichungen für zulässig hält; die 10 %-Marke wird genannt von *Paul* in Weitnauer/Boxberger/Anders, § 261 KAGB Rz. 31.
103 Dies betont *F. Voigt* in Moritz/Klebeck/Jesch, § 261 KAGB Rz. 116.
104 Begr. RegE AIFM-UmsG, BT-Drucks. 17/12294, S. 271.
105 S. auch *D. Voigt* in Beckmann/Scholtz/Vollmer, § 261 KAGB Rz. 57: hohe Parallelität.

b KAGB). Im Hinblick auf diese Übereinstimmungen wird auf die Ausführungen zu § 261 Abs. 5 KAGB verwiesen.[106]

Allerdings weist § 261 Abs. 6 KAGB gegenüber Abs. 5 auch einige Abweichungen auf, die vor allem den Unterschieden der zu bewertenden Vermögensgegenstände geschuldet sind. So fehlt eine dem § 261 Abs. 5 Satz 1 Nr. 3 KAGB entsprechende ausdrückliche Regelung zur Maßgeblichkeit des Bewertungsergebnisses für die Gegenleistung.[107] Auch verweist § 261 Abs. 6 KAGB nicht auf § 271 Abs. 2 KAGB (vgl. § 261 Abs. 5 Satz 2 KAGB). Gemäß § 261 Abs. 6 Satz 3 KAGB ist bei der Bewertung der zu erwerbenden Beteiligung vielmehr vom letzten mit einem Bestätigungsvermerk des Abschlussprüfers versehenen Jahresabschluss der Beteiligungsgesellschaft bzw. des Beteiligungsunternehmens auszugehen. Liegt der Jahresabschluss mehr als drei Monate vor dem Bewertungsstichtag, ist stattdessen eine aktuelle, vom Abschlussprüfer geprüfte Vermögensaufstellung zur Grundlage der Bewertung zu machen. 42

Erwirbt ein geschlossener Publikums-AIF eine Beteiligung an einer Gesellschaft oder einem Unternehmen gem. § 261 Abs. 1 Nr. 2 bis 6 KAGB, welche(s) in Sachwerte investiert, findet für die Ankaufsbewertung alleine § 261 Abs. 6 KAGB und nicht zusätzlich Abs. 5 Anwendung. Denn der Gesetzgeber hat hier die für Immobilien-Sondervermögen geltenden Regelungen in §§ 236 Abs. 3, 235 Abs. 2, 231 Abs. 2 KAGB gerade nicht übernommen.[108] 43

X. Pflichten bei Kontrolle über nicht börsennotierte Unternehmen (§ 261 Abs. 7 KAGB)

Gemäß § 261 Abs. 7 KAGB gelten die §§ 287 bis 292 KAGB entsprechend, wenn die AIF-KVG für den geschlossenen Publikums-AIF in Vermögensgegenstände i.S.d. § 261 Abs. 1 Nr. 4 KAGB investiert. Dabei ist zu beachten, dass zwar die Umschreibung dieser Vermögenswerte in § 261 Abs. 1 Nr. 4 KAGB weiter ist als diejenige des nicht börsennotierten Unternehmens in § 1 Abs. 19 Nr. 27 KAGB.[109] Dies wird praktisch jedoch nicht relevant, weil sich die Anwendbarkeit der §§ 288 ff. KAGB nach § 287 KAGB richtet, der insofern auf den Begriff des nicht börsennotierten Unternehmens abstellt.[110] Umgekehrt darf der Anwendungsbereich des § 261 Abs. 7 i.V.m. §§ 287 ff. KAGB in Bezug auf die erfassten Unternehmensbeteiligungen aufgrund der europarechtlichen Vorgaben auch nicht hinter **Art. 4 Abs. 1 lit. ac) AIFM-RL** (≙ § 1 Abs. 19 Nr. 27 KAGB) zurückfallen.[111] 44

XI. Beschränkung von Master-Feeder-Konstruktionen

§ 261 Abs. 8 KAGB stellt klar, dass geschlossene inländische Publikums-AIF nicht als Feeder-AIF im Rahmen einer Master-Feeder-Konstruktion eingesetzt werden können. Wann von einem Feeder-AIF auszugehen ist, bestimmt § 1 Abs. 19 Nr. 13 KAGB.[112] Für geschlossene EU-AIF und ausländische-AIF, die an Privatanleger vertrieben werden, ergibt sich ein entsprechendes Verbot aus § 317 Abs. 1 Nr. 7 lit. j) KAGB.[113] 45

XII. Rechtsfolgen bei Verstoß

Bei Verstößen gegen § 261 KAGB kommen zunächst **aufsichtsrechtliche Maßnahmen** in Betracht. Der BaFin stehen insofern die Anordnungsbefugnisse nach Maßgabe der §§ 5 ff. KAGB zur Verfügung.[114] 46

Die AIF-KVG handelt zudem **ordnungswidrig**, wenn sie zumindest fahrlässig entgegen den Vorgaben des § 261 Abs. 1 KAGB einen Vermögensgegenstand erwirbt (§ 340 Abs. 2 Nr. 49 lit. b KAGB), entgegen § 261 47

---

106 S. soeben in Rz. 34 ff.

107 S. dazu *D. Voigt* in Beckmann/Scholtz/Vollmer, § 261 KAGB Rz. 64: Es gelten die allgemeinen Sorgfaltspflichten.

108 *F. Voigt* in Moritz/Klebeck/Jesch, § 261 KAGB Rz. 120; a.A. *Paul* in Weitnauer/Boxberger/Anders, § 261 KAGB Rz. 33: kumulative Anwendung bei Investition in Vermögensgegenstände gem. § 261 Abs. 1 Nr. 5 oder 6 KAGB.

109 *F. Voigt* in Moritz/Klebeck/Jesch, § 261 KAGB Rz. 126; s. dazu bereits in Rz. 13.

110 Begr. RegE AIFM-UmsG, BT-Drucks. 17/12294, S. 271; s. auch *Paul* in Weitnauer/Boxberger/Anders, § 261 KAGB Rz. 35; *D. Voigt* in Beckmann/Scholtz/Vollmer, § 261 KAGB Rz. 66.

111 S. zur Problematik bereits in Rz. 8.

112 S. für Einzelheiten § 1 Rz. 177 ff.

113 Beschlussempfehlung und Bericht des FinA zum RegE AIFM-UmsG, BT-Drucks. 17/13395, S. 408.

114 S. auch *D. Voigt* in Beckmann/Scholtz/Vollmer, § 261 KAGB Rz. 71.

Abs. 3 KAGB in ein Derivat investiert (§ 340 Abs. 2 Nr. 52 KAGB) oder entgegen § 261 Abs. 4 KAGB nicht sicherstellt, dass ein Vermögensgegenstand nur in dem dort genannten Umfang einem Währungsrisiko unterliegt (§ 340 Abs. 2 Nr. 69 KAGB).

48 Schließlich kommen als **zivilrechtliche Folgen** von Verstößen gegen § 261 KAGB auch Schadensersatzansprüche der Anleger wegen schuldhafter Verletzung der entsprechenden Pflichten aus den bestehenden Vereinbarungen zwischen AIF-KVG und Anlegern in Betracht.[115]

§ 262 Risikomischung

(1) [1]Die AIF-Kapitalverwaltungsgesellschaft darf für einen geschlossenen inländischen Publikums-AIF nur nach dem Grundsatz der Risikomischung investieren. [2]Der Grundsatz der Risikomischung im Sinne des Satzes 1 gilt als erfüllt, wenn

1. entweder in mindestens drei Sachwerte im Sinne des § 261 Absatz 2 investiert wird und die Anteile jedes einzelnen Sachwertes am aggregierten eingebrachten Kapital und noch nicht eingeforderten zugesagten Kapital des AIF, berechnet auf der Grundlage der Beträge, die nach Abzug sämtlicher direkt oder indirekt von den Anlegern getragener Gebühren, Kosten und Aufwendungen für Anlagen zur Verfügung stehen, im Wesentlichen gleichmäßig verteilt sind oder

2. bei wirtschaftlicher Betrachtungsweise eine Streuung des Ausfallrisikos gewährleistet ist.

[3]Der geschlossene inländische Publikums-AIF muss spätestens 18 Monate nach Beginn des Vertriebs risikogemischt investiert sein. [4]Für den Zeitraum nach Satz 3, in dem der geschlossene Publikums-AIF noch nicht risikogemischt investiert ist, sind die Anleger in dem Verkaufsprospekt und den wesentlichen Anlegerinformationen gemäß § 268 darauf hinzuweisen.

(2) [1]Abweichend von Absatz 1 darf die AIF-Kapitalverwaltungsgesellschaft für den geschlossenen inländischen Publikums-AIF ohne Einhaltung des Grundsatzes der Risikomischung investieren, wenn

1. sie für den geschlossenen inländischen Publikums-AIF nicht in Vermögensgegenstände im Sinne des § 261 Absatz 1 Nummer 4 investiert und

2. die Anteile oder Aktien dieses AIF nur von solchen Privatanlegern erworben werden,

a) die sich verpflichten, mindestens 20 000 Euro zu investieren, und

b) für die die in § 1 Absatz 19 Nummer 33 Buchstabe a Doppelbuchstabe bb bis ee genannten Voraussetzungen erfüllt sind.

[2]Ein nachfolgender Erwerb der Anteile oder Aktien dieses AIF kraft Gesetzes durch einen Privatanleger, der die Anforderungen nach Satz 1 Nummer 2 nicht erfüllt, ist unbeachtlich. [3]Wenn für den geschlossenen inländischen Publikums-AIF ohne Einhaltung des Grundsatzes der Risikomischung investiert wird, müssen der Verkaufsprospekt und die wesentlichen Anlegerinformationen an hervorgehobener Stelle auf das Ausfallrisiko mangels Risikomischung hinweisen.

In der Fassung vom 4.7.2013 (BGBl. I 2013, S. 1981), zuletzt geändert durch Gesetz zur Umsetzung der Richtlinie 2014/91/EU des Europäischen Parlaments und des Rates vom 23. Juli 2014 zur Änderung der Richtlinie 2009/65/EG zur Koordinierung der Rechts- und Verwaltungsvorschriften betreffend bestimmte Organismen für gemeinsame Anlagen in Wertpapieren (OGAW) im Hinblick auf die Aufgaben der Verwahrstelle, die Vergütungspolitik und Sanktionen vom 3.3.2016 (BGBl. I 2016, S. 348).

115 S. auch *D. Voigt* in Beckmann/Scholtz/Vollmer, § 261 KAGB Rz. 71.

Schrifttum: *Hübner*, Immobilienanlagen unter dem KAGB, WM 2014, 106; *Niewerth/Rybarz*, Änderung der Rahmenbedingungen für Immobilienfonds – das AIFM-Umsetzungsgesetz und seine Folgen, WM 2013, 1154; *Paul*, Der Anteilserwerb bei der als Spezial-AIF konzipierten Investmentgesellschaft durch Privatanleger, ZIP 2016, 1009; *Zetzsche*, Prinzipien der kollektiven Vermögensanlage, 2015.

Materialien: BaFin, Rundschreiben 14/2008 (WA) zum Anwendungsbereich des Investmentgesetzes nach § 1 S. 1 Nr. 3 InvG, WA 41-Wp 2136-2008/0001, 22.12.2008, abgedruckt bei Beckmann/Scholtz/Vollmer (Hrsg.), Ordnungsnummer 412 Nr. 56; BaFin, Schreiben vom 27.7.2009 an den Bundesverband Investment und Asset Management e.V. (BVI), Grundsatz der Risikomischung, Goldfonds, Gz. 41-Wp 2136-2008/0001, abgedruckt bei Beckmann/Scholtz/Vollmer (Hrsg.), Ordnungsnummer 412 Nr. 66; BaFin, Antwort auf Fragenkatalog des bsi-Verbands v. 8.8.2013, Gz. WA 41-QB4100-2013/0012; BaFin, Vortrag: Häufige Frage zum Kapitalanlagegesetzbuch (KAGB) – Seminar zum KAGB, 6.10.2014, online abrufbar unter: https://www.bafin.de/SharedDocs/Veranstaltungen/DE/141006_WA_Seminar_KAGB.html.

I. Inhalt, Anwendungsbereich und Entstehungsgeschichte

1. Inhalt und Adressat der Regelung

§ 262 KAGB bestimmt in Abs. 1, dass der Grundsatz der Risikomischung auch für geschlossene Publikums-AIF zu beachten ist (§ 262 Abs. 1 Satz 1 KAGB), und stellt zudem quantitative sowie qualitative Kriterien auf, bei deren alternativer Erfüllung der Grundsatz als erfüllt gilt (§ 262 Abs. 1 Satz 2 KAGB). § 262 Abs. 1 Satz 3 KAGB stellt klar, dass der AIF erst nach einer Anlaufphase von 18 Monaten risikogemischt sein muss. Solange die Risikomischung noch nicht erreicht ist, haben der Verkaufsprospekt sowie die wesentlichen Anlegerinformationen i.S.d. § 268 KAGB entsprechende Hinweise zu enthalten. § 262 Abs. 2 KAGB macht vom Grundsatz des Abs. 1 eine Ausnahme, lässt also die nicht risikogemischte Anlage zu, sofern nur auf die Investition in Beteiligungen an Unternehmen, die weder börsennotierten noch in einen organisierten Markt einbezogen sind, verzichtet wird (§ 262 Abs. 2 Satz 1 Nr. 1 KAGB) und zusätzlich nur solche Anleger zur Anlage in dem AIF zugelassen werden, die sich verpflichten, mindestens 20.000 Euro in den Fonds zu investieren, und ansonsten die Voraussetzungen semiprofessioneller Anleger erfüllen (§ 262 Abs. 2 Satz 1 Nr. 2, Satz 2 KAGB). Bei solchen nicht risikogemischten geschlossenen Publikums-AIF müssen das Verkaufsprospekt und die wesentlichen Anlegerinformationen an hervorgehobener Stelle auf das mit dem Verzicht auf die Risikomischung einhergehende Ausfallrisiko hinweisen (§ 262 Abs. 2 Satz 3 KAGB). 1

Adressat der Regelung ist ausweislich des Wortlauts der Vorschrift die **KVG**, welche den geschlossenen Publikums-AIF betreibt.[1] Diese trifft die Pflicht, für den Fonds gemäß dem Grundsatz der Risikomischung zu investieren.[2] 2

2. Anwendungsbereich

Die Vorschrift richtet sich an KVG, die einen **geschlossenen inländischen Publikums-AIF** i.S.d. § 1 Abs. 1 bis 7 KAGB verwalten.[3] Jedoch ist auch der Vertrieb geschlossener ausländischer oder EU-Publikums-AIF durch eine ausländische oder EU-AIF-KVG im Geltungsbereich des KAGB gem. § 317 Abs. 1 Nr. 7 lit. c KAGB nur zulässig, wenn die Anlagebedingungen des betreffenden AIF oder die Satzung oder der Gesell- 3

1 *Paul* in Weitnauer/Boxberger/Anders, § 262 KAGB Rz. 1; *F. Voigt* in Moritz/Klebeck/Jesch, § 262 KAGB Rz. 7 mit Hinweis auf die Definition der „AIF-KVG" in § 1 Abs. 16 i.V.m. § 17 KAGB.
2 *Paul* in Weitnauer/Boxberger/Anders, § 262 KAGB Rz. 1 spricht daher von einem „Investitionsgebot" der Risikomischung.
3 Hierfür sind die in § 139 KAGB genannten Rechtsformen zu verwenden; s. *F. Voigt* in Moritz/Klebeck/Jesch, § 262 KAGB Rz. 6; vgl. auch *D. Voigt* in Beckmann/Scholtz/Vollmer, § 262 KAGB Rz. 1.

schaftsvertrag der betreffenden AIF-Investmentgesellschaft die Einhaltung der Vorgaben des § 262 KAGB sicherstellen. Auf geschlossene Spezial-AIF findet § 262 KAGB keine Anwendung.[4]

3. Entstehungsgeschichte

4 § 262 KAGB ist **autonomes nationales Recht**, das nicht auf Vorgaben des EU-Rechts beruht. Die Regelung ist europarechtlich zulässig, da Art. 43 AIFM-RL ausdrücklich strengere nationale Regelungen für Publikums-AIF zulässt.[5]

5 Der in § 262 Abs. 1 Satz 1 KAGB für geschlossene Publikums-AIF statuierte Grundsatz der Risikomischung war unter dem InvG noch konstitutives Merkmal des Investmentvermögens (§ 1 Abs. 2 i.V.m. § 2 Abs. 4 InvG).[6] Das KAGB hat den Risikomischungsgrundsatz hingegen aus dessen Definition getilgt. Gleichwohl bleibt das Risikomischungsgebot Typusmerkmal des Investmentvermögens. Dies belegen insbesondere die §§ 214 und 262 KAGB, die das Risikomischungsgebot ausdrücklich für Publikums-AIF festlegen.[7]

6 § 226 des **Diskussionsentwurfs zum AIFM-UmsG** v. 20.7.2012 behielt das Halten von Anteilen oder Aktien an einem geschlossenen Publikums-AIF, der in nur einen Vermögensgegenstand investierte, Privatanlegern vor, die sich verpflichteten, mindestens 50.000 Euro zu investieren und ansonsten die Voraussetzungen eines semiprofessionellen Anlegers erfüllten (Abs. 1 S. 1). In diesem Falle sollten zudem der Verkaufsprospekt und die wesentlichen Anlegerinformationen an hervorgehobener Stelle auf das Ausfallrisiko mangels Risikomischung hinweisen müssen (Abs. 2). „Im Übrigen" sollte für geschlossene Publikums-AIF aber der Grundsatz der Risikomischung gelten (§ 226 Abs. 1 S. 2 Disk-E).

7 Im **Regierungsentwurf eines AIFM-UmsG**[8] erhielt die nunmehr in § 262 KAGB aufgeführte Regelung bereits weitgehend ihre jetzige Gestalt. Das Risikomischungsgebot steht nunmehr als Anlagegrundsatz am Anfang der Vorschrift. Entsprechend wurde die amtliche Überschrift der Regelung angepasst.[9] Neu eingefügt wurden die Konkretisierungen zur erforderlichen Risikomischung (Abs. 1 Satz 2), die jedenfalls im Ausgangspunkt an der bislang zum InvG geübten Verwaltungspraxis Maß nehmen.[10] Erst infolge einer entsprechenden **Beschlussempfehlung des Finanzausschusses** wurde die Ausnahmeregelung für eine 18-monatige Anlaufphase im Abs. 1 Satz 3 und 4 aufgenommen.[11]

8 § 262 KAGB wurde durch das **OGAW-V-UmsG** v. 3.3.2016[12] an zwei Stellen geändert.[13] Zum einen hat man die Bezugsgröße für die gleichmäßige Verteilung der einzelnen Sachwerte in Abs. 1 Satz 2 Nr. 1 verändert.[14] Zum anderen wurde der jetzige Abs. 2 Satz 2 in die Vorschrift eingefügt.[15] Für Altfonds gilt die Übergangsvorschrift in § 353a KAGB.

---

4 *F. Voigt* in Moritz/Klebeck/Jesch, § 262 KAGB Rz. 6.

5 S. auch *F. Voigt* in Moritz/Klebeck/Jesch, § 262 KAGB Rz. 11; *D. Voigt* in Beckmann/Scholtz/Vollmer, § 262 KAGB Rz. 2; ferner die Kommentierung zu § 214 Rz. 9 m.N.

6 *Paul* in Weitnauer/Boxberger/Anders, § 262 KAGB Rz. 3; vgl. auch *Hartrott* in Baur/Tappen, § 262 KAGB Rz. 1.

7 S. dazu bereits die Kommentierung zu § 214 Rz. 10 m.N. Tendenziell anders *Paul* in Weitnauer/Boxberger/Anders, § 262 KAGB Rz. 1, der die Formulierung des Grundsatzes der Risikomischung in § 262 als „Investitionsgebot" betont und dem Grundsatz als „Strukturelement" – so in § 214 KAGB – gegenüberstellt. Zur Doppelfunktion des Grundsatzes als Typusmerkmal und Verhaltenspflicht s. noch unten in Rz. 11.

8 BT-Drucks. 17/12294.

9 Vgl. in diesem Zusammenhang zur „regulatorischen Annäherung geschlossener an offene Produkte" *F. Voigt* in Moritz/Klebeck/Jesch, § 262 KAGB Rz. 10.

10 S. *Paul* in Weitnauer/Boxberger/Anders, § 262 KAGB Rz. 3 mit Hinweis auf die Abweichungen der gesetzlichen Regelung von der bisherigen Verwaltungspraxis; dazu noch näher in Rz. 12; vgl. ferner die Ausführungen in § 214 Rz. 27 ff.

11 Beschlussempfehlung und Bericht des Finanzausschusses zum RegE AUFM-UmsG, BT-Drucks. 17/13395, S. 253, 408. Zudem wurde auf Anregung des Finanzausschusses in Abs. 2 Nr. 2 der Begriff „gehalten" durch „erworben" ersetzt, um klarzustellen, dass es für die Anlegerqualifikation auf den Erwerbszeitpunkt ankommt. S. dazu *D. Voigt* in Beckmann/Scholtz/Vollmer, § 262 KAGB Rz. 4.

12 Gesetz zur Umsetzung der RL 2014/91/EU des Europäischen Parlaments und des Rates vom 23.7.2014 zur Änderung der RL 2009/65/EG zur Koordinierung der Rechts- und Verwaltungsvorschriften betreffend bestimmte Organismen für gemeinsame Anlagen in Wertpapieren (OGAW) im Hinblick auf die Aufgaben der Verwahrstelle, die Vergütungspolitik und Sanktionen v. 3.3.2016, BGBl. I 2016, S. 348.

13 Hierzu ausführlich *F. Voigt* in Moritz/Klebeck/Jesch, § 262 KAGB Rz. 59 ff.; s. auch *D. Voigt* in Beckmann/Scholtz/Vollmer, § 262 KAGB Rz. 4.

14 S. dazu Begr. RegE OGAW-V-UmsG, BT-Drucks. 18/6744, S. 62; ferner *Paul* in Weitnauer/Boxberger/Anders, § 262 KAGB Rz. 7; *D. Voigt* in Beckmann/Scholtz/Vollmer, § 262 KAGB Rz. 4; s. dazu noch in Rz. 18 ff.

15 S. dazu Begr. RegE OGAW-V-UmsG, BT-Drucks. 18/6744, S. 62; *D. Voigt* in Beckmann/Scholtz/Vollmer, § 262 KAGB Rz. 4; sowie noch in Rz. 39.

II. Normzweck und ökonomische Grundlagen

Das in § 262 Abs. 1 KAGB statuierte Gebot der Risikomischung dient ebenso wie in § 214 KAGB dem (**Klein-)Anlegerschutz**.[16] Hier wie dort geht es um den Schutz vor anlagespezifischen, durch Diversifikation vermeidbaren Verlustrisiken.[17] Das Risikomischungsgebot beruht damit auf den ökonomischen Einsichten der Portfoliotheorie.[18] Die Regelung zur Anlaufphase in § 262 Abs. 1 Satz 3 und 4 KAGB schwächen diesen Anlegerschutz mit Rücksicht auf das praktische Bedürfnis ab, in der initialen Kapitalsammel- und Investitionsphase seriell erfolgende Investitionen in einzelne u.U. sehr große Sachwerte zu ermöglichen.[19] 9

Die Ausnahmeregelung in § 262 Abs. 2 KAGB zielt auf einen Ausgleich zwischen den Anforderungen an einen angemessenen Anlegerschutz (verwirklicht durch die Hinweispflichten in Satz 3) und dem Ziel gepoolte mitunternehmerische Beteiligungsfinanzierungen für qualifizierte Anleger weiterhin zu ermöglichen (Satz 1).[20] 10

III. Grundsatz der Risikomischung – Inhaltsvermessung (§ 262 Abs. 1 KAGB)

1. Der Grundsatz (§ 262 Abs. 1 Satz 1 KAGB)

Dem Grundsatz der Risikomischung in § 262 Abs. 1 Satz 1 KAGB kommt für geschlossene Publikums-AIF – ebenso wie der entsprechenden Regelung in § 214 KAGB für offene Publikums-AIF – eine **Doppelfunktion** zu: Das Diversifizierungsgebot ist sowohl **Typusmerkmal** als auch **Verhaltenspflicht**.[21] Hinsichtlich seines Inhalts kann im Wesentlichen, genauer: vorbehaltlich der im Folgenden näher zu betrachtenden Regelung in § 262 Abs. 1 Satz 2 KAGB und ihrer Weiterungen, auf die Ausführungen zu § 214 Abs. 1 Satz 1 KAGB verwiesen werden.[22] Die Regelung in § 262 Abs. 1 Satz 2 KAGB führt zwar zu erheblichen Abweichungen in der praktischen Handhabung des Risikomischungsgebots nach § 262 Abs. 1 Satz 1 KAGB gegenüber demjenigen in § 214 KAGB.[23] Der theoretische Ausgangspunkt ist jedoch in beiden Vorschriften derselbe. Dies zeigt auch die Ausgestaltung der Konkretisierungen in § 262 Abs. 1 Satz 2 KAGB als gesetzliche Fiktion: Werden dortigen Vorgaben eingehalten, „gilt" das Gebot des § 262 Abs. 1 Satz 1 KAGB als erfüllt.[24] 11

2. Gesetzliche Konkretisierung (§ 262 Abs. 1 Satz 2 KAGB)

§ 262 Abs. 1 Satz 2 KAGB konkretisiert den in § 262 Abs. 1 Satz 1 KAGB statuierten Risikomischungsgrundsatz für geschlossene Publikums-AIF, indem er Kriterien aufstellt, bei deren Einhaltung der Grundsatz als erfüllt „gilt". Nämliche Kriterien nehmen jedenfalls im Ausgangspunkt Maß an der bisher zum InvG geübten Verwaltungspraxis, wonach das Fondskapital in (1) mehr als drei Vermögensgegenstände (2) mit unterschiedlichen Anlagerisiken zu investieren war.[25] Diese Unterscheidung von quantitativen und 12

---

16 *Paul* in Weitnauer/Boxberger/Anders, § 262 KAGB Rz. 2; *Hartrott* in Baur/Tappen, § 262 KAGB Rz. 3; *D. Voigt* in Beckmann/Scholtz/Vollmer, § 262 KAGB Rz. 3; vgl. auch *F. Voigt* in Moritz/Klebeck/Jesch, § 262 KAGB Rz. 9: „höheres Anlegerschutzniveau"; s. zum Normzweck des § 214 KAGB die Kommentierung in § 214 Rz. 13.

17 S. *Paul* in Weitnauer/Boxberger/Anders, § 262 KAGB Rz. 2; *Hartrott* in Baur/Tappen, § 262 KAGB Rz. 3; *D. Voigt* in Beckmann/Scholtz/Vollmer, § 262 KAGB Rz. 3; zu § 214 KAGB bereits dort (§ 214 Rz. 3).

18 Ausführlich zum ökonomischen Hintergrund des Grundsatzes der Risikomischung § 214 Rz. 16 f.

19 Vgl. *F. Voigt* in Moritz/Klebeck/Jesch, § 262 KAGB Rz. 33.

20 S. wörtlich Begr. RegE AIFM-UmsG, BT-Drucks. 17/12294, S. 272; ferner *F. Voigt* in Moritz/Klebeck/Jesch, § 262 KAGB Rz. 9.

21 S. zu § 214 die dortige Kommentierung (§ 214 Rz. 10 m.w.N.). Die Ausnahmeregelung in § 262 Abs. 2 KAGB ändert daran nichts, vgl. *Zetzsche*, Prinzipien der kollektiven Vermögensanlage, S. 123 ff.; vgl. aber auch *Paul* in Weitnauer/Boxberger/Anders, § 262 KAGB Rz. 2, der aufgrund des unterschiedlichen Wortlauts der Vorschriften das Risikomischungsgebot in § 214 KAGB als „Strukturelement" begreift, während es in § 262 KAGB lediglich den Charakter eines „Investitionsgebots" habe; unklar *F. Voigt* in Moritz/Klebeck/Jesch, § 262 KAGB Rz. 14, 16 ff., der freilich in Rz. 14 die Unterschiede betont.

22 So ausdrücklich auch *Paul* in Weitnauer/Boxberger/Anders, § 262 KAGB Rz. 1; vgl. ferner die Einbeziehung des § 214 KAGB in die Kommentierung bei *F. Voigt* in Moritz/Klebeck/Jesch, § 262 KAGB Rz. 13 ff.

23 S. näher sogleich in Rz. 12 ff.

24 S. zur Rechtsnatur der Regelung in § 262 Abs. 1 Satz 2 noch in Rz. 26.

25 S. BaFin, Rundschreiben 14/2008 (WA) zum Anwendungsbereich des Investmentgesetzes nach § 1 S. 1 Nr. 3 InvG, WA 41-Wp 2136-2008/0001, 22.12.2012, abgedruckt bei Beckmann/Scholtz/Vollmer, Ordnungsnummer 412 Nr. 56; BaFin, Schreiben vom 27.7.2009 an den BVI, Grundsatz der Risikomischung, Goldfonds, Gz. 41-Wp 2136-2008/0001, abgedruckt bei Beckmann/Scholtz/Vollmer, Ordnungsnummer 412 Nr. 66, sub IV; zur aufsichtsrechtlichen Praxis vgl. auch *D. Voigt* in Beckmann/Scholtz/Vollmer, § 262 KAGB Rz. 5; dazu ausführlich in § 214 Rz. 27 f. m.w.N.

qualitativen Kriterien zeigt sich auch in § 262 Abs. 1 Satz 2 Nr. 1 und 2 KAGB. Jedoch bestehen zugleich signifikante Abweichungen sowohl von der bisherigen Verwaltungspraxis als auch von dem bislang konsentierten Verständnis des Risikomischungsgrundsatzes.[26] So gilt der Risikomischungsgrundsatz bei der Anlage in Sachwerten i.S.d. § 261 Abs. 1 Nr. 1, Abs. 2 KAGB[27] bereits bei einer **rein quantitativen Betrachtung** (Risikozerfällung) als erfüllt, ohne dass auf die Korrelation der Wertentwicklung bei den einzelnen Sachwerten Rücksicht genommen werden müsste (§ 262 Abs. 1 Satz 2 Nr. 1 KAGB).[28] Zudem reicht bereits eine Anlage in mindestens drei Sachwerte aus. Für alle übrigen Vermögensgegenstände bzw. alternativ auch für Sachwerte begnügt sich § 262 Abs. 1 Satz 2 Nr. 2 KAGB hingegen mit einer generalklauselartigen Formulierung, die einen Rekurs auf das etablierte Verständnis des Risikomischungsgebots **unter Einschluss einer qualitativen Betrachtung** erlaubt,[29] dabei aber allein auf die Streuung des Ausfallrisikos fokussiert.[30]

13 Die im Vergleich zu offenen Publikums-AIF[31] laxeren Anforderungen des § 262 Abs. 1 Satz 2 Nr. 1 KAGB werden mit dem unterschiedlichen Geschäftsmodell bzw. dem unterschiedlichen Anlagemodell bei geschlossenen Publikums-AIF erklärt: Geschlossene Fonds seien in der Regel darauf ausgerichtet, lediglich einen oder wenige, häufig sehr teure Vermögensgegenstände für einen bestimmten Zeitraum zu erwerben und zu bewirtschaften. Der „Aufbau, die Finanzierung und die Verwaltung eines größeren Portfolios" seien daher „häufig weder möglich noch sinnvoll".[32] Unklar bleibt dann allerdings, warum die so begründete Abschwächung des Risikomischungsgrundsatzes nur für die Anlage in Sachwerte und nicht auch in andere Vermögensgegenstände gelten soll.

a) Quantitative Betrachtung (§ 262 Abs. 1 Satz 2 Nr. 1 KAGB)

14 Nach § 262 Abs. 1 Satz 2 Nr. 1 KAGB gilt der Risikomischungsgrundsatz als erfüllt, wenn der AIF in mindestens drei Sachwerte i.S.d. § 261 Abs. 2 KAGB investiert ist (1 und 2) und der Anteil jedes einzelnen Sachwerts am aggregierten eingebrachten Kapital und noch nicht eingeforderten zugesagten Kapital des AIF im Wesentlichen gleichmäßig verteilt sind (3).

aa) Sachwerte

15 § 262 Abs. 1 Satz 2 Nr. 1 KAGB ist (direkt) nur auf Sachwerte anwendbar. Für eine Begriffsbestimmung verweist die Vorschrift auf § 261 Abs. 2 KAGB, der eine nicht abschließende Liste von Sachwerten enthält.[33] Investitionen in andere Vermögensgegenstände als Sachwerte (vgl. § 261 Abs. 1 Nr. 2-7 KAGB) werden von § 262 Abs. 1 Satz 2 Nr. 1 KAGB hingegen nicht erfasst. Diese Beschränkung ist im Schrifttum auf Kritik gestoßen.[34] Für den Fall, dass über die Anlage in andere Vermögensgegenstände eine **mittelbare Sachwertinvestition** bezweckt ist, etwa über eine Investition in **Zweck- oder Objektgesellschaften** (vgl. § 261 Abs. 1 Nr. 3 KAGB), sollen nach Ansicht der BaFin sowie von Teilen der Literatur die quantitativen Vorgaben in § 262 Abs. 1 Satz 2 Nr. 1 KAGB jedoch als Diversifikationsmaßstab im Rahmen von § 262 Abs. 1 Satz 1 und Satz 2 Nr. 2 KAGB maßgeblich sein.[35] Demgegenüber geht es angesichts der Binnensystematik des § 262 Abs. 1 KAGB zu weit, eine hinreichende Risikostreuung auch bei der Anlage in Vermögensgegenstände ohne Bezug zu Sachwerten bei der Investition in mindestens drei Vermögensgegenstände im Sinne einer Vermutung als regelmäßig indiziert anzusehen.[36]

---

26 S. zu letzterem ausführlich in § 214 Rz. 18 ff.

27 S. dazu ausführlich in § 261 Rz. 9, 21 ff.

28 S. Begr. RegE AIFM-UmsG, BT-Drucks. 17/12994, S. 271: „formelle, quantitative Betrachtung". Eine qualitative Betrachtung ist jedoch bei der Frage vorzunehmen, ob ein eigenständiger Sachwert vorliegt oder mehrere Objekte insofern eine Einheit bilden. S. dazu Rz. 17.

29 Vgl. auch *Paul* in Weitnauer/Boxberger/Anders, § 262 KAGB Rz. 3, 11; *F. Voigt* in Moritz/Klebeck/Jesch, § 262 KAGB Rz. 17.

30 Letzteres betont *F. Voigt* in Moritz/Klebeck/Jesch, § 262 KAGB Rz. 30. S. zur Bedeutung des Ausfallrisikos noch unter Rz. 24.

31 S. dazu wiederum die Kommentierung zu § 214.

32 *F. Voigt* in Moritz/Klebeck/Jesch, § 262 KAGB Rz. 18.

33 S. dazu näher die Kommentierung zu § 261 Rz. 21 ff.

34 S. *F. Voigt* in Moritz/Klebeck/Jesch, § 262 KAGB Rz. 20 m.w.N.

35 BaFin, Antwort auf Fragenkatalog des bsi-Verbands v. 8.8.2013, Gz. WA 41-QB4100-2013/0012 (zitiert nach *Hartrott* in Baur/Tappen, § 262 KAGB Rz. 5 mit Fn. 1); *Paul* in Weitnauer/Boxberger/Anders, § 262 KAGB Rz. 6; *F. Voigt* in Moritz/Klebeck/Jesch, § 262 KAGB Rz. 21.

36 So aber *D. Voigt* in Beckmann/Scholtz/Vollmer, § 262 KAGB Rz. 8; *F. Voigt* in Moritz/Klebeck/Jesch, § 262 KAGB Rz. 21.

bb) Mindestanzahl und Eigenständigkeit

§ 262 Abs. 1 Satz 2 Nr. 1 KAGB verlangt die Investition in **mindestens drei Sachwerte**, damit der Grundsatz der Risikomischung als erfüllt gilt. Damit bleibt die Regelung hinter der für offene Investmentvermögen nach dem InvG von der BaFin verlangten Mindestzahl von vier Vermögensgegenständen zurück.[37] 16

Für die Frage, ob die Mindestzahl von drei Sachwerten eingehalten wird, ist es bedeutsam, wann genau von einem **eigenständigen Sachwert** ausgegangen werden kann. Diese Frage stellt sich vor dem Hintergrund, dass Sachwerte i.S.d. § 261 Abs. 1 Nr. 1, Abs. 2 KAGB nicht nur eigenständige Sachen i.S.d. BGB wie Immobilien, Schiffe oder Luftfahrzeuge sein können, sondern auch deren Bestand- oder Ersatzteile (vgl. § 261 Abs. 2 Nr. 1-3 KAGB).[38] Mit Blick auf § 262 Abs. 1 Satz 2 Nr. 2 KAGB ist insofern jedoch keine rein formale, sondern eine **am Telos der Norm orientierte Betrachtungsweise** einzunehmen. Insofern gebietet es das Anliegen der Risikominderung durch Diversifikation, die Eigenständigkeit eines Sachwerts wirtschaftlich zu bestimmen, d.h. danach, ob die verschiedenen Bestandteile eines Objekts voneinander unabhängige, also nicht (stark) korrelierende Einkommensströme generieren.[39] An dieser Stelle werden daher auch im Rahmen des § 262 Abs. 1 Satz 2 Nr. 1 KAGB **qualitative Überlegungen relevant**. So ist beispielsweise ein Luftfahrzeug samt seiner Bestandteile als Sachwerteinheit zu verstehen, wenn und weil es in der Regel als Ganzes vermietet wird.[40] Umgekehrt können die einzelnen Wohnungen eines Studentenwohnheims jeweils als einzelner Sachwert aufgefasst werden, wenn und weil sie an jeweils verschiedene Studenten vermietet werden.[41] 17

cc) Gleichmäßige Wertverteilung

Die Anteile jedes einzelnen der mindestens drei Sachwerte müssen im Wesentlichen gleichmäßig verteilt sein. **Bezugsgröße** für diese gleichmäßige Verteilung war ursprünglich der Wert des gesamten AIF. Der Gesetzgeber hat dies im Zuge des OGAW-V-UmsG[42] zum Zwecke der Vereinheitlichung[43] dahin geändert, dass nunmehr auf das für die Anlage verfügbare Kapital abzustellen ist, genauer: auf das aggregierte eingebrachte und zugesagte Kapital des AIF, berechnet auf Grundlage der Beiträge abzgl. sämtlicher direkt oder indirekt von den Anlegern getragener Gebühren, Kosten und Aufwendungen.[44] Für die Berechnung dieser Größe gilt das bereits zu § 261 Abs. 4 KAGB Gesagte.[45] 18

Die Anteile **„jedes einzelnen Sachwerts"** an dem für Anlagen verfügbaren Kapital müssen **im Wesentlichen gleichmäßig verteilt** sein.[46] Im Falle eines in drei Sachwerten investierten geschlossenen Publikums-AIF läge also die ideale Wertverteilung bei je einem Drittel.[47] Umgekehrt wären nach der Regierungsbegründung zum AIFM-UmsG die Voraussetzungen des § 262 Abs. 1 Satz 1 Nr. 1 KAGB mithin nicht erfüllt, wenn ein Sachwert erworben wird, der nahezu den gesamten Wert des verfügbaren Kapitals ausmacht, so dass die anderen beiden Sachwerte dagegen nicht ins Gewicht fallen.[48] 19

Das Gleichmäßigkeitspostulat kann jedoch zu **sinnwidrigen Ergebnissen** führen, wenn der AIF in **mehr als drei Sachwerte** investiert. Dies liegt daran, dass das Gesetz für die gleichmäßige Verteilung auf die Anteile, die jeder einzelne (!) Sachwert am verfügbaren Kapital ausmacht, abstellt. Es genügt nach § 262 Abs. 1 Satz 2 Nr. 1 KAGB nämlich nicht, wenn etwa drei Sachwerte eine im Wesentlichen gleichmäßige Wertver- 20

---

37 *F. Voigt* in Moritz/Klebeck/Jesch, § 262 KAGB Rz. 22; s. auch *D. Voigt* in Beckmann/Scholtz/Vollmer, § 262 KAGB Rz. 9 unter Verweis auf BaFin, Rundschreiben 14/2008 (WA) zum Anwendungsbereich des Investmentgesetzes nach § 1 S. 1 Nr. 3 InvG, WA 41-Wp 2136-2008/0001, 22.12.2012, abgedruckt bei Beckmann/Scholtz/Vollmer, Ordnungsnummer 412 Nr. 56; s. dazu bereits in Rz. 12.

38 *F. Voigt* in Moritz/Klebeck/Jesch, 262 KAGB Rz. 23.

39 So überzeugend *Voigt* in Moritz/Klebeck/Jesch, § 262 KAGB Rz. 24; *D. Voigt* in Beckmann/Scholtz/Vollmer, § 262 KAGB Rz. 9; Kritik äußert *Hübner*, WM 2014, 106 (110).

40 Beispiel nach *F. Voigt* in Moritz/Klebeck/Jesch, § 262 KAGB Rz. 24; s. auch *D. Voigt* in Beckmann/Scholtz/Vollmer, § 262 KAGB Rz. 9.

41 Beispiel nach BaFin, Vortrag: Häufige Frage zum Kapitalanlagegesetzbuch (KAGB) – Seminar zum KAGB, 6.10.2014, S. 29 (zu § 262 Abs. 1 S. 2 Nr. 2); vgl. zu dieser Argumentation auch *Niewerth/Rybarz*, WM 2013, 1154 (1165).

42 S. zur Gesetzesgeschichte in Rz. 8.

43 Begr. RegE OGAW-V-UmsG, BT-Drucks. 18/6744, S. 62.

44 Hierzu ausführlich *F. Voigt* in Moritz/Klebeck/Jesch, § 262 KAGB Rz. 60 f.; s. auch *D. Voigt* in Beckmann/Scholtz/Vollmer, § 262 KAGB Rz. 10a.

45 S. § 261 Rz. 29 ff.

46 Zum Erfordernis der gleichmäßigen Wertverteilung vgl. auch *Niewerth/Rybarz*, WM 2013, 1154 (1165).

47 S. auch *Paul* in Weitnauer/Boxberger/Anders, § 262 KAGB Rz. 8, 10.

48 Begr. RegE AIFM-UmsG, BT-Drucks. 17/12294, S. 271, dort noch bezogen auf die Bezugsgröße des Fondswerts (s. dazu Rz. 18).

teilung aufweisen, zwei weitere jedoch wesentlich abweichen.[49] Dies gilt aber selbst dann, wenn die zwei weiteren Sachwerte kleiner sind und in ihrer Wertentwicklung weder miteinander noch mit den drei größeren Sachwerten korrelieren. Ein „Mehr" an Risikodiversifikation führt hier also dazu, dass der AIF die Vorgaben des § 262 Abs. 1 Satz 2 Nr. 1 KAGB nicht mehr erfüllt. Diesem gesetzgeberischen Defizit lässt sich zumindest teilweise durch eine großzügige Handhabung der über das Merkmal der „Wesentlichkeit"[50] eröffneten Spielräume oder durch eine „Einheitsbetrachtung" einer Mehrzahl kleinerer Sachwerte mit ähnlichem Risikoprofil[51] beikommen. Die BaFin will hingegen bei einer Investition in mehr als drei Sachwerte generell die gleichmäßige Verteilung (mindestens) dreier Sachwerte genügen lassen.[52] Dieses Ergebnis lässt sich indes kaum mehr als bloße Auslegung von § 262 Abs. 1 Satz 2 Nr. 1 KAGB begründen.[53] Anstatt daher den Begriff der Wesentlichkeit derart zu überdehnen, erscheint es methodisch vorzugswürdig, nötigenfalls nicht auf § 262 Abs. 1 Satz 2 Nr. 1 KAGB, sondern auf eine (auch) qualitative Betrachtung nach § 262 Abs. 1 Satz 1, Satz 2 Nr. 2 KAGB zurückzugreifen.[54]

21 Die von § 262 Abs. 1 Satz 2 Nr. 1 KAGB geforderte Wertverteilung muss indes nicht exakt gleichmäßig sein, sondern nur **im Wesentlichen** gleichmäßig. Der unbestimmte Rechtsbegriff eröffnet der Fondsverwaltung im konkreten Einzelfall **Spielräume** bei der Investition.[55] Mit Blick auf den Telos der Norm dürfte die Daumenregel gelten, dass eine anteilige Abweichung von der exakten Gleichverteilung großzügiger ausfallen darf, wenn der AIF in zahlreiche Sachwerte investiert ist, und umgekehrt ein umso strengerer Maßstab gilt, je mehr sich die Zahl der Investitionsobjekte dem Minimum von drei annähert.[56] Die Verwaltungspraxis hält auch bei der Investition in bloß drei Sachwerte eine Verteilung von 20/35/45 für zulässig.[57]

22 Diese Vorgaben gelten jenseits der 18-monatigen Anlaufperiode (§ 262 Abs. 1 Satz 3 KAGB) grundsätzlich für den **gesamten Investitionszeitraum.**[58] Der **Erwerb** eines diesen Vorgaben entsprechenden Sachwerts wird nicht durch dessen spätere Wertänderung unzulässig.[59] Solche Wertänderungen im Nachhinein sind aber selbstverständlich im Rahmen nachfolgender Erwerbe zu berücksichtigen.[60]

b) Qualitative Betrachtung (§ 262 Abs. 1 Satz 2 Nr. 2 KAGB)

23 In Alternative zu § 262 Abs. 1 Satz 2 Nr. 1 KAGB („oder") gilt der Risikomischungsgrundsatz gem. § 262 Abs. 1 Satz 2 Nr. 2 KAGB auch dann als erfüllt, wenn bei wirtschaftlicher Betrachtungsweise eine Streuung des Ausfallrisikos gewährleistet ist. Anders als § 262 Abs. 1 Satz 2 Nr. 1 KAGB ist die Alternative der Nr. 2 nicht auf Sachwerte beschränkt, sondern findet auf **sämtliche** der in § 261 Abs. 1 KAGB genannten **Vermögensgegenstände**[61] Anwendung.[62]

24 Die Gesetzesbegründung beschreibt die Alternative in § 262 Abs. 1 Satz 2 Nr. 2 KAGB als „qualitative Betrachtung".[63] Das Gesetz selbst spricht indes von einer **„wirtschaftlichen Betrachtungsweise"**. In Anlehnung an die Portfoliotheorie[64] sind daher neben qualitativen auch quantitative Elemente bei der Bestimmung ei-

---

49 *Paul* in Weitnauer/Boxberger/Anders, § 262 KAGB Rz. 8.
50 Dazu sogleich in Rz. 21.
51 Die von *Paul* in Weitnauer/Boxberger/Anders, § 262 KAGB Rz. 8 angesprochene „Additionslösung" versucht, dieses Regelungsdefizit zu beheben, bleibt dabei aber auf halbem Wege stecken.
52 BaFin, Antwort auf Fragenkatalog des bsi-Verbands v. 8.8.2013, Gz. WA 41-QB4100-2013/0012 mit dem Beispiel der Verteilung von 40/30/20/5/5 (zitiert nach *Hartrott* in Baur/Tappen, § 262 KAGB Rz. 5 mit Fn. 1); zust. *F. Voigt* in Moritz/Klebeck/Jesch, § 262 KAGB Rz. 26; *D. Voigt* in Beckmann/Scholtz/Vollmer, § 262 KAGB Rz. 10.
53 Daher skeptisch bis ablehnend *Paul* in Weitnauer/Boxberger/Anders, § 262 KAGB Rz. 10.
54 Vgl. auch *Paul* in Weitnauer/Boxberger/Anders, § 262 KAGB Rz. 9 a.E.
55 *F. Voigt* in Moritz/Klebeck/Jesch, § 262 KAGB Rz. 26.
56 Überzeugend *Paul* in Weitnauer/Boxberger/Anders, § 262 KAGB Rz. 10; s. auch *D. Voigt* in Beckmann/Scholtz/Vollmer, § 262 KAGB Rz. 10 unter Verweis auf die Verwaltungspraxis unter dem InvG.
57 BaFin, Antwort auf Fragenkatalog des bsi-Verbands v. 8.8.2013, Gz. WA 41-QB4100-2013/0012 (zitiert nach *Hartrott* in Baur/Tappen, § 262 KAGB Rz. 5 mit Fn. 1); BaFin, Vortrag: Häufige Frage zum Kapitalanlagegesetzbuch (KAGB) – Seminar zum KAGB, 6.10.2014, S. 28; zust. *Hartrott* in Baur/Tappen, § 262 KAGB Rz. 5; *F. Voigt* in Moritz/Klebeck/Jesch, § 262 KAGB Rz. 26.
58 S. *Paul* in Weitnauer/Boxberger/Anders, § 262 KAGB Rz. 7. Zur Liquidationsphase s. noch in Rz. 31.
59 *Hartrott* in Baur/Tappen, § 262 KAGB Rz. 5; vgl. auch *F. Voigt* in Moritz/Klebeck/Jesch, § 262 KAGB Rz. 28.
60 S. zum Geltungszeitraum des Risikomischungsgrundsatzes noch in Rz. 28 ff.
61 Dazu ausführlich in § 261 Rz. 8 ff.
62 Unstr., s. etwa *Hartrott* in Baur/Tappen, § 262 KAGB Rz. 6; *F. Voigt* in Moritz/Klebeck/Jesch, § 262 KAGB Rz. 29.
63 Begr. RegE AIFM-UmsG, BT-Drucks. 17/12294, S. 271; s. auch *Hartrott* in Baur/Tappen, § 262 KAGB Rz. 6; *Paul* in Weitnauer/Boxberger/Anders, § 262 KAGB Rz. 11; *F. Voigt* in Moritz/Klebeck/Jesch, § 262 KAGB Rz. 29.
64 S. zum ökonomischen Hintergrund des Risikomischungsgrundsatzes ausführlich in § 214 Rz. 16 f.

ner ausreichenden Risikomischung zu berücksichtigen.[65] Die Bewertung erfolgt dabei **einzelfallbezogen**.[66] Eine danach (ausreichende) Risikostreuung hat indes nur mit Blick auf das **Ausfallrisiko** zu erfolgen.[67] Ausfall meint hier den gesamten oder teilweisen Verlust der Einnahmen aus dem Vermögensgegenstand.[68] Die Konzentration auf dieses Risiko lässt sich damit erklären, dass der Wert der von geschlossenen Publikums-AIF gehaltenen Vermögensgegenstände in erheblichem Maße durch die mit ihnen generierten Miet- oder Chartereinnahmen bestimmt wird.[69]

Eine **Streuung** dieses Ausfallrisikos lässt sich qualitativ etwa anhand der Parameter Branchenzugehörigkeit, 25 Bonität von Mietern, Vertragslaufzeiten oder Nutzungsarten bewerkstelligen. Hierneben tritt in quantitativer Hinsicht die Zahl der Mieter.[70] Die Gesetzesbegründung verweist beispielhaft auf die „Nutzungsstruktur" eines Sachwerts, aus dem sich die Streuung des Ausfallrisikos ergeben könne. Eine solche sei indes bei der Investition in ein monofunktionales Objekt zu verneinen, das wegen seiner speziellen Nutzungsart nur eingeschränkt einer Drittverwendung zugänglich ist.[71] Die Materialien stellen damit einerseits zutreffend klar, dass die Investition in lediglich einen Vermögensgegenstand ausreichend sein kann, wenn die Art seiner Nutzung zu einer Streuung des Ausfallrisikos führt. Als Beispiel wird verschiedentlich das Einkaufszentrum mit zahlreichen Mietern genannt.[72] Freilich könnte man hier bei wirtschaftlicher Betrachtungsweise auch auf die einzelnen Ladenlokale abstellen und insofern von einer Vielzahl an Vermögensgegenständen ausgehen.[73] Das Beispiel des Einkaufszentrums[74] zeigt indes andererseits, dass die Ausführungen in der Gesetzesbegründung zu den „monofunktionalen Objekten", die nur eingeschränkt einer Drittverwendung zugänglich sind, schief geraten sind.[75]

c) Rechtsnatur und -folgen der Konkretisierung

Die konkretisierende Regelung des Risikomischungsgrundsatzes in § 262 Abs. 1 Satz 2 KAGB stellt regulatorisch einen **„safe harbour"** dar. Ungeachtet der Frage, ob nach allgemeinen, d.h. letztlich ökonomischen Grundsätzen eine ausreichende Risikomischung gegeben ist, wird diese von Gesetzes wegen angenommen, sofern nur die Voraussetzungen des § 262 Abs. 1 Satz 2 Nr. 1 oder 2 KAGB vorliegen. In diesem Fall „gilt" der Risikomischungsgrundsatz nach § 262 Abs. 1 Satz 1 KAGB als erfüllt. Dort, wo das Anlageportfolio des geschlossenen Publikums-AIF nach allgemeinen Grundsätzen keine ausreichende Risikomischung aufweist, wird deren Vorliegen nach § 262 Abs. 1 Satz 2 KAGB gleichwohl **fingiert**.[76] 26

§ 262 Abs. 1 Satz 1 KAGB fungiert neben der Safe-harbour-Regelung als **Auffangtatbestand**, wenn die Voraussetzungen des § 262 Abs. 1 Satz 2 KAGB nicht erfüllt sind. Angesichts der vergleichsweise geringen Anforderungen in § 262 Abs. 1 Satz 2 KAGB – man denke an die geringe Mindestzahl an Sachwerten nach dessen Nr. 1 oder die Fokussierung auf Ausfallrisiken in Nr. 2 – dürfte sich die praktische Bedeutung des § 262 Abs. 1 Satz 1 KAGB als Auffangtatbestand jedoch in engen Grenzen halten.[77] 27

65 *Paul* in Weitnauer/Boxberger/Anders, § 262 KAGB Rz. 11. Allgemein zu den quantitativen und qualitativen Elementen des Risikomischungsgrundsatzes § 214 Rz. 18 f.

66 *Paul* in Weitnauer/Boxberger/Anders, § 262 KAGB Rz. 12; *F. Voigt* in Moritz/Klebeck/Jesch, § 262 KAGB Rz. 31.

67 *F. Voigt* in Moritz/Klebeck/Jesch, § 262 KAGB Rz. 30.

68 *Paul* in Weitnauer/Boxberger/Anders, § 262 KAGB Rz. 12; enger *Hartrott* in Baur/Tappen, § 262 KAGB Rz. 6.

69 *F. Voigt* in Moritz/Klebeck/Jesch, § 262 KAGB Rz. 30; s. zu möglichen anderen Risiken auch *Paul* in Weitnauer/Boxberger/Anders, § 262 KAGB Rz. 3.

70 BaFin, Antwort auf Fragenkatalog des bsi-Verbands v. 8.8.2013, Gz. WA 41-QB4100-2013/0012 (zitiert nach *Hartrott* in Baur/Tappen, § 262 KAGB Rz. 5 mit Fn. 1); zust. *Paul* in Weitnauer/Boxberger/Anders, § 262 KAGB Rz. 12; *F. Voigt* in Moritz/Klebeck/Jesch, § 262 KAGB Rz. 31.

71 RegE AIFM-UmsG, BT-Drucks. 17/12294, S. 271.

72 S. *Paul* in Weitnauer/Boxberger/Anders, § 262 KAGB Rz. 12; *F. Voigt* in Moritz/Klebeck/Jesch, § 262 KAGB Rz. 31.

73 S. dazu im Zusammenhang mit der Mindestanzahl an Sachwerten im Rahmen des § 262 Abs. 1 Satz 2 Nr. 1 KAGB in Rz. 17.

74 Alternativ ließe sich auch wieder an ein Studentenwohnheim denken. S. dazu in Rz. 17.

75 Zutr. *F. Voigt* in Moritz/Klebeck/Jesch, § 262 KAGB Rz. 31; krit. auch *D. Voigt* in Beckmann/Scholtz/Vollmer, § 262 KAGB Rz. 11.

76 **Anders** *Paul* in Weitnauer/Boxberger/Anders, § 262 KAGB Rz. 4, der in der Überschrift von einer „widerlegbaren Vermutung" spricht.

77 S. zum Ganzen auch *Paul* in Weitnauer/Boxberger/Anders, § 262 KAGB Rz. 3.

3. Zeitliche Geltung, insbesondere Anlaufperiode (§ 262 Abs. 1 Satz 3, 4 KAGB)

a) Zeitliche Geltung des Risikomischungsgebots

28 Der Risikomischungsgrundsatz gilt grundsätzlich für die **gesamte Laufzeit** des Fonds.[78]

b) Dispens während der Anlaufzeit (§ 262 Abs. 1 Satz 3 KAGB)

29 Der geschlossene Publikums-AIF muss gem. § 262 Abs. 1 Satz 3 KAGB erst 18 Monate nach Beginn des Vertriebs i.S.d. § 293 Abs. 1 Satz 1 KAGB risikogemischt sein. Die Regelung ist erst auf Anregung des Finanzausschusses in das AIFM-UmsG aufgenommen worden.[79] Der zeitweilige Dispens vom Gebot der Risikomischung erlaubt es der AIF-KVG in der initialen Investitionsphase die Vermögensgegenstände seriell zu erwerben und insbesondere günstige Erwerbsgelegenheiten abzuwarten.[80] Eine ganz ähnliche Regelung findet sich für offene Publikums-AIF in Form von Immobilien-Sondervermögen in § 244 KAGB, der eine Anlaufzeit von vier Jahren für die Einhaltung der einschlägigen Anlagegrenzen gewährt.[81]

30 Die **Anlauffrist von 18 Monaten** läuft **ab dem Beginn des Vertriebs**. Die Vorschrift verweist damit auf § 293 Abs. 1 KAGB.[82] Dessen Satz 1 definiert den Vertrieb als das direkte oder indirekte Anbieten oder Platzieren von Anteilen oder Aktien eines Investmentvermögens.[83] Die AIF-KVG darf mit dem Vertrieb allerdings erst nach der Gestattung durch die BaFin gem. § 316 KAGB beginnen. Daher muss der Dispens von der Einhaltung des Risikomischungsgebots bereits für die Erteilung der Vertriebserlaubnis nach § 316 Abs. 3 Satz 1 KAGB (und damit vor Beginn der 18-Monats-Frist) gelten.[84]

c) Entsprechende Anwendung in der Liquidationsphase?

31 Für die Liquidationsphase des geschlossenen Publikums-AIF sieht das Gesetz keine Dispensregel vom Risikomischungsgebot vor. Teils wird jedoch mit guten Gründen für eine entsprechende Anwendung des § 262 Abs. 1 Satz 3 KAGB plädiert.[85]

d) Hinweispflicht (§ 262 Abs. 1 Satz 4 KAGB)

32 Solange der geschlossene Publikums-AIF in der Anlaufphase des § 262 Abs. 1 Satz 3 KAGB noch nicht risikogemischt ist, müssen die Anleger hierauf im Verkaufsprospekt sowie in den wesentlichen Anlageinformationen gem. § 268 KAGB hingewiesen werden.[86] Anders als bei der Hinweispflicht nach § 262 Abs. 2 Satz 3 KAGB[87] muss dieser Hinweis aber nicht an hervorgehobener Stelle erfolgen.[88]

IV. Ausnahme vom Grundsatz der Risikomischung (§ 262 Abs. 2 KAGB)

33 § 262 Abs. 2 KAGB lässt unter engen Voraussetzungen als Ausnahme vom Grundsatz des § 262 Abs. 1 KAGB geschlossene Publikums-AIF zu, die nicht nach dem Grundsatz der Risikomischung investieren.

1. Voraussetzungen (§ 262 Abs. 2 Satz 1, 2 KAGB)

34 Nach § 262 Abs. 2 Satz 1 KAGB sind zwei Voraussetzungen zu erfüllen, damit der geschlossene Publikums-AIF ohne Rücksicht auf den Grundsatz der Risikomischung investieren darf. Zum einen muss der AIF davon absehen, in Vermögensgegenstände i.S.d. § 261 Abs. 1 Nr. 4 KAGB zu investieren (Nr. 1) und zum an-

---

78 *F. Voigt* in Moritz/Klebeck/Jesch, § 262 KAGB Rz. 39 ff.; vgl. auch *Paul* in Weitnauer/Boxberger/Anders, § 262 KAGB Rz. 7: „über den gesamten Investitionszeitraum hinweg".
79 S. dazu bereits Rz. 7.
80 S. bereits Rz. 9; ferner *F. Voigt* in Moritz/Klebeck/Jesch, § 262 KAGB Rz. 33.
81 *F. Voigt* in Moritz/Klebeck/Jesch, § 262 KAGB Rz. 32; s. hierzu ausführlich die Kommentierung des § 244.
82 *Hartrott* in Baur/Tappen, § 262 KAGB Rz. 7; *Paul* in Weitnauer/Boxberger/Anders, § 262 KAGB Rz. 13; *F. Voigt* in Moritz/Klebeck/Jesch, § 262 KAGB Rz. 34.
83 Für Details s. die Kommentierung zu § 293.
84 Vgl. auch § 263 Rz. 24 m.w.N.
85 *D. Voigt* in Beckmann/Scholtz/Vollmer, § 262 KAGB Rz. 13; s. auch *F. Voigt* in Moritz/Klebeck/Jesch, § 262 KAGB Rz. 39.
86 *Hartrott* in Baur/Tappen, § 262 KAGB Rz. 7; *Paul* in Weitnauer/Boxberger/Anders, § 262 KAGB Rz. 13; *F. Voigt* in Moritz/Klebeck/Jesch, § 262 KAGB Rz. 35.
87 S. dazu in Rz. 40.
88 Zutr. *Paul* in Weitnauer/Boxberger/Anders, § 262 KAGB Rz. 16; *F. Voigt* in Moritz/Klebeck/Jesch, § 262 KAGB Rz. 35; s. auch *D. Voigt* in Beckmann/Scholtz/Vollmer, § 262 KAGB Rz. 15, der jedoch im Hinblick auf zivilrechtliche Haftungsansprüche einen Hinweis als sinnvoll erachtet; **a.A.** *Hartrott* in Baur/Tappen, § 262 KAGB Rz. 7.

deren dürfen die Anteile nur von Anlegern erworben werden, die sich verpflichten, mindestens 20.000 Euro anzulegen und ansonsten die Anforderungen an einen semiprofessionellen Anlegers erfüllen (Nr. 2). In Bezug auf diese zweite Voraussetzung stellt § 262 Abs. 2 Satz 2 KAGB klar, dass der nachträgliche gesetzliche Erwerb durch einen Privatanleger, der die genannten Anforderungen nicht erfüllt, für die Ausnahme nach Satz 1 unbeachtlich ist.

Die Gesetzesbegründung beschreibt die negativ formulierte Voraussetzung in § 262 Abs. 2 Satz 1 Nr. 1 KAGB als „Rückausnahme" zur Ausnahmeregelung des Abs. 2.[89] Mit dieser systematischen Einordnung ist freilich nichts gewonnen. Der Sache nach geht es der Regelung darum, auch hinreichend qualifizierten Privatanlegern einerseits gepoolte mitunternehmerische Beteiligungsfinanzierungen zu ermöglichen, ihnen aber andererseits die als zu riskant erachtete nicht diversifizierte Anlage in Vermögensgegenstände nach § 261 Abs. 1 Nr. 4 KAGB zu verwehren.[90] 35

a) Keine Anlage in Vermögensgegenstände i.S.d. § 261 Abs. 1 Nr. 4 (§ 262 Abs. 2 Satz 1 Nr. 1 KAGB)

§ 262 Abs. 2 Satz 1 Nr. 1 KAGB schließt eine Ausnahme vom Grundsatz der Risikomischung für geschlossene Publikums-AIF gänzlich aus, sofern diese in Beteiligungen an Unternehmen investieren, die weder zum Handel an einer Börse zugelassen noch in einen organisierten Markt einbezogen sind (§ 261 Abs. 1 Nr. 4 KAGB). Der Gesetzgeber sieht diese Anlageobjekte offenbar als besonders riskant an. Im Diskussionsentwurf des BMF waren sie für geschlossene Publikums-AIF noch nicht als zulässige Anlagegegenstände vorgesehen (vgl. § 225 DiskE AIFM-UmsG).[91] Aus der Regelung des § 262 Abs. 2 Satz 1 Nr. 1 KAGB ergibt sich im Umkehrschluss, dass der nicht risikogemischte geschlossene Publikums-AIF in alle anderen nach § 261 Abs. 1 KAGB zulässigen Vermögensgegenständen investieren darf.[92] 36

b) Ausschließlicher Erwerb der Anteile durch qualifizierte Anleger (§ 262 Abs. 2 Satz 1 Nr. 2, Satz 2 KAGB)

Ein nicht risikogemischter geschlossener Publikums-AIF ist nach § 262 Abs. 2 Satz 1 Nr. 2 KAGB zudem nur dann zulässig, wenn die Anteile oder Aktien des Fonds nur von solchen Privatanlegern erworben werden, die sich verpflichten, mindestens 20.000 Euro in den Fonds zu investieren (a.) und für die im Übrigen die in § 1 Abs. 19 Nr. 33 lit. a bb – ee KAGB genannten Voraussetzungen erfüllt sind (b.). Privatanleger müssen also ganz weitgehend den Anforderungen an einen semiprofessionellen Anleger i.S.d. § 1 Abs. 19 Nr. 33 lit. a KAGB genügen.[93] Allein in Bezug auf die Mindestinvestitionssumme erweist sich § 262 Abs. 2 Satz 1 Nr. 2 lit. a KAGB als deutlich großzügiger, indem er lediglich ein Zehntel der in § 1 Abs. 19 Nr. 33 lit. a aa KAGB geforderten Summe verlangt.[94] Auch diese geringere Mindestsumme muss nicht auf einmal eingezahlt werden. Diese **Verpflichtung** zur Investition von mindestens 20.000 Euro kann also auch sukzessive durch Zahlung von Teilbeträgen erfüllt werden.[95] 37

Der Begriff des **Privatanlegers** verweist auf die negative Definition des § 1 Abs. 19 Nr. 31 KAGB, wonach ein Privatanleger jeder Anleger ist, der weder in die Kategorie semiprofessioneller Anleger noch in die Kategorie professioneller Anleger fällt. Der Wortlaut des § 262 Abs. 2 Satz 1 Nr. 2 KAGB könnte nun so verstanden werden, dass Anleger der beiden letztgenannten Kategorien nicht in den nicht risikogemischten geschlossenen Publikums-AIF investieren dürften. Indes wäre dies offensichtlich ein dem Normzweck zuwiderlaufendes Missverständnis, wie auch §§ 295 Abs. 1, 316 KAGB erhellen. Kurzum: Die Ausnahmerege- 38

---

89 Begr. RegE AIFM-UmsG, BT-Drucks. 17/12294, S. 272; zust. *F. Voigt* in Moritz/Klebeck/Jesch, § 262 KAGB Rz. 42.

90 S. Begr. RegE AIFM-UmsG, BT-Drucks. 17/12294, S. 272; zust. *Hartrott* in Baur/Tappen, § 262 KAGB Rz. 9; *F. Voigt* in Moritz/Klebeck/Jesch, § 262 Rz. 42 f.; sowie bereits in Rz. 10.

91 *F. Voigt* in Moritz/Klebeck/Jesch, § 262 KAGB Rz. 43.

92 *Paul* in Weitnauer/Boxberger/Anders, § 262 KAGB Rz. 14; *F. Voigt* in Moritz/Klebeck/Jesch, § 262 KAGB Rz. 43.

93 S. dazu ausführlich die Kommentierung zu § 1 Rz. 232 ff.; kritisch in Bezug auf die Regelung des § 262 Abs. 2 S. 1 Nr. 2 b) KAGB *F. Voigt* in Moritz/Klebeck/Jesch, § 262 KAGB Rz. 48, 57 und mit weiteren Einzelheiten in Rz. 46 f., 52 ff.

94 An der Wirksamkeit dieser „Beitrittsbarriere" zweifelnd *Hartrott* in Baur/Tappen, § 262 KAGB Rz. 10; *F. Voigt* in Moritz/Klebeck/Jesch, § 262 KAGB Rz. 44, die stattdessen für eine prozentuale Obergrenze in Relation zum Vermögen des Anlegers plädieren; Zweifel bzgl. des Anlegerschutzes äußern auch *Niewerth/Rybarz*, WM 2013, 1154 (1165).

95 *F. Voigt* in Moritz/Klebeck/Jesch, § 262 KAGB Rz. 45; *D. Voigt* in Beckmann/Scholtz/Vollmer, § 262 KAGB Rz. 19.

lung des § 262 Abs. 2 KAGB greift auch dann ein, wenn professionelle und semiprofessionelle Anleger in den geschlossenen Publikums-AIF investieren.[96]

39 Die von § 262 Abs. 2 Satz 1 Nr. 2 KAGB eingeforderte Qualifikation des Privatanlegers muss im **Zeitpunkt des Erwerbs** der Anteile oder Aktien des AIF vorliegen. Die Vorschrift erfasst auch Erwerbe am Sekundärmarkt. Dies ist teleologisch geboten (Anlegerschutz)[97] und lässt sich dogmatisch mit einem Gegenschluss zu § 262 Abs. 2 Satz 2 KAGB begründen.[98] Gemäß dieser durch das OGAW V-UmsG eingefügten Regelung[99] bleiben **nachfolgende Erwerbe** durch einen Privatanleger, der die Vorgaben des § 262 Abs. 2 Satz 1 KAGB nicht erfüllt, außer Betracht, sofern sie **kraft Gesetzes** erfolgen. Teleologisch ist diese Regelung zu eng geraten. Die für den Privatanleger aus der Risikokonzentration resultierende Gefahr besteht im Verlust der von ihm investierten Werte. An einer solchen Investition fehlt es aber bei **jedem unentgeltlichen Erwerb**, gleich ob er gesetzlich oder rechtsgeschäftlich erfolgt. Mithin sind sämtliche unentgeltlichen Erwerbe für die Anwendung des § 262 Abs. 2 Satz 1 KAGB unbeachtlich (§ 262 Abs. 2 Satz 2 KAGB analog).[100]

2. Hinweispflicht (§ 262 Abs. 2 Satz 3 KAGB)

40 § 262 Abs. 2 Satz 3 KAGB flankiert die Vorgaben des § 262 Abs. 2 Satz 1 KAGB mit einer Hinweispflicht gegenüber den Anlegern. Diese sind im Verkaufsprospekt und in den wesentlichen Anlegerinformationen auf das (zusätzliche) Ausfallrisiko hinzuweisen, das sich aus dem Verzicht auf eine Risikomischung ergibt. Anders als bei der Hinweispflicht nach § 262 Abs. 1 Satz 4 KAGB hat dieser Hinweis zudem an **hervorgehobener Stelle** zu erfolgen.[101] Der Hinweis hat also derart zu erfolgen, dass er auch dem flüchtigen Leser ins Auge fällt, sei es durch den Ort der Platzierung, sei es durch anderweitige optische Hervorhebung (etwa Fettdruck).[102] Thematisch liegt eine Darstellung unter dem jeweiligen Gliederungspunkt Risiken nahe.[103]

V. Rechtsfolgen bei Verstoß gegen § 262 KAGB

41 Bei Verstößen gegen § 262 KAGB kann die BaFin aufsichtsrechtliche Maßnahmen nach Maßgabe der §§ 5 ff. KAGB ergreifen.[104] Daneben kommen auf zivilrechtlicher Ebene Schadensersatzansprüche der Anleger aus §§ 280 ff. BGB in Betracht, wenn die AIF-KVG das Gebot der Risikomischung pflichtwidrig[105] und schuldhaft nicht beachtet und den Anlegern hieraus ein Schaden entsteht.[106]

42 Bei einem Verstoß gegen die Hinweispflichten nach § 262 Abs. 1 Satz 4 und Abs. 2 Satz 3 KAGB können die Anleger **Erstattung nach Maßgabe des § 306 KAGB** wegen Unvollständigkeit des Prospekts fordern.[107] § 262 Abs. 1 Satz 4 und Abs. 2 Satz 3 KAGB sind ferner **Schutzgesetze i.S.d. § 823 Abs. 2 BGB.**[108] Der Anspruch auf Schadensersatz aus § 823 Abs. 2 BGB tritt neben denjenigen aus Prospekthaftung (s. § 306 Abs. 6 Satz 2 KAGB).[109] Er greift im Falle des § 262 Abs. 2 Satz 3 KAGB aber auch jenseits der Haftung aus § 306 Abs. 1 KAGB ein, wenn der Hinweis zwar vollständig im Prospekt enthalten ist, jedoch nicht an hervorgehobener Stelle.[110]

---

96 *Paul* in Weitnauer/Boxberger/Anders, § 262 KAGB Rz. 14.
97 S. dazu *F. Voigt* in Moritz/Klebeck/Jesch, § 262 KAGB Rz. 50.
98 Vgl. zu letzterem *Paul* in Weitnauer/Boxberger/Anders, § 262 KAGB Rz. 15.
99 S. dazu bereits in Rz. 8.
100 Im Ergebnis wie hier *Paul*, ZIP 2016, 1009 (1013); *Paul* in Weitnauer/Boxberger/Anders, § 262 KAGB Rz. 15; *F. Voigt* in Moritz/Klebeck/Jesch, § 262 KAGB Rz. 51; **a.A.** *D. Voigt* in Beckmann/Scholtz/Vollmer, § 262 KAGB Rz. 19.
101 *Paul* in Weitnauer/Boxberger/Anders, § 262 KAGB Rz. 16; *D. Voigt* in Beckmann/Scholtz/Vollmer, § 263 KAGB Rz. 20.
102 *Hartrott* in Baur/Tappen, § 262 KAGB Rz. 11; *F. Voigt* in Moritz/Klebeck/Jesch, § 262 KAGB Rz. 58; *D. Voigt* in Beckmann/Scholtz/Vollmer, § 262 KAGB Rz. 20.
103 *F. Voigt* in Moritz/Klebeck/Jesch, § 262 KAGB Rz. 58; anders für die wesentlichen Anlegerinformationen *Hartrott* in Baur/Tappen, § 262 KAGB Rz. 11.
104 S. dazu näher *D. Voigt* in Beckmann/Scholtz/Vollmer, § 262 KAGB Rz. 21.
105 S. zu möglichen Konflikten mit dem dann vorrangigen § 26 Abs. 1 KAGB *F. Voigt* in Moritz/Klebeck/Jesch, § 262 KAGB Rz. 40 f.
106 S. auch *D. Voigt* in Beckmann/Scholtz/Vollmer, § 262 KAGB Rz. 21.
107 Vgl. hierzu auch die Ausführungen zu § 228 Abs. 2 in § 228 Rz. 21 m.w.N.
108 S. auch *D. Voigt* in Beckmann/Scholtz/Vollmer, § 262 KAGB Rz. 21 unter Verweis auf den Meinungsstand zu § 9 InvG. Vgl. zur entsprechenden Einstufung des § 228 Abs. 2 KAGB die zugehörige Kommentierung in § 228 Rz. 21.
109 Allgemein zum Verhältnis von Ansprüchen aus Delikt und aus Prospekthaftung hier nur *Paul* in Weitnauer/Boxberger/Anders, § 306 KAGB Rz. 56.
110 Vgl. auch zu § 228 Abs. 2 KAGB die zugehörige Kommentierung in § 228 Rz. 21.

§ 263 Beschränkung von Leverage und Belastung

(1) [1]Für einen geschlossenen inländischen Publikums-AIF dürfen Kredite nur bis zur Höhe von 150 Prozent des aggregierten eingebrachten Kapitals und noch nicht eingeforderten zugesagten Kapitals des geschlossenen Publikums-AIF, berechnet auf der Grundlage der Beträge, die nach Abzug sämtlicher direkt oder indirekt von den Anlegern getragener Gebühren, Kosten und Aufwendungen für Anlagen zur Verfügung stehen und nur dann aufgenommen werden, wenn die Bedingungen der Kreditaufnahme marktüblich sind und dies in den Anlagebedingungen vorgesehen ist. [2]Die von Gesellschaften im Sinne des § 261 Absatz 1 Nummer 3 aufgenommenen Kredite sind bei der Berechnung der in Satz 1 genannten Grenze entsprechend der Beteiligungshöhe des geschlossenen Publikums-AIF zu berücksichtigen.

(2) Für die Informationspflicht der AIF-Kapitalverwaltungsgesellschaft im Hinblick auf das eingesetzte Leverage sowie die Befugnis der Bundesanstalt zur Beschränkung des eingesetzten Leverage einschließlich der diesbezüglichen Mitteilungspflichten der Bundesanstalt gilt § 215 entsprechend.

(3) Die Belastung von Vermögensgegenständen, die zu einem geschlossenen inländischen Publikums-AIF gehören, sowie die Abtretung und Belastung von Forderungen aus Rechtsverhältnissen, die sich auf diese Vermögensgegenstände beziehen, sind zulässig, wenn

1. dies in den Anlagebedingungen vorgesehen und mit einer ordnungsgemäßen Wirtschaftsführung vereinbar ist und

2. die Verwahrstelle den vorgenannten Maßnahmen zustimmt, weil sie die Bedingungen, unter denen die Maßnahmen erfolgen sollen, für marktüblich erachtet.

(4) Die AIF-Kapitalverwaltungsgesellschaft muss sicherstellen, dass die Belastung nach Absatz 3 insgesamt 150 Prozent des aggregierten eingebrachten Kapitals und noch nicht eingeforderten zugesagten Kapitals des geschlossenen Publikums-AIF, berechnet auf der Grundlage der Beträge, die nach Abzug sämtlicher direkt oder indirekt von den Anlegern getragener Gebühren, Kosten und Aufwendungen für Anlagen zur Verfügung stehen nicht überschreitet.

(5) [1]Die in den Absätzen 1 und 4 genannten Grenzen gelten nicht während der Dauer des erstmaligen Vertriebs eines geschlossenen inländischen Publikums-AIF, längstens jedoch für einen Zeitraum von 18 Monaten ab Beginn des Vertriebs, sofern dies in den Anlagebedingungen vorgesehen ist. [2]In dem Verkaufsprospekt und den wesentlichen Anlegerinformationen gemäß § 268 sind die Anleger auf die fehlenden Begrenzungen hinzuweisen.

In der Fassung vom 4.7.2013 (BGBl. I 2013, S. 1981), zuletzt geändert durch Gesetz zur Umsetzung der Richtlinie 2014/91/EU des Europäischen Parlaments und des Rates vom 23. Juli 2014 zur Änderung der Richtlinie 2009/65/EG zur Koordinierung der Rechts- und Verwaltungsvorschriften betreffend bestimmte Organismen für gemeinsame Anlagen in Wertpapieren (OGAW) im Hinblick auf die Aufgaben der Verwahrstelle, die Vergütungspolitik und Sanktionen vom 3.3.2016 (BGBl. I 2016, S. 348).

Schrifttum: *Köndgen/Schmies*, Investmentgeschäft, in Schimansky/Bunte/Lwowski (Hrsg.), Bankrechts-Handbuch, 5. Aufl. 2017, § 113.

Materialien: BaFin, Rundschreiben 08/2015 – Aufgaben und Pflichten der Verwahrstelle nach Kapitel 1 Abschnitt 3 des KAGB, 7.10.2015, Gz. WA 41-Wp 2137-2013/0068, online abrufbar unter: https://www.bafin.de/SharedDocs/Veroeffentlichungen/DE/Rundschreiben/2015/rs_1508_wa_verwahrstellen.html.

I. Inhalt

1 § 263 KAGB beschränkt den Einsatz von Leverage für inländische geschlossene Publikums-AIF sowie die hierfür erforderliche Belastung von Vermögensgegenständen, die zum AIF gehören. So begrenzt § 263 Abs. 1 KAGB die Kreditaufnahme, wie dies auch für OGAW in § 199 KAGB und bestimmte offene Publikums-AIF in §§ 221 Abs. 6 und 254 Abs. 1 KAGB geschieht.[1] § 263 Abs. 2 KAGB erstreckt die Regelung des § 215 KAGB zur Nachweispflicht der AIF-KVG über eine angemessene Leverage-Grenze und die Beschränkungsbefugnisse der BaFin auf inländische geschlossene Publikums-AIF. § 263 Abs. 3 KAGB stellt allgemeine Zulässigkeitsvoraussetzungen für die Belastung von Vermögensgegenständen auf, die zu einem geschlossenen inländischen Publikums-AIF gehören. § 263 Abs. 4 KAGB bestimmt hierfür eine Höchstgrenze, die am aggregierten Kapital des Fonds Maß nimmt. § 263 Abs. 5 KAGB erteilt für die Anlaufphase des AIF unter bestimmten Voraussetzungen einen Dispens von den Begrenzungen der Abs. 1 bis 4.

II. Entstehungsgeschichte

2 Nur die Regelung zur Angemessenheit der internen Leverage-Grenze gem. § 263 Abs. 2 i.V.m. § 215 KAGB beruht auf unionsrechtlichen Vorgaben.[2] Der deutsche Gesetzgeber hat hiermit Art. 25 Abs. 3, 4, 8 und 9 AIFM-RL für inländische geschlossene Publikums-AIF umgesetzt.[3] Bei den weiteren unmittelbaren und mittelbaren Begrenzungen von Leverage in § 263 Abs. 1 und Abs. 3 bis 5 KAGB handelt es sich hingegen um autonomes deutsches Recht.[4] § 263 Abs. 1 KAGB nimmt an den entsprechenden Regelungen zu offenen Publikumsfonds Maß,[5] hat aber im aufgehobenen InvG kein direktes Vorbild.[6] Die im Diskussionsentwurf des AIFM-UmsG noch auf 30 Prozent angesetzte Kreditaufnahmegrenze wurde im Gesetzgebungsverfahren auf 60 Prozent erhöht.[7] Die Vorschriften zur Belastung von Vermögensgegenständen in § 263 Abs. 3 und 4 KAGB übernehmen die aufgehobene Regelung des § 82 Abs. 3 InvG für Immobilien-Sondervermögen und übertragen sie auf inländische geschlossene Publikums-AIF.[8] Daher waren diese Regelungen ursprünglich auch auf die Belastung von Sachwerten i.S.d. § 261 Abs. 1 Nr. 1 KAGB beschränkt. Die höhenmäßige Belastungsgrenze des § 263 Abs. 4 KAGB ist dabei im Rahmen des Gesetzgebungsverfahrens zum AIFM-UmsG von ursprünglich 30 Prozent[9] auf dann 60 Prozent[10] des Verkehrswertes des AIF erhöht worden. Hiermit wurde die entsprechende Erhöhung der Kreditaufnahmegrenze des § 263 Abs. 1 KAGB jeweils nachvollzogen.[11] Die ursprünglich vorgesehene zusätzliche Begrenzung auf den Prozentsatz der tatsächlichen Kreditaufnahme wurde fallen gelassen.[12] Auf Betreiben des Finanzausschusses hat man der Regelung schließlich die Dispensregelung des § 263 Abs. 5 KAGB angefügt.[13]

---

1 S. zur Bedeutung *Paul* in Weitnauer/Boxberger/Anders, § 263 KAGB Rz. 2 f.; vgl. ferner Begr. RegE AIFM-UmsG, BT-Drucks. 17/12294, S. 272, wo auf „entsprechende Regelungen" zu offenen Publikumsfonds verwiesen wird.

2 Ausführlich zum unionsrechtlichen Regelungsumfeld des § 263 KAGB *Gosslar* in Moritz/Klebeck/Jesch, § 263 KAGB Rz. 1 ff.

3 Begr. RegE AIFM-UmsG, BT-Drucks. 17/12294, S. 272.

4 Vgl. auch *D. Voigt* in Beckmann/Scholtz/Vollmer, § 263 KAGB Rz. 2.

5 Vgl. wiederum *D. Voigt* in Beckmann/Scholtz/Vollmer, § 263 KAGB Rz. 2.

6 Vgl. aber auch *D. Voigt* in Beckmann/Scholtz/Vollmer, § 263 KAGB Rz. 3, der § 80a InvG als „Paten" der Regelung in Abs. 1 identifiziert; ebenso *Gosslar* in Moritz/Klebeck/Jesch, § 263 KAGB Rz. 21.

7 S. § 227 Abs. 1 KAGB in der Fassung des Diskussionsentwurfs, s. BMF, DiskE AIFM-UmsG, S. 204; dazu ausführlich etwa *D. Voigt* in Beckmann/Scholtz/Vollmer, § 263 KAGB Rz. 5; ferner *Hartrott* in Baur/Tappen, § 263 KAGB Rz. 3, 7.

8 Begr. RegE AIFM-UmsG, BT-Drucks. 17/12294, S. 272.

9 So noch § 227 Abs. 2 KAGB in der Fassung des Diskussionsentwurfs, s. BMF, DiskE AIFM-UmsG, S. 204.

10 So bereits § 263 Abs. 4 KAGB in der Fassung des Regierungsentwurfs, s. RegE AIFM-UmsG, BT-Drucks. 17/12294, S. 126.

11 S. dazu soeben im Text.

12 S. dazu Beschlussempfehlung und Bericht des FinA zum RegE AIFM-UmsG, BT-Drucks. 17/13395, S. 254 und 408.

13 Beschlussempfehlung und Bericht des FinA zum RegE AIFM-UmsG, BT-Drucks. 17/13395, S. 254 und 408. S. auch *Hartrott* in Baur/Tappen, § 263 KAGB Rz. 4.

Die Regelungen zur Kreditaufnahme- und Belastungsgrenze in § 263 Abs. 1 und Abs. 4 KAGB haben nach Inkrafttreten des KAGB[14] wiederholt Änderungen erfahren. So wurde im Rahmen des Finanzmarkt-AnpassungsG v. 15.7.2014[15] die Bezugsgröße des Prozentsatzes in § 263 Abs. 1 KAGB vom „Wert" des geschlossenen Publikums-AIF auf den „Verkehrswert der im geschlossenen Publikums-AIF befindlichen Vermögensgegenstände" verändert.[16] Zugleich hat man der Regelung den heutigen Satz 2 angefügt, der eine Anrechnung der von einer Gesellschaft i.S.d. § 261 Abs. 1 Nr. 3 KAGB aufgenommenen Kredite vorsieht.[17] Schließlich wurde die Beschränkung der Belastungsregelungen in § 263 Abs. 3 und 4 KAGB auf Sachwerte i.S.d. § 261 Abs. 1 Nr. 1 KAGB aufgegeben. Der Gesetzgeber hielt dies für eine bloße Klarstellung.[18] Durch das OGAW V UmsG v. 3.3.2016[19] haben § 263 Abs. 1 und 4 KAGB schließlich ihre jetzige Gestalt erhalten. Der Prozentsatz wurde auf 150 Prozent erhöht und zugleich dessen Bezugsgröße ausgetauscht: Maßgeblich ist nunmehr das aggregierte eingebrachte und das noch nicht eingeforderte zugesagte Kapital des geschlossenen Publikums-AIF.[20] Für Altfonds gilt die Übergangsvorschrift in § 353a KAGB. 3

III. Normzweck

Die Regelungen in § 263 KAGB dienen direkt oder indirekt der Begrenzung von Hebelfinanzierungen (Leverage)[21] und werden daher auch als Annex zur Verpflichtung nach § 29 Abs. 4 KAGB begriffen.[22] Dabei geht es zum einen um den **Schutz der Anleger** des konkreten AIF vor den besonderen Risiken des Leverage[23].[24] Diese können aufgrund von Ansteckungseffekten systemisch wirken. Insofern zielt § 263 KAGB zum anderen auf die Gewährleistung der **Stabilität und Integrität der Finanzmärkte**. Diese Janusköpfigkeit gilt jedenfalls für die Begrenzung der Kreditaufnahme in § 263 Abs. 1 KAGB[25] als auch für die Begrenzung der Belastung in § 263 Abs. 3 und 4 KAGB, die zusätzlich den weiteren Wertverlustrisiken Rechnung tragen, die mit der Belastung von Vermögensgegenständen des AIF verbunden sind.[26] Die Regelung in § 263 Abs. 2 KAGB dient ebenso wie § 215 KAGB selbst hingegen vornehmlich der Einhegung von Systemrisiken und Markstörungen.[27] Der Schutz der Anleger des konkreten Fonds ist insofern bloßer Reflex.[28] Die **Dispensregelung in § 263 Abs. 5 KAGB** soll schließlich dem Bedürfnis der Praxis Rechnung tragen, die Vermögensgegenstände üblicherweise bereits vor Platzierung des Fonds erwirbt und diesen Erwerb vorfinanzieren muss. Die zugehörigen **Hinweispflichten** (§ 263 Abs. 5 Satz 2 KAGB) dienen dem **Anlegerschutz**. 4

IV. Anwendungsbereich

§ 263 KAGB findet ausweislich des Normtextes Anwendung auf inländische geschlossene Publikums-AIF (vgl. § 1 Abs. 4 bis 7 KAGB). Die Regelung hat jedoch auch Bedeutung für geschlossene EU-AIF und geschlossene ausländische AIF, deren Anteile im Geltungsbereich des KAGB an Privatanleger vertrieben werden sollen. Gemäß § 317 Abs. 1 Nr. 7 lit. c KAGB müssen die Anlagebedingungen, die Satzung oder der Gesell- 5

---

14 Als Art. 1 des Gesetzes zur Umsetzung der RL 2011/61/EU über die Verwalter alternativer Investmentfonds v. 4.7.2013, BGBl. I 2013, S. 1981.
15 Gesetz zur Anpassung von Gesetzen auf dem Gebiet des Finanzmarktes v. 15.7.2014, BGBl. I 2014, S. 934.
16 S. dazu Begr. RegE Finanzmarkt-AnpassungsG, BT-Drucks. 18/1305, S. 49: Klarstellung.
17 Begr. RegE Finanzmarkt-AnpassungsG, BT-Drucks. 18/1305, S. 49: Umgehungsschutz.
18 Begr. RegE Finanzmarkt-AnpassungsG, BT-Drucks. 18/1305, S. 49. Ausführlich zu den durchgeführten sowie den ursprünglich beabsichtigten, aber wieder verworfenen Änderungen im Rahmen des Finanzmarkt-AnpassungsG *Gosslar* in Moritz/Klebeck/Jesch, § 263 KAGB Rz. 14 ff.
19 Gesetz zur Umsetzung der Richtlinie 2014/91/EU des Europäischen Parlaments und des Rates vom 23.7.2014 zur Änderung des Richtlinie 2009/65/EG zur Koordinierung der Rechts- und Verwaltungsvorschriften betreffend bestimmte Organismen für gemeinsame Anlagen in Wertpapieren (OGAW) im Hinblick auf die Aufgaben der Verwahrstelle, die Vergütungspolitik und Sanktionen v. 3.3.2016, BGBl. I 2016, S. 348.
20 S. zur Motivlage Begr. RegE OGAW-V-UmsG, BT-Drucks. 18/6744, S. 62 f. S. ferner noch ausführlich hierzu Rz. 7 f.
21 Zur gesetzlichen Definition s. § 1 Abs. 19 Nr. 25 KAGB. Näher zum Begriff des Leverage in § 215 Rz. 8 f.; ferner § 1 Rz. 207 ff.
22 So *Gosslar* in Moritz/Klebeck/Jesch, § 263 KAGB Rz. 36.
23 S. dazu bereits in § 215 Rz. 10 f.
24 Allein hierauf abstellend *Hartrott* in Baur/Tappen, § 263 KAGB Rz. 5.
25 S. auch *Paul* in Weitnauer/Boxberger/Anders, § 263 KAGB Rz. 5.
26 S. dazu auch § 275 Rz. 5.
27 S. dazu bereits § 215 Rz. 11.
28 Vgl. auch *Gosslar* in Moritz/Klebeck/Jesch, § 263 KAGB Rz. 29, 31: europäische Regeln dienen vor allem dem Schutz vor Systemrisiken, § 263 KAGB vornehmlich dem Schutz von Privatanlegern.

schaftsvertrag solcher Fonds Regelungen enthalten, welche die Einhaltung der Vorschriften in § 263 KAGB sicherstellen.

V. Beschränkung der Kreditaufnahme (§ 263 Abs. 1 KAGB)

6 Nach § 263 Abs. 1 Satz 1 KAGB dürfen Kredite[29] für einen geschlossenen inländischen Publikums-AIF nur bis zu einer bestimmten Höhe (1.) und nur unter bestimmten weiteren Voraussetzungen (2. und 3.) aufgenommen werden. Hiermit werden der Einsatz von Leverage (vgl. § 1 Abs. 19 Nr. 25 KAGB) durch Kreditaufnahme und die hiermit verbundenen Risiken begrenzt.[30] § 263 Abs. 1 Satz 2 KAGB erweitert die Regelung auf zwischengeschaltete Zweckgesellschaften, um Umgehungen zu vermeiden (4.).

1. 150-Prozent-Grenze

7 Seit der Neufassung des § 263 Abs. 1 Satz 1 KAGB durch das OGAW-V-UmsG[31] begrenzt die Vorschrift die Kreditaufnahme auf 150 Prozent des aggregierten eingebrachten Kapitals und noch nicht eingeforderten zugesagten Kapitals des AIF, berechnet auf der Grundlage der Beträge, die nach Abzug sämtlicher direkt oder indirekt von den Anlegern getragenen Gebühren, Kosten und Aufwendungen für Anlagen zur Verfügung stehen. Hiermit wurde der Wert des Fonds bzw. der Verkehrswert der im Fonds befindlichen Vermögensgegenstände als **Bezugsgröße** abgelöst. Diese alte Bezugsgröße hatte sich aufgrund ihrer starken Veränderlichkeit in der Praxis als problematisch erwiesen. Wegen dieser Schwierigkeiten und um Konsistenz zu den EuVECA-, EuSEF- und ELTIF-Verordnungen[32] herzustellen, hat der Gesetzgeber die Bezugsgröße umgestellt.[33] Für Altfonds gilt die Übergangsregelung in § 353a KAGB[34] Für Einzelheiten zur Berechnung der Bezugsgröße s. die Ausführungen in § 261 Rz. 29 ff.

8 Die **Erhöhung des Prozentsatzes** von 60 auf 150 bedeutet **in der Sache keine Veränderung**. Die Gesetzesbegründung veranschaulicht dies an folgendem Beispiel: Bei einem Verkehrswert der im geschlossenen Publikums-AIF befindlichen Vermögensgegenstände von 100 war nach bisheriger Regelung eine Kreditaufnahme von bis zu 60 zulässig. Dementsprechend betrug das Eigenkapital mindestens 40. Ist aber nunmehr dieses Eigenkapital die Bezugsgröße für die Maximalhöhe des Fremdkapitals, so entsprechen 150 Prozent von 40 den alten 60 Prozent.[35]

9 Die Berechnung der Kreditaufnahmegrenze erfolgt stichtagsbezogen. Der **maßgebliche Zeitpunkt** ergibt sich aus der Regelung in § 263 Abs. 5 KAGB. Die Berechnung hat also mit Schließung des AIF zu erfolgen, spätestens jedoch 18 Monate nach Beginn des Vertriebs.[36]

2. Marktüblichkeit der Kreditbedingungen

10 Jenseits der höhenmäßigen Begrenzung muss die Kreditaufnahme auch zu marktüblichen Bedingungen erfolgen. Zu den Bedingungen des Kredits zählen insbesondere die Zinshöhe, die Laufzeit, die Tilgungsbestimmungen, Art und Umfang der geforderten Sicherheiten sowie etwaige Kündigungsmöglichkeiten.[37] **Marktüblichkeit** ist gegeben, wenn die Konditionen des konkreten Kredits mit Angeboten Dritter vergleichbar sind (Drittvergleich).[38] S. für Einzelheiten im Übrigen die Kommentierung zu § 199 KAGB.[39]

---

29 Ausführlich zum Kreditbegriff *D. Voigt* in Beckmann/Scholtz/Vollmer, § 263 KAGB Rz. 8 f.

30 S. dazu bereits in Rz. 1; ferner ausführlich *Gosslar* in Moritz/Klebeck/Jesch, § 263 KAGB Rz. 39-44.

31 S. dazu in Rz. 3.

32 S. VO (EU) Nr. 345/2013 v. 17.4.2013, ABl. EU Nr. L 115 v. 25.4.2013, S. 1; VO (EU) Nr. 346/2013 v. 17.4.2013, ABl. EU Nr. L 115 v. 25.4.2013, S. 18 sowie VO (EU) 2015/760 v. 29.4.2015, ABl. EU Nr. L 123 v. 19.5.2015, S. 98.

33 S. ferner Begr. RegE OGAW-V-UmsG, BT-Ds. 18/6744, S. 62 f.; *Gosslar* in Moritz/Klebeck/Jesch, § 263 KAGB Rz. 58 ff., 63b; *Paul* in Weitnauer/Boxberger/Anders, § 263 KAGB Rz. 7.

34 S. dazu die zugehörige Kommentierung; ferner *Gosslar* in Moritz/Klebeck/Jesch, § 263 KAGB Rz. 129.

35 Begr. RegE OGAW-V-UmsG, BT-Ds. 18/6744, S. 62; s. auch *Gosslar* in Moritz/Klebeck/Jesch, § 263 KAGB Rz. 63b, 125; *Paul* in Weitnauer/Boxberger/Anders, § 263 KAGB Rz. 7.

36 *Paul* in Weitnauer/Boxberger/Anders, § 263 KAGB Rz. 8, der aber auch auf den Bedarf vorheriger Planrechnungen, insbesondere im Zusammenhang mit der Vertriebsaufnahme (s. § 316 Abs. 3 KAGB) hinweist.

37 *Gosslar* in Moritz/Klebeck/Jesch, § 263 KAGB Rz. 64; *Paul* in Weitnauer/Boxberger/Anders, § 263 KAGB Rz. 9; *D. Voigt* in Beckmann/Scholtz/Vollmer, § 263 KAGB Rz. 18.

38 *Gosslar* in Moritz/Klebeck/Jesch, § 263 KAGB Rz. 64; *Hartrott* in Baur/Tappen, § 263 KAGB Rz. 8; *Paul* in Weitnauer/Boxberger/Anders, § 263 KAGB Rz. 9; *D. Voigt* in Beckmann/Scholtz/Vollmer, § 263 KAGB Rz. 18.

39 S. in § 199 Rz. 12 ff.

3. Anlagebedingungen

11 Die Kreditaufnahme darf gem. § 263 Abs. 1 Satz 1 KAGB schließlich nur erfolgen, soweit sie in den Anlagebedingungen vorgesehen ist. Die Vorschrift dient der Transparenz zum Schutz der Anleger. Die Anlagebedingungen haben daher neben der höhenmäßigen Kreditaufnahmegrenze auch den Vorbehalt der Marktüblichkeit zu enthalten („dies").[40] Die Praxis begnügt sich hier typischerweise mit der Wiedergabe des Gesetzestextes.[41]

4. Berücksichtigung der Kreditaufnahme von Zweckgesellschaften (§ 263 Abs. 1 Satz 2 KAGB)

12 Nach § 263 Abs. 1 Satz 2 KAGB ist die Kreditaufnahme von Gesellschaften i.S.d. § 261 Abs. 1 Nr. 3 KAGB, also von Zweckgesellschaften, die allein in Sachwerte und zu deren Bewirtschaftung erforderliche Vermögensgegenstände investieren oder in Beteiligungen an entsprechenden Gesellschaften, entsprechend der Beteiligungshöhe des geschlossenen Publikums-AIF für die Berechnung der Kreditaufnahmegrenze nach § 263 Abs. 1 Satz 1 KAGB zu berücksichtigen. Hiermit soll die Umgehung der Kreditaufnahmegrenze durch Zwischenschaltung von Zweckgesellschaften verhindert werden.[42]

VI. Informationspflicht über Leverage-Grenze und Befugnisse der BaFin (§ 263 Abs. 2 KAGB)

13 § 263 Abs. 2 KAGB erstreckt den Anwendungsbereich des § 215 KAGB auf inländische geschlossene Publikums-AIF.[43] Der Verweis auf die gesamte Regelung des § 215 KAGB (Rechtsgrundverweisung) erfasst sowohl die Nachweispflicht der AIF-KVG für die Angemessenheit der internen Leverage-Grenze als auch die Befugnisse der BaFin zu deren Begrenzung. § 263 Abs. 2 KAGB setzt ebenso wie die Grundregel in § 215 KAGB Art. 25 Abs. 3, 4, 8 und 9 der AIFM-RL um[44] und dient dem Schutz der Finanzmärkte vor den (systemischen) Risiken von Hebelfinanzierungen.[45] Für Einzelheiten kann auf die Kommentierung zu § 215 KAGB verwiesen werden.

14 Bei der Verweisung ist dem Gesetzgeber jedoch – ebenso wie bei § 274 Satz 1 KAGB[46] – ein redaktioneller Fehler unterlaufen. Während sich die Nachweispflicht und die Eingriffsbefugnis in § 215 KAGB auf das interne Leverage-Limit des AIF bezieht,[47] spricht der Text des § 263 Abs. 2 KAGB vom (tatsächlich) „eingesetzten Leverage". Die umgesetzte Regelung in Art. 25 Abs. 3 AIFM-RL spricht indes im Einklang mit § 215 KAGB von der „angesetzten Begrenzung des Umfangs von Hebelfinanzierungen". Es ist daher davon auszugehen, dass auch in § 263 Abs. 2 KAGB auf das interne Leverage-Limit abgestellt werden soll. Die Regelung ist entsprechend korrigierend auszulegen.[48]

VII. Beschränkung von Belastungen (§ 263 Abs. 3, 4 KAGB)

15 § 263 Abs. 3 KAGB stellt Voraussetzungen für die Zulässigkeit der Belastung von Vermögensgegenständen auf, die zu einem inländischen geschlossenen Publikums-AIF gehören, sowie für Belastungen und Abtretungen von Forderungen aus Rechtsverhältnissen, die sich auf diese Vermögensgegenstände beziehen. § 263 Abs. 4 KAGB beschränkt diese Belastungen und Abtretungen im Gleichlauf mit der Begrenzung der Kreditaufnahme nach § 263 Abs. 1 KAGB auch der Höhe nach.

1. Belastungen und Abtretungen

16 **Belastungen** meinen Verfügungen im zivilrechtlichen Sinne, die dergestalt auf ein bestehendes Recht einwirken, dass sie einen Aspekt dieses Rechts abspalten und einem anderen zuweisen. Bei **Abtretungen** findet

40 *Paul* in Weitnauer/Boxberger/Anders, § 263 KAGB Rz. 10.
41 *D. Voigt* in Beckmann/Scholtz/Vollmer, § 263 KAGB Rz. 19; ausführlich *Gosslar* in Moritz/Klebeck/Jesch, § 263 KAGB Rz. 67.
42 S. *Gosslar* in Moritz/Klebeck/Jesch, § 263 KAGB Rz. 69; ferner *Paul* in Weitnauer/Boxberger/Anders, § 263 KAGB Rz. 11 mit Beispielsrechnung.
43 Zur Geltung für Altfonds s. § 353 Abs. 4 und 5.
44 S. bereits in Rz. 2.
45 S. zum Normzweck bereits in Rz. 4.
46 S. dazu § 274 Rz. 5.
47 S. dazu § 215 Rz. 14.
48 Wie hier *D. Voigt* in Beckmann/Scholtz/Vollmer, § 263 KAGB Rz. 21.

hingegen eine (Voll-)Rechtsübertragung statt.[49] Nach dem Normzweck und ausweislich des durch § 263 Abs. 4 KAGB zur Kreditaufnahme hergestellten Konnexes erfassen § 263 Abs. 3 und Abs. 4 KAGB jedoch nur finanzierungsbedingte Belastungen und Abtretungen **zu Sicherungszwecken.**[50] Nicht erfasst sind daher etwa hierfür ungeeignete Belastungen wie die Bestellung von Dienstbarkeiten.[51] Ferner finden § 263 Abs. 3 und 4 KAGB nur auf **rechtsgeschäftliche Belastungen und Abtretungen** Anwendung, nicht jedoch auf solche kraft Gesetzes oder Hoheitsakts.[52] Für weitere Einzelheiten auch zu den erfassten Vermögensgegenständen s. die ausführliche Kommentierung zu § 275 KAGB.

2. Voraussetzungen für zulässige Belastungen (§ 263 Abs. 3 KAGB)

17 § 263 Abs. 3 KAGB setzt für die Zulässigkeit der dort genannten Belastungen und Abtretungen dreierlei voraus: Die Berechtigung zu diesen Verfügungen muss in den Anlagebedingungen vorgesehen sein (a.), die Belastung oder Abtretung muss mit einer ordnungsgemäßen Wirtschaftsführung vereinbar sein (b.) und es muss schließlich die Zustimmung der Verwahrstelle vorliegen, welche die Konditionen der konkreten Belastung oder Abtretung zuvor auf ihre Marktüblichkeit prüft (c.).

a) Zulassung in Anlagebedingungen (§ 263 Abs. 3 Nr. 1 KAGB)

18 Die Anlagebedingungen müssen die Belastung von Vermögensgegenständen des geschlossenen Publikums-AIF oder Forderungen aus Rechtsverhältnissen, die sich auf diese Vermögensgegenstände beziehen, „vorsehen". Ein **abstrakter Hinweis** auf die Zulässigkeit dieser Maßnahmen **genügt.**[53] Weitergehende Konkretisierungen sind natürlich möglich.[54]

b) Vereinbarkeit mit ordnungsgemäßer Wirtschaft (§ 263 Abs. 3 Nr. 1 KAGB)

19 Die Maßnahmen nach § 263 Abs. 1 KAGB müssen zudem einer ordnungsgemäßen Wirtschaft entsprechen. Maßstab ist der „betriebswirtschaftlich sorgfältig handelnde Geschäftsleiter",[55] dem ein unternehmerisches Ermessen zuzubilligen ist. Es liegt insofern nahe, sich für die Kontrolldichte der Belastungsentscheidung an § 93 Abs. 1 Satz 2 AktG (*business judgment rule*) zu orientieren.[56] Im Rahmen dessen kommt es dann vor allem auf die (prognostizierte) Vorteilhaftigkeit der Maßnahme an.[57] Dabei soll es auf eine von der konkreten Belastung abstrahierte Gesamtbetrachtung ankommen.[58] Indes wird die Verwahrstelle in diesen Fällen ihre Zustimmung zur konkreten Maßnahme nach Nr. 2 mangels Marktüblichkeit der Konditionen verweigern müssen.[59] Völlig marktunübliche Bedingungen dürften ihrerseits die ordnungsgemäße Wirtschaftsführung in Frage stellen.[60]

c) Zustimmung der Verwahrstelle bei Marktüblichkeit (§ 263 Abs. 3 Nr. 2 KAGB)

20 Die Belastung oder Abtretung ist zudem nur dann zulässig, wenn die Verwahrstelle der Maßnahme zustimmt, weil sie die Bedingungen, unter denen die Maßnahmen erfolgen sollen, für marktüblich erachtet (§ 263 Abs. 3 Nr. 2 KAGB). Das Gesetz geht dabei von einer **vorherigen Zustimmung** aus („Bedingungen, unter denen die Maßnahmen erfolgen sollen").[61]

---

49 *Hartrott* in Baur/Tappen, § 263 KAGB Rz. 813 f.; *D. Voigt* in Beckmann/Scholtz/Vollmer, § 263 KAGB Rz. 26; vgl. auch *Gosslar* in Moritz/Klebeck/Jesch, § 263 KAGB Rz. 83: rein schuldrechtliche Verpflichtungen nicht erfasst.
50 *Paul* in Weitnauer/Boxberger/Anders, § 263 KAGB Rz. 13.
51 *Paul* in Weitnauer/Boxberger/Anders, § 263 KAGB z. 13; **anders** *Gosslar* in Moritz/Klebeck/Jesch, § 263 KAGB Rz. 81; *Hartrott* in Baur/Tappen, § 263 KAGB Rz. 13.
52 *Gosslar* in Moritz/Klebeck/Jesch, § 263 KAGB Rz. 82; *Paul* in Weitnauer/Boxberger/Anders, § 263 KAGB Rz. 13; *D. Voigt* in Beckmann/Scholtz/Vollmer, § 263 KAGB Rz. 26.
53 *Hartrott* in Baur/Tappen, § 263 KAGB Rz. 14; *D. Voigt* in Beckmann/Scholtz/Vollmer, § 263 KAGB Rz. 31; lediglich eine entsprechende Praxis konstatierend *Gosslar* in Moritz/Klebeck/Jesch, § 263 KAGB Rz. 87.
54 *D. Voigt* in Beckmann/Scholtz/Vollmer, § 263 KAGB Rz. 31.
55 Vgl. auch *Gosslar* in Moritz/Klebeck/Jesch, § 263 KAGB Rz. 90: „Sorgfalt eines ordentlichen Kaufmanns".
56 S. dazu die Ausführungen zu § 275 Abs. 1 Nr. 1 KAGB in § 275 Rz. 16 sowie die dortigen Nachweise.
57 *Gosslar* in Moritz/Klebeck/Jesch, § 263 KAGB Rz. 90; *Hartrott* in Baur/Tappen, § 263 KAGB Rz. 14; *D. Voigt* in Beckmann/Scholtz/Vollmer, § 263 KAGB Rz. 32.
58 Klar *D. Voigt* in Beckmann/Scholtz/Vollmer, § 263 KAGB Rz. 32; wohl auch *Hartrott* in Baur/Tappen, § 263 KAGB Rz. 14.
59 S. dazu näher sogleich in Rz. 20.
60 S. *Gosslar* in Moritz/Klebeck/Jesch, § 263 KAGB Rz. 92.
61 *D. Voigt* in Beckmann/Scholtz/Vollmer, § 263 KAGB Rz. 35; vgl. auch BaFin, Rundschreiben 08/2015 – Aufgaben und Pflichten der Verwahrstelle nach Kapitel 1 Abschnitt 3 des KAGB, 7.10.2015, Gz. WA 41-Wp 2137-2013/0068, Ziff. 6.2.4. S. ferner § 275 Rz. 18 m.w.N.

Im Rahmen ihrer Zustimmungsentscheidung hat die Verwahrstelle die **Marktüblichkeit der Bedingungen**, unter denen die Maßnahme erfolgen soll, zu prüfen. Gemeint ist die Marktüblichkeit **des gesamten Finanzierungs- und Besicherungskonzepts**. Die Kreditaufnahme nach § 263 Abs. 1 KAGB ist ohnehin nach § 84 Abs. 1 Nr. 1 KAGB zustimmungspflichtig.[62] Zu den maßgeblichen Parametern gehören insbesondere der Effektivzins, die Höhe der Raten und die Laufzeit der Finanzierung, ferner etwa das Verhältnis der Werthöhe der Sicherheit(en) zum Finanzierungsvolumen.[63] Die Marktüblichkeit ist zu bejahen, wenn die Bedingungen der konkreten Maßnahme mit den Angeboten Dritter vergleichbar sind.[64] Der Verwahrstelle kommt bei ihrer Prüfung ein gewisser **Beurteilungsspielraum** zu, wie die subjektive Formulierung im Normtext belegt („erachtet").[65] 21

Erteilt die Verwahrstelle die Zustimmung, obwohl sie die Bedingungen der Maßnahme nicht für marktüblich erachtet (**fehlerhafte Zustimmung**), berührt dies die zivilrechtliche Wirksamkeit der Belastung oder Abtretung gem. § 84 Abs. 2 Satz 2 KAGB (analog)[66] nicht.[67] Bei gänzlich **fehlender Zustimmung** ist die Belastung oder Abtretung gegenüber den Anlegern unwirksam, wobei die Vorschriften über den Erwerb vom Nichtberechtigten Anwendung finden (§ 84 Abs. 2 Satz 3 und 4 KAGB, ggf. analog). 22

3. Quantitative Belastungsgrenze (§ 263 Abs. 4 KAGB)

§ 263 Abs. 4 KAGB überträgt die für die Kreditaufnahme nach § 263 Abs. 1 KAGB geltende Grenze auf Belastungen und Abtretungen i.S.d. Abs. 3. Für Einzelheiten kann daher auf die Kommentierung zu § 263 Abs. 1 verwiesen werden (s. Rz. 6 ff.)[68] Praktisch wird der vom Gesetz vorgesehene Gleichlauf von Kreditaufnahme und Belastung allerdings nicht durchführbar sein, da der Wert der Besicherung typischerweise über dem Nennwert des Kredits liegt, um weitere Kosten abzudecken. Im Ergebnis wird daher die 150-Prozent-Grenze des § 263 Abs. 1 KAGB nicht ausgeschöpft.[69] 23

VIII. Anlaufperiode (§ 263 Abs. 5 KAGB)

1. Dispens während der Anlaufphase (§ 263 Abs. 5 Satz 1 KAGB)

Nach § 263 Abs. 5 Satz 1 KAGB gelten die in Abs. 1 bis 4 genannten Grenzen nicht während der Dauer des erstmaligen Vertriebs des geschlossenen Publikums-AIF, längstens jedoch für einen Zeitraum von 18 Monaten ab Beginn des Vertriebs, sofern dies in den Anlagebedingungen transparent gemacht wird.[70] Vertrieb ist das direkte oder indirekte Anbieten oder Platzieren von Anteilen oder Aktien eines Investmentvermögens (§ 293 Abs. 1 Satz 1 KAGB), so dass die Dispensperiode nach dem Normtext mit dem erstmaligen öffentlichen Anbieten oder Platzieren der Anteile oder Aktien beginnt.[71] Indes gilt der Dispens bereits vor Vertriebsbeginn jedenfalls in entsprechender Anwendung des § 263 Abs. 5 Satz 1 KAGB,[72] so dass eine Abweichung von den Begrenzungen der Abs. 1 bis 4 einer Vertriebserlaubnis durch die BaFin (vgl. § 316 Abs. 3 Satz 1, 4 KAGB) nicht entgegensteht. 24

---

62 S. auch *Gosslar* in Moritz/Klebeck/Jesch, § 263 KAGB Rz. 94; vgl. ferner § 275 Rz. 20 m.w.N.; möglicherweise anders *Hartrott* in Baur/Tappen, § 263 KAGB Rz. 15.

63 S. auch *Gosslar* in Moritz/Klebeck/Jesch, § 263 KAGB Rz. 95.

64 *Gosslar* in Moritz/Klebeck/Jesch, § 263 KAGB Rz. 96; *Hartrott* in Baur/Tappen, § 263 KAGB Rz. 15.

65 *Paul* in Weitnauer/Boxberger/Anders, § 263 KAGB Rz. 16.

66 § 84 Abs. 2 KAGB gilt für die zustimmungspflichtigen Geschäfte nach § 84 Abs. 1 KAGB. Soweit die Belastungen nicht hierunter fallen, etwa weil ein Vermögensgegenstand belastet wird, der weder Sachwert i.S.d. § 261 Abs. 1 Nr. 1 KAGB ist noch eine Gesellschaftsbeteiligung i.S.d. § 261 Abs. 1 Nr. 3 KAGB, ist die Vorschrift entsprechend anzuwenden.

67 S. auch *Hartrott* in Baur/Tappen, § 263 KAGB Rz. 15; *D. Voigt* in Beckmann/Scholtz/Vollmer, § 263 KAGB Rz. 35.

68 S. zum Gleichlauf auch *Gosslar* in Moritz/Klebeck/Jesch, § 263 KAGB Rz. 97 ff.; *Paul* in Weitnauer/Boxberger/Anders, § 263 KAGB Rz. 17; *D. Voigt* in Beckmann/Scholtz/Vollmer, § 263 KAGB Rz. 36.

69 S. *Gosslar* in Moritz/Klebeck/Jesch, § 263 KAGB Rz. 101; *Paul* in Weitnauer/Boxberger/Anders, § 263 KAGB Rz. 17.

70 S. zu Entstehungsgeschichte und Normzweck bereits in Rz. 2 ff. S. ferner ausführlich zum Regelungszweck *Gosslar* in Moritz/Klebeck/Jesch, § 263 KAGB Rz. 103 ff.

71 S. *Hartrott* in Baur/Tappen, § 263 KAGB Rz. 18.

72 *Paul* in Weitnauer/Boxberger/Anders, § 263 KAGB Rz. 18.

2. Entsprechende Anwendung in der Liquidationsphase?

25 Für die Liquidationsphase des geschlossenen Publikums-AIF sieht das Gesetz keine Dispensregel vor. Teils wird jedoch für eine entsprechende Anwendung des § 263 Abs. 5 Satz 1 KAGB plädiert, sofern eine Abweichung von den Vorgaben des Abs. 1 bis 4 den Interessen der Anleger entspricht.[73]

3. Hinweispflicht (§ 263 Abs. 5 Satz 2 KAGB)

26 Gemäß § 263 Abs. 5 Satz 2 KAGB hat der Verkaufsprospekt sowie die wesentlichen Anlegerinformationen (s. § 268 KAGB) einen Hinweis auf die fehlenden Begrenzungen nach Abs. 1 bis 4 während der Anlaufphase zu enthalten.

IX. Rechtsfolgen bei Verstoß

27 Verstößt die AIF-KVG, die den geschlossenen Publikums-AIF verwaltet, gegen die Vorgaben des § 263 KAGB, ist zunächst an **aufsichtsrechtliche Maßnahmen** zu denken. Der BaFin stehen insofern die Anordnungsbefugnisse nach Maßgabe der §§ 5 ff. KAGB zur Verfügung. Die Abwicklung des AIF muss hierbei letztes Mittel bleiben.[74]

28 Die AIF-KVG handelt zudem **ordnungswidrig**, wenn sie entgegen den Vorgaben des § 263 Abs. 1 KAGB einen Kredit aufnimmt (§ 340 Abs. 1 Nr. 3 KAGB) oder einer vollziehbaren Anordnung nach § 215 Abs. 2 Satz 1 i.V.m. § 263 Abs. 2 KAGB zuwider handelt (§ 340 Abs. 1 Nr. 4 KAGB).

29 Ob ein Verstoß gegen die Vorgaben des § 263 KAGB auch **zivilrechtliche Folgen** nach sich zieht, hängt zunächst davon ab, ob man den aufsichtsrechtlichen Regeln eine anlegerschützende Stoßrichtung bescheinigt. Dies ist für § 263 Abs. 1 sowie Abs. 3, 4 und 5 KAGB zu bejahen.[75] Sofern man in den Vorgaben der §§ 26 f. KAGB zudem „nichts weiter als eine technische Ausbuchstabierung klassischer zivilrechtlicher Geschäftsbesorgungsprinzipien" sieht,[76] wird man den § 263 Abs. 1 und 3 bis 5 KAGB in Ansehung des § 26 Abs. 2 Nr. 5 KAGB die privatrechtliche Wirksamkeit kaum absprechen können.[77] Konsequenz sind dann potenzielle Schadensersatzansprüche der Anleger.

§ 264 Verfügungsbeschränkung

(1) [1]Die AIF-Kapitalverwaltungsgesellschaft hat dafür zu sorgen, dass die Verfügungsbeschränkung nach § 84 Absatz 1 Nummer 3 bei Immobilien in das Grundbuch und sonstigen Vermögensgegenständen, sofern ein Register für den jeweiligen Vermögensgegenstand besteht, in das entsprechende eingetragen wird. [2]Besteht für die in § 84 Absatz 1 Nummer 3 genannten Vermögensgegenstände kein Register, in das eine Verfügungsbeschränkung eingetragen werden kann, so ist die Wirksamkeit der Verfügungsbeschränkung in anderer geeigneter Form sicherzustellen.

(2) Die Bestellung der Verwahrstelle kann gegenüber dem Grundbuchamt oder sonstigen Register, in die in § 84 Absatz 1 Nummer 3 genannte Vermögensgegenstände eingetragen werden, durch eine Bescheinigung der Bundesanstalt nachgewiesen werden, aus der sich ergibt, dass die Bundesanstalt die Auswahl der Einrichtung als Verwahrstelle genehmigt hat und von ihrem Recht nicht Gebrauch gemacht hat, der AIF-Kapitalverwaltungsgesellschaft einen Wechsel der Verwahrstelle aufzuerlegen.

In der Fassung vom 4.7.2013 (BGBl. I 2013, S. 1981).

73 *Gosslar* in Moritz/Klebeck/Jesch, § 263 KAGB Rz. 113: Auslegung von § 263 Abs. 1 und 3 im Lichte des § 26 Abs. 1; *D. Voigt* in Beckmann/Scholtz/Vollmer, § 263 KAGB Rz. 40, s. auch *D. Voigt*, ebenda, Rz. 41 zu Ausnahmen während der Laufzeit des Fonds.
74 S. ausführlich *Gosslar* in Moritz/Klebeck/Jesch, § 263 KAGB Rz. 116 ff.
75 S. zum Normzweck ausführlich in Rz. 4.
76 So wörtlich *Köndgen/Schmies* in Schimansky/Bunte/Lwowski, § 113 Rz. 208.
77 In diese Richtung auch *Gosslar* in Moritz/Klebeck/Jesch, § 263 KAGB Rz. 122.

I. Inhalt und Entstehungsgeschichte

§ 264 KAGB sichert die Verfügungsbeschränkung der AIF-KVG nach § 84 Abs. 1 Nr. 3 KAGB für Immobilien und sonstige Sachwerte i.S.d. § 261 Abs. 1 Satz 1 KAGB ab, die zum Vermögen des geschlossenen Publikums-AIF gehören. Hierfür verpflichtet § 264 Abs. 1 Satz 1 KAGB die AIF-KVG zur Eintragung dieser Verfügungsbeschränkung im Grundbuch oder in einem anderen für den jeweiligen Vermögensgegenstand bestehenden Register. Ist kein solches Register vorhanden, hat die AIF-KVG die Wirksamkeit der Verfügungsbeschränkung in „anderer geeigneter Form" sicherzustellen (§ 264 Abs. 1 Satz 2 KAGB). § 264 Abs. 2 KAGB regelt den Nachweis der Bestellung der über die Zustimmung entscheidenden Verwahrstelle gegenüber dem Grundbuchamt oder dem sonstigen Register. 1

§ 264 KAGB dient nicht der Umsetzung unionsrechtlicher Vorgaben, sondern ist autonomes deutsches Recht. Die Vorschrift hat den aufgehobenen § 76 InvG zum Vorbild, der freilich nur Verfügungen über Immobilien betraf, die zu einem Immobilien-Sondervermögen gehörten.[1] 2

II. Normzweck

§ 264 KAGB dient der wirksamen Durchsetzung der Verfügungsbeschränkung nach § 84 Abs. 1 Nr. 3 KAGB[2] und damit ebenso wie der Zustimmungsvorbehalt in § 84 Abs. 1 Nr. 3 KAGB selbst letztlich dem Schutz der Anleger vor unbefugten Verfügungen der KVG über die dem Fondsvermögen zugehörenden Sachwerte.[3] Konkret geht es darum, über die Registereintragung oder einen anderen Sicherungsmechanismus den sonst möglichen gutgläubigen Erwerb (§ 84 Abs. 2 Satz 4 KAGB) zu vereiteln.[4] 3

III. Normadressat und Anwendungsbereich

Normadressat ist die **AIF-KVG** (§§ 1 Abs. 16, 17 KAGB), welche **einen geschlossenen inländischen Publikums-AIF** verwaltet (§ 1 Abs. 5, Abs. 6 Satz 2 und Abs. 7 KAGB).[5] Da geschlossene inländische Publikums-AIF zwingend in der Form der Investment-AG oder Investment-KG zu organisieren sind (§ 139 KAGB), erlangt die AG bzw. KG selbst Eigentum an den zum AIF gehörenden Vermögensgegenständen. Der externen AIF-KVG wird jedoch im Zuge ihrer Bestellung rechtsgeschäftlich die Verfügungsbefugnis über diese Gegenstände eingeräumt.[6] 4

Die Regelung hat jedoch auch **Bedeutung für geschlossene EU-AIF und geschlossene ausländische AIF**, deren Anteile im Geltungsbereich des KAGB an Privatanleger vertrieben werden sollen. Gemäß § 317 Abs. 1 Nr. 7 lit. c KAGB müssen die Anlagebedingungen, die Satzung oder der Gesellschaftsvertrag solcher Fonds Regelungen enthalten, welche die Einhaltung der Vorschriften in § 264 KAGB sicherstellen. 5

IV. Eintragung von Verfügungsbeschränkungen (§ 264 Abs. 1 KAGB)

1. Verfügungsbeschränkung nach § 84 Abs. 1 Nr. 3 KAGB

Die Verpflichtung zur Eintragung in ein geeignetes Register gilt für Verfügungsbeschränkungen nach § 84 Abs. 1 Nr. 3 KAGB. Die Verfügungsbeschränkung besteht im Zustimmungsvorbehalt der konkret bestellten 6

1 S. Begr. RegE AIFM-UmsG, BT-Drucks. 17/12294, S. 272.
2 *Paul* in Weitnauer/Boxberger/Anders, § 264 KAGB Rz. 1; *F. Voigt* in Moritz/Klebeck/Jesch, § 264 KAGB Rz. 5.
3 *F. Voigt* in Moritz/Klebeck/Jesch, § 264 KAGB Rz. 5.
4 *D. Voigt* in Beckmann/Scholtz/Vollmer, § 264 KAGB Rz. 4; s. auch *Hartrott* in Baur/Tappen, § 264 KAGB Rz. 4 sowie *F. Voigt* in Moritz/Klebeck/Jesch, § 264 KAGB Rz. 5, die daraus irrtümlich ableiten, die Regelung diene auch dem Verkehrsschutz. Der Rechtsverkehr wird aber durch die Vereitelung des gutgläubigen Erwerbs erkennbar nicht geschützt. Dem Verkehrsschutz dienen vielmehr die Gutglaubensregeln selbst (hier konkret: § 84 Abs. 2 Satz 4 KAGB).
5 *F. Voigt* in Moritz/Klebeck/Jesch, § 264 KAGB Rz. 3; kritisch *Paul* in Weitnauer/Boxberger/Anders, § 263 KAGB Rz. 2.
6 *Paul* in Weitnauer/Boxberger/Anders, § 264 KAGB Rz. 3; *F. Voigt* in Moritz/Klebeck/Jesch, § 264 KAGB Rz. 6; vgl. auch *D. Voigt* in Beckmann/Scholtz/Vollmer, Investmentgesetze, § 264 KAGB Rz. 6.

Verwahrstelle. Sie entsteht kraft Gesetzes mit Erwerb des Vermögensgegenstands für das Vermögen des geschlossenen Publikums-AIF.[7] Erfasst sind alle Verfügungen im zivilrechtlichen Sinne[8] über Vermögensgegenstände i.S.d. § 261 Abs. 1 Nr. 1, Abs. 2 KAGB, also über Sachwerte wie Immobilien, Schiffe oder Luftfahrzeuge.[9] Die in § 84 Abs. 1 Nr. 4 KAGB gesondert geregelte Belastung von Vermögensgegenständen ist für die Zwecke des § 264 KAGB vom weiteren Verfügungsbegriff des § 84 Abs. 1 Nr. 3 KAGB miterfasst. Diese fallen nicht etwa aus dem Anwendungsbereich der Norm.[10] Vielmehr ist von einer Ungenauigkeit des Gesetzgebers auszugehen.[11]

2. Registereintragung

7 Die Verfügungsbeschränkung ist gem. § 264 Abs. 1 Satz 1 KAGB in das Grundbuch oder ein allfälliges sonstiges Register einzutragen, um die relative Unwirksamkeit von Verfügungen ohne Zustimmung der Verwahrstelle gegen einen gutgläubigen Erwerb abzusichern (vgl. § 84 Abs. 2 Satz 3 und 4 KAGB).

8 Für in Deutschland belegene Immobilien verweist das Gesetz selbst auf die Eintragung im **Grundbuch.**[12] Für sonstige Vermögensgegenstände stehen als geeignete Register für Schiffe und Flugzeuge das **Schiffsregister** bzw. das **Register für Pfandrechte an Luftfahrzeugen** zur Verfügung. Das Schiffsregister entfaltet gem. §§ 16, 17 SchiffsRG, die den §§ 892, 893 BGB vergleichbar sind, öffentlichen Glauben.[13] Das Register für Pfandrechte an Luftfahrzeugen erzeugt eine entsprechende Wirkung für die Berechtigung des Eingetragenen hingegen nur hinsichtlich des Erwerb eines Registerpfandrechts oder eines Rechtes an einem solchen (vgl. § 16 LuftFzgG).[14]

9 Sofern **ausländische Rechtsordnungen** geeignete Register (öffentlicher Glaube, Verhinderung gutgläubigen Erwerbs durch Eintragung der Verfügungsbeschränkung) für andere Vermögensgegenstände vorhalten und das entsprechende ausländische Recht auch anwendbar ist, hat die KVG gem. § 264 Abs. 1 Satz 1 KAGB auch insofern eine Eintragung der Verfügungsbeschränkung herbeizuführen.[15]

3. Sicherstellung der Wirksamkeit der Verfügungsbeschränkung in anderer Form

10 Steht ein Grundbuch oder ein anderes geeignetes Register mit öffentlichen Glauben für den Vermögensgegenstand i.S.d. § 261 Abs. 1 Nr. 1, Abs. 2 KAGB nicht zur Verfügung, kann eine Eintragung nach § 264 Abs. 1 Satz 1 KAGB nicht erfolgen. § 264 Abs. 1 Satz 2 KAGB schreibt für diese Fälle daher vor, dass die AIF-KVG die Wirksamkeit der Verfügungsbeschränkung „in anderer geeigneter Form sicherzustellen" hat. Was hierunter zu verstehen ist, sagt das Gesetz nicht. In der Literatur wird diskutiert, die Verfügungsbefugnis der externen KVG von vorneherein nur für den jeweiligen Bedarfsfall zu erteilen.[16] Es wird aber auch für ausreichend erachtet, wenn sich die KVG schuldrechtlich bindet und sich daher bei unbefugten Verfügungen Schadensersatzforderungen ausgesetzt sieht.[17]

V. Nachweis der Bestellung der Verwahrstelle (§ 264 Abs. 2 KAGB)

11 Nach § 264 Abs. 2 KAGB reicht es für den **Nachweis** der konkret zustimmungsberechtigten Verwahrstelle gegenüber dem Grundbuchamt oder einer sonstigen Registerstelle aus, wenn die AIF-KVG eine Bescheinigung vorlegt, aus der sich ergibt, dass die BaFin die Auswahl der Verwahrstelle genehmigt und von ihrem

---

7 S. nur *D. Voigt* in Beckmann/Scholtz/Vollmer, § 264 KAGB Rz. 6; *F. Voigt* in Moritz/Klebeck/Jesch, § 264 KAGB Rz. 11.
8 S. nur *D. Voigt* in Beckmann/Scholtz/Vollmer, § 264 KAGB Rz. 7; *F. Voigt* in Moritz/Klebeck/Jesch, § 264 KAGB Rz. 10.
9 S. etwa *Paul* in Weitnauer/Boxberger/Anders, § 264 KAGB Rz. 4.
10 So aber *D. Voigt* in Beckmann/Scholtz/Vollmer, § 264 KAGB Rz. 7.
11 Wie hier *F. Voigt* in Moritz/Klebeck/Jesch, § 264 KAGB Rz. 10.
12 S. dazu *Hartrott* in Baur/Tappen, § 264 KAGB Rz. 6; zur Behandlung von im Ausland belegenen Grundstücken *F. Voigt* in Moritz/Klebeck/Jesch, § 264 KAGB Rz. 12; *D. Voigt* in Beckmann/Scholtz/Vollmer, § 264 KAGB Rz. 8.
13 *D. Voigt* in Beckmann/Scholtz/Vollmer, § 264 KAGB Rz. 11; *F. Voigt* in Moritz/Klebeck/Jesch, § 264 KAGB Rz. 14.
14 Hierzu ausführlich *D. Voigt* in Beckmann/Scholtz/Vollmer, § 264 KAGB Rz. 13.
15 S. allgemein *D. Voigt* in Beckmann/Scholtz/Vollmer, § 264 KAGB Rz. 14; ferner den Hinweis auf das schweizerische Eisenbahnpfandbuch bei *Hartrott* in Baur/Tappen, § 264 KAGB Rz. 10.
16 So *Paul* in Weitnauer/Boxberger/Anders § 264 KAGB Rz. 5.
17 So *D. Voigt* in Beckmann/Scholtz/Vollmer, § 264 KAGB Rz. 15; *F. Voigt* in Moritz/Klebeck/Jesch, § 264 KAGB Rz. 16; vgl. auch *Paul* in Weitnauer/Boxberger/Anders, § 264 KAGB Rz. 5 a.E.

Recht keinen Gebrauch gemacht hat, der AIF-KVG einen Wechsel der Verwahrstelle aufzuerlegen. Die Vorschrift erklärt sich vor dem Hintergrund des § 29 GBO und dient der Verfahrenserleichterung.[18]

VI. Ordnungswidrigkeit

Ein zumindest fahrlässiger Verstoß gegen § 264 Abs. 1 Satz 1 KAGB ist gem. § 340 Abs. 2 Nr. 72 KAGB bußgeldbewehrt. 12

§ 265 Leerverkäufe

[1]Die AIF-Kapitalverwaltungsgesellschaft darf für gemeinschaftliche Rechnung der Anleger keine Vermögensgegenstände nach Maßgabe der §§ 193 und 194 verkaufen, wenn die jeweiligen Vermögensgegenstände im Zeitpunkt des Geschäftsabschlusses nicht zum geschlossenen inländischen Publikums-AIF gehören. [2]Die Wirksamkeit des Rechtsgeschäfts wird durch einen Verstoß gegen Satz 1 nicht berührt.

In der Fassung vom 4.7.2013 (BGBl. I 2013, S. 1981).

I. Inhaltsübersicht, Entstehungsgeschichte und Normzweck

§ 265 KAGB verbietet in Satz 1 den Leerverkauf von Wertpapieren oder Geldmarktinstrumenten für Rechnung des geschlossenen Publikums-AIF. Nach § 265 Satz 2 KAGB bleibt ein Verstoß gegen das Verbot ohne Konsequenz für die Wirksamkeit des dem Leerverkauf zugrunde liegenden Rechtsgeschäfts. 1

Ein Leerverkaufsverbot war für OGAW bereits in § 59 InvG vorgesehen, auf den für weitere, nicht richtlinienkonforme Sondervermögen verwiesen wurde.[1] Den aufgehobenen § 59 InvG ersetzt nunmehr § 205 KAGB, auf den für offene Publikums-AIF in den §§ 218 Satz 2, 220, 230 Abs. 1 KAGB verwiesen wird. Ein Leerverkaufsverbot gilt auch für Dach-Hedgefonds gem. § 225 Abs. 1 Satz 3 KAGB. § 265 KAGB soll insofern eine Gleichstellung für geschlossene Publikums-AIF herstellen.[2] Es handelt sich um autonomes deutsches Recht, das nicht auf Vorgaben der AIFM-RL beruht. 2

Das Leerverkaufsverbot soll das Investmentvermögen vor den **erhöhten Verlustrisiken** schützen, die mit Leerverkäufen verbunden sind.[3] Die Regelung dient daher dem **Anlegerschutz.**[4] Sie ist insoweit ein Schutzgesetz i.S.d. § 823 Abs. 2 BGB.[5] Insofern hat die Regelung eine andere Stoßrichtung als die **EU-Leerver-** 3

18 *D. Voigt* in Beckmann/Scholtz/Vollmer, § 264 KAGB Rz. 17; *F. Voigt* in Moritz/Klebeck/Jesch, § 264 Rz. 17; *Hartrott* in Baur/Tappen, § 264 KAGB Rz. 11; *Paul* in Weitnauer/Boxberger/Anders, § 263 KAGB Rz. 6.

1 S. nur *Stabenow* in Emde/Dornseifer/Dreibus/Hölscher, § 59 InvG Rz. 3.

2 Begr. RegE AIFM-UmsG, BT-Drucks. 17/12294, S. 272; s. auch *Paul* in Weitnauer/Boxberger/Anders, § 265 KAGB Rz. 1.

3 S. etwa *F. Voigt* in Moritz/Klebeck/Jesch, § 265 KAGB Rz. 5; *Hartrott* in Baur/Tappen, § 265 KAGB Rz. 3; *Paul* in Weitnauer/Boxberger/Anders, § 265 KAGB Rz. 1. Vgl. auch Begr. RegE InvModG, BT-Drucks. 15/1553, S. 109 zu § 112 InvG: „Theoretisch birgt der Leerverkauf ein unbegrenztes Risiko bezüglich der Steigerung des Kurswertes des Wertpapiers in sich und kann zu unbegrenzten Verlusten führen."

4 *D. Voigt* in Beckmann/Scholtz/Vollmer, § 265 KAGB Rz. 3; *F. Voigt* in Moritz/Klebeck/Jesch, § 265 S. Rz. 3; vgl. zu § 205 etwa auch *Bahr* in Weitnauer/Boxberger/Anders, § 205 KAGB Rz. 3.

5 *D. Voigt* in Beckmann/Scholtz/Vollmer, § 265 KAGB Rz. 15; *F. Voigt* in Moritz/Klebeck/Jesch, § 265 KAGB Rz. 11; *Hartrott* in Baur/Tappen, § 265 KAGB Rz. 7; *Paul* in Weitnauer/Boxberger/Anders, § 265 KAGB Rz. 3.

kaufs-VO,[6] die dem Schutz der Marktstabilität und -integrität dient[7] und neben § 265 KAGB zur Anwendung kommt.[8] Die Regelung des § 265 Satz 2 KAGB bezweckt den Schutz der Käuferseite (**Verkehrsschutz**).[9]

II. Anwendungsbereich

4 § 265 KAGB wendet sich unmittelbar nur an AIF-KVG, die **geschlossene inländische Publikums-AIF** (vgl. § 1 Abs. 5 bis 7 KAGB) verwalten. Die Regelung hat jedoch auch **Bedeutung für geschlossene EU-AIF und geschlossene ausländische AIF**, deren Anteile im Geltungsbereich des KAGB an Privatanleger vertrieben werden sollen. Gemäß § 317 Abs. 1 Nr. 7 lit. c KAGB müssen die Anlagebedingungen, die Satzung oder der Gesellschaftsvertrag solcher Fonds Regelungen enthalten, welche die Einhaltung der Vorgaben des § 265 KAGB sicherstellen.

III. Einzelheiten

1. Leerverkaufsverbot (§ 265 Satz 1 KAGB)

5 § 265 Satz 1 KAGB verbietet Verkäufe von Vermögensgegenständen nach Maßgabe der §§ 193 und 194 KAGB für „gemeinschaftliche Rechnung der Anleger", sofern die Gegenstände „im Zeitpunkt des Geschäftsabschlusses nicht zum geschlossenen inländischen Publikums-AIF gehören". Die Norm wirft verschiedene Fragen auf. Was zunächst den Verkauf „für gemeinschaftliche Rechnung der Anleger" betrifft, so ist hiermit der Verkauf **für Rechnung des geschlossenen Publikums-AIF** gemeint.[10]

a) Erfasste Vermögensgegenstände

6 Vom Leerverkaufsverbot erfasst sind nach dem Wortlaut der Norm lediglich **Vermögensgegenstände** „nach Maßgabe der §§ 193 und 194" KAGB. Für die Parallelregelung in § 205 KAGB, die zusätzlich Vermögensgegenstände nach Maßgabe des § 196 KAGB nennt, wird vertreten, dass die Norm korrigierend auszulegen sei und daher sämtliche Arten von Vermögensgegenständen erfasse.[11] Jedenfalls für § 265 KAGB ist dieser Ansicht nicht zu folgen. Vielmehr beschränkt sich das Leerverkaufsverbot auf die in § 265 S. 1 KAGB ausdrücklich in Bezug genommenen Vermögensgegenstände.[12] Diese strikt am Wortlaut orientierte Auslegung ist schon aufgrund der Bußgeldbewehrung eines Verstoßes nach § 340 Abs. 2 Nr. 59 lit. c KAGB geboten.[13] Mangels unionsrechtlicher Vorgaben[14] ist insofern auch keine „gespaltene" Auslegung veranlasst.

7 Umgekehrt spricht nichts dagegen, die **Regelung für Derivate in § 205 Satz 1 Halbs. 2 KAGB** für geschlossene Publikums-AIF **analog** anzuwenden. Der Verzicht auf eine entsprechende Regelung in § 265 KAGB ist als gesetzgeberisches Versehen einzustufen. Die Vorgabe des § 261 Abs. 3 KAGB bleibt freilich zu beachten.[15]

b) Zum Begriff des „Gehörens"

8 Unsicherheiten bestehen auch bei der Auslegung des Tatbestandsmerkmals des „Gehörens", genauer: bei der Beantwortung der Frage, welche Leerverkäufe vom Verbot des § 265 Satz 1 KAGB erfasst sind. Im Ausgangspunkt besteht dabei indes Einigkeit, dass der Verkauf von Vermögensgegenständen, die sich **im Zeit-**

---

6 VO (EU) Nr. 236/2012, ABl. EU Nr. L 86 v. 24.3.2012, S. 1.

7 S. Erwägungsgründe 1, 7, 18 der VO (EU) 236/2012. Zum Vergleich der Schutzrichtungen des investmentrechtlichen Leerverkaufsverbots und der EU-Leerverkaufs-VO auch *Bahr* in Weitnauer/Boxberger/Anders, § 205 KAGB Rz. 3.

8 S. zur der Regelung in § 276 Abs. 1 Satz 1 KAGB auch § 276 Rz. 3.

9 Vgl. Begr. RegE Investment-Richtlinie-Gesetz, BT-Drucks. 11/5411, S. 30 zu § 9 Abs. 5 KAGG. S. ferner *D. Voigt* in Beckmann/Scholtz/Vollmer, § 265 KAGB Rz. 3.

10 Unstr., s. nur *Hartrott* in Baur/Tappen, § 265 KAGB Rz. 4; vgl. für § 276 Abs. 1 Satz 1 KAGB auch § 276 Rz. 4 m.w.N.

11 S. etwa *Bahr* in Weitnauer/Boxberger/Anders, § 205 KAGB Rz. 4 unter Verweis auf Begr. RegE InvModG, BT-Drucks. 15/1553, S. 96.

12 So auch *D. Voigt* in Beckmann/Scholtz/Vollmer, § 265 KAGB Rz. 7; *F. Voigt* in Moritz/Klebeck/Jesch, § 265 KAGB Rz. 10; *Hartrott* in Baur/Tappen, § 265 KAGB Rz. 5; *Paul* in Weitnauer/Boxberger/Anders, § 263 KAGB Rz. 2.

13 Vgl. zur entsprechenden Argumentation für § 276 Abs. 1 Satz 1 KAGB die zugehörige Kommentierung in § 276 Rz. 5 m.w.N. S. zur Bußgeldbewehrung des Verstoßes gegen § 265 Satz 1 KAGB noch in Rz. 12.

14 S. dazu in Rz. 2.

15 So auch *D. Voigt* in Beckmann/Scholtz/Vollmer, § 265 KAGB Rz. 8.

punkt des Geschäftsabschlusses im Eigentum des geschlossenen Publikums-AIF befinden, nicht unter das Verbot fällt.[16] Teils wird aber auch der bloße Besitz für ausreichend erachtet,[17] was unter Normzweckgesichtspunkten freilich kaum überzeugen kann. S. für Einzelheiten die Kommentierung zu § 205 KAGB sowie die Ausführungen im Zusammenhang mit § 276 Abs. 1 Satz 1 Halbs. 1 KAGB.[18]

c) Zeitpunkt des Geschäftsabschlusses

Der verkaufte Gegenstand muss **„im Zeitpunkt des Geschäftsabschlusses"** zum Investmentvermögen gehören. Zunächst liegt es nahe, hierin nur den Zeitpunkt des (verpflichtenden) Verkaufs zu sehen, und nicht den späteren Erfüllungszeitpunkt.[19] Indes widerspräche es dem Zweck der Vorschrift, Mehrfachverkäufe desselben Gegenstands zuzulassen, sofern dieser nur im Verkaufszeitpunkt zum Investmentvermögen gehört. Daher meint „Zeitpunkt des Geschäftsabschlusses" die Zeitspanne vom Verkauf des Gegenstands bis zur Erfüllung des Geschäfts.[20] Für weitere Einzelheiten s. die Kommentierung zu § 205 KAGB. 9

2. Rechtsfolgen bei Verstoß

a) Wirksamkeit des Leerverkaufsgeschäfts (§ 265 Satz 2 KAGB)

Verstößt die AIF-KVG gegen das Leerverkaufsverbot des § 265 Satz 1 KAGB, berührt dies die zivilrechtliche Wirksamkeit des betroffenen Geschäfts ausweislich von § 265 Satz 2 KAGB nicht. 10

b) Schadensersatzansprüche der Anleger

Für allfällige Verluste können die Anleger jedoch Schadensersatz von der AIF-KVG verlangen. In Betracht kommen vertragliche Ansprüche.[21] Daneben treten deliktische Ansprüche nach § 823 Abs. 2 BGB i.V.m. § 265 Satz 1 KAGB.[22] Ferner sind vertragliche Schadensersatzansprüche des AIF gegen die externe KVG denkbar.[23] 11

c) Ordnungswidrigkeiten

Die zumindest fahrlässige Durchführung eines Leerverkaufs unter Verstoß gegen § 265 Satz 1 KAGB stellt gem. § 340 Abs. 2 Nr. 59 lit. c KAGB eine Ordnungswidrigkeit dar. 12

§ 266 Anlagebedingungen

(1) Die Anlagebedingungen, nach denen sich

1. **in Verbindung mit der Satzung der Publikumsinvestmentaktiengesellschaft mit fixem Kapital das Rechtsverhältnis dieser Investmentaktiengesellschaft zu ihren Anlegern bestimmt oder**
2. **in Verbindung mit dem Gesellschaftsvertrag der geschlossenen Publikumsinvestmentkommanditgesellschaft das Rechtsverhältnis dieser Investmentkommanditgesellschaft zu ihren Anlegern bestimmt,**

sind vor Ausgabe der Anteile oder Aktien schriftlich festzuhalten.

(2) [1]Die Anlagebedingungen müssen neben der Bezeichnung des geschlossenen Publikums-AIF, der Angabe des Namens und des Sitzes der AIF-Kapitalverwaltungsgesellschaft sowie den in § 162 Absatz 2 Nummer 5 bis 7 und 9 bis 14 genannten Angaben mindestens folgende Angaben und Vorgaben enthalten:

1. **die Angaben in § 162 Absatz 2 Nummer 4, sofern den Anlegern Rückgaberechte eingeräumt werden, und**

---

16 *D. Voigt* in Beckmann/Scholtz/Vollmer, § 265 KAGB Rz. 10; *Hartrott* in Baur/Tappen, § 265 KAGB Rz. 6.
17 So *Paul* in Weitnauer/Boxberger/Anders, § 263 KAGB Rz. 2.
18 S. § 276 Rz. 6.
19 S. auch *Hartrott* in Baur/Tappen, § 265 KAGB Rz. 6.
20 Unklar *D. Voigt* in Beckmann/Scholtz/Vollmer, § 265 KAGB Rz. 9.
21 S. *D. Voigt* in Beckmann/Scholtz/Vollmer, § 265 KAGB Rz. 15.
22 S. zum Schutzgesetzcharakter des Verbots bereits in Rz. 3 m.w.N.
23 *Paul* in Weitnauer/Boxberger/Anders, § 265 KAGB Rz. 3: § 265 KAGB als vertragliche Nebenpflicht aus dem KVG-Bestellungsvertrag.

2. die Staaten und der jeweilige Anteil des geschlossenen Publikums-AIF, der in diesen Staaten höchstens angelegt werden darf, wenn eine AIF-Kapitalverwaltungsgesellschaft für einen geschlossenen Publikums-AIF Vermögensgegenstände, die außerhalb eines Vertragsstaates des Abkommens über den Europäischen Wirtschaftsraum gelegen sind, erwirbt.

[2]§ 162 Absatz 2 Nummer 1 ist mit der Maßgabe anzuwenden, dass anstelle der Angabe, welche Vermögensgegenstände in welchem Umfang erworben werden dürfen, die AIF-Kapitalverwaltungsgesellschaft in den Anlagebedingungen festlegen muss, welche Vermögensgegenstände in welchem Umfang für den geschlossenen Publikums-AIF erworben werden.

In der Fassung vom 4.7.2013 (BGBl. I 2013, S. 1981).

Schrifttum: *Burgard/Heimann*, Das neue Kapitalanlagegesetzbuch, WM 2014, 821; *Bußalb/Unzicker*, Auswirkungen der AIFM-Richtlinie auf geschlossene Fonds, BKR 2012, 309; *Bußalb*, Die Kompetenzen der BaFin bei der Überwachung der Pflichten aus dem KAGB, in Möllers/Kloyer, Das neue Kapitalanlagegesetzbuch, 2013, S. 221; *Fehrenbach/Maetschke*, Zusätzliche Verwaltungsvergütung und AGB-rechtliche Transparenzkontrolle bei offene Immobilienfonds, WM 2010, 1149; *Freitag*, Die „Investmentkommanditgesellschaft" nach dem Regierungsentwurf für ein Kapitalanlagegesetzbuch, NZG 2013, 329; *Fock*, Gemischte Sondervermögen, WM 2006, 2160; *Geurts/Schubert*, Folgen der Neudefinition geschlossener Fonds, WM 2014, 2154; *Hübner*, Immobilienanlagen unter dem KAGB – Alte Fragen – neue Fragen – neue Antworten, WM 2014, 106; *Kobabe*, Geschlossene Fonds in Deutschland nach den Regelungen des KAGB, in Möllers/Kloyer, Das neue Kapitalanlagegesetzbuch, 2013, S. 331; *Wagner*, Geschlossene Fonds gemäß dem KAGB, ZfBR 2015, 113; *Wallach*, Umsetzung der AIFM-Richtlinie in deutsches Recht – erste umfassende Regulierung des deutschen Investmentrechts, RdF 2013, 92; *Weitnauer*, Die Informationspflichten nach dem KAGB, in Möllers/Kloyer, Das neue Kapitalanlagegesetzbuch, 2013, S. 161.

BaFin-Dokumente: *BaFin*, Konsultation 05/2014 – Entwurf Musterbausteine für Kostenklauseln geschlossener Publikumsinvestmentvermögen vom 31.7.2014, WA 41-Wp 2137-2013/0026; *BaFin*, Laufzeitverlängerung in den Anlagebedingungen geschlossener Publikums-AIF in der Rechtsform der geschlossenen Investmentkommanditgesellschaft, Merkblatt vom 4.11.2014; *BaFin*, Musterbausteine für Kostenklauseln geschlossener Publikumsinvestmentvermögen vom 30.9.2014, Gz. WA 41-Wp-2137-2013/0026; *BaFin*, Muster-Bausteine für Anlagebedingungen für eine Geschlossen Publikums-Investmentkommanditgesellschaft (Stand 18.7.2016); *BaFin*, Kriterienkatalog zur Verhinderung von reinen Blindpool-Konstruktionen bei geschlossenen Pulikums-AIF vom 6.11.2014.

I. Regelungsgegenstand und Entstehungsgeschichte

1. Regelungsgegenstand

Die Anlagebedingungen regeln das Rechtsverhältnis zwischen der KVG und den Anlegern. In Bezug auf nicht rechtsfähige Sondervermögen sind die Anlagebedingungen als rechtliche Grundlage für das Rechtsverhältnis erforderlich. Geschlossene Publikumsinvestmentvermögen sind dagegen selbst rechtsfähig, da sie nach § 139 KAGB ausschließlich in der Rechtsform der Investment-Aktiengesellschaft mit fixem Kapital (InvAG mfK), vgl. §§ 140 ff. KAGB, und der geschlossenen Investment-Kommanditgesellschaft mit fixem Kapital, vgl. §§ 149 ff. KAGB, aufgelegt werden können. Die Anleger sind aufgrund der **Gesellschaftsverträge** direkt an der jeweiligen Gesellschaft beteiligt. Das Verhältnis der Anleger zum Investmentvermögen richtet sich daher im Falle der InvAG mfK nach der Satzung und im Falle der InvKG mfK nach dem Gesellschaftsvertrag. 1

Die Vorschriften der § 143 KAGB bzw. § 151 KAGB regeln, dass die KVG **zusätzlich** zu Satzung oder Gesellschaftsvertrag **Anlagebedingungen** erstellen muss. Der KVG wird es auf diese Weise ermöglicht, die Grundsätze der Verwaltung und Anlage in der Satzung zu regeln, während die Details und die konkrete Ausgestaltung in den Anlagebedingungen festgehalten werden kann.[1] Der Vorteil liegt darin, dass die KVG im Falle von Änderungen der Anlagebedingungen nur die Genehmigung der BaFin nach § 267 KAGB einholen muss. Ein aufwendiges gesellschaftsrechtliches Verfahren zur Änderung der Satzung oder des Gesellschaftsvertrages ist nicht erforderlich. 2

Die Anlagebedingungen **ergänzen** daher die gesellschaftsrechtlichen Statuten, die letztlich das Rechtsverhältnis zwischen der KVG und den Anlegern regeln.[2] Daneben sind die Anlagebedingungen als Allgemeine Geschätsbedingungen einzustufen (s. dazu auch die ausführliche Kommentierung zu § 162 Rz. 38 ff.). Zu den weiteren Formalien, Begriffsbestimmungen und der Rechtsnatur der Anlagebedingungen wird auf die ausführliche Kommentierung zu § 162 KAGB verwiesen (§ 162 Rz. 1 ff.). 3

2. Regelungssystematik

Während § 162 KAGB die Anlagebedingungen von offenen inländischen Publikumsinvestmentvermögen regelt, enthält § 266 KAGB die Regelung der Anlagebedingungen für **geschlossene inländische Publikumsinvestmentvermögen**. § 162 KAGB stellt dabei die zentrale Norm für die Ausgestaltung der Anlagebedingungen dar, auf die § 266 Abs. 2 KAGB weitgehend verweist. In § 266 Abs. 2 KAGB finden sich besondere Vorgaben, die für geschlossene inländische Publikumsinvestmentvermögen gelten. 4

3. Entstehungsgeschichte

Mit der Vorschrift des § 266 KAGB setzt der nationale Gesetzgeber Art. 7 Abs. 3. lit. c AIFM-RL um, die einen Mindeststandard der Anlagebedingungen auch für Publikums-AIF setzt.[3] Mit seiner Umsetzung geht der nationale Gesetzgeber über die Vorgaben der AIFM-RL hinaus. Nach Art. 7 Abs. 3 AIFM-RL ist die KVG lediglich verpflichtet, der BaFin die Anlagebedingungen vorzulegen. Eine Genehmigungspflicht, wie sie § 267 KAGB statuiert, sieht die AIFM-RL dagegen nicht vor. In Übereinstimmung mit Art. 43 AIFM-RL können die Mitgliedstaaten aber strengere Regelungen für Publikums-AIF vorsehen.[4] 5

---

1 *Dornseifer* in Emde/Dornseifer/Dreibus/Hölscher, § 96 InvG Rz. 55; zu dem möglichen Spannungsfeld zwischen Anlagebedingungen und den gesellschaftsrechtlichen Statuten vgl. *Busse* in Moritz/Klebeck/Jesch, § 266 KAGB Rz. 22 ff.

2 S. dazu die Kommentierung zu § 162 Rz. 16 ff.; auch *Lorenz* in Weitnauer/Boxberger/Anders, § 111 KAGB Rz. 5; *Hartrott* in Baur/Tappen, § 266 KAGB Rz. 6; *Busse* in Moritz/Klebeck/Jesch, § 266 KAGB Rz. 1 und 5; *D. Voigt/Kneisel* in Beckmann/Scholtz/Vollmer, § 266 KAGB Rz. 6 und 8.

3 Begr. RegE, BT-Drucks. 17/12294, S. 272.

4 *Volhard/Jang* in Dornseifer/Jesch/Klebeck/Tollmann, Art. 7 AIFM-RL Rz. 17; dazu auch *Busse* in Moritz/Klebeck/Jesch, § 266 KAGB Rz. 10 f.

6 Im Übrigen ist die Vorschrift mit redaktionellen Änderungen an den bisher für OGAW-Sondervermögen geltenden und aufgehobenen § 43 Abs. 1 InvG angelehnt.[5]

II. Schutzzweck

7 Mit den Anlagebedingungen gibt die KVG dem Anleger die wesentlichen Angaben über das Investmentvermögen in schriftlicher Form an die Hand. Durch sie wird ein gewisser Mindeststandard für das vertragliche Verhältnis zwischen KVG und den Anlegern festgelegt, der vom Gesetz vorgegeben und von der BaFin zu prüfen ist. Insofern dient die Vorschrift dem **Anlegerschutz und der Rechtssicherheit**.[6]

8 Vor diesem Hintergrund sollen die Anlagebedingungen dem Anleger einerseits neben dem Verkaufsprospekt und den wesentlichen Anlegerinformationen eine Grundlage bieten, um eine fundierte **Anlageentscheidung** treffen zu können.[7] Andererseits legen die Anlagebedingungen den Handlungsspielraum der KVG fest und beschränken ihn vor dem Hintergrund des Anlegerschutzes entsprechend.[8]

9 Dass die Anlagebedingungen schriftlich abzufassen sind, dient darüber hinausgehend dem Zweck, **Rechtssicherheit** zu schaffen und eine Überprüfung durch die BaFin zu ermöglichen.[9]

III. Pflicht zur Erstellung der Anlagebedingungen

10 Die **Pflicht** der KVG, neben Satzung und Gesellschaftsvertrag auch Anlagebedingungen zu erstellen, folgt aus §§ 143 und 151 KAGB. Der Gesetzgeber stellt mit den jeweiligen Formulierungen klar, dass die Anlagebedingungen kein Bestandteil der Satzung oder des Gesellschaftsvertrages sind, sondern dass diese „zusätzlich" erstellt werden müssen. Die Anlagebedingungen ergänzen insofern die gesellschaftsrechtlichen Statuten.

11 Die Anlagebedingungen sind nach § 266 Abs. 1 Nr. 1 KAGB in Verbindung mit der Satzung einer InvAG mfK und nach § 266 Abs. 1 Nr. 2 KAGB in Verbindung mit dem Gesellschaftsvertrag einer InvKG mfK vor Ausgabe der Anteile oder Aktien zu erstellen. Dies ergibt sich daraus, dass die Anlagebedingungen zusammen mit dem jeweiligen gesellschaftsrechtlichen Statut die **Grundlage für das Rechtsverhältnis** bilden und den Anlegern daher **vor der Anlageentscheidung** zur Verfügung zu stellen sind.[10]

IV. Die einzelnen Anlagebedingungen (§ 266 Abs. 2 KAGB)

1. Musterbausteine für geschlossene Publikumsinvestmentvermögen

a) Musterbausteine für Anlagebedingungen des bsi und des BVI (in Abstimmung mit der BaFin)

12 Das KAGB enthält in § 266 Abs. 2 KAGB einen umfassenden Katalog mit Mindestangaben, die sich in jedem Investmentvertrag finden müssen. Als Orientierungshilfe werden dabei in der Praxis meist die **Musteranlagebedingungen** herangezogen, die die BaFin in Zusammenarbeit mit dem bsi und dem BVI erstellt hat.[11] Die Muster sind dabei sehr weit gefasst und in Bausteinform aufgebaut, um möglichst alle potentiellen Sachverhalte zu erfassen. Daneben enthalten sie auch umfassende Bearbeiterhinweise.

13 Die Musteranlagebedingungen sind zwar nicht verbindlich. Um den **Genehmigungsprozess bei der BaFin zu beschleunigen**, empfiehlt es sich daher, dem Aufbau und den Formulierungsvorschlägen der BaFin und

---

5 Begr. RegE, BT-Drucks. 17/12294, S. 272.

6 Vgl. die Gesetzesbegründung zur Einführung der Vorschrift Begr. RegE, BT-Drucks. 2/2973, S. 3; auch *Rozok* in Emde/Dornseifer/Dreibus/Hölscher, § 43 InvG Rz. 3; *Paul* in Weitnauer/Boxberger/Anders, § 266 KAGB Rz. 5; *Busse* in Moritz/Klebeck/Jesch, § 266 KAGB Rz. 9.

7 *Schmitz* in Berger/Steck/Lübbehüsen, § 43 InvG Rz. 4.

8 *Busse* in Moritz/Klebeck/Jesch, § 266 KAGB Rz. 9.

9 *Schmitz* in Berger/Steck/Lübbehüsen, § 43 InvG Rz. 14; *von Ammon/Izzo-Wagner* in Baur/Tappen, § 162 KAGB Rz. 32.

10 *Hartrott* in Baur/Tappen, § 266 KAGB Rz. 7; *Busse* in Moritz/Klebeck/Jesch, § 266 KAGB Rz. 32; *D. Voigt/Kneisel* in Beckmann/Scholtz/Vollmer, § 266 KAGB Rz. 16.

11 Abrufbar unter https://www.bvi.de/regulierung/kapitalanlagegesetzbuch/muster/(Abruf vom 20.7.2017). Zu den entsprechenden Musteranlagebedingungen für offene Publikumsinvestmentvermögen s. die Kommentierung zu § 162 Rz. 49 f.

des bsi/BVI zu folgen.[12] Durch die Musterbausteine kann auch eine bessere Vergleichbarkeit der Anlagebedingungen erreicht werden.[13]

b) Musterbausteine für Kostenklauseln der BaFin

Daneben hat die BaFin Musterbausteine für die Gestaltung von Kostenklauseln herausgegeben. Der Inhalt der Kostenklauseln ist im Einzelnen in Rz. 40 ff. beschrieben.[14] 14

2. Verweis auf § 162 Abs. 2 Nr. 5 bis 7 und 9 bis 14 KAGB

Zunächst müssen in den Anlagebedingungen nach § 266 Abs. 2 KAGB die **Bezeichnung des Investmentvermögens** sowie **Name und Sitz der KVG** enthalten sein. Weitergehend verweist Abs. 2 auf die in § 162 Abs. 2 Nr. 5 bis 7 und 9 bis 14 KAGB aufgezählten Anlagebedingungen.[15] 15

Im Folgenden werden daher nur die Besonderheiten für geschlossene Publikumsinvestmentvermögen gesondert dargestellt. Im Übrigen wird auf die Kommentierung zu § 162 KAGB verwiesen (§ 162 Rz. 52 ff.). 16

a) Erstellung und Veröffentlichung der Jahres- und Halbjahresberichte (§ 266 Abs. 1 Satz 1 i.V.m. § 162 Abs. 2 Nr. 5 KAGB)

In den Anlagebedingungen hat die KVG nach § 162 Abs. 2 Nr. 5 KAGB anzugeben, in welcher Weise und zu welchen Stichtagen der **Jahresbericht** und der **Halbjahresbericht** erstellt und dem Publikum zugänglich gemacht werden. Die entsprechenden Vorschriften finden sich für InvAG mfK in § 148 i.V.m. §§ 123 bis 125 KAGB und für InvKG mfK in § 158 i.V.m. § 135 KAGB. 17

b) Verwendung der Erträge (§ 266 Abs. 2 Satz 1 i.V.m. § 162 Abs. 2 Nr. 6 KAGB)

In § 162 Abs. 2 Nr. 6 sieht das KAGB vor, dass die KVG in den Anlagebedingungen angeben muss, ob und wie oft die **Erträge des Investmentvermögens ausgeschüttet** oder **thesauriert bzw. wieder angelegt** werden. 18

Eine Wiederanlage der Erträge kommt bei geschlossenen Investmentvermögen in der Regel nicht in Betracht[16], da ihre Laufzeit beschränkt ist und während der Laufzeit keine weiteren Vermögensgegenstände erworben werden. Dies ist in den Anlagebedingungen zunächst zu erläutern. Die KVG muss den Anleger weitergehend auch **ausdrücklich darauf hinweisen**, dass die Erträge ausgeschüttet werden.[17] Sollen die Erträge dagegen doch thesauriert werden, ist darauf ebenfalls in den Anlagebedingungen ausdrücklich hinzuweisen. 19

c) Laufzeitfonds (§ 266 Abs. 2 Satz 1 i.V.m. § 162 Abs. 2 Nr. 7 KAGB)

aa) Grundsätzlich begrenzte Dauer

Die BaFin geht davon aus, dass geschlossene Publikumsinvestmentvermögen immer für eine **begrenzte Dauer** aufgelegt werden.[18] Daher müssen die Anlagebedingungen zum einen die konkrete Laufzeit nennen und zum anderen Angaben darüber enthalten, wann und in welcher Weise ein Investmentvermögen abgewickelt und an die Anleger verteilt werden darf. Diese Ansicht der BaFin, dass geschlossene Publikumsinvestmentvermögen zwingend nur für eine begrenzte Zeit gebildet werden dürfen, ist mittlerweile auch gesetzlich im KAGB verankert.[19] Der Gesetzgeber hat damit ein Redaktionsversehen beseitigt.[20] 20

---

12 Auch *Hartrott* in Baur/Tappen, § 266 KAGB Rz. 8.

13 *D. Voigt/Kneisel* in Beckmann/Scholtz/Vollmer, § 266 KAGB Rz. 44.

14 BaFin, Musterbausteine für Kostenklauseln geschlossener Publikumsinvestmentvermögen vom 30.9.2014 – Gz. WA 41-Wp-2137-2013/0026.

15 Begr. RegE, BT-Drucks. 17/12294, S. 272.

16 *Hartrott* in Baur/Tappen, § 266 KAGB Rz. 13.

17 Mögliche Formulierungsvorschläge finden sich bei *Hartrott* in Baur/Tappen, § 266 KAGB Rz. 13.

18 „Geschlossene AIF können keine unbegrenzte Laufzeit haben", so die BaFin, Laufzeitverlängerung in den Anlagebedingungen geschlossener Publikums-AIF in der Rechtsform der geschlossenen Investmentkommanditgesellschaft, Merkblatt vom 4.11.2014.

19 Änderung des § 161 Abs. 2 Satz 2 KAGB durch das OGAW-V-UmsG, BGBl. I 2016, S. 357.

20 Begr. RegE, BR-Drucks. 437/15, S. 73. So sieht der Gesetzgeber im Rahmen der Auflösungs- und Liquidationsvorschrift des § 161 Abs. 2 Satz 2 KAGB eine außerordentliche Kündigungsmöglichkeit nur noch für InvKGen vor, die für eine bestimmte Dauer gebildet wurden. Durch die Streichung des Textes „oder bei einer für unbestimmte Zeit eingegangenen Gesellschaft" stellt der Gesetzgeber klar, dass eine InvKG auf unbestimmte Zeit nicht mehr existiert.

bb) Ausnahme einer Laufzeitverlängerung für geschlossene InvKGen

21 Allerdings dürfen die Anlagebedingungen von neu zu genehmigenden Publikums-AIF ausnahmsweise die **Möglichkeit einer Laufzeitverlängerung** vorsehen, wenn sie in Rechtsform der InvKG aufgelegt werden und besondere Gründe für eine Laufzeitverlängerung vorliegen.[21] Mit dieser Ausnahmeregelung trägt die BaFin dem Umstand Rechnung, dass AIF-KVGen gerade bei geschlossenen Investmentvermögen nicht immer über die notwendige Liquidität verfügen, die für eine vollständige Abwicklung des Investmentvermögens erforderlich ist. Um zu verhindern, dass die AIF-KVG die Anlagegegenstände zu möglicherweise schlechten Bedingungen veräußern muss, um die notwendige Liquidität zu generieren, erlaubt die BaFin eine einmalige Verlängerung der Grundlaufzeit einer geschlossenen InvKG.

Möchte die AIF-KVG von dieser Möglichkeit Gebrauch machen, muss sie eine Reihe von **besonderen Vorgaben in den Anlagebedingungen** vorsehen.[22] So müssen sowohl die Grundlaufzeit als auch die etwaige Verlängerungsoption in den Anlagebedingungen genannt werden. Weitergehend darf die ursprüngliche Laufzeit um maximal 50 % derselben verlängert werden, wobei die Laufzeit insgesamt (Grundlaufzeit und Verlängerung) 30 Jahre nicht überschreiten darf. Die Anlagebedingungen müssen auch die Gründe für die Verlängerung nennen und ein Zustimmungserfordernis der Gesellschafterversammlung mit mindestens einfacher Mehrheit vorsehen. Schließlich müssen ordentliche Kündigungsrechte ausgeschlossen sein.

22 Mithilfe der Verlängerungsoption wird sowohl den **Anlegerinteressen** als auch den **Interessen der AIF-KVG** ausreichend Rechnung getragen. Zum einen sind die Anleger durch die begrenzte Laufzeit geschützt und gehen nicht das Risiko ein, vertraglich unbegrenzt gebunden zu sein. Zum anderen erhält die AIF-KVG die erforderliche Flexibilität, Anlagegegenstände am Ende der Grundlaufzeit nicht zwingend veräußern zu müssen, wenn sich beispielsweise die Märkte oder Preise zum Laufzeitende hin schlecht entwickeln sollten. Vielmehr kann sie durch eine zumindest einmalige Verlängerungsoption auf solche Umstände und Gegebenheiten besser reagieren. Dies wird letztlich auch den Anlegerinteressen entsprechen, da sie ihre Anteile im Zweifel auch zu besseren Konditionen zurückgeben können. Eine einmalige Verlängerungsoption müssen die Anleger vor diesem Hintergrund hinnehmen.

d) Anteilsklassen (§ 266 Abs. 2 Satz 1 i.V.m. § 162 Abs. 2 Nr. 9 KAGB)

23 In den Anlagebedingungen eines geschlossenen Publikumsinvestmentvermögens ist weiter anzugeben, ob und unter welchen Voraussetzungen Anteile oder Aktien mit **unterschiedlichen Rechten** ausgegeben werden sollen. Gerade die Gesellschaftsanteile einer InvKG mfK können mit unterschiedlichen **Ausgestaltungsmerkmalen** wie Ertragsverwendung oder Anlagesumme etc. ausgestaltet sein.[23] Eine detaillierte Beschreibung der Anteile und Anteilsklassen ist dagegen nicht erforderlich.[24] Daneben können auch die Aktien einer InvAG mfK mit unterschiedlichen Rechten, wie beispielsweise Vorzugsrechten, ausgestattet werden.

e) Verschmelzung von Investmentvermögen (§ 266 Abs. 2 Satz 1 i.V.m. § 162 Abs. 2 Nr. 10 KAGB)

24 Darüber hinaus müssen die Anlagebedingungen Angaben dazu enthalten, inwiefern ein Investmentvermögen in ein anders Investmentvermögen **übertragen** werden kann. Dies ist bei geschlossenen Investmentvermögen nicht vorgesehen, sodass regelmäßig ein Hinweis in diesem Sinne ausreichend ist.

f) Vergütung und Aufwendungserstattung (§ 266 Abs. 2 i.V.m. § 162 Abs. 2 Nr. 11 KAGB)

25 Weitergehend muss die KVG in den Anlagebedingungen angeben, welche **Vergütungen und Aufwendungserstattungen** in welcher Höhe und aus welchem Grund aus dem Investmentvermögen entstehen und an die KVG, die Verwahrstelle und gegebenenfalls an Dritte zu leisten sind. Von der Regelung umfasst sind hierbei sämtliche Vergütungen und Aufwendungen, die im Rahmen von Rechtsverhältnissen der KVG bzw. des Investmentvermögens mit der Verwahrstelle und/oder Dritten entstehen.[25]

21 BaFin, Laufzeitverlängerung in den Anlagebedingungen geschlossener Publikums-AIF in der Rechtsform der geschlossenen Investmentkommanditgesellschaft, Merkblatt vom 4.11.2014.

22 BaFin, Laufzeitverlängerung in den Anlagebedingungen geschlossener Publikums-AIF in der Rechtsform der geschlossenen Investmentkommanditgesellschaft, Merkblatt vom 4.11.2014.

23 *Hartrott* in Baur/Tappen, § 266 KAGB Rz. 16; *Busse* in Moritz/Klebeck/Jesch, § 266 KAGB Rz. 58.

24 Eine ausführliche Beschreibung erfolgt erst im Verkaufsprospekt, vgl. dazu auch *Busse* in Moritz/Klebeck/Jesch, § 266 KAGB Rz. 60.

25 Eine ausführliche Aufzählung möglicher Kosten findet sich bei *Hartrott* in Baur/Tappen, § 266 KAGB Rz. 19.

aa) Vergütungen und Aufwendungen

Ein **Vergütungs- und Aufwendungsersatzanspruch** der **KVG** ergibt sich unmittelbar aus dem Investmentvertrag und besteht direkt gegenüber den Anlegern (s. dazu die Kommentierung zu § 162 Rz. 23 ff.). Die KVG kann für ihre Verwaltungsleistungen eine **Vergütung** in Form einer Management Fee (fester Betrag) und/oder einer Peformance Fee (erfolgsabhängige Vergütung) verlangen.[26] 26

Entscheidet sich die KVG für eine feste **Management Fee**, so wird sie diese in Form eines festen Prozentbetrages des verwalteten Vermögens angeben.[27] Bei geschlossenen Publikumsinvestmentvermögen, die in Immobilien investieren, finden sich regelmäßig auch sog. transaktionsbezogene Verwaltungsgebühren in Form einer „bis zu" Klausel.[28] 27

Eine **Performance Fee** ist dagegen von weiteren Faktoren abhängig. So kann die Fee entweder von einem neuen Höchststand des Anteilswerts oder von einem Vergleichsindex (wie Preisindex oder Performance-Index) abhängig sein.[29] Daneben spielen auch Berechnungsintervalle und die Bezugsgröße eine Rolle bei der Ermittlung der Performance Fee.[30] Im Falle einer Performance Fee muss neben der Höhe der Fee auch genau definiert werden, wann und unter welchen Voraussetzungen der Erfolgsfall eintritt.[31] 28

Daneben bestehen **Vergütungsansprüche der Verwahrstelle und/oder Dritter**, allerdings nicht direkt gegenüber den Anlegern, sondern zwischen der Verwahrstelle und/oder Dritten und der AIF-KVG. Dies ergibt sich daraus, dass zwischen den Anlegern und der Verwahrstelle und/oder Dritten kein direktes vertragliches Verhältnis besteht (s. dazu die Kommentierung zu § 162 Rz. 26). Vielmehr beauftragt die KVG im eigenen Namen und für Rechnung des Sondervermögens die Verwahrstelle und gegebenenfalls Dritte, wie Portfolioverwalter, Anlageberater, Bewertungsunternehmen etc.[32] Die in diesem Zusammenhang entstehenden Kosten kann die KVG anschließend als **Aufwendungsersatz** gegenüber dem Investmentvermögen geltend machen. 29

bb) Höhe, Methode und Berechnungsgrundlage

Daneben muss die AIF-KVG in den Anlagebedingungen auch die Höhe der Kosten sowie die Methoden und Berechnungsgrundlagen aufzeigen, um den Anleger transparent zu informieren und Missbrauch zu vermeiden.[33] 30

cc) Inhaltskontrolle

Als Preisabreden unterliegen diese Klauseln grundsätzlich nicht der Inhaltskontrolle nach § 307 Abs. 3 BGB (s. dazu die Kommentierung zu § 162 Rz. 38).[34] Allerdings ist bei diesen Klauseln trotzdem das **Transparenzgebot** nach § 307 Abs. 3 S. 2 BGB sowie das **Verbot überraschender Klauseln** nach § 305c Abs. 1 BGB zu beachten.[35] Bedeutung erlangt das Transparenzgebot vor allem bei sog. „bis zu" Klauseln, bei denen anstelle der konkret anfallenden Kosten lediglich eine Höchstgrenze angegeben wird. Ob solche Klauseln dem Transparenzgebot entsprechen ist umstritten.[36] Da der Anleger bei einer „bis zu" Klausel zumindest weiß, mit welchen Kosten er maximal rechnen muss und folglich die Maximalbelastung kennt, ist von einer Zulässigkeit einer solchen „bis zu" Klausel auszugehen.[37] 31

---

26 *von Ammon/Izzo-Wagner* in Baur/Tappen, § 162 KAGB Rz. 76; *Polifke* in Weitnauer/Boxberger/Anders, § 162 KAGB Rz. 29 f.

27 *Zetzsche*, Prinzipien der kollektiven Vermögensanlage, S. 705.

28 *Zetzsche*, Prinzipien der kollektiven Vermögensanlage, S. 705.

29 *Zetzsche*, Prinzipien der kollektiven Vermögensanlage, S. 708 f.

30 *Zetzsche*, Prinzipien der kollektiven Vermögensanlage, S. 708 f.

31 *Schmitz* in Berger/Steck/Lübbehüsen, § 41 InvG Rz. 8.

32 *von Ammon/Izzo-Wagner* in Baur/Tappen, § 162 KAGB Rz. 78; *Schmitz* in Berger/Steck/Lübbehüsen, § 41 InvG Rz. 7; *Rozok* in Emde/Dornseifer/Dreibus/Hölscher, § 41 InvG Rz. 9.

33 BaFin, Musterbausteine für Kostenklauseln geschlossener Publikumsinvestmentvermögen vom 30.9.2014 – Gz. WA 41-Wp-2137-2013/0026.

34 Zur nachträglichen Änderung der Verwaltervergütung s. *Zetzsche*, Prinzipien der kollektiven Vermögensanlage, S. 729 ff.

35 *von Ammon/Izzo-Wagner* in Baur/Tappen, § 162 KAGB Rz. 79; *Polifke* in Weitnauer/Boxberger/Anders, § 162 KAGB Rz. 32.

36 S. *Polifke* in Weitnauer/Boxberger/Anders, § 162 KAGB Rz. 31 m.w.N.

37 *von Ammon/Izzo-Wagner* in Baur/Tappen, § 162 KAGB Rz. 80; *Rozok* in Emde/Dornseifer/Dreibus/Hölscher, § 41 InvG Rz. 16.

32 Bloße Zahlungsmodalitäten können dagegen vollständig als AGBs überprüft werden.[38] Schließlich müssen sich auch Preisabreden an den allgemeinen zivilrechtlichen Wirksamkeitsgrenzen, wie Sittenwidrigkeit und Wucher, sowie der Grundsatz von Treu und Glauben messen lassen.[39]

dd) Kontrolle der BaFin beschränkt auf Unangemessenheit von Kosten- und Gebührenstrukturen

33 Schließlich beschränkt sich die Kontrolle der BaFin auf die **Prüfung der Unangemessenheit von Kosten- und Gebührenstrukturen**, während eine wirtschaftliche Prüfung im Hinblick auf die Höhe der Prüfung unterbleibt.[40] Diese rein wirtschaftliche Entscheidung bleibt der AIF-KVG selbst überlassen. Die BaFin überprüft lediglich, ob die AIF-KVG insbesondere über geeignete Verfahren verfügt, um eine **Beeinträchtigung der Anlegerinteressen** durch unangemessene Kosten, Gebühren und Praktiken zu vermeiden. Dabei hat die BaFin auch den Wert des Investmentvermögens sowie die Anlegerstruktur zu berücksichtigen. Schließlich prüft die BaFin noch, ob die Klauseln nachvollziehbare Angaben zur Methode und Berechnung sowie Höhe der Kosten beinhalten.[41] Die BaFin prüft dagegen **nicht** die **zivilrechtliche Zulässigkeit** von Kostenklauseln oder von Rechtsbeziehungen zwischen den Beteiligten; dies ist alleinige Aufgabe der AIF-KVG.[42]

34 Um eine einheitliche und effektive Kontrolle von Kostenklauseln sicherzustellen, hat die BaFin sog. Musterbausteine für Kostenklauseln von geschlossenen Publikumsinvestmentvermögen herausgegeben (s. dazu gleich Rz. 40 ff.).[43]

g) Ausgabeaufschlag und Rücknahmeabschlag (§ 266 Abs. 2 Satz 1 i.V.m. § 162 Abs. 2 Nr. 12 KAGB)

aa) Ausgabeaufschlag

35 Der Ausgabeaufschlag ist in dem Ausgabepreis des jeweiligen Anteils enthalten.[44] Die Angabe des Ausgabeaufschlags erfolgt in der Regel durch Angabe eines **festen Prozentsatzes**, der sich auf Grundlage der Nominaleinlage berechnet (aktuell sind dies meist 5 % des jeweiligen Nominalanteils).[45] Eine „bis zu" Klausel wäre an dieser Stelle ebenfalls zulässig.[46]

36 Ob die AIF-KVG einen **Ausgabeaufschlag** auf die Ausgabe der Anteile erheben möchte, steht regelmäßig in ihrem freien Ermessen.[47] Wenn Sie von dieser Möglichkeit Gebrauch macht, so muss sie nach § 162 Abs. 2 Nr. 12 KAGB in den Anlagebedingungen auch Angaben dazu machen, dass und in welcher Höhe ein Ausgabeaufschlag erhoben wird.[48] Da es sich um zusätzliche direkte Kosten für den Anleger handelt, die seinen Renditeanspruch vermindern, müssen diese deshalb schon zwingend in den Anlagebedingungen enthalten sein.[49] Ist ein Ausgabeaufschlag in den Anlagebedingungen vorgesehen, darf die AIF-KVG im Einzelfall trotzdem darauf verzichten bzw. einen Rabatt gewähren.[50] Da es sich um direkte Kosten des einzelnen Anlegers und nicht des Investmentvermögens handelt, ergeben sich bei einer **uneinheitlichen Anwendung des Ausgabeaufschlags** keine anlegerschutzrechtlichen Bedenken.

---

38 *Zetzsche*, Prinzipien der kollektiven Vermögensanlage, S. 727.

39 *Zetzsche*, Prinzipien der kollektiven Vermögensanlage, S. 727.

40 § 26 Abs. 5 KAGB; s. dazu auch BaFin, Kostenklauseln – Prüfung von Kostenregelungen in den Anlagebedingungen von Investmentvermögen, Vortrag von *Carny* vom 2.10.2014, S. 5.

41 BaFin, Musterbausteine für Kostenklauseln geschlossener Publikumsinvestmentvermögen vom 30.9.2014 – Gz. WA 41-Wp-2137-2013/0026, S. 1.

42 BaFin, Musterbausteine für Kostenklauseln geschlossener Publikumsinvestmentvermögen vom 30.9.2014 – Gz. WA 41-Wp-2137-2013/0026, S. 1.

43 BaFin, Musterbausteine für Kostenklauseln geschlossener Publikumsinvestmentvermögen vom 30.9.2014 – Gz. WA 41-Wp-2137-2013/0026.

44 Die Regelung zu Ausgabeaufschlägen und Rücknahmeabschlägen geht zurück auf § 41 Abs. 1 Satz 2 und 3 InvG.

45 *von Ammon/Izzo-Wagner* in Baur/Tappen, § 165 KAGB Rz. 88; *Busse* in Moritz/Klebeck/Jesch, § 266 KAGB Rz. 74.

46 *Rozok* in Emde/Dornseifer/Dreibus/Hölscher, § 41 InvG Rz. 18.

47 *von Ammon/Izzo-Wagner* in Baur/Tappen, § 165 KAGB Rz. 87.

48 Die Regelung zu Ausgabeaufschlägen und Rücknahmeabschlägen geht zurück auf § 41 Abs. 1 Satz 2 und 3 InvG.

49 *Rozok* in Emde/Dornseifer/Dreibus/Hölscher, § 41 InvG Rz. 17; *Schmitz* in Berger/Steck/Lübbehüsen, § 41 InvG Rz. 12.

50 Daneben kann auch die Vertriebsgesellschaft einen Rabatt an den Anleger gewähren, der allerdings von der Vertriebsgesellschaft zu tragen ist und die KVG selbst nicht verpflichtet, vgl. auch *Schmitz* in Berger/Steck/Lübbehüsen, § 41 InvG Rz. 13, *Rozok* in Emde/Dornseifer/Dreibus/Hölscher, § 41 InvG Rz. 18; *Busse* in Moritz/Klebeck/Jesch, § 266 KAGB Rz. 74.

Ein Ausgabeaufschlag wird von der KVG regelmäßig vorgesehen, um die Kosten der Auflage des Investmentvermögens sowie des Vertriebs bzw. der Vermittlung abzudecken.[51] Dieser **Zweck** muss nach § 165 Abs. 3 Nr. 4 KAGB allerdings erst im Verkaufsprospekt näher ausgeführt werden.[52] In den Anlagebedingungen kann eine nähere Erläuterung des Zwecks unterbleiben. Es ist daher ausreichend anzugeben, dass und in welcher Höhe ein Ausgabeaufschlag erhoben wird. 37

Neben dem Ausgabeaufschlag entstehen der InvKG für die einmalige Auflage und Konzeption des Investmentvermögens sog. **Initialkosten.** Darunter fallen u.a. die Kosten der Prospekterstellung und der Rechts- und Steuerberatung, die bis zum Zeitpunkt der Vertriebszulassung entstehen.[53] Auch wenn diese Kosten der geschlossenen InvKG selbst entstehen und nicht vom Anleger direkt getragen werden, sind sie in den Anlagebedingungen darzustellen.[54] 38

bb) Rücknahmeabschlag

Daneben ist in den Anlagebedingungen grundsätzlich ebenfalls anzugeben, **ob** und **in welcher Höhe Kosten bei der Rücknahme der Anteile** entstehen. Dieser sog. Rücknahmeabschlag soll dazu beitragen, dass der Anleger eine langfristige Anlage tätigt und dadurch länger an das Investmentvermögen gebunden bleibt.[55] Da bei geschlossenen Investmentvermögen von vornherein nur begrenzte Rücknahmerechte zur Verfügung stehen, sind Rücknahmeabschläge zur längeren Bindung der Anleger an das Investmentvermögen nicht vorgesehen. 39

cc) BaFin-Musterbausteine für Kostenklauseln von geschlossener Publikumsinvestmentvermögen

(1) Allgemeines zu den Musterbausteinen

Um eine einheitliche, transparente, schnelle und effektive Kontrolle von Kostenklauseln sicherzustellen, hat die BaFin sog. Musterbausteine für Kostenklauseln von geschlossenen Publikumsinvestmentvermögen herausgegeben. Die Musterbausteine basieren auf einem Konsultationsentwurf der BaFin, der die bisherige Verwaltungspraxis und ihre Erfahrungen bei der Bearbeitung von Genehmigungsanträgen bei geschlossenen Investmentvermögen widerspiegelt.[56] Nach Durchführung des Konsultationsverfahrens mit den Branchen- und Interessenverbänden hat die BaFin schließlich die Musterbausteine erlassen. Sinn und Zweck der Musterbausteine ist es, den AIF-KVGen **Formulierungshilfen für genehmigungsfähige Kostenklauseln** an die Hand zu geben und gleichzeitig den Genehmigungsprozess bei der BaFin zu **beschleunigen.**[57] 40

Die Musterbausteine enthalten **Inhalte und Musterformulierungen der BaFin**, die den **aufsichtsrechtlichen Anforderungen des KAGB** genügen.[58] Dabei müssen die Musterbausteine nicht zwingend wortwörtlich übernommen werden, solange sie hinsichtlich Transparenz und Angemessenheit nicht hinter den durch die Musterbausteine gesetzten Maßstäben zurückbleiben.[59] Auch sind die Musterbedingungen an die Besonderheiten des jeweiligen konkreten geschlossenen Investmentvermögens anzupassen und ggf. zu ergänzen.[60] In der Praxis werden sich freilich die meisten AIF-KVGen strikt an die Formulierungen der BaFin halten, um dem Risiko einer Genehmigungsversagung zu entgehen. 41

---

51 *von Ammon/Izzo-Wagner* in Baur/Tappen, § 162 KAGB Rz. 84.

52 *von Ammon/Izzo-Wagner* in Baur/Tappen, § 162 KAGB Rz. 82.

53 BaFin, Musterbausteine für Kostenklauseln geschlossener Publikumsinvestmentvermögen vom 30.9.2014 – Gz. WA 41-Wp-2137-2013/0026, S. 4; *Busse* in Moritz/Klebeck/Jesch, § 266 KAGB Rz. 77.

54 Ausführlich dazu *Zetzsche*, Prinzipien der kollektiven Vermögensanlage, S. 702 f.

55 Begr. RegE, BT-Drucks. 14/8017, S. 103; vgl. dazu auch *Rozok* in Emde/Dornseifer/Dreibus/Hölscher, § 41 InvG Rz. 20; *Polifke* in Weitnauer/Boxberger/Anders, § 162 KAGB Rz. 34; *von Ammon/Izzo-Wagner* in Baur/Tappen, § 165 KAGB Rz. 89.

56 BaFin, Konsultation 05/2014 – Entwurf Musterbausteine für Kostenklauseln geschlossener Publikumsinvestmentvermögen vom 31.7.2014 – Gz. WA 41-Wp 2137-2013/0026.

57 BaFin, Konsultation 05/2014 – Entwurf Musterbausteine für Kostenklauseln geschlossener Publikumsinvestmentvermögen vom 31.7.2014 – Gz. WA 41-Wp 2137-2013/0026.

58 BaFin, Musterbausteine für Kostenklauseln geschlossener Publikumsinvestmentvermögen vom 30.9.2014 – Gz. WA 41-Wp-2137-2013/0026, S. 1.

59 BaFin, Musterbausteine für Kostenklauseln geschlossener Publikumsinvestmentvermögen vom 30.9.2014 – Gz. WA 41-Wp-2137-2013/0026, S. 1.

60 BaFin, Musterbausteine für Kostenklauseln geschlossener Publikumsinvestmentvermögen vom 30.9.2014 – Gz. WA 41-Wp-2137-2013/0026, S. 1 f.

42 Die grundlegende Idee von Musterbausteinen der BaFin für Kostenklauseln wurde in der Praxis überwiegend positiv aufgenommen.[61] Weitergehend hat die BaFin im Rahmen der Konsultation die Musterbausteine an vielen Stellen weiterentwickelt und an die Anmerkungen aus der Praxis angepasst, sodass die Bausteine nun als **taugliche Muster** durchaus herangezogen werden können.[62] So wurde beispielsweise der Besonderheit Rechnung getragen, dass geschlossene Publikumsinvestmentvermögen regelmäßig nur einmal jährlich bewertet werden. Daher kann als Bemessungsgrundlage neben dem durchschnittlichen Nettoinventarwert der InvKG mfK auch der Durchschnittswert aus dem Wert am Anfang und am Ende des Jahres herangezogen werden.[63]

43 Inhaltlich sind die Musterbausteine in zwei große Blöcke aufgeteilt: **einmalige** und **laufende Kosten** der geschlossenen InvKG mfK. Die Musterbausteine enthalten neben konkreten Beispielformulierungen auch Handlungsanweisungen und ausführliche Erläuterungen, sodass die AIF-KVG ein solides Baukastensystem an der Hand hat, um schnell und effizient genehmigungsfähige Kostenklauseln zu erstellen.

(2) Einmalige Kosten: Ausgabepreis, Ausgabeaufschlag und Initialkosten

44 Der erste Block der Musterbausteine beschäftigt sich mit **einmaligen Kosten**, wie dem Ausgabepreis, dem Ausgabeaufschlag und den Initialkosten. Gerade bei geschlossenen InvKGen mfK mit besonderen Anlagen, wie beispielsweise Immobilien oder Grundstücke, entstehen bei der erstmaligen Anschaffung der Anlagen und der Auflage der Gesellschaft hohe Kosten. Diese hohen Initialkosten hat die BaFin in den Musteranlagebedingungen im Rahmen der einmaligen Kosten im Ausgabepreis berücksichtigt.[64]

45 Während der Ausgabepreis zusammen mit dem Ausgabeaufschlag als fester Prozentbetrag anzugeben ist, enthalten die Musterbausteine außerdem eine Angabe über die Summe aus Ausgabeaufschlag und Initialkosten. Im Gegensatz zu der ursprünglichen Fassung der Musterbausteine, ist die BaFin an dieser Stelle dem Wunsch der Praxis nachgekommen und hat den Zeitpunkt für die **Berechnung der Initialkosten** an die **Vertriebszulassung** geknüpft.[65] Im Gegensatz dazu war als ursprünglicher Anknüpfungspunkt der Zeitpunkt der Fondsauflage vorgesehen. Da dieser Zeitpunkt im Vorhinein allerdings schwer bestimmbar ist, hat sich die BaFin für eine differenzierte Betrachtungsweise entschieden.[66] Während beispielsweise Gründungskosten ohnehin als Initialkosten einzustufen sind, gehören Rechts- und Steuerberatungskosten sowie Kosten für die Prospekterstellung, die vor der Vertriebszulassung entstanden sind, laut BaFin ebenfalls zu den Initialkosten.[67]

---

61 bsi, Stellungnahme im Rahmen der Konsultation 05/2014 – Entwurf Musterbausteine für Kostenklauseln geschlossener Publikumsinvestmentvermögen vom 3.9.2014; *Schüßler*, BaFin-Publikationen zu Anlagebedingungen von geschlossenen Publikums-AIF: Vorgaben für Blindpool-Konstruktionen und Musterkostenklauseln, abrufbar unter http://www.roedl.de/themen/fonds-brief/2014-12-18/bafin-publikationen-zu-anlagebedingungen-von-geschlossenen-publikums-aif-vorgaben-fur-blindpool-konstruktionen-und-musterko (Abruf vom 20.7.2017); teilweise wird der Detaillierungsgrad der Musterbausteine vor einem verfassungsrechtlichen Hintergrund allerdings skeptisch gesehen, vgl. *Kobabe*, KAGB gibt Marktteilnehmern keinen verbindlichen Rechtsrahmen an die Hand, Börsenzeitung vom 11.11.2014.

62 Vgl. die Kritikpunkte in der Stellungnahme des bsi, Stellungnahme im Rahmen der Konsultation 05/2014 – Entwurf Musterbausteine für Kostenklauseln geschlossener Publikumsinvestmentvermögen vom 3.9.2014; auch *Schüßler*, BaFin-Publikationen zu Anlagebedingungen von geschlossenen Publikums-AIF: Vorgaben für Blindpool-Konstruktionen und Musterkostenklauseln, abrufbar unter http://www.roedl.de/themen/fonds-brief/2014-12-18/bafin-publikationen-zu-anlagebedingungen-von-geschlossenen-publikums-aif-vorgaben-fur-blindpool-konstruktionen-und-musterko (Abruf vom 20.7.2017).

63 BaFin, Musterbausteine für Kostenklauseln geschlossener Publikumsinvestmentvermögen vom 30.9.2014 – Gz. WA 41-Wp-2137-2013/0026, S. 5.

64 BaFin, Kostenklauseln – Prüfung von Kostenregelungen in den Anlagebedingungen von Investmentvermögen, Vortrag von *Carny* vom 2.10.2014, S. 11.

65 BaFin, Musterbausteine für Kostenklauseln geschlossener Publikumsinvestmentvermögen vom 30.9.2014 – Gz. WA 41-Wp-2137-2013/0026, S. 4.

66 *Schüßler*, BaFin-Publikationen zu Anlagebedingungen von geschlossenen Publikums-AIF: Vorgaben für Blindpool-Konstruktionen und Musterkostenklauseln, abrufbar unter http://www.roedl.de/themen/fonds-brief/2014-12-18/bafin-publikationen-zu-anlagebedingungen-von-geschlossenen-publikums-aif-vorgaben-fur-blindpool-konstruktionen-und-musterko (Abruf vom 20.7.2017).

67 BaFin, Musterbausteine für Kostenklauseln geschlossener Publikumsinvestmentvermögen vom 30.9.2014 – Gz. WA 41-Wp-2137-2013/0026, S. 4.

(3) Laufende Kosten

Der zweite Block der Musterbausteine enthält die **laufenden Kosten**, wobei zunächst eine Summe aller laufenden Vergütungen (mit Ausnahme der Verwahrstellenvergütung) anzugeben ist.[68] Die BaFin hat die Musterbausteine auch im Bereich der laufenden Kosten im Anschluss an das Konsultationsverfahren weiterentwickelt und an die Besonderheiten der geschlossenen Publikumsinvestmentvermögen angepasst. Im Folgenden werden die einzelnen Kosten anhand der Struktur der Musterbausteine kurz dargestellt. 46

(a) Bemessungsgrundlage

Die BaFin sieht als Bemessungsgrundlage zwei verschiedene Berechnungsmöglichkeiten vor, wobei beide auf dem **Nettoinventarwert der InvKG mfK** basieren. Der Bezug auf den Nettoinventarwert ist gesetzlich nicht vorgeschrieben, wird von der BaFin allerdings als einzige Berechnungsgrundlage für zulässig erachtet.[69] 47

- Die AIF-KVG kann zunächst den durchschnittlichen **reinen Nettoinventarwert der InvKG** als Bemessungsgrundlage heranziehen. Dies entspricht auch der Bemessungsgrundlage bei offenen Publikumsinvestmentvermögen.[70] Um den Besonderheiten eines geschlossenen Publikumsinvestmentvermögens Rechnung zu tragen, sehen die Musterbausteine eine alternative Berechnungsmöglichkeit. Da der Nettoinventarwert bei einer InvKG regelmäßig nur einmal jährlich ermittelt wird und folglich ein durchschnittlicher Nettoinventarwert ohne weitere Bewertungen nicht ermittelt werden kann, darf für die Berechnung des Durchschnitts auch der Anfangs- und Endwert am Ende eines Geschäftsjahres herangezogen werden.[71] Dies ergibt sich auch aus der Anmerkung der BaFin, nach der eine AIF-KVG nicht verpflichtet ist, den Nettoinventarwert über die gesetzlich vorgeschriebenen Intervalle hinaus zu berechnen.[72]
- Daneben kann die AIF-KVG als Bemessungsgrundlage auch die **Summe** des **durchschnittlichen Nettoinventarwert der InvKG** im jeweiligen Geschäftsjahr und den bis zum jeweiligen Berechnungsstichtag an die Anleger geleisteten **Auszahlungen**, allerdings begrenzt auf 100 % des von den Anlegern gezeichneten Kommanditkapitals, heranziehen.[73] Wählt die AIF-KVG diese alternative Bemessungsgrundlage, so hat sie dies in den Genehmigungsantrag und im Verkaufsprospekt zu begründen, beispielsweise durch einen Verweis auf „sich verzehrende" Sachwerte.[74]

Durch die Einführung der alternativen Bemessungsgrundlage ist die BaFin auch den Forderungen aus der Praxis nachgekommen. Eine reine Nettoinventarwerts-Lösung kann gerade bei geschlossenen Publikumsinvestmentvermögen nicht zielführend sein, wenn diese überwiegend in Anlageobjekte investieren, die einem dauerhaften Werteverlust oder -verzehr unterliegen. Während offene Investmentvermögen in der Regel einen gleichbleibenden Nettoinventarwert haben, stellt dies gerade die Besonderheit bei geschlossenen Publikumsinvestmentvermögen dar.[75] Durch die alternative Bemessungsgrundlage kann die AIF-KVG dem **Umstand des schwankenden Nettoinventarwerts** Rechnung tragen. Sinkt der Nettoinventarwert durch eine Neuinvestition oder einen Werteverzehr ab, so kann dieser gleichzeitig durch die Berücksichtigung der Auszahlungen an die Anleger wieder ausgeglichen werden.[76] Durch die Deckelung auf maximal 100 % des gezeichneten Kommanditkapitals, besteht auch nicht die Gefahr, dass die AIF-KVG Auszahlungen an die Anleger möglicherweise nicht vornimmt, um die Bemessungsgrundlage künstlich zu erhöhen.[77] Schließlich sehen die Musterbausteine gerade zu Beginn der Investitionsphase, in der der Nettoinventarwert regelmäßig 48

---

68 BaFin, Musterbausteine für Kostenklauseln geschlossener Publikumsinvestmentvermögen vom 30.9.2014 – Gz. WA 41-Wp-2137-2013/0026, S. 5.

69 BaFin, Kostenklauseln – Prüfung von Kostenregelungen in den Anlagebedingungen von Investmentvermögen, Vortrag von *Carny* vom 2.10.2014, S. 14.

70 BaFin, Musterbausteine für Kostenklauseln geschlossener Publikumsinvestmentvermögen vom 30.9.2014 – Gz. WA 41-Wp-2137-2013/0026, S. 5.

71 BaFin, Musterbausteine für Kostenklauseln geschlossener Publikumsinvestmentvermögen vom 30.9.2014 – Gz. WA 41-Wp-2137-2013/0026, S. 5; auch *Busse* in Moritz/Klebeck/Jesch, § 266 KAGB Rz. 84.

72 BaFin, Musterbausteine für Kostenklauseln geschlossener Publikumsinvestmentvermögen vom 30.9.2014 – Gz. WA 41-Wp-2137-2013/0026, S. 5.

73 BaFin, Musterbausteine für Kostenklauseln geschlossener Publikumsinvestmentvermögen vom 30.9.2014 – Gz. WA 41-Wp-2137-2013/0026, S. 5.

74 BaFin, Musterbausteine für Kostenklauseln geschlossener Publikumsinvestmentvermögen vom 30.9.2014 – Gz. WA 41-Wp-2137-2013/0026, S. 5.

75 *Busse* in Moritz/Klebeck/Jesch, § 266 KAGB Rz. 88.

76 BaFin, Kostenklauseln – Prüfung von Kostenregelungen in den Anlagebedingungen von Investmentvermögen, Vortrag von *Carny* vom 2.10.2014, S. 14.

77 *Busse* in Moritz/Klebeck/Jesch, § 266 KAGB Rz. 93.

niedrig ausfallen wird, die Möglichkeit einer Mindestvergütung vor.[78] Dadurch kann sich die AIF-KVG für die ersten 36 Monate absichern.[79]

(b) Arten von Vergütungen, Aufwendungen und Gebühren

49 Daneben enthalten die Musterbausteine auch eine getrennte Angabe und Beschreibung der folgenden Vergütungen und Aufwendungen:

- **Vergütung an die AIF-KVG und bestimmte Gesellschafter**[80]**:** Die Vergütung an die AIF-KVG und an bestimmte Gesellschafter wird in den Musterbausteinen anhand eines festen Prozentsatzes, bezogen auf die gewählte Bemessungsgrundlage dargestellt. Als optionale Ergänzung sehen die Musterbausteine eine zeitliche Staffelung sowie eine Mindestvergütung für die ersten 36 Monate und/oder eine betragsmäßige Maximalvergütung vor. An dieser Stelle können auch Gebühren für die Haftungsübernahme der persönlich haftenden Gesellschafterin, Gebühren für die Geschäftsführertätigkeit der geschäftsführenden Kommanditistin sowie Gebühren einer für alle Anleger tätigen Treuhandkommanditistin vorgesehen werden. Auch diese sind mit einem festen Prozentsatz der Bemessungsgrundlage anzugeben. Schließlich werden auch geldwerte Vorteile auf die Verwaltervergütung angerechnet.[81]
- **Vergütung an Dritte**[82]**:** Vergütungen an Dritte werden ebenfalls mit einem festen Prozentsatz der Bemessungsgrundlage ausgewiesen, soweit sie nicht bereits in den laufenden Verwaltungsgebühren der AIF-KVG enthalten sind. Etwaige Vergütungsvereinbarungen müssen lediglich im Verkaufsprospekt und nicht in den Anlagebedingungen offengelegt werden.
- **Vergütungen und Kosten auf Ebene der Objektgesellschaften**[83]**:** Darunter fallen Vergütungen der Geschäftsleiter und Organe der Objektgesellschaften und weitere Kosten. Diese sind nach den Musterbausteinen lediglich zu nennen. Eine detaillierte Erläuterung erfolgt lediglich im Verkaufsprospekt.
- **Vergütung an die Verwahrstelle**[84]**:** Die Vergütung muss alle Tätigkeiten der Verwahrstelle umfassen, da ein weitergehender Auslagenersatz nicht vorgesehen ist. Eine Ausnahme besteht nur für externe Gutachterkosten, die aufgrund einer Ankaufsbewertung oder Eigentumsverifikation anfallen. Die Angabe erfolgt auch hier jährlich und mit einem festen Prozentsatz bezogen auf die Bemessungsgrundlage.
- **Aufwendungen, die zu Lasten der Gesellschaft gehen**[85]**:** Die Musterbausteine enthalten weitergehend einen umfangreichen Katalog mit Beispielklauseln für Kosten zzgl. darauf entfallener Steuern, die von der Gesellschaft zu tragen sind. Umfasst sind allerdings nur solche Kosten, die nach der Gründung der Gesellschaft entstanden sind. Neben Kosten für die externen Bewerter und die Abschlussprüfer können dies beispielsweise Depotkosten, Kontoführungsgebühren, Bewirtschaftungskosten, Steuern der Gesellschaft oder Gebühren von öffentlichen Stellen (mit Ausnahme von IHK-Gebühren) sein.

  Auch Kosten auf Ebene der Objektgesellschaften, die das Vermögen der jeweiligen Objektgesellschaft schmälern, sind nach dem Beispielkatalog darzustellen.
- **Transaktionsgebühr sowie Transaktions- und Investitionskosten**[86]**:** Transaktionsgebühren oder Investitionskosten zeichnen sich dadurch aus, dass sie in der Regel nur einmalig anfallen, nämlich beim Er-

---

78 BaFin, Musterbausteine für Kostenklauseln geschlossener Publikumsinvestmentvermögen vom 30.9.2014 – Gz. WA 41-Wp-2137-2013/0026, S. 6.

79 BaFin, Kostenklauseln – Prüfung von Kostenregelungen in den Anlagebedingungen von Investmentvermögen, Vortrag von *Carny* vom 2.10.2014, S. 14.

80 Für Einzelheiten zur Gestaltung und Formulierung wird verwiesen auf BaFin, Musterbausteine für Kostenklauseln geschlossener Publikumsinvestmentvermögen vom 30.9.2014 – Gz. WA 41-Wp-2137-2013/0026, S. 6.

81 BaFin, Musterbausteine für Kostenklauseln geschlossener Publikumsinvestmentvermögen vom 30.9.2014 – Gz. WA 41-Wp-2137-2013/0026, S. 11.

82 Für Einzelheiten zur Gestaltung und Formulierung wird verwiesen auf BaFin, Musterbausteine für Kostenklauseln geschlossener Publikumsinvestmentvermögen vom 30.9.2014 – Gz. WA 41-Wp-2137-2013/0026, S. 6 f.

83 Für Einzelheiten zur Gestaltung und Formulierung wird verwiesen auf BaFin, Musterbausteine für Kostenklauseln geschlossener Publikumsinvestmentvermögen vom 30.9.2014 – Gz. WA 41-Wp-2137-2013/0026, S. 7.

84 Für Einzelheiten zur Gestaltung und Formulierung wird verwiesen auf BaFin, Musterbausteine für Kostenklauseln geschlossener Publikumsinvestmentvermögen vom 30.9.2014 – Gz. WA 41-Wp-2137-2013/0026, S. 7. Die BaFin ist an dieser Stelle dem Wunsch aus der Praxis nachgekommen und hat die Berechnung der Verwahrstellenvergütung um die Bezugnahme auf die Bemessungsgrundlage ergänzt, vgl. auch bsi, Stellungnahme im Rahmen der Konsultation 05/2014 – Entwurf Musterbausteine für Kostenklauseln geschlossener Publikumsinvestmentvermögen vom 3.9.2014, S. 19.

85 Für Einzelheiten zur Gestaltung und Formulierung wird verwiesen auf BaFin, Musterbausteine für Kostenklauseln geschlossener Publikumsinvestmentvermögen vom 30.9.2014 – Gz. WA 41-Wp-2137-2013/0026, S. 7 f.

86 Für Einzelheiten zur Gestaltung und Formulierung wird verwiesen auf BaFin, Musterbausteine für Kostenklauseln geschlossener Publikumsinvestmentvermögen vom 30.9.2014 – Gz. WA 41-Wp-2137-2013/0026, S. 9 f. Auch an

werb, der Veräußerung oder einer großen Investition oder Umbaumaßnahme. Die Musterbausteine tragen diesem Umstand Rechnung und sehen daher vor, solche Gebühren und Kosten mit einem einmaligen Aufwandsersatz in Form eines festen Prozentsatzes vom Kaufpreis oder einer anderen geeigneten Bemessungsgrundlage vorzusehen. Darin müssen sämtliche Gebühren und Kosten enthalten sein, die mit dem konkreten Vorgang in Zusammenhang stehen. Da die Kosten meist im Vorfeld anfallen, können sie unabhängig vom tatsächlichen Zustandekommen des Geschäfts belastet werden.

Die Musterbausteine sehen auch einen Auffangtatbestand für Gebühren und Kosten vor, die nicht als Transaktionskosten oder Investitionskosten eingestuft werden können, aber dennoch zusätzlich anfallen. Die Musterbausteine nennen an dieser Stelle u.a. Kosten einer Bebauung, Belastung oder Vermietung und Verpachtung. Auch diese Kosten können unabhängig vom tatsächlichen Zustandekommen des Geschäfts belastet werden.

(c) Erfolgsabhängige Vergütung

Die AIF-KVG kann neben der laufenden Vergütung auch eine erfolgsabhängige Vergütung **allein zu ihren Gunsten** vorsehen.[87] Eine Vereinbarung zugunsten Dritter, wie beispielsweise Berater, Vertriebspartner, ist dagegen unzulässig.[88] Eine erfolgsabhängige Vergütung darf auch nur ausgezahlt werden, wenn die Anleger ebenfalls bereits über eine Auszahlung mindestens in Höhe ihrer Kommanditeinlage zzgl. einer jährlichen Verzinsung an dem wirtschaftlichen Erfolg des Fonds partizipiert haben.[89] Weitergehend darf eine erfolgsabhängige Vergütung auch nur ausgezahlt werden, wenn sie sich auf die Gesamtbilanz bezieht, nicht jedoch auf den Erfolg eines einzelnen Projekts.[90] 50

Die Musterbausteine sehen zwei Alternativen für eine erfolgsabhängige Vergütung vor: 51

- In der **Alternative A** ist die Auszahlung der Erfolgsvergütung ausschließlich erst nach dem Ende der Fondslaufzeit möglich.[91] Die Berechnung erfolgt durch einen Vergleich der Anteilswerte zu Beginn und zum Ende der Fondslaufzeit. Ergibt sich dabei ein positiver Wert, so darf eine erfolgsabhängige Vergütung in Höhe eines prozentualen Anteils an die AIF-KVG gezahlt werden, wenn zuvor die Kommanditanteile der Anleger zzgl. einer festen Verzinsung abgezogen wurden. Die Auszahlung darf nur bis zu einer Höchstgrenze erfolgen, die anhand eines festen Prozentsatzes des durchschnittlichen Nettoinventarwerts bestimmt wird.[92]
- In der **Alternative B** ist auch eine Auszahlung während der Fondslaufzeit jeweils zum Ende eines Wirtschaftsjahres möglich.[93] Auch in dieser Alternative ist sicherzustellen, dass die Kommanditeinlage zzgl. einer festen jährlichen Verzinsung im Fonds verbleibt und die Anleger so ebenfalls am wirtschaftlichen Erfolg des Fonds teilhaben. Im Gegensatz zu Alternative A ist hier keine Höchstgrenze vorgesehen.

Eine weitergehende Beteiligung der AIF-KVG an Ausschüttungen der Gesellschaft ist grundsätzlich nicht erlaubt. Allerdings kann die AIF-KVG die erfolgsabhängige Vergütung als Ausschüttung in Form des steuerlich anerkannten ***Carried Interest*** auszahlen.[94] Dabei wird die Vergütung in Form eines Gewinnanteils an die AIF-KVG ausgezahlt, allerdings erst, nachdem die Anleger Auszahlungen in einer bestimmten Höhe 52

---

dieser Stelle ist die BaFin den Anmerkungen aus der Praxis gefolgt, vgl. bsi, Stellungnahme im Rahmen der Konsultation 05/2014 – Entwurf Musterbausteine für Kostenklauseln geschlossener Publikumsinvestmentvermögen vom 3.9.2014, S. 29 ff.

87 BaFin, Musterbausteine für Kostenklauseln geschlossener Publikumsinvestmentvermögen vom 30.9.2014 – Gz. WA 41-Wp-2137-2013/0026, S. 11; auch *Busse* in Moritz/Klebeck/Jesch, § 266 KAGB Rz. 98 f.

88 Eine Weiterleitung durch die AIF-KVG ist aber möglich, vgl. BaFin, Musterbausteine für Kostenklauseln geschlossener Publikumsinvestmentvermögen vom 30.9.2014 – Gz. WA 41-Wp-2137-2013/0026, S. 11.

89 BaFin, Musterbausteine für Kostenklauseln geschlossener Publikumsinvestmentvermögen vom 30.9.2014 – Gz. WA 41-Wp-2137-2013/0026, S. 10; auch *Busse* in Moritz/Klebeck/Jesch, 2016, § 266 KAGB Rz. 100.

90 BaFin, Musterbausteine für Kostenklauseln geschlossener Publikumsinvestmentvermögen vom 30.9.2014 – Gz. WA 41-Wp-2137-2013/0026, S. 11.

91 BaFin, Musterbausteine für Kostenklauseln geschlossener Publikumsinvestmentvermögen vom 30.9.2014 – Gz. WA 41-Wp-2137-2013/0026, S. 11.

92 Zur genauen Berechnung vgl. BaFin, Kostenklauseln – Prüfung von Kostenregelungen in den Anlagebedingungen von Investmentvermögen, Vortrag von *Carny* vom 2.10.2014, S. 24 und BaFin, Musterbausteine für Kostenklauseln geschlossener Publikumsinvestmentvermögen vom 30.9.2014 – Gz. WA 41-Wp-2137-2013/0026, S. 10.

93 Zur genauen Berechnung vgl. BaFin, Kostenklauseln – Prüfung von Kostenregelungen in den Anlagebedingungen von Investmentvermögen, Vortrag von *Carny* vom 2.10.2014, S. 25 und BaFin, Musterbausteine für Kostenklauseln geschlossener Publikumsinvestmentvermögen vom 30.9.2014 – Gz. WA 41-Wp-2137-2013/0026, S. 10.

94 BaFin, Musterbausteine für Kostenklauseln geschlossener Publikumsinvestmentvermögen vom 30.9.2014 – Gz. WA 41-Wp-2137-2013/0026, S. 11; s. dazu auch auch *Busse* in Moritz/Klebeck/Jesch, § 266 KAGB Rz. 101.

erhalten haben (sog. *Hurdle rate*).[95] Die Musterbausteine sehen als Hurdle rate vor, dass die Anleger eine Mindestauszahlung in Höhe ihrer Kommanditeinlage zzgl. einer jährlichen vorher festgelegten Verzinsung erhalten haben.

(d) Geldwerte Vorteile

53 Die Musterbausteine sehen vor, dass geldwerte Vorteile im Zusammenhang mit der Verwaltung oder Bewirtschaftung von Vermögensgegenständen zugunsten der AIF-KVG, ihrer Gesellschafter oder der Gesellschaft auf die Verwaltungsvergütung angerechnet werden.[96]

(e) Sonstige vom Anleger zu entrichtende Kosten

54 Sonstige Kosten sind nach den Musterbausteinen solche, die vom Anleger direkt und über allgemeine gesetzliche Regelungen hinaus zu tragen sind, wie bspw. die **Vergütung von Treuhandkommanditisten**[97] oder Kosten im Zusammenhang mit dem **vorzeitigen Ausscheiden eines Anlegers.**[98] Bearbeitungspauschalen sind dagegen unzulässig.

(f) Pauschalgebühr

55 Die Vereinbarung einer Pauschalgebühr ist nach § 266 Abs. 2 Satz 1 i.V.m. § 162 Abs. 2 Nr. 13 KAGB ausdrücklich erlaubt. Die AIF-KVG muss dann in den Anlagebedingungen allerdings ausdrücklich vorsehen, aus welchen Kosten und Aufwendungen sich die Pauschalgebühr **zusammensetzt** und welche Kosten der Gesellschaft darüber hinaus in Rechnung gestellt werden können. Die Musterbausteine enthalten einen kurzen Katalog, der an den jeweiligen Einzelfall anzupassen ist.[99]

(g) Erwerb von Anteilen an Investmentvermögen

56 Im Zusammenhang mit den Kosten, die bei einem **Erwerb eines Zielfonds** entstehen, verweisen die Musterbausteine auf die gesetzliche Regelung in § 266 Abs. 2 Satz 1 i.V.m. § 162 Abs. 2 Nr. 14 KAGB.

(h) Steuern

57 Schließlich enthalten die Musterbedingungen eine Klausel, die klarstellt, dass alle Kostenangaben als **Bruttobeträge** anzugeben sind und die jeweiligen Steuern einschließen. Ändern sich Steuersätze, sind die Bruttobeträge bzw. die Prozentsätze anzupassen.[100]

h) Pauschalgebühr (§ 266 Abs. 2 Satz 1 i.V.m. § 162 Abs. 2 Nr. 13 KAGB)

58 Sofern die KVG ihre Kosten und Aufwendungen in einer Pauschalgebühr festlegen möchte, ist in den Anlagebedingungen anzugeben, aus welchen Kosten und Aufwendungen sich die Pauschalgebühr **zusammensetzt** und welche Kosten dem Investmentvermögen darüber hinaus gesondert in Rechnung gestellt werden können.[101]

59 Die Musterbausteine für Kostenklauseln geschlossener Publikumsinvestmentvermögen sehen auch für die Vereinbarung einer Pauschalgebühr eine Musterklausel vor, siehe dazu Rz. 55).[102]

---

95 *Tollmann* in Dornseifer/Jesch/Klebeck/Tollmann, Art. 4 AIFM-RL Rz. 73 f. Der Begriff Carried Interest ist in Art. 4 Abs. 1 lit. d AIFM-Richtlinie und in § 1 Abs. 7 Nr. 19 KAGB definiert.
96 BaFin, Musterbausteine für Kostenklauseln geschlossener Publikumsinvestmentvermögen vom 30.9.2014 – Gz. WA 41-Wp-2137-2013/0026, S. 11.
97 Ist der Treuhandkommanditist gleichzeitig externe AIF-KVG oder Gesellschafter der externen AIF-KVG, kann die Vergütung auch in laufende Verwaltungsvergütung einberechnet werden.
98 BaFin, Musterbausteine für Kostenklauseln geschlossener Publikumsinvestmentvermögen vom 30.9.2014 – Gz. WA 41-Wp-2137-2013/0026, S. 12.
99 BaFin, Musterbausteine für Kostenklauseln geschlossener Publikumsinvestmentvermögen vom 30.9.2014 – Gz. WA 41-Wp-2137-2013/0026, S. 12.
100 BaFin, Musterbausteine für Kostenklauseln geschlossener Publikumsinvestmentvermögen vom 30.9.2014 – Gz. WA 41-Wp-2137-2013/0026, S. 13.
101 Diese Regelung beruht auf § 41 Abs. 4 Satz 2 und 3 InvG, vgl. Begr. RegE, BT-Drucks. 17/12294, S. 254.
102 BaFin, Musterbausteine für Kostenklauseln geschlossener Publikumsinvestmentvermögen vom 30.9.2014 – Gz. WA 41-Wp-2137-2013/0026.

i) Kosten und Vergütung bei Zielfonds (§ 266 Abs. 2 Satz 1 i.V.m. § 162 Abs. 2 Nr. 14 KAGB)

Schließlich muss sich die KVG nach § 162 Abs. 2 Nr. 14 KAGB bereits in den Anlagebedingungen dazu verpflichten, im Halbjahres- und Jahresbericht Kosten in Form von **Ausgabeaufschlägen und Rücknahmeabschlägen** und **Vergütungen** anzugeben, die im Zusammenhang mit dem Erwerb und Verkauf sowie der Verwaltung von **Anteilen an anderen Investmentvermögen** (sog. Zielfonds) anfallen.[103] Die Vorschrift dient ebenfalls dem Transparenzgebot und soll dazu beitragen, dem Anleger einen Überblick über sämtliche im Zusammenhang mit dem Investmentvermögen entstehenden Kosten zu ermöglichen.[104] 60

Auch eine Musterklausel für die Kosten und die Vergütung bei Zielfonds findet sich in den Musterbausteine für Kostenklauseln geschlossener Publikumsinvestmentvermögen, siehe dazu Rz. 56.[105] 61

3. Weitere Mindestangaben (§ 266 Abs. 2 KAGB)

a) Angaben zu Rückgaberechten (§ 266 Abs. 2 Satz 1 Nr. 1 KAGB)

Geschlossene Publikumsinvestmentvermögen zeichnen sich dadurch aus, dass sie für eine **bestimmte feste Laufzeit** ausgestaltet sind und daher mit Ablauf dieser Laufzeit enden. Eine Rückgabe der Anteile oder Aktien während der Laufzeit im Sinne eines ordentlichen Kündigungsrechts ist in der Regel nicht vorgesehen, da ansonsten die Gefahr besteht, dass ein geschlossenes Publikumsinvestmentvermögen nicht mehr vorliegt.[106] Anders ist dies gegebenenfalls nur dann zu beurteilen, wenn das Rückgaberecht als Umtauschrecht ausgestaltet ist.[107] 62

Abweichend davon, kann die KVG den Anlegern aber **Rückgaberechte einräumen**. In diesem Fall hat sie nach § 266 Abs. 2 Satz 1 Nr. 1 KAGB eine der in § 162 Abs. 2 Nr. 4 KAGB entsprechende Mindestangabe in die Anlagebedingungen aufzunehmen. 63

b) Angabe von Staaten außerhalb des EWR, in denen Anteile erworben werden sollen (§ 266 Abs. 2 Satz 1 Nr. 2 KAGB)

Darüber hinaus enthält § 266 Abs. 2 Satz 1 Nr. 2 KAGB eine Sondervorschrift für den Fall, dass das Investmentvermögen in Vermögensgegenstände investiert, die **in Drittstaaten außerhalb des EWR belegen** sind. In diesem Fall müssen die Anlagebedingungen Angaben darüber enthalten, in welche Drittstaaten das Investmentvermögen investieren darf. Daneben ist der jeweilige Anteil des Investmentvermögens anzugeben, der in diesen Drittstaaten maximal investiert werden darf. 64

Damit erweitert der Gesetzgeber die erwerbbaren Vermögensgegenstände von Immobilien auf weitere andere Vermögensgegenstände, die in Drittstaaten außerhalb des EWR belegen sind.[108] Vor diesem Hintergrund soll die Vorschrift den Anlegern das **Risiko** vor Augen führen, welches mit einer Anlage in einem Drittstaat außerhalb des EWR einhergehen kann und dient damit dem Anlegerschutz.[109] 65

c) Angabe, welche Vermögensgegenstände erworben werden (§ 266 Abs. 2 Satz 2 KAGB)

Schließlich modifiziert § 266 Abs. 2 Satz 2 KAGB die Angabe der Anlagegrundsätze und Anlagegrenzen nach § 162 Abs. 2 Nr. 1 KAGB. Die KVG muss in den Anlagebedingungen vorab erläutern, **welche Vermögensgegenstände in welchem Umfang** für das geschlossene Publikumsinvestmentvermögen erworben werden dürfen.[110] Da sich geschlossene Publikumsinvestmentvermögen grundsätzlich dadurch auszeichnen, dass sie eher langfristig angelegt sind und keine vorzeitige Beendigungsmöglichkeit vorsehen, ist eine Erläuterung der erwerbbaren Vermögensgegenstände und deren Umfang in den Anlagebedingungen notwendig. Gerade im Hinblick auf die Langfristigkeit seiner Anlageentscheidung soll der Anleger vor seiner Anlageentscheidung wissen, in welche Vermögensgegenstände das Investmentvermögen tatsächlich investiert und wohin 66

---

103 Die Regelung beruht auf § 41 Abs. 6 InvG, vgl. Begr. RegE, BT-Drucks. 17/12294, S. 254.

104 *Schmitz* in Berger/Steck/Lübbehüsen, § 41 InvG Rz. 36; *von Ammon/Izzo-Wagner* in Baur/Tappen, § 162 KAGB Rz. 90; *Polifke* in Weitnauer/Boxberger/Anders, § 162 KAGB Rz. 37.

105 BaFin, Musterbausteine für Kostenklauseln geschlossener Publikumsinvestmentvermögen vom 30.9.2014 – Gz. WA 41-Wp-2137-2013/0026.

106 *D. Voigt/Kneisel* in Beckmann/Scholtz/Vollmer, § 266 KAGB Rz. 34. Eine außerordentliche Kündigungsmöglichkeit besteht dagegen durchgehend, vgl. dazu *Hartrott* in Baur/Tappen, § 266 KAGB Rz. 10.

107 *D. Voigt/Kneisel* in Beckmann/Scholtz/Vollmer, § 266 KAGB Rz. 34.

108 Begr. RegE, BT-Drucks. 17/12294, S. 272.

109 *Conradi* in Emde/Dornseifer/Dreibus/Hölscher, § 67 InvG Rz. 88; *Paul* in Weitnauer/Boxberger/Anders, § 266 KAGB Rz. 12.

110 Vgl. dazu auch *Geurts/Schubert*, WM 2014, 2154 (2157).

„seine" Investition fließt.[111] Damit soll ein sog. „**blind pooling**" verhindert werden.[112] Zu diesem Zweck hat die BaFin auch einen Kriterienkatalog veröffentlicht, in dem die erwerbbaren Vermögensgegenstände und die anzugebenden Kriterien beispielhaft aufgezählt sind.[113] Die KVG muss in diesem Zusammenhang nicht nur die erwerbbaren Vermögensgegenstände und den Umfang angeben, sondern die Vermögensgegenstände **eindeutig bezeichnen und näher konkretisieren**. Bei Immobilien wären beispielsweise Größe, Nutzungsort, Grundbuchdaten, Anschrift, Region sowie Nutzungsart und Fertigungsstand etc. anzugeben.[114]

67 Zu diesem Zweck hat die BaFin auch einen **Kriterienkatalog** veröffentlicht, in dem die erwerbbaren Vermögensgegenstände und die anzugebenden Kriterien beispielhaft aufgezählt sind.[115] Daneben enthält der Katalog auch Beispielformulierungen. Der Katalog differenziert zwischen Immobilien, Schiffen, Luftfahrzeugen, erneuerbaren Energien und Unternehmensbeteiligungen und enthält die jeweils anzugebenden Mindestkriterien. Bei Schiffen sind dies beispielsweise Schiffstyp, Ladekapazität, Baujahr, Laufzeit der Charterverträge, Verkehrswert und Verbrauch der Schiffe sowie die Angabe, ob das Schiff neu hergestellt wurde oder gebraucht erworben wird.[116] Ist eine Reinvestition vorgesehen, so ist auch diese in den Anlagebedingungen anzugeben. Schließlich enthält der Kriterienkatalog auch Vorgaben zu mehrstöckigen Fondskonstruktionen mit Zweckgesellschaften oder in Form von geschlossenen AIF.[117]

§ 267 Genehmigung der Anlagebedingungen

(1) [1]Die Anlagebedingungen sowie Änderungen der Anlagebedingungen bedürfen der Genehmigung der Bundesanstalt. [2]Die Genehmigung kann nur von solchen AIF-Kapitalverwaltungsgesellschaften beantragt werden, die die betroffene Art von AIF verwalten dürfen.

(2) [1]Die Genehmigung ist innerhalb einer Frist von vier Wochen nach Eingang des Antrags zu erteilen, wenn die Anlagebedingungen den gesetzlichen Anforderungen entsprechen und der Antrag von einer AIF-Kapitalverwaltungsgesellschaft im Sinne von Absatz 1 Satz 2 gestellt wurde. [2]§ 163 Absatz 2 Satz 2 und 4 bis 11 gilt entsprechend.

(3) [1]Eine Änderung der Anlagebedingungen, die mit den bisherigen Anlagegrundsätzen des geschlossenen Publikums-AIF nicht vereinbar ist oder zu einer Änderung der Kosten oder der wesentlichen Anlegerrechte führt, ist nur mit Zustimmung einer qualifizierten Mehrheit von Anlegern, die mindestens zwei Drittel des Zeichnungskapitals auf sich vereinigen, möglich. [2]Handelt es sich bei dem geschlossenen Publikums-AIF um eine geschlossene Investmentkommanditgesellschaft, bei der sich die Anleger mittelbar über einen Treuhandkommanditisten an dem geschlossenen Publikums-AIF beteiligen, so darf der Treuhandkommanditist sein Stimmrecht nur nach vorheriger Weisung durch den Anleger ausüben. [3]Die Bundesanstalt kann die Änderung der Anlagebedingungen im Sinne des Satzes 1 nur unter der aufschiebenden Bedingung einer Zustimmung durch die Anleger gemäß Satz 1 genehmigen. [4]§ 163 Absatz 2 Satz 5 gilt mit der Maßgabe, dass die Genehmigung nur unter der aufschiebenden Bedingung einer Zustimmung der Anleger gemäß Satz 1 als erteilt gilt. [5]Zu diesem Zweck hat die AIF-Kapitalverwaltungsgesellschaft die betroffenen Anleger mittels eines dauerhaften Datenträgers über die geplanten und von der Bundesanstalt genehmigten Änderungen im Sinne des Satzes 1 und ihre Hintergründe zu informieren und ihnen einen Zeitraum von drei Monaten für die Entscheidungsfindung einzuräumen. [6]Hat eine qualifizierte Mehrheit der Anleger gemäß Satz 1 der geplanten Änderung zugestimmt, informiert die AIF-Kapitalverwaltungsgesellschaft die Bundesanstalt über die bevorstehende Änderung der Anlagebedingungen und den Zeitpunkt ihres Inkrafttretens. [7]Die Informationen nach Satz 6 stellt die AIF-Kapitalverwaltungsgesellschaft den Anlegern

111 Begr. RegE, BT-Drucks. 17/12294, S. 272.

112 Begr. RegE, BT-Drucks. 17/12294, S. 272; s. dazu auch *Kobabe* in Möllers/Kloyer, Das neue Kapitalanlagegesetzbuch, Rz. 968; *Busse* in Moritz/Klebeck/Jesch, § 266 KAGB Rz. 124; *D. Voigt/Kneisel* in Beckmann/Scholtz/Vollmer, § 266 KAGB Rz. 40 f.

113 BaFin, Kriterienkatalog zur Verhinderung von reinen Blindpool-Konstruktionen bei geschlossenen Publikums-AIF vom 6.11.2014.

114 Begr. RegE, BT-Drucks. 17/12294, S. 272; weitere Beispiele bei *Hartrott* in Baur/Tappen, § 266 KAGB Rz. 23.

115 BaFin, Kriterienkatalog zur Verhinderung von reinen Blindpool-Konstruktionen bei geschlossenen Publikums-AIF vom 6.11.2014.

116 BaFin, Kriterienkatalog zur Verhinderung von reinen Blindpool-Konstruktionen bei geschlossenen Publikums-AIF vom 6.11.2014, S. 2 f.

117 BaFin, Kriterienkatalog zur Verhinderung von reinen Blindpool-Konstruktionen bei geschlossenen Publikums-AIF vom 6.11.2014, S. 6 ff.

auf einem dauerhaften Datenträger zur Verfügung und veröffentlicht diese Informationen im Bundesanzeiger und, sofern die Anteile oder Aktien des betreffenden geschlossenen Publikums-AIF im Geltungsbereich dieses Gesetzes vertrieben werden dürfen, in den im Verkaufsprospekt bezeichneten elektronischen Informationsmedien. [8]Die Änderung darf frühestens am Tag nach der Veröffentlichung im Bundesanzeiger in Kraft treten.

(4) [1]Sonstige Änderungen, die von der Bundesanstalt genehmigt wurden oder als genehmigt gelten, veröffentlicht die AIF-Kapitalverwaltungsgesellschaft im Bundesanzeiger und, sofern die Anteile oder Aktien des betreffenden geschlossenen Publikums-AIF im Geltungsbereich dieses Gesetzes vertrieben werden dürfen, in den im Verkaufsprospekt bezeichneten elektronischen Informationsmedien. [2]Die Änderungen dürfen frühestens am Tag nach der Veröffentlichung im Bundesanzeiger in Kraft treten.

(5) Für Informationen mittels eines dauerhaften Datenträgers gilt § 167 entsprechend.

In der Fassung vom 4.7.2013 (BGBl. I 2013, S. 1981). Geplant ist eine Änderung in Abs. 2 Satz 2 durch das Gesetz zur Anpassung von Finanzmarktgesetzen an die Verordnung (EU) 2017/2402 und an die durch die Verordnung (EU) 2017/2401 geänderte Verordnung (EU) Nr. 575/2013 (RegE, BT-Drucks. 19/4460).

Schrifttum: *Kobabe*, Geschlossene Fonds in Deutschland nach den Regelungen des KAGB, in Möllers/Kloyer, Das neue Kapitalanlagegesetzbuch, 2013, S. 331; *Weitnauer*, Die Informationspflichten nach dem KAGB, in Möllers/Kloyer, Das neue Kapitalanlagegesetzbuch, 2013, S. 161.

I. Regelungsgegenstand und Entstehungsgeschichte

1. Regelungsgegenstand

1 Nach § 267 Abs. 1 KAGB bedürfen auch die Anlagebedingungen von geschlossenen Publikumsinvestmentvermögen der **Genehmigung durch die BaFin**. Die Parallelvorschrift für offene Publikumsinvestmentvermögen findet sich in § 163 Abs. 1 KAGB. Das Verfahren sowie die Genehmigungsfiktion sind in § 267 Abs. 2 KAGB geregelt. Für das Verfahren verweist § 267 Abs. 2 Satz 2 KAGB auf die entsprechenden Vorschriften bei offenen Publikumsinvestmentvermögen. § 267 Abs. 3 KAGB enthält eine ausführliche Regelung für den Fall, dass Anlagebedingungen geändert werden sollen. Solche Änderungen müssen nach § 267 Abs. 4 KAGB von der KVG veröffentlicht werden. In § 267 Abs. 5 KAGB gelten die Vorgaben für die Übermittlung von Informationen durch einen dauerhaften Datenträger gem. § 167 KAGB entsprechend.

2. Entstehungsgeschichte

2 Mit § 267 KAGB setzt der nationale Gesetzgeber Art. 7 Abs. 3 lit. c AIFM-RL um, die einen Mindeststandard der Anlagebedingungen auch für Publikums-AIF setzt.[1] Mit seiner Umsetzung geht der nationale Gesetzgeber über die Vorgaben der AIFM-RL hinaus. Nach Art. 7 Abs. 3 AIFM-RL ist die KVG lediglich ver-

1 Begr. RegE, BT-Drucks. 17/12294, S. 272.

pflichtet, der BaFin die Anlagebedingungen vorzulegen. Eine Genehmigungspflicht, wie sie § 267 KAGB statuiert, sieht die AIFM-RL dagegen nicht vor. In Übereinstimmung mit Erwägungsgrund 10 AIFM-RL können die Mitgliedstaaten aber strengere Regelungen für AIF vorsehen.[2] Von dieser Möglichkeit macht der nationale Gesetzgeber in § 267 KAGB Gebrauch.

3 Im Übrigen entspricht die Vorschrift mit Ausnahme von redaktionellen Anpassungen § 43 Abs. 2 InvG.[3]

3. Regelungszweck

4 Die Vorschrift dient, wie ihre Parallelvorschrift des § 163 KAGB, dem **Anlegerschutz.**[4] Neben den Verwaltern selbst kann die BaFin auf diese Weise auch die einzelnen Investmentvermögen überwachen und sicherstellen, dass die Voraussetzungen des KAGB eingehalten werden.

5 Der **Genehmigungsvorbehalt** im Hinblick auf Änderung der Anlagebedingungen soll verhindern, dass die KVG die Bedingungen einseitig und ohne weitere Prüfung durch die BaFin abändern kann. Dies trägt der besonderen Situation der Anleger von geschlossenen Publikumsinvestmentvermögen Rechnung.[5] Da die Anleger aufgrund der regelmäßig festen Laufzeit die Anteile bzw. Aktien nicht vorzeitig zurückgeben können, sieht der Gesetzgeber hier einen besonderen Schutzmechanismus vor.[6] Daher kann die BaFin die Genehmigung der Anlagebedingungen entsprechend § 267 Abs. 3 Satz 3 KAGB unter die aufschiebende Bedingungen der Zustimmung einer qualifizierten Mehrheit der Anleger stellen. So wird wirksam verhindert, dass die KVG einseitig die Anlagebedingungen ändern kann, ohne dass den Anlegern eine Reaktionsmöglichkeit verbliebe.

Der Verwaltungsakt der Genehmigung oder deren Versagung ergeht ausschließlich **im Verhältnis zwischen der BaFin und der KVG**. Die BaFin wird dabei nur im öffentlichen Interesse tätig, und überprüft, ob die Anlagebedingungen den investmentrechtlichen Anforderungen entsprechen.[7] Genehmigt sie die Anlagebedingungen, so darf die KVG diese im Rechtsverkehr verwenden. Auch wenn die Anlagebedingungen letztlich dem Schutz der Anleger dienen und Bestandteil des Investmentvertrages werden, können diese aus dem Genehmigungsverfahren keine subjektiven Rechte oder Ansprüche herleiten.[8] Die Anleger sind weder Adressat des Verwaltungsaktes noch Beteiligte des Genehmigungsverfahrens noch in subjektiven Rechten betroffene Dritte. Eine Ausnahme besteht nur für den Fall, dass bestimmte Anlagebedingungen nachträglich geändert werden; dann ist eine Beteiligung der Anleger erforderlich (s. Rz. 17 ff.).[9]

II. Das Genehmigungsverfahren (§ 267 Abs. 1 und 2 KAGB)

1. Rechtsnatur der Genehmigung

6 Die Anlagebedingungen werden durch die BaFin entweder genehmigt oder nicht. In beiden Fällen liegt ein **Verwaltungsakt** der BaFin vor, für den neben den besonderen Vorschriften des KAGB auch die allgemeinen Vorschriften des VwVfG anwendbar sind.[10] Als Verwaltungsakt kann die Genehmigung nach § 267 Abs. 2 i.V.m. § 163 Abs. 2 Satz 8 KAGB auch mit Nebenbestimmungen im Sinne des § 36 VwVfG versehen werden, wodurch der BaFin ein im Verhältnis zur Ablehnung des Antrags flexibleres Mittel an die Hand gegeben wird.[11] Dies können Befristungen, Bedingungen, Widerrufsvorbehalte sowie Auflagen oder Auflagenvorbehalte sein. Im Übrigen wird auf die Kommentierung zu § 163 Rz. 5 ff. verwiesen.

---

2 *Volhard/Jang* in Dornseifer/Jesch/Klebeck/Tollmann, Art. 7 AIFM-RL Rz. 17.
3 Begr. RegE, BT-Drucks. 17/12294, S. 272.
4 Mit Verweis auf die Vorgängerschrift des § 43 InvG vgl. *Rozok* in Emde/Dornseifer/Dreibus/Hölscher, § 43 InvG Rz. 3; auch *Hartrott* in Baur/Tappen, § 267 KAGB Rz. 3; *Busse* in Moritz/Klebeck/Jesch, § 267 KAGB Rz. 11.
5 Begr. RegE, BT-Drucks. 17/12294, S. 272.
6 Begr. RegE, BT-Drucks. 17/12294, S. 272.
7 *Rozok* in Emde/Dornseifer/Dreibus/Hölscher, § 43 InvG Rz. 40; *von Ammon/Izzo-Wagner* in Baur/Tappen, § 163 KAGB Rz. 17.
8 *Schmitz* in Berger/Steck/Lübbehüsen, § 43 InvG Rz. 26; *Rozok* in Emde/Dornseifer/Dreibus/Hölscher, § 43 InvG Rz. 40; *von Ammon/Izzo-Wagner* in Baur/Tappen, § 163 KAGB Rz. 17; *Busse* in Moritz/Klebeck/Jesch, § 267 KAGB Rz. 23.
9 Zur Beteiligung der Anleger am Genehmigungsverfahren s. auch *D. Voigt/Kneisel* in Beckmann/Scholtz/Vollmer, § 267 KAGB Rz. 12 ff.
10 *Rozok* in Emde/Dornseifer/Dreibus/Hölscher, § 43 InvG Rz. 39.
11 *Busse* in Moritz/Klebeck/Jesch, § 267 KAGB Rz. 37; *Rozok* in Emde/Dornseifer/Dreibus/Hölscher, § 43 InvG Rz. 38; entsprechend für offenen Publikumsinvestmentvermögen vgl. *von Ammon/Izzo-Wagner* in Baur/Tappen, § 163 KAGB Rz. 16.

Wird die BaFin nicht innerhalb von vier Wochen nach Eingang eines vollständigen Antrags durch die KVG tätig und erteilt oder versagt eine Genehmigung, so gilt die Genehmigung nach § 267 Abs. 2 Satz 1 KAGB als erteilt. Dabei handelt es sich um einen **fingierten Verwaltungsakt.**[12] Der Gesetzgeber verfolgte mit dieser Regelung den Zweck, das Genehmigungsverfahren zu beschleunigen und administrative Hürden für ein effizientes Genehmigungsverfahren so weit wie möglich zu beseitigen.[13] Die fiktive Genehmigung ist von der BaFin nach § 267 Abs. 2 Satz 2 i.V.m. § 163 Abs. 2 Satz 6 KAGB auf Antrag der KVG hin schriftlich zu bestätigen, um der KVG einen Nachweis zu ermöglichen. 7

2. Genehmigungspflichtigkeit

Nach § 267 Abs. 1 Satz 1 KAGB bedürfen die Anlagebedingungen eines geschlossenen Publikumsinvestmentvermögens sowie deren Änderung der **Genehmigung durch die BaFin.** Die Genehmigung ist zu erteilen, wenn die Anlagebedingungen sämtliche formellen und materiellen Voraussetzungen des KAGB und der übrigen gesetzlichen Vorschriften erfüllen.[14] 8

Antragsberechtigt sind nach § 267 Abs. 1 Satz 1 KAGB nur AIF-KVGen, die ein entsprechendes Erlaubnisverfahren nach §§ 20 ff. KAGB durchlaufen haben und für die beantragte Art von Investmentvermögen zugelassen sind. 9

3. Genehmigungsfähigkeit

a) Formeller Ablauf des Verfahrens

Der **Antrag** auf Genehmigung der Anlagebedingungen ist von der KVG vor dem geplanten Vertrieb des Publikumsinvestmentvermögens **schriftlich** einzureichen und nach § 267 Abs. 2 Satz 2 i.V.m. § 163 Abs. 2 Satz 7 KAGB von den **Geschäftsleitern der KVG** zu **unterzeichnen.** Ausreichend ist es dabei, wenn die nach der Satzung der KVG vertretungsberechtigen Geschäftsleiter unterzeichnen.[15] Die Unterschrift eines Prokuristen ist nach dem Wortlaut wohl nicht ausreichend.[16] Hierdurch soll sichergestellt werden, dass die Geschäftsleiter der KVG für den Inhalt der Anlagebedingungen verantwortlich sind und die BaFin sich auf die Angaben im Rahmen der Prüfung stützen und verlassen kann.[17] 10

Im Interesse eines zügigen Verfahrens empfiehlt es sich in der Praxis, in dem Antrag darzulegen, dass die vorgelegten Anlagebedingungen mit den **investmentrechtlichen und sonstigen gesetzlichen Vorschriften übereinstimmen.**[18] Verwendet die KVG zur Erstellung der Anlagebedingung die Musteranlagebedingungen des bsi, so reicht es aus, wenn sie die einzelnen Abweichungen von den Mustern erläutert.[19] Die BaFin hat innerhalb einer Genehmigungsfrist von vier Wochen über den Antrag zu entscheiden.[20] 11

Ist der Antrag unvollständig, kann die BaFin die **fehlenden Unterlagen** gem. § 267 Abs. 2 Satz 2 i.V.m. § 163 Abs. 2 Satz 2 KAGB nachfordern. In diesem Fall beginnt die Genehmigungsfrist von vier Wochen gem. § 267 Abs. 2 Satz 2 i.V.m. § 163 Abs. 2 Satz 4 KAGB erneut mit Eingang der Unterlagen bei der BaFin. Das Nachforderungsrecht ermöglicht es der BaFin flexibler zu agieren, da sie einen unvollständigen, aber sonst rechtmäßigen Antrag nicht zwingend ablehnen muss. Allerdings wird die BaFin den Antrag nicht prüfen, bevor er vollständig vorliegt. Dies kann wiederum dazu führen, dass sich das Verfahren umso mehr in die Länge zieht.[21] 12

---

12 *Rozok* in Emde/Dornseifer/Dreibus/Hölscher, § 43 InvG Rz. 37.

13 Vgl. die Regierungsbegründung zur Vorgängervorschrift des § 43 Abs. 2 InvG, Begr. RegE, BT-Drucks. 16/5576, S. 170.

14 *Hartrott* in Baur/Tappen, § 267 KAGB Rz. 11; *Bußalb* in Möllers/Kloyer, Das neue Kapitalanlagegesetzbuch, Rz. 618.

15 Die Unterzeichnung durch alle Geschäftsleiter erscheint nicht praktikabel, vgl. *Rozok* in Emde/Dornseifer/Dreibus/Hölscher, § 43 InvG Rz. 43. Zum Verfahren allgemeine s. auch *Kobabe* in Möllers/Kloyer, Das neue Kapitalanlagegesetzbuch, Rz. 973 ff.; *Busse* in Moritz/Klebeck/Jesch, § 267 KAGB Rz. 31.

16 *Hartrott* in Baur/Tappen, § 267 KAGB Rz. 6.

17 *Rozok* in Emde/Dornseifer/Dreibus/Hölscher, § 43 InvG Rz. 44.

18 *Rozok* in Emde/Dornseifer/Dreibus/Hölscher, § 43 InvG Rz. 44; *Hartrott* in Baur/Tappen, § 267 KAGB Rz. 10.

19 *Rozok* in Emde/Dornseifer/Dreibus/Hölscher, § 43 InvG Rz. 44; für Publikumsinvestmentvermögen entsprechend *von Ammon/Izzo-Wagner* in Baur/Tappen, § 163 KAGB Rz. 19.

20 Zum formellen Verfahren s. ausführlich auch *D. Voigt/Kneisel* in Beckmann/Scholtz/Vollmer, § 267 KAGB Rz. 10 ff.

21 Mit dem Hinweis auf Abgrenzungsschwierigkeiten zwischen materiellen Genehmigungshindernissen und der bloßen Unvollständigkeit des Antrags vgl. *Rozok* in Emde/Dornseifer/Dreibus/Hölscher, 43 InvG Rz. 36; auch *von Ammon/Izzo-Wagner* in Baur/Tappen, § 163 KAGB Rz. 15.

b) Materielle Prüfung

13 Im Rahmen der materiellen Rechtmäßigkeit prüft die BaFin ausschließlich die **Rechtmäßigkeit der vorgelegten Anlagebedingungen** und nicht deren Zweckmäßigkeit.[22] Liegen Gründe außerhalb der Anlagebedingungen vor, die beispielsweise eine Aufhebung der Erlaubnis begründen würden, können diese nicht im Rahmen des Genehmigungsverfahrens vorgebracht werden.[23] Insofern verfügt das KAGB über anderweitige Eingriffs- und Kontrollbefugnisse der BaFin, wie beispielsweise das Recht zur Aufhebung der Erlaubnis nach § 39 Abs. 2 KAGB.

14 In materieller Hinsicht müssen die Anlagebedingungen zunächst den gesetzlichen Anforderungen entsprechen. Dies bedeutet, dass sie die vorgeschriebenen **Mindestangaben nach § 266 Abs. 2 i.V.m § 162 Abs. 2 Satz 1 KAGB** enthalten müssen (s. die Kommentierung zu § 266 Rz. 12 ff. und § 162 Rz. 52 ff. Daneben wird auch überprüft, ob die Anlagebedingungen mit den **sonstigen Vorschriften des KAGB** übereinstimmen. Subjektive Rechte oder Zweckmäßigkeitserwägungen sind nicht Prüfungsgegenstand der Rechtmäßigkeitskontrolle, da das Verfahren rein öffentlich-rechtlichen Interessen dient (s. dazu Rz. 6 f.).

15 Außerdem unterliegen die Anlagebedingungen als **Allgemeine Geschäftsbedingungen** auch der Kontrolle der §§ 305 ff. BGB. Aufgrund der investmentrechtlichen Besonderheiten erfolgt allerdings nur eine beschränkte Inhaltskontrolle. Da die investmentrechtlichen Vorschriften die Anlagebedingungen bereits umfassend standardisieren, verbleibt kaum Raum für eine weitere Inhaltskontrolle anhand der Vorschriften der §§ 307 ff. BGB. Verstößt eine Klausel gegen die investmentrechtlichen Vorgaben, ist sie einer weiteren Prüfung anhand der §§ 307 ff. BGB nicht mehr zugänglich und von vornherein als nichtig anzusehen (s. dazu die Kommentierung zu § 162 Rz. 68). Daher verbleibt meist nur Raum für eine Transparenzkontrolle der Anlagenbedingungen anhand des § 307 Abs. 3 Satz 2 BGB und der Überprüfung im Hinblick auf überraschende Klausels nach § 305c BGB.

c) Verwendung und Bekanntgabe der Anlagebedingungen

16 Die Anlagebedingungen sind **zusammen mit dem Verkaufsprospekt** zu veröffentlichen. Allerdings dürfen die Anlagebedingungen nach § 267 Abs. 2 Satz 2 i.V.m. § 163 Abs. 2 Satz 9 KAGB erst nach Erteilung der Genehmigung durch die BaFin veröffentlicht werden. Eine Verwendung ohne Genehmigung ist daher unzulässig. Daneben ist die KVG nach § 267 Abs. 2 Satz 2 i.V.m. § 163 Abs. 2 Satz 10 KAGB auch verpflichtet, die genehmigten Anlagebedingungen auf ihrer **Homepage zu veröffentlichen**.

III. Änderung der Anlagebedingungen (§ 267 Abs. 3 und 4 KAGB)

1. Besondere Änderungen der Anlagebedingungen (§ 267 Abs. 3 KAGB)

17 § 267 Abs. 3 KAGB regelt die Voraussetzungen, unter denen Anlagebedingungen geändert werden können. Bei geschlossenen Investmentvermögen bedarf es neben der erneuten Genehmigung der BaFin zusätzlich einer qualifizierten Zustimmung der Anleger, wenn die Anlagegrundsätze nicht mehr mit den **bisherigen Anlagegrundsätzen vereinbar** sind oder **Kosten** oder **wesentliche Anlegerrechte** verändert werden.

a) Erfordernis eines Beschlusses einer qualifizierten Mehrheit der Anleger

18 Liegen die genannten Voraussetzungen vor, ist eine Zustimmung einer **qualifizierten Mehrheit** von Anlegern erforderlich. Nach § 267 Abs. 2 KAGB liegt eine qualifizierte Mehrheit vor, wenn die Anleger mindestens **zwei Drittel** des **Zeichnungskapitals** auf sich vereinigen. Unter Zeichnungskapital ist dabei das tatsächlich gezeichnete Kapital zu dem Zeitpunkt der Abstimmung zu verstehen.[24] Die Zustimmung einer zwei Drittel Mehrheit des gezeichneten Kapitals wäre daher nicht ausreichend. Beteiligen sich Anleger an einer geschlossenen InvKG mfK über einen Treuhandkommanditisten an dem Investmentvermögen, so darf der

---

22 So auch *Rozok* in Emde/Dornseifer/Dreibus/Hölscher, § 43 InvG Rz. 47; für Publikumsinvestmentvermögen entsprechend *von Ammon/Izzo-Wagner* in Baur/Tappen, § 163 KAGB Rz. 18, 20; *Paul* in Weitnauer/Boxberger/Anders, § 267 KAGB Rz. 6.

23 *Rozok* in Emde/Dornseifer/Dreibus/Hölscher, § 43 InvG Rz. 47.

24 *D. Voigt/Kneisel* in Beckmann/Scholtz/Vollmer, § 267 KAGB Rz. 30; *Busse* in Moritz/Klebeck/Jesch, § 267 KAGB Rz. 53; *Hartrott* in Baur/Tappen, § 267 KAGB Rz. 16 versteht unter Zeichnungskapital dabei das gesamte maximal zu platzierende Eigenkapital des Investmentvermögens. Diese Auslegung lässt sich dem KAGB allerdings nicht entnehmen.

Treuhandkommanditist sein Stimmrecht nach § 267 Abs. 3 Satz 2 KAGB nur nach vorheriger Weisung der Anleger ausüben.[25]

Darüber hinaus bedürfen die geänderten Anlagebedingungen der **Genehmigung** durch die BaFin. Um den besonderen Umständen eines geschlossenen Publikumsinvestmentvermögens Rechnung zu tragen, sieht § 267 Abs. 3 Satz 3 KAGB vor, dass die BaFin die Genehmigung nur unter der aufschiebenden Bedingung einer Zustimmung der qualifizierten Mehrheit der Anleger erteilen kann.[26] Dies gilt auch für die Genehmigungsfiktion nach § 267 Abs. 2 KAGB für den Fall, dass die BaFin nicht innerhalb von vier Wochen über den Antrag entscheidet. Die Fiktion erfolgt nach § 267 Abs. 3 Satz 4 i.V.m. § 163 Abs. 2 Satz 5 KAGB erst in dem Zeitpunkt, indem auch die Zustimmung der qualifizierten Mehrheit der Anleger vorliegt. 19

Um allen betroffenen Anlegern eine Stimmabgabe zu ermöglichen, hat die KVG gem. § 267 Abs. 3 Satz 5 KAGB die Anleger über die geplanten und evtl. bereits von der BaFin genehmigten Änderungen sowie deren Hintergründe zu **informieren** und ihnen diese Informationen mittels eines **dauerhaften Datenträgers** zur Verfügung zu stellen. Gleichzeitig hat sie den Anlegern einen Zeitraum von **drei Monaten zur Entscheidungsfindung** einzuräumen. Betroffen ist ein Anleger in diesem Sinne dann, wenn er entweder Aktien einer InvAG mfK hält oder an einer InvKG mfK direkt oder über einen Treuhandkommanditisten beteiligt ist.[27] In Bezug auf die Anforderungen an einen dauerhaften Datenträger verweist § 267 Abs. 5 KAGB auf die Definition in § 167 KAGB. Insofern sei auf die Kommentierung zu § 167 KAGB verwiesen.

b) Besondere Änderungsgründe

aa) Unvereinbarkeit der geänderten mit den bisherigen Anlagegrundsätzen

Die Zustimmung der qualifizierten Mehrheit der Anleger ist erforderlich, wenn die Anlagegrundsätze in den geänderten Anlagebedingungen mit den bisherigen Anlagegrundsätzen nicht mehr vereinbar sind. Dies ist dann der Fall, wenn sich die Anlagegrundsätze **objektiv widersprechen** und/oder **andere Anlageziele** zum Schwerpunkt haben.[28] Hier sei vollumfassend auf die Kommentierung zu § 163 Abs. 3 KAGB Rz. 23 ff. verwiesen. 20

bb) Änderung der Kosten

Darüber hinaus liegt eine besondere Änderung der Anlagebedingungen vor, wenn die **Kosten** des Investmentvermögens geändert werden. Der Begriff der Kosten wird weder durch das Gesetz noch durch die Gesetzesmaterialien näher konkretisiert. Vor dem Hintergrund der Regelung ist allerdings davon auszugehen, dass der Gesetzgeber sämtliche Kosten und Kostenarten in die Regelung miteinbeziehen wollte.[29] Nur so kann dem Umstand ausreichend Rechnung getragen werden, dass den Anlegern aufgrund der festen Laufzeit des Investmentvermögens keine Reaktionsmöglichkeit auf eine Kostenänderung und folglich einer Änderung der vertraglichen Grundlagen zukommt.[30] Durch ein Mitspracherecht im Rahmen einer qualifizierten Beschlussfassung über die nachträgliche Kostenänderung werden sie ausreichend vor einer einseitigen Entscheidung der KVG geschützt. 21

Auch um einer Missbrauchsgefahr durch die KVG vorzubeugen, kann die Regelung nicht anders ausgelegt werden. Eines qualifizierten Zustimmungsbeschlusses bedarf es danach bei einer geplanten Änderung aller **direkten Erwerbs- und Erwerbsnebenkosten, Vergütungen** und **Aufwandserstattungen**, sowie sämtlicher Kosten, die während der Laufzeit des Investmentvermögens einmalig (z.B. Initialkosten, Transaktionsgebühren) und regelmäßig (z.B. erfolgsabhängige Vergütungen) anfallen.[31] 22

cc) Änderung der wesentlichen Anlegerrechte

Welche Anlegerrechte von der Vorschrift umfasst sein sollen wird ebenfalls, wie der Begriff der Kosten, nicht weiter definiert. **Anlegerrechte** sind nach dem allgemeinen Begriffsverständnis zunächst solche Rechte, die sich aus der unmittelbaren Rechtsbeziehung der KVG oder des rechtsfähigen Investmentvermögens 23

---

25 S. dazu auch *Kobabe* in Möllers/Kloyer, Das neue Kapitalanlagegesetzbuch, Rz. 975. Zur Kritik an dieser Vorschrift vgl. *D. Voigt/Kneisel* in Beckmann/Scholtz/Vollmer, § 267 KAGB Rz. 4.
26 Begr. RegE, BT-Drucks. 17/12294, S. 272 f.
27 *Hartrott* in Baur/Tappen, § 267 KAGB Rz. 19.
28 *Hartrott* in Baur/Tappen, § 267 KAGB Rz. 13.
29 *Hartrott* in Baur/Tappen, § 267 KAGB Rz. 15.
30 Begr. RegE, BT-Drucks. 17/12294, S. 272 f.
31 Auch *Hartrott* in Baur/Tappen, § 267 KAGB Rz. 13; *Busse* in Moritz/Klebeck/Jesch, § 267 KAGB Rz. 49. Zur nachträglichen Änderung der Verwaltervergütung s. *Zetzsche*, Prinzipien der kollektiven Vermögensanlage, S. 729 ff.

zu den Anlegern oder aus der mittelbaren Rechtsbeziehung der Verwahrstelle zu den Anlegern ergeben.[32] Damit wären grundsätzlich alle Anlagebedingungen umfasst, aus denen die Anleger Rechte gegen die KVG oder die Verwahrstelle herleiten können.

24 Vor diesem Hintergrund ist es wiederum sinnvoll, die besonderen Änderungsvoraussetzungen auf solche Anlegerrechte zu beschränken, die **wesentlich** sind. Auch dieser Begriff wird nicht näher definiert. Als wesentlich sind aber zumindest die entscheidenden Rechte anzusehen, die sich aufgrund der Anlegerstellung ergeben, wie beispielsweise Rechte in Bezug auf die Ertragsverwendung oder Rechte bei der Abwicklung des Investmentvermögens.[33]

c) Bekanntmachung der besonderen Änderungen (§ 267 Abs. 3 Satz 6 bis 8 KAGB)

25 Sobald die qualifizierte Mehrheit der Anleger der besonderen Änderung zugestimmt hat, **informiert** die KVG die BaFin gem. § 267 Abs. 3 Satz 6 KAGB über die bevorstehende Änderung und den Zeitpunkt des Inkrafttretens. Diese Informationen sind den Anlegern ebenfalls mittels eines dauerhaften Datenträgers zur Verfügung zu stellen sowie im Bundesanzeiger und gegebenenfalls in den im Verkaufsprospekt genannten elektronischen Informationsmedien zu **veröffentlichen**, vgl. § 267 Abs. 3 Satz 7 KAGB. Inkrafttreten darf die Änderung nach § 267 Abs. 3 Satz 8 KAGB frühestens einen Tag, nachdem sie im Bundesanzeiger veröffentlicht wurde.

2. Sonstige Änderungen der Anlagebedingungen

a) Voraussetzungen

26 Fallen die Änderungen nicht unter die besonderen Tatbestände des § 267 Abs. 3 KAGB und liegen die formellen und materiellen Voraussetzungen für eine Genehmigung der Anlagebedingungen vor, so hat die BaFin die Genehmigung zu erteilen. Insofern handelt es sich um eine **gebundene Entscheidung** der BaFin, bei der ihr kein weiterer Ermessensspielraum verbleibt.[34] Wie bei den offenen Investmentvermögen wirkt sich die Genehmigung der BaFin nicht auf die zivilrechtliche Wirksamkeit oder das Verhältnis der KVG zu den Anlegern aus.

b) Bekanntmachung der sonstigen Änderungen (§ 267 Abs. 4 KAGB)

27 Sobald die Genehmigung durch die BaFin erteilt wurde oder die Genehmigungsfiktion eingreift, veröffentlicht die KVG die Änderung im Bundesanzeiger und in gegebenenfalls den im Verkaufsprospekt genannten elektronischen Informationsmedien. Auch diese Änderung darf frühestens einen Tag, nachdem sie im Bundesanzeiger veröffentlicht wurde, in Kraft treten, vgl. § 267 Abs. 4 Satz 2 KAGB.

IV. Entsprechende Anwendung des § 167 KAGB

28 § 267 Abs. 5 KAGB stellt schließlich klar, dass bezüglich der Informationsübermittlung mittels eines dauerhaften Datenträgers **die Vorschrift des § 167 KAGB entsprechend** gilt. Insofern wird vollumfassend auf die Kommentierung zu § 167 KAGB verwiesen.

§ 268 Erstellung von Verkaufsprospekt und wesentlichen Anlegerinformationen

(1) [1]Die AIF-Kapitalverwaltungsgesellschaft hat für die von ihr verwalteten geschlossenen Publikums-AIF den Verkaufsprospekt und die wesentlichen Anlegerinformationen zu erstellen. [2]Sobald die AIF-Kapitalverwaltungsgesellschaft mit dem Vertrieb des geschlossenen Publikums-AIF gemäß § 316 beginnen darf, hat sie dem Publikum die aktuelle Fassung des Verkaufsprospektes und der wesentlichen Anlegerinformationen auf der Internetseite der AIF-Kapitalverwaltungsgesellschaft zugänglich zu machen. [3]Die Pflicht zur Erstellung eines Verkaufsprospektes gilt nicht für solche geschlossenen AIF-Publikumsinvestmentaktiengesellschaften, die einen Prospekt nach dem Wert-

32 Auch *Hartrott* in Baur/Tappen, § 267 KAGB Rz. 15; *Busse* in Moritz/Klebeck/Jesch, § 267 KAGB Rz. 50.
33 Auch *Hartrott* in Baur/Tappen, § 267 KAGB Rz. 15.
34 Vgl. Wortlaut des § 267 Abs. 2 KAGB: „Die Genehmigung ist zu erteilen, wenn …"; auch *Hartrott* in Baur/Tappen, § 267 KAGB Rz. 11.

papierprospektgesetz erstellen müssen und in diesen Prospekt zusätzlich die Angaben gemäß § 269 als ergänzende Informationen aufnehmen.

(2) [1]Die wesentlichen Anlegerinformationen sowie die Angaben von wesentlicher Bedeutung im Verkaufsprospekt sind auf dem neusten Stand zu halten. [2]Bei geschlossenen Publikums-AIF mit einer einmaligen Vertriebsphase gilt dies nur für die Dauer der Vertriebsphase.

In der Fassung vom 4.7.2013 (BGBl. I 2013, S. 1981).

Schrifttum: *Bußalb/Unzicker*, Auswirkungen der AIFM-Richtlinie auf geschlossene Fonds, BKR 2012, 309; *Bußalb*, Die Kompetenzen der BaFin bei der Überwachung der Pflichten aus dem KAGB, in Möllers/Kloyer, Das neue Kapitalanlagegesetzbuch, 2013, S. 221; *Jäger*, Compliance bei geschlossenen Fonds – Ein Überblick, CCZ 2014, 63; *Kobabe*, Geschlossene Fonds in Deutschland nach den Regelungen des KAGB, in Möllers/Kloyer, Das neue Kapitalanlagegesetzbuch, 2013, S. 331; *Koch*, Das Kapitalanlagegesetzbuch: Neue Rahmenbedingungen für Private-Equity-Fonds – Transparenz, gesellschaftsrechtliche Maßnahmen und Finanzierung, WM 2014, 433; *Müchler*, Die neuen Kurzinformationsblätter – Haftungsrisiken im Rahmen der Anlageberatung, WM 2012, 974; *Patz*, Verkaufsprospektpflicht für offene inländische Investmentvermögen – De facto eine gesetzliche Prospektpflicht für offene Spezial-Investmentfonds aufgrund der Vertriebsvorschriften des KAGB, BKR 2014, 271; *Unzicker*, Verkaufsprospektgesetz, 2010; *Wollenhaupt/Beck*, Das neue Kapitalanlagegesetzbuch (KAGB), DB 2013, 1950; *Zetzsche*, Fondsregulierung im Umbruch – ein rechtsvergleichender Rundblick zur Umsetzung der AIFM-Richtlinie, ZBB 2014, 22.

I. Allgemeines

1. Regelungssystematik

Jede AIF-KVG ist nach § 268 Abs. 1 Satz 1 KAGB verpflichtet für sämtliche von ihr verwalteten geschlossenen Publikumsinvestmentvermögen ein **Verkaufsprospekt** und **wesentliche Anlegerinformationen** zu **erstellen.**[1] Während § 268 KAGB die Pflicht der KVG enthält, die Unterlagen zu erstellen und zu veröffentlichen, sind die inhaltlichen Vorgaben für den Verkaufsprospekt in § 269 KAGB und für die wesentlichen Anlegerinformationen in § 270 KAGB geregelt. Die Vorschrift des § 268 Abs. 2 KAGB enthält die Pflicht der KVG, die wesentlichen Anlegerinformationen sowie die wesentlichen Angaben im Verkaufsprospekt **auf dem neusten Stand zu halten.** Um den Besonderheiten von geschlossenen Publikumsinvestmentvermögen Rechnung zu tragen, wird die Aktualisierungspflicht bei Investmentvermögen mit einer einmaligen Vertriebsphase auf die Dauer dieser Phase beschränkt. Die Parallelvorschrift für offene Publikumsinvestmentvermögen findet sich in § 164 KAGB. 1

Eine **Ausnahmevorschrift für den Vertrieb von EU-AIF und ausländischen AIF** an Privatanleger im Geltungsbereich des KAGB enthält § 318 KAGB. Die jeweiligen KVGen haben auch für diese Investmentvermögen ein Verkaufsprospekt sowie wesentliche Anlegerinformationen zu erstellen. Der **Verkaufsprospekt** für geschlossene Publikums-AIF muss nach § 318 Abs. 2 Satz 2 KAGB Angaben entsprechend § 269 Abs. 2 Nr. 2 und 3 und Abs. 3 sowie einen Hinweis enthalten, wie die Anteile oder Aktien übertragen werden können. Daneben sind gegebenenfalls Hinweise entsprechend §§ 262 Abs. 1 Satz 4, 262 Abs. 2 Satz 2, 263 Abs. 5 Satz 2 KAGB aufzunehmen. Darüber hinaus ist zu beschreiben, in welcher Weise die freie Handelbarkeit von Anteilen oder Aktien eingeschränkt ist. Angaben entsprechend § 165 Abs. 3 Nr. 2 und Abs. 4 bis 7 KAGB muss der Verkaufsprospekt dagegen nicht enthalten. 2

Daneben muss die KVG nach § 318 Abs. 5 Satz 1 KAG B für **EU-AIF und ausländische AIF** auch **wesentliche Anlegerinformationen** erstellen. Für den Inhalt der wesentlichen Anlegerinformationen für geschlos- 3

1 Zur Abgrenzung zwischen den jeweiligen Anforderungen der OGAW-Richtlinien, der AIFM- und der Prospektrichtlinie vgl. ausführlich *Zetzsche/Eckner* in Zetzsche, The Alternative Investment Fund Managers Directive, Chapter 15, S. 333 ff.

sene Publikums-AIF verweist § 318 Abs. 5 Satz 2 KAGB auf die vollständigen Angaben entsprechend § 270 KAGB.

4 Schließlich finden sich auch **Sondervorschriften** für Master-Feeder Strukturen (§ 318 Abs. 1 Satz 3 KAGB), Dach-Hedgefonds (§ 318 Abs. 2 und 5 Satz 2 KAGB) und Immobilien-Sondervermögen (§ 318 Abs. 5 Satz 2 KAGB). Eine Aktualisierungspflicht besteht auch hier (§ 318 Abs. 6 KAGB).

2. Entstehungsgeschichte

5 § 268 KAGB entspricht größtenteils den bisherigen §§ 42 Abs. 1 und 2 InvG und setzt zugleich Art. 23 Abs. 3 AIFM-RL um.[2] Die Pflicht zur Erstellung eines Verkaufsprospektes geht bereits auf § 19 KAGG zurück, der bislang allerdings nur für OGAW-Sondervermögen galt.[3] Für geschlossene AIF-Investmentvermögen sieht der deutsche Gesetzgeber erst seit Inkrafttreten des Vermögensanlagegesetzes zum 1.6.2012 eine Prospektpflicht vor.[4]

6 Die **umfassende Informationspflicht** für AIF geht nun auf Art. 23 AIFM-RL zurück. Art. 23 Abs. 3 AIFM-RL sieht zwar für professionelle Anleger keine ausdrückliche Prospektpflicht vor. Allerdings sind den professionellen Anlegern die Informationen nach den Absätzen 1 und 2 zur Verfügung zu stellen, was einer Prospektpflicht nahezu gleichkommt.[5] Die AIFM-RL richtet sich zunächst nur an AIF-KVGen, die Investmentvermögen an professionelle Anleger vertreiben. Nach Art. 43 AIFM-RL ist es dem nationalen Gesetzgeber aber freigestellt, den Vertrieb von AIF auch an Privatanleger zuzulassen. Für diesen Fall kann er auch strengere Regeln, als in der AIFM-RL grundsätzlich vorgesehen, vorsehen.[6]

3. Regelungszweck

7 Mit dem Verkaufsprospekt und den wesentlichen Anlegerinformationen soll die KVG eine **solide Grundlage für die Anlageentscheidung** des Anlegers schaffen[7] und die **Informationsasymmetrie** zwischen Anleger und KVG angleichen[8]. Diese Überlegungen greifen nicht nur bei OGAW-Sondervermögen, sondern auch bei Publikums-AIF, in die Anleger investieren dürfen. Mit dem Verkaufsprospekt und den wesentlichen Anlegerinformationen soll der Anleger alle wesentlichen Informationen „auf einen Blick" erhalten, die für seine Anlageentscheidung ausschlaggebend sein können.[9] Aufgrund der in der Regel fehlenden Kenntnisse und Erfahrungen am Kapitalmarkt sowie dem umfangreichen Sachverstand eines professionellen Anlegers, bedarf ein Privatanleger eines noch umfassenderen Schutzes.[10] Daneben dient der Verkaufsprospekt auch dazu, die Rahmenbedingungen des beschriebenen Produktes zu dokumentieren.[11]

8 Dies deckt sich auch mit der Entwicklung der Informationspflichten für Privatanleger in Europa. Betrachtet man die verschiedenen Rechtsordnungen, ergibt sich eine starke **Tendenz zu einer „zweigleisigen" Anlegerinformation.**[12] Neben dem umfassenden Verkaufsprospekt haben die AIF-KVGen nach vielen weiteren europäischen Rechtsordnungen auch kurze Produktinformationsblätter, wie vereinfachte Verkaufsprospekte oder Key Investor Information Documents (KIIDs) nach den Vorgaben der VO (EU) Nr. 583/2010 zu erstellen.[13]

---

2 Begr. RegE, BT-Drucks. 17/12294, S. 254.

3 *von Ammon/Izzo-Wagner* in Baur/Tappen, § 164 KAGB Rz. 12.

4 *Koch*, WM 2014, 433, 434; *Dorenkamp* in Baur/Tappen, § 268 KAGB Rz. 7; *Busse* in Moritz/Klebeck/Jesch, § 268 KAGB Rz. 4.

5 Vgl. dazu *Patz*, BKR 2014, 271 ff.

6 ErwGr. 10 AIFM-RL.

7 *Rozok* in Emde/Dornseifer/Dreibus/Hölscher, § 42 InvG Rz. 12; *von Ammon/Izzo-Wagner* in Baur/Tappen, § 164 KAGB Rz. 8; *Paul* in Weitnauer/Boxberger/Anders, § 268 KAGB Rz. 1 und 3; *Busse* in Moritz/Klebeck/Jesch, § 268 KAGB Rz. 12 f.; *Dorenkamp* in Baur/Tappen, § 268 KAGB Rz. 18 mit einem schönen Überblick über die Entwicklung der Prospektpflicht und dessen Ausgestaltungsmöglichkeiten.

8 *Busse* in Moritz/Klebeck/Jesch, § 268 KAGB Rz. 12; *D. Voigt/Sedlak* in Beckmann/Scholtz/Vollmer, § 268 KAGB Rz. 3; *Dorenkamp* in Baur/Tappen, § 268 KAGB Rz. 18 zur allgemeinen Bedeutung des Verkaufsprospektes.

9 *Busse* in Moritz/Klebeck/Jesch, § 268 KAGB Rz. 13.

10 Vgl. die Anlegerkategorisierung nach § 1 Abs. 19 Nr. 32 i.V.m. Annex II der MIFID (umgesetzt durch den nationalen Gesetzgeber in § 31a WpHG, mit dem Inkrafttreten des 2. FiMaNoG ab dem 3.1.2018 finden sich die Regelungen in § 63 WpHG. Weitergehend zum Regelungszweck und zur Rechtsnatur des Verkaufsprospektes siehe auch die Kommentierung zu § 164 Rz. 6 ff.

11 *Paul* in Weitnauer/Boxberger/Anders, § 268 KAGB Rz. 1 und 3.

12 *Zetzsche*, ZBB 2014, 22 (35); auch *Zetzsche*, Prinzipien der kollektiven Vermögensanlage, S. 452.

13 Dazu umfassend *Zetzsche*, ZBB 2014, 22 (35) und *Zetzsche/Eckner* in Zetzsche, The Alternative Investment Fund Managers Directive, Chapter 15, S. 356 ff.; dazu auch die Kommentierung zu § 270 KAGB.

Ab dem 1.1.2020 haben KVGen für geschlossene Investmentvermögen die wesentlichen Anlegerinformationen in Form von sog. Basisinformationsblättern – kurz BIBs – (bzw. Key Information Documents – kurz KIDs –) nach den Standards der VO (EU) Nr. 1286/2014 für Packaged Retail and Insurance-based Investment Products (PRIIPs) zu erstellen.[14] Diese lösen die wesentlichen Anlegerinformationenn bzw. KIIDs ab. Inhaltlich sollen die entscheidenden Informationen für den Anleger durch die Vorgaben der PRIIPs-VO noch verständlicher und vergleichbarer aufbereitet werden.[15] Damit verfolgt der Europäische Gesetzgeber die Zwecke, einerseits das Vertrauen der Anleger in den Finanzmarkt nach der Finanzkrise wiederherzustellen und andererseits den Anlegerschutz insgesamt zu stärken.[16] Dazu werden vor allem die Vorgaben für das Format und den Inhalt der Basisinformationsblätter europaweit vereinheitlicht, vgl. Art. 6 bis 8 der VO (EU) Nr. 1286/2014.[17] Daneben enthält die Verordnung in Art. 13 und 14 auch zahlreiche Vorschriften, wie und in welcher Form die Basisinformationsblätter zu veröffentlichen und dem Anleger zur Verfügung zu stellen sind. Zu Einhelheiten s. die Kommentierung der PRIIPs-VO im Anh. zu § 166. 9

II. Pflicht zur Erstellung eines Verkaufsprospektes und der wesentlichen Anlegerinformationen (§ 268 Abs. 1 KAGB)

1. Anwendungsbereich

§ 268 Abs. 1 Satz 1 KAGB enthält die Pflicht der AIF-KVG für alle von ihr verwalteten offenen Publikumsinvestmentvermögen einen Verkaufsprospekt sowie wesentliche Anlegerinformationen zu **erstellen** und den Anlegern in der jeweils aktuellsten Fassung auf der Internetseite der KVG **zugänglich zu machen**. Dies bedeutet, dass die Verkaufsunterlagen auf der Internetseite frei einsehbar sein müssen, so dass sie bei Bedarf von jedermann auch uneingeschränkt eingesehen werden können.[18] Ein passwortbeschränkter Bereich wäre daher nicht ausreichend, da dieser nur von ausgewählten Personen und gerade nicht von jedem einsehbar ist.[19] 10

Die Pflicht zur Veröffentlichung der Verkaufsunterlagen beginnt für geschlossene Publikums-AIF nach § 268 Abs. 1 Satz 2 KAGB, wenn der AIF das **Vertriebsanzeigeverfahren nach § 316 KAGB durchlaufen** hat und die KVG mit dem Vertrieb beginnen darf. Dies trägt dem Umstand Rechnung, dass jeder Publikums-AIF zunächst ein Anzeigeverfahren bei der BaFin durchlaufen muss bevor mit dem Vertrieb begonnen werden darf.[20] So kann ein Gleichlauf zwischen der Veröffentlichung der Verkaufsunterlagen und dem tatsächlichen Vertrieb geschaffen werden. 11

Während sowohl der Verkaufsprospekt als auch die wesentlichen Anlegerinformationen eines OGAW-Sondervermögens nach § 164 Abs. 4 KAGB unverzüglich nach erstmaliger Anwendung und nach Abs. 5 unverzüglich nach jeder Änderung der BaFin vorgelegt werden muss, kann auf diese Pflicht für Publikums-AIF verzichtet werden. Da die KVG im Rahmen des **Anzeigeverfahrens für den Vertrieb von AIF** der BaFin ohnehin nach § 316 Abs. 1 Nr. 4 KAGB sowohl den Verkaufsprospekt als auch die wesentlichen Anlegerinformationen vorlegen muss, wäre eine erneute Pflicht in Bezug auf die Vorlage der Unterlagen bei der BaFin obsolet. Ein solches Anzeigeverfahren sieht das KAGB bzw. die AIFM-RL aber nur für AIF an, sodass für OGAW-Sondervermögen die Vorlagepflicht gilt und in § 164 Abs. 4 und 5 KAGB vorgesehen ist. 12

Das Gleiche gilt, sobald der Verkaufsprospekt oder die wesentlichen Anlegerinformationen eines Publikums-AIF erstmals nach einer Änderung verwendet werden. Nach § 316 Abs. 4 Satz 1 KAGB sind **sämtliche Änderungen der nach § 316 Abs. 1 KAGB einzureichenden Unterlagen schriftlich der BaFin mitzuteilen** sind. Insofern geht die Regelung für Verkaufsprospekte von Publikums-AIF sogar noch über die Regelung für OGAW-Sondervermögen hinaus. Nicht nur wesentliche, sondern sämtliche Änderungen des Verkaufspro- 13

---

14 Aufgrund der Übergangsvorschrift in Art. 32 der VO (EU) Nr. 1286/2014 sind geschlossene Investmentvermögen erst ab dem 31.12.2019 zur Erstellung von PRIIPs verpflichtet, obwohl die Verordnung eigentlich bereits ab dem 31.12.2016 gilt.

15 ErwGr. 17 VO (EU) Nr. 1286/2014. S. dazu auch den sehr informativen Fachartikel der BaFin vom 17.8.2015 von *Andresen/Gerold*, Basisinformationsblatt: PRIIPs-Verordnung – Neuer EU-weiter Standard der Produktinformationen für Verbraucher, abrufbar unter https://www.bafin.de/SharedDocs/Veroeffentlichungen/DE/Fachartikel/2015/fa_bj_1508_basisinformationsblatt_priips_verordnung.html (Abruf vom 20.7.2017).

16 ErwGr. 2 und 4 VO (EU) Nr. 1286/2014.

17 S. dazu auch *Busse* in Moritz/Klebeck/Jesch, § 268 KAGB Rz. 71 ff.

18 *Dorenkamp* in Baur/Tappen, § 268 KAGB Rz. 37; *Busse* in Moritz/Klebeck/Jesch, § 268 KAGB Rz. 40; *D. Voigt/Sedlak* in Beckmann/Scholtz/Vollmer, § 268 KAGB Rz. 10; *Schmitz* in Berger/Steck/Lübbehüsen, § 42 InvG Rz. 12.

19 *Dorenkamp* in Baur/Tappen, § 268 KAGB Rz. 37; *Busse* in Moritz/Klebeck/Jesch, § 268 KAGB Rz. 41.

20 Begr. RegE, BT-Drucks. 17/12294, S. 254. S. dazu auch *Wollenhaupt/Beck*, DB 2013, 1950 (1957); *Patz*, BKR 2014, 271 (276).

spektes und der wesentlichen Anlegerinformationen sind der BaFin mitzuteilen. Nach § 316 Abs. 4 Satz 2 KAGB sind geplante Änderungen mindestens 20 Arbeitstage vor Durchführung, nicht geplante Änderungen unverzüglich nach deren Eintreten bei der BaFin einzureichen. Kommt die KVG ihrer Pflicht zur Mitteilung von Änderungen nicht nach, kann die BaFin nach § 316 Abs. 4 Satz 3 KAGB Maßnahmen nach § 5 KAGB ergreifen. Danach kann die BaFin ausdrücklich auch den Vertrieb des entsprechenden AIF untersagen.

14 Der Verkaufsprospekt bzw. die wesentlichen Anlegerinformationen müssen **inhaltlich** die Mindestangaben der §§ 269 und 270 KAGB enthalten und vollständig und richtig sein.[21] Außerdem müssen die Verkaufsunterlagen so formuliert sein, dass sie **für den durchschnittlichen Anleger verständlich** sind, wobei bestimmte Fachtermini unumgänglich sind.[22]

15 Die Pflicht zur Veröffentlichung gilt schließlich auch für **ausländische KVGen**, die ein inländisches Publikumsinvestmentvermögen verwalten möchten.[23]

2. Prospekthaftung für unvollständige und fehlerhafte Angaben

16 Um zu unterstreichen, wie wichtig und entscheidend die Angaben im Verkaufsprospekt und den wesentlichen Anlagebedingungen für die Anlageentscheidung des Anlegers sind, finden sich im KAGB verschiedene Anspruchsgrundlagen für Ansprüche des Anlegers gegen die KVG.

17 Verletzt die KVG ihre Pflicht, einen **Verkaufsprospekt** zu erstellen und rechtzeitig zu veröffentlichen und hat der Anleger bereits Anteile oder Aktien erworben, so kann er nach § 306 Abs. 5 KAGB verlangen, dass die KVG die Anteile oder Aktien gegen Zahlung des **Erwerbspreises und der Erwerbskosten** zurücknehmen muss. Der Anspruch ist zeitlich begrenzt und muss von dem Anleger innerhalb von zwei Jahren nach dem erstmaligen Vertrieb gegenüber der KVG geltend gemacht werden. Hat der Anleger die Anteile oder Aktien bereits veräußert so kann er nach § 306 Abs. 5 Satz 2 KAGB alternativ den Unterschiedsbetrag zwischen dem ursprünglichen Erwerbspreis und dem Veräußerungspreis verlangen. Die Ansprüche sind allerdings dann ausgeschlossen, wenn dem Anleger bei Erwerb bekannt war, dass die KVG einen Verkaufsprospekt erstellen muss.

18 Für unvollständige und fehlerhafte Angaben im Verkaufsprospekt statuiert § 306 Abs. 1 Satz 1 KAGB einen **Schadensersatzanspruch** des Anlegers.[24] Sind wesentliche Anlegerinformationen irreführend oder unrichtig oder widersprechen sie den einschlägigen Stellen im Verkaufsprospekt, sieht § 306 Abs. 2 Satz 1 KAGB ebenfalls einen Schadensersatzanspruch des Anlegers vor. Daneben bestehen auch weitere **zivilrechtliche Haftungsansprüche** nach §§ 823 ff. BGB. Im Übrigen wird auf die Kommentierung zu § 306 KAGB verwiesen.

Schließlich kann die KVG auch mit einem **Bußgeld** belegt werden, wenn sie den Anlegern den Verkaufsprospekt oder die wesentlichen Anlegerinformationen nicht vollständig oder rechtzeitig zugänglich macht. Der nationale Gesetzgeber stuft dies nach § 340 Abs. 2 Nr. 25 KAGB als **Ordnungswidrigkeit** ein, wenn die KVG vorsätzlich oder fahrlässig handelt.

3. Ausnahmen von der Verkaufsprospektpflicht

19 Ausgenommen von der Verkaufsprospektpflicht sind nach § 268 Abs. 1 Satz 3 KAGB geschlossene Publikums-AIF, die bereits einer **Verkaufsprospektpflicht nach dem WpPG** unterliegen. Die Vorschrift wird dem Umstand gerecht, dass geschlossene InvAGen mit fixem Kapital bereits einer Verkaufsprospektpflicht unterliegen und kein weiterer KAGB-Verkaufsprospekt erstellt werden muss.[25] Nach § 268 Abs. 1 Satz 3 KAGB sind stattdessen die zusätzlich in § 269 KAGB enthaltenen Angaben in das WpPG-Verkaufsprospekt aufzunehmen. § 7 WpPG verweist bzgl. des Inhalts wiederum auf die VO (EG) Nr. 809/2004.

20 Der Verkaufsprospektpflicht des WpPG unterfallen nach § 1 Abs. 1 WpPG grundsätzlich alle Wertpapiere, die öffentlich angeboten oder zum Handel an einem organisierten Markt zugelassen sind. Nach § 2 Nr. 1 WpPG fallen solche Wertpapiere in den Anwendungsbereich, die übertragbar sind und an einem Markt ge-

---

21 *Rozok* in Emde/Dornseifer/Dreibus/Hölscher, § 42 InvG Rz. 12; *Busse* in Moritz/Klebeck/Jesch, § 268 KAGB Rz. 37.

22 *Rozok* in Emde/Dornseifer/Dreibus/Hölscher, § 42 InvG Rz. 12; *Paul* in Weitnauer/Boxberger/Anders, § 268 KAGB Rz. 3; *Busse* in Moritz/Klebeck/Jesch, § 268 KAGB Rz. 13.

23 *Polifke* in Weitnauer/Boxberger/Anders, § 164 KAGB Rz. 1.

24 Zur Prospekthaftung allgemein vgl. beispielsweise *Assmann/Schütze*, Handbuch des Kapitalanlagerechts, § 5; zum aktuellen Telekom-Prozess *Amort*, NJW 2015, 1276 ff. Zur Prospekthaftung generell s. auch *Assmann* in Assmann/Schlitt/von Kopp-Colomb, WpPG/VermAnlG, 3. Aufl. 2017, Vor §§ 21-25 WpPG.

25 Begr. RegE, BT-Drucks. 17/12294, S. 273.

handelt werden können. Unter den Begriff der Wertpapiere fallen daher auch Aktien von InvAGen im Sinne des §§ 108 ff. und 140 ff. KAGB. Diese werden einem breiten Publikum von Anlegern und damit öffentlich angeboten, sodass der **Anwendungsbereich des WpPG** eröffnet ist. Daher sind zunächst sowohl Aktien von InvAGen mfK als auch Aktien von InvAGen mvK von der Prospektpflicht des WpPG umfasst. Allerdings werden nach § 1 Abs. 4 Nr. 1 WpPG **Aktien an offenen Publikums-AIF** wiederum **vom Anwendungsbereich ausgenommen,** sodass letztlich doch nur Aktien von InvAGen mfK einer Verkaufsprospektpflicht nach WpPG unterliegen.

Allerdings besteht auch für Aktien von InvAGen mfK nach § 3 Abs. 2 Nr. 1 und Nr. 2 WpPG eine Ausnahme 21
von der Verkaufsprospektpflicht, wenn die Aktien nur an professionelle Anleger vertrieben werden sollen. In diesem Fall ist wiederum ein **Rückgriff auf § 268 Abs. 1 Satz 3 KAGB erforderlich**, da die KAGB-Verkaufsprospektpflicht nur dann nicht eingreift, wenn die KVG einen WpPG-Verkaufsprospektpflicht erstellen „muss". Muss die KVG aufgrund einer Ausnahmeregelung kein WpPG-Verkaufsprospektpflicht erstellen, greift der Wortlaut des § 268 Abs. 1 Satz 3 KAGB nicht. Vielmehr ist dann auch für Aktien einer InvAG mfK ein KAGB-Verkaufsprospektt nach § 268 Abs. 1 KAGB zu erstellen. Insofern enthält § 268 Abs. 1 KAGB demnach eine **subsidiäre Verkaufsprospektpflicht** auch für geschlossene Publikums-AIF.[26]

III. Pflicht zur Aktualisierung (§ 268 Abs. 2 KAGB)

1. Kontinuierliche Aktualisierungspflicht

Die wesentlichen Anlegerinformationen und die Angaben von wesentlicher Bedeutung im Verkaufsprospekt 22
sind nach § 268 Abs. 2 Satz 1 KAGB auf dem neusten Stand zu halten.

Ändern sich die **wesentlichen Anlegerinformationen** so sind diese stets anzupassen, unabhängig von dem 23
Inhalt der Änderung. **Jede wesentliche Änderung** ist vom Wortlaut des § 268 Abs. 2 Satz 1 KAGB erfasst. Wann eine wesentliche Änderung vorliegt, liegt im Ermessensspielraum der AIF-KVG.[27] Den Anlegern ist unmittelbar nach der Änderung eine aktualisierte und überarbeitete Fassung zur Verfügung zu stellen.[28] In der Vorgängervorschrift des § 42 Abs. 5 InvG war diese Pflicht noch auf wesentliche Angaben beschränkt. Mit der Neufassung des § 268 Abs. 2 Satz 1 KAGB hat der Gesetzgeber der berechtigen Kritik Rechnung getragen, dass bereits nach dem allgemeine Begriffsverständnis alle Angaben in den wesentlichen Anlegerinformationen auch wesentlich sein müssen.[29]

Der **Verkaufsprospekt** ist ebenfalls im Hinblick auf **Angaben von wesentlicher Bedeutung** unmittelbar 24
nach einer Änderung zu aktualisieren. Dieser Pflicht kann die KVG entweder nachkommen, indem sie den Verkaufsprospekt vollständig erneuert oder durch einen Nachtrag ergänzt. Gerade bei der Verwendung von Nachträgen muss die KVG darauf achten, dass die Lesbarkeit und Verständlichkeit nicht zu stark beeinträchtigt werden.[30] Dies kann beispielsweise durch chronologische Nummerierungen und Datierungen erfolgen.[31] Nach § 268 Abs. 2 Satz 1 KAGB unterliegen nur Angaben einer sofortigen Aktualisierungspflicht, die für den Anleger von wesentlicher Bedeutung sind. Im Hinblick auf die Regelung in § 269 Abs. 1 Satz 1 KAGB ist dies dahingehend auszulegen, dass zwar alle Mindestangaben im Verkaufsprospekt erforderlich sind, aber eine sofortige Aktualisierung des Verkaufsprospektes nicht bei allen nach § 269 KAGB erforderlichen Angaben notwendig ist.[32]

2. Beschränkte Aktualisierungspflicht bei einmaliger Vertriebsphase

Die Vorschrift des § 268 Abs. 2 Satz 2 KAGB enthält eine Sondervorschrift für geschlossene Investmentver- 25
mögen, die nur während einer bestimmten einmaligen Vertriebsphase vertrieben werden. Die **Aktualisierungspflicht** des § 268 Abs. 2 Satz 1 KAGB für den Verkaufsprospekt und die wesentlichen Anlegerinfor-

---

26 S. dazu auch *Busse* in Moritz/Klebeck/Jesch, § 268 KAGB Rz. 46 ff.
27 *D. Voigt/Sedlak* in Beckmann/Scholtz/Vollmer, § 268 KAGB Rz. 18.
28 Art. 23 Abs. 1 VO (EU) Nr. 583/2010.
29 *Rozok* in Emde/Dornseifer/Dreibus/Hölscher, § 42 InvG Rz. 130; *Dorenkamp* in Baur/Tappen, § 268 KAGB Rz. 58.
30 *Schmitz* in Berger/Steck/Lübbehüsen, § 42 InvG Rz. 33; *Rozok* in Emde/Dornseifer/Dreibus/Hölscher, § 42 InvG Rz. 129.
31 *Rozok* in Emde/Dornseifer/Dreibus/Hölscher, § 42 InvG Rz. 129; *von Ammon/Izzo-Wagner* in Baur/Tappen, § 164 KAGB Rz. 21 zur Parallelvorschrift für offene Publikumsinvestmentvermögen; auch *Dorenkamp* in Baur/Tappen, § 268 KAGB Rz. 60.
32 *Polifke* in/Boxberger/Anders, § 164 KAGB Rz. 4 zur Parallelvorschrift für offene Publikumsinvestmentvermögen.

mationen besteht hier **nur für die Dauer der einmaligen Vertriebsphase**. Diese Phase kann entweder durch Vollplatzierung oder durch Ablauf einer in dem Investmentvertrag festgelegten Frist enden. Ist die Vertriebsphase beendet kann kein Anleger mehr Anteile oder Aktien an dem Investmentvermögen erwerben, sodass auch die Verkaufsunterlagen nicht mehr aktualisiert werden müssen. Die Regelung trägt dem Umstand Rechnung, dass die Verkaufsunterlagen den Zweck verfolgen, dem schutzbedürftigen Anleger eine fundierte Anlageentscheidung zu ermöglichen.[33] Ist die Vertriebsphase beendet und können keine Anteile oder Aktien von Anlegern gezeichnet werden, besteht auch kein weiteres Bedürfnis für aktualisierte Verkaufsunterlagen, da kein Anleger mehr weitere Anlageentscheidung in Bezug auf das vertriebene Produkt treffen kann. Bei geschlossenen Publikumsinvestmentvermögen stellt die einmalige Vertriebsphase den Regelfall dar.[34]

26 Schließlich sei an dieser Stelle auch auf die **Sonderregelung des § 316 Abs. 5 KAGB für geschlossene inländische Publikums-AIF** hingewiesen.[35] Betrifft eine Änderung des Verkaufsprospektes oder der wesentlichen Anlegerinformationen einen wichtigen Umstand oder eine wesentliche Unrichtigkeit, so besteht für die KVG auch eine Pflicht, die Änderung im Bundesanzeiger als **Nachtrag zum Verkaufsprospekt** bekanntzumachen. Daneben ist eine Veröffentlichung in einer hinreichend verbreiteten Wirtschaft- oder Tageszeitung oder in dem im Verkaufsprospekt genannten Informationsmedium erforderlich. Im Falle einer solchen Änderung steht dem Anleger nach § 305 Abs. 8 KAGB auch ein zweiwöchiges Widerrufsrecht ab Veröffentlichung des Nachtrags zu. Über dieses Recht muss der Anleger schriftlich in dem Nachtrag an hervorgehobener Stelle informiert werden. Wann ein wichtiger Umstand vorliegt, wird in § 316 Abs. 5 KAGB nicht näher definiert. Um den Anleger nicht unnötig zu verwirren, erscheint es sinnvoll, den Maßstab des § 268 Abs. 2 Satz 2 KAGB auch für die Nachtragspflicht nach § 316 Abs. 5 KAGB anzuwenden.[36] Nach § 268 Abs. 2 Satz 2 KAGB muss der Verkaufsprospekt nur bei einer Änderung von Angaben von wesentlicher Bedeutung aktualisiert und erneut veröffentlicht werden.

§ 269 Mindestangaben im Verkaufsprospekt

(1) Für den Verkaufsprospekt von geschlossenen Publikums-AIF gilt § 165 Absatz 1, Absatz 2 Nummer 1 bis 25 und 27 bis 40, Absatz 3 bis 5, 7 bis 9 entsprechend mit der Maßgabe, dass an die Stelle des in § 165 Absatz 2 Nummer 19 genannten Verweises auf die §§ 168 bis 170, 212, 216 und 217 der Verweis auf die §§ 271 und 272 tritt und die Regelungen, soweit sie sich auf Teilinvestmentvermögen beziehen, nicht anzuwenden sind.

(2) Zusätzlich sind folgende Informationen in den Verkaufsprospekt aufzunehmen:

1. **bei geschlossenen Publikums-AIF in Form der geschlossenen Investmentkommanditgesellschaft die Angabe, wie die Anteile übertragen werden können und in welcher Weise ihre freie Handelbarkeit eingeschränkt ist;**
2. **gegebenenfalls in Bezug auf den Treuhandkommanditisten:**
   a) **Name und Anschrift, bei juristischen Personen Firma und Sitz;**
   b) **Aufgaben und Rechtsgrundlage der Tätigkeit;**
   c) **seine wesentlichen Rechte und Pflichten;**
   d) **der Gesamtbetrag der für die Wahrnehmung der Aufgaben vereinbarten Vergütung;**
3. **bei geschlossenen Publikums-AIF, die in Vermögensgegenstände gemäß § 261 Absatz 1 Nummer 2 investieren,**
   a) **eine Beschreibung der wesentlichen Merkmale von ÖPP-Projektgesellschaften;**
   b) **die Arten von ÖPP-Projektgesellschaften, die für den geschlossenen Publikums-AIF erworben werden dürfen, und nach welchen Grundsätzen sie ausgewählt werden;**
   c) **ein Hinweis, dass in Beteiligungen an ÖPP-Projektgesellschaften, die nicht zum Handel an einer Börse zugelassen oder in einen anderen organisierten Markt einbezogen sind, angelegt werden darf.**

---

33 *Dorenkamp* in Baur/Tappen, § 268 KAGB Rz. 65; *Busse* in Moritz/Klebeck/Jesch, § 268 KAGB Rz. 68 ff.; s. zum Sinn und Zweck der Prospektpflicht s. auch Rz. 7 ff.
34 *D. Voigt/Sedlak* in Beckmann/Scholtz/Vollmer, § 268 KAGB Rz. 22.
35 *Dorenkamp* in Baur/Tappen, § 268 KAGB Rz. 66.
36 *Dorenkamp* in Baur/Tappen, § 268 KAGB Rz. 67.

(3) [1]Sofern bereits feststeht, in welche konkreten Anlageobjekte im Sinne von § 261 Absatz 1 Nummer 1 investiert werden soll, sind folgende Angaben zu den Anlageobjekten zusätzlich in den Verkaufsprospekt mit aufzunehmen:

1. Beschreibung des Anlageobjekts;

2. nicht nur unerhebliche dingliche Belastungen des Anlageobjekts;

3. rechtliche oder tatsächliche Beschränkungen der Verwendungsmöglichkeiten des Anlageobjekts, insbesondere im Hinblick auf das Anlageziel;

4. ob behördliche Genehmigungen erforderlich sind und inwieweit diese vorliegen;

5. welche Verträge die Kapitalverwaltungsgesellschaft über die Anschaffung oder Herstellung des Anlageobjekts oder wesentlicher Teile davon geschlossen hat;

6. den Namen der Person oder Gesellschaft, die ein Bewertungsgutachten für das Anlageobjekt erstellt hat, das Datum des Bewertungsgutachtens und dessen Ergebnis;

7. die voraussichtlichen Gesamtkosten des Anlageobjekts in einer Aufgliederung, die insbesondere Anschaffungs- und Herstellungskosten sowie sonstige Kosten ausweist und die geplante Finanzierung in einer Gliederung, die Eigen- und Fremdmittel gesondert ausweist, jeweils untergliedert nach Zwischenfinanzierungs- und Endfinanzierungsmitteln; zu den Eigen- und Fremdmitteln sind die Konditionen und Fälligkeiten anzugeben und in welchem Umfang und von wem diese bereits verbindlich zugesagt sind.

[2]Steht noch nicht fest, in welche konkreten Anlageobjekte investiert werden soll, ist dies im Verkaufsprospekt anzugeben.

In der Fassung vom 4.7.2013 (BGBl. I 2013, S. 1981), zuletzt geändert durch das Zweite Finanzmarktnovellierungsgesetz (2. FiMaNoG) vom 23.6.2017 (BGBl. I 2017, S. 1693).

Schrifttum: *Arndt/Voß*, VerkProspG, 2008; *Bußalb/Vogel*, Das Gesetz über Vermögensanlagen – neue Regeln für geschlossene Fonds, WM 2012, 1416; *Bußalb*, Die Kompetenzen der BaFin bei der Überwachung der Pflichten aus dem KAGB, in Möllers/Kloyer, Das neue Kapitalanlagegesetzbuch, 2013, S. 221; *Fock*, Gemischte Sondervermögen, WM 2006, 2160; *Hanowski/Zech*, Haftung für fehlerhaften Prospekt aus § 13 VerkProspG a. F. – Maßgeblicher Empfängerhorizont bei der Beurteilung der Unrichtigkeit eines Prospekts, NJW 2013, 510; *Kobabe*, Geschlossene Fonds in Deutschland nach den Regelungen des KAGB, in Möllers/Kloyer, Das neue Kapitalanlagegesetzbuch, 2013, S. 331; *Nobbe*, Prospekthaftung bei geschlossenen Fonds, WM 2013, 193; *Moritz/Grimm*, Licht im Dunkel des „Grauen Marktes"? – Aktuelle Bestrebungen zur Novellierung des Verkaufsprospektgesetzes, BB 2004, 1352; *Moritz/Grimm*, Die Vermögensanlagen-Verkaufsprospektverordnung: Inhaltliche Anforderungen an Verkaufsprospekte geschlossener Fonds, BB 2005, 337; *Patz*, Verkaufsprospektpflicht für offene inländische Investmentvermögen – De facto eine gesetzliche Prospektpflicht für offene Spezial-Investmentfonds aufgrund der Vertriebsvorschriften des KAGB, BKR 2014, 271; *Schnauder*, Regimewechsel im Prospekthaftungsrecht bei geschlossenen Publikumsfonds, NJW 2013, 3207; *Unzicker*,

Verkaufsprospektgesetz, 2010; *Weinrich/Tiedemann*, Richtige und vollständige Darstellung der IRR-Methode im Emissionsprospekt, BKR 2016, 50; *Weitnauer*, Die Informationspflichten nach dem KAGB, in Möllers/Kloyer, Das neue Kapitalanlagegesetzbuch, 2013, S. 161.

I. Allgemeines

1. Regelungssystematik

1 Während § 268 Abs. 1 KAGB die Pflicht zur Erstellung eines Verkaufsprospektes an sich regelt, enthält § 269 KAGB die **inhaltlichen Vorgaben für den Verkaufsprospekt von sämtlichen inländischen geschlossenen Publikumsinvestmentvermögen**. Die Vorschrift des § 269 Abs. 1 KAGB **verweist im Wesentlichen auf § 165 KAGB**, der die inhaltlichen Vorgaben für den Verkaufsprospekt für offene inländische Publikumsinvestmentvermögen enthält. Lediglich § 165 Abs. 6 KAGB für Indexfonds sowie die Regelungen für Teilinvestmentvermögen in § 165 Abs. 2 Nr. 26 und 29 KAGB sind von dem Verweis ausgenommen. Die leicht eingeschränkte Verweisung in § 269 Abs. 1 KAGB berücksichtigt die Besonderheiten von geschlossenen Publikums-AIF. Daneben enthalten § 269 Abs. 2 und 3 KAGB zusätzliche Mindestangaben, die auf die Besonderheiten von geschlossenen Investmentvermögen abgestimmt sind.

2. Regelungszweck

2 Der Verkaufsprospekt ist **Grundlage** für die vom Anleger zu treffende **Anlageentscheidung**, die im Grunde seine einzige Möglichkeit zur Einflussnahme auf die kollektive Vermögensverwaltung darstellt.[1] Um dem Anleger die Entscheidung für den Kauf oder Verkauf von Anteilen zu ermöglichen, bedarf es einer vollständigen und richtigen Information über die wesentlichen Merkmale des Investmentvermögens. Da individualvertragliche Vereinbarungen bei einer kollektiven Anlage nur schwer möglich sind, bietet das Verkaufsprospekt neben den wesentlichen Anlegerinformationen und den Jahres- und Halbjahresberichten die **wesentliche Informationsplattform** für den Anleger.[2] Der Verkaufsprospekt ist allerdings nicht Bestandteil des Investmentvertrages sondern ist diesem zeitlich **vorgelagert**, da der Anleger erst auf Grundlage der Informationen aus dem Verkaufsprospekt seine Anlageentscheidung trifft und erst anschließend den Investmentvertrag mit der KVG schließt.[3] Letztlich liegt auch dem Verkaufsprospekt, so wie dem gesamten KAGB, der Anlegerschutzgedanke zu Grunde.[4]

3 Um zu unterstreichen, wie wichtig und entscheidend die Angaben im Verkaufsprospekt und den wesentlichen Anlagebedingungen für die Anlageentscheidung des Anlegers sind, finden sich im KAGB verschiedene **Anspruchsgrundlagen für Schadensersatzansprüche des Anlegers** gegen die KVG. Verletzt die KVG ihre Pflicht, einen Verkaufsprospekt zu erstellen, oder sind wesentliche Angaben unrichtig oder unvollständig, sehen § 306 Abs. 1 und Abs. 5 KAGB Schadensersatzansprüche des Anlegers vor. Das gleiche gilt nach § 306 Abs. 2 KAGB wenn wesentliche Anlegerinformationen irreführend oder unrichtig sind oder mit den entsprechenden Angaben im Verkaufsprospekt widersprechen. Daneben bestehen auch weitere **zivilrechtliche Haftungsansprüche** nach §§ 823 ff. BGB.[5] Im Übrigen wird auf die Kommentierung zu § 306 KAGB verwiesen.

3. Entstehungsgeschichte

4 § 269 Abs. 1 KAGB verweist im Wesentlichen auf die inhaltlichen Vorgaben für offene Publikumsinvestmentvermögen in § 165 KAGB. Die allgemeinen Anforderungen an den Verkaufsprospekt sowie die Allgemeinen Mindestangaben in § 165 Abs. 1 und 2 KAGB beruhen auf den bereits bestehenden Regelungen in §§ 42 Abs. 1 Satz 2 und 3 InvG und werden durch weitere Mindestangaben des Art. 23 AIFM-RL ergänzt.[6] Die Kostenregelung in § 165 Abs. 3 KAGB geht mit redaktionellen Anpassungen auf § 41 InvG zu-

---

1 *Rozok* in Emde/Dornseifer/Dreibus/Hölscher, § 42 InvG Rz. 12; *Dorenkamp* in Baur/Tappen, § 269 KAGB Rz. 6; zur Parallelvorschrift des § 165 KAGB für offene Publikumsinvestmentvermögen s. *Polifke* in Weitnauer/Boxberger/Anders, 2014, § 165 KAGB Rz. 1; *von Ammon/Izzo-Wagner* in Baur/Tappen, § 165 KAGB Rz. 4; *Busse* in Moritz/Klebeck/Jesch, § 269 KAGB Rz. 14.

2 Zur Parallelvorschrift des § 165 KAGB für offene Publikumsinvestmentvermögen *Polifke* in Weitnauer/Boxberger/Anders, § 165 KAGB Rz. 2.

3 *Polifke* in Weitnauer/Boxberger/Anders, § 165 KAGB Rz. 2.

4 *Schmitz* in Berger/Steck/Lübbehüsen, § 42 InvG Rz. 3.

5 Zur Prospekthaftung bei geschlossenen Fonds vgl. beispielsweise *Assmann/Schütze*, Handbuch des Kapitalanlagerechts, § 5; *Hanowski/Zech*, NJW 2013, 510 ff.; *Nobbe*, WM 2013, 193 ff.; *Schnauder*, NJW 2013, 3207 ff. S. auch die Kommentierung zu § 268 Rz. 16 ff.

6 Begr. RegE, BT-Drucks. 17/12294, S. 255 ff.

rück.[7] § 165 Abs. 4 und 5 KAGB übernehmen mit redaktionellen Anpassungen die Vorschriften des § 42 Abs. 3, 4 und Abs. 1 Satz 3 Nr. 11 InvG.[8]

Die zusätzlichen besonderen Voraussetzungen für geschlossene Publikumsinvestmentvermögen in § 269 Abs. 2 und 3 KAGB basieren auf §§ 4 Satz 1 Nr. 3, 12 Abs. 3 und 9 Abs. 2 Nr. 1, 3 bis 7 und 9 VermVerkProspV sowie § 90e Abs. 2 Nr. 1 bis 3 und 4 bis 7 InvG.[9] 5

Daneben setzen §§ 269 und 165 KAGB auch Art. 23 der AIFM-RL um.[10] Der nationale Gesetzgeber hat insofern von seinem Recht nach Art. 43 Abs. 1 Satz 1 AIFM-RL Gebrauch gemacht, AIF auch für Privatanleger zuzulassen. In diesem Zusammenhang steht es dem nationalen Gesetzgeber nach Art. 43 Abs. 1 Satz 2 AIFM-RL auch frei, strengere Regelungen vorzusehen, als in Art. 23 AIFM-RL für AIF vorgegeben. Dies ergibt sich daraus, dass die AIFM-RL grundsätzlich nur für AIFM gilt, die an professionelle Anleger vertrieben werden.[11] Auch von diesem Wahlrecht hat der nationale Gesetzgeber Gebrauch gemacht, indem die strengen Regelungen der OGAW-Regulierung größtenteils auch für offene Publikums-AIF übernimmt. 6

II. Verweis auf die Mindestangaben für offene Publikumsinvestmentvermögen (§ 269 Abs. 1 KAGB)

1. Verweis auf Mindestangaben des § 165 KAGB

Für die grundlegenden Mindestangaben verweist § 269 Abs. 1 KAGB im Wesentlichen auf die Parallelvorschrift des § 165 KAGB für offene Investmentvermögen. In der Gesetzesbegründung macht der Gesetzgeber allerdings deutlich, dass die **Besonderheiten von geschlossenen Publikums-AIF zu berücksichtigen** sind.[12] Daher sind Vorschriften für Teilinvestmentvermögen (§ 165 Abs. 2 Nr. 26 und 39 KAGB) von dem Verweis ausgenommen, da geschlossene Publikums-AIF im Gegensatz zu offenen Publikumsinvestmentvermögen keine Teilgesellschaftsvermögen bilden dürfen.[13] Ebenfalls nicht von dem Verweis umfasst ist § 165 Abs. 6 KAGB, der für Wertpapierindexvermögen gilt. 7

Mit Ausnahme der gerade genannten Vorschriften umfasst der Verweis in § 269 Abs. 1 KAGB sämtliche Mindestangaben, die auch für offene Publikumsinvestmentvermögen in den Verkaufsprospekt aufzunehmen sind. Insofern kann umfassend auf die Kommentierung zu § 165 KAGB verwiesen werden. 8

2. Einzelne Mindestangaben

Im Folgenden finden sich einzelne Besonderheiten, die sich für geschlossene Publikumsinvestmentvermögen im Rahmen der Angaben nach § 165 KAGB zu berücksichtigen sind. Im Übrigen wird hier vollumfänglich auf die Kommentierung zu § 165 Rz. 7 ff. verwiesen. 9

a) Negativerklärungen

Während § 2 VermVerkProspV vorsieht, dass in jedem Fall alle Mindestangaben im Verkaufsprospekt zu nennen sind und **auch bei deren Nichtvorliegen ein eindeutiger und klarstellender Verweis** aufzunehmen ist, verzichtet das KAGB auf derartige Negativerklärungen. Kommt eine Mindestangabe für das konkrete Investmentvermögen nicht Betracht, so kann nach dem Wortlaut des § 165 KAGB auf diese grundsätzlich gänzlich verzichtet werden.[14] Vor dem Hintergrund des Sinn und Zwecks des Verkaufsprospektes schadet es allerdings nicht, auch diese Klarstellung im Verkaufsprospekt festzuhalten.[15] 10

b) Besonderheiten bei geschlossenen Publikums-AIF

Im Rahmen des § 165 Abs. 2 Nr. 2 KAGB hat die KVG Angaben zur Anlagepolitik und Anlagestrategie in dem Verkaufsprospekt aufzunehmen. Dazu gehört auch die Angabe der Art der Vermögensgegenstände, in die das Investmentvermögen investiert. Die **Vermögensgegenstände**, in die ein geschlossener Publikums-AIF investieren darf, sind in § 261 Abs. 1 und 2 KAGB aufgezählt. Steht noch nicht fest, welche Vermögens- 11

7 Begr. RegE, BT-Drucks. 17/12294, S. 257.
8 Begr. RegE, BT-Drucks. 17/12294, S. 257.
9 Begr. RegE, BT-Drucks. 17/12294, S. 273.
10 Begr. RegE, BT-Drucks. 17/12294, S. 257, 273.
11 *Tollmann* in Dornseifer/Jesch/Klebeck/Tollmann, AIFM-Richtlinie, Einleitung Rz. 22.
12 Begr. RegE, BT-Drucks. 17/12294, S. 273.
13 *Dorenkamp* in Baur/Tappen, § 269 KAGB Rz. 20.
14 *Dorenkamp* in Baur/Tappen, § 269 KAGB Rz. 18; *Busse* in Moritz/Klebeck/Jesch, § 269 KAGB Rz. 39.
15 *Dorenkamp* in Baur/Tappen, § 269 KAGB Rz. 18.

gegenstände erworben wurden, ist zumindest anzugeben, welche Vermögensgegenstände und in welchem Umfang diese erworben werden sollen.

12 Daneben muss der Verkaufsprospekt nach § 165 Abs. 2 Nr. 5 KAGB Angaben dazu enthalten, ob **Kreditaufnahmen für Rechnung des Publikumsinvestmentvermögens** zulässig sind. Dabei ist die Vorschrift des § 263 Abs. 1 KAGB zu beachten. Bei geschlossenen Publikums-AIF ist die zulässige Höhe von Kreditaufnahmen auf 60 % des Verkehrswertes der im Vermögen des AIFs befindlichen Vermögensgegenstände beschränkt.

13 Eine entsprechende Grenze enthält § 263 Abs. 4 KAGB für eine **Belastung der Vermögensgegenstände des Publikums-AIF**. Die Angabe, inwiefern Vermögensgegenstände belastet werden dürfen, muss nach § 165 Abs. 2 Nr. 7 KAGB ebenfalls im Verkaufsprospekt aufgenommen werden.

14 Weitergehend sind in einem geschlossenen Publikums-AIF entgegen § 165 Abs. 2 Nr. 9 KAGB regelmäßig keine **bisherigen Wertentwicklungen** zu verzeichnen, da der Vermögensgegenstand erst erworben wurde oder wird.[16] Daher ist es empfehlenswert, dies klarstellend im Verkaufsprospekt aufzunehmen.

15 Eine weitere Besonderheit besteht bei geschlossenen Publikumsinvestmentvermögen für die Angabe nach § 165 Abs. 2 Nr. 11 KAGB zum Verfahren bei einer Änderung der **Anlagestrategie oder Anlagepolitik**. Bei geschlossenen Publikums-AIF ist besonders zu berücksichtigen, dass die Anlagestrategie oder Anlagepolitik nach § 267 Abs. 3 KAGB nur mit Zustimmung einer qualifizierten Mehrheit der Anleger **geändert** werden kann (s. die Kommentierung zu § 267 Rz. 17 ff.).

16 Im Rahmen der Angaben nach § 165 Abs. 2 Nr. 21 KAGB ist lediglich das Verfahren und die Bedingungen für die Ausgabe der Anteile zu beschreiben, da bei geschlossenen Publikums-AIF eine **Rücknahme und ein Umtausch der Anteile** gerade nicht erfolgt.

17 Einstweilen frei.

III. Zusätzliche Angaben bei geschlossenen Publikumsinvestmentvermögen (§ 269 Abs. 2 KAGB)

1. Übertragbarkeit der Anteile und Einschränkung der freien Handelbarkeit (§ 269 Abs. 2 Nr. 1 KAGB)

18 Wird ein geschlossenes Investmentvermögen als InvKG mfK aufgelegt, muss die KVG nach § 269 Abs. 2 Nr. 1 KAGB Angaben in den Verkaufsprospekt aufnehmen, ob und wie Anteile **übertragen** werden können und inwiefern die Anteile **handelbar** sind. Aufgrund der festen Laufzeit einer geschlossenen Anlage, muss der Anleger wissen, inwiefern er Anteile veräußern kann oder nicht.

19 Anteile an einer Kommanditgesellschaft werden grundsätzlich durch Abtretung nach §§ 398 ff. BGB übertragen. Ob die Anteile **rechtsgeschäftlich übertragen** werden können, ergibt sich aus dem Gesellschaftsvertrag. Darin ist auch geregelt, ob zur Übertragung die Zustimmung des Komplementärs, der anderen Gesellschafter oder des Treuhandkommanditisten erforderlich ist. Der Verkaufsprospekt muss Angaben zu diesen Regelungen des Gesellschaftsvertrages enthalten.[17]

20 Daneben können Kommanditanteile auch **im Wege der Erbnachfolge übertragen** werden. Dazu enthält der Gesellschaftsvertrag in der Regel ebenfalls Regelungen, die im Verkaufsprospekt anzugeben sind.

2. Mindestangaben zu Treuhandkommanditisten (§ 269 Abs. 2 Nr. 2 KAGB)

21 Beteiligen sich die Anleger über einen **Treuhandkommanditisten** an der InvKG mfK, so hat der Verkaufsprospekt nach § 269 Abs. 2 Nr. 2 KAGB bestimmte Mindestangaben zu dem Treuhandkommanditisten zu enthalten. In der Praxis ist der Einsatz eines Treuhandkommanditisten mittlerweile der Regelfall, da die einzelnen Anleger bei dieser Gestaltung nicht mehr als Kommanditisten im Handelsregister eingetragen werden müssen. Eingetragen wird stattdessen nur noch der Treuhandkommanditist, an dem die Anleger wiederum ihre Anteile erwerben. Das Rechtsverhältnis der Anleger zum Treuhandkommanditisten wird durch den Treuhandvertrag geregelt.[18]

---

16 *Dorenkamp* in Baur/Tappen, § 269 KAGB Rz. 20; *Busse* in Moritz/Klebeck/Jesch, § 269 KAGB Rz. 69.

17 *Unzicker* in Arndt/Voß, § 8f VerkProspG Rz. 170; *Dorenkamp* in Baur/Tappen, § 269 KAGB Rz. 28; *Busse* in Moritz/Klebeck/Jesch, § 269 KAGB Rz. 176.

18 Die investmentrechtliche Zulässigkeit dieser gesellschaftsrechtlichen Gestaltung ergibt sich aus § 152 Abs. 1 Satz 2 KAGB.

Der Verkaufsprospekt muss nach § 269 Abs. 2 Nr. 2 lit. a KAGB zunächst Angaben zu **Name, Anschrift** und **satzungsmäßigem Sitz** des Treuhänders enthalten. Weitergehend sind nach Nr. 2 lit. b und lit. c der Treuhandvertrag und gegebenenfalls die entsprechend anwendbaren Vorschriften aus dem Gesellschaftsvertrag anzugeben.[19] Der Prospekt muss daneben die **Aufgaben sowie die Rechte und Pflichten** des Treuhandkommanditisten aufzählen und kurz und prägnant beschreiben. Eine stichpunktartige Aufzählung wäre insoweit ausreichend. Schließlich ist in dem Verkaufsprospekt die exakte Summe der **Gesamtvergütung** des Treuhänders aufzunehmen, wobei eine Aufschlüsselung der einzelnen Beträge unterbleiben kann.[20] 22

3. Mindestangaben bei Erwerb von Anteilen an ÖPP-Projektgesellschaften (§ 269 Abs. 2 Nr. 3 KAGB)

Die besonderen Angaben nach § 269 Abs. 2 Nr. 3 KAGB sind in den Verkaufsprospekt aufzunehmen, wenn das Investmentvermögen in **ÖPP- oder sog. PPP-Projektgesellschaften (Öffentlich-Private- oder Public-Private Partnership)** investiert. Der Begriff ist in § 1 Abs. 19 Nr. 28 KAGB definiert. ÖPP-Projektgesellschaften dienen einem öffentlichen Zweck und sollen Infrastrukturprojekte in öffentlichen Bereichen, wie Schulen, Universitäten, Krankenhäuser, Pflegeeinrichtungen, Straßenbau etc., fördern.[21] Dafür werden Anlagen und Bauwerke in Kooperation zwischen der öffentlichen Hand und der privaten Wirtschaft errichtet, saniert, betrieben oder bewirtschaftet. Zur Finanzierung werden sog. ÖPP-Projektgesellschaften gegründet. Geschlossene inländische Publikums-AIF dürfen nach § 261 Abs. 1 Nr. 2 KAGB Anteile an ÖPP-Projektgesellschaften erwerben. 23

In diesem Fall muss der Verkaufsprospekt nach § 269 Abs. 2 Nr. 3 lit. a KAGB die **wesentlichen Merkmale** der ÖPP-Projektgesellschaft enthalten sowie nach lit. b die verschiedenen **zulässigen Arten** angeben. Falls Anteile oder Aktien der ÖPP-Projektgesellschaft **nicht an einer Börse oder an einem anderen organisierten Markt gehandelt werden** dürfen, ist auch dies nach lit. c im Verkaufsprospekt anzugeben. Dem Anleger soll dadurch vor Augen geführt werden, dass die von dem Investmentvermögen erworbenen Anteile in diesem Fall nur schwer veräußerbar sind und auch bei Verlusten u.U. länger im Investmentvermögen verbleiben.[22] 24

IV. Zusätzliche Angaben bei feststehenden Anlageobjekten (§ 269 Abs. 3 KAGB)

1. Bewertungsgutachten (§ 269 Abs. 3 Nr. 6 KAGB)

Während die Vorschrift des § 231 Abs. 2 KAGB die Pflicht enthält, den Wert der Anlageobjekte nach § 231 Abs. 1 Nr. 1 bis 6 KAGB von einem oder zwei externen Bewertern ermitteln zu lassen, sind in den Verkaufsprospekt nach § 269 Abs. 3 Nr. 6 KAGB lediglich einige wenige Informationspflichten im Zusammenhang mit den Bewertungsgutachten aufzunehmen. Die KVG muss neben dem **Namen der erstellenden Person oder Gesellschaft** auch das **Erstellungsdatum** angeben. Außerdem muss sie auch das **Ergebnis** des Bewertungsgutachtens in den Verkaufsprospekt aufnehmen. Wurden mehrere Gutachten eingeholt, so bezieht sich die Informationspflicht auf **sämtliche Gutachten.** Dies hat den Hintergrund, dass dem Anleger sämtliche vorhandenen Informationen offenzulegen sind. Die KVG soll nicht die Möglichkeit haben, die Informationen der Bewertung dadurch zu beschönigen, dass sie nur die für sie positiven Gutachten veröffentlicht.[23] 25

2. Feststehende Anlageobjekte

Die Vorschrift des § 261 Abs. 1 KAGB zählt die verschiedenen Anlageobjekte auf, in die ein AIF investieren darf. Eine genaue Aufzählung der zulässigen Sachwerte enthält § 261 Abs. 2 KAGB. So darf beispielsweise in **Immobilien, Schiffe, Luftfahrzeuge, Container etc.** investiert werden. In der Praxis stehen die Anlageobjekte regelmäßig bereits fest, bevor mit dem Vertrieb des Investmentvermögens begonnen wird. In diesem Fall muss der Verkaufsprospekt die zusätzlichen, konkretisierenden Angaben nach § 269 Abs. 3 KAGB über das Anlageobjekt enthalten. 26

---

19 *Dorenkamp* in Baur/Tappen, § 269 KAGB Rz. 35.

20 Eine Prozentzahl wäre ebenfalls ausreichend, vgl. *Voß* in Arndt/Voß, § 12 VermVerkProspV Rz. 170; *Dorenkamp* in Baur/Tappen, § 269 KAGB Rz. 37; *Busse* in Moritz/Klebeck/Jesch, § 269 KAGB Rz. 183.

21 Begr. RegE, BT-Drucks. 15/5668, S. 10.

22 *Schulte* in Emde/Dornseifer/Dreibus/Hölscher, § 90e InvG Rz. 6; *Kobabe* in Möllers/Kloyer, Das neue Kapitalanlagegesetzbuch, Rz. 981; *Busse* in Moritz/Klebeck/Jesch, § 269 KAGB Rz. 186; *Voigt/Sedlak* in Beckmann/Scholtz/Vollmer, § 269 KAGB Rz. 15.

23 *Voß* in Arndt/Voß, § 9 VermVerkProspV Rz. 46 ff.; *Dorenkamp* in Baur/Tappen, § 269 KAGB Rz. 41.

27 Für sog. **Blind-Pool Investmentvermögen** sieht der Gesetzgeber in § 269 Abs. 3 Satz 2 KAGB eine Ausnahme vor. Stattdessen ist ein Hinweis in den Verkaufsprospekt aufzunehmen, dass das konkrete Anlageobjekt gerade noch nicht feststeht. Bei **Semi-Blind-Pool** Gestaltungen ist zu differenzieren. Für die bereits feststehenden Anlageobjekte sind die zusätzlichen Angaben nach § 269 Abs. 3 KAGB in den Verkaufsprospekt einzubeziehen.[24]

3. Beschreibung des Anlageobjekts (§ 269 Abs. 3 Nr. 1 KAGB)

28 Der Verkaufsprospekt muss nach § 269 Abs. 3 Nr. 1 KAGB eine Beschreibung des konkreten Anlageobjekts enthalten. Vor dem Hintergrund des Anlegerschutzes und einer Prospekthaftung sind an die Beschreibung erhöhte Anforderungen zu stellen. Es reicht nicht aus, wenn das Anlageobjekt lediglich bezeichnet oder nur grob in wenigen Sätzen beschrieben wird. Vielmehr ist das Anlageobjekt **konkret** und **ausführlich** zu beschreiben.[25] Die wesentlichen Eckpunkte und Daten des Anlageobjektes wie Alter, Zustand, Größe, Leistung etc. sind in der Beschreibung zu nennen und zu erläutern.

4. Dingliche Belastungen des Anlageobjekts (§ 269 Abs. 3 Nr. 2 KAGB)

29 Anzugeben sind weitergehend nach § 269 Abs. 3 Nr. 2 KAGB sämtliche dingliche Belastungen des Anlageobjekts. Schuldrechtliche Verträge sind ausdrücklich nicht von der Informationspflicht im Verkaufsprospekt erfasst. Der Begriff der dinglichen Belastungen umfasst **Reallasten, Grundpfandrechte** wie Hypothek oder Grundschuld, **Nießbrauch, Vorkaufsrechte** oder **sonstige Aneignungsrechte** etc.[26]

5. Beschränkungen der Verwendung des Anlageobjekts (§ 269 Abs. 3 Nr. 3 KAGB)

30 Nach § 269 Abs. 3 Nr. 3 KAGB sind alle tatsächlichen und rechtlichen Beschränkungen anzugeben, die dazu führen können, dass das Anlageobjekt nicht oder nur eingeschränkt verwendet werden kann. Dabei sind sowohl **rechtliche aber auch faktische Beschränkungen** zu berücksichtigen. Eine faktische Beschränkung kann beispielsweise dann vorliegen, wenn ein Grundstück noch nicht gesichert ist oder technische Probleme vorliegen.[27] Rechtliche Beschränkungen können sich aus Verboten oder beispielsweise baurechtlichen Beschränkungen ergeben.[28] Bei der Prüfung der gerade genannten Beschränkungen ist stets auch ein besonderer Augenmerk auf das Anlageziel zu richten.[29]

6. Erforderliche behördliche Genehmigungen zum Betrieb (§ 269 Abs. 3 Nr. 4 KAGB)

31 Der Verkaufsprospekt muss darüber hinaus nach § 269 Abs. 3 Nr. 4 KAGB sämtliche behördliche Genehmigungen enthalten, die erforderlich sind, um das Anlageobjekt **bestimmungsgemäß nutzen** oder **betreiben** zu können. Befindet sich das Anlageobjekt im Ausland, sind auch ausländische Genehmigungen anzugeben.[30] Die Informationspflicht ist insoweit vollumfassend.

7. Verträge über Anschaffung oder Herstellung (§ 269 Abs. 3 Nr. 5 KAGB)

32 Nach § 269 Abs. 3 Nr. 5 KAGB hat die KVG **sämtliche Verträge** offenzulegen, die sie für Rechnung des Investmentvermögens **vor Vertriebsbeginn geschlossen** hat und die sich auf die Anschaffung oder Herstellung des Anlageobjekts beziehen. Hintergrund der Vorschrift ist es, den Anlegern ein Gesamtbild der bislang bestehenden rechtlichen Verhältnisse im Hinblick auf das Anlageobjekt zu verschaffen. Eine inhaltliche Zusammenfassung oder ein Abdruck der Verträge werden vom Wortlaut der Vorschrift nicht verlangt. Da sich die Informationspflicht darauf beschränkt, die Verträge lediglich zu nennen, sind von ihr auch vertrauliche Vereinbarungen umfasst.[31]

---

24 *Dorenkamp* in Baur/Tappen, § 269 KAGB Rz. 39; *Voigt/Sedlak* in Beckmann/Scholtz/Vollmer, § 269 KAGB Rz. 20.
25 *Voigt/Sedlak* in Beckmann/Scholtz/Vollmer, § 269 KAGB Rz. 18; *Busse* in Moritz/Klebeck/Jesch, § 269 KAGB Rz. 191.
26 *Voß* in Arndt/Voß, § 9 VermVerkProspV Rz. 60; *Dorenkamp* in Baur/Tappen, § 269 KAGB Rz. 41; *Busse* in Moritz/Klebeck/Jesch, § 269 KAGB Rz. 194.
27 *Dorenkamp* in Baur/Tappen, § 269 KAGB Rz. 42; *Busse* in Moritz/Klebeck/Jesch, § 269 KAGB Rz. 195.
28 *Dorenkamp* in Baur/Tappen, § 269 KAGB Rz. 42; *Busse* in Moritz/Klebeck/Jesch, § 269 KAGB Rz. 195.
29 *Dorenkamp* in Baur/Tappen, § 269 KAGB Rz. 42; *Busse* in Moritz/Klebeck/Jesch, § 269 KAGB Rz. 195.
30 *Dorenkamp* in Baur/Tappen, § 269 KAGB Rz. 43; *Busse* in Moritz/Klebeck/Jesch, § 269 KAGB Rz. 196.
31 *Dorenkamp* in Baur/Tappen, § 269 KAGB Rz. 45; a.A. wohl *Busse* in Moritz/Klebeck/Jesch, § 269 KAGB Rz. 198, da danach zumindest Vertragspartner und Vertragsgegenstand anzugeben sind.

8. Voraussichtliche Gesamtkosten und geplante Finanzierungskosten (§ 269 Abs. 3 Nr. 7 KAGB)

Schließlich sind in dem Verkaufsprospekt nach § 269 Abs. 3 Nr. 7 KAGB auch die voraussichtlichen Gesamtkosten des Anlageobjektes sowie die geplanten Finanzierungskosten auszuweisen. Die Gesamtkosten sollen dabei aufgegliedert in **Anschaffungs- und Herstellungskosten** einerseits und **sonstige Kosten** andererseits dargestellt werden. Dies erfolgt in der Praxis überwiegend in tabellarischer Form.[32] 33

Im Rahmen der Anschaffungs- und Herstellungskosten sind auch die geplanten Finanzierungskosten anzugeben, wobei Eigen- und Fremdmittel separat auszuweisen sind. Zusätzlich muss der Verkaufsprospekt bei **Eigen- und Fremdmitteln** auch Angaben zu den Konditionen und Fälligkeiten enthalten. Bei Fremdfinanzierungen ist außerdem nach Zwischenfinanzierungen und Endfinanzierungen zu unterscheiden. 34

V. Weitere Mindestangaben

In § 262 Abs. 1 Satz 4 KAGB ist eine weitere Hinweispflicht im Verkaufsprospekt und in den wesentlichen Anlegerinformationen für den Fall vorgesehen, dass der geschlossene inländische Publikums-AIF **noch nicht risikogemischt** investiert. Diese Möglichkeit besteht in der Anfangsphase, da der Publikums-AIF erst nach 18 Monaten ab Vertriebsbeginn risikogemischt investiert sein muss. 35

Eine **vollständige Ausnahme von dem Grundsatz der Risikomischung** besteht für geschlossene Publikums-AIF nach § 262 Abs. 2 KAGB. Der Publikums-AIF darf dann allerdings nicht in Anlageobjekte nach § 261 Abs. 1 Nr. 4 KAGB investieren. Darüber hinaus dürfen die Anteile nur von Privatanlegern erworben werden, die mindestens 20 000 Euro investieren und darüber hinaus die Voraussetzungen eines semiprofessionellen Anlegers im Sinne des § 1 Abs. 19 Nr. 33 lit. bb bis ee KAGB erfüllen. Legt die KVG einen solchen Publikums-AIF auf, muss sie nach § 262 Abs. 2 Satz 2 KAGB im Verkaufsprospekt und in den wesentlichen Anlegerinformationen an hervorgehobener Stelle auf das **Ausfallrisiko** hinweisen, das aufgrund der fehlenden Risikomischung entstehen kann. 36

Die Regelung des § 263 Abs. 5 Satz 1 KAGB sieht eine zeitlich begrenzte **Ausnahme** von der **Begrenzung des Leverage-Einsatzes und der Belastung von Vermögensgegenständen** für geschlossene Publikums-AIF vor. So gelten die in § 263 Abs. 1 und 4 KAGB genannten Grenzen noch nicht während der erstmaligen Vertriebsphase, jedoch längstens für 18 Monate ab dem Beginn des Vertriebes. In diesem Fall ist der Anleger nach § 263 Abs. 5 Satz 2 KAGB im Verkaufsprospekt und in den wesentlichen Anlegerinformationen auf die fehlende Begrenzung hinzuweisen. 37

Verfügt eine KVG nicht über eine KVG-Erlaubnis nach §§ 20 und 22 KAGB, sondern unterfällt sie lediglich der **Registrierungspflicht nach § 2 Abs. 5 KAGB** so ist im Verkaufsprospekt und in den wesentlichen Anlegerinformationen drucktechnisch herausgestellt und an hervorgehobener Stelle darauf hinzuweisen, vgl. § 2 Abs. 5 Nr. 6 KAGB. Das gleiche gilt, wenn die AIF-KVG von der **Übergangsvorschrift des § 343 Abs. 3 KAGB** Gebrauch macht und folglich noch nicht über eine eigene KVG-Erlaubnis nach §§ 20 und 22 KAGB verfügt. Auch dies muss den Anlegern im Verkaufsprospekt und in den wesentlichen Anlegerinformationen drucktechnisch herausgestellt an hervorgehobener Stelle mitgeteilt werden. 38

§ 270 Inhalt, Form und Gestaltung der wesentlichen Anlegerinformationen

(1) Für die wesentlichen Anlegerinformationen für geschlossene Publikums-AIF gilt § 166 Absatz 1 bis 3 und 5 nach Maßgabe der folgenden Vorschriften entsprechend.

(2) [1]Für geschlossene Publikums-AIF sind die Artikel 3 bis 7, 10 bis 24, 26 bis 30 und 38 der Verordnung (EU) Nr. 583/2010 hinsichtlich der näheren Inhalte, der Form und Gestaltung der wesentlichen Anlegerinformationen entsprechend mit folgenden Maßgaben anzuwenden:

1. **[1]sofern bereits feststeht, in welche konkreten Anlageobjekte im Sinne von § 261 Absatz 1 Nummer 1 investiert werden soll, ist zusätzlich zu den in Artikel 7 Absatz 1 der Verordnung (EU) Nr. 583/2010 genannten Mindestangaben eine Beschreibung dieser Anlageobjekte erforderlich. [2]Andernfalls ist die Angabe aufzunehmen, dass noch nicht feststeht, in welche konkreten Anlageobjekte investiert werden soll;**

32 *Unzicker* in Arndt/Voß, § 9 VermVerkProspV Rz. 79; *Dorenkamp* in Baur/Tappen, § 269 KAGB Rz. 48.

2. in den Fällen, in denen eine Beschreibung von konkreten Anlageobjekten im Sinne von Nummer 1 oder eine Darstellung von Performance-Szenarien erfolgt, ist Artikel 6 der Verordnung (EU) Nr. 583/2010 mit der Maßgabe anzuwenden, dass die wesentlichen Anlegerinformationen ausgedruckt nicht länger als drei Seiten sein dürfen;

3. die in Artikel 10 Absatz 2 Buchstabe b und c der Verordnung (EU) Nr. 583/2010 genannten Kosten umfassen die mit der Anlage in den geschlossenen Publikums-AIF verbundenen Kosten und Provisionen;

4. sofern gemäß Artikel 15 Absatz 4 der Verordnung (EU) Nr. 583/2010 keine Daten über die frühere Wertentwicklung für ein vollständiges Kalenderjahr vorliegen, sind anstelle der bisherigen Wertentwicklung im Sinne von § 166 Absatz 2 Satz 1 Nummer 5 die Aussichten für die Kapitalrückzahlung und Erträge unter verschiedenen Marktbedingungen in Form einer Illustration darzustellen; die Illustration muss mindestens drei zweckmäßige Szenarien der potenziellen Wertentwicklung des geschlossenen Publikums-AIF enthalten;

5. [1]Artikel 4 Absatz 8 und die Artikel 8 und 9 der Verordnung (EU) Nr. 583/2010 sind nicht anzuwenden; die Darstellung des Risiko- und Ertragsprofils nach § 166 Absatz 2 Satz 1 Nummer 3 hat dafür eine Bezeichnung der wesentlichen Risiken und Chancen, die mit einer Anlage verbunden sind, zu enthalten. [2]Dabei ist auf die wesentlichen Risiken, die Einfluss auf das Risikoprofil des geschlossenen Publikums-AIF haben, hinzuweisen; insbesondere sind die Risiken der Investitionen in die Vermögensgegenstände, in die der geschlossene Publikums-AIF investiert, zu bezeichnen. [3]Daneben ist ein Hinweis auf die Beschreibung der wesentlichen Risiken im Verkaufsprospekt aufzunehmen. [4]Die Darstellung muss den Anleger in die Lage versetzen, die Bedeutung und die Wirkung der verschiedenen Risikofaktoren zu verstehen. [5]Die Beschreibung ist in Textform zu erstellen und darf keine grafischen Elemente aufweisen. [6]Daneben sind folgende Angaben aufzunehmen:

a) ein genereller Hinweis, dass mit der Investition in den geschlossenen Publikums-AIF neben den Chancen auf Wertsteigerungen auch Risiken verbunden sein können und

b) anstelle der Angaben nach Artikel 7 Absatz 1 Satz 2 Buchstabe b der Verordnung (EU) Nr. 583/2010 ein Hinweis auf die fehlende oder nur eingeschränkte Möglichkeit der Rückgabe von Anteilen.

[2]Soweit sich die in Satz 1 genannten Regelungen auf Teilinvestmentvermögen oder Master-Feeder-Konstruktionen beziehen, sind sie nicht anzuwenden.

(3) [1]Die Ermittlung und die Erläuterung der Risiken im Rahmen des Risiko- und Ertragsprofils nach Absatz 2 Nummer 5 müssen mit dem internen Verfahren zur Ermittlung, Messung und Überwachung von Risiken übereinstimmen, das die AIF-Kapitalverwaltungsgesellschaft im Sinne der Artikel 38 bis 56 der Verordnung (EU) Nr. 231/2013 angewendet hat. [2]Verwaltet eine AIF-Kapitalverwaltungsgesellschaft mehr als ein Investmentvermögen, sind die hiermit verbundenen Risiken einheitlich zu ermitteln und widerspruchsfrei zu erläutern.

(4) Sofern in den Anlagebedingungen eine zusätzliche Verwaltungsvergütung für den Erwerb, die Veräußerung oder die Verwaltung von Vermögensgegenständen nach § 261 Absatz 1 Nummer 1 vereinbart wurde, ist diese Vergütung neben der Gesamtkostenquote nach § 166 Absatz 5 gesondert als Prozentsatz des durchschnittlichen Nettoinventarwertes des geschlossenen Publikums-AIF anzugeben.

In der Fassung vom 4.7.2013 (BGBl. I 2013, S. 1981), zuletzt geändert durch das Gesetz zur Anpassung von Gesetzen auf dem Gebiet des Finanzmarktes vom 15.7.2014 (BGBl. I 2014, S. 934).

Schrifttum: *Bußalb/Vogel*, Das Gesetz über Vermögensanlagen neue Regeln für geschlossene Fonds, WM 2012, 1416; *Fock*, Gemischte Sondervermögen, WM 2006, 2160 – *2168; Kobabe*, Geschlossene Fonds in Deutschland nach den Regelungen des KAGB, in Möllers/Kloyer, Das neue Kapitalanlagegesetzbuch, 2013, S. 331; *Weitnauer*, Die Informationspflichten nach dem KAGB, in Möllers/Kloyer, Das neue Kapitalanlagegesetzbuch, 2013, S. 161.

I. Allgemeines

1. Regelungsgegenstand und Regelungszweck

Die wesentlichen Anlegerinformationen werden dem Anleger europaweit in vergleichbarer Form zur Verfügung gestellt. Sie werden auch als Key Investor Information Document (KIID) bezeichnet und gehen zurück auf die **Durchführungsverordnung (EU) Nr. 583/2010** vom 1.7.2010 zur OGAW IV-RL.[1] Um eine **einheitliche Anwendung** und **Vollharmonisierung** in allen Mitgliedstaaten zu erreichen und dem Anleger auch tatsächlich vergleichbare Dokumente an die Hand zu geben, gestaltete der europäische Gesetzgeber die Regelungen als unmittelbar anwendbare Verordnung aus.[2] 1

Die wesentlichen Anlegerinformationen sollen dem Anleger zum einen ermöglichen, das Investmentvermögen mit anderen Investmentvermögen anhand derselben Informationen zu **vergleichen.**[3] Nach Ansicht des europäischen Gesetzgebers reicht es allerdings nicht aus, nur die Art der Informationen vorzugeben. Vielmehr regelte er in der Verordnung auch genau, wie und in welcher Reihenfolge diese Informationen **auszugestalten und darzustellen** sind.[4] Nur durch ein einheitliches Format kann gewährleistet werden, dass dem Anleger auf einen Blick verständliche und vergleichbare Informationen auch grenzüberschreitend vorliegen.[5] Zum anderen dienen die wesentlichen Anlegerinformationen zusammen mit dem Verkaufsprospekt dazu, dem Anleger eine **fundierte Anlageentscheidung** zu ermöglichen (vgl. § 166 Abs. 1 KAGB). Während der Verkaufsprospekt eine umfassende Informationsgrundlage bieten soll, kommt den wesentlichen Anlegerinformationen die Aufgabe zu, dem Anleger alle wesentlichen Informationen des Investmentvermögens in **kurzer, prägnanter und verständlicher Form** zur Verfügung zu stellen.[6] 2

Um eine noch bessere Verständlichkeit und Vergleichbarkeit sicherzsutellen, haben KVGen ab dem 1.1.2020 die wesentlichen Anlegerinformationen in Form von sog. Basisinformationsblättern – kurz BIBs – (bzw. Key Information Documents – kurz KIDs –) nach den Standards der VO (EU) Nr. 1286/2014 für Packaged Retail and Insurance-based Investment Products (PRIIPs) zu erstellen.[7] Diese lösen die wesentlichen Anlegerinformationenn bzw. KIIDs ab. Damit verfolgt der Europäische Gesetzgeber die Zwecke, einerseits das Vertrauen der Anleger in den Finanzmarkt nach der Finanzkrise wiederherzustellen und andererseits den Anlegerschutz insgesamt zu stärken.[8] Dazu werden vor allem die Vorgaben für das Format und den Inhalt der Basisinformationsblätter europaweit vereinheitlicht, vgl. Art. 6 bis 8 der VO (EU) Nr. 1286/2014.[9] Daneben enthält die Verordnung in Art. 13 und 14 auch zahlreiche Vorschriften, wie und in welcher Form die

1 Zu den Unterschieden zwischen KIID und Informationspflichten nach der AIFM-Richtlinie *Zetzsche/Eckner* in Zetzsche, The Alternative Investment Fund Managers Directive, Chapter 15, S. 356 ff.
2 ErwGr. 2 VO (EU) 583/2010.
3 ErwGr. 9 VO (EU) 583/2010; *Rozok* in Emde/Dornseifer/Dreibus/Hölscher, 2013, § 42 InvG Rz. 55; *Dorenkamp* in Baur/Tappen, § 270 KAGB Rz. 5; *Busse* in Moritz/Klebeck/Jesch, § 270 KAGB Rz. 12.
4 Vgl. Art. 4 ff. VO (EU) 583/2010.
5 ErwGr. 4 VO (EU) 583/2010.
6 ErwGr. 59 OGAW IV-RL; *Rozok* in Emde/Dornseifer/Dreibus/Hölscher, § 42 InvG Rz. 55.
7 ErwGr. 17 VO (EU) Nr. 1286/2014. Aufgrund der Übergangsvorschrift in Art. 32 der VO (EU) Nr. 1286/2014 sind geschlossene Investmentvermögen erst ab dem 31.12.2019 zur Erstellung von PRIIPs verpflichtet, obwohl die Verordnung eigentlich bereits ab dem 31.12.2016 gilt. S. dazu auch den sehr informativen Fachartikel der BaFin vom 17.8.2015 von *Andresen/Gerold*, Basisinformationsblatt: PRIIPs-Verordnung – Neuer EU-weiter Standard der Produktinformationen für Verbraucher, abrufbar unter https://www.bafin.de/SharedDocs/Veroeffentlichungen/DE/Fachartikel/2015/fa_bj_1508_basisinformationsblatt_priips_verordnung.html (Abruf vom 1.10.2018).
8 ErwGr. 2 und 4 VO (EU) Nr. 1286/14.
9 S. dazu auch *Busse* in Moritz/Klebeck/Jesch, § 268 KAGB Rz. 71 ff.

Basisinformationsblätter zu veröffentlichen und dem Anleger zur Verfügung zu stellen sind. Zu Einhelheiten s. die Kommentierung der PRIIPs-VO im Anh. zu § 166.

3 Um zu unterstreichen, wie wichtig und entscheidend die Angaben im Verkaufsprospekt und den wesentlichen Anlagebedingungen für die Anlageentscheidung des Anlegers sind, finden sich im KAGB verschiedene **Anspruchsgrundlagen für Schadensersatzansprüche des Anlegers** gegen die KVG. Verletzt die KVG ihre Pflicht, einen Verkaufsprospekt zu erstellen, oder sind wesentliche Angaben unrichtig oder unvollständig, sehen § 306 Abs. 1 und Abs. 5 KAGB Schadensersatzansprüche des Anlegers vor. Das gleiche gilt nach § 306 Abs. 2 KAGB wenn wesentliche Anlegerinformationen irreführend oder unrichtig sind oder den entsprechenden Angaben im Verkaufsprospekt widersprechen. Daneben bestehen auch weitere **zivilrechtliche Haftungsansprüche** nach §§ 823 ff. BGB.[10] Im Übrigen wird auf die Kommentierung zu § 306 KAGB verwiesen.

2. Regelungssystematik

4 Während § 268 Abs. 1 KAGB die Pflicht enthält, ein Verkaufsprospekt und allgemeine Anlegerinformationen zu erstellen, enthält § 270 KAGB die Anforderungen an den Inhalt der allgemeinen Anlegerinformationen. Die Parallelvorschrift für offene Publikumsinvestmentvermögen findet sich in § 166 KAGB. Der Gesetzgeber verweist in § 270 Abs. 1 KAGB im Wesentlichen auf die Regelungen in § 166 Abs. 1 bis 3 und 5 KAGB, wobei die Besonderheiten für geschlossene Publikums-AIF entsprechend den Absätzen 2 bis 4 zu berücksichtigen sind.[11]

5 § 270 Abs. 2 KAGB enthält wiederum einen Verweis auf Art. 3 bis 7, 10 bis 24, 26 bis 30 und 38 der VO (EU) Nr. 583/2010 und dehnt somit die Regelungen der Verordnung auch auf geschlossene Publikums-AIF aus. Dies ist erforderlich, da die Verordnung unmittelbar nur auf OGAW-Sondervermögen anwendbar ist. Mit dem Verweis auf die VO (EU) Nr. 583/2010 in § 270 Abs. 2 KAGB für geschlossene Publikums-AIF und § 166 Abs. 4 Satz 2 KAGB für offene Publikums-AIF schafft der nationale Gesetzgeber einen **Gleichlauf der Informationspflichten für sämtliche offenen Publikumsinvestmentvermögen.**[12] Daneben finden sich in § 270 Abs. 2 Satz 1 Nr. 1 bis 5 KAGB besondere Mindestanforderungen für geschlossene Publikums-AIF.

6 § 270 Abs. 3 KAGB regelt weitergehend, dass die Risiko- und Ertragsprofilangaben mit den Vorgaben des internen Risikomanagements übereinstimmen müssen. Sehen die Anlagebedingungen eine zusätzliche Verwaltungsvergütung für den Erwerb, die Veräußerung oder die Verwaltung von Sachwerten (§ 261 Abs. 1 Nr. 1 KAGB) vor, so ist diese Vergütung nach § 270 Abs. 4 KAGB schließlich auch in den wesentlichen Anlegerinformationen auszuweisen.

3. Entstehungsgeschichte

7 Die wesentlichen Anlegerinformationen bzw. KIIDs wurden mit der VO (EU) Nr. 583/2010 in Durchführung der OGAW IV-RL eingeführt und lösten das vereinfachte Verkaufsprospekt ab. Vor Inkrafttreten des KAGB war die KVG nach § 42 Abs. 2 InvG verpflichtet wesentliche Anlegerinformationen im Sinne der Verordnung zu erstellen und zu veröffentlichen. Da § 42 Abs. 2 InvG nur für OGAW-Sondervermögen anwendbar war, waren demnach einzelne offene und sämtliche geschlossenen Publikums-AIF bislang von dieser Pflicht ausgenommen.

8 Mit dem Anlegerschutzverbesserungsgesetz und dem daraus hervorgehenden VermAnlG wurde mit Wirkung zum 13.11.2011 allerdings auch eine ähnliche Informationspflicht für geschlossene Publikums-AIF eingeführt.[13] In dem sog. Vermögensanlageninformationsblatt (VIB) mussten ebenfalls die wesentlichen Informationen in übersichtlicher und leicht verständlicher Weise dargestellt werden (vgl. § 13 VermAnlG). Seit Einführung des KAGB gilt das VermAnlG weiterhin als Auffangtatbestand für Namensschuldverschreibungen und Genussrechte.[14]

9 Das KAGB führt nun eine **umfassende und gleichlaufende Pflicht für sämtliche Publikumsinvestmentvermögen** ein, ein Verkaufsprospekt und wesentliche Anlegerinformationen zu erstellen und geht damit über die Vorgaben der Transparenzvorschrift des Art. 23 AIFM-RL hinaus. Dies erhöht zumindest im In-

10 Zur Prospekthaftung allgemein vgl. beispielsweise *Assmann/Schütze*, Handbuch des Kapitalanlagerechts, § 5; zum aktuellen Telekom-Prozess *Amort*, NJW 2015, 1276 ff. S. auch die Kommentierung zu § 164 Rz. 13 ff.

11 Begr. RegE, BT-Drucks. 17/12294, S. 273.

12 Auch *Dorenkamp* in Baur/Tappen, § 270 KAGB Rz. 6. Zur Abgrenzung zwischen den jeweiligen Anforderungen der OGAW-Richtlinien, der AIFM- und der Prospektrichtlinie vgl. ausführlich *Zetzsche/Eckner* in Zetzsche, The Alternative Investment Fund Managers Directive, Chapter 15, S. 333 ff.

13 *Dorenkamp* in Baur/Tappen, § 270 KAGB Rz. 4.

14 *Dorenkamp* in Baur/Tappen, § 270 KAGB Rz. 6.

land die Vergleichbarkeit der unterschiedlichen Investmentvermögen. Den nächsten Schritt zur besseren Vergleichbarkeit in Europa geht ab dem Jahr 2020 die VO (EU) Nr. 1286/2014 mit PRIIPs und dem Basisinformationsblatt (bzw. KID) (s. dazu Rz. 2).

II. Allgemeine Anforderungen an wesentliche Anlegerinformationen (§§ 270 Abs. 1 i.V.m. 166 Abs. 1 bis 3 und 5, Abs. 2 KAGB)

Im Hinblick auf den wesentlichen Inhalt sowie Gliederung, Ausgestaltung und Darstellung der wesentlichen Anlegerinformationen verweist § 270 Abs. 1 KAGB auf § 166 Abs. 1 bis 3 und 5 KAGB. § 270 Abs. 2 KAGB verweist auf die **allgemeinen Normen der VO (EU) Nr. 583/2010** für **KIIDs**. Insofern kommt es teilweise zu Überschneidungen, da § 166 Abs. 3 KAGB wiederum ebenfalls auf die entsprechenden Vorschriften der VO (EU) Nr. 583/2010 Bezug nimmt. 10

1. Inhalt der wesentlichen Anlegerinformationen

§ 166 Abs. 2 KAGB enthält eine Aufzählung der **wesentlichen Merkmale**, die in den wesentlichen Anlegerinformationen enthalten sein müssen. Neben der Identität (Nr. 1) sind auch die Anlageziele und die Anlagepolitik kurz zu beschreiben (Nr. 2). Die erforderlichen Angaben hierzu werden in Art. 7 VO (EU) Nr. 583/2010 konkretisiert. Außerdem müssen das Risiko- und Ertragsprofil (Nr. 3) der Anlage, die Kosten und Gebühren (Nr. 4) sowie die bisherige Wertentwicklung und ggf. Performance-Szenarien (Nr. 5) in den Anlegerinformationen aufgenommen werden. Konkrete Vorgaben hierzu finden sich in Art. 8 bis 19 der VO (EU) Nr. 583/2010. Schließlich werden die wesentlichen Anlegerinformationen mit praktischen Informationen und Querverweisen (Nr. 6) abgerundet, die ebenfalls in der VO (EU) Nr. 583/2010 in Art. 20 ff. näher beschrieben werden. Zur genauen Ausgestaltung wird auf die umfassende Kommentierung zu § 166 KAGB (§ 166 Rz. 15 ff.) verwiesen. 11

2. Gliederung, Ausgestaltung und Darstellung der wesentlichen Anlegerinformationen

Die wesentlichen Anlegerinformationen müssen nach § 166 Abs. 3 Satz 1 KAGB so ausgestaltet sein, dass sie vom Anleger verstanden werden können, ohne dass dieser zusätzliche Dokumente benötigt. Dies bedeutet, dass sie in einer dem Privatanleger **verständlichen Sprache** abgefasst werden müssen, wobei auf Jargon und technische Termini möglichst verzichtet werden soll.[15] Sie müssen darüber hinaus gem. § 166 Abs. 3 Satz 2 und 3 KAGB **redlich und eindeutig** sein und dürfen **nicht irreführend** sein, insbesondere dürfen sie den **Angaben im Verkaufsprospekt nicht widersprechen**. Das Dokument ist gem. Art. 4 Abs. 2 VO (EU) Nr. 583/2010 mit dem **Titel „Wesentliche Anlegerinformationen"** zu versehen. 12

Darüber hinaus enthält Art. 4 VO (EU) Nr. 583/2010 verpflichtende Hinweise zur **Reihenfolge und Gliederung** der wesentlichen Anlegerinformationen in verschiedene Abschnitte. Daneben gibt die Verordnung auch **verschiedene Textbausteine** vor, die im exakten Wortlaut zu verwenden sind. 13

Nach Art. 6 darf das Dokument maximal **zwei DIN-A4-Seiten** in ausgedruckter Form umfassen, wobei die Größe der Buchstaben gut leserlich sein muss.[16] Für geschlossene Publikums-AIF enthält § 270 Abs. 2 Satz 1 Nr. 2 KAGB eine Sonderregelung. Das Dokument darf danach auch drei DIN-A4-Seiten umfassen, wenn die konkreten Anlageobjekte bereits feststehen und beschrieben werden oder Performance-Szenarien beschrieben werden müssen. 14

Zur konkreten **Art und Weise der Ausgestaltung** wird im Übrigen auf die umfangreiche Kommentierung zu § 166 KAGB (§ 166 Rz. 15 ff.) verwiesen. 15

3. Praktische Informationen und Querverweise

Welchen Inhalt die **praktischen Informationen** der wesentlichen Anlegerinformationen haben müssen, ergibt sich aus **Art. 20 VO (EU) Nr. 583/2010**, auf den in § 270 Abs. 2 KAGB verwiesen wird. Neben dem Namen der Verwahrstelle sind auch Hinweise aufzunehmen, wo die weiteren Informationsmedien wie der Verkaufsprospekt, der letzte Jahresbericht und die künftigen Halbjahresberichte erhältlich sind, dass sie kostenlos angefordert werden können und in welcher Sprache sie verfügbar sind. Ein Hinweis darauf, wo und wie praktische Informationen erhältlich sind ist ebenfalls aufzunehmen. Weitergehend muss eine Erklärung mit dem Inhalt erfolgen, dass Steuervorschriften des Herkunftsstaates des AIF die persönliche Steuerlage des Anlegers beeinflussen können. Für die Umschreibung des gesetzlichen Haftungsumfangs gibt 16

15 Zur Sprache der wesentlichen Anlegerinformationen s. Art. 5 VO (EU) Nr. 583/2010.
16 Zur Sprache und Präsentation der wesentlichen Anlegerinformationen s. Art. 5 VO (EU) Nr. 583/2010.

Art. 20 Abs. 1 lit. e VO (EU) Nr. 583/2010 den genauen Wortlaut vor. Werden schließlich unterschiedliche Anlageklassen ausgegeben, so ist in den wesentlichen Anlegerinformationen auch auf die anderen verfügbaren Anteilsklassen hinzuweisen.

17 **Querverweise** sind nach **Art. 21 VO (EU) Nr. 583/2010** dann zulässig, wenn alle wesentlichen Informationen selbst in den wesentlichen Anlegerinformationen enthalten sind und der Inhalt dadurch nicht beeinträchtigt wird. Die KVG darf demnach auf ihre Webseite, den Verkaufsprospekt und die Jahres- und Halbjahresberichte verweisen. Allerdings sind diese Verweise lediglich als gezielte Informationsverweise einzusetzen und dürfen nicht als Pauschalverweise eingesetzt werden.[17] Außerdem ist zu berücksichtigen, dass die Verweise auf ein Minimum zu beschränken sind.

III. Besondere Mindestanforderungen für geschlossene Publikums-AIF (§ 270 Abs. 2 bis 4 KAGB)

1. Beschreibung der Anlageobjekte (§ 270 Abs. 2 Satz 1 Nr. 1 KAGB)

18 Nach § 270 Abs. 2 Satz 1 Nr. 1 KAGB sind zusätzlich zu den Mindestangaben nach § 166 Abs. 2 KAGB die Anlageobjekte kurz zu beschreiben, falls diese bereits vor Vertriebsbeginn feststehen. Die Regelung trägt dem Umstand Rechnung, dass die Anlageobjekte für den Anleger neben den Anlagezielen und der Anlagepolitik etc. ebenfalls wichtige Informationen darstellen, die die Anlageentscheidung wesentlich beeinflussen können.[18] Für den Anleger spielt es eine große Rolle die konkrete Immobilie oder das konkrete Schiff, in welches „sein" Geld angelegt werden soll, zu kennen. Aufgrund des Charakters der wesentlichen Anlegerinformationen als **Kurzinformation** reicht es aber aus, die Anlageobjekte mit ihren **wesentlichen Eckpunkten** darzustellen. Stehen die Anlageobjekte noch nicht fest, so ist dies nach Satz 2 anstelle der Kurzbeschreibung in einem Hinweis in den wesentlichen Anlegerinformationen aufzunehmen. An dieser Stelle sollte zusätzlich zumindest beschrieben werden, in welche Arten von Anlageobjekten der Publikums-AIF investieren wird.[19] Außerdem kann hier auch der Kriterienkatalog der BaFin für Blind-Pool Konstruktionen als Anhaltspunkt dienen.[20]

2. Umfang (§ 270 Abs. 2 Satz 1 Nr. 2 KAGB)

19 Da die Beschreibung der Anlageobjekte bei einem geschlossenen Publikums-AIF zusätzlich zu den normalen Mindestangaben nach § 166 Abs. 2 KAGB erfolgt und die wesentlichen Anlegerinformationen dadurch umfangreicher sind als bei einem offenen Publikumsinvestmentvermögen, dürfen sie bis zu **drei DIN-A4-Seiten** umfassen. Der Gesetzgeber weicht mit der Regelung des § 270 Abs. 2 Satz 1 Nr. 2 KAGB somit von dem in der VO (EU) Nr. 583/2010 vorgegebenen Normalumfang von zwei Seiten ab.

3. Kosten (§ 270 Abs. 2 Satz 1 Nr. 3 KAGB)

20 Die Regelung des § 270 Abs. 2 Satz 1 Nr. 3 KAGB stellt klar, dass der Begriff der Kosten bei geschlossenen Publikums-AIF umfangreicher ist und auch Kosten umfasst, die mit der Anlage in den Publikums-AIF entstehen.[21] Daneben sind auch Provisionen zu berücksichtigen. Der Kostenbegriff spielt zum einen eine Rolle bei der Erstellung der **Kostentabelle** nach Art. 10 Abs. 2 lit. c VO (EU) Nr. 583/2010. Der Inhalt der Tabelle ist in Anhang II der VO (EU) Nr. 583/2010 vorgegeben und ist bei geschlossenen Publikumsfonds um die Angabe der Provisionen und der Kosten, die mit der Anlage entstehen, zu ergänzen. Zum anderen sind die beiden zusätzlichen Kosten auch in dem nach Art. 10 Abs. 2 lit. b VO (EU) Nr. 583/2010 zu erstellenden **Sammelposten „laufende Kosten"** mit einzubeziehen. Im Übrigen wird zur Kostendarstellung auf die umfassende Kommentierung zu § 166 Abs. 2 KAGB (§ 166 Rz. 59 ff.) verwiesen sowie auf die Kommentierung zu § 165 KAGB (§ 165 Rz. 43 ff.).

17 *Dorenkamp* in Baur/Tappen, § 270 KAGB Rz. 53.
18 Begr. RegE, BT-Drucks. 17/12294, S. 273.
19 *Busse* in Moritz/Klebeck/Jesch, § 270 KAGB Rz. 87.
20 BaFin, Kriterienkatalog zur Verhinderung von reinen Blindpool-Konstruktionen bei geschlossenen Pulikums-AIF vom 6.11.2014.
21 Begr. RegE, BT-Drucks. 17/12294, S. 274.

4. Potentielle Wertentwicklung des geschlossenen Publikums-AIF (§ 270 Abs. 2 Satz 1 Nr. 4 KAGB)

a) Illustration einer potentiellen Wertentwicklung

Eine weitere Besonderheit besteht bei geschlossenen Publikums-AIF darin, dass eine bisherige Wertentwicklung meist noch nicht stattgefunden hat. Das Anlageobjekt wird in der Regel vor Vertriebsbeginn erst neu erworben, so dass eine frühere Wertentwicklung als Anhaltspunkt für Anlageentscheidung des Anlegers nicht dargestellt werden kann. § 270 Abs. 2 Satz 1 Nr. 4 KAGB trägt diesem Umstand Rechnung und sieht vor, dass anstelle der früheren Wertentwicklung eine **Illustration** aufzunehmen ist, die **mindestens drei zweckmäßige Szenarien einer potentiellen Wertentwicklung des geschlossenen Publikums-AIF** beinhalten muss. Anhand dieser Wertentwicklung sind anschließend die **Aussichten für die Kapitalrückzahlung sowie die potentiellen Erträge** zu berechnen und in den wesentlichen Anlegerinformationen aufzunehmen.[22] Aufgrund des Verweises auf Art. 15 Abs. 4 VO (EU) Nr. 583/2010 ist auch ein Hinweis aufzunehmen, dass keine ausreichenden Daten vorhanden sind, um eine frühere Wertentwicklung nachzuzeichnen und dass an dessen Stelle die Illustration aufzunehmen ist. 21

Zur optischen Aufmachung der Illustration enthalten weder § 270 Abs. 2 Satz 1 Nr. 4 KAGB noch Art. 15 Abs. 4 VO (EU) Nr. 583/2010 Vorgaben. Nur in Bezug auf die Darstellung der früheren Wertentwicklung enthält Art. 15 Abs. 1 VO (EU) Nr. 583/2010 die Vorgabe, dass diese in einem **Balkendiagramm** zu präsentieren ist und die letzten 10 Jahre darstellt. Daher erscheint es auch im Hinblick auf den begrenzt verfügbaren Platz zweckmäßig, die Form des Balkendiagramms auch zu wählen, um die drei Szenarien abzubilden.[23] Dies ist aber nicht zwingend. 22

b) Frühere Wertentwicklung

Findet eine Platzierung der Anteile oder Aktien eines geschlossenen Publikums-AIF jedoch über mehrere Jahre hinweg statt, so kann eine **frühere Wertentwicklung** nachgezeichnet werden. Diese ist nach § 270 Abs. 2 KAGB in Verbindung mit Art. 15 Abs. 1 VO (EU) Nr. 583/2010 in einem **Balkendiagramm** darzustellen. Das Balkendiagramm muss eine gut leserliche Größe haben und darf den Umfang einer halben Seite nicht überschreiten. Gibt es Jahre, für die keine Daten vorhanden sind, ist im Diagramm an dieser Stelle eine Blanko-Spalte aufzunehmen. Im Übrigen gelten die weiteren Vorgaben des Art. 15 VO (EU) Nr. 583/2010. 23

5. Darstellung des Risiko- und Ertragsprofils (§ 270 Abs. 2 Satz 1 Nr. 5 und Abs. 3 KAGB)

a) Inhaltliche Vorgaben nach § 270 Abs. 2 Satz 1 Nr. 5 KAGB

Für die Darstellung des Risiko- und Ertragsprofils stellt § 270 Abs. 2 Satz 1 Nr. 5 Satz 1 KAGB klar, dass Art. 8 und 9 VO (EU) Nr. 583/2010 nicht anwendbar sind und folglich kein synthetischer Indikator zur Risikobeschreibung herangezogen werden darf. Stattdessen muss das **Risiko- und Ertragsprofil** zwingend schriftlich **in Textform** beschrieben werden und darf keine grafischen Elemente enthalten. Die Regelung beruht auf dem aufgehobenen § 42 Abs. 2a) InvG.[24] Insbesondere sind nach Satz 2 die Risiken zu beschreiben, die sich im Zusammenhang mit der Investition in Vermögensgegenstände ergeben können. Die Regelung trägt dem Umstand Rechnung, dass gerade diese Risiken für den Anleger von besonderer Bedeutung sind, da der Publikums-AIF in Vermögensgegenstände investiert, aus denen besondere Risiken hervorgehen können. So besteht beispielsweise bei einer Immobilie das Risiko, dass die Miete aufgrund Leerstands oder zahlungsunfähigen Mietern ausfällt oder unvorhergesehene Instandhaltungskosten entstehen.[25] Weitergehend besteht auch immer ein allgemeines Haftungsrisiko im Zusammenhang mit einer Immobilie, auf das der Anleger hinzuweisen ist.[26] Da Immobilien zumindest meist auch fremdfinanziert sind, ergibt sich hier ein Ausfallrisiko, auf das hingewiesen werden muss.[27] Liegen spezifische Rechts- und Steuerrisiken vor, ist auch auf diese hinzuweisen.[28] Daneben ergibt sich bei Anteilen an einem geschlossenen Immobilien- 24

22 Die Vorschrift basiert auf § 13 Abs. 2 Nr. 4 VermAnlG, vgl. Begr. RegE, BT-Drucks. 17/12294, S. 274.
23 *Dorenkamp* in Baur/Tappen, § 270 KAGB Rz. 44; *Busse* in Moritz/Klebeck/Jesch, § 270 KAGB Rz. 146.
24 Begr. RegE, BT-Drucks. 17/12294, S. 274.
25 *Dorenkamp* in Baur/Tappen, § 270 KAGB Rz. 47; *Busse* in Moritz/Klebeck/Jesch, § 270 KAGB Rz. 109.
26 *Dorenkamp* in Baur/Tappen, § 270 KAGB Rz. 47.
27 *Dorenkamp* in Baur/Tappen, § 270 KAGB Rz. 47; *Busse* in Moritz/Klebeck/Jesch, § 270 KAGB Rz. 111.
28 *Rozok* in Emde/Dornseifer/Dreibus/Hölscher, § 42 InvG Rz. 113.

fonds das Problem, dass sie möglicherweise aufgrund der festen Laufzeit und einer beschränkten Rückgabemöglichkeit nur eingeschränkt handelbar sind.[29]

25 Nach § 270 Abs. 2 Satz 1 Nr. 5 lit. a KAGB ist auch ein **genereller Hinweis** aufzunehmen, dass Investitionen in geschlossene Publikums-AIF neben den Chancen auf eine Wertsteigerung auch mit Risiken verbunden sein können. Der Mehrwert dieser Regelung war bereits im Rahmen der Vorgängervorschrift des § 42 Abs. 2a) InvG fraglich.[30]

26 Weitergehend stellt § 270 Abs. 2 Satz 1 Nr. 5 lit. b Satz 1 KAGB klar, dass die Regelungen der Verordnung (EU) 583/2010, die sich auf **Teilinvestmentvermögen und Master-Feeder-Konstruktionen** beziehen, **nicht anwendbar** sind. Dieser ist konsequent, da solche Konstruktionen bei geschlossenen Publikums-AIF nicht zulässig sind.[31]

27 Schließlich müssen die wesentlichen Anlegerinformationen nach § 270 Abs. 2 Satz 1 Nr. 5 lit. b Satz 2 KAGB noch darauf hinweisen, dass die **Anteile nur eingeschränkt zurückgegeben** werden können.

b) Übereinstimmende Darstellung des Risiko- und Ertragsprofils mit den tatsächlichen Risikomanagementsystemen (§ 270 Abs. 3 KAGB)

28 Neben der beschreibenden Darstellung des Risiko- und Ertragsprofils hat die KVG darüber hinaus nach § 270 Abs. 3 KAGB darauf zu achten, dass die in den wesentlichen Anlegerinformationen **beschriebenen Risiken auch mit den tatsächlich angewendeten internen Risikomanagementsystemen übereinstimmen**. Dem Anleger sollen die mit der Anlage verbundenen Risiken nicht nur theoretisch genannt werden. Die Darstellung muss vielmehr dem tatsächlichen Risikoprofil entsprechen, um dem Anleger ein realistisches Bild der Anlage zu vermitteln. Daneben stellt die Vorschrift sicher, dass das Risikoprofil einheitlich und widerspruchsfrei präsentiert wird.[32]

29 Wie Risikomanagementsysteme bei AIF **auszugestalten** sind, regelt Art. 15 AIFM-RL, umgesetzt in § 29 KAGB. Insofern wird auf die Kommentierung zu § 29 KAGB verwiesen.

6. Zusätzliche Verwaltungsvergütung (§ 270 Abs. 4 KAGB)

30 Sehen die Anlagebedingungen vor, dass neben der Gesamtkostenquote nach § 166 Abs. 5 KAGB eine **zusätzliche Verwaltungsvergütung** erhoben wird, so ist auf diese Vergütung in den wesentlichen Anlegerinformationen nach § 270 Abs. 4 KAGB gesondert hinzuweisen. Die Möglichkeit eine gesonderte Gebühr für die Verwaltung von Vermögensgegenständen zu erheben, trägt dem Umstand Rechnung, dass gerade Erwerbs- oder Veräußerungsvorgänge bei größeren Vermögensgegenständen wie Immobilien oder Schiffen kostspielig und aufwendig sind und die Objekte nur mit einem erheblichen Aufwand verwaltet werden können.[33] So reicht es insbesondere nicht aus, den Vermögensgegenstand lediglich zu erhalten. Vielmehr können weitergehende Maßnahmen erforderlich sein, um den Vermögensgegenstand zu erhalten, sanieren oder gar erst zu entwickeln.[34]

31 Die KVG hat den Anleger in den wesentlichen Anlegerinformationen darüber zu informieren, dass zusätzliche Verwaltungsgebühren anfallen. Diese sind gesondert anhand eines **Prozentsatzes des durchschnittlichen Nettoinventarwerts** des geschlossenen Publikums-AIF anzugeben.

IV. Weitere besondere Mindestangaben

32 In § 262 Abs. 1 Satz 4 KAGB ist eine weitere Hinweispflicht in den wesentlichen Anlegerinformationen und im Verkaufsprospekt und für den Fall vorgesehen, dass der geschlossene inländische Publikums-AIF **noch nicht risikogemischt** investiert. Diese Möglichkeit besteht in der Anfangsphase, da der AIF erst nach 18 Monaten ab Vertriebsbeginn risikogemischt investiert sein muss.

33 Eine **vollständige Ausnahme von dem Grundsatz der Risikomischung** besteht für geschlossene Publikums-AIF nach § 262 Abs. 2 KAGB. Der Publikums-AIF darf dann allerdings nicht in Anlageobjekte nach

29 *Dorenkamp* in Baur/Tappen, § 270 KAGB Rz. 47; *Busse* in Moritz/Klebeck/Jesch, § 270 KAGB Rz. 115. Zur eingeschränkten Handelbarkeit von Aktien und Anteilen an einem geschlossenen Publikums-AIF s. die Kommentierung zu § 269 Rz. 18 ff.

30 *Rozok* in Emde/Dornseifer/Dreibus/Hölscher, § 42 InvG Rz. 115.

31 *Dorenkamp* in Baur/Tappen, § 270 KAGB Rz. 49.

32 *Dorenkamp* in Baur/Tappen, § 270 KAGB Rz. 50; *Busse* in Moritz/Klebeck/Jesch, § 270 KAGB Rz. 120.

33 *Rozok* in Emde/Dornseifer/Dreibus/Hölscher, § 41 InvG Rz. 31.

34 *Rozok* in Emde/Dornseifer/Dreibus/Hölscher, § 41 InvG Rz. 31.

§ 261 Abs. 1 Nr. 4 KAGB investieren. Darüber hinaus dürfen die Anteile nur von Privatanlegern erworben werden, die mindestens 20 000 Euro investieren und darüber hinaus die Voraussetzungen eines semiprofessionellen Anlegers im Sinne des § 1 Abs. 19 Nr. 33 lit. bb bis ee KAGB erfüllen. Legt die KVG einen solchen Publikums-AIF auf, muss sie nach § 262 Abs. 2 Satz 2 KAGB im Verkaufsprospekt und in den wesentlichen Anlegerinformationen an hervorgehobener Stelle auf das **Ausfallrisiko** hinweisen, das aufgrund der fehlenden Risikomischung entstehen kann.

Die Regelung des § 263 Abs. 5 Satz 1 KAGB sieht eine zeitlich begrenzte **Ausnahme** von der **Begrenzung des Leverage-Einsatzes und der Belastung von Vermögensgegenständen** für geschlossene Publikums-AIF vor. So gelten die in § 263 Abs. 1 und 4 KAGB genannten Grenzen noch nicht während der erstmaligen Vertriebsphase, jedoch längstens für 18 Monate ab dem Beginn des Vertriebes. In diesem Fall ist der Anleger nach § 263 Abs. 5 Satz 2 KAGB im Verkaufsprospekt und in den wesentlichen Anlegerinformationen auf die fehlende Begrenzung hinzuweisen. 34

Verfügt eine KVG nicht über eine KVG-Erlaubnis nach §§ 20 und 22 KAGB, sondern unterfällt sie lediglich der **Registrierungspflicht nach § 2 Abs. 5 KAGB** so ist im Verkaufsprospekt und in den wesentlichen Anlegerinformationen drucktechnisch herausgestellt und an hervorgehobener Stelle darauf hinzuweisen, vgl. § 2 Abs. 5 Nr. 6 KAGB. Das gleiche gilt, wenn die AIF-KVG von der **Übergangsvorschrift des § 343 Abs. 3 KAGB** Gebrauch macht und folglich noch nicht über eine eigene KVG-Erlaubnis nach §§ 20 und 22 KAGB verfügt. Auch dies muss den Anlegern im Verkaufsprospekt und in den wesentlichen Anlegerinformationen drucktechnisch herausgestellt an hervorgehobener Stelle mitgeteilt werden. 35

§ 271 Bewertung, Bewertungsverfahren, Bewerter

(1) § 168 ist für die Bewertung mit folgenden Maßgaben anzuwenden:

1. [1]Als Verkehrswert der Vermögensgegenstände im Sinne des § 261 Absatz 1 Nummer 1 ist für den Zeitraum von zwölf Monaten nach dem Erwerb der Kaufpreis des Vermögensgegenstandes anzusetzen. [2]Ist die AIF-Kapitalverwaltungsgesellschaft der Auffassung, dass der Kaufpreis auf Grund von Änderungen wesentlicher Bewertungsfaktoren nicht mehr sachgerecht ist, so ist der Verkehrswert neu zu ermitteln; die Kapitalverwaltungsgesellschaft hat ihre Entscheidungen und die sie tragenden Gründe nachvollziehbar zu dokumentieren.

2. [1]Bei Vermögensgegenständen im Sinne des § 261 Absatz 1 Nummer 1 sind die Anschaffungsnebenkosten gesondert anzusetzen und über die voraussichtliche Dauer der Zugehörigkeit des Vermögensgegenstandes, längstens jedoch über zehn Jahre in gleichen Jahresbeträgen abzuschreiben. [2]Wird ein Vermögensgegenstand veräußert, sind die Anschaffungsnebenkosten in voller Höhe abzuschreiben. [3]In einer Anlage zur Vermögensaufstellung sind die im Berichtszeitraum getätigten Käufe und Verkäufe von Vermögensgegenständen im Sinne des § 261 Absatz 1 Nummer 1 anzugeben.

(2) § 169 ist für das Bewertungsverfahren mit der Maßgabe anzuwenden, dass die Bewertungsrichtlinien für geschlossene Publikums-AIF, die in Vermögensgegenstände im Sinne des § 261 Absatz 1 Nummer 1 investieren, zusätzlich vorzusehen haben, dass der Bewerter an einer Objektbesichtigung teilnimmt.

(3) [1]Die AIF-Kapitalverwaltungsgesellschaft muss jede Gesellschaft im Sinne des § 261 Absatz 1 Nummer 2 bis 6, an der ein geschlossener Publikums-AIF eine Beteiligung hält, vertraglich verpflichten, Vermögensaufstellungen

1. auf den Zeitpunkt der Bewertung gemäß § 272 bei der AIF-Kapitalverwaltungsgesellschaft und der Verwahrstelle einzureichen und

2. einmal jährlich anhand des von einem Abschlussprüfer mit einem Bestätigungsvermerk versehenen Jahresabschlusses der Gesellschaft prüfen zu lassen.

[2]Die Anforderung des Satzes 1 gilt auch für eine Unterbeteiligung an einer Gesellschaft im Sinne des § 261 Absatz 1 Nummer 2 bis 6. [3]Der aufgrund der Vermögensaufstellungen ermittelte Wert der Beteiligung an einer Gesellschaft ist bei den Bewertungen zur laufenden Preisermittlung zugrunde zu legen.

(4) Für die Anforderungen an den Bewerter, die Pflichten der AIF-Kapitalverwaltungsgesellschaft bei der Bestellung eines Bewerters sowie die Rechte der Bundesanstalt im Hinblick auf den Bewerter gilt § 216 entsprechend.

In der Fassung vom 4.7.2013 (BGBl. I 2013, S. 1981).

Schrifttum: *Bußian/Kille*, Rechnungslegung und Prüfung geschlossener alternativer Investmentfonds nach KAGB, WPg 2014, 846; *Postler*, Private Equity und das Kapitalanlagegesetzbuch, 2015.

I. Regelungsgegenstand und -zweck

1 Die Bewertung von Vermögensgegenständen von **geschlossenen Publikumsinvestmentvermögen** wird in § 271 KAGB geregelt. Die Vorgaben differenzieren dabei zwischen der Bewertung von **Sachwerten** (gem. § 261 Abs. 1 Nr. 1 KAGB) und den **weiteren** Vermögensgegenständen (gem. § 261 Abs. 1 Nr. 2 bis 7 KAGB). Für beide Fälle ist § 168 KAGB anzuwenden, wobei für Sachwerte **spezifische Modifikationen** gelten. Diese sind grundsätzlich mit den **Anschaffungskosten** anzusetzen.

2 Die Regelung zur Bewertung von Sachwerten i.S.d. § 261 Abs. 1 Nr. 1 KAGB entspricht dabei grundsätzlich dem bisherigen § 79 Abs. 1 Satz 4 und 5 InvG. Die Regelungen des § 261 Abs. 1 Nr. 2 KAGB zu Ansatz, Ausweis und zur Abschreibung von **Anschaffungsnebenkosten** bei Sachwerten stützen sich auf § 79 Abs. 1 Satz 6, 7 und 9 InvG.

3 Die Vorschrift zur vertraglichen Verpflichtung von Gesellschaften i.S.d. § 261 Abs. 1 Nr. 2 bis 6 KAGB zur Einreichung einer aktuellen **Vermögensaufstellung** fundiert auf § 70 Abs. 1 InvG, welcher jedoch auf Immobilien-Gesellschaften beschränkt war. Die Vermögensaufstellung dient der Berücksichtigung des aktuellen Werts der Beteiligung bei der Berechnung des Anteilwertes.[1]

4 Hinsichtlich der zu **verwendenden Bewertungsverfahren** bei geschlossenen Publikums-AIF wird grundsätzlich auf die Regelung für offene Publikums-AIF des § 169 KAGB verwiesen. Zudem bestimmt § 271 Abs. 2 KAGB, dass bei Sachwerten i.S.d. § 261 Abs. 1 Nr. 1 KAGB der Bewerter an einer **Objektbesichtigung** teilzunehmen hat.

5 § 271 Abs. 4 KAGB verweist mit Blick auf den Bewerter auf § 216 KAGB. Vor diesem Hintergrund wird auf die entsprechende Kommentierung verwiesen.

II. Anwendungsbereich

6 Bei der Vorschrift des § 271 KAGB handelt es sich um eine Spezialvorschrift. Diese ist nur für geschlossene inländische Publikums-AIF anwendbar.

III. Bewertung von Sachwerten (§ 271 Abs. 1 KAGB)

7 Die Regelungen des § 271 Abs. 1 KAGB sehen für Sachwerte i.S.d. § 261 Abs. 1 Nr. 1 KAGB Modifikationen bei der Anwendung des § 168 KAGB vor. Von der Bewertung zum Verkehrswert gem. § 168 Abs. 3 KAGB wird dabei hinsichtlich der Bewertung innerhalb der auf den Erwerb folgenden zwölf Monaten abgewichen und **grundsätzlich ein Ansatz zu Anschaffungskosten** vorgesehen (§ 271 Abs. 1 Nr. 1 KAGB).

8 Warum sich die Regelung an dieser Stelle nur auf Sachwerte bezieht und nicht auf weitere Vermögensgegenstände, ist nicht ersichtlich. In § 32 Abs. 2 KARBV wird beispielsweise für Vermögenswerte mit dem Charakter einer unternehmerischen Beteiligung ein entsprechender Ansatz zu Anschaffungskosten bestimmt. Darüber hinaus sind z.B. **abweichende Regelungen** für Beteiligungen an Immobilien-Gesellschaften von Immobilien-Sondervermögen (§ 248 Abs. 2 KAGB) zu beachten.

1 Vgl. Begr. RegE, BT-Drucks. 17/12294, 274.

Gelangt die AIF-KVG zu der Auffassung, dass der Kaufpreis auf Grund wesentlicher Bewertungsfaktoren **nicht mehr sachgerecht** ist, ist eine erneute Ermittlung des Verkehrswertes vorzunehmen (§ 271 Abs. 1 Nr. 1 KAGB). Im Gesetz ist jedoch keine Definition enthalten, wann der Kaufpreis nicht mehr sachgerecht ist. Auch ist nicht bestimmt, welche Bewertungsfaktoren als wesentlich gelten sollen. **Größere Schäden** können hier ausschlaggebend sein.[2] In der Literatur zur bisherigen Regelung des § 79 Abs. 1 Satz 5 InvG wurden jedoch 5 % bzw. 15 % als mögliche Indikationen einer wesentlichen Wertabweichung genannt.[3] Als **wesentlicher Fehler** in der Anteilspreisermittlung gilt zudem grundsätzlich eine prozentuale Differenz des Inventarwerts von 0,5 %.[4] Eine nur auf Großschäden oder auf vergleichbare, nicht regelmäßig vorkommende Sachverhalte ausgerichtete Überprüfung würde angesichts dieser Grenzen zu kurz greifen. 9

Bei Immobilien wurden bislang z.B. Änderungen des Rohertrags durch Abschluss neuer Mietverträge, wesentliche Änderungen des Liegenschaftszinssatzes, der Bewirtschaftungskosten sowie der wirtschaftlichen Restnutzungsdauer **als wesentliche Bewertungsfaktoren** verwendet.[5] 10

Eine Prüfung, die allein auf das Merkmal Großschäden oder auf vergleichbare nicht regelmäßig vorkommende Sachverhalte bezogen ist, kann daher höchstens für Vermögensgegenstände i.S.d. § 33 Abs. 7 KARBV überzeugen, bei denen auf Grund ihrer Ausgestaltung **keine laufenden Erträge** erzielt werden können und für die der Verkehrswert mittels des Substanzwertverfahrens ermittelt wird. 11

Für **sonstige Sachwerte** i.S.d. § 32 KARBV können die im Gesetz zur Bewertung mit dem Ertragswert genannten **Parameter** in Betracht gezogen werden (vgl. Vor § 168 Rz. 21). Da die in § 32 KARBV genannten Parameter jedoch nicht als abschließend zu verstehen sind („insbesondere“) ist eine Identifikation der wesentlichen Werttreiber einzelfallbezogen bzw. für spezifische Assetklassen notwendig. 12

Vor dem Hintergrund, dass geschlossene Publikums-AIF in der Regel in eine geringere Anzahl von Vermögensgegenständen investieren und die Kosten einer Zwischenbewertung nicht unerheblich sind, bleibt abzuwarten, wie sich entsprechende Wertgrenzen **in der Praxis** etablieren.[6] 13

Die KVG hat ihre **Entscheidungen** und die sie tragenden Gründe für die Zwischenbewertung nachvollziehbar zu **dokumentieren**. 14

§ 271 Abs. 2 KAGB verweist hinsichtlich der Bewertungsverfahren auf die Vorgaben des § 169 KAGB mit der Maßgabe, dass der Bewerter bei Sachwerten i.S.d. § 261 Abs. 1 Nr. 1 KAGB an einer **Objektbesichtigung** teilzunehmen hat. Unklar ist jedoch die Frequenz dieser Besichtigung. Mindestens ist gemäß dem Wortlaut zumindest eine Besichtigung vorzunehmen, aus der bisherigen Praxis hat sich jedoch zumindest bei Immobilien eine jährliche Besichtigung etabliert. Grundsätzlich wäre eine Besichtigung bei Aufnahme der Bewertungstätigkeit und eine Erwägung im eigenen Ermessen im Rahmen der Folgebewertung unter Anlegerschutzgesichtspunkten sinnvoll.[7] 15

Die **Anschaffungsnebenkosten** sind gem. § 271 Abs. 1 Nr. 2 KAGB gesondert anzusetzen und über die voraussichtliche Nutzungsdauer, jedoch maximal zehn Jahre, linear abzuschreiben. Die Abschreibung dient der Gleichbehandlung der Anleger, da eine sofortige aufwandswirksame Verbuchung im Zeitpunkt des Ankaufs belasten würde und Anleger, die erst nach dem Erwerbszeitpunkt beitreten, dieser Belastung entgehen würden.[8] Diese Vorgabe beschränkt sich jedoch auf direkte Investitionen in Sachwerte. Investitionen über Objektgesellschaften gem. § 261 Abs. 1 Nr. 2 bis 6 KAGB sind bislang nicht erfasst. Dies wird aus praktischer Sicht aufgrund der damit einhergehenden Ungleichbehandlung bemängelt. Eine Nachbesserung von Seiten des Gesetzgebers an dieser Stelle ist abzuwarten. 16

Die Anschaffungsnebenkosten bestimmen sich mangels spezieller Regelungen nach § 255 Abs. 1 HGB unter Berücksichtigung kapitalanlagerechtlicher Besonderheiten (insbesondere KARBV).[9] In diesem Zusammenhang ist auch die **Sonderregelung** zu Anschaffungsnebenkosten gem. § 32 Abs. 2 Satz 2 KARBV zu Ver- 17

2 Vgl. *Bußian/Kille*, WPg 2014, 837 (847).
3 Vgl. *Doublier* in Emde/Dornseifer/Dreibus/Hölscher, § 79 InvG Rz. 37.
4 Vgl. *BaFin*, Begründung zu § 31 KAPrüfBV, 2013.
5 Vgl. *Doublier* in Emde/Dornseifer/Dreibus/Hölscher, § 79 InvG Rz. 39.
6 Vgl. *Gosslar* in Moritz/Klebeck/Jesch, § 271 KAGB Rz. 43.
7 Vgl. *Grimm* in Baur/Tappen, § 271 KAGB Rz. 5. A.A. *Gosslar* in Moritz/Klebeck/Jesch, § 271 KAGB Rz. 60, der wohl eine Besichtigung mindestens im Rahmen der jährlichen Regelbewertung für erforderlich erachtet.
8 Vgl. *Grimm* in Baur/Tappen, § 271 KAGB Rz. 4.
9 Vgl. *BaFin*, Begründung zu § 10 KARBV, 2013, *Silberberger* in Weitnauer/Boxberger/Anders, § 271 KAGB Rz. 11; IDW S 12, Wertermittlungen bei Beteiligungen an einer Immobilien-Gesellschaft nach § 250 Abs. 1 Nr. 2 und § 236 Abs. 1 KAGB, IDW Life 5/2016, S. 378 ff., Rz. 74. A.A. *Schultheiß* in Baur/Tappen, § 168 KAGB Rz. 179, der für eine Auslegung anhand des Steuerrechts plädiert.

mögensgegenständen mit dem Charakter unternehmerischer Beteiligungen zu beachten (vgl. Vor § 168 Rz. 41).

18 Bei einer **Veräußerung** des Vermögensgegenstandes sind die Anschaffungsnebenkosten gem. § 271 Abs. 1 Nr. 2 Satz 2 KAGB vollständig abzuschreiben.

19 In einer **Anlage zur Vermögensaufstellung** sind die im Berichtszeitraum vorgenommenen Käufe und Verkäufe von Vermögensgegenständen vollständig zu benennen. Zu den hier zu nennenden Mindestangaben dürften die Veräußerungsergebnisse sowie die Transaktionskosten zählen.[10]

IV. Bewertung weiterer Vermögensgegenstände auf Grundlage von Vermögensaufstellungen

20 Die nicht unter die Regelung des § 271 Abs. 1 KAGB fallenden Vermögenswerte gem. § 261 Abs. 1 Nr. 2 bis 7 KAGB sind nach der übergeordneten Regelung des § 168 KAGB zu bewerten. Für **Beteiligungen mit Charakter einer unternehmerischen Beteiligung** sind nach § 32 KARBV die anerkannten Grundsätze für die Unternehmensbewertung zu beachten (vgl. Vor § 168 Rz. 26).

21 Der **Begriff der Beteiligung** ist im KAGB nicht eindeutig definiert. Zwar findet sich in § 1 Abs. 19 Nr. 6 KAGB eine Definition der bedeutenden Beteiligung, weiterführende Bestimmungen sind jedoch nicht gegeben. Gemäß § 158 KAGB i.V.m. § 135 Abs. 2 KAGB sind für geschlossene Investmentvermögen die Bestimmungen des Ersten Unterabschnitts des Zweiten Abschnitts des Dritten Buches des Handelsgesetzbuchs (§§ 264 bis 289a HGB) anzuwenden. In § 271 Abs. 1 HGB sind Beteiligungen als Anteile an anderen Unternehmen, die bestimmt sind, dem eigenen Geschäftsbetrieb durch Herstellung einer dauernden Verbindung zu jenen Unternehmen **zu dienen**. Darüber hinaus gilt die Beteiligungsvermutung, wenn die Anteile an einem Unternehmen den **fünften Teil** des Nennkapitals dieses Unternehmens überschreiten. Im Regelfall dürften daher die Voraussetzungen für eine handelsrechtliche Beteiligung gegeben sein. Unklar ist in diesem Zusammenhang jedoch, wie mit Anteilen umgegangen werden sollte, bei denen nicht der Erwerb des Assets im Vordergrund steht (wie z.B. bei Erwerb von AIF-Anteilen über den Zweitmarkt in nicht wesentlicher Höhe).[11]

22 § 271 Abs. 3 Nr. 1 KAGB verpflichtet AIF-KVG über die Vorgängerregelungen hinsichtlich Immobilien-Beteiligungen des § 70 Abs. 1 InvG hinaus, **vertragliche Verpflichtungen** der Gesellschaften gem. § 261 Abs. 1 Nr. 2 bis 6 KAGB zur Einreichung von Vermögensaufstellungen zu erwirken.

23 Die Vermögensaufstellung soll sicherstellen, dass der Berechnung des Nettoinventarwerts der **aktuelle Wert der Beteiligung** zugrunde liegt. Der Wert der Beteiligung gemäß Vermögensaufstellung ist bei den Bewertungen zur laufenden Preisermittlung zugrunde zu legen (§ 271 Abs. 3 Satz 3 KAGB).

24 Während bei **Stimmrechtsmehrheit** die vertragliche Verpflichtung zur Einreichung von Vermögensaufstellungen im Regelfall unproblematisch verlaufen dürfte, ist zu vermuten, dass bei Vorliegen einer Minderheitsbeteiligung Schwierigkeiten auftreten können. Das Erfordernis einer Vermögensaufstellung bei (Unter)Beteiligungen, bezogen auf den Stichtag des Investmentvermögens, stellt ein erhebliches **praktisches Problem** für geschlossene Publikums-AIF dar, die in derartige Beteiligungen anlegen. Das Erfordernis wird im Regelfall nur erfüllt werden können, wenn die KVG sich die Vermögensaufstellung auf Beteiligungsebene zuliefern lässt. Die zusätzlichen Kosten gehen zu Lasten des Fondsvermögens und treffen damit den Anleger.

25 Im Gesetz findet sich **keine Vorgabe zur inhaltlichen Ausgestaltung** der Vermögensaufstellung. Dies entspricht der Vorgängerregelung des § 70 Abs. 1 InvG im Zusammenhang mit Beteiligungen an Immobilien-Gesellschaften. Sinnvoll erscheint eine Orientierung an den für Investmentvermögen geltenden Regelungen.[12]

26 Für Immobilien-Sondervermögen sind zudem zumindest in § 31 Abs. 3 KARBV grobe Leitlinien zur Ausgestaltung der Vermögensaufstellung gegeben. Von der Regelung werden jedoch nur **Beteiligungen an Immobilien-Gesellschaften** erfasst. Objektgesellschaften geschlossener Publikums-AIF gem. § 261 Abs. 1

10 Vgl. *Gosslar* in Moritz/Klebeck/Jesch, § 271 KAGB Rz. 54.
11 Vgl. *Grimm* in Baur/Tappen, § 271 KAGB Rz. 7.
12 Vgl. *Klusak* in Berger/Stütz/Lübbehausen, § 79 InvG Rz. 3; so wohl auch *Grimm* in Baur/Tappen, § 271 KAGB Rz. 9, welcher auf die entsprechenden KAGB-Vorschriften verweist.

Nr. 3 KAGB sind hiervon nicht erfasst.[13] Im Rahmen einer Überarbeitung der KARBV ist eine Nachbesserung dieses Aspekts durch die BaFin zu erwarten.

Die Vermögensaufstellungen sind gem. § 271 Abs. 3 Nr. 2 KAGB anhand eines testierten Jahresabschlusses jährlich zu **prüfen**. Dabei ist zu beachten, dass nicht sämtliche unterjährig erstellten Vermögensaufstellungen der Prüfung unterliegen, sondern lediglich eine Vermögensaufstellung, wobei in der Regel auf die Vermögensaufstellung zum Geschäftsjahresende zurückgegriffen wird.[14] 27

Unklar ist, aufgrund fehlender gesetzlicher Bestimmungen, **wer die Prüfung** der Vermögensaufstellung durchführen kann. Neben der KVG kommt hierfür insbesondere der Wirtschaftsprüfer in Frage, welcher den Jahresabschluss der Gesellschaft geprüft hat.[15] Auch Personen mit entsprechender ausländischer Qualifikation können die Prüfung durchführen.[16] 28

V. Regelungen zum Bewerter

Die Folgebewertung i.S.d. § 272 KAGB von Vermögensgenständen gem. § 261 Abs. 1 Nr. 1 bis 6 KAGB darf gem. § 261 Abs. 5 Nr. 2 KAGB bzw. § 261 Abs. 6 Nr. 2 KAGB **nicht durch den Ankaufsbewerter** durchgeführt werden. Dies gilt jedoch nur auf Fondsebene. Gestattet ist auf KVG-Ebene, dass der Ankaufsbewerter der Vermögensgegenstände eines Fonds die Folgebewertung der Vermögensgegenstände eines anderen Fonds der KVG bewertet.[17] 29

Darüber hinaus gelten hinsichtlich der zulässigen Bewerter, die Anforderungen an diesen und dessen Pflichten sowie die Rechte der BaFin im Hinblick auf die Bewertung gem. § 271 Abs. 4 KAGB die Regelungen des § 216 KAGB. Auf die entsprechende Kommentierung wird verwiesen. 30

§ 272 Häufigkeit der Bewertung und Berechnung; Offenlegung

(1) [1]Die Bewertung der Vermögensgegenstände und die Berechnung des Nettoinventarwertes je Anteil oder Aktie müssen mindestens einmal jährlich erfolgen. [2]Die Bewertung und Berechnung sind darüber hinaus auch dann durchzuführen, wenn das Gesellschaftsvermögen des AIF erhöht oder herabgesetzt wird.

(2) Die Kriterien zur Berechnung des Nettoinventarwertes je Anteil oder Aktie und zur Bestimmung der Häufigkeit der Berechnung bestimmen sin nach Art. 67 bis 73 der Delegierten Verordnung (EU) Nr. 231/2013.

(3) [1]Die Bewertungen der Vermögensgegenstände und Berechnungen des Nettoinventarwertes je Anteil oder Aktie sind entsprechend den diesbezüglichen Anlagebedingungen gegenüber den Anlegern offen zu legen. [2]Eine Offenlegung hat nach jeder Bewertung der Vermögensgegenstände und Berechnung des Nettoinventarwertes je Anteil oder Aktie zu erfolgen.

In der Fassung vom 4.7.2013 (BGBl. I 2013, S. 1981).

Schrifttum: *Heinze/Wenk*, Berichterstattungs-, Bewertungs- und Prüfungspflichten extern verwalteter Venture Capital Publikumsfonds in der Rechtsform der (Investment-)KG, KoR 2014, 268.

13 Vgl. *Gosslar* in Moritz/Klebeck/Jesch, § 271 KAGB Rz. 69.
14 A.A. *Lemnitzer* in Emde/Dornseifer/Dreibus/Hölscher, § 70 InvG Rz. 21 welcher für eine quartalsweise Prüfung argumentiert.
15 Vgl. *Grimm* in Baur/Tappen, § 271 KAGB Rz. 10.
16 Vgl. *Lemnitzer* in Emde/Dornseifer/Dreibus/Hölscher, § 70 InvG Rz. 18.
17 Vgl. *BaFin*, Mitteilung v. 9.2.2017, Gz. WA 42-WP 6003-2016/0001.

I. Regelungsgegenstand und -zweck

1 § 272 Abs. 1 KAGB setzt Art. 19 Abs. 3 Unterabs. 2 und 4 AIFM-RL für Publikums-AIF um. In dieser Vorschrift werden die Frequenz der Bewertung der Vermögensgegenstände und der Berechnung des Nettoinventarwerts grundsätzlich bestimmt. Durch den Verweis in § 272 Abs. 2 KAGB auf die Art. 67 bis 73 der AIFM-VO hinsichtlich der Kriterien zur Berechnung des Nettoinventarwertes und zur Bestimmung der Häufigkeit der Berechnung wird deren Geltung auch für geschlossene Publikums-AIF erreicht. Die Regelung des Art. 74 AIFM-VO ist nur für offene AIF anwendbar und daher im Verweis folgerichtig nicht enthalten. Die Offenlegungsverpflichtung des Art. 19 Abs. 3 Unterabs. 1 AIFM-RL wird durch § 272 Abs. 3 KAGB umgesetzt.

II. Anwendungsbereich

2 Bei der Vorschrift des § 272 KAGB handelt es sich um eine **Spezialvorschrift**. Diese ist grundsätzlich nur für geschlossene inländische Publikums-AIF anwendbar. Hinsichtlich der Häufigkeit erfolgt jedoch durch einen Verweis in § 286 KAGB eine entsprechende Geltung für geschlossene inländische Spezial-AIF.

III. Häufigkeit der Bewertung und Berechnung (§ 272 Abs. 1 und 2 KAGB)

3 Die Bewertung der Vermögensgegenstände und die Berechnung des Nettoinventarwerts sind **mindestens in jährlicher Frequenz** vorzunehmen.

4 Eine Bewertung und Berechnung sind auch bei **Kapitalerhöhung und -herabsetzung** vorzunehmen. Dies soll sicherstellen, dass der Preis für neue Anteile marktgerecht ist und an einer Kapitalerhöhung partizipierende Investoren fair behandelt werden.[1] Jedoch ist davon auszugehen, dass nur eine Veränderung der Eigenkapitals zu einer verpflichtenden Neubewertung führt, da eine **Fremdkapitalaufnahme** keine Veränderung des Nettoinventarwertes zur Folge hat.[2]

5 Durch das Erfordernis der Bewertung und Berechnung bei Kapitalerhöhung und -herabsetzung können sich Konstellationen ergeben, welche eine **hohe Anzahl an Bewertungen** in einem kurzen Zeitraum verursachen könnten. Dem kann durch **praktische Vereinfachungen**, wie der Ausgabe neuer Anteile zu bestimmten Stichtagen, begegnet werden.[3]

6 Die **erneute Bewertung** der Beteiligung innerhalb eines Zeitraums von zwölf Monaten wird, abgesehen von Änderungen wesentlicher Bewertungsfaktoren, in diesem Zusammenhang nicht für erforderlich erachtet.[4]

7 Im Hinblick auf den Verweis auf die Art. 67 bis 73 AIFM-VO ist insbesondere Art. 72 AIFM-VO für die Häufigkeit der Berechnung zu beachten. Die Überprüfung der **Anzahl der ausgegebenen Anteile** gem. Art. 72 Abs. 4 AIFM-VO kann in Kenntnis der Anleger durch die KVG durchgeführt werden.[5] Weiterhin wird auf § 217 Rz. 6 verwiesen.

IV. Offenlegung (§ 279 Abs. 3 KAGB)

8 Gemäß § 272 Abs. 3 Satz 2 KAGB hat die Offenlegung nach jeder Bewertung der Vermögensgegenstände und Berechnung des Nettoinventarwerts, also mindestens jährlich, zu erfolgen. Die Offenlegung richtet sich nach den diesbezüglichen **Anlagebedingungen**.[6]

1 Vgl. *Tollmann* in Dornseifer/Jesch/Klebeck/Tollmann, Art. 19 AIFM-RL Rz. 166.
2 Vgl. *Wallach*, RdF 2011, 80 (83).
3 Vgl. *Heinze/Wenk*, KoR 2014, 268 (269); *Gosslar* in Moritz/Klebeck/Jesch, § 272 KAGB Rz. 29.
4 Vgl. *Heinze/Wenk*, KoR 2014, 268 (269).
5 Vgl. *Grimm* in Baur/Tappen, § 272 KAGB Rz. 2.
6 Vgl. *Grimm* in Baur/Tappen, § 272 KAGB Rz. 3.

Kapitel 3
Inländische Spezial-AIF

Abschnitt 1
Allgemeine Vorschriften für inländische Spezial-AIF

§ 273 Anlagebedingungen

[1]Die Anlagebedingungen, nach denen sich

1. **das vertragliche Rechtsverhältnis einer AIF-Kapitalverwaltungsgesellschaft oder einer EU-AIF-Verwaltungsgesellschaft zu den Anlegern eines Spezialsondervermögens bestimmt oder**
2. **in Verbindung mit der Satzung einer Spezialinvestmentaktiengesellschaft das Rechtsverhältnis dieser Investmentaktiengesellschaft zu ihren Anlegern bestimmt oder**
3. **in Verbindung mit dem Gesellschaftsvertrag einer Spezialinvestmentkommanditgesellschaft das Rechtsverhältnis dieser Investmentkommanditgesellschaft zu ihren Anlegern bestimmt,**

sind vor Ausgabe der Anteile oder Aktien schriftlich festzuhalten. [2]Die Anlagebedingungen von inländischen Spezial-AIF sowie die wesentlichen Änderungen der Anlagebedingungen sind der Bundesanstalt von der AIF-Kapitalverwaltungsgesellschaft vorzulegen.

In der Fassung vom 4.7.2013 (BGBl. I 2013, S. 1981).

Schrifttum: *Köndgen/Schmies*, Investmentgeschäft, in Schimansky/Bunte/Lwowski (Hrsg.), Bankrechts-Handbuch, 5. Aufl. 2017, § 113.

I. Inhalt und Entstehungsgeschichte

§ 273 KAGB fordert zunächst die **schriftliche Fixierung** der Anlagebedingungen von inländischen Spezial-AIF, und zwar vor Ausgabe der Fondsanteile bzw. Aktien (§ 273 Satz 1 KAGB). Der zweite Satz der Regelung statuiert eine **Vorlagepflicht** der Anlagebedingungen sowie späterer wesentlicher Änderungen der Anlagebedingungen **gegenüber der BaFin**. 1

§ 273 Satz 1 KAGB übernimmt für Spezial-AIF die Regelung des aufgehobenen § 43 Abs. 1 InvG, der für sämtliche Arten von Sondervermögen galt und seinerseits auf § 15 Abs. 1 KAGG zurückging.[1] Die Parallelvorschriften für offene und geschlossene Publikumsinvestmentvermögen finden sich nunmehr in § 162 Abs. 1 KAGB und § 266 Abs. 1 KAGB.[2] Ausweislich der Gesetzesmaterialien soll § 273 Satz 1 KAGB – ebenso wie Satz 2 – auch Art. 7 Abs. 3 lit. c AIFM-RL[3] umsetzen.[4] Dieser verlangt, dass ein AIFM, der bei der zuständigen Behörde die Zulassung beantragt, die Vertragsbedingungen oder Satzungen aller AIF vorlegt, die er zu verwalten beabsichtigt. Für das Erlaubnisverfahren wird diese Regelung in § 22 Abs. 1 Nr. 12 KAGB umgesetzt.[5] § 273 Satz 2 KAGB regelt die Vorlagepflicht hingegen produktbezogen, d.h. losgelöst vom Erlaubnisverfahren für die verwaltende AIF-KVG. Die Vorschrift hat kein Vorbild im früheren InvG.[6] 2

---

1 S. nur *Rozok* in Emde/Dornseifer/Dreibus/Hölscher, § 43 InvG Rz. 1, 4. S. dort auch zu den Vorläufern des § 43 Abs. 1 InvG im KAGG.
2 S. *Decker* in Moritz/Klebeck/Jesch, § 273 KAGB Rz. 5.
3 RL 2011/61/EU, ABl. EU Nr. L 174 v. 1.7.2011, S. 1.
4 S. Begr. RegE AIFM-UmsG, BT-Drucks. 17/12294, S. 274 sowie S. 253 (dort zu § 162 Abs. 1 KAGB); ferner *A. München* in Baur/Tappen, § 273 KAGB Rz. 1.
5 Vgl. auch *Vollhard/Jung* in Dornseifer/Jesch/Klebeck/Tollmann, Art. 7 AIFM-RL Rz. 16 f., 25 ff.
6 S. zur früheren Praxis unter dem InvG nur *Decker* in Moritz/Klebeck/Jesch, § 273 KAGB Rz. 1.

II. Normzweck

3 Die in § 273 Satz 1 KAGB niedergelegte Pflicht zur schriftlichen Fixierung der Anlagebedingungen vor Ausgabe der Fondsanteile bzw. Aktien **dient dem Schutz der Anleger durch Transparenz**. Der Anleger soll sich über den Inhalt der Anlagebedingungen und damit über das konkret zu erwerbende „Rechtsprodukt" vorab vergewissern können.[7] Daneben steht das Schriftlichkeitserfordernis im unmittelbaren Zusammenhang mit der Vorlagepflicht nach § 273 Satz 2 KAGB. § 273 Satz 1 KAGB wiederholt dabei letztlich nur, was § 1 Abs. 6 KAGB bereits im Rahmen der Definition des Spezial-AIF fordert.[8]

4 Kern der Regelung des § 273 KAGB ist die in Satz 2 geregelte Vorlagepflicht. Diese **schafft Transparenz gegenüber der Aufsicht** und damit die Voraussetzung für eine effektive Rechtmäßigkeitskontrolle der Anlagebedingungen durch die BaFin zum **Schutz der Anleger sowie der Finanzmärkte**.[9] Die Vorlagepflicht bildet das Gegenstück zur Genehmigungspflicht für Publikumsinvestmentvermögen gem. §§ 163, 267 KAGB, bleibt aber hinter dieser zurück. Dies erklärt sich mit der geringeren Schutzbedürftigkeit (semi-)professioneller Anleger, die alleine in Spezial-AIF anlegen dürfen (vgl. § 1 Abs. 6 KAGB).

III. Anwendungsbereich

5 § 273 KAGB findet Anwendung auf die Anlagebedingungen von **inländischen Spezial-AIF**, und zwar auf offene wie geschlossene Spezial-AIF gleichermaßen. Ausweislich der Aufzählung in § 273 Satz 1 Nr. 1 bis 3 KAGB gilt dies ungeachtet der Organisation des Fonds als Sondervermögen, Investment-AG oder Investment-KG und gleichermaßen bei Verwaltung des Fonds durch eine inländische AIF-KVG oder eine EU-AIF-KVG. Der Vertrieb von inländischen Spezial-AIF, EU-AIF oder ausländischen AIF an semiprofessionelle und professionelle Anleger im Inland ist gem. § 295 Abs. 2 und 3 KAGB jedoch allgemein, also über die in § 273 KAGB geregelten Fälle hinaus, nur zulässig, wenn die Anzeigepflichten nach §§ 321 ff. KAGB beachtet werden.[10] Diese beinhalten aber ihrerseits ebenfalls die Pflicht zur Vorlage der Anlagebedingungen gegenüber der BaFin (vgl. § 321 Abs. 1 Satz 2 Nr. 2 KAGB sowie die Verweise in §§ 323 Abs. 1 Satz 2, 325 Abs. 1 Satz 2, 326 Abs. 2 Satz 2 KAGB).

IV. Anlagebedingungen

6 Das Schriftlichkeitserfordernis sowie die Vorlagepflicht des § 273 KAGB gelten für die Anlagebedingungen inländischer Spezial-AIF, die das Rechtsverhältnis der KVG zu den Anlegern in Verbindung mit einem Rahmenvertrag, einer Satzung oder einem Gesellschaftsvertrag bestimmen.[11] Der Begriff der Anlagebedingungen erfasst dabei grundsätzlich nur solche Vertragsbedingungen, die zumindest irgendeinen Konnex zur Vermögensanlage haben.[12] S. allgemein und weiterführend zu Begriff und Rechtsnatur der Anlagebedingungen die Ausführungen zu §§ 111, 126, 143, 151 und 162 KAGB.

V. Schriftformerfordernis (§ 273 Satz 1 KAGB)

7 Die Anlagebedingungen des inländischen Spezial-AIF sind vor Anteilsausgabe „schriftlich festzuhalten" (§ 273 Satz 1 KAGB). Dem Gesetz geht es dabei um eine **(schriftliche) Vorformulierung der Anlagebedingungen**, die sodann als AGB in das vertragliche Arrangement zwischen KVG und Anleger einbezogen werden.[13] Hieraus ergibt sich, dass nicht etwa die Anforderungen des § 126 BGB erfüllt werden müssen, die

7 *Decker* in Moritz/Klebeck/Jesch, § 273 KAGB Rz. 12 f.; vgl. auch *Polifke* in Weitnauer/Boxberger/Anders, § 162 KAGB Rz. 1 zu § 162.

8 Vgl. auch *Decker* in Moritz/Klebeck/Jesch, § 273 KAGB Rz. 5: Satz 1 sei lediglich deklaratorische Wiederholung.

9 Vgl. *Decker* in Moritz/Klebeck/Jesch, § 273 KAGB Rz. 7.

10 Vgl. *Swoboda* in Weitnauer/Boxberger/Anders, § 273 KAGB Rz. 2.

11 Ausführliche Versuche einer weiteren begrifflichen Präzisierung bei *Decker* in Moritz/Klebeck/Jesch, § 273 KAGB Rz. 8 ff. S. dort auch in Rz. 15 ff. die Einzelheiten zum rechtsgeschäftlichen Arrangement von Spezial-AIF.

12 S. *Krause* in Beckmann/Scholtz/Vollmer, § 273 KAGB Rz. 6, dort auch zu den unionsrechtlichen Implikationen dieser Einschränkung; s. ferner *Decker* in Moritz/Klebeck/Jesch, § 273 KAGB Rz. 11.

13 Vgl. nur *Köndgen/Schmies* in Schimansky/Bunte/Lwowski, § 113 Rz. 204; zu den Einzelheiten der Einbeziehung etwa *Patzner/Schneider-Deters* in Moritz/Klebeck/Jesch, § 162 KAGB Rz. 24.

bei gesetzlicher Anordnung der Schriftform für ein Rechtsgeschäft[14] einzuhalten sind.[15] Vielmehr genügt es, dass die Anlagebedingungen in Schriftzeichen auf einer Urkunde oder einem anderen dauerhaften Datenträger fixiert sind, so dass sie einerseits dem Anleger zur Kenntnisnahme zur Verfügung gestellt und andererseits der BaFin vorgelegt werden können.[16]

VI. Vorlagepflicht (§ 273 Satz 2 KAGB)

Die Anlagebedingungen von inländischen Spezial-AIF sind der BaFin von der verwaltenden AIF-KVG gem. 8
§ 273 Satz 2 KAGB vorzulegen.[17] Dasselbe gilt für spätere wesentliche Änderungen der Anlagebedingungen. Eine Genehmigungspflicht wie bei Publikumsinvestmentvermögen (vgl. §§ 163, 267 KAGB) besteht hingegen nicht.[18] Die Vorlage soll der BaFin die Kontrolle darüber ermöglichen, ob die Anlagebedingungen sich innerhalb der rechtlichen Vorgaben halten.[19] Auch verschafft die Vorlage der Anlagebedingungen der BaFin die notwendigen Informationen, um etwaige Maßnahmen nach § 275 Abs. 2 KAGB (und ggf. auch nach § 276 Abs. 2 Satz 2 KAGB) zum Schutz der Anleger oder zur Gewährleistung der Stabilität und Integrität des Finanzsystems anzuordnen.[20]

Wann eine **„wesentliche Änderung"** der Anlagebedingungen vorliegt, die eine erneute Vorlage erforderlich 9
macht, bestimmt das Gesetz nicht. Teils wird vorgeschlagen zur Konkretisierung Art. 106 der DelVO (EU) 231/2013[21] zu Rate zu ziehen.[22] Indes geht es dort um die Information des Anlegers, während hier die Information der Aufsichtsbehörde in Rede steht.[23] Näher liegt es daher, für eine Bestimmung der wesentlichen Änderungen die in Art. 110 der DelVO (EU) 231/2013 aufgeführten Informationsgegenstände in den Blick zu nehmen, soweit sie in den Anlagebedingungen Niederschlag finden. Erfasst wird damit insbesondere jede Änderung der Anlagebedingungen, die zu einer positiven oder negativen Veränderung des Risikoprofils des jeweiligen inländischen Spezial-AIF führt oder führen könnte (vgl. Art. 110 Abs. 2 lit. d DelVO (EU) 231/2013).[24]

VII. Rechtsfolgen bei Verstoß

Weder ein Verstoß gegen § 273 Satz 1 KAGB noch ein Verstoß gegen § 273 Satz 2 KAGB ist bußgeldbe- 10
wehrt.[25] Auch zivilrechtlich hat ein Verstoß gegen § 273 Satz 1 KAGB keine Folgen, solange nur die Voraussetzungen für eine wirksame Einbeziehung der Anlagebedingungen in das vertragliche Arrangement gegeben sind.[26] Aus einer Verletzung der Vorlagepflicht nach § 273 Satz 2 KAGB können Anleger schließlich keine Ansprüche gegen die KVG herleiten.[27]

---

14 § 126 BGB gilt unmittelbar für Rechtsgeschäfte und analog für geschäftsähnliche Handlungen; s. nur *Ellenberger* in Palandt, 77. Aufl. 2018, § 126 BGB Rz. 1.

15 Wie hier *Decker* in Moritz/Klebeck/Jesch, § 273 KAGB Rz. 13; **a.A.** *Krause* in Beckmann/Scholtz/Vollmer, § 273 KAGB Rz. 10.

16 Strenger *Decker* in Moritz/Klebeck/Jesch, § 273 KAGB Rz. 13: Fixierung der Schriftzeichen auf Urkunde.

17 Zur Form der Mitteilung an die BaFin s. im Einzelnen *Decker* in Moritz/Klebeck/Jesch, § 273 KAGB Rz. 35 ff.

18 S. bereits in Rz. 2.

19 S. auch *Swoboda* in Weitnauer/Boxberger/Anders, § 273 KAGB Rz. 2.

20 Vgl. auch Rz. 4.

21 DelVO (EU) Nr. 231/2013 der Kommission vom 19.12.2012 zur Ergänzung der RL 2011/61/EU des Europäischen Parlaments und des Rates im Hinblick auf Ausnahmen, die Bedingungen für die Ausübung der Tätigkeit, Verwahrstellen, Hebelfinanzierung, Transparenz und Beaufsichtigung, ABl. EU Nr. L 83 v. 22.3.2013, S. 1.

22 So *Swoboda* in Weitnauer/Boxberger/Anders, § 273 KAGB Rz. 4; in der Sache ähnlich *Krause* in Beckmann/Scholtz/Vollmer, § 273 KAGB Rz. 13.

23 Zutr. *Decker* in Moritz/Klebeck/Jesch, § 273 KAGB Rz. 27.

24 Die „wesentliche Änderung" auf diese Fälle beschränkend und ohne Anknüpfung an Art. 110 DelVO (EU) 231/2013 *Decker* in Moritz/Klebeck/Jesch, § 273 KAGB Rz. 28 (mit konkreten Beispielen in Rz. 29 ff.).

25 S. auch *Krause* in Beckmann/Scholtz/Vollmer, § 273 KAGB Rz. 11, 13.

26 Nur im Ergebnis ebenso *Krause* in Beckmann/Scholtz/Vollmer, § 273 KAGB Rz. 11, der die Unwirksamkeit des Investmentvertrags nach § 125 BGB „in Betracht" zieht.

27 *Krause* in Beckmann/Scholtz/Vollmer, § 273 KAGB Rz. 13.

§ 274 Begrenzung von Leverage

[1]Für die Informationspflicht der AIF-Kapitalverwaltungsgesellschaft im Hinblick auf das eingesetzte Leverage sowie die Befugnis der Bundesanstalt zur Beschränkung des eingesetzten Leverage einschließlich der Mitteilungspflichten der Bundesanstalt gilt § 215 entsprechend. [2]Die Bedingungen, unter welchen die Maßnahmen nach Satz 1 in Verbindung mit § 215 Absatz 2 angewendet werden, bestimmen sich nach Artikel 112 der Delegierten Verordnung (EU) Nr. 231/2013.

In der Fassung vom 4.7.2013 (BGBl. I 2013, S. 1981).

Materialien: BaFin, Fragen zur Umsetzung der AIFM-Richtlinie in Bezug auf Eigenmittel und Leverage: Ergebnisprotokoll der Sitzung am 19.6.2013, Gz. WA 41-WP 2136-2011/0090, 9.8.2013.

I. Inhaltsübersicht, Entstehungsgeschichte und Normzweck

1 § 274 Satz 1 KAGB verweist für die „Informationspflicht“[1] der AIF-KVG im Hinblick auf das eingesetzte Leverage in den von ihnen verwalteten Spezial-AIF sowie die Befugnis der BaFin zur Beschränkung des eingesetzten Leverage auf die für offene Publikums-AIF geltende Regelung des § 215 KAGB. § 274 Satz 2 KAGB stellt daneben noch einmal klar, dass die BaFin im Rahmen ihrer Risikobewertung nach § 274 Satz 1 i.V.m. § 215 Abs. 2 KAGB die in Art. 112 Abs. 3 DelVO (EU) 231/2013[2] aufgeführten Kriterien zu berücksichtigen hat.

2 § 274 KAGB dient der Umsetzung von Art. 25 Abs. 3, 4 und 8 der AIFM-RL.[3] Die in § 274 Satz 2 KAGB in Bezug genommene Regelung des Art. 112 Abs. 3 DelVO (EU) 231/2013 beruht auf der Ermächtigungsgrundlage des Art. 25 Abs. 9 AIFM-RL. Der für die Regelung zentrale Begriff des „Leverage“ nimmt Maß an der Definition der „Hebelfinanzierung“ in Art. 4 Abs. 1 lit. v) AIFM-RL.[4] Die Regelung des § 274 KAGB hatte keinen Vorläufer im InvG.[5]

3 Der Zweck des § 274 KAGB entspricht der umgesetzten Norm des Art. 25 AIFM-RL. Die Regelung zielt also darauf, die mit Hebelfinanzierungen unter Umständen verbundenen systemischen **Risiken für die Stabilität und Integrität der Finanzmärkte einzuhegen.**[6]

II. Entsprechende Anwendung des § 215 (§ 274 Satz 1 KAGB)

4 § 274 Satz 1 KAGB verweist sowohl für die Nachweispflicht der AIF-KVG als auch für die Befugnisse der BaFin zu Beschränkung des Leverage umfassend auf die gesamte Regelung in § 215 KAGB (Rechtsgrundverweisung).[7] Daher kann für die Einzelheiten auf die Kommentierung zu § 215 verwiesen werden.

5 Bei der Verweisung ist dem Gesetzgeber – ebenso wie bei § 263 Abs. 2 KAGB[8] – jedoch ein redaktioneller Fehler unterlaufen. Während sich die Nachweispflicht und die Eingriffsbefugnis in § 215 KAGB auf das interne Leverage-Limit des AIF bezieht[9], spricht der Text des § 274 Satz 1 KAGB vom (tatsächlich) „eingesetzten Leverage“. Die umgesetzte Regelung in Art. 25 Abs. 3 AIFM-RL spricht indes im Einklang mit § 215 KAGB von der „angesetzten Begrenzung des Umgangs von Hebelfinanzierungen“. Es ist daher davon

1 Entgegen dem missverständlichen Wortlaut handelt es sich um eine Nachweispflicht, s. ausführlich § 215 Rz. 13.
2 ABl. EU Nr. L 83 v. 22.3.2013, S. 1.
3 Begr. RegE AIFM-UmsG, BT-Drucks. 17/12294, S. 274.
4 S. ausführlich zum Begriff des Leverage die Kommentierung zu § 215 in Rz. 8 f. sowie § 1 Rz. 207 ff. Nachdrücklich zur Eingrenzung des Leverage-Begriffs durch Art. 6 Abs. 3 Satz 2 DelVO (EU) 231/2013 *Swoboda* in Weitnauer/Boxberger/Anders, § 274 KAGB Rz. 2 ff.
5 *Krause* in Beckmann/Scholtz/Vollmer, § 274 KAGB Rz. 1.
6 Ausführlich *Decker* in Moritz/Klebeck/Jesch, § 274 KAGB Rz. 1, 3 ff.; für Einzelheiten s. die Kommentierung zu § 215 Rz. 7 und 10 f.
7 *Decker* in Moritz/Klebeck/Jesch, § 274 KAGB Rz. 10; *Krause* in Beckmann/Scholtz/Vollmer, § 274 KAGB Rz. 3.
8 S. dazu § 263 Rz. 14.
9 S. dazu § 215 Rz. 14.

auszugehen, dass auch in § 274 Satz 1 KAGB auf das interne Leverage-Limit abgestellt werden soll. Die Regelung ist entsprechend korrigierend auszulegen.[10]

Eine Verpflichtung zur Information der BaFin bei Änderung des internen Leverage-Limits folgt zwar nicht aus § 274 KAGB.[11] Jedoch handelt es sich hierbei zumindest regelmäßig um eine „wesentliche Änderung" der Anlagebedingungen, die dann gem. § 273 Satz 2 KAGB mitzuteilen ist.[12] Die BaFin geht jedenfalls im Ergebnis davon aus, dass „[e]twaige Anpassungen der Leverage-Begrenzung [...] der BaFin [...] unverzüglich anzuzeigen" sind.[13] 6

III. Bedingungen für die Anwendung von Beschränkungsmaßnahmen der BaFin (§ 274 Satz 2 KAGB)

Der in § 274 Satz 2 KAGB enthaltene Verweis auf Art. 112 DelVO (EU) 231/2013 hat lediglich klarstellende Funktion. Der Sache nach ist die Berücksichtigung der dort niedergelegten Bewertungsfaktoren bereits über § 274 Satz 1 KAGB vorgeschrieben, der auch auf § 215 Abs. 5 KAGB verweist.[14] Für Einzelheiten kann daher wiederum auf die Kommentierung zu § 215 KAGB verwiesen werden. 7

IV. Bußgeldbewehrung bei Verstoß

Ein vorsätzlicher Verstoß gegen eine vollziehbare Anordnung der BaFin nach § 215 Abs. 2 Satz 1 Halbs. 2 i.V.m. § 274 Satz 1 KAGB stellt gem. § 340 Abs. 1 Nr. 4 KAGB eine Ordnungswidrigkeit dar.[15] 8

§ 275 Belastung

(1) Die Belastung von Vermögensgegenständen, die zu einem Spezial-AIF gehören, sowie die Abtretung und Belastung von Forderungen aus Rechtsverhältnissen, die sich auf diese Vermögensgegenstände beziehen, sind zulässig, wenn

1. dies in den Anlagebedingungen vorgesehen und mit einer ordnungsgemäßen Wirtschaftsführung vereinbar ist und

2. die Verwahrstelle den vorgenannten Maßnahmen zustimmt, weil sie die Bedingungen, unter denen die Maßnahmen erfolgen sollen, für marktüblich erachtet.

(2) Die Bundesanstalt kann die Höhe der zulässigen Belastung der Vermögensgegenstände beschränken, wenn sie dies zum Schutz der Anleger oder zur Gewährleistung der Stabilität und Integrität des Finanzsystems als nötig erachtet.

In der Fassung vom 4.7.2013 (BGBl. I 2013, S. 1981).

10 Wie hier *Decker* in Moritz/Klebeck/Jesch, § 274 KAGB Rz. 12, 21.

11 **Scheinbar anders** BaFin, Fragen zur Umsetzung der AIFM-Richtlinie in Bezug auf Eigenmittel und Leverage: Ergebnisprotokoll der Sitzung am 19.6.2013, Gz. WA 41-WP 2136-2011/0090, 9.8.2013, S. 3 f.; s. auch *Decker* in Moritz/Klebeck/Jesch, § 274 KAGB Rz. 14. S. dazu bereits die Kommentierung zu § 215 in Rz. 18 mit Fn. 65.

12 *Decker* in Moritz/Klebeck/Jesch, § 274 KAGB Rz. 14.

13 BaFin, Fragen zur Umsetzung der AIFM-Richtlinie in Bezug auf Eigenmittel und Leverage: Ergebnisprotokoll der Sitzung am 19.6.2013, Gz. WA 41-WP 2136-2011/0090, 9.8.2013, S. 3 f.

14 *Decker* in Moritz/Klebeck/Jesch, § 274 KAGB Rz. 23; *Krause* in Beckmann/Scholtz/Vollmer, § 274 KAGB Rz. 4.

15 *Krause* in Beckmann/Scholtz/Vollmer, § 274 KAGB Rz. 5.

Schrifttum: *Wollenhaupt/Beck*, Das neue Kapitalanlagegesetzbuch (KAGB), DB 2013, 1950.

I. Inhaltsübersicht und Entstehungsgeschichte

1 § 275 KAGB regelt die Zulässigkeit der Belastung von Vermögensgegenständen, die zu einem Spezial-AIF gehören, sowie die Abtretung und Belastung von Forderungen aus Rechtsverhältnissen, die sich auf diese Vermögensgegenstände beziehen. Während § 275 Abs. 1 KAGB allgemeine materielle, aber auch formale und prozedurale Voraussetzungen für die Zulässigkeit aufstellt, ermächtigt § 275 Abs. 2 KAGB die BaFin, die Höhe der zulässigen Belastung der Vermögensgegenstände per Verfügung zu beschränken, wenn dies zum Schutz der Anleger oder zur Gewährleistung der Stabilität und Integrität des Finanzsystems erforderlich ist.

2 § 275 KAGB ersetzt die durch das AIFM-UmsG[1] aufgehobenen Bestimmungen in § 91 Abs. 3 Nr. 3 i.V.m. § 82 Abs. 3 InvG.[2] Die dortige Regelung betraf lediglich die Belastung von Grundstücken und sah hierfür eine feste Belastungsgrenze in Form eines Prozentsatzes vom Verkehrswert vor. Der Verzicht auf eine solche feste Belastungsgrenze in § 275 Abs. 1 KAGB wird durch die neu ins Gesetz aufgenommene Anordnungsermächtigung in § 275 Abs. 2 KAGB kompensiert.[3] Allein für offene Spezial-AIF mit festen Anlagebedingungen findet sich weiterhin eine den § 91 Abs. 3 Nr. 3 i.V.m. § 82 Abs. 3 InvG entsprechende Regelung.[4]

II. Normzweck und Systematik

3 Die in § 275 KAGB geregelte Frage der Belastung von Vermögensgegenständen wird für den Spezial-AIF vor allem bedeutsam, wenn die verwaltende AIF-KVG Kredit aufnimmt. Dies geschieht namentlich für den Einsatz von Leverage, also zur Erhöhung des Investitionsgrades. Das KAGB lässt die Aufnahme von Kredit und den Einsatz von Leverage für Spezial-AIF im Rahmen eines angemessenen internen Limits (§ 274 Satz 1 i.V.m. § 215 KAGB) grundsätzlich ohne weitere Beschränkungen zu.[5]

4 Dem entspricht die grundsätzliche Zulässigkeit von Belastungen. Die Regelung in § 275 KAGB stellt insofern eine Ausnahme zum Belastungsverbot des § 93 Abs. 4 Satz 1 KAGB dar, das allerdings nach § 93 Abs. 4 Satz 2 Halbs. 1 KAGB ohnehin nicht gilt, wenn für Rechnung eines Spezial-AIF nach den §§ 274, 283 Abs. 1 Satz 1 Nr. 2, 284 Abs. 4 KAGB Kredite aufgenommen, einem Dritten Optionsrechte eingeräumt oder Wertpapier-Pensionsgeschäfte nach § 203 KAGB oder Finanzterminkontrakte, Devisenterminkontrakte, Swaps oder ähnliche Geschäfte nach Maßgabe des § 197 KAGB abgeschlossen werden oder wenn für Rechnung eines Spezial-AIF nach § 283 Abs. 1 Satz 1 Nr. 2 KAGB Leerverkäufe getätigt oder einem Hedgefonds Wertpapier-Darlehen gewährt werden.[6]

5 Indes lässt die Regelung des § 275 KAGB erkennen, dass der Gesetzgeber in der grundsätzlich zulässigen Belastung von Vermögensgegenständen des Spezial-AIF gleichwohl ein – gegenüber der Kreditaufnahme und dem Einsatz von Leverage zusätzliches – Risiko für das **Fondsvermögen** erblickt. Dessen **Schutz vor Wertverlusten** und der **Transparenz des Risikos gegenüber den Anlegern** dienen die formalen, materiellen und prozeduralen Voraussetzungen der Belastung in § 275 Abs. 1 KAGB.[7] Wie in § 93 Abs. 4 Satz 1 KAGB[8] geht es dabei aber auch in § 275 KAGB allein um **finanzierungsbedingte Belastungen**, auch wenn

---

1 Gesetz zur Umsetzung der RL 2011/61/EU über die Verwalter alternativer Investmentfonds v. 4.7.2013, BGBl. I 2013, S. 1981.

2 *Krause* in Beckmann/Scholtz/Vollmer, § 275 KAGB Rz. 1; *Moroni* in Moritz/Klebeck/Jesch, § 275 KAGB Rz. 7; *Swoboda* in Weitnauer/Boxberger/Anders, § 275 KAGB Rz. 3; vgl. ferner Begr. RegE AIFM-UmsG, BT-Drucks. 17/12294, S. 274 f.

3 Begr. RegE AIFM-UmsG, BT-Drucks. 17/12294, S. 274 f.; s. ferner *Krause* in Beckmann/Scholtz/Vollmer, § 275 KAGB Rz. 1; vgl. auch *A. München/M. München* in Baur/Tappen, § 275 KAGB Rz. 1.

4 Vgl. Begr. RegE AIFM-UmsG, BT-Drucks. 17/12294, S. 276; ausführlich *Moroni* in Moritz/Klebeck/Jesch, § 275 KAGB Rz. 4 f.

5 S. *Swoboda* in Weitnauer/Boxberger/Anders, § 275 KAGB Rz. 3; *Wollenhaupt/Beck*, DB 2013, 1950 (1954).

6 S. *Krause* in Beckmann/Scholtz/Vollmer, § 275 KAGB Rz. 2.

7 Insoweit auch *Swoboda* in Weitnauer/Boxberger/Anders, § 275 KAGB Rz. 7.

8 S. soeben in Rz. 4.

dies im Normtext des § 275 KAGB nicht gleichermaßen klar zum Ausdruck kommt wie in § 93 Abs. 4 Satz 1 KAGB.[9] Allerdings zeigt sich der Fokus auf finanzierungsbedingte Belastungen im Kriterium der „Marktüblichkeit" (§ 275 Abs. 1 Nr. 2 KAGB)[10] und mehr noch in der Regelung des § 275 Abs. 2 KAGB. Denn die dem **Anlegerschutz** und der **Integrität und Stabilität des Finanzsystems** dienende Anordnungsermächtigung ist erkennbar darauf gerichtet, mittelbar den Leverage nach §§ 274, 215 KAGB beschränken zu können: Die Sperrung einer (weiteren) Sicherheitenbestellung verhindert effektiv den Erhalt weiterer Kredite.[11]

III. Vorgaben für Belastungen und Abtretungen (§ 275 Abs. 1 KAGB)

1. Erfasste Vermögensgegenstände

a) Allgemeines

§ 275 Abs. 1 KAGB regelt die Belastung von „**Vermögensgegenständen**", die zu einem Spezial-AIF gehören. 6
Der Begriff des Vermögensgegenstands wird nicht näher im Gesetz definiert. Erfasst sind damit **sämtliche Vermögensgegenstände, in die ein Spezial-AIF anlegen darf**. Dies sind grundsätzlich alle Vermögensgegenstände, für die ein Verkehrswert ermittelt werden kann (vgl. §§ 282 Abs. 2 Satz 1, 285 Abs. 1 KAGB).[12] Vermögensgegenstände i.S.d. § 275 Abs. 1 KAGB sind aber auch die in der Vorschrift separat aufgeführten **Forderungen** aus Rechtsverhältnissen, die sich auf dem Spezial-AIF gehörende Vermögensgegenstände beziehen, etwa Mietzinsforderungen aus der Vermietung von Grundstücken,[13] sofern diese Forderungen, weil bereits entstanden, ihrerseits (bereits) zum Investmentvermögen gehören.[14]

Denn § 275 Abs. 1 KAGB erfasst nur Vermögensgegenstände, „**die zu einem Spezial-AIF gehören**". Sie 7
müssen also dem Investmentvermögen zugeordnet sein.[15] Nicht hierunter fallen daher **künftige bzw. noch nicht fällige Forderungen** aus Rechtsverhältnissen, die sich auf dem AIF gehörende Vermögensgegenstände beziehen, und dem Spezial-AIF daher noch nicht gehören.[16] Indes werden auch solche Forderungen **als eigenständige Kategorie** von § 275 Abs. 1 KAGB erfasst.[17]

Fallen Erwerb und Belastung des Vermögensgegenstands zeitlich zusammen, ist § 275 KAGB gleichwohl 8
anzuwenden, wenn für die Bewertung des Vermögensgegenstands die Belastung nicht berücksichtigt wird. Denn dann besteht das mit der Belastung einhergehende Wertverlustrisiko, vor dem § 275 KAGB schützen will.[18]

b) „Durchschau" bei Gesellschaftsbeteiligungen insbesondere

Nicht abschließend geklärt ist, ob und inwieweit **auch mittelbar über Gesellschaftsbeteiligungen des AIF** 9
gehaltene Vermögensgegenstände im Rahmen des § 275 KAGB als dem Spezial-AIF gehörend anzusehen sind (**look-through-approach**).[19] Für Immobilien-Sondervermögen wird dies in § 260 Abs. 4 KAGB ausdrücklich geregelt, während sich § 275 KAGB hierzu nicht verhält.[20] Als sicher dürfte immerhin gelten, dass **bei Private-Equity-Fonds keine Durchschau** in Bezug auf Belastungen erfolgt, welche das vom Fonds kontrollierte Unternehmen im Rahmen seiner operativen Tätigkeit hinsichtlich der ihm (dem Unternehmen) gehörenden Vermögensgegenstände vornimmt (arg. e Art. 6 Abs. 3 Satz 2 DelVO (EU) 231/2013).[21] Dem-

9 S. *Moroni* in Moritz/Klebeck/Jesch, § 275 KAGB Rz. 2; **anders** etwa *Krause* in Beckmann/Scholtz/Vollmer, § 275 KAGB Rz. 5; *A. München/M. München* in Baur/Tappen, § 275 KAGB Rz. 3.
10 S. auch *Moroni* in Moritz/Klebeck/Jesch, § 275 KAGB Rz. 2 f.
11 Wieder zutr. *Krause* in Beckmann/Scholtz/Vollmer, § 275 KAGB Rz. 1.
12 *Moroni* in Moritz/Klebeck/Jesch, § 275 KAGB Rz. 11.
13 S. für weitere Beispiele *Moroni* in Moritz/Klebeck/Jesch, § 275 KAGB Rz. 20 mit Fn. 24.
14 S. dazu *Krause* in Beckmann/Scholtz/Vollmer, § 275 KAGB Rz. 4; näher zu den in § 275 Abs. 1 Var. 2 genannten Forderungen *Moroni* in Moritz/Klebeck/Jesch, § 275 KAGB Rz. 20.
15 S. für Gegenbeispiele *Moroni* in Moritz/Klebeck/Jesch, § 275 KAGB Rz. 15 f.
16 *Krause* in Beckmann/Scholtz/Vollmer, § 275 KAGB Rz. 4.
17 S. wiederum *Krause* in Beckmann/Scholtz/Vollmer, § 275 KAGB Rz. 4; im Ergebnis auch *Swoboda* in Weitnauer/Boxberger/Anders, § 275 KAGB Rz. 19.
18 S. *Moroni* in Moritz/Klebeck/Jesch, § 275 KAGB Rz. 17; zum Normzweck des § 275 KAGB s. in Rz. 5.
19 S. dazu *Moroni* in Moritz/Klebeck/Jesch, § 275 KAGB Rz. 19 f.; *Swoboda* in Weitnauer/Boxberger/Anders, § 275 KAGB Rz. 8 f., 14 ff.
20 So auch *Moroni* in Moritz/Klebeck/Jesch, § 275 KAGB Rz. 19; **a.A.** *Swoboda* in Weitnauer/Boxberger/Anders, § 275 KAGB Rz. 17.
21 Nachdrücklich *Swoboda* in Weitnauer/Boxberger/Anders, § 275 KAGB Rz. 8, 15; ebenso *Moroni* in Moritz/Klebeck/Jesch, § 275 KAGB Rz. 18.

gegenüber dürfte **bei** Belastungen in reinen **Objektgesellschaften** des AIF gemäß den Wertungen in Erwägungsgrund 102 sowie Art. 89 Abs. 3, 90 Abs. 5 DelVO (EU) 231/2013 eine **Durchschau** stattfinden, § 275 KAGB also anzuwenden sein. Dies gilt jedenfalls bei einer Mehrheitsbeteiligung des AIF (vgl. Erwägungsgrund 102 DelVO (EU) 231/2013, § 84 Abs. 1 Nr. 5 Var. 2 KAGB).[22]

2. Belastung und Abtretung

a) Belastung von Vermögensgegenständen

10 **Belastungen** i.d.S. sind zunächst sämtliche **Verfügungen im zivilrechtlichen Sinne**, die dergestalt auf ein bestehendes Recht einwirken, dass sie einen Aspekt dieses Rechts abspalten und einem anderen zuweisen.[23] Der Belastungsbegriff des § 275 KAGB ist jedoch insofern enger, als hier nur finanzierungsbedingte Belastungen erfasst werden.[24] Es geht damit nur um Belastungen **zu (Kredit-)Sicherungszwecken**,[25] so dass hierfür ungeeignete Belastungen wie etwa Dienstbarkeiten nicht erfasst sind.[26] Auf der anderen Seite ist der Belastungsbegriff des § 275 KAGB aber auch weiter, als er auch Sicherungszwecken dienende Vollrechtsübertragungen, wie Sicherungsübereignungen und -abtretungen, erfasst.[27]

11 Mit der Beschränkung auf Belastungen qua rechtsgeschäftlicher Verfügung scheiden auch reine Verpflichtungen ebenso aus wie dingliche Belastungen kraft Gesetzes oder Hoheitsakts.[28]

12 Schließlich werden auch **bei Erwerb** des Vermögensgegenstands **bereits bestehende Belastungen nicht** von § 275 KAGB **erfasst**, sofern sie bereits bei der Verkehrswertbestimmung und damit auch bei der Erwerbspreisberechnung berücksichtigt. In diesem Fall besteht nämlich kein Wertverlustrisiko für das Investmentvermögen, vor dem § 275 KAGB schützen will.[29]

b) Abtretung und Belastung von Forderungen aus bestimmten Rechtsverhältnissen

13 Für die Frage der Belastung von Forderungen aus Rechtsverhältnissen, die sich auf einen Vermögensgegenstand beziehen, der zum Spezial-AIF gehört, gilt dasselbe wie für die Belastung solcher Vermögensgegenstände selbst.[30] Auch hier geht es um die Belastung zu Sicherungszwecken. Nichts anderes gilt aber auch für die Abtretung solcher Forderungen. Das Gesetz meint damit also allein **Abtretungen zu Sicherungszwecken.**[31]

3. Vorgaben des § 275 Abs. 1 KAGB

14 § 275 Abs. 1 KAGB verlangt dreierlei für die Zulässigkeit einer Belastung von Vermögensgegenständen, die zu einem Spezial-AIF gehören, bzw. einer Belastung oder Abtretung von Forderungen aus Rechtsverhältnissen, die sich auf solche Vermögensgegenstände beziehen: Die Berechtigung zu derlei Verfügungen muss in den Anlagebedingungen vorgesehen sein (a.), die Belastung oder Abtretung muss im konkreten Fall mit einer ordnungsgemäßen Wirtschaft vereinbar sein (b.) und es muss schließlich die Zustimmung der Ver-

---

22 So *Moroni* in Moritz/Klebeck/Jesch, § 275 KAGB Rz. 19; unklar *Swoboda* in Weitnauer/Boxberger/Anders, § 275 KAGB Rz. 9, 17 f.

23 S. auch *Moroni* in Moritz/Klebeck/Jesch, § 275 KAGB Rz. 9; ferner *Krause* in Beckmann/Scholtz/Vollmer, § 275 KAGB Rz. 5: „abgespaltene Teilbefugnisse".

24 S. dazu bereits in Rz. 5.

25 Vgl. auch *Swoboda* in Weitnauer/Boxberger/Anders, § 275 KAGB Rz. 20: „dingliche Verfügungen zu Sicherungszwecken".

26 *Moroni* in Moritz/Klebeck/Jesch, § 275 KAGB Rz. 2, wohl auch *Swoboda* in Weitnauer/Boxberger/Anders, § 275 KAGB Rz. 20; **anders** *Krause* in Beckmann/Scholtz/Vollmer, § 275 KAGB Rz. 5; *A. München/M. München* in Baur/Tappen, § 275 KAGB Rz. 3.

27 Unstr., s. etwa *Krause* in Beckmann/Scholtz/Vollmer, § 275 KAGB Rz. 5; *Swoboda* in Weitnauer/Boxberger/Anders, § 275 KAGB Rz. 20.

28 S. *Moroni* in Moritz/Klebeck/Jesch, § 275 KAGB Rz. 9; *Swoboda* in Weitnauer/Boxberger/Anders, § 275 KAGB Rz. 20 f.

29 Zutr. *Moroni* in Moritz/Klebeck/Jesch, § 275 KAGB Rz. 10, der dies unter der Rubrik „aktive Belastung" diskutiert. S. zum Normzweck des § 275 Abs. 1 KAGB allgemein in Rz. 3 ff. Zur Frage der Veranlassung der Belastung durch die AIF-KVG *Swoboda* in Weitnauer/Boxberger/Anders, § 275 KAGB Rz. 24.

30 Dazu soeben in Rz. 10 ff.

31 S. *Swoboda* in Weitnauer/Boxberger/Anders, § 275 KAGB Rz. 23; s. auch *Moroni* in Moritz/Klebeck/Jesch, § 275 KAGB Rz. 20, der dies im Zusammenhang mit der Person des Zessionars diskutiert; vgl. ferner Begr. RegE 4. Finanzmarktförderungsgesetz, BT-Drucks. 14/8017, S. 108 zu § 37 KAGG, wo allein von Kreditinstituten bzw. Darlehensnehmern in der Zessionarsrolle die Rede ist.

wahrstelle vorliegen, welche die Konditionen der konkreten Belastung oder Abtretung zuvor auf ihre Marktüblichkeit prüft (c.).

a) Anlagebedingungen (§ 275 Abs. 1 Nr. 1 KAGB)

Die Anlagebedingungen müssen die Belastung von Vermögensgegenständen des Spezial-AIF oder Forderungen aus Rechtsverhältnissen, die sich auf diese Vermögensgegenstände beziehen, „vorsehen". Ein **abstrakter Hinweis** auf die Zulässigkeit dieser Maßnahmen **genügt**.[32] Weitergehende Konkretisierungen sind natürlich möglich und werden teils auch empfohlen.[33] 15

b) Ordnungsgemäße Wirtschaftsführung (§ 275 Abs. 1 Nr. 1 KAGB)

Die Maßnahmen nach § 275 Abs. 1 KAGB müssen zudem einer ordnungsgemäßen Wirtschaft entsprechen. Maßstab ist der „betriebswirtschaftlich sorgfältig handelnde Geschäftsleiter",[34] dem ein unternehmerisches Ermessen zuzubilligen ist. Es liegt insofern nahe, sich für die Kontrolldichte der Belastungsentscheidung an § 93 Abs. 1 Satz 2 AktG (*business judgment rule*) zu orientieren.[35] Im Rahmen dessen spielt dann aber durchaus die (prognostizierte) Vorteilhaftigkeit der Maßnahme eine Rolle.[36] Hierbei sollen auch außerhalb der konkreten Maßnahme liegende Vorteile berücksichtigt werden können, so dass – isoliert betrachtet – nachteilige Maßnahmen, etwa die Übersicherung zwecks Erhalt eines Darlehens mit überhöhtem Zinssatz, einer ordnungsgemäßen Wirtschaftsführung entsprechen könnten.[37] Indes wird die Verwahrstelle in diesen Fällen ihre Zustimmung zur konkreten Maßnahme nach § 275 Abs. 1 Nr. 2 KAGB mangels Marktüblichkeit der Konditionen verweigern müssen.[38] 16

c) Zustimmung der Verwahrstelle bei Marktüblichkeit (§ 275 Abs. 1 Nr. 2 KAGB)

Die Belastung oder Abtretung ist zudem nur dann zulässig, wenn die Verwahrstelle der Maßnahme zustimmt, weil sie die Bedingungen, unter denen die Maßnahmen erfolgen sollen, für marktüblich erachtet (§ 275 Abs. 1 Nr. 2 KAGB). Vereinzelt wird dieses **Zustimmungserfordernis** zwar bereits de lege lata abgelehnt, weil es bei Spezial-AIF systemwidrig sei.[39] Indes führt angesichts des klaren Wortlauts der Vorschrift kein Weg an dieser Zulässigkeitsvoraussetzung vorbei. 17

Für eine Präzisierung des Begriffs der Zustimmung liegt es nahe, auf die bürgerlich-rechtliche Terminologie zurückzugreifen. Danach wäre also sowohl die vorherige Zustimmung (Einwilligung, § 183 Satz 1 BGB) als auch die nachträgliche Zustimmung (Genehmigung, § 184 Abs. 1 BGB) der Maßnahme durch die Verwahrstelle möglich.[40] Allerdings ist nicht zu verkennen, dass das Gesetz jedenfalls für den **Regelfall** von einer **vorherigen Zustimmung** ausgeht („Bedingungen, unter denen die Maßnahmen erfolgen sollen").[41] 18

Im Rahmen ihrer Zustimmungsentscheidung hat die Verwahrstelle die **Marktüblichkeit der Bedingungen**, unter denen die Maßnahme erfolgen soll, zu prüfen. Gemeint ist die Marktüblichkeit **des gesamten Finanzierungs- und Besicherungskonzepts**.[42] Zu den maßgeblichen Parametern gehören insbesondere der Effektivzins, die Höhe der Raten und die Laufzeit der Finanzierung, ferner etwa das Verhältnis der Werthöhe der Sicherheit(en) zum Finanzierungsvolumen.[43] Im Einzelfall mag die Prüfung der Marktüblichkeit auf 19

---

32 *Moroni* in Moritz/Klebeck/Jesch, § 275 KAGB Rz. 21; *Krause* in Beckmann/Scholtz/Vollmer, § 275 KAGB Rz. 7; offen gelassen bei *A. München/M. München* in Baur/Tappen, § 275 KAGB Rz. 4.

33 *Krause* in Beckmann/Scholtz/Vollmer, § 275 KAGB Rz. 7; *Swoboda* in Weitnauer/Boxberger/Anders, § 275 KAGB Rz. 25.

34 S. *Krause* in Beckmann/Scholtz/Vollmer, § 275 KAGB Rz. 8; vgl. auch *Swoboda* in Weitnauer/Boxberger/Anders, § 275 KAGB Rz. 26: Betonung des betriebswirtschaftlichen Elements.

35 Klar *Swoboda* in Weitnauer/Boxberger/Anders, § 275 KAGB Rz. 26; vgl. auch *Moroni* in Moritz/Klebeck/Jesch, § 275 KAGB Rz. 22: eingeschränkte Kontrolldichte i.S.e. Schlüssigkeitsprüfung.

36 S. *Krause* in Beckmann/Scholtz/Vollmer, § 275 KAGB Rz. 8; **hiergegen** *Moroni* in Moritz/Klebeck/Jesch, § 275 KAGB Rz. 22.

37 So *Krause* in Beckmann/Scholtz/Vollmer, § 275 KAGB Rz. 8; vgl. auch *Swoboda* in Weitnauer/Boxberger/Anders, § 275 KAGB Rz. 26: Bezugspunkt der ordnungsgemäßen Wirtschaftsführung sei nicht die einzelne Investition.

38 S. zum Zustimmungserfordernis sogleich in Rz. 17 ff.

39 *Moroni* in Moritz/Klebeck/Jesch, § 275 KAGB Rz. 6, 23.

40 S. *Krause* in Beckmann/Scholtz/Vollmer, § 275 KAGB Rz. 10; vgl. auch *Swoboda* in Weitnauer/Boxberger/Anders, § 275 KAGB Rz. 27.

41 **Anders**, aber unklar in der Begründung *Swoboda* in Weitnauer/Boxberger/Anders, § 275 KAGB Rz. 29: Ex-post-Kontrolle.

42 *Moroni* in Moritz/Klebeck/Jesch, § 275 KAGB Rz. 25; vgl. auch *Swoboda* in Weitnauer/Boxberger/Anders, § 275 KAGB Rz. 27.

43 Vgl. auch ausführlich *Moroni* in Moritz/Klebeck/Jesch, § 275 KAGB Rz. 27 f.

Schwierigkeiten stoßen, weil Finanzierungen nicht selten „maßgeschneidert" werden.[44] In der Praxis wird auch in diesen Fällen aber eine Marktüblichkeitsprüfung mithilfe von Vergleichsangeboten anderer Finanzierer möglich sein, welche die KVG im Vorfeld eingeholt hat.[45] Der Verwahrstelle kommt bei ihrer Prüfung jedenfalls ein gewisser **Beurteilungsspielraum** zu, wie die subjektive Formulierung im Normtext belegt („erachtet").[46]

20 Erteilt die Verwahrstelle die Zustimmung, obwohl sie die Bedingungen der Maßnahme nicht für marktüblich erachtet (**fehlerhafte Zustimmung**), berührt dies die zivilrechtliche Wirksamkeit der Belastung oder Abtretung nicht (§ 84 Abs. 2 Satz 2 KAGB analog).[47] Noch nicht abschließend geklärt sind hingegen die zivilrechtlichen Folgen einer gänzlich **fehlenden Zustimmung**. Teils wird hier die Unwirksamkeit der Verfügung bei gleichzeitiger Anwendbarkeit der Vorschriften über den Erwerb vom Nichtberechtigten angenommen, wie es der Regelung in § 84 Abs. 2 Satz 3 und 4 KAGB entspricht.[48] Dieselben Stimmen halten jedoch auch die Wirksamkeit der Verfügung für denkbar und verweisen auf den geringeren Anlegerschutz im Recht der Spezial-AIF.[49] Bedenkt man, dass das KAGB auch für die Übertragungsbeschränkung nach § 277 KAGB auf eine dingliche Wirkung des Verbots verzichtet[50] und zudem einem Verstoß gegen die Leerverkaufsbeschränkung nach § 276 Abs. 1 Satz 1 KAGB jegliche Bedeutung für die Wirksamkeit der betreffenden Rechtsgeschäfte abspricht (s. § 276 Abs. 1 Satz 2 KAGB), erscheint eine entsprechende Anwendung des § 84 Abs. 2 Satz 3 und 4 KAGB im Rahmen des § 275 KAGB in der Tat nicht zwingend.

IV. Beschränkung der zulässigen Belastungen durch die BaFin (§ 275 Abs. 2 KAGB)

21 Die BaFin kann die nach Maßgabe des § 275 Abs. 1 KAGB zulässigen Belastungen gem. § 275 Abs. 2 KAGB der Höhe nach beschränken, wenn sie dies „zum Schutz der Anleger oder zur Gewährleistung der Stabilität und Integrität des Finanzsystems" für nötig erachtet. Die Ermächtigung nach § 275 Abs. 2 KAGB ist offensichtlich derjenigen nach § 276 Abs. 2 Satz 2 KAGB nachgebildet, die wiederum § 112 Abs. 4 InvG zum Vorbild hatte.[51] Dies deutet darauf hin, dass die Ermächtigung nicht nur dort, sondern auch hier makroökonomischen Entwicklungen im Blick hat, auf welche die BaFin durch eine mittelbare Leveragebeschränkung qua höhenmäßiger Begrenzung von Sicherheitenbestellungen[52] reagieren können soll. Es handelt sich auch hier um eine **Ermächtigung zum Erlass von Allgemeinverfügungen** und nicht um eine Ermächtigung für Eingriffe in ein einzelnes Produkt.[53] Jedenfalls für Anordnungen zur „Gewährleistung der Stabilität und Integrität des Finanzsystems" kommen Beschränkungen eines einzelnen AIF ohnehin kaum in Betracht.[54] Allerdings bleiben Unsicherheiten, ob für Anordnungen zum „Schutz der Anleger" anderes gelten soll, § 275 Abs. 2 KAGB also auch zur Beschränkung der Belastungshöhe bei einzelnen Fonds ermächtigt.[55]

§ 276 Leerverkäufe

(1) [1]Die AIF-Kapitalverwaltungsgesellschaft darf für gemeinschaftliche Rechnung der Anleger keine Vermögensgegenstände nach Maßgabe der §§ 193, 194 und 196 verkaufen, wenn die jeweiligen Vermögensgegenstände im Zeitpunkt des Geschäftsabschlusses nicht zum Spezial-AIF gehören; § 197 bleibt unberührt. [2]Die Wirksamkeit des Rechtsgeschäfts wird durch einen Verstoß gegen Satz 1 nicht berührt.

44 Vgl. *Moroni* in Moritz/Klebeck/Jesch, § 275 KAGB Rz. 29.
45 S. auch *Swoboda* in Weitnauer/Boxberger/Anders, § 275 KAGB Rz. 27.
46 *Moroni* in Moritz/Klebeck/Jesch, § 275 KAGB Rz. 26.
47 S. auch *Krause* in Beckmann/Scholtz/Vollmer, § 275 KAGB Rz. 11.
48 *Krause* in Beckmann/Scholtz/Vollmer, § 275 KAGB Rz. 11.
49 *Krause* in Beckmann/Scholtz/Vollmer, § 275 KAGB Rz. 11. Klar für Wirksamkeit der Belastung auch ohne Freigabe durch die Verwahrstelle *Moroni* in Moritz/Klebeck/Jesch, § 275 KAGB Rz. 23.
50 S. dazu § 277 Rz. 13.
51 S. dazu § 276 Rz. 2.
52 S. zum Normzweck des § 275 Abs. 2 in Rz. 5.
53 So Begr. RegE InvModG, BT-Drucks. 15/1553, S. 109 zu § 112 Abs. 3 InvG (dem späteren § 112 Abs. 4 InvG). Für § 275 Abs. 2 KAGB *Krause* in Beckmann/Scholtz/Vollmer, § 276 KAGB Rz. 13.
54 S. *Swoboda* in Weitnauer/Boxberger/Anders, § 275 KAGB Rz. 32.
55 Dafür etwa *Swoboda* in Weitnauer/Boxberger/Anders, § 275 KAGB Rz. 30 f.; dagegen offenbar *Krause* in Beckmann/Scholtz/Vollmer, § 276 KAGB Rz. 13. S. zu § 276 Abs. 2 Satz 2 KAGB auch § 276 Rz. 11.

(2) [1]Absatz 1 findet keine Anwendung auf AIF-Kapitalverwaltungsgesellschaften, die Hedgefonds verwalten. [2]Die Bundesanstalt kann Leerverkäufe im Sinne des § 283 Absatz 1 Satz 1 Nummer 2 beschränken, wenn sie dies zum Schutz der Anleger oder zur Gewährleistung der Stabilität und Integrität des Finanzsystems als nötig erachtet.

In der Fassung vom 4.7.2013 (BGBl. I 2013, S. 1981).

I. Inhaltsübersicht, Entstehungsgeschichte und Normzweck

1 § 276 KAGB regelt die Zulässigkeit von Leerverkäufen für Rechnung eines Spezial-AIF. § 276 Abs. 1 Satz 1 Halbs. 1 KAGB sieht ein Leerverkaufsverbot für Wertpapiere, Geldmarktinstrumente und Investmentanteile vor. § 276 Abs. 1 Satz 1 Halbs. 2 KAGB stellt klar, dass mittels Derivaten hergestellte synthetische Leerverkaufspositionen im Rahmen des § 197 KAGB jedoch zulässig bleiben. § 276 Abs. 1 Satz 2 KAGB bestimmt die zivilrechtlichen Folgen eines Verstoßes gegen § 276 Abs. 1 Satz 1 KAGB. § 276 Abs. 2 Satz 1 KAGB nimmt Hedgefonds i.S.d. § 283 KAGB vom Leerverkaufsverbot des § 276 Abs. 1 KAGB aus. § 276 Abs. 2 Satz 2 KAGB ermächtigt die BaFin jedoch, den Einsatz von Leerverkäufen durch Hedgefonds zu beschränken, falls dies zur Gewährleistung der Stabilität und Integrität des Finanzsystems erforderlich wird.

2 § 276 KAGB ist autonomes deutsches Recht. Die AIFM-RL enthält keine entsprechenden Vorgaben.[1] § 276 Abs. 1 KAGB ersetzt die aufgehobene Regelung in § 91 Abs. 3 Nr. 3 i.V.m. § 59 InvG.[2] Eine wortlautgleiche Parallelregelung zu § 276 Abs. 1 KAGB findet sich für OGAW in § 205 KAGB.[3] Die ausdrückliche Ausnahme für Hedgefonds (§ 276 Abs. 2 Satz 1 KAGB) war im InvG nicht enthalten, ergab sich aber der Sache nach aus § 112 Abs. 1 Satz 2 Nr. 2 InvG.[4] Die Ermächtigung in § 276 Abs. 2 Satz 2 KAGB greift die aufgehobene Regelung des § 112 Abs. 4 InvG wieder auf.[5]

3 Das Leerverkaufsverbot in § 276 Abs. 1 Satz 1 KAGB soll das Investmentvermögen vor den **erhöhten Verlustrisiken** schützen, die mit Leerverkäufen verbunden sind.[6] Die Regelung dient daher dem **Anlegerschutz.**[7] Sie ist insofern ein Schutzgesetz i.S.d. § 823 Abs. 2 BGB.[8] Die Regelung hat damit eine andere Stoßrichtung als die **EU-Leerverkaufs-VO,**[9] die dem Schutz der Marktstabilität und -integrität dient[10] und

---

1 S. näher *Decker* in Moritz/Klebeck/Jesch, § 276 KAGB Rz. 4.
2 Begr. RegE AIFM-UmsG, BT-Drucks. 17/12294, S. 275.
3 S. zu den möglichen Gründen, warum der Gesetzgeber sich nicht mit einem Verweis auf diese Regelung begnügt hat, *Decker* in Moritz/Klebeck/Jesch, § 276 KAGB Rz. 1; *Krause* in Beckmann/Scholtz/Vollmer, § 276 KAGB Rz. 2.
4 Vgl. *Zirlewagen* in Emde/Dornseifer/Freibus/Hölscher, § 91 InvG Rz. 31.
5 Begr. RegE AIFM-UmsG, BT-Drucks. 17/12294, S. 275; s. auch *Krause* in Beckmann/Scholtz/Vollmer, § 276 KAGB Rz. 1.
6 Vgl. auch Begr. RegE InvModG, BT-Drucks. 15/1553, S. 109 zu § 112 InvG: „Theoretisch birgt der Leerverkauf ein unbegrenztes Risiko bezüglich der Steigerung des Kurswertes des Wertpapiers in sich und kann zu unbegrenzten Verlusten führen." S. ferner etwa *Decker* in Moritz/Klebeck/Jesch, § 276 KAGB Rz. 4; *A. München/M. München* in Baur/Tappen, § 276 KAGB Rz. 1.
7 Vgl. zu § 205 etwa auch *Bahr* in Weitnauer/Boxberger/Anders, § 205 KAGB Rz. 3.
8 *Decker* in Moritz/Klebeck/Jesch, § 276 KAGB Rz. 18; *A. München/M. München* in Baur/Tappen, § 276 KAGB Rz. 6; den Schutzgesetzcharakter des § 276 KAGB offen lassend *Krause* in Beckmann/Scholtz/Vollmer, § 276 KAGB Rz. 7.
9 VO (EU) 236/2012, ABl. EU Nr. L 86 v. 24.3.2012, S. 1.
10 S. Erwägungsgründe 1, 7, 18 der VO (EU) 236/2012. Zum Vergleich der Schutzrichtungen des investmentrechtlichen Leerverkaufsverbots und der Leerverkaufs-VO auch *Bahr* in Weitnauer/Boxberger/Anders, § 205 KAGB Rz. 3.

neben § 276 KAGB zur Anwendung kommt.[11] Die Regelung des § 276 Abs. 1 Satz 2 KAGB bezweckt den Schutz der Käuferseite (**Verkehrsschutz**).[12] § 276 Abs. 2 Satz 2 KAGB schützt – bei grundsätzlicher Zulässigkeit von Leerverkäufen für Rechnung von Hedgefonds – die **Anleger** (in ihrer Gesamtheit)[13] und die **Stabilität und Integrität des Finanzsystems.**[14]

II. Grundsätzliches Leerverkaufsverbot (§ 276 Abs. 1 KAGB)

1. Leerverkaufsverbot (§ 276 Abs. 1 Satz 1 Halbs. 1 KAGB)

4 § 276 Abs. 1 Satz 1 Halbs. 1 KAGB verbietet Verkäufe von Vermögensgegenständen nach Maßgabe der §§ 193, 194, 196 KAGB für „gemeinschaftliche Rechnung der Anleger", sofern die Gegenstände „im Zeitpunkt des Geschäftsabschlusses nicht zum Spezial-AIF gehören". Die Norm wirft verschiedene Fragen auf. Was zunächst den Verkauf „für gemeinschaftliche Rechnung der Anleger" betrifft, so ist hiermit der Verkauf **für Rechnung des Spezial-AIF** gemeint.[15]

5 Vom Leerverkaufsverbot erfasst sind nach dem Wortlaut der Norm lediglich **Vermögensgegenstände** „nach Maßgabe der „§§ 193, 194 und 196" KAGB. Für die gleichlautende Parallelregelung in § 205 KAGB wird vertreten, dass die Norm korrigierend dahingehend auszulegen sei, dass sämtliche Arten von Vermögensgegenständen, insbesondere auch Anlagegegenstände nach § 198 KAGB vom Verbot erfasst werden.[16] Jedenfalls für § 276 KAGB ist dieser Ansicht nicht zu folgen. Vielmehr beschränkt sich das Leerverkaufsverbot auf die in § 276 Abs. 1 Satz 1 Halbs. 1 KAGB ausdrücklich in Bezug genommenen Vermögensgegenstände.[17] Diese strikt am Wortlaut orientierte Auslegung ist schon aufgrund der Bußgeldbewehrung eines Verstoßes nach § 340 Abs. 2 Nr. 59 lit. d KAGB geboten.[18] Mangels unionsrechtlicher Vorgaben[19] ist insofern auch keine „gespaltene" Auslegung veranlasst. In der Sache lässt sich ergänzend mit der geringeren Schutzbedürftigkeit von (semi-)professionellen Anlegern argumentieren.[20]

6 Unsicherheiten bestehen auch bei der Auslegung des Tatbestandsmerkmals des „Gehörens", genauer: bei der Beantwortung der Frage, welche Leerverkäufe vom Verbot des § 276 Abs. 1 Satz 1 Halbs. 1 KAGB erfasst sind. Im Ausgangspunkt besteht dabei Einigkeit, dass der Verkauf von Vermögensgegenständen, die sich **im Zeitpunkt des Geschäftsabschlusses im Eigentum** des Spezial-AIF (Investmentgesellschaft) bzw. der KVG oder im Miteigentum der Anleger (Sondervermögens-Modell, vgl. § 92 Abs. 1 KAGB) befinden, nicht unter das Verbot fallen. Nach einer im Schrifttum vertretenen Ansicht soll dies auch dann gelten, wenn das Eigentum aufgrund eines Wertpapierdarlehens erworben worden und daher nur temporärer Natur ist.[21] Auch hier bestehen zwar die leerverkaufstypischen Verlustrisiken, vor denen das Verbot schützen will,[22] jedoch ist hier wegen der Bußgeldbewehrung des Verbots nach § 340 Abs. 2 Nr. 59 lit. d KAGB eine enge, strikt am Wortlaut orientierte Auslegung geboten.[23] Eine darüber hinausgehende **Einschränkung des Verbots auf ungedeckte Leerverkäufe** und die Zulassung gedeckter Leerverkäufe ist indes **nicht veranlasst.**[24] Denn ein gedeckter Leerverkauf, bei dem ein unbedingter und sofort erfüllbarer Lieferanspruch des Leerverkäufers auf die verkauften Gegenstände gegen einen Dritten besteht, schaltet zwar das Risiko

11 S. zu letzterem nur *Krause* in Beckmann/Scholtz/Vollmer, § 276 KAGB Rz. 1; ferner *Decker* in Moritz/Klebeck/Jesch, § 276 KAGB Rz. 4.

12 Vgl. Begr. RegE Investment-Richtlinie-Gesetz, BT-Drucks. 11/5411, S. 24; dazu *Decker* in Moritz/Klebeck/Jesch, § 276 KAGB Rz. 17.

13 **Anders** *Decker* in Moritz/Klebeck/Jesch, § 276 KAGB Rz. 15.

14 Dies ergibt sich bereits aus dem Wortlaut der Norm. S. ferner Begr. RegE InvModG, BT-Drucks. 15/1553, S. 109 zu § 112 Abs. 3 InvG (dem späteren § 112 Abs. 4 InvG).

15 Unstr., s. nur *Decker* in Moritz/Klebeck/Jesch, § 276 KAGB Rz. 10.

16 S. etwa *Bahr* in Weitnauer/Boxberger/Anders, § 205 KAGB Rz. 4 unter Verweis auf Begr. RegE InvModG, BT-Drucks. 15/1553, S. 96.

17 So auch *Decker* in Moritz/Klebeck/Jesch, § 276 KAGB Rz. 10; *Krause* in Beckmann/Scholtz/Vollmer, § 276 KAGB Rz. 3; *A. München/M. München* in Baur/Tappen, § 276 KAGB Rz. 3.

18 Vgl. auch *Krause* in Beckmann/Scholtz/Vollmer, § 276 KAGB Rz. 4 in Bezug auf das Tatbestandsmerkmal des „Gehörens". S. zur Bußgeldbewehrung des Verstoßes gegen § 276 Abs. 1 Satz 1 noch in Rz. 12.

19 S. dazu in Rz. 2.

20 Vgl. auch *Krause* in Beckmann/Scholtz/Vollmer, § 276 KAGB Rz. 3.

21 So *Krause* in Beckmann/Scholtz/Vollmer, § 276 KAGB Rz. 4.

22 Dies konzediert auch *Krause* in Beckmann/Scholtz/Vollmer, § 276 KAGB Rz. 4. S. zum Schutzzweck der Norm in Rz. 3.

23 So auch *Krause* in Beckmann/Scholtz/Vollmer, § 276 KAGB Rz. 4.

24 So aber *Krause* in Beckmann/Scholtz/Vollmer, § 276 KAGB Rz. 4.

aus, dass der Leerverkäufer zum Erfüllungszeitpunkt nicht liefern kann (Abwicklungsrisiko). Ohne Fixierung des Kaufpreises, der für die Lieferung der Gegenstände zu zahlen ist, bleibt aber das leerverkaufstypische Verlustrisiko bestehen, vor dem das Verbot die Fondsanleger gerade bewahren will.

Der verkaufte Gegenstand muss **„im Zeitpunkt des Geschäftsabschlusses"** zum Investmentvermögen gehören. Zunächst liegt es nahe, hierin nur den Zeitpunkt des (verpflichtenden) Verkaufs zu sehen, und nicht den späteren Erfüllungszeitpunkt. Indes widerspräche es dem Zweck der Vorschrift, Mehrfachverkäufe desselben Gegenstands zuzulassen, sofern dieser nur im Verkaufszeitpunkt zum Investmentvermögen gehört.[25] Daher meint „Zeitpunkt des Geschäftsabschlusses" die Zeitspanne vom Verkauf des Gegenstands bis zur Erfüllung des Geschäfts.[26] Für weitere Einzelheiten s. die Kommentierung zu § 205 KAGB. 7

2. Zulässigkeit synthetischer Leerverkäufe nach Maßgabe von § 197 (§ 276 Abs. 1 Satz 1 Halbs. 2 KAGB)

§ 276 Abs. 1 Satz 1 Halbs. 2 KAGB bestimmt, dass der Einsatz von Derivaten nach Maßgabe des § 197 KAGB vom Leerverkaufsverbot nach § 276 Abs. 1 Satz 1 Halbs. 1 KAGB nicht berührt wird, also zulässig bleibt. Es ist also erlaubt, synthetische Leerverkaufspositionen mithilfe von Derivaten aufzubauen. Dies mag man in der Sache für inkonsistent halten, ist jedoch als gesetzgeberisches Datum hinzunehmen.[27] 8

3. Rechtsfolgen bei Verstoß (§ 276 Abs. 1 Satz 2 KAGB)

Verstößt die AIF-KVG gegen das Leerverkaufsverbot des § 276 Abs. 1 Satz 1 KAGB, berührt dies die zivilrechtliche Wirksamkeit des betroffenen Geschäfts ausweislich von § 276 Abs. 1 Satz 2 KAGB nicht. Für allfällige Verluste können die Anleger jedoch Schadensersatz verlangen. In Betracht kommen vertragliche Ansprüche wegen Verstoß gegen die Anlagebedingungen.[28] Daneben treten deliktische Ansprüche nach § 823 Abs. 2 BGB i.V.m. § 276 Abs. 1 KAGB.[29] Zur Sanktion als Ordnungswidrigkeit s. noch Rz. 12. 9

III. Kein Leerverkaufsverbot für Hedgefonds (§ 276 Abs. 2 KAGB)

1. Ausnahme für Hedgefonds (§ 276 Abs. 2 Satz 1 KAGB)

§ 276 Abs. 2 Satz 1 KAGB sieht eine ausdrückliche Ausnahme vom Leerverkaufsverbot nach § 276 Abs. 1 KAGB für Hedgefonds i.S.d. § 283 KAGB vor. Die Vorschrift stellt damit klar, was sich ohnehin aus der Spezialität des § 283 Abs. 1 Satz 1 Nr. 2 KAGB gegenüber § 276 KAGB ergibt. 10

2. Beschränkungsbefugnis der BaFin (§ 276 Abs. 2 Satz 2 KAGB)

Gemäß § 276 Abs. 2 Satz 2 KAGB kann die BaFin den grundsätzlich zulässigen Einsatz von Leerverkäufen für Rechnung von Hedgefonds beschränken, wenn sie dies „zum Schutz der Anleger oder zur Gewährleistung der Stabilität und Integrität des Finanzsystems" für nötig erachtet. Mit der Regelung sollte die aufgehobene Vorschrift des § 112 Abs. 4 InvG wieder aufgegriffen werden.[30] Dementsprechend ist davon auszugehen, dass es sich auch bei der neuen Regelung um eine Ermächtigung zum Erlass von Allgemeinverfügungen handelt und nicht um eine Ermächtigung „für Eingriffe im Einzelfall bei Produkten, die bereits auf dem Markt sind".[31] Für die Altregelung des § 112 Abs. 4 InvG war klar, dass beschränkende Verfügungen zur „Abwendung von Missbrauch und zur Wahrung der Integrität des Marktes" auf die Einhegung „systemischer Risiken" zielte.[32] Es spricht viel dafür, dass der in § 276 Abs. 2 Satz 2 KAGB hin- 11

---

25 S. auch *A. München/M. München* in Baur/Tappen, § 276 KAGB Rz. 4.
26 Ähnlich *Krause* in Beckmann/Scholtz/Vollmer, § 276 KAGB Rz. 5.
27 Vgl. auch *Krause* in Beckmann/Scholtz/Vollmer, § 276 KAGB Rz. 6.
28 S. *Krause* in Beckmann/Scholtz/Vollmer, § 276 KAGB Rz. 7; ferner *A. München/M. München* in Baur/Tappen, § 276 KAGB Rz. 5; vgl. für § 205 KAGB ferner *Bahr* in Weitnauer/Boxberger/Anders, § 205 KAGB Rz. 8.
29 S. auch *Decker* in Moritz/Klebeck/Jesch, § 276 KAGB Rz. 18; *A. München/M. München* in Baur/Tappen, § 276 KAGB Rz. 6; den Schutzgesetzcharakter des § 276 KAGB offen lassend *Krause* in Beckmann/Scholtz/Vollmer, § 276 KAGB Rz. 7.
30 Begr. RegE AIFM-UmsG, BT-Drucks. 17/12294, S. 275; s. dazu bereits in Rz. 2.
31 So Begr. RegE InvModG, BT-Drucks. 15/1553, S. 109 zu § 112 Abs. 3 InvG (dem späteren § 112 Abs. 4 InvG). Für § 276 Abs. 2 Satz 2 KAGB auch *Krause* in Beckmann/Scholtz/Vollmer, § 276 KAGB Rz. 10.
32 S. wiederum Begr. RegE InvModG, BT-Drucks. 15/1553, S. 109 zu § 112 Abs. 3 InvG (dem späteren § 112 Abs. 4 InvG).

zugekommene Verweis auf den „Schutz der Anleger" hieran nichts ändern soll.[33] Freilich bleiben Unsicherheiten.[34]

IV. Ordnungswidrigkeiten

12 Die zumindest fahrlässige Durchführung eines Leerverkaufs unter Verstoß gegen § 276 Abs. 1 Satz 1 KAGB stellt gem. § 340 Abs. 2 Nr. 59 lit. d KAGB eine Ordnungswidrigkeit dar. Ebenfalls bußgeldbewehrt ist der vorsätzliche Verstoß gegen eine vollziehbare Anordnung nach § 276 Abs. 2 Satz 2 KAGB (s. § 340 Abs. 1 Nr. 5 KAGB).

§ 277 Übertragung von Anteilen oder Aktien

Die AIF-Kapitalverwaltungsgesellschaft hat schriftlich mit den Anlegern zu vereinbaren oder auf Grund der konstituierenden Dokumente des AIF sicherzustellen, dass die Anteile oder Aktien nur an professionelle und semiprofessionelle Anleger übertragen werden dürfen.

In der Fassung vom 4.7.2013 (BGBl. I 2013, S. 1981), zuletzt geändert durch Gesetz zur Anpassung von Gesetzen auf dem Gebiet des Finanzmarktes vom 15.07.2014 (BGBl. I 2014, S. 934).

Schrifttum:

Paul, Der Anteilserwerb bei der als Spezial-AIF konzipierten Investmentgesellschaft durch Privatanleger, ZIP 2016, 1009.

Materialien: BaFin, Auslegungsschreiben zum Anwendungsbereich des KAGB und zum Begriff des „Investmentvermögens", Gz. Q 31-Wp 2137-2013/006 i.d.F. v. 9.3.2015, online abrufbar unter: https://www.bafin.de/SharedDocs/Veroeffentlichungen/DE/Auslegungsentscheidung/WA/ae_130614_Anwendungsber_KAGB_begriff_invvermoegen.html; ESMA, Leitlinien zu Schlüsselbegriffen der Richtlinie über die Verwalter alternativer Investmentfonds (AIFMD), ESMA/2013/611, 13.8.2013, online abrufbar unter: https://www.esma.europa.eu/system/files_force/library/2015/11/esma_2013_00600000_de_cor-_revised_for_publication.pdf.

I. Inhalt, Entstehungsgeschichte und Normzweck

1 § 277 KAGB verpflichtet die AIF-KVG über eine schriftliche Vereinbarung mit den Anlegern oder aufgrund der konstituierenden Dokumente des Spezial-AIF sicherzustellen, dass die (semi-)professionellen Anleger ihre Anteile oder Aktien nur an professionelle und semiprofessionelle Anleger übertragen dürfen.

2 Die im Zuge des AIFM-UmsG[1] eingeführte Regelung beruht weder auf Unionsrecht noch hat sie ein direktes Vorbild im aufgehobenen InvG.[2] Im Zuge des Finanzmarktanpassungsgesetzes v. 15.7.2014[3] wurde die

33 Vgl. auch *Krause* in Beckmann/Scholtz/Vollmer, § 276 KAGB Rz. 9: „Maßnahmen der BaFin haben […] makroökonomische Qualität".
34 S. dazu *Decker* in Moritz/Klebeck/Jesch, § 276 KAGB Rz. 15 f.; *Krause* in Beckmann/Scholtz/Vollmer, § 276 KAGB Rz. 9.
1 Gesetz zur Umsetzung der RL 2011/61/EU über die Verwalter alternativer Investmentfonds v. 4.7.2013, BGBl. I 2013, S. 1981.
2 *Krause* in Beckmann/Scholtz/Vollmer, § 277 KAGB Rz. 1, der allerdings auf vergleichbare Regelungselemente im aufgehobenen § 2 Abs. 3 InvG hinweist; ferner *A. München/M. München* in Baur/Tappen, § 277 KAGB Rz. 1, der Verbindungslinien zu § 92 InvG zieht.
3 Gesetz zur Anpassung von Gesetzen auf dem Gebiet des Finanzmarktes, BGBl. I 2014, S. 934.

Vorschrift dahin ergänzt, dass das Übertragungsverbot auch auf Grund der konstituierenden Dokumente des AIF sichergestellt werden kann.[4]

Die Regelung soll **gewährleisten**, dass die **Beschränkung des Anlegerkreises** von Spezial-AIF auf professionelle und semiprofessionelle Anleger in § 1 Abs. 6 KAGB **nicht** im Zuge der Weiterveräußerung der Fondsanteile oder Aktien an Privatanleger unterlaufen und **ausgehöhlt wird.**[5] Damit dient sie letztlich dem **Schutz der Privatanleger** vor den Risiken der Anlage in weniger stark regulierte Spezial-AIF.[6] 3

II. Die Übertragungsbeschränkung im Einzelnen

1. Rechtsnatur der Übertragungsbeschränkung

Die Regelung des § 277 KAGB verpflichtet die AIF-KVG eine Übertragungsbeschränkung vorzusehen, nach der die Anteile oder Aktien des AIF nur an professionelle und semiprofessionelle Anleger „übertragen werden dürfen". Schon nach dem klaren Wortlaut der Norm handelt es sich daher nicht um ein gesetzliches Veräußerungsverbot i.S.d. § 135 BGB. Vielmehr wird die AIF-KVG dazu verpflichtet, ein rechtsgeschäftliches Verfügungsverbot zu vereinbaren. Ausweislich des § 137 Satz 1 BGB entfaltet dieses rechtsgeschäftliche Verfügungsverbot keine dingliche Wirkung, sondern ist **rein schuldrechtlicher Natur.**[7] Wird dieses Verbot allerdings mithilfe einer gesellschaftsvertraglichen Vinkulierungsklausel durchgesetzt,[8] dann hat die verweigerte Zustimmung selbstredend dingliche Wirkung. 4

2. Personale Reichweite der Übertragungsbeschränkung

In personaler Hinsicht ist die Anteilsübertragung auf **professionelle und semiprofessionelle Anleger** i.S.d. § 1 Abs. 19 Nr. 32 bzw. 33 KAGB zu beschränken. Für Einzelheiten zur Abgrenzung vom Privatanleger i.S.d. § 1 Abs. 19 Nr. 31 KAGB kann auf die Kommentierung dieser Definitionsnormen verwiesen werden.[9] 5

Wird eine Aktie oder ein Anteil an einem Investmentvermögen durch einen **Treuhänder** erworben, stellt sich die Frage, ob die Qualifikation des Treuhänders, des Treugebers oder beider als (semi-)professioneller Anleger maßgeblich ist. Teils wird hier unter Verweis auf den Schutzzweck der Norm allein auf die Person des Treuhänders abgestellt. Die (Semi-)Professionalität des Treuhänders schütze den von dessen Entscheidungen und Handlungen betroffenen Treugeber hinreichend.[10] Andere fordern hingegen, dass sowohl Treuhänder als auch die Treugeber als mittelbare Anleger (semi-)professionell sein müssen, damit § 277 KAGB einem Anteilserwerb nicht entgegensteht.[11] Für diese Position wird neben der Verwaltungspraxis zur Bestimmung der „Anzahl von Anlegern" i.S.d. § 1 Abs. 1 Satz 2 KAGB[12] auch auf die Regelung des § 152 Abs. 1 KAGB verwiesen.[13] Nach dessen S. 4 gilt der mittelbar über einen Treuhandkommanditisten an einer geschlossenen Publikums-Investment-KG (!) beteiligte Anleger oder der am Erwerb einer mittelbaren Beteiligung Interessierte als Anleger oder am Erwerb eines Anteils Interessierter im Sinne des KAGB. Über diese Einbeziehung des mittelbar Beteiligten in den Kreis der Anleger soll dessen berechtigten Schutzinteressen Rechnung getragen werden.[14] Der letztgenannten Ansicht ist jedenfalls im Ergebnis zu folgen. Lei- 6

4 S. auch Begr. RegE Finanzmarktanpassungsgesetz, BT-Drucks. 18/1305, S. 50: „Klarstellung".

5 Vgl. auch Begr. RegE AIFM-UmsG, BT-Drucks. 17/12294, S. 480: Verhinderung der Weiterveräußerung der Anteile an Privatanleger. S. ferner etwa *Decker* in Moritz/Klebeck/Jesch, § 277 KAGB Rz. 2, 6; *Swoboda* in Weitnauer/Boxberger/Anders, § 277 KAGB Rz. 1: Verhinderung des „Wandels vom Spezial-AIF zum Publikums-AIF".

6 *Decker* in Moritz/Klebeck/Jesch, § 277 KAGB Rz. 6; vgl. auch *A. München/M. München* in Baur/Tappen, § 277 KAGB Rz. 1: Anlegerschutz.

7 Unstr., s. auch *Decker* in Moritz/Klebeck/Jesch, § 277 KAGB Rz. 7; *Krause* in Beckmann/Scholtz/Vollmer, § 277 KAGB Rz. 16; *A. München/M. München* in Baur/Tappen, § 277 KAGB Rz. 4; *Swoboda* in Weitnauer/Boxberger/Anders, § 277 KAGB Rz. 4.

8 S. dazu ausführlich *Decker* in Moritz/Klebeck/Jesch, § 277 KAGB Rz. 20 ff. m.w.N.

9 S. § 1 Rz. 225 ff.

10 So *Krause* in Beckmann/Scholtz/Vollmer, § 277 KAGB Rz. 11.

11 So *Decker* in Moritz/Klebeck/Jesch, § 277 KAGB Rz. 17 ff.; *Swoboda* in Weitnauer/Boxberger/Anders, § 277 KAGB Rz. 3.

12 S. BaFin, Auslegungsschreiben zum Anwendungsbereich des KAGB und zum Begriff des „Investmentvermögens", Gz. Q 31-Wp 2137-2013/006 i.d.F. v. 9.3.2015, Ziff. 4 unter Verweis auf ESMA, Leitlinien zu Schlüsselbegriffen der Richtlinie über die Verwalter alternativer Investmentfonds (AIFMD), ESMA/2013/611, 13.8.2013, S. 7 (sub VIII. Rz. 19).

13 S. *Decker* in Moritz/Klebeck/Jesch, § 277 KAGB Rz. 17 ff.; *Swoboda* in Weitnauer/Boxberger/Anders, § 277 KAGB Rz. 3.

14 S. Begr. RegE AIFM-UmsG, BT-Drucks. 17/12294, S. 250; ferner *Hoffert* in Moritz/Klebeck/Jesch, § 152 KAGB Rz. 33.

tend muss hier letztlich die Überlegung sein, dass das mit der Beschränkung auf (semi-)professionelle Anleger in § 1 Abs. 6 KAGB und der flankierenden Verpflichtung in § 277 KAGB verfolgte Schutzanliegen ansonsten allzu leicht unterlaufen werden könnte.[15]

7 Bei **institutionellen Investoren**, die Gelder von Privatanlegern verwalten, oder bei **Personengesellschaften**, an denen Gesellschafter beteiligt sind, die als Privatanleger einzuordnen wären, kommt es hingegen allein auf die (Semi-)Professionalität des institutionellen Investors bzw. der Gesellschaft an.[16] Die Umgehungsproblematik stellt sich hier insofern nicht, als Anlegerschutz bei institutionellen Investoren bereits auf deren Ebene Rechnung zu tragen ist. Ein anschauliches Beispiel liefert hier der Dach-Hedgefonds nach §§ 225 ff. KAGB, der als Publikums-AIF ausgestaltet ist, aber seinerseits in Hedgefonds, also Spezial-AIF investieren darf.[17] Auch für Personengesellschaften bleibt grundsätzlich das Trennungsprinzip zu beachten. Eine „Durchschau" auf die Gesellschafter kommt unter dem Gesichtspunkt des Umgehungsschutzes jedoch in Betracht, wenn sich der Gesellschaftszweck auf die Vermögensanlage der von den Gesellschaftern eingebrachten Gelder beschränkt.

8 **Maßgeblicher Zeitpunkt** für die Bestimmung der Anlegerqualifikation ist die Übertragung der Aktien oder Anteile, also der Zeitpunkt des Anteilserwerbs. Ein späterer Fortfall der (Semi-)Professionalität schadet also nicht (vgl. auch § 1 Abs. 6 KAGB).[18] Abzustellen ist insofern bereits auf das Verpflichtungsgeschäft, sofern dieses bereits zu einer unbedingten Bindung der Parteien führt.[19] Steht die Wirksamkeit der Verpflichtung hingegen unter der Bedingung, dass der Erwerber bei Erfüllung die erforderliche (Semi-)Professionalität aufweist, ist auf das Erfüllungsgeschäft abzustellen.[20]

3. Gegenständliche Reichweite – Erfasste Übertragungstatbestände

9 Die Beschränkung des § 277 KAGB betrifft lediglich die **rechtsgeschäftliche Einzelrechtsnachfolge**.[21] Dass § 277 KAGB nicht den Anteilserwerb „kraft Gesetzes" meint, ergibt sich seit dem OGAW-V-UmsG[22] bereits mit aller Deutlichkeit aus § 1 Abs. 6 Nr. 2 Halbs. 2 KAGB.[23] Aber auch ein auf Rechtsgeschäft beruhender Rechtsübergang qua Universalsukzession, insbesondere qua gewillkürter Erbfolge, wird ebenso wenig erfasst, wie die Übertragung durch Hoheitsakt.[24] Hierfür spricht bereits die Gesetzesbegründung zu § 277 KAGB, wonach die Vorschrift verhindern soll, dass Anteile von Spezial-AIF an Privatanleger „weiterveräußert" werden.[25]

10 Aus dem vorstehenden Passus der Gesetzesmaterialien sowie aus dem ansonsten fehlenden Schutzbedürfnis der Privatanleger folgt zudem, dass die Beschränkung in § 277 KAGB **nur die entgeltliche Übertragung** erfasst.[26] Nicht unter § 277 KAGB fallen daher etwa Schenkungen oder die Übertragung in Ausübung eines Vermächtnisses oder einer Auflage oder im Zuge der Erbauseinandersetzung.[27]

4. Art und Weise der Vereinbarung der Übertragungsbeschränkung

11 Die Übertragungsbeschränkung muss von der AIF-KVG entweder mit den Anlegern schriftlich vereinbart werden (Alternative 1) oder in den konstituierenden Dokumenten des AIF fixiert sein (Alternative 2). Für

15 In diesem Sinne auch *Gottschling* in Moritz/Klebeck/Jesch, § 1 KAGB Rz. 51. Allgemein zur Erfassung von Umgehungssachverhalten durch § 277 KAGB *Paul*, ZIP 2016, 1009 (1014).

16 Im Ergebnis auch *Krause* in Beckmann/Scholtz/Vollmer, § 277 KAGB Rz. 12 f.

17 Scheinbar anders *Gottschling* in Moritz/Klebeck/Jesch, § 1 KAGB Rz. 51.

18 S. dazu Beschlussempfehlung und Bericht des FinA zum AIFM-UmsG, BT-Drucks. 17/133395, S. 401; ferner *Paul*, ZIP 2016, 1009 (1011).

19 Vgl. auch *Krause* in Beckmann/Scholtz/Vollmer, § 277 KAGB Rz. 14.

20 **Anders** *Decker* in Moritz/Klebeck/Jesch, § 277 KAGB Rz. 9: Es sind in jedem Fall sowohl der Zeitpunkt des Verpflichtungsgeschäfts als auch des Erfüllungsgeschäfts maßgeblich.

21 So auch *Paul*, ZIP 2016, 1009 (1013 ff.).

22 Gesetz zur Umsetzung der Richtlinie 2014/91/EU des Europäischen Parlaments und des Rates vom 23.7.2014 zur Änderung des Richtlinie 2009/65/EG zur Koordinierung der Rechts- und Verwaltungsvorschriften betreffend bestimmte Organismen für gemeinsame Anlagen in Wertpapieren (OGAW) im Hinblick auf die Aufgaben der Verwahrstelle, die Vergütungspolitik und Sanktionen v. 3.3.2016, BGBl. I 2016, S. 348.

23 S. auch die scharfe Kritik an dieser Regelung bei *Paul*, ZIP 2016, 1009 (1011).

24 S. ausführlich *Paul*, ZIP 2016, 1009 (1012 f.); ferner *Decker* in Moritz/Klebeck/Jesch, § 277 KAGB Rz. 9, aber auch Rz. 36 ff., wonach die gewillkürte Erbfolge wohl von § 277 KAGB erfasst sein soll; vgl. auch *Swoboda* in Weitnauer/Boxberger/Anders, § 277 KAGB Rz. 7, 11.

25 S. Begr. RegE AIFM-UmsG, BT-Drucks. 17/12294, S. 275; zu diesem Argument *Paul*, ZIP 2016, 1009 (1012 f.).

26 **A.A.** *Decker* in Moritz/Klebeck/Jesch, § 277 KAGB Rz. 9.

27 Im Ergebnis und weitgehend in der Begründung wie hier *Paul*, ZIP 2016, 1009 (1012 f.); s. auch *Swoboda* in Weitnauer/Boxberger/Anders, § 277 KAGB Rz. 11, **anders** aber in Rz. 9 für die Schenkung.

die gesonderte Vereinbarung mit den Anlegern (Alternative 1) ist „Schriftlichkeit“ vorgeschrieben, was hier[28] als Verweis auf § 126 BGB zu verstehen ist.[29] Für eine Fixierung in den konstituierenden Dokumenten (Alternative 2) kommen verschiedene Wege in Betracht. So kann die Übertragungsbeschränkung etwa in die sog. Dreier-Vereinbarung aufgenommen werden.[30] Bei Spezial-AIF, die als Investment-AG oder Investment-KG organisiert sind, erfüllt die Aufnahme einer entsprechenden Übertragungsbeschränkung in die Satzung bzw. den Gesellschaftsvertrag die Vorgaben des § 277 KAGB in der Alternative 2.[31]

In der Praxis wird die nach § 277 KAGB zu vereinbarende Übertragungsbeschränkung durch einen **Zustimmungsvorbehalt** der KVG oder der Investmentgesellschaft in der Vereinbarung oder im Gesellschaftsvertrag bzw. der Satzung (**Vinkulierungsklausel**) abgesichert.[32] Im Rahmen der Zustimmungsentscheidung hat die KVG, ggf. im Verein mit der Investmentgesellschaft, dann zu prüfen, ob der Erwerber ein (semi-)professioneller Anleger ist. Hierfür reicht es grundsätzlich aus, dass der Erwerber eine entsprechende Kompetenzerklärung vorlegt. Es bedarf also grundsätzlich keiner Nachforschungsbemühungen seitens der KVG oder der Investmentgesellschaft, sofern nicht konkrete Verdachtsmomente bestehen.[33] 12

III. Rechtsfolgen bei vereinbarungswidriger Übertragung durch den Anleger

Veräußert ein Anleger entgegen der nach Maßgabe des § 277 KAGB vereinbarten bzw. anderweitig sichergestellten Übertragungsbeschränkung seinen Anteil bzw. seine Aktie gleichwohl an einen Privatanleger, so hat dies vorbehaltlich der fehlenden Zustimmung bei einer Anteilsvinkulierung[34] keine Auswirkungen auf die Wirksamkeit des Erwerbs. § 277 KAGB hat also per se keine dingliche Wirkung. Die Vereinbarung nach § 277 KAGB zwischen AIF-KVG und ersterwerbendem Anleger bindet letzteren nur schuldrechtlich (§ 137 BGB).[35] Der veräußernde Anleger haftet jedoch bei schuldhaftem Verstoß auf Schadensersatz.[36] Der erwerbende Privatanleger hat indes keine Ersatzansprüche wegen etwaiger Schäden gegen die AIF-KVG. Die Vereinbarung mit dem Ersterwerber hat keinen drittschützenden Charakter.[37] 13

Aufsichtsrechtlich führt der verbotswidrige Erwerb eines Anteils oder einer Aktie durch einen Privatanleger nicht zur Umqualifizierung des Spezial-AIF in einen Publikums-AIF.[38] Diese Rechtsfolge wäre nicht nur in der Sache völlig unangemessen.[39] Der Gesetzgeber hat durch die Einfügung des § 1 Abs. 6 Satz 1 Nr. 2 Halbs. 2 KAGB im Zuge des OGAW-V-UmsG[40] auch selbst zu erkennen gegeben, dass er eine Umqualifizierung des AIF zumindest für Fall des gesetzlichen Anteilserwerbs durch einen Privatanleger nicht für sachgerecht erachtet.[41] 14

Verneint man daher eine Umqualifizierung des Spezial-AIF in einen Publikums-AIF, entfällt auch die Grundlage für ein außerordentliches Kündigungsrechts der KVG im Falle des abredewidrigen Anteilserwerbs durch einen Privatanleger.[42] 15

28 S. zu § 273 KAGB die zugehörige Kommentierung in § 273 Rz. 7.

29 So auch *Krause* in Beckmann/Scholtz/Vollmer, § 277 KAGB Rz. 6.

30 S. *Krause* in Beckmann/Scholtz/Vollmer, § 277 KAGB Rz. 4; vgl. auch *Decker* in Moritz/Klebeck/Jesch, § 277 KAGB Rz. 12.

31 S. etwa *Decker* in Moritz/Klebeck/Jesch, § 277 KAGB Rz. 20 ff., dort auch zu den gesetzlichen Regelungen zur Beschränkung des Ersterwerbs in §§ 110 Abs. 3, 142 Satz 2, 125 Abs. 2 Satz 2, 150 Abs. 2 Satz 2 KAGB.

32 S. wiederum *Decker* in Moritz/Klebeck/Jesch, § 277 KAGB Rz. 12, 22 f., 28 ff. m.w.N. Zur Vereinbarkeit mit dem Erfordernis der freien Übertragbarkeit s. *Decker*, ebenda, Rz. 40 ff.

33 So nachdrücklich *Swoboda* in Weitnauer/Boxberger/Anders, § 277 KAGB Rz. 5, 19; weitergehend für den Erst- und wohl auch den – hier relevanten – Zweiterwerb *Gottschling* in Moritz/Klebeck/Jesch, § 1 KAGB Rz. 155.

34 S. dazu in Rz. 4 und Rz. 12.

35 S. bereits in Rz. 4; ferner *Decker* in Moritz/Klebeck/Jesch, § 277 KAGB Rz. 43 ff.; *A. München/M. München* in Baur/Tappen, § 277 KAGB Rz. 4.

36 S. dazu näher *Krause* in Beckmann/Scholtz/Vollmer, § 277 KAGB Rz. 17; ferner *Decker* in Moritz/Klebeck/Jesch, § 277 KAGB Rz. 45.

37 *Krause* in Beckmann/Scholtz/Vollmer, § 277 KAGB Rz. 18.

38 So aber scheinbar *A. München/M. München* in Baur/Tappen, § 277 KAGB Rz. 4; wie hier etwa *Decker* in Moritz/Klebeck/Jesch, § 277 KAGB Rz. 47, 49; letztlich wohl auch *Swoboda* in Weitnauer/Boxberger/Anders, § 277 KAGB Rz. 4 f., 13.

39 S. auch *Swoboda* in Weitnauer/Boxberger/Anders, § 277 KAGB Rz. 5 unter Verweis auf die Interessen der KVG und der übrigen Anleger.

40 S. dazu bereits in Rz. 9.

41 Vgl. auch *Decker* in Moritz/Klebeck/Jesch, § 277 KAGB Rz. 47, 49.

42 **Anders** *Decker* in Moritz/Klebeck/Jesch, § 277 KAGB Rz. 50; scheinbar auch *Krause* in Beckmann/Scholtz/Vollmer, § 277 KAGB Rz. 17; wohl nur hypothetisch *Swoboda* in Weitnauer/Boxberger/Anders, § 277 KAGB Rz. 16.

Abschnitt 2
Vorschriften für offene inländische Spezial-AIF

Unterabschnitt 1
Allgemeine Vorschriften für offene inländische Spezial-AIF

§ 278 Bewertung, Bewertungsverfahren und Bewerter

Für die Bewertung, das Bewertungsverfahren und den Bewerter gelten die §§ 168, 169 und 216 entsprechend.

In der Fassung vom 4.7.2013 (BGBl. I 2013, S. 1981).

Auf die Kommentierungen zu §§ 168, 169, 216 KAGB wird verwiesen. 1

§ 279 Häufigkeit der Bewertung, Offenlegung

(1) Die Bewertung der Vermögensgegenstände und die Berechnung des Nettoinventarwertes je Anteil oder Aktie sind in einem zeitlichen Abstand durchzuführen, der den zum Spezial-AIF gehörenden Vermögensgegenständen und der Ausgabe- und Rücknahmehäufigkeit der Anteile oder Aktien angemessen ist, jedoch mindestens einmal jährlich.

(2) Die Kriterien zur Bestimmung der Häufigkeit der Bewertung des Wertes des AIF und zur Berechnung des Nettoinventarwertes je Anteil oder Aktie bestimmen sich nach den Artikeln 67 bis 74 der Delegierten Verordnung (EU) Nr. 231/2013.

(3) Die Bewertungen der Vermögensgegenstände und Berechnungen des Nettoinventarwertes je Anteil oder Aktie sind entsprechend den diesbezüglichen Anlagebedingungen gegenüber den Anlegern offenzulegen.

In der Fassung vom 4.7.2013 (BGBl. I 2013, S. 1981).

I. Regelungsgegenstand und -zweck

Die Bewertung von Spezial-Sondervermögen war bislang in § 95 Abs. 4 Satz 1 InvG enthalten. 1

In § 279 Abs. 1 KAGB wurde Art. 19 Abs. 3 Unterabs. 2 und 3 AIFM-RL für offene Spezial-AIF umgesetzt. 2
§ 279 Abs. 2 KAGB stellt hinsichtlich der Kriterien zur Bestimmung der Häufigkeit der Bewertung des AIF und der Berechnung des Nettoinventarwerts den Bezug zu den Art. 67 bis 74 der AIFM-VO her, wobei sich die hierzu einschlägigen Regelungen in den Art. 72 und 74 AIFM-VO finden. Abschließend werden mit § 279 Abs. 3 KAGB die Vorschriften des Art. 19 Abs. 3 Unterabs. 1 und 5 AIFM-RL für offene Spezial-AIF umgesetzt.

II. Anwendungsbereich

Bei der Vorschrift des § 279 KAGB handelt es sich um eine **Spezialvorschrift**. Diese ist nur für offene inländische Spezial-AIF anwendbar. 3

III. Häufigkeit der Bewertung und Berechnung (§ 279 Abs. 1 und 2 KAGB)

4 Die Regelungen in § 279 Abs. 1 und 2 KAGB beziehen sich auf die Häufigkeit der Bewertung der Vermögensgegenstände und die Häufigkeit der Berechnung des Nettoinventarwerts je Anteil oder Aktie. Als **Mindestfrequenz** ist eine **jährliche Bewertung und Berechnung** vorgesehen. Grundsätzlich ist aber bei der Bestimmung des zeitlichen Abstands von Bewertung und Berechnung auf die **Angemessenheit** im Hinblick auf zum Investmentvermögen gehörende Vermögensgegenstände und der Ausgabe- und Rücknahmehäufigkeit je Aktie oder Anteil abzustellen. Weiter ausgeführt werden diese beiden Kriterien in den Art. 72 und 74 der AIFM-VO. Hinsichtlich Art. 72 AIFM-VO wird auf § 217 Rz. 6 und hinsichtlich Art. 74 AIFM-VO wird auf § 217 Rz. 9 verwiesen.

5 Aufgrund des in der Regel begrenzten Anlegerkreises und der häufig selteneren Anteilsausgabe und -rücknahme[1] ist dieses Kriterium für offene Spezial-AIF von untergeordneter praktischer Bedeutung.[2] Vielmehr sind **individuell mit den Anlegern vereinbarte Reportingverpflichtungen** von Relevanz.[3] Maximal ist eine börsentägliche Bewertung möglich.[4] Ggf. sind **Ausnahmen** für Feiertage (sofern relevant auch ausländische) zu definieren. In diesen Vereinbarungen können auch individuelle Indikatoren bestimmt werden, welche eine Neubewertung (vgl. § 217 Rz. 9) auslösen.[5]

IV. Offenlegung (§ 279 Abs. 3 KAGB)

6 Die Offenlegung der Bewertung der Vermögensgegenstände und der Berechnung des Nettoinventarwerts hat individuell **entsprechend den Anlagebedingungen** zu erfolgen (§ 279 Abs. 3 KAGB). Eine Verpflichtung wie bei Publikums-AIF zur Veröffentlichung der Werte in einer Tageszeitung oder in einem elektronischen Informationsmedium besteht nicht.[6]

§ 280 Master-Feeder-Strukturen

Spezial-AIF dürfen nicht Masterfonds oder Feederfonds einer Master-Feeder-Struktur sein, wenn Publikumsinvestmentvermögen Masterfonds oder Feederfonds derselben Master-Feeder-Struktur sind.

In der Fassung vom 4.7.2013 (BGBl. I 2013, S. 1981).

Schrifttum: *Bujotzek/Steinmüller*, Neuerungen im Investmentrecht durch das OGAW-IV-Umsetzungsgesetz, Teil I, DB 2011, 2246.

I. Entstehungsgeschichte und Überblick

1 § 280 KAGB entspricht der Regelung des aufzuhebenden § 95 Abs. 8 InvG,[1] dessen Wortlaut lediglich an die geänderten Begriffsbestimmungen in § 1 KAGB angepasst wurde. Die Regelung ist im Abschnitt für offene inländische Spezial-AIF im Kapitel 3 das **Pendant zum wortgleichen § 171 Abs. 2 KAGB** im Abschnitt über offene Publikumsinvestmentvermögen im Kapitel 2 des KAGB.[2]

2 Nach dieser Vorschrift ist es nicht gestattet, dass Spezial-AIF entweder Master- oder Feederfonds einer Master-Feeder-Struktur sind, sofern Publikumsinvestmentvermögen Master- oder Feederfonds dieser Master-

1 Gemäß § 98 Abs. 1 Satz 2 KAGB kann bei Spezialsondervermögen eine Rücknahme auch nur zu bestimmten festgelegten Terminen erfolgen.
2 Vgl. *Schneider* in Baur/Tappen, § 279 KAGB Rz. 7.
3 Vgl. *Baum* in Weitnauer/Boxberger/Anders, § 279 KAGB Rz. 7; *Schneider* in Baur/Tappen, § 279 KAGB Rz. 7.
4 Vgl. *Decker* in Moritz/Klebeck/Jesch, § 279 KAGB Rz. 14.
5 Vgl. *Schneider* in Baur/Tappen, § 279 KAGB Rz. 8.
6 Vgl. *Baum* in Weitnauer/Boxberger/Anders, § 279 KAGB Rz. 11.
1 Begr. RegE, BT-Drucks. 17/12294, 275.
2 Begr. RegE, BT-Drucks. 17/12294, 259.

Feeder-Struktur sind. Europarechtliche Vorgaben wurden weder in § 280 KAGB noch in der Vorgängernorm des § 95 Abs. 8 InvG umgesetzt. Es kommt vielmehr der **Wille des Gesetzgebers** zum Ausdruck, keine Mischung von Spezial-AIF und Publikumsinvestmentvermögen innerhalb der zwei Ebenen einer Master-Feeder-Struktur zuzulassen. Stattdessen ist es allein statthaft, wenn auf beiden Ebenen einer Master-Feeder-Struktur i.S.d. §§ 171 ff. KAGB ausschließlich Publikumsinvestmentvermögen als Master- und Feederfonds beteiligt sind.

3 In der Gesetzesbegründung zu § 95 Abs. 8 InvG wird dazu klargestellt, dass Master-Feeder-Konstruktionen nach den gesetzlichen Vorschriften des § 45a ff. InvG nur unter Publikumsfonds gestattet sind[3] und dass im Bereich der Spezialfonds entsprechend der bestehenden Praxis die Auflage von Master-Feeder-Strukturen auch weiterhin ohne Beachtung der lediglich für Publikumsfonds geltenden Vorgaben nach § 45a ff. InvG möglich ist.[4] Der Wille zur deutlichen **Abgrenzung des Spezialfondsbereichs vom Publikumsfondsbereich** wird auch durch die Begründung zu den Begriffsbestimmungen von Feederfonds und Masterfonds im aufgehobenen Investmentgesetz deutlich. Danach ist eine Einbeziehung von Spezialfonds in die Regelungen für Master-Feeder-Konstruktionen nicht geboten, da für Spezialfonds aufgrund ihrer Anlegerstruktur kein Schutzregime entsprechend der Richtlinie 2009/65/EG erforderlich ist.[5]

4 In der Gesetzesbegründung zum AIFM-Umsetzungsgesetz[6] bei § 280 KAGB und bei § 172 Abs. 2 KAGB wurde außer dem Verweis auf die Vorgängernorm und die geänderten Begriffsbestimmung[7] inhaltlich keine weitere Argumentation geliefert, warum keine Vermischung von Spezial-AIF und Publikumsinvestmentvermögen innerhalb einer Master-Feeder-Struktur gemäß den §§ 171 ff. KAGB statthaft sein soll. Eine weitere inhaltliche Begründung für die **deutliche Abgrenzung und Trennung** ist auch bei der Gesetzesbegründung zu den definierten Begriffen Feederfonds in § 1 Abs. 19 Nr. 11 KAGB und Masterfonds in § 1 Abs. 19 Nr. 12 KAGB[8] nicht enthalten. Lediglich der Bezug auf Hedgefonds wurde gestrichen, da diese im Gegensatz zur Regulierung als Publikumsfonds im aufgehobenen Investmentgesetz[9] im Rahmen des KAGB nur noch als Spezial-AIF aufgelegt werden können und somit in Anwendung der Trennung gem. § 171 Abs. 2 und § 280 KAGB nicht Teil einer Publikums-Master-Feeder-Konstruktion sein dürfen.[10]

II. Verbot von Spezial-AIF innerhalb von Master-Feeder-Strukturen gem. §§ 171 ff. KAGB

5 An der bestehenden Praxis der Nicht-Regulierung von **Master-Feeder-Konstruktionen zwischen Spezialfonds** hat der Gesetzgeber laut Begründung zum OGAW-IV-Umsetzungsgesetz[11] nichts ändern wollen, so dass Spezial-AIF Feederfonds eines Spezial-AIF Masterfonds sein können und sich dabei nicht an die Vorschriften der §§ 171 ff. KAGB halten müssen.[12] Die damit im Einklang stehende Verwaltungspraxis der BaFin wird im Fragenkatalog zu den erwerbbaren Vermögensgegenständen deutlich, wo die Frage, ob sog. „Master-Feeder-Strukturen" bei Spezial-AIF mit festen Anlagebedingungen zulässig sind, bejaht wird.[13]

6 Geändert hat sich seit dem 1.7.2011 mit der Einführung des § 95 Abs. 8 InvG, der durch die Regelungen in § 171 Abs. 2 und § 280 KAGB ersetzt wurde, dass es eine strikte Trennung zwischen Master-Feeder-Strukturen im Sinne der (aufgehobenen) §§ 45a ff. InvG bzw. §§ 171 ff. KAGB, die nur zwischen Publikumsfonds statthaft sind, auf der einen Seite und Master-Feeder-Konstruktionen zwischen Spezialfonds auf der anderen Seite gibt. Innerhalb der zwei Ebenen einer **Master-Feeder-Struktur gem. §§ 171 ff. KAGB** (und zuvor gem. §§ 45a ff. InvG) ist nach dem eindeutigen Wortlaut des § 171 Abs. 2 und § 280 KAGB (und zuvor gem. § 95 Abs. 8 InvG) eine **Mischung von Spezial-AIF und Publikumsinvestmentvermögen nicht zulässig.**

3 Begr. RegE, BT-Drucks. 17/4510, 80.
4 Begr. RegE, BT-Drucks. 17/4510, 80.
5 Begr. RegE, BT-Drucks. 17/4510, 59.
6 Begr. RegE, BT-Drucks. 17/12294 sowie BT-Drucks. 17/13395.
7 Begr. RegE, BT-Drucks. 17/12294, 259 zu § 171 KAGB und 275 zu § 280 KAGB.
8 Begr. RegE, BT-Drucks. 17/12294, 203.
9 *Stabenow* in Emde/Dornseifer/Dreibus/Hölscher, Vor §§ 112-120 InvG Rz. 44.
10 Begr. RegE, BT-Drucks. 17/12294, 202.
11 Begr. RegE, BT-Drucks. 17/4510, 80.
12 So auch schon im Zusammenhang mit § 95 Abs. 8 InvG: *Bujotzek/Steinmüller*, DB 2011, 2246 (2250).
13 BaFin, Fragenkatalog zu erwerbbaren Vermögensgegenständen (Eligible Assets) („FAQ Eligible Assets"), WA 41-Wp 2137-2013/0001 vom 22.7.1013, geändert am 5.7.2016, Teil 2, Nr. 5; so auch die Ausführungen zum „reinen Spezialfondsbereich" in dem Schreiben der BaFin an den BVI zum Thema Spezialfonds und Master-Feeder Konstruktionen – WA 41-Wp 2136-2011/0095 vom 30.8.2011.

7 Ausgehend von den Begriffsbestimmungen für Feederfonds und Masterfonds wird die Trennung mit dem Schutz der Anleger begründet, da die **Anlegerstruktur von Spezialfonds** gerade kein der OGAW-IV-Richtlinie entsprechendes Schutzregime erfordere und mithin eine Einbeziehung von Spezialfonds in die Regelungen für Master-Feeder-Strukturen nicht geboten sei.[14] Anteile an Spezial-AIF dürfen gem. § 1 Abs. 6 KAGB nur von professionellen Anlegern i.S.d. § 1 Abs. 19 Nr. 32 KAGB und von semiprofessionellen Anlegern i.S.d. § 1 Abs. 19 Nr. 33 KAGB erworben werden und dieses Erwerbsverbot für Privatanleger i.S.v. § 1 Abs. 19 Nr. 31 KAGB könnte umgangen werden, wenn es statthaft wäre, mittels einer Master-Feeder-Konstruktion zumindest mittelbar Anleger eines Spezial-AIF als Masterfonds zu werden.[15] Das gesetzgeberische Ziel der Durchsetzung des Anlegerschutzes wird dabei im Schrifttum vornehmlich nur in Konstellationen für sinnvoll erachtet, in denen ein Publikumsinvestmentvermögen-Feeder in einen Spezial-AIF als Masterfonds anlegt.[16] Im umgekehrten Fall eines Spezial-AIF, der in einen Publikumsinvestmentvermögen als Masterfonds anlegt, wird hingegen die Durchsetzung eines Anlegerschutz-Zieles durch die Regelung in § 171 Abs. 2 und § 280 KAGB als nicht für notwendig erachtet oder in Frage gestellt.[17]

8 Aufgrund des eindeutigen Wortlauts des § 95 Abs. 8 InvG änderte die BaFin ihre bis zum 1.7.2011 bestehende Verwaltungspraxis, wonach Mischkonstellationen statthaft waren und insbesondere ein Spezialfonds fast sein gesamtes Vermögen in Anteile an einem anderen Publikumsfonds anlegen konnte. Seit dem 1.7.2011 ist es die **Verwaltungspraxis der BaFin** die Neuauflage von Mischkonstellationen mit Spezialfonds im Master-Feeder-Bereich als nicht zulässig zu erachten; eine einschränkende Auslegung des Wortlautes wurde abgelehnt.[18] Diese Verwaltungspraxis besteht auch nach Einführung des AIFM-Umsetzungsgesetzes und der Geltung des KAGB fort. Bestätigt wird dies durch die Antwort der BaFin auf die Frage im – am 22.7.2013 veröffentlichten und zuletzt am 5.7.2016 geänderten – Fragenkatalog zu den erwerbbaren Vermögensgegenständen, ob sog. „Master-Feeder-Strukturen" bei Spezial-AIF mit festen Anlagebedingungen zulässig sind.[19] In der Antwort wird darauf verwiesen, dass § 280 KAGB zu beachten ist, „wonach Spezial-AIF generell nicht Masterfonds oder Feederfonds einer Master-Feeder-Struktur sein dürfen, wenn Publikumsinvestmentvermögen Masterfonds oder Feederfonds in dieser Master-Feeder-Struktur sind.".[20]

9 Da der **Wortlaut von § 171 Abs. 2 und § 280 KAGB eindeutig** ist und somit Spezial-AIF nicht Masterfonds oder Feederfonds einer Master-Feeder-Struktur sein dürfen, wenn Publikumsinvestmentvermögen Masterfonds oder Feederfonds derselben Master-Feeder-Struktur sind, stellt sich die Frage, wann ein Spezial-AIF als ein Master- oder Feederfonds einer Master-Feeder-Struktur i.S.d. §§ 171 ff. KAGB einzustufen ist.

10 Die Begriffsdefinitionen in § 1 Abs. 19 Nr. 11 und 12 KAGB beziehen sich nur auf Publikumsinvestmentvermögen und klammern Spezial-AIF aus.[21] Mangels einer eigenen Definition von Spezial-AIF als Master- oder Feederfonds besteht zwischen Schrifttum und der Verwaltungspraxis der BaFin weitgehend Einigkeit darüber, dass die **Begriffsbestimmungen in § 1 Abs. 19 Nr. 11 und 12 KAGB im Wege der Analogie entsprechend anzuwenden** sind, da der Gesetzgeber unbewusst diese Begriffe im Spezial-AIF-Bereich nicht geregelt hat.[22]

---

14 Begr. RegE, BT-Drucks. 17/4510, 59.

15 *Decker* in Moritz/Klebeck/Jesch, § 280 KAGB Rz. 1; *Siering/von Ammon* in Baur/Tappen, § 171 KAGB Rz. 15; *von Bothmer/Eckner* in Beckmann/Scholtz/Vollmer, § 280 KAGB Rz. 11.

16 *Kunschke/Klebeck* in Beckmann/Scholtz/Vollmer, § 171 KAGB Rz. 11; auch *Zirlewagen* in Emde/Dornseifer/Dreibus/Hölscher, § 95 InvG Rz. 49, 51.

17 *Zirlewagen* in Emde/Dornseifer/Dreibus/Hölscher, § 95 InvG Rz. 52 ff.; *Kunschke/Klebeck* in Beckmann/Scholtz/Vollmer, § 171 KAGB Rz. 10; *Decker* in Moritz/Klebeck/Jesch, § 280 KAGB Rz. 1.

18 Schreiben der BaFin an den BVI zum Thema Spezialfonds und Master-Feeder Konstruktionen – WA 41-Wp 2136-2011/0095 vom 30.8.2011.

19 *Decker* in Moritz/Klebeck/Jesch, § 280 KAGB Rz. 12; BaFin, Fragenkatalog zu erwerbbaren Vermögensgegenständen (Eligible Assets) („FAQ Eligible Assets"), WA 41-Wp 2137-2013/0001 vom 22.7.1013, geändert am 5.7.2016, Teil 2, Nr. 5.

20 BaFin, Fragenkatalog zu erwerbbaren Vermögensgegenständen (Eligible Assets) („FAQ Eligible Assets"), WA 41-Wp 2137-2013/0001 vom 22.7.1013, geändert am 5.7.2016, Teil 2, Nr. 5.

21 Zu den Definitionen in § 2 Abs. 26 und 27 InvG: Schreiben der BaFin an den BVI zum Thema Spezialfonds und Master-Feeder Konstruktionen – WA 41-Wp 2136-2011/0095 vom 30.8.2011.

22 *Decker* in Moritz/Klebeck/Jesch, § 280 KAGB Rz. 3 ff., 6; kritisch: *Zirlewagen* in Emde/Dornseifer/Dreibus/Hülscher, § 95 InvG Rz. 54 ff. Zur unbewussten Regelungslücke und zur analogen Anwendung: Schreiben der BaFin an den BVI zum Thema Spezialfonds und Master-Feeder Konstruktionen – WA 41-Wp 2136-2011/0095 vom 30.8.2011.

Ein **Spezial-AIF ist demnach ein Feederfonds** gemäß der Begriffsbestimmung in § 1 Abs. 19 Nr. 11 KAGB analog, wenn er mindestens 85 % seines Vermögens in einen Masterfonds anlegt.[23] Und ein **Spezial-AIF ist ein Masterfonds** gemäß der Begriffsbestimmung in § 1 Abs. 19 Nr. 12 KAGB analog, wenn er Anteile oder Aktien an mindestens einen Feederfonds ausgegeben hat, selbst kein Feederfonds ist und selbst keine Anteile oder Aktien eines Feederfonds hält.[24] 11

Nach der im Schreiben zu Spezialfonds und Master-Feeder-Konstruktionen zum Ausdruck gekommenen Verwaltungspraxis der BaFin[25] behält sich die BaFin vor, auch bei Nicht-Erfüllung des formalen Kriteriums einer Anlage von 85 % des Fondsvermögens in einen Masterfonds trotzdem eine Qualifizierung als Feederfonds vorzunehmen, wenn in **materieller Hinsicht eine Vergleichbarkeit mit einem Feederfonds** vorliegt. Eine derartige Vergleichbarkeit ist nach Ansicht der BaFin beispielsweise dann gegeben, wenn keine andere Anlagetätigkeit als ein Feederfonds i.S.d. Art. 58 Abs. 1 und 2 OGAW-IV-Richtlinie vorliegt.[26] Die Anlagetätigkeit eines Feederfonds i.S.d. Art. 58 Abs. 1 und 2 OGAW-IV-Richtlinie ist dadurch geprägt, dass das verbleibende Vermögen, das nicht in einen Masterfonds angelegt wird, lediglich in flüssigen Mittel und Derivaten zu Absicherungszwecken (bzw. bei Investmentgesellschaften in bewegliches und unbewegliches Vermögen, das für die unmittelbare Ausübung der Tätigkeit als Investmentgesellschaft unerlässlich ist) gehalten wird, wodurch gerade das Fehlen einer weitgehend eigenständigen und aktiven Anlagetätigkeit und das Nicht-Verfolgen einer eigenen Strategie zum Ausdruck kommt. Geringere Anlagen als 85 % des Vermögens eines Fonds in einen Masterfonds allein schützen folglich nicht vor der Qualifizierung des Fonds als Feederfonds durch die BaFin und es sollte auch in materieller Hinsicht eine Vergleichbarkeit mit einem Feederfonds vermieden werden. 12

§ 281 Verschmelzung

(1) Spezialsondervermögen dürfen nicht auf Publikumssondervermögen verschmolzen werden, Publikumssondervermögen dürfen nicht auf Spezialsondervermögen verschmolzen werden. Die §§ 184, 185, 189 und 190 sind auf Spezialsondervermögen mit den folgenden Maßgaben entsprechend anzuwenden:

1. **die Angaben nach § 184 Absatz 1 Satz 3 Nummer 1 bis 4 im Verschmelzungsplan sind nicht erforderlich;**
2. **mit Zustimmung der Anleger kann eine Prüfung durch die Verwahrstellen nach § 185 Absatz 1 unterbleiben, der gesamte Verschmelzungsvorgang ist jedoch vom Abschlussprüfer zu prüfen;**
3. **Bekanntmachungen, Veröffentlichungen oder Unterrichtungen nach § 189 Absatz 4 sind nicht erforderlich.**

Eine Genehmigung der Verschmelzung von Spezialsondervermögen gemäß § 182 durch die Bundesanstalt ist nicht erforderlich, die Anleger müssen der Verschmelzung nach Vorlage des Verschmelzungsplans jedoch zustimmen.

(2) Absatz 1 ist entsprechend anzuwenden auf die Verschmelzung

1. **eines Spezialsondervermögens auf eine Spezialinvestmentaktiengesellschaft mit veränderlichem Kapital, auf eine offene Investmentkommanditgesellschaft, auf ein Teilgesellschaftsvermögen einer Spezialinvestmentaktiengesellschaft mit veränderlichem Kapital oder auf ein Teilgesellschaftsvermögen einer offenen Investmentkommanditgesellschaft,**
2. **eines Teilgesellschaftsvermögens einer Spezialinvestmentaktiengesellschaft mit veränderlichem Kapital auf ein anderes Teilgesellschaftsvermögen derselben Investmentaktiengesellschaft sowie eines Teilgesellschaftsvermögens einer offenen Investmentkommanditgesellschaft auf ein anderes Teilgesellschaftsvermögen derselben Investmentkommanditgesellschaft,**

---

23 *Decker* in Moritz/Klebeck/Jesch, § 280 KAGB Rz. 11; zu § 95 Abs. 8 InvG: Schreiben der BaFin an den BVI zum Thema Spezialfonds und Master-Feeder Konstruktionen – WA 41-Wp 2136-2011/0095 vom 30.8.2011.

24 *Decker* in Moritz/Klebeck/Jesch, § 280 KAGB Rz. 9; zu § 95 Abs. 8 InvG: Schreiben der BaFin an den BVI zum Thema Spezialfonds und Master-Feeder Konstruktionen – WA 41-Wp 2136-2011/0095 vom 30.8.2011.

25 Schreiben der BaFin an den BVI zum Thema Spezialfonds und Master-Feeder Konstruktionen – WA 41-Wp 2136-2011/0095 vom 30.8.2011.

26 Schreiben der BaFin an den BVI zum Thema Spezialfonds und Master-Feeder Konstruktionen – WA 41-Wp 2136-2011/0095 vom 30.8.2011; *Decker* in Moritz/Klebeck/Jesch, § 280 KAGB Rz. 13.

3. **eines Teilgesellschaftsvermögens einer Spezialinvestmentaktiengesellschaft mit veränderlichem Kapital oder eines Teilgesellschaftsvermögens einer offenen Investmentkommanditgesellschaft auf ein Teilgesellschaftsvermögen einer anderen Spezialinvestmentaktiengesellschaft mit veränderlichem Kapital oder einer anderen offenen Investmentkommanditgesellschaft,**
4. **eines Teilgesellschaftsvermögens einer Spezialinvestmentaktiengesellschaft mit veränderlichem Kapital oder eines Teilgesellschaftsvermögens einer offenen Investmentkommanditgesellschaft auf ein Spezialsondervermögen.**

(3) Auf die Fälle der Verschmelzung einer Spezialinvestmentaktiengesellschaft mit veränderlichem Kapital oder einer offenen Investmentkommanditgesellschaft auf eine andere Spezialinvestmentaktiengesellschaft mit veränderlichem Kapital, auf eine andere offene Investmentkommanditgesellschaft, auf ein Teilgesellschaftsvermögen einer Spezialinvestmentaktiengesellschaft mit veränderlichem Kapital, auf ein Teilgesellschaftsvermögen einer offenen Investmentkommanditgesellschaft oder auf ein Spezialsondervermögen sind die Vorschriften des Umwandlungsgesetzes zur Verschmelzung anzuwenden, soweit sich aus der entsprechenden Anwendung des § 182 in Verbindung mit Absatz 1 Satz 3, § 189 Absatz 2, 3 und 5 und § 190 nichts anderes ergibt.

(4) *[weggefallen]*

In der Fassung vom 4.7.2013 (BGBl. I 2013, S. 1981), zuletzt geändert durch das Gesetz zur Umsetzung der Richtlinie 2014/91/EU des Europäischen Parlaments und des Rates vom 23. Juli 2014 zur Änderung der Richtlinie 2009/65/EG zur Koordinierung der Rechts- und Verwaltungsvorschriften betreffend bestimmte Organismen für gemeinsame Anlagen in Wertpapieren (OGAW) im Hinblick auf die Aufgaben der Verwahrstelle, die Vergütungspolitik und Sanktionen vom 3.3.2016 (BGBl. I 2016, S. 348).

Schrifttum: S. Vor §§ 181 ff. KAGB.

I. Inhalt und Zweck

1 § 281 KAGB regelt die **Verschmelzung unter Beteiligung offener Spezial-AIF** (dazu § 1 Rz. 114 f., 123 f.) gemäß der unter dem KAGB zulässigen Rechtsformen (Sondervermögen, InvAG und InvKG). Vgl. dazu allgemein Vor §§ 181 ff. Rz. 13 ff. sowie die Erläuterungen zu § 181 KAGB. § 281 Abs. 1 Satz 1 KAGB statuiert ein **Verschmelzungsverbot mit Publikums-AIF** (Rz. 3, zum Begriff § 1 Rz. 135 f.). Für die InvKG kannte das KAGB ursprünglich kein Sonderverschmelzungsrecht.[1] Dieses wurde nachträglich mit dem OGAW V-UmsG[2] geschaffen. § 281 Abs. 1 Satz 2 und 3 KAGB befreit das Verschmelzungsverfahren von einigen anlegerschützenden Vorschriften. **§ 281 Abs. 2 KAGB** erstreckt das vertragsrechtliche „Verschmelzungs"-Verfahren auf die nur scheinbar mitgliedschaftliche Anlagebeziehung bei der InvAG. Dies bestätigt erneut die Richtigkeit des Vertragsmodells der Idealanlage auch für die korporative Organisationsform.

2 § 281 KAGB trifft keine Regelung für den Fall der Verschmelzung eines offenen auf ein geschlossenes Spezial-Investmentvermögen.

3 Seit dem **OGAW IV-RL UmsG** war die Verschmelzung von Spezialfonds rechtsformbezogen in zwei Vorschriften (§ 95 Abs. 7 und § 100 Abs. 5 InvG) geregelt. Deren Inhalte wurden mit dem **AIFM-RL UmsG** in § 281 KAGB gebündelt und redaktionell angepasst. Abs. 1 des § 281 KAGB geht zurück auf § 91 Abs. 2 i.V.m. §§ 40, 40b, 40c, 40g und 40h sowie § 95 Abs. 7 InvG,[3] Abs. 2 auf § 100 Abs. 5 Nr. 1 bis 4 i.V.m. §§ 91

1 *Zetzsche*, AG 2013, 613 (627); *Wallach*, ZGR 2014, 306.
2 BGBl. I 2016, S. 348.
3 BT-Drucks. 17/17294, 275.

Abs. 2, 95 Abs. 7 InvG, Abs. 3 im Hinblick auf die Verschmelzung offener InvAG auf § 99 Abs. 6 Satz 1 i.V.m. §§ 91 Abs. 2, 95 Abs. 7 InvG und Abs. 4 §§ 99 Abs. 6 Satz 3, 100 Abs. 5 Satz 2 InvG. Mit dem **OGAW V-UmsG** wurde § 281 Abs. 2 und 3 KAGB dahingehend ergänzt, dass eine Verschmelzung von offenen inländischen Spezialinvestmentvermögen auch bei Beteiligung von Spezialinvestmentvermögen in der Rechtsform einer offenen InvKG zulässig ist. Bis dahin war in § 281 KAGB nur die Verschmelzung von Spezialinvestmentvermögen geregelt, wenn diese in der Rechtsform des Sondervermögens oder der offenen InvAG aufgelegt waren.[4] In § 281 Abs. 4 KAGB wurde die 75 %-Zustimmungsschwelle der HV der Spezial-InvAG, die ursprünglich aus Art. 44 OGAW-RL entnommen war, beseitigt. Eine zwingende Regelung für Spezial-InvAG erschien entbehrlich, da deren Anlageaktionäre selbst auf ihre Interessen aufzupassen wissen.

II. Keine Verschmelzung mit Publikums-Investmentvermögen (§ 281 Abs. 1 Satz 1 KAGB)

§ 281 Abs. 1 Satz 1 KAGB wiederholt das bereits in § 181 Abs. 1 Satz 1 KAGB geregelte **Verschmelzungsverbot zwischen Publikums- und Spezial-AIF.**[5] Näher § 181 Rz. 14 f. 4

III. Befreiung von anlegerschützenden Vorschriften (§ 281 Abs. 1 Satz 2 und 3 KAGB)

Im Einklang mit der Grundkonzeption des KAGB (Einl. Rz. 127 ff.) ist die Verschmelzung von Spezial-AIF durch ein **geringeres Maß an Anlegerschutz** geprägt, zudem sind die Anleger involviert, so dass auf einige kostenintensive Schutzinstrumente verzichtet werden kann. Daraus entsteht **erhöhte Flexibilität**. Im Ergebnis kann es sich daher bei externer Verwaltung verschiedener Fonds durch mehrere KVG empfehlen, **zuvor die Fonds auf dieselbe KVG und Verwahrstelle zu übertragen** und erst dann zu verschmelzen.[6] Zur Übertragung als Strukturmaßnahme vgl. Vor §§ 181 ff. Rz. 18 f. Bei Publikumsinvestmentvermögen würde man auf mehrere solcher Maßnahmen hintereinander möglichst verzichten. 5

Bei der Verschmelzung von Spezial-AIF tritt an die Stelle der Genehmigung durch die BaFin (§ 182 KAGB) die **Zustimmung der qualifizierten Anleger** (§ 281 Abs. 1 Satz 3 KAGB). Für die Zustimmung der Anleger beschränkt sich das Gesetz auf die Vorgabe, dass sie **nach Vorlage des Verschmelzungsplans** einzuholen ist. Eine Mehrheitsregelung sieht das Gesetz nicht vor, im Grundsatz und mangels abweichender Regelung in den konstituierenden Dokumenten ist die **Zustimmung jedes einzelnen Anlegers einzuholen.** Die Zustimmung ist i.d.R. schon deshalb einzuholen, weil die zugrundeliegenden Verträge mit dem (semi-)professionellen Anleger in diesem Kontext geändert werden.[7] Der zu weite Gesetzeswortlaut ist jedoch teleologisch zu reduzieren; gemeint ist, wie aus Schutzzweckerwägungen folgt, die **Einwilligung** (§ 183 BGB).[8] **Adressat** der Zustimmung sind **KVG und Verwahrstelle;**[9] dies folgt aus der mehrseitigen Vertragsbindung von Anleger, KVG und Verwahrstelle (s. dazu bereits § 91 Rz. 19 f., 21 f.; Einl. Rz. 91 ff.). Im Übrigen gilt allgemeines Vertretungsrecht. So kann die KVG die Erklärung mit Wirkung für und gegen die Verwahrstelle bei entsprechender Vollmacht entgegennehmen. Eine **Mehrheitsregel** kann aber in die konstituierenden Dokumente aufgenommen werden, ebenso wie eine Regelung, die besagt, dass ein **Schweigen nach Fristablauf auf vollständige Information und Aufforderung hin** als Zustimmung zu werten ist. 6

Ebenfalls mit der insofern separat einzuholenden Zustimmung der Anleger kann auf die Zustimmung der Verwahrstelle (§ 185 Abs. 1 KAGB) verzichtet werden (§ 281 Abs. 1 Satz 2 Nr. 2 KAGB), die an eine **Prüfung vor Vollzug der Verschmelzung** anknüpft (näher § 185 Rz. 3). 7

Gemäß § 281 Abs. 1 Nr. 2 KAGB weiterhin erforderlich ist die **nach Vollzug der Verschmelzung** (näher § 185 Rz. 4) erfolgende **Prüfung nach § 185 Abs. 2 KAGB**. Das Gesetz spricht von der „Prüfung des gesamten Verschmelzungsvorgangs". Die Begründung zum AIFM RL-UmsG,[10] das den Wortlaut gegenüber § 95 Abs. 7 Satz 2 Nr. 3 InvG ergänzt hat, verhält sich nicht zur Bedeutung, diese weist nur auf redaktionelle Änderungen hin. Nach h.M. soll nur der nach § 185 Abs. 2 KAGB erforderliche Prüfungsumfang in Be- 8

4 BT-Drucks. 18/6744, 63.
5 Zur Terminologie *Decker* in Moritz/Klebeck/Jesch, § 281 KAGB Rz. 10 ff.
6 Dafür im Spezialfonds-Kontext *Decker* in Moritz/Klebeck/Jesch, § 281 KAGB Rz. 41 f.
7 Zutr. *Decker* in Moritz/Klebeck/Jesch, § 281 KAGB Rz. 16.
8 I.E. auch *Decker* in Moritz/Klebeck/Jesch, § 281 KAGB Rz. 38.
9 Speziell für Spezial-AIF geht auch die h.M. von einem dreiseitigen Vertragsverhältnis aus, so dass die dargestellte Rechtsfolge unstreitig ist, vgl. *Decker* in Moritz/Klebeck/Jesch, § 281 KAGB Rz. 40.
10 BT-Drucks. 17/12294, 275.

zug genommen werden.[11] Siehe dazu § 185 Rz. 10, wo die Ansicht vertreten wird, die Erklärung nach § 185 Abs. 2 Satz 2 KAGB definiere den erforderlichen Prüfungsumfang; danach ist keine Prüfung des ganzen Verschmelzungsvorgangs, sondern nur eine **Prüfung ausgewählter Aspekte** der Verschmelzung geboten. Nimmt § 281 Abs. 1 Nr. 2 KAGB nur den Umfang von § 185 Abs. 2 KAGB in Bezug, muss folglich auch hier **keine Prüfung des gesamten Verschmelzungsvorgangs** stattfinden, sondern nur die Prüfung der in § 185 Abs. 2 Satz 2 KAGB aufgeführten Gegenstände. Es wäre auch widersprüchlich, den (semi-)professionellen Anlegern in Spezial-AIF einen besseren Schutz zukommen zu lassen als solchen in Publikumsinvestmentvermögen.

9 Die Prüfung kann neben dem in § 281 Abs. 1 Nr. 2 KAGB erwähnten **Abschlussprüfer weiterhin von der Verwahrstelle oder einem beliebigen (auch unabhängigen) Wirtschaftsprüfer** geprüft werden.[12] Der Wortlaut will diese Wahl nicht beschränken, sondern bezieht sich auf die Prüfung nach § 185 Abs. 2 KAGB. Auch wenn dies nicht explizit geregelt ist, kann für die zu verschmelzenden Investmentvermögen ein **gemeinsamer Prüfer** bestellt werden;[13] es gilt das zu § 185 Abs. 2 KAGB Gesagte (§ 185 Rz. 4, 9).

10 § 281 Abs. 1 KAGB verweist nicht auf § 187 KAGB zu den Anlegerrechten, so dass qualifizierte Anleger nach dem gesetzlichen Grundfall **kein Rückgaberecht und kein Umtauschrecht** haben. Gegen ein vertraglich vereinbartes Rückgaberecht für diesen Fall ist nach dem Vertragsprinzip jedoch nichts einzuwenden. Auch gilt das **Kostenbelastungsverbot** gem. §§ 188, 191 Abs. 5 KAGB nicht; wem sie die Kosten belastet, kann die KVG frei vereinbaren. In Betracht kommen das übertragende, das übernehmende Investmentvermögen sowie die Anleger direkt[14] oder auch Dritte (z.B. Mutterkonzern).

11 Zudem ist das **Transparenzniveau** bei Spezialfonds-Verschmelzungen **reduziert** (§ 281 Abs. 1 Satz 2 Nr. 1 und 3 KAGB): So sind bei Spezialfonds einige **Angaben im Verschmelzungsplan verzichtbar** (näher § 184 Rz. 20). Eine **Information mittels dauerhaftem Datenträger** ist verzichtbar (kein Verweis auf § 186 Abs. 3 KAGB. Der **Prüfbericht** ist dem Gesetz nach den Spezialfonds-Anlegern nicht zur Kenntnis zu geben (arg: kein Verweis auf § 187 Abs. 3 KAGB);[15] er wird diesen in der Praxis aber dennoch zugänglich gemacht, gleich ob mit oder ohne dahingehende Verpflichtung. **Publikationen** sind entbehrlich.

IV. Verschmelzung von Sondervermögen und Investmentgesellschaften (§ 281 Abs. 2 KAGB)

12 § 281 Abs. 2 KAGB **nennt enumerativ** sämtliche Fälle der Übertragung eines Teilgesellschaftsvermögens einer Spezial-Investmentgesellschaft auf ein anderes Teilgesellschaftsvermögen oder ein Spezialsondervermögen. Dabei wird die offene InvKG nicht mit dem Merkmal „Spezial" gekennzeichnet, gleichwohl kann es sich nur um einen Spezial-AIF handeln, weil diese Rechtsform nur von Spezial-AIF genutzt werden kann, vgl. § 91 Abs. 2 KAGB.

13 Die Regelungen, ausgehend von dem übertragenden Investmentvermögen, sind in der folgenden Tabelle dargestellt:

Tabelle 1: Anwendungsbereich von § 281 Abs. 2 KAGB nach übertragendem Investmentvermögen

Übertragendes Investmentvermögen	Vorschrift	Aufnehmendes Investmentvermögen
Spezialsondervermögen	Abs. 2 Nr. 1	Offene Spezial-InvAG
		Offene (Spezial-)InvKG
		Teilgesellschaftsvermögen einer offenen Spezial-InvAG
		Teilgesellschaftsvermögen einer offenen (Spezial-)InvKG

11 *Decker* in Moritz/Klebeck/Jesch, § 281 KAGB Rz. 28; *Zirlewagen* in Emde/Dornseifer/Dreibus/Hölscher, § 95 InvG Rz. 35.
12 A.A. *Decker* in Moritz/Klebeck/Jesch, § 281 KAGB Rz. 29.
13 Anders die Empfehlung von *Decker* in Moritz/Klebeck/Jesch, § 281 KAGB Rz. 29, unter methodisch nicht haltbarer Auslegung eines Erwägungsgrundes bzw. einer Gesetzesbegründung gegen den insoweit eindeutigen Wortlaut des § 185 Abs. 2 BGB (Prüfung durch „eine" Verwahrstelle etc.).
14 Zutr. *Decker* in Moritz/Klebeck/Jesch, § 281 KAGB Rz. 18.
15 *Decker* in Moritz/Klebeck/Jesch, § 281 KAGB Rz. 33.

Übertragendes Investmentvermögen	Vorschrift	Aufnehmendes Investmentvermögen
Teilgesellschaftsvermögen einer offenen Spezial-InvAG	Abs. 2 Nr. 2, Alt. 1	Teilgesellschaftsvermögen derselben offenen Spezial-InvAG
	Abs. 2 Nr. 3, Alt. 1	Teilgesellschaftsvermögen einer anderen offenen Spezial-InvAG
	Abs. 2 Nr. 3, Alt. 2	Teilgesellschaftsvermögen einer offenen (Spezial-)InvKG
	Abs. 2 Nr. 4, Alt. 1	Spezialsondervermögen
Teilgesellschaftsvermögen einer offenen (Spezial-)InvKG	Abs. 2 Nr. 2, Alt. 2	Teilgesellschaftsvermögen derselben offenen InvKG
	Abs. 2 Nr. 3, Alt. 2	Teilgesellschaftsvermögen einer anderen offenen Spezial-InvAG
		Teilgesellschaftsvermögen einer anderen offenen (Spezial-)InvKG
	Abs. 2 Nr. 4, Alt. 2	Spezialsondervermögen

Für die in § 281 Abs. 2 KAGB genannten Fälle ist **§ 281 Abs. 1 KAGB entsprechend anzuwenden.** Entsprechend meint sinngemäße, nicht wörtliche Anwendung. Der Normbefehl kann somit weniger weit reichen, als es der entsprechend in Bezug genommene Wortlaut andeutet, rechtsformspezifische Zusatzelemente können hinzuzudenken sein. 14

V. Anwendung bestimmter Vorschriften des KAGB sowie des UmwG (§ 281 Abs. 3 KAGB)

Für einige enumerativ genannten Fälle ordnet § 281 Abs. 3 KAGB als Rechtsfolge an, dass „die **Vorschriften des Umwandlungsgesetzes zur Verschmelzung anzuwenden**" sind. Dies gilt nur, soweit sich aus einigen in Abs. 3 explizit genannten Verschmelzungsvorschriften des KAGB nichts Anderes ergibt. Die Regelung versteht sich vor dem Hintergrund, dass der Gesetzgeber vor dem OGAW IV-UmsG das UmwG nicht für anwendbar hielt. Die **Vorschrift entspricht funktional § 191 Abs. 3 KAGB**, mit der Maßgabe, dass die Anwendung auf Spezial-AIF ausgerichtet ist. Eine Norm entsprechend § 191 Abs. 3 Satz 2 KAGB fehlt, weil es keine solche Vorgabe des EU-Rechts zu Spezial-AIF gibt. 15

1. Einschlägige Verschmelzungsfälle

Das Gesetz nennt **drei Verschmelzungsfälle**, für die die Kombination aus KAGB und UmwG einschlägig ist. Es geht um die 1) Verschmelzung einer offenen Spezialinvestmentgesellschaft (AG oder KG) auf eine andere offene Spezialinvestmentgesellschaft, 2) Verschmelzung einer offenen Spezialinvestmentgesellschaft (AG oder KG) auf ein Teilgesellschaftsvermögen einer offenen Spezialinvestmentgesellschaft (AG oder KG), sowie 3) Verschmelzung einer offenen Spezialinvestmentgesellschaft (AG oder KG) auf ein Spezialsondervermögen. 16

Jeweils ist eine **offene Spezialinvestmentgesellschaft übertragender Rechtsträger** bei einer Verschmelzung durch Aufnahme. Daran knüpft nach den Instrumentarien des UmwG die Auflösung ohne Abwicklung (§ 2 Abs. 1 Nr. 2 UmwG), i.e. die übertragende Gesellschaft wird im Rahmen der Verschmelzung aufgelöst und unmittelbar aus dem Register gelöscht. **Aufnehmender Rechtsträger** kann ein offenes Spezial-Investmentvermögen gleich welcher Rechtsform sein, so auch Sondervermögen, für die das UmwG nicht gilt.[16] Näher bereits § 191 Rz. 5 f. 17

2. Rechtsfolge: Anwendung des UmwG

Für die enumerativ genannten Fälle ordnet § 281 Abs. 3 KAGB als **Rechtsfolge** an, dass „die Vorschriften des Umwandlungsgesetzes zur Verschmelzung anzuwenden" sind. Dies gilt aber nur, soweit sich aus einigen 18

16 Fernliegend und seit BGH v. 25.11.2002 – II ZR 133/01, BGHZ 153, 47 = AG 2003, 273 (Delisting) wohl auch in Bezug auf das Analogieverbot zu weitreichend *Decker* in Moritz/Klebeck/Jesch, § 281 KAGB Rz. 6.

in Abs. 3 explizit genannten Verschmelzungsvorschriften, die entsprechend anzuwenden sind, nichts Anderes ergibt. Es handelt sich um § 182 KAGB i.V.m. § 281 Abs. 1 Satz 3 KAGB zur Zulässigkeit der Verschmelzung, § 189 Abs. 2, 3 und 5 KAGB zum Wirksamwerden sowie § 190 KAGB zu den Rechtsfolgen der Verschmelzung. **Die genannten Vorschriften des KAGB gehen denen des UmwG vor.** Dieselben Vorschriften sind bereits in § 191 Abs. 3 KAGB genannt. Zu deren Zweck vgl. § 191 Rz. 5 f. Die „entsprechende" Anwendung ist erforderlich, weil § 281 KAGB nur Spezial-AIF betrifft, §§ 181 ff. KAGB indes Publikumsinvestmentvermögen.

3. Verschmelzung von Teilgesellschaftsvermögen

19 § 281 Abs. 3 KAGB betrifft **nicht den Fall der Übertragung eines Teilgesellschaftsvermögens** einer offenen Investmentgesellschaft, sondern nur den Fall, dass die offene Investmentgesellschaft als Ganzes verschmolzen wird; arg.: Das Gesetz spricht nicht von Investmentvermögen, sondern von den Gesellschaften. **Anlage-Teilgesellschaftsvermögen** sind nach den üblichen Regelungen für Investmentvermögen zu übertragen. Das UmwG ist nicht anzuwenden.

20 Die BaFin verlangt die Bündelung der Sozialverbindlichkeiten in **Investmentbetriebsvermögen.** Dieses kann – weil es nicht um Anlagevermögen geht – nicht nach §§ 181 ff. KAGB verschmolzen werden, denn es handelt sich bei den Beteiligten um **Unternehmeraktionäre.** Solche Aktionäre sind Aktionäre im Sinne des europäischen Gesellschaftsrechts (Vor §§ 181 ff. Rz. 14), daher gilt für die Verschmelzung von Teilgesellschaftsvermögen das UmwG.

4. Verschmelzung der Gesellschaft als Ganzes

21 Der Fall der **Verschmelzung der AG als Ganzes** ist nur zulässig, wenn **kein Teilgesellschaftsvermögen (mehr) existiert**, weil solange unklar ist, welcher rechtlich getrennte Vermögensteil (arg. § 117 KAGB) auf welchen aufnehmenden Teil zu übertragen ist. Dies ist keine Frage, ob die InvAG ohne Teilgesellschaftsvermögen oder ein Teilgesellschaftsvermögen Investmentvermögen ist – beides ist zu bejahen –, sondern welches (von mehreren) Investmentvermögen auf welches Investmentvermögen verschmolzen wird. Würde die Investmentgesellschaft selbst verschmolzen, ohne dass Teilgesellschaftsvermögen einem neuen Rechtsträger zugeordnet würden, entfiele auch der Rechtsträger der unter ihr aufgehängten Teilgesellschaftsvermögen. Daher müssen **zuvor oder zumindest gleichzeitig** nach allgemeinen Regeln der §§ 181 ff., 281 KAGB alle Anlage-Teilgesellschaftsvermögen (zum Investmentbetriebsvermögen vgl. Rz. 20) auf einen neuen Rechtsträger übertragen werden, bevor es zur Verschmelzung der Gesellschaften als Rechtsträger der Teilgesellschaftsvermögen kommen kann. Die Bündelung sämtlicher dafür erforderlicher Verschmelzungsvorgänge in einem (komplexen) Verschmelzungsplan ist zulässig.

Unterabschnitt 2
Besondere Vorschriften für allgemeine offene inländische Spezial-AIF

§ 282 Anlageobjekte, Anlagegrenzen

(1) Die AIF-Kapitalverwaltungsgesellschaft muss die Mittel des allgemeinen offenen inländischen Spezial-AIF nach dem Grundsatz der Risikomischung zur gemeinschaftlichen Kapitalanlage anlegen.

(2) [1]Die AIF-Kapitalverwaltungsgesellschaft darf für den Spezial-AIF nur in Vermögensgegenstände investieren, deren Verkehrswert ermittelt werden kann. [2]Die Zusammensetzung der Vermögensgegenstände des Spezial-AIF muss im Einklang mit den für den Spezial-AIF geltenden Regelungen zur Rücknahme von Anteilen oder Aktien stehen. [3]§ 285 Absatz 3 ist auf die Vergabe von Gelddarlehen für Rechnung eines allgemeinen offenen inländischen Spezial-AIF entsprechend anzuwenden.

(3) Erfüllt eine AIF-Kapitalverwaltungsgesellschaft, die einen oder mehrere allgemeine offene inländische Spezial-AIF verwaltet, die in § 287 genannten Voraussetzungen, sind die §§ 287 bis 292 anzuwenden.

In der Fassung vom 4.7.2013 (BGBl. I 2013, S. 1981), zuletzt geändert durch Gesetz zur Umsetzung der Richtlinie 2014/91/EU des Europäischen Parlaments und des Rates vom 23. Juli 2014 zur Änderung der Richtlinie 2009/65/EG zur Koordinierung der Rechts- und Verwaltungsvorschriften betreffend bestimmte Organismen für gemeinsame Anlagen in Wertpapieren (OGAW) im Hinblick auf die Aufgaben der Verwahrstelle, die Vergütungspolitik und Sanktionen vom 3.3.2016 (BGBl. I 2016, S. 348).

Schrifttum: *Bünning/Loff*, Kreditfonds: erste Erfahrungen mit aufsichtsrechtlichen Neuerungen und derzeitige sowie künftige steuerliche Regelungen, RdF 2017, 42; *Jünemann/Wirtz*, Regulatorisches Regime und Rechtsformwahl für „kleine Spezial-AIFM", RdF 2018, 109; *Steinmüller*, Neues Kapitalanlagerundschreiben veröffentlicht: Erleichterung für Private Equity Fonds – Gewissheit für Kreditfonds?, RdF 2018, 117; *Thom/Dürre*, Venture Debt: Gewährung von Gelddarlehen durch Investmentfonds nach dem KAGB – ein Erfolgsrezept?, WM 2018, 502.

I. Inhalt und Entstehungsgeschichte

§ 282 KAGB enthält in Abs. 1 und 2 Produktregeln für allgemeine offene inländische Spezial-AIF. § 282 Abs. 1 KAGB unterwirft die Anlage für allgemeine offene Spezial-AIF dem Gebot der Risikomischung. § 282 Abs. 2 KAGB enthält Vorgaben zu den erwerbbaren Vermögensgegenständen und ihrer Zusammensetzung sowie zur Vergabe von Gelddarlehen: Nach dessen Satz 1 müssen die für den allgemeinen offenen Spezial-AIF erworbenen Vermögensgegenstände bewertbar sein. § 282 Abs. 2 Satz 2 KAGB fordert eine Zusammensetzung der Vermögensgegenstände, welche die ordnungsgemäße Bedienung von Anteilsrückgaben gewährleistet. § 282 Abs. 2 Satz 3 KAGB verweist für die zulässige Vergabe von Gelddarlehen auf die Regelung für geschlossene inländische Spezial-AIF in § 285 Abs. 3 KAGB. § 282 Abs. 3 KAGB erklärt schließlich die §§ 287 bis 292 KAGB für anwendbar, sofern eine AIF-KVG, die einen oder mehrere allgemeine offene inländische Spezial-AIF verwaltet, die in § 287 KAGB genannten Voraussetzungen erfüllt. 1

§ 282 KAGB ist durch das AIFM-UmsG[1] eingeführt worden. Die Vorschrift hatte im aufgehobenen InvG keine direkten Vorbilder.[2] Die **Produktregeln** in § 282 Abs. 1 und 2 KAGB sind **autonomes deutsches Recht**, während § 282 Abs. 3 KAGB in seiner aktuellen Fassung der Umsetzung der Vorgaben in Art. 26 bis 30 AIFM-RL dient. In der Fassung des AIFM-UmsG hatte § 282 Abs. 3 KAGB noch den Erwerb einer Kontrollbeteiligung eines allgemeinen offenen Spezial-AIF an einem nicht börsennotierten Unternehmen verboten (§ 282 Abs. 3 Satz 1 KAGB a.F.), und für den Erwerb einer Minderheitsbeteiligung die Mitteilungspflichten nach § 289 Abs. 1 KAGB für anwendbar erklärt (§ 282 Abs. 3 Satz 2 KAGB a.F.).[3] Im Zuge des Finanzmarkt-Anpassungsgesetzes v. 15.7.2014[4] hat § 282 Abs. 3 KAGB seine jetzige Form erhalten. Die Änderung war Konsequenz der zugleich vorgenommenen Erweiterung des Begriffs des offenen Investmentvermögens in § 1 Abs. 4 KAGB.[5] Die Regelung zur Vergabe von Gelddarlehen in § 282 Abs. 2 Satz 3 KAGB ist erst durch das OGAW-V-Gesetz v. 3.3.2016[6] in § 282 KAGB eingefügt worden.[7] Für Altdarlehen ist die Übergangsvorschrift in § 353b KAGB zu beachten. 2

1 Gesetz zur Umsetzung der RL 2011/61/EU über die Verwalter alternativer Investmentfonds v. 4.7.2013, BGBl. I 2013, S. 1981.

2 S. auch *Krause* in Beckmann/Scholtz/Vollmer, § 282 KAGB Rz. 1, 3.

3 S. dazu Begr. RegE AIFM-UmsG, BT-Drucks. 17/12294, S. 276; letzteres diente der Umsetzung von Art. 26 Abs. 3 AIFM-RL.

4 Gesetz zur Anpassung von Gesetzen auf dem Gebiet des Finanzmarktes v. 15.7.2014, BGBl. I 2014, S. 934.

5 Begr. RegE Finanzmarkt-AnpassungsG, BT-Drucks. 18/1305, S. 50. S. dazu *Krause* in Beckmann/Scholtz/Vollmer, § 282 KAGB Rz. 14: „Kehrtwendung". Für Details s. *v. Livonius/Riedl* in Moritz/Klebeck/Jesch, § 282 KAGB Rz. 27.

6 Gesetz zur Umsetzung der Richtlinie 2014/91/EU des Europäischen Parlaments und des Rates vom 23.7.2014 zur Änderung des Richtlinie 2009/65/EG zur Koordinierung der Rechts- und Verwaltungsvorschriften betreffend bestimmte Organismen für gemeinsame Anlagen in Wertpapieren (OGAW) im Hinblick auf die Aufgaben der Verwahrstelle, die Vergütungspolitik und Sanktionen v. 3.3.2016, BGBl. I 2016, S. 348.

7 Zu den Motiven s. Begr. RegE OGAW-V-UmsG, BT-Drucks. 18/6744, S. 63.

II. Normzweck

3 Die Produktregeln in § 282 Abs. 1 und 2 KAGB dienen **vor allem dem Anlegerschutz**. Dabei beschränkt sich das Gesetz auf einige wenige Vorgaben, weil es den allein angesprochenen (semi-)professionellen Anlegern eine eigene sachverständige Risikoanalyse des Fondsprodukts zutraut.[8] Insgesamt zeigt sich die Regelung damit **sehr liberal und flexibel**.[9] Die Vorgaben zum Liquiditätsmanagement in § 282 Abs. 2 Satz 2 KAGB dienen jenseits des Anlegerschutzes auch der Verhinderung möglicher **Marktstörungen** durch potenziell ansteckende Verkaufsdynamiken.[10] Die über § 282 Abs. 2 Satz 3 KAGB in Bezug genommenen Vorgaben für Gesellschafterdarlehen in § 285 Abs. 3 KAGB sollen zudem die „Gefahren eines exzessiven Kreditwachstums [und] der Ansteckung von Finanzinstituten" einhegen.[11] § 282 Abs. 3 KAGB teilt seinen Regelungszweck wiederum mit den §§ 287 ff. KAGB, dient also dem **Schutz des Beteiligungsunternehmens** (= der übrigen Anteilseigner) **sowie von dessen Arbeitnehmern**.[12]

III. Systematische Einordnung und praktische Bedeutung

4 § 282 KAGB regelt den „allgemeinen offenen inländischen Spezial-AIF" als ersten Fondstyp innerhalb der Gruppe der offenen inländischen Spezial-AIF. Die Vorschrift baut auf den allgemeinen Regeln in §§ 273 ff. und 278 ff. KAGB auf, die für sämtliche inländischen Spezial-AIF bzw. alle offenen inländischen Spezial-AIF gelten.[13] Zur Gruppe der offenen inländischen Spezial-AIF gehören ferner noch der Hedgefonds gem. § 283 KAGB sowie der offene inländischen Spezial-AIF mit festen Anlagebedingungen gem. § 284 KAGB.[14] Letzterer zeichnet sich durch ein wesentlich engeres regulatorisches Korsett aus, wie etwa einen gesetzlich vorgegebenen Katalog zulässiger Anlagegegenstände.[15] Bei Hedgefonds nach § 283 KAGB handelt es sich schließlich um allgemeine offene inländische Spezial-AIF, die sich durch den Einsatz von Leverage in beträchtlichem Umfang bzw. von Leerverkäufen auszeichnen (§ 283 Abs. 1 Satz 1 KAGB) und für die daher etwa die Leerverkaufsbeschränkung des § 276 Abs. 1 KAGB nicht gilt.[16]

5 Betrachtet man die in § 282 KAGB enthaltenen Einzelregelungen, so ist aus systematischer Hinsicht ferner darauf hinzuweisen, dass die Regelungen in § 282 Abs. 2 Satz 2 und 3 KAGB vor dem Hintergrund der allgemeinen Regelungen in §§ 20 Abs. 9 und 30 KAGB zu lesen sind. So muss die AIF-KVG den Vorgaben des § 282 Abs. 2 Satz 2 KAGB bereits nach § 30 Abs. 3 und 4 KAGB nachkommen.[17] § 282 Abs. 2 Satz 3 KAGB stellt schließlich eine Ausnahme von dem sonst allgemein geltenden Verbot dar, Gelddarlehen im Rahmen der kollektiven Vermögensanlage zu gewähren (s. § 20 Abs. 9 KAGB).[18]

6 Die **praktische Bedeutung** von allgemeinen offenen inländischen Spezial-AIF nach § 282 KAGB wird gering eingeschätzt, und zwar gerade auch im Vergleich zu offenen inländischen Spezial-AIF mit festen Anlagebedingungen (§ 284 KAGB).[19] Dies liegt vor allem daran, dass sich die große Liberalität und Flexibilität des § 282 KAGB praktisch nur sehr begrenzt umsetzen lässt. Hierfür werden mehrere Ursachen ausgemacht: So sind nicht wenige professionelle Anleger aufgrund anderweitiger Regulierungsvorgaben oder durch selbst gesetzte Anlageleitlinien eingeschränkt.[20] Weitere Einschränkungen ergeben sich aus den Anforderungen, welche die BaFin im Rahmen der Erlaubniserteilung zur Verwaltung von allgemeinen offenen

---

8 Vgl. Begr. RegE AIFM-UmsG, BT-Drucks. 17/12294, S. 275.

9 *Baum* in Weitnauer/Boxberger/Anders, § 282 KAGB Rz. 1 ff.; *v. Livonius/Riedl* in Moritz/Klebeck/Jesch, § 282 KAGB Rz. 6; *Krause* in Beckmann/Scholtz/Vollmer, § 282 KAGB Rz. 3 f.

10 Vgl. *Thom/Dürre*, WM 2018, 502 (503): Anleger-Run und anschließende Fire Sales.

11 Vgl. Beschlussempfehlung und Bericht des FinA zum RegE OGAW-V-UmsG, BT-Drucks. 18/7393, S. 76.

12 S. dazu etwa *Bärenz/Steinmüller* in Dornseifer/Jesch/Klebeck/Tollmann, Vor Abschn. 2 Rz. 13 f.

13 Zur Ausnahme sog. „kleiner Spezial-AIF" s. *Jünemann/Wirtz*, RdF 2018, 109 ff.

14 S. auch *Krause* in Beckmann/Scholtz/Vollmer, § 282 KAGB Rz. 2.

15 S. zum Ganzen ausführlich die Kommentierung zu § 284.

16 S. dazu auch *Baum* in Weitnauer/Boxberger/Anders, § 282 KAGB Rz. 14, der eine entsprechende Abgrenzung von Hedgefonds in den Anlagebedingungen des allgemeinen offenen inländischen Spezial-AIF nach § 282 KAGB für erforderlich hält.

17 S. hier nur *v. Livonius/Riedl* in Moritz/Klebeck/Jesch, § 282 KAGB Rz. 18 sowie noch in Rz. 10.

18 Zur Anwendbarkeit des § 282 Abs. 2 S. 3 KAGB auf „kleine AIFM-KVG" s. § 2 Abs. 4 Satz 1 Nr. 4 KAGB; dazu § 2 Rz. 53.

19 S. etwa *Baum* in Weitnauer/Boxberger/Anders, § 282 KAGB Rz. 3; *v. Livonius/Riedl* in Moritz/Klebeck/Jesch, § 282 KAGB Rz. 62 ff.; *Krause* in Beckmann/Scholtz/Vollmer, § 282 KAGB Rz. 17.

20 *v. Livonius/Riedl* in Moritz/Klebeck/Jesch, § 282 KAGB Rz. 63 und ausführlich zu den Vorgaben für regulierte Anleger in Rz. 28-58; vgl. ferner *Steinmüller*, RdF 2018, 117 (119) zu den Vorgaben der VAG-Anlageverordnung und des BaFin-Kapitalanlagerundschreibens.

inländischen Spezial-AIF nach § 20 KAGB an die Expertise in Bezug auf die möglichen Anlagegegenstände stellt.[21] Ferner ist die semi-transparente Besteuerung als Spezial-Investmentfonds an die wesentliche Einhaltung der Anlagebestimmungen in § 26 InvStG gebunden.[22] Schließlich wird als Nachteil des allgemeinen offenen inländischen Spezial-AIF nach § 282 KAGB gegenüber dem AIF mit festen Anlagebedingungen nach § 284 KAGB angeführt, dass dieser keine Möglichkeit zur Dekonsolidierung nach § 290 Abs. 2 Nr. 4 Satz 2 HGB biete.[23]

IV. Grundsatz der Risikomischung (§ 282 Abs. 1 KAGB)

7 § 282 Abs. 1 KAGB schreibt auch für offene inländische Spezial-AIF – wie bereits für offene und geschlossene Publikums-AIF in den §§ 214 und 262 KAGB – die Anlage nach dem Grundsatz der Risikomischung vor.[24] Der Hinweis auf die „gemeinschaftliche Anlage" enthält keinen eigenen Regelungsgehalt. Diese ist bereits konstitutives Element des Investmentvermögens nach § 1 Abs. 1 KAGB.[25]

8 Zu den inhaltlichen Vorgaben des Risikomischungsgebots kann auf die Ausführungen zu § 214 Abs. 1 Satz 1 KAGB verwiesen werden.[26] Eine entsprechende Anwendung des § 262 Abs. 1 Satz 2 KAGB, gar über die dort genannten Sachwerte hinaus, kommt nicht in Betracht.[27] Dasselbe gilt für die Ausnahmeregelung in § 262 Abs. 2 KAGB.[28]

V. Zulässige Vermögensgegenstände und deren Zusammensetzung (§ 282 Abs. 2 KAGB)

1. Ermittelbarer Verkehrswert (§ 282 Abs. 2 Satz 1 KAGB)

9 § 282 Abs. 2 Satz 1 KAGB lässt die Anlage in jede Art von Vermögensgegenstand zu, sofern nur dessen Verkehrswert ermittelt werden kann. Die Bewertbarkeit ist etwa erforderlich, um den Nettoinventarwert des AIF und damit auch den Rücknahmepreis bei Anteilsrückgabe zu bestimmen.[29] Zu den erwerbbaren Vermögensgegenständen gehören daher grundsätzlich alle in Abschnitt 3 der KARBV genannten.[30] Die Anlagepalette des allgemeinen offenen inländischen Spezial-AIF ist hierauf jedoch nicht beschränkt.[31] Die konkrete Bewertung hat nach den Vorgaben in § 278 i.V.m. §§ 168, 169 und 216 KAGB zu erfolgen.[32]

2. Liquiditätsmanagement (§ 282 Abs. 2 Satz 2 KAGB)

10 Nach § 282 Abs. 2 Satz 2 KAGB muss die Zusammensetzung der Vermögensgegenstände des Spezial-AIF mit dessen Regelungen zur Anteilsrücknahme im Einklang stehen. Die Gesetzesmaterialien konkretisieren dies dahingehend, dass die Vermögensgegenstände in ihrer Zusammensetzung so liquide sein müssen, dass sie die von dem offenen Spezial-AIF vorgesehenen Anteilsrücknahmen erlauben.[33] Das hierin liegende Gebot zur Kohärenz zwischen Anlagestrategie, Liquiditätsprofil und Rücknahmegrundsätzen ergibt sich freilich bereits aus § 30 Abs. 3 und 4 KAGB i.V.m. Art. 46 bis 49 DelVO (EU) Nr. 231/2013. Dem fügt § 282

---

21 S. dazu wiederum *v. Livonius/Riedl* in Moritz/Klebeck/Jesch, § 282 KAGB Rz. 64.

22 S. zur früheren investmentsteuerrechtlichen Situation *Krause* in Beckmann/Scholtz/Vollmer, § 282 KAGB Rz. 17; *v. Livonius/Riedl* in Moritz/Klebeck/Jesch, § 282 KAGB Rz. 65; auch *Baum* in Weitnauer/Boxberger/Anders, § 282 KAGB Rz. 3.

23 *Krause* in Beckmann/Scholtz/Vollmer, § 282 KAGB Rz. 17; ferner *Baum* in Weitnauer/Boxberger/Anders, § 282 KAGB Rz. 3.

24 Zu den steuerrechtlichen Implikationen ausführlich *Krause* in Beckmann/Scholtz/Vollmer, § 282 KAGB Rz. 7-11a; ferner *Bünning/Loff*, RdF 2017, 42 (44 ff., 47).

25 Kritisch *Baum* in Weitnauer/Boxberger/Anders, § 282 KAGB Rz. 5 f.; *v. Livonius/Riedl* in Moritz/Klebeck/Jesch, § 282 KAGB Rz. 16.

26 S. § 214 Rz. 8 ff.

27 **Anders** *Baum* in Weitnauer/Boxberger/Anders, § 282 KAGB Rz. 7; wie hier soweit ersichtlich *Krause* in Beckmann/Scholtz/Vollmer, § 282 KAGB Rz. 5 f.; *v. Livonius/Riedl* in Moritz/Klebeck/Jesch, § 282 KAGB Rz. 9 ff.

28 Auch insofern kritisch *Baum* in Weitnauer/Boxberger/Anders, § 282 KAGB Rz. 4 ff.

29 S. *Krause* in Beckmann/Scholtz/Vollmer, § 282 KAGB Rz. 12; *v. Livonius/Riedl* in Moritz/Klebeck/Jesch, § 282 KAGB Rz. 22.

30 S. *v. Livonius/Riedl* in Moritz/Klebeck/Jesch, § 282 KAGB Rz. 23, 59.

31 Vgl. auch *v. Livonius/Riedl* in Moritz/Klebeck/Jesch, § 282 KAGB Rz. 24.

32 Für Einzelheiten s. die zugehörigen Kommentierungen.

33 Begr. RegE AIFM-UmsG, BT-Drucks. 17/12294, S. 276.

Abs. 2 Satz 2 KAGB inhaltlich nichts mehr hinzu.[34] Hinsichtlich der Herstellung dieser Kohärenz gilt als allgemeine Grundregel: Je stärker die Anteilsrücknahmeregelungen der Illiquidität von Vermögensgegenständen Rechnung tragen, insbesondere durch längere Rücknahmefristen, desto mehr Spielraum gewinnt die AIF-KVG für die Zusammensetzung der Vermögensgegenstände.[35]

3. Vergabe von Gelddarlehen (§ 282 Abs. 2 Satz 3 KAGB)

11 Der durch das OGAW-V-UmsG eingeführte[36] § 282 Abs. 2 Satz 3 KAGB erlaubt die Gewährung von Gelddarlehen für Rechnung eines allgemeinen offenen inländischen Spezial-AIF nach Maßgabe des § 285 Abs. 3 KAGB (vgl. § 20 Abs. 9 KAGB).[37] **Zulässig** ist damit **allein die Vergabe von Gesellschafterdarlehen**, also von Darlehen an Unternehmen, an denen der Spezial-AIF bereits beteiligt ist.[38]

12 Darüber hinaus verlangt § 285 Abs. 3 Satz 1 KAGB, dass höchstens 50 Prozent des für Anlagen zur Verfügung stehenden Kapitals des Spezial-AIF für diese Darlehen verwendet werden und zudem eine (!) der folgenden Bedingungen erfüllt ist: Es handelt sich bei dem darlehensnehmenden Unternehmen um ein Tochterunternehmen des Spezial-AIF (Nr. 1); es handelt sich um ein Darlehen mit qualifiziertem Nachrang (Nr. 2); die dem jeweiligen Unternehmen gewährten Darlehen überschreiten nicht das Zweifache der Anschaffungskosten der an dem Unternehmen gehaltenen Beteiligung (Nr. 3). Nimmt der Spezial-AIF seinerseits nur Kredite bis zur Höhe von 30 Prozent des für Anlagen verfügbaren Kapitals auf, dürfen auch mehr als 50 Prozent des für Anlagen zur Verfügung stehenden Kapitals in die Gewährung von Nachrangdarlehen fließen (§ 285 Abs. 3 Satz 2 KAGB). Sofern die Darlehensvergabe an ein Tochterunternehmen erfolgt (vgl. § 285 Abs. 3 Satz 1 Nr. 1 KAGB), muss die AIF-KVG zudem sicherstellen, dass das Tochterunternehmen seinerseits Gelddarlehen nur Unternehmen gewährt, an denen es bereits beteiligt ist und zusätzlich eine der in § 285 Abs. 3 Satz 1 Nr. 1 bis 3 KAGB aufgeführten Bedingungen erfüllt ist (§ 285 Abs. 3 Satz 3 KAGB). S. für weitere Einzelheiten die Kommentierung zu § 285.

13 **Keine** (originäre) **Darlehensgewährung** i.S.d. § 282 Abs. 2 Satz 3 KAGB liegt vor, wenn die Bedingungen einer für den Spezial-AIF erworbenen Darlehensforderung später geändert werden (s. § 20 Abs. 9 Satz 2 KAGB). Dies betrifft insbesondere die **Prolongation** der Kreditforderung.[39]

VI. Besondere Pflichten bei Erwerb von Beteiligung an nicht börsennotierten Unternehmen (§ 282 Abs. 3 KAGB)

14 Nach § 282 Abs. 3 KAGB sind die Vorgaben in §§ 287 bis 292 KAGB unter den Voraussetzungen des § 287 KAGB auch auf eine AIF-KVG anwendbar, die mindestens einen allgemeinen offenen inländischen Spezial-AIF verwaltet.[40] Die Regelung stellt klar, dass auch für Rechnung allgemeiner offener inländischer Spezial-AIF Kontrollbeteiligungen an nicht börsennotierten Unternehmen (s. § 1 Abs. 19 Nr. 27 KAGB) erworben werden dürfen, hierbei jedoch die Vorschriften in §§ 287 ff. KAGB zu beachten sind.[41]

VII. Ordnungswidrigkeit

15 Die AIF-KVG handelt ordnungswidrig, wenn sie zumindest fahrlässig entgegen § 282 Abs. 2 Satz 1 KAGB in einen Vermögensgegenstand investiert, dessen Verkehrswert nicht ermittelt werden kann (§ 340 Abs. 2 Nr. 74 KAGB).

---

34 S. bereits in Rz. 5; ferner *Baum* in Weitnauer/Boxberger/Anders, § 282 KAGB Rz. 11; *v. Livonius/Riedl* in Moritz/Klebeck/Jesch, § 282 KAGB Rz. 18. S. für Einzelheiten zum Liquiditätsmanagement daher die Kommentierung zu § 30 KAGB.

35 S. nur *v. Livonius/Riedl* in Moritz/Klebeck/Jesch, § 282 KAGB Rz. 20.

36 Zur Entstehungsgeschichte der Norm s. Rz. 2.

37 S. auch Beschlussempfehlung und Bericht des FinA zum Begr. RegE OGAW-V-UmsG, BT-Drucks. 18/7393, S. 77.

38 S. auch *Baum* in Weitnauer/Boxberger/Anders, § 282 KAGB Rz. 16.

39 S. *Baum* in Weitnauer/Boxberger/Anders, § 282 KAGB Rz. 19; i.Erg. auch *v. Livonius/Riedl* in Moritz/Klebeck/Jesch, § 282 KAGB Rz. 21 a.E.

40 Zur Entstehungsgeschichte s. Rz. 2.

41 S. Begr. RegE Finanzmarkt-AnpassungsG, BT-Drucks. 18/1305, S. 50.

Unterabschnitt 3
Besondere Vorschriften für Hedgefonds

§ 283 Hedgefonds

(1) [1]Hedgefonds sind allgemeine offene inländische Spezial-AIF nach § 282, deren Anlagebedingungen zusätzlich mindestens eine der folgenden Bedingungen vorsehen:

1. den Einsatz von Leverage in beträchtlichem Umfang oder

2. den Verkauf von Vermögensgegenständen für gemeinschaftliche Rechnung der Anleger, die im Zeitpunkt des Geschäftsabschlusses nicht zum AIF gehören (Leerverkauf).

[2]Die Kriterien zur Bestimmung, wann Leverage in beträchtlichem Umfang eingesetzt wird, richten sich nach Artikel 111 der Delegierten Verordnung (EU) Nr. 231/2013.

(2) Die Anlagebedingungen von Hedgefonds müssen Angaben darüber enthalten, ob die Vermögensgegenstände bei einer Verwahrstelle oder bei einem Primebroker verwahrt werden.

(3) Für die Rücknahme von Anteilen oder Aktien gilt § 227 entsprechend mit der Maßgabe, dass abweichend von § 227 Absatz 2 Anteil- oder Aktienrückgaben bei Hedgefonds bis zu 40 Kalendertage vor dem jeweiligen Rücknahmetermin, zu dem auch der Anteil- oder Aktienpreis ermittelt wird, durch eine unwiderrufliche Rückgabeerklärung gegenüber der AIF-Kapitalverwaltungsgesellschaft zu erklären sind.

In der Fassung vom 4.7.2013 (BGBl. I 2013, S. 1981).

Schrifttum: *Bünning/Loff*, Kreditfonds: erste Erfahrungen mit aufsichtsrechtlichen Neuerungen und derzeitige sowie künftige steuerliche Regelungen, RdF 2017, 42; *Dornseifer*, Hedge Funds and Systemic Risk Reporting, in Zetzsche (ed.), The AIFM Directive, 2012, S. 557; *Schmies*, Die Regulierung von Hedgefonds, 2010; *Zetzsche*, Die Europäische Regulierung von Hedgefonds und Private Equity – ein Zwischenstand, NZG 2009, 692.

Materialien: ESMA, Questions raised by EIOPA on the interpretation of the AIFMD, ESMA34-32-427, 25 July 2018; IOSCO, Hedge Funds Oversight, Final Report, June 2009, online abrufbar unter: https://www.iosco.org/library/pubdocs/pdf/IOSCOPD293.pdf; IOSCO, Report on the Fourth IOSCO Hedge Funds Survey, November 2017, online abrufbar unter: https://www.iosco.org/library/pubdocs/pdf/IOSCOPD587.pdf.

I. Inhaltsübersicht

§ 283 KAGB definiert und regelt **Hedgefonds.** § 283 Abs. 1 KAGB enthält die gesetzliche Umschreibung dieses Fondstypus. Danach handelt es sich um eine **Unterart des allgemeinen offenen inländischen Spezial-AIF** nach § 282 KAGB, der sich durch die in den Anlagebedingungen vorzusehende Möglichkeit auszeichnet, Leverage in beträchtlichem Umfang einzusetzen und – kumulativ oder alternativ – Leerverkäufe zu tätigen. § 283 Abs. 2 KAGB schreibt vor, dass die Anlagebedingungen des Hedgefonds angeben müssen, ob die Vermögensgegenstände bei einer Verwahrstelle oder bei einem Primebroker verwahrt werden. § 283 1

Abs. 3 KAGB verweist für die Anteilsrücknahme auf die Regelung für Dach-Hedgefonds in § 227 KAGB, verkürzt aber die maximale Rücknahmefrist auf 40 Kalendertage vor dem jeweiligen Rücknahmetermin.

II. Entstehungsgeschichte

2 Mit der Einführung des InvG durch das Investmentmodernisierungsgesetz v. 15.12.2003[1] wurden Hedgefonds erstmals unter der Bezeichnung „Sondervermögen mit zusätzlichen Risiken" reguliert.[2] Die §§ 112 bis 120 enthielten Vorschriften sowohl für Single-Hedgefonds (§ 112 InvG) als auch für Dach-Hedgefonds (§ 113 InvG). Das KAGB regelt beide Fondstypen nunmehr getrennt. Während Dach-Hedgefonds in den §§ 225 bis 229 KAGB weiterhin als Publikumsfonds, genauer: als offene inländische Publikums-AIF, behandelt werden, sind Single-Hedgefonds als offene inländische Spezial-AIF gem. § 283 KAGB nur noch (semi-)professionellen Anlegern zugänglich.[3] Übergangsregeln für Hedgefonds, deren Anteile noch von Privatanlegern gehalten werden, finden sich in § 350 KAGB.[4]

3 § 283 Abs. 1 KAGB lehnt sich für die **Definition** des Hedgefonds an § 112 Abs. 1 InvG an.[5] Dabei stand bereits der Gesetzgeber des InvModG bei Einführung des § 112 InvG vor dem Problem, dass es keine allgemeingültige Definition des Hedgefonds gibt.[6] Angesichts dieser Leerstelle hat sich auch IOSCO damit begnügt, bestimmte Typusmerkmale von Hedgefonds aufzulisten. IOSCO nennt hier neben performanceabhängigen Gebühren, erheblicher Eigeninvestition der Fondsmanager sowie der Verwendung komplexer Produkte und der Übernahme von Risiken insbesondere auch das Fehlen von Leverage-Beschränkungen und den Einsatz von Derivaten und Leerverkäufen zu Spekulationszwecken.[7] Auch der europäische Gesetzgeber hat wegen der Schwierigkeiten der Begriffsbestimmung[8] letztlich auf eine Definition des Hedgefonds in der AIFM-RL[9] verzichtet.[10] Die Definition des § 283 Abs. 1 KAGB ist insofern **autonomes deutsches Recht**.[11] Zwar knüpft § 283 Abs. 1 Satz 2 KAGB für die Bestimmung des Einsatzes von Leverage in beträchtlichem Umfang als Teil der Hedgefondsdefinition des § 283 Abs. 1 Satz 1 KAGB an Art. 111 der DelVO (EU) Nr. 231/2013[12] an. Jedoch verstehen sich die Regelungen der AIFM-RL über AIFM, die AIF verwalten, die in beträchtlichem Umfang Hebelfinanzierungen einsetzen, gerade nicht als exklusive Regelungen für Hedgefonds-Manager.[13] Die Regelungen in § 283 Abs. 2 und Abs. 3 KAGB entsprechen den aufgehobenen Vorschriften in § 118 Abs. 2 InvG und § 116 InvG,[14] haben also ebenfalls keine unionsrechtliche Grundlage.[15]

4 Da § 283 KAGB den Hedgefonds als Unterart des allgemeinen offenen inländischen Spezial-AIF gem. § 282 KAGB regelt, haben sich die Änderungen des § 282 KAGB im Laufe des Gesetzgebungsverfahrens zum AIFM-UmsG sowie später durch das Finanzmarktanpassungsgesetz v. 15.7.2014 und das OGAW-V-UmsG v. 3.3.2016, auch auf die Hedgefondsregulierung nach § 283 KAGB ausgewirkt. Für Einzelheiten s. § 282 Rz. 2.

1 Gesetz zur Modernisierung des Investmentwesens und zur Besteuerung von Investmentvermögen (Investmentmodernisierungsgesetz), BGBl. I 2003, S. 2676.
2 S. dazu Begr. RegE InvModG, BT-Drucks. 15/1553, S. 67 f., 107 ff.
3 S. dazu Begr. RegE AIFM-UmsG, BT-Drucks. 17/12294, S. 276; krit. *Baum* in Weitnauer/Boxberger/Anders, § 283 KAGB Rz. 1; *Kunschke/Schaffelhuber* in Moritz/Klebeck/Jesch, § 283 KAGB Rz. 37 f. Zur Regelung unter dem InvG und zur seinerzeitigen Debatte um die Einordnung als Spezialfonds *Stabenow* in Emde/Dornseifer/Dreibus/Hölscher, § 112 InvG Rz. 36 ff.
4 S. dazu näher *Zingler* in Baur/Tappen, § 283 KAGB Rz. 42 sowie die Kommentierung zu § 350.
5 Begr. RegE AIF-UmsG, BT-Drucks. 17/12294, S. 276.
6 S. Begr. RegE InvModG, BT-Drucks. 15/1553, S. 107.
7 IOSCO, Hedge Funds Oversight, Final Report, June 2009, Rz. 5; s. dazu auch *Dornseifer* in Dornseifer/Jesch/Klebeck/Tollmann, Kap. V Vor Abschn. 1 Rz. 20.
8 S. dazu *Zetzsche*, NZG 2009, 692 (694).
9 RL 2011/61/EU, ABl. EU Nr. L 145 v. 31.5.2013, S. 1.
10 S. dazu *Dornseifer* in Dornseifer/Jesch/Klebeck/Tollmann, Kap. V Vor Abschn. 1 Rz. 25 f.
11 Kritisch *Dornseifer* in Dornseifer/Jesch/Klebeck/Tollmann, Kap. V Vor Abschn. 1 Rz. 24; s. auch die bei *Kunschke/Schaffelhuber* in Moritz/Klebeck/Jesch, § 283 KAGB Rz. 7 referierte Kritik des BAI; hiergegen *Lindemann* in Beckmann/Scholtz/Vollmer, § 283 KAGB Rz. 3.
12 ABl. EU Nr. L 83 v. 22.3.2013, S. 1.
13 S. auch *Dornseifer* in Dornseifer/Jesch/Klebeck/Tollmann, Kap. V Vor Abschn. 1 Rz. 27.
14 Begr. RegE AIF-UmsG, BT-Drucks. 17/12294, S. 276.
15 Vgl. hierzu *Lindemann* in Beckmann/Scholtz/Vollmer, § 283 KAGB Rz. 3: Notwendigkeit des § 283 fragwürdig.

III. Normzweck

Die Vorschrift des § 283 KAGB stellt mit der Regelung des Hedgefonds ein Anlagevehikel zur Verfügung, das neben dem Einsatz von Leverage in erheblichem Umfang auch Leerverkaufsstrategien einsetzen kann, ohne an die Restriktionen des § 276 Abs. 1 KAGB gebunden zu sein (vgl. § 276 Abs. 2 KAGB). Zugleich dient § 283 KAGB dem **Anlegerschutz**. Die Einordnung als Spezial-AIF dient dem Schutz der Privatanleger; der Gesetzgeber hält deren unmittelbare Anlage in Hedgefonds für zu risikoreich.[16] Über die Einordnung des Hedgefonds als allgemeiner offener inländischer Spezial-AIF kommen ferner die Regelungen in § 282 KAGB zur Anwendung, die ihrerseits überwiegend dem Schutz der (semi-)professionellen Anleger dienen, teils aber auch der Verhinderung möglicher Marktstörungen (§ 282 Abs. 2 Satz 2 KAGB) oder dem Schutz des Beteiligungsunternehmens und von dessen Arbeitnehmern (§ 282 Abs. 2 Satz 3 KAGB).[17] § 283 Abs. 2 KAGB dient ebenfalls dem Schutz der Anleger. Durch die Angabe in den Anlagebedingungen sollen die Investoren auf das erhöhte Risiko hingewiesen werden, das mit der Verwahrung der Vermögensgegenstände durch einen Primebroker verbunden ist.[18] § 283 Abs. 3 KAGB dient ebenso wie der danach entsprechend anzuwendende § 227 KAGB[19] der **Liquiditätssteuerung**. Hedgefonds sollen nicht durch die Möglichkeit des kurzfristigen Abzugs erheblicher Mittel gezwungen werden, eine größere Liquiditätsreserve vorzuhalten, die renditeschmälernd wirkt.[20] Die gegenüber § 227 Abs. 2 KAGB verkürzte Höchstfrist für die Rückgabe trägt dem Umstand Rechnung, dass Single-Hedgefonds anders als Dach-Hedgefonds nicht notwendigerweise in Zielfonds anlegen, die ihrerseits Fristen für die Anteilsrückgabe vorsehen.[21] 5

IV. Definition von Hedgefonds (§ 283 Abs. 1 KAGB)

§ 283 Abs. 1 KAGB definiert den Hedgefonds als allgemeinen offenen inländischen Spezial-AIF nach § 282 KAGB, der sich dadurch auszeichnet, dass seine Anlagebedingungen den Einsatz von Leverage in beträchtlichem Umfang oder von Leerverkäufen vorsehen. 6

1. Allgemeiner offener inländischer Spezial-AIF

§ 283 Abs. 1 Satz 1 KAGB ordnet den Hedgefonds als Sonderform des allgemeinen offenen inländischen Spezial-AIF ein. Damit finden nicht nur die allgemeinen Regelungen für inländische Spezial-AIF in §§ 273 ff. KAGB und für offene inländische Spezial-AIF (vgl. § 1 Abs. 3, 4, 6 und 7 KAGB) in §§ 278 ff. KAGB Anwendung. § 283 Abs. 1 Satz 1 KAGB bringt damit insbesondere auch die Vorgaben des § 282 KAGB für Hedgefonds zur Geltung. Im Einzelnen: 7

a) Gebot der Risikomischung

Für Hedgefonds gilt über § 282 Abs. 1 KAGB das Gebot der Risikomischung.[22] Für Einzelheiten kann auf die Ausführungen zu § 282 Abs. 1 bzw. zu § 214 Abs. 1 Satz 1 KAGB verwiesen werden.[23] 8

b) Erwerbbare Vermögensgegenstände

Für Rechnung des Hedgefonds kann – unter Einhaltung des Gebots der Risikomischung[24] – in **jeden erdenklichen Vermögensgegenstand** investiert werden, solange nur dessen Verkehrswert ermittelt werden kann (s. § 282 Abs. 2 Satz 1 KAGB).[25] Die Gesetzesbegründung zu § 283 KAGB spricht zwar davon, dass Hedgefonds „überwiegend in Finanzinstrumente investieren müssen".[26] Hierbei handelt es sich jedoch um 9

---

16 Begr. RegE AIFM-UmsG, BT-Drucks. 17/12294, S. 191; s. auch *Baum* in Weitnauer/Boxberger/Anders, § 283 KAGB Rz. 1; *Kunschke/Schaffelhuber* in Moritz/Klebeck/Jesch, § 283 KAGB Rz. 38.
17 S. dazu § 282 Rz. 3.
18 Vgl. auch Begr. RegE InvÄndG, BT-Drucks. 16/5576, S. 92 mit 90 (zu § 118 Abs. 2 InvG).
19 Zu dessen Normzweck § 227 Rz. 3.
20 S. Begr. RegE InvModG, BT-Drucks. 15/1553, S. 111 zu § 116 InvG; ein entsprechendes Regelungsbedürfnis bezweifelnd *Baum* in Weitnauer/Boxberger/Anders, § 283 KAGB Rz. 24; anders *Lindemann* in Beckmann/Scholtz/Vollmer, § 283 KAGB Rz. 36.
21 Vgl. wiederum Begr. RegE InvModG, BT-Drucks. 15/1553, S. 111 zu § 116 InvG.
22 Vgl. Begr. RegE AIFM-UmsG, BT-Drucks. 17/12294, S. 276.
23 S. § 282 Rz. 7 f. sowie § 214 Rz. 18 ff.; ferner etwa *Kunschke/Schaffelhuber* in Moritz/Klebeck/Jesch, § 283 KAGB Rz. 62; *Lindemann* in Beckmann/Scholtz/Vollmer, § 283 KAGB Rz. 5, 7 ff.; *Zingler* in Baur/Tappen, § 283 KAGB Rz. 4.
24 Dazu soeben in Rz. 8.
25 Hierzu näher § 282 Rz. 9.
26 Begr. RegE AIFM-UmsG, BT-Drucks. 17/12294, S. 276.

ein redaktionelles Versehen. Der Passus bezieht sich auf eine Regelung des Diskussionsentwurfs zum AIFM-UmsG,[27] die bereits im Regierungsentwurf nicht mehr enthalten war.[28]

10 Ein Hedgefonds darf insbesondere auch in andere **Single-Hedgefonds oder Dach-Hedgefonds** investieren, und dabei Fondskaskaden bilden.[29] Er verliert dann allerdings seine Eignung als Zielfonds für Dach-Hedgefonds i.S.d. § 225 KAGB (s. § 226 Abs. 4 Satz 2 KAGB).[30]

11 Schließlich ergeben sich auch keine Beschränkungen für die Anlage in **Unternehmensbeteiligungen**. Ursprünglich war es Hedgefonds nicht gestattet, die Kontrolle über ein nicht börsennotiertes Unternehmen zu erwerben.[31] Dies ergab sich aus § 282 Abs. 3 KAGB i.d.F. des AIFM-UmsG, der den Einsatz von Private-Equity-Strategien damit geschlossenen Fonds vorbehalten wollte.[32] Mit der Änderung des § 282 Abs. 3 KAGB durch das Finanzmarkt-Anpassungsgesetz ist diese Beschränkung auch für Hedgefonds weggefallen.[33]

c) Kohärenz zwischen Liquiditätsprofil und Rücknahmegrundsätzen

12 Über den Verweis auf § 282 KAGB besteht auch bei der Verwaltung von Hedgefonds die Verpflichtung, die Zusammensetzung der Vermögensgegenstände des Fonds im Einklang mit den Regelungen zur Anteilsrücknahme zu gestalten (vgl. § 282 Abs. 2 Satz 2 KAGB). S. dazu näher die Kommentierung zu § 282 Abs. 2 Satz 2 KAGB.[34] Speziell für Hedgefonds wird das geforderte Liquiditätsmanagement durch die Rücknahmevorschriften in § 283 Abs. 3 i.V.m. § 227 KAGB erleichtert.[35]

d) Vergabe von Gelddarlehen

13 Hedgefonds ist es über § 282 Abs. 2 Satz 3 KAGB ferner erlaubt Gelddarlehen nach Maßgabe des § 285 Abs. 3 KAGB an Beteiligungsunternehmen zu gewähren. Für Einzelheiten s. die Kommentierung zu § 285 KAGB.[36]

e) Besondere Pflichten bei Erwerb von Beteiligungen an nicht börsennotierten Unternehmen

14 Über § 282 Abs. 3 KAGB sind die Vorgaben in §§ 287 bis 292 KAGB unter den Voraussetzungen des § 287 KAGB auch auf eine AIF-KVG anwendbar, die mindestens einen Hedgefonds verwaltet.[37] Die Regelung stellt klar, dass auch für Rechnung von Hedgefonds Kontrollbeteiligungen an nicht börsennotierten Unternehmen (s. § 1 Abs. 19 Nr. 27 KAGB) erworben werden dürfen, hierbei jedoch die Vorschriften in §§ 287 ff. KAGB zu beachten sind.[38]

2. Möglichkeit zu Leverage in beträchtlichem Umfang und Leerverkäufen (§ 283 Abs. 1 Satz 1 Nr. 1 und 2, Satz 2 KAGB)

15 Hedgefonds zeichnen sich nach § 283 Abs. 1 Satz 1 Nr. 1 und 2 KAGB gegenüber dem Grundtypus des allgemeinen offenen inländischen Spezial-AIF dadurch aus, dass ihre Anlagebedingungen den Einsatz von Leverage in beträchtlichem Umfang und – kumulativ oder alternativ – von Leerverkäufen vorsehen.

---

27 BMF, Diskussionsentwurf AIFM-UmsG, 20.7.2012, dort § 249 Abs. 1 (S. 214).

28 S. auch *Baum* in Weitnauer/Boxberger/Anders, § 283 KAGB Rz. 5; *Kunschke/Schaffelhuber* in Moritz/Klebeck/Jesch, § 283 KAGB Rz. 63 ff.; *Zingler* in Baur/Tappen, § 283 KAGB Rz. 5; s. auch *Lindemann* in Beckmann/Scholtz/Vollmer, § 283 KAGB Rz. 10, dort auch ausführlich zu steuerlichen Beschränkungen in Rz. 12 ff.

29 Ausführlich *Zingler* in Baur/Tappen, § 283 KAGB Rz. 25.

30 *Baum* in Weitnauer/Boxberger/Anders, § 283 KAGB Rz. 6; *Kunschke/Schaffelhuber* in Moritz/Klebeck/Jesch, § 283 KAGB Rz. 79; *Lindemann* in Beckmann/Scholtz/Vollmer, § 283 KAGB Rz. 17.

31 S. Begr. RegE AIFM-UmsG, BT-Drucks. 17/12294, S. 276.

32 S. Begr. RegE AIFM-UmsG, BT-Drucks. 17/12294, S. 276 zu § 282 Abs. 3 KAGB; ferner noch *Zingler* in Baur/Tappen, § 283 KAGB Rz. 6.

33 S. dazu auch § 282 Rz. 2.

34 § 282 Rz. 10; s. ferner *Kunschke/Schaffelhuber* in Moritz/Klebeck/Jesch, § 283 KAGB Rz. 66; *Lindemann* in Beckmann/Scholtz/Vollmer, § 283 KAGB Rz. 7.

35 S. zum Normzweck des § 283 Abs. 3 KAGB bereits in Rz. 5 und zur Regelung selbst noch in Rz. 26.

36 § 285 Rz. 17 ff.

37 Zur Entstehungsgeschichte des § 282 Abs. 3 KAGB s. § 282 Rz. 2; ferner bereits in Rz. 4.

38 Vgl. Begr. RegE Finanzmarkt-AnpassungsG, BT-Drucks. 18/1305, S. 50.

a) Leverage in beträchtlichem Umfang (§ 283 Abs. 1 Satz 1 Nr. 1, Satz 2 KAGB)

Leverage wird in § 1 Abs. 19 Nr. 25 Satz 1 KAGB definiert als „jede Methode, mit der die Verwaltungsgesellschaft den Investitionsgrad eines von ihr verwalteten Investmentvermögens durch Kreditaufnahme, Wertpapierdarlehen, in Derivate eingebettete Hebelfinanzierungen oder auf andere Weise erhöht". Leverage meint also dasselbe wie **Hebelfinanzierungen** i.S.d. Art. 4 Abs. 1 lit. v AIFM-RL.[39] Regeln zur Berechnung der „Hebelkraft" (Leverage) finden sich in Art. 6 ff. DelVO (EU) Nr. 231/2013.[40] Nach der Grundregel in Art. 6 Abs. 1 DelVO (EU) Nr. 231/2013 gilt: Die **Hebelkraft** eines AIF bezeichnet das **Verhältnis zwischen Risiko eines AIF (*exposure*) und seinem Nettoinventarwert**. Das Risiko ist dabei durch den AIFM auf zweierlei Weisen zu berechnen: mithilfe der Brutto-Methode[41] sowie zusätzlich mittels der Commitment-Methode[42] (Art. 6 Abs. 2 DelVO (EU) Nr. 231/2013).[43] Als Methoden „zur Erhöhung des Risikos", also zur Hebelung, nennt Art. 9 DelVO (EU) Nr. 231/2013 mit Anhang I: Unbesicherte und Besicherte Barkredite, Wandeldarlehen, Zinsswaps, finanzielle Differenzgeschäfte, Finanzterminkontrakte, Total-Return-Swaps, außerbörsliche Finanztermingeschäfte, Optionen, (umgekehrte) Pensionsgeschäfte, Wertpapierdarlehensvergabe und -aufnahme sowie Credit Default Swaps.[44] Für weitere Einzelheiten zum Leverage s. die Kommentierung zu § 1 Abs. 19 Nr. 25 KAGB[45] sowie die Ausführungen in § 215 Rz. 8 ff. 16

Zur Bestimmung, wann Leverage in **beträchtlichem Umfang** vorliegt, verweist § 283 Abs. 1 Satz 2 auf die Kriterien in Art. 111 DelVO (EU) Nr. 231/2013. Nach dessen Abs. 1 ist davon auszugehen, dass Leverage in beträchtlichem Umfang eingesetzt wird, wenn das nach der Commitment-Methode gem. Art. 8 DelVO (EU) Nr. 231/2013 berechnete Engagement des Fonds seinen **Nettoinventarwert dreifach übersteigt**.[46] 17

Die Möglichkeit des Einsatzes von Leverage in beträchtlichem Umfang ist als Definitionsmerkmal des Hedgefonds kritisiert worden, weil hiermit weder eine überzeugende Abgrenzung vom Grundtypus des allgemeinen offenen inländischen Spezial-AIF (§ 282 KAGB) noch vom offenen inländischen Spezial-AIF mit festen Anlagebedingungen (§ 284 KAGB) gelinge.[47] Auch wird auf die möglichen steuerrechtlichen Nachteile einer allzu hohen Kreditaufnahme hingewiesen (vgl. § 26 Nr. 7 InvStG).[48] Indes hat man hierzu treffend angemerkt, dass Leverage nicht notwendig durch Kreditaufnahme erzeugt werden muss, sondern Alternativen zur Verfügung stehen.[49] 18

b) Leerverkäufe (§ 283 Abs. 1 Satz 1 Nr. 2 KAGB)

Gemäß § 283 Abs. 1 Satz 1 Nr. 2 KAGB kennzeichnet Hedgefonds gegenüber dem Grundtypus des allgemeinen offenen inländischen Spezial-AIF ferner, dass die Anlagebedingungen – neben oder alternativ zu dem Einsatz von Leverage in beträchtlichem Umfang (§ 283 Abs. 1 Satz 1 Nr. 1 KAGB)[50] – den Einsatz von **Leerverkäufen** vorsehen. § 283 Abs. 1 Satz 1 Nr. 2 KAGB selbst definiert Leerverkäufe als den Verkauf von Vermögensgegenständen „für gemeinschaftliche Rechnung der Anleger" (also für Rechnung des Hedgefonds), die im Zeitpunkt des Geschäftsabschlusses nicht zum Hedgefonds gehören. Für weitere Einzelheiten zum Begriff des Leerverkaufs s. die Ausführungen zu § 276 Abs. 1 Satz 1 KAGB[51] sowie die Kommentierung zu § 205. 19

---

39 Die deutsche Sprachfassung spricht dort von „Hebelfinanzierung", die englische von „Leverage".

40 ABl. EU Nr. L 83 v. 22.3.2013, S. 1.

41 Art. 7 DelVO (EU) Nr. 231/2013. S. hierzu ferner Erwägungsgründe 12-14.

42 Art. 8 DelVO (EU) Nr. 231/2013. S. hierzu ferner Erwägungsgründe 15-31.

43 S. dazu auch Erwägungsgründe 11 und 12 DelVO (EU) Nr. 231/2013. Vgl. ferner für eine Einzelfrage ESMA, Questions raised by EIOPA on the interpretation of the AIFMD, ESMA34-32-427, 25 July 2018.

44 S. zum Ganzen *Dornseifer*, Hedge Funds and Sytemic Risk Reporting, in Zetzsche, The AIFM Directive, 2012, S. 557, 559 ff.; einen umfassenden Überblick zur Berechnung des Leverage bietet *Lindemann* in Beckmann/Scholtz/Vollmer, § 215 KAGB Rz. 109 ff.

45 S. § 1 Rz. 207 ff.

46 Hierzu krit. *Zingler* in Baur/Tappen, § 283 KAGB Rz. 18 und mit dem Versuch einer weiteren Konkretisierung in Rz. 19.

47 *Baum* in Weitnauer/Boxberger/Anders, § 283 KAGB Rz. 9; vgl. insofern auch *Zingler* in Baur/Tappen, § 283 KAGB Rz. 26.

48 S. zum alten Recht *Baum* in Weitnauer/Boxberger/Anders, § 283 KAGB Rz. 8; vgl. auch *Zingler* in Baur/Tappen, § 283 KAGB Rz. 10; ferner *Bünning/Loff*, RdF 2017, 42 (48 f.).

49 *Zingler* in Baur/Tappen, § 283 KAGB Rz. 10. S. zu möglichen Alternativen auch soeben in Rz. 16.

50 Dazu soeben in Rz. 16 ff.

51 § 276 Rz. 4 ff.

20 In der Konsequenz des § 283 Abs. 1 Satz 1 Nr. 2 KAGB sind Hedgefonds von den **Restriktion des § 276 Abs. 1 KAGB befreit**, wie dies auch § 276 Abs. 2 KAGB klarstellt.[52] Allerdings ist die **EU-Leerverkaufs-VO**[53] zu beachten, die für Aktien und öffentliche Schuldtitel die Offenlegung signifikanter Nettoleerverkaufspositionen vorschreibt und ungedeckte Leerverkäufe beschränkt.[54] Daneben bleibt die Beschränkungsbefugnis der BaFin nach § 276 Abs. 2 Satz 2 KAGB bestehen.[55]

21 Gemäß § 101 Abs. 1 Satz 3 Nr. 2 KAGB hat die den Hedgefonds verwaltende AIF-KVG in ihrem Jahresbericht zudem die während des Berichtszeitraums getätigten Leerverkäufe in Wertpapieren unter Nennung von Art, Nennbetrag oder Zahl, Zeitpunkt der Verkäufe und Nennung der erzielten Erlöse anzugeben.

c) Vorsehen in den Anlagebedingungen und tatsächlicher Einsatz

22 Der **Einsatz** von Leverage in beträchtlichem Umfang und/oder von Leerverkäufen **muss nur** nach den Anlagebedingungen **möglich sein**. Von dieser Möglichkeit muss der Hedgefonds nach § 283 KAGB jedoch nicht notwendigerweise auch Gebrauch machen.[56] Allerdings wird zu Recht darauf hingewiesen, dass es einen haftungsbegründenden Sorgfaltsverstoß der KVG begründen kann, wenn diese ihr eingeräumte Möglichkeiten zur Renditeerzielung nicht nutzt.[57]

3. Anlagestrategien

23 § 283 KAGB schreibt jenseits der Möglichkeit zum Einsatz von Leverage und von Leerverkäufen keine spezielle Anlagestrategie für Hedgefonds vor.[58] Die innerhalb dieses weiten Rahmens frei gewählte Anlagestrategie ist in den Anlagebedingungen festzuhalten.[59] Ungeachtet der großen Heterogenität der Anlagestrategien von Hedgefonds[60] hat sich die Einteilung in bestimmte Strategieklassen etabliert. IOSCO nennt ein knappes Dutzend solcher Strategieklassen, denen sich das Anlageverhalten von Hedgefonds weitgehend zuordnen lässt. Hierzu zählen etwa Equity Long/Short, Macro, Fixed Income Arbitrage, Distressed/Restructuring und weitere.[61] Diese Strategieklassen lassen sich wiederum in drei Großgruppen – Relative Value, Event-Driven und opportunistische Strategien – zusammenfassen.[62] Teils werden die einzelnen Strategien von Hedgefonds auch kombiniert.[63]

24 Ungeachtet dieser aufsichtsrechtlichen Freiheit bei der Wahl der Anlagestrategie sind hier jedoch ebenso wie beim Grundtypus des allgemeinen offenen inländischen Spezial-AIF die steuerlichen Implikationen im Blick zu behalten.[64]

V. Angaben zur Verwahrung in Anlagebedingungen (§ 283 Abs. 2 KAGB)

25 Nach § 283 Abs. 2 KAGB müssen die Anlagebedingungen von Hedgefonds Angaben darüber enthalten, ob die Vermögensgegenstände bei einer Verwahrstelle oder bei einem Primebroker (s. § 1 Abs. 19 Nr. 30 KAGB) verwahrt werden.[65] Das von der Regelung vorausgesetzte Wahlrecht der Hedgefondsverwaltung ergibt sich aus § 85 Abs. 4 Nr. 2 KAGB. Nach § 85 Abs. 4 Nr. 2 Satz 1 Halbs. 2 KAGB darf der Primebroker

52 S. für Einzelheiten die Kommentierung zu § 276. Vgl. ferner *Zingler* in Baur/Tappen, § 283 KAGB Rz. 22: keine Beschränkung synthetischer Leerverkäufe auf Derivatebasis durch die DerivateV.

53 VO (EU) 236/2012, ABl. EU Nr. L 86 v. 24.3.2012, S. 1.

54 S. auch *Baum* in Weitnauer/Boxberger/Anders, § 283 KAGB Rz. 15; *Kunschke/Schaffelhuber* in Moritz/Klebeck/Jesch, § 283 KAGB Rz. 73.

55 Dazu näher in § 276 Rz. 11; s. ferner *Lindemann* in Beckmann/Scholtz/Vollmer, § 283 KAGB Rz. 30.

56 *Baum* in Weitnauer/Boxberger/Anders, § 283 KAGB Rz. 11; *Kunschke/Schaffelhuber* in Moritz/Klebeck/Jesch, § 283 KAGB Rz. 74; *Lindemann* in Beckmann/Scholtz/Vollmer, § 283 KAGB Rz. 32.

57 *Lindemann* in Beckmann/Scholtz/Vollmer, § 283 KAGB Rz. 33; zust. *Kunschke/Schaffelhuber* in Moritz/Klebeck/Jesch, § 283 KAGB Rz. 75.

58 *Baum* in Weitnauer/Boxberger/Anders, § 283 KAGB Rz. 7, 14.

59 *Baum* in Weitnauer/Boxberger/Anders, § 283 KAGB Rz. 7; *Lindemann* in Beckmann/Scholtz/Vollmer, § 283 KAGB Rz. 28.

60 *Schmies*, Die Regulierung von Hedgefonds, 2010, S. 44; s. auch IOSCO, Report on the Fourth IOSCO Hedge Funds Survey, November 2017, S. 15: „Hedge fund' is an umbrella term, [...] broad group [of funds]".

61 IOSCO, Report on the Fourth IOSCO Hedge Funds Survey, November 2017, S. 16.

62 *Schmies*, Die Regulierung von Hedgefonds, 2010, S. 44 ff.; s. ferner die Einteilung bei *Kunschke/Schaffelhuber* in Moritz/Klebeck/Jesch, Anlage 1 zu § 283 KAGB.

63 S. zum Ganzen bereits in § 229 Rz. 10.

64 S. dazu bereits in Rz. 18 sowie zu § 282 KAGB die zugehörige Kommentierung (§ 282 Rz. 6). Zum alten Recht ferner ausführlich *Lindemann* in Beckmann/Scholtz/Vollmer, § 283 KAGB Rz. 12.

65 Nähere Einzelheiten zum Primebroker finden sich in den Kommentierungen zu § 1 Abs. 19 Nr. 30 und zu § 31.

nämlich auch die Aufgaben der Verwahrstelle wahrnehmen, wenn eine funktionale und hierarchische Trennung der verschiedenen Aufgabenbereiche vorliegt und die potenziellen Interessenkonflikte ordnungsgemäß ermittelt, gesteuert und den Anlegern offengelegt werden.[66]

VI. Gelockerte Rücknahmeregelung (§ 283 Abs. 3 KAGB)

§ 283 Abs. 3 KAGB verweist für die Anteilsrücknahme auf die Regelung in § 227 KAGB mit der Maßgabe, dass die zulässige Höchstfrist für die Rückgabe auf 40 Kalendertage verkürzt ist. Danach können die Anlagebedingungen also vorsehen, dass die Anteilsrücknahme nur zu bestimmten Terminen, mindestens jedoch einmal im Kalendervierteljahr, erfolgt (§ 227 Abs. 1 KAGB). Die Rückgabe ist bis zu 40 Kalendertage vor dem jeweiligen Rücknahmetermin durch eine unwiderrufliche Rückgabeerklärung gegenüber AIF-KVG zu erklären (§§ 283 Abs. 3 Halbs. 2, 227 Abs. 2 Satz 1 KAGB). Bei Anteilen, die in einem Inlandsdepot verwahrt werden, hat diese Erklärung durch die depotführende Stelle zu erfolgen (§ 227 Abs. 2 Satz 2 KAGB). Die betroffenen Anteile sind bis zur tatsächlichen Rückgabe von der depotführenden Stelle zu sperren (§ 227 Abs. 3 Satz 1 KAGB). Werden die zurückzugebenen Anteile in einem Depot im Ausland verwahrt, wird die Rückgabeerklärung erst wirksam und die Frist beginnt zu laufen, wenn die Verwahrstelle die Anteile in ein Sperrdepot übertragen hat (§ 227 Abs. 3 Satz 2 KAGB). Schließlich muss der Rücknahmepreis unverzüglich, spätestens aber 50 Kalendertage nach dem Rücknahmetermin, ausgezahlt werden (§ 227 Abs. 4 KAGB). Für weitere Einzelheiten kann auf die Kommentierung zu § 227 verwiesen werden. 26

VII. Ordnungswidrigkeit

Über den Verweis auf § 282 KAGB ist auch die Bußgeldvorschrift in § 340 Abs. 2 Nr. 74 KAGB anwendbar.[67] Danach handelt ordnungswidrig, wer zumindest fahrlässig entgegen § 282 Abs. 2 Satz 1 KAGB in einen Vermögensgegenstand investiert, dessen Verkehrswert nicht ermittelt werden kann. 27

Unterabschnitt 4
Besondere Vorschriften für offene inländische Spezial-AIF mit festen Anlagebedingungen

§ 284 Anlagebedingungen, Anlagegrenzen

(1) Für offene inländische Spezial-AIF mit festen Anlagebedingungen gelten § 282 Absatz 1 sowie die §§ 192 bis 211 und 218 bis 260, soweit sich aus den Absätzen 2 bis 4 nichts anderes ergibt.

(2) Die AIF-Kapitalverwaltungsgesellschaft kann bei offenen inländischen Spezial-AIF mit festen Anlagebedingungen von den §§ 192 bis 211, 218 bis 224 und 230 bis 260 abweichen, wenn

1. die Anleger zustimmen;

2. für den entsprechenden Spezial-AIF nur die folgenden Vermögensgegenstände erworben werden:

a) Wertpapiere,

b) Geldmarktinstrumente,

c) Derivate,

d) Bankguthaben,

e) Immobilien,

f) Beteiligungen an Immobilien-Gesellschaften,

g) Anteile oder Aktien an inländischen offenen Investmentvermögen sowie an entsprechenden offenen EU- oder ausländischen Investmentvermögen,

h) Beteiligungen an ÖPP-Projektgesellschaften, wenn der Verkehrswert dieser Beteiligungen ermittelt werden kann,

i) Edelmetalle, unverbriefte Darlehensforderungen und Unternehmensbeteiligungen, wenn der Verkehrswert dieser Beteiligungen ermittelt werden kann;

---

66 Für weitere Einzelheiten s. die Kommentierung zu § 84 Abs. 4 Nr. 2.

67 S. auch *Lindemann* in Beckmann/Scholtz/Vollmer, § 283 KAGB Rz. 24.

3. § 197 Absatz 2, § 276 Absatz 1, die §§ 240 und 260 Absatz 3 mit der Maßgabe, dass die Belastung nach § 260 Absatz 3 Satz 1 insgesamt 50 Prozent des Verkehrswertes der im Sondervermögen befindlichen Immobilien nicht überschreiten darf, unberührt bleiben und

4. die Anlagegrenze nach § 221 Absatz 4 hinsichtlich der in § 198 Satz 1 Nummer 1 genannten Vermögensgegenstände, sofern es sich um Aktien handelt, unberührt bleibt.

(3) [1]Die AIF-Kapitalverwaltungsgesellschaft darf für einen offenen inländischen Spezial-AIF mit festen Anlagebedingungen in Beteiligungen an Unternehmen, die nicht zum Handel an einer Börse zugelassen oder in einen organisierten Markt einbezogen sind, nur bis zu 20 Prozent des Wertes des offenen inländischen Spezial-AIF mit festen Anlagebedingungen anlegen. [2]§ 282 Absatz 3 gilt entsprechend.

(4) [1]Die AIF-Kapitalverwaltungsgesellschaft kann für Rechnung eines offenen inländischen Spezial-AIF mit festen Anlagebedingungen kurzfristige Kredite nur bis zur Höhe von 30 Prozent des Wertes des AIF aufnehmen. [2]§ 254 bleibt unberührt; soweit Kredite zulasten der im Sondervermögen befindlichen Immobilien aufgenommen werden, ist dieser jedoch mit der Maßgabe anzuwenden, dass für gemeinschaftliche Rechnung der Anleger Kredite bis zur Höhe von 50 Prozent des Verkehrswertes der im Sondervermögen befindlichen Immobilien aufgenommen werden dürfen.

(5) § 285 Absatz 3 ist auf die Vergabe von Gelddarlehen für Rechnung eines offenen inländischen Spezial-AIF mit festen Anlagebedingungen entsprechend anzuwenden; Absatz 2 Nummer 3 in Verbindung mit § 240 bleibt unberührt.

In der Fassung vom 4.7.2013 (BGBl. I 2013, S. 1981), zuletzt geändert durch Gesetz zur Umsetzung der Richtlinie 2014/91/EU des Europäischen Parlaments und des Rates vom 23. Juli 2014 zur Änderung der Richtlinie 2009/65/EG zur Koordinierung der Rechts- und Verwaltungsvorschriften betreffend bestimmte Organismen für gemeinsame Anlagen in Wertpapieren (OGAW) im Hinblick auf die Aufgaben der Verwahrstelle, die Vergütungspolitik und Sanktionen vom 3.3.2016 (BGBl. I 2016, S. 348).

Schrifttum:

Jünemann/Wirtz, Regulatorisches Regime und Rechtsformwahl für „kleine Spezial-AIFM", RdF 2018, 109; *Steinmüller*, Neues Kapitalanlagerundschreiben veröffentlicht: Erleichterung für Private Equity Fonds – Gewissheit für Kreditfonds?, RdF 2018, 117.

Materialien: BaFin, Fragenkatalog zu erwerbbaren Vermögensgegenständen (Eligible Assets), Gz. WA 41-Wp 2137-2013/0001, Stand: 5.7.2016, online abrufbar unter: https://www.bafin.de/SharedDocs/Veroeffentlichungen/DE/Auslegungsentscheidung/WA/ae_130722_fragen_ea.html; BaFin, Fragenkatalog zu § 53 InvG, Gz. WA 41-Wp 2136-2008/0053, 1.12.2009; BaFin, Rundschreiben 08/2015 (WA) – Aufgaben und Pflichten der Verwahrstelle nach Kapitel 1 Abschnitt 3 des Kapitalanlagegesetzbuches, 7.10.2015, online abrufbar unter: https://www.bafin.de/SharedDocs/Veroeffentlichungen/DE/Rundschreiben/2015/rs_1508_wa_verwahrstellen.html; BaFin, Verwaltungsauffassung der BaFin zu den neuen gesetzlichen Vorschriften für Spezialfonds, abgedruckt bei Beckmann/Scholtz/Vollmer (Hrsg.), Ordnungsnummer 412 Nr. 54.

I. Inhalt und Entstehungsgeschichte

§ 284 KAGB statuiert Produktregeln für einen offenen inländischen Spezial-AIF mit festen Anlagebedingungen. § 284 Abs. 1 KAGB bringt zunächst das Gebot der Risikomischung zur Geltung und hinsichtlich der zulässigen Vermögensgegenstände und Anlagegrenzen zudem die Regelungen für offene Publikumsfonds (§§ 192 bis 211 KAGB sowie §§ 218 bis 260 KAGB), soweit sich aus den folgenden Abs. 2 bis 4 nichts anderes ergibt. § 284 Abs. 2 KAGB lässt denn auch Abweichungen von den §§ 192 bis 211, 218 bis 224 und 230 bis 260 KAGB zu, wenn die Anleger zustimmen (Nr. 1) und nur Vermögensgegenstände aus der in § 284 Abs. 2 Nr. 2 KAGB aufgeführten Liste erworben werden. Auch unter diesen Umständen ist eine Abweichung von der Begrenzung des Derivateeinsatzes nach § 197 Abs. 2 KAGB, der Leerverkaufsbeschränkung in § 276 Abs. 1 KAGB und den Vorgaben für die Darlehensgewährung an Immobilien-Gesellschaften nach § 240 KAGB nicht zulässig. Von der Beschränkung der Belastung von Vermögensgegenstanden nach § 260 Abs. 3 KAGB kann nur dergestalt abgewichen werden, dass die Belastungsgrenze von 30 Prozent des Verkehrswerts der im Sondervermögen befindlichen Immobilien auf 50 Prozent erhöht werden darf (§ 284 Abs. 2 Nr. 3 KAGB). Schließlich bleibt die 20-Prozent-Grenze des § 221 Abs. 4 KAGB für Aktien, die nicht zum Handel an einer Börse oder an einem anderen organisierten Markt zugelassen oder in diesen einbezogen sind (vgl. § 198 Nr. 1 KAGB), zwingend (§ 284 Abs. 2 Nr. 4 KAGB). § 284 Abs. 3 KAGB beschränkt in Satz 1 die Möglichkeit zur Anlage in Beteiligungen an nicht zum Handel an einer Börse zugelassenen oder in einen organisierten Markt einbezogenen Unternehmen auf 20 Prozent des Wertes des AIF. § 284 Abs. 3 Satz 2 KAGB verweist auf § 282 Abs. 3 KAGB, der wiederum die besonderen Vorschriften bei Erwerb von Beteiligungen an nicht börsennotierten Unternehmen in §§ 287 ff. KAGB für anwendbar erklärt. § 284 Abs. 4 KAGB begrenzt die Aufnahme kurzfristiger Kredite für Rechnung des offenen Spezial-AIF mit festen Anlagebedingungen der Höhe nach auf 30 Prozent des Wertes des AIF (§ 284 Abs. 4 Satz 1 KAGB). Daneben gilt die Kreditaufnahmegrenze des § 254 KAGB, die allerdings auf 50 Prozent des Wertes der im Fondsvermögen befindlichen Immobilien erhöht werden darf (§ 284 Abs. 4 Satz 2 KAGB). § 284 Abs. 5 Halbs. 1 KAGB erlaubt schließlich die Vergabe von Gelddarlehen für Rechnung des offenen Spezial-AIF mit festen Anlagebedingungen nach Maßgabe des § 285 Abs. 3 KAGB. Die Vorgaben des § 240 KAGB zur Vergabe von Darlehen an eine Immobilien-Gesellschaft bleiben hiervon unberührt, so dass insofern für die Zulässigkeit der Darlehensvergabe nicht auf § 285 Abs. 3 KAGB ausgewichen werden kann (§ 284 Abs. 5 Halbs. 2 KAGB). 1

Die Regelung des § 284 KAGB ist auf Anregung von Branchenvertretern in das neu zu schaffende KAGB aufgenommen worden. Der Gesetzgeber des AIFM-UmsG[1] hat dabei am aufgehobenen § 91 InvG Maß genommen.[2] Die ursprünglich nur aus vier Absätzen bestehende Vorschrift ist durch das OGAW-V-UmsG v. 3.3.2016[3] um die Regelung zur Vergabe von Gelddarlehen in § 284 Abs. 5 KAGB ergänzt worden. Für Altdarlehen bleibt die Übergangsvorschrift in § 353b KAGB zu beachten. Die Änderung des § 282 Abs. 3 KAGB durch das Finanzmarkt-Anpassungsgesetz v. 15.7.2014[4] hat sich über den Verweis in § 284 Abs. 3 Satz 2 KAGB auch auf § 284 KAGB ausgewirkt.[5] Abgesehen von nämlichem Verweis in § 284 Abs. 3 Satz 2 KAGB, der die Vorgaben in Art. 26 bis 30 AIFM-RL umsetzt, handelt es sich bei den Regelungen des § 284 um autonomes deutsches Recht.[6] 2

II. Normzweck

§ 284 KAGB ist neben der Regelung in § 282 KAGB, die ganz weitgehend eine privatautonome, an den Bedürfnissen der (semi-)professionellen Anleger orientierte Produktausgestaltung zulässt, eigentlich entbehrlich.[7] Jedoch hatte die Branche ein Bedürfnis für die Beibehaltung bewährter Produktregeln und gesetzli- 3

1 Gesetz zur Umsetzung der RL 2011/61/EU über die Verwalter alternativer Investmentfonds v. 4.7.2013, BGBl. I 2013, S. 1981.
2 Begr. RegE AIFM-UmsG, BT-Drucks. 17/12294, S. 276; ausführlich *v. Livonius/Riedl* in Moritz/Klebeck/Jesch, § 284 KAGB Rz. 1 f.; zu den Abweichungen des § 284 KAGB von § 91 ff. InvG im Einzelnen *Krause* in Beckmann/Scholtz/Vollmer, § 284 KAGB Rz. 3 ff.
3 Gesetz zur Umsetzung der RL 2014/91/EU des Europäischen Parlaments und des Rates v. 23.7.2014 zur Änderung der RL 2009/65/EG zur Koordinierung der Rechts- und Verwaltungsvorschriften betreffend bestimmte Organismen für gemeinsame Anlagen in Wertpapieren (OGAW) im Hinblick auf die Aufgaben der Verwahrstelle, die Vergütungspolitik und Sanktionen, BGBl. I 2016, S. 348.
4 Gesetz zur Anpassung von Gesetzen auf dem Gebiet des Finanzmarktes v. 15.7.2014, BGBl. I 2014, S. 934.
5 S. näher zur Änderung des § 282 Abs. 3 in § 282 Rz. 2.
6 Vgl. auch *v. Livonius/Riedl* in Moritz/Klebeck/Jesch, § 284 KAGB Rz. 10.
7 S. auch *Baum* in Weitnauer/Boxberger/Anders, § 284 KAGB Rz. 1.

cher Rahmenbedingungen für die bilanzielle und steuerliche Behandlung offener Spezial-AIF artikuliert.[8] Dem hat der Gesetzgeber durch § 284 KAGB entsprochen, der sich für die Ausgestaltung des Fondstyps „offener inländischer Spezial-AIF mit festen Anlagebedingungen“ an den Spezialfondsregeln des InvG orientiert.[9]

III. Systematische Einordnung und praktische Bedeutung

4 § 284 KAGB regelt den „offenen inländischen Spezial-AIF mit festen Anlagebedingungen“[10] als dritten Fondstyp innerhalb der Gruppe der **offenen inländischen Spezial-AIF** (vgl. § 1 Abs. 3, 4, 6 und 7 KAGB). Die Vorschrift baut auf den allgemeinen Regeln in §§ 273 ff. und 278 ff. KAGB auf, die für sämtliche inländischen Spezial-AIF bzw. alle offenen inländischen Spezial-AIF gelten.[11] Darüber hinaus hat § 284 KAGB nur die Produktregeln des Spezial-AIF zum Gegenstand.[12] Für die zulässige Rechtsform des offenen inländischen Spezial-AIF mit festen Anlagebedingungen ist insbesondere § 91 Abs. 3 KAGB zu beachten, falls die eingelegten Gelder nach den Anlagebedingungen in Immobilien angelegt werden.[13]

5 Die **praktische Bedeutung** von offenen inländischen Spezial-AIF mit festen Anlagebedingungen wird insbesondere im Vergleich zu allgemeinen offenen inländischen Spezial-AIF nach § 282 KAGB trotz der deutlich geringeren Flexibilität als erheblich eingeschätzt.[14] So sind nicht wenige professionelle Anleger aufgrund anderweitiger Regulierungsvorgaben oder durch selbst gesetzte Anlageleitlinien durchaus daran interessiert, in einen Spezial-AIF mit bestimmten Anlagebedingungen zu investieren.[15] Ferner ist die semitransparente Besteuerung als Spezial-Investmentfonds an die wesentliche Einhaltung der Anlagebestimmungen in § 26 InvStG gebunden.[16] Schließlich steht Anlegern in AIF mit festen Anlagebedingungen nach § 284 KAGB die Möglichkeit zur Dekonsolidierung nach § 290 Abs. 2 Nr. 4 Satz 2 HGB offen.[17]

IV. Anwendbare Regelungen (§ 284 Abs. 1 KAGB)

6 § 284 Abs. 1 KAGB bringt über den Verweis auf § 282 Abs. 1 KAGB das Gebot der Risikomischung zur Geltung. Ferner erklärt die Vorschrift hinsichtlich der zulässigen Vermögensgegenstände und Anlagegrenzen die Regelungen für offene Publikumsfonds (§§ 192 bis 211 sowie §§ 218 bis 260 KAGB) für anwendbar. Letzteres steht jedoch unter dem Vorbehalt, dass sich aus den § 284 Abs. 2 bis 4 KAGB nichts anderes ergibt.

1. Grundsatz der Risikomischung (§ 284 Abs. 1 i.V.m. § 282 Abs. 1 KAGB)

7 § 284 Abs. 1 KAGB schreibt über den Verweis auf § 282 Abs. 1 KAGB auch für offene inländische Spezial-AIF mit festen Anlagebedingungen die Investition nach dem Grundsatz der Risikomischung vor. Zu den inhaltlichen Vorgaben des Risikomischungsgebots kann auf die Ausführungen zu § 214 Abs. 1 Satz 1 KAGB verwiesen werden.[18] Insbesondere kann dem Gebot der Risikomischung auch bei Investition in lediglich einen Vermögensgegenstand genügt sein, wenn nur dieser Gegenstand selbst risikodiversifiziert ist.[19] Dementsprechend vertritt auch die BaFin den Standpunkt, dass vorbehaltlich des § 280 KAGB[20] Master-Feeder-

8 S. zur Anwendung des § 290 Abs. 2 Nr. 4 Satz 2 HGB auf inländische Spezial-AIF mit festen Anlagebedingungen ausführlich *v. Livonius/Riedl* in Moritz/Klebeck/Jesch, § 284 KAGB Rz. 9.

9 Begr. RegE AIFM-UmsG, BT-Drucks. 17/12294, S. 192.

10 Krit. zur Terminologie *Zingler* in Baur/Tappen, § 284 KAGB Rz. 6.

11 S. auch *v. Livonius/Riedl* in Moritz/Klebeck/Jesch, § 284 KAGB Rz. 6; zur Ausnahme sog. „kleiner Spezial-AIF“ s. *Jünemann/Wirtz*, RdF 2018, 109 ff.

12 *v. Livonius/Riedl* in Moritz/Klebeck/Jesch, § 284 KAGB Rz. 6.

13 *Krause* in Beckmann/Scholtz/Vollmer, § 284 KAGB Rz. 2.

14 S. *Baum* in Weitnauer/Boxberger/Anders, § 284 KAGB Rz. 4; *v. Livonius/Riedl* in Moritz/Klebeck/Jesch, § 284 KAGB Rz. 8; ferner die N. in § 282 Rz. 6.

15 *v. Livonius/Riedl* in Moritz/Klebeck/Jesch, § 284 KAGB Rz. 8; *Zingler* in Baur/Tappen, § 284 KAGB Rz. 2; vgl. in diesem Zusammenhang auch *Steinmüller*, RdF 2018, 117 (119) zu den Vorgaben der VAG-Anlageverordnung und des BaFin-Kapitalanlagerundschreibens.

16 S. dazu bereits § 282 Rz. 6 m.w.N.

17 *Baum* in Weitnauer/Boxberger/Anders, § 284 KAGB Rz. 4; ausführlich *v. Livonius/Riedl* in Moritz/Klebeck/Jesch, § 284 KAGB Rz. 9.

18 S. § 214 Rz. 18 ff.

19 S. bereits § 262 Rz. 25; ferner *Krause* in Beckmann/Scholtz/Vollmer, § 284 KAGB Rz. 13; vgl. auch *v. Livonius/Riedl* in Moritz/Klebeck/Jesch, § 284 KAGB Rz. 13.

20 S. dazu im Einzelnen die zugehörige Kommentierung.

Konstruktionen bei Spezial-AIF mit festen Anlagenbedingungen zulässig sind, wenn nur der Master nach dem Grundsatz der Risikomischung angelegt ist.[21] Ebenso erachtet die BaFin einen Swap sämtlicher Erträge des Spezial-AIF für zulässig, wenn Erträge aus einem risikodiversifizierten Vermögen in den Spezial-AIF geswapt werden und der Swap-Kontrahent Sicherheiten nach § 27 Abs. 7 DerivateV stellt.[22]

Eine entsprechende Anwendung des § 262 Abs. 1 Satz 2 KAGB, gar über die dort genannten Sachwerte hinaus, kommt nicht in Betracht.[23] Dasselbe gilt für die Ausnahmeregelung in § 262 Abs. 2 KAGB.[24] Schließlich treten die Vorgaben des § 243 KAGB, auf den in § 284 Abs. 1 KAGB ebenfalls verwiesen wird, neben (!) das gesondert über den Verweis auf § 282 Abs. 1 KAGB in Bezug genommene allgemeine Gebot der Risikomischung. Das zwingende Gebot der Risikomischung wird also nicht durch den abdingbaren § 243 KAGB inhaltlich ausgestaltet.[25] 8

2. Zulässige Vermögensgegenstände und Anlagegrenzen

Nach § 284 Abs. 1 KAGB sind ferner die Regelungen der §§ 192 bis 211 und 218 bis 260 KAGB auf offene inländische Spezial-AIF mit festen Anlagebedingungen anwendbar, sofern sich aus den § 284 Abs. 2 bis 4 KAGB nichts anderes ergibt. Damit bringt das Gesetz hinsichtlich der zulässigen Vermögensgegenstände und der Anlagegrenzen die **für offene Publikumsfonds geltenden Regelungen** zur Anwendung. Der Spezial-AIF kann nach § 284 Abs. 1 KAGB also wie ein OGAW (§§ 192 ff. KAGB), ein Gemischtes Investmentvermögen (§§ 218 f. KAGB), ein Sonstiges Investmentvermögen (§§ 220 ff. KAGB), ein Dach-Hedgefonds (§§ 225 ff. KAGB) oder ein Immobilien-Sondervermögen (§§ 230 ff. KAGB) ausgestaltet werden.[26] 9

V. Zulässige Abweichungen (§ 284 Abs. 2 KAGB)

§ 284 Abs. 2 KAGB lässt ganz weitgehende Abweichungen von den nach § 284 Abs. 1 KAGB anwendbaren Vorschriften zu. So darf von den §§ 192 bis 211, 218 bis 224 und 230 bis 260 KAGB abgewichen werden, wenn die Anleger zustimmen (Nr. 1) und nur die aufgeführten Vermögensgegenstände erworben werden (Nr. 2). Auch insofern bestehen aber Beschränkungen der Abdingbarkeit nach Maßgabe der Nr. 3 und 4. 10

1. Zustimmung der Anleger (§ 284 Abs. 2 Nr. 1 KAGB)

Abweichungen von den §§ 192 bis 211, 218 bis 224 und 230 bis 260 KAGB sind nach § 284 Abs. 2 Nr. 1 KAGB nur mit Zustimmung der Anleger zulässig. Dies entspricht der früheren Regelung in § 91 Abs. 3 Nr. 1 InvG für Spezial-Sondervermögen. Die Zustimmung ist formlos möglich (vgl. auch § 182 Abs. 2 BGB),[27] weshalb sie theoretisch auch konkludent mit Erwerb der Anteile an einem entsprechend ausgestalteten Spezial-AIF mit festen Anlagebedingungen abgegeben werden kann. Zwar sind allfällige Abweichungen gem. § 273 KAGB vor Ausgabe der Anteile in den Anlagebedingungen festzuhalten, dies betrifft jedoch nicht die Zustimmung selbst.[28] Da indes die Zulässigkeit der abweichenden Anlagebedingungen von der Zustimmung abhängt, verlangt man wegen § 273 KAGB eine Einwilligung der Anleger vor Ausgabe der Anteile.[29] Dem ist jedenfalls für spätere, nach der erstmaligen Abfassung der Anlagebedingungen erfolgenden 11

21 BaFin, Fragenkatalog zu erwerbbaren Vermögensgegenständen (Eligible Assets), Gz. WA 41-Wp 2137-2013/0001, Stand: 5.7.2016, Teil 2 Nr. 5.

22 BaFin, Fragenkatalog zu erwerbbaren Vermögensgegenständen (Eligible Assets), Gz. WA 41-Wp 2137-2013/0001, Stand: 5.7.2016, Teil 2 Nr. 6; referierend *Krause* in Beckmann/Scholtz/Vollmer, § 284 KAGB Rz. 13 f.

23 **Anders** *Baum* in Weitnauer/Boxberger/Anders, § 284 KAGB Rz. 5 mit § 282 KAGB Rz. 7; wie hier soweit ersichtlich *Krause* in Beckmann/Scholtz/Vollmer, § 282 KAGB Rz. 9 ff.; *v. Livonius/Riedl* in Moritz/Klebeck/Jesch, § 284 KAGB Rz. 13.

24 Auch insofern kritisch *Baum* in Weitnauer/Boxberger/Anders, § 284 KAGB Rz. 5 mit § 282 KAGB Rz. 4 ff.

25 **So aber** *Krause* in Beckmann/Scholtz/Vollmer, § 284 KAGB Rz. 15.

26 S. auch *Baum* in Weitnauer/Boxberger/Anders, § 284 KAGB Rz. 8; *v. Livonius/Riedl* in Moritz/Klebeck/Jesch, § 284 KAGB Rz. 14 ff.; *Krause* in Beckmann/Scholtz/Vollmer, § 284 KAGB Rz. 8; *Zingler* in Baur/Tappen, § 284 KAGB Rz. 8.

27 S. auch *Baum* in Weitnauer/Boxberger/Anders, § 284 KAGB Rz. 12; *Zingler* in Baur/Tappen, § 284 KAGB Rz. 11, jeweils unter Hinweis auf die Zweckmäßigkeit der Schrift- bzw. Textform; **a.A.** *v. Livonius/Riedl* in Moritz/Klebeck/Jesch, § 284 KAGB Rz. 18.

28 Zutr. *Baum* in Weitnauer/Boxberger/Anders, § 284 KAGB Rz. 12; **a.A.** *v. Livonius/Riedl* in Moritz/Klebeck/Jesch, § 284 KAGB Rz. 18.

29 *Baum* in Weitnauer/Boxberger/Anders, § 284 KAGB Rz. 11.

Abweichungen zuzustimmen.[30] In der Praxis wird die Zustimmung regelmäßig vorab in den Vereinbarungen zwischen KGV und Anlegern erteilt.[31]

2. Beschränkung erwerbbarer Vermögensgegenstände (§ 284 Abs. 2 Nr. 2 KAGB)

12 § 284 Abs. 2 Nr. 2 KAGB bestimmt in lit. a bis i, welche Vermögensgegenstände zulässigerweise für den Spezial-AIF erworben werden dürfen. Die Liste lehnt sich an die frühere Regelung in § 91 Abs. 3 Nr. 2 i.V.m. § 2 Abs. 4 InvG an.[32] Für die Anlagestrategie des einzelnen AIF können die genannten Vermögensgegenstände theoretisch beliebig kombiniert werden, und zwar unabhängig von der Zuordnung zu einem der in § 284 Abs. 1 KAGB in Bezug genommenen (Publikums-)Fondstypen.[33] In der Praxis haben sich indes gewisse Standards entwickelt, für welche der BVI teils auch mit der BaFin abgestimmte Muster vorhält.[34]

13 Soweit die Regelungen zu Publikumsinvestmentvermögen **Erwerbsbeschränkungen** für bestimmte Vermögensgegenstände enthalten, wie etwa § 197 Abs. 1 KAGB für Derivate, haben sie für die Auslegung des § 284 Abs. 2 Nr. 2 KAGB **keine Bedeutung.**[35]

14 Die nähere Begriffsbestimmung der im Einzelnen aufgelisteten Vermögensgegenstände[36] ergibt sich für **Immobilien** (lit. e), **Immobilien-Gesellschaften** (lit. f)[37] und **ÖPP-Projektgesellschaften** (lit. h) bereits aus den Definitionsnormen in § 1 Abs. 19 Nr. 21, 22 und 28 KAGB, auf deren Kommentierung verwiesen wird.[38] Für **Anteile oder Aktien an offenen Investmentvermögen** (lit. g) ergibt sich die Definition aus § 1 Abs. 1, 4 sowie Abs. 7 bis 9 KAGB.[39] Die AIF-KVG darf danach für einen Spezial-AIF mit festen Anlagebedingungen etwa auch in ausländische Spezial-AIF investieren.[40]

15 Die weiteren in § 284 Abs. 2 Nr. 2 KAGB genannten Vermögensgegenstände lassen sich teils unter Rückgriff auf die Gesetzesbegründung zu § 2 Abs. 4 InvG[41] sowie vorsichtiger Orientierung an den entsprechenden Begriffsbestimmungen des WpHG[42] näher umschreiben:

16 Für **Wertpapiere** (lit. a) ist danach ein wirtschaftliches Begriffsverständnis zugrunde zu legen, das vor allem auf die Liquidität und Fungibilität der Instrumente abstellt. Zu den so verstandenen Wertpapieren zählen namentlich Aktien und Schuldverschreibungen.[43]

17 **Geldmarktinstrumente** (lit. b) sind Instrumente, die üblicherweise auf dem Geldmarkt gehandelt werden, die liquide sind und deren Wert jederzeit bestimmt werden kann (vgl. auch § 194 KAGB, § 2 Abs. 2

---

30 In diesem Sinne wohl auch *Zirlewagen* in Emde/Dornseifer/Dreibus/Hölscher, § 91 InvG Rz. 23 für § 91 InvG.

31 S. *Baum* in Weitnauer/Boxberger/Anders, § 284 KAGB Rz. 12; *Krause* in Beckmann/Scholtz/Vollmer, § 284 KAGB Rz. 17.

32 Begr. RegE AIFM-UmsG, BT-Drucks. 17/12294, S. 276; ferner etwa *Baum* in Weitnauer/Boxberger/Anders, § 284 KAGB Rz. 13; *v. Livonius/Riedl* in Moritz/Klebeck/Jesch, § 284 KAGB Rz. 19.

33 BaFin, Fragenkatalog zu erwerbbaren Vermögensgegenständen (Eligible Assets), Gz. WA 41-Wp 2137-2013/0001, Stand: 5.7.2016, Teil 2 Nr. 2; *Baum* in Weitnauer/Boxberger/Anders, § 284 KAGB Rz. 9; *Krause* in Beckmann/Scholtz/Vollmer, § 284 KAGB Rz. 20; *v. Livonius/Riedl* in Moritz/Klebeck/Jesch, § 284 KAGB Rz. 17, 21.

34 S. dazu *v. Livonius/Riedl* in Moritz/Klebeck/Jesch, § 284 Rz. 17, 114.

35 BaFin, Fragenkatalog zu erwerbbaren Vermögensgegenständen (Eligible Assets), Gz. WA 41-Wp 2137-2013/0001, Stand: 5.7.2016, Teil 2 Nr. 1 sowie Nr. 3; *Baum* in Weitnauer/Boxberger/Anders, § 284 KAGB Rz. 14; *Krause* in Beckmann/Scholtz/Vollmer, § 284 KAGB Rz. 19; *v. Livonius/Riedl* in Moritz/Klebeck/Jesch, § 284 KAGB Rz. 20.

36 S. dazu ausführlich *v. Livonius/Riedl* in Moritz/Klebeck/Jesch, § 284 KAGB Rz. 24-81; ferner *Zingler* in Baur/Tappen, § 284 KAGB Rz. 12.

37 S. hierzu auch BaFin, Fragenkatalog zu erwerbbaren Vermögensgegenständen (Eligible Assets), Gz. WA 41-Wp 2137-2013/0001, Stand: 5.7.2016, Teil 2 Nr. 8; ferner *Krause* in Beckmann/Scholtz/Vollmer, § 284 KAGB Rz. 21.

38 S. § 1 Rz. 193 ff., 196 ff. und 254.

39 S. auch *v. Livonius/Riedl* in Moritz/Klebeck/Jesch, § 284 KAGB Rz. 65 ff. *Zingler* in Baur/Tappen, § 284 KAGB Rz. 12.

40 Vgl. BaFin, Fragenkatalog zu erwerbbaren Vermögensgegenständen (Eligible Assets), Gz. WA 41-Wp 2137-2013/0001, Stand: 5.7.2016, Teil 2 Nr. 3.

41 S. Begr. RegE InvModG, BT-Drucks. 15/1553, 75; zu diesem Vorgehen näher *v. Livonius/Riedl* in Moritz/Klebeck/Jesch, § 284 KAGB Rz. 24 ff.; ferner *Zingler* in Baur/Tappen, § 284 KAGB Rz. 12.

42 S. auch *Zingler* in Baur/Tappen, § 284 KAGB Rz. 12; zurückhaltend bis ablehnend *v. Livonius/Riedl* in Moritz/Klebeck/Jesch, § 284 KAGB Rz. 27.

43 Begr. RegE InvModG, BT-Drucks. 15/1553, S. 75; *v. Livonius/Riedl* in Moritz/Klebeck/Jesch, § 284 KAGB Rz. 24 ff.; *Zingler* in Baur/Tappen, § 284 KAGB Rz. 12.

WpHG).[44] Zu den Geldmarktinstrumenten gehören insbesondere Schatzanweisungen, Einlagenzertifikaten oder Commercial Papers (s. § 2 Abs. 2 WpHG).[45]

Derivate (lit. c) sind Finanzinstrumente, die von einem Basiswert abgeleitet sind (vgl. auch § 2 Abs. 3 WpHG).[46] Insbesondere finden die Beschränkungen des § 197 Abs. 1 KAGB – wie erwähnt – keine Anwendung,[47] sehr wohl aber die DerivateV (s. dort § 1 Abs. 2 KAGB).[48] 18

Bankguthaben (lit. d) beschreiben bei einer Bank gehaltene Einlagen,[49] also etwa bei einem Kreditinstitut gehaltene Sicht-, Termin- oder Spareinlagen.[50] 19

Für die Definition von **Edelmetallen** und **unverbrieften Darlehensforderungen** (lit. i) kann weitgehend auf die Ausführungen zu § 221 Abs. 1 Nr. 3 und 4 KAGB verwiesen werden.[51] Anders als dort, werden mehrfach abtretbare Schuldscheindarlehen im Rahmen des § 284 Abs. 2 Nr. 2 KAGB teilweise unter den Wertpapierbegriff (lit. a) gefasst.[52] 20

Eine **Unternehmensbeteiligung** i.S.d. § 284 Abs. 2 Nr. 2 lit. i KAGB ist nach dem Verständnis der BaFin jede mitgliedschaftsrechtliche Beteiligung an einem Unternehmen, durch die sowohl Vermögensrechte als auch Verwaltungsrechte gewährt werden, so dass auch Anteile an geschlossenen AIF unter den Begriff fallen können.[53] 21

a) Grenzen der Abdingbarkeit nach § 284 Abs. 2 Nr. 3 und 4 KAGB

Die Möglichkeit zur Abweichung von den eingangs des § 284 Abs. 2 KAGB genannten Vorschriften unter den Voraussetzungen der Nr. 1 und 2 wird durch die Nr. 3 und 4 wiederum eingeschränkt. 22

Danach bleiben die gesetzlichen Bestimmungen in **§ 197 Abs. 2 und § 240 KAGB zwingend** zu beachten: Das Marktrisikopotenzial eines offenen Spezial-AIF mit festen Anlagebedingungen darf sich also durch den Einsatz von Derivaten und Finanzinstrumenten mit derivativer Komponente höchstens verdoppeln (§ 197 Abs. 2 KAGB).[54] Ferner kann für die Darlehensgewährung an Immobilien-Gesellschaften für Rechnung des offenen Spezial-AIF mit festen Anlagebedingungen nicht von den Vorgaben des § 240 KAGB abgewichen werden. Diese sind ungeachtet der Regelungen in § 284 Abs. 4 und 5 KAGB einzuhalten (s. auch § 284 Abs. 5 Halbs. 2 KAGB).[55] 23

Darüber hinaus kann von den **Vorgaben in § 221 Abs. 4 und § 260 Abs. 3 KAGB nur mit Einschränkungen** abgewichen werden: So sind die Vorgaben des § 260 Abs. 3 KAGB für die Belastung von Immobilien sowie die Abtretung und Belastung von Forderungen aus Rechtsverhältnissen, die sich auf Immobilien beziehen, zwingend mit der Maßgabe, dass die in § 260 Abs. 3 Nr. 3 KAGB genannte Grenze von 30 Prozent auf bis zu 50 Prozent angehoben werden darf (§ 284 Abs. 2 Nr. 3 KAGB). Ferner kann zwar von der in § 221 Abs. 4 KAGB statuierten 20-Prozent-Grenze[56] grundsätzlich abgewichen werden, nicht aber für Aktien, die unter § 198 Satz 1 Nr. 1 KAGB fallen (§ 284 Abs. 2 Nr. 4 KAGB). Daneben bleibt die 20-%-Grenze 24

---

44 Begr. RegE InvModG, BT-Drucks. 15/1553, S. 75; *v. Livonius/Riedl* in Moritz/Klebeck/Jesch, § 284 KAGB Rz. 41; vgl. auch *Zingler* in Baur/Tappen, § 284 KAGB Rz. 12.

45 I.Erg. auch *v. Livonius/Riedl* in Moritz/Klebeck/Jesch, § 284 KAGB Rz. 42.

46 Begr. RegE InvModG, BT-Drucks. 15/1553, S. 75; *v. Livonius/Riedl* in Moritz/Klebeck/Jesch, § 284 KAGB Rz. 45; *Zingler* in Baur/Tappen, § 284 KAGB Rz. 12.

47 S. dazu bereits in Rz. 13 m.N. Zur Herausnahme von 1:1- bzw. Delta-1-Zertifikaten aus dem Derivatebegriff des § 197 s. BaFin, Fragenkatalog zu erwerbbaren Vermögensgegenständen (Eligible Assets), Gz. WA 41-Wp 2137-2013/0001, Stand: 5.7.2016, Teil 2 Nr. 3; dazu *v. Livonius/Riedl* in Moritz/Klebeck/Jesch, § 284 KAGB Rz. 45.

48 *Krause* in Beckmann/Scholtz/Vollmer, § 284 KAGB Rz. 26; ausführlich *v. Livonius/Riedl* in Moritz/Klebeck/Jesch, § 284 KAGB Rz. 46 ff.

49 S. Begr. RegE InvModG, BT-Drucks. 15/1553, S. 75.

50 *v. Livonius/Riedl* in Moritz/Klebeck/Jesch, § 284 KAGB Rz. 54 f.; *Zingler* in Baur/Tappen, § 284 KAGB Rz. 12.

51 S. § 221 Rz. 14 f. und 16 ff.

52 So *v. Livonius/Riedl* in Moritz/Klebeck/Jesch, § 284 KAGB Rz. 37 auf der Grundlage der Begr. RegE InvModG, BT-Drucks. 15/1553, S. 75.

53 BaFin, Fragenkatalog zu erwerbbaren Vermögensgegenständen (Eligible Assets), Gz. WA 41-Wp 2137-2013/0001, Stand: 5.7.2016, Teil 2 Nr. 7; zust. *Zingler* in Baur/Tappen, § 284 KAGB Rz. 12; ausführlich *v. Livonius/Riedl* in Moritz/Klebeck/Jesch, § 284 KAGB Rz. 75 ff.

54 Für die Berechnung des Marktrisikopotentials gilt die DerivateV; s. dazu *v. Livonius/Riedl* in Moritz/Klebeck/Jesch, § 284 KAGB Rz. 83 ff.

55 S. auch *v. Livonius/Riedl* in Moritz/Klebeck/Jesch, § 284 KAGB Rz. 88.

56 S. dazu ausführlich § 221 Rz. 32.

des § 284 Abs. 3 Satz 1 KAGB für (sonstige) Beteiligungen an Unternehmen, die nicht zum Handel an einer Börse zugelassen oder in einen organisierten Markt einbezogen sind, zu beachten.[57]

25 Schließlich stellt § 284 Abs. 2 Nr. 3 KAGB klar, dass das **Leerverkaufsverbot** des § 276 Abs. 1 KAGB nicht abdingbar ist. Die Vorschrift ist indes lediglich **deklaratorisch**. Sie wird eingangs des § 284 Abs. 2 KAGB auch gar nicht bei den abdingbaren Vorschriften aufgeführt.[58]

b) Allgemeine Grenzen der Abdingbarkeit

26 Jenseits der Beschränkungen der Abdingbarkeit nach § 284 Abs. 2 Nr. 3 und 4 KAGB kann nach allgemeinen Grundsätzen nicht von den in § 284 Abs. 2 KAGB aufgeführten Normen durch privatautonome Vereinbarung zwischen der AIF-KVG und den Anlegern abgewichen werden, soweit diese gesetzlichen Vorschriften ausnahmsweise nicht nur die Anleger, sondern (auch) Dritte schützen. So kann etwa nicht in Abweichung von § 242 KAGB die Unwirksamkeit des Rechtsgeschäfts zu Lasten eines dritten Vertragspartners vereinbart werden.[59]

VI. Anlagegrenzen für Unternehmensbeteiligungen (§ 284 Abs. 3 KAGB)

1. 20-Prozent-Grenze (§ 284 Abs. 3 Satz 1 KAGB)

27 Nach § 284 Abs. 3 Satz 1 KAGB darf die AIF-KVG für Rechnung des offenen inländischen Spezial-AIF mit festen Anlagebedingungen in Beteiligungen an Unternehmen, die nicht zum Handel an einer Börse zugelassen oder in einen organisierten Markt einbezogen sind, nur bis zu 20 Prozent des Wertes des AIF anlegen. Zur näheren Bestimmung der erfassten Unternehmensbeteiligungen kann auf die Ausführungen zu § 261 Abs. 1 Nr. 4 KAGB verwiesen werden.[60]

2. Besondere Pflichten bei Erwerb von Beteiligung an nicht börsennotierten Unternehmen (§ 284 Abs. 3 Satz 2 KAGB)

28 Nach § 284 Abs. 3 Satz 2 KAGB ist § 282 Abs. 3 KAGB entsprechend anzuwenden. Danach gelten die Vorgaben in §§ 287 bis 292 KAGB unter den Voraussetzungen des § 287 KAGB auch für eine AIF-KVG, die mindestens einen offenen inländischen Spezial-AIF mit festen Anlagebedingungen verwaltet. Die Regelung stellt klar, dass auch für Rechnung offener inländischer Spezial-AIF mit festen Anlagebedingungen Kontrollbeteiligungen an nicht börsennotierten Unternehmen (s. § 1 Abs. 19 Nr. 27 KAGB) erworben werden dürfen, hierbei jedoch die Vorschriften in §§ 287 ff. KAGB zu beachten sind.[61]

3. Verhältnis des § 284 Abs. 3 zu § 284 Abs. 2 Nr. 4 KAGB

29 Die 20-Prozent-Grenze für die in § 284 Abs. 2 Nr. 4 KAGB genannten Aktien und die in § 284 Abs. 3 Satz 1 KAGB genannten Unternehmensbeteiligungen hatte der Gesetzgeber im InvG noch zusammen in § 91 Abs. 3 Nr. 4 i.V.m. 90h Abs. 4 Satz 1 InvG geregelt.[62] Aus der Trennung der Regelungen unter dem KAGB wird teilweise gefolgert, dass nunmehr jeweils eine 20-Prozent-Grenze gelte, wobei Aktien i.S.d. § 284 Abs. 2 Nr. 4 KAGB aus Gründen der Spezialität nur unter die dortige Regelungen fielen, auch wenn sie zugleich unter die Beteiligungen i.S.d. § 284 Abs. 3 Satz 1 KAGB subsumiert werden könnten.[63] Ferner beziehe sich § 284 Abs. 3 Satz 2 KAGB nur auf Unternehmensbeteiligungen i.S.d. § 284 Abs. 3 Satz 1 KAGB, nicht jedoch auf Aktien i.S.d. § 284 Abs. 2 Nr. 4 KAGB.[64]

30 Allerdings scheint es keineswegs ausgemacht, dass der Gesetzgeber mit der Trennung der Regelungen in § 284 Abs. 2 Nr. 4 und Abs. 3 Satz 1 KAGB im Ergebnis eine Anhebung der Anlagegrenze um bis zu 100 Prozent ermöglichen wollte. Genauso gut könnte es dem Gesetzgeber bei der Trennung allein darum

57 S. dazu noch sogleich in Rz. 27.
58 S. auch *v. Livonius/Riedl* in Moritz/Klebeck/Jesch, § 284 KAGB Rz. 86; für Einzelheiten zum Leerverkaufsverbot s. die Kommentierung zu § 276.
59 S. zum Ganzen näher *v. Livonius/Riedl* in Moritz/Klebeck/Jesch, § 284 KAGB Rz. 97 ff.; *Zingler* in Baur/Tappen, § 284 KAGB Rz. 26 ff. jew. m.w.N.
60 S. § 261 Rz. 12 ff.; vgl. auch *v. Livonius/Riedl* in Moritz/Klebeck/Jesch, § 284 KAGB Rz. 95: Unternehmensbeteiligungen nach Abs. 3 entsprechen Unternehmensbeteiligungen nach Abs. 2 Nr. 2 lit. i).
61 S. Begr. RegE Finanzmarkt-AnpassungsG, BT-Drucks. 18/1305, S. 50 zu § 282 Abs. 3 KAGB.
62 S. zur Genese der Normen nur *Zingler* in Baur/Tappen, § 284 KAGB Rz. 19.
63 So *v. Livonius/Riedl* in Moritz/Klebeck/Jesch, § 284 KAGB Rz. 92 f.; *Zingler* in Baur/Tappen, § 284 KAGB Rz. 19, 22.
64 *v. Livonius/Riedl* in Moritz/Klebeck/Jesch, § 284 KAGB Rz. 92; *Zingler* in Baur/Tappen, § 284 KAGB Rz. 19.

gegangen sein, die Regelungen in § 284 Abs. 3 Satz 1 und 2 KAGB in einem Absatz zusammenzufassen. Für die Anwendbarkeit des § 284 Abs. 3 Satz 2 KAGB auf Aktien i.S.d. § 284 Abs. 2 Nr. 4 KAGB bleibt überdies der europarechtliche Hintergrund der Regelung zu beachten.[65] Danach darf der Anwendungsbereich des § 284 Abs. 3 Satz 2 KAGB in Bezug auf die erfassten Unternehmensbeteiligungen nicht hinter **Art. 4 Abs. 1 lit. ac) AIFM-RL** (≙ § 1 Abs. 19 Nr. 27 KAGB) zurückfallen.[66]

VII. Kreditaufnahmegrenzen (§ 284 Abs. 4 KAGB)

§ 284 Abs. 4 KAGB beschränkt die Kreditaufnahme für offene inländische Spezial-AIF mit festen Anlagebedingungen. Die Regelung übernimmt § 91 Abs. 4 InvG. Nach § 284 Abs. 4 Satz 1 KAGB dürfen kurzfristige Kredite nur bis zur Höhe von 30 Prozent des Wertes des AIF aufgenommen werden. Aus der Entstehungsgeschichte der Norm folgt, dass mit der Beschränkung auf kurzfristige Kredite keine Einschränkung des Verwendungszwecks beabsichtigt ist.[67] Zur Konkretisierung der **Kurzfristigkeit** werden Zeitspannen von drei Monaten bis zu 397 Tagen genannt.[68] Die BaFin geht zutreffend davon aus, dass jedenfalls bei Laufzeiten oder Kündigungsfristen von mehr als einem Jahr keine Kurzfristigkeit mehr vorliegt.[69] Aus der fehlenden Verweisung auf § 199 KAGB oder § 221 Abs. 6 KAGB wird teils geschlossen, dass die **Marktüblichkeit** der Kreditbedingungen keine Voraussetzung für die Zulässigkeit der Kreditaufnahme sei.[70] Indes dürfte eine nachteilige Abweichung von der Marktüblichkeit der Kreditkonditionen jedenfalls in aller Regel einen Verstoß gegen die allgemeinen Sorgfaltsanforderungen gem. § 26 Abs. 2 Nr. 2 KAGB darstellen.[71] 31

§ 284 Abs. 4 Satz 2 KAGB stellt klar, dass die Regelung in § 254 KAGB **unabhängig** von der Kreditaufnahmegrenze des § 284 Abs. 4 Satz 1 KAGB gilt,[72] und zwar mit der Maßgabe, dass die Kredithöchstgrenze nicht bei 30 Prozent des Verkehrswerts der im Sondervermögen befindlichen Immobilien liegt (s. § 254 Abs. 1 Satz 1 KAGB), sondern bei 50 Prozent. Die Regelung in § 284 Abs. 4 Satz 2 KAGB ist nur dann und insofern relevant, als der Spezial-AIF in Immobilien investiert hat.[73] In diesem Fall können zusätzlich zur Kreditaufnahme nach § 284 Abs. 4 Satz 2 KAGB kurzfristige Kredite nach Maßgabe des § 284 Abs. 4 Satz 1 KAGB aufgenommen werden.[74] 32

VIII. Vergabe von Gelddarlehen (§ 284 Abs. 5 KAGB)

1. Entsprechende Anwendung des § 285 Abs. 3 KAGB (§ 284 Abs. 5 Halbs. 1 KAGB)

Der durch das OGAW-V-UmsG eingeführte[75] § 284 Abs. 5 KAGB erlaubt in Halbs. 1 die Vergabe von Gelddarlehen für Rechnung eines offenen inländischen Spezial-AIF mit festen Anlagebedingungen nach Maß- 33

---

65 S. dazu in Rz. 2.

66 S. dazu bereits im Zusammenhang mit § 261 Abs. 7 KAGB § 261 Rz. 44.

67 S. *v. Livonius/Riedl* in Moritz/Klebeck/Jesch, § 284 KAGB Rz. 102; *Zingler* in Baur/Tappen, § 284 KAGB Rz. 24, jeweils unter Verweis auf Beschlussempfehlung und Bericht des FinA zu RegE InvÄndG, BT-Drucks. 16/6874, S. 118 (Liberalisierung von Spezialfonds); i.Erg. auch *Baum* in Weitnauer/Boxberger/Anders, § 284 KAGB Rz. 21; vgl. ferner *Krause* in Beckmann/Scholtz/Vollmer, § 284 KAGB Rz. 25. S. auch zur hiervon abweichenden Auslegung in § 221 Abs. 6 KAGB § 221 Rz. 36.

68 Für ersteres *Zirlewagen* in Emde/Dornseifer/Dreibus/Hölscher, § 91 InvG Rz. 40 zu § 91 Abs. 4 InvG; für letzteres *Zingler* in Baur/Tappen, § 284 KAGB Rz. 24.

69 Vgl. BaFin, Fragenkatalog zu § 53 InvG, Gz. WA 41-Wp 2136-2008/0053, 1.12.2009, Frage 8; s. auch BaFin, Rundschreiben 08/2015 (WA) – Aufgaben und Pflichten der Verwahrstelle nach Kapitel 1 Abschnitt 3 des Kapitalanlagegesetzbuches, Gz. WA 41-Wp 2137-2013/0068, 7.10.2015, 6.2.1.1.; für § 284 Abs. 4 S. 1 auch *v. Livonius/Riedl* in Moritz/Klebeck/Jesch, § 284 KAGB Rz. 104; vgl. ferner *Krause* in Beckmann/Scholtz/Vollmer, § 284 KAGB Rz. 25.

70 So *Baum* in Weitnauer/Boxberger/Anders, § 284 KAGB Rz. 20; *Zingler* in Baur/Tappen, § 284 KAGB Rz. 24.

71 Überzeugend *v. Livonius/Riedl* in Moritz/Klebeck/Jesch, § 284 KAGB Rz. 101.

72 S. zu § 91 Abs. 4 InvG auch die Verwaltungsauffassung der BaFin zu den neuen gesetzlichen Vorschriften für Spezialfonds, abgedruckt in Beckmann/Scholtz/Vollmer, Ordnungsnummer 412 Nr. 54.

73 S. nur *v. Livonius/Riedl* in Moritz/Klebeck/Jesch, § 284 KAGB Rz. 107; ferner *Zirlewagen* in Emde/Dornseifer/Dreibus/Hölscher§ 91 InvG Rz. 42 zu § 91 Abs. 4 InvG. Dies ergibt sich letztlich bereits aus dem Normtext selbst.

74 Klar *Zirlewagen* in Emde/Dornseifer/Dreibus/Hölscher§ 91 InvG Rz. 44 zu § 91 Abs. 4 InvG. Für weitere Einzelfragen zu § 284 Abs. 4 KAGB s. *v. Livonius/Riedl* in Moritz/Klebeck/Jesch, § 284 KAGB Rz. 106 ff.

75 Zur Entstehungsgeschichte der Norm s. Rz. 2.

gabe des § 285 Abs. 3 KAGB (vgl. § 20 Abs. 9 KAGB). **Zulässig** ist insofern **allein die Vergabe von Gesellschafterdarlehen**, also von Darlehen an Unternehmen, an denen der Spezial-AIF bereits beteiligt ist.[76]

34 Darüber hinaus verlangt § 285 Abs. 3 Satz 1 KAGB, dass höchstens 50 Prozent des für Anlagen zur Verfügung stehenden Kapitals des Spezial-AIF für diese Darlehen verwendet werden und zudem eine (!) der folgenden Bedingungen erfüllt ist: Es handelt sich bei dem darlehensnehmenden Unternehmen um ein Tochterunternehmen des Spezial-AIF (Nr. 1); es handelt sich um ein Darlehen mit qualifiziertem Nachrang (Nr. 2); die dem jeweiligen Unternehmen gewährten Darlehen überschreiten nicht das Zweifache der Anschaffungskosten der an dem Unternehmen gehaltenen Beteiligung (Nr. 3). Nimmt der Spezial-AIF seinerseits nur Kredite bis zur Höhe von 30 Prozent des für Anlagen verfügbaren Kapitals auf, dürfen auch mehr als 50 Prozent des für Anlagen zur Verfügung stehenden Kapitals in die Gewährung von Nachrangdarlehen fließen (§ 285 Abs. 3 Satz 2 KAGB). Sofern die Darlehensvergabe an ein Tochterunternehmen erfolgt (vgl. § 285 Abs. 3 Satz 1 Nr. 1 KAGB), muss die AIF-KVG zudem sicherstellen, dass das Tochterunternehmen seinerseits Gelddarlehen nur Unternehmen gewährt, an denen es bereits beteiligt ist und zusätzlich eine der in § 285 Abs. 3 Satz 1 Nr. 1 bis 3 KAGB aufgeführten Bedingungen erfüllt ist (§ 285 Abs. 3 Satz 3 KAGB). S. für weitere Einzelheiten die Kommentierung zu § 285.

35 **Keine** (originäre) **Darlehensgewährung** i.S.d. § 284 Abs. 5 KAGB liegt vor, wenn die Bedingungen einer für den Spezial-AIF erworbenen Darlehensforderung später geändert werden (s. § 20 Abs. 9 Satz 2 KAGB). Dies betrifft insbesondere die **Prolongation** der Kreditforderung.[77]

2. Darlehensgewährung an Immobilien-Gesellschaften (§ 284 Abs. 5 Halbs. 2 KAGB)

36 Nach § 285 Abs. 5 Halbs. 2 KAGB bleibt § 284 Abs. 2 Nr. 3 i.V.m. § 240 KAGB unberührt. Dies bedeutet, dass § 240 KAGB dem § 285 Abs. 3 KAGB (i.V.m. Abs. 5 Halbs. 1) für die Gewährung von Darlehen an Immobilien-Gesellschaften als speziellere Regelung vorgeht.[78]

IX. Ordnungswidrigkeiten

37 Ein vorsätzlicher Verstoß gegen die Kreditaufnahmebeschränkungen des § 284 Abs. 4 Satz 1 KAGB ist gem. § 340 Abs. 1 Nr. 3 KAGB bußgeldbewährt. Ebenso stellt es eine Ordnungswidrigkeit dar, wenn entgegen § 205 i.V.m. § 284 Abs. 1 KAGB ein Leerverkauf durchgeführt wird (§ 340 Abs. 2 Nr. 59 lit. a KAGB).

---

76 S. auch Begr. RegE OGAW-V-UmsG, BT-Drucks. 18/6744, S. 66.

77 Begr. RegE OGAW-V-UmsG, BT-Drucks. 18/6744, S. 46.

78 *Baum* in Weitnauer/Boxberger/Anders, § 284 KAGB Rz. 22; *v. Livonius/Riedl* in Moritz/Klebeck/Jesch, § 284 KAGB Rz. 111; ferner *Krause* in Beckmann/Scholtz/Vollmer, § 284 KAGB Rz. 25a; s. auch Beschlussempfehlung und Bericht des FinA zum RegE OGAW-V-UmsG, BT-Drucks. 18/7393, S. 77: „Spezialregelung".

Abschnitt 3
Vorschriften für geschlossene inländische Spezial-AIF

Unterabschnitt 1
Allgemeine Vorschriften für geschlossene inländische Spezial-AIF

§ 285 Anlageobjekte

(1) Die AIF-Kapitalverwaltungsgesellschaft darf für das Investmentvermögen nur in Vermögensgegenstände investieren, deren Verkehrswert ermittelt werden kann.

(2) Die AIF-Kapitalverwaltungsgesellschaft darf für Rechnung eines geschlossenen Spezial-AIF Gelddarlehen nur unter den folgenden Bedingungen gewähren:

1. für den geschlossenen Spezial-AIF werden Kredite nur bis zur Höhe von 30 Prozent des aggregierten eingebrachten Kapitals und noch nicht eingeforderten zugesagten Kapitals aufgenommen, berechnet auf der Grundlage der Beträge, die nach Abzug sämtlicher direkt oder indirekt von den Anlegern getragener Gebühren, Kosten und Aufwendungen für Anlagen zur Verfügung stehen;

2. das Gelddarlehen wird nicht an Verbraucher im Sinne des § 13 des Bürgerlichen Gesetzbuchs vergeben;

3. an einen Darlehensnehmer werden Gelddarlehen nur bis zur Höhe von insgesamt 20 Prozent des aggregierten eingebrachten Kapitals und noch nicht eingeforderten zugesagten Kapitals des geschlossenen Spezial-AIF vergeben, berechnet auf der Grundlage der Beträge, die nach Abzug sämtlicher direkt oder indirekt von den Anlegern getragener Gebühren, Kosten und Aufwendungen für Anlagen zur Verfügung stehen.

(3) [1]Abweichend von Absatz 2 darf die AIF-Kapitalverwaltungsgesellschaft für Rechnung eines geschlossenen Spezial-AIF Gelddarlehen an Unternehmen gewähren, an denen der geschlossene Spezial-AIF bereits beteiligt ist, wenn höchstens 50 Prozent des aggregierten eingebrachten Kapitals und noch nicht eingeforderten zugesagten Kapitals des geschlossenen Spezial-AIF für diese Darlehen verwendet werden, berechnet auf der Grundlage der Beträge, die nach Abzug sämtlicher direkt oder indirekt von den Anlegern getragener Gebühren, Kosten und Aufwendungen für Anlagen zur Verfügung stehen, und zudem eine der folgenden Bedingungen erfüllt ist:

1. bei dem jeweiligen Unternehmen handelt es sich um ein Tochterunternehmen des geschlossenen Spezial-AIF,

2. das Darlehen muss nur aus dem frei verfügbaren Jahres- oder Liquidationsüberschuss oder aus dem die sonstigen Verbindlichkeiten des Unternehmens übersteigenden frei verfügbaren Vermögen und in einem Insolvenzverfahren über das Vermögen des Unternehmens nur nach der Befriedigung sämtlicher Unternehmensgläubiger erfüllt werden, oder

3. die dem jeweiligen Unternehmen gewährten Darlehen überschreiten nicht das Zweifache der Anschaffungskosten der an dem Unternehmen gehaltenen Beteiligungen.

[2]Erfüllt die AIF-Kapitalverwaltungsgesellschaft die Anforderungen des Absatzes 2 Nummer 1, können auch mehr als 50 Prozent des aggregierten eingebrachten Kapitals und noch nicht eingeforderten zugesagten Kapitals des geschlossenen Spezial-AIF für nach Satz 1 Nummer 2 nachrangige Darlehen verwendet werden. [3]Erfolgt die Vergabe eines Gelddarlehens nach Satz 1 an ein Tochterunternehmen, muss die AIF-Kapitalverwaltungsgesellschaft sicherstellen, dass das Tochterunternehmen seinerseits Gelddarlehen nur an Unternehmen gewährt, an denen das Tochterunternehmen bereits beteiligt ist, und eine der entsprechend anzuwendenden Bedingungen des Satzes 1 Nummer 1 bis 3 erfüllt ist.

In der Fassung vom 4.7.2013 (BGBl. I 2013, S. 1981), zuletzt geändert durch Gesetz zur Umsetzung der Richtlinie 2014/91/EU des Europäischen Parlaments und des Rates vom 23. Juli 2014 zur Änderung der Richtlinie 2009/65/EG zur Koordinierung der Rechts- und Verwaltungsvorschriften betreffend bestimmte Organismen für gemeinsame Anlagen in Wertpapieren (OGAW) im Hinblick auf die Aufgaben der Verwahrstelle, die Vergütungspolitik und Sanktionen vom 3.3.2016 (BGBl. I 2016, S. 348).

Schrifttum:

Bünning/Loff, Kreditfonds: erste Erfahrungen mit aufsichtsrechtlichen Neuerungen und derzeitige sowie künftige steuerliche Regelungen, RdF 2017, 42; *Thom/Dürre*, Venture Debt: Gewährung von Gelddarlehen durch Investmentfonds nach dem KAGB – ein Erfolgsrezept?, WM 2018, 502.

Materialien: BaFin, Änderung der Verwaltungspraxis zur Vergabe von Darlehen usw. für Rechnung des Investmentvermögens, Gz. WA 41-Wp 2100-2015/0001, 12.5.2015.

I. Inhaltsübersicht und Entstehungsgeschichte

1 § 285 KAGB enthält Produktregeln für geschlossene inländische Spezial-AIF. Nach § 285 Abs. 1 KAGB müssen die für einen geschlossenen inländischen Spezial-AIF erworbenen Vermögensgegenstände bewertbar sein. § 285 Abs. 2 KAGB erlaubt der AIF-KVG für Rechnung des geschlossenen Spezial-AIF Gelddarlehen zu vergeben, wenn für den AIF seinerseits nur Kredite bis zur maximalen Höhe von 30 Prozent des für Anlagen verfügbaren Kapitals aufgenommen werden (Nr. 1), die Gelddarlehen nicht an Verbraucher ausgereicht werden (Nr. 2) und ein einzelner Darlehensnehmer Gelddarlehen nur i.H.v. maximal 20 Prozent des für Anlagen verfügbaren Kapitals erhält (Nr. 3). § 285 Abs. 3 KAGB dispensiert für den besonderen Fall der Vergabe von Darlehen an Beteiligungsunternehmen des geschlossenen Spezial-AIF von den Voraussetzungen des § 285 Abs. 2 KAGB, stellt aber eigene Bedingungen für die Darlehensvergabe in Satz 1 auf: So dürfen höchstens 50 Prozent des für Anlagen zur Verfügung stehenden Kapitals des Spezial-AIF für diese Darlehen verwendet werden. Zudem muss eine (!) der folgenden Bedingungen erfüllt sein: Es handelt sich bei dem darlehensnehmenden Unternehmen um ein Tochterunternehmen des Spezial-AIF (Nr. 1); es handelt sich um ein Darlehen mit qualifiziertem Nachrang (Nr. 2); die dem jeweiligen Unternehmen gewährten Darlehen überschreiten nicht das Zweifache der Anschaffungskosten der an dem Unternehmen gehaltenen Beteiligung (Nr. 3). Nimmt der Spezial-AIF seinerseits nur Kredite bis zur Höhe von 30 Prozent des für Anlagen verfügbaren Kapitals auf, dürfen auch mehr als 50 Prozent des für Anlagen zur Verfügung stehenden Kapitals in die Gewährung von Nachrangdarlehen fließen (§ 285 Abs. 3 Satz 2 KAGB). Sofern die Darlehensvergabe an ein Tochterunternehmen erfolgt, muss die AIF-KVG zudem sicherstellen, dass das Tochterunternehmen seinerseits Gelddarlehen nur Unternehmen gewährt, an denen es bereits beteiligt ist und zusätzlich eine der in § 285 Abs. 3 Satz 1 Nr. 1 bis 3 KAGB aufgeführten Bedingungen erfüllt ist (§ 285 Abs. 3 Satz 3 KAGB).

2 § 285 KAGB stellt **autonomes deutsches Recht** dar, beruht also nicht auf Vorgaben des EU-Rechts.[1] Die Vorschrift enthielt in ihrer ursprünglichen Fassung, die sie durch das AIFM-UmsG[2] erhalten hatte, ledig-

1 Vgl. für Abs. 1 Begr. RegE AIFM-UmsG, BT-Drucks. 17/12294, S. 277; ferner *Hartrott* in Baur/Tappen, § 285 KAGB Rz. 1; für Abs. 2 und 3 Begr. RegE OGAW-V-UmsG, BT-Drucks. 18/6744, S. 64.

2 Gesetz zur Umsetzung der RL 2011/61/EU über die Verwalter alternativer Investmentfonds v. 4.7.2013, BGBl. I 2013, S. 1981.

lich die jetzt in Abs. 1 enthaltene Regelung.[3] Erst im Zuge des OGAW-V-UmsG[4] wurde die Vorschrift um die Regelungen zur Darlehensgewährung in den Abs. 2 und 3 erweitert. Bei Schaffung des KAGB durch das AIFM-UmsG hatte der deutsche Gesetzgeber Regelungen zur Darlehensgewährung noch für entbehrlich gehalten. Er ging nämlich davon aus, dass die Vergabe von Darlehen keine der kollektiven Vermögensverwaltung zugehörige Tätigkeit sei. In der Konsequenz unterfiel die Darlehensgewährung nicht den Bereichsausnahmen in § 2 Abs. 1 Nr. 3b und Abs. 6 Nr. 5a KWG a.F. und war daher für Rechnung von Investmentvermögen grundsätzlich unzulässig.[5] Der europäische Gesetzgeber hat jedoch in Art. 3 Abs. 1 lit. e ii der EuVECA-VO,[6] in Art. 3 Abs. 1 lit. e iv EuSEF-VO[7] sowie später in Art. 10 lit. c ELTIF-VO[8] deutlich gemacht, dass die Darlehensgewährung für Rechnung eines AIF grundsätzlich zulässig ist. Diese Entwicklungen haben zu Änderung der Verwaltungspraxis durch die BaFin[9] geführt und schließlich den deutschen Gesetzgeber auf den Plan gerufen.[10] Die im Regierungsentwurf zum OGAW-V-UmsG vorgesehene Regelung zu § 285 Abs. 2 und 3 KAGB ist im Wesentlichen auch Gesetz geworden.[11] Auf Intervention des Finanzausschusses sind die Vorgaben für Gesellschafterdarlehen in § 285 Abs. 3 KAGB jedoch an zwei Stellen großzügiger ausgefallen. Die Grenze des maximal als Gesellschafterdarlehen ausreichbaren Kapitals ist von 30 auf 50 Prozent des für Anlagen verfügbaren Kapitals erhöht worden. Ferner hat man die Grenze für die einem einzelnen Unternehmen gewährten Darlehen in § 285 Abs. 3 Satz 1 Nr. 3 KAGB vom Einfachen auf das Zweifache der Anschaffungskosten der gehaltenen Beteiligung angehoben.[12]

II. Anwendungsbereich und Normadressat

§ 285 KAGB gilt ausweislich der Überschrift des Abschnitts 3 des Kapitels 3 für **geschlossene inländische Spezial-AIF** (s. § 1 Abs. 3, 5, 6 und 7 KAGB). Die in der Norm enthaltenen Regelungen richten sich an die **AIF-KVG**, und zwar auch im Falle einer „kleinen" AIF-KVG (s. § 2 Abs. 4 KAGB).[13] 3

In zeitlicher Hinsicht ist die **Übergangsvorschrift** des § 353b KAGB für die Anwendbarkeit des § 285 Abs. 3 KAGB zu beachten. 4

III. Normzweck

Die Regelung des § 285 Abs. 1 KAGB will eine Bewertbarkeit der für den geschlossenen Spezial-AIF erworbenen Vermögensgegenstände sicherstellen und dient damit dem **Anlegerschutz**.[14] 5

Die in § 285 Abs. 2 und 3 KAGB enthaltenen Vorgaben und Grenzen der Darlehensgewährung für Rechnung des AIF sollen die hiermit verbundenen **Risiken für die Anleger sowie die Finanzmarktstabilität einhegen**. So beschränkt der Gesetzgeber die Möglichkeit zur Vergabe von Darlehen, die keine Gesellschafterdarlehen sind, einerseits wegen der für Privatanleger nur schwer einzuschätzenden Risiken und andererseits wegen der Illiquidität von Darlehensforderungen auf geschlossene Spezial-AIF. Die (weitere) Beschränkung auf maximal 30 Prozent des für die Anlage verfügbaren Kapitals (§ 285 Abs. 2 Nr. 1 KAGB) zielt darauf, exzessives Kreditwachstum zu vermeiden und Ansteckungs- sowie Prozyklizitätsrisiken zu ver- 6

3 Zu § 253 KAGB in der Fassung des Diskussionsentwurfs zum AIFM-UmsG s. *Krause* in Beckmann/Scholtz/Vollmer, § 285 KAGB Rz. 3; *Swoboda* in Weitnauer/Boxberger/Anders, § 285 KAGB Rz. 1; *Stoschek/Rinas/Windszus* in Moritz/Klebeck/Jesch, § 285 KAGB Rz. 1.

4 Gesetz zur Umsetzung der Richtlinie 2014/91/EU des Europäischen Parlaments und des Rates vom 23.7.2014 zur Änderung des Richtlinie 2009/65/EG zur Koordinierung der Rechts- und Verwaltungsvorschriften betreffend bestimmte Organismen für gemeinsame Anlagen in Wertpapieren (OGAW) im Hinblick auf die Aufgaben der Verwahrstelle, die Vergütungspolitik und Sanktionen v. 3.3.2016, BGBl. I 2016, S. 348.

5 Begr. RegE OGAW-V-UmsG, BT-Drucks. 18/6744, S. 64; s. dazu ferner etwa *Thom/Dürre*, WM 2018, 502 (503).

6 VO (EU) Nr. 345/2013, ABl. EU Nr. L 115 v. 25.4.2013, S. 1.

7 VO (EU) Nr. 346/2013, ABl. EU Nr. L 115 v. 25.4.2013, S. 18.

8 VO (EU) 2015/760, ABl. EU Nr. L 123 v. 29.4.2015, S. 98; s. auch Erwägungsgrund 23 der VO.

9 S. BaFin, Änderung der Verwaltungspraxis zur Vergabe von Darlehen usw. für Rechnung des Investmentvermögens, Gz. WA 41-Wp 2100-2015/0001, 12.5.2015, sub IV.

10 S. wiederum Begr. RegE OGAW-V-UmsG, BT-Drucks. 18/6744, S. 64; ferner *Thom/Dürre*, WM 2018, 502 (503).

11 S. RegE OGAW-V-UmsG, BT-Drucks. 18/6744, S. 21 f. (Nr. 70).

12 Beschlussempfehlung und Bericht des FinA zum RegE OGAW-V-UmsG, BT-Drucks. 18/7393, 42 f. (Nr. 68); s. auch *Krause* in Beckmann/Scholtz/Vollmer, § 285 KAGB Rz. 5.

13 Dazu *Swoboda* in Weitnauer/Boxberger/Anders, § 285 KAGB Rz. 2; ausführlich *Thom/Dürre*, WM 2018, 502 (504).

14 Vgl. Begr. RegE AIFM-UmsG, BT-Drucks. 17/12294, S. 277; s. auch *Hartrott* in Baur/Tappen, § 285 KAGB Rz. 3.

meiden. Eine Kreditvergabe an Verbraucher ist aus Gründen des Verbraucherschutzes untersagt (s. § 285 Abs. 2 Nr. 2 KAGB).[15] Die 20-Prozent-Grenze für die Vergabe von Darlehen an einen einzelnen Darlehensnehmer soll schließlich eine Mindestdiversifikation zum Schutz der Anleger vor Wertverlusten sicherstellen.[16]

7 § 285 Abs. 3 KAGB nimmt Gesellschafterdarlehen von den Anforderungen des § 285 Abs. 2 KAGB aus, um den praktischen Bedürfnissen der Branche, insbesondere in den Bereichen Private Equity und Venture Capital, Rechnung zu tragen. Zugleich stellt § 285 Abs. 3 KAGB eigene Anforderungen an die Vergabe von Gesellschafterdarlehen, die gewährleisten sollen, dass die Finanzmarktrisiken, denen die Vorgaben des § 285 Abs. 2 KAGB begegnen wollen, im Rahmen des § 285 Abs. 3 KAGB nicht oder nur in erheblich geringerem Maß bestehen. Zugleich will der Gesetzgeber mit den Vorgaben in § 285 Abs. 3 Satz 1 Nr. 1 und 2 KAGB Regulierungsarbitrage gegenüber den Vorgaben des KWG verhindern.[17]

IV. Zulässige Vermögensgegenstände (§ 285 Abs. 1 KAGB)

8 § 285 Abs. 1 KAGB lässt – ebenso wie § 282 Abs. 2 Satz 1 KAGB für offene Spezial-AIF – die Anlage in jede Art von Vermögensgegenstand zu, sofern nur dessen Verkehrswert ermittelt werden kann. Die Bewertbarkeit ist etwa erforderlich, um den Nettoinventarwert des AIF und damit auch den Rücknahmepreis bei Anteilsrückgabe zu bestimmen.[18] Zu den erwerbbaren Vermögensgegenständen gehören damit grundsätzlich alle in Abschnitt 3 der KARBV genannten. Die Anlagepalette des allgemeinen offenen inländischen Spezial-AIF ist hierauf jedoch nicht beschränkt.[19] Die konkrete Bewertung hat nach den Vorgaben in § 286 Abs. 1 i.V.m. §§ 168, 169 und 216 KAGB zu erfolgen.[20]

V. Vorgaben zur Gewährung von Gelddarlehen im Allgemeinen (§ 285 Abs. 2 KAGB)

1. Allgemeines

9 § 285 Abs. 2 KAGB gestattet unter den Voraussetzungen der Nr. 1 bis 3 die Vergabe von Gelddarlehen für Rechnung des geschlossenen Spezial-AIF. Es handelt sich hierbei um die einzige **Ausnahme vom grundsätzlich geltenden Verbot** der Darlehensgewährung durch Investmentvermögen (s. § 20 Abs. 9 Satz 1 KAGB), welche die Darlehensgewährung ganz allgemein und nicht nur für Gesellschafterdarlehen an ein Portfoliounternehmen erlaubt.[21]

10 Dabei geht es in § 285 Abs. 2 KAGB (ebenso wie in Abs. 3) allein um die „Vergabe“, also die **originäre Gewährung von Gelddarlehen.** Unproblematisch zulässig ist der Erwerb bereits bestehender Darlehensforderungen für den Spezial-AIF, u.U. unter Vorschaltung einer sog. „Fronting Bank“.[22] **Keine** (originäre) **Darlehensgewährung** i.S.d. § 285 Abs. 2 (und 3) KAGB liegt zudem vor, wenn die Bedingungen einer für den Spezial-AIF erworbenen Darlehensforderung später geändert werden (s. § 20 Abs. 9 Satz 2 KAGB), etwa indem die Kreditforderung prolongiert wird.[23]

11 Der **Begriff des Gelddarlehens** bestimmt sich ausweislich der Gesetzesbegründung nach zivilrechtlichen Grundsätzen,[24] also namentlich nach § 488 BGB. Für die Zuordnung von Zweifelsfällen ist nach der Rege-

15 Hierzu krit. *Swoboda* in Weitnauer/Boxberger/Anders, § 285 KAGB Rz. 8.
16 Begr. RegE OGAW-V-UmsG, BT-Drucks. 18/6744, S. 65.
17 Begr. RegE OGAW-V-UmsG, BT-Drucks. 18/6744, S. 65 f.
18 S. ferner *Stoschek/Rinas/Windszus* in Moritz/Klebeck/Jesch, § 285 KAGB Rz. 2, die zudem auf die Voraussetzung der Bewertbarkeit für die Anwendung des § 2 Abs. 4 Nr. 2 KAGB hinweisen.
19 Vgl. auch *Swoboda* in Weitnauer/Boxberger/Anders, § 285 KAGB Rz. 6.
20 S. zum Ganzen auch *Krause* in Beckmann/Scholtz/Vollmer, § 285 KAGB Rz. 7; zum Rückgriff auf die KARBV auch *Stoschek/Rinas/Windszus* in Moritz/Klebeck/Jesch, § 285 KAGB Rz. 8 f.
21 S. auch *Stoschek/Rinas/Windszus* in Moritz/Klebeck/Jesch, § 285 KAGB Rz. 18 f.; *Thom/Dürre*, WM 2018, 502 f.
22 Unstr., s. etwa *Krause* in Beckmann/Scholtz/Vollmer, § 285 KAGB Rz. 8; *Swoboda* in Weitnauer/Boxberger/Anders, § 285 KAGB Rz. 7, 9; vgl. dazu auch *Thom/Dürre*, WM 2018, 502 (503).
23 Begr. RegE OGAW-V-UmsG, BT-Drucks. 18/6744, S. 46; ferner etwa *Swoboda* in Weitnauer/Boxberger/Anders, § 285 KAGB Rz. 7; **anders** für die Prolongation *Krause* in Beckmann/Scholtz/Vollmer, § 285 KAGB Rz. 18.
24 Begr. RegE OGAW-V-UmsG, BT-Drucks. 18/6744, S. 64; auch *Krause* in Beckmann/Scholtz/Vollmer, § 285 KAGB Rz. 18 ff.; *Swoboda* in Weitnauer/Boxberger/Anders, § 285 KAGB Rz. 7 jew. auch zu Einzelfragen; zu den im KWG geltenden Grundsätzen s. hier nur *Schäfer* in Boos/Fischer/Schulte-Mattler, KWG, CRR-VO, 5. Aufl. 2016, § 1 KWG Rz. 55 ff.

lungsintention des Gesetzgebers auf die für das Kreditgeschäft nach § 1 Abs. 1 Satz 2 Nr. 2 KWG geltenden Grundsätze zurückzugreifen.[25]

2. Beschränkung der Kreditaufnahme (§ 285 Abs. 2 Nr. 1 KAGB)

Als erste Bedingung für die Vergabe von Gelddarlehen bestimmt § 285 Abs. 2 Nr. 1 KAGB, dass für den geschlossenen Spezial-AIF seinerseits nur Kredite i.H.v. **maximal 30 Prozent des für Anlagen verfügbaren Kapitals** aufgenommen werden dürfen. Diese Kreditaufnahmegrenze – nicht: Leverage-Grenze![26] – soll exzessives Kreditwachstum und die damit verbundenen Risiken für die Finanzmarktstabilität vermeiden.[27] Der AIF ist damit weitgehend auf eine Refinanzierung durch Eigenkapital verwiesen.[28] 12

Die **Bezugsgröße** für die 30-Prozent-Grenze ist das aggregierte, für Anlagen zur Verfügung stehende Kapital. Für nähere Einzelheiten zu seiner Berechnung kann auf die Ausführungen zu § 261 Abs. 1 Nr. 8 KAGB verwiesen werden, wo das Gesetz dieselbe Bezugsgröße verwendet.[29] 13

3. Kein Verbraucherdarlehen (§ 285 Abs. 2 Nr. 2 KAGB)

§ 285 Abs. 2 Nr. 2 KAGB bestimmt als zweite Bedingung der zulässigen Vergabe, dass das Darlehen nicht an Verbraucher i.S.d. § 13 BGB vergeben werden darf. Für Einzelheiten zum Verbraucherbegriff kann daher auf die einschlägigen Kommentierungen dieser Vorschrift verwiesen werden. 14

4. Diversifikationsvorgaben (§ 285 Abs. 2 Nr. 3 KAGB)

Schließlich darf die Vergabe von Gelddarlehen – vorbehaltlich der Ausnahmeregelung in § 285 Abs. 3 KAGB – nur bis zur Höhe von 20 Prozent des aggregierten, für Anlagen zur Verfügung stehenden Kapitals an einen einzelnen Darlehensnehmer erfolgen (§ 285 Abs. 2 Nr. 3 KAGB). Die Regelung dient der Vermeidung von Klumpenrisiken.[30] Sie bleibt insofern allerdings fragmentarisch, als das Mindestdiversifikationsgebot des § 285 Abs. 2 Nr. 3 KAGB nicht für den Erwerb bereits bestehender Darlehensforderungen gilt.[31] Unvollkommen bleibt das Diversifikationsgebot auch insofern, als für den **Begriff des Darlehensnehmers** auf das einzelne Rechtssubjekt abzustellen ist (natürliche Person, juristische Person oder rechtsfähige Personengesellschaft). Eine konsolidierte Betrachtung mehrerer Mitglieder derselben Gruppe, wie sie etwa in § 19 Abs. 2 KWG vorgesehen ist, sieht § 285 Abs. 2 KAGB nicht vor.[32] 15

Für Einzelheiten zur Berechnung der **Bezugsgröße** für die 20-Prozent-Grenze kann wiederum[33] auf die entsprechenden Ausführungen zu § 261 Abs. 1 Nr. 8 KAGB verwiesen werden.[34] 16

VI. Vorgaben zur Gewährung von Gesellschafterdarlehen (§ 285 Abs. 3 KAGB)

1. Allgemeines

§ 285 Abs. 3 KAGB dispensiert für die Vergabe von Gelddarlehen an Unternehmen, an denen der geschlossene Spezial-AIF bereits beteiligt ist, von den Voraussetzungen des § 285 Abs. 2 KAGB, macht hierfür aber 17

25 In diesem Sinne auch *Krause* in Beckmann/Scholtz/Vollmer, § 285 KAGB Rz. 18; *Swoboda* in Weitnauer/Boxberger/Anders, § 285 KAGB Rz. 7.

26 Zutr. *Swoboda* in Weitnauer/Boxberger/Anders, § 285 KAGB Rz. 11; **anders** *Thom/Dürre*, WM 2018, 502 (504 f.).

27 S. zum Zweck der Beschränkung bereits in Rz. 6; s. auch *Krause* in Beckmann/Scholtz/Vollmer, § 285 KAGB Rz. 12: Verhinderung von „Schattenbanken".

28 *Krause* in Beckmann/Scholtz/Vollmer, § 285 KAGB Rz. 12; ferner etwa *Thom/Dürre*, WM 2018, 502 (504) unter Hinweis auf steuerliche Aspekte.

29 S. § 261 Rz. 29 ff.; ferner *Krause* in Beckmann/Scholtz/Vollmer, § 285 KAGB Rz. 12; *Swoboda* in Weitnauer/Boxberger/Anders, § 285 KAGB Rz. 10 (zu Abs. 2 Nr. 3).

30 S. zum Regelungszweck bereits in Rz. 6; ferner *Krause* in Beckmann/Scholtz/Vollmer, § 285 KAGB Rz. 15; *Swoboda* in Weitnauer/Boxberger/Anders, § 285 KAGB Rz. 9.

31 S. auch *Krause* in Beckmann/Scholtz/Vollmer, § 285 KAGB Rz. 15; *Swoboda* in Weitnauer/Boxberger/Anders, § 285 KAGB Rz. 9; zum Begriff der Darlehensvergabe i.S.d. Abs. 2 s. bereits in Rz. 10.

32 So auch *Swoboda* in Weitnauer/Boxberger/Anders, § 285 KAGB Rz. 9; ferner *Krause* in Beckmann/Scholtz/Vollmer, § 285 KAGB Rz. 15, der sich auch zu den – letztlich nicht erfüllten – Voraussetzungen für einen Analogieschluss äußert.

33 S. bereits zu § 285 Abs. 2 Nr. 1 KAGB in Rz. 13.

34 S. § 261 Rz. 29 ff.

zugleich eigene Vorgaben.[35] Die Regelung gilt anders als § 285 Abs. 2 KAGB also nur für **Gesellschafterdarlehen.**[36] Die Begriffe des Gelddarlehens und der Darlehensvergabe sind mit denjenigen in § 285 Abs. 2 KAGB indes identisch. Es gilt mithin das zu Abs. 2 Gesagte.[37]

a) Unternehmen als Darlehensnehmer

18 Taugliche Darlehensnehmer i.S.d. § 285 Abs. 3 KAGB sind **„Unternehmen"**, an denen der AIF beteiligt ist. Gemeint ist das einzelne unternehmenstragende Rechtssubjekt, also die juristische Person oder die rechtsfähige Personengesellschaft, an welcher der AIF eine Beteiligung hält.[38] Eine Zusammenfassung mehrerer Mitglieder einer Unternehmensgruppe zu einem Darlehensnehmer mit der Folge, dass Darlehen auch an Konzerngesellschaften vergeben werden dürfen, an denen der AIF nicht selbst, sondern nur mittelbar über eine andere Gesellschaft beteiligt ist, findet im Rahmen des § 285 Abs. 3 KAGB nicht statt.[39] Dass es § 285 Abs. 3 KAGB nur um die Darlehensvergabe in Bezug auf unmittelbare Beteiligungen des AIF geht, zeigen die Regelungen in § 285 Abs. 3 Satz 1 Nr. 2 und 3 sowie Abs. 3 Satz 3 KAGB sehr deutlich. Hingegen ist unter teleologischen Gesichtspunkten nichts dagegen zu erinnern, wenn das Darlehen an eine Holding oder eine vermögensverwaltende Gesellschaft vergeben wird, an der der AIF unmittelbar beteiligt ist, und diese Beteiligungsgesellschaft das Darlehen an andere Gesellschaften in der Beteiligungskette weiterreicht.[40] Mit der Einbeziehung von Holdinggesellschaften und vermögensverwaltenden Gesellschaften fällt der Unternehmensbegriff des § 285 Abs. 3 KAGB mithin weiter aus als derjenige des § 14 BGB.[41]

b) Beteiligung des geschlossenen Spezial-AIF

19 Von § 285 Abs. 3 KAGB ist nur die Gewährung von Gelddarlehen an Unternehmen erfasst, an denen der geschlossene Spezial-AIF **„bereits beteiligt"** ist. Die **zeitliche Reihenfolge** von Beteiligung und Darlehen scheint damit klar: Zuerst muss die Beteiligung erworben werden, erst dann darf das Darlehen vergeben werden. Indes spricht unter teleologischen Gesichtspunkten nichts dagegen, auch eine mit dem Beteiligungserwerb zeitlich zusammenfallende Darlehensvergabe nach § 285 Abs. 3 KAGB zuzulassen. Die Begrenzungsfunktion der Beschränkung auf Darlehen an Beteiligungsunternehmen bleibt gewahrt. Gleichzeitig wird dem intendierten Bedürfnis nach Flexibilität bei der Unternehmensfinanzierung Rechnung getragen.[42]

20 Als Beteiligung an einem Unternehmen ist jedenfalls die mitgliedschaftliche Beteiligung anzusehen.[43] Die Gesetzesbegründung spricht daher auch vom „Gesellschafterdarlehen".[44] Die Literatur will teils aber auch andere **Beteiligungsformen** unter den Begriff fassen, etwa „Hybridinstrumente, die wirtschaftlich eine gesellschafterähnliche Rechtsstellung begründen", womit insbesondere Genussrechte oder Genussscheine gemeint sind.[45] Freilich bleiben angesichts der gesetzlichen Einordnung von qualifizierten Nachrangdarlehen (s. § 285 Abs. 3 Satz 1 Nr. 2 KAGB)[46] erhebliche Zweifel, ob andere Formen des Mezzanine-Kapitals wie eben Genussrechte als Beteiligung i.S.d. § 285 Abs. 3 KAGB einordenbar sind.[47] Allerdings wird man der Praxis insofern entgegenkommen können, als man es bei grenzüberschreitenden Sachverhalten jedenfalls grundsätzlich genügen lässt, dass das auf das Beteiligungsunternehmen anwendbare Bilanzrecht die „Beteiligung" des geschlossenen Spezial-AIF als Eigenkapital einordnet.[48]

---

35 Zu den Zwecken der Regelung s. bereits in Rz. 7. Krit. *Swoboda* in Weitnauer/Boxberger/Anders, § 285 KAGB Rz. 13: Wettbewerbsnachteil für Finanzinvestoren.

36 Vgl. auch Begr. RegE OGAW-V-UmsG, BT-Drucks. 18/6744, S. 65 f.

37 S. in Rz. 10 f.; ferner zu § 282 Abs. 2 Satz 3 KAGB in § 282 Rz. 11 ff.

38 Natürliche Personen als Unternehmer scheiden von vorneherein aus, da der AIF an ihnen nicht beteiligt sein kann.

39 S. auch zum Begriff des Darlehensnehmers in § 285 Abs. 2 Nr. 3 KAGB in Rz. 15. **Anders**, aber nicht überzeugend *Swoboda* in Weitnauer/Boxberger/Anders, § 285 KAGB Rz. 14.

40 S. auch *Krause* in Beckmann/Scholtz/Vollmer, § 285 KAGB Rz. 27.

41 Überzeugend *Krause* in Beckmann/Scholtz/Vollmer, § 285 KAGB Rz. 26.

42 Vgl. dazu Begr. RegE OGAW-V-UmsG, BT-Drucks. 18/6744, S. 65; wie hier auch *Krause* in Beckmann/Scholtz/Vollmer, § 285 KAGB Rz. 29; *Swoboda* in Weitnauer/Boxberger/Anders, § 285 KAGB Rz. 16. Zum Fall der späteren Beteiligung nach Darlehensvergabe s. noch in Rz. 22.

43 *Krause* in Beckmann/Scholtz/Vollmer, § 285 KAGB Rz. 28; *Swoboda* in Weitnauer/Boxberger/Anders, § 285 KAGB Rz. 15.

44 Vgl. dazu Begr. RegE OGAW-V-UmsG, BT-Drucks. 18/6744, S. 65 f.

45 So *Krause* in Beckmann/Scholtz/Vollmer, § 285 KAGB Rz. 28.

46 Dazu noch in Rz. 26.

47 Letztlich offen lassend *Swoboda* in Weitnauer/Boxberger/Anders, § 285 KAGB Rz. 15.

48 Hierfür *Swoboda* in Weitnauer/Boxberger/Anders, § 285 KAGB Rz. 15.

Hinsichtlich der **Beteiligungshöhe** an dem darlehensnehmenden Unternehmen macht § 285 Abs. 3 KAGB keine Vorgaben. Diese kann also auch sehr gering ausfallen.[49] Die weiteren Anforderungen in § 285 Abs. 3 Satz 1 Nr. 1 bis 3 KAGB verhindern hier, dass nur „Pro-forma-Beteiligungen" eingegangen werden, um sodann großvolumige Kredite zu vergeben. 21

c) Verhältnis zu § 285 Abs. 2 KAGB

Qualifiziert das von dem geschlossenen Spezial-AIF vergebene Darlehen als Gesellschafterdarlehen i.S.d. § 285 Abs. 3 KAGB, dann steht es der AIF-KVG frei, die Vergabe gleichwohl nach Maßgabe des § 285 Abs. 2 KAGB vorzunehmen. Dessen Anwendung ist für Gesellschafterdarlehen i.S.d. § 285 Abs. 3 KAGB nicht gesperrt.[50] Bei späterem Beteiligungserwerb ist die zuvor nur nach den Voraussetzungen des § 285 Abs. 2 KAGB zulässige Darlehensvergabe dann auch unter den Voraussetzungen des § 285 Abs. 3 KAGB erlaubt.[51] 22

2. Voraussetzungen der Vergabe von Gesellschafterdarlehen nach § 285 Abs. 3 Satz 1 KAGB

§ 285 Abs. 3 Satz 1 KAGB benennt vier Bedingungen für die Zulässigkeit der Vergabe von Gelddarlehen an Beteiligungsunternehmen des geschlossenen Spezial-AIF. So dürfen höchstens 50 Prozent des für Anlagen zur Verfügung stehenden Kapitals des Spezial-AIF für diese Darlehen verwendet werden. Zusätzlich muss eine (!) der in Satz 1 Nr. 1 bis 3 genannten Bedingungen erfüllt sein. Im Einzelnen: 23

a) Höchstgrenze von 50 Prozent des für Anlagen verfügbaren Kapitals

Gelddarlehen dürfen an Beteiligungsunternehmen nach § 285 Abs. 3 KAGB insgesamt maximal i.H.v. 50 Prozent des aggregierten eingebrachten und zugesagten Kapitals vergeben werden, berechnet auf der Grundlage der Beträge, die nach Abzug sämtlicher direkt oder indirekt von den Anlegern getragener Gebühren, Kosten und Aufwendungen für Anlagen zur Verfügung stehen. Für Einzelheiten zur Berechnung dieser Bezugsgröße s. die entsprechenden Ausführungen zu § 261 Abs. 1 Nr. 8 KAGB.[52] Gemäß § 353b Satz 2 KAGB sind für die Berechnung der 50-Prozent-Grenze Altdarlehen zu berücksichtigen, die vor dem 18.3.2016 vergeben worden sind. 24

b) Darlehensvergabe an Tochterunternehmen des AIF (§ 285 Abs. 3 Satz 1 Nr. 1 KAGB)

Die Darlehensvergabe an ein Beteiligungsunternehmen des geschlossenen Spezial-AIF ist im Rahmen der in § 285 Abs. 3 Satz 1 KAGB genannten Höchstgrenze[53] erstens zulässig, wenn es sich hierbei um ein **Tochterunternehmen** des AIF handelt (§ 285 Abs. 3 Satz 1 Nr. 1 KAGB). Der Begriff des Tochterunternehmens ist entsprechend dem zu § 2 Abs. 1 Nr. 7 KWG geltenden Verständnis zu bestimmen. Denn die Bedingung des § 285 Abs. 3 Satz 1 Nr. 1 KAGB soll gerade Regulierungsarbitrage gegenüber den Vorgaben des KWG vermeiden.[54] In der Konsequenz ist dann die Legaldefinition des Tochterunternehmens nach § 1 Abs. 35 KWG i.V.m. Art. 4 Abs. 1 Nr. 16 CRR[55] maßgeblich,[56] der letztlich auf die Definition in der EU-Bilanzrichtlinie verweist.[57] Es kommt also im Ergebnis darauf an, ob der AIF bzw. dessen Verwaltung das Beteiligungsunternehmen unmittelbar oder mittelbar kontrolliert.[58] Der deutsche Gesetzgeber beschreibt diese **Kontrolle** in § 290 HGB als die Möglichkeit **beherrschenden Einfluss** auszuüben, was insbesondere bei Stimmrechtsmehrheit anzunehmen ist.[59] Soweit die Definition des Tochterunternehmens nach dem KWG 25

---

49 S. auch *Krause* in Beckmann/Scholtz/Vollmer, § 285 KAGB Rz. 28.
50 S. auch *Krause* in Beckmann/Scholtz/Vollmer, § 285 KAGB Rz. 23; s. auch *Swoboda* in Weitnauer/Boxberger/Anders, § 285 KAGB Rz. 9.
51 *Swoboda* in Weitnauer/Boxberger/Anders, § 285 KAGB Rz. 16.
52 § 261 Rz. 29 ff.
53 S. dazu soeben in Rz. 24.
54 Begr. RegE OGAW-V-UmsG, BT-Drucks. 18/6744, S. 65 f.; s. auch *Krause* in Beckmann/Scholtz/Vollmer, § 285 KAGB Rz. 35; *Swoboda* in Weitnauer/Boxberger/Anders, § 285 KAGB Rz. 17; zum Regelungszweck bereits in Rz. 7.
55 VO (EU) Nr. 575/2013, ABl. EU Nr. L 176 v. 27.6.2013, S. 1.
56 S. nur *Schäfer* in Boos/Fischer/Schulte-Mattler, KWG, CRR-VO, 5. Aufl. 2016, § 2 KWG Rz. 31 mit § 1 KWG Rz. 264 ff.
57 In der CRR wird auf Art. 1 und 2 der RL 83/349/EWG, ABl. EU Nr. L 193 v. 18.7.1983, S. 1, verwiesen, die ersetzt worden ist durch die RL 2013/34/EU, ABl. EU Nr. L 182 v. 29.6.2013, S. 19, so dass letztlich die dort in Art. 2 Abs. 1 Nr. 10 enthaltene Definition gilt (s. auch Art. 52 der RL 2013/34/EU).
58 S. dazu näher Erwägungsgrund 31 der RL 2013/34/EU.
59 Allein auf § 290 HGB abstellend *Krause* in Beckmann/Scholtz/Vollmer, § 285 KAGB Rz. 36; *Swoboda* in Weitnauer/Boxberger/Anders, § 285 KAGB Rz. 17.

auch solche Unternehmen mit einschließt, an denen das Mutterunternehmen gar keine Beteiligung hält,[60] findet § 285 Abs. 3 KAGB schon deshalb keine Anwendung, weil er – neben den besonderen Voraussetzungen des § 285 Abs. 3 Satz 1 Nr. 1 – eine (unmittelbare) Beteiligung an dem darlehensnehmenden Unternehmen voraussetzt.[61]

c) Nachrangdarlehen (§ 285 Abs. 3 Satz 1 Nr. 2 KAGB)

26 Ein Gelddarlehen darf an Beteiligungsunternehmen des geschlossenen inländischen Spezial-AIF bis zu der in § 285 Abs. 3 Satz 1 KAGB genannten Höchstgrenze[62] ferner vergeben werden, wenn es sich um **qualifizierte Nachrangdarlehen** handelt (§ 285 Abs. 3 Nr. 2 KAGB). Es muss sich also um Darlehen handeln, die nur aus den Überschüssen oder sonst frei verfügbarem Vermögen der Beteiligungsunternehmen bedient werden müssen und deren Erfüllung im Falle der Insolvenz erst nach Befriedigung sämtlicher Gläubiger des Beteiligungsunternehmens erfolgt. Dem Gesetzgeber kam es hier darauf an, das Darlehen über die Nachrangvereinbarung zu einer „unternehmerischen Beteiligung mit einer eigenkapitalähnlichen Haftungsfunktion" zu machen und so exzessiven Kreditvergaben und Regulierungsarbitrage einen Riegel vorzuschieben.[63]

d) Volumenbegrenzung durch die Anschaffungskosten der Beteiligung (§ 285 Abs. 3 Satz 1 Nr. 3 KAGB)

27 Die Vergabe von Gelddarlehen an Beteiligungsunternehmen des geschlossenen Spezial-AIF bis zur Höchstgrenze des § 285 Abs. 3 Satz 1 KAGB ist schließlich drittens zulässig, wenn die dem jeweiligen Unternehmen gewährten Darlehen nicht das Zweifache der Anschaffungskosten der an dem Unternehmen gehaltenen Beteiligung übersteigen. Die Verwendung der Anschaffungskosten als Bezugsgröße soll wohl auf § 255 Abs. 1 HGB verweisen.[64] Für deren Ermittlung ist auf den Erwerbszeitpunkt abzustellen. Spätere Änderungen des Beteiligungswertes bleiben unberücksichtigt.[65]

3. Verzicht auf Höchstgrenze für die Vergabe von Nachrangdarlehen (§ 285 Abs. 3 Satz 2 KAGB)

28 Nimmt der Spezial-AIF seinerseits nur Kredite bis zur Höhe von 30 Prozent des für Anlagen verfügbaren Kapitals auf, dürfen nach § 285 Abs. 3 Satz 2 KAGB auch mehr als 50 Prozent des für Anlagen zur Verfügung stehenden Kapitals in die Gewährung von Nachrangdarlehen i.S.d. § 285 Abs. 3 Satz 1 Nr. 2 KAGB fließen. Der Gesetzgeber verzichtet hier also auf die Höchstgrenze des § 285 Abs. 3 Satz 1 KAGB[66] und begründet dies mit der Nähe der Nachrangdarlehen zu haftendem Eigenkapital.[67]

4. Darlehensvergabe des darlehensnehmenden Tochterunternehmens (§ 285 Abs. 3 Satz 3 KAGB)

29 Sofern die Darlehensvergabe an ein Tochterunternehmen nach § 285 Abs. 3 Satz 1 Nr. 1 KAGB erfolgt, muss die AIF-KVG gem. § 285 Abs. 3 Satz 3 KAGB sicherstellen, dass das Tochterunternehmen seinerseits Gelddarlehen nur Unternehmen gewährt, an denen es bereits beteiligt ist und zusätzlich eine der in § 285 Abs. 3 Satz 1 Nr. 1 bis 3 KAGB aufgeführten Bedingungen erfüllt ist. Die Vorschrift dient dem **Umgehungsschutz.**[68] Dementsprechend hat die AIF-KVG bei **mehrgliedrigen Beteiligungsketten** die Einhaltung der Vorgaben des § 285 Abs. 3 KAGB auch bei der Vergabe von Gelddarlehen durch darlehensnehmende Enkelunternehmen etc. sicherzustellen.[69]

VII. Ordnungswidrigkeit

30 Die AIF-KVG handelt ordnungswidrig, wenn sie zumindest fahrlässig entgegen § 285 KAGB in einen dort genannten Vermögensgegenstand investiert (§ 340 Abs. 2 Nr. 75 KAGB).

---

60 S. etwa Erwägungsgrund 31 der RL 2013/34/EU.
61 S. in Rz. 19 ff.; **a.A.** *Swoboda* in Weitnauer/Boxberger/Anders, § 285 KAGB Rz. 17.
62 S. in Rz. 24. Zum Verzicht auf diese Höchstgrenze unter den Voraussetzungen von § 285 Abs. 3 Satz 2 KAGB s. noch in Rz. 28.
63 Begr. RegE OGAW-V-UmsG, BT-Drucks. 18/6744, S. 66. Hierzu wiederum krit. *Swoboda* in Weitnauer/Boxberger/Anders, § 285 KAGB Rz. 19.
64 In diesem Sinne *Krause* in Beckmann/Scholtz/Vollmer, § 285 KAGB Rz. 42; *Swoboda* in Weitnauer/Boxberger/Anders, § 285 KAGB Rz. 20.
65 *Swoboda* in Weitnauer/Boxberger/Anders, § 285 KAGB Rz. 20.
66 S. dazu näher in Rz. 24.
67 Begr. RegE OGAW-V-UmsG, BT-Drucks. 18/6744, S. 66.
68 *Krause* in Beckmann/Scholtz/Vollmer, § 285 KAGB Rz. 46.
69 *Krause* in Beckmann/Scholtz/Vollmer, § 285 KAGB Rz. 47.

§ 286 Bewertung, Bewertungsverfahren und Bewerter; Häufigkeit der Bewertung

(1) Für die Bewertung, das Bewertungsverfahren und den Bewerter gelten die §§ 168, 169 und 216 entsprechend.

(2) Für die Häufigkeit der Bewertung gilt § 272 entsprechend.

In der Fassung vom 4.7.2013 (BGBl. I 2013, S. 1981).

Hinsichtlich der Kriterien gem. § 168 Abs. 7 KAGB im Zusammenhang mit den angemessenen Maßnahmen, um bei **Erwerb und Veräußerung von Vermögensgegenständen** das bestmögliche Ergebnis für den AIF zu erzielen, ist zu beachten, dass diese inhaltlich nicht auf alle durch einen geschlossenen Spezial-AIF erwerbbaren Vermögensgegenstände übertragbar sind.[1] 1

Mit dem Verweis auf § 272 KAGB für die Häufigkeit wird auch für geschlossene Spezial-AIF das **Mindesterfordernis** einer **jährlichen Bewertung** verpflichtend. Dies ist insbesondere für eine verbesserte Transparenz erforderlich, ermöglicht professionellen Anlegern, den aktuellen Wert in ihre Berichterstattung zu übernehmen und dient einem faireren Handel von Beteiligungen am Zweitmarkt.[2] 2

Für geschlossene Spezial-AIF existieren **keine Regelungen zur Offenlegung**. § 286 Abs. 2 KAGB verweist nur hinsichtlich der **Häufigkeit** auf § 272 KAGB.[3] 3

Darüber hinaus wird auf die entsprechenden Kommentierungen zu §§ 272, 168, 169, 216 KAGB verwiesen. 4

Unterabschnitt 2

Besondere Vorschriften für AIF, die die Kontrolle über nicht börsennotierte Unternehmen und Emittenten erlangen

§ 287 Geltungsbereich

(1) Die §§ 287 bis 292 sind anzuwenden auf AIF-Kapitalverwaltungsgesellschaften,

1. die AIF verwalten, die entweder allein oder gemeinsam auf Grund einer Vereinbarung die Erlangung von Kontrolle gemäß § 288 Absatz 1 über ein nicht börsennotiertes Unternehmen zum Ziel haben;

2. die mit einer oder mehreren AIF-Kapitalverwaltungsgesellschaften auf Grund einer Vereinbarung zusammenarbeiten, gemäß der die von diesen AIF-Kapitalverwaltungsgesellschaften verwalteten AIF die Kontrolle gemäß § 288 Absatz 1 über ein nicht börsennotiertes Unternehmen erlangen.

(2) Die §§ 287 bis 292 sind nicht anzuwenden, wenn das nicht börsennotierte Unternehmen

1. ein kleineres oder mittleres Unternehmen im Sinne von Artikel 2 Absatz 1 des Anhangs der Empfehlung 2003/361/EG der Kommission vom 6. Mai 2003 betreffend die Definition der Kleinstunternehmen sowie der kleinen und mittleren Unternehmen ist oder

2. eine Zweckgesellschaft für den Erwerb, den Besitz oder die Verwaltung von Immobilien ist.

(3) Unbeschadet der Absätze 1 und 2 ist § 289 Absatz 1 auch auf AIF-Kapitalverwaltungsgesellschaften anzuwenden, die AIF verwalten, die eine Minderheitsbeteiligung an einem nicht börsennotierten Unternehmen erlangen.

(4) [1]§ 290 Absatz 1 bis 3 und § 292 sind auch auf AIF-Kapitalverwaltungsgesellschaften anzuwenden, die solche AIF verwalten, die Kontrolle in Bezug auf einen Emittenten im Sinne von Artikel 2 Absatz 1 Buchstabe d der Richtlinie 2004/109/EG erlangen,

---

1 Vgl. *Hartrott* in Baur/Tappen, § 286 Rz. 5.

2 Vgl. *Tollmann* in Dornseifer/Jesch/Klebeck/Tollmann, Art. 19 AIFM-RL Rz. 157.

3 Vgl. *Tollmann* in Dornseifer/Jesch/Klebeck/Tollmann, Art. 19 AIFM-RL Rz. 169; a.A. *Herkströter/Krismanek* in Beckmann/Scholtz/Vollmer, Erg.Lfg. 9/14, § 286 KAGB Rz. 18, der auch eine entsprechende Anwendung der Offenlegungsvorschriften sieht.

1. der seinen satzungsmäßigen Sitz in der Europäischen Union oder in einem anderen Vertragsstaat des Abkommens über den Europäischen Wirtschaftsraum hat und

2. dessen Wertpapiere im Sinne von Artikel 4 Absatz 1 Nummer 21 der Richtlinie 2014/65/EU zum Handel auf einem organisierten Markt im Sinne von § 2 Absatz 11 des Wertpapierhandelsgesetzes zugelassen sind.

[2]Für die Zwecke dieser Paragraphen gelten die Absätze 1 und 2 entsprechend.

(5) Die §§ 287 bis 292 gelten vorbehaltlich der Bedingungen und Beschränkungen, die in Artikel 6 der Richtlinie 2002/14/EG festgelegt sind.

In der Fassung vom 4.7.2013 (BGBl. I 2013, S. 1981), zuletzt geändert durch das Zweite Finanzmarktnovellierungsgesetz (2. FiMaNoG) vom 23.6.2017 (BGBl. I 2017, S. 1693).

Schrifttum: *Burgard/Heimann*, Das neue Kapitalanlagegesetzbuch, WM 2014, 821; *Bauerfeind*, Die Möglichkeit der Sachauskehr aus kapitalanlagerechtlicher Perspektive, GWR 2018, 192; *Eidenmüller*, Regulierung von Finanzinvestoren, DStR 2007, 2116; *Eidenmüller*, Private Equity, Leverage und die Effizienz des Gläubigerschutzrechts, ZHR 171 (2007), 644; *Felsenstein/Müller*, Die Pflichten von Private Equity Fonds nach dem Kapitalanlagegesetzbuch bei Erwerb einer Mehrheitsbeteiligung an einem nicht börsennotierten Unternehmen, KSzW 2016, 55; *Klebeck/Kolbe*, Aufsichts- und Arbeitsrecht im KAGB, BB 2014, 707; *Koch*, Das Kapitalanlagegesetzbuch: Neue Rahmenbedingungen für Private-Equity-Fonds – Transparenz, gesellschaftsrechtliche Maßnahmen und Finanzierung, WM 2014, 433; *Kronstein/Claussen/Biederkopf*, Zur Frage der Rechtsbehelfe bei Verletzung der Bewertungsvorschriften des Aktiengesetzentwurfes, AG 1964, 268; *Längsfeld*, Zum Verbot des Asset Strippings (§ 292 KAGB), NZG 2016, 338; *Leible/Lehmann* (Hrsg.), Hedgefonds und Private Equity (2009); *Lutter/Bayer/Schmidt*, Europäisches Unternehmens- und Kapitalmarktrecht, 2017; *Möllers/Harrer/Krüger*, Die Regelung von Hedgefonds und Private Equity durch die neue AIFM-Richtlinie, WM 2011, 1537; *Schmidt/Spindler*, Finanzinvestoren aus ökonomischer und juristischer Perspektive: Eine Betrachtung der Risiken, der Notwendigkeiten und Möglichkeiten einer Regulierung von Private Equity und aktivistischen Hedgefonds aus ökonomischer, gesellschaftsrechtlicher, kapitalmarkt- und arbeitsrechtlicher Sicht, 2008; Schmolke, Institutionelle Aneger und Corporate Goernance – Traditionelle institutionelle Investoren vs. Hedgefonds, ZGR 2007, 1; *Schneider*, Missbräuchliches Verhalten durch Private Equity, NZG 2007, 888; *Schmolke*, Alternative Kapitalgeber oder Eigenkapitalräuber?, AG 2006, 577; *Schröder/Rahn*, Das KAGB und Private-Equity-Transaktionen – Pflichten für Manager von Private-Equity-Fonds und deren Verwahrstellen, GWR 2014, 49; *Söhner*, Neuer Rechtsrahmen für Private Equity – AIFM-Umsetzungsgesetz, Aktienrechtsnovelle 2014 und weitere Vorschriften, WM 2014, 2110; *Thiermann*, Beschränkungen von Leveraged Buy-Outs durch das Asset Stripping Verbot des § 292 KAGB?, NZG 2016, 335; *Ulrich*, Private Equity (LBO) vor und nach Inkrafttreten des KAGB, 2018; *van Kann/Redeker/Keiluweit*, Überblick über das Kapitalanlagengesetzbuch (KAGB), DStR 2013, 1483; *Vicano-Gofferje*, Neue Transparenzanforderungen für Private Equity Fonds nach dem Kapitalanlagegesetzbuch, BB 2013, 2506; *Volhard/El-Qalqili*, Private Equity und AIFM-Richtlinie, CFL 2013, 202; *Weitnauer*, Das Übernahmesonderrecht des KAGB und seine Auswirkungen auf die Private-Equity-Branche, AG 2013, 672; *Zetzsche*, Die Europäische Regulierung von Hedgefonds und Private Equity – ein Zwischenstand, NZG 2009, 692; *Zetzsche*, Anteils- und Kontrollerwerb an Zielgesellschaften durch Verwalter alternativer Investmentfonds, NZG 2012, 1164; *Zetzsche*, Investment Law as Financial Law: From Fund Governance over Market Governance to Stakeholder Governance?, in Birkmose/Neville/Sorensen (Eds): The European Financial Market in Transition, 2012, S. 339.

I. Grundlagen

§§ 287 bis 292 KAGB setzen sehr nah am Richtlinienvorbild die Art. 26–30 AIFM-RL[1] um. Die Vorschriften etablieren ein **Sonderübernahmerecht für AIF-KVG.** Hintergrund ist eine der Private Equity Branche[2] insbesondere von Kreisen des Europäischen Parlaments unterstellte Behandlung von Zielunternehmen als herkömmliche Handelsware.[3] Einzelne Private Equity Manager suchten z.B. durch eine intransparente Zerschlagung von Unternehmen den schnellen Gewinn, während man Verluste bei Arbeitnehmern und Gemeinwesen ablud.[4] Die Letztfassung geht weit über die Regelungsintention hinaus und unterwirft sämtliche AIF dem Sonderübernahmerecht. Der ursprüngliche Bezug zu Systemrisiken ist nicht mehr auszumachen.[5] 1

Die §§ 287 ff. KAGB sind **wie folgt aufgebaut**: § 287 KAGB regelt den **Anwendungsbereich**, wobei die für die §§ 289 bis 292 KAGB wichtige Definition des Kontrollerwerbs in § 288 KAGB ausgelagert wurde. §§ 289 bis 291 KAGB oktroyieren drei **zusätzliche Transparenzpflichten**, die darauf abzielen, eine heimliche Änderung der wesentlichen Beteiligungsverhältnisse zu erschweren: Erstens Mitteilungspflichten beim erstmaligen Erwerb (§ 289 KAGB), zweitens Informationspflichten über den beabsichtigten Umgang und die Pläne in Bezug auf das erworbene Unternehmen (§ 290 KAGB) und drittens Erweiterungen der periodischen Berichtspflichten (§ 291 KAGB). § 292 KAGB beschränkt schließlich die Möglichkeiten zur Entnahme aus dem erworbenen Unternehmen (sog. **Verbot des Asset Stripping**). 2

§ 287 Abs. 4 KAGB der Vorschrift hat seit ihrer Einführung im Jahr 2013 zwei Änderungen erfahren. Mit dem Gesetz zur Anpassung von Gesetzen auf dem Gebiet des Finanzmarktes[6] wurde mit Wirkung zum 19.7.2014 der Geltungsbereich auf Emittenten mit Sitz in einem anderen Vertragsstaat des Abkommens über den Europäischen Wirtschaftsraum erstreckt. Mit dem MiFID II-UmsG[7] hat der Verweis in die MiFID II-RL die frühere Verweisung in die MiFID I-RL ersetzt. 3

Die §§ 287 ff. KAGB/Art. 26 ff. AIFMD sind Gegenstand der **rechtspolitischen Kritik**,[8] werden vereinzelt sogar für verfassungswidrig gehalten.[9] Dies betrifft einerseits den **Anwendungsbereich**: Die Vorschriften verteuern den Beteiligungs- und Kontrollerwerb durch hochregulierte, heimische AIF, während z.B. chinesische Staatsfonds, operative Unternehmen und Family Offices keinen vergleichbaren Pflichten unterliegen. Zudem sind EU/EWR-AIF gegenüber Fonds aus Drittstaaten benachteiligt, die europäische Unternehmen ohne vergleichbare Restriktionen erwerben und diesen Vermögensgegenstände erziehen können. Eine diskutierte, aber letztlich abgelehnte Regelung im europäischen Gesellschaftsrecht[10] hätte die in sich unschlüssige Diskriminierung von EU/EWR-AIF vermeiden können. Andererseits sind die Regelungen in sich wenig schlüssig, kaum wirkungsvoll und schon gar nicht umgehungsfest. Naheliegende Fallgestaltungen z.B. des Asset Strippings werden nicht erfasst. Dies rechtfertigt die rechtspolitische Forderung, die §§ 287 ff. KAGB in ihrer jetzigen Form abzuschaffen und zur Sicherstellung des rechtspolitischen Ziels **technisch bessere Ersatzregelungen im europäischen Gesellschaftsrecht** zu schaffen. 4

---

1 Vgl. dazu *Clerc* in Zetzsche, AIFMD, S. 649 ff.; *van Dam/Mullmaier* in Zetzsche, AIFMD, S. 695 ff.; *Jesch* in Moritz/Klebeck/Jesch, § 287 KAGB Rz. 1, *Hartrott* in Baur/Tappen, § 287 KAGB Rz. 1; *Vicano-Gofferje*, BB 2013, 2506.

2 Zur Entwicklung und Aktivität von Private Equity Fonds vgl. *Eidenmüller*, DStR 2007, 2116; *Eidenmüller*, ZHR 171 (2007), 644; *Leible/Lehmann*, Hedgefonds und Private Equity, 2009; *Schmidt/Spindler*, Finanzinvestoren, 2008; *Schmolke*, ZGR 2007, 1; *Uwe H. Schneider*, AG 2006, 577; *Zetzsche*, NZG 2009, 692; *Zetzsche*, Prinzipien der kollektiven Vermögensanlage, S. 257 ff., 266 ff. (mit dem Nachweis, dass die §§ 287 ff. KAGB für sich keine ethische Rechtfertigung in Anspruch nehmen können).

3 „Class of assets' – just as gold bullion, stamp collections or mansions on the Riviera." Sog. *Rassmussen* Rede, online (http://ec.europa.eu/internal_market/investment/docs/conference/rasmussen_en.pdf), 11.7.2012, 5. Ausführlich und mit Nachweisen zur Gegenauffassung *Clerc* in *Zetzsche*, AIFMD, S. 649 ff.

4 Zu allem *Rasmussen-Rede*, online (http://ec.europa.eu/internal_market/investment/docs/conference/rasmussen_en.pdf), 11.7.2012, S. 6 ff.; Europäisches Parlament, Rechtsausschuss, Bericht vom 9.7.2008 mit Empfehlungen an die Kommission zur Transparenz institutioneller Investoren 2007/2239 (INI) (sog. Lehne-Bericht), S. 12; *Van den Burg/Rasmussen*, Hedge Funds and Private Equity – A Critical Analysis (April 2007), online (http://www.pes.eu/en/system/files/Hedge_Funds_EN.pdf), S. 108 ff. Ebenso *Jesch* in Moritz/Klebeck/Jesch, § 287 KAGB Rz. 2; Swoboda in Weitnauer/Boxberger/Anders, § 287 KAGB Rz. 1; *Vicano-Gofferje*, BB 2013, 2506.

5 Krit. auch *Vicano-Gofferje*, BB 2013, 2506.

6 Vgl. Art. 2 G. v. 15.7.2014, BGBl. I, S. 934.

7 Vgl. Art. 12 G. v. 23.6.2017, BGBl. I, 1693, S. 2446.

8 Kritisch auch *Swoboda* in Weitnauer/Boxberger/Anders, § 287 KAGB Rz. 1; *Jesch* in Moritz/Klebeck/Jesch, § 287 KAGB Rz. 34.

9 *Jesch* in Moritz/Klebeck/Jesch, § 287 KAGB Rz. 34 (zu § 292 KAGB).

10 Vgl. *Jesch* in Moritz/Klebeck/Jesch, § 287 KAGB Rz. 22; *Swoboda* in Weitnauer/Boxberger/Anders, § 287 KAGB Rz. 1.

5 Von der in Art. 26 Abs. 7 AIFM-RL eingeräumten Option, die Art. 26 ff. AIFM-RL erweiternd umzusetzen, hat der deutsche Gesetzgeber nicht Gebrauch gemacht. Auch von Verweisungen in scheinbar verwandte Vorschriften des Kapitalmarktrechts, insb. **§§ 34, 38 WpHG und §§ 29, 30 WpÜG** wurde bewusst abgesehen, so dass weder eine direkte, noch eine analoge Anwendung in Betracht kommt. Gegen eine **analoge Anwendung** spricht insbesondere der abweichende Schutzzweck von Kapitalmarktrecht und §§ 287 ff. KAGB: Das WpHG und WpÜG zielen auf eine Verbesserung der Preisbildung am Kapitalmarkt, während die §§ 287 ff. KAGB auf den Erhalt der Unternehmenssubstanz und den Schutz der Arbeitnehmer ausgerichtet sind.[11]

II. Aufbau des § 287 KAGB

6 § 287 Abs. 1 KAGB regelt in Bezug auf **nicht börsennotierte Unternehmen**, auf welche AIF und welche Formen des angestrebten Kontrollerwerbs die §§ 287 ff. KAGB anzuwenden sind. § 287 Abs. 2 KAGB enthält die wichtigen Rückausnahmen für den Erwerb von KMUs sowie von Zweckgesellschaften. § 287 Abs. 3 KAGB bestimmt, dass die Mitteilungspflichten an die BaFin gem. § 289 Abs. 1 KAGB unabhängig von einem beabsichtigten Kontrollerwerb einzuhalten sind, i.e. dass AIF, die nur eine Minderheitsbeteiligung i.S.v. § 289 Abs. 1 KAGB eingehen und auch deren Ausbau nicht beabsichtigen, dennoch meldepflichtig sind. § 287 Abs. 4 KAGB ordnet die Anwendbarkeit der Mitteilungspflicht in Bezug auf Pläne und Absichten sowie das Verbot des Asset Strippings für den **Kontrollerwerb an börsennotierten Unternehmen** an. § 287 Abs. 5 KAGB regelt das Verhältnis der §§ 287 ff. KAGB zu anderen europäischen Vorschriften, die eine Arbeitnehmerbeteiligung vorschreiben.

III. Anwendungsbereich (§ 287 Abs. 1 KAGB)

1. AIF-Kapitalverwaltungsgesellschaften

7 Die §§ 287 ff. KAGB beziehen sich zwar auf den Fonds (AIF), richten sich aber an die AIF-KVG gem. § 1 Abs. 16, § 17 KAGB (sog. **Verwalterregulierung**, dazu § 1 Rz. 155 ff.). Dies folgt aus einer Reihe von Vorschriften der AIFM-RL.[12] Zunächst folgt dies unmittelbar aus Art. 26 Abs. 1 AIFM-RL, wo der AIFM direkt adressiert wird. Aber der Charakter als Verwalterregulierung folgt auch aus den Vorschriften zur grenzüberschreitenden Tätigkeit. So hat der AIFM, der einen EU-Pass für den Vertrieb von Nicht-EU-AIF anstrebt, sämtliche Richtlinienvorschriften, und der EU-AIFM, der nur eine Vertriebsbewilligung für solche Nicht-EU-AIF in einem EU/EWR-Staat anstrebt, sämtliche Richtlinienvorschriften (mit Ausnahme der Depotbankvorschriften) einzuhalten.[13] Er hat also auch die Art. 26 ff. AIFM-RL einzuhalten, obwohl es um einen Nicht-EU-AIF geht. Noch deutlicher folgt der Charakter der Verwalterregulierung aus Art. 37 Abs. 2 Satz 1 AIFM-RL: Die Verpflichtung zur Einhaltung der Richtlinie trifft grds. auch den Nicht-EU-AIFM, der beabsichtigt, einen EU-AIF zu verwalten und im Binnenmarkt zu vertreiben. Würden die Art. 26 ff. AIFM-RL an den EU-AIF anknüpfen, wäre diese Regelung entbehrlich, die Art. 26 ff. AIFM-RL würden ohnehin gelten. Gegen die hier vertretene Auslegung spricht nicht Art. 26 Abs. 7 AIFM-RL, denn dort geht es nur um die Befugnis, weitere gesellschaftsrechtliche Anforderungen für Unternehmen im eigenen Hoheitsgebiet festzulegen. Dies hat weder mit Verwalter- noch Produktregulierung etwas zu tun.

8 Aus dem KAGB **erschließt sich dieser systematische Zusammenhang nicht**: §§ 54 Abs. 5, 66 Abs. 5 KAGB knüpfen – im Gegenteil – die Geltung der §§ 287 ff. KAGB an **den inländischen Fonds**, der entweder durch eine EU/EWR- (§ 54 Abs. 5 KAGB) oder eine Drittstaats-Verwaltungsgesellschaft, deren Referenzmitgliedstaat ein anderer EU/EWR-Staat als Deutschland ist (§ 66 Abs. 5 KAGB), verwaltet wird. Der KAGB-Gesetzgeber versteht die §§ 287 ff. KAGB somit als **Produktregulierung** und erfährt dabei überwiegend Zustimmung im Schrifttum.[14] Der Eindruck wird durch § 55 Abs. 1 KAGB nicht korrigiert, wonach eine inländische AIF-KVG, die einen Nicht-EU-AIF verwaltet, der nur in Drittstaaten vertrieben wird, die

---

11 I.E. auch *Jesch* in Moritz/Klebeck/Jesch, § 287 KAGB Rz. 12; *Schröder/Rahn*, GWR 2014, 49 (50).

12 Vgl. ausführlich dazu *Zetzsche*/Marte, The AIFMD's Cross-Border Dimension, Third-Country Rules and the Equivalence Concept in Zetzsche, AIFMD, S. 431, 470 f.

13 Vgl. für EU-AIFM Art. 35 Abs. 2 Satz 1, 36 Abs. 1 Buchst. a AIFM-RL; die Vorschrift gilt über die Verweisung in Art. 40 Abs. 2 Satz 1 AIFM-RL auch für Nicht-EU-AIFM.

14 Vgl. *Jesch* in Moritz/Klebeck/Jesch, § 287 KAGB Rz. 14; *Engler* in Moritz/Klebeck/Jesch, § 54 KAGB Rz. 66; *Vicano-Gofferje*, BB 2013, 2506 (2507); anders wohl nur *Längsfeld*, NZG 2016, 1099 f., der von einer Verwalterregulierung ausgeht und dann die § 54 Abs. 5 und § 66 Abs. 5 KAGB als zusätzliche Produktregulierung des deutschen Gesetzgebers versteht; eine solche Produktregulierung wäre indes jenseits von Art. 41 AIFM-RL (Publikumsfonds) europarechtswidrig.

AIFM-RL (also auch Art. 26 ff. AIFM-RL) einhalten muss. Denn weiterhin bestehen wegen des Fehlverständnisses als Produktregulierung zwei **gravierende Schutzlücken:** 1) Verwaltet eine deutsche KVG einen luxemburgischen, irischen oder liechtensteinischen AIF, gelten die §§ 287 ff. KAGB nicht, jedoch sind die Art. 26 ff. AIFM-RL auch nach luxemburgischen und liechtensteinischen Recht nicht anzuwenden, weil diese Staaten die Art. 26 ff. AIFM-RL korrekt als Verwalterregulierung umgesetzt haben. 2) Verwaltet ein Drittstaaten-AIFM, der Deutschland als Referenzstaat angegeben hat, einen ausländischen AIF, kommt es nicht zur Anwendung der Art. 26 ff. AIFM-RL, denn das KAGB sieht dazu nichts vor (vgl. § 57 Abs. 3 KAGB). Dieser **Missstand ist zu korrigieren**, indem die durch die systematische Stellung im 3. Abschnitt des 3. Kapitels bewirkte Eingrenzung im Wege **der europarechtskonformen Auslegung** überwunden und **ausschließlich auf den der Richtlinie entsprechenden Wortlaut der §§ 287 ff. KAGB abgestellt wird**, der sich unmittelbar **an alle AIF-KVG** richtet. Den Regelungsbefehl in §§ 54 Abs. 5, § 66 Abs. 5 KAGB mag man als deklaratorisch aufrechterhalten. Die dann noch bestehende Lücke in Bezug auf Nicht-EU-AIFM, die Deutschland als Referenzstaat wählen, hat der Gesetzgeber zu schließen, wenn diese Regelungen in Kraft treten.

Vertreibt ein **Nicht-EU-AIFM** ausschließlich Anteile in Drittstaaten, sind die §§ 287 ff. KAGB nicht anzuwenden. *Beispiel*: Ein Cayman Private Equity Manager eines Schweizer Fonds, der Anteile an deutschen Unternehmen hält, vertreibt Anteile in der Schweiz und den USA. Dies hat erhebliche praktische Bedeutung. Die §§ 287 ff. KAGB kommen selten zur Anwendung, weil Private Equity Fonds von Drittstaaten-AIFM **ganz überwiegend nicht in Deutschland aktiv i.S.d. § 293 KAGB vertrieben** werden. Zumeist finden solche Anteile den Weg in deutschen Portfolios mittels *reserve solicitation.* 9

Ebenfalls keine Anwendung finden die §§ 287 ff. KAGB auf **kleine AIF-Verwaltungsgesellschaften, die Spezial-AIF verwalten**, gem. § 2 Abs. 4 KAGB, **Kleinst-AIFM** gem. § 2 Abs. 4a KAGB, sowie auf die Verwalter von **EuVECAs und EuSEFs** gem. § 2 Abs. 6 und 7 i.V.m. § 337, 338 KAGB. Über die Verweisungskette gem. §§ 2 Abs. 5, 261 Abs. 1 Nr. 4 und Abs. 7 KAGB scheinen die §§ 287 ff. KAGB jedoch für **kleine KVGs zu gelten, die Publikumsfonds verwalten.**[15] Allerdings ist von einer den Mindestrichtlinieninhalt überschießenden Umsetzungsintention des deutschen Gesetzgebers nichts bekannt, zudem führt dies zu dem Widerspruch, dass tendenziell beim Kontrollerwerb zurückhaltende Fondsverwalter strenger behandelt werden als die tendenziell aggressiveren kleinen Spezial-AIFM. Die zu breit geratene Verweisung ist als **Redaktionsversehen** teleologisch dahingehend zu reduzieren, dass die §§ 287 ff. KAGB auf **alle kleinen AIFM nicht anzuwenden** sind. Für KVGs, die ELTIFs gem. § 338a KAGB und MMFs gem. § 338b KAGB verwalten, gelten dagegen keine Besonderheiten. 10

2. Verwaltung von AIF

War die Vorschrift nach dem Referentenentwurf vom 20.7.2012 zunächst zweckgerecht auf Private Equity Fonds beschränkt, für die der Erwerb wesentlicher Beteiligungen prägend ist,[16] wurde diese Beschränkung richtlinienkonform im weiteren Gesetzgebungsverfahren aufgegeben. Unter Berücksichtigung von § 287 Abs. 1 KAGB sowie des Verweises in § 261 Abs. 1 Nr. 6 und Abs. 7 KAGB sind **alle geschlossenen AIF (Publikums- und Spezial-AIF** gem. dazu § 1 Abs. 5 und 6 KAGB)[17] sowie gem. § 282 Abs. 3 KAGB **alle offenen Spezial-AIF** erfasst.[18] Die meisten **offenen Publikums-AIF** können aufgrund des Verweises auf § 210 KAGB keine Kontrolle erwerben, vgl. §§ 218, 230 KAGB (mit Ausnahme für Immobilien-Zweckgesellschaften in § 234 KAGB). Zu einem Kontrollerwerb kann es jedoch bei **Sonstigen Investmentvermögen** und **indirekt bei Dach-Hedgefonds** kommen, da insoweit nicht auf § 210 KAGB verwiesen wird. Weil Art. 26 ff. AIFM-RL nicht nach Fondstypen differenziert, sondern für alle AIF-KVG Geltung beansprucht, sind die §§ 287 ff. KAGB dennoch anzuwenden: Der Wortlaut der §§ 287 ff. KAGB steht nicht entgegen; die gegen die Anwendung sprechende systematische Stellung der Norm im Unterabschnitt zu geschlossenen Spezial-AIF ist im Wege der europarechtskonfomen Auslegung zu überwinden. 11

Verwaltung meint die Funktion als Verwaltungsgesellschaft gem. § 17 Abs. 1 KAGB. Die Übernahme etwa des Portfolio- oder Risikomanagements als Beauftragter der AIF-KVG genügt für sich nicht.[19] Allerdings kann die AIF-KVG ihre Pflichten nur erfüllen, wenn sie von ihren Delegierten die entsprechenden Informationen erhält. Dies ist sicherzustellen, die Auslagerung befreit die KVG nicht von ihren Pflichten (vgl. § 36 12

15 *Weitnauer*, AG 2013, 672 (674).

16 Dazu *Zetzsche*, NZG 2012, 1164.

17 Auch § 142 Nr. 2, § 150 Nr. 2 KAGB für die geschlossene Spezialinvestment-AG und -KG verweisen auf §§ 287 bis 292 KAGB. Dem Verweis kommt kein gesonderter Regelungsgehalt zu.

18 I.E. auch *Jesch* in Moritz/Klebeck/Jesch, § 287 KAGB Rz. 15 f.

19 A.A. *Ulrich*, S. 518; *Herkströter/Krismanek* in Beckmann/Scholtz/Vollmer, § 287 KAGB Rz. 14, die aber übersehen, dass es dann zugleich mehrere Pflichtige geben kann.

KAGB i.V.m. Art. 75 Buchst. b bis h, j AIFM-VO (Delegierte Verordnung (EU) Nr. 231/2013). Ist die Verwalterfunktion streitig, kommt es auf die Portfolioverwaltung an.[20]

3. Erlangung von Kontrolle an EWR-Kapitalgesellschaft

13 Zum Kontrollbegriff vgl. § 288 Rz. 2.

a) Kontrollabsicht

14 Nach **§ 287 Abs. 1 Nr. 1 KAGB** muss der AIF die Erlangung von Kontrolle gem. § 288 Abs. 1 KAGB **zum Ziel** haben. Dieses Merkmal ist in Art. 26 Abs. 1 AIFM-RL nicht zu finden und, wenn es zu streng verstanden wird, wenig sinnvoll und wohl auch europarechtswidrig.[21] Sinnvoll und noch europarechtskonform ist eine Auslegung, wonach ein **finales Element** bei Erwerb erforderlich ist. Ausgegrenzt werden nur, aber immerhin Fälle rein zufälliger Kontrollerlangung (etwa nach einem Aktienrückkauf oder Kapitalschnitt mit Sanierungsbeteiligung). Im Übrigen gebietet das Europarecht eine großzügige Handhabung der „Kontrollabsicht"; diese ist regelmäßig zu vermuten. Die Kontrollerlangung kann **Teil der Anlagestrategie des Fonds** sein. Allerdings setzt dies keine Private Equity-Strategie voraus. Es genügt, wenn nach der Anlagestrategie ein Kontrollerwerb möglich ist und die Rendite gerne vereinnahmt wird. Auf den **Zeitpunkt des geplanten Kontrollerwerbs** – sofort oder später – kommt es nicht an. Auch eine langfristige Strategie ist tatbestandsmäßig. Etwas versteckt ist das finale Element ebenso in § 287 Abs. 1 Nr. 2 KAGB enthalten. Nach dieser Variante muss es eine Vereinbarung geben, gemäß derer die Kontrolle erlangt werden soll. Die **Kontrollabsicht** ist in dieser Variante somit **in der Vereinbarung niedergelegt** (dazu Rz. 20 ff.).[22]

15 Die **Kontrollabsicht** muss in Bezug auf ein **nicht börsennotiertes Unternehmen** bestehen. Börse meint den organisierten Markt gem. § 2 Abs. 11 WpHG. Im Freiverkehr oder an anderen Handelsplattformen notierte Aktien sind „nicht börsennotiert". Vgl. näher zur Börsennotierung die Definition in § 1 Abs. 19 Nr. 27 KAGB (s. § 1 Rz. 213 ff.).

b) „Unternehmen"

16 Die Bezugnahme auf **Unternehmen** geht auf einen Übersetzungsfehler zurück; die französische und englische Verhandlungsfassung spricht von *companies* bzw. *societés*. Für eine teleologische Reduktion spricht zudem, dass die §§ 288 Abs. 1, 289 Abs. 1, 292 KAGB Stimmrechte in Prozent und eine kapitalistische Verfassung voraussetzen, welche bei Personengesellschaften typischerweise fehlt. Nach h.M. erstrecken sich die §§ 287 ff. KAGB daher ausschließlich auf **Kapitalgesellschaften.**[23] Dazu zählt auch die **KGaA.**[24] Darüber hinaus können **kapitalistisch strukturierte Kommanditgesellschaften (insb. GmbH & Co.)** einbezogen sein, wenn deren Verfassung ähnlich einer Kapitalgesellschaft ausgestaltet ist.[25] Die betreffende Gesellschaft muss ihren **Satzungssitz in der EU oder im EWR** (Norwegen, Liechtenstein, Island) haben; auf die Hauptverwaltung kommt es nicht an. Ohne Begrenzung auf EWR-Gesellschaften sind die Referenzen zur ÜbernahmeRL und ArbeitnehmerinformationsRL unverständlich; deren Anwendung setzt einen Sitz im EWR voraus.[26]

c) Zurechnungsgründe (§ 287 Abs. 1 Nr. 1 und 2 KAGB)

17 § 287 Abs. 1 Nr. 1 und 2 KAGB erweitern den Kreis der kontrollierten Unternehmen durch Zurechnungsgründe. Nach § 287 **Abs. 1 Nr. 1** KAGB muss die Kontrollabsicht **„allein oder gemeinsam"** sowie, falls ge-

20 Ebenso *Jesch* in Moritz/Klebeck/Jesch, § 287 KAGB Rz. 36; *Bärenz/Steinmüller* in Dornseifer/Jesch/Klebeck/Tollmann, Art. 26 AIFM-RL Rz. 2; *Swoboda* in Weitnauer/Boxberger/Anders, § 287 KAGB Rz. 6; unklar *Herkströter/Krismanek* in Beckmann/Scholtz/Vollmer, § 287 KAGB Rz. 14.

21 S. *Ulrich*, S. 518 f.

22 Tendenziell wie hier *Thiermann*, NZG 2016, 335 (336); abweichend *Jesch* in Moritz/Klebeck/Jesch, § 287 KAGB Rz. 44; *Swoboda* in Weitnauer/Boxberger/Anders, § 287 KAGB Rz. 13.

23 H.M., vgl. *Jesch* in Moritz/Klebeck/Jesch, § 287 KAGB Rz. 23; *Klebeck/Kolbe*, BB 2014, 707 (710 f.); *Swoboda* in Weitnauer/Boxberger/Anders, § 287 KAGB Rz. 3; *Zetzsche*, NZG 2012, 1164 f.; *Swoboda* in Weitnauer/Boxberger/Anders, § 288 KAGB Rz. 4; diff., aber i.E. auch *Ulrich*, S. 511 ff. mit ausf. Diskussion und m.w.N.; a.A. *Behme* in Baur/Tappen, § 292 KAGB Rz. 11 (KapGes & PersGes); *Vicano-Gofferje*, BB 2013, 2506; *Bärenz/Steinmüller* in Dornseifer/Jesch/Klebeck/Tollmann, Art. 26 AIFM-RL Rz. 29 ff. (die den Begriff allerdings auf operativ tätige Unternehmen einschränken); zweifelnd *Thiermann*, NZG 2016, 335 (339).

24 *Ulrich*, S. 516.

25 S. bereits *Zetzsche*, NZG 2012, 1164 sowie Fn. 13.

26 Art. 1 Abs. 1 RL 2004/25/EG, Art. 1 Abs. 1 Buchst. a) RL 2002/14/EG.

meinsam,[27] „auf Grund einer Vereinbarung" (dazu Rz. 20) bestehen. Wie aus dem ersten Halbsatz („die AIF verwalten") folgt, bezieht sich diese Anforderung auf die verwalteten AIFs. Erfasst ist somit der Fall, dass **ein einzelner AIF** (1. Var.) oder **zwei oder mehr AIF zusammen** (2. Var.) die Kontrolle erlangen möchten. Folglich wird das Handeln all jener AIFs zusammengefasst, deren Anlagestrategie beinhaltet, die Kontrolle über die Gesellschaft zu erwerben.

§ 287 Abs. 1 Nr. 2 KAGB erfasst den Fall, dass die Kontrollabsicht **über mindestens zwei AIF-KVGs vermittelt** wird, diese also zusammenarbeiten, damit die von diesen verwalteten AIF die Kontrolle erlangen. An der ***gemeinsamen* Kontrolle** sind mehrere AIFM beteiligt. Neben dem AIFM, der Bezugspunkt der Norm ist, braucht es also **mindestens eine weitere AIF-KVG** sowie die Vereinbarung, wonach die verwalteten AIF die Kontrolle übernehmen sollen. Var. 2 füllt somit eine Lücke für den Fall, dass die Anlagestrategie eines AIF nicht auf Kontrollerlangung ausgerichtet ist, gleichwohl aber sich ein AIF an einem koordinierten Kontrollerwerb beteiligt. Nicht erfasst sind drei Fälle: Erstens, dass der AIFM mehrere AIF lediglich verwaltet, ohne Kontrollabsicht in mehr als einem AIF. Eine Zusammenrechnung von Anteilen mehrerer AIF, die von demselben AIFM verwaltet werden, findet nicht statt.[28] Zweitens der Fall, dass der **AIFM für eigene Rechnung** an dem Kontrollerwerb teilnimmt. Drittens nicht erfasst ist der Fall, dass die Anlagestrategie des AIF keine Kontrollerlangung vorsieht, diese ggf. sogar ausschließt oder aus anderen Gründen zweifelsfrei keine Kontrollabsicht gegeben ist, der AIF aber dennoch die Kontrolle erwirbt. 18

Nicht erfasst ist die Kontrolle, die **ein AIFM und ein anderes Unternehmen** (z.B. Holding, Staatsfonds, Family Office) gemeinsam erwerben. Der Grund für diese Lücke ist rätselhaft. *Beispiel*: Der AIFM erwirbt 26 %, das operative Unternehmen 25,1 %. Weil weder der AIF die Kontrolle allein innehat (Fall des § 287 Abs. Nr. 1 KAGB), noch der AIFM mit einem anderen AIFM zusammenarbeitet (Fall des § 287 Abs. 1 Nr. 2 KAGB), sind die §§ 287 ff. KAGB nicht einschlägig. Im Extremfall könnte insbesondere eine Investmentbank bei einem AIFM, der 50 % an einer Kapitalgesellschaft hält – Kontrolle meint ja *über* 50 % der Stimmrechte (!) – durch einen Minimalanteil die Kontrolle sichern, indem sie ihre Rechte konsequent nicht ausübt. Der Nachweis eines die Zurechnung begründenden Treuhandverhältnisses ist schwierig. 19

d) Auf Grund einer Vereinbarung

Nach dem Merkmal **„auf Grund einer Vereinbarung"** sollen nur Fälle des *acting in concert* erfasst sein.[29] Eine Orientierung an § 30 Abs. 2 WpüG, § 34 Abs. 2 Satz 1 WpHG bei der Auslegung ist grds. zulässig.[30] Ausgegrenzt ist die **rein zufällige gleichzeitige Kontrollabsicht durch mindestens zwei AIF bzw. AIFM.** *Beispiel*: Zwei AIFs möchten rein zufällig zur selben Zeit die Kontrolle an demselben Unternehmen erlangen und erwerben zu diesem Zweck Anteile. Da am Ende nur einer von beiden die Kontrolle i.S.v. § 288 Abs. 1 KAGB erlangen kann, erzwingt dieser Erwerb durch mehrere nicht die Anwendung der §§ 287 ff. KAGB wegen gemeinsamen Handelns. Allerdings unterliegt jeder einzelne AIF den §§ 287 ff. KAGB, da auch das einzelne Handeln des AIF genügt; dann muss der AIF lediglich den Kontrollerwerb zum Ziel haben (vgl. § 287 Abs. 1 Nr. 1 KAGB und Rz. 14). Anders wäre es **beim gleichzeitigen Erwerb durch den AIFM.** Da der Erwerb nur durch einen AIFM selbst nicht die Anwendung der Norm auslöst, ist §§ 287 ff. KAGB nicht anzuwenden. Freilich kann, wenn der AIFM für zumindest einen AIF handelt, Var. 1 erfüllt sein. 20

Jeweils ist an die **Form der Vereinbarung** keine hohe Anforderung zu stellen, andernfalls die Vorschrift gänzlich unpraktisch ist. Als Vereinbarung genügt **eine bewusst willensgetragene Abstimmung mit gegenseitiger Kommunikation, ein zivilrechtlicher Vertrag ist nicht erforderlich.**[31] Wie bei der Verhaltensabstimmung im Übernahmerecht[32] wird man keine schriftliche Vereinbarung fordern dürfen, eine in die Tat umgesetzte tatsächliche Willensübereinstimmung ohne Rechtsbindungswillen genügt. Hier wie dort 21

27 So auch *Bärenz/Steinmüller* in Dornseifer/Jesch/Klebeck/Tollmann, Art. 26 AIFM-RL Rz. 2; *Jesch* in Moritz/Klebeck/Jesch, § 287 KAGB Rz. 35; *Swoboda* in Weitnauer/Boxberger/Anders, § 287 KAGB Rz. 6; *Weitnauer*, AG 2013, 672 (674).

28 *Swoboda* in Weitnauer/Boxberger/Anders, § 287 KAGB Rz. 11; *Jesch* in Moritz/Klebeck/Jesch, § 287 KAGB Rz. 42 („Dies kann nicht per se zu einer gemeinsamen Kontrolle führen").

29 Vgl. *Zetzsche*, NZG 2012, 1164 (1165); zust. *Vicano-Gofferje*, BB 2013, 2506; *Koch*, WM 2014, 433.

30 Ebenso *Vicano-Gofferje*, BB 2013, 2506 (2509); *Ulrich*, S. 521 ff. Näher zu § 30 Abs. 2 WpÜG *Noack/Zetzsche* in Schwark/Zimmer, § 30 WpÜG Rz. 19 ff.; adressiert werden sollen „Wolfsrudelstrategien".

31 Wie hier *Ulrich*, S. 521 ff.; strenger die wohl h.L., z.B. *Swoboda* in Weitnauer/Boxberger/Anders, § 287 KAGB Rz. 7 f.

32 Vgl. *Noack/Zetzsche* in Schwark/Zimmer, § 30 WpÜG Rz. 24 ff. Für Anwendung der Kriterien des § 30 Abs. 2 WpÜG auch *Söhner*, WM 2014, 2110; krit. *Swoboda* in Weitnauer/Boxberger/Anders, § 287 KAGB Rz. 8.

werden sich vergleichbare Beweisprobleme stellen. Jedoch wurde auf eine Vermutung, wonach von Kontrollbesitz auf eine Vereinbarung zu schließen ist, verzichtet.[33] Der Eindruck, dass eine Vereinbarung besteht, kann sich freilich aus den Umständen einstellen, etwa bei intensivem Einsatz von Derivaten, Vorkaufsrechten und anderen, im Übrigen von § 288 KAGB (s. § 288 Rz. 2) nicht erfassten Rechten, die letztlich auf Stimmrechtseinfluss ausgerichtet sind (nicht aber Call-Optionen auf stimmrechtslose Vorzugsaktien). Umstritten ist der wichtige Fall, dass **zwei oder mehr AIF eine Zweckgesellschaft** (Erwerbergesellschaft) gründen oder sich daran beteiligen, die sodann die Kontrolle an einem Unternehmen erwirbt. Nach einer Literaturansicht muss auch in diesem Fall an die Merkmale Ziel und Vereinbarung ein strenger Maßstab angelegt werden,[34] was wohl heißen soll, man verlangt, dass in einem Poolvertrag eine koordinierte Vorgehensweise bei Abstimmungen schriftlich niedergelegt sein muss. Dies überdehnt die Anforderungen. Auch eine **konkludente Vereinbarung, wonach gemeinsam Kontrolle erworben werden soll** (hier aus den Umständen folgend), genügt.[35] Dies kann insbesondere sog. **Co-Investments** betreffen, bei denen ein Investor die Due Diligence betreibt und die Stimmrechtsstrategie bestimmt und die übrigen Anleger dessen Vorgaben folgen.[36]

IV. Ausnahmen: KMU, Immobilien-Zweckgesellschaften, Anlageorganismen (§ 287 Abs. 2 KAGB)

22 § 287 Abs. 2 KAGB nimmt den Anteilserwerb an kleinen und mittleren Unternehmen (KMUs) und Immobilien-Zweckgesellschaften vom Anwendungsbereich der §§ 287 ff. KAGB aus. Weitere Ausnahmen ergeben sich aus Sinn und Zweck dieser Ausnahmen.

1. KMU

a) Zweck

23 Sinn der **Ausnahme für den Anteilserwerb an kleinen und mittleren Unternehmen (KMU)** in §§ 287 Abs. 2 Nr. 1 KAGB ist die Entlastung von unnötiger Bürokratie bei wenig sozial- und öffentlich-wirksamen Übernahmen und die Erleichterung der Bildung effizienter (größerer) Einheiten.

24 Für die Anwendung der §§ 287 ff. KAGB kommt es grds. auf den **Erwerbszeitpunkt** an. Wächst ein Unternehmen während der Haltezeit aus dem KMU-Status heraus, begründet dies keine Meldepflicht.[37] Wohl aber besteht eine Meldepflicht, wenn Anteile an dem – dann – Nicht-mehr-KMU veräußert werden (arg. § 289 Abs. 1 KAGB) oder in diesem Stadium erstmalig die Kontrolle erlangt wird.

b) Kommissionsempfehlung

25 Statt auf die kleinen und mittleren Kapitalgesellschaften in Art. 27 der Bilanzrechts-RL 2013/34/EU,[38] die § 267 HGB in Bezug nehmen, die für die KMU-Entlastungsrichtlinie 2009/49/EG herangezogen wurde und auch der Venture Capital Verordnung[39] zugrunde liegt, verweist § 287 Abs. 2 Nr. 1 KAGB auf die vom europäischen Beihilfenrecht[40] beeinflusste KMU-Kommissions-Empfehlung 2003/361/EG.[41] § 287 Abs. 2

33 Bereits *Zetzsche*, NZG 2012, 1164 (1165); ebenso *Swoboda* in Weitnauer/Boxberger/Anders, § 287 KAGB Rz. 8.

34 *Swoboda* in Weitnauer/Boxberger/Anders, § 287 KAGB Rz. 8; *Bärenz/Steinmüller* in Dornseifer/Jesch/Klebeck/Tollmann, Art. 26 AIFM-RL Rz. 38; *Weitnauer*, AG 2013, 672 (674); großzügiger *Söhner*, WM 2014, 2110.

35 I.E. auch für Zurechnung *Schröder/Rahn*, GWR 2014, 50 f.

36 Zurückhaltend *Jesch* in Moritz/Klebeck/Jesch, § 288 KAGB Rz. 32.

37 *Swoboda* in Weitnauer/Boxberger/Anders, § 287 KAGB Rz. 15; *Jesch* in Moritz/Klebeck/Jesch, § 287 KAGB Rz. 60; *Ulrich*, S. 535.

38 Zwei von drei Größenordnungen werden nicht überschritten: Bilanzsumme: 17 Mio. Euro, Umsatz: 35 Mio. Euro, 250 Mitarbeiter.

39 Nach Art. 3 d EuVECA-VO ist „qualifiziertes Portfolio-Unternehmen" ein Unternehmen, das zum Zeitpunkt einer Investition des qualifizierten Risikokapitalfonds nicht für den Handel an einem geregelten Markt oder in einem multilateralen Handelssystem (MTF) im Sinne des Artikels 4 Absatz 1 Nummern 14 und 15 der Richtlinie 2004/39/EG zugelassen ist, weniger als 250 Personen beschäftigt, entweder einen Jahresumsatz von höchstens 50 Mio. Euro oder eine Jahresbilanzsumme von höchstens 43 Mio. Euro hat und nicht selbst ein Organismus für gemeinsame Anlagen ist.

40 Vgl. Anhang I der Kommissions-Verordnung (EG) Nr. 70/2001 i.d.F. Verordnung Nr. 364/2004.

41 Art. 2 Abs. 1 des Anhangs der Empfehlung 2003/361/EG der Kommission vom 6.5.2003 betreffend die Definition der Kleinstunternehmen sowie der kleinen und mittleren Unternehmen, ABl. EG Nr. L 124 v. 20.5.2003, S. 36.

Nr. 1 KAGB erwähnt nicht die **Kleinstunternehmen.**[42] Auch auf deren Erwerb treffen Sinn und Zweck der Ausnahme zu. Ausgenommen ist somit der Anteilserwerb an Unternehmen, die

- weniger als 250 Personen beschäftigen *und*
- deren Jahresumsatz höchstens 50 Mio. Euro *oder* deren Bilanzsumme höchstens 43 Mio. Euro

beträgt.[43]

c) Verbundene, Partner- und eigenständige Unternehmen

Die Kommissions-Empfehlung unterscheidet zwischen eigenständigen, Partner- und verbundenen Unternehmen. Für **eigenständige Unternehmen** sind nur die Daten des eigenen Abschlusses maßgeblich. Proportional hinzuzurechnen sind die Daten der **Partnerunternehmen** (und ggf. mit diesen verbundener Unternehmen), wobei sich die Proportion nach der jeweils höheren einer Stimm- oder Kapitalbeteiligung bzw. einer wechselseitigen Beteiligung richtet. 26

Die Daten von **verbundenen Unternehmen** sind zu 100 % zuzurechnen.[44] Die Verbundenheit berechnet sich abweichend von § 15 AktG. Einerseits sind die Kriterien des anglo-amerikanischen **Control-Konzepts** (i.e. Mehrheit von Stimmrechten oder Kapital; Befugnis, die Geschäftsleitung zu ernennen oder abzuberufen; vertragliches Beherrschungsverhältnis) heranzuziehen,[45] andererseits begründet **identisches Leitungspersonal** bei Unternehmenstätigkeit auf denselben oder benachbarten Märkten eine Verbundenheit.[46] 27

Partnerunternehmen sind Unternehmen, die nicht verbunden sind, aber bei denen das oder die vorgeschalteten Unternehmen gemeinsam oder allein eine Stimmrechts- oder Kapitalbeteiligung von mindestens 25 % und bis zu 50 % erreichen.[47] Kennzahlen von Partnerunternehmen in Bezug auf die Mitarbeiter, den Jahresumsatz und die Jahresbilanzsumme sind anteilig hinzuzurechnen. 28

Eigenständig sind Unternehmen, die weder Partner- noch verbundene Unternehmen sind. Dies sind Unternehmen, die selbst nicht mit mindestens 25 % an einem anderen Unternehmen beteiligt sind und an denen niemand eine Beteiligung von 25 % oder mehr hält. 29

Sind die Minderheitseigner miteinander verbunden, darf deren Gesamtbeteiligung nicht 25 % erreichen. *Beispiel*: An Unternehmen *A* (10 Mitarbeiter, 10 Mio. Umsatz, 5 Mio. Bilanzsumme) ist das Unternehmen *B* (100 Mitarbeiter, 100 Mio. Umsatz, 25 Mio. Bilanzsumme) mit 55 % und das Unternehmen *C* (500 Mitarbeiter, 200 Mio. Umsatz, 50 Mio. Bilanzsumme) mit 25,1 % beteiligt. Die für *A* einschlägigen Daten sind dann 235,5 Mitarbeiter (10 + 100 + 500 * 0,251) respektive 160,2 Mio. Umsatz (10 + 100 + 200 * 0,251) und 42,55 Mio. Bilanzsumme (5 + 25 + 50 * 0,251). Weil die errechnete Mitarbeiterzahl und Bilanzsumme unter dem Schwellenwert liegt, ist *A* KMU und die Art. 26–30 AIFM-RL sind nicht einschlägig. 30

Unternehmen können eine **Erklärung zu den Schwellenwerten** und zu der Frage abgeben, ob sie eigenständiges, Partner- oder verbundenes Unternehmen sind, und zwar selbst dann, wenn es seine Gesellschafter auf Grund der Kapitalstreuung nicht genau feststellen kann.[48] Die Kommission hat dafür ein Muster entwickelt. 31

d) Privileg für bestimmte institutionelle Anleger

Die Kommissionsempfehlung privilegiert eine **höhere Beteiligung durch bestimmte Investoren**, insbesondere durch Risikokapitalgesellschaften, Business Angels (bei einer Anlage von bis zu 1,25 Mio. Euro) und institutionelle Anleger.[49] Trotz Beteiligung bis zu 50 % kommt es bei diesen Investoren nicht zur Zurech- 32

42 Vgl. Anhang I Art. 2 Abs. 3 Kommissions-Empfehlung 2003/361/EG: mit weniger als zehn Personen und Jahresumsatz oder Bilanzsumme von nicht mehr als 2 Mio. Euro.

43 Anhang I Art. 2 Abs. 1 Kommissions-Empfehlung 2003/361/EG.

44 Anhang I Art. 6 II Kommissions-Empfehlung 2003/361/EG.

45 Vgl. Anhang I Art. 3 III Kommissions-Empfehlung 2003/361/EG; die Kriterien entsprechen § 290 Abs. 2 HGB.

46 Anhang I Art. 3 III Unterabs. 4 Kommissions-Empfehlung 2003/361/EG.

47 Anhang I Art. 3 IV Unterabs. 3 Kommissions-Empfehlung 2003/361/EG. Eine Staatsbeteiligung von mindestens 25 % führt zum Verlust der KMU-Eigenschaft.

48 Vgl. Art. 3 V des Anhangs der Kommissions-Empfehlung.

49 Vgl. Europäische Kommission, SME User Guide, S. 18: „The European Commission does not formally define the concept of ‚institutional investors'. They are usually seen as investors, which trade large volumes of securities on behalf of a great number of individual small investors and which have no direct involvement in the management of the firms they invest in. Mutual funds or pension funds, for instance, may be considered as institutional investors."

nung, wenn diese Investoren über ihre Rechte als Gesellschafter hinaus keinen weiteren Einfluss auf die Geschäftsleitung ausüben.[50] Dies soll den Zugang von KMU zu Kapital erleichtern.[51]

33 Nach Kontrollerwerb an einer nicht börsennotierten Gesellschaft sind die Daten der Gesellschaft mit denen des AIF stets **zusammenzurechnen.**[52] Für **Minderheitsbeteiligungen**, vor Abschluss des Kontrollerwerbs und bei Kontrollerwerb an börsennotierten Unternehmen mit 30 % bis 50 % der Stimmrechte geht der Anteilserwerb durch Private Equity- und Venture Capital-AIFM typischerweise mit einer Einmischung in die Geschäftsleitung durch Beratung, Coaching, Ergänzung bis hin zur Auswechslung der Geschäftsführung einher. Mitarbeiterzahl, Umsatz und Bilanzsumme des AIFs (bzw. des intern verwalteten AIFM und von diesem verwalteten Teilfonds) sind dann anteilig zuzurechnen. AIFs verfügen regelmäßig über erhebliche Bilanzsummen, seltener über Umsatz und nur intern verwaltete AIFs/AIFMs über Mitarbeiter. Bei einem Anteil von mehr als 25 % durch (z.B.) einen großen selbstverwalteten AIF/AIFM kann die Ausnahme entfallen, selbst wenn das erworbene Unternehmen völlig unbedeutend ist.

34 Dies kann man akzeptieren und darin eine Privilegierung von kleinen Venture Capital Fonds sehen, die regelmäßig keine AIF-KVG und damit jenseits des Anwendungsbereichs der §§ 287 ff. KAGB sind.[53] Doch sind die KMU-Definition des KAGB und die der VC-Verordnung nicht abgestimmt, letztere kennt keine Zurechnung (vgl. Anh. zu § 337: Art. 3 EuVECA-VO Rz. 7 ff.). Zweitens könnte man den Verweis in § 287 Abs. 2 Nr. 1 KAGB auf die Kommissions-Empfehlung auf die dort befindlichen Kenngrößen beschränken und – ebenso wie die EuVECA-VO – auf eine Zurechnung verzichten. Wäre der Verzicht auf die Zurechnung gewollt, wäre die Aufnahme der Kennzahlen in das KAGB freilich naheliegend gewesen. Vorzugswürdig ist die dritte Lösung, wonach das **Bestellen, Absetzen, Beraten etc. der Geschäftsleitung nicht als Einmischung, sondern als bloße Rechtsausübung** zu verstehen ist. Dann kommt es bei Beteiligung bis 50 % erst mit einer weiteren *gesellschaftsrechtlichen* Absicherung der Herrschaft zur anteiligen Zurechnung. Systematisch wünschenswert gilt dann innerhalb der §§ 287 ff. KAGB ein einheitlicher Zurechnungsmaßstab (vgl. Rz. 17 f.).

2. Immobilienzweckgesellschaft

35 Nicht zur Anwendung der §§ 287 ff. KAGB kommt es beim Erwerb von Immobilien-Zweckgesellschaften. Zur Definition vgl. § 290 Abs. 2 Nr. 4 HGB, wobei der Gegenbegriff der eines operativen Unternehmens im Immobiliensektor ist (zu den Abgrenzungsschwierigkeiten § 1 Rz. 95 ff.). **Motiv** der Ausnahme soll sein, dass der Erwerb aufgrund des festgezurrten Zwecks keinen Einfluss vermittelt (zw.).[54] Eher überzeugt die Annahme, dass eine Immobilienzweckgesellschaft i.d.R. keine Arbeitnehmer im größeren Umfang beschäftigt und nicht operativ tätig ist. Im Umkehrschluss liegt keine Zweckgesellschaft vor, wenn neben dem Halten der Immobilien z.B. eine Gastronomie betrieben oder fremde zusätzlich zu Eigenflächen vermietet werden. Systematisch stimmig erlauben §§ 234, 236 KAGB offenen AIF den Erwerb solcher Zweckgesellschaften – ohne Geltung der §§ 287 ff. KAGB.

3. Anlageorganismen und Vermögensverwaltungsgesellschaften

36 § 287 Abs. 2 Nr. 2 KAGB nimmt Immobilienzweckgesellschaften vom Sonderübernahmerecht aus, weil solche vermögensverwaltenden Zwischengesellschaften weder eine wirtschaftliche Tätigkeit entfalten, noch über viele Mitarbeiter verfügen (Rz. 35). Warum für (z.B.) Schiffs- oder Flugzeugverwaltungsgesellschaften nicht das gleiche Privileg gilt, erschließt sich nicht. Man sollte die Immobiliengesellschaften als **Andeutung eines Prinzips** verstehen, wonach eine Übernahme von Vermögensverwaltungsgesellschaften und gesellschaftsrechtlich organisierten Organismen für gemeinsame Anlagen nicht dem Sonderrecht unterliegt. Auf ein solches Verständnis weisen die deutsche Fassung der Richtlinie und das KAGB hin. Ausgenommen vom Sonderrecht sind Kontrollerwerbe an kleinen und mittleren *Unternehmen*. Für die Unternehmenseigenschaft muss der Rechtsträger eine wirtschaftliche Tätigkeit ausüben.[55] Zwar können institutionelle Anleger

50 Anhang I Art. 3 III Unterabs. 2 u. IV Unterabs. 2 Kommissions -Empfehlung 2003/361/EG.
51 Vgl. Europäische Kommission, SME User Guide, S. 9.
52 Grund: Kontrolle ist mehr als 50 % der Stimmrechte.
53 *Clerc* in *Zetzsche*, AIFMD, S. 649 ff., 2.1.2.
54 *Jesch* in Moritz/Klebeck/Jesch, § 287 KAGB Rz. 57; *Herkströter/Krismanek* in Beckmann/Scholtz/Vollmer, § 287 KAGB Rz. 39; zweifelnd *Swoboda* in Weitnauer/Boxberger/Anders, § 287 KAGB Rz. 14.
55 Anh. 1 Art. 1 Kommissions-Empfehlung 2003/361/EG; ebenso gem. der indirekten Referenz zum Unternehmen im Verbraucher- und Lauterkeitsrechts z.B. Art. IIIb VerbraucherkreditRL 2008/48/EG für „Kreditgeber"; Art. 2 RL 2005/29/EG (unlautere Geschäftspraktiken): „Gewerbetreibender".

„vorgeschaltete Unternehmen" sein,[56] nach der einschlägigen Rechtsprechung des EuGH[57] jedoch nur dann, wenn der Anleger auf die Geschäftsleitung der Zielgesellschaft Einfluss nimmt. Dafür ist erneut auf die Stimmrechtsmehrheit, unterhalb davon auf die Beeinflussung mittels gesellschaftsrechtlicher Sonderrechte abzustellen (Rz. 34). Private und institutionelle Anleger, die weder über eine Stimmrechtsmehrheit, noch Sonderrechte verfügen, sind aus dem Unternehmensbegriff auszugrenzen. Dann wäre aber die *Ausnahme* vom Sonderrecht nach § 287 Abs. 2 KAGB *nicht* einschlägig und für jeden – auch den absolut unbedeutenden – Kontrollerwerb an Vermögensverwaltungsgesellschaften etc. das Sonderrecht einschlägig. Dieses sinnwidrige Ergebnis vermeidet die prinzipienorientierte Auslegung, mit der Immobilienverwaltungsgesellschaft als *pars pro toto.* Folglich ist die **Übernahme gesellschaftsrechtlich strukturierter Anlageorganismen und Vermögensverwaltungsgesellschaften kein die Anwendung der §§ 287 ff. KAGB auslösendes Ereignis.**[58] Damit wird zugleich ein Konflikt mit Sondervorschriften etwa nach dem **UBGG** systemgerecht vermieden. Gesetzlich nicht geregelter Modifikationen bedarf es nicht.[59]

V. Anwendung des § 289 Abs. 1 KAGB auf Minderheitsbeteiligungen (§ 287 Abs. 3 KAGB)

37 Die kompliziert formulierte Vorschrift des § 287 Abs. 3 KAGB besagt, dass AIF-KVG, die eine Minderheitsbeteiligung an einer nicht börsennotierten Gesellschaft halten, das Erreichen, Über- und Unterschreiten der Stimmrechts-Schwellen von 10 %, 20 %, 30 % der BaFin als Herkunftsstaatsbehörde melden müssen. Man verspricht sich davon erhöhte Transparenz. Die Vorschrift ist insbesondere auch anwendbar, wenn **keine Kontrollabsicht** (Rz. 14 f.) besteht.[60] Weiter gelten die Ausnahmen gem. § 287 Abs. 2 KAGB.

38 Dabei kommt es – entgegen mancher Literaturstimmen – nicht auf die Definition der Minderheitsbeteiligung des § 234 Satz 2 KAGB an (s. § 234 Rz. 64), sondern allein darauf, dass die Meldeschwellen des § 289 Abs. 1 KAGB erreicht sind, ohne dass Kontrollabsicht besteht.

VI. Kontrollerwerb an börsennotierten Unternehmen (§ 287 Abs. 4 KAGB)

39 Die Pflicht zur Mitteilung von Plänen und Absichten (§ 290 Abs. 1 und 3 KAGB) sowie das Zerschlagungsverbot (§ 292 KAGB) gelten auch für den Kontrollerwerb an börsennotierten Emittenten. Für die **Börsennotierung** wird auf Art. 2 Abs. 1 Buchst. d der TransparenzRL[61] 2004/109/EG verwiesen, der in § 2 Abs. 13 WpHG umgesetzt ist. Der dortige Emittentenbegriff ist sehr weit und erfasst auch juristische Personen des öffentlichen Rechts, die i.d.R. nicht übernahmefähig sind, ebenso wie den Handel mit Schuldverschreibungen, deren Erwerb i.d.R. keine Kontrolle vermittelt. Enger fällt demgegenüber Art. 2 Abs. 1 Buchst. a ÜbernahmeRL aus, weil es dort nicht auf den Akteur (hier: AIF-KVG), sondern das auf Kontrolle ausgerichtete Erwerbsangebot ankommt. Eine gleichgerichtete Auslegung ist geboten, damit nur der Kontrollerwerb an Emittenten die Anwendung der §§ 290 Abs. 1 und 3, 292 KAGB auslöst. Dies wird im Kontext der §§ 287 ff. KAGB durch das zusätzliche Kriterium des Kontrollerwerbs in § 288 KAGB gesichert.

40 Weitere Merkmale sind ein **statutarischer Sitz in EU/EWR** (auf den Verwaltungssitz kommt es nicht an) sowie **der Handel der Wertpapiere** „im Sinne von Artikel 4 Absatz 1 Nummer 21 der Richtlinie 2014/65/EU", i.e. **an einem geregelten/organisierten Markt gem. § 2 Abs. 11 WpHG**. Wenn eine der Bedingungen fehlt, sind die §§ 287 ff. KAGB nicht anwendbar. Ist ein EU-Unternehmen etwa in der Schweiz notiert, liegt kein organisierter Markt vor, da ein solcher Markt nach § 2 Abs. 1 WpHG nur in der EU oder dem EWR liegen kann. Wird ein Schweizer Unternehmen in Frankfurt an der Börse gehandelt, fehlt der EU-Sitz. Da es jeweils um börsennotierte Unternehmen geht, ist auch nicht § 287 Abs. 1 KAGB anzuwen-

56 Anh. 1 Art. 3 II Unterabs. 2a Kommissions-Empfehlung 2003/361/EG.

57 EuGH v. 10.1.2006 – C-222/04, ECLI:EU:C:2006:8, Slg. 2006, I-325 = EuZW 2006, 306 – Finanze v Cassa di Risparmio di Firenze, Rz. 111 ff.

58 Ähnlich im Ergebnis *Bärenz/Steinmüller* in Dornseifer/Jesch/Klebeck/Tollmann, Art. 26 AIFM-RL Rz. 29 ff. (die zwar Unternehmen rechtsformunabhängig erfassen wollen, aber den Begriff auf operativ tätige Unternehmen einschränken); der praktische Unterschied besteht darin, dass nach hier vertretener Ansicht der Erwerb einer Holdinggesellschaft innerhalb des Anwendungsbereichs der §§ 287 ff. KAGB liegt; s. auch gegen *Bärenz/Steinmüller* dezidiert *Ulrich*, S. 517 f.

59 Dafür aber *Swoboda* in Weitnauer/Boxberger/Anders, § 287 KAGB Rz. 17.

60 Unstr., vgl. nur *Koch*, WM 2014, 433.

61 Die Vorschrift lautet: „‚Emittent' ist eine juristische Person des privaten oder öffentlichen Rechts, einschließlich eines Staates, deren Wertpapiere zum Handel an einem geregelten Markt zugelassen sind, wobei im Falle von Zertifikaten, die Wertpapiere vertreten, als Emittent der Emittent der vertretenen Wertpapiere gilt."

den. Bei einem **Delisting oder Börsengang** kommt es auf den Zeitpunkt an: Vor dem Delisting ist § 289 Abs. 4 KAGB, danach sind § 287 Abs. 1 bis 3 und §§ 288 ff. KAGB anzuwenden; dies gilt *vice versa* beim Börsengang. Ein in einem Bereich ausgelöstes Verbot des Asset Strippings besteht trotz Listing/Delisting für den ursprünglich begründeten 24-Monats-Zeitraum fort.[62]

41 Anders als bei nicht börsennotierten Unternehmen kommt es nicht auf die Kontrollabsicht, sondern die **Kontrollerlangung** an. Dies erklärt sich damit, dass die Vorschrift nur Pflichten für den Fall des abgeschlossenen Kontrollerwerbs enthält. Für das Vorfeld der Kontrollerlangung gelten die Sonderpflichten der TransparenzRL sowie ÜbernahmeRL/des WpÜG, die freilich gewisse Wertpapiere nicht erfassen.

42 Satz 2 von § 287 Abs. 4 KAGB ordnet insoweit die **entsprechende Geltung der Abs. 1 und 2** an. Der Inhalt dieser Bestimmungen bleibt in Teilen kryptisch, lässt sich aber so auslegen, dass die Übernahme etwa eines REITs (als Anlageorganismus, dazu Rz. 36) nicht die Pflichten nach §§ 287 ff. KAGB auslöst.

VII. Verhältnis zur Richtlinie 2002/14/EG (§ 287 Abs. 5 KAGB)

43 § 287 Abs. 5 KAGB ordnet den Vorrang von Art. 6 RL 2002/14/EG an. Art. 6 RL 2002/14/EG ist in den §§ 79, 106 Abs. 2 Satz 1 BetrVG umgesetzt. Die Vorschrift begrenzt den nach §§ 287 ff. KAGB gebotenen Informationsfluss. Insbesondere ist es Arbeitnehmervertretern **untersagt, vertrauliche Informationen an Arbeitnehmer oder Dritte weiterzugeben.** Nach Art. 6 Abs. 2 RL 2002/14/EG ist zudem der Arbeitgeber in besonderen Fällen von der Unterrichtungs- bzw. Anhörungspflicht entbunden, insb. wenn diese die Tätigkeit objektiv erheblich beeinträchtigen oder dem Unternehmen schaden kann. In Bezug auf die nach § 290 Abs. 3 und 4 KAGB zu vermittelnden Pläne und Absichten ist insbesondere eine **geplante Betriebsschließung** ein Grund zur Zurückhaltung von Informationen, da dadurch die betriebliche Tätigkeit zum Erliegen kommen kann. Dies steht freilich im Konflikt mit dem Regelungszweck des § 290 Abs. 3 KAGB, doch ist § 287 Abs. 5 KAGB zu entnehmen, dass §§ 79, 106 Abs. 2 Satz 1 BetrVG der Vorrang gebührt (näher § 290 Rz. 12 f.).

§ 288 Erlangen von Kontrolle

(1) Für die Zwecke der §§ 287 bis 292 bedeutet Kontrolle im Fall nicht börsennotierter Unternehmen die Erlangung von mehr als 50 Prozent der Stimmrechte dieser Unternehmen.

(2) [1]Bei der Berechnung des Anteils an den Stimmrechten, die von den entsprechenden AIF gehalten werden, werden zusätzlich zu von dem betreffenden AIF direkt gehaltenen Stimmrechten auch die folgenden Stimmrechte berücksichtigt, wobei die Kontrolle gemäß Absatz 1 festgestellt wird:

1. von Unternehmen, die von dem AIF kontrolliert werden, und

2. von natürlichen oder juristischen Personen, die in ihrem eigenen Namen, aber im Auftrag des AIF oder eines von dem AIF kontrollierten Unternehmens handeln.

[2]Der Anteil der Stimmrechte wird ausgehend von der Gesamtzahl der mit Stimmrechten versehenen Anteile berechnet, auch wenn die Ausübung dieser Stimmrechte ausgesetzt ist.

(3) Kontrolle in Bezug auf Emittenten wird für die Zwecke der §§ 290 und 292 gemäß Artikel 5 Absatz 3 der Richtlinie 2004/25/EG des Europäischen Parlaments und des Rates vom 21. April 2004 betreffend Übernahmeangebote (ABl. L 142 vom 30.4.2004, S. 12) definiert.

In der Fassung vom 4.7.2013 (BGBl. I 2013, S. 1981).

Schrifttum: S. bei § 287.

62 Leicht abw. *Ulrich*, S. 507 ff.

I. Inhalt und Zweck

§ 288 KAGB **definiert die Kontrollerlangung** für nicht börsennotierte (Abs. 1 und 2) sowie börsennotierte (Abs. 3) Zielgesellschaften. Daran knüpfen Informationspflichten (§§ 289-291 KAGB) sowie das Verbot des Asset Strippings. Zu europarechtlichem Hintergrund und rechtspolitischer Kritik vgl. § 287 Rz. 4. 1

II. Kontrollerlangung (§ 288 Abs. 1 und Abs. 2 Satz 2 KAGB)

Kontrolle gem. § 288 Abs. 1 KAGB meint das Halten über **50 % der Stimmrechte.** Die Stimmrechtsmehrheit kann sich auch aus Mehrstimmrechtsaktien ergeben. **Stimmrechtslose Vorzugsaktien, Vetorechte** sowie der Kapitalanteil insgesamt sind ebenso unerheblich wie **„goldene" Aktien** oder Gesellschaftsanteile, auf Grund dessen der Inhaber die Kontrolle über die Gesellschaft, beispielsweise die Befugnis zur Bestellung der Geschäftsführer oder des Aufsichtsrats hat. Des Weiteren begründen schuldrechtliche Ansprüche auf Anteilsübertragung ebenso wenig wie Wandlungsrechte vor Vollzug der Wandlung Stimmrecht i.S.d. Norm. Unerheblich ist, ob die Gesellschaft bereits vor dem Kontrollerwerb kontrolliert war. Auch ein **Kontrollwechsel** ist Kontrollerwerb i.S.v. § 288 Abs. 1 KAGB. Der Erwerb im Rahmen einer Neugründung löst nach Sinn und Zweck die Pflichten aus §§ 287 ff. KAGB nicht aus. 2

Die **Berechnungsbasis** folgt aus § 288 Abs. 2 Satz 2 KAGB: Anzusetzen ist die **Gesamtzahl der mit Stimmrechten versehenen Anteile.** Dies gilt auch dann, wenn die Ausübung dieser Stimmrechte ausgesetzt ist. Grund für die „Aussetzung" sind etwa Stimmrechtsverbote oder ein Anteilsrückkauf durch die Gesellschaft. Jedoch besteht keine Kontrolle, wenn gerade der Anteil des AIF kaduziert wurde.[1] 3

Keine Regelung enthält § 288 Abs. 2 KAGB zum **Zeitpunkt des Erwerbs.** Nach unstreitiger Ansicht ist das **Signing (schuldrechtliche Verpflichtung)** für die Erlangung der Stimmrechte unerheblich. Umstritten ist, ob es allein auf das **Closing**, die **dingliche Übertragung**[2] oder **einen späteren Zeitpunkt** ankommt. Dies ist von der Rechtsform der Zielgesellschaft und deren Ausgestaltung abhängig. So knüpft die Stimmberechtigung bei Aktiengesellschaften an die **Eintragung im Aktienregister** (§ 67 Abs. 1 Satz 1 AktG); gleiches gilt für die GmbH in Bezug auf die Gesellschafterliste (§ 16 Abs. 1 GmbHG). Die Eintragung hat jedenfalls dann Bedeutung, wenn der Eintragung ein weiterer Prüfungsakt der Geschäftsleitung oder eines Dritten vorgeschaltet ist, etwa bei der **Vinkulierung** (§ 68 Abs. 2 AktG). Aber auch im Übrigen ist bei der nicht börsennotierten Gesellschaft, auf die die §§ 287 ff. KAGB zugeschnitten sind, keineswegs immer von der dinglichen Stellung als Rechtsinhaber auf die Stimmberechtigung zu schließen. 4

Eine Stimmrechtsausübung kann auch möglich sein, **bevor der Erwerb vollständig abgeschlossen** ist, wenn dem AIF die Stimmrechtsausübung im Vorhinein und konditioniert z.B. auf die vollständige Kaufpreiszahlung oder anderer Bedingungen (z.B. Genehmigungsvorbehalt) eingeräumt wird. Dies geht insbesondere durch **Vollmachten** und andere Absprachen, die üblich sind, um eine koordinierte Ausübung der Stimmrechte bis zur (z.B.) kartellrechtlichen Klärung sicherzustellen. Im Schrifttum wird teils vertreten, die Vollmacht genüge nicht, um das Stimmrecht zu erlangen.[3] Teils ist dies kein Problem, wenn nämlich der Veräußerer ebenfalls AIF ist. Dann handeln beide AIF zusammen. Im Übrigen spricht der **Umgehungsschutz** dafür, die durch Vollmacht, die Ermessen bei der Stimmrechtsausübung einräumt, erlangte Stimmrechtsmacht der durch Vollrechtserwerb erlangten Stimmrechtsmacht gleichzustellen,[4] und dies auch deshalb, weil eine Stimmrechtsausübung **durch den Veräußerer nach Weisung des Erwerbers** zweifelsfrei nach § 288 Abs. 2 Satz 1 KAGB zuzurechnen ist. Entsprechendes muss für **andere Regelungen (Stimmrechtspool etc.)** gelten, die dem AIF die Entscheidung über die Stimmrechtsausübung einräumen. 5

III. Hinzuzurechnende Anteile (§ 288 Abs. 2 KAGB)

Hinzuzurechnen sind Anteile der Unternehmen, die der AIF kontrolliert (z.B. eine andere Beteiligung des AIF), sowie treuhänderisch für den AIF und von beherrschten Unternehmen gehaltene Stimmen. Es gilt der **Grundsatz der Vollzurechnung**, i.e. die Stimmrechte werden voll zugerechnet, sobald Kontrolle gegeben ist, und nicht etwa nur proportional nach der Anteilshöhe an der kontrollierten Gesellschaft.[5] Bei 6

1 Zutr. *Swoboda* in Weitnauer/Boxberger/Anders, § 288 KAGB Rz. 18.
2 Dafür *Behme* in Baur/Tappen, § 289 KAGB Rz. 19; *Bärenz/Steinmüller* in Dornseifer/Jesch/Klebeck/Tollmann, Art. 27 AIFM-RL Rz. 22; *Jesch* in Moritz/Klebeck/Jesch, § 289 KAGB Rz. 36.
3 *Jesch* in Moritz/Klebeck/Jesch, § 288 KAGB Rz. 18.
4 Vgl. dazu die analogen Regelungen in § 34 Abs. 1 Satz 1 Nr. 6 WpHG, § 30 Abs. 1 Satz 1 Nr. 7 WpÜG.
5 *Viciano-Gofferje*, BB 2013, 2506 (2508); *Ulrich*, S. 526 ff.

mehrstufigen Strukturen kommt es auf die **oberste operative Gesellschaft** an, **an der Kontrolle besteht.** Durch Zweckgesellschaften ist hindurchzuschauen.[6] *Beispiel*: AIF ist mit 51 % an der Gesellschaft X beteiligt, die ihrerseits diverse Gesellschaften im **Konzern** führt.[7] Obwohl durchgerechnet alle Konzerngesellschaften kontrolliert werden, kommt es nur auf die Obergesellschaft an. Anders wäre zu entscheiden, wenn der AIF an der Obergesellschaft nur 25 % hält (= keine Kontrolle), aber an zwei Konzerngesellschaften Y und Z eine Stimmrechtsmehrheit hält und an den übrigen nicht. In diesem Fall besteht Kontrolle an Y und Z. In umgekehrter Anwendung des Grundsatzes der Vollzurechnung erfolgt bei Bestimmung der Kontrolle über Y und Z keine anteilige Berechnung des Anteils des AIF an der Obergesellschaft X.

7 **Nicht zuzurechnen** sind die von der AIF-KVG[8] und der von ihm verwalteten **anderen AIF** gehaltenen Anteile,[9] obwohl zumindest nach Vertrags- und Trustrecht strukturierte AIF nicht Rechtssubjekt sind und die AIF-KVG für deren Rechnung die Anteile hält. Grund ist, dass der „AIFM ... in den meisten Fällen keine Kontrolle über die AIF [hat], es sei denn er ist ein intern verwalteter AIF".[10] Im natürlichen Sprachsinn übt der Verwalter durchaus die Kontrolle über den AIF aus, weil er nach dem Verwaltungsvertrag die Anlageentscheidung trifft und in aller Regel über die Stimmrechtsausübung in den Zielgesellschaften entscheidet. Aktienrechtlich gelten solche Anteile als Aktien der AIF-KVG, wenn der AIF keine Rechtspersönlichkeit hat (§ 67 Abs. 1 Satz 4 Halbs. 2 AktG). Die **vertraglich vermittelte Kontrolle genügt jedoch nicht**. Die Kontrolle muss **gesellschaftsrechtlich auf *eigenen* Anteilsbesitz oder statutarische Rechte** gestützt sein. Nur bestimmte, von ***intern* verwalteten AIFM**[11] gehaltene Anteile sind zuzurechnen, z.B. die Anteile mehrerer zusammen handelnder Teilfonds. Das im Wortlaut verankerte enge Kontrollverständnis gilt allgemein für die Auslegung der Art. 26 ff. AIFM-RL.

IV. Kontrollerlangung bei börsennotierten Gesellschaften (§ 288 Abs. 3 KAGB)

8 Abweichend von § 288 Abs. 1 und 2 KAGB ist die Kontrolle definiert **für börsennotierte Emittenten.** Damit legt das europäische Recht zwei verschiedene Kontroll- und Zurechnungsbegriffe fest.[12] Dabei ist die Kontrollschwelle bei der börsennotierten Gesellschaft deutlich niedriger, in Deutschland gem. § 29 WpÜG liegt sie bei 30 % der Stimmrechte. Im Verhältnis zu § 288 Abs. 2 KAGB weiter erfolgt eine Zurechnung über § 30 WpÜG.[13] Jedoch ist die jeweilige, auf den Emittenten anwendbare Umsetzung der ÜbernahmeRL anzuwenden.

§ 289 Mitteilungspflichten

(1) Die AIF-Kapitalverwaltungsgesellschaft unterrichtet die Bundesanstalt, wenn der Anteil der Stimmrechte des nicht börsennotierten Unternehmens, der von dem AIF gehalten wird, durch Erwerb, Verkauf oder Halten von Anteilen an dem nicht börsennotierten Unternehmen die Schwellenwerte von 10 Prozent, 20 Prozent, 30 Prozent, 50 Prozent und 75 Prozent erreicht, überschreitet oder unterschreitet.

(2) Erlangt ein AIF allein oder gemeinsam mit anderen AIF die Kontrolle über ein nicht börsennotiertes Unternehmen gemäß § 287 Absatz 1 in Verbindung mit § 288 Absatz 1, informiert die AIF-Kapitalverwaltungsgesellschaft die folgenden Stellen über den Kontrollerwerb:

1. das nicht börsennotierte Unternehmen,

2. die Anteilseigner, soweit deren Identität und Adresse der AIF-Kapitalverwaltungsgesellschaft

a) vorliegen,

b) von dem nicht börsennotierten Unternehmen zur Verfügung gestellt werden können oder

---

6 *Swoboda* in Weitnauer/Boxberger/Anders, § 288 KAGB Rz. 8 ff.; s. zu Zweckgesellschaften ausf. *Ulrich*, S. 528 ff.
7 S. ausf. zu Konzernzusammenhängen *Ulrich*, S. 531 ff. mwN.
8 Wie hier auch *Ulrich*, S. 528; a.A. mit Blick auf Zweckerwägungen *Jesch* in Moritz/Klebeck/Jesch, § 288 KAGB Rz. 26; *Herkströter/Krismanek* in Beckmann/Scholtz/Vollmer, § 288 KAGB Rz. 17.
9 Unzutr., weil entgegen des Wortlauts, *Koch*, WM 2014, 433 (435); *Jesch* in Moritz/Klebeck/Jesch, § 288 KAGB Rz. 26, 27.
10 ErwGr. 54 AIFM-RL.
11 Z.B. selbstverwaltete *Investment*-AG, GmbH & Co. *KG*.
12 *Vicano-Gofferje*, BB 2013, 2506 (2509); Jesch in Moritz/Klebeck/Jesch, § 290 KAGB Rz. 9.
13 Vgl. dazu *Noack/Zetzsche* in Schwark/Zimmer, § 30 WpÜG Rz. 1; *Behme* in Baur/Tappen, § 290 KAGB Rz. 11. Ebenso mit Beispielen *Söhner*, WM 2014, 2110.

c) über ein Register, zu dem die AIF-Kapitalverwaltungsgesellschaft Zugang hat oder erhalten kann, zur Verfügung gestellt werden können und

3. die Bundesanstalt.

(3) Die Mitteilung nach Absatz 2 erhält die folgenden zusätzlichen Angaben:

1. die sich hinsichtlich der Stimmrechte ergebende Situation,

2. die Bedingungen, unter denen die Kontrolle erlangt wurde, einschließlich Nennung der einzelnen beteiligten Anteilseigner, der zur Stimmabgabe in ihrem Namen ermächtigten natürlichen oder juristischen Personen und gegebenenfalls der Beteiligungskette, über die die Stimmrechte tatsächlich gehalten werden,

3. das Datum, an dem die Kontrolle erlangt wurde.

(4) [1]In seiner Mitteilung nach Absatz 2 Nummer 1 ersucht die AIF-Kapitalverwaltungsgesellschaft den Vorstand des Unternehmens, entweder die Arbeitnehmervertreter oder, falls es keine solchen Vertreter gibt, die Arbeitnehmer selbst unverzüglich von der Erlangung der Kontrolle durch den AIF und von den Informationen gemäß Absatz 3 in Kenntnis zu setzen. [2]Die AIF-Kapitalverwaltungsgesellschaft bemüht sich nach besten Kräften sicherzustellen, dass der Vorstand entweder die Arbeitnehmervertreter oder, falls es keine solchen Vertreter gibt, die Arbeitnehmer selbst ordnungsgemäß informiert.

(5) Die Mitteilungen gemäß den Absätzen 1, 2 und 3 werden so rasch wie möglich, aber nicht später als zehn Arbeitstage nach dem Tag, an dem der AIF die entsprechende Schwelle erreicht, über- oder unterschritten hat oder die Kontrolle über das nicht börsennotierte Unternehmen erlangt hat, gemacht.

In der Fassung vom 4.7.2013 (BGBl. I 2013, S. 1981).

Schrifttum: S. bei § 287.

I. Inhalt und Zweck

1 § 289 KAGB ordnet an, dass die AIF-KVG über das Erreichen von Anteilsschwellen und den Kontrollerwerb verschiedene Adressaten **informieren** muss. Die Vorschrift setzt das in Art. 27 AIFM-RL verortete **Transparenzgebot** um. Unterschiedlichen Stakeholder-Gruppen soll die Möglichkeit gegeben werden, die Situation rund um den Beteiligungserwerb einzuschätzen (ErwGr. 52 AIFM-RL). Den durch Art. 26 Abs. 7 AIFM-RL eröffneten Raum für strengere nationale Regelungen schöpft das KAGB nicht aus. Zu Zweck, europarechtlichem Hintergrund und Entwicklung der Norm vgl. § 287 Rz. 1.

II. Unterrichtung der Bundesanstalt (§ 289 Abs. 1 KAGB)

2 Die AIF-KVG (zum Anwendungsbereich § 287 Rz. 7 ff.) muss der BaFin binnen zehn Arbeitstagen (vgl. § 289 Abs. 5 KAGB, dazu Rz. 17) das Erreichen, Über- oder Unterschreiten der **Schwellenwerte von 10 %, 20 %, 30 %, 50 % und 75 %** an einem nicht börsennotierten Unternehmen mitteilen. Entgegen des missverständlichen Wortlauts („und") begründet jeder Schwellenwert für sich die Unterrichtungspflicht. Die **Vorschrift knüpft nicht an den Kontrollerwerb** und ist auch bei Minderheitsbeteiligungen einschlägig, vgl. § 287 Abs. 3 KAGB.

3 Konkrete Maßnahmen der BaFin sind an die Unterrichtung nicht geknüpft. Insbesondere knüpft an die Unterrichtung der BaFin **keine Offenlegungspflicht**, sie wird sogar aus Gründen der potentiellen Schädlichkeit von Publizität für das Unternehmen i.d.R. gehalten sein, Vertraulichkeit zu wahren. Die BaFin kann nur im Rahmen der Missstandsaufsicht (§ 5 Abs. 6 Satz 7 KAGB) tätig werden, die allerdings nach allgemeinem Verständnis darauf beschränkt ist, Risiken für die Anleger und die Marktfunktionen einzudäm-

men. Ein Eingriff zugunsten etwa der Arbeitnehmer ist auf dieser Grundlage nicht möglich. Der **Zweck der Unterrichtungspflicht** ist daher nicht deutlich.[1] Am ehesten liegt es nahe, der BaFin zu ermöglichen, die Durchsetzung der Informationspflichten sowie des Verbots des Asset Strippings auf angemessener Informationsgrundlage zu überwachen und bereits im Vorfeld der Transaktion tätig zu werden.

4 Die Schwellenwerte knüpfen **allein an die Stimmrechte**. Auf die **Anteilsmehrheit** kommt es nicht an.[2] Daher zählen stimmrechtslose Vorzugsaktien nicht mit. Auf eine erweiternde Zurechnung gem. §§ 34 ff. WpHG, § 30 WpÜG, §§ 15 ff. AktG haben der deutsche und europäische Gesetzgeber verzichtet; diese ist auch nicht im Wege der Analogie durch die Hintertür einzuführen, da die Schutzzwecke nicht deckungsgleich sind.[3] Geboten ist indes die **analoge Anwendung von § 288 Abs. 2 KAGB, und zwar auch auf die Mitteilung von Minderheitsbeteiligungen.**[4] Dies deshalb, weil sonst die Kontrollerlangung nach §§ 287, 288 KAGB anderen Regeln als die Unterrichtungspflichten nach § 289 Abs. 1 KAGB und Informationspflichten nach § 289 Abs. 2 und 3 KAGB folgen müsste. Dies ruft Verwirrung hervor. Zudem ist § 288 KAGB vor die Klammer gezogen, was für eine allgemeine Geltung spricht. Die Nichterwähnung im Wortlaut ist daher im Wege der erweiternden Auslegung zur korrigieren. Aber auch danach findet keine Zurechnung der Anteile von AIF, die von derselben AIF-KVG verwaltet werden oder mit denen die AIF-KVG gemeinsam handelt, statt (näher § 287 Rz. 18, § 288 Rz. 7). Ebenso wenig sind Umgehungstatbestände z.B. über Derivate erfasst (näher § 287 Rz. 21). Zum maßgeblichen Zeitpunkt (Signing, Closing, Eintragung im Anteilsregister) vgl. daher § 288 Rz. 4.

5 Der Schwellenwert kann auch, wie aus dem Bezug auf das Halten folgt, **passiv tangiert** werden, etwa im Fall der Einziehung, des Anteilsrückkaufs, der Kaduzierung oder einer Kapitalerhöhung, an der sich die übrigen Anteilseigner nicht beteiligen. Auch die passive Schwellenwertüberschreitung verpflichtet zur Unterrichtung.[5] Eine Beteiligung an einer **Neugründung** verpflichtet dagegen nach Sinn und Zweck nicht zur Unterrichtung (teleologische Reduktion).[6] Zweck ist nicht die Anteilstransparenz an nicht börsennotierten Gesellschaften als solcher, sondern Information über den besonderen Einfluss auf Kontroll*erwerb* ausgerichteter Fonds. Zudem wird bei Neugründungen regelmäßig die KMU-Ausnahme (dazu § 287 Rz. 22 ff.) greifen.

6 § 289 Abs. 1 KAGB schreibt für die Unterrichtung **keine Form** vor. Analogien zum WpHG sind fehl am Platz.[7] Die Formfreiheit ist aber durch die Zugangsmöglichkeiten zur BaFin beschränkt. Eine mündliche oder formlose E-Mail-Unterrichtung (Textform) scheidet danach i.d.R. aus.

III. Informationspflichten gegenüber Unternehmen (§ 289 Abs. 2 KAGB)

7 § 289 Abs. 2 KAGB oktroyiert Informationspflichten gegenüber dem Unternehmen und mit diesem verbundenen Personen für den Fall der Kontrollerlangung. Für Abwehrmaßnahmen ist es dann zu spät.[8] Zweck der Norm ist allein die Herstellung von **Transparenz der Beteiligungsverhältnisse**. Diese soll den Adressaten (insb. Gesellschaftern und Arbeitnehmern) die Gelegenheit geben, sich auf den neuen Eigentümer einzurichten.

8 Die **Voraussetzungen des § 289 Abs. 2 KAGB** sind durchweg in anderen Vorschriften geregelt: zum AIF vgl. § 287 Rz. 11, zur Kontrollerlangung (allein oder gemeinsam) vgl. § 287 Rz. 17 f. sowie § 288 Rz. 2 ff. § 289 Abs. 2 KAGB beschränkt sich daher auf eine **Rechtsfolgenanordnung für den Fall der Kontrollerlangung.** AIF-KVG hat bestimmte in § 289 Abs. 2 KAGB genannte Adressaten über den Kontrollerwerb zu informieren. Der Inhalt der Information ist dann in § 289 Abs. 3 KAGB geregelt (dazu Rz. 11 f.). Adressaten sind erstens das nicht börsennotierte Unternehmen selbst (dazu § 287 Rz. 16) – bei mehrstöckigen

1 Ebenfalls suchend *Ulrich*, S. 536 f.
2 *Jesch* in Moritz/Klebeck/Jesch, § 289 KAGB Rz. 26.
3 So schon *Zetzsche*, NZG 2012, 1164; *Schröder/Rahn*, GWR 2014, 49 (50); *Jesch* in Moritz/Klebeck/Jesch, § 289 KAGB Rz. 32 f.; *Möllers/Harrer/Krüger*, WM 2011, 1537 (1541); *Söhner*, WM 2011, 2121 (2127). Eine Parallel zu § 16 Abs. 3 AktG sieht *Weitnauer*, AG 2013, 672 (675); dies bedeutet freilich nicht, dass über die Regelung des § 289 Abs. 1 KAGB hinaus eine Zurechnung erfolgt.
4 Zutr. *Vicano-Gofferje*, BB 2013, 2506 (2508); i.E. auch *Behme* in Baur/Tappen, § 289 KAGB Rz. 23 ff. (aber aus Vorsichtsgründen); offenlassen *Jesch* in Moritz/Klebeck/Jesch, § 289 KAGB Rz. 28; a.A. *Söhner*, WM 2014, 2110.
5 *Swoboda* in Weitnauer/Boxberger/Anders, § 289 KAGB Rz. 2; *Jesch* in Moritz/Klebeck/Jesch, § 289 KAGB Rz. 37.
6 *Behme* in Baur/Tappen, § 289 KAGB Rz. 20; *Jesch* in Moritz/Klebeck/Jesch, § 289 KAGB Rz. 37; anders wohl *Bärenz/Käpplinger* in Dornseifer/Jesch/Klebeck/Tollmann, Art. 27 AIFM-RL Rz. 23.
7 Dafür aber *Behme* in Baur/Tappen, § 289 KAGB Rz. 29 ff.
8 *van Kann/Redeker/Keiluweit*, DStR 2013, 1483 (1488).

Strukturen die oberste Gesellschaft, die erworben wird[9] –, zweitens die Anteilseigner (dazu Rz. 9) und drittens die BaFin (Rz. 2).

Die **Anteilseigner** sind unter den in § 289 Abs. 2 Nr. 2 KAGB bestimmten Voraussetzungen zu informieren. Dabei nimmt § 289 Abs. 2 KAGB die Perspektive der AIF-KVG ein, der die Identität und Adresse der Anteilseigner entweder bekannt sein, von der Zielgesellschaft mitgeteilt oder über ein Register zugänglich sein muss. Für die Anwendung der Vorschrift ist von Bedeutung, dass die **Gesellschafterliste bei der GmbH** zum Handelsregister einzureichen und damit grds. zugänglich ist (§§ 16 Abs. 1, 40 GmbHG), während dies auf das Aktienregister nicht zutrifft (§ 67 Abs. 7 AktG). Sind die Gesellschafterdaten nicht verfügbar, entfällt die Pflicht. Die AIF-KVG muss den zur Ermittlung angemessenen Aufwand treiben; Unmögliches kann nicht verlangt werden.[10] 9

Zur **Form** macht § 289 Abs. 2 KAGB keine Vorgaben. Jede dokumentierfähige Form, die von der Zielgesellschaft empfangen werden kann, ist zulässig, also z.B. auch Email.[11] Auch zur **Sprache** macht § 289 Abs. 2 KAGB keine Vorgaben. Die Literaturansicht, wonach die deutsche Sprache zwingend ist, ist zu eng. Entscheidend ist, dass die Sprache vom Unternehmen und dessen Anteilseignern verstanden wird. Auf die Arbeitnehmer kommt es nicht an, da diese die Kontrollmitteilung nicht selbst erhalten, sondern darüber nur nach § 289 Abs. 4 KAGB zu informieren sind. IdR wird auch die englische Sprache genügen. 10

IV. Informationsinhalte (§ 289 Abs. 3 KAGB)

Ebenfalls binnen zehn Tagen (arg. § 289 Abs. 5 KAGB) muss der AIFM den (alleinigen oder gemeinsamen) Kontrollerwerb dem Zielunternehmen, dessen Anteilseignern (soweit bekannt) und seiner Aufsichtsbehörde mitteilen. Der Mitteilung hinzuzufügen sind die vom AIF und mit diesem gemeinsam handelnden AIF gehaltenen **Stimmrechte** in der Gesellschafterversammlung nach Kontrollerwerb (§ 289 Abs. 3 Nr. 1 KAGB),[12] die **Kontrollsituation** unter Offenlegung der Rechtsträger, die Anteile halten (also auch der AIF), sowie derjenigen Rechtsträger, die Anteile treuhänderisch und indirekt halten (§ 289 Abs. 3 Nr. 2 KAGB), und das **Datum des Kontrollerwerbs** (§ 289 Abs. 3 Nr. 3 KAGB), wobei der Zeitpunkt deckungsgleich ist mit dem, zu dem die Stimmrechte erlangt wurden (dazu § 288 Rz. 4). 11

Fragen wirft der Wortlaut des § 289 Abs. 3 Nr. 2 KAGB auf. Dies betrifft einerseits vertrauliche Inhalte des Erwerbs, wie die **Gegenleistung und die sog. *covenants***, bei deren Verletzung eine Rückabwicklung des Erwerbs und damit der Stimmrechtsverlust droht. Insofern wird eine Offenlegungspflicht überwiegend abgelehnt.[13] Dies ist mit der Maßgabe zutreffend, dass der **Erwerb vollständig abgeschlossen**, dem AIF also die Stimmrechtsausübung nicht quasi im Vorhinein und konditioniert z.B. auf die vollständige Kaufpreiszahlung oder anderer Bedingungen (Kartellvorbehalt) nur vorläufig eingeräumt wurde. Zum Kontrollerwerb in diesen Fällen § 288 Rz. 5. Denn auf einen nur vorläufigen Erwerber richtet man sich anders ein als auf einen endgültigen Eigentümer. Andererseits geht es um die Einschaltung diverser Personen, über die die Kontrolle ausgeübt wird. Die **Kontrollkette** ist vollständig offenzulegen, damit die Adressaten wissen, wer für den erwerbenden AIF handelt. 12

V. Information der Arbeitnehmer (§ 289 Abs. 4 KAGB)

Die AIF-KVG muss die Geschäftsleitung (i.e. Vorstand oder Geschäftsführung)[14] der Gesellschaft **zur unverzüglichen Information** der Arbeitnehmervertreter oder Arbeitnehmer anhalten (§ 289 Abs. 4 KAGB). Eine Direktinformation durch die AIF-KVG scheitert mangels unmittelbarer Rechtsbeziehung zwischen AIF-KVG und Belegschaft (ErwGr. 54 AIFM-RL). Die Arbeitnehmer einer nicht börsennotierten AG sind damit grds. bessergestellt als die eines Emittenten (vgl. § 43 WpHG). 13

9 *Swoboda* in Weitnauer/Boxberger/Anders, § 290 KAGB Rz. 4.
10 *Behme* in Baur/Tappen, § 289 KAGB Rz. 39.
11 Enger (schriftlich oder Telefax) z.B. *Behme* in Baur/Tappen, § 289 KAGBRz. 55 (Schriftlich oder Telefax; keine E-Mail); *Jesch* in Moritz/Klebeck/Jesch, § 289 KAGB Rz. 31 (Keine Anforderungen an Form/Inhalt der Unterrichtung).
12 Vgl. *Behme* in Baur/Tappen, § 289 KAGB Rz. 51; *Jesch* in in Moritz/Klebeck/Jesch, § 289 KAGB Rz. 51 („sehr weit auszulegen“).
13 *Jesch* in Moritz/Klebeck/Jesch, § 289 KAGB Rz. 54; *Swoboda* in Weitnauer/Boxberger/Anders, § 289 KAGB Rz. 4.
14 Die unscharfe Übersetzung der deutschen Fassung der AIFM-RL als „Vorstand“ wurde in §§ 289 Abs. 4, 290 Abs. 3 KAGB übernommen. Dazu bereits *Zetzsche*, NZG 2012, 1164 (1168).

14 Vgl. zum Begriff des Arbeitnehmervertreters § 1 Abs. 19 Nr. 2 KAGB[15] (s. § 1 Rz. 162). Fehlt eine Arbeitnehmervertretung, sind die Arbeitnehmer direkt zu informieren, etwa in einer Betriebsversammlung.

15 Die AIF-KVG soll die Arbeitnehmerinformation „nach besten Kräften sicherstellen." Dieser Standard geht über § 276 BGB insofern hinaus, als zielgerichtete Aktivität erforderlich ist, und kann im Fall der GmbH nach Kontrollerwerb die **Anweisung der Geschäftsführer** durch die ggf. a.o. Gesellschafterversammlung (§ 50 Abs. 1, 2 GmbHG) beinhalten; Minderheitsrechte sind auszuüben.[16] Dennoch schuldet die AIF-KVG **nicht den Erfolg.**[17] Ist z.B. einstweilen kein Geschäftsführer vorhanden, der die Arbeitnehmer informieren kann, kann ihr kein Vorwurf gemacht werden, dass die Information verzögert erfolgt.

16 Die Bemühenspflicht der AIF-KVG lässt sich kaum stimmig in das auf Arbeitnehmerschutz ausgerichtete System der **betrieblichen Mitbestimmung** einordnen:[18] Zu einer Mitbestimmung kommt es schon deshalb nicht, weil die Information zu spät kommt. Es geht um bloße **Vollzugsmeldung**. Wesentliche Informationen zu einem bevorstehenden Eignerwechsel sind zudem bereits gem. §§ 106 ff. BetrVG dem Wirtschaftsausschuss oder Betriebsrat mitzuteilen (vgl. § 106 Abs. 3 Nr. 9a ggf. i.V.m. § 109a BetrVG). Auch wird eine mitbestimmte AG und GmbH (§ 52 GmbHG) die Arbeitnehmer über den Aufsichtsrat vorgängig über den Eignerwechsel informieren, jedenfalls wenn die Unternehmensorgane eingeweiht sind. Zwar fordert § 289 Abs. 4 KAGB eine der Kontrollmitteilung nachfolgende Information. Ist dieser Informationsfluss wie in Deutschland umfangreich und ausführlich, verliert die Norm ihren Sinn. Daher lässt sich durchaus vertreten, dass der **Bemühenspflicht** gem. § 289 Abs. 4 KAGB **präsumtiv Genüge getan** ist, wenn die Arbeitnehmer nach einschlägigem, auf die Gesellschaft und deren Arbeitnehmer anwendbarem Recht auf anderem Weg über den Eignerwechsel zu informieren sind; weiteres ist dann nicht zu veranlassen. Die Vorschrift behält ihre Bedeutung für Unternehmen, in denen keine betriebliche oder unternehmensrechtliche Mitbestimmung etabliert ist, z.B. weil die Schwellenwerte gem. Art. 2 der Europäischen BetriebsratsRL 2009/38/EG unterschritten werden.

VI. Fristen (§ 289 Abs. 5 KAGB)

17 § 289 Abs. 5 KAGB regelt die **Frist für die Erfüllung der Mitteilungspflichten** nach Abs. 1 und 3. Da der AIF-KVG keine Frist für die Weiterleitung nach § 289 Abs. 4 KAGB obliegen kann – diese Pflicht ist von der Geschäftsleitung der Zielgesellschaft zu erfüllen –, ist Abs. 5 insoweit nicht anwendbar. Auch eine analoge Anwendung kommt nicht in Betracht, da § 289 Abs. 4 KAGB eine eigene Fristregelung enthält („unverzüglich). Die Wendung „so rasch wie möglich" ist mit „unverzüglich" gem. § 121 BGB gleichzusetzen.[19]

VII. Sanktionen bei Nichterfüllung

18 Die Verletzung der Pflichten aus § 289 Abs. 1 bis 3 KAGB, inklusive der verzögerten Pflichtenerfüllung (vgl. Erwähnung des § 289 Abs. 5 KAGB) ist **ordnungswidrig** gem. § 340 Abs. 2 Nr. 76 KAGB. Nicht sanktioniert ist die Bemühenspflicht gem. § 289 Abs. 4 KAGB.[20]

19 Eine **Ersatzpflicht** könnte gem. § 823 Abs. 2 BGB i.V.m. § 289 KAGB entstehen. Die Unterrichtungspflicht gegenüber der BaFin (§ 289 Abs. 1 und Abs. 2 Nr. 3 KAGB) besteht im öffentlichen Interesse, so dass ein Ersatzanspruch ausscheidet. Schadensersatz kommt allenfalls in Betracht bei einer Verletzung der Kontrollmitteilungspflicht (§ 289 Abs. 2 und 3 KAGB) sowie der Bemühenspflicht in Bezug auf Arbeitnehmer (§ 289 Abs. 4 KAGB). Mangels direkter Rechtsstellung gegenüber diesen scheidet ein Ersatzanspruch der Arbeitnehmer aus. Gegenüber Mitgesellschaftern dürfte die gesellschaftsrechtliche Treupflicht i.d.R. das vorrangige, jedenfalls aber das weiter reichende Rechtsverhältnis sein, aus dessen Verletzung sich im Zusammenhang mit einem verschwiegenen Kontrollerwerb unter besonderen Umständen ein eigener Ersatzanspruch ergibt. Im Ergebnis kann nur die **Zielgesellschaft anspruchsberechtigt** sein. Inwiefern die verzögerte Kontrollmitteilung einen **Schaden** hervorrufen kann, ist im Einzelfall zu prüfen (denkbar sind

15 Kritik an der Nichtumsetzung der Richtlinienvorgabe bei *Klebeck/Kolbe*, BB 2014, 707 (711).
16 A.A. *Klebeck/Kolbe*, BB 2014, 707 (711) (Grund: § 289 Abs. 4 KAGB sei sanktionslose Norm).
17 Unstr., vgl. *Klebeck/Kolbe*, BB 2014, 707 (711) (dort auch mit rechtspolitischer Kritik); *Bärenz/Steinmüller* in Dornseifer/Jesch/Klebeck/Tollmann, Art. 27 AIFM-RL Rz. 52; *Viciano-Gofferje*, BB 2013, 2506 (2509).
18 Ausf. *Klebeck/Kolbe*, BB 2014, 707 (711).
19 Offenlassend *Vicano-Gofferje*, BB 2013, 2506 (2507); zustimmend *Behme* in Baur/Tappen, § 289 KAGB Rz. 57.
20 Zu den Hintergründen *Klebeck/Kolbe*, BB 2014, 707 (711).

frustrierte Aufwendungen für die Suche nach anderen Erwerbern etc.). Keine Anspruchsberechtigung steht den **Gläubigern** der Gesellschaft zu; diese sind nicht im Schutzbereich des § 289 KAGB.[21]

§ 290 Offenlegungspflicht bei Erlangen der Kontrolle

(1) Erlangt ein AIF allein oder gemeinsam mit anderen AIF die Kontrolle über ein nicht börsennotiertes Unternehmen oder einen Emittenten gemäß § 287 Absatz 1 in Verbindung mit § 288 Absatz 1, legt die AIF-Kapitalverwaltungsgesellschaft den folgenden Stellen die in Absatz 2 genannten Informationen vor:

1. dem betreffenden Unternehmen,

2. den Anteilseignern, soweit deren Identität und Adresse der AIF-Kapitalverwaltungsgesellschaft

a) vorliegen,

b) von dem nicht börsennotierten Unternehmen zur Verfügung gestellt werden können oder

c) über ein Register, zu dem die AIF-Kapitalverwaltungsgesellschaft Zugang hat oder erhalten kann, zur Verfügung gestellt werden können und

3. die Bundesanstalt.

(2) Die AIF-Kapitalverwaltungsgesellschaft legt die folgenden Informationen vor:

1. die Identität der AIF-Kapitalverwaltungsgesellschaft, die entweder allein oder im Rahmen einer Vereinbarung mit anderen AIF-Kapitalverwaltungsgesellschaften die AIF verwalten, die die Kontrolle erlangt haben,

2. die Grundsätze zur Vermeidung und Steuerung von Interessenkonflikten, insbesondere zwischen der AIF-Kapitalverwaltungsgesellschaft, dem AIF und dem Unternehmen, einschließlich Informationen zu den besonderen Sicherheitsmaßnahmen, die getroffen wurden, um sicherzustellen, dass Vereinbarungen zwischen der AIF-Kapitalverwaltungsgesellschaft oder dem AIF und dem Unternehmen wie zwischen voneinander unabhängigen Geschäftspartnern geschlossen werden, und

3. die Grundsätze für die externe und interne Kommunikation in Bezug auf das Unternehmen, insbesondere gegenüber den Arbeitnehmern.

(3) [1]In ihrer Mitteilung nach Absatz 1 Nummer 1 ersucht die AIF-Kapitalverwaltungsgesellschaft den Vorstand des Unternehmens, entweder die Arbeitnehmervertreter oder, falls es keine solchen Vertreter gibt, die Arbeitnehmer selbst unverzüglich von den Informationen gemäß Absatz 2 in Kenntnis zu setzen. [2]Die AIF-Kapitalverwaltungsgesellschaft bemüht sich nach besten Kräften sicherzustellen, dass der Vorstand entweder die Arbeitnehmervertreter oder, falls es keine solchen Vertreter gibt, die Arbeitnehmer selbst ordnungsgemäß informiert.

(4) [1]Die AIF-Kapitalverwaltungsgesellschaft stellt sicher, dass den in Absatz 1 Nummer 1 und 2 genannten Unternehmen und Anteilseignern folgende Informationen offengelegt werden:

1. die Absichten des AIF hinsichtlich der zukünftigen Geschäftsentwicklung des nicht börsennotierten Unternehmens und

2. die voraussichtlichen Auswirkungen auf die Beschäftigung, einschließlich wesentlicher Änderungen der Arbeitsbedingungen.

[2]Ferner ersucht die AIF-Kapitalverwaltungsgesellschaft den Vorstand des nicht börsennotierten Unternehmens, die in diesem Absatz genannten Informationen entweder den Arbeitnehmervertretern oder, falls es keine solchen Vertreter gibt, den Arbeitnehmern des nicht börsennotierten Unternehmens selbst zur Verfügung zu stellen und bemüht sich nach besten Kräften, dies sicherzustellen.

(5) Sobald ein AIF die Kontrolle über ein nicht börsennotiertes Unternehmen gemäß § 287 Absatz 1 in Verbindung mit § 288 Absatz 1 erlangt, legt die AIF-Kapitalverwaltungsgesellschaft, die den betreffenden AIF verwaltet, der Bundesanstalt und den Anlegern des AIF Angaben zur Finanzierung des Erwerbs vor.

In der Fassung vom 4.7.2017 (BGBl. I 2017, S. 1981).

---

21 Ebenso *Behme* in Baur/Tappen, § 289 KAGB Rz. 62 (Kein Schutz von Individualinteressen für Verstöße gegen § 289 Abs. 1 KAGB.

Schrifttum: S. bei § 287.

I. Inhalt und Zweck der Norm

1 Die Vorschrift setzt Art. 28 AIFM-RL um. Sie oktroyiert die Übersendung eines hier sog. **Kontrollberichts** an das Unternehmen und daran Beteiligte, inklusive der Arbeitnehmer (§ 290 Abs. 1 bis 3 KAGB). Zweck ist die Information der am Unternehmen beteiligten sowie der Arbeitnehmer (Stakeholder). Nur das Unternehmen und dessen Anteilseigner sollen zudem über Pläne und Absichten in Bezug auf das Unternehmen informiert werden (§ 290 Abs. 4 KAGB). § 290 Abs. 5 KAGB weist eine andere Schutzrichtung auf. Danach sind die BaFin und die AIF-Anleger über die Finanzierung des Erwerbs zu informieren. Die Pflichten im Einzelnen sind ein Novum, soweit es nicht börsennotierte Unternehmen betrifft, auf welche sich § 290 KAGB ausschließlich bezieht. Für Emittenten sind vergleichbare Regelungen indes im Kapitalmarktrecht verankert.[1]

II. Adressaten des Kontrollberichts (§ 290 Abs. 1 KAGB)

2 § 290 Abs. 1 KAGB regelt die **Voraussetzungen** für die Rechtsfolge „Informationsübermittlung". Voraussetzungen sind a) der alleinige oder gemeinsame Kontrollerwerb (§ 288 Rz. 2 ff.) über ein nicht börsennotiertes Unternehmen (§ 287 Rz. 15 f.) oder einen Emittenten (§ 287 Rz. 39) durch einen AIF (§ 287 Rz. 7). § 290 Abs. 1 KAGB regelt des Weiteren einen Teil der Rechtsfolgen, während die im Detail zu übermittelnden Informationen in Abs. 2 geregelt sind (Rz. 7 ff.). Einziger Regelungsgegenstand des § 290 Abs. 1 KAGB ist damit die Bestimmung der **Adressaten des Kontrollberichts.** Diese sind **identisch mit denjenigen der Kontrollmitteilung** nach § 289 Abs. 2 KAGB (näher § 289 Rz. 7 ff.).

3 Eine Besonderheit besteht insoweit, als der Kreis der **Anteilseigner bei börsennotierten Emittenten** sehr groß sein kann. Es gilt das zu § 289 Abs. 2 KAGB Gesagte: Es muss angemessener Aufwand betrieben, Unmögliches kann nicht verlangt werden. Daraus folgt jedoch nicht, dass keinerlei Informationspflichten bei Emittenten bestehen,[2] es ist aber auf andere Methoden auszuweichen, z.B. durch öffentliche Bekanntmachung, Internetveröffentlichung etc. In der Sache bestehen kaum Probleme, da durch kapitalmarktrechtliche Vorgaben (z.B. bei deutschen Emittenten über § 43 WpHG) für eine großflächige Verbreitung Sorge getragen ist.

4 § 290 Abs. 1 bis 3 KAGB enthält **keine Fristregelung**, § 289 Abs. 5 KAGB ist entsprechend anzuwenden.[3] Auch zur **Form** gilt das zu § 289 KAGB Gesagte (§ 289 Rz. 6).

5 Nach Art. 28 Abs. 1 Unterabs. 2 AIFM-RL kann das nationale Recht den AIFM verpflichten, den Kontrollbericht zugleich einer **für die Gesellschaft zuständigen Behörde** zu übermitteln. Weil das deutsche Recht keine allgemeine Gesellschaftsaufsicht kennt, verzichtet das KAGB zu Recht auf diese Option. Freilich könnten ausländische Behörden Empfänger des Berichts sein. Diese Pflicht ist gegebenenfalls im Recht der AIF-KVG festzulegen: Bei Art. 28 Abs. 1 Satz 2 AIFM-RL geht es um eine **strengere Verwalterregulierung** (näher § 287 Rz. 7 ff.).

6 Nicht einschlägig ist § 290 KAGB, wenn die Kontrolle **durch einen anderen AIF erlangt wird**, der **nicht mit der AIF-KVG zusammen, also unabhängig von dieser handelt.**

1 *Koch*, WM 2014, 433 (436).
2 So aber *Behme* in Baur/Tappen, § 290 KAGB Rz. 4, 6, 27; *Jesch* in Moritz/Klebeck/Jesch, § 290 KAGB Rz. 23; wie hier *Swoboda* in Weitnauer/Boxberger/Anders, § 288 KAGB Rz. 1.
3 *Zetzsche*, NZG 2012, 1164; *Jesch* in Moritz/Klebeck/Jesch, § 290 KAGB Rz. 50; *Schröder/Rahn*, GWR 2014, 49 (50).

III. Inhalt des Kontrollberichts (§ 290 Abs. 2 KAGB)

Nach § 290 Abs. 2 Nr. 1 KAGB anzugeben ist die „Identität der AIF-KVG, die entweder allein oder im Rahmen einer Vereinbarung mit anderen AIF-KVGs die AIF verwalten, die die Kontrolle erlangt haben." Erforderlich ist die Angabe von Firma, Sitz und ggf. Registernummer.[4] § 290 Abs. 2 Nr. 1 KAGB verlangt nicht die Angabe der involvierten AIF, diese ist bereits Gegenstand der Kontrollmitteilung gem. § 289 Abs. 3 Nr. 2 KAGB (§ 289 Rz. 12). 7

Anzugeben sind nach § 290 Abs. 2 Nr. 2 KAGB „die **Grundsätze zur Vermeidung und Steuerung von Interessenkonflikten**," insbesondere zwischen der AIF-KVG, dem AIF und dem Unternehmen, einschließlich Informationen zu den besonderen Sicherheitsmaßnahmen, die getroffen wurden, um sicherzustellen, dass Vereinbarungen zwischen der AIF-Kapitalverwaltungsgesellschaft oder dem AIF und dem Unternehmen wie zwischen voneinander unabhängigen Geschäftspartnern geschlossen werden. Es ist mitzuteilen, wie Interessenkonflikte vermieden und Transaktionen zwischen Erwerber(n) und der konkreten Zielgesellschaft ***at arm's length*** sichergestellt werden. Nicht erforderlich ist die Wiedergabe allgemeiner Konfliktleitlinien mit nur interner Wirkung oder einzelner Konflikte. Erforderlich ist vielmehr ein **Katalog spezifisch auf die Zielgesellschaft ausgerichteter Maßnahmen zur Vermeidung einer finanziellen Aushöhlung der Gesellschaft.**[5] Dessen Erstellung kann, muss aber nicht die Durchsicht sämtlicher Beteiligungsdokumente erforderlich machen. Bezugspunkt des Konfliktmanagements ist der **ganze**, von der Zielgesellschaft ggf. geführte **Konzern.**[6] 8

Umstritten ist, ob § 290 Abs. 2 Nr. 2 KAGB nur Informationspflichten vorsieht[7] oder auch **inhaltliche Vorgaben** macht.[8] Letzteres trifft zu. Dies folgt daraus, dass „Sicherheitsmaßnahmen" anzugeben sind, zudem sprechen Sinn und Zweck für eine solche Auslegung. Abweichend von den allgemeinen Konfliktmanagement-Vorschriften in §§ 26, 27 KAGB geht es nicht um den Schutz der Anleger vor sich selbst begünstigendem Verhalten der KVG, sondern um den **Schutz der Zielgesellschaft vor dem verdeckten Entzug von Vermögenswerten.** Dieser Zweck würde durch die bloße Mitteilung, dass das KAGB (jenseits von § 290 Abs. 3 Nr. 2 KAGB) keinen Schutz der Zielgesellschaft vorsieht,[9] nicht gefördert. 9

Beispiele: (1) Für den Abschluss von Beraterverträgen zwischen AIF-KVG und Zielgesellschaft kann das Zustimmungserfordernis eines unabhängigen Beirats vorgesehen sein.[10] (2) Wettbewerbsverbote. (3) Vertraulichkeitsvereinbarungen. (4) Auf gewisse Weise strukturierte Kompetenz der Gesellschaftsorgane. Ein anderer Weg, den Schutz der Zielgesellschaft sicherzustellen, kann der **Abschluss eines Gewinnabführungs- und Beherrschungsvertrags** sein, da in diesem Fall die §§ 291 ff. KAGB das Vermögenssubstrat der Gesellschaft (wenn auch nicht die konkrete Zusammensetzung desselben) sichert.[11] Einschränkungen resultieren aus § 290 Abs. 2 KAGB (und § 292 KAGB) für den faktischen Konzern. Näher zum Konzernrecht § 292 Rz. 34. 10

Der Kontrollbericht ist auch bei **Kontrollerwerb an einem Emittenten** zu erstellen. Die entsprechende Informationspflicht kann mit Pflichten nach dem anwendbaren Kapitalmarktrecht zusammentreffen, etwa für deutsche Emittenten § 43 WpHG. § 290 KAGB und § 43 WpHG sind nicht aufeinander abgestimmt. Schutzzweck und Informationsweg beider Normen weichen voneinander ab. Beide Pflichten sind daher separat zu erfüllen. Eine gegenseitige Beeinflussung besteht jedoch, weil die kapitalmarktrechtlichen Informationswege auch für die Information der Anteilseigner des Emittenten (vgl. § 290 Abs. 1 Nr. 2 KAGB) nutzbar gemacht werden können (Rz. 3). 11

---

4 *Swoboda* in Weitnauer/Boxberger/Anders, § 290 KAGB Rz. 2; *Jesch* in Moritz/Klebeck/Jesch, § 290 KAGB Rz. 25.

5 I.E. auch *Swoboda* in Weitnauer/Boxberger/Anders, § 290 KAGB Rz. 14 f.; a.A. *Jesch* in Moritz/Klebeck/Jesch, § 290 KAGB Rz. 27 (abstrakter Katalog ausreichend).

6 *Bärenz/Käpplinger* in Dornseifer/Jesch/Klebeck/Tollmann, Art. 28 AIFM-RL Rz. 20; *Schröder/Rahn*, GWR 2014, 49 (50); *Jesch* in Moritz/Klebeck/Jesch, § 290 KAGB Rz. 26; *Swoboda* in Weitnauer/Boxberger/Anders, § 290 KAGB Rz. 12.

7 So *Bärenz/Käpplinger* in Dornseifer/Jesch/Klebeck/Tollmann, Art. 28 AIFM-RL Rz. 20; *Swoboda* in Weitnauer/Boxberger/Anders, § 290 KAGB Rz. 12 (unter Hinweis auf ErwGr. 52 AIFM-RL).

8 *Jesch* in Moritz/Klebeck/Jesch, § 290 KAGB Rz. 28; *Zetzsche*, NZG 2012, 1169 f.

9 Dafür *Swoboda* in Weitnauer/Boxberger/Anders, § 290 KAGB Rz. 12 f.

10 Vgl. *Schröder/Rahn*, GWR 2014, 49.

11 I.E. ebenso *Zetzsche*, NZG 2012, 1164 (1170 f.); *Jesch* in Moritz/Klebeck/Jesch, § 290 KAGB Rz. 28; *Behme* in Baur/Tappen, § 290 KAGB Rz. 23 ff.

IV. Information der Arbeitnehmer (§ 290 Abs. 3 und Abs. 4 Satz 2 KAGB)

12 Nach § 290 **Abs. 3** KAGB hat die AIF-KVG die Geschäftsleitung (s. § 289 Rz. 13) des Unternehmens aufzufordern und darauf hinzuwirken, dass die Informationen nach § 290 Abs. 2 KAGB den Arbeitnehmervertretern oder Arbeitnehmern unverzüglich mitgeteilt werden. Mit Ausnahme der Bezugnahme auf die Informationen nach § 290 Abs. 2 KAGB ist der Wortlaut identisch mit dem des § 289 Abs. 4 KAGB. Näher § 289 Rz. 13 ff. Dieselbe Pflicht obliegt der AIF-KVG in Bezug auf die Informationen nach § 290 Abs. 4 Satz 1 KAGB gem. **Abs. 4 Satz 2.** Diese Zuständigkeitsregel gibt der Geschäftsleitung die Möglichkeit, die Interessen des neuen Mehrheitseigners als eigene Interessen darzustellen, um so die Loyalität der Arbeitnehmerschaft zu erreichen. Anderenfalls wäre ein betriebsschädlicher Konflikt zwischen Kontrollerwerber und Belegschaft vorprogrammiert.

13 Während die Kontrollmitteilung nach § 289 KAGB kaum jemals **Vertraulichkeitsinteressen** berühren dürfte und die Informationen nach § 290 Abs. 2 KAGB inhaltlich wenig konfliktträchtig ist, dürfte dies **in Bezug auf die Pläne und Absichten** nach § 290 Abs. 4 Satz 1 KAGB häufiger der Fall sein. Dabei geht es insbesondere um den **Zeitpunkt, wann die Pläne und Absichten** den Arbeitnehmern offenzulegen sind. Bei der **Mitteilung der Pläne und Absichten** in Bezug auf die Gesellschaft und Belegschaft hat die Informationsschranke bei erheblicher Beeinträchtigung oder Schädigung der Gesellschaft[12] Bedeutung. Jedoch widerspräche es dem Informationszweck, allein wegen eines geplanten Arbeitsplatzabbaus oder einer Umstrukturierung den Informationsfluss zu verzögern. Um eine Verzögerung zu rechtfertigen, muss der drohende Schaden über die negative Beeinträchtigung der Arbeitnehmerinteressen hinausgehen. Zur Informationsverweigerung berechtigen daher insbesondere Wettbewerbsinteressen (etwa an der Übernahme eines Wettbewerbers oder der Erschließung neuer Märkte).

V. Information des Unternehmens und der Anteilseigner über Pläne und Absichten (§ 290 Abs. 4 Satz 1 KAGB)

14 Beschränkt auf **nicht börsennotierte Unternehmen** muss der Kontrollbericht analog zu Art. 6 Abs. 3 lit. i ÜbernahmeRL (umgesetzt in § 11 Abs. 2 Satz 3 Nr. 2 WpÜG) die Absichten der AIF-KVG im Umgang mit dem Zielunternehmen und den Beschäftigten darlegen. Adressat dieser Informationspflicht sind das Unternehmen (§ 290 Abs. 1 Nr. 1) sowie dessen Anteilseigner (§ 290 Abs. 1 Nr. 2). Die BaFin ist zu recht nicht Adressat, weil sie für die Überwachung der Arbeitnehmerrechte nicht zuständig ist.[13] Die Arbeitnehmer partizipieren an der Information über die Bemühenspflicht nach § 290 Abs. 4 Satz 2 KAGB (Rz. 12 f.).

15 Fest steht, dass es um **zukunftsbezogene Aussagen** geht. Was im Übrigen genau die „Absichten des AIF hinsichtlich der zukünftigen Geschäftsentwicklung“ und die „voraussichtlichen Auswirkungen auf die Beschäftigung, einschließlich wesentlicher Änderungen der Arbeitsbedingungen“ umfasst, ist § 290 Abs. 4 KAGB nicht zu entnehmen. Besagte **Absichten** können umfassen z.B. 1) eine Sitzverlegung, 2) die Verwendung des Gesellschaftsvermögens (Investition oder Ausschüttung), 3) die Besetzung der Gesellschaftsorgane und 4) eine geplante Expansion und Fusion mit anderen Unternehmen. Als **Auswirkungen auf die Beschäftigung** anzugeben sind insbesondere geplante Veränderungen der Mitbestimmung und Arbeitnehmervertretung, Massenentlassungen und Betriebsschließungen, aber auch strategische Veränderungen wie z.B. der Wechsel von Eigenproduktion zur Lohnherstellung.

16 Eine AIF-KVG, die sich bei Umsetzung der Vorgaben an den Details des § 11 Abs. 2 Satz 3 Nr. 2 WpÜG orientiert, und dabei die **Arbeitnehmerinteressen besonders gewichtet**, ist auf der sicheren Seite.[14]

VI. Information über die Finanzierung des Erwerbs (§ 290 Abs. 5 KAGB)

17 Nach Kontrollerlangung (§ 288 Rz. 2 ff.) über ein nicht börsennotiertes Unternehmen (§ 287 Rz. 15 f.) hat die AIF-KVG, die den betreffenden AIF verwaltet (§ 287 Rz. 7), der BaFin und den Anlegern des AIF Angaben **zur Finanzierung des Erwerbs** vorzulegen. Die Vorschrift weicht insofern von den übrigen Pflichten der §§ 287 ff. KAGB ab, die auf den Schutz der Zielgesellschaft und deren Arbeitnehmer ausgerichtet sind. § 290 KAGB enthält keine Fristregelung, es gilt § 289 **Abs. 5 KAGB entsprechend.**[15] Daher genügt die Of-

12 Vgl. § 287 Abs. 5 KAGB, der auf Art. 6 RL 2002/14/EG verweist, sowie der ErwGr. 58 AIFM-RL. Näher § 287 Rz. 43.
13 *Jesch* in Moritz/Klebeck/Jesch, § 290 KAGB Rz. 37; *Behme* in Baur/Tappen, § 290 KAGB Rz. 2.
14 Ebenso *Schröder/Rahn*, GWR 2014, 49 (51).
15 *Zetzsche*, NZG 2012, 1164; *Jesch* in Moritz/Klebeck/Jesch, § 290 KAGB Rz. 50.

fenlegung im AIF-Abschluss nur in seltenen Fällen.[16] Dies führt zur Bekanntgabe bislang vertraulicher Informationen an eine größere Anlegeranzahl. Eine **Weitergabe nur an Anlegergremien** ist zwar nicht vorgesehen,[17] aber dann zulässig, wenn alle Anleger den Gremienvertretern Empfangsvollmacht erteilt haben.

Schutzzweck der Norm ist der **Anlegerschutz** (i.e. es geht nicht um den Schutz der Anteilseigner der Zielgesellschaft).[18] Mit Systemrisiken hat dies nichts zu tun.[19] Es geht nicht um das Finanzgebaren der Portfoliogesellschaft (dieses dürfte regelmäßig vertraulich sein), sondern um die **vom AIF eingegangenen Finanzverpflichtungen.** Dabei sind etwa **Risiken aus der Kreditaufnahme (Leverage)** offenzulegen,[20] die bei nicht börsennotierten Unternehmen, wenn das Unternehmen die erhofften Erträge nicht erwirtschaften und auch nicht profitabel weiterverkauft werden kann, die Existenz des AIF gefährden können. Gegenstand der Offenlegungspflicht ist somit, aus welchen Mitteln der Erwerb bestritten wurde und ob die Verpflichtungen den AIF oder (nur) eine Zweckgesellschaft treffen, sowie welche Risiken aus der Finanzierung für die Anleger entstehen können. 18

VII. Sanktionen

Die Verletzung der Pflichten aus § 290 KAGB, inklusive der verzögerten Pflichtenerfüllung (vgl. Erwähnung des § 290 Abs. 5 KAGB) ist **ordnungswidrig** gem. § 340 Abs. 2 Nr. 77 KAGB. Keine Sanktionierung droht bei unzureichendem Bemühen gem. § 290 Abs. 4 KAGB. Zur zivilrechtlichen Ersatzpflicht im Fall der Verletzung vgl. § 289 Rz. 19. 19

§ 291 Besondere Vorschriften hinsichtlich des Jahresabschlusses und des Lageberichts

(1) Erlangt ein AIF allein oder gemeinsam mit anderen AIF die Kontrolle über ein nicht börsennotiertes Unternehmen oder einen Emittenten gemäß § 287 Absatz 1 in Verbindung mit § 288 Absatz 1, ist die AIF-Kapitalverwaltungsgesellschaft dazu verpflichtet,

1. **darum zu ersuchen und nach besten Kräften sicherzustellen, dass der Jahresabschluss und, sofern gesetzlich vorgeschrieben, der Lagebericht des nicht börsennotierten Unternehmens innerhalb der Frist, die in den einschlägigen nationalen Rechtsvorschriften für die Erstellung der genannten Unterlagen vorgesehen ist, gemäß Absatz 2 erstellt, um die Information nach Absatz 2 ergänzt und von den gesetzlichen Vertretern des Unternehmens den Arbeitnehmervertretern oder, falls es keine solchen Vertreter gibt, den Arbeitnehmern selbst zur Verfügung gestellt wird, oder**
2. **für jeden betreffenden AIF in den gemäß § 148 vorgesehenen Anhang zum Jahresabschluss oder den gemäß § 158 vorgesehenen Jahresbericht zusätzlich die in Absatz 2 genannten Informationen über das betreffende nicht börsennotierte Unternehmen aufzunehmen.**

(2) [1]Die zusätzlichen Informationen gemäß Absatz 1 Nummer 2 müssen zumindest einen Bericht über die Lage des nicht börsennotierten Unternehmens am Ende des von dem Jahresabschluss oder Jahresbericht abgedeckten Zeitraums enthalten, in dem der Geschäftsverlauf des Unternehmens so dargestellt wird, dass ein den tatsächlichen Verhältnissen entsprechendes Bild entsteht. [2]Der Bericht soll außerdem folgende Informationen enthalten:

1. **Ereignisse von besonderer Bedeutung, die nach Abschluss des Geschäftsjahres eingetreten sind,**
2. **die voraussichtliche Entwicklung des Unternehmens und**
3. **die in Artikel 22 Absatz 2 der Zweiten Richtlinie des Rates vom 13. Dezember 1976 zur Koordinierung der Schutzbestimmungen, die in den Mitgliedstaaten den Gesellschaften im Sinne des Artikels 58 Absatz 2 des Vertrages im Interesse der Gesellschafter sowie Dritter für die Gründung der Aktiengesellschaft sowie für die Erhaltung und Änderung ihres Kapitals vorgeschrieben sind,**

16 *Swoboda* in Weitnauer/Boxberger/Anders, § 290 KAGB Rz. 21.
17 Zutr. *Swoboda* in Weitnauer/Boxberger/Anders, § 290 KAGB Rz. 21.
18 *Behme* in Baur/Tappen, § 290 KAGB Rz. 5; *Bärenz/Steinmüller* in Dornseifer/Jesch/Klebeck/Tollmann, Art. 28 AIFM-RL Rz. 28.
19 Anders *Söhner*, WM 2011, 1121 (1124).
20 *Jesch* in Moritz/Klebeck/Jesch, § 290 KAGB Rz. 51.

um diese Bestimmungen gleichwertig zu gestalten (77/91/EWG) (ABl. L 26 vom 31.1.1977, S. 1) bezeichneten Angaben über den Erwerb eigener Aktien.

(3) Die AIF-Kapitalverwaltungsgesellschaft hat

1. darum zu ersuchen und nach bestmöglichem Bemühen sicherzustellen, dass die gesetzlichen Vertreter des nicht börsennotierten Unternehmens die in Absatz 1 Nummer 2 genannten Informationen über das betreffende Unternehmen entweder den Arbeitnehmervertretern des betreffenden Unternehmens oder, falls es keine solchen Vertreter gibt, den Arbeitnehmern selbst innerhalb der in § 148 in Verbindung mit § 120 Absatz 1 oder in § 158 in Verbindung mit § 135 Absatz 1 genannten Frist zur Verfügung stellt, oder

2. den Anlegern des AIF die Informationen gemäß Absatz 1 Nummer 2, soweit bereits verfügbar, innerhalb der in § 148 in Verbindung mit § 120 Absatz 1 oder in § 158 in Verbindung mit § 135 Absatz 1 genannten Frist und in jedem Fall spätestens bis zu dem Stichtag, zu dem der Jahresabschluss und der Lagebericht des nicht börsennotierten Unternehmens gemäß den einschlägigen nationalen Rechtsvorschriften erstellt werden, zur Verfügung zu stellen.

In der Fassung vom 4.7.2013 (BGBl. I 2013, S. 1981).

Schrifttum: S. bei § 287.

I. Inhalt und Zweck

1 Die Vorschrift setzt Art. 29 AIFM-RL um und **erweitert** bei Kontrollerlangung (§ 288 Rz. 2 ff.) über eine nicht börsennotierte Gesellschaft (§ 287 Rz. 15 f.) oder einen Emittenten (§ 287 Rz. 39 ff.)[1] die **periodische Publizität** in Bezug auf die kontrollierten Unternehmen. Zu dem europäischen Hintergrund und der rechtspolitischen Kritik vgl. § 287 Rz. 1, 4. **Schutzadressat** sind sowohl die Arbeitnehmer(vertreter) der Zielgesellschaft als auch die Anleger des AIF.[2]

2 **Informationsinstrumente** können dabei einerseits der **Abschluss der Zielgesellschaft**, andererseits der **Abschluss des AIF** sein. § 291 Abs. 1 KAGB definiert die Informationsmedien, Abs. 2 den Mindestinhalt, Abs. 3 den Verbreitungsmodus.

II. Erweiterte periodische Publizität (§ 291 Abs. 1 KAGB)

3 Nach Kontrollerlangung (§ 288 Rz. 2) muss die AIF-KVG die Informationen nach § 291 Abs. 2 KAGB entweder in den Jahresabschluss/Lagebericht aufnehmen lassen oder für jeden AIF, der an der Kontrolle beteiligt ist (zum acting in concert vgl. § 287 Rz. 20), den Anhang zum Jahresabschluss oder den Jahresbericht erweitern. Die Pflicht besteht nicht einmalig, sondern für jeden nach der Kontrollerlangung erstellten Abschluss.[3]

4 **Zu § 291 Abs. 1 Nr. 1 KAGB:** Die Wendung des **„zu ersuchen und nach besten Kräften sicherzustellen"** sowie die zur Verfügungstellung an Arbeitnehmer(vertreter) wird ebenso verwandt in § 289 Abs. 4 Satz 1 und 2, § 290 Abs. 3 und Abs. 4 Satz 2 KAGB (näher § 289 Rz. 13 ff.). Gemeint ist der **Jahresabschluss bzw. Lagebericht der Zielgesellschaft**. Die AIF-KVG soll auf die fristgerechte Erstellung, die Ergänzung um die Informationen nach § 291 Abs. 2 KAGB und die Weiterleitung an die Arbeitnehmer(vertreter) hinwirken. Die Zielgesellschaft (dazu § 287 Rz. 15 f.) ist bereits nach den Vorschriften der (früher) 1., 4. und 7. gesell-

---

1 Insoweit spekulierend, dass ein Redaktionsversehen vorliegt, *Viciano-Gofferje*, BB 2013, 2506 (2510). Dafür spricht, dass im Rest der Vorschrift nur noch von nicht börsennotierten Unternehmen gesprochen wird und Emittenten grds. bereits umfangreichen Informationspflichten unterliegen.

2 *Hoffert* in Moritz/Klebeck/Jesch, § 291 KAGB Rz. 2.

3 *Hoffert* in Moritz/Klebeck/Jesch, § 291 KAGB Rz. 6.

schaftsrechtlichen Richtlinie[4] (jetzt in der BilanzRL[5] sowie Art. 13 ff. GesellschaftsrechtsRL[6] enthalten) zur Erstellung und Veröffentlichung des Abschlusses verpflichtet. Regelungsgehalt der Vorschrift ist damit, dass die Kontrolle durch den AIF keine **Informationsverzögerung** oder **keinen Verzicht auf die Publizität** rechtfertigt. Auch wenn die Zielgesellschaft in den AIF-Konzern einbezogen ist, muss danach weiterhin ein Abschluss und Lagebericht speziell zur Zielgesellschaft publiziert werden.

Zu § 291 Abs. 1 Nr. 2 KAGB: Allerdings bietet § 291 Abs. 1 Nr. 2 KAGB eine **Informationsalternative** („**oder**"), die solche Fragen vermeidet und **i.d.R. einfacher** ist. Danach genügt es, die Zusatzangaben in den Anhang zum **Jahresabschluss** (§ 148 KAGB) **oder den Jahresbericht** (§ 158 KAGB) **des AIF** aufzunehmen. Die dortige Publizität substituiert sämtliche Informationsbemühungen nach § 291 Abs. 1 Nr. 1 KAGB. 5

III. Lagebericht bei Information nach § 291 Abs. 1 Nr. 2 KAGB (§ 291 Abs. 2 KAGB)

Erforderlich ist ein **Bericht über die Lage der Zielgesellschaft** mit Darstellung des Geschäftsverlaufs. Anzugeben sind des Weiteren **Ereignisse von besonderer Bedeutung** nach Abschluss des Geschäftsjahres, die voraussichtliche **Entwicklung des Unternehmens** und Angaben zum **Erwerb eigener Aktien**. Es handelt sich um Mindestinformationsinhalte des handelsrechtlichen Lageberichts (vgl. für deutsche Gesellschaften § 289 HGB, für EU/EWR-Gesellschaften Art. 19 Bilanzrichtlinie 2013/34/EU). Zu den Details der Angaben ist die bilanzrechtliche Literatur heranzuziehen.[7] 6

Weil die §§ 287 ff. KAGB auf KMUs nicht anzuwenden sind (§ 287 Rz. 22 ff.) und Zielgesellschaften Kapitalgesellschaften oder kapitalistische KGs (insb. GmbH & Co. KGs) sind (§ 287 Rz. 16), die, sofern zur Rechnungslegung verpflichtet, nach den handelsrechtlichen Kategorien häufig große Kapitalgesellschaften/ GmbH& Cos. sind (vgl. § 267 Abs. 3 HGB, Art. 3 Abs. 4 Bilanzrichtlinie 2013/34/EU), bedeutet die Norm in den meisten Fällen **keine Informationserweiterung gegenüber der handelsrechtlichen Publizität der Zielgesellschaft**. Es genügt daher, wenn die AIF-KVG auf eine ordnungsgemäße Rechnungslegung der Zielgesellschaft hinwirkt. 7

IV. Information der Arbeitnehmer und Anleger (§ 291 Abs. 3 KAGB)

Zu § 291 Abs. 3 Nr. 1 KAGB: Die Vorschrift bezieht sich nur auf Informationen, die die AIF-KVG in den Abschluss des AIF aufnimmt (vgl. die Beschränkung auf § 291 Abs. 1 Nr. 2 KAGB). Die **Ersuchens- und Bemühungspflichten** gem. § 291 Abs. 3 Nr. 1 KAGB sind aus § 289 Abs. 4 KAGB bekannt. S. § 289 Rz. 16. Gegenstand dieser Pflicht sind die zur Erweiterung der jährlichen Anlegerinformation nach § 291 Abs. 1 Nr. 2 KAGB erstellten Informationen. Die Vorschrift enthält eine **spezielle Fristbestimmung**: Nach den dort genannten Normen ist binnen sechs Monaten Rechnung zu legen. Die Bezugnahme auf die Norm besagt, dass die AIF-KVG binnen sechs Monaten weiterzuleiten und sich zu bemühen hat. Dies verkürzt die 6-Monats-Frist für die Abschlusserstellung, weil Zeit für die Weiterleitung und das Ersuchen benötigt wird, so dass die Arbeitnehmer binnen sechs Monaten die Unterlagen zur Verfügung haben: Die Frist bezieht sich darauf, dass **die Geschäftsleitung des Unternehmens** binnen dieser Frist die Informationen weiterzuleiten hat. Infolgedessen können die Arbeitnehmer **früher als nach gesellschafts- und handelsrechtlichen Vorschriften** zu informieren sein. Danach ist binnen acht Monaten der Abschluss den Gesellschaftern vorzulegen (vgl. § 42a Abs. 2 GmbHG, § 175 Abs. 1 Satz 2 AktG). Erst danach folgt die handelsrechtliche Offenlegung binnen eines Jahres nach Ende des Geschäftsjahres (§ 325 Abs. 1a HGB). Dies dürfte an tatsächliche Grenzen stoßen, wenn die Zahlenwerke der Zielgesellschaft binnen sechs Monaten nicht festgestellt sind. Daher wirkt die Pflicht nach § 291 Abs. 3 Nr. 1 KAGB hinterrücks in die Abläufe der Zielgesellschaft ein; die AIF-KVG müsste ihren Einfluss dahingehend ausüben, die **Abläufe in der Zielgesellschaft zu beschleunigen**. Eine so tiefgreifende Änderung des Bilanzrechts ist wohl kaum beabsichtigt gewesen. Näher liegt es, dass ein **Redaktionsversehen** des europäischen Regelsetzers (vgl. Art. 29 Abs. 3 Buchst. a AIFM- 8

---

4 Vgl. dazu *Zetzsche* in Hachmeister/Kahle/Mock/Schüppen, Bilanzrecht, vor § 325 HGB Rz. 7 ff.

5 Richtlinie 2013/34/EU des Europäischen Parlaments und des Rates vom 26.6.2013 über den Jahresabschluss, den konsolidierten Abschluss und damit verbundene Berichte von Unternehmen bestimmter Rechtsformen und zur Änderung der Richtlinie 2006/43/EG des Europäischen Parlaments und des Rates und zur Aufhebung der Richtlinien 78/660/EWG und 83/349/EWG des Rates, ABl. Nr. L 182 vom 29.6.2013, S. 19. Vgl. dazu *Kreipl*, BC 2013, 399; *Mosel/Peters*, GWR 2014, 97.

6 Richtlinie (EU) 2017/1132 des Europäischen Parlaments und des Rates vom 14.6.2017 über bestimmte Aspekte des Gesellschaftsrechts, ABl. Nr. L 169 vom 30.6.2017, S. 46.

7 Vgl. dazu *Mock* in Hachmeister/Kahle/Mock/Schüppen, Bilanzrecht, § 289 HGB Rz. 16 ff.

RL) vorliegt: Der Einschub in § 291 Abs. 3 Nr. 2 KAGB „und in jedem Fall spätestens bis zu dem Stichtag, zu dem der Jahresabschluss und der Lagebericht des nicht börsennotierten Unternehmens gemäß den einschlägigen nationalen Rechtsvorschriften erstellt werden," würde das Problem beseitigen.

9 Den **Anlegern** hat die AIF-KVG nach § 291 **Abs. 3 Nr. 2** KAGB die Informationen nach Abs. 1 Nr. 2 weiterzuleiten. Dies ist offensichtlich ein **(erneutes) Redaktionsversehen**, weil die AIF-Abschlussinformationen (i.e. solche nach § 291 Abs. 1 Nr. 2 KAGB!) ohnedies zur Verfügung zu stellen sind (vgl. §§ 107 Abs. 5, 67 Abs. 1 Satz 2 KAGB). Gemeint ist wohl die Information nach § 291 Abs. 1 Nr. 1 KAGB, die nur im Abschluss der Portfoliogesellschaft zu finden und dort erst binnen eines Jahres nach Abschluss des Geschäftsjahres (vgl. § 325 Abs. 1a HGB) offenzulegen und solange den Anlegern nicht zugänglich ist.[8] Die Weiterleitung hat **„soweit verfügbar"** binnen **derselben Frist** wie nach § 291 Abs. 3 Nr. 1 KAGB zu erfolgen, spätestens aber bis „zu dem Stichtag, zu dem der Jahresabschluss und der Lagebericht des nicht börsennotierten Unternehmens gemäß den einschlägigen nationalen Rechtsvorschriften erstellt werden." Daraus folgt bei identischen Bilanzstichtagen i.d.R. gegenüber dem Investmentrecht eine **Fristverlängerung**. Die aus **abweichenden Geschäftsjahren** entstehende Komplexität hat der Regelsetzer nicht berücksichtigt. Die AIF-KVG kann aber nicht über Dinge berichten, die sie nicht kennt, so dass in diesem Fall erst zu berichten ist, wenn der Abschluss der Zielgesellschaft vorliegt. Endet z.B. das Geschäftsjahr des AIF am 31.12. und das der Zielgesellschaft am 31.3. und erfolgt die Aufstellung und Feststellung binnen acht Monaten, ist erst elf Monate nach Geschäftsjahresende des AIF weiterzuleiten.

V. Sanktion bei Zuwiderhandlung

10 Verstöße gegen die Rechnungslegungspflichten nach dem KAGB sind gem. § 340 Abs. 2 Nr. 12 KAGB **Ordnungswidrigkeit. Verstöße der Zielgesellschaft** sind handelsrechtlich sanktioniert (für deutsche Zielgesellschaften z.B. § 334 Abs. 1 Nr. 3 HGB), die fristgerechte Einreichung zum Handelsregister wird in Deutschland durch Ordnungsgeld erzwungen (§ 335 HGB).

§ 292 Zerschlagen von Unternehmen

(1) Erlangt ein AIF allein oder gemeinsam mit anderen AIF die Kontrolle über ein nicht börsennotiertes Unternehmen oder einen Emittenten gemäß § 288, ist die AIF-Kapitalverwaltungsgesellschaft innerhalb von 24 Monaten nach Erlangen der Kontrolle über das Unternehmen durch den AIF dazu verpflichtet,

1. **Ausschüttungen, Kapitalherabsetzungen, die Rücknahme von Anteilen oder den Ankauf eigener Anteile durch das Unternehmen gemäß Absatz 2 weder zu gestatten noch zu ermöglichen, zu unterstützen oder anzuordnen,**
2. **sofern sie befugt ist, in den Versammlungen der Leitungsgremien des Unternehmens im Namen des AIF abzustimmen, nicht für Ausschüttungen, Kapitalherabsetzungen, die Rücknahme von Anteilen oder den Ankauf eigener Anteile durch das Unternehmen gemäß Absatz 2 zu stimmen und**
3. **sich in jedem Fall bestmöglich zu bemühen, Ausschüttungen, Kapitalherabsetzungen, die Rücknahme von Anteilen oder den Ankauf eigener Anteile durch das Unternehmen gemäß Absatz 2 zu verhindern.**

(2) Die Pflichten gemäß Absatz 1 beziehen sich auf

1. **Ausschüttungen an Anteilseigner, die vorgenommen werden, wenn das im Jahresabschluss des Unternehmens ausgewiesene Nettoaktivvermögen bei Abschluss des letzten Geschäftsjahres den Betrag des gezeichneten Kapitals zuzüglich der Rücklagen, deren Ausschüttung das Recht oder die Satzung nicht gestattet, unterschreitet oder infolge einer solchen Ausschüttung unterschreiten würde, wobei der Betrag des gezeichneten Kapitals um den Betrag des noch nicht eingeforderten Teils des gezeichneten Kapitals vermindert wird, falls Letzterer nicht auf der Aktivseite der Bilanz ausgewiesen ist;**
2. **Ausschüttungen an Anteilseigner, deren Betrag den Betrag des Ergebnisses des letzten abgeschlossenen Geschäftsjahres, zuzüglich des Gewinnvortrags und der Entnahmen aus hierfür ver-**

---

8 I.E. ebenso *Hoffert* in Moritz/Klebeck/Jesch, § 291 KAGB Rz. 18 (aber ohne Problematisierung).

fügbaren Rücklagen, jedoch vermindert um die Verluste aus früheren Geschäftsjahren sowie um die Beträge, die nach Gesetz oder Satzung in Rücklagen eingestellt worden sind, überschreiten würde;

3. **in dem Umfang, in dem der Ankauf eigener Anteile gestattet ist, Ankäufe durch das Unternehmen, einschließlich Anteilen, die bereits früher vom Unternehmen erworben und von ihm gehalten wurden, und Anteilen, die von einer Person erworben werden, die in ihrem eigenen Namen, aber im Auftrag des Unternehmens handelt, die zur Folge hätten, dass das Nettoaktivvermögen unter die in Nummer 1 genannte Schwelle gesenkt würde.**

(3) Für die Zwecke des Absatzes 2 gilt Folgendes:

1. **der in Absatz 2 Nummer 1 und 2 verwendete Begriff „Ausschüttungen" bezieht sich insbesondere auf die Zahlung von Dividenden und Zinsen im Zusammenhang mit Anteilen,**
2. **die Bestimmungen für Kapitalherabsetzungen erstrecken sich nicht auf Herabsetzungen des gezeichneten Kapitals, deren Zweck im Ausgleich von erlittenen Verlusten oder in der Aufnahme von Geldern in eine nicht ausschüttbare Rücklage besteht, unter der Voraussetzung, dass die Höhe einer solchen Rücklage nach dieser Maßnahme 10 Prozent des herabgesetzten gezeichneten Kapitals nicht überschreitet, und**
3. **die Einschränkung gemäß Absatz 2 Nummer 3 richtet sich nach Artikel 20 Absatz 1 Buchstabe b bis h der Richtlinie 77/91/EWG.**

In der Fassung vom 4.7.2013 (BGBl. I 2013, S. 1981).

Schrifttum: S. bei § 287.

I. Inhalt und Zweck

§ 292 KAGB setzt nah an der Richtlinie Art. 30 AIFM-RL um. Die Vorschrift knüpft an den **abgeschlossenen Kontrollerwerb** (§ 288 Rz. 2) an und beschränkt nach dem Vorbild der für die Aktiengesellschaft maßgeblichen 2. gesellschaftsrechtlichen (Kapitalschutz)RL 2012/30/EU den **Abzug von Kapital zu Lasten des Nettovermögens (sog. Asset Stripping)** aus der Zielgesellschaft für einen Zeitraum von zwei Jahren nach Kontrollerwerb. Dadurch soll eine kurzfristige Profitmaximierung zugunsten des AIF, aber zu Lasten des Unternehmens erschwert werden.[1] Mit der Einführung von Art. 30 AIFM-RL regierten die Verhandlungsführer im Trilogue-Verfahren[2] auf politischen Druck, der sich gegen die Aktivität von Private Equity Investoren[3] richtete. Die naheliegende Übernahme der Regelung in das allgemeine Gesellschaftsrecht[4] war gefordert, jedoch abgelehnt worden, so dass regulierte EU-AIFM im Verhältnis zu chinesischen Staatsfonds, Nicht-EU-AIFM, die Anteile nur jenseits der EU vertreiben, sowie Family Offices und operativen Holdings benachteiligt werden (näher § 287 Rz. 4).[5] Aber auch die Ausführung der Regelung ist in sich unstimmig, weil **übliche Formen des Kapitalabzugs nicht berücksichtigt** und die erfassten Maßnahmen trotz eines 1

1 *Möllers/Harrer/Krüger*, WM 2011, 1537 (1542).

2 Vgl. Kompromissentwurf der belgischen Ratspräsidentschaft vom 12.10.2010, dazu *Clerc* in Zetzsche, AIFMD, S. 649, 656.

3 Vgl. *Eidenmüller*, DStR 2007, 2116; *Eidenmüller*, ZHR 171 (2007), 644; *Leible/Lehmann*, Hedgefonds und Private Equity (2009); *Schmidt/Spindler*, Finanzinvestoren, 2008; *Schmolke*, ZGR 2007, 1; *Uwe H. Schneider*, AG 2006, 577; *Zetzsche*, NZG 2009, 692; *Zetzsche*, Prinzipien der kollektiven Vermögensanlage, 2015, S. 257 ff., 266 ff. (mit dem Nachweis, dass die Regelungsinhalte der §§ 287 ff. KAGB und insbesondere § 292 KAGB keine ethische Rechtfertigung in Anspruch nehmen können).

4 Vgl. *Burgard/Heimann*, WM 2014, 821 (829).

5 Verfassungsrechtliche Erwägungen bei *Möllers/Harrer/Krüger*, WM 2011, 1537 (1542); *Koch* in Möllers/Kloyer, Das neue KAGB, S. 111, 123.

gewissen Wortreichtums nicht klar definiert sind. Schließlich kreiert § 292 KAGB einen Konflikt mit § 26 KAGB (Handeln im besten Anlegerinteresse), ohne aufzuzeigen, wie dieser aufzulösen ist.[6]

2 § 292 KAGB soll die bei Leveraged Buyouts (LBOs) übliche frühzeitige Rückzahlung von Schulden aus dem Gesellschaftsvermögen verhindern, wenn der Vermögensentzug die Existenz der Gesellschaft gefährdet. Die Regelung ist der kleinste gemeinsame Nenner aus Vorschlägen, die von einer allgemeinen Begrenzung des Verschuldungsgrads bei Unternehmensübernahmen, einer comply&explain-Regelung bei Teilverkäufen oder Vermögensabzug, einer Insolvenzhaftung des AIFM bis hin zu einer Verpflichtung auf das Langzeitinteresse der Zielgesellschaft reichten.[7] Normzweck ist der **Schutz des Nettovermögens der Zielgesellschaft**[8] **sowie der unter dieser angesiedelten Konzerngesellschaften.**[9] Dies soll nicht zuletzt den Arbeitnehmern zu Gute kommen. Ein **allgemeiner Gläubigerschutz** ist dagegen kein Zweck des § 292 KAGB.[10]

3 § 292 Abs. 1 KAGB ordnet die **rechtsformabhängige Ausschüttungssperre** in Gestalt eines **bilanziellen Vermögensschutzes** an (h.M., näher Rz. 8). § 292 Abs. 2 KAGB definiert einige Termini von Abs. 1 und § 292 Abs. 3 KAGB sucht die Regelung des Abs. 1 zu konkretisieren.

4 Aus dem Wortlaut der Norm, die ausschließlich Termini des Bilanzrechts von Kapitalgesellschaften in Bezug nimmt, sowie dem englischen und französischen Originalwortlaut folgt sehr deutlich, dass diese Regelung auf **Kapitalgesellschaften** zugeschnitten und nur auf diese anzuwenden ist.[11] Dafür spricht auch, dass die ausschließlich auf Kapitalgesellschaften zugeschnittene Bilanzrichtlinie 2013/34/EU dem deutschen Wortlaut nach nur „Unternehmen" erfasst, diese aber in Anhang I definiert (Unternehmen sind AG, KGaA, GmbH). Der Regierungsbegründung ist keinerlei Hinweis auf ein Goldplating zu entnehmen, so dass der europäisch konturierte Anwendungsbereich auch für § 292 KAGB maßgeblich ist, der **überschießende Wortlaut ist teleologisch zu reduzieren**. Diesen Zusammenhang übersieht die Literaturansicht,[12] die entbehrliche Überlegungen zur analogen Anwendung von § 292 KAGB auf Personengesellschaften anstellt (näher § 287 Rz. 16).

II. Verbot des Asset Stripping (§ 292 Abs. 1 KAGB)

5 **Adressat** der Verpflichtung ist die **AIF-KVG**, nicht der AIF (vgl. Wortlaut). Es geht um **Verwalterregulierung** (näher § 287 Rz. 7 ff.). Die Regelung sollte grds. auch von AIFM außerhalb des EWR beachtet werden,[13] freilich stößt dieses Petitum an Wirksamkeitsgrenzen des Aufsichtsrechts (dazu § 287 Rz. 7 ff.), die bei einer gesellschaftsrechtlichen Umsetzung vermieden worden wären. Schutzobjekt sind **Kapitalgesellschaften und darunter angesiedelte Konzerngesellschaften.**[14] Dass § 292 KAGB bei selbstständiger Handlung des AIF nicht eingreifen soll,[15] geht indes fehl.[16] Dies kann nur intern verwaltete AIF betreffen. Auf diese sind jedoch die Regel für AIF-KVGs entsprechend anzuwenden, vgl. § 17 KAGB. Erwirbt die AIF-KVG mit anderen AIF (und deren KVGs) gemeinsam die Kontrolle (§ 287 Rz. 17 ff., § 288 Rz. 2 ff.), gilt die Regelung für jede der involvierten KVG.

6 Die Beschränkungen des § 292 KAGB gelten **binnen 24 Monaten nach Erlangen der Kontrolle** (dazu § 288 Rz. 2 ff.). Maßnahmen aus dem Zeitraum vor Kontrollerlangung sind nicht erfasst; sind sie beschlossen und eingeleitet, dürfen sie umgesetzt werden.[17] Jedoch muss in diesen Fällen die hier vertretene (§ 288 Rz. 5) weite Auslegung des Kontrollbegriffs berücksichtigt werden, wonach eine Abstimmung des Veräuße-

---

6 *Swoboda* in Weitnauer/Boxberger/Anders, § 292 KAGB Rz. 1.
7 Vgl. *Clerc* in Zetzsche, AIFMD, S. 649 ff.
8 Etwas weiter *Behme* in Baur/Tappen, § 292 KAGB Rz. 7.
9 *Swoboda* in Weitnauer/Boxberger/Anders, § 292 KAGB Rz. 7, 24.
10 *Behme* in Baur/Tappen, § 292 KAGB Rz. 7, 31 (Gläubigerschutz allenfalls mittelbarer Zweck); *Jesch/Kohle* in Moritz/Klebeck/Jesch, § 292 KAGB Rz. 21.
11 Vgl. neben den Nachweisen zu § 287 KAGB (s. § 287 Rz. 16) insbesondere *Boxberger* in Dornseifer/Jesch/Klebeck/Tollmann, Art. 30 AIFM-RL Rz. 20 (Verweis nur auf GmbHs und nicht börsennotierte AGs).
12 *Behme* in Baur/Tappen, § 292 KAGB Rz. 12 f.; offenlassend *Jesch/Kohle* in Moritz/Klebeck/Jesch, § 292 KAGB Rz. 11; *Thiermann*, NZG 2016, 338.
13 Vgl. ErwGr. 57 AIFM-RL.
14 *Swoboda* in Weitnauer/Boxberger/Anders, § 292 KAGB Rz. 8; *Jesch/Kohle* in Moritz/Klebeck/Jesch, § 292 KAGB Rz. 13.
15 So wohl *Swoboda* in Weitnauer/Boxberger/Anders, § 292 KAGB Rz. 8.
16 Wie hier *Schröder/Rahn*, GWR 2014, 49 (52); *Weitnauer*, AG 2013, 626 (676).
17 Zutr. *Swoboda* in Weitnauer/Boxberger/Anders, § 292 KAGB Rz. 23.

rers zugunsten des Kontrollerwerbers i.d.R. eine solche im Auftrag ist. Nur die vom Einfluss der AIF-KVG unabhängige Abstimmung legitimiert die Durchführung der Maßnahme. Binnen 24 Monaten ab Kontrollerlangung können Ansprüche bestenfalls (schuld- oder gesellschaftsrechtlich) begründet, aber nicht erfüllt werden. Sie erstrecken sich, dem Schutzzweck gemäß, auf die erworbene **Konzernobergesellschaft** und die darunter angesiedelten, ggf. auch EU-ausländischen **Konzerngesellschaften.**[18] Die Pflichten des § 292 Abs. 1 KAGB setzen den **Fortbestand der Kontrolle** voraus. Entfällt die Kontrolle, entfällt auch die Pflichtbindung gem. § 292 KAGB.[19] Jedoch reicht die Pflichtbindung des § 292 KAGB in den Zeitraum nach Erlöschen der Kontrolle hinein, wenn die Maßnahme noch im Zustand der Kontrolle beschlossen wurde. Wie es zum Wegfall der Kontrolle kommt, ist unerheblich. Erlischt der Rechtsträger etwa durch Verschmelzung, erlischt auch die Pflicht. Dann ist jedoch maßgeblich, ob **am neuen Rechtsträger** als Rechtsfolge der Verschmelzung Kontrolle erworben wird. Dann beginnt die **24-Monats-Frist ggf. erneut** zu laufen.

Die § 292 Abs. 1 **Nr. 1 bis 3 KAGB erfassen** „Ausschüttungen, Kapitalherabsetzungen, die Rücknahme von Anteilen oder den Ankauf eigener Anteile durch das Unternehmen". **Ausschüttungen**[20] beschränken bereits die §§ 30 GmbHG, 57, 71a AktG; davon sind auch **Darlehen**[21] und die **Sicherheitengewährung** erfasst.[22] Dass diese Auslegung die Praxis der indirekten Akquisitionsfinanzierung durch die Zielgesellschaft mittels sog. **Upstream-Sicherheiten** gefährdet, wie die Vertreter der Gegenansicht darlegen, spricht eher für die Richtigkeit der hier vertretenen Ansicht als Ergebnis einer zweckorientierten Auslegung. Neben dem Telos ist auf die Befugnis des deutschen Gesetzgebers hinzuweisen, im Bereich der §§ 287 ff. KAGB strengere Regeln zu erlassen (Art. 26 Abs. 7 AIFM-RL), so dass die hier vertretene Ansicht jedenfalls europarechtskonform ist; sie trifft aber auch auf Grund der auf europäischer Ebene bewusst getroffenen Entscheidung pro Orientierung an der (damaligen) KapitalschutzRL zu. Dies führt ggf. zu einer Gemengelage aus Aufsichtsrecht des § 292 KAGB und Gesellschaftsrecht (Rz. 19 und Rz. 20). Aus § 292 KAGB folgt, dass bei GmbH der **Erwerb eigener Geschäftsanteile** gem. § 33 Abs. 2 GmbHG auch dann unzulässig ist, wenn entsprechende Rücklagen gebildet werden können; bei der AG ist der Erwerb unabhängig von den Voraussetzungen des § 71 AktG unzulässig. Weitere Grenzen folgen insbesondere aus der **Beschränkung der Kapitalherabsetzung.**[23] 7

Nicht erfasst sind nach h.M. **Maßnahmen nach dem UmwG,**[24] insbesondere also die Verschmelzung einer DebtCo auf die Zielgesellschaft. Nicht erfasst ist die **Veräußerung einzelner Gegenstände oder Unternehmensteile** zum marktgerechten Gegenwert. Dies ermöglicht steuerlich sinnvolle Sale-and-Lease-Back-Gestaltungen. Gleichfalls nicht erfasst ist die **Änderung des Unternehmensgegenstands** oder **der Liquidationsbeschluss** mit nachfolgender vollständiger Aufgabe und Veräußerung des Geschäftsbetriebs; nur das Liquidationsvermögen muss bis zum Ablauf der Sperrfrist im Unternehmen verbleiben. Ebenfalls nicht unter die erfassten Kategorien fällt es, wenn sich die AIF-KVG für gesellschaftsrechtliche Maßnahmen einsetzt, die auf eine **ordnungsgemäße Corporate Governance** abzielen, etwa Geschäftsordnungen, Stimmrechtsverträge etc. Die Führung der Zielgesellschaft soll nicht beeinträchtigt werden. Analog zum *AG*-System geht es **nicht um Perpetuierung der Sachsubstanz**, sondern um eine **bilanzielle Betrachtung:**[25] Änderungen in der Eigentumszuordnung sind zulässig. Die AIF-KVG kann das Kerngeschäft veräußern, alle Arbeitnehmer entlassen und den Unternehmenszweck ändern, sofern nur die Gegenleistung bis zum Ablauf der Sperrfrist im Gesellschaftsvermögen und die Kapitalziffer unangetastet bleibt. Vgl. zu weiteren Einzelfällen Rz. 18 ff. 8

§ 292 Abs. 1 Nr. 1 KAGB statuiert ein **Unterstützungs- und Anordnungsverbot**, Nr. 2 ein **Stimmverbot** und Nr. 3 ein **Gebot, die diskreditierten Maßnahmen zu verhindern**. Die Diskussion, ob ein Verzicht auf 9

18 *Swoboda* in Weitnauer/Boxberger/Anders, § 292 KAGB Rz. 8; a.A. *Weitnauer*, AG 2013, 676; *Thiermann*, NZG 2016, 339.

19 I.E. auch *Thiermann*, NZG 2016, 335 (336); *Swoboda* in Weitnauer/Boxberger/Anders, § 292 KAGB Rz. 25.

20 In Verkennung der Bedeutung des englischen distribution und des französischen la distribution spricht die deutsche RL-Fassung der AIFM-RL von „Vertrieb", vgl. Art. 30 Abs. 1 AIFM-RL.

21 Weitgehend unstr., s. *Ulrich*, S. 582 ff. mwN.

22 S. bereits *Zetzsche*, NZG 2012, 1164 (1169); ebenso jetzt auch *Thiermann*, NZG 2016, 335 (338); *Söhner*, WM 2014, 2110 (2115); *Ulrich*, S. 584 ff. mwN.; a.A. *Längsfeld*, NZG 2016, 1097 f. (mit europarechtlicher Argumentation); *Felsenstein/Müller*, KSzW 2016, 55 (60); *Schröder/Rahn*, GWR 2014, 49 (52); *Weitnauer*, AG 2013, 672 (676 f.); *Behme* in Baur/Tappen, § 292 KAGB Rz. 17.

23 *Söhner*, WM 2014, 2110.

24 Vgl. *Weitnauer*, AG 2013, 626 (627); *Jesch/Kohle* in Moritz/Klebeck/Jesch, § 292 KAGB Rz. 22; *Swoboda* in Weitnauer/Boxberger/Anders, § 292 KAGB Rz. 19; einschränkend *Thiermann*, NZG 2016, 338 f.; anders *Ulrich*, S. 591 ff. mit dezidierter Darstellung der Merger-Modelle.

25 So die ganz h.M., statt vieler vgl. nur *Schröder/Rahn*, GWR 2014, 49 (52); a.A. *Ulrich*, S. 570 ff., mit einer Einzelfallbetrachtung unter letztlich nicht ganz klaren Parametern.

Einflussnahme mit den § 292 Abs. 1 Nr. 1 bis 3 KAGB vereinbar sei,[26] ist vor dem Hintergrund des weiten Wortlauts der Nr. 3 unverständlich. Sie geht auf eine richtliniennahe Interpretation zurück, wonach Art. 30 AIFM-RL in der englischen Originalfassung nur die aktive Förderung untersagt und der deutsche Gesetzgeber nicht über den Mindestrahmen hinausgehen wollte; mithin steht ein Redaktionsversehen in Rede. Jedoch muss die Vorschrift lebensnah und gem. ErwGr. 57 AIFM-RL zweckgerecht ausgelegt werden. In der frühzeitigen Ankündigung, nichts zu tun, liegt auch eine Förderung. Ohne eine solche Ankündigung des Kontrollinhabers würde es der Beschlussvorschlag schwerlich auf die Agenda schaffen. Die Durchsetzung einer solchen Passivitätspflicht dürfte kaum gelingen und damit gegen den „effet utile"-Grundsatz verstoßen, so dass man letztlich das Verhinderungsgebot als konkretisierende Umsetzung des Aktivitätsverbots verstehen und damit durchaus als Willen des Gesetzgebers ansehen muss. Dann steht **das Verhinderungsgebot einer strategischen Stimmenthaltung entgegen.**

10 Aus der Verbindung „und" folgt zudem, dass die § 292 Abs. 1 Nr. 1 und 2 KAGB nicht lex specialis zu Nr. 3 sind, sondern **Nr. 1 bis 3 kumulativ gelten**, also z.B. auch innerhalb der Anwendungsbereichs der Nr. 2 (Gremien).[27] Des Weiteren erfasst das Verhinderungsgebot des § 292 Abs. 1 Nr. 3 KAGB die Fälle, in denen die Kontrolle indirekt erlangt wurde und ggf. kein Stimmrecht in dem jeweiligen Gremium ausgeübt werden kann.[28] *Beispiel*: Die 75 %-Beteiligung wird über eine zypriotische Zwischenholding gehalten, die nicht personenidentisch mit der HoldCo besetzt ist und abweichend abstimmen möchte. Ein Austausch des Leitungspersonals bis zum Stimmrechtszeitpunkt gelingt nicht. Dann schuldet die AIF-KVG bestes Bemühen (vgl. dazu bereits § 289 Rz. 16). Aus diesen beiden Aspekten zusammen folgt der **Charakter des Verhinderungsgebots als Auffangnorm.**[29] Im Übrigen muss die AIF-KVG aufgrund des Verhinderungsgebots insbesondere auf Prüfung anderer Alternativen als die diskreditierten Maßnahmen drängen.[30]

III. Definitionen (§ 292 Abs. 2 KAGB)

11 § 292 Abs. 1 KAGB untersagt nicht sämtliche der in Abs. 1 genannten Maßnahmen, sondern nur solche, die die Bedingungen des Abs. 2 erfüllen, was kurz als **bilanzieller Kapitalschutz**[31] zu umschreiben ist. Gedanklicher Ausgangspunkt der Regelungen ist die auf deutsche AGs und KGaAs bislang beschränkte zweite gesellschaftsrechtliche (sog. Kapitalschutz)RL 2012/30/EU, jetzt Art. 44 ff. GesellschaftsrechtsRL 2017/1132.[32] Danach muss die AIF-KVG sich so verhalten, als ob das AG-System der **gläsernen, vor allem aber verschlossenen Taschen**[33] auf alle Kapitalgesellschaften (Rz. 4, 5) anzuwenden ist.

12 § 292 Abs. 2 Nr. 1 KAGB statuiert eine **Ausschüttungsschwelle**, die auch für Abs. 2 Nr. 3 gilt. Ausschüttungen sind verboten, wenn das **Nettoaktivvermögen** (vgl. z.B. Art. 56 Abs. 1 GesellschaftsrechtsRL 2017/1132) bei Abschluss des letzten Geschäftsjahrs das gezeichnete und einbezahlte Kapital zzgl. nicht ausschüttungsfähiger Rücklagen unterschreitet oder durch die Ausschüttung unterschritten würde (§ 292 Abs. 2 Nr. 1 KAGB). Vom **bilanziellen Eigenkapital wird somit die Summe der Rückstellungen und Verbindlichkeiten abgezogen.** Abgezogen werden muss zudem eine solche Rücklage, deren Ausschüttung das Recht oder die Satzung nicht gestattet. Die freie Kapitalrücklage (§ 150 AktG) bei der AG darf aufgelöst und ausgeschüttet werden.[34] Im Ergebnis ist eine Ausschüttung im Verhältnis zu § 57 AktG unter etwas erleichterten Bedingungen möglich.[35] Aber auch die Ausschüttungsgrenze des § 58d GmbHG wird nicht erreicht. Solche nationalen Beschränkungen gelten parallel zu § 292 KAGB (näher Rz. 21 ff.).

13 Für die Berechnung maßgeblicher Zeitpunkt ist – abweichend von § 30 GmbHG, wo es auf den Ausschüttungszeitpunkt ankommt – der **Abschluss des letzten Geschäftsjahrs.** Dies mag darauf zurückzuführen sein, dass zu diesem Zeitpunkt ein geprüfter Abschluss vorliegt. Hat sich der ausschüttungsfähige Betrag

---

26 Für eine solche Möglichkeit *Weitnauer*, AG 2013, 626 (627); *Jesch/Kohle* in Moritz/Klebeck/Jesch, § 292 KAGB Rz. 38; *Swoboda* in Weitnauer/Boxberger/Anders, § 292 KAGB Rz. 12.
27 A.A. *Swoboda* in Weitnauer/Boxberger/Anders, § 292 KAGB Rz. 14.
28 *Koch*, WM 2014, 433 (437).
29 Ebenso *Thiermann*, NZG 2016, 335.
30 Zutr. *Swoboda* in Weitnauer/Boxberger/Anders, § 292 KAGB Rz. 14.
31 Vgl. *Zetzsche*, NZG 2012, 1164 (1169).
32 Richtlinie (EU) 2017/1132 des Europäischen Parlaments und des Rates vom 14.6.2017 über bestimmte Aspekte des Gesellschaftsrechts, ABl. Nr. L 169 vom 30.6.2017, S. 46.
33 Vgl. *Kronstein/Claussen/Biedenkopf*, AG 1964, 268.
34 *Swoboda* in Weitnauer/Boxberger/Anders, § 292 KAGB Rz. 18.
35 Zutr. *Swoboda* in Weitnauer/Boxberger/Anders, § 292 KAGB Rz. 14.

verbessert, kann das Wirtschaftsjahr verändert und das ausschüttungsfähige Ergebnis im **Rumpfgeschäftsjahr** separat festgestellt werden.[36]

Für den direkten oder indirekten **Ankauf eigener Anteile** gilt dieselbe Grenze (§ 292 Abs. 2 Nr. 3 KAGB). 14
Die **Anteilsrücknahme zur Einziehung** ist nicht separat geregelt, aber auch hierfür wird man dieselbe Zulässigkeitsgrenze ziehen müssen, weil auch so Gelder aus der Zielgesellschaft an die Gesellschafter abfließen können.[37] Von § 292 KAGB unberührt bleibt die **Zwangseinziehung** aus Gründen schwerwiegender Verletzung der Gesellschafterpflichten.

Über die zweite Richtlinie hinaus sind **Kapitalherabsetzungen**[38] verboten, es sei denn, das Kapital wird 15
zwecks Einstellung in die Kapitalrücklagen oder vereinfacht analog § 229 AktG für den bilanztechnischen Nachvollzug von Verlusten herabgesetzt. Eine Ausschüttungsschranke analog § 230 AktG ist in beiden Fällen hinzuzudenken.

IV. Konkretisierungen (§ 292 Abs. 3 KAGB)

§ 292 Abs. 3 KAGB erweitert und konkretisiert die in Abs. 2 enthaltenen Definitionen. 16

§ 292 Abs. 3 Nr. 1 KAGB bezieht sich auf **Ausschüttungen**. Damit wird ein schwer verständlicher, **weiter** 17
Ausschüttungsbegriff etabliert. Zu den Ausschüttungen zählen neben Dividenden „insbesondere Zinsen im Zusammenhang mit Anteilen". Allgemein lässt sich sagen, dass jede – **bei bilanzieller Betrachtung – Vermögensreduktion, die in Richtung der Gesellschafter oder mit ihr verbundener Unternehmen fließt,** i.E. Ausschüttung ist. Es muss sich, wie aus § 292 Abs. 2 KAGB folgt, jeweils um Ausschüttungen „an Anteilseigner" handeln; nicht erforderlich ist, dass der AIF durch die Ausschüttung begünstigt wird. Die Wirkungsweise ist anhand einiger Beispiele darzulegen:

1) **Zahlungen** auf sog. loan stock (i.e. verzinsliche Aktienpapiere; diese sind in Deutschland unzulässig, vgl. 18
§ 57 Abs. 2 AktG) verstoßen, wenn infolgedessen die bilanziellen Schwellenwerte von § 292 Abs. 2 KAGB unterschritten werden, gegen § 292 KAGB.[39]

2) Zumindest **Zinsen auf Wandelschuldverschreibungen** und andere Formen **hybriden Kapitals**, das sich 19
in Gesellschaftsanteile umwandeln lässt, sind als „Ausschüttung" anzusehen.[40] Dies erfüllt den Zweck, Umgehungen der Ausschüttungssperre für Dividenden auf Aktien zu vermeiden.

3) Bei gedecktem, vollwertigem Gegenleistungs- oder Rückgewähranspruch führt die **Darlehensgewäh-** 20
rung als Aktivtausch zunächst nicht zu einer Kapitalreduktion. Anderes kann sich aus dem Zweck der Weiterverwendung ergeben. Insbesondere kann die Rückzahlbarkeit des Darlehens mit der Anlage des Betrags in illiquide Güter oder der Darlehensrückzahlung an Gläubiger entfallen. Die Gesellschaft ist dann zur Teilwertabschreibung verpflichtet. Eine solche Darlehensgewähr mit *indirekt* kapitalreduzierender Wirkung ist unzulässig, denn Zweck von § 292 KAGB ist der Kapitalschutz bei der Gesellschaft durch der AIF-KVG (!) auferlegter Verhaltensschranken. Ein **Darlehen zu anderen Zwecken und eine Vergütung für Tätigkeiten**, z.B. als Gegenleistung aus einem Geschäftsführungsvertrag, sind nicht inkriminiert.

4) Der weite Wortlaut erlaubt es, **kapitalverletzende Zinszahlungen** unter den Ausschüttungsbegriff zu 21
subsumieren, welche auf **Gesellschafterdarlehen oder Darlehen zur Finanzierung des Anteilserwerbs** geleistet werden, die der Zielgesellschaft nach der Kontrollübernahme aufgebürdet werden.

5) Die **Besicherung der Erwerbsfinanzierung** aus dem Unternehmen heraus ist keine Ausschüttung, so- 22
fern die bilanzielle Betrachtung im Zeitpunkt der Eingehung keinen Vermögensabfluss ergibt;[41] ein Abfluss

36 *Swoboda* in Weitnauer/Boxberger/Anders, § 292 KAGB Rz. 14; a.A. *Thiermann*, NZG 2016, 339 (mit dem Argument, das Rumpfgeschäftsjahr sei nicht abgeschlossen).

37 A.A. *Swoboda* in Weitnauer/Boxberger/Anders, § 292 KAGB Rz. 21 f., 29.

38 Nach Art. 15 Ia RL 77/91/EWG gilt die zweite gesellschaftsrechtliche Richtlinie nicht für Kapitalherabsetzungen.

39 *Swoboda* in Weitnauer/Boxberger/Anders, § 292 KAGB Rz. 18.

40 So die wohl h.M. im Anschluss an *Zetzsche*, NZG 2012, 1164 (1168); *Thiermann*, NZG 2016, 335 (338); *Jesch/Kohl* in Moritz/Klebeck/Jesch, § 292 KAGB Rz. 54; noch weiter *Boxberger* in Dornseifer/Jesch/Klebeck/Tollmann, Art. 30 AIFM-RL Rz. 26 (jeder schädliche Vermögenstransfer); a.A. (deutlich enger) *Swoboda* in Weitnauer/Boxberger/Anders, § 292 KAGB Rz. 19.

41 *Jesch/Kohl* in Moritz/Klebeck/Jesch, § 292 KAGB Rz. 56; *Schröder/Rahn*, GWR 2014, 49 (52); *Behme* in Baur/Tappen, § 292 KAGB Rz. 17; *Swoboda* in Weitnauer/Boxberger/Anders, § 292 KAGB Rz. 17; *Längsfeld*, NZG 2016, 1096 (1097); *Weitnauer*, AG 2013, 672 (676); i.E. auch, aber unter Rückgriff auf § 30 Abs. 1 GmbHG *Thiermann*, NZG 2016, 338.

und damit eine Auschüttung ist z.B. gegeben, wenn die Besicherung der Sache nach einer Schuldübernahme ist, da von Anfang an feststeht, dass der Hauptschuldner den Schuldendienst nicht erbringen kann oder nach den Binnenabsprachen wird.

23 6) Die Ausschüttung an die Konzernobergesellschaft auf Grund eines **Gewinn- und Beherrschungsvertrags** ist Ausschüttung; sie verstößt aber nicht gegen § 292 KAGB, sofern – wie nach §§ 291 Abs. 1 Satz 1, 301 AktG vorgeschrieben – nur Gewinne abgeführt und bereits so die Grenzen des § 292 KAGB beachtet werden.[42]

24 7) **Geschäfte, die einem Drittvergleich nicht standhalten** und den oder die Gesellschafter begünstigen, sind ebenfalls Ausschüttung.[43]

25 § 292 Abs. 3 Nr. 2 KAGB beschränkt zulässige **Kapitalherabsetzungen** auf solche zum Verlustausgleich sowie in eingeschränktem Maße zur Rücklagenbildung. Zulässig ist die Kapitalherabsetzung zur Einstellung in nicht ausschüttbare Rücklagen (vgl. § 231 AktG, § 58 Abs. 2 GmbHG) bis zu 10 % des gezeichneten Kapitals im Status nach der Herabsetzung. Beide Herabsetzungen dienen **Sanierungszwecken.** Im zweiten Fall erreicht die Gesellschaft eine gewisse Verlusttoleranz; sie kann Verluste in besagtem Umfang ohne Insolvenzantragspflicht überstehen.

26 § 292 Abs. 3 Nr. 3 KAGB befasst sich mit dem **Anteilsrückkauf.** Die Vorschrift setzt bestimmte, nach der Zweiten (Kapital-)Richtlinie 77/91/EWG eröffnete Ausnahmen beim Aktienrückkauf durch die Gesellschaft oder für deren Rechnung außer Kraft. Die in § 292 Abs. 3 Nr. 3 KAGB genannten Vorschriften (Art. 20 Abs. 1 Buchst. b bis h RL 77/91/EWG) sind jetzt zu finden in **Art. 61 Richtlinie (EU) 2017/1132 des Europäischen Parlaments und des Rates vom 14. Juni 2017 über bestimmte Aspekte des Gesellschaftsrechts.**[44] Wie es zu diesem Katalog gekommen ist, erschließt sich dem kundigen Betrachter auch nicht bei mehrfachem Hinschauen.[45] Einziger erkennbarer gemeinsamer Nenner ist, dass die Außerkraftsetzung dieser Vorschriften die Umstrukturierung der Zielgesellschaft erschwert, was für die Zukunft eine Bürde darstellen kann.

V. Sanktion

27 Der Verstoß gegen § 292 KAGB ist keine Ordnungswidrigkeit. § 292 KAGB ist Aufsichtsrecht, so dass die BaFin im Rahmen der **Missstandsaufsicht** (§ 5 Abs. 6 KAGB) tätig werden kann.

28 Bei Verstoß droht zudem eine **Schadensersatzpflicht.** Der Norm kommt eine privatrechtliche Wirkung im Verstoßfall als **Schutzgesetz** zugunsten der Gesellschaft zu.[46] Dass dies zur Anspruchsgrundlage nach deutschem Recht führt, wenn ein dem deutschen Recht unterliegender Verwalter die Vorschriften verletzt, liegt

---

42 *Swoboda* in Weitnauer/Boxberger/Anders, § 292 KAGB Rz. 19; *Thiermann*, NZG 2016, 338; *Behme* in Baur/Tappen, § 292 KAGB Rz. 19; i.E. auch *Schröder*/Rahn, GWR 2014, 49 (53). Bereits eine Ausschüttung lehnt *Weitnauer*, AG 2013, 672 (677) ab.

43 *Swoboda* in Weitnauer/Boxberger/Anders, § 292 KAGB Rz. 20; *Lutter/Bayer/Schmidt*, Europ. Gesellschafts- und Kapitalmarktrecht, S. 507 Rz. 19.4.

44 Es geht um Aktienrückkäufe in folgenden Fällen: b) **Vermögensübertragung im Wege der Gesamtrechtsnachfolge**; c) voll eingezahlte Aktien, die unentgeltlich oder die von Banken und anderen Finanzinstituten auf Grund einer **Einkaufskommission** erworben werden; d) auf Aktien, die auf Grund einer gesetzlichen Verpflichtung oder einer gerichtlichen Entscheidung **zum Schutz der Minderheitsaktionäre,** insbesondere im Falle der Verschmelzung, der Änderung des Gegenstands oder der Rechtsform der Gesellschaft, der Verlegung des Sitzes der Gesellschaft ins Ausland oder der Einführung von Beschränkungen der Übertragbarkeit von Aktien erworben werden; e) auf Aktien, die aus der Hand eines Aktionärs erworben werden, weil er **seine Einlage nicht leistet**; f) auf Aktien, die erworben werden, um **Minderheitsaktionäre** verbundener Gesellschaften **zu entschädigen**; g) auf voll eingezahlte Aktien, die bei einer gerichtlichen Versteigerung zum Zwecke der **Erfüllung einer Forderung der Gesellschaft** gegen den Eigentümer dieser Aktien erworben werden; h) auf voll eingezahlte Aktien, die von einer Investmentgesellschaft mit festem Kapital im Sinne von Artikel 15 Absatz 4 Unterabsatz 2 ausgegeben worden sind und von dieser oder einer mit ihr verbundenen Gesellschaft auf Wunsch der Anleger erworben werden. Artikel 15 Absatz 4 Unterabsatz 3 Buchstabe a) ist anzuwenden. Dieser Erwerb darf nicht dazu führen, daß das Nettoaktivvermögen den Betrag des gezeichneten Kapitals zuzueglich der Rücklagen, deren Ausschüttung das Gesetz nicht gestattet, unterschreitet.

45 So ist Buchst. h z.B. nur auf Investmentgesellschaften anzuwenden, die jenseits des Anwendungsbereichs der §§ 287 ff. KAGB liegen (§ 287 Rz. 8). Teils würde die Kapitaldecke sogar gestärkt, etwa wenn man Aktien, auf welche Einlagen nicht geleistet wurden (Buchst. e), zurückkauft um diese sodann einem neuen Aktionär anzudienen, der die volle Einlage leistet.

46 *Zetzsche*, NZG 2012, 1165 (1169); Ebenso *Weitnauer*, AG 2013, 677; *Behme* in Baur/Tappen, § 292 KAGB Rz. 31; gegen Schutzgesetz mangels Sanktionierung durch Ordnungswidrigkeit *Swoboda* in Weitnauer/Boxberger/Anders, § 292 KAGB Rz. 33; wohl auch *Thiermann*, NZG 2016, 335 (338).

in der Natur der Sache und spricht nicht gegen die Schutzgesetzeigenschaft. Eine rechtswidrige Einwirkung auf das Geschäftsführungsorgan entgegen § 292 KAGB kann daher zur **Deliktshaftung gem. § 823 Abs. 2 BGB i.V.m. § 292 KAGB gegenüber der Gesellschaft** führen, wenn der Kapitalentzug einen Schaden herbeiführt. Gesellschafter und Arbeitnehmer sind nur mittelbar geschützt. Die Haftung aus § 823 Abs. 2 BGB wegen eines speziellen existenzvernichtenden Eingriffs eines Dritten konkurriert mit § 117 AktG und kennt kein Konzernprivileg analog § 117 Abs. 6 AktG. Neben § 292 KAGB gilt Gesellschaftsrecht. So ist bei Abzug objektiv benötigten Kapitals an Ersatzansprüche der Gesellschaft wegen Treupflichtverletzung gegen die Geschäftsleitung und bei Stimmrechtsausübung gegen den intern verwalteten AIF nach § 280 Abs. 1 BGB zu denken.

VI. Verhältnis zum Gesellschaftsrecht

1. Parallelgeltung

§ 292 KAGB und das Gesellschaftsrecht sind **nicht aufeinander abgestimmt und gelten nebeneinander.**[47] 29
Liegen etwa wegen der in § 292 Abs. 2 Nr. 1 KAGB angelegten Zeitverschiebungen im Zeitpunkt der Ausschüttung die Voraussetzungen des Abs. 2 Nr. 1 vor, wird aber gegen § 30 Abs. 1 GmbHG verstoßen, weil die Gesellschaft im Ausschüttungszeitpunkt über weniger Vermögen als im Zeitpunkt des Abschlusses des Geschäftsjahres (vgl. § 292 Abs. 2 Nr. 1 KAGB) verfügt, löst dies die an eine Verletzung des § 30 GmbHG geknüpften Rechtsfolgen aus.

2. Beschlussanfechtung?

Verstöße gegen die gläubigerschützenden Vorschriften zur Kapitalerhaltung führen zur Nichtigkeit des 30
Hauptversammlungs- bzw. Gesellschafterbeschlusses der Zielgesellschaft nach § 241 Nr. 3 AktG (die Vorschrift gilt entsprechend für die GmbH).[48] Zudem ist jeder Gesetzesverstoß im Rahmen der Stimmrechtsausübung **Anfechtungsgrund** gem. § 243 Abs. 1 AktG (der analog auf die GmbH anzuwenden ist). Zu erwägen ist, ob Verstöße gegen das Stimmverbot (§ 292 Abs. 1 Nr. 2 KAGB) oder das Verhinderungsgebot (§ 292 Abs. 1 Nr. 3 KAGB) zur Anfechtung des HV-Beschlusses berechtigen oder dessen Nichtigkeit begründen. **Gläubigerschutz ist indes kein Zweck des § 292 KAGB** (Rz. 2). Soweit § 292 KAGB nur den aktienrechtlichen oder GmbH-rechtlichen Kapitalschutz repliziert, ist direkt auf § 241 Nr. 3 AktG zurückzugreifen, eines Rückgriffs auf § 292 KAGB bedarf es nicht. Soweit § 292 KAGB über den gesellschaftsrechtlichen Kapitalschutz hinausgeht, wie es in Bezug auf die AG beim Aktienrückkauf möglich ist und bei der GmbH durch Teilübertragung des aktienrechtlichen Kapitalschutzsystems, berechtigt dies ebenfalls nicht zur Anfechtung oder Nichtigkeitsfeststellung. **Regelungsadressat ist nur die AIF-KVG.** Es liegt im Wesen einer auf die AIF-KVG beschränkten aufsichtsrechtlichen, statt gesellschaftsrechtlichen Regelung, dass „Ausschüttungen" etc. **aus Sicht der Gesellschaft zulässig bleiben**, solange dem AktG/GmbHG Rechnung getragen ist. Daher besteht kein Grund, die Entscheidung der Hauptversammlung der AG oder der Gesellschafterversammlung der GmbH mit Kassation zu bedrohen.

Zulässig und denkbar ist aber eine Beschlussanfechtung wegen Verstoßes gegen die **Treupflicht einflussreicher Gesellschafter.**[49] Kapitalentziehende Gesellschafterbeschlüsse können wegen Treupflichtverstoßes anfechtbar sein, insbesondere wenn die Gesellschaft das zu entziehende Kapital für die Fortsetzung des Unternehmenszwecks objektiv benötigt. 31

3. Insolvenzanfechtung

Wird die Gesellschaft nach Vermögensentzug insolvent, ist an Insolvenzanfechtung zu denken. 32

4. Geschäftsführungsmaßnahmen

Bei § 292 KAGB dürfte es vielfach um **Geschäftsführungsmaßnahmen** gehen. § 292 KAGB richtet sich nur 33
an die AIF-KVG und begrenzt nicht die Geschäftsführungsbefugnis der Geschäftsleitung der Zielgesellschaft.

---

47 *Swoboda* in Weitnauer/Boxberger/Anders, § 292 KAGB Rz. 17; *Thiermann*, NZG 2016, 338.

48 Zur GmbH RGZ 142, 286 (290); BGH v. 8.12.1954 – II ZR 291/53, BGHZ 15, 391 (392) = NJW 1955, 222 allgemein *Zöllner*, Schranken mitgliedschaftlicher Stimmrechtsmacht, 1963, S. 378; *Noack/Zetzsche* in KölnKomm/AktG, § 241 Rz. 143.

49 BGH v. 5.6.1975 – II ZR 23/74 – ITT, BGHZ 65, 15 = NJW 1976, 191; BGH v. 1.2.1988 – II ZR 75/87 – Lynotype, BGHZ 103, 184 = AG 1988, 135 = NJW 1988, 1579; BGH v. 20.3.1995 – II ZR 205/94 – Girmes, BGHZ 129, 136 = AG 1995, 368 = NJW 1995, 1739.

5. Sonderkonzernrecht für nachteilige Vereinbarungen

34 § 292 KAGB gilt auch im Vertragskonzern und nach Abschluss eines Unternehmensvertrags.[50] Selbst ein Unternehmensvertrag berechtigt nicht zum Abzug von Eigenkapital und gesetzlichen Rücklagen (§§ 300–302 AktG). **Das deutsche Konzernrecht wahrt grds. die Grenzen des § 292 KAGB.** Allerdings erweitert § 290 Abs. 2 KAGB die **Berichtspflichten**. So sind Maßnahmen aufzuführen, die sicherstellen, dass Vereinbarungen zwischen der AIF-KVG, dem AIF und der Zielgesellschaft wie zwischen voneinander unabhängigen Geschäftspartnern geschlossen werden (§ 290 Abs. 2 Nr. 2 KAGB). Neben der **Informations- begründet die Vorschrift eine Verhaltenspflicht** der AIF-KVG. Zugleich wird die Frage, ob bei faktischer Beherrschung nur solche Maßnahmen zugelassen sein sollen, die sich unter Vergleich von Vor- und Nachteil als zumindest vermögensneutral erweisen, abweichend von der hierzulande gefundenen Lösung entschieden. Nach § 311 Abs. 1 Alt. 2 AktG ist ein **Eingriff gegen Ausgleich zulässig**. § 290 Abs. 2 Nr. 2 KAGB setzt eine engere Grenze, die zu einer Zweiteilung führt: Bei „Vereinbarungen" – in der Diktion der §§ 311 ff. AktG „Rechtsgeschäfte" – muss eine **„angemessene Gegenleistung"** gem. § 312 Abs. 3 AktG **gesichert sein**, für sonstige Maßnahmen (z.B. strategische Weisungen) bleibt es bei der Ausgleichspflicht.

50 Str., wie hier z.B. *Ulrich*, S. 578 ff. mwN.

Kapitel 4
Vorschriften für den Vertrieb und den Erwerb von Investmentvermögen

Abschnitt 1
Vorschriften für den Vertrieb und den Erwerb von Investmentvermögen

Unterabschnitt 1
Allgemeine Vorschriften für den Vertrieb und den Erwerb von Investmentvermögen

§ 293 Allgemeine Vorschriften

(1) [1]Vertrieb ist das direkte oder indirekte Anbieten oder Platzieren von Anteilen oder Aktien eines Investmentvermögens. [2]Als Vertrieb gilt nicht, wenn

1. **Investmentvermögen nur namentlich benannt werden,**
2. **nur die Nettoinventarwerte und die an einem organisierten Markt ermittelten Kurse oder die Ausgabe- und Rücknahmepreise von Anteilen oder Aktien eines Investmentvermögens genannt oder veröffentlicht werden,**
3. **Verkaufsunterlagen eines Investmentvermögens mit mindestens einem Teilinvestmentvermögen, dessen Anteile oder Aktien im Geltungsbereich dieses Gesetzes an eine, mehrere oder alle Anlegergruppen im Sinne des § 1 Absatz 19 Nummer 31 bis 33 vertrieben werden dürfen, verwendet werden und diese Verkaufsunterlagen auch Informationen über weitere Teilinvestmentvermögen enthalten, die im Geltungsbereich dieses Gesetzes nicht oder nur an eine oder mehrere andere Anlegergruppen vertrieben werden dürfen, sofern in den Verkaufsunterlagen jeweils drucktechnisch herausgestellt an hervorgehobener Stelle darauf hingewiesen wird, dass die Anteile oder Aktien der weiteren Teilinvestmentvermögen im Geltungsbereich dieses Gesetzes nicht vertrieben werden dürfen oder, sofern sie an einzelne Anlegergruppen vertrieben werden dürfen, an welche Anlegergruppe im Sinne des § 1 Absatz 19 Nummer 31 bis 33 sie nicht vertrieben werden dürfen,**
4. **die Besteuerungsgrundlagen nach § 5 des Investmentsteuergesetzes genannt oder bekannt gemacht werden,**
5. **Angaben zu einem Investmentvermögen auf Grund gesetzlich vorgeschriebener Veröffentlichungen oder Informationen erfolgen, insbesondere wenn**
   a) **in einen Prospekt für Wertpapiere Mindestangaben nach § 7 des Wertpapierprospektgesetzes oder Zusatzangaben gemäß § 268 oder § 307 aufgenommen werden,**
   b) **in einen Prospekt für Vermögensanlagen Mindestangaben nach § 8g des Verkaufsprospektgesetzes oder Angaben nach § 7 des Vermögensanlagengesetzes aufgenommen werden oder**
   c) **bei einer fondsgebundenen Lebensversicherung Informationen nach § 7 Absatz 1 Satz 1 des Versicherungsvertragsgesetzes in Verbindung mit § 2 Absatz 1 Nummer 7 der VVG-Versicherungsvertragsgesetz-Informationspflichtenverordnung zur Verfügung gestellt werden,**
6. **Verwaltungsgesellschaften nur ihre gesetzlichen Veröffentlichungspflichten im Bundesanzeiger oder ausschließlich ihre regelmäßigen Informationspflichten gegenüber dem bereits in das betreffende Investmentvermögen investierten Anleger nach diesem Gesetz oder nach dem Recht des Herkunftsstaates erfüllen,**
7. **ein EU-Master-OGAW ausschließlich Anteile an einen oder mehrere inländische OGAW-Feederfonds ausgibt**

und darüber hinaus kein Vertrieb im Sinne des Satzes 1 stattfindet. [3]Ein Vertrieb an semiprofessionelle und professionelle Anleger ist nur dann gegeben, wenn dieser auf Initiative der Verwaltungsgesellschaft oder in deren Auftrag erfolgt und sich an semiprofessionelle oder professionelle Anleger mit Wohnsitz oder Sitz im Inland oder einem anderen Mitgliedstaat der Europäischen Union oder

Vertragsstaat des Abkommens über den Europäischen Wirtschaftsraum richtet. [4]Die Bundesanstalt kann Richtlinien aufstellen, nach denen sie für den Regelfall beurteilt, wann ein Vertrieb im Sinne der Sätze 1 und 3 vorliegt.

(2) Enthalten die Vorschriften dieses Kapitels Regelungen für Investmentvermögen, gelten diese entsprechend auch für Teilinvestmentvermögen, es sei denn, aus den Vorschriften dieses Kapitels geht etwas anderes hervor.

In der Fassung vom 4.7.2013 (BGBl. I 2013, S. 1981), zuletzt geändert durch das Gesetz zur Umsetzung der Richtlinie 2014/91/EU des Europäischen Parlaments und des Rates vom 23. Juli 2014 zur Änderung der Richtlinie 2009/65/EG zur Koordinierung der Rechts- und Verwaltungsvorschriften betreffend bestimmte Organismen für gemeinsame Anlagen in Wertpapieren (OGAW) im Hinblick auf die Aufgaben der Verwahrstelle, die Vergütungspolitik und Sanktionen vom 3.3.2016 (BGBl. I 2016, S. 348).

Schrifttum: *Wallach*, Umsetzung der AIFM-Richtlinie in deutsches Recht – erste umfassende Regulierung des deutschen Investmentrechts, RdF 2013, 92, 100; *Wallach*, Wann liegt ein Vertrieb von Anteilen an Investmentvermögen vor?, ZBB 2016, 287; *Wollenhaupt/Beck*, Das neue Kapitalanlagegesetzbuch (KAGB), DB 2013, 1950, 1957.

I. Allgemeines

1 § 293 Abs. 1 Satz 1 und 2 KAGB enthalten die **Legaldefinition des Vertriebs** für das gesamte KAGB. Dabei definiert Satz 1 den Vertrieb positiv, während Satz 2 hierzu die Ausnahmen aufführt, in denen kein Vertrieb vorliegt. In § 293 Abs. 1 Satz 3 KAGB wird der Vertrieb an semiprofessionelle und professionelle Anleger definiert. Die Regelung steht am Anfang des vierten Kapitels des KAGB, weil der Vertrieb zentrales Tatbestandsmerkmal der Vorschriften über den Vertrieb und den Erwerb von Investmentvermögen in diesem Kapital ist. Sie gilt nach § 293 Abs. 2 KAGB nicht nur für Investmentvermögen, sondern grundsätzlich auch entsprechend für Teilinvestmentvermögen. Die Definition gilt unabhängig davon, ob es sich um einen OGAW oder einen AIF handelt und ob dieser dem deutschen Recht, dem Recht eines anderen Mitgliedstaates der EU oder des EWR oder dem Recht eines Drittstaates unterliegt.

2 Die Regelung dient der **Umsetzung** des Art. 4 Abs. 1 Buchst. x AIFM-RL. Sie basiert zwar auf dem aufgehobenen § 2 Abs. 11 InvG, enthält jedoch Anpassungen an die europarechtlichen Vorgaben, die über nur redaktionelle Änderungen hinausgehen.[1] Insbesondere wird die bisherige Voraussetzung, dass es sich um einen öffentlichen Vertrieb handeln muss, aufgegeben, so dass der Vertriebsbegriff jetzt auch die Privatplatzierung (private placement), also den Vertrieb an nicht-öffentliche Personenkreise umfasst. Zudem wird im KAGB der Vertrieb nicht nur offener, sondern auch geschlossener Investmentvermögen reguliert,[2] da der Anwendungsbereich des KAGB anders als derjenige des InvG nicht auf offene Fonds beschränkt ist.

3 Der **personale Anwendungsbereich** des § 293 KAGB umfasst nicht nur inländische Investmentvermögen und ihre Verwaltungsgesellschaften, sondern auch inländische Zweigniederlassungen und Tätigkeiten im

1 Vgl. BT-Drucks. 17/12294, 277; *Keunecke/Schwack* in Moritz/Klebeck/Jesch, § 293 KAGB Rz. 1.
2 *Keunecke/Schwack* in Moritz/Klebeck/Jesch, § 293 KAGB Rz. 1.

grenzüberschreitenden Dienstleistungsverkehr von EU-OGAW-Verwaltungsgesellschaften (§ 51 Abs. 4 Satz 1 und 3 KAGB), die Tätigkeit einer EU-OGAW-Verwaltungsgesellschaft, die inländische OGAW verwaltet (§ 52 Abs. 5 KAGB), inländische Zweigniederlassungen von EU-AIF-Verwaltungsgesellschaften (§ 54 Abs. 4 Satz 1 KAGB) sowie inländische Zweigniederlassung und Tätigkeiten im grenzüberschreitenden Dienstleistungsverkehr von ausländischen AIF-Verwaltungsgesellschaften, deren Referenzmitgliedstaat nicht die Bundesrepublik Deutschland ist (§ 66 Abs. 4 Satz 1 und 2 KAGB).

II. Allgemeine Definition des Vertriebs (§ 293 Abs. 1 Satz 1 KAGB)

Die allgemeine Definition des Vertriebs in § 293 Abs. 1 Satz 1 KAGB findet ihre Grundlage in Art. 4 Abs. 1 Buchst. x AIFM-RL. 4

1. Anteile oder Aktien eines Investmentvermögens

Gegenstand des Vertriebs i.S.d. § 293 Abs. 1 Satz 1 KAGB sind **Anteile oder Aktien eines Investmentvermögens** i.S.d. § 1 Abs. 1 KAGB. Dazu gehören insbesondere Anteile an Sondervermögen, die in Anteilsscheinen zu verbriefen sind (§ 95 KAGB) und Aktien an Investmentaktiengesellschaften (§§ 109, 141 KAGB) sowohl als Unternehmens- als auch als Anlageaktien. Der Schluss aus der Verwendung des Plurals, dass es sich um zumindest zwei Anteile handeln müsse,[3] ist nicht zwingend. 5

Das Anbieten oder Platzieren muss sich auf ein **konkretes Investmentvermögen** beziehen. Dafür müssen die Anteile oder Aktien noch nicht gezeichnet werden können.[4] Es genügt, dass das Investmentvermögen bereits bestimmbar ist. Nach Ansicht der BaFin ist dies der Fall bei Investmentvermögen, die bereits aufgelegt sind oder die angebotsreif sind, wofür Musteranlagebedingungen, die noch zu verhandelnde Lücken aufweisen, nicht ausreichen sollen.[5] Ursprünglich ließ die BaFin auch genügen, dass ein Investmentvermögen unter einem bestimmten Namen firmiert;[6] nunmehr soll dies nur eine widerlegliche Vermutung dafür begründen, dass ein Investmentvermögen bereits aufgelegt oder angebotsreif ist.[7] Bei Lücken in den Anlagebedingungen dürfte nach den allgemeinen Grundsätzen zu differenzieren sein; nur wenn die essentialia negotii noch nicht geklärt sind, könnte es an einem Investmentvermögen fehlen, auf das sich das Anbieten und Platzieren beziehen kann. Aber auch wenn ein Investmentvermögen unter einem bestimmten Namen beworben wird, ohne dass seine essentialia negotii bereits feststehen, dürfte bereits ein Vertrieb anzunehmen sein, da andernfalls Schutzlücken entstehen könnten. Maßgeblich ist insofern, dass das Investmentvermögen identifizierbar ist oder wird. 6

Darin wird ein gewisser Wertungswiderspruch gesehen.[8] Die Prospektpflicht setzt bei Wertpapieren, die unter Umständen risikoreicher als Investmentanteile sind, erst bei einem öffentlichen Angebot ein, das nach § 2 Nr. 4 WpPG „ausreichende Informationen über die Angebotsbedingungen und die anzubietenden Wertpapiere enthält, um einen Anleger in die Lage zu versetzen, über den Kauf und die Zeichnung dieser Wertpapiere zu entscheiden", und damit später als die auch an den Vertrieb anknüpfenden Pflichten der §§ 293 ff. KAGB. Das Gleiche gilt für die Regulierung der Vertriebsaktivitäten im WpHG. Aber soweit deshalb verfassungsrechtliche Bedenken erhoben werden,[9] dürften diese angesichts der Heterogenität des Kapitalmarkts und seiner Regulierung sowie der damit verfolgten Zwecke letztendlich nicht durchgreifen. Anders als das WpPG und das WpHG reguliert das KAGB in Umsetzung des Art. 77 OGAW-RL auch die Werbung. Zudem erscheint es angesichts der oftmals höheren Komplexität von Investmentvermögen gegenüber Wertpapieren nicht abwegig, wenn der Gesetzgeber auch eine höhere Schutzbedürftigkeit der Anleger annimmt. 7

Demgemäß genügt für den Vertrieb bereits die bloße **Ankündigung künftiger Anteile oder Aktien an einem Investmentvermögen**, auch wenn sie noch nicht existieren.[10] Dass dann noch keine vollständige Ver- 8

---

3 So *Keunecke/Schwack* in Moritz/Klebeck/Jesch, § 293 KAGB Rz. 12; *Paul* in Weitnauer/Boxberger/Anders, § 293 KAGB Rz. 4.
4 So aber *Paul* in Weitnauer/Boxberger/Anders, § 293 KAGB Rz. 8.
5 BaFin, Häufige Fragen zum Vertrieb und Erwerb von Investmentvermögen nach dem KAGB (WA 41-Wp 2137-2013/0293) v. 4.7.2013 (Stand 16.3.2018), Nr. 1.1.
6 BaFin, Häufige Fragen zum Vertrieb und Erwerb von Investmentvermögen nach dem KAGB (WA 41-Wp 2137-2013/0293) v. 4.7.2013 (Stand 20.3.2015), Nr. 1.1.
7 BaFin, Häufige Fragen zum Vertrieb und Erwerb von Investmentvermögen nach dem KAGB (WA 41-Wp 2137-2013/0293) v. 4.7.2013 (Stand 16.3.2018), Nr. 1.1; kritisch *Wallach*, ZBB 2016, 287 (292).
8 Vgl. *Wallach*, ZBB 2016, 287 (288 ff.).
9 So *Wallach*, ZBB 2016, 287 (293 f.).
10 Anders *Keunecke/Schwack* in Moritz/Klebeck/Jesch, § 293 KAGB Rz. 9.

triebsanzeige möglich ist, weil es noch an den dafür notwendigen Angaben oder Unterlagen fehlt, spricht noch nicht gegen die Qualifikation als Vertrieb,[11] sondern dafür, dass eine derartige Ankündigung nicht erlaubt ist,[12] weil sie notwendig gegen die §§ 293 ff. KAGB verstoßen und den damit bezweckten Anlegerschutz leerlaufen lassen würde. Allerdings liegt kein Vertrieb vor, solange nur auf die Kapitalverwaltungsgesellschaft aufmerksam gemacht wird, etwa im Rahmen einer sog. Imagekampagne.[13] Dies gilt auch, wenn die Kapitalverwaltungsgesellschaft auf ihre Fähigkeiten und ihr Leistungsspektrum im Zusammenhang mit der Auflage von Spezialfonds, die für spezielle Anleger nach deren Vorgaben aufgelegt werden, aufmerksam macht und dabei etwa Musteranlagebedingungen oder Musterprospekte vorlegt, die noch kein konkretes Produkt bewerben; ein Vertreiben liegt hier erst vor, wenn mit dem Abschluss der Verhandlungen über einen Spezialfonds ein angebotsreifes Angebot vorliegt und dieses nicht nur von semiprofessionellen oder professionellen Anlegern erworben wird, mit dem bzw. mit denen verhandelt wurde, sondern auch ein Vertrieb an andere Anleger stattfindet.[14]

2. Anbieten oder Platzieren

9 Unter den Begriff **Anbieten** fällt jede Tätigkeit, die auf den Erwerb des angebotenen Gegenstands durch bzw. dessen Absatz an eine Person gerichtet ist,[15] diesen also die Möglichkeit eines solchen Erwerbs bietet oder auf eine solche Möglichkeit aufmerksam macht.[16] Anbieten ist damit nicht nur die Abgabe eines zivilrechtlichen Antrags i.S.d. §§ 145 ff. BGB, sondern auch eine invitatio ad offerendum,[17] und umfasst auch die Werbung.[18] Dies entspricht nicht nur den Gesetzesmaterialien in der Beschlussempfehlung des Finanzausschusses,[19] sondern auch der Systematik des Gesetzes, nach der die Regelung der Werbung in § 302 KAGB zu den Vorschriften für den Vertrieb und Erwerb der §§ 293 ff. KAGB gehört.[20] Das Anbieten kann sowohl im eigenen, als auch in fremdem Namen und auf eigene oder auf fremde Rechnung erfolgen.[21] Es muss nicht zu einem Erfolg führen, vielmehr genügt die Vornahme entsprechender Handlungen.[22] Keinen Vertrieb sollen die Zulassung zum Börsenhandel, der Börsenhandel selbst und die Erfüllung der aus der Börsenzulassung folgenden Veröffentlichungspflichten darstellen,[23] was aber dann fragwürdig ist, wenn sie auf die Initiative der Verwaltungsgesellschaft oder von ihr beauftragter Dritter zurückgehen.

10 Unter den Begriff **Platzieren** im Sinne der Definition des § 1 Abs. 1a Satz 2 Nr. 1c KWG und des wortgleichen § 2 Abs. 8 Nr. 6 WpHG ist nach dem Merkblatt Platzierungsgeschäft der BaFin die Veräußerung von Finanzinstrumenten im Rahmen einer Emission mit Platzierungsabrede, aber ohne feste Übernahmeverpflichtung zu verstehen, die in fremdem Namen und für fremde Rechnung geschieht.[24] Vielfach wird ein Platzieren jedoch auch dann angenommen, wenn ein Handeln in eigenem Namen oder auf eigene Rechnung vorliegt, weil es vom Gesetzeswortlaut erfasst wird;[25] demgegenüber geht die Gesetzesbegründung davon aus, dass die Platzierung von Finanzinstrumenten bislang unter die Abschlussvermittlung fiel,[26] also ein Handeln in fremdem Namen und auf fremde Rechnung war. Auch wenn man demgemäß davon ausgeht, dass ein Handeln in eigenem Namen und auf eigene Rechnung nicht unter das Platzieren fällt, würde

---

11 So aber *Wallach*, ZBB 2016, 287 (291 f.); *Keunecke/Schwack* in Moritz/Klebeck/Jesch, § 293 KAGB Rz. 9.

12 So ablehnend auch *Wallach*, ZBB 2016, 287 (291).

13 Vgl. *Keunecke/Schwack* in Moritz/Klebeck/Jesch, § 293 KAGB Rz. 10.

14 BaFin, Häufige Fragen zum Vertrieb und Erwerb von Investmentvermögen nach dem KAGB (WA 41-Wp 2137-2013/0293) v. 4.7.2013 (Stand 16.3.2018), Nr. 1.2; ähnl. *Keunecke/Schwack* in Moritz/Klebeck/Jesch, § 293 KAGB Rz. 10.

15 Vgl. für das AuslInvestmG BT-Drucks. V/3494, 17; *Baltzer/Pfüller/Schmitt* in Brinkhaus/Scherer, § 1 AuslInvestmG Rz. 7.

16 *Zingel* in Baur/Tappen, § 293 KAGB Rz. 12; vgl. auch *Paul* in Weitnauer/Boxberger/Anders, § 293 KAGB Rz. 5; aus rechtspolitischer Sicht kritisch zu dem weiten Vertriebsbegriff *Wallach*, ZBB 2016, 287 (289 f.).

17 BaFin, Häufige Fragen zum Vertrieb und Erwerb von Investmentvermögen nach dem KAGB (WA 41-Wp 2137-2013/0293) v. 4.7.2013 (Stand 16.3.2018), Nr. 1.1.

18 *Keunecke/Schwack* in Moritz/Klebeck/Jesch, § 293 KAGB Rz. 19.

19 BT-Drucks. 17/13395, 383, 408.

20 Vgl. auch *Wallach*, ZBB 2016, 287 (288); *Zingel* in Baur/Tappen, § 293 KAGB Rz. 13 ff.; *Paul* in Weitnauer/Boxberger/Anders, § 293 KAGB Rz. 6.

21 Vgl. auch *Paul* in Weitnauer/Boxberger/Anders, § 293 KAGB Rz. 5.

22 *Keunecke/Schwack* in Moritz/Klebeck/Jesch, § 293 KAGB Rz. 5.

23 *Wallach*, ZBB 2016, 287 (298 f.).

24 BaFin, Merkblatt – Hinweise zum Tatbestand des Platzierungsgeschäfts v. 10.12.2009, Stand Juli 2013 (https://www.bafin.de/SharedDocs/Veroeffentlichungen/DE/Merkblatt/mb_091211_tatbestand_platzierungsgeschaeft.html), Nr. 1 Buchst. a.

25 *Schneider-Deters* in Patzner/Döser/Kempf, § 293 KAGB Rz. 5; vgl. auch *Zingel* in Baur/Tappen, § 293 KAGB Rz. 19.

26 Regierungsbegründung, BT-Drucks. 16/4028, 90.

dieses Handeln jedoch ein Anbieten umfassen, so dass auch dann ein Vertrieb gegeben wäre. Die BaFin geht davon aus, dass der Begriff des Platzierens im KAGB nicht demjenigen im KWG oder WpHG entspricht, sondern jedes aktive Absetzen von Anteilen oder Aktien eines Investmentvermögens umfasst.[27] Unter das Platzieren zählt die BaFin auch den Erwerb von Anteilen und Aktien an Investmentvermögen durch einen Vermögensverwalter für einen Kunden.[28]

Der Vertrieb setzt dabei eine auf den Absatz von Anteilen oder Aktien gerichtete **Aktivität des Vertreibenden** voraus, so dass ein bloßes Reagieren auf die Order eines Anlegers keinen Vertrieb darstellt.[29] Nicht unter den Vertrieb zählt die BaFin, dass einem Anleger, der bereits in ein Investmentvermögen investiert ist, weitere Anteile oder Aktien desselben Investmentvermögens angeboten werden, etwa durch die Zusendung eines Verkaufsprospekts oder anderer Informationen.[30] Entsprechendes soll auch für den Erwerb von Anteilen oder Aktien an Investmentvermögen im Rahmen bestehender Fondssparpläne gelten; allerdings liegt ein Vertrieb beim Abschluss eines Fondssparplans vor, bei dem die Investmentvermögen genannt werden, in die investiert werden soll.[31] Auf den Absatz von Anteilen oder Aktien ist letztendlich auch die Marktsondierung gerichtet.[32] Sie ist daher nur unproblematisch, solange noch kein konkretes Investmentvermögen identifizierbar ist oder wird, so dass der Anleger noch nicht in der Lage ist, eine Anlageentscheidung zu treffen und sich zum Erwerb von Anteilen zu verpflichten. In diese Richtung geht auch der Vorschlag der EU-Kommission für eine Änderungsrichtlinie zur Ergänzung der AIFM-Richtlinie, mit dem das Pre-Marketing definiert und an bestimmte Bedingungen gebunden werden soll, um einer Umgehung der Anforderungen an den Vertrieb von AIF entgegenzuwirken.[33] Demgegenüber wird angeführt, dass ein legitimes Interesse an einer Marktsondierung bestehe und es an einer auf den Absatz gerichtete Tätigkeit fehle, wenn der Adressatenkreis eindeutig darauf hingewiesen werde, dass eine Zeichnung der Anteile derzeit nicht möglich sei, und diese auch tatsächlich ausgeschlossen sei.[34] Die BaFin geht davon aus, dass ein Vertrieb voraussetze, dass ein Investmentvermögen aufgelegt oder angebotsreif sei, was zu vermuten sei, wenn das Investmentvermögen bereits unter einem bestimmten Namen firmiere, während es für die Angebotsreife nicht genüge, wenn nur Musteranlagebedingungen existieren, die noch zu verhandelnde Lücken aufweisen.[35] Um eine Umgehung der Vertriebsvorschriften zu verhindern und alle auf den Absatz von Anteilen oder Aktien gerichteten Aktivitäten zu vermeiden, ist dabei auch dann von einem Vertrieb auszugehen, wenn die Musteranlagebedingungen zwar noch Lücken aufweisen, das Investmentvermögen aber bereits so identifiziert werden kann, dass Anleger eine Anlageentscheidung treffen können, also neben dem Namen des Investmentvermögens auch bereits sein Charakter erkennbar ist. Dies wird nicht durch den formalen Hinweis ausgeschlossen, dass eine Zeichnung der Anteile derzeit nicht möglich sei. Auch verhindert ein Ausschluss der Zeichnung von Anteilen nicht, dass sich ein Anleger zum Erwerb verpflichtet. 11

Adressat des Anbietens oder Platzierens sind sowohl Privatanleger als auch semiprofessionelle und professionelle Anleger. Das Vorliegen des Vertriebs ist grundsätzlich unabhängig davon, ob das Anbieten oder Platzieren an inländische oder ausländische erfolgt.[36] Soweit das Anbieten oder Platzieren nicht aus dem Inland erfolgt, liegt ein Vertrieb i.S.d. § 293 Abs. 1 Satz 1 KAGB allerdings nur vor, wenn (auch) inländische Anleger angesprochen werden.[37] Dies ist grundsätzlich bei physischen Vertriebsmaßnahmen im Inland 12

27 BaFin, Häufige Fragen zum Vertrieb und Erwerb von Investmentvermögen nach dem KAGB (WA 41-Wp 2137-2013/0293) v. 4.7.2013 (Stand 16.3.2018), Nr. 1.7.

28 BaFin, Häufige Fragen zum Vertrieb und Erwerb von Investmentvermögen nach dem KAGB (WA 41-Wp 2137-2013/0293) v. 4.7.2013 (Stand 16.3.2018), Nr. 1.7.; kritisch *Wallach*, ZBB 2016, 287, 299 f.

29 BaFin, Häufige Fragen zum Vertrieb und Erwerb von Investmentvermögen nach dem KAGB (WA 41-Wp 2137-2013/0293) v. 4.7.2013 (Stand 16.3.2018), Nr. 1.1; *Keunecke/Schwack* in Moritz/Klebeck/Jesch, § 293 KAGB Rz. 25.

30 BaFin, Häufige Fragen zum Vertrieb und Erwerb von Investmentvermögen nach dem KAGB (WA 41-Wp 2137-2013/0293) v. 4.7.2013 (Stand 16.3.2018), Nr. 1.4.; anders *Keunecke/Schwack* in Moritz/Klebeck/Jesch, § 293 KAGB Rz. 6; *Schneider-Deters* in Patzner/Döser/Kempf, § 293 KAGB Rz. 7.

31 Vgl. *Keunecke/Schwack* in Moritz/Klebeck/Jesch, § 293 KAGB Rz. 26.

32 Anders *Wallach*, ZBB 2016, 287 (295 f.).

33 Europäische Kommission, Vorschlag für eine Richtlinie zur Änderung der Richtlinie 2009/65/EG des Europäischen Parlaments und des Rates und der Richtlinie 2011/61/EU des Europäischen Parlaments und des Rates im Hinblick auf den grenzüberschreitenden Vertrieb von Investmentfonds, COM(2018) 92 final v. 12.3.2018, S. 10 und 17 f. (Art. 2 Abs. 1-4).

34 So *Wallach*, ZBB 2016, 287 (295 f.).

35 BaFin, Häufige Fragen zum Vertrieb und Erwerb von Investmentvermögen nach dem KAGB (WA 41-Wp 2137-2013/0293) v. 4.7.2013 (Stand 16.3.2018), Nr. 1.1.

36 *Schneider-Deters* in Patzner/Döser/Kempf, § 293 KAGB Rz. 7; anders *Zingel* in Baur/Tappen, § 293 KAGB Rz. 18.

37 *Zingel* in Baur/Tappen, § 293 KAGB Rz. 18.

der Fall, allerdings in der Regel noch nicht bei Zeitungen, die sich eigentlich an einen ausländischen Markt richten, aber in geringem Umfang auch im Inland vertrieben werden.[38] Im Internet spricht für einen Vertrieb im Inland zunächst die Verwendung deutscher Webseiten oder deutscher E-Mail-Adressen mit der der Top-Level-Domain „.de", aber auch, dass bei ausländischen Top-Level-Domains deutschsprachige Informationen und nicht nur ausländische, sondern auch deutsche Ansprechpartner oder Kontaktadressen verwendet werden, während ein Hinweis (Disclaimer), dass Anleger in Deutschland keine Adressaten seien, gegen einen Vertrieb im Inland spricht.[39] Der Sitz bzw. Wohnsitz der Anleger ist zudem für die Ausnahme des Vertriebs an semiprofessionelle oder professionelle Anleger in § 293 Abs. 1 Satz 3 KAGB relevant.

13 Zum Vertrieb gehören nicht nur **individuelle Ansprachen** wie persönliche Beratungs- und Verkaufsgespräche, insbesondere Kundengespräche mit dem Bankberater, auch über Telefon oder Internet; Roadshows; Kundenanschreiben, einschließlich Postwurfsendungen und (Werbe-)E-Mails oder Internetaktivitäten über soziale Netzwerke; vielmehr umfasst der Vertrieb auch werbende, **an einen abstrakten Personenkreis gerichtete Ansprachen** wie Werbeanzeigen in Zeitschriften, Werbespots in Rundfunk und Fernsehen, Werbung über das Internet, etwa mittels eigenen Internetseiten oder Werbebannern, und das Auslegen von Werbematerial.[40] Ein Vertrieb in der Form des indirekten Anbietens liegt grundsätzlich bereits vor, wenn Dritten Unterlagen zur Verfügung gestellt werden, die diese nutzen, um potentielle Anleger anzusprechen; stellt eine Verwaltungsgesellschaft ihren Vertriebspartnern bereits vor der eigentlichen Aufnahme des Vertriebs Produktinformationen zur Verfügung, liegt darin nur dann kein Vertrieb, wenn sie zugleich geeignete Vorkehrungen trifft, um eine Weitergabe an potentielle Anleger zu verhindern.[41]

14 Der Vertrieb setzt weder Gewerbsmäßigkeit oder Geschäftsmäßigkeit noch einen bestimmten Umfang voraus; vielmehr genügen bereits **einzelne Vertriebshandlungen**.[42] Allerdings ist die Übertragung von Anteilen oder Aktien unter Privatanlegern noch kein Fall des Vertriebs[43] und zwar auch dann nicht, wenn aufgrund einer Vinkulierung die Zustimmung der Verwaltungsgesellschaft zur Übertragung notwendig ist.[44] Eine derartige Übertragung wird zwar von der obigen Definition des Anbietens erfasst. Aber aus der Gesamtschau der §§ 293 ff. KAGB ergibt sich, dass diese Vorschriften an sich nur das Anbieten und Veräußern durch die Kapitalverwaltungsgesellschaft oder Dritte, die nicht Anleger sind, zum Gegenstand haben. Dafür spricht insbesondere, dass § 306 Abs. 6 KAGB ausdrücklich die Anwendbarkeit des § 305 KAGB auf den Verkauf durch Anleger anordnet.[45] Ein Vertrieb ist jedoch gegeben, wenn der Erwerb bereits mit Ziel der Weiterveräußerung erfolgt, so bei Vermittlern, die Anteile oder Aktien eines Investmentvermögens zunächst auf ihre eigenen Bücher nehmen, um sie anschließend an ihre Kunden zu vertreiben.[46]

3. Direkter und indirekter Vertrieb

15 Der Vertrieb kann direkt oder indirekt erfolgen, ohne dass sich die Rechtsfolgen unterscheiden. Ein **direkter Vertrieb** liegt insbesondere vor, wenn eine interne Kapitalverwaltungsgesellschaft ihre eigenen Anteile anbietet oder platziert oder wenn eine externe Kapitalverwaltungsgesellschaft Anteile eines von ihr verwalteten Investmentvermögens anbietet.[47]

16 Ein **indirekter Vertrieb** liegt vor, wenn zwischen die Kapitalverwaltungsgesellschaft und den Interessenten andere Personen oder Mittelmänner eingeschaltet werden. Solche Personen können etwa Vermittler, Berater, Banken oder Untervermittler sein.[48] In der Praxis geschieht der Vertrieb vielfach über Kreditinstitute, die häufig, aber nicht notwendig mit der Kapitalverwaltungsgesellschaft verbunden sind, oder über freiberuflich tätige Anlageberater und -vermittler sowie Vertriebsgesellschaften, aber auch über Direktban-

38 Vgl. *Keunecke/Schwack* in Moritz/Klebeck/Jesch, § 293 KAGB Rz. 17.
39 Vgl. *Keunecke/Schwack* in Moritz/Klebeck/Jesch, § 293 KAGB Rz. 18.
40 Vgl. *Keunecke/Schwack* in Moritz/Klebeck/Jesch, § 293 KAGB Rz. 120; *Schneider-Deters* in Patzner/Döser/Kempf, § 293 KAGB Rz. 8.
41 *Zingel* in Baur/Tappen, § 293 KAGB Rz. 17.
42 *Keunecke/Schwack* in Moritz/Klebeck/Jesch, § 293 KAGB Rz. 5; *Paul* in Weitnauer/Boxberger/Anders, § 293 KAGB Rz. 2.
43 BaFin, Häufige Fragen zum Vertrieb und Erwerb von Investmentvermögen nach dem KAGB (WA 41-Wp 2137-2013/0293) v. 4.7.2013 (Stand 16.3.2018), Nr. 1.3; *Keunecke/Schwack* in Moritz/Klebeck/Jesch, § 293 KAGB Rz. 15; *Paul* in Weitnauer/Boxberger/Anders, § 293 KAGB Rz. 14.
44 *Keunecke/Schwack* in Moritz/Klebeck/Jesch, § 293 KAGB Rz. 30.
45 Vgl. auch *Paul* in Weitnauer/Boxberger/Anders, § 293 KAGB Rz. 14.
46 Vgl. BaFin, Häufige Fragen zum Vertrieb und Erwerb von Investmentvermögen nach dem KAGB (WA 41-Wp 2137-2013/0293) v. 4.7.2013 (Stand 16.3.2018), Nr. 1.3; *Keunecke/Schwack* in Moritz/Klebeck/Jesch, § 293 KAGB Rz. 16.
47 *Paul* in Weitnauer/Boxberger/Anders, § 293 KAGB Rz. 10.
48 *Paul* in Weitnauer/Boxberger/Anders, § 293 KAGB Rz. 10.

ken.[49] Unerheblich für den indirekten Vertrieb ist, ob er in eigenem oder fremdem Namen oder als Vermittlung erfolgt.[50]

17 Zum indirekten Vertrieb wird es auch gezählt, wenn die Verwaltungsgesellschaft einer Person Anteile anbietet und dies aufgrund einer ausdrücklichen oder konkludenten Vereinbarung oder in der Erwartung geschieht, dass diese Person die Anteile weiterveräußert oder ihrerseits Dritten zur Anlage anbietet oder platziert, ohne selbst in sie anlegen zu wollen.[51] Darunter fällt auch die Platzierung im Rahmen eines Emissionsgeschäfts i.S.d. § 2 Abs. 8 Satz 1 Nr. 5 WpHG bzw. § 1 Abs. 1 Satz 2 Nr. 10 KWG. Die Ansicht, ein Vertrieb liege nicht vor, wenn der Durchführende das Risiko der Platzierung übernehme,[52] übersieht, dass auch dies in der Erwartung der Weiterveräußerung geschieht. Ein zulassungspflichtiger Vertrieb liegt auch vor, wenn Anteile oder Aktien an Investmentvermögen an andere Anleger als semiprofessionelle oder professionelle Anleger angeboten werden und dies nicht auf Initiative der Verwaltungsgesellschaft erfolgt,[53] was sich im Umkehrschluss aus § 293 Abs. 1 Satz 3 KAGB ergibt; ein solcher Vertrieb ist allerdings keiner der Verwaltungsgesellschaft.

4. Keine Ausnahme für Privatplatzierungen

18 Der Vertriebsbegriff des § 293 Abs. 1 Satz 1 KAGB setzt nicht voraus, dass es sich um einen öffentlichen Vertrieb handeln muss, so dass er auch die **Privatplatzierung** (private placement) umfasst, also den Vertrieb an nicht-öffentliche Personenkreise. Der zulassungsfreie Vertrieb sowohl von OGAW als auch von AIF an bestimmte Gruppen von Anlegern ist damit nicht mehr möglich.[54]

III. Ausnahmen von der Vertriebsdefinition (§ 293 Abs. 1 Satz 2 KAGB)

19 Die Ausnahmen in § 293 Abs. 1 Satz 2 KAGB orientieren sich am aufgehobenen § 2 Abs. 11 Satz 2 InvG. Sie sollen Bereiche von der Vertriebsdefinition ausnehmen, in denen es an der Schutzbedürftigkeit des Anlegers fehlt oder nur gesetzliche Veröffentlichungspflichten erfüllt werden, ohne dass ein tatsächlicher Vertrieb beabsichtigt ist oder stattfindet.[55] Die aufgezählten Verhaltensweisen gelten allerdings gem. § 293 Abs. 1 Satz 2 KAGB a.E. nur dann nicht als Vertrieb, wenn darüber hinaus kein Vertrieb im Sinne des Satz 1 stattfindet, also keine Handlungen vorgenommen werden, die allein oder in Verbindung mit einer der aufgezählten Verhaltensweisen die Voraussetzungen des Satz 1 erfüllen.[56]

1. Nur namentliche Benennung (§ 293 Abs. 1 Satz 2 Nr. 1 KAGB)

20 Nicht als Vertrieb gilt es, wenn das Investmentvermögen nur namentlich benannt wird und keine weiteren Informationen gegeben werden (§ 293 Abs. 1 Satz 2 Nr. 1 KAGB). Darunter soll etwa die Nennung in der Presse oder in wissenschaftlichen Zeitungen fallen.[57] Allerdings dürfte bei einer Nennung von Investmentvermögen im redaktionellen Teil von Medien oder in wissenschaftlichen Publikationen in der Regel auch dann kein Vertrieb vorliegen, wenn dies in Verbindung mit weiteren Informationen geschieht.[58] Denn anders als das Anbieten oder Platzieren sind sie nicht auf den Absatz der Aktien oder Anteile an dem Investmentvermögen gerichtet. Problematisch kann es aber sein, wenn die Verwaltungsgesellschaft oder von ihr beauftragte Dritte Informationen liefern oder sonst Einfluss nehmen.[59]

2. Nennung der Nettoinventarwerte, Börsenkurse oder Ausgabe-/Rücknahmepreise (§ 293 Abs. 1 Satz 2 Nr. 2 KAGB)

21 Werden nur Nettoinventarwerte, an einem organisierten Markt ermittelte Kurse oder Ausgabe-/Rücknahmepreise genannt, ohne dass weitere Informationen gegeben werden, fehlt es ebenfalls an einem Vertrieb

49 *Eckhold/Balzer* in Assmann/Schütze, § 22 Rz. 101.
50 *Keunecke/Schwack* in Moritz/Klebeck/Jesch, § 293 KAGB Rz. 28.
51 *Paul* in Weitnauer/Boxberger/Anders, § 293 KAGB § 293 Rz. 10.
52 *Schneider-Deters* in Patzner/Döser/Kempf, § 293 KAGB Rz. 6.
53 So für Anbieten auch *Schneider-Deters* in Patzner/Döser/Kempf, § 293 KAGB Rz. 4; anders *Keunecke/Schwack* in Moritz/Klebeck/Jesch, § 293 KAGB Rz. 29.
54 *Wallach*, RdF 2013, 92 (100); *Wollenhaupt/Beck*, DB 2013, 1950 (1957).
55 *Keunecke/Schwack* in Moritz/Klebeck/Jesch, § 293 KAGB Rz. 2.
56 Vgl. *Paul* in Weitnauer/Boxberger/Anders, § 293 KAGB Rz. 16.
57 So *Keunecke/Schwack* in Moritz/Klebeck/Jesch, § 293 KAGB Rz. 21.
58 *Wallach*, ZBB 2016, 287 (296).
59 *Wallach*, ZBB 2016, 287 (296).

(§ 293 Abs. 1 Satz 2 Nr. 2 KAGB). Damit werden insbesondere Vergleiche zwischen verschiedenen Investmentvermögen ermöglicht.[60]

22 Der Nettoinventarwert wird bei inländischen OGAW nach § 212 i.V.m. § 168 Abs. 1 Satz 1 KAGB und bei geschlossenen inländischen Publikumsvermögen nach §§ 171 f. i.V.m. § 168 KAGB bestimmt. Maßgeblich für das Vorliegen eines organisierten Marktes ist nicht § 2 Abs. 11 WpHG, sondern § 1 Abs. 19 Nr. 29 KAGB. Der Ausgabe- und der Rücknahmepreis werden nach § 71 Abs. 2 Satz 1 KAGB bestimmt.

3. Investmentvermögen mit Teilinvestmentvermögen (§ 293 Abs. 1 Satz 2 Nr. 3 KAGB)

23 Kein Vertrieb kann auch bei der Verwendung bestimmter Verkaufsunterlagen für ein Investmentvermögen mit bestimmten Teilinvestmentvermögen gegeben sein (§ 293 Abs. 1 Satz 2 Nr. 3 KAGB). **Teilinvestmentvermögen** sind Teilsondervermögen gem. § 96 KAGB und Teilgesellschaftsvermögen gem. § 117 KAGB und § 132 KAGB.[61] Sie sind in einer sog. Umbrella-Konstruktion zusammengefasst, bei der ein Investmentvermögen mehrere Teilinvestmentvermögen zusammenfasst, die sich jeweils hinsichtlich der Anlagepolitik oder eines anderen Ausstattungsmerkmals unterscheiden, vermögensrechtlich und haftungsrechtlich von den übrigen Teilinvestmentvermögen der Umbrella-Konstruktion getrennt sind und im Verhältnis zu den Anlegern als eigenständiges Zweckvermögen behandelt werden, so dass die Anleger auch Anteile nur an einzelnen Teilinvestmentvermögen erwerben können. § 293 Abs. 1 Satz 2 Nr. 3 KAGB bezieht sich auf den Fall, dass nicht alle, sondern nur einzelne Teilinvestmentvermögen eines Umbrella-Investmentvermögens im Inland vertrieben werden.

24 **Voraussetzung** ist zunächst, dass ein Investmentvermögen aus mehreren Teilinvestmentvermögen besteht, von denen mindestens ein Teilinvestmentvermögen im Geltungsbereich des KAGB an eine, mehrere oder alle Anlegergruppen i.S.d. § 1 Abs. 19 Nr. 31 bis 33 KAGB, also an Privatanleger sowie semiprofessionelle und professionelle Anleger vertrieben werden darf, und von denen mindestens ein weiteres Teilinvestmentvermögen nicht oder nur an eine oder mehrere dieser Anlegergruppen vertrieben werden darf. Voraussetzung ist weiter, dass Verkaufsunterlagen verwendet werden, die Informationen sowohl über die Teilinvestmentvermögen enthalten, die an alle oder bestimmte Anlegergruppen vertrieben werden dürfen, als auch über die weiteren Teilinvestmentvermögen, die an alle oder bestimmte Anlegergruppen nicht vertrieben werden dürfen.

25 Unter diesen Voraussetzungen würde an sich nach den Kriterien des § 293 Abs. 1 Satz 1 KAGB ein Vertrieb sowohl der erlaubten als auch der weiteren, nicht erlaubten Teilinvestmentvermögen vorliegen.[62] Wenn aber in die Verkaufsunterlagen jeweils drucktechnisch herausgestellt und an hervorgehobener Stelle ein **Hinweis** aufgenommen wird, dass die weiteren Teilinvestmentvermögen im Geltungsbereich des KAGB nicht vertrieben werden dürfen oder an welche Anlegergruppen sie nicht vertrieben werden dürfen, bestimmt § 293 Abs. 1 Satz 2 Nr. 3 KAGB, dass dann allein die Verwendung der Verkaufsunterlagen noch keinen Vertrieb der weiteren Teilinvestmentvermögen im Inland darstellt. Die §§ 293 ff. KAGB gelten dann nur für die Teilinvestmentvermögen, für die dieser Hinweis fehlt.

26 Der Hinweis muss sich in allen Verkaufsunterlagen drucktechnisch herausgestellt und an hervorgehobener Stelle finden, in denen sich Informationen zu den weiteren Teilinvestmentvermögen finden, die also sonst das Vorliegen eines Vertriebs begründen würden.[63] Er ist in den Verkaufsunterlagen **drucktechnisch herausgestellt**, wenn er sich vom übrigen Text abhebt, insbesondere durch ein entsprechendes Schriftbild (etwa fett, kursiv, Großbuchstaben oder bestimmte Farbe) oder eine entsprechende optische Aufmachung (etwa Umrandung oder farblicher Hintergrund); er befindet sich **an einer hervorgehobenen Stelle**, wenn er ohne weiteres auffallen muss, insbesondere am Anfang oder in den einleitenden Anmerkungen des entsprechenden Dokuments.[64]

4. Nennung von Besteuerungsgrundlagen (§ 293 Abs. 1 Satz 2 Nr. 4 KAGB)

27 Nicht als Vertrieb gilt es weiter, wenn nur die Besteuerungsgrundlagen nach § 5 InvStG genannt oder bekannt gemacht werden (§ 293 Abs. 1 Satz 2 Nr. 4 KAGB). Hier trifft ausländische Investmentgesellschaften eine entsprechende Pflicht, um die Pauschalbesteuerung auf der Ebene der Anleger nach § 6 InvStG zu ver-

---

60 *Paul* in Weitnauer/Boxberger/Anders, § 293 KAGB Rz. 19.

61 BT-Drucks. 17/13395, 405 f.

62 Vgl. *Keunecke/Schwack* in Moritz/Klebeck/Jesch, § 293 KAGB Rz. 36.

63 *Keunecke/Schwack* in Moritz/Klebeck/Jesch, § 293 KAGB Rz. 38; anders *Paul* in Weitnauer/Boxberger/Anders, § 293 KAGB Rz. 21.

64 *Keunecke/Schwack* in Moritz/Klebeck/Jesch, § 293 KAGB Rz. 37 f.; *Paul* in Weitnauer/Boxberger/Anders, § 293 KAGB Rz. 21 f.

meiden. Die Erfüllung dieser Pflicht soll noch keinen Vertrieb mit den daraus folgenden Verhaltenspflichten begründen.

5. Angaben in einem Prospekt (§ 293 Abs. 1 Satz 2 Nr. 5 KAGB)

Ein Vertrieb liegt auch noch nicht bei Angaben zu einem Investmentvermögen vor, die **auf Grund gesetzlich vorgeschriebener Veröffentlichungen oder Informationen** erfolgen (§ 293 Abs. 1 Satz 2 Nr. 5 KAGB). Auch hier soll die Erfüllung gesetzlich vorgeschriebener Veröffentlichungs- oder Informationspflichten noch keinen Vertrieb auslösen. Relevanz hat dies insbesondere für Angaben für Basiswerte.[65] Privilegiert werden allerdings nur die Angaben, bei denen eine Pflicht zur Veröffentlichung oder Information besteht. Darüber hinausgehende Angaben begründen einen Vertrieb. 28

Das Gesetz nennt drei Regelbeispiele für derartige Veröffentlichungs- oder Informationspflichten. Das erste Regelbeispiel ist die Aufnahme von Mindestangaben nach § 7 WpPG oder Zusatzangaben gem. § 268 KAGB oder § 307 KAGB in einen **Prospekt für Wertpapier** (Buchst. a). Das zweite ist die Aufnahme von Mindestangaben nach § 8g VerkProspG oder Angaben nach § 7 VermAnlG in einen **Prospekt für Vermögensanlagen** (Buchst. b). § 8g VerkProspG ist seit 2013 außer Kraft; an seine Stelle ist der § 7 VermAnlG getreten. Allerdings können die Vorschriften des VerkPorspG nach den Übergangsvorschriften § 32 VermAnlG und § 37 WpPG noch anwendbar sein. Das dritte Regelbeispiel ist die **Zurverfügungstellung von Informationen bei einer fondsgebundenen Lebensversicherung** nach § 7 Abs. 1 Satz 1 VVG i.V.m. § 2 Abs. 1 Nr. 7 VVG-InfoV (Buchst. c). Es wurde zum 18.3.2016 eingefügt, damit die Beachtung der versicherungsrechtlichen Informationspflichten noch nicht zu einem Vertrieb i.S.d. KAGB führt. 29

6. Gesetzliche Veröffentlichungspflichten (§ 293 Abs. 1 Satz 2 Nr. 6 KAGB)

Nicht als Vertrieb gilt zudem die Erfüllung der **gesetzlichen Veröffentlichungspflichten** der Verwaltungsgesellschaften im Bundesanzeiger und die ausschließliche Erfüllung der **regelmäßigen Informationspflichten** der Verwaltungsgesellschaften gegenüber den bereits in das betreffende Investmentvermögen investierten Anlegern, die sich aus dem KAGB oder aus dem Recht des Herkunftsstaates ergeben (§ 293 Abs. 1 Satz 2 Nr. 6 KAGB). Die Veröffentlichungspflichten umfassen insbesondere die Offenlegung des Jahresberichts nach § 160 Abs. 1 KAGB sowie des Jahresabschlusses und des Lageberichts nach § 123 Abs. 1, § 148 Abs. 1 KAGB, aber auch nach §§ 325 ff. HGB. Die regelmäßigen Informationspflichten umfassen insbesondere die laufenden oder zusätzlichen Informationspflichten der §§ 298, 299, 300 KAGB. Sie sind nur privilegiert, soweit die Informationspflicht besteht, also nur bei Information der bereits investierten Anleger. Werden sie anderen Personen zur Verfügung gestellt, begründet dies einen Vertrieb; dies gilt auch, wenn Informationen, die aufgrund gesetzlicher Pflichten im ausländischen Herkunftsstaat der Verwaltungsgesellschaft veröffentlich wurden, auch im Inland publik gemacht werden.[66] 30

Die **Erfüllung von Informationspflichten, die nur auf Anfrage des Anlegers zu erfüllen sind**, etwa aus §§ 160 Abs. 3, 137 Abs. 1 KAGB sollen mangels Regelmäßigkeit nicht privilegiert sein.[67] Dies erscheint allerdings zweifelhaft, weil auch hier das Recht des Anlegers auf Vorlage regelmäßig entsteht, es sich nur um Erleichterung gegenüber der unaufgeforderten Vorlage handelt und es sich ebenfalls um gesetzliche Informationspflichten handelt, die nicht auf die Initiative der Verwaltungsgesellschaft bzw. anderer am Vertrieb beteiligter zurückgehen. 31

7. Ausgabe von Anteilen an einem Masterfonds an Feederfonds (§ 293 Abs. 1 Satz 2 Nr. 7 KAGB)

Kein Vertrieb liegt schließlich bei EU-Master-OGAWs vor, die ausschließlich Anteile oder Aktien an einen oder mehrere inländische OGAW-Feederfonds ausgeben (§ 293 Abs. 1 Satz 2 Nr. 7 KAGB). Masterfonds sind in § 1 Abs. 19 Nr. 12 KAGB definiert, Feederfonds in § 1 Abs. 19 Nr. 11 KAGB. Nähere Vorgaben für Master-Feeder-Strukturen bei OGAWs enthält § 171 KAGB. Hintergrund der Regelung ist, dass der Vertrieb hier nicht auf der Ebene des Masterfonds stattfindet, sondern auf der Ebene des Feederfonds. 32

---

65 *Zingel* in Baur/Tappen, § 293 KAGB Rz. 29; *Keunecke/Schwack* in Moritz/Klebeck/Jesch, § 293 KAGB Rz. 41.

66 *Keunecke/Schwack* in Moritz/Klebeck/Jesch, § 293 KAGB Rz. 44; *Schneider-Deters* in Patzner/Döser/Kempf, § 293 KAGB Rz. 14.

67 So *Keunecke/Schwack* in Moritz/Klebeck/Jesch, § 293 KAGB Rz. 44; *Paul* in Weitnauer/Boxberger/Anders, § 293 KAGB Rz. 25.

IV. Vertrieb an semiprofessionelle und professionelle Anleger (§ 293 Abs. 1 Satz 3 KAGB)

33 Ein **Vertrieb an semiprofessionelle und professionelle Anleger** liegt nur vor, wenn er auf Initiative der Verwaltungsgesellschaft oder in deren Auftrag erfolgt und es sich nicht um Anleger aus einem Drittstaat handelt (§ 293 Abs. 1 Satz 3 KAGB). Semiprofessionelle Anleger sind in § 1 Abs. 19 Nr. 33 KAGB definiert, professionelle Anleger in § 1 Abs. 19 Nr. 32 KAGB. Richtet sich der Vertrieb ausschließlich an semiprofessionelle und professionelle Anleger mit Wohnsitz oder Sitz in einem Drittstaat, der nicht Mitglied in der EU oder im EWR ist, liegt unabhängig davon, von wem die Initiative ausgeht, kein Vertrieb i.S.d. § 293 Abs. 1 KAGB vor.[68]

34 Dass der Vertrieb **auf Initiative der Verwaltungsgesellschaft** oder in deren Auftrag erfolgt, bedeutet, dass die Erstansprache des potentiellen Anlegers in Bezug auf den Erwerb von Anteilen oder Aktien an einem Investmentvermögen von der Verwaltungsgesellschaft oder einem von ihr Beauftragten ausgehen muss.[69] Geht die Initiative vom semiprofessionellen oder professionellen Anleger aus, indem er die Verwaltungsgesellschaft oder einen von ihr Beauftragten zuerst in Bezug auf den Erwerb anspricht, sog. Reverse Solicitation, liegt kein direkter oder indirekter Vertrieb vor, auch wenn die Verwaltungsgesellschaft oder ihr Beauftragter anschließend weitere Vertriebsaktivitäten gegenüber dem Anleger entfalten, etwa Informationen oder Zeichnungsunterlagen zusenden oder Orders ausführen.[70] Demgemäß empfiehlt es sich, die Erstansprache durch den Anleger entsprechend zu dokumentieren.[71] Ob es an einer Erstansprache durch die Verwaltungsgesellschaft fehlt, wenn sie gegenüber semiprofessionellen oder professionellen Anlegern nur die Auflegung eines Investmentvermögens in Aussicht gestellt hat, und die Anleger daraufhin die Verwaltungsgesellschaft ansprechen,[72] erscheint zweifelhaft und hängt wohl davon ab, ob die Auflegung nur generell oder in Bezug auf konkrete Investmentvermögen in Aussicht gestellt wurde. Geht die Initiative von einem Dritten aus, der nicht von der Verwaltungsgesellschaft beauftragt wurde und etwa Anteile oder Aktien vermittelt, stellt dies keinen Vertrieb dar.[73]

35 § 293 Abs. 1 Satz 3 KAGB gilt nicht gegenüber **Privatanlegern**. Vertriebsaktivitäten gegenüber Privatanlegern begründen auch dann einen Vertrieb i.S.d. § 293 Abs. 1 Satz 1 KAGB, wenn sie nicht auf Initiative der Verwaltungsgesellschaft oder in deren Auftrag erfolgen, sondern die Initiative von den Privatanlegern ausgeht.[74] Demgemäß zählt die BaFin es auch zum Vertrieb, wenn ein Vermögensverwalter Anteile und Aktien an Investmentvermögen für seine Kunden erwirbt.[75]

V. Richtlinien-Ermächtigung an die BaFin (§ 293 Abs. 1 Satz 4 KAGB)

36 Die BaFin ist ermächtigt, Richtlinien aufzustellen, nach denen sie für den Regelfall beurteilt, wann ein Vertrieb im Sinne der Sätze 1 und 3 vorliegt (§ 293 Abs. 1 Satz 4 KAGB). Diese Richtlinien sind ausschließlich norminterpretierende und keine normkonkretisierenden Verwaltungsvorschriften, so dass jeweils eine Einzelfallprüfung vorzunehmen ist, die in vollem Umfang der gerichtlichen Überprüfung unterliegt.[76] Bisher hat die BaFin keine derartigen Richtlinien aufgestellt, sondern lediglich ein Schreiben zu häufigen Fragen zum Vertrieb und Erwerb von Investmentvermögen nach dem KAGB[77] veröffentlich.

---

68 *Keunecke/Schwack* in Moritz/Klebeck/Jesch, § 293 KAGB Rz. 51; *Wollenhaupt/Beck*, DB 2013, 1950 (1957); aus rechtspolitischer Sicht kritisch *Wallach*, ZBB 2016, 287 (290 f.).

69 *Keunecke/Schwack* in Moritz/Klebeck/Jesch, § 293 KAGB Rz. 49.

70 Vgl. *Keunecke/Schwack* in Moritz/Klebeck/Jesch, § 293 KAGB Rz. 49.

71 *Keunecke/Schwack* in Moritz/Klebeck/Jesch, § 293 KAGB Rz. 49.

72 So *Wallach*, ZBB 2016, 287 (296 f.); *Zingel* in Baur/Tappen/*Zingel*, § 293 KAGB Rz. 33.

73 BaFin, Häufige Fragen zum Vertrieb und Erwerb von Investmentvermögen nach dem KAGB (WA 41-Wp 2137-2013/0293) v. 4.7.2013 (Stand 16.3.2018), Nr. 1.2; *Eckhold/Balzer* in Assmann/Schütze, § 22 Rz. 107; *Keunecke/Schwack* in Moritz/Klebeck/Jesch, § 293 KAGB Rz. 50; *Schneider-Deters* in Patzner/Döser/Kempf, § 293 KAGB Rz. 14.

74 *Keunecke/Schwack* in Moritz/Klebeck/Jesch, § 293 KAGB Rz. 52.

75 BaFin, Häufige Fragen zum Vertrieb und Erwerb von Investmentvermögen nach dem KAGB (WA 41-Wp 2137-2013/0293) v. 4.7.2013 (Stand 16.3.2018), Nr. 1.7.

76 *Paul* in Weitnauer/Boxberger/Anders, § 293 KAGB Rz. 25.

77 BaFin, Häufige Fragen zum Vertrieb und Erwerb von Investmentvermögen nach dem KAGB (WA 41-Wp 2137-2013/0293) v. 4.7.2013 (Stand 16.3.2018).

VI. Anwendbarkeit auf Teilinvestmentvermögen (§ 293 Abs. 2 KAGB)

Die Regelungen für Investmentvermögen der §§ 293 bis 336 KAGB gelten entsprechend auch für Teilinvestmentvermögen, soweit sich aus den Regelungen nichts anderes ergibt (§ 293 Abs. 2 KAGB). Teilinvestmentvermögen sind Teilsondervermögen gem. § 96 KAGB und Teilgesellschaftsvermögen gem. § 117 und § 132 KAGB.[78] Besondere Regelungen für Teilinvestmentvermögen enthalten etwa § 293 Abs. 1 Satz 2 Nr. 3, § 309 Abs. 3, § 311 Abs. 6, § 314 Abs. 2 und § 315 Abs. 2 KAGB. 37

§ 294 Auf den Vertrieb und den Erwerb von OGAW anwendbare Vorschriften

(1) [1]Auf den Vertrieb und den Erwerb von Anteilen oder Aktien an inländischen OGAW oder an zum Vertrieb berechtigten EU-OGAW im Geltungsbereich dieses Gesetzes sind die Vorschriften des Unterabschnitts 2 dieses Abschnitts, soweit sie auf Anteile oder Aktien an inländischen OGAW oder EU-OGAW Anwendung finden, anzuwenden. [2]Zudem sind auf EU-OGAW die Vorschriften des Abschnitts 2 Unterabschnitt 1 und auf inländische OGAW die Vorschriften des Abschnitts 2 Unterabschnitt 2 anzuwenden. Der Vertrieb von EU-OGAW im Inland ist nur zulässig, wenn die Voraussetzungen des § 310 gegeben sind.

(2) Die Bundesanstalt veröffentlicht auf ihrer Internetseite gemäß Artikel 30 der Richtlinie 2010/44/EU die Anforderungen, die beim Vertrieb von Anteilen oder Aktien an EU-OGAW im Geltungsbereich dieses Gesetzes zu beachten sind.

In der Fassung vom 4.7.2013 (BGBl. I 2013, S. 1981), zuletzt geändert durch das Gesetz zur Anpassung von Gesetzen auf dem Gebiet des Finanzmarktes vom 15.7.2014 (BGBl. I 2014, S. 934).

Schrifttum: *Emde/Dreibus*, Der Regierungsentwurf für ein Kapitalanlagegesetzbuch, BKR 2013, 89.

I. Allgemeines

§ 294 KAGB hat die **auf den Vertrieb von OGAW anwendbaren Vorschriften** zum Gegenstand. Die Vorschrift beruht auf § 130 InvG. Sie enthält diesem gegenüber redaktionelle Anpassungen an die Begriffsbestimmungen des KAGB in § 1 und wurde aus Gründen der Konsistenz mit den AIF-Vorschriften um Regelungen in Bezug auf inländische OGAW, zum Erwerb von Anteilen oder Aktien, zur Berechtigung zum Vertrieb in Bezug auf EU-OGAW und zur Zulässigkeit des Vertriebs von EU-OGAW sowie um Abs. 1 Satz 3 ergänzt.[1] 1

§ 294 Abs. 1 KAGB ist hinsichtlich seines **Regelungsgehalts** unklar,[2] da er Vorschriften für anwendbar erklärt, die den Vertrieb und Erwerb betreffen und eigentlich aus sich selbst heraus anwendbar sind. Ihm wird eine Lotsenfunktion zugeschrieben.[3] 2

§ 294 Abs. 1 KAGB sperrt nicht die Anwendung von **Vorschriften, auf die er nicht verweist**, die sich aber selbst für anwendbar erklären, da diese lex specialis sind. Dies gilt etwa für die Begriffsbestimmungen des § 1 KAGB, die Überwachungs- und Anordnungsbefugnisse der BaFin aus § 5 Abs. 5, 6a, 7 und 8 KAGB so- 3

78 BT-Drucks. 17/13395, 405 f.
1 BT-Drucks. 17/12294, 278.
2 Vgl. *Keunecke/Schwack* in Moritz/Klebeck/Jesch, § 294 KAGB Rz. 5; bzgl. der bis 18.7.2014 geltenden Fassung auch *Baum* in Weitnauer/Boxberger/Anders, § 294 KAGB Rz. 3.
3 *Emde/Dreibus*, BKR 2013, 89 (97); *Zingel* in Baur/Tappen, § 294 KAGB Rz. 3; *Keunecke/Schwack* in Moritz/Klebeck/Jesch, § 294 KAGB Rz. 3.

wie die einschlägigen Straf-, Bußgeld- und Übergangsregelungen der §§ 339 ff. KAGB.[4] Es gilt aber auch für Vorschriften außerhalb des KAGB, unabhängig davon, ob sie investmentspezifisch sind oder allgemein gelten, so etwa für Vorschriften des KWG, des WpHG, der GewO, der FinVermV, des UWG und des BGB. Eine nicht abschließende Auflistung der beim Vertrieb von Anteilen an EU-OGAW zu beachtenden investmentspezifischen Vorschriften gem. Art. 91 Abs. 3 der Richtlinie 2009/65/EG mit Stand 2013 findet sich in der Anlage zum Merkblatt der BaFin nach § 294 Abs. 2 KAGB.[5]

4 Der **personale Anwendungsbereich** des § 294 KAGB umfasst auch inländische Zweigniederlassungen und Tätigkeiten im grenzüberschreitenden Dienstleistungsverkehr von EU-OGAW-Verwaltungsgesellschaften (§ 51 Abs. 4 Satz 1 und 3 KAGB), die Tätigkeit einer EU-OGAW-Verwaltungsgesellschaft, die inländische OGAW verwaltet (§ 52 Abs. 5 KAGB) sowie inländische Zweigniederlassungen und Tätigkeiten im Wege des grenzüberschreitenden Dienstleistungsverkehrs von EU-AIF-Verwaltungsgesellschaften (§ 54 Abs. 4 Satz 1 und 3 KAGB).

II. Vorschriften für den Vertrieb und Erwerb von OGAW

1. Auf inländische und EU-OGAW gemeinsam anwendbare Vorschriften (§ 294 Abs. 1 Satz 1 KAGB)

5 Auf den Vertrieb und den Erwerb von Anteilen oder Aktien sowohl an **inländischen OGAW** als auch an **zum Vertrieb berechtigten EU-OGAW** im Geltungsbereich des KAGB sind die §§ 297 bis 306 KAGB anzuwenden (§ 294 Abs. 1 Satz 1 KAGB). Diese regeln die Verkaufsunterlagen, die Hinweis-, Veröffentlichungs- und Informationspflichten, die Vorgaben für die Werbung, die maßgebliche Sprachfassung, die zulässige Kostenvorausbelastung sowie das Widerrufsrecht und die Haftung für Prospekte und wesentliche Anlegerinformationen. Der Begriff „Vertrieb" verweist auf § 293 KAGB; der Begriff „Erwerb" hat demgegenüber keine eigenständige Bedeutung, da der Vertrieb auf den Erwerb bezogen ist.[6]

2. Nur auf EU-OGAW anwendbare Vorschriften (§ 294 Abs. 1 Satz 2 Alt. 1, Satz 3 KAGB)

6 Nur auf den **Vertrieb von EU-OGAW** sind die §§ 309 bis 311 KAGB anzuwenden (§ 294 Abs. 1 Satz 2 Alt. 1 KAGB). Diese regeln spezielle Pflichten beim Vertrieb im Inland, die Pflicht zur Anzeige des beabsichtigten Vertriebs im Inland bei der BaFin und die Befugnis der BaFin zur Untersagung und Einstellung des Vertriebs von EU-OGAW. Der neue Satz 3 stellt klar, dass ein Vertrieb von EU-OGAW im Geltungsbereich des KAGB nur zulässig ist, wenn diese das für sie einschlägige Anzeigeverfahren nach § 310 KAGB durchlaufen haben,[7] ordnet also die Unzulässigkeit des Vertriebs ipso iure an.

3. Nur auf inländische OGAW anwendbare Vorschriften (§ 294 Abs. 1 Satz 2 Alt. 2 KAGB)

7 Spezielle Vorschriften für den **Vertrieb von inländischen OGAW** sind die §§ 312 und 313 KAGB, die Anzeige- und Veröffentlichungspflichten für den Vertrieb von inländischen OGAW in andere Mitgliedstaaten der EU oder des EWR enthalten (§ 294 Abs. 1 Satz 2 Alt. 2 KAGB). Eine Pflicht zur Anzeige des beabsichtigten Vertriebs und eine spezielle Untersagungsbefugnis der BaFin sieht das KAGB für inländische OGAW nicht vor.

III. Veröffentlichungen der BaFin (§ 294 Abs. 2 KAGB)

8 § 294 Abs. 2 KAGB ordnet an, dass die gem. Art. 30 der Richtlinie 2010/44/EU erforderliche **Veröffentlichung der Anforderungen**, die beim Vertrieb von Anteilen oder Aktien an EU-OGAW im Geltungsbereich des KAGB zu beachten sind, durch die BaFin auf ihrer Internetseite erfolgt. Maßgeblich für Form und Inhalt der Veröffentlichung sind Art. 91 Abs. 3 OGAW-RL und Art. 30 der Ausführungsrichtlinie 2010/44/EU dazu. Danach haben die Mitgliedstaaten eine vollständige, eindeutige und unmissverständliche sowie aktuelle Information in einer in der Finanzwelt gebräuchlichen Sprache aus der Ferne und in elektronischer Form zu ermöglichen. Die allgemein in der Finanzwelt gebräuchliche Sprache ist Englisch. Die Ba-

4 Vgl. *Keunecke/Schwack* in Moritz/Klebeck/Jesch, § 294 KAGB Rz. 5; *Baum* in Weitnauer/Boxberger/Anders, § 294 KAGB Rz. 3 f.

5 BaFin, Anlage zum Merkblatt (2013) zum Vertrieb von Anteilen an EU-OGAW in der Bundesrepublik Deutschland (Stand 17.7.2013).

6 Vgl. *Keunecke/Schwack* in Moritz/Klebeck/Jesch, § 294 KAGB Rz. 3.

7 BT-Drucks. 17/12294, 278.

fin hat zur Erfüllung dieser Verpflichtung ein Merkblatt[8] mit Anlage[9] im Internet veröffentlicht, das auch auf Englisch abrufbar ist. Ob dies vollständig und aktuell ist, kann jedoch in Bezug auf die Anlage bezweifelt werden, die auf dem Stand von 2013 ist und etwa das WpHG nicht aufführt.

§ 295 Auf den Vertrieb und den Erwerb von AIF anwendbare Vorschriften

(1) [1]Der Vertrieb von Anteilen oder Aktien an inländischen Publikums-AIF an Privatanleger, semiprofessionelle und professionelle Anleger im Geltungsbereich dieses Gesetzes ist nur zulässig, wenn die Voraussetzungen des § 316 erfüllt sind. [2]Der Vertrieb von Anteilen oder Aktien an EU-AIF und ausländischen AIF an Privatanleger im Geltungsbereich dieses Gesetzes ist nur zulässig, wenn die Voraussetzungen der §§ 317 bis 320 erfüllt sind. [3]Die Verwaltungsgesellschaften, die AIF verwalten, die die Voraussetzungen für den Vertrieb an Privatanleger nicht erfüllen, müssen wirksame Vorkehrungen treffen, die verhindern, dass Anteile oder Aktien an den AIF an Privatanleger im Geltungsbereich dieses Gesetzes vertrieben werden; dies gilt auch, wenn unabhängige Unternehmen eingeschaltet werden, die für den AIF Wertpapierdienstleistungen erbringen.

(2) [1]Der Vertrieb von Anteilen oder Aktien an inländischen Spezial-AIF, EU-AIF und ausländischen AIF an professionelle Anleger ist im Inland nur zulässig

1. bis zu dem in dem auf Grundlage des Artikels 66 Absatz 3 in Verbindung mit Artikel 67 Absatz 6 der Richtlinie 2011/61/EU erlassenen delegierten Rechtsakt der Europäischen Kommission genannten Zeitpunkt nach den Voraussetzungen des §§ 321, 323, 329, 330 oder 330a;

2. ab dem Zeitpunkt, auf den in Nummer 1 verwiesen wird, nach den Voraussetzungen der §§ 321 bis 328 oder § 330a.

[2]Abweichend von Satz 1 darf eine AIF-Verwaltungsgesellschaft, die bis zu dem in Nummer 1 genannten Zeitpunkt inländische Spezial-Feeder-AIF, EU-Feeder-AIF, EU-AIF oder ausländische AIF gemäß § 329 oder § 330 vertreiben darf, diese AIF auch nach diesem Zeitpunkt an professionelle Anleger im Inland weiterhin vertreiben. [3]Die Befugnis der Bundesanstalt, nach § 11 oder nach § 314 erforderliche Maßnahmen zu ergreifen, bleibt unberührt.

(3) [1]Der Vertrieb von Anteilen oder Aktien an inländischen Spezial-AIF, EU-AIF und ausländischen AIF an semiprofessionelle Anleger im Inland ist nur zulässig

1. bis zu dem in dem auf Grundlage des Artikels 66 Absatz 3 in Verbindung mit Artikel 67 Absatz 6 der Richtlinie 2011/61/EU erlassenen delegierten Rechtsakt der Europäischen Kommission genannten Zeitpunkt
   a) nach den für den Vertrieb an semiprofessionelle Anleger genannten Voraussetzungen des §§ 321, 323, 329, 330 oder 330a oder
   b) nach den Voraussetzungen der §§ 317 bis 320;

2. ab dem Zeitpunkt, auf den in Nummer 1 verwiesen wird,
   a) nach den für den Vertrieb an semiprofessionelle Anleger genannten Voraussetzungen der §§ 321 bis 328 oder § 330a oder
   b) nach den Voraussetzungen der §§ 317 bis 320.

[2]Absatz 2 Satz 2 und 5 gilt entsprechend.

(4) Werden im Geltungsbereich dieses Gesetzes Anteile oder Aktien an inländischen Publikums-AIF, an zum Vertrieb an Privatanleger berechtigten EU-AIF oder an zum Vertrieb an Privatanleger berechtigten ausländischen AIF an Privatanleger vertrieben oder von diesen erworben, so gelten die Vorschriften des Unterabschnitts 2 dieses Abschnitts, soweit sie sich auf den Vertrieb oder den Erwerb von inländischen Publikums-AIF, EU-AIF oder ausländischen AIF beziehen.

---

8 BaFin, Merkblatt (2013) zum Vertrieb von Anteilen an EU-OGAW in der Bundesrepublik Deutschland gemäß § 310 Kapitalanlagegesetzbuch (KAGB) (Stand 3.1.2018).

9 BaFin, Anlage zum Merkblatt (2013) zum Vertrieb von Anteilen an EU-OGAW in der Bundesrepublik Deutschland (Stand 17.7.2013).

(5) Werden im Geltungsbereich dieses Gesetzes Anteile oder Aktien an

1. inländischen AIF,

2. von einer AIF-Kapitalverwaltungsgesellschaft oder ab dem Zeitpunkt, auf den in Absatz 2 Nummer 1 verwiesen wird, von einer ausländischen AIF-Verwaltungsgesellschaft, die eine Erlaubnis nach § 58 erhalten hat, verwalteten EU-AIF,

3. zum Vertrieb an professionelle Anleger berechtigten EU-AIF, die von einer EU-AIF-Verwaltungsgesellschaft oder ab dem Zeitpunkt, auf den in Absatz 2 Nummer 1 verwiesen wird, von einer ausländischen AIF-Verwaltungsgesellschaft, deren Referenzmitgliedstaat nicht die Bundesrepublik Deutschland ist, verwaltet werden, oder

4. zum Vertrieb an professionelle Anleger berechtigten ausländischen AIF

an semiprofessionelle oder professionelle Anleger vertrieben oder durch diese erworben, gelten die Vorschriften des Unterabschnitts 3 dieses Abschnitts.

(6) [1]Beabsichtigt eine AIF-Kapitalverwaltungsgesellschaft, Anteile oder Aktien an von ihr verwalteten inländischen AIF, an EU-AIF oder, ab dem Zeitpunkt, auf den in Absatz 2 Nummer 1 verwiesen wird, an ausländischen AIF an professionelle Anleger in einem anderen Mitgliedstaat der Europäischen Union oder in einem anderen Vertragsstaat des Abkommens über den Europäischen Wirtschaftsraum zu vertreiben, gelten § 331 und ab dem Zeitpunkt, auf den in Absatz 2 Nummer 1 verwiesen wird, § 332. [2]Die AIF-Kapitalverwaltungsgesellschaft stellt den am Erwerb eines Anteils oder einer Aktie Interessierten in den anderen Mitgliedstaaten der Europäischen Union und Vertragsstaaten des Abkommens über den Europäischen Wirtschaftsraum für jeden von ihr verwalteten inländischen AIF oder EU-AIF und für jeden von ihr vertriebenen AIF vor Vertragsschluss

1. die in § 307 Absatz 1 genannten Informationen einschließlich aller wesentlichen Änderungen dieser Informationen unter Berücksichtigung von § 307 Absatz 4 in der in den Anlagebedingungen, der Satzung oder dem Gesellschaftsvertrag des AIF festgelegten Art und Weise zur Verfügung und

2. unterrichtet die am Erwerb eines Anteils oder einer Aktie Interessierten nach § 307 Absatz 2 Satz 1.

[3]Zudem informiert die AIF-Kapitalverwaltungsgesellschaft die Anleger nach § 308 Absatz 1 bis 4, auch in Verbindung mit § 300 Absatz 1 bis 3, und über Änderungen der Informationen nach § 307 Absatz 2 Satz 1.

(7) [1]Beabsichtigt eine ausländische AIF-Verwaltungsgesellschaft ab dem Zeitpunkt, auf den in Absatz 2 Nummer 1 verwiesen wird, Anteile oder Aktien an von ihr verwalteten inländischen AIF, an EU-AIF oder an ausländischen AIF an professionelle Anleger in einem anderen Mitgliedstaat der Europäischen Union oder in einem anderen Vertragsstaat des Abkommens über den Europäischen Wirtschaftsraum zu vertreiben, gelten die §§ 333 und 334. [2]Absatz 6 Satz 2 gilt entsprechend.

(8) [1]Das Wertpapierprospektgesetz und die Richtlinie 2003/71/EG bleiben unberührt. [2]An die Stelle des Verkaufsprospekts in diesem Kapitel treten die in einem Wertpapierprospekt enthaltenen Angaben nach § 269, wenn

1. der AIF gemäß § 268 Absatz 1 Satz 3 oder § 318 Absatz 3 Satz 2 auf Grund seiner Pflicht zur Erstellung eines Prospekts nach dem Wertpapierprospektgesetz oder der Richtlinie 2003/71/EG und der Aufnahme aller gemäß § 269 erforderlichen Angaben in diesen Prospekt von der Pflicht zur Erstellung eines Verkaufsprospekts befreit ist und

2. aus den Vorschriften dieses Kapitels nichts anderes hervorgeht.

In der Fassung vom 4.7.2013 (BGBl. I 2013, S. 1981), zuletzt geändert durch das Zweite Gesetz zur Novellierung von Finanzmarktvorschriften auf Grund europäischer Rechtsakte (Zweites Finanzmarktnovellierungsgesetz – 2. FiMaNoG) vom 23.6.2017 (BGBl. I 2017, S. 1693).

Schrifttum: *Emde/Dreibus*, Der Regierungsentwurf für ein Kapitalanlagegesetzbuch, BKR 2013, 89; *Volhard/Jang*, Der Vertrieb alternativer Investmentfonds, DB 2013, 273.

I. Allgemeines

1 § 295 KAGB hat die **auf den Vertrieb von AIF anwendbaren Vorschriften** zum Gegenstand. Er dient der Umsetzung der AIFM-RL, soweit er den Vertrieb von AIF durch AIF-Verwaltungsgesellschaften an professionelle Anleger regelt. Darüber hinaus regelt er im Einklang mit Art. 43 AIFM-RL auch den Vertrieb von AIF an Privatanleger und rein nationale Sachverhalte, die nicht Gegenstand der AIFM-RL sind.[1]

2 § 295 KAGB ist hinsichtlich seines **Regelungsgehalts** teilweise unklar, da er zum Teil Vorschriften für anwendbar erklärt, die aus sich selbst heraus anwendbar sind. Wie § 294 KAGB wird § 295 KAGB eine Lotsenfunktion zugeschrieben.[2]

3 Die **Struktur** des § 295 KAGB folgt unterschiedlichen Gesichtspunkten.[3] Abs. 1 bis 3 regeln vor allem die Zulässigkeit und Abs. 4 und 5 die Art und Weise des Vertriebs von AIF im Inland, während Abs. 6 und 7 den Vertrieb von AIF an professionelle Anleger in einem Mitgliedstaat der EU oder des EWR zum Gegenstand haben, wobei Art. 6 sich auf den Vertrieb durch eine inländische Kapitalverwaltungsgesellschaft und Art. 7 sich auf den Vertrieb durch eine ausländische Kapitalverwaltungsgesellschaft bezieht. Dabei hat Abs. 1 den Vertrieb sowohl an Privatanleger als auch an semiprofessionelle und professionelle Anleger zum Gegenstand, während Abs. 4 nur den Vertrieb an Privatanleger, Abs. 2, 6 und 7 nur den Vertrieb an professionelle Anleger, Abs. 3 nur den Vertrieb an semiprofessionelle Anleger und Abs. 5 den Vertrieb an semiprofessionelle und professionelle Anleger regeln. Zusätzlich wird danach differenziert, ob der Vertrieb vor oder nach dem von der EU-Kommission bestimmten Drittstaatenstichtag über die Anwendung der auf der AIFM-RL beruhenden Regelungen zum Vertrieb mit Drittstaatenbezug erfolgt.[4] Abs. 8 hat das Verhältnis dieser Regelungen zum WpPG und zur Prospekt-RL zum Gegenstand. Diese Struktur und die sprachliche Fassung der Vorschrift werden als teilweise kaum oder gar nicht verständlich kritisiert, so dass nicht nur die Grenzen der Akzeptanz, sondern auch des Rechtsstaatsprinzips und des Grundsatzes der Gesetzmäßigkeit der Verwaltung und damit der Verfassungsmäßigkeit erreicht seien.[5]

II. Allgemeine Voraussetzungen des Vertriebs von inländischen Publikums-AIF (§ 295 Abs. 1 Satz 1 KAGB)

4 § 295 Abs. 1 Satz 1 KAGB stellt klar, dass **nur inländische Publikums-AIF** an Privatanleger sowie semiprofessionelle und professionelle Anleger vertrieben werden dürfen, die das Verfahren zur Anzeige des beabsichtigten Vertriebs nach § 316 erfolgreich abgeschlossen haben.[6] Er trägt zur Umsetzung von Art. 31 Abs. 6, Art. 32 Abs. 9, Art. 35 Abs. 17, Art. 39 Abs. 11, Art. 40 Abs. 17 und Art. 43 Abs. 1 Unterabs. 2 AIFM-RL bei.[7]

5 Der **Vertrieb** wird in § 293 KAGB definiert. Er muss im Geltungsbereich des KAGB erfolgen (zu den Voraussetzungen s. § 293 Rz. 12). Privatanleger sind in § 1 Abs. 19 Nr. 31 KAGB definiert, semiprofessionelle

1 Vgl. *Volhard/Jang*, DB 2013, 273; *Zingel* in Baur/Tappen, § 295 KAGB Rz. 2; *Keunecke/Schwack* in Moritz/Klebeck/Jesch, § 295 KAGB Rz. 6.
2 *Emde/Dreibus*, BKR 2013, 89 (97); *Zingel* in Baur/Tappen, § 295 KAGB Rz. 4; *Keunecke/Schwack* in Moritz/Klebeck/Jesch, § 295 KAGB Rz. 7.
3 Vgl. *Paul* in Weitnauer/Boxberger/Anders, § 295 KAGB Rz. 3 ff.; *Keunecke/Schwack* in Moritz/Klebeck/Jesch, § 295 KAGB Rz. 8; vgl. auch BT-Drucks. 17/1229, 278 f.
4 *Emde/Dreibus*, BKR 2013, 89 (97); *Keunecke/Schwack* in Moritz/Klebeck/Jesch, § 295 KAGB Rz. 7.
5 *Paul* in Weitnauer/Boxberger/Anders, § 295 KAGB Rz. 2.
6 BT-Drucks. 17/1229, 278.
7 BT-Drucks. 17/1229, 278.

Anleger in § 1 Abs. 19 Nr. 33 KAGB und professionelle Anleger in § 1 Abs. 19 Nr. 32 KAGB. Der Publikums-AIF wird in § 1 Abs. 6 Satz 2 KAGB definiert und ist ein AIF, der (auch) von Privatanlegern erworben werden kann.[8]

III. Vertrieb an Privatanleger

1. Voraussetzungen des Vertriebs von EU-AIF und ausländischen AIF an Privatanleger (§ 295 Abs. 1 Satz 2 KAGB)

6 § 295 Abs. 1 Satz 2 KAGB stellt klar, dass EU-AIF und ausländische AIF nur an Privatanleger im Inland vertrieben werden dürfen, wenn für sie die **Voraussetzungen nach §§ 317 bis 320 KAGB** eingehalten wurden.[9] Er soll zur Umsetzung von Art. 31 Abs. 6, Art. 32 Abs. 9, Art. 35 Abs. 17, Art. 39 Abs. 11, Art. 40 Abs. 17 und Art. 43 Abs. 1 Unterabs. 2 AIFM-RL beitragen.[10]

7 Für die **Definitionen** des Vertriebs im Geltungsbereich des KAGB und der Privatanleger s. Rz. 5. EU-AIF sind in § 1 Abs. 8 KAGB definiert, ausländische AIF in § 1 Abs. 9 KAGB.

8 § 317 KAGB enthält die allgemeinen Voraussetzungen für die Zulässigkeit des Vertriebs von EU-AIF oder von ausländischen AIF an Privatanleger. § 318 KAGB hat die Anforderungen an den Verkaufsprospekt und die wesentlichen Anlegerinformationen zum Gegenstand. § 319 KAGB regelt die Vertretung der Gesellschaft und den Gerichtsstand. § 320 KAGB enthält die Pflicht zur Anzeige des beabsichtigten Vertriebs.

2. Verhinderung des Vertriebs an Privatanleger (§ 295 Abs. 1 Satz 3 KAGB)

9 § 295 Abs. 1 Satz 3 KAGB bestimmt, dass bei AIF, die die Voraussetzungen für den Vertrieb an Privatanleger nicht erfüllen, ihre Verwaltungsgesellschaft wirksame **Vorkehrungen zur Verhinderung des Vertriebs** von Anteilen oder Aktien der AIF an Privatanleger im Geltungsbereich des Gesetzes treffen müssen, und zwar auch bei Einschaltung unabhängiger Unternehmen, die Wertpapierdienstleistungen für den AIF erbringen. Er dient der Umsetzung von Anh. IV Buchst. h und Anh. III Buchst. g AIFM-RL.[11] Die Regelung dient dem Schutz der Privatanleger und soll verhindern, dass auch Anteile und Aktien an AIF an Privatanleger vertrieben werden, wenn die AIF die den Vorschriften zum Schutz der Privatanleger nicht genügen oder als Spezial-AIF nach § 1 Abs. 6 KAGB nicht von Privatanlegern erworben werden dürfen.[12]

10 **Verwaltungsgesellschaften** werden in § 1 Abs. 14 KAGB definiert, AIF in § 1 Abs. 3 KAGB. Zur Definition des Vertriebs im Geltungsbereich des KAGB und der Privatanlegern s. Rz. 5.

11 **Adressat** des § 295 Abs. 1 Satz 3 KAGB ist die Verwaltungsgesellschaft des AIF, die aber zu wirksamen Vorkehrungen nicht nur für den eigenen Vertrieb, sondern auch bei Einschaltung unabhängiger Unternehmen verpflichtet ist. Der Wortlaut bezieht sich dabei nur auf Unternehmen, die Wertpapierdienstleistungen für den AIF erbringen, aber nach dem Telos des Gesetzes müssen sich die Vorkehrungen auch auf sonstige Unternehmen beziehen, die in den Vertrieb eingeschaltet werden.[13] Dass die Vorkehrungen von jeder Person zu beachten seien, die Anteile oder Aktien an Spezial-AIF vertreibt,[14] erscheint jedoch angesichts des Wortlauts, der nur Verwaltungsgesellschaften verpflichtet und die Verpflichtung nur für Fälle erweitert, in denen sonstige Unternehmen eingeschaltet werden, zu weitgehend.

12 Welche wirksamen **Vorkehrungen** durch die Verwaltungsgesellschaft zu treffen sind, ist jeweils für den Einzelfall aus der ex ante-Perspektive zu bestimmen.[15] Dabei ist zwar auch der Grundsatz der Verhältnismäßigkeit zu beachten.[16] Dies darf jedoch nicht dahin verallgemeinert werden, dass jeweils die Größe und Vertriebsstärke der Verwaltungsgesellschaft und das zu vertreibende Anlagevolumen zu berücksichtigen sind.[17] Denn grundsätzlich gelten unabhängig von ihrer individuellen Situation für alle Verwaltungsgesell-

8 *Zingel* in Baur/Tappen, § 295 KAGB Rz. 5.
9 BT-Drucks. 17/1229, 278.
10 BT-Drucks. 17/1229, 278.
11 BT-Drucks. 17/1229, 278.
12 Vgl. *Keunecke/Schwack* in Moritz/Klebeck/Jesch, § 295 KAGB Rz. 18.
13 Vgl. *Paul* in Weitnauer/Boxberger/Anders, § 295 KAGB Rz. 9.
14 So *Keunecke/Schwack* in Moritz/Klebeck/Jesch, § 295 KAGB Rz. 18.
15 Vgl. *Keunecke/Schwack* in Moritz/Klebeck/Jesch, § 295 KAGB Rz. 19; *Paul* in Weitnauer/Boxberger/Anders, § 295 KAGB Rz. 12 ff.
16 Vgl. *Keunecke/Schwack* in Moritz/Klebeck/Jesch, § 295 KAGB Rz. 19; *Paul* in Weitnauer/Boxberger/Anders, § 295 KAGB Rz. 13.
17 So aber *Paul* in Weitnauer/Boxberger/Anders, § 295 KAGB Rz. 13.

schaften die gleichen Pflichten. Unterschiede können sich nur im Zusammenhang mit der spezifischen Situation des jeweiligen AIF und des Vertriebs ergeben. Abzustellen ist dabei auf die Art des Vertriebs, etwa online oder offline,[18] oder die bisherigen Erfahrungen mit den Vertriebspartnern.[19] Möglich ist es auch, weniger wirksame Maßnahmen an der einen Stelle durch wirksamere Maßnahmen an einer anderen Stelle auszugleichen.[20]

Grundsätzlich kommen vor allem **vertragliche, gestalterische und organisatorische Vorkehrungen** in Betracht.[21] Auf der vertraglichen Ebene lässt die BaFin einen bloßen Hinweis gegenüber den Vertriebspartnern nicht ausreichen, sondern hält eine vertragliche Verpflichtung im Vertriebsvertrag für erforderlich.[22] Diese sollte durch eine Weitergabeklausel ergänzt werden, dass der Vertriebspartner auch seine Partner, die er in den Vertrieb einschaltet, entsprechend verpflichtet.[23] Zudem sollten sich aus dem Vertrag Sanktionen für den Fall der Zuwiderhandlung ergeben. 13

Auf der **gestalterischen Ebene** hält die BaFin es für erforderlich, in den Prospekt und alle weiteren Informationsmaterialien einschließlich Werbung einen drucktechnisch herausgestellten **Hinweis** auf die Unzulässigkeit des Vertriebs entsprechend § 293 Abs. 1 Satz 2 Nr. 3 KAGB aufzunehmen.[24] 14

Auf der **organisatorischen Ebene** könnten interne Kontrollmechanismen eingerichtet werden, die sicherstellen, dass die Vertriebskette zumindest stichprobenartig überprüft wird und die Verwaltungsgesellschaft ihre Mitwirkung am Erwerb von Anteilen und Aktien, etwa durch die Entgegennahme von Zeichnungsscheinen, davon abhängig macht, dass sichergestellt ist, dass der jeweilige Erwerber kein Privatanleger ist.[25] Beim Online-Vertrieb hält die BaFin die Einrichtung getrennter und zugangsgesicherter Verkaufsportale für die jeweiligen Anlegergruppen für erforderlich.[26] 15

3. Pflichten bei inländischen Publikums-AIF und zum Vertrieb an Privatanleger berechtigten EU-AIF und ausländischen AIF (§ 295 Abs. 4 KAGB)

§ 295 Abs. 4 KAGB **definiert den Anwendungsbereich der §§ 297 bis 306 KAGB in Bezug auf AIF**; er beruht auf dem aufgehobenen § 135 Satz 1 InvG, der allerdings auf den öffentlichen Vertrieb beschränkt war, und entspricht Art. 23 AIFM-RL, der die Informationspflichten gegenüber Anlegern vor jeder Anlage in einen EU-AIF oder in der Union vertriebenen AIF zum Gegenstand hat.[27] Er gilt für inländische Publikums-AIF sowie für EU-AIF und ausländische AIF, die an Privatanleger vertrieben werden dürfen, und ordnet für den Vertrieb oder Erwerb von Anteilen oder Aktien dieser AIF die Geltung der §§ 297 bis 306 KAGB an, soweit diese den Vertrieb oder Erwerb von inländischen Publikums-AIF, EU-AIF oder ausländischen AIF zum Gegenstand haben. 16

Für die **Definitionen** des Vertriebs, der Privatanleger sowie der EU-AIF und der ausländischen AIF s. Rz. 7, für AIF Rz. 10. Publikumsinvestmentvermögen sind in § 1 Abs. 6 KAGB definiert, inländische Investmentvermögen in § 1 Abs. 7 KAGB. Die Berechtigung zum Vertrieb an Privatanleger ergibt sich aus § 295 Abs. 1 Satz 2 KAGB. 17

Die **Regelungen** der §§ 297 bis 306 KAGB sind anwendbar, soweit sie sich nicht nur auf OGAW beziehen. Sie regeln die Verkaufsunterlagen, die Hinweis-, Veröffentlichungs- und Informationspflichten, die Vorgaben für die Werbung, die maßgebliche Sprachfassung, die zulässige Kostenvorausbelastung sowie das Widerrufsrecht und die Haftung für Prospekte und wesentliche Anlegerinformationen. 18

---

18 *Keunecke/Schwack* in Moritz/Klebeck/Jesch, § 295 KAGB Rz. 19.
19 *Paul* in Weitnauer/Boxberger/Anders, § 295 KAGB Rz. 15.
20 *Paul* in Weitnauer/Boxberger/Anders, § 295 KAGB Rz. 14.
21 Ahnl. *Paul* in Weitnauer/Boxberger/Anders, § 295 KAGB Rz. 16 f.
22 BaFin, Häufige Fragen zum Vertrieb und Erwerb von Investmentvermögen nach dem KAGB (WA 41-Wp 2137-2013/0293) v. 4.7.2013 (Stand 13.7.2016), Nr. 1.5.
23 *Paul* in Weitnauer/Boxberger/Anders, § 295 KAGB Rz. 19.
24 BaFin, Häufige Fragen zum Vertrieb und Erwerb von Investmentvermögen nach dem KAGB (WA 41-Wp 2137-2013/0293) v. 4.7.2013 (Stand 16.3.2018), Nr. 1.5.
25 *Paul* in Weitnauer/Boxberger/Anders, § 295 KAGB Rz. 22.
26 BaFin, Häufige Fragen zum Vertrieb und Erwerb von Investmentvermögen nach dem KAGB (WA 41-Wp 2137-2013/0293) v. 4.7.2013 (Stand 16.3.2018), Nr. 1.5.
27 Vgl. BT-Drucks. 17/1229, 279.

IV. Vertrieb an professionelle und semiprofessionelle Anleger

1. Voraussetzungen des Vertriebs an professionelle Anleger (§ 295 Abs. 2 KAGB)

19 § 295 Abs. 2 KAGB regelt die Voraussetzungen unter denen der **Vertrieb von Anteilen oder Aktien an inländischen Spezial-AIF, EU-AIF und ausländischen AIF an professionelle Anleger im Inland** zulässig ist. Er dient insbesondere der Umsetzung des Art. 66 Abs. 3 i.V.m. Art. 67 Abs. 6 und Art. 68 Abs. 6 sowie des Art. 6 Abs. 8 Satz 2 AIFM-RL.[28] Die missverständlichen § 295 Abs. 2 Satz 3 am Ende und Satz 4 und 5 KAGB wurden durch das 2. FiMaNoG gestrichen.

20 Spezial-AIF sind in § 1 Abs. 6 KAGB definiert. Für die **Definitionen** von EU-AIF und ausländischen AIF s. Rz. 7, für den Vertrieb im Inland, der demjenigen im Geltungsbereich des KAGB entspricht, und von professionellen Anlegern s. Rz. 5.

21 § 295 Abs. 2 KAGB trifft unterschiedliche **Regelungen** für die Zeit vor und nach dem sog. **Drittstaatenstichtag**, der in dem auf Grundlage des Art. 66 Abs. 3 i.V.m. Art. 67 Abs. 6 AIFMD zu erlassenden delegierten Rechtsakt der Europäischen Kommission festgelegt wird. Dieser delegierte Rechtsakt liegt bisher nicht vor. Die ESMA hat im September 2016 ihre Empfehlungen zur Anwendung des Passes der AIFM-RL auf Nicht-EU-AIFMs und -AIF vorgelegt,[29] die Voraussetzung des Erlasses des delegierten Rechtsakts ist, ohne dass die EU-Kommission bisher aktiv geworden ist. Vor dem Drittstaatenstichtag kommen nur inländische und EU-AIF in den Genuss des EU-Passes, so dass sie in der gesamten EU und im EWR vertrieben werden können, während für ausländische AIF jeweils das einschlägige nationale Recht des EU-/EWR-Mitgliedstaats gilt.[30] Nach dem Drittstaatenstichtag können auch AIF aus noch festzulegenden Drittstaaten in den Genuss des EU-Passes kommen.

22 **Vor dem Drittstaatenstichtag** setzt die Zulässigkeit des Vertriebs von Spezial-AIF, EU-AIF und ausländischen AIF an professionelle Anleger im Inland die Einhaltung der Voraussetzungen der §§ 321, 323, 329, 330 oder 330a KAGB voraus (§ 295 Abs. 2 Satz 1 Nr. 1 KAGB). **Nach dem Drittstaatenstichtag** müssen die Voraussetzungen der §§ 321 bis 328 oder § 330a KAGB eingehalten werden, also zusätzlich der §§ 322, 324 bis 328 KAGB, aber nicht mehr der §§ 329 und 330 KAGB (§ 295 Abs. 2 Satz 1 Nr. 2 KAGB). Die §§ 321 bis 330a KAGB regeln für unterschiedliche Konstellationen das Anzeigeverfahren für den beabsichtigten Vertrieb von AIF an semiprofessionelle Anleger und professionelle Anleger im Inland.

23 **Zudem ist vor und nach dem Drittstaatenstichtag** auch ein Vertrieb von Spezial-AIF, EU-AIF und ausländischen AIF an professionelle Anleger im Inland zulässig, wenn das Vertriebsanzeigeverfahren nach den Voraussetzungen der §§ 317 bis 320 KAGB durchgeführt worden ist. Dies ist zwar nicht im Gesetz geregelt, ergibt sich aber daraus, dass § 295 Abs. 3 Satz 1 Nr. 1 Buchst. b und Nr. 2 Buchst. b KAGB eine entsprechende Regelung für semiprofessionelle Anleger enthalten und professionelle Anleger weniger schutzbedürftig als diese sind.[31]

24 § 295 Abs. 2 Satz 2 KAGB enthält für AIF-Verwaltungsgesellschaften, die bis zum Drittstaatenstichtag inländische **Spezial-Feeder-AIF, EU-Feeder-AIF, EU-AIF oder ausländische AIF** vertreiben durften, die Klarstellung, dass das **bestehende Vertriebsrecht** über den Stichtag hinaus fortbesteht.[32] Dies gilt nur für den Vertrieb im Inland. Für den Vertrieb in anderen EU/EWR-Mitgliedstaaten sind ausschließlich die jeweiligen nationalen Regelungen dieser Mitgliedstaaten maßgeblich, so dass AIF, für die eine AIF-Verwaltungsgesellschaft ein Vertriebsrecht nach §§ 329 oder 330 KAGB erworben hat, auch nach dem in § 295 Abs. 2 Nr. 1 KAGB genannten Zeitpunkt in anderen EU-EWR-Mitgliedstaaten vertrieben werden können, soweit dies nach den nationalen Regelungen dieser Mitgliedstaaten zulässig ist; sollen solche AIF nach dem genannten Zeitpunkt jedoch nicht mehr nach den nationalen Vertriebsregelungen der §§ 329 oder 330 KAGB, sondern unter Inanspruchnahme des Drittstaaten-Passes für diesen AIF vertrieben werden, sind für diesen Vertrieb nur noch die nationalen Regelungen für den Drittstaaten-Pass maßgeblich, also die §§ 322, 324, 325, 326, 327, 328, 332, 333 oder 334 KAGB, so dass ein neues Vertriebsanzeigeverfahren eingeleitet werden muss, nach dessen erfolgreichem Durchlaufen das nach §§ 329 oder 330 KAGB erworbene Vertriebsrecht erlischt.[33]

28 BT-Drucks. 17/1229, 278.

29 ESMA's advice to the European Parliament, the Council and the Commission on the application of the AIFMD passport to non-EU AIFMs and AIFs (ESMA/2016/1140) v. 12.9.2016.

30 Vgl. *Volhard/Jang*, DB 2013, 273 (274); *Keunecke/Schwack* in Moritz/Klebeck/Jesch, § 295 KAGB Rz. 22.

31 *Keunecke/Schwack* in Moritz/Klebeck/Jesch, § 295 KAGB Rz. 16.

32 BT-Drucks. 18/6744, 66.

33 BT-Drucks. 18/10936, 277.

§ 295 Satz 3 KAGB stellt klar, dass die **Befugnisse der BaFin** zur Zusammenarbeit bei grenzüberschreitender Verwaltung und grenzüberschreitendem Vertrieb von AIF nach § 11 KAGB und zur Untersagung des Vertriebs nach § 314 KAGB auch im Fall eines fortbestehenden Vertriebsrechts unberührt bleiben. 25

2. Voraussetzungen des Vertriebs an semiprofessionelle Anleger (§ 295 Abs. 3 KAGB)

§ 295 Abs. 3 KAGB regelt die Voraussetzungen unter denen der **Vertrieb von Anteilen oder Aktien an inländischen Spezial-AIF, EU-AIF und ausländischen AIF an semiprofessionelle Anleger im Inland** zulässig ist. Er dient dazu, die semiprofessionellen Anleger im Wesentlichen den professionellen Anlegern gleichzustellen und dabei die Grenzen der AIFM-RL zu beachten, nach der an semiprofessionelle Anleger nur nach AIFM-RL verwaltete AIF vertrieben werden dürfen.[34] 26

Für die **Definitionen** des Vertriebs im Inland, der demjenigen im Geltungsbereich des KAGB entspricht, und der semiprofessionellen Anleger s. Rz. 5, für EU-AIF und ausländischen AIF s. Rz. 7, für Spezial-AIF Rz. 20. 27

§ 295 Abs. 3 Satz 1 KAGB trifft unterschiedliche **Regelungen** für die Zeit vor und nach dem sog. **Drittstaatenstichtag**, der bisher nicht festgelegt wurde (s. dazu Rz. 20). Dabei gelten für die Zeit vor und nach dem Stichtag für die semiprofessionellen Anleger zunächst jeweils die gleichen Vorschriften wie für professionelle Anleger (s. dazu Rz. 22), allerdings nur, soweit sie Voraussetzungen für den Vertrieb an semiprofessionelle Anleger nennen (§ 295 Abs. 3 Satz 1 Nr. 1 Buchst. a und Nr. 2 Buchst. a KAGB). Daneben finden sich spezielle Voraussetzungen für den Vertrieb an semiprofessionelle Anleger in den Anzeigeverfahren nach §§ 329 und 330 KAGB.[35] Zudem wird für den beabsichtigten Vertrieb von EU-AIF und ausländischen AIF an semiprofessionelle Anleger auch das Anzeigeverfahren nach §§ 317 bis 320 KAGB ermöglicht (§ 295 Abs. 3 Satz 1 Nr. 1 Buchst. b und Nr. 2 Buchst. b KAGB). 28

§ 295 Abs. 3 Satz 2 KAGB erklärt § 295 Abs. 2 Satz 2 und 3 KAGB für entsprechend anwendbar, also die Klarstellung für AIF-Verwaltungsgesellschaften, die bis zum Drittstaatenstichtag inländische **Spezial-Feeder-AIF, EU-Feeder-AIF, EU-AIF oder ausländische AIF** vertreiben durften, dass das **bestehende Vertriebsrecht** über den Drittstaatenstichtag hinaus fortbesteht (s. Rz. 24), also § 295 Abs. 3 Satz 1 Nr. 2 KAGB insoweit nicht anzuwenden ist,[36] und dass die Befugnisse der BaFin nach § 11 KAGB und § 314 KAGB vom Drittstaatenstichtag unberührt bleiben. Der Verweis auf § 295 Abs. 2 Satz 5 KAGB ist ein Redaktionsversehen im Rahmen des 2. FiMaNoG, das hier Anpassung an die Streichung der § 295 Abs. 2 Satz 2 und 4 KAGB nicht berücksichtigt hat; er ist als Verweis auf § 295 Abs. 2 Satz 3 KAGB zu lesen. 29

3. Pflichten beim Vertrieb an semiprofessionelle und professionelle Anleger (§ 295 Abs. 5 KAGB)

§ 295 Abs. 5 KAGB definiert den Anwendungsbereich der §§ 307 und 308 KAGB in Bezug auf den **Vertrieb von AIF an semiprofessionelle und professionelle Anleger**; er beruht auf dem aufgehobenen § 135 Satz 1 InvG, der allerdings auf den öffentlichen Vertrieb beschränkt war, und entspricht Art. 23 AIFM-RL, der die Informationspflichten gegenüber Anleger vor jeder Anlage in einen EU-AIF oder in der Union vertriebenen AIF zum Gegenstand hat.[37] Er gilt für inländische Publikums-AIF sowie für EU-AIF und ausländische AIF, die an professionelle Anleger vertrieben werden dürfen, und ordnet für den Vertrieb oder Erwerb von Anteilen oder Aktien dieser AIF die Geltung der §§ 307 und 308 KAGB an. 30

Für die **Definitionen** des Vertriebs im Geltungsbereich des KAGB sowie der professionellen und semiprofessionellen Anleger s. Rz. 5, für EU-AIF und ausländische AIF Rz. 7, für AIF Rz. 10, für inländische Investmentvermögen Rz. 17. AIF-Kapitalverwaltungsgesellschaften sind in § 1 Abs. 16 KAGB definiert, EU-AIF-Verwaltungsgesellschaften in § 1 Abs. 17 KAGB und ausländische AIF-Verwaltungsgesellschaften in § 1 Abs. 18 KAGB. 31

§ 295 Abs. 5 KAGB bezieht sich auf den **Vertrieb oder den Erwerb von Anteilen oder Aktien** an inländische AIF (Nr. 1); an EU-AIF, die von einer AIF-Kapitalverwaltungsgesellschaft oder ab dem Drittstaatenstichtag von einer ausländischen AIF-Verwaltungsgesellschaft mit einer Erlaubnis nach § 58 verwaltet werden (Nr. 2); an EU-AIF, die von einer EU-AIF-Verwaltungsgesellschaft oder ab dem Drittstaatenstichtag, von einer ausländischen AIF-Verwaltungsgesellschaft, deren Referenzmitgliedstaat nicht die Bundesrepublik Deutschland ist, verwaltet werden und zum Vertrieb an professionelle Anleger berechtigt sind (Nr. 3); sowie an ausländische AIF, die zum Vertrieb an professionelle Anleger berechtigt sind (Nr. 4). Werden der- 32

34 BT-Drucks. 17/1229, 278.
35 BT-Drucks. 17/1229, 278.
36 *Paul* in Weitnauer/Boxberger/Anders, § 295 KAGB Rz. 29.
37 Vgl. BT-Drucks. 17/1229, 279.

artige Anteile oder Aktien von semiprofessionellen oder professionellen Anlegern erworben gelten die §§ 307 und 308 KAGB, die die Informationspflichten gegenüber semiprofessionellen und professionellen Anlegern und die Haftung für die Verletzung dieser Pflichten sowie sonstige Informationspflichten zum Gegenstand haben.

V. Pflichten für den Vertrieb von inländischen AIF, EU-AIF oder ausländischen AIF im EU-/EWR-Ausland

1. Inländische AIF-Kapitalverwaltungsgesellschaft (§ 295 Abs. 6 KAGB)

33 § 295 Abs. 6 KAGB regelt die Pflichten für den **Vertrieb von inländischen AIF, EU-AIF oder ausländischen AIF im EU-/EWR-Ausland** durch eine **inländische AIF-Kapitalverwaltungsgesellschaft**. Er dient insbesondere der Umsetzung des § 23 AIFM-RL.[38]

34 Für die **Definitionen** des Vertriebs s. Rz. 5, für EU-AIF und ausländische AIF Rz. 7, für AIF Rz. 10, für inländische Investmentvermögen Rz. 17, für AIF-Kapitalverwaltungsgesellschaften Rz. 31.

35 § 295 Abs. 6 Satz 1 KAGB ordnet die **Anwendung der Vertriebsanzeigeverfahren** des § 331 KAGB und ab dem Drittstaatenstichtag auch des § 332 KAGB an. Voraussetzung ist, dass eine AIF-Kapitalverwaltungsgesellschaft beabsichtigt, Anteile oder Aktien an inländischen AIF oder EU-AIF sowie ab dem Drittstaatenstichtag auch an ausländischen AIF an professionelle Anleger in einem anderen Mitgliedstaat der EU oder des EWR zu vertreiben. Dabei muss es sich um von ihr verwaltete AIF handeln, wie sich zwar nicht aus dem Wortlaut, aber aus § 295 Abs. 6 Satz 2 KAGB für EU-AIF und §§ 331, 332 KAGB für EU-AIF und ausländische AIF ergibt.[39]

36 Nach § 295 Abs. 6 Satz 2 Nr. 1 KAGB muss die AIF-Kapitalverwaltungsgesellschaft den Personen in anderen Mitgliedstaaten der EU oder des EWR, die am Erwerb eines Anteils oder einer Aktie interessiert sind, in § 307 Abs. 1 KAGB aufgeführten **Informationen** einschließlich aller Änderungen in der Art und Weise zur Verfügung stellen, wie sie sich aus den Anlagebedingungen, der Satzung oder dem Gesellschaftsvertrag des AIF ergibt, wobei die Informationen unter den Voraussetzungen des § 307 Abs. 4 KAGB in einem Wertpapierprospekt offen zu legen sind. Nach § 295 Abs. 6 Satz 2 Nr. 2 KAGB muss sie diese Personen über eine Haftungsfreistellungvereinbarung mit der Verwahrstelle unterrichten. Nach § 295 Abs. 6 Satz 3 KAGB muss die AIF-Kapitalverwaltungsgesellschaft den genannten Personen gem. § 308 Abs. 1 bis 3 KAGB den Jahresbericht ggf. den Jahresfinanzbericht zur Verfügung stellen und sie über Änderungen bezüglich einer Haftungsfreistellungsvereinbarung mit der Verwahrstelle informieren.

2. Ausländische AIF-Kapitalverwaltungsgesellschaft (§ 295 Abs. 7 KAGB)

37 § 295 Abs. 7 KAGB regelt die Pflichten für den **Vertrieb von inländischen AIF, EU-AIF oder ausländischen AIF im EU-/EWR-Ausland** durch eine **ausländische AIF-Verwaltungsgesellschaft**. Er dient insbesondere der Umsetzung des § 23 AIFM-RL.[40]

38 Die Vorschrift entspricht im Wesentlichen dem § 296 Abs. 6 KAGB (s. Rz. 34 ff.). Auch hier muss die ausländische AIF-Verwaltungsgesellschaft die inländischen AIF, EU-AIF und ausländischen AIF nicht nur an professionelle Anleger in einem anderen Mitgliedstaat der EU oder des EWR zu vertreiben beabsichtigen, sondern diese AIF auch verwalten, wie sich für EU-AIF und ausländische AIF aus § 333 und § 334 Abs. 2 KAGB ergibt.[41] Allerdings ordnet Satz 1 hier die Anwendung der Vertriebsanzeigeverfahren des § 333 KAGB und des § 334 KAGB an. Zudem gilt nach Satz 2 nur § 206 Abs. 6 Satz 2 KAGB, nicht aber Satz 3 entsprechend.

VI. Verhältnis zu den Prospektpflichten (§ 295 Abs. 8 KAGB)

39 § 295 Abs. 8 Satz 1 KAGB ordnet an, dass die **Regelungen über Prospekte** des WpPG und der Prospekt-RL 2003/71/EG unberührt bleiben. Er dient der Umsetzung von Erwägungsgrund 60 und Art. 61 Abs. 2 AIFM-RL.[42]

38 BT-Drucks. 17/1229, 279.
39 *Keunecke/Schwack* in Moritz/Klebeck/Jesch, § 295 KAGB Rz. 35.
40 BT-Drucks. 17/1229, 279.
41 *Keunecke/Schwack* in Moritz/Klebeck/Jesch, § 295 KAGB Rz. 42.
42 BT-Drucks. 17/1229, 279.

§ 295 Abs. 8 Satz 2 KAGB regelt die Konsequenzen für das Regime des KAGB im Hinblick auf den Verkaufsprospekt. Nach § 295 Abs. 8 Satz 2 Nr. 1 KAGB ist der AIF von der Pflicht zur Erstellung eines Verkaufsprospekts befreit, wenn auf Grund der Pflicht zur Erstellung eines Prospekts nach dem WpPG oder der Prospekt-RL 2003/71/EG die Voraussetzungen des § 268 Abs. 1 Satz 3 KAGB oder § 318 Abs. 3 Satz 2 KAGB vorliegen und der Prospekt die gem. § 269 KAGB erforderlichen Angaben enthält.[43] 40

Für diese Befreiung nach § 295 Abs. 8 Satz 2 Nr. 1 KAGB ordnet § 295 Abs. 8 Satz 2 KAGB an, dass sich die Regelungen der §§ 293 bis 336 KAGB, die sich auf den Verkaufsprospekt beziehen, jetzt auf die Angaben nach § 269 KAGB, die im Wertpapierprospekt enthalten sind, beziehen. Der Wertpapierprospekt wird also insoweit wie ein Verkaufsprospekt behandelt.[44] Dies gilt insbesondere für die Pflichten in Bezug auf den Verkaufsprospekt in § 297 KAGB oder die Prospekthaftung gem. § 306 KAGB.[45] Für die übrigen Angaben im Wertpapierprospekt gelten allerdings die dafür einschlägigen Regelungen, so dass sich die Prospekthaftung dafür nach §§ 21, 22 WpPG richtet.[46] Gemäß § 295 Abs. 8 Satz 2 Nr. 2 KAGB sind die Angaben nach § 269 KAGB im Wertpapierprospekt allerdings nicht als Verkaufsprospekt zu behandeln, soweit sich aus den §§ 293 bis 336 KAGB Gegenteiliges ergibt. 41

§ 296 Vereinbarungen mit Drittstaaten zur OGAW-Konformität

(1) [1]Die Bundesanstalt kann mit den zuständigen Stellen von Drittstaaten vereinbaren, dass

1. die §§ 310 und 311 auf Anteile an ausländischen AIF, die in dem Drittstaat gemäß den Anforderungen der Richtlinie 2009/65/EG aufgelegt und verwaltet werden, entsprechend anzuwenden sind, sofern diese AIF im Geltungsbereich dieses Gesetzes vertrieben werden sollen, und

2. die §§ 312 und 313 entsprechend anzuwenden sind, wenn Anteile an inländischen OGAW auf dem Hoheitsgebiet des Drittstaates vertrieben werden sollen.

[2]§ 310 gilt dabei mit der Maßgabe, dass zusätzlich zu der Bescheinigung nach § 310 Absatz 1 Satz 1 Nummer 2 auch eine Bescheinigung der zuständigen Stelle des Drittstaates zu übermitteln ist, dass der angezeigte AIF gemäß der Richtlinie 2011/61/EU verwaltet wird.

(2) Die Bundesanstalt darf die Vereinbarung nach Absatz 1 nur abschließen, wenn

1. die Anforderungen der Richtlinie 2009/65/EG in das Recht des Drittstaates entsprechend umgesetzt sind und öffentlich beaufsichtigt werden,

2. die Bundesanstalt und die zuständigen Stellen des Drittstaates eine Vereinbarung im Sinne des Artikels 42 Absatz 1 Buchstabe b in Verbindung mit Absatz 3 der Richtlinie 2011/61/EU abgeschlossen haben oder zeitgleich mit der Vereinbarung nach Absatz 1 abschließen werden,

3. der Drittstaat gemäß Artikel 42 Absatz 1 Buchstabe c der Richtlinie 2011/61/EU nicht auf der Liste der nicht kooperierenden Länder und Gebiete, die von der Arbeitsgruppe „Finanzielle Maßnahmen gegen die Geldwäsche und die Terrorismusfinanzierung" aufgestellt wurde, steht,

4. der gegenseitige Marktzugang unter vergleichbaren Voraussetzungen gewährt wird und

5. die Vereinbarung nach Absatz 1 auf solche ausländischen AIF des Drittstaates beschränkt wird, bei denen sowohl der AIF als auch der Verwalter ihren Sitz in diesem Drittstaat haben, und die gemäß der Richtlinie 2011/61/EU verwaltet werden.

(3) [1]Auf ausländische AIF, deren Anteile entsprechend Absatz 1 im Geltungsbereich dieses Gesetzes vertrieben werden, sind diejenigen Bestimmungen dieses Gesetzes entsprechend anzuwenden, die eine EU-OGAW-Verwaltungsgesellschaft zu beachten hat, wenn sie Anteile an einem EU-OGAW im Geltungsbereich dieses Gesetzes vertreibt; insbesondere sind § 35 Absatz 3 bis 5 des Wertpapierhandelsgesetzes, die §§ 297, 298 sowie 301 bis 306 und 309 entsprechend anzuwenden. [2]Darüber hinaus gilt für den Vertrieb des ausländischen AIF Artikel 42 Absatz 1 Buchstabe a in Verbindung mit den Artikeln 22, 23 und 24 der Richtlinie 2011/61/EU.

(4) [1]Die Bundesanstalt veröffentlicht die Vereinbarung nach Absatz 1 unverzüglich nach Inkrafttreten auf ihrer Internetseite. [2]Mit der Bekanntmachung sind die in Absatz 3 genannten Vorschriften

43 Vgl. *Paul* in Weitnauer/Boxberger/Anders, § 295 KAGB Rz. 49.
44 Vgl. *Paul* in Weitnauer/Boxberger/Anders, § 295 KAGB Rz. 50.
45 Vgl. BT-Drucks. 17/1229, 279.
46 Vgl. *Paul* in Weitnauer/Boxberger/Anders, § 295 KAGB Rz. 50.

anzuwenden. [3]Die Vereinbarung nach Absatz 1 verliert ihre Geltungskraft ab dem Zeitpunkt, auf den in § 295 Absatz 2 Nummer 1 verwiesen wird.

In der Fassung vom 4.7.2013 (BGBl. I 2013, S. 1981), zuletzt geändert durch das Zweite Gesetz zur Novellierung von Finanzmarktvorschriften auf Grund europäischer Rechtsakte (Zweites Finanzmarktnovellierungsgesetz – 2. FiMaNoG) vom 23.6.2017 (BGBl. I 2017, S. 1693).

Schrifttum: *Klebeck/Eichhorn*, OGAW-Konformität von AIF, RdF 2014, 16; *Volhard/Jang*, Der Vertrieb alternativer Investmentfonds, DB 2013, 273.

I. Allgemeines

1 § 296 KAGB erlaubt den Abschluss von **Vereinbarungen mit Drittstaaten** über den Vertrieb von dort aufgelegten und verwalteten AIF im Geltungsbereich des KAGB (Abs. 1) und regelt die Voraussetzungen solcher Vereinbarungen (Abs. 2), die auf den unter derartigen Vereinbarungen erfolgenden Vertrieb anwendbaren Vorschriften (Abs. 3) sowie die Pflicht zur Veröffentlichung derartiger Vereinbarungen und die Geltungsdauer derartiger Vereinbarungen (Abs. 4).

2 § 296 KAGB lehnt sich an den aufgehobenen § 136 Abs. 5 InvG an, berücksichtigt aber, dass in einem Drittstaat aufgelegte Organismen für gemeinsame Anlagen als AIF unter die AIFM-RL fallen.[1] Er dient dazu, durch eine bilaterale Verwaltungsvereinbarung den Vertrieb von Anteilen an ausländischen Organismen, die den OGAW entsprechen, im Inland zu gestatten, indem diese wie EU-OGAW behandelt werden, und umgekehrt den Vertrieb von Anteilen an inländischen OGAW im Ausland zu ermöglichen.[2] Hintergrund ist, dass ausländische AIF und ihre Verwaltungsgesellschaften unter die AIFM-RL fallen und bis zum Drittstaatenstichtag (s. § 295 Rz. 21) keinen EU-Pass erlangen können, der ihnen erlaubt, ihre Anteile und Aktien in den EU-Mitgliedstaaten an professionelle Anleger zu vertreiben, es aber den Mitgliedstaaten nach Art. 42 f. AIFM-RL erlaubt ist, in ihrem Hoheitsgebiet den Vertrieb ausländischer AIF an professionelle Anleger zu gestatten.[3] Dabei wird dem Grundsatz der Reziprozität gefolgt, dass nicht nur der Vertrieb der einem OGAW entsprechender AIF des jeweiligen Drittstaates im Inland erlaubt wird, sondern auch der Vertrieb inländischer OGAW in dem Drittstaat.[4]

II. Vereinbarungen zur EU-Konformität (§ 296 Abs. 1 und 2 KAGB)

1. Parteien der Vereinbarung

3 Die Vereinbarung ist zwischen der BaFin und der Aufsichtsbehörde des betreffenden Drittlandes zu treffen, die für die Aufsicht über die ausländischen AIF zuständig ist.

2. Inhalt der Vereinbarung

4 **Gegenstand der Vereinbarung** ist einerseits der Vertrieb von Anteilen an ausländischen AIF, die in dem Drittstaat gemäß den Anforderungen der OGAW-RL aufgelegt und verwaltet werden, im Inland und andererseits der Vertrieb von inländischen OGAW in dem Drittstaat. Dabei stellt die Vereinbarung insbesondere die Konformität des Rechts und der Aufsicht, die auf den ausländischen AIF Anwendung finden, mit der OGAW-RL und AIFM-RL fest.[5]

1 BT-Drucks. 17/1229, 279.
2 BT-Drucks. 17/1229, 279.
3 Vgl. *Baum* in Weitnauer/Boxberger/Anders, § 296 KAGB Rz. 1 f.
4 Vgl. *Keunecke/Schwack* in Moritz/Klebeck/Jesch, § 296 KAGB Rz. 3; *Baum* in Weitnauer/Boxberger/Anders, § 296 KAGB Rz. 9.
5 Vgl. *Baum* in Weitnauer/Boxberger/Anders, § 296 KAGB Rz. 8.

Nach § 296 Abs. 1 Satz 1 Nr. 1 KAGB wird für den **Vertrieb der ausländischen AIF im Inland** vereinbart, dass § 310 KAGB über die Anzeige zum Vertrieb von OGAW im Inland und § 311 KAGB über die Untersagung und Einstellung des Vertriebs von EU-OGAW entsprechend gelten. Die ausländischen AIF müssen damit nicht mehr die aufwendigeren Anzeigeverfahren nach § 320 KAGB und vor allem § 330 KAGB durchführen.[6] 5

Durch § 296 Abs. 1 Satz 2 KAGB wird die Regelung des § 310 KAGB insoweit modifiziert, als die zuständige Stelle des Drittstaates nicht nur nach § 310 Abs. 1 Satz 1 KAGB die Bescheinigung darüber zu übermitteln hat, dass der angezeigte AIF einem EU-OGAW entspricht, sondern auch eine Bescheinigung, dass er gemäß der AIFM-RL verwaltet wird. Diese Bescheinigung entspricht der Bescheinigung, die nach § 320 Abs. 1 Satz 2 Nr. 1 Buchst. a KAGB im Rahmen der Anzeige des beabsichtigten Vertriebs eines ausländischen AIFs an Privatanleger vorzulegen ist.[7] 6

Für den **Vertrieb von inländischen OGAW im Ausland** wird vereinbart, dass die Anzeigepflicht des § 312 KAGB einschließlich der darauf beruhenden Verordnung sowie die Veröffentlichungspflicht des § 313 KAGB entsprechend gelten. 7

3. Voraussetzungen der Vereinbarung

Die Vereinbarung zur EU-Konformität darf nur unter den Voraussetzungen des § 296 Abs. 2 KAGB abgeschlossen werden, die kumulativ vorliegen müssen.[8] Von den fünf Voraussetzungen beruhen die ersten drei auf Vorgaben der AIFM-RL,[9] während die beiden anderen den Inhalt der Vereinbarung betreffen. 8

§ 296 Abs. 2 Nr. 1 KAGB setzt voraus, dass das Recht des Drittstaates Regelungen enthält, die den **Anforderungen der OGAW-RL** entsprechen, und dass diese Regelungen öffentlich beaufsichtigt werden. Das Vorliegen dieser Voraussetzung ist durch die BaFin vor der Vereinbarung zu überprüfen.[10] Die Regelungen entsprechen den Anforderungen der OGAW-RL, wenn sie ein vergleichbares Schutzniveau bieten.[11] 9

§ 296 Abs. 2 Nr. 2 KAGB setzt voraus, dass die BaFin und die zuständigen Stellen in dem Drittstaat, in der Regel die Aufsichtsbehörden, spätestens mit der Vereinbarung nach Abs. 1 eine geeignete Vereinbarung über die **Zusammenarbeit** i.S.d. Art. 42 Abs. 1 Buchst. b AIFM-RL abschließen. Diese Vereinbarung muss der Überwachung der Systemrisiken dienen, im Einklang mit den internationalen Standards stehen und der BaFin ermöglichen, ihre in der AIFM-RL festgelegten Aufgaben zu erfüllen. Einzelheiten werden gem. Art. 42 Abs. 1 Buchst. b i.V.m. Abs. 3 AIFM-RL in Art. 113 ff. VO (EU) Nr. 231/2013 näher festgelegt. 10

§ 296 Abs. 2 Nr. 3 KAGB setzt voraus, dass der Drittstaat nicht gem. Art. 42 Abs. 1 Buchst. c AIFM-RL auf der Liste der nicht kooperierenden Länder und Gebiete steht, die von der Arbeitsgruppe „Finanzielle Maßnahmen gegen die **Geldwäsche** und die **Terrorismusfinanzierung**" aufgestellt wurde. 11

§ 296 Abs. 2 Nr. 4 KAGB setzt **Reziprozität** voraus. Die Vereinbarung muss also vorsehen, dass inländische OGAW einen Zugang zum Markt des Drittstaates unter Voraussetzungen haben, die mit den Voraussetzungen für den Zugang des ausländischen OGAW zum inländischen Markt vergleichbar sind. Die Vergleichbarkeit ist ein unbestimmter Rechtsbegriff, dies begründet jedoch noch keinen Beurteilungsspielraum der BaFin.[12] 12

§ 296Abs. 2 Nr. 5 KAGB setzt voraus, dass der **Anwendungsbereich der Vereinbarung** beschränkt wird, so dass er nur solche ausländischen AIF des Drittstaates erfasst, bei denen nicht nur der AIF, sondern auch sein Verwalter seinen Sitz in diesem Drittstaat haben und die gemäß der AIFM-RL verwaltet werden. Dies entspricht der Regelung in § 317 Abs. 1 Nr. 1 und 3 KAGB. 13

III. Folgen der EU-Konformität (§ 296 Abs. 3 KAGB)

Durch die Vereinbarung ist bei ausländischen AIF, die entsprechend den Anforderungen OGAW-RL aufgelegt und verwaltet werden und die das durch § 296 Abs. 1 Satz 2 KAGB modifizierte Anzeigeverfahren des § 310 KAGB durchlaufen haben, der **Vertrieb im Inland** zulässig. Ein EU-Pass, der einen Vertrieb auch 14

6 Vgl. *Baum* in Weitnauer/Boxberger/Anders, § 296 KAGB Rz. 9.
7 *Baum* in Weitnauer/Boxberger/Anders, § 296 KAGB Rz. 10.
8 BT-Drucks. 17/1229, 279.
9 *Baum* in Weitnauer/Boxberger/Anders, § 296 KAGB Rz. 11.
10 Vgl. *Baum* in Weitnauer/Boxberger/Anders, § 296 KAGB Rz. 12.
11 *Keunecke/Schwack* in Moritz/Klebeck/Jesch, § 296 KAGB Rz. 41.
12 Anders *Klebeck/Eichhorn*, RdF 2014, 16 (21); *Keunecke/Schwack* in Moritz/Klebeck/Jesch, § 296 KAGB Rz. 6.

in anderen Mitgliedstaaten erlaubt, ist damit nicht verbunden.[13] Nach § 310 KAGB hat die BaFin kein materielles Genehmigungsverfahren, sondern nur eine Vollständigkeitsprüfung durchzuführen.[14] Über § 311 Abs. 1 Nr. 1 KAGB gelten für die Art und Weise des Vertriebs auch die sonstigen Vorschriften des deutschen Rechts.[15]

15 Aufgrund der Gleichstellung des Vertriebs dieser ausländischen AIF mit dem Vertrieb von EU-OGAWs finden auf diese ausländischen AIF die **Bestimmungen des KAGB** entsprechend Anwendung, die von einer EU-OGAW-Verwaltungsgesellschaft beim Vertrieb von EU-OGAW im Geltungsbereich des KAGB anzuwenden sind. Ausdrücklich genannt werden § 297 KAGB über Verkaufsunterlagen und Hinweispflichten, § 298 KAGB über Veröffentlichungspflichten und laufende Informationspflichten, § 301 über sonstige Veröffentlichungspflichten, § 302 KAGB über Werbung, § 303 KAGB über die maßgebliche Sprachfassung, § 304 KAGB über die Kostenvorausbelastung, § 305 KAGB über das Widerrufsrecht, § 306 KAGB über die Haftung für Prospekte und wesentliche Anlegerinformation sowie § 309 KAGB über Pflichten beim Vertrieb. Unklar ist, warum ausdrücklich auch § 35 Abs. 3 bis 5 WpHG über Tochterunternehmen genannt wird. Die BaFin hat zum Vertrieb von EU-OGAW im Inland ein Merkblatt veröffentlicht.[16]

16 Gemäß Art. 42 Abs. 1 Buchst. a AIFM-RL ordnet § 296 Abs. 3 Satz 2 KAGB die Anwendung der Art. 22 AIFM-RL über den Jahresbericht, Art. 23 AIFM-RL über Informationspflichten gegenüber Anlegern und Art. 24 AIFM-RL über Informationspflichten gegenüber den zuständigen Behörden an. Entgegen Art. 42 Abs. 1 Buchst. b AIFM-RL wird die Anwendung der Art. 26 bis 30 über Pflichten von AIFM, die AIF verwalten, die die Kontrolle über nicht börsennotierte Unternehmen und Emittenten erlangen, nicht angeordnet.[17]

17 Für den **Vertrieb inländischer OGAW im Gebiet des Drittstaates** gelten die Anzeigepflicht des § 312 KAGB einschließlich der darauf beruhenden Verordnung sowie die Veröffentlichungspflicht des § 313 KAGB entsprechend. Dabei prüft die BaFin gem. § 312 Abs. 4 KAGB nur die Vollständigkeit der übermittelten Unterlagen.

IV. Veröffentlichung auf BaFin-Internetseite und Geltungsdauer (§ 296 Abs. 4 KAGB)

18 § 296 Abs. 4 Satz 1 und 2 KAGB bestimmen, dass die BaFin die Vereinbarungen nach Abs. 1 unverzüglich auf ihrer Internetseite zu veröffentlichen hat und dass mit dieser Veröffentlichung die in Abs. 3 genannten Vorschriften Anwendung finden. Die BaFin ordnet die Vereinbarungen auf ihrer Internetseite etwas versteckt als Auslegungsentscheidung ein, die sich unter Recht & Regelungen und dort unter Aufsichtspraxis finden.

19 § 296 Abs. 4 Satz 2 KAGB regelt, dass die Vereinbarung nach Abs. 1 ihre Geltungskraft mit dem Drittstaatenstichtag (s. § 295 Rz. 21) verliert. Ab diesem Stichtag gelten die Regelungen über den EU-Pass der Art. 37, 39 und 40 AIFM-RL. Diese lassen wegen ihres abschließenden Charakters keinen Raum für abweichende zwischenbehördliche Vereinbarungen nach Abs. 1.[18] Damit können ab diesem Zeitpunkt ausländische AIF auch nicht mehr wie EU-OGAW behandelt werden, auch wenn sie alle Voraussetzungen für einen OGAW erfüllen.[19]

V. Vereinbarungen nach § 296 KAGB

20 Eine Vereinbarung nach § 296 KAGB ist bisher nur mit der Schweiz abgeschlossen worden und zum 1.4.2015 in Kraft getreten.[20] Sie gilt für schweizerische Effektenfonds gem. Art. 53 bis 57 KAG, die der OGAW-RL entsprechen, und für deutsche OGAW gem. §§ 192 bis 213 KAGB. Geregelt werden die Voraussetzungen des anwendbaren zwischenbehördlichen elektronischen Anzeigeverfahrens sowie der notwendige Informationsaustausch und die Zusammenarbeit zwischen den Aufsichtsbehörden.[21]

13 *Keunecke/Schwack* in Moritz/Klebeck/Jesch, § 296 KAGB Rz. 6.
14 *Keunecke/Schwack* in Moritz/Klebeck/Jesch, § 296 KAGB Rz. 4.
15 Vgl. *Klebeck/Eichhorn*, RdF 2014, 16 (22); *Keunecke/Schwack* in Moritz/Klebeck/Jesch, § 296 KAGB Rz. 47.
16 BaFin, Merkblatt (2013) zum Vertrieb von Anteilen an EU-OGAW in der Bundesrepublik Deutschland gemäß § 310 Kapitalanlagegesetzbuch (KAGB) (Stand 3.1.2018).
17 Vgl. *Klebeck/Eichhorn*, RdF 2014, 16 (22); *Keunecke/Schwack* in Moritz/Klebeck/Jesch, § 296 KAGB Rz. 47.
18 BT-Drucks. 17/1229, 280.
19 Vgl. *Baum* in Weitnauer/Boxberger/Anders, § 296 KAGB Rz. 5.
20 Vereinbarung zwischen der FINMA und der BaFin vom 20.12.2013.
21 Näher *Keunecke/Schwack* in Moritz/Klebeck/Jesch, § 296 KAGB Rz. 13 ff.

Die schweizerische Aufsichtsbehörde FINMA hat am 6.1.2014 zwei Wegleitungen mit weiteren Details veröffentlicht, die „Wegleitung für den Vertrieb (Anzeigeverfahren) von Anteilen deutscher kollektiver Kapitalanlagen, welche der Richtlinie 2009/65/EG (UCITS IV) entsprechen, in oder von der Schweiz aus" und die „Wegleitung für den Vertrieb von Anteilen von schweizerischen Effektenfonds in Deutschland (Anzeigeverfahren)". 21

Unterabschnitt 2
Vorschriften für den Vertrieb und den Erwerb von AIF in Bezug auf Privatanleger und für den Vertrieb und den Erwerb von OGAW

§ 297 Verkaufsunterlagen und Hinweispflichten

(1) [1]Dem am Erwerb eines Anteils oder einer Aktie an einem OGAW Interessierten sind rechtzeitig vor Vertragsschluss die wesentlichen Anlegerinformationen in der geltenden Fassung kostenlos zur Verfügung zu stellen. [2]Darüber hinaus sind ihm sowie auch dem Anleger eines OGAW auf Verlangen der Verkaufsprospekt sowie der letzte veröffentlichte Jahres- und Halbjahresbericht kostenlos zur Verfügung zu stellen.

(2) [1]Der am Erwerb eines Anteils oder einer Aktie an einem AIF interessierte Privatanleger ist vor Vertragsschluss über den jüngsten Nettoinventarwert des Investmentvermögens oder den jüngsten Marktpreis der Anteile oder Aktien gemäß den §§ 168 und 271 Absatz 1 zu informieren. [2]Ihm sind rechtzeitig vor Vertragsschluss die wesentlichen Anlegerinformationen, der Verkaufsprospekt und der letzte veröffentlichte Jahres- und Halbjahresbericht in der geltenden Fassung kostenlos zur Verfügung zu stellen.

(3) Die Anlagebedingungen und gegebenenfalls die Satzung oder der Gesellschaftsvertrag und der Treuhandvertrag mit dem Treuhandkommanditisten sind dem Verkaufsprospekt von OGAW und AIF beizufügen, es sei denn, dieser enthält einen Hinweis, wo diese im Geltungsbereich dieses Gesetzes kostenlos erhalten werden können.

(4) [1]Die in den Absätzen 1, 2 Satz 2 sowie in Absatz 3 genannten Unterlagen (Verkaufsunterlagen) sind dem am Erwerb eines Anteils oder einer Aktie Interessierten und dem Anleger auf einem dauerhaften Datenträger oder einer Internetseite gemäß Artikel 38 der Verordnung (EU) Nr. 583/2010 sowie auf Verlangen jederzeit kostenlos in Papierform zur Verfügung zu stellen. [2]Der am Erwerb eines Anteils oder einer Aktie Interessierte ist darauf hinzuweisen, wo im Geltungsbereich des Gesetzes und auf welche Weise er die Verkaufsunterlagen kostenlos erhalten kann.

(5) [1]Dem am Erwerb eines Anteils oder einer Aktie an einem Feederfonds Interessierten und dem Anleger eines Feederfonds sind auch der Verkaufsprospekt sowie Jahres- und Halbjahresbericht des Masterfonds auf Verlangen kostenlos in Papierform zur Verfügung zu stellen. [2]Zusätzlich ist den Anlegern des Feederfonds und des Masterfonds die gemäß § 175 Absatz 1 oder § 317 Absatz 3 Nummer 5 abgeschlossene Master-Feeder-Vereinbarung auf Verlangen kostenlos zur Verfügung zu stellen.

(6) [1]Dem am Erwerb eines Anteils oder einer Aktie interessierten Privatanleger sind vor dem Erwerb eines Anteils oder einer Aktie an einem Dach-Hedgefonds oder von EU-AIF oder ausländischen AIF, die hinsichtlich der Anlagepolitik Anforderungen unterliegen, die denen von Dach-Hedgefonds vergleichbar sind, sämtliche Verkaufsunterlagen auszuhändigen. [2]Der Erwerb bedarf der schriftlichen Form. [3]Der am Erwerb Interessierte muss vor dem Erwerb auf die Risiken des AIF nach Maßgabe des § 228 Absatz 2 ausdrücklich hingewiesen werden. [4]Ist streitig, ob der Verkäufer die Belehrung durchgeführt hat, trifft die Beweislast den Verkäufer.

(7) [1]Soweit sie Informationspflichten gegenüber dem am Erwerb eines Anteils oder einer Aktie Interessierten betreffen, finden die Absätze 1, 2, 5 Satz 1 und Absatz 6 keine Anwendung auf den Erwerb von Anteilen oder Aktien im Rahmen einer Finanzportfolioverwaltung im Sinne des § 1 Absatz 1a Nummer 3 des Kreditwesengesetzes oder des § 20 Absatz 2 Nummer 1 oder Absatz 3 Nummer 2. [2]Werden Anteilen oder Aktien im Rahmen eines Investment-Sparplans in regelmäßigem Abstand erworben, so sind die Absätze 1, 2, 5 Satz 1 und Absatz 6, soweit sie Informationspflichten gegenüber dem am Erwerb eines Anteils oder einer Aktie Interessierten betreffen, nur auf den erstmaligen Erwerb anzuwenden.

(8) Dem Erwerber eines Anteils oder einer Aktie an einem OGAW oder AIF ist eine Durchschrift des Antrags auf Vertragsabschluss auszuhändigen oder eine Kaufabrechnung zu übersenden, die jeweils einen Hinweis auf die Höhe des Ausgabeaufschlags und des Rücknahmeabschlags und eine Belehrung über das Recht des Käufers zum Widerruf nach § 305 enthalten müssen.

(9) Auf Verlangen des am Erwerb eines Anteils oder einer Aktie Interessierten muss die Kapitalverwaltungsgesellschaft, die EU-Verwaltungsgesellschaft oder die ausländische AIF-Verwaltungsgesellschaft zusätzlich über die Anlagegrenzen des Risikomanagements des Investmentvermögens, die Risikomanagementmethoden und die jüngsten Entwicklungen bei den Risiken und Renditen der wichtigsten Kategorien von Vermögensgegenständen des Investmentvermögens informieren.

In der Fassung vom 4.7.2013 (BGBl. I 2013, S. 1981), zuletzt geändert durch das Gesetz zur Umsetzung der Richtlinie 2014/91/EU des Europäischen Parlaments und des Rates vom 23. Juli 2014 zur Änderung der Richtlinie 2009/65/EG zur Koordinierung der Rechts- und Verwaltungsvorschriften betreffend bestimmte Organismen für gemeinsame Anlagen in Wertpapieren (OGAW) im Hinblick auf die Aufgaben der Verwahrstelle, die Vergütungspolitik und Sanktionen vom 3.3.2016 (BGBl. I 2016, S. 348).

Schrifttum: *Buck-Heeb*, Vertrieb von Finanzmarktprodukten: Zwischen Outsourcing und beratungsfreiem Geschäft, WM 2014, 385; *Burgard/Heimann*, Das neue Kapitalgesetzbuch, WM 2014, 821; *Fleischer*, Informationsasymmetrie im Vertragsrecht, 2011; *Busch*, Product Governance und Produktintervention unter MiFID II/MiFIR, WM 2017, 409; *Klingenbrunn*, Produktintervention zugunsten des Anlegerschutzes, WM 2015, 316; *Klöhn*, Wertpapierhandelsrecht diesseits und jenseits des Informationsparadigmas, ZHR 177 (2013) 349; *Koch*, Grenzen des informationsbasierten Anlegerschutzes, BKR 2012, 485; *Radig/Schedensack*, Rechtzeitigkeit der Prospektübergabe, WM 2015, 506; *Schön*, Zwingendes Recht oder informierte Entscheidung – zu einer (neuen) Grundlage unserer Zivilrechtsordnung, in FS Canaris, Bd. I, 2007, S. 1191.

I. Allgemeines

1 § 297 KAGB entspricht im Wesentlichen dem aufgehobenen § 121 InvG, enthält jedoch redaktionelle Änderungen und Anpassungen an die AIFM-RL. Mit dem OGAW-V-Umsetzungsgesetz vom 3.3.2016 sind zum 18.3.2016 der Abs. 4 a.F. mit der Pflicht, auf Haftungsfreistellung der Verwahrstelle hinzuweisen, gestrichen und die folgenden Absätze neu nummeriert worden.

2 § 297 KAGB und die dort geregelten Verkaufsunterlagen und Hinweispflichten dienen dem **Anlegerschutz.**[1] Dies ergibt sich insbesondere auch aus Erwägungsgrund 59 der OGAW-RL, die durch § 297 KAGB umgesetzt wird.[2] Dabei folgen die Pflichten des § 297 KAGB dem sog. Informationsparadigma, nach dem der Anleger als in der Regel schwächere Vertragspartei durch die Versorgung mit Informationen über den Inhalt der Anlage in die Lage versetzt werden soll, eine frei verantworte Entscheidung über die Anlage zu

1 *Möllers/Seidenschwann* in Möllers/Kloyer, Das neue Kapitalanlagegesetzbuch, Rz. 12; *Zetzsche* in Möllers/Kloyer, Das neue Kapitalanlagegesetzbuch, Rz. 322; *Merk* in Moritz/Klebeck/Jesch, § 297 KAGB Rz. 6.

2 *Merk* in Moritz/Klebeck/Jesch, § 297 KAGB Rz. 6.

treffen.[3] Allerdings stößt das Informationsparadigma hinsichtlich seiner Wirksamkeit insbesondere bei Anlageentscheidungen von Privatanlegern zunehmend auf Kritik, insbesondere hinsichtlich einer information overload oder sogar eines information overkill.[4] Es wird inzwischen durch die Möglichkeit der Produktintervention der ESMA nach Art. 40 MiFIR und der BaFin nach Art. 41 MiFIR ergänzt,[5] die auch für Anteile und Aktien an Investmentvermögen als Finanzinstrumente gem. Art. 2 Abs. 1 Nr. 9 MiFIR i.V.m. Art. 4 Abs. 1 Nr. 15, Anh. I Abschnitt C MiFID gelten.

Zum Teil wird die **Verfassungsmäßigkeit** dieser Informationspflichten aufgrund der damit verbundenen 3
Einschränkung der individuellen Freiheitsrechte, konkret der Berufsfreiheit des Art. 12 GG und der allgemeinen Handlungsfreiheit des Art. 2 GG bezweifelt.[6] Als bloße Berufsausübungsregeln haben sie jedoch nur eine geringe Eingriffsintensität, so dass sie bereits zulässig sind, wenn sie aufgrund vernünftiger Allgemeinwohlerwägungen zweckmäßig erscheinen.[7] Diese Voraussetzung dürfte für die Informationspflichten erfüllt sein.

II. Adressaten

Adressaten der Pflichten des § 297 KAGB können nicht nur die Verwaltungsgesellschaften sein, sondern 4
auch Vertriebsintermediäre, insbesondere Anlagevermittler, Abschlussvermittler und Kommissionäre[8] und damit auch Wertpapierdienstleistungsunternehmen i.S.d. § 2 Abs. 10 WpHG, Kredit- und Finanzdienstleistungsinstitute i.S.d. § 1 Abs. 1 und 1a KWG und Versicherungsunternehmen i.S.d. § 7 Nr. 33 VAG,[9] aber auch Finanzanlagenvermittler i.S.d. § 34f GewO und Honorar-Finanzanlagenberater i.S.d. § 34h GewO sein. Die Pflichten können auch fremdverwaltete Investmentvermögen in Form einer Investmentaktiengesellschaft oder einer Investmentkommanditgesellschaft treffen. Dies gilt nicht nur dann, wenn ihnen erlaubt wird, ihre eigenen Anteile oder Aktien selbst zu vertreiben, sondern auch, wenn ihnen dies nicht erlaubt wird, sie also eigentlich reine Fondsvehikel ohne eigene Aktivitäten sein sollen.[10] Denn die Pflichten gelten unabhängig davon, ob es sich um einen erlaubten Vertrieb handelt oder nicht, da sonst der angestrebte Anlegerschutz partiell leerlaufen würde. Konkret treffen die Pflichten des § 297 KAGB denjenigen, der mit dem Anlageinteressenten den konkreten Vertrag schließt[11] oder sonst konkreten Kontakt mit ihm hat. Sonderregelungen enthält § 297 Abs. 7 KAGB für den Erwerb von Anteilen oder Aktien im Rahmen einer Finanzportfolioverwaltung oder eines Investmentsparplans. § 297 Abs. 9 KAGB richtet sich allerdings nur an die Kapitalverwaltungsgesellschaft, die EU-Verwaltungsgesellschaft oder die ausländische AIF-Verwaltungsgesellschaft eines Investmentvermögens.

Die Pflichten des § 297 KAGB greifen allerdings nur, wenn **Investmentvermögen vertrieben oder erworben** werden. Dabei muss der am Erwerb eines Anteils oder einer Aktie Interessierte bei AIF ein Privatanleger sein, während er bei OGAW nicht nur ein Privatanleger, sondern auch professioneller oder semiprofessioneller Anleger sein kann. Der Vertrieb und Erwerb von Spezial-AIF fällt daher nicht unter § 297 KAGB, da diese nach § 1 Abs. 6 KAGB nur durch professionelle oder semiprofessionelle Anleger erworben werden dürfen.[12] Keine Investmentvermögen sind fondsgebundene Lebensversicherungen oder Finanzinstrumente, die Investmentanteile nur abbilden, etwa Zertifikate, so dass ihr Vertrieb und Erwerb von § 297 KAGB nicht erfasst wird.[13] 5

---

3 Vgl. *Fleischer*, Informationsasymmetrie im Vertragsrecht, S. 570 ff.; *Schön* in FS Canaris, Bd. I, 2007, S. 1191, 1193 f.; *Jakovou* in Langenbucher/Bliesener/Spindler, Bankrechts-Kommentar, 39. Kap. Rz. 233; *Köndgen/Schmies* in Schimansky/Bunte/Lwowski, Bankrechts-Hdb., § 113 Rz. 136; *Merk* in Moritz/Klebeck/Jesch, § 297 KAGB Rz. 7; allgemein zum Informationsparadigma im Wertpapierhandelsrecht *Klöhn*, ZHR 177 (2013) 349, 366 ff.

4 Vgl. zu § 297 KAGB *Burgard/Heimann*, WM 2014, 821 (829); allgemein auch *Lenenbach*, Kapitalmarktrecht, Rz. 11.45; *Koch*, BKR 2012, 485 ff.; *Buck-Heeb*, WM 2014, 385 ff.

5 Vgl. dazu *Busch*, WM 2017, 409; *Klingenbrunn*, WM 2015, 316.

6 So *Merk* in Moritz/Klebeck/Jesch, § 297 KAGB Rz. 9 ff.

7 Vgl. BVerfG v. 11.6.1958 – 1 BvR 596/56, BVerfGE 7, 377 (405 f.) = NJW 1958, 1035; *Ruffert* in BeckOK GG, Art. 12 GG Rz. 94.

8 Vgl. *Merk* in Moritz/Klebeck/Jesch, § 297 KAGB Rz. 4.

9 Vgl. BaFin, Häufige Fragen zum Vertrieb und Erwerb von Investmentvermögen nach dem KAGB (WA 41-Wp 2137-2013/0293) v. 4.7.2013 (Stand 16.3.2018), Nr. 3.1.

10 Anders wohl BaFin, Häufige Fragen zum Vertrieb und Erwerb von Investmentvermögen nach dem KAGB (WA 41-Wp 2137-2013/0293) v. 4.7.2013 (Stand 16.3.2018), Nr. 3.1.

11 Vgl. *Merk* in Moritz/Klebeck/Jesch, § 297 KAGB Rz. 4.

12 *Weitnauer* in Möllers/Kloyer, Das neue Kapitalanlagegesetzbuch, Rz. 473; *Merk* in Moritz/Klebeck/Jesch, § 297 KAGB Rz. 2.

13 Vgl. BaFin, Häufige Fragen zum Vertrieb und Erwerb von Investmentvermögen nach dem KAGB (WA 41-Wp 2137-2013/0293) v. 4.7.2013 (Stand 16.3.2018), Nr. 3.1.

6 Die Pflichten des § 297 KAGB gelten nicht nur für den Vertrieb von Investmentvermögen, sondern auch für ihren **Erwerb**, also auch dann, wenn Anteile oder Aktien erworben werden, ohne dass vorher ein Vertrieb stattgefunden hat, etwa weil ein Adressat des § 297 KAGB nur auf die Order eines Anlegers reagiert. Demgemäß ist von dem Grundsatz auszugehen, dass dem Erwerbsinteressenten die Verkaufsunterlagen und Informationen des § 297 KAGB zur Verfügung gestellt werden müssen, bevor er seinen Kaufauftrag abgibt.[14]

7 Allerdings enthält § 297 KAGB **keine Pflicht des Erwerbsinteressenten**, die ihm zur Verfügung gestellten Verkaufsunterlagen entgegen und zur Kenntnis zu nehmen. Zudem verbietet § 297 KAGB es einem Erwerbsinteressent nicht, dass er einen Kaufauftrag abgibt, bevor ihm die Verkaufsunterlagen und Informationen des § 297 KAGB zur Verfügung gestellt wurden. Ein Adressat des § 297 KAGB, der einen solchen Auftrag ausführt, verstößt dann nicht gegen § 297 KAGB, wenn ihm nicht vorgeworfen werden kann, dass er seine Pflichten aus § 297 KAGB nicht erfüllt hat, wenn also der Erwerbsinteressent seinen Auftrag abgegeben hat, bevor der ausführende Adressat des § 297 KAGB tatsächlich die Möglichkeit hatte, dem Interessenten die Verkaufsunterlagen und Informationen des § 297 KAGB zur Verfügung zu stellen.[15]

8 Kein Verstoß gegen § 297 KAGB sieht die BaFin demgemäß, wenn die **Initiative vom Erwerbsinteressenten** ausgeht, also ein Kaufauftrag des Erwerbsinteressenten per Brief, E-Mail oder Fax bei dem Adressaten des § 297 eingeht, ohne dass vorher in Bezug auf diesen konkreten Auftrag eine Kontaktaufnahme zwischen dem Adressaten und dem Interessenten stattgefunden hat, während bei der Erteilung eines Kaufauftrags per Telefon aufgrund der dort vorhandenen Möglichkeit der unmittelbaren Interaktion zu differenzieren ist: Dass kein Verstoß gegen § 297 KAGB vorliegt, setzt auch hier voraus, dass der Adressat den Kaufauftrag vor Erfüllung seiner Informationspflichten nicht angestrebt hat, sondern die Initiative zum Kaufauftrag vom Erwerbsinteressenten ausging, dieser also von sich aus entschieden hat, den telefonischen Kontakt zum Adressaten aufzunehmen, um den Kaufauftrag abzugeben. Darüber hinaus darf die Bereitstellung der Verkaufsunterlagen und Informationen des § 297 KAGB nicht möglich sein und der Adressat muss den Erwerbsinteressenten davon in Kenntnis gesetzt und klar zum Ausdruck gebracht haben, dass der Adressat auf Wunsch weitere Informationen übermitteln könne, welcher Art diese Informationen seien, in welcher Weise die Übermittlung erfolgen könne und dass der Interessent die Transaktion verschieben könne, um die Verkaufsunterlagen vor dem Abschluss der Transaktion zu erhalten und zu lesen. Schließlich muss der Erwerbsinteressent während des konkreten Geschäfts, also während des Telefonats erklären, dass er die Transaktion nicht verschieben und die Order sofort abgeben wolle.[16] Dabei dürfte sich die Möglichkeit der Bereitstellung der Verkaufsunterlagen und Informationen auf die rechtzeitige Bereitstellung beziehen, woran es beim Zusenden per E-Mail während des Telefongesprächs fehlen dürfte.

9 Einen Verstoß gegen § 297 KAGB nimmt die BaFin hingegen an, wenn der Erwerbsinteressent vor der Erteilung seines Kaufauftrages Kontakt mit einem Adressaten des § 297 KAGB aufgenommen hat oder umgekehrt und der Adressat keine organisatorischen Maßnahmen ergriffen hat, die ihm ermöglichen, seine Pflichten nach § 297 KAGB vor der Erteilung des Auftrags durch den Interessenten zu erfüllen.[17] Dies gelte sowohl für den Kontakt über das Telefon oder Online als auch in der Filiale, muss aber etwa auch gelten, wenn der Interessent aufgesucht wird. Hier ist also sicherzustellen, dass mit der Nennung konkreter Investmentvermögen, deren Anteile oder Aktien erworben werden können, auch zugleich die entsprechenden Verkaufsunterlagen und Informationen zur Verfügung gestellt werden. Auch hier ist es jedoch denkbar, dass der Erwerbsinteressent trotz der Ergreifung aller möglichen Maßnahmen seinen Kaufauftrag erteilt, bevor der Adressat des § 297 KAGB ihm die Verkaufsunterlagen und Informationen tatsächlich zur Verfügung gestellt hat, so etwa bei der Kontaktaufnahme per Telefon. Hier gelten die Grundsätze aus der vorhergehenden Randnummer entsprechend, insbesondere dass der Erwerbsinteressent entsprechend über die Verkaufsunterlagen und Informationen sowie ihre Zurverfügungstellung zu informieren ist und trotzdem den Auftrag erteilt.

---

14 Vgl. BaFin, Häufige Fragen zum Vertrieb und Erwerb von Investmentvermögen nach dem KAGB (WA 41-Wp 2137-2013/0293) v. 4.7.2013 (Stand 16.3.2018), Nr. 3.2; anders für § 307 KAGB unter dem Gesichtspunkt der richtlinienkonformen Auslegung *Wallach*, ZBB 2016, 287 (297).

15 Vgl. BaFin, Häufige Fragen zum Vertrieb und Erwerb von Investmentvermögen nach dem KAGB (WA 41-Wp 2137-2013/0293) v. 4.7.2013 (Stand 16.3.2018), Nr. 3.2; unter dem Gesichtspunkt der teleologischen Reduktion auch *Merk* in Moritz/Klebeck/Jesch, § 297 KAGB Rz. 20.

16 Vgl. BaFin, Häufige Fragen zum Vertrieb und Erwerb von Investmentvermögen nach dem KAGB (WA 41-Wp 2137-2013/0293) v. 4.7.2013 (Stand 16.3.2018), Nr. 3.2.

17 Vgl. BaFin, Häufige Fragen zum Vertrieb und Erwerb von Investmentvermögen nach dem KAGB (WA 41-Wp 2137-2013/0293) v. 4.7.2013 (Stand 16.3.2018), Nr. 3.2.

Ein **Verzicht des Erwerbsinteressenten** auf die Zurverfügungstellung der Verkaufsunterlagen und Informationen des § 297 KAGB oder seine Erklärung, Aufträge auch ohne die Zurverfügungstellung zu erteilen, befreit den Adressaten des § 297 KAGB grundsätzlich nicht von seinen entsprechenden Pflichten; etwas anderes gilt nur, wenn beim konkreten Geschäft die Initiative vom Erwerbsinteressenten ausgeht und eine rechtzeitige Zurverfügungstellung nicht möglich ist.[18] Ein Verzicht auf die Zurverfügungstellung schließt dementsprechend grundsätzlich auch keine privatrechtlichen Sanktionen aus, da es sich bei der Pflicht um zwingendes Recht handelt. 10

III. Informationspflichten vor dem Erwerb von OGAW (§ 297 Abs. 1 KAGB)

§ 297 Abs. 1 KAGB verpflichtet seine Adressaten (dazu Rz. 4 ff.), den am Erwerb eines Anteils oder einer Aktie an einem OGAW Interessierten bestimmte Informationen rechtzeitig vor Vertragsschluss kostenlos zur Verfügung zu stellen. Dabei sind die wesentlichen Anlegerinformationen zu dem OGAW nach Satz 1 unaufgefordert zu Verfügung zu stellen, während der Verkaufsprospekt sowie der letzte veröffentlichte Jahres- und Halbjahresbericht nach Satz 2 nur auf Verlangen zur Verfügung zu stellen sind. Die Vorschrift entspricht im Wesentlichen dem aufgehobenen § 121 Abs. 1 Satz 1 und 2 InvG, wurde jedoch redaktionell den Begriffsbestimmungen des § 1 KAGB angepasst und auf OGAW beschränkt, weil AIF in Abs. 2 gesondert geregelt sind.[19] 11

1. Gegenstand der Informationspflichten

Die Informationspflicht des § 297 Abs. 1 Satz 1 KAGB betrifft die **wesentlichen Anlegerinformationen**, deren Inhalt, Form und Gestaltung in § 166 KAGB geregelt sind. Sie sind in der jeweils geltenden Fassung unaufgefordert zur Verfügung zu stellen. 12

Die Informationspflicht des § 297 Abs. 1 Satz 2 KAGB betrifft den **Verkaufsprospekt** sowie den letzten veröffentlichten **Jahres- und Halbjahresbericht**. Sie sind auf Verlangen zur Verfügung zu stellen. Die Mindestangaben des Verkaufsprospekts sind in § 165 KAGB geregelt. Zusätzliche Vorgaben enthält § 297 Abs. 2 KAGB, s. dazu Rz. 20 ff. Vorgaben für den Jahresbericht enthalten insbesondere die §§ 45 ff., 67, 101, 135, 158 KAGB, für den Halbjahresbericht §§ 103 und 122 KAGB. Musste für das betreffende Investmentvermögen ein Jahres- oder Halbjahresbericht bisher noch nicht erstellt und veröffentlicht werden, insbesondere weil es noch nicht lange genug existiert, geht die Verpflichtung nach § 297 Abs. 2 Satz 2 KAGB insoweit ins Leere, begründet also selbst keine Pflicht zur Erstellung eines Jahres- oder Halbjahresberichts; ebenso wenn für das betreffende Investmentvermögen keine Pflicht zur Erstellung eines Halbjahresberichts besteht.[20] 13

2. Begünstigter

Die wesentlichen Anlegerinformationen sind nach § 297 Abs. 1 Satz 1 KAGB dem am Erwerb eines Anteils oder einer Aktie an einem OGAW Interessierten zur Verfügung zu stellen. Der Verkaufsprospekt sowie der letzte veröffentlichte Jahres- und Halbjahresbericht sind nach § 297 Abs. 1 Satz 2 KAGB nicht nur dem am Erwerb eines Anteils oder einer Aktie an einem OGAW Interessierten, sondern auch dem Anleger zur Verfügung zu stellen. 14

3. Zurverfügungstellung

Die wesentlichen Anlegerinformationen sowie der Verkaufsprospekt und der letzte veröffentlichte Jahres- und Halbjahresbericht müssen dem Erwerbsinteressenten **zur Verfügung gestellt** werden. Das bedeutet, dass sie so bereitgestellt werden müssen, dass der Erwerbsinteressent ohne weiteres auf die Informationen zugreifen, sie wahrnehmen und in Besitz nehmen kann. Eine tatsächliche Aushändigung der Informationen auch gegen den Willen des Interessenten ist nicht erforderlich, wie sich im Umkehrschluss aus § 297 Abs. 6 Satz 1 KAGB ergibt.[21] Durch die tatsächliche Aushändigung werden die Informationen jedoch in aller Regel zur Verfügung gestellt. Werden die Informationen nicht ausgehändigt, sind sie so bereitzustellen, dass 15

18 Vgl. BaFin, Häufige Fragen zum Vertrieb und Erwerb von Investmentvermögen nach dem KAGB (WA 41-Wp 2137-2013/0293) v. 4.7.2013 (Stand 16.3.2018), Nr. 3.2; für Möglichkeit des Verzichts *Zingel* in Baur/Tappen, § 297 KAGB Rz. 7; *Radig/Schedensack*, WM 2015, 506 (509).

19 Vgl. BT-Drucks. 17/12294, 280.

20 Vgl. BaFin, Häufige Fragen zum Vertrieb und Erwerb von Investmentvermögen nach dem KAGB (WA 41-Wp 2137-2013/0293) v. 4.7.2013 (16.3.2018), Nr. 3.3.

21 Vgl. *Merk* in Moritz/Klebeck/Jesch, § 297 KAGB Rz. 17.

für den Interessenten keine weiteren Zugriffshindernisse bestehen, die nicht notwendig mit dem Medium der Zurverfügungstellung verbunden sind.

16 Die wesentlichen Anlegerinformationen sind dem am Erwerb eines Anteils oder einer Aktie an einem OGAW Interessierten rechtzeitig vor Vertragsschluss zur Verfügung zu stellen. **Vor Vertragsschluss** bedeutet vor Abgabe der auf den Vertragsschluss gerichteten Willenserklärung des Erwerbsinteressenten, unabhängig davon, ob sie Antrag oder Annahme ist, da die Regelung den Interessenten schützen soll.[22] Wird der Erwerbsinteressent vertreten, sind die Informationen dem Vertreter zur Verfügung zu stellen.[23] **Rechtzeitig** vor Vertragsschluss bedeutet, dass der Erwerbsinteressent, nachdem ihm die wesentlichen Anlegerinformationen zur Verfügung gestellt wurden und bevor er seine auf den Vertragsschluss gerichtete Willenserklärung abgibt, genügend Zeit hat, um die Anlage in dem OGAW daraufhin zu prüfen, ob sie für ihn anleger- und objektgerecht ist, welche Chancen und Risiken also mit ihr verbunden sind und ob diese seinem Anlageziel und seiner Risikobereitschaft entsprechen.[24] Dies umfasst im Zweifel zumindest die Zeit, die der Anleger braucht, um die wesentlichen Anlegerinformationen in Ruhe durchzulesen, sowie eine angemessene Bedenkzeit, wobei ein gut informierter Anleger für eine kürzere Bedenkzeit spricht, während die Zeit umgekehrt umso länger sein wird, je komplexer der OGAW ist; eine Überrumpelung muss ausgeschlossen sein.[25] Eine juristische Sekunde wird dazu auch bei einem gut unterrichteten Investor nicht ausreichen.[26] Im Hinblick auf den Schutzzweck der Regelung erscheint die Ansicht, dass die Zeitspanne sich bei erkennbar mangelndem Interesse des Erwerbsinteressenten deutlich verkürze und bei einem Verzicht sogar auf „null" reduziere,[27] zweifelhaft. Vielmehr sollten die Informationen stets so rechtzeitig zur Verfügung gestellt werden, dass dem Erwerbsinteressenten genügend Zeit zur Prüfung bleibt. Jedoch muss der Erwerbsinteressent diese Zeitspanne nicht ausnutzen, sondern kann seine auf den Vertragsschluss gerichtet Willenserklärung auch sofort abgeben, ohne dass dies zu einer Verletzung der Pflicht aus § 297 Abs. 1 Satz 1 KAGB führt.

17 Der Verkaufsprospekt und der letzte veröffentlichte Jahres- und Halbjahresbericht in der geltenden Fassung sind dem am Erwerb eines Anteils oder einer Aktie an einem OGAW Interessierten und dem Anleger **auf Verlangen** zur Verfügung zu stellen. Hier sind die Unterlagen nach der allgemeinen Regelung des § 271 Abs. 1 BGB im Zweifel sofort zur Verfügung zu stellen.

18 Die wesentlichen Anlegerinformationen, ebenso wie der Verkaufsprospekt und der letzte veröffentlichte Jahres- und Halbjahresbericht, müssen **kostenlos** zur Verfügung gestellt werden. Es darf also keine Gebühr und auch keine Aufwandsentschädigung verlangt werden.[28] Auch der Versand des Datenträgers oder der Unterlagen mit den Informationen an die Adresse des Erwerbsinteressenten hat demgemäß kostenlos zu erfolgen.[29]

19 Die **Art und Weise**, in der die Unterlagen zur Verfügung zu stellen sind, regelt § 297 Abs. 4 KAGB, s. dazu Rz. 30 f.

IV. Informationspflichten vor dem Erwerb von AIF durch Privatanleger (§ 297 Abs. 2 KAGB)

20 § 297 Abs. 2 KAGB verpflichtet seine Adressaten (dazu Rz. 4 ff.), einen am Erwerb eines Anteils oder einer Aktie an einem AIF interessierten Privatanleger über den jüngsten Nettoinventarwert des Investmentvermögens oder den jüngsten Marktpreis der Anteile oder Aktien zu informieren und ihm die wesentlichen Anlegerinformationen, den Verkaufsprospekt und den letzten veröffentlichten Jahres- und Halbjahresbericht zur Verfügung zu stellen. Er setzt Art. 23 Abs. 1 AIFM-RL in Bezug auf AIF um, wobei § 297 Abs. 2 Satz 1 KAGB auf dem aufgehobenen § 121 Abs. 1 Satz 1 InvG beruht, während die Regelung des § 121 Abs. 1 Satz 2 InvG nicht übernommen wurde.[30]

---

22 *Paul* in Weitnauer/Boxberger/Anders, § 297 KAGB Rz. 17.
23 *Paul* in Weitnauer/Boxberger/Anders, § 297 KAGB Rz. 17.
24 Vgl. *Paul* in Weitnauer/Boxberger/Anders, § 297 KAGB Rz. 18.
25 Vgl. *Hölscher* in Emde/Dornseifer/Dreibus/Hölscher, § 121 InvG Rz. 15; *Paul* in Weitnauer/Boxberger/Anders, § 297 KAGB Rz. 18.
26 So aber *Merk* in Moritz/Klebeck/Jesch, § 297 KAGB Rz. 20.
27 So *Paul* in Weitnauer/Boxberger/Anders, § 297 KAGB Rz. 18.
28 *Paul* in Weitnauer/Boxberger/Anders, § 297 KAGB Rz. 15.
29 *Merk* in Moritz/Klebeck/Jesch, § 297 KAGB Rz. 19; *Paul* in Weitnauer/Boxberger/Anders, § 297 KAGB Rz. 15.
30 Vgl. BT-Drucks. 17/12294, 280.

1. Gegenstand

Die Informationspflicht des § 297 Abs. 2 Satz 1 KAGB betrifft den jüngsten **Nettoinventarwert** des Investmentvermögens oder den jüngsten **Marktpreis** der Anteile oder Aktien gemäß den §§ 168 und 271 Abs. 1 KAGB. Der jüngste Nettoinventarwert des Investmentvermögens entspricht dem net asset value (NAV). Vorgaben für seine Bestimmung enthalten die §§ 168 f. und 271 f. KAGB, die auf Art. 67 bis 73 bzw. 74 der Delegierten Verordnung (EU) Nr. 231/2013 verweisen. Es handelt sich um die Summe der Verkehrswerte der Einzelanlagen abzgl. der Verbindlichkeiten des Investmentvermögens und soll auf einen Anteil bzw. eine Aktie bezogen werden.[31] Der jüngste Marktpreis der Anteile oder Aktien dürfte in der Regel dem jeweiligen Kurswert des Anteils bzw. der Aktie entsprechend § 168 Abs. 2 KAGB sein und kann vom auf einen Anteil bzw. eine Aktie bezogenen Nettoinventarwert abweichen.[32] Der reine Ausgabepreis ist kein Marktpreis,[33] weil dieser auch die Möglichkeit der Veräußerung umfasst. Die einzelnen Vorgaben ergeben sich aus §§ 168, 272 Abs. 1 KAGB. Der Adressat kann wählen, ob er über den Nettoinventarwert oder den Marktpreis informiert.[34] Fehlt es an einem Marktpreis, ist der Nettoinventarwert des Investmentvermögens zu nennen.[35] Der Nettoinventarwert bzw. der Marktpreis muss jeweils der jüngste sein, also der letzte vor Vertragsschluss feststehende Wert bzw. Preis,[36] beim Nettoinventarwert der am Vortag nach Börsenschluss von der Depotbank berechnete.[37] 21

Die Informationspflicht des § 297 Abs. 2 Satz 2 KAGB betrifft die **wesentlichen Anlegerinformationen**, den **Verkaufsprospekt** und den letzten veröffentlichten **Jahres- und Halbjahresbericht** in der geltenden Fassung, die auch Gegenstand des Abs. 1 sind; näher dazu Rz. 12 f. Die Pflicht, den Erwerbsinteressierten neben dem Jahresbericht auch den darauf folgenden Halbjahresbericht kostenlos zur Verfügung zu stellen, geht über die AIFM-RL hinaus, dient aber dem Anlegerschutz und ist daher von Art. 43 Abs. 1 Unterabs. 2 AIFM-RL gedeckt.[38] Bei beschlossenen AIF, die keinen Halbjahresbericht erstellen müssen, geht sie ins Leere.[39] 22

2. Begünstigter

Die Informationspflicht des § 297 Abs. 2 KAGB gilt nur gegenüber Privatanlegern, die am Erwerb eines Anteils oder einer Aktie an einem AIF interessiert sind, nicht aber gegenüber interessierten professionellen oder semiprofessionellen Anlegern. Für diese gelten die §§ 307, 308 KAGB. Wer Privatanleger ist, ergibt sich aus § 1 Abs. 19 Nr. 31 bis 33 KAGB. 23

3. Information und Zurverfügungstellung

Über den Nettoinventarwert oder den Markpreis ist **vor Vertragsschluss zu informieren**. Hier genügt also die Nennung gegenüber dem Erwerbsinteressenten bevor dieser seine auf den Abschluss des Vertrags gerichtete Willenserklärung abgibt. 24

Die wesentlichen Anlegerinformationen, der Verkaufsprospekt und der letzte veröffentlichte Jahres- und Halbjahresbericht sind rechtzeitig vor Vertragsschluss kostenlos zur Verfügung zu stellen. Insoweit gilt das Gleiche wie zu § 297 Abs. 1 KAGB, s. daher zu „zur Verfügung stellen" Rz. 15, zu „rechtzeitig vor Vertragsschluss" Rz. 16 und zu „kostenlos" Rz. 18. Zur in § 297 Abs. 4 KAGB geregelten Art und Weise, in der die Unterlagen zur Verfügung zu stellen sind, s. Rz. 30 f. Dabei gehen die Pflichten nach § 297 Abs. 2 KAGB insoweit über diejenigen nach § 297 Abs. 1 KAGB hinaus, als bei OGAW nach Abs. 1 nur die wesentlichen Anlegerinformationen unaufgefordert zur Verfügung gestellt werden müssen und der Verkaufsprospekt und der letzte veröffentliche Jahres- und Halbjahresbericht nur auf Verlangen zur Verfügung zu stellen sind, während bei AIF nach Abs. 2 alle Verkaufsunterlagen unaufgefordert und in der aktuellen Fassung zur Verfügung gestellt werden müssen. Damit sind die Informationspflichten bei AIF strenger gefasst als bei OGAW, was auf die strengeren Anforderungen für AIF in Art. 23 Abs. 1 AIFM-RL zurückgeführt wird.[40] Auf der Wertungsebene dürfte es wohl darauf beruhen, dass AIF in der Regel komplexer und mit 25

31 So *Merk* in Moritz/Klebeck/Jesch, § 297 KAGB Rz. 28.
32 *Merk* in Moritz/Klebeck/Jesch, § 297 KAGB Rz. 29.
33 So jedenfalls im Grundsatz aber *Merk* in Moritz/Klebeck/Jesch, § 297 KAGB Rz. 29.
34 *Paul* in Weitnauer/Boxberger/Anders, § 297 KAGB Rz. 20.
35 Vgl. BaFin, Häufige Fragen zum Vertrieb und Erwerb von Investmentvermögen nach dem KAGB (WA 41-Wp 2137-2013/0293) v. 4.7.2013 (Stand 16.3.2018), Nr. 3.3.
36 *Paul* in Weitnauer/Boxberger/Anders, § 297 KAGB Rz. 21.
37 *Merk* in Moritz/Klebeck/Jesch, § 297 KAGB Rz. 28.
38 Vgl. BT-Drucks. 17/12294, 280; *Merk* in Moritz/Klebeck/Jesch, § 297 KAGB Rz. 31.
39 Vgl. BT-Drucks. 17/12294, 280.
40 So *Merk* in Moritz/Klebeck/Jesch, § 297 Rz. 31.

größeren Risiken für die Anleger verbunden sind als OGAW. Die Regelung steht insoweit in einem gewissen Widerspruch mit der Funktion der wesentlichen Anlegerinformationen nach § 166 Abs. 1, die Anleger in die Lage zu versetzen, Art und Risiken des angebotenen Anlageproduktes zu verstehen und auf dieser Grundlage eine fundierte Anlageentscheidung zu treffen.

V. Dem Verkaufsprospekt beizufügende Unterlagen (§ 297 Abs. 3 KAGB)

26 § 297 Abs. 3 KAGB enthält Informationspflichten bezüglich der **Anlagebedingungen** sowie gegebenenfalls der **Satzung** oder des **Gesellschaftsvertrags** und des **Treuhandvertrags** mit dem Treuhandkommanditisten. Er entspricht mit redaktionellen Anpassungen an die in § 1 KAGB enthaltenen Begriffsbestimmungen dem aufgehobenen § 121 Abs. 1 Satz 3 InvG, wurde allerdings um Treuhandvertrag ergänzt, der bei der neu in dem KAGB geregelten Investmentkommanditgesellschaft gegebenenfalls mit dem Treuhandkommanditisten abgeschlossen wird.[41]

27 § 297 Abs. 3 KAGB betrifft die **Anlagebindungen** der Investmentvermögen, die etwa für offene Investmentvermögen in §§ 111, 126 KAGB und für geschlossene Investmentvermögen in §§ 151, 266 KAGB geregelt sind, sowie bei Investmentaktiengesellschaften die Satzung nach §§ 110, 142 KAGB und bei Investmentkommanditgesellschaften der Gesellschaftsvertrag nach §§ 125, 150 KAGB und der Treuhandvertrag, wenn sich die Anleger auch mittelbar über einen Kommanditisten (Treuhandkommanditisten) beteiligen können, wie bei der geschlossenen Publikumsinvestmentkommanditgesellschaft nach § 152 Abs. 1 Satz 2 KAGB.

28 Die genannten Unterlagen sind **dem Verkaufsprospekt beizufügen**. Dies setzt keine feste Verbindung mit dem Verkaufsprospekt voraus, sondern kann auch dadurch geschehen, dass sie dem Prospekt lose beiliegen oder im Zusammenhang mit dem Verkaufsprospekt ohne weiteres auf der Internetseite nach § 297 Abs. 2 KAGB abrufbar sind.[42]

29 Alternativ zum Beifügen der Unterlagen besteht auch die Möglichkeit, in den Verkaufsprospekt einen **Hinweis** aufzunehmen, wo diese Unterlagen im Geltungsbereich des KAGB kostenlos erhalten werden können. Zur in § 297 Abs. 4 KAGB geregelten Art und Weise, in der die Unterlagen zur Verfügung zu stellen sind, s. Rz. 30 f.

VI. Art und Weise der Zurverfügungstellung (§ 297 Abs. 4 KAGB)

30 § 297 Abs. 4 KAGB enthält eine **Klammerdefinition der Verkaufsunterlagen**, die die wesentlichen Anlegerinformationen, den Verkaufsprospekt, den letzten Jahres- und Halbjahresbericht, die Anlagebedingungen, die Satzung oder den Gesellschaftsvertrag und den Treuhandvertrag umfassen, und regelt die Art und Weise, in der diese zur Verfügung zu stellen sind. Er beruht mit redaktionellen Anpassungen an die Begriffsbestimmungen des § 1 KAGB auf dem aufgehobenen § 121 Abs. 1 Satz 4 und 6 InvG, dessen Satz 5 in § 301 KAGB integriert wurde.[43]

31 Zum **Medium** der Zurverfügungstellung bestimmt § 297 Abs. 4 KAGB, dass die Verkaufsunterlagen stets auf einem dauerhaften Datenträger oder einer Internetseite gem. Art. 38 der Verordnung (EU) Nr. 583/2010 zur Verfügung zu stellen sind und auf Verlangen auch jederzeit kostenlos in Papierform zur Verfügung zu stellen sind. Diese Regelung ist mit den Vorgaben der Verordnung nur eingeschränkt vereinbar, da letztere voraussetzen, dass sich der Erwerbsinteressent ausdrücklich für den dauerhaften Datenträger oder die Internetseite entscheidet und nachweislich über einen regelmäßigen Zugang zum Internet verfügt, was bei Angabe einer Adresse vermutet wird. Offenbar bezieht sich der Verweis in § 297 Abs. 4 KAGB nur darauf, dass dem Erwerbsinteressenten die Adresse der Internetseite und die Stelle, an der die Verkaufsunterlagen zu finden sind, auf elektronischem Wege mitgeteilt werden müssen und dass die Informationen über die Internetseite laufend abgefragt werden können müssen, solange sie für den Anleger nach vernünftigem Ermessen einsehbar sein müssen. Als dauerhafte Datenträger werden eine CD-Rom, eine DVD, ein USB-Stick, eine Festplatte oder eine Diskette genannt.[44] Allerdings sind Disketten heute nicht mehr gebräuchlich und moderne Computer, insbesondere Notebooks, verfügen vielfach auch nicht mehr über ein Laufwerk

41 Vgl. BT-Drucks. 17/12294, 280.
42 *Paul* in Weitnauer/Boxberger/Anders, § 297 KAGB Rz. 23.
43 Vgl. BT-Drucks. 17/12294, 280.
44 *Merk* in Moritz/Klebeck/Jesch, § 297 KAGB Rz. 18.

für CD-ROMs oder DVDs, so dass zweifelhaft ist, ob es nach dem Sinn und Zweck des § 297 KAGB noch genügt, wenn dem Interessenten nur eine CD-Rom, eine DVD oder eine Diskette zur Verfügung gestellt wird.

VII. Informationspflichten beim Erwerb von Feederfonds (§ 297 Abs. 5 KAGB)

§ 297 Abs. 5 KAGB sieht vor dem Erwerb von Feederfonds eine **Erweiterung der Informationspflichten in Bezug auf den Masterfonds** vor. Er beruht mit redaktionellen Anpassungen an die Begriffsbestimmungen des § 1 KAGB auf dem aufgehobenen § 121 Abs. 2 InvG.[45] Die Regelung soll für Transparenz auch in Bezug auf den Masterfonds und das Verhältnis zwischen Feeder- und Masterfonds sorgen, weil ein Feederfonds nach § 1 Abs. 19 Nr. 11 KAGB mindestens 85 % seines Vermögens in einem Masterfonds anlegt, die Anlage in einen Feederfonds also wirtschaftlich vor allem eine Anlage in den Masterfonds ist, während die Informationspflichten des § 297 Abs. 1 bis 3 KAGB sich nur auf den Feederfonds beziehen.[46] 32

Nach § 297 Abs. 5 Satz 1 KAGB sind der Verkaufsprospekt sowie der Jahres- und Halbjahresbericht des Masterfonds zur Verfügung zu stellen und zwar dem am Erwerb eines Anteils oder einer Aktie an einem Feederfonds Interessierten. Nach Satz 2 ist den Anlegern sowohl des Feederfonds als auch des Masterfonds die Master-Feeder-Vereinbarung zur Verfügung zu stellen, die gem. § 175 Abs. 1 KAGB für deutsche Publikumsinvestmentvermögen oder gemäß § 317 Abs. 3 Nr. 5 KAGB für EU-AIF und ausländische AIF abgeschlossen wurde. § 297 Abs. 5 Satz 2 KAGB ist etwas ungenau formuliert, aus der Verwendung des Wortes „zusätzlich" und nach dem Sinn und Zweck sollte die Vereinbarung auch den Erwerbsinteressenten am Feederfonds und auch in Papierfonds zur Verfügung gestellt werden.[47] Da § 297 Abs. 4 KAGB nicht auf Abs. 5 Bezug nimmt, kann die Papierform hier nicht durch einen dauerhaften Datenträger oder eine Internetseite ersetzt werden.[48] Die Informationen sind auf Verlangen kostenlos zur Verfügung zu stellen. Insoweit gilt das Gleiche wie zu § 297 Abs. 1 Satz 2 KAGB, s. daher zu „zur Verfügung stellen" Rz. 15 und zu „kostenlos" Rz. 18. 33

VIII. Informationspflichten vor dem Erwerb von Dach-Hedgefonds oder ähnlichen EU-AIF oder ausländischen AIF (§ 297 Abs. 6 KAGB)

§ 297 Abs. 6 KAGB sieht verschärfte Pflichten bei dem **Erwerb von Dach-Hedgefonds oder ähnlichen EU-AIF oder ausländischen AIF** durch einen interessierten Privatanleger vor, da es sich um besonders risikoreiche Kapitalanlagen handelt.[49] Er beruht mit redaktionellen Anpassungen an die Begriffsbestimmungen des § 1 KAGB dem aufgehobenen § 121 Abs. 3 InvG; allerdings tritt an die Stelle der „natürlichen Person" der „Privatanleger" und die Informationspflicht nach Satz 3 gilt ausdrücklich nur noch für Privatanleger, um die bisherige Rechtsunsicherheit in diesem Punkt zu beseitigen und die AIFM-RL umzusetzen.[50] 34

Die Pflichten des § 297 Abs. 6 KAGB gelten gegenüber Privatanlegern, die am Erwerb eines Anteils oder einer Aktie an einem Dach-Hedgefonds oder an einem EU-AIF oder ausländischen AIF, der hinsichtlich seiner Anlagepolitik und den dafür geltenden Vorgaben mit einem Dach-Hedgefonds vergleichbar ist, interessiert sind. Dach-Hedgefonds sind in §§ 225 ff. KAGB geregelt. 35

1. Aushändigung der Verkaufsunterlagen

§ 297 Abs. 6 Satz 1 KAGB verschärft die Pflichten nach Abs. 2 Satz 2 und Abs. 3, indem hier sämtliche Verkaufsunterlagen nicht nur zur Verfügung gestellt, sondern ausgehändigt werden müssen, was eine **tatsächliche Übergabe** erfordert.[51] Dies betrifft nicht nur die wesentlichen Anlegerinformationen, den Verkaufsprospekt und den letzten veröffentlichten Jahres- und Halbjahresbericht in der geltenden Fassung nach § 297 Abs. 2 Satz 2 KAGB, sondern auch die Anlagebedingungen und gegebenenfalls die Satzung oder den Gesellschaftsvertrag und den Treuhandvertrag mit dem Treuhandkommanditisten nach Abs. 3, bei denen ein Hinweis entsprechend Abs. 3 a.E., wo sie kostenlos erhältlich sind, also nicht genügt. Für die tatsäch- 36

45 Vgl. BT-Drucks. 17/12294, 280.
46 Vgl. *Merk* in Moritz/Klebeck/Jesch, § 297 KAGB Rz. 34; *Paul* in Weitnauer/Boxberger/Anders, § 297 KAGB Rz. 32.
47 Vgl. *Paul* in Weitnauer/Boxberger/Anders, § 297 KAGB Rz. 32 f.
48 Vgl. *Paul* in Weitnauer/Boxberger/Anders, § 297 KAGB Rz. 32.
49 Vgl. *Merk* in Moritz/Klebeck/Jesch, § 297 KAGB Rz. 34.
50 Vgl. BT-Drucks. 17/12294, 280.
51 Vgl. *Zingel* in Baur/Tappen, § 297 KAGB Rz. 15; *Merk* in Moritz/Klebeck/Jesch, § 297 KAGB Rz. 38.

liche Übergabe ist der Verweis auf eine Internetseite nicht ausreichend.[52] Ob die Übergabe eines dauerhaften Datenträgers genügt,[53] erscheint trotz des Fehlens einer ausdrücklichen Formvorgabe angesichts des Wortlauts[54] und angesichts dessen, dass die tatsächliche Kenntnisnahme den Einsatz weiterer technischer Geräte erfordert, zweifelhaft.

2. Schriftform

37 § 297 Abs. 6 Satz 2 KAGB schreibt für den Erwerb eines Anteils oder einer Aktie an einem Dach-Hedgefonds oder entsprechenden EU-AIF oder ausländischen AIF durch einen Privatanleger die **Schriftform** vor. Diese hat eine Warnfunktion, um den Privatanleger vor übereilten Vertragsschlüssen zu schützen.[55]

38 Die Schriftform setzt nach § 126 Abs. 1 BGB voraus, dass die Urkunde über den Vertrag von den Vertragsparteien eigenhändig durch Namensunterschrift oder mittels notariell beglaubigtem Handzeichen unterzeichnet wird. Sie kann nach § 126 Abs. 3 BGB durch die elektronische Form ersetzt werden, wenn beide Seiten damit einverstanden sind.[56]

3. Pflicht zu Risikohinweis

39 § 297 Abs. 6 Satz 3 KAGB verpflichtet den Adressaten, den am Erwerb Interessierten **ausdrücklich auf die Risiken des AIF hinzuweisen**. Der Inhalt des Hinweises ergibt sich aus § 228 Abs. 2 KAGB. Demgemäß ist davon auszugehen, dass er schriftlich erfolgen muss. Einen derartigen Hinweis nur zur Verfügung zu stellen, genügt nicht,[57] weil der Hinweis ausdrücklich zu erfolgen hat. Ein Hinweis auf den im Verkaufsprospekt enthaltenen Warnhinweis soll genügen;[58] dies dürfte jedoch nicht für eine bloßen Verweis gelten, sondern nur, wenn der Warnhinweis gezeigt und Zeit zum Lesen gegeben wird, da ja gerade auf die Risiken und nicht auf den Warnhinweis hingewiesen werden soll, und der Hinweis ausdrücklich erfolgen soll. Die Beweislast dafür, dass der Hinweis gegeben wurde trägt nach § 297 Abs. 6 Satz 4 KAGB der Verkäufer. Es empfiehlt sich daher, sich den Empfang des Hinweises schriftlich bestätigen zu lassen.[59]

IX. Ausnahmeregelungen bei Finanzportfolioverwaltung und Investment-Sparplänen (§ 297 Abs. 7 KAGB)

40 § 297 Abs. 7 KAGB schränkt die Informationspflichten für den Erwerb von Anteilen oder Aktien im Rahmen einer Finanzportfolioverwaltung oder in regelmäßigem Abstand im Rahmen eines Investmentsparplans ein. Er beruht auf dem aufgehobenen § 121 Abs. 3a InvG, ist aber nicht mehr auf Hedgefonds und Dach-Hedgefonds beschränkt, sondern bezieht sich allgemein auf OGAW und AIF, da Anleger bei der Beauftragung eines Finanzportfolioverwalters die Anlageentscheidung unabhängig von der Art des für sie erworbenen Investmentvermögens nicht selbst treffen möchten.[60]

41 § 297 Abs. 7 Satz 1 KAGB betrifft den Erwerb eines Anteils oder einer Aktie im Rahmen einer **Finanzportfolioverwaltung** nicht nur i.S.d. § 1 Abs. 1a Nr. 3 KWG, sondern darüber hinaus auch i.S.d. § 20 Abs. 2 Nr. 1 oder Abs. 3 Nr. 2 KAGB. Hintergrund ist, dass hier der Vermögensverwalter ein eigenes Ermessen bei seinen Anlageentscheidungen hat, so dass der schützenswerte Anleger die einzelnen Anlageentscheidungen nicht selbst trifft, sondern im Vorfeld des Abschlusses des Vertrags über die Finanzportfolioverwaltung zu schützen ist, insbesondere über die vorvertraglichen Informationspflichten des § 63 Abs. 7 WpHG.[61]

42 § 297 Abs. 7 Satz 2 KAGB betrifft den Erwerb im Rahmen eines **Investment-Sparplans**, der in regelmäßigen Abständen erfolgt und nicht der erstmalige Erwerb ist. Hintergrund ist, dass hier die Anlageentschei-

52 *Zingel* in Baur/Tappen, § 297 KAGB Rz. 15; *Merk* in Moritz/Klebeck/Jesch, § 297 KAGB Rz. 38.
53 So *Merk* in Moritz/Klebeck/Jesch, § 297 KAGB Rz. 38; im Ergebnis auch *Zingel* in Baur/Tappen, § 297 KAGB Rz. 15.
54 Vgl. *Zingel* in Baur/Tappen, § 297 KAGB Rz. 15.
55 *Merk* in Moritz/Klebeck/Jesch, § 297 KAGB Rz. 40.
56 *Merk* in Moritz/Klebeck/Jesch, § 297 KAGB Rz. 41.
57 Anders wohl *Merk* in Moritz/Klebeck/Jesch, § 297 KAGB Rz. 42.
58 So *Paul* in Weitnauer/Boxberger/Anders, § 297 KAGB Rz. 37.
59 Vgl. *Merk* in Moritz/Klebeck/Jesch, § 297 KAGB Rz. 42; *Paul* in Weitnauer/Boxberger/Anders, § 297 KAGB Rz. 37.
60 Vgl. BT-Drucks. 17/12294, 280.
61 *Zingel* in Baur/Tappen, § 297 KAGB Rz. 19 m.V.a. BT-Drucks. 16/5576, 92.

dung mit dem erstmaligen Erwerb im Rahmen des Investmentsparplans getroffen wird, so dass die Informationspflichten auch nur für diesen gelten.[62]

Die Ausnahmen betreffen die Informationspflichten gegenüber dem am Erwerb eines Anteils oder einer Aktie Interessierten beim Erwerb von OGAW nach § 297 Abs. 1 KAGB, von AIF durch Privatanleger nach Abs. 2, von Feederfonds nach Abs. 5 Satz 1 und von Dach-Hedgefonds oder ähnlichen EU-AIF oder ausländischen AIF nach Abs. 6. 43

X. Aushändigung von Kaufunterlagen (§ 297 Abs. 8 KAGB)

§ 297 Abs. 8 KAGB enthält die Pflicht zur Aushändigung bestimmter Kaufunterlagen. Er entspricht mit redaktionellen Anpassungen an die Begriffsbestimmungen des § 1 KAGB dem aufgehobenen § 121 Abs. 1 Satz 7 InvG.[63] Hintergrund ist, dass die Aushändigung die Frist für das dem Käufer zustehende Widerrufsrecht nach § 305 KAGB in Gang setzt und der Erwerb in diesem Zusammenhang besonders auf die Höhe des Ausgabeaufschlags und des Rücknahmeabschlags aufmerksam gemacht werden soll.[64] 44

Die Pflicht umfasst die Aushändigung einer Durchschrift des Antrags auf Vertragsabschluss oder die Übersendung einer Kaufabrechnung. Diese müssen jeweils die Höhe des Ausgabeaufschlags und des Rücknahmeabschlags nennen. Zudem müssen sie eine Belehrung über das Recht des Käufers zum Widerruf nach § 305 KAGB enthalten. Deren Inhalt muss dem § 246 Abs. 3 Satz 3 EGBGB entsprechen.[65] 45

XI. Weitere Informationsrechte des Anlegers (§ 297 Abs. 9 KAGB)

§ 297 Abs. 9 KAGB statuiert weitere Informationsrechte des Anlegers. Dieser kann Informationen über Anlagegrenzen des Risikomanagements, die Risikomanagementmethoden und die jüngsten Entwicklungen bei den Risiken und Renditen der wichtigsten Kategorien von Vermögensgegenständen des Investmentvermögens verlangen. Die Regelung beruht auf den aufgehobenen § 121 Abs. 4 und § 31a Abs. 5 InvG und setzt die OGAW-RL um, wobei die Informationspflichten auf EU- und ausländische AIF-Verwaltungsgesellschaften ausgedehnt wurden; dass die Informationspflichten über AIF nach § 295 Abs. 4 KAGB auch Privatanlegern geschuldet sind, dient dem Anlegerschutz und ist daher von Art. 43 Abs. 1 Unterabs. 2 AIFM-RL gedeckt.[66] Mit der Benennung des Verpflichteten soll eine Regelungslücke angesichts der verschiedenen Auslegungsmöglichkeiten der OGAW-RL vermieden werden.[67] Rechtspolitisch wird kritisiert, dass die Informationen bereits im Verkaufsprospekt enthalten seien.[68] 46

Die **Adressaten der Pflichten** sind ausdrücklich genannt. Es handelt sich um die Kapitalverwaltungsgesellschaft, die EU-Verwaltungsgesellschaft oder die ausländische AIF-Verwaltungsgesellschaft. Die Informationen sind nur auf Verlangen zu geben. 47

Anlagegrenzen des Risikomanagements des Investmentvermögens sind die quantitativen Grenzen für den prozentualen Anteil des in Wertpapieren oder Geldmarktinstrumenten eines bestimmten Emittenten angelegten Anlagevermögens, die über die gesetzlich, etwa in §§ 206 ff., 219, 237 ff. und 284 KAGB, oder in den Vertragsbedingungen festgelegten Grenzen hinausgehen.[69] Die **Risikomanagementmethoden** sind die Verfahren, mit denen die Verwaltungsgesellschaft Risiken ermittelt, begrenzt und steuert, die auf einer value-at-risk-Konzeption beruhen und über deren Grundparameter zu informieren ist.[70] Die jüngsten **Entwicklungen bei den Risiken und Renditen** der wichtigsten Kategorien von Vermögensgegenständen des Investmentvermögens beinhalten eine konkrete Analyse des tatsächlich gehaltenen Investmentportfolios.[71] Ob dies durch eine Bezugnahme auf den Jahres- und Halbjahresbericht erfolgen kann,[72] erscheint zweifelhaft, da die Information ausweislich des Wortlauts der Regelung zusätzlich erfolgen muss.[73] 48

---

62 *Zingel* in Baur/Tappen, § 297 KAGB Rz. 19 m.V.a. BT-Drucks. 16/5576, 92; ähnl. *Paul* in Weitnauer/Boxberger/Anders, § 297 KAGB Rz. 40.
63 Vgl. BT-Drucks. 17/12294, 280.
64 *Paul* in Weitnauer/Boxberger/Anders, § 297 KAGB Rz. 41, 40.
65 *Merk* in Moritz/Klebeck/Jesch, § 297 KAGB Rz. 46.
66 Vgl. BT-Drucks. 17/12294, 281.
67 Vgl. BT-Drucks. 17/12294, 281.
68 *Paul* in Weitnauer/Boxberger/Anders, § 297 KAGB Rz. 44.
69 Vgl. *Zingel* in Baur/Tappen, § 297 KAGB Rz. 26; *Merk* in Moritz/Klebeck/Jesch, § 297 KAGB Rz. 47.
70 Vgl. *Zingel* in Baur/Tappen, § 297 KAGB Rz. 26; *Merk* in Moritz/Klebeck/Jesch, § 297 KAGB Rz. 47.
71 *Merk* in Moritz/Klebeck/Jesch, § 297 KAGB Rz. 47.
72 So wohl *Zingel* in Baur/Tappen, § 297 KAGB Rz. 26.
73 Vgl. *Paul* in Weitnauer/Boxberger/Anders, § 297 KAGB Rz. 44.

§ 298 Veröffentlichungspflichten und laufende Informationspflichten für EU-OGAW

(1) [1]Für nach § 310 zum Vertrieb angezeigte Anteile oder Aktien an EU-OGAW hat die EU-OGAW-Verwaltungsgesellschaft oder die OGAW-Kapitalverwaltungsgesellschaft folgende Unterlagen und Angaben im Geltungsbereich dieses Gesetzes in deutscher Sprache oder in einer in internationalen Finanzkreisen üblichen Sprache zu veröffentlichen:

1. den Jahresbericht für den Schluss eines jeden Geschäftsjahres,

2. den Halbjahresbericht,

3. den Verkaufsprospekt,

4. die Anlagebedingungen oder die Satzung,

5. die Ausgabe- und Rücknahmepreise der Anteile oder Aktien sowie

6. sonstige Unterlagen und Angaben, die in dem Herkunftsmitgliedstaat des EU-OGAW zu veröffentlichen sind.

[2]Die wesentlichen Anlegerinformationen gemäß Artikel 78 der Richtlinie 2009/65/EG sind ohne Änderung gegenüber der im Herkunftsmitgliedstaat verwendeten Fassung in deutscher Sprache zu veröffentlichen. [3]Die in den Sätzen 1 und 2 beschriebenen Anforderungen gelten auch für jegliche Änderungen der genannten Informationen und Unterlagen. [4]Für die Häufigkeit der Veröffentlichungen von Ausgabe- und Rücknahmepreis gelten die Vorschriften des Herkunftsmitgliedstaates des EU-OGAW entsprechend.

(2) Neben der Veröffentlichung in einem im Verkaufsprospekt zu benennenden Informationsmedium sind die Anleger entsprechend § 167 unverzüglich mittels eines dauerhaften Datenträgers zu unterrichten über

1. die Aussetzung der Rücknahme der Anteile oder Aktien eines Investmentvermögens;

2. die Kündigung der Verwaltung eines Investmentvermögens oder dessen Abwicklung;

3. Änderungen der Anlagebedingungen, die mit den bisherigen Anlagegrundsätzen nicht vereinbar sind, die wesentliche Anlegerrechte berühren oder die Vergütungen und Aufwendungserstattungen betreffen, die aus dem Investmentvermögen entnommen werden können, einschließlich der Hintergründe der Änderungen sowie der Rechte der Anleger in einer verständlichen Art und Weise; dabei ist mitzuteilen, wo und auf welche Weise weitere Informationen hierzu erlangt werden können,

4. die Verschmelzung von Investmentvermögen in Form von Verschmelzungsinformationen, die gemäß Artikel 43 der Richtlinie 2009/65/EG zu erstellen sind, und

5. die Umwandlung eines Investmentvermögens in einen Feederfonds oder die Änderung eines Masterfonds in Form von Informationen, die gemäß Artikel 64 der Richtlinie 2009/65/EG zu erstellen sind.

In der Fassung vom 4.7.2013 (BGBl. I 2013, S. 1981).

I. Allgemeines

1 § 298 KAGB regelt die **laufenden Veröffentlichungs- und Informationspflichten hinsichtlich EU-OGAWs**, die in Deutschland vertrieben werden. Er entspricht mit redaktionellen Anpassungen an die Begriffsbestimmungen des § 1 KAGB dem aufgehobenen § 122 Abs. 1 InvG, wobei klargestellt wurde, dass neben der Pflicht zur Informationsveröffentlichung auch eine Informationspflicht mittels dauerhaften Datenträgers besteht, was der bisherigen Verwaltungspraxis der BaFin entspricht[1] und dient der Umsetzung der Vorgaben des Art. 94 OGAW-RL, dass Anleger im Vertriebsstaat alle Informationen und Unterlagen erhalten, die

1 Vgl. BT-Drucks. 17/12294, 281.

Anleger im Herkunftsmitgliedssaat nach Kap. IX der OGAW-RL bekommen.[2] Die Vorschrift dient dem Anlegerschutz durch Information und stellt zugleich einen weitgehenden Gleichklang mit den Informations- und Veröffentlichungspflichten in Bezug auf inländische OGAW her.[3]

II. Anwendungsbereich

§ 298 KAGB richtet sich an die **EU-OGAW-Verwaltungsgesellschaft** oder **die OGAW-Kapitalverwaltungsgesellschaft eines EU-OGAW**. OGAW-Kapitalverwaltungsgesellschaft sind nach § 1 Abs. 15 KAGB Kapitalverwaltungsgesellschaften nach § 17 KAGB, die mindestens einen OGAW verwalten oder zu verwalten beabsichtigen. EU-Verwaltungsgesellschaften sind in § 1 Abs. 17 KAGB definiert, OGAW in § 1 Abs. 2 KAGB und EU-Investmentvermögen in § 1 Abs. 8 KAGB. Die Veröffentlichungs- und laufenden Informationspflichten betreffen EU-OGAW, deren Anteile oder Aktien nach § 310 KAGB zum Vertrieb angezeigt wurden. 2

III. Allgemeine Veröffentlichungspflichten (§ 298 Abs. 1 KAGB)

Gegenstand der Veröffentlichungspflichten sind nach § 298 Abs. 1 Satz 1 Nr. 1 bis 6 KAGB der Jahresbericht für den Schluss eines jeden Geschäftsjahres (Nr. 1), der Halbjahresbericht (Nr. 2), der Verkaufsprospekt (Nr. 3), die Anlagebedingungen oder die Satzung (Nr. 4), die Ausgabe- und Rücknahmepreise der Anteile oder Aktien (Nr. 5) sowie sonstige Unterlagen und Angaben, die in dem Herkunftsmitgliedstaat des EU-OGAW zu veröffentlichen sind (Nr. 6). Zu den letzteren können etwa Einladungen zu Versammlungen der Inhaber der Anteile oder Aktien, Mitteilungen über Ausschüttungen oder personelle Veränderungen im Fondsmanagement sowie Verträge und Gesetze gehören, die für den EU-OGAW relevant sind.[4] Nach § 298 Abs. 1 Satz 2 KAGB sind auch die wesentlichen Anlegerinformationen gem. Art. 78 der Richtlinie 2009/65/EG zu veröffentlichen und zwar in einer deutschen Übersetzung, die gegenüber der im Herkunftsmitgliedstaat verwendeten Fassung keine Änderungen aufweist. Zudem ist jegliche Änderung der genannten Unterlagen und Informationen zu veröffentlichen. Für die Häufigkeit der Veröffentlichungen von Ausgabe- und Rücknahmepreis sind die Vorschriften des Herkunftsmitgliedstaates des EU-OGAW maßgeblich. 3

Die **Art und Weise der Veröffentlichung** umfasst zunächst die Pflicht, die genannten Unterlagen und Angaben in Deutschland und in Deutsch oder, bis auf die wesentlichen Anlegerinformationen, in einer in internationalen Finanzkreisen üblichen Sprache, also Englisch, zu veröffentlichen. Die wesentlichen Anlegerinformationen sind nach § 301 KAGB auf der Internetseite der OGAW-Verwaltungsgesellschaft zugänglich zu machen.[5] Die übrigen Unterlagen und Angaben können nach Auffassung der BaFin in Zeitungen mit Erscheinungsort in Deutschland, im Bundesanzeiger, in anderen an Anleger in Deutschland gerichteten elektronischen Informationsmedien, wie z.B. die Internetseite der OGAW-Verwaltungsgesellschaft, sowie auf dauerhaften Datenträgern nach § 167 KAGB veröffentlicht werden; Unterlagen, die für die Anleger im Heimatmitgliedstaat ausschließlich zur Einsichtnahme bei einer in den Verkaufsunterlagen bezeichneten Stelle bereit gehalten werden, auch in der Informationsstelle; für die Ausgabe- und Rücknahmepreise seien auch die Internetseite von Fondsplattformen ein geeignetes Informationsmedium.[6] Allerdings erscheint zweifelhaft, ob die Veröffentlichung tatsächlich nur auf dauerhaften Datenträgern erfolgen kann, da sie sich dann nicht wie sonst an die Allgemeinheit richtet. 4

IV. Besondere Unterrichtungspflichten (§ 298 Abs. 2 KAGB)

§ 298 Abs. 2 KAGB enthält die **Pflicht zur Information** der Anleger über die Aussetzung der Rücknahme der Anteile oder Aktien eines Investmentvermögens (Nr. 1); die Kündigung der Verwaltung eines Investmentvermögens oder dessen Abwicklung (Nr. 2); Änderungen der Anlagebedingungen, die mit den bisherigen Anlagegrundsätzen nicht vereinbar sind, die wesentliche Anlegerrechte berühren oder die Vergütungen und Aufwendungserstattungen betreffen, die aus dem Investmentvermögen entnommen werden 5

---

2 *Merk* in Moritz/Klebeck/Jesch, § 298 KAGB Rz. 1; *Paul* in Weitnauer/Boxberger/Anders, § 298 KAGB Rz. 1.

3 *Merk* in Moritz/Klebeck/Jesch, § 298 KAGB Rz. 4.

4 *Paul* in Weitnauer/Boxberger/Anders, § 298 KAGB Rz. 4.

5 BaFin, Merkblatt (2013) zum Vertrieb von Anteilen an EU-OGAW in der Bundesrepublik Deutschland gemäß § 310 Kapitalanlagegesetzbuch (KAGB), Stand 3.1.2018, Ziff. IV 3 a.

6 BaFin, Merkblatt (2013) zum Vertrieb von Anteilen an EU-OGAW in der Bundesrepublik Deutschland gemäß § 310 Kapitalanlagegesetzbuch (KAGB), Stand 3.1.2018, Ziff. IV 3 c.

können, einschließlich der Hintergründe der Änderungen sowie der Rechte der Anleger in einer verständlichen Art und Weise, wobei mitzuteilen ist, wo und auf welche Weise weitere Informationen hierzu erlangt werden können (Nr. 3); die Verschmelzung von Investmentvermögen in Form von Verschmelzungsinformationen, die gem. Art. 43 der Richtlinie 2009/65/EG zu erstellen sind (Nr. 4); und die Umwandlung eines Investmentvermögens in einen Feederfonds oder die Änderung eines Masterfonds in Form von Informationen, die gem. Art. 64 der Richtlinie 2009/65/EG zu erstellen sind (Nr. 5).

6 Die **Unterrichtung** hat in einem im Verkaufsprospekt zu benennenden Medium zu erfolgen. Daneben hat sie unverzüglich mittels eines dauerhaften Datenträgers zu erfolgen.

§ 299 Veröffentlichungspflichten und laufende Informationspflichten für EU-AIF und ausländische AIF

(1) [1]Die EU-AIF-Verwaltungsgesellschaft oder die ausländische AIF-Verwaltungsgesellschaft veröffentlicht für Anteile oder Aktien an EU-AIF oder ausländischen AIF

1. den Verkaufsprospekt und alle Änderungen desselben auf der Internetseite der AIF-Verwaltungsgesellschaft;

2. die Anlagebedingungen, die Satzung oder den Gesellschaftsvertrag und alle Änderungen derselben auf der Internetseite der AIF-Verwaltungsgesellschaft;

3. einen Jahresbericht für den Schluss eines jeden Geschäftsjahres im Bundesanzeiger spätestens sechs Monate nach Ablauf des Geschäftsjahres; der Bericht hat folgende Angaben zu enthalten:

a) eine Vermögensaufstellung, die in einer dem § 101 Absatz 1 Satz 3 Nummer 1 und 2, ausgenommen Nummer 1 Satz 3 und 7, und § 247 Absatz 1 vergleichbaren Weise ausgestaltet ist und die im Berichtszeitraum getätigten Käufe und Verkäufe von Vermögensgegenständen im Sinne von § 261 Absatz 1 Nummer 1 benennt;

b) eine nach der Art der Aufwendungen und Erträge gegliederte Aufwands- und Ertragsrechnung;

c) einen Bericht über die Tätigkeiten der AIF-Verwaltungsgesellschaft im vergangenen Geschäftsjahr einschließlich einer Übersicht über die Entwicklung des Investmentvermögens in einer § 101 Absatz 1 Satz 3 Nummer 4 Satz 3 vergleichbaren Weise; die Übersicht ist mit dem ausdrücklichen Hinweis zu verbinden, dass die vergangenheitsbezogenen Werte keine Rückschlüsse für die Zukunft gewähren;

d) die Anzahl der am Berichtsstichtag umlaufenden Anteile oder Aktien und den Wert eines Anteils oder einer Aktie;

e) jede wesentliche Änderung der im Verkaufsprospekt aufgeführten Informationen während des Geschäftsjahres, auf das sich der Bericht bezieht;

f) die Gesamtsumme der im abgelaufenen Geschäftsjahr gezahlten Vergütungen, aufgegliedert nach festen und variablen von der Verwaltungsgesellschaft an ihre Mitarbeiter gezahlten Vergütungen, sowie die Zahl der Begünstigten und gegebenenfalls die vom EU-AIF oder ausländischen AIF gezahlten Carried Interest;

g) die Gesamtsumme der gezahlten Vergütungen, aufgegliedert nach Vergütungen für Führungskräfte und Mitarbeiter der Verwaltungsgesellschaft, deren Tätigkeit sich wesentlich auf das Risikoprofil des AIF auswirkt;

h) eine Wiedergabe des vollständigen Berichts des Rechnungsprüfers einschließlich etwaiger Vorbehalte;

i) eine Gesamtkostenquote entsprechend § 166 Absatz 5 oder § 270 Absatz 1 in Verbindung mit § 166 Absatz 5; gegebenenfalls zusätzlich eine Kostenquote für erfolgsabhängige Verwaltungsvergütungen und zusätzliche Verwaltungsvergütungen nach § 166 Absatz 5 Satz 4 oder § 270 Absatz 4;

4. einen Halbjahresbericht für die Mitte eines jeden Geschäftsjahres, falls es sich um einen offenen AIF handelt; der Bericht ist im Bundesanzeiger spätestens zwei Monate nach dem Stichtag zu veröffentlichen und muss die Angaben nach Nummer 3 Buchstabe a und d enthalten; außerdem

sind die Angaben nach Nummer 3 Buchstabe b und c aufzunehmen, wenn für das Halbjahr Zwischenausschüttungen erfolgt oder vorgesehen sind;

5. die Ausgabe- und Rücknahmepreise und den Nettoinventarwert je Anteil oder Aktie bei jeder Ausgabe oder Rücknahme von Anteilen oder Aktien, jedoch mindestens einmal im Jahr, in einer im Verkaufsprospekt anzugebenden hinreichend verbreiteten Wirtschafts- oder Tageszeitung mit Erscheinungsort im Geltungsbereich dieses Gesetzes oder in den im Verkaufsprospekt bezeichneten elektronischen Informationsmedien; dabei ist der für den niedrigsten Anlagebetrag berechnete Ausgabepreis zu nennen; abweichend erfolgt die Veröffentlichung bei mit OGAW nach § 192 vergleichbaren Investmentvermögen mindestens zweimal im Monat.

2Inhalt und Form des Jahresberichtes bestimmen sich im Übrigen nach den Artikeln 103 bis 107 der Delegierten Verordnung (EU) Nr. 231/2013. 3Der Jahres- und Halbjahresbericht eines Feederfonds muss zudem die Anforderungen entsprechend § 173 Absatz 4 erfüllen. 4Die Berichte nach § 299 Absatz 1 Satz 1 Nummer 3 und 4 sind dem Anleger auf Verlangen zur Verfügung zu stellen. 5Ist der AIF nach der Richtlinie 2004/109/EG verpflichtet, Jahresfinanzberichte zu veröffentlichen, so sind dem Anleger die Angaben nach Satz 1 Nummer 3 auf Verlangen gesondert oder in Form einer Ergänzung zum Jahresfinanzbericht zur Verfügung zu stellen. 6In letzterem Fall ist der Jahresfinanzbericht spätestens vier Monate nach Ende des Geschäftsjahres zu veröffentlichen.

(2) Ausgabe- und Rücknahmepreise der Anteile oder Aktien an ausländischen AIF und EU-AIF dürfen in Bekanntgaben nur gemeinsam genannt werden; dabei ist der für den niedrigsten Anlagebetrag berechnete Ausgabepreis zu nennen.

(3) Für geschlossene EU-AIF und geschlossene ausländische AIF, die mit inländischen geschlossenen Publikums-AIF nach den §§ 261 bis 272 vergleichbar sind und die an einem organisierten Markt im Sinne des § 2 Absatz 11 des Wertpapierhandelsgesetzes oder an einem organisierten Markt, der die wesentlichen Anforderungen an geregelte Märkte im Sinne der Richtlinie 2014/65/EU erfüllt, zugelassen sind, müssen die gemäß Absatz 1 Satz 1 Nummer 3 zu veröffentlichenden Unterlagen eine Darstellung der Entwicklung des Kurses der Anteile oder Aktien des Investmentvermögens und des Nettoinventarwertes des Investmentvermögens im Berichtszeitraum enthalten.

(4) 1Absatz 1 Satz 1 Nummer 5 und Absatz 2 gelten nicht für geschlossene EU-AIF und geschlossene ausländische AIF, die mit inländischen geschlossenen AIF nach den §§ 261 bis 272 vergleichbar sind. 2Für AIF im Sinne von Satz 1, die nicht zu den in Absatz 3 genannten AIF gehören, muss den Anlegern der Nettoinventarwert je Anteil oder Aktie entsprechend den Vorschriften für inländische geschlossene Publikums-AIF nach § 272 offengelegt werden. 3Für AIF im Sinne von Absatz 3 veröffentlichen die AIF-Verwaltungsgesellschaften täglich in einer hinreichend verbreiteten Wirtschafts- oder Tageszeitung mit Erscheinungsort im Geltungsbereich dieses Gesetzes

1. den Kurs der Anteile oder Aktien des AIF, der an dem organisierten Markt im Sinne des § 2 Absatz 11 des Wertpapierhandelsgesetzes oder an einem organisierten Markt, der die wesentlichen Anforderungen an geregelte Märkte im Sinne der Richtlinie 2014/65/EU erfüllt, ermittelt wurde, und
2. den Nettoinventarwert des AIF entsprechend den Vorschriften für inländische geschlossene Publikums-AIF nach § 272.

4In sonstigen Veröffentlichungen und Werbeschriften über den AIF im Sinne von Satz 3 dürfen der Kurs der Anteile oder Aktien und der Nettoinventarwert des Investmentvermögens nur gemeinsam genannt werden.

(5) Die Veröffentlichungs- und Unterrichtungspflichten gemäß § 298 Absatz 2 gelten für EU-AIF-Verwaltungsgesellschaften oder ausländische AIF-Verwaltungsgesellschaften entsprechend.

In der Fassung vom 4.7.2013 (BGBl. I 2013, S. 1981), zuletzt geändert durch das Zweite Gesetz zur Novellierung von Finanzmarktvorschriften auf Grund europäischer Rechtsakte (Zweites Finanzmarktnovellierungsgesetz – 2. FiMaNoG) vom 23.6.2017 (BGBl. I 2017, S. 1693).

Schrifttum: *Emde/Dreibus*, Der Regierungsentwurf für ein Kapitalanlagengesetzbuch, BKR 2013, 89.

I. Allgemeines

1 § 299 KAGB regelt die **Pflichten zur Veröffentlichung und zur laufenden Information für EU-AIF und ausländische AIF**, die in Deutschland vertrieben werden. Er beruht im Wesentlichen auf dem aufgehobenen § 122 Abs. 2 bis 5 InvG[1] und dient insbesondere der Umsetzung von Art. 22 Abs. 1 und Art. 23 Abs. 2 Satz 2 AIFM-RL.[2]

II. Anwendungsbereich

2 § 299 KAGB richtet sich an die **EU-AIF-Verwaltungsgesellschaft** oder **die ausländische AIF-Verwaltungsgesellschaft eines EU-AIF oder ausländischen AIF**. AIF-Kapitalverwaltungsgesellschaften sind nach § 1 Abs. 16 KAGB Kapitalverwaltungsgesellschaften nach § 17 KAGB, die mindestens einen AIF verwalten oder zu verwalten beabsichtigen. EU-Verwaltungsgesellschaften sind in § 1 Abs. 17 KAGB definiert, AIF in § 1 Abs. 3 KAGB und EU-Investmentvermögen in § 1 Abs. 8 KAGB. Die Veröffentlichungs- und laufenden Informationspflichten betreffen die Anteile oder Aktien an EU-AIF und ausländischen AIF, die an Privatanleger vertrieben werden; dies ergibt sich aus den Gesetzesmaterialien[3] und dem systematischen Zusammenhang.[4]

III. Allgemeine Veröffentlichungspflichten (§ 299 Abs. 1 KAGB)

3 § 299 Abs. 1 KAGB regelt die Veröffentlichungspflichten nur für EU-AIF und ausländische AIF, die an Privatanleger vertrieben werden dürfen, während sich die entsprechenden Pflichten für inländische Publikums-AIF bereits aus den Produktregelungen ergeben; er beruht auf dem aufgehobenen § 122 Abs. 2 InvG.[5]

1. Verkaufsprospekt und Anlagebedingungen

4 Nach § 299 Abs. 1 Satz 1 Nr. 1 KAGB sind der **Verkaufsprospekt** und alle Änderungen desselben auf der Internetseite der AIF-Verwaltungsgesellschaft zu veröffentlichen. Nach § 299 Abs. 1 Satz 1 Nr. 2 KAGB sind die **Anlagebedingungen**, die **Satzung** oder der **Gesellschaftsvertrag** und alle Änderungen derselben auf der Internetseite der AIF-Verwaltungsgesellschaft zu veröffentlichen. § 299 Abs. 1 Nr. 1 und 2 KAGB entsprechen den Veröffentlichungspflichten von EU-OGAW.[6] Die Pflicht zur Veröffentlichung des Kaufprospekts und seiner Änderungen soll die Geltendmachung von Prospekthaftungsansprüchen erleichtern.[7] Der Verkaufsprospekt muss kein den Anforderungen des § 165 KAGB entsprechender, sondern der auch im Herkunftsland entsprechend der dort geltenden Vorschriften verwendete sein.[8]

2. Jahresbericht

5 Nach § 299 Abs. 1 Satz 1 Nr. 3 Halbs. 1 KAGB ist für den Schluss eines jeden Geschäftsjahres ein **Jahresbericht** spätestens sechs Monate nach Ablauf des Geschäftsjahres im Bundesanzeiger zu veröffentlichen und nach Satz 4 dem Anleger auf Verlangen zur Verfügung zu stellen. § 299 Abs. 1 Nr. 3 KAGB setzt für EU-AIF und ausländische AIF Art. 22 Abs. 2 und 3 AIFM-RL um.[9] Wenn der AIF auch nach der Transparenz-RL 2004/109/EG Jahresfinanzberichte veröffentlichen muss, verpflichtet § 299 Abs. 1 Satz 5 Alt. 1

1 Vgl. BT-Drucks. 17/12294, 281.
2 Vgl. *Zingel* in Baur/Tappen, § 299 KAGB Rz. 1.
3 BT-Drucks. 17/12294, 281.
4 *Merk* in Moritz/Klebeck/Jesch, § 299 KAGB Rz. 3.
5 Vgl. BT-Drucks. 17/12294, 281.
6 Vgl. BT-Drucks. 17/12294, 281.
7 *Merk* in Moritz/Klebeck/Jesch, § 299 KAGB Rz. 7; *Paul* in Weitnauer/Boxberger/Anders, § 299 KAGB Rz. 6.
8 Vgl. *Merk* in Moritz/Klebeck/Jesch, § 299 KAGB Rz. 7; *Paul* in Weitnauer/Boxberger/Anders, § 299 KAGB Rz. 6.
9 Vgl. BT-Drucks. 17/12294, 281.

KAGB dazu, die Angaben nach Satz 1 Nr. 3 dem Anleger auf Verlangen gesondert zur Verfügung zu stellen. Dies hat kostenlos zu erfolgen.[10] Statt die Angaben gesondert zur Verfügung zu stellen, können sie nach Satz 5 Alt. 2 auch in Form einer Ergänzung zum Jahresfinanzbericht zur Verfügung gestellt werden, der dann nach Satz 6 spätestens vier Monate nach Ende des Geschäftsjahres zu veröffentlichen ist.

Der Geschäftsbericht muss eine **Vermögensaufstellung** enthalten, die in einer Weise ausgestaltet sein muss, die dem § 101 Abs. 1 Satz 3 Nr. 1 und 2 KAGB, ausgenommen Nr. 1 Satz 3 und 7, und § 247 Abs. 1 KAGB vergleichbar ist und die im Berichtszeitraum getätigten Käufe und Verkäufe von Vermögensgegenständen i.S.v. § 261 Abs. 1 Nr. 1 KAGB benennt (§ 299 Abs. 1 Satz 1 Nr. 3 Halbs. 2 Buchst. a). Insbesondere ist für jeden Posten der Wertpapiere, Geldmarktinstrumente und Investmentanteile nach Nennbetrag oder Zahl aufzuführen, welche Käufe und Verkäufe im Berichtszeitraum getätigt wurden.[11] 6

Der Jahresbericht muss außerdem eine **Aufwands- und Ertragsrechnung** enthalten, die nach Art der Aufwendungen und Erträge gegliedert ist (§ 299 Abs. 1 Satz 1 Nr. 3 Halbs. 2 Buchst. b). Hier soll eine entsprechende Anwendung der § 101 Abs. 1 Satz 3 Nr. 4 Sätze 1 und 2 KAGB sinnvoll sein, wenn im Herkunftsland des AIF keine abweichenden Regelungen existieren.[12] Eine entsprechende Pflicht ist jedoch nicht angeordnet. 7

Der Jahresbericht hat weiter einen **Bericht über die Tätigkeiten der AIF-Verwaltungsgesellschaft** im vergangenen Geschäftsjahr zu umfassen, der eine Übersicht über die Entwicklung des Investmentvermögens einschließt, die § 101 Abs. 1 Satz 3 Nr. 4 Satz 3 KAGB vergleichbar und mit dem ausdrücklichen Hinweis verbunden ist, dass die vergangenheitsbezogenen Werte keine Rückschlüsse für die Zukunft gewähren (§ 299 Abs. 1 Satz 1 Nr. 3 Halbs. 2 Buchst. c); zudem die **Anzahl der Anteile oder Aktien**, die am Berichtsstichtag umlaufen, und den Wert eines Anteils oder einer Aktie am Berichtsstichtag (Halbs. 2 Buchst. d); jede **wesentliche Änderung** der Informationen, die im Verkaufsprospekt aufgeführt sind, die während des Geschäftsjahres eintreten, auf das sich der Bericht bezieht (Halbs. 2 Buchst. e); die **Gesamtsumme der im abgelaufenen Geschäftsjahr gezahlten Vergütungen**, die aufgegliedert werden muss nach festen und variablen Vergütungen, die von der Verwaltungsgesellschaft an ihre Mitarbeiter gezahlt wurden, sowie die Zahl der Begünstigten und gegebenenfalls die vom EU-AIF oder ausländischen AIF gezahlten Carried Interest (Halbs. 2 Buchst. f); die **Gesamtsumme der gezahlten Vergütungen für Führungskräfte und Mitarbeiter der Verwaltungsgesellschaft**, deren Tätigkeit sich wesentlich auf das Risikoprofil des AIF auswirkt, aufgegliedert nach Vergütungen für Führungskräfte und solche für Mitarbeiter (Halbs. 2 Buchst. g). 8

Der Jahresbericht hat darüber hinaus eine Wiedergabe des vollständigen **Berichts des Rechnungsprüfers** einschließlich etwaiger Vorbehalte (§ 299 Abs. 1 Satz 1 Nr. 3 Halbs. 2 Buchst. h) zu enthalten. Dieser muss nicht den Anforderungen des § 102 KAGB entsprechen,[13] sondern denjenigen des Herkunftslandes des AIF. Der Jahresbericht muss schließlich eine Gesamtkostenquote angeben, die § 166 Abs. 5 KAGB oder § 270 Abs. 1 i.V.m. § 166 Abs. 5 KAGB entspricht, und gegebenenfalls zusätzlich eine Kostenquote für erfolgsabhängige Verwaltungsvergütungen und zusätzliche Verwaltungsvergütungen nach § 166 Abs. 5 Satz 4 oder § 270 Abs. 4 KAGB (§ 299 Abs. 1 Satz 1 Nr. 3 Halbs. 2 Buchst. i). 9

Nach § 299 Abs. 1 Satz 2 KAGB bestimmen sich **Inhalt und Form des Jahresberichts** im Übrigen nach Art. 103 bis 107 der Delegierten Verordnung (EU) Nr. 231/2013.[14] Dies setzt Art. 22 Abs. 4 AIFM-RL um.[15] Nach § 299 Abs. 1 Satz 3 KAGB muss er bei **Feederfonds** zudem die Anforderungen entsprechend § 173 Abs. 4 KAGB erfüllen. 10

3. Halbjahresbericht

Nach § 299 Abs. 1 Satz 1 Nr. 4 KAGB ist bei **offenen AIF** ein **Halbjahresbericht** für die Mitte eines jeden Geschäftsjahres spätestens zwei Monate nach dem Stichtag im Bundesanzeiger zu veröffentlichen und nach Satz 4 dem Anleger auf Verlangen zur Verfügung zu stellen. Die Vorschrift beruht auf dem aufgehobenen § 122 Abs. 2 Nr. 2 InvG, verlangt aber wie bei den Regelungen für geschlossene Publikums-AIF nicht die Veröffentlichung eines Halbjahresberichts für geschlossene EU-AIF und geschlossene ausländische AIF.[16] 11

---

10 *Merk* in Moritz/Klebeck/Jesch, § 299 KAGB Rz. 15.
11 *Zingel* in Baur/Tappen, § 299 KAGB Rz. 4; *Merk* in Moritz/Klebeck/Jesch, § 299 KAGB Rz. 10.
12 So *Zingel* in Baur/Tappen, § 299 Rz. 5; *Merk* in Moritz/Klebeck/Jesch, § 299 KAGB Rz. 11.
13 So aber *Merk* in Moritz/Klebeck/Jesch, § 299 KAGBRz. 13; *Paul* in Weitnauer/Boxberger/Anders, § 299 KAGB Rz. 9.
14 Zu der Delegierten Verordnung *Emde/Dreibus*, BKR 2013, 89 (90).
15 Vgl. BT-Drucks. 17/12294, 281.
16 Vgl. BT-Drucks. 17/12294, 281.

Er muss die Vermögensaufstellung und Angaben zu den Anteilen und Aktien nach § 299 Abs. 1 Satz 1 Nr. 3 Halbs. 2 Buchst. a und d KAGB enthalten; wenn für das Halbjahr Zwischenausschüttungen erfolgt oder vorgesehen sind, auch die Aufwands- und Ertragsrechnung sowie den Tätigkeitsbericht nach § 299 Abs. 1 Satz 1 Nr. 3 Halbs. 2 Nr. 3 Buchst. b und c KAGB.

12 Nach § 299 Abs. 1 Satz 3 KAGB muss er bei **Feederfonds** zudem die Anforderungen entsprechend § 173 Abs. 4 KAGB erfüllen. Diese zusätzlichen Anforderungen für offene inländische Publikumsinvestmentvermögen dienen dem Anlegerschutz und sind durch Art. 43 Abs. 1 Unterabs. 2 AIFM-RL gedeckt.[17]

4. Ausgabe- und Rücknahmepreise sowie Nettoinventarwert

13 Nach § 299 Abs. 1 Satz 1 Nr. 5 KAGB sind die **Ausgabe- und Rücknahmepreise** und der **Nettoinventarwert** je Anteil oder Aktie zu veröffentlichen. § 299 Abs. 1 Nr. 5 KAGB beruht auf dem aufgehobenen § 122 Abs. 2 Nr. 3 InvG, ist aber an die für Publikumsinvestmentvermögen geltenden Regelungen angepasst.[18] Die Veröffentlichung hat in einer im Verkaufsprospekt anzugebenden hinreichend verbreiteten Wirtschafts- oder Tageszeitung mit Erscheinungsort im Geltungsbereich dieses Gesetzes oder in den im Verkaufsprospekt bezeichneten elektronischen Informationsmedien zu erfolgen. Dabei muss der für den niedrigsten Anlagebetrag berechnete Ausgabepreis genannt werden. Die Veröffentlichung hat bei jeder Ausgabe oder Rücknahme von Anteilen oder Aktien, jedoch mindestens einmal im Jahr zu erfolgen, bei mit OGAW nach § 192 KAGB vergleichbaren Investmentvermögen mindestens zweimal im Monat.

IV. Angabe der Ausgabe- und Rücknahmepreise (§ 299 Abs. 2 KAGB)

14 § 299 Abs. 2 KAGB schreibt vor, dass Ausgabe- und Rücknahmepreise der Anteile oder Aktien an ausländischen AIF und EU-AIF in Bekanntgaben nur gemeinsam genannt werden dürfen und dass dabei der für den niedrigsten Anlagebetrag berechnete Ausgabepreis zu nennen ist. Er entspricht mit redaktionellen Anpassungen an die Begriffsbestimmungen des § 1 KAGB dem aufgehobenen § 122 Abs. 3 InvG.[19]

V. Sonderregeln für mit inländischen Publikums-AIF vergleichbare EU-AIF und ausländische AIF (§ 299 Abs. 3 und 4 KAGB)

15 Für **geschlossene EU-AIF** und **geschlossene ausländische AIF**, die mit inländischen geschlossenen Publikums-AIF nach den §§ 261 bis 272 KAGB vergleichbar sind, gelten nach § 299 Abs. 4 Satz 1 KAGB die Vorgaben des Abs. 1 Satz 1 Nr. 5 und Abs. 2 über die Ausgabe- und Rücknahmepreise und den Nettoinventarwert nicht. Stattdessen enthalten § 299 Abs. 3 und 4 KAGB Sonderregelungen. § 299 Abs. 3 KAGB entspricht mit redaktionellen Anpassungen an die Begriffsbestimmungen des § 1 KAGB dem aufgehobenen § 122 Abs. 4 InvG.[20] § 299 Abs. 4 Satz 1, 3 und 4 KAGB entspricht mit redaktionellen Anpassungen an die Begriffsbestimmungen des § 1 KAGB dem aufgehobenen § 122 Abs. 5 InvG, verweist allerdings nunmehr in Bezug auf die Veröffentlichung des Nettoinventarwertes auf die Vorschriften für inländische geschlossene Publikums-AIF; § 299 Abs. 4 Satz 2 ordnet für geschlossene EU- und ausländische AIF, die mit denen nach §§ 261 bis 272 KAGB vergleichbar sind, jedoch nicht an einem organisierten Markt zugelassen sind, die gleichen Vorschriften an wie für inländische geschlossene AIF.[21]

16 Sind die genannten geschlossenen EU-AIF und ausländischen AIF an einem **organisierten Markt** i.S.d. § 2 Abs. 11 WpHG oder an einem organisierten Markt, der die wesentlichen Anforderungen an geregelte Märkte i.S.d. MiFiD II-RL 2014/65/EU erfüllt, insb. die Art. 44 ff. MiFID II-RL, zugelassen, müssen die mit dem Jahresbericht gem. § 299 Abs. 1 Satz 1 Nr. 3 KAGB zu veröffentlichenden Unterlagen nach § 299 Abs. 3 KAGB auch eine Darstellung der Entwicklung sowohl des Kurses der Anteile oder Aktien des Investmentvermögens als auch des Nettoinventarwertes des Investmentvermögens im Berichtszeitraum enthalten. Zudem müssen die AIF-Verwaltungsgesellschaften nach § 299 Abs. 4 Satz 3 KAGB den Kurs der Anteile oder Aktien des AIF und den Nettoinventarwert des AIF täglich in einer in Deutschland erscheinenden und dort hinreichend verbreiteten Wirtschafts- oder Tageszeitung veröffentlichen. Der Kurs ist derjenige,

17 Vgl. BT-Drucks. 17/12294, 281.
18 Vgl. BT-Drucks. 17/12294, 281.
19 Vgl. BT-Drucks. 17/12294, 281.
20 Vgl. BT-Drucks. 17/12294, 281.
21 Vgl. BT-Drucks. 17/12294, 281.

der an dem organisierten Markt i.S.d. § 2 Abs. 11 WpHG oder an einem organisierten Markt, der die wesentlichen Anforderungen an geregelte Märkte i.S.d. MiFiD II-RL 2014/65/EU erfüllt, ermittelt wurde, auf dem der AIF gehandelt wird. Der Nettoinventarwert ist entsprechend den Vorschriften für inländische geschlossene Publikums-AIF nach § 272 zu veröffentlichen. Der Kurs der Anteile oder Aktien und der Nettoinventarwert des Investmentvermögens dürfen in sonstigen Veröffentlichungen und Werbeschriften über den AIF nach § 299 Abs. 4 Satz 4 KAGB nur gemeinsam genannt werden.

Sind die genannten geschlossenen EU-AIF und ausländischen AIF nicht an einem organisierten Markt i.S.d. § 2 Abs. 11 WpHG oder an einem organisierten Markt zugelassen, der die wesentlichen Anforderungen an geregelte Märkte im Sinne der MiFiD II-RL 2014/65/EU erfüllt, ist nach § 299 Abs. 4 Satz 2 KAGB der Nettoinventarwert je Anteil oder Aktie den Anlegern entsprechend den Vorschriften für inländische geschlossene Publikums-AIF nach § 272 KAGB offenzulegen. 17

VI. Veröffentlichungs- und Unterrichtungspflichten für EU- oder ausländische AIF-Verwaltungsgesellschaften (§ 299 Abs. 5 KAGB)

Die besonderen Unterrichtungspflichten des § 298 Abs. 2 KAGB gelten nach § 299 Abs. 5 KAGB für EU-AIF-Verwaltungsgesellschaften oder ausländische AIF-Verwaltungsgesellschaften für die von ihnen verwalteten AIF entsprechend. 18

§ 300 Zusätzliche Informationspflichten bei AIF

(1) Für jeden von ihr verwalteten inländischen AIF, EU-AIF oder ausländischen AIF muss die AIF-Verwaltungsgesellschaft den Anlegern im Geltungsbereich dieses Gesetzes regelmäßig Folgendes offenlegen:

1. den prozentualen Anteil der Vermögensgegenstände des AIF, die schwer zu liquidieren sind und für die deshalb besondere Regelungen gelten,

2. jegliche neue Regelungen zum Liquiditätsmanagement des AIF und

3. das aktuelle Risikoprofil des AIF und die von der AIF-Verwaltungsgesellschaft zur Steuerung dieser Risiken eingesetzten Risikomanagementsysteme.

(2) Für jeden von ihr verwalteten, Leverage einsetzenden inländischen AIF, EU-AIF oder ausländischen AIF muss die AIF-Verwaltungsgesellschaft den Anlegern im Geltungsbereich dieses Gesetzes regelmäßig Folgendes offenlegen:

1. alle Änderungen des maximalen Umfangs, in dem die AIF-Verwaltungsgesellschaft für Rechnung des AIF Leverage einsetzen kann sowie etwaige Rechte zur Wiederverwendung von Sicherheiten oder sonstige Garantien, die im Rahmen von Leverage-Geschäften gewährt wurden, und

2. die Gesamthöhe des Leverage des betreffenden AIF.

(3) Nähere Bestimmungen zu den Offenlegungspflichten gemäß den Absätzen 1 und 2 ergeben sich aus den Artikeln 108 und 109 der Delegierten Verordnung (EU) Nr. 231/2013.

(4) Die AIF-Verwaltungsgesellschaft informiert die Anleger zusätzlich unverzüglich mittels dauerhaften Datenträgers entsprechend § 167 und durch Veröffentlichung in einem weiteren im Verkaufsprospekt zu benennenden Informationsmedium über alle Änderungen, die sich in Bezug auf die Haftung der Verwahrstelle ergeben.

In der Fassung vom 4.7.2013 (BGBl. I 2013, S. 1981).

Schrifttum: *Klebeck*, Side Pockets, ZBB 2012, 30.

I. Allgemeines

1 § 300 KAGB statuiert **zusätzliche Informationspflichten bei AIF**, die aus Gründen des Anlegerschutzes die Informationspflichten nach §§ 101 ff. und 162 ff. KAGB verstärken.[1] § 300 Abs. 1, 2 und 3 KAGB dienen der Umsetzung von Art. 23 Abs. 4, 5 und 6 AIFM-RL, wobei in Abs. 3 nur in Bezug auf die Offenlegungspflichten auf die von der Kommission auf Grundlage des Art. 23 Abs. 6 AIFM-RL zu erlassende Verordnung verwiesen wird und dieser Verweis in Leere geht, soweit in dieser Verordnung genannte Techniken und Instrumente für einen bestimmten Publikums-AIF nicht zulässig sind; § 300 Abs. 4 KAGB dient der Umsetzung von Art. 23 Abs. 2 Satz 2 AIFM-RL, sieht aber zusätzlich vor, dass mittels eines dauerhaften Datenträgers unterrichtet und in einem im Verkaufsprospekt zu benennenden Informationsmedium veröffentlicht wird, was dem Schutz der Privatanleger dient und durch Art. 43 Abs. 1 Unterabs. 1 AIFM-RL gedeckt ist.[2]

II. Anwendungsbereich

2 § 300 KAGB richtet sich an AIF-Verwaltungsgesellschaften, die inländische AIF, EU-AIF oder ausländische AIF verwalten, also nach § 1 Abs. 14 Satz 2 KAGB sowohl an AIF-Kapitalverwaltungsgesellschaften als auch an EU-AIF-Verwaltungsgesellschaften und ausländische AIF-Verwaltungsgesellschaften. Er ist entsprechend der Gesetzessystematik nur bei AIF anwendbar, die von Privatanlegern erworben werden.[3] Die Pflichten bestehen über die gesamte Laufzeit des Investmentvermögens.[4]

III. Inhalt der Offenlegung

3 Nach § 300 Abs. 1 Nr. 1 KAGB ist der prozentuale Anteil der **Vermögenswerte** offenzulegen, die schwer zu liquidieren sind und für die daher besondere Regelungen gelten. Einzelheiten ergeben sich nach § 300 Abs. 3 KAGB aus Art. 108 Abs. 2 Buchst. b VO (EU) Nr. 231/2013.

4 Nach § 300 Abs. 1 Nr. 2 KAGB sind jegliche neue **Regelungen zum Liquiditätsmanagement** des AIF offenzulegen, vgl. auch Art. 108 Abs. 3 Buchst. a VO (EU) Nr. 231/2013. Die Offenlegung soll hier innerhalb weniger Wochen erfolgen müssen.[5] Nach § 300 Abs. 3 KAGB i.V.m. Art. 108 Abs. 3 Buchst. b VO (EU) Nr. 231/2013 ist auch die Pflicht zur Information über die Aktivierung von Gates, Side Pockets oder ähnlichen besonderen Regelungen oder den Beschluss der Aussetzung von Rücknahmen umfasst.[6] Diese hat umgehend zu erfolgen, worunter wenige Tage bis eine Woche zu verstehen sein sollen.[7] Nach § 300 Abs. 3 KAGB i.V.m. Art. 108 Abs. 3 Buchst. c VO (EU) Nr. 231/2013 ist ein Überblick über Änderungen an allgemeinen oder besonderen liquiditätsbezogenen Regelungen zu geben, was auch die Bedingungen umfasst, unter denen die Rücknahme erlaubt ist; ebenso die Umstände, unter denen das Management nach eigenem Ermessen handelt. Anzugeben sind danach auch alle Abstimmungs- oder sonstigen Beschränkungen, die geltend gemacht werden können, sowie Bindungsfristen oder jede Bestimmung, die sich bei Gates oder Aussetzungen auf „first in line" oder „pro-rating" bezieht.

5 Nach § 300 Abs. 1 Nr. 3 KAGB sind das **Risikoprofil** und die eingesetzten **Risikomanagement-Systeme** offenzulegen. Die Informationen über das Risikoprofil umfassen nach § 300 Abs. 3 KAGB i.V.m. Art. 108 Abs. 4 Unterabs. 1 VO (EU) Nr. 231/2013 die Maßnahmen zur Bewertung der Sensitivität des AIF-Portfolios gegenüber den Hauptrisiken des AIF; außerdem, ob und unter welchen Umständen die festgelegten Risikolimits überschritten wurden und welche Abhilfemaßnahmen getroffen wurden sowie ob ein Überschreiten wahrscheinlich ist. Die Unterrichtung über die eingesetzten Risikomanagement-Systeme umfasst nach § 300 Abs. 3 KAGB i.V.m. Art. 108 Abs. 5 Unterabs. 2 VO (EU) Nr. 231/2013 die Grundzüge der eingesetzten Risikomanagement-Systeme und die Information über Änderungen und deren erwarteten Auswirkungen auf den AIF und seine Anleger.

6 Soweit der AIF Leverage einsetzt, sind nach § 300 Abs. 2 Nr. 1 KAGB alle **Änderungen des maximalen Umfangs des Leverage** offenzulegen, das AIF-Verwaltungsgesellschaft für Rechnung des AIF einsetzen

1 *Merk* in Moritz/Klebeck/Jesch, § 300 KAGB Rz. 4.
2 Vgl. BT-Drucks. 17/12294, 281.
3 Vgl. *Merk* in Moritz/Klebeck/Jesch, § 300 KAGB Rz. 2.
4 *Paul* in Weitnauer/Boxberger/Anders, § 301 KAGB Rz. 2.
5 *Merk* in Moritz/Klebeck/Jesch, § 300 KAGB Rz. 10.
6 Vgl. BaFin, Häufige Fragen zum Vertrieb und Erwerb von Investmentvermögen nach dem KAGB (WA 41-Wp 2137-2013/0293) v. 4.7.2013 (Stand 16.3.2018), Nr. 3.6; zu Side Pockets *Klebeck*, ZBB 2012, 30 ff.
7 *Merk* in Moritz/Klebeck/Jesch, § 300 KAGB Rz. 10.

kann; ebenso sind etwaige Rechte zur Wiederverwendung von Sicherheiten und sonstigen Garantien offenzulegen, die im Rahmen von Leverage-Geschäften gewährt wurden, vgl. auch Art. 109 Abs. 2 VO (EU) Nr. 231/2013.[8] Zudem ist die Gesamthöhe des Leverage des betreffenden AIF offenzulegen. Einzelheiten ergeben sich nach § 300 Abs. 3 KAGB aus Art. 109 Abs. 3 VO (EU) Nr. 231/2013.

Die **Offenlegung** der genannten Informationen hat, soweit sie nicht umgehend zu geschehen hat, zumindest einmal im Jahr zeitgleich mit dem Jahresbericht gem. Art. 22 Abs. 1 AIFM-RL zu erfolgen, darüber hinaus auch zu den Zeitpunkten, die sich aus den Anlagebedingungen oder der Satzung oder dem Prospekt oder den Emissionsunterlagen ergeben, vgl. Art. 108 Abs. 2 Buchst. b, Abs. 4 Unterabs. 2, Abs. 5 Unterabs. 2 und Art. 109 Abs. 3 VO (EU) Nr. 231/2013.[9] 7

IV. Art und Weise der Offenlegung (§ 300 Abs. 3 KAGB)

Die **Darstellung der Informationen** hat nach § 300 Abs. 2 KAGB i.V.m. Art. 108 Abs. 1 VO (EU) Nr. 231/2103 klar und verständlich zu erfolgen.[10] 8

Soweit das KAGB an anderer Stelle **weitergehende Vorgaben** enthält, etwa für inländische Publikums-AIF oder EU-AIF und ausländische AIF mit Berechtigung zum Vertrieb an Privatanleger, haben diese Vorschriften Vorrang, etwa die unverzügliche Information per dauerhaftem Datenträger im Fall der Aussetzung der Rücknahme nach § 299 Abs. 5 Satz 1 i.V.m. § 298 Abs. 2 Nr. 1 KAGB.[11] Soweit sich aus dem KAGB und der VO (EU) Nr. 231/2013 keine weitergehenden Vorgaben ergeben, sind für die Zeitpunkte und die Art und Weise der Vorlage der Informationen die Angaben in den Anlagebedingungen und im Verkaufsprospekt oder in den Informationen nach § 307 Abs. 1 KAGB maßgeblich.[12] 9

V. Informationen über Änderungen der Haftung der Verwahrstelle (§ 300 Abs. 4 KAGB)

Nach § 300 Abs. 4 KAGB hat die AIF-Verwaltungsgesellschaft die Anleger zusätzlich unverzüglich über alle **Änderungen in Bezug auf die Haftung der Verwahrstelle** zu informieren; diese Information hat mittels eines dauerhaften Datenträgers entsprechend § 167 KAGB sowie durch Veröffentlichung in einem weiteren Informationsmedium zu geschehen, das im Verkaufsprospekt zu benennen ist. Dies kann auch die Internetseite der Verwahrstelle sein.[13] Die Information ist unverzüglich, wenn sie ohne schuldhaftes Zögern erfolgt, § 121 Abs. 1 BGB. Ein Verkaufsprospekt, in dem nach § 300 Abs. 4 KAGB das weitere Informationsmedium zu benennen ist, liegt jedoch gem. § 297 Abs. 2, 4 KAGB nur beim Vertrieb und Erwerb in Bezug auf Privatanleger vor, während beim Vertrieb und Erwerb in Bezug auf semiprofessionelle und professionelle Anleger nur die Informationspflichten nach § 307 KAGB bestehen. Jedoch läuft die Regelung des § 300 Abs. 4 KAGB insoweit nicht leer,[14] da diese nur in Bezug auf Privatanleger gilt, während in Bezug auf semiprofessionelle und professionelle Anleger der § 308 Abs. 4 KAGB gilt, der nur eine unverzügliche Informationspflicht vorsieht, ohne das Medium vorzuschreiben. 10

§ 301 Sonstige Veröffentlichungspflichten

Auf der Internetseite der Kapitalverwaltungsgesellschaft, der EU-Verwaltungsgesellschaft oder der ausländischen AIF-Verwaltungsgesellschaft ist jeweils eine geltende Fassung der wesentlichen Anlegerinformationen zu veröffentlichen.

---

8 Vgl. BaFin, Häufige Fragen zum Vertrieb und Erwerb von Investmentvermögen nach dem KAGB (WA 41-Wp 2137-2013/0293) v. 4.7.2013 (Stand 16.3.2018), Nr. 3.6.
9 Vgl. BaFin, Häufige Fragen zum Vertrieb und Erwerb von Investmentvermögen nach dem KAGB (WA 41-Wp 2137-2013/0293) v. 4.7.2013 (Stand 16.3.2018), Nr. 3.6.
10 Vgl. BaFin, Häufige Fragen zum Vertrieb und Erwerb von Investmentvermögen nach dem KAGB (WA 41-Wp 2137-2013/0293) v. 4.7.2013 (Stand 16.3.2018), Nr. 3.6.
11 Vgl. BaFin, Häufige Fragen zum Vertrieb und Erwerb von Investmentvermögen nach dem KAGB (WA 41-Wp 2137-2013/0293) v. 4.7.2013 (Stand 16.3.2018), Nr. 3.6.
12 Vgl. BaFin, Häufige Fragen zum Vertrieb und Erwerb von Investmentvermögen nach dem KAGB (WA 41-Wp 2137-2013/0293) v. 4.7.2013 (Stand 16.3.2018), Nr. 3.6.
13 *Zingel* in Baur/Tappen, § 300 KAGB Rz. 8; *Merk* in Moritz/Klebeck/Jesch, § 300 KAGB Rz. 15.
14 So aber *Paul* in Weitnauer/Boxberger/Anders, § 300 KAGB Rz. 12.

In der Fassung vom 4.7.2013 (BGBl. I 2013, S. 1981), zuletzt geändert durch das Gesetz zur Umsetzung der Richtlinie 2014/91/EU des Europäischen Parlaments und des Rates vom 23. Juli 2014 zur Änderung der Richtlinie 2009/65/EG zur Koordinierung der Rechts- und Verwaltungsvorschriften betreffend bestimmte Organismen für gemeinsame Anlagen in Wertpapieren (OGAW) im Hinblick auf die Aufgaben der Verwahrstelle, die Vergütungspolitik und Sanktionen vom 3.3.2016 (BGBl. I 2016, S. 348).

I. Allgemeines

1 § 301 KAGB enthält die **Pflicht zur Veröffentlichung der wesentlichen Anlegerinformationen** auf der Internetseite der Kapitalverwaltungsgesellschaft, der EU-Verwaltungsgesellschaft oder der ausländischen AIF-Verwaltungsgesellschaft. Er beruht mit redaktionellen Anpassungen an die Begriffsbestimmungen des § 1 KAGB auf dem aufgehobenen § 121 Abs. 1 Satz 5 InvG[1] und setzt Art. 81 Abs. 1 Unterabs. 2 OGAW IV-RL und Art. 23 AIFM-RL um.[2] Die Vorschrift dient dem Anlegerschutz.[3] Dabei sind die wesentlichen Anlegerinformationen der Allgemeinheit zur Verfügung zu stellen, damit nicht nur die Anleger, sondern auch jeder Intermediär Zugang zu ihnen hat.[4]

II. Anwendungsbereich

2 Die Pflicht zur Veröffentlichung der wesentlichen Anlegerinformationen gilt sowohl bei **OGAW** als auch bei **AIF**, allerdings nur, wenn sie an Privatanleger vertrieben werden.[5] Adressaten sind die **Kapitalverwaltungsgesellschaften**, die in § 17 KAGB definiert sind und inländische Investmentvermögen, EU-Investmentvermögen oder ausländische AIF verwalten können. Investmentvermögen sind in § 1 Abs. 2 und 3 KAGB definiert, EU-Investmentvermögen in § 1 Abs. 8 KAGB, ausländische AIF in § 1 Abs. 9 KAGB. Der Inhalt der wesentlichen Anlegerinformationen ist in § 166 KAGB geregelt.

III. Veröffentlichungspflicht

3 Die **Pflicht zur Veröffentlichung der wesentlichen Anlegerinformationen** in der jeweils geltenden Fassung auf der **Internetseite** der Kapitalverwaltungsgesellschaft, der EU-Verwaltungsgesellschaft oder der ausländischen AIF-Verwaltungsgesellschaft umfasst die Pflicht dieser Gesellschaften, eine Internetseite zu betreiben. Für die Veröffentlichung genügt es nicht, wesentliche Anlegerinformationen nur in einem geschützten Bereich auf der Internetseite der Verwaltungsgesellschaft lediglich den aktuellen und potentiellen Investoren zugänglich zu machen, da die Veröffentlichung grundsätzlich an die Allgemeinheit gerichtet ist und nicht nur die Anleger, sondern auch jeder Intermediär Zugang zu den Informationen haben soll.[6] Neben der Veröffentlichungspflicht aus § 301 KAGB besteht gegenüber Anlegern auch die Pflicht aus § 297 Abs. 1 Satz 1 und Abs. 2 Satz 2 KAGB, die wesentlichen Anlegerinformationen kostenlos zur Verfügung zu stellen, die nach § 297 Abs. 4 Satz 1 KAGB auch durch die Veröffentlichung auf einer Internetseite erfüllt werden kann, auf Verlangen des Anlegers aber auch kostenlos in Papierform zu erfolgen hat. Die Pflichten bestehen über die gesamte Laufzeit des Investmentvermögens.[7]

4 Die Veröffentlichung der allgemeinen Anlegerinformationen auf der Internetseite der Verwaltungsgesellschaft begründet nach § 293 Abs. 1 Satz 2 Nr. 6 KAGB einen **Vertrieb** und ist nicht mehr zulässig, wenn

1 Vgl. BT-Drucks. 17/12294, 281.
2 *Merk* in Moritz/Klebeck/Jesch, § 301 KAGB Rz. 1.
3 *Merk* in Moritz/Klebeck/Jesch, § 301 KAGB Rz. 4.
4 Vgl. BaFin, Häufige Fragen zum Vertrieb und Erwerb von Investmentvermögen nach dem KAGB (WA 41-Wp 2137-2013/0293) v. 4.7.2013 (Stand 16.3.2018), Nr. 3.7.
5 *Merk* in Moritz/Klebeck/Jesch, § 301 KAGB Rz. 1.
6 Vgl. BaFin, Häufige Fragen zum Vertrieb und Erwerb von Investmentvermögen nach dem KAGB (WA 41-Wp 2137-2013/0293) v. 4.7.2013 (Stand 16.3.2018), Nr. 3.7; *Merk* in Moritz/Klebeck/Jesch, § 301 KAGB Rz. 6; *Paul* in Weitnauer/Boxberger/Anders, § 301 KAGB Rz. 9.
7 *Paul* in Weitnauer/Boxberger/Anders, § 301 KAGB Rz. 2.

der Vertrieb von Anteilen oder Aktien des Investmentvermögens eingestellt wurde, was der BaFin im Wege einer Änderungsanzeige angezeigt werden muss.[8]

§ 302 Werbung

(1) [1]Werbung für AIF gegenüber Privatanlegern und Werbung für OGAW muss eindeutig als solche erkennbar sein. [2]Sie muss redlich und eindeutig sein und darf nicht irreführend sein. [3]Insbesondere darf Werbung, die zum Erwerb von Anteilen oder Aktien eines inländischen Investmentvermögens, EU-Investmentvermögens oder ausländischen AIF auffordert und spezifische Informationen über diese Anteile oder Aktien enthält, keine Aussagen treffen, die im Widerspruch zu Informationen des Verkaufsprospekts und den in den §§ 166, 270, 318 Absatz 5 oder in Artikel 78 der Richtlinie 2009/65/EG genannten wesentlichen Anlegerinformationen stehen oder die Bedeutung dieser Informationen herabstufen.

(2) [1]Bei Werbung in Textform ist darauf hinzuweisen, dass ein Verkaufsprospekt existiert und dass die in den §§ 166, 270, 318 Absatz 5 oder in Artikel 78 der Richtlinie 2009/65/EG genannten wesentlichen Anlegerinformationen verfügbar sind. [2]Dabei ist anzugeben, wo und in welcher Sprache diese Informationen oder Unterlagen erhältlich sind und welche Zugangsmöglichkeiten bestehen.

(3) Werbung in Textform für den Erwerb von Anteilen oder Aktien eines inländischen Investmentvermögens, nach dessen Anlagebedingungen oder Satzung die Anlage von mehr als 35 Prozent des Wertes des Investmentvermögens in Schuldverschreibungen eines der in § 206 Absatz 2 Satz 1 genannten Aussteller zulässig ist, muss diese Aussteller benennen.

(4) [1]Werbung für den Erwerb von Anteilen oder Aktien eines Investmentvermögens, nach dessen Anlagebedingungen oder Satzung ein anerkannter Wertpapierindex nachgebildet wird oder hauptsächlich in Derivate nach Maßgabe des § 197 angelegt wird, muss auf die Anlagestrategie hinweisen. [2]Weist ein Investmentvermögen auf Grund seiner Zusammensetzung oder der für die Fondsverwaltung verwendeten Techniken eine erhöhte Volatilität auf, so muss in der Werbung darauf hingewiesen werden. [3]Die Sätze 1 und 2 gelten nicht für die Werbung für ausländische AIF oder EU-AIF.

(5) Werbung in Textform für einen Feederfonds muss einen Hinweis enthalten, dass dieser dauerhaft mindestens 85 Prozent seines Vermögens in Anteile eines Masterfonds anlegt.

(6) Werbung für Dach-Hedgefonds oder für ausländische AIF oder EU-AIF, die hinsichtlich der Anlagepolitik Anforderungen unterliegen, die denen von Dach-Hedgefonds vergleichbar sind, muss ausdrücklich auf die besonderen Risiken des Investmentvermögens nach Maßgabe des § 228 Absatz 2 hinweisen.

(7) [1]Die Bundesanstalt kann Werbung untersagen, um Missständen bei der Werbung für AIF gegenüber Privatanlegern und für OGAW zu begegnen. [2]Dies gilt insbesondere für

1. **Werbung mit Angaben, die in irreführender Weise den Anschein eines besonders günstigen Angebots hervorrufen können, sowie**
2. **Werbung mit dem Hinweis auf die Befugnisse der Bundesanstalt nach diesem Gesetz oder auf die Befugnisse der für die Aufsicht zuständigen Stellen in anderen Mitgliedstaaten der Europäischen Union, Vertragsstaaten des Abkommens über den Europäischen Wirtschaftsraum oder Drittstaaten.**

In der Fassung vom 4.7.2013 (BGBl. I 2013, S. 1981).

8 Vgl. BaFin, Häufige Fragen zum Vertrieb und Erwerb von Investmentvermögen nach dem KAGB (WA 41-Wp 2137-2013/0293) v. 4.7.2013 (Stand 16.3.2018), Nr. 3.7.

I. Allgemeines

1 § 302 KAGB hat die **Werbung für AIF gegenüber Privatanlegern und für OGAW** zum Gegenstand; er entspricht mit vor allem redaktionellen Änderungen, insbesondere Anpassungen an die Begriffsbestimmungen des § 1 KAGB, im Wesentlichen dem aufgehobenen § 124 InvG.[1] Daneben ordnet § 33 KAGB die Anwendung des § 23 KWG auf Kapitalverwaltungsgesellschaften und extern verwaltete Investmentgesellschaften an. Zudem gelten die allgemeinen Regelungen der §§ 5 ff. UWG, § 63 Abs. 6, § 92 WpHG und § 4 WpDVerOV sowie Art. 24 Abs. 3 MiFID II-RL und Art. 36 Delegierte Verordnung (EU) 2017/565. Die Vorschrift dient dem Anlegerschutz, indem sie die Informationspflichten der §§ 297 ff. KAGB flankierend absichert.[2]

II. Anwendungsbereich

2 **OGAW** sind in § 1 Abs. 4 KAGB definiert, **AIF** in § 1 Abs. 3 KAGB, **Privatanleger** in § 1 Abs. 19 Nr. 31 KAGB. **Adressaten** der Vorgaben des § 304 KAGB sind alle, die Werbung für OGAW oder an Privatanleger vertriebene AIF machen, also nicht nur Kapitalverwaltungsgesellschaften, sondern etwa auch Emittenten, Vermittler oder Bankinstitute.[3]

3 **Werbung** wird im KAGB nicht näher definiert; darunter werden alle (planmäßigen) Äußerungen nach außen verstanden, die dazu dienen, den Erwerb von Anteilen bzw. Aktien für eine Kapitalanlage zu fördern, zu wecken oder zu steigern.[4] Dies umfasst grundsätzlich Werbung sowohl in Textform als auch in anderer Form, wie sich aus den Sondervorschriften für Werbung in Textform in § 302 Abs. 2, 3 und 5 KAGB ergibt. Sie muss sich auf ein oder mehrere bestimmte Investmentvermögen beziehen.[5]

III. Allgemeine Anforderungen an die Werbung (§ 302 Abs. 1 KAGB)

4 Die Werbung muss nach § 302 Abs. 1 Satz 1 KAGB eindeutig **als solche erkennbar** sein. Der Anleger muss also aus Art, Form und/oder Inhalt der Information ohne weiteres ersehen können, dass es sich um Werbung handelt und nicht um eine individuelle Beratung, einen neutralen Bericht oder redaktionellen Beitrag oder eine Freizeitveranstaltung.[6] Maßstab ist insofern ein objektiver Dritter.[7]

5 Die Werbung muss nach § 302 Abs. 1 Satz 2 KAGB weiter **redlich, eindeutig und nicht irreführend** sein. **Redlichkeit** soll bedeuten, dass die Werbung alle notwendigen Informationen enthält,[8] insbesondere Tatsachen ehrlich darstellt und Meinungen und Prognosen in vertretbarer Weise wiedergibt, ohne wesentliche Tatsachen und Einschätzungen zu unterschlagen,[9] sowie alle Vorteile des Werbenden aufdeckt und alle Risiken nennt.[10] **Eindeutigkeit** soll bedeuten, dass die Werbung sprachlich klar und nicht missverständlich formuliert ist[11] und keine unnötigen Auslegungsspielräume lässt.[12] **Nicht irreführend** soll bedeuten, dass die Werbung nicht so verstanden werden kann, dass sie mit den Tatsachen nicht übereinstimmt.[13] Dabei kann auf die Maßstäbe der §§ 5, 5a UWG zurückgegriffen werden, so dass Irreführung insbesondere vorliegt, wenn die Werbung unwahre Angaben oder sonstige zur Täuschung geeignete Mitteilung bezüglich tragender Umstände enthält.[14] Der objektive Tatbestand reicht hier aus; es muss kein Vorsatz vorliegen.[15]

6 Nach § 302 Abs. 1 Satz 3 KAGB darf Werbung, die zum Erwerb von Anteilen oder Aktien eines inländischen Investmentvermögens, EU-Investmentvermögens oder ausländischen AIF auffordert und dabei spe-

1 Vgl. BT-Drucks. 17/12294, 282.
2 *Merk* in Moritz/Klebeck/Jesch, § 302 KAGB Rz. 6; für § 124 InvG a.F. auch *Ewers* in Berger/Steck/Lübbehüsen, § 124 InvG Rz. 1.
3 *Merk* in Moritz/Klebeck/Jesch, § 302 KAGB Rz. 5.
4 *Zingel* in Baur/Tappen, § 302 KAGB Rz. 2; *Merk* in Moritz/Klebeck/Jesch, § 302 KAGB Rz. 3; *Paul* in Weitnauer/Boxberger/Anders, § 302 KAGB Rz. 6.
5 *Zingel* in Baur/Tappen, § 302 KAGB Rz. 1.
6 Vgl. *Zingel* in Baur/Tappen, § 302 KAGB Rz. 2; *Merk* in Moritz/Klebeck/Jesch, § 302 KAGB Rz. 9; *Paul* in Weitnauer/Boxberger/Anders, § 302 KAGB Rz. 10.
7 *Merk* in Moritz/Klebeck/Jesch, § 302 KAGB Rz. 9.
8 *Zingel* in Baur/Tappen, § 302 KAGB Rz. 4.
9 *Paul* in Weitnauer/Boxberger/Anders, § 302 KAGB Rz. 9.
10 *Merk* in Moritz/Klebeck/Jesch, § 302 KAGB Rz. 9.
11 *Merk* in Moritz/Klebeck/Jesch, § 302 KAGB Rz. 9.
12 *Paul* in Weitnauer/Boxberger/Anders, § 302 KAGB Rz. 11.
13 *Zingel* in Baur/Tappen, § 302 KAGB Rz. 4.
14 *Merk* in Moritz/Klebeck/Jesch, § 302 KAGB Rz. 9.
15 *Merk* in Moritz/Klebeck/Jesch, § 302 KAGB Rz. 9.

zifische Informationen über diese Anteile oder Aktien enthält, keine Aussagen enthalten, die im **Widerspruch zu Informationen des Verkaufsprospekts oder der wesentlichen Anlegerinformationen** der §§ 166, 270, 318 Abs. 5 KAGB oder Art. 78 OGAW-RL stehen oder die Bedeutung dieser Informationen herabstufen. Dies gilt etwa für beschönigende oder abschwächende Angaben, insbesondere bezüglich Risiken.[16]

IV. Anforderungen an Werbung in Textform (§ 302 Abs. 2 und 3 KAGB)

7 § 302 Abs. 2 und 3 KAGB enthalten **besondere Anforderungen an Werbung in Textform**. Eine solche liegt nicht nur bei Textform i.S.d. § 126b BGB vor,[17] sondern nach Sinn und Zweck des § 302 KAGB unabhängig vom Trägermedium bereits bei der Verwendung von Schriftzeichen; gilt etwa auch auf Plakaten.[18]

8 Nach § 302 Abs. 2 KAGB muss Werbung in Textform einen **Hinweis** darauf enthalten, dass ein Verkaufsprospekt existiert und die wesentlichen Anlegerinformationen der §§ 166, 270, 318 Abs. 5 KAGB oder Art. 78 OGAW-RL verfügbar sind. Der Hinweis muss angeben, wo und in welcher Sprache diese Informationen oder Unterlagen erhalten werden können und welche Zugangsmöglichkeiten bestehen. Dabei erscheint die Angabe einer Postanschrift oder Telefonnummer nur ausreichend, soweit es um die Möglichkeit geht, die Zusendung von schriftlichen Unterlagen oder von Datenträgern anzufordern, während dies bei im Internet zugänglichen Unterlagen einen unnötigen Umweg darstellen und daher nicht genügen würde.[19]

9 Nach § 302 Abs. 3 KAGB muss Werbung für Anteile oder Aktien eines inländischen Investmentvermögens, bei denen die Anlagebedingungen oder Satzung es zulassen, mehr als 35 Prozent des Investmentvermögens in Schuldverschreibungen eines Ausstellers nach § 206 Abs. 2 Satz 1 KAGB, also der **öffentlichen Hand** zu investieren, diese Aussteller benennen. Auf diesen Charakter des Investmentvermögens sollen die Anleger möglichst frühzeitig hingewiesen werden.[20]

V. Anforderungen an Werbung bei bestimmten Anlagestrategien (§ 302 Abs. 4 KAGB)

10 Nach § 302 Abs. 4 Satz 1 muss in der Werbung auf die Anlagestrategie hingewiesen werden, wenn für ein Investmentvermögen geworben wird, das nach seinen Anlagebedingungen oder seiner Satzung einen anerkannten **Wertpapierindex nachbildet** oder hauptsächlich in **Derivate** nach Maßgabe des § 197 KAGB angelegt wird. Ebenso muss nach § 302 Abs. 4 Satz 2 KAGB darauf hingewiesen werden, wenn ein Investmentvermögen eine **erhöhte Volatilität** aufgrund seiner Zusammensetzung oder der für die Fondsverwaltung verwendeten Techniken aufweist. Die Erhöhung der Volatilität ergibt sich aus einem Vergleich zur marktüblichen Volatilität von Investmentvermögen ohne die genannten Techniken oder Zusammensetzung.[21] Diese Pflichten entsprechen den parallelen Anforderungen des § 165 KAGB für den Inhalt des Verkaufsprospekts.[22] Sie gelten nicht nur für Werbung in Textform. Auch hier sollen die Anleger möglichst frühzeitig auf den Charakter des Investmentvermögens hingewiesen werden.[23] Nach § 302 Abs. 4 Satz 3 KAGB gelten die Anforderungen des Abs. 4 nur für OGAW und inländische AIF, nicht aber für EU-AIF und ausländische AIF nach § 1 Abs. 8 und 9 KAGB.

VI. Anforderungen an Werbung für Feederfonds (§ 302 Abs. 5 KAGB)

11 Nach § 302 Abs. 5 KAGB muss Werbung in Textform für einen **Feederfonds** darauf hinweisen, dass mindestens 85 Prozent des Investmentvermögens dauerhaft in Anteile eines Masterfonds angelegt werden. Da

16 Vgl. *Zingel* in Baur/Tappen, § 302 KAGB Rz. 4; *Merk* in Moritz/Klebeck/Jesch, § 302 KAGB Rz. 10; *Paul* in Weitnauer/Boxberger/Anders, § 302 KAGB Rz. 13 f.

17 So aber *Merk* in Moritz/Klebeck/Jesch, § 302 KAGB Rz. 4.

18 Vgl. BaFin, Häufige Fragen zum Vertrieb und Erwerb von Investmentvermögen nach dem KAGB (WA 41-Wp 2137-2013/0293) v. 4.7.2013 (Stand 16.3.2018), Nr. 3.8; *Paul* in Weitnauer/Boxberger/Anders, § 302 KAGB Rz. 15.

19 Allgemein für Zulässigkeit der Angabe einer Postadresse oder Telefonnummer *Zingel* in Baur/Tappen, § 302 KAGB Rz. 5; für Telefonnummer auch *Merk* in Moritz/Klebeck/Jesch, § 302 KAGB Rz. 11.

20 Vgl. *Merk* in Moritz/Klebeck/Jesch, § 302 KAGB Rz. 11.

21 *Paul* in Weitnauer/Boxberger/Anders, § 302 KAGB Rz. 20.

22 *Merk* in Moritz/Klebeck/Jesch, § 302 KAGB Rz. 12.

23 Vgl. *Merk* in Moritz/Klebeck/Jesch, § 302 KAGB Rz. 12.

die Werthaltigkeit der Anlage vor allem auf dem Masterfonds beruht, soll darauf möglichst frühzeitig hingewiesen werden.[24] Warum die Hinweispflicht anders als bei den Charakteristika des § 302 Abs. 4 KAGB nur bei Werbung in Textform besteht, ist nicht nachvollziehbar.

VII. Anforderungen an Werbung für Dach-Hedgefonds und ähnliche ausländische AIF oder EU-AIF (§ 302 Abs. 6 KAGB)

12 Nach § 306 Abs. 6 KAGB muss Werbung für **Dach-Hedgefonds** oder für mit diesen hinsichtlich ihrer Anlagepolitik vergleichbare ausländische AIF oder EU-AIF einen ausdrücklichen Hinweis auf die besonderen Risiken des Investmentvermögens enthalten, der den Anforderungen des § 228 Abs. 2 KAGB entspricht. Dieser muss bei Werbung in Textform drucktechnisch hervorgehoben werden, bei sonstiger Werbung muss er ähnlich leicht erkennbar erfolgen, insbesondere von der übrigen Werbung abgesetzt sein.[25] Hier sollen die Anleger ebenfalls möglichst frühzeitig auf die besonderen Risiken dieser Anlage hingewiesen werden.[26]

VIII. Untersagungsbefugnis der BaFin (§ 302 Abs. 7 KAGB)

13 § 302 Abs. 7 Satz 1 KAGB gibt der BaFin die Befugnis **zur Untersagung der Werbung** für AIF gegenüber Privatanlegern und bei der Werbung für OGAW, wenn und soweit bei dieser Werbung Missstände vorliegen. Ein Missstand in der Werbung soll missbräuchliche Werbung sein.[27] Zum Teil wird aus dem Begriff des Missstands hergeleitet, dass dafür nicht jeder Verstoß gegen die Vorgaben des § 302 KAGB genügen soll, sondern eine Pflichtverletzung von einer gewissen Intensität vorausgesetzt werde.[28] Dies findet im Begriff des Missstands jedoch keine hinreichende Stütze. Vielmehr spricht der allgemeine Begriff des Missstands dafür, dass nicht nur Verstöße gegen § 302 KAGB umfasst werden, sondern auch sonstige Störungen der Schutzgüter des § 302 KAGB,[29] also des Anlegerschutzes.[30]

14 § 302 Abs. 7 Satz 2 KAGB nennt zwei **Regelbeispiele** für Missstände. Nach Nr. 1 ist dies der Fall, wenn die Werbung Angaben enthält, durch die in irreführender Weise der **Anschein eines besonders günstigen Angebots** hervorgerufen werden kann. Ein besonders günstiges Angebot zeichnet sich nicht nur durch eine vorteilhafte Kosten-Gewinn-Relation aus,[31] sondern auch durch ein günstiges Verhältnis von Chancen und Risiken. Der Anschein kann durch fehlerhafte, fehlende oder missverständliche Angaben hervorgerufen werden, insbesondere durch das Verschweigen von Kosten und Gebühren oder eine zu positive Darstellung der Ertragsaussichten oder des Umfelds des Investments.[32]

15 Nach Nr. 2 liegt ein Missstand vor, wenn in der **Werbung mit dem Hinweis auf behördliche Befugnisse** geworben wird, also auf die Befugnisse der BaFin nach dem KAGB oder auf die Befugnisse der Aufsichtsbehörden in anderen Mitgliedstaaten der EU oder des EWR oder in Drittstaaten. Dies ist nicht nur Fall, wenn derartige Befugnisse nicht bestehen,[33] sondern auch die Angaben an sich zutreffend sind, da hier durch die Werbung mit Selbstverständlichkeiten bzw. mit gesetzeskonformem Verhalten der irreführende Anschein besonderer Redlichkeit bzw. Seriosität erweckt wird.[34] Die BaFin hat allerdings bisher offenbar bei ausländischen Investmentfonds einen Hinweis auf die Anzeige bei der BaFin nach § 139 InvG a.F. akzeptiert, dem heute der Hinweis nach § 310 und § 312 KAGB entspricht.[35]

---

24 *Merk* in Moritz/Klebeck/Jesch, § 302 KAGB Rz. 11.
25 Vgl. *Zingel* in Baur/Tappen, § 302 KAGB Rz. 8; *Merk* in Moritz/Klebeck/Jesch, § 302 KAGB Rz. 13.
26 *Merk* in Moritz/Klebeck/Jesch, § 302 KAGB Rz. 13.
27 Vgl. für § 124 InvG a.F. *Ewers* in Berger/Steck/Lübbehüsen, § 124 InvG Rz. 10; *Süßmann* in Emde/Dornseifer/Dreibus/Hölscher, § 124 InvG Rz. 13.
28 So *Zingel* in Baur/Tappen, § 302 KAGB Rz. 9; *Paul* in Weitnauer/Boxberger/Anders, § 302 KAGB Rz. 24; im Ausgangspunkt auch *Merk* in Moritz/Klebeck/Jesch, § 302 KAGB Rz. 17; vgl. für § 124 InvG a.F. auch *Süßmann* in Emde/Dornseifer/Dreibus/Hölscher, § 124 InvG Rz. 13.
29 Vgl. für § 124 InvG a.F. *Ewers* in Berger/Steck/Lübbehüsen, § 124 InvG Rz. 10.
30 Vgl. zur Schutzrichtung auch *Merk* in Moritz/Klebeck/Jesch, § 302 KAGB Rz. 15.
31 So offenbar *Merk* in Moritz/Klebeck/Jesch, § 302 KAGB Rz. 16.
32 *Merk* in Moritz/Klebeck/Jesch, § 302 KAGB Rz. 16.
33 So aber *Merk* in Moritz/Klebeck/Jesch, § 302 KAGB Rz. 16.
34 Vgl. *Paul* in Weitnauer/Boxberger/Anders, § 302 KAGB Rz. 26.
35 Vgl. *Zingel* in Baur/Tappen, § 302 KAGB Rz. 11.

16 Die BaFin untersagt eine konkrete Werbung durch einen **Verwaltungsakt** nach § 35 Satz 1 VwVfG.[36] Sie kann auch durch eine **Allgemeinverfügung** nach § 35 Satz 2 VwVfG bestimmte Formen der Werbung untersagen.[37] Rechtsschutz ist auf dem Verwaltungsrechtsweg zu suchen.[38]

§ 303 Maßgebliche Sprachfassung

(1) [1]Sämtliche Veröffentlichungen und Werbeschriften, die sich auf Anteile oder Aktien an einem an Privatanleger vertriebenen AIF oder an einem inländischen OGAW beziehen, sind in deutscher Sprache abzufassen oder mit einer deutschen Übersetzung zu versehen. [2]Dabei ist der deutsche Wortlaut der in § 297 Absatz 1 bis 4 und 8 genannten Unterlagen und der in Satz 1 genannten Unterlagen und Veröffentlichungen maßgeblich.

(2) [1]Bei EU-OGAW ist der deutsche Wortlaut der wesentlichen Anlegerinformationen für die Prospekthaftung nach § 306 maßgeblich; für die übrigen in § 298 Absatz 1 genannten Unterlagen ist die im Geltungsbereich dieses Gesetzes veröffentlichte Sprachfassung zugrunde zu legen. [2]Erfolgt die Veröffentlichung auch in deutscher Sprache, so ist der deutsche Wortlaut maßgeblich.

(3) [1]Übersetzungen von wesentlichen Anlegerinformationen und Unterlagen gemäß § 298 Absatz 1 Satz 1 und gemäß § 299 Absatz 1 Satz 1 müssen unter der Verantwortung der ausländischen AIF-Verwaltungsgesellschaft oder der EU-Verwaltungsgesellschaft erstellt werden. [2]Sie müssen den Inhalt der ursprünglichen Informationen richtig und vollständig wiedergeben.

In der Fassung vom 4.7.2013 (BGBl. I 2013, S. 1981), zuletzt geändert durch das Gesetz zur Umsetzung der Richtlinie 2014/91/EU des Europäischen Parlaments und des Rates vom 23. Juli 2014 zur Änderung der Richtlinie 2009/65/EG zur Koordinierung der Rechts- und Verwaltungsvorschriften betreffend bestimmte Organismen für gemeinsame Anlagen in Wertpapieren (OGAW) im Hinblick auf die Aufgaben der Verwahrstelle, die Vergütungspolitik und Sanktionen vom 3.3.2016 (BGBl. I 2016, S. 348).

Schrifttum: *Ellenberger/Schäfer/Clouth/Lang*, Praktikerhandbuch Wertpapier- und Derivategeschäfte, 4. Aufl. 2011.

I. Allgemeines

1 § 303 KAGB regelt die Pflicht, Veröffentlichungen und Werbeschriften auf **Deutsch** oder mit einer deutschen Übersetzung zu veröffentlichen. § 303 Abs. 1 und 2 KAGB entsprechen mit redaktionellen Anpassungen an die Begriffsbestimmungen des § 1 KAGB dem aufgehobenen § 123 Abs. 1 und 2 InvG, § 303 Abs. 3 KAGB entspricht mit entsprechenden Anpassungen und einer Korrektur eines Verweises dem aufgehobenen § 122 Abs. 1a InvG.[1] Die Vorschrift dient dem Schutz der Anleger, die nicht auf Verständnisschwierigkeiten aufgrund der verwendeten Sprache stoßen sollen.[2]

II. Anwendungsbereich

2 § 303 Abs. 1 KAGB bezieht sich auf inländische OGAW sowie auf AIF, die an einen Privatanleger vertrieben werden. § 303 Abs. 2 KAGB bezieht sich auf EU-OGAW. § 303 Abs. 3 KAGB bezieht sich auf EU-AIF und

36 *Merk* in Moritz/Klebeck/Jesch, § 302 KAGB Rz. 18 f.
37 *Merk* in Moritz/Klebeck/Jesch, § 302 KAGB Rz. 20.
38 *Merk* in Moritz/Klebeck/Jesch, § 302 KAGB Rz. 21.
1 Vgl. BT-Drucks. 17/12294, 281.
2 *Merk* in Moritz/Klebeck/Jesch, § 303 KAGB Rz. 3; *Rozok* in Ellenberger/Schäfer/Clouth/Lang, Praktikerhandbuch Wertpapier und Derivategeschäfte, Rz. 856.

ausländische AIF. Adressaten der Regelung sind jeweils diejenigen, für die die jeweilige Informationspflicht gilt.[3] Die Absätze betreffen unterschiedliche Veröffentlichungen.

III. Veröffentlichungen und Werbeschriften bei AIF an Privatanleger und inländischen OGAW (§ 303 Abs. 1 KAGB)

3 **Veröffentlichungen** sollen alle Dokumente, Unterlagen und Aussagen sein, die für den Vertrieb und zur Information der Anleger verwendet werden; auf das Trägermedium soll es nicht ankommen, so dass auch nicht schriftliche Aussagen darunter fallen.[4] Internet-Veröffentlichungen fallen nur darunter, wenn sie auf den Vertrieb im Inland gerichtet sind.[5] Umfasst werden insbesondere die Verkaufsunterlagen des § 297 Abs. 4 Satz 1 und Abs. 8 KAGB, aber auch sonstige schriftliche Informationen. **Werbeschriften** müssen in Textform abgefasst sein und entsprechen der Werbung in Textform in § 302 KAGB. Die Veröffentlichungen und Werbeschriften müssen sich auf Anteile oder Aktien an einem AIF, der an Privatanleger vertrieben wird, oder an einem inländischen OGAW beziehen. Sie sind nach § 303 Abs. 1 Satz 1 KAGB in deutscher Sprache abzufassen oder mit einer deutschen Übersetzung zu versehen. Geschieht dies nicht, werden die Anleger nicht ordnungsgemäß informiert, so dass vorvertragliche Schadensersatzansprüche aus §§ 280 Abs. 1, 311 Abs. 2 BGB und deliktische Schadensersatzansprüche aus § 823 Abs. 2 BGB i.V.m. § 303 KAGB sowie unter Umständen Prospekthaftungsansprüche aus § 306 KAGB bestehen können.[6]

4 Nach § 303 Abs. 1 Satz 2 KAGB ist bei den in § 297 Abs. 1 bis 4 und 8 KAGB genannten Unterlagen, also insbesondere den Verkaufsunterlagen, und bei den in Satz 1 genannten Unterlagen und Veröffentlichungen der **deutsche Wortlaut maßgeblich**. Die beiden aufgeführten Gruppen von Unterlagen überschneiden sich weitgehend.[7] Anderssprachige Fassungen können damit nur berücksichtigt werden, soweit die deutsche Fassung einen Auslegungsspielraum lässt.

IV. Maßgebliche Sprachfassung bei EU-OGAW (§ 303 Abs. 2 KAGB)

5 Bei **EU-OGAW** sind nur die wesentlichen Anlegerinformationen nach § 298 Abs. 1 Satz 2 KAGB in deutscher Sprache zu veröffentlichen, während die Unterlagen des § 298 Abs. 1 Satz 1 KAGB auch in einer in internationalen Finanzkreisen üblichen Sprache veröffentlicht werden können. Vor diesem Hintergrund erklärt § 303 Abs. 1 Satz 1 Halbs. 1 KAGB den deutschen Wortlaut der wesentlichen Anlegerinformation auch für die Prospekthaftung nach § 306 KAGB für maßgeblich, so dass bei einem sprachlichen Konflikt der wesentlichen Anlegerinformationen in Deutsch und des Verkaufsprospekts in einer anderen Sprache die wesentliche Anlegerinformation maßgeblich ist. Dies gilt nach § 303 Abs. 1 Satz 1 Halbs. 2 KAGB jedoch nicht für die übrigen in § 298 Abs. 1 KAGB genannten Unterlagen, bei denen die im Inland veröffentlichte Sprachfassung und nicht eine andere, nur im Ausland veröffentlichte Sprachfassung zugrunde zu legen ist. Sowohl für den Verkaufsprospekt als auch für die anderen Unterlagen des § 298 Abs. 1 KAGB ist jedoch der deutsche Wortlaut maßgeblich, wenn sie in deutscher Sprache veröffentlicht wurden.

V. Anforderungen an Übersetzungen bei EU-AIF und ausländischen AIF (§ 303 Abs. 3 KAGB)

6 Nach § 303 Abs. 3 Satz 1 KAGB liegt die **Verantwortung für die Übersetzung** der wesentlichen Anlegerinformationen und der Unterlagen aus § 298 Abs. 1 Satz 1 KAGB und 299 Abs. 1 Satz 1 KAGB bei der EU-Verwaltungsgesellschaft oder ausländischen AIF-Verwaltungsgesellschaft, die also bei schuldhaften Übersetzungsfehlern haften. Nach § 303 Abs. 3 Satz 2 KAGB müssen die Übersetzungen den Inhalt der Informationen in der ursprünglichen Sprachfassung richtig und vollständig wiedergeben.

---

3 *Merk* in Moritz/Klebeck/Jesch, § 303 KAGB Rz. 3.
4 *Paul* in Weitnauer/Boxberger/Anders, § 303 KAGB Rz. 5.
5 Vgl. *Paul* in Weitnauer/Boxberger/Anders, § 303 KAGB Rz. 5.
6 *Merk* in Moritz/Klebeck/Jesch, § 303 KAGB Rz. 11.
7 *Paul* in Weitnauer/Boxberger/Anders, § 303 KAGB Rz. 7.

§ 304 Kostenvorausbelastung

Wurde die Abnahme von Anteilen oder Aktien für einen mehrjährigen Zeitraum vereinbart, so darf von jeder der für das erste Jahr vereinbarten Zahlungen höchstens ein Drittel für die Deckung von Kosten verwendet werden, die restlichen Kosten müssen auf alle späteren Zahlungen gleichmäßig verteilt werden.

In der Fassung vom 4.7.2013 (BGBl. I 2013, S. 1981).

I. Allgemeines

1 § 304 KAGB regelt die **Kostenvorausbelastung bei der Abnahme von Anteilen oder Aktien an Investmentvermögen für einen mehrjährigen Zeitraum**. Er entspricht mit redaktionellen Anpassungen an die Begriffsbestimmungen des § 1 KAGB dem aufgehobenen § 125 InvG.[1] Die Vorschrift dient dem Anlegerschutz und soll die sog. Zillmerung verhindern, bei der die Provisionskosten auch bei langer Laufzeit bereits mit Abschluss der Transaktion fällig werden, so dass die eigentliche Anlage erst beginnt, wenn die gezahlten Raten die Provisionskosten gedeckt haben.[2]

II. Anwendungsbereich

2 Die Abnahme von Anteilen oder Aktien an Investmentvermögen über einen mehrjährigen Zeitraum ist Gegenstand sog. **Investmentsparpläne**, vgl. § 297 Abs. 7 Satz 2 KAGB. Diese müssen entsprechend der Gesetzessystematik auf den Erwerb von Anteilen oder Aktien von OGAW oder AIF, die an Privatanleger vertrieben werden, gerichtet sein.[3] Darüber hinaus findet die Regelung auch auf **fondsgebundene Rentensparpläne** Anwendung.[4] **Adressat** ist, wer die Abnahme von Anteilen oder Aktien an Investmentvermögen über einen mehrjährigen Zeitraum anbietet, unabhängig davon, ob es die Kapitalverwaltungsgesellschaft selbst ist oder andere Finanzdienstleistungsinstitute.[5]

III. Abnahmevereinbarung für mehrjährigen Zeitraum

3 Eine Vereinbarung der Abnahme von Anteilen oder Aktien an Investmentvermögen über einen mehrjährigen Zeitraum liegt nicht nur vor, wenn der Anleger vor dem einzelnen Erwerb kein erneutes Mitspracherecht und keinen Einfluss auf Höhe und Zeitpunkt der jeweiligen Investition hat,[6] sondern auch, wenn keine feste Sparrate vereinbart wird, sondern ein Ermessen des Anlegers besteht,[7] da der Anleger auch dann schutzbedürftig ist. Ein mehrjähriger Zeitraum beginnt bei zwei Jahren.[8]

IV. Verteilung der Kosten

4 § 304 KAGB schreibt vor, dass die für das erste Jahr vereinbarten Zahlungen höchstens zu einem Drittel für die Deckung von Kosten verwendet werden dürften, dass also mindestens **zwei Drittel tatsächlich für den Erwerb von Anteilen oder Aktien** aufgewendet werden müssen. Soweit Kosten übrig bleiben, müssen sie auf alle späteren Zahlungen verteilt werden. Die Ansicht, dass eine separate Kostenvereinbarung möglich

1 Vgl. BT-Drucks. 17/12294, 281.
2 Vgl. zu § 125 InvG a.F. BT-Drucks. 16/5576, 93.
3 *Merk* in Moritz/Klebeck/Jesch, § 304 KAGB Rz. 2.
4 *Merk* in Moritz/Klebeck/Jesch, § 304 KAGB Rz. 2; vgl. auch für § 125 InvG a.F. BGH v. 7.11.2012 – IV ZR292/10, NJW 2013, 368.
5 *Merk* in Moritz/Klebeck/Jesch, § 304 KAGB Rz. 3.
6 So aber *Merk* in Moritz/Klebeck/Jesch, § 304 KAGB Rz. 6.
7 *Zingel* in Baur/Tappen, § 304 KAGB Rz. 5.
8 *Zingel* in Baur/Tappen, § 304 KAGB Rz. 4; *Merk* in Moritz/Klebeck/Jesch, § 304 KAGB Rz. 7.

ist, bei der diese Grenzen nicht gelten,[9] ist mit dem Wortlaut, der auf vereinbarte Zahlungen abstellt, nicht vereinbar. Ist keine feste Laufzeit vereinbart, ist auf die erste Kündigungsmöglichkeit abzustellen. Die Kosten umfassen alle Aufwendungen, die mit dem Erwerb der Anteile oder Aktien im Zusammenhang stehen, insbesondere Provisionen, Vermittlungsgebühren, Ausgabeaufschläge, Einrichtungsentgelte und Verwaltungsgebühren.[10]

V. Rechtsfolgen

5 Ein Verstoß gegen § 304 KAGB führt zur **Nichtigkeit** der Kostenvorausbelastung nach § 139 BGB und kann **Schadensersatzansprüche** aus vorvertraglichem Schuldverhältnis aus §§ 280 Abs. 1, 311 Abs. 2 BGB und aus Delikt nach § 823 Abs. 2 BGB i.V.m. § 304 KAGB zur Folge haben.[11]

§ 305 Widerrufsrecht

(1) [1]Ist der Käufer von Anteilen oder Aktien eines offenen Investmentvermögens durch mündliche Verhandlungen außerhalb der ständigen Geschäftsräume desjenigen, der die Anteile oder Aktien verkauft oder den Verkauf vermittelt hat, dazu bestimmt worden, eine auf den Kauf gerichtete Willenserklärung abzugeben, so ist er an diese Erklärung nur gebunden, wenn er sie nicht innerhalb einer Frist von zwei Wochen bei der Verwaltungsgesellschaft oder einem Repräsentanten im Sinne des § 319 in Textform widerruft; dies gilt auch dann, wenn derjenige, der die Anteile oder Aktien verkauft oder den Verkauf vermittelt, keine ständigen Geschäftsräume hat. [2]Bei Fernabsatzgeschäften gilt § 312g Absatz 2 Nummer 8 des Bürgerlichen Gesetzbuchs entsprechend.

(2) [1]Zur Wahrung der Frist genügt die rechtzeitige Absendung der Widerrufserklärung. [2]Die Widerrufsfrist beginnt erst zu laufen, wenn dem Käufer die Durchschrift des Antrags auf Vertragsabschluss ausgehändigt oder eine Kaufabrechnung übersandt worden ist und in der Durchschrift oder der Kaufabrechnung eine Belehrung über das Widerrufsrecht enthalten ist, die den Anforderungen des Artikels 246 Absatz 3 Satz 2 und 3 des Einführungsgesetzes zum Bürgerlichen Gesetzbuche genügt. [3]Ist der Fristbeginn nach Satz 2 streitig, trifft die Beweislast den Verkäufer.

(3) Das Recht zum Widerruf besteht nicht, wenn der Verkäufer nachweist, dass

1. der Käufer kein Verbraucher im Sinne des § 13 des Bürgerlichen Gesetzbuchs ist oder

2. er den Käufer zu den Verhandlungen, die zum Verkauf der Anteile oder Aktien geführt haben, auf Grund vorhergehender Bestellung gemäß § 55 Absatz 1 der Gewerbeordnung aufgesucht hat.

(4) Ist der Widerruf erfolgt und hat der Käufer bereits Zahlungen geleistet, so ist die Kapitalverwaltungsgesellschaft, die EU-Verwaltungsgesellschaft oder die ausländische AIF-Verwaltungsgesellschaft verpflichtet, dem Käufer, gegebenenfalls Zug um Zug gegen Rückübertragung der erworbenen Anteile oder Aktien, die bezahlten Kosten und einen Betrag auszuzahlen, der dem Wert der bezahlten Anteile oder Aktien am Tag nach dem Eingang der Widerrufserklärung entspricht.

(5) Auf das Recht zum Widerruf kann nicht verzichtet werden.

(6) Die Vorschrift ist auf den Verkauf von Anteilen oder Aktien durch den Anleger entsprechend anwendbar.

(7) Das Widerrufsrecht in Bezug auf Anteile und Aktien eines geschlossenen Investmentvermögens richtet sich nach dem Bürgerlichen Gesetzbuch.

(8) [1]Anleger, die vor der Veröffentlichung eines Nachtrags zum Verkaufsprospekt eine auf den Erwerb eines Anteils oder einer Aktie eines geschlossenen Publikums-AIF gerichtete Willenserklärung abgegeben haben, können diese innerhalb einer Frist von zwei Werktagen nach Veröffentlichung des Nachtrags widerrufen, sofern noch keine Erfüllung eingetreten ist. [2]Der Widerruf muss keine Begründung enthalten und ist in Textform gegenüber der im Nachtrag als Empfänger des Widerrufs bezeichneten Verwaltungsgesellschaft oder Person zu erklären; zur Fristwahrung reicht die rechtzei-

---

9 So *Zingel* in Baur/Tappen, § 304 KAGB Rz. 3.

10 Vgl. *Zingel* in Baur/Tappen, § 304 KAGB Rz. 3; *Merk* in Moritz/Klebeck/Jesch, § 304 KAGB Rz. 8; *Paul* in Weitnauer/Boxberger/Anders, § 304 KAGB Rz. 4.

11 *Merk* in Moritz/Klebeck/Jesch, § 304 KAGB Rz. 9; vgl. auch *Paul* in Weitnauer/Boxberger/Anders, § 304 KAGB Rz. 6.

tige Absendung. ³Auf die Rechtsfolgen des Widerrufs ist § 357a des Bürgerlichen Gesetzbuchs entsprechend anzuwenden.

In der Fassung vom 4.7.2013 (BGBl. I 2013, S. 1981), zuletzt geändert durch das Dritte Gesetz zur Änderung reiserechtlicher Vorschriften vom 17.7.2017 (BGBl. I 2017, S. 2394).

Schrifttum: *Markwardt/Kracke*, Auf dem Prüfstand: Das Widerrufsrecht nach § 11 Abs. 2 VermAnlG, BKR 2012, 149.

I. Allgemeines

§ 305 KAGB regelt das **Widerrufsrecht** beim Vertrieb von Anteilen oder Aktien eines offenen Investmentvermögens außerhalb der Geschäftsräume des Verkäufers oder Vermittlers sowie bei der Veröffentlichung eines Nachtrags zum Verkaufsprospekt für einen geschlossenen Publikums AIF und verweist für den Widerruf in Bezug auf Anteile und Aktien eines geschlossenen Investmentvermögens auf das BGB. § 305 Abs. 1 bis 6 KAGB entsprechen bis auf redaktionelle Anpassungen an die Begriffsbestimmungen des § 1 KAGB dem aufgehobenen § 126 InvG.[1] § 305 KAGB gewährt den Anlegern nach dem Vertragsschluss eine Bedenkzeit, ob sie an dem Vertrag festhalten wollen oder nicht. Er schützt die Anleger vor der bei sog. Haustürsituationen erfahrungsgemäß bestehenden Gefahr einer mangelhaften Willensbildung, weil in unzulässiger und unangemessener Weise Einfluss auf die Willensbildung des Abschließenden Einfluss genommen wird,[2] insbesondere indem ein gewisser Überrumpelungseffekt ausgenutzt wird.[3] 1

II. Anwendungsbereich und Verhältnis zum BGB

§ 305 Abs. 1 bis 6 KAGB gilt für **offene Investmentvermögen** nach § 1 Abs. 3 KAGB. Diese Regelungen gehen den allgemeinen Widerrufsvorschriften der §§ 312 ff. BGB vor. Dies lässt sich nicht aus § 312g Abs. 2 Nr. 8 BGB herleiten,[4] weil insoweit die Abhängigkeit von Preisschwankungen vorausgesetzt wird und diese Vorschrift nach § 305 Abs. 1 Satz 2 KAGB bei Fernabsatzgeschäften entsprechend anwendbar ist. Vielmehr ergibt es sich aus § 312g Abs. 3 BGB a.E.,[5] der zwar nach dem Wortlaut nur für außerhalb von Geschäftsräumen geschlossene Verträge i.S.d. § 312b BGB gilt, aber insoweit ein Redaktionsversehen enthält, weil § 312g Abs. 3 BGB nach den Gesetzesmaterialien ohne inhaltliche Änderungen die Regelung des § 312a BGB übernehmen sollte, die dem Widerrufsrecht nach § 126 InvG a.F. als Vorgängernorm des § 305 KAGB den Vorrang gegenüber dem Widerrufsrecht aus § 312d BGB a.F. einräumte,[6] und die Geschäfte außerhalb der ständigen Geschäftsräume i.S.d. § 126 InvG a.F. auch die Fernabsatzgeschäfte umfassten;[7] andernfalls würde auch der für Fernabsatzgeschäfte geltende Verweis des § 305 Abs. 1 Satz 2 KAGB bzw. seiner Vorgängernorm § 126 Abs. 1 Satz 2 InvG a.F. auf den Ausschlusstatbestand des § 312g Abs. 2 Satz 1 Nr. 8 BGB ins Leere gehen. Das Verbraucherdarlehensvertragsrecht mit dem Widerrufsrecht aus § 495 BGB ist neben 2

1 Vgl. BT-Drucks. 17/12294, 281.
2 Vgl. BGH v. 2.5.2000 – XI ZR 150/99, NJW 2000, 2268 f.
3 Vgl. *Jakovou* in Langenbucher/Bliesener/Spindler, Bankrechts-Kommentar, Kap. 39 Rz. 242; *Merk* in Moritz/Klebeck/Jesch, § 305 KAGB Rz. 8.
4 So aber *Merk* in Moritz/Klebeck/Jesch, § 305 KAGB Rz. 9.
5 Vgl. insoweit auch *Merk* in Moritz/Klebeck/Jesch, § 305 KAGB Rz. 9.
6 BT-Drucks. 17/12637, 57 f.
7 Vgl. *Süßmann* in Emde/Dornseifer/Dreibus/Hölscher, § 126 InvG Rz. 4.

§ 305 KAGB anwendbar.[8] Demgegenüber gilt für **geschlossene Investmentvermögen** nach § 1 Abs. 4 KAGB der § 305 Abs. 7 KAGB, der auf die §§ 312 ff. BGB verweist. Für **geschlossene Publikums-AIF** nach § 1 Abs. 6 KAGB gilt § 305 Abs. 8 KAGB, der neben die allgemeinen Regelungen der §§ 312 BGB tritt.[9] Dabei ist der Vertrieb von AIF jedoch nach der gesetzlichen Systematik nur erfasst, wenn er an Privatanleger erfolgt.[10]

III. Widerrufsrecht des KAGB bei offenen Investmentvermögen (§ 305 Abs. 1 bis 6 KAGB)

3 § 305 Abs. 1 KAGB räumt den Käufern von Anteilen oder Aktien eines offenen Investmentvermögens, die durch mündliche Verhandlungen außerhalb der ständigen Geschäftsräume des Verkäufers oder Vermittlers der Anteile oder Aktien zur Abgabe ihrer auf den Kauf gerichteten Willenserklärung bestimmt worden sind, die Möglichkeit des Widerrufs dieser Willenserklärung innerhalb von zwei Wochen ein. Abs. 2 regelt Widerrufserklärung und den Beginn der Widerrufsfrist. Abs. 3 enthält Ausschlusstatbestände. Abs. 4 regelt die Rechtsfolgen des Widerrufs, wenn bereits Zahlungen geleistet wurden. Abs. 5 schließt den Verzicht auf den Widerruf aus. Abs. 6 überträgt die Regelungen auf den Verkauf durch den Anleger.

1. Voraussetzungen des Widerrufsrecht (§ 305 Abs. 1 KAGB)

4 Gegenstand des Widerrufs sind gem. § 305 Abs. 1 Satz 1 Halbsatz 1 KAGB Willenserklärungen, die auf den Kauf von Anteilen oder Aktien eines offenen Investmentvermögens gerichtet sind. Voraussetzung ist, dass der Käufer durch **mündliche Verhandlungen außerhalb der ständigen Geschäftsräume** der Person, die die Anteile oder Aktien verkauft oder den Verkauf vermittelt hat, zur Abgabe seiner auf den Kauf der Anteile oder Aktien gerichteten Willenserklärung bestimmt worden ist. Dies ist nicht nur bei klassischen Haustürsituationen in der Wohnung oder am Arbeitsplatz des Käufers der Fall, sondern auch bei Verhandlungen an neutralen Orten Dritter.[11] Darüber hinaus können auch Fernabsatzgeschäfte, insbesondere über Telefon oder per Videokonferenz, unter die mündlichen Verhandlungen außerhalb der ständigen Geschäftsräume fallen, wie sich aus § 305 Abs. 1 Satz 2 KAGB ergibt.[12] Der Begriff der mündlichen Verhandlungen außerhalb der ständigen Geschäftsräume in § 305 Abs. 1 KAGB ist damit weiter als derjenige der außerhalb von Geschäftsräumen geschlossenen Verträge in § 312b Abs. 1 BGB. Für die Definition des Geschäftsraums kann jedoch auf § 312b Abs. 2 BGB zurückgegriffen werden.[13] Ausgeschlossen sind schriftliche Verhandlungen und solche in Textform.[14] Das Widerrufsrecht besteht gem. § 305 Abs. 1 Satz 1 Halbsatz 2 KAGB auch dann, wenn der Verkäufer oder Vermittler keine ständigen Geschäftsräume hat, er also das Widerrufsrecht nicht durch Verhandlungen in seinen Geschäftsräumen vermeiden kann.

5 **Zur Abgabe bestimmt** wurde der Käufer, wenn er seine Willenserklärung aufgrund der mündlichen Verhandlungen abgibt.[15] Dies setzt nicht notwendig einen engen zeitlichen und räumlichen Zusammenhang voraus;[16] es kann aber ausgeschlossen sein, wenn nach einiger Zeit neue tragende Eindrücke derart auf den Anleger eingewirkt haben, dass sie die Gesprächseinwirkung quasi aufgehoben haben.[17] Allerdings kommt einem engen zeitlichen Zusammenhang eine Indizwirkung im Sinne des Beweises des ersten Anscheins für das Vorliegen der Kausalität vor, von der aber nach drei bis vier Tagen in der Regel nicht mehr ausgegangen werden kann.[18]

6 **Berechtigter des Widerrufsrechts** ist gem. § 305 Abs. 1 Satz 1 Halbsatz 1 KAGB der Käufer der Anteile oder Aktien. Beim Kauf von OGAW kann er sowohl Privatanleger als auch semiprofessioneller oder professioneller Anleger sein. Beim Kauf von offenen AIF ergibt sich aus dem systematischen Zusammenhang, dass er Privatanleger sein muss.[19]

---

8 *Paul* in Weitnauer/Boxberger/Anders, § 305 KAGB Rz. 6.
9 *Paul* in Weitnauer/Boxberger/Anders, § 305 KAGB Rz. 3.
10 *Merk* in Moritz/Klebeck/Jesch, § 305 KAGB Rz. 2.
11 Vgl. *Merk* in Moritz/Klebeck/Jesch, § 305 KAGB Rz. 2.
12 Vgl. auch *Paul* in Weitnauer/Boxberger/Anders, § 305 KAGB Rz. 11, 13.
13 Vgl. *Merk* in Moritz/Klebeck/Jesch, § 305 KAGB Rz. 14.
14 *Merk* in Moritz/Klebeck/Jesch, § 305 KAGB Rz. 10.
15 *Paul* in Weitnauer/Boxberger/Anders, § 305 KAGB Rz. 14.
16 Vgl. BGH v. 24.3.2009 – XI ZR 456/07, NJW-RR 2009, 1275.
17 *Merk* in Moritz/Klebeck/Jesch, § 305 KAGB Rz. 12.
18 *Merk* in Moritz/Klebeck/Jesch, § 305 KAGB Rz. 13; vgl. auch BGH v. 20.5.2003 – XI ZR 248/02, NJW 2003, 2529 (2529 f.); BGH v. 9.5.2006 – XI ZR 119/05, NJW-RR 2006, 1419 (1420).
19 *Merk* in Moritz/Klebeck/Jesch, § 305 KAGB Rz. 5.

Stellt der Kauf von Anteilen und Aktien eines offenen Investmentvermögens ein **Fernabsatzgeschäft** dar, ist nach § 305 Abs. 1 Satz 2 KAGB die Regelung des § 312g Abs. 2 Satz 1 Nr. 8 BGB entsprechend anzuwenden, die das Widerrufsrecht bei Verträgen ausschließt, die die Lieferung von Waren oder die Erbringung von Dienstleistungen, einschließlich Finanzdienstleistungen, zum Gegenstand hat, deren Preis von Schwankungen auf dem Finanzmarkt abhängt, auf die der Unternehmer keinen Einfluss hat und die innerhalb der Widerrufsfrist auftreten können. Fernabsatzgeschäfte sind entsprechend § 312c BGB Geschäfte, bei denen für die Vertragsverhandlungen und den Vertragsschluss ausschließlich Fernkommunikationsmittel verwendet werden, die Vertragsparteien also nicht gleichzeitig körperlich anwesend sind. Dass das Widerrufsrecht bei Verträgen, denen ein spekulatives Element innewohnt, nur für Fernabsatzgeschäfte ausgeschlossen wird, erscheint inkonsistent. Dies wird damit gerechtfertigt, dass der Ausschluss des Widerrufsrechts nur insoweit europarechtlich zwingend sei und bei Widerrufsrechten auf anderer Rechtsgrundlage nicht gelte und unzulässig wäre.[20] 7

Die **Widerrufserklärung** hat gegenüber der Verwaltungsgesellschaft oder einem Repräsentanten i.S.d. § 319 KAGB zu erfolgen. Der Widerruf hat in Textform gem. § 126b BGB zu geschehen. Er kann daher nicht nur in Papierform erfolgen, sondern auch durch E-Mail oder Fax, nicht aber mündlich oder telefonisch.[21] Die Widerrufserklärung muss das Wort „Widerruf" nicht verwenden, aber deutlich machen, dass sich der Anleger nicht mehr an den Vertragsschluss gebunden fühlt.[22] Dabei müssen die Identität des Widerrufenden und der Vertrag bzw. sein Gegenstand zumindest bestimmbar sein.[23] Der Widerruf gegenüber einem Anlagevermittler genügt nicht.[24] 8

2. Widerrufsfrist und Widerrufsbelehrung (§ 305 Abs. 2 KAGB)

Der Widerruf erfolgt nach § 305 Abs. 2 Satz 1 KAGB rechtzeitig, wenn die Widerrufserklärung innerhalb der **Widerrufsfrist** von zwei Wochen gem. Abs. 1 Satz 1 abgesandt wurde. Die zwei Wochen entsprechen den 14 Tagen in § 355 Abs. 1 Satz 1 BGB.[25] Die Widerrufsfrist beginnt mit Aushändigung der Durchschrift des Antrags auf Vertragsabschluss oder mit Zugang der Kaufabrechnung.[26] Dabei muss in der Durchschrift bzw. Kaufabrechnung eine **Widerrufsbelehrung** enthalten sein. Die Widerrufsbelehrung muss den Anforderungen des Art. 246 Abs. 3 Satz 2 und 3 EGBGB genügen, also deutlich gestaltet sein und dem Käufer seine wesentlichen Rechte deutlich machen, insbesondere das Recht zum Widerruf, die Notwendigkeit einer Widerrufserklärung, den Erklärungsgegner mit Adresse und die Widerrufsfrist. Die deutliche Gestaltung erfordert, dass die Widerrufsbelehrung drucktechnisch deutlich hervorgehoben ist, jedoch nicht, dass sie auf der Vorderseite erfolgt.[27] 9

Die **Beweislast** für den Fristbeginn, also die Aushändigungen der Antragsdurchschrift oder der Übersendung der Kaufabrechnung mit ordnungsgemäßer Belehrung trägt nach § 305 Abs. 2 KAGB der Verkäufer.[28] Der Käufer trägt nach den allgemeinen Regeln die Beweislast für rechtzeitige Absendung und für den Zugang des Widerrufs.[29] 10

IV. Ausschluss des Widerrufsrechts (§ 305 Abs. 3 KAGB)

Das Widerrufsrecht ist nach § 305 Abs. 3 Nr. 1 KAGB ausgeschlossen, wenn der **Käufer kein Verbraucher** i.S.d. § 13 BGB ist, also keine natürliche Person, die die Aktien oder Anteile zu Zwecken kauft, die überwiegend nicht ihrer gewerblichen oder ihrer selbständigen beruflichen Tätigkeit zugerechnet werden können. Nach § 305 Abs. 3 Nr. 2 KAGB ist es ausgeschlossen, wenn der Verkäufer den Käufer aufgrund einer **vorhergehenden Bestellung** gem. § 55 Abs. 1 GewO zu den Verhandlungen aufgesucht hat, die zum Verkauf der Anteile oder Aktien geführt haben, wenn also die Initiative zu den Verhandlungen nicht vom Verkäufer, 11

---

20 So BT-Drucks. 16/6874, 119.
21 *Merk* in Moritz/Klebeck/Jesch, § 305 KAGB Rz. 18.
22 *Merk* in Moritz/Klebeck/Jesch, § 305 KAGB Rz. 18; vgl. auch BGH v. 21.12.2000 – VII ZR 17/99, NJW 2001, 1642 (1643).
23 *Merk* in Moritz/Klebeck/Jesch, § 305 KAGB Rz. 18.
24 *Merk* in Moritz/Klebeck/Jesch, § 305 KAGB Rz. 20.
25 *Merk* in Moritz/Klebeck/Jesch, § 305 KAGB Rz. 15.
26 *Paul* in Weitnauer/Boxberger/Anders, § 305 KAGB Rz. 19.
27 *Merk* in Moritz/Klebeck/Jesch, § 305 KAGB Rz. 16.
28 *Paul* in Weitnauer/Boxberger/Anders, § 305 KAGB Rz. 23.
29 *Merk* in Moritz/Klebeck/Jesch, § 305 KAGB Rz. 17.

sondern vom Käufer ausgegangen ist.[30] Die **Beweislast** für das Vorliegen dieser Ausschlussgründe trägt der Verkäufer.

V. Rechtsfolgen des Widerrufs (§ 305 Abs. 4 KAGB)

12 Die Rechtsfolgen des Widerrufs hängen davon ab, ob der Käufer bereits Zahlungen geleistet hat oder nicht. Hat der Käufer **noch keine Zahlungen geleistet**, führt das ausgeübte Widerrufsrecht dazu, dass der Käufer nicht mehr an den Kauf- oder Anlagevertrag gebunden ist und seine Leistungspflichten aus dem Vertrag wegfallen, so dass der Verkäufer sowie die Kapitalverwaltungsgesellschaft, die EU-Verwaltungsgesellschaft oder die ausländische AIF-Verwaltungsgesellschaft keine Zahlungsforderungen mehr durchsetzen können.[31]

13 Hat der Käufer bereits **Zahlungen geleistet**, so hat die Kapitalverwaltungsgesellschaft, die EU-Verwaltungsgesellschaft oder die ausländische AIF-Verwaltungsgesellschaft nach § 305 Abs. 4 KAGB dem Käufer die bezahlten Kosten und den Wert der Anlage auszuzahlen. Unter die Kosten fallen etwaige Aufgabeaufschläge (Agio) und Depotkosten, soweit sie der widerrufenen Anlage zugeordnet werden können.[32] Für den Wert der Anlage ist der Tag nach Eingang der Widerrufserklärung maßgeblich. Darin liegt eine Abweichung gegenüber den allgemeinen Regelungen der §§ 357 f. BGB; der Anleger trägt damit das Risiko zwischenzeitlicher Kursverluste, profitiert aber umgekehrt von zwischenzeitlichen Kursgewinnen.[33] Soweit der Käufer bereits Anteile oder Aktien erworben hat, erfolgt die Auszahlung der Kosten und des Wertes Zug und Zug gegen Rückübertragung dieser Anteile oder Aktien. Beim originären Erwerb von Anteilen oder Aktien von einer Investmentgesellschaft mit interner Kapitalverwaltungsgesellschaft tritt an die Stelle der Rückgewähr die außerordentliche Kündigung ex nunc nach den Grundsätzen der fehlerhaften Gesellschaft.[34] Entsprechend dem Widerruf von Haustürgeschäften zum Beitritt zu einer Publikums-KG[35] hat dabei der Gläubiger- und Kapitalschutz Vorrang, soweit nicht § 116 Abs. 1 KAGB für Investmentaktiengesellschaften mit veränderlichem Kapital greift.

VI. Kein Verzicht auf Widerrufsrecht (§ 305 Abs. 5 KAGB)

14 Der Käufer kann nach § 305 Abs. 5 KAGB nicht **im Vorhinein** auf sein Recht zum Widerruf verzichten, weder durch einseitige Erklärung, noch durch Vertrag, etwa Erlassvertrag nach § 397 BGB.[36] Möglich ist jedoch der Verzicht **im Nachhinein**; dies entspricht den allgemeinen Regelungen und dem Grundsatz der Privatautonomie, der insoweit nicht mehr durch den Zweck des Verzichtsverbots eingeschränkt werden muss, den Anleger davor zu schützen, sein Widerrufsrecht übereilt preiszugeben.[37] Dies setzt jedoch nicht nur den Vertragsbeginn voraus,[38] sondern nach dem Sinn und Zweck der Vorschrift auch, dass der Käufer ordnungsgemäß belehrt worden ist, so dass er weiß, worauf er verzichtet.[39]

15 Eine **Verwirkung** des Widerrufsrechts nach § 242 BGB ist möglich. Allerdings setzt dies nicht nur die Erfüllung des Zeitmoments, sondern auch des Umstandsmoments voraus, so dass bloßer Zeitablauf nicht genügt, sondern besondere Umstände hinzukommen müssen, aufgrund derer sich der Verkäufer darauf einrichten durfte, dass das Widerrufsrecht nicht mehr geltend gemacht wird.[40]

---

30 *Merk* in Moritz/Klebeck/Jesch, § 305 KAGB Rz. 22; *Paul* in Weitnauer/Boxberger/Anders, § 305 KAGB Rz. 27.
31 Vgl. *Merk* in Moritz/Klebeck/Jesch, § 305 KAGB Rz. 23.
32 *Merk* in Moritz/Klebeck/Jesch, § 305 KAGB Rz. 24; grundsätzlich gegen Erstattung der Depotkosten *Zingel* in Baur/Tappen, § 305 KAGB Rz. 10.
33 *Merk* in Moritz/Klebeck/Jesch, § 305 KAGB Rz. 25.
34 Vgl. *Paul* in Weitnauer/Boxberger/Anders, § 305 Rz. 43.
35 Vgl. BGH v. 12.7.2010 – II ZR 292/06, NJW 2010, 3096; *Paul* in Weitnauer/Boxberger/Anders, § 305 KAGB Rz. 47.
36 *Paul* in Weitnauer/Boxberger/Anders, § 305 KAGB Rz. 29.
37 Vgl. *Merk* in Moritz/Klebeck/Jesch, § 305 KAGB Rz. 27; anders aber *Zingel* in Baur/Tappen, § 305 KAGB Rz. 11.
38 So aber *Paul* in Weitnauer/Boxberger/Anders, § 305 KAGB Rz. 29.
39 Vgl. *Kaiser* in Staudinger, Neubearb. 2012, § 355 BGB Rz. 90.
40 Vgl. *Olzen/Looschelders* in Staudinger, Neubearb. 2015, § 242 BGB Rz. 300; *Paul* in Weitnauer/Boxberger/Anders, § 305 KAGB Rz. 30.

VII. Entsprechende Anwendung auf Verkauf von Aktien und Anteilen (§ 305 Abs. 6 KAGB)

Nach § 305 Abs. 6 KAGB sind § 305 Abs. 1 bis 5 KAGB auf den **Verkauf** von Anteilen oder Aktien an offenen Investmentvermögen durch den Anleger entsprechend anwendbar. Damit steht entsprechend § 305 Abs. 1 KAGB auch dem Anleger, der durch mündliche Verhandlungen außerhalb der ständigen Geschäftsräume des Käufers oder Vermittlers zum Verkauf bestimmt worden ist, ein Widerrufsrecht zu. Anleger sind sowohl Privatanleger als auch semiprofessionelle und professionelle Anleger;[41] allerdings besteht das Recht zum Widerruf entsprechend § 305 Abs. 4 KAGB nicht, wenn der Verkäufer kein Verbraucher i.S.d. § 13 BGB ist.[42] Keine entsprechende Anwendung finden die § 305 Abs. 7 und 8 KAGB; dies ergibt sich aus der Stellung des Abs. 6. 16

VIII. Widerrufsrecht bei geschlossenen Investmentvermögen nach BGB (§ 305 Abs. 7 KAGB)

§ 305 Abs. 7 KAGB stellt klar, dass die §§ 312 ff. BGB auf **geschlossene Investmentvermögen** Anwendung finden.[43] Geschlossene Investmentvermögen sind in § 1 Abs. 5 KAGB als geschlossene AIF definiert. Nach § 312g Abs. 1 BGB steht einem Verbraucher bei außerhalb von Geschäftsräumen geschlossenen Verträgen i.S.d. § 312b BGB und bei Fernabsatzverträgen i.S.d. § 312c BGB ein Widerrufsrecht gem. § 355 BGB zu. Nach § 312g Abs. 2 Satz 1 Nr. 8 BGB besteht allerdings kein gesetzliches Widerrufsrecht bei Verträgen über die Lieferung von Waren oder die Erbringung von Dienstleistungen, einschließlich Finanzdienstleistungen, bei denen der Preis von Schwankungen auf dem Finanzmarkt abhängt, die außerhalb des Einflusses des Unternehmers liegen und die innerhalb der Widerrufsfrist auftreten können. Beispielhaft aufgezählt werden Dienstleistungen im Zusammenhang mit Aktien, Anteilen an offenen Investmentvermögen und mit anderen handelbaren Wertpapieren, Devisen, Derivaten oder Geldmarktinstrumenten. Geschlossene Investmentvermögen sind zwar nicht erwähnt, können aber auch unter § 312g Abs. 2 Satz 1 Nr. 8 fallen, da sie auch auf einem Sekundärmarkt gehandelt werden können, wie sich aus Art. 1 Abs. 2 Satz 3 Delegierte Verordnung (EU) Nr. 694/2014 ergibt. 17

Den **Widerruf regeln die §§ 355 ff. BGB.** Die Widerrufsfrist beträgt nach § 355 Abs. 2 BGB 14 Tage ab Vertragsschluss. Sie beginnt nach § 356 Abs. 3 BGB nicht, bevor nicht eine Belehrung entsprechend Art. 246b § 1 Abs. 2 Satz 1 Nr. 1 oder § 2 Abs. 2 EGBGB erfolgt ist. Die absolute Begrenzung des Widerrufsrechts auf eine Frist von 12 Monaten und 14 Tagen in § 356 Abs. 3 Satz 2 BGB gilt gem. § 356 Abs. 3 Satz 3 BGB nicht für Verträge über Finanzdienstleistungen. Die Rechtfolgen des Widerrufs von Verträgen über Finanzdienstleistungen ergeben sich aus § 357a BGB, der insbesondere eine Rückgewährfrist von 30 Tagen vorsieht. 18

Berechtigter des Widerrufsrecht aus § 305 Abs. 7 KAGB ist der Käufer, wenn er Verbraucher ist. Zum Teil wird vertreten, dass sich aus der gesetzlichen Systematik ergebe, dass er Privatanleger und nicht nur Verbraucher sein müsse.[44] Allerdings lässt sich aus dem Wortlaut des Abs. 7 nicht herleiten, dass die Geltung des Widerrufsrechts des BGB nur für Privatanleger gilt. Zudem ergibt sich aus den Gesetzesmaterialien, dass Abs. 7 nur klarstellen soll, dass sich bei Anteilen oder Aktien an geschlossenen Investmentvermögen das Widerrufsrecht nach dem bürgerlichen Recht richtet und der Rückgriff auf das allgemeine zivilrechtliche Widerrufsrecht bei geschlossenen Investmentvermögen nicht durch § 305 KAGB als Spezialregelung für offene Investmentvermögen ausgeschlossen wird.[45] Demgemäß stellt § 305 Abs. 7 KAGB keine weiteren Voraussetzungen für den Widerruf nach dem BGB auf, sondern es sind alleine die Voraussetzungen des BGB zu erfüllen. 19

Das Widerrufsrecht ist auch auf geschlossene Immobilienfonds anwendbar, die als **Gesellschaft** organisiert sind, wenn der Zweck des Beitritts nicht vorrangig darin besteht, Gesellschafter dieser Gesellschaft zu werden, sondern Kapital anzulegen.[46] Allerdings finden dann die Grundsätze der fehlerhaften Gesellschaft An- 20

41 *Paul* in Weitnauer/Boxberger/Anders, § 305 KAGB Rz. 31.
42 Vgl. *Zingel* in Baur/Tappen, § 305 KAGB Rz. 12.
43 *Merk* in Moritz/Klebeck/Jesch, § 305 KAGB Rz. 29.
44 *Merk* in Moritz/Klebeck/Jesch, § 305 KAGB Rz. 5 ff.
45 BT-Drucks. 17/13395, 409.
46 BGH v. 12.7.2010 – II ZR 292/06, NJW 2010, 3096; vgl. auch *Merk* in Moritz/Klebeck/Jesch, § 305 KAGB Rz. 30.

wendung, so dass der Widerruf nicht ex tunc, sondern nur ex nunc wirkt, so dass ein Anleger, der Anteile an einer Investmentkommanditgesellschaft erworben hat, aus § 171 Abs. 1 HGB in Anspruch genommen werden kann.[47] Beim Widerruf des Erwerbs von Investmentaktiengesellschaften finden ebenfalls die Grundsätze der fehlerhaften Gesellschaft Anwendung, so dass das Geschäft ex nunc rückgängig zu machen ist.[48] Beim Widerruf des Erwerbs von Anteilen an Investmentsondervermögen dürfte aufgrund der vergleichbaren Interessenlage nichts anderes gelten.

IX. Widerrufsrecht bei Nachträgen (§ 305 Abs. 8 KAGB)

21 § 305 Abs. 8 KAGB enthält eine besondere Widerrufsmöglichkeit für den Fall, dass bei einem geschlossenen Publikums-AIF ein **Nachtrag zum Verkaufsprospekt veröffentlicht** wird. Sinn und Zweck dieses Widerrufsrechts soll es sein, den Anlegern zu ermöglichen, eine aufgrund unvollständiger Information getroffene Anlageentscheidung rückgängig zu machen.[49] Allerdings läuft dem der Ausschluss des Widerrufsrechts durch die Erfüllung zuwider.

22 **Voraussetzung** ist zunächst, dass es sich um den Erwerb eines Anteils oder einer Aktie eines geschlossenen Publikums-AIF i.S.d. § 1 Abs. 5 und 6 KAGB handelt. Dabei muss die auf den Erwerb gerichtete Willenserklärung des Anlegers vor der Veröffentlichung eines Nachtrags zum Verkaufsprospekt abgegeben worden sein. Nachtrag ist eine nach § 316 Abs. 5 KAGB zu veröffentlichende Information.[50] Hingegen muss die Willenserklärung nach dem Wortlaut der Vorschrift nicht nach Eintritt des nachtragspflichten Umstands abgegeben werden.[51]

23 Zudem darf noch keine Erfüllung eingetreten sein, also gem. § 362 Abs. 1 BGB die geschuldete Leistung noch nicht an den Gläubiger bewirkt sein.[52] Dies setzt bei Anteilen an Investmentsondermögen den Erwerb der Beteiligung und die Zahlung der Zeichnungssumme voraus.[53] Bei Anteilen an Investmentkommanditgesellschaften muss die vollständige Aufnahme als Gesellschafter erfolgt sein, bei Aktien an Investmentaktiengesellschaften reicht die Einbuchung in das Depot des Anlegers aus.[54] Allerdings setzt auch hier die Erfüllung des Erwerbsgeschäfts voraus, dass auch der Anleger seine Zahlungsverpflichtungen erfüllt hat.[55]

24 Der **Widerruf** ist in Textform zu erklären. Er braucht keine Begründung zu enthalten. Im Nachtrag ist die Verwaltungsgesellschaft oder sonstige Person zu benennen, die Empfänger des Widerrufs ist. Soweit diese nicht benannt ist, kann der Widerruf an die Verwaltungsgesellschaft des Investmentvermögens gerichtet werden. Die Widerrufsmöglichkeit soll dann trotzdem ablaufen, dem Widerrufsberechtigten jedoch ein Schadensersatzanspruch aus § 280 Abs. 1 BGB zustehen.[56]

25 Die **Widerrufsfrist** beträgt nur zwei Werktage. Zur Fristwahrung ist die rechtzeitige Absendung ausreichend. Samstage zählen auch als Werktage, da ein Widerruf auch Samstag abgesendet werden kann.[57]

26 Die **Rechtsfolgen** des rechtzeitigen Widerrufs ergeben sich gem. § 305 Abs. 8 Satz 3 KAGB aus der entsprechenden Anwendung des § 357a BGB. Danach sind die empfangenen Leistungen zurück zu gewähren sowie ggf. Wertersatz und Zinsen zu zahlen. Zudem entfallen die Bindung an die Willenserklärung analog § 305 Abs. 1 KAGB und damit der Vertrag sowie die daraus resultierenden Leistungspflichten.[58]

---

47 BGH v. 12.7.2010 – II ZR 292/06, NJW 2010, 3096; vgl. auch *Merk* in Moritz/Klebeck/Jesch, § 305 KAGB Rz. 30; *Paul* in Weitnauer/Boxberger/Anders, § 305 KAGB Rz. 47; zur europarechtlichen Zulässigkeit EuGH v. 15.4.2010 – Rs. C-215/08, NJW 2010, 1511.

48 Vgl. *Schürnbrandt* in MünchKomm. AktG, 4. Aufl. 2016, § 185 AktG Rz. 75.

49 So *Merk* in Moritz/Klebeck/Jesch, § 305 KAGB Rz. 34; vgl. auch *Markwardt/Kracke*, BKR 2012, 149.

50 *Merk* in Moritz/Klebeck/Jesch, § 305 KAGB Rz. 32; *Paul* in Weitnauer/Boxberger/Anders, § 305 KAGB Rz. 52.

51 *Paul* in Weitnauer/Boxberger/Anders, § 305 KAGB Rz. 53; anders *Zingel* in Baur/Tappen, § 305 KAGB Rz. 14.

52 *Merk* in Moritz/Klebeck/Jesch, § 305 KAGB Rz. 33.

53 *Merk* in Moritz/Klebeck/Jesch, § 305 KAGB Rz. 33; näher *Markwardt/Kracke*, BKR 2012, 149 (150 f.).

54 *Merk* in Moritz/Klebeck/Jesch, § 305 KAGB Rz. 33; *Zingel* in Baur/Tappen, § 305 KAGB Rz. 15.

55 *Paul* in Weitnauer/Boxberger/Anders, § 305 KAGB Rz. 55; anders wohl *Merk* in Moritz/Klebeck/Jesch, § 305 KAGB Rz. 33.

56 *Paul* in Weitnauer/Boxberger/Anders, § 305 KAGB Rz. 56.

57 *Paul* in Weitnauer/Boxberger/Anders, § 305 KAGB Rz. 53.

58 *Paul* in Weitnauer/Boxberger/Anders, § 305 KAGB Rz. 57.

§ 306 Prospekthaftung und Haftung für die wesentlichen Anlegerinformationen

(1) [1]Sind in dem Verkaufsprospekt Angaben, die für die Beurteilung der Anteile oder Aktien von wesentlicher Bedeutung sind, unrichtig oder unvollständig, so kann der Käufer von der Verwaltungsgesellschaft, von denjenigen, die neben der Verwaltungsgesellschaft für den Verkaufsprospekt die Verantwortung übernommen haben oder von denen der Erlass des Verkaufsprospekts ausgeht, und von demjenigen, der diese Anteile oder Aktien im eigenen Namen gewerbsmäßig verkauft hat, als Gesamtschuldner die Übernahme der Anteile oder Aktien gegen Erstattung des von ihm gezahlten Betrages verlangen. [2]Ist der Käufer in dem Zeitpunkt, in dem er von der Unrichtigkeit oder Unvollständigkeit des Verkaufsprospekts Kenntnis erlangt hat, nicht mehr Inhaber des Anteils oder der Aktie, so kann er die Zahlung des Betrages verlangen, um den der von ihm gezahlte Betrag den Rücknahmepreis des Anteils oder der Aktie oder andernfalls den Wert des Anteils oder der Aktie im Zeitpunkt der Veräußerung übersteigt.

(2) [1]Sind in den wesentlichen Anlegerinformationen enthaltene Angaben irreführend, unrichtig oder nicht mit den einschlägigen Stellen des Verkaufsprospekts vereinbar, so kann der Käufer von der Verwaltungsgesellschaft und von demjenigen, der diese Anteile oder Aktien im eigenen Namen gewerbsmäßig verkauft hat, als Gesamtschuldner die Übernahme der Anteile oder Aktien gegen Erstattung des von ihm gezahlten Betrages verlangen. [2]Ist der Käufer in dem Zeitpunkt, in dem er von der Fehlerhaftigkeit der wesentlichen Anlegerinformationen Kenntnis erlangt hat, nicht mehr Inhaber des Anteils oder der Aktie, so kann er die Zahlung des Betrages verlangen, um den der von ihm gezahlte Betrag den Rücknahmepreis des Anteils oder der Aktie oder andernfalls den Wert des Anteils oder der Aktie im Zeitpunkt der Veräußerung übersteigt.

(3) [1]Eine Gesellschaft, eine Person oder diejenige Stelle, welche die Anteile oder Aktien im eigenen Namen gewerbsmäßig verkauft hat, kann nicht nach Absatz 1 oder 2 in Anspruch genommen werden, wenn sie nachweist, dass sie die Unrichtigkeit oder Unvollständigkeit des Verkaufsprospekts oder die Unrichtigkeit der wesentlichen Anlegerinformationen nicht gekannt hat und die Unkenntnis nicht auf grober Fahrlässigkeit beruht. [2]Der Anspruch nach Absatz 1 oder nach Absatz 2 besteht nicht, wenn

1. der Käufer der Anteile oder Aktien die Unrichtigkeit oder Unvollständigkeit des Verkaufsprospekts oder die Unrichtigkeit der wesentlichen Anlegerinformationen beim Kauf gekannt hat oder
2. die Anteile oder Aktien nicht auf Grund des Verkaufsprospekts oder der wesentlichen Anlegerinformationen erworben wurden.

(4) [1]Zur Übernahme nach Absatz 1 oder 2 ist auch verpflichtet, wer gewerbsmäßig den Verkauf der Anteile oder Aktien vermittelt oder die Anteile oder Aktien im fremden Namen verkauft hat, wenn er die Unrichtigkeit oder Unvollständigkeit des Verkaufsprospekts oder die Unrichtigkeit der wesentlichen Anlegerinformationen gekannt hat. [2]Dies gilt nicht, wenn auch der Käufer der Anteile oder Aktien die Unrichtigkeit oder Unvollständigkeit des Verkaufsprospekts oder die Unrichtigkeit der wesentlichen Anlegerinformationen beim Kauf gekannt hat oder die Anteile oder Aktien nicht auf Grund des Verkaufsprospekts oder der wesentlichen Anlegerinformationen erworben wurden.

(5) [1]Wurde ein Verkaufsprospekt entgegen § 164 Absatz 1, § 268 Absatz 1, § 298 Absatz 1 oder § 299 Absatz 1 nicht veröffentlicht, so kann der Erwerber eines Anteils oder einer Aktie an einem Investmentvermögen von dem Anbieter die Übernahme der Anteile oder Aktien gegen Erstattung des Erwerbspreises, soweit dieser den ersten Erwerbspreis nicht überschreitet, und der mit dem Erwerb verbundenen üblichen Kosten verlangen, sofern das Erwerbsgeschäft vor Veröffentlichung eines Verkaufsprospekts und innerhalb von zwei Jahren nach dem ersten Anbieten oder Platzieren von Anteilen oder Aktien dieses Investmentvermögens im Inland abgeschlossen wurde. [2]Ist der Erwerber nicht mehr Inhaber der Anteile oder Aktien des Investmentvermögens, kann er die Zahlung des Unterschiedsbetrags zwischen dem Erwerbspreis und dem Veräußerungspreis der Anteile oder Aktien sowie der mit dem Erwerb und der Veräußerung verbundenen üblichen Kosten verlangen. [3]Die Ansprüche dieses Absatzes bestehen nicht, sofern der Erwerber die Pflicht, einen Verkaufsprospekt zu veröffentlichen, bei dem Erwerb kannte.

(6) [1]Eine Vereinbarung, durch die der Anspruch nach Absatz 1, 2, 4 oder 5 im Voraus ermäßigt oder erlassen wird, ist unwirksam. [2]Weitergehende Ansprüche, die sich aus den Vorschriften des bürger-

lichen Rechts auf Grund von Verträgen oder unerlaubten Handlungen ergeben können, bleiben unberührt.

In der Fassung vom 4.7.2013 (BGBl. I 2013, S. 1981), zuletzt geändert durch das Gesetz zur Anpassung von Gesetzen auf dem Gebiet des Finanzmarktes vom 15.7.2014 (BGBl. I 2014, S. 934).

Schrifttum: *Assmann*, Prospekthaftung, 1985; *Aurich*, Der wesentliche Prospektfehler nach KAGB und VermAnlG, GWR 2016, 23; *Baur*, Investmentgesetze, 2. Aufl. 1997; *Benecke*, Haftung für Inanspruchnahme von Vertrauen – Aktuelle Fragen zum neuen Verkaufsprospektgesetz, BB 2006, 2597; *Bohlken/Lange*, Die Prospekthaftung im Bereich geschlossener Fonds nach §§ 13 Abs. 1 Nr. 3, 13a Verkaufsprospektgesetz n.F., DB 2005, 1259; *Bußalb/Vogel*, Das Gesetz über Vermögensanlagen – neue Regeln für geschlossene Fonds, WM 2012, 1416; *Ellenberger*, Prospekthaftung im Wertpapierhandel, 2001; *Engelhardt*, Börsenprospekthaftung der Leitungsorgane von Emittenten in Deutschland und Schweden, 2010; *Fischer/Friedrich*, Investmentaktiengesellschaft und Investmentkommanditgesellschaft unter dem Kapitalanlagegesetzbuch, ZBB 2013, 153; *Fleischer*, Empfiehlt es sich, im Interesse des Anlegerschutzes und zur Förderung des Finanzplatzes Deutschland das Kapitalmarkt- und Börsenrecht neu zu regeln?, Gutachten F für den 64. Deutschen Juristentag, 2002; *Fleischer*, Prospektpflicht und Prospekthaftung für Vermögensanlagen des Grauen Kapitalmarkts nach dem Anlegerschutzverbesserungsgesetz, BKR 2004, 339; *Fleischer*, Zur Haftung bei fehlendem Verkaufsprospekt im deutschen und US-amerikanischen Kapitalmarktrecht, WM 2004, 1897; *Förster*, Die Prospekthaftung der organisierten und grauen Kapitalmärkte, 2002; *Friedrichsen/Weisner*, Das Gesetz zur Novellierung des Finanzanlagenvermittler- und Vermögensanlagenrechts – Wesentliche Neuerungen im Bereich geschlossener Fonds, ZIP 2012, 756; *Goller/Hartrott*, Immobilienfonds nach dem Kapitalanlagegesetzbuch, BB 2013, 1603; *Hanke*, Überblick über die Prospekthaftung bei geschlossenen Fonds nach dem Inkrafttreten des KAGB, BKR 2014, 441; *Kind/Bruchwitz*, Die Verjährung von Prospekthaftungsansprüchen bei geschlossenen Fonds und Bauherrenmodellen, BKR 2011, 10; *Hoffmeyer*, Gesetzesnamen als Etikettenschwindel?, NZG 2016, 1133; *Klöhn*, Grund und Grenzen der Haftung wegen unterlassener Prospektveröffentlichung nach § 24 WpPG, § 21 VermAnlG, DB 2012, 1859; *Leuering*, Die Neuordnung der gesetzlichen Prospekthaftung, NJW 2012, 1905; *Loritz/Uffmann*, Der Geltungsbereich des Kapitalanlagegesetzbuches (KAGB) und Investmentformen außerhalb desselben, WM 2013, 2193; *Loritz/Wagner*, Geschlossene Fonds: Prospektdarstellung von „weichen" Kosten und Anlageberatungspflichten in der Rechtsprechung des BGH vor dem 1.7.2005 und danach, NZG 2013, 367; *Müchler*, Die neuen Kurzinformationsblätter, WM 2012, 978; *Niewerth/Rybarz*, Änderung der Rahmenbedingungen für Immobilienfonds – das AIFM-Umsetzungsgesetz und seine Folgen, WM 2013, 1154; *Nobbe*, Prospekthaftung bei geschlossenen Fonds, WM 2013, 193; *Schäfer*, Stand und Entwicklungstendenzen der spezialgesetzlichen Prospekthaftung, ZGR 2006, 40; *Schnauder*, Regimewechsel im Prospekthaftungsrecht bei geschlossenen Publikumsfonds, NJW 2013, 207; *Schultheiß*, Die Dritthaftung von Wirtschaftsprüfern nach dem KAGB, BKR 2015, 133; *Stephan*, Prospektaktualisierung, AG 2002, 3; *Volhard/Jang*, Der Vertrieb alternativer Investmentfonds – Regelungsrahmen für den Vertrieb an professionelle und semi-professionelle Anleger in Deutschland nach dem RegE zur Umsetzung der AIFM-RL, DB 2013, 273; *Wagner*, Prospekthaftung bei fehlerhaften Prognosen?, NZG 2010, 857; *Wollenhaupt/Beck*, Das neue Kapitalanlagengesetzbuch, DB 2013, 1950; *Zetzsche/Preiner*, Was ist ein AIF?, WM 2013, 2101. Siehe im Übrigen das Allgemeine Schrifttumsverzeichnis.

I. Regelungsgegenstand und Normentwicklung

1. Regelungsgegenstand

Die mit den übrigen Bestimmungen des KAGB am 22.7.2013 in Kraft getretenen[1] Vorschriften des § 306 KAGB haben die Haftung bei fehlerhaften bzw. fehlenden **Verkaufsprospekten** und die Haftung für fehlerhafte **wesentliche Anlegerinformationen** zum Gegenstand. 1

a) Ablösung des § 127 InvG a.F.

Sie stimmen weitgehend – „mit Ausnahme von redaktionellen Änderungen aufgrund der in § 1 [KAGB] enthaltenen Begriffsbestimmungen"[2] und der Einführung einer Haftung bei fehlendem Verkaufsprospekt (§ 306 Abs. 5 KAGB) – mit § 127 des Investmentgesetzes (InvG) überein, das durch Art. 2a des AIFM-Umsetzungsgesetzes (AIF-UmsG) vom 4.7.2013[3] aufgehoben wurde. 2

Im Gegensatz zu § 127 InvG hat § 306 KAGB in Bezug auf die Anlagen, für die ein von der Bestimmung erfasster Verkaufsprospekt und wesentliche Anlegerinformationen zu erstellen sind, allerdings einen wesentlich **weiteren Anwendungsbereich**. Das ist in erster Linie darauf zurückzuführen, dass sich das KAGB im Allgemeinen und § 306 KAGB im Besonderen, neben den im InvG (a.F.) unter dem Begriff der Investmentvermögen ausschließlich erfassten Organismen für gemeinsame Anlagen in Wertpapieren (OGAW) auch auf Alternative Investmentfonds (AIF) erstreckt. Darüber hinaus umfasst das KAGB den größten Teil der Anlagen, die zuvor auf dem sog. grauen Kapitalmarkt vertrieben wurden. Dabei handelt es sich um Anlagen, die zunächst durch das VerkProspG und nachfolgend durch das VermAnlG zumindest einer publizitätsbezogenen gesetzlichen Regelung unterworfen wurden oder, soweit auch von diesen Regelungen noch nicht erfasst, der richterrechtlich entwickelten allgemein-zivilrechtlichen Prospekthaftung unterfielen. Regelungstechnisch erfolgt diese über einen weiten materiellen Begriff des Investmentvermögens, der jeden Organismus für gemeinsame Anlagen einbezieht, der von einer Anzahl von Anlegern Kapital einsammelt, 3

1 Art. 28 Abs. 2 AIFM-UmsG, BGBl. I 2013, S. 1981.
2 RegE eines Gesetzes zur Umsetzung der Richtlinie 2011/61/EU über die Verwalter alternativer Investmentfonds (AIFM-Umsetzungsgesetz – AIFM-UmsG), BT-Drucks. 17/12294 v. 6.2.2013, 1 (283).
3 BGBl. I 2013, S. 1981.

um es gemäß einer festgelegten Anlagestrategie zum Nutzen dieser Anleger zu investieren, und der kein operativ tätiges Unternehmen außerhalb des Finanzsektors ist (§ 1 Abs. 1 Satz 1 KAGB).[4]

4 Ebenfalls **über § 127 InvG und seine Vorgängervorschriften hinausgehend**, erweitert § 306 KAGB den Kreis derer, die für fehlerhafte Prospektangaben und wesentliche Anlegerinformationen haften und übernimmt mit **Abs. 6** im Hinblick auf die Prospekthaftung für die Verkaufsprospekte von OGAW und von AIF für Privatanleger die Regelung der §§ 20 Abs. 6 und 22 Abs. 6 VermAnlG, um Vereinbarung, durch die der Anspruch nach Abs. 1, 2, 4 oder 5 im Voraus ermäßigt oder erlassen wird, für unwirksam zu erklären. Schließlich erweitert **Abs. 5** die gesetzliche Prospekthaftung für fehlerhafte Verkaufsprospekte um eine gesetzliche Haftung für fehlende, d.h. pflichtwidrig nicht erstellte und veröffentlichte Verkaufsprospekte (unten Rz. 9).

5 Im Hinblick auf Ansprüche nach der durch § 306 KAGB abgelösten Bestimmung des aufgehobenen § 127 InvG i.d.F. vom 30.6.2011 enthält § 352 KAGB **Übergangsvorschriften**: § 352 Satz 1 KAGB bestimmt, dass auf vor dem 1.7.2011 entstandene Ansprüche § 127 Abs. 5 InvG in der bis zum 30.6.2011 geltenden Fassung weiter anzuwenden ist. Bei Letzterer handelt es sich um eine Verjährungsvorschrift, die anordnet: „Der Anspruch verjährt in einem Jahr seit dem Zeitpunkt, in dem der Käufer von der Unrichtigkeit oder Unvollständigkeit der Verkaufsprospekte Kenntnis erlangt hat, spätestens jedoch in drei Jahren seit dem Abschluss des Kaufvertrages.“ Des Weiteren regelt § 352 Satz 2 KAGB, dass in allen Fällen, in denen dem Käufer von Anteilen die wesentlichen Anlageinformationen oder der Verkaufsprospekt nach dem Investmentgesetz zur Verfügung gestellt worden sind, für diese Dokumente nach § 127 InvG in der bis zum 21.7.2013 geltenden Fassung gehaftet wird.

6 Mit § 306 KAGB und seinen Vorgängervorschriften wird die sich aus Art. 6 der **Richtlinie 2003/71/EG vom 4.11.2003**[5] ergebende Verpflichtung der Mitgliedstaaten der EU umgesetzt, darunter namentlich diejenige sicherzustellen, „dass je nach Fall zumindest der Emittent oder dessen Verwaltungs-, Management- bzw. Aufsichtsstellen, der Anbieter, die Person, die die Zulassung zum Handel an einem geregelten Markt beantragt, oder der Garantiegeber für die in einem Prospekt enthaltenen Angaben haftet“ (Art. 6 Abs. 1 Satz 1).

7 § 306 KAGB enthält, wie schon dessen Vorgängervorschrift des § 127 InvG (a.F.), zahlreiche Elemente, die auch deren **Vorgängervorschriften** in Gestalt der investmentrechtlichen Prospekthaftungsbestimmungen des **§ 20 KAGG (a.F.)** und des **§ 12 AuslInvestmG (a.F.)** aufwiesen. Deshalb kann im Hinblick auf übereinstimmende Tatbestandsmerkmale u.a. auch auf die Auslegung zu diesen Vorschriften zurückgegriffen werden.

b) Haftungstatbestände

aa) Haftung bei fehlerhaftem Verkaufsprospekt

8 **§ 306 Abs. 1, 3, 4 und 6 KAGB** haben die Haftung bei fehlerhaftem Verkaufsprospekt zum Gegenstand. Nach der für diese Haftung grundlegenden Bestimmung des Abs. 1 kann derjenige, der aufgrund des Verkaufsprospekts Anteile oder Aktien an dem Investmentvermögen eines Organismus für gemeinsame Anlagen in Wertpapieren oder einem Alternativen Investmentfonds (AIF) gekauft hat, von der Verwaltungsgesellschaft, von denjenigen, die neben der Verwaltungsgesellschaft für den Verkaufsprospekt die Verantwortung übernommen haben oder von denen der Erlass des Verkaufsprospekts ausgeht, und von demjenigen, der diese Anteile oder Aktien im eigenen Namen gewerbsmäßig verkauft hat, als Gesamtschuldner die Übernahme der Anteile oder Aktien gegen Erstattung des von ihm gezahlten Betrages verlangen, wenn in dem Verkaufsprospekt Angaben, die für die Beurteilung der Anteile oder Aktien von wesentlicher Bedeutung sind, unrichtig oder unvollständig sind. Entsprechende Vorschriften für die Haftung bei fehlerhaften Verkaufsprospekten finden sich in §§ 21-23 WpPG und § 20 VermAnlG. Die Haftung auch derjenigen, die neben der Verwaltungsgesellschaft für den Verkaufsprospekt die Verantwortung übernommen haben oder von denen der Erlass des Verkaufsprospektes ausgeht, beruht auf einer sich an § 20 Abs. 1 Satz 1 VermAnlG anlehnenden Beschlussempfehlung des Finanzausschusses zum Entwurf eines AIFM-Umsetzungs-

4 Siehe dazu und zur Zurückdrängung der allgemein-zivilrechtlichen Prospekthaftung durch das KAGB *Assmann* in Assmann/Schütze, § 5 Rz. 20 f., 27 ff.

5 Richtlinie 2003/71/EG v. 4.11.2003 betreffend den Prospekt, der beim öffentlichen Angebot von Wertpapieren oder bei deren Zulassung zum Handel zu veröffentlichen ist, und zur Änderung der Richtlinie 2001/34/EG, ABl. EU Nr. L 345 v. 31.12.2003, S. 64.

gesetzes.[6] Zu den Angaben, die ein nach dem KAGB zu erstellender und veröffentlichender Prospekt enthalten muss, s. Rz. 50.

bb) Haftung bei fehlendem Verkaufsprospekt

Neu ist die – dem aufgehobenen InvG unbekannte – Haftung nach **§ 306 Abs. 5 KAGB** für einen gesetzeswidrig fehlenden Verkaufsprospekt, das heißt für den Fall, dass entgegen gesetzlicher Bestimmungen – §§ 164 Abs. 1, 268 Abs. 1, 298 Abs. 1 oder 299 Abs. 1 – ein Verkaufsprospekt nicht veröffentlicht wurde. Entsprechende Vorschriften für die Haftung bei pflichtwidrig fehlenden Prospekten finden sich in § 24 WpPG für das Angebot von Wertpapieren und in § 21 VermAnlG für das Angebot von Vermögensanlagen. Diese wiederum übernahmen die Regelung des § 13a des aufgehobenen Verkaufsprospektgesetzes.[7] Die Haftung bei fehlendem Verkaufsprospekt nach Abs. 5 beruht auf einer Beschlussempfehlung des Finanzausschusses zum Entwurf eines AIFM-Umsetzungsgesetzes, die sich an § 21 Abs. 1 Satz 1, Abs. 2 Satz 1 und Abs. 4 VermAnlG orientierte.[8] 9

cc) Haftung bei fehlerhaften Angaben in den wesentlichen Anlegerinformationen

§ 306 Abs. 2 Satz 1 KAGB regelt die Haftung bei fehlerhaften Angaben in den wesentlichen Anlegerinformationen. Die Differenzierung des KAGB und des § 306 KAGB zwischen den auf die Information des Investors ausgerichteten Angaben in einem Verkaufsprospekt und mittels der vom Gesetz sog. wesentlichen Anlegerinformationen und der Haftung für die Ordnungsmäßigkeit dieser Informationen fand sich bereits im aufgehobenen InvG und § 127 InvG a.F. Während in Bezug auf Angaben in Verkaufsprospekten für deren Richtigkeit und Vollständigkeit gehaftet wird, ist für wesentliche Anlegerinformationen nur einzustehen, wenn sie irreführend, unrichtig oder nicht mit den einschlägigen Stellen des Verkaufsprospekts vereinbar sind. Adressat der Haftung sind die Verwaltungsgesellschaft und die Person, die die fraglichen Anteile oder Aktien im eigenen Namen gewerbsmäßig verkauft hat, als Gesamtschuldner. Wie bei der Haftung für fehlerhafte Angaben im Verkaufsprospekt ist auch die Haftung für fehlerhafte Angaben in den wesentlichen Anlegerinformationen auf die Übernahme der Anteile oder Aktien gegen Erstattung des vom Käufer der Anlage gezahlten Betrages gerichtet. 10

dd) Haftung für fehlerhafte Informationen beim Vertrieb von AIF in Bezug auf semiprofessionelle und professionelle Anleger

Das Gesetz kennt schließlich noch die Haftung für fehlerhafte Informationen beim Vertrieb von AIF in Bezug auf semiprofessionelle und professionelle Anleger. Sie ist zwar nicht in § 306 KAGB, sondern in **§ 307 Abs. 3 KAGB** geregelt, dort jedoch in der Weise, dass für die Richtigkeit und Vollständigkeit der fraglichen Informationen – nach näherer Maßgabe der Vorschrift – entsprechend § 306 Abs. 1, 3, 4 und 6 KAGB gehaftet wird (s. § 307 Rz. 50 f.). Hintergrund dieser Regelung ist, dass das KAGB zwischen dem Vertrieb von Anteilen oder Aktien an AIF an Privatanleger einerseits und an semiprofessionelle und professionelle Anleger andererseits unterscheidet. Finden auf erstere die Regelungen der §§ 297 ff. KAGB und namentlich die vorstehend angeführten Bestimmungen der Haftung für Verkaufsprospekte nach § 306 Abs. 1 KAGB und der Haftung für wesentliche Anlegerinformationen § 306 Abs. 2 KAGB Anwendung, so unterliegen die beim Vertrieb von Anteilen oder Aktien an Alternativen Investmentfonds an semiprofessionelle und professionelle Anleger nach § 307 Abs. 1 und 2 KAGB dem Erwerber zur Verfügung zu stellenden Informationen der Haftung nach § 307 Abs. 3 KAGB. Dabei enthält diese Bestimmung keinen Verweis auf § 306 Abs. 5 KAGB und die in dieser Vorschrift geregelte Haftung über einen fehlenden Verkaufsprospekt. Das hat zur Folge, dass für dem Erwerber nicht zur Verfügung gestellte Informationen i.S.v. § 307 Abs. 1 und 2 KAGB nicht wie für fehlende Verkaufsprospekte gehaftet wird. Aufgrund der Regelung der Haftung für fehlerhafte Informationen beim Vertrieb von AIF in Bezug auf semiprofessionelle und professionelle Anleger durch Verweis auf die entsprechend anwendbaren § 306 Abs. 1, 3, 4 und 6 KAGB werden diese im Zusammenhang mit den Erläuterungen zu vorstehenden Bestimmungen behandelt. 11

Fehlerhafte Angaben bei den sich aus § 308 KAGB ergebenden **sonstigen Informationspflichten gegenüber semiprofessionellen und den professionellen Anlegern** im Zusammenhang mit dem Vertrieb von 12

6 Beschlussempfehlung und Bericht des Finanzausschusses zum dem Gesetzentwurf der Bundesregierung – Drucksache 17/12294, BT-Drucks. 17/13395 v. 10.5.2013, S. 1 (286, 409).

7 Siehe dazu *Assmann* in Assmann/Schütze, § 5 Rz. 14, 326, 210 ff., 281 ff.; *Assmann* in Assmann/Schlitt/von Kopp-Colomb, § 24 WpPG Rz. 1, § 21 VermAnlG Rz. 1. Zu § 13a VerkProspG a.F. und ihrem regelungspolitischen Hintergrund s. *Assmann* in Assmann/Schlitt/von Kopp-Colomb, 2. Aufl. 2010, § 13a VerkProspG Rz. 2.

8 Beschlussempfehlung und Bericht des Finanzausschusses zum dem Gesetzentwurf der Bundesregierung – Drucksache 17/12294, BT-Drucks. 17/13395 v. 10.5.2013, S. 1 (287, 409).

Anteilen oder Aktien an Alternativen Investmentfonds, die dem Recht eines anderen Mitgliedstaats der EU oder eines anderen Vertragsstaats des Abkommens über den Europäischen Wirtschaftsraum unterliegen (EU-AIF) oder dem Recht eines Drittstaats unterfallen (ausländische AIF),[9] unterliegen nicht der Haftung nach § 307 Abs. 3 i.V.m. § 306 Abs. 1, 3, 4 und 6 KAGB.

13 Dass für Informationen beim Vertrieb von Anteilen oder Aktien an Alternativen Investmentfonds an semiprofessionelle und professionelle Anleger kein Verkaufsprospekt oder wesentliche Anlegerinformationen zu erstellen sind, schließt – kraft expliziter Regelung des § 307 Abs. 4 KAGB sowie aufgrund des Umstands, dass es sich bei Aktien an Alternativen Investmentfonds um Wertpapiere i.S.v. § 1 Abs. 2 Nr. 1 WpPG handelt und die Bereichsausnahme nach § 1 Abs. 2 Nr. 1 WpPG nur auf offene Investmentvermögen Anwendung findet (s. § 307 Rz. 52) – nicht aus, dass die AIF-Verwaltungsgesellschaft einen **Verkaufsprospekt nach den Bestimmungen des WpPG** aufzustellen verpflichtet ist. Ist dies der Fall, sind gem. § 307 Abs. 4 KAGB die nach dessen Abs. 1 erforderlichen Angaben entweder gesondert von dem Prospekt nach dem WpPG oder als ergänzende Angaben im Wertpapierprospekt offenzulegen. Näher § 307 Rz. 52.

c) Die Haftung nach § 306 KAGB im System der Prospekthaftungstatbestände

14 Die Ausgestaltung der (Prospekt-)Haftung nach § 306 KAGB stimmt in zahlreichen Punkten mit derjenigen der übrigen gesetzlichen Prospekthaftungsvorschriften und Bestimmungen für die Haftung fehlerhafter oder fehlender zwingender gesetzlicher Anlegerinformationsinstrumente überein. Deshalb kann bei der Anwendung des § 306 KAGB vielfach auf die **Auslegungsgrundsätze** zurückgegriffen werden, wie sie sich im Hinblick auf die Parallelvorschriften (unten Rz. 15 f.) und die Vorgängervorschrift des § 306 KAGB – den aufgehobenen § 127 InvG (oben Rz. 2) – herausgebildet haben.

15 Dabei ist die Haftung nach § 306 Abs. 1 und 3-6, 307 Abs. 3 KAGB bei **fehlerhaften oder fehlenden Verkaufsprospekten** Teil eines heute **dreigliedrigen gesetzlichen Prospekthaftungssystems.**[10] Dieses setzt sich, neben der Haftung für Verkaufsprospekte nach dem KAGB, aus folgenden Regelungen zusammen:

- Der **Prospekthaftung nach §§ 21-25 WpPG**. Diese haben die Haftung für fehlerhafte oder gesetzeswidrig fehlende Prospekte in Bezug auf Wertpapiere, die öffentlich angeboten oder zum Handel an einem organisierten Markt zugelassen werden sollen, zum Gegenstand. Dabei steht kraft ausdrücklicher Regelung in §§ 21 Abs. 4, 22 WpPG eine schriftliche Darstellung, aufgrund deren Veröffentlichung der Emittent von der Pflicht zur Veröffentlichung eines Prospekts befreit wurde, einem Prospekt gleich und unterfällt damit der Prospekthaftung nach §§ 21-25 WpPG.
- Der **Prospekthaftung nach §§ 20, 21 VermAnlG**. Sie regelt die Haftung für fehlerhafte oder gesetzeswidrig nicht veröffentlichte Verkaufsprospekte in Bezug auf Vermögensanlagen, wobei Vermögensanlagen i.S.d. §§ 20, 21 VermAnlG definiert sind als nicht in Wertpapieren i.S.d. WpPG verbriefte und nicht als Anteile an Investmentvermögen i.S.d. § 1 Abs. 1 KAGB ausgestaltete Anteile, die eine Beteiligung am Ergebnis eines Unternehmens gewähren, Anteile an einem Vermögen, das der Emittent oder ein Dritter in eigenem Namen für fremde Rechnung hält oder verwaltet (Treuhandvermögen), Genussrechte und Namensschuldverschreibungen. Darüber hinaus sieht das VermAnlG die an die Verkaufsprospekthaftung angelehnte Haftung für unrichtige oder möglicherweise erstellte, aber pflichtwidrig nicht zur Verfügung gestellte Vermögensanlagen-Informationsblätter nach § 22 VermAnlG vor.

16 Des Weiteren kennt das KAGB in § 306 Abs. 2-4 KAGB die der Prospekthaftung nachgebildete **Haftung für wesentliche Anlegerinformationen**, d.h. Informationen, die dem Publikum als „wesentliche Anlegerinformationen" zugänglich zu machen sind. Der Haftungstatbestand ist in § 306 Abs. 2 Satz 1 KAGB formuliert. Die Haftungsregelung entspricht funktional der Haftung für schriftliche Darstellungen in §§ 21 Abs. 4, 22 WpPG und für Vermögensanlagen-Informationsblätter nach § 22 VermAnlG: Wie diese Vorschriften bindet sie prospektähnliche Informationsinstrumente in das System der Prospekthaftung ein.

17 Die richterrechtlich heraus- und fortgebildete **allgemein-zivilrechtliche Prospekthaftung** (auch: bürgerlichrechtliche Prospekthaftung),[11] die der Erfassung des prospektvermittelten Angebots von Anlagen diente, die keiner gesetzlich geregelten Prospekthaftung unterlagen, ist zwischenzeitlich zum bloßen Auffangtat-

9 Siehe die Definitionen eines EU-AIF und eines ausländischen AIF § 1 Abs. 8 und Abs. 9, jeweils i.V.m. § 1 Abs. 1 und 3 KAGB.

10 Zur Entwicklung der Prospekthaftung s. *Assmann* in Assmann/Schütze, § 5 Rz. 5 ff.; *Assmann* in Assmann/Schlitt/von Kopp-Colomb, Vor §§ 21-25 WpPG Rz. 1 ff., Vor §§ 20-22 VermAnlG Rz. 5 ff.

11 Zu deren systematischer Stellung und Stand *Assmann* in Assmann/Schütze, § 5 Rz. 8, 26 ff. Zu deren dogmatischer Grundlage und Entwicklung *Assmann* in Assmann/Schütze, 3. Aufl. 2007, § 6 Rz. 14 ff., 25 ff.

bestand geworden, der praktisch keinen Anwendungsbereich mehr aufweist.[12] Zur Anwendbarkeit der allgemein-zivilrechtlichen Prospekthaftung neben der Haftung aus § 306 KAGB s. Rz. 91, 123 und 136.

d) Keine Billigung des Verkaufsprospekts durch die BaFin

Anders als die dem WpPG und dem VermAnlG unterfallenden Prospekte müssen die nach dem KAGB zu erstellenden Prospekte vor ihrer Verwendung **nicht durch die BaFin gebilligt** werden. Gleiches gilt für die wesentlichen Anlegerinformationen (unten Rz. 101). Erforderlich ist vielmehr nur, dass die OGAW-Kapitalverwaltungsgesellschaft oder die EU-OGAW-Verwaltungsgesellschaft der BaFin für die von ihr verwalteten inländischen OGAW den **Verkaufsprospekt** und die wesentlichen Anlegerinformationen unverzüglich nach erstmaliger Verwendung **einreicht** (§ 164 Abs. 4 Satz 1 KAGB). Auf Anfrage hat die OGAW-Kapitalverwaltungsgesellschaft der BaFin darüber hinaus auch den Verkaufsprospekt für die von ihr nach den §§ 49 und 50 KAGB verwalteten EU-OGAW zur Verfügung zu stellen (§ 164 Abs. 4 Satz 2 KAGB). Entsprechend hat die OGAW-Kapitalverwaltungsgesellschaft oder die EU-OGAW-Verwaltungsgesellschaft der BaFin für die von ihr verwalteten inländischen OGAW auch alle **Änderungen des Verkaufsprospekts** und der wesentlichen Anlegerinformationen unverzüglich nach erstmaliger Verwendung **einzureichen** (§ 165 Abs. 5 KAGB). Damit entfällt die sich bei den anderen gesetzlichen Prospekthaftungstatbeständen stellende Frage, welchen Einfluss die Billigung eines Prospekts auf die Beurteilung der Richtigkeit und Vollständigkeit eines Prospekts sowie das Verschulden der Prospektverantwortlichen hat. 18

2. Normentwicklung und europarechtliche Grundlage

Seit seinem Inkrafttreten hat § 306 KAGB allein durch **Art. 2 Nr. 55 des Gesetzes zur Anpassung von Gesetzen auf dem Gebiet des Finanzmarktes vom 15.7.2014**[13] kleinere Änderungen erfahren. Sie dienen der „Klarstellung der Beweislastverteilung" bei der Geltendmachung von Ansprüchen nach Abs. 1 oder Abs. 2 im Hinblick auf die Ursächlichkeit von Informationsmangel und Anlageerwerb und folgen der Regelung der Prospekthaftung im WpPG und VermAnlG (oben Rz. 4). 19

Mit § 306 KAGB und seinen Vorgängervorschriften wird die sich aus Art. 6 der **Richtlinie 2003/71/EG vom 4.11.2003**[14] ergebende Verpflichtung der Mitgliedstaaten der EU umgesetzt, darunter namentlich diejenige sicherzustellen, „dass je nach Fall zumindest der Emittent oder dessen Verwaltungs-, Management- bzw. Aufsichtsstellen, der Anbieter, die Person, die die Zulassung zum Handel an einem geregelten Markt beantragt, oder der Garantiegeber für die in einem Prospekt enthaltenen Angaben haftet" (Art. 6 Abs. 1 Satz 1 KAGB). 20

II. Haftung bei fehlerhaftem Verkaufsprospekt und fehlerhaften Informationen nach § 307 Abs. 1 und 2 KAGB (§ 306 Abs. 1, 3, 4 und 6 KAGB)

Für fehlerhafte **Verkaufsprospekte** wird nach § 306 Abs. 1, 3, 4 und 6 KAGB gehaftet. In entsprechender Anwendung dieser Vorschriften ist aufgrund des Verweises aus § 307 Abs. 3 KAGB auch für **fehlerhafte Informationen i.S.v. § 307 Abs. 1 und 2 KAGB** einzustehen, wobei § 307 Abs. 3 KAGB klarstellt, dass es um die entsprechende Anwendung der Bestimmungen über die Haftung für den Verkaufsprospekt geht und die in § 306 Abs. 3 und 4 KAGB zu findenden Haftungsregelungen in Bezug auf die wesentlichen Anlegerinformationen nicht anzuwenden sind. 21

1. Verkaufsprospekte und Informationen nach § 307 Abs. 1 und 2 KAGB

a) Verkaufsprospekt

Die Prospekthaftung nach § 306 Abs. 1 KAGB ist die Haftung für einen unrichtigen oder unvollständigen Verkaufsprospekt. **Gegenstand der Prospekthaftung** nach Abs. 1 Satz 1 sind damit nur solche **Verkaufsprospekte**, die nach den Vorschriften des KAGB zu erstellen, dem Publikum zugänglich zu machen, Er- 22

12 Siehe näher *Assmann* in Assmann/Schütze, § 5 Rz. 21; *Assmann* in Assmann/Schlitt/von Kopp-Colomb, Vor §§ 20-22 VermAnlG Rz. 6. Zum Verhältnis von allgemein-zivilrechtlicher und spezialgesetzlicher Prospekthaftung nach Erlass des KAGB und zum Vergleich der jeweiligen Haftungsregimes auch *Hoffmeyer*, NZG 2016, 1133 ff.

13 BGBl. I 2014, S. 934.

14 Richtlinie 2003/71/EG v. 4.11.2003 betreffend den Prospekt, der beim öffentlichen Angebot von Wertpapieren oder bei deren Zulassung zum Handel zu veröffentlichen ist, und zur Änderung der Richtlinie 2001/34/EG, ABl. EU Nr. L 345 v. 31.12.2003, S. 64.

werbsinteressenten und Anlegern zur Verfügung zu stellen oder zu veröffentlichen sind (unten Rz. 23, 25).[15]

23 Bei den nach dem KAGB zu erstellenden und zu veröffentlichenden **Verkaufsprospekten** handelt es sich um:

- **Verkaufsprospekte i.S.v. § 164 Abs. 1 KAGB**, d.h. um Verkaufsprospekte, welche die Kapitalverwaltungsgesellschaft oder die EU-OGAW-Verwaltungsgesellschaft für die von ihr verwalteten **offenen Publikumsinvestmentvermögen** nach § 164 Abs. 1 KAGB zu erstellen und dem Publikum in der jeweils aktuellen Fassung auf der Internetseite der Kapitalverwaltungsgesellschaft oder der EU-OGAW-Verwaltungsgesellschaft zugänglich zu machen, und nach § 297 Abs. 1 Satz 2 und Abs. 2 Satz 2 KAGB dem Erwerbsinteressenten und Anleger auf Verlangen zur Verfügung zu stellen[16] haben. Offene Publikumsinvestmentvermögen sind nach § 1 Abs. 6 Satz 2 KAGB alle offenen Investmentvermögen – OGAW und AIF – i.S.v. § 1 Abs. 1 und 4 KAGB, die nicht Spezial-AIF i.S.v. Abs. 6 Satz 1 KAGB sind, oder konkreter: alle OGAW sowie offene AIF, die sich nicht ausschließlich an professionelle und semiprofessionelle Anleger wenden.
- **Verkaufsprospekte i.S.v. § 268 Abs. 1 KAGB**, d.h. um Verkaufsprospekte, welche die AIF-Kapitalverwaltungsgesellschaft für die von ihr verwalteten **geschlossenen Publikums-AIF** zu erstellen und dem Publikum nach Maßgabe von § 268 Abs. 1 Satz 2 KAGB zugänglich zu machen und nach § 297 Abs. 1 Satz 2 und Abs. 2 Satz 2 KAGB dem Erwerbsinteressenten und Anleger auf Verlangen zur Verfügung zu stellen haben. Bei geschlossenen Publikums-AIF handelt es sich um Publikums-AIF (§ 1 Abs. 6 KAGB), welche nicht offen in dem Sinne sind, dass ihren Anleger oder Aktionäre mindestens einmal pro Jahr das Recht zur Rückgabe gegen Auszahlung ihrer Anteile oder Aktien aus dem AIF zustehen würde (§ 1 Abs. 5 i.V.m. Abs. 3 und 4 Nr. 2 KAGB).

24 Ein Informationsblatt, das nach § 64 Abs. 2 Satz 1 WpHG i.V.m. § 4 WpDVerOV einem Privatkunden zur Verfügung zu stellen ist, ist weder Prospekt i.S.d. allgemein-zivilrechtlichen Prospekthaftung noch ist es ein Verkaufsprospekt i.S.v. § 306 Abs. 1 KAGB. Gleiches gilt für Unterlagen, die neben dem Verkaufsprospekt zur Unterstützung des Vertriebs verwandt werden.[17]

25 Der Haftung nach § 306 Abs. 1 KAGB unterliegen des Weiteren die **Verkaufsprospekte**, die bei dem Vertrieb von Anteilen oder Aktien an **EU-OGAW** im Inland gem. § 298 Abs. 1 Satz 1 Nr. 3 KAGB oder beim Vertrieb von Anteilen oder Aktien an **EU-AIF oder ausländischen AIF** im Inland gem. § 299 Abs. 1 Satz 1 Nr. 1 KAGB mit dem sich aus § 309 Abs. 3 bzw. § 318 KAGB ergebenden **Inhalt** zu veröffentlichen sind. Beabsichtigt eine EU-OGAW-Verwaltungsgesellschaft (§ 1 Abs. 14, 17 KAGB) oder eine OGAW-Kapitalverwaltungsgesellschaft (§ 1 Abs. 15 KAGB) Anteile oder Aktien im Geltungsbereich des KAGB an EU-OGAW (§ 1 Abs. 4 Nr. 1 i.V.m. Abs. 8 KAGB) zu vertreiben, so ist dies der BaFin anzuzeigen (§ 310 Abs. 1 KAGB, Anhang I der VO (EU) Nr. 584/2010).[18] Für die nach § 310 KAGB zum Vertrieb angezeigten Anteile oder Aktien an EU-OGAW hat die EU-OGAW-Verwaltungsgesellschaft oder die OGAW-Kapitalverwaltungsgesellschaft die in § 298 Abs. 1 KAGB aufgeführten „Unterlagen und Angaben im Geltungsbereich dieses Gesetzes in deutscher Sprache oder in einer in internationalen Finanzkreisen üblichen Sprache zu veröffentlichen“, darunter nach § 298 Abs. 1 Satz 1 Nr. 3 KAGB auch „den Verkaufsprospekt“. Dieser unterliegt der Prospekthaftung nach § 306 Abs. 1 Satz 1 KAGB. Gleiches gilt für den Verkaufsprospekt (nebst Änderungen desselben), den eine EU-AIF-Verwaltungsgesellschaft oder eine ausländische AIF-Verwal-

---

15 Auch *Paul* in Weitnauer/Boxberger/Anders, § 306 KAGB Rz. 10 („Zu Grund zu legen ist daher der „spezialgesetzliche Prospektbegriff, wie er im KAGB zum Ausdruck kommt. Prospekt ist ausschließlich der im KAGB bezeichnete Verkaufsprospekt“).

16 Zu beachten ist, dass nach § 297 Abs. 4 KAGB die in diesen Vorschriften genannten Unterlagen dem am Erwerb eines Anteils oder einer Aktie Interessierten und dem Anleger sowohl auf einem dauerhaften Datenträger oder einer Internetseite gem. Art. 38 der Verordnung (EU) Nr. 583/2010 als auch auf Verlangen jederzeit kostenlos in Papierform zur Verfügung zu stellen sind.

17 Zum Ausschluss der allgemein-zivilrechtlichen Prospekthaftung im Bereich des nach dem KAGB prospektpflichtigen Vertriebs von Anlagen siehe Rz. Rz. 91, 123 und 136. A.A. wohl *Paul* in Weitnauer/Boxberger/Anders, § 306 KAGB Rz. 11 („etwa für ‚Kurzversionen‘ oder ‚abgespeckte‘ Varianten des Verkaufsprospektes iSd KAGB“), der aber als Hindernis für die Anwendbarkeit der allgemein-zivilrechtlichen Prospekthaftung die bei Werbeschriften und anderen Unterlagen regelmäßig fehlende Prospektqualität sieht.

18 VO (EU) Nr. 584/2010 v. 1.7.2010 zur Durchführung der Richtlinie 2009/65/EG im Hinblick auf Form und Inhalt des Standardmodells für das Anzeigeschreiben und die OGAW-Bescheinigung, die Nutzung elektronischer Kommunikationsmittel durch die zuständigen Behörden für die Anzeige und die Verfahren für Überprüfungen vor Ort und Ermittlungen sowie für den Informationsaustausch zwischen zuständigen Behörden, ABl. EU Nr. L 176 v. 10.7.2010, S. 16.

tungsgesellschaft für Anteile oder Aktien an **EU-AIF oder ausländischen AIF** nach § 299 Abs. 1 Satz 1 Nr. 1 KAGB auf den Internetseiten der AIF-Verwaltungsgesellschaft zu veröffentlichen hat.

Zu den **Mindestangaben**, die ein nach den vorstehenden Bestimmungen zu erstellender und zu veröffentlichender Prospekt enthalten muss, s. Rz. 50. 26

b) Informationen nach § 307 Abs. 1 und 2 KAGB

Gegenstand der Haftung nach § 307 Abs. 3 i.V.m. § 306 Abs. 1, 3, 4 und 6 KAGB sind alle Informationen, die nach § 307 Abs. 1 und 2 KAGB dem Anleger zur Verfügung zu stellen sind (unten Rz. 32; § 307 Rz. 51). 27

2. Fehlerhafte Angaben

Die Haftung nach § 306 Abs. 1 Satz 1 KAGB setzt voraus, dass in einem **Verkaufsprospekt** Angaben, die für die Beurteilung der Anteile oder Aktien von wesentlicher Bedeutung sind, unrichtig oder unvollständig sind. Entsprechendes gilt für die Haftung für **„Informationen nach § 307 Absatz 1 und 2"** nach § 307 Abs. 3 i.V.m. § 306 Abs. 1 Satz 1 KAGB. 28

a) Verkaufsprospektangaben und Informationen nach § 307 Abs. 1 und 2 KAGB

§ 306 Abs. 1 Satz 1 KAGB unterfallen in direkter Anwendung der Vorschrift nur **Angaben in einem Verkaufsprospekt** i.S.d. KAGB (oben Rz. 3 ff.). Kraft der Regelung in und des Verweises aus § 307 Abs. 3 KAGB wird aber auch für die Richtigkeit und Vollständigkeit von **„Informationen nach § 307 Absatz 1 und 2"** gehaftet. 29

aa) Angaben im Verkaufsprospekt

Nicht zu den Angaben in einem Verkaufsprospekt gehören Angaben, die zwar dem Vertrieb verkaufsprospektpflichtiger Anlagen dienen, aber nicht im Verkaufsprospekt enthalten sind. Damit wird für die **Werbung** für solche Anlagen i.S.v. §§ 33, 302 KAGB – etwa in Gestalt von Broschüren, Flyern oder Informationsblättern – nicht nach § 306 Abs. 1 Satz 1 KAGB gehaftet.[19] Die in dieser enthaltenen Angaben unterliegen im Falle ihrer Fehlerhaftigkeit (namentlich nach § 302 KAGB) anderweitigen Sanktionen. Neben einem veröffentlichten Verkaufsprospekt verwandte Dokumente sind auch dann als Werbung im vorstehenden Sinne und nicht als Verkaufsprospekte zu betrachten, wenn sie den **Eindruck eines Verkaufsprospekts** erwecken. Für eine Behandlung der fraglichen Dokumente als Prospekte i.S.d. allgemein-zivilrechtlichen Prospekthaftung ist neben der Haftung für den Verkaufsprospekt und der als abschließend zu betrachtenden spezialgesetzlichen Regelung der Prospekthaftung im KAGB kein Raum.[20] 30

Ist ein **Verkaufsprospekt** entgegen §§ 164 Abs. 1, 268 Abs. 1, 298 Abs. 1 oder 299 Abs. 1 KAGB **nicht veröffentlicht worden**, so ist dies kein Fall unrichtiger oder unvollständiger Prospektangaben, sondern ein solcher der Haftung für die Nichtveröffentlichung nach § 306 Abs. 5 KAGB, welche allerdings weitgehend der Haftung für fehlerhafte Verkaufsprospekte nach Abs. 1 Satz 1 KAGB nachgebildet ist. Wegen dieses weitgehenden Haftungsgleichlaufs bei fehlerhaftem und nicht veröffentlichtem Verkaufsprospekt ist der Anleger bei der Verwendung eines **erstellten, aber nicht veröffentlichten Verkaufsprospekts** beim Vertrieb hinreichend durch die Regelung der Haftung für die Nichtveröffentlichung eines Verkaufsprospekts nach Abs. 5 geschützt. Auch hier besteht deshalb für eine Behandlung des beim Vertrieb eingesetzten, aber dem Publikum nicht in der gebotenen Form zugänglich gemachten, unveröffentlichten Prospekts als Prospekt i.S.d. allgemein-zivilrechtlichen Prospekthaftung weder Bedarf noch Raum.[21] 31

bb) Informationen nach § 307 Abs. 1 und 2 KAGB

Auch für die Haftung nach § 307 Abs. 3 i.V.m. § 306 Abs. 1, 3, 4 und 6 KAGB kommen nur solche **Informationen** in Betracht, die nach Abs. 1 und 2 dem Anleger zur Verfügung zu stellen sind, d.h. Informationen in Gestalt von Jahresberichten, des Informationskatalogs nach § 307 Abs. 1 Satz 2 Nr. 1-19 KAGB, der 32

19 Zum aufgehobenen § 127 InvG *Heisterhagen* in Emde/Dornseifer/Dreibus/Hölscher, § 127 InvG Rz. 16; *Köndgen* in Berger/Steck/Lübbehüsen, § 127 InvG Rz. 3. Zum aufgehobenen § 13 VerkProspG *Assmann* in Assmann/Schlitt/von Kopp-Colomb, 2. Aufl. 2010, § 13 VerkProspG Rz. 20 m.w.N.; *Hebrant*, ZBB 2011, 451 (453 ff.).

20 Ebenso *Möllers*, Das Haftungssystem des KAGB, in Möllers/Kloyer, S. 247 (253/254 m.w.N.).

21 Siehe schon – für die Prospekthaftung nach dem aufgehobenen § 13 VerkProspG – *Assmann* in Assmann/Schlitt/von Kopp-Colomb, 2. Aufl. 2010, § 13 VerkProspG Rz. 20. Zur Prospekthaftung nach § 127 InvG *Heisterhagen* in Emde/Dornseifer/Dreibus/Hölscher, § 127 InvG Rz. 54; *Köndgen* in Berger/Steck/Lübbehüsen, § 127 InvG Rz. 29; *Zingel* in Baur/Tappen, § 306 KAGB Rz. 32 f.

Haftungsfreistellungsvereinbarung nach § 307 Abs. 2 KAGB sowie etwaige spätere Aktualisierungen der Informationen (unten Rz. 44, § 307 Rz. 51).

b) Angaben

33 **Angaben** i.S.v. § 306 Abs. 1 Satz 1 KAGB sind – übereinstimmend mit den übrigen gesetzlichen Prospekthaftungsbestimmungen[22] – alle im Prospekt enthaltenen oder fehlenden Informationen über **Tatsachen**, d.h. alle der äußeren Wahrnehmung und damit des Beweises zugänglichen Geschehnisse oder Zustände[23] der Außenwelt (sog. äußere Tatsachen) und des menschlichen Innenlebens (sog. innere Tatsachen).[24] Zu den der Prospekthaftung unterfallenden Angaben gehören darüber hinaus aber auch **Meinungen, Werturteile** und **zukunftsbezogene Informationen**, wie etwa **Prognosen** oder Informationen über **Vorhaben.**[25] Obschon keine Tatsachen und damit nicht dem Beweise zugänglich, können auch sie einer Kontrolle im Hinblick auf ihre Richtigkeit in Gestalt ihrer Vertretbarkeit unterworfen werden (unten Rz. 57).

c) Zeitpunkt und Maßstab der Beurteilung der Unrichtigkeit oder Unvollständigkeit von Angaben

34 Die Haftung nach § 306 Abs. 1 Satz 1 KAGB für Angaben in Verkaufsprospekten und für Informationen nach § 306 Abs. 1 Satz 1 i.V.m. § 307 Abs. 3 KAGB in Bezug auf Informationen § 307 Abs. 1 KAGB setzt die Unrichtigkeit oder Unvollständigkeit von Angaben voraus, die für die Beurteilung der Anteile oder Aktien von wesentlicher Bedeutung sind. Sowohl die Beantwortung der Frage, ob Angaben unrichtig oder unvollständig sind, wie diejenige, ob es sich bei fehlerhaften oder unterlassenen Angaben um wesentliche handelt, hängen maßgeblich davon ab, auf welchen **Maßstab** und auf welchen **Zeitpunkt** hierbei jeweils abzustellen ist.

aa) Beurteilungsmaßstab

35 Um die Fehlerhaftigkeit von Angaben und die Wesentlichkeit unrichtiger oder unterlassener Angaben beurteilen zu können, ist ein **Maßstab** heranzuziehen, der sich am **Verständnishorizont (Empfängerhorizont) des Adressatenkreises** der Prospektpublizität und der von § 307 KAGB verfolgten Informationspublizität auszurichten hat.

(1) Verkaufsprospekt

36 Dabei ist im Hinblick auf die durch § 306 Abs. 1 Satz 1 KAGB haftungsbewehrte **Prospektpublizität** davon auszugehen, dass die der Haftung unterliegenden Verkaufsprospekte nur für den Vertrieb von Publikumsinvestmentvermögen zu erstellen und zu veröffentlichen sind. Sie wenden sich damit ausschließlich an Anleger, die in der AIFM-Richtlinie[26] als Kleinanleger[27] und im KAGB als **Privatanleger** bezeichnet werden. Aber hier wie dort werden diese – *ex negativo* – dadurch definiert, dass es sich bei ihnen nicht um professionelle Anbieter handelt, wobei das KAGB diese Anlegergruppe noch in professionelle und semiprofessionelle Anleger unterteilt (§ 1 Abs. 19 Nr. 31 KAGB). Dabei gilt dem KAGB als **professioneller Anleger** jeder Anleger, der im Sinne von Anhang II der Richtlinie 2004/39/EG vom 21.4.2004 (MiFID-Richtlinie)[28] als

22 Zur Prospekthaftung nach dem WpPG s. *Assmann* in Assmann/Schütze, § 5 Rz. 140 ff.; *Assmann* in Assmann/Schlitt/von Kopp-Colomb, §§ 21-23 WpPG Rz. 46. Zur Prospekthaftung nach dem VermAnlG *Assmann* in Assmann/Schütze, § 5 Rz. 249; *Assmann* in Assmann/Schlitt/von Kopp-Colomb, § 20 VermAnlG Rz. 14.

23 Hess. VGH v. 16.3.1998 – 8 TZ 98/98, AG 1998, 436, mit Anm. *Assmann.*

24 In Bezug auf den insiderrechtlichen Tatsachenbegriff *Assmann* in Assmann/Uwe H. Schneider/Mülbert, Art. 7 VO Nr. 596/2014 Rz. 16 m.w.N.

25 BGH v. 12.7.1982 – II ZR 175/81, ZIP 1982, 923 (924) = AG 1982, 278; BGH v. 27.10.2009 – XI ZR 337/08 ZIP 2009, 2377 (2378 Rz. 18). Heute unstreitig; aus dem Schrifttum etwa *Assmann* in Assmann/Schütze, § 5 Rz. 140; *Ellenberger,* Prospekthaftung, S. 32; *Groß,* § 21 WpPG Rz. 40; *Habersack* in Habersack/Mülbert/Schlitt, Kapitalmarktinformation, § 29 Rz. 16; *Hamann* in Schäfer/Hamann, §§ 44, 45 BörsG Rz. 140; *Mülbert/Steup* in Habersack/Mülbert/Schlitt, Unternehmensfinanzierung, Rz. 41.40; *Nobbe,* WM 2013, 194; *Oulds* in Kümpel/Wittig, Rz. 15.196 f.; *Schwark* in Schwark/Zimmer, §§ 44, 45 BörsG Rz. 24; *Wackerbarth* in Holzborn, §§ 21–23 WpPG Rz. 69; *Zingel* in Baur/Tappen, § 306 KAGB Rz. 8.

26 Richtlinie 2011/61/EU v. 8.6.2011 über die Verwalter alternativer Investmentfonds und zur Änderung der Richtlinie 2003/41/EG und 2009/65/EG und der Verordnung (EG) Nr. 1060/2009 und (EU) Nr. 1095/2010 (AIFM-Richtlinie), ABl. EU Nr. L 174 v. 1.7.2011, S. 1.

27 Nach Art. 4 Abs. 1 lit. z aj) der AIFM-Richtlinie, ABl. EU Nr. L 174 v. 1.7.2011, S. 1 (18), ist ein „Kleinanleger" ein „Anleger, bei dem es sich nicht um einen professionellen Anleger handelt".

28 Richtlinie 2004/39/EG v. 21.4.2004 über Märkte für Finanzinstrumente, zur Änderung der Richtlinien 85/611/EWG und 93/6/EWG des Rates und der Richtlinie 2000/12/EG des Europäischen Parlaments und des Rates und zur Aufhebung der Richtlinie 93/22/EWG des Rates, ABl. EU Nr. L 145 v. 30.4.2004.

professioneller Kunde angesehen wird oder auf Antrag als ein professioneller Kunde behandelt werden kann (§ 1 Abs. 19 Nr. 32 KAGB), und als ein **semiprofessioneller Anleger** der Anleger, der die in § 1 Abs. 19 Nr. 33 KAGB angeführten Voraussetzungen erfüllt, darunter auf jeden Fall der Anleger, der sich verpflichtet, mindestens 10 Mio. Euro in ein Investmentvermögen zu investieren. Letzterer ist der Anlegertyp, der an der Schnittstelle zum Privatanleger steht.

Auch der auf diese Weise eingegrenzte Kreis von **Privatanlegern**, an den sich die Verkaufsprospekte des KAGB wenden, lässt sich in unterschiedliche Gruppen von Anlegern unterteilen, die sich nach Sachverstand, Erfahrungen, Kenntnissen und Risikotragungsfähigkeit unterscheiden. Die aus der allgemeinen Diskussion über die Adressaten der Prospektpublizität bekannten Vorschläge, einen bestimmten Anlegertypus wie den „Fachmann", den „verständigen Anleger" oder den „unbewanderten Laien" zum Maßstab der Beurteilung von Prospektangaben zu machen,[29] stellen sich deshalb auch hier nicht anders als in den übrigen Fällen der gesetzlichen geregelten Prospekthaftung (oben Rz. 15). Und auch vorliegend ist davon auszugehen, dass es keiner dieser Anlegertypen, sondern der **„durchschnittliche Anleger"**[30] ist, auf dessen Sachverstand, Erfahrungen und Kenntnisse es bei der Beurteilung eines für die Prospekthaftung nach § 306 Abs. 1 KAGB relevanten Prospektmangels ankommt. Dieser soll nach höchstrichterlicher Rechtsprechung nicht mit der gebräuchlichen Schlüsselsprache vertraut sein[31] und einen Prospekt nicht nur flüchtig, sondern sorgfältig und eingehend lesen.[32] Die in einer frühen Entscheidung des BGH zur seinerzeitigen börsengesetzlichen Prospekthaftung zu findende Vorstellung, der durchschnittliche Anleger sei in der Lage, eine Bilanz zu lesen,[33] wird zwar selbst heute von der Rechtsprechung mitunter noch mitzitiert,[34] doch ist schwerlich anzunehmen, dass diese Auffassung in einem Falle, in dem es darauf ankäme, entgegen der durchweg geäußerten Kritik im Schrifttum,[35] aufrechterhalten würde. 37

29 S. dazu die Nachweise bei *Assmann* in Assmann/Schütze, § 5 Rz. 45; *Assmann* in Assmann/Schlitt/von Kopp-Colomb, §§ 21-23 WpPG Rz. 37.

30 BGH v. 12.7.1982 – II ZR 175/81, ZIP 1982, 923 (924) = AG 1982, 278; anders noch die Vorinstanz OLG Düsseldorf v. 14.7.1981 – 6 U 259/80, WM 1981, 960 (964 f.) = AG 1982, 20; BGH v. 14.6.2007 – III ZR 125/06, ZIP 2007, 1993 – Rz. 10; BGH v. 13.12.2011 – II ZB 6/09, ZIP 2012, 117 (120 Rz. 25) = AG 2012, 250; BGH v. 18.9.2012 – XI ZR 344/11, AG 2012, 874 (876 Rz. 25); OLG Frankfurt v. 6.7.2004 – 5 U 122/03, AG 2004, 510; OLG Frankfurt v. 19.7.2005 – 5 U 182/03, AG 2005, 851. Aus dem Schrifttum etwa *Habersack* in Habersack/Mülbert/Schlitt, Kapitalmarktinformation, § 29 Rz. 15; *Mülbert/Steup* in Habersack/Mülbert/Schlitt, Unternehmensfinanzierung, Rz. 41.37; *Paul* in Weitnauer/Boxberger/Anders, § 306 KAGB Rz. 15.

31 BGH v. 12.7.1982 – II ZR 175/81, ZIP 1982, 923 (924) = AG 1982, 278.

32 BGH v. 12.7.1982 – II ZR 175/81, ZIP 1982, 923 (924) = AG 1982, 278 – anders noch die Vorinstanz OLG Düsseldorf v. 14.7.1981 – 6 U 259/80, WM 1981, 960 (964 f.) = AG 1982, 20 („kundiger Prospektleser"); BGH v. 31.3.1992 – XI ZR 70/91, ZIP 1992, 912, (915 – „Die sorgfältige und eingehende Lektüre des Inhalts der Dokumentationsmappe durfte sie bei jedem Anleger voraussetzen"); BGH v. 22.2.2005 – XI ZR 359/03, ZIP 2005, 808 (810) = AG 2005, 477 (Angaben müssen „einem durchschnittlichen Anleger, nicht einem flüchtigen Leser" verständlich sein); BGH v. 14.6.2007 – III ZR 125/06, ZIP 2007, 1993 – Rz. 10; BGH v. 17.4.2008 – III ZR 227/06, NJOZ 2008, 2685 (2687 – „Dabei dürfen die Prospektverantwortlichen allerdings eine sorgfältige und eingehende Lektüre des Prospekts bei den Anlegern voraussetzen"); BGH v. 23.10.2012 – II ZR 294/11, ZIP 2013, 315 – Rz. 12; BGH v. 24.4.2014 – III ZR 389/12, NJW-RR 2014, 1075 (1076 Rz. 12); BGH v. 21.10.2014 – XI ZB 12/12, ZIP 2015, 25 (34 Rz. 118) = BGHZ 203, 1 = AG 2015, 351; OLG Frankfurt v. 6.7.2004 – 5 U 122/03, AG 2004, 510; OLG Frankfurt v. 19.7.2005 – 5 U 182/03, AG 2005, 851 („Sicht eines aufmerksamen Lesers und durchschnittlichen Anlegers").

33 BGH v. 12.7.1982 – II ZR 175/81, AG 1982, 278 = ZIP 1982, 923 (924). Ausdrücklich folgend (die nicht rechtskräftig gewordene Entscheidung des) OLG Frankfurt v. 6.7.2004 – 5 U 122/03, ZIP 2004, 1411 (1414) = AG 2004, 510.

34 BGH v. 18.9.2012 – XI ZR 344/11, AG 2012, 874 (876 Rz. 25). BGH v. 21.10.2014 – XI ZB 12/12, ZIP 2015, 25 (34 Rz. 118) = BGHZ 203, 1 = AG 2015, 351, lässt es dahingestellt, „ob Maßstab zur Auslegung des Prospekts ein (Klein-)Anleger oder ein mit den Marktgegebenheiten vertrauter, börsenkundiger Anleger ist, der die Begriffe Buchgewinn, Übertragung, konsolidierter Abschluss und nicht konsolidierte Fassung einzuordnen weiß".

35 Etwa *Assmann*, Prospekthaftung, 1985, S. 317; *Bergdolt* in Heidel, 3. Aufl. 2011 (4. Aufl. 2014 verweist zu § 21 WpPG auf 3. Aufl.), § 44 BörsG Rz. 18; *Brondics/Mark*, AG 1989, 341; *Canaris*, Bankvertragsrecht, 2. Aufl. 1981, Rz. 2279; *Hamann* in Schäfer/Hamann, §§ 44, 45 BörsG Rz. 191 f.; *Schwark*, ZGR 1983, 168; *Schwark* in Schwark/Zimmer, §§ 44, 45 BörsG Rz. 22; *Schwark*, WuB I G 9.–2.94 (Anm. zu OLG Frankfurt v. 1.2.1994 – 5 U 213/92, ZIP 1994, 282 = AG 1994, 184) zu 2. Zustimmend dagegen *Lenenbach*, Rz. 14.448 f., der argumentiert, der durchschnittliche Anleger lese den Prospekt, der ansonsten übermäßig anschwellen würde, ohnehin nicht, sondern stütze sich bei seiner Anlageentscheidung auf Fachpresse oder Anlageberater und damit einen Personenkreis, der in der Lage sei, eine Bilanz zu lesen; *Krämer/Gillessen* in Marsch-Barner/Schäfer, Rz. 10.319, die diesen „Maßstab" für sachangemessen halten, weil sonst der Prospektumfang anschwellen würde.

(2) Informationen nach § 307 Abs. 1 und 2 KAGB

38 Bei den Informationspflichten nach § 307 Abs. 1 und 2 KAGB, für deren Richtigkeit und Vollständigkeit nach § 307 Abs. 3 KAGB entsprechend § 306 Abs. 1, 3, 4 und 6 KAGB gehaftet wird, handelt es sich kraft ausdrücklicher Regelung des in Kapitel 4 Abschnitt 1 Unterabschnitt 3 „Vorschriften für den Vertrieb und den Erwerb von AIF in Bezug auf semiprofessionelle und professionelle Anleger" angesiedelten § 307 KAGB um „Informationspflichten gegenüber semiprofessionellen und professionellen Anlegern". Dementsprechend ist auf den Verständnishorizont dieser Anleger abzustellen.

39 Anknüpfend an die Ausführungen oben zu Rz. 36 ist nach § 1 Abs. 19 Nr. 32 KAGB als **professioneller Anleger** jeder Anleger zu betrachten, der gemäß Anhang II der Richtlinie 2004/39/EG vom 21.4.2004 (MiFID-Richtlinie)[36] als professioneller Kunde anzusehen ist oder auf Antrag als ein professioneller Kunde behandelt werden kann. Nach der allgemeinen Umschreibung von Anhang II ist professioneller Kunde „ein Kunde, der über ausreichende Erfahrungen, Kenntnisse und Sachverstand verfügt, um seine Anlageentscheidungen selbst treffen und die damit verbundenen Risiken angemessen beurteilen zu können". Um als solcher angesehen zu werden oder auf Antrag als professioneller Kunde behandelt werden zu können, muss ein Kunde den im Anhang II unter Ziff. I. bzw. Ziff. II. aufgeführten Kriterien genügen. Dazu im Einzelnen § 1 Rz. 225 ff. **Semiprofessioneller Anleger** ist jeder, der eine der in § 1 Abs. 19 Nr. 33 lit. a-d KAGB aufgeführten angeführten Voraussetzungen erfüllt. Dazu im Einzelnen § 1 Rz. 232 ff. Auch hierbei handelt es sich um Anleger, hinsichtlich derer davon ausgegangen werden darf, dass sie über ausreichende Erfahrungen, Kenntnisse und Sachverstand zur Beurteilung der Chancen und Risiken einer Anlage u.a. anhand der ihnen nach § 307 KAGB mitzuteilenden Informationen verfügen. **Erfahrung, Kenntnisse und Sachverstand professioneller bzw. semiprofessioneller Anleger** bestimmt mithin die Beurteilung der nach § 307 KAGB erforderlichen Informationen als richtig und vollständig.

bb) Beurteilungszeitpunkt

40 Die Frage, ob die Angaben eines Verkaufsprospekts oder Informationen nach § 307 KAGB als richtig und vollständig anzusehen sind, ist aus einer **Ex-ante-Sichtweise** zu beantworten.[37] Das heißt, dass sie von Erkenntnissen abstrahieren muss, die erst nach dem Zeitpunkt eingetreten sind, der für die Beurteilung der Richtigkeit und Vollständigkeit des Prospekts maßgeblich ist. Vor allem ist darauf zu achten, dass Prospektangaben nicht im Lichte des eingetretenen Schadens und des Schadensverlaufs sowie der daraus erwachsenen Erkenntnisse auf ihre Richtigkeit und Vollständigkeit beurteilt werden.

(1) Verkaufsprospekt

41 Der dafür maßgebliche Zeitpunkt ist – mangels Billigungsverfahren (oben Rz. 18) – nicht der Zeitpunkt der Prospekterstellung,[38] sondern der der **Veröffentlichung des Verkaufsprospekts** in seiner ursprünglichen oder aktualisierten Fassung. Das ist im Falle von **Verkaufsprospekten i.S.v. § 164 Abs. 1 und § 268 Abs. 1 KAGB** (oben Rz. 23) der Zeitpunkt, zu welchem dem Publikum die jeweils aktuelle Fassung des Verkaufsprospekts auf der Internetseite der Kapitalverwaltungsgesellschaft oder der EU-OGAW-Verwaltungsgesellschaft bzw. der Internetseite der AIF-Kapitalverwaltungsgesellschaft **zugänglich gemacht** wurde. Im Falle von Verkaufsprospekten für **EU-OGAW sowie EU-AIF und ausländische AIF** ist dies der Zeitpunkt der **Veröffentlichung** des Verkaufsprospekts nach § 298 Abs. 1 Satz 1 Nr. 3 bzw. § 299 Abs. 1 Satz 1 Nr. 1 KAGB.

42 **Nach der Veröffentlichung** in vorstehendem Sinne **eintretende Umstände** können den (etwa nach § 297 Abs. 4 Satz 1 KAGB dem Erwerbsinteressenten ausgehändigten) Verkaufsprospekt unrichtig oder unvollständig machen, so dass für den Anleger, der nach dem Eintritt der Unrichtigkeit oder Unvollständigkeit des Prospekts Anteile oder Aktien erworben hat, auf die sich der Prospekt bezieht, ein Anspruch aus § 306 Abs. 1 Satz 1 KAGB in Betracht kommt. Ist der **Verkaufsprospekt aktualisiert** worden, ist im Hinblick auf die dieser Aktualisierung und deren Veröffentlichung nachfolgenden Anlageerwerbe der Zeitpunkt maßgeblich, zu welchem dem Publikum die aktuelle Fassung des Verkaufsprospekts auf der für die Veröffentlichung des aktualisierten Verkaufsprospekts verwandte Internetseite zugänglich gemacht wurde. **Pflichten**

---

36 ABl. EU Nr. L 145 v. 30.4.2004.

37 *Assmann* in Assmann/Schütze, § 5 Rz. 132 ff.; *Assmann* in Assmann/Schlitt/von Kopp-Colomb, §§ 21-23 WpPG Rz. 41, § 20 VermAnlG Rz. 9; *Assmann* in Assmann/Lenz/Ritz, 2001, § 13 VerkProspG Rz. 24. Siehe auch *Bergdolt* in Heidel, 3. Aufl. 2011 (4. Aufl. 2014 verweist zu § 21 WpPG auf Altauflage), § 44 BörsG Rz. 243; *Wackerbarth* in Holzborn, §§ 21–23 WpPG Rz. 69; *Wagner*, NZG 2010, 857.

38 So *Heisterhagen* in Emde/Dornseifer/Dreibus/Hölscher, § 127 InvG Rz. 19; *Merk* in Moritz/Klebeck/Jesch, § 306 KAGB Rz. 19.

zur Aktualisierung und Veröffentlichung des aktualisierten Verkaufsprospekts ergeben sich für offene Publikumsinvestmentvermögen aus § 164 Abs. 3 KAGB und für geschlossene Publikums-AIF aus §§ 268 Abs. 2, 318 Abs. 6 KAGB und betreffen nur solche Angaben des Verkaufsprospekts, die von wesentlicher Bedeutung (unten Rz. 46 ff.) sind.

(2) Informationen nach § 307 Abs. 1 und 2 KAGB

Für die Beurteilung der Richtigkeit und Vollständigkeit der Angaben in dem nach § 307 Abs. 1 Satz 1 KAGB vor Vertragsschluss zur Verfügung zu stellenden **letzten Jahresbericht** ist auf den nach den jeweiligen gesetzlichen Vorgaben maßgeblichen Erstellungszeitpunkt abzustellen. Ist ein Jahresbericht nicht zur Verfügung gestellt worden, ist dies kein Fall – des ohnehin mangels Verweises aus § 307 Abs. 3 KAGB nicht anwendbaren – § 306 Abs. 5 KAGB, sondern ein solcher der Unvollständigkeit der „Informationen nach § 307 Absatz 1 und 2", für die § 307 Abs. 3 KAGB u.a. auf § 306 Abs. 1 Satz 1 KAGB verweist. 43

Bei der Beurteilung der Richtigkeit und Vollständigkeit der **Informationen nach § 307 Abs. 1 Satz 2 Nr. 1-19 KAGB**, die dem am Erwerb eines Anteils oder einer Aktie interessierten Anleger vor Vertragsschluss zur Verfügung zu stellen sind, ist der Zeitpunkt maßgeblich, in dem diese nach den Anlagebedingungen, der Satzung oder des Gesellschaftsvertrages des AIF festgelegten Art und Weise zur Verfügung zu stellen waren. § 307 Abs. 1 Satz 1 KAGB enthält dazu keine weiteren sachlichen oder zeitlichen Vorgaben (§ 307 Rz. 45). Das gilt auch für die nach § 307 Abs. 1 Satz 2 KAGB zur Verfügung zu stellenden „wesentlichen Änderungen" der in § 307 Abs. 1 Satz 2 Nr. 1-19 KAGB angeführten Informationen (§ 307 Rz. 45). Jedenfalls lässt sich aus der Regelung des § 307 Abs. 1 Satz 2 i.V.m. Satz 1 KAGB nicht herleiten, die Beurteilung Richtigkeit und Vollständigkeit der nach dieser Vorschrift erforderlichen, vor Vertragsschluss zur Verfügung zu stellenden Angaben beurteile sich nach dem Zeitpunkt des Vertragsschlusses. Sind einzelne Informationen nach § 307 Abs. 1 Satz 2 Nr. 1-19 KAGB nicht erteilt worden, so handelt es sich um eine Unvollständigkeit der „Informationen nach § 307 Absatz 1 und 2", für die nach § 306 Abs. 1 Satz 1 KAGB gehaftet wird. 44

Die Richtigkeit und Vollständigkeit des nach **§ 307 Abs. 2 KAGB** vorzunehmenden Hinweises auf eine **Vereinbarung, die die Verwahrstelle getroffen hat**, um sich vertraglich von der Haftung gem. § 88 Abs. 4 KAGB freizustellen, richtet sich nach dem Zeitpunkt des Hinweises. Fehlt es an einem solchen Hinweis vor Vertragsschluss, sind die „Informationen nach § 307 Absatz 1 und 2", wie es in § 307 Abs. 3 KAGB heißt, nicht vollständig i.S.v. § 306 Abs. 1 Satz 1 KAGB erteilt worden. Eine Aktualisierungspflicht in Gestalt einer Pflicht zur Korrektur eines nach seiner Erteilung unrichtig gewordenen Hinweises kennt § 307 Abs. 2 KAGB – anders als § 307 Abs. 1 Satz 2 KAGB – nicht, doch lässt dies den Anleger aufgrund der in § 307 Abs. 2 Halbs. 2 KAGB angeordneten Rechtsfolge (dazu § 307 Rz. 48 f.) nicht schutzlos und bedarf deshalb keiner Korrektur. 45

d) Angaben von wesentlicher Bedeutung

Die Prospekthaftung nach § 306 Abs. 1 Satz 1 KAGB greift nur ein, wenn die unrichtigen oder unvollständigen Angaben in dem Verkaufsprospekt für die Beurteilung der Anteile oder Aktien an einem OGAW oder einem AIF **von wesentlicher Bedeutung** sind. Nicht anders verhält es sich im Hinblick auf die Haftung für „Informationen nach § 307 Absatz 1 und 2" nach §§ 306 Abs. 1 Satz 1, 307 Abs. 3 KAGB. 46

aa) Prospektangaben

Bei der Beantwortung der Frage, ob eine Angabe in einem Verkaufsprospekt **wesentlich** ist, kann auf allgemeine, jeweils verschiedene Ausprägungen der Prospekthaftung übergreifende Grundsätze zurückgegriffen werden, wie sie sich im Zuge der Entwicklung der Prospekthaftung zur Beurteilung der Wesentlichkeit von Prospektangaben herausgebildet haben. Unter Berücksichtigung der Zielsetzung der Prospekthaftung, dem Anlageinteressenten ein zutreffendes Bild von der angebotenen Kapitalbeteiligung,[39] namentlich von den ihre Chancen und Risiken begründenden Umständen zu vermitteln,[40] lassen sich danach solche Angaben als wesentlich – oder, synonym, als notwendig oder erheblich – bezeichnen, welche Umstände betreffen, die **objektiv zu den wertbildenden Faktoren** einer Anlage gehören und die ein durchschnittlicher, ver- 47

39 BGH v. 3.12.2007 – II ZR 21/06, ZIP 2008, 412 (413 Rz. 7) = AG 2008, 260.

40 *Assmann* in Assmann/Schütze, § 5 Rz. 49 m.w.N. Zur Angewiesenheit des Anlegers auf die Prospektinformation als Grundlage der Prospekthaftung s. insb. BGH v. 10.10.1994 – II ZR 95/93, ZIP 1994, 1851; BGH v. 19.7.2004 – II ZR 218/03, BGHZ 160, 134 (138) = ZIP 2004, 1599 = AG 2004, 543; BGH v. 31.5.2011 – II ZR 141/09, ZIP 2011, 1307 (1309 Rz. 18) = AG 2011, 548 („Der Prospekt stellt in der Regel für den Anlageinteressenten die wichtigste und häufigste Informationsquelle dar und bildet die Grundlage für seine Anlageentscheidung").

ständiger Anleger „eher als nicht" bei seiner Anlageentscheidung berücksichtigen würde.[41] Ähnlich verlangen §§ 165 Abs. 1 Satz 1, 269 KAGB, der Verkaufsprospekt eines offenen Publikumsinvestmentvermögens müsse die Angaben enthalten, die erforderlich sind, damit sich die Anleger über die ihnen angebotene Anlage und insbesondere über die damit verbundenen Risiken ein begründetes Urteil bilden können.

48 Zu den objektiv wertbildenden Faktoren gehören die mit der Anlage verbundenen **Nachteile und Risiken,**[42] vor allem aber Umstände, die den Vertragszweck vereiteln können.[43] Ebenso kann ein für die Anlageentscheidung wesentlicher Umstand der Erfolg oder Misserfolg zuvor aufgelegter vergleichbarer Anlagen sein.[44] Beachtlich sind des Weiteren Umstände, die – wie etwa die aufgrund hoher „weicher Kosten" nur begrenzte Weiterleitung der aufgebrachten Mittel in das Anlageobjekt – den Vertragszweck vereiteln können[45] oder geeignet sind, potentielle Anleger von dem Erwerb der Anlage abzuhalten.[46]

49 Im Hinblick auf die Haftung für Verkaufsprospektangaben und in Bezug auf **Publikumsinvestmentvermögen bzw. für geschlossene Publikums-AIF** dürfen – schon kraft der entsprechenden Auszeichnung dieser Informationen durch den Gesetzgeber – als wesentliche Angaben jedenfalls diejenigen Informationen gelten, die im Verkaufsprospekt den **wesentlichen Anlegerinformationen** entsprechen. Das sind die sich aus §§ 166 Abs. 2-8, 262 Abs. 1 Satz 4 und Abs. 2 Satz 2, 263 Abs. 5 Satz 2, 270 KAGB i.V.m. der Verordnung (EU) Nr. 583/2010 vom 1.7.2010[47] ergebenden, nach § 164 Abs. 1, 268 Abs. 1 KAGB zu veröffentlichenden, Anlageinteressenten nach Maßgabe von § 297 Abs. 1 Satz 1 und Abs. 2 Satz 2 KAGB zur Verfügung zu stellenden und nach §§ 164 Abs. 3. 268 Abs. 2 KAGB auf dem neusten Stand zu haltenden Informationen. Für **Anteile oder Aktien an EU-OGAW bzw. EU-AIF oder ausländischen AIF** sind dies entsprechend die nach Maßgabe von §§ 298 Abs. 1 Satz 2, 301 KAGB i.V.m. Art. 78 der Richtlinie 2009/65/EG vom 13.7.2009[48] bzw. von § 318 Abs. 5 KAGB erforderlichen Anlegerinformationen. Dafür spricht vor allem der Umstand, dass es sich bei den wesentlichen Anlegerinformationen nicht um von den Angaben eines Verkaufsprospekts unterscheidende andersgeartete Angaben handelt, sie vielmehr nach §§ 166 Abs. 3 Satz 3, 270 Abs. 1, 318 Abs. 5 Satz 2 KAGB und Art. 79 Abs. 1 Satz 2 der Richtlinie 2009/65/EG mit den einschlägigen Teilen des Verkaufsprospekts übereinstimmen müssen. Umgekehrt – das zeigt sich schon daran, dass für wesentliche Anlegerinformationen nicht nach § 306 Abs. 1 Satz 1 KAGB, sondern, mit Modifikationen gegenüber dieser Bestimmung, nach Abs. 2 gehaftet wird – können Angaben in einem

---

41 BGH v. 18.9.2012 – XI ZR 344/11, BGHZ 195, 1 = AG 2012, 874 (Rz. 24); BGH v. 21.10.2014 – XI ZB 12/12, BGHZ 203, 1 = ZIP 2015, 25 (Rz. 74) = AG 2015, 351; BGH v. 25.11.2014 – XI ZR 480/13, BKR 2015, 163 (Rz. 23); *Assmann*, Prospekthaftung, 1985, S. 319; *Assmann* in Assmann/Schütze, § 5 Rz. 49; *Assmann* in Assmann/Schlitt/von Kopp-Colomb, §§ 21-23 WpPG Rz. 47, § 20 VermAnlG Rz. 15. Ebenso etwa *Ellenberger*, Prospekthaftung, S. 33; *Förster*, S. 55; *Groß*, § 21 WpPG Rz. 68; *Habersack* in Habersack/Mülbert/Schlitt, Kapitalmarktinformation, § 29 Rz. 17; *Krämer/Gillessen* in Marsch-Barner/Schäfer, Rz. 10.321; *Mülbert/Steup* in Habersack/Mülbert/Schlitt, Unternehmensfinanzierung, Rz. 41.52; *Nobbe*, WM 2013, 194: *Oulds* in Kümpel/Wittig, Rz. 15.291; *Pfüller* in Brinkhaus/Scherer, § 12 AuslInvestmG Rz. 10; *Schödermeier/Baltzer* in Brinkhaus/Scherer, § 20 KAGG Rz. 5; *Wackerbarth* in Holzborn, §§ 21–23 WpPG Rz. 70.

42 BGH v. 6.10.1980 – II ZR 60/80, BGHZ 79, 337 (344); BGH v. 7.4.2003 – II ZR 160/02, WM 2003, 1086 (1088); BGH v. 7.12.2009 – II ZR 15/08, WM 2010, 262 (263 f. Rz. 18); BGH v. 1.3.2010 – II ZR 213/08, WM 2010, 796 (797 Rz. 13); BGH v. 22.3.2010 – II ZR 66/08, WM 2010, 972 (973 Rz. 9); BGH 23.4.2012 – II ZR 211/09, WM 2012, 1184 (Rz. 13); BGH v. 14.5.2012 – II ZR 69/12, WM 2012, 1298 (Rz. 10); BGH v. 29.7.2014 – II ZB 30/12, ZIP 2014, 2284 (2287 Rz. 46). *Assmann* in Assmann/Schlitt/von Kopp-Colomb, §§ 21-23 WpPG Rz. 47, § 20 VermAnlG Rz. 15; *Krämer/Gillessen* in Marsch-Barner/Schäfer, Rz. 10.328; *Nobbe*, WM 2013, 198.

43 BGH v. 6.10.1980 – II ZR 60/80, BGHZ 79, 337 (344) = ZIP 1980, 517; BGH v. 29.5.2000 – II ZR 280/98, NJW 2000, 3346; BGH v. 21.10.1991 – II ZR 204/90, BGHZ 116, 7 (12) = ZIP 1991, 1597 (1598); BGH v. 7.4.2003 – II ZR 160/02, WM 2003, 1086 (1088); BGH v. 23.4.2012 – II ZR 211/09, WM 2012, 1184 (Rz. 13). *Assmann* in Assmann/Schlitt/von Kopp-Colomb, §§ 21-23 WpPG Rz. 48, § 20 VermAnlG Rz. 15; *Nobbe*, WM 2013, 198; *Oulds* in Kümpel/Wittig, Rz. 15.202; *Siol* in Schimansky/Bunte/Lwowski, § 45 Rz. 54; *Zingel* in Baur/Tappen, § 306 KAGB Rz. 10.

44 BGH v. 1.3.2010 – II ZR 213/08, ZIP 2010, 933 (934 Rz. 14), hier eines Vorgängerfonds.

45 BGH v. 6.10.1980 – II ZR 60/80, BGHZ 79, 337 (344); BGH v. 21.10.1991 – II ZR 204/90, BGHZ 116, 7 (12); BGH v. 10.10.1994 – II ZR 95/93, WM 1994, 2192 (2193); BGH v. 14.7.1998 – XI ZR 173/97, BGHZ 139, 225 (231) = AG 1998, 520; BGH v. 29.5.2000 – II ZR 280/98, WM 2000, 1503 (1504); BGH v. 1.3.2004 – II ZR 88/02, WM 2004, 928 (930 – Erzielbarkeit der angesetzten Mieterlöse); BGH v. 1.3.2004 – II ZR 88/02, NJW 2004, 2228 (2229 f.); BGH v. 14.6.2007 – III ZR 125/06, ZIP 2007, 1993. Dazu gehören auch Umstände, von denen zwar noch nicht sicher, jedoch schon mit einiger Wahrscheinlichkeit gesagt werden kann, dass sie den von dem Anleger verfolgten Zweck gefährden werden: BGH v. 16.11.1978 – II ZR 94/77, BGHZ 72, 382 (388); BGH v. 30.10.1987 – V ZR 144/86, WM 1988, 48 (50); BGH v. 26.9.1991 – VII ZR 376/89, WM 1991, 2092 (2094 – insoweit nicht in BGHZ 115, 214 abgedruckt).

46 BGH v. 14.7.1998 – XI ZR 173/97, BGHZ 139, 225 (231) = AG 1998, 520.

47 ABl. EU Nr. L 171 v. 10.7.2010, S. 1 ff.

48 ABl. EU Nr. L 302 v. 17.11.2009, S. 32, 71.

Verkaufsprospekt für die Beurteilung der Anlage, auf die sie sich beziehen, auch dann wesentlich sein, wenn sie nicht zu den wesentlichen Anlegerinformationen gehören, für die nach Abs. 2 gehaftet wird.

Allein der Umstand, dass der Prospekt die **gesetzlichen Mindestangaben** nach §§ 164, 165 KAGB (Verkaufsprospekt eines offenen Publikumsinvestmentvermögens), § 228 KAGB (Verkaufsprospekt eines Dach-Hedgefonds, zusätzlich zu den Prospektangaben nach § 165), §§ 268, 269 KAGB (Verkaufsprospekt eines offenen Publikumsinvestmentvermögens, Prospektangaben nach § 165 KAGB modifizierend und ergänzend), § 309 Abs. 3 KAGB (Verkaufsprospekt beim Vertrieb von EU-OGAW im Inland) oder § 318 KAGB (Verkaufsprospekt beim Vertrieb von EU-AIF oder ausländischer AIF im Inland) **nicht enthält**, macht ihn noch nicht in wesentlichen Angaben unrichtig oder unvollständig, denn nicht alle Pflichtangaben sind Angaben, die für die Beurteilung der jeweils angebotenen Anlage stets von wesentlicher Bedeutung sind.[49] 50

Für die übrigen gesetzlichen Prospekthaftungsvorschriften ist anerkannt, dass auch eine **Mehrzahl einzelner Angaben**, die je für sich genommen nicht unbedingt als wesentlich zu betrachten sind, im Hinblick auf die Chancen und Risiken einer Anlage einen **Gesamteindruck** erzeugen können, der mit den tatsächlichen und für einen Anleger entscheidungserheblichen Verhältnissen nicht in Einklang steht. So hat die Rechtsprechung einen Prospekt auch dann als unrichtig oder unvollständig angesehen, wenn seine im Einzelnen nicht zu beanstandenden Angaben im Hinblick auf die Vermögens-, Ertrags- und Liquiditätslage des Unternehmens einen unzutreffenden Gesamteindruck[50] erzeugen oder, wie es neuerdings heißt, ein unzutreffendes **Gesamtbild**[51] vermitteln. Entsprechende Anforderungen sind auch im Hinblick auf die Angaben des Verkaufsprospekts für die angebotene Beteiligung an einem Investmentvermögen zu stellen. 51

Ist eine wesentliche Angabe **unrichtig oder unvollständig**, lässt sich nicht argumentieren, der **Gesamteindruck** des Prospekts sei zutreffend, so dass es an einem fehlerhaften Verkaufsprospekt fehle.[52] 52

Nach §§ 165 Abs. 1 Satz 2, 269 Abs. 1 KAGB muss der Verkaufsprospekt redlich und eindeutig sein und darf nicht irreführen. Gleichwohl rechtfertigen einzelne Mängel in der Klarheit der **Gestaltung, Darstellung und der Übersichtlichkeit** der Präsentation noch nicht das Urteil, mit den betroffenen Angaben seien Angaben von wesentlicher Bedeutung unrichtig oder unvollständig. Das ist vielmehr erst dann anzunehmen, wenn diese Mängel ein solches Gewicht haben oder sich dergestalt anhäufen, dass ein im Ganzen – d.h. im Gesamteindruck/Gesamtbild – unrichtiger Prospekt vorliegt.[53] 53

bb) Informationen nach § 307 Abs. 1 und 2 KAGB

Entsprechendes muss für die nach § 307 Abs. 1 und 2 KAGB zu erteilenden Informationen gelten: Auch hier sind unter den dort angeführten Informationen diejenigen als wesentlich zu betrachten, die ein **semiprofessioneller oder professioneller Anleger** bei seiner Anlageentscheidung „eher als nicht" berücksichtigen würde. Aufgrund des engen und abschließenden Kanons der semiprofessionellen oder professionellen 54

49 So zur früheren börsengesetzlichen Prospekthaftung ausdrücklich RegE Drittes Finanzmarktförderungsgesetz, BT-Drucks. 13/8933 v. 6.11.1997, S. 76, zu § 45 Abs. 1 BörsG. Entscheidend sei vielmehr, „ob sich im konkreten Fall bei einer ordnungsgemäßen Angabe die für die Beurteilung der Wertpapiere relevanten maßgeblichen tatsächlichen oder rechtlichen Verhältnisse verändern würden". Aus dem Schrifttum zu den verschiedenen gesetzlichen Prospekthaftungsbestimmungen etwa *Assmann* in Assmann/Schütze, § 5 Rz. 150; *Assmann* in Assmann/Schlitt/von Kopp-Colomb, §§ 21-23 WpPG Rz. 48, § 20 VermAnlG Rz. 24; *Groß*, § 21 WpPG Rz. 45 f., 68; *Habersack* in Habersack/Mülbert/Schlitt, Kapitalmarktinformation, § 29 Rz. 19; *Krämer/Gillessen* in Marsch-Barner/Schäfer, Rz. 10.326; *Oulds* in Kümpel/Wittig, Rz. 15.202; *Pankoke* in Just/Voß/Ritz/Zeising, § 44 BörsG, § 13 VerkProspG Rz. 28; *Schwark* in Schwark/Zimmer, §§ 44, 45 BörsG Rz. 35; *Stephan*, AG 2002, 7. Zum KAGB *Aurich*, GWR 2016, 24.

50 Siehe BGH v. 12.7.1982 – II ZR 175/81, ZIP 1982, 923 (924) = AG 1982, 278.

51 BGH v. 14.6.2007 – III ZR 125/06, ZIP 2007, 1993 (1994 Rz. 9); BGH v. 28.2.2008 – III ZR 149/07, VuR 2008, 178 (Rz. 8); BGH v. 31.5.2010 – II ZR 30/09, ZIP 2010, 1397 Rz. 11; BGH v. 18.9.2012 – XI ZR 344/11, ZIP 2012, 2199 (2201 Rz. 23) = AG 2012, 874; BGH v. 5.3.2013 – II ZR 252/11, ZIP 2013, 773 Rz. 14; BGH v. 24.4.2014 – III ZR 389/12, NJW-RR 2014, 1075 (1076 Rz. 12). OLG Frankfurt v. 1.2.1994 – 5 U 213/92, ZIP 1994, 282 (284) = AG 1994, 184; OLG Frankfurt v. 17.3.1999 – 21 U 260/97, ZIP 1999, 1005 (1007) = AG 1999, 325; LG Frankfurt/M. v. 7.10.1997 – 3/11 O 44/96, WM 1998, 1181 (1184) = AG 1998, 488; BGH v. 14.6.2007 – III ZR 125/06, ZIP 2007, 1993 Rz. 9. *Assmann* in Assmann/Schütze, § 5 Rz. 143; *Assmann* in Assmann/Schlitt/von Kopp-Colomb, §§ 21-23 WpPG Rz. 52, § 20 VermAnlG Rz. 17, 19 *Groß*, §§ 44, 45 BörsG Rz. 40, 44; *Groß*, AG 1999, 202; *Hauptmann*, § 3 Rz. 66 f.; *Kind* in Arndt/Voß, § 13 VerkProspG Rz. 19; *Mülbert/Steup* in Habersack/Mülbert/Schlitt, Unternehmensfinanzierung, Rz. 41.47; *Pankoke* in Just/Voß/Ritz/Zeising, § 44 BörsG, § 13 VerkProspG Rz. 36; *Paul* in Weitnauer/Boxberger/Anders, § 306 KAGB Rz. 15; *Zingel* in Baur/Tappen, § 306 KAGB Rz. 9.

52 So aber wohl *Aurich*, GWR 2016, 25.

53 Ähnlich *Hopt*, Die Verantwortlichkeit der Banken bei Emissionen, 1991, Rz. 153; *Groß*, § 21 WpPG Rz. 67; *Hamann* in Schäfer/Hamann, §§ 44, 45 BörsG Rz. 194.

Anleger nach § 307 Abs. 1 oder 2 KAGB zu erteilenden Informationen sind nach vorstehenden Grundsätzen allerdings sämtliche der dort verlangten Informationen als wesentliche Informationen für diese Anlegergruppe anzusehen.

55 Der feste und abgeschlossene Kanon von durchweg tatsachenbezogenen Informationen nach § 307 Abs. 1 und 2 KAGB gibt allerdings praktisch keinen Raum für die Beurteilung der Richtigkeit und Vollständigkeit der Informationen unter dem Eindruck des Gesamtbilds (oben Rz. 51).

e) Unrichtige oder unvollständige Angaben

56 Ein Anspruch nach § 306 Abs. 1 Satz 1 KAGB setzt voraus, dass im Verkaufsprospekt oder in den „Informationen nach § 307 Absatz 1 und 2" (§ 307 Abs. 3 KAGB) Angaben, die für die Beurteilung der Anteile oder Aktien von wesentlicher Bedeutung sind, **unrichtig oder unvollständig** sind. Bei allen Unterschieden, welche die allgemein-zivilrechtliche Prospekthaftung (oben Rz. 17) und die spezialgesetzlich geregelten Prospekthaftungstatbestände (oben Rz. 15) – unter Einschluss der früheren investmentrechtlichen Prospekthaftungstatbestände (oben Rz. 7) – in ihren jeweiligen Fassungen aufwiesen, haben sich eine Reihe allgemeiner Prospekthaftungsgrundsätze herausgebildet, zu denen auch die für die Beurteilung eines Prospektmangels in Gestalt der Unrichtigkeit oder Unrichtigkeit von Prospektangaben gehören.[54] Auf sie kann auch im Rahmen der Beurteilung der Richtigkeit und Vollständigkeit von Angaben in Verkaufsprospekten nach KAGB und Informationen nach § 307 Abs. 1 KAGB und Abs. 2 sinngemäß zurückgegriffen werden.

aa) Unrichtigkeit

57 Handelt es sich bei den in Frage stehenden Angaben um **Tatsachen** (oben Rz. 33), so sind diese unrichtig, wenn sie nachweislich unwahr sind, d.h. nicht mit den wirklichen Verhältnissen übereinstimmen.[55] **Prognosen** sowie **Meinungen** und **Werturteile** (oben Rz. 33) sind dann als unrichtig zu betrachten, wenn sie nicht ausreichend durch Tatsachen gestützt und kaufmännisch nicht vertretbar sind.[56]

58 Das KAGB enthält hinsichtlich der **Gliederung** und **Gestaltung** des Vekaufsprospekts sowie der **sprachlichen Darstellung** der Angaben nur wenige Vorgaben: Sehr allgemein bestimmen etwa §§ 165 Abs. 1 Satz 2, 269 Abs. 1 KAGB, der Verkaufsprospekt müsse redlich und eindeutig sein und dürfe nicht irreführen. Des Weiteren verlangt etwa § 165 mehrfach, an „hervorgehobener Stelle" bestimmte Hinweise anzubringen. Darüber hinaus schreibt die Vorschrift eine „eindeutige und leicht verständliche Erläuterung des Risikoprofils des Investmentvermögens" vor (§ 165 Abs. 2 Nr. 3 KAGB) und verlangt, Prognosen deutlich als solche zu kennzeichnen (§ 165 Abs. 9 KAGB). Wird gegen solche Vorschriften oder allgemeine Grundsätze der Prospektgestaltung – zu denen die der Übersichtlichkeit und der Klarheit der Prospektangaben gehören – verstoßen, so ist der Verkaufsprospekt nicht bereits deswegen unrichtig.[57] Unrichtig wird ein in Form und Darstellung Mängel aufweisender Verkaufsprospekt vielmehr erst dann, wenn diese die Verständlichkeit des Prospekts erheblich erschweren[58] oder sich aus diesem Defizit ein für den durchschnittlichen Anleger unzutreffendes **Gesamtbild** (oben Rz. 51) ergibt.[59] Das wird in der Regel nur dann

---

54 Zur Einheitlichkeit der Grundsätze für die Beurteilung eines Prospektmangels s. *Assmann* in Assmann/Schütze, 3. Aufl. 2007, § 6 Rz. 81 f.

55 Etwa *Assmann* in Assmann/Schütze, § 5 Rz. 50, 144; *Assmann* in Assmann/Schlitt/von Kopp-Colomb, §§ 21-23 WpPG Rz. 50, § 20 VermAnlG Rz. 18; *Ellenberger*, Prospekthaftung, S. 33; *Groß*, § 21 WpPG Rz. 44; *Hamann* in Schäfer/Hamann, §§ 44, 45 BörsG Rz. 149; *Kind* in Arndt/Voß, § 13 VerkProspG Rz. 18; *Schödermeier/Baltzer* in Brinkhaus/Scherer, § 20 KAGG Rz. 6.

56 BGH v. 12.7.1982 – II ZR 175/81, ZIP 1982, 923 (924) = AG 1982, 278; OLG Düsseldorf v. 5.4.1984 – 6 U 239/82, WM 1984, 586 (592) = AG 1984, 188; OLG Frankfurt v. 1.2.1994 – 5 U 213/92, ZIP 1994, 282 (284) = AG 1994, 184; *Assmann* in Assmann/Schütze, § 5 Rz. 50, 144; *Assmann* in Assmann/Schlitt/von Kopp-Colomb, §§ 21-23 WpPG Rz. 50, § 20 VermAnlG Rz. 18; *Bergdolt* in Heidel, 3. Aufl. 2011 (4. Aufl. 2014 verweist zu § 21 WpPG auf Altauflage) § 44 BörsG Rz. 22; *Ellenberger*, Prospekthaftung, S. 31 f.; *Groß*, § 21 WpPG Rz. 44; *Habersack* in Habersack/Mülbert/Schlitt, Kapitalmarktinformation, § 28 Rz. 18; *Hamann* in Schäfer/Hamann, §§ 44, 45 BörsG Rz. 149; *Krämer/Gillessen* in Marsch-Barner/Schäfer, Rz. 10.322; *Mülbert/Steup* in Habersack/Mülbert/Schlitt, Unternehmensfinanzierung, Rz. 41.40; *Wackerbarth* in Holzborn, §§ 21–23 WpPG Rz. 69; *Wagner*, NZG 2010, 857.

57 *Assmann* in Assmann/Schütze, § 5 Rz. 53, 145, 389; *Assmann* in Assmann/Schlitt/von Kopp-Colomb, §§ 21-23 WpPG Rz. 52, § 20 VermAnlG Rz. 19; *Bergdolt* in Heidel, 3. Aufl. 2011 (4. Aufl. 2014 verweist zu § 21 WpPG auf Altauflage) § 44 BörsG Rz. 24; *Ellenberger*, Prospekthaftung, S. 37; *Groß*, § 21 WpPG Rz. 67; *Groß*, AG 1999, 204; *Hamann* in Schäfer/Hamann, §§ 44, 45 BörsG Rz. 189; *Kind* in Arndt/Voß, § 13 VerkProspG Rz. 25.

58 *Krämer/Gillessen* in Marsch-Barner/Schäfer, Rz. 10.324; *Lenenbach*, Rz. 14.461.

59 OLG Frankfurt v. 1.2.1994 – 5 U 213/92, ZIP 1994, 282 (284 f.) = AG 1994, 184; *Assmann* in Assmann/Schütze, § 5 Rz. 145. Ebenso *Groß*, § 21 WpPG Rz. 67; *Habersack* in Habersack/Mülbert/Schlitt, Kapitalmarktinformation,

der Fall sein, wenn die Gestaltungsmängel den gesamten Prospekt durchziehen oder einzelne Prospektbestandteile so unter Darstellungsmängeln leiden, dass wesentliche Teile des Prospekts für einen durchschnittlichen Anleger nicht mehr durchgängig analysierbar und verständlich sind[60] oder insgesamt ein solches Gewicht annehmen, dass ein im Ganzen unrichtiger Prospekt vorliegt.[61]

Entsprechendes gilt für die Beurteilung der Richtigkeit der Informationen nach § 307 Abs. 1 und 2 KAGB 59
und für die das KAGB keinerlei gestalterische Vorgaben gibt. Anders als bei der Beurteilung der Richtigkeit von Angaben in einem Verkaufsprospekt ist aufgrund der abgeschlossenen Aufzählung der nach § 307 Abs. 1 und 2 KAGB zu erteilenden und durchweg tatsachenbezogenen Informationen, für die Beurteilung der Richtigkeit und Vollständigkeit der Informationen nach § 307 Abs. 2 und Abs. 3 KAGB unter dem Eindruck des Gesamtbilds allerdings praktisch kein Raum (oben Rz. 51).

bb) Unvollständigkeit

Der **Verkaufsprospekt** ist unvollständig, wenn Angaben fehlen, die für einen Anlageentschluss von wesent- 60
licher Bedeutung (oben Rz. 46 ff.) sind oder sein können.[62] Dabei handelt es sich um Angaben über Umstände, die objektiv zu den wertbildenden Faktoren einer Anlage gehören und die ein durchschnittlicher, verständiger Anleger „eher als nicht" bei seiner Anlageentscheidung berücksichtigen würde (oben Rz. 47 f.). Entsprechend verlangen §§ 165 Abs. 1 Satz 1, 269 KAGB, der Verkaufsprospekt eines offenen Publikumsinvestmentvermögens müsse die Angaben enthalten, die erforderlich sind, damit sich die Anleger über die ihnen angebotene Anlage und insbesondere über die damit verbundenen Risiken ein begründetes Urteil bilden können. Schon daraus lässt sich – was für alle Prospekthaftungstatbestände wegen fehlerhaften Prospekts anerkannt ist[63] – ableiten, dass ein Prospekt nicht bereits deshalb unrichtig ist, weil er nicht alle der nach den gesetzlichen Bestimmungen erforderlichen Mindestangaben enthält (oben Rz. 47). Zur Kontrolle der Vollständigkeit eines Prospekts unter dem Gesichtspunkt des von einem Prospekt erzeugten **Gesamtbilds** oben Rz. 51.

Die **Angaben nach § 307 Abs. 2 und Abs. 3 KAGB** sind unvollständig, wenn eine der nach dieser Bestim- 61
mung vorgeschriebenen Angaben fehlt und es sich bei dieser in Bezug auf die in Frage stehende Anlage um eine wesentliche Information (oben Rz. 54) handelt. Für die Kontrolle der Vollständigkeit der Angaben unter dem Gesichtspunkt des Gesamteindrucks ist auch hier kein Raum (oben Rz. 55, 59).

3. Anspruchsberechtigte

Anspruchsberechtigt ist nach § 306 Abs. 1 Satz 1 KAGB der **Käufer**, d.h. der **Erwerber von Anteilen oder** 62
Aktien, auf die sich der Verkaufsprospekt bezieht oder die Gegenstand der Informationen nach § 307 Abs. 2 und Abs. 3 KAGB sind. Als Erwerb kommt jedes entgeltliche Erwerbsgeschäft in Betracht.[64]

Nach der ursprünglichen, durch Art. 2 Nr. 55 des Gesetzes zur Anpassung von Gesetzen auf dem Gebiet 63
des Finanzmarktes vom 15.7.2014[65] **geänderten Fassung des § 306 Abs. 1 Satz 1 KAGB** (oben Rz. 19) war als Anspruchsberechtigter nur anzusehen, wer **„auf Grund des Verkaufsprospekts"** Anteile oder Aktien an dem Investmentvermögen gekauft hat. Die Streichung dieser Voraussetzung geht mit der Neufassung des Abs. 3 Satz 2 einher, nach dessen Nr. 2 der Anspruch nach Abs. 1 oder nach Abs. 2 nicht besteht, wenn „die Anteile oder Aktien nicht auf Grund des Verkaufsprospekts oder der wesentlichen Anlegerinformationen erworben wurden". Diese Änderung soll der „Klarstellung der Beweislastverteilung" nach dem Muster der Regelung der Prospekthaftung für fehlerhafte Prospekte in §§ 21, 22 WpPG und § 20 VermAnlG dienen.[66] In beiden Vorschriftenkomplexen wird – für Wertpapierprospekte in § 21 Abs. 1 i.V.m. § 22 WpPG und für Vermögensanlagenprospekte in § 20 Abs. 1 Satz 1 VermAnlG – als Anspruchsberechtigter der Erwerber der

---

§ 28 Rz. 22; *Kind* in Arndt/Voß, § 13 VerkProspG Rz. 25; *Pankoke* in Just/Voß/Ritz/Zeising, § 44 BörsG, § 13 VerkProspG Rz. 36, 51.

60 Ebenso etwa *Förster*, S. 59; *Groß*, § 21 WpPG Rz. 49; *Habersack* in Habersack/Mülbert/Schlitt, Kapitalmarktinformation, § 29 Rz. 20; *Mülbert/Steup* in Habersack/Mülbert/Schlitt, Unternehmensfinanzierung, Rz. 41.39, 41.45; *Siol*, DRiZ 2003, 204 (206).

61 Ähnlich *Hopt*, Verantwortlichkeit, Rz. 153; *Hamann* in Schäfer/Hamann, §§ 44, 45 BörsG Rz. 194.

62 BGH v. 21.10.1991 – II ZR 204/90, BGHZ 116, 7 (12); BGH v. 29.5.2000 – II ZR 280/98, WM 2000, 1503 (1504).

63 Siehe m.w.N. *Assmann* in Assmann/Schütze, § 5 Rz. 171, 264; *Assmann* in Assmann/Schlitt/von Kopp-Colomb, §§ 21-23 WpPG Rz. 48, § 20 VermAnlG Rz. 24.

64 *Paul* in Weitnauer/Boxberger/Anders, § 306 KAGB Rz. 9.

65 BGBl. I 2014, S. 934.

66 RegE Gesetz zur Anpassung von Gesetzen auf dem Gebiet des Finanzmarktes, BT-Drucks. 18/1305 v. 5.5.2014, S. 1 (51 zu Art. 2 Nr. 54).

Anlage angeführt, auf die sich der Prospekt bezieht, um in § 23 Abs. 2 Nr. 1 WpPG und in § 20 Abs. 4 Nr. 1 VermAnlG – in der Sache übereinstimmend – einen Anspruch als ausgeschlossen anzusehen, wenn „die Wertpapiere nicht auf Grund des Prospekts" bzw. „die Vermögensanlagen nicht auf Grund des Verkaufsprospekts" erworben wurden. Übereinstimmend wurden diese Regelungen so gedeutet, dass zum einen nur derjenigen einen Prospekthaftungsanspruch nach den angeführten Bestimmungen geltend machen könne, der die Anlage aufgrund der unrichtigen oder unvollständigen Angaben im Prospekt gekauft habe, und zum anderen die Beweislast für die **Kausalität** zwischen Veröffentlichung des Prospekts und Erwerb der Anlage, auf den sich dieser bezieht, zugunsten des Anlegers umkehrt werde, kurz: der Anspruchsgegner nachzuweisen habe, dass der fehlerhafte Prospekt nicht ursächlich für den Erwerb der Anlage war.[67]

64 Mit der Änderung des § 306 Abs. 1 und des Abs. 3 Satz 2 KAGB (mit Einfügung der Regelung in Nr. 2) soll deutlich gemacht werden, dass der **Anspruchsgegner die „Beweislast für Transaktionskausalität"** trägt.[68] Das ist alles andere als eine bloße „Klarstellung der Beweislastverteilung", denn bis zu dieser Änderung durfte die Deutung der „auf Grund"-Formulierung in Abs. 1 Satz 1 und die Verteilung der Beweislast für die Ursächlichkeit von Prospekt(fehler) und Anlageerwerb als umstritten gelten.[69] Und auch die Formulierung, der Anspruchsgegner trage die Beweislast für die Transaktionskausalität, bedarf der Präzisierung dahingehend, dass die Ursächlichkeit von Prospekt und Anlageerwerb vermutet wird und es Sache des Anspruchsgegners ist, diese zu widerlegen. Auf den **Nachweis fehlender Ursächlichkeit** von Prospekt und Anlageerwerb ist § 286 ZPO anzuwenden.

65 Als **Erwerb** kommt kraft des Wortlauts der Vorschrift lediglich der Kauf von Anteilen in Betracht, wobei der Abschluss des obligatorischen Geschäfts ausreichend ist. Wie aus § 306 Abs. 1 Satz 2 KAGB folgt, ist es unerheblich, ob der **Erwerber** in dem Zeitpunkt, in dem er von der Unrichtigkeit oder Unvollständigkeit des Verkaufsprospekts Kenntnis erlangt hat, **noch Inhaber des Anteils oder der Aktie ist oder nicht.** Ist der Käufer nicht mehr Inhaber des Anteils oder der Aktie, so hat dies lediglich eine Modifikation des Ersatzanspruchs des Anspruchsberechtigten zur Folge. Anspruchsberechtigt ist derjenige, der nicht mehr Inhaber des Anteils oder der Aktie ist, allerdings nur, wenn er sich der Anteile begeben hat, bevor er von der Unrichtigkeit oder Unvollständigkeit der Verkaufsprospekte Kenntnis erlangt hat.[70] Dafür, dass der Ersterwerber im Zeitpunkt des Verkaufs Kenntnis des Prospektmangels hatte, ist der Anspruchsgegner beweispflichtig. In welcher **rechtsgeschäftlichen Form** sich der Anspruchsteller seines **Anteils begeben** hat, ist unerheblich. Auch der Fall des Verlustes eines Anteils ist erfasst und eröffnet keine Missbrauchsmöglichkeiten.[71]

66 Neben dem Ersterwerber kann auch der **Zweiterwerber** einen Prospekthaftungsanspruch geltend machen, es sei denn, der Anspruchsgegner weist nach, dass die fragliche Anlage nicht aufgrund des Verkaufsprospekts erworben wurde.

67 Die vorstehenden Ausführungen gelten für semiprofessionelle und professionelle Anleger, die Anteile oder Aktien an Investmentvermögen erworben haben und Ansprüche nach §§ 306, 307 Abs. 3 KAGB wegen **fehlerhafter Informationen nach § 307 Abs. 2 und Abs. 3 KAGB** geltend machen. Das gilt auch für die Frage der Beweislastverteilung (oben Rz. 64).

4. Anspruchsgegner

68 Der Prospekthaftungsanspruch aus § 306 Abs. 1 Satz 1 KAGB sowie die Haftung nach §§ 307 Abs. 3, 306 Abs. 1 Satz 1 KAGB für Informationen nach § 307 Abs. 1 und Abs. 2 KAGB **richten sich gegen** a) die Verwaltungsgesellschaft, b) diejenigen, die neben der Verwaltungsgesellschaft für den Verkaufsprospekt die Verantwortung übernommen haben oder von denen der Erlass des Verkaufsprospekts ausgeht, und c) denjenigen, der diese Anteile oder Aktien im eigenen Namen gewerbsmäßig verkauft hat. Sie haften als Gesamtschuldner (§§ 421 ff. BGB). Zu der in § 306 Abs. 1 Satz 1 KAGB als Rechtsfolge angeordneten Übernahme der Anteile oder Aktien gegen Erstattung des gezahlten Betrags ist darüber hinaus und ebenfalls gesamtschuldnerisch mit den übrigen Anspruchsgegnern gem. § 306 Abs. 4 Abs. 1 KAGB auch verpflichtet, d) wer gewerbsmäßig den Verkauf der Anteile oder Aktien vermittelt oder die Anteile oder Aktien im frem-

67 S. dazu m.w.N. *Assmann* in Assmann/Schlitt/von Kopp-Colomb, §§ 21-23 WpPG Rz. 99 f., § 20 VermAnlG Rz. 38.

68 RegE Gesetz zur Anpassung von Gesetzen auf dem Gebiet des Finanzmarktes, BT-Drucks. 18/1305 v. 5.5.2014, S. 1 (51). Auch *Paul* in Weitnauer/Boxberger/Anders, § 306 KAGB Rz. 35.

69 Näher *Assmann* in Assmann/Schütze, § 5 Rz. 401 ff.; *Paul* in Weitnauer/Boxberger/Anders, § 306 KAGB Rz. 34.

70 Zum aufgehobenen § 127 InvG *Assmann* in Assmann/Schütze, 3. Aufl. 2007, § 6 Rz. 292; *Baur*, Investmentgesetze, § 20 KAGG Rz. 25; *Beckmann* in Beckmann/Scholtz, § 20 KAGG Rz. 25, § 12 AuslInvestmG Rz. 28; *Schödermeier/Baltzer* in Brinkhaus/Scherer, § 20 KAGG Rz. 28.

71 S. *Assmann* in Assmann/Schütze, 3. Aufl. 2007, § 6 Rz. 292.

den Namen verkauft hat, wenn er die Unrichtigkeit oder Unvollständigkeit des Verkaufsprospekts gekannt hat. Die Frage, inwieweit die vorgenannten Prospekthaftungsadressaten nur unter der Voraussetzung haften, dass sie die Unrichtigkeit oder Unvollständigkeit des Prospekts gekannt oder fahrlässig nicht gekannt haben, ist eine solche des Verschuldens und an späterer Stelle (unten Rz. 83) zu behandeln.

a) Verwaltungsgesellschaft

Verwaltungsgesellschaft[72] i.S.d. § 306 Abs. 1 Satz 1 KAGB ist die Gesellschaft, welche den **Verkaufsprospekt** erstellt und dem Publikum auf ihrer Website zugänglich gemacht hat. Das ist im Falle von Verkaufsprospekten für Offene Publikumsinvestmentvermögen und Anteile oder Aktien an EU-OGAW die jeweilige OGAW- oder AIF-Kapitalverwaltungsgesellschaft oder die jeweilige EU-OGAW-Verwaltungsgesellschaft oder OGAW-Kapitalverwaltungsgesellschaft (§§ 164 Abs. 1 Satz 1, 298 KAGB) und im Falle von Verkaufsprospekten für Geschlossene Publikums-AIF bzw. für Anteile oder Aktien an EU-AIF oder ausländischen AIF die jeweilige AIF-Kapitalverwaltungsgesellschaft bzw. EU-AIF-Verwaltungsgesellschaft oder die jeweilige ausländische AIF-Verwaltungsgesellschaft (§ 268 Abs. 1 Satz 2 bzw. § 299 KAGB). Der Gesetzgeber hat sich damit – anders als die Rechtsprechung im Falle der Haftung der Anlagegesellschaft für Ansprüche getäuschter Anleger aus allgemein-zivilrechtlichen Prospekthaftung[73] – für den Vorrang des Anlegerschutzes vor dem Gläubigerschutz ausgesprochen.[74] 69

Entsprechendes gilt für fehlerhafte **Informationen i.S.v. § 307 Abs. 1 und 2 KAGB** im Zusammenhang mit dem Vertrieb und dem Erwerb von Anteilen oder Aktien an einem Investmentvermögen, je nach der Art desselben, gegenüber bzw. durch professionelle oder semiprofessionelle Anleger. 70

b) Prospektverantwortliche und Prospektveranlasser

Mit der Begründung der Haftung derjenigen, die neben der Verwaltungsgesellschaft für den Verkaufsprospekt die **Verantwortung übernommen** haben oder von denen der **Erlass des Verkaufsprospekts ausgeht**, übernimmt die Prospekthaftung nach § 306 Abs. 1 Satz 1 KAGB eine aus der börsengesetzlichen Prospekthaftungsregelung (s. § 44 Abs. 1 Satz 1 Nr. 1 BörsG a.F.) stammende Bestimmung von Anspruchsgegnern, wie sie zunächst (kraft Verweises auf die börsengesetzlichen Bestimmungen im seinerzeitigen § 13 Abs. 1 VerkProspG) in die zwischenzeitlich aufgehobene verkaufsprospektgesetzliche Prospekthaftungsregelung und sodann in die heutige Prospekthaftungsregelung in § 21 Abs. 1 Satz 1 WpPG und § 20 Abs. 1 Satz 1 VermAnlG eingegangen ist. 71

Für den Prospekt die **Verantwortung übernommen** hat danach derjenige, der – neben der Verwaltungsgesellschaft – nach außen erkennbar kundgibt, für die Richtigkeit und Vollständigkeit des Verkaufsprospekts einzustehen. Das wird in der Regel durch entsprechende Erklärung im Verkaufsprospekt geschehen, doch sind auch andere Kundgebungstatbestände der Verantwortungsübernahme denkbar. 72

Mit der Anordnung der Haftung derjenigen, von denen der **Erlass des Prospekts ausgeht**, sollen – den anderen gesetzlichen Prospekthaftungstatbeständen und der allgemein-zivilrechtlichen Prospekthaftung entsprechend (oben Rz. 15 und 17) – die Personen erfasst werden, die hinter dem Anlageprojekt und dem Verkaufsprospekt stehen, d.h. diejenigen, die nicht kraft Gesetzes oder kraft entsprechender freiwilliger Kundgabe die Verantwortung für den Verkaufsprospekt tragen, aber als dessen tatsächliche Urheber zu betrachten sind,[75] kurz: die **maßgeblichen Hintermänner** des Anlageobjekts.[76] Nicht in diesen Haftenden- 73

---

72 § 1 Abs. 14 KAGB definiert Verwaltungsgesellschaften als AIF-Verwaltungsgesellschaften in Gestalt AIF-Kapitalverwaltungsgesellschaften (i.S.v. § 1 Abs. 16 KAGB), EU-AIF-Verwaltungsgesellschaften (i.S.v. § 1 Abs. 17 KAGB) und ausländische AIF-Verwaltungsgesellschaften und OGAW-Verwaltungsgesellschaften in Gestalt von OGAW-Kapitalverwaltungsgesellschaften (i.S.v. § 1 Abs. 15 KAGB) und EU-OGAW-Verwaltungsgesellschaften (i.S.v. § 1 Abs. 17 KAGB).

73 Siehe dazu näher *Assmann* in Assmann/Schütze, § 5 Rz. 70.

74 Kritisch *Schnauder*, NJW 2013, 3210, der dem Gesetzgeber mangelndes Problembewusstsein vorwirft.

75 RegE 3. FFG, BT-Drucks. 13/8933 v. 6.11.1997, S. 54, 78. Ferner, jeweils m.w.N., *Groß*, Kapitalmarktrecht, §§ 44, 45 BörsG Rz. 35; *Hamann* in Schäfer/Hamann, §§ 44, 45 BörsG Rz. 91; *Mülbert/Steup* in Habersack/Mülbert/Schlitt, Unternehmensfinanzierung, Rz. 41.79; *Schwark* in Schwark/Zimmer, §§ 44, 45 BörsG Rz. 9.

76 Die Rechtsprechung zur allgemein-zivilrechtlichen Prospekthaftung fasst unter diesen Begriff diejenigen, die hinter der Anlagegesellschaft stehen, besonderen Einfluss in der Gesellschaft ausüben und Mitverantwortung tragen und zwar unabhängig davon, ob sie nach außen in Erscheinung getreten sind oder nicht. S. dazu m.w.N. *Assmann* in Assmann/Schütze, § 5 Rz. 68. Das entspricht auch der Umschreibung des Kreises derjenigen, von denen der Erlass des Prospekts ausgeht, in §§ 21 Abs. 1 Satz 1, 22 WpPG und in § 20 Abs. 1 Satz 1 VermAnlG; s. dazu *Assmann* in Assmann/Schlitt/von Kopp-Colomb, §§ 21-23 WpPG Rz. 81, § 20 VermAnlG Rz. 30. Zur Prospekthaftung nach dem KAGB *Hanke*, BKR 2014, 446; *Paul* in Weitnauer/Boxberger/Anders, § 306 KAGB Rz. 8.

kreis gehören diejenigen, die lediglich an der Prospekterstellung beteiligt waren,[77] nur in Teilbereichen Einfluss ausübten,[78] nur Material zur Erstellung des Prospekts geliefert haben[79] oder, ohne tatsächlichen Einfluss auf die Prospekterstellung auszuüben, nur eine unwesentliche Beteiligung an dem Emittenten innehaben. Allgemein formuliert trifft die Haftung deshalb nur jene, die „ein eigenes geschäftliches Interesse an der Emission" haben und „darauf hinwirkten", dass ein unrichtiger oder unvollständiger Prospekt erstellt und veröffentlicht wurde.[80]

74 Nach diesen Grundsätzen und anders als in der allgemein-zivilrechtlichen Prospekthaftung[81] sowie einer verschiedentlich zu der börsengesetzlichen Vorgängerregelung des § 21 Abs. 1 Satz 1 WpPG vertretenen Ansicht[82] gehören auch **berufliche Sachkenner** („Experten") und Wirtschaftsprüfer, die mit einem Testat im Prospekt nach außen in Erscheinung treten, *nicht* in diesen Kreis von Prospektverantwortlichen.[83] Gleiches gilt für die Prospekthaftung von **Prominenten** oder anderen **Personen des öffentlichen Interesses**, die sich im Prospekt selbst oder in Begleitbroschüren als Referenz für die Seriosität des Anlagekonzepts und der Beteiligten benennen lassen und sich gegebenenfalls gar in Interviews aktiv an der Werbung für die Anlage beteiligen. Sie gehören zwar in den Adressatenkreis der allgemein-zivilrechtlichen Prospekthaftung,[84] nicht aber der gesetzlich geregelten Prospekthaftung[85] einschließlich derer nach § 306 Abs. 1 Satz 1 KAGB. Die Haftung der vorgenannten Personen für **Erklärungen**, mit denen sie mit ihrem Wissen und Wollen im Prospekt erscheinen und denen sich nicht entnehmen lässt, sie wollten für den gesamten Prospekt die Verantwortung übernehmen, kann sich demnach nur aus den **allgemeinen Haftungsbestimmungen** ergeben.[86]

75 Auch hier gilt Entsprechendes für fehlerhafte **Informationen i.S.v. § 307 Abs. 1 und 2 KAGB**. Soweit es um die Haftung derer geht, die erkennbar für die Richtigkeit und Vollständigkeit der Informationen einzustehen haben, bereitet die entsprechende Anwendung vorstehender Grundsätze dann keine Schwierigkeiten, wenn die Informationen – wie typischerweise der Fall – in einem Dokument enthalten sind, aus dem sich dann in der Regel auch die Verantwortlichkeit für diese ergibt. § 307 KAGB verlangt indes weder, dass alle Angaben in einem einheitlichen Dokument enthalten sind, noch schreibt er vor, in welcher Form die Informationen zur Verfügung zu stellen sind (§ 307 Rz. 15). Deshalb ist jede Bereitstellung einer Information daraufhin zu überprüfen, inwieweit sich aus der Sicht der angesprochenen Verkehrskreise erkennen lässt, wer für die Richtigkeit der Information verantwortlich ist.

c) Verkäufer der Anteile oder Aktien

76 Zum Kreis der Anspruchsgegner gehört schließlich auch derjenige, der die fraglichen Anteile oder Aktien **im eigenen Namen gewerbsmäßig verkauft** hat. Im Hinblick darauf, dass der Betreffende gewerbsmäßig – d.h. berufsmäßig mit der Absicht auf dauerhafte Gewinnerzielung[87] – handeln muss, kommen damit regel-

77 BGH v. 6.10.1980 – II ZR 60/80, BGHZ 79, 337 (348 f.).

78 BGH v. 31.3.1992 – XI ZR 70/91, ZIP 1992, 912 (918).

79 Ebenso *Hamann* in Schäfer/Hamann, §§ 44, 45 BörsG Rz. 93; *Schwark* in Schwark/Zimmer, §§ 44, 45 BörsG Rz. 12.

80 BGH v. 18.9.2012 – XI ZR 344/11, ZIP 2012, 2199 Ls. 3 (2203 Rz. 36) = AG 2012, 874. Zurückgehend auf *Schwark*, 1. Aufl. 1976, §§ 45, 46 BörsG Rz. 3. Auch *Schwark* in Schwark/Zimmer, §§ 44, 45 BörsG Rz. 9; *Groß*, § 21 WpPG Rz. 35; *Habersack* in Habersack/Mülbert/Schlitt, Kapitalmarktinformation, § 29 Rz. 29; *Hamann* in Schäfer/Hamann, §§ 44, 45 BörsG Rz. 92; *Oulds* in Kümpel/Wittig, Rz. 15.210; *Mülbert/Steup* in Habersack/Mülbert/Schlitt, Unternehmensfinanzierung, Rz. 41.80; *Wackerbarth* in Holzborn, §§ 21–23 WpPG Rz. 42 f.

81 Siehe *Assmann* in Assmann/Schütze, § 5 Rz. 68, 54 ff.

82 *Groß*, Kapitalmarktrecht, 2. Aufl. 2002, §§ 45, 46 BörsG Rz. 21; *Groß*, AG 1999, 200 f.; *Bosch*, ZHR 163 (1999), 279 ff.; auch zum WpPG *Kumpan* in Baumbach/Hopt, (15a) § 21 WpPG Rz. 4.

83 BGH v. 15.12.2005 – III ZR 424/04, AG 2006, 197 Rz. 20 ff. Siehe, jeweils m.w.N., *Assmann* in Assmann/Schütze, § 5 Rz. 158; *Assmann* in Assmann/Schlitt/von Kopp-Colomb, §§ 21-23 WpPG Rz. 84, § 20 VermAnlG Rz. 31; *Habersack* in Habersack/Mülbert/Schlitt, Kapitalmarktinformation, § 29 Rz. 30 f.; *Mülbert/Steup* in Habersack/Mülbert/Schlitt, Unternehmensfinanzierung, Rz. 41.86 f.; *Pankoke* in Just/Voß/Ritz/Zeising, § 44 BörsG, § 13 VerkProspG Rz. 23 f.; *Schultheiß*, BKR 2015, 136.

84 Siehe *Assmann* in Assmann/Schütze, § 5 Rz. 85.

85 Siehe etwa *Assmann* in Assmann/Schütze, § 5 Rz. 158; *Assmann* in Assmann/Schlitt/von Kopp-Colomb, §§ 21-23 WpPG Rz. 85, § 20 VermAnlG Rz. 31.

86 Zu den möglichen Anspruchsgrundlagen s. *Assmann* in Assmann/Schlitt/von Kopp-Colomb, 2. Aufl. 2010, § 13 VerkProspG Rz. 77. Siehe auch *Fleischer*, AG 2008, 265; *Habersack* in Habersack/Mülbert/Schlitt, Kapitalmarktinformation, § 29 Rz. 32; *Mülbert/Steup* in Habersack/Mülbert/Schlitt, Unternehmensfinanzierung, Rz. 41.89 f.

87 BGH v. 10.5.1979 – VII ZR 97/78, NJW 1979, 1650 m.w.N. („berufsmäßiger Geschäftsbetrieb, der von der Absicht dauernder Gewinnerzielung beherrscht wird").

mäßig nur der Eigenhändler, der im eigenen Namen und für eigene Rechnung verkauft, und der im eigenem Namen, aber auf fremde Rechnung handelnde Verkaufskommissionär (§§ 383 ff. HGB, Finanzkommissionär i.S.v. § 2 Abs. 8 Satz 1 Nr. 1 WpHG) in Betracht. Mittelbare Stellvertretung, auch hier handelt der Betreffende im eigenen Namen, dürfte dagegen in einem beruflichen Zusammenhang kaum vorkommen.

d) Verkaufsvertreter und Vermittler

Auf die in § 306 Abs. 1 Satz 1 KAGB angeordnete Übernahme der Anteile oder Aktien gegen Erstattung des gezahlten Betrages ist nach **§ 306 Abs. 4 Satz 1 KAGB** auch verpflichtet, wer gewerbsmäßig den Verkauf der Anteile oder Aktien **vermittelt** oder die Anteile oder Aktien **im fremden Namen verkauft** hat. Insoweit haftet er mit den anderen Anspruchsverpflichteten **gesamtschuldnerisch**.[88] Eine Haftung des Betreffenden nach § 306 Abs. 1 Satz 2 KAGB gegenüber demjenigen, der nicht mehr Inhaber des Anteils oder der Aktie ist, ist danach ausgeschlossen. Zu denjenigen, die gewerbsmäßig den Verkauf der Anteile oder Aktien **vermitteln**, gehören die als Handelsvertreter (§§ 84 ff. HGB) oder Handelsmakler (§§ 93 ff. HGB) tätig werdenden Anlagevermittler.[89] Sofern jemand gegenüber dem Anleger nicht nur als Anlagevermittler, sondern als Anlageberater i.S.v. § 2 Abs. 8 Satz 1 Nr. 10 WpHG[90] tätig wird, haftet er nicht nach § 306 Abs. 4 KAGB, sondern nach zivilrechtlichen Regeln,[91] insbesondere nach § 280 BGB. Als **gewerbsmäßiger Verkäufer in fremdem Namen** kommt allein der als Handelsvertreter tätig werdende Vertriebshelfer in Betracht.[92] 77

5. Kausalität

Die ursprüngliche Fassung von § 306 Abs. 1 Satz 1 KAGB sah vor, dass nur derjenige einen Anspruch wegen fehlerhafter Angaben in einem Verkaufsprospekt oder wegen fehlerhafter Informationen i.S.v. § 307 Abs. 1 und Abs. 2 KAGB geltend machen kann, der „auf Grund des Verkaufsprospekts" Anteile oder Aktien an dem Investmentvermögen gekauft hat (oben Rz. 63). Die Auslegung dieser Bestimmung war nicht unumstritten (oben Rz. 63). Ihre Änderung und die Neuregelung in § 306 Abs. 3 Satz 2 Nr. 2 KAGB (oben Rz. 64) stellen nunmehr klar, dass die fehlerhaften Angaben bzw. Informationen ursächlich für den Erwerb der Anlagen, auf die sie sich beziehen, gewesen sein muss, die Kausalität jedoch **vermutet** wird und vom Anspruchsgegner zu widerlegen ist. 78

Dabei ist auf den **Nachweis der fehlenden Ursächlichkeit** von Prospekt und Informationen für den Anlageerwerb § 286 ZPO anzuwenden. Der Nachweis ist etwa als geführt zu betrachten, wenn der Anspruchsgegner nachweist, dass die Anlage erworben wurde, ohne dass dem Erwerber der Verkaufsprospekt oder die Informationen nach § 307 Abs. 1 und Abs. 2 KAGB vorlagen. Geschieht dies auf die Weise, dass der Erwerb der Anteile oder Aktien vor der Erstellung und Veröffentlichung des Verkaufsprospekts erfolgte, so fehlt es zwar an der haftungsbegründenden Ursächlichkeit des Prospekts für den Anteilskauf, doch kommt hier eine Haftung wegen fehlenden Prospekts nach § 306 Abs. 5 KAGB in Betracht. Nicht ausreichend ist es, wenn der Anspruchsgegner nachweist, dass neben dem Verkaufsprospekt bzw. den Informationen auch oder gar überwiegend andere Faktoren maßgebliche gewesen sind, weil es genügt, dass die Prospektangaben bzw. die Informationen zumindest **mitursächlich** für den Anlageerwerb waren.[93] 79

Nach **§ 306 Abs. 3 Satz 2 Nr. 1 KAGB** scheidet ein Anspruch aus Abs. 1 Satz 1 aus, wenn der Käufer die **Unrichtigkeit oder Unvollständigkeit** des Verkaufsprospekts **beim Kauf gekannt** hat. Hierbei handelt es 80

---

88 Schon *Assmann* in Assmann/Schütze, 3. Aufl. 2007, § 6 Rz. 300 und für frühere entsprechende investmentprospekthaftungsrechtliche Bestimmungen *Baur*, Investmentgesetze, § 20 KAGG Rz. 20, 30; *Schödermeier/Baltzer* in Brinkhaus/Scherer, § 20 KAGG Rz. 18 m.w.N. Ebenso für § 127 Abs. 4 InvG *Heisterhagen* in Emde/Dornseifer/Dreibus/Hölscher, § 127 InvG Rz. 39.

89 Anlagevermittlung i.S.v. § 2 Abs. 8 Satz 1 Nr. 4 WpHG. Näher *Assmann* in Assmann/Uwe H. Schneider/Mülbert, § 2 WpHG Rz. 125 ff.

90 Anlageberatung ist nach § 2 Abs. 8 Satz 1 Nr. 10 WpHG „die Abgabe von persönlichen Empfehlungen im Sinne des Artikels 9 der Delegierten Verordnung (EU) 2017/565 an Kunden oder deren Vertreter, die sich auf Geschäfte mit bestimmten Finanzinstrumenten beziehen, sofern die Empfehlung auf eine Prüfung der persönlichen Umstände des Anlegers gestützt oder als für ihn geeignet dargestellt wird und nicht ausschließlich über Informationsverbreitungskanäle oder für die Öffentlichkeit bekannt gegeben wird". Näher *Assmann* in Assmann/Uwe H. Schneider/Mülbert, § 2 WpHG Rz. 167 ff.

91 Ebenso *Köndgen* in Berger/Steck/Lübbehüsen, § 127 InvG Rz. 16. Anders wohl *Heisterhagen* in Emde/Dornseifer/Dreibus/Hölscher, § 127 InvG Rz. 38.

92 So auch *Heisterhagen* in Emde/Dornseifer/Dreibus/Hölscher, § 127 InvG Rz. 38 m.w.N.

93 Siehe etwa *Assmann* in Assmann/Schütze, § 5 Rz. 404; *Heisterhagen* in Emde/Dornseifer/Dreibus/Hölscher, § 127 InvG Rz. 35, 36; *Köndgen* in Berger/Steck/Lübbehüsen, § 127 InvG Rz. 7; *Schödermeier/Baltzer* in Brinkhaus/Scherer, § 20 KAGG Rz. 10.

sich um eine Sonderregelung im Hinblick auf die Berücksichtigung des Mitverschuldens des Anlegers bei Schadensersatzansprüchen aus Prospekthaftung[94] (unten Rz. 83), nach anderer Ansicht um eine die haftungsbegründende Kausalität betreffende Regelung.

6. Verschulden, Mitverschulden, Haftungsausschluss (§ 306 Abs. 3, Abs. 4 KAGB)

81 Die **in § 306 Abs. 1 Satz 1 KAGB angeführten Anspruchsgegner** – oben Rz. 68 – haften für **Vorsatz und grobe Fahrlässigkeit** (arg. ex Abs. 3 Satz 1). Das Verschulden ist allerdings nicht vom Anspruchssteller nachzuweisen. Vielmehr ordnet **§ 306 Abs. 3 Satz 1 KAGB** eine **Beweislastumkehr** an: Das Verschulden des jeweiligen Anspruchsgegners wird bei Vorliegen eines in wesentlichen Punkten unrichtigen oder unvollständigen Verkaufsprospekts **vermutet**, doch entfällt seine Haftung, wenn er nachweist, dass er die Unrichtigkeit oder Unvollständigkeit des Verkaufsprospekts – oder entsprechend der Informationen nach § 307 Abs. 1 und 2 KAGB – nicht gekannt hat und die Unkenntnis nicht auf grober Fahrlässigkeit beruht.

82 Für denjenigen, der nach **§ 306 Abs. 4 Satz 1 KAGB** als **Anspruchsgegner** in Betracht kommt, weil er gewerbsmäßig den **Verkauf der Anteile oder Aktien vermittelt** oder die **Anteile oder Aktien im fremden Namen verkauft** hat, bestimmt diese Vorschrift, dass er nur dann auf die Übernahme von Aktien oder Anteilen nach Abs. 1 in Anspruch genommen werden kann, wenn er die Unrichtigkeit oder Unvollständigkeit des Verkaufsprospekts – oder entsprechend der Informationen nach § 307 Abs. 1 und 2 KAGB – gekannt hat. Diese Gesetzesformulierung legt die Deutung nahe, hier solle eine verschuldensunabhängige Haftung begründet werden, die bereits dann eingreife, wenn ein in wesentlichen Punkten unrichtiger oder unvollständiger Verkaufsprospekt – oder entsprechend eine fehlerhafte, als wesentlich zu betrachtende Informationen nach § 307 Abs. 1 und 2 KAGB – vorliege und der Betreffende den Prospekt- oder Informationsmangel positiv gekannt habe. Eine systematische Auslegung dieser Bestimmung legt indes nahe, § 306 Abs. 4 Satz 1 KAGB so zu deuten, dass die Vorschrift den in ihr angeführten Personenkreis nur einer – allein auf die Übernahme der Anteile oder Aktien gerichteten – beschränkten Haftung unterzieht und auch im Hinblick auf das **Verschulden** einer **Sonderregelung** unterwirft; einer Sonderregelung, die allerdings sowohl die in § 306 Abs. 3 Satz 1 KAGB zum Ausdruck kommende **Verschuldenshaftung** als auch die in ihr angeordnete **Beweislastumkehr** übernimmt und lediglich im Hinblick auf den **Verschuldensmaßstab** – erfasst ist allein Handeln in positiver Kenntnis der Unrichtigkeit oder Unvollständigkeit des Verkaufsprospekts oder die Unrichtigkeit der wesentlichen Anlegerinformationen, d.h. **vorsätzliches Handeln**[95] – eine von § 306 Abs. 3 Satz 1 KAGB abweichende besondere Regelung trifft. **§ 306 Abs. 4 Satz 1 KAGB ist danach so zu lesen**, dass die Haftung des in dieser Vorschrift angeführten Anspruchsgegners ausgeschlossen ist, wenn dieser nachweist, die Unrichtigkeit oder Unvollständigkeit des Verkaufsprospekts oder die Unrichtigkeit der wesentlichen Anlegerinformationen nicht gekannt zu haben, wobei – anders als in der in Abs. 3 Satz 1 angeführten Regel – nur tatsächliches Wissen („positive Kenntnis") ausreicht und es unerheblich ist, ob seine Unkenntnis auf grober Fahrlässigkeit beruht.[96]

83 Eine Haftung für einen in wesentlichen Punkten unrichtigen oder unvollständigen Verkaufsprospekt scheidet aus, wenn der **Käufer** der Anteile oder Aktien **die Unrichtigkeit oder Unvollständigkeit** des Verkaufsprospekts oder wesentlicher Informationen i.S.v. § 307 Abs. 1 und Abs. 2 KAGB **beim Kauf** – maßgeblich ist das schuldrechtliche Erwerbsgeschäft[97] – **gekannt hat.** Das ist gem. § 306 Abs. 3 Satz 2 Nr. 1, Abs. 4 Satz 2 KAGB nicht nur bei Ansprüchen gegen den in Abs. 1 Satz 1 genannten Kreis von Anspruchsgegnern der Fall, sondern auch bei den nach Abs. 4 Satz 1 zur Anteilsübernahme Verpflichteten. Rechtssystematisch handelt es sich dabei um eine einen **Haftungsausschluss** begründende gesetzliche **Sonderregelung eines**

94 *Assmann* in Assmann/Schütze, § 5 Rz. 407; *Assmann* in Assmann/Schlitt/von Kopp-Colomb, §§ 21-23 WpPG Rz. 114, § 20 VermAnlG Rz. 42; *Groß*, § 23 WpPG Rz. 7; *Hamann* in Schäfer/Hamann, §§ 44, 45 BörsG Rz. 264; *Wackerbarth* in Holzborn, §§ 21–23 WpPG Rz. 100. Wohl auch *Kumpan* in Baumbach/Hopt, (15a) § 23 WpPG Rz. 4. A.A., eine Regelung zur fehlenden haftungsbegründenden Kausalität annehmend, *Habersack* in Habersack/Mülbert/Schlitt, Kapitalmarktinformation, § 29 Rz. 50; *Nobbe*, WM 2013, 196; *Mülbert/Steup* in Habersack/Mülbert/Schlitt, Unternehmensfinanzierung, Rz. 41.143; *Schwark* in Schwark/Zimmer, §§ 44, 45 BörsG Rz. 59.

95 *Hanke*, BKR 2014, 447; *Köndgen* in Berger/Steck/Lübbehüsen, § 127 InvG Rz. 9 für die von § 306 Abs. 4 KAGB übernommene Vorgängerregelung des § 127 Abs. 4 InvG a.F.; *Jakovou* in Langenbucher/Bliesener/Spindler, 39. Kap. Rz. 247; *Schmies* in Beckmann/Scholtz/Vollmer, Nr. 405 § 127 InvG Rz. 30; *Schödermeier/Baltzer* in Brinkhaus/Scherer, § 20 KAGG Rz. 21. In dieser Hinsicht ebenso *Merk* in Moritz/Klebeck/Jesch, § 306 KAGB Rz. 32.

96 *Assmann* in Assmann/Schütze, § 5 Rz. 405; *Baur*, Investmentgesetze, § 20 KAGG Rz. 30; *Hanke*, BKR 2014, 447; *Köndgen* in Berger/Steck/Lübbehüsen, § 127 InvG Rz. 9; *Paul* in Weitnauer/Boxberger/Anders, § 306 KAGB Rz. 40; *Schödermeier/Baltzer* in Brinkhaus/Scherer, § 20 KAGG Rz. 21. I.E. auch *Heisterhagen* in Emde/Dornseifer/Dreibus/Hölscher, § 127 InvG Rz. 43. A.A. *Merk* in Moritz/Klebeck/Jesch, § 306 KAGB Rz. 31.

97 Ebenso *Köndgen* in Berger/Steck/Lübbehüsen, § 127 InvG Rz. 22.

Mitverschuldens des Anspruchstellers (oben Rz. 80), welche in der Entwicklung des Prospekthaftungsrechts Tradition hat.[98] Die haftungsausschließende Kenntnis des Anlegers beim Erwerb der Anteile oder der Aktien muss sich auf die **Kenntnis der Umstände** beziehen, die Gegenstand der unrichtigen oder unvollständigen Angaben bzw. Informationen sind, nicht aber auch darauf, dass die Angaben des Verkaufsprospekts oder die Informationen i.S.v. § 307 Abs. 1 und Abs. 2 KAGB von wesentlicher Bedeutung sind und die Unrichtigkeit oder Unvollständigkeit der Prospektangaben bzw. Informationen nach § 306 Abs. 1 Satz 1 KAGB begründen.[99] Erforderlich ist positives Wissen; fahrlässige Unkenntnis reicht in keiner Fahrlässigkeitsform aus.[100] Die Kenntnis ist **vom Anspruchsgegner nachzuweisen.**[101]

7. Inhalt des Anspruchs und gesamtschuldnerische Haftung

Die nach § 306 Abs. 1 Satz 1 KAGB Verantwortlichen (oben Rz. 68 ff.) haften nicht generell und nach den allgemeinen Regeln auf Ersatz des Schadens, der einem Anleger durch eine auf den fehlerhaften Verkaufsprospekt gegründete Anlageentscheidung entstanden ist. Im Hinblick auf den Ersatz des Anlegerschadens sehen Abs. 1 und Abs. 4 vielmehr spezielle Rechtsfolgen vor. 84

Ist der Käufer von Anteilen oder Aktien **noch Inhaber** derselben, so kann er, wenn die übrigen Haftungsvoraussetzungen gegeben sind, von den Anspruchsgegnern die **Übernahme der Anteile oder Aktien** Zug um Zug gegen **Erstattung des von ihm gezahlten Betrages** und des Ersatzes seiner Aufwendungen verlangen.[102] 85

Ist der Käufer in dem Zeitpunkt, in dem er von der Unrichtigkeit oder Unvollständigkeit des Verkaufsprospekts oder der Informationen nach § 307 Abs. 1 und Abs. 2 KAGB Kenntnis erlangt, **nicht mehr Inhaber** des Anteils oder der Aktie, so kann er von den in § 306 Abs. 1 Satz 1 KAGB aufgeführten Anspruchsgegnern die Zahlung des Betrages, um den der von ihm gezahlte Betrag den Rücknahmepreis des Anteils im Zeitpunkt der Veräußerung übersteigt sowie den Ersatz von Aufwendungen verlangen (oben Rz. 85). Die Haftung desjenigen, der gewerbsmäßig den Verkauf der Anteile oder Aktien vermittelt oder die Anteile oder Aktien im fremden Namen verkauft hat, ist dagegen auf die Übernahme der Anlagen oder Wertpapiere beschränkt, umfasst also nicht die Rechtsfolge des § 306 Abs. 1 Satz 2 KAGB. 86

Die nach § 306 Abs. 1 Satz 1 und in Abs. 4 Satz 1 KAGB zur Haftung Verpflichteten haften, soweit ihre Haftung begründet und auf denselben Anspruch gerichtet ist, als **Gesamtschuldner** (§§ 421 ff. BGB). Für den **Innenregress** der Gesamtschuldner nach § 426 BGB ist, unter analoger Anwendung oder zumindest Heranziehung des Rechtsgedankens des § 254 BGB als einer anderen Bestimmung des Schadensausgleichs i.S.v. § 426 Abs. 1 BGB,[103] ein Ausgleich nach dem **Maß der Mitverantwortlichkeit** der Anspruchsgegner unter Berücksichtigung des Beitrags eines jeden Gesamtschuldners zur Fehlerhaftigkeit des Prospekts und seines diesbezüglichen Verschuldens vorzunehmen.[104] Danach soll vor allem derjenige, der zur Erstellung des Prospekts verpflichtet ist, als der primär Verantwortliche angesehen werden,[105] was gegenüber den Vertriebsmittlern – unter Berufung auf den Rechtsgedanken des § 840 Abs. 2 und 3 BGB – bis zu dessen Al- 87

98 Dazu näher *Assmann* in Assmann/Schütze, 3. Aufl. 2007, § 6 Rz. 299. I.E. auch *Köndgen* in Berger/Steck/Lübbehüsen, § 127 InvG Rz. 22 („abschließende Regelung, sodass für die Anwendung des § 254 I BGB kein Platz ist").

99 *Köndgen* in Berger/Steck/Lübbehüsen, § 127 InvG Rz. 9; *Schmies* in Beckmann/Scholtz/Vollmer, Nr. 405 § 127 InvG Rz. 17; *Tilp*, Anmerkung zum Urteil des LG Frankfurt v. 20.12.2002 – 2–21 O 15/02, ZIP 2003, 306 (308). Das entspricht auch dem allgemeinen, zur allgemein-zivilrechtlichen Prospekthaftung entwickelten Grundsatz; s. *Assmann* in Assmann/Schütze, 3. Aufl. 2007, § 6 Rz. 178, 189.

100 *Heisterhagen* in Emde/Dornseifer/Dreibus/Hölscher, § 127 InvG Rz. 41; *Köndgen* in Berger/Steck/Lübbehüsen, § 127 InvG Rz. 22; *Zingel* in Baur/Tappen, § 306 KAGB Rz. 25, 26.

101 *Assmann* in Assmann/Schütze, § 5 Rz. 116. Schon *Baur*, Investmentgesetze, zu § 20 KAGG Rz. 28. Ebenso *Köndgen* in Berger/Steck/Lübbehüsen, § 127 InvG Rz. 9.

102 Zuletzt BGH v. 3.12.2007 – II ZR 21/06, AG 2008, 260 Rz. 7 m.w.N. (Securenta) für die allgemein-zivilrechtlichen Prospekthaftung und die gesetzliche Prospekthaftung nach §§ 44 f. BörsG a.F. *Köndgen* in Berger/Steck/Lübbehüsen, § 127 InvG Rz. 19; *Merk* in Moritz/Klebeck/Jesch, § 306 KAGB Rz. 34. A.A. *Schödermeier/Baltzer* in Brinkhaus/Scherer, § 20 KAGG Rz. 25.

103 Zu dessen Anwendbarkeit beim Gesamtschuldnerausgleich etwa BGH v. 13.5.1955 – I ZR 137/53, BGHZ 17, 214 (222) = NJW 1955, 1314 (1316); BGH v. 19.12.1968 – VII ZR 23/66, BGHZ 51, 275 (279) = NJW 1969, 653 (654); BGH v. 29.6.1972 – VII ZR 190/71, BGHZ 59, 97 (103) = NJW 1972, 1802 (1803). Siehe etwa *Bydlinski* in MünchKomm/BGB, 6. Aufl. 2012, § 426 BGB Rz. 21; *Looschelders* in Staudinger, Neubearb. 2012, § 426 BGB Rz. 63 (analoge Anwendung), 64 ff. Im vorliegenden Zusammenhang *Baur*, Investmentgesetze, zu § 20 KAGG Rz. 20; *Schödermeier/Baltzer* in Brinkhaus/Scherer, § 20 KAGG Rz. 18; *Zingel* in Baur/Tappen, § 306 KAGB Rz. 24.

104 *Schwark* in Schwark/Zimmer, §§ 44, 45 BörsG Rz. 75.

105 *Assmann* in Assmann/Schütze, § 5 Rz. 412; *Baur*, Investmentgesetze, zu § 20 KAGG Rz. 20; *Schödermeier/Baltzer* in Brinkhaus/Scherer, § 20 KAGG Rz. 18.

leinverantwortlichkeit reichen soll.[106] Eine solche **Verantwortlichkeitsabstufung** ist auch unter dem Haftungsregime des § 306 KAGB anzuerkennen, doch geht diese nicht soweit, dass Vertriebsmittler im Innenverhältnis völlig aus der Verantwortlichkeit für die Richtigkeit und Vollständigkeit des Verkaufsprospekts oder der Informationen nach § 307 Abs. 1 und Abs. 2 KAGB herausgenommen werden sollen. Vielmehr soll ihre Haftung im Außenverhältnis auch einen Anreiz geben, eine entsprechende Verantwortlichkeit im Innenverhältnis zu übernehmen. Auch wenn man diese im Hinblick auf die Erstellung und Kontrolle des Verkaufsprospekts sowie der Informationen nach § 307 Abs. 1 und Abs. 2 KAGB nicht besonders hoch veranschlagen darf, passen die § 840 Abs. 2 und 3 BGB zugrundeliegenden Erwägungen nicht ins Bild gestaffelter Prospektverantwortlichkeiten. **Abweichende Vereinbarungen unter den Gesamtschuldnern** sind im Innenverhältnis, aber gem. § 306 Abs. 6 KAGB nicht gegenüber den Anspruchsberechtigten beachtlich.[107]

8. Vereinbarung eines Haftungsausschlusses (§ 306 Abs. 6 Satz 1 KAGB)

88 Eine Vereinbarung, durch welche die Haftung für die Richtigkeit und Vollständigkeit des Verkaufsprospekts oder der Informationen nach § 307 Abs. 1 und Abs. 2 KAGB im Voraus ermäßigt oder erlassen wird, ist kraft ausdrücklicher Regelung in § 306 Abs. 6 Satz 1 KAGB unwirksam. Das gilt für Haftungsausschlüsse durch AGB ebenso wie für individualvertragliche Vereinbarungen.

9. Verjährung

89 Bei Einführung des InvG, das durch das KAGB ersetzt wurde (oben Rz. 2 ff.), enthielt jenes im seinerzeitigen § 127 Abs. 5 InvG (a.F.) die Regelung, Ansprüche aus Prospekthaftung verjährten in einem Jahr seit dem Zeitpunkt, in dem der Käufer von der Unrichtigkeit oder Unvollständigkeit der Verkaufsprospekte Kenntnis erlangt hat, spätestens jedoch in drei Jahren seit dem Abschluss des Kaufvertrages.[108] Schon vor der Überführung des InvG ins KAGB wurde diese Regelung mit Wirkung zum 1.7.2011 aufgehoben,[109] um auch die Verjährung des investmentgesetzlichen Prospekthaftungsanspruchs nach dem KAGB den allgemeinen zivilrechtlichen **Verjährungsregeln der §§ 194 ff. BGB** zu unterstellen.

90 Diesen zufolge **verjähren Ansprüche aus § 306 Abs. 1 und Abs. 4 KAGB** nach § 195 BGB in drei Jahren, gem. § 199 Abs. 1 BGB beginnend mit dem Schluss des Jahres, in dem der Anspruch entstanden ist und der Gläubiger von den Umständen, die den Anspruch begründen, und der Person des Schuldners Kenntnis erlangt oder ohne grobe Fahrlässigkeit erlangen müsste. Ohne Rücksicht auf die Kenntnis oder grob fahrlässige Unkenntnis verjähren diese Ansprüche spätestens in zehn Jahren von ihrer Entstehung an, und ohne Rücksicht auf ihre Entstehung und die Kenntnis oder grob fahrlässige Unkenntnis träte die Verjährung spätestens in 30 Jahren, beginnend mit der Begehung der Handlung, der Pflichtverletzung oder dem sonstigen, den Schaden auslösenden Ereignis ein (§ 199 Abs. 3 BGB). Die **Beweislast** in Bezug auf die Kenntnis oder die grob fahrlässige Unkenntnis des Anspruchstellers und damit zu Beginn und zum Ablauf der Verjährungsfrist liegt beim Anspruchsgegner.[110]

10. Konkurrenzen

91 Nach § 306 Abs. 6 Satz 2 KAGB schließt die Haftung nach Abs. 1 und Abs. 4 **weitergehende Ansprüche**, die sich aus den Vorschriften des bürgerlichen Rechts aufgrund von Verträgen oder unerlaubten Handlungen ergeben können, nicht aus. Das umfasst indes nicht Ansprüche aus allgemein-zivilrechtlicher Prospekthaftung in dem vom KAGB abschließend geregelten Bereich der Haftung für fehlerhafte oder fehlende Verkaufsprospekte.[111]

---

106 *Köndgen* in Berger/Steck/Lübbehüsen, § 127 InvG Rz. 17. Dagegen *Zingel* in Baur/Tappen, § 306 KAGB Rz. 24.

107 *Schwark* in Schwark/Zimmer, §§ 44, 45 BörsG Rz. 74.

108 Zur Grundlage dieser Regelung *Assmann* in Assmann/Schütze, 3. Aufl. 2007, § 6 Rz. 301.

109 Art. 1 Nr. 83 lit. f des OGAW-IV-Umsetzungsgesetzes v. 22.6.2011, BGBl. I 2011, S. 1126.

110 *Assmann* in Assmann/Schütze, § 5 Rz. 202, 415. Schon *Baur*, Investmentgesetze, zu § 20 KAGG Rz. 28. Ebenso *Köndgen* in Berger/Steck/Lübbehüsen, § 127 InvG Rz. 9.

111 *Assmann* in Assmann/Schütze, § 5 Rz. 416; *Hanke*, BKR 2014, 448; *Heisterhagen* in Emde/Dornseifer/Dreibus/Hölscher, § 127 InvG Rz. 54; *Jakovou* in Langenbucher/Bliesener/Spindler, 39. Kap. Rz. 248; *Köndgen* in Berger/Steck/Lübbehüsen, § 127 InvG Rz. 29; *Merk* in Moritz/Klebeck/Jesch, § 306 KAGB Rz. 6; *Möllers*, Das Haftungssystem des KAGB, in Möllers/Kloyer, S. 247 (253 f.); *Paul* in Weitnauer/Boxberger/Anders, § 306 KAGB Rz. 52; *Schnauder*, NJW 2013, 3211. A.A. *Baur*, Investmentgesetze, § 20 KAGG Rz. 34; *Schödermeier/Baltzer* in Brinkhaus/Scherer, § 20 KAGG Rz. 34; *Zingel* in Baur/Tappen, § 306 KAGB Rz. 32 f.

11. Prozessuales

Die **gerichtliche Zuständigkeit** für Ansprüche aus § 306 Abs. 1 und Abs. 4 KAGB ergibt sich aus **§ 32b ZPO.** Nach dessen Abs. 1 ist u.a. für Klagen, mit denen der Ersatz eines aufgrund falscher, irreführender oder unterlassener öffentlicher Kapitalmarktinformationen verursachten Schadens geltend gemacht wird, und damit auch für Ansprüche aus § 306 Abs. 1 und Abs. 4 KAGB, ausschließlich das **Gericht am Sitz des betroffenen Emittenten** zuständig, sofern sich der Sitz des Emittenten nicht im Ausland befindet. 92

Nach **§ 71 Abs. 2 Nr. 3 GVG** sind für Schadensersatzansprüche aufgrund falscher, irreführender oder unterlassener öffentlicher Kapitalmarktinformationen ohne Rücksicht auf den Wert des Streitgegenstandes die LG zuständig. 93

III. Haftung bei fehlerhaften wesentlichen Anlegerinformationen (§ 306 Abs. 2, 3, 4 und 6 KAGB)

1. Übersicht

Ähnlich der Haftung für fehlerhafte Verkaufsprospekte nach § 306 Abs. 1 KAGB ordnet Abs. 2 die Haftung für **wesentliche Anlegerinformationen** an. Bei diesen handelt es sich um die Anlegerinformationen, die dem Publikum in den im KAGB bestimmten Fällen (unten Rz. 101) als vom Gesetz so qualifizierte *wesentliche Anlegerinformationen* zugänglich zu machen sind. Während die Haftung für fehlerhafte Verkaufsprospekte nach § 306 Abs. 1 Satz 1 KAGB die Unrichtigkeit oder Unvollständigkeit von Prospektangaben voraussetzt, verlangt die Haftung nach Abs. 2 Satz 1, dass die in den wesentlichen Anlegerinformationen enthaltenen Angaben **irreführend, unrichtig oder nicht mit den einschlägigen Stellen des Verkaufsprospekts vereinbar** sind. 94

Ist dies der Fall, kann derjenige, der aufgrund der wesentlichen Anlegerinformationen Anteile oder Aktien gekauft hat und **noch Inhaber** derselben ist, von der Verwaltungsgesellschaft und von demjenigen, der diese Anteile oder Aktien im eigenen Namen gewerbsmäßig verkauft hat, als Gesamtschuldner die Übernahme der Anteile oder Aktien gegen Erstattung des von ihm gezahlten Betrages verlangen (§ 306 Abs. 2 Satz 1 KAGB). Wie bei der Haftung für fehlerhafte Verkaufsprospekte ist darüber hinaus zur Übernahme der Anteile oder Aktien nach § 306 Abs. 2 Satz 1 KAGB auch verpflichtet, wer gewerbsmäßig den Verkauf der Anteile oder Aktien vermittelt oder die Anteile oder Aktien im fremden Namen verkauft hat, vorausgesetzt, dass er die Unrichtigkeit oder Unvollständigkeit des Verkaufsprospekts oder die Unrichtigkeit der wesentlichen Anlegerinformationen gekannt hat. 95

Ebenfalls der Haftung für fehlerhafte Verkaufsprospekte nach § 306 Abs. 1 Satz 1 KAGB vergleichbar ist eine Modifikation der in Abs. 1 Satz 1 vorgesehenen Rechtsfolge – Übernahme der Anteile oder Aktien – für den Fall vorgesehen, dass der Käufer in dem Zeitpunkt, in dem er von der Fehlerhaftigkeit der wesentlichen Anlegerinformationen Kenntnis erlangt hat, **nicht mehr Inhaber** des Anteils oder der Aktie ist: Unter diesen Umständen kann er nach § 306 Abs. 2 Satz 1 KAGB die Zahlung des Betrages verlangen, um den der von ihm gezahlte Betrag den Rücknahmepreis des Anteils oder der Aktie oder andernfalls den Wert des Anteils oder der Aktie im Zeitpunkt der Veräußerung übersteigt. In diesem Falle scheidet aber, wie schon bei der Haftung für fehlerhafte Verkaufsprospekte, die Haftung derjenigen aus, die gewerbsmäßig den Verkauf der Anteile oder Aktien vermittelt oder die Anteile oder Aktien im fremden Namen verkauft haben. 96

Auch im Übrigen sind die weiteren **Haftungsvoraussetzungen** weitgehend denjenigen der Haftung für fehlerhafte Verkaufsprospekte nach § 306 Abs. 1 KAGB angeglichen. 97

2. Wesentliche Anlegerinformationen

Während die Haftung für fehlerhafte Verkaufsprospekte nach § 306 Abs. 1 KAGB an die Angaben in einem dem Publikum zugänglich zu machenden Verkaufsprospekt anknüpft, bezieht sich die Haftung nach Abs. 2 auf die dem Publikum zugänglich zu machenden, vom Gesetz sog. wesentlichen Anlegerinformationen (unten Rz. 101). 98

Die von der Pflicht zur Erstellung und Veröffentlichung eines Verkaufsprospekts unabhängige **Pflicht, dem Publikum wesentliche Anlegerinformationen zugänglich zu machen**, fand sich schon vor der Überführung des InvG in das KAGB in der durch das OGAW-IV-Umsetzungsgesetz geänderten Fassung des § 42 Abs. 1 InvG (a.F.).[112] Die Änderung diente der durch die Einführung der wesentlichen Anlegerinformatio- 99

112 Art. 1 Nr. 36 lit. b aa des OGAW-IV-Umsetzungsgesetzes v. 22.6.2011, BGBl. I 2011, S. 1126.

nen in Umsetzung von Art. 78 der OGAW-IV-Richtlinie 2009/65/EG vom 13.7.2009[113] und des Wegfalls des vereinfachten Verkaufsprospekts erforderlichen redaktionellen Korrektur des Gesetzes.[114] Diesbezüglich verlangte die Richtlinie „ein kurzes Dokument mit wesentlichen Informationen für den Anleger", das heißt mit „sinnvollen Angaben zu den wesentlichen Merkmalen" des Anlageangebots, die die „Anleger in die Lage versetzen, Art und Risiken des angebotenen Anlageprodukts zu verstehen und auf dieser Grundlage eine fundierte Anlageentscheidung zu treffen".[115]

100 Die in § 306 Abs. 2 Satz 1 KAGB **haftungsbewehrten** wesentlichen Anlegerinformationen sind nicht gleichbedeutend mit den Angaben eines Verkaufsprospekts, die für den Anleger von wesentlicher Bedeutung i.S.v. § 306 Abs. 1 Satz 1 KAGB sind, auch wenn sie sich weitgehend decken. Vielmehr sind wesentliche Anlegerinformationen allein die gesetzlich angeordneten Angaben, wohingegen die gesetzlich verlangten Verkaufsprospektangaben nur Mindestangaben sind und Angaben in einem Verkaufsprospekt nach § 306 Abs. 1 Satz 1 KAGB auch dann wesentlich sein können, wenn sie nicht zu den wesentlichen Anlegerinformationen gehören.

101 **Wesentliche Anlegerinformationen** sind die vom Gesetz als solche verlangten und dem Publikum zugänglich zu machenden Informationen. Das sind für **Publikumsinvestmentvermögen bzw. für geschlossene Publikums-AIF** die sich aus §§ 166 Abs. 2-8, 262 Abs. 1 Satz 4 und Abs. 2 Satz 2, 263 Abs. 5 Satz 2, 270 KAGB i.V.m. der Verordnung (EU) Nr. 583/2010 vom 1.7.2010[116] ergebenden, nach §§ 164 Abs. 1, 268 Abs. 1 KAGB zu veröffentlichenden, Anlageinteressenten nach Maßgabe von § 297 Abs. 1 Satz 1 und Abs. 2 Satz 2 KAGB zur Verfügung zu stellenden und nach §§ 164 Abs. 3. 268 Abs. 2 KAGB auf dem neusten Stand zu haltenden wesentlichen Anlegerinformationen. Für Anteile oder Aktien an **EU-OGAW** bzw. **EU-AIF** oder **ausländischen AIF** sind dies entsprechend die nach Maßgabe von §§ 298 Abs. 1 Satz 2, 301 KAGB i.V.m. Art. 78 der Richtlinie 2009/65/EG vom 13.7.2009 (oben Rz. 99) bzw. von § 318 Abs. 5 KAGB erforderlichen Anlegerinformationen. Für AIF-Kapitalverwaltungsgesellschaften, welche die Ausnahmevoraussetzungen des § 2 Abs. 5 Satz 2 KAGB erfüllen, sind darüber hinaus die Anforderungen aus § 2 Abs. 5 Satz 2 Nr. 6 KAGB zu beachten.

102 Während die Haftung für Verkaufsprospekte nach § 306 Abs. 1 Satz 1 KAGB nur eingreift, wenn die unrichtigen oder unvollständigen Angaben in dem Verkaufsprospekt für die Beurteilung der Anteile oder Aktien an einem OGAW oder einem AIF **von wesentlicher Bedeutung** sind (oben Rz. 46 ff.), ist dies im Hinblick auf die nach ihrer Anzahl gesetzlich eingeschränkten, abschließend aufgeführten und schon kraft Gesetzes als wesentlich qualifizierten wesentlichen Anlegerinformationen nicht erforderlich.[117]

3. Fehlerhafte Informationen (§ 306 Abs. 2 Satz 1 KAGB)

103 Wesentliche Anlegerinformationen sind fehlerhaft und begründen eine Haftung nach § 306 Abs. 1 Satz 1 KAGB nur dann, wenn sie **irreführend, unrichtig** oder **nicht mit den einschlägigen Stellen des Verkaufsprospekts vereinbar** sind. In Übereinstimmung mit Art. 79 Abs. 2 der Richtlinie 2009/65/EG vom 13.7.2009 (oben Rz. 99) erstreckt § 306 Abs. 1 Satz 1 KAGB die Haftung **nicht auf unvollständige Angaben** in den wesentlichen Anlegerinformationen. Das beruht zum einen darauf, dass die erforderlichen Angaben weitgehend gesetzlich aufgezählt sind und zum anderen darauf, dass es sich bei den Angaben um nach §§ 166 Abs. 3 Satz 4, 270 Abs. 1 KAGB kurz zu haltende Informationen in einem insgesamt als kurz konzipierten Informationswerk handelt. Ein Vollständigkeitserfordernis hätte nicht nur die alten Fragen nach der Vollständigkeit von Kurzinformationen aufgeworfen, sondern auch verständliche Bemühungen zur Gewährleistung der Vollständigkeit durch entsprechende Informationsdichte ausgelöst.

a) Irreführend

104 Bei der Beantwortung der Frage, wann wesentliche Anlegerinformationen **irreführend** sind, liegt es nahe, auf das Recht der unlauteren Werbung zurückzugreifen, in dem von jeher in § 5 UWG die irreführende Werbung und in der ab 30.12.2008 geltenden Fassung der Bestimmung die irreführende geschäftliche Handlung als unlauter gilt. In § 5 Abs. 1 Satz 2 UWG wird, Art. 2 lit. b der Richtlinie 2006/114/EG vom 12.12.2006 über

113 ABl. EU Nr. L 302 v. 17.11.2009, S. 32.
114 RegE OGAW-IV-Umsetzungsgesetz, BT-Drucks. 7/4510 v. 24.1.2011, S. 1 (70).
115 Art. 78 Abs. 1 bzw. Abs. 2 der OGAW-IV-Richtlinie 2009/65/EG, ABl. EU Nr. L 302 v. 17.11.2009, S. 32 (71). Eine entsprechende Formulierung findet sich in § 166 Abs. 1 KAGB.
116 ABl. EU Nr. L 171 v. 10.7.2010, S. 1 ff.
117 Ebenso *Aurich*, GWR 2014, 25.

irreführende und vergleichende Werbung[118] umsetzend, bestimmt, eine geschäftliche Handlung sei irreführend, wenn sie unwahre Angaben oder sonstige zur Täuschung geeignete Angaben über die in der Vorschrift näher benannten Umstände enthalte. Beide Merkmale dieser Definition, die eine Irreführung begründen sollen, weisen in die Richtung, in welche eine KAGB-autonome und vor allem am Zweck der Vorschriften über wesentliche Anlegerinformationen ausgerichtete Auslegung des Begriffs irreführender Anlegerinformationen zu erfolgen hat. Diesbezüglich bestimmen §§ 166 Abs. 1, 270 Abs. 1 KAGB, die wesentlichen Anlegerinformationen sollten den Anleger in die Lage versetzen, Art und Risiken des angebotenen Anlageproduktes zu verstehen und auf dieser Grundlage eine fundierte Anlageentscheidung zu treffen. Des Weiteren ist zu berücksichtigen, dass der Begriff im Prospekthaftungsrecht in einem weiten Sinne immer zur Umschreibung eines Informationsmangels in einem gegenüber einem regulären Prospekt abgekürzten Dokument oder einer Zusammenfassung des Prospekts verwandt wurde (etwa in der Prospektzusammenfassung nach § 45 Abs. 2 Nr. 5 BörsG a.F.) und vereinzelt auch noch verwandt wird (etwa im Hinblick auf die Prospektzusammenfassung nach § 5 Abs. 2 WpPG oder das Vermögensanlagen-Informationsblatt nach § 13 Abs. 4 VermAnlG), um dort Mängel zu bezeichnen, die nicht in der Unrichtigkeit der in dem Dokument verlangten Angabe bestehen, sondern darin, dass die für sich genommen nicht zu beanstandende Angabe die realen Verhältnisse, wie sie etwa im Prospekt zum Ausdruck gekommen sein können, nicht adäquat wiedergibt und damit über diese täuscht. Der Begriff der Irreführung reagiert im Bereich der fehlerhaften Anlegerinformationen mithin auf den Umstand, dass verkürzte, auf das Wesentliche beschränkte Informationen den Sachverhalt nicht vollständig wiedergeben und deshalb im Lichte desselben bei vollständiger Information keine fehlerhaften Vorstellungen wecken würfen.

Inwieweit einzelne, nicht bereits als solche unrichtigen Angaben der – gegenüber dem Verkaufsprospekt verkürzten – wesentlichen Anlegerinformationen irreführen, indem sie beim Anleger fehlerhafte Vorstellungen wecken können, lässt sich nur aus dem Empfängerhorizont der Angaben,[119] d.h. der wesentlichen Anlegerinformationen beurteilen. Dies berücksichtigend, lässt sich – weitgehend übereinstimmend mit dem Irreführungsbegriff des Unlauterkeitsrechts[120] – **definieren**, Angaben in wesentlichen Anlegerinformationen seien **irreführend**, wenn sie – auch wenn als solche nicht unrichtig – bei den von diesen angesprochenen Anlegern in Bezug auf Art und Risiken des angebotenen Anlageprodukts eine Vorstellung erzeugen, die mit den wirklichen Verhältnissen nicht im Einklang steht.[121] Die bloße Eignung zur Erzeugung einer Fehlvorstellung reicht hier nicht aus (unten Rz. 107). Hinsichtlich der Adressaten der wesentlichen Anlegerinformationen ist auch hier auf den **durchschnittlichen Anleger** (oben Rz. 37) abzustellen, der Angaben wie diejenigen in den wesentlichen Anlegerinformationen sorgfältig liest. 105

Dabei entfällt die Irreführung nicht etwa dadurch, dass der Verkaufsprospekt zutreffende Angaben enthält und unterstellt wird, der Anleger lese auch den Verkaufsprospekt sorgfältig. Vielmehr ist die Irreführung allein und objektiv anhand der Angaben in den wesentlichen Anlegerinformationen einerseits und der Wirklichkeit oder den Angaben im Verkaufsprospekt andererseits zu beurteilen. Irreführend sind die Angaben in den wesentlichen Anlegerinformationen deshalb auch dann, wenn sie nicht ohne zusätzliche Informationen, namentlich solche im Verkaufsprospekt, verständlich sind. Das kommt auch in §§ 166 Abs. 3 Satz 1, 270 Abs. 1 KAGB zum Ausdruck, denen zufolge (§ 13 Abs. 4 Satz 1 VermAnlG entsprechend) der Anleger die wesentlichen, in § 166 Abs. 2 Nr. 1-6 KAGB aufgeführten Merkmale des betreffenden Investmentvermögens verstehen können muss, ohne dass hierfür zusätzliche Dokumente herangezogen werden müssen. Darüber hinaus ist eine Angabe auch dann als irreführend anzusehen, wenn sie nicht – wie §§ 166 Abs. 3 Satz 2, 270 Abs. 1 KAGB dies (wiederum § 13 Abs. 4 Satz 2 VermAnlG entsprechend) verlangen – **eindeutig** ist. Ebenso verhält es sich mit i.S.v. §§ 166 Abs. 3 Satz 4, 270 Abs. 1 KAGB **unverständlichen Angaben**, 106

118 ABl. EU Nr. L 376 v. 27.12.2006, S. 21 (22). Nach Art. 2 Art. 2 lit. b der Richtlinie ist „irreführend jede Werbung, die in irgendeiner Weise – einschließlich ihrer Aufmachung – die Personen, an die sie sich richtet oder die von ihr erreicht werden, täuscht oder zu täuschen geeignet ist und die infolge der ihr innewohnenden Täuschung ihr wirtschaftliches Verhalten beeinflussen kann oder aus diesen Gründen einen Mitbewerber schädigt oder zu schädigen geeignet ist".

119 Für irreführende Angaben nach § 5 UWG, m.w.N., etwa *Bornkamm* in Köhler/Bornkamm, 35. Aufl. 2017, § 5 UWG Rz. 1.57 f.; *Sosnitza* in Ohly/Sosnitza, Gesetz gegen den unlauteren Wettbewerb, 7. Aufl. 2016, § 5 UWG Rz. 105.

120 Siehe, m.w.N. zur Rechtsprechung, *Sosnitza* in Ohly/Sosnitza, Gesetz gegen den unlauteren Wettbewerb, 7. Aufl. 2016, § 5 UWG Rz. 105: „Eine Angabe ist irreführend iS von § 5 [UWG], wenn sie die *Wirkung einer unzutreffenden Angabe* erzeugt, dh. den von ihr angesprochenen Verkehrskreisen einen unrichtigen Eindruck vermittelt …, maW wenn das *Verständnis*, das sie nach dem Gesamteindruck (Rn 126) bei den angesprochenen Verkehrskreisen erweckt, *mit den tatsächlichen Verhältnissen nicht übereinstimmt* …" (Hervorhebung im Orig.).

121 Ähnlich *Heisterhagen* in Emde/Dornseifer/Dreibus/Hölscher, § 127 InvG Rz. 31 (wenn die Angaben „zwar sachlich zutreffend sind, ihre Darstellung aber unklar und missverständlich ist, sodass beim Anleger ein unzutreffender Eindruck entsteht"); *Müchler*, WM 2012, 978; *Zingel* in Baur/Tappen, § 306 KAGB Rz. 15.

soweit sie beim Anleger eine bestimmte unzutreffende Vorstellung wecken. Dagegen sind gegen das Erfordernis des §§ 166 Abs. 3 Satz 5, 270 Abs. 1 KAGB nicht in einem einheitlichen Format erstellte, Vergleiche ermöglichende wesentliche Anlegerinformationen nicht *per se* geeignet, irreführende Vorstellungen über die Wirklichkeit und die Art und Risiken des angebotenen Anlageproduktes hervorzurufen.

107 Irreführend i.S.v. § 306 Abs. 1 Satz 1 KAGB sind nur solche Angaben, die auch tatsächlich irreführen. Nicht ausreichend ist hier – anders als im Unlauterkeitsrecht[122] – die bloße Eignung der Angaben zur Irreführung. Auch wenn die Haftung für irreführende Angaben eine Verschuldenshaftung darstellt, kommt es – insoweit wieder im Einklang mit dem Unlauterkeitsrecht[123] – für die Feststellung der Irreführung als solche nicht auf subjektive Elemente an, wie etwa eine Irreführungsabsicht. Schließlich kann sich die Irreführung auch dadurch ergeben, dass erst verschiedene Angaben der wesentlichen Anlegerinformationen zusammengenommen ein irreführendes Gesamtbild erzeugen (oben Rz. 51).

b) Unrichtig

108 Für die Beurteilung der Unrichtigkeit von Angaben gelten die Grundsätze, wie sie auch im Hinblick auf die Beurteilung der Unrichtigkeit von Prospektangaben zur Anwendung kommen (oben Rz. 57).

c) Nicht mit den einschlägigen Stellen des Verkaufsprospekts vereinbar

109 Nicht mit den einschlägigen Stellen des Verkaufsprospekts übereinstimmende oder mit diesen zu vereinbarende Angaben stellen einen Informationsmangel i.S.d. § 306 Abs. 2 Satz 1 KAGB dar. Das entspricht §§ 166 Abs. 3 Satz 3, 270 Abs. 1 KAGB, die verlangen, dass Angaben in den wesentlichen Anlegerinformationen mit den einschlägigen Teilen des Verkaufsprospekts übereinstimmen.

110 Eine **Unvereinbarkeit** braucht sich nicht auf einzelne Angaben in den wesentlichen Anlegerinformationen einerseits und im Verkaufsprospekt andererseits zu beschränken, sondern kann auch darin bestehen, dass der Verkaufsprospekt ein **Gesamtbild** (oben Rz. 51) schafft, das mit einzelnen Angaben in den wesentlichen Anlegerinformationen nicht übereinstimmt, und umgekehrt.[124]

4. Anspruchsberechtigte (§ 306 Abs. 2 KAGB)

111 **Anspruchsberechtigt** ist nach § 306 Abs. 2 Satz 1 KAGB, wer aufgrund der wesentlichen Anlegerinformationen Anteile oder Aktien erworben hat. Ist der Erwerber **noch Inhaber** der Anteile oder Aktien, so kann er § 306 Abs. 2 Satz 1 KAGB die Übernahme der Anteile oder Aktien gegen Erstattung des von ihm gezahlten Betrags verlangen. Ist er **nicht mehr Inhaber** der Anteile oder Aktien, so kann er nach § 306 Abs. 2 Satz 2 KAGB die Zahlung des Betrages verlangen, um den der von ihm gezahlte Betrag den Rücknahmepreis des Anteils oder der Aktie oder andernfalls den Wert des Anteils oder der Aktie im Zeitpunkt der Veräußerung übersteigt. Zu Einzelheiten kann auf die entsprechenden Ausführungen zur Haftung für fehlerhafte Verkaufsprospekte nach § 306 Abs. 1 Satz 1 KAGB (oben Rz. 62) verwiesen werden.

5. Anspruchsgegner (§ 306 Abs. 2-4 KAGB)

112 Anspruchsgegner sind im Hinblick auf die **Rechtsfolge der Übernahme** der Anteile oder Aktien *zum einen* die Verwaltungsgesellschaft und derjenige, der die Anteile oder Aktien im eigenen Namen gewerbsmäßig verkauft hat (**§ 306 Abs. 2 Satz 1 KAGB**), und *zum anderen* derjenige, der gewerbsmäßig den Verkauf der Anteile oder Aktien vermittelt oder die Anteile oder Aktien im fremden Namen verkauft hat (**§ 306 Abs. 4 Satz 1 KAGB**). Die beiden Gruppen von Anspruchsgegnern unterscheiden sich darin, dass die erste für Vorsatz und grobe Fahrlässigkeit (§ 306 Abs. 3 Satz 1 KAGB), die zweite aber nur für Vorsatz (§ 306 Abs. 4 Satz 1 KAGB: Kenntnis der Unrichtigkeit der wesentlichen Anlegerinformationen) in Bezug auf die Unrichtigkeit der wesentlichen Anlegerinformationen haftet.

113 Anspruchsgegner im Hinblick auf die **Zahlung des Betrages** im Sinne und nach Maßgabe von **§ 306 Abs. 2 Satz 2 KAGB** – d.h. des Betrages, um den der vom Käufer gezahlte Betrag den Rücknahmepreis des Anteils oder der Aktie oder andernfalls den Wert des Anteils oder der Aktie im Zeitpunkt der Veräußerung über-

122 Unstr., etwa *Bornkamm* in Köhler/Bornkamm, 35. Aufl. 2017, § 5 UWG Rz. 1.52; *Sosnitza* in Ohly/Sosnitza, Gesetz gegen den unlauteren Wettbewerb, 7. Aufl. 2016, § 5 UWG Rz. 12, 105.

123 Siehe etwa *Bornkamm* in Köhler/Bornkamm, 32. Aufl. 2014, § 5 UWG Rz. 1.53.

124 Im Hinblick auf die Abweichung der „Darstellung in den wesentlichen Anlegerinformationen von dem durch den Verkaufsprospekt entworfenen Gesamtbild" ebenso *Heisterhagen* in Emde/Dornseifer/Dreibus/Hölscher, § 127 InvG Rz. 31; *Müchler*, WM 2012, 978.

steigt – sind dagegen, wie aus **§ 306 Abs. 3 Satz 1 und Satz 2** i.V.m. **Abs. 4 KAGB** folgt, nur die Verwaltungsgesellschaft und derjenige, der die Anteile oder Aktien im eigenen Namen gewerbsmäßig verkauft hat.

Sämtliche Anspruchsgegner haften als **Gesamtschuldner** nach §§ 421 ff. BGB. Zu Einzelheiten kann auch hier auf die entsprechenden Ausführungen zur Haftung für fehlerhafte Verkaufsprospekte nach § 306 Abs. 1 KAGB (oben Rz. 68, 87 ff.) verwiesen werden. 114

6. Kausalität

Nach der ursprünglichen, durch Art. 2 Nr. 55 des Gesetzes zur Anpassung von Gesetzen auf dem Gebiet des Finanzmarktes vom 15.7.2014[125] **geänderten Fassung des § 306 Abs. 2 Satz 1 KAGB** (oben Rz. 19) konnte – nicht anders als nach dem ebenso geänderten Abs. 1 Satz 1 (oben Rz. 63) – einen Anspruch wegen fehlerhafter Angaben in wesentlichen Anlegerinformationen nur geltend machen, wer „auf Grund des Verkaufsprospekts" Anteile oder Aktien an dem Investmentvermögen gekauft hat. Die Streichung dieser Voraussetzung geht mit der Neufassung des § 306 Abs. 3 Satz 2 KAGB einher, nach dessen Nr. 2 der Anspruch nach Abs. 1 oder nach Abs. 2 nicht besteht nicht, wenn „die Anteile oder Aktien nicht auf Grund des Verkaufsprospekts oder der wesentlichen Anlegerinformationen erworben wurden". Diese Änderung soll der „Klarstellung der Beweislastverteilung" nach dem Muster der Regelung der Prospekthaftung für fehlerhafte Prospekte in §§ 21, 22 WpPG und § 20 VermAnlG dienen (oben Rz. 63). 115

Dementsprechend darf heute als geklärt gelten, dass Mängel der wesentlichen Anlegerinformationen nur dann zu einem Anspruch nach § 306 Abs. 2 i.V.m. Abs. 4 KAGB führen, wenn sie für den Kauf der Anlage **ursächlich** waren, die Ursächlichkeit indes vermutet wird und es Sache des Anspruchsgegners ist, diese zu widerlegen. Zu Einzelheiten ist auf die Ausführungen oben Rz. 63 f. zu verweisen. 116

7. Verschulden und Mitverschulden

Hinsichtlich des **Verschuldens** unterscheidet § 306 Abs. 2 Satz 1 und Abs. 4 Satz 1 KAGB, wie bereits (oben Rz. 112) ausgeführt, zwischen zwei Gruppen von Anspruchsgegnern: Während die eine (die Verwaltungsgesellschaft und diejenigen, die die Anteile oder Aktien im eigenen Namen gewerbsmäßig verkauft haben) für Vorsatz und grobe Fahrlässigkeit haftet (§ 306 Abs. 3 Satz 1 KAGB), haftet die andere (diejenigen, die gewerbsmäßig den Verkauf der Anteile oder Aktien vermittelt oder die Anteile oder Aktien im fremden Namen verkauft haben) nur für Vorsatz (§ 306 Abs. 4 Satz 1 KAGB: Kenntnis der Unrichtigkeit der wesentlichen Anlegerinformationen; die Ausführungen oben Rz. 82 gelten entsprechend). 117

Eine Haftung für fehlerhafte wesentliche Anlegerinformationen scheidet aus, wenn der **Käufer** der Anteile oder Aktien **die Unrichtigkeit** der wesentlichen Anlegerinformationen **beim Kauf gekannt hat.** Das ist gem. § 306 Abs. 3 Satz 2 Nr. 1 und Abs. 4 Satz 2 KAGB nicht nur bei Ansprüchen gegen den in Abs. 2 Satz 1 genannten Kreis von Anspruchsgegnern der Fall, sondern auch bei den nach Abs. 4 Satz 1 zur Anteilsübernahme Verpflichteten. Rechtssystematisch handelt es sich dabei um eine einen Haftungsausschluss begründende gesetzliche **Sonderregelung eines Mitverschuldens** des Anspruchstellers (oben Rz. 83). 118

8. Inhalt des Anspruchs und vertraglicher Haftungsausschluss (§ 306 Abs. 1, 2 und 6 Satz 1 KAGB)

Ist der Erwerber der Anteile oder Aktien noch Inhaber derselben, sieht § 306 Abs. 2 Satz 1 KAGB als **Rechtsfolge** die Übernahme der erworbenen Anteile oder Aktien gegen Erstattung des gezahlten Betrages vor. Ist dies nicht mehr der Fall, kann er nach § 306 Abs. 2 Satz 2 KAGB die Zahlung des Betrages verlangen, um den der von ihm gezahlte Betrag den Rücknahmepreis des Anteils oder der Aktie oder andernfalls den Wert des Anteils oder der Aktie im Zeitpunkt der Veräußerung übersteigt. 119

Die nach § 306 Abs. 2 und in Abs. 4 Satz 1 KAGB zur Haftung Verpflichteten haften, soweit ihre Haftung begründet und auf denselben Anspruch gerichtet ist, als **Gesamtschuldner** (§§ 421 ff. BGB). Zu Einzelheiten siehe die Ausführungen oben Rz. 87 f. 120

Ein **vertraglicher Haftungsausschluss**, d.h. eine Vereinbarung, durch welche die Haftung für die Richtigkeit und Vollständigkeit des Verkaufsprospekts im Voraus ermäßigt oder erlassen wird, ist nach § 306 Abs. 6 Satz 1 KAGB unwirksam. Das gilt für Haftungsausschlüsse durch AGB ebenso wie für individualvertragliche Vereinbarungen. 121

---

125 BGBl. I 2014, S. 934.

9. Verjährung

122 Ansprüche aus § 306 Abs. 2 i.V.m. Abs. 4 KAGB **verjähren** nach den allgemeinen zivilrechtlichen Verjährungsregeln der **§§ 194 ff. BGB**, d.h. nach § 195 BGB in drei Jahren, gem. § 199 Abs. 1 BGB beginnend mit dem Schluss des Jahres, in dem der Anspruch entstanden ist und der Gläubiger von den Umständen, die den Anspruch begründen, und der Person des Schuldners Kenntnis erlangt oder ohne grobe Fahrlässigkeit erlangen müsste. Im Übrigen gelten die Ausführungen zur Verjährung von Ansprüchen bei fehlerhaften Angaben in Verkaufsprospekten (oben Rz. 90) entsprechend.

10. Konkurrenzen (§ 306 Abs. 6 Satz 2 KAGB)

123 Nach § 306 Abs. 6 Satz 2 KAGB konkurriert die Haftung für Verkaufsprospekte nach Abs. 2 und Abs. 4 mit **weitergehenden Ansprüchen**, die sich aus den Vorschriften des bürgerlichen Rechts aufgrund von Verträgen oder unerlaubten Handlungen ergeben. Ansprüche aus **allgemein-zivilrechtlicher Prospekthaftung** in dem vom KAGB abschließend geregelten Bereich der Haftung für wesentliche Anlegerinformationen sind – ganz unabhängig von der Frage, ob es sich bei dem Dokument mit den wesentlichen Anlegerinformationen überhaupt um einen Prospekt handelt – davon nicht erfasst und ausgeschlossen (oben Rz. 91).

11. Prozessuales

124 Die **gerichtliche Zuständigkeit** für Ansprüche aus § 306 Abs. 1 Satz 1 KAGB ergibt sich aus **§ 32b ZPO.** Nach **§ 71 Abs. 2 Nr. 3 GVG** sind für Schadensersatzansprüche aufgrund falscher, irreführender oder unterlassener öffentlicher Kapitalmarktinformationen ohne Rücksicht auf den Wert des Streitgegenstandes die Landgerichte zuständig.

IV. Haftung bei fehlendem Verkaufsprospekt (§ 306 Abs. 5 KAGB)

125 Zum Regelungsgehalt und zur **Entwicklung** von § 306 Abs. 5 KAGB s. oben Rz. 9.

1. Anspruch, Anspruchsberechtigte und Anspruchsinhalt

126 Wurde ein Verkaufsprospekt entgegen §§ 164 Abs. 1, 268 Abs. 1, 298 Abs. 1 oder 299 Abs. 1 KAGB **nicht veröffentlicht**, so kann der Erwerber eines Anteils oder einer Aktie an einem Investmentvermögen, der nach wie vor **Inhaber der Anteile oder Aktien** ist, nach **§ 306 Abs. 5 Satz 1 KAGB** von dem Anbieter die Übernahme der Anteile oder Aktien gegen Erstattung des Erwerbspreises, soweit dieser den ersten Erwerbspreis nicht überschreitet, und der mit dem Erwerb verbundenen üblichen Kosten verlangen. Ist der Erwerber **nicht mehr Inhaber der Anteile oder Aktien** des Investmentvermögens, kann er nach **§ 306 Abs. 5 Satz 2 KAGB** die Zahlung des Unterschiedsbetrags zwischen dem Erwerbspreis und dem Veräußerungspreis der Anteile oder Aktien sowie der mit dem Erwerb und der Veräußerung verbundenen üblichen Kosten verlangen.

127 In beiden der vorgenannten Fälle ist es erforderlich, dass das **Erwerbsgeschäft** vor Veröffentlichung eines Verkaufsprospekts und innerhalb von zwei Jahren nach dem ersten Anbieten oder Platzieren von Anteilen oder Aktien dieses Investmentvermögens im Inland abgeschlossen wurde (**§ 306 Abs. 5 Satz 1 und 2 KAGB**). Maßgeblich ist der **Zeitpunkt**, in dem das Verpflichtungsgeschäft, d.h. die obligatorische Seite des Erwerbsgeschäfts, vorgenommen wurde. Eine Ausdehnung der Haftung auf Erwerbsgeschäfte, die nach dem Ablauf des Zweijahreszeitraums erfolgen, ist *de lege lata* nicht begründbar.[126]

128 Die Haftung bei fehlendem Verkaufsprospekt nach § 306 Abs. 5 KAGB gilt nur für pflichtwidrig nicht veröffentlichte **Verkaufsprospekte** und nicht für pflichtwidrig nicht veröffentlichte **wesentliche Anlegerinformationen.**

2. Anspruchsgegner

129 Die Ansprüche bei fehlendem Verkaufsprospekt richten sich allein gegen den **Anbieter** der Anteile oder Aktien. Unter Rückgriff auf § 2 Nr. 10 WpPG ist als Anbieter jede Person oder Gesellschaft anzusehen, die Wertpapiere öffentlich anbietet. Ein **öffentliches Angebot** wiederum ist nach dem ebenfalls entsprechend heranzuziehenden § 2 Nr. 4 Halbs. 1 WpPG eine Mitteilung an das Publikum in jedweder Form und auf

---

126 Siehe zu entsprechenden Ansichten in Bezug auf die Sechsmonatsfrist des § 13a VerkProspG a.F. sowie zu ebenfalls verfehlten Versuchen einer teleologischen Reduktion der Bestimmung *Assmann* in Assmann/Schlitt/von Kopp-Colomb, 2. Aufl. 2010, § 13a VerkProspG Rz. 8.

jedwede Art und Weise, die ausreichende Informationen über die Angebotsbedingungen und die anzubietenden Wertpapiere enthält, um einen Anleger in die Lage zu versetzen, über den Kauf oder die Zeichnung dieser Wertpapiere zu entscheiden. Dementsprechend ist als Anbieter von Vermögensanlagen derjenige anzusehen, „der für das öffentliche Angebot der Vermögensanlage verantwortlich" ist *und* „den Anlegern gegenüber nach außen erkennbar als Anbieter" auftritt.[127] Damit ist ersichtlich nicht jeder gemeint, der einen Anteil oder eine Aktie an einem Investmentvermögen anbietet, sondern derjenige, der nach außen als der **Vertreiber der fraglichen Anlagen** auftritt und diese **zum Erwerb anbietet.** Soll danach nur der als Anbieter gelten, der den Anlegern als solcher erkennbar war, so kommt eine Erstreckung auf die im Verborgenen gebliebenen Hintermänner des Angebots (oben Rz. 73) nicht in Betracht. Das schließt nicht aus, dass mehrere Personen oder Gesellschaften als Anbieter auftreten.

3. Kausalität

Auch für eine Haftung aus § 306 Abs. 5 KAGB bei fehlendem Verkaufsprospekt ist es – nicht anders als bei der Haftung bei fehlenden Prospekten nach § 24 WpPG[128] und § 21 VermAnlG[129] – erforderlich, dass die pflichtwidrige Nichtveröffentlichung des Prospekts für den Erwerb der fraglichen Wertpapiere **ursächlich** ist.[130] Das ist indes nicht vom Anspruchsteller nachzuweisen, vielmehr wird die **haftungsbegründende Kausalität** der Pflichtverletzung für den Anlageerwerb auch hier **widerleglich vermutet**, sofern das Erwerbsgeschäft, d.h. das Geschäft, mit dem der Anspruchsteller Wertpapiere oder Vermögensanlagen erworben hat, vor der Veröffentlichung eines Prospekts erfolgte.[131] Wendet der Anspruchsgegner ein, der Eintritt des Erfolgs in Gestalt des Erwerbs der Anteile oder Aktien wäre auch bei **rechtmäßigem Alternativverhalten** eingetreten, weil der Anleger die Anteile oder Aktien auch bei ordnungsgemäßer Prospektveröffentlichung erworben hätte, so wird damit ein allgemein und im Zusammenhang mit der Prospekthaftung zu beachtender fehlender **Pflichtwidrigkeitszusammenhang**[132] geltend gemacht.[133] Die fehlende Ursächlichkeit der Prospektveröffentlichung für den Anlageerwerb ist vom Anspruchsgegner zu beweisen.[134] 130

4. Verschulden und Mitverschulden

Sämtlichen Vorschriften, die die Haftung bei fehlendem Prospekt vorschreiben, fehlt eine Formulierung, die ein **Verschulden** des Anspruchsgegners verlangt. Das hat etwa zum aufgehobenen § 13a Abs. 1 und Abs. 2 VerkProspG (a.F.) zu der Ansicht geführt, die Haftung nach dieser Bestimmung sei eine verschul- 131

---

127 RegE AnSVG, BT-Drucks. 15/3174 v. 24.5.2004, S. 42 zu § 8f Abs. 1 VerkProspG. Ähnlich schon Bekanntmachung des BAWe v. 6.9.1999 zum Verkaufsprospektgesetz und zur Verkaufsprospektverordnung, BAnz. Nr. 177 v. 21.9.1999, S. 16180, Ziff. I. 3. Siehe etwa *Assmann* in Assmann/Schlitt/von Kopp-Colomb, §§ 21–23 WpPG Rz. 78.

128 Siehe, m.w.N., *Assmann* in Assmann/Schütze, § 5 Rz. 223; *Assmann* in Assmann/Schlitt/von Kopp-Colomb, § 24 WpPG Rz. 18; *Habersack* in Habersack/Mülbert/Schlitt, Kapitalmarktinformation, § 29 Rz. 66; *Mülbert/Steup* in Habersack/Mülbert/Schlitt, Unternehmensfinanzierung, Rz. 41.104; *Schäfer*, ZGR 2006, 53. A.A. OLG München v. 2.11.2011 – 20 U 2289/11, BeckRS 2011, 25505 = juris, ohne Begründung; *Becker* in Heidel, § 24 WpPG Rz. 18 (Präventionsgedanke); *Fleischer*, WM 2004, 1902; *Kind* in Arndt/Voß, § 13a VerkProspG Rz. 12; *Wackerbarth* in Holzborn, § 24 WpPG Rz. 7.

129 Siehe, m.w.N., *Assmann* in Assmann/Schütze, § 5 Rz. 290; *Assmann* in Assmann/Schlitt/von Kopp-Colomb, § 21 VermAnlG Rz. 14.

130 *Assmann* in Assmann/Schütze, § 5 Rz. 447.

131 Siehe, m.w.N., *Assmann* in Assmann/Schütze, § 5 Rz. 223, 290; *Assmann* in Assmann/Schlitt/von Kopp-Colomb, § 24 WpPG Rz. 18, § 21 VermAnlG Rz. 14; *Habersack* in Habersack/Mülbert/Schlitt, Kapitalmarktinformation, § 29 Rz. 66; *Mülbert/Steup* in Habersack/Mülbert/Schlitt, Unternehmensfinanzierung, Rz. 41.104 f.; *Schäfer* ZGR 2006, 53.

132 Bei fehlendem Pflichtwidrigkeitszusammenhang wird der Erfolg eines tatbestandsmäßigen und rechtswidrigen Handelns oder Unterlassens dem Betreffenden nicht zugerechnet und kann von daher als eine Frage der Kausalität und der Zurechenbarkeit derselben angesehen werden. Vgl. zum Ganzen *Eisele* in Schönke/Schröder, 29. Aufl. 2014, Vor §§ 13 ff. StGB Rz. 91 f., 99. Aus zivilrechtlicher Sicht etwa *Oetker* in MünchKomm/BGB, 6. Aufl. 2012, § 249 BGB Rz. 217 ff.

133 *Assmann* in Assmann/Schütze, § 5 Rz. 223, 290; *Assmann* in Assmann/Schlitt/von Kopp-Colomb, § 24 WpPG Rz. 19, § 21 VermAnlG Rz. 15. A.A. in vermeintlich zwingender Herleitung aus einem formal verstandenen Haftungsgrund für fehlerhafte Prospekte, *Klöhn*, DB 2012, 1859.

134 *Assmann* in Assmann/Schütze, § 5 Rz. 223, 290; *Assmann* in Assmann/Schlitt/von Kopp-Colomb, § 24 WpPG Rz. 19, § 21 VermAnlG Rz. 15. Nicht zu folgen ist der Ansicht von *Bohlken/Lange*, DB 2005, 1261, ein Anlageerwerb auch bei Prospektveröffentlichung ließe sich, ohne den Inhalt des nicht veröffentlichten Prospekts in die Betrachtung mit einzubeziehen, nicht beweisen und müsse von daher ausscheiden.

denslose,[135] doch ist dem nicht zu folgen.[136] Vielmehr ist eine planwidrige Lücke anzunehmen,[137] die auch nicht deshalb entfällt, weil der Gesetzgeber bei der Formulierung des § 306 Abs. 5 KAGB auf die in Rz. 9 angeführten Regelungsvorbilder zurückgreift. Für eine solche spricht vor allem, dass die Haftung für einen fehlenden Prospekt eine Haftung für pflichtwidriges Handeln darstellt, die im deutschen Rechtssystem regelmäßig als Verschuldenshaftung ausgestaltet ist. Die Lücke ist durch die entsprechende Anwendung von § 306 Abs. 1 und Abs. 3 KAGB[138] zu füllen, die eine Haftung für einen fehlerhaften Verkaufsprospekt nur bei **Vorsatz und grobe Fahrlässigkeit** vorsieht. Dem damit verbundenen Nachteil des Ausschlusses der Haftung für leichte Fahrlässigkeit steht der unbestreitbare Vorteil einer rechtlich abgesicherten Beweislastumkehr gegenüber, was im Interesse des Anlegerschutzes gegen eine Heranziehung von § 276 Abs. 1 BGB zur Lückenfüllung spricht.[139]

132 Ansprüche des Erwerbers eines Anteils oder einer Aktie an einem Investmentvermögen bei fehlendem Verkaufsprospekt sind ausgeschlossen, wenn dieser die **Pflicht, einen Verkaufsprospekt zu veröffentlichen, bei dem Erwerb kannte** (**§ 306 Abs. 5 Satz 3 KAGB**). Rechtssystematisch handelt es sich dabei um ein haftungsausschließendes Mitverschulden (oben Rz. 80, 83). Nicht ausreichend ist es, wenn der Erwerber lediglich weiß, dass ein Prospekt nicht existiert oder die Umstände kennt, aus denen sich eine Pflicht zur Veröffentlichung eines Verkaufsprospekts ergibt. Vielmehr verlangt das Gesetz das Wissen um die Pflichtwidrigkeit der Nichtveröffentlichung eines Prospekts. Die haftungsausschließende Kenntnis des Anlegers ist vom Anspruchsgegner nachzuweisen.[140]

133 § 306 Abs. 5 Satz 3 KAGB ist – wie §§ 20 Abs. 4 Nr. 3, 21 Abs. 4 VermAnlG und §§ 23 Abs. 2 Nr. 3, 24 Abs. 4 WpPG[141] – als eine **abschließende Regelung der Berücksichtigung eines Anlegermitverschuldens** anzusehen, mit der Folge, dass ein Mitverschuldenseinwand „außerhalb des Anwendungsbereichs" dieser Vorschrift ausgeschlossen ist.[142] Das schließt allerdings die Berücksichtigung eines **Mitverschuldens** des Anlegers im Bereich der haftungsausfüllenden Kausalität nach § 254 BGB nicht aus.[143] Das gilt vor allem im Hinblick auf eine **Schadensminderungspflicht** des Anspruchstellers nach § 254 Abs. 2 Satz 1, Alt. 2 BGB.[144] Den Erwerber der Wertpapiere, die unter Verletzung der Prospektpflicht angeboten wurden, trifft aber weder eine Pflicht zur Veräußerung der Anlage ab Kenntniserlangung des Fehlens eines Prospekts noch eine Anzeigepflicht gegenüber denjenigen, die es verabsäumt haben, einen Prospekt zu veröffentlichen.[145]

5. Haftungserlass (§ 306 Abs. 6 Satz 1 KAGB)

134 Eine **Vereinbarung**, durch die der Anspruch nach § 306 Abs. 5 KAGB im Voraus **ermäßigt oder erlassen** wird, ist gem. § 306 Abs. 6 Satz 1 KAGB unwirksam. Das gilt für Haftungsausschlüsse durch AGB ebenso wie für individualvertragliche Vereinbarungen.

---

135 Namentlich *Fleischer*, BKR 2004, 346, und *Fleischer*, WM 2004, 1901. Ebenso *Barta*, NZG 2005, 306 f.; *Benecke*, BB 2006, 2600; *Becker* in Heidel, § 13a VerkProspG Rz. 14; *Feldmann/Löwisch* in Staudinger, Neubearb. 2012, § 311 BGB Rz. 186; *Habersack* in Habersack/Mülbert/Schlitt, Handbuch der Kapitalmarktinformation, 1. Aufl. 2008, § 28 Rz. 66; *Kind* in Arndt/Voß, § 13a VerkProspG Rz. 14; *Klöhn*, DB 2012, 1859. Zu § 306 Abs. 5 KAGB *Zingel* in Baur/Tappen, § 306 KAGB Rz. 30.

136 *Assmann* in Assmann/Schütze, § 5 Rz. 226 f., 292; *Assmann* in Assmann/Schlitt/von Kopp-Colomb, § 24 WpPG Rz. 21 ff., § 21 VermAnlG Rz. 17.

137 *Assmann* in Assmann/Schütze, § 5 Rz. 227, 448; *Assmann* in Assmann/Schlitt/von Kopp-Colomb, § 24 WpPG Rz. 22. A.A. für § 306 Abs. 5 KAGB *Merk* in Moritz/Klebeck/Jesch, § 306 KAGB Rz. 42.

138 Entsprechend dem aufgehobenen § 13 Abs. 1 VerkProspG (a.F.) i.V.m. § 45 Abs. 1 BörsG a.F. in Bezug auf das zuerst im Zusammenhang mit § 13a VerkProsG (a.F.) erörterte Problem. S. *Assmann* in Assmann/Schlitt/von Kopp-Colomb, 2. Aufl. 2010, § 13a VerkProspG Rz. 22.

139 *Assmann* in Assmann/Schlitt/von Kopp-Colomb, 2. Aufl. 2010, § 13a VerkProspG Rz. 22.

140 *Assmann* in Assmann/Schlitt/von Kopp-Colomb, § 24 WpPG Rz. 24, § 21 VermAnlG Rz. 18.

141 *Assmann* in Assmann/Schlitt/von Kopp-Colomb, § 24 WpPG Rz. 24, § 21 VermAnlG Rz. 18.

142 *Assmann* in Assmann/Schlitt/von Kopp-Colomb, § 20 VermAnlG Rz. 42, §§ 21–23 WpPG Rz. 114, § 24 WpPG Rz. 25.

143 Zur Haftung bei fehlerhaften Prospekten *Ellenberger*, Prospekthaftung, S. 66; *Hamann* in Schäfer/Hamann, §§ 44, 45 BörsG Rz. 298; *Kumpan* in Baumbach/Hopt, (15a) § 23 WpPG Rz. 4; *Pankoke* in Just/Voß/Ritz/Zeising, § 44 BörsG, § 13 VerkProspG Rz. 69; *Schwark* in Schwark/Zimmer, §§ 44, 45 BörsG Rz. 72. Siehe auch §§ 21–23 WpPG Rz. 115.

144 *Assmann* in Assmann/Schlitt/von Kopp-Colomb, §§ 21–23 WpPG Rz. 115, § 24 WpPG Rz. 25, § 21 VermAnlG Rz. 18.

145 *Assmann* in Assmann/Schlitt/von Kopp-Colomb, §§ 21–23 WpPG Rz. 114, § 24 WpPG Rz. 25, § 21 VermAnlG Rz. 18.

6. Verjährung

Der Anspruch aus § 306 Abs. 5 KAGB **verjährt** nach § 195 BGB in drei Jahren, gem. § 199 Abs. 1 BGB beginnend mit dem Schluss des Jahres, in dem der Anspruch entstanden ist und der Gläubiger von den Umständen, die den Anspruch begründen, und der Person des Schuldners Kenntnis erlangt oder ohne grobe Fahrlässigkeit erlangen müsste (oben Rz. 90). Ohne Rücksicht auf die Kenntnis oder grob fahrlässige Unkenntnis verjähren diese Ansprüche nach § 199 Abs. 3 BGB spätestens in zehn Jahren von ihrer Entstehung an, und ohne Rücksicht auf ihre Entstehung und die Kenntnis oder grob fahrlässige Unkenntnis träte die Verjährung spätestens in 30 Jahren, beginnend mit der Begehung der Handlung, der Pflichtverletzung oder dem sonstigen, den Schaden auslösenden Ereignis ein. Die **Beweislast** in Bezug auf die Kenntnis oder die grob fahrlässige Unkenntnis des Anspruchstellers und damit zu Beginn und Ablauf der Verjährungsfrist liegt beim Anspruchsgegner (oben Rz. 90). 135

7. Konkurrenzen

Weitergehende Ansprüche, die sich aus den **Vorschriften des bürgerlichen Rechts** aufgrund von Verträgen oder unerlaubten Handlungen ergeben können, bleiben unberührt (§ 306 Abs. 6 Satz 2 KAGB). Im Anwendungsbereich der Prospektpflichten und der Prospekthaftung nach dem KAGB gilt das indes nicht für die Anwendung der Grundsätze der **allgemein-zivilrechtlichen Prospekthaftung** (oben Rz. 91), an deren Anwendung allenfalls in den Fällen gedacht werden kann, in denen das Angebot von Anteilen oder Aktien an Investmentvermögen ohne Veröffentlichung eines Verkaufsprospekts von Dokumenten begleitet wird, die als Prospekt i.S.d. allgemein-zivilrechtlichen Prospekthaftung gelten dürfen.[146] 136

8. Prozessuales

Die **gerichtliche Zuständigkeit** für Ansprüche aus § 306 Abs. 1 Satz 1 KAGB ergibt sich aus **§ 32b ZPO.** Nach **§ 71 Abs. 2 Nr. 3 GVG** sind für Schadensersatzansprüche aufgrund falscher, irreführender oder unterlassener öffentlicher Kapitalmarktinformationen ohne Rücksicht auf den Wert des Streitgegenstandes die Landgerichte zuständig. 137

Unterabschnitt 3
Vorschriften für den Vertrieb und den Erwerb von AIF in Bezug auf semiprofessionelle und professionelle Anleger

§ 307 Informationspflichten gegenüber semiprofessionellen und professionellen Anlegern und Haftung

(1) [1]Dem am Erwerb eines Anteils oder einer Aktie interessierten professionellen Anleger oder semiprofessionellen Anleger ist vor Vertragsschluss der letzte Jahresbericht nach den §§ 67, 101, 102, 106, 107, 120 bis 123, 135 bis 137, 148, 158 bis 161 oder Artikel 22 der Richtlinie 2011/61/EU zur Verfügung zu stellen. [2]Zusätzlich sind ihm folgende Informationen einschließlich aller wesentlichen Änderungen in der in den Anlagebedingungen, der Satzung oder des Gesellschaftsvertrages des AIF festgelegten Art und Weise zur Verfügung zu stellen:

1. **eine Beschreibung der Anlagestrategie und der Ziele des AIF;**
2. **eine Beschreibung der Art der Vermögenswerte, in die der AIF investieren darf und der Techniken, die er einsetzen darf und aller damit verbundenen Risiken;**
3. **eine Beschreibung etwaiger Anlagebeschränkungen;**
4. **Angaben über den Sitz eines eventuellen Master-AIF und über den Sitz der Zielinvestmentvermögen, wenn es sich bei dem AIF um ein Dach-Investmentvermögen handelt;**
5. **eine Beschreibung der Umstände, unter denen der AIF Leverage einsetzen kann, Art und Quellen des zulässigen Leverage und damit verbundener Risiken, Beschreibung sonstiger Beschränkungen für den Einsatz von Leverage sowie des maximalen Umfangs des Leverage, den die AIF-**

146 Zu § 13a VerkProspG a.F. *Assmann* in Assmann/Schlitt/von Kopp-Colomb, 2. Aufl. 2010, § 13a VerkProspG Rz. 31 f.; *Assmann* in Assmann/Schütze, § 5 Rz. 377.

Verwaltungsgesellschaft für Rechnung des AIF einsetzen darf, und der Handhabung der Wiederverwendung von Sicherheiten und Vermögenswerten;

6. **eine Beschreibung der Verfahren, nach denen der AIF seine Anlagestrategie oder seine Anlagepolitik oder beides ändern kann;**
7. **eine Beschreibung der wichtigsten rechtlichen Auswirkungen der für die Tätigung der Anlage eingegangenen Vertragsbeziehung, einschließlich Informationen über die zuständigen Gerichte, das anwendbare Recht und darüber, ob Rechtsinstrumente vorhanden sind, die die Anerkennung und Vollstreckung von Urteilen in dem Gebiet vorsehen, in dem der AIF seinen Sitz hat;**
8. **Identität der AIF-Verwaltungsgesellschaft, der Verwahrstelle des AIF, des Rechnungsprüfers oder sonstiger Dienstleistungsanbieter sowie eine Erläuterung ihrer Pflichten sowie der Rechte der Anleger;**
9. **eine Beschreibung, in welcher Weise die AIF-Verwaltungsgesellschaft den Anforderungen des § 25 Absatz 6 oder des Artikels 9 Absatz 7 der Richtlinie 2011/61/EU gerecht wird;**
10. **eine Beschreibung sämtlicher von der AIF-Verwaltungsgesellschaft übertragener Verwaltungsfunktionen gemäß Anhang I der Richtlinie 2011/61/EU sowie sämtlicher von der Verwahrstelle übertragener Verwahrfunktionen; die Bezeichnung des Beauftragten sowie eine Beschreibung sämtlicher Interessenkonflikte, die sich aus der Aufgabenübertragung ergeben könnten;**
11. **eine Beschreibung des Bewertungsverfahrens des AIF und der Kalkulationsmethoden für die Bewertung von Vermögenswerten, einschließlich der Verfahren für die Bewertung schwer zu bewertender Vermögenswerte gemäß den §§ 278, 279, 286 oder gemäß Artikel 19 der Richtlinie 2011/61/EU;**
12. **eine Beschreibung des Liquiditätsrisikomanagements des AIF, einschließlich der Rücknahmerechte unter normalen und außergewöhnlichen Umständen, und der bestehenden Rücknahmevereinbarungen mit den Anlegern;**
13. **eine Beschreibung sämtlicher Entgelte, Gebühren und sonstiger Kosten unter Angabe der jeweiligen Höchstbeträge, die von den Anlegern mittel- oder unmittelbar getragen werden;**
14. **eine Beschreibung, in welcher Weise die AIF-Verwaltungsgesellschaft eine faire Behandlung der Anleger gewährleistet, sowie, wann immer Anleger eine Vorzugsbehandlung oder einen Anspruch darauf erhalten, eine Erläuterung**
    a) **dieser Behandlung,**
    b) **der Art der Anleger, die eine solche Behandlung erhalten sowie**
    c) **gegebenenfalls der rechtlichen oder wirtschaftlichen Verbindungen zwischen diesen Anlegern und dem AIF oder der AIF-Verwaltungsgesellschaft;**
15. **eine Beschreibung der Verfahren und Bedingungen für die Ausgabe und den Verkauf von Anteilen oder Aktien;**
16. **die Angabe des jüngsten Nettoinventarwerts des AIF oder des jüngsten Marktpreises der Anteile oder Aktien des AIF nach den §§ 278 und 286 Absatz 1 oder nach Artikel 19 der Richtlinie 2011/61/EU;**
17. **Angaben zur bisherigen Wertentwicklung des AIF, sofern verfügbar;**
18. **die Identität des Primebrokers, eine Beschreibung aller wesentlichen Vereinbarungen zwischen der AIF-Verwaltungsgesellschaft und ihren Primebrokern einschließlich der Darlegung, in welcher Weise diesbezügliche Interessenkonflikte beigelegt werden sowie die Bestimmung, die im Vertrag mit der Verwahrstelle über die Möglichkeit einer Übertragung oder Wiederverwendung von Vermögenswerten des AIF enthalten ist und Angaben über jede eventuell bestehende Haftungsübertragung auf den Primebroker;**
19. **eine Beschreibung, wann und wie die Informationen offengelegt werden, die gemäß § 308 Absatz 4 Satz 2 in Verbindung mit § 300 Absatz 1 bis 3 oder Artikel 23 Absatz 4 und 5 der Richtlinie 2011/61/EU erforderlich sind;**
20. **die in Artikel 14 Absatz 1 und 2 der Verordnung (EU) 2015/2365 genannten Informationen.**

(2) [1]Der am Erwerb eines Anteils oder einer Aktie Interessierte ist auf eine bestehende Vereinbarung hinzuweisen, die die Verwahrstelle getroffen hat, um sich vertraglich von der Haftung gemäß § 88 Absatz 4 freizustellen. [2]§ 297 Absatz 7 sowie § 305 gelten entsprechend.

(3) § 306 Absatz 1, 3, 4 und 6 gilt entsprechend mit der Maßgabe, dass es statt „Verkaufsprospekt" „Informationen nach § 307 Absatz 1 und 2" heißen muss und dass die Haftungsregelungen in Bezug auf die wesentlichen Anlegerinformationen nicht anzuwenden sind.

(4) Ist die AIF-Verwaltungsgesellschaft durch das Wertpapierprospektgesetz oder durch die Richtlinie 2003/71/EG verpflichtet, einen Wertpapierprospekt zu veröffentlichen, so hat sie die in Absatz 1 genannten Angaben entweder gesondert oder als ergänzende Angaben im Wertpapierprospekt offenzulegen.

(5) Dem am Erwerb eines Anteils oder einer Aktie interessierten semiprofessionellen Anleger sind rechtzeitig vor Vertragsschluss entweder wesentliche Anlegerinformationen nach § 166 oder § 270 oder ein Basisinformationsblatt gemäß der Verordnung (EU) Nr. 1286/2014 zur Verfügung zu stellen.

In der Fassung vom 4.7.2013 (BGBl. I 2013, S. 1981), zuletzt geändert durch das Zweite Finanzmarktnovellierungsgesetz (2. FiMaNoG) vom 23.6.2017 (BGBl. I 2017, S. 1693).

Schrifttum: *Bußalb/Unzicker*, Auswirkungen der AIFM-Richtlinie auf geschlossene Fonds, BKR 2012, 309; *Patz*, Verkaufsprospektpflicht für offene inländische Investmentvermögen – De facto eine gesetzliche Prospektpflicht für offene Spezial-Investmentfonds aufgrund der Vertriebsvorschriften des KAGB, BKR 2014, 271; *Wallach*, Wann liegt ein Vertrieb von Anteilen an Investmentvermögen vor?, ZBB 2016, 287; *Werner*, Das neue Kapitalanlagegesetzbuch, StBW 2013, 811; *Zetzsche/Eckner*, Investor Information, Disclosure and Transparency, in Zetzsche (Hrsg.), The Alternative Investment Fund Managers Directive, 2012, S. 391.

I. Zweck und Anwendungsbereich der Norm

1 Der Vertrieb von AIF an professionelle oder semiprofessionelle Anleger erfordert keinen Verkaufsprospekt nach dem KAGB. Für Zwecke des Anlegerschutzes definiert deshalb § 307 KAGB einen **Mindeststandard für Informationen**, die den Anlegern im Rahmen des Vertriebs der Anteile oder Aktien (§ 293 Abs. 1 Satz 3 KAGB) zur Verfügung zu stellen sind. Anders als § 308 KAGB, der bestimmte periodische Informationspflichten gegenüber Anlegern enthält, betrifft § 307 KAGB primär die **vorvertraglichen Informationen**. Allerdings ist § 307 KAGB nicht auf vorvertragliche Informationen beschränkt. Aus der Vorschrift folgt auch eine (beschränkte) Aktualisierungspflicht, indem sie zur Information über später eintretende wesentliche Änderungen der vorvertraglichen Informationen verpflichtet. Anders als § 308 KAGB ist damit jedoch nur eine strikt **anlassbezogene nachlaufende Informationspflicht** verbunden.[1]

2 § 307 KAGB dient nur der **Information des (potentiellen) Anlegers**. Die Vorschrift allein dient dagegen nicht dem Zweck, die Aufsichtsbehörden hinreichend zu informieren.[2] Meldepflichten gegenüber der BaFin ergeben sich aus § 35 KAGB. Im Wege der Verweistechnik bestimmt § 307 KAGB aber auch den Inhalt der Vertriebsanzeige im Verfahren nach §§ 321 ff. KAGB.

3 Die Etablierung eines Mindestmaßes an Informationen für den Anleger ist eines der wesentlichen Ziele der europäischen Regulierung von AIF.[3] Hierdurch soll zunächst gewährleistet werden, dass ein Anleger eine seinen Bedürfnissen und seiner Risikobereitschaft entsprechende Anlageentscheidung treffen kann (Erwägungsgrund 124 der AIFM-RL-DVO). Die Informationen, die nach § 307 KAGB zur Verfügung zu stellen sind, sollen es den Anlegern ermöglichen, sich ein umfassendes Bild von der AIF-Verwaltungsgesellschaft, dem AIF, den weiteren beteiligten Dienstleistern, der Anlagestrategie sowie den damit verbundenen Risiken zu machen.[4] Die Mindestinhalte der Angebotsunterlagen gewährleisten zugleich eine bessere Vergleichbarkeit von Produkten (Erwägungsgrund 124 der AIFM-RL-DVO).[5] Die Einflussmöglichkeiten semiprofessioneller und professioneller Anleger auf die Portfolioverwaltung sind bei Spezialfonds zwar in der Regel größer als bei Publikumsfonds. Dass dem Anleger Mitwirkungsrechte zustehen, ist aber nicht zwingend, so dass die wesentliche Entscheidungsmöglichkeit des Anlegers in Bezug auf das Investmentvermögen die Investitions- bzw. Desinvestitionsentscheidung ist. Die Mindestinformationen nach §§ 307 und 308 KAGB sollen hierfür eine hinreichende Informationsgrundlage bieten. Defizitäre oder falsche Informationen können **prospektähnliche Haftungsansprüche** zur Folge haben (Rz. 50). Damit ist eine Verschärfung gegenüber der früheren Rechtslage unter dem InvG verbunden, die für Spezial-Sondervermögen keine vergleichbare Verkaufsunterlage vorsah (§ 93 Abs. 3 InvG a.F.). Nach wie vor bestehen aber noch erhebliche (teils graduelle, teils qualitative) Unterschiede zum Verkaufsprospekt bei Publikumssondervermögen (Rz. 18).

4 § 307 KAGB findet nur beim Vertrieb von AIF i.S.d. § 1 Abs. 3 KAGB an **professionelle Anleger** (§ 1 Abs. 19 Nr. 32 KAGB) und **semi-professionelle Anleger** (§ 1 Abs. 19 Nr. 31 KAGB) Anwendung. Für den Vertrieb von OGAW (§ 1 Abs. 2 KAGB) oder den Vertrieb von AIF an Privatanleger (§ 1 Abs. 19 Nr. 33 KAGB) gelten die §§ 297 bis 306 KAGB, die insbesondere einen Verkaufsprospekt und die wesentlichen Anlegerinformationen erfordern. Neben dem Vertrieb durch **AIF-Kapitalverwaltungsgesellschaften** (§ 1 Abs. 16 KAGB), d.h. inländische AIF-Verwaltungsgesellschaften, findet die Vorschrift auch beim Vertrieb im Inland durch **EU-AIF-Verwaltungsgesellschaften** (§ 1 Abs. 17 KAGB) und **ausländische AIF-Verwaltungsgesellschaften** (§ 1 Abs. 18 KAGB) Anwendung. § 307 findet auch auf den Vertrieb von AIF durch AIF-Kapitalverwaltungsgesellschaften in einem anderen Mitgliedstaat der EU bzw. des EWR Anwendung (§ 295 Abs. 6 Satz 2 KAGB), wobei die Anwendung auf EWR-Mitgliedstaaten von der Umsetzung der AIFM-RL im EWR-Mitgliedstaat abhängig ist (§ 344 Abs. 2 KAGB). Sachlich wird der Vertrieb von **inländischen AIF**, **EU-AIF** und **ausländischen AIF** erfasst.

5 Die BaFin vertritt zu § 297 KAGB die Auffassung, dass auch bei einem Erwerb von Anteilen oder Aktien auf Initiative des Anlegers und ohne vorherige Vertriebsaktivitäten in Deutschland (***reverse solicitation***, § 293 Rz. 33 f.) die vorvertraglichen Informationspflichten zu erfüllen seien. Zwar stelle das bloße Reagieren auf eine Order eines Anlegers kein Platzieren und damit keinen Vertrieb des Investmentvermögens dar. Gleichwohl erwerbe der Anleger in dieser Situation Anteile oder Aktien, was eine Anwendbarkeit von § 297 KAGB rechtfertige, es sei denn, die Nichterfüllung der vorvertraglichen Informationspflichten sei nicht

1 Vgl. auch *Dornseifer* in Dornseifer/Jesch/Klebeck/Tollmann, Art. 23 AIFM-RL Rz. 3.
2 A.A. *Gottschling* in Moritz/Klebeck/Jesch, § 307 KAGB Rz. 11.
3 Vgl. Erwägungsgrund 124 der AIFM-RL-DVO; ferner *Dornseifer* in Dornseifer/Jesch/Klebeck/Tollmann, vor Kap. IV Rz. 5; *Gottschling* in Moritz/Klebeck/Jesch, § 307 KAGB Rz. 2.
4 *Dornseifer* in Dornseifer/Jesch/Klebeck/Tollmann, Art. 23 AIFM-RL Rz. 2.
5 *Gottschling* in Moritz/Klebeck/Jesch, § 307 KAGB Rz. 2.

vorwerfbar.[6] Wegen der Parallelität von § 307 KAGB und § 297 KAGB ist in der Literatur diskutiert worden, ob auch § 307 KAGB bei einem Erwerb im Wege der passiven Dienstleistungsfreiheit anwendbar sei.[7]

Die Anwendung des § 307 KAGB auf Erwerbssituationen, denen **kein Vertrieb voran gegangen** ist, überzeugt aber nicht. § 307 KAGB dient der Umsetzung von Art. 23 Abs. 1, 2 und 3 AIFM-RL, der die Informationspflichten des AIFM von der Verwaltung oder dem Vertrieb des AIF abhängig macht. Den Gesetzesmaterialien lässt sich nicht entnehmen, dass der deutsche Gesetzgeber eine überschießende Umsetzung auf Situationen der passiven Dienstleistungsfreiheit beabsichtigt hat.[8] Ein anderes Ergebnis würde außerdem zu einem praktischen Erwerbsverbot von Anteilen führen, die nicht in der EU vertrieben werden. Dies stünde allerdings im Gegensatz zum Grundsatz der passiven Dienstleistungsfreiheit. Eine Verwaltungsgesellschaft, die ein Investmentvermögen nicht innerhalb der EU vertreibt, hat keinen Anlass, die Informations- und Angebotsunterlagen an den Vorgaben des § 307 KAGB auszurichten. Dem interessierten Anleger kann also in der Regel keine Dokumentation zur Verfügung gestellt werden, die § 307 KAGB inhaltlich entspricht.[9] Wäre § 307 KAGB anwendbar, müsste die Verwaltungsgesellschaft die Order eines gleichwohl interessierten Anlegers zwingend zurückweisen. Dieses Ergebnis wird von § 295 Abs. 5 KAGB bestätigt, der den Anwendungsbereich der §§ 307 und 308 KAGB bestimmt. Mit der Vorschrift sollte sichergestellt werden, dass der Anwendungsbereich des KAGB nicht auf EU-AIF ausgedehnt wird, die weder von einer AIF-Kapitalverwaltungsgesellschaft oder einer ausländischen AIF-Verwaltungsgesellschaft mit einer Erlaubnis nach § 58 KAGB verwaltet noch im Geltungsbereich des KAGB vertrieben werden.[10] § 295 Abs. 5 Nr. 3 und 4 KAGB ordnen daher zwar die Anwendung der §§ 307 und 308 KAGB auf den Vertrieb und Erwerb von EU-AIF und ausländischen AIF an, aber nur sofern sie zum Vertrieb an professionelle Anleger berechtigt sind. Dies setzt allerdings voraus, dass ein Anzeigeverfahren nach den §§ 321 ff. KAGB durchlaufen wurde, was wiederum die Absicht des Vertriebs im Inland voraussetzt. Die Maßgeblichkeit des Vertriebs für die Anwendbarkeit der §§ 307, 308 KAGB entspricht auch der konzeptionellen Anwendbarkeit anderer Regulierungskomplexe des Finanzmarktrechts. So sind z.B. das grenzüberschreitende Bankgeschäft und grenzüberschreitende Finanzdienstleistungen nur dann erlaubnispflichtig, wenn sich der Erbringer der Dienstleistung zielgerichtet an den deutschen Markt wendet. Das Erbringen von grenzüberschreitenden Tätigkeiten allein auf Initiative des Kunden (*reverse solicitation*) ist auch im Bankaufsichtsrecht nicht erlaubnispflichtig.[11] Ähnliches gilt nach dem Konzept der sog. Korrespondenzversicherung im Versicherungsaufsichtsrecht. Das von der BaFin verwendete Korrektiv der Vorwerfbarkeit des Pflichtenverstoßes fügt sich außerdem nicht in die Systematik des § 307 KAGB, der eine unbedingte Pflicht zur Anlegerinformation vorsieht. 6

II. Entstehung der Norm

§ 307 KAGB dient der **Umsetzung von Art. 23 Abs. 1, 2 und 3 AIFM-RL**. Im Einzelnen dient Abs. 1 der Umsetzung von Art. 23 Abs. 1 AIFM-RL. Abs. 2 setzt Art. 23 Abs. 2 AIFM-RL und Abs. 3 setzt Art. 23 Abs. 3 AIFM-RL um. Der Verweis in Abs. 3 auf die Prospekthaftungsregelung für OGAW und Publikums-AIF ist in Art. 23 AIFM-RL dagegen nicht angelegt. 7

Der Wortlaut der Abs. 1, 3 und 4 entspricht fast vollständig der Fassung des ursprünglichen Regierungsentwurfs vom 6.2.2013.[12] Im Rahmen des weiteren Gesetzgebungsverfahrens sind lediglich redaktionelle Verweiskorrekturen vorgenommen worden.[13] 8

Abs. 2 ist durch das **OGAW-V-Umsetzungsgesetz**[14] neu gefasst worden. Bei der Änderung handelte es sich jedoch lediglich um eine redaktionelle Folgeänderung, da wegen der Streichung des § 297 Abs. 4 a.F. der 9

6 BaFin, Häufige Fragen zum Vertrieb und Erwerb von Investmentvermögen nach dem KAGB v. 4.7.2014, Gz. WA 31-Wp 2137-2013/0293 (abrufbar auf www.bafin.de), Ziff. 3.2.
7 *Wallach*, ZBB 2016, 287 (297), der die Anwendbarkeit des § 307 KAGB auf den Erwerb im Wege der passiven Dienstleistungsfreiheit im Ergebnis aber ablehnt.
8 *Wallach*, ZBB 2016, 287 (297).
9 *Wallach*, ZBB 2016, 287 (297).
10 Begründung zum Entwurf der Bundesregierung zum AIFM-Umsetzungsgesetz, BT-Drucks. 17/12294, 279.
11 *Vahldiek* in Boos/Fischer/Schulte-Mattler, § 53 KWG Rz. 156; BaFin, Merkblatt – Hinweise zur Erlaubnispflicht nach § 32 Abs. 1 KWG in Verbindung mit § 1 Abs. 1 und Abs. 1a KWG von grenzüberschreitend betriebenen Bankgeschäften und/oder grenzüberschreitend erbrachten Finanzdienstleistungen vom 1.4.2005 (abrufbar auf www.bafin.de), S. 1.
12 Entwurf der Bundesregierung zum AIFM-Umsetzungsgesetz, BT-Drucks. 17/12294, 142 f.
13 Vgl. Beschlussempfehlung und Bericht des Finanzausschusses v. 10.5.2013, BT-Drucks. 17/13395, 409.
14 Gesetz v. 3.3.2016, BGBl. I 2016, S. 348.

Verweis auf die vertragliche Haftungsbeschränkung mit der Verwahrstelle unmittelbar in § 307 KAGB aufgenommen werden musste.[15]

10 Abs. 5 ist durch das **Erste Finanzmarktnovellierungsgesetz**[16] eingefügt worden. Hiernach besteht beim Vertrieb an semi-professionelle Investoren die Möglichkeit, statt des PRIIP-Basisinformationsblatts (Art. 32 Abs. 2 der Verordnung (EU) Nr. 1286/2014 (PRIIP-VO)) die wesentlichen Anlegerinformationen nach dem KAGB zur Verfügung zu stellen (Rz. 53).

11 Durch das **Zweite Finanzmarktnovellierungsgesetz**[17] ist der Umfang der Offenlegungspflichten aufgrund Art. 14 der EU-Verordnung zur Transparenz von Wertpapierfinanzierungsgeschäften (Verordnung (EU) Nr. 2015/2365) durch Einführung von Abs. 1 Satz 2 Nr. 20 nochmals erweitert worden.

III. Informationspflichten bei professionellen und semiprofessionellen Anlegern

12 § 307 Abs. 1 KAGB enthält die Verpflichtung, einem am Erwerb eines Anteils oder einer Aktie interessierten professionellen Anleger (§ 1 Abs. 19 Nr. 32 KAGB) oder semi-professionellen Anleger (§ 1 Abs. 19 Nr. 33 KAGB) vor Vertragsschluss bestimmte Informationen bereit zu stellen. Dies ist zum einen der **letzte Jahresbericht** (Abs. 1 Satz 1). Zum anderen enthält Abs. 1 Satz 2 einen detaillierten **Katalog vorvertraglicher Informationen für den Anleger.** § 307 Abs. 2 KAGB ergänzt diesen Katalog im Hinblick auf eine etwaige **Haftungsfreistellungsvereinbarung** mit der Verwahrstelle. Diese Informationen sind dem Anleger kumulativ zur Verfügung zu stellen. Wie sich aus den Vorschriften für das Anzeigeverfahren für den Vertrieb von AIF an semiprofessionelle und professionelle Anleger (§§ 321-335 KAGB) ergibt, sind diese Informationen im Rahmen der Anzeige auch der BaFin vorzulegen.

13 Eine Ausnahme von diesem Informationserfordernis gilt nach § 297 Abs. 7 KAGB bei der **Finanzportfolioverwaltung** und im Rahmen von **Investment-Sparplänen** (§ 297 Rz. 40). Im Fall von Investment-Sparplänen gelten die Informationspflichten nur für den erstmaligen Erwerb.

14 Wenngleich § 307 Abs. 1 KAGB den Normadressaten nicht nennt, richtet sich die Verpflichtung nach Abs. 1 in erster Linie an die **AIF-Verwaltungsgesellschaft**, die über die notwendigen Informationen verfügt (vgl. auch Art. 23 Abs. 1 AIFM-RL, welcher die Informationspflicht explizit dem AIFM auferlegt).[18] Werden die Anteile oder Aktien jedoch durch **Dritte gewerbsmäßig vertrieben**, können sich Rechtsfolgen auch im Verhältnis zu diesen Personen ergeben, wenn die notwendigen Informationen dem Anleger nicht oder nicht richtig zu Verfügung gestellt worden sind. Dies gilt insbesondere für Haftungsansprüche und das Widerrufsrecht des Anlegers (§§ 307 Abs. 3, 306 KAGB), welche sich auch gegen diejenigen richten können, die die Anteile oder Aktien im eigenen Namen gewerbsmäßig verkaufen (§ 306 Rz. 76).

1. Jahresbericht (§ 307 Abs. 1 Satz 1 KAGB)

15 Den Anlegern ist zunächst der letzte nach den gesetzlichen Vorgaben erstellte Jahresbericht des AIF zur Verfügung zu stellen. Für die Jahresabschlüsse inländischer AIF-Verwaltungsgesellschaften und Investmentvermögen verweist § 307 Abs. 1 Satz 1 KAGB auf die verschiedenen Vorgaben des KAGB zur Erstellung der Jahresberichte, die davon abhängig sind, um welche Form von Investmentvermögen es sich handelt. Im Übrigen verweist Abs. 1 Satz 1 auf die **Anforderungen des Art. 22 AIFM-RL.** Dies schließt die anwendbaren Durchführungsbestimmungen in **Art. 103 ff. AIFM-RL-DVO** ein. Art. 22 Abs. 1 AIFM-RL erlaubt es Emittenten von Wertpapieren, die einen **Jahresabschluss nach der Richtlinie 2004/109/EG** veröffentlichen, die nach der AIFM-RL erforderlichen Angaben in einem gesonderten Dokument oder als Ergänzung zum Jahresfinanzbericht zu veröffentlichen. In diesem Fall sind dem Anleger nach Abs. 1 Satz 1 sowohl der (geprüfte) Jahresfinanzbericht als auch die zusätzlichen Informationen nach Art. 22 Abs. 2 AIFM-RL zur Verfügung zu stellen. Hierfür spricht bereits der Wortlaut des Art. 22 Abs. 1 Unterabs. 2 AIFM-RL, der verlangt, dass diese Informationen den Anlegern „zusätzlich" vorzulegen sind. Zum anderen enthalten die zusätzlichen Informationen nicht immer einen Prüfungsvermerk.

16 Für **ausländische AIF** bestehen nicht notwendigerweise vergleichbare gesetzliche Regelungen zur Aufstellung und zum Inhalt eines Jahresberichts. Für Zwecke des Vertriebs im Inland ist in diesem Fall ggf. ein gesonderter Jahresbericht zu erstellen, der den Anforderungen des Art. 22 AIFM-RL und der Art. 103 ff.

---

15 Vgl. die Begründung zum Regierungsentwurf des OGAW-V-Umsetzungsgesetzes, BT-Drucks. 18/6744, 70.
16 Gesetz v. 30.6.2016, BGBl. I 2016, S. 1514.
17 Gesetz v. 23.6.2017, BGBl. I 2017, S. 1693.
18 *Gottschling* in Moritz/Klebeck/Jesch, § 307 KAGB Rz. 20.

AIFM-RL-DVO genügt, d.h. insbesondere die in Art. 22 Abs. 2 AIFM-RL aufgeführten Abschnitte enthält und geprüft ist (§ 308 Rz. 12).

2. Weitere Anlegerinformationen (§ 307 Abs. 1 Satz 2 KAGB)

Der Informationskatalog in § 307 Abs. 1 Satz 2 KAGB weist gewisse Ähnlichkeiten mit den Mindestvorgaben für einen Verkaufsprospekt für Publikums-AIF auf. Die einzelnen Tatbestände finden sich teilweise fast wörtlich in § 165 KAGB wieder. Unrichtige und unvollständige Informationen lösen außerdem eine zivilrechtliche Verantwortlichkeit nach den für den Verkaufsprospekt geltenden Grundsätzen aus (Rz. 50). 17

Gleichwohl bestehen erhebliche **Unterschiede zum Verkaufsprospekt.**[19] Zum einen ist der Informationskatalog deutlich kürzer und beschränkt sich auf formale Informationsaspekte. Eine gesetzliche Regelung wie § 165 Abs. 1 Satz 2 KAGB, wonach der Verkaufsprospekt redlich, eindeutig und nicht irreführend sein muss, existiert für die Informationen nach § 307 KAGB nicht. Lediglich aus Erwägungsgrund 124 der AIFM-RL-DVO lässt sich ein übergeordnetes Prinzip der Klarheit, Zuverlässigkeit und Verständlichkeit der zur Verfügung gestellten Informationen ableiten.[20] Zum anderen macht § 307 KAGB keine Vorgaben, in welcher **Form** die in Abs. 1 Satz 2 genannten Informationen bereit zu stellen sind.[21] Die Gesetzesbegründung enthält lediglich den Hinweis, dass eine „schriftliche Fixierung" bereits wegen Anhang III und IV der AIFM-RL und aus zivilrechtlichen Beweiszwecken zu erwarten sei. Im Vertriebsanzeigeverfahren sind die Informationen nach Abs. 1 Satz 2 der BaFin in jedem Fall in schriftlicher Form vorzulegen. Im Übrigen verweist § 307 KAGB auf die Regelungen in den Anlagebedingungen, der Satzung oder des Gesellschaftsvertrags des AIF (Rz. 45). Typischerweise kommt die AIF-Verwaltungsgesellschaft ihren Informationspflichten durch ein einheitliches Informationsdokument nach, welches die erforderlichen Angaben nach Abs. 1 enthält. Es ist aber nicht zwingend, dass alle Angaben in einem einheitlichen Dokument enthalten sind. Andererseits ist es der AIF-Verwaltungsgesellschaft nicht versagt, auch wenn rechtlich kein Wertpapierprospekt erforderlich ist, ein umfangreicheres Dokument (verkaufsprospektähnliche Unterlage) zu erstellen, in dem alle Informationen nach Abs. 1 Satz 2 enthalten sind (zum Verhältnis zum Wertpapierprospekt s. Rz. 52). Möglich ist auch die Erstellung einer Verkaufsunterlage für **mehrere Fonds** desselben Emittenten oder Verwalters, sofern alle notwendigen Informationen für den vertriebenen AIF enthalten sind. 18

a) Beschreibung der Anlagestrategie und Ziele (§ 307 Abs. 1 Satz 2 Nr. 1 KAGB)

Nach § 307 Abs. 1 Satz 2 Nr. 1 KAGB sind dem Anleger eine Beschreibung der Anlagestrategie und Ziele des AIF zur Verfügung zu stellen. Vergleichbare Angaben hat auch ein Verkaufsprospekt zu enthalten (§ 165 Abs. 2 Nr. 2 KAGB), wenngleich bei den Informationen nach Nr. 1 weniger detaillierte Angaben ausreichend sind. **Anlageziel** des AIF sind z.B. Kapitalwachstum (Total Return), laufende Erträge (Current Income) oder Kapitalerhalt (Asset Preservation). Bei der **Anlagestrategie** ist zu beschreiben, wie die Anlageziele erreicht werden sollen. Hierzu sind insbesondere die wesentlichen Märkte und Vermögensgegenstände zu beschreiben. Zwar differenziert Abs. 1 zwischen der Anlagestrategie und Vermögenswerten, Techniken und Anlagebeschränkungen (Nr. 2 und Nr. 3). Gleichwohl bestehen wesentliche Überschneidungen und eine **Gesamtdarstellung** dieser Kriterien ist – wie auch beim Verkaufsprospekt (§ 165 Abs. 2 Nr. 2 KAGB) – möglich. 19

b) Beschreibung der zulässigen Vermögenswerte, Techniken und Risiken (§ 307 Abs. 1 Satz 2 Nr. 2 KAGB)

§ 307 Abs. 1 Satz 2 Nr. 2 KAGB erfordert eine Beschreibung der Art der Vermögenswerte, in die der AIF investieren darf und der Techniken, die er einsetzen darf und aller damit verbundenen Risiken. Bei der Spezifizierung der **Vermögenswerte** kann sich die AIF-Verwaltungsgesellschaft an den Anlageklassen orientieren, die für inländische Investmentvermögen existieren (z.B. Aktien, Geldmarktinstrumente, andere Investmentanteile, Immobilien). Sie muss sich aber nicht zwingend an den technischen Begrifflichkeiten des KAGB orientieren, sondern kann z.B. auch die im Sitzland der AIF-Verwaltungsgesellschaft oder des AIF geltende Terminologie übernehmen. Bei den **Techniken** ist z.B. der Einsatz von Derivaten, Wertpapierdar- 20

19 Anders: *Patz*, BKR 2014, 271 („de facto-Prospektpflicht für Spezial-AIF") und *Werner*, StBW 2013, 811 (816) („Informationspflichten, die den Anforderungen an einen Verkaufsprospekt für Privatanleger nahe kommen").

20 *Zetzsche/Eckner*, Investor Information, Disclosure and Transparency, in Zetzsche (Hrsg.), The Alternative Investment Fund Managers Directive, 2012, S. 391, 394.

21 *Zetzsche/Eckner*, Investor Information, Disclosure and Transparency, in Zetzsche (Hrsg.), The Alternative Investment Fund Managers Directive, 2012, S. 391, 395.

lehensgeschäften und Pensionsgeschäften zu beschreiben, die die AIF-Verwaltungsgesellschaft einsetzt, um die Anlageziele zu erreichen. Wird für den AIF eine umfangreichere Informationsunterlage erstellt, werden die **Risikohinweise** typischerweise in einem gesonderten Abschnitt („Risk Factors") dargestellt. Nach dem Wortlaut erfordert Nr. 2 allerdings nur eine Darstellung der Risiken, die mit den Zielvermögenswerten und Investmenttechniken verbunden sind.[22]

c) Beschreibung der Anlagebeschränkungen (§ 307 Abs. 1 Satz 2 Nr. 3 KAGB)

21 Ferner ist eine Beschreibung etwaiger **Anlagebeschränkungen** erforderlich. Die Angabe dient dem Anleger zur Beurteilung, in welchem Umfang im Rahmen des Portfoliomanagements eine Risikomischung stattfindet. Bei den Anlagebeschränkungen sind z.B. Limite für bestimmte Vermögensgegenstände anzugeben. Dies umfasst auch gegebenenfalls bestehende emittentenbezogene Anlagegrenzen, denn auch diese Angabe ist für den Anleger zur Beurteilung der Risikodiversifikation (Konzentrationsrisiken) erheblich. Der Detailgrad der Beschreibung richtet sich dabei nach dem Detailgrad der bestehenden Anlagebeschränkungen.

d) Zusätzliche Angaben bei Master-AIF (§ 307 Abs. 1 Satz 2 Nr. 4 KAGB)

22 Anzugeben sind nach § 307 Abs. 1 Satz 2 Nr. 4 KAGB der Sitz eines eventuellen **Master-AIF** sowie der Sitz der Zielinvestmentvermögen, wenn es sich bei dem AIF um ein Dach-Investmentvermögen handelt. In solchen „Doppelstock-Strukturen" werden Anlageentscheidungen, die für die Kapitalanlage des Investors wesentlich sind, auf nachgelagerter Ebene getroffen. In diesem Fall soll sich der Anleger ein Bild darüber machen können, welcher Form der Regulierung der Master-AIF bzw. das Zielinvestmentvermögen unterliegt. Richtigerweise ist hierfür eine allgemein gehaltene Angabe des Sitzstaates ausreichend (z.B. „mit Sitz in Deutschland" oder „mit Sitz in der EU").[23]

e) Angaben zu Leverage und Wiederverwendung von Sicherheiten (§ 307 Abs. 1 Satz 2 Nr. 5 KAGB)

23 § 307 Abs. 1 Satz 2 Nr. 5 KAGB erfordert eine Beschreibung der Umstände, unter denen der AIF **Leverage** (§ 1 Abs. 19 Nr. 25 KAGB) einsetzen kann, Art und Quellen des zulässigen Leverage und damit verbundener Risiken, eine Beschreibung sonstiger Beschränkungen für den Einsatz von Leverage sowie des maximalen Umfangs des Leverage, den die AIF-Verwaltungsgesellschaft für Rechnung des AIF einsetzen darf. Aus der Hebelfinanzierung des Investmentvermögens können für den Anleger besondere Risiken entstehen, weshalb eine gesonderte Aufführung neben der Anlagestrategie erforderlich ist.

24 Daneben ist die Handhabung der **Wiederverwendung von Sicherheiten** und Vermögenswerten zu beschreiben. Hierbei handelt es sich um Transaktionen, die teilweise von AIF-Verwaltungsgesellschaften vorgenommen werden, um weitere Erträge für das Investmentvermögen zu generieren (z.B. Leihgeschäfte auf Wertpapiere). Art. 15 der Verordnung (EU) Nr. 2015/2365 enthält europaweit einheitliche materielle Bedingungen für solche Geschäfte. Doch selbst wenn diese Bedingungen erfüllt sind, können hieraus besondere Risiken (insbesondere weitere Gegenparteirisiken) für die Anleger resultieren, weshalb Nr. 5 eine gesonderte Beschreibung erfordert.

25 Dagegen ist keine Darstellung erforderlich, welche **Sicherungsvereinbarungen im Allgemeinen** mit Gegenparteien existieren.[24] Zwar legt die deutsche Fassung des Art. 23 Abs. 1 lit. a AIFM-RL nahe, dass bei Nr. 5 ein Umsetzungsdefizit vorliegt. Hiernach ist eine Beschreibung der „Vereinbarungen über Sicherheiten und über die Wiederverwendung von Vermögenswerten" erforderlich. Vergleicht man hiermit allerdings andere Sprachfassungen der Richtlinie („any collateral and asset reuse arrangements" im Englischen und „éventuelles modalités de remploi d'un collatéral ou d'actifs" im Französischen), wird deutlich, dass es dem Richtliniengeber ausschließlich um Vereinbarungen zur Wiederverwendung („reuse arrangements") und die damit verbundenen besonderen Risiken ging und insofern eine korrekte Umsetzung durch das KAGB erfolgte. Der Gegenauffassung ist zwar zuzugeben, dass diese Auslegung zu einem gewissen Informationsdefizit des Anlegers führt. Allerdings sind Kreditsicherungsgeschäfte als Mechanismus zur Mitigierung von Kontrahentenrisiken Teil des Risikomanagements und damit Teil der Aufsicht durch die BaFin (§ 35 Abs. 2 Nr. 3 KAGB).

22 A.A. *Gottschling* in Moritz/Klebeck/Jesch, § 307 KAGB Rz. 42, die eine an Wertpapierverkaufsprospekten orientierte Darstellung aller Risiken des Investments fordert. Diese, insbesondere auch aus Haftungsgesichtspunkten (§ 307 Abs. 3 KAGB) erhebliche Erweiterung findet im Wortlaut der Vorschrift aber keine Stütze.
23 *von Ammon/Izzo-Wagner* in Baur/Tappen, § 165 KAGB Rz. 36.
24 A.A. *Gottschling* in Moritz/Klebeck/Jesch, § 307 KAGB Rz. 53 f.

f) Beschreibung der Verfahren zur Änderung der Anlagestrategie und Anlagepolitik (§ 307 Abs. 1 Satz 2 Nr. 6 KAGB)

Zu beschreiben sind nach § 307 Abs. 1 Satz 2 Nr. 6 KAGB auch die Verfahren, nach denen der AIF seine **Anlagestrategie** oder seine **Anlagepolitik** oder beides **ändern** kann. Dies erfordert insbesondere eine Beschreibung der Gegenstände in den Anlagebedingungen oder der Satzung, die durch Mehrheitsentscheidung oder durch besondere Gremien (z.B. einen Anlageausschuss oder Beirat) geändert werden können.[25] 26

g) Beschreibung der wesentlichen Vertragsbeziehungen (§ 307 Abs. 1 Satz 2 Nr. 7 KAGB)

Nach § 307 Abs. 1 Satz 2 Nr. 7 KAGB ist dem Anleger eine Beschreibung der wichtigsten rechtlichen Auswirkungen der für die Tätigung der Anlage eingegangenen Vertragsbeziehung zur Verfügung zu stellen, einschließlich Informationen über die zuständigen Gerichte, das anwendbare Recht und darüber, ob Rechtsinstrumente vorhanden sind, die die Anerkennung und Vollstreckung von Urteilen in dem Gebiet vorsehen, in dem der AIF seinen Sitz hat. Dabei geht es nicht um die Darstellung der Rechtsbeziehungen zu den Dienstleistern des AIF bzw. der AIF-Verwaltungsgesellschaft oder der wesentlichen Vertragsbeziehungen des AIF oder der AIF-Verwaltungsgesellschaft. Vielmehr sind die **rechtlichen Auswirkungen des Kauf- oder Zeichnungsvertrags** mit dem Anleger darzustellen.[26] Dies beinhaltet z.B. eine Beschreibung der Abwicklung des Zeichnungsverfahrens. Anzugeben sind auch das anwendbare Recht und der Gerichtsstand, die typischerweise im Zeichnungsvertrag, Satzung oder Anlagebedingungen festgelegt werden. Das anwendbare rechtliche Regime für die Anerkennung und Vollstreckung von Urteilen (z.B. ein Verweis auf Art. 36 ff. der Verordnung (EG) Nr. 1215/2012) ist auch dann anzugeben, wenn Sitzstaat des AIF und Gerichtsstand identisch sind. Selbst eine ausschließliche Gerichtsstandsklausel kann nicht immer verhindern, dass Urteile in einem anderen Staat als dem Sitzstaat des AIF ergehen. 27

h) Angaben zu den beteiligten Dienstleistern (§ 307 Abs. 1 Satz 2 Nr. 8 KAGB)

§ 307 Abs. 1 Satz 2 Nr. 8 KAGB erfordert die Angabe der **Identität der AIF-Verwaltungsgesellschaft**, der **Verwahrstelle des AIF**, des **Rechnungsprüfers** oder **sonstiger Dienstleistungsanbieter** sowie eine Erläuterung ihrer Pflichten sowie der Rechte der Anleger. Anzugeben ist die vollständige Firma dieser Unternehmen unter Angabe des Sitzes (Satzungs- oder Verwaltungssitz), da in der Regel nur auf diese Weise eine hinreichend sichere Identifikation der rechtlichen Einheit möglich ist. Die Erläuterung der Pflichten kann sich in der Regel auf die Beschreibung der wesentlichen Funktionen in der Anlagestruktur beschränken, da sich die Pflichten im Einzelnen aus der Gesetzeslage und den Anlagebedingungen oder der Satzung bzw. dem Gesellschaftsvertrag ergeben. Nur ausnahmsweise stehen dem Anleger gegen andere als die AIF-Verwaltungsgesellschaft direkte Ansprüche zu. Eine unmittelbare Haftung der Verwahrstelle oder eines Unterverwahrers (vgl. Art. 21 Abs. 12 AIFM-RL) ist aber darzustellen.[27] 28

i) Angaben zu Eigenmitteln und Haftpflichtversicherung (§ 307 Abs. 1 Satz 2 Nr. 9 KAGB)

Nach § 307 Abs. 1 Satz 2 Nr. 9 KAGB ist zu beschreiben, in welcher Weise die AIF-Verwaltungsgesellschaft den Anforderungen von § 25 Abs. 6 KAGB oder Art. 9 Abs. 7 AIFM-RL gerecht wird. Hierfür genügt in der Regel die Angabe der zusätzlichen **Eigenmittel**, die vorgehalten werden, um potentielle Haftungsrisiken aus beruflicher Fahrlässigkeit abzudecken, sowie die Angabe der **Berufshaftpflichtversicherung**. Sofern die AIF-Verwaltungsgesellschaft aufgrund der für sie anwendbaren Bestimmungen nicht zur Vorhaltung zusätzlicher Eigenmittel oder einer Berufshaftpflichtversicherung verpflichtet ist, entfällt diese Angabe. 29

j) Beschreibung der übertragenen Verwaltungsfunktionen, Verwahrfunktionen und Interessenkonflikten (§ 307 Abs. 1 Satz 2 Nr. 10 KAGB)

§ 307 Abs. 1 Satz 2 Nr. 10 KAGB erfordert eine Beschreibung sämtlicher von der AIF-Verwaltungsgesellschaft übertragener Verwaltungsfunktionen gemäß Anhang I AIFM-RL sowie sämtlicher von der Verwahrstelle übertragener Verwahrfunktionen, die Bezeichnung des Beauftragten sowie eine Beschreibung sämtlicher Interessenkonflikte, die sich aus der Aufgabenübertragung ergeben könnten. Hierdurch soll dem Anleger offen gelegt werden, ob und in welchem Umfang **Funktionen an Dritte ausgelagert** werden und welche Interessenkonflikte sich hieraus für AIF-Verwaltungsgesellschaft und Verwahrstelle ergeben können. Erfasst werden hiervon alle Typen der Auslagerung von Verwaltungsfunktionen, also sowohl die Auslage- 30

---

25 *Dornseifer* in Dornseifer/Jesch/Klebeck/Tollmann, Art. 23 AIFM-RL Rz. 22.

26 *Dornseifer* in Dornseifer/Jesch/Klebeck/Tollmann, Art. 23 AIFM-RL Rz. 24 ff.; *Gottschling* in Moritz/Klebeck/Jesch, § 307 KAGB Rz. 60 ff.

27 *Dornseifer* in Dornseifer/Jesch/Klebeck/Tollmann, Art. 23 AIFM-RL Rz. 27.

rung von Anlageverwaltungsfunktionen (Portfolioverwaltung oder Risikomanagement) als auch die Auslagerung von Nebendienstleistungen (Aufgaben im Sinne von Anhang I Nr. 2 AIFM-RL).[28] Der Detailgrad der Informationen, die dem Anleger im Hinblick auf die Auslagerung zur Verfügung gestellt werden, wird zweckmäßigerweise davon abhängen, welche Bedeutung die Auslagerung für das konkrete Investmentvermögen hat. Beim sonstigen Fremdbezug von Leistungen, d.h. wenn keine Auslagerung von Verwaltungsfunktionen vorliegt (§ 36 Rz. 11 ff.), liegt auch keine Übertragung von Verwaltungsfunktionen i.S.d. § 307 Abs. 1 Satz 2 Nr. 10 KAGB vor.

k) Beschreibung der Bewertungsverfahren (§ 307 Abs. 1 Satz 2 Nr. 11 KAGB)

31 Die Informationen nach § 307 KAGB müssen außerdem eine Beschreibung des **Bewertungsverfahrens** des AIF und der Kalkulationsmethoden für die Bewertung von Vermögenswerten enthalten, einschließlich der Verfahren für die Bewertung schwer zu bewertender Vermögenswerte gemäß den §§ 278, 279, 286 KAGB oder gem. Art. 19 AIFM-RL (vgl. hierzu die Kommentierungen bei § 168 Rz. 8 ff.).

l) Beschreibung des Liquiditätsrisikomanagements (§ 307 Abs. 1 Satz 2 Nr. 12 KAGB)

32 Die Mindestinformationen umfassen ferner eine Beschreibung des **Liquiditätsrisikomanagements** des AIF, einschließlich der Rücknahmerechte unter normalen und außergewöhnlichen Umständen, und der bestehenden Rücknahmevereinbarungen mit den Anlegern. Dies umfasst insbesondere auch die Angabe etwaiger Rückkaufbeschränkungen oder die Möglichkeit der Aussetzung von Rücknahmen.

m) Beschreibung der Entgelte, Gebühren und Kosten (§ 307 Abs. 1 Satz 2 Nr. 13 KAGB)

33 Die AIF-Verwaltungsgesellschaft muss nach § 307 Abs. 1 Satz 2 Nr. 13 KAGB sämtliche **Entgelte, Gebühren und sonstige Kosten** unter Angabe der jeweiligen Höchstbeträge beschreiben, die von den Anlegern mittel- oder unmittelbar getragen werden. Neben der Wertentwicklung des Portfolios und den laufenden Erträgen stellen die Kosten den wesentlichen Faktor für die Rendite des Anlegers dar. Die Vorschrift ist daher tendenziell weit auszulegen und umfasst alle Gebühren der AIF-Verwaltungsgesellschaft (einschließlich Verwaltungsgebühren und erfolgsbezogene Vergütungselemente wie Carried Interest), etwaige Rückvergütungen und Provisionen, Vergütungen an die Verwahrstelle oder sämtliche andere Dienstleister, Ausgabeaufschläge bzw. Rücknahmeabschläge, Gebühren von Zielfonds oder Masterfonds und sonstige Transaktionskosten (Anschaffungsnebenkosten, Veräußerungskosten).[29] **Steuern** sind nur anzugeben, wenn diese auf Ebene des Investmentvermögens und nicht auf Ebene des Anlegers anfallen. § 307 Abs. 1 Satz 2 Nr. 13 KAGB erfordert die Angabe des jeweiligen Höchstbetrags, weshalb die Angabe einer Gesamtkostenquote nicht ausreichen dürfte. Richtigerweise kann die Angabe aber als Prozentzahl und ggf. aggregiert z.B. nach Art des Vergütungsempfängers dargestellt werden, denn häufig ist die individuelle Angabe aller einzelnen Posten nicht zweckmäßig und für den Anleger auch nicht entscheidend.[30]

n) Beschreibung der fairen Behandlung der Anleger (§ 307 Abs. 1 Satz 2 Nr. 14 KAGB)

34 Aufzunehmen ist nach § 307 Abs. 1 Satz 2 Nr. 14 KAGB eine Beschreibung, in welcher Weise die AIF-Verwaltungsgesellschaft eine **faire Behandlung der Anleger** gewährleistet, sowie, wann immer Anleger eine Vorzugsbehandlung oder einen Anspruch darauf erhalten, eine Erläuterung dieser Behandlung, der Art der Anleger, die eine solche Behandlung erhalten, sowie gegebenenfalls der rechtlichen oder wirtschaftlichen Verbindungen zwischen diesen Anlegern und dem AIF oder der AIF-Verwaltungsgesellschaft. Aus der Vorgabe zur Darstellung einer etwaigen Vorzugsbehandlung lässt sich entnehmen, dass mit fairer Behandlung die **Gleichbehandlung** der Anleger gemeint ist. Da die Gleichbehandlung der Anleger die Regel ist, sind detailliertere Angaben unter Nr. 14 nur dann erforderlich, wenn nach dem anwendbaren rechtlichen Rahmen oder den Anlagebedingungen ausnahmsweise eine privilegierte Behandlung einzelner Anleger des AIF möglich ist.

o) Beschreibung von Ausgabe und Verkauf von Anteilen (§ 307 Abs. 1 Satz 2 Nr. 15 KAGB)

35 § 307 Abs. 1 Satz 2 Nr. 15 KAGB ergänzt Nr. 7, indem neben der Beschreibung der Auswirkungen des Kaufs bzw. der Zeichnung der Anteile oder Aktien auch das Verfahren und die **Bedingungen für die Ausgabe** und den Verkauf von Anteilen oder Aktien zu beschreiben ist. Hierzu ist der Anleger darüber zu informie-

---

28 *Dornseifer* in Dornseifer/Jesch/Klebeck/Tollmann, Art. 23 AIFM-RL Rz. 31.
29 *Dornseifer* in Dornseifer/Jesch/Klebeck/Tollmann, Art. 23 AIFM-RL Rz. 35.
30 *Dornseifer* in Dornseifer/Jesch/Klebeck/Tollmann, Art. 23 AIFM-RL Rz. 39.

ren bei welcher Stelle, zu welchem Zeitpunkt und in welcher Form der Anleger die Anteile oder Aktien erwerben kann und wie der Preis festgelegt wird.

p) Angabe des jüngsten Nettoinventarwerts oder Marktpreises (§ 307 Abs. 1 Satz 2 Nr. 16 KAGB)

§ 307 Abs. 1 Satz 2 Nr. 16 KAGB erfordert die Angabe des **jüngsten Nettoinventarwerts** des AIF oder des **jüngsten Marktpreises** der Anteile oder Aktien des AIF nach den §§ 278 und 286 Abs. 1 KAGB oder nach Art. 19 AIFM-RL. Die Intervalle, in denen der Nettoinventarwert (NAV) berechnet wird, werden in der Regel von der AIF-Verwaltungsgesellschaft festgelegt. Art. 19 Abs. 3 AIFM-RL enthält hierfür allerdings gewisse Mindestvorgaben. In jedem Fall ist der zuletzt verfügbare Nettoinventarwert anzugeben, weshalb in den Informationsmaterialien der AIF-Verwaltungsgesellschaft häufig auf das Veröffentlichungsmedium verwiesen wird, in dem der Nettoinventarwert laufend veröffentlicht wird. Sofern dieses Veröffentlichungsmedium (z.B. eine bestimmte Internetseite der AIF-Verwaltungsgesellschaft) öffentlich zugänglich ist, genügt dies den Anforderungen des § 307 KAGB, da eine bestimmte Form für die Information nach Abs. 1 Satz 2 nicht gesetzlich vorgeschrieben ist (Rz. 18). 36

q) Angaben zur bisherigen Wertentwicklung (§ 307 Abs. 1 Satz 2 Nr. 17 KAGB)

Gleiches (Rz. 36) gilt für die Angaben zur **bisherigen Wertentwicklung** des AIF, welche dem Anleger nach § 307 Abs. 1 Satz 2 Nr. 17 KAGB zur Verfügung zu stellen sind. Die zuletzt verfügbaren Daten können durch die Verwaltungsgesellschaft z.B. durch Verweis auf eine öffentliche, regelmäßig aktualisierte Quelle (etwa eine bestimmte Internetseite der AIF-Verwaltungsgesellschaft) zur Verfügung gestellt werden. 37

r) Angaben zum Primebroker (§ 307 Abs. 1 Satz 2 Nr. 18 KAGB)

§ 307 Abs. 1 Satz 2 Nr. 18 KAGB erfordert die Angabe der Identität des **Primebrokers** (§ 1 Abs. 19 Nr. 30 KAGB), eine Beschreibung aller wesentlichen Vereinbarungen zwischen der AIF-Verwaltungsgesellschaft und ihren Primebrokern einschließlich der Darlegung, in welcher Weise diesbezügliche Interessenkonflikte beigelegt werden sowie die Bestimmung, die im Vertrag mit der Verwahrstelle über die Möglichkeit einer Übertragung oder Wiederverwendung von Vermögenswerten des AIF enthalten ist und Angaben über jede eventuell bestehende Haftungsübertragung auf den Primebroker. Vgl. hierzu die Kommentierungen bei § 31 Rz. 8 ff. 38

s) Beschreibung der Offenlegung periodischer Informationen (§ 307 Abs. 1 Satz 2 Nr. 19 KAGB)

Die AIF-Verwaltungsgesellschaft kann in den Anlagebedingungen oder in Satzung bzw. Gesellschaftsvertrag grundsätzlich frei bestimmen, in welcher Art und Weise die AIF-Verwaltungsgesellschaft ihren **periodischen Berichtspflichten** im Hinblick auf illiquide Vermögenswerte und die Liquiditätssteuerung, das aktuelle Risikoprofil und – sofern relevant – den Gesamtumfang des Leverage nachkommt. Neben der Verpflichtung, eine solche Wahl in den Anlagebedingungen oder in Satzung bzw. Gesellschaftsvertrag zu treffen, erfordert Nr. 19 den Anleger vor Abschluss des Vertrags hierüber zu informieren. Typischerweise erfolgt dies durch Angabe einer bestimmten Internetseite, auf der die AIF-Verwaltungsgesellschaft diese Informationen auf laufender Basis veröffentlicht oder durch den Hinweis, dass dem Anleger die Unterlagen in bestimmten Abständen elektronisch oder postalisch übersandt werden. 39

t) Angaben zur Verwendung von Wertpapierfinanzierungsgeschäften und Gesamtrendite-Swaps nach der Verordnung (EU) Nr. 2015/2365 (§ 307 Abs. 1 Satz 2 Nr. 20 KAGB)

Nach § 307 Abs. 1 Satz 2 Nr. 20 KAGB, der durch das **Zweite Finanzmarktnovellierungsgesetz** eingefügt wurde, sind zusätzlich **Angaben zu Art und Umfang der Verwendung von Wertpapierfinanzierungsgeschäften** (v.a. Wertpapierpensionsgeschäfte und Wertpapierdarlehen) und **Gesamtrendite-Swaps** (*total return swaps*) zu machen. Dabei hat die Ergänzung des Informationskatalogs in Abs. 1 Satz 2 nur deklaratorische Bedeutung, da die Transparenzpflichten in Art. 14 Abs. 1 und 2 der Verordnung (EU) Nr. 2015/2365 aufgrund ihres Rechtscharakters bereits unmittelbar anwendbar sind. Die Vorschriften sind Bestandteil der Regulierung des sog. Schattenbankensektors und gehen auf das Rahmenwerk des Finanzstabilitätsrats (*Financial Stability Board*) über die Stärkung der Aufsicht und der Überwachung des Schattenbankenwesens (*Policy Framework for Strengthening Oversight and Regulation of Shadow Banking Entities*) vom 29.8.2013[31] zurück. Die Offenlegungspflichten sollen Transparenz über die Risiken der vom AIFM durchgeführten 39a

31 Abrufbar auf www.fsb.org/wp-content/uploads/r_130829c.pdf.

Wertpapierfinanzierungsgeschäfte (Hebeleffekte, Prozyklizität, wechselseitige Verflechtungen auf den Finanzmärkten) herstellen.

39b Die Anlagebedingungen erlauben regelmäßig die Durchführung von Wertpapierfinanzierungsgeschäften. Sie können von den Verwaltungsgesellschaften für verschiedene Zwecke genutzt werden, insbesondere auch zur Gesamtrenditesteigerung. Die damit möglicherweise einhergehende Änderung des Risikoprofils, die Veränderung der Gegenparteirisiken (und möglicherweise Entstehung von Konzentrationsrisiken) und die mögliche Entstehung von Interessenkonflikten sollen den Investoren detailliert offen gelegt werden.[32] Wertpapierfinanzierungsgeschäfte sind Pensionsgeschäfte (Art. 3 Nr. 9 Verordnung (EU) Nr. 2015/2365), Wertpapier- oder Warenleihgeschäfte (Art. 3 Nr. 7 Verordnung (EU) Nr. 2015/2365), Kauf-/Rückverkaufgeschäfte und Verkauf-/Rückkaufgeschäfte (*buy/sell-back*-Geschäfte und *sell/buy-back*-Geschäfte, Art. 3 Nr. 8 Verordnung (EU) Nr. 2015/2365) sowie Lombardgeschäfte (Art. 3 Nr. 10 Verordnung (EU) Nr. 2015/2365). Gesamtrendite-Swaps (Art. 3 Nr. 18 Verordnung (EU) Nr. 2015/2365) unterliegen denselben Regeln, weil sie wirtschaftlich den Wertpapierfinanzierungsgeschäften vergleichbare Wirkungen haben.[33]

39c Der **Umfang der Angaben** über die Verwendung von Wertpapierfinanzierungsgeschäften und Gesamtrendite-Swaps, die Bestandteil der vorvertraglichen Informationen sein müssen, ergibt sich aus Abschnitt B des Anhangs der Verordnung (EU) Nr. 2015/2365. Hiernach sind die folgenden Angaben aufzunehmen:

- Allgemeine Beschreibung der vom AIF genutzten Wertpapierfinanzierungsgeschäfte und Gesamtrendite-Swaps und Gründe für deren Nutzung;
- für jede Art von Wertpapierfinanzierungsgeschäft und Gesamtrendite-Swap zu meldende Gesamtdaten:
  - Arten von Vermögenswerten, die bei diesen Geschäften zum Einsatz kommen können,
  - Anteil der verwalteten Vermögenswerte, der höchstens bei diesen Geschäften zum Einsatz kommen kann,
  - Anteil der verwalteten Vermögenswerte, der voraussichtlich bei diesen Geschäften zum Einsatz kommen wird;
- Kriterien für die Auswahl von Gegenparteien (einschließlich Rechtsstatus, Herkunftsland, Mindestbonitätsbewertung);
- akzeptierte Sicherheiten: Beschreibung der akzeptierten Sicherheiten nach Arten von Vermögenswerten, Emittenten, Laufzeit und Liquidität sowie die Strategien zur Diversifizierung und der Korrelation von Sicherheiten;
- Bewertung von Sicherheiten: Beschreibung der Methode für die Bewertung von Sicherheiten und ihrer Grundlagen sowie die Angabe, ob tägliche Marktbewertungen und tägliche Nachschüsse genutzt werden;
- Risikomanagement: Beschreibung der Risiken im Zusammenhang mit Wertpapierfinanzierungsgeschäften und Gesamtrendite-Swaps sowie der Risiken im Zusammenhang mit der Sicherheitenverwaltung, z.B. operatives, Liquiditäts-, Gegenpartei-, Verwahr- und Rechtsrisiko sowie gegebenenfalls durch die Weiterverwendung der Sicherheiten bedingte Risiken;
- genaue Angaben dazu, wie Vermögenswerte, die bei Wertpapierfinanzierungsgeschäften und Gesamtrendite-Swaps zum Einsatz kommen, und erhaltene Sicherheiten verwahrt werden (z.B. über eine Verwahrstelle des Fonds);
- genaue Angaben zu etwaigen (rechtlichen oder als Selbstverpflichtung) Beschränkungen für die Weiterverwendung von Sicherheiten;
- Aufteilung der durch Wertpapierfinanzierungsgeschäfte und Gesamtrendite-Swaps erzielten Rendite: Beschreibung der durch Wertpapierfinanzierungsgeschäfte und Gesamtrendite-Swaps erzielten Anteile der Einkünfte, die wieder dem AIF zufließen, und der der Verwaltungsgesellschaft oder Dritten (z.B. der Leihstelle) zugeordneten Kosten und Gebühren. In den Anlegerinformationen ist ferner anzugeben, wenn es sich bei diesen um mit der Verwaltungsgesellschaft verbundene Dritte handelt.

u) Beschreibung von Haftungsbeschränkungen mit der Verwahrstelle (§ 307 Abs. 2 KAGB)

40 § 307 Abs. 2 KAGB ergänzt den Informationskatalog in Abs. 1 Satz 2, indem er die Angabe einer etwaigen **Haftungsfreistellungsvereinbarung mit der Verwahrstelle** nach § 88 Abs. 4 KAGB verlangt. Seit dem OGAW-V-Umsetzungsgesetz ist das Offenlegungserfordernis im Hinblick auf die Haftungsfreistellungsvereinbarung unmittelbar in Abs. 2 enthalten, welches zuvor durch Verweis auf § 297 Abs. 4 a.F. geregelt war.

32 Vgl. Erwägungsgrund Nr. 15 und 16 der Verordnung (EU) Nr. 2015/2365.
33 Vgl. Erwägungsgrund Nr. 15 der Verordnung (EU) Nr. 2015/2365.

Inhaltlich ergeben sich durch diese redaktionelle Änderung nach Wegfall des § 297 Abs. 4 a.F. keine Änderungen.[34]

3. Unterrichtung über alle wesentlichen Änderungen

Nach § 307 Abs. 1 Satz 2 KAGB muss der Anleger auch über **wesentliche Änderungen** informiert werden. 41
Dies bezieht sich zunächst nur auf den Informationskatalog in Abs. 1 Satz 2. Für Änderungen im Hinblick auf eine etwaige Haftungsfreistellungsvereinbarung mit der Verwahrstelle gilt dagegen der strengere § 308 Abs. 4 Satz 1 KAGB (vgl. § 308 Rz. 14).

Wesentliche Änderungen sollen dabei solche sein, die für die Anlageentscheidung eines durchschnittlichen 42
professionellen oder semiprofessionellen Anlegers von Bedeutung sind.[35] Richtigerweise kann zur Feststellung der Wesentlichkeit auf die **Kriterien des Art. 106 AIFM-RL-DVO** zurückgegriffen werden. Zwar nimmt Art. 106 Abs. 1 AIFM-RL-DVO nur auf die Vorschriften über den Jahresabschluss Bezug. Art. 22 Abs. 2 lit. d AIFM-RL verweist jedoch seinerseits auf die wesentlichen Änderungen der in Art. 23 AIFM-RL enthaltenen Informationen, die ihrerseits in § 307 KAGB geregelt sind.[36]

Nach Art. 106 Abs. 1 AIFM-RL-DVO sind Änderungen wesentlich, wenn ein rationaler Anleger, dem diese 43
Informationen bekannt werden, seine Anlage in dem AIF mit hoher Wahrscheinlichkeit überdenken würde, auch weil sich diese Informationen auf die Fähigkeit des Anlegers, seine Rechte bezüglich seiner Anlage wahrzunehmen, auswirken oder die Interessen eines oder mehrerer Anleger(s) des AIF in sonstiger Weise beeinträchtigen könnten. Prüfungsmaßstab ist damit der **rationale Anleger**. Gleichwohl wird das Wesentlichkeitskriterium auf Basis des Art. 106 AIFM-RL-DVO in der Literatur weit ausgelegt, da Änderungen der in § 307 Abs. 1 Satz 2 KAGB enthaltenen Informationen für bestimmte Anleger praktisch immer relevant sein könnten.[37] In der Tat legt der zweite Teil der Definition in Art. 106 Abs. 1 AIFM-RL-DVO ein weites Verständnis nahe, da abhängig von spezifischen Präferenzen einzelner Anleger fast jede Änderung eine Beeinträchtigung seiner Interessen darstellen könnte. Allerdings können individuelle Präferenzen einzelner Anleger für die Aktualisierungspflicht gerade nicht relevant sein, da die AIF-Verwaltungsgesellschaft die Verhältnisse unterschiedlicher Anleger zu beachten hat. Bei einer Vielzahl von Anlegern kann die AIF-Verwaltungsgesellschaft typischerweise nicht für jeden Anleger feststellen, ob eine Änderung für den einzelnen Anleger relevant ist. Dies zwänge dazu, letztlich über alle Änderungen zu informieren, womit die gesetzliche Beschränkung auf „wesentliche" Änderungen leerliefe. Dass eine subjektiv-individuelle Betrachtungsweise nicht richtig sein kann, zeigt auch, dass die wesentlichen Änderungen Gegenstand des Jahresberichtes sind (Art. 22 Abs. 2 lit. d AIFM-RL), der auch den Aufsichtsbehörden zur Verfügung zu stellen ist. Aus regulatorischer Sicht kann aber nur die objektive Wesentlichkeit maßgeblich sein. Richtigerweise ist das Wesentlichkeitskriterium daher abstrakt zu bestimmen. In diesem Sinne ist auch die Bezugnahme auf den rationalen Anleger in Art. 106 Abs. 1 AIFM-RL-DVO zu verstehen. Bei abstrakter Betrachtung haben Änderungen der Informationen immer nur dann Einfluss auf die Anlageentscheidung des Anlegers, wenn sie **wert- oder preisrelevant** sind. Haben bestimmte Informationen erfahrungsgemäß keinen Einfluss auf die Bildung des Preises, sind sie nicht als wesentliche Änderung von Umständen i.S.d. § 307 Abs. 1 Satz 2 KAGB zu qualifizieren.

Die Aktualisierungspflicht bezieht sich ausweislich des klaren Wortlauts von § 307 Abs. 1 Satz 2 KAGB 44
nicht auf den Jahresbericht.[38] Anders als die Informationen nach Abs. 1 Satz 2 ist der Jahresbericht stichtagsbezogen. Eine Aktualisierung der Informationen im Jahresbericht ist in der Regel rechtlich nicht möglich und auch nicht erforderlich.

4. Zeitpunkt und Art und Weise der Unterrichtung

Das Gesetz enthält keine Vorgaben dazu, in welcher Art und Weise die Informationen zur Verfügung zu 45
stellen sind. Eine Veröffentlichung der Informationen, also die freie Zugänglichkeit für den Kapitalmarkt ist nach § 307 KAGB nicht erforderlich, kann sich aber aus prospektrechtlichen Vorschriften ergeben

34 Vgl. die Begründung zum Regierungsentwurf des OGAW-V-Umsetzungsgesetzes, BT-Drucks. 18/6744, 70.

35 *Paul* in Weitnauer/Boxberger/Anders, § 307 KAGB Rz. 5.

36 Vgl. auch ESMA, Final Report on ESMA's technical advice to the European Commission on possible implementing measures of the Alternative Investment Fund Managers Directive (ESMA/2011/379), Abschnitt VIII.I. Rz. 11 sowie *Dornseifer* in Dornseifer/Jesch/Klebeck/Tollmann, Art. 23 AIFM-RL Rz. 16.

37 *Dornseifer* in Dornseifer/Jesch/Klebeck/Tollmann, Art. 22 AIFM-RL Rz. 48 ff. mit verschiedenen Beispielen.

38 A.A. *Gottschling* in Moritz/Klebeck/Jesch, § 307 KAGB Rz. 18.

(Rz. 52 f.).[39] Abs. 1 Satz 2 verweist insofern auf die **Regelungen in den Anlagebedingungen, der Satzung oder des Gesellschaftsvertrags** des AIF, wobei sich die Regelungen bei vertraglich organisierten Investmentvermögen in der Regel in den Anlagebedingungen und bei gesellschaftsrechtlich organisierten Investmentvermögen in der Regel in Satzung bzw. Gesellschaftsvertrag finden. Hieraus folgt, dass die Modalitäten für jeden AIF grundsätzlich frei geregelt werden können, sofern der potentielle Anleger die Möglichkeit hat, in **zumutbarer Weise von den Informationen Kenntnis zu nehmen.**[40] Oftmals wird dort vorgesehen, dass die Informationen auf einer bestimmten Internetseite der AIF-Verwaltungsgesellschaft abgerufen werden können. Eine Übergabe in schriftlicher Form oder auf einem dauerhaften Datenträger ist (anders als beim Verkaufsprospekt, vgl. § 297 Abs. 5 KAGB) nicht erforderlich.[41] Zugleich folgt hieraus aber auch, dass die Anlagebedingungen, die Satzung oder der Gesellschaftsvertrag die Art und Weise tatsächlich regeln muss.[42] Ist keine entsprechende Festlegung getroffen, kann die BaFin Maßnahmen ergreifen.[43]

46 Der Jahresabschluss und die Informationen nach § 307 Abs. 1 Satz 2 und Abs. 2 KAGB sind dem am Erwerb interessierten Anleger **vor Vertragsschluss** zur Verfügung zu stellen. Damit ist der Vertrag (z.B. Kaufvertrag oder Zeichnungsvertrag) gemeint, mit dem sich der Anleger rechtlich verbindlich zum Erwerb der Anteile oder Aktien verpflichtet hat. Sofern Angebot und Annahme zeitlich auseinander fallen, ist nach Sinn und Zweck der Norm maßgeblich, dass dem Anleger die Informationen vollständig zur Verfügung gestellt wurden, bevor der Anleger sein bindendes Angebot abgegeben hat.[44] Nicht ausreichend ist daher, wenn dem Anleger, der ein Angebot zum Erwerb abgegeben hat, die Informationen zusammen mit dem von der AIF-Verwaltungsgesellschaft gegengezeichneten Kauf- oder Zeichnungsvertrag zur Verfügung gestellt werden.

47 In § 307 KAGB ist nicht geregelt, innerhalb welches Zeitraums **wesentliche Änderungen** zu veröffentlichen sind. Eine strenge Verpflichtung wie § 164 Abs. 3 KAGB, wonach alle Angaben von wesentlicher Bedeutung im Verkaufsprospekt auf dem neuesten Stand zu halten sind, ist nicht vorgesehen. Auch eine Vorschrift wie § 308 Abs. 4 Satz 1 KAGB, wonach die Anleger unverzüglich über Änderungen hinsichtlich der Haftung der Verwahrstelle zu informieren sind, gibt es für die Informationen nach § 307 Abs. 1 Satz 2 KAGB nicht. Die in Abs. 1 Satz 2 begründete (beschränkte) Aktualisierungspflicht liefe aber leer, wenn die Pflicht der AIF-Verwaltungsgesellschaft zur Offenlegung wesentlicher Änderungen zeitlich unbegrenzt bestünde. Jedenfalls aufzunehmen sind Angaben über wesentliche Änderungen der in Abs. 1 und Abs. 2 aufgeführten Informationen im Jahresbericht (vgl. Art. 22 Abs. 2 lit. d AIFM-RL). Da die Aktualisierungspflicht jedoch unabhängig von der Aufnahme in den Jahresbericht besteht, dürfte eine gesonderte Information der Anleger regelmäßig innerhalb weniger Wochen nach Eintritt bzw. Wirksamwerden der wesentlichen Änderung erforderlich sein.[45]

IV. Widerrufsrecht des Anlegers (§ 307 Abs. 2 KAGB)

48 § 307 Abs. 2 KAGB verweist auf § 305 KAGB. Damit richtet sich das **Widerrufsrecht des Anlegers bei offenen AIF** (vgl. § 1 Abs. 4 KAGB und Art. 1 Abs. 2 der Delegierten Verordnung (EU) Nr. 694/2014) nach § 305 KAGB. Bei **geschlossenen AIF** richtet sich das Bestehen eines Widerrufsrechts allein nach § 312g BGB (§ 305 Abs. 7 KAGB). Die Gesetzesbegründung stellt klar, dass es sich bei Abs. 2 um eine Rechtsgrundverweisung handelt und keine reine Rechtsfolgenverweisung.[46] Die Tatbestandsvoraussetzungen des § 305 KAGB müssen daher im Einzelfall erfüllt sein. Beim Vertrieb an professionelle und semiprofessionelle Anleger liegen die Voraussetzungen für ein Widerrufsrecht des Anlegers nur selten vor. Nur bei bestimmten Arten semiprofessioneller Anleger ist der Anleger auch zugleich als Verbraucher i.S.d. § 13 BGB zu qualifi-

39 *Zetzsche/Eckner*, Investor Information, Disclosure and Transparency, in Zetzsche (Hrsg.), The Alternative Investment Fund Managers Directive, 2012, S. 391, 396 („confidential disclosure solely to prospective investors").

40 Vgl. auch *Dornseifer* in Dornseifer/Jesch/Klebeck/Tollmann, Art. 23 AIFM-RL Rz. 9.

41 *Gottschling* in Moritz/Klebeck/Jesch, § 307 KAGB Rz. 18.

42 *Zetzsche/Eckner*, Investor Information, Disclosure and Transparency, in Zetzsche (Hrsg.), The Alternative Investment Fund Managers Directive, 2012, S. 391, 396.

43 *Paul* in Weitnauer/Boxberger/Anders, § 307 KAGB Rz. 7.

44 *Gottschling* in Moritz/Klebeck/Jesch, § 307 KAGB Rz. 21.

45 A.A. *Zetzsche/Eckner*, Investor Information, Disclosure and Transparency, in Zetzsche (Hrsg.), The Alternative Investment Fund Managers Directive, 2012, S. 391, 397, wonach – vorbehaltlich einer durch Anlagebedingungen festgelegten kürzeren Frequenz – die Offenlegung mit der regelmäßigen Finanzberichterstattung ausreichend sei. Die dort zitierten Empfehlungen der ESMA beziehen sich allerdings nur auf die in §§ 308 Abs. 4 Satz 2, 300 Abs. 1 bis 3 KAGB genannten Informationen zu Liquidität und Leverage.

46 Begründung zum Entwurf der Bundesregierung zum AIFM-Umsetzungsgesetz, BT-Drucks. 17/12294, 283.

zieren. Richtet sich das Widerrufsrecht nach § 305 KAGB, obliegt aber dem Verkäufer die Beweislast, dass der Anleger kein Verbraucher ist (§ 305 Abs. 3 Nr. 1 KAGB).

Das **Sonderwiderrufsrecht** des Anlegers bei Veröffentlichung eines **Prospektnachtrags** nach § 305 Abs. 8 KAGB findet beim Vertrieb von Spezial-AIF an professionelle oder semiprofessionelle Anleger keine Anwendung, da die Veröffentlichung eines Nachtrags zum Verkaufsprospekt – anders als in § 316 Abs. 5 KAGB für geschlossene Publikums-AIF vorgesehen – bei Spezial-AIF nicht vorgesehen ist. Sofern für den AIF zugleich ein Wertpapierprospekt erstellt wird (Rz. 52), kann sich ein vergleichbares Sonderwiderrufsrecht aber aus § 16 WpPG ergeben. 49

V. Haftung für die Informationen nach § 307 KAGB (§ 307 Abs. 3 KAGB)

Nach § 307 Abs. 3 KAGB finden die Haftungsvorschriften für den Verkaufsprospekt beim Vertrieb von OGAW und Publikums-AIF hinsichtlich der Informationen nach Abs. 1 und 2 entsprechende Anwendung. Die **zivilrechtliche Haftung** ist damit die wesentliche Gewähr für die Richtigkeit und Vollständigkeit der Informationen. Nicht verwiesen wird auf die Haftungsvorschriften für die wesentlichen Anlegerinformationen, da ein solches Dokument beim Vertrieb ausschließlich an professionelle und semiprofessionelle Anleger nicht zu erstellen ist. Nach dem klaren Wortlaut der Vorschrift gilt das selbst dann, wenn die Verwaltungsgesellschaft von ihrem Wahlrecht gebraucht macht und dem Anleger anstatt eines PRIIP-Basisinformationsblattes nach Abs. 5 die wesentlichen Anlegerinformationen zur Verfügung stellt. 50

Gegenständlich bezieht sich die Haftungsregelung auf **alle Informationen**, die nach § 307 Abs. 1 und 2 KAGB dem Anleger zur Verfügung zu stellen sind, d.h. den Jahresbericht, den Informationskatalog nach Abs. 1 Satz 2, die Haftungsfreistellungsvereinbarung nach Abs. 2 sowie etwaige spätere Aktualisierungen der Informationen. Nach § 306 KAGB sind aber nur solche fehlenden oder falschen Informationen haftungsrelevant, die für die Beurteilung der Anteile oder Aktien von **wesentlicher Bedeutung** sind (§ 306 Rz. 46 ff.).[47] 51

VI. Verhältnis zu Wertpapierprospekt und PRIIP-Basisinformationsblatt (§ 307 Abs. 4 und Abs. 5 KAGB)

Handelt es sich bei den Anteilen oder Aktien des AIF um Wertpapiere i.S.d. § 2 Nr. 1 WpPG, kann die AIF-Verwaltungsgesellschaft zugleich verpflichtet sein, für den AIF einen **Wertpapierprospekt** zu veröffentlichen. Die Bereichsausnahme nach § 1 Abs. 2 Nr. 1 WpPG findet nur auf offene Investmentvermögen Anwendung. § 307 Abs. 4 KAGB regelt das Verhältnis der Informationen nach § 307 Abs. 1 KAGB zu einem möglichen Wertpapierprospekt. Für geschlossene AIF folgt daraus eine **„Dualität des Regelungsregimes"**[48] von wertpapier- und investmentrechtlichen Vorgaben, die nebeneinander Anwendung finden. Danach sind die Informationen nach Abs. 1 und 2 grundsätzlich zusätzlich zum Prospekt zur Verfügung zu stellen. Allerdings lässt Abs. 4 offen, ob die Informationen gesondert, d.h. in einem separaten Dokument, oder als ergänzende Angaben im Wertpapierprospekt zur Verfügung gestellt werden. Investmentrechtlich wäre diese Form der Information auch ohne gesonderte gesetzliche Anordnung möglich gewesen, da § 307 KAGB keine Vorgaben für die Form der Informationen enthält (Rz. 18). 52

Während früher eine übersichtliche Zusammenfassung der Anlegerinformationen in Form der wesentlichen Anlegerinformationen beim Vertrieb an professionelle und semi-professionelle Anleger nicht erforderlich war, muss einem **semi-professionellen Anleger** nun ein **PRIIP-Basisinformationsblatt** zur Verfügung gestellt werden. Die PRIIP-VO gilt zwar nicht für professionelle Anleger. Ein Sonderregime für semi-professionelle Anleger, wie es das KAGB vorsieht, existiert nach der PRIIP-VO jedoch nicht. So fallen grundsätzlich auch alle semi-professionellen Anleger in die Kategorie des „Kleinanlegers" im Sinne der PRIIP-VO, mit der Folge, dass beim Vertrieb von AIF an semi-professionelle Anleger regelmäßig ein PRIIP-Basisinformationsblatt erforderlich wird. Bei Verwaltungsgesellschaften, die sowohl Spezial-AIF als auch Publikums-AIF auflegen, hätte dies zur Folge, dass von dieser Verwaltungsgesellschaft beide Arten von Informationsblättern (PRIIP-Basisinformationsblatt und wesentliche Anlegerinformationen nach dem KAGB) zu erstellen sind. Die Einfügung des Abs. 5 durch das Erste Finanzmarktnovellierungsgesetz[49] geht auf Forderungen der Fondsindustrie zurück und nutzt die Öffnungsklausel in Art. 32 Abs. 2 der PRIIP-VO. Danach besteht ein **Wahlrecht**, ob beim Vertrieb an semi-professionelle Investoren statt des PRIIP-Basisinformati- 53

47 *Paul* in Weitnauer/Boxberger/Anders, § 307 KAGB Rz. 12.
48 *Paul* in Weitnauer/Boxberger/Anders, § 307 KAGB Rz. 14.
49 Gesetz v. 30.6.2016, BGBl. I 2016, S. 1514.

onsblatts die wesentlichen Anlegerinformationen nach dem KAGB zur Verfügung gestellt werden. Wird Privatkunden ein PRIIP-Basisinformationsblatt oder werden ihnen die wesentlichen Anlegerinformationen nach dem KAGB zur Verfügung gestellt, muss kein Informationsblatt nach § 64 Abs. 2 WpHG erstellt werden.

§ 308 Sonstige Informationspflichten

(1) Die EU-AIF-Verwaltungsgesellschaft und die ausländische AIF-Verwaltungsgesellschaft haben den semiprofessionellen und den professionellen Anlegern eines EU-AIF oder ausländischen AIF im Geltungsbereich dieses Gesetzes spätestens sechs Monate nach Ende eines jeden Geschäftsjahres auf Verlangen den geprüften und testierten Jahresbericht nach Artikel 22 der Richtlinie 2011/61/EU zur Verfügung zu stellen.

(2) [1]Der Jahresbericht muss folgende Angaben enthalten:

1. **eine Vermögensaufstellung,**
2. **eine Aufwands- und Ertragsrechnung,**
3. **einen Bericht über die Tätigkeiten der AIF-Verwaltungsgesellschaft im vergangenen Geschäftsjahr und**
4. **die in § 299 Absatz 1 Satz 1 Nummer 3 Buchstabe e bis h genannten Angaben.**

[2]§ 299 Absatz 1 Satz 2 gilt entsprechend.

(3) [1]Ist der AIF nach der Richtlinie 2004/109/EG verpflichtet, Jahresfinanzberichte zu veröffentlichen, so sind dem Anleger die Angaben nach Absatz 2 auf Verlangen gesondert oder in Form einer Ergänzung zum Jahresfinanzbericht zur Verfügung zu stellen. [2]In letzterem Fall ist der Jahresfinanzbericht spätestens vier Monate nach Ende des Geschäftsjahres zu veröffentlichen.

(4) [1]Die AIF-Verwaltungsgesellschaft informiert die Anleger unverzüglich über alle Änderungen, die sich in Bezug auf die Haftung der Verwahrstelle ergeben. [2]Zudem gilt § 300 Absatz 1 bis 3 entsprechend.

In der Fassung vom 4.7.2013 (BGBl. I 2013, S. 1981).

Schrifttum: S. bei § 307.

I. Zweck und Anwendungsbereich der Norm

1 Während § 307 KAGB bestimmte vorvertragliche und anlassbezogene Informationspflichten regelt, enthält § 308 KAGB vorrangig bestimmte **periodische Informationspflichten**. Semiprofessionellen und professionellen Anlegern stehen nicht notwendigerweise Mitwirkungsrechte in Bezug auf das Portfoliomanagement des Investmentvermögens zu, weshalb die wesentliche Entscheidungsmöglichkeit des Anlegers in Bezug auf das Investmentvermögen die Investitions- bzw. Desinvestitionsentscheidung ist (§ 307 Rz. 3). Die periodischen Informationspflichten sind daher eines der wesentlichen Anlegerschutzinstrumente des KAGB.[1] § 308 soll ein Mindestmaß an laufenden Informationen sicherstellen, damit die Anleger des Investmentvermögens die Entwicklung ihres Investments prüfen und eine überlegte Entscheidung treffen können, ob sie

1 Vgl. auch *Zetzsche/Eckner*, Investor Information, Disclosure and Transparency, in Zetzsche (Hrsg.), The Alternative Investment Fund Managers Directive, 2012, S. 391, 401 zu Art. 22 AIFM-RL.

weiter in dem Investmentvermögen investiert bleiben möchten oder nicht.[2] Die gesetzlichen Vorgaben zu Mindestinhalt und Form dienen der Standardisierung und Vergleichbarkeit der Jahresberichte, sowohl von Jahresberichten verschiedener AIF als auch von verschiedenen Jahresberichten desselben AIF.[3]

Wie auch § 307 KAGB dient § 308 KAGB der **Information des Anlegers** (§ 307 Rz. 2). Die Vorschrift allein dient dagegen nicht dem Zweck, die Aufsichtsbehörden hinreichend zu informieren.[4] Meldepflichten gegenüber der BaFin ergeben sich aus § 35. Für ausländische AIF-Verwaltungsgesellschaften gilt § 35 KAGB zwar nicht, jedoch haben sich diese im Vertriebsanzeigeverfahren zur Vorlage der Jahresberichte zu verpflichten (§ 330 Abs. 2 Satz 3 Nr. 2a KAGB). 2

Die Vorschrift findet beim Vertrieb an **professionelle Anleger** (§ 1 Abs. 19 Nr. 32 KAGB) und **semi-professionelle Anleger** (§ 1 Abs. 19 Nr. 31 KAGB) Anwendung. Für den Vertrieb von OGAW (§ 1 Abs. 2 KAGB) oder den Vertrieb von AIF an Privatanleger (§ 1 Abs. 19 Nr. 33 KAGB) gelten §§ 298, 299 KAGB. Ferner gelten die Abs. 1 bis 3 nur für **EU-AIF** und **ausländische AIF**, die von einer **EU-AIF-Verwaltungsgesellschaft** (§ 1 Abs. 17 KAGB) oder **ausländischen AIF-Verwaltungsgesellschaft** (§ 1 Abs. 18 KAGB) verwaltet werden. Für inländische AIF-Verwaltungsgesellschaften, d.h. AIF-Kapitalverwaltungsgesellschaften (§ 1 Abs. 16 KAGB), sind die Vorlagepflichten im Hinblick auf den Jahresabschluss im Zusammenhang mit den Vorschriften über die Erstellung des Jahresabschlusses geregelt (z.B. § 67 Abs. 1 Satz 2 KAGB und § 107 KAGB). **Abs. 4** gilt dagegen für **alle AIF-Verwaltungsgesellschaften.** § 308 KAGB findet auch auf den Vertrieb von AIF durch AIF-Kapitalverwaltungsgesellschaften in einem anderen Mitgliedstaat der EU bzw. des EWR Anwendung (§ 295 Abs. 6 Satz 3 KAGB), wobei die Anwendung auf EWR-Mitgliedstaaten von der Umsetzung der AIFM-RL im EWR-Mitgliedstaat abhängig ist (§ 344 Abs. 2 KAGB). 3

Auf den Erwerb von Anteilen im Wege der passiven Dienstleistungsfreiheit auf Initiative des Anlegers und ohne vorangegangene Vertriebsaktivitäten der Verwaltungsgesellschaft (***reverse solicitation***) findet § 308 KAGB keine Anwendung (§ 307 Rz. 5). § 308 KAGB dient der Umsetzung der Art. 22 und Art. 23 Abs. 2 Satz 2 AIFM-RL, die die Erfüllung der nachvertraglichen Informationspflichten von der Verwaltung oder dem Vertrieb im Inland abhängig machen. 4

II. Entstehung der Norm

§ 308 KAGB **setzt Art. 22 und Art. 23 Abs. 2 Satz 2 AIFM-RL um.** Dabei dient im Einzelnen Abs. 1 der Umsetzung von Art. 22 Abs. 1 Unterabs. 1 AIFMD. Abs. 2 setzt Art. 22 Abs. 2 und Abs. 3 AIFM-RL und Abs. 3 setzt Art. 22 Abs. 1 Unterabs. 2 AIFM-RL um. Abs. 4 dient der Umsetzung von Art. 23 Abs. 2 Satz 2 und Abs. 4 bis 6 AIFM-RL. 5

Mit Ausnahme von redaktionellen Verweiskorrekturen[5] entspricht § 308 KAGB der Fassung des ursprünglichen Regierungsentwurfs vom 6.2.2013.[6] 6

III. Laufende Informationspflichten beim Vertrieb an professionelle und semiprofessionelle Anleger

1. Jahresbericht

Anders als § 307 KAGB, der sich auch an Dritte richten kann, die die Anteile oder Aktien gewerbsmäßig vertreiben (§ 307 Rz. 14), richtet sich § 308 KAGB nur an die **AIF-Verwaltungsgesellschaft.**[7] Die Abs. 2 und 3 finden ferner nur auf **EU-AIF-Verwaltungsgesellschaften** (§ 1 Abs. 17 KAGB) oder **ausländische AIF-Verwaltungsgesellschaften** (§ 1 Abs. 18 KAGB) Anwendung. 7

a) Pflicht zur Zurverfügungstellung des Jahresberichts (§ 308 Abs. 1 KAGB)

Die EU-AIF-Verwaltungsgesellschaft oder ausländische Verwaltungsgesellschaft ist verpflichtet, den Anlegern den (**geprüften und testierten**) **Jahresbericht des AIF** innerhalb von sechs Monaten nach Ende des 8

2 *Dornseifer* in Dornseifer/Jesch/Klebeck/Tollmann, Art. 22 AIFM-RL Rz. 3 („periodische Kontrolle"); *Gottschling* in Moritz/Klebeck/Jesch, § 308 KAGB Rz. 8.
3 *Dornseifer* in Dornseifer/Jesch/Klebeck/Tollmann, Art. 22 AIFM-RL Rz. 3 und 5; *Gottschling* in Moritz/Klebeck/Jesch, § 308 KAGB Rz. 8.
4 A.A *Gottschling* in Moritz/Klebeck/Jesch, § 308 KAGB Rz. 2 und 9.
5 Vgl. Beschlussempfehlung und Bericht des Finanzausschusses v. 10.5.2013, BT-Drucks. 17/13395.
6 Entwurf der Bundesregierung zum AIFM-Umsetzungsgesetz, BT-Drucks. 17/12294, 143.
7 *Zingel* in Baur/Tappen, § 308 KAGB Rz. 1.

Geschäftsjahres zur Verfügung zu stellen. Diese Pflicht besteht nur **auf Verlangen des Anlegers**. Die AIF-Verwaltungsgesellschaft ist daher grundsätzlich nicht verpflichtet, dem Anleger den Jahresabschluss auf eigene Initiative zu übermitteln,[8] wenngleich dies z.B. in den Anlagebedingungen oder in einer gesonderten Vereinbarung vorgesehen werden kann. Die AIF-Verwaltungsgesellschaft kann die Übermittlung davon abhängig machen, dass derjenige, der die Übermittlung verlangt, nachweist, dass er Anleger des AIF ist oder jedenfalls im Berichtszeitraum war. Im Übrigen kann die AIF-Verwaltungsgesellschaft den Jahresbericht auch freiwillig (z.B. auf ihrer Internetseite) veröffentlichen. Der letzte Jahresbericht ist auch Gegenstand der vorvertraglichen Informationen nach § 307 Abs. 1 Satz 1 KAGB.

9 Die Pflicht zur Zurverfügungstellung des Jahresberichts besteht nur gegenüber **Anlegern im Geltungsbereich des KAGB**. Hierfür soll maßgeblich sein, dass die Zeichnung der Anteile dem Geltungsbereich des KAGB unterfiel.[9] Dies erscheint einmal im Hinblick auf den Wortlaut problematisch. Zum anderen will das KAGB nur solche Investoren schützen, die ihren Sitz (noch) in Deutschland haben. Sinnvollerweise ist daher darauf abzustellen, ob der Anleger zum Zeitpunkt des Vorlageverlangens seinen Sitz in der Bundesrepublik hat. Die Pflicht besteht ferner zunächst nur wenn und solange die AIF-Verwaltungsgesellschaft den **AIF in der Bundesrepublik vertreibt** (§ 293 Rz. 4 ff.). Stellt die AIF-Verwaltungsgesellschaft später den Vertrieb in die Bundesrepublik ein, können die Informationspflichten nach § 308 KAGB allerdings noch fortwirken, solange der AIF noch Anleger mit Sitz in Deutschland hat.[10]

b) Anforderungen an den Jahresbericht (§ 308 Abs. 2 KAGB)

10 § 308 Abs. 2 KAGB stellt in Übereinstimmung mit Art. 22 Abs. 2 AIFM-RL bestimmte Mindestanforderungen an den Jahresbericht. Er muss eine **Vermögensaufstellung** (Abs. 2 Satz 1 Nr. 1), eine **Aufwands- und Ertragsrechnung** (Abs. 2 Satz 1 Nr. 2) sowie einen **Bericht über die Tätigkeiten** der AIF-Verwaltungsgesellschaft im vergangenen Geschäftsjahr (Abs. 2 Satz 1 Nr. 3) enthalten. Ferner muss er die Gesamtsumme der im abgelaufenen Geschäftsjahr gezahlten **Vergütungen**, aufgegliedert nach festen und variablen von der Verwaltungsgesellschaft an ihre Mitarbeiter gezahlten Vergütungen, sowie die Zahl der Begünstigten und gegebenenfalls die vom EU-AIF oder ausländischen AIF gezahlten Carried Interest (§ 299 Abs. 1 Satz 1 Nr. 3 lit. f KAGB) sowie die Gesamtsumme der gezahlten Vergütungen, aufgegliedert nach Vergütungen für Führungskräfte und Mitarbeiter der Verwaltungsgesellschaft, deren Tätigkeit sich wesentlich auf das Risikoprofil des AIF auswirkt (§ 299 Abs. 1 Satz 1 Nr. 3 lit. g KAGB), angeben und den vollständigen **Bericht des Rechnungsprüfers** einschließlich etwaiger Vorbehalte wiedergeben (§ 299 Abs. 1 Satz 1 Nr. 3 lit. h KAGB). Insbesondere für die Darstellung der Vergütungspublizität hat die ESMA ergänzende Hinweise veröffentlicht.[11] Darunter verlangt die ESMA insbesondere die Veröffentlichung der relevanten Vergütung von Mitarbeitern von Dienstleistern, an die die Portfolioverwaltung oder das Risikomanagement ausgelagert wurde. Außerdem hat die ESMA klargestellt, dass für die Veröffentlichung der Vergütung ein Verweis im Jahresbericht auf andere Quellen nicht ausreichend ist. Vgl. hierzu auch die Kommentierung bei § 299 Rz. 5 ff.

11 Der Verweis auf § 299 Abs. 1 Satz 1 Nr. 3 lit. e KAGB ergänzt ferner die Aktualisierungspflicht aus § 307 Abs. 1 Satz 2 KAGB (vgl. § 307 Rz. 41 ff.). Danach muss der Jahresbericht auch über jede **wesentliche Änderung der vorvertraglichen Informationen** während des Geschäftsjahres berichten, auf das sich der Bericht bezieht. Der Verweis auf § 299 Abs. 1 Satz 1 Nr. 3 lit. e KAGB ist dabei so zu verstehen, dass es um die wesentlichen Änderungen der in § 307 Abs. 1 Satz 2 KAGB genannten Informationen geht. Dies ergibt sich jedenfalls aus einer europarechtskonformen Auslegung von Abs. 2 Satz 1 Nr. 4.[12] Beim Vertrieb von AIF nur an professionelle oder semiprofessionelle Anleger ist nämlich gerade kein Verkaufsprospekt erforderlich, sondern ausschließlich die vorvertraglichen Informationen nach § 307 KAGB. Aus diesem Grunde verweist Art. 22 Abs. 2 lit. d AIFM-RL auf die vorvertraglichen Informationen für den Vertrieb von AIF nach Art. 23 AIFM-RL, welche in § 307 Abs. 1 Satz 2 KAGB geregelt sind. Für die Feststellung der Wesentlichkeit der Änderungen gelten dieselben Maßstäbe wie in § 307 Abs. 1 Satz 2 KAGB (§ 307 Rz. 43).

---

8 *Dornseifer* in Dornseifer/Jesch/Klebeck/Tollmann, Art. 22 AIFM-RL Rz. 12.

9 *Paul* in Weitnauer/Boxberger/Anders, § 308 KAGB Rz. 5; *Gottschling* in Moritz/Klebeck/Jesch, § 308 KAGB Rz. 16.

10 BaFin, Merkblatt zum Vertrieb von Anteilen oder Aktien an EU-AIF oder inländischen Spezial-AIF, die von einer EU-AIF-Verwaltungsgesellschaft verwaltet werden, an semiprofessionelle und professionelle Anleger in der Bundesrepublik Deutschland gemäß § 323 Kapitalanlagegesetzbuch (KAGB) (Stand: 11.7.2016), Ziff. VIII., abrufbar auf www.bafin.de.

11 ESMA, Questions and Answers on the Application of the AIFMD, Section I Antworten 6 und 7 (Stand: 23.7.2018), abrufbar unter www.esma.europa.eu.

12 *Paul* in Weitnauer/Boxberger/Anders, § 308 KAGB Rz. 12.

Form und Inhalt des Jahresberichtes werden durch die **Art. 103 bis 107 AIFM-RL-DVO** weiter konkretisiert (§§ 308 Abs. 2 Satz 2, 299 Abs. 1 Satz 2 KAGB). Vgl. hierzu auch die Kommentierung bei § 299 Rz. 10. Daneben enthalten Art. 13 und Abschnitt A des Anhangs der Verordnung (EU) Nr. 2015/2365 detaillierte Anforderungen an die Darstellung der Berichterstattung über die Verwendung von Wertpapierfinanzierungsgeschäften (Pensionsgeschäfte, Wertpapier- oder Warenleihgeschäfte, Kauf-/Rückverkaufgeschäfte und Verkauf-/Rückkaufgeschäfte sowie Lombardgeschäfte) und Gesamtrendite-Swaps (*total return swaps*). Sofern die AIF-Verwaltungsgesellschaft mehrere Investmentvermögen verwaltet, ist die Zusammenfassung in einem einheitlichen Dokument zulässig, sofern neben dem für alle Investmentvermögen geltenden Teil eine getrennte Darstellung der spezifischen Inhalte einzelner AIF erfolgt.[13] Für **ausländische AIF bzw. ausländische Verwaltungsgesellschaften** gelten nach den Vorschriften des Herkunftsstaats nicht notwendigerweise gleiche Inhaltsvorgaben. Der Jahresbericht hat für Zwecke des § 308 Abs. 1 KAGB gleichwohl § 308 Abs. 2 KAGB und Art. 103 bis 107 AIFM-RL-DVO zu genügen, d.h. er muss insbesondere die in Art. 22 Abs. 2 AIFM-RL aufgeführten Abschnitte enthalten und muss geprüft sein. Hieraus kann sich in der Praxis das Erfordernis ergeben, speziell für den Vertrieb in Deutschland einen gesonderten, geprüften Jahresbericht zu erstellen. 12

2. Jahresfinanzbericht (§ 308 Abs. 3 KAGB)

Handelt es sich bei den Anteilen oder Aktien des AIF um börsennotierte Wertpapiere, kann der AIF zugleich verpflichtet sein, einen **Jahresfinanzbericht nach der Transparenzrichtlinie** (Richtlinie 2004/109/EG, zuletzt geändert durch Richtlinie 2013/50/EU) zu erstellen. § 308 Abs. 3 KAGB regelt das Verhältnis zu den investmentrechtlichen Anforderungen an den Jahresbericht im Sinne einer **Dualität der Regelungsregime**, d.h. beide Regelungskomplexe finden grundsätzlich nebeneinander Anwendung. Insofern verhält es sich wie beim Verhältnis zwischen Wertpapierprospekt und den Informationen nach § 307 Abs. 1 Satz 2 KAGB (§ 307 Rz. 52). Abs. 3 ermöglicht es Wertpapieremittenten aber, dass der investmentrechtliche Jahresbericht als Ergänzung in den Jahresfinanzbericht aufgenommen wird. In diesem Fall richten sich die Fristen zur Erstellung nach den strengeren Transparenzvorgaben des Jahresfinanzberichts (vgl. Art. 4 Abs. 1 der Richtlinie 2004/109/EG und § 114 Abs. 1 Satz 1 WpHG). 13

3. Änderungen in Bezug auf die Haftung der Verwahrstelle (§ 308 Abs. 4 Satz 1 KAGB)

§ 308 Abs. 4 KAGB enthält weitere Informationspflichten gegenüber den Anlegern, die vom Jahresbericht und Jahresfinanzbericht unabhängig sind. Abs. 4 Satz 1 verpflichtet die AIF-Verwaltungsgesellschaft, die Anleger unverzüglich über alle Änderungen zu informieren, die sich in Bezug auf die **Haftung der Verwahrstelle** ergeben. Dies umfasst insbesondere Änderungen in Bezug auf eine **Haftungsfreistellungsvereinbarung**, die nach § 307 Abs. 2 KAGB offenzulegen ist. Unverzüglich bedeutet ohne schuldhaftes Zögern (§ 121 Abs. 1 Satz 1 BGB). Insbesondere darf die Verwaltungsgesellschaft nicht den nächsten Termin zur Veröffentlichung des letzten Jahresberichts nach Abs. 1 oder des Jahresfinanzberichts nach Abs. 3 abwarten. 14

4. Offenlegung bestimmter liquiditäts- und risikorelevanter Informationen (§ 308 Abs. 4 Satz 2 KAGB)

Nach § 308 Abs. 4 Satz 2 KAGB finden die Vorschriften zur Anlegerinformation über **illiquide Vermögenswerte** und die **Liquiditätssteuerung**, das aktuelle **Risikoprofil** und – sofern relevant – den Gesamtumfang des **Leverage** nach § 300 Abs. 1 bis 3 KAGB auf den Vertrieb von AIF an semiprofessionelle und professionelle Anleger entsprechende Anwendung, wobei sich die Einzelheiten aus Art. 108 und 109 AIFM-RL-DVO ergeben (§ 300 Rz. 3 ff.). 15

---

13 *Dornseifer* in Dornseifer/Jesch/Klebeck/Tollmann, Art. 22 AIFM-RL Rz. 15. A.A. *Gottschling* in Moritz/Klebeck/Jesch, § 308 KAGB Rz. 17.

Abschnitt 2
Vertriebsanzeige und Vertriebsuntersagung für OGAW

Unterabschnitt 1
Anzeigeverfahren beim Vertrieb von EU-OGAW im Inland

§ 309 Pflichten beim Vertrieb von EU-OGAW im Inland

(1) [1]Die EU-OGAW-Verwaltungsgesellschaft oder die OGAW-Kapitalverwaltungsgesellschaft muss für den Vertrieb von Anteilen oder Aktien an EU-OGAW unter Einhaltung der deutschen Rechts- und Verwaltungsvorschriften sämtliche Vorkehrungen treffen, die sicherstellen, dass

1. Zahlungen an die Anteilinhaber oder Aktionäre im Geltungsbereich dieses Gesetzes geleistet werden und

2. Rückkauf und Rücknahme der Anteile oder Aktien im Geltungsbereich dieses Gesetzes erfolgen.

[2]Sie hat mindestens ein inländisches Kreditinstitut oder eine inländische Zweigniederlassung eines Kreditinstituts mit Sitz im Ausland zu benennen, über das oder die die Zahlungen für die Anleger geleitet werden und über das oder die die Rücknahme von Anteilen oder Aktien durch die EU-OGAW-Verwaltungsgesellschaft oder die OGAW-Kapitalverwaltungsgesellschaft abgewickelt werden kann, soweit die Anteile oder Aktien an EU-OGAW als gedruckte Einzelurkunden ausgegeben werden.

(2) Die EU-OGAW-Verwaltungsgesellschaft oder die OGAW-Kapitalverwaltungsgesellschaft, die Anteile oder Aktien an EU-OGAW im Geltungsbereich dieses Gesetzes vertreibt, hat sicherzustellen, dass die Anleger im Geltungsbereich dieses Gesetzes alle Informationen und Unterlagen sowie Änderungen dieser Informationen und Unterlagen erhalten, die sie gemäß Kapitel IX der Richtlinie 2009/65/EG den Anlegern im Herkunftsmitgliedstaat des EU-OGAW liefern muss.

(3) [1]Angaben über die nach den Absätzen 1 und 2 getroffenen Vorkehrungen und Maßnahmen sind in den Verkaufsprospekt aufzunehmen, der im Geltungsbereich dieses Gesetzes verbreitet ist. [2]Bei EU-OGAW mit mindestens einem Teilinvestmentvermögen, dessen Anteile oder Aktien im Geltungsbereich dieses Gesetzes vertrieben werden dürfen, und mindestens einem weiteren Teilinvestmentvermögen, für das keine Anzeige nach § 310 erstattet wurde, ist drucktechnisch hervorgehoben an zentraler Stelle darauf hinzuweisen, dass für das weitere oder die weiteren Teilinvestmentvermögen keine Anzeige erstattet wurde und Anteile oder Aktien dieses oder dieser Teilinvestmentvermögen im Geltungsbereich dieses Gesetzes nicht vertrieben werden dürfen; dieses oder diese weiteren Teilinvestmentvermögen sind namentlich zu bezeichnen.

In der Fassung vom 4.7.2013 (BGBl. I 2013, S. 1981).

Schrifttum: *BaFin*, Häufige Fragen zum Vertrieb und Erwerb von Investmentvermögen nach dem KAGB vom 4.7.2013 i.d.F. vom 13.7.2016, Gz. WA 41-Wp 2137-2013/0293, abrufbar unter www.bafin.de/SharedDocs/Veroeffentlichungen/DE/FAQ/faq_kagb_vertrieb_erwerb_130604.html; *BaFin*, Anlage zum Merkblatt (2013) zum Vertrieb von Anteilen an EU-OGAW in der Bundesrepublik Deutschland, abrufbar unter www.bafin.de/SharedDocs/Downloads/DE/Merkblatt/WA/dl_130722_merkbl_310KAGB_Anlage_wa.pdf?__blob=publicationFile&v=8; *BaFin*, Merkblatt (2013) zum Vertrieb von Anteilen an EU-OGAW in der Bundesrepublik Deutschland gemäß § 310 Kapitalanlagegesetzbuch (KAGB) – „Incoming UCITS-Notification" bzw. „Incoming UCITS-Update", vom 17.7.2013, abrufbar unter https://www.bafin.de/SharedDocs/Downloads/DE/Merkblatt/WA/dl_130722_merkbl_310KAGB_wa.pdf;jsessionid=6DF2513AE4CC85ECCDB4A418C4B80A5D.1_cid381?__blob=publicationFile&v=10. Siehe im Übrigen das allgemeine Schrifttumsverzeichnis.

I. Regelungsgegenstand und Normentwicklung

1. Regelungsgegenstand und Übersicht

1 **§§ 309-311 KAGB** regeln das **Anzeigeverfahren beim Vertrieb von EU-OGAW in Deutschland.** Ihr Gegenstück bilden §§ 312 und 313 KAGB, die das Anzeigeverfahren für den Vertrieb von inländischen OGAW in anderen Mitgliedstaaten der Europäischen Union oder in Vertragsstaaten des Abkommens über den Europäischen Wirtschaftsraum zum Gegenstand haben.

2 § 309 KAGB betrifft die **Pflichten beim Vertrieb von EU-OGAW im Inland.** Beabsichtigt eine im europäischen Ausland oder in einem EWR-Vertragsstaat ansässige EU-OGAW-Verwaltungsgesellschaft oder in Inland ansässige OGAW-Kapitalverwaltungsgesellschaft, in Deutschland („im Geltungsbereich dieses Gesetzes") **Anteile oder Aktien an EU-OGAW** – d.h. Organismen für gemeinsame Anlagen in Wertpapieren, die dem Recht eines anderen Mitgliedstaates der Europäischen Union oder eines anderen Vertragsstaates des Abkommens über den Europäischen Wirtschaftsraum unterliegen (§ 1 Abs. 2, Abs. 8 KAGB) – zu vertreiben, muss sie das **Anzeigeverfahren** nach § 310 KAGB i.V.m. Art. 1 bis 5 der Verordnung (EU) Nr. 584/2010,[1] das Grundlage des **Europäischen OGAW-Vertriebspasses** ist (unten Rz. 8), absolvieren. An dessen Anfang steht ein gemäß Anhang I der Verordnung (EU) Nr. 584/2010 an die zuständige Stelle des Herkunftsmitgliedstaates des EU-OGAW zu richtendes Anzeigeschreiben. Diese übermittelt die in § 310 Abs. 1 Satz 1 KAGB aufgeführten Unterlagen an die BaFin und teilt dies der EU-OGAW-Verwaltungsgesellschaft oder der OGAW-Kapitalverwaltungsgesellschaft mit. Mit Erhalt der Nachricht über die Übermittlung der Unterlagen an die BaFin kann die EU-OGAW-Verwaltungsgesellschaft oder eine OGAW-Kapitalverwaltungsgesellschaft den Vertrieb der Anteile oder Aktien an EU-OGAW aufnehmen (§ 310 Abs. 1 Satz 2KAGB). Im Hinblick auf den Vertrieb dieser Anteile oder Aktien in Deutschland unterliegt die EU-OGAW-Verwaltungsgesellschaft oder OGAW-Kapitalverwaltungsgesellschaft den sich aus **§ 309 KAGB** ergebenden **Pflichten beim Vertrieb von EU-OGAW.**

3 **Kern der Pflichten beim Vertrieb von EU-OGAW** in Deutschland ist es sicherzustellen, dass

- Zahlungen an die Anteilinhaber oder Aktionäre im Geltungsbereich dieses Gesetzes geleistet werden (**§ 309 Abs. 1 Satz 1 Nr. 1 KAGB**),
- Rückkauf und Rücknahme der Anteile oder Aktien im Geltungsbereich dieses Gesetzes erfolgen (**§ 309 Abs. 1 Satz 1 Nr. 2 KAGB**) und
- Anleger im Geltungsbereich dieses Gesetzes alle Informationen und Unterlagen sowie Änderungen dieser Informationen und Unterlagen erhalten, die sie gemäß Kapitel IX, d.h. Art. 91-96 der Richtlinie 2009/65/EG[2] den Anlegern im Herkunftsmitgliedstaat des EU-OGAW liefern muss (**§ 309 Abs. 2 KAGB**).

4 Für den Fall, dass die Anteile oder Aktien an EU-OGAW als gedruckte **Einzelurkunden** ausgegeben werden, ist nach **§ 309 Abs. 1 Satz 2 KAGB** eine **Zahlstelle** nach näherer Bestimmung dieser Vorschrift benennen.

5 Angaben über die vorstehend aufgeführten, nach § 309 Abs. 1 und 2 KAGB getroffenen Vorkehrungen und Maßnahmen sind nach Maßgabe von **§ 309 Abs. 3 Satz 1 KAGB** in den **Verkaufsprospekt** aufzunehmen, der im Geltungsbereich dieses Gesetzes verbreitet ist. Für den Fall des beabsichtigten Vertriebs von Anlagen eines in eine *Umbrella*-Konstruktion (unten Rz. 32) eingebundenen Teilinvestmentvermögens muss der Verkaufsprospekt unter den in § 309 Abs. 3 Satz 2 KAGB ausgeführten Umständen auch die in dieser Bestimmung angeführten Informationen enthalten.

---

1 Verordnung (EU) Nr. 584/2010 der Kommission vom 1. Juli 2010 zur Durchführung der Richtlinie 2009/65/EG des Europäischen Parlaments und des Rates im Hinblick auf Form und Inhalt des Standardmodells für das Anzeigeschreiben und die OGAW-Bescheinigung, die Nutzung elektronischer Kommunikationsmittel durch die zuständigen Behörden für die Anzeige und die Verfahren für Überprüfungen vor Ort und Ermittlungen sowie für den Informationsaustausch zwischen zuständigen Behörden, ABl. EU Nr. L 176 v. 10.7.2010, S. 16.

2 Richtlinie 2009/65/EG des europäischen Parlaments und des Rates vom 13. Juli 2009 zur Koordinierung der Rechts- und Verwaltungsvorschriften betreffend bestimmte Organismen für gemeinsame Anlagen in Wertpapieren (OGAW) – Neufassung, ABl. EU Nr. L 302 v. 17.11.2009, S. 32.

Weitere Pflichten von EU-OGAW-Verwaltungsgesellschaften und OGAW-Kapitalverwaltungsgesellschaften für den Vertrieb von Anteilen oder Aktien an EU-OGAW, die nach § 310 KAGB zum Vertrieb angezeigt wurden, finden sich in Gestalt der in **§ 298 KAGB** statuierten **Veröffentlichungspflichten und laufenden Informationspflichten**. 6

2. Normentwicklung und europarechtliche Grundlage

Die Vorschrift ist seit ihrem Erlass mit dem KAGB **nicht geändert** worden. Sie entspricht § 131 des aufgehobenen InvG und wurde lediglich redaktionell im Hinblick auf neue Begriffsbestimmungen in § 1 KAGB und die Ersetzung des Begriffs des „öffentlichen Vertriebs" (§ 2 Abs. 1 InvG a.F.) durch den Begriff des „Vertriebs" (namentlich § 293 Abs. 1 Satz 1 KAGB) überarbeitet.[3] 7

§ 309 KAGB und die Vorgängervorschrift des § 131 InvG a.F. sind Teil der Umsetzung der Bestimmungen des Kapitels XI (Art. 91-96) der Richtlinie 2009/65/EG (oben Rz. 3), das Sondervorschriften für OGAW enthält, die ihre Anteile in anderen Mitgliedstaaten der EU und des EWR vertreiben, in dem sie niedergelassen sind. Sie sind damit zugleich Teil der Regelungen zur Schaffung des **Europäischen Passes zum Vertrieb von OGAW** in der EU und dem EWR, als dessen Funktionsweise Art. 91 Abs. 1 und 2 Richtlinie 2009/65/EG bestimmt: „(1) Die Aufnahmemitgliedstaaten der OGAW stellen sicher, dass OGAW nach der Anzeige gemäß Artikel 93 ihre Anteile innerhalb ihres Hoheitsgebiets vertreiben können. (2) Die Aufnahmemitgliedstaaten der OGAW unterwerfen die in Absatz 1 genannten OGAW auf dem von dieser Richtlinie geregelten Gebiet keinen zusätzlichen Anforderungen oder administrativen Verfahren." 8

Im **Einzelnen** dient § 309 KAGB (und diente zuvor § 131 InvG a.F.) der **Umsetzung** von Art. 92, Art. 94 Abs. 1 Satz 1 und Abs. 2 sowie Anhang I Schema A Nr. 4 der Richtlinie 2009/65/EG (oben Rz. 3). 9

II. Die Pflichten beim Vertrieb von EU-OGAW im Inland

1. Normadressaten (§ 309 Abs. 1-3 KAGB)

Adressat der sich aus § 309 Abs. 1-3 KAGB ergebenden Pflichten sind EU-OGAW-Verwaltungsgesellschaften und OGAW-Kapitalverwaltungsgesellschaften, die Anteile oder Aktien an EU-OGAW vertreiben. 10

EU-OGAW-Verwaltungsgesellschaft sind nach § 1 Abs. 17 Nr. 1 i.V.m. Abs. 2 und 14 KAGB Unternehmen mit Sitz in einem anderen Mitgliedstaat der Europäischen Union oder einem anderen Vertragsstaat des Abkommens über den Europäischen Wirtschaftsraum, die den Anforderungen an eine Verwaltungsgesellschaft oder an eine intern verwaltete Investmentgesellschaft im Sinne der Richtlinie 2009/65/EG (oben Rz. 3) in Bezug auf Organismen für gemeinsame Anlagen in Wertpapieren (OGAW) entsprechen. 11

OGAW-Kapitalverwaltungsgesellschaft sind nach § 1 Abs. 15 i.V.m. § 17 KAGB Unternehmen mit satzungsmäßigem Sitz und Hauptverwaltung im Inland, deren Geschäftsbetrieb darauf gerichtet ist, inländische Investmentvermögen, EU-Investmentvermögen oder ausländische AIF zu verwalten (§ 17 Abs. 1 Satz 1 KAGB) und die mindestens einen OGAW verwalten oder zu verwalten beabsichtigen (§ 1 Abs. 15 KAGB). Nach § 17 Abs. 1 Satz 2 KAGB ist die Verwaltung eines Investmentvermögens gegeben, wenn mindestens die Portfolioverwaltung oder das Risikomanagement für ein oder mehrere Investmentvermögen erbracht wird. Den Pflichten einer OGAW-Kapitalverwaltungsgesellschaften nach Abs. 1-3 unterliegen nur solche Gesellschaften, die mit schriftlicher Erlaubnis der BaFin nach § 20 Abs. 1 KAGB tätig werden. 12

Darüber hinaus kommen auch externe **AIF-Kapitalverwaltungsgesellschaften**, denen die Erlaubnis als externe OGAW-Kapitalverwaltungsgesellschaft erteilt wurde und die OGAW verwalten (§ 20 Abs. 3 Nr. 7 KAGB) sowie EU-AIF-Verwaltungsgesellschaften, die in ihrem Herkunftsmitgliedstaat eine entsprechende Befugnis zur Verwaltung von OGAW erhalten haben, als Adressaten der in § 309 Abs. 1-3 KAGB bestimmten Pflichten in Betracht.[4] 13

2. Vertrieb (§ 309 Abs. 1-3 KAGB)

Bei den in § 309 Abs. 1-3 KAGB formulierten Pflichten handelt es sich um Pflichten beim Vertrieb von EU-OGAW im Inland. Als **Vertrieb** ist nach § 293 Abs. 1 Satz 1 KAGB das direkte oder indirekte Anbieten oder Platzieren von Anteilen oder Aktien eines Investmentvermögens anzusehen. Als **Angebot** gilt jeder Antrag auf Abschluss eines Vertrages über den Erwerb von Anteilen oder Aktien eines an EU-OGAW im bürgerlichrechtlichen Sinne (§ 143 BGB). Unter „Platzieren" sind alle auf den Absatz von Anteilen oder Aktien 14

3 Vgl. RegE AIFM-UmsG, BT-Drucks. 17/12294 v. 6.2.2013, S. 1 (283).
4 *Klebeck* in Baur/Tappen, § 309 KAGB Rz. 7 f.; *Keunecke/Schwack* in Moritz/Klebeck/Jesch, § 309 KAGB Rz. 7.

gerichtete Aktivitäten des Vertreibenden zu verstehen, darunter auch die selbst kein Angebot im bürgerlichrechtlichen Sinne darstellende *invitatio ad offerendum*.[5] Zu Einzelheiten s. die Erläuterungen zu § 293 Rz. 4 ff.

15 Neben den in § 293 Abs. 1 Satz 2 Nr. 1-7 KAGB aufgeführten **Ausnahmen**, in denen kein Vertrieb i.S.v. § 293 Abs. 1 Satz 1 KAGB vorliegt, stellt nach § 293 Abs. 1 Satz 3 KAGB auch das Angebot oder das Platzieren von Anteilen oder Aktien eines Investmentvermögens an semiprofessionelle und professionelle Anleger nur dann einen Vertrieb i.S.v. § 293 Abs. 1 Satz 1 KAGB dar, wenn diese – Angebot oder Platzierung – auf Initiative der Verwaltungsgesellschaft oder in deren Auftrag erfolgen und sich an semiprofessionelle oder professionelle Anleger i.S.v. § 1 Abs. 19 Nr. 33 bzw. 32 KAGB mit Wohnsitz oder Sitz im Inland oder einem anderen Mitgliedstaat der Europäischen Union oder Vertragsstaat des Abkommens über den Europäischen Wirtschaftsraum richten.

16 Während das InvG als Vertrieb nur den öffentlichen Vertrieb erfasste, wie er in § 2 Abs. 11 InvG a.F. als „ein Vertrieb, der im Wege des öffentlichen Anbietens, der öffentlichen Werbung oder in ähnlicher Weise erfolgt", definiert wurde, erfasst der **Vertriebsbegriff des KAGB** nicht nur das öffentliche, sondern jedwedes Angebot. Diese Neufassung des Begriffs des Vertriebs hat zur Folge, dass auch im Rahmen sog. **Privatplatzierungen** erfolgende nicht öffentliche Angebote als Vertrieb i.S.d. an diesen Vorgang anknüpfenden Bestimmungen des KAGB anzusehen sind, es sei denn, die Angebote richten sich i.S.d. Vertriebs-Ausnahme des § 293 Abs. 1 Satz 3 KAGB (oben Rz. 15) an semiprofessionelle und professionelle Anleger und gehen nicht auf die Initiative der Verwaltungsgesellschaft zurück oder werden in deren Auftrag abgegeben. Letzteres ist etwa dann der Fall, wenn institutionelle Investoren auf der Suche nach Anlagemöglichkeiten sind und in einem wettbewerblich ausgestalteten Verfahren (sog. *beauty contests*) verschiedene Verwaltungsgesellschaft um Angebote bitten.[6] Greift diese Ausnahme nicht ein, unterliegen auch Angebote von EU-OGAW, die sich nicht an Privatanleger i.S.v. § 1 Abs. 19 Nr. 31 KAGB, sondern ausschließlich an professionelle oder semiprofessionelle Anleger, namentlich institutionelle Investoren, richten, den Bestimmungen des § 309 KAGB.

3. Vertriebspflichten nach § 309 Abs. 1-3 KAGB

a) Sicherstellung von Zahlungen, Rückkauf und Rücknahme (§ 309 Abs. 1 KAGB)

aa) Übersicht

17 Nach dem **Regelfall des § 309 Abs. 1 Satz 1 KAGB** muss die EU-OGAW-Verwaltungsgesellschaft oder die OGAW-Kapitalverwaltungsgesellschaft, die Anteile oder Aktien an EU-OGAW vertreibt, unter Einhaltung der deutschen Rechts- und Verwaltungsvorschriften sicherstellen, dass Zahlungen an die Anteilinhaber oder Aktionäre im Geltungsbereich dieses Gesetzes geleistet werden (§ 309 Abs. 1 Satz 1 Nr. 1 KAGB) und Rückkauf und Rücknahme der Anteile oder Aktien im Geltungsbereich dieses Gesetzes erfolgen (§ 309 Abs. 1 Satz 1 Nr. 2 KAGB). § 309 Abs. 1 Satz 1 KAGB setzt Art. 92 der Richtlinie 2009/65/EG (oben Rz. 3) um.

18 Für den **Sonderfall des § 309 Abs. 1 Satz 2 KAGB**, d.h. für den Fall, dass die Anteile oder Aktien an EU-OGAW (zumindest teilweise, unten Rz. 24) als **gedruckte Einzelurkunden** ausgegeben werden, muss die EU-OGAW-Verwaltungsgesellschaft oder die OGAW-Kapitalverwaltungsgesellschaft mindestens ein inländisches Kreditinstitut oder eine inländische Zweigniederlassung eines Kreditinstituts mit Sitz im Ausland benennen -herkömmlich als **Zahlstelle** – bezeichnet, über welche die Zahlungen, die für die Anleger bestimmt sind, geleitet werden und über welche die Rücknahme von Anteilen durch die EU-Investmentgesellschaft oder die Kapitalanlagegesellschaft abgewickelt werden können.

19 § 309 Abs. 1 KAGB beruht auf § 131 Abs. 1 InvG a.F. (zur Normentwicklung schon oben Rz. 7), unterscheidet sich von diesem aber – neben einigen terminologischen Änderungen – vor allem durch einen anderen Vertriebsbegriff (oben Rz. 16) und die Beschränkung der Verpflichtung zur Benennung einer Zahlstelle auf den von § 309 Abs. 1 Satz 2 KAGB erfassten Fall (unten Rz. 24).

20 Angaben über die nach § 309 Abs. 1 KAGB getroffenen Vorkehrungen und Maßnahmen sind nach Abs. 3 Satz 1 (unten Rz. 31) in den im Geltungsbereich dieses Gesetzes verbreiteten **Verkaufsprospekt** aufzunehmen.

5 *BaFin*, Häufige Fragen, 1.1. Auch *Eckhold/Balzer* in Assmann/Schütze, § 22 Rz. 102; *Paul* in Weitnauer/Boxberger/Anders, § 293 KAGB Rz. 5.

6 *Klebeck* in Baur/Tappen, § 309 KAGB Rz. 33 f.

bb) Regelfall des § 309 Abs. 1 Satz 1 Nr. 1 und 2 KAGB

Für den in § 309 Abs. 1 Satz 1 KAGB erfassten Regelfall des Vertriebs von Anteilen oder Aktien an EU-OGAW, die nicht als gedruckte Einzelurkunden ausgegeben werden, muss die EU-OGAW-Verwaltungsgesellschaft oder die OGAW-Kapitalverwaltungsgesellschaft zunächst – nach Abs. 1 Satz 1 Nr. 1 – sämtliche Vorkehrungen treffen, die sicherstellen, dass **Zahlungen** an die Anteilinhaber oder Aktionäre im Geltungsbereich dieses Gesetzes geleistet werden. Dem wird Genüge getan, wenn sichergestellt ist, dass durch die Einrichtung entsprechender Konten in Deutschland oder im Herkunftsstaat der in Deutschland vertriebenen EU-OGAW Überweisungen auf **Konten der Anleger in Deutschland** erfolgen.[7] Eine Verpflichtung, Barauszahlungen an Anleger in Deutschland sicherzustellen, begründet die Vorschrift nicht.[8] Anders als unter der Sonderregelung des § 309 Abs. 1 Satz 2 KAGB ist damit nicht erforderlich, dass die Zahlung durch eine **inländische Zahlstelle** in Gestalt eines inländischen Kreditinstituts oder einer inländischen Zweigniederlassung eines Kreditinstituts mit Sitz im Ausland erfolgt. Die Einrichtung einer inländischen Zahlstelle ist freilich durch § 309 Abs. 1 Satz 1 KAGB nicht ausgeschlossen und würde eine hinreichende Vorkehrung iS dieser Bestimmung darstellen.[9] 21

Des Weiteren verlangt § 309 Abs. 1 Satz 1 Nr. 2 KAGB von der EU-OGAW-Verwaltungsgesellschaft oder der OGAW-Kapitalverwaltungsgesellschaft Vorkehrungen, die sicherstellen, dass **Rückkauf und Rücknahme der Anteile oder Aktien** im Geltungsbereich dieses Gesetzes erfolgen. Ungeachtet des Umstands, dass bei grenzüberschreitenden Vorgängen die Bestimmungen des KAGB oder des deutschen Zivilrechts nach international(privat- und wirtschafts)rechtlichen Vorschriften auch im Ausland gelten können, sind damit – dem Wortlaut des § 131 Abs. 1 Satz 1 InvG a.F., in dem von Zahlungen im Inland oder Rückkauf und Rücknahme im Inland die Rede ist, entsprechend – gemeint, dass die für den Rückkauf und Rücknahme der Anteile oder Aktien vorzunehmenden (rechtsgeschäftlichen) Erklärungen und Handlungen im Inland, d.h. in Deutschland, zu erfolgen haben.[10] Regelmäßig wird der Rückkauf und Rücknahme der Anteile oder Aktien über die gleichen Wege und Institutionen – etwa inländische Kreditinstitute, Zweigniederlassungen ausländischer Kreditinstitute oder im Inland ansässige Vertriebshelfer – erfolgen, die beim Erwerb der Anlage beteiligt waren;[11] zwingend ist das aber nicht.[12] Darüber hinaus schließt es auch § 309 Abs. 1 Satz 1 Nr. 2 KAGB nicht aus, zur Erfüllung der von ihr statuierten Pflicht eine **Zahlstelle** nach Abs. 1 Satz 2 in Gestalt eines inländischen Kreditinstituts oder einer inländischen Zweigniederlassung eines Kreditinstituts mit Sitz im Ausland vorzusehen.[13] 22

§ 309 Abs. 1 Satz 1 KAGB stellt klar, dass die EU-OGAW-Verwaltungsgesellschaft oder die OGAW-Kapitalverwaltungsgesellschaft die nach dieser Bestimmung erforderlichen Vorkehrungen **unter Einhaltung der deutschen Rechts- und Verwaltungsvorschriften** treffen muss. Diese dürfen allerdings, um den Anforderungen von Art. 91 Abs. 2 der Richtlinie 2009/65/EG (oben Rz. 3) zu genügen, auf dem von dieser Richtlinie geregelten Gebiet keine zusätzlichen Anforderungen oder administrativen Verfahren aufweisen. Über die zu beachtenden „Rechts- und Verwaltungsvorschriften, die nicht in den von dieser Richtlinie geregelten Bereich fallen und die für die Modalitäten der Vermarktung von Anteilen von in anderen Mitgliedstaaten niedergelassenen OGAW auf ihrem Hoheitsgebiet spezifisch relevant sind", muss nach Art. 91 Abs. 3 Satz 1 der Richtlinie 2009/65/EG vollständig in einer Weise informiert werden, dass die Information aus der Ferne und elektronisch leicht zugänglich sind. Dabei haben die Mitgliedstaaten nach Art. 91 Abs. 3 Satz 1 der Richtlinie 2009/65/EG sicherzustellen, dass diese Informationen in einer in der Finanzwelt gebräuchlichen Sprache bereitgestellt werden, eindeutig und unmissverständlich sind und dem neuestem Stand entsprechen. Die BaFin gibt in der Anlage zum Merkblatt (2013) zum Vertrieb von Anteilen an EU-OGAW in der Bundesrepublik Deutschland eine nicht abschließende Auflistung der beim Vertrieb von Anteilen an EU-OGAW zu beachtenden investmentspezifischen Vorschriften gem. Art. 91 Abs. 3 der Richtlinie 2009/65/EG. 23

7 *Baum* in Emde/Dornseifer/Dreibus/Hölscher, § 131 InvG Rz. 10.
8 *Zeidler* in Weitnauer/Boxberger/Anders, § 309 KAGB Rz. 6. A.A. *Blankenheim* in Berger/Steck/Lübbehüsen, § 131 InvG Rz. 6.
9 *Zeidler* in Weitnauer/Boxberger/Anders, § 309 KAGB Rz. 5.
10 Auch *Keunecke/Schwack* in Moritz/Klebeck/Jesch, § 309 KAGB Rz. 16.
11 *Keunecke/Schwack* in Moritz/Klebeck/Jesch, § 309 KAGB Rz. 16; *Zeidler* in Weitnauer/Boxberger/Anders, § 309 KAGB Rz. 7.
12 *Keunecke/Schwack* in Moritz/Klebeck/Jesch, § 309 KAGB Rz. 17; *Klebeck* in Baur/Tappen, § 309 KAGB Rz. 51.
13 *Baum* in Emde/Dornseifer/Dreibus/Hölscher, § 131 InvG Rz. 13 ff.; *Zeidler* in Weitnauer/Boxberger/Anders, § 309 KAGB Rz. 7.

cc) Sonderfall des § 309 Abs. 1 Satz 2 KAGB (Ausgabe gedruckter Einzelurkunden)

24 Liegt der Sonderfall des § 309 Abs. 1 Satz 2 KAGB vor, und werden die Anteile oder Aktien an EU-OGAW als **gedruckte Einzelurkunden** ausgegeben, so ist – wie dies unter § 131 Abs. 1 InvG ausnahmslos erforderlich war – für Zahlungen für die Anleger oder die Abwicklung der Rücknahme von Anteilen oder Aktien die Einrichtung mindestens einer **inländischen Zahlstelle** in Gestalt von mindestens einem inländischen Kreditinstitut oder einer inländischen Zweigniederlassung eines Kreditinstituts mit Sitz im Ausland benennen. Die Sonderregelung des § 309 Abs. 1 Satz 2 KAGB greift auch im Fall der **Teilverbriefung**, d.h. dann ein, wenn nur Teile der Anteile oder Aktien an EU-OGAW als gedruckte Einzelurkunden ausgegeben werden,[14] denn auch in diesem Fall ist das von der Vorschrift unterstellte Schutzbedürfnis der Anleger, die solche Anteile oder Aktien erwerben, gegeben. Weder eine Verbriefung noch eine Teilverbriefung stellt es dar, wenn den Anlegern aufgrund entsprechender Regelungen in den Anlagebedingungen auf Nachfrage ein Dokument über den Erwerb von Anteilen oder Aktien ausgehändigt wird.[15] Nicht zu erkennen ist, dass die obligatorisch einzurichtende Zahlstelle zu verpflichten oder verpflichtet sei, Vorkehrungen vorzunehmen, um auf Verlangen des Anlegers Barauszahlungen vorzunehmen.[16] Zur **Inanspruchnahme** der benannten Zahlstelle(n) ist der Anleger mangels anderweitiger vertraglicher Vereinbarungen oder Anlagebedingungen nicht verpflichtet.[17]

25 Der Vorschrift liegt im Übrigen nicht nur der *regulatorische* Spezialfall, sondern auch die heute **praktische Ausnahme** der Ausgabe von Anteilen oder Aktien an EU-OGAW als gedruckte Einzelurkunden zugrunde. Wie in § 309 Abs. 1 Satz 1 KAGB ist auch in diesem Sonderfall und ohne nochmalige Erwähnung im Gesetzestext die Erfüllung der sich aus Abs. 1 Satz 2 ergebenden Pflicht unter „**Einhaltung der deutschen Rechts- und Verwaltungsvorschriften**" vorzunehmen.

b) Informationen und Unterlagen für die Erwerber von EU-OGAW (§ 309 Abs. 2 KAGB)

26 Für den inländischen Vertrieb von Anteilen oder Aktien an EU-OGAW muss die EU-OGAW-Verwaltungsgesellschaft oder die OGAW-Kapitalverwaltungsgesellschaft die in § 298 KAGB aufgeführten Unterlagen und Angaben veröffentlichen. Ergänzend hierzu verpflichtet **§ 309 Abs. 2 KAGB** die EU-OGAW-Verwaltungsgesellschaft und die OGAW-Kapitalverwaltungsgesellschaft, die in Deutschland Anteile oder Aktien an EU-OGAW im Geltungsbereich vertreibt, sicherzustellen, dass die Anlageinteressenten in Deutschland alle Informationen und Unterlagen sowie Änderungen dieser Informationen und Unterlagen erhalten, die sie gemäß Kapitel IX – d.h. Art. 68-82 – der Richtlinie 2009/65/EG (oben Rz. 3) den Anlegern im Herkunftsmitgliedstaat des EU-OGAW liefern muss. Der **Zweck** des § 309 Abs. 2 KAGB besteht dementsprechend in der **informatorischen Gleichbehandlung** von Anlegern, denen in Deutschland Anteile oder Aktien an dem EU-OGAW angeboten werden, mit Anlegern, denen diese Anteile oder Aktien im Herkunftsstaat des EU-OGAW angeboten werden, im Hinblick auf Informationen und Unterlagen, die den Anlegern im Herkunftsmitgliedstaat des EU-OGAW gem. Art. 68-82 der Richtlinie 2009/65/EG zu liefern sind.

27 Inhaltlich entspricht § 309 Abs. 2 KAGB der weitgehend wortgleichen Vorschrift des **§ 131 Abs. 2 InvG a.F.** (zur **Normentwicklung** schon oben Rz. 3). Wie seinerzeit diese Vorschrift dient auch § 309 Abs. 2 KAGB der Umsetzung von Art. 94 Abs. 1 Satz 1 und Abs. 2 der Richtlinie 2009/65/EG (oben Rz. 3). Wie schon die Vorgängervorschrift des § 131 Abs. 2 InvG a.F. enthält auch § 309 Abs. 2 KAGB keine Regelung, welcher Vorkehrungen es bedarf, um sicherzustellen, dass die Anleger im Geltungsbereich dieses Gesetzes alle Informationen und Unterlagen sowie Änderungen dieser Informationen und Unterlagen **erhalten**, die sie gem. Art. 68-82 der Richtlinie 2009/65/EG den Anlegern im Herkunftsmitgliedstaat des EU-OGAW liefern muss. Dabei ist nicht zu klären, in welcher Art und Weise die Informationen und Unterlagen „im Herkunftsmitgliedstaat des EU-OGAW" – so die eindeutige Formulierung der Vorschrift – zu „liefern" sind oder als geliefert gelten dürfen, denn das ist für die Frage, wie die Pflicht nach § 309 Abs. 2 KAGB im Inland zu erfüllen ist, unerheblich. Vielmehr geht es darum, was zu tun ist, damit die Anleger im Geltungsbereich des KAGB diese Informationen und Unterlagen „erhalten". Diesbezüglich geht die Praxis dahin, es genügen zu lassen, dass die Anleger **Zugang** zu diesen im Herkunftsstaat des EU-OGAW zu liefernden Informationen und Unterlagen haben und dieser Zugang über **Informationsstellen** eröffnet wird,[18] die nach Verlaut-

---

14 *BaFin*, Merkblatt (2013) zum Vertrieb von Anteilen an EU-OGAW, S. 2 unter III. 2. a).

15 *Zeidler* in Weitnauer/Boxberger/Anders, § 309 KAGB Rz. 5.

16 Ebenso *Baum* in Emde/Dornseifer/Dreibus/Hölscher, § 131 InvG Rz. 13 ff. A.A. *Klebeck* in Baur/Tappen, § 309 KAGB Rz. 46.

17 *Keunecke/Schwack* in Moritz/Klebeck/Jesch, § 309 KAGB Rz. 11, 13.

18 *Baum* in Emde/Dornseifer/Dreibus/Hölscher, § 131 InvG Rz. 25; *Blankenheim* in Berger/steck/Lübbehüsen, § 131 InvG Rz. 10; *Döser* in Patzner/Döser/Kempf, § 309 KAGB Rz. 3; *Keunecke/Schwack* in Moritz/Klebeck/Jesch, § 309

barungen der BaFin zur Erfüllung der Informationspflichten der EU-OGAW-Verwaltungsgesellschaft oder die OGAW-Kapitalverwaltungsgesellschaft im Zusammenhang mit den Anzeigepflichten nach § 310 KAGB zu bestellen sind;[19] dass die Anleger ohne eigenes Zutun in den Besitz der Informationen und Unterlagen gelangen, ist damit nicht erforderlich.[20] Dabei kann die Aufgabe einer Informationsstelle von jeder natürlichen Person sowie jeder rechtsfähigen Personengesellschaft oder juristischen Person mit Wohnsitz oder Hauptniederlassung bzw. Sitz oder Zweigniederlassung im Inland wahrgenommen werden.[21] Das ist schon deshalb akzeptabel, weil nach § 309 Abs. 3 KAGB „Angaben über die nach den Absätzen 1 und 2 getroffenen Vorkehrungen und Maßnahmen … in den Verkaufsprospekt aufzunehmen (sind), der im Geltungsbereich dieses Gesetzes verbreitet ist" und damit mit diesem veröffentlicht werden.

Angaben über die nach Abs. 1 getroffenen Vorkehrungen und Maßnahmen sind nach § 309 Abs. 3 Satz 1 KAGB (unten Rz. 31) in den im Geltungsbereich dieses Gesetzes verbreiteten **Verkaufsprospekt** aufzunehmen. 28

Nach § 340 Abs. 2 Nr. 80 KAGB handelt **ordnungswidrig**, wer entgegen § 309 Abs. 2 KAGB nicht sicherstellt, dass ein Anleger eine dort genannte Information oder eine dort genannte Unterlage oder eine Änderung erhält. 29

c) Angaben im Verkaufsprospekt (§ 309 Abs. 3 KAGB)

Der in Deutschland verbreitete Verkaufsprospekt in Bezug auf die in Deutschland vertriebenen Anteile oder Aktien an EU-OGAW muss die in § 309 Abs. 3 Satz 1 und Satz 2 KAGB aufgeführten Angaben – verbreitet als **„deutschlandspezifische Angaben"** bezeichnet[22] – enthalten. Die Vorschrift entspricht weitgehend § 131 Abs. 3 InvG a.F. 30

Nach § 309 Abs. 3 Satz 1 KAGB sind in den Verkaufsprospekt „Angaben über die nach den Absätzen 1 und 2 getroffenen Vorkehrungen und Maßnahmen" aufzunehmen. Erforderlich sind danach die folgenden Angaben: 31

- Angaben, wie **Zahlungen** an die Anteilinhaber oder Aktionäre in Deutschland geleistet werden (§ 309 Abs. 1 Satz 1 Nr. 1 KAGB) und wie der **Rückkauf und die Rücknahme** sowie gegebenenfalls – bei Anteilen oder Aktien an Teilinvestmentvermögen im Falle von *Umbrella*-Konstruktionen (unten Rz. 32) – der **Umtausch** der Anteile oder Aktien in Deutschland erfolgt (§ 309 Abs. 1 Satz 1 Nr. 2 KAGB).
- Angaben, wie Anleger in Deutschland die **Informationen und Unterlagen** sowie Änderungen derselben erhalten, die nach Art. 91-96 der Richtlinie 2009/65/EG (oben Rz. 3) den Anlegern im Herkunftsmitgliedstaat des EU-OGAW geliefert werden müssen (§ 309 Abs. 2 KAGB). Dazu gehört die Benennung einer **„inländischen Informationsstelle"**.[23]
- Für den Fall, dass die Anteile oder Aktien an EU-OGAW als gedruckte Einzelurkunden ausgegeben werden, Angaben darüber, welches inländische Kreditinstitut oder welche inländische Zweigniederlassung eines Kreditinstituts mit Sitz im Ausland als **Zahlstelle** fungiert (§ 309 Abs. 1 Satz 2 KAGB). Im Einzelnen sind hierbei anzugeben: Firma und Anschrift der Zahlstelle(n) in Deutschland; „Angaben darüber, dass Rücknahmeanträge und bei einem *Umbrella*-Fonds [unten Rz. 32] zusätzlich auch Umtauschanträge für die Anteile (die in der Bundesrepublik Deutschland vertrieben werden dürfen) bei der/den deutschen Zahlstelle(n) eingereicht werden können"; schließlich „Angaben darüber, dass sämtliche Zahlungen an die Anleger (Rücknahmeerlöse, etwaige Ausschüttungen und sonstige Zahlungen) über die deutsche(n) Zahlstelle(n) geleitet werden können".[24]

Die Angaben, die **§ 309 Abs. 3 Satz 2 KAGB** verlangt, setzen eine sog. ***Umbrella*-Konstruktion** von Investmentvermögen voraus, wie sie auch Gegenstand des § 96 Abs. 2 und 3 KAGB ist. Sie ist gekennzeichnet 32

KAGB Rz. 27; *Klebeck* in Baur/Tappen, § 309 KAGB Rz. 53 f.; *Zeidler* in Weitnauer/Boxberger/Anders, § 309 KAGB Rz. 11.

19 *BaFin*, Merkblatt (2013) zum Vertrieb von Anteilen an EU-OGAW, S. 3 unter III. 2. b) und S. 4 unter IV. 2. b).

20 *Keunecke/Schwack* in Moritz/Klebeck/Jesch, § 309 KAGB Rz. 29.

21 *Baum* in Emde/Dornseifer/Dreibus/Hölscher, § 131 InvG Rz. 25; *Keunecke/Schwack* in Moritz/Klebeck/Jesch, § 309 KAGB Rz. 28; *Klebeck* in Baur/Tappen, § 309 KAGB Rz. 54; *Zeidler* in Weitnauer/Boxberger/Anders, § 309 KAGB Rz. 11.

22 *Baum* in Emde/Dornseifer/Dreibus/Hölscher, § 131 InvG Überschrift vor Rz. 26; *Keunecke/Schwack* in Moritz/Klebeck/Jesch, § 309 KAGB Rz. 30; *Klebeck* in Baur/Tappen, § 309 KAGB Überschrift vor Rz. 58; *Zeidler* in Weitnauer/Boxberger/Anders, § 309 KAGB Rz. 12.

23 *BaFin*, Merkblatt (2013) zum Vertrieb von Anteilen an EU-OGAW, S. 4 unter IV. 2. b).

24 *BaFin*, Merkblatt (2013) zum Vertrieb von Anteilen an EU-OGAW, S. 6 unter IV. 4. d), Hervorhebung hinzugefügt.

durch die vertragsrechtliche Zusammenfassung mehrerer Sondervermögen, die sich hinsichtlich der Anlagepolitik oder eines anderen Ausstattungsmerkmals unterscheiden, wobei ein jedes Teilsondervermögen von den übrigen Teilsondervermögen vermögensrechtlich und haftungsrechtlich getrennt ist und die Rechte von Anlegern und Gläubigern im Hinblick auf ein Teilsondervermögen sich auf die Vermögensgegenstände dieses Teilsondervermögens beschränken. Für den Anleger eröffnen *Umbrella*-Konstruktionen regelmäßig den Vorteil, kostengünstig und mitunter sogar kostenlos zwischen den Teilsondervermögen wechseln zu können. Dabei ist der die Sondervermögen verbindende Schirm – anders als ein sog. Dachfonds – selbst kein Investmentvermögen. Werden Anteile oder Aktien an solchen Teilsondervermögen – § 309 Abs. 3 KAGB spricht von **Teilinvestmentvermögen** – in Deutschland vertrieben, während für die Anteile oder Aktien an anderen Teilinvestmentvermögen keine auf den Vertrieb derselben in Deutschland gerichtete Anzeige nach § 310 KAGB erstattet wurde, so muss hierauf im Verkaufsprospekt hingewiesen werden.

33 **Im Einzelnen** verlangt **§ 309 Abs. 3 Satz 2 Halbs. 1 KAGB** den in den Verkaufsprospekt aufzunehmenden Hinweis, dass für das weitere oder die weiteren Teilinvestmentvermögen keine Anzeige erstattet wurde und Anteile oder Aktien dieses oder dieser Teilinvestmentvermögen im Geltungsbereich dieses Gesetzes nicht vertrieben werden dürfen. Dabei sind das fragliche weitere oder die fraglichen weiteren Teilinvestmentvermögen nach **§ 309 Abs. 3 Satz 2 Halbs. 2 KAGB** namentlich zu bezeichnen. Die Angaben sind nach § 309 Abs. 3 Satz 2 Halbs. 1 KAGB **drucktechnisch hervorgehoben** an zentraler Stelle des Verkaufsprospekts anzubringen, d.h. zweckmäßigerweise an der Stelle, in der die angebotenen Anteile oder Aktien an EU-OGAW gekennzeichnet werden. Dafür ist eine Textgestaltung erforderlich, die sich vom übrigen Text deutlich abhebt. Die BaFin verlangt in Bezug auf eine gleichlautende Formulierung in § 293 Abs. 1 Nr. 3 KAGB **Fettdruck.**[25] Bereits darin kommt zum Ausdruck, dass die „Informationen für die Anleger in der Bundesrepublik Deutschland … fester Bestandteil" des Verkaufsprospekts sein müssen „und im Inhaltsverzeichnis entsprechend berücksichtigt und durch eine Nummerierung der Seiten dokumentiert werden" sollten.[26] Die Angaben sind, der Regelung der §§ 298 Abs. 1 Satz 1, 310 Abs. 2 Satz 1 KAGB entsprechend, „in der **Sprache** aufzunehmen, in der auch der für den Vertrieb in … Deutschland bestimmte Verkaufsprospekt abgefasst ist, d.h. in deutscher Sprache, wenn der Verkaufsprospekt in die deutsche Sprache übersetzt wurde oder bereits ursprünglich auf Deutsch abgefasst ist, ansonsten in der in internationalen Finanzkreisen üblichen Sprache, in der er abgefasst ist".[27]

34 Sind die nach § 309 Abs. 3 KAGB erforderlichen **Angaben** im Verkaufsprospekt **fehlerhaft**, so kommt eine Haftung nach § 306 Abs. 1 KAGB in Betracht.

§ 310 Anzeige zum Vertrieb von EU-OGAW im Inland

(1) [1]Beabsichtigt eine EU-OGAW-Verwaltungsgesellschaft oder eine OGAW-Kapitalverwaltungsgesellschaft, Anteile oder Aktien im Geltungsbereich dieses Gesetzes an EU-OGAW zu vertreiben, so prüft die Bundesanstalt, ob die zuständigen Stellen des Herkunftsmitgliedstaates des EU-OGAW folgende Unterlagen an die Bundesanstalt übermittelt haben:

1. das Anzeigeschreiben gemäß Anhang I der Verordnung (EU) Nr. 584/2010,

2. die Bescheinigung gemäß Anhang II der Verordnung (EU) Nr. 584/2010 darüber, dass es sich um einen EU-OGAW handelt,

3. die Anlagebedingungen oder die Satzung des EU-OGAW, den Verkaufsprospekt sowie den letzten Jahresbericht und den anschließenden Halbjahresbericht gemäß Artikel 93 Absatz 2 Buchstabe a der Richtlinie 2009/65/EG und

4. die in Artikel 78 der Richtlinie 2009/65/EG genannten wesentlichen Anlegerinformationen.

[2]Der Vertrieb kann aufgenommen werden, wenn die EU-OGAW-Verwaltungsgesellschaft oder die OGAW-Kapitalverwaltungsgesellschaft von der zuständigen Stelle des Herkunftsmitgliedstaates des EU-OGAW über diese Übermittlung unterrichtet wurde. Die näheren Inhalte, die Form und die Gestaltung des Anzeigeverfahrens bestimmen sich nach den Artikeln 1 bis 5 der Verordnung (EU) Nr. 584/2010.

25 *BaFin*, Merkblatt (2013) zum Vertrieb von Anteilen an EU-OGAW, S. 8 unter IV. 5. a).
26 *BaFin*, Merkblatt (2013) zum Vertrieb von Anteilen an EU-OGAW, S. 6 unter IV. 4. c).
27 *BaFin*, Merkblatt (2013) zum Vertrieb von Anteilen an EU-OGAW, S. 6 unter IV. 4. c). Auch *Zeidler* in Weitnauer/Boxberger/Anders, § 309 KAGB Rz. 13.

(2) [1]Die in Absatz 1 Satz 1 Nummer 3 genannten Unterlagen sind entweder in deutscher Sprache oder in einer in internationalen Finanzkreisen gebräuchlichen Sprache vorzulegen. [2]Die in Absatz 1 Satz 1 Nummer 4 genannten wesentlichen Anlegerinformationen sind in deutscher Sprache vorzulegen. [3]Verantwortlich für die Übersetzungen ist die EU-OGAW-Verwaltungsgesellschaft oder die OGAW-Kapitalverwaltungsgesellschaft; der Inhalt der ursprünglichen Informationen muss richtig und vollständig wiedergeben werden. [4]Das Anzeigeschreiben gemäß Absatz 1 Satz 1 Nummer 1 und die Bescheinigung gemäß Absatz 1 Satz 1 Nummer 2 sind in einer in internationalen Finanzkreisen gebräuchlichen Sprache vorzulegen, sofern die Bundesanstalt und die zuständige Stelle des Herkunftsmitgliedstaates nicht vereinbart haben, dass diese in einer Amtssprache beider Mitgliedstaaten übermittelt werden können.

(3) Die Bundesanstalt verlangt im Rahmen des Anzeigeverfahrens keine zusätzlichen Unterlagen, Zertifikate oder Informationen, die nicht in Artikel 93 der Richtlinie 2009/65/EG vorgesehen sind.

(4) [1]Die EU-OGAW-Verwaltungsgesellschaft oder die OGAW-Kapitalverwaltungsgesellschaft hat die Bundesanstalt über Änderungen der Anlagebedingungen oder der Satzung, des Verkaufsprospekts, des Jahresberichts, des Halbjahresberichts und der wesentlichen Anlegerinformationen gemäß Artikel 78 der Richtlinie 2009/65/EG jeweils unverzüglich zu unterrichten und unverzüglich darüber zu informieren, wo diese Unterlagen in elektronischer Form verfügbar sind. [2]Die Bundesanstalt hat eine E-Mail-Adresse anzugeben, an die die Aktualisierungen und Änderungen sämtlicher in Satz 1 genannter Unterlagen übermittelt werden müssen. [3]Die EU-OGAW-Verwaltungsgesellschaft oder die OGAW-Kapitalverwaltungsgesellschaft hat bei der Übersendung die Änderungen oder Aktualisierungen zu beschreiben oder eine geänderte Fassung des jeweiligen Dokuments als Anlage in einem gebräuchlichen elektronischen Format beizufügen.

(5) Werden Informationen über die Modalitäten der Vermarktung oder vertriebene Anteil- oder Aktienklassen, die im Anzeigeschreiben gemäß Artikel 93 Absatz 1 der Richtlinie 2009/65/EG mitgeteilt wurden, geändert, so teilt die EU-OGAW-Verwaltungsgesellschaft oder die OGAW-Kapitalverwaltungsgesellschaft diese Änderung der Bundesanstalt vor Umsetzung der Änderung in Textform mit.

In der Fassung vom 4.7.2013 (BGBl. I 2013, S. 1981).

Schrifttum: *BaFin*, Anlage zum Merkblatt (2013) zum Vertrieb von Anteilen an EU-OGAW in der Bundesrepublik Deutschland, abrufbar unter www.bafin.de/SharedDocs/Downloads/DE/Merkblatt/WA/dl_130722_merkbl_310KAGB_Anlage_wa.pdf?__blob=publicationFile&v=8; *BaFin*, Merkblatt (2013) zum Vertrieb von Anteilen an EU-OGAW in der Bundesrepublik Deutschland gemäß § 310 Kapitalanlagegesetzbuch (KAGB) – „Incoming UCITS-Notification" bzw. „Incoming UCITS-Update", vom 17.7.2013, abrufbar unter https://www.bafin.de/SharedDocs/Downloads/DE/Merkblatt/WA/dl_130722_merkbl_310KAGB_wa.pdf;jsessionid=6DF2513AE4CC85ECCDB4A418C4B80A5D.1_cid381?__blob=publicationFile&v=10. Siehe im Übrigen das allgemeine Schrifttumsverzeichnis.

I. Regelungsgegenstand, Anwendungsbereich und Normentwicklung

1. Regelungsgegenstand

In Verbindung mit Art. 1-5 der (gemäß Art. 288 Abs. 2 AEUV in den Mitgliedstaaten der EU unmittelbar 1
geltenden) Verordnung (EU) Nr. 584/2010[1] (im Folgenden: VO (EU) Nr. 584/2010) und mehrfach unter

1 Verordnung (EU) Nr. 584/2010 der Kommission vom 1.7.2010 zur Durchführung der Richtlinie 2009/65/EG des Europäischen Parlaments und des Rates im Hinblick auf Form und Inhalt des Standardmodells für das Anzei-

Bezugnahme auf Bestimmungen der Richtlinie 2009/65/EG[2] **regelt die Vorschrift** die Voraussetzungen, unter denen eine EU-OGAW-Verwaltungsgesellschaft (§ 309 Rz. 11) oder eine OGAW-Kapitalverwaltungsgesellschaft (§ 309 Rz. 12) Anteile oder Aktien an EU-OGAW (§ 309 Rz. 2) in Deutschland vertreiben dürfen. Im Mittelpunkt der Vorschrift stehen das Anzeigeverfahren, das dem Vertrieb solcher Anteile vorausgehen muss, die im Zuge dieses Verfahrens vorzulegenden Unterlagen sowie die Informationen, die der BaFin im Falle der Änderung von Sachverhalten, auf dies sich die vorzulegenden Dokumente beziehen, mitzuteilen sind.

2 Die diesbezüglichen Bestimmungen sind über die Vorschrift verteilt, weshalb die nachfolgenden Erläuterungen einer **systematischen Darstellung** der in diesen enthaltenen Regelungen folgt. Das ist auch der Ansatz des über die Bestimmungen des § 310 KAGB hinausgreifenden, **von der BaFin vorgelegten Merkblatts** – „Merkblatt (2013) zum Vertrieb von Anteilen an EU-OGAW in der Bundesrepublik Deutschland" (s. Schrifttum), das die Verwaltungspraxis wiedergibt und bindet und in den nachfolgenden Erläuterungen besondere Berücksichtigung findet.

2. Anwendungsbereich

3 Die Vorschrift ist nur auf den Vertrieb von Anteilen oder Aktien an **EU-OGAW** (§ 309 Rz. 2) in Deutschland anwendbar, d.h. von Anteilen oder Aktien an Organismen für gemeinsame Anlagen in Wertpapieren, die dem Recht eines anderen Mitgliedstaates der Europäischen Union oder eines anderen Vertragsstaates des Abkommens über den Europäischen Wirtschaftsraum (EWR) unterliegen (§ 1 Abs. 2, Abs. 8 KAGB; s. § 309 Rz. 1). Aufgrund des EWR-Abkommens – zwischen der EU und den EFTA-Staaten – sind damit auch OGAW erfasst, die dem Recht Islands, Liechtensteins und Norwegens unterliegen, mangels Ratifizierung des Abkommens durch die Schweiz nicht aber entsprechende Organismen nach Schweizer Recht.

4 Auf der Grundlage von § 296 Abs. 1 KAGB hat die BaFin mit der Eidgenössischen Finanzmarktaufsicht (FINMA) eine Vereinbarung[3] getroffen, die den gegenseitigen grenzüberschreitenden Vertrieb von Anteilen oder Aktien an richtlinienkonformen deutschen Investmentvermögen und **schweizerischen Effektenfonds** ermöglicht. Die Vereinbarung hat – was in ihrer Präambel ausdrücklich festgestellt wird – zur Folge, dass §§ 310 und 311 auf Anteile an schweizerischen Effektenfonds gem. Art. 53-57 des Bundesgesetzes über die kollektiven Kapitalanlagen (KAG), die in Deutschland vertrieben werden sollen, sowie §§ 312 und 313 auf Anteile an dem deutschen Recht unterliegenden OGAW gem. §§ 192 bis 213 KAGB, die in der Schweiz vertrieben werden sollen, entsprechend anwendbar sind.

3. Entwicklung und europarechtliche Grundlage der Norm

5 Die Vorschrift ist seit ihrem Erlass mit dem KAGB **nicht geändert** worden. Sie entspricht weitgehend § 132 des aufgehobenen InvG und wurde lediglich redaktionell im Hinblick auf neue Begriffsbestimmungen in § 1 KAGB und die Ersetzung des Begriffs des „öffentlichen Vertriebs" (§ 2 Abs. 1 InvG a.F.) durch den Begriff des „Vertriebs" (namentlich § 293 Abs. 1 Satz 1 KAGB) überarbeitet.[4]

6 § 310 KAGB dient, wie schon seine Vorgängervorschrift § 132 InvG a.F. (vorstehend Rz. 5), der **Umsetzung von Art. 93 der Richtlinie 2009/65/EG** (oben Rz. 1) und des **Systems des Europäischen Passes** für den Vertrieb von Anteilen oder Aktien an OGAW in anderen Ländern als dem EU/EWR-Herkunftsmitgliedstaats des OGAW (unten Rz. 18).

II. Anzeige zum Vertrieb

1. Anzeigeverfahren und Aufnahme des Vertriebs (§ 310 Abs. 1-3 KAGB, Art. 1-5 VO Nr. 584/2010)

7 Die Bestimmungen des **§ 310 Abs. 1 KAGB** sind **Teil des Anzeigeverfahrens**, das dem **Vertrieb von Anteile oder Aktien an EU-OGAW** durch eine EU-OGAW-Verwaltungsgesellschaft oder eine OGAW-Kapitalver-

---

geschreiben und die OGAW-Bescheinigung, die Nutzung elektronischer Kommunikationsmittel durch die zuständigen Behörden für die Anzeige und die Verfahren für Überprüfungen vor Ort und Ermittlungen sowie für den Informationsaustausch zwischen zuständigen Behörden, ABl. EU Nr. L 176 v. 10.7.2010, S. 16.

2 Richtlinie 2009/65/EG des europäischen Parlaments und des Rates vom 13.7.2009 zur Koordinierung der Rechts- und Verwaltungsvorschriften betreffend bestimmte Organismen für gemeinsame Anlagen in Wertpapieren (OGAW) – Neufassung, ABl. EU Nr. L 302 v. 17.11.2009, S. 32.

3 Die Vereinbarung zwischen der FINMA und der BaFin vom 20.12.2013 ist abrufbar von der Website der BaFin unter www.bafin.de/SharedDocs/Downloads/DE/Merkblatt/WA/dl_140116_vereinbarung_finma_bafin.html.

4 Vgl. RegE AIFM-UmsG, BT-Drucks. 17/12294 v. 6.2.2013, S. 1 (283).

waltungsgesellschaft vorausgehen muss (zu den Begriffen § 309 Rz. 2, 11, bzw. 12). Als **Vertrieb** ist nach § 293 Abs. 1 Satz 1 KAGB das direkte oder indirekte Anbieten oder Platzieren von Anteilen oder Aktien eines Investmentvermögens anzusehen (näher § 309 Rz. 14). Die in § 310 Abs. 1 KAGB enthaltenen Regelungen greifen jedoch erst in einem fortgeschrittenen Stadium des Anzeigeverfahrens ein, nämlich der Übermittlung von Unterlagen, die die anzeigende Verwaltungsgesellschaft bei der zuständigen Stelle des Herkunftsmitgliedstaats des EU-OGAW, zusammen mit dem an diese gerichteten Anzeigeschreiben nach Anhang I VO (EU) Nr. 584/2010 (oben Rz. 1), eingereicht hat.

Bis die BaFin nach § 310 Abs. 1 Satz 1 KAGB prüfen kann, ob ihr sämtliche der in Abs. 1 Satz 1 Nr. 1-4 aufgeführten Unterlagen übermittelt wurden und der Vertrieb der Anteile oder Aktien an dem fraglichen EU-OGAW in Deutschland nach § 310 Abs. 1 Satz 2 KAGB aufgenommen werden kann, müssen verschiedene, nicht in § 310 KAGB geregelte **Verfahrensschritte** vorausgegangen und **Anforderungen** erfüllt worden sein. Diese sind – worauf § 310 Abs. 1 Satz 3 KAGB lediglich klarstellend[5] hinweist – weitgehend in den direkt anwendbaren (oben Rz. 1) Art. 1-5 VO (EU) Nr. 584/2010 geregelt: 8

- Das Anzeigeverfahren wird durch das in Art. 93 Abs. 1 der Richtlinie 2009/65/EG (oben Rz. 1) genannte **Anzeigeschreiben** eingeleitet. Dieses hat gem. Art. 1 VO 584/2010 (entsprechend Art. 93 Abs. 1 Richtlinie 2009/65/EG) der EU-OGAW – zweckmäßigerweise die EU-OGAW-Verwaltungsgesellschaft oder die OGAW-Kapitalverwaltungsgesellschaft i.S.v. § 310 Abs. 1 Satz 1 KAGB – nach dem Muster in Anhang I der VO (EU) Nr. 584/2010 (Art. 1 VO (EU) Nr. 584/2010) unter Beifügung der in Art. 93 Abs. 2 der Richtlinie 2009/65/EG angeführten **Unterlagen** – das sind die in § 310 Abs. 1 Satz 1 Nr. 3 und 4 KAGB genannten – zu erstellen und bei zuständigen Behörde des Herkunftsmitgliedstaats einzureichen. Zu den Anforderungen, welche die Unterlagen im Hinblick auf den Vertrieb von Anteilen oder Aktien an EU-OGAW in Deutschland nach **§ 310 Abs. 2 KAGB** und § 309 Abs. 3 KAGB genügen müssen, s. unten Rz. 17 f. bzw. 16. Das Anzeigeschreiben ist nach **§ 310 Abs. 2 Satz 4 KAGB** in einer in internationalen Finanzkreisen gebräuchlichen Sprache – wozu jedenfalls Englisch zählt – vorzulegen (unten Rz. 17, 3. Spiegelstrich). Zu den nach **Teil B des Anzeigeschreibens** nach dem Muster in Anhang I der VO (EU) Nr. 584/2010 erforderlichen Angaben finden sich im BaFin-Merkblatt (2013) zum Vertrieb von Anteilen an EU-OGAW eine Reihe von Hinweisen.[6] 9
- Die zuständige Behörde des Herkunftsmitgliedstaats des OGAW hat innerhalb von höchstens zehn Arbeitstagen nach Eingang des Anzeigeschreibens zu **prüfen**, ob die erforderlichen Unterlagen eingereicht wurden (Art. 93 Abs. 3 Unterabs. 1 VO (EU) Nr. 584/2010). Nach erfolgter positiver **Vollständigkeitsprüfung** – spätestens aber nach Ablauf der Prüfungsfrist – **übermittelt** die Behörde der zuständigen Behörde des Mitgliedstaats, in dem die Anteile an oder die Aktien des OGAW vertreiben werden sollen, hier der **BaFin**, das Anzeigeschreiben und die eingereichten Unterlagen und fügen diesen eine nach dem Muster in Anhang II der VO (EU) Nr. 584/2010 zu erstellende **Bescheinigung** darüber bei, dass der OGAW die in Art. 93 Abs. 1 und 2 der Richtlinie 2009/65/EG genannten Bedingungen erfüllt (Art. 93 Abs. 3 Unterabs. 1 Richtlinie 2009/65/EG, Art. 2, 4 Abs. 1 VO (EU) Nr. 584/2010). Die **Übermittlung** erfolgt nach Maßgabe von Art. 3 und 4 VO (EU) Nr. 584/2010. 10
- Nachdem die Übermittlung der vorstehend genannten Unterlagen – es handelt sich um die in § 310 Abs. 1 Satz 1 Nr. 1-4 KAGB aufgeführten Vertriebsunterlagen – an die BaFin sichergestellt ist (Art. 4 Abs. 3 und 4 VO (EU) Nr. 584/2010), **unterrichtet** die Behörde des Herkunftsmitgliedstaats die anzeigende EU-OGAW-Verwaltungsgesellschaft oder die OGAW-Kapitalverwaltungsgesellschaft unmittelbar über den **Versand der Unterlagen** an die zuständige Behörde des Mitgliedstaats, in dem die Anteile an oder Aktien des EU-OGAW vertrieben werden sollen (Art. 93 Abs. 3 Unterabs. 3 Richtlinie 2009/65/EG). Der **Vertrieb kann aufgenommen werden**, wenn die EU-OGAW-Verwaltungsgesellschaft oder die OGAW-Kapitalverwaltungsgesellschaft von der zuständigen Stelle des Herkunftsmitgliedstaates des EU-OGAW durch **Übermittlungsanzeige** über die Übermittlung der Unterlagen unterrichtet wurden, wobei das Datum dieser Unterrichtung maßgeblich ist (**§ 310 Abs. 1 Satz 2 KAGB**, Art. 93 Abs. 3 Unterabs. 1 Richtlinie 2009/65/EG umsetzend). Ob die Vertriebsunterlagen der BaFin tatsächlich vollständig übermittelt wurden, ist dafür unerheblich. Indes ist der Beginn einer Vertriebstätigkeit trotz unvollständig übermittelter Vertriebsunterlagen wenig wahrscheinlich, da Art. 4 Abs. 3 VO (EU) Nr. 584/2010 – ungeachtet der Übermittlungsfiktion des Art. 4 Abs. 2 VO (EU) Nr. 584/2010 – von der Behörde des OGAW-Herkunftsmitgliedstaats verlangt, vor der Mitteilung der Übermittlung der Unterlagen gegenüber dem Anzeigenden sicherzustellen, dass diese Übermittlung stattgefunden hat. Die Befugnisse der 11

5 *Zeidler* in Weitnauer/Boxberger/Anders, § 310 KAGB Rz. 2. Zur entsprechenden Bestimmung des § 132 des aufgehobenen InvG *Baum* in Emde/Dornseifer/Dreibus/Hölscher, § 132 InvG Rz. 7.

6 *BaFin*, Merkblatt (2013) zum Vertrieb von Anteilen an EU-OGAW, S. 1 ff. unter III. 1.–3.

BaFin, im Zusammenhang mit dem Vertrieb von Anteilen oder Aktien an EU-OGAW in Deutschland **Maßnahmen zum Schutz der Anleger** – einschließlich der Untersagung des Vertriebs derselben – zu ergreifen, sind in § 311 Abs. 1-4 KAGB geregelt.

12 – Unabhängig von der Befugnis zur Aufnahme des Vertriebs nach Erhalt der Übermittlungsanzeige an die EU-OGAW-Verwaltungsgesellschaft oder die OGAW-Kapitalverwaltungsgesellschaft **bestätigt die BaFin** den zuständigen Behörden des OGAW-Herkunftsmitgliedstaats so bald wie möglich, spätestens aber fünf Arbeitstage nach Eingang der ihr übermittelten Unterlagen. Das ist zugleich der Zeitraum, in dem die BaFin die **Prüfung der Vollständigkeit** der Unterlagen vornimmt, die in § 310 Abs. 1 Satz 1 Nr. 1-4 KAGB klarstellend aufgeführt sind. Eine darüberhinausgehende **Prüfung der Richtigkeit** namentlich der in § 310 Abs. 1 Satz 1 Nr. 3 KAGB genannten Unterlagen sowie der in Abs. 1 Satz 1 Nr. 4 angeführten wesentlichen Anlegerinformationen ist der BaFin verwehrt.

13 Im Rahmen der **Vollständigkeitsprüfung** durch die BaFin, bei der auch die Regelung der Anzeige zum Vertrieb von EU-OGAW in § 310 Abs. 1 KAGB einsetzt, prüft die BaFin auch, ob die in Abs. 1 Satz 1 Nr. 1-4 aufgeführten Unterlagen den **Sprachanforderungen des § 310 Abs. 2 KAGB** – zu diesen näher unten Rz. 17 – genügen. Auch die Prüfung der **Übersetzung** ist durch die Vollständigkeitskontrolle nicht ausgeschlossen (unten Rz. 18). Darüber hinaus kann die BaFin im Rahmen des Anzeigeverfahrens auch **keine (zusätzlichen) Unterlagen, Zertifikate oder Informationen** verlangen, die nicht in Art. 93 der Richtlinie 2009/65/EG vorgesehen und in § 310 Abs. 1 Satz 1 Nr. 1-4 KAGB aufgeführt sind (§ 310 Abs. 3 KAGB).

14 Zu den **Anforderungen, die beim Vertrieb von EU-OGAW in Deutschland zu erfüllen sind**, gibt die BaFin im Merkblatt (2013) zum Vertrieb von Anteilen an EU-OGAW eine Reihe zusammenfassender und über die Anwendung von § 310 KAGB hinausgehender Hinweise.[7]

2. Unterlagen und Änderungen der in diesen enthaltenen Angaben (§ 310 Abs. 1-3 KAGB)

a) Inhalt der Unterlagen

15 § 310 KAGB enthält selbst keine Vorschriften über den **Inhalt der Unterlagen**, die im Anzeigeverfahren bei der zuständigen Behörde des Herkunftsmitgliedstaats des OGAW einzureichen sowie der BaFin zu übermitteln sind, sondern benennt in **§ 310 Abs. 1 Satz 1 Nr. 1-4 KAGB** lediglich die Unterlagen, die der BaFin von der Behörde des Herkunftsmitgliedstaats übermitteln werden müssen. Die an diese Unterlagen zu stellenden Anforderungen richten sich – entsprechend den in Abs. 1 Satz 1 Nr. 1-4 jeweils zu findenden Hinweisen – in den Bestimmungen der VO (EU) Nr. 584/2010 und der dieser zugrundeliegenden Richtlinie 2009/65/EG (oben Rz. 1). Darüber hinaus kann die BaFin – über die in Art. 93 der Richtlinie 2009/65/EG vorgesehenen und in § 310 Abs. 1 Satz 1 Nr. 1-4 KAGB aufgeführten Unterlagen hinaus – gem. **§ 310 Abs. 3 KAGB** auch **keine zusätzlichen Unterlagen, Zertifikate oder Informationen** verlangen. Zu den nach Teil B des **Anzeigeschreibens** i.S.v. § 310 Abs. 1 Satz 1 Nr. 1 KAGB nach dem Muster in Anhang I der VO (EU) Nr. 584/2010 erforderlichen Angaben ist auf die Hinweise der BaFin im Merkblatt (2013) zum Vertrieb von Anteilen an EU-OGAW[8] zu verweisen.

16 Allerdings ist zu beachten, dass nach § 309 Abs. 3 KAGB sog. **deutschlandspezifische Angaben** in den im Geltungsbereich dieses Gesetzes zu verbreitenden **Verkaufsprospekt** aufzunehmen sind. Das sind zum einen die nach § 309 Abs. 3 Satz 1 KAGB verlangten Angaben über die nach § 309 Abs. 1 und 2 KAGB getroffenen Vorkehrungen (§ 309 Rz. 21), und das sind zum anderen die von § 309 Abs. 3 Satz 2 KAGB verlangten Angaben für den Fall und für die weiteren in dieser Bestimmung angeführten Umstände, dass Anteile oder Aktien an einem in eine *Umbrella*-Konstruktion (§ 309 Rz. 20) eingebundenen Teilinvestmentvermögen vertrieben werden sollen (§ 309 Rz. 20 f.).

b) Sprachregelung (§ 310 Abs. 2 KAGB)

17 Anders verhält es sich mit der **Sprachregelung in § 310 Abs. 2 KAGB** in Bezug die bei der Behörde des Herkunftsmitgliedstaats einzureichenden und der BaFin zu übermittelnden Unterlagen, mit der Art. 93 Abs. 2 i.V.m. Art. 94 Abs. 1 Unterabs. 2 lit. b, c und d der Richtlinie 2009/65/EG umgesetzt wird. § 310 Abs. 2 KAGB bestimmt:

- Die in § 310 Abs. 1 Satz 1 Nr. 3 KAGB angeführten Anlagebedingungen oder gegebenenfalls die Satzung des EU-OGAW, der Verkaufsprospekt sowie der letzte Jahresbericht und der anschließende Halbjahresbericht gem. Art. 93 Abs. 2 lit. a der Richtlinie 2009/65/EG sind entweder in deutscher Sprache oder in

7 *BaFin*, Merkblatt (2013) zum Vertrieb von Anteilen an EU-OGAW, S. 4 ff. unter IV.
8 *BaFin*, Merkblatt (2013) zum Vertrieb von Anteilen an EU-OGAW, S. 1 ff. unter III. 1.–3.

einer in internationalen Finanzkreisen gebräuchlichen Sprache vorzulegen (§ 310 Abs. 2 Satz 1 KAGB). Dazu gehört jedenfalls Englisch.[9]

- Die in § 310 Abs. 1 Satz 1 Nr. 3 KAGB aufgeführten wesentlichen Anlegerinformationen sind in deutscher Sprache vorzulegen (§ 310 Abs. 2 Satz 2 KAGB).
- Das Anzeigeschreiben und die Bescheinigung gem. § 310 Abs. 1 Satz 1 Nr. 1 bzw. Nr. 2 KAGB sind in einer in internationalen Finanzkreisen gebräuchlichen Sprache – wozu jedenfalls Englisch zählt (s. vorstehend Rz. 1, Spiegelstrich 1 – vorzulegen, sofern die Bundesanstalt und die zuständige Stelle des Herkunftsmitgliedstaates nicht vereinbart haben, dass diese in einer Amtssprache beider Mitgliedstaaten übermittelt werden können (§ 310 Abs. 2 Satz 4 KAGB, Art. 93 Abs. 4 der Richtlinie 2009/65/EG umsetzend). Solche Vereinbarungen sind bislang nicht getroffen worden,[10] so dass die Annahme eines in Deutsch verfassten Anzeigeschreibens bei der zuständigen Behörde des Herkunftsmitgliedstaats des OGAW auf Schwierigkeiten stoßen könnte, es sei denn Deutsch ist – wie etwa in Belgien, Liechtenstein, Luxemburg oder Österreich – eine Amtssprache im Herkunftsmitgliedstaat.

Soweit danach **Übersetzungen** vorzulegen sind, ist der gesamte Inhalt der ursprünglichen Informationen richtig und vollständig wiederzugeben (§ 310 Abs. 2 Satz 3 Halbs. 2 KAGB). Für die Richtigkeit und Vollständigkeit der Übersetzung ist die EU-OGAW-Verwaltungsgesellschaft oder die OGAW-Kapitalverwaltungsgesellschaft verantwortlich (§ 310 Abs. 2 Satz 3 Halbs. 1 KAGB). Während die der BaFin die Überprüfung der Richtigkeit und Vollständigkeit der Unterlagen, die bei der zuständigen Behörde des Herkunftsmitgliedstaats einzureichen und ihr zu übermitteln sind, sowie das Verlangen ergänzender Informationen verwehrt ist (oben Rz. 12), schließt es das **System des Europäischen Passes** für den Vertrieb von Anteilen oder Aktien an OGAW in anderen Ländern als dem EU-Herkunftsmitgliedstaats des OGAW und das dahintersteckende Prinzip der Kontrolle durch die zuständigen Stellen des Herkunftsmitgliedstaats als Einmalkontrolle und der wechselseitigen Anerkennung von Prüfungsleistungen dieser Stellen[11] nicht aus, der Aufsichtsbehörde zumindest die ordnungsgemäße Erfüllung ergänzender Pflichten, wie die Erstellung von Übersetzungen, die zuvor von keiner Aufsichtsbehörde kontrolliert wurden, zu überprüfen. Der BaFin ist deshalb eine **Prüfung der Übersetzung**, auch wenn sie dazu erkennbar durch keine diesbezügliche Regelung verpflichtet ist, nicht verwehrt.[12] Allerdings vermag sie auch diesbezügliche Mängel nur nach Maßgabe von § 311 Abs. 2 KAGB geltend zu machen. 18

c) Änderung der Verkaufsunterlagen und Änderungsmitteilungen (§ 310 Abs. 4 und 5 KAGB)

Nach **§ 310 Abs. 4 Satz 1 KAGB** hat die EU-OGAW-Verwaltungsgesellschaft oder die OGAW-Kapitalverwaltungsgesellschaft die BaFin über **Änderungen** der übermittelten Verkaufsunterlagen in Gestalt der Anlagebedingungen oder der Satzung, des Verkaufsprospekts, des Jahresberichts, des Halbjahresberichts und der wesentlichen Anlegerinformationen gem. Art. 78 der Richtlinie 2009/65/EG unverzüglich – d.h. auch hier, entsprechend § 121 Abs. 1 Satz 1 BGB, ohne schuldhaftes Zögern,[13] bei Einräumung einer angemessenen Frist zur Prüfung sowie zur Vorbereitung der Änderungsmitteilung – zu unterrichten und unverzüglich darüber zu informieren, wo die vorgenannten geänderten Unterlagen **in elektronischer Form verfügbar** sind, d.h. abgerufen, heruntergeladen und ausgedruckt werden können.[14] Das dürfte in der Regel die Website der EU-OGAW-Verwaltungsgesellschaft oder der OGAW-Kapitalverwaltungsgesellschaft sein wie sie schon im Anzeigeschreiben nach dem Muster in Anhang I in Teil A unter „Angaben zur Website der Verwaltungsgesellschaft" anzugeben ist. Aus dem Umstand, dass § 310 Abs. 4 Satz 1 KAGB die unverzügliche Information darüber verlangt, wo die geänderten Unterlagen in elektronischer Form verfügbar sind, lässt sich entnehmen, dass die Änderungen der in Abs. 4 aufgeführten Dokumente – anders als die von Abs. 5 erfassten – der BaFin nicht vor ihrer Vornahme oder Umsetzung mitgeteilt werden müssen. Auch eine **Änderung der Sprache** der Unterlagen[15] **oder der Übersetzung** einer Unterlage ist als informationspflichtige Änderung zu betrachten. Gleiches gilt für **Aktualisierungen** der Unterlagen.[16] Die Änderungs- 19

9 *Baum* in Emde/Dornseifer/Dreibus/Hölscher, § 132 InvG Rz. 19; *Keunecke/Schwack* in Moritz/Klebeck/Jesch, § 310 KAGB Rz. 27; *Klebeck* in Baur/Tappen, § 310 KAGB Rz. 32.
10 *BaFin*, Merkblatt (2013) zum Vertrieb von Anteilen an EU-OGAW, S. 1 unter III. vor Ziff. 1.
11 Siehe dazu Erwägungsgründe 8, 11 und 18 und Art. 108 der Richtlinie 2009/65/EG (oben Rz. 1).
12 *Blankenheim* in Berger/Steck/Lübbehüsen, Vor §§ 128-133 InvG Rz. 7.
13 *BaFin*, Merkblatt (2013) zum Vertrieb von Anteilen an EU-OGAW, S. 9 unter V., 1. Abs.
14 *Baum* in Emde/Dornseifer/Dreibus/Hölscher, § 129 InvG Rz. 4; *Keunecke/Schwack* in Moritz/Klebeck/Jesch, § 310 KAGB Rz. 39.
15 *BaFin*, Merkblatt (2013) zum Vertrieb von Anteilen an EU-OGAW, S. 6 unter III. 4. b).
16 *BaFin*, Merkblatt (2013) zum Vertrieb von Anteilen an EU-OGAW, S. 9 unter V. 1.

mitteilung in deutscher oder in einer in internationalen Finanzkreisen gebräuchlichen Sprache abgegeben werden.[17]

20 Die Aktualisierungen und Änderungen einer jeden dieser Unterlagen sind nach **§ 310 Abs. 4 Satz 2 KAGB** an eine E-Mail-Adresse zu übermitteln, die die BaFin anzugeben hat. Als eine solche hat sie im Merkblatt (2013) zum Vertrieb von Anteilen an EU-OGAW[18] die Adresse UCITS-Update@bafin.de benannt. Einzelheiten zur Übermittlung der Unterlagen per E-Mail unten Rz. 22. Im Rahmen der Änderungsmitteilung und Übermittlung der Änderungen hat die EU-OGAW-Verwaltungsgesellschaft oder die OGAW-Kapitalverwaltungsgesellschaft gem. **§ 310 Abs. 4 Satz 3 KAGB** die Änderungen oder Aktualisierungen zu beschreiben oder – alternativ – eine geänderte Fassung des jeweiligen Dokuments als Anlage in einem gebräuchlichen elektronischen Format beizufügen. Dessen ungeachtet soll nach den Vorstellungen der BaFin die Übersendung der geänderten Unterlagen mit einer **Erläuterung** der Art der Änderung einhergehen.[19] Darüber hinaus verlangt die BaFin, der Meldung eine Erklärung darüber beizufügen, „dass die mitgeteilten Änderungen entsprechend den Regelungen im Herkunftsmitgliedstaat des EU-OGAW von der dort zuständigen Stelle genehmigt, gebilligt oder zur Kenntnis genommen wurden bzw. ihr zur Kenntnis gebracht wurden".[20] Alternativ soll diese Erklärung auch direkt auf der beigefügten geänderten Unterlage angebracht werden können, wobei verlangt wird, dass die Person des Erklärenden und dessen Funktion eindeutig erkennbar ist. Beruht die mitzuteilende Änderung einer Unterlage i.S.v. § 310 Abs. 4 KAGB auf einer Änderung der im Anzeigeschreiben mitgeteilten Modalitäten der Vermarktung oder einer Änderung der vertriebenen Anteilklassen i.S.v. § 310 Abs. 5 KAGB (unten Rz. 21), so ist in der Meldung nach § 310 Abs. 4 KAGB auf die vorangegangene Vorausmeldung nach Abs. 5 Bezug zu nehmen.[21]

21 Werden **Informationen über die Modalitäten der Vermarktung oder über vertriebene Anteil- oder Aktienklassen**, die im Anzeigeschreiben (oben Rz. 9) – nach dem Muster des Anzeigeschreibens in Anhang I Teil B der VO (EU) Nr. 584/2010 – mitgeteilt wurden, **geändert**, so muss die EU-OGAW-Verwaltungsgesellschaft oder die OGAW-Kapitalverwaltungsgesellschaft diese Änderung nach **§ 310 Abs. 5 KAGB** der BaFin **vor Umsetzung** der Änderung in Textform mitteilen. Die **Textform** ist nach § 126b Satz 1 BGB eingehalten, wenn eine lesbare Erklärung, in der die Person des Erklärenden genannt ist, auf einem dauerhaften Datenträger i.S.v. § 126b Satz 2 BGB abgegeben werden. Es ist mithin sowohl die Übersendung von Schriftstücken per Post wie elektronischer Daten per E-Mail zulässig.[22] Haben die nach § 310 Abs. 5 KAGB mitzuteilenden Änderungen auch eine Änderung der in Abs. 4 aufgeführten Verkaufsunterlagen zur Folge, so ist die BaFin über deren Änderung – unter Bezugnahme auf die Vorausmeldung nach Abs. 5 – zu informieren nach Abs. 4 zu informieren (oben Rz. 20 a.E.).[23]

22 Zur **Übermittlung** der Änderungsanzeige nach § 310 Abs. 4 und 5 KAGB nebst Übermittlung der in diesen Vorschriften angeführten Unterlagen **per E-Mail** hat die BaFin in ihrem Merkblatt (2013) zum Vertrieb von Anteilen an EU-OGAW die nachfolgend wiedergegebenen Hinweise. Diese sind zwar nicht rechtsverbindlich, aber zur Vermeidung von Komplikationen zweckmäßigerweise zu beachten. Die **„Hinweise zur Einreichung per E-Mail"** lauten[24]:

„a) Die E-Mail darf nicht größer sein als **30 MB**; es ist zulässig, die Anhänge in eine Zip-Datei zu packen. Bei Bedarf ist der Inhalt auf mehrere E-Mails aufzuteilen; dies ist im Betreff kenntlich zu machen (vgl. c)).

b) Zulässige **Dateiformate** für Anhänge sind pdf, doc und docx.

c) Im **Betreff** der E-Mail sind
- die achtstellige BaFin-ID1 (70XXXXXX),
- der Name der OGAW-Verwaltungsgesellschaft, sowie
- eine laufende Nummer, wenn die Mitteilung mit mehreren E-Mails versendet wird (vgl. oben a)),

zu nennen.

d) Der vollständige **Name des Absenders** und dessen Funktion innerhalb der OGAW-Verwaltungsgesellschaft müssen aus der Änderungsmitteilung eindeutig hervorgehen.

17 *BaFin*, Merkblatt (2013) zum Vertrieb von Anteilen an EU-OGAW, S. 9 unter V., 3. Abs.
18 *BaFin*, Merkblatt (2013) zum Vertrieb von Anteilen an EU-OGAW, S. 9 unter V. 1.
19 *BaFin*, Merkblatt (2013) zum Vertrieb von Anteilen an EU-OGAW, S. 9 unter V., 2. Abs.
20 *BaFin*, Merkblatt (2013) zum Vertrieb von Anteilen an EU-OGAW, S. 9 unter V. 1. b).
21 *BaFin*, Merkblatt (2013) zum Vertrieb von Anteilen an EU-OGAW, S. 9 unter V. 1. c).
22 Ausdrücklich *BaFin*, Merkblatt (2013) zum Vertrieb von Anteilen an EU-OGAW, S. 10 unter V. 2. Unter Hinweis darauf, dass in letzterem Falle die Meldung – unter Beachtung der Hinweise der BaFin zur „Einreichung per E-Mail (unter V. 3., unten Rz. 22) – an die Adresse UCITS-Update@bafin.de zu senden ist.
23 *BaFin*, Merkblatt (2013) zum Vertrieb von Anteilen an EU-OGAW, S. 10 unter V. 2.
24 *BaFin*, Merkblatt (2013) zum Vertrieb von Anteilen an EU-OGAW, S. 9 unter V. 3.; die Hervorhebungen im Merkblatt sind beibehalten.

e) Wird die Mitteilung durch einen **Bevollmächtigten** abgegeben, so gelten die Ausführungen unter d) entsprechend. Der Mitteilung ist eine Vollmacht beizufügen, sofern nicht auf eine bereits vorgelegte Vollmacht Bezug genommen wird. Insbesondere ist in der Vollmacht anzugeben, ob und ggf. in welchem Umfang der Bevollmächtigte, dessen Name und Funktion kenntlich zu machen ist, zu Bestätigungen für den EU-OGAW ermächtigt ist. Die Vollmacht ist von der vertriebsberechtigten Leitung der OGAW-Verwaltungsgesellschaft zu unterzeichnen, wobei die Namen und Funktionsbezeichnungen der Unterzeichner kenntlich zu machen sind.

Bei der gesammelten Einreichung von zahlreichen wesentlichen Anlegerinformationen wird zur besseren Übersicht eine alphabetische Sortierung nach Namen der Teilinvestmentvermögen/Anteilklassen erbeten."

III. Leistungsgebühr

Für die Prüfung einer Anzeige nach § 310 Abs. 1 KAGB erhebt die BaFin eine Gebühr nach § 2 Abs. 1 FinDAGKostV i.V.m. Anlage Gebührenverzeichnis Nr. 4.1.10.1.2 i.H.v. 115 €. Bei *Umbrella*-Konstruktionen fällt diese Gebühr je Teilinvestmentvermögen gesondert an. 23

§ 311 Untersagung und Einstellung des Vertriebs von EU-OGAW

(1) Die Bundesanstalt ist befugt, alle erforderlichen und geeigneten Maßnahmen zum Schutz der Anleger zu ergreifen, einschließlich einer Untersagung des Vertriebs von Anteilen oder Aktien an EU-OGAW, wenn

1. die Art und Weise des Vertriebs gegen sonstige Vorschriften des deutschen Rechts verstoßen,

2. die Pflichten nach § 309 nicht oder nicht mehr erfüllt sind.

(2) Hat die Bundesanstalt hinreichende Anhaltspunkte für die Annahme, dass eine EU-OGAW-Verwaltungsgesellschaft oder OGAW-Kapitalverwaltungsgesellschaft, die Anteile oder Aktien an EU-OGAW im Geltungsbereich dieses Gesetzes vertreibt, gegen Vorschriften dieses Gesetzes verstößt und hat die Bundesanstalt keine Befugnisse nach Absatz 1, so teilt sie ihre Erkenntnisse den zuständigen Stellen des Herkunftsmitgliedstaates des EU-OGAW mit und fordert diese auf, geeignete Maßnahmen zu ergreifen.

(3) [1]Werden Verstöße gegen Vorschriften dieses Gesetzes durch die Maßnahmen der zuständigen Stellen des Herkunftsmitgliedstaates des EU-OGAW nicht beendet oder erweisen sich diese Maßnahmen als nicht geeignet oder als unzulänglich, so ist die Bundesanstalt befugt,

1. nach Unterrichtung der zuständigen Stellen des Herkunftsmitgliedstaates des EU-OGAW im Rahmen ihrer Aufsicht und Überwachung der Vorschriften des Abschnitts 1 Unterabschnitt 1 und des Abschnitts 2 Unterabschnitt 1 dieses Kapitels alle erforderlichen und geeigneten Maßnahmen zum Schutz der Anleger zu ergreifen, einschließlich einer Untersagung des weiteren Vertriebs von Anteilen oder Aktien an EU-OGAW,

2. die Europäische Wertpapier- und Marktaufsichtsbehörde nach Maßgabe des Artikels 19 der Verordnung (EU) Nr. 1095/2010 um Hilfe zu ersuchen.

[2]Maßnahmen gemäß Satz 1 Nummer 1 und 2 sind auch zu ergreifen, wenn der Herkunftsmitgliedstaat des EU-OGAW nicht innerhalb einer angemessenen Frist Maßnahmen ergreift und die EU-OGAW-Verwaltungsgesellschaft oder die OGAW-Kapitalverwaltungsgesellschaft, die Anteile oder Aktien dieses EU-OGAW im Geltungsbereich dieses Gesetzes vertreibt, deshalb weiterhin auf eine Weise tätig ist, die den Interessen der Anleger im Geltungsbereich dieses Gesetzes eindeutig zuwiderläuft. Die Europäische Kommission und die Europäische Wertpapier- und Marktaufsichtsbehörde sind unverzüglich über jede nach Satz 1 Nummer 1 ergriffene Maßnahme zu unterrichten.

(4) [1]Die Bundesanstalt teilt den zuständigen Stellen des Herkunftsmitgliedstaates des EU-OGAW die Untersagung des Vertriebs mit. Sofern der Herkunftsmitgliedstaat dieses EU-OGAW ein anderer ist als der Herkunftsmitgliedstaat der verwaltenden EU-OGAW-Verwaltungsgesellschaft, teilt die Bundesanstalt die Untersagung auch den zuständigen Stellen des Herkunftsmitgliedstaates der EU-OGAW-Verwaltungsgesellschaft mit. [2]Sie macht die Untersagung im Bundesanzeiger bekannt, falls ein Vertrieb stattgefunden hat. [3]Entstehen der Bundesanstalt durch die Bekanntmachung nach Satz 2 Kosten, sind diese der Bundesanstalt von der EU-OGAW-Verwaltungsgesellschaft oder der OGAW-Kapitalverwaltungsgesellschaft zu erstatten.

(5) [1]Teilt die zuständige Stelle des Herkunftsmitgliedstaates des EU-OGAW der Bundesanstalt die Einstellung des Vertriebs von Anteilen oder Aktien an EU-OGAW mit, so hat die EU-OGAW-Verwaltungsgesellschaft oder die OGAW-Kapitalverwaltungsgesellschaft dies unverzüglich im Bundesanzeiger zu veröffentlichen und die Veröffentlichung der Bundesanstalt nachzuweisen. [2]Wenn die Veröffentlichungspflicht auch nach Fristsetzung durch die Bundesanstalt nicht erfüllt wird, kann die Bundesanstalt die Veröffentlichung auf Kosten der EU-OGAW-Verwaltungsgesellschaft oder der OGAW-Kapitalverwaltungsgesellschaft vornehmen. [3]Absatz 6 bleibt unberührt.

(6) [1]Teilt die zuständige Stelle des Herkunftsmitgliedstaates des EU-OGAW der Bundesanstalt die Einstellung des Vertriebs von einzelnen Teilinvestmentvermögen des EU-OGAW mit, so hat die EU-OGAW-Verwaltungsgesellschaft oder die OGAW-Kapitalverwaltungsgesellschaft die Bundesanstalt über geänderte Angaben und Unterlagen entsprechend § 310 Absatz 4 Satz 1 zu unterrichten. [2]Dabei ist § 293 Absatz 1 Satz 2 Nummer 3 zu berücksichtigen. [3]Die geänderten Unterlagen dürfen erst nach der Unterrichtung im Geltungsbereich dieses Gesetzes eingesetzt werden. [4]Die EU-OGAW-Verwaltungsgesellschaft oder die OGAW-Kapitalverwaltungsgesellschaft hat die Einstellung des Vertriebs unverzüglich im Bundesanzeiger zu veröffentlichen und dies der Bundesanstalt nachzuweisen. [5]Wenn die Veröffentlichungspflicht auch nach Fristsetzung nicht erfüllt wird, kann die Bundesanstalt die Veröffentlichung auf Kosten der EU-OGAW-Verwaltungsgesellschaft oder der OGAW-Kapitalverwaltungsgesellschaft vornehmen.

In der Fassung vom 4.7.2013 (BGBl. I 2013, S. 1981).

Schrifttum: Siehe das Allgemeine Schrifttumsverzeichnis.

I. Regelungsgegenstand und Normentwicklung

1. Regelungsgegenstand, Regelungssystem und Übersicht

1 Nach § 310 Abs. 1 Satz 2 KAGB darf der **Vertrieb von Anteilen oder Aktien an EU-OGAW** (§ 309 Rz. 2) in Deutschland aufgenommen werden, wenn die EU-OGAW-Verwaltungsgesellschaft (§ 309 Rz. 11) oder die OGAW-Kapitalverwaltungsgesellschaft (§ 309 Rz. 12) von der zuständigen Stelle des Herkunftsmitgliedstaates des EU-OGAW über die Übermittlung der in § 310 Abs. 1 Satz 1 Nr. 1-4 KAGB angeführten Verkaufsunterlagen unterrichtet wurde. Dabei ist es unerheblich, ob die der BaFin übermittelten Unterlagen Mängel aufweisen (§ 310 Rz. 12). Ist dies der Fall, kann die BaFin nur unter den Voraussetzungen der Be-

stimmungen in § 311 Abs. 1 und 2 KAGB die dort aufgeführten Maßnahmen ergreifen. **Unmittelbare Eingriffsbefugnisse** stehen ihr danach nur dann zu, wenn die Art und Weise des Vertriebs gegen sonstige Vorschriften des deutschen Rechts verstoßen oder die Pflichten nach § 309 KAGB nicht oder nicht mehr erfüllt sind (**§ 311 Abs. 1 Nr. 1 und 2 KAGB**). Aber auch über **mittelbare Eingriffsbefugnisse** verfügt sie nur in dem in **§ 311 Abs. 2 KAGB** erfassten Fall, dass sie hinreichende Anhaltspunkte für die Annahme hat, eine EU-OGAW-Verwaltungsgesellschaft oder OGAW-Kapitalverwaltungsgesellschaft, die Anteile oder Aktien an EU-OGAW im Geltungsbereich dieses Gesetzes vertreibt, verstoße gegen Vorschriften des KAGB. Die diesbezüglichen Befugnisse der BaFin beschränken sich im Übrigen darauf, dass sie ihre Erkenntnisse den zuständigen Stellen des Herkunftsmitgliedstaates des EU-OGAW mitteilen und diese auffordern kann, geeignete Maßnahmen zu ergreifen.

Darin verwirklicht sich das **Regelungssystem**, die **Aufsicht** über EU-OGAW und den Vertrieb von Anteilen oder Aktien an EU-GAW in anderen Mitgliedstaaten der EU und des EWR im Wesentlichen nur einer Behörde, und zwar derjenigen im **Herkunftsmitgliedstaat** des OGAW zu übertragen, soweit es um die Anwendung harmonisierten mitgliedstaatlichen oder unmittelbar geltenden europäischen Rechts geht.[1] Dementsprechend bestimmt der in § 311 KAGB und schon in dessen Vorgängerregelung § 133 InvG (a.F.) umgesetzte Art. 108 Abs. 1 Unterabs. 1 der Richtlinie 2009/65/EG[2]: „Allein die Stellen des Herkunftsmitgliedstaats des OGAW sind befugt, diesem OGAW gegenüber bei Verletzung der Rechts- und Verwaltungsvorschriften sowie der in den Vertragsbedingungen oder in der Satzung der Investmentgesellschaft enthaltenen Bestimmungen Maßnahmen zu ergreifen". Dagegen verbleibt die Anwendung nicht harmonisierten und Verordnungsrecht nicht widersprechenden mitgliedstaatlichen Rechts bei der zuständigen Behörde des **Aufnahmemitgliedstaats** (d.h. des Staats, in dem die Anteile oder die Aktien an einem EUOGAW vertrieben werden und der nicht der Herkunftsmitgliedstaat ist), der insoweit gewisse „**Restbefugnisse**"[3] zustehen. Grundlage dieser, in **§ 311 Abs. 1 KAGB** zum Ausdruck kommenden Regelung, ist Art. 108 Abs. 1 Unterabs. 2 der Richtlinie 2009/65/EG, der bestimmt: „Allerdings können die Behörden des Aufnahmemitgliedstaats des OGAW diesem OGAW gegenüber im Falle einer Verletzung der in diesem Mitgliedstaat geltenden Rechts- und Verwaltungsvorschriften, die nicht unter den Anwendungsbereich der vorliegenden Richtlinie oder unter die in den Art. 92 und 94 festgelegten Anforderungen fallen, Maßnahmen ergreifen". 2

Subsidiäre unmittelbare Eingriffsbefugnisse hat die **zuständige Behörde des Aufsichtsmitgliedstaats** aber dann, wenn „die Maßnahmen der zuständigen Behörden des Herkunftsmitgliedstaats des OGAW nicht greifen oder sich als unzulänglich erweisen oder wenn der Herkunftsmitgliedstaat des OGAW nicht innerhalb einer angemessenen Frist handelt und der OGAW deshalb weiterhin auf eine Weise tätig ist, die den Interessen der Anleger des Aufnahmemitgliedstaats des OGAW eindeutig zuwiderläuft" (Art. 108 Abs. 5 Unterabs. 1 der Richtlinie 2009/65/EG). Diese Richtlinienvorgabe ist in **§ 311 Abs. 3 KAGB** umgesetzt. 3

§ 311 Abs. 4 KAGB verpflichtet die BaFin, den zuständigen Stellen des Herkunftsmitgliedstaates des EU-OGAW eine Untersagung des Vertriebs nach Abs. 1 oder Abs. 3 mitzuteilen. Falls der Herkunftsmitgliedstaat der EU-OGAW-Verwaltungsgesellschaft oder die OGAW-Kapitalverwaltungsgesellschaft ein anderer ist als der der EU-OGAW, ist auch dieser zu informieren. Falls vor der Untersagung des Vertriebs ein solcher stattgefunden hat, ist die Untersagung nach § 311 Abs. 4 Satz 3 KAGB im Bundesanzeiger bekanntzumachen. 4

Für den Fall, dass die zuständige **Stelle des Herkunftsmitgliedstaates** des EU-OGAW der BaFin die **Einstellung des Vertriebs von Anteilen oder Aktien an EU-OGAW** oder von einzelnen Teilinvestmentvermögen des EU-OGAW mitteilt, sehen § 311 Abs. 5 und 6 KAGB bestimmte Veröffentlichungspflichten der BaFin bzw. Unterrichts- und veröffentlichungspflichten der EU-OGAW-Verwaltungsgesellschaft oder der OGAW-Kapitalverwaltungsgesellschaft vor. 5

1 Siehe dazu Erwägungsgründe 8, 11 und 18 und Art. 108 der Richtlinie 2009/65/EG des Europäischen Parlaments und des Rates vom 13.7.2009 zur Koordinierung der Rechts- und Verwaltungsvorschriften betreffend bestimmte Organismen für gemeinsame Anlagen in Wertpapieren (OGAW) – Neufassung, ABl. EU Nr. L 302 v. 17.11.2009, S. 32.

2 Richtlinie 2009/65/EG des Europäischen Parlaments und des Rates vom 13.7.2009 zur Koordinierung der Rechts- und Verwaltungsvorschriften betreffend bestimmte Organismen für gemeinsame Anlagen in Wertpapieren (OGAW) – Neufassung, ABl. EU Nr. L 302 v. 17.11.2009, S. 32.

3 *Baum* in Emde/Dornseifer/Dreibus/Hölscher, § 133 InvG Rz. 3; *Keunecke/Schwack* in Moritz/Klebeck/Jesch, § 311 KAGB Rz. 3; *Zeidler* in Weitnauer/Boxberger/Anders, § 311 KAGB Rz. 1. Die Terminologie ist dem RegE OGAW-IV-Umsetzungsgesetz, BT-Drucks. 17/4510 v. 24.1.2011, S. 1 (86) entnommen, in der von der „Restbefugnis des Aufnahmestaates" die Rede ist.

2. Normentwicklung

6 § 311 KAGB ist seit seinem Erlass mit dem KAGB **nicht geändert** worden. Er entspricht weitgehend § 133 des aufgehobenen InvG und wurde lediglich redaktionell im Hinblick auf neue Begriffsbestimmungen in § 1 KAGB und die Ersetzung des Begriffs des „öffentlichen Vertriebs" (§ 2 Abs. 1 InvG a.F.) durch den Begriff des „Vertriebs" (namentlich § 293 Abs. 1 Satz 1 KAGB) überarbeitet.[4] Die Vorschrift setzt Art. 108 der Richtlinie 2009/65/EG (oben Rz. 2) um.

II. Unmittelbare Eingriffsbefugnisse der BaFin (§ 311 Abs. 1 KAGB)

1. Rechtsverstöße und Nichterfüllung von Pflichten

7 Sind der BaFin die in § 310 Abs. 1 Satz Nr. 1-4 KAGB aufgeführten Unterlagen (Verkaufsunterlagen) übermittelt worden und wurden die EU-OGAW-Verwaltungsgesellschaft oder die OGAW-Kapitalverwaltungsgesellschaft (§ 309 Rz. 11 bzw. 12) von der zuständigen Stelle des Herkunftsmitgliedstaates des EU-OGAW über diese Übermittlung unterrichtet, so kann der Vertrieb (§ 309 Rz. 14) der Anteile oder Aktien der EU-OGAW (§ 309 Rz. 2), auf die sich die Verkaufsunterlagen beziehen, aufgenommen werden (§ 310 Abs. 1 Satz 2 KAGB), ohne dass die BaFin bei Mängeln der Unterlagen einzuschreiten vermag (oben Rz. 1). **Aufsichtsrechtliche Restbefugnisse** (oben Rz. 2) nach **§ 311 Abs. 1 KAGB** erlauben es der BaFin aber, alle erforderlichen und geeigneten **Maßnahmen zum Schutz der Anleger** zu ergreifen, einschließlich einer Untersagung des Vertriebs von Anteilen oder Aktien an EU-OGAW, wenn die Art und Weise des Vertriebs gegen sonstige Vorschriften des deutschen Rechts verstoßen (§ 311 Abs. 1 Nr. 1 KAGB) oder die Pflichten nach § 309 KAGB nicht oder nicht mehr erfüllt sind (§ 311 Abs. 1 Nr. 2 KAGB). § 311 Abs. 1 KAGB dient der **Umsetzung von Art. 108 Unterabs. 2 der Richtlinie 2009/65/EG** (oben Rz. 2).

8 Keine Zweifel bestehen trotz des nicht eindeutigen Wortlauts des § 311 Abs. 1 KAGB daran, dass die **Eingriffsvoraussetzungen** nach Abs. 1 Nr. 1 und Nr. 2 **nicht kumulativ** vorliegen müssen, sondern ein Verstoß gegen sonstige Vorschriften des deutschen Rechts nach Nr. 1 bzw. Pflichtverletzungen nach Nr. 2 je für sich die BaFin zum Einschreiten berechtigt. Dafür spricht nicht nur, dass es in Nr. 1 und Nr. 2 um Tatbestände geht, welche je für sich ein Eingreifen der Behörde des Aufnahmestaats (oben Rz. 2) rechtfertigen und kaum je zusammen vorliegen dürften, sondern auch, dass der mit der Vorschrift umgesetzte Art. 108 Abs. 1 Unterabs. 2 der Richtlinie 2009/65/EG (oben Rz. 2) die entsprechenden Eingriffsvoraussetzungen mit einem „oder" versieht.[5]

9 Eingriffsbefugt ist die BaFin nach **§ 311 Abs. 1 Nr. 1 KAGB** zunächst in dem Fall, dass die Art und Weise des Vertriebs gegen sonstige Vorschriften des deutschen Rechts verstoßen. Als **sonstige Vorschriften des deutschen Rechts** sind unter richtlinienkonformer Auslegung nur solche „Rechts- und Verwaltungsvorschriften" des deutschen Rechts zu verstehen, „die nicht unter den Anwendungsbereich der vorliegenden Richtlinie oder unter die in den Artikeln 92 und 94 [der Richtlinie 2009/65/EG] festgelegten Anforderungen fallen" (Art. 108 Abs. 1 Unterabs. 2 der Richtlinie 2009/65/EG, oben Rz. 2), keine Bestimmungen des KAGB sind und als allgemeine Regelungen auf Vorgänge des Vertriebs von EU-OGAW anwendbar sind. Darüber hinaus rechtfertigt die Vorschrift nur Maßnahmen, wenn die **Art und Weise des Vertriebs** gegen sonstige Vorschriften des deutschen Rechts verstößt. Darunter fallen alle einzelnen oder verbundenen Handlungen, die dem Vertrieb (§ 309 Rz. 14) dienen. Unter Berücksichtigung dieser Einschränkung kommen vor allem Verstöße gegen das Zivilrecht, namentlich das Recht unerlaubter Handlungen, das Wettbewerbsrecht, das WpHG, das KWG, das Gewerberecht und das Strafrecht in Betracht.[6]

10 Darüber hinaus ist die BaFin nach **§ 311 Abs. 1 Nr. 2 KAGB** befugt einzuschreiten, wenn die **Pflichten nach § 309 KAGB** nicht oder nicht mehr erfüllt sind. Das sind die Pflichten

- sicherzustellen, dass Zahlungen an die Anteilinhaber oder Aktionäre im Geltungsbereich dieses Gesetzes geleistet werden (§ 309 Abs. 1 Satz 1 Nr. 1 KAGB) und der Rückkauf und Rücknahme der Anteile oder Aktien im Geltungsbereich dieses Gesetzes erfolgen, jeweils mit der Pflicht zur Benennung einer Zahlstelle nach Maßgabe von § 309 Abs. 1 Satz 2 KAGB für den Fall, dass die Anteile oder Aktien an EU-OGAW als gedruckte Einzelurkunden ausgegeben werden (§ 309 Abs. 1 Satz 1 Nr. 2 KAGB),

---

4 Vgl. RegE AIFM-UmsG, BT-Drucks. 17/12294 v. 6.2.2013, S. 1 (283).

5 I.E. ebenso *Keunecke/Schwack* in Moritz/Klebeck/Jesch, § 311 KAGB Rz. 6.

6 Im Schrifttum werden durchweg Verstöße gegen das Gewerbe-, Wettbewerbs-, Straf- und Steuerrecht genannt. Etwa, jeweils m.w.N., *Baum* in Emde/Dornseifer/Dreibus/Hölscher, § 133 InvG Rz. 5; *Baur*, Investmentgesetze, § 15d AuslInvestmG Rz. 11; *Blankenheim* in Berger/Steck/Lübbehüsen, § 133 InvG Rz. 13.

- sicherzustellen, dass Anleger in Deutschland alle Informationen und Unterlagen sowie Änderungen dieser Informationen und Unterlagen erhalten, die gemäß Kapitel IX, d.h. Art. 91-96 der Richtlinie 2009/65/EG den Anlegern im Herkunftsmitgliedstaat des EU-OGAW zu liefern sind (nach § 309 Abs. 2 KAGB) sowie
- Angaben über die zur Erfüllung der vorstehend aufgeführten Pflichten nach § 311 Abs. 1 und 2 KAGB getroffenen Vorkehrungen und Maßnahmen (§ 309 Abs. 3 Satz 1 KAGB) sowie Informationen für den Fall Vertriebs von Anlagen eines in eine *Umbrella*-Konstruktion (§ 309 Rz. 32) eingebundenen Teilinvestmentvermögens (§ 309 Abs. 3 Satz 2 KAGB) in den Verkaufsprospekt aufzunehmen, der im Geltungsbereich dieses Gesetzes verbreitet ist.

2. Maßnahmen und Rechtsmittel

Liegen Verstöße oder Pflichtverletzungen i.S.v. § 311 Abs. 1 Nr. 1 bzw. Nr. 2 KAGB vor, so ist die BaFin befugt, alle erforderlichen und geeigneten **Maßnahmen** zum Schutz der Anleger zu ergreifen, einschließlich einer Untersagung des Vertriebs von Anteilen oder Aktien an EU-OGAW. Im Hinblick auf die Einhaltung der Pflichten des § 309 KAGB ist die BaFin schon kraft § 5 Abs. 1, 5 Nr. 1, 6 KAGB zur Aufsicht befugt und verpflichtet. Hierbei kann sie nach § 5 Abs. 6 Satz 1 KAGB **Anordnungen** treffen, die zu ihrer Durchsetzung geeignet und erforderlich sind. 11

Maßnahmen i.S.v. § 311 Abs. 1 KAGB stellen, ebenso wie solche nach Abs. 3 Satz 3 Nr. 1, **Verwaltungsakte** dar, die inhaltlich hinreichend bestimmt sein müssen (§ 37 Abs. 1 KAGB) und – obschon sie auch elektronisch, mündlich oder in anderer Weise erlassen werden können (§ 37 Abs. 2 Satz 1 KAGB) – zweckmäßigerweise und im Hinblick auf die Vorgaben in Art. 107 Abs. 1 der Richtlinie 2009/65/EG (oben Rz. 2) schriftlich mit Gründen ergehen.[7] Ob die BaFin im Falle des Vorliegens von Verstößen einschreitet und welche Maßnahme sie im Falle des Einschreitens ergreift, liegt in ihrem nach Maßgabe von § 40 VwVfG auszuübenden pflichtgemäßen **Entschließungsermessen**,[8] dessen Ausübung in Bezug auf die ergriffene oder unterlassene Maßnahme der gerichtlichen Nachprüfung nach § 114 VwGO unterliegt. 12

Adressaten der nach § 311 Abs. 1 KAGB ergehenden Verwaltungsakte sind diejenigen, die dafür verantwortlich sind, dass der „Vertrieb gegen sonstige Vorschriften des deutschen Rechts" verstößt oder Pflichten nach § 309 KAGB nicht oder nicht mehr erfüllt werden (§ 311 Abs. 1 Nr. 1 bzw. Nr. 2 KAGB). Das sind regelmäßig die **EU-OGAW-Verwaltungsgesellschaft oder OGAW-Kapitalverwaltungsgesellschaft**, die Anteile oder Aktien an EU-OGAW im Geltungsbereich dieses Gesetzes vertreibt oder zu vertreiben beabsichtigt. Denkbar sind aber auch Maßnahmen gegen einzelne **in den Vertrieb eingeschaltete selbständige Vertriebshelfer**. Eine über diese Einschaltung darüberhinausgehende Zurechnung an die Verwaltungsgesellschaften ist bei einem Vorgehen gegen die EU-OGAW-Verwaltungsgesellschaft oder OGAW-Kapitalverwaltungsgesellschaft wegen Rechtsverstößen und Pflichtverletzungen nach § 311 Abs. 1 KAGB nicht erforderlich.[9] Es reicht aus, dass sie Teil des Vertriebs sind, dessen Konformität mit den in Abs. 1 genannten Vorschriften die BaFin zum Schutz der Anleger sicherzustellen hat. Gegen wen die BaFin im Einzelfall vorgeht, unterliegt ihrem nach § 40 VwVfG auszuübenden und nach § 114 VwGO der gerichtlichen Nachprüfung unterliegenden **Auswahlermessen** im Hinblick auf ihre Aufgabe des Schutzes der Anleger. Gleiches gilt im Hinblick auf **die Art und Weise der behördlichen Maßnahme**[10] zu der die Untersagung des Vertriebs von Anteilen oder Aktien an EU-OGAW gehört. 13

---

7 *Baum* in Emde/Dornseifer/Dreibus/Hölscher, § 133 InvG Rz. 9; *Keunecke/Schwack* in Moritz/Klebeck/Jesch, § 311 KAGB Rz. 10.

8 *Keunecke/Schwack* in Moritz/Klebeck/Jesch, § 311 KAGB Rz. 9; *Klebeck* in Baur/Tappen, § 311 KAGB Rz. 16.

9 Auch im Schrifttum wird überwiegend eine Zurechnung des Verhaltens von Vertriebspartnern an die EU-OGAW-Verwaltungsgesellschaft oder OGAW-Kapitalverwaltungsgesellschaft verlangt und für zulässig gehalten und an der Möglichkeit der Einflussnahme durch Letztere festgemacht. S., m.w.N., *Keunecke/Schwack* in Moritz/Klebeck/Jesch, § 311 KAGB Rz. 11; *Blankenheim* in Berger/Steck/Lübbehüsen, § 133 InvG Rz. 17. A.A. (zu dem mit § 311 Abs. 1 KAGB im Wesentlichen wortlautgleichen § 133 Abs. 1 InvG), aber mit der nicht schlüssigen und Begründung, eine „Mithaftung" für „unabhängige Vertriebsintermediäre" sei nur in den gesetzlich geregelten Einzelfällen denkbar, was zudem der keinerlei Adressatenfestlegung aufweisenden Vorschrift, *Baum* in Emde/Dornseifer/Dreibus/Hölscher, § 133 InvG Rz. 8; auch *Keunecke/Schwack* in Moritz/Klebeck/Jesch, § 311 KAGB Rz. 15, die – ohne Auseinandersetzung mit dem Wortlaut des § 311 Abs. 1 KAGB – argumentieren, die „Mithaftung" ergebe sich nicht aus dem KAGB.

10 *Klebeck* in Baur/Tappen, § 311 KAGB Rz. 16. Zur Ausübung des Auswahlermessens im Hinblick auf die Auswahl des Adressaten und das Wie des Handelns s. etwa *Aschke* in Bader/Ronellenfitsch, BeckOK VwVfG, 34. Edition (Stand 1.10.2016), § 40 VwVfG Rz. 8.

14 Eine solche **Untersagungsverfügung** wird im Schrifttum nur im Falle erheblicher, trotz behördlicher Abmahnung andauernder oder sich wiederholender Verstöße für zulässig erachtet,[11] doch wird hierbei übersehen, dass eine Untersagungsverfügung – außer bei Verstößen nach § 311 Abs. 1 Nr. 1 KAGB – im Hinblick auf zu erwartende Verstöße bzw. Pflichtverletzung sowie der von diesen zu erwartenden Gefährdung der Anleger schon vor der tatsächlichen Aufnahme des Vertriebs möglich ist[12] und eine Untersagungsverfügung auch ohne vorherige Abmahnung und Beobachtung des Folgeverhaltens notwendig sein kann. Zutreffend ist allerdings, dass die Untersagungsverfügung – als Ausfluss des aus Art. 20 Abs. 1, 3 GG abzuleitenden Grundsatzes der Verhältnismäßigkeit bei Verwaltungshandeln und namentlich bei belastenden Ermessensentscheidungen[13] – nur als ***ultima ratio***[14] in Betracht kommt. Dazu ist es erforderlich, dass es um **erhebliche**[15] Verstöße bzw. Pflichtverletzungen geht und die Untersagung zum Schutz der Anleger i.S.v. § 311 Abs. 1 Satz 1 KAGB **erforderlich** ist, d.h. die Gefährdung der Anleger nicht durch mildere Mittel wie eine informelle Aufforderung oder eine Abmahnung abzuwehren ist. Die Untersagung des Vertriebs ist nach § 311 Abs. 4 Satz 1 KAGB den zuständigen Stellen des Herkunftsmitgliedstaates des EU-OGAW **mitzuteilen** (dazu unten Rz. 36 f.). Wenn ein Vertrieb stattgefunden hat, muss die BaFin die Untersagung darüber hinaus im Bundesanzeiger **bekannt machen** (unten Rz. 37).

15 Vor Erhebung der **Anfechtungsklage** gegen eine als Verwaltungsakt ergehende Maßnahme sind Rechtmäßigkeit und Zweckmäßigkeit desselben in einem **Vorverfahren** nachzuprüfen (§ 68 Abs. 1 VwGO), das mit der Erhebung des **Widerspruchs** gegen den Verwaltungsakt beginnt (§ 69 VwGO). Widerspruch und Anfechtungsklage gegen Maßnahmen der BaFin nach § 311 Abs. 1 Satz 1 KAGB haben keine aufschiebende Wirkung (§ 26a VermAnlG), das heißt diese sind **sofort vollziehbar**. Hilft die Behörde dem Widerspruch nicht ab, so ergeht ein Widerspruchsbescheid nach Maßgabe von § 73 VwGO. Innerhalb eines Monats nach Zustellung des Widerspruchsbescheids ist daraufhin Anfechtungsklage zu erheben werden (§ 74 VwGO). Wer vorsätzlich oder fahrlässig gegen eine vollziehbare Anordnung nach § 311 Abs. 1 KAGB zuwiderhandelt, handelt nach § 340 Abs. 2 Nr. 1 lit. e **ordnungswidrig**.

16 Die BaFin kann nach § 17 Abs. 1 FinDAG ihre Verfügungen, die sie nach Abs. 1 trifft, mit **Zwangsmitteln** nach den Bestimmungen des Verwaltungs-Vollstreckungsgesetzes (VwVG) durchsetzen. Dabei kann sie die Zwangsmittel für jeden Fall der Nichtbefolgung androhen. Die Höhe des Zwangsgelds beträgt bis zu 22,5 Mio. Euro.

III. Mittelbare und subsidiäre Eingriffsbefugnisse der BaFin sowie Folgepflichten (§ 311 Abs. 2-4 KAGB)

1. Übersicht

17 Verstoßen EU-OGAW-Verwaltungsgesellschaft oder OGAW-Kapitalverwaltungsgesellschaft, die Anteile oder Aktien an EU-OGAW im Geltungsbereich dieses Gesetzes vertreibt, gegen Vorschriften des KAGB, so ist die BaFin, sofern sie gegen die Verstöße nicht ausnahmsweise selbst nach § 311 Abs. 1 KAGB vorgehen kann, gem. **§ 311 Abs. 2 KAGB** darauf verwiesen ihre Erkenntnisse den zuständigen Stellen des Herkunftsmitgliedstaates des EU-OGAW mitzuteilen und diese aufzufordern, geeignete Maßnahmen zu ergreifen. Ihre mittelbaren Eingriffsbefugnisse gehen jedoch in unmittelbare Eingriffsbefugnisse nach **§ 311 Abs. 3 KAGB** über, wenn die Verstöße gegen Vorschriften dieses Gesetzes durch die Maßnahmen der zuständigen Stellen des Herkunftsmitgliedstaates des EU-OGAW nicht beendet werden oder diese Maßnahmen sich als nicht geeignet oder als unzulänglich erweisen (§ 311 Abs. 3 Satz 1 KAGB) oder der Herkunftsmitgliedstaat des EU-OGAW nicht innerhalb einer angemessenen Frist Maßnahmen ergreift und die EU-OGAW-Verwaltungsgesellschaft oder die OGAW-Kapitalverwaltungsgesellschaft weiterhin auf eine Weise tätig ist, die den Interessen der Anleger im Geltungsbereich dieses Gesetzes eindeutig zuwiderläuft (§ 311 Abs. 3 Satz 2 KAGB). Im Hinblick auf bestimmte von ihr ergriffene Maßnahmen nach § 311 KAGB unterliegt die BaFin Mitteilungs- und Bekanntmachungspflichten nach **§ 311 Abs. 3 Satz 3 und Abs. 4 KAGB** (unten Rz. 33 ff.).

---

11 *Baum* in Emde/Dornseifer/Dreibus/Hölscher, § 133 InvG Rz. 6; *Keunecke/Schwack* in Moritz/Klebeck/Jesch, § 311 KAGB Rz. 9; *Klebeck* in Baur/Tappen, § 311 KAGB Rz. 14.

12 Das folgt etwa aus § 311 Abs. 4 Satz 3 KAGB, der von der BaFin verlangt, die Untersagung im Bundesanzeiger bekannt zu machen, falls ein Vertrieb stattgefunden hat.

13 Etwa *Aschke* in Bader/Ronellenfitsch, BeckOK VwVfG, 34. Edition (Stand 1.10.2016), § 40 VwVfG Rz. 55.

14 *Blankenheim* in Berger/Steck/Lübbehüsen, § 131 InvG Rz. 17; *Keunecke/Schwack* in Moritz/Klebeck/Jesch, § 311 KAGB Rz. 9; *Klebeck* in Baur/Tappen, § 311 KAGB Rz. 14.

15 *Baum* in Emde/Dornseifer/Dreibus/Hölscher, § 133 InvG Rz. 6; *Blankenheim* in Berger/Steck/Lübbehüsen, § 131 InvG Rz. 17; *Keunecke/Schwack* in Moritz/Klebeck/Jesch, § 311 KAGB Rz. 9; *Klebeck* in Baur/Tappen, § 311 KAGB Rz. 14.

2. Veranlassung der zuständigen Stellen des Herkunftsstaats zum Einschreiten (§ 311 Abs. 2 KAGB)

Hat die BaFin hinreichende Anhaltspunkte für die Annahme, dass eine EU-OGAW-Verwaltungsgesellschaft 18
oder OGAW-Kapitalverwaltungsgesellschaft, die Anteile oder Aktien an EU-OGAW in Deutschland vertreibt, gegen Vorschriften des KAGB verstößt und hat sie keine Befugnisse nach § 311 Abs. 1 KAGB, so vermag sie gegen die Verstöße nicht selbst einzuschreiten, sondern hat nach Abs. 2 ihre Erkenntnisse den zuständigen Stellen des Herkunftsmitgliedstaates des EU-OGAW **mitzuteilen** und diese **aufzufordern**, geeignete Maßnahmen zu ergreifen. Die Vorschrift dient der **Umsetzung von Art. 108 Abs. 4 der Richtlinie 2009/65/EG** (oben Rz. 2).

Hinreichende Anhaltspunkte für einen Verstoß gegen Vorschriften des KAGB liegen vor, wenn konkrete 19
Umstände tatsächlicher Art zwar nicht mit Gewissheit, jedoch mit hinreichender Wahrscheinlichkeit auf einen Verstoß schließen lassen.[16] Das entspricht in der Sache dem durch § 311 Abs. 2 KAGB umgesetzten Art. 108 Abs. 4 der Richtlinie 2009/65/EG, in dem davon die Rede ist, die Behörde müsse „klare und nachweisbare Gründe für die Annahme" eines Verstoßes haben. Um Anhaltspunkte für Verstöße gegen das Gesetz zu ermitteln, hat die BaFin, auch wenn sie nicht selbst unmittelbar einschreiten kann, die Befugnisse nach § 5 Abs. 4-6 KAGB, namentlich das Recht nach § 5 Abs. 6 Satz 3 Nr. 1 KAGB, Auskünfte einzuholen, die Vorlage von Unterlagen und die Überlassung von Kopien zu verlangen, allerdings nur soweit auch diesbezüglich Anhaltspunkte dafür vorliegen, dass dies für die Überwachung eines Verbots oder Gebots dieses Gesetzes erforderlich ist.[17] Handelt es sich bei dem **Verstoß** um einen solchen **nach § 311 Abs. 1 KAGB**, muss die BaFin selbst nach Abs. 1 einschreiten. Ob sie dies tut, liegt in ihrem Entschließungsermessen (oben Rz. 12).

3. Befugnisse der BaFin nach erfolgloser Mitteilung und Aufforderung nach § 311 Abs. 2 KAGB (§ 311 Abs. 3 KAGB)

a) Nach Maßnahmen der Stellen des Herkunftsmitgliedstaates fortdauernde Verstöße (§ 311 Abs. 3 Satz 1 KAGB)

Hat die BaFin die zuständigen Stellen des Herkunftsmitgliedstaates des EU-OGAW nach § 311 Abs. 2 20
KAGB über Verstöße gegen das KAGB informiert und erfolglos aufgefordert, geeignete Maßnahmen zu deren Unterbindung zu ergreifen, so ist sie nach § 311 Abs. 3 Satz 1 KAGB und in den Grenzen des Abs. 3 Satz 1 Nr. 1 (unten Rz. 24 f.) befugt, selbst die dazu erforderlichen Maßnahmen anzuordnen und die Europäische Wertpapier- und Marktaufsichtsbehörde nach Maßgabe des Art. 19 der VO (EU) Nr. 1095/2010[18] um Hilfe zu ersuchen. Die Vorschrift dient der **Umsetzung von Art. 108 Abs. 5 Unterabs. 1 der Richtlinie 2009/65/EG** (oben Rz. 2).

Erfolglos und zu eigenen Maßnahmen berechtigend ist die Mitteilung und Aufforderung nach § 311 Abs. 2 21
KAGB dann geblieben, wenn nach § 311 Abs. 3 Satz 1 KAGB die Verstöße gegen Vorschriften des KAGB durch die Maßnahmen der zuständigen Stellen des Herkunftsmitgliedstaates des EU-OGAW **nicht beendet** sind oder sich als **nicht geeignet oder als unzulänglich** erweisen. Entscheidend ist, dass die mitgeteilten Verstöße, trotz der von den zuständigen Stellen des Herkunftsmitgliedstaates ergriffenen Maßnahmen, nicht aufgehört haben, denn in diesem Fall haben sich die Maßnahmen objektiv als nicht geeignet oder als unzulänglich zur Abstellung der Verstöße erwiesen.

Sind die Maßnahmen der zuständigen Stellen des Herkunftsmitgliedstaates im vorstehenden Sinne erfolg- 22
los geblieben, so ist die BaFin befugt, die in **§ 311 Abs. 3 Satz 1 Nr. 1 und 2 KAGB angeführten Maßnahmen** zu ergreifen:

- Nach **§ 311 Abs. 1 Satz 1 Nr. 1 KAGB** ist sie befugt, die zuständigen Stellen des Herkunftsmitgliedsta- 23
tes des EU-OGAW zu unterrichten und hierauf folgend – „im Rahmen ihrer Aufsicht und Überwachung der Vorschriften des Abschnitts 1 Unterabschnitt 1 und des Abschnitts 2 Unterabschnitt 1 dieses

16 Was „hinreichende Anhaltspunkte" sind, ist gesetzlich nicht definiert. Siehe zu § 311 Abs. 2 KAGB vergleichbaren Regelungen *Assmann* in Assmann/Schlitt/von Kopp-Colomb, § 24 VermAnlG Rz. 24 m.w.N.; *Hönsch* in Assmann/Uwe H. Schneider/Mülbert, § 107 WpHG Rz. 3. Ähnlich *Keunecke/Schwack* in Moritz/Klebeck/Jesch, § 311 KAGB Rz. 13 (Anhaltspunkte „müssen ein fehlverhalten zumindest wahrscheinlich machen").

17 IE ebenso *Baum* in Emde/Dornseifer/Dreibus/Hölscher, § 133 InvG Rz. 13.

18 Verordnung (EU) Nr. 1095/2010 des Europäischen Parlaments und des Rates v. 24. November 2010 zur Errichtung einer Europäischen Aufsichtsbehörde (Europäische Wertpapier- und Marktaufsichtsbehörde), zur Änderung des Beschlusses Nr. 716/2009/EG und zur Aufhebung des Beschlusses 2009/77/EG der Kommission, ABl. EU Nr. L 331 v. 15.12.2010, S. 84.

Kapitels" alle erforderlichen und geeigneten Maßnahmen zum Schutz der Anleger – einschließlich einer Untersagung des weiteren Vertriebs von Anteilen oder Aktien an EU-OGAW – zu ergreifen.

24 Wenn diese Maßnahmen, die die BaFin selbst ergreifen kann, sich im „im Rahmen ihrer Aufsicht und Überwachung" nach den in Nr. 1 und vorstehend angegeben Vorschriften bewegen müssen, so heißt dies, dass die BaFin nach Abs. 2 zwar alle Verstöße nach dem KAGB ermittelt und an die zuständigen Stellen des Herkunftsmitgliedstaates meldet, mit den in Abs. 3 Satz 1 Nr. 1 angeführten Maßnahmen aber **subsidiär eingriffsbefugt** nur im Hinblick auf die Aufsicht und Überwachung der in dieser Bestimmung aufgeführten Vorschriften ist.[19] Im Hinblick auf anderweitige Verstöße ist die BaFin nicht befugt, Maßnahmen zu ergreifen und ist insoweit auf die Maßnahme nach Nr. 2 verweisen. Das ist systematisch stimmig und nicht zu beanstanden.

25 Die **Vorschriften**, um deren Verletzung es in Nr. 1 geht, sind in dieser durch Gesetzesabschnitte benannt. Dabei ist ein Redaktionsversehen eingetreten, das auf Änderungen des RegE durch ein Gesetz gewordene Beschlussempfehlung des Finanzausschusses zum Entwurf eines AIFM-Umsetzungsgesetzes[20] zurückzuführen ist: Der nach den Vorschlägen des RegE ursprünglich zutreffende Verweis auf „Abschnitt 1 Unterabschnitt 1" hätte nach der Änderung durch die angeführte Beschlussempfehlung in den Verweis auf „Abschnitt 1 Unterabschnitt 2" umgewandelt werden müssen.[21] Bei den Maßnahmen, die die BaFin im Rahmen ihrer Aufsicht und Überwachung zu ergreifen befugt ist, handelt es sich mithin um die §§ 297-306.

26 – Nach **§ 311 Abs. 1 Satz 1 Nr. 2 KAGB** ist die BaFin befugt, die Europäische Wertpapier- und Marktaufsichtsbehörde ESMA nach Maßgabe des Art. 19 der VO (EU) Nr. 1095/2010 (oben Rz. 20) um Hilfe zu ersuchen. Führt das damit eingeleitete Schlichtungsverfahren nicht zu einer Einigung der zuständigen Behörden, so kann die ESMA nach Art. 19 Abs. 3 der VO (EU) Nr. 1095/2010 einen Beschluss mit verbindlicher Wirkung für die betreffenden zuständigen Behörden fassen, mit dem die zuständigen Behörden dazu verpflichtet werden, zur Beilegung der Angelegenheit bestimmte Maßnahmen zu treffen oder von solchen abzusehen, um die Einhaltung des Unionsrechts zu gewährleisten.

27 § 311 Abs. 3 Satz 1 KAGB gibt der BaFin die Zuständigkeit, unter den dort genannten Voraussetzungen die in der Vorschrift angeführten Maßnahmen zu ergreifen. Auch hier hat die BaFin ein **Entschließungsermessen** (oben Rz. 12) und ein **Auswahlermessen** (oben Rz. 13).[22] Letzteres bezieht sich zunächst auf die Wahl zwischen den in § 311 Abs. 1 Satz 1 Nr. 1 KAGB aufgeführten Maßnahmen und erstreckt sich auf die Wahl zwischen Maßnahmen nach § 311 Abs. 1 Satz 1 Nr. 1 KAGB und dem Ersuchen nach Nr. 2. Bei richtlinienkonformer Auslegung des § 311 Abs. 3 Satz 1 KAGB – der mit Abs. 3 umgesetzte Art. 108 Abs. 5 sieht vor, dass „die zuständigen Behörden des Aufnahmemitgliedstaats des OGAW in der Konsequenz eine der Maßnahmen" ergreifen können, die dort aufgeführt sind und Nr. 1 und 2 entsprechen – schließen sich die in Nr. 1 aufgeführten Maßnahmen und das Ersuchen nach Nr. 2 aus, können also **nicht nebeneinander** geltend gemacht werden. Wenn § 311 Abs. 3 Satz 1 Nr. 1 KAGB einer Untersagung des weiteren Vertriebs von Anteilen oder Aktien an EU-OGAW erlaubt, so kommt auch hier eine **Untersagungsverfügung** nur als ***ultima ratio*** in Betracht (dazu oben Rz. 14).

28 Nach § 311 Abs. 3 Satz 3 KAGB muss die BaFin die Europäische Kommission und die Europäische Wertpapier- und Marktaufsichtsbehörde ESMA unverzüglich über **jede nach § 311 Abs. 3 Satz 1 Nr. 1 KAGB ergriffene Maßnahme** unterrichten (unten Rz. 34). Die **Untersagung des Vertriebs** muss die BaFin nach § 311 Abs. 4 Satz 1 KAGB den zuständigen Stellen des Herkunftsmitgliedstaates des EU-OGAW mitzuteilen (unten Rz. 36 f.). Wenn bereits ein Vertrieb stattgefunden hat, ist die Untersagung darüber hinaus im Bundesanzeiger **bekannt zu machen** (unten Rz. 37).

29 **Maßnahmen nach § 311 Abs. 3 Satz 3 Nr. 1 KAGB** stellen **Verwaltungsakte** dar, für die die oben Rz. 12 dargestellten Anforderungen gelten. Widerspruch und Anfechtungsklage gegen diese Maßnahmen haben keine aufschiebende Wirkung (§ 26a VermAnlG) und sind damit **sofort vollziehbar**. Wer vorsätzlich oder fahrlässig gegen eine vollziehbare Anordnung nach § 311 Abs. 3 Satz 1 Nr. 1 KAGB zuwiderhandelt, handelt nach § 340 Abs. 2 Nr. 1 lit. e **ordnungswidrig**.

---

19 Ebenso *Zeidler* in Weitnauer/Boxberger/Anders, § 311 KAGB Rz. 4. A.A. *Keunecke/Schwack* in Moritz/Klebeck/Jesch, § 311 KAGB Rz. 21.

20 Beschlussempfehlung und Bericht des Finanzausschusses zum dem Gesetzentwurf der Bundesregierung – Drucksache 17/12294, BT-Drucks. 17/13395 v. 10.5.2013, S. 1 (286, 273 und 277 sowie 408 und 409).

21 Auch *Keunecke/Schwack* in Moritz/Klebeck/Jesch, § 311 KAGB Rz. 21.

22 So wohl auch *Keunecke/Schwack* in Moritz/Klebeck/Jesch, § 311 KAGB aufgrund des Verweises in Rz. 30 auf Rz. 9; wohl auch *Klebeck* in Baur/Tappen, § 311 KAGB Rz. 23 („kann").

b) Nach Maßnahmen der Stellen des Herkunftsmitgliedstaates fortdauernde Verstöße (§ 311 Abs. 3 Satz 2 KAGB)

Die in § 311 Abs. 3 Satz 1 Nr. 1 und 2 KAGB vorgesehenen Maßnahmen sind von der BaFin auch dann zu ergreifen, wenn der Herkunftsmitgliedstaats des EU-OGAW **nicht innerhalb einer angemessenen Frist Maßnahmen ergreift** und die EU-OGAW-Verwaltungsgesellschaft oder die OGAW-Kapitalverwaltungsgesellschaft, die Anteile oder Aktien dieses EU-OGAW im Geltungsbereich dieses Gesetzes vertreibt, deshalb weiterhin auf eine Weise tätig ist, die den Interessen der Anleger im Geltungsbereich dieses Gesetzes eindeutig zuwiderläuft. Das ist regelmäßig dann der Fall, wenn der Vertrieb und die Verstöße fortdauern[23] und Letztere von solchem Gewicht sind, dass ein ordnungsgemäßer Vertrieb der EU-OGAW in Deutschland nicht gewährleistet ist. 30

Um nach § 311 Abs. 3 Satz 2 KAGB einschreiten zu können, bedarf es weder einer Fristsetzung der BaFin vor noch eine solche nach der Mitteilung nach Abs. 2. Vielmehr reicht dazu allein der Ablauf einer **angemessenen Frist**, wobei sich diese nach den jeweiligen Umständen des Falls und der Art und Weise des Verstoßes richtet.[24] Dabei spielen die Schwere des Verstoßes und die Gefahr von Abschlüssen auf der Grundlage des Verstoßes eine besondere Rolle und können nicht nur ein sofortiges, sondern ein unverzügliches Handeln der Behörde des Herkunftsmitgliedstaats des EU-OGAW erforderlich machen. Ob und wie die BaFin die ihr durch § 311 Abs. 3 Satz 2 KAGB eröffneten Maßnahmen ergreift, steht wiederum im Entschließungs- und Auswahlermessen.[25] Dafür spricht der Wortlaut, demzufolge die Maßnahmen nach § 311 Abs. 3 Satz 1 KAGB „auch" zu ergreifen „sind", da der Fall eines Nichteinschreitens der Behörde des Herkunftsmitgliedstaats des EU-OGAW nicht zwingender zum Einschreiten veranlassen muss als derjenige unzulänglicher oder wirkungsloser Maßnahmen der ausländischen Behörde. Nach § 311 Abs. 3 Satz 3 KAGB muss die BaFin die Europäische Kommission und die Europäische Wertpapier- und Marktaufsichtsbehörde ESMA unverzüglich auch über aufgrund des Verweises aus Abs. 3 Satz 2 nach Satz 1 Nr. 1 ergriffene Maßnahme **unterrichten** (unten Rz. 34). 31

c) Unterrichtung über Maßnahmen nach § 311 Abs. 3 Satz 1 Nr. 1 KAGB (§ 311 Abs. 3 Satz 3 KAGB)

Nach **§ 311 Abs. 3 Satz 3 KAGB** muss die BaFin die Europäische Kommission und die Europäische Wertpapier- und Marktaufsichtsbehörde ESMA unverzüglich über jede nach Satz 1 Nr. 1 ergriffene Maßnahme unterrichten. Das gilt auch für die Maßnahmen nach Abs. 1 Satz 1 Nr. 1, die die BaFin aufgrund ihrer Ermächtigung nach Abs. 3 Satz 2 ergreift. Die Vorschrift setzt Art. 108 Abs. 5 Unterabs. 2 der Richtlinie 2009/65/EG (oben Rz. 2) um. 32

4. Mitteilungs- und Bekanntmachungspflichten der BaFin (§ 311 Abs. 3 Satz 3, Abs. 4 KAGB)

Im Hinblick auf bestimmte von ihr ergriffene Maßnahmen nach § 311 KAGB unterliegt die BaFin Mitteilungs- und Bekanntmachungspflichten. 33

a) Unterrichtung über Maßnahmen der BaFin nach § 311 Abs. 3 Satz 1 Nr. 1 und 2 KAGB (§ 311 Abs. 3 Satz 3 KAGB)

Nach **§ 311 Abs. 3 Satz 3 KAGB** muss die BaFin die Europäische Kommission und die Europäische Wertpapier- und Marktaufsichtsbehörde ESMA unverzüglich, d.h. ohne schuldhaftes Zögern (entsprechend § 121 Abs. 1 Satz 1 BGB), über jede nach Satz 1 Nr. 1 ergriffene Maßnahme unterrichten. Das gilt auch für die Maßnahmen nach Abs. 1 Satz 1 Nr. 1, die die BaFin aufgrund ihrer Ermächtigung nach Abs. 3 Satz 2 ergreift. Die Vorschrift setzt Art. 108 Abs. 5 Unterabs. 2 der Richtlinie 2009/65/EG (oben Rz. 2) um. 34

b) Mitteilungs- und Bekanntmachungspflichten bei Untersagung des Vertriebs durch die BaFin (§ 311 Abs. 4 KAGB)

Gemäß § 311 Abs. 1 und Abs. 3 Sätze 1 und 2 KAGB kann die BaFin unter den in diesen Bestimmungen gennannten Voraussetzungen den Vertrieb von Anteilen oder Aktien an EU-OGAW untersagen. Geschieht dies, unterliegt die BaFin den in Abs. 4 aufgeführten Mitteilungs- und Bekanntmachungspflichten: 35

---

23 Ebenso *Keunecke/Schwack* in Moritz/Klebeck/Jesch, § 311 KAGB Rz. 29, die dieses Merkmal allerdings bereits bei jedem Verstoß gegen §§ 297-306 KAGB als erfüllt ansehen, weil diese den Anlegerschutz dienten.

24 Auch *Keunecke/Schwack* in Moritz/Klebeck/Jesch, § 311 KAGB Rz. 28.

25 *Keunecke/Schwack* in Moritz/Klebeck/Jesch, § 311 KAGB (Verweis in Rz. 30 auf Rz. 9); *Klebeck* in Baur/Tappen, § 311 KAGB Rz. 25 („können").

36 – Nach **§ 311 Abs. 4 Satz 1 KAGB** muss die BaFin dies den zuständigen Stellen des Herkunftsmitgliedstaates des EU-OGAW **mitteilen.** Für den Fall, dass Herkunftsmitgliedstaat dieses EU-OGAW ein anderer ist als derjenige der den EU-OGAW verwaltenden EU-OGAW-Verwaltungsgesellschaft, hat die BaFin gem. **Abs. 4 Satz 2** die Untersagung auch den zuständigen Stellen des Herkunftsmitgliedstaates der EU-OGAW-Verwaltungsgesellschaft mitzuteilen. Die Vorschrift dient der Umsetzung von Art. 108 Abs. 2 Richtlinie 2009/65/EG (oben Rz. 2). Bei richtlinienkonformer Anwendung von § 311 Abs. 4 Sätze 1 und 2 KAGB haben die nach diesen vorzunehmenden Mitteilungen entsprechend dem Wortlaut von Art. 108 Abs. 2 Richtlinie 2009/65/EG a.E. **unverzüglich** zu erfolgen.

37 – Hat bereits ein Vertrieb stattgefunden, ist die Untersagung des Vertriebs von Anteilen oder Aktien an EU-OGAW nach **§ 311 Abs. 4 Satz 3 KAGB** darüber hinaus von der BaFin im Bundesanzeiger **bekannt zu machen** Die Bekanntmachung beschränkt sich auf den Umstand der Untersagung und muss keine Gründe enthalten.[26] Im Interesse des Schutzes der Anleger (§ 311 Abs. 1 KAGB) wird die Bekanntmachung – wie schon Mitteilungen nach § 311 Abs. 4 Sätze 1 und 2 KAGB (oben Rz. 36) – unverzüglich vorzunehmen sein. **Kosten**, die der BaFin durch diese Bekanntmachung entstanden, sind ihr nach **§ 311 Abs. 4 Satz 4 KAGB**[27] von der EU-OGAW-Verwaltungsgesellschaft oder der OGAW-Kapitalverwaltungsgesellschaft zu erstatten.

IV. Folgen der Einstellung des Vertriebs durch die zuständige Stelle des Herkunftsmitgliedstaates (§ 311 Abs. 5 und Abs. 6 KAGB)

1. Regelungsgegenstand

38 Beabsichtigt eine EU-OGAW-Verwaltungsgesellschaft oder eine OGAW-Kapitalverwaltungsgesellschaft, in Deutschland Anteile oder Aktien an EU-OGAW zu vertreiben, so muss sie dies der zuständigen Stelle des Herkunftsmitgliedstaats des EU-OGAW anzeigen, die die bei ihr mit der Anzeige eingereichten Verkaufsunterlagen nach § 310 Abs. 1 Satz 1 KAGB an die BaFin übermittelt (§ 310 Rz. 7 ff.). Dabei darf der Vertrieb aufgenommen werden, wenn die EU-OGAW-Verwaltungsgesellschaft oder die OGAW-Kapitalverwaltungsgesellschaft von der zuständigen Stelle des Herkunftsmitgliedstaates des EU-OGAW über diese Übermittlung unterrichtet wurde (§ 310 Abs. 1 Satz 2 KAGB). Auch nach Aufnahme des Vertriebs unterliegt der EU-OGAW weiterhin der vorrangigen Beaufsichtigung durch die zuständigen Stellen des Herkunftsmitgliedstaates. Vor allem hat die BaFin, außer in den in § 311 Abs. 1 und Abs. 3 Sätze 1 und 2 KAGB genannten Fällen, keine Befugnis, den Vertrieb von Anteilen oder Aktien an EU-OGAW zu untersagen. Korrespondierend hierzu regeln § 311 Abs. 5 und Abs. 6 KAGB den Fall, dass die zuständige Stelle des Herkunftsmitgliedstaates des EU-OGAW – etwa nachfolgend einer Anzeige der BaFin nach § 311 Abs. 2 KAGB – den Vertrieb von Anteilen oder Aktien an EU-OGAW oder von einzelnen Teilinvestmentvermögen des EU-OGAW untersagt.

2. Untersagung des Vertriebs von Anteilen oder Aktien an EU-OGAW oder des einzigen Teilinvestmentvermögens (§ 311 Abs. 5 KAGB)

39 Untersagt die zuständige Stelle des Herkunftsmitgliedstaates des EU-OGAW den Vertrieb von Anteilen oder Aktien an EU-OGAW, so teilt sie dies der BaFin mit. Im Falle einer solchen **Mitteilung an die BaFin** hat die EU-OGAW-Verwaltungsgesellschaft oder die OGAW-Kapitalverwaltungsgesellschaft, die jeweils von der Einstellung durch die verfügende Stelle des Herkunftsmitgliedstaates in Kenntnis gesetzt wird, dies nach **§ 311 Abs. 5 Satz 1 KAGB unverzüglich**, d.h. ohne schuldhaftes Zögern (entsprechend § 121 Abs. 1 Satz 1 BGB), **im Bundesanzeiger zu veröffentlichen** und die Veröffentlichung der BaFin nachzuweisen.

40 Diese Regelung gilt auch für den Fall, dass der Vertrieb von **Teilinvestmentvermögen einer EU-OGAW**, die in Deutschland vertrieben werden durften, untersagt wird und dies zur Folge hat, dass keines dieser Teilinvestmentvermögen des EU-OGAW mehr in Deutschland vertrieben werden darf.[28] Bleiben nach Vertriebseinstellung ein oder mehrere Teilinvestmentvermögen des EU-OGAW in Deutschland vertriebsberechtigt, finden ausschließlich die Bestimmungen des § 311 Abs. 6 KAGB Anwendung (**§ 311 Abs. 5 Satz 3 KAGB**).

---

26 *Baum* in Emde/Dornseifer/Dreibus/Hölscher, § 133 InvG Rz. 29; *Blankenheim* in Berger/Steck/Lübbehüsen, § 133 InvG Rz. 30; *Keunecke/Schwack* in Moritz/Klebeck/Jesch, § 311 KAGB Rz. 32.

27 Bei dem Verweis in § 311 Abs. 4 Satz 4 KAGB auf die Bekanntmachung nach „Satz 2", der keine Bekanntmachungspflichten begründet, handelt es sich um ein offenkundiges Redaktionsversehen.

28 *BaFin*, Merkblatt (2013) zum Vertrieb von Anteilen an EU-OGAW, S. 11 unter VI.

Erfüllt die EU-OGAW-Verwaltungsgesellschaft oder der OGAW-Kapitalverwaltungsgesellschaft ihre Pflicht zur unverzüglichen Veröffentlichung nach § 311 Abs. 5 Satz 1 KAGB nicht, so setzt ihr die BaFin hierzu eine **Nachfrist**: Diese ist so zu bemessen ist, dass die unterlassene Veröffentlichung auch diesbezüglich unverzüglich nach Fristsetzung erfüllt wird. Verstreicht die Nachfrist ohne Vornahme der Veröffentlichung, kann die BaFin die Veröffentlichung auf Kosten der EU-OGAW-Verwaltungsgesellschaft oder der OGAW-Kapitalverwaltungsgesellschaft selbst vornehmen. 41

Der **Nachweis der Veröffentlichung** gegenüber der BaFin ist an das E-Mail Postfach UCITS-Update@ bafin.de zu senden.[29] 42

3. Untersagung des Vertriebs einzelner Teilinvestmentvermögen (§ 311 Abs. 6 KAGB)

Wird der Vertrieb von Teilinvestmentvermögen einer EU-OGAW untersagt, können nach der Untersagung aber weiterhin ein oder mehrere Teilinvestmentvermögen des EU-OGAW in Deutschland vertrieben werden, sind ausschließlich die Bestimmungen des § 311 Abs. 6 KAGB anwendbar. 43

Diese befassen sich in erster Linie mit der durch Einstellung des Vertriebs von einzelnen Teilinvestmentvermögen des EU-OGAW erforderlichen **Änderungen der Verkaufsunterlagen und deren Mitteilung an die BaFin.** 44

- Da die Aufsicht über die Erfüllung der Anforderungen an Verkaufsunterlagen für den Vertrieb von Anteilen oder Aktien an EU-OGAW, einschließlich der Aktualisierung derselben (§ 310 Abs. 4 KAGB), der zuständigen Stelle des Herkunftsmitgliedstaates desselben zugewiesen ist, beschränkt sich **§ 311 Abs. 6 Satz 1 KAGB** auf den Hinweis, die EU-OGAW-Verwaltungsgesellschaft oder die OGAW-Kapitalverwaltungsgesellschaft habe die Bundesanstalt über geänderte Angaben und Unterlagen in Erfüllung der Anforderungen aus § 310 Abs. 4 Satz 1 KAGB **zu unterrichten.** Wie in dieser Bestimmung angeführt, hat die Unterrichtung unverzüglich zu erfolgen, d.h. (entsprechend § 121 Abs. 1 Satz 1 BGB) ohne schuldhaftes Zögern. 45
- Wenn **§ 311 Abs. 6 Satz 2 KAGB** dabei die **Berücksichtigung von § 293 Abs. 1 Satz 2 Nr. 3 KAGB** verlangt, so hat dies folgende Bewandtnis: Da mit der fraglichen Vertriebsuntersagung und der zulässigen Fortführung des Vertriebs mindestens eines Teilinvestmentvermögens des EU-OGAW der Fall eingetreten ist, unter dem die Verwendung der für den Vertrieb von Anteilen an Teilinvestmentvermögen verwendeten Verkaufsunterlagen, die auch Informationen über weitere Teilinvestmentvermögen enthalten, die in Deutschland nicht (mehr) vertrieben werden dürfen, würde der Vertrieb der Anteile an dem Teilinvestmentvermögen, die in Deutschland weiterhin vertrieben werden dürfen, nach § 293 Abs. 2 Satz 1 Nr. 3 KAGB zugleich den Vertrieb der Anteile bedeuten, die hier nicht (mehr) vertrieben werden dürfen. Um dies zu vermeiden und den Ausnahmefall des § 293 Abs. 2 Satz 1 Nr. 3 KAGB eingreifen zu lassen, muss nach dieser Vorschrift „in den Verkaufsunterlagen jeweils drucktechnisch herausgestellt an hervorgehobener Stelle darauf hingewiesen" werden, „dass die Anteile oder Aktien der weiteren Teilinvestmentvermögen im Geltungsbereich dieses Gesetzes nicht vertrieben werden dürfen oder, sofern sie an einzelne Anlegergruppen vertrieben werden dürfen, an welche Anlegergruppe i.S.d. § 1 Abs. 19 Nr. 31 bis 33 KAGB sie nicht vertrieben werden dürfen". 46
- **Vor der Unterrichtung** der BaFin nach § 311 Abs. 6 Satz 1 i.V.m. § 310 Abs. 4 Satz 1 KAGB über die geänderten Angaben der Verkaufsunterlagen dürfen diese nach **§ 311 Abs. 6 Satz 3 KAGB** beim Vertrieb der Anteile oder Aktien am EU-OGAW in Deutschland **nicht eingesetzt** werden. 47

Darüber hinaus und der Bestimmung in § 311 Abs. 5 Satz 1 KAGB entsprechend hat die EU-OGAW-Verwaltungsgesellschaft oder die OGAW-Kapitalverwaltungsgesellschaft nach **§ 311 Abs. 6 Satz 4 KAGB** die Einstellung des Vertriebs von einzelnen Teilinvestmentvermögen des EU-OGAW unverzüglich im Bundesanzeiger zu veröffentlichen und dies der BaFin nachzuweisen. Die Ausführungen zu § 311 Abs. 5 Satz 1 KAGB (oben Rz. 39) gelten entsprechend. Zum Nachweis s. die Erläuterungen oben Rz. 42. Wenn die Veröffentlichungspflicht auch nach Fristsetzung **nicht erfüllt** wird, kann die BaFin die Veröffentlichung auf Kosten der EU-OGAW-Verwaltungsgesellschaft oder der OGAW-Kapitalverwaltungsgesellschaft vornehmen. Auch darin gleicht die Vorschrift derjenigen des § 311 Abs. 5 Satz 2 KAGB, weshalb auf die diesbezüglichen Erläuterungen in Rz. 41 verwiesen werden kann. 48

Die BaFin weist in ihrem Merkblatt (2013) zum Vertrieb von Anteilen an EU-OGAW besonders darauf hin, dass die **„Deregistrierung"**, d.h. die Einstellung des Vertriebs einzelner Teilinvestmentvermögen eines EU- 49

---

29 *BaFin*, Merkblatt (2013) zum Vertrieb von Anteilen an EU-OGAW, S. 11 unter VI. 1. Dabei sind die in diesem enthaltenen Hinweise zur Einreichung per E-Mail, die in § 310 Rz. 22 wiedergegeben sind, zu beachten.

OGAW in Deutschland i.S.v. § 311 Abs. 6 KAGB, „durch die Bundesanstalt … erst erfolgen [kann], wenn die erforderlichen Unterlagen, der Nachweis über die Veröffentlichung im Bundesanzeiger sowie der Nachweis über die Zahlung der **Deregistrierungsgebühr** gemäß § 2 Abs. 1 der FinDAGKostV und Nr. 4.1.10.1.4 des Gebührenverzeichnisses dieser Verordnung i.H.v. 430 Euro pro Teilfonds eingereicht worden sind".[30] Die **geänderten Unterlagen** oder die **Beschreibung** der Änderungen, der **Nachweis über die Veröffentlichung der Einstellung des Vertriebs** sowie der Nachweis der Zahlung der Deregistrierungsgebühr sind an das E-Mail-Postfach UCITS-Update@bafin.de zu senden.[31]

V. Leistungsgebühr

50 Für die Untersagung des Vertriebs von EU-OGAW nach § 311 Abs. 1 und 3 Satz 1 Nr. 1 KAGB erhebt die BaFin eine Gebühr nach § 2 Abs. 1 FinDAGKostV i.V.m. Anlage Gebührenverzeichnis Nr. 4.1.10.1.3 i.H.v. 1.000 bis 15.000 Euro. Bei *Umbrella*-Konstruktionen fällt diese Gebühr je Teilinvestmentvermögen gesondert an. Gleiches gilt nach Anlage Gebührenverzeichnis Nr. 4.1.10.1.4 für die Prüfung der Anzeige der Einstellung des Vertriebs nach § 311 Abs. 6 KAGB. Hier beträgt die Gebühr 430 Euro.

Unterabschnitt 2
Anzeigeverfahren für den Vertrieb von inländischen OGAW in anderen Mitgliedstaaten der Europäischen Union oder in Vertragsstaaten des Abkommens über den Europäischen Wirtschaftsraum

§ 312 Anzeigepflicht; Verordnungsermächtigung

(1) [1]Beabsichtigt eine OGAW-Kapitalverwaltungsgesellschaft oder eine EU-OGAW-Verwaltungsgesellschaft, Anteile oder Aktien an einem von ihr verwalteten inländischen OGAW in einem anderen Mitgliedstaat der Europäischen Union oder in einem anderen Vertragsstaat des Abkommens über den Europäischen Wirtschaftsraum zu vertreiben, so hat sie dies der Bundesanstalt mit einem Anzeigeschreiben gemäß Anhang I der Verordnung (EU) Nr. 584/2010 anzuzeigen. [2]Die Anzeige muss in einer in internationalen Finanzkreisen gebräuchlichen Sprache gefasst sein, wenn nicht vereinbart wurde, dass sie in einer der Amtssprachen der beiden Mitgliedstaaten gefasst wird. [3]Der Anzeige sind in jeweils geltender Fassung beizufügen:

1. die Anlagebedingungen und gegebenenfalls die Satzung, der Verkaufsprospekt sowie der letzte Jahresbericht und der anschließende Halbjahresbericht,

2. die wesentlichen Anlegerinformationen gemäß § 166.

(2) Die nach Absatz 1 Satz 2 Nummer 1 beizufügenden Unterlagen sind entweder zu übersetzen

1. in die Amtssprache des Aufnahmestaates,

2. in eine der Amtssprachen des Aufnahmestaates,

3. in eine von den zuständigen Stellen des Aufnahmestaates akzeptierte Sprache oder

4. in eine in internationalen Finanzkreisen gebräuchliche Sprache.

(3) [1]Die wesentlichen Anlegerinformationen sind in der Amtssprache oder in einer der Amtssprachen des Aufnahmestaates oder in einer von den zuständigen Stellen des Aufnahmestaates akzeptierten Sprache vorzulegen. [2]Verantwortlich für die Übersetzung ist die OGAW-Kapitalverwaltungsgesellschaft oder die EU-OGAW-Verwaltungsgesellschaft; die Übersetzung muss den Inhalt der ursprünglichen Informationen richtig und vollständig wiedergeben.

(4) [1]Die Bundesanstalt prüft, ob die gemäß Absatz 1 übermittelten Unterlagen vollständig sind. [2]Fehlende Angaben und Unterlagen fordert sie innerhalb von zehn Arbeitstagen als Ergänzungsanzeige an. [3]Die Ergänzungsanzeige ist der Bundesanstalt innerhalb von sechs Monaten nach der Erstattung der Anzeige oder der letzten Ergänzungsanzeige einzureichen; anderenfalls ist eine Über-

30 *BaFin*, Merkblatt (2013) zum Vertrieb von Anteilen an EU-OGAW, S. 11 unter III. 2. Zu weiteren Einzelheiten der Gebührenzahlung s. ebd.

31 *BaFin*, Merkblatt (2013) zum Vertrieb von Anteilen an EU-OGAW, S. 12. Dabei sind die in diesem enthaltenen Hinweise zur Einreichung per E-Mail, die in § 310 Rz. 22 wiedergegeben sind, zu beachten.

mittlung der Anzeige nach Absatz 5 ausgeschlossen. [4]Die Frist nach Satz 3 ist eine Ausschlussfrist. [5]Eine erneute Anzeige ist jederzeit möglich.

(5) [1]Spätestens zehn Arbeitstage nach Eingang der vollständigen Anzeige bei der Bundesanstalt übermittelt sie den zuständigen Stellen des Aufnahmestaates diese Anzeige sowie eine Bescheinigung gemäß Anhang II der Verordnung (EU) Nr. 584/2010 darüber, dass es sich um einen inländischen OGAW handelt. [2]Das Anzeigeschreiben und die Bescheinigung sind den zuständigen Stellen des Aufnahmestaates in einer in internationalen Finanzkreisen gebräuchlichen Sprache zu übermitteln, wenn nicht vereinbart wurde, dass sie in einer der Amtssprachen der beiden Mitgliedstaaten gefasst werden. [3]Die Bundesanstalt benachrichtigt die OGAW-Kapitalverwaltungsgesellschaft oder die EU-OGAW-Verwaltungsgesellschaft unmittelbar über die Übermittlung. [4]Die OGAW-Kapitalverwaltungsgesellschaft oder die EU-OGAW-Verwaltungsgesellschaft kann ihre Anteile oder Aktien ab dem Datum dieser Benachrichtigung im Aufnahmestaat auf den Markt bringen. [5]Die näheren Inhalte, die Form und die Gestaltung des Anzeigeverfahrens bestimmen sich nach den Artikeln 1 bis 5 der Verordnung (EU) Nr. 584/2010.

(6) Unbeschadet der Anzeige nach Absatz 1 stellt die Bundesanstalt auf Antrag der OGAW-Kapitalverwaltungsgesellschaft oder der EU-OGAW-Verwaltungsgesellschaft eine Bescheinigung gemäß Anhang II der Verordnung (EU) Nr. 584/2010 aus, dass die Vorschriften der Richtlinie 2009/65/EG erfüllt sind.

(7) Die OGAW-Kapitalverwaltungsgesellschaft oder die EU-OGAW-Verwaltungsgesellschaft hat das Anzeigeschreiben nach Absatz 1 Satz 1 und die in Absatz 1 Satz 2 genannten Unterlagen über das Melde- und Veröffentlichungssystem der Bundesanstalt zu übermitteln.

(8) [1]Das Bundesministerium der Finanzen kann durch Rechtsverordnung, die nicht der Zustimmung des Bundesrates bedarf, nähere Bestimmungen über Art, Umfang und Form der einzureichenden Unterlagen nach Absatz 6 und über die zulässigen Datenträger und Übertragungswege erlassen. [2]Das Bundesministerium der Finanzen kann die Ermächtigung durch Rechtsverordnung auf die Bundesanstalt übertragen.

In der Fassung vom 4.7.2013 (BGBl. I 2013, S. 1981), zuletzt geändert durch das Gesetz zur Anpassung von Gesetzen auf dem Gebiet des Finanzmarktes vom 15.7.2014 (BGBl. I 2014, S. 934).

Verordnung zum elektronischen Anzeigeverfahren für inländische Investmentvermögen und EU-Investmentvermögen nach dem Kapitalanlagegesetzbuch (EAKAV)

Auf Grund des § 312 Absatz 8 Satz 1 und des § 331 Absatz 2 Satz 2 des Kapitalanlagegesetzbuches vom 4. Juli 2013 (BGBl. I S. 1981) in Verbindung mit § 1 Nummer 3a der Verordnung zur Übertragung von Befugnissen zum Erlass von Rechtsverordnungen auf die Bundesanstalt für Finanzdienstleistungsaufsicht, die zuletzt durch Artikel 1 der Verordnung vom 11. Juli 2013 (BGBl. I S. 2231) geändert worden ist, verordnet die Bundesanstalt für Finanzdienstleistungsaufsicht:

§ 1 Anwendungsbereich

Diese Verordnung ist anzuwenden auf die Übermittlung des Anzeigeschreibens und der weiteren Unterlagen an die Bundesanstalt für Finanzdienstleistungsaufsicht (Bundesanstalt) nach

1. **§ 312 Absatz 1 und 4 des Kapitalanlagegesetzbuches durch OGAW-Kapitalverwaltungsgesellschaften und EU-OGAW-Verwaltungsgesellschaften, die Anteile oder Aktien an einem von ihnen verwalteten inländischen OGAW in einem anderen Mitgliedstaat der Europäischen Union oder in einem anderen Vertragsstaat des Abkommens über den Europäischen Wirtschaftsraum zu vertreiben beabsichtigen, oder durch eine von ihnen entsprechend bevollmächtigte Person,**
2. **§ 331 Absatz 1 und 3 des Kapitalanlagegesetzbuches durch AIF-Kapitalverwaltungsgesellschaften, die Anteile oder Aktien an einem von ihnen verwalteten EU-AIF oder an einem von ihnen verwalteten inländischen AIF in anderen Mitgliedstaaten der Europäischen Union oder in Vertragsstaaten des Abkommens über den Europäischen Wirtschaftsraum an professionelle Anleger zu vertreiben beabsichtigen, oder durch eine von ihnen entsprechend bevollmächtigte Person.**

§ 2 Einzelanzeigen und Möglichkeit der Zusammenfassung von Anzeigen; Vollmacht

(1) Die Anzeigen nach § 312 Absatz 1 und § 331 Absatz 1 des Kapitalanlagegesetzbuches sind für jedes Investmentvermögen einzeln vorzunehmen.

(2) Abweichend von Absatz 1 kann die Anzeige für mehrere Teilinvestmentvermögen einer Umbrella-Konstruktion durch ein einziges Anzeigeschreiben erfolgen.

(3) Wird die Anzeige durch eine bevollmächtigte Person vorgenommen, ist der Anzeige eine gültige Vollmacht beizufügen.

§ 3 Übertragungsweg

(1) Die Anzeige ist der Bundesanstalt über deren Melde- und Veröffentlichungsplattform Portal (MVP Portal)[1] zu übermitteln.

(2) Die Zulassung zur Nutzung des MVP Portals richtet sich nach dem von der Bundesanstalt vorgesehenen Verfahren. Die Einzelheiten sind dem Benutzerhandbuch zum MVP Portal zu entnehmen. Dem unterschriebenen Zugangsantrag ist eine von der Geschäftsleitung der OGAW-Kapitalverwaltungsgesellschaft, EU-OGAW-Verwaltungsgesellschaft oder AIF-Kapitalverwaltungsgesellschaft unterschriebene Erklärung darüber beizufügen, dass die Person, die die Zulassung beantragt, für die Gesellschaft tätig und zur Übermittlung von Anzeigen nach dieser Verordnung befugt ist. Änderungen der Angaben in dieser Bescheinigung sind der Bundesanstalt unverzüglich mitzuteilen. Satz 3 ist nicht anzuwenden, wenn die Geschäftsleiter selbst die Zulassung beantragen. Die Sätze 3 bis 5 gelten für bevollmächtigte Personen mit der Maßgabe, dass an die Stelle der Geschäftsleitung die bevollmächtigte Person tritt.

§ 4 Übertragungsformate

(1) Das Anzeigeschreiben und die weiteren Unterlagen sind ausschließlich in den Dateiformaten PDF, DOC oder DOCX zu übermitteln.

(2) Die im Rahmen einer Anzeige zu übermittelnden Dateien sind vom Anzeigepflichtigen vor der Übermittlung zweifach als ZIP-Datei zu verpacken. Weder das innere noch das äußere ZIP-Paket darf mit einem Passwort versehen werden.

(3) Die Übermittlung mehrerer Anzeigen in einer ZIP-Datei ist nicht zulässig.

§ 5 Bezeichnung der zu übermittelnden Dateien

(1) Für die Anzeige nach § 312 Absatz 1 des Kapitalanlagegesetzbuches sind die in der inneren ZIP-Datei verpackten Dateien wie folgt zu bezeichnen:

1. Anzeigeschreiben: BaFin-ID und Bezeichnung „Notification Letter",
2. Anlagebedingungen: BaFin-ID und Bezeichnung „Terms and Conditions for Investment",
3. Satzung: BaFin-ID und Bezeichnung „Articles of Association",
4. Verkaufsprospekt: BaFin-ID und Bezeichnung „Prospectus",
5. Jahresbericht: BaFin-ID und Bezeichnung „Annual Report",
6. Halbjahresbericht: BaFin-ID und Bezeichnung „Half-yearly Report",
7. wesentliche Anlegerinformationen: BaFin-ID und Bezeichnung „Key Investor Information",
8. zusätzliche Dokumente, die der Anzeige gemäß Teil B Nummer 3 des Anzeigeschreibens nach den Rechts- und Verwaltungsvorschriften des jeweiligen Aufnahmemitgliedstaates beizufügen sind: BaFin-ID und eine den Inhalt kennzeichnende Bezeichnung,
9. Anschreiben zur Ergänzungsanzeige nach § 6 Satz 3: BaFin-ID und Bezeichnung „Ergänzungsanzeige".

Die äußere und die darin enthaltene innere ZIP-Datei sind wie folgt zu bezeichnen:

„P312KAGB_" + BaFin-ID + „_beliebiger Dateiname.zip".

(2) Für die Anzeige nach § 331 Absatz 1 des Kapitalanlagegesetzbuches sind die in der inneren ZIP-Datei verpackten Dateien wie folgt zu bezeichnen:

1. Anzeigeschreiben: BaFin-ID und Bezeichnung „Notification Letter",
2. Anlagebedingungen einerseits oder andererseits Satzung oder Gesellschaftsvertrag: BaFin-ID und Bezeichnung „Terms and Conditions for Investment" einerseits oder andererseits „Articles of Association",
3. Jahresbericht: BaFin-ID und Bezeichnung „Annual Report"
4. Anschreiben zur Ergänzungsanzeige nach § 6 Satz 3: BaFin-ID und Bezeichnung „Ergänzungsanzeige".

Die äußere und die darin enthaltene innere ZIP-Datei sind wie folgt zu bezeichnen:

„P331KAGB_" + BaFin-ID + „_beliebiger Dateiname.zip".

(3) Eine gemäß § 2 Abs. 3 beizufügende Vollmacht ist wie folgt zu bezeichnen:

BaFin-ID und Bezeichnung „Vollmacht".

§ 6 Ergänzungsanzeigen

Hat die Bundesanstalt fehlende Angaben oder Unterlagen nach § 312 Absatz 4 Satz 2 oder § 331 Absatz 3 Satz 1 des Kapitalanlagegesetzbuches angefordert, hat der Anzeigepflichtige eine Ergänzungsanzeige über das MVP

1 Amtlicher Hinweis: Im Internet abrufbar unter www.bafin.de in der Rubrik „Daten & Dokumente – MVP Portal/ Meldeplattform – MVP Portal".

Portal vorzunehmen. Die §§ 2 bis 5 sind entsprechend anzuwenden. Der Ergänzungsanzeige ist ein Anschreiben beizufügen, aus dem sich ergibt, auf welche Anzeige sich die eingereichten Unterlagen beziehen.

§ 7 Inkrafttreten, Außerkrafttreten

Diese Verordnung tritt am 22. Juli 2013 in Kraft. Gleichzeitig tritt die Verordnung zum elektronischen Anzeigeverfahren für richtlinienkonforme inländische Investmentvermögen nach dem Investmentgesetz vom 28. Juni 2011 (BGBl. I S. 1302) außer Kraft.

Schlussformel

Die Präsidentin der Bundesanstalt für Finanzdienstleistungsaufsicht

König

In der Fassung vom 16.7.2013 (BGBl. I 2013, S. 2477).

Schrifttum: Siehe das allgemeine Schrifttumsverzeichnis.

I. Regelungsgegenstand, Anwendungsbereich und Normentwicklung

1. Regelungsgegenstand

1 Beabsichtigt eine OGAW-Kapitalverwaltungsgesellschaft oder eine EU-OGAW-Verwaltungsgesellschaft, Anteile oder Aktien an einem von ihr verwalteten inländischen OGAW in einem anderen Mitgliedstaat der EU oder in einem anderen Vertragsstaat des Abkommens über den Europäischen Wirtschaftsraum (EWR) zu vertreiben, so muss sie das in § 312 KAGB geregelte **Anzeigeverfahren** durchlaufen, zu dem auch die in § 313 Abs. 1 KAGB aufgeführten Veröffentlichungspflichten gehören. § 312 KAGB und § 313 KAGB bilden das Gegenstück zu §§ 309-312 KAGB, die sich auf den umgekehrten Vorgang beziehen, d.h. den Vertrieb von Anteilen oder Aktien an EU-OGAW in Deutschland. Auch das Anzeigeverfahren für den Vertrieb von Anteilen oder Aktien an EU-OGAW in einem anderen Mitgliedstaat der EU oder der EWR ist im Hinblick auf das Verfahren zwischen den zuständigen Stellen in Deutschland und im Vertriebsstaat – komplementär zu § 312 KAGB – durch die **Verordnung (EU) Nr. 584/2010**[2] (im Folgenden: VO (EU) Nr. 584/2010) geregelt.

2 Auch der Regelung des Vertriebs von Anteilen oder Aktien an einem inländischen OGAW in einem anderen Mitgliedstaat der EU oder in einem anderen Vertragsstaat des EWR-Abkommens liegt das **System des Europäischen Passes** für den Vertrieb von Anteilen oder Aktien an OGAW in anderen Ländern als dem EU-Herkunftsmitgliedstaats des OGAW und das dahintersteckende Prinzip der Kontrolle durch die zuständi-

2 Verordnung (EU) Nr. 584/2010 der Kommission vom 1.7.2010 zur Durchführung der Richtlinie 2009/65/EG des Europäischen Parlaments und des Rates im Hinblick auf Form und Inhalt des Standardmodells für das Anzeigeschreiben und die OGAW-Bescheinigung, die Nutzung elektronischer Kommunikationsmittel durch die zuständigen Behörden für die Anzeige und die Verfahren für Überprüfungen vor Ort und Ermittlungen sowie für den Informationsaustausch zwischen zuständigen Behörden, ABl. EU Nr. L 176 v. 10.7.2010, S. 16.

gen Stellen des Herkunftsmitgliedstaats als Einmalkontrolle und der wechselseitigen Anerkennung von Prüfungsleistungen dieser Stellen[3] zugrunde.[4]

2. Anwendungsbereich

3 Die Vorschrift ist auf den beabsichtigten Vertrieb von Anteilen oder Aktien **einer inländischen EU-OGAW** in einem anderen Mitgliedstaat der EU oder in einem anderen Vertragsstaat des Abkommens über den Europäischen Wirtschaftsraum durch eine OGAW-Kapitalverwaltungsgesellschaft oder eine EU-OGAW-Verwaltungsgesellschaft anwendbar. Aufgrund des **EWR-Abkommens** zwischen der EU und den EFTA-Staaten ist damit auch der Vertrieb von EU-OGAW in Island, Liechtenstein und Norwegen erfasst, mangels Ratifizierung des Abkommens durch die Schweiz aber nicht derjenige in der Schweiz. Dass gleichwohl auch der **Vertrieb von EU-OGAW in der Schweiz** den Regelungen von § 312 KAGB und § 313 KAGB unterfällt, beruht auf einer Vereinbarung,[5] die die BaFin auf der Grundlage von § 296 KAGB mit der Eidgenössischen Finanzmarktaufsicht (FINMA) geschlossen hat (siehe § 310 Rz. 4). Das ermöglicht den gegenseitigen grenzüberschreitenden Vertrieb von Anteilen oder Aktien an richtlinienkonformen deutschen Investmentvermögen und schweizerischen Effektenfonds. Die Vereinbarung hat – was in ihrer Präambel ausdrücklich festgestellt wird – zur Folge, dass §§ 310 und 311 KAGB auf Anteile an schweizerischen Effektenfonds gem. Art. 53-57 des Bundesgesetzes über die kollektiven Kapitalanlagen (KAG), die in Deutschland vertrieben werden sollen, sowie §§ 312 und 313 KAGB auf Anteile an dem deutschen Recht unterliegenden OGAW gem. §§ 192 bis 213 KAGB, die in der Schweiz vertrieben werden sollen, entsprechend anwendbar sind.

4 Eine **inländische EU-OGAW** ist ein Organismus für gemeinsame Anlagen in Wertpapieren, der dem Recht Deutschlands als Mitgliedstaat der EU und Vertragsstaat des Abkommens über den Europäischen Wirtschaftsraum (EWR) unterliegt (§ 1 Abs. 2 und 8 KAGB). Eine **OGAW-Kapitalverwaltungsgesellschaft** ist nach § 1 Abs. 15 i.V.m. § 17 KAGB ein Unternehmen mit satzungsmäßigem Sitz und Hauptverwaltung im Inland, deren Geschäftsbetrieb darauf gerichtet ist, inländische Investmentvermögen, EU-Investmentvermögen oder ausländische AIF zu verwalten (§ 17 Abs. 1 Satz 1 KAGB) und die mindestens einen OGAW verwalten oder zu verwalten beabsichtigen (§ 1 Abs. 15 KAGB). Nach § 17 Abs. 1 Satz 2 KAGB ist die Verwaltung eines Investmentvermögens gegeben, wenn mindestens die Portfolioverwaltung oder das Risikomanagement für ein oder mehrere Investmentvermögen erbracht wird. Den Pflichten einer OGAW-Kapitalverwaltungsgesellschaften nach Abs. 1-3 unterliegen nur solche Gesellschaften, die mit schriftlicher Erlaubnis der BaFin nach § 20 Abs. 1 KAGB tätig werden. Bei einer **EU-OGAW-Verwaltungsgesellschaft** handelt es sich nach § 1 Abs. 17 Nr. 1 i.V.m. Abs. 2 und 14 KAGB um ein Unternehmen mit Sitz in einem anderen Mitgliedstaat der Europäischen Union oder einem anderen Vertragsstaat des Abkommens über den Europäischen Wirtschaftsraum, das den Anforderungen an eine Verwaltungsgesellschaft oder an eine intern verwaltete Investmentgesellschaft im Sinne der **Richtlinie 2009/65/EG**[6] in Bezug auf Organismen für gemeinsame Anlagen in Wertpapieren (OGAW) entspricht.

5 Darüber hinaus kommen als Vertreiber auch externe **AIF-Kapitalverwaltungsgesellschaften**, denen die Erlaubnis als externe OGAW-Kapitalverwaltungsgesellschaft erteilt wurde und die OGAW verwalten (§ 20 Abs. 3 Nr. 7 KAGB) sowie **EU-AIF-Verwaltungsgesellschaften**, die in ihrem Herkunftsmitgliedstaat eine entsprechende Befugnis zur Verwaltung von OGAW erhalten haben, als Adressaten der in Abs. 1-3 bestimmten Pflichten in Betracht.[7]

3. Entwicklung und europarechtliche Grundlage der Norm

6 Die Vorschrift ist bislang nur einmal **geändert** worden. Durch Art. 2 Nr. 56 des Gesetzes zur Anpassung von Gesetzen auf dem Gebiet des Finanzmarktes vom 15.7.2014[8] wurden in § 312 Abs. 1 Satz 3 Nr. 1 KAGB nach dem Wort „Anlagebedingungen" die Wörter „und gegebenenfalls die Satzung" eingefügt. Sie entspricht weitgehend § 128 des aufgehobenen InvG und wurde lediglich redaktionell im Hinblick auf neue

---

3 Siehe dazu Erwägungsgründe 8, 11 und 18 und Art. 108 der Richtlinie 2009/65/EG, ABl. EU Nr. L 302 v. 17.11.2009, S. 32 (unten Rz. 4).

4 Nach *Zeidler* in Weitnauer/Boxberger/Anders, § 312 KAGB Rz. 1 wird durch § 312 KAGB „der ausgehende Teil (‚out-going') des EU-Vertriebspasses geregelt".

5 Die Vereinbarung zwischen der FINMA und der BaFin v. 20.12.2013 ist abrufbar von der Website der BaFin unter www.bafin.de/SharedDocs/Downloads/DE/Merkblatt/WA/dl_140116_vereinbarung_finma_bafin.html.

6 Richtlinie 2009/65/EG des Europäischen Parlaments und des Rates v. om 13. Juli 2009 zur Koordinierung der Rechts- und Verwaltungsvorschriften betreffend bestimmte Organismen für gemeinsame Anlagen in Wertpapieren (OGAW) – Neufassung, ABl. EU Nr. L 302 v. 17.11.2009, S. 32.

7 *Klebeck* in Baur/Tappen, § 312 KAGB Rz. 7 f.; *Keunecke/Schwack* in Moritz/Klebeck/Jesch, § 312 KAGB Rz. 7.

8 BGBl. I 2014, S. 934.

Begriffsbestimmungen in § 1 KAGB und die Ersetzung des Begriffs des „öffentlichen Vertriebs" (§ 2 Abs. 1 InvG a.F.) durch den Begriff des „Vertriebs" (namentlich § 293 Abs. 1 Satz 1 KAGB) überarbeitet.[9] Darüber hinaus wurde der Verweis des § 13a Abs. 5 InvG (a.F.) dergestalt umgesetzt, dass die Vorschriften, auf die verwiesen wurden, sich nunmehr in Gestalt der Bestimmungen u.a. von § 312 KAGB unmittelbar auch auf EU-OGAW-Verwaltungsgesellschaften, die inländische OGAW verwalten, beziehen.[10]

§ 312 dient, wie schon seine Vorgängervorschrift § 128 InvG a.F. (vorstehend Rz. 6), der **Umsetzung von Art. 93 der Richtlinie 2009/65/EG** (oben Rz. 4) und des **Systems des Europäischen Passes** für den Vertrieb von Anteilen oder Aktien an OGAW in anderen Ländern als dem EU/EWR-Herkunftsmitgliedstaats des OGAW (oben Rz. 2). 7

II. Anzeigeverfahren

1. Allgemeines

Beabsichtigt eine OGAW-Kapitalverwaltungsgesellschaft oder eine EU-OGAW-Verwaltungsgesellschaft, Anteile oder Aktien an einem von ihr verwalteten inländischen OGAW **in einem anderen Mitgliedstaat der EU oder des EWR zu vertreiben**, so muss sie das in § 312 KAGB i.V.m. mit der Verordnung (EU) Nr. 584/2010 (oben Rz. 1) geregelte Anzeigeverfahren durchlaufen. Der Ablauf des durch die Anzeige nach § 312 Abs. 1 Satz 1 KAGB in Gang gesetzten **Prüfverfahrens** ist durch zahlreiche Fristen bestimmt. Für die **Berechnung der Fristen** gelten gem. § 31 VwVfG die §§ 187-193 BGB entsprechend, soweit nicht durch § 31 Abs. 2-5 KAGB etwas anderes bestimmt ist. 8

2. Anzeige (§ 312 Abs. 1-3 und 7 KAGB; Art. 1 VO Nr. 584/2010)

a) Anzeigeschreiben und Verkaufsunterlagen (§ 312 Abs. 1-3 KAGB; Art. 1 VO Nr. 584/2010)

Das Anzeigeverfahren wird durch ein **Anzeigeschreiben nach dem Muster und mit dem Inhalt von Anhang I VO (EU) Nr. 584/2010** (oben Rz. 1) eingeleitet (§ 312 Abs. 1 Satz 1 KAGB; Art. 1 VO (EU) Nr. 584/2010), das die OGAW-Kapitalverwaltungsgesellschaft oder die EU-OGAW-Verwaltungsgesellschaft (zu beiden oben Rz. 4), die Anteile oder Aktien an einem von ihr verwalteten inländischen OGAW in einem anderen Mitgliedstaat der EU oder des EWR zu vertreiben (zum Vertriebsbegriff § 309 Rz. 16) beabsichtigt, der BaFin nach Maßgabe von § 312 Abs. 7 KAGB (unten Rz. 10 ff.) zu **übermitteln** hat (§ 312 Abs. 1 Satz 1 KAGB, Art. 1 VO (EU) Nr. 584/2010). 9

Anhang I verlangt zunächst die Benennung des Aufnahmemitgliedstaats, d.h. in dem Staat, in dem die Anteile der Anteile oder Aktien an der inländischen OGAW vertrieben werden sollen, sowie die in seinen Teilen A, B und C aufgeführten Angaben: 10

- In **Teil A** sind Angaben zur OGAW (Name, Herkunftsmitgliedstaat, Rechtsform, im Aufnahmemitgliedstaat zu vertreibende Teilfonds des OGAW) und zur Verwaltungsgesellschaft (Name, Herkunftsmitgliedstaat, Website, Kontaktperson, Umgang ihrer Tätigkeit im OGAW-Aufnahmemitgliedstaat) zu machen. Unter Teil A sind als **Anlagen** die in § 312 Abs. 1 Satz 3 Nr. 1 und 2 KAGB aufgeführten Verkaufsunterlagen beizufügen.
- Bei den in **Teil B** verlangten Angaben handelt es sich um Angaben zum Vertrieb im Aufnahmemitgliedstaat, darunter solche über die „Vorkehrungen für den Vertrieb" von Anteilen am OGAW oder OGAW-Teilfonds in Gestalt von Angaben zu den Vertriebseinrichtungen (insbesondere OGAW-Verwaltungsgesellschaft, andere nach der Richtlinie 2009/65/EG zugelassene Verwaltungsgesellschaften, Kreditinstitute und zugelassene Wertpapierfirmen oder Berater) sowie über die Zahlstelle und die Informationsstelle im Aufnahmemitgliedstaat. Darüber hinaus sind Informationen zu unterbreiten, die den zuständigen Behörden des Aufnahmemitgliedstaates nach Art. 91 Abs. 3 der Richtlinie 2009/65/EG (oben Rz. 4) zur Verfügung zu stellen sind. Entsprechend findet sich zu Beginn von Anhang I Teil B der Hinweis, es sei der „Website der zuständigen Behörde jedes Mitgliedstaats" zu entnehmen, „welche Angaben in diesem Abschnitt zu machen" seien, wobei eine „Liste mit Adressen relevanter Websites" unter www.cesr.eu verfügbar sei.[11]
- **Teil C** verlangt eine Bestätigung der Vollständigkeit der Angaben nach Anhang I sowie der Authentizität der unterbreiteten Dokumente bzw. ihrer Übersetzung durch den OGAW.

9 Vgl. RegE AIFM-UmsG, BT-Drucks. 17/12294 v. 6.2.2013, S. 1 (283).
10 Vgl. RegE AIFM-UmsG, BT-Drucks. 17/12294 v. 6.2.2013, S. 1 (283).
11 Sie findet sich auf der Website unter den Rubriken About us > Members Directory.

11 Nach **§ 312 Abs. 1 Satz 2 KAGB** muss das Anzeigeschreiben **in einer in internationalen Finanzkreisen gebräuchlichen Sprache** abgefasst sein. Die Vorschrift sieht vor, dass sie in einer der Amtssprachen der beiden betroffenen Mitgliedstaaten gefasst werden kann, wenn dies vereinbart wurde. Solche Vereinbarungen sind bislang nicht getroffen worden.[12] Zu einer in internationalen Finanzkreisen gebräuchlichen Sprache gehört jedenfalls Englisch.[13] Ein in Deutsch verfasstes Anzeigeschreiben wird aber ebenso wenig auf Schwierigkeiten stoßen, wenn Deutsch – wie etwa in Belgien, Liechtenstein, Luxemburg oder Österreich – eine Amtssprache im Aufnahmemitgliedstaat ist[14] und § 312 in Abs. 2 bzw. 3 KAGB die Übersetzung der Verkaufsunterlagen i.S.v. Abs. 1 Satz 3 Nr. 1 bzw. 2 jedenfalls in die oder eine der bzw. die wesentliche oder eine der Amtssprachen des Aufnahmemitgliedstaats erlaubt.

12 Entsprechend Art. 1 und Anhang I Teil A a.E. (Anlagen) der VO (EU) Nr. 584/2010 (oben Rz. 1) und **§ 312 Abs. 1 Satz 3 Nr. 1 und 2 KAGB** müssen dem Anzeigeschreiben – in jeweils geltender Fassung – die **Verkaufsunterlagen** in Gestalt der Anlagebedingungen und gegebenenfalls die Satzung, der Verkaufsprospekt sowie der letzte Jahresbericht und der anschließende Halbjahresbericht (Nr. 1) bzw. die wesentlichen Anlegerinformationen gem. § 166 KAGB (Nr. 2) beigefügt werden.

13 Im Hinblick auf die **sprachliche Fassung der Verkaufsunterlagen** unterscheiden § 312 Abs. 2 und 3 KAGB zwischen den Unterlagen nach § 312 Abs. 1 Satz 3 Nr. 1 KAGB und den wesentlichen Anlegerinformationen nach Nr. 2.

- Die **Unterlagen** gem. § 12 Abs. 1 Satz 3 Nr. 1 KAGB – die Anlagebedingungen und gegebenenfalls die Satzung, der Verkaufsprospekt sowie der letzte Jahresbericht und der anschließende Halbjahresbericht – sind nach **Abs. 2**[15] entweder in die Amtssprache des Aufnahmestaates *oder* in eine der Amtssprachen des Aufnahmestaates *oder* in eine von den jeweils zuständigen Stellen des Aufnahmestaates akzeptierte Sprache *oder* in eine in internationalen Finanzkreisen gebräuchliche Sprache zu übersetzen.
- Die **wesentlichen Anlegerinformationen** gem. § 312 Abs. 1 Satz 3 Nr. 2 KAGB sind nach **Abs. 3 Satz 1** entweder in der Amtssprache *oder* in einer der Amtssprachen des Aufnahmestaates *oder* in einer von den zuständigen Stellen des Aufnahmestaates akzeptierten Sprache vorzulegen.

14 Kommt danach eine Vorlage der in Deutsch verfassten Unterlagen nach § 312 Abs. 1 Satz 3 Nr. 1 KAGB und der wesentlichen Anlegerinformationen nach Nr. 2 **in Deutsch** in Betracht, weil Belgien, Liechtenstein, Luxemburg, Österreich (oben Rz. 2) oder die Schweiz (oben Rz. 3) Aufnahmestaaten sind, so scheidet eine Übersetzung zwangsläufig aus. Kraft ausdrücklicher Bestimmung in **§ 312 Abs. 3 Satz 2 KAGB** ist für die **Übersetzung der wesentlichen Anlegerinformationen** die OGAW-Kapitalverwaltungsgesellschaft oder die EU-OGAW-Verwaltungsgesellschaft **verantwortlich**, wobei die Übersetzung den Inhalt der ursprünglichen Informationen richtig und vollständig wiedergeben. Diese Vorschrift, die vor allem für die zivilrechtliche (§ 306 Abs. 2 KAGB) und die bußgeldrechtliche (§ 340 Abs. 2 Nr. 81 KAGB) Haftung der OGAW-Kapitalverwaltungsgesellschaft oder der EU-OGAW-Verwaltungsgesellschaft nebst deren gesetzlichen Vertreter Bedeutung hat und die eindeutig auf die Übersetzung der wesentlichen Anlegerinformationen bezogen ist, ist nicht ohne weiteres auf die Übersetzung der Unterlagen übertragbar.[16]

b) Übermittlung über das MVP-Portal (§ 312 Abs. 7 KAGB)

15 Die Übermittlung des Anzeigeschreibens nach § 312 Abs. 1 Satz 1 KAGB und der in Abs. 1 Satz 3 Nr. 1 und 2[17] genannten Verkaufsunterlagen in seinen Anhängen (oben Rz. 9 f.) durch die OGAW-Kapitalverwal-

---

12 *BaFin*, Merkblatt (2013) zum Vertrieb von Anteilen an EU-OGAW, S. 1 unter III. vor Ziff. 1.

13 Siehe § 310 Rz. 17. Im vorliegenden Zusammenhang etwa *Keunecke/Schwack* in Moritz/Klebeck/Jesch, § 312 KAGB Rz. 16; *Klebeck* in Baur/Tappen, § 312 KAGB Rz. 21; *Zeidler* in Weitnauer/Boxberger/Anders, § 312 KAGB Rz. 6.

14 *Baum* in Emde/Dornseifer/Dreibus/Hölscher, § 128 InvG Rz. 22; *Keunecke/Schwack* in Moritz/Klebeck/Jesch, § 312 KAGB Rz. 17; *Klebeck* in Baur/Tappen, § 312 KAGB Rz. 21; *Zeidler* in Weitnauer/Boxberger/Anders, § 312 KAGB Rz. 6.

15 Wenn § 312 Abs. 2 KAGB von den „nach Absatz 1 Satz 2 Nummer 1" beizufügenden Unterlagen spricht, handelt es sich um ein offenkundiges Redaktionsversehen. Gemeint sind die Unterlagen nach § 312 Abs. 1 Satz 3 Nr. 1 KAGB.

16 Wohl auch *Klebeck* in Baur/Tappen, § 312 KAGB Rz. 30 („ist nicht ausdrücklich vorgesehen"). A.A., aber von der rechtsdogmatischen Begründung her unklar, *Keunecke/Schwack* in Moritz/Klebeck/Jesch, § 312 KAGB Rz. 28 („Daher *sollte* auch für diese übrigen Unterlagen die Verantwortung für die Übersetzung im Bereich der Verwaltungsgesellschaft liegen"; Hervorhebung hinzugefügt, andere Hervorhebungen weggelassen). Ohne nähere Begründung weist *Zeidler* in Weitnauer/Boxberger/Anders, § 312 KAGB Rz. 6 die rechtliche Verantwortung für die Übersetzung der „anzeigenden OGAW-Kapitalverwaltungsgesellschaft bzw. der EU-OGAW-Verwaltungsgesellschaft" zu.

17 Wenn § 312 Abs. 7 KAGB von den „in Absatz 1 Satz 2 genannten Unterlagen" spricht, handelt es sich um ein offenkundiges Redaktionsversehen. Gemeint sind die Unterlagen nach § 312 Abs. 1 Satz 3 KAGB.

tungsgesellschaft oder die EU-OGAW-Verwaltungsgesellschaft an die BaFin muss über das Melde- und Veröffentlichungssystem der Bundesanstalt – das **MVP-Portal** – erfolgen.

16 Dazu hat die BaFin[18] **die Verordnung zum elektronischen Anzeigeverfahren für inländische Investmentvermögen und EU-Investmentvermögen nach dem Kapitalanlagegesetzbuch (EAKAV) vom 16.7.2013**[19] erlassen. Auf der Grundlage der Ermächtigung nach § 312 Abs. 8 Satz 1 KAGB ergangen, enthält die Verordnung „nähere Bestimmungen … über die zulässigen Datenträger und Übertragungswege" und ordnet in § 3 Abs. 1 EAKAV an, die Anzeige sei „der Bundesanstalt über deren Melde- und Veröffentlichungsplattform Portal (MVP Portal) zu übermitteln". Hinsichtlich der Einzelheiten der Verordnung zur Übermittlung des Anzeigeschreibens und der weiteren Unterlagen an die BaFin ist auf die oben nach den Bestimmungen des § 312 KAGB wiedergegebene Verordnung zu verweisen.

17 Um das **MVP-Portal** nutzen zu können, ist eine **Registrierung** („Selbstregistrierung") am Portal erforderlich, die die Anforderung eines Benutzernamens und eines Passworts umfasst. Dieser folgend, muss auf elektronischem Wege ein Antrag auf eine Meldeberechtigung eingereicht werden. Beides ist über die Oberfläche des MVP-Portals https://portal.mvp.bafin.de/MvpPortalWeb/app/login.html möglich. Das **Benutzerhandbuch** für das MVP-Portal, ist von der Website der BaFin www.bafin.de (etwa unter Eingabe der Suchbegriffe MVP-Portal Benutzerhandbuch) abrufbar.

3. Bearbeitung der Anzeige (§ 312 Abs. 4 und 5 KAGB)

a) Vollständigkeitsprüfung (§ 312 Abs. 4 KAGB)

18 Nach Eingang des Anzeigeschreibens gem. § 312 Abs. 1 Satz 1 KAGB (oben Rz. 9) **prüft die BaFin** nach Abs. 4 Satz 1, ob die „gemäß Absatz 1 übermittelten Unterlagen" **vollständig** sind. Zu den **Unterlagen** nach Abs. 1 gehört auch das Anzeigeschreiben.[20] Dafür spricht nicht nur, dass auch die nach Anlage I VO (EU) Nr. 584/2010 erforderlichen Angaben im Anzeigeschreiben unvollständig sein können, der durch § 312 Abs. 4 Satz 1 KAGB umzusetzende Art. 93 Abs. 3 Richtlinie 2009/65/EG (oben Rz. 4) auch eine Vollständigkeitsprüfung des Anzeigeschreibens verlangt, sondern darüber hinaus auch der Umstand, dass Abs. 4 Satz 2 nicht nur für fehlende Unterlagen, sondern auch für „fehlende Angaben" eine Ergänzungsanzeige (unten Rz. 19) verlangt. Eine **inhaltliche Prüfung** der Angaben im Anzeigeschreiben und der mit diesem als Anlagen zu übersendenden Unterlagen auf deren Richtigkeit findet nicht statt.

19 Sind die übermittelten Unterlagen (oben Rz. 18) nicht vollständig, so fordert sie nach § 312 Abs. 4 Satz 2 KAGB fehlende Angaben und Unterlagen innerhalb von zehn Arbeitstagen als **Ergänzungsanzeige** an. Arbeitstage sind nach ständiger Praxis der BaFin[21] nur die Wochenarbeitstage von Montag bis Freitag mit Ausnahme der bundesweit einheitlichen gesetzlichen Feiertage sowie der entweder am Sitz der BaFin in Bonn oder in Frankfurt/M. geltenden landesgesetzlichen Feiertage der Bundesländer Nordrhein-Westfalen und Hessen (Fronleichnam und Allerheiligen). Die Ergänzungsanzeige ist nach § 312 Abs. 4 Satz 3 Halbs. 1 KAGB der BaFin innerhalb von sechs Monaten nach der Erstattung der Anzeige oder der letzten Ergänzungsanzeige einzureichen. Ist dies unterblieben, so ist es der BaFin nach § 312 Abs. 4 Satz 3 Halbs. 2 KAGB verwehrt, die Anzeige nebst der Bescheinigung i.S.v. Anhang II der VO (EU) Nr. 584/2010 (unten Rz. 21) gem. § 312 Abs. 5 KAGB an die zuständigen Stellen des Aufnahmestaates zu übermitteln. Die in § 312 Abs. 4 Satz 3 KAGB gesetzte Frist von sechs Monaten ist nach Abs. 4 Satz 4 eine Ausschlussfrist, doch ist nach Abs. 4 Satz 5 eine erneute Anzeige jederzeit möglich.

20 Auch die **Ergänzungsanzeige** nach § 312 Abs. 4 Satz 2 KAGB (oben Rz. 19) ist gem. § 6 Satz 1 der Verordnung zum elektronischen Anzeigeverfahren für inländische Investmentvermögen und EU-Investmentvermögen nach dem Kapitalanlagegesetzbuch (EAKAV) vom 16.7.2013[22] – nach Maßgabe von § 6 Sätze 2 und 3 EAKAV – **über das MVP-Portal** der BaFin vorzunehmen (oben Rz. 15 ff.).

---

18 Auf der Grundlage von § 1 Abs. 3a der Verordnung zur Übertragung von Befugnissen zum Erlass von Rechtsverordnungen auf die Bundesanstalt für Finanzdienstleistungsaufsicht v. 13.12.2002, BGBl. I 2003, S. 3, zuletzt geändert durch Art. 4 des Gesetzes v. 18.7.2016, BGBl. I 2016, S. 1666.

19 BGBl. I 2013, S. 2477. Der Text der Verordnung ist oben nach demjenigen von § 312 wiedergegeben.

20 Anders *Keunecke/Schwack* in Moritz/Klebeck/Jesch, § 312 KAGB Rz. 35, die aber über eine „richtlinienkonforme Auslegung" der Vorschrift (ebd. Rz. 36) zum gleichen Ergebnis gelangen. Ähnlich und auch i.E. ebenso *Klebeck* in Baur/Tappen, § 312 KAGB Rz. 32.

21 Zuletzt Merkblatt zur Inhaberkontrolle v. 27.11.2015, abrufbar von der Website der BaFin www.bafin.de unter Eingabe vorstehender Stichworte im Suchfeld, unter V.1.c.

22 Oben Rz. 16. Der Text der Verordnung ist oben nach demjenigen des § 312 wiedergegeben.

b) Übermittlung von Anzeige und OGAW-Bescheinigung an die zuständigen Stellen des Aufnahmestaats (§ 312 Abs. 5 Sätze 1, 2 und 5 KAGB; Art. 1-5 VO Nr. 584/2010)

21 Nächster Schritt zur Schaffung der Voraussetzungen, unter denen die OGAW-Kapitalverwaltungsgesellschaft oder die EU-OGAW-Verwaltungsgesellschaft Anteile oder Aktien an einem von ihr verwalteten inländischen OGAW in einem anderen Mitgliedstaat der EU oder des EWR zu vertreiben darf, ist die **Übermittlung der Verkaufsunterlagen** (Anzeigeschreiben und Unterlagen nach § 312 Abs. 1 Satz **3** KAGB) sowie einer **Bescheinigung** gemäß Anhang II der VO (EU) Nr. 584/2010 (§ 312 Abs. 5 Satz 4 KAGB; Art. 2 VO (EU) Nr. 584/2010) darüber, dass es sich um einen inländischen OGAW handelt, **an die zuständigen Stellen des Aufnahmestaates**. Nach **§ 312 Abs. 5 Satz 1 KAGB** muss dies spätestens zehn Arbeitstage (dazu oben Rz. 19) nach Eingang der vollständigen Anzeige bei der BaFin erfolgen.

22 Nach **§ 312 Abs. 5 Satz 2 KAGB** sind das Anzeigeschreiben und die Bescheinigung den zuständigen Stellen des Aufnahmestaates in einer in internationalen Finanzkreisen gebräuchlichen **Sprache** zu übermitteln, wenn nicht vereinbart wurde, dass sie in einer der Amtssprachen der beiden Mitgliedstaaten gefasst werden. Solche Vereinbarungen sind bislang nicht getroffen worden. Die näheren Inhalte, die Form und die Gestaltung des Anzeigeverfahrens bestimmen sich nach dem Hinweis in § 312 Abs. 5 Satz 5 KAGB nach Art. 1 bis 5 VO (EU) Nr. 584/2010. Die Vorschrift ist wegen der unmittelbaren Geltung der EU-Verordnung in den Mitgliedstaaten der EU ein bloßer Merkposten. Während Art. 1 und 2 VO (EU) Nr. 584/2010 in verschiedene Bestimmungen des § 312 KAGB eingegangen und mit anderen Regelungen verknüpft wurde, findet sich Vorschriften über die **zwischenbehördlichen Übermittlungsvorgänge** allein in Art. 3-5, ergänzt um solche über die **Zusammenarbeit der Aufsichtsbehörden** im Herkunftsmitgliedstaat und Aufnahmestaat in Art. 6-13.

c) Benachrichtigung und Beginn des Vertriebs (§ 312 Abs. 5 Sätze 3 und 4 KAGB)

23 Schließlich **benachrichtigt** die BaFin nach § 312 Abs. 5 Satz 3 KAGB **die OGAW-Kapitalverwaltungsgesellschaft oder die EU-OGAW-Verwaltungsgesellschaft** über die Übermittlung der Verkaufsunterlagen (Anzeigeschreiben und Unterlagen nach § 312 Abs. 1 Satz 3 KAGB) sowie der OGAW-Bescheinigung (Bescheinigung gemäß Anhang II der VO (EU) Nr. 584/2010; Abs. 5 Satz 4, Art. 2 VO (EU) Nr. 584/2010) nach § 312 Abs. 5 Satz 1 KAGB. Wenn in Abs. 5 Satz 3 von einer *unmittelbaren* Benachrichtigung die Rede ist, so soll dies lediglich zum Ausdruck bringen, dass die Benachrichtigung durch die BaFin und nicht durch die Behörde des Aufnahmestaats erfolgt.

24 **Mit der Benachrichtigung** kann die OGAW-Kapitalverwaltungsgesellschaft oder der EU-OGAW-Verwaltungsgesellschaft § 312 Abs. 5 Satz 4 KAGB „ihre Anteile oder Aktien ab dem Datum dieser Benachrichtigung im Aufnahmestaat auf den Markt bringen". Ohne eine solche Benachrichtigung darf mit dem Vertrieb der Anteile oder Aktien nicht begonnen werden. Unterbleibt sie, ist OGAW-Kapitalverwaltungsgesellschaft oder der EU-OGAW-Verwaltungsgesellschaft auf den Verwaltungsrechtsweg (§ 40 Abs. 1 VwGO) verwiesen.[23]

III. Anzeigeunabhängige OGAW-Bescheinigung (§ 312 Abs. 6 KAGB)

25 Unbeschadet der Anzeige nach § 312 Abs. 1 KAGB – d.h. auch ohne eine auf den Vertrieb von Anteilen oder Aktien an einem EU-OGAW in einem anderen Mitgliedstaat der EU oder des EWR gerichtete Anzeige und außerhalb des daran anknüpfenden Anzeigeverfahrens – ist die BaFin verpflichtet, einer OGAW-Kapitalverwaltungsgesellschaft oder einer EU-OGAW-Verwaltungsgesellschaft eine Bescheinigung gemäß Anhang II der VO (EU) Nr. 584/2010 darüber auszustellen, dass die Vorschriften der Richtlinie 2009/65/EG erfüllt.

IV. Verordnungsermächtigung (§ 312 Abs. 8 KAGB)

26 Nach **§ 312 Abs. 8 Satz 1 KAGB** kann das Bundesministerium der Finanzen durch Rechtsverordnung, die nicht der Zustimmung des Bundesrates bedarf, nähere Bestimmungen über Art, Umfang und Form der einzureichenden Unterlagen nach Abs. 6 und über die zulässigen Datenträger und Übertragungswege erlassen. Dabei hat das Bundesministerium der Finanzen von der Ermächtigung in **§ 312 Abs. 8 Satz 2 KAGB** Gebrauch gemacht, diese Ermächtigung nach Abs. 8 Satz 1 durch Rechtsverordnung auf die Bundesanstalt übertragen, und die BaFin aufgrund von § 1 Abs. 3a der Verordnung zur Übertragung von Befugnissen zum

23 *Keunecke/Schwack* in Moritz/Klebeck/Jesch, § 312 KAGB Rz. 49; *Klebeck* in Baur/Tappen, § 312 KAGB Rz. 50; *Pfüller* in Brinkaus/Scherer, § 15d AuslInvestmG Rz. 6.

Erlass von Rechtsverordnungen auf die Bundesanstalt für Finanzdienstleistungsaufsicht vom 13.12.2002[24] mit einer entsprechenden Verordnungskompetenz ausgestattet. Auf der Grundlage derselben hat die BaFin die Verordnung zum elektronischen Anzeigeverfahren für inländische Investmentvermögen und EU-Investmentvermögen nach dem Kapitalanlagegesetzbuch (EAKAV) vom 16.7.2013[25] erlassen.

V. Leistungsgebühr

Für die Prüfung einer Anzeige und das Ausstellen einer Bescheinigung nach § 312 Abs. 4 Sätze 1 und 2 KAGB erhebt die BaFin eine Gebühr nach § 2 Abs. 1 FinDAGKostV i.V.m. Anlage Gebührenverzeichnis Nr. 4.1.10.1.5 i.H.v. 772 €. Bei *Umbrella*-Konstruktionen fällt diese Gebühr je Teilinvestmentvermögen gesondert an. Gleiches gilt nach Anlage Gebührenverzeichnis Nr. 4.1.10.1.6 für das Ausstellen einer separaten Bescheinigung nach Abs. 6 i.V.m. Anhang II VO (EU) Nr. 584/2010. Hier beträgt die Gebühr 253 €. 27

§ 313 Veröffentlichungspflichten

(1) [1]Die OGAW-Kapitalverwaltungsgesellschaft oder die EU-OGAW-Verwaltungsgesellschaft hat sämtliche in § 312 Absatz 1 und 2 genannten Unterlagen sowie deren Änderungen auf ihrer Internetseite oder einer Internetseite, die sie im Anzeigeschreiben gemäß Anhang I der Verordnung (EU) Nr. 584/2010 genannt hat, zu veröffentlichen. [2]Sie hat den zuständigen Stellen des Aufnahmestaates Zugang zu dieser Internetseite zu gewähren.

(2) [1]Die OGAW-Kapitalverwaltungsgesellschaft oder die EU-OGAW-Verwaltungsgesellschaft hat die veröffentlichten Unterlagen und Übersetzungen auf dem neuesten Stand zu halten. [2]Die OGAW-Kapitalverwaltungsgesellschaft oder die EU-OGAW-Verwaltungsgesellschaft hat die zuständigen Stellen des Aufnahmestaates auf elektronischem Wege über jede Änderung an den in § 312 genannten Unterlagen sowie darüber, wo diese Unterlagen im Internet verfügbar sind, zu unterrichten. [3]Die OGAW-Kapitalverwaltungsgesellschaft oder die EU-OGAW-Verwaltungsgesellschaft hat hierbei entweder die Änderungen oder Aktualisierungen zu beschreiben oder eine geänderte Fassung des jeweiligen Dokuments als Anlage in einem gebräuchlichen elektronischen Format beizufügen.

(3) Sollten sich die im Anzeigeschreiben nach Absatz 1 Satz 1 mitgeteilten Vorkehrungen für die Vermarktung gemäß Anhang I Teil B der Verordnung (EU) Nr. 584/2010 oder für die vertriebenen Anteil- oder Aktienklassen ändern, so hat die OGAW-Kapitalverwaltungsgesellschaft oder die EU-OGAW-Verwaltungsgesellschaft dies den zuständigen Stellen des Aufnahmestaates vor Umsetzung der Änderung in Textform mitzuteilen.

In der Fassung vom 4.7.2013 (BGBl. I 2013, S. 1981).

Schrifttum: Siehe das allgemeine Schrifttumsverzeichnis.

I. Regelungsgegenstand und Normentwicklung

1. Regelungsgegenstand

Die Vorschrift ergänzt die Bestimmungen zum Anzeigeverfahren um entsprechende Pflichten der OGAW-Kapitalverwaltungsgesellschaft oder der EU-OGAW-Verwaltungsgesellschaft zur **Veröffentlichung** der in 1

---

24 BGBl. I 2003. S. 3, zuletzt geändert durch Art. 4 des Gesetzes v. 18.7.2016, BGBl. I 2016, S. 1666.
25 BGBl. I 2013, S. 2477. Der Text der Verordnung ist oben nach demjenigen von § 312 wiedergegeben.

§ 312 Abs. 1 und 2 KAGB genannten Unterlagen sowie um die Pflicht der Verwaltungsgesellschaft zur **Aktualisierung** der veröffentlichten Dokumente im Hinblick auf zwischenzeitlich eingetretene Änderungen. Sämtliche Veröffentlichungen und auf diese bezogenen Mitteilungen sind durch Veröffentlichungen im Internet bzw. Mitteilungen in elektronischer Form zu erfüllen. Lediglich die nach § 313 Abs. 3 KAGB aufgeführte Änderungsmitteilung ist in Textform vorzunehmen.

2. Normentwicklung

2 § 313 KAGB ist seit seinem Erlass mit dem KAGB **nicht geändert** worden. Die Norm entspricht weitgehend § 129 des aufgehobenen InvG und wurde lediglich redaktionell im Hinblick auf neue Begriffsbestimmungen in § 1 KAGB und die Ersetzung des Begriffs des „öffentlichen Vertriebs" (§ 2 Abs. 1 InvG a.F.) durch den Begriff des „Vertriebs" (namentlich § 293 Abs. 1 Satz 1 KAGB) überarbeitet.[1] Darüber hinaus wurde der Verweis des § 13a Abs. 5 InvG (a.F.) dergestalt umgesetzt, dass die Vorschriften, auf die verwiesen wurden, sich nunmehr in Gestalt u.a. der Bestimmungen von § 313 KAGB unmittelbar auch auf EU-OGAW-Verwaltungsgesellschaften, die inländische OGAW verwalten, beziehen.[2] § 313 KAGB dient der **Umsetzung** von Art. 93 Abs. 7 und 8 Richtlinie 2009/65/EG[3] sowie von Art. 31 Abs. 2 und 32 Abs. 2 der Richtlinie 2010/42/EU.[4]

II. Veröffentlichungspflicht (§ 313 Abs. 1 KAGB)

1. Veröffentlichung im Internet (§ 313 Abs. 1 Satz 1 KAGB)

3 Die OGAW-Kapitalverwaltungsgesellschaft oder die EU-OGAW-Verwaltungsgesellschaft hat nach § 313 Abs. 1 Satz 1 KAGB sämtliche in § 312 Abs. 1 und 2 KAGB genannten **Unterlagen sowie deren Änderungen** (dazu § 313 Abs. 2 Satz 1 KAGB und unten Rz. 8) auf ihrer Internetseite oder einer Internetseite, die sie im Anzeigeschreiben gemäß Anhang I der Verordnung (EU) Nr. 584/2010[5] (im Folgenden: VO (EU) Nr. 584/2010) genannt hat, zu veröffentlichen.

4 Zu den zu veröffentlichenden **Unterlagen** gehört das Anzeigeschreiben nach § 312 Abs. 1 Satz 1 KAGB,[6] die diesem nach § 312 Abs. 1 Satz 3 Nr. 1 und 2 KAGB beizufügenden Anlagebedingungen und gegebenenfalls die Satzung, der Verkaufsprospekt, der letzte Jahresbericht und der anschließende Halbjahresbericht, die wesentlichen Anlegerinformationen gem. § 166 KAGB sowie nach § 312 Abs. 2 KAGB die Übersetzungen der in § 312 Abs. 1 Satz 3 Nr. 1 KAGB genannten Unterlagen. Weder § 313 Abs. 1 Satz 1 KAGB noch die Vorschriften des § 312 KAGB geben einen Anhaltspunkt dafür, dass das Anzeigeschreiben nach § 312 Abs. 1 Satz 1 KAGB nicht zu den Unterlagen gehören soll, die nach § 313 Abs. 1 Satz 1 KAGB zu veröffentlichen sind. Jedenfalls wird der Begriff der Unterlagen in § 312 KAGB nirgends auf die Unterlagen nach § 312 Abs. 1 Satz 3 Nr. 1 und 2 KAGB beschränkt.[7]

5 Die **Veröffentlichung im Internet** erfolgt durch die Einstellung der Unterlagen in das Internet in einer Weise, die jedermann den Zugriff auf die Unterlagen erlaubt. In Betracht kommen nach § 313 Abs. 1 Satz 1 KAGB die Internetseite der OGAW-Kapitalverwaltungsgesellschaft oder der EU-OGAW-Verwaltungsgesellschaft oder die Internetseite, die diese im Anzeigeschreiben gemäß Anhang I Teil A der VO (EU) Nr. 584/2010 (oben Rz. 3, unter „Angaben zur Website der Verwaltungsgesellschaft") genannt hat. Für die Annahme, das Erfordernis der Veröffentlichung beschränke sich hier darauf, den zuständigen Stellen des Aufnahmestaates Zugang zu den einschlägigen Internetseiten zu eröffnen und verlange „nicht die Ver-

1 Vgl. RegE AIFM-UmsG, BT-Drucks. 17/12294 v. 6.2.2013, S. 1 (284).
2 Vgl. RegE AIFM-UmsG, BT-Drucks. 17/12294 v. 6.2.2013, S. 1 (283).
3 Richtlinie 2009/65/EG des Europäischen Parlaments und des Rates vom 13. Juli 2009 zur Koordinierung der Rechts- und Verwaltungsvorschriften betreffend bestimmte Organismen für gemeinsame Anlagen in Wertpapieren (OGAW) – Neufassung, ABl. EU Nr. L 302 v. 17.11.2009, S. 32.
4 Richtlinie 2010/42/EU der Kommission vom 1. Juli 2010 zur Durchführung der Richtlinie 2009/65/EG des Europäischen Parlaments und des Rates in Bezug auf Bestimmungen über Fondsverschmelzungen, Master-Feeder-Strukturen und das Anzeigeverfahren, ABl. EU Nr. L 176 v. 10.7.2010, S. 28.
5 Verordnung (EU) Nr. 584/2010 der Kommission vom 1. Juli 2010 zur Durchführung der Richtlinie 2009/65/EG des Europäischen Parlaments und des Rates im Hinblick auf Form und Inhalt des Standardmodells für das Anzeigeschreiben und die OGAW-Bescheinigung, die Nutzung elektronischer Kommunikationsmittel durch die zuständigen Behörden für die Anzeige und die Verfahren für Überprüfungen vor Ort und Ermittlungen sowie für den Informationsaustausch zwischen zuständigen Behörden, ABl. EU Nr. L 176 v. 10.7.2010, S. 16.
6 A.A., ohne Begründung *Klebeck* in Baur/Tappen, § 313 KAGB Rz. 3.
7 Siehe schon § 312 Rz. 12. A.A., aber ohne triftige Begründung, *Keunecke/Schwack* in Moritz/Klebeck/Jesch, § 313 KAGB Rz. 3; *Klebeck* in Baur/Tappen, § 313 KAGB Rz. 3.

öffentlichung an das Publikum“,[8] finden sich weder in der Vorschrift noch in europarechtlichen Rechtsquellen irgendwelche Anhaltspunkte.[9] Dagegen spricht auch, dass in § 313 Abs. 1 Satz 2 KAGB die Pflicht, den zuständigen Stellen des Aufnahmestaates Zugang zu dieser Internetseite zu gewähren, separat von der in Abs. 1 Satz 1 geregelten Pflicht zur Veröffentlichung der Unterlagen geregelt ist. Eine Veröffentlichung i.S.v. Abs. 1 Satz 1 ist darüber hinaus nur dann gegeben, wenn die Dokumente unmittelbar auf einer entsprechenden Rubrik der Website eingesehen werden können oder auf eine hochzuladende Datei verweisen, die in den üblichen Dateiformaten PDF, DOC oder DOCX[10] erstellt und mit gebräuchlichen Programmen zu öffnen ist.

Einer **Veröffentlichung** steht nicht entgegen, wenn die Website oder die Dokumente nicht **heruntergeladen und/oder ausgedruckt** werden können,[11] doch verlangt das Gesetz in § 313 Abs. 2 Satz 2 KAGB im Zusammenhang mit Änderungen „an den in § 312 genannten Unterlagen“ implizit die Verfügbarkeit dieser Unterlagen, wobei Verfügbarkeit – weil es sich um Verkaufsunterlagen handelt – als Möglichkeit auszulegen ist, die Dokumente abrufen, herunterladen und ausdrucken zu können.[12] Die Veröffentlichung ist Teil der Voraussetzungen, unter denen eine OGAW-Kapitalverwaltungsgesellschaft oder eine EU-OGAW-Verwaltungsgesellschaft Anteile oder Aktien an einem von ihr verwalteten inländischen OGAW in einem anderen Mitgliedstaat der EU oder EWR vertreiben darf. Die Vertriebsberechtigung im Aufnahmestaat besteht nach § 312 Abs. 5 Satz 4 KAGB ab dem Datum, in dem die BaFin die OGAW-Kapitalverwaltungsgesellschaft oder die EU-OGAW-Verwaltungsgesellschaft über die Übermittlung des Anzeigeschreibens und der Bescheinigung an die zuständigen Stellen des Aufnahmestaates übermittelt, stellt aber keine Vertriebsverpflichtung dar. Die Veröffentlichung nach § 313 Abs. 1 Satz 1 KAGB, die selbst als Akt und Anzeichen des Vertriebsbeginns in Betracht kommt, darf damit sicher nicht vor dem Datum der Unterlagenübermittlung durch die BaFin, braucht deshalb aber auch erst in dem **Zeitpunkt** vorgenommen zu werden, in dem der Vertrieb der Anteile oder Aktien tatsächlich beginnt.[13] 6

2. Eröffnung des Zugangs für zuständige Stellen des Aufnahmestaats (§ 313 Abs. 1 Satz 2 KAGB)

Mit einer Veröffentlichung im Internet, die dem Publikum zugänglich ist, ist nach § 313 Abs. 1 Satz 2 KAGB auch den zuständigen Stellen des Aufnahmestaates **Zugang** zu der fraglichen Internetseite gewährt. Sind angebotsbedingte Zugangsbeschränkungen zur Website oder zu den veröffentlichenden Dokumenten eingerichtet, so ist sicherzustellen, dass die zuständigen Stellen des Aufnahmestaates hiervon nicht betroffen sind oder die entsprechenden Informationen und Zugangsdaten für den Aufruf der Internetseite bzw., das dürfte die Regel darstellen, zur Öffnung von Links und Dokumenten erhalten. Die Gewährung des Zugangs zu den veröffentlichten Dokumenten umfasst, wie im Hinblick auf die Veröffentlichung der Dokumente selbst (oben Rz. 6), die Eröffnung der Möglichkeit, diese herunterladen und ausdrucken zu können. 7

III. Aktualisierungspflicht (§ 313 Abs. 2 KAGB)

Die OGAW-Kapitalverwaltungsgesellschaft oder die EU-OGAW-Verwaltungsgesellschaft hat nach § 313 Abs. 2 Satz 1 KAGB die nach Abs. 1 Satz 1 veröffentlichten Unterlage – das sind „sämtliche in § 312 Abs. 1 und 2 genannten Unterlagen“, einschließlich der Angaben im Anzeigeschreiben – und dazugehörige Übersetzungen **auf dem neuesten Stand zu halten**, d.h. permanent zu aktualisieren. 8

Weiter hat die aktualisierungspflichtige Verwaltungsgesellschaft die zuständigen **Stellen des Aufnahmestaates** auf elektronischem Wege über jede Änderung an sämtlichen der in § 312 KAGB genannten Unterlagen sowie darüber, wo diese Unterlagen im Internet verfügbar sind, **zu unterrichten**. Diese Vorschrift entspricht im Hinblick auf die Verpflichtungen zur Unterrichtung und die Art und Weise der Vornahme derselben weitgehend § 310 Abs. 4 Satz 1 KAGB, weshalb auf die diesbezüglichen Erläuterungen in § 310 Rz. 19 verwiesen werden kann. 9

---

8 *Baum* in Emde/Dornseifer/Dreibus/Hölscher, § 129 InvG Rz. 4; *Zeidler* in Weitnauer/Boxberger/Anders, § 313 KAGB Rz. 1.
9 Ebenso *Keunecke/Schwack* in Moritz/Klebeck/Jesch, § 313 KAGB Rz. 11.
10 Entsprechend § 4 Abs. 2 Verordnung zum elektronischen Anzeigeverfahren für inländische Investmentvermögen und EU-Investmentvermögen nach dem Kapitalanlagegesetzbuch (EAKAV).
11 Ebenso *Keunecke/Schwack* in Moritz/Klebeck/Jesch, § 313 KAGB Rz. 8.
12 So i.E. auch *Keunecke/Schwack* in Moritz/Klebeck/Jesch, § 313 KAGB Rz. 8.
13 Wohl ähnlich (aber unpräzise: „ab dem Zeitpunkt der Vertriebserlaubnis“) *Keunecke/Schwack* in Moritz/Klebeck/Jesch, § 313 KAGB Rz. 9.

10 Nach § 313 Abs. 2 Satz 3 KAGB hat die OGAW-Kapitalverwaltungsgesellschaft oder die EU-OGAW-Verwaltungsgesellschaft – im Rahmen der Unterrichtung der zuständigen Stellen des Aufnahmestaates Änderungen der in § 312 KAGB genannten Unterlagen und über deren Verfügbarkeit im Internet gem. § 313 Abs. 2 Satz 2 KAGB – entweder die **Änderungen oder Aktualisierungen zu beschreiben** oder, d.h. alternativ, eine **geänderte Fassung** des jeweiligen Dokuments als Anlage in einem gebräuchlichen elektronischen Format **beizufügen**. Die Vorschrift entspricht nahezu wortgleich § 310 Abs. 4 Satz 3 KAGB, weshalb auf die diesbezüglichen Erläuterungen in § 310 Rz. 20 verwiesen werden kann.

IV. Mitteilungspflicht betreffend Änderungen der Vermarktungsvorkehrungen oder der Anteils- oder Aktienklassen (§ 313 Abs. 3 KAGB)

11 Nach § 313 Abs. 3 KAGB hat die OGAW-Kapitalverwaltungsgesellschaft oder die EU-OGAW-Verwaltungsgesellschaft **Änderungen der** im Anzeigeschreiben nach Abs. 1 Satz 1 mitgeteilten **Vorkehrungen** für die Vermarktung gemäß Anhang I Teil B der VO (EU) Nr. 584/2010 (oben Rz. 3) oder für die vertriebenen Anteil- oder Aktienklasse den zuständigen Stellen des Aufnahmestaates vor Umsetzung der Änderung in Textform mitzuteilen. Die Vorschrift entspricht in der Sache – bei nur teilweise anderer Formulierung, aber Verwendung gleicher Begriffe – § 310 Abs. 5 KAGB, weshalb auf die diesbezüglichen Erläuterungen in § 310 Rz. 21 verwiesen werden kann.

Abschnitt 3
Anzeige, Einstellung und Untersagung des Vertriebs von AIF

§ 314 Untersagung des Vertriebs

(1) Soweit § 11 nicht anzuwenden ist, ist die Bundesanstalt in Bezug auf AIF befugt, alle zum Schutz der Anleger geeigneten und erforderlichen Maßnahmen zu ergreifen, einschließlich einer Untersagung des Vertriebs von Anteilen oder Aktien dieser Investmentvermögen, wenn

1. eine nach diesem Gesetz beim beabsichtigten Vertrieb von Anteilen oder Aktien an einem AIF erforderliche Anzeige nicht ordnungsgemäß erstattet oder der Vertrieb vor der entsprechenden Mitteilung der Bundesanstalt aufgenommen worden ist,
2. die nach § 295 Absatz 1 Satz 3 geforderten Vorkehrungen nicht geeignet sind, um einen Vertrieb an Privatanleger wirksam zu verhindern oder entsprechende Vorkehrungen nicht eingehalten werden,
3. eine Voraussetzung für die Zulässigkeit des Vertriebs nach diesem Gesetz nicht vorliegt oder entfallen ist oder die der Bundesanstalt gegenüber nach § 320 Absatz 1 Satz 2 Nummer 7, § 329 Absatz 2 Satz 3 Nummer 2 oder 3, § 330 Absatz 2 Satz 3 Nummer 2 oder § 330a Absatz 2 Satz 2 Nummer 2 und 3 übernommenen Pflichten trotz Mahnung nicht eingehalten werden,
4. die AIF-Verwaltungsgesellschaft, ein von ihr bestellter Repräsentant oder eine mit dem Vertrieb befasste Person erheblich gegen § 302 Absatz 1 bis 6 oder Anordnungen nach § 302 Absatz 7 verstößt und die Verstöße trotz Verwarnung durch die Bundesanstalt nicht eingestellt werden,
5. die Informations- und Veröffentlichungspflichten nach § 307 Absatz 1 oder Absatz 2 Satz 1 oder nach § 308 oder § 297 Absatz 2 bis 6, 8 oder 9, den §§ 299 bis 301, 303 Absatz 1 oder 3 oder § 318 nicht ordnungsgemäß erfüllt werden,
6. gegen sonstige Vorschriften dieses Gesetzes verstoßen wird,
7. bei einem Vertrieb eines AIF an Privatanleger ein durch rechtskräftiges Urteil oder gerichtlichen Vergleich gegenüber der AIF-Verwaltungsgesellschaft oder der Vertriebsgesellschaft festgestellter Anspruch eines Anlegers nicht erfüllt worden ist,
8. bei dem Vertrieb an Privatanleger erheblich gegen die Anlagebedingungen, die Satzung oder den Gesellschaftsvertrag verstoßen worden ist,
9. die Art und Weise des Vertriebs gegen sonstige Vorschriften des deutschen Rechts verstoßen,
10. Kosten, die der Bundesanstalt im Rahmen der Pflicht zur Bekanntmachung des gesetzlichen Vertreters nach § 319 Absatz 3 entstanden sind, trotz Mahnung nicht erstattet werden oder eine Gebühr, die für die Prüfung von nach § 320 Absatz 1 Satz 2 Nummer 7, § 329 Absatz 2 Satz 3 Nummer 2 oder § 330 Absatz 2 Satz 3 Nummer 2 vorgeschriebenen Angaben und Unterlagen zu entrichten ist, trotz Mahnung nicht gezahlt wird.

(2) Die Bundesanstalt kann bei AIF mit Teilinvestmentvermögen auch den Vertrieb von Anteilen oder Aktien an Teilinvestmentvermögen, die im Geltungsbereich dieses Gesetzes nach den §§ 316, 320, 329 oder 330 an eine, mehrere oder alle Anlegergruppen im Sinne des § 1 Absatz 19 Nummer 31 bis 33 vertrieben werden dürfen, untersagen, wenn weitere Anteile oder Aktien von Teilinvestmentvermögen desselben AIF im Geltungsbereich dieses Gesetzes an eine, mehrere oder alle Anlegergruppen im Sinne des § 1 Absatz 19 Nummer 31 bis 33 vertrieben werden, die im Geltungsbereich dieses Gesetzes entweder nicht oder nicht an diese Anlegergruppe vertrieben werden dürfen.

(3) [1]Die Bundesanstalt macht eine Vertriebsuntersagung im Bundesanzeiger bekannt, falls ein Vertrieb bereits stattgefunden hat. [2]Entstehen der Bundesanstalt durch die Bekanntmachung nach Satz 1 Kosten, sind ihr diese von der AIF-Verwaltungsgesellschaft zu erstatten.

(4) Hat die Bundesanstalt den weiteren Vertrieb eines AIF, der einer Anzeigepflicht nach den §§ 316, 320, 329 oder 330 unterliegt, nach Absatz 1 Nummer 2, 5 und 7 bis 10 oder Absatz 2 im Geltungsbereich dieses Gesetzes untersagt, darf die AIF-Verwaltungsgesellschaft die Absicht, die Anteile oder Aktien dieses AIF im Geltungsbereich dieses Gesetzes zu vertreiben, erst ein Jahr nach der Untersagung wieder anzeigen.

In der Fassung vom 4.7.2013 (BGBl. I 2013, S. 1981), zuletzt geändert durch das Gesetz zur Umsetzung der Richtlinie 2014/91/EU des Europäischen Parlaments und des Rates vom 23.7.2014 zur Änderung der Richtlinie 2009/65/EG zur Koordinierung der Rechts- und Verwaltungsvorschriften betreffend bestimmte Organismen für gemeinsame Anlagen in Wertpapieren (OGAW) im Hinblick auf die Aufgaben der Verwahrstelle, die Vergütungspolitik und Sanktionen vom 3.3.2016 (BGBl. I 2016, S. 348).

Schrifttum: Siehe das allgemeine Schrifttumsverzeichnis.

I. Regelungsgegenstand und Normentwicklung

1. Regelungsgegenstand und Überblick

1 Die Vorschrift erlaubt es der BaFin, unter den **in § 314 Abs. 1 Nr. 1-10 KAGB** aufgeführten Umständen, **alle zum Schutz der Anleger geeigneten und erforderlichen Maßnahmen** zu ergreifen, einschließlich einer Untersagung des Vertriebs von Anteilen oder Aktien von **AIF**, soweit es sich nicht um die von § 11 KAGB erfassten Vorgänge bei der grenzüberschreitenden Verwaltung und den grenzüberschreitenden Vertrieb von AIF handelt. Zum dadurch beschränkten **Anwendungsbereich** der Vorschrift unten Rz. 6. Zum **Begriff des Vertriebs** s. § 309 Rz. 14 ff. Die Vorschrift ist den Sonderregelungen in den nachfolgenden Unterabschnitten von Abschnitt 3 über die Anzeige, die Einstellung und die Untersagung des Vertriebs und den in diesen zu findenden Regelungen für Anzeigepflichten beim Vertrieb an Privatanleger, semiprofessionelle und professionelle Anleger vorangestellt und gilt damit grundsätzlich sowohl für den **Vertrieb an Privatanleger wie an semiprofessionelle und professionelle Anleger.**[1] Einzelne Eingriffstatbestände des § 314 Abs. 1 KAGB betreffen aber nur Fälle des Vertriebs an Privatanleger (unten Rz. 6).

2 Wenn die Vorschrift trotz des in § 314 Abs. 1 Satz 1 KAGB eröffneten Spektrums „geeigneter und erforderlicher" **Maßnahmen** mit „Untersagung des Vertriebs" überschrieben ist, so deshalb, weil die Untersagung des Vertriebs die am Weitesten gehende und schärfste der nach § 314 Abs. 1 KAGB denkbaren Maßnahmen darstellt und die Bestimmungen in den übrigen Absätzen der Vorschrift ausschließlich Regelungen im Zusammenhang mit der Untersagung des Vertriebs betreffen. Unter diesen behandelt § 314 **Abs. 2** KAGB die Untersagung des Vertriebs von Anteilen oder Aktien an bestimmten Teilinvestmentvermögen, § 314 **Abs. 3** KAGB die Bekanntmachung einer Vertriebsuntersagung und § 314 **Abs. 4** KAGB die Folgen einer solchen für eine neuerliche Anzeige zum Vertrieb der fraglichen Anteile oder Aktien.

3 Die Vorschrift betrifft den nicht grenzüberschreitenden Vertrieb (oben Rz. 1) von Anteilen oder Aktien an **AIF**. Die Untersagung und Einstellung des Vertriebs von Anteilen oder Aktien an **EU-OGAW** ist in § 311 KAGB geregelt.

1 Auch *Paul* in Weitnauer/Boxberger/Anders, § 314 KAGB Rz. 8.

2. Normentwicklung

Die Vorschrift hat seit ihrem Erlass nur eine geringfügige **redaktionelle Änderung** erfahren. Sie betraf § 314 Abs. 1 Nr. 5 KAGB, in dem durch Art. 1 Nr. 75 des Gesetzes zur Umsetzung der Richtlinie 2014/91/EU vom 3.3.2016[2] die früheren Wörter „in Verbindung mit § 297 Absatz 4" durch die Angabe ‚Satz 1' und die Wörter „§ 297 Absatz 2 bis 7, 9 oder 10" durch die Wörter ‚§ 297 Absatz 2 bis 6, 8 oder 9'" ersetzt wurden. 4

Vorgängerregelungen der Vorschrift im aufgehobenen InvG waren die Bestimmungen in § 140 Abs. 2-5 und 7 sowie § 124 Abs. 4 InvG. Diese wurden unter Berücksichtigung der neuen in § 1 enthaltenen Begriffsbestimmungen und der **Richtlinie 2011/61/EU**[3] „ergänzt und im Anwendungsbereich auf inländische AIF erweitert".[4] Siehe dazu auch unten Rz. 6. 5

II. Eingriffsbefugnis und Eingriffstatbestände (§ 314 Abs. 1 KAGB)

1. Maßnahmen zum Schutz der Anleger (§ 314 Abs. 1 KAGB) und Rechtsmittel

Nach § 314 Abs. 1 KAGB ist die BaFin in den in Nr. 1-10 aufgeführten Fällen „in Bezug auf AIF befugt, alle zum Schutz der Anleger geeigneten und erforderlichen Maßnahmen zu ergreifen, einschließlich einer Untersagung des Vertriebs von Anteilen oder Aktien dieser Investmentvermögen", es sei denn, darin liegt eine Beschränkung des **Anwendungsbereichs** der Vorschrift, es liegt einer der von § 11 KAGB erfassten und geregelten Vorgänge bei der grenzüberschreitenden Verwaltung und dem grenzüberschreitenden Vertrieb von **AIF** vor, d.h. von Investmentvermögen (§ 1 Abs. 1 KAGB), die keine OGAW i.S.v. § 1 Abs. 2 KAGB sind (§ 1 Abs. 3 KAGB). Die Einfügung des § 11 KAGB, der im InvG keine Vorgängerregelung hat und der Umsetzung von Art. 45 der Richtlinie 2011/61/EU dient, hatte zur Folge, dass die Vorgängerregelungen in § 140 und § 124 Abs. 4 InvG a.F. nur beschränkt und modifiziert übernommen werden konnten. Dessen ungeachtet hat die BaFin darüber hinaus die Möglichkeit, „die Untersagung des Vertriebs auf die entsprechenden Ermächtigungsgrundlagen in den einzelnen Anzeigeverfahren oder auf § 5 KAGB zu stützen",[5] wobei vor allem §§ 316 Abs. 3 Satz 2, 321 Abs. 3 Satz 2 bzw. § 5 Abs. 6 KAGB in Betracht kommen. 6

Die Vorschrift und namentlich Abs. 1 gilt grundsätzlich sowohl für den **Vertrieb an Privatanleger wie an semiprofessionelle und professionelle Anleger**. Einzelne Eingriffstatbestände des § 314 Abs. 1 KAGB – es handelt sich um die Nr. 2, 4, 7, und 8 – betreffen aber nur Fälle des Vertriebs an Privatanleger. 7

Adressaten der nach § 314 Abs. 1 KAGB – unter Berücksichtigung seines durch § 11 KAGB beschränkten Anwendungsbereichs – möglichen Maßnahmen sind grundsätzlich (d.h. vorbehaltlich der Eingriffstatbestände, die an das Verhalten spezieller Adressaten anknüpfen) alle AIF-Verwaltungsgesellschaften oder AIF-Kapitalverwaltungsgesellschaften i.S.v. § 1 Abs. 14 KAGB sowie alle Personen, die Anteile oder Aktien eines Investmentvermögens i.S.v. § 293 Abs. 1 Satz 1 KAGB und unter Berücksichtigung der Ausnahmen nach § 293 Abs. 1 Satz 2 KAGB vertreiben, d.h. direkt oder indirekt anbieten oder platzieren.[6] Das können auch in den Vertrieb eingeschaltete selbständige Vertriebshelfer[7] und Personen sein, die einen der Tatbestände des Abs. 1 erfüllen können. Deren Verhalten wiederum kann ein Einschreiten gegen die Verwal- 8

---

2 Gesetz v. 3. März 2016 zur Umsetzung der Richtlinie 2014/91/EU des Europäischen Parlaments und des Rates vom 23. Juli 2014 zur Änderung der Richtlinie 2009/65/EG zur Koordinierung der Rechts- und Verwaltungsvorschriften betreffend bestimmte Organismen für gemeinsame Anlagen in Wertpapieren (OGAW) im Hinblick auf die Aufgaben der Verwahrstelle, die Vergütungspolitik und Sanktionen, BGBl. I 2016, S. 348.

3 Richtlinie 2011/61/des Europäischen Parlaments und des Rates vom 8. Juni 2011 über die Verwalter alternativer Investmentfonds und zur Änderung der Richtlinien 2003/41/EG und 2009/65/EG und der Verordnungen (EG) Nr. 1060/2009 und (EU) Nr. 1095/2010, ABl. EU Nr. 174 v. 1.7.2011, S. 1.

4 Mit weiteren Einzelheiten zu den Änderungen RegE AIFM-UmsG, BT-Drucks. 17/12294 vom 6.2.2013, S. 1 (284).

5 RegE AIFM-UmsG, BT-Drucks. 17/12294 v. 6.2.2013, S. 1 (284). So i.E. auch *Keunecke/Schwack* in Moritz/Klebeck/Jesch, § 314 KAGB Rz. 6. A.A. *Behme* in Baur/Tappen, § 314 KAGB Rz. 2 a.E. mit dem Argument, Abs. 1 sei *lex specialis* und verdränge die allgemeinen Eingriffsbefugnisse. Dem ist nicht zu folgen, weil es über die speziellen Tatbestände von Abs. 1 hinausgehende allgemeine und in diesen nicht erfasste Gründe geben kann, die Eingriffe in den Vertrieb von AIF erforderlich machen können. Es ist aber nicht erkennbar, dass mit Abs. 1 alle Fälle geregelt werden sollten, in denen es der BaFin „in Bezug auf AIF" erlaubt sein soll, geeignete und erforderliche Maßnahmen „zum Schutz der Anleger" zu ergreifen.

6 Ähnlich *Behme* in Baur/Tappen, § 314 KAGB Rz. 11 („auch gegenüber Dritten"); *Paul* in Weitnauer/Boxberger/Anders, § 314 KAGB Rz. 6: Die Maßnahmen sind „idR gegen die AIF-Verwaltungsgesellschaft, auf diese jedoch nicht begrenzt. Erforderlich ist nur ein Bezug zum AIF ...".

7 Siehe dazu § 311 Rz. 13. Im vorliegenden Kontext *Behme* in Baur/Tappen, § 314 KAGB Rz. 11.

tungsgesellschaft begründen.[8] Kommen je nach erfülltem Tatbestand i.S.v. § 314 Abs. 1 Nr. 1-10 KAGB verschiedene Adressaten in Betracht, so hat die BaFin diesbezüglich ein Auswahlermessen (unten Rz. 10).

9 Ist einer der in § 314 Abs. 1 Nr. 1-10 KAGB beschriebenen Tatbestände erfüllt, so ist die BaFin befugt, alle zum Schutz der Anleger geeigneten und erforderlichen **Maßnahmen** zu ergreifen. Dazu gehört auch die **Untersagung des Vertriebs** von Anteilen oder Aktien an AIF als der am Weitesten gehende Eingriff. Deshalb kommt die Untersagungsverfügung – als Ausfluss des aus Art. 20 Abs. 1, 3 GG abzuleitenden Grundsatzes der Verhältnismäßigkeit bei Verwaltungshandeln und namentlich bei belastenden Ermessensentscheidungen (§ 311 Rz. 14) – nur als ***ultima ratio*** in Betracht.[9] Das ist der Fall, wenn es um **erhebliche** Verstöße bzw. Pflichtverletzungen geht und die Untersagung zum Schutz der Anleger i.S.v. § 314 Abs. 1 KAGB **erforderlich** ist, d.h. die Gefährdung der Anleger nicht durch mildere Mittel wie eine informelle Aufforderung oder eine Abmahnung abzuwehren ist.

10 **Ob** die BaFin bei Verstößen einschreitet,[10] **gegen wen** sie vorgeht und **welche Maßnahme** sie im Falle des Einschreitens ergreift,[11] liegt in ihrem nach Maßgabe von § 40 VwVfG auszuübenden pflichtgemäßen **Entschließungs- bzw. Auswahlermessen**, dessen Ausübung in Bezug auf die ergriffene oder unterlassene Maßnahme der gerichtlichen Nachprüfung nach § 114 VwGO unterliegt (s. dazu § 311 Rz. 12 f. m.w.N.). Generell gilt für die auf der Grundlage von § 314 Abs. 1 KAGB ergriffenen Ermessensentscheidungen, dass sie **verhältnismäßig** sein müssen, d.h. – was schon in Abs. 1 aufgeführt ist – geeignet und erforderlich sowie, darüber hinaus, auch angemessen.[12] Letzteres hat insbesondere zur Folge, dass die BaFin unter mehreren in gleicher Weise geeigneten Maßnahmen das mildere Mittel wählt.[13]

11 **Maßnahmen i.S.v. § 314 Abs. 1 KAGB** stellen **Verwaltungsakte** dar, die inhaltlich hinreichend bestimmt sein müssen (§ 37 Abs. 1 KAGB) und – obschon sie auch elektronisch, mündlich oder in anderer Weise erlassen werden können (§ 37 Abs. 2 Satz 1 KAGB) – zweckmäßigerweise schriftlich mit Gründen ergehen (dazu § 311 Rz. 12). Gegen die Maßnahmen können **Rechtsmittel** eingelegt werden. Vor Erhebung der **Anfechtungsklage** gegen die Maßnahme als Verwaltungsakt sind Rechtmäßigkeit und Zweckmäßigkeit desselben in einem **Vorverfahren** nachzuprüfen (§ 68 Abs. 1 VwGO), das mit der Erhebung des **Widerspruchs** gegen den Verwaltungsakt beginnt (§ 69 VwGO). Widerspruch und Anfechtungsklage gegen Maßnahmen der BaFin nach § 314 Abs. 1 KAGB haben gem. § 7 KAGB – abweichend von § 80 Abs. 1 VwGO – keine aufschiebende Wirkung, das heißt, diese sind **sofort vollziehbar**. Wer vorsätzlich oder fahrlässig gegen eine vollziehbare Anordnung nach § 314 Abs. 1 KAGB zuwiderhandelt, handelt nach § 340 Abs. 2 Nr. 1 lit. f KAGB **ordnungswidrig**. Hilft die Behörde dem Widerspruch nicht ab, so ergeht ein Widerspruchsbescheid nach Maßgabe von § 73 VwGO. Innerhalb eines Monats nach Zustellung des Widerspruchsbescheids ist daraufhin Anfechtungsklage zu erheben (§ 74 VwGO).

12 Die BaFin kann nach § 17 Abs. 1 FinDAG ihre Verfügungen nach § 314 Abs. 1 KAGB mit **Zwangsmitteln** nach den Bestimmungen des Verwaltungs-Vollstreckungsgesetzes (VwVG) durchsetzen. Dabei kann sie die Zwangsmittel für jeden Fall der Nichtbefolgung androhen. Die Höhe des Zwangsgelds beträgt bis zu 2,5 Mio. Euro.

2. Eingriffstatbestände (§ 314 Abs. 1 Nr. 1-10 KAGB)

13 In § 314 Abs. 1 Nr. 1-10 KAGB sind Tatbestände im Zusammenhang mit dem Vertrieb von Anteilen oder Aktien an AIF aufgeführt, deren jeweilige Verwirklichung es der BaFin erlaubt, geeignete und erforderliche Maßnahmen zum Schutz der Anleger zu ergreifen, einschließlich einer Untersagung des Vertriebs.

a) Mangelhafte Vertriebsanzeige und vorzeitiger Vertriebsbeginn (§ 314 Abs. 1 Nr. 1 KAGB)

14 Die BaFin ist nach § 314 Abs. 1 Nr. 1 KAGB zu Maßnahmen nach Abs. 1 befugt, wenn eine nach diesem Gesetz beim beabsichtigten Vertrieb von Anteilen oder Aktien an einem AIF erforderliche **Anzeige** nicht

---

8 I.E. auch *Keunecke/Schwack* in Moritz/Klebeck/Jesch, § 314 KAGB Rz. 10.

9 Siehe § 311 Rz. 14. Auch *Behme* in Baur/Tappen, § 314 KAGB Rz. 10; *Paul* in Weitnauer/Boxberger/Anders, § 314 KAGB Rz. 5.

10 Ebenso *Behme* in Baur/Tappen, § 314 KAGB Rz. 8 f.; *Keunecke/Schwack* in Moritz/Klebeck/Jesch, § 314 KAGB Rz. 11.

11 I.E. auch *Keunecke/Schwack* in Moritz/Klebeck/Jesch, § 314 KAGB Rz. 12.

12 Allgemein *Aschke* in Bader/Ronellenfitsch, BeckOK VwVfG, 34. Edition (Stand 1.10.2016), § 40 VwVfG Rz. 55. Zu § 314 KAGB *Behme* in Baur/Tappen, § 314 KAGB Rz. 10; *Keunecke/Schwack* in Moritz/Klebeck/Jesch, § 314 KAGB Rz. 12; *Paul* in Weitnauer/Boxberger/Anders, § 314 KAGB Rz. 5.

13 Etwa *Aschke* in Bader/Ronellenfitsch, BeckOK VwVfG, 34. Edition (Stand 1.10.2016), § 40 VwVfG Rz. 55.

ordnungsgemäß erstattet oder der Vertrieb vor der entsprechenden **Mitteilung** der Bundesanstalt aufgenommen wurde.[14] Dabei geht es um Anzeigen sowie ihre ordnungsgemäße Erstattung nach § 316 Abs. 1, 321 Abs. 1 Satz 1, 322 Abs. 2 Satz 1 KAGB und Mitteilungen nach § 316 Abs. 3 Satz 1, § 321 Abs. 3 Satz 1, 322 Abs. 4 Satz 1 KAGB. Soweit es um Anzeigen oder Mitteilungen nach § 320 Abs. 1 und 2 KAGB geht, richten sich die Eingriffsbefugnisse der BaFin bei Verstößen nach § 11 KAGB. Eine nicht **ordnungsgemäße Anzeigenerstattung** liegt im Wesentlichen vor, wenn eine Anzeige oder Ergänzungsanzeigen unterblieben sind, da die BaFin bei lediglich unvollständigen Anzeigen nach § 316 Abs. 2, 321 Abs. 2, 322 Abs. 3 KAGB auf die Anforderung von Ergänzungsanzeigen verwiesen ist.

b) Mangelhafte Vertriebsvorkehrungen (§ 314 Abs. 1 Nr. 2 KAGB)

Die BaFin ist nach § 314 Abs. 1 Nr. 2 KAGB zu Maßnahmen nach Abs. 1 befugt, wenn die nach § 295 Abs. 1 Satz 3 KAGB geforderten Vorkehrungen nicht **geeignet** sind, um einen Vertrieb an Privatanleger wirksam zu verhindern oder entsprechende Vorkehrungen **nicht eingehalten** werden.[15] Nach dieser Bestimmung müssen AIF verwaltende Verwaltungsgesellschaften, die die Voraussetzungen für den Vertrieb an Privatanleger nicht erfüllen, wirksame Vorkehrungen treffen, die verhindern, dass Anteile oder Aktien an den AIF an Privatanleger im Geltungsbereich dieses Gesetzes vertrieben werden. 15

Vorkehrungen, die nach allgemeiner Erfahrung beim Vertrieb von Anteilen oder Aktien an inländischen Publikums-AIF an unterschiedliche Anlegergruppen **wirksam** i.S.v. § 295 Abs. 1 Satz 3 KAGB sind, sind auch zu dem angestrebten Zweck **geeignete Vorkehrungen**, weshalb auf die diesbezüglichen Erläuterungen in § 295 Rz. 12 ff. verwiesen werden kann. Wirksam und geeignet sind auf jeden Fall nur solche Vorkehrungen, die aus einer *Ex-ante*-Betrachtung und nach dem angeführten Erfahrungswissen einen Vertrieb gegenüber Privatanlegern mit hoher Wahrscheinlichkeit vollständig auszuschließen vermögen. Ist es zu Vertrieb an Privatanleger gekommen, haben sich die Vorkehrungen bereits dadurch als nicht geeignet erwiesen. Ein Einschreiten der BaFin ist nach Nr. 2 darüber hinaus dann erlaubt, wenn die BaFin – aufgrund eigener Überwachung oder aufgrund von Hinweisen – Kenntnis davon erlangt, dass durchaus geeignete Vorkehrungen -von der Behörde nachzuweisen – **nicht eingehalten** werden. Dabei ist es unerheblich, ob dies bereits zu einem Vertrieb an Privatanleger geführt hat oder nicht. 16

c) Fehlende oder entfallene Vertriebsvoraussetzungen und Nichterfüllung übernommener Pflichten (§ 314 Abs. 1 Nr. 3 KAGB)

Die BaFin ist nach § 314 Abs. 1 Nr. 3 KAGB zu Maßnahmen nach Abs. 1 befugt, wenn (1) eine Voraussetzung für die Zulässigkeit des Vertriebs nach diesem Gesetz nicht vorliegt oder (2) eine solche Voraussetzung entfallen ist oder (3) die der BaFin gegenüber nach § 320 Abs. 1 Satz 2 Nr. 7, § 329 Abs. 2 Satz 3 Nr. 2 oder 3, § 330 Abs. 2 Satz 3 Nr. 2 oder § 330a Abs. 2 Satz 2 Nr. 2 und 3 KAGB übernommenen Pflichten trotz Mahnung nicht eingehalten werden.[16] 17

Zu den **Vertriebsvoraussetzungen** zählen namentlich die Mitteilungen nach § 316 Abs. 3 Satz 1, § 321 Abs. 3 Satz 1, 322 Abs. 4 Satz 1 KAGB, ohne die der Vertrieb nicht aufgenommen werden darf und deren Fehlen bereits nach § 314 Abs. 1 Nr. 1 KAGB Maßnahmen auslösen kann, aber auch sämtliche der in § 317 und §§ 322 Abs. 1, 324 Abs. 1, 326 Abs. 1, 328 Abs. 1, 329 Abs. 1, 330 Abs. 1, 330a Abs. 1, 332 Abs. 1 und 334 KAGB aufgeführten Zulässigkeitsvoraussetzungen. Ebenso kann die BaFin Maßnahmen ergreifen, wenn Voraussetzungen, unter denen der Vertrieb aufgenommen werden durfte, **nicht mehr gegeben** sind. Dazu gehört nicht der Fall von Änderungen in Bezug auf Angaben in Unterlagen, die einer Anzeige beizufügen waren, da die jeweiligen Vorschriften hierfür spezielle Aktualisierungsverfahren vorsehen. Im Rahmen von Anzeigeverfahren sieht das Gesetz in den in § 314 Abs. 1 Nr. 3 KAGB – oben Rz. 17 nach (3) – wiedergegebenen Fällen Erklärungen vor, mit den sich die Verwaltungsgesellschaft zur Vornahme bestimmter Handlungen **verpflichtet**. Werden diese nicht eingehalten, ist die BaFin nach fruchtloser – nicht zwingend, 18

14 § 314 Abs. 1 Nr. 1 KAGB übernimmt den Verbotstatbestand von § 140 Abs. 2 Alternative 3 InvG a.F. und ergänzt ihn um den Tatbestand der Vertriebsaufnahme vor einer Mitteilung der BaFin im Anzeigeverfahren; RegE AIFM-UmsG, BT-Drucks. 17/12294 v. 6.2.2013, S. 1 (284).

15 § 314 Abs. 2 Nr. 2 KAGB „berücksichtigt die entsprechende Verpflichtung von AIF-Verwaltungsgesellschaften nach Artikel 39 Absatz 7 und 40 Absatz 8 der Richtlinie 2011/61/EU, die auch in die fakultative Umsetzung von Artitkel 42 der Richtlinie 2011/61/EU übernommen wurde“; RegE AIFM-UmsG, BT-Drucks. 17/12294 v. 6.2.2013, S. 1 (284).

16 § 314 Abs. 1 Nr. 3 KAGB fasst § 140 Abs. 3 Nr. 2 und 3 InvG a.F. zusammen; RegE AIFM-UmsG, BT-Drucks. 17/12294 v. 6.2.2013, S. 1 (284).

aber aus Beweisgründen schriftlicher[17] – **Mahnung** mit angemessener Fristsetzung befugt, Maßnahmen nach Abs. 1 zu ergreifen.

d) Verstöße gegen Vorschriften zur und Untersagung von Werbung (§ 314 Abs. 1 Nr. 4 KAGB)

19 Die BaFin ist nach § 314 Abs. 1 Nr. 4 KAGB zu Maßnahmen nach Abs. 1 befugt, wenn die AIF-Verwaltungsgesellschaft, ein von ihr bestellter Repräsentant oder eine mit dem Vertrieb befasste Person erheblich gegen die Vorschriften über Werbung in § 302 Abs. 1 bis 6 KAGB oder Anordnungen nach § 302 Abs. 7 KAGB verstößt und der jeweilige Verstoß trotz Verwarnung durch die Bundesanstalt nicht eingestellt wird. § 314 Abs. 1 Nr. 4 KAGB übernimmt § 124 Abs. 4 Satz 1 InvG a.F.,[18] doch sah diese Vorschrift – im Gegensatz zu Nr. 4, der es der BaFin gestattet, alle zum Schutz der Anleger geeigneten und erforderlichen Maßnahmen zu ergreifen – nur die Untersagung des Vertriebs vor.

20 Die **Maßnahmen gegen Werbeverstöße** können sich **gegen** die AIF-Verwaltungsgesellschaft, ein von ihr bestellter Repräsentant i.S.v. § 317 Abs. 1 Nr. 4 KAGB und gegen alle mit dem Vertrieb befassten Personen richten. Zu den Letzteren sind alle Personen zu zählen, die in den Vertrieb **eingeschaltet** sind, d.h. mit Wissen und Wollen der AIF-Verwaltungsgesellschaft oder von dieser geduldet Werbeaufgaben wahrnehmen.[19] Erforderlich ist darüber hinaus, dass es sich um einen **erheblichen** Verstoß handelt, d.h. um einen solchen, der Anlegerinteressen und die Wettbewerbsordnung – ohne dass es auf ein Verschulden ankäme[20] – nachhaltig und intensiv beeinträchtigt.[21] Jeder auf § 314 Abs. 1 Nr. 4 KAGB gestützten Maßnahme wegen eines erheblichen Verstoßes gegen die Vorschriften über Werbung in § 302 Abs. 1 bis 6 KAGB ist eine **Verwarnung** an den Adressaten der vorgesehenen Maßnahme vorauszuschicken, die nicht zu Einstellung des Verstoßes geführt hat. Bereits die Verwarnung ist wegen der ihr zugrundeliegenden Feststellung eines erheblichen Verstoßes ein Verwaltungsakt, der selbstständig angefochten werden kann.[22] Ob eine Verwarnung ausgesprochen wird, soll – wie die Maßnahme selbst (oben Rz. 10) – im Ermessen der BaFin liegen und Zweckmäßigkeitserwägungen erlauben.[23]

21 Auch bei einem **Verstoß gegen eine Anordnung nach § 302 Abs. 7 KAGB**, d.h. der Untersagung von Werbung durch die BaFin, muss es sich um einen erheblichen Verstoß (oben Rz. 20) handeln. Soweit die Anordnung einen bestimmten Adressaten hat, kommt nur ein Verstoß desselben in Frage. Erging sie als Allgemeinverfügung, kommen Verstöße gegen dieselbe durch alle der in § 314 Abs. 1 Nr. 4 KAGB Genannten (oben Rz. 20) in Betracht. Des Weiteren ist auch einer Maßnahme in Bezug auf einen erheblichen Verstoß gegen eine Anordnung nach § 302 Abs. 2 KAGB eine Verwarnung an den Adressaten der erwogenen Maßnahme vorauszuschicken (oben Rz. 20).

e) Verstoß gegen bestimmte Informations- und Veröffentlichungspflichten (§ 314 Abs. 1 Nr. 5 KAGB)

22 Die BaFin ist nach § 314 Abs. 1 Nr. 5 KAGB zu Maßnahmen nach Abs. 1 befugt, wenn „die Informations- und Veröffentlichungspflichten nach § 307 Abs. 1 oder Abs. 2 Satz 1 KAGB oder nach § 308 KAGB oder § 297 Abs. 2 bis 6, 8 oder 9, den §§ 299 bis 301, 303 Abs. 1 oder 3 oder § 318 KAGB nicht ordnungsgemäß erfüllt werden". Eine **nicht ordnungsgemäße Erfüllung** ist bei allen formellen und materiellen Mängeln in der Erfüllung der sich aus den vorstehenden Vorschriften ergebenden Pflichten anzunehmen:[24] sei es, dass Informationen und Veröffentlichungen nicht in der erforderlichen Art und Weise erfolgen, oder sei es, dass diese falsche Angaben enthalten.

---

17 *Baum* in Emde/Dornseifer/Dreibus/Hölscher, § 140 InvG Rz. 26; *Behme* in Baur/Tappen, § 314 KAGB Rz. 20; *Keunecke/Schwack* in Moritz/Klebeck/Jesch, § 314 KAGB Rz. 27.

18 RegE AIFM-UmsG, BT-Drucks. 17/12294 v. 6.2.2013, S. 1 (284).

19 Ganz ähnlich *Ewers* in Berger/Steck/Lübbehüsen, § 124 InvG Rz. 19; *Keunecke/Schwack* in Moritz/Klebeck/Jesch, § 314 KAGB Rz. 33; *Süßmann* in Emde/Dornseifer/Dreibus/Hölscher, § 124 InvG Rz. 23.

20 *Behme* in Baur/Tappen, § 314 KAGB Rz. 22; *Ewers* in Berger/Steck/Lübbehüsen, § 124 InvG Rz. 19; *Keunecke/Schwack* in Moritz/Klebeck/Jesch, § 314 KAGB Rz. 34; *Süßmann* in Emde/Dornseifer/Dreibus/Hölscher, § 124 InvG Rz. 22.

21 *Ewers* in Berger/Steck/Lübbehüsen, § 124 InvG Rz. 19; *Keunecke/Schwack* in Moritz/Klebeck/Jesch, § 314 KAGB Rz. 32; *Süßmann* in Emde/Dornseifer/Dreibus/Hölscher, § 124 InvG Rz. 22. Auch *Behme* in Baur/Tappen, § 314 KAGB Rz. 23 („Schwere der Beeinträchtigung des Privatanlegers").

22 Jeweils m.w.N.: *Ewers* in Berger/Steck/Lübbehüsen, § 124 InvG Rz. 20; *Keunecke/Schwack* in Moritz/Klebeck/Jesch, § 314 KAGB Rz. 35; *Süßmann* in Emde/Dornseifer/Dreibus/Hölscher, § 124 InvG Rz. 25.

23 *Ewers* in Berger/Steck/Lübbehüsen, § 124 InvG Rz. 21; *Keunecke/Schwack* in Moritz/Klebeck/Jesch, § 314 KAGB Rz. 35; *Süßmann* in Emde/Dornseifer/Dreibus/Hölscher, § 124 InvG Rz. 25.

24 *Keunecke/Schwack* in Moritz/Klebeck/Jesch, § 314 KAGB Rz. 43; *Paul* in Weitnauer/Boxberger/Anders, § 314 KAGB Rz. 17.

f) Verstoß gegen sonstige Vorschriften des KAGB (§ 314 Abs. 1 Nr. 6 KAGB)

Die BaFin ist nach § 314 Abs. 1 Nr. 6 KAGB zu Maßnahmen nach Abs. 1 befugt, wenn **gegen sonstige Vorschriften dieses Gesetzes verstoßen** wird. Dabei muss es sich allerdings nach der Eingangsformulierung von Abs. 1 und aufgrund der systematischen Stellung des § 314 KAGB um Maßnahmen und damit um Vorschriften des KAGB **mit Bezug zu AIF** handeln,[25] die auch dem Anlegerschutz dienen.[26] Vorschriften der aufgrund des KAGB erlassenen Verordnungen sind Vorschriften des KAGB; Vorschriften von EU-Verordnungen wie der Delegierten Verordnung (EU) Nr. 231/2013 vom 19.12.2012[27] sind dagegen nur dann erfasst, wenn und soweit sie von Bestimmungen des KAGB in Bezug genommen werden.[28] Soweit in den übrigen Tatbeständen des § 314 Abs. 1 KAGB nur spezielle Formen eines Verstoßes gegen Vorschriften des KAGB oder Anordnungen der BaFin auf der Grundlage von Bestimmungen des KAGB zu Maßnahmen nach Abs. 1 berechtigen, gehen diese als diesbezügliche *leges speciales* vor und können Maßnahmen nach Abs. 1 nur auf diese gestützt werden. 23

g) Nichterfüllung des titulierten Anspruchs eines Anlegers (§ 314 Abs. 1 Nr. 7 KAGB)

Die BaFin ist nach § 314 Abs. 1 Nr. 7 KAGB zu Maßnahmen nach Abs. 1 befugt, wenn bei einem Vertrieb eines AIF an Privatanleger ein durch rechtskräftiges Urteil oder gerichtlichen Vergleich gegenüber der AIF-Verwaltungsgesellschaft oder der Vertriebsgesellschaft **festgestellter Anspruch eines Anlegers nicht erfüllt** worden ist.[29] Privatanleger sind nach § 1 Abs. 19 Nr. 31 KAGB alle Anleger, die weder professionelle noch semiprofessionelle Anleger sind. 24

Der nicht erfüllte Anspruch des Anlegers muss sich aus einem rechtskräftigen Urteil oder einem Vergleich **im Zusammenhang mit dem Vertrieb von AIF an Privatanleger im Inland** ergeben. Daraus folgt, dass nur Ansprüche aus dem Urteil eines deutschen Gerichts oder vor einem solchen geschlossene Vergleiche in Betracht kommen.[30] Das soll Druck auf die Erfüllung der hier erstrittenen Ansprüche schaffen und den Anlegern die Vollstreckung solcher Titel im Ausland ersparen.[31] Da es bei einem Vertrieb von AIF nicht ausgeschlossen ist, dass auch semiprofessionelle oder professionelle Anleger Anteile oder Aktien an dem AIF erwerben, kann die BaFin auch einschreiten, wenn der Inhaber des nicht erfüllten Anspruchs ein solcher Anleger war.[32] 25

h) Verstoß gegen Anlagebedingungen, Satzung oder Gesellschaftsvertrag (§ 314 Abs. 1 Nr. 8 KAGB)

Die BaFin ist nach § 314 Abs. 1 Nr. 8 KAGB zu Maßnahmen nach Abs. 1 befugt, wenn bei dem Vertrieb an Privatanleger erheblich gegen die Anlagebedingungen, die Satzung oder den Gesellschaftsvertrag verstoßen wurde.[33] **Privatanleger** sind nach § 1 Abs. 19 Nr. 31 KAGB alle Anleger, die weder professionelle noch semiprofessionelle Anleger sind. Ein **erheblicher Verstoß** liegt vor, wenn dieser wesentliche Anlegerrechte betrifft und die Anlegerinteressen nachhaltig und intensiv beeinträchtigt.[34] 26

---

25 Auch *Keunecke/Schwack* in Moritz/Klebeck/Jesch, § 314 KAGB Rz. 47.

26 *Keunecke/Schwack* in Moritz/Klebeck/Jesch, § 314 KAGB Rz. 47; *Paul* in Weitnauer/Boxberger/Anders, § 314 KAGB Rz. 19.

27 Delegierten Verordnung (EU) Nr. 231/2013 v. 19.12.2012 zur Ergänzung der Richtlinie 2011/61/EU des Europäischen Parlaments und des Rates im Hinblick auf Ausnahmen, die Bedingungen für die Ausübung der Tätigkeit, Verwahrstellen, Hebelfinanzierung, Transparenz und Beaufsichtigung, ABl. EU Nr. 83 vom 22.3.2013, S. 1.

28 *Paul* in Weitnauer/Boxberger/Anders, § 314 KAGB Rz. 18.

29 § 314 Abs. 1 Nr. 7 KAGB übernimmt § 140 Abs. 3 Nr. 5 InvG a.F.; RegE AIFM-UmsG, BT-Drucks. 17/12294 vom 6.2.2013, S. 1 (284). Anders als diese Vorschrift erlaubt Abs. 1 allerdings auch andere Maßnahmen als eine Vertriebsuntersagung.

30 *Baum* in Emde/Dornseifer/Dreibus/Hölscher, § 140 InvG Rz. 32 m.w.N.

31 *Baum* in Emde/Dornseifer/Dreibus/Hölscher, § 140 InvG Rz. 33; *Behme* in Baur/Tappen, § 314 KAGB Rz. 27; *Erhard* in Berger/Steck/Lübbehüsen, § 140 InvG Rz. 19; *Keunecke/Schwack* in Moritz/Klebeck/Jesch, § 314 KAGB Rz. 52; *Pfüller* in Brinhaus/Scherer, § 8 AuslInvestmG Rz. 19.

32 Auch, jeweils m.w.N., *Behme* in Baur/Tappen, § 314 KAGB Rz. 29; *Paul* in Weitnauer/Boxberger/Anders, § 314 KAGB Rz. 20; *Keunecke/Schwack* in Moritz/Klebeck/Jesch, § 314 KAGB Rz. 52.

33 § 314 Abs. 1 Nr. 8 KAGB übernimmt § 140 Abs. 4 Nr. 3 InvG a.F. RegE AIFM-UmsG, BT-Drucks. 17/12294 vom 6.2.2013, S. 1 (284). Anders als diese Vorschrift erlaubt Abs. 1 – neben weiteren kleinen Modifikationen – allerdings auch andere Maßnahmen als eine Vertriebsuntersagung.

34 Oben Rz. 20. Im vorliegenden Zusammenhang *Baum* in Emde/Dornseifer/Dreibus/Hölscher, § 140 InvG Rz. 44; *Behme* in Baur/Tappen, § 314 KAGB Rz. 30; *Keunecke/Schwack* in Moritz/Klebeck/Jesch, § 314 KAGB Rz. 60.

i) Verstoß gegen sonstige Vorschriften des deutschen Rechts (§ 314 Abs. 1 Nr. 9 KAGB)

27 Die BaFin ist nach § 314 Abs. 1 Nr. 9 KAGB zu Maßnahmen nach Abs. 1 befugt, wenn die Art und Weise des Vertriebs gegen sonstige Vorschriften des deutschen Rechts verstoßen.[35] Hier kommen **alle Rechts- und Verwaltungsvorschriften des deutschen Rechts** in Betracht, die keine Bestimmungen des KAGB sind und als allgemeine Bestimmungen auf Vorgänge des Vertriebs von EU-OGAW Anwendung finden.

28 Einen spezifischen Vertriebsbezug brauchen diese allgemeinen, zumindest nicht auf den Vertrieb von Anteilen oder Aktien an Investmentvermögen bezogenen Bestimmungen nicht aufzuweisen. Wie § 311 Abs. 1 KAGB verlangt die Vorschrift aber, dass **gerade die Art und Weise des Vertriebs** gegen sonstige Vorschriften des deutschen Rechts verstößt. Auch hier fallen darunter alle einzelnen oder verbundenen Handlungen, die dem Vertrieb (§ 309 Rz. 14) dienen.[36] Unter Berücksichtigung dieser Einschränkung kommen vor allem Verstöße gegen das Zivilrecht, namentlich das Recht unerlaubter Handlungen, das Wettbewerbsrecht, das WpHG, das KWG, das Gewerberecht und das Strafrecht in Betracht (§ 311 Rz. 9).

29 Nicht erforderlich ist es, dass die Norm, gegen die verstoßen wird, dem **Anlegerschutz** dient, was bei den in Frage kommenden, nicht dem KAGB zugehörigen Bestimmung allenfalls im Hinblick auf kapitalmarktrechtliche Normen behauptet werden kann.[37] Vielmehr ist es ausreichend, dass der Verstoß gegen diese Norm im Interesse des Anlegerschutzes Maßnahmen verlangt. Ob **Verschulden** erforderlich ist, hängt von der Norm ab, gegen die verstoßen wird. Mangels eines solchen Verschuldenserfordernisses ist auch bei Maßnahmen nach dieser Vorschrift kein Verschulden erforderlich.[38]

j) Nichtzahlung von Kosten (§ 314 Abs. 1 Nr. 10 KAGB)

30 Die BaFin ist nach § 314 Abs. 1 Nr. 10 KAGB zu Maßnahmen nach Abs. 1 befugt, wenn **Kosten**, die der BaFin im Rahmen der Pflicht zur Bekanntmachung des gesetzlichen Vertreters nach § 319 Abs. 3 KAGB entstanden sind, trotz Mahnung nicht erstattet werden oder eine **Gebühr**, die für die Prüfung von nach § 320 Abs. 1 Satz 2 Nr. 7, § 329 Abs. 2 Satz 3 Nr. 2 oder § 330 Abs. 2 Satz 3 Nr. 2 KAGB vorgeschriebenen Angaben und Unterlagen zu entrichten ist, trotz Mahnung nicht gezahlt wird.[39] Die Frage aufzuwerfen, ob die Nichtbezahlung von Kosten der Aufsichtsbehörde überhaupt dem Anlegerschutz i.S.v. § 314 Abs. 1 KAGB diene,[40] ist angesichts der dem Anlegerschutz[41] dienenden Kapitalmarktaufsicht ebenso verwunderlich wie bei ihrer gegenteiligen Beantwortung folgenlos.

III. Untersagung des Vertriebs von Anteilen oder Aktien an Teilinvestmentvermögen eines AIF (§ 314 Abs. 2 KAGB)

31 Hinter der in der Kunstsprache des § 314 Abs. 2 KAGB formulierten, zwangsläufig kompliziert klingenden Regelung steckt ein einfacher Sachverhalt. Sie betrifft den Vertrieb von Anlagen der unter dem Schirm eines AIF zusammengefassten Teilinvestmentvermögen (sog. ***Umbrella*-Konstruktion**, § 309 Rz. 32). Werden in Deutschland Anteile oder Aktien von Teilinvestmentvermögen einer AIF vertrieben, die nicht oder nicht an die angesprochene Anlegergruppe vertrieben werden dürfen, so kann die BaFin auch den Vertrieb von Anteilen oder Aktien an anderen Teilinvestmentvermögen derselben AIF untersagen, die hier zulässigerweise – aufgrund entsprechender Anzeigen nach §§ 316, 320, 329 oder 330 KAGB – vertrieben werden. § 314 Abs. 2 KAGB übernimmt, mit redaktionellen Anpassungen aufgrund der in § 1 KAGB enthaltenen Begriffsbestimmungen, § 140 Abs. 4a InvG a.F., wobei – zur Kompliziertheit der Regelung beitragend – dem Um-

---

35 § 314 Abs. 1 Nr. 9 KAGB übernimmt § 140 Abs. 3 Nr. 4 InvG a.F. RegE AIFM-UmsG, BT-Drucks. 17/12294 vom 6.2.2013, S. 1 (284). Anders als diese Vorschrift erlaubt Abs. 1 allerdings auch andere Maßnahmen als eine Vertriebsuntersagung und verlangt keine erheblichen Verstöße.

36 Ähnlich *Baum* in Emde/Dornseifer/Dreibus/Hölscher, § 133 InvG Rz. 21 („unmittelbarer Zusammenhang mit dem Vertrieb"); *Keunecke/Schwack* in Moritz/Klebeck/Jesch, § 314 KAGB Rz. 63 („mit dem Vertrieb zusammenhängende Tätigkeiten, also solchen, die bei Gelegenheit oder aus Zwecken des Vertriebes").

37 Anders *Keunecke/Schwack* in Moritz/Klebeck/Jesch, § 314 KAGB Rz. 64 („zumindest auch dem anlegerschutz dienen"). Nicht besser *Paul* in Weitnauer/Boxberger/Anders, § 314 KAGB Rz. 22 („nur solche Vorschriften ..., die zumindest auch anlegerschützenden Charakter haben").

38 I.E. auch *Keunecke/Schwack* in Moritz/Klebeck/Jesch, § 314 KAGB Rz. 67.

39 § 314 Abs. 1 Nr. 10 KAGB übernimmt § 140 Abs. 4 Nr. 2 InvG a.F. RegE AIFM-UmsG, BT-Drucks. 17/12294 vom 6.2.2013, S. 1 (284). Anders als diese Vorschrift erlaubt Abs. 1 allerdings auch andere Maßnahmen als eine Vertriebsuntersagung.

40 Ablehnend tatsächlich *Baum* in Emde/Dornseifer/Dreibus/Hölscher, § 133 InvG Rz. 50.

41 Ebenso *Behme* in Baur/Tappen, § 314 KAGB Rz. 35. *Keunecke/Schwack* in Moritz/Klebeck/Jesch, § 314 KAGB Rz. 72 ringen sich zu der Annahme durch, der Anlegerschutz sei „zumindest mittelbar tangiert".

stand Rechnung zu tragen war, „dass nunmehr zwischen einer Berechtigung zum Vertrieb an Privatanleger, an semiprofessionelle Anleger und an professionelle Anleger unterschieden werden muss".[42]

Die Vertriebsuntersagung nach § 314 Abs. 2 KAGB ist ein **Verwaltungsakt**. Zu Form und Rechtsmittel gegen denselben s. oben Rz. 11. Wer vorsätzlich oder fahrlässig gegen eine vollziehbare Anordnung nach Abs. 2 zuwiderhandelt, handelt nach § 340 Abs. 2 Nr. 1 lit. f KAGB **ordnungswidrig**. 32

IV. Bekanntmachung einer Vertriebsuntersagung (§ 314 Abs. 3 KAGB)

§ 314 Abs. 3 KAGB übernimmt mit redaktionellen Anpassungen aufgrund der in § 1 KAGB enthaltenen Begriffsbestimmungen § 140 Abs. 7 des aufgehobenen Investmentgesetzes,[43] der seinerseits weitgehend § 8 AuslInvestmG entsprach. 33

Geht es nicht um die Unterbindung der Aufnahme des Vertriebs von Anteilen oder Aktien an einem Investmentvermögen, sondern um die **Untersagung eines bereits aufgenommenen Vertriebs**, so muss[44] die BaFin die Vertriebsuntersagung nach **§ 314 Abs. 3 Satz 1 KAGB** im **Bundesanzeiger** bekannt machen. Ein Vertrieb hat stattgefunden, wenn Anlegern in Deutschland bereits Anteile oder Aktien an einem AIF oder AIF-Teilinvestmentvermögen angeboten wurden (zum Begriff des Vertriebs s. § 309 Rz. 14 ff.).[45] Eine Vertriebsuntersagung, die im Rahmen des Vertriebsanzeigeverfahrens nach §§ 316, 320, 329 oder 330 KAGB vorgenommen wurde, darf nicht veröffentlicht werden. Sie unterliegt der Verschwiegenheitspflicht der BaFin nach § 8 KAGB.[46] Die Bekanntmachung der **Gründe** für die Untersagungsverfügung ist nicht geboten.[47] Der **Zeitpunkt** der Veröffentlichung ist der BaFin nicht vorgegeben. Seine Auswahl liegt mithin im Ermessen der Behörde,[48] doch sollte diese im Interesse des Anlegerschutzes und der Unterrichtung der Öffentlichkeit[49] in engst möglichem zeitlichen Zusammenhang mit der Bekanntgabe und – da Rechtsmittel gegen die Verfügung keine aufschiebende Wirkung haben (oben Rz. 11) – der damit verbundenen Vollziehbarkeit der Untersagungsverfügung nach Maßgabe von § 41 VwVfG erfolgen.[50] Eine Aufhebung der Untersagungsverfügung oder die Wiederherstellung der aufschiebenden Wirkung von Rechtsmitteln gegen dieselbe zwingt die BaFin allerdings dazu, auch dies im Bundesanzeiger bekannt zu machen.[51] 34

Die Bekanntmachung durch die BaFin ist nicht auf die Bewirkung bestimmter Rechtsfolgen, sondern auf die Herbeiführung eines tatsächlichen Erfolges gerichtet. Sie ist deshalb kein Verwaltungsakt, sondern ein **Realakt**.[52] Gegen diesen ist – ohne dass zuvor ein Widerspruchsverfahren durchzuführen wäre – gleichwohl der Rechtsweg zu den Verwaltungsgerichten eröffnet.[53] Dabei können Rechtsmittel in Gestalt der allgemei- 35

---

42 RegE AIFM-UmsG, BT-Drucks. 17/12294 v. 6.2.2013, S. 1 (284).

43 RegE AIFM-UmsG, BT-Drucks. 17/12294 v. 6.2.2013, S. 1 (284).

44 *Behme* in Baur/Tappen, § 314 KAGB Rz. 40 („kein Ermessen"). Schon *Beckmann* in Beckmann/Scholtz/Vollmer, § 8 AuslInvestmG Rz. 62.

45 Schon *Baur*, Investmentgesetze, § 8 AuslInvestmG Rz. 39 („Es genügt ein öffentliches Anbieten oder eine öffentliche Werbung").

46 *Baum* in Emde/Dornseifer/Dreibus/Hölscher, § 140 InvG Rz. 54; *Keunecke/Schwack* in Moritz/Klebeck/Jesch, § 314 KAGB Rz. 80.

47 *Baur*, Investmentgesetze, § 8 AuslInvestmG Rz. 40; *Beckmann* in Beckmann/Scholtz/Vollmer, § 8 AuslInvestmG Rz. 63; *Behme* in Baur/Tappen, § 314 KAGB Rz. 41; *Keunecke/Schwack* in Moritz/Klebeck/Jesch, § 314 KAGB Rz. 82; *Pfüller* in Brinkhaus/Scherer, § 8 AuslInvestmG Rz. 34.

48 *Erhard* in Berger/Steck/Lübbehüsen, § 140 InvG Rz. 25; *Keunecke/Schwack* in Moritz/Klebeck/Jesch, § 314 KAGB Rz. 82.

49 RegE Gesetz über den Vertrieb ausländischer Investmentanteile v. 13.11.1968, BT-Drucks. V/3494, 1 (22) zum Entwurf von § 8 AuslInvestmG („zur Unterrichtung der Öffentlichkeit"); *Baum* in Emde/Dornseifer/Dreibus/Hölscher, § 140 InvG Rz. 54; *Behme* in Baur/Tappen, § 314 KAGB Rz. 40; *Erhard* in Berger/Steck/Lübbehüsen, § 140 InvG Rz. 25; *Keunecke/Schwack* in Moritz/Klebeck/Jesch, § 314 KAGB Rz. 80; *Pfüller* in Brinkhaus/Scherer, § 8 AuslInvestmG Rz. 34.

50 I.E. ebenso *Keunecke/Schwack* in Moritz/Klebeck/Jesch, § 314 KAGB Rz. 82. Schon *Baur*, Investmentgesetze, § 8 AuslInvestmG Rz. 40 (auf Vollziehbarkeit abstellend); *Pfüller* in Brinkhaus/Scherer, § 8 AuslInvestmG Rz. 34; auch *Behme* in Baur/Tappen, § 314 KAGB Rz. 41 („unverzügliche Veröffentlichung sinnvoll").

51 Schon *Baur*, Investmentgesetze, § 8 AuslInvestmG Rz. 40; *Pfüller* in Brinkhaus/Scherer, § 8 AuslInvestmG Rz. 34 („ergibt sich aus dem allgemeinen verwaltungsrechtlichen Anspruch auf Folgenbeseitigung"). Ebenso *Keunecke/Schwack* in Moritz/Klebeck/Jesch, § 314 KAGB Rz. 82.

52 Auch *Behme* in Baur/Tappen, § 314 KAGB Rz. 41. Zum Begriff des Realakts und seiner Abgrenzung zum Verwaltungsakt etwa *Ehlers/Schneider* in Schoch/Schneider/Bier, Stand Juni 2016, § 40 VwGO Rz. 424.

53 § 40 Abs. 1 VwGO eröffnet den Verwaltungsrechtsweg in allen öffentlich-rechtlichen Streitigkeiten nichtverfassungsrechtlicher Art, zu denen jedenfalls – wie hier – auch normgeleitete Realakte einer Behörde wie der BaFin

nen Gestaltungs- oder Leistungsklage,[54] auch in Form der Unterlassungsklage[55] und – subsidiär (§ 43 Abs. 2 VwGO) – der Feststellungsklage nach § 43 Abs. 1 VwGO[56] eingelegt werden können. Darüber hinaus ist vor Klageerhebung ein Antrag auf eine einstweilige Anordnung nach § 123 VwGO bei dem Gericht der Hauptsache in Erwägung zu ziehen.

36 Entstehen der Bundesanstalt durch die Bekanntmachung im Bundesanzeiger nach § 314 Abs. 1 Satz 1 KAGB **Kosten**, sind ihr diese nach **§ 314 Abs. 3 Satz 2 KAGB** von der AIF-Verwaltungsgesellschaft zu erstatten. Das gilt nicht für die Bekanntmachung im Falle der Aufhebung der Untersagungsverfügung oder die Wiederherstellung der aufschiebenden Wirkung von Rechtsmitteln (oben Rz. 34 a.E.). Auch für die anderweitige Publikation der Untersagungsverfügung, die der BaFin unbenommen ist, können keine Kosten erhoben werden.[57]

V. Sperre für eine erneute Vertriebsanzeige nach Untersagung (§ 314 Abs. 4 KAGB)

37 Hat die BaFin den weiteren Vertrieb eines nach §§ 316, 320, 329 oder 330 KAGB anzeigepflichtigen Vertriebs eines AIF **nach § 314 Abs. 1 Nr. 2, 5 und 7-10 oder Abs. 2 KAGB untersagt**, steht es der AIF-Verwaltungsgesellschaft frei, einen neuen Anlauf zum Vertrieb der Anteile oder Aktien an diesem AIF im Geltungsbereich dieses Gesetzes zu nehmen und die Absicht dieses Vertriebs in dem für sie maßgeblichen Anzeigeverfahren anzuzeigen. Nach § 314 Abs. 4 KAGB darf eine solche Anzeige jedoch **erst ein Jahr nach der Untersagung** des aufgenommenen Vertriebs erfolgen.[58]

38 Maßgeblich ist das **Datum der Bekanntgabe** der Untersagungsverfügung nach Maßgabe von § 41 VwVfG, nicht dasjenige, zu dem die Verfügung bestandskräftig geworden ist, denn Rechtsmittel gegen die Verfügung haben keine aufschiebende Wirkung (oben Rz. 11) und zwingen wegen ihrer sofortigen Vollziehbarkeit bereits mit der Bekanntgabe derselben zur Einstellung des Vertriebs.[59] Die Sperre des § 314 Abs. 4 KAGB gilt nur **gegenüber der AIF-Verwaltungsgesellschaft**, die die fraglichen Anteile oder Aktien an der AIF vertrieb. Die Anzeige des Vertriebs durch eine andere oder eine neu bestellte AIF-Verwaltungsgesellschaft ist deshalb nicht ausgeschlossen.[60]

§ 315 Einstellung des Vertriebs von AIF

(1) [1]Stellt eine AIF-Verwaltungsgesellschaft den Vertrieb von Anteilen oder Aktien eines von ihr verwalteten und nach § 316 oder § 320 vertriebenen AIF im Geltungsbereich dieses Gesetzes gegenüber einer, mehreren oder allen Anlegergruppen im Sinne des § 1 Absatz 19 Nummer 31 bis 33 ein, so hat die AIF-Verwaltungsgesellschaft dies unverzüglich im Bundesanzeiger zu veröffentlichen und die Veröffentlichung der Bundesanstalt nachzuweisen. [2]Die Bundesanstalt kann die Veröffentlichung auf Kosten der AIF-Verwaltungsgesellschaft vornehmen, wenn die Veröffentlichungspflicht auch nach Fristsetzung durch die Bundesanstalt nicht erfüllt wird. [3]Absatz 2 bleibt unberührt.

---

gehören. Etwa *Ehlers/Schneider* in Schoch/Schneider/Bier, Stand Juni 2016, § 40 VwGO Rz. 424 f.; *Reimer* in Posser/Wolff, BeckOK VwGO, 40. Edition, Stand 1.4.2016 § 40 VwGO Rz. 68.

54 *Pietzcker* in Schoch/Schneider/Bier, Stand Juni 2016, § 42 VwGO Rz. 19 f.; *Weber*, Verwaltungsrechtliche Realakte, apf (Ausbildung, Prüfung und Fortbildung) 2003, 27, 54 (58 f.).

55 *Behme* in Baur/Tappen, § 314 KAGB Rz. 59; *Weber*, Verwaltungsrechtliche Realakte, apf (Ausbildung, Prüfung und Fortbildung) 2003, 27, 54 (59).

56 *Behme* in Baur/Tappen, § 314 KAGB Rz. 58; *Weber*, Verwaltungsrechtliche Realakte, apf (Ausbildung, Prüfung und Fortbildung) 2003, 27, 54 (58 f.).

57 *Baum* in Emde/Dornseifer/Dreibus/Hölscher, § 140 InvG Rz. 55; *Behme* in Baur/Tappen, § 314 KAGB Rz. 42; *Keunecke/Schwack* in Moritz/Klebeck/Jesch, § 314 KAGB Rz. 81 und 83.

58 § 314 Abs. 4 KAGB „übernimmt mit redaktionellen Anpassungen aufgrund der in § 1 enthaltenen Begriffsbestimmungen § 140 Absatz 5 des aufzuhebenden Investmentgesetzes, wobei der Anwendungsbereich auf AIF, die an Privatanleger vertrieben werden sowie AIF, die gemäß Artikel 36 oder 42 der Richtlinie 2011/61/EU an professionelle und semiprofessionelle Anleger vertrieben werden, beschränkt ist". RegE AIFM-UmsG, BT-Drucks. 17/12294 v. 6.2.2013, S. 1 (284/285).

59 I.E. auch *Keunecke/Schwack* in Moritz/Klebeck/Jesch, § 314 KAGB Rz. 72. A.A. *Behme* in Baur/Tappen, § 314 KAGB Rz. 44; *Erhard* in Berger/Steck/Lübbehüsen, § 140 InvG Rz. 23.

60 *Keunecke/Schwack* in Moritz/Klebeck/Jesch, § 314 KAGB Rz. 85; *Paul* in Weitnauer/Boxberger/Anders, § 314 KAGB Rz. 32.

(2) [1]Stellt eine AIF-Verwaltungsgesellschaft den Vertrieb von einzelnen Teilinvestmentvermögen eines AIF gegenüber einer, mehreren oder allen Anlegergruppen im Sinne des § 1 Absatz 19 Nummer 31 bis 33 im Geltungsbereich dieses Gesetzes ein, so hat sie § 293 Absatz 1 Satz 2 Nummer 3 bei Änderungen der im Anzeigeverfahren eingereichten Angaben und Unterlagen zu berücksichtigen. [2]Die AIF-Verwaltungsgesellschaft hat die Einstellung des Vertriebs von Anteilen oder Aktien an nach § 316 oder § 320 vertriebenen AIF unverzüglich im Bundesanzeiger zu veröffentlichen und dies der Bundesanstalt nachzuweisen. [3]Die Bundesanstalt kann die Veröffentlichung auf Kosten der AIF-Verwaltungsgesellschaft vornehmen, wenn die Veröffentlichungspflicht auch nach Fristsetzung nicht erfüllt wird.

In der Fassung vom 4.7.2013 (BGBl. I 2013, S. 1981).

Schrifttum: Siehe das allgemeine Schrifttumsverzeichnis.

I. Regelungsgegenstand und Normentwicklung

Die Vorschrift bestimmt, welchen **Pflichten eine AIF-Verwaltungsgesellschaft** unterliegt, wenn sie den Vertrieb von Anteilen oder Aktien eines von ihr verwalteten AIF (§ 315 Abs. 1 KAGB) oder von einzelnen Teilinvestmentvermögen eines AIF (§ 315 Abs. 2 KAGB) gegenüber einer, mehreren oder allen Anlegergruppen i.S.v. § 1 Abs. 19 Nr. 31-33 KAGB **einstellt**. 1

Die Vorschrift entspricht weitgehend § 140 Abs. 8 bzw. Abs. 9 InvG und ist seit ihrem Erlass nicht geändert worden. 2

II. Einstellung des Vertriebs von AIF (§ 315 Abs. 1 KAGB)

1. Übersicht

§ 315 Abs. 1 Satz 1 KAGB betrifft den Fall, dass eine AIF-Verwaltungsgesellschaft den Vertrieb von Anteilen oder Aktien eines von ihr verwalteten und nach Anzeigen gem. § 316 oder § 320 KAGB vertriebenen AIF im Geltungsbereich dieses Gesetzes gegenüber einer, mehreren oder allen Anlegergruppen i.S.d. § 1 Abs. 19 Nr. 31-33 KAGB – das sind Privatanleger, professionelle Anleger und semiprofessionelle Anleger – einstellt. Unter diesen Umständen ist die AIF-Verwaltungsgesellschaft verpflichtet, die Vertriebseinstellung unverzüglich im Bundesanzeiger zu veröffentlichen und die Veröffentlichung der BaFin nachzuweisen. Unterbleibt die Veröffentlichung und wird diese nicht in der von der BaFin gesetzten Frist nachgeholt, so kann die Aufsichtsbehörde nach **§ 315 Abs. 1 Satz 2 KAGB** die Veröffentlichung auf Kosten der AIF-Verwaltungsgesellschaft vornehmen. Wenn **§ 315 Abs. 1 Satz 3 KAGB** bestimmt, Abs. 2 bleibt unberührt, so trägt diese Vorschrift dem Umstand Rechnung, dass die Einstellung des Vertriebs von bislang allen Teilinvestmentvermögen gegenüber einer bestimmt Anlegergruppe mit der Einstellung des Vertriebs von einzelnen Teilinvestmentvermögen gegenüber einer anderen Gruppe einhergeht und damit sowohl Pflichten nach § 315 Abs. 1 Satz 1 KAGB als auch solche nach Abs. 2 Sätze 1 und 2 auslöst. § 315 Abs. 1 KAGB übernimmt mit redaktionellen Anpassungen aufgrund der in § 1 KAGB enthaltenen Begriffsbestimmungen und mit Modifikationen im Anwendungsbereich der Vorschrift § 140 Abs. 8 InvG.[1] 3

1 RegE AIFM-UmsG, BT-Drucks. 17/12294 v. 6.2.2013, S. 1 (285).

2. Anwendungsbereich und Anwendungsvoraussetzungen

4 **Adressat** der Vorschrift sind lediglich AIF-Verwaltungsgesellschaften, die zugleich die **Verwaltung *und* den Vertrieb** von Anteilen oder Aktien eines AIF übernommen haben. Nicht erfasst sind damit AIF-Verwaltungsgesellschaften die nur mit der Verwaltung oder nur dem Vertrieb an einem AIF betraut sind. **AIF-Verwaltungsgesellschaften** sind nach § 1 Abs. 14 Satz 2 KAGB AIF-Kapitalverwaltungsgesellschaften, EU-AIF-Verwaltungsgesellschaften und ausländische AIF-Verwaltungsgesellschaften.

5 Bei der Einstellung des Vertriebs von Anteilen oder Aktien eines AIF muss es sich darüber hinaus um solche handeln, die **Gegenstand des Anzeigeverfahrens nach § 316 oder § 320 KAGB** in Deutschland waren. Dementsprechend muss es sich entweder um die Einstellung des Vertriebs von inländischen Publikums-AIF im Inland durch eine AIF-Kapitalverwaltungsgesellschaft (§ 316 KAGB) oder um diejenige des Vertriebs von EU-AIF oder von ausländischen AIF an Privatanleger im Inland durch eine EU-AIF-Verwaltungsgesellschaft oder eine ausländische AIF-Verwaltungsgesellschaft (§ 320 KAGB) handeln. Dabei ist vor allem im Hinblick auf § 315 Abs. 1 Satz 3 KAGB (unten Rz. 10) zu beachten, dass Abs. 1 Satz 1 auch den Fall erfasst, dass **alle Teilinvestmentvermögen eines AIF** Gegenstand des Anzeigeverfahrens § 316 oder § 320 KAGB in Deutschland waren, vertrieben wurden und der Vertrieb derselben gegenüber einer, mehreren oder allen Anlegergruppen i.S.d. § 1 Abs. 19 Nr. 31-33 KAGB eingestellt wird.[2]

6 Eine **Einstellung des Vertriebs** ist dann gegeben, wenn ein solcher stattgefunden hat, was bereits mit einer die Erwerbsmöglichkeit kundgebenden Werbung und der damit verbundenen *invitatio ad offerendum* der Fall sein kann (§ 309 Rz. 14). Nur in diesem Fall bedarf es einer Kundgebung der Einstellung des Vertriebs in Gestalt der Veröffentlichung nach § 315 Abs. 1 Satz 1 KAGB.[3] Ein solcher *actus contrarius* ist dagegen nicht geboten, wenn die Verwaltungsgesellschaft aufgrund des Anzeigeverfahrens und der Mitteilung nach § 316 Abs. 3 Satz 1 KAGB oder nach § 320 Abs. 2 KAGB lediglich befugt ist, mit dem Vertrieb des im Anzeigeschreiben genannten AIF im Geltungsbereich dieses Gesetzes zu beginnen, aber tatsächlich noch nicht begonnen hat. Hier bedarf es keiner Transparenz im Interesse der Öffentlichkeit und schon gar nicht im Hinblick auf Anleger, die in den AIF investiert haben[4] und die es im Hinblick auf den Wegfall von Pflichten der Verwaltungsgesellschaft nach Einstellung des Vertriebs zu schützen gilt.[5] Darüber hinaus ist die Veröffentlichung nach § 315 Abs. 1 KAGB – schon ausweislich des in § 316 Abs. 4 und § 320 Abs. 4 KAGB geregelten und neben § 315 Abs. 1 KAGB zu betreibenden[6] Mitteilungsverfahrens bei Änderungen – nicht als *das* Instrument zur Deregistrierung konzipiert. Erforderlich ist des Weiteren, dass der Vertrieb zumindest gegenüber einer oder mehreren oder gegenüber allen Anlegergruppen i.S.d. § 1 Abs. 19 Nr. 31-33 KAGB – d.h. Privatanlegern, professionellen Anlegern und semiprofessionellen Anlegern – jeweils **vollständig aufgegeben** wurde.

3. Veröffentlichungs- und Nachweispflicht sowie Ersatzvornahme (§ 315 Abs. 1 Satz 1 bzw. Satz 2 KAGB)

7 Unter den vorstehend behandelten Voraussetzungen des § 315 Abs. 1 KAGB ist die AIF-Verwaltungsgesellschaft verpflichtet, die Vertriebseinstellung unverzüglich im Bundesanzeiger zu veröffentlichen und die Veröffentlichung der BaFin nachzuweisen. **Unverzüglich** heißt, entsprechend § 121 Abs. 1 Satz 1 BGB, dass dies ohne schuldhaftes Zögern nach der vollständigen Einstellung des Vertriebs gegenüber einer oder mehreren oder gegenüber allen Anlegergruppen (oben Rz. 6) erfolgen muss. Abzustellen ist hier der Zeitpunkt, in dem – regelmäßig nach Maßgabe einer entsprechenden Entscheidung der Verwaltungsgesellschaft, aber nicht zwingend – tatsächlich alle Vertriebsmaßnahmen, namentlich Angebote, und Annahme von Angeboten gestoppt werden.

8 Für die Art und Weise des **Nachweises** enthält § 315 Abs. 1 Satz 1 KAGB keine nähere Bestimmung. Insbesondere ist keine **Form** vorgeschrieben. Er erfolgt aber zweckmäßigerweise schriftlich oder elektronisch unter Benennung der zu erfüllenden Veröffentlichungspflicht, des Datums der Veröffentlichung im Bundesanzeiger und der Beifügung des Belegs des Bundesanzeigers über die Veröffentlichung im Bundesanzeiger mit Dokumentencharakter. Ist die Veröffentlichung unverzüglich vorzunehmen, wird dies für den Nachweis derselben nicht verlangt. Vielmehr ist der Gesetzgeber im Hinblick auf die Vorgängerregelungen

---

2 *Keunecke/Schwack* in Moritz/Klebeck/Jesch, § 315 KAGB Rz. 6; *Paul* in Weitnauer/Boxberger/Anders, § 315 KAGB Rz. 9.

3 A.A. *Keunecke/Schwack* in Moritz/Klebeck/Jesch, § 315 KAGB Rz. 4.

4 *Behme* in Baur/Tappen, § 315 KAGB Rz. 3.

5 *Baum* in Emde/Dornseifer/Dreibus/Hölscher, § 140 InvG Rz. 56.

6 *Keunecke/Schwack* in Moritz/Klebeck/Jesch, § 315 KAGB Rz. 11.

in § 140 Abs. 8 und 9 InvG davon ausgegangen, dass der Veröffentlichungsnachweis nicht notwendigerweise unverzüglich erfolgen muss, weist er doch darauf hin, „bei Bedarf" könne die BaFin „auch durch Allgemeinverfügung eine Frist für die Einreichung des Nachweises über die Veröffentlichung bestimmen".[7] Andererseits sieht der Gesetzgeber den Nachweis als Teil einer Regelung, die es der Aufsichtsbehörde gestattet, selbst die „für den Finanzmarkt erforderliche Transparenz" herzustellen, wenn ihr die Verwaltungsgesellschaft auch „nach Fristsetzung nicht die erforderlichen Nachweise über die Bekanntmachung einreicht", um so „im Vergleich zu dem Verfahren nach dem Verwaltungsvollstreckungsgesetz eine deutlich schnellere Information des Marktes" zu gewährleisten.[8] Dieses Ziel der Herstellung von Markttransparenz durch Information über so wesentliche Veränderungen wie die Einstellung des Vertriebs und aller damit verbundenen Konsequenzen für die Anleger, die in die betroffene AIF investiert haben, spricht für das Erfordernis eines **unverzüglichen Nachweises**,[9] zumal in diesem Fall kein anerkennenswerter Überlegungs- und Prüfungsbedarf erkennbar ist.

Ist die Veröffentlichung der Einstellung des Vertriebs nicht unverzüglich erfolgt, so kann die BaFin nach 9
§ 315 Abs. 1 Satz 2 KAGB, wann immer sie hiervon erfährt, **selbst die Veröffentlichung auf Kosten der AIF-Verwaltungsgesellschaft vornehmen.** Dazu ist sie allerdings nur befugt, wenn die Veröffentlichung durch die Verwaltungsgesellschaft auch nach Fristsetzung durch die BaFin nicht erfüllt wird. Welche Frist die BaFin hierfür setzt, liegt in ihrem Ermessen,[10] wobei zu berücksichtigen ist, dass die nachzuholende Veröffentlichung eine solche ist, die unverzüglich nach Einstellung des Vertriebs vorzunehmen war.

4. Zusätzliche Pflichten nach § 315 Abs. 2 KAGB (§ 315 Abs. 1 Satz 3 KAGB)

§ 315 Abs. 1 Satz 3 KAGB bestimmt, dass Abs. 2 unberührt bleibt. Damit wird verdeutlicht, dass die Ein- 10
stellung des Vertriebs von AIF nicht nur Veröffentlichungspflichten nach Abs. 1, sondern im Falle der Erfüllung der in Abs. 2 genannten Voraussetzungen auch Pflichten nach dieser Vorschrift auslösen kann. Dazu näher unten Rz. 15.

III. Einstellung des Vertriebs von Teilinvestmentvermögen eines AIF (§ 315 Abs. 2 KAGB)

1. Anwendungsbereich

§ 315 Abs. 2 KAGB regelt Pflichten, die im Zusammenhang mit der Einstellung des Vertriebs von Anteilen 11
oder Aktien **an einzelnen Teilinvestmentvermögen** eines AIF in Deutschland gegenüber einer, mehreren oder allen Anlegergruppen i.S.d. § 1 Abs. 19 Nr. 31-33 KAGB entstehen. Bei diesen Teilinvestmentvermögen handelt es sich um Investmentvermögen, die unter dem Schirm eines AIF zusammengefassten sind (sog. *Umbrella*-Konstruktion, § 309 Rz. 32). Von § 315 Abs. 2 KAGB erfasst ist nur die Einstellung des Vertriebs von einzelnen Teilinvestmentvermögen,[11] wohingegen auf die Einstellung des Vertriebs aller Teilinvestmentvermögen gegenüber allen oder einzelnen Anlegergruppen § 315 Abs. 1 KAGB Anwendung findet.[12]

2. Änderungshinweise nach § 293 Abs. 1 Satz 2 Nr. 3 KAGB (§ 315 Abs. 2 Satz 1 KAGB)

§ 315 Abs. 2 KAGB regelt Pflichten, die im Zusammenhang mit der Einstellung des Vertriebs von Anteilen 12
oder Aktien **an einzelnen Teilinvestmentvermögen** eines AIF in Deutschland gegenüber einer, mehreren oder allen Anlegergruppen i.S.d. § 1 Abs. 19 Nr. 31-33 KAGB entstehen. Hat diese Änderungen in nach wie vor verwandten und in Anzeigeverfahren nach § 316 und § 320 KAGB eingereichten Angaben und Unterla-

---

7 RegE Investmentänderungsgesetz, BT-Drucks. 16/5576 v. 11.6.2007, S. 1 (96) in Bezug auf § 134 Abs. 8 und 9 des RegE.

8 RegE Investmentänderungsgesetz, BT-Drucks. 16/5576 v. 11.6.2007, S. 1 (96) in Bezug auf § 134 Abs. 8 und 9 des RegE.

9 Ebenso *Keunecke/Schwack* in Moritz/Klebeck/Jesch, § 315 KAGB Rz. 9. A.A. *Paul* in Weitnauer/Boxberger/Anders, § 315 KAGB Rz. 7 mit dem nicht nachvollziehbaren Argument, Abs. 1 Satz 1 bezwecke den Schutz des Anlegers und nicht der Aufsichtsbehörde, als läge die Überwachung und Durchsetzung der Veröffentlichung nicht im Interesse der Anleger.

10 *Keunecke/Schwack* in Moritz/Klebeck/Jesch, § 315 KAGB Rz. 13.

11 RegE Investmentänderungsgesetz, BT-Drucks. 16/5576 vom 11.6.2007, S. 1 (96) in Bezug auf § 134 Abs. 8 und 9 des RegE.

12 *Keunecke/Schwack* in Moritz/Klebeck/Jesch, § 315 KAGB Rz. 17; *Paul* in Weitnauer/Boxberger/Anders, § 315 KAGB Rz. 10.

gen zu Folge, löst dies Mitteilungspflichten gegenüber der BaFin nach § 316 Abs. 4 oder § 329 Abs. 4 KAGB aus. Darüber hinaus – in der Sache mehr als Merkposten, denn als selbständige Pflichten begründende Norm – besagt § 315 Abs. 2 Satz 1 KAGB, dass bei der von dieser Vorschrift erfassten Einstellung des Vertriebs und bei damit verbundenen Änderungen der im Anzeigeverfahren eingereichten Angaben und Unterlagen **§ 293 Abs. 1 Satz 2 Nr. 3 KAGB zu berücksichtigen** ist.

13 § 293 Abs. 1 Satz 2 Nr. 3 KAGB bestimmt: Sind in Verkaufsunterlagen zum Vertrieb der Anteile oder Aktien eines Teilinvestmentvermögens, die in Deutschland vertrieben werden dürfen, auch Informationen über weitere Teilinvestmentvermögen enthalten, die hier nicht oder nur an eine oder mehrere andere Anlegergruppen vertrieben werden dürfen, so gilt dies nur dann nicht als Vertrieb der weiteren Teilinvestmentvermögen, wenn in den Verkaufsunterlagen – jeweils drucktechnisch herausgestellt an hervorgehobener Stelle – darauf hingewiesen wird, dass die Anteile oder Aktien der weiteren Teilinvestmentvermögen in Deutschland nicht vertrieben werden dürfen oder, sofern sie an einzelne Anlegergruppen vertrieben werden dürfen, an welche Anlegergruppe i.S.d. § 1 Abs. 19 Nr. 31-33 KAGB sie nicht vertrieben werden dürfen. Im Hinblick auf die Verkaufsunterlagen für die weiterhin vertriebenen Teilinvestmentvermögen des AIF und die Einstellung des Vertriebs von Anteilen oder Aktien an einzelnen Teilinvestmentvermögen eines AIF gegenüber einer, mehreren oder allen Anlegergruppen in Deutschland bedeutet dies, dass der Vertrieb nur dann als eingestellt und nicht weiterhin als „Vertrieb" i.S.d. § 293 KAGB gilt, wenn in die Verkaufsunterlagen für die weiterhin vertriebenen Teilinvestmentvermögen des AIF **entsprechende Hinweise** aufgenommen wurden, d.h. Hinweise darauf, dass bestimmt Teilinvestmentvermögen gegenüber einer, mehreren oder allen Anlegergruppen in Deutschland nicht (mehr) vertrieben werden.

3. Veröffentlichungs- und Nachweispflicht sowie Ersatzvornahme (§ 315 Abs. 2 Satz 2 bzw. Satz 3 KAGB)

14 Nach **§ 315 Abs. 2 Satz 2 KAGB** hat die AIF-Verwaltungsgesellschaft die Einstellung des Vertriebs von Anteilen oder Aktien an nach § 316 oder § 320 KAGB vertriebenen AIF- genauer: die **Einstellung des Vertriebs einzelner Teilinvestmentvermögen** gegenüber einer, mehreren oder allen Anlegergruppen – unverzüglich im Bundesanzeiger **zu veröffentlichen** und die Veröffentlichung der BaFin **nachzuweisen**. Falls die Veröffentlichungspflicht auch nach Fristsetzung nicht erfüllt wird, kann die BaFin nach § 315 Abs. 2 Satz 3 KAGB die Veröffentlichung auf Kosten der AIF-Verwaltungsgesellschaft vornehmen. Die Veröffentlichungs- und Nachweispflicht des Abs. 2 Satz 1 und die Möglichkeit der Ersatzvornahme in Abs. 2 Satz 3 entsprechen den Regelungen in Abs. 1 Satz 1 bzw. Satz 2, weshalb auf die diesbezüglichen Erläuterungen verwiesen werden kann.

IV. Nebeneinander der Pflichten aus § 315 Abs. 1 und Abs. 2 KAGB (§ 315 Abs. 1 Satz 3 KAGB)

15 Wenn § 315 Abs. 1 Satz 3 KAGB bestimmt, dass Abs. 2 unberührt bleibt, so wird damit deutlich gemacht, dass die Einstellung des Vertriebs von AIF nicht nur Veröffentlichungspflichten nach Abs. 1, sondern im Falle der Erfüllung der in Abs. 2 genannten Voraussetzungen auch Pflichten nach dieser Vorschrift auslösen kann. Dass die von § 315 Abs. 1 KAGB erfasste Einstellung des Vertriebs von Anteilen oder Aktien eines AIF auch Pflichten nach Abs. 2 im Gefolge der Einstellung des Vertriebs von einzelnen Teilinvestmentvermögen eines AIF auslösen können, beruht auf dem Umstand, dass Abs. 1 Satz 1 – nach entsprechendem Anzeigeverfahren gem. § 316 oder § 320 KAGB – auch den Vertrieb aller Teilinvestmentvermögen eines AIF in Deutschland erfasst (oben Rz. 5). Wird in einem solchen Fall der Vertrieb aller Anteile oder Aktie des AIF gegenüber einer Anlegergruppe völlig eingestellt, gegenüber einer anderen Anlegergruppe aber nur der Vertrieb einzelner Teilinvestmentvermögen beendet, löst dieser Fall im Hinblick auf den ersteren Vorgang Veröffentlichungspflichten nach § 315 Abs. 1 KAGB und in Bezug auf den zweiten Vorgang zugleich die in Abs. 2 aufgeführten Pflichten aus.[13]

13 *Paul* in Weitnauer/Boxberger/Anders, § 315 KAGB Rz. 9; *Keunecke/Schwack* in Moritz/Klebeck/Jesch, § 315 KAGB Rz. 7.

Unterabschnitt 1
Anzeigeverfahren für den Vertrieb von Publikums-AIF, von EU-AIF oder von ausländischen AIF an Privatanleger im Inland

§ 316 Anzeigepflicht einer AIF-Kapitalverwaltungsgesellschaft beim beabsichtigten Vertrieb von inländischen Publikums-AIF im Inland

(1) [1]Beabsichtigt eine AIF-Kapitalverwaltungsgesellschaft, Anteile oder Aktien an einem von ihr verwalteten inländischen Publikums-AIF im Geltungsbereich dieses Gesetzes zu vertreiben, so hat sie dies der Bundesanstalt anzuzeigen. [2]Das Anzeigeschreiben muss folgende Angaben und Unterlagen in jeweils geltender Fassung enthalten:

1. **einen Geschäftsplan, der Angaben zu dem angezeigten Publikums-AIF enthält;**
2. **die Anlagebedingungen oder einen Verweis auf die zur Genehmigung eingereichten Anlagebedingungen und gegebenenfalls die Satzung oder den Gesellschaftsvertrag des angezeigten AIF;**
3. **die Angabe der Verwahrstelle oder einen Verweis auf die von der Bundesanstalt gemäß den §§ 87, 69 Absatz 1 genehmigte Verwahrstelle des angezeigten AIF;**
4. **den Verkaufsprospekt und die wesentlichen Anlegerinformationen des angezeigten AIF;**
5. **falls es sich bei dem angezeigten AIF um einen Feederfonds handelt, einen Verweis auf die von der Bundesanstalt genehmigten Anlagebedingungen des Masterfonds, einen Verweis auf die von der Bundesanstalt gemäß § 87 in Verbindung mit § 69 genehmigte Verwahrstelle des Masterfonds, den Verkaufsprospekt und die wesentlichen Anlegerinformationen des Masterfonds sowie die Angabe, ob der Masterfonds im Geltungsbereich dieses Gesetzes an Privatanleger vertrieben werden darf.**

(2) [1]Die Bundesanstalt prüft, ob die gemäß Absatz 1 übermittelten Angaben und Unterlagen vollständig sind. [2]Fehlende Angaben und Unterlagen fordert die Bundesanstalt innerhalb einer Frist von 20 Arbeitstagen nach dem Tag, an dem sämtliche der folgenden Voraussetzungen vorliegen, als Ergänzungsanzeige an:

1. **Eingang der Anzeige,**
2. **Genehmigung der Anlagebedingungen und**
3. **Genehmigung der Verwahrstelle.**

[3]Mit Eingang der Ergänzungsanzeige beginnt die in Satz 2 genannte Frist erneut. [4]Die Ergänzungsanzeige ist der Bundesanstalt innerhalb von sechs Monaten nach der Erstattung der Anzeige oder der letzten Ergänzungsanzeige einzureichen; andernfalls ist eine Mitteilung nach Absatz 3 ausgeschlossen. [4]Die Frist nach Satz 4 ist eine Ausschlussfrist. [6]Eine erneute Anzeige ist jederzeit möglich.

(3) [1]Innerhalb von 20 Arbeitstagen nach Eingang der vollständigen Anzeigeunterlagen nach Absatz 1 sowie der Genehmigung der Anlagebedingungen und der Verwahrstelle teilt die Bundesanstalt der AIF-Kapitalverwaltungsgesellschaft mit, ob sie mit dem Vertrieb des im Anzeigeschreiben nach Absatz 1 genannten AIF im Geltungsbereich dieses Gesetzes beginnen kann. [2]Die Bundesanstalt kann die Aufnahme des Vertriebs innerhalb der in Satz 1 genannten Frist untersagen, wenn die AIF-Kapitalverwaltungsgesellschaft oder die Verwaltung des angezeigten AIF durch die AIF-Kapitalverwaltungsgesellschaft gegen die Vorschriften dieses Gesetzes verstößt. [3]Teilt sie der AIF-Kapitalverwaltungsgesellschaft entsprechende Beanstandungen der eingereichten Angaben und Unterlagen innerhalb der Frist von Satz 1 mit, wird die Frist unterbrochen und beginnt die in Satz 1 genannte Frist mit der Einreichung der geänderten Angaben und Unterlagen erneut. [3]Die AIF-Kapitalverwaltungsgesellschaft kann ab dem Datum der entsprechenden Mitteilung nach Satz 1 mit dem Vertrieb des angezeigten AIF im Geltungsbereich dieses Gesetzes beginnen.

(4) [1]Bei einer Änderung der nach Absatz 1 übermittelten Angaben oder Unterlagen teilt die AIF-Kapitalverwaltungsgesellschaft der Bundesanstalt diese Änderung schriftlich mit und übermittelt der Bundesanstalt gegebenenfalls zeitgleich aktualisierte Angaben und Unterlagen. [2]Geplante Änderungen sind mindestens 20 Arbeitstage vor Durchführung der Änderung mitzuteilen, ungeplante Änderungen unverzüglich nach deren Eintreten. [3]Sollte die AIF-Kapitalverwaltungsgesellschaft oder die

Verwaltung des betreffenden AIF durch die geplante Änderung gegen dieses Gesetz verstoßen, so teilt die Bundesanstalt der AIF-Kapitalverwaltungsgesellschaft unverzüglich mit, dass sie die Änderung nicht durchführen darf. [4]Wird eine geplante Änderung ungeachtet der Sätze 1 bis 3 durchgeführt oder führt eine durch einen unvorhersehbaren Umstand ausgelöste Änderung dazu, dass die AIF-Kapitalverwaltungsgesellschaft oder die Verwaltung des betreffenden AIF durch diese Änderung nunmehr gegen dieses Gesetz verstößt, so ergreift die Bundesanstalt alle gebotenen Maßnahmen gemäß § 5 einschließlich der ausdrücklichen Untersagung des Vertriebs des betreffenden AIF.

(5) Betrifft die Änderung nach Absatz 4 einen wichtigen neuen Umstand oder eine wesentliche Unrichtigkeit in Bezug auf die im Verkaufsprospekt eines geschlossenen inländischen Publikums-AIF enthaltenen Angaben, die die Beurteilung des Investmentvermögens oder der AIF-Kapitalverwaltungsgesellschaft beeinflussen könnten, so ist diese Änderung auch als Nachtrag zum Verkaufsprospekt, der den Empfänger des Widerrufs bezeichnen sowie einen Hinweis, wo der Nachtrag zur kostenlosen Ausgabe bereitgehalten wird, und an hervorgehobener Stelle auch eine Belehrung über das Widerrufsrecht enthalten muss, unverzüglich im Bundesanzeiger und in einer hinreichend verbreiteten Wirtschafts- oder Tageszeitung oder in den im Verkaufsprospekt zu bezeichneten elektronischen Informationsmedien zu veröffentlichen.

In der Fassung vom 4.7.2013 (BGBl. I 2013, S. 1981).

Schrifttum: *BaFin*, Häufige Fragen zum Vertrieb und Erwerb von Investmentvermögen nach dem KAGB vom 4.7.2013 i.d.F. vom 13.7.2016, Gz. WA 41-Wp 2137-2013/0293, abrufbar unter www.bafin.de/SharedDocs/Veroeffentlichungen/DE/FAQ/faq_kagb_vertrieb_erwerb_130604.html. Siehe im Übrigen das allgemeine Schrifttumsverzeichnis.

I. Regelungsgegenstand und Normentwicklung

1. Regelungsgegenstand, systematische Stellung und europarechtliche Grundlage

1 Nach § 295 Abs. 1 Satz 1 KAGB, der zu den Allgemeinen Vorschriften für den Vertrieb und den Erwerb von Investmentvermögen in Kapitel 4 – Abschnitt 1 – Unterabschnitt 1 (§§ 293-296 KAGB) gehört, ist der **Vertrieb von Anteilen oder Aktien an inländischen Publikums-AIF** – das sind alle dem deutschen Recht unterliegenden geschlossenen oder offenen AIF, die nicht Spezial-AIF sind, welche nur von professionellen oder semiprofessionellen Anlegern erworben werden dürfen (§ 1 Abs. 6 und 7 KAGB) – an Privatanleger, semiprofessionelle und professionelle Anleger[1] (§ 1 Abs. 19 Nr. 31-33 KAGB) in Deutschland nur zulässig, wenn die **Voraussetzungen des § 316 KAGB** erfüllt sind. Dabei handelt es sich um Voraussetzungen, die Teil des in Abs. 1 Satz 1 dieser Vorschrift geregelten Anzeigeverfahrens sind: Beabsichtigt eine AIF-Kapital-

1 RegE AIFM-UmsG, BT-Drucks. 17/12294 v. 6.2.2013, S. 1 (278) zu § 295 RegE.

verwaltungsgesellschaft (§ 17 Rz. 7), Anteile oder Aktien an einem von ihr verwalteten inländischen Publikums-AIF im Geltungsbereich dieses Gesetzes zu vertreiben – der Vertrieb von EU-AIF und ausländischen AIF ist ihr generell versagt –, so hat sie dies der BaFin nach § 316 Abs. 1 Satz 1 KAGB mit den in Abs. 1 Satz 2 aufgeführten Unterlagen anzuzeigen. Sind die Angaben und Unterlagen, die die Anzeige enthalten muss, vollständig und sind die Anlagebedingungen und der Verwahrstelle genehmigt, so teilt die BaFin der der AIF-Kapitalverwaltungsgesellschaft mit, dass sie mit dem Vertrieb des AIF in Deutschland beginnen kann (§ 316 Abs. 3 Sätze 1 und 4 KAGB). Weiter regelt die Vorschrift, wie die BaFin mit dem Fall der Unvollständigkeit der Anzeigeunterlagen umzugehen hat (§ 316 Abs. 2, Abs. 3 Satz 3 KAGB), was zu tun ist, wenn die AIF-Kapitalverwaltungsgesellschaft oder die Verwaltung des AIF durch die AIF-Kapitalverwaltungsgesellschaft gegen die Vorschriften dieses Gesetzes verstößt (§ 316 Abs. 3 Satz 2 KAGB), und welche Pflichten mit Änderungen der Angaben oder Unterlagen entstehen (§ 316 Abs. 4 und 5 KAGB).

Die Vorschrift ist **Teil des Systems der Regelung des Vertriebs** von Investmentvermögen in Form von OGAW und AIF im Allgemeinen und von AIF, EU-AIF und ausländischen AIF im Besonderen, wie es aufgrund der Richtlinie 2011/61/EU (**AIFM-Richtlinie**)[2] und der Umsetzung derselben im durch Art. 1 des AIFM-Umsetzungsgesetz[3] eingeführten KAGB entstanden ist. Dabei ist die von der – mit dem drohenden, nur aufgrund ihrer Übernahme durch *JP Morgan* abgewendeten Zusammenbruch der US-amerikanischen Investmentbank *Bear Stearns* im Juni 2008 einsetzende – Finanzkrise geprägte[4] rechtliche Harmonisierung der Regelung von AIF eine solche, die sich auf die Verwalter und den Vertrieb von AIF beschränkt und eine Regulierung des Anlageprodukts verzichtet.[5] Hinsichtlich des Vertriebs sieht die AIFM-Richtlinie vor, dass AIF nur an professionelle Anleger vertrieben werden dürfen,[6] stellt es in Art. 43 Abs. 1 den Mitgliedstaaten aber frei, den Verwaltern alternativer Investmentfonds (AIFM = Alternative Investment Fund Managers) zu gestatten, „in ihrem Hoheitsgebiet Anteile an von ihnen gemäß dieser Richtlinie verwalteten AIF **an Kleinanleger zu vertreiben**" und „den AIFM oder AIF **Auflagen** [zu] unterwerfen, die strenger sind als jene, die für AIF gelten, die in ihrem Hoheitsgebiet gemäß dieser Richtlinie an professionelle Anleger vertrieben werden" (Hervorhebungen hinzugefügt). Deutschland hat von dieser Möglichkeit mit den Bestimmungen des § 295 KAGB (oben Rz. 1) und der §§ 316-320 KAGB Gebrauch gemacht.[7] Dabei regelt § 316 KAGB, der Klarstellung in § 295 Abs. 1 Satz 1 KAGB folgend, das Anzeigeverfahren beim beabsichtigten Vertrieb von Anteilen oder Aktien an inländischen Publikums-AIF an Privatanleger, semiprofessionelle und professionelle Anleger im Geltungsbereich dieses Gesetzes, während – komplementär hierzu und der Klarstellung in § 295 Abs. 1 Satz 2 KAGB entsprechend – §§ 316-320 KAGB den Vertrieb von Anteilen oder Aktien an EU-AIF und ausländischen AIF an Privatanleger Deutschland zum Gegenstand haben. 2

2 Richtlinie 2011/61/EU des Europäischen Parlaments und des Rates vom 8. Juni 2011 über die Verwalter alternativer Investmentfonds und zur Änderung der Richtlinien 2003/41/EG und 2009/65/EG und der Verordnungen (EG) Nr. 1060/2009 und (EU) Nr. 1095/2010, ABl. Nr. L 174 v. 1.7.2011, S. 1.

3 BGBl. I 2013, S. 1981.

4 So heißt es in Erwägungsgrund 2 der AIFM-Richtlinie, ABl. Nr. L 174 v. 1.7.2011, S. 1: „Auch wenn die Märkte, auf denen AIFM operieren, zumeist von deren Tätigkeit profitieren, haben die jüngsten Schwierigkeiten auf den Finanzmärkten doch gezeigt, wie die Geschäfte von AIFM auch dazu beitragen können, Risiken über das Finanzsystem zu verbreiten oder zu verstärken. Unkoordinierte nationale Maßnahmen erschweren ein wirksames Management dieser Risiken. Diese Richtlinie zielt daher darauf ab, gemeinsame Anforderungen für die Zulassung von und Aufsicht über AIFM festzulegen, um für die damit zusammenhängenden Risiken und deren Folgen für Anleger und Märkte in der Union ein kohärentes Vorgehen zu gewährleisten."

5 Diesbezüglich heißt es in Erwägungsgrund 6 und 10 der AIFM-Richtlinie, ABl. Nr. L 174 v. 1.7.2011, S. 1 (2): „(6) Der Geltungsbereich dieser Richtlinie sollte auf Unternehmen begrenzt sein, die die Verwaltung von AIF als regelmäßige Geschäftstätigkeit betreiben und die sich bei einer Anzahl von Anlegern Kapital beschaffen, um dieses Kapital einer bestimmten Anlagepolitik entsprechend zugunsten dieser Anleger zu investieren … (10) Diese Richtlinie enthält keine Regelung für AIF. Die Regelung für AIF und ihre Beaufsichtigung sollten daher weiterhin auf nationaler Ebene erfolgen. Es wäre unverhältnismäßig, die Portfoliostruktur oder -zusammensetzung der von AIFM verwalteten AIF auf Unionsebene zu regeln; zudem wäre es angesichts der äußerst unterschiedlichen Arten der von AIFM verwalteten AIF schwierig, zu einer derart umfassenden Harmonisierung zu gelangen …" Entsprechend bestimmt Art. 1 der Richtlinie deren Gegenstand: „In dieser Richtlinie werden Vorschriften für die Zulassung, die laufende Tätigkeit und die Transparenz der Verwalter alternativer Investmentfonds (alternative investment fund managers – AIFM) festgelegt, die alternative Investmentfonds (AIF) in der Union verwalten und/oder vertreiben".

6 Art. 31 Abs. 1 und 6, Art. 32 Abs. 1 und 9, Art. 35 Abs. 1 und 17, Art. 36 Abs. 1, Art. 39 Abs. 1 und 11, Art. 40 Abs. 1 und 17 sowie Art. 42 Abs. 1 der AIFM-Richtlinie.

7 Vgl. RegE AIFM-UmsG, BT-Drucks. 17/12294 v. 6.2.2013, S. 1 (285).

2. Normentwicklung

3 Die Vorschrift ist seit ihrem Erlass mit dem KAGB **nicht geändert** worden. § 316 Abs. 2 KAGB entspricht § 128 Abs. 2 des aufgehobenen InvG (unten Rz. 19). Die Vorschrift dient der **Umsetzung** von Art. 31 und 43 der AIFM-Richtlinie (oben Rz. 2).

II. Anzeigeverfahren (§ 316 Abs. 1 KAGB)

1. Übersicht – Allgemeines

4 Zur Übersicht über das **Anzeigeverfahren** nach § 316 KAGB und dessen Regelungskomplexe s. oben Rz. 1. Der Ablauf des durch die Anzeige nach § 316 Abs. 1 Satz 1 KAGB in Gang gesetzten **Prüfverfahrens** ist durch zahlreiche Fristen bestimmt. Für die **Berechnung der Fristen** gelten gem. § 31 VwVfG die §§ 187-193 BGB entsprechend, soweit nicht durch § 31 Abs. 2-5 KAGB etwas anderes bestimmt ist.

2. Anwendungsbereich, Gegenstand und Adressat der Anzeigepflicht (§ 316 Abs. 1 Satz 1 KAGB)

5 Nach der **Klarstellung in § 295 Abs. 1 Satz 1 KAGB** ist der Vertrieb von Anteilen oder Aktien an inländischen Publikums-AIF an Privatanleger, semiprofessionelle und professionelle Anleger in Deutschland nur zulässig, wenn die Voraussetzungen des § 316 KAGB erfüllt sind. Nach diesem wiederum ist eine AIF-Kapitalverwaltungsgesellschaft (unten Rz. 7), die beabsichtigt, Anteile oder Aktien an einem von ihr verwalteten inländischen Publikums-AIF im Geltungsbereich dieses Gesetzes zu vertreiben, verpflichtet, dies der BaFin anzuzeigen. Dass für den Vertrieb von Anteilen oder Aktien an inländischen Publikums-AIF ein Anzeigeverfahren vorgeschrieben ist, geht auf die umzusetzende Regelung des Art. 31 Abs. 1 Unterabs. 1 und Abs. 6 der AIFM-Richtlinie (Rz. 2) zurück.[8] Diese verlangt ein Anzeigeverfahren für alle EU-AIF i.S.d. Richtlinie,[9] die von einem EU-AIFM i.S.d. Richtlinie[10] in seinem Herkunftsland vertrieben werden sollen. Mangels Ausnahme für EU-AIF, die im Herkunftsland des EU-AIFM aufgelegt wurden, bedeutet dies, dass auch für AIF-Kapitalverwaltungsgesellschaften (als Unternehmen mit satzungsmäßigem Sitz und Hauptverwaltung in Deutschland, § 17 Abs. 1 Satz 1 KAGB) beim beabsichtigten Vertrieb von inländischen (d.h. gem. § 1 Abs. 7 KAGB dem deutschen Recht unterliegenden) AIF in Deutschland eine Anzeigepflicht besteht. Diese, und nur diese, hat – den beschränkten **Anwendungsbereich** der Vorschrift umreißend – § 316 zum Gegenstand. Das heißt, dass EU-AIF i.S.d. KAGB – also Investmentvermögen, die dem Recht eines anderen Mitgliedstaates der EU oder eines anderen Vertragsstaates des Abkommens über den EWR unterliegen – von einer AIF-Kapitalverwaltungsgesellschaft als Unternehmen mit satzungsmäßigem Sitz und Hauptverwaltung (§ 1 Abs. 16 i.V.m. § 17 Abs. 1 Satz 1) KAGB nicht nach § 316 Abs. 1 Satz 1 KAGB angezeigt werden und damit in Deutschland nicht vertrieben werden können.[11]

6 Die Anzeigepflicht bezieht sich auf den Vertrieb von Anteilen oder Aktien an **inländischen Publikums-AIF**, d.h. an dem deutschen Recht unterliegenden geschlossenen oder offenen AIF, die nicht Spezial-AIF sind (§ 1 Abs. 6 und 7 KAGB). Spezial-AIF sind nach § 1 Abs. 6 KAGB AIF, deren Anteile auf Grund von schriftlichen Vereinbarungen mit der Verwaltungsgesellschaft oder auf Grund der konstituierenden Dokumente des AIF nur von professionellen Anlegern i.S.v. § 1 Abs. 19 Nr. 32 KAGB und semiprofessionellen Anlegern i.S.v. § 1 Abs. 19 Nr. 33 KAGB erworben werden dürfen.

7 Die Anzeigepflicht trifft die **AIF-Kapitalverwaltungsgesellschaft**, die beabsichtigt, Anteile oder Aktien an einem von ihr verwalteten inländischen Publikums-AIF in Deutschland zu vertreiben. Eine Kapitalverwaltungsgesellschaft ist ein Unternehmen mit satzungsmäßigem Sitz und Hauptverwaltung in Deutschland, deren Geschäftsbetrieb darauf gerichtet ist, inländische Investmentvermögen, EU-Investmentvermögen oder ausländische AIF zu verwalten (§ 1 Abs. 16 i.V.m. § 17 Abs. 1 Satz 1 KAGB). Die Anzeige kann – auch wenn der Vertrieb einer **Vertriebsgesellschaft** übertragen wird – nur von der Kapitalverwaltungsgesellschaft abgegeben werden, die den AIF verwaltet.[12]

8 RegE AIFM-UmsG, BT-Drucks. 17/12294 v. 6.2.2013, S. 1 (285).

9 EU-AIF bezeichnet nach Art. 4 Abs. 1 lit. k AIFM-Richtlinie (Rz. 2) „einen AIF, der nach einschlägigem nationalen Recht in einem Mitgliedstaat zugelassen oder registriert ist, oder einen AIF, der nicht in einem Mitgliedstaat zugelassen oder registriert ist, dessen satzungsmäßiger Sitz und/oder Hauptverwaltung sich jedoch in einem Mitgliedstaat befindet".

10 EU-AIFM bezeichnet nach Art. 4 Abs. 1 lit. l AIFM-Richtlinie (Rz. 2) „einen AIFM mit satzungsmäßigem Sitz in einem Mitgliedstaat".

11 *BaFin*, Häufige Fragen zum Vertrieb und Erwerb von Investmentvermögen nach dem KAGB, 2.2.1.

12 *BaFin*, Häufige Fragen zum Vertrieb und Erwerb von Investmentvermögen nach dem KAGB, 2.1.2.

Vertrieb ist nach § 293 Abs. 1 Satz 1 KAGB das direkte oder indirekte Anbieten oder Platzieren von Anteilen oder Aktien eines Investmentvermögens anzusehen. Ist als Angebot nur der Antrag auf Abschluss eines Vertrages über den Erwerb von Anteilen oder Aktien an einem Investmentvermögen anzusehen, so ist die *invitatio ad offerendum*, die selbst kein solches Angebot darstellt, als Platzierungsmaßname erfasst, d.h. als eine auf den Absatz von Anteilen oder Aktien gerichtete Aktivitäten des Vertreibenden erfasst. Siehe im Übrigen § 309 Rz. 14. 8

3. Anzeigeschreiben: Angaben und Unterlagen (§ 316 Abs. 1 Satz 2 KAGB)

a) Anzeigeschreiben

Die Anzeige des beabsichtigten Vertriebs von Anteilen oder Aktien an einem von einer AIF-Kapitalverwaltungsgesellschaft (oben Rz. 7) verwalteten inländischen Publikums-AIF (oben Rz. 6) in Deutschland erfolgt **schriftlich**[13] **durch Anzeigeschreiben** der AIF-Kapitalverwaltungsgesellschaft an die BaFin (§ 316 Abs. 1 Satz 2 KAGB). Anders als bei der Anzeige des beabsichtigten Vertriebs von EU-OGAW im Inland oder in einem Mitgliedstaat der EU oder einem anderen Vertragsstaat des Abkommens über den EWR (§ 310 bzw. § 312 KAGB) gibt es hierfür **kein Muster**. Von der Ermächtigung des Art. 31 Abs. 5 AIFM-Richtlinie (oben Rz. 2), ein solches zu erstellen, hat die ESMA bislang keinen Gebrauch gemacht. Die erforderlichen Angaben und einzureichenden Unterlagen sind deshalb allein § 316 Abs. 1 Satz 2 Nr. 1-5 KAGB zu entnehmen. Anzeigepflichtig und folglich auch der Absender des Anzeigeschreibens ist die AIF-Kapitalverwaltungsgesellschaft (oben Rz. 7 a.E.). § 316 Abs. 1 Satz 2 KAGB setzt Art. 31 Abs. 1 Unterabs. 2, Abs. 2 und Anhang III der AIFM-Richtlinie (oben Rz. 2) um und berücksichtigt dabei die Besonderheiten eines Vertriebs von Publikums-AIF, deren Verwahrstelle und Anlagebedingungen und ggf. deren Satzung oder Gesellschaftsvertrag von der BaFin zu genehmigen sind.[14] 9

b) Geschäftsplan

Nach § 316 Abs. 1 Satz 2 Nr. 1 KAGB muss das Anzeigeschreiben einen Geschäftsplan enthalten, der Angaben zu dem angezeigten Publikums-AIF aufweist. Erwartet man in Wirtschaftskreisen von einem Geschäftsplan die Beschreibung eines unternehmerischen Vorhabens sowie die Rahmenbedingungen und die Maßnahmen für seine Umsetzung, so begnügt sich die BaFin – mangels anderweitiger Vorgaben durch die ESMA – mit **Angaben zum Namen und den Sitz des AIF.**[15] Weitere Angaben zu dem angezeigten AIF im Geschäftsplan sieht sie in der Regel nicht als erforderlich an, weil sie diese „den übrigen in der Anzeige enthaltenen Angaben und Unterlagen entnehmen" könne. Solche Informationen wird sie vor allem in dem nach § 316 Abs. 1 Satz 2 Nr. 4 KAGB einzureichenden Verkaufsprospekt finden. 10

c) Anlagebedingungen

Des Weiteren muss das Anzeigeschreiben nach § 316 Abs. 1 Satz 2 Nr. 2 KAGB die Anlagebedingungen (nach § 162 oder § 266 KAGB) oder einen Verweis auf die bereits nach § 163 oder § 267 KAGB zur Genehmigung eingereichten Anlagebedingungen und gegebenenfalls die Satzung oder den Gesellschaftsvertrag des angezeigten AIF enthalten. Daraus folgt, dass das Anzeigeschreiben mit den übrigen Unterlagen nach § 316 Abs. 1 Satz 2 KAGB auch noch nicht genehmigte oder zur Genehmigung vorgelegte Anlagebedingungen zur Genehmigung einreichen kann.[16] In diesem Fall beginnt die **Frist** nach § 316 Abs. 2 Satz 2 KAGB, innerhalb derer die BaFin fehlende Angaben und Unterlagen als Ergänzungsanzeige anfordert, frühestens mit der Genehmigung der Anlagebedingungen zu laufen. Gleiches gilt für die in § 316 Abs. 3 Satz 1 KAGB festgesetzte Frist, innerhalb derer die Bundesanstalt der AIF-Kapitalverwaltungsgesellschaft mitteilt, ob sie mit dem Vertrieb des AIF beginnen kann. 11

d) Verwahrstelle

Nach § 316 Abs. 1 Satz 2 Nr. 3 KAGB ist die Verwahrstelle anzugeben oder auf die von der BaFin gem. §§ 87, 69 Abs. 1 KAGB genehmigte Verwahrstelle des angezeigten AIF hinzuweisen. Auch hier gilt (wie bei den Angaben zu den Anlagebedingungen, oben Rz. 11), dass die im Anzeigeschreiben anzugebende Verwahrstelle erst mit diesem zur **Genehmigung** vorgelegt werden kann und die in § 316 Abs. 2 Satz 2 und Abs. 3 Satz 1 KAGB genannten Fristen frühestens mit der Genehmigung der Verwahrstelle zu laufen begin- 12

---

13 *BaFin*, Merkblatt für Anzeigen nach § 320 KAGB, S. 3 in Bezug auf das Anzeigeschreiben nach § 320 Abs. 1 KAGB.
14 RegE AIFM-UmsG BT-Drucks. 17/12294 v. 6.2.2013, S. 1 (285).
15 *BaFin*, Häufige Fragen zum Vertrieb und Erwerb von Investmentvermögen nach dem KAGB, 2.2.3.
16 *BaFin*, Häufige Fragen zum Vertrieb und Erwerb von Investmentvermögen nach dem KAGB, 2.2.2.

nen. Da die AIF-Kapitalverwaltungsgesellschaft in den nach § 316 Abs. 1 Satz 1 KAGB anzeigepflichtigen Fällen einen inländischen AIF verwaltet, muss die Verwahrstelle nach § 80 Abs. 6 Satz 1 KAGB ihren satzungsmäßigen **Sitz** oder ihre satzungsmäßige Zweigniederlassung in Deutschland haben.

e) Verkaufsprospekt und wesentliche Anlegerinformationen

13 § 316 Abs. 1 Satz 2 Nr. 4 KAGB verlangt die Einreichung des Verkaufsprospekts der wesentlichen Anlegerinformationen des angezeigten AIF. Verkaufsprospekt und wesentliche Anlegerinformationen sind nach § 164 Abs. 1 oder § 268 Abs. 1 KAGB von der AIF-Kapitalverwaltungsgesellschaft zu erstellen. In den **Verkaufsprospekt** sind die in § 165 bzw. § 269 KAGB aufgeführten Mindestangaben aufzunehmen. Er enthält damit auch „eine Beschreibung des AIF und die in Art. 23 Abs. 1 genannten weiteren Informationen i.S.v. Anhang III Buchstabe f der Richtlinie 2011/61/EU mit Ausnahme des Jahresberichts, der von Nr. 5 erfasst wird"[17] Die **wesentlichen Anlegerinformationen** müssen nach Inhalt, Form und Gestaltung den Anforderungen der §§ 166, 270 KAGB genügend. Sie bilden den Verkaufsprospekt bzw. die wesentlichen Anlegerinformationen, für die nach § 306 Abs. 1 bzw. Abs. 2 KAGB gehaftet wird.

f) Angaben bei Feederfonds

14 Handelt es sich bei dem zum Vertrieb anzuzeigenden AIF um einen Feederfonds, so sind die in § 316 Abs. 1 Satz 2 Nr. 5 KAGB aufgeführten Hinweise auf den Masterfonds und Angaben zu demselben erforderlich. Grundlage dieser **Hinweispflicht** ist der Umstand, dass es sich bei Feederfonds um Sondervermögen, Investmentaktiengesellschaften mit veränderlichem Kapital, Teilgesellschaftsvermögen einer Investmentaktiengesellschaft mit veränderlichem Kapital oder EU-OGAW handelt, die mindestens 85 % ihres Vermögens nicht aufgrund der fallweisen Umsetzung eines eigenen Anlageplans, sondern in einem Masterfonds anlegen (§ 1 Abs. 19 Nr. 11, 13 KAGB), wobei es sich bei **Masterfonds** um OGAW oder Sonstige Investmentvermögen gem. § 220 KAGB handelt, die Anteile an mindestens einen Feederfonds ausgegeben haben, selbst keine Feederfonds sind und keine Anteile eines Feederfonds halten (§ 1 Abs. 19 Nr. 12, 14 KAGB). **Im Einzelnen** muss das Anzeigeschreiben enthalten: (1) einen Verweis auf die von der BaFin genehmigten Anlagebedingungen des Masterfonds, (2) einen Verweis auf die von der Bundesanstalt gem. § 87 in i.V.m. § 69 KAGB genehmigte Verwahrstelle des Masterfonds, den Verkaufsprospekt und die wesentlichen Anlegerinformationen des Masterfonds sowie (3) die Angabe, ob der Masterfonds im Geltungsbereich dieses Gesetzes an Privatanleger vertrieben werden darf.

III. Prüfungsverfahren und Vertriebsaufnahme (§ 316 Abs. 2 und 3 KAGB)

1. Zweiteiliges Prüfungsverfahren

15 Die Einreichung eines Anzeigeschreibens nach § 316 Abs. 1 KAGB setzt ein Prüfungsverfahren durch die BaFin nach Maßgabe von Abs. 2 und 3 in Gang. Dieses ist dadurch gekennzeichnet, dass es neben einer reinen **Vollständigkeitsprüfung** im Hinblick auf die Angaben und Unterlagen, die die Anzeige nach § 316 Abs. 1 Satz 2 KAGB zu enthalten hat (§ 316 Abs. 2 Satz 1 KAGB), auch eine **materielle Prüfung** vorsieht, die sich allerdings auf die Prüfung der Frage beschränkt, ob die AIF-Kapitalverwaltungsgesellschaft oder die Verwaltung des angezeigten AIF durch die AIF-Kapitalverwaltungsgesellschaft den Vorschriften des KAGB genügt (§ 316 Abs. 3 Satz 2 KAGB).

2. Vollständigkeitsprüfung und Ergänzungsanzeige

a) Vollständigkeitsprüfung (§ 316 Abs. 2 Satz 1 KAGB)

16 Zunächst prüft die BaFin nach § 316 Abs. 2 Satz 1 KAGB, ob die gem. Abs. 1 übermittelten Angaben und Unterlagen **vollständig sind.** Das schließt die Prüfung der Frage ein, ob die nach § 316 Abs. 1 Satz 2 Nr. 2 KAGB einzureichenden Anlagebedingungen und die nach Abs. 1 Satz 2 Nr. 3 anzugebende Verwahrstelle bereits genehmigt wurden, ein diesbezügliches Genehmigungsverfahren anhängig ist oder noch zu genehmigen sind. Vollständig sind die Angaben und Unterlagen jedenfalls erst dann, wenn auch die Anlagebedingungen und die Verwahrstelle genehmigt sind (§ 316 Abs. 2 Satz 2 KAGB; oben Rz. 11 und 12). Die **Vollständigkeitsprüfung** der BaFin beschränkt sich darauf, ob das Anzeigeschreiben alle nach § 316 Abs. 1 KAGB erforderlichen Angaben und Unterlagen enthält.

---

17 RegE AIFM-UmsG, BT-Drucks. 17/12294 v. 6.2.2013, S. 1 (285).

b) Ergänzungsanzeige (§ 316 Abs. 2 KAGB)

Ergibt die Vollständigkeitsprüfung, dass der Anzeige **Angaben oder Unterlagen fehlen**, fordert die BaFin diese bei der AIF-Kapitalverwaltungsgesellschaft an (§ 316 Abs. 2 Satz 2 KAGB). Dies muss in einer **Frist** von 20 Arbeitstagen nach dem Tag geschehen, an sämtliche der in Abs. 1 Satz 2 Nr. 1-3 genannten Voraussetzungen vorliegen, nämlich der Eingang der Anzeige, die Genehmigung der Anlagebedingungen und die Genehmigung der Verwahrstelle (§ 316 Abs. 2 Satz 2 KAGB). Zur Begründung dieser Frist unten Rz. 19. Die BaFin ist nicht verpflichtet, die gesetzliche Bearbeitungsfrist auszuschöpfen.[18] Die fehlenden Angaben und Unterlagen sind im Wege einer Ergänzungsanzeige einzureichen (§ 316 Abs. 2 Satz 2 KAGB). 17

Die **Ergänzungsanzeige** ist der BaFin innerhalb von sechs Monaten nach der Erstattung der Anzeige oder der letzten Ergänzungsanzeige einzureichen (§ 316 Abs. 2 Satz 4 Halbs. 1 KAGB). Die Frist nach § 316 Satz 4 KAGB ist eine zum Verlust des Rechts auf Prüfung der Anzeige nach Abs. 1 Satz 1 führende **Ausschlussfrist** (§ 316 Abs. 2 Satz 5 KAGB), die – ebenso wie § 128 Abs. 2 InvG a.F. – verhindern soll, „dass eine unvollständige Anzeige nach Ablauf von sechs Monaten noch vervollständigt werden kann, da dann regelmäßig die Gefahr besteht, dass die bereits eingereichten Unterlagen veraltet sind".[19] Wird diese Frist nicht gewahrt, führt diese vor allem dazu, dass eine Mitteilung der BaFin nach § 316 Abs. 3 Satz 1 KAGB, in der sie der AIF-Kapitalverwaltungsgesellschaft zur Kenntnis bringt, ob sie mit dem Vertrieb des im Anzeigeschreiben nach Abs. 1 genannten AIF im Geltungsbereich dieses Gesetzes beginnen kann, ausgeschlossen (§ 316 Abs. 2 Satz 4 Halbs. 2 KAGB). Deshalb kann die BaFin weder Fristverlängerung gewähren noch ist eine Wiedereinsetzung in den vorigen Stand (§ 60 VwGO) wegen unverschuldeter Fristversäumung möglich. In diesem Fall bleibt der AIF-Kapitalverwaltungsgesellschaft nur die Möglichkeit, eine erneute Anzeige einzureichen und damit ein erneutes Prüfungsverfahren einzuleiten (§ 316 Abs. 2 Satz 6 KAGB). Geht die Ergänzungsanzeige rechtzeitig bei der BaFin ein, beginnt die Prüfungsfrist nach § 316 Abs. 2 Satz 2 KAGB (oben Rz. 17) erneut zu laufen (§ 316 Abs. 2 Satz 3 KAGB). 18

§ 316 Abs. 2 KAGB und seine vorstehend dargestellten Bestimmungen basieren auf § 128 Abs. 2 InvG a.F., da die AIFM-Richtlinie (Rz. 2) – wie schon zuvor die Richtlinie 2009/65/EG vom 13.7.2009[20] – keine Regelungen enthält, wie mit unvollständigen Anzeigen umgegangen werden soll.[21] Der RegE AIFM-UmsG begründet die Übernahme dieser Regelung mit dem Hinweis, die Frist diene „zur Überprüfung der Vollständigkeit einer Beschleunigung des Verfahrens".[22] Im Einzelnen wird zur **Begründung** ausgeführt: „Die Frist für die Prüfung der Vollständigkeit entspricht – wie in [§ 128] des aufzuhebenden Investmentgesetzes und in § 321 der Frist für die Möglichkeit der materiellen Prüfung der vollständigen Unterlagen. Die Regelung zum Fristbeginn trägt dem Umstand Rechnung, dass Verwahrstelle und Anlagebedingungen der Genehmigung bedürfen und die Prüfung der Verkaufsprospekte und der wesentlichen Anlegerinformationen erst sinnvoll ist, wenn die Prüfung der Anlagebedingungen und der Verwahrstelle abgeschlossen sind. Die Ausschlussfrist von sechs Monaten soll – ebenso wie in [§ 128] Absatz 2 des aufzuhebenden Investmentgesetzes – verhindern, dass eine unvollständige Anzeige nach Ablauf von sechs Monaten noch vervollständigt werden kann, da dann regelmäßig die Gefahr besteht, dass die bereits eingereichten Unterlagen veraltet sind". 19

3. Materielle Prüfung und Vertriebsuntersagung (§ 316 Abs. 3 Sätze 2 und 3 KAGB)

Die BaFin kann innerhalb der Frist, in der sie der AIF-Kapitalverwaltungsgesellschaft mitteilt, „ob diese mit dem Vertrieb des im Anzeigeschreiben genannten AIF an semiprofessionelle und professionelle Anleger im Geltungsbereich dieses Gesetzes ab sofort beginnen kann", d.h. innerhalb von 20 Arbeitstagen nach Eingang der vollständigen Anzeigeunterlagen nach § 316 Abs. 1 KAGB, die **Aufnahme des Vertriebs untersagen**, wenn ihre **materielle Prüfung**[23] der Anzeige ergibt, dass die AIF-Kapitalverwaltungsgesellschaft oder die Verwaltung des angezeigten AIF durch die AIF-Kapitalverwaltungsgesellschaft gegen die Vorschriften dieses Gesetzes oder gegen die Vorschriften der Richtlinie 2011/61/EU – der AIFM-Richtlinie (Rz. 2) – verstößt (§ 316 Abs. 3 Satz 2 KAGB). Hierzu genügt jeder Verstoß gegen eine Vorschrift des KAGB,[24] darunter 20

18 *BaFin*, Häufige Fragen zum Vertrieb und Erwerb von Investmentvermögen nach dem KAGB, 2.1.3.

19 RegE AIFM-UmsG, BT-Drucks. 17/12294 v. 6.2.2013, S. 1 (285).

20 Richtlinie 2009/65/EG des Europäischen Parlaments und des Rates vom 13. Juli 2009 zur Koordinierung der Rechts- und Verwaltungsvorschriften betreffend bestimmte Organismen für gemeinsame Anlagen in Wertpapieren (OGAW), ABl. EU Nr. L 302 v. 17.11.2009, S. 32.

21 Diese und die nachfolgend zitierten Ausführungen: RegE AIFM-UmsG, BT-Drucks. 17/12294 v. 6.2.2013, S. 1 (285).

22 RegE AIFM-UmsG, BT-Drucks. 17/12294 v. 6.2.2013, S. 1 (285).

23 *Behme* in Baur/Tappen, § 316 KAGB Rz. 17, 22; *Dieske* in Weitnauer/Boxberger/Anders, § 316 KAGB Rz. 15; *Stadter/Pischetsrieder* in Moritz/Klebeck/Jesch, § 316 KAGB Rz. 30, 34 ff.

24 *Behme* in Baur/Tappen, § 316 KAGB Rz. 26.

auch solche gegen die einschlägigen Prospektierungspflichten nach §§ 164 f. KAGB oder §§ 268 f. KAGB. Ob die BaFin aufgrund der festgestellten Verstöße eine Untersagung ausspricht, unterlässt oder Beseitigung der Verstöße verlangt (unten Rz. 21),[25] liegt in ihrem pflichtgemäßen **Ermessen.**[26] Da die Richtlinie in den Parallelvorschriften zu Art. 31 Abs. 3, wie etwa Art. 35 Abs. 4, 39 Abs. 3 und 40 Abs. 4, nicht auf einen etwaigen künftigen Verstoß abstellt, wird dies nach der Begründung des RegE AIFM-UmsG auch bei der Umsetzung des Art. 31 im Sinne der Einheitlichkeit und Widerspruchsfreiheit der Richtlinie nicht verlangt.[27] Aber auch ein erst **nach Aufnahme des Vertriebs erkannter oder später auftretender Verstoß** gegen Bestimmungen des KAGB berechtigt die BaFin nach § 314 Abs. 1 Nr. 3 und 6 KAGB zur Untersagung des Vertriebs. Die Untersagung des Vertriebs ist ein belastender Verwaltungsakt, gegen den mit den im Verwaltungsverfahren üblichen Rechtsmitteln vorgegangen werden[28] und den die BaFin gegebenenfalls mit Zwangsmitteln (§ 314 Rz. 12) durchsetzen kann.

21 Teilt die BaFin, statt die Aufnahme des Vertriebs zu untersagen, der AIF-Kapitalverwaltungsgesellschaft entsprechende **Beanstandungen** der eingereichten Angaben und Unterlagen innerhalb der in § 316 Abs. 3 Satz 1 KAGB angeführten Frist von 20 Arbeitstagen nach Eingang der vollständigen Anzeigeunterlagen nach Abs. 1 mit, wird diese Fristgenannte Frist unterbrochen und beginnt mit der Einreichung der geänderten Angaben und Unterlagen erneut zu laufen. Diese Regelung ist Teil der Umsetzung von Art. 31 Abs. 3 und 6 der AIFM-Richtlinie (Rz. 2), wobei sich die Fristenunterbrechung an § 43 Abs. 2 Sätze 3 und 4 InvG anlehnt.[29] Auch die Entscheidung darüber, wie oft die BaFin solche Beanstandungen ausspricht und Korrekturen zulässt, d.h. in welchem Umfang sie „Korrekturschleifen"[30] erlaubt, liegt in ihrem Ermessen (oben Rz. 20). Sind die Beanstandungen ausgeräumt und teilt die BaFin dies der AIF-Kapitalverwaltungsgesellschaft mit, kann ab dem Datum der entsprechenden Mitteilung mit dem Vertrieb des angezeigten AIF in Deutschland begonnen werden (§ 316 Abs. 3 Satz 4 KAGB).

4. Zulässigkeit der Vertriebsaufnahme (§ 316 Abs. 3 Sätze 1, 4 und 5 KAGB)

22 Sind die Angaben und Unterlagen, die eine Anzeige nach § 316 Abs. 1 KAGB enthalten muss, vollständig und verstößt die AIF-Kapitalverwaltungsgesellschaft oder die Verwaltung des angezeigten AIF durch die AIF-Kapitalverwaltungsgesellschaft nicht gegen die Vorschriften dieses Gesetzes, so teilt die BaFin innerhalb von 20 Arbeitstagen nach Eingang der vollständigen Anzeigeunterlagen nach Abs. 1 sowie der Genehmigung der Anlagebedingungen und der Verwahrstelle der AIF-Kapitalverwaltungsgesellschaft mit, dass sie mit dem Vertrieb des im Anzeigeschreiben nach Abs. 1 genannten AIF in Deutschland **beginnen kann** (§ 316 Abs. 3 Satz 1 KAGB). Dazu ist sie nach § 316 Abs. 3 Satz 4 KAGB ab dem Datum dieser Mitteilung befugt. Dabei darf der Vertrieb nicht nur an Privatanleger, sondern auch an semiprofessionelle und professionelle Anleger erfolgen.[31] Die BaFin ist nicht verpflichtet, die gesetzliche Bearbeitungsfrist auszuschöpfen.[32]

23 Mit dieser Regelung wird Art. 31 Abs. 3 und 6 der AIFM-Richtlinie (Rz. 2) umgesetzt, wobei die Regelung zum Fristbeginn dem Umstand Rechnung tragen soll, dass Verwahrstelle und Anlagebedingungen der Genehmigung bedürfen und die Prüfung der Verkaufsprospekte und der wesentlichen Anlegerinformationen erst sinnvoll ist, wenn die Prüfung der Anlagebedingungen und der Verwahrstelle abgeschlossen ist.[33]

IV. Änderung von Angaben und Unterlagen (§ 316 Abs. 4 und 5 KAGB)

1. Änderungsanzeige (§ 316 Abs. 4 KAGB)

24 § 316 Abs. 4 KAGB bestimmt, wie zu verfahren ist, wenn sich während oder nach dem Abschluss des Anzeigeverfahrens und der Aufnahme des Vertriebs **Änderungen in den Angaben oder Unterlagen** ergeben, die in der Anzeige nach Abs. 1 enthalten waren. § 316 Abs. 4 KAGB setzt Art. 31 Abs. 4 der AIFM-Richtlinie

---

25 *Behme* in Baur/Tappen, § 316 KAGB Rz. 27.
26 *Behme* in Baur/Tappen, § 316 KAGB Rz. 27; *Stadter/Pischetsrieder* in Moritz/Klebeck/Jesch, § 316 KAGB Rz. 34.
27 RegE AIFM-UmsG, BT-Drucks. 17/12294 v. 6.2.2013, S. 1 (285).
28 *Behme* in Baur/Tappen, § 316 KAGB Rz. 28; *Stadter/Pischetsrieder* in Moritz/Klebeck/Jesch, § 316 KAGB Rz. 38. Siehe auch § 314 Rz. 11.
29 RegE AIFM-UmsG, BT-Drucks. 17/12294 v. 6.2.2013, S. 1 (285).
30 *Behme* in Baur/Tappen, § 316 KAGB Rz. 27.
31 RegE AIFM-UmsG BT-Drucks. 17/12294 v. 6.2.2013, S. 1 (278) zu § 295 RegE: „Sind inländische Publikums-AIF zum Vertrieb nach § 316 angezeigt worden, dürfen sie nicht nur an Privatanleger, sondern auch an semiprofessionelle und professionelle Anleger vertrieben werden".
32 *BaFin,* Häufige Fragen zum Vertrieb und Erwerb von Investmentvermögen nach dem KAGB, 2.1.3.
33 RegE AIFM-UmsG, BT-Drucks. 17/12294 vom 6.2.2013, S. 1 (284).

(oben Rz. 2) um.[34] Von der Ermächtigung des Art. 31 Abs. 5 AIFM-Richtlinie, Entwürfe für technische Durchführungsstandards für die Form der schriftlichen Mitteilung nach § 316 Abs. 4 KAGB (entsprechend Art. 31 Abs. 4 der AIFM-Richtlinie) zu erstellen, hat die ESMA bislang keinen Gebrauch gemacht.

Kern der Regelung des § 316 Abs. 4 KAGB ist die Verpflichtung der AIF-Kapitalverwaltungsgesellschaft, bei einer **Änderung der nach § 316 Abs. 1 KAGB übermittelten Angaben oder Unterlagen** der BaFin im Wege einer Änderungsanzeige diese Änderung **schriftlich mitzuteilen** und der Aufsichtsbehörde gegebenenfalls zeitgleich aktualisierte Angaben und Unterlagen zu übermitteln (§ 316 Abs. 1 Satz 1 KAGB). Die **Änderungsanzeige** ist nicht formalisiert und kann sowohl während des Anzeigeverfahrens als auch nach dem Abschluss desselben und nach Aufnahme des Vertriebs erforderlich sein.[35] Neben Änderungen der in dem Anzeigeschreiben zu findenden Angaben (etwa zum Geschäftsplan und zum angezeigten AIF), sind auch Änderungen der in diesem enthaltenen Unterlagen mitzuteilen. Hinsichtlich Letzterer hält es die BaFin für in der Regel ausreichend, eine Austauschseite einzureichen, auf der sich die entsprechende Änderung befindet.[36] Darüber hinaus weist die BaFin darauf hin, dass nach dem Sinn und Zweck von § 316 Abs. 4 KAGB nur solche Änderungen anzuzeigen sind, die für die Zwecke des Anzeigeverfahrens von Relevanz sind, was bei „rein redaktionelle Änderungen ohne materielle Auswirkungen für die BaFin“ – wie „die Korrektur eines Rechtschreibfehlers“ – jedenfalls nicht anzunehmen sei.[37] 25

Ist das Verfahren im Zeitpunkt der Einreichung der geänderten Angaben und Unterlagen **noch nicht abgeschlossen**, so geht die Praxis davon aus, dass die Bearbeitungsfrist der BaFin erneut zu laufen beginnt.[38] Das lässt sich, mangels einer diesbezüglichen Regelung in § 316 Abs. 4 KAGB, durch eine entsprechende Anwendung der Regelung über die die Frist zur Bearbeitung einer Ergänzungsanzeige in § 316 Abs. 2 Satz 3 i.V.m. Satz 2 KAGB rechtfertigen, die dem Umstand Rechnung trägt, dass eine Änderungsanzeige einer Ergänzungsanzeige vergleichbar ist und wie diese Prüfungsbedarf auslöst.[39] Entsprechend der Ergänzungsanzeige ist auch – die Sonderregelungen der §§ 163, 267 KAGB über die Genehmigung von Anlagebedingungen sowie Änderungen derselben respektierend – zu verfahren, wenn ungenehmigte **Änderungen der Anlagebedingungen** Gegenstand der Änderungsanzeige sind: Zum einen entsteht hier die Mitteilungspflicht nach § 316 Abs. 4 Satz 3 KAGB (unten Rz. 29) – entsprechend § 316 Abs. 2 Satz 2, Abs. 3 Satz 1 KAGB – erst mit Genehmigung der geänderten Anlagebedingungen nach § 163 oder § 267 KAGB; und zum anderen kann aus dem Umstand, dass vor Genehmigung der geänderten Anlagebedingungen keine Mitteilung ergangen ist, anders als sonst (unten Rz. 29), nicht gefolgert werden, die geplante Änderung dürfe durchgeführt werden. Des Weiteren geht die BaFin davon aus, dass in „besonders gelagerten Fällen ... die Einreichung von geänderten Angaben und Unterlagen aber auch **als neue Anzeige zu werten** sein“ kann, „etwa wenn die eingereichten Angaben und Unterlagen umfassend geändert werden“.[40] 26

Für Änderungsanzeigen **nach Abschluss des Änderungsverfahrens** und nach Beginn des Vertriebs besteht – anders als vor Abschluss Verfahrens (oben Rz. 26) – kein Bedarf, den Neubeginn einer Bearbeitungsfrist mit dem Ziel der Erteilung oder Versagung einer Vertriebserlaubnis zu verlangen. In diesem Falle ist die Mitteilung nach § 316 Abs. 3 Satz 1 KAGB über die Zulässigkeit der Aufnahme des Vertriebs mit der Wirkung nach § 316 Abs. 3 Satz 4 KAGB bereits erfolgt und die BaFin verfügt mit ihren Befugnissen nach § 316 Abs. 4 Sätze 3 und 4 KAGB sowie ihren allgemeinen Eingriffsbefugnissen nach dem KAGB (darunter § 314 Abs. 1 KAGB) über hinreichende Möglichkeiten, in den Vertrieb einzugreifen. Bei Anzeigen ungenehmigter **Änderungen der Anlagebedingungen** nach Abschluss des Anzeigeverfahrens gilt im Anschluss an die Ausführungen zu solchen vor Abschluss des Anzeigeverfahrens (oben Rz. 26): Werden die Änderungen nach § 163 oder § 267 KAGB genehmigt oder greift die Genehmigungsfiktion des § 163 Abs. 2 Satz 5 KAGB und § 267 Abs. 3 Satz 4 KAGB (bei Erteilung der Zustimmung der Anleger nach § 267 Abs. 3 Satz 1 KAGB), besteht für eine Mitteilung nach § 316 Abs. 4 Satz 3 KAGB kein Grund mehr. Werden die geänderten Anlagebedingungen ohne Genehmigung verwandt, so hat die BaFin die sich aus § 316 Abs. 4 Satz 4 KAGB ergebenden Befugnisse. 27

Geplante Änderungen – das sind Änderungen in den Angaben oder Unterlagen i.S.v. § 316 Abs. 1 KAGB, die auf einem Vorhaben (der Verwaltung) des AIF oder der AIF-Kapitalverwaltungsgesellschaft beruhen, d.h. auf eine entsprechende Willensbildung derselben zurückgehen – sind der BaFin nach § 316 Abs. 4 28

34 RegE AIFM-UmsG, BT-Drucks. 17/12294 vom 6.2.2013, S. 1 (285).
35 A.A. *Stadter/Pischetsrieder* in Moritz/Klebeck/Jesch, § 316 KAGB Rz. 49 f. (ohne Begründung).
36 *BaFin*, Häufige Fragen zum Vertrieb und Erwerb von Investmentvermögen nach dem KAGB, 2.2.4.
37 *BaFin*, Häufige Fragen zum Vertrieb und Erwerb von Investmentvermögen nach dem KAGB, 2.2.4.
38 *BaFin*, Häufige Fragen zum Vertrieb und Erwerb von Investmentvermögen nach dem KAGB, 2.1.4.
39 *BaFin*, Häufige Fragen zum Vertrieb und Erwerb von Investmentvermögen nach dem KAGB, 2.1.4 („Insoweit kann jeweils die Regelung für die Ergänzungsanzeige entsprechend angewendet werden“).
40 *BaFin*, Häufige Fragen zum Vertrieb und Erwerb von Investmentvermögen nach dem KAGB, 2.1.4.

Satz 2 KAGB mindestens 20 Arbeitstage vor Durchführung der Änderung mitzuteilen. **Ungeplante Änderungen müssen** der BaFin unverzüglich, d.h. ohne schuldhaftes Zögern (§ 121 Abs. 1 Satz 1 BGB), nach deren Eintreten mitgeteilt werden (§ 316 Abs. 4 Satz 2 KAGB).

29 Sollte die AIF-Kapitalverwaltungsgesellschaft oder die Verwaltung des betreffenden AIF durch die **geplante Änderung gegen dieses Gesetz** verstoßen, so teilt die BaFin gem. § 316 Abs. 4 Satz 3 KAGB der AIF-Kapitalverwaltungsgesellschaft unverzüglich (oben Rz. 28) mit, dass sie die Änderung nicht durchführen darf. Für die Prüfung eines Verstoßes ist der BaFin allerdings ein sich nach Umfang der mitgeteilten Änderungen und den durch diese aufgeworfenen Rechtsfragen angemessene Frist innerhalb des Zeitraums bis zur geplanten Durchführung der Änderung zu geben. Sollte der Zeitraum zwischen der Mitteilung nach § 316 Abs. 4 Satz 2 KAGB und der geplanten Durchführung der Änderung ohne entsprechendes Durchführungsverbot verstreichen, darf die Änderung durchgeführt werden.

30 Wird eine **geplante Änderung** ungeachtet der Bestimmungen in § 316 Abs. 4 Sätze 1-3 KAGB – etwa ohne Änderungsanzeige oder entgegen einem Durchführungsverbot der BaFin – **durchgeführt** oder führt eine **ungeplante, durch einen unvorhersehbaren Umstand ausgelöste Änderung** dazu, dass die AIF-Kapitalverwaltungsgesellschaft oder die Verwaltung des betreffenden AIF durch diese Änderung nunmehr gegen Vorschriften des KAGB verstößt, so ergreift die BaFin alle gebotenen Maßnahmen gem. § 5 KAGB einschließlich der ausdrücklichen Untersagung des Vertriebs des betreffenden AIF als Maßnahme i.S.d. § 5 Abs. 6 Satz 1 KAGB (§ 316 Abs. 4 Satz 4 KAGB).

2. Nachtrag zum Verkaufsprospekt (§ 316 Abs. 5 KAGB)

a) Übersicht

31 § 316 Abs. 5 KAGB schreibt – *cum grano salis* – vor, dass wesentliche Änderungen der im Anzeigeverfahren nach Abs. 1 übermittelten Angaben oder Unterlagen, die auch **Änderungen von wesentlichen Angaben des Verkaufsprospekts** eines geschlossenen inländischen Publikums-AIF darstellen, in einen Nachtrag zu dem Verkaufsprospekt aufzunehmen sind, der an den in der Vorschrift bezeichneten Stellen zu veröffentlichen ist. Die Vorschrift entspricht in Teilen der Nachtragspflicht gem. **§ 11 Abs. 1 Sätze 1 und 4 VermAnlG** in Bezug auf Verkaufsprospekte und **§ 16 Abs. 1 Sätze 1 und 5 WpPG** in Bezug auf Wertpapierprospekte, unterscheidet sich von diesen Regelungen allerdings dadurch, dass nach § 316 Abs. 5 KAGB zu veröffentlichende Nachträge keiner vorhergehenden Billigung durch die BaFin bedürfen. Zur Pflicht zur Aktualisierung eines Verkaufsprospekts für geschlossenen Publikums-AIF nach § 268 Abs. 2 KAGB und zum Verhältnis dieser Bestimmung zu § 316 Abs. 5 KAGB unten Rz. 37.

b) Nachtragspflicht

32 Die Nachtragspflicht nach § 316 Abs. 5 betrifft ausschließlich **Änderungen** in Bezug auf **Verkaufsprospekte eines geschlossenen inländischen Publikums-AIF**. So wie die Pflicht zur Änderungsanzeige nach § 316 Abs. 4 KAGB auch für Änderungen vor der Zulässigkeit des Vertriebsbeginns oder der Aufnahme des Vertriebs eintreten kann (oben Rz. 25), setzt auch die Nachtragspflicht nicht erst zu den vorgenannten Zeitpunkten ein, sondern **beginnt** mit der Übermittlung des Anzeigeschreibens nach Abs. 1.[41] Die Nachtragspflicht **endet** mit der Beendigung des Vertriebs der Anteile oder Aktien an dem Publikums-AIF, auf den sich die Anzeige nach Abs. 1 bezieht.[42]

33 In dem vorgenannten zeitlichen Rahmen **entsteht die Nachtragspflicht** nach § 316 Abs. 5 KAGB, wenn
- eine Änderung nach § 316 Abs. 4 KAGB vorliegt (unten Rz. 34),
- die Änderung auf einem neu eingetretenen wichtigen Umstand beruht oder sich auf eine wesentliche Unrichtigkeit im Verkaufsprospekt bezieht (unten Rz. 35) und
- die Änderung Angaben des Verkaufsprospekts betrifft, die die Beurteilung des Investmentvermögens oder der AIF-Kapitalverwaltungsgesellschaft beeinflussen können (unten Rz. 36).

34 **Änderungen nach § 316 Abs. 4 KAGB** sind Änderungen der im Anzeigeverfahren nach Abs. 1 übermittelten Angaben oder Unterlagen.

35 Die Mehrzahl der eine Nachtragspflicht auslösenden Änderungen wird darauf beruhen, dass ein **neuer Umstand** eingetreten ist, der Angaben im Verkaufsprospekt, der nach § 316 Abs. 1 KAGB übermittelt wurde, unrichtig werden lässt. Der Änderungsbedarf ist in diesem Fall ein Aktualisierungsbedarf. Erfasst werden sowohl geplant als auch ungeplant eingetretene Umstände. Wenn § 316 Abs. 5 KAGB verlangt, dass es sich

---

41 A.A. *Stadter/Pischetsrieder* in Moritz/Klebeck/Jesch, § 316 KAGB Rz. 81.
42 Ebenso *Stadter/Pischetsrieder* in Moritz/Klebeck/Jesch, § 316 KAGB Rz. 81.

um einen **wichtigen neuen Umstand** handelt, so kommt darin zum Ausdruck, dass nur **wesentliche Änderungen** von wesentlichen Angaben (unten Rz. 36) im Verkaufsprospekt eine Nachtragspflicht auslösen können. Entsprechendes gilt im Hinblick auf eine Änderung, die auf der Feststellung und Korrektur einer **wesentlichen Unrichtigkeit** des Verkaufsprospekts beruht, die bereits als Unrichtigkeit des mit der Anzeige nach § 316 Abs. 1 KAGB übermittelten Verkaufsprospekts bestand und erst nach derselben erkannt wurde. Wie in Bezug auf die entsprechende Verwendung der Begriffe **wichtig und wesentlich** im Zusammenhang mit Nachtragspflichten nach § 16 Abs. 1 Satz 1 WpPG und § 11 Abs. 1 Satz 1 VermAnlG[43] sind diese auch hier gleich und übereinstimmend mit dem Begriff „wesentliche Angaben" im Rahmen der Prospekthaftungsregelungen der § 21 WpPG und § 20 Abs. 1 Satz 1 VermAnlG und namentlich derjenigen des § 306 KAGB auszulegen. Dementsprechend lassen sich unter Berücksichtigung des Zwecks der Prospektpublizität und der Haftung für unrichtige oder unvollständige Prospektangaben, dem Anlageinteressenten ein zutreffendes Bild von der angebotenen Kapitalbeteiligung, namentlich von den ihre Chancen und Risiken begründenden Umständen zu vermitteln, solche Angaben als wichtig oder wesentlich bezeichnen, die Umstände betreffen, die objektiv zu den wertbildenden Faktoren der angebotenen Vermögensanlage gehören und die ein durchschnittlicher, verständiger Anleger „eher als nicht" bei seiner Anlageentscheidung berücksichtigen würde.[44]

Die auf einem neuen Umstand oder der Unrichtigkeit des Verkaufsprospekts beruhende Änderung von Angaben des Verkaufsprospekts muss Angaben betreffen, die die **Beurteilung** des Investmentvermögens oder der AIF-Kapitalverwaltungsgesellschaft **„beeinflussen könnten"**. Das ist, den Merkmalen „wichtig" und „wesentlich" in Bezug auf neue Umstände bzw. Prospektunrichtigkeiten entsprechend, dann der Fall, wenn es um Angaben geht, die objektiv zu den wertbildenden Faktoren der angebotenen Vermögensanlage gehören und die ein durchschnittlicher, verständiger Anleger „eher als nicht" bei seiner Anlageentscheidung berücksichtigen würde (oben Rz. 35). Hierbei kommen sowohl Angaben in Bezug auf das Investmentvermögens als auch solche über die AIF-Kapitalverwaltungsgesellschaft in Betracht. 36

Eine Pflicht zur Aktualisierung des Verkaufsprospekts findet sich auch in **§ 268 Abs. 2 Satz 1 KAGB**. In dieser Bestimmung ist ganz allgemein die Verpflichtung der AIF-Kapitalverwaltungsgesellschaft geregelt, Angaben von wesentlicher Bedeutung im Verkaufsprospekt für die von ihr verwalteten geschlossenen Publikums-AIF auf dem neusten Stand zu halten. § 316 Abs. 5 KAGB als die speziellere Vorschrift[45] setzt dagegen wesentliche Änderungen von wesentlichen Angaben voraus und knüpft daran die Pflicht zur Erstellung eines Nachtrags, dessen Veröffentlichung wiederum Grundlage eines Widerrufsrechts eines Anlegers nach § 305 Abs. 8 KAGB ist. 37

c) Nachtrag

Die eine Nachtragspflicht unterliegenden Änderungen sind **in einen Nachtrag zum Verkaufsprospekt aufzunehmen**. Dabei muss sich aus dem Nachtrag deutlich ergeben, welche neuen Umstände eingetreten sind und welche Angaben im Verkaufsprospekt oder Unterlagen i.S.v. § 316 Abs. 1 KAGB von der Änderung betroffen sind oder welche Unrichtigkeiten der Verkaufsprospekt aufweist und wie die unrichtigen Angaben zu ändern waren. Der Nachtrag ist **unverzüglich** (oben Rz. 28) bei Änderungen der nach § 316 Abs. 1 KAGB übermittelten Angaben oder Unterlagen zu erstellen und zu veröffentlichen (unten Rz. 42). 38

Darüber hinaus muss der Nachtrag **Angaben zum Widerrufsrecht** nach § 305 Abs. 8 Satz 1 KAGB enthalten. Diesem zufolge können Anleger, die vor der Veröffentlichung eines Nachtrags zum Verkaufsprospekt nach Abs. 5 eine auf den Erwerb eines Anteils oder einer Aktie eines geschlossenen Publikums-AIF gerichtete Willenserklärung abgegeben haben, Letztere innerhalb einer Frist von zwei Werktagen nach Veröffentlichung des Nachtrags widerrufen, sofern noch keine Erfüllung eingetreten ist. Der Widerruf muss nach § 315 Abs. 8 Satz 2 KAGB keine Begründung enthalten und ist in Textform gegenüber der im Nachtrag als Empfänger des Widerrufs bezeichneten Verwaltungsgesellschaft oder Person zu erklären. Bezogen auf diese Regelung verlangt § 316 Abs. 5 KAGB, dass im Nachtrag der Adressat („Empfänger") genannt wird, dem gegenüber der Widerruf zu erklären ist. Über das Widerrufsrecht muss der Nachtrag an herausgehobener Stelle belehren. Zu der Belehrung gehört – neben derjenigen zu den vorgenannten Modalitäten des Widerrufsrechts nach § 305 Abs. 8 Satz 2 KAGB – auch eine solche über die in § 305 Abs. 8 Satz 2 und 3 KAGB 39

43 Dazu etwa *Seitz/Scholl* bzw. *Maas* in Assmann/Schlittvon Kopp-Colomb, § 16 WpPG Rz. 27 („Der Differenzierung zwischen Wichtigkeit bei einem neuen Umstand und der Wesentlichkeit bei einer Unrichtigkeit kommt keine eigenständige Bedeutung zu") bzw. § 11 VermAnlG Rz. 7.

44 Siehe die Nachweise bei § 306 Rz. 47.

45 Auch *Stadter/Pischetsrieder* in Moritz/Klebeck/Jesch, § 316 KAGB Rz. 72 (Regelungen des Abs. 5 gehen denen des § 268 Abs. 2 KAGB vor).

enthaltenen Bestimmungen zur Widerrufsfrist und zu den hinsichtlich der Folgen des Widerrufs nach dem entsprechend anwendbaren § 357 BGB.

40 Schließlich muss der Nachtrag nach § 316 Abs. 5 KAGB einen **Hinweis** enthalten, wo dieser zur kostenlosen Ausgabe bereitgehalten wird.

d) Bereithaltungs- und Veröffentlichungspflicht

41 Aus der Bestimmung, der Nachtrag müsse einen Hinweis enthalten, wo er zur kostenlosen Ausgabe bereitgehalten werde, folgt die **Pflicht zur Bereithaltung** des Nachtrags zur kostenlosen Ausgabe.

42 Sodann ist der Nachtrag nach § 316 Abs. 5 KAGB **unverzüglich** (oben Rz. 28), im Bundesanzeiger und entweder in einer hinreichend verbreiteten Wirtschafts- oder Tageszeitung oder in den im Verkaufsprospekt zu bezeichneten elektronischen Informationsmedien **zu veröffentlichen.** Allerdings macht die Pflicht zur *unverzüglichen* Veröffentlichung des Nachtrags nur wenig Sinn, wenn nicht gleichzeitig auch die Verpflichtung zu Erstellung des Nachtrags unverzüglich bei Änderungen der nach § 316 Abs. 1 KAGB übermittelten Angaben oder Unterlagen erfolgen muss.

§ 317 Zulässigkeit des Vertriebs von EU-AIF oder von ausländischen AIF an Privatanleger

(1) Der Vertrieb von EU-AIF und ausländischen AIF durch eine EU-AIF-Verwaltungsgesellschaft oder eine ausländische AIF-Verwaltungsgesellschaft an Privatanleger im Geltungsbereich dieses Gesetzes ist nur zulässig, wenn

1. der AIF und seine Verwaltungsgesellschaft im Staat ihres gemeinsamen Sitzes einer wirksamen öffentlichen Aufsicht zum Schutz der Anleger unterliegen;

2. die zuständigen Aufsichtsstellen des Sitzstaates zu einer nach den Erfahrungen der Bundesanstalt befriedigenden Zusammenarbeit mit der Bundesanstalt entsprechend den §§ 9 und 10 bereit sind;

3. die AIF-Verwaltungsgesellschaft und die Verwaltung des angezeigten AIF durch sie den Anforderungen der Richtlinie 2011/61/EU entsprechen;

4. die AIF-Verwaltungsgesellschaft der Bundesanstalt ein inländisches Kreditinstitut oder eine zuverlässige, fachlich geeignete Person mit Sitz oder Wohnsitz im Geltungsbereich dieses Gesetzes als Repräsentanten benennt, die hinreichend ausgestattet ist, um die Compliance-Funktion entsprechend § 57 Absatz 3 Satz 4 wahrnehmen zu können;

5. eine Verwahrstelle die Gegenstände des AIF in einer Weise sichert, die den Vorschriften der §§ 80 bis 90 vergleichbar ist;

6. ein oder mehrere inländische Kreditinstitute oder inländische Zweigniederlassungen von Kreditinstituten mit Sitz im Ausland als Zahlstellen benannt werden, über welche von den Anlegern geleistete oder für sie bestimmte Zahlungen geleitet werden können; werden Zahlungen und Überweisungen über eine Zahlstelle geleitet, so ist sicherzustellen, dass die Beträge unverzüglich an das in § 83 Absatz 6 genannte Geldkonto oder an die Anleger weitergeleitet werden;

7. die Anlagebedingungen, die Satzung oder der Gesellschaftsvertrag

a) bei offenen AIF die Mindestinhalte nach § 162 und gegebenenfalls

aa) bei mit Sonstigen Investmentvermögen vergleichbaren AIF die Angaben nach § 224 Absatz 2,

bb) bei mit Dach-Hedgefonds vergleichbaren AIF die Angaben nach § 229,

cc) bei mit Immobilien-Sondervermögen vergleichbaren AIF die Angaben nach § 256 Absatz 2

aufweisen,

b) bei geschlossenen AIF die Mindestinhalte nach § 266 aufweisen,

c) Regelungen enthalten, die bei offenen AIF die Einhaltung der Vorschriften in den §§ 192 bis 213 oder den §§ 218, 219 oder den §§ 220, 221, 222 oder § 225 oder den §§ 230 bis 246,

252 bis 254, 258 bis 260 und bei geschlossenen AIF die Einhaltung der Vorschriften in den §§ 261 bis 265 sicherstellen,

d) vorsehen, dass die zum AIF gehörenden Vermögensgegenstände nicht verpfändet oder sonst belastet, zur Sicherung übereignet oder zur Sicherung abgetreten werden dürfen, es sei denn, es werden für den AIF Kredite unter Berücksichtigung der Anforderungen nach den §§ 199, 221 Absatz 6, nach § 254 aufgenommen, einem Dritten Optionsrechte eingeräumt oder Wertpapierpensionsgeschäfte nach § 203 oder Finanzterminkontrakte, Devisenterminkontrakte, Swaps oder ähnliche Geschäfte nach Maßgabe des § 197 abgeschlossen,

e) bei offenen AIF mit Ausnahme von offenen Immobilien-Investmentvermögen vorsehen, dass die Anleger täglich die Auszahlung des auf den Anteil oder die Aktie entfallenden Vermögensteils verlangen können, es sei denn, sie sehen bei mit Sonstigen Investmentvermögen vergleichbaren AIF Regelungen entsprechend § 223 Absatz 1, bei mit Sonstigen Investmentvermögen mit Anlagemöglichkeiten entsprechend § 222 Absatz 1 vergleichbaren AIF Regelungen entsprechend § 223 Absatz 2 oder bei mit Dach-Hedgefonds vergleichbaren AIF Regelungen entsprechend § 227 vor,

f) bei mit Immobilien-Sondervermögen vergleichbaren Investmentvermögen eine Regelung entsprechend den §§ 255, 257 vorsehen,

g) bei geschlossenen AIF vorsehen, dass die Anleger zumindest am Ende der Laufzeit die Auszahlung des auf den Anteil oder die Aktie entfallenden Vermögensteils verlangen können,

h) Regelungen enthalten, die sicherstellen, dass die Bewertung des AIF bei offenen AIF in einer den §§ 168 bis 170, 216 und 217, bei mit Immobilien-Sondervermögen vergleichbaren AIF unter Berücksichtigung der Sonderregelung in den §§ 248 bis 251 und bei geschlossenen AIF in einer den §§ 271 und 272 entsprechenden Weise erfolgt,

i) vorsehen, dass eine Kostenvorausbelastung nach Maßgabe des § 304 eingeschränkt ist und dass im Jahresbericht und gegebenenfalls in den Halbjahresberichten die Angaben gemäß § 101 Absatz 2 Nummer 4 zu machen sind,

j) bei geschlossenen AIF zudem vorsehen, dass die Bildung von Teilinvestmentvermögen und Master-Feeder-Konstruktionen ausgeschlossen ist;

8. die in § 297 Absatz 2 bis 6, 8 und 9, in den §§ 299 bis 301, 303 Absatz 1 und 3 und in § 318 genannten Pflichten zur Unterrichtung der am Erwerb eines Anteils oder einer Aktie Interessierten oder des Anlegers ordnungsgemäß erfüllt werden.

(2) Sofern es sich bei dem angezeigten AIF um einen ausländischen AIF handelt, der von einer ausländischen AIF-Verwaltungsgesellschaft verwaltet wird, ist der Vertrieb nur zulässig, wenn zusätzlich folgende Anforderungen erfüllt sind:

1. Es bestehen geeignete Vereinbarungen über die Zusammenarbeit zwischen der Bundesanstalt und den für die Aufsicht zuständigen Stellen des Drittstaates, in dem der ausländische AIF und die ausländische AIF-Verwaltungsgesellschaft ihren Sitz haben; die Vereinbarungen müssen
   a) der Überwachung von Systemrisiken dienen,
   b) im Einklang mit den internationalen Standards und den Artikeln 113 bis 115 der Delegierten Verordnung (EU) Nr. 231/2013 stehen und
   c) einen wirksamen Informationsaustausch gewährleisten, der es der Bundesanstalt ermöglicht, ihre in § 5 festgelegten Aufgaben zu erfüllen.
2. Der Herkunftsstaat des angezeigten AIF steht nicht auf der Liste der nicht kooperativen Länder und Gebiete, die von der Arbeitsgruppe „Finanzielle Maßnahmen gegen die Geldwäsche und die Terrorismusfinanzierung“ aufgestellt wurde.
3. Der Herkunftsstaat des angezeigten AIF hat mit der Bundesrepublik Deutschland eine Vereinbarung unterzeichnet, die den Normen gemäß Artikel 26 des OECD-Musterabkommens zur Vermeidung der Doppelbesteuerung von Einkommen und Vermögen vollständig entspricht und einen wirksamen Informationsaustausch in Steuerangelegenheiten, gegebenenfalls einschließlich multilateraler Abkommen über die Besteuerung, gewährleistet.

(3) Ist der angezeigte AIF ein Feeder-AIF, müssen zusätzlich zu den Anforderungen nach Absatz 1 und gegebenenfalls nach Absatz 2 in Bezug auf den Feeder-AIF zumindest folgende Anforderungen erfüllt sein:

1. der Master-AIF und dessen Verwaltungsgesellschaft müssen denselben Herkunftsstaat haben wie der Feeder-AIF und dessen Verwaltungsgesellschaft,

2. die Anlagebedingungen, die Satzung oder der Gesellschaftsvertrag des Master-AIF müssen Regelungen enthalten, die die Einhaltung der Vorschriften der §§ 220, 221 und 222 sicherstellen,

3. der Master-AIF und dessen Verwaltungsgesellschaft müssen die Voraussetzungen der §§ 317 bis 319 erfüllen und das Anzeigeverfahren gemäß § 320 erfolgreich abgeschlossen haben,

4. die Anlagebedingungen oder die Satzung des Feeder-AIF müssen eine Bezeichnung des Master-AIF enthalten, in dessen Anteile oder Aktien mindestens 85 Prozent des Wertes des Feeder-AIF angelegt werden und gewährleisten, dass die Anleger in einer Art und Weise geschützt werden, die mit den Vorschriften dieses Gesetzes in Bezug auf Master-Feeder-Konstruktionen im Bereich der Publikumsinvestmentvermögen vergleichbar ist,

5. die in § 175 vorgesehenen Vereinbarungen wurden abgeschlossen.

In der Fassung vom 4.7.2013 (BGBl. I 2013, S. 1981), zuletzt geändert durch das Gesetz zur Umsetzung der Richtlinie 2014/91/EU des Europäischen Parlaments und des Rates vom 23.7.2014 zur Änderung der Richtlinie 2009/65/EG zur Koordinierung der Rechts- und Verwaltungsvorschriften betreffend bestimmte Organismen für gemeinsame Anlagen in Wertpapieren (OGAW) im Hinblick auf die Aufgaben der Verwahrstelle, die Vergütungspolitik und Sanktionen vom 3.3.2016 (BGBl. I 2016, S. 348).

Schrifttum: *BaFin*, Häufige Fragen zum Vertrieb und Erwerb von Investmentvermögen nach dem KAGB vom 4.7.2013 i.d.F. vom 13.7.2016, Gz. WA 41-Wp 2137-2013/0293, abrufbar unter www.bafin.de/SharedDocs/Veroeffentlichungen/DE/FAQ/faq_kagb_vertrieb_erwerb_130604.html; *BaFin*, Merkblatt für Anzeigen beim beabsichtigten Vertrieb von EU-AIF oder ausländischen AIF an Privatanleger in der Bundesrepublik Deutschland nach § 320 Kapitalanlagegesetzbuch (KAGB) vom 19.7.2013 (geändert am 24.2.2017), abrufbar unter https://www.bafin.de/SharedDocs/Downloads/DE/Merkblatt/WA/dl_140617_merkbl_320_kagb.html. Siehe im Übrigen das allgemeine Schrifttumsverzeichnis.

I. Regelungsgegenstand und Normentwicklung

1. Regelungsgegenstand und europarechtliche Grundlage

§ 295 Abs. 1 Satz 2 KAGB, der zu den Allgemeinen Vorschriften für den Vertrieb und den Erwerb von Investmentvermögen in Kapitel 4, Abschnitt 1, Unterabschnitt 1 (§§ 293-296 KAGB) gehört, stellt klar,[1] dass **der Vertrieb von Anteilen oder Aktien an EU-AIF und ausländischen AIF** an Privatanleger (unten Rz. 6) im Geltungsbereich dieses Gesetzes nur zulässig ist, wenn die **Voraussetzungen der §§ 317 bis 320 KAGB** erfüllt sind. Dabei regelt § 320 KAGB das Anzeigeverfahren beim beabsichtigten Vertrieb von EU-AIF oder von ausländischen AIF an Privatanleger in Deutschland, wobei der Verkaufsprospekt und die wesentlichen Anlegerinformationen, die das Anzeigeschreiben nach § 320 Abs. 1 Satz 2 Nr. 3 KAGB enthalten muss, den Bestimmungen des § 318 KAGB zu genügen haben. Die Voraussetzungen, unter den der Vertrieb von EU-AIF und ausländischen AIF in Deutschland zulässig ist und Gegenstand einer Anzeige nach § 320 KAGB sein kann, sind in § 317 KAGB festgelegt. Regelungen zu dem nach § 317 Abs. 1 Nr. 4 KAGB zu benennende Repräsentant der AIF-Verwaltungsgesellschaft, durch die der Vertrieb von EU-AIF und ausländischen AIF nach Abs. 1 erfolgt, finden sich in § 319 KAGB. Darüber hinaus ist der Vertrieb von Anteilen oder Aktien an EU-AIF und ausländischen AIF durch eine EU-AIF-Verwaltungsgesellschaft oder eine ausländische AIF-Verwaltungsgesellschaft aber nicht nur an Privatanleger, sondern unter den Voraussetzungen der §§ 317-320 KAGB auch an **semiprofessionelle Anleger** zulässig (§ 295 Abs. 3 KAGB). 1

Die Vorschrift ist **Teil des Systems der Regelung des Vertriebs** von Investmentvermögen in Form von OGAW und AIF im Allgemeinen und von AIF, EU-AIF und ausländischen AIF im Besonderen, wie es aufgrund der Richtlinie 2011/61/EU (**AIFM-Richtlinie**)[2] und der Umsetzung derselben im durch Art. 1 des AIFM-Umsetzungsgesetz[3] eingeführten KAGB entstanden ist (§ 316 Rz. 2). Hinsichtlich des **Vertriebs von AIF** sieht die AIFM-Richtlinie vor, dass AIF nur an professionelle Anleger vertrieben werden dürfen,[4] stellt es in Art. 43 Abs. 1 den Mitgliedstaaten aber frei, den Verwaltern alternativer Investmentfonds (AIFM = Alternative Investment Fund Managers) zu gestatten, „in ihrem Hoheitsgebiet Anteile an von ihnen gemäß dieser Richtlinie verwalteten AIF **an Kleinanleger zu vertreiben**“ und „den AIFM oder AIF **Auflagen** unterwerfen, die strenger sind als jene, die für AIF gelten, die in ihrem Hoheitsgebiet gemäß dieser Richtlinie an professionelle Anleger vertrieben werden“ (Hervorhebungen hinzugefügt). Deutschland hat von dieser Möglichkeit mit den Bestimmungen des § 295 KAGB (oben Rz. 1) und der §§ 316-320 KAGB Gebrauch gemacht.[5] Dabei haben §§ 316-320 KAGB den Vertrieb von Anteilen oder Aktien an EU-AIF und ausländischen AIF an Privatanleger Deutschland zum Gegenstand. Die Vorschriften finden nach § 295 Abs. 3 KAGB auch auf den Vertrieb von Anteilen oder Aktien an EU-AIF und ausländischen AIF in Deutschland durch eine EU-AIF-Verwaltungsgesellschaft oder eine ausländische AIF-Verwaltungsgesellschaft an semiprofessionelle Anleger Anwendung (unten Rz. 6). 2

2. Normentwicklung

§ 317 Abs. 1 KAGB stellt den Kern der Vorschrift dar. Er **beruht auf § 136 InvG a.F.** (unten Rz. 5). Die in ihm aufgeführten Voraussetzungen, die erfüllt sein müssen, um in Deutschland EU-AIF und ausländischen AIF in Deutschland nach entsprechender Anzeige nach § 320 Abs. 1 vertreiben zu können, werden in **§ 317 Abs. 2 und Abs. 3 KAGB** zur Umsetzung von Hinblick auf besondere Konstellationen erweitert. 3

Die Vorschrift hat seit ihrem Erlass zwei **redaktionelle Änderungen** erfahren: Durch Art. 2 Gesetz zur Anpassung von Gesetzen auf dem Gebiet des Finanzmarktes vom 15.7.2014[6] bzw. Art. 1 des Gesetzes zur Umsetzung der Richtlinie 2014/91/EU vom 3.3.2016[7] wurden Verweise in § 317 Abs. 1 Nr. 4 bzw. Nr. 8 KAGB an anderweitige Änderungen angepasst. 4

1 Dazu schon § 316 Rz. 2 zu § 295 Abs. 1 Satz 1 KAGB.
2 Richtlinie 2011/61/EU des Europäischen Parlaments und des Rates vom 8. Juni 2011 über die Verwalter alternativer Investmentfonds und zur Änderung der Richtlinien 2003/41/EG und 2009/65/EG und der Verordnungen (EG) Nr. 1060/2009 und (EU) Nr. 1095/2010, ABl. Nr. L 174 v. 1.7.2011, S. 1.
3 BGBl. I 2013, S. 1981.
4 Art. 31 Abs. 1 und 6, Art. 32 Abs. 1 und 9, Art. 35 Abs. 1 und 17, Art. 36 Abs. 1, Art. 39 Abs. 1 und 11, Art. 40 Abs. 1 und 17 sowie Art. 42 Abs. 1 der AIFM-Richtlinie.
5 Vgl. RegE AIFM-UmsG, BT-Drucks. 17/12294 v. 6.2.2013, S. 1 (285) zu § 316.
6 BGBl. I 2014, S. 934.
7 Gesetz zur Umsetzung der Richtlinie 2014/91/EU des Europäischen Parlaments und des Rates vom 23. Juli 2014 zur Änderung der Richtlinie 2009/65/EG zur Koordinierung der Rechts- und Verwaltungsvorschriften betreffend bestimmte Organismen für gemeinsame Anlagen in Wertpapieren (OGAW) im Hinblick auf die Aufgaben der Verwahrstelle, die Vergütungspolitik und Sanktionen v. 3.3.2016, BGBl. I 2016, S. 348.

II. Regelvoraussetzungen (§ 317 Abs. 1 KAGB)

1. Regelungsgegenstand und Anwendungsbereich

5 Der Vertrieb von EU-AIF und ausländischen AIF durch eine EU-AIF-Verwaltungsgesellschaft oder eine ausländische AIF-Verwaltungsgesellschaft an Privatanleger im Geltungsbereich dieses Gesetzes ist nur zulässig, wenn die **in § 317 Abs. 1 KAGB genannten Voraussetzungen** erfüllt sind. Bei diesen handelt es sich um Regelvoraussetzungen für alle EU-AIF und ausländischen AIF, die für die in § 317 Abs. 2 und 3 KAGB angeführten Fälle um weitere Anforderungen ergänzt werden. Die Vorschrift **basiert auf § 136 Abs. 1 InvG** (a.F.), der allerdings umfassend überarbeitet und an die neuen Begriffsbestimmungen in § 1 angepasst wurde, und integriert § 136 Abs. 2a-4 InvG (a.F.).[8] Dabei wurde vor allem von der in Art. 43 Abs. 1 Unterabs. 2 Satz 1 der AIFM-Richtlinie (Rz. 2) eingeräumten Möglichkeit Gebrauch gemacht, die Zulässigkeit des Vertriebs von EU-AIF und ausländischen AIF in Deutschland an Privatanleger – in den in Satz 2 dieser Vorschrift angeführten Grenzen – strengeren Voraussetzungen zu unterwerfen als der Vertrieb von AIF in Deutschland an professionelle Anleger.

6 Die Vorschrift regelt die **Zulässigkeit des Vertriebs** von EU-AIF und ausländischen AIF durch eine EU-AIF-Verwaltungsgesellschaft oder eine ausländische AIF-Verwaltungsgesellschaft an Privatanleger in Deutschland. Da unter den Voraussetzungen der §§ 317-320 KAGB aber auch der Vertrieb von Anteilen oder Aktien an EU-AIF und ausländischen AIF durch eine EU-AIF-Verwaltungsgesellschaft oder eine ausländische AIF-Verwaltungsgesellschaft **an semiprofessionelle Anleger** zulässig ist (§ 295 Abs. 3 KAGB), findet § 317 KAGB auch diesbezüglich Anwendung. **Vertrieb** ist nach § 293 Abs. 1 Satz 1 KAGB das direkte oder indirekte Anbieten oder Platzieren von Anteilen oder Aktien eines Investmentvermögens (§ 316 Rz. 8, § 309 Rz. 14). **EU-AIF** sind AIF i.S.v. § 1 Abs. 3 KAGB, die dem Recht eines anderen Mitgliedstaates der Europäischen Union oder eines anderen Vertragsstaates des Abkommens über den Europäischen Wirtschaftsraum unterliegen (§ 1 Abs. 8 KAGB). **Ausländische AIF** sind AIF, die dem Recht eines Drittstaates unterfallen (§ 1 Abs. 9 KAGB). Erfasst sind – ausweislich § 317 Abs. 1 Nr. 7 KAGB, in dem zwischen diesen Fondstypen differenziert wird – sowohl **offene wie geschlossene AIF.** Eine **EU-AIF-Verwaltungsgesellschaft** ist ein Unternehmen mit Sitz in einem anderen Mitgliedstaat der Europäischen Union oder einem anderen Vertragsstaat des Abkommens über den Europäischen Wirtschaftsraum, das den Anforderungen an einen Verwalter alternativer Investmentfonds im Sinne der AIFM-Richtlinie (Rz. 2) entspricht (§ 1 Abs. 17 Nr. 2 i.V.m. Abs. 14 KAGB). Eine **ausländische AIF-Verwaltungsgesellschaft** ist ein Unternehmen mit Sitz in einem Drittstaat, das den Anforderungen an einen Verwalter alternativer Investmentfonds i.S.d. AIFM-Richtlinie (Rz. 2) entspricht (§ 1 Abs. 18 KAGB). **Privatanleger** sind alle Anleger, die weder professionelle noch semiprofessionelle Anleger i.S.d. § 1 Abs. 19 Nr. 32 und 33 KAGB sind (§ 1 Abs. 19 Nr. 31 KAGB). **Semiprofessioneller Anleger** ist ein Anleger, der unter eine der in § 1 Abs. 19 Nr. 33 lit. a-d KAGB angeführten Anlegergruppen fällt. Auf die in dieser Bestimmung enthaltene komplexe, etwa an Mindestinvestitionsbeträge, Erfahrung, Sachverstand, beruflichen Status und Rechtsform anknüpfenden Definition sowie die diesbezüglichen Erläuterungen in § 1 Rz. 232 ff. ist zu verweisen.

2. Zulässigkeitsvoraussetzungen (§ 317 Abs. 1 Nr. 1-8 KAGB)

a) Wirksame öffentliche Aufsicht (§ 317 Abs. 1 Nr. 1 KAGB)

7 Der Vertrieb ist nur zulässig, wenn der AIF und seine Verwaltungsgesellschaft im Staat ihres gemeinsamen Sitzes einer wirksamen öffentlichen Aufsicht zum Schutz der Anleger unterliegen (§ 317 Abs. 1 Nr. 1 KAGB). Darin kommt implizite zum Ausdruck, dass Vertrieb von EU-AIF und ausländischen AIF durch eine EU-AIF-Verwaltungsgesellschaft oder eine ausländische AIF-Verwaltungsgesellschaft nur zulässig ist, wenn AIF und Verwaltungsgesellschaft ihren **Sitz in ein- und demselben Staat** haben. Dieses Erfordernis ist dem Umstand geschuldet, dass „eine grenzüberschreitende Verwaltung von Publikums-AIF" angesichts des „Fehlen(s) von harmonisierten Produktregelungen" als für den erforderlichen Anlegerschutz „nicht angemessen eingestuft wird".[9] Da das Gesetz, ausweislich etwa § 17 Abs. 1 Satz 1 KAGB, zwischen satzungsmäßigem Sitz und Sitz als Platz der Hauptverwaltung unterscheidet, ist mit **Sitz** der satzungsmäßige Sitz gemeint.

8 Eine **wirksame öffentliche Aufsicht** setzt voraus, dass die Aufsichtsstelle die Aufsicht – sei es als juristische Personen des öffentlichen Rechts (Körperschaften, Anstalten und Stiftungen des öffentlichen Rechts) oder

8 RegE AIFM-UmsG, BT-Drucks. 17/12294 v. 6.2.2013, S. 1 (285 f.), mit dem Hinweis, § 136 Abs. 2 des aufzuhebenden Investmentgesetzes sei hingegen nicht übernommen worden, da es keine Infrastrukturfonds im Bereich der offenen Publikumsinvestmentvermögen mehr gebe.

9 RegE AIFM-UmsG, BT-Drucks. 17/12294 v. 6.2.2013, S. 1 (286).

als beliehene Unternehmer – als hoheitliche Aufgabe zum Schutz der Anleger ausführt, diese dauerhaft und umfassend wahrnimmt und in diesem Zusammenhang getroffene Anordnungen durchsetzt.[10] Den Anlegerschutzbezug der öffentlichen Aufsicht begründet der RegE Investmentmodernisierungsgesetz[11] mit der Überlegung, die Vorschriften des InvG (a.F.) bezweckten den Anlegerschutz, weswegen sicherzustellen sei, dass eine **ausreichende materielle Aufsicht** im Herkunftsland über die ausländische Investmentgesellschaft und die Verwaltungsgesellschaft ausgeübt werde. Als öffentliche Aufsicht stelle diese „die Einhaltung der Vertragsbedingungen oder Satzung, der Verkaufsprospekte und der anlegerschützenden gesetzlichen Bestimmungen im Ausland" sicher. Diese Ausführungen lassen sich aber nicht so deuten, dass die wirksame öffentliche Aufsicht zum Schutz der Anleger bestimmte – womöglich noch dem deutschen Recht entsprechende – anlegerschützende Regelungen oder Instrumente aufweisen müsse.[12] Dafür spricht auch, dass die BaFin im Anzeigeverfahren nach § 320 Abs. 1 KAGB im Hinblick auf die nach § 320 Abs. 1 Satz 2 Nr. 9 KAGB erforderlichen „wesentlichen Angaben und Unterlagen, aus denen hervorgeht, dass der ausländische AIF und seine Verwaltungsgesellschaft in dem Staat, in dem sie ihren Sitz haben, einer wirksamen öffentlichen Aufsicht zum Schutz der Anleger unterliegen", nicht mehr verlangt als „eine aktuelle Bescheinigung im Original der zuständigen Aufsichtsbehörde darüber, dass die AIF-Verwaltungsgesellschaft von dieser Behörde zugelassen worden ist und der dortigen öffentlichen Aufsicht zum Schutz der Investmentanleger unterliegt".[13]

b) Bereitschaft der Aufsichtsstellen des Sitzstaats zur Zusammenarbeit mit der BaFin (§ 317 Abs. 1 Nr. 2 KAGB)

Nach § 317 Abs. 1 Nr. 2 KAGB ist Zulässigkeitsvoraussetzung, dass die zuständigen Aufsichtsstellen des Sitzstaates zu einer nach den Erfahrungen der BaFin befriedigenden Zusammenarbeit mit der Bundesanstalt entsprechend den §§ 9 und 10 KAGB bereit sind. Diese Vorschrift entspricht mit redaktionellen Anpassungen § 136 Abs. 1 Nr. 1 Alt. 2 InvG aF.[14] Die **Kooperationsbereitschaft** soll nach der Aufsichtspraxis im Anzeigeverfahren nach § 320 Abs. 1 KAGB – obwohl sich in dieser Bestimmung keine Vorschrift findet, die dies explizit verlangt – durch „eine aktuelle **Bescheinigung** im Original der zuständigen Aufsichtsbehörde darüber" nachgewiesen werden, „dass diese zu einer befriedigenden Zusammenarbeit mit der Bundesanstalt bereit ist und die Bundesanstalt unverzüglich über eine Aufhebung, Rücknahme, einen anderen Wegfall der Zulassung der AIF-Verwaltungsgesellschaft oder andere schwerwiegende Maßnahmen gegen die AIF-Verwaltungsgesellschaft unterrichten sowie weitere, von der Bundesanstalt zur Erfüllung ihrer Aufgaben erbetene Informationen zur Verfügung stellen wird".[15] Die Bescheinigung wird allerdings als entbehrlich angesehen, wenn zwischen der BaFin und der zuständigen Aufsichtsbehörde des Staates, in dem die ausländische AIF-Verwaltungsgesellschaft ihren Sitz hat, eine **bilaterale oder multilaterale Vereinbarung (MoU)** besteht, die eine Zusammenarbeit der Aufsichtsbehörden, insbesondere einen Informationsaustausch, auch auf dem Gebiet der einschlägigen Vorschriften des KAGB gewährleistet.[16] 9

c) Richtlinienkonformität der Verwaltungsgesellschaft (§ 317 Abs. 1 Nr. 3 KAGB)

Wenn Art. 43 Abs. 1 Unterabs. 1 der AIFM-Richtlinie (Rz. 2) den Mitgliedstaaten die Möglichkeit eröffnet, es Verwaltungsgesellschaften von AIF (die Vorschrift spricht von AIFM, worunter nach Art. 4 Abs. 1 lit. b juristische Personen verstanden werden, deren reguläre Geschäftstätigkeit darin besteht, einen oder mehrere AIF zu verwalten) zu gestatten, in ihrem Hoheitsgebiet Anteile an AIF an Kleinanleger zu vertreiben, so gilt dies nach der Vorschrift nur, wenn die Verwaltung sich „gemäß dieser Richtlinie" vollzieht. Da Deutschland von dieser Möglichkeit Gebrauch gemacht hat (oben Rz. 2), heißt es dementsprechend in § 317 Abs. 1 Nr. 3 KAGB, dass die **AIF-Verwaltungsgesellschaft und deren Verwaltung** des angezeigten 10

---

10 I.E. ebenso *Behme* in Baur/Tappen, § 317 KAGB Rz. 11; *Dieske* in Weitnauer/Boxberger/Anders, § 317 KAGB Rz. 6: „wenn die durch staatliche Organe oder in staatlichem Auftrag erfolgt und wenn die Regelungen zum Schutz der Anleger auch durchgesetzt werden"; *Stadter/Pischetsrieder* in Moritz/Klebeck/Jesch, § 317 KAGB Rz. 13. Zu § 136 InvG a.F. RegE Investmentmodernisierungsgesetz, BT-Drucks. 15/1553 vom 19.9.2003, S. 1 (117); *Baum* in Emde/Dornseifer/Dreibus/Hölscher, § 136 InvG Rz. 10; *Erhard* in Berger/Steck/Lübbehüsen, § 136 InvG Rz. 5.

11 RegE Investmentmodernisierungsgesetz, BT-Drucks. 15/1553 vom 19.9.2003, S. 1 (117).

12 So aber wohl *Behme* in Baur/Tappen, § 317 KAGB Rz. 11; ähnlich auch *Stadter/Pischetsrieder* in Moritz/Klebeck/Jesch, § 317 KAGB Rz. 14, im Anschluss an *Baum* in Emde/Dornseifer/Dreibus/Hölscher, § 133 InvG Rz. 11 eine Einzelfallprüfung für erforderlich haltend.

13 *BaFin*, Merkblatt für Anzeigen nach § 320 KAGB, A.II.5.5 lit. a, S. 14.

14 RegE AIFM-UmsG BT-Drucks. 17/12294 vom 6.2.2013, S. 1 (286).

15 *BaFin*, Merkblatt für Anzeigen nach § 320 KAGB, A.II.5.5 lit. b, S. 14/15 (Hervorhebung hinzugefügt).

16 *BaFin*, Merkblatt für Anzeigen nach § 320 KAGB, A.II.5.5 lit. b, S. 14/15 (Hervorhebung hinzugefügt).

AIF **den Anforderungen der AIFM-Richtlinie** (Rz. 2) **entsprechen** müssen. Im Anzeigeverfahren nach § 320 KAGB wird dies durch eine Bescheinigung der zuständigen Stelle des Herkunftsmitgliedstaates oder des Referenzmitgliedstaates der Verwaltungsgesellschaft, dass die AIF-Verwaltungsgesellschaft und die Verwaltung des AIF durch diese der AIFM-Richtlinie entspricht, nachgewiesen.

d) Benennung eines Repräsentanten (§ 317 Abs. 1 Nr. 4 KAGB)

11 Der Vertrieb von EU-AIF und ausländischen AIF setzt nach § 317 Abs. 1 Nr. 4 KAGB voraus, dass die AIF-Verwaltungsgesellschaft der BaFin ein inländisches Kreditinstitut oder eine zuverlässige, fachlich geeignete Person – eine rechtsfähige Gesellschaft[17] (juristische Person oder Handelsgesellschaft) bzw. natürliche Person mit Sitz bzw. Wohnsitz im Geltungsbereich dieses Gesetzes als **Repräsentanten** benennt, die hinreichend ausgestattet ist, um die Compliance-Funktion in Bezug auf die von der ausländischen AIF-Verwaltungsgesellschaft gemäß der AIFM-Richtlinie (Rz. 2) ausgeführten Verwaltungs- und Vertriebstätigkeiten entsprechend § 57 Abs. 3 Satz 4 KAGB wahrnehmen zu können. „Vorbehaltlich abweichender Vorgaben auf europäischer Ebene" umfasst die **Compliance-Funktion** im Wesentlichen die „Prüfung, ob die Verwaltungsgesellschaft und die Verwaltung des AIF durch diese mit den Anforderungen des KAGB konform sind".[18] Bei EU-AIF-Verwaltungsgesellschaften beschränkt sich die Compliance-Funktion auf Anforderungen des KAGB, die über die Richtlinie 2011/61/EU hinausgehen, denn die Einhaltung der Richtlinie 2011/61/EU wird bereits von der zuständigen Stelle beaufsichtigt und bei der Vertriebsanzeige bestätigt.[19] Neben der Übernahme de**r Compliance-Funktion hat der Repräsentant die** in § 319 Abs. 1 Sätze 1 und 2 KAGB angeführten Aufgaben: er vertritt den EU-AIF oder ausländischen AIF gerichtlich und außergerichtlich und ist ermächtigt, für die AIF-Verwaltungsgesellschaft und die Vertriebsgesellschaft bestimmten Schriftstücke zu empfangen. Zur **Begründung und Beendigung** der Repräsentantenstellung sowie zur **Rechtsstellung** des Repräsentanten s. die Erläuterungen zu § 319 Rz. 4 ff. Die Regelung basiert auf § 136 Abs. 1 Nr. 2 InvG a.F.

12 Als **Sitz** einer als Repräsentant in Frage kommenden Person gilt, da es sich bei dieser – ungeachtet der rechtsgeschäftlichen Grundlage der Vertreterstellung (§ 319 Rz. 6 ff.) – um einen durch § 319 Abs. 1 Satz 1 KAGB gesetzlich bestimmten und damit „gesetzlichen Vertreter" des EU-AIF oder der ausländischen AIF i.S.d. § 1 Abs. 19 Nr. 34 lit. b und c KAGB handelt (§ 319 Rz. 6), der **satzungsmäßige Sitz oder die Zweigniederlassung** der juristischen Person (§ 1 Abs. 19 Nr. 34 lit. b KAGB). Hinsichtlich der Qualifikationsmerkmale basiert die Vorschrift auf § 136 Abs. 1 Nr. 2 InvG a.F. Der **Wohnsitz** einer natürlichen Person liegt dort, wo sich der räumliche Schwerpunkt ihrer gesamten Lebensverhältnisse befindet.[20]

13 Als **inländische Kreditinstitute** kommen gem. §§ 1 Abs. 1, 32 Abs. 1 KWG alle Unternehmen mit satzungsmäßigem Sitz in Deutschland in Betracht, die mit Erlaubnis der BaFin Bankgeschäfte gewerbsmäßig oder in einem Umfang betreiben, der einen in kaufmännischer Weise eingerichteten Geschäftsbetrieb erfordert. Gemäß § 53 Abs. 1 Satz 1 KWG ist als inländisches Kreditinstitut auch die Bankgeschäfte i.S.v. § 1 Abs. 1 Satz 2 KAGB betreibende **inländische Zweigstelle eines Unternehmens mit Sitz im Ausland** anzusehen.[21] Hinsichtlich der **rechtsfähigen Gesellschaften und natürliche Personen** mit Sitz bzw. Wohnsitz im Geltungsbereich dieses Gesetzes, die als Repräsentanten in Frage kommen, nimmt die BaFin, anders als bei Kreditinstituten, eine umfassende Prüfung der Zuverlässigkeit, der fachlichen Eignung und der Ausstattung zur Ausübung der Complianceaufgaben entsprechend § 57 Abs. 3 Satz 4 KAGB vor. Hinsichtlich der **Zuverlässigkeit** und **fachlichen Eignung** von Handels- und Kapitalgesellschaften wird auf die Mitglieder

17 Ebenso *Behme* in Baur/Tappen, § 317 KAGB Rz. 20.

18 *BaFin*, Häufige Fragen zum Vertrieb, 2.3.1. mit dem Zusatz: „Bei EU-AIF-Verwaltungsgesellschaften beschränkt sich die Compliance-Funktion auf Anforderungen des KAGB, die über die Richtlinie 2011/61/EU hinausgehen. Denn die Einhaltung der Richtlinie 2011/61/EU wird bereits von der zuständigen Stelle beaufsichtigt und bei der Vertriebsanzeige bestätigt. Insoweit ist die Compliance-Funktion teleologisch zu reduzieren".

19 *BaFin*, Häufige Fragen zum Vertrieb, 2.3.1. Insoweit soll die „Compliance-Funktion teleologisch zu reduzieren" sein.

20 Jeweils m.w.N. *Heinrichs* in Palandt, 75. Aufl. 2016, § 7 BGB Rz. 1; *Heinrich* in Musielak/Voit, 13. Aufl. 2016, § 13 ZPO Rz. 2; *Schmitt* in MünchKomm/BGB, 7. Aufl. 2015, § 7 BGB Rz. 8 („räumlicher Mittelpunkt des gesamten Lebens einer Person, ein Zustandsverhältnis, das durch die Verknüpfung der Lenkung und Leitung der Person an einem Ort hergestellt wird"); *Sternal* in Keidel, 19. Aufl. 2017, § 3 FamFG Rz. 8 („tatsächliche Niederlassung, verbunden mit dem Willen, den freigewählten Ort zu einem dauernden räumlichen Mittelpunkt der Lebensverhältnisse zu machen").

21 *Dieske* in Weitnauer/Boxberger/Anders, § 317 KAGB Rz. 11. *Baum* in Emde/Dornseifer/Dreibus/Hölscher, § 133 InvG Rz. 19.

der Geschäftsleitung abgestellt.[22] Die **Zuverlässigkeit** von natürlichen Personen ist gegeben, wenn ihr Lebenslauf eine ordnungsgemäße und gesetzeskonforme Wahrnehmung der Aufgaben eines Repräsentanten durch sie selbst oder die von ihnen repräsentierte Handels- und Kapitalgesellschaften vermuten lässt.[23] Die **fachliche Eignung** dieser Personen liegt vor, wenn sie die deutsche Sprache in Wort und Schrift beherrschen und eine für Wahrnehmung der Aufgaben eines Repräsentanten durch sie selbst oder die von ihnen repräsentierte Handels- und Kapitalgesellschaften geeignete Vorbildung und vorhergehende Tätigkeit aufweisen können.[24] Die dazu aufgrund der Aufsichtspraxis nach § 320 Abs. 1 KAGB im Anzeigeverfahren jeweils vorzulegenden **Angaben und Unterlagen** zu denselben über den Repräsentanten sind dem Merkblatt der BaFin für Anzeigen nach § 320 KAGB zu entnehmen.[25]

14 Während der Gesetzgeber offensichtlich davon ausgeht, dass ein Kreditinstitut über eine **hinreichende Ausstattung** verfügt, um die **Compliance-Funktion** entsprechend § 57 Abs. 3 Satz 4 KAGB wahrnehmen zu können, ist diese bei einer als Repräsentant in Frage kommenden rechtsfähigen Gesellschaft und natürlichen Person im Hinblick auf deren sachliche und personell-fachliche Ressourcen zu ermitteln. Dabei besteht die Compliance-Funktion des Repräsentanten im Wesentlichen in der „Prüfung, ob die Verwaltungsgesellschaft und die Verwaltung des AIF durch diese mit den Anforderungen des KAGB konform sind".[26] Über diese Prüfung hinaus soll der Repräsentant aber auch in der Lage sein, die Verwaltungsgesellschaft bei der Einhaltung des KAGB zu unterstützen", weshalb er von der Verwaltungsgesellschaft einzubinden sei, „wenn Tätigkeiten oder Entscheidungen Auswirkungen auf die KAGB-Konformität haben könnten".[27] Dementsprechend müsse der Repräsentant so ausgestattet sein, dass eine kontinuierliche vertrauliche Kommunikation mit der Verwaltungsgesellschaft möglich sei und die für die Aufgabe erforderlichen Rechts- und Fachkenntnisse im Bereich des KAGB vorhanden seien.

e) Verwahrstelle (§ 317 Abs. 1 Nr. 5 KAGB)

15 Der Vertrieb von EU-AIF und ausländischen AIF ist darüber hinaus nur zulässig, wenn eine Verwahrstelle die Gegenstände des AIF in einer Weise sichert, die den **Vorschriften über AIF-Verwahrstellen** in §§ 80-90 **vergleichbar** ist. Die Regelung basiert auf § 136 Abs. 1 Nr. 3 InvG (a.F.), lässt aber insbesondere, anders als diese (in Bezug auf Depotbanken als Verwahrstellen), die Verwahrung nur durch *eine* Verwahrstelle zu. Sie trägt dem Umstand Rechnung, dass beim Vertrieb von ausländischen AIF auch die Verwahrstelle ihren Sitz im Nicht-EU- und Nicht-EWR-Ausland haben wird und keine Verwahrstelle nach Maßgabe von § 80 Abs. 2 KAGB ist. Auch wenn die Art und Weise der Sicherung der Gegenstände des AIF durch die Verwahrstelle derjenigen durch einer Verwahrstelle nach §§ 80-90 KAGB nur vergleichbar zu sein hat, so muss doch gewährleistet sein, dass alle wesentlichen Aufgaben und Pflichten der Letzteren – namentlich in Hinblick auf Verwahrung, Kontrolle, Zustimmung zu Geschäften, Geltendmachung von Ansprüchen der Anleger und Zahlungen an die Verwaltungsgesellschaft –auch von der AIF-Verwahrstelle wahrgenommen bzw. eingehalten werden und Gegenstand der Haftung entsprechend den Bestimmungen des § 88 KAGB sind.

16 Darüber hinaus ist von einer Sicherung der Gegenstände des AIF vergleichbar den Vorschriften der §§ 80-90 KAGB nur dann auszugehen, wenn – § 80 Abs. 9 KAGB entsprechend – „die Verwaltungs- und Leitungsorgane (Geschäftsleitung) der Verwahrstelle über die für die Verwahrstellenfunktion **erforderliche Erfahrung** verfügen, ... die Verwahrstelle die zur Erfüllung ihrer Aufgaben notwendige **Organisation vorhält**" und sie darüber hinaus Mindesteigenkapitalanforderungen unterliegt".[28] Im **Anzeigeverfahren** nach § 320 Abs. 1 KAGB sind Angaben über die Verwahrstelle zu machen, denen – neben entsprechenden Unterlagen wie u.a. dem Verwahrstellenvertrag – auch eine Bestätigung der Verwahrstelle zur Übernahme dieser Funktion beizufügen ist (§ 320 Abs. 1 Satz 2 Nr. 2 KAGB).

---

22 *Baum* in Emde/Dornseifer/Dreibus/Hölscher, § 133 InvG Rz. 20; *Behme* in Baur/Tappen, § 317 KAGB Rz. 20; *Dieske* in Weitnauer/Boxberger/Anders, § 317 KAGB Rz. 12; *Erhard* in Berger/Steck/Lübbehüsen, § 136 InvG Rz. 9; *Stadter/Pischetsrieder* in Moritz/Klebeck/Jesch, § 317 KAGB Rz. 25.

23 So schon zu § 126 Abs. 1 Nr. 2 InvG a.F. und m.w.N. *Baum* in Emde/Dornseifer/Dreibus/Hölscher, § 133 InvG Rz. 20 und *Erhard* in Berger/Steck/Lübbehüsen, § 136 InvG Rz. 10. Entsprechend zu § 317 Abs. 1 Nr. 5 KAGB *Behme* in Baur/Tappen, § 317 KAGB Rz. 21; *Dieske* in Weitnauer/Boxberger/Anders, § 317 KAGB Rz. 13; *Stadter/Pischetsrieder* in Moritz/Klebeck/Jesch, § 317 KAGB Rz. 26.

24 So schon zu § 126 Abs. 1 Nr. 2 InvG a.F. und m.w.N. *Baum* in Emde/Dornseifer/Dreibus/Hölscher, § 133 InvG Rz. 20 und *Erhard* in Berger/Steck/Lübbehüsen, § 136 InvG Rz. 10. Entsprechend zu § 317 Abs. 1 Nr. 5 KAGB, jeweils m.w.N., *Behme* in Baur/Tappen, § 317 KAGB Rz. 21; *Dieske* in Weitnauer/Boxberger/Anders, § 317 KAGB Rz. 13; *Stadter/Pischetsrieder* in Moritz/Klebeck/Jesch, § 317 KAGB Rz. 27.

25 *BaFin*, Merkblatt für Anzeigen nach § 320 KAGB, A.V. und VI., S. 18 f.

26 *BaFin*, Häufige Fragen zum Vertrieb, 2.3.1.

27 So und auch zum Folgenden *BaFin*, Häufige Fragen zum Vertrieb, 2.3.1.

28 *BaFin*, Merkblatt für Anzeigen nach § 320 KAGB, A.VIII.4., S. 20 (Hervorhebungen hinzugefügt).

f) Zahlstelle (§ 317 Abs. 1 Nr. 6 KAGB)

17 Um EU-AIF und ausländischen AIF in Deutschland vertreiben zu können, verlangt § 317 Abs. 1 Nr. 6 Halbs. 1 KAGB die **Benennung einer Zahlstelle**, über die von den Anlegern geleistete oder für sie bestimmte Zahlungen geleitet werden können. Als Zahlstellen kommen ein oder mehrere inländische Kreditinstitute (oben Rz. 13) oder (§ 53 Abs. 1 Satz 1 KWG entsprechend, oben Rz. 13) inländische Zweigniederlassungen von Kreditinstituten mit Sitz im Ausland in Betracht. Dass eine Zahlstelle zu benennen ist, hat nicht zur Folge, dass der Anleger deren Leistungen in Anspruch nehmen muss. Jedoch muss nach § 317 Abs. 1 Nr. 6 Halbs. 2 KAGB sichergestellt sein, dass Zahlungen und Überweisungen, die über eine Zahlstelle geleistet werden, unverzüglich an das in § 83 Abs. 6 KAGB genannte Geldkonto oder an die Anleger weitergeleitet werden. Im **Anzeigeverfahren** nach § 320 Abs. 1 KAGB sind Angaben über die Zahlstelle zu machen, denen – neben entsprechenden Unterlagen – auch eine Bestätigung der Zahlstelle zur Übernahme dieser Funktion beizufügen ist (§ 320 Abs. 1 Satz 2 Nr. 2 KAGB). Letztere muss insbesondere bestätigen, dass Zahlungen an das in § 83 Abs. 6 KAGB genannte Geldkonto bzw. an die Anleger unverzüglich und unmittelbar weitergeleitet werden.[29]

g) Anforderungen an Anlagebedingungen und an Satzung oder Gesellschaftsvertrag (§ 317 Abs. 1 Nr. 7 KAGB)

18 EU-AIF und ausländischen AIF dürfen in Deutschland nur vertrieben, wenn die Anlagebedingungen und die Satzung oder der Gesellschaftsvertrag des AIF allen in § 317 Abs. 1 Nr. 7 lit. a-j KAGB aufgeführten **inhaltlichen** Anforderungen genügen. Dabei hat die BaFin verlautbart, dass sie keine Abweichungen von der Anforderung der Nr. 7 zulassen wird.[30]

aa) Offene AIF (§ 317 Abs. 1 Nr. 7 lit. a KAGB)

19 Bei offenen AIF (§ 1 Abs. 4 KAGB) müssen die Anlagebedingungen nach § 317 Abs. 1 Nr. 7 lit. c KAGB mindestens den Inhalt aufweisen, den § 162 für die Anlagebedingungen offener Publikumsinvestmentvermögen verlangt. Bei mit Sonstige Investmentvermögen vergleichbaren offenen AIF müssen die Anlagebedingungen zusätzlich die von § 224 Abs. 2 KAGB verlangten Angaben aufweisen, bei mit Dach-Hedgefonds vergleichbaren AIF die Angaben nach § 229 KAGB und bei mit Immobilien-Sondervermögen vergleichbaren AIF die Angaben nach § 256 Abs. 2 KAGB. Den Inhalt, den die Anlagebedingungen offener AIF nach diesen Bestimmungen aufweisen müssen, hat die BaFin in ihrem Merkblatt für Anzeigen nach § 320 KAGB[31] katalogartig zusammengestellt.

bb) Geschlossene AIF (§ 317 Abs. 1 Nr. 7 lit. b KAGB)

20 Anlagebedingungen für geschlossene AIF (§ 1 Abs. 5 i.V.m. Abs. 4 KAGB) müssen nach § 317 Abs. 1 Nr. 7 lit. c KAGB die Mindestinhalte nach § 266 KAGB aufweisen. Wie für offene AIF hat die BaFin auch den Mindestinhalt von geschlossenen AIF in ihrem Merkblatt für Anzeigen nach § 320 KAGB[32] aufgeführt.

cc) Erwerbs- und Anlagebeschränkungen (§ 317 Abs. 1 Nr. 7 lit. c KAGB)

21 § 317 Abs. 1 Nr. 7 lit. c KAGB verlangt **Regelungen**, die die Einhaltung der in dieser Bestimmung genannten Vorschriften über Anlagebeschränkungen sicherstellen. Bei **offenen AIF** geht es, je nach AIF-Typ, um Regelungen zur Sicherstellung der Einhaltung der Vorschriften über Erwerbs- und Anlagebeschränkungen und sonstiger Anlagereglementierungen bei Investmentvermögen nach der OGAW-Richtlinie (in Gestalt von §§ 192-213), bei Gemischten Investmentvermögen (in Gestalt von §§ 218, 219 KAGB), bei Sonstigen Investmentvermögen (in Gestalt von §§ 220-222, 225) oder Immobilien-Sondervermögen (in Gestalt von §§ 230-246, 252-254, 258-260 KAGB). Bei **geschlossenen AIF** ist die Einhaltung der Vorschriften für geschlossene inländischen Publikums-AIF in den §§ 261-265 KAGB sicherzustellen.

dd) Verpfändungs- und Belastungsverbot (§ 317 Abs. 1 Nr. 7 lit. d KAGB)

22 Nach § 317 Abs. 1 Nr. 7 lit. d KAGB müssen Anlagebedingungen oder Satzung/Gesellschaftsvertrag vorsehen, dass die zum AIF gehörenden Vermögensgegenstände nicht verpfändet oder sonst belastet, zur Sicherung übereignet oder zur Sicherung abgetreten werden dürfen. Hiervon ausgenommen sind Sicherun-

29 *BaFin*, Merkblatt für Anzeigen nach § 320 KAGB, A.XI., S. 22.
30 *BaFin*, Häufige Fragen zum Vertrieb, 2.3.2.
31 *BaFin*, Merkblatt für Anzeigen nach § 320 KAGB, B.I., S. 23 ff.
32 *BaFin*, Merkblatt für Anzeigen nach § 320 KAGB, B.III., S. 52 ff.

gen bei der Aufnahme von Krediten für den AIF unter Berücksichtigung der Anforderungen, wie sie sich – je nach der Vergleichbarkeit des betroffenen AIF mit den AIF, auf den sich nachfolgende Bestimmungen beziehen – aus §§ 199, 221 Abs. 6 und 254 KAGB ergeben. Gleiches gilt für Sicherheitsleistungen für den Fall, dass einem Dritten Optionsrechte eingeräumt werden sowie für Sicherheitsleistungen im Zusammenhang mit dem Abschluss von Wertpapierpensionsgeschäften nach § 203 KAGB, Finanzterminkontrakten, Devisenterminkontrakten, Swaps oder ähnliche Geschäften nach Maßgabe des § 197 KAGB.

ee) Auszahlungen (§ 317 Abs. 1 Nr. 7 lit. e KAGB)

Nach § 317 Abs. 1 Nr. 7 lit. e KAGB müssen Anlagebedingungen oder Satzung/Gesellschaftsvertrag im Hinblick auf offene AIF – mit Ausnahme von offenen Immobilien-Investmentvermögen – vorsehen, dass die Anleger **täglich die Auszahlung** des auf den Anteil oder die Aktie entfallenden **Vermögensteils** verlangen können. Dieser ist durch die Teilung des gesamten Investmentvermögens des AIF durch die Zahl der ausgegebenen Anteile an demselben zu ermitteln. 23

Davon lässt die Vorschrift **Ausnahmen** zu: Eine *erste* betrifft Sonstigen Investmentvermögen vergleichbare AIF im Hinblick auf Regelungen nach § 223 Abs. 1 KAGB (Rücknahme von Anteilen oder Aktien höchstens einmal halbjährlich und mindestens einmal jährlich zu einem in den Anlagebedingungen bestimmten Termin). Eine *zweite* hat Sonstige Investmentvermögen mit Anlagemöglichkeiten entsprechend § 222 Abs. 1 KAGB (in unverbriefte Darlehensforderungen von regulierten Mikrofinanzinstituten und gegen dieselben) im Hinblick auf die Bestimmung des § 223 Abs. 2 KAGB (Rücknahme von Anteilen oder Aktien nur zu bestimmten Rücknahmeterminen, jedoch höchstens einmal vierteljährlich und mindestens einmal jährlich). Die *dritte* bezieht sich auf AIF, die Dach-Hedgefonds vergleichbar sind und erlaubt § 227 KAGB entsprechende Anlagebedingungen in Gestalt der Rücknahme von Anteilen oder Aktien nur zu bestimmten Rücknahmeterminen, jedoch mindestens einmal in jedem Kalendervierteljahr. 24

ff) Aussetzung der Ausgabe und der Rücknahme von Anteilen (§ 317 Abs. 1 Nr. 7 lit. f KAGB)

Bei mit Immobilien-Sondervermögen vergleichbaren Investmentvermögen ist eine Regelung entsprechend den §§ 255, 257 KAGB für die Aussetzung der Ausgabe bzw. der Rücknahme von Anteilen erforderlich. 25

gg) Auszahlung bei geschlossenen AIF (§ 317 Abs. 1 Nr. 7 lit. g KAGB)

Bei **geschlossenen AIF** müssen Anlagebedingungen oder Satzung/Gesellschaftsvertrag vorsehen, dass die Anleger zumindest am Ende der Laufzeit die Auszahlung des auf den Anteil oder die Aktie entfallenden Vermögensteils (oben Rz. 23) verlangen können. 26

hh) Bewertung des AIF (§ 317 Abs. 1 Nr. 7 lit. h KAGB)

Nach § 317 Abs. 1 Nr. 7 lit. h KAGB müssen Anlagebedingungen oder Satzung/Gesellschaftsvertrag Regelungen enthalten, die sicherstellen, dass die Bewertung des AIF entsprechend den für inländische Publikums-AIF geltenden Bestimmungen erfolgt: Im Falle von **offenen AIF** in einer §§ 168-170, 216 und 217 KAGB entsprechenden Weise und bei Immobilien-Sondervermögen vergleichbaren AIF unter Berücksichtigung der Sonderregelung in §§ 248-251 KAGB; im Falle von **geschlossenen AIF** in einer §§ 271 und 272 KAGB entsprechenden Weise. 27

ii) Kostenvorausbelastung (§ 317 Abs. 1 Nr. 7 lit. i KAGB)

Anlagebedingungen oder Satzung/Gesellschaftsvertrag müssen nach § 317 Abs. 1 Nr. 7 lit. i KAGB eine Einschränkung der Kostenvorausbelastung nach Maßgabe des § 304 vorsehen. Sie haben darüber hinaus die Regelung aufzuweisen, dass in den Jahresbericht und gegebenenfalls in den Halbjahresberichten Angaben gem. § 101 Abs. 2 Nr. 4 KAGB aufzunehmen sind. Anzugeben ist nach dieser Bestimmung der Ausgabeaufschläge und Rücknahmeabschläge, die dem Sondervermögen im Berichtszeitraum für den Erwerb und die Rücknahme von Anteilen i.S.d. §§ 196 und 230 KAGB berechnet wurden sowie die dem Sondervermögen berechnete Verwaltungsvergütung für die in diesem gehaltenen Anteile. 28

jj) Ausschluss von Teilinvestmentvermögen und Master-Feeder-Konstruktionen bei geschlossenen AIF (§ 317 Abs. 1 Nr. 7 lit. j KAGB)

Nach § 317 Abs. 1 Nr. 7 lit. j KAGB ist bei geschlossenen AIF vorzusehen, dass die Bildung von Teilinvestmentvermögen (§ 96 Abs. 2 und 3 KAGB; § 309 Rz. 32, § 314 Rz. 31) und Master-Feeder-Konstruktionen (§ 1 Abs. 19 Nr. 13 und 14, § 171 KAGB) ausgeschlossen ist. 29

h) Informationspflichten gegenüber Erwerbsinteressierten und Anlegern (§ 317 Abs. 1 Nr. 8 KAGB)

30 Der Vertrieb von EU-AIF und ausländischen AIF durch eine EU-AIF-Verwaltungsgesellschaft oder eine ausländische AIF-Verwaltungsgesellschaft an Privatanleger in Deutschland ist schließlich nach § 317 Abs. 1 Nr. 8 KAGB nur dann zulässig, wenn die in § 297 Abs. 2-6, 8 und 9, §§ 299-301, 303 Abs. 1 und 3 und in § 318 KAGB genannten Pflichten von AIF zur Unterrichtung der am Erwerb eines Anteils oder einer Aktie Interessierten bzw. des Anlegers ordnungsgemäß erfüllt werden.

31 Bei den Informationspflichten nach § 297 Abs. 2-6, 8 und 9 sowie § 318 KAGB handelt es sich um solche, die den **Zeitraum vor einem Vertragsschluss** betreffen und den am Erwerb eines Anteils oder einer Aktie am AIF Interessierten eine informierte Anlageentscheidung ermöglichen sollen. Wesentliche Informationsinstrumente hierfür sind Informationen sind der nach § 318 Abs. 1-4 KAGB zu erstellende Verkaufsprospekt und die nach § 318 Abs. 5-6 KAGB zu erstellenden wesentlichen Anlegerinformationen. Darüber hinaus gewährleisten Informationspflichten nach §§ 299-301 KAGB die **laufende Information** von Erwerbsinteressierten und vor allem derjenigen, die Anteile oder Aktien am AIF erworben haben.

32 Für sämtliche Veröffentlichungen und Werbeschriften, die sich auf Anteile oder Aktien an einem an Privatanleger vertriebenen AIF oder an einem inländischen OGAW beziehen, gilt, dass sie nach § 303 Abs. 1 Satz 1 KAGB **in deutscher Sprache** abzufassen oder mit einer deutschen Übersetzung zu versehen sind. Dabei ist im Hinblick auf diese Veröffentlichung und Werbeschriften sowie in Bezug auf die Informationspflichten nach § 297 Abs. 2-4 und 8 KAGB der deutsche Wortlaut maßgeblich. Der Verpflichtung zur **ordnungsgemäßen** Erfüllung der in § 317 Abs. 1 Nr. 8 KAGB aufgeführten Informationspflichten kommt nur die allgemeine Bedeutung zu, dass der Nichterfüllung der Pflicht die nicht ordnungsgemäße Erfüllung derselben gleichsteht.[33]

III. Zusätzliche Anforderungen für ausländische AIF (§ 317 Abs. 2 KAGB)

1. Regelungsgegenstand

33 Der Vertrieb von ausländischen AIF (Rz. 6) durch eine ausländische AIF-Verwaltungsgesellschaft (Rz. 6) an Privatanleger Deutschland ist nur zulässig, wenn zusätzlich zu den Anforderungen nach § 317 Abs. 1 KAGB auch die in Abs. 2 Nr. 1-3 angeführten Voraussetzungen erfüllt sind. Dabei handelt es sich um solche, die Art. 40 Abs. 2 der AIFM-Richtlinie (Rz. 2) beim Vertrieb von ausländischen AIF an professionelle Anleger vorschreibt, wobei die Anforderungen in § 317 Abs. 2 Nr. 1 und 2 KAGB gem. Art. 42 Abs. 1 lit. a und b bereits jetzt für alle ausländischen AIF, die in den Mitgliedstaaten der EU oder den Vertragsstaaten des Abkommens über den EWR vertrieben werden, umzusetzen waren.[34]

2. Zusatzanforderungen (§ 317 Abs. 2 Nr. 1-3 KAGB)

34 Nach **§ 317 Abs. 2 Nr. 1 KAGB** ist der Vertrieb von ausländischen AIF durch eine ausländische AIF-Verwaltungsgesellschaft an Privatanleger Deutschland nur zulässig, wenn geeignete Vereinbarungen über die **Zusammenarbeit** zwischen der BaFin und den für die Aufsicht zuständigen Stellen des Drittstaates bestehen, in dem der ausländische AIF und die ausländische AIF-Verwaltungsgesellschaft ihren Sitz haben. Diese Vereinbarungen müssen a) der Überwachung von Systemrisiken dienen, b) im Einklang mit den internationalen Standards und den Art. 113-115 der Delegierten Verordnung (EU) Nr. 231/2013 stehen und c) einen wirksamen Informationsaustausch gewährleisten, der es der BaFin ermöglicht, ihre in § 5 KAGB festgelegten Aufgaben zu erfüllen. Die **Drittstaaten** – das sind alle Staaten, die nicht Mitgliedstaat der EU oder anderer Vertragsstaat des Abkommens über den EWR sind (§ 1 Abs. 1 Nr. 5 KAGB) – und die in diesen jeweils zuständigen Stellen, mit denen die BaFin ein solches Kooperationsabkommen geschlossen hat, sind dem **Merkblatt** der BaFin zu Vereinbarungen über die Zusammenarbeit zwischen der Bundesanstalt und zuständigen Stellen eines Drittstaats im Rahmen der AIFM Richtlinie 2011/61/EU[35] zu entnehmen. Diesem ist auch zu entnehmen, wie vorzugehen ist, wenn es an einem für den Vertrieb von ausländischen AIF an Privatanleger erforderlichen Kooperationsabkommen fehlt: In diesem Fall empfiehlt die BaFin, sich zu-

33 *Dieske* in Weitnauer/Boxberger/Anders, § 317 KAGB Rz. 39, der dem Merkmal „ordnungsgemäß" wohl eine besondere Bedeutung zusprechen möchte, ist aber insoweit zuzustimmen, als für die Frage, ob eine Pflicht ordnungsgemäß erfüllt sei, Sinn und Zweck der einzelnen Vorschriften zu beachten ist; aber auch dies kann nur in dem Umfang gelten, als eine Vorschrift nicht eindeutig ist und eine Auslegung nach Sinn und Zweck verlangt.
34 RegE AIFM-UmsG, BT-Drucks. 17/12294 vom 6.2.2013, S. 1 (286).
35 Vom 22.7.2013, geändert am 10.2.2014, Stand 10.12.2015, abrufbar unter https://www.bafin.de/SharedDocs/Veroeffentlichungen/DE/Merkblatt/WA/mb_130722_internat_koopvereinbarungen_kagb.html.

nächst an die zuständige ausländische Aufsichtsbehörde zu wenden, die sich dann direkt mit der BaFin in Verbindung setzen sollte, um den Abschluss eines MoU unter der AIFM-Richtlinie vorzubereiten.

Nach einem weiteren, in **§ 317 Abs. 2 Nr. 2 KAGB** angeführten Zulässigkeitserfordernis darf der Herkunftsstaat des ausländischen AIF **nicht auf der Liste der nicht kooperativen Länder** und Gebiete stehen, die von der – der OECD in Paris angegliederten – Arbeitsgruppe „Finanzielle Maßnahmen gegen die Geldwäsche und die Terrorismusfinanzierung" (Financial Action Task Force – FATF)[36] aufgestellt wurde.[37] 35

Schließlich ist der Vertrieb nach **§ 317 Abs. 2 Nr. 3 KAGB** nur zulässig, wenn der Herkunftsstaat des ausländischen AIF mit Deutschland eine Vereinbarung unterzeichnet hat, die den Normen gem. Art. 26 des OECD-Musterabkommens zur Vermeidung der Doppelbesteuerung von Einkommen und Vermögen[38] vollständig entspricht und einen wirksamen Informationsaustausch in Steuerangelegenheiten, gegebenenfalls einschließlich multilateraler Abkommen über die Besteuerung, gewährleistet. 36

IV. Zusätzliche Anforderungen für Feeder-AIF (§ 317 Abs. 3 KAGB)

1. Regelungsgegenstand

Ist der ausländische AIF ein Feeder-AIF müssen zusätzlich zu den Anforderungen nach § 317 Abs. 1 KAGB und gegebenenfalls auch nach Abs. 2 in Bezug auf den Feeder-AIF zumindest die in Abs. 3 Nr. 1-5 aufgeführten Anforderungen erfüllt sein. Die Vorschrift soll den Schutz von Privatanlegern in Bezug auf Feeder-AIF sicherstellen. Bei einem Feeder-AIF handelt es sich nach § 1 Abs. 19 Nr. 13 KAGB um einen AIF, der entweder a) mindestens 85 % seines Wertes in Anteilen eines Master-AIF anlegt, oder b) mindestens 85 % seines Wertes in mehr als einem Master-AIF anlegt, die jeweils identische Anlagestrategien verfolgen, oder c) anderweitig ein Engagement von mindestens 85 % seines Wertes in einem Master-AIF hat. 37

2. Zusatzanforderungen (§ 317 Abs. 2 Nr. 1-5 KAGB)

Bei Feeder-AIF müssen nach § 317 Abs. 2 **Nr. 1** KAGB der Master-AIF und dessen Verwaltungsgesellschaft **denselben Herkunftsstaat** haben wie der Feeder-AIF und dessen Verwaltungsgesellschaft (Nr. 1). Aus Anlegerschutzgründen soll, wegen der fehlenden Harmonisierung von AIF, eine grenzüberschreitende Verwaltung weder des Feeder-AIF noch des Master-AIF möglich sein, so dass folglich nicht nur die Investmentvermögen, sondern auch deren Verwaltungsgesellschaften den gleichen Herkunftsstaat haben müssen.[39] 38

Darüber hinaus ist es nach § 317 Abs. 2 **Nr. 2** KAGB erforderlich, dass die Anlagebedingungen, die Satzung oder der Gesellschaftsvertrag des Master-AIF Regelungen enthalten, die die **Einhaltung der Vorschriften der §§ 220, 221 und 222 KAGB** sicherstellen. Über den Verweis aus § 220 KAGB sind auch die §§ 192-205 KAGB zu Investmentvermögen gemäß der OGAW-IV-Richtlinie[40] erfasst,[41] soweit sich aus §§ 221-224 KAGB nichts anderes ergibt. Die Vorschrift trägt dem Umstand Rechnung, dass Master-Feeder-Konstruktionen im Bereich der inländischen Publikums-AIF nur bei Sonstigen Investmentvermögen zulässig sind.[42] 39

Des Weiteren müssen nach § 317 Abs. 2 **Nr. 3** KAGB auch der Master-AIF und dessen Verwaltungsgesellschaft die Voraussetzungen der §§ 317 bis 319 KAGB erfüllen und das Anzeigeverfahren nach § 320 KAGB erfolgreich abgeschlossen haben. Damit soll zum einen eine umfassende Prüfung des Master-AIF erreicht und zum anderen sichergestellt werden, dass auch der Master-AIF einen Repräsentanten im Inland vorhalten und der Bundesanstalt auf Verlangen Auskünfte erteilen und Unterlagen vorlegen muss.[43] 40

---

36 Siehe dazu den Artikel „Financial Action Task Force on Money Laundering – FATF" auf der Website der BaFin https://www.bafin.de/DE/Internationales/GlobaleZusammenarbeit/FATF/fatf_artikel.html.

37 Abrufbar über http://www.fatf-gafi.org/countries/#high-risk.

38 Das Musterabkommen wurde am 15.4.2014 aktualisiert. Es ist abrufbar unter http://www.oecd.org/berlin/publikationen/oecd-musterabkommenzurvermeidungvondoppelbesteuerung.htm. Zum Stand nach diesem abgeschlossener Doppelbesteuerungsabkommen s BMF-Schreiben „Stand der Doppelbesteuerungsabkommen und anderer Abkommen im Steuerbereich sowie der Abkommensverhandlungen am 1.1.2017 (GZ IV B 2 - S 1301/07/10017-08; DOK 2017/0048668), abrufbar über http://www.bundesfinanzministerium.de/Content/DE/Downloads/BMF_Schreiben/Internationales_Steuerrecht/Allgemeine_Informationen/2017-01-18-stand-DBA-1-januar-2017.html.

39 RegE AIFM-UmsG, BT-Drucks. 17/12294 v. 6.2.2013, S. 1 (286).

40 Richtlinie 2009/95/EG v. 13.7.2009, ABl. EU Nr. L 302 v. 17.11.2009, S. 32.

41 Ebenso *Behme* in Baur/Tappen, § 317 KAGB Rz. 75; *Stadter/Pischetsrieder* in Moritz/Klebeck/Jesch, § 317 KAGB Rz. 82.

42 RegE AIFM-UmsG, BT-Drucks. 17/12294 v. 6.2.2013, S. 1 (286).

43 RegE AIFM-UmsG, BT-Drucks. 17/12294 v. 6.2.2013, S. 1 (286).

41 Die Anforderungen nach § 317 Abs. 2 **Nr. 4 und Nr.** 5 KAGB sollen sicherstellen, dass die Privatanleger eines ausländischen Feeder-AIF oder EU-Feeder-AIF ein mit inländischen Feeder-AIF vergleichbares Schutzniveau erhalten.[44] Dazu verlangt § 317 Abs. 2 **Nr. 4 KAGB**, dass die Anlagebedingungen oder die Satzung des Feeder-AIF eine **Bezeichnung des Master-AIF** enthalten, in dessen Anteile oder Aktien mindestens 85 % des Wertes des Feeder-AIF angelegt werden. Weiter müssen Anlagebedingungen und Satzung gewährleisten, dass die Anleger in einer Art und Weise geschützt werden, die mit den Vorschriften dieses Gesetzes in Bezug auf Master-Feeder-Konstruktionen im Bereich der Publikumsinvestmentvermögen vergleichbar ist. Schließlich ist es nach § 317 Abs. 2 **Nr.** 5 KAGB erforderlich, dass die **in § 175 KAGB vorgesehenen Vereinbarungen** bei Master-Feeder-Strukturen abgeschlossen wurden.

V. Unzulässiger Vertrieb

1. Maßnahmen der BaFin

42 Sind die Anforderungen des § 317 KAGB nicht erfüllt, ist ein Vertrieb von EU-AIF und ausländischen AIF durch eine EU-AIF-Verwaltungsgesellschaft oder eine ausländische AIF-Verwaltungsgesellschaft an Privatanleger in Deutschland unzulässig. Wird gleichwohl eine **Vertriebsanzeige nach § 320 KAGB** vorgenommen, so kann die BaFin nach § 320 Abs. 2 Satz 1 i.V.m. § 316 Abs. 3 Satz 2 KAGB die Aufnahme des Vertriebs untersagen. Wurde, **ohne dass eine Anzeige vorgenommen wurde und die BaFin den Vertrieb gestattet hat**, mit dem Vertrieb begonnen, so kann die BaFin die in § 11 KAGB vorgesehenen Maßnahmen ergreifen. Vor allem kann sie die EU-AIF-Verwaltungsgesellschaft oder eine ausländische AIF-Verwaltungsgesellschaft nach § 11 Abs. 1 Satz 1 KAGB zur Beendigung des Vertriebs auffordern und bei fortdauerndem Verstoß nach § 11 Abs. 6 KAGB den Vertrieb untersagen.[45]

2. Schutzgesetzeigenschaft

43 Fraglich ist, ob es sich bei den Bestimmungen oder bei einzelnen der Bestimmungen des § 317 KAGB um **Schutzgesetze i.S.d. § 823 Abs. 2 BGB** handelt. Entscheidend für die Qualifikation einer Norm als Schutzgesetz ist, dass „sie, sei es auch nur neben dem Schutz der Allgemeinheit, dazu dient, den Einzelnen oder bestimmte Personenkreise gegen die Verletzung eines Rechtsguts zu schützen. Es genügt, dass die Norm auch das Interesse des Einzelnen schützen soll, mag sie auch in erster Linie das Interesse der Allgemeinheit im Auge haben. Nicht ausreichend ist aber, dass der Individualschutz durch Befolgung der Norm nur als ihr Reflex objektiv erreicht wird; er muss vielmehr im Aufgabenbereich der Norm liegen. Außerdem muss die Schaffung eines individuellen Schadensersatzanspruches sinnvoll und im Licht des haftungsrechtlichen Gesamtsystems tragbar erscheinen".[46]

44 Eine solche Schutzgesetzeigenschaft hat der BGH in Bezug auf § 32 Abs. 1 KWG sowie § 2 Abs. 1 Nr. 2 und 4 lit. f[47] und § 8 Abs. 1[48] des aufgehobenen AuslInvestmG und das aus diesen jeweils folgende Verbot des Betreibens von Bankgeschäften bzw. Vertriebsverbot bejaht.[49] Ein vergleichbares Vertriebsverbot lässt sich § 317 KAGB entnehmen, demzufolge die Nichterfüllung einer der in diesem aufgeführten Anforderungen zur Unzulässigkeit des Vertrieb von EU-AIF und ausländischen AIF durch eine EU-AIF-Verwaltungsgesellschaft oder eine ausländische AIF-Verwaltungsgesellschaft an Privatanleger in Deutschland führt. Dem lässt sich nicht entgegenhalten, die Vertriebserlaubnis für die von § 317 KAGB erfassten AIF setze ein Anzeigeverfahren nach § 320 KAGB voraus, innerhalb dessen die Vertriebserlaubnis durch Mitteilung nach § 320 Abs. 2 Satz i.V.m. § 316 Abs. 3 Satz 1 KAGB erteilt werden muss, denn ein Vertrieb ist auch dann unzulässig, wenn ohne Einleitung eines Anzeigeverfahrens und der Vertriebsgenehmigung der Vertrieb mangels Erfüllung einer Voraussetzung des § 317 KAGB unzulässig ist. Dementsprechend hat auch der BGH es nicht

---

44 RegE AIFM-UmsG, BT-Drucks. 17/12294 v. 6.2.2013, S. 1 (286).

45 *Behme* in Baur/Tappen, § 317 KAGB Rz. 1 Gehen ungeachtet der in § 314 Abs. 1 Satz 1 KAGB zum Ausdruck kommenden Subsidiarität des § 314 KAGB gegenüber § 11 KAGB davon aus, dass der BaFin im Falle des unzulässigen Vertriebs die Befugnisse nach § 314 Abs. 1 Satz 3 KAGB, einschließlich der Untersagung des Vertriebs, zustehen.

46 BGH v. 6.5.2008 – XI ZR 56/07, NJW 2008, 2245 (3249 Rz. 51) m.w.N.

47 BGH v. 13.9.2004 – II ZR 276/02, NJW 2004, 3706 (3709) = AG 2005, 39.

48 BGH v. 13.9.2004 – II ZR 276/02, NJW 2004, 3706 (3709) = AG 2005, 39; BGH v. 23.3.2010 – VI ZR 57/09, AG 2010, 449.

49 Ebenso OLG Karlsruhe v. 24.2.2006 – 1 U 190/05, WM 2006, 217, das sämtliche der in § 2 Abs. 1 Nr. 1-5 AuslInvestmG (a.F.) bezeichneten Zulässigkeitsvoraussetzungen für den Vertrieb von ausländischen Investmentanteilen als Schutzgesetze zugunsten der einzelnen Kapitalanleger betrachtet; OLG Stuttgart v. 2.11.2005 – 9 U 108/05, BeckRS 2006, 01553 = juris, zur Schutzgesetzeigenschaft von §§ 2, 7 und 14 AuslInvestmG (a.F.).

als der Schutzgesetzeigenschaft des § 8 Abs. 1 AuslInvestmG (a.F.) entgegenstehend angesehen, dass die Zulässigkeit des Vertriebs von einer Anzeige nach § 7 AuslInvestmG (a.F.) abhing. Auch macht es keinen Unterschied, dass § 317 den Vertrieb der erfassten AIF für unzulässig erklärt, wenn die in ihm enthaltenen Anforderungen nicht erfüllt sind, während etwa § 2 des aufgehobenen AuslInvestmG den Vertrieb nur unter den in diesen genannten Voraussetzungen gestattet.

Da keine Anhaltspunkt für die Annahme zu erkennen sind, dass die Bestimmungen über die Unzulässigkeit 45
des Vertriebs von EU-AIF oder von ausländischen AIF an Privatanleger nach § 317 KAGB, anders als vergleichbare Vorgängervorschriften im aufgehobenen AuslInvestmG, nicht dem Individualschutz dienen sollten, ist auch von der **Schutzgesetzeigenschaft der Bestimmungen des § 317 KAGB** auszugehen.[50] Im Gegenteil spricht die europarechtliche Grundlage sogar für einen gesteigerten Individualschutz beim Vertrieb von EU-AIF und ausländischen AIF durch eine EU-AIF-Verwaltungsgesellschaft oder eine ausländische AIF-Verwaltungsgesellschaft an Privatanleger, sieht die AIFM-Richtlinie doch vor, dass AIF nur an professionelle Anleger vertrieben werden dürfen, erlaubt den Mitgliedstaaten aber abweichend davon die Erlaubnis des Vertriebs auch an Privatanleger und semiprofessionelle Anleger (oben Rz. 2). Davon und der Befugnis, „den AIFM oder AIF Auflagen [zu] unterwerfen, die strenger sind als jene, die für AIF gelten, die in ihrem Hoheitsgebiet gemäß dieser Richtlinie an professionelle Anleger vertrieben werden" (§ 43 Abs. 1 AIFM-Richtlinie, Rz. 2), hat Deutschland Gebrauch gemacht (oben Rz. 2, § 326 Rz. 2), um Privatanleger vor den besonderen Risiken des EU-AIF und ausländischen AIF durch eine EU-AIF-Verwaltungsgesellschaft oder eine ausländische AIF-Verwaltungsgesellschaft zu schützen. Zwar ist nicht zu verkennen, dass nicht alle der in § 317 KAGB aufgestellten Anforderungen im Hinblick auf den Individualschutz und eine informierte Anlegerentscheidung das gleiche Gewicht haben und die BaFin in Bezug auf die Untersagung des Vertriebs wegen Verstoßes gegen die Vorschriften des KAGB nach §§ 320 Abs. 2 Satz 1 i.V.m. § 326 Abs. 3 Satz 2 KAGB nach ihrem Ermessen entscheiden kann,[51] doch kennt § 317 KAGB selbst keine solche Differenzierung.

§ 318 Verkaufsprospekt und wesentliche Anlegerinformationen beim Vertrieb von EU-AIF oder von ausländischen AIF an Privatanleger

(1) [1]Der Verkaufsprospekt des EU-AIF oder des ausländischen AIF muss mit einem Datum versehen sein und alle Angaben enthalten, die zum Zeitpunkt der Antragstellung für die Beurteilung der Anteile oder Aktien des EU-AIF oder des ausländischen AIF von wesentlicher Bedeutung sind. [2]Er muss zumindest die in § 165 Absatz 2 bis 7 und 9 geforderten Angaben enthalten. [3]Der Verkaufsprospekt eines geschlossenen AIF muss keine Angaben entsprechend § 165 Absatz 3 Nummer 2 und Absatz 4 bis 7, dafür aber Angaben entsprechend § 269 Absatz 2 Nummer 2 und 3 und Absatz 3 sowie einen Hinweis enthalten, wie die Anteile oder Aktien übertragen werden können und gegebenenfalls Hinweise entsprechend § 262 Absatz 1 Satz 4, § 262 Absatz 2 Satz 3, § 263 Absatz 5 Satz 2 und gegebenenfalls einen Hinweis, in welcher Weise ihre freie Handelbarkeit eingeschränkt ist. [4]Der Verkaufsprospekt eines Feeder-AIF muss zusätzlich die Angaben nach § 173 Absatz 1 enthalten. [5]Darüber hinaus muss der Verkaufsprospekt eines EU-AIF oder ausländischen AIF insbesondere Angaben enthalten

1. **über Name oder Firma, Rechtsform, Sitz und Höhe des gezeichneten und eingezahlten Kapitals (Grund- oder Stammkapital abzüglich der ausstehenden Einlagen zuzüglich der Rücklagen) des**

---

50 Anders i.E. *Behme* in Baur/Tappen, § 317 KAGB Rz. 9. Die Schutzgesetzeigenschaft von § 317 Abs. 1 Nr. 8 KAGB bejahen *Dieske* in Weitnauer/Boxberger/Anders, § 317 KAGB Rz. 40 und *Stadter/Pischetsrieder* in Moritz/Klebeck/Jesch, § 317 KAGB Rz. 69, allerdings ohne Begründung. Dagegen betrachten *Baum* in Emde/Dornseifer/Dreibus/Hölscher, § 136 InvG Rz. 5, und *Erhard* in Berger/Steck/Lübbehüsen, § 136 InvG Rz. 2, § 136 des aufgehobenen InvG – § 317 KAGB beruht auf § 136 Abs. 1 (oben Rz. 3) – als Schutzgesetz.

51 Seine Zweifel am individualschützenden Charakter der Bestimmungen des § 317 KAGB stützt *Behme* in Baur/Tappen, § 317 KAGB Rz. 9, vor allem auf diesen Umstand, doch wird dabei übersehen, dass es hier um ie Unzulässigkeit des Vertriebs ohne Anzeigeverfahren und Vertriebserlaubnis durch BaFin geht. Gewichtet man diese einzelne Verstöße gegen § 317 KAGB gering und gestattet den Vertrieb, so steht außer Frage, dass in diesem Fall ein Schadensersatzanspruch des Anlegers gegen die vertreibende EU-AIF-Verwaltungsgesellschaft oder ausländische AIF-Verwaltungsgesellschaft nicht auf die Verletzung einer Bestimmung des § 317 KAGB als Schutzgesetz gestützt werden kann.

EU-AIF oder des ausländischen AIF, der AIF-Verwaltungsgesellschaft, des Unternehmens, das den Vertrieb der Anteile oder Aktien im Geltungsbereich dieses Gesetzes übernommen hat (Vertriebsgesellschaft), und der Verwahrstelle,

2. über Name oder Firma, Sitz und Anschrift des Repräsentanten und der Zahlstellen,

3. über die Voraussetzungen und Bedingungen, zu denen die Anleger die Auszahlung des auf den Anteil oder die Aktie entfallenden Vermögensteils verlangen können sowie über die für die Auszahlung zuständigen Stellen.

[6]Der Verkaufsprospekt muss ferner ausdrückliche Hinweise darauf enthalten, dass der EU-AIF oder der ausländische AIF und seine Verwaltungsgesellschaft nicht einer staatlichen Aufsicht durch die Bundesanstalt unterstehen. [7]Die Bundesanstalt kann verlangen, dass in den Verkaufsprospekt weitere Angaben aufgenommen werden, wenn sie Grund zu der Annahme hat, dass die Angaben für den Erwerber erforderlich sind.

(2) [1]Der Verkaufsprospekt von EU-AIF und ausländischen AIF, die hinsichtlich ihrer Anlagepolitik Anforderungen unterliegen, die denen von Dach-Hedgefonds nach § 225 Absatz 1 und 2 vergleichbar sind, muss darüber hinaus Angaben entsprechend den in § 228 genannten Angaben enthalten. [2]Der Verkaufsprospekt von EU-AIF oder ausländischen AIF, die hinsichtlich ihrer Anlagepolitik Anforderungen unterliegen, die denen von Sonstigen Sondervermögen nach den §§ 220, 221, 222 vergleichbar sind, muss darüber hinaus Angaben entsprechend den in § 224 Absatz 1 genannten Angaben enthalten. [3]Der Verkaufsprospekt von EU-AIF oder ausländischen AIF, die hinsichtlich ihrer Anlagepolitik Anforderungen unterliegen, die denen von Immobilien-Sondervermögen nach § 230 vergleichbar sind, muss darüber hinaus Angaben entsprechend den Angaben nach § 256 Absatz 1 enthalten.

(3) [1]Für EU-AIF-Verwaltungsgesellschaften oder ausländische AIF-Verwaltungsgesellschaften, die nach der Richtlinie 2003/71/EG einen Prospekt zu veröffentlichen haben, bestimmen sich die in diesen Prospekt aufzunehmenden Mindestangaben nach dem Wertpapierprospektgesetz und der Verordnung (EG) Nr. 809/2004. [2]Enthält dieser Prospekt zusätzlich die in den Absätzen 1 und 2 geforderten Angaben, muss darüber hinaus kein Verkaufsprospekt erstellt werden. [3]Die Absätze 4 und 6 gelten entsprechend.

(4) Außerdem ist dem Verkaufsprospekt als Anlage beizufügen:

1. ein Jahresbericht nach § 299 Absatz 1 Satz 1 Nummer 3, dessen Stichtag nicht länger als 16 Monate zurückliegen darf, und

2. bei offenen AIF, wenn der Stichtag des Jahresberichts länger als acht Monate zurückliegt, auch ein Halbjahresbericht nach § 299 Absatz 1 Satz 1 Nummer 4.

(5) [1]Für EU-AIF und ausländische AIF sind wesentliche Anlegerinformationen zu erstellen. [2]Für offene EU-AIF und offene ausländische AIF gilt § 166 Absatz 1 bis 5 und für geschlossene EU-AIF und geschlossene ausländische AIF gilt § 270 entsprechend. [3]Für die wesentlichen Anlegerinformationen von EU-AIF und ausländischen AIF, die Immobilien-Sondervermögen entsprechen, sind die Anforderungen nach § 166 Absatz 6 und von EU-AIF und ausländischen AIF, die Dach-Hedgefonds nach § 225 entsprechen, sind die Anforderungen nach § 166 Absatz 7 zu beachten.

(6) [1]Die wesentlichen Anlegerinformationen sowie Angaben von wesentlicher Bedeutung im Verkaufsprospekt sind auf dem neusten Stand zu halten. [2]Bei geschlossenen AIF mit einer einmaligen Vertriebsphase gilt dies nur für die Dauer der Vertriebsphase.

In der Fassung vom 4.7.2013 (BGBl. I 2013, S. 1981), zuletzt geändert durch das Gesetz zur Umsetzung der Richtlinie 2014/91/EU des Europäischen Parlaments und des Rates vom 23.7.2014 zur Änderung der Richtlinie 2009/65/EG zur Koordinierung der Rechts- und Verwaltungsvorschriften betreffend bestimmte Organismen für gemeinsame Anlagen in Wertpapieren (OGAW) im Hinblick auf die Aufgaben der Verwahrstelle, die Vergütungspolitik und Sanktionen vom 3.3.2016 (BGBl. I 2016, S. 348).

Schrifttum: *BaFin*, Merkblatt für Anzeigen beim beabsichtigten Vertrieb von EU-AIF oder ausländischen AIF an Privatanleger in der Bundesrepublik Deutschland nach § 320 Kapitalanlagegesetzbuch (KAGB) vom 19.7.2013 (geändert am 24.2.2017), https://www.bafin.de/SharedDocs/Downloads/DE/Merkblatt/WA/dl_140617_merkbl_320_kagb.html. Siehe im Übrigen das allgemeine Schrifttumsverzeichnis.

I. Regelungsgegenstand und Normentwicklung

Nach § 295 Abs. 1 Satz 2, Abs. 3 Satz 1 KAGB ist der Vertrieb von Anteilen oder Aktien an EU-AIF und ausländischen AIF an Privatanleger und semiprofessionelle Anleger in Deutschland nur zulässig, wenn die Voraussetzungen u.a. des § 318 KAGB erfüllt sind. Beabsichtigt eine EU-AIF-Verwaltungsgesellschaft oder eine ausländische AIF-Verwaltungsgesellschaft, Anteile oder Aktien an einem von ihr verwalteten EU-AIF oder an einem ausländischen AIF in Deutschlands an Privatanleger zu vertreiben, so hat sie dies der BaFin nach § 320 Abs. 1 Satz 1KAGB anzuzeigen. Der Vertrieb darf daraufhin erst dann aufgenommen werden, wenn die BaFin dies durch Mittelungsschreiben nach §§ 320 Abs. 2 Satz 1 i.V.m. § 316 Abs. 3 Satz 1 KAGB gestattet. Zu den Unterlagen, die mit der Anzeige nach § 320 Abs. 1 KAGB eingereicht werden müssen und von der BaFin geprüft werden, gehören nach § 320 Abs. 1 Satz 2 Nr. 3 KAGB der Verkaufsprospekt und die wesentlichen Anlegerinformationen. Diese sind nach Maßgabe von § 318 Abs. 1-4 bzw. Abs. 4 und 5 KAGB zu erstellen. 1

Die Vorschrift **basiert auf § 137 InvG** a.F.,[1] richtet die Anforderungen an den Verkaufsprospekt des EU-AIF oder des ausländischen AIF jedoch weitgehend an denjenigen aus, wie sie für Verkaufsprospekte für Publikumsinvestmentvermögen gelten. Seit ihrem Erlass hat die Vorschrift **zwei Änderungen** erfahren. In einer ersten, auf Art. 2 Nr. 58 des Gesetzes zur Anpassung von Gesetzen auf dem Gebiet des Finanzmarktes vom 25.7.2014[2] zurückgehenden Änderung wurde durch Ergänzung von § 318 Abs. 1 Satz 3 KAGB „klargestellt, dass auch die Verkaufsprospekte von EU-AIF und ausländischen AIF, die zum Vertrieb an Privatanleger angezeigt werden, ggf. die für inländischen Publikums-AIF vorgeschriebenen Hinweise in Bezug auf die fehlende Risikomischung und die fehlenden Begrenzungen enthalten müssen“.[3] Eine zweite Änderung von § 318 Abs. 1 Satz 3 KAGB – die die Wörter „§ 262 Absatz 2 Satz 2“ durch die Wörter „§ 262 Absatz 2 Satz 3“ ersetzt[4] – ist bloß redaktioneller Art. 2

1 Zu den unterschiedlichen Wurzeln der einzelnen Absätze des § 318 KAGB in § 137 InvG a.F. s. RegE AIFM-UmsG, BT-Drucks. 17/12294 v. 6.2.2013, S. 1 (286).
2 BGBl. I 2014, S. 934.
3 RegE Gesetz zur Anpassung von Gesetzen auf dem Gebiet des Finanzmarktes, BT-Drucks. 18/1305 v. 5.5.2014, S. 1 (51).
4 Art. 1 Nr. 77 Gesetz zur Umsetzung der Richtlinie 2014/91/EU des Europäischen Parlaments und des Rates vom 23. Juli 2014 zur Änderung der Richtlinie 2009/65/EG zur Koordinierung der Rechts- und Verwaltungsvorschriften betreffend bestimmte Organismen für gemeinsame Anlagen in Wertpapieren (OGAW) im Hinblick auf die Aufgaben der Verwahrstelle, die Vergütungspolitik und Sanktionen v. 3.3.2016, BGBl. I 2016, S. 348.

II. Verkaufsprospekt und Anlagen (§ 318 Abs. 1-4 KAGB)

3 § 318 Abs. 1-4 KAGB haben die an den Inhalt eines Verkaufsprospekts des EU-AIF oder des ausländischen AIF (§ 317 Rz. 6) zu stellenden Anforderungen sowie die dem Verkaufsprospekt beizufügenden Anlagen zum Gegenstand. Dabei differenziert die Vorschrift in Abs. 1-4 zwischen offenen AIF, geschlossenen AIF und AIF, die hinsichtlich ihrer Anlagepolitik besonderen Anforderungen unterliegen und führt die allgemeinen, d.h. für alle Verkaufsprospekte von EU-AIF oder ausländischen AIF geltenden Vorschriften in verschiedenen Bestimmungen des Abs. 1 auf.

1. Allgemeine Anforderungen an Verkaufsprospekte des EU-AIF oder des ausländischen AIF

4 Die für alle Verkaufsprospekte von EU-AIF oder von ausländischen AIF geltenden Anforderungen an den Prospekt finden sich, vermischt mit einigen besonderen Vorschriften, in § 318 Abs. 1 KAGB geregelt. Dieser basiert auf § 137 Abs. 1 Sätze 1, 2, 4 und 6 des aufgehobenen InvG (InvG a.F.), „wobei durch Sätze 2 bis 4 der neuen Regelung eine umfassende Anpassung an die Anforderungen an die Verkaufsprospekte von Publikumsinvestmentvermögen vorgenommen wurde“.[5]

a) Datum und Generalklausel (§ 318 Abs. 1 Satz 1 KAGB)

5 Nach **§ 318 Abs. 1 Satz 1 KAGB** muss der Verkaufsprospekt von EU-AIF oder ausländischen AIF mit einem **Datum** versehen sein. Mit dieser Detailregelung verbindet die Vorschrift die für den Inhalt, den der Verkaufsprospekt von EU-AIF oder ausländischen AIF aufweisen muss, die **allgemeine Regel**, derzufolge der Verkaufsprospekt alle Angaben enthalten muss, die zum Zeitpunkt der Antragstellung für die Beurteilung der Anteile oder Aktien des EU-AIF oder des ausländischen AIF von wesentlicher Bedeutung sind. Welche Angaben in den Verkaufsprospekt aufzunehmen ist, damit dieser vollständig (unter anderem i.S.d. Prospekthaftungsbestimmung des § 306 Abs. 1 Satz 1KAGB) und rechtskonform erstellt ist, bestimmt sich damit in erster Linie nach der Generalklausel in § 318 Abs. 1 Satz 1 KAGB, wohingegen der ebenfalls alle Verkaufsprospekte von EU-AIF oder ausländischen AIF betreffende Abs. 1 Satz 5 Nr. 1-3 lediglich einen nicht abschließenden Katalog von Anforderungen an den Verkaufsprospekt aufweist.

6 Wenn die Vorschrift verlangt, der Verkaufsprospekt müsse alle Angaben enthalten, die für die Beurteilung der Anteile oder Aktien des EU-AIF oder des ausländischen AIF von **wesentlicher Bedeutung** sind, so ist diese – wie schon in vergleichbaren Bestimmungen des § 5 WpPG und § 7 VermAnlG – nicht so zu deuten, dass der Prospekt *nur* wesentliche Angaben enthalten dürfe.[6] Abgesehen davon, dass ein verständlich verfasster Prospekt nicht ausschließlich aus Angaben von wesentlicher Bedeutung bestehen kann, ist als Dokument, das lediglich wesentliche Angaben enthalten soll, dasjenige „wesentlicher Anlegerinformationen“ i.S.v. § 318 Abs. 5 KAGB vorhanden. Im Übrigen bietet das Kontrollkriterium des Gesamtbilds des Prospekts (§ 306 Rz. 51) hinreichend Gewähr dafür, dass unwesentliche Angaben die wesentlichen verwischen und zu einem unzutreffenden Gesamteindruck in Bezug auf das Anlageangebot führen. Allerdings wird man nur und eindeutig **werbende Angaben** als unzulässig betrachten anzusehen haben.[7] Unter Berücksichtigung des Zwecks der Prospektpublizität und der Haftung für unrichtige oder unvollständige Prospektangaben, dem Anlageinteressenten ein zutreffendes Bild von der angebotenen Kapitalbeteiligung, namentlich von den ihre Chancen und Risiken begründenden Umständen zu vermitteln, und die Prospektierungsanforderung des § 5 WpPG und § 7 VermAnlG ihrer anlagespezifischen Besonderheiten entkleidend, sind solche Angaben als **wesentlich** zu bezeichnen, die Umstände betreffen, welche objektiv zu den wertbildenden Faktoren der angebotenen Vermögensanlage gehören und die ein durchschnittlicher, verständiger Anleger „eher als nicht“ bei seiner Anlageentscheidung berücksichtigen würde.[8]

Maßgeblicher Stichtag für die Beurteilung der Richtigkeit und Vollständigkeit des Verkaufsprospekts ist der **Zeitpunkt der Antragstellung** für die Beurteilung der Anteile oder Aktien des EU-AIF oder des ausländischen AIF von wesentlicher Bedeutung sind (§ 318 Abs. 1 Satz 1 KAGB).

5 RegE AIFM-UmsG, BT-Drucks. 17/12294 v. 6.2.2013, S. 1 (286). Hierbei sind die Anforderungen des § 137 Abs. 1 Satz 2 Nr. 3–5 und Satz 5 InvG a.F. bereits in den Sätzen 2-4 der neuen § 318 Abs. 1 KAGB aufgegangen und daher nicht übernommen worden.

6 So aber *Stadter/Pischetsrieder* in Moritz/Klebeck/Jesch, § 318 KAGB Rz. 10. Auch – noch zu § 137 InvG a.F. – *Erhard* in Berger/Steck/Lübbehüsen, § 137 InvG Rz. 5.

7 *Dieske* in Weitnauer/Boxberger/Anders, § 318 KAGB Rz. 3.

8 Siehe dazu m.w.N. § 306 Rz. 47 und § 316 Rz. 35.

b) Mindestangaben nach § 318 Abs. 1 Satz 5 KAGB

Über die nach der Generalklausel des § 318 Abs. 1 Satz 1 KAGB und die sich nach Abs. 1 Sätze 2-4 für einzelne Fondstypen jeweils erforderlichen Angaben hinaus mindestens die in **§ 318 Abs. 1 Satz 5 Nr. 1-3 KAGB** verlangten Angaben enthalten. Richten sich die Prospektanforderung nach § 318 Abs. 1 Sätze 2-4 KAGB an den Anforderungen an die Verkaufsprospekte von Publikumsinvestmentvermögen aus, so trägt der **nicht abschließende Anforderungskatalog** des § 318 Abs. 1 Satz 5 KAGB den Besonderheiten von EU-AIF und ausländischen AIF Rechnung.[9] 7

Im Einzelnen muss der Verkaufsprospekt zunächst nach **§ 318 Abs. 1 Satz 5 Nr. 1 KAGB** Angaben über Name oder Firma, Rechtsform, Sitz und Höhe des gezeichneten und eingezahlten Kapitals (Grund- oder Stammkapital abzgl. der ausstehenden Einlagen zzgl. der Rücklagen) des EU-AIF oder des ausländischen AIF, der AIF-Verwaltungsgesellschaft, des Unternehmens, das den Vertrieb der Anteile oder Aktien im Geltungsbereich dieses Gesetzes übernommen hat (Vertriebsgesellschaft), und der Verwahrstelle enthalten. Des Weiteren ist nach **§ 318 Abs. 1 Satz 5 Nr. 2 KAGB** über Name oder Firma, Sitz und Anschrift des Repräsentanten (§§ 317 Abs. 1 Nr. 4, 319, 320 Abs. 1 Satz 2 Nr. 2 KAGB) und der Zahlstellen (§ 317 Abs. 1 Nr. 4, 320 Abs. 1 Satz 2 Nr. 2 KAGB) zu informieren. Und schließlich sind nach **§ 318 Abs. 1 Satz 5 Nr. 3 KAGB** Angaben über die Voraussetzungen und Bedingungen, zu denen die Anleger die Auszahlung des auf den Anteil oder die Aktie entfallenden Vermögensteils verlangen können sowie über die für die Auszahlung zuständigen Stellen erforderlich. 8

c) Hinweis auf fehlende staatliche Aufsicht durch die BaFin (§ 318 Abs. 1 Satz 6 KAGB)

Über die Mindestangaben nach § 318 Abs. 1 Satz 5 KAGB hinaus muss der Verkaufsprospekt des EU-AIF oder des ausländischen AIF nach Abs. 1 Satz 6 auch einen **ausdrücklichen Hinweis** darauf enthalten, dass der EU-AIF oder der ausländische AIF und seine Verwaltungsgesellschaft nicht einer staatlichen Aufsicht durch die BaFin unterstehen. In ihrem **Merkblatt** für Anzeigen nach § 320 KAGB verlangt die BaFin[10] den Hinweis mit folgendem Wortlaut: „Sowohl das Investmentvermögen als auch seine Verwaltungsgesellschaft unterliegen nicht der staatlichen Aufsicht durch die Bundesanstalt für Finanzdienstleistungsaufsicht". 9

d) Verlangen weiterer Angaben durch die BaFin (§ 318 Abs. 1 Satz 7 KAGB)

Nach § 318 Abs. 1 Satz 7 KAGB kann die BaFin verlangen, dass in den Verkaufsprospekt des EU-AIF oder des ausländischen AIF weitere Angaben aufgenommen werden, wenn sie Grund zu der Annahme hat, dass die Angaben für den Erwerber erforderlich sind. Die Regelung entspricht § 165 Abs. 8 KAGB. Wiederum unter Berücksichtigung des Zwecks der Prospektpublizität (oben Rz. 6) und auf die allgemeine Prospektierungsanforderung des § 165 Abs. 1 Satz 1 KAGB zurückgreifend, sind **weitere Angaben erforderlich**, wenn die BaFin Anhaltspunkte dafür hat, dass diese notwendig sind, damit sich Anleger über die ihnen angebotene Anlage und insbesondere über die damit verbundenen Risiken ein begründetes Urteil bilden können. 10

e) Sprache

Der Verkaufsprospekt ist, wie alle Veröffentlichungen und Werbeschriften, die sich auf Anteile oder Aktien an einem an Privatanleger vertriebenen AIF beziehen, in deutscher Sprache abzufassen oder mit einer deutschen Übersetzung zu versehen (§ 303 Abs. 1 Satz 1 KAGB). 11

2. Zusätzliche Anforderungen für den Verkaufsprospekt eines offenen AIF

a) Mindestangaben nach § 165 Abs. 2-7 und 9 KAGB (§ 318 Abs. 1 Satz 2 KAGB)

Über die für alle Verkaufsprospekte EU-AIF oder ausländischen AIF geltenden Anforderungen (oben Rz. 4 ff.) hinaus, müssen offene AIF die in § 318 Abs. 1 Satz 2 KAGB verlangten Angaben enthalten. Dass sich diese Vorschrift an offene AIF wendet ergibt sich daraus, dass der folgende Satz 3 eine Sonderregelung für geschlossene AIF enthält und Satz 2 mit § 165 KAGB auf eine Vorschrift verweist, die die Mindestangaben im Verkaufsprospekt eines offenen Publikumsinvestmentvermögens zum Gegenstand hat. Nach § 318 Abs. 1 Satz 2 KAGB muss der Verkaufsprospekt des offenen EU-AIF oder des ausländischen AIF **zumindest** die **in § 165 Abs. 2-7 und 9 KAGB geforderten Angaben** enthalten. Auf die Erläuterungen zu diesen Bestimmungen ist zu verweisen. Bei der Erstellung des Verkaufsprospekts für offene AIF kann hinsichtlich 12

---

9 RegE AIFM-UmsG, BT-Drucks. 17/12294 v. 6.2.2013, S. 1 (286). Hierbei sind die Anforderungen des § 137 Abs. 1 Satz 2 Nr. 3–5 und Satz 5 InvG a.F. bereits in den Sätzen 2-4 der neuen § 318 Abs. 1 KAGB aufgegangen und daher nicht übernommen worden.

10 *BaFin*, Merkblatt für Anzeigen nach § 320 KAGB, B.I.5.46. S. 42.

der – um die besonderen Anforderungen für EU-AIF oder des ausländischen AIF nach § 318 KAGB zu ergänzenden – Grundanforderungen auf die Checkliste im **Merkblatt** für Anzeigen nach § 320 KAGB der BaFin[11] zurückgegriffen werden.

b) Zusätzliche Angaben im Verkaufsprospekt eines Feeder-AIF (§ 318 Abs. 1 Satz 4 KAGB)

13 Nach § 318 Abs. 1 Satz 4 KAGB muss der Verkaufsprospekt eines Feeder-AIF (§ 1 Abs. 19 Nr. 13 KAGB) „zusätzlich" die **Angaben nach § 173 Abs. 1 KAGB** enthalten. „Zusätzlich" meint hier zusätzlich zu den Anforderungen für alle Verkaufsprospekte von EU-AIF oder ausländischen AIF (oben Rz. 4 ff.) und den Anforderungen für Verkaufsprospekte von offenen EU-AIF oder ausländischen AIF (oben Rz. 13), da ein Feeder-AIF nur als ein offenes Publikumsinvestmentvermögen in Betracht kommt (§ 261 Abs. 8 KAGB). Zudem ist § 173 KAGB, auf den verwiesen wird, eine Bestimmung, die Teil der Vorschriften über offene Publikumsinvestmentvermögen ist. Bei der Erstellung des Verkaufsprospekts für AIF i.S.v. § 318 Abs. 1 Satz 4 KAGB kann hinsichtlich der – um die besonderen Anforderungen für EU-AIF oder des ausländischen AIF nach § 318 KAGB zu ergänzenden – Grundanforderungen auf die Checkliste im **Merkblatt** für Anzeigen nach § 320 KAGB der BaFin[12] zurückgegriffen werden.

c) Zusätzliche Angaben im Verkaufsprospekt eines Dach-Hedgefonds vergleichbaren AIF (§ 318 Abs. 2 Satz 1 KAGB)

14 Zusätzlich (oben Rz. 14) zu den Anforderungen für alle Verkaufsprospekte von EU-AIF oder ausländischen AIF (oben Rz. 4 ff.) und den Anforderungen für Verkaufsprospekte von offenen EU-AIF oder ausländischen AIF (oben Rz. 13) muss der Verkaufsprospekt von EU-AIF und ausländischen AIF, die hinsichtlich ihrer Anlagepolitik Anforderungen unterliegen, welche denen von – zu den offenen Publikums-AIF zählenden – Dach-Hedgefonds nach § 225 Abs. 1 und 2 KAGB vergleichbar sind, nach § 318 Abs. 2 Satz 1 KAGB[13] Angaben entsprechend den in § 228 KAGB genannten Angaben enthalten. Bei der Erstellung des Verkaufsprospekts für AIF i.S.v. § 318 Abs. 2 Satz 1 KAGB kann hinsichtlich der – um die besonderen Anforderungen für EU-AIF oder des ausländischen AIF nach § 318 KAGB zu ergänzenden – Grundanforderungen auf die Checkliste im **Merkblatt** für Anzeigen nach § 320 KAGB der BaFin[14] zurückgegriffen werden.

d) Zusätzliche Angaben im Verkaufsprospekt eines Sonstigen Sondervermögens vergleichbaren AIF (§ 318 Abs. 2 Satz 2 KAGB)

15 Zusätzlich (oben Rz. 14) zu den Anforderungen für alle Verkaufsprospekte von EU-AIF oder ausländischen AIF (oben Rz. 4 ff.) und den Anforderungen für Verkaufsprospekte von offenen EU-AIF oder ausländischen AIF (oben Rz. 13) muss der Verkaufsprospekt von EU-AIF oder ausländischen AIF, die hinsichtlich ihrer Anlagepolitik Anforderungen unterliegen, welche denen von Sonstigen Sondervermögen nach den §§ 220, 221, 222 KAGB vergleichbar sind, § 318 Abs. 2 Satz 2 KAGB[15] Angaben entsprechend den in § 224 Abs. 1 KAGB genannten Angaben enthalten.[16] Bei der Erstellung des Verkaufsprospekts für AIF i.S.v. § 318 Abs. 2 Satz 2 KAGB kann hinsichtlich der – um die besonderen Anforderungen für EU-AIF oder des ausländischen AIF nach § 318 KAGB zu ergänzenden – Grundanforderungen auf die Checkliste im **Merkblatt** für Anzeigen nach § 320 KAGB der BaFin[17] zurückgegriffen werden.

e) Zusätzliche Angaben im Verkaufsprospekt eines Immobilien-Sondervermögen vergleichbaren AIF (§ 318 Abs. 2 Satz 3 KAGB)

16 Zusätzlich (oben Rz. 14) zu den Anforderungen für alle Verkaufsprospekte von EU-AIF oder ausländischen AIF (oben Rz. 4 ff.) und den Anforderungen für Verkaufsprospekte von offenen EU-AIF oder ausländi-

---

11 *BaFin*, Merkblatt für Anzeigen nach § 320 KAGB, B.I.5. S. 33 ff.

12 *BaFin*, Merkblatt für Anzeigen nach § 320 KAGB, B.I.9. S. 47.

13 Zur Grundlage der Bestimmungen des § 318 Abs. 2 KAGB in § 137 Abs. 4 InvG a.F. siehe die Anmerkung oben zu Rz. 15.

14 *BaFin*, Merkblatt für Anzeigen nach § 320 KAGB, B.I.7. S. 45 ff.

15 Zur Grundlage der Bestimmungen des § 318 Abs. 2 KAGB in § 137 Abs. 4 InvG a.F. siehe die Anmerkung oben zu Rz. 15.

16 Nach RegE AIFM-UmsG, BT-Drucks. 17/12294 v. 6.2.2013, S. 1 (286), entspricht § 318 Abs. 2 KAGB „mit redaktionellen Anpassungen aufgrund der in § 1 enthaltenen Begriffsbestimmungen § 137 Abs. 4 des auszuhebenden Investmentgesetzes mit Ausnahme der Regelung zu den Infrastruktur-Investmentvermögen und ergänzt um einen Verweis auf die entsprechende Regelung für Immobilien-Sondervermögen".

17 *BaFin*, Merkblatt für Anzeigen nach § 320 KAGB, B.I.6. S. 44 f.

schen AIF (oben Rz. 13) muss der Verkaufsprospekt von EU-AIF oder ausländischen AIF, die hinsichtlich ihrer Anlagepolitik Anforderungen unterliegen, welche denen von Immobilien-Sondervermögen nach § 230 KAGB vergleichbar sind (Abs. 2 Satz 3 KAGB),[18] Angaben entsprechend den Angaben nach § 256 Abs. 1 enthalten. Bei der Erstellung des Verkaufsprospekts für AIF i.S.v. § 318 Abs. 2 Satz 3 KAGB kann hinsichtlich der – um die besonderen Anforderungen für EU-AIF oder des ausländischen AIF nach § 318 KAGB zu ergänzenden – Grundanforderungen auf die Checkliste im **Merkblatt** für Anzeigen nach § 320 KAGB der BaFin[19] zurückgegriffen werden.

3. Zusätzliche Anforderungen für den Verkaufsprospekt eines geschlossenen AIF (§ 318 Abs. 1 Satz 3 KAGB)

Der Verkaufsprospekt eines geschlossenen EU-AIF oder ausländischen AIF hat – zusätzlich zu den Anforderungen für alle Verkaufsprospekte von EU-AIF oder ausländischen AIF (oben Rz. 4 ff.) – die für offene EU-AIF oder ausländischen AIF erforderlichen Angaben (oben Rz. 13) aufzuweisen, muss aber nach **§ 318 Abs. 1 Satz 3 KAGB** keine Angaben entsprechend § 165 Abs. 3 Nr. 2 und Abs. 4-7 KAGB enthalten. 17

Dafür verlangt § 318 Abs. 1 Satz 3 KAGB jedoch 18

- Angaben entsprechend § 269 Abs. 2 Nr. 2 und 3 und Abs. 3 KAGB,
- einen Hinweis, wie die Anteile oder Aktien übertragen werden können,
- gegebenenfalls Hinweise entsprechend § 262 Abs. 1 Satz 4, § 262 Abs. 2 Satz 3, § 263 Abs. 5 Satz 2 KAGB und
- gegebenenfalls einen Hinweis, in welcher Weise ihre freie Handelbarkeit eingeschränkt ist.

Bei der Erstellung des Verkaufsprospekts für geschlossene AIF kann hinsichtlich der Grundanforderungen auf die – um die besonderen Anforderungen für EU-AIF oder des ausländischen AIF nach § 318 KAGB zu ergänzende – Checkliste im **Merkblatt** für Anzeigen nach § 320 KAGB der BaFin[20] zurückgegriffen werden. 19

4. Wertpapierprospekte nach Richtlinie 2003/71/EG und Verkaufsprospekt (§ 318 Abs. 3 KAGB)

§ 318 Abs. 3 KAGB[21] enthält eine Sonderregelung für EU-AIF-Verwaltungsgesellschaften oder ausländische AIF-Verwaltungsgesellschaften, die einen Wertpapierprospekt nach der der Richtlinie 2003/71/EG[22] zu veröffentlichen haben. In diesem Falle entfällt die Pflicht zur Erstellung eines zusätzlichen Verkaufsprospekts, wenn der Wertpapierprospekt die nach dem WpPG und der Verordnung (EG) Nr. 809/2004 erforderlichen Mindestangaben (§ 318 Abs. 3 Satz 1 KAGB) sowie zusätzlich die nach § 318 Abs. 1 und Abs. 2 KAGB geforderten Angaben (§ 318 Abs. 3 Satz 2 KAGB) und die nach § 318 Abs. 4 KAGB erforderlichen Anlagen (§ 318 Abs. 3 Satz 2 i.V.m. Abs. 4 KAGB) enthält. Darüber hinaus sind die nach § 318 Abs. 1 und Abs. 2 KAGB erforderlichen wesentlichen Angaben gem. § 318 Abs. 3 Satz 3 i.V.m. Abs. 6 KAGB auf dem neusten Stand zu halten. Die Richtlinie 2003/71/EG erfasst alle öffentlichen Angebote von Wertpapieren (Art. 1 Abs. 2 der Richtlinie), doch fällt u.a. das Angebot von Anteilsscheinen, die von „Organismen für gemeinsame Anlage eines anderen als des geschlossenen Typs ausgegeben werden" (Art. 1 Abs. 1 lit. a der Richtlinie), also das Angebot von Organismen für gemeinsame Anlage eines anderen als des offenen Typs, nicht in den Anwendungsbereich der Richtlinie.[23] 20

5. Anlagen zum Verkaufsprospekt (§ 318 Abs. 4 KAGB)

Dem Verkaufsprospekt des EU-AIF oder des ausländischen AIF ist nach § 318 Abs. 4 Nr. 1 KAGB[24] auf jeden Fall ein Jahresbericht nach § 299 Abs. 1 Satz 1 Nr. 3 KAGB, dessen Stichtag nicht länger als 16 Monate 21

18 Zur Grundalge der Bestimmungen des § 318 Abs. 2 KAGB in § 137 Abs. 4 InvG a.F. siehe die Anmerkung oben zu Rz. 15.

19 *BaFin*, Merkblatt für Anzeigen nach § 320 KAGB, B.I.8. S. 46.

20 *BaFin*, Merkblatt für Anzeigen nach § 320 KAGB, B.III.2. S. 57 ff.

21 § 318 Abs. 3 KAGB basiert auf § 137 Abs. 3 des aufgehobenen InvG, der jedoch an Art. 23 Abs. 3 i.V.m. Art. 43 Abs. 1 Unterabs. 2 der Richtlinie 2011/61/EU – AIFM-Richtlinie (ABl. Nr. L 174 v. 1.7.2011, S. 1) – angepasst wurde; RegE AIFM-UmsG, BT-Drucks. 17/12294 v. 6.2.2013, S. 1 (286).

22 Richtlinie 2003/71/EG des Europäischen Parlaments und des Rates vom 4. November 2003 betreffend den Prospekt, der beim öffentlichen Angebot von Wertpapieren oder bei deren Zulassung zum Handel zu veröffentlichen ist, und zur Änderung der Richtlinie 2001/34/EG, ABl. EU Nr. L 345 v. 31.12.2003, S. 64.

23 Entsprechen bestimmt § 1 Abs. 2 Nr. 1 WpPG, dass das WpPG auf „Anteile oder Aktien von offenen Investmentvermögen i.S.d. § 1 Absatz 4 des Kapitalanlagegesetzbuchs" keine Anwendung.

24 § 318 Abs. 4 KAGB entspricht § 137 Abs. 1 Satz 3 des aufgehobenen InvG, RegE AIFM-UmsG BT-Drucks. 17/12294 v. 6.2.2013, S. 1 (286).

zurückliegen darf, beizufügen. Bei offenen AIF ist als Anhang auch ein Halbjahresbericht nach § 299 Abs. 1 Satz 1 Nr. 4 KAGB aufzunehmen, vorausgesetzt der Stichtag des Jahresberichts liegt nicht länger als acht Monate zurück. Wie der Verkaufsprospekt sind nach § 303 Abs. 1 Satz 1 KAGB auch die Anlagen zu demselben in deutscher Sprache abzufassen oder mit einer deutschen Übersetzung zu versehen.

III. Wesentliche Anlegerinformationen (§ 318 Abs. 5 KAGB)

22 Neben einem Verkaufsprospekt müssen EU-AIF und ausländische AIF nach § 318 Abs. 5 KAGB[25] auch wesentliche Anlegerinformationen erstellen. **Offene** EU-AIF und offene ausländische AIF haben dies in entsprechender Anwendung von § 166 Abs. 1-5 KAGB zu tun, wobei AIF, die **Immobilien-Sondervermögen** entsprechen, die Anforderungen nach § 166 Abs. 6 KAGB und AIF, die **Dach-Hedgefonds** nach § 225 entsprechen, die Anforderungen nach § 166 Abs. 7 KAGB zu beachten haben. **Geschlossene** EU-AIF und geschlossene ausländische AIF haben die wesentlichen Anlegerinformationen in entsprechender Anwendung von § 270 zu erstellen. Die wesentlichen Anlagerinformationen sind in **deutscher Sprache** abzufassen oder mit einer deutschen Übersetzung zu versehen (§ 303 Abs. 1 Satz 1 KAGB). Bei der Erstellung der wesentlichen Anlegerinformationen kann auf die Checkliste im **Merkblatt** für Anzeigen nach § 320 KAGB der BaFin[26] zurückgegriffen werden.

IV. Aktualisierungspflicht (§ 318 Abs. 6 KAGB)

23 Nach § 318 Abs. 6 Satz 1 KAGB müssen Angaben des Verkaufsprospekts, die von wesentlicher Bedeutung (oben Rz. 6) sind, auf dem neusten Stand gehalten werden. Dies gilt ohne Einschränkung auch für die wesentlichen Anlegerinformationen i.S.v. § 318 Abs. 5 KAGB. Bei geschlossenen AIF mit einer einmaligen Vertriebsphase gilt die Aktualisierungspflicht nach § 318 Abs. 6 Satz 2 KAGB nur für die Dauer der Vertriebsphase. § 318 Abs. 6 KAGB basiert auf der entsprechenden Regelung für offene und geschlossene Publikums-AIF in §§ 164, 268 KAGB und überträgt diese im Einklang mit Art. 23 Abs. 1 Alt. 2 der AIFM-Richtlinie[27] auf EU-AIF und ausländische AIF.

V. Verstöße gegen § 318 KAGB

1. Maßnahmen der BaFin zum Schutz der Anleger

24 Die Einhaltung u.a. des § 318 KAGB unterliegt nach § 5 Abs. 5 Nr. 1 KAGB der Überwachung durch die BaFin. Soweit nicht, was in Bezug auf Maßnahmen gegen EU-AIF oder des ausländischen AIF die Regel darstellt, § 11 KAGB anzuwenden ist, ist diese nach § 314 Abs. 1 Nr. 5 KAGB in Bezug auf AIF befugt, alle zum Schutz der Anleger geeigneten und erforderlichen Maßnahmen zu ergreifen, einschließlich einer Untersagung des Vertriebs von Anteilen oder Aktien dieser Investmentvermögen, wenn die Informationspflichten nach § 328 nicht ordnungsgemäß erfüllt werden.

25 Des Weiteren kann die BaFin nach § 320 Abs. 2 i.V.m. § 316 Abs. 3 Satz 2 KAGB die Aufnahme des Vertriebs untersagen, wenn die AIF-Kapitalverwaltungsgesellschaft oder die Verwaltung des angezeigten AIF durch die AIF-Kapitalverwaltungsgesellschaft gegen § 318 KAGB verstößt.

2. Fehlerhafte Verkaufsprospekte oder wesentliche Anlegerinformationen

26 Sind in dem Verkaufsprospekt Angaben, die für die Beurteilung der Anteile oder Aktien von wesentlicher Bedeutung sind, unrichtig oder unvollständig, oder sind in den wesentlichen Anlegerinformationen enthaltene Angaben irreführend, unrichtig oder nicht mit den einschlägigen Stellen des Verkaufsprospekts vereinbar, so wird hierfür nach Maßgabe von § 306 Abs. 1 bzw. Abs. 2 KAGB gehaftet.

---

25 § 318 Abs. 5 KAGB entspricht mit redaktionellen Anpassungen aufgrund der in § 1 KAGB enthaltenen Begriffsbestimmungen § 137 Abs. 2 des aufzuhebenden Investmentgesetzes und trägt darüber hinaus dem Umstand Rechnung, dass Hedgefonds nicht an Privatanleger vertrieben werden dürfen; RegE AIFM-UmsG BT-Drucks. 17/12294 v. 6.2.2013, S. 1 (286).

26 *BaFin*, Merkblatt für Anzeigen nach § 320 KAGB: Für offene AIF B.I.10. s. S. 48 f.; für offene AIF, die Immobilien-Sondervermögen nach §§ 230 ff. und solchen die Dach-Hedgefonds entsprechen s. B.I.12. S. 71 bzw. B.I.11. S. 49; für geschlossene AIF s. B.III.3. S. 67 ff.

27 ABl. Nr. L 174 v. 1.7.2011, S. 1 (33: „sowie alle wesentlichen Änderungen dieser Informationen").

§ 319 Vertretung der Gesellschaft, Gerichtsstand beim Vertrieb von EU-AIF oder von ausländischen AIF an Privatanleger

(1) [1]Der Repräsentant vertritt den EU-AIF oder ausländischen AIF gerichtlich und außergerichtlich. [2]Er ist ermächtigt, für die AIF-Verwaltungsgesellschaft und die Vertriebsgesellschaft bestimmten Schriftstücke zu empfangen. [3]Diese Befugnisse können nicht beschränkt werden.

(2) [1]Für Klagen gegen einen EU-AIF oder einen ausländischen AIF, eine AIF-Verwaltungsgesellschaft oder eine Vertriebsgesellschaft, die zum Vertrieb von Anteilen oder Aktien an EU-AIF oder ausländischen AIF an Privatanleger im Geltungsbereich dieses Gesetzes Bezug haben, ist das Gericht zuständig, in dessen Bezirk der Repräsentant seinen Wohnsitz oder Sitz hat. [2]Dieser Gerichtsstand kann durch Vereinbarung nicht ausgeschlossen werden.

(3) [1]Der Name des Repräsentanten und die Beendigung seiner Stellung sind von der Bundesanstalt im Bundesanzeiger bekannt zu machen. [2]Entstehen der Bundesanstalt durch die Bekanntmachung nach Satz 1 Kosten, so sind ihr diese Kosten zu erstatten.

In der Fassung vom 4.7.2013 (BGBl. I 2013, S. 1981).

Schrifttum: *BaFin*, Häufige Fragen zum Vertrieb und Erwerb von Investmentvermögen nach dem KAGB vom 4.7.2013 i.d.F. vom 13.7.2016, Gz. WA 41-Wp 2137-2013/0293, abrufbar unter www.bafin.de/SharedDocs/Veroeffentlichungen/DE/FAQ/faq_kagb_vertrieb_erwerb_130604.html; *BaFin*, Merkblatt für Anzeigen beim beabsichtigten Vertrieb von EU-AIF oder ausländischen AIF an Privatanleger in der Bundesrepublik Deutschland nach § 320 Kapitalanlagegesetzbuch (KAGB) vom 19.7.2013 (geändert am 24.2.2017), abrufbar unter https://www.bafin.de/SharedDocs/Downloads/DE/Merkblatt/WA/dl_140617_merkbl_320_kagb.html. Siehe im Übrigen das allgemeine Schrifttumsverzeichnis.

I. Regelungsgegenstand und Normentwicklung

1 Der Vertrieb von EU-AIF und ausländischen AIF durch eine EU-AIF-Verwaltungsgesellschaft oder eine ausländische AIF-Verwaltungsgesellschaft an Privatanleger in Deutschland ist nach § 317 Abs. 1 Nr. 4 KAGB nur zulässig, wenn die AIF-Verwaltungsgesellschaft der BaFin ein inländisches Kreditinstitut oder eine zuverlässige, fachlich geeignete Person mit Sitz oder Wohnsitz in Deutschland **als Repräsentanten benennt.** Die Benennung erfolgt gegenüber der BaFin und wird regelmäßig mit der zum Zwecke der Gestattung der Aufnahme des Vertriebs durch die Aufsichtsbehörde bei dieser einzureichenden Vertriebsanzeige nach § 320 Abs. 1 Satz 1 KAGB vorgenommen werden. In das Anzeigeschreiben sind nach § 320 Abs. 1 Satz 2 Nr. 2 KAGB alle wesentlichen Angaben zum Repräsentanten und eine Bestätigung des Repräsentanten über die Übernahme dieser Funktion aufzunehmen.

2 Die **Stellung und die Befugnisse des Repräsentanten,** die hieran anknüpfende Regelung des Gerichtsstands bei Klagen gegen eine EU-AIF und eine ausländischen AIF sowie die Bekanntmachung des Repräsentanten sind Gegenstand von § 319 KAGB. Als gerichtlicher und außergerichtlicher Vertreter von EU-AIF und ausländischen AIF nimmt er über die in dieser Vorschrift angeführten Aufgaben auch die **Compliance-Funktion** entsprechend § 57 Abs. 3 Satz 4 KAGB wahr, für die er nach § 317 Abs. 1 Nr. 4 KAGB hinreichend ausgestattet sein muss (§ 317 Rz. 11).[1]

3 Die Vorschrift **entspricht** – mit redaktionellen Anpassungen aufgrund der in § 1 KAGB enthaltenen Begriffsbestimmungen und der veränderten systematischen Stellung im KAGB – den Bestimmungen in § 138 des aufgehobenen InvG. Sie ist seit ihrem Erlass **nicht geändert** worden.

---

1 Zur Compliance-Funktion des Repräsentanten s. die Erläuterungen zu § 317 Rz. 11 ff. und diejenigen in *BaFin*, Häufige Fragen zum Vertrieb, 2.3.1.

II. Repräsentant als Vertreter und Empfangsbevollmächtigter (§ 319 Abs. 1 KAGB)

4 Nach § 319 Abs. 1 KAGB vertritt der von dem EU-AIF oder ausländischen AIF der BaFin benannte Repräsentant (oben Rz. 1) die EU-AIF oder ausländischen AIF gerichtlich und außergerichtlich (§ 317 Abs. 1 Satz 1 KAGB) und ist ermächtigt, für die AIF-Verwaltungsgesellschaft und die Vertriebsgesellschaft bestimmten Schriftstücke zu empfangen (§ 319 Abs. 1 Satz 2 KAGB), wobei diese Befugnisse nicht beschränkt werden können (§ 319 Abs. 1 Satz 3 KAGB).

1. Stellvertretung (§ 319 Abs. 1 Sätze 1 und 3 KAGB)

a) Rechtsstellung des Repräsentanten als Vertreter

5 Die gesetzlich vertypte Vollmacht des Repräsentanten umfasst die **gerichtliche und außergerichtlicher Vertretung** des EU-AIF oder des ausländischen AIF (§ 319 Abs. 1 Satz 1 KAGB). Diese Befugnis unterliegt nur den allgemeinen gesetzlichen Beschränkungen – wie etwa der Begrenzung der Vertretungsmacht bei Insichgeschäften nach § 181 BGB – und kann rechtsgeschäftlich nicht weiter eingeschränkt werden.

6 Die Stellung des Repräsentanten als **gesetzlich bestimmter Vertreter** der EU-AIF oder ausländischen AIF, insbesondere i.S.d. § 1 Abs. 19 Nr. 34 lit. b und c KAGB, beruht auf einer **gesetzlich vertypten Vollmacht**,[2] die kraft ausdrücklicher gesetzlicher Regelung in § 319 Abs. 1 Satz 3 KAGB durch Absprachen zwischen dem Vollmachtgeber und dem Repräsentanten nicht eingeschränkt werden kann. Ungeachtet der dem Repräsentanten nach § 319 Abs. 1 Satz 1 und Satz 2 KAGB gesetzlich zugewiesenen Befugnisse und der ihm zukommenden Compliance-Funktion entsprechend § 57 Abs. 3 Satz 4 KAGB (oben Rz. 2), handelt es sich bei diesem nicht um ein Organ der EU-AIF-Verwaltungsgesellschaft oder der ausländischen AIF-Verwaltungsgesellschaft, das durch einen, von einem Geschäftsbesorgungs- oder Anstellungsvertrag zu begleitenden Bestellungsakt zu bestellen wäre.[3] Abgesehen davon, dass der deutschen Gesetzgeber über keine Kompetenz zur Regelung von Organverhältnissen ausländischem Recht unterliegender Gesellschaften verfügt, erstrecken sich die Aufgaben des Repräsentanten auf mehrere Beteiligte (AIF, Verwaltungsgesellschaft, Vertriebsgesellschaft) und sind für alle auf einen nur beschränkten Teil dessen beschränkt, was das für sie geltende Verbandsrecht regelt.

b) Erteilung, Erlöschen und Widerruf der Vollmacht

7 Die **Erteilung der Vollmacht** kann durch Abschluss eines Repräsentantenvertrags[4] als entgeltlicher Geschäftsbesorgungsvertrag (§ 675 BGB)[5] zwischen EU-AIF oder ausländischen AIF und Repräsentant oder durch einseitige empfangsbedürftige Willenserklärung (§ 167 Abs. 1 BGB) des EU-AIF oder ausländischen AIF erfolgen,[6] wobei sich der bevollmächtigende AIF, mangels anderweitiger gesetzlicher Bestimmung, seinerseits jeweils – namentlich durch die EU-AIF-Verwaltungsgesellschaft oder der ausländischen AIF-Verwaltungsgesellschaft – vertreten lassen kann. Sämtliche dieser Rechtsgeschäfte bedürfen keiner besonderen **Form**. Die Bevollmächtigung erfolgt durch **Innenvollmacht** gegenüber dem Repräsentanten; eine Außenvollmacht durch Erklärung gegenüber Dritten, denen gegenüber die Vertretung stattfinden soll (§ 167 Abs. 1 Alt. 2 BGB), ist faktisch ausgeschlossen, weil § 320 Abs. 1 Satz 2 Nr. 4 KAGB die Bestätigung des Repräsentanten über die Übernahme dieser Funktion verlangt und die BaFin kein Dritter i.S.d. § 167 Abs. 1 BGB ist.

8 Auch im Falle der Erteilung der Vollmacht durch einseitige empfangsbedürftige Willenserklärung ist das dieser **zugrundeliegende Rechtsverhältnis** als entgeltliche Geschäftsbesorgung (§ 675 BGB) zu qualifizieren, wobei deren Inhalt maßgeblich durch die dem Repräsentanten gesetzlich zugewiesenen, vertraglich nicht abdingbaren Aufgaben und Verhaltenspflichten bestimmt wird. Das ist vor allem im Hinblick auf das **Erlöschen der Vollmacht** von Bedeutung, die sich nach dem ihrer Erteilung zugrundeliegenden Rechtsverhältnis richtet (§ 168 Satz 1 BGB). Dabei darf die Vollmacht, mangels anderweitiger Vereinbarung zwischen

---

2 *Stadter/Pischetsrieder* in Moritz/Klebeck/Jesch, § 319 KAGB Rz. 8 („rechtsgeschäftlich begründetes Stellvertretungsverhältnis mit gesetzlich normiertem Inhalt"). Diffus *Behme* in Baur/Tappen, § 319 KAGB Rz. 6 und 9, der die gesetzlich normierte Vertretungsmacht des Repräsentanten eher in der Nähe einer organschaftlichen Vertretungsmacht sieht und von daher auch die analoge Anwendung von § 31 BGB auf das Vertreterverhalten befürwortet.

3 Anders aber wohl *Behme* in Baur/Tappen, § 319 KAGB Rz. 6, 9 und insb. 12.

4 *Dieske* in Weitnauer/Boxberger/Anders, § 319 KAGB Rz. 2; *Stadter/Pischetsrieder* in Moritz/Klebeck/Jesch, § 319 KAGB Rz. 9. Auch *Baum* in Emde/Dornseifer/Dreibus/Hölscher, § 138 InvG Rz. 4.

5 *Stadter/Pischetsrieder* in Moritz/Klebeck/Jesch, § 319 KAGB Rz. 9. Auch *Behme* in Baur/Tappen, § 319 KAGB Rz. 12.

6 *Dieske* in Weitnauer/Boxberger/Anders, § 319 KAGB Rz. 2; *Stadter/Pischetsrieder* in Moritz/Klebeck/Jesch, § 319 KAGB Rz. 8.

den Parteien, ungeachtet des Fortbestehens des Rechtsverhältnisses vom Vollmachtgeber jederzeit widerrufen werden (§ 168 Satz 2 BGB), wobei der **Widerruf** wie die Bevollmächtigung erklärt wird (§ 168 Satz 3 i.V.m. § 167 Abs. 1 BGB). Der Bevollmächtigte hat dagegen (weil § 671 BGB nicht zu den von § 675 Abs. 1 BGB für anwendbar erklärten Bestimmungen des Auftragsrechts gehört) die **Kündigungsvorschriften** des Dienst- und Werkvertragsrechts (§§ 620 ff., 643 und 649 BGB) zu beachten. Besondere Bedeutung kommt dabei der Kündigungsmöglichkeit aus wichtigem Grund nach § 626 BGB zu, wenn der Repräsentant vom Vollmachtgeber oder der Verwaltungsgesellschaft an der Wahrnehmung seiner Aufgaben – namentlich derjenigen in seiner Compliance-Funktion – gehindert wird. Die BaFin verlangt für diesen Fall die Niederlegung des Mandats, die rechtlich durch die **fristlose Kündigung** nach § 626 BGB umzusetzen ist. Als ein Vorgang, bei dem „der Repräsentant sein Mandat niederlegen" führt die BaFin die **mangelnde Kooperationsbereitschaft** seitens der Verwaltungsgesellschaft an, die der Repräsentant bei der Einhaltung der Bestimmungen des KAGB unterstützen soll und der daher von der Verwaltungsgesellschaft einzubinden sei, „wenn Tätigkeiten oder Entscheidungen Auswirkungen auf die KAGB-Konformität haben könnten".[7]

Wird die Vollmacht des Repräsentanten **widerrufen oder endet** dessen Repräsentantenstellung auf andere 9
Weise, so **entfällt eine Vertriebsvoraussetzung**, gegen die die BaFin nach Maßgabe von § 11 KAGB vorgehen und die unter den Voraussetzungen des § 11 Abs. 6 KAGB zur Untersagung des weiteren Vertriebs von Anteilen des betreffenden AIF im Inland führen kann. Erfolgen Widerruf oder Beendigung der Repräsentantenstellung noch während des Anzeigeverfahrens, so ist diese Änderung der BaFin nach § 320 Abs. 4 Satz 1 i.V.m. § 316 Abs. 4 Satz 1 KAGB mitzuteilen. Kann nicht gleichzeitig oder im Wege der Ergänzungsanzeige ein den Anforderungen von §§ 317 Abs. 1 Nr. 4, 320 Abs. 1 Satz 2 Nr. 2 KAGB genügt werden, so führt dies zur Untersagung des Vertriebs nach §§ 320 Abs. 2 Satz 1 i.V.m. § 316 Abs. 3 Satz 2 KAGB. Zur Beendigung der Repräsentantenstellung Entfallen einer Voraussetzung für den Vertrieb oder einer Untersagung des Vertriebs durch die BaFin unten Rz. 16.

Die Veröffentlichung des Namens des Repräsentanten durch die BaFin nach § 319 Abs. 3 Satz 1 KAGB ist 10
als von dem EU-AIF oder ausländischen AIF durch die Benennung des Repräsentanten veranlasste **Kundgabe** der Bevollmächtigung als Innenvollmacht (oben Rz. 7) i.S.d. § 171 Abs. 1 BGB anzusehen. **Dritten gegenüber** bleibt die Vollmacht deshalb solange bestehen, bis BaFin die Beendigung der Stellung des Repräsentanten nach § 319 Abs. 3 Satz 1 KAGB als *actus contrarius* i.S.d. § 172 Abs. 2 BGB bekannt gibt.[8]

2. Empfangsbevollmächtigung (§ 319 Abs. 1 Sätze 2 und 3 KAGB)

Über die Vertretung des EU-AIF oder des ausländischen AIF hinaus, ist der Repräsentant nach § 319 Abs. 1 11
Satz 2 KAGB auch **ermächtigt**, für die AIF-Verwaltungsgesellschaft und die Vertriebsgesellschaft bestimmten **Schriftstücke zu empfangen**. Wiederum kann diese Befugnis nach § 319 Abs. 1 Satz 3 KAGB nicht beschränkt werden. Verwaltungsakte, deren Adressat die AIF-Verwaltungsgesellschaft oder die Vertriebsgesellschaft ist, werden diesen gegenüber in dem Zeitpunkt wirksam, in er ihnen bekannt gegeben wird (§ 43 Abs. 1 VwVfG), doch kann die Bekanntgabe nach § 41 Abs. 1 Satz 2 VwVfG auch gegenüber dem Repräsentanten als Bevollmächtigten (§ 14 VwVfG) vorgenommen werden. Da die Bevollmächtigung nach § 319 Abs. 1 Satz 2 KAGB **nur für den Empfang von Schriftstücken** gilt, kann nur die Bekanntgabe von schriftlichen Verwaltungsakten an den Repräsentanten erfolgen.

Auch die gesetzlich angeordnete Empfangsermächtigung beruht auf einer der Vertretungsmacht des Reprä- 12
sentanten entsprechenden **Bevollmächtigung** desselben.[9] Auch sie ist de facto nur als Innenvollmacht (§ 167 Abs. 1 Alt. 1 BGB) möglich, da auch die Bekanntmachung des Repräsentanten nach § 319 Abs. 3 Satz 1 KAGB eine Kundgebung i.S.d. § 171 Abs. 1 BGB nur dann sein kann, wenn dieser die Erteilung einer Innenvollmacht zugrunde liegt. Die Vollmacht kann durch die **AIF-Verwaltungsgesellschaft** und gegebenenfalls durch die **Vertriebsgesellschaft** ausdrücklich – selbst oder vertreten etwa durch die jeweilige AIF – oder konkludent erteilt werden.[10] Mangels abweichender Gestaltung wird in der Bevollmächtigung des Repräsentanten durch die AIF zugleich die Bevollmächtigung des Repräsentanten als Empfangsbevollmächtigter durch Vertretung der AIF-Verwaltungsgesellschaft und gegebenenfalls der Vertriebsgesellschaft zu se-

7 *BaFin*, Häufige Fragen zum Vertrieb, 2.3.1.
8 *Dieske* in Weitnauer/Boxberger/Anders, § 319 KAGB Rz. 6.
9 Im Schrifttum, das – wie hier – eine rechtsgeschäftliche Basierung der Repräsentantenstellung annimmt, ist die Frage nach der Grundlage der Empfangsbevollmächtigung des Repräsentanten für die AIF-Verwaltungsgesellschaft und die Vertriebsgesellschaft ausgeblendet. Im Gegensatz dazu sieht *Erhard* in Berger/Steck/Lübbehüsen, § 138 InvG Rz. 3, die Empfangsbevollmächtigung „kraft Gesetzes" gegeben, ohne dass es einer rechtsgeschäftlichen Bevollmächtigung bedürfe, was allerdings im Kontrast zu der Annahme einer im Hinblick auf die Stellvertretung erforderlichen rechtsgeschäftlichen Grundlage der Repräsentantenstellung, a.a.O., Rz. 5 steht.
10 *Baum* in Emde/Dornseifer/Dreibus/Hölscher, § 138 InvG Rz. 2.

hen sein. Auch wenn es hierzu an einer ausdrücklichen Erteilung einer solchen Vollmacht gegenüber der AIF fehlen mag, kann auch diese kraft Einschaltung der Verwaltungsgesellschaft und der Vertriebsgesellschaft in den Vertrieb von Anteilen oder Aktien an einem EU-AIF oder an einem ausländischen AIF und der diesbezüglichen gesetzlichen Anforderungen, zu denen auch die Benennung eines Repräsentanten gehört, als konkludent erteilt angesehen werden. Der **rechtlichen Gestaltung ist anzuraten**, die Bevollmächtigung des Repräsentanten als Empfangsbevollmächtigter durch Verwaltungsgesellschaft und gegebenenfalls Vertriebsgesellschafter auf der Grundlage interner Absprachen zwischen AIF und denselben in den zwischen AIF und Repräsentant zustande kommenden Repräsentantenvertrag aufzunehmen. Aufgrund der Bekanntmachung des der BaFin benannten Repräsentanten nach § 319 Abs. 3 KAGB endet die Empfangsvollmacht Dritten gegenüber erst durch die Bekanntmachung der Beendigung seiner Stellung (§ 171 Abs. 2 BGB).

III. Gerichtsstand (§ 319 Abs. 2 KAGB)

13 Für **Klagen** gegen einen EU-AIF oder einen ausländischen AIF, eine AIF-Verwaltungsgesellschaft oder eine Vertriebsgesellschaft, die zum Vertrieb von Anteilen oder Aktien an EU-AIF oder ausländischen AIF an Privatanleger im Geltungsbereich dieses Gesetzes Bezug haben, ist nach § 319 Abs. 1 Satz 1 KAGB das Gericht zuständig, in dessen Bezirk der Repräsentant seinen Wohnsitz oder Sitz hat. Der Gerichtsstand ist nur für Klagen eröffnet, die mit dem **Vertrieb** von Anteilen oder Aktien des EU-AIF oder ausländischen AIF in Deutschland zusammenhängen, also einen Bezug zum Anbieten oder Platzieren von Anteilen oder Aktien eines Investmentvermögens (§ 317 Rz. 6) und – als Folge des Vertriebs und damit als Bezug zu diesem – selbstverständlich auch zum **Erwerb** der angebotenen Anlagen haben. Davon umfasst sind auf jeden Fall Klagen zur Geltendmachung von **Prospekthaftungsansprüchen** nach § 306 KAGB.[11] Dem Sinn und Zweck der Regelung entsprechend, Anlegern, die in Deutschland vertriebene Anteile oder Aktien erworben haben, die Geltendmachung von damit in Zusammenhang stehenden Ansprüche in Deutschland zu ermöglichen, wird man den Gerichtsstand auch für Klagen von Anlegern im Hinblick auf die **Durchführung der Anlage** als eröffnet ansehen müssen.[12] Hierunter fallen namentlich solche, mit denen die **Verletzung von Anlagebedingungen** oder Satzung durch die Verwaltungsgesellschaft geltend gemacht werden.[13] Ausgeschlossen sind dagegen Klagen, die nicht von Anlegern, sondern von Dienstleistern und Lieferanten der EU-AIF, ausländischen AIF, AIF-Verwaltungsgesellschaft oder Vertriebsgesellschaft erhoben werden. Zur Bestimmung des **Sitzes** bzw. des **Wohnsitzes** des Repräsentanten s. die Ausführungen zu § 317 Rz. 12.

14 Der Gerichtsstand nach § 319 Abs. 1 Satz 1 KAGB kann nach Abs. 2 Satz 2 nicht durch **Vereinbarung** ausgeschlossen werden. Das verbietet nicht nur *ex ante* vorgenommene Ausschlussvereinbarungen, sondern auch solche, mit denen nach Geltendmachung des Anspruchs gegenüber dem Anspruchsgegner ein anderweitiger Gerichtsstand in oder außerhalb Deutschlands vereinbart wird.[14] Das schließt jedoch nicht – den allerdings wenig wahrscheinlichen Fall – aus, dass an einem nach internationalen Verfahrensrecht im Ausland begründeten Gerichtsstand Klage erhoben wird.[15]

IV. Bekanntmachung des Repräsentanten (§ 319 Abs. 3 KAGB)

15 Nach § 319 Abs. 3 Satz 1 KAGB ist der Name des Repräsentanten und die Beendigung seiner Stellung von der Bundesanstalt im Bundesanzeiger bekannt zu machen. Die Vorschrift verlangt nur die Veröffentlichung des **Namens** des Repräsentanten. Auch wenn der Anleger dem Verkaufsprospekt, neben Namen und Firma des Repräsentanten, auch dessen Sitz und Anschrift entnehmen kann, ist von der Vorschrift, schon zur zweifelfreien Zuordnung des Namens zu einer bestimmten Person und zum Zwecke der Bestimmung des Gerichtsstands, auch die Bekanntgabe von dessen Sitz (§ 317 Rz. 12) in Gestalt seiner Anschrift umfasst. Jedenfalls entspricht dies der Praxis der BaFin.

---

11 I.E. auch *Stadter/Pischetsrieder* in Moritz/Klebeck/Jesch, § 319 KAGB Rz. 25.

12 Auch *Behme* in Baur/Tappen, § 319 KAGB Rz. 20 („Klagen, die im Zusammenhang mit der Stellung als Anleger … oder den Umständen des Vertriebs stehen").

13 *Baum* in Emde/Dornseifer/Dreibus/Hölscher, § 138 InvG Rz. 17; *Behme* in Baur/Tappen, § 319 KAGB Rz. 20. A.A. *Erhard* in Berger/Steck/Lübbehüsen, § 138 InvG Rz. 10; *Stadter/Pischetsrieder* in Moritz/Klebeck/Jesch, § 319 KAGB Rz. 9.

14 *Dieske* in Weitnauer/Boxberger/Anders, § 319 KAGB Rz. 7; *Stadter/Pischetsrieder* in Moritz/Klebeck/Jesch, § 319 KAGB Rz. 26. Schon *Erhard* in Berger/Steck/Lübbehüsen, § 136 InvG Rz. 8. A.A. *Behme* in Baur/Tappen, § 319 KAGB Rz. 19.

15 *Behme* in Baur/Tappen, § 319 KAGB Rz. 28; *Dieske* in Weitnauer/Boxberger/Anders, § 319 KAGB Rz. 7; *Erhard* in Berger/Steck/Lübbehüsen, § 138 InvG Rz. 8.

Neben der Bekanntmachung des Repräsentanten ist auch die **Beendigung der Stellung** des Repräsentanten von der BaFin bekanntzumachen. Mit und erst mit diesem *actus contrarius* zur Namensbekanntmachung endet Dritten gegenüber auch die Vertretungsbefugnis und die Empfangsbevollmächtigung nach § 319 Abs. 1 KAGB und der Gerichtsstand nach Abs. 2.[16] Die **Bekanntmachung** des Namens (und der Anschrift) des Repräsentanten ist mit der Gestattung des Vertriebs in Gestalt der Mitteilung nach § 320 Abs. 2 i.V.m. § 316 Abs. 2 Satz 1 KAGB vorzunehmen.[17] Diejenige der **Beendigung von dessen Stellung** hat unverzüglich nach Anzeige der Beendigung der Repräsentantenstellung[18] oder der Einstellung des Vertriebs[19] – die Pflicht zur Änderungsanzeige besteht auch nach der Gestattung des Vertriebs durch Mitteilung nach § 320 Abs. 2 i.V.m. § 316 Abs. 2 Satz 1 KAGB (§ 316 Rz. 24 und 27) – nach § 320 Abs. 4 Satz 1 i.V.m. § 316 Abs. 4 KAGB gegenüber der BaFin zu erfolgen. Als Beendigung der Stellung als Repräsentant ist, unabhängig von einer Änderungsanzeige, auch das **Entfallen einer Voraussetzung für den Vertrieb** von EU-AIF und ausländischen AIF durch eine EU-AIF-Verwaltungsgesellschaft oder eine ausländische AIF-Verwaltungsgesellschaft an Privatanleger im Geltungsbereich dieses Gesetzes i.S.v. § 317 KAGB oder einer Untersagung des Vertriebs durch die BaFin anzusehen.[20] 16

Entstehen der Bundesanstalt durch die Bekanntmachung nach § 319 Abs. 3 Satz 1 KAGB **Kosten**, so sind ihr diese nach Abs. 3 Satz 2 zu erstatten. Wer **kostenerstattungspflichtig** ist, ist in der Vorschrift nicht geregelt. Für die Kostenerstattungspflicht der Verwaltungsgesellschaft spricht, dass es diese ist, die der BaFin nach § 317 Abs. 1 Nr. 4 KAGB einen Repräsentanten zu benennen und die Anzeige des Vertriebs nach § 320 KAGB mit Angaben über den Repräsentanten und Vorlage von dessen Bestätigung über die Übernahme dieser Funktion nach § 320 Abs. 1 Satz 2 Nr. 2 KAGB vorzunehmen hat.[21] 17

§ 320 Anzeigepflicht beim beabsichtigten Vertrieb von EU-AIF oder von ausländischen AIF an Privatanleger im Inland

(1) [1]Beabsichtigt eine EU-AIF-Verwaltungsgesellschaft oder eine ausländische AIF-Verwaltungsgesellschaft, Anteile oder Aktien an einem von ihr verwalteten EU-AIF oder an einem ausländischen AIF im Geltungsbereich dieses Gesetzes an Privatanleger zu vertreiben, so hat sie dies der Bundesanstalt anzuzeigen. [2]Das Anzeigeschreiben muss folgende Angaben und Unterlagen in jeweils geltender Fassung enthalten:

1. bei der Anzeige

a) einer EU-AIF-Verwaltungsgesellschaft oder ab dem Zeitpunkt, auf den in § 295 Absatz 2 Nummer 1 verwiesen wird, einer ausländischen AIF-Verwaltungsgesellschaft eine Bescheinigung der zuständigen Stelle ihres Herkunftsmitgliedstaates oder ihres Referenzmitgliedstaates in einer in der internationalen Finanzwelt gebräuchlichen Sprache, dass die AIF-Verwaltungsgesellschaft und die Verwaltung des AIF durch diese der Richtlinie 2011/61/EU entsprechen und dass die AIF-Verwaltungsgesellschaft über eine Erlaubnis zur Verwaltung von AIF mit einer bestimmten Anlagestrategie verfügt,

16 *Dieske* in Weitnauer/Boxberger/Anders, § 319 KAGB Rz. 6.

17 *Behme* in Baur/Tappen, § 319 KAGB Rz. 23; *Dieske* in Weitnauer/Boxberger/Anders, § 319 KAGB Rz. 9. I.E. auch *Stadter/Pischetsrieder* in Moritz/Klebeck/Jesch, § 319 KAGB Rz. 29, der allerdings annimmt, erforderlich und statthaft sei die Bekanntmachung mit der wirksamen „Bestellung" des Repräsentanten, um diese in der Mitteilung nach § 320 Abs. 2 i.V.m. § 316 Abs. 2 Satz 1 KAGB zu sehen. Diese aufsichtsrechtlich relevante Mitteilung hat aber für die „Bestellung" keine Bedeutung; vgl. schon BGH v. 13.9.2004 – II ZR 276/02, AG 2005, 39 = NJW 2004, 3706 Ls. 1, 3707. In Bezug auf den inländischen Vertriebsbeauftragten einer ausländischen Investmentgesellschaft als Repräsentant derselben i.S.v. § 6 des aufgehobenen AuslInvG.

18 *Dieske* in Weitnauer/Boxberger/Anders, § 319 KAGB Rz. 6, 9. I.E. auch *Stadter/Pischetsrieder* in Moritz/Klebeck/Jesch, § 319 KAGB Rz. 28.

19 *Dieske* in Weitnauer/Boxberger/Anders, § 319 KAGB Rz. 6.

20 *Behme* in Baur/Tappen, § 319 KAGB Rz. 17; *Dieske* in Weitnauer/Boxberger/Anders, § 319 KAGB Rz. 6.

21 Ebenso *Behme* in Baur/Tappen, § 319 KAGB Rz. 25; *Dieske* in Weitnauer/Boxberger/Anders, § 319 KAGB Rz. 10. A.A. *Stadter/Pischetsrieder* in Moritz/Klebeck/Jesch, § 319 KAGB Rz. 28 mit dem Argument, der EU-AIF oder ausländische AIF sei kostentragungspflichtig, da er „durch seine Anzeige … mittelbar" die Kosten verursacht habe, dabei unberücksichtigt lassend, dass die Anzeige nach § 320 Abs. 1 Satz 1 KAGB von der EU-AIF-Verwaltungsgesellschaft oder eine ausländische AIF-Verwaltungsgesellschaft vorzunehmen ist; *Erhard* in Berger/Steck/Lübbehüsen, § 138 InvG Rz. 12.

b) einer ausländischen AIF-Verwaltungsgesellschaft vor dem Zeitpunkt, auf den in § 295 Absatz 2 Nummer 1 verwiesen wird, Angaben und Unterlagen entsprechend § 22 Absatz 1 Nummer 1 bis 9 und 13;

2. alle wesentlichen Angaben zur AIF-Verwaltungsgesellschaft, zum AIF, zum Repräsentanten, zur Verwahrstelle und zur Zahlstelle sowie die Bestätigungen des Repräsentanten, der Verwahrstelle und der Zahlstelle über die Übernahme dieser Funktionen; Angaben zur Verwahrstelle sind nur insoweit erforderlich, als sie von der Bescheinigung nach Nummer 1 Buchstabe a nicht erfasst werden;
3. die Anlagebedingungen, die Satzung oder den Gesellschaftsvertrag des EU-AIF oder ausländischen AIF, seinen Geschäftsplan, der auch die wesentlichen Angaben zu seinen Organen enthält, sowie den Verkaufsprospekt und die wesentlichen Anlegerinformationen und alle weiteren für den Anleger verfügbaren Informationen über den angezeigten AIF sowie wesentliche Angaben über die für den Vertrieb im Geltungsbereich dieses Gesetzes vorgesehenen Vertriebsgesellschaften;
4. den letzten Jahresbericht, der den Anforderungen des § 299 Absatz 1 Satz 1 Nummer 3 entsprechen muss, und, wenn der Stichtag des Jahresberichts länger als acht Monate zurückliegt und es sich nicht um einen geschlossenen AIF handelt, auch der anschließende Halbjahresbericht, der den Anforderungen des § 299 Absatz 1 Satz 1 Nummer 4 entsprechen muss; der Jahresbericht muss mit dem Bestätigungsvermerk eines Wirtschaftsprüfers versehen sein;
5. die festgestellte Jahresbilanz des letzten Geschäftsjahres nebst Gewinn- und Verlustrechnung (Jahresabschluss) der Verwaltungsgesellschaft, die mit dem Bestätigungsvermerk eines Wirtschaftsprüfers versehen sein muss;
6. Angaben zu den Vorkehrungen für den Vertrieb des angezeigten AIF;
7. die Erklärung der EU-AIF-Verwaltungsgesellschaft oder der ausländischen AIF-Verwaltungsgesellschaft, dass sie sich verpflichtet,
   a) der Bundesanstalt den Jahresabschluss der Verwaltungsgesellschaft und den nach § 299 Absatz 1 Satz 1 Nummer 3 zu veröffentlichenden Jahresbericht spätestens sechs Monate nach Ende jedes Geschäftsjahres sowie für offene AIF zusätzlich den nach § 299 Absatz 1 Satz 1 Nummer 4 zu veröffentlichenden Halbjahresbericht spätestens drei Monate nach Ende jedes Geschäftshalbjahres einzureichen; der Jahresabschluss und der Jahresbericht müssen mit dem Bestätigungsvermerk eines Wirtschaftsprüfers versehen sein;
   b) die Bundesanstalt über alle wesentlichen Änderungen von Umständen, die bei der Vertriebsanzeige angegeben worden sind oder die der Bescheinigung der zuständigen Stelle nach Nummer 1 Buchstabe a zugrunde liegen, gemäß Absatz 4 zu unterrichten und die Änderungsangaben nachzuweisen;
   c) der Bundesanstalt auf Verlangen über ihre Geschäftstätigkeit Auskunft zu erteilen und Unterlagen vorzulegen;
   d) auf Verlangen der Bundesanstalt den Einsatz von Leverage auf den von der Bundesanstalt geforderten Umfang zu beschränken oder einzustellen und
   e) falls es sich um eine ausländische AIF-Verwaltungsgesellschaft handelt, gegenüber der Bundesanstalt die Berichtspflichten nach § 35 zu erfüllen;
8. den Nachweis über die Zahlung der Gebühr für die Anzeige;
9. alle wesentlichen Angaben und Unterlagen, aus denen hervorgeht, dass der ausländische AIF und seine Verwaltungsgesellschaft in dem Staat, in dem sie ihren Sitz haben, einer wirksamen öffentlichen Aufsicht zum Schutz der Anleger unterliegen;
10. gegebenenfalls die nach § 175 erforderlichen Vereinbarungen für Master-Feeder-Strukturen.

[3]Fremdsprachige Unterlagen sind mit einer deutschen Übersetzung vorzulegen.

(2) § 316 Absatz 2 und 3 ist mit der Maßgabe entsprechend anzuwenden, dass es statt „AIF-Kapitalverwaltungsgesellschaft" „EU-AIF-Verwaltungsgesellschaft oder ausländische AIF-Verwaltungsgesellschaft" heißen muss und dass die in § 316 Absatz 3 Satz 1 genannte Frist bei der Anzeige

1. einer EU-AIF-Verwaltungsgesellschaft oder ab dem Zeitpunkt, auf den in § 295 Absatz 2 Nummer 1 verwiesen wird, einer ausländischen AIF-Verwaltungsgesellschaft drei Monate,

2. einer ausländischen AIF-Verwaltungsgesellschaft vor dem Zeitpunkt, auf den in § 295 Absatz 2 Nummer 1 verwiesen wird, sechs Monate

beträgt.

(3) [1]Hat die anzeigende ausländische AIF-Verwaltungsgesellschaft im Sinne von Absatz 1 Buchstabe b bereits einen AIF zum Vertrieb an Privatanleger im Geltungsbereich dieses Gesetzes nach Absatz 1 Satz 1 angezeigt, so prüft die Bundesanstalt bei der Anzeige eines weiteren AIF der gleichen Art nicht erneut das Vorliegen der Voraussetzungen nach § 317 Absatz 1 Satz 1 Nummer 1 und 3, wenn die anzeigende AIF-Verwaltungsgesellschaft im Anzeigeschreiben versichert, dass in Bezug auf die Anforderungen nach § 317 Absatz 1 Satz 1 Nummer 1 und 3 seit der letzten Anzeige keine Änderungen erfolgt sind. [2]In diesem Fall müssen die in § 22 Absatz 1 Nummer 1 bis 9 genannten Angaben nicht eingereicht werden und die in Absatz 2 Nummer 2 genannte Frist beträgt drei Monate.

(4) [1]§ 316 Absatz 4 Satz 1 bis 3 ist mit der Maßgabe entsprechend anzuwenden, dass es statt „AIF-Kapitalverwaltungsgesellschaft" „EU-AIF-Verwaltungsgesellschaft oder ausländische AIF-Verwaltungsgesellschaft" heißen muss. [2]Wird eine geplante Änderung ungeachtet von § 316 Absatz 4 Satz 1 bis 3 durchgeführt oder führt eine durch einen unvorhersehbaren Umstand ausgelöste Änderung dazu, dass die EU-AIF-Verwaltungsgesellschaft, ausländische AIF-Verwaltungsgesellschaft oder die Verwaltung des betreffenden AIF durch die EU-AIF-Verwaltungsgesellschaft oder die ausländische AIF-Verwaltungsgesellschaft gegen dieses Gesetz verstößt, so ergreift die Bundesanstalt alle gebotenen Maßnahmen einschließlich der ausdrücklichen Untersagung des Vertriebs des betreffenden AIF. [3]§ 316 Absatz 5 gilt entsprechend.

In der Fassung vom 4.7.2013 (BGBl. I 2013, S. 1981), geändert durch das Gesetz zur Anpassung von Gesetzen auf dem Gebiet des Finanzmarktes vom 15.7.2014 (BGBl. I 2014, S. 934).

Schrifttum: *BaFin*, Merkblatt für Anzeigen beim beabsichtigten Vertrieb von EU-AIF oder ausländischen AIF an Privatanleger in der Bundesrepublik Deutschland nach § 320 Kapitalanlagegesetzbuch (KAGB) vom 19.7.2013 (geändert am 24.2.2017), abrufbar unter https://www.bafin.de/SharedDocs/Downloads/DE/Merkblatt/WA/dl_140617_merkbl_320_kagb.html. Siehe im Übrigen das allgemeine Schrifttumsverzeichnis.

I. Regelungsgegenstand und Normentwicklung

1. Regelungsgegenstand

1 Die Vorschrift ist Teil des **Systems der Regelung** des Vertriebs von Investmentvermögen in Form von OGAW und AIF im Allgemeinen und von AIF, EU-AIF und ausländischen AIF Besonderen, wie es aufgrund der Richtlinie 2011/61/EU (AIFM-Richtlinie)[1] und der Umsetzung derselben im durch Art. 1 des AIFM-Umsetzungsgesetz[2] eingeführten KAGB entstanden ist (näher § 316 Rz. 2). Hinsichtlich des Vertriebs sieht die AIFM-Richtlinie vor, dass AIF nur an professionelle Anleger vertrieben werden dürfen,[3] stellt es in Art. 43 Abs. 1 den Mitgliedstaaten aber frei, den Verwaltern alternativer Investmentfonds (AIFM – Alternative Investment Fund Managers) zu gestatten, „in ihrem Hoheitsgebiet Anteile an von ihnen gemäß dieser Richtlinie verwalteten AIF an Kleinanleger zu vertreiben" und „den AIFM oder AIF Auflagen [zu] unterwerfen, die strenger sind als jene, die für AIF gelten, die in ihrem Hoheitsgebiet gemäß dieser Richtlinie an professionelle Anleger vertrieben werden" (Hervorhebungen hinzugefügt). Deutschland hat von dieser Möglichkeit mit den Bestimmungen des § 295 KAGB und der §§ 316-320 KAGB Gebrauch gemacht.[4] Dabei betrifft § 316 KAGB, der Klarstellung in § 295 Abs. 1 Satz 1 KAGB folgend, das Anzeigeverfahren beim beabsichtigten Vertrieb von Anteilen oder Aktien an inländischen Publikums-AIF an Privatanleger, semiprofessionelle und professionelle Anleger im Geltungsbereich dieses Gesetzes, während – komplementär hierzu und der Klarstellung in § 295 Abs. 1 Satz 2 KAGB entsprechend – §§ 316-320 KAGB den Vertrieb von Anteilen oder Aktien an EU-AIF und ausländischen AIF an Privatanleger Deutschland zum Gegenstand haben.

2 In diesem Rahmen **regelt § 320 KAGB** die Anzeigepflicht, die mit dem Anzeigeschreiben vorzunehmenden Angaben und einzureichenden Unterlagen sowie das Anzeigeverfahren beim beabsichtigten Vertrieb von EU-AIF oder von ausländischen AIF an Privatanleger im Inland. Die Vorschrift gilt sowohl für AIF des geschlossenen wie für solche des offenen Typs. Abgesehen von den Angaben und Unterlagen, die das Anzeigeschreiben nach § 320 Abs. 1 Satz 2 Nr. 1-10 KAGB enthalten muss, ist das Anzeigeverfahren nach § 320 KAGB weitgehend dem nach § 316 KAGB vergleichbar. Das kommt auch in den Verweisen in § 320 Abs. 2 Satz 1 und Abs. 4 Sätze 1 und 3 KAGB auf Bestimmungen des § 314 KAGB zum Ausdruck.

2. Normentwicklung

3 Abs. 1 Satz 2 Nr. 1, 2 und 7 der Vorschrift haben durch Art. 2 Nr. 58 des Gesetzes zur Anpassung von Gesetzen auf dem Gebiet des Finanzmarktes vom 15.7.2014[5] geringfügige Änderungen erfahren.[6]

II. Anzeigeverfahren

1. Erstattung der Anzeige (§ 320 Abs. 1 Satz 1 KAGB)

4 Beabsichtigt eine EU-AIF-Verwaltungsgesellschaft (§ 317 Rz. 6) oder eine ausländische AIF-Verwaltungsgesellschaft (§ 317 Rz. 6), Anteile oder Aktien an einem von ihr verwalteten EU-AIF (§ 317 Rz. 6) oder an einem ausländischen AIF (§ 317 Rz. 6) in Deutschland an Privatanleger (§ 317 Rz. 6) oder semiprofessionelle Anleger (§ 295 Abs. 3 KAGB; § 317 Rz. 6) zu vertreiben (zum Vertriebsbegriff § 316 Rz. 8, § 317 Rz. 6), so hat sie der BaFin nach § 320 Abs. 1 Satz 1 KAGB mit den in Abs. 1 Satz 2 aufgeführten Unterlagen die **Vertriebsabsicht per Anzeigeschreiben schriftlich**[7] **anzuzeigen.** Anders als bei der Anzeige des beabsichtigten Vertriebs von EU-OGAW im Inland oder in einem Mitgliedstaat der EU oder einem anderen Vertragsstaat des Abkommens über den EWR (§ 310 KAGB bzw. § 312 KAGB) gibt es – ebenso wie zu dem Anzeigeschreiben nach § 316 KAGB (§ 316 Rz. 9) und über die in § 320 Abs. 1 Satz 1 KAGB aufgezählten Angaben und Unterlagen hinaus – weder für die Gestaltung noch für den Inhalt des **Anzeigeschreibens** nach § 320 KAGB ein Muster. Für die **Anzeige** des beabsichtigten Vertriebs nach § 320 KAGB hat die BaFin

1 Richtlinie 2011/61/EU des Europäischen Parlaments und des Rates vom 8. Juni 2011 über die Verwalter alternativer Investmentfonds und zur Änderung der Richtlinien 2003/41/EG und 2009/65/EG und der Verordnungen (EG) Nr. 1060/2009 und (EU) Nr. 1095/2010, ABl. Nr. L 174 v. 1.7.2011, S. 1.

2 BGBl. I 2013, S. 1981.

3 Art. 31 Abs. 1 und 6, Art. 32 Abs. 1 und 9, Art. 35 Abs. 1 und 17, Art. 36 Abs. 1, Art. 39 Abs. 1 und 11, Art. 40 Abs. 1 und 17 sowie Art. 42 Abs. 1 der AIFM-Richtlinie.

4 Vgl. RegE AIFM-UmsG, BT-Drucks. 17/12294 v. 6.2.2013, S. 1 (285).

5 BGBl. I 2014, S. 934.

6 Näher dazu RegE Gesetz zur Anpassung von Gesetzen auf dem Gebiet des Finanzmarktes, BT-Drucks. 18/1305 v. 5.5.2014, S. 1 (51).

7 *BaFin*, Merkblatt für Anzeigen nach § 320 KAGB, S. 3.

jedoch ein detailliertes **Merkblatt** veröffentlicht, das neben den formellen Anforderungen an die Anzeige auch die materiellen Anforderungen an Anlagebedingungen, Satzung bzw. Gesellschaftsvertrag, Verkaufsprospekt und wesentliche Anlegerinformationen behandelt.[8] Dabei hat dieses Merkblatt durchaus die Funktion eines Musters, denn die BaFin verlangt, die einzelnen Angaben ... entsprechend der Nummerierung und den zugehörigen Stichworten dieses Merkblatts zu kennzeichnen"[9] (näher unten Rz. 11 f.).

Die Einreichung eines Anzeigeschreibens nach § 320 Abs. 1 KAGB setzt ein Prüfungsverfahren durch die BaFin nach Maßgabe von § 320 Abs. 2 i.V.m. § 316 Abs. 2 und 3 KAGB in Gang. Dieses ist dadurch gekennzeichnet, dass es neben einer reinen **Vollständigkeitsprüfung** im Hinblick auf die Angaben und Unterlagen, die die Anzeige nach § 320 Abs. 1 Satz 2 KAGB zu enthalten hat (§ 320 Abs. 2 i.V.m. § 316 Abs. 2 Satz 1 KAGB; unten Rz. 6 ff.), auch eine **materielle Prüfung** vorsieht, die sich allerdings auf die Prüfung der Frage beschränkt, ob die EU-AIF-Verwaltungsgesellschaft oder ausländische AIF-Verwaltungsgesellschaft oder die Verwaltung des angezeigten AIF durch die EU-AIF-Verwaltungsgesellschaft oder ausländische AIF-Verwaltungsgesellschaft den Vorschriften des KAGB genügt (§ 320 Abs. 2 i.V.m. § 316 Abs. 3 Satz 2 KAGB; unten Rz. 9 f.). 5

2. Prüfung und gegebenenfalls Gestattung der Anzeige (§ 320 Abs. 2 und 3 KAGB)

a) Vollständigkeitsprüfung

Nach Erstattung der Anzeige prüft die BaFin innerhalb von 20 Arbeitstagen die **Vollständigkeit** der gem. § 320 Abs. 1 Satz 2 Nr. 1-10 KAGB einzureichenden Angaben und Unterlagen (§ 320 Abs. 2 i.V.m. § 316 Abs. 2 Sätze 1 und 2 KAGB). Ist diese gegeben und sind die Anlagebedingungen und der Verwahrstelle genehmigt (§ 320 Abs. 2 i.V.m. § 316 Abs. 3 Satz 1 KAGB), ergeht an die EU-AIF-Verwaltungsgesellschaft oder die ausländische AIF-Verwaltungsgesellschaft per E-Mail die **Mitteilung**, dass sie mit dem Vertrieb des AIF in Deutschland **beginnen kann** (§ 320 Abs. 2 i.V.m. § 316 Abs. 3 Sätze 1 und 4 KAGB; zur europarechtlichen Grundlage dieser Regelung § 316 Rz. 23). Wird die Anzeige durch eine **EU-AIF-Verwaltungsgesellschaft** erstattet, so erfolgt die Mitteilung nach § 320 Abs. 2 Nr. 1 i.V.m. § 316 Abs. 3 Satz 1 KAGB innerhalb von drei Monaten nach Eingang der vollständigen Anzeigeunterlagen. Hat eine **ausländische AIF-Verwaltungsgesellschaft** die Anzeige erstattet, beträgt die Frist nach § 320 Abs. 2 Nr. 2 i.V.m. § 316 Abs. 3 Satz 1 KAGB dagegen sechs Monate. Unter den in § 320 Abs. 3 Satz 1 KAGB genannten Voraussetzungen verkürzt sich diese Frist gemäß dessen Abs. 3 Satz 2 auf drei Monate. Für die **Berechnung der Fristen** gelten gem. § 31 VwVfG die §§ 187-193 BGB entsprechend, soweit nicht durch § 31 Abs. 2-5 KAGB etwas anderes bestimmt ist. 6

Die **Vollständigkeitsprüfung** der BaFin beschränkt sich darauf, ob das Anzeigeschreiben alle nach § 320 Abs. 1 KAGB erforderlichen Angaben und Unterlagen enthält und umfasst damit auch die Prüfung der Frage, ob die nach § 320 Abs. 1 Satz 2 Nr. 3 KAGB einzureichenden Anlagebedingungen und die nach Abs. 1 Satz 2 Nr. 2 anzugebende Verwahrstelle bereits genehmigt sind, ein diesbezügliches Genehmigungsverfahren anhängig ist oder noch zu genehmigen sind. Vollständig sind die Angaben und Unterlagen jedenfalls erst dann, wenn auch die Anlagebedingungen und die Verwahrstelle genehmigt sind (§ 320 Abs. 2 i.V.m. § 316 Abs. 2 Satz 2 KAGB). Die Vollständigkeitsbestätigung ist auch dann vorzunehmen, wenn die BaFin Zweifel an der Richtigkeit des Inhalts der eingereichten erforderlichen Angaben und Unterlagen hat.[10] 7

b) Ergänzungsanzeige

Im Falle der **Unvollständigkeit der Anzeige** fordert die BaFin fehlende Angaben und Unterlagen innerhalb von 20 Arbeitstagen als **Ergänzungsanzeige** an (§ 320 Abs. 2 i.V.m. § 316 Abs. 2 Satz 2 KAGB); zur Berechnung der Frist oben Rz. 6. Mit Eingang der Ergänzungsanzeige beginnt die 20-tägige Prüfungsfrist von neuem zu laufen (§ 320 Abs. 2 i.V.m. § 316 Abs. 2 Satz 3 KAGB). Die Ergänzungsanzeige ist der BaFin bis spätestens 6 Monate nach Erstattung der Anzeige oder nach der letzten Ergänzungsanzeige einzureichen (§ 320 Abs. 2 i.V.m. § 316 Abs. 2 Satz 4 Halbs. 1 KAGB). Wird diese Frist, die eine **Ausschlussfrist** ist (§ 320 Abs. 2 i.V.m. § 316 Abs. 2 Satz 5 KAGB; dazu § 316 Rz. 18), versäumt, so ist eine Mitteilung der BaFin nach § 320 Abs. 2 i.V.m. § 316 Abs. 3 Satz 1 KAGB mit dem Inhalt, die EU-AIF-Verwaltungsgesellschaft oder ausländische AIF-Verwaltungsgesellschaft könne mit dem Vertrieb beginnen, ausgeschlossen (§ 320 Abs. 2 i.V.m. § 316 Abs. 2 Satz 4 Halbs. 2 KAGB). In diesem Falle ist das Anzeigeverfahren beendet und die Aufnahme des beabsichtigten Vertriebs unzulässig. Nach § 320 Abs. 2 i.V.m. § 320 Abs. 2 Satz 6 KAGB ist 8

8 *BaFin*, Merkblatt für Anzeigen nach § 320 KAGB, Stand Februar 2017.
9 *BaFin*, Merkblatt für Anzeigen nach § 320 KAGB, S. 3.
10 Auch *Dieske* in Weitnauer/Boxberger/Anders, § 320 KAGB Rz. 8 („lediglich eine formelle Prüfung").

jedoch die Einleitung eines neuen Anzeigeverfahrens jederzeit möglich. Zur Grundlage der Regelung zu unvollständigen Anzeigen s. die Erläuterungen zu § 316 Rz. 19.

3. Untersagung wegen Gesetzesverstoßes (§ 320 Abs. 2 KAGB)

9 Stellt die BaFin – unabhängig von der Vollständigkeit oder Unvollständigkeit der Angaben und Unterlagen, welche die Anzeige nach § 320 Abs. 1 Satz 2 KAGB enthalten muss – fest, dass entweder die EU-AIF-Verwaltungsgesellschaft oder ausländische AIF-Verwaltungsgesellschaft und/oder die Verwaltung des angezeigten AIF durch die EU-AIF-Verwaltungsgesellschaft oder ausländische AIF-Verwaltungsgesellschaft **gegen die Vorschriften des KAGB verstößt**, kann die BaFin die Aufnahme des Vertriebs innerhalb der in § 320 Abs. 2 Nr. 1 und 2 i.V.m. § 316 Abs. 3 KAGB genannten Drei- bzw. Sechs-Monatsfrist (s. schon vorstehend Rz. 8) untersagen (§ 320 Abs. 2 i.V.m. § 316 Abs. 3 Satz 2 KAGB); zur Berechnung der Frist oben Rz. 6. Der Untersagung wird jedoch, innerhalb der vorgenannten Fristen, die **Mitteilung der Beanstandungen** vorausgehen. Mit ihr wird die jeweilige Frist unterbrochen und beginnt mit der Einreichung der geänderten Angaben und Unterlagen erneut zu laufen (§ 320 Abs. 2 i.V.m. § 316 Abs. 3 Satz 3 KAGB). Sind die **Beanstandungen ausgeräumt** und teilt die BaFin dies der EU-AIF-Verwaltungsgesellschaft oder ausländische AIF-Verwaltungsgesellschaft mit, kann ab dem Datum der entsprechenden Mitteilung mit dem Vertrieb des angezeigten AIF in Deutschland begonnen werden (§ 320 Abs. 2 i.V.m. § 316 Abs. 3 Satz 4 KAGB).

10 Den Beanstandungen wegen Verstoßes gegen das KAGB oder einer hierauf gestützten Untersagung des Vertriebs liegt eine **materielle Prüfung der Anzeige** zugrunde (§ 316 Rz. 20). Ob die BaFin aufgrund der festgestellten Verstöße eine **Untersagung** ausspricht, unterlässt oder Beseitigung der Verstöße verlangt, liegt in ihrem pflichtgemäßen **Ermessen** (§ 316 Rz. 20). Auch die Entscheidung darüber, wie oft die BaFin solche Beanstandungen ausspricht und Korrekturen zulässt, liegt in ihrem Ermessen (§ 316 Rz. 21). Die Untersagung des Vertriebs ist ein **belastender Verwaltungsakt**, gegen den mit den im Verwaltungsverfahren üblichen Rechtsmitteln vorgegangen werden und den die BaFin gegebenenfalls mit Zwangsmitteln durchsetzen kann (§ 314 Rz. 11 f., § 316 Rz. 20).

III. Anzeigeschreiben – Angaben und beizufügende Unterlagen (§ 320 Abs. 1 Sätze 2 und 3 KAGB)

1. Allgemeines und Formelles – Merkblatt für Anzeigen nach § 320 KAGB

11 Die Anzeige nach § 320 Abs. 1 Satz 1 KAGB ist schriftlich durch **Anzeigeschreiben** zu erstatten (oben Rz. 4, unten Rz. 15). Dieses muss die in § 320 Abs. 1 Satz 2 KAGB aufgeführten Angaben und Unterlagen enthalten. Um welche es sich dabei im Einzelnen handelt und wie sie der BaFin zu übermitteln sind, kann dem **Merkblatt für Anzeigen nach § 320 KAGB** (s. oben Schrifttum) entnommen werden. In diese findet sich allerdings auch der für die Verwendung desselben wichtige Hinweis: In dem Merkblatt „sind die Angaben und Unterlagen aufgeführt, die in der Regel für Anzeigen beim beabsichtigten Vertrieb von Anteilen oder Aktien an EU-AIF oder ausländischen AIF an Privatanlegernach § 320 KAGB erforderlich sind. Dies schließt nicht aus, dass von der AIF-Verwaltungsgesellschaft **zusätzliche Angaben** gemacht oder von der Bundesanstalt weitere Angaben und Unterlagen verlangt werden können“.[11]

12 Hinsichtlich der **Anordnung der Angaben** verlangt die BaFin, diese „entsprechend der Nummerierung und den zugehörigen Stichworten des Merkblatts zu kennzeichnen.[12] Weiter heißt es dazu in dem Merkblatt: „Sofern einzelne Positionen nicht einschlägig sind, werden sie trotzdem in die Anzeige aufgenommen und mit ‚entfällt‘ gekennzeichnet. Das gleiche gilt, wenn in diesem Merkblatt einzelne Angaben in bestimmten Fällen für nicht erforderlich erklärt werden. Im Zweifel sind die jeweiligen Punkte mit einer kurzen Begründung zu versehen … Decken sich die Angaben zu einem Punkt mit den Angaben zu einem anderen Punkt, kann ein entsprechender Verweis erfolgen. Entsprechendes gilt für die beizufügenden Unterlagen“.[13]

13 Hinsichtlich der **Unterlagen** verlangt die BaFin, sämtliche Unterlagen in einfacher Ausfertigung und original unterschrieben zu übermitteln.[14] Die Unterlagen sind jeweils in der **aktuellen Fassung** einzureichen und sollen „rechtsoben mit der entsprechenden Nummer des Merkblatts gekennzeichnet werden“.[15]

11 *BaFin*, Merkblatt für Anzeigen nach § 320 KAGB, S. 3.
12 *BaFin*, Merkblatt für Anzeigen nach § 320 KAGB, S. 3.
13 *BaFin*, Merkblatt für Anzeigen nach § 320 KAGB, S. 3/4.
14 *BaFin*, Merkblatt für Anzeigen nach § 320 KAGB, S. 3.
15 *BaFin*, Merkblatt für Anzeigen nach § 320 KAGB, S. 4.

Fremdsprachige Unterlagen sind nach **§ 320 Abs. 1 Satz 3 KAGB** mit einer **deutschen Übersetzung** vorzulegen. Soweit in den einzureichenden Unterlagen auf **ausländische gesetzliche Vorschriften** Bezug genommen wird, sollen diese auf Anforderung der BaFin bei dieser einzureichen sein. Diese Anforderung ist – schon um die schnellstmögliche Übersendung der Angaben und die Prüfung der Anzeige anhand derselben zu ermöglichen – als Anforderung fehlender Angaben und Unterlagen i.S.v. § 320 Abs. 2 i.V.m. § 316 Abs. 2 Satz 2 KAGB, mit allen damit verbundenen Fristenfolgen (oben Rz. 8), zu behandeln.[16] Weiter heißt es im Merkblatt für Anzeigen nach § 320 KAGB zu „den/der/dem der Anzeige beizufügenden bzw. im Verkaufsprospekt enthaltenen **Anlagebedingungen**, **Satzung** bzw. **Gesellschaftsvertrag** sowie dem **Verkaufsprospekt** in deutscher Sprache", deren einzelne Seiten hätten an deren Rande die unter „B. Materielle Anforderungen an Anlagebedingungen, Satzung bzw. Gesellschaftsvertrag, Verkaufsprospekt und wesentliche Anlegerinformationen" (S. 23 ff.) des Merkblatts genannten Angaben durch Hinweise auf die entsprechenden Nummern und Buchstaben der diesbezüglichen Ausführungen des Merkblatts kenntlich zu machen.[17]

Zu weiteren Einzelheiten ist auf die Ausführungen in der „Vorbemerkung" des Merkblatts für Anzeigen nach § 320 KAGB, S. 4 ff., zu verweisen. 14

2. Anzeigeschreiben, Gebühr

Die schriftlich (oben Rz. 4) durch **Anzeigeschreiben** zu erstattenden Anzeige ist – unter Angabe von Ort und Tag der Ausfertigung – an deren Ende im Namen der AIF-Verwaltungsgesellschaft von deren vertretungsberechtigten Personen rechtsverbindlich zu unterzeichnen, wobei die Namen der Unterzeichner in Maschinenschrift zu wiederholen sind.[18] Wird die Anzeige nicht von der AIF-Verwaltungsgesellschaft, sondern von einem Bevollmächtigten erstattet, so ist eine **Vollmacht** einzureichen, aus der sich ergibt, dass der der Anzeigende bevollmächtigt ist, der BaFin die Vertriebsabsicht anzuzeigen und alle in diesem Zusammenhang erforderlichen Erklärungen abzugeben und entgegenzunehmen. Die Anzeige soll an den folgenden Dienstsitz der BaFin adressiert werden: Bundesanstalt für Finanzdienstleistungsaufsicht, Marie-Curie-Straße 24-28, 60439 Frankfurt am Main. 15

Soll der **Vertrieb von Anteilen an mehreren AIF** angezeigt werden, ist für jeden AIF eine gesonderte Anzeige zu erstatten. Bei einer ***Umbrella*-Konstruktion** (§ 309 Rz. 32) erstreckt sich die Anzeige- und Gebührenpflicht auf jedes Teilinvestmentvermögen. Zu Einzelheiten hierzu, der bei der Anzeige zu entrichtenden **Gebühr**, der Gebührenüberweisung und zu Besonderheiten bei *Umbrella*-Konstruktionen s. die Ausführungen im Merkblatt für Anzeigen nach § 320 KAGB, S. 5 ff. 16

3. Erforderliche Angaben und Unterlagen (§ 320 Abs. 1 Satz 2 Nr. 1-10 KAGB)

Die Angaben und die Unterlagen, die das Anzeigeschreiben enthalten muss, sind in § 320 Abs. 1 Satz 2 Nr. 1-10 KAGB aufgeführt. Hinsichtlich der **Anordnung der Angaben** im Anzeigeschreiben – im Merkblatt (A., S. 9) ist von den formellen Anforderungen an die Anzeige die Rede – verlangt die BaFin, die Angaben „entsprechend der Nummerierung und den zugehörigen Stichworten des Merkblatts zu kennzeichnen" (oben Rz. 12) und mit einer kurzen Begründung zu versehen. Die einzureichenden Unterlagen, von denen die meisten im Zusammenhang mit den Angaben stehen, die das Anzeigeschreiben enthalten muss, „sind rechtsoben mit der entsprechenden Nummer des Merkblatts zu kennzeichnen".[19] Deshalb übernimmt die nachfolgende Darstellung der erforderlichen Angaben und Unterlagen die Gliederung des Merkblatts. 17

a) Angaben und Unterlagen zur AIF-Verwaltungsgesellschaft

aa) Angaben (§ 320 Abs. 1 Satz 2 Nr. 1, 2 und 9; Abs. 3 KAGB)

Zur **AIF-Verwaltungsgesellschaft** sind, gleich ob EU-AIF-Verwaltungsgesellschaft oder eine ausländische AIF-Verwaltungsgesellschaft, nach Gliederungspunkt A.I.1.–9. des Merkblatts für Anzeigen nach § 320 KAGB (S. 9 f.), basierend auf Nr. 2 die folgenden Angaben zu machen: 18

- Name oder Firma, Rechtsform, Sitz, Anschrift, Ansprechpartner/Kontaktperson mit Telefonnummer, Telefaxnummer und E-Mail-Adresse.
- Name des Staates, nach dessen Recht die AIF-Verwaltungsgesellschaft errichtet worden ist.

---

16 A.A. *Stadter/Pischetsrieder* in Moritz/Klebeck/Jesch, § 320 KAGB Rz. 15; *Baum* in Emde/Dornseifer/Dreibus/Hölscher, § 139 InvG Rz. 29.

17 *BaFin*, Merkblatt für Anzeigen nach § 320 KAGB, S. 4.

18 Hierzu und zu den folgenden Ausführungen in diesem Absatz *BaFin*, Merkblatt für Anzeigen nach § 320 KAGB, S. 5.

19 *BaFin*, Merkblatt für Anzeigen nach § 320 KAGB, S. 3.

- Name, Sitz und Anschrift der staatlichen Stelle, deren Aufsicht die AIF-Verwaltungsgesellschaft unterliegt.
- Eigenkapital (Grund- oder Stammkapital abzüglich der ausstehenden Einlagen zuzüglich der Rücklagen) nach dem letzten Jahresabschluss.
- Datum der Gründung und Dauer der AIF-Verwaltungsgesellschaft.
- Datum der Aufnahme der Geschäftstätigkeit.
- Geschäftsjahr.
- Beteiligungen der AIF-Verwaltungsgesellschaft (unter Angabe des Anteils in vom Hundert) an der Verwahrstelle.

19 Im Fall einer **ausländischen AIF-Verwaltungsgesellschaft** sind daneben folgende Angaben erforderlich:

- Alle wesentlichen Angaben, aus denen sich ergibt, dass die ausländische AIF-Verwaltungsgesellschaft im Staat, in dem sie ihren Sitz hat einer wirksamen öffentlichen Aufsicht zum Schutz der Investmentanleger unterliegt (§ 320 Abs. 1 Satz 2 Nr. 9 KAGB).
- Angabe der Geschäftsleiter (§ 320 Abs. 1 Satz 2 Nr. 1 lit. b i.V.m. § 22 Abs. 1 Nr. 2 KAGB).
- Namen der an der AIF-Verwaltungsgesellschaft bedeutend beteiligten Inhaber (§ 320 Abs. 1 Satz 2 Nr. 1 lit. b i.V.m. § 22 Abs. 1 Nr. 5 KAGB).
- Angabe der Tatsachen, die auf eine enge Verbindung zwischen der AIF-Verwaltungsgesellschaft und anderen natürlichen oder juristischen Personen hinweisen; Angaben über Vergütungspolitik und Vergütungspraxis i.S.d. § 37 KAGB (§ 320 Abs. 1 Satz 2 Nr. 1 lit. b i.V.m. § 22 Abs. 1 Nr. 6 KAGB).
- Angaben über Vergütungspolitik und Vergütungspraxis i.S.d. § 37 KAGB. Diese müssen mindestens enthalten: (1) eine Auflistung der Mitarbeiter(gruppen), die in den Anwendungsbereich der Vergütungspolitik und -praxis der Gesellschaft fallen, wobei die Angabe der funktionalen Stellung des Mitarbeiters ausreicht; (2) die Angabe, ob ein Vergütungsausschuss errichtet wird und falls nicht, die Angabe der Gründe für die Nicht-Errichtung und (3) eine Darstellung der Ausgestaltung der variablen und festen Vergütung, etwa Angabe der zugrunde zu legenden Parameter (§ 320 Abs. 1 Satz 2 Nr. 1 lit. b i.V.m. § 22 Abs. 1 Nr. 8 KAGB).
- Angaben über Auslagerungsvereinbarungen i.S.d. § 36 KAGB (§ 320 Abs. 1 Satz 2 Nr. 1 lit. b i.V.m. § 22 Abs. 1 Nr. 9 KAGB).
- Angaben zu den Vereinbarungen zur Beauftragung der Verwahrstelle (§ 320 Abs. 1 Satz 2 Nr. 1 lit. b i.V.m. § 22 Abs. 1 Nr. 13 KAGB).

Hat die anzeigende ausländische AIF-Verwaltungsgesellschaft bereits einen AIF zum Vertrieb an Privatanleger in Deutschland angezeigt, so müssen die vorgenannten Angaben, mit Ausnahme der Letztgenannten, nicht erneut gemacht werden. Das gilt allerdings nur, wenn die AIF-Verwaltungsgesellschaft im Anzeigeschreiben versichert, dass in Bezug auf die Anforderungen nach § 317 Abs. 1 Satz 1 Nr. 1 und 3 KAGB seit der letzten Anzeige keine Änderungen erfolgt sind (**§ 320 Abs. 3 KAGB**).

bb) Unterlagen (§ 320 Abs. 1 Satz 2 Nr. 1, 5, 7 und 8 KAGB)

20 Mit den Angaben zur AIF-Verwaltungsgesellschaft sind der BaFin nachfolgend aufgeführte Unterlagen entsprechend Gliederungspunkt A.II.1.–6. des Merkblatts für Anzeigen nach § 320 KAGB (S. 10 ff.) vorzulegen:

- Die Erklärung über die Übernahme der Verpflichtungen nach § 320 Abs. 1 Satz 2 **Nr. 7 lit. a-e** KAGB. Im Hinblick auf den Wortlaut, den die Erklärung haben soll, ist auf das Merkblatt für Anzeigen nach § 320 KAGB (S. 11 f.) zu verweisen.
- Der letzte festgestellte Jahresabschluss (Bilanz mit Gewinn- und Verlustrechnung), versehen mit dem handschriftlich unterzeichneten Bestätigungsvermerk (Original) eines deutschen Wirtschaftsprüfers oder ihm gleichstehenden ausländischen Prüfers (§ 320 Abs. 1 Satz 2 **Nr. 5** KAGB).
- Der Nachweis der Zahlung der Gebühr für die Anzeige nach § 320 Abs. 1 Satz 2 **Nr. 8** KAGB.
- Im Fall einer EU-AIF-Verwaltungsgesellschaft die nach § 320 Abs. 1 Satz 2 **Nr. 1 lit. a** KAGB die Bescheinigung der zuständigen Stelle des Herkunftsmitgliedstaats in einer in der internationalen Finanzwelt gebräuchlichen Sprache, dass die EU-AIF-Verwaltungsgesellschaft und die Verwaltung des angezeigten AIF durch diese der Richtlinie 2011/61/EU entsprechen und die für die Verwaltung des AIF mit einer bestimmten Anlagestrategie erforderliche Erlaubnis vorliegt.
- Im Fall einer ausländischen AIF-Verwaltungsgesellschaft nach § 320 Abs. 1 Satz 2 **Nr. 1 lit. b** KAGB Unterlagen entsprechend § 22 Abs. 1 Nr. 1-9 und 13 KAGB. Zu den nach dieser Bestimmung, unter Beach-

tung der Bestimmungen von § 320 Abs. 3 KAGB, im Einzelnen erforderlichen Unterlagen ist auf Gliederungspunkte 5.1.–5.5 des Merkblatts für Anzeigen nach § 320 KAGB (S. 12 ff.) zu verweisen.

- Auf Verlangen der BaFin die auf die AIF-Verwaltungsgesellschaft sowie ggf. den AIF anwendbaren geltenden Gesetze, Verordnungen und Verlautbarungen des Staates, in dem die ausländische AIF-Verwaltungsgesellschaft ihren Sitz hat (Merkblatt A.II.6., S. 15).

b) Angaben und Unterlagen zum AIF, dessen Anteile vertrieben werden sollen (§ 320 Abs. 1 Satz 2 Nr. 2 und 6 KAGB)

aa) Angaben

Soweit nicht bereits im Rahmen der Angaben über die AIF-Verwaltungsgesellschaft (oben Rz. 20 f.) entsprechende Angaben gemacht wurden und deshalb an dieser Stelle entfallen können,[20] sind nach Gliederungspunkten A.III.1.–9. des Merkblatts für Anzeigen nach § 320 KAGB im Hinblick auf den AIF, dessen Anteile vertrieben werden sollen, auf der Grundlage von § 320 Abs. 1 Satz 2 Nr. 2 die nachfolgenden Angaben vorzunehmen[21]: 21

- Bezeichnung und Dauer des AIF und ISIN-Code, soweit vorhanden.
- Bezeichnung und Dauer des/der Teilinvestmentvermögen(s), soweit es sich um eine *Umbrella*-Konstruktion handelt.
- Angabe, ob die Anteile oder Aktien an dem AIF in dem Staat, in dem er seinen Sitz hat, an Privatanleger vertrieben werden dürfen. Für den Fall, dass ein solcher Vertrieb nicht statthaft ist, sind die Gründe hierfür ausführlich darzulegen.
- Rechtsform des AIF (etwa: Vertragsform, selbstverwaltender AIF; Satzungsform bzw. Gesellschaftsvertrag).
- Darstellung des Rechtsverhältnisses der Inhaber von Anteilen oder Aktien an dem AIF, auf den sich die Anzeige bezieht (etwa: „Die Anleger sind Aktionäre/Gesellschafter des AIF" oder „Die Anleger sind an dem vom eigenen Vermögen der AIF-Verwaltungsgesellschaft getrennt gehaltenen Investmentvermögenbeteiligt").
- Datum der Errichtung des AIF.
- Datum der Errichtung des/der Teilinvestmentvermögen(s), soweit zutreffend.
- Datum der erstmaligen Ausgabe von Anteilen.
- Geschäftsjahr des AIF.
- Angaben zu den Vorkehrungen für den Vertrieb des angezeigten AIF (§ 320 Abs. 1 Satz 2 **Nr. 6** KAGB).

bb) Unterlagen (§ 320 Abs. 1 Satz 2 Nr. 1, 3, 4 und 9 KAGB)

Mit den Angaben zur AIF, dessen Anteile vertrieben werden sollen, sind entsprechend Gliederungspunkt A.IV.1.–8. des Merkblatts für Anzeigen nach § 320 KAGB (S. 16 ff.) nachfolgend aufgeführte Unterlagen vorzulegen: 22

- Die von der Aufsichtsbehörde in dem Staat, in dem der AIF seinen Sitz hat, genehmigten Anlagebedingungen, die Satzung bzw. der Gesellschaftsvertrag des AIF[22] (§ 320 Abs. 1 Satz 2 **Nr. 3** KAGB).
- Der Geschäftsplan, der gegebenenfalls auch die wesentlichen Angaben zu den Organen des AIF enthält (§ 320 Abs. 1 Satz 2 **Nr. 3** KAGB).
- Der Jahresbericht gem. § 299 Abs. 1 Satz 1 Nr. 3 KAGB für das letzte Geschäftsjahr, versehen mit dem handschriftlich unterzeichneten Bestätigungsvermerk (Original) eines Wirtschaftsprüfers (§ 320 Abs. 1 Satz 2 **Nr. 4** KAGB).
- Außer bei geschlossenen AIF: Der sich an den letzten Jahresbericht anschließende Halbjahresbericht gem. § 299 Abs. 1 Satz 1 Nr. 4 KAGB, sofern der Stichtag des Jahresberichts länger als acht Monate zurückliegt (§ 320 Abs. 1 Satz 2 **Nr. 4** KAGB).

---

20 In diesem Falle ist allerdings ein entsprechender Hinweis erforderlich; *BaFin*, Merkblatt für Anzeigen nach § 320 KAGB, S. 15.

21 *BaFin*, Merkblatt für Anzeigen nach § 320 KAGB, S. 15 f.

22 Eine separate Einreichung der Anlagebedingungen, der Satzung bzw. des Gesellschaftsvertrages wird von der BaFin, Merkblatt für Anzeigen nach § 320 KAGB, S. 16, als entbehrlich angesehen, wenn diese(r) Bestandteil des Verkaufsprospektes sind/ist. Ein entsprechender Hinweis, ob die Anlagebedingungen, die Satzung bzw. der Gesellschaftsvertrag Bestandteil des Verkaufsprospektes sind, soll an dieser Stelle allerdings erforderlich sein.

- Die im Zeitpunkt der Anzeige gültige und bei der Aufsichtsbehörde in dem Staat, in dem der AIF seinen Sitz hat, eingereichte bzw. von dieser genehmigte Originalfassung des gegebenenfalls fremdsprachigen Verkaufsprospekts (§ 320 Abs. 1 Satz 2 **Nr. 3** KAGB). Fremdsprachigen Verkaufsprospekten ist eine deutsche Übersetzung beizufügen (§ 320 **Abs. 1 Satz 3** KAGB).
- Die im Zeitpunkt der Anzeige gültigen wesentlichen Anlegerinformationen, die für den Vertrieb in der Bundesrepublik Deutschland vorgesehen sind (§ 320 Abs. 1 Satz 2 **Nr. 3** KAGB).
- Gegebenenfalls alle weiteren für den Anleger verfügbaren Informationen über den AIF (§ 320 Abs. 1 Satz 2 **Nr. 3** KAGB).
- Bei ausländischen AIF (1) eine aktuelle Bescheinigung im Original der zuständigen Aufsichtsbehörde darüber, dass der AIF von dieser Behörde zugelassen worden ist, der dortigen öffentlichen Aufsicht zum Schutz der Investmentanleger unterliegt und die Anlagebedingungen, die Satzung bzw. der Gesellschaftsvertrag des AIF sowie der Verkaufsprospekt den geltenden Vorschriften entsprechen (§ 320 Abs. 1 Satz 2 **Nr. 9** KAGB), und (2) eine aktuelle Bescheinigung im Original der zuständigen Aufsichtsbehörde darüber, dass diese zu einer befriedigenden Zusammenarbeit mit der Bundesanstalt bereit ist und die Bundesanstalt unverzüglich über eine Aufhebung, Rücknahme, einen anderen Wegfall der Zulassung des AIF oder andere schwerwiegende Maßnahmen gegen den AIF unterrichten sowie weitere, von der Bundesanstalt zur Erfüllung ihrer Aufgaben erbetene Informationen zur Verfügung stellen wird (§ 317 Abs. 1 Nr. 2 KAGB). Die letztgenannte Bescheinigung ist entbehrlich, wenn zwischen der BaFin und der zuständigen Aufsichtsbehörde in dem Staat, in dem der AIF seinen Sitz hat, eine bilaterale oder multilaterale Vereinbarung (MoU) i.S.v. § 317 Abs. 2 Nr. 1 KAGB besteht, die eine Zusammenarbeit der Aufsichtsbehörden, insbesondere einen Informationsaustausch, auch auf dem Gebiet der einschlägigen Vorschriften des KAGB gewährleistet.

23 Für die den Anzeigeschreiben beizufügenden **letzten Fassungen** der bei der Heimataufsichtsbehörde eingereichten oder genehmigten Unterlagen – d.h. **Verkaufsprospekt, Anlagebedingungen und Satzung bzw. Gesellschaftervertrag** – akzeptiert die BaFin eine Bestätigung durch die vertretungsberechtigte Leitung der AIF-Verwaltungsgesellschaft oder durch einen schriftlich bevollmächtigten Dritten, dass es sich um die aktuellen, bei der Aufsichtsbehörde im Sitzstaat der AIF-Verwaltungsgesellschaft eingereichten oder von dieser gebilligten Unterlagen handelt („**Selbstzertifizierung**").[23] Dabei sind Name und Funktionsbezeichnung der Unterzeichner dieser Bestätigung kenntlich zu machen. Für den Fall, dass die Selbstzertifizierung nicht durch die vertretungsberechtigte Leitung der AIF-Verwaltungsgesellschaft erfolgt, „ist ein Unterschriftenverzeichnis vorzulegen, in dem Name, Funktionsbezeichnung und Unterschriftenprobe der zeichnungsberechtigten Personen enthalten sein müssen. Ferner muss angegeben werden, unter welchen Voraussetzungen eine rechtlich verbindliche Willensäußerung für die AIF-Verwaltungsgesellschaft anzunehmen ist (z.B. Erfordernis der Zeichnung durch zwei Personen; die Gültigkeit des Unterschriftenverzeichnisses erstreckt sich -wenn nicht anders bestimmt -auch auf zukünftige Anzeigeverfahren, bis ein Widerruf oder eine Ersetzung desselben erfolgt). Das Unterschriftenverzeichnis muss von der vertretungsberechtigten Leitung der AIF-Verwaltungsgesellschaft unterzeichnet sein, wobei Name und Funktionsbezeichnung der Unterzeichner kenntlich zu machen sind".[24]

c) Angaben über den Repräsentanten (§ 320 Abs. 1 Satz 2 Nr. 2 KAGB)

aa) Angaben

24 Der Vertrieb von EU-AIF und ausländischen AIF durch eine EU-AIF-Verwaltungsgesellschaft oder eine ausländische AIF-Verwaltungsgesellschaft an Privatanleger in Deutschland ist nach § 317 Abs. 1 Nr. 4 KAGB nur zulässig, wenn die AIF-Verwaltungsgesellschaft der BaFin ein inländisches Kreditinstitut oder eine zuverlässige, fachlich geeignete Person mit Sitz oder Wohnsitz in Deutschland **als Repräsentanten benennt** (dazu § 317 Rz. 1 ff.). Die Benennung erfolgt gegenüber der BaFin und wird regelmäßig mit der zum Zwecke der Gestattung der Aufnahme des Vertriebs durch die Aufsichtsbehörde bei dieser einzureichenden Vertriebsanzeige nach § 320 Abs. 1 Satz 1 KAGB und den wesentlichen Angaben zum Repräsentanten nach Abs. 1 Satz 2 Nr. 2 erfolgen.

25 Als solche verlangt das Merkblatt für Anzeigen nach § 320 KAGB (S. 18):

- Name oder Firma, Rechtsform, Sitz oder Wohnsitz, Anschrift, E-Mail-Adresse sowie Telefon- und Telefaxnummer,

23 *BaFin*, Merkblatt für Anzeigen nach § 320 KAGB, S. 4.
24 *BaFin*, Merkblatt für Anzeigen nach § 320 KAGB, S. 4/5.

und, außer wenn es bei dem Repräsentanten um ein Kreditinstitut mit Sitz in der Bundesrepublik Deutschland handelt, zusätzlich

- Angaben zu Beruf/Tätigkeit oder Unternehmensgegenstand,
- Angaben zu den Mitgliedern der Geschäftsleitung unter Angabe von Name, Wohnort und Funktion (etwa: Vorsitzender, stellv. Vorsitzender) und
- die Darstellung, dass die Compliance-Funktion gemäß der Richtlinie 2011/61/EU entsprechend § 57 Abs. 3 Satz 4 KAGB wahrgenommen werden kann.

bb) Unterlagen

Zu den Angaben über den Repräsentanten sind entsprechend Gliederungspunkt A.VI.1.–6. des Merkblatts für Anzeigen nach § 320 KAGB (S. 18 f.) die folgenden Unterlagen vorzulegen: 26

- Eine aktuelle Bestätigung im Original des Repräsentanten über die erfolgte Übernahme dieser Funktion (Nr. 2), mit dem unter A.VI.1. (S. 18) des Merkblatts aufgeführten Wortlaut.
- Ein öffentlich beglaubigter Auszug aus dem Handelsregister.
- Ein lückenloser, eigenhändig unterzeichneter Lebenslauf, der sämtliche Vornamen, den Familien- und Geburtsnamen, Geburtstag, Geburtsort, die Privatanschrift, Staatsangehörigkeit sowie eine eingehende Darlegung der fachlichen Vorbildung, die Namen aller Unternehmen, für die diese Person tätig gewesen ist, und Angaben zur Art der jeweiligen Tätigkeit enthalten muss. Bei der Art der jeweiligen Tätigkeit sind insbesondere die Vertretungsmacht dieser Person, ihre internen Entscheidungskompetenzen und die ihr innerhalb des Unternehmens unterstellten Geschäftsbereiche darzustellen; bei fremden Staatsangehörigen ist eine Erklärung erforderlich, ob sie die deutsche Sprache in Wort und Schrift beherrschen.
- Eine Erklärung der betreffenden Person, ob gegen sie ein Strafverfahren schwebt, ob ein Strafverfahren wegen eines Verbrechens oder Vergehens gegen sie anhängig gewesen ist oder ob sie oder ein von ihr geleitetes Unternehmen als Schuldnerin in ein Insolvenzverfahren oder ein Verfahren zur Abgabe einer eidesstattlichen Versicherung oder ein vergleichbares Verfahren verwickelt war oder ist.
- Ein Führungszeugnis zur Vorlage bei einer Behörde (Belegart „O") des Bundesamtes für Justiz gem. § 30 Abs. 5 Bundeszentralregistergesetz (BZRG).
- Bei natürlichen Personen, die selbständig tätig waren oder sind, und solchen, die im Rahmen ihrer beruflichen Tätigkeit Vertretungsberechtigte eines Gewerbetreibenden oder mit der Leitung eines Gewerbebetriebes beauftragt oder Leiter einer sonstigen wirtschaftlichen Unternehmung waren oder sind, ein Auszug aus dem Gewerbezentralregister gem. § 150 GewO im Original. Ist der Repräsentant eine Handels- oder Kapitalgesellschaft, so sind die Unterlagen zu den Punkten VI.3.–VI.6. des Merkblatts – vorstehend Spiegelstriche 3–6 – für sämtliche Mitglieder der Geschäftsleitung einzureichen. Sofern es sich bei dem Repräsentanten um ein Kreditinstitut mit Sitz in der Bundesrepublik Deutschland handelt, ist die Einreichung der Unterlagen zu den Punkten VI.2.–VI.6. des Merkblatts – vorstehend Spiegelstriche 2–6 – nicht erforderlich.

d) Angaben über die Vertriebsgesellschaften (§ 320 Abs. 1 Satz 2 Nr. 3 KAGB)

Als Angaben über die für den Vertrieb im Geltungsbereich dieses Gesetzes vorgesehenen Vertriebsgesellschaften muss das Anzeigeschreiben nach dem Merkblatt für Anzeigen nach § 320 KAGB (S. 20) Name oder Firma, Rechtsform, Sitz und Anschrift aller in Deutschland tätigen Vertriebsgesellschaften sowie die Art der Erlaubnis zum Vertrieb von Investmentanteilen enthalten. 27

e) Angaben über die Verwahrstelle (§ 320 Abs. 1 Satz 2 Nr. 2 KAGB)

aa) Angaben

Nach § 320 Abs. 1 Satz 2 Nr. 2 Halbs. 1 KAGB müssen sich im Anzeigeschreiben auch alle wesentlichen Angaben zur Verwahrstelle sowie die Bestätigungen der Verwahrstelle über die Übernahme dieser Funktion finden. Diese Angaben sind nach § 320 Abs. 1 Satz 2 Nr. 1 Halbs. 2 KAGB allerdings nur dann erforderlich, wenn sie von der Bescheinigung nach Nr. 1 lit. a nicht erfasst werden. 28

Über die Verwahrstelle hat das Anzeigeschreiben nach dem Merkblatt für Anzeigen nach § 320 KAGB (S. 20 f.) die folgenden Angaben zu enthalten: 29

- Name oder Firma, Rechtsform, Sitz und Anschrift.
- Haupttätigkeit der Verwahrstelle.

- Name des Staates, nach dessen Recht die Verwahrstelle errichtet worden ist.
- Name, Sitz und Anschrift der staatlichen Stelle, deren Aufsicht die Verwahrstelle unterliegt, bei einer Verwahrstelle aus einem Drittstaat unter ausführlicher Darstellung der Art und des Umfangs der Aufsicht, insbesondere dahingehend, dass nach den für die Aufsicht maßgeblichen Regelungen zu prüfen ist, ob die Verwaltungs- und Leitungsorgane (Geschäftsleitung) der Verwahrstelle über die für die Verwahrstellenfunktion erforderliche Erfahrung verfügen, ob die Verwahrstelle die zur Erfüllung ihrer Aufgaben notwendige Organisation vorhält und ob sie Mindesteigenkapitalanforderungen unterliegt.
- Eigenkapital (Grund- oder Stammkapital, abzüglich der ausstehenden Einlagen zuzüglich der Rücklagen) nach dem letzten Jahresabschluss.
- Datum der Gründung der Verwahrstelle.
- Geschäftsjahr.
- Datum der Übernahme der Funktion der Verwahrstelle.
- Art der Bestellung der Verwahrstelle, etwa: Bestellung durch die Verwaltungs- und Leitungsorgane (Geschäftsleitung) der AIF-Verwaltungsgesellschaft; Wahl oder Bestätigung durch Versammlung/Hauptversammlung der Anleger.
- Zeitliche Beschränkung der Bestellung (etwa: unbefristet, Bestellung für einen bestimmten Zeitraum mit Verlängerungsmöglichkeit, Kündigungsmöglichkeiten).
- Leitende Angestellte der Verwahrstelle (Geschäftsleiter, Prokuristen, zum gesamten Geschäftsbetrieb ermächtigte Handlungsbevollmächtigte), die gleichzeitig Organmitglieder oder Angestellte der AIF-Verwaltungsgesellschaft sind; leitende Angestellte (Geschäftsleiter, Prokuristen, zum gesamten Geschäftsbetrieb ermächtigte Handlungsbevollmächtigte) der AIF-Verwaltungsgesellschaft, die gleichzeitig Organmitglieder oder Angestellte der Verwahrstelle sind.

bb) Unterlagen

30 Zu den Angaben über die Verwahrstelle sind entsprechend Gliederungspunkt A.IX.1.–3. des Merkblatts für Anzeigen nach § 320 KAGB (S. 21) die folgenden Unterlagen vorzulegen:

- Aktuelle Bestätigung der Verwahrstelle im Original über die Übernahme dieser Funktion unter entsprechender Einhaltung der Vorschriften nach §§ 80–90 KAGB und mit Hinweis auf gesetzliche Bestimmungen in dem Staat, in dem die Verwahrstelle ihren Sitz hat, aus denen sich Rechte und Pflichten der Verwahrstelle ergeben.
- Vertrag zwischen der AIF-Verwaltungsgesellschaft und der Verwahrstelle (Verwahrstellenvertrag).
- Letzter Geschäftsbericht einschließlich des Jahresabschlusses der Verwahrstelle.

Die Einreichung der beiden letztgenannten Unterlagen kann entfallen, sofern die entsprechenden Angaben von der Bescheinigung nach Punkt II.4. (S. 12) des Merkblatts (oben Rz. 20 Spiegelstrich 4) erfasst sind.

f) Angaben über die Zahlstelle (§ 320 Abs. 1 Satz 2 Nr. 2 KAGB)

aa) Angaben

31 Nach § 320 Abs. 1 Satz 2 Nr. 2 Halbs. 1 KAGB muss das Anzeigeschreiben des Weiteren alle wesentlichen Angaben zur Zahlstelle sowie die Bestätigungen der Zahlstelle über die Übernahme dieser Funktion enthalten. Als Angaben verlangt das Merkblatt für Anzeigen nach § 320 KAGB (S. 21 f.) solche über Firma, Rechtsform, Sitz und Anschrift aller Kreditinstitute mit Sitz in der Bundesrepublik Deutschland oder Zweigniederlassungen von Kreditinstituten mit Sitz im Ausland in Deutschland, über welche von den Anlegern geleistete oder für sie bestimmte Zahlungen geleitet werden können. Darüber hinaus ist die Darstellung des Zahlungswegs für Zahlungen von den Zahlstellen zur Verwahrstelle und umgekehrt erforderlich.

bb) Unterlagen

32 Den Angaben über die Zahlstelle sind entsprechend Gliederungspunkt A.XI. des Merkblatts für Anzeigen nach § 320 KAGB (S. 22) sind aktuelle Bestätigungen der einzelnen Zahlstellen in Deutschland im Original über die erfolgte Übernahme dieser Funktion sowie darüber beizufügen, dass Zahlungen an das in § 83 Abs. 6 KAGB genannte Geldkonto bzw. an die Anleger unverzüglich und unmittelbar weitergeleitet werden. Die Bestätigung soll den unter A.XI. (S. 22) des Merkblatts aufgeführten Wortlaut haben.

g) Vorlage der Vereinbarungen für Master-Feeder-Strukturen (§ 320 Abs. 1 Satz 2 Nr. 10 KAGB)

Im Falle von Master-Feeder-Strukturen muss das Anzeigeschreiben nach § 320 Abs. 1 Satz 2 Nr. 10 KAGB gegebenenfalls die nach § 175 KAGB erforderlichen Vereinbarungen enthalten. 33

IV. Änderung von Angaben und Unterlagen (§ 320 Abs. 4 KAGB)

1. Änderungsanzeige

Jede Änderung der mit der Anzeige nach § 320 Abs. 1 KAGB übermittelten Angaben oder Unterlagen hat die EU-AIF-Verwaltungsgesellschaft oder die ausländische AIF-Verwaltungsgesellschaft der BaFin unverzüglich – d.h. ohne schuldhaftes Zögern (§ 121 Abs. 1 Satz 1 BGB) – nach deren Eintreten (§ 320 Abs. 4 i.V.m. § 316 Abs. 4 Satz 2 KAGB) im Wege einer **Änderungsanzeige** schriftlich mitzuteilen (§ 320 Abs. 4 i.V.m. § 316 Abs. 4 Satz 1 KAGB). Zeitgleich sind nach diesen Bestimmungen der BaFin aktualisierte Angaben und Unterlagen zu übermitteln. Das Erfordernis einer Änderungsanzeige ist nicht von der Bedeutung der Änderung abhängig, sondern allein davon, ob die es sich um eine Änderung von nach § 320 Abs. 1 Satz 2 KAGB übermittelten Angaben oder Unterlagen handelt, weshalb auch ein Wechsel der (nach § 320 Abs. 1 Satz 2 Nr. 3 KAGB anzugebenden) Vertriebsgesellschaft als Änderung anzuzeigen ist.[25] Die **Änderungsanzeige** ist nicht formalisiert und kann sowohl während des Anzeigeverfahrens als auch nach dem Abschluss desselben und nach Aufnahme des Vertriebs erforderlich sein. Hierzu und zu weiteren Einzelheiten zur Änderungsanzeige ist auf die Erläuterungen zu § 316 Rz. 25 zu verweisen. Zur **europarechtlichen Grundlage** der Vorschrift s. § 316 Rz. 24. 34

Sollte es sich bei der Änderung nicht um eine bereits eingetretene, sondern um eine **geplante Änderung** handeln, so ist diese der BaFin mindestens 20 Arbeitstage vor Durchführung derselben mitzuteilen (§ 320 Abs. 4 i.V.m. § 316 Abs. 4 Satz 2 KAGB); zur Berechnung der Frist oben Rz. 6. Für den Fall, dass die geplante Änderung gegen Vorschriften des KAGB verstößt, teilt die BaFin der EU-AIF-Verwaltungsgesellschaft oder der ausländischen AIF-Verwaltungsgesellschaft unverzüglich mit, dass sie die Änderung nicht durchführen darf (§ 320 Abs. 4 i.V.m. § 316 Abs. 4 Satz 3 KAGB). Wird eine geplante Änderung ohne Beachtung dieser Bestimmungen durchgeführt oder führt eine durch einen unvorhersehbaren Umstand ausgelöste Änderung dazu, dass die EU-AIF-Verwaltungsgesellschaft, ausländische AIF-Verwaltungsgesellschaft oder die Verwaltung des betreffenden AIF durch die EU-AIF-Verwaltungsgesellschaft oder die ausländische AIF-Verwaltungsgesellschaft gegen dieses Gesetz verstößt, so ergreift die BaFin alle gebotenen Maßnahmen einschließlich der ausdrücklichen Untersagung des Vertriebs des betreffenden AIF (§ 320 Abs. 4 i.V.m. § 316 Abs. 4 Satz 4 KAGB). 35

Ist das Verfahren im Zeitpunkt der Einreichung der geänderten Angaben und Unterlagen **noch nicht abgeschlossen**, so geht die Praxis davon aus, dass die Bearbeitungsfrist der BaFin – wie bei einer Ergänzungsanzeige (oben Rz. 8) – erneut zu laufen beginnt; näher hierzu § 316 Rz. 26. Entsprechend der Regelung zur Ergänzungsanzeige ist auch zu verfahren, wenn ungenehmigte **Änderungen der Anlagebedingungen** Gegenstand der Änderungsanzeige sind (§ 316 Rz. 26): Zum einen entsteht hier die Mitteilungspflicht nach § 320 Abs. 4 i.V.m. § 316 Abs. 4 Satz 3 KAGB erst mit Genehmigung der geänderten Anlagebedingungen nach § 163 oder § 267 KAGB; und zum anderen kann aus dem Umstand, dass vor Genehmigung der geänderten Anlagebedingungen keine Mitteilung ergangen ist, nicht gefolgert werden, die geplante Änderung dürfe durchgeführt werden. Des Weiteren geht die BaFin davon aus, dass in besonders gelagerten Fällen die Einreichung von geänderten Angaben und Unterlagen aber auch **als neue Anzeige** anzusehen sein kann, etwa wenn die eingereichten Angaben und Unterlagen umfassend geändert werden (§ 316 Rz. 26). Für Änderungsanzeigen **nach Abschluss des Änderungsverfahrens** und nach Beginn des Vertriebs s. die Erläuterungen zu § 316 Rz. 27. 36

2. Nachtrag zum Verkaufsprospekt (§ 320 Abs. 4 Satz 3 KAGB)

Betrifft die Änderung einen wichtigen neuen Umstand oder eine wesentliche Unrichtigkeit in Bezug auf die im **Verkaufsprospekt eines geschlossenen Publikums-AIF** enthaltenen Angaben, die die Beurteilung des Investmentvermögens oder der EU-AIF-Verwaltungsgesellschaft bzw. ausländischen AIF-Verwaltungsgesellschaft beeinflussen können, so ist diese Änderung in einen **Nachtrag zum Verkaufsprospekt** aufzunehmen. Dieser muss an hervorgehobener Stelle eine Belehrung über das Widerrufsrecht nach § 305 Abs. 8 Satz 1 37

25 A.A. *Behme* in Baur/Tappen, § 320 KAGB Rz. 29, der sich zu Unrecht auf *Baum* in Emde/Dornseifer/Dreibus/Hölscher, § 139 InvG Rz. 37 bezieht, welcher einen solchen Wechsel nicht als *wesentliche* Angabe i.S.v. § 139 Abs. 2 Satz 1 Nr. 6b des aufgehobenen InvG betrachtet.

KAGB enthalten und darüber hinaus den Empfänger des Widerrufs bezeichnen. Des Weiteren ist im Nachtrag darauf hinzuweisen, wo der Nachtrag zur kostenlosen Ausgabe bereitgehalten wird. Der Nachtrag ist unverzüglich im Bundesanzeiger und in einer hinreichend verbreiteten Wirtschafts- oder Tageszeitung oder in den im Verkaufsprospekt bezeichneten elektronischen Informationsmedien zu veröffentlichen. Das alles ergibt sich aus § 320 Abs. 4 Satz 3 KAGB i.V.m. der entsprechenden Anwendung von § 316 Abs. 5 KAGB. Zu **Einzelheiten** gelten die Erläuterungen zu § 316 Abs. 5 KAGB in § 316 Rz. 31 ff. entsprechend.

Unterabschnitt 2
Anzeigeverfahren für den Vertrieb von AIF an semiprofessionelle Anleger und professionelle Anleger im Inland

§ 321 Anzeigepflicht einer AIF-Kapitalverwaltungsgesellschaft beim beabsichtigten Vertrieb von EU-AIF oder von inländischen Spezial-AIF an semiprofessionelle und professionelle Anleger im Inland

(1) [1]Beabsichtigt eine AIF-Kapitalverwaltungsgesellschaft, Anteile oder Aktien an einem von ihr verwalteten EU-AIF oder an einem von ihr verwalteten inländischen Spezial-AIF an semiprofessionelle oder professionelle Anleger im Geltungsbereich dieses Gesetzes zu vertreiben, so hat sie dies der Bundesanstalt anzuzeigen. [2]Das Anzeigeschreiben muss folgende Angaben und Unterlagen in jeweils geltender Fassung enthalten:

1. **einen Geschäftsplan, der Angaben zum angezeigten AIF sowie zu seinem Sitz enthält;**
2. **die Anlagebedingungen, die Satzung oder den Gesellschaftsvertrag des angezeigten AIF;**
3. **den Namen der Verwahrstelle des angezeigten AIF;**
4. **eine Beschreibung des angezeigten AIF und alle für die Anleger verfügbaren Informationen über den angezeigten AIF;**
5. **Angaben zum Sitz des Master-AIF und seiner Verwaltungsgesellschaft, falls es sich bei dem angezeigten AIF um einen Feeder-AIF handelt;**
6. **alle in § 307 Absatz 1 genannten weiteren Informationen für jeden angezeigten AIF;**
7. **Angaben zu den Vorkehrungen, die getroffen wurden, um zu verhindern, dass Anteile oder Aktien des angezeigten AIF an Privatanleger vertrieben werden, insbesondere wenn die AIF-Kapitalverwaltungsgesellschaft für die Erbringung von Wertpapierdienstleistungen für den angezeigten AIF auf unabhängige Unternehmen zurückgreift.**

[3]Ist der EU-AIF oder der inländische Spezial-AIF, den die AIF-Kapitalverwaltungsgesellschaft an semiprofessionelle oder professionelle Anleger im Geltungsbereich dieses Gesetzes zu vertreiben beabsichtigt, ein Feeder-AIF, ist eine Anzeige nach Satz 1 nur zulässig, wenn der Master-AIF ebenfalls ein EU-AIF oder ein inländischer AIF ist, der von einer EU-AIF-Verwaltungsgesellschaft oder einer AIF-Kapitalverwaltungsgesellschaft verwaltet wird. [4]Andernfalls richtet sich das Anzeigeverfahren ab dem Zeitpunkt, auf den in § 295 Absatz 2 Nummer 1 verwiesen wird, nach § 322 und vor diesem Zeitpunkt nach § 329.

(2) [1]Die Bundesanstalt prüft, ob die gemäß Absatz 1 übermittelten Angaben und Unterlagen vollständig sind. [2]Fehlende Angaben und Unterlagen fordert sie innerhalb einer Frist von 20 Arbeitstagen als Ergänzungsanzeige an. [3]Mit Eingang der Ergänzungsanzeige beginnt die in Satz 2 genannte Frist erneut. [4]Die Ergänzungsanzeige ist der Bundesanstalt innerhalb von sechs Monaten nach der Erstattung der Anzeige oder der letzten Ergänzungsanzeige einzureichen; andernfalls ist eine Mitteilung nach Absatz 4 ausgeschlossen. [5]Die Frist nach Satz 3 ist eine Ausschlussfrist. [6]Eine erneute Anzeige ist jederzeit möglich.

(3) [1]Innerhalb von 20 Arbeitstagen nach Eingang der vollständigen Anzeigeunterlagen nach Absatz 1 teilt die Bundesanstalt der AIF-Kapitalverwaltungsgesellschaft mit, ob diese mit dem Vertrieb des im Anzeigeschreiben genannten AIF an semiprofessionelle und professionelle Anleger im Geltungsbereich dieses Gesetzes ab sofort beginnen kann. [2]Die Bundesanstalt kann innerhalb dieser Frist die Aufnahme des Vertriebs untersagen, wenn die AIF-Kapitalverwaltungsgesellschaft oder die

Verwaltung des angezeigten AIF durch die AIF-Kapitalverwaltungsgesellschaft gegen die Vorschriften dieses Gesetzes oder gegen die Vorschriften der Richtlinie 2011/61/EU verstößt. [3]Teilt sie der AIF-Kapitalverwaltungsgesellschaft entsprechende Beanstandungen der eingereichten Angaben und Unterlagen innerhalb der Frist von Satz 1 mit, wird die in Satz 1 genannte Frist unterbrochen und beginnt mit der Einreichung der geänderten Angaben und Unterlagen erneut. [4]Die AIF-Kapitalverwaltungsgesellschaft kann ab dem Datum der entsprechenden Mitteilung nach Satz 1 mit dem Vertrieb des angezeigten AIF an semiprofessionelle und professionelle Anleger im Geltungsbereich dieses Gesetzes beginnen. [5]Handelt es sich um einen EU-AIF, so teilt die Bundesanstalt zudem den für den EU-AIF zuständigen Stellen mit, dass die AIF-Kapitalverwaltungsgesellschaft mit dem Vertrieb von Anteilen oder Aktien des EU-AIF an professionelle Anleger im Geltungsbereich dieses Gesetzes beginnen kann.

(4) [1]Die AIF-Kapitalverwaltungsgesellschaft teilt der Bundesanstalt wesentliche Änderungen der nach Absatz 1 oder 2 übermittelten Angaben schriftlich mit. [2]Änderungen, die von der AIF-Kapitalverwaltungsgesellschaft geplant sind, sind mindestens einen Monat vor Durchführung der Änderung mitzuteilen. [3]Ungeplante Änderungen sind unverzüglich nach ihrem Eintreten mitzuteilen. [4]Führt die geplante Änderung dazu, dass die AIF-Kapitalverwaltungsgesellschaft oder die Verwaltung des betreffenden AIF durch die AIF-Kapitalverwaltungsgesellschaft nunmehr gegen die Vorschriften dieses Gesetzes oder gegen die Vorschriften der Richtlinie 2011/61/EU verstößt, so teilt die Bundesanstalt der AIF-Kapitalverwaltungsgesellschaft unverzüglich mit, dass sie die Änderung nicht durchführen darf. [5]Wird eine geplante Änderung ungeachtet der Sätze 1 bis 4 durchgeführt oder führt eine durch einen unvorhersehbaren Umstand ausgelöste Änderung dazu, dass die AIF-Kapitalverwaltungsgesellschaft oder die Verwaltung des betreffenden AIF durch die AIF-Kapitalverwaltungsgesellschaft nunmehr gegen die Vorschriften dieses Gesetzes oder der Richtlinie 2011/61/EU verstößt, so ergreift die Bundesanstalt alle gebotenen Maßnahmen gemäß § 5 einschließlich der ausdrücklichen Untersagung des Vertriebs des betreffenden AIF.

In der Fassung vom 4.7.2013 (BGBl. I 2013, S. 1981).

Schrifttum: *Bußalb/Unzicker*, Auswirkungen der AIFM-Richtlinie auf geschlossene Fonds, BKR 2012, 309; *Emde/Dreibus*, Der Regierungsentwurf für ein Kapitalanlagegesetzbuch, BKR 2013, 89; *Klebeck/Meyer*, Drittstaatenregulierung der AIFM-Richtlinie, RdF 2012, 95; *Krause/Gölz*, Herausforderungen beim Vertrieb drittausländischer Alternativer Investment Fonds in Deutschland, RdF 2015, 15; *Loff/Klebeck*, Fundraising nach der AIFM-Richtlinie und Umsetzung in Deutschland durch das KAGB; *Spindler/Tancredi*, Die Richtlinie über Alternative Investmentfonds (AIFM-Richtlinie), WM 2011, 1405 und 1441; *Volhard/Jang*, Der Vertrieb alternativer Investmentfonds, Regelungsrahmen für den Vertrieb an professionelle und semi-professionelle Anleger in Deutschland nach dem RegE zur Umsetzung der AIFM-RL, DB 2013, 273; *Wallach*, Alternative Investment Funds Managers Directive – ein neues Kapitel des europäischen Investmentrechts, RdF 2011, 80; *Wallach*, Wann liegt ein Vertrieb von Anteilen an Investmentvermögen vor?, ZBB 2016, 287; *Weiser/Jang*, Die nationale Umsetzung der AIFM-Richtlinie und ihre Auswirkungen auf die Fondsbranche in Deutschland, BB 2011, 1219; *Wollenhaupt/Beck*, Das neue Kapitalanlagegesetzbuch (KAGB) – Überblick über die Neuregelung des deutschen Investmentrechts nach der Umsetzung der AIFM-RL, DB 2013, 1950.

I. Zweck und Anwendungsbereich der Norm

1 Bevor ein Spezial-AIF in Deutschland vertrieben werden darf, muss die Verwaltungsgesellschaft die Absicht des Vertriebs der BaFin anzeigen. Die BaFin hat aufgrund der Anzeige die Möglichkeit zu prüfen, ob die Verwaltungsgesellschaft oder die Verwaltung des Spezial-AIF gegen gesetzliche Vorschriften verstößt. In der Sache handelt es sich um ein **behördliches Genehmigungsverfahren** („Zulassung mit Untersagungsvorbehalt"),[1] da der Vertrieb erst aufgenommen werden darf, wenn die BaFin eine positive Entscheidung über den Vertrieb getroffen hat (Rz. 31).

2 Wenngleich der Regulierungsansatz des KAGB primär verwalterbezogen ist, war die Einführung einer Anzeige- bzw. Erlaubnispflicht für die vertriebenen Produkte bereits im Vorschlag der AIFM-RL angelegt, um die grenzüberschreitenden Aktivitäten der Verwalter alternativer Investmentfonds lückenlos verfolgen zu können.[2] Die Anzeigepflichten sind damit Teil der **finanzmarktrechtlichen Produktregulierung**. Daneben ist der Vertrieb von AIF Gegenstand einer tätigkeitsbezogenen Regulierung. Der Vertrieb von AIF durch andere Personen als die Verwaltungsgesellschaft ist regelmäßig erlaubnispflichtiges Bankgeschäft (z.B. als Finanzkommission) bzw. erlaubnispflichtige Finanzdienstleistung (z.B. als Anlagevermittlung oder Anlageberatung).

3 Für den Vertrieb von EU-AIF durch EU-AIF-Verwaltungsgesellschaften sind durch die AIFM-RL einheitliche Bedingungen geschaffen worden, die Grundlage für die Herkunftsstaatkontrolle und gegenseitige Anerkennung (**EU-Vertriebspass**) sind.[3] Anders als beim Vertrieb von OGAW, der bei reinen Inlandssachverhalten keine Anzeige erfordert, unterliegt auch der Vertrieb inländischer AIF durch eine (inländische) Kapitalverwaltungsgesellschaft einem Zulassungsvorbehalt der BaFin.[4]

4 Das Anzeigeverfahren sowie Art und Umfang der Unterlagen, die Gegenstand der Vertriebsanzeige sind, unterscheiden sich nach dem **Sitz der Verwaltungsgesellschaft** (inländische AIF-Kapitalverwaltungsgesellschaft, EU-Verwaltungsgesellschaft oder ausländische AIF-Verwaltungsgesellschaft), dem **Typus des Investmentvermögens** (inländischer Spezial-AIF, EU-AIF oder ausländischer AIF) und, nach Einführung des Drittstaatenvertriebspasses, dem **Referenzmitgliedstaat der Verwaltungsgesellschaft** (zur Systematik der §§ 316 bis 334 KAGB s. auch die Kommentierung zu § 295).

5 § 321 KAGB findet auf den Vertrieb (Rz. 10) von **inländischen Spezial-AIF** (§ 1 Abs. 6 KAGB) und **EU-AIF** (§ 1 Abs. 8 KAGB) Anwendung, die von einer **AIF-Kapitalverwaltungsgesellschaft** (§ 1 Abs. 16 KAGB), d.h. einer inländischen AIF-Verwaltungsgesellschaft, an **professionelle Anleger** (§ 1 Abs. 19 Nr. 32 KAGB) und **semi-professionelle Anleger** (§ 1 Abs. 19 Nr. 33 KAGB) vertrieben werden. Die Vorschrift gilt daher sowohl für **reine Inlandssachverhalte** als auch für den Vertrieb von EU-AIF durch eine deutsche Kapitalverwaltungsgesellschaft und ist damit Teil des **EU-Vertriebspasses** (*incoming passport*).[5] Auf Sachverhalte mit Drittstaatenbezug (einschließlich Master-Feeder-Strukturen mit Master-AIF in einem Drittstaat) findet die Vorschrift keine Anwendung. Die Geltung ist daher auch von der Einführung des Drittstaatenvertriebspasses unabhängig (§ 295 Abs. 2 und 3 KAGB). Der Vertrieb von ausländischen AIF richtet sich nach § 322 bzw. § 329 KAGB. Für den Vertrieb durch EU-AIF-Verwaltungsgesellschaften gilt, abhängig von der Art des verwalteten Investmentvermögens, §§ 323, 324, 325, 326, 327 oder 328 bzw. § 330 KAGB. Der Vertrieb von AIF an Privatanleger (§ 1 Abs. 19 Nr. 31 KAGB) richtet sich nach den strengeren §§ 316 und 317 KAGB. Über seinen unmittelbaren Anwendungsbereich hinaus hat § 321 KAGB auch Bedeutung für die weiteren Anzeigeverfahren nach §§ 322 ff. KAGB, die wegen des Inhalts der Anzeige und des behördlichen Verfahrens vielfach auf die Regelungen des § 321 KAGB verweisen.[6]

---

1 *Jesch* in Dornseifer/Jesch/Klebeck/Tollmann, Art. 31 AIFM-RL Rz. 25; *Lichtenstein* in Baur/Tappen, § 321 KAGB Rz. 38.

2 *Jesch* in Dornseifer/Jesch/Klebeck/Tollmann, Art. 31 AIFM-RL Rz. 1.

3 *Jesch* in Dornseifer/Jesch/Klebeck/Tollmann, Art. 31 AIFM-RL Rz. 7; *Lichtenstein* in Baur/Tappen, § 321 KAGB Rz. 9.

4 *Zeidler* in Weitnauer/Boxberger/Anders, § 321 KAGB Rz. 1. Für den Vertrieb von Publikums-AIF sieht § 316 KAGB in reinen Inlandssachverhalten ebenfalls ein Anzeigeverfahren vor.

5 Vgl. die Begründung zum Entwurf der Bundesregierung zum AIFM-Umsetzungsgesetz, BT-Drucks. 17/12294, 287; ebenso: *Zeidler* in Weitnauer/Boxberger/Anders, vor §§ 321 bis 334 KAGB Rz. 2.

6 *Zeidler* in Weitnauer/Boxberger/Anders, § 321 KAGB Rz. 2; *Lichtenstein* in Baur/Tappen, § 321 KAGB Rz. 1.

II. Entstehung der Norm

Der Wortlaut der Vorschrift entspricht der Fassung des ursprünglichen Regierungsentwurfs vom 6.2.2013.[7] Soweit § 321 KAGB den Vertrieb an professionelle Anleger betrifft, beruht die Vorschrift auf **Art. 31 AIFM-RL**. Darüber hinaus hat der deutsche Gesetzgeber den Vertrieb von AIF an Kleinanleger i.S.d. Art. 4 Abs. 1 lit. aj AIFM-RL zugelassen. Von der Möglichkeit nach Art. 43 Abs. 2 AIFM-RL, den Vertrieb an Kleinanleger an strengere Auflagen zu knüpfen, hat der Gesetzgeber aber nur im Hinblick auf den Vertrieb an Privatanleger i.S.d. § 1 Abs. 19 Nr. 31 KAGB Gebrauch gemacht (s. §§ 316 und 317 KAGB). Für den Vertrieb an semi-professionelle Anleger (die nach der AIFM-RL auch als Kleinanleger zu qualifizieren sind) gelten dagegen dieselben Standards wie für den Vertrieb an professionelle Anleger.[8] 6

Im Einzelnen dient Abs. 1 Satz 1 der Umsetzung von Art. 31 Abs. 1 Unterabs. 1 und Abs. 6 AIFM-RL. Abs. 1 Satz 2 setzt Art. 31 Abs. 2 und Anhang III AIFM-RL und Abs. 1 Satz 3 setzt Art. 31 Abs. 1 Unterabs. 2 AIFM-RL um. Mit Abs. 3 wird Art. 31 Abs. 3 und Abs. 6 AIFM-RL umgesetzt. Abs. 4 dient der Umsetzung von Art. 31 Abs. 4 AIFM-RL. 7

Eine gesonderte Regelung für die Prüfung der Vollständigkeit der Vertriebsanzeige sowie eine Ergänzungsanzeige (§ 321 Abs. 2 KAGB) sind in Art. 31 AIFM-RL nicht vorgesehen. Die Regelung beruht auf § 128 InvG a.F., der für OGAW eine entsprechende Regelung vorsah.[9] Die Regelung dient der Verfahrensbeschleunigung und ist auf die Vertriebsanzeige nach dem KAGB entsprechend übertragen worden. 8

Für § 321 KAGB gelten die **Übergangsvorschriften** der §§ 343 Abs. 3, 345 Abs. 6 und 7, 351 Abs. 1 bis 4 und 353 Abs. 8 KAGB. 9

III. Voraussetzungen für den Vertrieb an professionelle und semiprofessionelle Anleger im Inland

1. Absicht des Vertriebs an professionelle und semiprofessionelle Anleger im Inland

Die Anzeigepflicht knüpft an die Absicht, AIF in Deutschland vertreiben zu wollen. Wann ein Vertrieb der Anteile in Deutschland vorliegt, bestimmt sich nach den **Kriterien in § 293 KAGB**. Trotz der generellen Anzeigepflicht für den Vertrieb in Deutschland existiert auch unter dem KAGB im Spezialfondsbereich nach wie vor die Möglichkeit, Anteile ohne Vertriebsanzeige an deutsche Anleger abzusetzen. Bei professionellen und semi-professionellen Anlegern geht die Initiative zum Erwerb der Anteile häufig vom Investor aus. In einem solchen Fall (***reverse solicitation***) kann die Verwaltungsgesellschaft auch ohne Vertriebsanzeigeverfahren die Kauforder ausführen (§ 293 Rz. 34).[10] 10

Anders als z.B. im Rahmen des Inhaberkontrollverfahrens (§ 19 KAGB, § 2c KWG) spielt es für das Vertriebsanzeigeverfahren keine Rolle, wann sich die Willensbildung der Verwaltungsgesellschaft so weit konkretisiert hat, dass von einer Vertriebsabsicht gesprochen werden kann.[11] § 321 KAGB verbindet mit der **Vertriebsabsicht** keine Anzeigefrist (§ 19 Abs. 1 Satz 1 KAGB verlangt dagegen eine unverzügliche Anzeige). Die Verwaltungsgesellschaft kann auch nach Konkretisierung der Vertriebsabsicht mit der Anzeige weiter zuwarten. Nur darf der Vertrieb nicht ohne den Abschluss eines Anzeigeverfahrens aufgenommen werden (Rz. 31). 11

Anzeigepflichtig ist nach dem klaren Wortlaut der Vorschrift nur die **AIF-Kapitalverwaltungsgesellschaft**. Das gilt auch dann, wenn der Vertrieb durch eine externe Vertriebsgesellschaft geplant ist.[12] 12

---

7 Entwurf der Bundesregierung zum AIFM-Umsetzungsgesetz, BT-Drucks. 17/12294, 151 f.

8 Vgl. die Begründung zum Entwurf der Bundesregierung zum AIFM-Umsetzungsgesetz, BT-Drucks. 17/12294, 287.

9 Vgl. die Begründung zum Entwurf der Bundesregierung zum AIFM-Umsetzungsgesetz, BT-Drucks. 17/12294, 288. Bei dem dort angegebenen Verweis auf § 129 Abs. 2 InvG a.F. handelt es sich um ein Redaktionsversehen; vgl. auch *Lichtenstein* in Baur/Tappen, § 321 KAGB Rz. 11.

10 BaFin, Häufige Fragen zum Vertrieb und Erwerb von Investmentvermögen nach dem KAGB v. 4.7.2013 (zuletzt geändert am 16.3.2018), Gz. WA 41-Wp 2137-2013/0293 (abrufbar auf www.bafin.de), Ziff. 1.2; *Lichtenstein* in Baur/Tappen, § 321 KAGB Rz. 18 f.

11 Vgl. dagegen die Diskussion bei *Lichtenstein* in Baur/Tappen, § 321 KAGB Rz. 17.

12 BaFin, Häufige Fragen zum Vertrieb und Erwerb von Investmentvermögen nach dem KAGB v. 4.7.2013 (zuletzt geändert am 16.3.2018), Gz. WA 41-Wp 2137-2013/0293 (abrufbar auf www.bafin.de), Ziff. 2.1.2.; *Lichtenstein* in Baur/Tappen, § 321 KAGB Rz. 15.

2. Vertriebsanzeige (§ 321 Abs. 1 KAGB)

a) Allgemeines

13 Die AIF-Kapitalverwaltungsgesellschaft hat der BaFin für jeden Spezial-AIF ein eigenes Anzeigeschreiben vorzulegen.[13] § 321 Abs. 1 Satz 2 KAGB schreibt bestimmte Mindestinhalte vor, die in das Anzeigeschreiben aufzunehmen bzw. ihm beizufügen sind. Von der Ermächtigung, **technische Durchführungsstandards** zu erlassen (Art. 31 Abs. 5 AIFM-RL), hat die Kommission bislang nicht Gebrauch gemacht.

14 Das Anzeigeschreiben sowie alle weiteren Unterlagen sind grundsätzlich in **deutscher Sprache** einzureichen (§ 23 VwVfG).[14] Eine verfahrensrechtliche Erleichterung, wie sie z.B. § 323 Abs. 1 Satz 1 KAGB für Anzeigen einer EU-AIF-Verwaltungsgesellschaft vorsieht, enthält § 321 KAGB nicht. Dies beruht auf der Annahme, dass eine inländische Verwaltungsgesellschaft die Sprachprivilegierung nicht benötigt. Gleichwohl kann in bestimmten Fällen das praktische Bedürfnis bestehen, das Anzeigeschreiben auf Englisch zu verfassen (z.B. bei der Anzeige einer deutschen Verwaltungsgesellschaft mit ausländischer Konzernmutter). Gleiches gilt für die weiteren Unterlagen, die der Vertriebsanzeige beizufügen sind. So sind z.B. die konstituierenden Dokumente eines EU-AIF oder die Vertriebsinformationen nach § 307 Abs. 1 Satz 2 KAGB nicht notwendigerweise in deutscher Sprache verfasst. Die Verwaltungspraxis der BaFin gewährleistet erfahrungsgemäß eine ebenso zuverlässige Bearbeitung der Anzeige, wenn Unterlagen in englischer Sprache eingereicht werden. Nach derzeitiger Rechtslage ist dies allerdings bei Anzeigen durch inländische Verwaltungsgesellschaften im Einzelnen mit der BaFin abzustimmen. Mit Blick auf § 323 Abs. 1 Satz 1 KAGB überzeugt dies sachlich nicht, ist aber als reine Inländerdiskriminierung europarechtlich zulässig.

15 Für die Prüfung der Vertriebsanzeige erhebt die BaFin eine **Gebühr** (Ziff. 4.1.7.2.3 des Gebührenverzeichnisses der FinDAGKostV).

b) Angaben zum AIF (§ 321 Abs. 1 Satz 2 Nr. 1 KAGB)

16 Nach § 321 Abs. 1 Satz 2 Nr. 1 KAGB muss das Anzeigeschreiben einen **Geschäftsplan** enthalten, der Angaben zum angezeigten AIF sowie zu seinem Sitz enthält. Eine genauere Bestimmung, welche Informationen der Geschäftsplan enthalten muss, trifft das KAGB und auch die AIFM-RL nicht. Im Rahmen der Finanzmarktregulierung verlangt der Gesetzgeber an verschiedenen Stellen die Vorlage eines Geschäftsplans an die Aufsichtsbehörden (vgl. z.B. § 22 Abs. 1 Nr. 7 KAGB und § 32 Abs. 1 Satz 2 Nr. 5 KWG). Damit will die BaFin nicht nur die Gesetzmäßigkeit des Vorhabens, sondern auch die wirtschaftliche Tragfähigkeit des Vorhabens prüfen. Im Rahmen der Produktregulierung machen die typischen Inhalte eines Geschäftsplans jedoch nur beschränkt Sinn. Bei der Beschreibung des AIF sind allenfalls die Anlageziele und die Anlagestrategie relevante Faktoren, die allerdings bereits Gegenstand der vorvertraglichen Informationen sind (§ 307 Abs. 1 Satz 2 Nr. 1 KAGB), die der BaFin nach Abs. 1 Satz 2 Nr. 6 zu übermitteln sind. Nach der Verwaltungspraxis der BaFin sind daher im Rahmen der Vertriebsanzeige nach § 321 KAGB nur Angaben zum Namen und Sitz sowie zum Herkunftsmitgliedstaat des AIF zu machen. Weitere Angaben seien im Geschäftsplan in der Regel nicht erforderlich, da die BaFin diese den übrigen in der Anzeige enthaltenen Angaben und Unterlagen entnehmen könne.[15]

17 Der **Sitz des AIF** ist der satzungsmäßige Sitz oder, falls der AIF keine eigene Rechtspersönlichkeit hat, der Staat dessen Recht der AIF unterliegt (§ 1 Abs. 19 Nr. 34 lit. a KAGB).

c) Anlagebedingungen, Satzung oder Gesellschaftsvertrag (§ 321 Abs. 1 Satz 2 Nr. 2 KAGB)

18 Dem Anzeigeschreiben sind die rechtlichen Grundlagen beizufügen, nach denen der AIF aufgelegt ist. Abhängig von der rechtlichen Struktur des AIF sind dies die **Anlagebedingungen** oder die **Satzung** bzw. der **Gesellschaftsvertrag** des AIF.

d) Angaben zur Verwahrstelle (§ 321 Abs. 1 Satz 2 Nr. 3 KAGB)

19 Im Anzeigeschreiben ist ferner der **Name der Verwaltungsgesellschaft** anzugeben.

---

13 *Lichtenstein* in Baur/Tappen, § 321 KAGB Rz. 20.

14 Vgl. auch *Zeidler* in Weitnauer/Boxberger/Anders, § 321 KAGB Rz. 4.

15 BaFin, Häufige Fragen zum Vertrieb und Erwerb von Investmentvermögen nach dem KAGB vom 4.7.2013 (zuletzt geändert am 16.3.2018), Gz. WA 41-Wp 2137-2013/0293 (abrufbar auf www.bafin.de), Ziff. 2.2.3. So auch: *Zeidler* in Weitnauer/Boxberger/Anders, § 321 KAGB Rz. 3; *Lichtenstein* in Baur/Tappen, § 321 KAGB Rz. 21.

e) Beschreibung des AIF (§ 321 Abs. 1 Satz 2 Nr. 4 KAGB)

§ 321 Abs. 1 Satz 2 Nr. 4 KAGB erfordert eine **Beschreibung** des angezeigten AIF und die Angabe aller für die Anleger verfügbaren Informationen. Dabei bestehen erhebliche Überschneidungen mit Nr. 6, wonach die Informationen nach § 307 Abs. 1 KAGB Gegenstand des Anzeigeverfahrens sind. Weitergehende Informationen sind nach Nr. 4 daher in der Regel nicht erforderlich. 20

f) Zusätzliche Angaben bei Master-Feeder-Strukturen (§ 321 Abs. 1 Satz 2 Nr. 5 KAGB)

§ 321 Abs. 1 Satz 3 und 4 KAGB stellt klar, dass die Vorschrift auch auf Master-Feeder-Konstruktionen anwendbar ist, sofern sowohl der Feeder-AIF als auch der Master-AIF ein inländischer AIF oder EU-AIF ist, der von einer (inländischen) AIF-Kapitalverwaltungsgesellschaft oder EU-AIF-Verwaltungsgesellschaft verwaltet wird. Die Anzeigepflicht für Master-Feeder-Konstruktionen mit Drittstaatenbezug richtet sich nach § 322 bzw. § 329 KAGB. 21

Nach Nr. 5 sind im Anzeigeschreiben zusätzliche **Informationen über den Master-AIF** (Sitz und Verwaltungsgesellschaft) aufzunehmen. 22

g) Informationen nach § 307 Abs. 1 KAGB (§ 321 Abs. 1 Satz 2 Nr. 6 KAGB)

Nach § 321 Abs. 1 Satz 2 Nr. 6 KAGB hat das Anzeigeschreiben alle Informationen zu enthalten, die den Anlegern nach § 307 Abs. 1 KAGB zur Verfügung zu stellen sind. Dies sind der **letzte Jahresbericht** und die **Kataloginformationen nach § 307 Abs. 1 Satz 2 KAGB**, die den Anlegern in der Regel in einem gesonderten Informationsdokument zur Verfügung gestellt werden (§ 307 Rz. 17 ff.). Dieses ist dann ebenfalls dem Anzeigeschreiben beizufügen. Dabei hat es sich bewährt (wie im Prospektbereich) bei einer umfangreicheren Informationsunterlage eine **Überkreuz-Checkliste** zum Informationskatalog in § 307 Abs. 1 Satz 2 KAGB beizufügen, um der BaFin die zügige Bearbeitung der Anzeige zu erleichtern. Eine solche Liste mit den Inhalten des Art. 23 AIFM-RL sieht auch das BaFin-Merkblatt im Rahmen der Anzeige des grenzüberschreitenden Vertriebs nach § 331 KAGB (*outgoing AIF notification*) vor.[16] 23

h) Getroffene Vorkehrungen, um den Vertrieb an Privatanleger zu verhindern (§ 321 Abs. 1 Satz 2 Nr. 7 KAGB)

Im Rahmen des Anzeigeverfahrens prüft die BaFin, ob hinreichend sichergestellt ist, dass die Anteile oder Aktien des AIF in Deutschland tatsächlich ausschließlich an professionelle und semi-professionelle Anleger vertrieben werden. Im Rahmen des Anzeigeschreibens sind daher Angaben zu den Vorkehrungen zu machen, die getroffen wurden, um zu verhindern, dass Anteile oder Aktien des angezeigten AIF an Privatanleger vertrieben werden, insbesondere wenn die AIF-Kapitalverwaltungsgesellschaft für die Erbringung von Wertpapierdienstleistungen für den angezeigten AIF auf unabhängige Unternehmen zurückgreift (sog. **Kleinanlegersperre** oder *retail barrier*). 24

Die BaFin verlangt hierfür, dass die Informationsmaterialien einschließlich der Werbung einen drucktechnisch herausgestellten Hinweis entsprechend § 293 Abs. 1 Satz 2 Nr. 3 KAGB enthalten, dass der AIF nur an professionelle und semi-professionelle Anleger vertrieben werden darf (*disclaimer*, vgl. hierzu die Kommentierung bei § 293 Rz. 25 f.).[17] Beim Vertrieb über das Internet sind getrennte und zugangsgesicherte Verkaufsportale für die jeweiligen Anlegergruppen erforderlich.[18] Es ist daher erforderlich (aber auch ausreichend), dass angebotsbezogene Unterlagen zu dem AIF hinter einen Internetfilter gestellt werden, der vom Nutzer die Bestätigung erfordert, dass er als professioneller oder semi-professioneller Anleger zu qualifizieren ist. Eine individuelle Prüfung ist dagegen nicht notwendig. Setzt sich der Nutzer durch eine fal- 25

16 BaFin, Merkblatt (2013) für den Vertrieb von Anteilen oder Aktien an EU-AIF oder inländischen AIF, die durch eine AIF-Kapitalverwaltungsgesellschaft verwaltet werden, an professionelle Anleger in anderen Mitgliedstaaten der Europäischen Union oder in Vertragsstaaten des Abkommens über den Europäischen Wirtschaftsraum gemäß § 331 Kapitalanlagegesetzbuch (KAGB) (Stand: 25.7.2018), Anlage „cross-reference table", abrufbar auf www.bafin.de.

17 BaFin, Häufige Fragen zum Vertrieb und Erwerb von Investmentvermögen nach dem KAGB vom 4.7.2013 (zuletzt geändert am 16.3.2018), Gz. WA 41-Wp 2137-2013/0293 (abrufbar auf www.bafin.de), Ziff. 1.5.; ebenso *Lichtenstein* in Baur/Tappen, § 321 KAGB Rz. 28.

18 BaFin, Häufige Fragen zum Vertrieb und Erwerb von Investmentvermögen nach dem KAGB vom 4.7.2013 (zuletzt geändert am 16.3.2018), Gz. WA 41-Wp 2137-2013/0293 (abrufbar auf www.bafin.de), Ziff. 1.5.; ebenso *Lichtenstein* in Baur/Tappen, § 321 KAGB Rz. 28.

sche Versicherung der Anlegerqualifikation über die Zugangssperren hinweg, ist dies der Verwaltungsgesellschaft nicht zuzurechnen.[19] Neben diesen Vorkehrungen hat die Verwaltungsgesellschaft zu beschreiben, welche sonstigen internen Vorkehrungen sie getroffen hat, um sicherzustellen, dass Anteile weder Privatanlegern angeboten noch bei diesen platziert werden (z.B. durch entsprechende Arbeitsanweisungen und Prozesse zur Beschränkung des Vertriebs und der Einstufung der potentiellen Anleger sowie ggf. Schulungen der Mitarbeiter).[20]

26 Beim Vertrieb durch andere Unternehmen hat die Verwaltungsgesellschaft außerdem nachzuweisen, dass sie mit allen Vertriebspartnern eine Vereinbarung geschlossen hat, nach der Anteile vom Vertriebspartner weder Privatanlegern angeboten werden noch bei diesen platziert werden dürfen und beim Vertrieb über das Internet getrennte und zugangsgesicherte Verkaufsportale für die verschiedenen Anlegergruppen eingerichtet werden.[21] Nach Auffassung der BaFin reicht ein bloßer Hinweis an den Vertriebspartner nicht aus, da die Verwaltungsgesellschaft die Verpflichtung habe, wirksam sicherzustellen, dass auch ihre Vertriebspartner die Anforderungen des KAGB einhalten.[22]

3. Vollständigkeitsprüfung und Ergänzungsanzeige (§ 321 Abs. 2 KAGB)

27 Anders als dies Art. 31 Abs. 3 AIFM-RL vorsieht, ist das aufsichtsrechtliche Verfahren für die Vertriebsanzeige nach § 321 Abs. 2 und 3 KAGB **zweistufig** ausgestaltet. Nach Erhalt des Anzeigeschreibens prüft die BaFin zunächst, ob die Anzeige vollständig ist und fordert gegebenenfalls fehlende Unterlagen nach (Abs. 2 Satz 1 und 2). Dieser zusätzliche Verfahrensschritt, der nicht in der AIFM-RL angelegt ist, soll der **Verfahrensbeschleunigung** dienen und geht auf die Regelung in § 128 InvG a.F. zurück.[23] Gegenüber Art. 31 Abs. 3 AIFM-RL handelt es sich für den Antragsteller um eine günstigere Regelung, weil er dadurch frühzeitig Klarheit erlangt, ob die Anzeige vollständig ist und damit die materielle Prüfungsfrist in Gang setzt. Die Unvollständigkeit der Vertriebsanzeige kann durch Ergänzungsanzeige geheilt werden, wobei die BaFin erneut die Vollständigkeit der ergänzten Anzeige prüft (Abs. 2 Satz 3).

28 Die **Ergänzungsanzeige** kann nur innerhalb von sechs Monaten nach der Erstattung der Anzeige bzw. vorangegangenen Ergänzungsanzeige eingereicht werden (Abs. 2 Satz 4). Bei dieser Frist handelt es sich um eine **Ausschlussfrist.**[24] Nach deren fruchtlosem Ablauf ist die BaFin nicht mehr verpflichtet, die Anzeige materiell zu prüfen und zu bescheiden. Bei dem Verweis auf eine „Mitteilung nach Absatz 4" (Abs. 2 Satz 4) handelt es sich um ein offensichtliches Redaktionsversehen. Richtigerweise ist die Vorschrift als Verweis auf die Vertriebszulassung nach Abs. 3 zu lesen.[25] Die Ausschlussfrist soll verhindern, dass eine unvollständige Anzeige nach Ablauf von sechs Monaten noch vervollständigt werden kann. Liegt die Anzeige so weit in der Vergangenheit, geht der Gesetzgeber davon aus, dass die bereits eingereichten Unterlagen so veraltet sind, dass auf ihrer Grundlage keine Entscheidung über die Zulassung des Vertriebs getroffen werden kann.[26] Nach Ablauf dieser Frist muss (und davor kann) der Antragsteller jederzeit eine erneute Anzeige einreichen (Abs. 2 Satz 6).

19 *Zeidler* in Weitnauer/Boxberger/Anders, § 321 KAGB Rz. 6.

20 Vgl. hierzu BaFin-Merkblatt zum Vertrieb von Anteilen oder Aktien an EU-AIF oder inländischen Spezial-AIF, die von einer EU-AIF-Verwaltungsgesellschaft verwaltet werden, an semiprofessionelle und professionelle Anleger in der Bundesrepublik Deutschland gemäß § 323 Kapitalanlagegesetzbuch (KAGB), Stand: 3.1.2018 (abrufbar auf www.bafin.de), Ziff. V.2.

21 Vgl. hierzu BaFin-Merkblatt zum Vertrieb von Anteilen oder Aktien an EU-AIF oder inländischen Spezial-AIF, die von einer EU-AIF-Verwaltungsgesellschaft verwaltet werden, an semiprofessionelle und professionelle Anleger in der Bundesrepublik Deutschland gemäß § 323 Kapitalanlagegesetzbuch (KAGB), Stand: 3.1.2018 (abrufbar auf www.bafin.de), Ziff. V.2.

22 BaFin, Häufige Fragen zum Vertrieb und Erwerb von Investmentvermögen nach dem KAGB vom 4.7.2013 (zuletzt geändert am 16.3.2018), Gz. WA 41-Wp 2137-2013/0293 (abrufbar auf www.bafin.de), Ziff. 1.5. Ebenso: *Zeidler* in Weitnauer/Boxberger/Anders, § 321 KAGB Rz. 6; *Lichtenstein* in Baur/Tappen, § 321 KAGB Rz. 28.

23 Vgl. die Begründung zum Entwurf der Bundesregierung zum AIFM-Umsetzungsgesetz, BT-Drucks. 17/12294, 288. Bei dem dort angegebenen Verweis auf § 129 Abs. 2 InvG a.F. handelt es sich um ein Redaktionsversehen.

24 Vgl. die Begründung zum Entwurf der Bundesregierung zum AIFM-Umsetzungsgesetz, BT-Drucks. 17/12294, 288. Nach Ablauf dieser Frist sei zu befürchten, dass die Angaben und Unterlagen nicht mehr aktuell seien. Ebenso: *Zeidler* in Weitnauer/Boxberger/Anders, § 321 KAGB Rz. 7.

25 *Zeidler* in Weitnauer/Boxberger/Anders, § 321 KAGB Fn. 19; *Lichtenstein* in Baur/Tappen, § 321 KAGB Rz. 35.

26 Vgl. die Begründung zum Entwurf der Bundesregierung zum AIFM-Umsetzungsgesetz, BT-Drucks. 17/12294, 288.

4. Prüfungsfristen bzw. Versagung des Vertriebs (§ 321 Abs. 3 KAGB)

Innerhalb von 20 Arbeitstagen nach Erhalt der vollständigen Anzeige hat die BaFin eine Entscheidung zu treffen, ob die Verwaltungsgesellschaft mit dem Vertrieb in der Bundesrepublik beginnen kann (§ 321 Abs. 3 Satz 1 KAGB). Dabei handelt es sich um eine **Entscheidungsfrist**, nicht bloß um eine Prüfungsfrist.[27] Der Antragsteller hat einen Anspruch darauf, dass die BaFin innerhalb dieser Frist über die Zulässigkeit des Vertriebs entscheidet. Nach ständiger Verwaltungspraxis der BaFin sind **Arbeitstage** nur die Wochenarbeitstage von Montag bis Freitag mit Ausnahme der bundesweit einheitlichen gesetzlichen Feiertage sowie der am Sitz der BaFin in Bonn und Frankfurt/M. geltenden landesgesetzlichen Feiertage der Bundesländer Nordrhein-Westfalen und Hessen.[28] Die BaFin muss die Entscheidungsfrist nicht voll ausschöpfen, sondern kann auch zügiger über die Zulässigkeit des Vertriebs entscheiden.[29] 29

Die Zulassung des Vertriebs steht nicht im Ermessen der BaFin, sondern ist eine **gebundene Entscheidung**.[30] Sie prüft aber, ob der geplante Vertrieb gegen die Vorschriften des KAGB oder gegen die Vorschriften der AIFM-RL verstößt. Die Prüfung der Vereinbarkeit des Vertriebs mit der AIFM-RL erstreckt sich nur auf Vorschriften, die (z.B. aufgrund gesetzlicher Bezugnahme) unmittelbar anwendbar sind, bezieht aber auch Durchführungsvorschriften (z.B. AIFM-RL-DVO) mit ein. Würde der Vertrieb in Deutschland gegen diese Vorschriften verstoßen, kann die BaFin den Vertrieb untersagen (§ 321 Abs. 3 Satz 2 KAGB). Als weniger einschneidende Maßnahme kann die BaFin der Verwaltungsgesellschaft etwaige Beanstandungen mitteilen und die Gelegenheit zur Abhilfe geben (§ 321 Abs. 3 Satz 3 KAGB). 30

Wenngleich der Wortlaut der Vorschrift nicht ganz klar ist, geht die herrschende Meinung davon aus, dass der Vertrieb nach Ablauf der Entscheidungsfrist nicht automatisch begonnen werden darf.[31] Das ist richtig. Zum einen enthält die Vorschrift keine ausdrückliche Genehmigungsfiktion (§ 42a Abs. 1 Satz 1 VwVfG).[32] Zum anderen unterscheidet sich die Vorschrift von den Regelungen zum Inhaberkontrollverfahren. Beim Inhaberkontrollverfahren ergeht zwar regelmäßig eine Verwaltungsentscheidung, in der die BaFin bestätigt, dass keine Gründe für die Untersagung des Erwerbs vorliegen (sog. Unbedenklichkeitsbescheinigung oder *non-objection letter*). Dort ist jedoch explizit angeordnet, dass der Vollzug des Erwerbs nach Ablauf der Frist zulässig ist (§ 19 Abs. 2 Satz 3 KAGB i.V.m. § 2c Abs. 1b Satz 6 KWG). § 321 Abs. 3 Satz 4 KAGB ist daher so zu lesen, dass die Verwaltungsgesellschaft *erst* ab dem Datum der Mitteilung durch die BaFin mit dem Vertrieb beginnen kann. Nach der Verwaltungspraxis der BaFin lautet der **Entscheidungstenor**, dass der Aufnahme des beabsichtigten Vertriebs an die in der Anzeige bezeichnete Anlegergruppe keine Gründe entgegenstehen und der Vertrieb daher nach § 321 Abs. 3 Satz 4 KAGB ab dem Datum der behördlichen Entscheidung statthaft ist. In der Sache handelt es sich daher bei dem Anzeigeverfahren um ein **behördliches Genehmigungsverfahren** („Zulassung mit Untersagungsvorbehalt")[33] und bei der Mitteilung nach § 321 Abs. 3 Satz 1 KAGB um einen genehmigenden (gestaltenden) **Verwaltungsakt** (§ 35 VwVfG). Bei Untätigkeit der BaFin ist entsprechend die **Verpflichtungsklage** in Form der Untätigkeitsklage (§§ 42 Abs. 1, 75 VwGO) die statthafte Klageart.[34] Gegen die Untersagungsverfügung muss der Antragsteller mit Widerspruch (§ 68 Abs. 2 VwGO) und Verpflichtungsklage in Form der Versagungsgegenklage vorgehen. 31

Handelt es sich bei dem vertriebenen AIF um einen EU-AIF, informiert die BaFin die **Behörden des Herkunftsmitgliedstaats** des EU-AIF über die positive Vertriebsentscheidung (§ 321 Abs. 3 Satz 5 KAGB). Eines besonderen Antrags bedarf es hierfür nicht. 32

---

27 *Zeidler* in Weitnauer/Boxberger/Anders, § 321 KAGB Rz. 8.

28 Vgl. hierzu das BaFin-Merkblatt zu dem Verfahren sowie den Anzeigen nach § 2c KWG und § 104 VAG, jeweils in Verbindung mit der Verordnung über die Anzeigen nach § 2c des Kreditwesengesetzes und § 104 des Versicherungsaufsichtsgesetzes (Inhaberkontrollverordnung – InhKontrollV), Stand: 27.11.2015 (abrufbar auf www.bafin.de), Ziff. V.1.c. Diese Auffassung hat die BaFin bereits unter Berufung auf die Begründung des Gesetzes zur Umsetzung der Richtlinie 2009/65/EG zur Koordinierung der Rechts- und Verwaltungsvorschriften betreffend bestimmte Organismen für gemeinsame Anlagen in Wertpapieren (OGAW-IV-Umsetzungsgesetz – OGAW-IV-UmsG), BT-Drucks. 17/4510, 59 für die Vorschriften des InvG vertreten.

29 BaFin, Häufige Fragen zum Vertrieb und Erwerb von Investmentvermögen nach dem KAGB vom 4.7.2013 (zuletzt geändert am 16.3.2018), Gz. WA 41-Wp 2137-2013/0293 (abrufbar auf www.bafin.de), Ziff. 2.1.3.

30 *Lichtenstein* in Baur/Tappen, § 321 KAGB Rz. 38.

31 *Zeidler* in Weitnauer/Boxberger/Anders, § 321 KAGB Rz. 8; *Jesch* in Dornseifer/Jesch/Klebeck/Tollmann, Art. 31 AIFM-RL Rz. 25.

32 *Zeidler* in Weitnauer/Boxberger/Anders, § 321 KAGB Rz. 8.

33 *Jesch* in Dornseifer/Jesch/Klebeck/Tollmann, Art. 31 AIFM-RL Rz. 25.

34 *Zeidler* in Weitnauer/Boxberger/Anders, § 321 KAGB Rz. 8.

IV. Änderungsanzeige (§ 321 Abs. 4 KAGB)

1. Eintritt wesentlicher Änderungen (§ 321 Abs. 4 Satz 1 KAGB)

33 Ergeben sich nach dem Einreichen der Anzeige bzw. Ergänzungsanzeige Änderungen im Hinblick auf die im Anzeigeschreiben enthaltenen Informationen, hat die Verwaltungsgesellschaft diese Änderungen der BaFin schriftlich mitzuteilen, wenn diese **Änderungen wesentlich** sind. Zur vergleichbaren Vorschrift in § 316 Abs. 4 Satz 1 KAGB hat die BaFin mitgeteilt, dass nach Sinn und Zweck der Regelung nur solche Änderungen anzeigepflichtig seien, die für Zwecke des Anzeigeverfahrens von Relevanz sind. Rein redaktionelle Änderungen ohne materielle Auswirkungen (z.B. die Korrektur von Rechtschreibfehlern) seien für die BaFin jedenfalls nicht relevant und daher nicht anzuzeigen (vgl. die Kommentierung bei § 316 Rz. 25).[35] Im Vergleich zu § 316 Abs. 4 Satz 1 KAGB schränkt § 321 Abs. 4 Satz 1 KAGB die Anzeigepflicht noch weiter ein und beschränkt die anzeigepflichtigen Sachverhalte auf „wesentliche" Änderungen.

34 In der Literatur wird scharf kritisiert, dass diese zusätzliche Einschränkung für die anzeigepflichtigen Verwaltungsgesellschaften praktisch **nicht handhabbar** ist.[36] Ein Rückgriff auf die Kriterien zur Bestimmung der Wesentlichkeit aus § 307 Abs. 1 Satz 2 KAGB und Art. 106 Abs. 1 AIFM-RL-DVO (§ 307 Rz. 43) ist nicht möglich.[37] § 307 Abs. 1 Satz 2 KAGB und Art. 106 Abs. 1 AIFM-RL-DVO sind Vorschriften zum Anlegerschutz, die eine informierte Entscheidung des Investors sicherstellen wollen. Dagegen dient die Anzeigepflicht nach § 321 Abs. 4 KAGB der Effektivität der Aufsicht durch die BaFin. Sie bezieht sich daher nicht nur auf wert- oder preisrelevante Änderungen der Informationen, sondern soll zugleich sicherstellen, dass die BaFin über eine aktuelle Informationsgrundlage im Hinblick auf die in Deutschland vertriebenen Produkte verfügt.[38] Aus dem gleichen Grund sind wesentliche Änderungen auch nicht nur solche, die einen Verstoß gegen das KAGB begründen, was der Verwaltungsgesellschaft zudem eine Vorprüfungslast auferlegen würde.[39]

35 Anzuzeigen sind allerdings nur **Änderungen der in der Anzeige übermittelten Informationen**. Darüber hinaus gibt es keine Aktualisierungspflicht. Wird beispielsweise ein neuer Jahresabschluss veröffentlicht, fällt dies nicht unter § 321 Abs. 4 KAGB. Dies ergibt sich schon aus dem Vergleich mit § 35 Abs. 3 KAGB, der die Übermittlung des Jahresberichts nur auf Verlangen der BaFin vorsieht. Der für Abs. 4 praktisch häufigste Fall ist die Änderung bzw. Aktualisierung der Verkaufsunterlage, die die Anlegerinformationen nach § 307 Abs. 1 Satz 2 KAGB enthält. Hier ist es regelmäßig angezeigt, die geänderte Unterlage auch an die BaFin zu übermitteln.

36 Für die Prüfung einer Änderungsanzeige erhebt die BaFin eine **Gebühr** (Ziff. 4.1.7.2.4 des Gebührenverzeichnisses der FinDAGKostV).

2. Zeitpunkt der Änderungsanzeige (§ 321 Abs. 4 Satz 2 und 3 KAGB)

37 Änderungen, die von der Verwaltungsgesellschaft geplant sind, sind mindestens **einen Monat vor der Durchführung** der Änderung der BaFin mitzuteilen (§ 321 Abs. 4 Satz 2 KAGB). Ungeplante Änderungen sind unverzüglich nach ihrem Eintreten mitzuteilen (§ 321 Abs. 4 Satz 3 KAGB). Satz 3 spricht zwar von ungeplanten Änderungen. Aus dem Zusammenspiel mit Satz 5 ergibt sich aber, dass die Vorschrift **unvorhersehbare (unplanbare) Änderungen** meint, die wegen der Natur der Sache nicht vor Vollzug angezeigt werden können.[40]

38 Unvorhergesehene Änderungen sind **unverzüglich** nach ihrem Eintreten anzuzeigen. Unverzüglich bedeutet ohne schuldhaftes Zögern (§ 121 Abs. 1 BGB).[41] Es gilt damit ein subjektiver Maßstab. Eine Mitteilung, die mehr als zwei Wochen nach dem Zeitpunkt liegt, zu dem die Verwaltungsgesellschaft von der Änderung Kenntnis hätte erhalten müssen, wird in der Regel verspätet sein.

39 Die Vorschrift greift **bereits während des Anzeigeverfahrens**. Ergeben sich nach Einreichen der Anzeige aber vor Mitteilung der BaFin wesentliche Änderungen, so sind auch diese anzuzeigen. Da die Entscheidungsfrist der BaFin jedoch erst nach Eingang der vollständigen Anzeige beginnt, löst die Mitteilung der Änderung den Beginn der Entscheidungsfrist erneut aus. Die BaFin wendet insofern die Vorschriften über

---

35 BaFin, Häufige Fragen zum Vertrieb und Erwerb von Investmentvermögen nach dem KAGB v. 4.7.2013 (zuletzt geändert am 16.3.2018), Gz. WA 41-Wp 2137-2013/0293 (abrufbar auf www.bafin.de), Ziff. 2.2.4.

36 *Zeidler* in Weitnauer/Boxberger/Anders, § 321 KAGB Rz. 10; *Lichtenstein* in Baur/Tappen, § 321 KAGB Rz. 42.

37 Ebenso *Zeidler* in Weitnauer/Boxberger/Anders, § 321 KAGB Rz. 10.

38 *Zeidler* in Weitnauer/Boxberger/Anders, § 321 KAGB Rz. 11.

39 *Zeidler* in Weitnauer/Boxberger/Anders, § 321 KAGB Rz. 9, 11.

40 *Zeidler* in Weitnauer/Boxberger/Anders, § 321 KAGB Rz. 12.

41 *Lichtenstein* in Baur/Tappen, § 321 KAGB Rz. 44.

die Ergänzungsanzeige entsprechend an.[42] Werden die eingereichten Angaben und Unterlagen umfassend geändert, geht die BaFin sogar von einer neuen Anzeige aus.[43]

3. Behördliche Maßnahmen (§ 321 Abs. 4 Satz 4 und 5 KAGB)

Wird eine geplante Änderung angezeigt, kann die BaFin die **Durchführung untersagen**, wenn die Änderung dazu führen würde, dass die Verwaltungsgesellschaft oder die Verwaltung des AIF künftig gegen die Vorschriften des KAGB oder der AIFM-RL verstoßen würde (§ 321 Abs. 4 Satz 4 KAGB). Es gilt derselbe **Prüfungsmaßstab** wie bei der ursprünglichen Anzeige (Rz. 30). Gegenüber der Untersagung des Vertriebs ist die Untersagung der Änderung die weniger einschneidende Maßnahme, da sie dazu führt, dass der AIF aufgrund der bisherigen Umstände weiter vertrieben werden kann. 40

Wird die Änderung gleichwohl durchgeführt oder wird die Änderung nicht oder erst nach Durchführung angezeigt, kann die BaFin **weitere behördliche Maßnahmen** bis hin zur Vertriebsuntersagung ergreifen (§ 321 Abs. 4 Satz 5 KAGB). 41

§ 322 Anzeigepflicht einer AIF-Kapitalverwaltungsgesellschaft beim beabsichtigten Vertrieb von ausländischen AIF oder von inländischen Spezial-Feeder-AIF oder EU-Feeder-AIF, deren jeweiliger Master-AIF kein EU-AIF oder inländischer AIF ist, der von einer EU-AIF-Verwaltungsgesellschaft oder einer AIF-Kapitalverwaltungsgesellschaft verwaltet wird, an semiprofessionelle und professionelle Anleger im Inland

(1) Der Vertrieb von Anteilen oder Aktien an ausländischen AIF und von Anteilen oder Aktien an EU-Feeder-AIF oder inländischen Spezial-Feeder-AIF, deren jeweiliger Master-AIF kein EU-AIF oder inländischer AIF ist, der von einer EU-AIF-Verwaltungsgesellschaft oder einer AIF-Kapitalverwaltungsgesellschaft verwaltet wird, an semiprofessionelle und professionelle Anleger im Geltungsbereich dieses Gesetzes durch eine AIF-Kapitalverwaltungsgesellschaft ist nur zulässig, wenn

1. **geeignete Vereinbarungen über die Zusammenarbeit zwischen der Bundesanstalt und den Aufsichtsbehörden des Drittstaates bestehen, in dem der ausländische AIF seinen Sitz hat, damit unter Berücksichtigung von § 9 Absatz 8 zumindest ein effizienter Informationsaustausch gewährleistet ist, der es der Bundesanstalt ermöglicht, ihre Aufgaben gemäß der Richtlinie 2011/61/EU wahrzunehmen;**
2. **der Drittstaat, in dem der ausländische AIF seinen Sitz hat, nicht auf der Liste der nicht kooperativen Länder und Gebiete steht, die von der Arbeitsgruppe „Finanzielle Maßnahmen gegen die Geldwäsche und die Terrorismusfinanzierung" aufgestellt wurde;**
3. **der Drittstaat, in dem der ausländische AIF seinen Sitz hat, mit der Bundesrepublik Deutschland eine Vereinbarung unterzeichnet hat, die den Normen des Artikels 26 des OECD-Musterabkommens zur Vermeidung der Doppelbesteuerung von Einkommen und Vermögen vollständig entspricht und einen wirksamen Informationsaustausch in Steuerangelegenheiten, gegebenenfalls einschließlich multilateraler Abkommen über die Besteuerung, gewährleistet;**
4. **die AIF-Kapitalverwaltungsgesellschaft bei der Verwaltung eines ausländischen AIF abweichend von § 55 Absatz 1 Nummer 1 alle in der Richtlinie 2011/61/EU für diese AIF festgelegten Anforderungen erfüllt.**

(2) [1]Beabsichtigt eine AIF-Kapitalverwaltungsgesellschaft, Anteile oder Aktien an einem von ihr verwalteten AIF im Sinne von Absatz 1 Satz 1 im Geltungsbereich dieses Gesetzes an semiprofessionelle oder professionelle Anleger zu vertreiben, so hat sie dies der Bundesanstalt anzuzeigen. [2]Für den In-

42 BaFin, Häufige Fragen zum Vertrieb und Erwerb von Investmentvermögen nach dem KAGB v. 4.7.2013 (zuletzt geändert am 16.3.2018), Gz. WA 41-Wp 2137-2013/0293 (abrufbar auf www.bafin.de), Ziff. 2.1.4.

43 BaFin, Häufige Fragen zum Vertrieb und Erwerb von Investmentvermögen nach dem KAGB v. 4.7.2013 (zuletzt geändert am 16.3.2018), Gz. WA 41-Wp 2137-2013/0293 (abrufbar auf www.bafin.de), Ziff. 2.1.4.

halt des Anzeigeschreibens einschließlich der erforderlichen Dokumentation und Angaben gilt § 321 Absatz 1 Satz 2 entsprechend.

(3) § 321 Absatz 2 gilt entsprechend.

(4) [1]§ 321 Absatz 3 Satz 1 bis 4 und 6 gilt entsprechend. [2]Die Bundesanstalt teilt der Europäischen Wertpapier- und Marktaufsichtsbehörde mit, dass die AIF-Kapitalverwaltungsgesellschaft mit dem Vertrieb von Anteilen oder Aktien des angezeigten AIF im Geltungsbereich dieses Gesetzes an professionelle Anleger beginnen kann. [3]Falls es sich um einen EU-Feeder-AIF handelt, teilt die Bundesanstalt zudem den für den EU-Feeder-AIF in seinem Herkunftsmitgliedstaat zuständigen Stellen mit, dass die AIF-Kapitalverwaltungsgesellschaft mit dem Vertrieb von Anteilen oder Aktien des EU-Feeder-AIF an professionelle Anleger im Geltungsbereich dieses Gesetzes beginnen kann.

(5) [1]Die AIF-Kapitalverwaltungsgesellschaft teilt der Bundesanstalt wesentliche Änderungen der nach Absatz 2 übermittelten Angaben schriftlich mit. [2]§ 321 Absatz 4 Satz 2 bis 5 gilt entsprechend. [3]Änderungen sind zulässig, wenn sie nicht dazu führen, dass die AIF-Kapitalverwaltungsgesellschaft oder die Verwaltung des angezeigten AIF durch die AIF-Kapitalverwaltungsgesellschaft gegen die Vorschriften dieses Gesetzes oder gegen die Vorschriften der Richtlinie 2011/61/EU verstößt. [4]Bei zulässigen Änderungen unterrichtet die Bundesanstalt unverzüglich die Europäische Wertpapier- und Marktaufsichtsbehörde, soweit die Änderungen die Beendigung des Vertriebs von bestimmten AIF oder zusätzlich vertriebenen AIF betreffen.

In der Fassung vom 4.7.2013 (BGBl. I 2013, S. 1981).

Schrifttum: S. bei § 321.

I. Zweck und Anwendungsbereich der Norm

1 Wie § 321 KAGB ist § 322 KAGB Teil der **finanzmarktrechtlichen Produktregulierung**, die neben die verwalterbezogene Regulierung des KAGB sowie ggf. die tätigkeitsbezogene Regulierung beim Vertrieb von Investmentvermögen im Inland tritt (§ 321 Rz. 2).

2 Die Vorschrift schließt den Vertrieb von Anteilen oder Aktien an ausländischen AIF oder Feeder-AIF mit Drittstaatenbezug aus, wenn der betroffene Drittstaat auf der „schwarzen Liste" der Financial Action Task Force (FATF) aufgeführt wird oder in regulatorischen und fiskalischen Angelegenheiten nicht hinreichend kooperiert. Damit ist letztlich nur der Vertrieb von AIF **aus bestimmten Drittstaaten** in Deutschland zulässig. Der Vertrieb von AIF mit Drittstaatenbezug setzt – wie der Vertrieb von inländischen oder EU-AIF auch – die vorherige Anzeige der Vertriebsabsicht an die BaFin voraus. In der Sache handelt es sich um ein **behördliches Genehmigungsverfahren**, da der Beginn des Vertriebs eine positive Entscheidung der BaFin voraussetzt (§ 321 Rz. 1).

3 Die Vorschrift setzt voraus, dass ein Vertrieb in der Bundesrepublik beabsichtigt ist. Auf den Erwerb von Anteilen im Wege der passiven Dienstleistungsfreiheit auf Initiative des Anlegers und ohne vorangegangene Vertriebsaktivitäten der Verwaltungsgesellschaft (***reverse solicitation***) findet § 322 KAGB keine Anwendung. Trotz der generellen Anzeigepflicht für den Vertrieb in Deutschland existiert daher auch unter dem KAGB im Spezialfondsbereich nach wie vor die Möglichkeit, Anteile ohne Vertriebsanzeige an deutsche Anleger abzusetzen (§ 321 Rz. 10).

1. Sachlicher Anwendungsbereich

§ 322 KAGB ist Teil des **Drittstaatenvertriebspasses** unter der AIFM-RL (*third country AIFMD passport*), der den Marktzugang (*incoming passport*) von ausländischen AIF und Feeder-AIF mit Drittstaatenbezug regelt.[1] Die Vorschrift ergänzt § 321 KAGB, der den Vertrieb von inländischen Spezial-AIF (§ 1 Abs. 6 KAGB) und EU-AIF (§ 1 Abs. 8 KAGB) an professionelle und semi-professionelle Anleger regelt. Beabsichtigt eine **AIF-Kapitalverwaltungsgesellschaft** (§ 1 Abs. 16 KAGB), d.h. eine inländische AIF-Verwaltungsgesellschaft, einen **ausländischen AIF** (§ 1 Abs. 9 KAGB) in der Bundesrepublik an **professionelle Anleger** (§ 1 Abs. 19 Nr. 32 KAGB) oder **semi-professionelle Anleger** (§ 1 Abs. 19 Nr. 33 KAGB) zu vertreiben, findet nach dem Drittstaatenstichtag (Rz. 6) § 322 KAGB Anwendung. 4

Gleiches gilt beim Vertrieb von EU-Feeder-AIF oder inländischen Spezial-Feeder-AIF, wenn der **Master-AIF Drittstaatenbezug** aufweist. Dagegen richtet sich der Vertrieb von EU-Feeder-AIF und inländischen Spezial-Feeder-AIF nach § 321 KAGB, wenn sowohl der Feeder-AIF als auch der Master-AIF ein inländischer AIF oder EU-AIF ist, der von einer (inländischen) AIF-Kapitalverwaltungsgesellschaft oder EU-AIF-Verwaltungsgesellschaft verwaltet wird (§ 321 Rz. 21). 5

2. Zeitlicher Anwendungsbereich (Drittstaatenstichtag)

Gemäß § 295 Abs. 2 Nr. 2 und Abs. 3 Satz 1 Nr. 2a KAGB gilt § 322 KAGB erst nach Erlass des delegierten Rechtsaktes der Kommission zum **Drittstaatenvertriebspass** (zur Systematik der §§ 316 bis 334 KAGB s. auch die Kommentierung zu § 295). Nach Art. 67 Abs. 6 AIFM-RL hat die Kommission auf Empfehlung der ESMA zu bestimmen, ob unter Berücksichtigung der Ziele der AIFM-RL, wie etwa des Binnenmarkts, des Anlegerschutzes und der wirksamen Überwachung von Systemrisiken, der AIFM-Vertriebspass auf den Vertrieb von Drittstaaten-AIF erweitert wird. Die Kommission und die ESMA beabsichtigen, diese Entscheidung **für jeden Drittstaat gesondert** zu treffen.[2] Für die Anwendbarkeit des § 322 KAGB ist daher maßgeblich, ob der betroffene Drittstaat bereits Gegenstand des delegierten Rechtsakts der Kommission ist. Andernfalls richtet sich die Vertriebsanzeige nach § 329 KAGB. 6

Die erste Empfehlung der ESMA im Juli 2015 umfasste insgesamt sechs Drittstaaten (Guernsey, Hong Kong, Jersey, Schweiz, Singapur und die Vereinigten Staaten). Am 19.7.2016 hat die ESMA eine umfassendere Empfehlung zu insgesamt **zwölf Drittsaaten** veröffentlicht, die am 12.9.2016 nochmals in überarbeiteter Fassung veröffentlicht wurde.[3] Darin wird die Anwendung des Drittstaatenvertriebspasses für Guernsey, Jersey, die Schweiz, Kanada, Japan und (vorbehaltlich der Anwendung bestimmter nationaler Rechtsvorschriften auf alle EU-Staaten) Australien empfohlen. Hinsichtlich der Vereinigten Staaten, Hong Kong und Singapur ist die Empfehlung auf bestimmte Fondstypen beschränkt worden. Für Bermuda, die Cayman Islands und die Isle of Man ist noch keine positive Empfehlung erfolgt. Auf Grundlage dieser Empfehlung hat die Kommission über die Anwendung des Drittstaatenvertriebspasses zu entscheiden. Der delegierte Rechtsakt ist (Stand: Juli 2018) noch nicht erlassen worden. Die ESMA prüft sukzessive die Erstreckung der positiven Empfehlung auf weitere Drittstaaten. 7

II. Entstehung der Norm

Der Wortlaut der Vorschrift entspricht der Fassung des ursprünglichen Regierungsentwurfs vom 6.2.2013.[4] Soweit § 322 KAGB den Vertrieb an professionelle Anleger betrifft, beruht die Vorschrift auf **Art. 35 AIFM-RL**. Darüber hinaus hat der deutsche Gesetzgeber den Vertrieb an semi-professionelle Anleger dem Vertrieb an professionelle Anleger gleichgestellt (§ 321 Rz. 6). 8

Im Einzelnen dient Abs. 1 der Umsetzung von Art. 35 Abs. 1 und Abs. 2 Unterabs. 1 AIFM-RL. Abs. 2 setzt Art. 35 Abs. 1 und Abs. 3 in Verbindung mit Anhang III AIFM-RL um. Mit Abs. 4 wird Art. 35 Abs. 4 AIFM-RL umgesetzt. Abs. 5 dient der Umsetzung von Art. 35 Abs. 10 AIFM-RL. 9

1 *Zeidler* in Weitnauer/Boxberger/Anders, § 322 KAGB Rz. 1.
2 Vgl. ESMA's advice to the European Parliament, the Council and the Commission on the application of the AIFMD passport to non-EU AIFMs and AIFs (12. September 2016), ESMA/2016/1140, S. 5.
3 ESMA's advice to the European Parliament, the Council and the Commission on the application of the AIFMD passport to non-EU AIFMs and AIFs (12. September 2016), ESMA/2016/1140.
4 Entwurf der Bundesregierung zum AIFM-Umsetzungsgesetz, BT-Drucks. 17/12294, 152 f.

10 Die Regelung in Abs. 3 ist in Art. 35 AIFM-RL nicht vorgesehen und beruht auf § 128 InvG a.F. Die Vorschrift sah für OGAW eine entsprechende Regelung vor, die aus Gründen der Verwaltungsökonomie auf die Vertriebsanzeige nach dem KAGB übertragen wurde (vgl. auch § 321 Rz. 8).[5]

III. Materielle Voraussetzungen für den Vertrieb von ausländischen AIF und Master-Feeder-Strukturen mit Drittstaatenbezug

1. Drittstaatenbezogene Anforderungen (§ 322 Abs. 1 Nr. 1 bis 3 KAGB)

11 Beim Vertrieb von AIF mit Drittstaatenbezug durch eine AIF-Kapitalverwaltungsgesellschaft stellt § 322 Abs. 1 Nr. 1 bis 3 KAGB zunächst bestimmte Mindestanforderungen in Bezug auf den betroffenen Drittstaat. Nach Nr. 1 muss zwischen der BaFin und den Regulierungsbehörden des Drittstaats eine **Kooperationsvereinbarung** (***memorandum of understanding***) bestehen, die einen effizienten Informationsaustausch zwischen den Behörden gewährleistet. Eine Liste der jeweils bestehenden Kooperationsvereinbarungen ist auf der Internetseite der BaFin abrufbar.[6] Die Anforderungen an Form und Inhalt der Kooperationsvereinbarungen ergeben sich aus Art. 113 bis 115 AIFM-RL-DVO (§ 336 Abs. 1 KAGB). Die ESMA hat diese Anforderungen durch Leitlinien weiter konkretisiert.[7] Nach Nr. 2 scheidet ein Vertrieb von AIF aus, die einen Bezug zu einem Drittstaat haben, der auf der Liste der nicht kooperativen Länder und Gebiete steht, die von der Arbeitsgruppe „Finanzielle Maßnahmen gegen die Geldwäsche und Terrorismusfinanzierung" (**Financial Action Task Force – FATF**) aufgestellt wurde (sog. „**schwarze Liste**"). Als Länder mit schweren Defiziten im Bereich der Geldwäscheprävention und Verhinderung der Terrorismusfinanzierung (*high-risk and non-cooperative jurisdictions*) führt die FATF neben dem Iran und Nordkorea (Hochrisikostaaten) derzeit noch eine weitere Gruppe von Ländern, bei denen strategische Defizite identifiziert wurden (andere Staaten unter Beobachtung).[8] Unter die anderen Staaten unter Beobachtung fallen derzeit (Stand: 31.7.2018) Äthiopien, Jemen, Pakistan, Serbien, Sri Lanka, Syrien, Trinidad und Tobago und Tunesien. Auch diese zweite Gruppe ist der Liste der nicht kooperativen Länder im Sinne der Nr. 2 zuzurechnen.[9] Nr. 3 setzt außerdem die Möglichkeit eines **wirksamen fiskalischen Informationsaustauschs** zwischen den Steuerbehörden des Drittstaats und der Bundesrepublik voraus. Hierzu muss eine zwischenstaatliche Vereinbarung (z.B. ein Doppelbesteuerungsabkommen oder ein Abkommen auf dem Gebiet der Rechts- und Amtshilfe und des Informationsaustauschs) vorliegen, das einen Informationsaustausch entsprechend Art. 26 des OECD-Musterabkommens zur Vermeidung der Doppelbesteuerung von Einkommen und vom Vermögen vorsieht.

12 Die drittstaatenbezogenen Kriterien haben im Rahmen des § 322 KAGB aufgrund des staatenspezifischen Ansatzes der Kommission und ESMA hinsichtlich des Drittstaatenvertriebspasses eine **geringe praktische Bedeutung**. Die ESMA berücksichtigt in ihrer Empfehlung, ob eine Kooperationsvereinbarung mit dem jeweiligen Drittstaat besteht und ob deren Durchsetzung in der Vergangenheit Hindernisse entgegenstanden.[10] Ferner berücksichtigt die ESMA fiskalische Aspekte sowie die anwendbare Regulierung gegen Geldwäsche und Terrorismusfinanzierung.[11] Drittstaaten, die die Mindestanforderungen des Abs. 1 Nr. 1 bis 3 nicht erfüllen, werden daher in der Regel schon nicht in den Anwendungsbereich des § 322 KAGB fallen.

---

5 Vgl. die Begründung zum Entwurf der Bundesregierung zum AIFM-Umsetzungsgesetz, BT-Drucks. 17/12294, 288. Bei dem dort angegebenen Verweis auf § 129 Abs. 2 InvG a.F. handelt es sich um ein Redaktionsversehen; s. auch § 321 Rz. 8 Fn. 9.

6 https://www.bafin.de/SharedDocs/Veroeffentlichungen/DE/Merkblatt/WA/mb_130722_internat_koopvereinbarungen_kagb.html (Stand: 31.7.2018).

7 Leitlinien für das Muster-MoU über Konsultation und Kooperation sowie den Austausch von Informationen im Zusammenhang mit der Beaufsichtigung von AIFMD-Unternehmen (Stand: 28.11.2013), ESMA/2013/998.

8 Die Erklärung der FATF (FATF Public Statement) und der Informationsbericht (Improving Global AML/CTF Compliance: On-going Process) werden regelmäßig aktualisiert. Die Hochrisikostaaten sowie die anderen Staaten unter Beobachtung der FATF werden auch auf der Internetseite der FATF (http://www.fatf-gafi.org/countries/#high-risk) veröffentlicht (Stand: 31.7.2018).

9 *Ebel* in Baur/Tappen, § 322 KAGB Rz. 25 ff.; *Zeidler* in Weitnauer/Boxberger/Anders, § 322 KAGB Fn. 3.

10 Vgl. ESMA's advice to the European Parliament, the Council and the Commission on the application of the AIFMD passport to non-EU AIFMs and AIFs (12. September 2016), ESMA/2016/1140, S. 8.

11 Vgl. ESMA's advice to the European Parliament, the Council and the Commission on the application of the AIFMD passport to non-EU AIFMs and AIFs (12. September 2016), ESMA/2016/1140, S. 13.

2. Verwalterbezogene Anforderungen (§ 322 Abs. 1 Nr. 4 KAGB)

Neben den drittstaatenbezogenen Anforderungen stellt § 322 Abs. 1 Nr. 4 KAGB klar, dass die AIF-Kapitalverwaltungsgesellschaft bei der Verwaltung des ausländischen AIF **alle Anforderungen der AIFM-RL erfüllen** muss. An sich ergibt sich dieses Erfordernis bereits aus der verwalterbezogenen Regulierung für AIF-Kapitalverwaltungsgesellschaften.[12] AIF-Kapitalverwaltungsgesellschaften werden nach § 55 Abs. 1 KAGB nur von der Regulierung nach dem KAGB befreit, soweit sie ausländische AIF nicht im Inland und im EWR vertreiben. Beim Vertrieb nach § 322 KAGB kann diese Ausnahme naturgemäß nicht in Anspruch genommen werden. 13

IV. Formelle Voraussetzungen für den Vertrieb von ausländischen AIF und Master-Feeder-Strukturen mit Drittstaatenbezug

1. Vertriebsanzeige (§ 322 Abs. 2 KAGB)

Die AIF-Kapitalverwaltungsgesellschaft hat die **Absicht des Vertriebs** (§ 321 Rz. 10 ff.) der BaFin anzuzeigen. Für den **Inhalt der Anzeige** verweist Abs. 2 Satz 2 auf § 321 Abs. 1 Satz 2 KAGB (vgl. hierzu die Kommentierung bei § 321 Rz. 13 ff.). 14

Angaben zu den **materiellen Vertriebsvoraussetzungen** des § 322 Abs. 1 KAGB braucht das Anzeigeschreiben nicht zu enthalten. Der BaFin stehen ohnehin alle relevanten Informationen zur Verfügung, um die drittstaatenbezogenen Anforderungen (Abs. 1 Nr. 1 bis 3) selbständig beurteilen zu können. Gleiches gilt für die Einhaltung der Anforderungen der AIFM-RL durch die AIF-Kapitalverwaltungsgesellschaft (Abs. 1 Nr. 4). Sie unterliegt als inländische Verwaltungsgesellschaft der laufenden Beaufsichtigung durch die BaFin. 15

2. Vollständigkeitsprüfung und Ergänzungsanzeige (§ 322 Abs. 3 KAGB)

Für das behördliche Verfahren verweist § 322 Abs. 3 KAGB zunächst auf § 321 Abs. 2 KAGB. Wenngleich ein **zweistufiges Prüfungsverfahren** in der AIFM-RL nicht angelegt ist, sieht Abs. 3 i.V.m. § 321 Abs. 2 Satz 1 und 2 KAGB aus Gründen der Verfahrensökonomie zunächst die Prüfung der Vollständigkeit der Anzeigeunterlagen vor. Eine unvollständige Anzeige kann durch Ergänzungsanzeige geheilt werden (§ 321 Rz. 27 f.). 16

3. Vertriebsgenehmigung (§ 322 Abs. 4 KAGB)

Für die Entscheidung der BaFin gilt § 321 Abs. 3 Satz 1 bis 4 KAGB entsprechend (§ 322 Abs. 4 Satz 1 KAGB).[13] Innerhalb von 20 Arbeitstagen nach Erhalt der vollständigen Anzeige hat die BaFin eine Entscheidung zu treffen, ob die Verwaltungsgesellschaft mit dem Vertrieb in der Bundesrepublik beginnen kann (§ 322 Abs. 4 i.V.m. § 321 Abs. 3 Satz 1 KAGB). In der Sache handelt es sich um eine **behördliche Genehmigung**, da ohne eine positive Entscheidung der BaFin mit dem Vertrieb nicht begonnen werden darf (§ 321 Rz. 31). Die Zulassung des Vertriebs steht nicht im Ermessen der BaFin, sondern ist eine **gebundene Entscheidung**. Der Vertrieb darf nur versagt werden, wenn der geplante Vertrieb gegen die Vorschriften des KAGB oder gegen die Vorschriften der AIFM-RL verstößt. Dies schließt im Rahmen des § 322 KAGB insbesondere auch die materiellen Vertriebsvoraussetzungen des Abs. 1 ein. 17

4. Zwischenbehördliche Meldepflichten

Die BaFin **informiert die ESMA** über die erteilte Vertriebsgenehmigung (§ 322 Abs. 4 Satz 2 KAGB). Wurde der Vertrieb eines EU-Feeder-AIF mit Drittstaatenbezug angezeigt, informiert die BaFin ferner die **Behörden des Sitzstaats** des EU-Feeder-AIF über die Genehmigung des Vertriebs (Abs. 4 Satz 3).[14] 18

---

12 Vgl. die Begründung zum Entwurf der Bundesregierung zum AIFM-Umsetzungsgesetz, BT-Drucks. 17/12294, 288; ebenso *Ebel* in Baur/Tappen, § 322 KAGB Rz. 34; *Patzner/Schneider-Deters* in Moritz/Klebeck/Jesch, § 322 KAGB Rz. 9; *Zeidler* in Weitnauer/Boxberger/Anders, § 322 KAGB Rz. 2.

13 Beim Verweis auf § 321 Abs. 3 Satz 6 KAGB handelt es sich offensichtlich um ein Redaktionsversehen, da der Verweis ins Leere läuft; ebenso: *Ebel* in Baur/Tappen, § 322 KAGB Rz. 50.

14 Wenngleich nicht in Art. 35 AIFM-RL angelegt, leitet der Gesetzgeber eine entsprechende Vorgabe aus dem Prinzip der Zusammenarbeit zwischen den Mitgliedstaaten und Art. 50 Abs. 4 Unterabs. 1 und Art. 31 Abs. 3 Unterabs. 2, Art. 32 Abs. 4 Unterabs. 2 und Art. 39 Abs. 3 Unterabs. 2 AIFM-RL her, vgl. Entwurf der Bundesregierung zum AIFM-Umsetzungsgesetz, BT-Drucks. 17/12294, 289 und *Ebel* in Baur/Tappen, § 322 KAGB Rz. 54.

V. Änderungsanzeige (§ 322 Abs. 5 KAGB)

19 Ergeben sich nach dem Einreichen der Anzeige bzw. einer späteren Ergänzungsanzeige **wesentliche Änderungen** im Hinblick auf die im Anzeigeschreiben enthaltenen Informationen, hat die AIF-Kapitalverwaltungsgesellschaft diese Änderungen der BaFin schriftlich mitzuteilen. Wegen der Fristen und des Verfahrens bei unzulässigen Änderungen verweist § 322 Abs. 5 Satz 2 KAGB auf § 321 Abs. 4 Satz 2 bis 5 KAGB (vgl. im Einzelnen die Kommentierung bei § 321 Rz. 33 ff.). Änderungen, die von der Verwaltungsgesellschaft geplant sind, sind mindestens einen Monat vor der Durchführung der Änderung mitzuteilen (§ 322 Abs. 5 Satz 2 i.V.m. § 321 Abs. 4 Satz 2 KAGB). Ungeplante bzw. unplanbare Änderungen sind unverzüglich nach ihrem Eintreten mitzuteilen (§ 322 Abs. 5 Satz 2 i.V.m. § 321 Abs. 4 Satz 3 KAGB). Würde die Änderung dazu führen, dass die AIF-Kapitalverwaltungsgesellschaft oder die Verwaltung des AIF künftig gegen die Vorschriften des KAGB oder der AIFM-RL verstoßen würde, kann die BaFin die Durchführung untersagen (§ 322 Abs. 5 Satz 2 i.V.m. § 321 Abs. 4 Satz 4 KAGB). Wird die Änderung gleichwohl durchgeführt oder wird die Änderung nicht oder erst nach Durchführung angezeigt, kann die BaFin weitere behördliche Maßnahmen bis hin zur Vertriebsuntersagung ergreifen (§ 322 Abs. 5 Satz 2 i.V.m. § 321 Abs. 4 Satz 5 KAGB).

20 Die **nachlaufende Anzeigepflicht** dient der Effektivität der Aufsicht durch die BaFin und soll sicherstellen, dass die BaFin über eine aktuelle Informationsgrundlage im Hinblick auf die in Deutschland vertriebenen Produkte verfügt. Die Beschränkung auf „wesentliche" Änderungen ist praktisch kaum handhabbar und führt dazu, dass letztlich alle Änderungen der in der Anzeige übermittelten Informationen anzuzeigen sind, die für Zwecke des Anzeigeverfahrens von Relevanz sind (§ 321 Rz. 34 f.).

21 Über § 321 Abs. 4 KAGB hinaus bestimmt § 322 Abs. 5 Satz 3 KAGB, dass Änderungen zulässig sind, wenn sie nicht dazu führen, dass die AIF-Kapitalverwaltungsgesellschaft oder die Verwaltung des angezeigten AIF durch die AIF-Kapitalverwaltungsgesellschaft gegen das KAGB oder die AIFM-RL verstößt. Dies ergibt sich bereits aus dem Untersagungsvorbehalt in § 322 Abs. 5 Satz 2 i.V.m. § 321 Abs. 4 Satz 4 KAGB, nach dem die BaFin die Durchführung von Änderungen nur unter diesen Bedingungen untersagen kann. Über den Regelungsgehalt des § 321 Abs. 4 KAGB hinaus geht die zwischenbehördliche Informationspflicht in § 322 Abs. 5 Satz 4 KAGB, wonach die BaFin die **ESMA** unverzüglich über zulässige Änderungen **informieren** muss, soweit die Änderungen die Beendigung des Vertriebs von bestimmten AIF oder die Aufnahme des Vertriebs weiterer AIF betreffen.[15]

§ 323 Anzeigepflicht einer EU-AIF-Verwaltungsgesellschaft beim beabsichtigten Vertrieb von EU-AIF oder von inländischen Spezial-AIF an semiprofessionelle und professionelle Anleger im Inland

(1) [1]Beabsichtigt eine EU-AIF-Verwaltungsgesellschaft im Geltungsbereich dieses Gesetzes Anteile oder Aktien an EU-AIF oder an inländischen Spezial-AIF an semiprofessionelle oder professionelle Anleger zu vertreiben, so prüft die Bundesanstalt, ob die zuständige Stelle des Herkunftsmitgliedstaates der EU-AIF-Verwaltungsgesellschaft Folgendes übermittelt hat:

1. eine von ihr ausgestellte Bescheinigung über die Erlaubnis der betreffenden EU-AIF-Verwaltungsgesellschaft zur Verwaltung von AIF mit einer bestimmten Anlagestrategie sowie

2. ein Anzeigeschreiben für jeden angezeigten AIF

jeweils in einer in der internationalen Finanzwelt gebräuchlichen Sprache. [2]Für den Inhalt des Anzeigeschreibens einschließlich der erforderlichen Dokumentation und Angaben gilt § 321 Absatz 1 Satz 2 entsprechend mit der Maßgabe, dass es statt „AIF-Kapitalverwaltungsgesellschaft" „EU-AIF-Verwaltungsgesellschaft" heißen muss, die Vorkehrungen zum Vertrieb des angezeigten AIF angegeben sein müssen und die Bundesrepublik Deutschland als Staat genannt sein muss, in dem Anteile oder Aktien des angezeigten AIF an professionelle Anleger vertrieben werden sollen.

(2) [1]Der Vertrieb kann aufgenommen werden, wenn die EU-AIF-Verwaltungsgesellschaft von der zuständigen Stelle ihres Herkunftsmitgliedstaates über die Übermittlung nach Absatz 1 unterrichtet wurde. [2]Ist der AIF im Sinne von Absatz 1 Satz 1 ein Feeder-AIF, so besteht ein Recht zum Vertrieb

15 Vgl. *Zeidler* in Weitnauer/Boxberger/Anders, § 322 KAGB Rz. 5 mit Hinweis zum ungenauen Wortlaut des § 322 Abs. 5 Satz 4 KAGB.

gemäß Satz 1 nur, wenn der Master-AIF ebenfalls ein EU-AIF oder ein inländischer AIF ist, der von einer EU-AIF-Verwaltungsgesellschaft oder einer AIF-Kapitalverwaltungsgesellschaft verwaltet wird. [3]Die Bundesanstalt prüft, ob die Vorkehrungen nach § 321 Absatz 1 Satz 2 Nummer 7 geeignet sind, um einen Vertrieb an Privatanleger wirksam zu verhindern und ob die Vorkehrungen nach § 323 Absatz 1 Satz 2 gegen dieses Gesetz verstoßen.

(3) Wird die Bundesanstalt von den zuständigen Stellen im Herkunftsmitgliedstaat der EU-AIF-Verwaltungsgesellschaft über eine Änderung der Vorkehrungen nach § 321 Absatz 1 Satz 2 Nummer 7 und § 323 Absatz 1 Satz 2 unterrichtet, prüft die Bundesanstalt, ob die Vorkehrungen nach § 321 Absatz 1 Satz 2 Nummer 7 weiterhin geeignet sind, um einen Vertrieb an Privatanleger wirksam zu verhindern und ob die Vorkehrungen nach § 323 Absatz 1 Satz 2 weiterhin nicht gegen dieses Gesetz verstoßen.

In der Fassung vom 4.7.2013 (BGBl. I 2013, S. 1981).

Schrifttum: S. bei § 321.

I. Zweck und Anwendungsbereich der Norm

1 § 323 KAGB ist Teil der **finanzmarktrechtlichen Produktregulierung**, die neben die verwalterbezogene Regulierung der EU-AIF-Verwaltungsgesellschaft in ihrem Herkunftsmitgliedstaat sowie ggf. die tätigkeitsbezogene Regulierung beim Vertrieb von Investmentvermögen im Inland tritt (§ 321 Rz. 2).

2 Die Vorschrift ist Bestandteil des **EU-Vertriebspasses**, der den Marktzugang für AIFs regelt, die von einer **EU-AIF-Verwaltungsgesellschaft**, d.h. eine EU-Verwaltungsgesellschaft, die AIF verwaltet (§ 1 Abs. 17 Nr. 2 KAGB), verwaltet werden (*incoming passport*).[1] Damit werden die Rahmenbedingungen für den EU-weiten Vertrieb von EU-AIF geschaffen.[2] Die Zulassung des Vertriebs richtet sich grundsätzlich nach dem Recht des Herkunftsmitgliedstaats (*home member state*) der EU-AIF-Verwaltungsgesellschaft. Regelungsgegenstand des § 323 KAGB ist die grundsätzliche **Anerkennung der Vertriebszulassung** durch die Aufsichtsbehörde des Herkunftsmitgliedstaats und die Regelung weniger **Restkompetenzen der BaFin** als Aufsichtsbehörde des Aufnahmemitgliedstaats (*host member state*) im Rahmen des zwischenbehördlichen Verfahrens.

3 Die Vorschrift findet auf den Vertrieb von **inländischen Spezial-AIF** (§ 1 Abs. 6 KAGB) und **EU-AIF** (§ 1 Abs. 8 KAGB) an **professionelle Anleger** (§ 1 Abs. 19 Nr. 32 KAGB) und **semi-professionelle Anleger** (§ 1 Abs. 19 Nr. 33 KAGB) in der Bundesrepublik Anwendung. Sie gilt auch für den Vertrieb von Feeder-AIF, wenn der Master-AIF ebenfalls ein EU-AIF oder ein inländischer AIF ist, der von einer EU-AIF-Verwaltungsgesellschaft oder einer AIF-Kapitalverwaltungsgesellschaft verwaltet wird (§ 323 Abs. 2 Satz 2 KAGB).

4 Auf Sachverhalte mit Drittstaatenbezug (einschließlich Master-Feeder-Strukturen mit Master-AIF in einem Drittstaat) findet die Vorschrift keine Anwendung. Die Geltung ist daher auch von der Einführung des Drittstaatenvertriebspasses unabhängig (§ 295 Abs. 2 und 3 KAGB). Der Vertrieb von ausländischen AIF richtet sich nach § 324 bzw. § 329 KAGB. Zur Systematik der §§ 316 bis 334 KAGB s. auch die Kommentierung zu § 295.

5 Die Vorschrift setzt voraus, dass ein Vertrieb in der Bundesrepublik beabsichtigt ist. Auf den Erwerb von Anteilen im Wege der passiven Dienstleistungsfreiheit auf Initiative des Anlegers und ohne vorangegangene

1 *Zeidler* in Weitnauer/Boxberger/Anders, § 323 KAGB Rz. 1.
2 *Jesch* in Dornseifer/Jesch/Klebeck/Tollmann, Art. 32 AIFM-RL Rz. 2; *Lichtenstein* in Baur/Tappen, § 323 KAGB Rz. 9.

Vertriebsaktivitäten der Verwaltungsgesellschaft (***reverse solicitation***) findet § 323 KAGB keine Anwendung. Trotz der generellen Anzeigepflicht für den Vertrieb in Deutschland existiert daher auch unter dem KAGB im Spezialfondsbereich nach wie vor die Möglichkeit, Anteile ohne Vertriebsanzeige an deutsche Anleger abzusetzen (§ 321 Rz. 10).

II. Entstehung der Norm

6 Der Wortlaut der Vorschrift entspricht der Fassung des ursprünglichen Regierungsentwurfs vom 6.2.2013.[3] Soweit § 323 KAGB den Vertrieb an professionelle Anleger betrifft, beruht die Vorschrift auf **Art. 32 AIFM-RL**. Darüber hinaus hat der deutsche Gesetzgeber den Vertrieb an semi-professionelle Anleger dem Vertrieb an professionelle Anleger gleichgestellt (§ 321 Rz. 6).

7 Im Einzelnen dient Abs. 1 Satz 1 der Umsetzung von Art. 32 Abs. 1 Unterabs. 1 und Abs. 6 AIFM-RL. Abs. 1 Satz 2 setzt Art. 32 Abs. 2 und 3 AIFM-RL um. Mit Abs. 2 Satz 1 und 2 wird Art. 32 Abs. 1 Unterabs. 1 und 2 und Abs. 4 Unterabs. 1 AIFM-RL umgesetzt. Abs. 2 Satz 3 setzt Art. 32 Abs. 5 AIFM-RL um. Abs. 3 dient der Umsetzung von Art. 32 Abs. 5 AIFM-RL.[4]

8 Für § 323 KAGB gelten die **Übergangsvorschriften** der §§ 345 Abs. 8 und 9, 351 Abs. 5 und 353 Abs. 6 KAGB.

III. Voraussetzungen für den Vertrieb im Inland

1. Vertriebsanzeige im Herkunftsmitgliedstaat (EU-Vertriebspass)

9 Wie beim Vertrieb von AIF, die von einer inländischen AIF-Kapitalverwaltungsgesellschaft verwaltet werden, ist vor Beginn des Vertriebs von AIF, die von einer EU-AIF-Verwaltungsgesellschaft verwaltet werden, ein **Vertriebsanzeigeverfahren** zu durchlaufen. Allerdings richtet sich dieses Verfahren im Grundsatz nach dem **Recht des Herkunftsmitgliedstaats** der EU-AIF-Verwaltungsgesellschaft, mit dem Art. 32 AIFM-RL im jeweiligen nationalen Recht umgesetzt wird.[5] Das gilt auch beim Vertrieb von inländischen Spezial-AIF.[6] In diesem Fall ist zwar das vertriebene Produkt nach dem Recht der Bundesrepublik aufgelegt. Der Regulierungsansatz der AIFM-RL und des KAGB ist in dieser Hinsicht jedoch verwalterbezogen und stellt auf das Recht des Herkunftsmitgliedstaats der Verwaltungsgesellschaft ab.

10 Die zuständige Behörde des Herkunftsmitgliedstaats prüft, ob die EU-AIF-Verwaltungsgesellschaft und die Verwaltung des angezeigten AIF der AIFM-RL und den entsprechenden Vorschriften des nationalen Rechts des Herkunftsmitgliedstaats entsprechen und weiterhin entsprechen werden (Art. 32 Abs. 3 Unterabs. 1 Satz 2 AIFM-RL). Ist dies der Fall, **übermittelt die zuständige Behörde** des Herkunftsmitgliedstaats spätestens 20 Arbeitstage nach dem Eingang der vollständigen Anzeigeunterlagen die **Anzeigeunterlagen sowie eine Bescheinigung über die Zulassung** der EU-AIF-Verwaltungsgesellschaft an die BaFin (Art. 32 Abs. 3 Unterabs. 1 Satz 1, Unterabs. 2 AIFM-RL).

11 Das anwendbare ausländische Recht trifft in der Regel keine Unterscheidung zwischen dem Vertrieb an professionelle Anleger und dem **Vertrieb an semi-professionelle Anleger**. Daher kann die EU-AIF-Verwaltungsgesellschaft in ihrem Herkunftsmitgliedstaat regelmäßig nur die Absicht des Vertriebs an professionelle Anleger anzeigen. Nach Auffassung der ESMA deckt der EU-Vertriebspass nach Art. 32 AIFM-RL nur den Vertrieb an professionelle Anleger, nicht aber den Vertrieb an Kleinanleger i.S.d. Art. 4 Abs. 1 lit. aj AIFM-RL. Der Vertrieb an besondere Kleinanlegerkategorien, die nach dem Recht der Mitgliedstaaten existieren („qualifizierte Anleger", „informierte Anleger" oder der semi-professionelle Anleger im Sinne des KAGB), sei damit nicht vom EU-Vertriebspass gedeckt.[7] Dies verbietet den Mitgliedstaaten aber nicht, den Vertrieb an diese besonderen Anlegerkategorien nach nationalem Recht den vertrieblichen Anforderungen für professionelle Anleger zu unterstellen. Namentlich hat der deutsche Gesetzgeber von der Möglichkeit nach Art. 43 Abs. 2 AIFM-RL, den Vertrieb an Kleinanleger an strengere Auflagen zu knüpfen, nur im Hinblick auf den Vertrieb an Privatanleger i.S.d. § 1 Abs. 19 Nr. 31 KAGB Gebrauch gemacht (s. §§ 316 und 317 KAGB) und im Übrigen den Vertrieb an semi-professionelle Anleger den Vertriebsvorschriften für professionelle Anleger unterworfen. Dies gilt nach der Gesetzesbegründung auch für den EU-Vertriebspass, bei

3 Entwurf der Bundesregierung zum AIFM-Umsetzungsgesetz, BT-Drucks. 17/12294, 158.
4 Begründung zum Entwurf der Bundesregierung zum AIFM-Umsetzungsgesetz, BT-Drucks. 17/12294, 288 f.
5 *Zeidler* in Weitnauer/Boxberger/Anders, § 323 KAGB Rz. 2.
6 Begründung zum Entwurf der Bundesregierung zum AIFM-Umsetzungsgesetz, BT-Drucks. 17/12294, 289.
7 ESMA, Questions and Answers on the Application of the AIFMD (Stand: 23.7.2018), Section II, Question 8.

dem der semi-professionelle Anleger dem professionellen Anleger gleichgestellt werde.[8] Ist die Anzeige für den Vertrieb an professionelle Anleger an die BaFin übermittelt worden, umfasst dies daher zugleich auch die Kategorie des semi-professionellen Anlegers.

2. Prüfungskompetenzen der BaFin

a) Vollständigkeitsprüfung durch die BaFin (§ 323 Abs. 1 KAGB)

12 Die Vertriebsanzeige nach § 323 KAGB ist ein **zwischenbehördliches Verfahren.**[9] Die EU-AIF-Verwaltungsgesellschaft hat die Absicht des Vertriebs in Deutschland bei der zuständigen Behörde des Herkunftsmitgliedstaats anzuzeigen. Liegen nach Prüfung durch die Behörde des Herkunftsmitgliedstaats die Voraussetzungen für den Vertrieb in Deutschland vor, leitet die Behörde des Herkunftsmitgliedstaats der EU-AIF-Verwaltungsgesellschaft das Anzeigeschreiben nebst Bescheinigung über die Erlaubnis der EU-AIF-Verwaltungsgesellschaft an die BaFin weiter. Nach Abs. 1 prüft die BaFin, ob die von der Behörde des Herkunftsmitgliedstaats übermittelten Anzeigeunterlagen vollständig sind, eine entsprechende Bescheinigung der Behörde des Herkunftsmitgliedstaats über die Erlaubnis der EU-AIF-Verwaltungsgesellschaft vorliegt und die Unterlagen in einer in der internationalen Finanzwelt gebräuchlichen Sprache übermittelt wurden. Wegen des Inhalts des Anzeigeschreibens sowie der erforderlichen Dokumentation und Angaben verweist § 323 Abs. 1 Satz 2 KAGB auf § 321 Abs. 1 Satz 2 KAGB.

13 Anzeigeschreiben und Aufsichtsbestätigung müssen **„in einer in der internationalen Finanzwelt gebräuchlichen Sprache"** verfasst sein. Dies ist in erster Linie Englisch. Daneben ist es denkbar, auf die in bestimmten Regionen über die Landesgrenzen hinweg gebräuchliche Sprache abzustellen, wenn der Vertrieb nur innerhalb dieser Regionen beabsichtigt ist. Ist der Vertrieb z.B. nur in deutschsprachigen Ländern (Deutschland, Österreich, Luxembourg und Liechtenstein) geplant, können im Rahmen des Vertriebsanzeigeverfahrens auch deutschsprachige Unterlagen eingereicht werden.[10]

14 Eine gesonderte Prüfung des Anzeigeschreibens durch die Behörden des Aufnahmemitgliedstaats ist in Art. 32 AIFM-RL nicht vorgesehen. Art. 32 AIFM-RL geht vielmehr vom **Prinzip der gegenseitigen Anerkennung** aus und berechtigt und verpflichtet grundsätzlich die Behörde des Herkunftsmitgliedstaats mit der Prüfung der Vertriebsvoraussetzungen. Maßnahmen der BaFin, die auf die Unvollständigkeit des Anzeigeschreibens gestützt werden, wären hiermit nicht vereinbar.[11] Dem entspricht auch, dass der Vertrieb bereits mit Übermittlung der Unterrichtung der EU-AIF-Verwaltungsgesellschaft über die Weiterleitung der Anzeige an die BaFin zulässig ist (§ 323 Abs. 2 Satz 1 KAGB). Abs. 1 ist daher europarechtskonform so auszulegen, dass der deutsche Gesetzgeber der BaFin zwar einen Prüfungsauftrag erteilt hat, ob die Mindestinhalte der AIFM-RL im Anzeigeschreiben enthalten sind. Sofern die BaFin allerdings Defizite identifiziert, muss sie im zwischenbehördlichen Verfahren darauf hinwirken, dass die Behörde des Herkunftsmitgliedstaats die EU-AIF-Verwaltungsgesellschaft zur Beseitigung der Defizite auffordert.

b) Getroffene Vorkehrungen, um den Vertrieb an Privatanleger zu verhindern (§ 323 Abs. 2 Satz 3 KAGB)

15 Eine eigene Prüfungskompetenz der Behörde des Aufnahmemitgliedstaats sieht Art. 32 Abs. 5 AIFM-RL nur im Zusammenhang mit den Vorkehrungen zur Verhinderung des Vertriebs an Privatanleger vor (sog. **Kleinanlegersperre** oder *retail barrier*).[12] Diese richten sich nach dem Recht des Aufnahmemitgliedstaats. Die BaFin kann und muss prüfen, ob diese Vorkehrungen geeignet sind, um einen Vertrieb an Privatanleger wirksam zu verhindern (§ 323 Abs. 2 Satz 3 KAGB). Siehe hierzu im Einzelnen die Kommentierung zu § 321 Rz. 25 ff. In diesem Zusammenhang verlangt die BaFin auch die Angabe, ob die Verwaltungsgesellschaft interne Vorkehrungen getroffen hat, um sicherzustellen, dass die in den §§ 307 und 308 KAGB genannten Informationspflichten eingehalten werden (z.B. durch entsprechende Anweisungen und Schulungen der Mitarbeiter), und ob sie mit allen Vertriebspartnern Vereinbarungen getroffen hat, nach denen diese ihrerseits verpflichtet sind, die in § 307 KAGB genannten Informationspflichten einzuhalten.[13]

---

8 Vgl. die Begründung zum Entwurf der Bundesregierung zum AIFM-Umsetzungsgesetz, BT-Drucks. 17/12294, 289.

9 *Zeidler* in Weitnauer/Boxberger/Anders, § 323 KAGB Rz. 2.

10 *Lichtenstein* in Baur/Tappen, § 323 KAGB Rz. 26; ebenso für den Fall der Anzeige nach § 331 KAGB *Zeidler* in Weitnauer/Boxberger/Anders, § 331 KAGB Rz. 11.

11 Kritisch auch *Zeidler* in Weitnauer/Boxberger/Anders, § 323 KAGB Rz. 3.

12 *Zeidler* in Weitnauer/Boxberger/Anders, § 323 KAGB Rz. 4; *Lichtenstein* in Baur/Tappen, § 323 KAGB Rz. 30.

13 BaFin, Merkblatt zum Vertrieb von Anteilen oder Aktien an EU-AIF oder inländischen Spezial-AIF, die von einer EU-AIF-Verwaltungsgesellschaft verwaltet werden, an semiprofessionelle und professionelle Anleger in der Bun-

3. Aufnahme von Vertriebsaktivitäten im Inland (§ 323 Abs. 2 Satz 1 KAGB)

16 Die **Aufnahme des Vertriebs** in Deutschland ist nicht von einer Genehmigung der BaFin abhängig. Sie ist bereits zulässig, wenn die zuständige Behörde des Herkunftsmitgliedstaats die EU-AIF-Verwaltungsgesellschaft über die **Übermittlung der Vertriebsanzeige im zwischenbehördlichen Verfahren** an die BaFin informiert hat. Dies ist Konsequenz des Prinzips der gegenseitigen Anerkennung. Die BaFin hat die positive Entscheidung der Behörde des Herkunftsmitgliedstaats über die Zulässigkeit des Vertriebs grundsätzlich zu akzeptieren und kann nur im Rahmen ihrer beschränkten Prüfungskompetenzen den Vertrieb nachträglich untersagen.

17 Für die Prüfung der Vertriebsanzeige erhebt die BaFin eine **Gebühr** (Ziff. 4.1.7.2.7 des Gebührenverzeichnisses der FinDAGKostV). Die Zulässigkeit des Vertriebs ist von der Zahlung dieser Gebühr nicht abhängig. In der Praxis wird die Gebühr meistens gleichwohl vorab an die BaFin überwiesen. Das BaFin-Merkblatt zu § 323 KAGB enthält hierzu konkrete Zahlungsinformationen.[14] Andernfalls ergeht ein Gebührenbescheid.

4. Besonderheiten bei Umbrella-Konstruktionen

18 Investmentvermögen, die nicht in Deutschland aufgelegt werden, sind häufig so strukturiert, dass von einer rechtlichen Einheit (Investmentgesellschaft oder *umbrella fund*) verschiedene vermögensrechtlich getrennte Teilinvestmentvermögen (*compartments* oder *sub-funds*) aufgelegt werden, die jeweils als AIF zu qualifizieren sind. Bei diesen **Umbrella-Konstruktionen** müssen nicht notwendigerweise alle Teilinvestmentvermögen für den Vertrieb in Deutschland angezeigt werden. Die BaFin weist im Merkblatt zu § 323 KAGB darauf hin, dass die Verkaufsunterlagen des angezeigten Teilfonds einen drucktechnisch hervorgehobenen Hinweis zu enthalten haben, dass für die weiteren Teilinvestmentvermögen keine Anzeige erstattet worden ist und Anteile dieser Teilinvestmentvermögen nicht in Deutschland vertrieben werden dürfen, da sich die nicht angezeigten Teilinvestmentvermögen andernfalls nicht auf die Privilegierung in § 293 Abs. 1 Satz 2 Nr. 3 KAGB berufen können (§ 293 Rz. 25 f.).[15] Üblich, aber auch ausreichend, ist die Aufnahme dieses Hinweises in einem Zusatz bzw. Einband zu den Verkaufsunterlagen für den Vertrieb in Deutschland (*country supplement*).[16] Sollen weitere Teilinvestmentvermögen in der Bundesrepublik vertrieben werden, muss die EU-AIF-Verwaltungsgesellschaft ein weiteres Anzeigeverfahren im Herkunftsmitgliedstaat durchlaufen.[17]

IV. Änderungsanzeige (§ 323 Abs. 3 KAGB)

19 Wie das **Anzeigeverfahren** richtet sich das Verfahren bei Änderungen der im Anzeigeschreiben enthaltenen Angaben und Unterlagen, einschließlich der Einstellung des Vertriebs für EU-AIF oder inländische Spezial-AIF oder einzelner vertriebsberechtigter Teilinvestmentvermögen (Deregistrierung), grundsätzlich nach dem **Recht des Herkunftsmitgliedstaats.** Die Änderungsanzeige ist an die hiernach zuständige Behörde zu richten (Art. 32 Abs. 7 AIFM-RL). Die Behörde des Herkunftsmitgliedstaats leitet die Änderungsanzeige im zwischenbehördlichen Verfahren an die BaFin weiter. Wie im Anzeigeverfahren beziehen sich die **materiellen Prüfungskompetenzen der BaFin** nur darauf, ob die Vorkehrungen zur Verhinderung des Vertriebs an Privatanleger weiterhin wirksam sind (vgl. Rz. 15). Nachdem die BaFin zwischenzeitlich die Einreichung der Mitteilung über Änderungen durch die Verwaltungsgesellschaft direkt an die BaFin zu fordern schien,[18]

---

desrepublik Deutschland gemäß § 323 Kapitalanlagegesetzbuch (KAGB) (Stand: 3.1.2018), Ziff. V.1., abrufbar auf www.bafin.de.

14 BaFin, Merkblatt zum Vertrieb von Anteilen oder Aktien an EU-AIF oder inländischen Spezial-AIF, die von einer EU-AIF-Verwaltungsgesellschaft verwaltet werden, an semiprofessionelle und professionelle Anleger in der Bundesrepublik Deutschland gemäß § 323 Kapitalanlagegesetzbuch (KAGB) (Stand: 3.1.2018), Ziff. VI., abrufbar auf www.bafin.de.

15 BaFin, Merkblatt zum Vertrieb von Anteilen oder Aktien an EU-AIF oder inländischen Spezial-AIF, die von einer EU-AIF-Verwaltungsgesellschaft verwaltet werden, an semiprofessionelle und professionelle Anleger in der Bundesrepublik Deutschland gemäß § 323 Kapitalanlagegesetzbuch (KAGB) (Stand: 3.1.2018), Ziff. VII., abrufbar auf www.bafin.de.

16 Anders als beim Vertrieb von OGAW ist eine Aufnahme des Hinweises in den Prospekt bzw. die prospektähnliche Verkaufsunterlage nicht erforderlich, vgl. BaFin, Merkblatt (2013) zum Vertrieb von Anteilen an EU-OGAW in der Bundesrepublik Deutschland gemäß § 310 Kapitalanlagegesetzbuch (KAGB) – „Incoming UCITS-Notification" bzw. „Incoming UCITS-Update" (Stand: 3.1.2018), Ziff. IV.5., abrufbar auf www.bafin.de.

17 ESMA Q&A, Application of the AIFMD (Stand: 23.7.2018), ESMA/2016/1567, Section II, Question 2.

18 Vgl. BaFin, Merkblatt zum Vertrieb von Anteilen oder Aktien an EU-AIF oder inländischen Spezial-AIF, die von einer EU-AIF-Verwaltungsgesellschaft verwaltet werden, an semiprofessionelle und professionelle Anleger in der

ist in der aktuellen Fassung des Merkblatts klargestellt worden, dass auch die Änderungsmitteilung gegenüber der BaFin im zwischenbehördlichen Verfahren zu erfolgen hat.[19] Da die BaFin konkrete technische Vorgaben zur Übermittlung der Mitteilung an die BaFin aufstellt,[20] empfiehlt sich ein entsprechender Hinweis an die Behörde des Herkunftsmitgliedstaats.

Nach Auffassung der ESMA soll die EU-AIF-Verwaltungsgesellschaft im Rahmen der Änderungsanzeige alle **Angaben und Unterlagen erneut einreichen** und die (geplanten) Änderungen hervorheben.[21] Das kann sich im Einzelfall empfehlen, wenn sehr umfangreiche Änderungen vollzogen werden sollen. Bei weniger einschneidenden Änderungen scheint dies zu weit gehend und ist für eine effektive Aufsicht auch nicht erforderlich. 20

Für die Prüfung der Änderungsanzeige erhebt die BaFin eine **Gebühr** (Ziff. 4.1.7.2.8 des Gebührenverzeichnisses der FinDAGKostV), sofern die Änderungsanzeige auch die Vorkehrungen zur Verhinderung des Vertriebs an Privatanleger betrifft. In der Praxis wird die Gebühr mit Einreichung der Änderungsanzeige an die BaFin überwiesen. Das BaFin-Merkblatt zu § 323 KAGB enthält hierzu konkrete Zahlungsinformationen.[22] Andernfalls ergeht ein Gebührenbescheid. 21

§ 324 Anzeigepflicht einer EU-AIF-Verwaltungsgesellschaft beim beabsichtigten Vertrieb von ausländischen AIF oder von inländischen Spezial-Feeder-AIF oder EU-Feeder-AIF, deren jeweiliger Master-AIF kein EU-AIF oder inländischer AIF ist, der von einer EU-AIF-Verwaltungsgesellschaft oder einer AIF-Kapitalverwaltungsgesellschaft verwaltet wird, an semiprofessionelle und professionelle Anleger im Inland

(1) [1]Ein Vertrieb von Anteilen oder Aktien an ausländischen AIF und von Anteilen oder Aktien an inländischen Spezial-Feeder-AIF oder EU-Feeder-AIF, deren jeweiliger Master-AIF kein EU-AIF oder inländischer AIF ist, der von einer EU-AIF-Verwaltungsgesellschaft oder einer AIF-Kapitalverwaltungsgesellschaft verwaltet wird, an semiprofessionelle oder professionelle Anleger im Geltungsbereich dieses Gesetzes durch eine EU-AIF-Verwaltungsgesellschaft ist nur zulässig, wenn die in § 322 Absatz 1 genannten Voraussetzungen gegeben sind. [2]Ist die Bundesanstalt nicht mit der Beurteilung der in § 322 Absatz 1 Nummer 1 und 2 genannten Voraussetzungen durch die zuständige Stelle des Herkunftsmitgliedstaates der EU-AIF-Verwaltungsgesellschaft einverstanden, kann die Bundesanstalt die Europäische Wertpapier- und Marktaufsichtsbehörde nach Maßgabe des Artikels 19 der Verordnung (EU) Nr. 1095/2010 um Hilfe ersuchen.

(2) [1]Beabsichtigt eine EU-AIF-Verwaltungsgesellschaft im Geltungsbereich dieses Gesetzes die in Absatz 1 Satz 1 genannten AIF an semiprofessionelle oder professionelle Anleger zu vertreiben, so prüft die Bundesanstalt, ob die zuständige Stelle des Herkunftsmitgliedstaates der EU-AIF-Verwaltungsgesellschaft eine von ihr ausgestellte Bescheinigung über die Erlaubnis der betreffenden EU-

---

Bundesrepublik Deutschland gemäß § 323 Kapitalanlagegesetzbuch (KAGB) (Stand: 14.3.2017), Ziff. VIII., abrufbar auf www.bafin.de. Dies hätte der Praxis bei der Änderungsmitteilung im Rahmen des OGAW-Anzeigeverfahrens entsprochen (§ 310 KAGB), fand aber im Wortlaut des § 323 KAGB keine Stütze.

19 BaFin, Merkblatt zum Vertrieb von Anteilen oder Aktien an EU-AIF oder inländischen Spezial-AIF, die von einer EU-AIF-Verwaltungsgesellschaft verwaltet werden, an semiprofessionelle und professionelle Anleger in der Bundesrepublik Deutschland gemäß § 323 Kapitalanlagegesetzbuch (KAGB) (Stand: 3.1.2018), Ziff. VIII., abrufbar auf www.bafin.de.

20 BaFin, Merkblatt zum Vertrieb von Anteilen oder Aktien an EU-AIF oder inländischen Spezial-AIF, die von einer EU-AIF-Verwaltungsgesellschaft verwaltet werden, an semiprofessionelle und professionelle Anleger in der Bundesrepublik Deutschland gemäß § 323 Kapitalanlagegesetzbuch (KAGB) (Stand: 3.1.2018), Ziff. IX., abrufbar auf www.bafin.de.

21 ESMA Q&A, Application of the AIFMD (Stand: 23.7.2018), ESMA/2016/1567, Section II, Question 7.

22 BaFin, Merkblatt zum Vertrieb von Anteilen oder Aktien an EU-AIF oder inländischen Spezial-AIF, die von einer EU-AIF-Verwaltungsgesellschaft verwaltet werden, an semiprofessionelle und professionelle Anleger in der Bundesrepublik Deutschland gemäß § 323 Kapitalanlagegesetzbuch (KAGB) (Stand: 3.1.2018), Ziff. VIII., abrufbar auf www.bafin.de.

AIF-Verwaltungsgesellschaft zur Verwaltung von AIF mit einer bestimmten Anlagestrategie sowie ein Anzeigeschreiben für jeden AIF in einer in der internationalen Finanzwelt gebräuchlichen Sprache übermittelt hat. ²§ 323 Absatz 1 Satz 2 gilt entsprechend.

(3) § 323 Absatz 2 Satz 1 und 3 sowie Absatz 3 ist entsprechend anzuwenden.

In der Fassung vom 4.7.2013 (BGBl. I 2013, S. 1981).

Schrifttum: S. bei § 321.

I. Zweck und Anwendungsbereich der Norm

1 § 324 KAGB ist Teil der **finanzmarktrechtlichen Produktregulierung**, die neben die verwalterbezogene Regulierung der EU-AIF-Verwaltungsgesellschaft in ihrem Herkunftsmitgliedstaat sowie ggf. die tätigkeitsbezogene Regulierung beim Vertrieb von Investmentvermögen im Inland tritt (§ 321 Rz. 2).

2 Die Vorschrift ist Teil des **Drittstaatenvertriebspasses** unter der AIFM-RL (*third country AIFMD passport*), der den Marktzugang (*incoming passport*) von ausländischen AIF und Feeder-AIF mit Drittstaatenbezug regelt.[1] Die Vorschrift ergänzt § 323 KAGB, der den Vertrieb von inländischen Spezial-AIF (§ 1 Abs. 6 KAGB) und EU-AIF (§ 1 Abs. 8 KAGB) an professionelle und semi-professionelle Anleger regelt. Beabsichtigt eine **EU-AIF-Verwaltungsgesellschaft**, d.h. eine EU-Verwaltungsgesellschaft, die AIF verwaltet (§ 1 Abs. 17 Nr. 2 KAGB), einen **ausländischen AIF** (§ 1 Abs. 9 KAGB) in der Bundesrepublik an **professionelle Anleger** (§ 1 Abs. 19 Nr. 32 KAGB) oder **semi-professionelle Anleger** (§ 1 Abs. 19 Nr. 33 KAGB) zu vertreiben, findet nach dem Drittstaatenstichtag (Rz. 4) § 324 KAGB Anwendung. Gleiches gilt beim Vertrieb von inländischen Spezial-Feeder-AIF oder EU-Feeder-AIF, deren jeweiliger Master-AIF kein EU-AIF oder inländischer AIF ist, der von einer EU-AIF-Verwaltungsgesellschaft oder einer AIF-Kapitalverwaltungsgesellschaft verwaltet wird.

3 Im Hinblick auf das **formelle Vertriebsanzeigeverfahren** basiert § 324 KAGB (wie § 323 KAGB) auf dem **Prinzip der gegenseitigen Anerkennung** und berechtigt und verpflichtet grundsätzlich die Behörde des Herkunftsmitgliedstaats mit der Prüfung der Vertriebsvoraussetzungen. Bei der Prüfung der **materiellen Voraussetzungen** des Vertriebs, also ob der betroffene Drittstaat auf der „schwarzen Liste" der Financial Action Task Force (FATF) aufgeführt wird oder in regulatorischen und fiskalischen Angelegenheiten hinreichend kooperiert, sieht § 324 KAGB ein **paralleles Prüfungsrecht der BaFin** vor. Meinungsverschiedenheiten zwischen den Behörden sind in einem besonderen Schlichtungsverfahren von der ESMA zu klären.

4 Gemäß § 295 Abs. 2 Nr. 2 und Abs. 3 Satz 1 Nr. 2 lit. a KAGB gilt § 322 KAGB erst nach Erlass des delegierten Rechtsaktes der Kommission zum **Drittstaatenvertriebspass** (zur Systematik der §§ 316 bis 334 KAGB s. auch die Kommentierung zu § 295). Aufgrund der **staatenspezifischen Implementierung** des Drittstaatenvertriebspasses (§ 322 Rz. 6) ist für die Anwendbarkeit des § 324 maßgeblich, ob der betroffene Drittstaat bereits Gegenstand des delegierten Rechtsakts der Kommission ist. Andernfalls richtet sich die Vertriebsanzeige nach § 329 KAGB.

5 Die Vorschrift setzt voraus, dass ein Vertrieb in der Bundesrepublik beabsichtigt ist. Auf den Erwerb von Anteilen im Wege der passiven Dienstleistungsfreiheit auf Initiative des Anlegers und ohne vorangegangene Vertriebsaktivitäten der Verwaltungsgesellschaft (***reverse solicitation***) findet § 324 KAGB keine Anwendung. Trotz der generellen Anzeigepflicht für den Vertrieb in Deutschland existiert daher auch unter dem

1 *Zeidler* in Weitnauer/Boxberger/Anders, § 324 KAGB Rz. 1.

KAGB im Spezialfondsbereich nach wie vor die Möglichkeit, Anteile ohne Vertriebsanzeige an deutsche Anleger abzusetzen (§ 321 Rz. 10).

II. Entstehung der Norm

6 Der Wortlaut der Vorschrift entspricht der Fassung des ursprünglichen Regierungsentwurfs vom 6.2.2013.[2] Soweit § 324 KAGB den Vertrieb an professionelle Anleger betrifft, beruht die Vorschrift auf **Art. 35 AIFM-RL**. Darüber hinaus hat der deutsche Gesetzgeber den Vertrieb an semi-professionelle Anleger dem Vertrieb an professionelle Anleger gleichgestellt (§ 321 Rz. 6).

7 Im Einzelnen setzt Abs. 1 Art. 35 Abs. 1 und Abs. 2 Unterabs. 1 AIFM-RL um. Abs. 2 setzt Art. 35 Abs. 5, Abs. 6 Unterabs. 2 und Art. 9 Unterabs. 1 AIFM-RL um. Abs. 3 setzt durch Verweis auf § 323 Abs. 2 Satz 1 und 3 und Abs. 3 Art. 35 Abs. 7 Unterabs. 1 Satz 2 und Art. 35 Abs. 8 AIFM-RL um.[3]

III. Materielle Voraussetzungen für den Vertrieb von ausländischen AIF und Master-Feeder-Strukturen mit Drittstaatenbezug

1. Vertriebsvoraussetzungen des § 322 Abs. 1 KAGB (§ 324 Abs. 1 Satz 1 KAGB)

8 Der Vertrieb von AIF mit Drittstaatenbezug ist nach § 324 Abs. 1 Satz 1 KAGB nur zulässig, wenn der relevante Drittstaat sowie die EU-AIF-Verwaltungsgesellschaft, die den AIF verwaltet, bestimmte Anforderungen erfüllt. Die Vorschrift verweist auf die drittstaatbezogenen und verwalterbezogenen Kriterien, die bereits für einen Vertrieb von ausländischen AIF durch (inländische) Kapitalverwaltungsgesellschaften maßgeblich sind.

9 Die Vorschrift schließt den Vertrieb von Anteilen oder Aktien an ausländischen AIF oder Feeder-AIF mit Drittstaatenbezug aus, wenn der betroffene Drittstaat auf der **„schwarzen Liste" der Financial Action Task Force (FATF)** aufgeführt wird oder in **regulatorischen und fiskalischen Angelegenheiten nicht hinreichend kooperiert**. Damit ist letztlich nur der Vertrieb von AIF aus bestimmten Drittstaaten in Deutschland zulässig. Außerdem wird klargestellt, dass die **Privilegierung nach Art. 34 Abs. 1 AIFM-RL**, die von bestimmten Anforderungen der AIFM-RL befreit, wenn die Verwaltungsgesellschaft ausschließlich AIF außerhalb der EU vertreibt, **nicht anwendbar** ist. Bei richtlinienkonformer Umsetzung der AIFM-RL in das nationale Recht des Herkunftsmitgliedstaats müsste sich dies bereits aus der Reichweite der Befreiung ergeben, die bei einem grenzüberschreitenden Vertrieb in der Bundesrepublik keine Anwendung finden dürfte.

10 Wegen der Einzelheiten wird auf die Kommentierung bei § 322 Rz. 11 ff. verwiesen.

2. Beurteilung der Vertriebsvoraussetzungen und Schlichtungsverfahren (§ 324 Abs. 1 Satz 2 KAGB)

11 Nach § 324 Abs. 1 Satz 2 KAGB hat die BaFin ein Prüfungsrecht sowie eine Prüfungspflicht im Hinblick auf das Vorliegen der drittstaatbezogenen **materiellen Vertriebsvoraussetzungen** in § 322 Abs. 1 Satz 1 Nr. 1 und 2 KAGB. Die BaFin ist nicht an die Einschätzung der Behörde des Herkunftsmitgliedsstaats gebunden. Art. 35 Abs. 2 AIFM-RL sieht vielmehr **parallele Prüfungskompetenzen** der Behörden des Herkunftsmitgliedstaats und des Aufnahmemitgliedstaats vor.

12 Ergeben sich abweichende Einschätzungen der Behörden des Herkunftsmitgliedstaats und des Aufnahmemitgliedstaats, verweist § 324 Abs. 1 Satz 2 KAGB auf Art. 19 der Verordnung (EU) Nr. 1095/2010 (ESMA-VO), der ein besonderes **Schlichtungsverfahren bei der ESMA** sowie ein Letztentscheidungsrecht der ESMA vorsieht.

13 Aufgrund des staatenspezifischen Ansatzes der Kommission und ESMA hinsichtlich des Drittstaatenvertriebspasses dürfte das Verfahren nach § 324 Abs. 1 Satz 2 KAGB praktisch nur eine **geringe Bedeutung** haben. Die ESMA berücksichtigt in ihrer Empfehlung, ob eine Kooperationsvereinbarung mit dem jeweiligen Drittstaat besteht und ob deren Durchsetzung in der Vergangenheit Hindernisse entgegenstanden.[4] Ferner

2 Entwurf der Bundesregierung zum AIFM-Umsetzungsgesetz, BT-Drucks. 17/12294, 153 f.
3 Begründung zum Entwurf der Bundesregierung zum AIFM-Umsetzungsgesetz, BT-Drucks. 17/12294, 289 f.
4 Vgl. ESMA's advice to the European Parliament, the Council and the Commission on the application of the AIFMD passport to non-EU AIFMs and AIFs (12. September 2016), ESMA/2016/1140, S. 8.

berücksichtigt die ESMA die anwendbare Regulierung gegen Geldwäsche und Terrorismusfinanzierung.[5] Drittstaaten, die die materiellen Anforderungen an einen Vertrieb innerhalb der EU nicht erfüllen, werden daher in der Regel schon nicht in den Anwendungsbereich des § 324 KAGB fallen.

IV. Formelle Voraussetzungen für den Vertrieb von ausländischen AIF und Master-Feeder-Strukturen mit Drittstaatenbezug

1. Vertriebsanzeige im Herkunftsmitgliedstaat (EU-Vertriebspass)

14 Vor Beginn des Vertriebs in Deutschland ist ein **Anzeigeverfahren** zu durchlaufen. Wie beim Vertrieb nach § 324 KAGB richtet sich dieses Verfahren im Grundsatz nach dem **Recht des Herkunftsmitgliedstaats** der EU-AIF-Verwaltungsgesellschaft. Die zuständige Behörde des Herkunftsmitgliedstaats prüft, ob die EU-AIF-Verwaltungsgesellschaft und die Verwaltung des angezeigten AIF der AIFM-RL und den entsprechenden Vorschriften des nationalen Rechts des Herkunftsmitgliedstaats entsprechen und weiterhin entsprechen werden (Art. 35 Abs. 6 Unterabs. 1 Satz 2 AIFM-RL). Ist dies der Fall, **übermittelt** die zuständige **Behörde des Herkunftsmitgliedstaats** spätestens 20 Arbeitstage nach dem Eingang der vollständigen Anzeigeunterlagen die vollständigen **Anzeigeunterlagen sowie eine Bescheinigung über die Zulassung** der EU-AIF-Verwaltungsgesellschaft in einer in der internationalen Finanzwelt gebräuchlichen Sprache (§ 323 Rz. 13) an die BaFin (Art. 35 Abs. 6 Unterabs. 1 Satz 1, Unterabs. 2 AIFM-RL).

15 Da das anwendbare ausländische Recht in der Regel keine Unterscheidung zwischen dem Vertrieb an professionelle Anleger und dem **Vertrieb an semi-professionelle Anleger** trifft, kann die EU-AIF-Verwaltungsgesellschaft in ihrem Herkunftsmitgliedstaat regelmäßig nur die Absicht des Vertriebs an professionelle Anleger anzeigen. Aufgrund der Gleichstellung des semi-professionellen Anlegers mit dem professionellen Anleger umfasst die Vertriebszulassung jedoch zugleich auch die Kategorie des semi-professionellen Anlegers (§ 323 Rz. 11).[6]

2. Prüfungskompetenzen der BaFin (§ 324 Abs. 2 KAGB)

16 Die Vertriebsanzeige nach § 324 KAGB ist ein **zwischenbehördliches Verfahren**,[7] das auf dem **Grundsatz der gegenseitigen Anerkennung** beruht (**EU-Vertriebspass**). Wenngleich § 324 Abs. 2 Satz 2 i.V.m. § 323 Abs. 1 Satz 2 KAGB der BaFin zwar einen Prüfungsauftrag erteilt, ob die Mindestinhalte der AIFM-RL im Anzeigeschreiben enthalten sind, kann die BaFin eine Untersagung des Vertriebs nicht auf Fehler bei der Einschätzung durch die Behörde des Herkunftsmitgliedstaats stützen. Vielmehr muss sie im zwischenbehördlichen Verfahren darauf hinwirken, dass die Behörde des Herkunftsmitgliedstaats die EU-AIF-Verwaltungsgesellschaft zur Beseitigung der Defizite auffordert (§ 323 Rz. 14).

17 Eine **eigene Prüfungskompetenz** der Behörde des Aufnahmemitgliedstaats sieht Art. 32 Abs. 5 AIFM-RL nur im Zusammenhang mit den Vorkehrungen zur Verhinderung des Vertriebs an Privatanleger vor (sog. **Kleinanlegersperre** oder *retail barrier*).[8] Diese richten sich nach dem Recht des Aufnahmemitgliedstaats. Die BaFin kann und muss prüfen, ob diese Vorkehrungen geeignet sind, um einen Vertrieb an Privatanleger wirksam zu verhindern (§ 324 Abs. 3 i.V.m. § 323 Abs. 2 Satz 3 KAGB). Siehe hierzu die Kommentierung bei § 321 Rz. 25.

3. Aufnahme von Vertriebsaktivitäten im Inland (§ 324 Abs. 3 KAGB)

18 Die **Aufnahme des Vertriebs** in Deutschland ist zulässig, wenn die zuständige Behörde des Herkunftsmitgliedstaats die EU-AIF-Verwaltungsgesellschaft über die **Übermittlung der Vertriebsanzeige im zwischenbehördlichen Verfahren** an die BaFin informiert hat (§ 324 Abs. 3 i.V.m. § 323 Abs. 2 Satz 1 KAGB).[9] Dies ist Konsequenz des Prinzips der gegenseitigen Anerkennung. Eine Genehmigung der BaFin ist nicht erforderlich. Die BaFin kann nur im Rahmen ihrer beschränkten Prüfungskompetenzen den Vertrieb nachträglich untersagen.

---

5 Vgl. ESMA's advice to the European Parliament, the Council and the Commission on the application of the AIFMD passport to non-EU AIFMs and AIFs (12. September 2016), ESMA/2016/1140, S. 13.
6 Vgl. die Begründung zum Entwurf der Bundesregierung zum AIFM-Umsetzungsgesetz, BT-Drucks. 17/12294, 289.
7 *Zeidler* in Weitnauer/Boxberger/Anders, § 324 KAGB Rz. 2.
8 *Ebel* in Baur/Tappen, § 324 KAGB Rz. 34.
9 *Zeidler* in Weitnauer/Boxberger/Anders, § 324 KAGB Rz. 3.

V. Änderungsanzeige (§ 324 Abs. 3 KAGB)

Änderungen der im Anzeigeschreiben enthaltenen Angaben und Unterlagen sind der zuständigen Behörde 19
des Herkunftsmitgliedstaats anzuzeigen, die die **Änderungsanzeige** im **zwischenbehördlichen Verfahren** an die BaFin weiterleitet (vgl. § 323 Rz. 19). Wie im Anzeigeverfahren beziehen sich die materiellen Prüfungskompetenzen der BaFin nur darauf, ob die Vorkehrungen zur Verhinderung des Vertriebs an Privatanleger weiterhin wirksam sind (vgl. Rz. 17).

§ 325 Anzeigepflicht einer ausländischen AIF-Verwaltungsgesellschaft, deren Referenzmitgliedstaat die Bundesrepublik Deutschland ist, beim beabsichtigten Vertrieb von EU-AIF oder von inländischen Spezial-AIF an semiprofessionelle und professionelle Anleger im Inland

(1) [1]Beabsichtigt eine ausländische AIF-Verwaltungsgesellschaft, deren Referenzmitgliedstaat gemäß § 56 die Bundesrepublik Deutschland ist und die von der Bundesanstalt eine Erlaubnis nach § 58 erhalten hat, Anteile oder Aktien an einem von ihr verwalteten EU-AIF oder inländischen Spezial-AIF an semiprofessionelle oder professionelle Anleger im Geltungsbereich dieses Gesetzes zu vertreiben, hat sie dies der Bundesanstalt anzuzeigen. [2]§ 321 Absatz 1 Satz 2 gilt entsprechend mit der Maßgabe, dass es statt „AIF-Kapitalverwaltungsgesellschaft" „ausländische AIF-Verwaltungsgesellschaft" heißen muss.

(2) § 321 Absatz 2 bis 4 ist mit der Maßgabe entsprechend anzuwenden, dass

1. **es statt „AIF-Kapitalverwaltungsgesellschaft" „ausländische AIF-Verwaltungsgesellschaft" heißen muss,**
2. **im Rahmen von § 321 Absatz 3 die Bundesanstalt zusätzlich der Europäischen Wertpapier- und Marktaufsichtsbehörde mitteilt, dass die ausländische AIF-Verwaltungsgesellschaft mit dem Vertrieb von Anteilen oder Aktien des angezeigten AIF an professionelle Anleger im Inland beginnen kann und**
3. **bei zulässigen Änderungen nach § 321 Absatz 4 die Bundesanstalt unverzüglich die Europäische Wertpapier- und Marktaufsichtsbehörde unterrichtet, soweit die Änderungen die Beendigung des Vertriebs von bestimmten AIF oder zusätzlich vertriebenen AIF betreffen.**

In der Fassung vom 4.7.2013 (BGBl. I 2013, S. 1981).

Schrifttum: S. bei § 321.

I. Zweck und Anwendungsbereich der Norm

§ 325 KAGB ist Teil der **finanzmarktrechtlichen Produktregulierung**, die neben die verwalterbezogene 1
Regulierung des KAGB sowie ggf. die tätigkeitsbezogene Regulierung beim Vertrieb von Investmentvermögen im Inland tritt (§ 321 Rz. 2).

Die Vorschrift ist Teil des **Drittstaatenvertriebspasses** unter der AIFM-RL (*third country AIFMD passport*).[1] 2
Es handelt sich neben den §§ 326 bis 328 KAGB um die erste von vier Bestimmungen, die den Marktzugang

1 *Zeidler* in Weitnauer/Boxberger/Anders, § 325 KAGB Rz. 1.

(*incoming passport*) von **ausländischen Verwaltungsgesellschaften** (§ 1 Abs. 18 KAGB) im Hinblick auf den Vertrieb von AIF an **professionelle Anleger** (§ 1 Abs. 19 Nr. 32 KAGB) und **semi-professionelle Anleger** (§ 1 Abs. 19 Nr. 33 KAGB) regelt. Die Vorschrift findet auf den Vertrieb von **inländischen Spezial-AIF** (§ 1 Abs. 6 KAGB) und **EU-AIF** (§ 1 Abs. 8 KAGB) Anwendung, wenn **Deutschland der Referenzmitgliedstaat** (§ 56 KAGB) der ausländischen AIF-Verwaltungsgesellschaft ist. Der Drittstaatenbezug wird bei § 325 KAGB daher allein durch den Sitz der AIF-Verwaltungsgesellschaft hergestellt. Ist Referenzmitgliedstaat ein anderer Mitgliedstaat der EU, gilt § 327 KAGB. Beim Vertrieb von ausländischen AIF gilt § 326 bzw. § 328 KAGB. Aufgrund der Regulierung des Verwalters durch die BaFin (§ 58 KAGB), richtet sich das Verfahren für die Vertriebsanzeige weitgehend nach dem für den Vertrieb durch (inländische) AIF-Kapitalverwaltungsgesellschaften geltenden § 321 KAGB.

3 Gemäß § 295 Abs. 2 Nr. 2 und Abs. 3 Satz 1 Nr. 2 lit. a KAGB gilt § 325 KAGB erst nach Erlass des delegierten Rechtsaktes der Kommission zum **Drittstaatenvertriebspass** (zur Systematik der §§ 316 bis 334 KAGB s. auch die Kommentierung zu § 295). Aufgrund der **staatenspezifischen Implementierung** des Drittstaatenvertriebspasses (§ 322 Rz. 6) ist für die Anwendbarkeit des § 325 KAGB maßgeblich, ob der Drittstaat, in dem die ausländische AIF-Verwaltungsgesellschaft ihren Sitz hat, bereits Gegenstand des delegierten Rechtsakts der Kommission ist (vgl. § 344 Abs. 1 KAGB, Art. 67 und 37 AIFM-RL). Andernfalls richtet sich die Vertriebsanzeige nach § 330 KAGB.

4 Die Vorschrift setzt voraus, dass ein Vertrieb in der Bundesrepublik beabsichtigt ist. Auf den Erwerb von Anteilen im Wege der passiven Dienstleistungsfreiheit auf Initiative des Anlegers und ohne vorangegangene Vertriebsaktivitäten der Verwaltungsgesellschaft (***reverse solicitation***) findet § 325 KAGB keine Anwendung. Trotz der generellen Anzeigepflicht für den Vertrieb in Deutschland existiert daher auch unter dem KAGB im Spezialfondsbereich nach wie vor die Möglichkeit, Anteile ohne Vertriebsanzeige an deutsche Anleger abzusetzen (§ 321 Rz. 10).

II. Entstehung der Norm

5 Der Wortlaut der Vorschrift entspricht der Fassung des ursprünglichen Regierungsentwurfs vom 6.2.2013.[2] Soweit § 325 KAGB den Vertrieb an professionelle Anleger betrifft, beruht die Vorschrift auf **Art. 39 AIFM-RL**. Darüber hinaus hat der deutsche Gesetzgeber den Vertrieb an semi-professionelle Anleger dem Vertrieb an professionelle Anleger gleichgestellt (§ 321 Rz. 6).

6 Im Einzelnen setzt Abs. 1 Satz 1 Art. 39 Abs. 1 und Abs. 2 Unterabs. 1 AIFM-RL um. Abs. 1 Satz 2 setzt Art. 39 Abs. 2 Unterabs. 2 und Anhang III AIFM-RL um. Abs. 2 setzt Art. 39 Abs. 3 und Abs. 9 AIFM-RL um.[3]

III. Konzept des Referenzmitgliedstaats (§ 325 Abs. 1 Satz 1 KAGB)

7 Der Referenzmitgliedstaat ist das Regulierungskonzept der AIFM-RL und des KAGB, mit dem die Verwaltung und der Vertrieb von AIF durch **AIF-Verwaltungsgesellschaften** erfasst werden sollen, **die ihren Sitz außerhalb der EU bzw. des EWR haben**, wobei für Mitgliedstaaten des EWR die Übergangsvorschrift des § 344 Abs. 2 KAGB gilt. Mit der AIFM-RL wurde das Ziel verfolgt, einen Binnenmarkt innerhalb der EU und einen strikten Regulierungs- und Kontrollrahmen für die Tätigkeiten aller AIF-Verwaltungsgesellschaften zu schaffen, einschließlich solcher, die ihren Sitz in einem Drittstaat haben (Erwägungsgrund 4 der AIFM-RL). Wenngleich ausländische AIF-Verwaltungsgesellschaften ihren Sitz nicht in einem Mitgliedstaat haben, wird die Verwaltung und der Vertrieb von AIF innerhalb der EU durch einen Mitgliedstaat zugelassen und reguliert. Dieser Referenzmitgliedstaat bestimmt sich danach, welcher Mitgliedstaat die „engste Verbindung" zur Tätigkeit der ausländischen AIF-Verwaltungsgesellschaft aufweist (§ 56 KAGB und Art. 37 Abs. 4 AIFM-RL). Die so regulierten ausländischen AIF-Verwaltungsgesellschaften profitieren in Folge auch vom Vertriebspass der AIFM-RL.[4]

8 § 325 KAGB setzt voraus, dass die AIF-Verwaltungsgesellschaft, die EU-AIF oder inländische Spezial-AIF in Deutschland vertreiben will, die **Bundesrepublik als Referenzmitgliedstaat** hat. Wie die Tätigkeit einer (inländischen) Kapitalverwaltungsgesellschaft, bedarf ihre Tätigkeit daher der **Erlaubnis durch die BaFin (§ 58 KAGB)**. Aufgrund der Zulassung und **laufenden Beaufsichtigung durch die BaFin** richtet sich auch

2 Entwurf der Bundesregierung zum AIFM-Umsetzungsgesetz, BT-Drucks. 17/12294, 154.
3 Begründung zum Entwurf der Bundesregierung zum AIFM-Umsetzungsgesetz, BT-Drucks. 17/12294, 290.
4 *Zeidler* in Weitnauer/Boxberger/Anders, § 325 KAGB Rz. 2.

das Vertriebsanzeigeverfahren weitgehend nach dem für (inländische) Kapitalverwaltungsgesellschaften anwendbaren Verfahren (§ 321 KAGB).

IV. Formelle Voraussetzungen für den Vertrieb durch ausländische AIF-Verwaltungsgesellschaften

1. Vertriebsanzeige

9 Unabhängig von der Erlaubniserteilung nach § 58 KAGB bedarf der Vertrieb eines Spezial AIF oder EU AIF an professionelle oder semi-professionelle Anleger in Deutschland einer vorherigen **Vertriebsanzeige**. Auf dieser Grundlage prüft die BaFin, ob die ausländische Verwaltungsgesellschaft oder die Verwaltung des angezeigten AIF gegen gesetzliche Vorschriften verstößt. In der Sache handelt es sich um ein **behördliches Genehmigungsverfahren** („Zulassung mit Untersagungsvorbehalt"), da der Vertrieb erst aufgenommen werden darf, wenn die BaFin eine positive Entscheidung über den Vertrieb getroffen hat (§ 321 Rz. 31).

10 Die erforderlichen **Informationen und Unterlagen**, die Gegenstand der Vertriebsanzeige durch die ausländische AIF-Verwaltungsgesellschaft sind, richten sich nach den für (inländische) AIF-Kapitalverwaltungsgesellschaften geltenden Vorschriften. § 325 Abs. 1 Satz 2 KAGB verweist hierzu auf § 321 Abs. 1 Satz 2 KAGB, der den Inhalt des Anzeigeschreibens spezifiziert. Dabei ordnet Abs. 1 Satz 1 lediglich klarstellend an, dass es statt „AIF-Kapitalverwaltungsgesellschaft" „ausländische AIF-Verwaltungsgesellschaft" heißen müsse. Wegen der Einzelheiten wird auf die Kommentierung bei § 321 Rz. 13 ff. verwiesen.

2. Anzeigeverfahren

11 Das Verfahren nach Einreichung der Vertriebsanzeige richtet sich ebenfalls nach den für (inländische) AIF-Kapitalverwaltungsgesellschaften geltenden Vorschriften (§ 325 Abs. 2 i.V.m. § 321 Abs. 2 und 3 KAGB). Das **aufsichtsrechtliche Verfahren** ist danach **zweistufig** ausgestaltet. In einem ersten Schritt prüft die BaFin, ob die eingereichten Unterlagen vollständig sind und fordert gegebenenfalls fehlende Unterlagen nach (§ 325 Abs. 2 i.V.m. § 321 Abs. 2 Satz 1 und 2 KAGB). Die Unvollständigkeit der Vertriebsanzeige kann durch Ergänzungsanzeige geheilt werden, wobei die BaFin erneut die Vollständigkeit der ergänzten Anzeige prüft (§ 325 Abs. 2 i.V.m. § 321 Abs. 2 Satz 3 KAGB). Innerhalb von 20 Arbeitstagen nach Erhalt der vollständigen Anzeige hat dann die BaFin eine Entscheidung zu treffen, ob die Verwaltungsgesellschaft mit dem Vertrieb in der Bundesrepublik beginnen kann (§ 325 Abs. 2 i.V.m. § 321 Abs. 3 Satz 1 KAGB). Die BaFin kann den Vertrieb nur dann **versagen**, wenn der geplante Vertrieb gegen die Vorschriften des KAGB oder gegen die Vorschriften der AIFM-RL verstößt (§ 325 Abs. 2 i.V.m. § 321 Abs. 3 Satz 2 KAGB). Als weniger einschneidende Maßnahme kann die BaFin der Verwaltungsgesellschaft etwaige Beanstandungen mitteilen und Gelegenheit zur Abhilfe geben (§ 325 Abs. 2 i.V.m. § 321 Abs. 3 Satz 3 KAGB).

3. Vertriebsgenehmigung

12 Der Vertrieb darf erst dann begonnen werden, wenn die BaFin der ausländischen AIF-Verwaltungsgesellschaft mitgeteilt hat, dass der Aufnahme des beabsichtigten Vertriebs an die in der Anzeige bezeichnete Anlegergruppe keine Gründe entgegenstehen und der Vertrieb daher nach § 325 Abs. 2 i.V.m. § 321 Abs. 3 Satz 4 KAGB ab dem Datum der behördlichen Entscheidung statthaft ist. In der Sache handelt es sich daher bei dem Anzeigeverfahren um ein **behördliches Genehmigungsverfahren** („Zulassung mit Untersagungsvorbehalt") und bei der Mitteilung nach § 325 Abs. 2 i.V.m. § 321 Abs. 3 Satz 1 KAGB um einen genehmigenden (gestaltenden) **Verwaltungsakt** (§ 321 Rz. 31).

4. Zwischenbehördliche Meldepflichten

13 Handelt es sich bei dem vertriebenen AIF um einen EU-AIF, **informiert die BaFin** die **Behörden des Herkunftsmitgliedstaats** des EU-AIF über die positive Vertriebsentscheidung (§ 325 Abs. 2 i.V.m. § 321 Abs. 3 Satz 5 KAGB). Zusätzlich hat die BaFin die **ESMA** zu informieren, dass die ausländische AIF-Verwaltungsgesellschaft mit dem Vertrieb von Anteilen oder Aktien des angezeigten AIF an professionelle Anleger im Inland beginnen kann. Eines besonderen Antrags bedarf es hierfür nicht.

V. Änderungsanzeige

14 Wie beim Vertrieb von Spezial-AIF und EU-AIF durch (inländische) Kapitalverwaltungsgesellschaften sind **wesentliche Änderungen** im Hinblick auf die im Anzeigeschreiben enthaltenen Informationen der BaFin

schriftlich mitzuteilen (§ 325 Abs. 2 i.V.m. § 321 Abs. 4 KAGB). Auf dieser Basis hat die BaFin die Möglichkeit zu prüfen, ob die Verwaltungsgesellschaft oder die Verwaltung des AIF künftig gegen die Vorschriften des KAGB oder der AIFM-RL verstoßen würde. In diesem Fall kann die BaFin die **Änderung untersagen.** Wegen der Einzelheiten wird auf die Kommentierung bei § 321 Rz. 33 ff. verwiesen. Nach § 325 Abs. 2 Nr. 3 KAGB hat die BaFin bei zulässigen Änderungen zusätzlich die **ESMA zu informieren**, soweit die Änderungen die Beendigung des Vertriebs von bestimmten AIF oder die Aufnahme des Vertriebs weiterer AIF betreffen.

§ 326 Anzeigepflicht einer ausländischen AIF-Verwaltungsgesellschaft, deren Referenzmitgliedstaat die Bundesrepublik Deutschland ist, beim beabsichtigten Vertrieb von ausländischen AIF an semiprofessionelle und professionelle Anleger im Inland

(1) Der Vertrieb von Anteilen oder Aktien an ausländischen AIF an semiprofessionelle oder professionelle Anleger im Geltungsbereich dieses Gesetzes durch eine ausländische AIF-Verwaltungsgesellschaft, deren Referenzmitgliedstaat gemäß Artikel 37 Absatz 4 der Richtlinie 2011/61/EU die Bundesrepublik Deutschland ist, ist nur zulässig, wenn die in § 322 Absatz 1 genannten Voraussetzungen gegeben sind.

(2) [1]Beabsichtigt eine ausländische AIF-Verwaltungsgesellschaft, deren Referenzmitgliedstaat gemäß § 56 die Bundesrepublik Deutschland ist und die von der Bundesanstalt eine Erlaubnis nach § 58 erhalten hat, Anteile oder Aktien an einem von ihr verwalteten ausländischen AIF im Geltungsbereich dieses Gesetzes an semiprofessionelle oder professionelle Anleger zu vertreiben, hat sie dies der Bundesanstalt anzuzeigen. [2]§ 321 Absatz 1 Satz 2 gilt entsprechend mit der Maßgabe, dass es statt „AIF-Kapitalverwaltungsgesellschaft" „ausländische AIF-Verwaltungsgesellschaft" heißen muss.

(3) § 322 Absatz 3, 4 Satz 1 und 2 und Absatz 5 gilt entsprechend mit der Maßgabe, dass es statt „AIF-Kapitalverwaltungsgesellschaft" „ausländische AIF-Verwaltungsgesellschaft" heißen muss.

In der Fassung vom 4.7.2013 (BGBl. I 2013, S. 1981).

Schrifttum: S. bei § 321.

I. Zweck und Anwendungsbereich der Norm

1 § 326 KAGB ist Teil der **finanzmarktrechtlichen Produktregulierung**, die neben die verwalterbezogene Regulierung des KAGB sowie ggf. die tätigkeitsbezogene Regulierung beim Vertrieb von Investmentvermögen im Inland tritt (§ 321 Rz. 2).

2 Die Vorschrift ist Teil des **Drittstaatenvertriebspasses** unter der AIFM-RL (*third country AIFMD passport*).[1] Sie ergänzt § 325 KAGB und regelt den Marktzugang (*incoming passport*) von **ausländischen Verwaltungsgesellschaften** (§ 1 Abs. 18 KAGB) im Hinblick auf den Vertrieb von **ausländischen AIF** (§ 1 Abs. 9 KAGB) an **professionelle Anleger** (§ 1 Abs. 19 Nr. 32 KAGB) und **semi-professionelle Anleger** (§ 1

1 *Zeidler* in Weitnauer/Boxberger/Anders, § 326 KAGB Rz. 1.

Abs. 19 Nr. 33 KAGB). Die Vorschrift findet nur dann Anwendung, wenn **Deutschland der Referenzmitgliedstaat** (§ 56 KAGB) der ausländischen AIF-Verwaltungsgesellschaft ist (zum Konzept des Referenzmitgliedstaats s. die Kommentierung bei § 325 Rz. 7). § 326 KAGB hat einen **doppelten Drittstaatenbezug**, der zum einen durch den Sitz der AIF-Verwaltungsgesellschaft und zum anderen durch den Sitz des AIF bzw. das Recht, welchem der AIF unterliegt (§ 1 Abs. 19 Nr. 34 lit. a KAGB), hergestellt wird.[2] Sofern die ausländische AIF-Verwaltungsgesellschaft ausschließlich ausländische AIF verwaltet und vertreibt, entsteht der Bezug zur Bundesrepublik ausschließlich aufgrund des Vertriebs des oder der ausländischen AIF in Deutschland (§ 56 Abs. 1 Nr. 1 KAGB, Art. 37 Abs. 4 lit. h AIFM-RL). Ist Referenzmitgliedstaat ein anderer Mitgliedstaat der EU, gilt § 328 KAGB. Beim Vertrieb von inländischen Spezial-AIF oder EU-AIF gilt § 325 bzw. § 327 KAGB. Aufgrund der Regulierung des Verwalters durch die BaFin (§ 58 KAGB), ordnet § 326 KAGB wegen der Vertriebsvoraussetzungen und des Vertriebsanzeigeverfahrens weitgehend die entsprechende Geltung des § 322 KAGB an, der den Vertrieb ausländischer AIF durch (inländische) AIF-Kapitalverwaltungsgesellschaften regelt.

Gemäß § 295 Abs. 2 Nr. 2 und Abs. 3 Satz 1 Nr. 2 lit. a KAGB gilt § 326 KAGB erst nach Erlass des delegierten Rechtsaktes der Kommission zum **Drittstaatenvertriebspass** (zur Systematik der §§ 316 bis 334 KAGB s. auch die Kommentierung zu § 295). Die Kommission und die ESMA beabsichtigen, die Entscheidung zum Drittstaatenvertriebspass für **jeden Drittstaat gesondert** zu treffen (§ 322 Rz. 6). Im Rahmen von § 326 KAGB ist denkbar, dass Verwaltung und Vertrieb zu zwei unterschiedlichen Drittstaaten Bezug aufweist. So können der Sitz der AIF-Verwaltungsgesellschaft und der Sitz des AIF in unterschiedlichen Drittstaaten belegen sein. Hat der Sachverhalt Bezug zu **unterschiedlichen Drittstaaten**, ist aufgrund der staatenspezifischen Implementierung des Drittstaatenvertriebspasses maßgeblich, ob der Drittstaat, in dem der ausländische AIF seinen Sitz hat oder dessen Recht er unterliegt, *und* der Drittstaat, in dem die ausländische AIF-Verwaltungsgesellschaft ihren Sitz hat, bereits Gegenstand des delegierten Rechtsakts der Kommission ist (vgl. § 344 Abs. 1 KAGB, Art. 67 und 37 AIFM-RL). Andernfalls richtet sich die Vertriebsanzeige nach § 330 KAGB. 3

Die Vorschrift setzt voraus, dass ein Vertrieb in der Bundesrepublik beabsichtigt ist. Auf den Erwerb von Anteilen im Wege der passiven Dienstleistungsfreiheit auf Initiative des Anlegers und ohne vorangegangene Vertriebsaktivitäten der Verwaltungsgesellschaft (***reverse solicitation***) findet § 326 KAGB keine Anwendung. Trotz der generellen Anzeigepflicht für den Vertrieb in Deutschland existiert daher auch unter dem KAGB im Spezialfondsbereich nach wie vor die Möglichkeit, Anteile ohne Vertriebsanzeige an deutsche Anleger abzusetzen (§ 321 Rz. 10). 4

II. Entstehung der Norm

Der Wortlaut der Vorschrift entspricht der Fassung des ursprünglichen Regierungsentwurfs vom 6.2.2013.[3] Soweit § 326 KAGB den Vertrieb an professionelle Anleger betrifft, beruht die Vorschrift auf **Art. 40 AIFM-RL**. Darüber hinaus hat der deutsche Gesetzgeber den Vertrieb an semi-professionelle Anleger dem Vertrieb an professionelle Anleger gleichgestellt (§ 321 Rz. 6). 5

Im Einzelnen setzt Abs. 1 Art. 40 Abs. 1 und Abs. 2 Unterabs. 1 AIFM-RL um. Abs. 2 Satz 1 setzt Art. 40 Abs. 1 und Abs. 3 Unterabs. 1 AIFM-RL um. Abs. 2 Satz 2 dient der Umsetzung von Art. 40 Abs. 3 Unterabs. 2 und Anhang III AIFM-RL.[4] 6

III. Materielle Voraussetzungen für den Vertrieb von ausländischen AIF und Master-Feeder-Strukturen mit Drittstaatenbezug (§ 326 Abs. 1 KAGB)

§ 326 Abs. 1 KAGB verweist auf die materiellen Vertriebsvoraussetzungen des § 322 Abs. 1 KAGB. Damit wird zunächst ein Vertrieb von Anteilen oder Aktien an ausländischen AIF ausgeschlossen, wenn der Drittstaat, in dem der AIF seinen Sitz hat oder dessen Recht er unterliegt, auf der **„schwarzen Liste" der Financial Action Task Force (FATF)** aufgeführt wird oder in **regulatorischen und fiskalischen Angelegenheiten nicht hinreichend kooperiert**. Wegen der Einzelheiten wird auf die Kommentierung bei § 322 Rz. 11 verwiesen. Damit ist letztlich nur der Vertrieb von AIF aus bestimmten Drittstaaten in Deutschland zulässig. Aufgrund des staatenspezifischen Ansatzes der Kommission und ESMA hinsichtlich des Drittstaatenvertriebspasses dürften diese Anforderungen nur eine **geringe praktische Relevanz** erhalten, da die Kriterien 7

2 *Zeidler* in Weitnauer/Boxberger/Anders, § 326 KAGB Rz. 1.
3 Entwurf der Bundesregierung zum AIFM-Umsetzungsgesetz, BT-Drucks. 17/12294, 154.
4 Begründung zum Entwurf der Bundesregierung zum AIFM-Umsetzungsgesetz, BT-Drucks. 17/12294, 290.

bereits bei der Erstreckung des Drittstaatenvertriebspasses auf einen bestimmten Staat Berücksichtigung finden. Bei Staaten, die die Kriterien nicht erfüllen, wird § 326 KAGB schon wegen der fehlenden Deckung durch den delegierten Rechtsakt keine Anwendung finden (§ 295 Abs. 2 Nr. 2 und Abs. 3 Satz 1 Nr. 2 lit. a KAGB).

8 Eine Prüfung dieser Kriterien in Bezug auf den Drittstaat, in dem die ausländische AIF-Verwaltungsgesellschaft ihren Sitz hat (welcher vom AIF-Drittstaat abweichen kann), findet im Rahmen des Vertriebsanzeigeverfahrens nicht statt. Allerdings findet eine **entsprechende Prüfung im Rahmen der Erlaubniserteilung** der ausländischen AIF-Verwaltungsgesellschaft statt (§ 58 Abs. 7 Nr. 4 bis 6 KAGB).

9 Daneben verweist § 326 Abs. 1 KAGB auf die verwalterbezogene Anforderung in § 322 Abs. 1 Nr. 4 KAGB, wonach die „AIF-Kapitalverwaltungsgesellschaft bei der Verwaltung eines ausländischen AIF abweichend von § 55 Abs. 1 Nr. 1 KAGB alle in der Richtlinie 2011/61/EU für diese AIF festgelegten Anforderungen" erfüllen muss. Im Rahmen der Anzeige nach § 322 KAGB hat dieses Erfordernis nur klarstellende Bedeutung.[5] AIF-Kapitalverwaltungsgesellschaften werden nach § 55 Abs. 1 KAGB nur von der Regulierung nach dem KAGB befreit, soweit sie ausländische AIF nicht im Inland und im EWR vertreiben. Entscheidend ist also, dass die **Verwaltungsgesellschaft der Regulierung für (inländische) AIF-Kapitalverwaltungsgesellschaften unterliegt**. Die entsprechende Regelung für ausländische AIF-Verwaltungsgesellschaften mit Deutschland als Referenzmitgliedstaat findet sich in § 57 Abs. 2 KAGB, wonach die ausländische AIF-Verwaltungsgesellschaft, die AIF in Deutschland verwaltet oder vertreibt, grundsätzlich der Regulierung nach dem KAGB unterliegt. Daher ist der Verweis in § 326 auf § 322 Abs. 1 Nr. 4 KAGB ebenfalls als Klarstellung zu verstehen, dass bei der Absicht des Vertriebs in Deutschland die verwalterbezogene Regulierung des KAGB im Umfang des § 57 Abs. 2 KAGB gilt.

IV. Formelle Voraussetzungen für den Vertrieb von ausländischen AIF und Master-Feeder-Strukturen mit Drittstaatenbezug

1. Vertriebsanzeige (§ 326 Abs. 2 KAGB)

10 Die ausländische AIF-Verwaltungsgesellschaft hat die Absicht des Vertriebs (§ 321 Rz. 10 ff.) der BaFin **anzuzeigen**. Da die ausländische AIF-Verwaltungsgesellschaft der Aufsicht durch die BaFin unterliegt, ist das Verfahren weitgehend dem Anzeigeverfahren bei (inländischen) AIF-Kapitalverwaltungsgesellschaften nachgebildet. Für den **Inhalt der Anzeige** verweist § 326 Abs. 2 Satz 2 KAGB auf § 322 Abs. 2 Satz 2 KAGB, der wiederum auf § 321 Abs. 1 Satz 2 KAGB verweist (vgl. hierzu die Kommentierung bei § 321 Rz. 13 ff.). Lediglich klarstellend erfolgt der Rechtsanwendungshinweis, dass es statt „AIF-Kapitalverwaltungsgesellschaft" „ausländische AIF-Verwaltungsgesellschaft" heißen müsse.

11 **Angaben zu den materiellen Vertriebsvoraussetzungen** des § 326 Abs. 1 KAGB braucht das Anzeigeschreiben (wie bei der Vertriebsanzeige nach § 322 KAGB) nicht zu enthalten. Der BaFin stehen ohnehin alle relevanten Informationen zur Verfügung, um die drittstaatenbezogenen Anforderungen an den angezeigten AIF (§ 326 Abs. 1 i.V.m. § 322 Abs. 1 Nr. 1 bis 3 KAGB) selbständig beurteilen zu können. Gleiches gilt für die Einhaltung der Anforderungen der AIFM-RL durch die ausländische AIF-Verwaltungsgesellschaft (§ 326 Abs. 1 i.V.m. § 322 Abs. 1 Nr. 4 KAGB). Sie unterliegt nach § 58 KAGB der Regulierung durch die BaFin.

2. Prüfungsverfahren

12 Das Prüfungsverfahren richtet sich ebenfalls nach den für (inländische) AIF-Kapitalverwaltungsgesellschaften geltenden Vorschriften. Zunächst prüft die BaFin, ob die eingereichten Unterlagen **vollständig** sind und fordert gegebenenfalls fehlende Unterlagen nach (§ 326 Abs. 3 i.V.m. §§ 322 Abs. 3, 321 Abs. 2 Satz 1 und 2 KAGB). Die Unvollständigkeit der Vertriebsanzeige kann durch Ergänzungsanzeige geheilt werden, wobei die BaFin erneut die Vollständigkeit der ergänzten Anzeige prüft (§ 326 Abs. 3 i.V.m. §§ 322 Abs. 3, 321 Abs. 2 Satz 3 KAGB). Innerhalb von 20 Arbeitstagen nach Erhalt der vollständigen Anzeige hat dann die BaFin eine Entscheidung zu treffen, ob die Verwaltungsgesellschaft mit dem Vertrieb in der Bundesrepublik beginnen kann (§ 326 Abs. 3 i.V.m. §§ 322 Abs. 4 Satz 1, 321 Abs. 3 Satz 1 KAGB). Die BaFin kann den **Vertrieb nur dann versagen**, wenn der geplante Vertrieb gegen die Vorschriften des KAGB oder gegen die Vorschriften der AIFM-RL verstößt (§ 326 Abs. 3 i.V.m. §§ 322 Abs. 4 Satz 1, 321 Abs. 3 Satz 2 KAGB).

---

5 Vgl. die Begründung zum Entwurf der Bundesregierung zum AIFM-Umsetzungsgesetz, BT-Drucks. 17/12294, 288; ebenso *Ebel* in Baur/Tappen, § 322 KAGB Rz. 34; *Patzner/Schneider-Deters* in Moritz/Klebeck/Jesch, § 322 KAGB Rz. 9.

Dies schließt die Prüfung der materiellen Vertriebsvoraussetzungen nach § 326 Abs. 1 i.V.m. § 322 Abs. 1 KAGB ein. Als weniger einschneidende Maßnahme kann die BaFin der Verwaltungsgesellschaft etwaige Beanstandungen mitteilen und die Gelegenheit zur Abhilfe geben (§ 326 Abs. 3 i.V.m. §§ 322 Abs. 4 Satz 1, 321 Abs. 3 Satz 3 KAGB).

3. Vertriebsgenehmigung

Der Vertrieb darf erst dann begonnen werden, wenn die BaFin der ausländischen AIF-Verwaltungsgesellschaft mitgeteilt hat, dass der Aufnahme des beabsichtigten Vertriebs an die in der Anzeige bezeichnete Anlegergruppe keine Gründe entgegenstehen und der Vertrieb daher nach § 326 Abs. 3 i.V.m. §§ 322 Abs. 4 Satz 1, 321 Abs. 3 Satz 4 KAGB ab dem Datum der behördlichen Entscheidung statthaft ist. In der Sache handelt es sich daher bei dem Anzeigeverfahren um ein **behördliches Genehmigungsverfahren** („Zulassung mit Untersagungsvorbehalt") und bei der Mitteilung nach § 326 Abs. 3 i.V.m. §§ 322 Abs. 4 Satz 1, 321 Abs. 3 Satz 1 KAGB um einen **genehmigenden (gestaltenden) Verwaltungsakt** (§ 321 Rz. 31). 13

4. Zwischenbehördliche Meldepflichten

Die BaFin **informiert die ESMA** über die erteilte Vertriebsgenehmigung (§ 326 Abs. 3 i.V.m. § 322 Abs. 4 Satz 2 KAGB). 14

V. Änderungsanzeige

Wie beim Vertrieb von ausländischen AIF durch (inländische) Kapitalverwaltungsgesellschaften sind **wesentliche Änderungen** im Hinblick auf die im Anzeigeschreiben enthaltenen Informationen der BaFin schriftlich mitzuteilen (§ 326 Abs. 3 i.V.m. § 322 Abs. 5 Satz 1 KAGB). Auf dieser Basis hat die BaFin die Möglichkeit zu prüfen, ob die Verwaltungsgesellschaft oder die Verwaltung des AIF künftig gegen die Vorschriften des KAGB oder der AIFM-RL verstoßen würde. In diesem Fall kann die BaFin die **Änderung untersagen**. Wegen der Fristen und des Verfahrens bei unzulässigen Änderungen verweist § 326 Abs. 3 KAGB auf § 322 Abs. 5 Satz 2 KAGB, der wiederum auf § 321 Abs. 4 Satz 2 bis 5 KAGB verweist (vgl. im Einzelnen die Kommentierung bei § 321 Rz. 33 ff.). Nach § 326 Abs. 3 i.V.m. § 322 Abs. 5 Satz 4 KAGB muss die BaFin außerdem die **ESMA** unverzüglich über zulässige Änderungen **informieren**, soweit die Änderungen die Beendigung des Vertriebs von bestimmten AIF oder die Aufnahme des Vertriebs weiterer AIF betreffen. 15

§ 327 Anzeigepflicht einer ausländischen AIF-Verwaltungsgesellschaft, deren Referenzmitgliedstaat nicht die Bundesrepublik Deutschland ist, beim beabsichtigten Vertrieb von EU-AIF oder von inländischen Spezial-AIF an semiprofessionelle und professionelle Anleger im Inland

(1) [1]Beabsichtigt eine ausländische AIF-Verwaltungsgesellschaft, deren Referenzmitgliedstaat gemäß Artikel 37 Absatz 4 der Richtlinie 2011/61/EU ein anderer Mitgliedstaat der Europäischen Union oder ein anderer Vertragsstaat des Abkommens über den Europäischen Wirtschaftsraum als die Bundesrepublik Deutschland ist, im Geltungsbereich dieses Gesetzes Anteile oder Aktien an EU-AIF oder inländische Spezial-AIF an semiprofessionelle oder professionelle Anleger im Geltungsbereich dieses Gesetzes zu vertreiben, so prüft die Bundesanstalt, ob die zuständige Stelle des Referenzmitgliedstaates der ausländischen AIF-Verwaltungsgesellschaft Folgendes übermittelt hat:

1. **eine von ihr ausgestellte Bescheinigung über die Erlaubnis der betreffenden ausländischen AIF-Verwaltungsgesellschaft zur Verwaltung von AIF mit einer bestimmten Anlagestrategie und**
2. **ein Anzeigeschreiben für jeden angezeigten AIF,**

jeweils in einer in der internationalen Finanzwelt gebräuchlichen Sprache. [2]Für den Inhalt des Anzeigeschreibens einschließlich der erforderlichen Dokumentation und Angaben gilt § 321 Absatz 1 Satz 2 entsprechend mit der Maßgabe, dass es statt „AIF-Kapitalverwaltungsgesellschaft" „ausländische AIF-Verwaltungsgesellschaft" heißen muss, die Vorkehrungen zum Vertrieb des angezeigten AIF angegeben sein müssen und die Bundesrepublik Deutschland als Staat genannt sein muss, in dem Anteile oder Aktien des angezeigten AIF an professionelle Anleger vertrieben werden sollen.

(2) [1]Der Vertrieb kann aufgenommen werden, wenn die ausländische AIF-Verwaltungsgesellschaft von der zuständigen Stelle ihres Referenzmitgliedstaates über die Übermittlung nach Absatz 1 unterrichtet wurde. [2]§ 323 Absatz 2 Satz 3 und Absatz 3 ist entsprechend anzuwenden.

In der Fassung vom 4.7.2013 (BGBl. I 2013, S. 1981).

Schrifttum: S. bei § 321.

I. Zweck und Anwendungsbereich der Norm

1 § 327 KAGB ist Teil der **finanzmarktrechtlichen Produktregulierung**, die neben die verwalterbezogene Regulierung des KAGB sowie ggf. die tätigkeitsbezogene Regulierung beim Vertrieb von Investmentvermögen im Inland tritt (§ 321 Rz. 2).

2 Die Vorschrift ist Teil des **Drittstaatenvertriebspasses** unter der AIFM-RL (*third country AIFMD passport*).[1] Zusammen mit § 328 KAGB ergänzt sie §§ 325 und 326 KAGB. §§ 325 und 326 KAGB regeln den Marktzugang (*incoming passport*) von ausländischen AIF-Verwaltungsgesellschaften, die als Referenzmitgliedstaat (§ 56 KAGB) die Bundesrepublik haben. §§ 327 und 328 KAGB regeln den Vertrieb von AIF an **professionelle Anleger** (§ 1 Abs. 19 Nr. 32 KAGB) und **semi-professionelle Anleger** (§ 1 Abs. 19 Nr. 33 KAGB) durch **ausländische AIF-Verwaltungsgesellschaften**, die als **Referenzmitgliedstaat einen anderen Mitgliedstaat der EU** haben. Während § 327 KAGB den Vertrieb von **inländischen Spezial-AIF** (§ 1 Abs. 6 KAGB) und **EU-AIF** (§ 1 Abs. 8 KAGB) regelt, findet § 328 KAGB auf den Vertrieb von ausländischen AIF (§ 1 Abs. 9 KAGB) Anwendung.

3 Die ausländische AIF-Verwaltungsgesellschaft unterliegt **primär der Regulierung durch den Referenzmitgliedstaat** (zum Konzept des Referenzmitgliedstaats s. die Kommentierung bei § 325 Rz. 7). Aufgrund des Vertriebs eines inländischen Spezial-AIF oder EU-AIF in Deutschland ist im Rahmen der Produktregulierung daneben die BaFin im Rahmen der Kompetenzen des § 327 KAGB zuständig. § 327 KAGB ordnet hierzu im Wesentlichen eine entsprechende Geltung des § 323 KAGB an, der den Vertrieb von inländischen Spezial-AIF und EU-AIF durch EU-AIF-Verwaltungsgesellschaften regelt. Damit ist die **grundsätzliche Anerkennung der Vertriebszulassung durch die Aufsichtsbehörde des Referenzmitgliedstaats** und die Regelung weniger Restkompetenzen der BaFin als Aufsichtsbehörde des Aufnahmemitgliedstaats im Rahmen des zwischenbehördlichen Verfahrens verbunden.

4 Gemäß § 295 Abs. 2 Nr. 2 und Abs. 3 Satz 1 Nr. 2 lit. a KAGB gilt § 327 KAGB erst nach Erlass des delegierten Rechtsaktes der Kommission zum **Drittstaatenvertriebspass** (zur Systematik der §§ 316 bis 334 KAGB s. auch die Kommentierung zu § 295). Aufgrund der **staatenspezifischen Implementierung** des Drittstaatenvertriebspasses (§ 322 Rz. 6) ist für die Anwendbarkeit des § 327 maßgeblich, ob der Drittstaat, in dem die ausländische AIF-Verwaltungsgesellschaft ihren Sitz hat, bereits Gegenstand des delegierten Rechtsakts der Kommission ist (vgl. § 344 Abs. 1 KAGB, Art. 67 und 37 AIFM-RL). Andernfalls richtet sich die Vertriebsanzeige nach § 330 KAGB.

5 Die Vorschrift setzt voraus, dass ein Vertrieb in der Bundesrepublik beabsichtigt ist. Auf den Erwerb von Anteilen im Wege der passiven Dienstleistungsfreiheit auf Initiative des Anlegers und ohne vorangegangene Vertriebsaktivitäten der Verwaltungsgesellschaft (***reverse solicitation***) findet § 327 KAGB keine Anwendung. Trotz der generellen Anzeigepflicht für den Vertrieb in Deutschland existiert daher auch unter dem KAGB im Spezialfondsbereich nach wie vor die Möglichkeit, Anteile ohne Vertriebsanzeige an deutsche Anleger abzusetzen (§ 321 Rz. 10).

1 *Zeidler* in Weitnauer/Boxberger/Anders, § 327 KAGB Rz. 1.

II. Entstehung der Norm

Der Wortlaut der Vorschrift entspricht der Fassung des ursprünglichen Regierungsentwurfs vom 6.2.2013.[2] Soweit § 327 KAGB den Vertrieb an professionelle Anleger betrifft, beruht die Vorschrift auf **Art. 39 AIFM-RL.** Darüber hinaus hat der deutsche Gesetzgeber den Vertrieb an semi-professionelle Anleger dem Vertrieb an professionelle Anleger gleichgestellt (§ 321 Rz. 6). 6

Im Einzelnen dient Abs. 1 Satz 1 der Umsetzung von Art. 39 Abs. 1, Abs. 5 und Abs. 8 AIFM-RL. Abs. 2 Satz 1 setzt Art. 39 Abs. 6 Satz 2 AIFM-RL um. Abs. 2 Satz 2 setzt Art. 39 Abs. 7 AIFM-RL über den Verweis auf § 323 Abs. 2 Satz 3 und Abs. 3 KAGB um.[3] 7

III. Voraussetzungen für den Vertrieb im Inland

1. Vertriebsanzeige im Referenzmitgliedstaat

Vor Beginn des Vertriebs ist ein Vertriebsanzeigeverfahren zu durchlaufen. Aufgrund des Konzepts der regulatorischen Erfassung der ausländischen AIF-Verwaltungsgesellschaft im Referenzmitgliedstaat richtet sich dieses Verfahren im Grundsatz nach dem **Recht des Referenzmitgliedstaats.** Das gilt auch beim Vertrieb von inländischen Spezial-AIF.[4] In diesem Fall ist zwar das vertriebene Produkt nach dem Recht der Bundesrepublik aufgelegt. Der Regulierungsansatz der AIFM-RL und des KAGB ist in dieser Hinsicht jedoch verwalterbezogen und stellt auf das Recht des Referenzmitgliedstaats der Verwaltungsgesellschaft ab. 8

Die zuständige Behörde des Referenzmitgliedstaats prüft, ob die ausländische Verwaltungsgesellschaft und die Verwaltung des angezeigten AIF der AIFM-RL und den entsprechenden Vorschriften des nationalen Rechts des Referenzmitgliedstaats entsprechen und weiterhin entsprechen werden (Art. 39 Abs. 5 Unterabs. 1 Satz 2 AIFM-RL). Ist dies der Fall, **übermittelt** die zuständige Behörde des Referenzmitgliedstaats spätestens 20 Arbeitstage nach dem Eingang der vollständigen Anzeigeunterlagen die **Anzeigeunterlagen sowie eine Bescheinigung über die Zulassung** der ausländischen AIF-Verwaltungsgesellschaft im Referenzmitgliedstaat in einer in der internationalen Finanzwelt gebräuchlichen Sprache (§ 323 Rz. 13) an die BaFin (Art. 39 Abs. 5 Unterabs. 1 Satz 1, Unterabs. 2 AIFM-RL). 9

Ist die Anzeige für den Vertrieb an professionelle Anleger an die BaFin übermittelt worden, umfasst dies zugleich auch die **Kategorie des semi-professionellen Anlegers**, da das deutsche Recht den semi-professionellen Anleger dem professionellen Anleger gleichstellt (§ 323 Rz. 11).[5] 10

2. Prüfungskompetenzen der BaFin (§ 327 Abs. 1 KAGB)

Wie § 323 KAGB ist § 327 KAGB als **zwischenbehördliches Verfahren** ausgestaltet.[6] Die materielle Prüfung der Vertriebsvoraussetzungen erfolgt bereits durch die Behörde des Referenzmitgliedstaats. Nach Abs. 1 prüft die BaFin, ob die Behörde des Referenzmitgliedstaats im zwischenbehördlichen Verfahren eine Bescheinigung über die Erlaubnis der AIF-Verwaltungsgesellschaft sowie ein Anzeigeschreiben für jeden AIF übermittelt hat, wobei wegen der Inhalte des Anzeigeschreibens auf § 321 Abs. 1 Satz 2 KAGB verwiesen wird. Eine gesonderte Prüfung des Anzeigeschreibens durch die Behörden des Aufnahmemitgliedstaats ist in Art. 39 AIFM-RL allerdings nicht vorgesehen. Wie auch in Art. 32 AIFM-RL vorgesehen, geht Art. 39 AIFM-RL vom **Prinzip der gegenseitigen Anerkennung** aus und berechtigt und verpflichtet grundsätzlich die Behörde des Referenzmitgliedstaats mit der Prüfung der Vertriebsvoraussetzungen. Hiermit wären weitergehende Prüfungskompetenzen der BaFin, wie sie in § 327 Abs. 1 Satz 2 KAGB suggeriert werden, nicht vereinbar. Abs. 1 Satz 2 ist daher europarechtskonform so auszulegen, dass der deutsche Gesetzgeber der BaFin zwar einen Prüfungsauftrag erteilt hat, ob die Mindestinhalte der AIFM-RL im Anzeigeschreiben enthalten sind. Sofern die BaFin allerdings Defizite identifiziert, muss sie im zwischenbehördlichen Verfahren darauf hinwirken, dass die Behörde des Referenzmitgliedstaats die ausländische AIF-Verwaltungsgesellschaft zur Beseitigung der Defizite auffordert. 11

2 Entwurf der Bundesregierung zum AIFM-Umsetzungsgesetz, BT-Drucks. 17/12294, 154 f.

3 Begründung zum Entwurf der Bundesregierung zum AIFM-Umsetzungsgesetz, BT-Drucks. 17/12294, 290.

4 Begründung zum Entwurf der Bundesregierung zum AIFM-Umsetzungsgesetz, BT-Drucks. 17/12294, 290.

5 Vgl. die Begründung zum Entwurf der Bundesregierung zum AIFM-Umsetzungsgesetz, BT-Drucks. 17/12294, 290.

6 *Zeidler* in Weitnauer/Boxberger/Anders, § 327 KAGB Rz. 1.

12 Eine **eigene Prüfungskompetenz** der Behörde des Aufnahmemitgliedstaats sieht Art. 39 Abs. 7 AIFM-RL nur im Zusammenhang mit den Vorkehrungen zur Verhinderung des Vertriebs an Privatanleger vor (sog. **Kleinanlegersperre** oder *retail barrier*).[7] Diese richten sich nach dem Recht des Aufnahmemitgliedstaats. Die BaFin kann und muss prüfen, ob diese Vorkehrungen geeignet sind, um einen Vertrieb an Privatanleger wirksam zu verhindern (§ 327 Abs. 2 Satz 2 i.V.m. § 323 Abs. 2 Satz 3 KAGB). Wegen der Einzelheiten des Prüfungsverfahrens wird auf die Kommentierung bei § 323 Rz. 12 ff. verwiesen.

3. Aufnahme von Vertriebsaktivitäten im Inland (§ 327 Abs. 2 Satz 1 KAGB)

13 Die **Aufnahme des Vertriebs** in Deutschland ist nicht von einer Genehmigung der BaFin abhängig. Sie ist bereits zulässig, wenn die zuständige Behörde des Referenzmitgliedstaats die ausländische AIF-Verwaltungsgesellschaft über die **Übermittlung der Vertriebsanzeige im zwischenbehördlichen Verfahren** an die BaFin informiert hat (§ 327 Abs. 2 Satz 1 KAGB). Dies ist Konsequenz des Prinzips der gegenseitigen Anerkennung. Die BaFin hat die positive Entscheidung der Behörde des Referenzmitgliedstaats über die Zulässigkeit des Vertriebs grundsätzlich zu akzeptieren und kann nur im Rahmen ihrer beschränkten Prüfungskompetenzen den Vertrieb nachträglich untersagen.

IV. Änderungsanzeige (§ 327 Abs. 2 Satz 2 KAGB)

14 Wie das Anzeigeverfahren richtet sich das Verfahren bei Änderungen der im Anzeigeschreiben enthaltenen Angaben und Unterlagen grundsätzlich nach dem **Recht des Referenzmitgliedstaats** (§ 327 Abs. 2 Satz 2 i.V.m. § 323 Abs. 3 KAGB). Die Änderungsanzeige ist an die hiernach zuständige Behörde zu richten. Die Behörde des Referenzmitgliedstaats leitet die Änderungsanzeige im **zwischenbehördlichen Verfahren** an die BaFin weiter (vgl. § 323 Rz. 19). Wie im Anzeigeverfahren beziehen sich die **materiellen Prüfungskompetenzen der BaFin** nur darauf, ob die Vorkehrungen zur Verhinderung des Vertriebs an Privatanleger weiterhin wirksam sind (vgl. Rz. 12). Wegen der Einzelheiten zur Änderungsanzeige wird auf die Kommentierung bei § 323 Rz. 19 ff. verwiesen.

§ 328 Anzeigepflicht einer ausländischen AIF-Verwaltungsgesellschaft, deren Referenzmitgliedstaat nicht die Bundesrepublik Deutschland ist, beim beabsichtigten Vertrieb von ausländischen AIF an semiprofessionelle und professionelle Anleger im Inland

(1) [1]Ein Vertrieb von Anteilen oder Aktien an ausländischen AIF an semiprofessionelle oder professionelle Anleger im Geltungsbereich dieses Gesetzes durch eine ausländische AIF-Verwaltungsgesellschaft, deren Referenzmitgliedstaat gemäß Artikel 37 Absatz 4 der Richtlinie 2011/61/EU ein anderer Mitgliedstaat der Europäischen Union oder Vertragsstaat des Abkommens über den Europäischen Wirtschaftsraum ist, ist nur zulässig, wenn die in § 322 Absatz 1 genannten Voraussetzungen gegeben sind. [2]Ist die Bundesanstalt nicht mit der Beurteilung der in § 322 Absatz 1 Nummer 1 und 2 genannten Voraussetzungen durch die zuständige Stelle des Referenzmitgliedstaates der ausländischen AIF-Verwaltungsgesellschaft einverstanden, kann die Bundesanstalt die Europäische Wertpapier- und Marktaufsichtsbehörde nach Maßgabe des Artikels 19 der Verordnung (EU) Nr. 1095/2010 um Hilfe ersuchen.

(2) [1]Beabsichtigt eine ausländische AIF-Verwaltungsgesellschaft, im Geltungsbereich dieses Gesetzes Anteile oder Aktien an ausländischen AIF an semiprofessionelle oder professionelle Anleger zu vertreiben, prüft die Bundesanstalt, ob die zuständige Stelle des Referenzmitgliedstaates der ausländischen AIF-Verwaltungsgesellschaft Folgendes übermittelt hat:

1. **eine von ihr ausgestellte Bescheinigung über die Erlaubnis der betreffenden ausländischen AIF-Verwaltungsgesellschaft zur Verwaltung von AIF mit einer bestimmten Anlagestrategie sowie**
2. **ein Anzeigeschreiben für jeden angezeigten AIF,**

7 *Zeidler* in Weitnauer/Boxberger/Anders, § 327 KAGB Rz. 2.

jeweils in einer in der internationalen Finanzwelt gebräuchlichen Sprache. [2]§ 327 Absatz 1 Satz 2 gilt entsprechend.

(3) § 327 Absatz 2 ist entsprechend anzuwenden.

In der Fassung vom 4.7.2013 (BGBl. I 2013, S. 1981).

Schrifttum: S. bei § 321.

I. Zweck und Anwendungsbereich der Norm

§ 328 KAGB ist Teil der **finanzmarktrechtlichen Produktregulierung**, die neben die verwalterbezogene Regulierung des KAGB sowie ggf. die tätigkeitsbezogene Regulierung beim Vertrieb von Investmentvermögen im Inland tritt (§ 321 Rz. 2). 1

Die Vorschrift ist Teil des **Drittstaatenvertriebspasses** unter der AIFM-RL (*third country AIFMD passport*).[1] Zusammen mit § 327 KAGB ergänzt sie §§ 325 und 326 KAGB, die den Marktzugang (*incoming passport*) von ausländischen AIF-Verwaltungsgesellschaften regeln, die als Referenzmitgliedstaat (§ 56 KAGB) die Bundesrepublik haben. §§ 327 und 328 KAGB regeln den Vertrieb von AIF an **professionelle Anleger** (§ 1 Abs. 19 Nr. 32 KAGB) und **semi-professionelle Anleger** (§ 1 Abs. 19 Nr. 33 KAGB) durch **ausländische AIF-Verwaltungsgesellschaften**, die als **Referenzmitgliedstaat einen anderen Mitgliedstaat der EU** haben. Während § 327 KAGB den Vertrieb von inländischen Spezial-AIF (§ 1 Abs. 6 KAGB) und EU-AIF (§ 1 Abs. 8 KAGB) regelt, findet § 328 KAGB auf den Vertrieb von **ausländischen AIF** (§ 1 Abs. 9 KAGB) Anwendung. 2

§ 328 KAGB hat einen **doppelten Drittstaatenbezug**, der zum einen durch den Sitz der AIF-Verwaltungsgesellschaft und zum anderen durch den Sitz des AIF bzw. das Recht, welchem der AIF unterliegt (§ 1 Abs. 19 Nr. 34 lit. a KAGB), hergestellt wird.[2] Aufgrund des Referenzmitgliedstaatsprinzips unterliegt die ausländische AIF-Verwaltungsgesellschaft **primär der Regulierung durch den Referenzmitgliedstaat** (zum Konzept des Referenzmitgliedstaats s. die Kommentierung bei § 325 Rz. 7). Aufgrund des Vertriebs des ausländischen AIF in Deutschland ist im Rahmen der Produktregulierung daneben die BaFin im Rahmen der Kompetenzen des § 328 KAGB zuständig. § 328 KAGB folgt hierzu im Wesentlichen dem Regelungskonzept des § 324 KAGB, der den Vertrieb von ausländischen AIF durch EU-AIF-Verwaltungsgesellschaften regelt. Im Hinblick auf das **formelle Vertriebsanzeigeverfahren** basiert die Vorschrift (wie §§ 323, 324 und 327 KAGB) auf dem **Prinzip der gegenseitigen Anerkennung** und berechtigt und verpflichtet grundsätzlich die Behörde des Referenzmitgliedstaats zur Prüfung der Vertriebsvoraussetzungen. Bei der Prüfung der **materiellen Voraussetzungen** des § 322 Abs. 1 KAGB, also ob der betroffene Drittstaat auf der „schwarzen Liste" der Financial Action Task Force (FATF) aufgeführt wird oder in regulatorischen und fiskalischen Angelegenheiten hinreichend kooperiert, sieht § 328 KAGB ein **paralleles Prüfungsrecht** der BaFin vor. Meinungsverschiedenheiten zwischen den Behörden sind in einem besonderen Schlichtungsverfahren von der ESMA zu klären. 3

Gemäß § 295 Abs. 2 Nr. 2 und Abs. 3 Satz 1 Nr. 2 lit. a KAGB gilt § 328 KAGB erst nach Erlass des delegierten Rechtsaktes der Kommission zum **Drittstaatenvertriebspass** (zur Systematik der §§ 316 bis 334 KAGB s. auch die Kommentierung zu § 295). Die Kommission und die ESMA beabsichtigen, die Entscheidung zum Drittstaatenvertriebspass **für jeden Drittstaat gesondert** zu treffen (§ 322 Rz. 6). Im Rahmen von § 328 KAGB ist denkbar, dass Verwaltung und Vertrieb zu zwei unterschiedlichen Drittstaaten Bezug aufweist. So können der Sitz der AIF-Verwaltungsgesellschaft und der Sitz des AIF in unterschiedlichen Drittstaaten belegen sein. Hat der Sachverhalt Bezug zu unterschiedlichen Drittstaaten, ist aufgrund der staaten- 4

1 *Zeidler* in Weitnauer/Boxberger/Anders, § 328 KAGB Rz. 1.
2 *Zeidler* in Weitnauer/Boxberger/Anders, § 328 KAGB Rz. 1.

spezifischen Implementierung des Drittstaatenvertriebspasses maßgeblich, ob der Drittstaat, in dem der ausländische AIF seinen Sitz hat oder dessen Recht er unterliegt, *und* der Drittstaat, in dem die ausländische AIF-Verwaltungsgesellschaft ihren Sitz hat, bereits Gegenstand des delegierten Rechtsakts der Kommission ist (vgl. § 344 Abs. 1 KAGB, Art. 67 und 37 AIFM-RL). Andernfalls richtet sich die Vertriebsanzeige nach § 330 KAGB.

5 Die Vorschrift setzt voraus, dass ein Vertrieb in der Bundesrepublik beabsichtigt ist. Auf den Erwerb von Anteilen im Wege der passiven Dienstleistungsfreiheit auf Initiative des Anlegers und ohne vorangegangene Vertriebsaktivitäten der Verwaltungsgesellschaft (***reverse solicitation***) findet § 328 KAGB keine Anwendung. Trotz der generellen Anzeigepflicht für den Vertrieb in Deutschland existiert daher auch unter dem KAGB im Spezialfondsbereich nach wie vor die Möglichkeit, Anteile ohne Vertriebsanzeige an deutsche Anleger abzusetzen (§ 321 Rz. 10).

II. Entstehung der Norm

6 Der Wortlaut der Vorschrift entspricht der Fassung des ursprünglichen Regierungsentwurfs vom 6.2.2013.[3] Soweit § 328 KAGB den Vertrieb an professionelle Anleger betrifft, beruht die Vorschrift auf **Art. 40 AIFM-RL**. Darüber hinaus hat der deutsche Gesetzgeber den Vertrieb an semi-professionelle Anleger dem Vertrieb an professionelle Anleger gleichgestellt (§ 321 Rz. 6).

7 Im Einzelnen dient Abs. 1 Satz 1 der Umsetzung von Art. 40 Abs. 1 und Abs. 2 Unterabs. 1 AIFM-RL. Abs. 1 Satz 2 setzt Art. 40 Abs. 2 Unterabs. 2 AIFM-RL um. Abs. 2 setzt Art. 40 Abs. 5, Abs. 6 und Abs. 9 Unterabs. 1 AIFM-RL um. Abs. 3 setzt durch Verweis auf § 327 Abs. 2 KAGB Art. 40 Abs. 7 Unterabs. 1 Satz 2 und Art. 40 Abs. 8 AIFM-RL um.[4]

III. Materielle Voraussetzungen für den Vertrieb von ausländischen AIF

8 § 328 Abs. 1 KAGB verweist auf die materiellen Vertriebsvoraussetzungen des § 322 Abs. 1 KAGB. Damit wird zunächst ein Vertrieb von Anteilen oder Aktien an ausländischen AIF ausgeschlossen, wenn der Drittstaat, in dem der AIF seinen Sitz hat oder dessen Recht er unterliegt, auf der **„schwarzen Liste" der Financial Action Task Force (FATF)** aufgeführt wird oder in **regulatorischen und fiskalischen Angelegenheiten nicht hinreichend kooperiert**. Wegen der Einzelheiten wird auf die Kommentierung bei § 322 Rz. 11 verwiesen. Damit ist letztlich nur der Vertrieb von AIF aus bestimmten Drittstaaten in Deutschland zulässig.

9 Nach § 328 Abs. 1 Satz 2 KAGB hat die BaFin ein Prüfungsrecht sowie eine Prüfungspflicht im Hinblick auf das Vorliegen der drittstaatbezogenen materiellen Vertriebsvoraussetzungen in § 322 Abs. 1 Satz 1 Nr. 1 und 2 KAGB. Die BaFin ist nicht an die Einschätzung der Behörde des Herkunftsmitgliedsstaats gebunden. Art. 40 Abs. 2 AIFM-RL sieht vielmehr **parallele Prüfungskompetenzen** der Behörden des Referenzmitgliedstaats und des Aufnahmemitgliedstaats vor.

10 Ergeben sich abweichende Einschätzungen der Behörden des Referenzmitgliedstaats und des Aufnahmemitgliedstaats, verweist § 328 Abs. 1 Satz 2 KAGB auf Art. 19 der Verordnung (EU) Nr. 1095/2010 (ESMA-VO), der ein besonderes **Schlichtungsverfahren bei der ESMA** sowie ein Letztentscheidungsrecht der ESMA vorsieht.

11 Aufgrund des staatenspezifischen Ansatzes der Kommission und ESMA hinsichtlich des Drittstaatenvertriebspasses dürften die materiellen Vertriebsvoraussetzungen sowie das Verfahren nach § 328 Abs. 1 Satz 2 KAGB praktisch nur eine **geringe praktische Bedeutung** haben (§ 322 Rz. 12, § 324 Rz. 13).

IV. Formelle Voraussetzungen für den Vertrieb von ausländischen AIF

1. Vertriebsanzeige im Referenzmitgliedstaat

12 Vor Beginn des Vertriebs ist ein **Vertriebsanzeigeverfahren** zu durchlaufen. Aufgrund des Konzepts der regulatorischen Erfassung der ausländischen AIF-Verwaltungsgesellschaft im Referenzmitgliedstaat richtet sich dieses Verfahren im Grundsatz nach dem **Recht des Referenzmitgliedstaats**.

3 Entwurf der Bundesregierung zum AIFM-Umsetzungsgesetz, BT-Drucks. 17/12294, 155.
4 Begründung zum Entwurf der Bundesregierung zum AIFM-Umsetzungsgesetz, BT-Drucks. 17/12294, 290 f.

Die zuständige Behörde des Referenzmitgliedstaats prüft, ob die ausländische Verwaltungsgesellschaft und die Verwaltung des angezeigten AIF der AIFM-RL und den entsprechenden Vorschriften des nationalen Rechts des Referenzmitgliedstaats entsprechen und weiterhin entsprechen werden (Art. 40 Abs. 6 Unterabs. 1 Satz 2 AIFM-RL). Ist dies der Fall, **übermittelt** die zuständige Behörde des Referenzmitgliedstaats spätestens 20 Arbeitstage nach dem Eingang der vollständigen Anzeigeunterlagen die **Anzeigeunterlagen sowie eine Bescheinigung über die Zulassung** der ausländischen AIF-Verwaltungsgesellschaft im Referenzmitgliedstaat an die BaFin (Art. 40 Abs. 6 Unterabs. 1 Satz 1, Unterabs. 2 AIFM-RL). 13

Ist die Anzeige für den Vertrieb an professionelle Anleger an die BaFin übermittelt worden, umfasst dies zugleich auch die **Kategorie des semi-professionellen Anlegers**, da das deutsche Recht den semi-professionellen Anleger dem professionellen Anleger gleichstellt (§ 323 Rz. 11).[5] 14

2. Prüfungskompetenzen der BaFin (§ 328 Abs. 2 KAGB)

Wie §§ 323 und 327 KAGB ist § 328 KAGB als **zwischenbehördliches Verfahren** ausgestaltet, das das primäre Prüfungsrecht der Behörde des Referenzmitgliedstaats zuweist.[6] Nach § 328 Abs. 2 KAGB prüft die BaFin, ob die Behörde des Referenzmitgliedstaats im zwischenbehördlichen Verfahren eine Bescheinigung über die Erlaubnis der AIF-Verwaltungsgesellschaft sowie ein Anzeigeschreiben für jeden AIF übermittelt hat, wobei wegen der Inhalte des Anzeigeschreibens auf § 321 Abs. 1 Satz 2 KAGB verwiesen wird. Aufgrund des Art. 40 AIFM-RL zugrunde liegenden **Prinzips der gegenseitigen Anerkennung**, kann die BaFin allerdings eine Untersagung des Vertriebs nicht auf Fehler bei der Einschätzung durch die Behörde des Referenzmitgliedstaats stützen. Vielmehr muss sie im zwischenbehördlichen Verfahren darauf hinwirken, dass die Behörde des Referenzmitgliedstaats die ausländische AIF-Verwaltungsgesellschaft zur Beseitigung der Defizite auffordert (§ 323 Rz. 14, § 327 Rz. 11). 15

Eine **eigene Prüfungskompetenz** der Behörde des Aufnahmemitgliedstaats sieht Art. 40 Abs. 8 AIFM-RL nur im Zusammenhang mit den Vorkehrungen zur Verhinderung des Vertriebs an Privatanleger vor (sog. **Kleinanlegersperre** oder *retail barrier*). Diese richten sich nach dem Recht des Aufnahmemitgliedstaats. Die BaFin kann und muss prüfen, ob diese Vorkehrungen geeignet sind, um einen Vertrieb an Privatanleger wirksam zu verhindern (§ 328 Abs. 3 i.V.m. §§ 327 Abs. 2 Satz 2, 323 Abs. 2 Satz 3 KAGB). Wegen der Einzelheiten des Prüfungsverfahrens wird auf die Kommentierung bei § 323 Rz. 12 ff. verwiesen. 16

3. Aufnahme von Vertriebsaktivitäten im Inland (§ 328 Abs. 3 KAGB)

Die **Aufnahme des Vertriebs** in Deutschland ist nicht von einer Genehmigung der BaFin abhängig. Sie ist bereits zulässig, wenn die zuständige Behörde des Referenzmitgliedstaats die ausländische AIF-Verwaltungsgesellschaft über die **Übermittlung der Vertriebsanzeige im zwischenbehördlichen Verfahren an die BaFin informiert** hat (§ 328 Abs. 3 i.V.m. § 327 Abs. 2 Satz 1 KAGB). Dies ist Konsequenz des Prinzips der gegenseitigen Anerkennung. Die BaFin hat die positive Entscheidung der Behörde des Referenzmitgliedstaats über die Zulässigkeit des Vertriebs grundsätzlich zu akzeptieren und kann nur im Rahmen ihrer beschränkten Prüfungskompetenzen den Vertrieb nachträglich untersagen. 17

V. Änderungsanzeige (§ 328 Abs. 3 KAGB)

Wie das Anzeigeverfahren richtet sich das Verfahren bei **Änderungen** der im Anzeigeschreiben enthaltenen Angaben und Unterlagen grundsätzlich nach dem **Recht des Referenzmitgliedstaats** (§ 328 Abs. 3 i.V.m. §§ 327 Abs. 2 Satz 2, 323 Abs. 3 KAGB). Die Änderungsanzeige ist an die hiernach zuständige Behörde zu richten. Die Behörde des Referenzmitgliedstaats leitet die Änderungsanzeige im zwischenbehördlichen Verfahren an die BaFin weiter (vgl. § 323 Rz. 19). Wie im Anzeigeverfahren beziehen sich die **materiellen Prüfungskompetenzen der BaFin** nur darauf, ob die Vorkehrungen zur Verhinderung des Vertriebs an Privatanleger weiterhin wirksam sind (vgl. Rz. 16). Wegen der Einzelheiten zur Änderungsanzeige wird auf die Kommentierung bei § 323 Rz. 19 ff. verwiesen. 18

---

5 Vgl. die Begründung zum Entwurf der Bundesregierung zum AIFM-Umsetzungsgesetz, BT-Drucks. 17/12294, 290.

6 *Zeidler* in Weitnauer/Boxberger/Anders, § 328 KAGB Rz. 3.

§ 329 Anzeigepflicht einer EU-AIF-Verwaltungsgesellschaft oder einer AIF-Kapitalverwaltungsgesellschaft beim beabsichtigten Vertrieb von von ihr verwalteten inländischen Spezial-Feeder-AIF oder EU-Feeder-AIF, deren jeweiliger Master-AIF kein EU-AIF oder inländischer AIF ist, der von einer EU-AIF-Verwaltungsgesellschaft oder einer AIF-Kapitalverwaltungsgesellschaft verwaltet wird, oder ausländischen AIF an semiprofessionelle und professionelle Anleger im Inland

(1) [1]Der Vertrieb von Anteilen oder Aktien an von einer EU-AIF-Verwaltungsgesellschaft oder einer AIF-Kapitalverwaltungsgesellschaft verwalteten inländischen Spezial-Feeder-AIF oder EU-Feeder-AIF, deren jeweiliger Master-AIF kein EU-AIF oder inländischer AIF ist, der von einer EU-AIF-Verwaltungsgesellschaft oder einer AIF-Kapitalverwaltungsgesellschaft verwaltet wird, oder ausländischen AIF an semiprofessionelle oder professionelle Anleger im Geltungsbereich dieses Gesetzes ist zulässig, wenn

1. bei einem Vertrieb an professionelle Anleger

a) die AIF-Kapitalverwaltungsgesellschaft und die Verwaltung des AIF durch die AIF-Kapitalverwaltungsgesellschaft die Anforderungen dieses Gesetzes mit Ausnahme der §§ 80 bis 90 und die EU-AIF-Verwaltungsgesellschaft und die Verwaltung des AIF durch diese die Anforderungen der von ihrem Herkunftsmitgliedstaat zur Umsetzung der Richtlinie 2011/61/EU erlassenen Vorschriften mit Ausnahme der in Artikel 21 der Richtlinie 2011/61/EU genannten Voraussetzungen erfüllt und

b) die AIF-Kapitalverwaltungsgesellschaft oder die EU-AIF-Verwaltungsgesellschaft eine oder mehrere Stellen benannt hat, die sie nicht selbst ist und die die Aufgaben nach Artikel 21 Absatz 7, 8 und 9 der Richtlinie 2011/61/EU wahrnehmen, und sie diese Stelle oder Stellen der Bundesanstalt oder der in ihrem Herkunftsmitgliedstaat zuständigen Stelle angezeigt hat;

2. bei einem Vertrieb an semiprofessionelle Anleger die AIF-Kapitalverwaltungsgesellschaft oder die EU-AIF-Verwaltungsgesellschaft und die Verwaltung des AIF durch diese den Anforderungen dieses Gesetzes oder den von ihrem Herkunftsmitgliedstaat zur Umsetzung der Richtlinie 2011/61/EU erlassenen Vorschriften entsprechen;

3. bei einem Vertrieb an semiprofessionelle Anleger oder professionelle Anleger

a) bei einem ausländischen AIF geeignete, der Überwachung der Systemrisiken dienende und im Einklang mit den internationalen Standards und den Artikeln 113 bis 115 der Delegierten Verordnung (EU) Nr. 231/2013 stehende Vereinbarungen über die Zusammenarbeit zwischen der Bundesanstalt oder den zuständigen Stellen im Herkunftsmitgliedstaat der EU-AIF-Verwaltungsgesellschaft und den zuständigen Stellen des Drittstaates, in dem der ausländische AIF seinen Sitz hat, bestehen, sodass ein effizienter Informationsaustausch gewährleistet ist, der es der Bundesanstalt oder den zuständigen Stellen im Herkunftsmitgliedstaat der EU-AIF-Verwaltungsgesellschaft ermöglicht, ihre in der Richtlinie 2011/61/EU festgelegten Aufgaben zu erfüllen;

b) der Drittstaat, in dem der ausländische AIF seinen Sitz hat, nicht auf der Liste der nicht kooperativen Länder und Gebiete steht, die von der Arbeitsgruppe „Finanzielle Maßnahmen gegen die Geldwäsche und die Terrorismusfinanzierung" aufgestellt wurde;

c) die Vorkehrungen nach § 321 Absatz 1 Satz 2 Nummer 7 geeignet sind, einen Vertrieb an Privatanleger zu verhindern.

[2]Ist der angezeigte AIF ein Feeder-AIF, sind zusätzlich die Anforderungen des Absatzes 1 Satz 1 Nummer 1 oder 2 und 3 von dem Master-AIF und dessen Verwaltungsgesellschaft entsprechend einzuhalten.

(2) [1]Beabsichtigt eine EU-AIF-Verwaltungsgesellschaft oder eine AIF-Kapitalverwaltungsgesellschaft, Anteile oder Aktien an von ihr verwalteten AIF im Sinne von Absatz 1 Satz 1 im Geltungs-

bereich dieses Gesetzes an semiprofessionelle oder professionelle Anleger zu vertreiben, so hat sie dies der Bundesanstalt anzuzeigen. [2]§ 321 Absatz 1 Satz 2 gilt entsprechend. [3]Darüber hinaus sind der Anzeige folgende Angaben und Dokumente beizufügen:

1. **bei der Anzeige durch eine EU-AIF-Verwaltungsgesellschaft eine Bescheinigung der zuständigen Stelle ihres Herkunftsmitgliedstaates in einer in der internationalen Finanzwelt gebräuchlichen Sprache, dass die EU-AIF-Verwaltungsgesellschaft und die Verwaltung des AIF durch diese der Richtlinie 2011/61/EU entsprechen, dass die AIF-Verwaltungsgesellschaft über eine Erlaubnis zur Verwaltung von AIF mit einer bestimmten Anlagestrategie verfügt und gegebenenfalls, dass geeignete Vereinbarungen im Sinne von Absatz 1 Satz 1 Nummer 3 Buchstabe a über die Zusammenarbeit zwischen den zuständigen Stellen im Herkunftsmitgliedstaat der EU-AIF-Verwaltungsgesellschaft und den zuständigen Stellen des Drittstaates, in dem der ausländische AIF seinen Sitz hat, bestehen; ist nur ein Vertrieb an professionelle Anleger beabsichtigt, muss sich die Bescheinigung nicht auf die gesamten in Artikel 21 der Richtlinie 2011/61/EU genannten Anforderungen erstrecken, sondern nur auf die in Artikel 21 Absatz 7, 8 und 9 genannten Voraussetzungen;**
2. **eine Erklärung der EU-AIF-Verwaltungsgesellschaft darüber, dass sie sich verpflichtet,**
   a) **der Bundesanstalt den Jahresbericht des AIF, der den Anforderungen des Artikels 22 und gegebenenfalls des Artikels 29 der Richtlinie 2011/61/EU entsprechen muss, spätestens sechs Monate nach Ende eines jeden Geschäftsjahres einzureichen; der Jahresbericht muss mit dem Bestätigungsvermerk eines Wirtschaftsprüfers versehen sein;**
   b) **die Bundesanstalt über alle wesentlichen Änderungen von Umständen, die bei der Vertriebsanzeige angegeben worden sind oder die der Bescheinigung der zuständigen Stelle nach Nummer 1 zugrunde liegen, zu unterrichten und die Änderungsangaben nachzuweisen;**
   c) **der Bundesanstalt auf Verlangen über ihre Geschäftstätigkeit Auskunft zu erteilen und Unterlagen vorzulegen;**
3. **eine Erklärung der AIF-Kapitalverwaltungsgesellschaft, dass sie sich entsprechend Nummer 2 Buchstabe b verpflichtet;**
4. **ein Nachweis über die Zahlung der Gebühr für die Anzeige.**

(3) Ist der angezeigte AIF ein Feeder-AIF,

1. **sind der Anzeige zusätzlich in Bezug auf den Master-AIF und seine Verwaltungsgesellschaft Angaben und Dokumente entsprechend**
   a) **Absatz 2 Satz 3 Nummer 1 oder, sofern es sich bei der Verwaltungsgesellschaft des Master-AIF um eine ausländische AIF-Verwaltungsgesellschaft handelt, Angaben und Dokumente entsprechend § 22 Absatz 1 Nummer 1 bis 9 und 13, und alle weiteren wesentlichen Angaben über die Verwahrstelle oder die Stellen nach Absatz 1 Satz 1 Nummer 1 Buchstabe b sowie**
   b) **§ 321 Absatz 1 Satz 2**

   beizufügen und
2. **muss sich die Erklärung nach Absatz 2 Satz 3 Nummer 2 oder 3 auch auf den Master-AIF und seine Verwaltungsgesellschaft erstrecken.**

(4) [1]Fremdsprachige Unterlagen sind in deutscher Übersetzung oder in englischer Sprache vorzulegen. [2]§ 321 Absatz 2 und Absatz 3 Satz 1 bis 4 gilt entsprechend mit der Maßgabe, dass es statt „AIF-Kapitalverwaltungsgesellschaft" „AIF-Kapitalverwaltungsgesellschaft oder EU-AIF-Verwaltungsgesellschaft" heißen muss und dass die in § 321 Absatz 3 Satz 1 genannte Frist 30 Arbeitstage und für den Fall, dass der angezeigte AIF ein Feeder-AIF ist,

1. **dessen Master-AIF nicht von einer ausländischen AIF-Verwaltungsgesellschaft verwaltet wird, zwei Monate,**
2. **dessen Master-AIF von einer ausländischen AIF-Verwaltungsgesellschaft verwaltet wird, fünf Monate**

beträgt.

In der Fassung vom 4.7.2013 (BGBl. I 2013, S. 1981), zuletzt geändert durch das Gesetz zur Anpassung von Gesetzen auf dem Gebiet des Finanzmarktes vom 15.7.2014 (BGBl. I 2014, S. 934).

Schrifttum: S. bei § 321.

I. Zweck und Anwendungsbereich der Norm

1 Wie §§ 321 bis 328 KAGB ist § 329 KAGB Teil der **finanzmarktrechtlichen Produktregulierung**, die neben die verwalterbezogene Regulierung des KAGB sowie ggf. die tätigkeitsbezogene Regulierung beim Vertrieb von Investmentvermögen im Inland tritt (§ 321 Rz. 2). Sie regelt den **Marktzugang (Vertrieb)** von ausländischen AIF und Feeder-AIF mit Drittstaatenbezug, solange und soweit kein Vertrieb unter dem Drittstaatenvertriebspass der AIFM-RL möglich ist.

2 Der deutsche Gesetzgeber hat damit von der in Art. 36 AIFM-RL eröffneten Möglichkeit Gebrauch gemacht, **bis zur Einführung des Drittstaatenvertriebspasses** den Vertrieb im Inland nach nationalen Vertriebsvorschriften zuzulassen. Die AIFM-RL und die ESMA sprechen in diesem Zusammenhang regelmäßig von „nationalen Bestimmungen über Privatplatzierungen" („National Private Placement Regimes" oder „NPPRs").[1] Die Zulassung zum Vertrieb in Inland hat keinen Einfluss auf die Vertriebsberechtigung in anderen EU- bzw. EWR-Mitgliedstaaten, die die Zulässigkeit des Vertriebs an ein gesondertes Anzeigeverfahren knüpfen oder gänzlich untersagen können.[2]

3 Die Vorschrift knüpft die Zulässigkeit des Vertriebs an die Einhaltung bestimmter Mindeststandards. Diese knüpfen zum einen an die weitgehende **Einhaltung der Vorschriften der AIFM-RL** (bzw. der nationalen Umsetzungsvorschriften) durch die Verwaltungsgesellschaft an. Zum anderen wird der Vertrieb von Anteilen oder Aktien an ausländischen AIF oder Feeder-AIF mit Drittstaatenbezug ausgeschlossen, wenn der betroffene Drittstaat auf der „schwarzen Liste" der Financial Action Task Force (FATF) aufgeführt wird oder die Behörden des Drittstaats keine geeigneten Kooperationsvereinbarungen mit der BaFin abgeschlossen haben. Damit ist letztlich nur der Vertrieb von AIF aus bestimmten Drittstaaten in Deutschland zulässig. Der Vertrieb von AIF mit Drittstaatenbezug setzt – wie der Vertrieb von inländischen oder EU-AIF auch – die vorherige **Anzeige der Vertriebsabsicht** an die BaFin voraus. Das gilt auch für die Anzeige durch EU-AIF-Verwaltungsgesellschaften aus anderen Mitgliedstaaten. § 329 KAGB ist keine Ausprägung des EU-Vertriebspasses.[3] In der Sache handelt es sich um ein nationales behördliches Genehmigungsverfahren, da der Beginn des Vertriebs eine positive Entscheidung der BaFin voraussetzt (§ 321 Rz. 1).

1 Zum Begriff zu Recht kritisch *Zeidler* in Weitnauer/Boxberger/Anders, § 329 KAGB Rz. 3.
2 *Zeidler* in Weitnauer/Boxberger/Anders, § 329 KAGB Rz. 1; *Wallach*, RdF 2011, 80 (88).
3 *Zeidler* in Weitnauer/Boxberger/Anders, § 329 KAGB Rz. 10.

1. Sachlicher Anwendungsbereich

§ 329 KAGB findet auf den Vertrieb von **ausländischen AIF** (§ 1 Abs. 9 KAGB) durch eine (inländische) **AIF-Kapitalverwaltungsgesellschaft** (§ 1 Abs. 16 KAGB) oder **EU-AIF-Verwaltungsgesellschaft**, d.h. eine EU-Verwaltungsgesellschaft, die AIF verwaltet (§ 1 Abs. 17 Nr. 2 KAGB), an **professionelle Anleger** (§ 1 Abs. 19 Nr. 32 KAGB) oder **semi-professionelle Anleger** (§ 1 Abs. 19 Nr. 33 KAGB) in der Bundesrepublik Anwendung. Gleiches gilt beim Vertrieb von EU-Feeder-AIF oder inländischen Spezial-Feeder-AIF, wenn der **Master-AIF Drittstaatenbezug** aufweist. 4

Die Vorschrift setzt voraus, dass ein Vertrieb in der Bundesrepublik beabsichtigt ist. Auf den Erwerb von Anteilen im Wege der passiven Dienstleistungsfreiheit auf Initiative des Anlegers und ohne vorangegangene Vertriebsaktivitäten der Verwaltungsgesellschaft (***reverse solicitation***) findet § 329 KAGB keine Anwendung. Trotz der generellen Anzeigepflicht für den Vertrieb in Deutschland existiert daher auch unter dem KAGB im Spezialfondsbereich nach wie vor die Möglichkeit, Anteile ohne Vertriebsanzeige an deutsche Anleger abzusetzen (§ 321 Rz. 10). 5

2. Zeitlicher Anwendungsbereich

In zeitlicher Hinsicht ergänzt § 329 KAGB die §§ 322 und 324 KAGB, die den Vertrieb von ausländischen AIF durch AIF-Kapitalverwaltungsgesellschaften und EU-AIF-Verwaltungsgesellschaften unter dem Drittstaatenvertriebspass ermöglichen. Gemäß § 295 Abs. 2 Nr. 1 und Abs. 3 Satz 1 Nr. 1 lit. a KAGB gilt § 329 KAGB nur bis Erlass des delegierten Rechtsaktes der Kommission zum Drittstaatenvertriebspass (zur Systematik der §§ 316 bis 334 KAGB s. auch die Kommentierung zu § 295). 6

§ 329 KAGB war ursprünglich als Übergangsvorschrift gedacht, die den Marktzugang für ausländische AIF regeln sollte, bis die Kommission den delegierten Rechtsakt zum Drittstaatenvertriebspass erlassen hat.[4] Aufgrund der **staatenspezifischen Implementierung** des Drittstaatenvertriebspasses (§ 322 Rz. 6) findet aber nun jedenfalls mittelfristig ein **differenziertes Marktzugangsregime** Anwendung, das davon abhängt, ob und inwieweit der betroffene Drittstaat bereits Gegenstand des delegierten Rechtsakts der Kommission ist. Bis zum Erlass des delegierten Rechtsaktes richtet sich der Vertrieb ausländischer AIF durch AIF-Kapitalverwaltungsgesellschaften und EU-AIF-Verwaltungsgesellschaften ausschließlich nach § 329 KAGB. Nach Erlass des delegierten Rechtsakts ist das anwendbare Regime davon abhängig, ob der Drittstaat, in dem sich der Sitz des AIF befindet bzw. dessen Recht der AIF unterliegt (§ 1 Abs. 19 Nr. 34 lit. a KAGB), vom delegierten Rechtsakt umfasst ist. Daneben sieht die Empfehlung der ESMA vom 12.9.2016 bei bestimmten Drittstaaten (Vereinigten Staaten, Hong Kong und Singapur) eine Differenzierung nach dem vertriebenen Fondstypus vor (§ 322 Rz. 7). Der delegierte Rechtsakt ist (Stand: Juli 2018) noch nicht erlassen worden. Die ESMA prüft sukzessive die Erstreckung der positiven Empfehlung auf weitere Drittstaaten. 7

II. Entstehung der Norm

Soweit § 329 KAGB den Vertrieb an professionelle Anleger betrifft, beruht die Vorschrift auf **Art. 36 AIFM-RL**. Darüber hinaus hat der deutsche Gesetzgeber den Vertrieb an semi-professionelle Anleger dem Vertrieb an professionelle Anleger gleichgestellt (§ 321 Rz. 6), wenngleich im Rahmen von § 329 KAGB bei der Regulierungsdichte gewisse Differenzierungen bestehen. 8

Der Wortlaut der Vorschrift entspricht fast vollständig der Fassung des ursprünglichen Regierungsentwurfs vom 6.2.2013.[5] Im Rahmen des weiteren Gesetzgebungsverfahrens sind lediglich redaktionelle Verweiskorrekturen vorgenommen worden.[6] 9

Durch das **Gesetz zur Anpassung von Gesetzen auf dem Gebiet des Finanzmarktes** vom 15.7.2014[7] wurden in § 329 Abs. 2 Satz 3 Nr. 1 und Abs. 3 Nr. 1 lit. a kleinere Anpassungen vorgenommen. Neben redaktionellen Verweiskorrekturen ist die Klarstellung erfolgt, dass eine Verwaltung gemäß der AIFM-RL nur dann gegeben ist, wenn die AIF-Verwaltungsgesellschaft über eine AIFM-Erlaubnis verfügt.[8] 10

4 Vgl. Erwägungsgrund 62 der AIFM-Richtlinie sowie *Zeidler* in Weitnauer/Boxberger/Anders, vor §§ 321 bis 334 KAGB Rz. 4 und § 329 KAGB Rz. 2.

5 Entwurf der Bundesregierung zum AIFM-Umsetzungsgesetz, BT-Drucks. 17/12294, 155 f.

6 Vgl. Beschlussempfehlung und Bericht des Finanzausschusses v. 10.5.2013, BT-Drucks. 17/13395, 410.

7 BGBl. I 2014, S. 934.

8 Vgl. den Entwurf der Bundesregierung zum Gesetz zur Anpassung von Gesetzen auf dem Gebiet des Finanzmarktes, BT-Drucks. 18/1305, 52.

III. Materielle Voraussetzungen für den Vertrieb von inländischen Spezial-Feeder-AIF und EU-Master-Feeder-AIF mit Drittstaatenbezug

1. Verwalterbezogene Anforderungen (§ 329 Abs. 1 Satz 1 Nr. 1 und 2 KAGB)

11 Beim Vertrieb von AIF mit Drittstaatenbezug enthält § 329 Abs. 1 Satz 1 Nr. 1 und 2 KAGB zunächst ein differenziertes System von Mindestanforderungen an die Einhaltung von investmentrechtlichen Vorschriften durch den Verwalter. Allein die Verwaltung ausländischer AIF durch eine AIF-Kapitalverwaltungsgesellschaft oder eine EU-AIF-Verwaltungsgesellschaft zieht nicht notwendigerweise die Bindung an alle Vorschriften des KAGB bzw. der AIFM-RL nach sich. Sofern der ausländische AIF nicht in der EU vertrieben wird, erlauben Art. 34 Abs. 1 AIFM-RL und § 55 Abs. 1 KAGB die Verwaltung ohne Bindung an die verwahrstellenbezogene Regulierung der AIFM-RL bzw. des KAGB.

a) Volle KAGB-Compliance beim Vertrieb an semi-professionelle Anleger

12 Wird der ausländische AIF allerdings in der Bundesrepublik an semi-professionelle Anleger vertrieben, verlangt § 329 Abs. 1 Satz 1 Nr. 2 KAGB die **volle Anwendung des KAGB** bzw. der ausländischen nationalen Vorschriften zur Umsetzung der AIFM-RL. Damit geht der deutsche Gesetzgeber bei den materiellen Vertriebsvoraussetzungen über den Standard des Art. 36 Abs. 1 lit. a AIFM-RL hinaus. Das ist europarechtlich zulässig und geboten. Bei der Kategorie des semi-professionellen Anlegers handelt es sich um einen Kleinanleger i.S.d. Art. 4 Abs. 1 lit. aj AIFM-RL. Nach Art. 43 Abs. 1 AIFM-RL kann der nationale Gesetzgeber den Vertrieb an Kleinanleger nur zulassen, soweit der AIF nach der AIFM-RL verwaltet wird.[9] Während im Rahmen des Vertriebs für semi-professionelle Anleger überwiegend dieselben Standards gelten wie für professionelle Anleger, differenziert § 329 KAGB beim Drittstaatenzugang und nutzt damit die Möglichkeit, den Vertrieb an Kleinanleger zwar zuzulassen, knüpft ihn aber an strengere Auflagen.

b) „Depositary lite" beim Vertrieb an professionelle Anleger

13 Beim Vertrieb ausschließlich an professionelle Anleger lässt § 329 Abs. 1 Satz 1 Nr. 1 KAGB den Vertrieb in der Bundesrepublik auch dann zu, wenn entsprechend Art. 34 Abs. 1 AIFM-RL und § 55 Abs. 1 KAGB eine Einhaltung der verwahrstellenbezogenen Regulierung des KAGB (§§ 80 bis 90 KAGB) bzw. der ausländischen nationalen Vorschriften zur Umsetzung des Art. 21 AIFM-RL nicht vorgesehen ist. In diesem Fall muss lediglich mindestens eine Stelle benannt werden, die Verwahrstellenfunktionen nach Art. 21 Abs. 7, 8 und 9 AIFM-RL wahrnimmt (sog. ***depositary lite regime***).

14 Dies befreit nicht vollständig von der verwahrstellenbezogenen Regulierung des KAGB bzw. der AIFM-RL. Wie bei der Verwahrung durch eine Verwahrstelle müssen wesentliche Kontrollfunktionen durch eine von der AIF-Verwaltungsgesellschaft unterschiedliche Stelle wahrgenommen werden. Dies umfasst die **Überwachung von Cashflows** (Art. 21 Abs. 7 AIFM-RL, *cash flow monitoring*), die **Verwahrung der Vermögensgegenstände** (Art. 21 Abs. 8 AIFM-RL, *asset safekeeping*) und **Überwachung der Tätigkeit der AIF-Verwaltungsgesellschaft** (Art. 21 Abs. 9 AIFM-RL, *oversight*). Dies schließt nach Auffassung der BaFin auch die Einhaltung der entsprechenden Vorschriften der AIFM-RL-DVO (Art. 85 ff.) ein.

15 In verschiedener Art gewährt das abgestufte Regelungsregime allerdings **mehr Flexibilität** beim Aufsatz des AIF. Zum einen muss die Stelle kein lizenziertes Kreditinstitut oder Wertpapierdienstleistungsinstitut mit Sitz im EWR sein.[10] Die Verwahrstellenfunktionen müssen im Fall des § 329 Abs. 1 Satz 1 Nr. 1 KAGB auch nicht notwendigerweise von einer Stelle ausgeübt werden. In diesem Zusammenhang können z.B. auch Teile der Funktionen (z.B. die Verwahrung von Vermögensgegenständen) von einem oder mehreren Primebroker der AIF-Verwaltungsgesellschaft wahrgenommen werden, was nach § 85 Abs. 4 Nr. 2 KAGB sonst nur bei einer vollständigen funktionalen und hierarchischen Trennung der Funktionen möglich ist. Ferner gelten weder die strengen Anforderungen an die Auslagerung von Verwahrstellenaufgaben (§ 82 KAGB) noch die strikte Verwahrstellenhaftung nach § 88 KAGB.

2. Drittstaatenbezogene Anforderungen

16 Neben den differenzierten verwalterbezogenen Anforderungen stellen § 329 Abs. 1 Satz 1 Nr. 3 lit. a und b KAGB bestimmte Mindestanforderungen in Bezug auf den betroffenen Drittstaat. Anders als im Rahmen

9 Vgl. die Begründung zum Entwurf der Bundesregierung zum AIFM-Umsetzungsgesetz, BT-Drucks. 17/12294, 291; s. auch *Zeidler* in Weitnauer/Boxberger/Anders, § 329 KAGB Rz. 8.

10 Auf Art. 21 Abs. 5 AIFM-RL, der Anforderungen an den Sitz der Verwahrstelle enthält, wird nicht verwiesen. Vgl. auch *Zeidler* in Weitnauer/Boxberger/Anders, § 329 KAGB Rz. 4.

von § 322 KAGB, bei dem die drittstaatenbezogenen Anforderungen bereits bei der Prüfung der ESMA zur Erstreckung des Drittstaatenvertriebspasses berücksichtigt werden (§ 322 Rz. 12), muss die Erfüllung bei § 329 KAGB von der BaFin im Einzelfall geprüft werden. Dies schlägt sich auch in einer verlängerten Entscheidungsfrist nieder.[11]

a) Vereinbarungen über die Zusammenarbeit mit den Aufsichtsbehörden des Sitzstaates (§ 329 Abs. 1 Satz 1 Nr. 3 lit. a KAGB)

17 Nach § 329 Abs. 1 Satz 1 Nr. 3 lit. a KAGB muss zwischen der BaFin und den Aufsichtsbehörden des Drittstaats eine **Kooperationsvereinbarung (*memorandum of understanding*)** bestehen, die der Überwachung der Systemrisiken dient und die es der BaFin oder der Stelle des Herkunftsmitgliedstaats der EU-AIF-Verwaltungsgesellschaft ermöglicht, die Aufgaben nach der AIFM-RL zu erfüllen. Eine Liste der jeweils bestehenden Kooperationsvereinbarungen ist auf der Internetseite der BaFin abrufbar.[12] Die Anforderungen an Form und Inhalt der Kooperationsvereinbarungen ergeben sich aus Art. 113 bis 115 AIFM-RL-DVO (§ 336 Abs. 1 KAGB). Die ESMA hat diese Anforderungen durch Leitlinien weiter konkretisiert.[13]

18 Das entsprechende Erfordernis beim **Drittstaatenvertriebspass** (§§ 322, 324, 326, 332 und 334 KAGB) enthält eine **leicht abweichende Formulierung**. Dort muss die Kooperationsvereinbarung nicht „der Überwachung von Systemrisiken" dienen, sondern einen effizienten Informationsaustausch gewährleisten. Ein differenzierter Ansatz der Aufsichtsbehörden ist in diesem Zusammenhang aber nicht zu beobachten.[14] Vielmehr beschränken sich die ESMA und die BaFin derzeit auf die Verhandlung und den Abschluss der umfassenderen Kooperationsvereinbarungen.

b) Kein FATF-Listing des Sitzstaates (§ 329 Abs. 1 Satz 1 Nr. 3 lit. b KAGB)

19 Nach § 329 Abs. 1 Satz 1 Nr. 3 lit. b KAGB scheidet ein Vertrieb von AIF aus, die einen Bezug zu einem Drittstaat haben, der auf der Liste der nicht kooperativen Länder und Gebiete steht, die von der Arbeitsgruppe „Finanzielle Maßnahmen gegen die Geldwäsche und Terrorismusfinanzierung" (**Financial Action Task Force – FATF**) aufgestellt wurde (sog. **„schwarze Liste"**). Als Länder mit schweren Defiziten im Bereich der Geldwächeprävention und Verhinderung der Terrorismusfinanzierung (*high-risk and non-cooperative jurisdictions*) führt die FATF neben dem Iran und Nordkorea[15] derzeit noch eine weitere Gruppe von Ländern, bei denen strategische Defizite identifiziert wurden (andere Staaten unter Beobachtung).[16] Unter die anderen Staaten unter Beobachtung fallen derzeit (Stand: 31.7.2018) Äthiopien, Jemen, Pakistan, Serbien, Sri Lanka, Syrien, Trinidad und Tobago und Tunesien. Auch diese zweite Gruppe ist der Liste der nicht kooperativen Länder im Sinne der Nr. 2 zuzurechnen.[17]

3. Vorkehrungen, um den Vertrieb an Privatanleger zu verhindern (§ 329 Abs. 1 Satz 1 Nr. 3 lit. c KAGB)

20 Neben den verwalter- und drittstaatenbezogenen Anforderungen muss beim Vertrieb hinreichend sichergestellt sein, dass die Anteile oder Aktien des AIF in Deutschland tatsächlich ausschließlich an professionelle und semi-professionelle Anleger vertrieben werden. Es sind daher Vorkehrungen zu treffen, um zu verhindern, dass Anteile oder Aktien des angezeigten AIF an Privatanleger vertrieben werden, insbesondere wenn die Verwaltungsgesellschaft für die Erbringung von Wertpapierdienstleistungen für den angezeigten AIF auf unabhängige Unternehmen zurückgreift (sog. **Kleinanlegersperre** oder *retail barrier*). Siehe hierzu die Kommentierung bei § 321 Rz. 25.

---

11 Vgl. die Begründung zum Entwurf der Bundesregierung zum AIFM-Umsetzungsgesetz, BT-Drucks. 17/12294, 292.

12 https://www.bafin.de/SharedDocs/Veroeffentlichungen/DE/Merkblatt/WA/mb_130722_internat_koopvereinbarungen_kagb.html (Stand: 31.7.2018).

13 Leitlinien für das Muster-MoU über Konsultation und Kooperation sowie den Austausch von Informationen im Zusammenhang mit der Beaufsichtigung von AIFMD-Unternehmen vom 28.11.2013, ESMA/2013/998.

14 Kritisch: *Zeidler* in Weitnauer/Boxberger/Anders, § 329 KAGB Rz. 5.

15 http://www.fatf-gafi.org/publications/high-riskandnon-cooperativejurisdictions/documents/public-statement-october-2016.html (Stand: 21.10.2016).

16 Die Erklärung der FATF (FATF Public Statement) und der Informationsbericht (Improving Global AML/CTF Compliance: On-going Process) werden regelmäßig aktualisiert. Die Hochrisikostaaten sowie die anderen Staaten unter Beobachtung der FATF werden auch auf der Internetseite der FATF (http://www.fatf-gafi.org/countries/#high-risk) veröffentlicht (Stand: 31.7.2018).

17 *Ebel* in Baur/Tappen, § 329 KAGB Rz. 25 ff.

IV. Formelle Voraussetzungen für den Vertrieb von inländischen Spezial-Feeder-AIF und EU-Master-Feeder-AIF mit Drittstaatenbezug

1. Vertriebsanzeige (§ 329 Abs. 2 KAGB)

21 Die AIF-Kapitalverwaltungsgesellschaft hat die **Absicht des Vertriebs** (§ 321 Rz. 10 ff.) der BaFin **anzuzeigen**. Zu Form und Inhalt der Anzeige nach § 329 KAGB hat die BaFin ein **Merkblatt** veröffentlicht, das die Angaben, die die BaFin zur Beurteilung der Anzeige als wesentlich betrachtet, sowie die beizufügenden Unterlagen auflistet.[18]

a) Vorzulegende Unterlagen

22 Für den Inhalt der Anzeige verweist § 329 Abs. 2 Satz 2 KAGB zunächst auf die **Unterlagen nach § 321 Abs. 1 Satz 2 KAGB** (vgl. hierzu die Kommentierung bei § 321 Rz. 13 ff.). Anzeigen durch eine EU-AIF-Verwaltungsgesellschaft ist zusätzlich eine **Bescheinigung der zuständigen Behörde des Herkunftsmitgliedstaats** über die Regulierung der EU-AIF-Verwaltungsgesellschaft im Herkunftsmitgliedstaat in einer in der internationalen Finanzwelt gebräuchlichen Sprache (§ 323 Rz. 13) beizufügen (§ 329 Abs. 2 Satz 3 Nr. 1 KAGB). Der Umfang der Bescheinigung hängt von den anwendbaren materiellen Vertriebsvoraussetzungen ab (Rz. 11). Bei einem geplanten Vertrieb an semi-professionelle Anleger muss die Behörde des Herkunftsmitgliedstaats bescheinigen, dass die EU-AIF-Verwaltungsgesellschaft und die Verwaltung des AIF der AIFM-RL entspricht und die EU-AIF-Verwaltungsgesellschaft über eine Erlaubnis zur Verwaltung von AIF mit einer bestimmten Anlagestrategie verfügt. Bei einem geplanten Vertrieb an professionelle Anleger kann sich die Bescheinigung im Hinblick auf die verwahrstellenbezogene Regulierung auf die Anwendung der Art. 21 Abs. 7, 8 und 9 AIFM-RL beschränken. Ferner ist das Bestehen von Kooperationsvereinbarungen zwischen dem betroffenen Drittstaat und dem Herkunftsmitgliedstaat der EU-AIF-Verwaltungsgesellschaft zu bescheinigen.

23 Im Übrigen braucht das Anzeigeschreiben Angaben zu den drittstaatenbezogenen Anforderungen (§ 329 Abs. 1 Satz 1 Nr. 3 KAGB) nicht zu enthalten. Die BaFin prüft diese Anforderungen auf Grundlage der in der Aufsichtsbescheinigung enthaltenen Angaben der Behörde des Herkunftsmitgliedstaats sowie aufgrund der der Behörde ohnehin zustehenden Informationen.

24 Für die Prüfung der Vertriebsanzeige erhebt die BaFin eine **Gebühr** (Ziff. 4.1.7.2.5 des Gebührenverzeichnisses der FinDAGKostV). Dem Anzeigeschreiben ist ein Nachweis über die Zahlung dieser Gebühr beizufügen (§ 329 Abs. 2 Satz 3 Nr. 4 KAGB). Das Merkblatt der BaFin enthält Hinweise zur Zahlung der Verwaltungsgebühr.[19]

b) Erklärungen gegenüber der BaFin

25 Neben den vorgenannten Unterlagen ist der Anzeige eine **Erklärung der AIF-Verwaltungsgesellschaft** beizufügen, dass die AIF-Verwaltungsgesellschaft bestimmte Informationspflichten gegenüber der BaFin einhält (Rz. 34 ff.). Der Umfang der Erklärung variiert danach, ob es sich bei der anzeigenden Gesellschaft um eine (inländische) AIF-Kapitalverwaltungsgesellschaft oder eine EU-AIF-Verwaltungsgesellschaft handelt. AIF-Kapitalverwaltungsgesellschaften unterliegen bereits der Beaufsichtigung durch die BaFin. Bei ihnen beschränkt sich die Erklärung daher auf den Umstand, dass der BaFin **wesentliche Änderungen der Anzeigeunterlagen anzuzeigen** sind (§ 329 Abs. 2 Satz 3 Nr. 3 KAGB). EU-AIF-Verwaltungsgesellschaften werden dagegen primär im Herkunftsmitgliedstaat beaufsichtigt. Eine Pflicht zur Übermittlung des Jahresabschlusses an die BaFin sowie Informationsrechte der BaFin existieren grundsätzlich nicht. Daher ist bei

---

18 BaFin, Merkblatt für Anzeigen zum Vertrieb von Anteilen oder Aktien an von einer EU-AIF-Verwaltungsgesellschaft oder AIF-Kapitalverwaltungsgesellschaft verwalteten inländischen Spezial-Feeder-AIF oder EU-Feeder-AIF, deren jeweiliger Master-AIF kein EU-AIF oder inländischer AIF ist, der von einer EU-AIF-Verwaltungsgesellschaft oder einer AIF-Kapitalverwaltungsgesellschaft verwaltet wird, oder ausländischen AIF an semiprofessionelle und professionelle Anleger in der Bundesrepublik Deutschland gemäß § 329 Kapitalanlagegesetzbuch (KAGB) (Stand: 16.1.2018), abrufbar auf www.bafin.de.

19 BaFin, Merkblatt für Anzeigen zum Vertrieb von Anteilen oder Aktien an von einer EU-AIF-Verwaltungsgesellschaft oder AIF-Kapitalverwaltungsgesellschaft verwalteten inländischen Spezial-Feeder-AIF oder EU-Feeder-AIF, deren jeweiliger Master-AIF kein EU-AIF oder inländischer AIF ist, der von einer EU-AIF-Verwaltungsgesellschaft oder einer AIF-Kapitalverwaltungsgesellschaft verwaltet wird, oder ausländischen AIF an semiprofessionelle und professionelle Anleger in der Bundesrepublik Deutschland gemäß § 329 Kapitalanlagegesetzbuch (KAGB) (Stand: 16.1.2018), S. 4, abrufbar auf www.bafin.de.

einer Anzeige durch eine EU-AIF-Verwaltungsgesellschaft zusätzlich in die Erklärung aufzunehmen, dass der BaFin (ohne gesonderte Aufforderung) spätestens sechs Monate nach Ende jedes Geschäftsjahres der geprüfte und testierte **Jahresbericht des AIF zur Verfügung zu stellen** ist (§ 329 Abs. 2 Satz 3 Nr. 2 lit. a KAGB). Außerdem verpflichtet sich die EU-AIF-Verwaltungsgesellschaft, der BaFin auf Verlangen über ihre Geschäftstätigkeit **Auskunft zu erteilen und Unterlagen vorzulegen** (§ 329 Abs. 2 Satz 3 Nr. 2 lit. c KAGB).

Besondere Vorgaben für die **Form der Erklärung** existieren nicht. In der Praxis hat sich bewährt, der BaFin 26
mit der Anzeige als gesonderte Anlage eine von den gesetzlichen Vertretern der Verwaltungsgesellschaft datierte und unterzeichnete Erklärung zu übermitteln, deren Inhalt sich am Wortlaut des Gesetzes orientiert.

2. Besonderheiten bei Feeder-AIF (§ 329 Abs. 3 KAGB)

§ 329 KAGB ist auch auf **Master-Feeder-Strukturen mit Drittstaatenbezug** anwendbar. Nach Abs. 1 Satz 2 27
sind die materiellen Vertriebsvoraussetzungen auch von dem Master-AIF zu erfüllen. Für die Anwendbarkeit von § 329 KAGB spielt es keine Rolle, ob auch der Master-AIF von einer AIF-Kapitalverwaltungsgesellschaft bzw. EU-AIF-Verwaltungsgesellschaft oder von einer ausländischen AIF-Verwaltungsgesellschaft verwaltet werden. Hierdurch soll verhindert werden, dass bestimmte Anforderungen der AIFM-RL durch „doppelstöckige" Strukturen umgangen werden.[20]

Bei Master-Feeder-Strukturen werden auf Ebene des Master-AIF Anlageentscheidungen getroffen, die für 28
die Kapitalanlage des Investors des Feeder-AIF wegen der ganz überwiegenden Investition (§ 1 Abs. 19 Nr. 11 KAGB) in den Master-AIF wesentlich sind. Daher erstreckt sich die **Prüfung durch die BaFin** im Rahmen des § 329 KAGB auch auf den Master-AIF. Aus diesem Grund muss die Vertriebsanzeige für den Feeder-AIF auch bestimmte Informationen zum Master-AIF und dessen Verwaltungsgesellschaft enthalten. Auch die **Verpflichtungserklärung** nach § 329 Abs. 2 Satz 3 Nr. 2 oder 3 KAGB (Rz. 25) hat sich auf den Master-AIF und dessen Verwaltungsgesellschaft zu beziehen.

Sofern es sich bei der Verwaltungsgesellschaft des Master-AIF um eine **ausländische AIF-Verwaltungsgesellschaft** handelt, erweitert § 329 Abs. 3 Nr. 1 lit. a KAGB die Angabepflichten. Damit wird der Tatsache 29
Rechnung getragen, dass die ausländische AIF-Verwaltungsgesellschaft nicht von einer Behörde eines EU-Mitgliedstaats nach Maßgabe der AIFM-RL überwacht wird. Im Rahmen des § 329 KAGB führt die BaFin daher selbst eine Beurteilung der AIFM-RL-Konformität der Verwaltungsgesellschaft durch.[21] Die Vertriebsanzeige hat sich daher auch auf Umstände zu erstrecken, die sonst Gegenstand des aufsichtsrechtlichen Erlaubnisverfahrens für eine (inländische) Kapitalverwaltungsgesellschaft wären (§ 22 Abs. 1 Nr. 1 bis 9 und 13 KAGB). Rein praktisch können diese Unterlagen von der nicht nach der AIFM-RL regulierten ausländischen AIF-Verwaltungsgesellschaft des Master-AIF oftmals nicht beigebracht werden. Bei Master-Feeder-Strukturen mit ausländischer Master-AIF-Verwaltungsgesellschaft bestehen daher erhebliche praktische Schwierigkeiten beim Vertrieb im Inland. Im Vergleich zu § 330 KAGB, der vergleichbare Anforderungen nur im Falle des Vertriebs an semi-professionelle Anleger stellt (§ 330 Rz. 22), ist dies nicht wirklich zu rechtfertigen, *de lege lata* aber hinzunehmen.

3. Sprachregime (§ 329 Abs. 4 Satz 1 KAGB)

§ 329 Abs. 4 Satz 1 KAGB enthält für Anzeigen nach § 329 KAGB ein **privilegiertes Sprachregime**. Anders 30
als bei Anzeigen nach § 321 KAGB (§ 321 Rz. 14) können die der Anzeige beizufügenden Unterlagen auch in englischer Sprache vorgelegt werden. Diese Privilegierung umfasst nach dem Wortlaut der Vorschrift **nicht das Anzeigeschreiben selbst**. Damit bliebe die allgemeine Sprachregelung in § 23 VwVfG anwendbar, wonach Anzeigen ausschließlich in deutscher Sprache zu erstatten sind. Für die Anzeige nach § 330 KAGB hatte die BaFin zwischenzeitlich auch Anzeigen in englischer Sprache akzeptiert. Im Merkblatt zum Anzeigeverfahren nach § 329 KAGB sowie im aktuellen Merkblatt zum Anzeigeverfahren nach § 330 KAGB wurde die in der Praxis auf positive Resonanz gestoßene Verwaltungspraxis allerdings wieder revidiert.[22]

---

20 Begründung zum Entwurf der Bundesregierung zum AIFM-Umsetzungsgesetz, BT-Drucks. 17/12294, 291; ebenso *Zeidler* in Weitnauer/Boxberger/Anders, vor §§ 321 bis 334 KAGB Rz. 9.

21 Begründung zum Entwurf der Bundesregierung zum AIFM-Umsetzungsgesetz, BT-Drucks. 17/12294, 292.

22 BaFin, Merkblatt für Anzeigen zum Vertrieb von Anteilen oder Aktien an von einer EU-AIF-Verwaltungsgesellschaft oder AIF-Kapitalverwaltungsgesellschaft verwalteten inländischen Spezial-Feeder-AIF oder EU-Feeder-AIF, deren jeweiliger Master-AIF kein EU-AIF oder inländischer AIF ist, der von einer EU-AIF-Verwaltungsgesellschaft oder einer AIF-Kapitalverwaltungsgesellschaft verwaltet wird, oder ausländischen AIF an semiprofessionelle und professionelle Anleger in der Bundesrepublik Deutschland gemäß § 329 Kapitalanlagegesetzbuch (KAGB) (Stand: 16.1.2018), S. 3; BaFin, Merkblatt zum Vertrieb von Anteilen oder Aktien an von einer ausländischen AIF-Verwal-

Aus praktischer Sicht ist dies bedauerlich. Die Verwaltungspraxis der BaFin gewährleistete erfahrungsgemäß eine ebenso zuverlässige Bearbeitung der Anzeige, wenn das Anzeigeschreiben in englischer Sprache eingereicht wurde.

4. Prüfungsverfahren und Prüfungsfristen

31 Für das behördliche Verfahren verweist § 329 Abs. 4 Satz 2 KAGB zunächst auf § 321 Abs. 2 KAGB. Wenngleich ein **zweistufiges Prüfungsverfahren** in der AIFM-RL nicht angelegt ist, sieht § 329 Abs. 4 Satz 2 i.V.m. § 321 Abs. 2 Satz 1 und 2 KAGB aus Gründen der Verfahrensökonomie zunächst die Prüfung der Vollständigkeit der Anzeigeunterlagen vor. Eine unvollständige Anzeige kann durch Ergänzungsanzeige geheilt werden (§ 321 Rz. 27 f.).

5. Vertriebsgenehmigung

32 Für die Entscheidung der BaFin gilt § 321 Abs. 3 Satz 1 bis 4 KAGB entsprechend (§ 329 Abs. 4 Satz 2 KAGB), wobei für die Entscheidung der BaFin ein **differenziertes Fristenregime** gilt, das der gesteigerten Komplexität des Prüfungsverfahrens Rechnung trägt. Sofern keine Master-Feeder-Struktur angezeigt wird, hat die BaFin innerhalb von 30 Arbeitstagen nach Erhalt der vollständigen Anzeige eine Entscheidung zu treffen, ob die Verwaltungsgesellschaft mit dem Vertrieb in der Bundesrepublik beginnen kann. Bei Master-Feeder-Strukturen gelten Entscheidungsfristen von zwei bzw. fünf Monaten.

33 In der Sache handelt es sich bei der Entscheidung der BaFin um eine **behördliche Genehmigung des Vertriebs** im Inland, da ohne eine positive Entscheidung der BaFin mit dem Vertrieb nicht begonnen werden darf (§ 321 Rz. 31). Die Zulassung des Vertriebs steht nicht im Ermessen der BaFin, sondern ist eine **gebundene Entscheidung**. Der Vertrieb darf nur versagt werden, wenn der geplante Vertrieb gegen die Vorschriften des KAGB oder gegen die Vorschriften der AIFM-RL verstößt (§ 329 Abs. 4 Satz 2 i.V.m. § 321 Abs. 3 Satz 2 KAGB). Dies schließt im Rahmen des § 329 KAGB insbesondere auch die materiellen Vertriebsvoraussetzungen des Abs. 1 ein.

V. Laufende Pflichten der AIF-Kapitalverwaltungsgesellschaft bzw. EU-AIF-Verwaltungsgesellschaft

34 Im Rahmen des Anzeigeverfahrens hat die AIF-Verwaltungsgesellschaft die Erklärung abzugeben, dass die AIF-Verwaltungsgesellschaft bestimmte Informationspflichten gegenüber der BaFin einhält (Rz. 25). Im Ergebnis entstehen hierdurch neue, im Gesetz sonst nicht angelegte laufende (nachfolgende) Informationspflichten der AIF-Verwaltungsgesellschaft. Nach der Regierungsbegründung zum KAGB seien diese **Verpflichtungserklärungen** notwendig, damit die BaFin auf der Grundlage der von der AIF-Verwaltungsgesellschaft eingereichten Angaben und Unterlagen prüfen kann, ob die Vertriebsanforderungen weiterhin gegeben sind und damit die BaFin bei Bedarf weitere Unterlagen anfordern kann.[23]

35 Die **Rechtsnatur** dieser Verpflichtungserklärung ist unklar. Zweifellos ist die Verpflichtungserklärung öffentlich-rechtlicher Natur, da sie die AIF-Verwaltungsgesellschaft gegenüber der BaFin in ihrer Funktion als zuständige Aufsichtsbehörde verpflichtet. Allerdings handelt es sich nicht um einen öffentlich-rechtlichen Vertrag (§ 54 VwVfG), da es sich lediglich um eine einseitige Erklärung der AIF-Verwaltungsgesellschaft handelt. Der Entscheidungstenor der BaFin über die Vertriebszulassung enthält die Informationsverpflichtung in der Regel auch nicht als Nebenbestimmung (Auflage). Damit wird man § 329 Abs. 2 Satz 3 Nr. 2 und Nr. 3 KAGB neben ihrer formellen Natur auch materiell-rechtlichen Charakter zusprechen müssen. Die der Anzeige beizufügende Erklärung dient damit nur der Verdeutlichung der schon kraft Gesetzes bestehenden fortlaufenden Informationspflichten beim Vertrieb in Deutschland. Bei einer Verletzung kann die BaFin behördliche Maßnahmen erlassen. Dies kann z.B. die Untersagung des Vertriebs in Deutschland sein (§ 314 Abs. 1 KAGB).

36 Die Pflichten aus § 329 Abs. 2 Satz 3 Nr. 2 und Nr. 3 KAGB **enden nicht automatisch mit der Einstellung des Vertriebs** in Deutschland. Die AIF-Verwaltungsgesellschaft ist erst dann von diesen Verpflichtungen entbunden, wenn sämtliche in der Bundesrepublik wohnhaften bzw. ansässigen Anleger ihre Investition in

---

tungsgesellschaft verwalteten ausländischen AIF oder EU-AIF an professionelle oder semiprofessionelle Anleger in der Bundesrepublik Deutschland gemäß § 330 Kapitalanlagegesetzbuch (KAGB) (Stand: 5.3.2018), S. 3, abrufbar auf www.bafin.de.

23 Begründung zum Entwurf der Bundesregierung zum AIFM-Umsetzungsgesetz, BT-Drucks. 17/12294, 291.

den AIF beendet haben.[24] Andernfalls könnte die AIF-Verwaltungsgesellschaft den deutschen Anlegern durch Einstellung des Vertriebs nach einer kurzen anfänglichen Vertriebsphase den Schutz der deutschen Vertriebsvorschriften entziehen. Die Einhaltung dieser Verpflichtung kann durch behördlichen Verwaltungsakt angeordnet werden und gegebenenfalls im Wege der Verwaltungsvollstreckung durchgesetzt werden.

1. Änderungsanzeige

37 Die AIF-Verwaltungsgesellschaft hat die BaFin über alle **wesentlichen Änderungen** von Umständen, die bei der Vertriebsanzeige angegeben worden sind oder die der Aufsichtsbescheinigung durch die Behörde des Herkunftsmitgliedstaats zugrunde liegen, zu unterrichten und die Änderungsangaben nachzuweisen (§ 329 Abs. 2 Satz 3 Nr. 2 lit. b und Nr. 3 KAGB). Bei Anzeigen durch (inländische) AIF-Kapitalverwaltungsgesellschaften beschränkt sich die nachlaufende Informationspflicht auf diese Punkte. Zur Anzeige „wesentlicher Änderungen" ist eine AIF-Kapitalverwaltungsgesellschaft und eine EU-AIF-Verwaltungsgesellschaft auch beim Vertrieb von inländischen AIF bzw. EU-AIF verpflichtet (§ 321 Abs. 4 KAGB bzw. Art. 32 Abs. 7 AIFM-RL). Insofern wird auf die Kommentierung bei § 321 Rz. 33 verwiesen.

38 Anders als bei § 321 KAGB ist die Änderung aber **nicht notwendigerweise vor ihrem Vollzug** anzuzeigen. Die BaFin hat damit nicht die Möglichkeit, die Änderung präventiv zu untersagen, sondern muss sich gegebenenfalls auf behördliche Maßnahmen nach der Durchführung der Änderung, bis hin zur Vertriebsuntersagung, beschränken. In der Praxis kann sich daher anbieten, wesentliche Änderungen der BaFin vor Vollzug anzuzeigen oder sogar mit der BaFin abzustimmen, um der BaFin mit der Untersagung der Änderung eine weniger einschneidende Maßnahme zu ermöglichen.

2. Vorlage des Jahresberichts

39 EU-AIF-Verwaltungsgesellschaften sind verpflichtet, der BaFin den **geprüften und testierten Jahresbericht des AIF** spätestens **sechs Monate** nach Ende eines jeden Geschäftsjahres einzureichen. Der Jahresbericht muss inhaltlich den Vorgaben der AIFM-RL entsprechen (§ 308 Rz. 10 ff.). Eine entsprechende Vorlagepflicht besteht gegenüber den Stellen des Herkunftsmitgliedstaats (Art. 24 Abs. 3 lit. a AIFM-RL). Daher erweitert § 329 Abs. 2 Satz 3 Nr. 2 lit. a KAGB ohnehin bestehende Informationspflichten nur insoweit, dass mit der BaFin als Behörde des Aufnahmemitgliedstaats ein weiterer Adressat (allerding ohne gesondertes Verlangen) zu informieren ist. Eine entsprechende Vorschrift für (inländische) AIF-Kapitalverwaltungsgesellschaften war nicht erforderlich, da § 35 Abs. 3 Nr. 1 KAGB ohnehin eine entsprechende Vorlagepflicht enthält.

3. Auskunfts- und Prüfungsrechte der BaFin

40 EU-AIF-Verwaltungsgesellschaften werden primär von den Behörden des Herkunftsmitgliedstaats überwacht. Anders als dies in § 14 KAGB für AIF-Kapitalverwaltungsgesellschaften vorgesehen ist, stehen der BaFin bei ihnen keine gesetzlichen **Auskunfts- und Prüfungsrechte** zu. Sie müssen sich daher im Anzeigeverfahren verpflichten, der BaFin auf Verlangen über ihre Geschäftstätigkeit Auskunft zu erteilen und Unterlagen vorzulegen.

§ 330 Anzeigepflicht einer ausländischen AIF-Verwaltungsgesellschaft beim beabsichtigten Vertrieb von von ihr verwalteten ausländischen AIF oder EU-AIF an semiprofessionelle und professionelle Anleger im Inland

(1) [1]Der Vertrieb von Anteilen oder Aktien an von einer ausländischen AIF-Verwaltungsgesellschaft verwalteten ausländischen AIF oder EU-AIF an professionelle oder semiprofessionelle Anleger im Geltungsbereich dieses Gesetzes ist zulässig, wenn

24 BaFin, Merkblatt für Anzeigen zum Vertrieb von Anteilen oder Aktien an von einer EU-AIF-Verwaltungsgesellschaft oder AIF-Kapitalverwaltungsgesellschaft verwalteten inländischen Spezial-Feeder-AIF oder EU-Feeder-AIF, deren jeweiliger Master-AIF kein EU-AIF oder inländischer AIF ist, der von einer EU-AIF-Verwaltungsgesellschaft oder einer AIF-Kapitalverwaltungsgesellschaft verwaltet wird, oder ausländischen AIF an semiprofessionelle und professionelle Anleger in der Bundesrepublik Deutschland gemäß § 329 Kapitalanlagegesetzbuch (KAGB) (Stand: 16.1.2018), S. 5, abrufbar auf www.bafin.de.

1. bei einem Vertrieb an professionelle Anleger
a) die ausländische AIF-Verwaltungsgesellschaft und die Verwaltung des AIF durch die ausländische AIF-Verwaltungsgesellschaft den Anforderungen des § 35 und gegebenenfalls der §§ 287 bis 292 entsprechen,
b) die ausländische AIF-Verwaltungsgesellschaft eine oder mehrere Stellen benannt hat, die die Aufgaben nach Artikel 21 Absatz 7 bis 9 der Richtlinie 2011/61/EU wahrnehmen, die ausländische AIF-Verwaltungsgesellschaft diese Aufgaben nicht selbst wahrnimmt und sie diese Stelle oder Stellen der Bundesanstalt angezeigt hat und
c) die in § 307 Absatz 1 und Absatz 2 Satz 1 sowie § 308 vorgesehenen Pflichten zur Unterrichtung der am Erwerb eines Anteils oder einer Aktie Interessierten oder des Anlegers ordnungsgemäß erfüllt werden;
2. bei einem Vertrieb an semiprofessionelle Anleger die ausländische AIF-Verwaltungsgesellschaft und die Verwaltung des AIF durch diese den in diesem Gesetz umgesetzten Anforderungen der Richtlinie 2011/61/EU entsprechen;
3. bei einem Vertrieb an semiprofessionelle Anleger oder professionelle Anleger
a) geeignete Vereinbarungen über die Zusammenarbeit zwischen der Bundesanstalt und den zuständigen Stellen des Drittstaates, in dem die ausländische AIF-Verwaltungsgesellschaft ihren Sitz hat, und gegebenenfalls den zuständigen Stellen des Drittstaates, in dem der ausländische AIF seinen Sitz hat, und den zuständigen Stellen des Herkunftsmitgliedstaates des EU-AIF bestehen; die Vereinbarungen müssen
aa) der Überwachung der Systemrisiken dienen,
bb) im Einklang mit den internationalen Standards und den Artikeln 113 bis 115 der Delegierten Verordnung (EU) Nr. 231/2013 stehen und
cc) einen effizienten Informationsaustausch gewährleisten, der es der Bundesanstalt ermöglicht, ihre in der Richtlinie 2011/61/EU festgelegten Aufgaben zu erfüllen;
b) weder der Drittstaat, in dem die ausländische AIF-Verwaltungsgesellschaft ihren Sitz hat noch der Drittstaat, in dem der ausländische AIF seinen Sitz hat, auf der Liste der nicht kooperativen Länder und Gebiete steht, die von der Arbeitsgruppe „Finanzielle Maßnahmen gegen die Geldwäsche und die Terrorismusfinanzierung" aufgestellt wurde;
c) die Vorkehrungen nach § 321 Absatz 1 Satz 2 Nummer 7 geeignet sind, einen Vertrieb an Privatanleger zu verhindern.

[2]Ist der angezeigte AIF ein Feeder-AIF, sind zusätzlich die Anforderungen des Absatzes 1 Satz 1 Nummer 1 oder 2 und 3 von dem Master-AIF und dessen Verwaltungsgesellschaft entsprechend einzuhalten.

(2) [1]Beabsichtigt eine ausländische AIF-Verwaltungsgesellschaft, Anteile oder Aktien an von ihr verwalteten ausländischen AIF oder EU-AIF im Geltungsbereich dieses Gesetzes an semiprofessionelle oder professionelle Anleger zu vertreiben, so hat sie dies der Bundesanstalt anzuzeigen. [2]§ 321 Absatz 1 Satz 2 gilt entsprechend. [3]Darüber hinaus sind der Anzeige folgende Dokumente und Angaben beizufügen:

1. alle wesentlichen Angaben über
a) die Verwaltungsgesellschaft des angezeigten AIF und ihre Organe sowie
b) die Verwahrstelle oder die Stellen nach Absatz 1 Satz 1 Nummer 1 Buchstabe b, einschließlich der Angaben entsprechend § 22 Absatz 1 Nummer 13;
2. eine Erklärung der ausländischen AIF-Verwaltungsgesellschaft darüber, dass sie sich verpflichtet,
a) der Bundesanstalt den Jahresbericht des AIF, der den Anforderungen des Artikels 22 und gegebenenfalls des Artikels 29 der Richtlinie 2011/61/EU entsprechen muss, spätestens sechs Monate nach Ende jedes Geschäftsjahres einzureichen; der Jahresbericht muss mit dem Bestätigungsvermerk eines Wirtschaftsprüfers versehen sein;
b) die Bundesanstalt über alle wesentlichen Änderungen von Umständen, die bei der Vertriebsanzeige angegeben worden sind, zu unterrichten und die Änderungsangaben nachzuweisen;
c) der Bundesanstalt auf Verlangen über ihre Geschäftstätigkeit Auskunft zu erteilen und Unterlagen vorzulegen und gegenüber der Bundesanstalt die sich aus Absatz 1 Satz 1 Nummer 1 oder 2 ergebenden Melde- und Informationspflichten zu erfüllen;

3. bei einem Vertrieb an semiprofessionelle Anleger zusätzlich die Angaben und Unterlagen entsprechend § 22 Absatz 1 Nummer 1 bis 9 in Bezug auf die ausländische AIF-Verwaltungsgesellschaft;
4. der Nachweis über die Zahlung der Gebühr für die Anzeige.

(3) Ist der angezeigte AIF ein Feeder-AIF,

1. sind der Anzeige zusätzlich in Bezug auf den Master-AIF und seine Verwaltungsgesellschaft Angaben und Dokumente
   a) entsprechend Absatz 2 Satz 3 Nummer 1 sowie entsprechend § 321 Absatz 1 Satz 2 und
   b) bei einem Vertrieb an semiprofessionelle Anleger
      aa) entsprechend Absatz 2 Satz 3 Nummer 3 in Bezug auf die ausländische AIF-Verwaltungsgesellschaft, sofern der Master-AIF von einer ausländischen AIF-Verwaltungsgesellschaft verwaltet wird, oder
      bb) eine Bescheinigung der zuständigen Stelle ihres Herkunftsmitgliedstaates in einer in der internationalen Finanzwelt gebräuchlichen Sprache, dass die EU-AIF-Verwaltungsgesellschaft und die Verwaltung des Master-AIF durch diese der Richtlinie 2011/61/EU entsprechen, sofern der Master-AIF von einer EU-AIF-Verwaltungsgesellschaft verwaltet wird,

   beizufügen und
2. muss sich die Erklärung nach Absatz 2 Satz 3 Nummer 2 auch auf den Master-AIF und seine Verwaltungsgesellschaft erstrecken.

(4) [1]Fremdsprachige Unterlagen sind in deutscher Übersetzung oder in englischer Sprache vorzulegen. [2]§ 316 Absatz 2 und 3 gilt entsprechend mit der Maßgabe, dass es statt „AIF-Kapitalverwaltungsgesellschaft" „ausländische AIF-Verwaltungsgesellschaft" heißen muss und dass die in § 316 Absatz 3 Satz 1 genannte Frist

1. bei einem Vertrieb an professionelle Anleger,
   a) für den Fall, dass der angezeigte AIF kein Feeder-AIF ist, zwei Monate,
   b) für den Fall, dass der angezeigte AIF ein Feeder-AIF ist,
      aa) dessen Master-AIF nicht von einer ausländischen AIF-Verwaltungsgesellschaft verwaltet wird, drei Monate,
      bb) dessen Master-AIF von einer ausländischen AIF-Verwaltungsgesellschaft verwaltet wird, vier Monate,
2. bei einem Vertrieb an semiprofessionelle Anleger
   a) für den Fall, dass der angezeigte AIF kein Feeder-AIF ist, vier Monate,
   b) für den Fall, dass der angezeigte AIF ein Feeder-AIF ist,
      aa) dessen Master-AIF nicht von einer ausländischen AIF-Verwaltungsgesellschaft verwaltet wird, fünf Monate,
      bb) dessen Master-AIF von einer ausländischen AIF-Verwaltungsgesellschaft verwaltet wird, acht Monate

beträgt.

(5) [1]Hat die anzeigende ausländische AIF-Verwaltungsgesellschaft bereits einen AIF zum Vertrieb an semiprofessionelle Anleger im Geltungsbereich dieses Gesetzes nach Absatz 2 Satz 1 angezeigt, so prüft die Bundesanstalt bei der Anzeige eines weiteren AIF der gleichen Art nicht erneut das Vorliegen der Voraussetzungen nach Absatz 1 Satz 1 Nummer 2 mit Ausnahme der Artikel 22 und 23 der Richtlinie 2011/61/EU, wenn die anzeigende AIF-Verwaltungsgesellschaft im Anzeigeschreiben versichert, dass in Bezug auf die gemäß Absatz 2 Satz 3 Nummer 1 und 3 gemachten Angaben seit der letzten Anzeige keine Änderungen erfolgt sind. [2]In diesem Fall sind die in Absatz 2 Satz 3 Nummer 1 und 3 genannten Angaben nicht erforderlich und die in Absatz 4 Nummer 2 genannten Fristen für den Vertrieb an semiprofessionelle Anleger verkürzen sich jeweils um zwei Monate.

In der Fassung vom 4.7.2013 (BGBl. I 2013, S. 1981), zuletzt geändert durch das Gesetz zur Umsetzung der Richtlinie 2014/91/EU des Europäischen Parlaments und des Rates vom 23.7.2014 zur Änderung der Richtlinie 2009/65/EG zur Koordinierung der Rechts- und Verwaltungsvorschriften betreffend bestimmte Organismen für gemeinsame Anlagen in Wertpapieren (OGAW) im Hinblick auf die Aufgaben der Verwahrstelle, die Vergütungspolitik und Sanktionen vom 3.3.2016 (BGBl. I 2016, S. 348).

Schrifttum: S. bei § 321.

I. Zweck und Anwendungsbereich der Norm

1 Wie §§ 321 bis 329 KAGB ist § 330 KAGB Teil der **finanzmarktrechtlichen Produktregulierung**, die neben die verwalterbezogene Regulierung des KAGB sowie ggf. die tätigkeitsbezogene Regulierung beim Vertrieb von Investmentvermögen im Inland tritt (§ 321 Rz. 2). Sie regelt den **Marktzugang (Vertrieb)** von ausländischen AIF-Verwaltungsgesellschaften, solange und soweit kein Vertrieb unter dem Drittstaatenvertriebspass der AIFM-RL möglich ist. § 330 KAGB ergänzt § 329 KAGB, der den Vertrieb von AIF mit Drittstaatenbezug durch (inländische) AIF-Kapitalverwaltungsgesellschaften und EU-AIF-Verwaltungsgesellschaften regelt.

2 Der deutsche Gesetzgeber hat damit von der in Art. 42 AIFM-RL eröffneten Möglichkeit Gebrauch gemacht, **bis zur Einführung des Drittstaatenvertriebspasses** den Vertrieb im Inland nach nationalen Vertriebsvorschriften zuzulassen. Die AIFM-RL und die ESMA sprechen in diesem Zusammenhang regelmäßig von „nationalen Bestimmungen über Privatplatzierungen" („National Private Placement Regimes" oder „NPPRs").[1] Die Zulassung zum Vertrieb im Inland hat keinen Einfluss auf die Vertriebsberechtigung in anderen EU- bzw. EWR-Mitgliedstaaten, die die Zulässigkeit des Vertriebs an ein gesondertes Anzeigeverfahren knüpfen oder gänzlich untersagen können.[2]

3 Die Vorschrift knüpft die Zulässigkeit des Vertriebs an die Einhaltung bestimmter Mindeststandards. Insbesondere beim Vertrieb an semi-professionelle Anleger setzt der Vertrieb in Deutschland die **weitgehende Einhaltung der Vorschriften des KAGB** durch die ausländische Verwaltungsgesellschaft voraus. Zum anderen wird der Marktzugang von ausländischen AIF-Verwaltungsgesellschaften und ausländischen AIF ausgeschlossen, die einen Bezug zu Drittstaaten aufweisen, die auf der „schwarzen Liste" der Financial Action Task Force (FATF) aufgeführt werden oder keine geeigneten Kooperationsvereinbarungen mit der BaFin abgeschlossen haben.

4 Der Vertrieb von AIF durch ausländische AIF-Verwaltungsgesellschaften setzt – wie auch der Vertrieb durch AIF-Kapitalverwaltungsgesellschaften und EU-AIF-Verwaltungsgesellschaften – die vorherige **Anzeige der Vertriebsabsicht** an die BaFin voraus. In der Sache handelt es sich um ein behördliches Genehmigungsverfahren, da der Beginn des Vertriebs eine positive Entscheidung der BaFin voraussetzt (§ 321 Rz. 1).

1 Zum Begriff zu Recht kritisch *Zeidler* in Weitnauer/Boxberger/Anders, § 329 KAGB Rz. 3.
2 *Zeidler* in Weitnauer/Boxberger/Anders, § 330 KAGB Rz. 14; *Wallach*, RdF 2011, 80 (88).

1. Sachlicher Anwendungsbereich

§ 329 KAGB findet auf den Vertrieb von **ausländischen AIF** (§ 1 Abs. 9 KAGB) und **EU-AIF** (§ 1 Abs. 8 KAGB) durch eine **ausländische AIF-Verwaltungsgesellschaft** (§ 1 Abs. 18 KAGB) an **professionelle Anleger** (§ 1 Abs. 19 Nr. 32 KAGB) oder **semi-professionelle Anleger** (§ 1 Abs. 19 Nr. 33 KAGB) in der Bundesrepublik Anwendung. Sie ergänzt § 329 KAGB, der den Vertrieb durch (inländische) AIF-Kapitalverwaltungsgesellschaften (§ 1 Abs. 16 KAGB) oder EU-AIF-Verwaltungsgesellschaft (§ 1 Abs. 17 Nr. 2 KAGB) regelt. 5

Die Vorschrift setzt voraus, dass ein Vertrieb in der Bundesrepublik beabsichtigt ist. Auf den Erwerb von Anteilen im Wege der passiven Dienstleistungsfreiheit auf Initiative des Anlegers und ohne vorangegangene Vertriebsaktivitäten der Verwaltungsgesellschaft (***reverse solicitation***) findet § 330 KAGB keine Anwendung. Trotz der generellen Anzeigepflicht für den Vertrieb in Deutschland existiert daher auch unter dem KAGB im Spezialfondsbereich nach wie vor die Möglichkeit, Anteile ohne Vertriebsanzeige an deutsche Anleger abzusetzen (§ 321 Rz. 10). 6

2. Zeitlicher Anwendungsbereich

In zeitlicher Hinsicht ergänzt § 330 KAGB die §§ 325 bis 328 KAGB, die den Vertrieb durch ausländische AIF-Verwaltungsgesellschaften unter dem Drittstaatenvertriebspass ermöglichen. Gemäß § 295 Abs. 2 Nr. 1 und Abs. 3 Satz 1 Nr. 1 lit. a KAGB gilt § 330 KAGB nur bis Erlass des delegierten Rechtsaktes der Kommission zum **Drittstaatenvertriebspass** (zur Systematik der §§ 316 bis 334 KAGB s. auch die Kommentierung zu § 295). 7

Wie § 329 KAGB war § 330 KAGB ursprünglich als Übergangsvorschrift gedacht, die den Marktzugang für ausländische AIF regeln sollte, bis die Kommission den delegierten Rechtsakt zum Drittstaatenvertriebspass erlassen hat.[3] Aufgrund der staatenspezifischen Implementierung des Drittstaatenvertriebspasses (§ 322 Rz. 6) findet aber nun jedenfalls mittelfristig ein **differenziertes Marktzugangsregime** Anwendung, das davon abhängt, ob und inwieweit der betroffene Drittstaat bereits Gegenstand des delegierten Rechtsakts der Kommission ist (§ 329 Rz. 7). 8

II. Entstehung der Norm

Soweit § 330 KAGB den Vertrieb an professionelle Anleger betrifft, beruht die Vorschrift auf **Art. 42 AIFM-RL**. Darüber hinaus hat der deutsche Gesetzgeber den Vertrieb an semi-professionelle Anleger dem Vertrieb an professionelle Anleger grundsätzlich gleichgestellt (§ 321 Rz. 6), wenngleich im Rahmen von § 330 KAGB bei der Regulierungsdichte gewisse Differenzierungen bestehen. 9

Der Wortlaut der Vorschrift entspricht fast vollständig der Fassung des ursprünglichen Regierungsentwurfs vom 6.2.2013.[4] Im Rahmen des weiteren Gesetzgebungsverfahrens sind lediglich redaktionelle Verweiskorrekturen vorgenommen worden.[5] 10

Mit dem **Gesetz zur Anpassung von Gesetzen auf dem Gebiet des Finanzmarktes**[6] wurde Abs. 1 Satz 1 Nr. 1 lit. c dahingehend ergänzt, dass die Erfüllung neben den am Erwerb eines Anteils oder einer Aktie Interessierten auch gegenüber bestehenden Anlegern erforderlich ist. Dabei habe es sich aufgrund des bereits bestehenden Verweises auf § 308 KAGB lediglich um eine redaktionelle Änderung gehandelt.[7] 11

Abs. 1 Satz 1 Nr. 1 lit. c ist ferner durch das **OGAW V-Umsetzungsgesetz**[8] angepasst worden, wobei es sich allerdings lediglich um eine Folgeänderung zur Anpassung des § 307 KAGB handelte (§ 307 Rz. 9).[9] 12

3 Vgl. Erwägungsgrund 62 der AIFM-Richtlinie sowie *Zeidler* in Weitnauer/Boxberger/Anders, vor §§ 321 bis 334 KAGB Rz. 4.
4 Entwurf der Bundesregierung zum AIFM-Umsetzungsgesetz, BT-Drucks. 17/12294, 156 ff.
5 Vgl. Beschlussempfehlung und Bericht des Finanzausschusses vom 10.5.2013, BT-Drucks. 17/13395, 410.
6 Gesetz v. 15.7.2014, BGBl. I 2014, S. 934.
7 Vgl. den Entwurf der Bundesregierung zum Gesetz zur Anpassung von Gesetzen auf dem Gebiet des Finanzmarktes, BT-Drucks. 18/1305, 52.
8 Gesetz v. 3.3.2016, BGBl. I 2016, S. 348.
9 Vgl. die Begründung zum Regierungsentwurf des OGAW V-Umsetzungsgesetzes, BT-Drucks. 18/6744, 70.

III. Materielle Voraussetzungen für den Vertrieb von ausländischen AIF oder EU-AIF

1. Verwalterbezogene Anforderungen (§ 330 Abs. 1 Satz 1 Nr. 1 und 2 KAGB)

13 Beim Vertrieb von AIF durch eine ausländische AIF-Verwaltungsgesellschaft enthält § 330 Abs. 1 Satz 1 Nr. 1 und 2 KAGB zunächst ein **differenziertes System von Mindestanforderungen** an die Einhaltung von investmentrechtlichen Vorschriften durch die Verwaltungsgesellschaft. Die ausländische AIF-Verwaltungsgesellschaft wird nicht notwendigerweise durch eine Aufsichtsbehörde in der EU beaufsichtigt. Durch die verwalterbezogenen materiellen Vertriebsanforderungen führt die vertriebsbezogene Produktregulierung jedoch letztlich zu einer **indirekten Regulierung des Verwalters.**

a) Anforderungen beim Vertrieb an semiprofessionelle Anleger (§ 330 Abs. 1 Satz 1 Nr. 2 KAGB)

14 Insbesondere beim **Vertrieb an semi-professionelle Anleger** setzt § 330 Abs. 1 Nr. 2 KAGB die **weitgehende Einhaltung der Vorschriften des KAGB** durch die ausländische Verwaltungsgesellschaft voraus. Damit geht der deutsche Gesetzgeber bei den materiellen Vertriebsvoraussetzungen über den Standard des Art. 42 Abs. 1 lit. a AIFM-RL hinaus. Das ist europarechtlich zulässig und geboten. Bei der Kategorie des semi-professionellen Anlegers handelt es sich um einen Kleinanleger i.S.d. Art. 4 Abs. 1 lit. aj AIFM-RL. Nach Art. 43 Abs. 1 AIFM-RL kann der nationale Gesetzgeber den Vertrieb an Kleinanleger nur zulassen, soweit der AIF nach der AIFM-RL verwaltet wird.[10] Während im Rahmen des Vertriebs für semi-professionelle Anleger überwiegend dieselben Standards gelten wie für professionelle Anleger, differenziert § 330 KAGB beim Drittstaatenzugang und nutzt damit die Möglichkeit, den Vertrieb an Kleinanleger zwar zuzulassen, knüpft ihn aber an strengere Auflagen.

b) Anforderungen beim Vertrieb an professionelle Anleger (§ 330 Abs. 1 Satz 1 Nr. 1 KAGB)

15 Beim **Vertrieb an professionelle Anleger** gewährt § 330 Abs. 1 Satz 1 Nr. 1 KAGB eine **größere Flexibilität** hinsichtlich der verwalterbezogenen und verwahrstellenbezogenen Anforderungen des KAGB. Der Verwalter muss die Meldepflichten nach § 35 KAGB gegenüber der BaFin (*Annex IV reporting*), die Informationspflichten nach §§ 307 und 308 KAGB gegenüber dem Anleger sowie gegebenenfalls die auf Private Equity Fonds zugeschnittenen §§ 287 bis 292 KAGB anwenden. Außerdem muss beim Vertrieb, der ausschließlich an professionelle Investoren erfolgt, mindestens eine Stelle benannt werden, die Verwahrstellenfunktionen nach Art. 21 Abs. 7, 8 und 9 AIFM-RL wahrnimmt (sog. *depositary lite regime*). Damit ist keine vollständige Befreiung von der verwahrstellenbezogenen Regulierung des KAGB bzw. der AIFM-RL verbunden, allerdings gewährt das abgestufte Regelungsregime mehr Flexibilität beim Aufsatz des AIF (s. hierzu die Kommentierung bei § 329 Rz. 14 f.).

2. Drittstaatenbezogene Anforderungen

16 Neben den differenzierten verwalterbezogenen Anforderungen enthalten § 330 Abs. 1 Satz 1 Nr. 3 lit. a und b KAGB bestimmte Mindestanforderungen in Bezug auf den betroffenen Drittstaat. Anders als im Rahmen von § 322 KAGB, bei dem die drittstaatenbezogenen Anforderungen bereits bei der Prüfung der ESMA zur Erstreckung des Drittstaatenvertriebspasses berücksichtigt werden (§ 322 Rz. 12), muss die Erfüllung bei § 330 KAGB von der BaFin im Einzelfall geprüft werden. Dies schlägt sich auch in einer verlängerten Entscheidungsfrist nieder.[11]

a) Vereinbarungen über die Zusammenarbeit mit den Aufsichtsbehörden des Sitzstaates (§ 330 Abs. 1 Satz 1 Nr. 3 lit. a KAGB)

17 Nach § 330 Abs. 1 Satz 1 Nr. 3 lit. a KAGB muss zwischen der BaFin und den Aufsichtsbehörden des Drittstaats eine **Kooperationsvereinbarung (*memorandum of understanding*)** bestehen, die der Überwachung der Systemrisiken dient und einen effizienten Informationsaustausch gewährleistet. Die Anforderungen an Form und Inhalt der Kooperationsvereinbarungen ergeben sich aus Art. 113 bis 115 der AIFM-RL-DVO (§ 330 Abs. 1 Satz 1 Nr. 3 lit. a bb), § 336 Abs. 1 KAGB), wobei die ESMA diese Anforderungen durch Leitlinien weiter konkretisiert hat (§ 329 Rz. 18).[12] Eine Liste der jeweils bestehenden Kooperationsverein-

---

10 Vgl. die Begründung zum Entwurf der Bundesregierung zum AIFM-Umsetzungsgesetz, BT-Drucks. 17/12294, 292; s. auch *Zeidler* in Weitnauer/Boxberger/Anders, § 330 KAGB Rz. 9.

11 Vgl. die Begründung zum Entwurf der Bundesregierung zum AIFM-Umsetzungsgesetz, BT-Drucks. 17/12294, 293.

12 Leitlinien für das Muster-MoU über Konsultation und Kooperation sowie den Austausch von Informationen im Zusammenhang mit der Beaufsichtigung von AIFMD-Unternehmen vom 28.11.2013, ESMA/2013/998.

barungen ist auf der Internetseite der BaFin abrufbar.[13] Beim Vertrieb von EU-AIF ist außerdem vorgesehen, dass neben der Kooperationsvereinbarung zwischen der BaFin und der Behörde des Drittstaats, in dem die ausländische AIF-Verwaltungsgesellschaft ihren Sitz hat, auch eine Kooperationsvereinbarung zwischen dem Drittstaat und dem Herkunftsmitgliedstaat des EU-AIF existiert. Eine europaweite Liste der bereits von EU-Aufsichtsbehörden unterzeichneten Kooperationsvereinbarungen wird regelmäßig auf der Internetseite der ESMA veröffentlicht.[14] Für den Fall, dass die Behörden eines anderen Mitgliedstaats die geforderte Kooperationsvereinbarung nicht abschließt, eröffnet § 336 Abs. 3 KAGB die Möglichkeit eines besonderes Schlichtungsverfahrens bei der ESMA (§ 336 Rz. 6).

b) Kein FATF-Listing des Sitzstaates (§ 330 Abs. 1 Satz 1 Nr. 3 lit. b KAGB)

Nach § 330 Abs. 1 Satz 1 Nr. 3 lit. b KAGB scheidet ein Vertrieb durch eine Verwaltungsgesellschaft oder eines AIF aus, die einen Bezug zu einem Drittstaat haben, der auf der Liste der nicht kooperativen Länder und Gebiete steht, die von der Arbeitsgruppe „Finanzielle Maßnahmen gegen die Geldwäsche und Terrorismusfinanzierung" (**Financial Action Task Force – FATF**) aufgestellt wurde (sog. **„schwarze Liste"**). Siehe hierzu die Kommentierung bei § 329 Rz. 19. 18

3. Vorkehrungen, um den Vertrieb an Privatanleger zu verhindern (§ 330 Abs. 1 Satz 1 Nr. 3 lit. c KAGB)

Neben den verwalter- und drittstaatenbezogenen Anforderungen muss beim Vertrieb hinreichend sichergestellt sein, dass die Anteile oder Aktien des AIF in Deutschland tatsächlich ausschließlich an professionelle und semi-professionelle Anleger vertrieben werden. Es sind daher Vorkehrungen zu treffen, um zu verhindern, dass Anteile oder Aktien des angezeigten AIF an Privatanleger vertrieben werden, insbesondere wenn die ausländische AIF-Verwaltungsgesellschaft für die Erbringung von Wertpapierdienstleistungen für den angezeigten AIF auf unabhängige Unternehmen zurückgreift (sog. **Kleinanlegersperre** oder *retail barrier*). Siehe hierzu die Kommentierung zu § 321 Rz. 25. 19

IV. Formelle Voraussetzungen für den Vertrieb von ausländischen AIF oder EU-AIF

1. Vertriebsanzeige (§ 330 Abs. 2 KAGB)

Die AIF-Kapitalverwaltungsgesellschaft hat die **Absicht des Vertriebs** (§ 321 Rz. 10 ff.) der BaFin **anzuzeigen.** 20

Für den **Inhalt der Anzeige** verweist § 330 Abs. 2 Satz 2 KAGB zunächst auf § 321 Abs. 1 Satz 2 KAGB (vgl. hierzu die Kommentierung bei § 321 Rz. 13 ff.). Daneben verlangt § 330 Abs. 2 Satz 3 Nr. 1 KAGB – im Gegensatz zu § 329 Abs. 2 Satz 3 Nr. 1 KAGB – umfangreiche weitere materielle Angaben zur Verwaltungsgesellschaft des angezeigten AIF und zu ihren Organen sowie zu der Stelle, die die Verwahraufgaben wahrnimmt. 21

Ist ein Vertrieb (auch) an semi-professionelle Anleger beabsichtigt, muss die Anzeige zusätzlich die Angaben und Unterlagen entsprechend § 22 Abs. 1 Nr. 1 bis 9 KAGB in Bezug auf die ausländische AIF-Verwaltungsgesellschaft enthalten (§ 330 Abs. 2 Satz 3 Nr. 3 KAGB). Da die ausländische AIF-Verwaltungsgesellschaft nicht durch die Aufsichtsbehörden eines Mitgliedstaats zugelassen und überwacht wird, ist beim Vertrieb an semi-professionelle Anleger die **Konformität mit den Standards der AIFM-RL erstmals** autonom von der BaFin im Rahmen des Vertriebsanzeigeverfahrens **zu prüfen** (Rz. 14). Der Umfang der Anzeigepflicht erstreckt sich deshalb auch auf Angaben und Unterlagen, die bei (inländischen) AIF-Kapitalverwaltungsgesellschaften Gegenstand des Erlaubnisverfahrens sind. 22

Für die Prüfung der Vertriebsanzeige erhebt die BaFin eine **Gebühr** (Ziff. 4.1.7.2.5 des Gebührenverzeichnisses der FinDAGKostV). Dem Anzeigeschreiben ist ein Nachweis über die Zahlung dieser Gebühr beizufügen (§ 330 Abs. 2 Satz 3 Nr. 4 KAGB). 23

Neben den vorgenannten Unterlagen ist der Anzeige eine Erklärung der AIF-Verwaltungsgesellschaft beizufügen, dass die ausländische AIF-Verwaltungsgesellschaft die ihr nach dem KAGB obliegenden laufenden Pflichten einhält (Rz. 31 ff.). Besondere Vorgaben für die Form der **Verpflichtungserklärung** existieren nicht. In der Praxis hat sich bewährt, der BaFin mit der Anzeige als gesonderte Anlage eine von den gesetz- 24

13 https://www.bafin.de/SharedDocs/Veroeffentlichungen/DE/Merkblatt/WA/mb_130722_internat_koopvereinbarungen_kagb.html (Stand: 31.7.2018).
14 Abrufbar auf: https://www.esma.europa.eu/document/aifmd-mous-signed-eu-authorities-updated (Stand: 31.7.2018).

lichen Vertretern der Verwaltungsgesellschaft datierte und unterzeichnete Erklärung zu übermitteln, deren Inhalt sich am Wortlaut des Gesetzes orientiert.

25 Zu Form und Inhalt der Anzeige nach § 330 KAGB hat die BaFin ein **Merkblatt** veröffentlicht, das die Angaben, die die BaFin zur Beurteilung der Anzeige als wesentlich betrachtet, sowie die beizufügenden Unterlagen auflistet.[15] Dort werden auch Hinweise zur Zahlung der Verwaltungsgebühr gegeben.

2. Besonderheiten bei Feeder-AIF (§ 330 Abs. 3 KAGB)

26 Bei **Master-Feeder-Strukturen** sind nach § 330 Abs. 1 Satz 2 KAGB die materiellen Vertriebsvoraussetzungen auch von dem Master-AIF zu erfüllen. Hierdurch soll verhindert werden, dass bestimmte Anforderungen der AIFM-RL durch „doppelstöckige" Strukturen umgangen werden.[16] Bei Master-Feeder-Strukturen werden auf Ebene des Master-AIF Anlageentscheidungen getroffen, die für die Kapitalanlage des Investors des Feeder-AIF wegen der ganz überwiegenden Investition (§ 1 Abs. 19 Nr. 11 KAGB) in den Master-AIF wesentlich sind. Daher erstreckt sich die Prüfung durch die BaFin im Rahmen des § 330 KAGB auch auf den Master-AIF. Nach Abs. 3 Nr. 1 sind deshalb die wesentlichen Angaben und Unterlagen, die für den angezeigten Feeder-AIF gefordert werden, auch für den Master-AIF vorzulegen. Auch die Verpflichtungserklärung nach Abs. 2 Satz 3 Nr. 2 (Rz. 24) ist auf den Master-AIF und dessen Verwaltungsgesellschaft zu beziehen.

3. Sprachregime (§ 330 Abs. 4 Satz 1 KAGB)

27 Wie im Rahmen der Anzeige nach § 329 KAGB enthält § 330 Abs. 4 Satz 1 KAGB ein **privilegiertes Sprachregime**, nach dem die der Anzeige beizufügenden Unterlagen auch in englischer Sprache vorgelegt werden können. Das **Anzeigeschreiben selbst** ist nach derzeitiger BaFin-Praxis grundsätzlich in deutscher Sprache einzureichen (§ 329 Rz. 30).

4. Prüfungsverfahren und Prüfungsfristen (§ 330 Abs. 4 Satz 2 KAGB)

28 Für das behördliche Verfahren verweist § 330 Abs. 4 Satz 2 KAGB zunächst auf das Anzeigeverfahren für Publikums-AIF (s. im Einzelnen die Kommentierung bei § 316 Rz. 15 ff.). Wenngleich ein **zweistufiges Prüfungsverfahren** in der AIFM-RL nicht angelegt ist, sieht § 330 Abs. 4 Satz 2 i.V.m. § 316 Abs. 2 KAGB aus Gründen der Verfahrensökonomie zunächst die Prüfung der Vollständigkeit der Anzeigeunterlagen vor. Eine unvollständige Anzeige kann durch Ergänzungsanzeige geheilt werden.

5. Vertriebsgenehmigung und Mitteilung an andere Behörden

29 Für die Entscheidung der BaFin gilt § 316 Abs. 3 KAGB entsprechend (§ 330 Abs. 4 Satz 2 KAGB). Die gestaffelten und im Verhältnis zu den übrigen Anzeigetatbeständen beim Vertrieb von Spezial-AIF verlängerten Prüfungsfristen sollen der jeweiligen Komplexität der Prüfung Rechnung tragen.[17]

30 In der Sache handelt es sich bei der Entscheidung der BaFin um eine **behördliche Genehmigung** des Vertriebs im Inland, da ohne eine positive Entscheidung der BaFin mit dem Vertrieb nicht begonnen werden darf (§ 321 Rz. 31). Die Zulassung des Vertriebs steht nicht im Ermessen der BaFin, sondern ist eine **gebundene Entscheidung**. Der Vertrieb darf nur versagt werden, wenn der geplante Vertrieb gegen die Vorschriften des KAGB oder gegen die Vorschriften der AIFM-RL verstößt (§ 330 Abs. 4 Satz 2 i.V.m. § 316 Abs. 3 Satz 2 KAGB). Dies bezieht sich im Rahmen des § 330 KAGB nur auf die jeweils nach Abs. 1 anwendbaren Vorschriften des KAGB.

V. Laufende Pflichten der ausländischen AIF-Verwaltungsgesellschaft

31 Neben seiner formellen Natur hat § 330 Abs. 2 Satz 3 Nr. 2 KAGB, der im Rahmen des Anzeigeverfahrens die Abgabe einer Erklärung der ausländischen AIF-Verwaltungsgesellschaft zur Einhaltung bestimmter

15 BaFin, Merkblatt zum Vertrieb von Anteilen oder Aktien an von einer ausländischen AIF-Verwaltungsgesellschaft verwalteten ausländischen AIF oder EU-AIF an professionelle oder semiprofessionelle Anleger in der Bundesrepublik Deutschland gemäß § 330 Kapitalanlagegesetzbuch (KAGB) (Stand: 5.3.2018), abrufbar auf www.bafin.de.

16 Begründung zum Entwurf der Bundesregierung zum AIFM-Umsetzungsgesetz, BT-Drucks. 17/12294, 291; ebenso *Zeidler* in Weitnauer/Boxberger/Anders, vor §§ 321 bis 334 KAGB Rz. 9 und § 330 KAGB Rz. 12 f.

17 Begründung zum Entwurf der Bundesregierung zum AIFM-Umsetzungsgesetz, BT-Drucks. 17/12294, 293; ebenso *Zeidler* in Weitnauer/Boxberger/Anders, § 330 KAGB Rz. 21.

Pflichten verlangt, auch materiellen Charakter. Die beizufügende Verpflichtungserklärung hat nur die Funktion, der ausländischen AIF-Verwaltungsgesellschaft das Bestehen **nachlaufender Pflichten beim Vertrieb in Deutschland** zu verdeutlichen (§ 329 Rz. 35). Bei einer Verletzung kann die BaFin behördliche Maßnahmen, z.B. die Untersagung des Vertriebs in Deutschland oder die (gegebenenfalls im Verwaltungszwang durchsetzbare) behördliche Anordnung der Einhaltung der Pflichten, ergreifen (§ 314 Abs. 1 KAGB). Die AIF-Verwaltungsgesellschaft ist erst dann von diesen Verpflichtungen entbunden, wenn sämtliche in der Bundesrepublik wohnhaften bzw. ansässigen Anleger ihre Investition in den AIF beendet haben.[18]

1. Vorlage des Jahresberichts

Die ausländische AIF-Verwaltungsgesellschaft ist verpflichtet, der BaFin den **geprüften und testierten Jahresbericht des AIF** spätestens **sechs Monate** nach Ende eines jeden Geschäftsjahres einzureichen. Der Jahresbericht muss inhaltlich den Vorgaben der AIFM-RL entsprechen (§ 308 Rz. 10 ff.). Für ausländische AIF bzw. ausländische Verwaltungsgesellschaften gelten nach den Vorschriften des Herkunftsstaats nicht notwendigerweise gleiche Inhaltsvorgaben. Der Jahresbericht hat zur Einhaltung der Verpflichtung nach § 330 Abs. 2 Satz 3 Nr. 2 lit. a KAGB gleichwohl Art. 22, 29 AIFM-RL und Art. 103 bis 107 AIFM-RL-DVO zu genügen, d.h. er muss insbesondere die in Art. 22 Abs. 2 AIFM-RL aufgeführten Abschnitte enthalten und muss geprüft sein. Hieraus kann sich für die Praxis das Erfordernis ergeben, speziell für den Vertrieb in Deutschland einen gesonderten, geprüften Jahresbericht zu erstellen. 32

2. Weitere laufende Pflichten

Durch Verweis auf § 308 Abs. 4 KAGB legt § 330 Abs. 2 Satz 3 Nr. 2 lit. c i.V.m. Abs. 1 Satz 1 Nr. 1 und Nr. 2 KAGB der ausländischen AIF-Verwaltungsgesellschaft weitere laufende Pflichten auf. Beim Vertrieb an semi-professionelle Anleger umfasst dies die volle **Konformität mit dem KAGB** (Rz. 14). Beim Vertrieb an professionelle Anleger erstrecken sich die laufenden verwalterbezogenen Pflichten auf die **Offenlegung von Änderungen**, die sich in Bezug auf die Haftung der Verwahrstelle ergeben sowie die Offenlegung von illiquiden Vermögenswerten und die Liquiditätssteuerung, das aktuelle Risikoprofil und – sofern relevant – den Gesamtumfang des Leverage nach § 300 Abs. 1 bis 3 KAGB, wobei sich die Einzelheiten aus Art. 108 und 109 AIFM-RL-DVO ergeben (§ 308 Rz. 14 f.). Ferner ist die ausländische AIF-Verwaltungsgesellschaft den laufenden **Meldepflichten nach § 35 KAGB** unterworfen. 33

3. Änderungsanzeige

Die AIF-Verwaltungsgesellschaft hat die BaFin über alle **wesentlichen Änderungen** (§ 321 Rz. 33) von Umständen, die bei der Vertriebsanzeige angegeben worden sind, zu **unterrichten** und die Änderungsangaben nachzuweisen (§ 330 Abs. 2 Satz 3 Nr. 2 lit. b KAGB). Anders als bei § 321 KAGB ist die Änderung aber **nicht notwendigerweise vor ihrem Vollzug** anzuzeigen. Die BaFin hat damit nicht die Möglichkeit, die Änderung präventiv zu untersagen, sondern muss sich gegebenenfalls auf behördliche Maßnahmen nach der Durchführung der Änderung, bis hin zur Vertriebsuntersagung, beschränken. In der Praxis kann sich daher anbieten, wesentliche Änderungen der BaFin vor Vollzug anzuzeigen oder sogar mit der BaFin abzustimmen, um der BaFin mit der Untersagung der Änderung eine weniger einschneidende Maßnahme zu ermöglichen. 34

4. Auskunfts- und Prüfungsrechte der BaFin

Anders als dies in § 14 KAGB für AIF-Kapitalverwaltungsgesellschaften vorgesehen ist, stehen der BaFin bei ausländischen AIF-Verwaltungsgesellschaften keine gesetzlichen **Auskunfts- und Prüfungsrechte** zu. Sie müssen sich daher im Anzeigeverfahren verpflichten, der BaFin auf Verlangen über ihre Geschäftstätigkeit Auskunft zu erteilen und Unterlagen vorzulegen. 35

18 BaFin, Merkblatt zum Vertrieb von Anteilen oder Aktien an von einer ausländischen AIF-Verwaltungsgesellschaft verwalteten ausländischen AIF oder EU-AIF an professionelle oder semiprofessionelle Anleger in der Bundesrepublik Deutschland gemäß § 330 Kapitalanlagegesetzbuch (KAGB) (Stand: 5.3.2018), S. 5, abrufbar auf www.bafin.de.

VI. Anzeige von weiteren AIF durch dieselbe ausländische AIF-Verwaltungsgesellschaft (§ 330 Abs. 5 KAGB)

36 § 330 Abs. 5 KAGB enthält eine **verfahrensmäßige Privilegierung**, wenn die ausländische AIF-Verwaltungsgesellschaft bereits einen AIF zum Vertrieb an semiprofessionelle Anleger in Deutschland nach § 330 KAGB angezeigt hat. Beim Vertrieb an semi-professionelle Anleger erstreckt sich die Prüfung der BaFin auf die Konformität der ausländischen AIF-Verwaltungsgesellschaft mit den Vorschriften des KAGB, welche bei (inländischen) AIF-Kapitalverwaltungsgesellschaften Gegenstand des Erlaubnisverfahrens sind (Rz. 22). Auch im Rahmen der Vertriebsanzeige bei § 330 KAGB, der kein Erlaubnisverfahren für die AIF-Verwaltungsgesellschaft in einem EU-Mitgliedstaat vorgeschaltet ist, ist eine **mehrfache Prüfung entbehrlich**, wenn die ausländische AIF-Verwaltungsgesellschaft versichert, dass in Bezug auf die gem. § 330 Abs. 2 Satz 3 Nr. 1 und Nr. 3 KAGB gemachten Angaben seit der letzten Anzeige keine Änderungen erfolgt sind. Entsprechende Angaben und Unterlagen sind in dem Folgeverfahren daher entbehrlich und ein **verkürztes Fristenregime** findet Anwendung.

37 Diese Privilegierung gilt nicht nur bei Anzeigen zum Vertrieb an semi-professionelle Anleger, sondern auch dann, wenn die ausländische AIF-Verwaltungsgesellschaft früher die Absicht des Vertriebs eines AIF an semi-professionelle Anleger angezeigt hat und im Folgeverfahren nur die Anzeige des Vertriebs eines anderen AIF an professionelle Anleger anzeigt.

§ 330a Anzeigepflicht von EU-AIF-Verwaltungsgesellschaften, die die Bedingungen nach Artikel 3 Absatz 2 der Richtlinie 2011/61/EU erfüllen, beim beabsichtigten Vertrieb von AIF an professionelle und semiprofessionelle Anleger im Inland

(1) Der Vertrieb von Anteilen oder Aktien an AIF, die von einer EU-AIF-Verwaltungsgesellschaft verwaltet werden, die die Bedingungen nach Artikel 3 Absatz 2 der Richtlinie 2011/61/EU erfüllt, an semiprofessionelle oder professionelle Anleger im Geltungsbereich dieses Gesetzes ist zulässig, wenn

1. **die EU-AIF-Verwaltungsgesellschaft in ihrem Herkunftsmitgliedstaat gemäß den im Herkunftsmitgliedstaat anzuwendenden Vorschriften, die Artikel 3 der Richtlinie 2011/61/EU umsetzen, registriert ist und**
2. **der Herkunftsmitgliedstaat der EU-AIF-Verwaltungsgesellschaft einen Vertrieb von AIF, die von einer AIF-Kapitalverwaltungsgesellschaft verwaltet werden, die die Bedingungen nach § 2 Absatz 4 erfüllt und gemäß § 44 Absatz 1 Nummer 1 registriert ist, ebenfalls gestattet und den Vertrieb dieser AIF nicht an höhere Voraussetzungen knüpft als dieses Gesetz.**

(2) [1]Beabsichtigt eine EU-AIF-Verwaltungsgesellschaft, die die Bedingungen nach Artikel 3 Absatz 2 der Richtlinie 2011/61/EU erfüllt, Anteile oder Aktien an von ihr verwalteten AIF im Geltungsbereich dieses Gesetzes an semiprofessionelle oder professionelle Anleger zu vertreiben, so hat sie dies der Bundesanstalt anzuzeigen. [2]Der Anzeige sind folgende Angaben und Dokumente beizufügen:

1. **eine Bescheinigung der zuständigen Stelle ihres Herkunftsmitgliedstaates in einer in der international Finanzwelt gebräuchlichen Sprache, dass die EU-AIF-Verwaltungsgesellschaft in ihrem Herkunftsmitgliedstaat gemäß den im Herkunftsmitgliedstaat anzuwendenden Vorschriften, die Artikel 3 der Richtlinie 2011/61/EU umsetzen, registriert ist,**
2. **eine Erklärung der EU-AIF-Verwaltungsgesellschaft darüber, dass sie sich verpflichtet, die Bundesanstalt über alle wesentlichen Änderungen ihre Registrierung betreffend zu unterrichten und die Änderungsangaben nachzuweisen,**
3. **der Bundesanstalt auf Verlangen über ihre Geschäftstätigkeit Auskunft zu erteilen und Unterlagen vorzulegen,**
4. **ein Nachweis über die Zahlung der Gebühr für die Anzeige.**

[3]Fremdsprachige Unterlagen sind in deutscher Übersetzung oder in englischer Sprache vorzulegen.

(3) [1]Der Vertrieb kann aufgenommen werden, wenn die Zulässigkeitsvoraussetzungen nach Absatz 1 gegeben sind und eine vollständige Anzeige nach Absatz 2 bei der Bundesanstalt eingegangen ist. [2]Auf Antrag der EU-AIF-Verwaltungsgesellschaft hat die Bundesanstalt das Vorliegen der Zulässigkeitsvoraussetzungen nach Absatz 1 und den Eingang der vollständigen Anzeige nach Absatz 2 zu bestätigen.

(4) § 295 Absatz 5 findet keine Anwendung für den Vertrieb und den Erwerb von AIF, die von einer EU-AIF-Verwaltungsgesellschaft verwaltet werden, die die Bedingungen nach Artikel 3 Absatz 2 der Richtlinie 2011/61/EU erfüllt, und die im Inland gemäß § 330a vertrieben werden dürfen.

In der Fassung vom 4.7.2013 (BGBl. I 2013, S. 1981).

Schrifttum: S. bei § 321.

I. Zweck und Anwendungsbereich der Norm

1 § 330a KAGB ist Teil der **finanzmarktrechtlichen Produktregulierung.** Sie tritt neben die ggf. bestehende tätigkeitsbezogene Regulierung beim Vertrieb von Investmentvermögen im Inland (§ 321 Rz. 2). Nach Art. 3 Abs. 2 AIFM-RL werden EU-AIF-Verwaltungsgesellschaften, die bei der Verwaltung von Investmentvermögen bestimmte Schwellenwerte nicht überschreiten, nur in beschränktem Umfang nach der AIFM-RL reguliert. Bei ihnen sieht Art. 3 Abs. 3 AIFM-RL lediglich eine **Registrierung** im Herkunftsmitgliedstaat vor. Im Gegenzug profitieren registrierte Verwaltungsgesellschaften nicht von den durch die AIFM-RL eingeräumten Rechten (Art. 3 Abs. 4 AIFM-RL). Für sie gilt daher insbesondere **nicht der EU-Vertriebspass.**[1] Einer Vertriebsgenehmigung nach §§ 323 oder 329 KAGB steht entgegen, dass die lediglich registrierte EU-AIF-Verwaltungsgesellschaft die im Anzeigeverfahren erforderliche Aufsichtsbescheinigung (§§ 323 Abs. 1 Satz 1 Nr. 1, 329 Abs. 2 Satz 3 Nr. 1 KAGB) nicht beibringen kann. Die Zulassung des grenzüberschreitenden Vertriebs nach den nationalen Vorschriften des Aufnahmemitgliedstaats bleibt hiervon unberührt (Erwägungsgrund 59 AIFM-RL). Mit § 330a lässt der deutsche Gesetzgeber den Vertrieb an professionelle und semi-professionelle Anleger grundsätzlich zu, wenn die EU-AIF-Verwaltungsgesellschaft entsprechend Art. 3 Abs. 3 AIFM-RL registriert ist, setzt aber voraus, dass der Herkunftsmitgliedstaat der registrierten EU-AIF-Verwaltungsgesellschaft selbst den Vertrieb im grenzüberschreitenden Kontext zu (mindestens) gleichen Bedingungen erlaubt (**Prinzip der Reziprozität**). Formal setzt der Vertrieb die vorherige **Anzeige der Vertriebsabsicht** an die BaFin voraus. In der Sache handelt es sich um ein behördliches Genehmigungsverfahren, da der Beginn des Vertriebs eine positive Entscheidung der BaFin voraussetzt (§ 321 Rz. 1).

2 § 330a KAGB findet auf den Vertrieb durch eine **EU-AIF-Kapitalverwaltungsgesellschaft** Anwendung, die die **Bedingungen nach Art. 3 Abs. 2 AIFM-RL** erfüllt, an **professionelle Anleger** (§ 1 Abs. 19 Nr. 32 KAGB) und **semi-professionelle Anleger** (§ 1 Abs. 19 Nr. 33 KAGB). Dabei kommt es nicht darauf an, ob der vertriebene AIF ein **inländischer Spezial-AIF** (§ 1 Abs. 6 KAGB), ein **EU-AIF** (§ 1 Abs. 8 KAGB) oder ein **ausländischer AIF** (§ 1 Abs. 9 KAGB) ist. Die Geltung ist auch von der Einführung des Drittstaatenvertriebspasses unabhängig (§ 295 Abs. 2 und 3 KAGB).

3 Die Vorschrift setzt voraus, dass ein Vertrieb in der Bundesrepublik beabsichtigt ist. Auf den Erwerb von Anteilen im Wege der passiven Dienstleistungsfreiheit auf Initiative des Anlegers und ohne vorangegangene Vertriebsaktivitäten der Verwaltungsgesellschaft (***reverse solicitation***) findet § 330a KAGB keine Anwendung. Trotz der generellen Anzeigepflicht für den Vertrieb in Deutschland existiert daher auch unter dem

1 *Zeidler* in Weitnauer/Boxberger/Anders, § 330a KAGB Rz. 2.

KAGB im Spezialfondsbereich nach wie vor die Möglichkeit, Anteile ohne Vertriebsanzeige an deutsche Anleger abzusetzen (§ 321 Rz. 10).

II. Entstehung der Norm

4 Der Entwurf der Bundesregierung zum AIFM-Umsetzungsgesetz enthielt keine Vorschrift zur Zulassung des Vertriebs durch nicht zugelassene EU-AIF-Verwaltungsgesellschaften. § 330a KAGB wurde erst im Laufe des weiteren Gesetzgebungsverfahrens durch die **Empfehlung des Finanzausschusses** aufgenommen, um einen grenzüberschreitenden Vertrieb von EU-AIF und ausländischen AIF durch EU-AIF-Verwaltungsgesellschaften, die nach Art. 3 Abs. 2 AIFM-RL im Herkunftsmitgliedstaat registriert sind, an professionelle und semi-professionelle Anleger in Deutschland zuzulassen.[2]

III. Sonderregime für nicht zugelassene, aber registrierte EU-AIF-Verwaltungsgesellschaften

5 Ist die EU-AIF-Verwaltungsgesellschaft in ihrem Herkunftsstaat ordnungsgemäß nach Art. 3 AIFM-RL registriert (§ 330a Abs. 1 Nr. 1 KAGB), lässt § 330a KAGB den grenzüberschreitenden Vertrieb grundsätzlich auch in Deutschland zu. Primär unterliegt die EU-AIF-Verwaltungsgesellschaft dabei der **Regulierung durch den Herkunftsmitgliedstaat**, für deren konkrete Ausgestaltung Art. 3 Abs. 3 AIFM-RL aber nur reduzierte Mindestanforderungen vorsieht. Anders als für den Vertrieb von ausländischen AIF (§ 330 Rz. 13), ordnet der deutsche Gesetzgeber im Rahmen der Produktregulierung auch nicht die Anwendung nationaler verwalterbezogener Anforderungen an, sondern lässt den grenzüberschreitenden Vertrieb grundsätzlich nach den Vorschriften des Herkunftsmitgliedstaats zu. In diesem Zusammenhang bestimmt § 330a Abs. 4 KAGB, dass auch die Vorschriften über die Anlegerinformationen (§§ 307, 308 KAGB) nicht anwendbar sind. Nicht befreit wird dagegen von § 295 Abs. 1 KAGB.[3] Die BaFin kann und muss daher prüfen, ob die EU-AIF-Verwaltungsgesellschaft Vorkehrungen getroffen hat, die geeignet sind, um einen Vertrieb an Privatanleger wirksam zu verhindern. Dies entspricht der Kompetenzverteilung in den sonstigen Anzeigeverfahren, die typischerweise die Zuständigkeit der Behörden des Aufnahmemitgliedstaats für die Prüfung der **Kleinanlegersperre** (*retail barrier*) vorsehen. Siehe hierzu die Kommentierung zu § 321 Rz. 25.

6 Dies gilt aber nur dann, wenn der Herkunftsmitgliedstaat der EU-AIF-Verwaltungsgesellschaft einen Vertrieb von AIF, die von einer registrierten deutschen AIF-Verwaltungsgesellschaft verwaltet werden, ebenfalls gestattet und den Vertrieb dieser AIF nicht an strengere Voraussetzungen knüpft als das KAGB (**Prinzip der Gegenseitigkeit oder Reziprozität**). Damit bezweckt der Gesetzgeber gleiche Wettbewerbsbedingungen (*level playing field*) für den grenzüberschreitenden Marktzugang deutscher AIF-Verwaltungsgesellschaften im jeweils anderen Mitgliedstaat zu schaffen, wenn im Gegenzug der Vertrieb in Deutschland zugelassen wird. Ob das nationale Recht des Herkunftsmitgliedstaates der EU-AIF-Verwaltungsgesellschaft diese Bedingungen erfüllt, ist im Einzelfall zu ermitteln. Eine differenzierte Analyse des ausländischen Rechts erübrigt sich allerdings insofern, als das deutsche Recht der EU-AIF-Verwaltungsgesellschaft gar keine zusätzlichen materiellen Verpflichtungen auferlegt. Entscheidend ist daher, dass auch das nationale Recht des anderen Mitgliedstaats keine solchen Verpflichtungen enthält, sondern einen grenzüberschreitenden Vertrieb (mit Ausnahme eines Vertriebsanzeigeverfahrens im Aufnahmemitgliedstaat) allein nach den unter dem KAGB geltenden Bestimmungen zulässt.

IV. Formelle Voraussetzungen für den Vertrieb durch registrierte EU-AIF-Verwaltungsgesellschaften

1. Vertriebsanzeige (§ 330a Abs. 2 KAGB)

7 Die AIF-Kapitalverwaltungsgesellschaft hat die **Absicht des Vertriebs** (§ 321 Rz. 10 ff.) der BaFin **anzuzeigen**. Auf Angaben zur EU-AIF-Verwaltungsgesellschaft und den vertriebenen AIF wird weitgehend verzichtet. Insofern verlässt sich der deutsche Gesetzgeber auf die **Prüfung durch die Behörden des Herkunftsmitgliedstaats**. Der Anzeige in Deutschland ist lediglich eine **Aufsichtsbescheinigung** in einer in der internationalen Finanzwelt gebräuchlichen Sprache (§ 323 Rz. 13) beizufügen, aus der sich die Registrie-

2 Beschlussempfehlung und Bericht des Finanzausschusses v. 10.5.2013, BT-Drucks. 17/13395, 321 f., 401.
3 Ebenso *Zeidler* in Weitnauer/Boxberger/Anders, § 330a KAGB Rz. 15.

rung entsprechend der Vorgaben des Art. 3 AIFM-RL ergibt. Angaben zum ausländischen Recht zum Zwecke der Prüfung der Gegenseitigkeit sind in der Vertriebsanzeige nach § 330a Abs. 2 KAGB nicht vorgesehen. In der Praxis empfehlen sich solche Angaben gleichwohl, um der BaFin die Prüfung zu erleichtern. Im Übrigen kann die BaFin weitere Angaben zur Geschäftstätigkeit der EU-AIF-Verwaltungsgesellschaft anfordern und die Vorlage von Unterlagen verlangen (§ 330a Abs. 2 Satz 2 Nr. 3 KAGB).

Für die Prüfung der Vertriebsanzeige erhebt die BaFin eine **Gebühr** (Ziff. 4.1.7.2.5 des Gebührenverzeich- 8
nisses der FinDAGKostV). Dem Anzeigeschreiben ist ein Nachweis über die Zahlung dieser Gebühr beizufügen (§ 330a Abs. 2 Satz 2 Nr. 4 KAGB).

Neben den vorgenannten Unterlagen ist der Anzeige eine Erklärung der AIF-Verwaltungsgesellschaft bei- 9
zufügen, dass die ausländische AIF-Verwaltungsgesellschaft die BaFin über alle wesentlichen Änderungen ihre Registrierung betreffend unterrichtet und die Änderungsangaben nachweist (§ 330a Abs. 2 Satz 2 Nr. 2 KAGB). Besondere Vorgaben für die Form der **Verpflichtungserklärung** existieren nicht. In der Praxis hat sich bewährt, der BaFin mit der Anzeige als gesonderte Anlage eine von den gesetzlichen Vertretern der Verwaltungsgesellschaft datierte und unterzeichnete Erklärung zu übermitteln, deren Inhalt sich am Wortlaut des Gesetzes orientiert.

2. Sprachregime

Wie im Rahmen der Anzeige nach § 329 KAGB enthält § 330a Abs. 2 Satz 3 KAGB ein **privilegiertes** 10
Sprachregime, nach dem die der Anzeige beizufügenden Unterlagen auch in englischer Sprache vorgelegt werden können. Das **Anzeigeschreiben selbst** ist nach derzeitiger BaFin-Praxis grundsätzlich in deutscher Sprache einzureichen (§ 329 Rz. 30).

3. Beginn der Vertriebsaktivitäten (§ 330a Abs. 3 KAGB)

Die **Aufnahme des Vertriebs** in Deutschland ist nicht von einer Genehmigung der BaFin abhängig. Sie ist 11
bereits zulässig, wenn die **vollständige Anzeige bei der BaFin eingegangen** ist (§ 330a Abs. 3 Satz 1 KAGB). Auf Antrag der EU-AIF-Verwaltungsgesellschaft hat die BaFin das Vorliegen der Zulässigkeitsvoraussetzungen nach Abs. 1 und den Eingang der vollständigen Anzeige zu bestätigen (§ 330a Abs. 3 Satz 2 KAGB). Auf diese Bestätigung, die allerdings keine Genehmigungswirkung entfaltet, hat die EU-AIF-Verwaltungsgesellschaft einen Anspruch. Sie kann sich damit Rechtssicherheit verschaffen, ob die BaFin von der Vollständigkeit der Anzeige ausgeht und damit ein Vertrieb in Deutschland formell zulässig ist.

V. Änderungsanzeige

Nach der im Rahmen des Anzeigeverfahrens abzugebenden **Verpflichtungserklärung** (§ 330a Abs. 2 Satz 2 12
Nr. 2 KAGB) hat die AIF-Verwaltungsgesellschaft die BaFin über alle **wesentlichen Änderungen** (§ 321 Rz. 33) ihre Registrierung betreffend zu **unterrichten** und die Änderungsangaben nachzuweisen. Neben seiner formellen Natur hat § 330a Abs. 2 Satz 2 Nr. 2 KAGB **auch materiellen Charakter**. Die beizufügende Verpflichtungserklärung hat nur die Funktion, der EU-AIF-Verwaltungsgesellschaft das Bestehen dieser Informationspflicht beim Vertrieb in Deutschland zu verdeutlichen (§ 329 Rz. 35). Bei einer Verletzung kann die BaFin behördliche Maßnahmen erlassen, z.B. die Untersagung des Vertriebs in Deutschland oder die (gegebenenfalls im Verwaltungszwang durchsetzbare) behördliche Anordnung der Einhaltung der Pflichten (§ 314 Abs. 1 KAGB). Die AIF-Verwaltungsgesellschaft ist erst dann von diesen Verpflichtungen entbunden, wenn sämtliche in der Bundesrepublik wohnhaften bzw. ansässigen Anleger ihre Investition in den AIF beendet haben.[4]

---

4 Vgl. BaFin, Merkblatt zum Vertrieb von Anteilen oder Aktien an von einer ausländischen AIF-Verwaltungsgesellschaft verwalteten ausländischen AIF oder EU-AIF an professionelle oder semiprofessionelle Anleger in der Bundesrepublik Deutschland gemäß § 330 Kapitalanlagegesetzbuch (KAGB) (Stand: 20.7.2015), S. 5, abrufbar auf www.bafin.de.

Unterabschnitt 3
Anzeigeverfahren für den Vertrieb von AIF an professionelle Anleger in anderen Mitgliedstaaten der Europäischen Union und in anderen Vertragsstaaten des Abkommens über den Europäischen Wirtschaftsraum

§ 331 Anzeigepflicht einer AIF-Kapitalverwaltungsgesellschaft beim Vertrieb von EU-AIF oder inländischen AIF an professionelle Anleger in anderen Mitgliedstaaten der Europäischen Union oder in anderen Vertragsstaaten des Abkommens über den Europäischen Wirtschaftsraum; Verordnungsermächtigung

(1) [1]Beabsichtigt eine AIF-Kapitalverwaltungsgesellschaft, Anteile oder Aktien an einem von ihr verwalteten EU-AIF oder an einem von ihr verwalteten inländischen AIF in anderen Mitgliedstaaten der Europäischen Union oder in anderen Vertragsstaaten des Abkommens über den Europäischen Wirtschaftsraum an professionelle Anleger zu vertreiben, so hat sie dies der Bundesanstalt in einer in internationalen Finanzkreisen gebräuchlichen Sprache anzuzeigen. [2]Das Anzeigeschreiben muss die in § 321 Absatz 1 Satz 2 geforderten Angaben und Unterlagen in jeweils geltender Fassung enthalten. [3]Zusätzlich müssen in dem Schreiben Angaben zu den Vorkehrungen für den Vertrieb des angezeigten AIF gemacht und der Mitgliedstaat der Europäischen Union oder der Vertragsstaat des Abkommens über den Europäischen Wirtschaftsraum, in dem Anteile oder Aktien des angezeigten AIF an professionelle Anleger vertrieben werden sollen, angegeben werden. [4]Ist der AIF im Sinne von Satz 1 ein Feeder-AIF, so ist eine Anzeige nach Satz 1 nur zulässig, wenn der Master-AIF ebenfalls ein EU-AIF oder ein inländischer AIF ist, der von einer EU-AIF-Verwaltungsgesellschaft oder einer AIF-Kapitalverwaltungsgesellschaft verwaltet wird. [5]Ist dies nicht der Fall, so richtet sich das Anzeigeverfahren ab dem Zeitpunkt, auf den in § 295 Absatz 2 Nummer 1 verwiesen wird, nach § 332.

(2) [1]Die AIF-Kapitalverwaltungsgesellschaft hat das Anzeigeschreiben nach Absatz 1 einschließlich der erforderlichen Angaben und Unterlagen über das Melde- und Veröffentlichungssystem der Bundesanstalt zu übermitteln. [2]Das Bundesministerium der Finanzen kann durch Rechtsverordnung, die nicht der Zustimmung des Bundesrates bedarf, nähere Bestimmungen über Art, Umfang und Form der einzureichenden Unterlagen nach Satz 1 und über die zulässigen Datenträger und Übertragungswege erlassen. [3]Das Bundesministerium der Finanzen kann die Ermächtigung durch Rechtsverordnung auf die Bundesanstalt übertragen.

(3) § 321 Absatz 2 ist entsprechend anzuwenden mit der Maßgabe, dass nach Ablauf der in § 321 Absatz 2 Satz 4 genannten Frist eine Übermittlung der Anzeige nach Absatz 4 ausgeschlossen ist.

(4) [1]Liegen keine Anhaltspunkte dafür vor, dass die AIF-Kapitalverwaltungsgesellschaft oder die Verwaltung des angezeigten AIF durch die AIF-Kapitalverwaltungsgesellschaft den Vorschriften dieses Gesetzes oder der Richtlinie 2011/61/EU nicht entspricht oder künftig nicht entsprechen wird, übermittelt die Bundesanstalt spätestens 20 Arbeitstage nach dem Eingang der vollständigen Anzeigeunterlagen nach Absatz 1 die vollständigen Anzeigeunterlagen an die zuständigen Stellen der anderen Mitgliedstaaten der Europäischen Union oder der anderen Vertragsstaaten des Abkommens über den Europäischen Wirtschaftsraum, in denen der angezeigte AIF an professionelle Anleger vertrieben werden soll. [2]Die Bundesanstalt fügt eine in einer in internationalen Finanzkreisen gebräuchlichen Sprache erstellte Bescheinigung über die Erlaubnis der AIF-Kapitalverwaltungsgesellschaft zur Verwaltung von AIF mit einer bestimmten Anlagestrategie bei. [3]Die Vorkehrungen nach § 321 Absatz 1 Satz 2 Nummer 7 und § 331 Absatz 1 Satz 3 sind von der Bundesanstalt nicht zu überprüfen.

(5) [1]Die Bundesanstalt unterrichtet die AIF-Kapitalverwaltungsgesellschaft unverzüglich über den Versand der Anzeigeunterlagen. [2]Die AIF-Kapitalverwaltungsgesellschaft kann ab dem Datum dieser Mitteilung mit dem Vertrieb des angezeigten AIF an professionelle Anleger in dem betreffenden Mitgliedstaat der Europäischen Union oder im Vertragsstaat des Abkommens über den Europäi-

schen Wirtschaftsraum beginnen. [3]Falls es sich bei dem angezeigten AIF um einen EU-AIF handelt, für den eine andere Stelle als die Stelle des Mitgliedstaates der Europäischen Union oder des Vertragsstaates des Abkommens über den Europäischen Wirtschaftsraum, in dem der angezeigte AIF an professionelle Anleger vertrieben werden soll, zuständig ist, teilt die Bundesanstalt zudem der für den EU-AIF zuständigen Stelle mit, dass die AIF-Kapitalverwaltungsgesellschaft mit dem Vertrieb von Anteilen oder Aktien des EU-AIF an professionelle Anleger im Aufnahmestaat der AIF-Kapitalverwaltungsgesellschaft beginnen kann.

(6) [1]Können die Anzeigeunterlagen nicht nach Absatz 4 Satz 1 an die zuständigen Stellen der anderen Mitgliedstaaten der Europäischen Union oder Vertragsstaaten des Abkommens über den Europäischen Wirtschaftsraum übermittelt werden, teilt die Bundesanstalt dies der AIF-Kapitalverwaltungsgesellschaft unter Angabe der Gründe innerhalb der Frist von Absatz 4 Satz 1 mit. [2]Hierdurch wird die in Satz 1 genannte Frist unterbrochen und beginnt mit der Einreichung der geänderten Angaben und Unterlagen erneut.

(7) [1]§ 321 Absatz 4 ist entsprechend anzuwenden. [2]Bei zulässigen Änderungen unterrichtet die Bundesanstalt unverzüglich die zuständigen Stellen des Aufnahmemitgliedstaates der AIF-Kapitalverwaltungsgesellschaft über diese Änderungen. [3]Die Vorkehrungen nach § 321 Absatz 1 Satz 2 Nummer 7 und § 331 Absatz 1 Satz 3 sind von der Bundesanstalt nicht zu überprüfen.

In der Fassung vom 4.7.2013 (BGBl. I 2013, S. 1981), zuletzt geändert durch das Gesetz zur Anpassung von Gesetzen auf dem Gebiet des Finanzmarktes vom 15.7.2014 (BGBl. I 2014, S. 934).

Schrifttum: S. bei § 321.

I. Zweck und Anwendungsbereich der Norm

§ 331 KAGB ist Teil der **finanzmarktrechtlichen Produktregulierung** beim grenzüberschreitenden Vertrieb von AIF in einen anderen Mitgliedstaat des EWR, die neben die verwalterbezogene Regulierung der AIF-Kapitalverwaltungsgesellschaft im Inland tritt. Die Vorschrift ist Bestandteil des **EU-Vertriebspasses,** der den Marktzugang für AIFs, die von einer AIF-Kapitalverwaltungsgesellschaft verwaltet werden, in den übrigen Mitgliedstaaten des EWR regelt (*outgoing passport*).[1] Sie ergänzt § 323 KAGB und schafft damit die Rahmenbedingungen für den EU-weiten Vertrieb von EU-AIF. Materiell werden an den grenzüberschreitenden Vertrieb keine zusätzlichen Anforderungen gestellt. Allerdings ist formell die vorherige Anzeige der Vertriebsabsicht erforderlich. Die Vertriebsaktivitäten durch andere Personen als die Verwaltungsgesellschaft sind daneben in der Regel als Anlageberatung oder Brokerage-Geschäft durch MiFID II (Richtlinie 2014/65/EU) bzw. durch die sie umsetzenden nationalen Rechtsvorschriften reguliert. 1

Nach der AIFM-RL richtet sich die Vertriebszulassung innerhalb des EWR grundsätzlich nach dem Recht des Herkunftsmitgliedstaats (*home member state*). § 331 KAGB regelt das zwischenbehördliche Verfahren, das Voraussetzung für die **grundsätzliche Anerkennung der Vertriebszulassung durch die BaFin als Aufsichtsbehörde des Herkunftsmitgliedstaats** ist, und verweist im Übrigen auf die wenigen Restkompetenzen der Aufsichtsbehörde des Aufnahmemitgliedstaats (*host member state*). 2

Die Vorschrift findet auf den Vertrieb von **inländischen AIF** (§ 1 Abs. 7 KAGB) und **EU-AIF** (§ 1 Abs. 8 KAGB) an **professionelle Anleger** (§ 1 Abs. 19 Nr. 32 KAGB) Anwendung. Anders als die §§ 321 bis 330a KAGB sieht § 331 KAGB eine Vertriebsanzeige auch in Bezug auf semi-professionelle Anleger (§ 1 Abs. 19 Nr. 33 KAGB) nicht vor. Die **Kategorie des semi-professionellen Anlegers** (die nach der AIFM-RL auch als Kleinanleger zu qualifizieren sind) ist eine deutsche Besonderheit. Der EU-Vertriebspass nach Art. 32 AIFM-RL erstreckt sich nur auf den Vertrieb an professionelle Anleger, nicht aber auf den Vertrieb an Kleinanleger i.S.d. Art. 4 Abs. 1 lit. aj AIFM-RL. Der Vertrieb an besondere Kleinanlegerkategorien, die 3

1 *Zeidler* in Weitnauer/Boxberger/Anders, § 331 KAGB Rz. 1.

nach dem Recht der Mitgliedstaaten existieren („qualifizierte Anleger", „informierte Anleger"), ist damit nicht vom EU-Vertriebspass gedeckt.[2] Davon unberührt bleibt die Möglichkeit des Aufnahmemitgliedstaats, bei einer Vertriebszulassung für professionelle Anleger zugleich den Vertrieb an andere Anlegerkategorien zu erlauben,[3] so wie es Deutschland spiegelbildlich für den Vertrieb an semi-professionelle Anleger vorsieht (§ 323 Rz. 11).

4 § 331 KAGB gilt für den grenzüberschreitenden Vertrieb in einem **Mitgliedstaat der EU oder des EWR**, wobei die Anwendung auf EWR-Mitgliedstaaten von der Umsetzung der AIFM-RL im EWR-Mitgliedstaat abhängig ist (§ 344 Abs. 2 KAGB). Sie gilt auch für den Vertrieb von Feeder-AIF, wenn der Master-AIF ebenfalls ein EU-AIF oder ein inländischer AIF ist, der von einer EU-AIF-Verwaltungsgesellschaft oder einer AIF-Kapitalverwaltungsgesellschaft verwaltet wird (Abs. 1 Satz 4).

5 Auf Sachverhalte mit Drittstaatenbezug (einschließlich Master-Feeder-Strukturen mit Master-AIF in einem Drittstaat) findet die Vorschrift keine Anwendung. Die Geltung ist daher auch von der Einführung des Drittstaatenvertriebspasses unabhängig (§ 295 Abs. 6 KAGB). Der Vertrieb von ausländischen AIF in einem anderen Mitgliedstaat richtet sich vor Inkrafttreten des Drittstaatenvertriebspasses allein nach den nationalen Vorschriften des Aufnahmemitgliedstaats („nationale Bestimmungen über Privatplatzierungen", „National Private Placement Regimes" oder „NPPRs")[4] und danach nach § 332 KAGB. Zur Systematik der §§ 316 bis 334 KAGB s. auch die Kommentierung bei § 295.

II. Entstehung der Norm

6 Der Wortlaut der Vorschrift entspricht fast vollständig der Fassung des ursprünglichen Regierungsentwurfs vom 6.2.2013.[5] Im Rahmen des weiteren Gesetzgebungsverfahrens sind lediglich redaktionelle Verweiskorrekturen vorgenommen worden.[6] Durch das **Gesetz zur Anpassung von Gesetzen auf dem Gebiet des Finanzmarktes** vom 15.7.2014 (BGBl. I 2014, S. 934) wurde in Abs. 1 Satz 1 und Abs. 4 Satz 1 sowie der Überschrift die Klarstellung vorgenommen, dass mit den Vertragsstaaten die Vertragsstaaten des EWR gemeint sind, die keine Mitgliedstaaten der EU sind.[7]

7 Wie § 323 KAGB dient § 331 KAGB der **Umsetzung von Art. 32 AIFM-RL**. Im Einzelnen setzt Abs. 1 Satz 1 Art. 32 Abs. 1 Unterabs. 1 und Abs. 6 Unterabs. 1 AIFM-RL um. Abs. 1 Satz 2 setzt Art. 32 Abs. 2 und Anhang IV AIFM-RL um. Abs. 1 Satz 3 dient der Umsetzung von Art. 32 Abs. 1 Unterabs. 2 AIFM-RL. Abs. 2 Satz 1 setzt Art. 32 Abs. 6 Unterabs. 2 AIFM-RL um. Abs. 4 setzt Art. 32 Abs. 3, 5 und 6 Unterabs. 1 AIFM-RL um. Abs. 5 dient der Umsetzung von Art. 32 Abs. 4 AIFM-RL und Abs. 7 der Umsetzung von Art. 32 Abs. 5 und 7 AIFM-RL.[8] Im Übrigen hat der deutsche Gesetzgeber mit Abs. 3 und Abs. 6 über die AIFM-RL hinausgehende prozessuale Regelungen geschaffen, die primär der Verfahrensökonomie dienen sollen.

8 Für § 331 KAGB gelten die **Übergangsvorschriften** der §§ 345 Abs. 10, 353 Abs. 8 KAGB.

III. Voraussetzungen für den Vertrieb in anderen Mitgliedstaaten (Outgoing-Passport)

1. Vertriebsanzeige (§ 331 Abs. 1 und 2 KAGB)

9 Wie beim Vertrieb von AIF im Inland ist auch vor Beginn des grenzüberschreitenden Vertriebs von AIF, die von einer AIF-Kapitalverwaltungsgesellschaft verwaltet werden, ein **Vertriebsanzeigeverfahren** (*outgoing AIF notification*) zu durchlaufen. Die Vertriebsanzeige nach § 331 KAGB ist ein **zwischenbehördliches Verfahren.**[9] Dieses richtet sich im Grundsatz nach dem Recht des Herkunftsmitgliedstaats der AIF-Kapitalverwaltungsgesellschaft, also nach dem KAGB. Das gilt auch beim Vertrieb von EU-AIF. In diesem Fall ist zwar das vertriebene Produkt nicht nach dem Recht der Bundesrepublik aufgelegt. Der Regulierungsansatz der

2 ESMA, Questions and Answers on the Application of the AIFMD (Stand: 23.7.2018), Section II, Question 8.
3 *Zeidler* in Weitnauer/Boxberger/Anders, § 331 KAGB Rz. 3.
4 Zum Begriff zu Recht kritisch *Zeidler* in Weitnauer/Boxberger/Anders, § 329 KAGB Rz. 3.
5 Entwurf der Bundesregierung zum AIFM-Umsetzungsgesetz, BT-Drucks. 17/12294, 158 f.
6 Vgl. Beschlussempfehlung und Bericht des Finanzausschusses v. 10.5.2013, BT-Drucks. 17/13395, 410.
7 Vgl. den Entwurf der Bundesregierung zum Gesetz zur Anpassung von Gesetzen auf dem Gebiet des Finanzmarktes, BT-Drucks. 18/1305, 52.
8 Begründung zum Entwurf der Bundesregierung zum AIFM-Umsetzungsgesetz, BT-Drucks. 17/12294, 294 f.
9 *Zeidler* in Weitnauer/Boxberger/Anders, § 331 KAGB Rz. 1.

AIFM-RL und des KAGB ist in dieser Hinsicht jedoch verwalterbezogen und stellt auf das Recht des Herkunftsmitgliedstaats der Verwaltungsgesellschaft ab.

Wegen des **Inhalts des Anzeigeschreibens** sowie der erforderlichen Dokumentation und Angaben verweist § 331 Abs. 1 Satz 2 KAGB zunächst auf § 321 Abs. 1 Satz 2 KAGB (vgl. hierzu die Kommentierung bei § 321 Rz. 13 ff.). Technische Durchführungsstandards, wie sie in Art. 32 Abs. 8 AIFM-RL vorgesehen sind, sind noch nicht erlassen worden. Die BaFin hat jedoch ein **Merkblatt** zum Inhalt des Anzeigeschreibens veröffentlicht und ein englischsprachiges Formular zur Verfügung gestellt, welches für eine Vertriebsanzeige nach § 331 KAGB zu verwenden ist.[10] 10

Das Anzeigeschreiben einschließlich der erforderlichen Angaben und Unterlagen ist über das **Melde- und Veröffentlichungssystem der BaFin (MVP)** zu übermitteln (§ 331 Abs. 2 Satz 1 KAGB). Die technischen Einzelheiten ergeben sich aus der durch die BaFin erlassenen Verordnung zum elektronischen Anzeigeverfahren für inländische Investmentvermögen und EU-Investmentvermögen nach dem Kapitalanlagegesetzbuch (EAKAV). Weitere Hinweise ergeben sich auch aus dem zugehörigen BaFin-Merkblatt.[11] 11

Für die Prüfung der Vertriebsanzeige erhebt die BaFin eine **Gebühr** (Ziff. 4.1.7.2.5 des Gebührenverzeichnisses der FinDAGKostV). Die Zulässigkeit des Vertriebs ist von der Zahlung dieser Gebühr nicht abhängig. Nach Abschluss des Verfahrens ergeht ein Gebührenbescheid.[12] 12

2. Prüfungsverfahren und Prüfungsfristen (§ 331 Abs. 3 und 4 KAGB)

Das Prüfungsverfahren nach § 331 KAGB ist ein zwischenbehördliches Verfahren. Wie das Anzeigeverfahren zum Vertrieb im Inland (§ 321 Abs. 2 und 3 KAGB) ist das aufsichtsrechtliche **Verfahren zweistufig** ausgestaltet. In einem ersten Schritt prüft die BaFin als Behörde des Herkunftsmitgliedstaats, ob die eingereichten Unterlagen vollständig sind, und fordert gegebenenfalls fehlende Unterlagen nach (§ 331 Abs. 3 i.V.m. § 321 Abs. 2 Satz 1 und 2 KAGB). Die Unvollständigkeit der Vertriebsanzeige kann durch Ergänzungsanzeige geheilt werden, wobei die BaFin erneut die Vollständigkeit der ergänzten Anzeige prüft (§ 331 Abs. 3 i.V.m. § 321 Abs. 2 Satz 3 KAGB). 13

Innerhalb von 20 Arbeitstagen nach Erhalt der vollständigen Anzeigeunterlagen prüft die BaFin dann, ob die AIF-Kapitalverwaltungsgesellschaft und die Verwaltung des angezeigten AIF den Vorschriften des KAGB und der AIFM-RL entsprechen und auch künftig entsprechen werden. Ist dies der Fall, **übermittelt die BaFin die Anzeigeunterlagen sowie eine Bescheinigung über die Zulassung der AIF-Kapitalverwaltungsgesellschaft** an die zuständige **Behörde des Aufnahmemitgliedstaats** (§ 331 Abs. 4 Satz 1 und 2 KAGB). 14

Eine **eigene Prüfungskompetenz der Behörde des Aufnahmemitgliedstaats** sieht Art. 32 Abs. 5 AIFM-RL nur im Zusammenhang mit den Vorkehrungen zur Verhinderung des Vertriebs an Privatanleger vor (sog. **Kleinanlegersperre** oder *retail barrier*). Diese richten sich nach dem Recht des Aufnahmemitgliedstaats und sind folglich von der Prüfung durch die BaFin ausgenommen (§ 331 Abs. 4 Satz 3 KAGB). 15

3. Beginn des Vertriebs im Aufnahmemitgliedstaat (§ 331 Abs. 5 und 6 KAGB)

Der Vertrieb darf erst dann begonnen werden, wenn die BaFin der AIF-Kapitalverwaltungsgesellschaft mitgeteilt hat, dass der Aufnahme des beabsichtigten Vertriebs an professionelle Anleger im Aufnahmemitgliedstaat keine Gründe entgegenstehen und der Vertrieb daher nach § 331 Abs. 5 Satz 2 KAGB ab dem Da- 16

---

10 BaFin, Merkblatt (2013) für den Vertrieb von Anteilen oder Aktien an EU-AIF oder inländischen AIF, die durch eine AIF-Kapitalverwaltungsgesellschaft verwaltet werden, an professionelle Anleger in anderen Mitgliedstaaten der Europäischen Union oder in Vertragsstaaten des Abkommens über den Europäischen Wirtschaftsraum gemäß § 331 Kapitalanlagegesetzbuch (KAGB) (Stand: 25.7.2018); BaFin, Notification Letter on the basis of section 331 of the Investment Code (Kapitalanlagegesetzbuch – KAGB) for the electronic notification procedure for marketing units or shares of EU AIFs or domestic AIFs managed by an AIF management company to professional investors in other member states of the European Union or in signatories to the Agreement on the European Economic Area pursuant to section 331 of the KAGB (Stand: 25.7.2018), beides abrufbar auf www.bafin.de.

11 BaFin, Merkblatt (2013) für den Vertrieb von Anteilen oder Aktien an EU-AIF oder inländischen AIF, die durch eine AIF-Kapitalverwaltungsgesellschaft verwaltet werden, an professionelle Anleger in anderen Mitgliedstaaten der Europäischen Union oder in Vertragsstaaten des Abkommens über den Europäischen Wirtschaftsraum gemäß § 331 Kapitalanlagegesetzbuch (KAGB) (Stand: 25.7.2018), S. 3 f., abrufbar auf www.bafin.de.

12 BaFin, Merkblatt (2013) für den Vertrieb von Anteilen oder Aktien an EU-AIF oder inländischen AIF, die durch eine AIF-Kapitalverwaltungsgesellschaft verwaltet werden, an professionelle Anleger in anderen Mitgliedstaaten der Europäischen Union oder in Vertragsstaaten des Abkommens über den Europäischen Wirtschaftsraum gemäß § 331 Kapitalanlagegesetzbuch (KAGB) (Stand: 25.7.2018), S. 5, abrufbar auf www.bafin.de.

tum der behördlichen Entscheidung statthaft ist. In der Sache handelt es sich daher bei dem zwischenbehördlichen Anzeigeverfahren um ein **behördliches Genehmigungsverfahren** („Zulassung mit Untersagungsvorbehalt") und bei der **Mitteilung nach § 331 Abs. 5 Satz 1 KAGB** um einen **genehmigenden (gestaltenden) Verwaltungsakt** (§ 321 Rz. 31). Die Weiterleitung der Anzeige im zwischenbehördlichen Verfahren und die Mitteilung nach Abs. 5 Satz 1 steht nicht im Ermessen der BaFin, sondern ist eine **gebundene Entscheidung.** Liegen die Voraussetzungen für den Vertrieb im Aufnahmemitgliedstaat nicht vor, weil die AIF-Kapitalverwaltungsgesellschaft oder die Verwaltung des angezeigten AIF den Vorschriften des KAGB und der AIFM-RL nicht entspricht, hat die BaFin dies der AIF-Kapitalverwaltungsgesellschaft unter Angabe von Gründen mitzuteilen (Abs. 6 Satz 1). Dabei handelt es sich um die Versagung eines begünstigenden Verwaltungsakts. Die AIF-Kapitalverwaltungsgesellschaft hat daraufhin die Gelegenheit durch Einreichung einer geänderten Anzeige Abhilfe zu schaffen (Abs. 6 Satz 2).

17 Bei Untätigkeit der BaFin ist entsprechend die **Verpflichtungsklage** in Form der Untätigkeitsklage (§§ 42 Abs. 1, 75 VwGO) die statthafte Klageart. Nichts anderes ergibt sich daraus, dass die AIF-Verwaltungsgesellschaft auch die Weiterleitung der Anzeigeunterlagen an die Behörden des Aufnahmemitgliedstaats (und damit ein reales Handeln) begehrt. § 331 Abs. 5 Satz 2 KAGB knüpft (wie auch Art. 32 Abs. 4 Unterabs. 1 Satz 2 AIFM-RL) die Genehmigungswirkung an die Mitteilung über den Versand der Anzeigeunterlagen, also an ein rechtsförmliches Handeln. Bei der tatsächlichen Weiterleitung der Anzeigeunterlagen handelt es sich um ein verwaltungsinternes (zwischenbehördliches) Handeln ohne Außenwirkung. Wie auch bei behördlichem Zusammenwirken in reinen Inlandsfällen[13] wird man davon ausgehen müssen, dass die Verwaltungsgesellschaft keine Klage auf vorgeschaltete zwischenbehördliche Handlungen erheben muss, sondern auf den abschließenden Verwaltungsakt klagen muss. Im Falle einer gerichtlichen Verpflichtungsentscheidung ist die BaFin dann von Gesetzes wegen zur vorherigen Weiterleitung der Anzeigeunterlagen an die Behörden des Aufnahmemitgliedstaats verpflichtet. Dies zeigt auch der Vergleich mit einer ablehnenden Entscheidung der BaFin, die gem. Abs. 6 Satz 1 durch förmliches, mit Begründung versehenes Verwaltungshandeln ergeht. Gegen die Mitteilung nach Abs. 6 Satz 1 muss der Antragsteller mit Widerspruch (§ 68 Abs. 2 VwGO) und Verpflichtungsklage in Form der Versagungsgegenklage vorgehen.

18 Falls es sich bei dem angezeigten AIF um einen **EU-AIF** handelt, für den eine andere Stelle als die Stelle des Aufnahmemitgliedstaats zuständig ist, teilt die BaFin der für den EU-AIF zuständigen Stelle mit, dass die AIF-Kapitalverwaltungsgesellschaft mit dem Vertrieb von Anteilen oder Aktien des EU-AIF an professionelle Anleger im Aufnahmemitgliedstaat beginnen kann (§ 331 Abs. 5 Satz 3 KAGB). Eines besonderen Antrags bedarf es hierfür nicht.

IV. Änderungsanzeige (Outgoing Update) (§ 331 Abs. 7 KAGB)

19 Wie beim Vertrieb im Inland sind **wesentliche Änderungen** im Hinblick auf die im Anzeigeschreiben enthaltenen Informationen (*outgoing update*) der BaFin in der Regel vor Vollzug **schriftlich mitzuteilen** (§ 331 Abs. 7 i.V.m. § 321 Abs. 4 Satz 1 KAGB). Zu den wesentlichen Änderungen gehört auch die Einstellung des Vertriebs im Aufnahmemitgliedstaat. Für das Verfahren zur Einreichung der Änderungsanzeige verweist die BaFin im Wesentlichen auf das für das Anzeigeverfahren geregelte elektronische Verfahren.[14]

20 Auf dieser Basis hat die BaFin die Möglichkeit zu prüfen, ob die AIF-Kapitalverwaltungsgesellschaft oder die Verwaltung des AIF künftig gegen die Vorschriften des KAGB oder der AIFM-RL verstoßen würde. In diesem Fall kann die BaFin die **Änderung untersagen** (§ 331 Abs. 7 i.V.m. § 321 Abs. 4 Satz 4 KAGB). Dabei gilt derselbe Prüfungsmaßstab wie im Rahmen des Anzeigeverfahrens. Die Eignung der Vorkehrungen zur Verhinderung des Vertriebs an Privatanleger (sog. Kleinanlegersperre oder *retail barrier*) hat die BaFin also auch im Rahmen der Änderungsanzeige nicht zu prüfen (Rz. 14 f.). Bei zulässigen Änderungen unterrichtet die BaFin unverzüglich die zuständigen Stellen des Aufnahmemitgliedstaates über diese Änderungen (Abs. 7 Satz 1). Eines besonderen Antrags bedarf es hierfür nicht.

21 Nach Auffassung der ESMA soll die AIF-Kapitalverwaltungsgesellschaft im Rahmen der Änderungsanzeige **alle Angaben und Unterlagen erneut einreichen** und die (geplanten) Änderungen hervorheben.[15] Das kann sich im Einzelfall empfehlen, wenn sehr umfangreiche Änderungen vollzogen werden sollen. Bei we-

13 Vgl. *Pietzcker* in Schoch/Schneider/Bier, 33. ErgLfg. (Juni 2017), § 42 Abs. 1 VwGO Rz. 62.

14 BaFin, Merkblatt (2013) für den Vertrieb von Anteilen oder Aktien an EU-AIF oder inländischen AIF, die durch eine AIF-Kapitalverwaltungsgesellschaft verwaltet werden, an professionelle Anleger in anderen Mitgliedstaaten der Europäischen Union oder in Vertragsstaaten des Abkommens über den Europäischen Wirtschaftsraum gemäß § 331 Kapitalanlagegesetzbuch (KAGB) (Stand: 25.7.2018), S. 6, abrufbar auf www.bafin.de.

15 ESMA Q&A, Application of the AIFMD (Stand: 23.7.2018), ESMA/2016/1567, Section II, Question 7.

niger einschneidenden Änderungen scheint dies zu weit gehend und ist für eine effektive Aufsicht auch nicht erforderlich.

Wegen der Fristen und des Verfahrens bei unzulässigen Änderungen verweist § 331 Abs. 7 KAGB auf § 321 Abs. 4 Satz 2 bis 5 KAGB (vgl. im Einzelnen die Kommentierung bei § 321 Rz. 33 ff.). 22

§ 332 Anzeigepflicht einer AIF-Kapitalverwaltungsgesellschaft beim Vertrieb von ausländischen AIF oder von inländischen Feeder-AIF oder EU-Feeder-AIF, deren jeweiliger Master-AIF kein EU-AIF oder inländischer AIF ist, der von einer EU-AIF-Verwaltungsgesellschaft oder einer AIF-Kapitalverwaltungsgesellschaft verwaltet wird, an professionelle Anleger in anderen Mitgliedstaaten der Europäischen Union oder in anderen Vertragsstaaten des Abkommens über den Europäischen Wirtschaftsraum

(1) Der Vertrieb von Anteilen oder Aktien an ausländischen AIF und von Anteilen oder Aktien an inländischen Feeder-AIF oder EU-Feeder-AIF, deren jeweiliger Master-AIF kein EU-AIF oder inländischer AIF ist, der von einer EU-AIF-Verwaltungsgesellschaft oder einer AIF-Kapitalverwaltungsgesellschaft verwaltet wird, an professionelle Anleger in anderen Mitgliedstaaten der Europäischen Union oder in anderen Vertragsstaaten des Abkommens über den Europäischen Wirtschaftsraum durch eine AIF-Kapitalverwaltungsgesellschaft ist nur zulässig, wenn die in § 322 Absatz 1 genannten Voraussetzungen gegeben sind.

(2) [1]Beabsichtigt eine AIF-Kapitalverwaltungsgesellschaft, Anteile oder Aktien an einem von ihr verwalteten AIF im Sinne von Absatz 1 Satz 1 in einem anderen Mitgliedstaat der Europäischen Union oder in einem anderen Vertragsstaat des Abkommens über den Europäischen Wirtschaftsraum an professionelle Anleger zu vertreiben, so hat sie dies der Bundesanstalt in einer in internationalen Finanzkreisen gebräuchlichen Sprache anzuzeigen. [2]Das Anzeigeschreiben muss die in § 322 Absatz 2 Satz 2 geforderten Angaben und Unterlagen in jeweils geltender Fassung enthalten.

(3) § 331 Absatz 2 bis 7 ist mit der Maßgabe entsprechend anzuwenden,

1. **dass die Bundesanstalt im Rahmen von § 331 Absatz 5 zusätzlich der Europäischen Wertpapier- und Marktaufsichtsbehörde mitteilt, dass die AIF-Kapitalverwaltungsgesellschaft mit dem Vertrieb von Anteilen oder Aktien des angezeigten AIF an professionelle Anleger im Aufnahmemitgliedstaat der AIF-Kapitalverwaltungsgesellschaft beginnen kann,**
2. **dass die Bundesanstalt bei einer zulässigen Änderung nach § 331 Absatz 7 zusätzlich unverzüglich die Europäische Wertpapier- und Marktaufsichtsbehörde zu benachrichtigen hat, soweit die Änderungen die Beendigung des Vertriebs von bestimmten AIF oder zusätzlich vertriebenen AIF betreffen.**

In der Fassung vom 4.7.2013 (BGBl. I 2013, S. 1981), zuletzt geändert durch das Gesetz zur Anpassung von Gesetzen auf dem Gebiet des Finanzmarktes vom 15.7.2014 (BGBl. I 2014, S. 934).

Schrifttum: S. bei § 321.

I. Zweck und Anwendungsbereich der Norm

1 § 332 KAGB ist Teil der **finanzmarktrechtlichen Produktregulierung** beim grenzüberschreitenden Vertrieb von AIF in einen anderen Mitgliedstaat des EWR. Sie tritt neben die verwalterbezogene Regulierung der AIF-Kapitalverwaltungsgesellschaft im Inland. Wie § 331 KAGB ist die Vorschrift Bestandteil des **EU-Vertriebspasses**, der den Marktzugang für AIFs, die von einer AIF-Kapitalverwaltungsgesellschaft verwaltet werden, in den übrigen Mitgliedstaaten des EWR regelt (*outgoing passport*).[1] Die Vertriebsaktivitäten durch andere Personen als die Verwaltungsgesellschaft sind daneben in der Regel als Anlageberatung oder Brokerage-Geschäft durch MiFID II (Richtlinie 2014/65/EU) bzw. durch die sie umsetzenden nationalen Rechtsvorschriften reguliert.

2 Nach der AIFM-RL richtet sich die Vertriebszulassung innerhalb des EWR grundsätzlich nach dem Recht des Herkunftsmitgliedstaats (*home member state*). § 332 KAGB regelt das zwischenbehördliche Anzeigeverfahren, das Voraussetzung für die **grundsätzliche Anerkennung der Vertriebszulassung durch die BaFin als Aufsichtsbehörde des Herkunftsmitgliedstaats** ist. Die Vorschrift ergänzt § 331 KAGB im Hinblick auf AIF mit Drittstaatenbezug. Während bei § 331 KAGB das vertriebene Produkt ohnehin einer Regulierung nach der AIFM-RL unterliegt und daher keine weiteren **materiellen Anforderungen** für den Vertrieb innerhalb des EWR erforderlich sind, stellt § 332 KAGB für den grenzüberschreitenden Vertrieb innerhalb des EWR zusätzliche Anforderungen an den Regelungsrahmen des AIF. Wie nach § 322 KAGB beim Vertrieb im Inland und § 324 KAGB im Fall des *incoming passport* schließt § 332 KAGB auch beim *outgoing passport* den Vertrieb von Anteilen oder Aktien an ausländischen AIF oder Feeder-AIF mit Drittstaatenbezug aus, wenn der betroffene Drittstaat auf der „schwarzen Liste" der Financial Action Task Force (FATF) aufgeführt wird oder in regulatorischen und fiskalischen Angelegenheiten nicht hinreichend kooperiert.

3 Die Vorschrift findet auf den Vertrieb von **ausländischen AIF** (§ 1 Abs. 9 KAGB) an **professionelle Anleger** (§ 1 Abs. 19 Nr. 32 KAGB) Anwendung. Sie gilt auch für den Vertrieb von inländischen Feeder-AIF oder EU-Feeder-AIF, deren jeweiliger Master-AIF kein EU-AIF oder inländischer AIF ist, der von einer EU-AIF-Verwaltungsgesellschaft oder einer AIF-Kapitalverwaltungsgesellschaft verwaltet wird. Zum grenzüberschreitenden Vertrieb an **semi-professionelle Anleger** (§ 1 Abs. 19 Nr. 33 KAGB) s. § 331 Rz. 3. § 332 KAGB gilt für den grenzüberschreitenden Vertrieb in einem **Mitgliedstaat der EU oder des EWR**, wobei die Anwendung auf EWR-Mitgliedstaaten von der Umsetzung der AIFM-RL im EWR-Mitgliedstaat abhängig ist (§ 344 Abs. 2 KAGB).

4 Gemäß § 295 Abs. 6 KAGB gilt § 332 KAGB erst nach Erlass des delegierten Rechtsaktes der Kommission zum **Drittstaatenvertriebspass** (zur Systematik der §§ 316 bis 334 KAGB s. auch die Kommentierung bei § 295). Aufgrund der **staatenspezifischen Implementierung** des Drittstaatenvertriebspasses (§ 322 Rz. 6) ist für die Anwendbarkeit des § 332 KAGB maßgeblich, ob der betroffene Drittstaat bereits Gegenstand des delegierten Rechtsakts der Kommission ist. Ob und unter welchen Voraussetzungen davor ein Vertrieb im Aufnahmemitgliedstaat möglich ist, richtet sich nach dem nationalen Recht des Aufnahmemitgliedstaats („nationale Bestimmungen über Privatplatzierungen", „National Private Placement Regimes" oder „NPPRs")[2]. Die BaFin kann bis zu diesem Zeitpunkt den grenzüberschreitenden Vertrieb nicht für Zwecke der Anerkennung im Aufnahmemitgliedstaat genehmigen.

II. Entstehung der Norm

5 Der Wortlaut der Vorschrift entspricht fast vollständig der Fassung des ursprünglichen Regierungsentwurfs vom 6.2.2013.[3] Durch das **Gesetz zur Anpassung von Gesetzen auf dem Gebiet des Finanzmarktes**[4] wurde in Abs. 1 und Abs. 2 Satz 1 sowie der Überschrift die Klarstellung vorgenommen, dass mit den Vertragsstaaten die Vertragsstaaten des EWR gemeint sind, die keine Mitgliedstaaten der EU sind.[5]

6 Wie §§ 322 und 324 KAGB dient § 332 KAGB der **Umsetzung von Art. 35 AIFM-RL**. Im Einzelnen setzt Abs. 1 Satz 1 Art. 35 Abs. 1 und Abs. 2 Unterabs. 1 AIFM-RL um. Abs. 1 Satz 2 setzt Art. 35 Abs. 2 Unterabs. 2 AIFM-RL um. Abs. 2 Satz 1 dient der Umsetzung von Art. 35 Abs. 1, Abs. 5 Unterabs. 1 und Abs. 9 Unterabs. 1 AIFM-RL. Abs. 2 Satz 2 setzt Art. 35 Abs. 5 Unterabs. 2 und Anhang IV AIFM-RL um. Mit

1 *Zeidler* in Weitnauer/Boxberger/Anders, § 332 KAGB Rz. 1.
2 Zum Begriff zu Recht kritisch *Zeidler* in Weitnauer/Boxberger/Anders, § 329 KAGB Rz. 3.
3 Entwurf der Bundesregierung zum AIFM-Umsetzungsgesetz, BT-Drucks. 17/12294, 159.
4 Gesetz v. 15.7.2014, BGBl. I 2014, S. 934.
5 Vgl. den Entwurf der Bundesregierung zum Gesetz zur Anpassung von Gesetzen auf dem Gebiet des Finanzmarktes, BT-Drucks. 18/1305, 52.

Abs. 3 wird Art. 35 Abs. 6 bis 8, 9 Unterabs. 2 und Abs. 10 AIFM-RL umgesetzt.[6] Im Übrigen hat der deutsche Gesetzgeber mit dem Verweis auf § 331 Abs. 3 und 6 KAGB über die AIFM-RL hinausgehende prozessuale Regelungen geschaffen, die primär der Verfahrensökonomie dienen sollen.

III. Materielle Voraussetzungen für den Vertrieb von ausländischen AIF und Master-Feeder-Strukturen mit Drittstaatenbezug (§ 332 Abs. 1 KAGB)

Der grenzüberschreitende Vertrieb von AIF mit Drittstaatenbezug ist nach § 332 Abs. 1 KAGB nur zulässig, wenn der relevante Drittstaat bestimmte Anforderungen erfüllt. Dabei wird durch Anknüpfung an die Voraussetzungen des § 322 Abs. 1 KAGB auf die Kriterien verwiesen, die auch für den Vertrieb im Inland relevant sind. Die Vorschrift schließt dabei den Vertrieb von Anteilen oder Aktien an ausländischen AIF oder Feeder-AIF mit Drittstaatenbezug aus, wenn der betroffene Drittstaat auf der **„schwarzen Liste" der Financial Action Task Force (FATF)** aufgeführt wird oder in **regulatorischen und fiskalischen Angelegenheiten nicht hinreichend kooperiert**. Damit ist letztlich nur der Vertrieb von AIF aus bestimmten Drittstaaten in Deutschland zulässig. Wegen der Einzelheiten wird auf die Kommentierung bei § 322 Rz. 11 f. verwiesen. Aufgrund des staatenspezifischen Ansatzes der Kommission und ESMA hinsichtlich des Drittstaatenvertriebspasses dürften diese Anforderungen nur eine **geringe praktische Relevanz** erhalten, da die Kriterien bereits bei der Erstreckung des Drittstaatenvertriebspasses auf einen bestimmten Staat Berücksichtigung finden. Bei Staaten, die die Kriterien nicht erfüllen, wird § 332 KAGB schon wegen der fehlenden Deckung durch den delegierten Rechtsakt keine Anwendung finden (§ 295 Abs. 6 KAGB). 7

Neben den drittstaatenbezogenen Anforderungen wird auch auf § 322 Abs. 1 Nr. 4 KAGB Bezug genommen, wonach die AIF-Kapitalverwaltungsgesellschaft bei der Verwaltung des ausländischen AIF **alle Anforderungen der AIFM-RL erfüllen** muss. Dabei handelt es sich allerdings nur um eine Klarstellung der ohnehin geltenden verwalterbezogenen Regulierung nach dem KAGB. AIF-Kapitalverwaltungsgesellschaften werden nach § 55 Abs. 1 KAGB nur von der Regulierung nach dem KAGB befreit, soweit sie ausländische AIF nicht im Inland und im EWR vertreiben. Beim grenzüberschreitenden Vertrieb in einem anderen Mitgliedstaat nach § 332 KAGB kann diese Ausnahme naturgemäß nicht in Anspruch genommen werden. 8

IV. Formelle Voraussetzungen für den Vertrieb (Outgoing-Passport)

Wie beim Vertrieb von AIF mit Drittstaatenbezug im Inland (§ 322 KAGB) ist auch vor Beginn des grenzüberschreitenden Vertriebs ein **Vertriebsanzeigeverfahren** (*outgoing AIF notification*) zu durchlaufen. Die Vertriebsanzeige nach § 332 KAGB ist ein **zwischenbehördliches Verfahren**. Dieses richtet sich im Grundsatz nach dem Recht des Herkunftsmitgliedstaats der AIF-Kapitalverwaltungsgesellschaft, also nach dem KAGB. 9

Wegen des **Inhalts des Anzeigeschreibens** sowie der erforderlichen Dokumentation und Angaben verweist § 332 Abs. 2 Satz 2 KAGB auf § 322 Abs. 2 Satz 2 KAGB, der wiederum auf § 321 Abs. 1 Satz 2 KAGB verweist (vgl. hierzu die Kommentierung bei § 321 Rz. 13 ff.). Vor Erlass eines gesonderten Merkblatts zu § 332 KAGB wird man sich an dem englischsprachigen Formular der BaFin für Anzeigen nach § 331 KAGB orientieren können.[7] 10

Wegen der **elektronischen Einreichung** der Anzeige und des weiteren **Prüfungsverfahrens** verweist § 332 Abs. 3 KAGB auf § 331 Abs. 2 bis 6 KAGB (vgl. hierzu die Kommentierung bei § 331 Rz. 11 und § 331 Rz. 13 ff.). Der Vertrieb darf erst dann begonnen werden, wenn die BaFin der AIF-Kapitalverwaltungsgesellschaft mitgeteilt hat, dass der Aufnahme des beabsichtigten Vertriebs an professionelle Anleger im Aufnahmemitgliedstaat keine Gründe entgegenstehen und der Vertrieb daher nach § 332 Abs. 3 i.V.m. § 331 Abs. 5 Satz 2 KAGB ab dem Datum der behördlichen Entscheidung statthaft ist (§ 331 Rz. 16). 11

6 Begründung zum Entwurf der Bundesregierung zum AIFM-Umsetzungsgesetz, BT-Drucks. 17/12294, 294.

7 BaFin, Notification Letter on the basis of section 331 of the Investment Code (Kapitalanlagegesetzbuch – KAGB) for the electronic notification procedure for marketing units or shares of EU AIFs or domestic AIFs managed by an AIF management company to professional investors in other member states of the European Union or in signatories to the Agreement on the European Economic Area pursuant to section 331 of the KAGB (Stand: 25.7.2018), abrufbar auf www.bafin.de.

V. Änderungsanzeige (Outgoing-Update)

12 Wie beim Vertrieb im Inland sind **wesentliche Änderungen** im Hinblick auf die im Anzeigeschreiben enthaltenen Informationen (*outgoing update*) der BaFin in der Regel vor Vollzug schriftlich **mitzuteilen** (§ 332 Abs. 3 i.V.m. § 331 Abs. 7, § 321 Abs. 4 Satz 1 KAGB). Siehe hierzu die Kommentierung bei § 331 Rz. 19 ff.

VI. Zwischenbehördliche Meldepflichten

13 Die **BaFin informiert die ESMA** über die erteilte Vertriebsgenehmigung sowie über zulässige Änderungen, die die Beendigung des Vertriebs von bestimmten AIF oder zusätzlich vertriebenen AIF betreffen (§ 332 Abs. 3 Nr. 1 und 2 KAGB). Wurde der Vertrieb eines EU-Feeder-AIF mit Drittstaatenbezug angezeigt, informiert die BaFin ferner die **Behörden des Sitzstaats des EU-Feeder-AIF** über die Genehmigung des Vertriebs (§ 332 Abs. 3 i.V.m. § 331 Abs. 5 Satz 3 KAGB).[8]

§ 333 Anzeigepflicht einer ausländischen AIF-Verwaltungsgesellschaft, deren Referenzmitgliedstaat die Bundesrepublik Deutschland ist, beim Vertrieb von EU-AIF oder von inländischen AIF an professionelle Anleger in anderen Mitgliedstaaten der Europäischen Union oder in anderen Vertragsstaaten des Abkommens über den Europäischen Wirtschaftsraum

(1) [1]Beabsichtigt eine ausländische AIF-Verwaltungsgesellschaft, deren Referenzmitgliedstaat gemäß § 56 die Bundesrepublik Deutschland ist und die von der Bundesanstalt eine Erlaubnis nach § 58 erhalten hat, Anteile oder Aktien an einem von ihr verwalteten EU-AIF oder inländischen AIF in anderen Mitgliedstaaten der Europäischen Union oder in anderen Vertragsstaaten des Abkommens über den Europäischen Wirtschaftsraum an professionelle Anleger zu vertreiben, so hat sie dies der Bundesanstalt in einer in internationalen Finanzkreisen gebräuchlichen Sprache anzuzeigen. [2]Das Anzeigeschreiben muss die in § 331 Absatz 1 Satz 2 geforderten Angaben und Unterlagen in jeweils geltender Fassung enthalten, wobei es statt „AIF-Kapitalverwaltungsgesellschaft" „ausländische AIF-Verwaltungsgesellschaft" heißen muss.

(2) § 331 Absatz 2 bis 7 ist mit den Maßgaben entsprechend anzuwenden, dass

1. **es statt „AIF-Kapitalverwaltungsgesellschaft" „ausländische AIF-Verwaltungsgesellschaft" heißen muss,**
2. **die Bundesanstalt im Rahmen von § 331 Absatz 5 zusätzlich der Europäischen Wertpapier- und Marktaufsichtsbehörde mitteilt, dass die ausländische AIF-Verwaltungsgesellschaft mit dem Vertrieb von Anteilen oder Aktien des angezeigten AIF an professionelle Anleger im Aufnahmemitgliedstaat der ausländischen AIF-Verwaltungsgesellschaft beginnen kann und**
3. **die Bundesanstalt bei einer zulässigen Änderung nach § 331 Absatz 7 zusätzlich unverzüglich die Europäische Wertpapier- und Marktaufsichtsbehörde zu benachrichtigen hat, soweit die Änderungen die Beendigung des Vertriebs von bestimmten AIF oder zusätzlich vertriebenen AIF betreffen.**

In der Fassung vom 4.7.2013 (BGBl. I 2013, S. 1981), zuletzt geändert durch das Gesetz zur Anpassung von Gesetzen auf dem Gebiet des Finanzmarktes vom 15.7.2014 (BGBl. I 2014, S. 934).

8 Wenngleich nicht in Art. 35 AIFM-RL angelegt, leitet der Gesetzgeber eine entsprechende Vorgabe aus dem Prinzip der Zusammenarbeit zwischen den Mitgliedstaaten und Art. 31 Abs. 3 Unterabs. 2, Art. 32 Abs. 4 Unterabs. 2 und Art. 39 Abs. 3 Unterabs. 2 AIFM-RL her, vgl. Entwurf der Bundesregierung zum AIFM-Umsetzungsgesetz, BT-Drucks. 17/12294, 294.

Schrifttum: S. bei § 321.

I. Zweck und Anwendungsbereich der Norm

§ 333 KAGB ist Teil der **finanzmarktrechtlichen Produktregulierung** beim grenzüberschreitenden Vertrieb von inländischen AIF und EU-AIF in einen anderen Mitgliedstaat des EWR. Sie tritt neben die verwalterbezogene Regulierung der ausländischen AIF-Verwaltungsgesellschaft im Inland. Wie §§ 331 und 332 KAGB ist die Vorschrift Bestandteil des **EU-Vertriebspasses**, der den Marktzugang in den übrigen Mitgliedstaaten des EWR regelt (*outgoing passport*).[1] §§ 333 und 334 KAGB erstrecken den EU-Vertriebspass auf ausländische AIF-Verwaltungsgesellschaften, die Deutschland als Referenzmitgliedstaat haben und damit im Inland vergleichbar mit einer AIF-Kapitalverwaltungsgesellschaft reguliert sind. Die Vertriebsaktivitäten durch andere Personen als die Verwaltungsgesellschaft sind daneben in der Regel als Anlageberatung oder Brokerage-Geschäft durch MiFID II (Richtlinie 2014/65/EU) bzw. durch die sie umsetzenden nationalen Rechtsvorschriften reguliert. 1

Die Vorschrift findet auf den Vertrieb von **inländischen AIF** (§ 1 Abs. 7 KAGB) und **EU-AIF** (§ 1 Abs. 8 KAGB) durch eine **ausländische AIF-Verwaltungsgesellschaft** (§ 1 Abs. 18 KAGB) an **professionelle Anleger** (§ 1 Abs. 19 Nr. 32 KAGB) Anwendung, wenn **Deutschland der Referenzmitgliedstaat** (§ 56 KAGB) ist und die ausländische AIF-Verwaltungsgesellschaft eine Erlaubnis nach § 58 KAGB erhalten hat. Zum grenzüberschreitenden **Vertrieb an semi-professionelle Anleger** (§ 1 Abs. 19 Nr. 33 KAGB) s. § 331 Rz. 3. Der Drittstaatenbezug wird bei § 333 KAGB allein durch den Sitz der AIF-Verwaltungsgesellschaft hergestellt. Aufgrund der Regulierung des Verwalters durch die BaFin (§ 58 KAGB), richtet sich das Verfahren für die Vertriebsanzeige weitgehend nach dem für den Vertrieb durch (inländische) AIF-Kapitalverwaltungsgesellschaften geltenden § 331 KAGB. Beim Vertrieb von ausländischen AIF findet § 334 KAGB Anwendung. 2

Gemäß § 295 Abs. 7 Satz 1 KAGB gilt § 333 KAGB erst nach Erlass des delegierten Rechtsaktes der Kommission zum **Drittstaatenvertriebspass** (zur Systematik der §§ 316 bis 334 KAGB s. auch die Kommentierung bei § 295). Aufgrund der **staatenspezifischen Implementierung** des Drittstaatenvertriebspasses (§ 322 Rz. 6) ist für die Anwendbarkeit des § 333 KAGB maßgeblich, ob der Drittstaat, in dem die ausländische AIF-Verwaltungsgesellschaft ihren Sitz hat, bereits Gegenstand des delegierten Rechtsakts der Kommission ist (vgl. § 344 Abs. 1 KAGB). Ob und unter welchen Voraussetzungen davor ein Vertrieb im Aufnahmemitgliedstaat möglich ist, richtet sich nach dem nationalen Recht des Aufnahmemitgliedstaats („nationale Bestimmungen über Privatplatzierungen", „National Private Placement Regimes" oder „NPPRs")[2]. Die BaFin kann bis zu diesem Zeitpunkt den grenzüberschreitenden Vertrieb nicht für Zwecke der Anerkennung im Aufnahmemitgliedstaat genehmigen. 3

II. Entstehung der Norm

Der Wortlaut der Vorschrift entspricht fast vollständig der Fassung des ursprünglichen Regierungsentwurfs vom 6.2.2013.[3] Durch das **Gesetz zur Anpassung von Gesetzen auf dem Gebiet des Finanzmarktes**[4] wurde in § 333 Abs. 1 KAGB sowie der Überschrift die Klarstellung vorgenommen, dass mit den Vertragsstaaten die Vertragsstaaten des EWR gemeint sind, die keine Mitgliedstaaten der EU sind.[5] 4

§ 333 KAGB dient der **Umsetzung von Art. 39 AIFM-RL**. Im Einzelnen setzt Abs. 1 Satz 1 Art. 39 Abs. 1, 4 Unterabs. 1 und Abs. 8 AIFM-RL um. Abs. 1 Satz 2 setzt Art. 39 Abs. 4 Unterabs. 2 und Anhang IV AIFM-RL um. Abs. 2 dient der Umsetzung von Art. 39 Abs. 5 bis 9 AIFM-RL.[6] Im Übrigen hat der deutsche Ge- 5

1 *Zeidler* in Weitnauer/Boxberger/Anders, § 333 KAGB Rz. 1.
2 Zum Begriff zu Recht kritisch *Zeidler* in Weitnauer/Boxberger/Anders, § 329 KAGB Rz. 3.
3 Entwurf der Bundesregierung zum AIFM-Umsetzungsgesetz, BT-Drucks. 17/12294, 159.
4 Gesetz v. 15.7.2014, BGBl. I 2014, S. 934.
5 Vgl. den Entwurf der Bundesregierung zum Gesetz zur Anpassung von Gesetzen auf dem Gebiet des Finanzmarktes, BT-Drucks. 18/1305, 52.
6 Begründung zum Entwurf der Bundesregierung zum AIFM-Umsetzungsgesetz, BT-Drucks. 17/12294, 294.

setzgeber mit dem Verweis auf § 331 Abs. 3 und 6 KAGB über die AIFM-RL hinausgehende prozessuale Regelungen geschaffen, die primär der Verfahrensökonomie dienen sollen.

III. Konzept des Referenzmitgliedstaats (§ 333 Abs. 1 Satz 1 KAGB)

6 Mit dem Referenzmitgliedstaat reguliert die AIFM-RL und das KAGB konzeptionell die Verwaltung und den Vertrieb von AIF durch Verwaltungsgesellschaften, die ihren **Sitz außerhalb der EU bzw. des EWR** haben, wobei für Mitgliedstaaten des EWR die Übergangsvorschrift des § 344 Abs. 2 KAGB gilt. Mit der AIFM-RL wurde das Ziel verfolgt, einen Binnenmarkt innerhalb der EU und einen strikten Regulierungs- und Kontrollrahmen für die Tätigkeiten aller AIF-Verwaltungsgesellschaften zu schaffen, einschließlich solcher, die ihren Sitz in einem Drittstaat haben (Erwägungsgrund 4 der AIFM-RL). Wenngleich ausländische AIF-Verwaltungsgesellschaften ihren Sitz nicht in einem Mitgliedstaat haben, wird die Verwaltung und der Vertrieb von AIF innerhalb der EU durch einen Mitgliedstaat zugelassen und beaufsichtigt. Dieser Referenzmitgliedstaat bestimmt sich danach, welcher Mitgliedstaat die „engste Verbindung" zur Tätigkeit der ausländischen AIF-Verwaltungsgesellschaft aufweist (§ 56 KAGB und Art. 37 Abs. 4 AIFM-RL).

7 § 333 KAGB setzt voraus, dass die AIF-Verwaltungsgesellschaft, die EU-AIF oder inländische AIF grenzüberschreitend in einem anderen Staat der EU bzw. des EWR vertreiben will, die **Bundesrepublik als Referenzmitgliedstaat** hat. Wie die Tätigkeit einer (inländischen) Kapitalverwaltungsgesellschaft, bedarf ihre Tätigkeit daher der **Erlaubnis durch die BaFin** (§ 58 KAGB). Aufgrund der Zulassung und **laufenden Beaufsichtigung** der ausländischen AIF-Verwaltungsgesellschaft durch die BaFin als Behörde des Referenzmitgliedstaats richtet sich auch das Vertriebsanzeigeverfahren weitgehend nach dem für (inländische) Kapitalverwaltungsgesellschaften anwendbaren Verfahren (§ 331 KAGB).[7]

IV. Formelle Voraussetzungen für den Vertrieb (Outgoing-Passport)

8 Wie beim Vertrieb von inländischen AIF und EU-AIF im Inland (§ 325 KAGB) hat die ausländische AIF-Verwaltungsgesellschaft auch vor Beginn des grenzüberschreitenden Vertriebs die **Absicht des Vertriebs der BaFin anzuzeigen** (*outgoing AIF notification*). Aufgrund der verwalterbezogenen Regulierung der ausländischen AIF-Verwaltungsgesellschaft, die Deutschland als Referenzmitgliedstaat hat, richtet sich das Verfahren nach den auf AIF-Kapitalverwaltungsgesellschaften anwendbaren Grundsätzen (§ 331 KAGB). Damit ist auch die **grundsätzliche Anerkennung der Vertriebszulassung im Rahmen eines zwischenbehördlichen Verfahrens** durch die Aufsichtsbehörde des Aufnahmemitgliedstaats verbunden.

9 Wegen des **Inhalts des Anzeigeschreibens** sowie der erforderlichen Dokumentation und Angaben verweist § 333 Abs. 1 Satz 2 KAGB auf § 331 Abs. 1 Satz 2 KAGB, der wiederum auf § 321 Abs. 1 Satz 2 KAGB verweist (vgl. hierzu die Kommentierung bei § 321 Rz. 13 ff.). Vor Erlass eines gesonderten Merkblatts zu § 333 KAGB wird man sich an dem englischsprachigen Formular der BaFin für Anzeigen nach § 331 KAGB orientieren können.[8]

10 Wegen der **elektronischen Einreichung** der Anzeige und des weiteren **Prüfungsverfahrens** verweist § 333 Abs. 2 KAGB auf § 331 Abs. 2 bis 6 KAGB (vgl. hierzu die Kommentierung bei § 331 Rz. 11 und § 331 Rz. 13 ff.). Der Vertrieb darf erst dann begonnen werden, wenn die BaFin der ausländischen AIF-Verwaltungsgesellschaft mitgeteilt hat, dass der Aufnahme des beabsichtigten Vertriebs an professionelle Anleger im Aufnahmemitgliedstaat keine Gründe entgegenstehen und der Vertrieb daher nach § 333 Abs. 2 i.V.m. § 331 Abs. 5 Satz 2 KAGB ab dem Datum der behördlichen Entscheidung statthaft ist (§ 331 Rz. 16).

V. Änderungsanzeige (Outgoing-Update)

11 Wie beim Vertrieb durch AIF-Kapitalverwaltungsgesellschaften (§ 331 Abs. 7 i.V.m. § 321 Abs. 4 Satz 1 KAGB) sind **wesentliche Änderungen** im Hinblick auf die im Anzeigeschreiben enthaltenen Informationen (*outgoing update*) der BaFin in der Regel vor Vollzug schriftlich **mitzuteilen** (§ 333 Abs. 2 i.V.m. § 331 Abs. 7, § 321 Abs. 4 Satz 1 KAGB). Siehe hierzu die Kommentierung bei § 331 Rz. 19 ff.

---

7 Siehe auch *Zeidler* in Weitnauer/Boxberger/Anders, § 333 KAGB Rz. 2.

8 BaFin, Notification Letter on the basis of section 331 of the Investment Code (Kapitalanlagegesetzbuch – KAGB) for the electronic notification procedure for marketing units or shares of EU AIFs or domestic AIFs managed by an AIF management company to professional investors in other member states of the European Union or in signatories to the Agreement on the European Economic Area pursuant to section 331 of the KAGB (Stand: 25.7.2018), abrufbar auf www.bafin.de.

VI. Zwischenbehördliche Meldepflichten

Die BaFin **informiert die ESMA** über die erteilte Vertriebsgenehmigung sowie über zulässige Änderungen, die die Beendigung des Vertriebs von bestimmten AIF oder zusätzlich vertriebenen AIF betreffen (§ 333 Abs. 2 Nr. 2 und 3 KAGB). Wurde der Vertrieb eines EU-Feeder-AIF mit Drittstaatenbezug angezeigt, informiert die BaFin ferner die **Behörden des Sitzstaats des EU-Feeder-AIF** über die Genehmigung des Vertriebs (§ 333 Abs. 2 i.V.m. § 331 Abs. 5 Satz 3 KAGB). 12

§ 334 Anzeigepflicht einer ausländischen AIF-Verwaltungsgesellschaft, deren Referenzmitgliedstaat die Bundesrepublik Deutschland ist, beim Vertrieb von ausländischen AIF an professionelle Anleger in anderen Mitgliedstaaten der Europäischen Union oder in anderen Vertragsstaaten des Abkommens über den Europäischen Wirtschaftsraum

(1) [1]Der Vertrieb von Anteilen oder Aktien an ausländischen AIF durch eine ausländische AIF-Verwaltungsgesellschaft an professionelle Anleger in anderen Mitgliedstaaten der Europäischen Union oder in anderen Vertragsstaaten des Abkommens über den Europäischen Wirtschaftsraum ist nur zulässig, wenn die in § 322 Absatz 1 genannten Anforderungen erfüllt sind. [2]Ist die zuständige Stelle des Aufnahmestaates der ausländischen AIF-Verwaltungsgesellschaft nicht mit der Beurteilung der in § 322 Absatz 1 Nummer 1 und 2 genannten Voraussetzungen durch die Bundesanstalt einverstanden, kann sie die Europäische Wertpapier- und Marktaufsichtsbehörde nach Maßgabe des Artikels 19 der Verordnung (EU) Nr. 1095/2010 um Hilfe ersuchen.

(2) [1]Beabsichtigt eine ausländische AIF-Verwaltungsgesellschaft, deren Referenzmitgliedstaat gemäß § 56 die Bundesrepublik Deutschland ist und die von der Bundesanstalt eine Erlaubnis nach § 58 erhalten hat, Anteile oder Aktien an einem von ihr verwalteten AIF im Sinne von Absatz 1 Satz 1 in einem anderen Mitgliedstaat der Europäischen Union oder in einem anderen Vertragsstaat des Abkommens über den Europäischen Wirtschaftsraum an professionelle Anleger zu vertreiben, so hat sie dies der Bundesanstalt in einer in internationalen Finanzkreisen gebräuchlichen Sprache anzuzeigen. [2]Das Anzeigeschreiben muss die in § 331 Absatz 2 Satz 1 geforderten Angaben und Unterlagen in jeweils geltender Fassung enthalten, wobei es statt „AIF-Kapitalverwaltungsgesellschaft" „ausländische AIF-Verwaltungsgesellschaft" heißen muss.

(3) § 331 Absatz 2 bis 5 Satz 1 und 2, Absatz 6 und Absatz 7 ist mit der Maßgabe entsprechend anzuwenden, dass

1. **es statt „AIF-Kapitalverwaltungsgesellschaft" „ausländische AIF-Verwaltungsgesellschaft" heißen muss,**
2. **im Rahmen von § 331 Absatz 5 die Bundesanstalt zusätzlich der Europäischen Wertpapier- und Marktaufsichtsbehörde mitteilt, dass die ausländische AIF-Verwaltungsgesellschaft mit dem Vertrieb von Anteilen oder Aktien des angezeigten AIF an professionelle Anleger im Aufnahmemitgliedstaat der ausländischen AIF-Verwaltungsgesellschaft beginnen kann und**
3. **die Bundesanstalt bei einer zulässigen Änderung nach § 331 Absatz 7 zusätzlich unverzüglich die Europäische Wertpapier- und Marktaufsichtsbehörde zu benachrichtigen hat, soweit die Änderungen die Beendigung des Vertriebs von bestimmten AIF oder zusätzlich vertriebenen AIF betreffen.**

In der Fassung vom 4.7.2013 (BGBl. I 2013, S. 1981), zuletzt geändert durch das Gesetz zur Anpassung von Gesetzen auf dem Gebiet des Finanzmarktes vom 15.7.2014 (BGBl. I 2014, S. 934).

Schrifttum: S. bei § 321.

I. Zweck und Anwendungsbereich der Norm

1 § 334 KAGB ist Teil der **finanzmarktrechtlichen Produktregulierung** beim grenzüberschreitenden Vertrieb von ausländischen AIF in einen anderen Mitgliedstaat des EWR. Sie tritt neben die verwalterbezogene Regulierung der ausländischen AIF-Verwaltungsgesellschaft im Inland. Wie §§ 331 und 332 KAGB ist die Vorschrift Bestandteil des **EU-Vertriebspasses**, der den Marktzugang in den übrigen Mitgliedstaaten des EWR regelt (*outgoing passport*).[1] §§ 333 und 334 KAGB erstrecken den EU-Vertriebspass auf ausländische AIF-Verwaltungsgesellschaften, die Deutschland als Referenzmitgliedstaat haben und damit im Inland vergleichbar mit einer AIF-Kapitalverwaltungsgesellschaft reguliert sind. Die Vertriebsaktivitäten durch andere Personen als die Verwaltungsgesellschaft sind daneben in der Regel als Anlageberatung oder Brokerage-Geschäft durch MiFID II (Richtlinie 2014/65/EU) bzw. durch die sie umsetzenden nationalen Rechtsvorschriften reguliert.

2 Die Vorschrift findet auf den Vertrieb von **ausländischen AIF** (§ 1 Abs. 9 KAGB) durch eine **ausländische AIF-Verwaltungsgesellschaft** (§ 1 Abs. 18 KAGB) an **professionelle Anleger** (§ 1 Abs. 19 Nr. 32 KAGB) Anwendung, wenn **Deutschland der Referenzmitgliedstaat (§ 56)** der ausländischen AIF-Verwaltungsgesellschaft ist und die ausländische AIF-Verwaltungsgesellschaft eine Erlaubnis nach § 58 KAGB erhalten hat (zum Konzept des Referenzmitgliedstaats s. die Kommentierung bei § 333 Rz. 6). Zum grenzüberschreitenden **Vertrieb an semi-professionelle Anleger** (§ 1 Abs. 19 Nr. 33 KAGB) s. § 331 Rz. 3. § 334 KAGB hat einen **doppelten Drittstaatenbezug**, der zum einen durch den Sitz der AIF-Verwaltungsgesellschaft und zum anderen durch den Sitz des AIF bzw. das Recht, welchem der AIF unterliegt (§ 1 Abs. 19 Nr. 34 lit. a KAGB), hergestellt wird. Sofern die ausländische AIF-Verwaltungsgesellschaft ausschließlich ausländische AIF verwaltet und vertreibt, entsteht der Bezug zur Bundesrepublik ausschließlich aufgrund der inländischen Vertriebsaktivitäten (§ 56 Abs. 1 Nr. 1 KAGB, Art. 37 Abs. 4 lit. h AIFM-RL). Aufgrund der Regulierung des Verwalters durch die BaFin (§ 58 KAGB), richtet sich das Verfahren für die Vertriebsanzeige weitgehend nach dem für den Vertrieb durch (inländische) AIF-Kapitalverwaltungsgesellschaften geltenden § 332 KAGB. Beim Vertrieb von inländischen AIF und EU-AIF findet § 333 KAGB Anwendung.

3 Gemäß § 295 Abs. 7 Satz 1 KAGB gilt § 334 KAGB erst nach Erlass des delegierten Rechtsaktes der Kommission zum **Drittstaatenvertriebspass** (zur Systematik der §§ 316 bis 334 KAGB s. auch die Kommentierung bei § 295). Die Kommission und die ESMA beabsichtigen, die Entscheidung zum Drittstaatenvertriebspass **für jeden Drittstaat gesondert** zu treffen (§ 322 Rz. 6). Im Rahmen von § 334 KAGB ist denkbar, dass Verwaltung und Vertrieb zu zwei unterschiedlichen Drittstaaten Bezug aufweist. So können der Sitz der AIF-Verwaltungsgesellschaft und der Sitz des AIF in unterschiedlichen Drittstaaten belegen sein. Hat der Sachverhalt Bezug zu unterschiedlichen Drittstaaten, ist aufgrund der staatenspezifischen Implementierung des Drittstaatenvertriebspasses maßgeblich, ob der Drittstaat, in dem der ausländische AIF seinen Sitz hat oder dessen Recht er unterliegt, *und* der Drittstaat, in dem die ausländische AIF-Verwaltungsgesellschaft ihren Sitz hat, bereits Gegenstand des delegierten Rechtsakts der Kommission sind (vgl. § 344 Abs. 1 KAGB, Art. 67 und 37 AIFM-RL). Ob und unter welchen Voraussetzungen davor ein Vertrieb im Aufnahmemitgliedstaat möglich ist, richtet sich nach dem nationalen Recht des Aufnahmemitgliedstaats („nationale Bestimmungen über Privatplatzierungen", „National Private Placement Regimes" oder „NPPRs")[2]. Die BaFin kann bis zu diesem Zeitpunkt den grenzüberschreitenden Vertrieb nicht für Zwecke der Anerkennung im Aufnahmemitgliedstaat genehmigen.

1 *Zeidler* in Weitnauer/Boxberger/Anders, § 334 KAGB Rz. 1.
2 Zum Begriff zu Recht kritisch *Zeidler* in Weitnauer/Boxberger/Anders, § 329 KAGB Rz. 3.

II. Entstehung der Norm

Der Wortlaut der Vorschrift entspricht fast vollständig der Fassung des ursprünglichen Regierungsentwurfs vom 6.2.2013.[3] Durch das **Gesetz zur Anpassung von Gesetzen auf dem Gebiet des Finanzmarktes**[4] wurde in § 334 Abs. 1 Satz 1 und Abs. 2 Satz 1 KAGB sowie der Überschrift die Klarstellung vorgenommen, dass mit den Vertragsstaaten die Vertragsstaaten des EWR gemeint sind, die keine Mitgliedstaaten der EU sind.[5] 4

§ 334 KAGB dient der **Umsetzung von Art. 40 AIFM-RL**. Im Einzelnen setzt Abs. 1 Satz 1 Art. 40 Abs. 1 und Abs. 2 Unterabs. 1 AIFM-RL um. Abs. 1 Satz 2 setzt Art. 40 Abs. 2 Unterabs. 2 AIFM-RL um. Abs. 2 Satz 1 dient der Umsetzung von Art. 40 Abs. 5 Unterabs. 1 und Abs. 9 Unterabs. 1 AIFM-RL. Abs. 2 Satz 2 setzt Art. 40 Abs. 5 Unterabs. 2 und Anhang IV AIFM-RL um. Mit Abs. 3 wird Art. 40 Abs. 6 bis 10 AIFM-RL umgesetzt.[6] Im Übrigen hat der deutsche Gesetzgeber mit dem Verweis auf § 331 Abs. 3 und 6 KAGB über die AIFM-RL hinausgehende prozessuale Regelungen geschaffen, die primär der Verfahrensökonomie dienen sollen. 5

III. Materielle Voraussetzungen für den Vertrieb von ausländischen AIF (§ 334 Abs. 1 KAGB)

1. Vertriebsvoraussetzungen des § 322 Abs. 1 KAGB (§ 334 Abs. 1 Satz 1 KAGB)

Aufgrund der **Zulassung und laufenden Beaufsichtigung der ausländischen AIF-Verwaltungsgesellschaft durch die BaFin** als Behörde des Referenzmitgliedstaats richten sich die Voraussetzungen für den grenzüberschreitenden Vertrieb weitgehend nach den für (inländische) AIF-Kapitalverwaltungsgesellschaften anwendbaren Grundsätzen (§ 332 KAGB). § 334 Abs. 1 Satz 1 KAGB verweist auf die materiellen Vertriebsvoraussetzungen des § 322 Abs. 1 KAGB. Damit wird zunächst ein Vertrieb von Anteilen oder Aktien an ausländischen AIF ausgeschlossen, wenn der Drittstaat, in dem der AIF seinen Sitz hat oder dessen Recht er unterliegt, auf der **„schwarzen Liste" der Financial Action Task Force (FATF)** aufgeführt wird oder in **regulatorischen und fiskalischen Angelegenheiten nicht hinreichend kooperiert**. Wegen der Einzelheiten wird auf die Kommentierung bei § 322 Rz. 11 verwiesen. Damit ist letztlich nur der grenzüberschreitende Vertrieb von AIF aus bestimmten Drittstaaten zulässig. Aufgrund des staatenspezifischen Ansatzes der Kommission und ESMA hinsichtlich des Drittstaatenvertriebspasses dürften diese Anforderungen nur eine **geringe praktische Relevanz** erhalten, da die Kriterien bereits bei der Erstreckung des Drittstaatenvertriebspasses auf einen bestimmten Staat Berücksichtigung finden. Bei Staaten, die die Kriterien nicht erfüllen, wird § 334 KAGB schon wegen der fehlenden Deckung durch den delegierten Rechtsakt keine Anwendung finden (§ 295 Abs. 7 Satz 1 KAGB). 6

Eine Prüfung dieser Kriterien in Bezug auf den Drittstaat, in dem die ausländische AIF-Verwaltungsgesellschaft ihren Sitz hat (welcher vom AIF-Drittstaat abweichen kann), findet im Rahmen des Vertriebsanzeigeverfahrens nicht statt. Allerdings erfolgt eine **entsprechende Prüfung im Rahmen der Erlaubniserteilung der ausländischen AIF-Verwaltungsgesellschaft** (§ 58 Abs. 7 Nr. 4 bis 6 KAGB). 7

Daneben verweist § 334 Abs. 1 Satz 1 KAGB auf die verwalterbezogene Anforderung in § 322 Abs. 1 Nr. 4 KAGB, wonach die „AIF-Kapitalverwaltungsgesellschaft bei der Verwaltung eines ausländischen AIF abweichend von § 55 Abs. 1 Nr. 1 KAGB alle in der Richtlinie 2011/61/EU für diese AIF festgelegten Anforderungen" erfüllen muss. Im Rahmen der Anzeige nach § 332 KAGB hat dieses Erfordernis nur klarstellende Bedeutung (§ 332 Rz. 8). AIF-Kapitalverwaltungsgesellschaften werden nach § 55 Abs. 1 KAGB nur von der Regulierung nach dem KAGB befreit, soweit sie ausländische AIF nicht im Inland und im EWR vertreiben. Entscheidend ist also, dass die **Verwaltungsgesellschaft der Regulierung für (inländische) AIF-Kapitalverwaltungsgesellschaften unterliegt**. Die entsprechende Regelung für ausländische AIF-Verwaltungsgesellschaften mit Deutschland als Referenzmitgliedstaat findet sich in § 57 Abs. 2 KAGB, wonach die ausländische AIF-Verwaltungsgesellschaft, die AIF in Deutschland verwaltet oder vertreibt, grundsätzlich der Regulierung nach dem KAGB unterliegt. Daher ist der Verweis in § 334 KAGB auf § 322 Abs. 1 Nr. 4 KAGB 8

---

3 Entwurf der Bundesregierung zum AIFM-Umsetzungsgesetz, BT-Drucks. 17/12294, 159 f.

4 Gesetz v. 15.7.2014, BGBl. I 2014, S. 934.

5 Vgl. den Entwurf der Bundesregierung zum Gesetz zur Anpassung von Gesetzen auf dem Gebiet des Finanzmarktes, BT-Drucks. 18/1305, 52.

6 Begründung zum Entwurf der Bundesregierung zum AIFM-Umsetzungsgesetz, BT-Drucks. 17/12294, 294.

ebenfalls als Klarstellung zu verstehen, dass bei der Absicht des Vertriebs in Deutschland die verwalterbezogene Regulierung des KAGB im Umfang des § 57 Abs. 2 KAGB gilt.

2. Beilegung von Meinungsverschiedenheiten der zuständigen Behörden bei der Beurteilung der Vertriebsvoraussetzungen (§ 334 Abs. 1 Satz 2 KAGB)

9 Die Behörde des Aufnahmemitgliedstaats ist hinsichtlich der drittstaatbezogenen materiellen Vertriebsvoraussetzungen in § 322 Abs. 1 Satz 1 Nr. 1 und 2 KAGB nicht an die Einschätzung der BaFin gebunden. Art. 40 Abs. 2 AIFM-RL sieht vielmehr **parallele Prüfungskompetenzen** der Behörden des Referenzmitgliedstaats und des Aufnahmemitgliedstaats vor. Ergeben sich abweichende Einschätzungen der Behörden des Referenzmitgliedstaats und des Aufnahmemitgliedstaats, verweist § 334 Abs. 1 Satz 2 KAGB auf Art. 19 der Verordnung (EU) Nr. 1095/2010 (ESMA-VO), der ein besonderes **Schlichtungsverfahren bei der ESMA** sowie ein Letztentscheidungsrecht der ESMA vorsieht.

IV. Formelle Voraussetzungen für den Vertrieb (Outgoing-Passport)

10 Wie beim Vertrieb von ausländischen AIF im Inland (§ 326 KAGB) hat die ausländische AIF-Verwaltungsgesellschaft auch vor Beginn des grenzüberschreitenden Vertriebs die **Absicht des Vertriebs der BaFin anzuzeigen** (*outgoing AIF notification*). Aufgrund der verwalterbezogenen Regulierung der ausländischen AIF-Verwaltungsgesellschaft, die Deutschland als Referenzmitgliedstaat hat, richtet sich das Verfahren nach den auf AIF-Kapitalverwaltungsgesellschaften anwendbaren Grundsätzen (§ 332 KAGB). Damit ist auch die **grundsätzliche Anerkennung der Vertriebszulassung im Rahmen eines zwischenbehördlichen Verfahrens** durch die Aufsichtsbehörde des Aufnahmemitgliedstaats verbunden.

11 Wegen des **Inhalts des Anzeigeschreibens** sowie der erforderlichen Dokumentation und Angaben verweist § 334 Abs. 2 Satz 2 auf § 331 Abs. 2 Satz 1 KAGB. Dabei handelt es sich um ein offensichtliches Redaktionsversehen. Richtigerweise wird auf § 331 Abs. 1 Satz 2 KAGB Bezug genommen, der wiederum auf § 321 Abs. 1 Satz 2 KAGB verweist (vgl. hierzu die Kommentierung bei § 321 Rz. 13 ff.). Vor Erlass eines gesonderten Merkblatts zu § 334 KAGB wird man sich an dem englischsprachigen Formular der BaFin für Anzeigen nach § 331 KAGB orientieren können.[7]

12 Wegen der **elektronischen Einreichung** der Anzeige und des weiteren **Prüfungsverfahrens** verweist § 334 Abs. 2 auf § 331 Abs. 2 bis 5 und Abs. 6 KAGB (vgl. hierzu die Kommentierung bei § 331 Rz. 11 und Rz. 13 ff.). Der Vertrieb darf erst dann begonnen werden, wenn die BaFin der ausländischen AIF-Verwaltungsgesellschaft mitgeteilt hat, dass der Aufnahme des beabsichtigten Vertriebs an professionelle Anleger im Aufnahmemitgliedstaat keine Gründe entgegenstehen und der Vertrieb daher nach § 334 Abs. 3 i.V.m. § 331 Abs. 5 Satz 2 KAGB ab dem Datum der behördlichen Entscheidung statthaft ist (§ 331 Rz. 16).

V. Änderungsanzeige (Outgoing-Update)

13 Wie beim Vertrieb durch AIF-Kapitalverwaltungsgesellschaften (§ 332 Abs. 3 i.V.m. § 331 Abs. 7 und § 321 Abs. 4 Satz 1 KAGB) sind **wesentliche Änderungen** im Hinblick auf die im Anzeigeschreiben enthaltenen Informationen (*outgoing update*) der BaFin in der Regel vor Vollzug schriftlich **mitzuteilen** (§ 334 Abs. 3 i.V.m. § 331 Abs. 7, § 321 Abs. 4 Satz 1 KAGB). Siehe hierzu die Kommentierung bei § 331 Rz. 19 ff.

VI. Zwischenbehördliche Meldepflichten

14 Die BaFin **informiert die ESMA** über die erteilte Vertriebsgenehmigung sowie über zulässige Änderungen, die die Beendigung des Vertriebs von bestimmten AIF oder zusätzlich vertriebenen AIF betreffen (§ 334 Abs. 3 Nr. 2 und 3 KAGB).

---

7 BaFin, Notification Letter on the basis of section 331 of the Investment Code (Kapitalanlagegesetzbuch – KAGB) for the electronic notification procedure for marketing units or shares of EU AIFs or domestic AIFs managed by an AIF management company to professional investors in other member states of the European Union or in signatories to the Agreement on the European Economic Area pursuant to section 331 of the KAGB (Stand: 25.7.2018), abrufbar auf www.bafin.de.

§ 335 Bescheinigung der Bundesanstalt

(1) Unbeschadet der Anzeigen nach den §§ 331 bis 334 stellt die Bundesanstalt auf Antrag der AIF-Kapitalverwaltungsgesellschaft eine Bescheinigung darüber aus, dass die Vorschriften der Richtlinie 2011/61/EU erfüllt sind.

(2) Die Bundesanstalt stellt auf Antrag der AIF-Kapitalverwaltungsgesellschaft, die gemäß § 44 registriert ist, eine Bescheinigung über die Registrierung aus.

In der Fassung vom 4.7.2013 (BGBl. I 2013, S. 1981).

Schrifttum: S. bei § 321.

Im Rahmen des zwischenbehördlichen Verfahrens bei der Anzeige des Vertriebs in einem anderen Mitgliedstaat der EU bzw. des EWR (§§ 331 bis 334 KAGB) stellt die BaFin ohne gesonderten Antrag eine **Bescheinigung über die Beaufsichtigung** der AIF-Kapitalverwaltungsgesellschaft aus und übermittelt sie den zuständigen Behörden des Aufnahmemitgliedstaats. § 335 KAGB erweitert die Pflicht der BaFin zur Ausstellung einer Aufsichtsbescheinigung in zweierlei Hinsicht. Nach Abs. 1 kann die AIF-Kapitalverwaltungsgesellschaft **auch außerhalb des Vertriebsanzeigeverfahrens** nach §§ 331 bis 334 KAGB die Ausstellung einer Bescheinigung über die Einhaltung der AIFM-RL verlangen. Zum anderen kann nach Abs. 2 auch eine **registrierte AIF-Kapitalverwaltungsgesellschaft**, die mangels Erlaubnis nicht vom EU-Vertriebspass profitiert (vgl. § 330a Rz. 1), eine Bescheinigung über ihre Registrierung verlangen. 1

Damit soll nach der Gesetzesbegründung in Anlehnung an § 128 Abs. 4 InvG a.F. (jetzt § 312 Abs. 6 KAGB) primär dem praktischen Bedürfnis Rechnung getragen werden, dass für den Vertrieb außerhalb der EU bzw. des EWR eine Bescheinigung über den AIF-Pass notwendig sein kann.[1] Es kann aber auch hiervon unabhängige Gründe für die Beantragung einer Aufsichtsbescheinigung geben (z.B. im Rahmen einer Unternehmensprüfung oder aufgrund von Anforderungen von Steuerbehörden).[2] Gerade mit dem erst im weiteren Gesetzgebungsverfahren ergänzten[3] § 335 Abs. 2 KAGB wird auch eine Lücke bei der Absicht des Vertriebs innerhalb der EU geschlossen. Für registrierte AIF-Kapitalverwaltungsgesellschaften steht es den Mitgliedstaaten frei, ob sie den grenzüberschreitenden Vertrieb zulassen (Art. 3 Abs. 4 AIFM-RL). Deutschland verlangt mit § 330a KAGB in diesem Zusammenhang die Vorlage einer Registrierungsbescheinigung, auf deren Ausstellung die AIF-Kapitalverwaltungsgesellschaft mit § 335 Abs. 2 KAGB einen Anspruch erhält. 2

Einer besonderen **Form oder einer Begründung des Antrags** bedarf es nicht.[4] Die Aufsichtsbescheinigung ist lediglich **gebührenpflichtig** (vgl. Ziff. 4.1.7.2.9 des Gebührenverzeichnisses der FinDAGKostV). 3

Anders als für die OGAW-Aufsichtsbescheinigung nach § 312 Abs. 6 KAGB ist der **Inhalt der Aufsichtsbescheinigung** nach § 335 KAGB gesetzlich nicht konkret festgelegt. Nach dem Wortlaut umfasst die Bescheinigung nach Abs. 1 die „Erfüllung der Vorschriften der AIFM-RL". Eine Anlehnung an den Wortlaut von Anlage II der Verordnung (EU) Nr. 584/2010, der ein Muster für die OGAW-Aufsichtsbescheinigung enthält, ist nicht möglich. Die Bescheinigung nach § 335 KAGB bezieht sich auf die Verwaltungsgesellschaft und anders als die Bescheinigung nach § 312 Abs. 6 KAGB nicht auf das Investmentvermögen. Aus diesem Grunde sollte man bei § 335 KAGB besser auch von „AIFM-Bescheinigung" und nicht von „AIF-Bescheinigung" sprechen.[5] Den Inhalt der Aufsichtsbescheinigung wird man vielmehr in Anlehnung an §§ 323 und 331 bis 334 KAGB konkretisieren müssen. Im zwischenbehördlichen Verfahren wird lediglich bescheinigt, dass die AIF-Kapitalverwaltungsgesellschaft über eine Erlaubnis von AIF mit einer bestimmten Anlagestrategie nach der AIFM-RL verfügt. Die Bescheinigung nach Abs. 2 bezieht sich dagegen auf die Registrierung der AIF-Kapitalverwaltungsgesellschaft nach Art. 3 Abs. 3 AIFM-RL. 4

Wenngleich § 335 KAGB keine Regelung hinsichtlich der **Sprache** der Aufsichtsbescheinigung trifft, wird man der AIF-Kapitalverwaltungsgesellschaft neben dem Anspruch auf eine deutschsprachige Aufsichtsbescheinigung im Hinblick auf die Sprachregelung in §§ 323 und 331 bis 334 KAGB einen Anspruch auf Ausstellung einer Bescheinigung in englischer Sprache zubilligen können. 5

---

1 Entwurf der Bundesregierung zum AIFM-Umsetzungsgesetz, BT-Drucks. 17/12294, 295.
2 *Zeidler* in Weitnauer/Boxberger/Anders, § 335 KAGB Rz. 1.
3 Beschlussempfehlung und Bericht des Finanzausschusses v. 10.5.2013, BT-Drucks. 17/13395, 326.
4 *Zeidler* in Weitnauer/Boxberger/Anders, § 335 KAGB Rz. 1.
5 Anders *Zeidler* in Weitnauer/Boxberger/Anders, § 335 KAGB Rz. 1.

Unterabschnitt 4
Verweis und Ersuchen für den Vertrieb von AIF an semiprofessionelle und professionelle Anleger

§ 336 Verweise und Ersuchen nach Artikel 19 der Verordnung (EU) Nr. 1095/2010

(1) Die näheren Bestimmungen zu den in § 322 Absatz 1 Nummer 1, § 324 Absatz 1 Satz 1, § 326 Absatz 1, § 328 Absatz 1 Satz 1, § 330 Absatz 1 Satz 1 Nummer 3, § 332 Absatz 1 Satz 1 und § 334 Absatz 1 Satz 1 genannten Vereinbarungen über die Zusammenarbeit richten sich nach den Artikeln 113 bis 115 der Delegierten Verordnung (EU) Nr. 231/2013.

(2) Lehnt eine zuständige Stelle einen Antrag auf Informationsaustausch im Sinne der §§ 324, 328, 332 und 334 zwischen den zuständigen Stellen des Herkunftsmitgliedstaates oder des Referenzmitgliedstaates und den zuständigen Stellen der Aufnahmemitgliedstaaten der AIF-Kapitalverwaltungsgesellschaft, der EU-AIF-Verwaltungsgesellschaft oder der ausländischen AIF-Verwaltungsgesellschaft ab, so können die Bundesanstalt und die zuständigen Stellen des Herkunftsmitgliedstaates oder des Referenzmitgliedstaates und des Aufnahmemitgliedstaates der AIF-Verwaltungsgesellschaft die Europäische Wertpapier- und Marktaufsichtsbehörde nach Maßgabe des Artikels 19 der Verordnung (EU) Nr. 1095/2010 um Hilfe ersuchen.

(3) Schließt eine für einen EU-AIF zuständige Stelle die gemäß § 330 Absatz 1 Satz 1 Nummer 3 Buchstabe a geforderte Vereinbarung über Zusammenarbeit nicht innerhalb eines angemessenen Zeitraums ab, kann die Bundesanstalt die Europäische Wertpapier- und Marktaufsichtsbehörde nach Maßgabe des Artikels 19 der Verordnung (EU) Nr. 1095/2010 um Hilfe ersuchen.

In der Fassung vom 4.7.2013 (BGBl. I 2013, S. 1981).

Schrifttum: S. bei § 321.

I. Anforderungen an Kooperationsvereinbarungen beim Vertrieb von AIF mit Drittstaatenbezug (§ 336 Abs. 1 KAGB)

1 Beim Vertrieb von AIF mit Drittstaatenbezug an professionelle und semi-professionelle Anleger stellen die §§ 321 ff. KAGB bestimmte Mindestanforderungen an die Kooperationsbereitschaft des betroffenen Drittstaats in fiskalischen und regulatorischen Angelegenheiten. Insbesondere muss zwischen der BaFin und den Regulierungsbehörden des Drittstaats eine **Kooperationsvereinbarung** (***memorandum of understanding***) bestehen. Der erforderliche Umfang der Kooperationsvereinbarungen ist nicht bei allen Vertriebstatbeständen identisch formuliert. Während die Vorschriften über den Drittstaatenvertrieb außerhalb des Drittstaatenvertriebspasses (§§ 329 und 330 KAGB) eine Kooperationsvereinbarung erfordern, die der Überwachung von Systemrisiken dient und die es der BaFin oder der Stelle des Herkunftsmitgliedstaats der EU-AIF-Verwaltungsgesellschaft ermöglicht, die Aufgaben nach der AIFM-RL zu erfüllen, muss die Kooperationsvereinbarung für den Drittstaatenvertriebspass (§§ 322, 324, 326, 332 und 334 KAGB) nicht „der Überwachung von Systemrisiken" dienen, sondern einen effizienten Informationsaustausch gewährleisten. Ein differenzierter Ansatz der Aufsichtsbehörden ist in diesem Zusammenhang aber nicht zu beobachten.[1] Vielmehr beschränken sich die ESMA und die BaFin derzeit auf die Verhandlung und den Abschluss der umfassenderen Kooperationsvereinbarungen.

1 Kritisch: *Zeidler* in Weitnauer/Boxberger/Anders, § 329 KAGB Rz. 5.

Wegen der Anforderungen an Form und Inhalt der Kooperationsvereinbarungen verweist § 336 Abs. 1 KAGB auf **Art. 113 bis 115 AIFM-RL-DVO**. Nach der Begründung des Regierungsentwurfs soll Abs. 1 der Umsetzung von Art. 35 Abs. 11, Art. 40 Abs. 11 und Art. 42 Abs. 3 AIFM-RL dienen.[2] Tatsächlich hat die Vorschrift allerdings nur klarstellende Funktion, da sich die Anwendbarkeit der Art. 113 bis 115 AIFM-RL-DVO unmittelbar aufgrund des Verordnungscharakters der Vorschriften ergibt.[3] Die **ESMA** hat diese Anforderungen durch **Leitlinien** weiter konkretisiert.[4] Eine europaweite Liste der bereits von EU-Aufsichtsbehörden unterzeichneten Kooperationsvereinbarungen wird regelmäßig auf der Internetseite der ESMA veröffentlicht.[5] Eine Liste der mit der BaFin bestehenden Kooperationsvereinbarungen ist auch auf der Internetseite der BaFin abrufbar.[6] 2

II. ESMA-Schlichtungsverfahren (§ 336 Abs. 2 und Abs. 3 KAGB)

1. Zurückweisung von Anträgen zum Informationsaustausch (§ 336 Abs. 2 KAGB)

§ 336 Abs. 2 KAGB verweist bei der Ablehnung von Informationsaustauschgesuchen i.S.d. §§ 324, 328, 332 und 334 KAGB auf Art. 19 der Verordnung (EU) Nr. 1095/2010 (ESMA-VO), der ein besonderes **Schlichtungsverfahren bei der ESMA** sowie ein Letztentscheidungsrecht der ESMA vorsieht.[7] Der Anwendungsbereich ist auf den **Vertrieb von AIF mit Drittstaatenbezug im EU-grenzüberschreitenden Kontext** beschränkt. Erfasst werden die *inbound*-Konstellationen der §§ 324 und 328 KAGB, die den Vertrieb von AIF mit Drittstaatenbezug in Deutschland durch EU-AIF-Verwaltungsgesellschaften oder ausländische Verwaltungsgesellschaften mit einem anderen Mitgliedstaat als Referenzmitgliedstaat betreffen. Daneben werden die *outbound*-Konstellationen der §§ 332 und 334 KAGB erfasst, die den grenzüberschreitenden Vertrieb von ausländischen AIF in einem anderen Mitgliedstaat betreffen. 3

Wenngleich §§ 324, 328, 332 und 334 KAGB mit dem Verweis auf § 322 Abs. 1 KAGB einen effektiven Informationsaustausch zwischen der BaFin und den Behörden des betroffenen Drittstaats fordern, betrifft das in § 336 Abs. 2 KAGB referenzierte Schlichtungsverfahren den Informationsaustausch zwischen den Behörden der beteiligten Mitgliedstaaten. Bei den *inbound*-Konstellationen der §§ 324 und 328 KAGB geht es also um den Informationsaustausch zwischen BaFin als Behörde des Aufnahmemitgliedstaats und der jeweiligen Behörde des Herkunfts- bzw. Referenzmitgliedstaats der Verwaltungsgesellschaft. Bei den *outbound*-Konstellationen der §§ 332 und 334 KAGB geht es um den Informationsaustausch zwischen der BaFin als Behörde des Herkunfts- bzw. Referenzmitgliedstaats der Verwaltungsgesellschaft und der jeweiligen Behörde des Aufnahmemitgliedstaats. Dies ergibt sich zum einen daraus, dass das Schlichtungsverfahren nur Behörden der Mitgliedstaaten offen steht. Ferner soll § 336 Abs. 2 KAGB der **Umsetzung von Art. 35 Abs. 15 und Art. 40 Abs. 15 AIFM-RL** dienen.[8] Diese verweisen auf die technischen Regulierungsstandards, in denen die Verfahren für die Koordinierung und den Informationsaustausch zwischen der zuständigen Behörde des Herkunfts- bzw. Referenzmitgliedstaats und den zuständigen Behörden des Aufnahmemitgliedstaats festzulegen sind. 4

Da die technischen Regulierungsstandards insgesamt eine effiziente Kooperation zwischen den Behörden der beteiligten Mitgliedstaaten sicherstellen sollen, ist § 336 KAGB weit auszulegen. Als Antrag auf Informationsaustausch kommt daher **jegliches Informationsersuchen** in Betracht, auch wenn es nicht die Form eines förmlichen Antrags hatte.[9] 5

2. Nichtabschluss von Kooperationsvereinbarungen (§ 336 Abs. 3 KAGB)

Dasselbe Verfahren eröffnet § 336 Abs. 3 KAGB für den Fall, dass die Behörden eines anderen Mitgliedstaats die in § 330 Abs. 1 Satz 1 Nr. 3 lit. a KAGB geforderte **Kooperationsvereinbarung nicht abschließen**. Das Anzeigeverfahren für ausländische Verwaltungsgesellschaften beim Vertrieb von EU-AIF sieht vor, 6

2 Begründung zum Entwurf der Bundesregierung zum AIFM-Umsetzungsgesetz, BT-Drucks. 17/12294, 295.
3 *Zeidler* in Weitnauer/Boxberger/Anders, § 336 KAGB Rz. 1.
4 Leitlinien für das Muster-MoU über Konsultation und Kooperation sowie den Austausch von Informationen im Zusammenhang mit der Beaufsichtigung von AIFMD-Unternehmen vom 28.11.2013, ESMA/2013/998.
5 Abrufbar auf: https://www.esma.europa.eu/document/aifmd-mous-signed-eu-authorities-updated (Stand: 31.7.2018).
6 https://www.bafin.de/SharedDocs/Veroeffentlichungen/DE/Merkblatt/WA/mb_130722_internat_koopvereinbarungen_kagb.html (Stand: 31.7.2018).
7 Zu den Einzelheiten des Verfahrens s. *Hartig* in Moritz/Klebeck/Jesch, § 336 KAGB Rz. 33 ff.
8 Begründung zum Entwurf der Bundesregierung zum AIFM-Umsetzungsgesetz, BT-Drucks. 17/12294, 295.
9 *Hartig* in Moritz/Klebeck/Jesch, § 336 KAGB Rz. 29.

dass neben der Kooperationsvereinbarung zwischen der BaFin und der Behörde des Drittstaats, in dem die ausländische AIF-Verwaltungsgesellschaft ihren Sitz hat, auch eine Kooperationsvereinbarung zwischen dem Drittstaat und dem Herkunftsmitgliedstaat des EU-AIF existiert (§ 330 Rz. 17). Die Zulässigkeit des Vertriebs im Inland hängt damit von einer zwischenbehördlichen Vereinbarung ab, die zwischen den Behörden eines anderen Mitgliedstaats und den Behörden des betroffenen Drittstaats geschlossen wurde. § 336 Abs. 3 KAGB setzt Art. 42 Abs. 1 Unterabs. 2 AIFM-RL um[10] und eröffnet damit der BaFin die Möglichkeit, ein Verfahren zu initiieren, das auf den Abschluss einer solchen Vereinbarung zielt.

10 Begründung zum Entwurf der Bundesregierung zum AIFM-Umsetzungsgesetz, BT-Drucks. 17/12294, 295.

Kapitel 5
Europäische Risikokapitalfonds

Vorbemerkungen vor § 337

Schrifttum: *Gompers/Lerner*, The Venture Capital Cycle, 2nd. ed. 2004; *Jesch/Aldinger*, EU-Verordnungsvorschlag über Europäische Risikokapitalfonds (EuVECA) – Wer wagt, gewinnt?, RdF 2012, 21; *Kumpan*, Die europäische Kapitalmarktunion und ihr Fokus auf kleinere und mittlere Unternehmen, ZGR 2016, 2; *Kuntz*, Gestaltung von Kapitalgesellschaften zwischen Freiheit und Zwang – Venture Capital in Deutschland und den USA, 2015; *Park & Vermeulen*, The Future of Venture Capital in Europe: Applicable Lessons from the United States, in Zetzsche, AIFMD, 2nd ed. 2015, S. 667; *Majcen*, „EuVECA" (Europäischer Risikokapitalfonds) Ein neues EU-Gütesiegel für Venture-Capital-Fonds, ÖBA 2013, 705; *Schmid*, Das Grünbuch zur Schaffung einer Kapitalmarktunion – EU-Kapitalmarkt 4.0, GPR 2015, 129; *Siering/Izzo-Wagner*: „Praktische Hürden" der EuVECA-Verordnung, BKR 2014, 242; *Siering/Izzo-Wagner*, Die EuVECA-VO – eine Sackgasse der Verwaltungspraxis? – Die aktuelle Aufsichtspraxis als großes Problem für die Venture Capital Branche, BKR 2015, 101; *Tancredi*, Die Regulierung von Hedge-Fonds und Private Equity in Europa und den USA: eine rechtsvergleichende Untersuchung der AIFM-Richtlinie und des Dodd-Frank-Act unter ergänzender Einbeziehung des AIFM-Umsetzungsgesetzes und der EuVECA-VO, 2016; *Weitnauer*, Die Verordnung über Europäische Risikokapitalfonds („EuVECA-VO"), GWR 2014, 139; *Weitnauer* (Hrsg.), Handbuch Venture Capital, 2016.

I. Entstehung und politische Zwecksetzung der EuVECA-VO

1 Ziel der EuVECA-VO ist die **Erleichterung des Vertriebs von Risikokapitalfonds** in der EU bzw. im EWR.[1] Die Verordnung ist – neben der EuSEF-VO – eine von zwei Zwillingsverordnungen mit Sonderbestimmungen für bestimmte AIF-Produkte; vergleichbare Begleitverordnungen zur AIFM-RL sind die ELTIF-VO und die MMF-VO. Rechtsgrundlage der EuVECA-VO ist Art. 114 AEUV (Angleichung der Rechtsvorschriften zur Errichtung und Erhaltung eines funktionsfähigen Binnenmarktes).[2] Das Regelungsziel der grenzüberschreitenden Harmonisierung und Standardisierung rechtfertigt vor dem Hintergrund des Subsidiaritätsprinzips des Art. 5 Abs. 3 EUV ein Tätigwerden auf europäischer Ebene.[3]

2 Die europäische Kommission möchte insbesondere die **Finanzierungssituation von Start-ups** in der Spätphase verbessern und damit (auch) Ausstiegsmöglichkeiten eröffnen. Hier besteht insbesondere im Vergleich zu den USA Nachholbedarf. Europäische Risikokapitalfonds sind im Vergleich nach wie vor deutlich kleiner.[4]

3 Die Erleichterung des Vertriebs dieser Produkte steht in einem gewissen **Spannungsverhältnis zu den strengeren Anlegerschutzbestimmungen der AIFM-RL**. Die Verordnung sucht die Balance zwischen Kosteneffizienz und Attraktivität der Produkte einerseits, „Sicherheit und Zuverlässigkeit" der Bezeichnung EuVECA andererseits.[5]

4 Per Juli 2018 werden im von ESMA geführten Register 164 EuVECA geführt, davon sind 63 Fonds in Großbritannien, 19 in Deutschland, 19 in den Niederlanden und 16 in Luxemburg angesiedelt. Dem stehen acht europäische (bei drei deutschen) EuSEF gegenüber.[6] Dass der Aktivierung des Risikokapitalmarkts bislang kein überwältigender Erfolg beschieden war, ist **regulatorischen, steuerlichen und administrativen Hindernissen** geschuldet. Im Jahr 2016 wurde ein Drittel der grenzüberschreitend vertriebenen Fonds nur in

1 ErwGr. 56 EuVECA-VO.
2 ErwGr. 2 EuVECA-VO.
3 EC, Working Paper, SWD(2016)228 final, S. 20.
4 Mitteilung der Kommission: Europas Marktführer von morgen: die Start-up- und die Scale-up-Initiative, COM (2016) 733 final, 12.
5 ErwGr. 56 EuVECA-VO.
6 Abrufbar unter https://registers.esma.europa.eu.

insgesamt zwei Mitgliedstaaten vertrieben, ein Drittel in maximal fünf Mitgliedstaaten.[7] Dies ist Konsequenz der Kosten überbordender und zu übersetzender Fondsdokumentationen, von nationalen Vertriebs- und Verbraucherschutzregeln, des Zwangs zur Beauftragung nationaler Zahlstellen und der Gebühren für den grenzüberschreitenden Vertrieb (sog. Registrierungsgebühr).[8] Zumindest letztere wurden im Rahmen von EuVECA II untersagt, die Quellensteuerrückforderung soll vereinfacht werden.[9]

5 Trotz des Namens Risikokapitalverordnung konzentriert sich die EuVECA nicht ausschließlich auf Unternehmen in der Anfangsphase, sondern **generell auf die Finanzierung kleiner und mittlerer Unternehmen (KMU)**. Die Unternehmen sollen von einer zusätzlichen Finanzierungsquelle, Know-how und Geschäftskontakten profitieren, welche die professionellen Investoren mitbringen.[10] Dies ist auch ein wichtiges Element zur Schaffung der Kapitalmarktunion.[11]

II. EuVECA II und EuSEF II

6 Nach umfassender Konsultation[12] hat die Europäische Kommission am 5.8.2016 einen Entwurf zur Revision der EuVECA-VO und EuSEF-VO[13] vorgelegt, der am 30.5.2017 im Trilogue-Verfahren verabschiedet wurde[14] und am 14.9.2017 das Europäische Parlament passiert hat.[15] Seit der Reform dürfen AIF-KVG mit Vollzulassung erstmals[16] EuVECAs und EuSEFs verwalten (vgl. insb. Art. 14 Abs. 4, Art. 14a, Art. 21a EuVECA-VO), wodurch die Verwaltungskosten sinken sollen. Des Weiteren wurden die Anlagemöglichkeiten in kleine Unternehmen mit mittlerer Kapitalisierung und auf KMU-Wachstumsmärkten notierten KMU erweitert, was zur Diversifizierung des Fondsportfolios beitragen soll. Zudem wurden Gründung, Registrierung und Betrieb erleichtert, insbesondere durch ein einheitliches Mindestkapital (vgl. Art. 10 EuVECA-VO) und Beschränkungen bei der Gebührenerhebung durch die Behörden der Aufnahmemitgliedsstaaten (Art. 16 Abs. 2 EuVECA-VO).

III. EuVECA-VO vs. europäisches Recht

1. AIFM-RL, ELTIF-VO

7 Die Abgrenzung zu klassischen alternativen Investmentfonds und mit diesen assoziierten verpönten „Übernahmen" und „spekulativen Investitionen" war bei der Entwicklung der EuVECA-VO ein wichtiges Regulierungsziel.[17] Verwalter von EuVECAs dürfen die Kontrolle an Unternehmen erwerben, ohne den Pflichten nach §§ 287 f. KAGB unterworfen zu sein. Eine **klare Definition des Produktes** bezweckt auch den Schutz vor einer Umgehung der AIFM-RL durch Nutzung der EuVECA-VO. Diese erfolgte durch eine **auf KMU fokussierte Definition des Anlagegegenstands** (vgl. Art. 3 Buchst. d EuVECA-VO).

---

7 Bericht der Kommission: Beschleunigung der Kapitalmarktunion: Beseitigung nationaler Hindernisse für Kapitalströme, COM(2017) 147 final, 3.

8 Bericht der Kommission: Beschleunigung der Kapitalmarktunion: Beseitigung nationaler Hindernisse für Kapitalströme, COM(2017) 147 final, 4 ff.

9 Bericht der Kommission: Beschleunigung der Kapitalmarktunion: Beseitigung nationaler Hindernisse für Kapitalströme, COM(2017) 147 final, 13. Siehe bereits ErwGr. 5 EuVECA-VO.

10 ErwGr. 1 EuVECA-VO.

11 Europäische Kommission, Mitteilung: Vollendung der Kapitalmarktunion bis 2019, COM(2018) 114 final, S. 4 f.

12 Vgl. Europäische Kommission, Consultation Document Review of the European Venture Capital Funds (EUVECA) and European Social Entrepreneurship Funds (EUSEF) Regulations, 30.9.2015.

13 Vgl. KOM(2016) 461 final.

14 Verordnung (EU) 2017/1991 vom 25.10.2017 zur Änderung der Verordnung (EU) Nr. 345/2013 über Europäische Risikokapitalfonds und der Verordnung (EU) Nr. 346/2013 über Europäische Fonds für soziales Unternehmertum („EuSEF-VO 2017/1991").

15 Legislative Entschließung des Europäischen Parlaments vom 14.9.2017 zu dem Vorschlag für eine Verordnung des Europäischen Parlaments und des Rates zur Änderung der Verordnung (EU) Nr. 345/2013 über Europäische Risikokapitalfonds und der Verordnung (EU) Nr. 346/2013 über Europäische Fonds für soziales Unternehmertum (COM(2016)0461 – C8-0320/2016 – 2016/0221(COD)) (Ordentliches Gesetzgebungsverfahren: erste Lesung), P8_TA(2017)0356.

16 Zum Verhältnis der AIFM-RL zur EuVECA-VO vor EuVECA II vgl. *Jesch/Aldinger*, RdF 2012, 21; *Majcen*, ÖBA 2013, 705; *Tancredi*, S. 234 ff.

17 ErwGr. 11 EuVECA-VO.

Neben diese Definition trat ursprünglich eine auf **die Größe des Verwalters** bezogene Obergrenze des vom Verwalter verwalteten Vermögens, welches den Schwellenwert des Art. 3 Abs. 2 Buchst. b der AIFM-RL unterschreiten musste. Dies führte zu komplizierten Fragen, welche Vorschriften der EuVECA-VO und der AIFM-RL anzuwenden waren.[18] Die schwellenwertbezogene Abgrenzung wurde mit EuVECA II aufgegeben. Seither dürfen auch AIF-KVG mit Vollzulassung und erheblichen Vermögen EuVECAs auflegen und als solche vertreiben (vgl. Art. 14a EuVECA-VO). 8

Damit ist es auch möglich geworden, dass eine AIF-KVG zugleich EuVECAs und **ELTIFs** verwaltet. Bei beiden Fonds geht es um illiquide Anlagen, jedoch sind ELTIFs in der Regel größer und zwingend auf die langfristige Anlage ausgerichtet. Freilich können ELTIF-Anlagen durchaus die KMU-Definition der EuVECA-VO erfüllen, so dass es dem Wahlrecht des Verwalters überlassen ist, ob er bei entsprechender Zulassung ein Fondsprodukt als ELTIF oder EuVECA ausgestaltet. Rechtstechnisch besteht zudem der Unterschied, dass die EuVECA-VO als Verwalterregulierung, die ELTIF-VO dagegen als Produktregulierung konzipiert ist, die auf der AIFM-RL aufsetzt. Dazu Einl. Rz. 66 f. 9

2. OGAW-RL

Die Zulassung als OGAW-KVG allein berechtigt nicht zur Verwaltung von EuVECAs, vgl. Art. 2 EuVECA-VO in Frage. Externe AIF-KVG (AIFMs) dürfen aber neben EuVECAs und EuSEFs bei entsprechender Zulassung auch OGAW verwalten.[19] 10

3. EuSEF-VO

Die EuSEF-VO ist der EuVECA-VO in vielen Aspekten sehr ähnlich, weist jedoch einen **besonderen sozialpolitischen Zweck auf**. Die hierfür erforderlichen spezifischen Bestimmungen und auch die Auswirkungen der für EuSEF typischen Mischung von finanziellen und nicht-finanziellen Anlagezielen erforderten eine eigenständige Regulierung. EuSEF steht außerdem eine **breitere Palette von Investmentinstrumenten** zur Verfügung. Näher dazu Vor § 338 Rz. 15, Anh. zu § 338: Art. 3 EuSEF-VO Rz. 11 f. 11

Möchte ein EuVECA-Verwalter auch **EuSEF** verwalten, muss er sich **zwei Mal registrieren**, und zwar einmal unter der EuVECA-VO und einmal unter der EuSEF-VO, weil beide Regelwerke unter unterschiedlichen Voraussetzungen stehen. Allerdings soll weiterhin ein einfaches, verhältnismäßig liberales Regelwerk greifen, so dass die Behörden gehalten sind, die doppelte Antragstellung zu vereinfachen. 12

IV. EuVECA-VO vs. nationales Recht

1. Umsetzungsbefugnis der Mitgliedstaaten

Die EuVECA-VO soll einheitliche Anforderungen für den Vertrieb von Risikokapitalfonds im EWR schaffen.[20] § 337 KAGB verweist für EuVECA neben der Verordnung auf die §§ 1, 2, 5 Abs. 1 sowie §§ 6, 7, 13, 14, 44 Abs. 1 Nr. 1, 2, 5 bis 7 und Abs. 4 bis 7 KAGB. Diese Vorschriften betreffen überwiegend Aufsicht und Vollzug und sind als begleitende Regelung europarechtlich notwendig und zulässig. Näher § 337 Rz. 6 ff. 13

Die Bestimmungen des § 44 Abs. 1 Nr. 6 und 7 KAGB beschränken die **zulässigen Rechtsformen** der EuVECA auf juristische Personen und bestimmte Personenhandelsgesellschaften. Zwar macht die EuVECA-VO hinsichtlich der möglichen Rechtsformen keine Vorgaben. Angesichts der Beschränkung der Verordnung auf eine Verwalterregulierung[21] stellt sich die Frage, ob der Ausschluss etwa der vertraglichen Form mit dem europäisch formulierten Anspruch einheitlicher Regelungen vereinbar ist. Unseres Erachtens ist dies der Fall, da die EuVECA-VO zwecks Erleichterung der Finanzierung von KMU **den grenzüberschreitenden Vertrieb** von EuVECAs erleichtern soll. Diesem Ziel stehen die Rechtsformbeschränkungen des KAGB nicht entgegen, da sie für Fondsverwalter aus dem EU/EWR, die nach Deutschland gem. Art. 15 EuVECA-VO hinein notifiziert werden, nicht gelten. 14

18 Vgl. ESMA, Q&A Application of the EuSEF and EuVECA Regulation, 31 May 2016, ESMA/2016/774, Qu 1, S. 4 ff.

19 ErwGr. 7 EuVECA-VO.

20 ErwGr. 56 EuVECA-VO.

21 I.E. auch *Weitnauer* in Weitnauer u.a., Anhang, Art. 2 Rz. 3. (*Weitnauer* führt aus, die EuVECA-VO regle im Gegensatz zur ELTIF-VO nur den Verwalter und enthalte „keinerlei den Sozialfonds selbst betreffende Regelungen").

2. EuVECA-VO vs. Vertragsgestaltung mit Portfolio-Unternehmen

15 Die EuVECA-VO **verhält sich nicht** zur Vertragsgestaltung der Beteiligungsfinanzierung gegenüber den Portfolio-Unternehmen.[22] Sie wirkt aber durch die Auswahl der zulässigen Vermögensgegenstände (vgl. Art. 5 EuVECA-VO) in (geringfügigem) Maße auf die Gestaltung ein.

3. EuVECA-VO vs. nationales Bankrecht

16 Zu Konflikten kommt es zwischen der **Befugnis zur Kreditvergabe** von EuVECA und den Regelungen des KWG.[23] Die EuVECA-VO sieht insoweit keine weiteren Vorschriften, etwa zum Risikomanagement vor. S. dazu im Einzelnen die Erläuterungen zu § 2 Rz. 66 und § 29 Rz. 101 ff. Allerdings stehen die strengen Anlagevorschriften der EuVECA-VO einer Kaskadenbildung entgegen, so dass Systemrisiken kaum entstehen dürften.

4. Zentralisierung der Aufsicht bei ESMA

17 Die Kommission hat eine **Zentralisierung der Aufsicht** über EuVECA und EuSEF bei der ESMA angeregt.[24] Eine Einigung zu dem Vorschlag steht aus.

§ 337 Europäische Risikokapitalfonds

(1) Für AIF-Kapitalverwaltungsgesellschaften, die die Voraussetzungen nach § 2 Absatz 6 erfüllen, gelten

1. die §§ 1, 2, 5 Absatz 1 und die §§ 6, 7, 13, 14, 44 Absatz 1 Nummer 1, 2, 5 bis 7 und Absatz 4 bis 7 entsprechend sowie

2. die Vorschriften der Verordnung (EU) Nr. 345/2013.

(2) AIF-Kapitalverwaltungsgesellschaften, die die Voraussetzungen des Artikels 2 Absatz 2 der Verordnung (EU) Nr. 345/2013 erfüllen und die Bezeichnung „EuVECA" weiter führen, haben neben den Vorschriften dieses Gesetzes die in Artikel 2 Absatz 2 Buchstabe b der Verordnung (EU) Nr. 345/2013 genannten Artikel der Verordnung (EU) Nr. 345/2013 zu erfüllen.

In der Fassung vom 4.7.2013 (BGBl. I 2013, S. 1981), zuletzt geändert durch das Gesetz zur Anpassung von Gesetzen auf dem Gebiet des Finanzmarktes vom 15.7.2014 (BGBl. I 2014, S. 934).

I. Voraussetzungen des § 337 Abs. 1 KAGB

1. AIF-Kapitalverwaltungsgesellschaften

1 § 337 KAGB gilt für **AIF-KVG** gem. § 1 Abs. 16 KAGB (s. dazu § 1 Rz. 155), welche die **Voraussetzungen nach § 2 Abs. 6 KAGB** erfüllen. Die umständliche Formulierung meint, dass die AIF-KVG zum einen nach Art. 14 EuVECA-VO registriert sein muss (dazu Anh. zu § 338: Art. 14 EuSEF-VO Rz. 1 f.), ohne zugleich dem Art. 2 Abs. 2 EuVECA-VO zu unterfallen und damit (bei zusätzlicher Geltung einiger EuVECA-VO-

22 Vgl. dazu umfassend *Gompers/Lerner*, The Venture Capital Cycle, 2nd. ed. 2004; *Kuntz*, Gestaltung von Kapitalgesellschaften zwischen Freiheit und Zwang – Venture Capital in Deutschland und den USA, 2015; *Weitnauer*, Handbuch Venture Capital, 2016, 334 ff.; *Zetzsche*, NZG 2002, 942 ff.; *Zetzsche* in KölnKommAktG, 3. Aufl. 2018, § 179 AktG Rz. 112 ff.

23 Vgl. dazu *Zetzsche/Marte*, RdF 2015, 4 ff.

24 COM/2017/0536 final, Vorschlag vom 20.9.2017. Hierzu jüngst Stellungnahme des Europäischen Wirtschafts- und Sozialausschusses (EESC 2017-05295).

Bestimmungen) im Vollanwendungsbereich der AIFM-RL zu stehen. Die KVG darf zum anderen zugleich OGAWs verwalten, wenn sie eine Erlaubnis als externe OGAW-KVG führt. In diesem Fall muss sie neben § 337 KAGB und der EuVECA-VO die für die Verwaltung von OGAW geltenden Vorschriften beachten (näher § 2 Rz. 86). Seit der Reform der EuVECA-VO (Vor § 337 Rz. 8) dürfen auch AIF-KVG mit Zulassung nach §§ 17 ff. KAGB EuVECA verwalten.

Für **Nur-EuVECA-Verwalter** hat die Registrierung gem. Art. 14 EuVECA-VO zur Folge, dass auf die KVG nur Kapitel 5 KAGB anzuwenden ist und damit über eine Verweiskette nur bestimmte Vorschriften des KAGB. Die Registrierung ist freiwillig und führt grundsätzlich nicht dazu, dass die KVG keine AIF mehr verwalten darf. Es handelt sich um einen **Zusatz** aufsichtsbehördlicher Bestimmungen, **nicht um einen Ersatz**. Die Registrierung nach Art. 14 ff. EuVECA-VO wirkt nach Umsetzung der EuVECA II zugleich als solche gem. Art. 3 Abs. 3 Buchst. a AIFM-RL (sog. „kleiner AIFM").[1] 2

Soweit eine AIF-KVG zugleich der ganzen AIFM-RL untersteht, i.E. eine Zulassung gem. §§ 17 ff. KAGB vorliegt, gelten für sie neben den AIF-betreffenden Vorschriften des KAGB die Vorschriften der **EuVECA-VO unmittelbar**, wobei die EuVECA-VO einige Überschneidungen antizipiert (s. z.B. Art. 21 EuVECA-VO). 3

2. Verweis auf § 2 Abs. 7 KAGB

Die KVG muss die Voraussetzungen nach § 2 Abs. 7 KAGB erfüllen, also nach Art. 14 EuVECA-VO registriert sein (vgl. Kommentierung zu Anh. zu § 337: Art. 14 EuVECA-VO) ohne dem Anwendungsbereich der AIFM-RL und damit der Erlaubnispflicht nach § 20 KAGB zu unterstehen. Anderes gilt, wenn die KVG **die Schwellenwerte überschreitet**: In diesem Fall hat sie nach § 337 Abs. 2 KAGB die Bestimmungen des KAGB neben jenen der EuVECA VO zu beachten (Vor § 337 Rz. 8 f.). Keine Zusatzregistrierung *des Verwalters* ist erforderlich, wenn eine AIF-KVG **zusätzlich zur Erlaubnis nach §§ 17 ff. KAGB** nach Art. 14a Abs. 1 EuVECA-VO einen EuVECA registriert (vgl. auch § 337 Abs. 2 KAGB). 4

Die KVG kann aber auch eine Erlaubnis als **externe OGAW-KVG** erlangen und muss dann neben § 337 KAGB und der EuVECA -VO auch die für die Verwaltung von OGAW geltenden Vorschriften beachten. § 337 KAGB entspricht den europäischen Vorgaben, wonach zwar OGAW-KVGs nicht als Verwalter nach Art. 2 EuVECA-VO in Frage kommen, externe Verwaltungsgesellschaften aber neben EuVECA bei entsprechender Zulassung auch OGAW verwalten dürfen.[2] Über das bei allen Fremdvermögensverwaltern gewöhnliche Maß hinausgehende **Konflikte zwischen dem kommerziellen Eigeninteresse des Verwalters und den Sozialinteressen des Fonds** sind nicht zu befürchten. 5

II. Rechtsfolge des § 337 Abs. 1 KAGB

1. Entsprechende Geltung bestimmter KAGB-Vorschriften (§ 337 Abs. 1 Nr. 1 KAGB)

a) Verweis auf §§ 1, 2, 5 Abs. 1 und die §§ 6, 7, 13, 14 KAGB

Nach § 337 Abs. 1 Nr. 1 KAGB gelten die §§ 1, 2, 5 Abs. 1 und die §§ 6, 7, 13, 14, 44 Abs. 1 Nr. 1, 2, 5 bis 7 und Abs. 4 bis 7 KAGB entsprechend. Da die EuVECA-VO autonome Begriffsdefinitionen enthält, bezieht sich der Verweis in europarechtskonformer Auslegung auf die rein nationalen Definitionen sowie auf die durch ggf. Erlasse und Entscheidungen erfolgte Konkretisierung europäischer Begriffe. 6

Ähnliches gilt für den Verweis **auf § 2 KAGB**, welcher ebenso auslegungsbedürftige Ausnahmen vom AIF bzw. OGA Begriff vorsieht, wie etwa die Verbriefungszweckgesellschaft in § 2 Abs. 1 Nr. 7 KAGB. Daneben setzt § 2 KAGB den Art. 3 Abs. 2 der AIFM-RL für AIFM um, die die Schwellenwerte der Richtlinie nicht überschreiten. 7

Der Verweis auf **§ 5 Abs. 1** KAGB unterstellt den EuVECA-Verwalter der Aufsicht der BaFin (näher § 5 Rz. 3). Der Verweis auf **§ 14 KAGB** regelt deren Auskunfts- und Prüfbefugnisse (näher § 14 Rz. 3). Der Verweis auf **§ 6** sorgt dafür, dass § 6a KWG anzuwenden ist, wenn der Verdacht besteht, dass anvertraute Vermögensgegenstände oder Transaktionen der Terrorismusfinanzierung dienen (näher § 6 Rz. 4 ff.). Der Verweis auf **§ 7 KAGB** regelt den Ausschluss der aufschiebenden Wirkung von Widersprüchen und Anfechtungsklagen gegen bestimmte Maßnahmen der BaFin (näher § 7 Rz. 1 ff.). Der Verweis auf **§ 13 KAGB** dient dem Informationsaustausch mit der Deutschen Bundesbank (näher § 13 Rz. 1 ff.). 8

---

1 Zuvor hatte ESMA die nationalen Behörden angehalten, diesen Prozess möglichst einfach zu gestalten. Q&A ESMA (31 May 2016); ESMA/2016/774, Antwort 2.

2 ErwGr. 7 EuVECA-VO.

9 Zwar sind EuVECA AIF im Sinne des KAGB, daraus kann jedoch nicht ohne nähere Betrachtung geschlossen, werden, dass sämtliche Bestimmungen des KAGB für AIF auf EuVECA anzuwenden sind. Grund ist, dass das KAGB mitunter eine nationale Produktregulierung für AIF vorsieht, was aufgrund der Ausrichtung der AIFM-RL auf eine Verwalterregulierung auch zulässig ist. Diese nationale Produktregulierung darf jedoch mit den Vorgaben der EuVECA-VO nicht im Widerspruch stehen. Bestimmungen, die den von der EuVECA-VO gewährten Spielraum überschreiten, sind aufgrund des **Anwendungsvorranges der EuVECA-VO** nicht anzuwenden.

b) Verweis auf § 44 Abs. 1 Nr. 1, 2, 5 bis 7 KAGB

10 § 44 KAGB setzt die **Bestimmungen von Art. 3 AIFM-RL zur Registrierung und Schwellenwertberechnung** um und bezieht sich zugleich auf die Bestimmungen des Kapitels II, Abschnitt 1 der AIFM-DVO. Dazu § 44 Rz. 3.

11 Auf EuVECA-Verwalter anzuwenden sind insbesondere a) die Pflicht zur **Registrierung** bei der BaFin (wobei es zu Konflikten mit Art. 14 ff. EuVECA-VO kommt), b) die Pflicht, die von EuVECA-Verwaltern zum Zeitpunkt der Registrierung **verwalteten EuVECA gegenüber der BaFin auszuweisen**, sowie c) die Pflicht zur **Information der BaFin** beim Wegfall der Registrierungsvoraussetzungen; es gilt § 44 Abs. 6 KAGB (dazu § 44 Rz. 43 ff.), der Verwalter darf jedoch weiterhin EuVECA vertreiben.

12 Die Bestimmungen des § 44 Abs. 1 Nr. 6 und 7 KAGB **beschränken die zulässigen Rechtsformen der EuVECA**-Verwalter auf juristische Personen und bestimmte Personenhandelsgesellschaften. Dazu bereits Vor § 337 Rz. 14.

c) Verweis auf § 44 Abs. 4 bis 7 KAGB

13 Der Verweis auf § 44 Abs. 4 bis 6 KAGB nimmt die **Details der Registrierungspflichten** in Bezug (näher § 44 Rz. 28 ff.). Während die EuVECA-VO die Anwendbarkeit der Bestimmungen zur Berechnung der Schwellenwerte der AIFM-DVO selbst anordnet, erweitert § 44 Abs. 7 KAGB diesen Verweis auf Art. 5 AIFM-DVO. Dieser regelt die Informationspflichten im Hinblick auf **Systemrisiken**, konkret Informationen im Hinblick auf die Anlagestrategie, inklusive Industriesektoren und Kreditaufnahme (vgl. § 44 Rz. 51 f.). Angesichts der geringen Größe von EuVECAs dürfte dieser Vorschrift keine Bedeutung zukommen.

2. Geltung der EuVECA-VO (§ 337 Abs. 1 Nr. 2 KAGB)

14 Außer den in § 337 Abs. 1 Nr. 1 KAGB genannten Bestimmungen des KAGB gelten die Vorschriften der EuVECA-VO. Die **Verweisung ist deklaratorisch**, weil die Verordnung ohnedies in allen Mitgliedstaaten ohne Umsetzungsakt gilt (Art. 288 Abs. 2 AEUV). Man mag die Norm als rechtstechnische Erinnerung verstehen. Soweit es zu Konflikten zwischen § 337 KAGB und der EuVECA-VO kommt, hat die EuVECA-VO als unmittelbar geltendes europäisches Recht Vorrang.

III. Fortführung der EuVECA-Bezeichnung bei Überschreiten der Schwellenwerte (§ 337 Abs. 2 KAGB)

15 Verwalter, die nach der Registrierung nach § 44 KAGB Schwellenwerte des Art. 3 Abs. 2 Buchst. b AIFM-RL überschreiten und eine Vollzulassung der BaFin als AIF-KVG benötigen, können die Fondsbezeichnung EuVECA beim Vertrieb von entsprechenden Fonds weiterhin verwenden, wenn sie **sowohl die Anforderungen der AIFM-RL als auch jene der EuVECA-VO** erfüllen. Dies gilt sowohl für zuvor bereits vertriebene Fonds, als auch für Fonds, die nach Überschreiten der Schwellenwerte aufgelegt werden.[3] Auch diesbezüglich ist § 337 KAGB redundant, da dies bereits Art. 2 Abs. 2 EuVECA-VO a.F. klargestellt hat und diese Norm direkt anzuwenden war. Seit EuVECA II ist die Vereinbarkeit der Zulassung als AIF-KVG und der Vertriebsregistrierung unter der EuVECA-VO ohnedies zweifelsfrei.

3 EuVECA-VO; Q&A ESMA (31 May 2016); ESMA/2016/774, Frage 1a, S. 4.

Anhang zu § 337: Verordnung (EU) Nr. 345/2013 des Europäischen Parlaments und des Rates vom 17. April 2013 über Europäische Risikokapitalfonds[4]

Kapitel I
Gegenstand, Anwendungsbereich und Begriffsbestimmungen

Art. 1 [Anwendungsbereich]

In dieser Verordnung werden einheitliche Anforderungen an und Bedingungen für die Verwalter von Organismen für gemeinsame Anlagen festgelegt, die für den Vertrieb von qualifizierten Risikokapitalfonds in der Union die Bezeichnung „EuVECA" verwenden wollen, wodurch ein Beitrag zum reibungslosen Funktionieren des Binnenmarkts geleistet wird.

Die Verordnung enthält ferner einheitliche Regeln für den Vertrieb von qualifizierten Risikokapitalfonds an in Frage kommende Anleger in der Union, für die Zusammensetzung des Portfolios von qualifizierten Risikokapitalfonds, für die von den qualifizierten Risikokapitalfonds zu verwendenden geeigneten Anlageinstrumente und Anlagetechniken sowie für Organisation, Verhaltensweise und Transparenz der Verwalter, die qualifizierte Risikokapitalfonds in der Union vertreiben.

In der Fassung vom 17.4.2013 (ABl. EU Nr. L 115 v. 25.4.2013, S. 1).

Art. 1 EuVECA-VO bestimmt einerseits den **Anwendungsbereich** der EuVECA-VO durch Kombination in Art. 3 EuVECA-VO definierter Termini (s. im Einzelnen bei Art. 2 EuVECA-VO). Andererseits ergibt sich aus Art. 1 EuVECA-VO der **Harmonisierungsgrad** (s. dazu Vor § 337 Rz. 8). 1

Die aufwendige **Produktregulierung** der EuVECA-VO ist freiwillig[1] und erfolgt im Austausch gegen einen im Verhältnis zur AIFM-RL **erweiterten Vertriebspass** und die Nutzung der **Marke EuVECA** als Qualitätssiegel. Die Etablierung der Marke soll nach dem Vorbild der OGAW-RL durch einheitliche Anforderungen an Portfoliozusammensetzung, Anlageinstrumente und Anlegerkategorien gelingen. Es sollen **einheitliche Qualitätsanforderungen und Anlegerschutzstandards** gelten. Zielsetzung ist dabei auch die Harmonisierung und **Erleichterung des grenzüberschreitenden Vertriebs von Risikokapitalfonds** und die Beseitigung von Wettbewerbsverzerrungen.[2] 2

Als **Opt-in Regulierung** kommt die EuVECA-VO nur dann zur Anwendung, wenn sich der Verwalter dazu entschließt, einen AIF unter der Bezeichnung EuVECA zu vertreiben und zu diesem Zweck gem. Art. 14 ff. EuVECA-VO eine Registrierung beantragt. Nur in diesen Fällen – und nur in Bezug auf das betroffene Produkt – muss er die Beschränkungen und Anlagegrenzen beachten. 3

Art. 2 [EuVECA-Verwalter]

(1) Diese Verordnung gilt für Verwalter von Organismen für gemeinsame Anlagen im Sinne des Artikels 3 Buchstabe a, welche die folgenden Bedingungen erfüllen:

a) ihre verwalteten Vermögenswerte gehen insgesamt nicht über den in Artikel 3 Absatz 2 Buchstabe b der Richtlinie 2011/61/EU genannten Schwellenwert hinaus,

b) sie sind in der Union niedergelassen,

c) sie unterliegen gemäß Artikel 3 Absatz 3 Buchstabe a der Richtlinie 2011/61/EU einer Registrierung bei den zuständigen Behörden ihres Herkunftsmitgliedstaats und

d) sie verwalten Portfolios von qualifizierten Risikokapitalfonds.

(2) Artikel 3 bis 6, Artikel 12, Artikel 13 Absatz 1 Buchstabe c und i sowie die Artikel 14a bis 19, Artikel 20 Absatz 3 Unterabsatz 2 und die Artikel 21 und Artikel 21a dieser Verordnung gelten für ge-

4 Die in Klammern gesetzten Überschriften sind nichtamtliche Überschriften der Verfasser.
1 ErwGr. 10 EuVECA-VO.
2 ErwGr. 2, 4 EuVECA-VO.

mäß Artikel 6 der Richtlinie 2011/61/EU zugelassene Verwalter von Organismen für gemeinsame Anlagen, die Portfolios qualifizierter Risikokapitalfonds verwalten und beabsichtigen, die Bezeichnung „EuVECA" im Zusammenhang mit dem Vertrieb dieser Fonds in der Union zu verwenden.

(3) Sofern Verwalter eines qualifizierten Risikokapitalfonds externe Verwalter sind und sie gemäß Artikel 14 registriert sind, können sie zusätzlich Organismen für gemeinsame Anlagen in Wertpapieren (OGAW) verwalten, die der Zulassung gemäß der Richtlinie 2009/65/EG unterliegen.

In der Fassung vom 17.4.2013 (ABl. EU Nr. L 115 v. 25.4.2013, S. 1), zuletzt geändert durch die Verordnung (EU) 2017/1991 vom 25.10.2017 (ABl. EU Nr. L 293 v. 10.11.2017, S. 1).

I. Sog. kleine AIFM (Art. 2 Abs. 1 EuVECA-VO)

1 Die Anwendung der EuVECA-VO steht nach Art. 2 Abs. 1 EuVECA-VO bestimmten AIF-KVG offen, die **die Schwellenwerte von Art. 3 Abs. 2 Buchst. b AIFM-RL** nicht überschreiten. Diese Schwellenwerte hat der deutsche Gesetzgeber in § 2 Abs. 5 KAGB umgesetzt. Siehe dazu § 2 Rz. 51. Zum **Verhältnis KAGB zur EuVECA-VO** vgl. § 337 Rz. 1 ff. Zum **Opt-In-Charakter** vgl. Anh. zu § 337: Art. 1 EuVECA-VO Rz. 2, 3.

2 Die Nutzung der Marke EuVECA steht nur Verwaltern von EU/EWR-Fonds zur Verfügung (Art. 2 Abs. 1 Buchst. b EuVECA-VO). Eine Öffnung der EuVECA-VO für **Fondsverwalter und Fonds aus Drittstaaten** wurde im Rahmen von EuVECA II nicht eingeführt und steht auch nicht mehr auf der Liste der Anliegen, die bei der nächsten Überprüfung einzubeziehen sind.

3 Die infolge der Anordnung in Art. 2 Abs. 1 Buchst. c EuVECA-VO theoretisch erforderliche **doppelte Registrierung** ist durch Einfügung des Art. 14 Abs. 5 EuVECA-VO im Rahmen der EuVECA II **entbehrlich** geworden. Die Vorschrift ist u.E. auch umgekehrt so zu deuten, dass ein sog. kleiner AIFM, der zunächst EuVECA und dann weitere AIFs, die nicht EuVECA sind, vertreiben möchte, keiner doppelten Registrierung mehr bedarf. Er muss dann freilich die weiteren Vorschriften der jeweils geltenden nationalen Umsetzung der AIFM-RL einhalten.[1] Auch bleibt der Vertriebspass der EuVECA-VO auf die spezifischen EuVECA-Produkte beschränkt.[2]

II. AIF-KVG mit Zulassung nach §§ 17 ff. KAGB (Art. 2 Abs. 2 EuVECA-VO)

4 EuVECA-Verwalter können sowohl intern verwaltete AIF als auch externe Verwalter sein. Ein **intern verwalteter EuVECA** ist **zugleich Produkt und Verwalter** und unterliegt damit zugleich der Produkt- und Verwalterregulierung der EuVECA-VO. Ein intern verwalteter EuVECA kann, wie auch ein intern verwalteter AIF, nicht als externer Verwalter von AIF oder OGAW auftreten.

5 Die Verwalter extern verwalteter EuVECA dürfen zugleich AIF verwalten, wenn sie die **Voraussetzungen der AIFM-RL** (umgesetzt in §§ 17 ff. KAGB) erfüllen. Die bis zur EuVECA II geltende Beschränkung auf kleine AIFM, die in den Status der Vollzulassungspflicht hineinwachsen, ist durch Änderung des Art. 2 Abs. 2 EuVECA-VO entfallen. Damit sucht man **Skaleneffekte** zu erzielen und die Kosten kleiner Fonds zu senken (ErwGr. 4 EuVECA II), was die Attraktivität der EuVECA fördern soll. Zugleich entstehen dadurch aber Überlappungen rechtstechnisch ähnlicher Regelungsmaterien.

6 Art. 2 Abs. 2 EuVECA-VO löst den absehbaren **Regelungskonflikt** durch eine **exklusive Liste auf AIF-KVG mit Vollzulassung anwendbarer Vorschriften.** Es handelt sich dabei um Vorschriften betreffend:

- in Frage kommende Anlagen (Art. 3 bis 5 EuVECA-VO),
- den Zielanlegerkreis (Art. 6 EuVECA-VO) und
- die Informationspflichten (Art. 12, Art. 13 Abs. 1 Buchst. c und i EuVECA-VO).

EuVECAs solcher Verwalter sind ebenso nach Art. 14 ff. EuVECA-VO vor Vertriebsaufnahme bei der für den Fonds zuständigen Behörde zu **registrieren** (vgl. Art. 14a ff. EuVECA-VO). Die Aufsicht über die Ver-

1 Siehe dazu *Zetzsche*, ZBB 2014, 22 ff.
2 Q&A ESMA (31 May 2016); ESMA/2016/774, Antwort 3.

walterorganisation ist dagegen bei der für die **Aufsicht über AIF-KVG zuständigen Behörde** gebündelt (Art. 3 Buchst. m, 2. Spiegelstrich EuVECA-VO). Dies ist in Deutschland die BaFin (§ 5 KAGB). Beide Behörden fallen auseinander, wenn EuVECA und Verwalter in unterschiedlichen Staaten ansässig sind. Bei Anwendung der EuVECA-VO ist daher immer genau zu schauen, an welche Funktion die Zuständigkeit der Behörde knüpft. Dazu näher Anh. zu § 337: Art. 3 EuVECA-VO Rz. 22.

III. OGAW-KVG mit Zulassung nach §§ 17 ff. KAGB (Art. 2 Abs. 3 EuVECA-VO)

Externe KVG können neben EuVECA (sowie EuSEF und andere AIF, zu denen auch ELTIF zählen) auch OGAW verwalten. Art. 2 Abs. 3 EuVECA-VO stellt nur klar, dass diese Möglichkeit besteht, regelt jedoch die Voraussetzungen im Einzelnen nicht. Weil zwischen der Zulassung als Verwalter von Fonds nach der EuVECA-VO und der OGAW-RL kein Zusammenhang besteht, sind **zwei separate Verwaltungsvorgänge** erforderlich, die in einer Zulassung (OGAW) und Registrierung (EuVECA) münden. 7

Art. 3 [Begriffsbestimmungen]

Für die Zwecke dieser Verordnung bezeichnet der Ausdruck

a) „Organismus für gemeinsame Anlagen“ einen alternativen Investmentfonds (AIF) im Sinne des Artikels 4 Absatz 1 Buchstabe a der Richtlinie 2011/61/EU;

b) „qualifizierter Risikokapitalfonds“ einen Organismus für gemeinsame Anlagen, der

i) beabsichtigt, innerhalb der in seinen Anlagebedingungen oder seiner Satzung festgelegten Frist mindestens 70 Prozent seines aggregierten eingebrachten Kapitals und noch nicht eingeforderten zugesagten Kapitals, berechnet auf der Grundlage der Beträge, die nach Abzug aller einschlägigen Kosten sowie der Kassenbestände und vergleichbarer liquider Mittel für Anlagen zur Verfügung stehen, in Vermögenswerte zu investieren, die qualifizierte Anlagen sind;

ii) nicht mehr als 30 Prozent seines aggregierten eingebrachten Kapitals und noch nicht eingeforderten zugesagten Kapitals, berechnet auf der Grundlage der Beträge, die nach Abzug aller einschlägigen Kosten sowie der Kassenbestände und vergleichbarer liquider Mittel für Anlagen zur Verfügung stehen, für den Erwerb von anderen Vermögenswerten als qualifizierten Anlagen einsetzt;

iii) im Hoheitsgebiet eines Mitgliedstaates niedergelassen ist;

c) „Verwalter eines qualifizierten Risikokapitalfonds“ eine juristische Person, deren regelmäßig ausgeübte wirtschaftliche Tätigkeit darin besteht, mindestens einen qualifizierten Risikokapitalfonds zu verwalten;

d) „qualifiziertes Portfoliounternehmen“ ein Unternehmen, das

i) zum Zeitpunkt der Erstinvestition des qualifizierten Risikokapitalfonds in dieses Unternehmen eine der nachstehenden Bedingungen erfüllt:

– das Unternehmen ist nicht an einem geregelten Markt oder in einem multilateralen Handelssystem im Sinne von Artikel 4 Absatz 1 Nummern 21 und 22 der Richtlinie 2014/65/EU des Europäischen Parlaments und des Rates[1] zum Handel zugelassen und beschäftigt bis zu 499 Personen;

– bei dem Unternehmen handelt es sich um ein kleines und mittleres Unternehmen im Sinne von Artikel 4 Absatz 1 Nummer 13 der Richtlinie 2014/65/EU, das an einem KMU-Wachstumsmarkt im Sinne von Artikel 4 Absatz 1 Nummer 12 der genannten Richtlinie notiert ist.

ii) nicht selbst ein Organismus für gemeinsame Anlagen ist;

---

1 Richtlinie 2014/65/EU des Europäischen Parlaments und des Rates vom 15. Mai 2014 über Märkte für Finanzinstrumente sowie zur Änderung der Richtlinien 2002/92/EG und 2011/61/EU (ABl. L 173 vom 12.6.2014, S. 349).

iii) nicht unter eine oder mehrere der folgenden Gesellschaftsformen fällt:
- Kreditinstitut im Sinne des Artikels 4 Nummer 1 der Richtlinie 2006/48/EG des Europäischen Parlaments und des Rates vom 14. Juni 2006 über die Aufnahme und Ausübung der Tätigkeit der Kreditinstitute (2)
- Wertpapierfirma im Sinne des Artikels 4 Absatz 1 Nummer 1 der Richtlinie 2004/39/EG,
- Versicherungsunternehmen im Sinne des Artikels 13 Nummer 1 der Richtlinie 2009/138/EG des Europäischen Parlaments und des Rates vom 25. November 2009 betreffend die Aufnahme und Ausübung der Versicherungs- und der Rückversicherungstätigkeit (Solvabilität II) (3)
- Finanzholdinggesellschaft im Sinne des Artikels 4 Nummer 19 der Richtlinie 2006/48/EG oder
- gemischtes Unternehmen im Sinne des Artikels 4 Nummer 20 der Richtlinie 2006/48/EG;

iv) im Hoheitsgebiet eines Mitgliedstaats oder in einem Drittland niedergelassen ist, sofern das Drittland
- nicht auf der Liste der nicht-kooperativen Länder und Gebiete steht, die von der Arbeitsgruppe „Finanzielle Maßnahmen gegen Geldwäsche und Terrorismusfinanzierung" aufgestellt wurde,
- mit dem Herkunftsmitgliedstaat des Verwalters eines qualifizierten Risikokapitalfonds sowie mit jedem anderen Mitgliedstaat, in dem die Anteile des qualifizierten Risikokapitalfonds vertrieben werden sollen, eine Vereinbarung unterzeichnet hat, damit sichergestellt werden kann, dass das Drittland den Standards des Artikels 26 des OECD-Musterabkommens zur Vermeidung der Doppelbesteuerung von Einkommen und Vermögen vollständig entspricht und einen wirksamen Informationsaustausch in Steuerangelegenheiten, einschließlich multilateraler Steuerabkommen, gewährleistet;

e) „qualifizierte Anlagen" eines der folgenden Instrumente:

i) Eigenkapital- oder eigenkapitalähnliche Instrumente, die
- von einem qualifizierten Portfoliounternehmen begeben werden und die der qualifizierte Risikokapitalfonds direkt vom qualifizierten Portfoliounternehmen erwirbt,
- von einem qualifizierten Portfoliounternehmen im Austausch für vom qualifizierten Portfoliounternehmen begebene Dividendenwerte begeben werden oder
- von einem Unternehmen begeben werden, von dem das qualifizierte Portfoliounternehmen eine in Mehrheitsbesitz befindliche Tochtergesellschaft ist, und die der qualifizierte Risikokapitalfonds im Austausch für ein vom qualifizierten Portfoliounternehmen begebenes Eigenkapitalinstrument erwirbt;

ii) besicherte und unbesicherte Darlehen, die von dem qualifizierten Risikokapitalfonds einem qualifizierten Portfoliounternehmen gewährt werden, an dem der qualifizierte Risikokapitalfonds bereits qualifizierte Anlagen hält, sofern höchstens 30 Prozent des aggregierten eingebrachten Kapitals und noch nicht eingeforderten zugesagten Kapitals des qualifizierten Risikokapitalfonds für diese Darlehen verwendet werden;

iii) Anteile an einem qualifizierten Portfoliounternehmen, die von bestehenden Anteilseignern dieses Unternehmens erworben werden;

iv) Anteile von einem oder mehreren anderen qualifizierten Risikokapitalfonds, sofern diese qualifizierten Risikokapitalfonds selbst höchstens 10 Prozent ihres aggregierten eingebrachten Kapitals und noch nicht eingeforderten zugesagten Kapitals in qualifizierte Risikokapitalfonds investiert haben;

f) „einschlägige Kosten" Gebühren, Abgaben und Aufwendungen, die direkt oder indirekt von den Anlegern getragen werden und die zwischen dem Verwalter eines qualifizierten Risikokapitalfonds und den Anlegern dieses Fonds vereinbart werden;

g) „Eigenkapital" die Beteiligung an einem Unternehmen in Form von Anteilen oder anderen für seine Anleger begebenen Formen der Beteiligung am Kapital des qualifizierten Portfoliounternehmens;

---

2 ABl. L 177 vom 30.6.2006, S. 1.
3 ABl. L 335 vom 17.12.2009, S. 1.

h) „eigenkapitalähnliche Mittel" jede Art von Finanzinstrument, das aus Eigenkapital und Fremdkapital zusammengesetzt ist und bei dem die Rendite sich nach dem Gewinn oder Verlust des qualifizierten Portfoliounternehmens bemisst und bei dem die Rückzahlung des Instruments im Fall der Zahlungsunfähigkeit nicht vollständig gesichert ist;

i) „Vertrieb" das direkte oder indirekte, auf Initiative des Verwalters eines qualifizierten Risikokapitalfonds oder in dessen Auftrag erfolgende Anbieten oder Platzieren von Anteilen eines vom ihm verwalteten qualifizierten Risikokapitalfonds an Anleger oder bei Anlegern mit Wohnsitz oder satzungsmäßigem Sitz in der Union;

j) „zugesagtes Kapital" jede Verpflichtung eines Anlegers zum Erwerb einer Beteiligung am qualifizierten Risikokapitalfonds oder zur Einbringung einer Kapitaleinlage in den Fonds innerhalb der in den Anlagebedingungen oder der Satzung des Fonds festgelegten Frist;

k) „Herkunftsmitgliedstaat" den Mitgliedstaat, in dem der Verwalter eines qualifizierten Risikokapitalfonds seinen satzungsmäßigen Sitz unterhält;

l) „Aufnahmemitgliedstaat" den Mitgliedstaat, der nicht Herkunftsmitgliedstaat ist und in dem der Verwalter eines qualifizierten Risikokapitalfonds qualifizierte Risikokapitalfonds gemäß dieser Verordnung vertreibt;

m) „zuständige Behörde":

i) in Bezug auf die in Artikel 2 Absatz 1 dieser Verordnung genannten Verwalter die zuständige Behörde im Sinne von Artikel 3 Absatz 3 Buchstabe a der Richtlinie 2011/61/EU;

ii) in Bezug auf die in Artikel 2 Absatz 2 dieser Verordnung genannten Verwalter die zuständige Behörde im Sinne von Artikel 7 Absatz 1 der Richtlinie 2011/61/EU;

iii) in Bezug auf qualifizierte Risikokapitalfonds die zuständige Behörde des Mitgliedstaats, in dem der qualifizierte Risikokapitalfonds errichtet wurde;

n) „zuständige Behörde des Aufnahmemitgliedstaats" die Behörde eines anderen Mitgliedstaats als dem Herkunftsmitgliedstaat, in dem der qualifizierte Risikokapitalfonds vertrieben wird;

Hinsichtlich Unterabsatz 1 Buchstabe c wird der qualifizierte Risikokapitalfonds selbst als Verwalter eines qualifizierten Risikokapitalfonds gemäß Artikel 14 registriert, wenn die Rechtsform des qualifizierten Risikokapitalfonds eine interne Verwaltung zulässt und das Leitungsgremium des Fonds keinen externen Verwalter bestellt. Ein qualifizierter Risikokapitalfonds, der als interner Verwalter eines qualifizierten Risikokapitalfonds registriert ist, darf nicht als externer Verwalter eines qualifizierten Risikokapitalfonds anderer Organismen für gemeinsame Anlagen registriert werden.

In der Fassung vom 17.4.2013 (ABl. EU Nr. L 115 v. 25.4.2013, S. 1), zuletzt geändert durch die Verordnung (EU) 2017/1991 vom 25.10.2017 (ABl. EU Nr. L 293 v. 10.11.2017, S. 1).

I. Verhältnis zur EUSEF-VO

Die Begriffsbestimmung von Art. 3 EuVECA-VO und Art. 3 EuSEF-VO sind **weitgehend deckungsgleich.** 1
EuVECA-spezifisch sind die Begriffsbestimmungen nach Art. 3 Buchst. e ii iii EuVECA-VO.

II. Definitionen

1. Organismus für gemeinsame Anlagen (OGA) (Art. 3 Buchst. a EuVECA-VO)

2 Der Begriff des **OGA** ist im KAGB Ausgangspunkt für die Definition des Investmentvermögens. Näher Einl. Rz. 3 ff. und § 1 Rz. 20 ff. Er ist weiter als jener des Investmentvermögens gem. § 1 Abs. 1 KAGB. Die Definition des Investmentvermögens wiederum ist weitgehend deckungsgleich mit dem Begriff des AIF nach Art. 4 Abs. 1 Buchst. a AIFM-RL (näher § 1 Rz. 5 ff.), erfasst aber auch bestimmte Fonds, nämlich OGAW (dazu § 1 Abs. 2 KAGB, vgl. § 1 Rz. 99 ff.). AIF ist ein Investmentvermögen, welches kein OGAW ist (§ 1 Abs. 3 KAGB). **Art. 3 Buchst. a EuVECA-VO definiert den Organismus für gemeinsame Anlagen nun als AIF** i.S.d. Art. 4 Abs. 1 Buchst. a AIFM-RL. Damit ist umständlich gesagt, dass der **EuVECA ein AIF** ist.

2. Qualifizierter Risikokapitalfonds (Art. 3 Buchst. b EuVECA-VO)

3 Anders die AIFM-RL ist der Anwendungsbereich der EuVECA-VO **auf EU und (künftig) den EWR**[4] **begrenzt.** Die Ausgestaltung der EuVECA-VO als europäische Marke und gefördertes Anlageprodukt bringt es mit sich, dass der Vertriebspass an die Niederlassung im EWR gebunden ist. Die Marke EuVECA soll nur europäischen Produkten zur Verfügung stehen.

4 Ein AIF (vgl. § 1 Abs. 3 KAGB, näher § 1 Rz. 112) kann als „qualifizierter Risikokapitalfonds" vertrieben werden, wenn er **mindestens 70 % des Kapitals in qualifizierte Anlagen** gem. Art. 3 Abs. 1 Buchst. e EuVECA-VO (s. Rz. 12) investiert und **nicht mehr als 30 % in andere Vermögenswerte** als qualifizierte Anlagen. Die Mindestanlage in qualifizierte Vermögensgegenstände ist das **Kernkriterium des EuVECA** und damit die zentrale Bestimmung der Verordnung. Zur Erlangung des Vertriebspasses ist es nicht notwendig, die Anlagegrenzen bereits zu Beginn einzuhalten, es genügt, dass die entsprechende Anlagestrategie in den konstituierenden Dokumenten festgehalten ist und die 70 %-Grenze in der dort festgelegten Zeit erreicht wird. Damit wird der im Venture Capital-Bereich üblichen Praxis Rechnung getragen, Kapital an Portfolio-Unternehmen in **Abhängigkeit von Zwischenerfolgen (*milestones*)** auszuzahlen. Es wäre aus Sicht des Verwalters risikoreich, das Geld erst abzurufen, wenn der Zwischenerfolg eingetreten ist; jedoch schreibt die EuVECA-VO keineswegs vor, dass das Geld im Fonds lagern muss, bis der Zwischenerfolg erreicht ist, was wiederum in Zeiten von Negativzinsen unattraktiv ist. Hier sind alle Möglichkeiten eröffnet.[5]

3. Verwalter eines qualifizierten Risikokapitalfonds (Art. 3 Buchst. c und Satz 2 EuVECA-VO)

5 Art. 3 Buchst. c EuVECA-VO ist in Zusammenschau mit Art. 2 EuVECA-VO zu lesen, welcher festhält, wer als Verwalter des Fonds in Frage kommt. Nach Art. 3 Buchst. c EuVECA-VO muss Verwalter eines qualifizierten Risikokapitalfonds eine **juristische Person** sein. Deren regelmäßig ausgeübte wirtschaftliche Tätigkeit muss in der **Verwaltung mindestens eines EuVECA** i.S.v. Art. 2 Buchst. b EuVECA-VO bestehen.

6 Der mit der EuVECA II eingefügte Art. 3 Satz 2 stellt nunmehr klar, dass unter der EuVECA-VO auch eine sog. **interne Verwaltung** in Betracht kommt, etwa in Form einer selbst verwalteten Investment-AG oder -KG. Dazu Einl. Rz. 105 sowie die Erläuterungen zu § 17 KAGB.

4. Qualifiziertes Portfoliounternehmen (Art. 2 Buchst. d EuVECA-VO)

7 Politisches Ziel ist ausdrücklich die **Förderung von KMU der sog. „Realwirtschaft"**.[6] Dementsprechend qualifizieren bestimmte regulierte Finanzinstitute, wie Kreditinstitute und Versicherungsunternehmen nicht als qualifizierte Portfoliounternehmen. Risikokapitalfonds sollen sich überdies nicht an systemisch wichtigen, regulierten Tätigkeiten oder Banktätigkeiten außerhalb des regulierten Rahmens beteiligen.[7]

---

4 Übernahmebeschluss 64/2018 vom 23. März 2018 ist noch nicht in Kraft getreten. Das Inkrafttreten erfordert den Abschluss der Zustimmungsverfahren durch die nationalen Gesetzgeber in Island, Norwegen und Liechtenstein.

5 S. auch ErwGr. 9 EuVECA II („Qualifizierten Risikokapitalfonds sollte es ferner erlaubt sein, sich längerfristig an der Finanzierungsleiter für nicht börsennotierte KMU, nicht börsennotierte kleine Unternehmen mittlerer Kapitalisierung und an KMU-Wachstumsmärkten notierte KMU zu beteiligen, um ihr Potenzial für die Renditegenerierung durch wachstumsstarke Unternehmen zu verbessern. Daher sollte es ihnen erlaubt sein, nach der ersten Investition Anschlussinvestitionen zu tätigen.").

6 ErwGr. 18 EuVECA-VO.

7 ErwGr. 17 EuVECA-VO.

Dies vermeidet eine aus systemischer Sicht risikoreiche Kaskadenbildung. Zulässig ist aber eine **Bildung von Dachfonds** unter Rückgriff auf EuVECA.[8] S. dazu noch Rz. 14.

Ziel der EuVECA-VO ist grundsätzlich die **Stärkung der Finanzierung von KMU in EU und EWR**. Dennoch ist es mit dem Fördergedanken der EuVECA-VO vereinbar, wenn der Fonds in Drittstaatsunternehmen investiert, da durch derartige Investitionen dem EuVECA mehr Kapital verschafft werden kann, wovon KMU in der Union profitieren können.[9] Jedoch sollen Investitionen in solchen Drittstaaten nicht begünstigt werden, die weder eine Aufsichtszusammenarbeit gewährleisten, noch an einem effektiven Informationsaustausch in Steuerangelegenheiten teilnehmen.[10] Der Begriff des qualifizierten Portfoliounternehmens schließt dementsprechend die Investition in Unternehmen bestimmter Drittstaaten aus. 8

Seit EuVECA II schließt ein **gewisser Anteilshandel** die Eigenschaft als qualifiziertes Portfoliounternehmen nicht mehr aus. Zwar schließt weiterhin die **Notierung am geregelten Markt** oder an einem **multilateralen Handelssystem** (MTF) gem. Art. 4 Abs. 1 Nr. 21, 22 MiFID II die Eigenschaft als qualifiziertes Portfoliounternehmen aus. Zulässig ist danach zunächst nur der Handel an einem organisierten Handelssystem (OTF) gem. Art. 4 Abs. 1 Nr. 23 MiFID II. Jedoch soll der Handel von Anteilen an bestimmten MTF (gem. Art. 4 Abs. 1 Nr. 12 MIFID II sog. „KMU-Wachstumsmärkte")[11] ein die Eigenschaft als für EuVECA geeignetes Portfoliounternehmen nicht hindern (ErwGr. 7 EuVECA II[12]). 9

Schließlich darf das KMU **nicht mehr als 499 Personen** beschäftigen. Teilzeitstellen sind anteilig einzubeziehen, um eine Diskriminierung teilzeitarbeitender Angestellter zu verhindern. 10

Die Frage der **beihilfrechtlichen Förderfähigkeit** ist keine, die die EuVECA entscheidet oder beeinflusst.[13] Insofern gelten die allgemeinen Kriterien.[14] 11

5. Qualifizierte Anlagen (Art. 2 Buchst. e EuVECA-VO)

Die Anlage in qualifizierte Portfoliounternehmen erfolgt über einen ***numerus clausus* an Finanzierungsinstrumenten**, sog. „qualifizierte Anlagen". 12

Zulässig ist der Erwerb von **Eigenkapital oder eigenkapitalähnlichen Instrumenten des KMU oder eines Mutterunternehmens des KMU**. Auch eine Anlage in vom KMU im Austausch für andere Eigenkapitalinstrumente („equity security") begebene Eigenkapitalinstrumente (wie z.B. Wandelschuldverschreibungen) ist möglich. Des Weiteren kommen **verbriefte und nicht verbriefte Schuldtitel** des KMU sowie der Erwerb von Anteilen an anderen EuVECA in Frage. Sind Schuldtitel verfügbar, kommt es nicht darauf an, ob man den bei Sanierungen üblichen **debt-to-equity swap** der Kategorie Eigen- oder Fremdkapital zuweist. Der Begriff der Schuldtitel in Abgrenzung vom Darlehen ist seinerseits mit Unsicherheit behaftet. Aus der hier **maßgeblichen ökonomischen („funktionalen") Sicht** (s. auch Rz. 18) handelt es sich um **funktionales Eigenkapital**, zumal wenn es sich um durch Rangrücktritte herabgestufte Verbindlichkeiten handelt. Dann kommt ein Erwerb unter der Kategorie eigenkapitalähnlicher Instrumente in Betracht. 13

Die Finanzierung durch Gewährung **besicherter oder unbesicherter Darlehen** an das Portfoliounternehmen aus dem Fondskapital ist nur möglich, wenn das KMU **bereits Portfoliounternehmen des EuVECA** ist. Die Darlehnsfinanzierung soll die Finanzierung über Eigenkapital und eigenkapitalähnliche Instrumente nicht ersetzen, sondern **ergänzen.**[15] Insgesamt dürfen **höchstens aus 30 % des Fondskapitals** Darlehn gewährt werden. 14

Die Beschränkung von **Investitionen in andere EuVECA auf solche Fonds**, welche ihrerseits höchstens 10 % des Kapitals in EuVECA angelegt haben, dient dem Verwässerungsschutz und der Vermeidung von aus Anlegersicht recht teuren Anlagekaskaden. 15

---

8 ErwGr. 7 EuVECA II („Um die Investitionstätigkeit weiter zu stärken, sollte es möglich bleiben, im Rahmen der Verordnung (EU) Nr. 345/2013 und der Verordnung (EU) Nr. 346/2013 eine Dachfondsstruktur einzurichten.").

9 ErwGr. 13 EuVECA-VO.

10 ErwGr. 13 EuVECA-VO.

11 Vgl. *Kumpan*, ZGR 2016, 2 ff.

12 „Die neuen Anlagemöglichkeiten sollten es auch Unternehmen in der Wachstumsphase, die bereits Zugang zu anderen Finanzierungsquellen wie KMU-Wachstumsmärkten haben, ermöglichen, Kapital aus qualifizierten Risikokapitalfonds zu erhalten, was wiederum die Entwicklung der KMU-Wachstumsmärkte voranbringen sollte."

13 Vgl. ErwGr. 7 EuVECA II („Ferner führen die Anlagen von qualifizierten Risikokapitalfonds in qualifizierte Portfoliounternehmen nicht automatisch dazu, dass diese qualifizierten Portfoliounternehmen im Rahmen öffentlicher Programme nicht förderfähig sind.").

14 Vgl. ErwGr. 21 EuVECA II und Art. 21 der Verordnung (EU) Nr. 651/2014 der Kommission.

15 ErwGr. 19 EuVECA-VO.

16 Die **EuVECA-VO definiert die Finanzierungsinstrumente enger als bei der Schwesterverordnung EuSEF-VO**. Diese ist bei der Darlehnsfinanzierung weniger restriktiv und erlaubt überdies „jede Art der Beteiligung" am Unternehmen. Der Zweck dieser engeren Grenzziehung ist nur schemenhaft erkennbar. Eine Gleichstellung würde die Handhabung von Verwaltern, die in beiden Feldern aktiv sind, erleichtern und damit nicht zuletzt auch die Attraktivität der EuSEF-VO steigern.

6. Einschlägige Kosten (Art. 2 Buchst. f EuVECA-VO)

17 Die Definition der einschlägigen Kosten hat Bedeutung für die Berechnung der **Schwellenwerte** (Art. 5 Abs. 1 EuVECA-VO) sowie die **Offenlegungspflichten** (Art. 13 Abs. 1 Buchst. g EuVECA-VO). Das Verhältnis des ersten zum zweiten Halbsatzes der Definition ist unklar in Bezug auf die Frage, ob es auf die Kostentragung (1. Halbsatz) oder die Vereinbarung (2. Halbsatz) ankommt. Beides muss bei **verdeckten Kosten** keineswegs zusammenfallen. Richtigerweise muss es aus Anlegerschutzsicht **primär auf die Kostentragung** ankommen. Auf die Vereinbarung kommt es nur insoweit an, als nur die vereinbarten Kosten von den Anlegern tatsächlich zu tragen sind, also bei Einbeziehung verdeckter Kosten ein Rückerstattungsanspruch besteht. Dieser kann aber nicht dem Verwalter dergestalt zu Gute kommen, dass er in die Berechnung des Schwellenwerts einbezogen werden kann.

7. Eigenkapital und eigenkapitalähnliche Mittel (Art. 2 Buchst. g, h EuVECA-VO)

18 Auf die technischen Begriffe Grund- und Stammkapital verzichtet die EuVECA-VO. Daher kommt es u.E. auf die betriebswirtschaftliche **(funktionale) Perspektive** an. Eigenkapital vermittelt im Gegensatz zu eigenkapitalähnlichen Mitteln neben einer Beteiligung an Gewinn und Verlust des Unternehmens eine vom Gewinn abhängige Dividendenerwartung, Stimmrechte und Informationsrechte. Im Fall der Zahlungsunfähigkeit des Unternehmens ist das Kapital nicht gesichert, die Inhaber solcher Instrumente stehen auf der untersten Stufe der Insolvenzpyramide (**residual claimants**).

19 Demgegenüber mischen eigenkapitalähnliche Mittel Charakteristika von Eigenkapital und Fremdkapitalinstrumenten. Auch hier hängt die Rendite von Gewinn und Verlust des Unternehmens ab. Die Instrumente vermitteln in der Regel **keine Stimmrechte** und werden im Fall der Zahlungsunfähigkeit **i.d.R. nachrangig, aber vor den Eigenkapitalinstrumenten befriedigt**. Zu den eigenkapitalähnlichen Finanzierungsinstrumenten gehören nachrangige Darlehen, Genussrechte, welche nicht besichert sind, Beteiligungsdarlehen, Wandelschuldverschreibungen, Optionsanleihen, stille Beteiligungen.[16]

8. Vertrieb (Art. 2 Buchst. i EuVECA-VO)

20 Der Begriff Vertrieb ist deckungsgleich mit jenem des Art. 4 Abs. 1 Buchst. x AIFM-RL. Näher dazu § 293 Rz. 4 ff. Der Vertriebsbegriff wird **grenzüberschreitend unterschiedlich** gehandhabt und soll bei der nächsten Überprüfung auf Harmonisierungsbedarf hin untersucht werden (ErwGr. 18 EuVECA II).

9. Zugesagtes Kapital (Art. 2 Buchst. j EuVECA-VO)

21 Das zugesagte Kapital ist ein technischer Begriff zur **Berechnung der Anlageschwellenwerte** (s. Art. 3 Buchst. j EuVECA-VO) und Art. 5 Abs. 1 und 2 EuVECA-VO). Er berücksichtigt die Praxis, bei Erreichen von Zwischenerfolgen weiteres Kapital für Wachstum und Expansion bereitzustellen (*milestones*). Es wäre in gewissen Fällen unproduktiv, das Kapital im Fonds zu lagern, wo es prozentual berechnete Verwaltergebühren aufbläht und ggf. mit Negativzinsen belastet wird.

10. Herkunfts-, Aufnahmemitgliedsstaat (Art. 2 Buchst. k, l EuVECA-VO)

22 Die Definitionen entsprechen grds. denen des Herkunftsmitgliedstaats der OGAW-/AIF-**Verwaltungsgesellschaft** gem. § 1 Abs. 19 Nr. 19, 20 Buchst. a KAGB (s. dazu § 1 Rz. 190 ff.), mit der Maßgabe, dass auf den Verwalter von EuVECA abzustellen ist. Die EuVECA-VO betont, dass es auf den **satzungsmäßigen Sitz** des Verwalters ankommt.

11. Zuständige Behörde (Art. 2 Buchst. m, n EuVECA-VO)

23 Mit EuVECA II wurde die Definition der zuständigen Behörde neu gefasst. Nunmehr **differenzieren Art. 2 Buchst. m, n EuVECA-VO zwischen vier Fällen.** Als

16 S. auch ErwGr. 16 EuVECA-VO.

- für den Verwalter zuständige Behörden:
  - die in Art. 2 Abs. 1 EuVECA-VO geregelten ***de minimis*-AIFM, die EuVECA** vertreiben möchten (mit Verweis auf Art. 3 Abs. 3 Buchst. a AIFM-RL, umgesetzt in §§ 2 Abs. 4 bis 5, 5 Abs. 1, 44 KAGB, s. § 44 Rz. 12 f.),
  - die in Art. 2 Abs. 2 EuVECA-VO geregelten **AIFM mit Vollzulassung** (gem. §§ 17 ff. KAGB), die EuVECA vertreiben möchten (mit Verweis auf Art. 7 Abs. 1 AIFM-RL, umgesetzt in §§ 5 Abs. 1, 17 ff. KAGB, s. § 5 Rz. 3 ff.), sowie
- als für den Fonds zuständige Behörden:
  - die für den EuVECA als Fonds zuständige Behörde im **Errichtungsstaat des Fonds**, sowie
  - die zuständige Behörde des Aufnahmemitgliedstaats, in dem der qualifizierte Risikokapitalfonds vertrieben werden soll.

Bei Anwendung der EuVECA-VO ist daher immer genau zu schauen, an welche Funktion die Zuständigkeit der Behörde knüpft. Das Gebührenverbot in Art. 16 Abs. 2 und die Befugnisse in Art. 18 Abs. 2 und 3 EuVECA-VO richten sich z.B. speziell an die zuständige Behörde des Aufnahmemitgliedstaats (Buchst. n), während z.B. die „zuständigen Behörden" (i.E. Buchst. m) in Art. 19 EuVECA-VO angesprochen werden. Art. 21 Abs. 3 EuVECA-VO bezieht sich dann auf alle nach dieser Verordnung zuständigen Behörden 24

Kapitel II
Bedingungen für die Verwendung der Bezeichnung „EuVECA"

Art. 4 [Bezeichnungsschutz]

Verwalter eines qualifizierten Risikokapitalfonds, die die Anforderungen dieses Kapitels erfüllen, dürfen beim Vertrieb von qualifizierten Risikokapitalfonds in der Union die Bezeichnung „EuVECA" verwenden.

In der Fassung vom 17.4.2013 (ABl. EU Nr. L 115 v. 25.4.2013, S. 1).

Art. 4 EuVECA-VO setzt die Voraussetzungen für die Nutzung der Marke „EuVECA". Nach dem Vorbild der OGAW-Richtlinie soll ein standardisiertes Produkt geschaffen werden, welches **spezifische Qualitätsanforderungen an den Verwalter** stellt und eine **spezifische Anlagestrategie** aufweist. Bedeutsam ist dafür der Wiedererkennungswert. Die Verordnung soll ein Produkt schaffen, welches sich ausreichend von anderen alternativen Investmentfonds unterscheidet. Die Bezeichnungen EuVECA und EuSEF sollen eine europäische Marke werden. Daher geht Art. 4 EuVECA-VO über das übliche (s. z.B. § 4 KAGB) Irreführungsverbot weit hinaus. 1

Die Nutzung der geschützten Bezeichnung EuVECA ist unabhängig davon, ob der Fonds tatsächlich (grenzüberschreitend) vertrieben wird. Entscheidend ist alleine, dass der Verwalter und das Produkt die **qualitativen Merkmale** des Kapitels II der Verordnung **erfüllen.**[1] Auch bei gänzlichem Fehlen des Vertriebs ist u.E. die Bezeichnung als EuVECA zulässig, da die Definition des Verwalters von Risikokapitalfonds gem. Art. 3 Buchst. c EuVECA-VO allein auf die **Verwaltung** abstellt. 2

Die Bezeichnung EuVECA ist produktbezogen. Die **standardisierte Ausgestaltung** der Produkte soll des Weiteren den Vertrieb erleichtern, daneben Vergleichbarkeit und grenzüberschreitende Mobilität der Produkte sicherstellen.[2] Der Fondsverwalter selbst oder andere mit dem EuVECA verbundene Dienstleister dürfen die Bezeichnung EuVECA nicht führen. 3

Art. 5 [Anlageschwellen und -techniken]

(1) Verwalter eines qualifizierten Risikokapitalfonds sorgen dafür, dass beim Erwerb von anderen Vermögenswerten als qualifizierten Anlagen höchstens 30 Prozent des aggregierten eingebrachten Kapitals und noch nicht eingeforderten zugesagten Kapitals des Fonds für den Erwerb solcher Ver-

1 ESMA Q&A (31 May 2016), ESMA/2016/774, Antwort Nr. 4.
2 ErwGr. 4 EuSEF-VO.

mögenswerte eingesetzt werden. Die 30-Prozent-Schwelle wird anhand der Beträge berechnet, die nach Abzug aller einschlägigen Kosten für Anlagen zur Verfügung stehen. Kassenbestände und vergleichbare liquide Mittel werden bei der Berechnung dieses Schwellenwerts nicht berücksichtigt, da Kassenbestände und vergleichbare liquide Mittel nicht als Anlagen zu betrachten sind.

(2) Verwalter eines qualifizierten Risikokapitalfonds wenden auf der Ebene des qualifizierten Risikokapitalfonds keine Methode an, durch die sich das Risiko des Fonds durch Kreditaufnahme, Wertpapierleihe, Engagements in Derivatepositionen oder auf andere Weise über die Höhe seines zugesagten Kapitals hinaus erhöht.

(3) Verwalter eines qualifizierten Risikokapitalfonds nehmen auf der Ebene des qualifizierten Risikokapitalfonds nur dann Darlehen auf, begeben Schuldtitel oder stellen Garantien, wenn diese Darlehen, Schuldtitel oder Garantien durch nicht eingeforderte Zusagen gedeckt sind.

In der Fassung vom 17.4.2013 (ABl. EU Nr. L 115 v. 25.4.2013, S. 1).

1 Ziel der Verordnung ist die erleichterte **Kapitalbeschaffung für KMU**. Schwerpunkt soll dementsprechend die **Direktanlage in KMU** sein. Das charakteristische Anlageprofil und insbesondere der Schwerpunkt auf direkte Anlagen soll auch EuVECA von AIF abgrenzen,[1] wobei aufgrund der mangelnden Produktregulierung der AIFM-RL auch AIF je nach Strategie Direktanlagen in KMU tätigen können. Die Anlageschwellen sollen über die gesamte Laufzeit des EuVECA gelten. Die **notwendige Flexibilität**, welche insbesondere zu Beginn und bei Abbau der Beteiligungen notwendig ist, soll durch die verhältnismäßig großzügige 30 %-Schwelle nicht qualifizierter Anlagen und zudem eine statutarische Ausgestaltung ermöglicht werden.[2]

2 In Art. 5 Abs. 2 EuVECA-VO findet sich ein **Verbot der Hebelung** durch Kreditaufnahme, Wertpapierleihe, Anlage in Derivatpositionen oder andere Weise auf **Ebene des Fonds**. Dies dient dem Anlegerschutz und beugt Systemrisiken vor. Begibt der Fonds Schuldtitel, nimmt Darlehen auf oder stellt Garantien, müssen diese nach Art. 5 Abs. 3 EuVECA-VO **durch nicht eingeforderte Zusagen gedeckt** sein. Keine Schranken sieht Art. 5 EuVECA-VO vor für die **Kreditaufnahme auf Ebene des Portfoliounternehmens**; insofern bleibt eine Hebelung möglich. Eine Umgehung dieser Beschränkung durch Kreditfinanzierung zwischengeschalteter Gesellschaften kommt aber aufgrund der Direktfinanzierung der Portfoliounternehmen nicht in Betracht.

3 Eine **Überschreitung der Anlagegrenzen** ist in der EuVECA-VO nicht geregelt. Es kann indes nichts anderes gelten als sonst auch in diesen Fällen: Die Überschreitung ist vorrangig abzubauen, jedoch unter Wahrung der Anlegerinteressen.[3]

4 Bei Risikokapitalfonds, die von einem Verwalter nach Art. 2 Abs. 1 EuVECA-VO verwaltet werden, soll nach Art. 18 EuVECA-VO die **Herkunftsstaatsbehörde des Verwalters** die Einhaltung auch der Anlagegrenzen überwachen und sicherstellen. Bei Fonds, die von einem Verwalter mit Zulassung nach §§ 17 ff. KAGB verwaltet werden, kann es zu einer Trennung der Aufsichtsbefugnisse zwischen Behörden kommen. Die Befugnisse und Maßnahmen sind vom nationalen Gesetzgeber auszugestalten und müssen die Behörde nach Art. 19 Buchst. e EuVECA-VO insbesondere zu geeigneten Maßnahmen befähigen, um sicherzustellen, dass der Verwalter die EuVECA-VO einhält. Näher bei Art. 18 bis 21 EuVECA-VO.

Art. 6 [Für EuVECA-Vertrieb qualifizierte Anleger]

(1) Verwalter eines qualifizierten Risikokapitalfonds vertreiben die Anteile der qualifizierten Risikokapitalfonds ausschließlich an Anleger, die als professionelle Kunden gemäß Anhang II Abschnitt I der Richtlinie 2004/39/EG betrachtet werden oder gemäß Anhang II Abschnitt II der Richtlinie 2004/39/EG auf Antrag als professionelle Kunden behandelt werden können, oder an andere Anleger, sofern diese

1 ErwGr. 19 EuVECA-VO.
2 ErwGr. 15, 20 EuVECA-VO.
3 Vgl. dazu *Zetzsche*, ZBB 2015, 369 (zur ELTIF-VO).

a) sich verpflichten, mindestens 100 000 EUR zu investieren und

b) schriftlich in einem vom Vertrag über die Investitionsverpflichtung getrennten Dokument angeben, dass sie sich der Risiken im Zusammenhang mit der beabsichtigten Verpflichtung oder Investition bewusst sind.

(2) Absatz 1 gilt nicht für Investitionen durch Geschäftsführer, Vorstände oder Mitarbeiter, die in die Verwaltung eines Verwalters eines qualifizierten Risikokapitalfonds eingebunden sind, wenn sie in den von ihnen verwalteten qualifizierten Risikokapitalfonds investieren.

In der Fassung vom 17.4.2013 (ABl. EU Nr. L 115 v. 25.4.2013, S. 1).

Bereits § 1 Abs. 19 Nr. 33 KAGB durchbricht die in der AIFM-RL und der OGAW-RL vorgezeichnete Zweiteilung in professionelle und nicht-professionelle Anleger und „Kleinanleger". Dazu § 1 Rz. 221 ff. Art. 6 EuVECA-VO führt zusätzlich eine **weitere Anlegerkategorie** ein: Anteile an EuSEF können neben geborenen und gekorenen Anlegern nach Anhang II Abschnitt I der MIFID an Anleger vertrieben werden, welche eine **bestimmte Mindestanlagesumme** erreichen und eine **Risikoerklärung** abgeben. Damit steht der Vertriebspass nach EuSEF und EuVECA auch für den Vertrieb an **bestimmte nicht-professionelle Anleger** zur Verfügung. 1

Obwohl der Anlegerkreis im Verhältnis zur AIFM-RL erweitert ist, sind **EuVECA** nach derzeitigem Verständnis **nicht auf Kleinanleger** ausgelegt. Dennoch möchte man eine ausreichend breite Anlegerbasis für EuVECA schaffen.[1] Die Anlage in EuVECA bedarf eines gewissen Risikoappetits, weshalb Zielpublikum des EuVECA grundsätzlich professionelle Anleger und HNWI sind. 2

Die eigenständige Definition des Anlegerkreises der EuSEF-VO und EuVECA-VO basiert auf einem **zweistufigen Test**: Eine gewisse Mindestanlagesumme gewährleistet, dass der Anleger über **überdurchschnittlich hohe liquide Vermögenswerte** verfügt. Die hohe Mindestanlagesumme führt dazu, dass der Kreis potentieller Anleger in EuVECA Produkte gegenüber anderen Produkten für nicht-professionelle Anleger deutlich eingeschränkt ist, weil angesichts des mit der Anlagestrategie des Fonds verbundenen Risikos das liquide Vermögen des Anlegers die Investition von 100.000 Euro um ein Vielfaches übersteigen sollte. Freilich birgt diese hohe Mindestanlagesumme ohne zusätzliche Vorsichtsmaßnahmen das Risiko, dass sich der Anleger überschätzt und ein **unerwünschtes Klumpenrisiko** eingeht. 3

Als zweiten Schritt muss der Anleger schriftlich und getrennt von der Investitionsverpflichtung selbst **bestätigen**, dass er sich **der Risiken bewusst** ist. Diese Risikoerklärung muss freilich auf das spezifische Produkt zugeschnitten sein. Auch die Tatsache, dass allenfalls zugunsten nicht-finanzieller Vorteile auf finanziellen Ertrag verzichtet wird, sollte Gegenstand der Risikoerklärung sein. Zwar handelt sich bei diesem Spendenelement nicht um ein Anlagerisiko im engeren Sinne; hierauf stellt Art. 6 Abs. 1 Buchst. b EuVECA-VO jedoch auch nicht ab. Das Schenkungselement ist ein Kernelement der beabsichtigten Verpflichtung. 4

Die **beschränkende Definition des Anlegerkreises** ist aus Perspektive des Anlegerschutzes angesichts der KMU-Qualität der Portfoliounternehmen grundsätzlich **gerechtfertigt**. Die Liquidität der Anteile und auch die Rückgabe der Anteile werden in der Regel stark eingeschränkt sein. Auch im Hinblick auf die im Verhältnis zum hohen Risiko geringe Rendite ist eine Zurückhaltung beim Kleinanlegervertrieb angemessen. Der im Verhältnis zu § 1 Abs. 19 Nr. 33 KAGB (s. § 1 Rz. 232 f.) auffällige Unterschied der Schutzmaßnahmen vor einer übereilten Anlage erklärt sich wohl mit der leichteren Handhabung gegenüber einer materiellen Prüfung der Erfahrung und wirtschaftlichen Potenz des Anlegers. Sonstige europäische, zum Schutz von Kleinanlegern erlassene Vertriebsregulierungen, insbesondere die **Produktinformationsblätter nach der PRIIP-VO** (vgl. dazu die Erläuterungen der PRIIP-VO im Anh. zu § 166) bleiben vom Vertriebspass unberührt. Dass ein Produktionsinformationsblatt nach der PRIIP-VO zu erstellen und zu aktualisieren ist, erhöht die Kosten für den EuVECA-Vertrieb und sollte angesichts des beschränkten Anlegerkreises **überdacht** werden. **Nationale Erweiterungen** dieser Zusatzregeln (z.B. beim Vertrieb einzusetzende weitere Beratungs- und Informationspflichten) sind indes durch Art. 16 Abs. 2 EuVECA-VO **untersagt**. 5

Der Anlegerkreis, an welcher EuVECA vertrieben werden können, definiert sich über den Vertriebspass und damit **produktzogen**. Auch ein **AIFM mit Zulassung nach §§ 17 ff. KAGB** kann EuVECA daher weiterhin an den weiteren Anlegerkreis nach der EuVECA-VO vertreiben.[2] 6

1 ErwGr. 24 EuVECA-VO.

2 Q&A ESMA (31 May 2016); ESMA/2016/774, Antwort 1c.

7 Nach Art. 6 Abs. 2 EuVECA-VO gelten die Anlagebeschränkungen nicht für **Führungspersonal des AIFM**, deren Anlage aus Gründen der Risikobeteiligung wünschenswert ist und welche aufgrund der Zulassungsvoraussetzungen als ausreichend Erfahren gelten, um das mit der Anlage verbundene Risiko einzuschätzen. Unter der AIFM-RL ist eine solche Risikobeteiligung auch regulatorisch gefordert. Obwohl Anhang II der AIFM-RL auf EuVECA-Verwalter nicht anzuwenden ist, ist eine auf eine langfristige Interessenkonvergenz ausgerichtete Risikobeteiligung von Führungskräften des Verwalters gerade bei Anlagen in Venture Capital-Fonds marktüblich und zur Überwindung der Informationsasymmetrien geradezu zwingend.

Art. 7 [Wohlverhaltenspflichten]

Verwalter eines qualifizierten Risikokapitalfonds müssen bezüglich der von ihnen verwalteten qualifizierten Risikokapitalfonds

a) **ihrer Tätigkeit ehrlich, redlich sowie mit der gebotenen Sachkenntnis, Sorgfalt und Gewissenhaftigkeit nachgehen;**

b) **geeignete Strategien und Verfahren zur Verhinderung unzulässiger Praktiken anwenden, bei denen vernünftigerweise davon ausgegangen werden kann, dass sie den Interessen der Anleger und der qualifizierten Portfoliounternehmen schaden;**

c) **ihre Geschäftstätigkeit so ausüben, dass sie dem besten Interesse der von ihnen verwalteten qualifizierten Risikokapitalfonds, der Anleger dieser Fonds und der Integrität des Marktes dienlich sind;**

d) **bei der Auswahl und der laufenden Überwachung der Investitionen in qualifizierte Portfoliounternehmen ein hohes Maß an Sorgfalt walten lassen;**

e) **in qualifizierte Portfoliounternehmen investieren, die sie in angemessenem Maße kennen und verstehen;**

f) **ihre Anleger fair behandeln. Dies schließt nicht aus, dass private Anleger günstiger behandelt werden dürfen als öffentliche Anleger, sofern diese Behandlung mit den Vorschriften über staatliche Beihilfen, insbesondere Artikel 21 der Verordnung (EU) Nr. 651/2014[1] der Kommission, vereinbar ist und in den Anlagebedingungen oder der Satzung des Fonds offengelegt ist;**

g) **dafür sorgen, dass kein Anleger eine Vorzugsbehandlung erhält, es sei denn, eine solche Vorzugsbehandlung ist in den Anlagebedingungen oder der Satzung des qualifizierten Risikokapitalfonds vorgesehen.**

In der Fassung vom 17.4.2013 (ABl. EU Nr. L 115 v. 25.4.2013, S. 1), zuletzt geändert durch die Verordnung (EU) 2017/1991 vom 25.10.2017 (ABl. EU Nr. L 293 v. 10.11.2017, S. 1).

I. Übersicht

1 Art. 7 EuVECA-VO schreibt eine Reihe von **Kardinalprinzipien** bei der Verwaltung der EuVECA vor. Diese treten für EuVECA-Verwalter an die Stelle der wesentlich umfangreicheren Detailvorgaben in §§ 26 ff. KAGB. Die Vorgaben lassen sich unterteilen in **Treuepflichten** (Art. 7 Buchst. a und c EuVECA-VO), **Sorgfaltspflichten** (Art. 7 Buchst. b, d und e EuVECA-VO) und **Pflichten gegenüber den Anlegern** (Art. 7 Buchst. f und g EuVECA-VO). Ebenso wie in §§ 17 ff. KAGB geht es nicht **nur um Verhaltenspflichten**; zur Einhaltung dieser Gebote muss der Verwalter auch die **entsprechende Organisation** vorhalten. Insofern mag man Art. 7 EuVECA-VO als inhaltliche Leitlinie zur Konkretisierung der in Art. 10 Abs. 1 EuVECA-VO angesprochenen Ressourcen deuten.

1 Verordnung (EU) Nr. 651/2014 der Kommission vom 17. Juni 2014 zur Feststellung der Vereinbarkeit bestimmter Gruppen von Beihilfen mit dem Binnenmarkt in Anwendung der Artikel 107 und 108 des Vertrages über die Arbeitsweise der Europäischen Union (ABl. L 187 vom 26.6.2014, S. 1).

Die Vorschriften des Art. 7 EuVECA-VO sind nicht nur aufsichtsrechtlicher Natur. Wie aus Art. 20 Abs. 2 EuVECA-VO folgt, kann eine Verletzung auch eine **Schadensersatzpflicht** nach sich ziehen. S. Anh. zu § 337: Art. 20 EuVECA-VO Rz. 3. 2

II. Treuepflichten

Als Treuepflichten lassen sich all jene Pflichten beschreiben, die einer **Chancenanmaßung des Verwalters entgegenwirken** („though shall not steal"). Dies sind im Rahmen des Art. 7 EuVECA-VO die in Buchst. a und c genannten Pflichten. Parallelen dazu finden sich in § 26 Abs. 2 Nr. 1 und 2 KAGB. Näher dort § 26 Rz. 48 ff., 78 ff. 3

III. Sorgfaltspflichten

Als Sorgfaltspflichten lassen sich all jene Pflichten zusammenfassen, die den **Verwalter zu ordentlicher Arbeit anhalten** („though shall not shirk"). Dies sind im Rahmen des Art. 7 EuVECA-VO die in Buchst. b, d und e genannten Pflichten. 4

Die Notwendigkeit geeigneter Strategien und Verfahren (Art. 7 Buchst. b EuVECA-VO) zur Verhinderung unzulässiger Praktiken beschreibt die erforderliche **Compliance-Organisation**, wobei sich Art und Umfang von der von AIF-KVGs unterscheiden dürfen und sollen. Das **Sorgfaltsgebot** in Art. 7 Buchst. d und das **Sachkenntnisgebot** in Buchst. e ist bereits in § 26 Abs. 2 Nr. 1 KAGB enthalten. Näher dort § 26 Rz. 48. 5

IV. Behandlung der Anleger

Art. 7 Buchst. f und g EuVECA-VO befassen sich mit dem Verhältnis zu den Anlegern. Einerseits geht es um das **Fairness- bzw. Gleichbehandlungsgebot**. S. dazu § 26 Abs. 2 Nr. 3 Buchst. b und Nr. 6 sowie § 165 Abs. 2 Nr. 27 und § 307 Abs. 1 Nr. 14 KAGB, dort § 26 Rz. 78 und § 165 Rz. 24 und § 307 Rz. 34. **Vorzugsbehandlungen** bleiben wie auch im KAGB möglich, wenn diese in den Anlagebedingungen oder Statuten des EuVECA vorgesehen sind. In der Sache können solche Abstufungen Anleger mit unterschiedlichem Risikoappetit für EuVECA interessieren, so dass sie bei sachgerechter Ausführung durchaus im Sinne der Verordnung sind. 6

Andererseits befasst sich Art. 7 Buchst. f EuVECA-VO an etwas überraschender Stelle mit dem europäischen Beihilfenrecht. Die Vorschrift stellt klar, was aus Buchst. g bereits ohnedies folgt, dass **„private Anleger günstiger behandelt werden dürfen als öffentliche Anleger"**, wenn dies in den Anlagebedingungen oder Statuten offengelegt ist. Neu und als **Klarstellung** zu verstehen ist der Hinweis, dass eine solche Sonderbehandlung mit den Vorschriften des EU-Beihilfenrechts, insbesondere Art. 21 der Verordnung (EU) Nr. 651/2014 der Kommission, vereinbar sein muss. Dies belegt die beihilferechtliche Neutralität der EuVECA. Diese besagt zur beihilferechtlichen Zulässigkeit schlicht nichts. 7

Art. 8 [Übertragung von Aufgaben/Delegation]

(1) Die Haftung des Verwalters eines qualifizierten Risikokapitalfonds gegenüber dem qualifizierten Risikokapitalfonds oder dessen Anlegern wird nicht durch die Tatsache berührt, dass der Verwalter Funktionen an Dritte übertragen hat. Der Verwalter überträgt seine Funktionen nicht in einem Umfang, der darauf hinausläuft, dass er im Grunde genommen nicht mehr als Verwalter eines qualifizierten Risikokapitalfonds, sondern nur noch als Briefkastenunternehmen angesehen werden kann.

(2) Die Übertragung von Funktionen gemäß Absatz 1 darf die wirksame Beaufsichtigung des Verwalters eines qualifizierten Risikokapitalfonds nicht untergraben und weder den Verwalter eines qualifizierten Risikokapitalfonds daran hindern, im besten Interesse seiner Anleger zu handeln, noch verhindern, dass der qualifizierte Risikokapitalfonds im besten Interesse seiner Anleger verwaltet wird.

In der Fassung vom 17.4.2013 (ABl. EU Nr. L 115 v. 25.4.2013, S. 1).

I. Übersicht

1 Die Vorschrift befasst sich mit Delegationen. Anders als Art. 20 AIFM-RL, Art. 13 OGAW-RL (vgl. § 36 KAGB) kennt Art. 8 EuVECA-VO keine umfassende, nach Wesentlichkeit abgestufte Regelung zu Delegationen. Die Vorschrift beschränkt sich stattdessen auf **drei Kernsätze**, die durchaus **als Kardinalprinzipien** zu verstehen sind.

II. Haftungskontinuität (Art. 8 Abs. 1 Satz 1 EuVECA-VO)

2 Art. 8 Abs. 1 Satz 2 EuVECA-VO begründet den **Grundsatz der Haftungskontinuität**. Er ist so auch in Art. 20 Abs. 3 AIFM-RL, Art. 13 Abs. 2 OGAW-RL, § 36 Abs. 3 KAGB enthalten. Näher § 36 Rz. 97 ff.

III. Verbot von letter boxes (Art. 8 Abs. 1 Satz 2 EuVECA-VO)

3 Art. 8 Abs. 1 Satz 2 EuVECA-VO übernimmt das auf effiziente Durchsetzung des europäischen Investmentrechts und Vermeidung von Externalitäten abzielende **Hüllenverbot**.[1] S. dazu bereits Art. 20 Abs. 3 AIFM-RL, Art. 13 Abs. 2 OGAW-RL, § 36 Abs. 5 KAGB. Näher § 36 Rz. 107 ff.

IV. Verpflichtung auf Anlegerinteressen (Art. 8 Abs. 2 EuVECA-VO)

4 Art. 8 Abs. 2 EuVECA-VO verpflichtet den EuVECA-Verwalter dazu, auch bei Auslagerungen die **Anlegerinteressen zu sichern**. Eine Delegation darf diese Interessen nicht gefährden. S. dazu bereits Art. 20 Abs. 1 AIFM-RL, Art. 13 Abs. 1 Buchst. g OGAW-RL, § 36 Abs. 1 Nr. 5 KAGB. Näher § 36 Rz. 107 ff.

Art. 9 [Interessenkonflikte]

(1) Verwalter eines qualifizierten Risikokapitalfonds ermitteln und vermeiden Interessenkonflikte, gewährleisten, wo diese nicht vermieden werden können, eine Steuerung und Beobachtung von Interessenkonflikten und legen gemäß Absatz 4 solche Interessenkonflikte unverzüglich offen, um nachteilige Auswirkungen auf die Interessen der qualifizierten Risikokapitalfonds und ihrer Anleger und eine unfaire Behandlung der von ihnen verwalteten qualifizierten Risikokapitalfonds zu vermeiden.

(2) Verwalter eines qualifizierten Risikokapitalfonds ermitteln insbesondere Interessenkonflikte, die entstehen können zwischen

a) Verwaltern eines qualifizierten Risikokapitalfonds, Personen, die die Geschäfte des Verwalters eines qualifizierten Risikokapitalfonds tatsächlich führen, Mitarbeitern oder jeder anderen Person, die den Verwalter eines qualifizierten Risikokapitalfonds direkt oder indirekt kontrolliert oder direkt oder indirekt von diesem kontrolliert wird, und dem vom Verwalter eines qualifizierten Risikokapitalfonds verwalteten qualifizierten Risikokapitalfonds oder seinen Anlegern;

b) dem qualifizierten Risikokapitalfonds oder dessen Anlegern und einem anderen qualifizierten Risikokapitalfonds, der von demselben Verwalter verwaltet wird, oder dessen Anlegern;

c) dem qualifizierten Risikokapitalfonds oder dessen Anlegern und einem Organismus für gemeinsame Anlagen oder OGAW, der von demselben Verwalter verwaltet wird, oder dessen Anlegern.

1 Vgl. zum Hintergrund *Zetzsche*, Drittstaaten im Bank- und Finanzmarktrecht, in Bachmann/Breig, Finanzmarktregulierung zwischen Kontinuität und Innovation, 2014, S. 48, 87 f.; *Lehmann/Zetzsche* in Zetzsche/Lehmann (Hrsg.), Grenzüberschreitende Finanzdienstleistungen, 2018, S. 95 f.

(3) Um den Anforderungen der Absätze 1 und 2 nachzukommen, erhalten Verwalter eines qualifizierten Risikokapitalfonds wirksame organisatorische und verwaltungsmäßige Vorkehrungen aufrecht, und wenden diese Vorkehrungen an.

(4) Die in Absatz 1 genannte Offenlegung von Interessenkonflikten erfolgt, wenn die vom Verwalter eines qualifizierten Risikokapitalfonds zur Ermittlung, Vorbeugung, Steuerung und Beobachtung von Interessenkonflikten getroffenen organisatorischen Vorkehrungen nicht ausreichen, um nach vernünftigem Ermessen zu gewährleisten, dass das Risiko einer Beeinträchtigung von Anlegerinteressen vermieden wird. Die Verwalter eines qualifizierten Risikokapitalfonds unterrichten die Anleger, bevor sie in deren Auftrag Geschäfte tätigen, unmissverständlich über die allgemeine Art oder die Quellen von Interessenkonflikten.

(5) Der Kommission wird die Befugnis übertragen, gemäß Artikel 25 delegierte Rechtsakte zu erlassen, in denen Folgendes im Einzelnen festgelegt wird:

a) die in Absatz 2 dieses Artikels genannten Arten von Interessenkonflikten;

b) die Maßnahmen, die Verwalter eines qualifizierten Risikokapitalfonds hinsichtlich der Strukturen und der organisatorischen und administrativen Verfahren zu ergreifen haben, um Interessenkonflikte zu ermitteln, ihnen vorzubeugen, sie zu steuern, zu beobachten bzw. offenzulegen.

In der Fassung vom 17.4.2013 (ABl. EU Nr. L 115 v. 25.4.2013, S. 1).

I. Konfliktmanagement (Art. 9 Abs. 1 EuVECA-VO)

Interessenkonflikte sind eines der Kernrisiken bei der Vermögensfremdverwaltung. Art. 9 EuVECA-VO 1 sieht daher für EuVECA-Verwalter gem. Art. 2 Abs. 1 EuVECA-VO ein **mehrstufiges Konfliktmanagement** vor, bestehend aus allgemeinen Grundsätzen (Art. 9 Abs. 1 EuVECA-VO), der Ermittlung von Konflikten (Art. 9 Abs. 2 EuVECA-VO), der Konfliktprävention (Art. 9 Abs. 3 EuVECA-VO) und der Offenlegung (Art. 9 Abs. 4 EuVECA-VO). Dies entspricht der üblichen regulatorischen Herangehensweise.[1]

Inhaltlich ähnliche, jedoch weit detailliertere Bestimmungen zur Vermeidung von Interessenkonflikten fin- 2 den sich in **§ 27 KAGB**. § 27 KAGB ist einschlägig, wenn ein **AIFM mit Zulassung nach §§ 17 ff. KAGB EuVECA verwaltet.**

Unterschiede zwischen EuVECA-VO und AIFM-RL erklären sich mit dem Bestreben, die **Kosten** der we- 3 sentlich kleineren EuVECA-Verwalter **gering** zu halten. Im Mittelpunkt steht daher im Wesentlichen die Erstellung einer **Conflict of Interest Policy** mit Darstellung der internen Abläufe.[2] Kann ein Konflikt nicht behoben werden und entscheidet sich das Leitungsorgan des EuVECA-Verwalters dennoch für die Investition, so genügt es, den Konflikt gegenüber den Anlegern offenzulegen. Dies kann im Rahmen der Anlegerinformation nach Art. 13 EuVECA-VO erfolgen.

II. Umsetzungsmaßnahmen (Art. 9 Abs. 5 EuVECA-VO)

Stand Juli 2018 waren die in Art. 9 Abs. 5 EuVECA-VO eingeräumten Befugnisse nicht ausgeübt. Ausfüh- 4 rungen zu Art. 9 EuVECA-VO finden sich im Final Report der ESMA.[3] Die Strategien nach Art. 9 Abs. 5 Buchst. b EuVECA-VO sollen unter anderen Vorkehrungen dafür treffen, dass Stimmrechte und Monitoring Aktivitäten zum ausschließlichen Nutzen der EuVECA bzw. deren Investoren ausgeübt bzw. durchgeführt werden.[4]

1 Vgl. *Kumpan*, Interessenskonflikte, 2016, S. 229 ff.
2 2015/ESMA/227, 22 f.
3 ESMA, Final Report: ESMA's technical advice to the European Commission on the delegated acts of the Regulations on European Social Entrepreneurship Funds and European Venture Capital Funds, Februar 2015 (ESMA/2015/227).
4 ESMA/2015/227, S. 65.

Art. 10 [Eigenmittel, angemessene Ressourcen]

(1) Verwalter eines qualifizierten Risikokapitalfonds verfügen jederzeit über ausreichende Eigenmittel und setzen jederzeit angemessene und geeignete personelle und technische Ressourcen ein, um eine ordnungsgemäße Verwaltung der von ihnen verwalteten qualifizierten Risikokapitalfonds zu ermöglichen.

(2) Sowohl intern verwaltete qualifizierte Risikokapitalfonds als auch externe Verwalter qualifizierter Risikokapitalfonds müssen über ein Anfangskapital von 50 000 EUR verfügen.

(3) Die Eigenmittel müssen jederzeit mindestens ein Achtel der fixen Gemeinkosten betragen, die dem Verwalter im vorangegangenen Jahr entstanden sind. Die zuständige Behörde des Herkunftsmitgliedstaats kann diese Anforderung bei einer gegenüber dem Vorjahr erheblich veränderten Geschäftstätigkeit des Verwalters anpassen. Hat der Verwalter eines qualifizierten Risikokapitalfonds seine Tätigkeit weniger als ein Geschäftsjahr ausgeübt, so beträgt die Anforderung ein Achtel der laut dem Geschäftsplan erwarteten fixen Gemeinkosten, sofern nicht die zuständige Behörde des Herkunftsmitgliedstaats eine Anpassung dieses Plans verlangt.

(4) Übersteigt der Wert der vom Verwalter verwalteten qualifizierten Risikokapitalfonds 250 000 000 EUR, so bringt der Verwalter zusätzliche Eigenmittel ein. Diese zusätzlichen Eigenmittel entsprechen 0,02 % des Betrages, um den der Gesamtwert der qualifizierten Risikokapitalfonds 250 000 000 EUR übersteigt.

(5) Die zuständige Behörde des Herkunftsmitgliedstaats kann dem Verwalter von qualifizierten Risikokapitalfonds gestatten, bis zu 50 % der in Absatz 4 genannten zusätzlichen Eigenmittel nicht einzubringen, wenn dieser Verwalter über eine Garantie in derselben Höhe verfügt, die von einem Kreditinstitut oder einem Versicherungsunternehmen gestellt wird, das seinen Sitz in einem Mitgliedstaat hat, oder in einem Drittland, in dem es Aufsichtsbestimmungen unterliegt, die nach Auffassung der zuständigen Behörde des Herkunftsmitgliedstaats den im Unionsrecht festgelegten Aufsichtsvorschriften gleichwertig sind.

(6) Die Eigenmittel werden in liquide Vermögenswerte oder in Vermögenswerte investiert, die kurzfristig unmittelbar in Bargeld umgewandelt werden können, und keine spekulativen Positionen enthalten.

In der Fassung vom 17.4.2013 (ABl. EU Nr. L 115 v. 25.4.2013, S. 1), zuletzt geändert durch die Verordnung (EU) 2017/1991 vom 25.10.2017 (ABl. EU Nr. L 293 v. 10.11.2017, S. 1).

I. Eigenmittel und Ressourcen (Art. 10 Abs. 1 EuVECA-VO)

1 Die Vorschriften gelten nur für de minimis-AIFM, sie sind auf AIF-KVG mit Zulassung nach §§ 17 ff. KAGB nicht anzuwenden (arg. Art. 2 Abs. 2 EuVECA-VO). **EuVECA-Verwalter** haben **ausreichende Eigenmittel** und personelle und technische Ressourcen aufzubringen, die eine ordnungsgemäße Fondsverwaltung ermöglichen (Art. 10 Abs. 1 EuVECA-VO). **Ressourcen** sind daher nicht finanziell zu verstehen, sondern als organisatorische Vorkehrungen, Personal und technische Systeme zu verstehen. Insoweit eröffnet die EuVECA einen gewissen Beurteilungsspielraum der zuständigen Behörde. Jedoch muss der EuVECA-Verwalter jedenfalls die Ressourcen vorhalten, die die Einhaltung der EuVECA-VO und insbesondere die Pflichten des Art. 7 EuVECA-VO sichern.

2 Während es für die Ressourcen bei der durch offene Rechtsbegriffe skizzierten **Unbestimmtheit** bleibt, wurden die erforderlichen Eigenmittel durch **EuVECA II** in den Abs. 2 bis 6 konkretisiert.[1] Dabei regeln

1 Vgl. dazu ErwGr. 13 EuVECA II („Um in der gesamten Union für ein einheitliches Verständnis der Anforderungen an diese Verwalter zu sorgen, sollte diese Verordnung die Anwendung von Mindestkapitalanforderungen und Eigenmitteln vorsehen. Angesichts der besonderen Rolle, die qualifizierte Risikokapitalfonds und qualifizierte Fonds für soziales Unternehmertum im Zusammenhang mit der Kapitalmarktunion insbesondere im Hinblick auf die Förderung der Finanzierung von Risikokapital und sozialem Unternehmertum spielen könnten, ist es erforderlich, spezielle und gezielte Eigenmittelvorschriften für registrierte Verwalter vorzusehen, die sich von den für zugelassene Verwalter geltenden Eigenmittelvorschriften der Richtlinie 2011/61/EU unterscheiden.").

Art. 10 Abs. 2 bis 4 EuVECA-VO die Höhe, Art. 10 Abs. 5 und 6 EuVECA-VO die Aufbringung der Eigenmittel.

II. Eigenmittel (Art. 10 Abs. 2 bis 4 EuVECA-VO)

Als **Anfangskapital** muss der Verwalter 50.000 Euro aufbieten. Dies ist unabhängig davon, ob der Verwalter intern oder extern verwaltet wird. 3

Die nach der Registrierung **laufend aufrechtzuerhaltenden Eigenmittel** bestimmen sich nach Art. 10 Abs. 3 und 4 EuVECA-VO. Diese betragen zunächst ein Achtel der fixen Gemeinkosten des Verwalters des letzten Geschäftsjahres bzw. des auf ein Jahr hochgerechneten Planjahres (Art. 10 Abs. 3 EuVECA-VO). Vgl. zum Begriff fixe Gemeinkosten Art. 97 CRR/CRD IV bzw. Art. 9 Abs. 5 AIFM-RL, Art. 7 Abs. 1 Buchst. a iii OGAW-RL. 4

Ab einer **Größe von 250 Mio. Euro AuM** muss der EuVECA-Verwalter 0,02 % des die Summe von 250 Mio. Euro AuM übersteigenden Betrags vorhalten. Im Ergebnis kommt es dadurch zu niedrigeren als den nach der AIFM-RL erforderlichen Eigenmitteln (vgl. ErwGr. 13 EuVECA II). Auch ist die Berechnung recht einfach. 5

Beispiel: Ein EuVECA-Verwalter hat Mietkosten von 250 000 Euro, Personalkosten von 1,35 Mio. Euro, Transaktionskosten von 1 Mio. Euro und verwaltet 400 Mio. Euro Fondsvermögen. Seine fixen Gemeinkosten betragen 1,6 Mio. Euro, daraus ein Achtel macht 200 000 Euro Mindesteigenmittel. Diese sind um 0,02 % von 150 Mio. Euro (400-250) = 30 000 Euro zu erhöhen. Die laufend vorzuhaltenden Eigenmittel betragen 230 000 Euro. 6

Art. 10 Abs. 3 EuVECA-VO weist der für den Verwalter zuständigen Behörde das Recht zu, die Mindesteigenmittel anzupassen. Dies darf jedoch aufgrund des Gesetzesvorbehalts und der Vorrangigkeit des Verhältnismäßigkeitsgrundsatzes im EU-Primärrecht jedenfalls durch die BaFin **nur zugunsten des Verwalters** und auch insoweit **nur in einem engen Rahmen** erfolgen, da ein Abschmelzen der Eigenmittel die Anleger gefährden könnte. 7

III. Modus der Kapitalaufbringung (Art. 10 Abs. 5 EuVECA-VO)

Art. 10 Abs. 5 und 6 EuVECA-VO regeln, wie das Kapital aufzubringen ist. Art. 10 Abs. 5 EuVECA-VO ermöglicht die **hälftige Aufbringung** durch qualifizierte Bürgschaft, Garantie oder gleichwertige Sicherheit regulierter Institute. Im Übrigen sind die Eigenmittel in liquider Form vorzuhalten (Art. 10 Abs. 6 EuVECA-VO).[2] Anteile an **Geldmarktfonds** und **andere Geldmarktinstrumente** sind i.d.R. hinreichend liquide und gelten i.d.R. als nicht spekulativ. 8

Art. 11 [Bewertung]

(1) Die Regeln für die Bewertung der Vermögenswerte werden in den Anlagebedingungen oder der Satzung des qualifizierten Risikokapitalfonds niedergelegt und gewährleisten ein zuverlässiges und transparentes Bewertungsverfahren.

(2) Durch die angewandten Bewertungsverfahren wird sichergestellt, dass die Vermögenswerte ordnungsgemäß bewertet werden und die Berechnung des Vermögenswerts mindestens einmal jährlich erfolgt.

In der Fassung vom 17.4.2013 (ABl. EU Nr. L 115 v. 25.4.2013, S. 1).

Die Bewertung eines KMU ist anspruchsvoll und risikobehaftet. Aus Gründen des Anlegerschutzes muss das **Bewertungsverfahren transparent** sein. 1

Durch die Regelung der Bewertung in den konstituierenden Dokumenten und angesichts des erfahrenen und qualifizierten Anlegerkreises sollten intransparente Anbieter Probleme bei der Kapitalaufbringung be- 2

2 Vgl. dazu Art. 9 Abs. 8 AIFM-RL.

kommen. Die Bewertungsregeln werden gängigen Branchenstandards genügen müssen. Als solche sind etwa zu nennen die International Private Equity and Venture Capital Valuation Guidelines 2015.[1]

Art. 12 [Jahresbericht]

(1) Verwalter eines qualifizierten Risikokapitalfonds legen der zuständigen Behörde des Herkunftsmitgliedstaats für jeden von ihnen verwalteten qualifizierten Risikokapitalfonds spätestens sechs Monate nach Ende des Geschäftsjahres einen Jahresbericht vor. In diesem Bericht werden die Zusammensetzung des Portfolios des qualifizierten Risikokapitalfonds und die Tätigkeiten des Vorjahres beschrieben. Zudem werden in diesem Bericht die Gewinne des qualifizierten Risikokapitalfonds am Ende seiner Laufzeit und gegebenenfalls die während seiner Laufzeit ausgeschütteten Gewinne offengelegt. Der Bericht enthält die geprüften Jahresabschlüsse des qualifizierten Risikokapitalfonds.

Der Jahresbericht wird im Einklang mit den bestehenden Berichterstattungsstandards und gemäß den zwischen dem Verwalter eines qualifizierten Risikokapitalfonds und den Anlegern vereinbarten Bedingungen erstellt. Verwalter eines qualifizierten Risikokapitalfonds legen den Anlegern den Jahresbericht auf Anfrage vor. Die Verwalter eines qualifizierten Risikokapitalfonds und die Anleger können sich untereinander auf die Offenlegung ergänzender Informationen einigen.

(2) Eine Rechnungsprüfung des qualifizierten Risikokapitalfonds findet mindestens einmal jährlich statt. Mit der Prüfung wird bestätigt, dass das Geld und die Vermögenswerte im Namen des qualifizierten Risikokapitalfonds gehalten werden und dass der Verwalter des qualifizierten Risikokapitalfonds eine angemessene Buchführung und angemessene Prüfungen bezüglich der Verwendung eines Mandats oder der Kontrolle über das Geld und die Vermögenswerte des qualifizierten Risikokapitalfonds und von dessen Anlegern eingerichtet und durchgeführt hat.

(3) Ist der Verwalter eines qualifizierten Risikokapitalfonds gemäß Artikel 4 der Richtlinie 2004/109/EG des Europäischen Parlaments und des Rates vom 15. Dezember 2004 zur Harmonisierung der Transparenzanforderungen in Bezug auf Informationen über Emittenten, deren Wertpapiere zum Handel auf einem geregelten Markt zugelassen sind(1), zur Veröffentlichung eines Jahresfinanzberichts über den qualifizierten Risikokapitalfonds verpflichtet, so können die in Absatz 1 dieses Artikels genannten Informationen getrennt oder als Ergänzung zum Jahresfinanzbericht vorgelegt werden.

(4) Die zuständige Behörde des Herkunftsmitgliedstaats stellt alle gemäß diesem Artikel gesammelten Informationen der zuständigen Behörde jedes betreffenden qualifizierten Risikokapitalfonds und der zuständigen Behörde jedes betreffenden Aufnahmemitgliedstaats sowie der ESMA rechtzeitig zur Verfügung, und zwar nach Maßgabe der in Artikel 22 genannten Verfahren.

In der Fassung vom 17.4.2013 (ABl. EU Nr. L 115 v. 25.4.2013, S. 1), zuletzt geändert durch die Verordnung (EU) 2017/1991 vom 25.10.2017 (ABl. EU Nr. L 293 v. 10.11.2017, S. 1).

I. Erstellung und Offenlegung des Jahresberichts (Art. 12 Abs. 1 EuVECA-VO)

1 Der EuVECA-Verwalter hat seiner Aufsichtsbehörde (s. Anh. zu § 337: Art. 3 EuVECA-VO Rz. 22) binnen **sechs Monaten** nach Ende des Geschäftsjahres einen Jahresbericht vorzulegen. Ggf. ist die Frist verkürzt, wenn der EuVECA börsennotiert und deshalb der TransparenzRL 2004/109/EG unterstellt ist (s. dazu Art. 12 Abs. 4 EuVECA-VO). Den **Anlegern** ist der Bericht **auf Anfrage** vorzulegen; insofern ist kein Zeitraum bestimmt. Jedenfalls nach sechs Monaten dürfte der Anspruch der Anleger fällig sein. Darüber hinaus

1 IPEV Board, International Private Equity and Venture Capital Valuation Guidelines – Edition December 2015, abrufbar unter http://www.privateequityvaluation.com/valuation-guidelines/4588034291.

1 ABl. L 390 vom 31.12.2004, S. 38.

kann in Abhängigkeit von der Rechtsform des Fonds eine **Offenlegung ad incertas personas** gem. §§ 25 ff. HGB erforderlich sein.[2]

Nach der Verordnung gehören zum **Mindestinhalt** 2

- in Bezug auf den Risikokapitalfonds
  - die Zusammensetzung des Portfolios,
  - die Gewinne am Ende seiner Laufzeit,
  - gegebenenfalls die während der Laufzeit ausgeschütteten Gewinne sowie
  - die geprüften Jahresabschlüsse;
- sowie **die Tätigkeiten des Vorjahres.** Da nur ein intern verwalteter Fonds Organe hat, die für ihn selbst handeln, sind insoweit auch Tätigkeiten des Verwalters mit Bezug zum EuVECA erfasst.

Weitere Inhalte können nach dem Vertragsgrundsatz **durch Abrede zwischen Verwalter und Anleger** fest- 3
gelegt sein. Vielfach wird es insoweit um Abreden gehen, die durch Anteilszeichnung aufgrund eines Prospekts konkludent geschlossen werden, i.e. um Prospektbedingungen. Aber auch individualvertragliche Verpflichtungen des Verwalters erweitern die Offenlegungspflicht.

Die EuVECA-VO schreibt selbst keinen **Rechnungslegungsstandard** vor. Der Jahresbericht ist daher grund- 4
sätzlich nach den **im Herkunftsstaat des EuVECA** anwendbaren **Rechnungslegungsstandards** zu erstellen. Zugleich ordnet § 337 KAGB die Geltung weder von § 46 KAGB, noch der rechtsformbezogenen Vorschriften zum Jahresbericht (z.B. §§ 135, 158 KAGB) an. Dann müsste das allgemeine Bilanzrecht des HGB gelten. Dieses ist jedoch für Fonds wenig aussagekräftig, weil es die für Fonds typische Vermögensseparierung und auf die Entwicklung der Vermögensgegenstände ausgerichtete Darstellungsweise nicht aufgreift; so würde es für die in Deutschland häufigen Sondervermögen keine gesonderten Berichte geben. Zugleich wäre es nicht sachgerecht, die für Publikums-AIF geltenden Vorschriften pauschal heranzuziehen, weil dies weder aus Anlegerschutzsicht, noch aus Kostengründen gerechtfertigt wäre. U.E. ist die Regelungslücke daher zunächst durch Vereinbarung und bei Fehlen einer solchen durch analoge Anwendung des § 299 KAGB (ggf. i.V.m. Art. 103 bis 107 der Delegierten Verordnung (EU) Nr. 231/2013 (AIFM-L2-VO) zu schließen. Danach kommt es für deutsche EuVECAs zu einer modifizierten Erstellung nach HGB; für börsennotierte Fonds ist ein befreiender Abschluss nach IFRS zu erstellen und § 299 Abs. 4 KAGB zu beachten; s. im Übrigen § 299 Rz. 15 ff.

II. Rechnungsprüfung (Art. 12 Abs. 2 EuVECA-VO)

Eine Prüfung hat mindestens jährlich zu erfolgen. Häufig dürften deutsche EuVECA eine der in Anh. I 5
oder II BilanzrechtsRL 2013/34/EU genannten Rechtsformen aufweisen, so dass die Prüfung durch einen gem. Art. 34 BilanzrechtsRL i.V.m. Richtlinie 2006/43/EG **qualifizierten Prüfer** vorzunehmen ist. Die zuständigen Aufsichtsbehörden beschränken den Kreis der Prüfer zumeist auf Personen mit **aufsichtsrechtlicher Expertise**.

Die Prüfung hat zwei Teile. Zum einen geht es um die **Zahlenwerke** und Buchführung. Zum anderen geht 6
es um eine **aufsichtsrechtliche Prüfung**, bei der die Vorgehensweise als Fremdvermögensverwalter im Mittelpunkt steht: Der Prüfer bestätigt, dass das Geld und die Vermögenswerte im Namen des EuVECA gehalten und die Mittelverwendung angemessen kontrolliert wird. Dabei wäre eine Orientierung an den weit intensiver ausgeprägten Kontrollsystemen eines AIFM (vgl. § 38 KAGB) überzogen.

III. Börsennotierte EuVECAs (Art. 12 Abs. 3 EuVECA-VO)

Börsennotierte EuVECA unterliegen neben Art. 12 EuVECA-VO auch den Vorschriften der TransparenzRL. 7
Danach ist bereits binnen vier Monaten Bericht zu erstatten,[3] jedoch ist keine aufsichtsrechtliche Prüfung vonnöten. Dies kann es rechtfertigen, die **Zahlenwerke vorab** und den **Rest als Ergänzung zum Jahresbericht** offenzulegen; diese Möglichkeit eröffnet Art. 12 Abs. 4 EuVECA-VO.

2 Vgl. dazu *Zetzsche* in Hachmeister/Kahle/Mock/Schüppen, § 325 HGB Rz. 16 ff.
3 Vgl. Art. 4 Abs. 1 TransparenzRL.

IV. Informationsaustausch (Art. 12 Abs. 4 EuVECA-VO)

8 Die Jahresberichte sind **ESMA** sowie **allen anderen zuständigen Behörden** gem. Art. 3 Buchst. m, n EuVECA-VO zur Verfügung zu stellen. Vgl. näher Art. 22 EuVECA-VO.

Art. 13 [Anlegerinformation]

(1) Verwalter eines qualifizierten Risikokapitalfonds unterrichten ihre Anleger in Bezug auf die von ihnen verwalteten qualifizierten Risikokapitalfonds vor deren Anlageentscheidung in klarer und verständlicher Weise über Folgendes:

a) die Identität des Verwalters sowie jeglicher anderer Dienstleistungsanbieter, die im Auftrag des Verwalters Verwaltungsaufgaben für den qualifizierten Risikokapitalfonds übernehmen, und eine Beschreibung ihrer Aufgaben;

b) die Höhe der Eigenmittel, über die der Verwalter verfügt, um die angemessenen personellen und technischen Ressourcen aufrechtzuerhalten, die für die ordnungsgemäße Verwaltung seiner qualifizierten Risikokapitalfonds erforderlich sind;

c) eine Beschreibung der Anlagestrategie und der Anlageziele des qualifizierten Risikokapitalfonds, einschließlich

i) der Arten qualifizierter Portfoliounternehmen, in die er zu investieren beabsichtigt,

ii) anderer qualifizierter Risikokapitalfonds, in die er zu investieren beabsichtigt,

iii) der Arten qualifizierter Portfoliounternehmen, in die ein anderer qualifizierter Risikokapitalfonds gemäß Ziffer ii zu investieren beabsichtigt,

iv) der nicht-qualifizierten Anlagen, die er zu tätigen beabsichtigt,

v) der Anlagetechniken, die er anzuwenden beabsichtigt,

vi) etwaiger Anlagebeschränkungen;

d) eine Beschreibung des Risikoprofils des qualifizierten Risikokapitalfonds und jeglicher Risiken im Zusammenhang mit Vermögenswerten, in die der Fonds investieren kann, oder den zulässigen Anlagetechniken;

e) eine Beschreibung des Bewertungsverfahrens des qualifizierten Risikokapitalfonds und der Kalkulationsmethoden für die Bewertung von Vermögenswerten, einschließlich der Verfahren für die Bewertung qualifizierter Portfoliounternehmen;

f) eine Beschreibung der Methode zur Festlegung der Vergütung des Verwalters eines qualifizierten Risikokapitalfonds;

g) eine Beschreibung sämtlicher einschlägigen Kosten unter Angabe der jeweiligen Höchstbeträge;

h) sofern verfügbar, die bisherige Wertentwicklung des qualifizierten Risikokapitalfonds;

i) die Wirtschaftsdienstleistungen und andere unterstützende Dienstleistungen, die der Verwalter eines qualifizierten Risikokapitalfonds selbst erbringt oder von Dritten erbringen lässt, um die Entwicklung, das Wachstum oder in anderweitiger Hinsicht die laufenden Tätigkeiten der qualifizierten Portfoliounternehmen, in die der qualifizierte Risikokapitalfonds investiert, zu fördern, oder, wenn solche Dienste oder Leistungen nicht erbracht werden, eine Erklärung hierzu;

j) eine Beschreibung der Verfahren, nach denen der qualifizierte Risikokapitalfonds seine Anlagestrategie, seine Anlagepolitik oder beide ändern kann.

(2) Die in Absatz 1 genannten Angaben haben redlich, eindeutig und nicht irreführend zu sein. Sie werden regelmäßig aktualisiert und gegebenenfalls überprüft.

(3) Ist der qualifizierte Risikokapitalfonds gemäß der Richtlinie 2003/71/EG des Europäischen Parlaments und des Rates vom 4. November 2003 betreffend den Prospekt, der beim öffentlichen Angebot von Wertpapieren oder bei deren Zulassung zum Handel zu veröffentlichen ist (1), oder gemäß für den qualifizierten Risikokapitalfonds geltenden nationalen Rechtsvorschriften zur Veröffentlichung eines Prospekts verpflichtet, so können die in Absatz 1 genannten Informationen getrennt oder als Teil des Prospekts veröffentlicht werden.

1 ABl. L 345 vom 31.12.2003, S. 64.

In der Fassung vom 17.4.2013 (ABl. EU Nr. L 115 v. 25.4.2013, S. 1), zuletzt geändert durch die Verordnung (EU) 2017/1991 vom 25.10.2017 (ABl. EU Nr. L 293 v. 10.11.2017, S. 1).

I. Registrierungsantrag des EuVECA-Verwalters (Art. 13 Abs. 1 EuVECA-VO)

Art. 13 Abs. 1 EuVECA-VO definiert, welche Pflichtinformationen Vertriebsgrundlage sind. Die Norm ist angelehnt an die wesentlichen Anlegerinformationen nach Art. 23 AIFM-RL.[2] Es geht um vorvertragliche Informationen. Die Rechtsfolgen dieser Informationen richten sich nach dem Zivilrecht des Mitgliedstaats, das anzuwenden ist. Allerdings sieht § 337 KAGB die Geltung der §§ 305 ff. KAGB nicht vor, so dass es bei Grundsätzen des allgemeinen Zivilrechts, insbesondere der bürgerlichen Prospekthaftung bleibt. Näher dazu § 306 Rz. 91, 123; § 307 Rz. 17. 1

Art. 13 Abs. 1 Buchst. b EuVECA-VO wurde im Rahmen von EuVECA II an die Änderung des Art. 10 EuVECA (Harmonisierung der Eigenmittel) angepasst. Vgl. zum Begriff der **einschlägigen Kosten** Anh. zu § 337: Art. 3 EuVECA-VO Rz. 17. Art. 13 Abs. 1 Buchst. i EuVECA-VO bezieht sich auf die sog. **asset related services**, die den Vermögensgegenständen zu Gute kommen können, aber auch verdeckte Gebührenpotentiale beinhalten. 2

II. Qualitativer Standard (Art. 13 Abs. 2 EuVECA-VO)

Die qualitativen Vorgaben in Form **unbestimmter Rechtsbegriffe** in Satz 1 sind Standard im europäischen Investmentrecht, vgl. z.B. zu § 165 Abs. 1 KAGB: § 165 Rz. 7 ff., zu § 166 Abs. 3 KAGB: § 166 Rz. 100 ff., zu § 302 Abs. 1: § 302 Rz. 4. 3

In welchem Intervall **Aktualisierung** und wann („gegebenenfalls") eine **Überprüfung** geboten ist, sagt die EuVECA-VO nicht. In erstem Fall ist eine **Orientierung an Art. 23 Abs. 1 AIFM-RL** gerechtfertigt, da beide Rechtsakte zeitnah und die Vorschriften der EuVECA-VO mit Blick auf die AIFM-RL erarbeitet wurden. Für Deutschland gelten dann die in Umsetzung dieser Vorschrift erlassenen **Pflichten zur Aktualisierung wesentlicher Prospektangaben** (s. § 306 Rz. 46 ff.), und zwar für offene Publikumsinvestmentvermögen aus § 164 Abs. 3 KAGB und für geschlossene Publikums-AIF aus §§ 268 Abs. 2, 318 Abs. 6 KAGB. Eine Überprüfung ist bei **Zweifeln an der Richtigkeit** geboten, etwa aufgrund neuer Erkenntnisse oder aufgrund von Zeitablauf bei alten Angaben. Jedenfalls einmal jährlich sollte eine auf Plausibilisierung dringende Überprüfung erfolgen. 4

III. Verhältnis zum Prospekt (Art. 13 Abs. 3 EuVECA-VO)

Häufig sind die Fondsanteile **Wertpapier**, so dass eine Prospektpflicht bestehen kann.[3] Insbesondere können an einen unbestimmten Personenkreis gerichtete Vertriebsmaßnahmen die Voraussetzungen des **öffentlichen Angebots** erfüllen, wenn kein Ausnahmetatbestand[4] gegeben ist. Dann ermöglicht Art. 13 Abs. 3 EuVECA-VO zwei Offenlegungsformen. Einerseits können die Pflichtinformationen nach Art. 13 Abs. 1 EuVECA-VO in den Prospekt aufgenommen, andererseits können diese getrennt veröffentlicht werden. Dann muss jedenfalls in beiden Dokumenten ein Hinweis auf die jeweils andere Information und deren Bezugsquelle als „incorporation by refence"[5] enthalten sein, weil sonst beide Dokumente unvollständig sind; daran knüpfen Risiken, weil im Prospekt jedenfalls die wesentlichen Informationen enthalten sein müssen. **Vorzugswürdig ist die Aufnahme in den Prospekt.** 5

2 Vgl. dazu *Zetzsche/Eckner* in Zetzsche, AIFMD, S. 333 ff.
3 Vgl. Art. 1 Abs. 1 iVm Art. 2 Buchst. a ProspektVO (EU) 2017/1129.
4 Vgl. dazu Art. 1 Abs. 4 ProspektVO (EU) 2017/1129.
5 Vgl. dazu Art. 19 ProspektVO (EU) 2017/1129.

Kapitel III
Aufsicht und Verwaltungszusammenarbeit

Art. 14 [Registrierung]

(1) Verwalter eines qualifizierten Risikokapitalfonds, die für den Vertrieb ihrer qualifizierten Risikokapitalfonds die Bezeichnung „EuVECA“ verwenden wollen, unterrichten die zuständige Behörde ihres Herkunftsmitgliedstaats über ihre Absicht und legen folgende Informationen vor:

a) die Identität der Personen, die die Geschäfte zur Verwaltung der qualifizierten Risikokapitalfonds tatsächlich führen;
b) die Identität der qualifizierten Risikokapitalfonds, deren Anteile vertrieben werden sollen, und ihre Anlagestrategien;
c) Angaben zu den Vorkehrungen, die zur Einhaltung der Anforderungen von Kapitel II getroffen wurden;
d) eine Liste der Mitgliedstaaten, in denen der Verwalter eines qualifizierten Risikokapitalfonds die einzelnen qualifizierten Risikokapitalfonds zu vertreiben beabsichtigt.

(2) Die zuständige Behörde des Herkunftsmitgliedstaats nimmt die Registrierung des Verwalters eines qualifizierten Risikokapitalfonds nur vor, wenn die folgenden Bedingungen erfüllt sind:

a) die Personen, die die Geschäfte zur Verwaltung eines qualifizierten Risikokapitalfonds tatsächlich führen, sind ausreichend gut beleumdet und verfügen über ausreichende Erfahrung auch in Bezug auf die vom Verwalter eines qualifizierten Risikokapitalfonds verfolgten Anlagestrategien;
b) die nach Absatz 1 vorgeschriebenen Informationen sind vollständig;
c) die gemäß Absatz 1 Buchstabe c mitgeteilten Vorkehrungen sind geeignet, die Anforderungen von Kapitel II zu erfüllen.

(3) Die Registrierung nach diesem Artikel gilt für das gesamte Gebiet der Union und verleiht Verwaltern eines qualifizierten Risikokapitalfonds das Recht, qualifizierte Risikokapitalfonds in der gesamten Union unter der Bezeichnung „EuVECA“ zu vertreiben.

(4) Die zuständige Behörde ihres Herkunftsmitgliedstaats setzt den in Absatz 1 genannten Verwalter spätestens zwei Monate, nachdem er alle in Absatz 1 genannten Informationen bereitgestellt hat, davon in Kenntnis ob er als Verwalter eines qualifizierten Risikokapitalfonds registriert worden ist.

(5) Eine Registrierung gemäß diesem Artikel stellt, was die Verwaltung von qualifizierten Risikokapitalfonds betrifft, eine Registrierung für die Zwecke von Artikel 3 Absatz 3 der Richtlinie 2011/61/EU dar.

(6) Ein in diesem Artikel genannter Verwalter eines qualifizierten Risikokapitalfonds unterrichtet die zuständige Behörde des Herkunftsmitgliedstaats über jede wesentliche Änderung im Zusammenhang mit den Bedingungen für seine ursprüngliche Registrierung gemäß diesem Artikel, und zwar bevor eine solche Änderung zum Tragen kommt.

Beschließt die zuständige Behörde des Herkunftsmitgliedstaats, Beschränkungen zu verhängen oder die Änderungen gemäß Unterabsatz 1 abzulehnen, so hat sie den Verwalter des qualifizierten Risikokapitalfonds innerhalb eines Monats nach Eingang der Unterrichtung von diesen Änderungen davon in Kenntnis zu setzen. Die zuständige Behörde kann diese Frist um maximal einen Monat verlängern, sofern sie dies aufgrund der besonderen Umstände des Einzelfalls und nach entsprechender Benachrichtigung des Verwalters des qualifizierten Risikokapitalfonds für erforderlich hält. Die Änderungen dürfen durchgeführt werden, sofern sich die zuständige Behörde nicht innerhalb der jeweiligen Beurteilungsfrist gegen die Änderungen ausspricht.

(7) Um die einheitliche Anwendung dieses Artikelszu gewährleisten, kann die ESMA Entwürfe für technische Regulierungsstandards ausarbeiten, um die in Absatz 1 genannten Angaben, die in dem Registrierungsantrag gegenüber den zuständigen Behörden zu machen sind näher festzulegen, sowie um die in Absatz 2 genannten Bedingungen näher festzulegen.

Der Kommission wird die Befugnis übertragen, die in Unterabsatz 1 genannten technischen Regulierungsstandards gemäß Artikel 10 bis 14 der Verordnung (EU) Nr. 1095/2010 zu erlassen, um diese Verordnung zu ergänzen.

(8) Um die einheitliche Anwendung dieses Artikels zu gewährleisten, kann die ESMA Entwürfe für technische Durchführungsstandards ausarbeiten, in denen die Standardformulare, Mustertexte und Verfahren für die nach Absatz 1 im Registrierungsantrag den zuständigen Behörden zu übermittelnden Angaben sowie die in Absatz 2 genannten Bedingungen festgelegt werden.

Der Kommission wird die Befugnis übertragen, die in Unterabsatz 1 dieses Absatzes genannten technischen Durchführungsstandards gemäß Artikel 15 der Verordnung (EU) Nr. 1095/2010 zu erlassen.

(9) Die ESMA organisiert gemaß Artikel 30 der Verordnung (EU) Nr. 1095/2010 vergleichende Analysen und führt diese durch, um die Einheitlichkeit der von den zuständigen Behörden gemäß dieser Verordnung durchgeführten Registrierungsverfahren zu verbessern.

In der Fassung vom 17.4.2013 (ABl. EU Nr. L 115 v. 25.4.2013, S. 1), zuletzt geändert durch die Verordnung (EU) 2017/1991 vom 25.10.2017 (ABl. EU Nr. L 293 v. 10.11.2017, S. 1).

I. Registrierungsantrag des EuVECA-Verwalters (Art. 14 Abs. 1 EuVECA-VO)

1 Der *de minimis*-AIFM (in spe) (vgl. § 44 KAGB) hat bei seiner Heimatstaatbehörde (dazu Anh. zu § 337: Art. 3 EuVECA-VO Rz. 22) die Registrierung als EuVECA-Verwalter vor Verwendung der Bezeichnung zu beantragen. Da die EuVECA-VO bislang keinen Europapass für die grenzüberschreitende Fondsverwaltung kennt und die de minimis-AIFM selbst nicht nach der AIFM-RL passfähig sind, fallen **Heimatstaat von Fonds und Verwalter in diesem Fall immer zusammen**.

2 Art. 14 Abs. 1 EuVECA-VO regelt im Übrigen die einzureichenden Unterlagen. Im Vergleich zu ähnlichen Katalogen in der OGAW-RL und AIFM-RL auffällig ist das Fehlen zu **Angaben zur Verwahrstelle**. Dies erklärt sich damit, dass die EuVECA-VO auf Vorgaben zur Verwahrstelle verzichtet. Solche Vorgaben wären angesichts der geringen Größe der Fonds und der auf illiquide Beteiligungen beschränkten Tätigkeit eine unverhältnismäßig kostenintensive Vorgabe.

3 Wie bereits oben erwähnt, ist der Vertrieb kein notwendiges Element der Auflage von EuVECA bzw. der Nutzung der Bezeichnung[1] und folglich, entgegen dem Wortlaut des Art. 14 Abs. 1 EuVECA-VO, auch nicht Voraussetzung für die Verwalterregistrierung.[2]

II. Registrierung und Vertriebspass (Art. 14 Abs. 2 bis 4 EuVECA-VO)

4 Da Art. 14 EuVECA-VO die Registrierung von Fonds und Verwalter in einem betrifft (arg ex. Art. 14 Abs. 5 EuVECA-VO), ist auch die **Eignung des Leitungspersonals** zur Anlage in Risikokapitalanlagen zu beachten. Während etwa bei Fonds, die in liquiden Analgen investieren, bankmäßige Kenntnisse erforderlich sind, benötigt man für Venture Capital fundierte juristische Kenntnisse im Bereich der Strukturierung und Unternehmenstransaktionen und zudem ein fundiertes Wissen im Bereich des Risikomanagements.

5 Rechtsfolge der Registrierung ist der in der ganzen EU und im EWR geltende **Vertriebspass** (Art. 14 Abs. 3 EuVECA-VO). Es handelt sich für *de minimis*-AIFM um eine echte Tätigkeitserweiterung in regionaler Hinsicht, da deren Registrierung nur in einem Mitgliedstaat gilt.

6 Angesichts geringerer Voraussetzungen und zur Senkung der Kosten soll eine Registrierung **zügig (i.e. binnen zwei Monaten)** erfolgen (ErwGr. 33 EuVECA-VO).

1 ESMA Q&A (31 May 2016): ESMA/2016/774, Antwort Nr. 4.
2 So auch *Weitnauer* in Weitnauer/Boxberger/Anders, Anhang 2, Art. 14 EuVECA-VO Rz. 3.

III. Registrierung gemäß Art. 3 Abs. 3 AIFM-RL (Art. 14 Abs. 5 EuVECA-VO)

7 Der mit EuVECA II neu eingefügte Art. 14 Abs. 5 EuVECA-VO soll die bislang erforderliche **Doppelregistrierung** als de minimis-AIFM und als EuVECA-Verwalter vermeiden. Vermieden wird diese freilich nur, wenn der Verwalter mit Beginn der Geschäftstätigkeit die EuVECA-Registrierung erlangt. Ansonsten kommt es infolge der Ausweitung der Tätigkeit in den EuVECA-Bereich weiterhin zu Doppelaufwand.

IV. Nachfolgende Änderungen (Art. 14 Abs. 6 EuVECA-VO)

8 Ähnlich den Vorbildern im europäischen Investmentrecht[3] ist die Behörde über der Registrierung nachfolgende **wesentliche Änderungen** zu informieren, bevor diese ins Werk gesetzt wird. Gemeint sind beabsichtigte oder beschlossene, nur noch nicht umgesetzte Änderungen sein. Auf solche Eingaben hat die Behörde binnen Monatsfrist entweder durch Verfügung oder Verlängerung der Frist um einen weiteren Monat zu reagieren. Mit Fristablauf gilt die Änderung als genehmigt. Der strikte Fristlauf dient dazu, rasch **Rechtssicherheit** zu schaffen.

V. Umsetzungsmaßnahmen (Art. 14 Abs. 7 bis 9 EuVECA-VO)

9 Stand Juli 2018 waren die in Art. 14 Abs. 7 bis 9 EuVECA-VO eingeräumten Befugnisse nicht ausgeübt.

Art. 14a [Vertriebsregistrierung durch AIFM]

(1) Die nach Artikel 6 der Richtlinie 2011/61/EU zugelassenen Verwalter von Organismen für gemeinsame Anlagen beantragen eine Registrierung des qualifizierten Risikokapitalfonds, für den sie die Bezeichnung „EuVECA“ verwenden wollen.

(2) Der in Absatz 1 genannte Registrierungsantrag wird an die für den qualifizierten Risikokapitalfonds zuständige Behörde gerichtet und umfasst Folgendes:

a) die Anlagebedingungen oder die Satzung des qualifizierten Risikokapitalfonds;

b) Angaben zur Identität der Verwahrstelle;

c) die in Artikel 14 Absatz 1 genannten Informationen;

d) eine Liste der Mitgliedstaaten, in denen die in Absatz 1 genannten Verwalter qualifizierte Risikokapitalfonds errichtet haben oder zu errichten beabsichtigen.

Für die Zwecke von Unterabsatz 1 Buchstabe c beziehen sich die Informationen über die Vorkehrungen, die zur Einhaltung der Anforderungen von Kapitel II getroffen wurden, auf die Vorkehrungen, die zur Einhaltung von Artikel 5, Artikel 6 und Artikel 13 Absatz 1 Buchstaben c und i getroffen wurden.

(3) Stimmen die für einen qualifizierten Risikokapitalfonds zuständige Behörde und die zuständige Behörde des Herkunftsmitgliedstaats nicht überein, so ersucht die für den qualifizierten Risikokapitalfonds zuständige Behörde die zuständige Behörde des Herkunftsmitgliedstaats um Informationen darüber, ob der qualifizierte Risikokapitalfonds unter den Geltungsbereich der Zulassung des Verwalters für die Verwaltung von alternativen Investmentfonds fällt und ob die Voraussetzungen von Artikel 14 Absatz 2 Buchstabe a erfüllt sind.

Die für den qualifizierten Risikokapitalfonds zuständige Behörde kann die zuständige Behörde des Herkunftsmitgliedstaats auch um Klärung und Auskunftserteilung in Bezug auf die in Absatz 2 genannten Unterlagen ersuchen.

Die zuständige Behörde des Herkunftsmitgliedstaats antwortet binnen eines Monats nach Eingang des Ersuchens der für den qualifizierten Risikokapitalfonds zuständigen Behörde.

(4) Die in Absatz 1 genannten Verwalter sind nicht verpflichtet, Informationen oder Unterlagen zu übermitteln, die sie bereits gemäß der Richtlinie 2011/61/EU zur Verfügung gestellt haben.

(5) Nachdem die für den qualifizierten Risikokapitalfonds zuständige Behörde die nach Absatz 2 übermittelten Unterlagen überprüft und jegliche in Absatz 3 genannten Klärungen und Auskünfte

3 Vgl. § 34 KAGB, Art. 17 Abs. 8 bzw. 18 Abs. 4 OGAW-RL, Art. 10 AIFM-RL.

erhalten hat, registriert sie jeden Fonds als qualifizierten Risikokapitalfonds, sofern der Verwalter des Fonds die in Artikel 14 Absatz 2 niedergelegten Bedingungen erfüllt.

(6) Die für einen qualifizierten Risikokapitalfonds zuständigen Behörde setzt den in Absatz 1 genannten Verwalter spätestens zwei Monate, nachdem dieser alle in Absatz 2 genannten Unterlagen bereitgestellt hat, davon in Kenntnis, ob der Fonds als qualifizierter Risikokapitalfonds registriert worden ist.

(7) Die gemäß diesem Artikel vorgenommene Registrierung gilt für das gesamte Gebiet der Union und gestattet den Vertrieb dieser Fonds unter der Bezeichnung „EuVECA" in der gesamten Union.

(8) Um die einheitliche Anwendung dieses Artikels zu gewährleisten, kann die ESMA Entwürfe technischer Regulierungsstandards ausarbeiten, um die nach Absatz 2 den zuständigen Behörden zu übermittelnden Informationen näher festzulegen.

Der Kommission wird die Befugnis übertragen, die in Unterabsatz 1 genannten technischen Regulierungsstandards gem. Artikel 10 bis 14 der Verordnung (EU) Nr. 1095/2010 zu erlassen, um diese Verordnung zu ergänzen.

(9) Um die einheitliche Anwendung dieses Artikels zu gewährleisten, kann die ESMA Entwürfe für technische Durchführungsstandards ausarbeiten, in denen die Standardformulare, Mustertexte und Verfahren für die Übermittlung von Informationen an die zuständigen Behörden gemäß Absatz 2 festgelegt werden.

Der Kommission wird die Befugnis übertragen, die in Unterabsatz 1 dieses Absatzes genannten technischen Durchführungsstandards gemäß Artikel 15 der Verordnung (EU) Nr. 1095/2010 zu erlassen.

(10) Die ESMA organisiert gemäß Artikel 30 der Verordnung (EU) Nr. 1095/2010 vergleichende Analysen und führt diese durch, um die Einheitlichkeit der von den zuständigen Behörden gemäß dieser Verordnung durchgeführten Registrierungsverfahren zu verbessern.

In der Fassung vom 25.10.2017 (ABl. EU Nr. L 293 v. 10.11.2017, S. 1).

I. Registrierungsantrag des AIFM für Fonds (Art. 14a Abs. 1, 2 EuVECA-VO)

1 Der AIFM mit Zulassung gem. §§ 17 ff. KAGB hat bei der **für den EuVECA (also den Fonds) zuständigen Behörde** (dazu Anh. zu § 337: Art. 3 EuVECA-VO Rz. 22) die Registrierung des EuVECA vor Verwendung der Bezeichnung zu beantragen. Diese kann von der für den Verwalter zuständigen Behörde abweichen, da die Zulassung des AIFM in der ganzen EU und EWR gilt. Die Mitteilung an die für den Verwalter zuständige Behörde regelt dagegen Art. 15 EuVECA-VO.

2 Art. 14a Abs. 2 Halbs. 2 EuVECA-VO regelt die dabei **einzureichenden Unterlagen. Angaben zur Verwahrstelle** sind nur erforderlich, wenn eine solche für den Fonds bestellt wurde. Dies schreibt die EuVECA-VO bislang nicht vor, so dass die Bestellung einer Verwahrstelle auch durch AIFM freiwillig erfolgt. Ist die Bestellung freiwillig, kann eine solche auch mit anderen als nach der AIFM-RL definierten Pflichten bestellt werden. Keineswegs gilt die Verwahrstellenpflicht für die Verwaltung der AIF nach der AIFM-Richtlinie immer auch dann, wenn ein EuVECA durch einen AIFM verwaltet wird. Dies würde das Kostengerüst für EuVECA unattraktiv machen und allenfalls zu übergroßen Fonds führen.

3 Da die für den EuVECA (den Fonds) zuständige Behörde nur eingeschränkt zuständig ist (s. Art. 18 Abs. 1a und 1b EuVECA-VO), sind auch **nur die in ihrer Zuständigkeit liegenden Unterlagen** einzureichen. Näher Art. 14a Abs. 1 Satz 2 und Art. 18 EuVECA-VO.

II. Abstimmung unter den Behörden (Art. 14a Abs. 3, 4 EuVECA-VO)

4 Art. 14a Abs. 3 EuVECA-VO regelt die Binnenabstimmung zwischen der für Fonds und Verwalter zuständigen Behörden. Das Initiativrecht für weitere Informationen liegt bei der **Fondsbehörde**, weil diese letztlich **beim Registrierungsverfahren führt** (s. Art. 14a Abs. 5 EuVECA-VO). Sinn und Zweck ist es auch,

dass Verwalter von doppelten Mitteilungspflichten verschont bleiben (arg. ex Art. 14a Abs. 4 EuVECA-VO). Infolgedessen muss die Verwalterbehörde der Fondsbehörde auch Angaben und Unterlagen aus dem Zulassungsverfahren bereitstellen.

III. Registrierung und Vertriebspass (Art. 14a Abs. 5 bis 7 EuVECA-VO)

5 Spätestens zwei Monate nach Antragstellung ist dem Antrag zu entsprechen, der Fonds zu registrieren und eine entsprechende Mitteilung zu machen, wenn die gesetzlichen Voraussetzungen erfüllt sind. Rechtsfolge ist ein EU/EWR-weites Vertriebsrecht unter der Bezeichnung „EuVECA".

IV. Umsetzungsmaßnahmen (Art. 14a Abs. 8 bis 10 EuVECA-VO)

6 Stand Juli 2018 waren die in Art. 14a Abs. 8 bis 10 EuVECA-VO eingeräumten Befugnisse nicht ausgeübt.

Art. 14b [Zurückweisungsrecht der Aufsichtsbehörde]

Die Mitgliedstaaten tragen dafür Sorge, dass jede Ablehnung der Registrierung eines in Artikel 14 genannten Verwalters oder eines in Artikel 14a genannten Fonds begründet und den in diesen Artikeln genannten Verwaltern mitgeteilt wird und vor einer nationalen gerichtlichen, behördlichen oder sonstigen Instanz angefochten werden kann. Dieses Recht auf Anfechtung findet auch im Hinblick auf die Registrierung Anwendung, wenn innerhalb von zwei Monaten, nachdem der Verwalter des qualifizierten Risikokapitalfonds alle erforderlichen Angaben gemacht hat, keine Entscheidung über eine Registrierung ergangen ist. Die Mitgliedstaaten können vorschreiben, dass ein Verwalter alle im nationalen Recht vorgesehenen, vorgeschalteten Verwaltungsrechtsbehelfe ausschöpfen muss, bevor er von dem oben genannten Recht auf Anfechtung Gebrauch machen kann.

In der Fassung vom 25.10.2017 (ABl. EU Nr. L 293 v. 10.11.2017, S. 1).

1 Art. 14b EuVECA-VO wurde mit der EuVECA II neu eingefügt. Im Einklang mit ähnlichen Vorgaben im europäischen Investmentrecht[1] sind **ablehnende Entscheidungen** zu begründen und es ist eine auf Revision ausgerichtete Kontrolle zu eröffnen. Das gleiche Recht ist bei **überlanger Verfahrensdauer** eröffnet, welche die EuVECA verhältnismäßig kurz auf zwei Monate festlegt. Das deutsche Recht schaltet für die BaFin als Bundesbehörde ein **Widerspruchsverfahren** vor (§ 68 Abs. 1 VwGO). Näher § 5 Rz. 13.

2 Es handelt sich um **rechtsstaatliche Mindestanforderungen**, die erforderlich sind, weil das EU-Recht kein in sich geschlossenes Verwaltungs- und Verwaltungsprozessrecht kennt.

Art. 15 [Vertriebsmitteilung an für Verwalter zuständige Behörde]

Verwalter eines qualifizierten Risikokapitalfonds unterrichten die zuständige Behörde des Herkunftsmitgliedstaats, wenn sie beabsichtigen,

a) einen neuen qualifizierten Risikokapitalfonds oder

b) einen bestehenden qualifizierten Risikokapitalfonds in einem Mitgliedstaat, der nicht in der in Artikel 14 Absatz 1 Buchstabe d genannten Liste aufgeführt ist, zu vertreiben.

In der Fassung vom 17.4.2013 (ABl. EU Nr. L 115 v. 25.4.2013, S. 1).

1 Vor Aufnahme des Vertriebs muss der EuVECA-Verwalter die **für ihn zuständige Behörde** (dazu Anh. zu § 337: Art. 3 EuVECA-VO Rz. 22) **unterrichten**, damit diese die Vertriebsnotifikation nach Art. 16 EuVECA-VO vornehmen kann.

1 Art. 17 Abs. 3 OGAW-RL.

Art. 16 [Grenzüberschreitende Vertriebsnotifikation]

(1) Die zuständige Behörde des Herkunftsmitgliedstaats teilt den zuständigen Behörden der Aufnahmemitgliedstaaten und der ESMA unverzüglich jede Registrierung oder Streichung eines Verwalters eines qualifizierten Risikokapitalfonds aus dem Register, jede Hinzufügung oder Streichung eines qualifizierten Risikokapitalfonds in dem Register und jede Hinzufügung oder Streichung von Mitgliedstaaten auf bzw. von der Liste mit, in denen ein Verwalter eines qualifizierten Risikokapitalfonds diese Fonds zu vertreiben beabsichtigt.

Für die Zwecke von Unterabsatz 1 unterrichtet die für einen gemäß Artikel 14a registrierten qualifizierten Risikokapitalfonds zuständige Behörde unverzüglich die zuständige Behörde des Herkunftsmitgliedstaats, die zuständigen Behörden der Aufnahmemitgliedstaaten sowie die ESMA über jede Hinzufügung oder Streichung eines qualifizierten Risikokapitalfonds in dem Register oder über jede Hinzufügung oder Streichung in der Liste der Mitgliedstaaten, in denen der Verwalter des qualifizierten Risikokapitalfonds diesen Fonds zu vertreiben beabsichtigt.

(2) Die zuständigen Behörden der Aufnahmemitgliedstaaten erlegen den Verwaltern qualifizierter Risikokapitalfonds hinsichtlich des Vertriebs ihrer qualifizierten Risikokapitalfonds keine Anforderungen oder Verwaltungsverfahren auf und verlangen auch keine vorherige Genehmigung des Vertriebs.

Zu solchen Anforderungen oder Verwaltungsverfahren gehören auch Gebühren und andere Abgaben.

(3) Um eine einheitliche Anwendung dieses Artikels zu gewährleisten, arbeitet die ESMA Entwürfe für technische Durchführungsstandards zur Festlegung des Formats der Mitteilung nach diesem Artikel aus.

(4) Die ESMA legt diese Entwürfe technischer Durchführungsstandards der Kommission bis zum 16. Februar 2014 vor.

(5) Der Kommission wird die Befugnis übertragen, die in Absatz 3 genannten technischen Durchführungsstandards nach dem in Artikel 15 der Verordnung (EU) Nr. 1095/2010 festgelegten Verfahren zu erlassen.

In der Fassung vom 17.4.2013 (ABl. EU Nr. L 115 v. 25.4.2013, S. 1), zuletzt geändert durch die Verordnung (EU) 2017/1991 vom 25.10.2017 (ABl. EU Nr. L 293 v. 10.11.2017, S. 1).

I. Notifikationspflicht (Art. 16 Abs. 1 EuVECA-VO)

Die **für den Verwalter zuständige Behörde** (s. dazu Anh. zu § 337: Art. 3 EuVECA-VO Rz. 22) hat gem. Art. 16 Abs. 1 EuVECA-VO ESMA sowie alle Vertriebsstaatsbehörden über Änderungen beim EuVECA-Vertriebsrecht zu informieren. Solche Änderungen können aus dem Registrierungsstatus des Verwalters, des Fonds oder des angestrebten Vertriebslandes resultieren. 1

Im Fall der bei AIFM mit Zulassung infolge der pan-europäischen Geltung seiner Zulassung möglichen grenzüberschreitenden Fondsverwaltung muss die **für den Fonds zuständige Behörde die Mitteilung in Bezug auf den EuVECA und die Vertriebsländer** machen. Dann bleibt für die Herkunftsstaatsbehörde des Verwalters nur die Mitteilungspflicht in Bezug auf den Status des Verwalters. Dessen Pflicht nach Art. 16 Abs. 1, Unterabs. 1 EuVECA-VO muss sich dementsprechend reduzieren. 2

II. Belastungsverbot (Art. 16 Abs. 2 EuVECA-VO)

Art. 16 Abs. 2 EuVECA-VO ist das **für die Wirksamkeit des grenzüberschreitenden Vertriebspasses essentielle Belastungsverbot**[1] zu entnehmen: Die Behörden dürfen für den Vertrieb keine zusätzlichen An- 3

1 Siehe dazu ErwGr. 12 EuVECA II („Gebühren und sonstige Abgaben, die Aufnahmemitgliedstaaten von den Verwaltern qualifizierter Risikokapitalfonds und den Verwaltern qualifizierter Fonds für soziales Unternehmertum er-

forderungen (etwa Registrierungen, Zusatzinformationen, Beratungspflichten, Zulassungsgebühren) aufstellen. Erst recht dürfen keine Gebühren erhoben werden. Das Belastungsverbot beschränkt sich auf finanzmarktrechtliche Vorgaben. Jedoch müssen Vorgaben aus anderen Tätigkeitsfeldern am Maßstab der Maßnahmen gleicher Wirkung gemessen werden. So darf z.B. nicht verlangt werden, dass ein inländischer Mitarbeiter zu inländischem Lohn angestellt wird, bevor der Vertrieb begonnen werden darf. Steuerliche Registrierungspflichten sind nur zulässig, wenn sie die Vertriebsaufnahme nicht behindern. Solche Erklärungen können i.d.R. auch nach erfolgtem Vertrieb erfasst und bearbeitet werden.

III. Umsetzungsmaßnahmen (Art. 16 Abs. 3 bis 5 EuVECA-VO)

4 In Ausübung der Befugnis nach Art. 16 Abs. 5 EuVECA-VO hat die Kommission die Durchführungsverordnung (EU) Nr. 593/2014 zur Festlegung technischer Durchführungsstandards für das Format der Notifizierung erlassen, deren Anhang ein Formular zur Notifizierung der Registrierung des Verwalters eines Europäischen Risikokapitalfonds (EuVECA) oder Aktualisierung bereits notifizierter Informationen festlegt.

Art. 16a [ESMA Review]

(1) Im Hinblick auf die Organisation und Durchführung von vergleichenden Analysen gemäß Artikel 14 Absatz 9 und Artikel 14a Absatz 10 trägt die zuständige Behörde des Herkunftsmitgliedstaats oder – falls davon abweichend – die für den qualifizierten Risikokapitalfonds zuständige Behörde dafür Sorge, dass die in Artikel 14 Absätze 1 und 2 und Artikel 14a Absatz 2 genannten endgültigen Angaben, auf deren Grundlage die Registrierung gestattet wurde, rechtzeitig nach der Registrierung der ESMA zur Verfügung gestellt werden. Die Angaben werden im Wege der in Artikel 22 vorgesehenen Verfahren zur Verfügung gestellt.

(2) Um die einheitliche Anwendung dieses Artikels zu gewährleisten, kann die ESMA Entwürfe technischer Regulierungsstandards ausarbeiten, in denen die gemäß Absatz 1 der ESMA zur Verfügung zu stellenden Angaben näher festgelegt werden.

Der Kommission wird die Befugnis übertragen, die in Unterabsatz 1 genannten technischen Regulierungsstandards gemäß Artikel 10 bis 14 der Verordnung (EU) Nr. 1095/2010 zu erlassen, um diese Verordnung zu ergänzen.

(3) Um die einheitliche Anwendung dieses Artikels zu gewährleisten, arbeitet die ESMA Entwürfe für technische Durchführungsstandards aus, in denen die Standardformulare, Mustertexte und Verfahren für die in Absatz 1 vorgesehene Übermittlung von Informationen an die ESMA festgelegt werden.

Der Kommission wird die Befugnis übertragen, die in Unterabsatz 1 dieses Absatzes genannten technischen Durchführungsstandards gemäß Artikel 15 der Verordnung (EU) Nr. 1095/2010 zu erlassen.

In der Fassung vom 25.10.2017 (ABl. EU Nr. L 293 v. 10.11.2017, S. 1).

1 Die Vorschrift erleichtert die **Kontrolle der Regeleinhaltung durch ESMA**, indem der ESMA die Befugnis eingeräumt wird, von den zuständigen Behörden Informationen zur Zulassungs- und Überwachungspraxis einzuholen.

2 Stand Juli 2018 waren die in Art. 16a Abs. 2 und 3 EuVECA-VO eingeräumten Befugnisse nicht ausgeübt.

---

heben, tragen zu regelungsbezogene Divergenzen bei und können zuweilen ein erhebliches Hindernis für grenzübergreifende Aktivitäten darstellen. Derartige Gebühren und Abgaben hemmen den freien Kapitalverkehr innerhalb der Union und untergraben damit die Grundsätze des Binnenmarkts. Es ist daher notwendig, daher hervorzuheben und klarzustellen, dass das Verbot für den Aufnahmemitgliedstaat, in seinem Hoheitsgebiet hinsichtlich des Vertriebs von qualifizierten Risikokapitalfonds und qualifizierten Fonds für soziales Unternehmertum Anforderungen oder Verwaltungsverfahren aufzuerlegen, das Verbot umfasst, Gebühren und sonstige Abgaben von den Verwaltern für den Vertrieb dieser Fonds zu erheben, soweit keine Aufsichtsaufgaben wahrzunehmen sind.“).

Art. 17 [Europaweite Datenbank]

(1) Die ESMA führt eine zentrale, im Internet öffentlich zugängliche Datenbank, in der alle Verwalter qualifizierter Risikokapitalfonds, die die Bezeichnung „EuVECA" verwenden, und die qualifizierten Risikokapitalfonds, für die die Bezeichnung verwendet wird, sowie die Länder, in denen diese Fonds vertrieben werden, aufgelistet sind.

(2) Auf ihrer Website stellt die ESMA Links zu den einschlägigen Informationen über die Drittländer zur Verfügung, die die geltende Anforderung nach Artikel 3 Absatz 1 Buchstabe d Ziffer iv erfüllen.

In der Fassung vom 17.4.2013 (ABl. EU Nr. L 115 v. 25.4.2013, S. 1), zuletzt geändert durch die Verordnung (EU) 2017/1991 vom 25.10.2017 (ABl. EU Nr. L 293 v. 10.11.2017, S. 1).

Die in Art. 17 Abs. 1 EuVECA-VO genannte Datenbank ist unter der Internetadresse https://registers.esma.europa.eu abrufbar. Stand September 2018 sind 183 EuVECA aufgeführt, davon 19 deutsche Produkte. 1

Art. 18 [Aufsichtskompetenzen]

(1) Die zuständige Behörde des Herkunftsmitgliedstaats überwacht die Einhaltung der in dieser Verordnung festgelegten Anforderungen.

(1a) In Bezug auf die in Artikel 2 Absatz 2 genannten Verwalter ist die zuständige Behörde des Herkunftsmitgliedstaats dafür verantwortlich, die Einhaltung und die Angemessenheit der Vorkehrungen und der Organisation des Verwalters so zu überwachen, dass dieser Verwalter in der Lage ist, den Verpflichtungen und Vorschriften bezüglich der Errichtung und Funktionsweise aller von ihm verwalteten qualifizierten Risikokapitalfonds nachzukommen.

(1b) In Bezug auf einen qualifizierten Risikokapitalfonds, der von einem in Artikel 2 Absatz 2 genannten Verwalter verwaltet wird, ist die für den qualifizierten Risikokapitalfonds zuständige Behörde dafür verantwortlich, zu überwachen, ob der qualifizierte Risikokapitalfonds den Bestimmungen von Artikel 5, Artikel 6 und Artikel 13 Absatz 1 Buchstabe c und i entspricht. Die für den qualifizierten Risikokapitalfonds zuständige Behörde ist auch dafür verantwortlich, zu überwachen, ob der Fonds den Anforderungen entspricht, die sich aus den Anlagebedingungen oder der Satzung des Fonds ergeben.

(2) Bestehen klare und nachweisbare Gründe, die die zuständige Behörde des Aufnahmemitgliedstaats zu der Annahme führen, dass der Verwalter eines qualifizierten Risikokapitalfonds in ihrem Hoheitsgebiet gegen diese Verordnung verstößt, so setzt diese die zuständige Behörde des Herkunftsmitgliedstaats unverzüglich davon in Kenntnis. Die zuständige Behörde des Herkunftsmitgliedstaats ergreift daraufhin angemessene Maßnahmen.

(3) Verstößt der Verwalter eines qualifizierten Risikokapitalfonds trotz der von der zuständigen Behörde des Herkunftsmitgliedstaats ergriffenen Maßnahmen oder infolge nicht rechtzeitig durch die zuständige Behörde des Herkunftsmitgliedstaats getroffener Maßnahmen weiterhin auf offensichtliche Weise gegen diese Verordnung, so kann die zuständige Behörde des Aufnahmemitgliedstaats nach Unterrichtung der zuständigen Behörde des Herkunftsmitgliedstaats alle angemessenen Maßnahmen ergreifen, die zum Schutz der Anleger erforderlich sind, einschließlich der Untersagung des weiteren Vertriebs seiner qualifizierten Risikokapitalfonds durch den Verwalter eines qualifizierten Risikokapitalfonds im Hoheitsgebiet des Aufnahmemitgliedstaats.

In der Fassung vom 17.4.2013 (ABl. EU Nr. L 115 v. 25.4.2013, S. 1), zuletzt geändert durch die Verordnung (EU) 2017/1991 vom 25.10.2017 (ABl. EU Nr. L 293 v. 10.11.2017, S. 1).

I. Kompetenzen der Aufsichtsbehörden im Herkunftsstaat (Art. 18 Abs. 1 bis 1b EuVECA-VO)

1 Art. 18 Abs. 1 EuVECA-VO weist die Aufsicht über den Fonds der **Herkunftsstaatsbehörde des Verwalters** zu, wenn es sich um einen **(nur) registrierten *de minimis*-AIFM handelt** Dies folgt aus Art. 3 Buchst. m und k EuVECA-VO, s. Anh. zu § 337: Art. 3 EuVECA-VO Rz. 22.

2 Art. 18 Abs. 1a und 1b EuVECA-VO betrifft dagegen AIFM mit Zulassung. Die Absätze wurden durch die EuVECA II eingefügt, um der Erweiterung des EuVECA-Anwendungsbereichs auf alle AIFM besser Rechnung zu tragen. Daraus ergibt sich eine **gespaltene Zuständigkeit zwischen der für den Fonds und der für den Verwalter zuständigen Behörde** (s. dazu Anh. zu § 337: Art. 3 EuVECA-VO Rz. 22). Dies ist rechtstechnisch interessant, weil die EuVECA-VO zwar keinen Verwalterpass kennt, gleichwohl sich eine grenzüberschreitende Fondsverwaltung aber aus der **europaweiten Geltung der Zulassung des AIFMs** ergeben kann.

3 Art. 18 Abs. 1a EuVECA-VO weist der für den AIFM zuständigen Herkunftsstaatsbehörde die **exklusive Kompetenz in Bezug auf die Verwalterorganisation** zu.

4 Nach Art. 18 Abs. 1b EuVECA-VO obliegt dagegen der **für den Fonds zuständigen Behörde** die Überwachung

- **der Anlageschwellen und Vertriebsbeschränkungen,**
- **bestimmter Offenlegungspflichten** (in Bezug auf die Anlagestrategie und Anlageziele einerseits, in Bezug auf asset-related services andererseits) sowie
- der in den Vertriebsdokumenten oder Statuten niedergelegten **Anlagebedingungen und sonstigen statutarischen Vorgaben** des Fonds.

II. Kompetenzen der Aufsichtsbehörden im Aufnahmestaat (Art. 18 Abs. 2 und 3 EuVECA-VO)

5 Art. 18 Abs. 2 und 3 EuVECA-VO statuieren das aus dem europäischen Investmentrecht bekannte[1] Wechselspiel aus Aufnahme- und Herkunftsstaatbehörde. Zunächst muss die Aufnahmestaatsbehörde **monieren,** die Herkunftsstaatsbehörde binnen angemessener Frist **agieren**. Agiert die Herkunftsstaatsbehörde nicht oder unzureichend, kann die Aufnahmestaatsbehörde Sicherungsmaßnahmen zum Schutz der Anleger bis hin zum **Vertriebsverbot als ultima ratio** ergreifen.

Art. 19 [Aufsichtsbefugnisse]

Die zuständigen Behörden werden im Einklang mit dem nationalen Recht mit allen für die Wahrnehmung ihrer Aufgaben erforderlichen Aufsichts- und Ermittlungsbefugnissen ausgestattet. Sie erhalten insbesondere die Befugnis,

a) Zugang zu Unterlagen aller Art zu fordern und Kopien von ihnen zu erhalten oder anzufertigen;

b) vom Verwalter eines qualifizierten Risikokapitalfonds unverzügliche Auskünfte zu verlangen;

c) von jeder mit den Tätigkeiten des Verwalters eines qualifizierten Risikokapitalfonds oder des qualifizierten Risikokapitalfonds in Verbindung stehenden Person Auskünfte zu verlangen;

d) angekündigte und unangekündigte Ermittlungen vor Ort durchzuführen;

e) geeignete Maßnahmen zu ergreifen, um sicherzustellen, dass ein Verwalter eines qualifizierten Risikokapitalfonds diese Verordnung weiterhin einhält;

f) eine Anweisung zu erteilen, um sicherzustellen, dass ein Verwalter eines qualifizierten Risikokapitalfonds diese Verordnung einhält und jegliches Verhalten, das einen Verstoß gegen diese Verordnung darstellen könnte, einstellt.

Die ESMA organisiert gemäß Artikel 30 der Verordnung (EU) Nr. 1095/2010 vergleichende Analysen und führt diese durch, um die Einheitlichkeit der Verfahren im Zusammenhang mit den von den

1 Vgl. Art. 45 AIFM-RL, Art. 21 Abs. 4 f. OGAW-RL.

zuständigen Behörden gemäß dieser Verordnung wahrgenommenen Aufsichts- und Ermittlungsbefugnissen zu verbessern.

In der Fassung vom 17.4.2013 (ABl. EU Nr. L 115 v. 25.4.2013, S. 1), zuletzt geändert durch die Verordnung (EU) 2017/1991 vom 25.10.2017 (ABl. EU Nr. L 293 v. 10.11.2017, S. 1).

Art. 19 EuVECA-VO erteilt dem nationalen Gesetzgeber einen **Umsetzungsauftrag.** Insoweit ist die mit der EuVECA bezweckte Maximalharmonisierung (Vor § 337 Rz. 11) gelockert. Siehe für Deutschland §§ 5 ff. KAGB. Da §§ 337, 338 KAGB Normen des KAGB sind und die BaFin die Aufsicht „nach den Vorschriften des Gesetzes" ausübt (§ 5 Abs. 1 KAGB), sind die §§ 5 ff. KAGB auch auf die Aufsicht über EuVECA auszuüben. 1

Zu den „zuständigen Behörden" vgl. Art. 3 Buchst. m EuVECA-CO, dazu Anh. zu § 337: Art. 3 EuVECA-VO Rz. 22. 2

Das **Überprüfungsverfahren der ESMA** gem. Art. 30 ESMA-Verordnung wurde durch EuVECA II eröffnet und dringt auf Harmonisierung der nationalen Verwaltungsrechte. 3

Art. 20 [Sanktionen]

(1) Die Mitgliedstaaten legen Vorschriften für Verwaltungssanktionen und andere Maßnahmen fest, die bei Verstößen gegen die Bestimmungen dieser Verordnung verhängt werden, und ergreifen die erforderlichen Maßnahmen, um deren Durchsetzung zu gewährleisten. Die Verwaltungssanktionen und anderen Maßnahmen müssen wirksam, verhältnismäßig und abschreckend sein.

(2) Die Mitgliedstaaten teilen der Kommission und der ESMA die in Absatz 1 genannten Vorschriften bis zum 2. März2020 mit. Sie melden der Kommission und der ESMA unverzüglich spätere Änderungen dieser Vorschriften.

(3) Die in Artikel 2 Absatz 1 genannte Verwalter müssen diese Verordnung zu jedem Zeitpunkt einhalten und haften für jeden Verstoß gegen diese Verordnung einschließlich der sich aus dem Verstoß gegen diese Verordnung ergebenden Schäden und Verluste.

Die in Artikel 2 Absatz 2 genannten Verwalter müssen die Richtlinie 2011/61/EU zu jedem Zeitpunkt einhalten. Sie haben die Befolgung dieser Verordnung sicherzustellen und unterliegen der Haftung gemäß der Richtlinie 2011/61/EU. Die genannten Verwalter haften auch für Schäden und Verluste, die sich aus dem Verstoß gegen diese Verordnung ergeben.

In der Fassung vom 17.4.2013 (ABl. EU Nr. L 115 v. 25.4.2013, S. 1), zuletzt geändert durch die Verordnung (EU) 2017/1991 vom 25.10.2017 (ABl. EU Nr. L 293 v. 10.11.2017, S. 1).

I. Befugnisübertragung (Art. 20 Abs. 1 EuVECA-VO)

Art. 20 EuVECA-VO enthält eine Befugnisübertragung an den nationalen Gesetzgeber, zur Festlegung wirksamer, verhältnismäßiger und abschreckender Sanktionen für Verstöße; diese Sanktionen treten neben die in Art. 21. Es handelt sich um eine **Abweichung von der mit der EuVECA-VO bezweckten Maximalharmonisierung** (Vor § 337 Rz. 13 f.). Bei Erarbeitung der EuVECA-VO in den Jahren 2011 bis 2013 war eine europaweite Harmonisierung der Sanktionen[1] politisch noch nicht durchsetzbar. Im Rahmen von EuVECA II schien es wohl nicht opportun, die Attraktivität der volkswirtschaftlich gewünschten EuVECA durch drastische Sanktionsandrohungen zu mindern. 1

Der deutsche Gesetzgeber hat den Umsetzungsauftrag gem. Art. 20 Abs. 1 EuVECA-VO durch § 340 Abs. 4 KAGB (für EuVECA) erfüllt. Siehe zu EuSEF § 340 Abs. 5 KAGB (näher § 340 Rz. 147). 2

1 Vgl. dazu *Zetzsche/Eckner* in Enzyklopädie EuR, Band 6: Europäisches Unternehmensrecht, § 7.A. Rz. 79 ff., 121.

II. Geltungsanspruch, Schadensersatz (Art. 20 Abs. 2 EuVECA-VO)

3 **Art. 20 Abs. 3 EuVECA-VO** wurde durch EuVECA II neu eingefügt. Die Regelung besteht aus zwei Teilen. Einerseits geht es um **eine Erstreckung der EuVECA zu Zwecken der Regeleinhaltung** auf registrierte EuVECA-KVG *und* vollzugelassene AIF-KVG mit Zusatzregistrierung als EuVECA-Verwalter (vgl. Art. 20 Abs. 3, Satz 1 Halbs. 1 und Satz 3 EuVECA-VO).

4 Der zweite Regelungsteil, der eine zivilrechtliche Einstandspflicht begründet, ist für die deutsche h.M. ein **Novum**. Diese weist finanzmarktrechtlichen Normen häufig nur aufsichtsrechtlichen Charakter zu. Art. 20 Abs. 3 EuVECA-VO verlangt indes eine **Haftung des Verwalters** für jeden Verstoß gegen diese Verordnung einschließlich der sich aus dem Verstoß gegen diese Verordnung ergebenden Schäden und Verluste. Damit wird die in der Einleitung (Einl. Rz. 125) dargelegte Haftungsordnung bei Verwaltern fremder Vermögen bestätigt, wonach **jeglicher Pflichtverstoß, der zu Schäden führt, eine zivilrechtliche Haftung des Verwalters begründet**, gleich ob es dabei um verhaltens- oder Organisationsvorschriften geht. Siehe zu den Schäden im Kontext des Entzugs der EuVECA-Registrierung bei Anh. zu § 337: Art. 21 EuVECA-VO Rz. 8 f.

Art. 21 [Maßnahmen der Aufsichtsbehörde]

(1) Die zuständige Behörde ergreift unter Achtung des Grundsatzes der Verhältnismäßigkeit die geeigneten Maßnahmen nach Absatz 2, sofern anwendbar, wenn ein Verwalter eines qualifizierten Risikokapitalfonds

a) es unter Verstoß gegen Artikel 5 versäumt, den Anforderungen an die Zusammensetzung des Portfolios nachzukommen;

b) unter Verstoß gegen Artikel 6 Anteile eines qualifizierten Risikokapitalfonds an nicht in Frage kommende Anleger vertreibt;

c) die Bezeichnung „EuVECA" verwendet, ohne gemäß Artikel 14 registriert zu sein, oder der qualifizierte Risikokapitalfonds nicht gemäß Artikel 14a registriert ist;

d) die Bezeichnung „EuVECA" für den Vertrieb von Fonds verwendet, die nicht gemäß Artikel 3 Buchstabe b Ziffer iii niedergelassen sind;

e) eine Registrierung unter Verstoß gegen Artikel 14 oder Artikel 14a aufgrund falscher Erklärungen oder auf sonstige rechtswidrige Weise erlangt hat;

f) seiner Tätigkeit unter Verstoß gegen Artikel 7 Buchstabe a nicht ehrlich, redlich oder mit der gebotenen Sachkenntnis, Sorgfalt oder Gewissenhaftigkeit nachgeht;

g) unter Verstoß gegen Artikel 7 Buchstabe b keine geeigneten Strategien und Verfahren zur Verhinderung unzulässiger Praktiken anwendet;

h) wiederholt den in Artikel 12 niedergelegten Anforderungen in Bezug auf den Jahresbericht nicht nachkommt;

i) wiederholt der in Artikel 13 niedergelegten Verpflichtung zur Information der Anleger nicht nachkommt.

(2) In den in Absatz 1 beschriebenen Fällen erlässt die zuständige Behörde gegebenenfalls

a) Maßnahmen, mit denen dafür gesorgt wird, dass der betroffene Verwalter eines qualifizierten Risikokapitalfonds die Artikel 5 und 6, Artikel 7 Buchstaben a und b sowie wenn anwendbar die Artikel 12 bis 14a einhält;

b) ein Verbot für den Verwalter des betreffenden qualifizierten Risikokapitalfonds, die Bezeichnung „EuVECA" zu verwenden, und streicht diesen Verwalter oder den betreffenden qualifizierten Risikokapitalfonds aus dem Register.

(3) Die in Absatz 1 bezeichnete zuständige Behörde unterrichtet jede andere relevante zuständige Behörde, die zuständigen Behörden jedes Aufnahmemitgliedstaats gemäß Artikel 14 Absatz 1 Buchstabe d sowie die ESMA unverzüglich über die Streichung des Verwalters eines qualifizierten Risikokapitalfonds oder die Streichung eines qualifizierten Risikokapitalfonds aus dem Register.

(4) Das Recht zum Vertrieb eines oder mehrerer qualifizierter Risikokapitalfonds unter der Bezeichnung „EuVECA" in der Union erlischt mit sofortiger Wirkung ab dem Zeitpunkt der in Absatz 2 Buchstabe b genannten Entscheidung der zuständigen Behörde.

(5) Die zuständige Behörde je nach Sachlage des Herkunftsmitgliedstaats oder des Aufnahmemitgliedstaats unterrichtet die ESMA unverzüglich, wenn sie eindeutige und nachweisbare Gründe für die Annahme hat, dass der Verwalter eines qualifizierten Risikokapitalfonds einen Verstoß nach Artikel 21 Absatz 1 Buchstaben a bis i begangen hat.

Die ESMA darf unter Achtung des Grundsatzes der Verhältnismäßigkeit Empfehlungen nach Artikel 17 der Verordnung (EU) Nr. 1095/201 abgeben, in denen die betroffenen zuständigen Behörden aufgefordert werden, Maßnahmen nach Absatz 2 zu ergreifen oder von solchen Maßnahmen abzusehen.

In der Fassung vom 17.4.2013 (ABl. EU Nr. L 115 v. 25.4.2013, S. 1), zuletzt geändert durch die Verordnung (EU) 2017/1991 vom 25.10.2017 (ABl. EU Nr. L 293 v. 10.11.2017, S. 1).

I. Befugnisnorm (Art. 21 Abs. 1 und 2 EuVECA-VO)

1 Art. 21 Abs. 1 und 2 EuVECA-VO enthält zugunsten der zuständigen Behörde gem. Art. 3 Buchst. m EuVECA-VO eine **Befugnisnorm.** Diese ist erforderlich, da nationales Verwaltungsrecht infolge der angestrebten Maximalharmonisierung grds. keine Anwendung finden soll. Die Vorschrift wurde im Rahmen von EuVECA II erweitert, um auch Fehlverhalten von AIF-KVG zu erfassen, die EuVECA verwalten.

2 Obschon als **exklusiver Katalog** gestaltet, eröffnet Art. 21 Abs. 1 EuVECA-VO der zuständigen Behörde **weitreichende Handlungsmöglichkeiten.** Dies folgt aus den Befugnisnormen, die sich auf Generalklauseln beziehen, vgl. Art. 21 Abs. 1 Buchst. f und g und Art. 21 Abs. 2 Buchst. a EuVECA-VO.

3 Die Berufung auf den **Grundsatz der Verhältnismäßigkeit** im Einleitungssatz ist deklaratorisch. Insofern handelt es sich um EU-Primärrecht.[1] Der Verfehlungskatalog in Art. 21 Abs. 1 EuVECA-VO ersetzt die Verhältnismäßigkeitsabwägung nicht.

4 Art. 21 Abs. 2 Buchst. b i.V.m. Art. 14, 16 Abs. 1 EuVECA-VO ermöglicht den **Entzug der Registrierung und die Streichung aus dem Register.** In diesem Fall ist eine **intensivierte Verhältnismäßigkeitsprüfung** geboten, da mit dem Entzug der Registrierung die Befugnis des Verwalters entfallen kann, EuVECA zu verwalten (s. zu den Rechtsfolgen noch sogleich Rz. 7). Der Entzug beeinträchtigt nicht nur die Tätigkeit des Verwalters, sondern birgt auch Risiken für die Anleger im Fonds, insbesondere wenn sich kein neuer geeigneter Verwalter zur Übernahme des Fonds bereiterklärt. Die **Entziehung** dieser Befugnis und die Streichung aus dem Register ist **ultima ratio.**

5 Vorrang hat die **Wiederherstellung des rechtmäßigen Zustands**, vgl. Art. 21 Abs. 2 Buchst. a EuVECA-VO. Wie dies zu erfolgen hat, lässt Art. 21 Abs. 2 EuVECA-VO offen. Insofern stehen der Behörden **„Maßnahmen"** zur Verfügung. Dies schließt u.E. alle auf die Wiederherstellung des rechtmäßigen Zustands ausgerichtete **Maßnahmen ein, die der jüngere EU-Gesetzgeber in erheblicher Detailversessenheit im Investmentrecht verankert** hat (vgl. z.B. Art. 99 OGAW V-RL 2014/91/EU). Eine Korrektur erfolgt über die Verhältnismäßigkeitsprüfung, die je intensiver zu erfolgen hat, je tiefgreifender Fondsverwalter und Anleger betroffen sind.

II. Unterrichtungspflicht bei Streichung (Art. 21 Abs. 3 EuVECA-VO)

6 Die Unterrichtungspflicht bei Streichung aus dem Register ist **Äquivalent zur Mitteilung über den Entzug der Zulassung**, die im europäischen Investmentrecht verbreitet ist.[2] Eine Besonderheit besteht insofern, als auch „jede andere relevante zuständige Behörde" zu informieren ist. Damit sind die in Art. 3 Buchst. m EuVECA-VO genannten Varianten angesprochen. Die Unterrichtung erfolgt in dem in der Durchführungsverordnung (EU) Nr. 593/2014 näher definierten Format (s. dazu Anh. zu § 337: Art. 16 EuVECA-VO Rz. 4).

1 Dazu *Zetzsche/Eckner* in Enzyklopädie EuR, Band 6: Europäisches Unternehmensrecht, § 7.A. Rz. 130.
2 Vgl. Art. 16 Abs. 1 EuVECA-VO; Art. 108 Abs. 2 OGAW-RL, Art. 37 Abs. 10m, 50 Abs. 5 AIFM-RL.

III. Wegfall des Vertriebsrechts (Art. 21 Abs. 4 EuVECA-VO)

7 Nach Art. 21 Abs. 4 EuVECA-VO bewirkt die Streichung der Registrierung nur den **Wegfall des als Privileg gestalteten Rechts, EuVECA zu vertreiben.** Eine Verwaltung des Fonds in anderer Form ist weiterhin möglich. Diese Option steht insbesondere AIF-KVG offen. Doch kann der Entzug zugleich den Wegfall des Verwaltungsrechts bedeuten, wenn die gleichwohl freiwillige Registrierung als EuVECA-KVG die einzige „Zulassungsform" ist (vgl. Art. 14 Abs. 3 EuVECA-VO) und der Fonds statutarisch nur als EuVECA verwaltet werden darf. Liegen die Gründe für den Zulassungsentzug in der Organisation oder Zuverlässigkeit des Fondsverwalters begründet, kann eine ersetzende Registrierung nach Art. 3 Abs. 3 AIFM-RL durchaus scheitern, zumal viele Mitgliedstaaten mehr als den Mindestbestand von Art. 3 AIFM-RL für die Tätigkeit als kleiner AIFM verlangen (so auch für Deutschland §§ 44 ff. KAGB). Dann kann der Entzug der Registrierung zugleich das **Ende jeglicher Verwaltungstätigkeit** bedeuten.

8 **Schäden, die Anlegern infolge des Registrierungsentzugs entstehen** und infolge Art. 20 Abs. 3 EuVECA-VO zu ersetzen sind, sind neben Verlusten und Kosten infolge vorzeitiger Liquidation insbesondere der Wegfall steuerliche Privilegierungen und andere rechtmäßige Beihilfen.

IV. Information der und Koordination durch ESMA (Art. 21 Abs. 5 EuVECA-VO)

9 Art. 21 Abs. 5 EuVECA-VO dient der **europaweiten Durchsetzung** der EuVECA-VO **durch ESMA.** Die Norm tritt an die Stelle des in ErwGr. 38 EuVECA-VO noch präferierten Herkunftslandprinzips. Insbesondere das Vertriebsverhalten des Verwalters dürften nur dem Aufnahmemitgliedstaat, Fragen der Verwalterorganisation nur dem Herkunftsmitgliedstaat des Verwalters bekannt sein. Zugleich könnte ein Interesse bestehen, zum Schutz „eigener" Intermediäre eher zurückhaltend vorzugehen. Die Befugnisse der ESMA tragen zur **einheitlichen Rechtsanwendung und Streitschlichtung** unter den Behörden bei.

Art. 21a [Aufsichtsbefugnisse in Bezug auf AIFM]

Die den zuständigen Behörden gemäß der Richtlinie 2011/61/EU übertragenen Befugnisse, darunter auch die Befugnisse im Zusammenhang mit Sanktionen, sind auch im Hinblick auf die in Artikel 2 Absatz 2 genannten Verwalter wahrzunehmen.

In der Fassung vom 25.10.2017 (ABl. EU Nr. L 293 v. 10.11.2017, S. 1).

1 Die Vorschrift soll der zuständigen Behörde den Rückgriff auf die bei der Umsetzung der AIFM-RL geschaffenen Befugnisse (insb. §§ 339 ff. KAGB) eröffnen. Dieses Ansinnen ist jedoch, soweit man die Norm als Verweisung besteht, **mit rechtsstaatlichen Grundsätzen unvereinbar.**

2 Soweit es um Maßnahmen der Gefahrenabwehr handelt, besteht angesichts der weitreichenden Möglichkeiten gem. Art. 21 EuVECA-VO kein Bedarf. Art. 21a EuVECA-VO genügt, jedenfalls soweit es strafrechtliche Sanktionen betrifft, dem Grundsatz ***nulla poena since lege scripta*** nicht und ist damit von deutschen Behörden insoweit nicht zu beachten. Für die verwaltungsrechtlichen Sanktionen (Bußgeldvorschriften) in § 340 KAGB ist die Vorschrift mit demselben Makel behaftet.

3 Geltungserhaltend und verfassungskonform ist die Vorschrift als **Umsetzungsauftrag** zu verstehen. Insofern hat der deutsche Gesetzgeber Sanktionskataloge in § 339 Abs. 1 Nr. 2 und § 340 Abs. 4 und 5 KAGB (für EuVECA und EuSEF) aufgenommen. Der dortige Wortlaut ist hinreichend offen, um AIF-KVGs, die EuVECAs verwalten, einzuschließen. Für eine vollständige Übertragung der Umsetzung der AIFM-RL bedürfte es einer Übertragung der in § 340 KAGB eingeräumten Befugnisse in § 340 Abs. 4 und 5 KAGB. Dies scheint unverhältnismäßig und auch wenig sinnvoll, so dass es nur um ausgewählte Verstöße gehen kann.

Art. 22 [Aufsichtskooperation]

(1) Zur Wahrnehmung ihrer jeweiligen Aufgaben im Rahmen dieser Verordnung arbeiten die zuständigen Behörden und die ESMA gemäß der Verordnung (EU) Nr. 1095/2010 zusammen.

(2) Die zuständigen Behörden und die ESMA tauschen alle Informationen und Unterlagen aus, die erforderlich sind, um ihre jeweiligen Aufgaben im Rahmen dieser Verordnung im Einklang mit der Verordnung (EU) Nr. 1095/2010 wahrzunehmen, insbesondere um Verstöße gegen diese Verordnung festzustellen und diesen abzuhelfen.

In der Fassung vom 17.4.2013 (ABl. EU Nr. L 115 v. 25.4.2013, S. 1).

Siehe zur Aufsichtskooperation nach Verordnung (EU) Nr. 1095/2010 die Erläuterungen zu §§ 9, 10 und 11 KAGB (§ 9 Rz. 1 ff., § 10 Rz. 1 ff., § 11 Rz. 11). Der Kooperationsgedanke wird zudem betont in ErwGr. 36, 38, 42, 34 EuVECA-VO. Zu den zuständigen Behörden vgl. Anh. zu § 337: Art. 3 EuVECA-VO Rz. 22. 1

Art. 23 [Geheimnisschutz]

(1) Alle Personen, die für die zuständigen Behörden oder die ESMA tätig sind oder tätig waren, sowie die von den zuständigen Behörden oder der ESMA beauftragten Wirtschaftsprüfer und Sachverständigen unterliegen dem Berufsgeheimnis. Vertrauliche Informationen, die diese Personen in Ausübung ihrer Aufgaben erhalten, dürfen – vorbehaltlich der Fälle, die unter das Strafrecht fallen, und in dieser Verordnung vorgesehener Verfahren – an keine Person oder Behörde weitergegeben werden, es sei denn, in zusammengefasster oder aggregierter Form, so dass die einzelnen Verwalter eines qualifizierten Risikokapitalfonds und qualifizierten Risikokapitalfonds nicht zu erkennen sind.

(2) Die zuständigen Behörden der Mitgliedstaaten und die ESMA werden nicht am Informationsaustausch gemäß dieser Verordnung oder anderen für Verwalter eines qualifizierten Risikokapitalfonds und qualifizierte Risikokapitalfonds geltenden Rechtsvorschriften der Union gehindert.

(3) Erhalten die zuständigen Behörden oder die ESMA vertrauliche Informationen gemäß Absatz 2, so dürfen diese Informationen ausschließlich in Wahrnehmung ihrer Aufgaben und für die Zwecke von Verwaltungs- oder Gerichtsverfahren verwendet werden.

In der Fassung vom 17.4.2013 (ABl. EU Nr. L 115 v. 25.4.2013, S. 1).

Siehe zur **Amtsverschwiegenheit** (Art. 23 Abs. 1 EuVECA-VO) – weit weniger ausführlich – § 8 KAGB und die dortige Kommentierung (§ 8 Rz. 4 f.). Die in Art. 23 Abs. 1 EuVECA-VO vorgesehene Ausnahme für strafrechtliche Verfahren eröffnet Raum für eine Informationsverweigerung unter dem Blickwinkel des Verbots der Selbstbelastung. 1

Art. 23 Abs. 2 und 3 EuVECA-VO stellen im Einklang mit den üblichen Vorschriften des europäischen Investmentrechts[1] klar, dass die Amtsverschwiegenheit die **Informationsweitergabe im europäischen Aufsichtssystem** nicht hindert. Abweichend von den Vorbildern der OAGW-RL und AIFM-RL ist die **Weitergabe an Drittstaatsbehörden** nicht in der EuVECA-VO geregelt. Diese richtet sich daher nach den allgemeinen Verwaltungsrechten der EU/EEA-Mitgliedstaaten. 2

Art. 24 [Streitschlichtung]

Im Falle einer Uneinigkeit zwischen den zuständigen Behörden der Mitgliedstaaten über eine Bewertung, Maßnahme oder eine Unterlassung einer zuständigen Behörde in Bereichen, in denen nach dieser Verordnung eine Zusammenarbeit oder Koordinierung der zuständigen Behörden verschiedener Mitgliedstaaten erforderlich ist, können die zuständigen Behörden die ESMA mit der Angelegenheit befassen; diese kann nach Maßgabe der ihr durch Artikel 19 der Verordnung (EU) Nr. 1095/2010 übertragenen Befugnisse tätig werden, soweit die Uneinigkeit nicht Artikel 3 Buchstabe b Ziffer iii oder Artikel 3 Buchstabe d Ziffer iv dieser Verordnung betrifft.

In der Fassung vom 17.4.2013 (ABl. EU Nr. L 115 v. 25.4.2013, S. 1).

1 Vgl. Art. 98 ff. OGAW-RL, Art. 51 ff. AIFM-RL.

1 Siehe zur **Streitschlichtung** im Kontext von Art. 19 der ESMA-Verordnung (EU) Nr. 1095/2010 die Kommentierung zu § 50 Abs. 4 KAGB: § 50 Rz. 15 ff., § 336 Rz. 3.

2 Ausgenommen ist die Streitschlichtung, soweit es um die **Ansiedlung im Herkunftsstaat** geht. Insofern besteht eine alleinige Kompetenz der Herkunftslandbehörde. Dies ist keineswegs selbstverständlich, da Art. 10 EuVECA-VO zumindest „geeignete personelle und technische Ressourcen" verlangt.

Kapitel IV
Übergangs- und Schlussbestimmungen

Art. 25 [Durchführungsrechtsakte]

(1) Die Befugnis zum Erlass delegierter Rechtsakte wird der Kommission unter den in diesem Artikel festgelegten Bedingungen übertragen.

(2) Die Befugnis zum Erlass delegierter Rechtsakte gemäß Artikel 9 Absatz 5 wird der Kommission für einen Zeitraum von vier Jahren ab dem 15. Mai 2013 übertragen. Die Kommission erstellt spätestens neun Monate vor Ablauf des Zeitraums von vier Jahren einen Bericht über die Befugnisübertragung. Die Befugnisübertragung verlängert sich stillschweigend um Zeiträume gleicher Länge, es sei denn, das Europäische Parlament oder der Rat widersprechen einer solchen Verlängerung spätestens drei Monate vor Ablauf des jeweiligen Zeitraums.

(3) Die Befugnisübertragung gemäß Artikel 9 Absatz 5 kann vom Europäischen Parlament oder vom Rat jederzeit widerrufen werden. Der Beschluss über den Widerruf beendet die Übertragung der in diesem Beschluss angegebenen Befugnis. Er wird am Tag nach seiner Veröffentlichung im Amtsblatt der Europäischen Union oder zu einem im Beschluss über den Widerruf angegebenen späteren Zeitpunkt wirksam. Die Gültigkeit von delegierten Rechtsakten, die bereits in Kraft sind, wird von dem Beschluss über den Widerruf nicht berührt.

(4) Sobald die Kommission einen delegierten Rechtsakt erlässt, übermittelt sie ihn gleichzeitig dem Europäischen Parlament und dem Rat.

(5) Ein delegierter Rechtsakt, der gemäß Artikel 9 Absatz 5 erlassen wurde, tritt nur in Kraft, wenn weder das Europäische Parlament noch der Rat innerhalb einer Frist von drei Monaten nach Übermittlung dieses Rechtsakts an das Europäische Parlament und den Rat Einwände erhoben haben oder wenn vor Ablauf dieser Frist das Europäische Parlament und der Rat beide der Kommission mitgeteilt haben, dass sie keine Einwände erheben werden. Auf Initiative des Europäischen Parlaments oder des Rates wird diese Frist um drei Monate verlängert.

In der Fassung vom 17.4.2013 (ABl. EU Nr. L 115 v. 25.4.2013, S. 1).

1 Die Kommission ist zum delegierten Rechtsakt gem. Art. 290 AEUV ermächtigt.[1] Die Befugnisübertragung wurde mangels Widerspruch gem. Art. 25 Abs. 2 EuVECA-VO bis mindestens Mai 2021 verlängert. Die Befugnis zum Erlass delegierter Rechtsakte tritt zu der Befugnis zum Erlass technischer Durchführungsstandards nach Art. 291 AEUV hinzu, zu der die EU-Kommission nach Vorarbeiten der ESMA durch Art. 14 Abs. 7, 8, Art. 14a Abs. 8, 9, Art. 16 Abs. 3 bis 5 und Art. 16a Abs. 2 bis 3 EuVECA-VO ermächtigt wird.[2]

2 Die Befugnis gem. Art. 9 Abs. 5 EuVECA-VO wurde per Juli 2018 nicht ausgeübt.

Art. 26 [Überprüfungs- und Berichtspflichten der Kommission]

(1) Die Kommission überprüft diese Verordnung gemäß Absatz 2. Die Überprüfung beinhaltet einen allgemeinen Überblick über die Funktionsweise der Bestimmungen dieser Verordnung und über die bei deren Anwendung gemachten Erfahrungen, einschließlich folgender Aspekte:

---

1 Siehe dazu ErwGr. 44, 45 EuVECA-VO. Dazu *Zetzsche/Eckner* in Enzyklopädie EuR, Bd. 6, § 7.A. Rz. 33.
2 Vgl. dazu ErwGr. 46 EuVECA-VO.

a) der Umfang der Verwendung der Bezeichnung „EuVECA" durch Verwalter eines qualifizierten Risikokapitalfonds in verschiedenen Mitgliedstaaten, auf nationaler Ebene und grenzüberschreitend;

b) die geografische und sektorspezifische Verteilung der durch qualifizierte Risikokapitalfonds getätigten Anlagen;

c) die Bewertung der Angemessenheit der Informationsanforderungen gemäß Artikel 13 und insbesondere der Frage, ob diese Anforderungen ausreichen, um den Anlegern zu ermöglichen, eine fundierte Anlageentscheidung zu treffen;

d) die Verwendung der verschiedenen qualifizierten Anlagen durch Verwalter eines qualifizierten Risikokapitalfonds und insbesondere die Bewertung der Frage, ob die qualifizierten Anlagen in dieser Verordnung angepasst werden müssen;

e) die Möglichkeit, den Vertrieb qualifizierter Risikokapitalfonds auf Kleinanleger auszuweiten;

f) die Wirksamkeit, Verhältnismäßigkeit und Anwendung von Verwaltungssanktionen und anderer Maßnahmen der Mitgliedstaaten im Einklang mit dieser Verordnung;

g) die Auswirkungen dieser Verordnung auf den Risikokapitalmarkt;

h) die Möglichkeit, in Drittländern niedergelassenen Risikokapitalfonds die Verwendung der Bezeichnung „EuVECA" zu gestatten, wobei die Erfahrungen aus der Anwendung der Empfehlung der Kommission für Maßnahmen, durch die Drittländer zur Anwendung von Mindeststandards für verantwortungsvolles Handeln im Steuerbereich veranlasst werden sollen, zu berücksichtigen sind;

i) die Bewertung der Frage, ob diese Verordnung durch ein Verwahrstellensystem ergänzt werden sollte;

j) eine Auswertung möglicher Hindernisse für Investitionen in Fonds, die die Bezeichnung „EuVECA" verwenden, einschließlich der Auswirkungen anderer aufsichtsrechtlicher Vorschriften der Union auf institutionelle Anleger.

(2) Die Überprüfung gemäß Absatz 1 wird vorgenommen:

a) bis zum 2. März 2022 hinsichtlich der Buchstaben a bis g, i und j und

b) bis zum 22. Juli 2015 hinsichtlich Buchstabe h.

(3) Die Kommission unterbreitet dem Europäischen Parlament und dem Rat nach der Überprüfung gemäß Absatz 1 und nach Anhörung der ESMA einen Bericht, dem gegebenenfalls ein Gesetzgebungsvorschlag beigefügt ist.

(4) Zeitgleich mit der in Artikel 69 der Richtlinie 2011/61/EU vorgesehenen Überprüfung prüft die Kommission insbesondere in Bezug auf gemäß Artikel 3 Absatz 2 Buchstabe b der genannten Richtlinie registrierte Verwalter,

a) die Verwaltung von qualifizierten Risikokapitalfonds und die Frage, ob es angezeigt ist, Änderungen am Rechtsrahmen vorzunehmen, einschließlich der Möglichkeit eines Verwaltungspasses, und

b) die Eignung der Definition des Vertriebs für qualifizierte Risikokapitalfonds und die Auswirkung, die diese Definition und ihre unterschiedlichen nationalen Auslegungen auf den Betrieb und die Wirtschaftlichkeit von qualifizierten Risikokapitalfonds und auf den grenzüberschreitenden Vertrieb solcher Fonds.

Im Anschluss an diese Überprüfung legt die Kommission dem Europäischen Parlament und dem Rat einen Bericht vor und unterbreitet gegebenenfalls einen Gesetzgebungsvorschlag.

In der Fassung vom 17.4.2013 (ABl. EU Nr. L 115 v. 25.4.2013, S. 1), zuletzt geändert durch die Verordnung (EU) 2017/1991 vom 25.10.2017 (ABl. EU Nr. L 293 v. 10.11.2017, S. 1).

Die nächste Überprüfung der EuVECA-VO soll im Jahr 2022 stattfinden. Dabei hat die Kommission drei Aspekte einzubeziehen: 1) eine Ausdehnung des Vertriebspasses auf **Kleinanleger**, ggf. über Feeder-Fonds und eine Senkung der Mindestsumme für die Qualifizierung als Anleger, 2) eine **Harmonisierung des Vertriebsbegriffes**, und 3) einen **Pass für die grenzüberschreitende Fondsverwaltung** ähnlich der AIFM-RL und UCITS-RL.[1] 1

1 Vgl. dazu ErwGr. 17 bis 19 EuVECA-VO II.

Art. 27 [Überprüfung]

(1) Die Kommission leitet bis zum 22. Juli 2017 eine Überprüfung der Wechselwirkungen zwischen dieser Verordnung und anderen Vorschriften über Organismen für gemeinsame Anlagen und ihre Verwalter, insbesondere den Vorschriften der Richtlinie 2011/61/EU, ein. Diese Überprüfung befasst sich mit dem Anwendungsbereich dieser Verordnung. Im Rahmen dieser Überprüfung werden Daten gesammelt, mit denen bewertet werden kann, ob der Anwendungsbereich dahingehend auszudehnen ist, dass Verwalter von Risikokapitalfonds, deren verwaltete Vermögenswerte insgesamt über den in Artikel 2 Absatz 1 genannten Schwellenwert hinausgehen, Verwalter eines qualifizierten Risikokapitalfonds entsprechend dieser Verordnung werden können.

(2) Die Kommission unterbreitet dem Europäischen Parlament und dem Rat nach der Überprüfung gemäß Absatz 1 und nach Anhörung der ESMA einen Bericht, dem gegebenenfalls ein Gesetzgebungsvorschlag beigefügt ist.

In der Fassung vom 17.4.2013 (ABl. EU Nr. L 115 v. 25.4.2013, S. 1).

1 Die Europäische Kommission hat bereits im Januar 2016 im Rahmen des Aktionsplans zur Schaffung einer Kapitalmarktunion eine öffentliche Konsultation abgeschlossen,[1] deren Ergebnisse in die Revision der EuVECA II eingeflossen sind.

Art. 28 [Inkrafttreten]

Diese Verordnung tritt am zwanzigsten Tag nach ihrer Veröffentlichung im *Amtsblatt der Europäischen Union* in Kraft.
Sie gilt ab dem 22. Juli 2013, mit Ausnahme von Artikel 9 Absatz 5, der ab dem 15. Mai 2013 gilt.

In der Fassung vom 17.4.2013 (ABl. EU Nr. L 115 v. 25.4.2013, S. 1).

1 Die EuVECA gilt ab dem 22. Juli 2013; die EuVECA II gilt ab dem 1.3.2018.

1 S. Europäische Kommission, Consultation document review of the European Venture Capital Funds (EuVECA) and European Social Entrepreneurship Funds (EuSEF) regulations, http://ec.europa.eu/finance/consultations/2015/venture-capital-funds/docs/consultation-document_en.pdf.

Kapitel 6

Europäische Fonds für soziales Unternehmertum

Vorbemerkungen vor § 338

Schrifttum: *Boxberger/Herdrich*, Mehr Transparenz bei der gemeinwohlorientierten Geldanlage, DIE STIFTUNG 5/2013, 20; *Europäische Kommission*, Vorschläge für Ansätze zur Messung der sozialen Wirkung in Rechtsvorschriften der Europäischen Kommission und der Praxis im Hinblick auf EuSEF und EaSI, GECES-Untergruppe zur Messung von sozialen Auswirkungen 2014; *Europäische Kommission*, Initiative für Soziales Unternehmertum, 2014; *Europäische Kommission*, A map of social enterprises and their eco-systems in Europe, 2015; *Europäische Kommission*, Mitteilung der Kommission: Europa 2020: Eine Strategie für intelligentes, nachhaltiges und integratives Wachstum, KOM (2010) 2020 endg.; *Forstinger*, „EuSEF's" (Europäischer Fonds für Soziales Unternehmertum) Förderung sozialer Innovation durch ein neues Fondslabel in der EU?, ÖBA 2013, 498; *Möslein*, Reformperspektiven im Recht Sozialen Unternehmertums, ZRP 2017, 175; *Nicholls*, et al (2012), A Guide to Social Return on Investment. 2nd Ed. London. SROI Network; *OECD*, Social Impact Investment, Building the Evidence Base, Paris 2015; *Roder*, Reporting im Social Entrepreneurship: Konzeption einer externen Unternehmensberichterstattung für soziale Unternehmer (2011); *Schober/Rauscher*, Was ist Impact? Gesellschaftliche Wirkungen von (Nonprofit) Organisationen. Von der Identifikation über die Bewertung bis zu unterschiedlichen Analyseformen, WU Wien NPO Working Paper (2014); *Schober/Then* (Hrsg.): Praxishandbuch Social Return on Investment. Wirkung sozialer Investitionen messen, 2015; *Weitnauer*, Social Impact Investment und Venture Philanthropy: Kapitalmarktrechtliche Rahmenbedingungen, GWR 2017, 149; *Zetzsche/Preiner*, CSR, Responsible Investments and the AIFMD, in Zetzsche (Hrsg.), AIFMD, 2. Aufl. 2015, S. 167-192. S. zudem das Schrifttum zur EuVECA-VO.

I. Rechtsgrundlage der Verordnung

Die EuSEF-VO stützt sich (wie die EuVECA-VO) auf Art. 114 AEUV mit dem Ziel der Angleichung der Rechtsvorschriften zur Errichtung und Erhaltung eines funktionsfähigen Binnenmarktes.[1] Dem wachsenden Markt für Investitionen in Sozialunternehmen und einer damit drohenden divergierenden Entwicklung von Regulierungsstandards in den Mitgliedstaaten will die Europäische Kommission durch frühzeitige Etablierung **einheitlicher Standards** bzw. Schaffung einer charakteristischen Marke zuvor kommen.[2] Die grenzüberschreitende Harmonisierung und Standardisierung, rechtfertigt ein Tätigwerden auf europäischer Ebene.[3] 1

Hinzu kommt, dass der Regelsetzer aufgrund der mit der Finanzierung von Sozialunternehmen verbundenen **Informationsasymmetrie** ohne regulatorischen Eingriff Marktversagen befürchtet.[4] In der Tat sind die Transaktionskosten für den einzelnen Anleger mangels Vergleichbarkeit und Marktdaten recht hoch. Die regulatorischen Rahmenbedingungen zur Fondsverwaltung sind nicht auf sozial-orientierte Investmentfonds ausgerichtet. Insbesondere die **Messung von „social returns"** ist komplex, intransparent und für das Anlegervertrauen in die Produkte hinderlich.[5] Zugleich soll die Verordnung eine hohe **Kostenbelastung** vermeiden. Dabei ist zu berücksichtigen, dass solche EuSEFs in der Regel klein (< 20 Mio. Euro AuM), öffentliche Angebote nach der Prospektrichtlinie daher zu aufwendig, Privatplatzierungen keine Alternative 2

1 ErwGr. 3 EuSEF.
2 EC, Working Paper, 2011, S. 30, 34; Vorschlag für Verordnung des Europäischen Parlaments und des Rates über Europäische Fonds für soziales Unternehmertum, Kom/2011/0682 endg -2011/0418 (COD) iwF „Entwurf EuSEF-VO, 2011", 7; EC, Commission Staff Working Paper: Impact Assessment accompanying the document Proposal for a Regulation of the European Parliament and of the Council on European Social Entrepreneurship Funds, SEC (2011) 1512 final, S. 7 ff., S. 30 (iwF „EC, Working Paper, 2011").
3 EC, Working Paper, 2011, S. 34.
4 Entwurf EuSEF-VO, 2011, S. 3.
5 Entwurf EuSEF-VO, 2011, S. 3, 6, 8.

sind.[6] Der **EuSEF-Vertriebspass** soll daher die Kapitalkosten im grenzüberschreitenden Fondsanteilsvertrieb senken. Das Kostenbewusstsein hat ein kaum auflösbares **Spannungsverhältnis** zur Konsequenz: Die Standardisierung der Messmethoden erfolgt prinzipienorientiert, die Anlegerinformation bleibt oberflächlich.

3 Einerseits muss die Regulierung stark genug sein, um den Anlegern Vertrauen in die Anlageform zu vermitteln, andererseits soll sie die Kapitaleinwerbung erleichtern. Wie stark das Pendel in diesem Fall in Richtung **Promotion des EuSEF** ausfällt, zeigt sich in Erwägung 47 EuSEF-VO. Danach sollen EuSEFs einen Beitrag „zum Wachstum eines europäischen Markts für soziale Investitionen“[7] leisten und die Akzeptanz bei den Anlegern und die Nutzung der Finanzierungoption durch die Unternehmen steigern, indem „alle Interessenträger, einschließlich […] der zuständigen Behörden der Mitgliedstaaten, […] sich darum bemühen, dass die Möglichkeiten, die durch diese Verordnung geboten werden, breiten Kreisen zur Kenntnis gebracht werden“.[8]

II. Politische Zwecksetzung und Entstehung

4 Die EuSEF-VO steht im Kontext einer breiteren EU-Initiative für Soziales Unternehmertum der Europäischen Kommission,[9] die **Europa 2020 Wachstumsstrategie**, welche auf eine nachhaltige, intelligente und integrative Wirtschaftsentwicklung abzielt.[10]

5 Zugeschnitten auf die Erfordernisse von Sozialunternehmen und deren Kapitalgeber schafft die EuSEF-VO **spezialisierte Intermediäre**, die zwischen Kapitalangebot und Nachfrage vermitteln und versucht, die mit der Finanzierung von Sozialunternehmen verbundenen Informationsasymmetrien durch einheitliche Standards zu reduzieren. Dies soll mittels teilweise vereinheitlichter Anforderungen an die Verwalter der Fonds, an das Produkt selbst, die relevanten Portfoliounternehmen und die in Frage kommenden Anlegerklassen geschehen.[11]

6 Gleichzeitig möchte der europäische Gesetzgeber das **Kapitalangebot erweitern**.[12] Ziel ist hier, wie bei der EuVECA-VO, ELTIF-VO und UCITSD die Schaffung einer europäischen Marke. Damit einher geht eine möglichst klare Regelung des Anlageprofils. Nur Fonds, welche diese Merkmale erfüllen, dürfen als EuSEF auf dem Markt auftreten.[13] In diesem Sinne weist die Verordnung **drei Kernelemente** auf: (1) die Definition des Sozialunternehmens und (2) die Messmethoden für sozialen Ertrag, (3) die für den Vertrieb angesprochenen Anlegerkategorien.[14]

7 Sozialunternehmen, die gesellschaftliche Herausforderungen wie Armut, Behinderung oder Umweltfragen adressieren, gelten als **Multiplikatoren positiver Externalitäten**. Die Unterstützung ihrer Finanzierung wird daher von der Kommission als Möglichkeit zur Erreichung der EU-Ziele im Bereich Sozial- und Umweltpolitik gesehen.[15] Die EuSEF-VO soll neben bisherigen Finanzierungsquellen aus öffentlicher Hand und Spendengeldern eine **neue Finanzierungsquelle mit Kapitalmarktcharakter** eröffnen. Der soziale Sektor soll im Windschatten des Erfolges der europäischen Fondsindustrie profitieren und eine gewisse Unabhängigkeit gegenüber öffentlichen Geldern erlangen, deren Rückgang aufgrund der Staatsschuldenkrise erwartet wird.[16] Die Verordnung verfolgt damit neben der generell bestehenden Zweckdichotomie des europäischen Fondsrechtes aus Anleger- und Funktionsschutz (dazu Einl. Rz. 1) mit einer **gesellschafts-**

6 Entwurf EuSEF-VO, 2011, S. 3.
7 ErwGr. 47 EuSEF-VO.
8 ErwGr. 47 EuSEF-VO.
9 Mitteilung der Kommission an das Europäische Parlament, den Rat, den Europäischen Wirtschafts- und Sozialausschuss und den Ausschuss der Regionen: Initiative für soziales Unternehmertum: Schaffung eines „Ökosystems“ zur Förderung der Sozialunternehmen als Schlüsselakteure der Sozialwirtschaft und der sozialen Innovation, KOM (2011) 682 endg.
10 Europäische Kommission, Mitteilung der Kommission: Europa 2020: Eine Strategie für intelligentes, nachhaltiges und integratives Wachstum, KOM (2010) 2020 endg.; EC, Working Paper, 2011, S. 33 f.; Entwurf EuSEF-VO, 2011, S. 7.
11 In diesem Sinne Entwurf EuSEF-VO, 2011, S. 4.
12 ErwGr. 47 EuSEF-VO.
13 Art. 4 EuSEF-VO; Entwurf EuSEF-VO, 2011, S. 4.
14 Entwurf EuSEF-VO, 2011, S. 7.
15 EC, Working Paper, 2011, S. 57.
16 EC, Working Paper, 2011, S. 29.

politischen Agenda einen dritten Regelungszweck. Inwiefern dieser dritte Zweck die beiden übrigen Aufgaben der Regulierung schwächt bzw. dem Investoreninteresse dient, ist eine offene Frage.[17]

Einstweilen frei. 8

III. Marktgröße

Zum Zeitpunkt der Entstehung der EuSEF-VO ging man von rund 50 europäischen Fonds mit einer durchschnittlichen Größe von 10 bis 20 Mio. AuM bei einem **Gesamtmarkt** von 0,5 bis 4 Mrd. Euro.[18] Eine Erfolgsbilanz der Verordnung muss vorsichtig ausfallen.[19] Das Marktvolumen der Sozialfonds wird auf weniger als 2 % der Risikokapitalfonds und weniger als 0,2 % des Private Equity Marktes geschätzt.[20] Auch der Kreis potentieller Investoren unterscheidet sich nach Größe und Struktur von jenem kommerziell ausgerichteter Fonds: Sozialunternehmen schütten in der Regel keine oder nur eine geringe Dividende aus, Erträge werden in der Regel reinvestiert.[21] 9

IV. Reform 2017

Zur Reform der EuSEF-VO[22] im Zuge des Aktionsplanes der Kommission zur Schaffung einer **Kapitalmarktunion**[23] s. Vor § 337 Rz. 6. Neben den beide Verordnungen betreffenden Anpassungen wird auch die **Definition des Sozialunternehmens** erweitert (s. Anh. zu § 338: Art. 3 EuSEF-VO Rz. 2). 10

Die Kommission hat im Herbst 2017 eine Zentralisierung der Aufsicht über EuSEF bei der ESMA angeregt.[24] 11

V. EuSEF-VO vs. europäisches Recht

1. AIFM-RL, ELTIF-VO

Zum Anwendungsbereich der EuSEF-VO im Verhältnis zur AIFM-RL und ELTIF- VO s. Vor § 337 Rz. 7 ff. 12

Die Vorgaben zur **Anlagestrategie** von EuSEF soll die nach dem EuSEF-Konzept förderungswürdigen Anlagestrategien von sonstigen, insbesondere kommerziellen Anlagestrategien trennen, insbesondere Unternehmensübernahmen als Teil klassischer Private Equity und Venture Capital-Strategien.[25] Damit soll eine Umgehung der AIFM-RL durch EuSEF verhindert werden, zu welcher es freilich aufgrund der Schwellenwerte ohnedies kaum kommen dürfte. 13

2. OGAW-RL

Zum Anwendungsbereich der EuSEF-VO im Verhältnis zur OGAW-RL s. Vor § 337 Rz. 10. 14

3. EuVECA-VO

Qualifizierte Portfoliounternehmen nach der EuSEF-VO sind häufig zugleich **kleinere und mittlere Unternehmen** im Sinne der EuVECA-VO (dazu s. die Kommentierung der EuVECA-VO, Anh. zu § 337: Art. 3 EuVECA-VO Rz. 7). Dennoch soll nach Ansicht der EU-Kommission zwischen EuVECA-VO und EuSEF- 15

---

17 Vgl. zu diesem Konflikt *Zetzsche/Preiner*, CSR, S. 167 ff.
18 EC, Working Paper, 2011, S. 13.
19 Siehe kritisch unter Verweis auf die magere Erfolgsbilanz hingegen *Weitnauer*, Anhang 3, Rz. 5.
20 EC, Working Paper, 2011, S. 13 f.
21 EC, Working Paper, 2011, S. 18.
22 Verordnung (EU) 2017/1991 vom 25.10.2017 zur Änderung der Verordnung (EU) Nr. 345/2013 über Europäische Risikokapitalfonds und der Verordnung (EU) Nr. 346/2013 über Europäische Fonds für soziales Unternehmertum („EuSEF-VO 2017/1991").
23 Vgl. dazu Einl. Rz. 84.
24 Proposal for a Regulation [...] amending Regulation (EU) No 1093/2010 establishing a European Supervisory Authority (European Banking Authority); Regulation (EU) No 1094/2010 establishing a European Supervisory Authority (European Insurance and Occupational Pensions Authority); Regulation (EU) No 1095/2010 establishing a European Supervisory Authority (European Securities and Markets Authority); Regulation (EU) No 345/2013 on European venture capital funds; Regulation (EU) No 346/2013 on European social entrepreneurship funds; [...], 20.9.2017, COM(2017) 536 final, http://eur-lex.europa.eu/legal-content/EN/TXT/?uri=COM:2017:0536:FIN.
25 ErwGr. 11 EuSEF-VO.

VO unterschieden werden, da der besondere Charakter von Sozialunternehmen und die damit verbundene soziale Rendite eine gesonderte Regulierung der EuSEF im Hinblick auf Messinstrumente und Governance erfordere[26] und zudem für EuSEF andere Investmentwerkzeuge zur Verfügung stehen. Schließlich ist die Zwecksetzung der beiden Verordnungen unterschiedlich. Im einen Fall geht es um soziale Aufgaben, im Fall der EuVECA-VO um Schließung von Finanzierungslücken in der Frühphase kommerzieller Unternehmen.[27]

VI. EuSEF-VO vs. nationales Recht

16 Eine grenzüberschreitende Mittelbeschaffung ist im Bereich der Sozialfonds schwierig. Zu den bekannten Problemen national divergierender Regulierung auf Produktebene (s. hier näher Vor § 337 Rz. 13 ff.) gesellt sich das Problem der Messung sozialer Wirkungen und deren Vergleichbarkeit (s. Anh. zu § 338: Art. 10 EuSEF-VO Rz. 3 ff.).

1. Umsetzungsbefugnis der Mitgliedstaaten

17 § 338 KAGB verweist für EuSEF neben der Verordnung auf die §§ 1, 2, 5 Abs. 1 sowie §§ 6, 7, 13, 14, 44 Abs. 1 Nr. 1, 2, 5 bis 7 und Abs. 4 bis 7 KAGB. Die Verweise entsprechen § 337 KAGB für EuVECA, s. hier näher Vor § 337 Rz. 13.

2. EuSEF vs. nationales Bankrecht

18 Die Möglichkeit zur Darlehnsvergabe durch EuSEF ist gegenüber den Möglichkeiten unter der EuVECA-VO erweitert. Siehe hierzu näher Vor § 337 Rz. 16.

§ 338 Europäische Fonds für soziales Unternehmertum

(1) Für AIF-Kapitalverwaltungsgesellschaften, die die Voraussetzungen nach § 2 Absatz 7 erfüllen, gelten

1. die §§ 1, 2, 5 Absatz 1 und die §§ 6, 7, 13, 14, 44 Absatz 1 Nummer 1, 2, 5 bis 7 und Absatz 4 bis 7 entsprechend sowie

2. die Vorschriften der Verordnung (EU) Nr. 346/2013.

(2) AIF-Kapitalverwaltungsgesellschaften, die die Voraussetzungen des Artikels 2 Absatz 2 der Verordnung (EU) Nr. 346/2013 erfüllen und die Bezeichnung „EuSEF“ weiter führen, haben neben den Vorschriften dieses Gesetzes die in Artikel 2 Absatz 2 Buchstabe b der Verordnung (EU) Nr. 346/2013 genannten Artikel der Verordnung (EU) Nr. 346/2013 zu erfüllen.

In der Fassung vom 4.7.2013 (BGBl. I 2013, S. 1981), zuletzt geändert durch das Gesetz zur Anpassung von Gesetzen auf dem Gebiet des Finanzmarktes vom 15.7.2014 (BGBl. I 2014, S. 934).

I. Voraussetzungen und Rechtsfolge des § 338 Abs. 1 KAGB

1 § 338 KAGB gilt **für AIF-KVG** gemäß § 1 Abs. 16 KAGB (s. § 1 Rz. 155), welche die Voraussetzungen nach § 2 Abs. 7 KAGB erfüllen. Die Regelung ist weitgehend parallel zu § 337 KAGB, s. § 337 Rz. 4 f.

26 Entwurf EuSEF-VO, 2011, S. 4 f.; EC, Working Paper, 2011, S. 26.
27 EC, Working Paper, 2011, S. 26.

II. Rechtsfolge des § 338 Abs. 1 KAGB

1. Entsprechende Geltung bestimmter KAGB-Vorschriften (§ 338 Abs. 1 Nr. 1 KAGB)

Die Regelung ist weitgehend parallel zu § 337 Abs. 1 KAGB, s. § 337 Rz. 6 ff. 2

a) Verweis auf § 44 Abs. 1 Nr. 1, 2, 5 bis 7 KAGB

Die Regelung ist weitgehend parallel zu § 337 Abs. 1 KAGB, s. § 337 Rz. 10 ff. 3

b) Verweis auf § 44 Abs. 4 bis 7 KAGB

Die Regelung ist weitgehend parallel zu § 337 Abs. 1 KAGB, s. § 337 Rz. 13. 4

Die Erweiterung der Verweiskette auf Art. 5 AIFM-DVO durch den Verweis auf § 44 Abs. 7 KAGB zu Informationspflichten im Hinblick auf **Systemrisiken** dürfte angesichts der geringen Größe von EuSEFs selten Bedeutung gewinnen. Siehe näher § 337 Rz. 13. 5

2. Geltung der EuSEF-VO (§ 338 Abs. 1 Nr. 2 KAGB)

Außer den in § 338 Abs. 1 Nr. 1 KAGB genannten gelten die Vorschriften der EuSEF-VO. Vgl. dazu die Kommentierung der EuSEF-VO. 6

III. Fortführung der EuSEF-Bezeichnung bei Überschreiten der Schwellenwerte (§ 338 Abs. 2 KAGB)

Die Regelung ist weitgehend parallel zu § 337 Abs. 2 KAGB, s. § 337 Rz. 14. 7

Anhang zu § 338: Verordnung (EU) Nr. 346/2013 des Europäischen Parlaments und des Rates vom 17. April 2013 über Europäische Fonds für soziales Unternehmertum[1]

Kapitel I Gegenstand, Anwendungsbereich und Begriffsbestimmungen

Art. 1 [Anwendungsbereich]

In dieser Verordnung werden einheitliche Anforderungen an und Bedingungen für die Verwalter von Organismen für gemeinsame Anlagen festgelegt, die für den Vertrieb von qualifizierten Fonds für soziales Unternehmertum in der Union die Bezeichnung „EuSEF“ verwenden wollen, wodurch ein Beitrag zum reibungslosen Funktionieren des Binnenmarkts geleistet wird.

Diese Verordnung enthält ferner einheitliche Regeln für den Vertrieb von qualifizierten Fonds für soziales Unternehmertum an in Frage kommende Anleger in der Union, für die Zusammensetzung des Portfolios von qualifizierten Fonds für soziales Unternehmertum, für die von den qualifizierten Fonds für soziales Unternehmertum zu verwendenden geeigneten Anlageinstrumente und Anlagetechniken sowie für Organisation, Verhaltensweise und Transparenz der Verwalter eines qualifizierten Fonds für soziales Unternehmertum, die qualifizierte Fonds für soziales Unternehmertum in der Union vertreiben.

In der Fassung vom 17.4.2013 (ABl. EU Nr. L 115 v. 25.4.2013, S. 18).

Die Regelung ist weitgehend parallel zu Art. 1 EuVECA-VO, siehe Anh. zu § 337: Art. 1 EuVECA-VO. 1

---

1 Die in eckigen Klammern gesetzten Überschriften sind nichtamtliche Überschriften der Verfasser.

Art. 2 [EuSEF-Verwalter]

(1) Diese Verordnung gilt für Verwalter von Organismen für gemeinsame Anlagen im Sinne des Artikels 3 Absatz 1 Buchstabe a, welche die folgenden Bedingungen erfüllen:

a) ihre verwalteten Vermögenswerte gehen insgesamt nicht über den in Artikel 3 Absatz 2 Buchstabe b der Richtlinie 2011/61/EU genannten Schwellenwert hinaus,

b) sie sind in der Union niedergelassen,

c) sie unterliegen gemäß Artikel 3 Absatz 3 Buchstabe a der Richtlinie 2011/61/EU einer Registrierung bei den zuständigen Behörden ihres Herkunftsmitgliedstaats, und

d) sie verwalten Portfolios von qualifizierten Fonds für soziales Unternehmertum.

(2) Artikel 3 bis 6, die Artikel 10 und 13, Artikel 14 Absatz 1 Buchstabe d, e und f sowie Artikel 15a bis 20, Artikel 21 Absatz 3 Unterabsatz 2 und die Artikel 22 und Artikel 22a dieser Verordnung gelten für gemäß Artikel 6 der Richtlinie 2011/61/EU zugelassene Verwalter von Organismen für gemeinsame Anlagen, die Portfolios qualifizierter Fonds für soziales Unternehmertum verwalten und beabsichtigen, die Bezeichnung „EuSEF“ im Zusammenhang mit dem Vertrieb dieser Fonds in der Union zu verwenden.

(3) Sofern Verwalter eines qualifizierten Fonds für soziales Unternehmertum externe Verwalter sind und sie gemäß Artikel 15 registriert sind, können sie zusätzlich Organismen für gemeinsame Anlagen in Wertpapieren (OGAW) verwalten, die einer Zulassung gemäß der Richtlinie 2009/65/EG unterliegen.

In der Fassung vom 17.4.2013 (ABl. EU Nr. L 115 v. 25.4.2013, S. 18), geändert durch Verordnung (EU) 2017/1991 vom 25.10.2017 (ABl. EU Nr. L 293 v. 10.11.2017, S. 1).

1 Die Regelung ist weitgehend parallel zu Art. 2 EuVECA-VO. Siehe dazu die Kommentierung zu Anh. zu § 337: Art. 2 EuVECA-VO.

Art. 3 [Begriffsbestimmungen]

(1) Für die Zwecke dieser Verordnung bezeichnet der Ausdruck

a) „Organismus für gemeinsame Anlagen“ einen alternativen Investmentfonds (AIF) im Sinne des Artikels 4 Absatz 1 Buchstabe a der Richtlinie 2011/61/EU;

b) „qualifizierter Fonds für soziales Unternehmertum“ einen Organismus für gemeinsame Anlagen, der

i) beabsichtigt, innerhalb der in seinen Anlagebedingungen oder seiner Satzung festgelegten Frist mindestens 70 % seines aggregierten eingebrachten Kapitals und noch nicht eingeforderten zugesagten Kapitals, berechnet auf der Grundlage der Beträge, die nach Abzug aller einschlägigen Kosten sowie der Kassenbestände und vergleichbarer liquider Mittel für Anlagen zur Verfügung stehen, in Vermögenswerte zu investieren, die qualifizierte Anlagen sind;

ii) nicht mehr als 30 % seines aggregierten eingebrachten Kapitals und noch nicht eingeforderten zugesagten Kapitals, berechnet auf der Grundlage der Beträge, die nach Abzug aller einschlägigen Kosten sowie der Kassenbestände und vergleichbarer liquider Mittel für Anlagen zur Verfügung stehen, für den Erwerb von anderen Vermögenswerten als qualifizierten Anlagen einsetzt;

iii) im Hoheitsgebiet eines Mitgliedstaats niedergelassen ist;

c) „Verwalter eines qualifizierten Fonds für soziales Unternehmertum“ eine juristische Person, deren regelmäßig ausgeübte wirtschaftliche Tätigkeit darin besteht, mindestens einen qualifizierten Fonds für soziales Unternehmertum zu verwalten;

d) „qualifiziertes Portfoliounternehmen“ ein Unternehmen, das

i) zum Zeitpunkt einer Investition des qualifizierten Fonds für soziales Unternehmertum nicht für den Handel an einem geregelten Markt oder in einem multilateralen Handelssystem (MTF) im Sinne des Artikels 4 Absatz 1 Nummern 14 und 15 der Richtlinie 2004/39/EG zugelassen ist;

ii) gemäß seinem Gesellschaftsvertrag, seiner Satzung oder sonstigen Gründungsakten die Erzielung messbarer, positiver sozialer Wirkungen als sein vorrangiges Ziel sieht, wobei das Unternehmen
   - Dienstleistungen oder Produkte mit hoher sozialer Rendite bereitstellt,
   - bei der Produktion von Gütern oder der Erbringung von Dienstleistungen ein soziales Ziel verfolgt oder
   - ausschließlich Sozialunternehmen im Sinne der ersten beiden Gedankenstriche Finanzmittel gewährt

iii) seine Gewinne im Einklang mit seinem Gesellschaftsvertrag oder seiner Satzung und den darin im Voraus festgelegten Verfahren und Regeln für eine etwaige Gewinnausschüttung an Anteilseigner und Eigentümer vor allem zum Erreichen seines vorrangigen sozialen Ziels einsetzt, damit sichergestellt ist, dass eine solche Gewinnausschüttung nicht seinem vorrangigen Ziel zuwiderläuft;

iv) in verantwortungsbewusster und transparenter Weise verwaltet wird, insbesondere durch Einbindung von Arbeitnehmern, Kunden und anderen von seiner Unternehmenstätigkeit Betroffenen;

v) im Hoheitsgebiet eines Mitgliedstaats oder in einem Drittland niedergelassen ist, sofern das Drittland
   - nicht auf der Liste der nicht kooperativen Länder und Gebiete steht, die von der Arbeitsgruppe „Finanzielle Maßnahmen gegen Geldwäsche und Terrorismusfinanzierung" aufgestellt wurde,
   - mit dem Herkunftsmitgliedstaat des Verwalters eines qualifizierten Fonds für soziales Unternehmertum sowie mit jedem anderen Mitgliedstaat, in dem die Anteile des qualifizierten Fonds für soziales Unternehmertum vertrieben werden sollen, eine Vereinbarung unterzeichnet hat, damit sichergestellt werden kann, dass das Drittland den Standards des Artikels 26 des OECD-Musterabkommens zur Vermeidung der Doppelbesteuerung von Einkommen und Vermögen vollständig entspricht und einen wirksamen Informationsaustausch in Steuerangelegenheiten, einschließlich multilateraler Steuerabkommen, gewährleistet;

e) „qualifizierte Anlagen" eines der folgenden Instrumente:

i) Eigenkapital- oder eigenkapitalähnliche Instrumente, die
   - von einem qualifizierten Portfoliounternehmen begeben werden und die der qualifizierte Fonds für soziales Unternehmertum direkt vom qualifizierten Portfoliounternehmen erwirbt,
   - von einem qualifizierten Portfoliounternehmen im Austausch für vom qualifizierten Portfoliounternehmen begebene Dividendenwerte begeben werden, oder
   - von einem Unternehmen begeben werden, von dem das qualifizierte Portfoliounternehmen eine in Mehrheitsbesitz befindliche Tochtergesellschaft ist, und die der qualifizierte Fonds für soziales Unternehmertum im Austausch für ein vom qualifizierten Portfoliounternehmen begebenes Eigenkapitalinstrument erwirbt;

ii) von einem qualifizierten Portfoliounternehmen begebene verbriefte und nicht verbriefte Schuldtitel;

iii) Anteile von einem oder mehreren anderen qualifizierten Fonds für soziales Unternehmertum, sofern diese qualifizierten Fonds für soziales Unternehmertum selbst höchstens 10 % ihres aggregierten eingebrachten Kapitals und noch nicht eingeforderten zugesagten Kapitals in qualifizierte Fonds für soziales Unternehmertum investiert haben;

iv) besicherte oder unbesicherte Darlehen, die einem qualifizierten Portfoliounternehmen von dem qualifizierten Fonds für soziales Unternehmertum gewährt werden;

v) jede andere Art der Beteiligung an einem qualifizierten Portfoliounternehmen;

f) „einschlägige Kosten" Gebühren, Abgaben und Aufwendungen, die direkt oder indirekt von den Anlegern getragen werden und die zwischen dem Verwalter eines qualifizierten Fonds für soziales Unternehmertum und den Anlegern dieses Fonds vereinbart werden;

g) „Eigenkapital" die Beteiligung an einem Unternehmen in Form von Anteilen oder anderen für seine Anleger begebenen Formen der Beteiligung am Kapital des qualifizierten Portfoliounternehmens;

h) „eigenkapitalähnliche Mittel" jede Art von Finanzinstrument, das aus Eigenkapital und Fremdkapital zusammengesetzt ist und bei dem die Rendite sich nach dem Gewinn oder Verlust des qualifizierten Portfoliounternehmens bemisst und bei dem die Rückzahlung des Instruments im Fall der Zahlungsunfähigkeit nicht vollständig gesichert ist;

i) „Vertrieb" das direkte oder indirekte, auf Initiative des Verwalters eines qualifizierten Fonds für soziales Unternehmertum oder in dessen Auftrag erfolgende Anbieten oder Platzieren von Anteilen an einem vom ihm verwalteten qualifizierten Fonds für soziales Unternehmertum an Anleger oder bei Anlegern mit Wohnsitz oder satzungsmäßigen Sitz in der Union;

j) „zugesagtes Kapital" jede Verpflichtung eines Anlegers zum Erwerb einer Beteiligung am qualifizierten Fonds für soziales Unternehmertum oder zur Einbringung einer Kapitaleinlage in den Fonds innerhalb der in den Anlagebedingungen oder der Satzung des Fonds festgelegten Frist;

k) „Herkunftsmitgliedstaat" den Mitgliedstaat, in dem der Verwalter eines qualifizierten Fonds für soziales Unternehmertum seinen satzungsmäßigen Sitz unterhält;

l) „Aufnahmemitgliedstaat" den Mitgliedstaat, der nicht Herkunftsmitgliedstaat ist und in dem der Verwalter eines qualifizierten Fonds für soziales Unternehmertum qualifizierte Fonds für soziales Unternehmertum gemäß dieser Verordnung vertreibt;

m) „zuständige Behörde"

i) in Bezug auf die in Artikel 2 Absatz 1 dieser Verordnung genannten Verwalter die zuständige Behörde im Sinne von Artikel 3 Absatz 3 Buchstabe a der Richtlinie 2011/61/EU;

ii) in Bezug auf die in Artikel 2 Absatz 2 dieser Verordnung genannten Verwalter die zuständige Behörde im Sinne von Artikel 7 Absatz 1 der Richtlinie 2011/61/EU;

iii) in Bezug auf qualifizierte Fonds für soziales Unternehmertum die zuständige Behörde des Mitgliedstaats, in dem der qualifizierte Fonds für soziales Unternehmertum errichtet wurde.

n) „zuständige Behörde des Aufnahmemitgliedstaats" die Behörde eines anderen Mitgliedstaats als dem Herkunftsmitgliedstaat, in dem der qualifizierte Fonds für soziales Unternehmertum vertrieben wird;

Hinsichtlich Unterabsatz 1 Buchstabe c wird der qualifizierte Fonds für soziales Unternehmertum selbst als Verwalter eines qualifizierten Fonds für soziales Unternehmertum gemäß Artikel 15 registriert, wenn die Rechtsform des qualifizierten Fonds für soziales Unternehmertum eine interne Verwaltung zulässt und das Leitungsgremium des Fonds keinen externen Verwalter bestellt. Ein qualifizierter Fonds für soziales Unternehmertum, der als interner Verwalter eines qualifizierten Fonds für soziales Unternehmertum registriert ist, darf nicht als externer Verwalter eines qualifizierten Fonds für soziales Unternehmertum anderer Organismen für gemeinsame Anlagen registriert werden.

(2) Der Kommission wird die Befugnis übertragen, gemäß Artikel 26 delegierte Rechtsakte zu erlassen, in denen die Arten von Dienstleistungen oder Gütern und die Methoden der Produktion von Gütern bzw. Erbringung von Dienstleistungen mit sozialer Komponente nach Absatz 1 Buchstabe d Ziffer ii dieses Artikels unter Berücksichtigung der unterschiedlichen Arten von qualifizierten Portfoliounternehmen und der Umstände, unter denen Gewinne an Eigentümer und Anleger ausgeschüttet werden können, im Einzelnen festgelegt werden.

In der Fassung vom 17.4.2013 (ABl. EU Nr. L 115 v. 25.4.2013, S. 18), geändert durch Verordnung (EU) 2017/1991 vom 25.10.2017 (ABl. EU Nr. L 293 v. 10.11.2017, S. 1).

I. Begriffsbestimmungen (Art. 3 Abs. 1 EuSEF-VO)

1 Die Regelung ist **weitgehend parallel zu Art. 3 EuVECA-VO**, vgl. die Kommentierung dort (Anh. zu § 337: Art. 3 EuVECA-VO Rz. 1). **EuSEF-spezifisch** sind die Begriffsbestimmungen nach Art. 3 Abs. 1 Buchst. d und e EuSEF-VO und damit die Beschreibung des qualifizierten Portfoliounternehmens sowie der möglichen Finanzierungsinstrumente.

1. Qualifiziertes Portfoliounternehmen (Art. 3 Abs. 1 Buchst. d EuSEF-VO)

2 Qualifizierte Portfoliounternehmen sind bestimmte **Sozialunternehmen** unabhängig von ihrer Rechtsform. Sozialunternehmen sind zwar überwiegend kleinere und mittlere Unternehmen (KMU),[1] dies ist im Gegensatz zur EuVECA-VO jedoch nicht zwingend notwendig. Voraussetzung ist aber, dass das Unternehmen **nicht zum Handel an einem geregelten Markt oder in einem multilateralen Handelssystem (MTF)** im Sinne von (heute) Art. 4 Abs. 1 Nr. 22 Finanzmarktrichtlinie 2014/65/EU (MiFID II) zugelassen ist. Kriterium ist im Zeitpunkt der Investition des EuSEF in das Unternehmen zu erfüllen, eine spätere Zulassung ist unschädlich. Anders als die Parallelverordnung wurde die EuSEF-VO nicht an die MiFID II angepasst. Ein Anteilshandel an einem organisierten Handelssystem (OTF) gem. Art. 4 Abs. 1 Nr. 23 MiFID II ist unschädlich.

3 Sozialunternehmen stellen die Erreichung von sozialen Zielen vor die Erwirtschaftung einer finanziellen Rendite, orientieren sich bei der Verwirklichung der sozialen Zielsetzung aber an unternehmerischen Modellen. Im Spektrum nachhaltiger und sozialer Investments ist das Produkt EuSEF daher im Bereich **Impact Investments** anzusiedeln.[2] Das vorrangige Ziel der Erzielung messbarer, positiver sozialer Wirkungen ist in den konstituierenden Dokumenten festzulegen. Durch die spezifische Definition der Geschäftsstätigkeit des Portfoliounternehmens unterscheidet sich die EuSEF-VO wesentlich von der Zwillingsverordnung EuVECA.

4 Als Sozialunternehmen nach der EuSEF-VO qualifizieren sich nach dem ersten Spiegelstrich Unternehmen, die bestimmte qualifizierte Dienstleistungen oder Güter bereitstellen. Dabei wurde die **Anknüpfung an eine bestimmte Zielgruppe** (schutzbedürftige, marginalisierte, benachteiligte oder ausgegrenzte Personen[3]) mit der EuSEF-Revision, die ab 1.3.2018 in Kraft getreten ist, **aufgegeben**. Stattdessen genügt die Verknüpfung der Dienstleistung oder des Produktes mit einer besonders hohen **„sozialen Rendite"**. Dieser Begriff beschreibt die soziale Wirkung der Dienstleistung oder des Produktes im Verhältnis zur getätigten Investition. Die soziale Wirkung drückt die positiven Veränderungen, die die Dienstleistung oder das Produkt für das Zielpublikum bewirken, **messbar** aus (s. Art. 10 EuSEF-VO).[4] Dessen ungeachtet fehlt dem Begriff die juristisch gebotene Trennschärfe. Die Beurteilung der Eignung des Zielobjekts obliegt (jetzt noch mehr als vor der EuSEF-Reform) dem Verwalter.

5 Die neue **erweiterte Definition** öffnet das Einsatzgebiet für EuSEF für neue Opportunitäten.[5] Ohne Mühe lassen sich (nun auch) auf Prävention ausgerichtete Dienstleistungen, wie allgemeine Gesundheitsdienstleistungen, Betreuung und Pflege, sowie Kinderbetreuung mit hoher sozialer Rendite unter die möglichen Dienstleistungen subsummieren.[6] Der Rückgriff auf den in der Industrie etablierten **Begriff der Sozialen Rendite**[7] ist praxisfreundlich, entfernt sich aber zugleich von einer rechtlichen Erfassung sowie einer europaweit einheitlichen Harmonisierung. Die Feststellung und Messung sozialer Rendite und eine entsprechende Aufbereitung der Daten ist aufwändig und erzeugt ggf. hohe Transaktionskosten. Dies kann die Auswahl der möglichen Portfoliounternehmen einschränken. Zugleich ist die denkbare **Methodenvielfalt Quelle tückischer Rechtsunsicherheit**, die Anlagefehlentscheidungen fördern könnte.

6 Hat die **Tätigkeit des Unternehmens** keinen unmittelbaren Bezug zu den oben genannten (sozialen) Gütern oder Dienstleistungen, so genügt es nach dem zweiten Spiegelstrich, wenn sie **im Rahmen der Ge-**

---

1 Entwurf EuSEF-VO, 2011, S. 2.
2 Siehe dazu OECD, Social Impact Investment (2015), S. 18.
3 ESMA/2015/227, 15: „economically disadvantaged persons or communities, the homeless, persons with disabilities, the long-term unemployed, convicts, ex-convicts, non-integrated immigrant populations, people or communities that are discriminated against for racial, political, religious, cultural or gender reasons, minorities, children, the elderly and sick persons, isolated communities, persons with addiction problems, underqualified persons, etc".
4 *Nicholls* et al, 2012, S. 8.
5 ErwGr. 8 EuSEF-VO 2017/1991.
6 Siehe für die alte Bestimmung ESMA/2015/227, 14.
7 Siehe anstelle Vieler OECD, Social Impact Investment (2015); *Nicholls* et al (2012); *Roder*, Reporting im Social Entrepreneurship: Konzeption einer externen Unternehmensberichterstattung für soziale Unternehmer (2011).

schäftstätigkeit selbst ein soziales Ziel verfolgt. Hierunter fallen insbesondere Unternehmen, welche kommerzielle Zwecke verfolgen und dabei auf die soziale und berufliche Eingliederung bestimmter Personengruppen abzielen (*Beispiel*: Werkstatt für Personen mit körperlicher oder geistiger Einschränkung), Unternehmen, welche Präventivarbeit leisten, oder Unternehmen, welche ihre Geschäftstätigkeit auf „gesellschaftlich sinnvollen Umweltschutz"[8] ausrichten.[9] Abzugrenzen sind diese von Unternehmen, welche primär kommerzielle Dienstleistungen erbringen oder Waren produzieren und hierbei nebenbei positive soziale Effekte generieren.[10]

7 Nach dem dritten Spiegelstrich gelten auch Unternehmen, welche **ausschließlich Sozialunternehmen im oben genannten Sinne Finanzmittel gewähren**, als qualifizierte Portfoliounternehmen. Die EuSEF-VO soll damit als Feeder-Instrument taugen.

8 Gewinne von Sozialunternehmen werden **primär reinvestiert**. Hierfür sehen die konstituierenden Dokumente des Unternehmens klare Regeln vor. Sozialunternehmen schütten Dividenden nur dann aus, wenn dies mit der sozialen Zielsetzung vereinbar ist. Nach ErwGr. 13 EuSEF-VO ist die Gewinnausschüttung der **„Ausnahmefall"**.

9 Mit dem Verweis auf eine verantwortungsbewusste und transparente Unternehmensführung und die Einbindung der Stakeholder in die Unternehmensführung in Art. 3. Abs. 1 Buchst. d iv EuSEF-VO nimmt die EuSEF-VO auf die **Unternehmensführung nach CSR-Kriterien** Bezug. Die verantwortliche Unternehmensführung ist damit notwendiger Bestandteil der Definition des Sozialunternehmens.[11] Hintergrund ist, dass das Sozialunternehmen in der Lage sein muss, die Bedürfnisse der Zielgruppe und der Gemeinschaft stets miteinzubeziehen und ggf. neu zu bestimmen. Dies ist ohne Einbindung von Stakeholdern nicht möglich.[12] Es wird außerdem erwartet, dass die Messung der sozialen Wirkung (s. Art. 10 EuSEF-VO) von einer Einbindung des Unternehmens und der Stakeholder profitiert (sog. Inklusionsdynamik).[13] Ein CSR-Konzept, welches sich unter Beachtung von Größe und Geschäftstätigkeit an internationalen Standards orientiert,[14] sollte daher vorliegen.

10 Zwar ist es nach Ansicht der Kommission mit dem Fördergedanken der EuSEF-VO vereinbar, wenn der EuSEF in **Sozialunternehmen in Drittstaaten** investiert, da durch derartige Investitionen den Fonds mehr Kapital verschafft werden können und dadurch wiederum Sozialunternehmen in der Union profitieren könnten.[15] Die Kommission hat jedoch klargestellt, dass Investitionen in Drittstaaten nicht begünstigt werden sollen, wenn diese Staaten weder eine Aufsichtszusammenarbeit, noch einen effektiven Informationsaustausch in Steuerangelegenheiten gewährleisten.[16] Dies steht im Einklang mit den EU-Grundprinzipien zur Drittstaatenkooperation.[17]

2. Qualifizierte Anlagen (Art. 3 Abs. 1 Buchst. e EuSEF-VO)

11 Bei der Anlage in qualifizierte Portfoliounternehmen steht wie bei der EuVECA-VO ein *numerus clausus* an Finanzierungsinstrumenten zur Verfügung, sog. „qualifizierte Anlagen". Die **Palette an Finanzierungsinstrumenten ist im Vergleich zur EuVECA-VO jedoch breiter**. Dies ist, neben der Besonderheit des sozialen Returns, der zweite bedeutsame Grund dafür, dass mit der EuVECA-VO und EuSEF-VO zwei getrennte Regelwerke geschaffen wurden.

12 Parallel zur EuVECA-VO ist die Anlage in andere EuSEF und die Beteiligungsfinanzierung mittels **Eigenkapital oder eigenkapitalähnlicher Instrumente** zulässig (s. Anh. zu § 337: Art. 3 EuVECA-VO Rz. 18 f.). Zusätzlich stehen **verbriefte und nicht verbriefte Schuldtitel** des Sozialunternehmens, wie etwa Schuldscheine und Einlagenzertifikate zur Verfügung. Der Einsatz von Kreditinstrumenten ist im Verhältnis zur EuVECA-VO liberaler und ermöglicht die Vergabe von besicherten oder unbesicherten Darlehen an das

8 ErwGr. 14 EuSEF-VO.
9 ErwGr. 14 EuSEF-VO; ESMA/2015/227, 13.
10 ESMA/2015/227, 14.
11 Siehe bereits Europäische Kommission, Initiative für Soziales Unternehmertum, 2014, S. 2; bzw. Europäische Kommission, A map of social enterprises and their eco-systems in Europe, 2015, 9.
12 Europäische Kommission, Vorschläge 2014, S. 35.
13 Europäische Kommission, Vorschläge 2014, S. 35.
14 Hierzu siehe insbesondere Mitteilung der Kommission: Eine neue EU-Strategie (2011-14) für die soziale Verantwortung der Unternehmen (CSR), KOM/2011/0681 endgültig. Aufgrund der Unternehmensgrösse ist die CSR-Richtlinie 2014/95/EU hingegen in der Regel nicht anwendbar.
15 ErwGr. 16 EuSEF-VO.
16 ErwGr. 16 EuSEF-VO.
17 Vgl. *Zetzsche*, Drittstaaten, S. 92 ff.; *Lehmann* in MünchKomm. BGB, 7. Aufl. 2017, IntFinMarktR Rz. 112.

Portfoliounternehmen aus dem Fondskapital. In einer catch-all Formulierung erlaubt die EuSEF sodann **„jede andere Art der Beteiligung“** am Sozialunternehmen.

Im Hinblick auf die Darlehnsfinanzierung der Portfoliounternehmen ist die EuSEF-VO in zweierlei Hinsicht liberaler als die EuVECA-VO. Erstens können **Darlehen auch an Sozialunternehmen** gewährt werden, welche **keine Portfoliounternehmen des EuSEF** sind, i.e. an welchen der EuSEF noch keine qualifizierten Anlagen hält. Zweitens ist die **Darlehnsvergabe nicht mit maximal 30 % des Fondskapitals beschränkt.** 13

Anders als bei der EuVECA-VO sind **Anteile** am Portfoliounternehmen, welche **von bestehenden Anteilseignern** des Sozialunternehmens erworben werden, nicht als mögliche Finanzierungsinstrumente angeführt. Diese dürfen aber unter „jede andere Art der Beteiligung“ zu subsumieren sein. 14

II. Ausführungsbestimmungen (Art. 3 Abs. 2 EuSEF-VO)

Im Hinblick auf die in Art. 3 Abs. 2 EuSEF-VO erwähnten Ausführungsbestimmungen hat ESMA 2015 einen Bericht veröffentlicht,[18] jedoch wurde **noch kein delegierter Rechtsakt** erlassen. ESMA schlägt eine prinzipienorientierte Annäherung an den Begriff des Sozialunternehmens vor. Zentrale Aspekte wurden oben bereits dargestellt. Nach der Reform der Verordnung (siehe Vor § 338 Rz. 10) ist dieser Report insbesondere im Hinblick auf die Definition des Sozialunternehmens überholt. 15

Kapitel II
Bedingungen für die Verwendung der Bezeichnung „EuSEF“

Art. 4 [Bezeichnungsschutz]

Verwalter eines qualifizierten Fonds für soziales Unternehmertum, die die Anforderungen dieses Kapitels erfüllen, dürfen beim Vertrieb von qualifizierten Fonds für soziales Unternehmertum in der Union die Bezeichnung „EuSEF“ verwenden.

In der Fassung vom 17.4.2013 (ABl. EU Nr. L 115 v. 25.4.2013, S. 18).

Vgl. die Kommentierung der Parallelvorschrift Art. 4 EuVECA-VO (Anh. zu § 337: Art. 4 EuVECA-VO). ErwGr. 17 der EuSEF-VO 2017/1991 lässt anklingen, dass über eine Ausweitung des EuSEF-Labels auf andere Anlageformen, wie Crowdfunding oder Mikrofinanzierung nachgedacht wird. Das ist bis heute nicht erfolgt. 1

Art. 5 [Anlageschwellen und -techniken]

(1) Verwalter eines qualifizierten Fonds für soziales Unternehmertum sorgen dafür, dass beim Erwerb von anderen Vermögenswerten als qualifizierten Anlagen höchstens 30 % des aggregierten eingebrachten Kapitals und noch nicht eingeforderten zugesagten Kapitals des qualifizierten Fonds für soziales Unternehmertum für den Erwerb solcher Vermögenswerte eingesetzt werden. Die 30-Prozent-Schwelle wird anhand der Beträge berechnet, die nach Abzug aller einschlägigen Kosten für Anlagen zur Verfügung stehen. Kassenbestände und vergleichbare liquide Mittel werden bei der Berechnung dieses Schwellenwerts nicht berücksichtigt, da Kassenbestände und vergleichbare liquide Mittel nicht als Anlagen zu betrachten sind.

(2) Verwalter eines qualifizierten Fonds für soziales Unternehmertum wenden auf der Ebene des qualifizierten Fonds für soziales Unternehmertum keine Methode an, durch die sich das Risiko des Fonds durch Kreditaufnahme, Wertpapierleihe, Engagements in Derivatepositionen oder auf andere Weise über die Höhe seines zugesagten Kapitals hinaus erhöht.

---

18 Final Report: ESMA's technical advice to the European Commission on the delegated acts of the Regulations on European Social Entrepreneurship Funds and European Venture Capital Funds, Februar 2015 (ESMA/2015/227).

(3) Verwalter eines qualifizierten Fonds für soziales Unternehmertum nehmen auf der Ebene des qualifizierten Fonds für soziales Unternehmertum nur dann Darlehen auf, begeben Schuldtitel oder stellen Garantien, wenn diese Darlehen, Schuldtitel oder Garantien durch nicht eingeforderte Zusagen gedeckt sind.

In der Fassung vom 17.4.2013 (ABl. EU Nr. L 115 v. 25.4.2013, S. 18).

1 Vgl. die Kommentierung zur Parallelvorschrift Art. 5 EuVECA-VO (Anh. zu § 337: Art. 5 EuVECA-VO).

2 Die Anlage der freien 30 % muss der EuSEF-Verwalter **im Einklang mit ethischen Anlagegrundsätzen** vornehmen.[1] Die Erwägungsgründe legen **nur einzelne Gesichtspunkte fest** (Ausschluss der Rüstungsindustrie, Beachtung von Menschenrechtsstandards und Nachhaltigkeit), konkrete Selektionsprozesse sind produktspezifisch zu definieren. Die Vorgehensweise sollte sich an anerkannten Industriestandards des *social responsible investment* (SRI) orientieren.

Art. 6 [Für EuSEF-Vertrieb zulässige Anleger]

(1) Verwalter eines qualifizierten Fonds für soziales Unternehmertum vertreiben die Anteile der qualifizierten Fonds für soziales Unternehmertum ausschließlich an Anleger, die als professionelle Kunden gemäß Anhang II Abschnitt I der Richtlinie 2004/39/EG betrachtet werden oder gemäß Anhang II Abschnitt II der Richtlinie 2004/39/EG auf Antrag als professionelle Kunden behandelt werden können, oder an andere Anleger, sofern diese

a) sich verpflichten, mindestens 100 000 EUR zu investieren und

b) schriftlich in einem vom Vertrag über die Investitionsverpflichtung getrennten Dokument angeben, dass sie sich der Risiken im Zusammenhang mit der beabsichtigten Verpflichtung bewusst sind.

(2) Absatz 1 gilt nicht für Investitionen durch Geschäftsführer, Vorstände oder Mitarbeiter, die in die Verwaltung eines Verwalters eines qualifizierten Fonds für soziales Unternehmertum eingebunden sind, wenn sie in den von ihnen verwalteten qualifizierten Fonds für soziales Unternehmertum investieren.

In der Fassung vom 17.4.2013 (ABl. EU Nr. L 115 v. 25.4.2013, S. 18).

1 Vgl. die Kommentierung zur Parallelvorschrift Art. 6 EuVECA-VO (Anh. zu § 337: Art. 6 EuVECA-VO).

2 Zielpublikum des EuSEF sind professionelle Anleger und HNWI, mit **Erfahrung im Bereich Philanthropie.**[1] Zwar deckt sich die Regelung der Risikoerklärung mit jener der EuVECA-VO, ein Zurücktreten finanzieller Rendite zugunsten von *sozialer Rendite* muss jedoch als Kernelement der beabsichtigten Verpflichtung Gegenstand der Risikoerklärung sein. Damit kommen insbesondere Stiftungen und Mäzene als geeignete Anleger in Betracht.

3 Eine **Ausweitung des Anlegerkreises und Verringerung der Mindestinvestitionssumme** wurde auf die nächste Überarbeitung der Verordnungen verschoben.[2]

Art. 7 [Wohlverhaltenspflichten]

Verwalter eines qualifizierten Fonds für soziales Unternehmertum müssen bezüglich der von ihnen verwalteten qualifizierten Fonds für soziales Unternehmertum

a) ihrer Tätigkeit ehrlich, redlich sowie mit der gebotenen Sachkenntnis, Sorgfalt und Gewissenhaftigkeit nachgehen;

1 ErwGr. 21 EuSEF-VO.

1 EC, Working Paper, 2011, S. 14.

2 ErwGr. 17 EuSEF-VO 2017/1991.

b) geeignete Strategien und Verfahren zur Verhinderung unzulässiger Praktiken anwenden, bei denen vernünftigerweise davon ausgegangen werden kann, dass sie den Interessen der Anleger und der qualifizierten Portfoliounternehmen schaden;

c) ihre Geschäftstätigkeit so ausüben, dass sie die positiven sozialen Wirkungen der qualifizierten Portfoliounternehmen, in die sie investiert haben, fördern und dem besten Interesse der von ihnen verwalteten qualifizierten Fonds für soziales Unternehmertum, der Anleger dieser Fonds und der Integrität des Marktes dienlich sind;

d) bei der Auswahl und der laufenden Überwachung der Investitionen in qualifizierte Portfoliounternehmen und der positiven sozialen Wirkungen dieser Unternehmen ein hohes Maß an Sorgfalt walten lassen;

e) in qualifizierte Portfoliounternehmen investieren, die sie in angemessenem Maße kennen und verstehen;

f) ihre Anleger fair behandeln;

g) dafür sorgen, dass kein Anleger eine Vorzugsbehandlung erhält, es sei denn, eine solche Vorzugsbehandlung ist in den Anlagebedingungen oder der Satzung des qualifizierten Fonds für soziales Unternehmertum vorgesehen.

In der Fassung vom 17.4.2013 (ABl. EU Nr. L 115 v. 25.4.2013, S. 18).

Vgl. die Kommentierung zur Parallelvorschrift Art. 7 EuVECA-VO (Anh. zu § 337: Art. 7 EuVECA-VO). 1

In Abweichung von der EuVECA-VO statuiert Art. 7 Buchst. c EuSEF-VO, dass die Geschäftstätigkeit des AIFM die positiven sozialen Wirkungen des Unternehmens fördern muss. Aus der besonderen Zwecksetzung der Verordnung, Sozialunternehmen zu fördern, ergibt sich ein gewisses **Spannungsverhältnis zwischen den Interessen dieser Unternehmen und jenen der Anleger und des Fonds.** Dieses ist u.E. stets im Anlegerinteresse aufzulösen. 2

Art. 8 [Übertragung von Aufgaben/Delegation]

(1) Die Haftung des Verwalters eines qualifizierten Fonds für soziales Unternehmertum gegenüber dem qualifizierten Fonds für soziales Unternehmertum oder dessen Anlegern wird nicht durch die Tatsache berührt, dass der Verwalter Funktionen an Dritte übertragen hat. Der Verwalter überträgt seine Funktionen nicht in einem Umfang, der darauf hinausläuft, dass er im Grunde genommen nicht mehr als Verwalter eines qualifizierten Fonds für soziales Unternehmertum, sondern nur noch als Briefkastenunternehmen angesehen werden kann.

(2) Die Übertragung von Funktionen gemäß Absatz 1 darf die wirksame Beaufsichtigung des Verwalters eines qualifizierten Fonds für soziales Unternehmertum nicht untergraben und weder den Verwalter eines qualifizierten Fonds für soziales Unternehmertum daran hindern, im besten Interesse seiner Anleger zu handeln, noch verhindern, dass der qualifizierte Fonds für soziales Unternehmertum im besten Interesse seiner Anleger verwaltet wird.

In der Fassung vom 17.4.2013 (ABl. EU Nr. L 115 v. 25.4.2013, S. 18).

Vgl. die Kommentierung zur Parallelvorschrift Art. 8 EuVECA-VO (Anh. zu § 337: Art. 8 EuVECA-VO). 1

Art. 9 [Interessenkonflikte]

(1) Verwalter eines qualifizierten Fonds für soziales Unternehmertum ermitteln und vermeiden Interessenkonflikte, gewährleisten, wo diese nicht vermieden werden können, eine Steuerung und Beobachtung von Interessenkonflikten und legen gemäß Absatz 4 solche Interessenkonflikte unverzüglich offen, um nachteilige Auswirkungen auf die Interessen der qualifizierten Fonds für soziales Unternehmertum und ihrer Anleger und eine unfaire Behandlung der von ihnen verwalteten qualifizierten Fonds für soziales Unternehmertum zu vermeiden.

(2) Verwalter eines qualifizierten Fonds für soziales Unternehmertum ermitteln insbesondere Interessenkonflikte, die entstehen können zwischen

a) Verwaltern eines qualifizierten Fonds für soziales Unternehmertum, Personen, die die Geschäfte des Verwalters eines qualifizierten Fonds für soziales Unternehmertum tatsächlich führen, Mitarbeitern oder jeder anderen Person, die den Verwalter eines qualifizierten Fonds für soziales Unternehmertum direkt oder indirekt kontrolliert oder direkt oder indirekt von diesem kontrolliert wird, und dem vom Verwalter eines qualifizierten Fonds für soziales Unternehmertum verwalteten qualifizierten Fonds für soziales Unternehmertum oder dessen Anlegern;

b) einem qualifizierten Fonds für soziales Unternehmertum oder dessen Anlegern und einem anderen qualifizierten Fonds für soziales Unternehmertum, der von demselben Verwalter verwaltet wird, oder dessen Anlegern;

c) dem qualifizierten Fonds für soziales Unternehmertum oder dessen Anlegern und einem Organismus für gemeinsame Anlagen oder OGAW, der von demselben Verwalter verwaltet wird, oder dessen Anlegern.

(3) Um den Anforderungen der Absätze 1 und 2 nachzukommen, erhalten Verwalter eines qualifizierten Fonds für soziales Unternehmertum wirksame organisatorische und verwaltungsmäßige Vorkehrungen aufrecht und wenden diese Vorkehrungen an.

(4) Die in Absatz 1 genannte Offenlegung von Interessenkonflikten erfolgt, wenn die vom Verwalter eines qualifizierten Fonds für soziales Unternehmertum zur Ermittlung, Vorbeugung, Steuerung und Beobachtung von Interessenkonflikten getroffenen organisatorischen Vorkehrungen nicht ausreichen, um nach vernünftigem Ermessen zu gewährleisten, dass das Risiko einer Beeinträchtigung von Anlegerinteressen vermieden wird. Die Verwalter eines qualifizierten Fonds für soziales Unternehmertum unterrichten die Anleger, bevor sie in deren Auftrag Geschäfte tätigen, unmissverständlich über die allgemeine Art oder die Quellen von Interessenkonflikten.

(5) Der Kommission wird die Befugnis übertragen, gemäß Artikel 26 delegierte Rechtsakte zu erlassen, in denen Folgendes im Einzelnen festgelegt wird:

a) die in Absatz 2 dieses Artikels genannten Arten von Interessenkonflikten;

b) die Maßnahmen, die Verwalter eines qualifizierten Fonds für soziales Unternehmertum hinsichtlich der Strukturen und der organisatorischen und administrativen Verfahren zu ergreifen haben, um Interessenkonflikte zu ermitteln, ihnen vorzubeugen, sie zu steuern, zu beobachten bzw. offenzulegen.

In der Fassung vom 17.4.2013 (ABl. EU Nr. L 115 v. 25.4.2013, S. 18).

1 Vgl. die Kommentierung zur Parallelvorschrift gem. Art. 9 EuVECA-VO (Anh. zu § 337: Art. 9 EuVECA-VO).

2 Das **Konfliktmanagement** stellt bei EuSEF **eine Herausforderung** dar. Sowohl die Identifizierung und Bewertung möglicher Interessenkonflikte als auch die Interessenangleichung durch finanzielle Anreizmechanismen ist angesichts der spezifischen Anlagestrategie des EuSEF nur bedingt möglich. Gleichzeitig kollidieren kostenintensive Organisationsvorschriften und Schutzmechanismen mit der Kosteneffizienz der Produkte. Dies macht den Umgang mit Interessenkonflikten besonders schwierig.

3 Die Kommission hat zu den in Art. 9 Abs. 5 EuSEF-VO erwähnten Ausführungsbestimmungen **noch keinen delegierten Rechtsakt** erlassen. Nach Ansicht der ESMA sollen kleine AIFM (i.e. solche unterhalb der Schwellenwerte der AIFM-RL) grundsätzlich eine **weniger komplexe Geschäftstätigkeit** ausüben, so dass geringere Möglichkeiten für Interessenkonflikte bestehen und eine möglichst verhältnismäßige und kosteneffiziente Anwendung der Bestimmungen möglich sein soll.[1] Auch wenn diese Annahme so pauschal kaum haltbar sein dürfte, ist daran zutreffend, dass die Risiken angesichts des beschränkten Anlegerkreises in EuSEF eher hinnehmbar sein dürften als bei Publikumsfonds. ESMA legt einen Schwerpunkt auf die Erstellung einer ***Conflict of Interest Policy***, welche die internen Abläufe im Hinblick auf Interessenkonflikte festlegt und auf Transparenz. Kann ein Konflikt nicht behoben werden und entscheidet sich das Leitungsorgan des AIFM dennoch für die Investition, so soll die **Offenlegung des Konfliktes** gegenüber den Anlegern ausreichen.[2] Dies kann im Rahmen der Anlegerinformation nach Art. 14 EuSEF-VO erfolgen.

1 ESMA/2015/227, S. 43.
2 ESMA/2015/227, S. 54.

Art. 10 [Messung sozialer Wirkungen]

(1) Verwalter eines qualifizierten Fonds für soziales Unternehmertum wenden bei jedem von ihnen verwalteten qualifizierten Fonds für soziales Unternehmertum Verfahren an, um zu messen, inwieweit die qualifizierten Portfoliounternehmen, in die der qualifizierte Fonds für soziales Unternehmertum investiert, die positiven sozialen Wirkungen, zu denen diese sich verpflichtet haben, erreichen. Die Verwalter tragen dafür Sorge, dass diese Verfahren klar und transparent sind und Indikatoren umfassen, die in Abhängigkeit des sozialen Ziels und der Art des qualifizierten Portfoliounternehmens einen oder mehrere der folgenden Bereiche umfassen können:

a) Beschäftigung und Arbeitsmärkte;

b) Standards und Rechte im Zusammenhang mit der Arbeitsplatzqualität;

c) soziale Eingliederung und Schutz bestimmter Gruppen;

d) Gleichbehandlung, Chancengleichheit und Nichtdiskriminierung;

e) öffentliche Gesundheit und Sicherheit;

f) Zugang zu Sozialschutz-, Gesundheits- und Bildungssystemen und Auswirkungen auf diese Systeme.

(2) Der Kommission wird die Befugnis übertragen, gemäß Artikel 26 delegierte Rechtsakte zu erlassen, in denen die Einzelheiten der in Absatz 1 genannten Verfahren in Bezug auf unterschiedliche qualifizierte Portfoliounternehmen festgelegt werden.

In der Fassung vom 17.4.2013 (ABl. EU Nr. L 115 v. 25.4.2013, S. 18).

Diese Bestimmung hat **kein Gegenstück in der im Übrigen nahezu identischen EuVECA-VO.** 1

Anders als bei typischen SRI-Investments, welche unter Beachtung sozialer und ökologischer Parameter finanzielle Rendite erwirtschaften sollen, soll die finanzielle Rendite bei der Anlage in EuSEF eine untergeordnete Bedeutung einnehmen.[1] Um die daher überwiegend soziale („nicht finanzielle") **Performance** der Anlage transparent zu machen, muss der Verwalter selbst messen, in welchem Ausmaß das Sozialunternehmen die in der Satzung vorgesehenen sozialen Wirkungen tatsächlich erreicht. 2

Der Begriff der sozialen Wirkung beschreibt die Veränderung, welche die Dienstleistung oder das Produkt des Sozialunternehmens für das Zielpublikum bewirkt und liegt damit zwischen dem Erreichten und dem, was ohne Intervention passiert wäre (**soziales Ergebnis**), **bereinigt um Sowieso-Effekte, Fremdeinfluss und Nachlasseffekte.**[2] Die soziale Rendite beschreibt die soziale Wirkung abzgl. der zur Erreichung aufgebrachten Kosten (s. Anh. zu § 338: Art. 3 EuSEF-VO Rz. 4). 3

Der EuSEF übernimmt durch die vom Verwalter betriebene Selektion und das Monitoring als solcher anerkannter Sozialunternehmen eine **Intermediärsfunktion.** Aus Sicht des Sozialunternehmens vereinfacht und vergünstigt sich die Kapitalsuche. Auf Anlegerseite bestehen weiter hohe Informationsasymmetrien. Insbesondere die Mischung aus finanzieller und sozialer Rendite[3] erschwert die Wahl des Anlageproduktes und die Überwachung der Performance durch den und des Fondsverwalters. Die Reduktion von Informationsasymmetrien bei der Produktwahl durch eine möglichst **standardisierte Messung sozialer Wirkungen und darauffolgende Offenlegung** (s. Art. 13 EuSEF-VO) ist daher ein Kernstück dieser Verordnung. 4

Um Vergleichbarkeit herzustellen, bedürfte es eigentlich einer einheitlichen Definition und standardisierten Messung der sozialen Wirkungen. Gleichzeitig sind **Standardisierungen Grenzen** gesetzt, nach Ausführung des europäischen Gesetzgebers, um die vielfältigen sozialen Zwecke erfassen zu können, welche Sozialunternehmen im Sinne der Verordnung verfolgen können. Stand ist, dass die Kommission zu den in Art. 10 Abs. 2 EuSEF-VO erwähnten Ausführungsbestimmungen noch keinen delegierten Rechtsakt erlassen hat, während die von ESMA erarbeiteten Grundsätze zu den Messverfahren oberflächlich bleiben.[4] Dies auch deshalb, weil die Messmethoden an die Größe des Verwalters und die Komplexität der Geschäftstätigkeit angepasst sein sollen. Näher dürfte es liegen, den betroffenen Stellen eine gewisse **Ratlosigkeit** zu unterstellen, wie man eine überfrachtete, teils wirklichkeitsfremde politische Zielsetzung und wissenschaftliche Methodik miteinander in Einklang bringen soll. 5

---

1 Zu dieser Ausrichtung und Unterordnung des Zieles der Gewinnmaximierung s. auch ErwGr. 13 EuSEF-VO.

2 Europäische Kommission, Vorschläge 2014, S. 33.

3 Siehe ErwGr. 28 EuSEF-VO, wonach Zielsetzung des EuSEF die „Erzielung positiver sozialer Wirkungen zusätzlich zur Generierung von finanziellem Gewinn für die Anleger" ist.

4 ESMA/2015/227, S. 30.

6 ESMA orientiert sich stark an von Interessengruppen erarbeiteten internationalen Vorschlägen und entwirft für die Wirkungsmessung einen **fünfstufigen Prozess.**[5] Gleichzeitig schlägt ESMA vor, dass bei Nutzung einer industrieüblichen Methode zur Wirkungsmessung, wie „IRIS" des Global Impact Investing Network[6] oder Social Return on Investment („SROI")[7], die Vermutung gelten soll, dass die Anforderungen des Art. 10 EuSEF-VO eingehalten sind.[8]

Art. 11 [Eigenmittel]

(1) Verwalter eines qualifizierten Fonds für soziales Unternehmertum verfügen jederzeit über ausreichende Eigenmittel und setzen jederzeit angemessene und geeignete personelle und technische Ressourcen ein, um eine ordnungsgemäße Verwaltung der von ihnen verwalteten qualifizierten Fonds für soziales Unternehmertum zu ermöglichen.

(2) Sowohl intern verwaltete qualifizierte Fonds für soziales Unternehmertum als auch externe Verwalter qualifizierter Fonds für soziales Unternehmertum müssen über ein Anfangskapital von 50 000 EUR verfügen.

(3) Die Eigenmittel müssen jederzeit mindestens ein Achtel der fixen Gemeinkosten betragen, die dem Verwalter im vorangegangenen Jahr entstanden sind. Die zuständige Behörde des Herkunftsmitgliedstaats kann diese Anforderung bei einer gegenüber dem Vorjahr erheblich veränderten Geschäftstätigkeit des Verwalters anpassen. Hat der Verwalter eines Fonds für soziales Unternehmertum seine Geschäftstätigkeit weniger als ein Jahr ausgeübt, so beträgt die Anforderung ein Achtel der laut dem Geschäftsplan erwarteten fixen Gemeinkosten, sofern nicht die zuständige Behörde des Herkunftsmitgliedstaats eine Anpassung dieses Plans verlangt.

(4) Übersteigt der Wert der vom Verwalter verwalteten qualifizierten Fonds für soziales Unternehmertum 250 000 000 EUR, so bringt der Verwalter zusätzliche Eigenmittel ein. Diese zusätzlichen Eigenmittel entsprechen 0,02 % des Betrags, um den der Gesamtwert der qualifizierten Fonds für soziales Unternehmertum 250 000 000 EUR übersteigt.

(5) Die zuständige Behörde des Herkunftsmitgliedstaats kann den Verwalter eines qualifizierten Fonds für soziales Unternehmertum gestatten, bis zu 50 % der in Absatz 4 genannten zusätzlichen Eigenmittel nicht einzubringen, wenn dieser Verwalter über eine Garantie in derselben Höhe verfügt, die von einem Kreditinstitut oder einem Versicherungsunternehmen gestellt wird, das seinen Sitz in einem Mitgliedstaat hat, oder in einem Drittland, sofern es dort Aufsichtsbestimmungen unterliegt, die nach Auffassung der zuständigen Behörde des Herkunftsmitgliedstaates denen des Unionsrechts gleichwertig sind.

(6) Eigenmittel werden in liquiden Vermögenswerte oder in Vermögenswerte investiert, die kurzfristig in Barmittel umgewandelt werden können, und sie enthalten keine spekulativen Positionen.

In der Fassung vom 17.4.2013 (ABl. EU Nr. L 115 v. 25.4.2013, S. 18), geändert durch Verordnung (EU) 2017/1991 vom 25.10.2017 (ABl. EU Nr. L 293 v. 10.11.2017, S. 1).

1 Vgl. die Kommentierung zur Parallelvorschrift Art. 10 EuVECA-VO (Anh. zu § 337: Art. 10 EuVECA-VO).

Art. 12 [Bewertung]

(1) Die Regeln für die Bewertung der Vermögenswerte werden in den Anlagebedingungen oder der Satzung des qualifizierten Fonds für soziales Unternehmertum niedergelegt und gewährleisten ein zuverlässiges und transparentes Bewertungsverfahren.

5 ESMA/2015/227, S. 29 f.

6 Vgl. die vom Global Impact Investing Network (GIIN) entwickelten performance metrics, abrufbar unter: https://iris.thegiin.org.

7 *Nicholls* et al, 2012; *Schober/Rauscher*, Was ist Impact? Gesellschaftliche Wirkungen von (Nonprofit) Organisationen. Von der Identifikation über die Bewertung bis zu unterschiedlichen Analyseformen, WU Wien NPO Working Paper, 2014.

8 ESMA/2015/227, S. 30.

(2) Durch die angewandten Bewertungsverfahren wird sichergestellt, dass die Vermögenswerte ordnungsgemäß bewertet werden und dass die Berechnung des Vermögenswerts mindestens einmal jährlich erfolgt.

(3) Damit die Bewertung qualifizierter Portfoliounternehmen einheitlich erfolgt, arbeitet die ESMA Leitlinien mit gemeinsamen Grundsätzen für die Behandlung von Investitionen in derartige Unternehmen aus und berücksichtigt dabei deren vorrangiges Ziel, eine messbare, positive soziale Wirkung zu erreichen und ihren Gewinn vor allem dazu einzusetzen, diese Wirkung zu erreichen.

In der Fassung vom 17.4.2013 (ABl. EU Nr. L 115 v. 25.4.2013, S. 18).

Vgl. die Kommentierung zur Parallelvorschrift Art. 11 EuVECA-VO (Anh. zu § 337: Art. 11 EuVECA-VO). 1

Art. 13 [Jahresbericht]

(1) Verwalter eines qualifizierten Fonds für soziales Unternehmertum legen der zuständigen Behörde des Herkunftsmitgliedstaats für jeden von ihnen verwalteten qualifizierten Fonds für soziales Unternehmertum spätestens sechs Monate nach Ende des Geschäftsjahres einen Jahresbericht vor. In diesem Bericht werden die Zusammensetzung des Portfolios des qualifizierten Fonds für soziales Unternehmertum und die Tätigkeiten des Vorjahres beschrieben. Zudem werden in diesem Bericht die Gewinne des qualifizierten Fonds für soziales Unternehmertum am Ende seiner Laufzeit und gegebenenfalls die während seiner Laufzeit ausgeschütteten Gewinne offengelegt. Der Bericht enthält die geprüften Jahresabschlüsse des qualifizierten Fonds für soziales Unternehmertum. Der Jahresbericht wird im Einklang mit den bestehenden Berichterstattungsstandards und gemäß den zwischen dem Verwalter eines qualifizierten Fonds für soziales Unternehmertum und den Anlegern vereinbarten Bedingungen erstellt. Verwalter eines qualifizierten Fonds für soziales Unternehmertum legen den Anlegern den Jahresbericht auf Anfrage vor. Die Verwalter eines qualifizierten Fonds für soziales Unternehmertum und die Anleger können sich untereinander auf die Offenlegung ergänzender Informationen einigen.

(2) Der Jahresbericht umfasst mindestens Folgendes:

a) gegebenenfalls Angaben zu den insgesamt erreichten sozialen Ergebnissen der Anlagestrategie und der Methode zur Messung dieser Ergebnisse;

b) eine Erklärung über jede Veräußerung im Zusammenhang mit qualifizierten Portfoliounternehmen;

c) eine Angabe, ob es im Zusammenhang mit den anderen Vermögenswerten des qualifizierten Fonds für soziales Unternehmertum, die nicht in qualifizierte Portfoliounternehmen investiert sind, auf der Grundlage der in Artikel 14 Absatz 1 Buchstabe f genannten Kriterien zu Veräußerungen gekommen ist;

d) eine Zusammenfassung der Tätigkeiten des Verwalters eines qualifizierten Fonds für soziales Unternehmertum im Zusammenhang mit den in Artikel 14 Absatz 1 Buchstabe l genannten qualifizierten Portfoliounternehmen;

e) Informationen über Art, Wert und Zweck der Anlagen, die keine qualifizierten Anlagen im Sinne von Artikel 5 Absatz 1 sind;

f) eine Erläuterung, in welcher Weise die Anlagepolitik des qualifizierten Fonds für soziales Unternehmertum Risiken im Zusammenhang mit Umwelt und Klima Rechnung trägt.

(3) Eine Rechnungsprüfung des qualifizierten Fonds für soziales Unternehmertum findet mindestens einmal jährlich statt. Mit der Prüfung wird bestätigt, dass das Geld und die Vermögenswerte im Namen des qualifizierten Fonds für soziales Unternehmertum gehalten werden und dass der Verwalter des qualifizierten Fonds für soziales Unternehmertum eine angemessene Buchführung und angemessene Prüfungen bezüglich der Verwendung eines Mandats oder der Kontrolle über das Geld und die Vermögenswerte des qualifizierten Fonds für soziales Unternehmertum und von dessen Anlegern eingerichtet und durchgeführt hat.

(4) Ist der Verwalter eines qualifizierten Fonds für soziales Unternehmertum gemäß Artikel 4 der Richtlinie 2004/109/EG des Europäischen Parlaments und des Rates vom 15. Dezember 2004 zur Harmonisierung der Transparenzanforderungen in Bezug auf Informationen über Emittenten, de-

ren Wertpapiere zum Handel auf einem geregelten Markt zugelassen sind[1] zur Veröffentlichung eines Jahresfinanzberichts über den qualifizierten Fonds für soziales Unternehmertum verpflichtet, so können die in den Absätzen 1 und 2 genannten Informationen getrennt oder als Ergänzung zum Jahresfinanzbericht vorgelegt werden.

(5) Die zuständige Behörde des Herkunftsmitgliedstaats stellt alle gemäß diesem Artikel gesammelten Informationen der zuständigen Behörde jedes betreffenden qualifizierten Fonds für soziales Unternehmertum, der zuständigen Behörde jedes betreffenden Aufnahmemitgliedstaats und der ESMA rechtzeitig zur Verfügung, und zwar nach Maßgabe der Verfahren gemäß Artikel 23.

In der Fassung vom 17.4.2013 (ABl. EU Nr. L 115 v. 25.4.2013, S. 18), geändert durch Verordnung (EU) 2017/1991 vom 25.10.2017 (ABl. EU Nr. L 293 v. 10.11.2017, S. 1).

1 Vgl. die Kommentierung zur Parallelvorschrift Art. 12 EuVECA-VO. Abweichend davon bestimmt Art. 13 Abs. 2 EuSEF-VO einige zusätzliche Informationen.

2 Methode und Ergebnis der sozialen Wirkungsmessung sind nach Art. 13 Abs. 2 Buchst. a EuSEF-VO für **alle Anlagegegenstände des EuSEF anzugeben.** Die Messmethoden sind damit jeweils vor der Anlageentscheidung, entweder als Zusammenfassung oder durch Verweis auf eine Website,[2] und im Jahresbericht zu kommunizieren.

3 Detaillierte Offenlegungspflichten bestehen im Hinblick auf die **Tätigkeiten des EuSEF-Verwalters** in Bezug auf die qualifizierten Portfoliounternehmen. Diese sind nach Art. 13 Abs. 2 Buchst. d. EuSEF-VO im Jahresbericht zusammenfassend darzustellen. Wird ein Unternehmen veräußert, so muss dies nach Art. 13 Abs. 2 Buchst. b EuSEF-VO im Jahresbericht erläutert werden. Inhaltlich geht es bei den Tätigkeiten im Engagement als Aktionär, etwa durch Gespräche mit der Unternehmensleitung, Stimmrechtsausübung oder Aktionärsklagen.

4 Art. 13 Abs. 2 Buchst. e bestimmt, dass **Informationen über Art, Wert und Zweck jener Anlagen offenzulegen sind, die keine qualifizierten Anlagen** i.S.v. Art. 5 Abs. 1 sind. Angesichts der generellen Pflicht zur Anlage nach SRI-Grundsätzen (s. dazu Anh. zu § 338: Art. 5 EuSEF-VO Rz. 2), sind auch entsprechende Reportingstandards zu berücksichtigen. Ist es aufgrund der definierten Anlagekriterien zu einer Veräußerung gekommen, ist dies nach Art. 13 Abs. 2 Buchst. c EuSEF-VO separat anzugeben.

5 Zusätzlich bestimmt Art. 13 Abs. 2 Buchst. f EuSEF-VO, dass dem Jahresbericht eine **Erläuterung** beizufügen ist, in welcher Weise die Anlagepolitik des qualifizierten Fonds für soziales Unternehmertum **Risiken im Zusammenhang mit Umwelt und Klima** Rechnung trägt. Damit erhält der EuSEF gegenüber anderen Anlageprodukten weitere Offenlegungspflichten aus dem ESG (environmental, social, governance) Bereich, welche nicht notwendigerweise unmittelbar mit der sozialen Zwecksetzung des Produktes in Verbindung stehen. Auch bei der Erfüllung dieser Pflichten ist unter Berücksichtigung der Proportionalität eine Orientierung an gängigen Industriestandards angezeigt.

6 Da es sich bei EuSEF um relativ kleine Fonds handelt, sind die zwingenden Offenlegungspflichten nicht durchaus positiv zu bewerten. Die **Kosten der Offenlegung** drücken als Fixkosten auf die ohnehin gering zu erwartende Rendite, zumal es sich auch um sachfremde Agenden handelt, die aus einer Perspektive des sozialen Unternehmertums allein nicht erklärlich sind. Damit wird der EuSEF regulatorisch zum **überzeugungsgetriebenen Produkt** mit dauerhaftem etwa steuerlichem Förderbedarf. Ein wenig Zurückhaltung hätte zur Nachhaltigkeit des EuSEF mehr beigetragen.

Art. 14 [Anlegerinformation]

(1) Verwalter eines qualifizierten Fonds für soziales Unternehmertum unterrichten ihre Anleger in Bezug auf die von ihnen verwalteten qualifizierten Fonds für soziales Unternehmertum vor deren Anlageentscheidung in klarer und verständlicher Weise über Folgendes:

a) die Identität des Verwalters sowie jeglicher anderer Dienstleistungsanbieter, die im Auftrag des Verwalters Verwaltungsaufgaben übernehmen, und eine Beschreibung ihrer Aufgaben;

1 ABl. L 390 vom 21.12.2004, S. 38.

2 ESMA/2015/227, S. 29.

b) die Höhe der Eigenmittel, über die der Verwalter verfügt, um die angemessenen personellen und technischen Ressourcen aufrechtzuerhalten, die für die ordnungsgemäße Verwaltung seiner qualifizierten Fonds für soziales Unternehmertum erforderlich sind;

c) eine Beschreibung der Anlagestrategie und der Anlageziele des qualifizierten Fonds für soziales Unternehmertum, einschließlich

  i) der Arten qualifizierter Portfoliounternehmen, in die er zu investieren beabsichtigt;

  ii) anderer qualifizierter Fonds für soziales Unternehmertum, in die er zu investieren beabsichtigt;

  iii) der Arten qualifizierter Portfoliounternehmen, in die ein anderer qualifizierter Fonds für soziales Unternehmertum gemäß Ziffer ii zu investieren beabsichtigt;

  iv) der nicht qualifizierten Anlagen, die er zu tätigen beabsichtigt;

  v) der Anlagetechniken, die er zu verwenden beabsichtigt und

  vi) etwaiger Anlagebeschränkungen;

d) die durch die Anlagestrategie des qualifizierten Fonds für soziales Unternehmertum angestrebten positiven sozialen Wirkungen, einschließlich realistischer Projektionen solcher Wirkungen, sofern relevant, und Angaben zu einschlägigen Leistungen der Vergangenheit;

e) die Methoden zur Messung der sozialen Wirkungen;

f) eine Beschreibung anderer Vermögenswerte als qualifizierte Portfoliounternehmen sowie der Verfahren und Kriterien für die Auswahl dieser Vermögenswerte, außer Kassenbeständen und vergleichbarer liquider Mittel;

g) eine Beschreibung des Risikoprofils des qualifizierten Fonds für soziales Unternehmertum und jeglicher Risiken im Zusammenhang mit Vermögenswerten, in die der Fonds investieren kann, oder den zulässigen Anlagetechniken;

h) eine Beschreibung des Bewertungsverfahrens des qualifizierten Fonds für soziales Unternehmertum und der Kalkulationsmethoden für die Bewertung von Vermögenswerten, einschließlich der Verfahren für die Bewertung qualifizierter Portfoliounternehmen;

i) eine Beschreibung der Methode zur Festlegung der Vergütung des Verwalters eines qualifizierten Fonds für soziales Unternehmertum;

j) eine Beschreibung sämtlicher einschlägigen Kosten unter Angabe der jeweiligen Höchstbeträge;

k) sofern verfügbar, die bisherige Wertentwicklung des qualifizierten Fonds für soziales Unternehmertum;

l) die Wirtschaftsdienstleistungen und andere unterstützende Dienstleistungen, die der Verwalter eines qualifizierten Fonds für soziales Unternehmertum selbst erbringt oder von Dritten erbringen lässt, um die Entwicklung, das Wachstum oder in anderweitiger Hinsicht die laufenden Tätigkeiten der qualifizierten Portfoliounternehmen, in die der qualifizierte Fonds für soziales Unternehmertum investiert, zu fördern, oder, wenn solche Dienste oder Leistungen nicht erbracht werden, eine Erklärung hierzu;

m) eine Beschreibung der Verfahren, nach denen der qualifizierte Fonds für soziales Unternehmertum seine Anlagestrategie, seine Anlagepolitik oder beide ändern kann.

(2) Die in Absatz 1 genannten Angaben haben redlich, eindeutig und nicht irreführend zu sein. Sie werden regelmäßig aktualisiert und gegebenenfalls überprüft.

(3) Ist der Verwalter eines qualifizierten Fonds für soziales Unternehmertum gemäß der Richtlinie 2003/71/EG des Europäischen Parlaments und des Rates vom 4. November 2003 betreffend den Prospekt, der beim öffentlichen Angebot von Wertpapieren oder bei deren Zulassung zum Handel zu veröffentlichen ist[1], oder gemäß für den qualifizierten Fonds für soziales Unternehmertum geltenden nationalen Rechtsvorschriften zur Veröffentlichung eines Prospekts verpflichtet, so können die in Absatz 1 genannten Informationen getrennt oder als Teil des Prospekts veröffentlicht werden.

(4) Der Kommission wird die Befugnis übertragen, gemäß Artikel 26 delegierte Rechtsakte zu erlassen, in denen Folgendes im Einzelnen festgelegt wird:

a) der Inhalt der in Absatz 1 Buchstaben c bis f und l genannten Informationen;

1 ABl. L 345 vom 31.12.2003, S. 64.

b) Möglichkeiten einer einheitlichen Präsentation der in Absatz 1 Buchstaben c bis f und l genannten Informationen mit dem Ziel einer möglichst guten Vergleichbarkeit.

In der Fassung vom 17.4.2013 (ABl. EU Nr. L 115 v. 25.4.2013, S. 18), geändert durch Verordnung (EU) 2017/1991 vom 25.10.2017 (ABl. EU Nr. L 293 v. 10.11.2017, S. 1).

1 Vgl. die Kommentierung zur Parallelvorschrift Art. 13 EuVECA-VO (Anh. zu § 337: Art. 13 EuVECA-VO).

2 Die **Messung und Offenlegung sozialer Wirkungen** ist eine der **Kernherausforderungen** der EuSEF-VO.[2] Um den Anlegern eine standardisierte Informationsbasis zu bieten, sind die Offenlegungspflichten im Hinblick auf die angestrebten positiven sozialen Wirkungen, deren Überwachung und Bewertung harmonisiert. Abweichend von der EuVECA-VO regelt Art. 14 Abs. 1 Buchst. d bis f und l EuSEF-VO die Offenlegung von angestrebten sozialen Wirkungen und Messmethoden. Bei der Auslegung dieser Bestimmungen ist die bei EuSEF besonders hohe **Kostensensitivität** zu berücksichtigen.

3 Die EU-Kommission hat zu den in Art. 14 Abs. 4 EuSEF-VO erwähnten Ausführungsbestimmungen **noch keinen delegierten Rechtsakt** erlassen. Nach den **Vorarbeiten der ESMA** sollen die Anlegerinformationen spezifische Informationen zu den qualifizierten Portfoliounternehmen beinhalten, insbesondere betreffend Industriesektor, geographischer Verteilung und allfälliger Beschränkungen auf bestimmte Rechtsformen.[3] Mit Blick auf nicht-qualifizierte Anlagen soll über die Anlagestrategie, mögliche Anlagegegenstände, Anlagerestriktionen und Anlagetechniken informiert werden.[4] Die Informationen zu den sozialen Wirkungen soll diese definieren, die Häufigkeit der Messung angeben und die Messmethoden in klarer und verständlicher Sprache erläutern. Ergänzt wird diese Information von einer zusätzlichen Offenlegung des Verwalters im Jahresbericht hinsichtlich der insgesamt tatsächlich erreichten sozialen Wirkungen und angewandten Messmethoden.

4 Diese Vorarbeiten orientieren sich offensichtlich am Standard der regulierten, wesentlichen größeren Fonds. Sie gehen für die i.d.R. sehr kleinen EuSEF in die falsche Richtung. Bei der Auslegung der Verordnungsbestimmungen ist die bei EuSEF besonders hohe **Kostensensitivität** zu berücksichtigen. Dies rechtfertigt insgesamt eine restriktive Handhabung der Ermächtigung zu Ausführungserlassen.

5 **Dienstleistungen nach Art. 14 Abs. 1 Buchst. l EuSEF-VO** sind Beratungsdienstleistungen, Ressourcen, Entwicklung, Training, rechtliche Beratung, Networking und andere Formen von Unterstützung, welche beispielsweise von Inkubatoren oder KMU Zentren erbracht werden. Es ist offenzulegen, welche Dienstleistungen erbracht werden und wenn keine Dienstleistungen erbracht werden, ist dies zu begründen.[5] Bei der Offenlegung nach Art. 14 Abs. 1 Buchst. l EuSEF-VO ist die Identität externer Dienstleister nicht zwingend offenzulegen.

Kapitel III
Aufsicht und Verwaltungszusammenarbeit

Art. 15 [Registrierung des Verwalters]

(1) Verwalter eines qualifizierten Fonds für soziales Unternehmertum, die für den Vertrieb ihrer qualifizierten Fonds für soziales Unternehmertum die Bezeichnung „EuSEF" verwenden wollen, unterrichten die zuständige Behörde ihres Herkunftsmitgliedstaats über ihre Absicht und legen folgende Informationen vor:

a) die Identität der Personen, die die Geschäfte zur Verwaltung der qualifizierten Fonds für soziales Unternehmertum tatsächlich führen;

b) die Identität der qualifizierten Fonds für soziales Unternehmertum, deren Anteile vertrieben werden sollen, und ihre Anlagestrategien;

c) Angaben zu den Vorkehrungen, die zur Einhaltung der Anforderungen von Kapitel II getroffen wurden;

---

2 EC, Working Paper, 2011, 57.
3 ESMA/2015/227, 37 f.
4 ESMA/2015/227, 37.
5 ESMA/2015/227, 37, 57 ff.

d) eine Liste der Mitgliedstaaten, in denen der Verwalter eines qualifizierten Fonds für soziales Unternehmertum die einzelnen qualifizierten Fonds für soziales Unternehmertum zu vertreiben beabsichtigt.

(2) Die zuständige Behörde des Herkunftsmitgliedstaats nimmt die Registrierung des Verwalters eines Fonds für soziales Unternehmertum nur vor, wenn die folgenden Bedingungen erfüllt sind:

a) die Personen, die die Geschäfte zur Verwaltung eines qualifizierten Fonds für soziales Unternehmertum tatsächlich führen, sind ausreichend gut beleumdet und verfügen über ausreichende Erfahrung auch in Bezug auf die vom Verwalter eines qualifizierten Fonds für soziales Unternehmertum verfolgten Anlagestrategien;

b) die geforderten Informationen nach Absatz 1 sind vollständig;

c) die gemäß Absatz 1 Buchstabe c mitgeteilten Vorkehrungen sind geeignet, die Anforderungen von Kapitel II zu erfüllen.

(3) Die Registrierung nach diesem Artikel gilt für das gesamte Gebiet der Union und verleiht Verwaltern eines qualifizierten Fonds für soziales Unternehmertum das Recht, qualifizierte Fonds für soziales Unternehmertum in der gesamten Union unter der Bezeichnung „EuSEF" zu vertreiben.

(4) Die zuständige Behörde des Herkunftsmitgliedstaats setzt den in Absatz 1 genannten Verwalter spätestens zwei Monate, nachdem er alle in dem genannten Absatz genannten Informationen bereitgestellt hat, davon in Kenntnis, ob sie als Verwalter eines qualifizierten Fonds für soziales Unternehmertum registriert worden sind.

(5) Eine Registrierung gemäß diesem Artikel stellt, was die Verwaltung von qualifizierten Fonds für soziales Unternehmertum betrifft, eine Registrierung für die Zwecke von Artikel 3 Absatz 3 der Richtlinie 2011/61/EU dar.

(6) Ein in diesem Artikel genannten Verwalter eines qualifizierten Fonds für soziales Unternehmertum unterrichten die zuständige Behörde des Herkunftsmitgliedstaats über jede wesentliche Änderung im Zusammenhang mit den Bedingungen für seine ursprüngliche Registrierung gemäß diesem Artikel, und zwar bevor eine solche Änderung zum Tragen kommt.

Beschließt die zuständige Behörde des Herkunftsmitgliedstaats, Beschränkungen zu verhängen oder die Änderung gemäß Unterabsatz 1 abzulehnen, so setzt sie den Verwalter des qualifizierten Fonds für soziales Unternehmertum innerhalb eines Monats nach Eingang der Unterrichtung von dieser Änderung in Kenntnis. Die zuständige Behörde kann diese Frist um maximal einen Monat verlängern, wenn sie dies aufgrund der besonderen Umstände des Einzelfalls nach einer entsprechenden Benachrichtigung des Verwalters des qualifizierten Fonds für soziales Unternehmertum für erforderlich hält. Die Änderungen dürfen durchgeführt werden, sofern sich die zuständige Behörde nicht innerhalb der jeweiligen Beurteilungsfrist gegen die Änderungen ausspricht.

(7) Um die einheitliche Anwendung dieses Artikels zu gewährleisten, kann die ESMA Entwürfe für technische Regulierungsstandards ausarbeiten, um die in Absatz 1 genannten Angaben, die in dem Registrierungsantrag gegenüber den zuständigen Behörden zu machen sind, sowie die in Absatz 2 genannten Bedingungen näher festzulegen.

Der Kommission wird die Befugnis übertragen, die in Unterabsatz 1 genannten technischen Regulierungsstandards gemäß Artikel 10 bis 14 der Verordnung (EU) Nr. 1095/2010 zu erlassen, um diese Verordnung zu ergänzen.

(8) Um die einheitliche Anwendung dieses Artikels zu gewährleisten, kann die ESMA Entwürfe für technische Durchführungsstandards ausarbeiten, in denen die Standardformulare, Mustertexte und Verfahren für die nach Absatz 1 im Registrierungsantrag den zuständigen Behörden zu übermittelnden Informationen sowie die in Absatz 2 genannten Bedingungen festgelegt werden.

Der Kommission wird die Befugnis übertragen, die in Unterabsatz 1 dieses Absatzes genannten technischen Durchführungsstandards gemäß Artikel 15 der Verordnung (EU) Nr. 1095/2010 zu erlassen.

(9) Die ESMA organisiert gemäß Artikel 30 der Verordnung (EU) Nr. 1095/2010 vergleichende Analysen und führt diese durch, um die Einheitlichkeit der von den zuständigen Behörden gemäß dieser Verordnung durchgeführten Registrierungsverfahren zu verbessern.

In der Fassung vom 17.4.2013 (ABl. EU Nr. L 115 v. 25.4.2013, S. 18), geändert durch Verordnung (EU) 2017/1991 vom 25.10.2017 (ABl. EU Nr. L 293 v. 10.11.2017, S. 1).

Vgl. die Kommentierung zur Parallelvorschrift Art. 14 EuVECA-VO (Anh. zu § 337: Art. 14 EuVECA-VO). 1

Art. 15a [Registrierung des EuSEF]

(1) Die nach Artikel 6 der Richtlinie 2011/61/EU zugelassenen Verwalter von Organismen für gemeinsame Anlagen beantragen eine Registrierung des qualifizierten Fonds für soziales Unternehmertum, für den sie die Bezeichnung „EuSEF“ verwenden wollen.

(2) Der in Absatz 1 genannte Registrierungsantrag wird an die für den qualifizierten Fonds für soziales Unternehmertum zuständige Behörde gerichtet und umfasst Folgendes:

a) die Anlagebedingungen oder die Satzung des qualifizierten Fonds für soziales Unternehmertum;

b) die Angaben zur Identität der Verwahrstelle;

c) die in Artikel 15 Absatz 1 genannten Informationen;

d) eine Liste der Mitgliedstaaten, in denen die in Absatz 1 genannten Verwalter qualifizierte Fonds für soziales Unternehmertum errichtet haben oder zu errichten beabsichtigen.

Für die Zwecke von Unterabsatz 1 Buchstabe c beziehen sich die Informationen über die Vorkehrungen, die zur Einhaltung der Anforderungen von Kapitel II getroffen wurden, auf die Vorkehrungen, die zur Einhaltung von Artikel 5, Artikel 6, Artikel 10, Artikel 13 Absatz 2 und Artikel 14 Absatz 1 Buchstaben d, e und f getroffen wurden.

(3) Stimmen die für einen qualifizierten Fonds für soziales Unternehmertum zuständige Behörde und die zuständige Behörde des Herkunftsmitgliedstaats nicht überein, so ersucht die für den qualifizierten Fonds für soziales Unternehmertum zuständige Behörde die für zuständige Behörde des Herkunftsmitgliedstaats um Informationen darüber, ob der qualifizierte Fonds für soziales Unternehmertum unter den Geltungsbereich der Zulassung des Verwalters für die Verwaltung von alternativen Investmentfonds fällt und ob die Voraussetzungen von Artikel 15 Absatz 2 Buchstabe a erfüllt sind.

Die für den qualifizierten Fonds für soziales Unternehmertum zuständige Behörde kann die zuständige Behörde des Herkunftsmitgliedstaats auch um Klärung und Auskunftserteilung in Bezug auf die in Absatz 2 genannten Unterlagen ersuchen.

Die zuständige Behörde des Herkunftsmitgliedstaats antwortet binnen eines Monats nach Eingang des Ersuchens der für den qualifizierten Fonds für soziales Unternehmertum zuständigen Behörde.

(4) Verwalter auf die in Absatz 1 Bezug genommen wird, sind nicht verpflichtet, Informationen oder Unterlagen zu übermitteln, die sie bereits gemäß der Richtlinie 2011/61/EU zur Verfügung gestellt haben.

(5) Nachdem die für den qualifizierten Fonds für soziales Unternehmertum zuständige Behörde die nach Absatz 2 übermittelten Unterlagen überprüft und jegliche in Absatz 3 genannten Klärungen und Auskünfte erhalten hat, registriert sie einen Fonds als qualifizierten Fonds für soziales Unternehmertum, sofern der Verwalter dieses Fonds die in Artikel 15 Absatz 2 niedergelegten Bedingungen erfüllt.

(6) Die für einen qualifizierten Fonds für soziales Unternehmertum zuständige Behörde setzt den in Absatz 1 genannten Verwalter spätestens zwei Monate, nachdem der Verwalter alle in Absatz 2 genannten Unterlagen bereitgestellt hat, davon in Kenntnis, ob der Fonds als qualifizierter Fonds für soziales Unternehmertum registriert worden ist.

(7) Die gemäß diesem Artikel vorgenommene Registrierung gilt für das gesamte Gebiet der Union und gestattet den Vertrieb dieser Fonds in der gesamten Union unter der Bezeichnung „EuVECA“.

(8) Um die einheitliche Anwendung dieses Artikels zu gewährleisten, kann die ESMA Entwürfe technischer Regulierungsstandards ausarbeiten, um die nach Absatz 2 den zuständigen Behörden zu übermittelnden Informationen näher festzulegen.

Der Kommission wird die Befugnis übertragen, die in Unterabsatz 1 genannten technischen Regulierungsstandards gemäß Artikel 10 bis 14 der Verordnung (EU) Nr. 1095/2010 zu erlassen, um diese Verordnung zu ergänzen.

(9) Um die einheitliche Anwendung dieses Artikels zu gewährleisten, kann die ESMA Entwürfe für technische Durchführungsstandards ausarbeiten, in denen die Standardformulare, Mustertexte und Verfahren für die Übermittlung von Informationen an die zuständigen Behörden gemäß Absatz 2 festgelegt werden.

Der Kommission wird die Befugnis übertragen, die in Unterabsatz 1 dieses Absatzes genannten technischen Durchführungsstandards gemäß Artikel 15 der Verordnung (EU) Nr. 1095/2010 zu erlassen.

(10) Die ESMA organisiert gemäß Artikel 30 der Verordnung (EU) Nr. 1095/2010 vergleichende Analysen und führt diese durch, um die Einheitlichkeit der von den zuständigen Behörden gemäß dieser Verordnung durchgeführten Registrierungsverfahren zu verbessern.

In der Fassung vom 25.10.2017 (ABl. EU Nr. L 293 v. 10.11.2017, S. 1)

Vgl. die Kommentierung zur Parallelvorschrift Art. 14a EuVECA-VO (Anh. zu § 337: Art. 14a EuVECA-VO). 1

Art. 15b [Ablehnung der Registrierung]

Die Mitgliedstaaten tragen dafür Sorge, dass jede Ablehnung der Registrierung eines in Artikel 15 genannten Verwalters oder eines in Artikel 15a genannten Fonds begründet werden muss und den in diesen Artikeln genannten Verwaltern mitgeteilt werden muss und vor einer nationalen gerichtlichen, behördlichen oder sonstigen Instanz angefochten werden kann. Dieses Recht auf Anfechtung findet auch im Hinblick auf die Registrierung Anwendung, wenn innerhalb von zwei Monaten, nachdem der Verwalter alle erforderlichen Informationen zur Verfügung gestellt hat, keine Entscheidung über eine Registrierung ergangen ist. Die Mitgliedstaaten können vorschreiben, dass ein Verwalter alle vorgeschalteten Verwaltungsrechtsbehelfe nach nationalem Recht ausschöpfen muss, bevor er von diesem Rechtsbehelf Gebrauch machen kann.

In der Fassung vom 25.10.2017 (ABl. EU Nr. L 293 v. 10.11.2017, S. 1).

Vgl. die Kommentierung zur Parallelvorschrift Art. 14b EuVECA-VO (Anh. zu § 337: Art. 14b EuVECA-VO). 1

Art. 16 [Vertriebsanzeige]

Verwalter eines qualifizierten Fonds für soziales Unternehmertum unterrichten die zuständige Behörde des Herkunftsmitgliedstaats, wenn sie beabsichtigen,

a) einen neuen qualifizierten Fonds für soziales Unternehmertum oder

b) einen bestehenden qualifizierten Fonds für soziales Unternehmertum in einem Mitgliedstaat, der nicht in der in Artikel 15 Absatz 1 Buchstabe d genannten Liste aufgeführt ist, zu vertreiben.

In der Fassung vom 17.4.2013 (ABl. EU Nr. L 115 v. 25.4.2013, S. 18).

Vgl. die Kommentierung zur Parallelvorschrift Art. 15 EuVECA-VO (Anh. zu § 337: Art. 15 EuVECA-VO). 1

Art. 17 [Grenzüberschreitende Vertriebsnotifikation]

(1) Die zuständige Behörde der Herkunftsmitgliedstaaten teilt den zuständigen Behörden der Aufnahmemitgliedstaaten und der ESMA unverzüglich jede Registrierung oder Streichung aus dem Register eines Verwalters eines qualifizierten Fonds für soziales Unternehmertum, jede Hinzufügung oder Streichung aus dem Register eines qualifizierten Fonds für soziales Unternehmertum und jede Hinzufügung oder Streichung von Mitgliedstaaten auf oder von der Liste mit, in denen ein Verwalter eines qualifizierten Fonds für soziales Unternehmertum diese Fonds zu vertreiben beabsichtigt.

Für die Zwecke von Unterabsatz 1 unterrichtet die für einen gemäß Artikel 15a registrierten qualifizierten Fonds für soziales Unternehmertum zuständige Behörde unverzüglich die zuständige Behörde des Herkunftsmitgliedstaats, die zuständigen Behörden der Aufnahmemitgliedstaaten sowie die

ESMA über jede Hinzufügung oder Streichung aus dem Register eines qualifizierten Fonds für soziales Unternehmertum oder über jede Hinzufügung oder Streichung auf bzw. von der Liste der Mitgliedstaaten, in denen der Verwalter des qualifizierten Fonds für soziales Unternehmertum diesen Fonds zu vertreiben beabsichtigt.

(2) Die zuständigen Behörden der Aufnahmemitgliedstaaten erlegen den Verwaltern qualifizierter Fonds für soziales Unternehmertum hinsichtlich des Vertriebs ihrer qualifizierten Fonds für soziales Unternehmertum keine Anforderungen oder Verwaltungsverfahren auf und verlangen auch keine vorherige Genehmigung des Vertriebs. Zu diesen Anforderungen und Verwaltungsverfahren gehören auch Gebühren und andere Abgaben.

(3) Um eine einheitliche Anwendung dieses Artikels zu gewährleisten, arbeitet die ESMA Entwürfe für technische Durchführungsstandards zur Festlegung des Formats der Mitteilung nach diesem Artikel aus.

(4) Die ESMA legt diese Entwürfe technischer Durchführungsstandards der Kommission bis zum vom 16. Februar 2014 vor.

(5) Der Kommission wird die Befugnis übertragen, die in Absatz 3 genannten technischen Durchführungsstandards nach dem in Artikel 15 der Verordnung (EU) Nr. 1095/2010 festgelegten Verfahren zu erlassen.

In der Fassung vom 17.4.2013 (ABl. EU Nr. L 115 v. 25.4.2013, S. 18), geändert durch Verordnung (EU) 2017/1991 vom 25.10.2017 (ABl. EU Nr. L 293 v. 10.11.2017, S. 1).

1 Vgl. die Kommentierung zur Parallelvorschrift Art. 16 EuVECA-VO (Anh. zu § 337: Art. 16 EuVECA-VO).

2 Die grenzüberschreitende Vertriebsnotifikation erfolgt nach den Bestimmungen der Durchführungsverordnung (EU) Nr. 594/2014 vom 3. Juni 2014. Diese schreibt auch die Nutzung eines im Anhang geregelten Templates vor.

Art. 17a [Zusammenarbeit]

(1) Im Hinblick auf die Organisation und Durchführung von vergleichenden Analysen gemäß Artikel 15 Absatz 9 und Artikel 15a Absatz 10 trägt die zuständige Behörde des Herkunftsmitgliedstaats oder – falls davon abweichend – die für den qualifizierten Fonds für soziales Unternehmertum zuständige Behörde dafür Sorge, dass die endgültigen Angaben, auf deren Grundlage die Registrierung gemäß Artikel 15 Absätze 1 und 2 und Artikel 15a Absatz 2 gewährt wurde, rechtzeitig nach der Registrierung der ESMA zur Verfügung gestellt werden. Die Angaben werden nach Maßgabe der Verfahren gemäß Artikel 23 für die Zusammenarbeit der Aufsichtsbehörden zur Verfügung gestellt.

(2) Um die einheitliche Anwendung dieses Artikels zu gewährleisten, kann die ESMA Entwürfe technischer Regulierungsstandards ausarbeiten, in denen die gemäß Absatz 1 der ESMA zur Verfügung zu stellenden Informationen näher festgelegt werden.

Der Kommission wird die Befugnis übertragen, die in Unterabsatz 1 genannten technischen Regulierungsstandards gemäß Artikel 10 bis 14 der Verordnung (EU) Nr. 1095/2010 zu erlassen, um diese Verordnung zu ergänzen.

(3) Um die einheitliche Anwendung dieses Artikels zu gewährleisten, erarbeitet die ESMA Entwürfe für technische Durchführungsstandards, in denen die Standardformulare, Mustertexte und Verfahren für die in Absatz 1 vorgesehene Übermittlung von Informationen an die ESMA festgelegt werden.

Der Kommission wird die Befugnis übertragen, die in Unterabsatz 1 dieses Absatzes genannten technischen Durchführungsstandards gemäß Artikel 15 der Verordnung (EU) Nr. 1095/2010 zu erlassen.

In der Fassung vom 25.10.2017 (ABl. EU Nr. L 293 v. 10.11.2017, S. 1).

1 Vgl. die Kommentierung zur Parallelvorschrift Art. 16a EuVECA-VO (Anh. zu § 337: Art. 16a EuVECA-VO).

Art. 18 [Europaweite Datenbank]

(1) Die ESMA führt eine zentrale Datenbank, die über das Internet öffentlich zugänglich ist, und in der sie alle Verwalter qualifizierter Fonds für soziales Unternehmertum, die die Bezeichnung „EuSEF" verwenden, und die qualifizierten Fonds für soziales Unternehmertum, für die diese Bezeichnung verwendet wird, sowie die Länder, in denen diese Fonds vertrieben werden, auflistet.

(2) Auf ihrer Website stellt die ESMA Links zu den einschlägigen Informationen über die Drittländer zur Verfügung, die die geltende Anforderung nach Artikel 3 Absatz 1 Unterabsatz 1 Buchstabe d Ziffer v erfüllen.

In der Fassung vom 17.4.2013 (ABl. EU Nr. L 115 v. 25.4.2013, S. 18), geändert durch Verordnung (EU) 2017/1991 vom 25.10.2017 (ABl. EU Nr. L 293 v. 10.11.2017, S. 1).

Vgl. die Kommentierung zur Parallelvorschrift Art. 17 EuVECA-VO (Anh. zu § 337: Art. 17 EuVECA-VO). 1

Stand September 2018 sind **vier Fondsverwalter und neun Fonds** angeführt. Die Datenbank ist unter der Internetadresse https://registers.esma.europa.eu/publication/searchRegister?core=esma_registers_eusef abrufbar. 2

Art. 19 [Aufsicht durch Herkunftsstaatsbehörde]

(1) Die zuständige Behörde des Herkunftsmitgliedstaats überwacht die Einhaltung der in dieser Verordnung festgelegten Anforderungen.

(1a) In Bezug auf die in Artikel 2 Absatz 2 bezeichneten Verwalter ist die zuständige Behörde dafür verantwortlich, die Angemessenheit der Vorkehrungen und die Organisation des Verwalters so zu überwachen, dass dieser Verwalter in der Lage ist, den Verpflichtungen und Vorschriften bezüglich der Errichtung und Funktionsweise aller von ihm verwalteten qualifizierten Fonds für soziales Unternehmertum nachzukommen.

(1b) In Bezug auf einen qualifizierten Fonds für soziales Unternehmertum, der von einem in Artikel 2 Absatz 2 bezeichneten Verwalter verwaltet wird, ist die für den qualifizierten Fonds für soziales Unternehmertum zuständige Behörde dafür verantwortlich, zu überwachen, ob der qualifizierte Fonds für soziales Unternehmertum den Bestimmungen von Artikel 5 und Artikel 6 und Artikel 14 Absatz 1 Buchstabe c und i entspricht. Die für den qualifizierten Fonds für soziales Unternehmertum zuständige Behörde überwacht ferner, ob dieser Fonds den Anforderungen entspricht, die sich aus den Anlagebedingungen oder der Satzung des Fonds für soziales Unternehmertum ergeben.

(2) Bestehen klare und nachweisbare Gründe, die die zuständige Behörde des Aufnahmemitgliedstaats zu der Annahme führen, dass der Verwalter eines qualifizierten Fonds für soziales Unternehmertum in ihrem Hoheitsgebiet gegen diese Verordnung verstößt, so setzt diese die zuständige Behörde des Herkunftsmitgliedstaats unverzüglich davon in Kenntnis. Die zuständige Behörde des Herkunftsmitgliedstaats ergreift daraufhin angemessene Maßnahmen.

(3) Verstößt der Verwalter eines qualifizierten Fonds für soziales Unternehmertum trotz der von der zuständigen Behörde des Herkunftsmitgliedstaats ergriffenen Maßnahmen oder infolge nicht rechtzeitig durch die zuständige Behörde des Herkunftsmitgliedstaats getroffener Maßnahmen weiterhin auf offensichtliche Weise gegen diese Verordnung, so kann die zuständige Behörde des Aufnahmemitgliedstaats nach Unterrichtung der zuständigen Behörde des Herkunftsmitgliedstaats alle angemessenen Maßnahmen ergreifen, die zum Schutz der Anleger erforderlich sind, einschließlich der Untersagung des weiteren Vertriebs seiner qualifizierten Fonds für soziales Unternehmertum durch den Verwalter eines qualifizierten Fonds für soziales Unternehmertum im Hoheitsgebiet des Aufnahmemitgliedstaats.

In der Fassung vom 17.4.2013 (ABl. EU Nr. L 115 v. 25.4.2013, S. 18), geändert durch Verordnung (EU) 2017/1991 vom 25.10.2017 (ABl. EU Nr. L 293 v. 10.11.2017, S. 1).

Vgl. die Kommentierung zur Parallelvorschrift Art. 18 EuVECA-VO (Anh. zu § 337: Art. 18 EuVECA-VO). 1

Art. 20 [Aufsichtsbefugnisse]

Die zuständigen Behörden werden im Einklang mit dem nationalen Recht mit allen für die Wahrnehmung ihrer Aufgaben erforderlichen Aufsichts- und Ermittlungsbefugnissen ausgestattet. Sie erhalten insbesondere die Befugnis,

a) Zugang zu Unterlagen aller Art zu fordern und Kopien von ihnen zu erhalten oder anzufertigen;

b) vom Verwalter eines qualifizierten Fonds für soziales Unternehmertum unverzügliche Auskünfte zu verlangen;

c) von jeder mit den Tätigkeiten des Verwalters eines qualifizierten Fonds für soziales Unternehmertum oder des qualifizierten Fonds für soziales Unternehmertum in Verbindung stehenden Person Auskünfte zu verlangen;

d) angekündigte und unangekündigte Ermittlungen vor Ort durchzuführen;

e) geeignete Maßnahmen zu ergreifen, um sicherzustellen, dass ein Verwalter eines qualifizierten Fonds für soziales Unternehmertum diese Verordnung weiterhin einhält;

f) eine Anweisung zu erteilen, um sicherzustellen, dass ein Verwalter eines qualifizierten Fonds für soziales Unternehmertum diese Verordnung einhält und jegliches Verhalten, das einen Verstoß gegen diese Verordnung darstellen könnte, einstellt.

Die ESMA organisiert gemäß Artikel 30 der Verordnung (EU) Nr. 1095/2010 vergleichende Analysen und führt diese durch, um die Einheitlichkeit der Verfahren im Zusammenhang mit den von den zuständigen Behörden gemäß dieser Verordnung wahrgenommenen Aufsichts- und Ermittlungsbefugnissen zu verbessern.

In der Fassung vom 17.4.2013 (ABl. EU Nr. L 115 v. 25.4.2013, S. 18), geändert durch Verordnung (EU) 2017/1991 vom 25.10.2017 (ABl. EU Nr. L 293 v. 10.11.2017, S. 1).

1 Vgl. die Kommentierung zur Parallelvorschrift Art. 19 EuVECA-VO (Anh. zu § 337: Art. 19 EuVECA-VO).

Art. 21 [Sanktionen]

(1) Die Mitgliedstaaten legen Vorschriften für Verwaltungssanktionen und andere Maßnahmen fest, die bei Verstößen gegen die Bestimmungen dieser Verordnung verhängt werden, und ergreifen die erforderlichen Maßnahmen, um deren Durchsetzung zu gewährleisten. Die Verwaltungssanktionen und anderen Maßnahmen müssen wirksam, verhältnismäßig und abschreckend sein.

(2) Die Mitgliedstaaten teilen der Kommission und der ESMA die in Absatz 1 genannten Vorschriften bis zum 2. März 2020 mit. Sie melden der Kommission und der ESMA unverzüglich spätere Änderungen dieser Vorschriften.

(3) Die in Artikel 2 Absatz 1 bezeichneten Verwalter müssen diese Verordnung zu jedem Zeitpunkt einhalten und haften für jeden Verstoß gegen diese Verordnung einschließlich der sich daraus ergebenden Schäden und Verluste.

Die in Artikel 2 Absatz 2 bezeichneten Verwalter müssen die Richtlinie 2011/61/EU zu jedem Zeitpunkt einhalten. Sie haben die Befolgung dieser Verordnung sicherzustellen und haften gemäß der Richtlinie 2011/61/EU. Diese Verwalter haften auch für Schäden und Verluste, die sich aus dem Verstoß gegen diese Verordnung ergeben.

In der Fassung vom 17.4.2013 (ABl. EU Nr. L 115 v. 25.4.2013, S. 18), geändert durch Verordnung (EU) 2017/1991 vom 25.10.2017 (ABl. EU Nr. L 293 v. 10.11.2017, S. 1).

1 Vgl. die Kommentierung zur Parallelvorschrift Art. 20 EuVECA-VO (Anh. zu § 337: Art. 20 EuVECA-VO).

Art. 22 [Sanktionen]

(1) Die zuständige Behörde ergreift unter Achtung des Grundsatzes der Verhältnismäßigkeit gegebenenfalls die in Absatz 2 genannten geeigneten Maßnahmen, wenn der Verwalter oder der qualifizierte Fonds für soziales Unternehmertum

a) es unter Verstoß gegen Artikel 5 versäumt, den Anforderungen an die Zusammensetzung des Portfolios nachzukommen;

b) unter Verstoß gegen Artikel 6 Anteile eines qualifizierten Fonds für soziales Unternehmertum an nicht in Frage kommende Anleger vertreibt;

c) die Bezeichnung „EuSEF" verwendet, ohne gemäß Artikel 15 registriert zu sein, oder der qualifizierte Fonds für soziales Unternehmertum nicht gemäß Artikel 15a registriert ist;

d) die Bezeichnung „EuSEF" für den Vertrieb von Fonds verwendet, die nicht gemäß Artikel 3 Absatz 1 Buchstabe b Ziffer iii niedergelassen sind;

e) eine Registrierung unter Verstoß gegen Artikel 15 oder Artikel 15a aufgrund falscher Erklärungen oder auf sonstige rechtswidrige Weise erlangt hat;

f) seiner Tätigkeit unter Verstoß gegen Artikel 7 Buchstabe a nicht ehrlich, redlich oder mit der gebotenen Sachkenntnis, Sorgfalt oder Gewissenhaftigkeit nachgeht;

g) unter Verstoß gegen Artikel 7 Buchstabe b keine geeigneten Strategien und Verfahren zur Verhinderung unzulässiger Praktiken anwendet;

h) wiederholt den in Artikel 13 niedergelegten Anforderungen in Bezug auf den Jahresbericht nicht nachkommt;

i) wiederholt der in Artikel 14 niedergelegten Verpflichtung zur Information der Anleger nicht nachkommt.

(2) In den in Absatz 1 beschriebenen Fällen erlässt die zuständige Behörde gegebenenfalls

a) Maßnahmen, mit denen dafür gesorgt wird, dass der betroffene Verwalter eines qualifizierten Fonds für soziales Unternehmertum, soweit anwendbar, die Artikel 5 und 6, Artikel 7 Buchstaben a und b beziehungsweise die Artikel 13 bis 15a einhält;

b) ein Verbot für den Verwalter des betreffenden qualifizierten Fonds für soziales Unternehmertum, die Bezeichnung ‚EuSEF' zu verwenden, und streicht diesen Verwalter oder den betreffenden qualifizierten Fonds für soziales Unternehmertum aus dem Register.

(3) Die in Absatz 1 bezeichnete zuständige Behörde unterrichtet jede weitere relevante zuständige Behörde, die zuständigen Behörden jedes Aufnahmemitgliedstaats gemäß Artikel 15 Absatz 1 Buchstabe d sowie die ESMA unverzüglich über die Streichung eines Verwalters eines qualifizierten Fonds für soziales Unternehmertum oder die Streichung eines qualifizierten Fonds für soziales Unternehmertum aus dem Register.

(4) Das Recht zum Vertrieb eines oder mehrerer qualifizierter Fonds für soziales Unternehmertum unter der Bezeichnung ‚EuSEF' in der EU erlischt mit sofortiger Wirkung ab dem Zeitpunkt der in Absatz 2 Buchstabe b genannten Entscheidung der zuständigen Behörde.

(5) Die zuständige Behörde des Herkunftsmitgliedstaats oder gegebenenfalls des Aufnahmemitgliedstaats unterrichten die ESMA unverzüglich, wenn sie eindeutige und nachweisbare Gründe für die Annahme haben, dass der Verwalter eines qualifizierten Fonds für soziales Unternehmertum einen der in Absatz 1 Buchstaben a bis i genannten Verstöße begangen hat.

Die ESMA darf, unter Einhaltung des Grundsatzes der Verhältnismäßigkeit, gemäß Artikel 17 der Verordnung (EU) Nr. 1095/2010 Empfehlungen an die betroffenen zuständigen Behörden richten, in denen diesen nahegelegt wird, Maßnahmen nach Absatz 2 des vorliegenden Artikels zu ergreifen oder von solchen Maßnahmen abzusehen.

In der Fassung vom 17.4.2013 (ABl. EU Nr. L 115 v. 25.4.2013, S. 18), geändert durch Verordnung (EU) 2017/1991 vom 25.10.2017 (ABl. EU Nr. L 293 v. 10.11.2017, S. 1).

Vgl. die Kommentierung zur Parallelvorschrift Art. 21 EuVECA-VO (Anh. zu § 337: Art. 21 EuVECA-VO). 1

Art. 22a [Behördenbefugnisse]

Die den zuständigen Behörden gemäß der Richtlinie 2011/61/EU übertragenen Befugnisse, darunter auch die Befugnisse im Zusammenhang mit Sanktionen, sind auch im Hinblick auf die in Artikel 2 Absatz 2 genannten Verwalter wahrzunehmen.

In der Fassung vom 25.10.2017 (ABl. EU Nr. L 293 v. 10.11.2017, S. 1).

1 Vgl. die Kommentierung zur Parallelvorschrift Art. 21a EuVECA-VO (Anh. zu § 337: Art. 21a EuVECA-VO).

Art. 23 [Aufsichtskooperation]

(1) Zur Wahrnehmung ihrer jeweiligen Aufgaben im Rahmen dieser Verordnung arbeiten die zuständigen Behörden und die ESMA gemäß der Verordnung (EU) Nr. 1095/2010 zusammen.

(2) Die zuständigen Behörden und die ESMA tauschen alle Informationen und Unterlagen aus, die erforderlich sind, um ihre jeweiligen Aufgaben im Rahmen dieser Verordnung im Einklang mit der Verordnung (EU) Nr. 1095/2010 wahrzunehmen, insbesondere um Verstöße gegen diese Verordnung festzustellen und diesen abzuhelfen.

In der Fassung vom 17.4.2013 (ABl. EU Nr. L 115 v. 25.4.2013, S. 18).

1 Vgl. die Kommentierung zur Parallelvorschrift Art. 22 EuVECA-VO (Anh. zu § 337: Art. 22 EuVECA-VO).

Art. 24 [Geheimnisschutz]

(1) Alle Personen, die für die zuständigen Behörden oder die ESMA tätig sind oder tätig waren, sowie die von den zuständigen Behörden oder der ESMA beauftragten Wirtschaftsprüfer und Sachverständigen unterliegen dem Berufsgeheimnis. Vertrauliche Informationen, die diese Personen in Ausübung ihrer Aufgaben erhalten, dürfen – vorbehaltlich Fällen, die unter das Strafrecht fallen, und in dieser Verordnung vorgesehener Verfahren – an keine Person oder Behörde weitergegeben werden, es sei denn, in zusammengefasster oder aggregierter Form, so dass die einzelnen Verwalter eines qualifizierten Fonds für soziales Unternehmertum und qualifizierten Fonds für soziales Unternehmertum nicht zu erkennen sind.

(2) Die zuständigen Behörden der Mitgliedstaaten und die ESMA werden nicht am Informationsaustausch gemäß dieser Verordnung oder anderen für Verwalter eines qualifizierten Fonds für soziales Unternehmertum und qualifizierte Fonds für soziales Unternehmertum geltenden Rechtsvorschriften der Union gehindert.

(3) Erhalten die zuständigen Behörden oder die ESMA vertrauliche Informationen gemäß Absatz 2, so dürfen diese Informationen ausschließlich in Wahrnehmung ihrer Aufgaben und für die Zwecke von Verwaltungs- oder Gerichtsverfahren verwendet werden.

In der Fassung vom 17.4.2013 (ABl. EU Nr. L 115 v. 25.4.2013, S. 18).

1 Vgl. die Kommentierung zur Parallelvorschrift Art. 23 EuVECA-VO (Anh. zu § 337: Art. 23 EuVECA-VO).

Art. 25 [Streitschlichtung]

Im Falle einer Uneinigkeit zwischen den zuständigen Behörden der Mitgliedstaaten über eine Bewertung, Maßnahme oder Unterlassung einer zuständigen Behörde in Bereichen, in denen nach dieser Verordnung eine Zusammenarbeit oder Koordinierung der zuständigen Behörden verschiedener Mitgliedstaaten erforderlich ist, können die zuständigen Behörden die ESMA mit der Angelegenheit

befassen; diese kann nach Maßgabe der ihr durch Artikel 19 der Verordnung (EU) Nr. 1095/2010 übertragenen Befugnisse tätig werden, soweit die Uneinigkeit nicht Artikel 3 Absatz 1 Buchstabe b Ziffer i oder Artikel 3 Absatz 1 Buchstabe d Ziffer i dieser Verordnung betrifft.

In der Fassung vom 17.4.2013 (ABl. EU Nr. L 115 v. 25.4.2013, S. 18).

Vgl. die Kommentierung zur Parallelvorschrift Art. 24 EuVECA-VO (Anh. zu § 337: Art. 24 EuVECA-VO). 1

Kapitel IV
Übergangs- und Schlussbestimmungen

Art. 26 [Durchführungsrechtsakte]

(1) Die Befugnis zum Erlass delegierter Rechtsakte wird der Kommission unter den in diesem Artikel festgelegten Bedingungen übertragen.

(2) Die Befugnis zum Erlass delegierter Rechtsakte gemäß Artikel 3 Absatz 2, Artikel 9 Absatz 5, Artikel 10 Absatz 2 und Artikel 14 Absatz 4 wird der Kommission für einen Zeitraum von vier Jahren ab dem 15. Mai 2013 übertragen. Die Kommission erstellt spätestens neun Monate vor Ablauf des Zeitraums von vier Jahren einen Bericht über die Befugnisübertragung. Die Befugnisübertragung verlängert sich stillschweigend um Zeiträume gleicher Länge, es sei denn, das Europäische Parlament oder der Rat widersprechen einer solchen Verlängerung spätestens drei Monate vor Ablauf des jeweiligen Zeitraums.

(3) Die Befugnisübertragung gemäß Artikel 3 Absatz 2, Artikel 9 Absatz 5, Artikel 10 Absatz 2 und Artikel 14 Absatz 4 kann vom Europäischen Parlament oder vom Rat jederzeit widerrufen werden. Der Beschluss über den Widerruf beendet die Übertragung der in diesem Beschluss angegebenen Befugnis. Er wird am Tag nach seiner Veröffentlichung im Amtsblatt der Europäischen Union oder zu einem im Beschluss über den Widerruf angegebenen späteren Zeitpunkt wirksam. Die Gültigkeit von delegierten Rechtsakten, die bereits in Kraft sind, wird von dem Beschluss über den Widerruf nicht berührt.

(4) Sobald die Kommission einen delegierten Rechtsakt erlässt, übermittelt sie ihn gleichzeitig dem Europäischen Parlament und dem Rat.

(5) Ein delegierter Rechtsakt, der gemäß Artikel 3 Absatz 2, Artikel 9 Absatz 5, Artikel 10 Absatz 2 oder Artikel 14 Absatz 4 erlassen wurde, tritt nur in Kraft, wenn weder das Europäische Parlament noch der Rat innerhalb einer Frist von drei Monaten nach Übermittlung dieses Rechtsakts an das Europäische Parlament und den Rat Einwände erhoben haben oder wenn vor Ablauf dieser Frist das Europäische Parlament und der Rat beide der Kommission mitgeteilt haben, dass sie keine Einwände erheben werden. Auf Initiative des Europäischen Parlaments oder des Rates wird diese Frist um drei Monate verlängert.

In der Fassung vom 17.4.2013 (ABl. EU Nr. L 115 v. 25.4.2013, S. 18).

Vgl. die Kommentierung zur Parallelvorschrift Art. 25 EuVECA-VO (Anh. zu § 337: Art. 25 EuVECA-VO). 1

Art. 27 [Überprüfungs- und Berichtspflichten der Kommission]

(1) Die Kommission überprüft diese Verordnung gemäß Absatz 2. Die Überprüfung beinhaltet einen allgemeinen Überblick über die Funktionsweise der Bestimmungen dieser Verordnung und über die bei deren Anwendung gemachten Erfahrungen, einschließlich folgender Aspekte:

a) der Umfang der Verwendung der Bezeichnung „EuSEF" durch Verwalter eines qualifizierten Fonds für soziales Unternehmertum in verschiedenen Mitgliedstaaten, auf nationaler Ebene und grenzüberschreitend;

b) die geografische und sektorspezifische Verteilung der von qualifizierten Fonds für soziales Unternehmertum getätigten Anlagen;

c) die Bewertung der Angemessenheit der Informationsanforderungen gemäß Artikel 14 und insbesondere der Frage, ob diese Anforderungen ausreichen, um den Anlegern zu ermöglichen, eine fundierte Anlageentscheidung zu treffen;
d) die Verwendung der verschiedenen qualifizierten Anlagen durch qualifizierte Fonds für soziales Unternehmertum und die Bewertung der Frage, welche Auswirkungen dies auf die Entwicklung von Sozialunternehmen in der Union gehabt hat;
e) die Bewertung der Frage, ob die Einführung eines europäischen Gütesiegels für „Sozialunternehmen" angemessen ist;
f) die Möglichkeit, in Drittländern niedergelassenen Fonds für soziales Unternehmertum die Verwendung der Bezeichnung „EuSEF" zu gestatten, wobei die Erfahrungen aus der Anwendung der Empfehlung der Kommission für Maßnahmen, durch die Drittländer zur Anwendung von Mindeststandards für verantwortungsvolles Handeln im Steuerbereich veranlasst werden sollen, zu berücksichtigen sind;
g) die Anwendung der Kriterien für die Ermittlung qualifizierter Portfoliounternehmen in der Praxis, deren Auswirkungen auf die Entwicklung von Sozialunternehmen in der Union und deren positive soziale Wirkungen;
h) eine Bewertung der von den Verwaltern eines qualifizierten Fonds für soziales Unternehmertum eingeführten Verfahren zur Messung der in Artikel 10 genannten positiven sozialen Wirkungen der qualifizierten Portfoliounternehmen und eine Bewertung der Frage, ob es möglich ist, harmonisierte Standards einzuführen, mit denen sich die sozialen Wirkungen auf der Ebene der Union in Einklang mit der Sozialpolitik der Union messen lassen;
i) die Möglichkeit, den Vertrieb von qualifizierten Fonds für soziales Unternehmertum auf Kleinanleger auszuweiten;
j) die Bewertung der Frage, ob qualifizierte Fonds für soziales Unternehmertum als Vermögenswerte im Sinne der Richtlinie 2009/65/EG gelten sollten;
k) die Bewertung der Frage, ob diese Verordnung durch ein Verwahrstellensystem ergänzt werden sollte;
l) eine Prüfung möglicher steuerlicher Hindernisse für Fonds für soziales Unternehmertum und eine Bewertung möglicher Steueranreize, um das soziale Unternehmertum in der Union zu fördern;
m) eine Auswertung möglicher Hindernisse für Investitionen in Fonds, die die Bezeichnung „EuSEF" verwenden, einschließlich der Auswirkungen anderer aufsichtsrechtlicher Vorschriften der Union auf institutionelle Anleger.

(2) Die Überprüfung gemäß Absatz 1 wird vorgenommen:
a) bis zum 2. März 2022 hinsichtlich der Buchstaben a bis e und g bis m sowie
b) bis zum 22. Juli 2015 hinsichtlich Buchstabe f.

(3) Die Kommission unterbreitet dem Europäischen Parlament und dem Rat nach der Überprüfung gemäß Absatz 1 und nach Anhörung der ESMA einen Bericht, dem gegebenenfalls ein Gesetzgebungsvorschlag beigefügt ist.

(4) Zeitgleich mit der in Artikel 69 der Richtlinie 2011/61/EU vorgesehenen Überprüfung prüft die Kommission insbesondere in Bezug auf gemäß Artikel 3 Absatz 2 Buchstabe b der genannten Richtlinie registrierte Verwalter,
a) das Management der qualifizierten Fonds für soziales Unternehmertum und die Frage, ob es angezeigt ist, Änderungen am Rechtsrahmen vorzunehmen, einschließlich der Möglichkeit, einen Managementpass einzuführen, und
b) die Eignung der Definition des Vertriebs für qualifizierte Fonds für soziales Unternehmertum und die Auswirkung dieser Definition sowie deren unterschiedlichen nationalen Auslegungen im Hinblick auf den Betrieb und die Wirtschaftlichkeit von qualifizierten Fonds für soziales Unternehmertum und auf den grenzüberschreitenden Vertrieb solcher Fonds.

Im Anschluss an diese Überprüfung legt die Kommission dem Europäischen Parlament und dem Rat einen Bericht vor und unterbreitet gegebenenfalls einen Legislativvorschlag.

In der Fassung vom 17.4.2013 (ABl. EU Nr. L 115 v. 25.4.2013, S. 18), geändert durch Verordnung (EU) 2017/1991 vom 25.10.2017 (ABl. EU Nr. L 293 v. 10.11.2017, S. 1).

Vgl. die Kommentierung zur Parallelvorschrift Art. 26 EuVECA-VO (Anh. zu § 337: Art. 26 EuVECA-VO). 1

Art. 28 [Überprüfung]

(1) Die Kommission leitet bis zum 22. Juli 2017 eine Überprüfung der Wechselwirkungen zwischen dieser Verordnung und anderen Vorschriften über Organismen für gemeinsame Anlagen und ihre Verwalter, insbesondere den Vorschriften der Richtlinie 2011/61/EU, ein. Diese Überprüfung befasst sich mit dem Anwendungsbereich dieser Verordnung. Im Rahmen dieser Überprüfung werden Daten gesammelt, mit denen bewertet werden kann, ob der Anwendungsbereich dahin gehend auszudehnen ist, dass Verwalter von Fonds für soziales Unternehmertum, deren verwaltete Vermögenswerte insgesamt über den in Artikel 2 Absatz 1 genannten Schwellenwert hinausgehen, Verwalter eines qualifizierten Fonds für soziales Unternehmertum entsprechend dieser Verordnung werden können.

(2) Die Kommission unterbreitet dem Europäischen Parlament und dem Rat nach der Überprüfung gemäß Absatz 1 und nach Anhörung der ESMA einen Bericht, dem gegebenenfalls ein Gesetzgebungsvorschlag beigefügt ist.

In der Fassung vom 17.4.2013 (ABl. EU Nr. L 115 v. 25.4.2013, S. 18).

Art. 29 [Inkrafttreten]

Diese Verordnung tritt am zwanzigsten Tag nach ihrer Veröffentlichung im *Amtsblatt der Europäischen Union* in Kraft.

Sie gilt ab dem 22. Juli 2013, mit Ausnahme von Artikel 3 Absatz 2, Artikel 9 Absatz 5, Artikel 10 Absatz 2 und Artikel 14 Absatz 4, die ab dem 15. Mai 2013 gelten.

In der Fassung vom 17.4.2013 (ABl. EU Nr. L 115 v. 25.4.2013, S. 18).

Kapitel 7
Europäische langfristige Investmentfonds
Vorbemerkungen vor § 338a

Schrifttum: *Bühler*, ELTIF – eine neue Säule der Finanzierung der Europäischen Realwirtschaft, RdF 2015, 196; *Fischer/Bühler*, Europäische Langfristige Investmentfonds (ELTIF) – zwischen Schattenbank und „Geduldigem Kapital", RdF 2013, 276; *Kleine/Schulz/Krautbauer* (Hrsg.), Infrastrukturinvestments, 2015; *Majcen*, „ELTIF" – Europäischer langfristiger Investmentfonds, ÖBA 2013, 851; *Haldner/Pimpl*, Europäische Langfristige Investmentfonds (ELTIF): Idee, Ziele, Regularien und Investorengruppen, ZfgKW 69 (2016), 826; *Schneider*, Der europäische langfristige Investmentfonds („ELTIF"), GWR 2016, 287; *Zetzsche/Preiner* in Zetzsche (Hrsg.), The Alternative Investment Fund Managers Directive, 2nd ed. 2015, S. 135 ff.; *Zetzsche*, Verordnung über europäische langfristige Inestmentfonds (ELTIF-VO): Langfristigkeit im Sinne der Kleinanleger?, ZBB 2015, 263; *Zetzsche*, „Drittstaaten" im Europäischen Bank- und Finanzmarktrecht, in Bachmann/Breig (Hrsg.), Finanzmarktregulierung zwischen Innovation und Kontinuität, 2014, S. 48; *Zetzsche*, Competitiveness of Financial Centers in Light of Financial and Tax Law Equivalence Requirements, in Ross Buckley, Douglas Arner & Emilios Avgouleas (eds.), Reconceptualising Global Finance and Its Regulation, Cambridge University Press, 2016, S. 390; *Zetzsche*, Prinzipien der kollektiven Vermögensanlage, 2015.

I. Zweck

Die Verordnung (EU) 2015/60 vom 29.4.2015 über europäische langfristige Investmentfonds[1] (im Folgenden: **ELTIF-VO**) soll – konzeptionell ähnlich der EuVECA-VO und EuSEF-VO -als ein Element der Europa 2020 Strategie[2] gesamtwirtschaftlich als (**besonders**[3]) **nützlich erachtete Finanzierungstätigkeiten** fördern: Gemäß Erw. 1 ELTIF-VO stellen ELTIF durch ein harmonisiertes Vehikel für die Kapitalbeschaffung und -investition Finanzierungsmittel für „Infrastrukturprojekte, nicht börsennotierte Unternehmen oder börsennotierte kleine und mittlere Unternehmen (im Folgenden „KMU") bereit, welche Eigenkapitalinstrumente oder Schuldtitel auflegen, für die es **keinen leicht zu identifizierenden Abnehmer** gibt," insbesondere „langfristige europäische Investitionen in die Realwirtschaft" (vgl. ErwGr. 4 ELTIF-VO). Langfristigkeit meint **Anlagezeiträume von mehr als zehn Jahren**,[4] wobei im Einzelfall auch wesentlich längere Anlagezeiträume in Betracht kommen. Die Mobilisierung der Kapitalmärkte soll aus einer restriktiven Bankregulierung entstehende Finanzierungslücken schließen (ErwGr. 3 ELTIF-VO). 1

Die ELTIF-VO steht im Kontext des **Aktionsplans „Kapitalmarktunion"**:[5] Das europaweit harmonisierte Vehikel „ELTIF" soll nach dem Vorbild einzelner Nicht-EU-Länder[6] grenzübergreifende Infrastrukturinvestitionen fördern. Der grenzüberschreitende Pass der ELTIF-VO soll „eine neue Möglichkeit für Vermögensverwalter [eröffnen], [Klein-]Anlegern Zugang zu einer viel breiteren Palette an Vermögenswerten, ein- 2

1 ABl. EU Nr. L 123 v. 19.5.2015, S. 98. Vgl. dazu *Bühler*, RdF 2015, 196; *Zetzsche/Preiner* in Zetzsche (Hrsg.), The Alternative Investment Fund Managers Directive, 2. Aufl. 2015, S. 135.
2 Vgl. dazu ErwGr. 1 ELTIF-VO und *Jesch* in Moritz/Klebeck/Jesch, § 338a KAGB Rz. 1 f.
3 Der Theorie nach ist Finanzintermediation für die Wirtschaftsentwicklung per se nützlich. Vgl. dazu *Schumpeter*, The Theory of Economic Development: An Inquiry into Profits, Capital, Credit, Interest, and The Business Cycle (1911); *Goldsmith*, Financial Structure and Development (1969), S. 48; *Greenwood/Jovanovic*, (1990) 98 J. Polit. Econ. 1076; *Saint Paul*, (1992) 36 Europ. Econ. Rev. 763; *Bencivenga/Smith*, (1991) 58 Rev. Econ. Stud. 195.
4 Vgl. *Jesch* in Moritz/Klebeck/Jesch, § 338a KAGB Rz. 10.
5 Mitteilung der Europäischen Kommission an das Europäische Parlament, den Rat, den Europäischen Wirtschafts- und Sozialausschuss und den Ausschuss der Regionen, Aktionsplan zur Schaffung einer Kapitalmarktunion, 30.9.2015, KOM(2015) 468 endg., S. 16. Vgl. dazu *J. Schmidt*, Das Grünbuch zur Schaffung einer Kapitalmarktunion – EU-Kapitalmarkt 4.0?, GPR 2015, 129; *Ladler*, Eine Kapitalmarktunion für Europa, ZFR 2015, 98.
6 Vgl. etwa zu Australien *Jesch* in Moritz/Klebeck/Jesch, § 338a KAGB Rz. 14 ff.

schließlich Infrastruktur, zu verschaffen."[7] Diese *enabling legislation* traf insbesondere in EU-/EWR-Staaten, deren Märkte in der Vergangenheit mit Gebührenexzessen und herben Verlusten bestimmter geschlossener Fonds zu kämpfen hatten, auf Vorbehalte.[8] Weiteres Regelungsanliegen ist die Herstellung eines *level playing fields* zwischen Staaten mit kleinem Vertriebsbinnenmarkt und intensiver Finanzproduktion einerseits und Staaten mit großem Vertriebspotential für Fondsinitiatoren andererseits.[9]

3 Wie aus der Beschränkung der ELTIF-Marke auf europäische Fonds und AIFM (Art. 5 Abs. 2, 6 Abs. 1 ELTIF-VO) sowie dem Bezeichnungsschutz gem. Art. 4 ELTIF-VO folgt, ist der ELTIF als europäisches **Markenprodukt** konzipiert, welches gesellschaftlichen, Anleger- und Systemschutzanliegen gleichermaßen genügen soll. Jedoch ist die laufende Berichterstattung über Kosten unzureichend, während bei der Sozialbindung, den Beleihungs- und Besicherungsvorgaben sowie beim Zweiterwerb von Darlehensforderungen das gesellschaftliche und Systemschutzziel auf Kosten der Rentabilität verfolgt wird. Wegen der Anlegerqualifikation gem. Art. 30 Abs. 3 ELTIF-VO ist der **ELTIF kein „Verbraucherprodukt"**. Dies lässt an der Notwendigkeit legislativer Bevormundung zweifeln.

4 Obwohl die Marktkräfte zur Schließung von Finanzierungslücken berufen werden, prägt auch die ELTIF-VO eine **marktferne Regulierung**. *Beispiel*: Die 30 %-Belastungsgrenze bei der Sicherheitenbestellung gem. Art. 16 Abs. 1 Buchst. e ELTIF-VO. Sie belegt ein Misstrauen des Regulierers gegenüber seiner eigenen Regulierung. Vergleichbare Restriktionen vermisst man bei dem erfolgreichsten europäischen Kleinanlegerprodukt: dem OGAW.

II. Aufbau und Systematik

1. Grundsatz: Produktregulierung

5 Die ELTIF-VO ist **primär Produkt- und Vertriebsregulierung.**[10] Anders als die EuVECA-VO und die EuSEF-VO richtet sich die ELTIF-VO ausschließlich an AIFM mit Vollzulassung. Die ELTIF-VO **setzt die Umsetzung der Fondsverwalter- und Verwahrstellenregulierung der AIFM-RL in dem Herkunftsstaat des Fondsverwalters und des Fonds voraus.** Folgerichtig liegt der Schwerpunkt der ELTIF-VO auf der Produktzulassung (Art. 3 bis 6, 8 ELTIF-VO), den zulässigen Anlagen (Art. 9 bis 12 ELTIF-VO), der Anlagepolitik (Art. 13 bis 17 ELTIF-VO), der Anteilsausgabe und -rücknahme, der Ertragsausschüttung und Anteilsfungibilität (Art. 18 bis 22 ELTIF-VO), der Anlegerinformationen (Art. 23 bis 25 ELTIF-VO) sowie den Beteiligten und deren Gebaren in der Vertriebskette (Art. 26 bis 31 ELTIF-VO).

6 Daneben sieht die ELTIF-VO einige **Modifikationen der Fondsverwalter- und Verwahrstellenregulierung der AIFM-RL** für Zwecke der Langfristanlage in illiquide Vermögensgegenstände vor. Vergleichsweise wenige Bestimmungen regeln die Qualifikation und Zulassung des Fondsverwalters (Art. 7 Abs. 2 und 3 ELTIF-VO), die Pflichten der Verwahrstelle (Art. 29 ELTIF-VO) und die (grenzüberschreitende) Aufsicht (Art. 32 ff. ELTIF-VO). Dies ruft die Frage des **Verhältnisses der Regelungsebenen** hervor.

2. AIFM-RL vs. ELTIF-VO

7 Die ELTIF-VO und die durch Umsetzung der AIFM-RL geltende Verwalter- und Verwahrstellenregulierung (in Deutschland §§ 17 ff., §§ 80 ff. KAGB) gelten **im Grundsatz nebeneinander** (Art. 7 Abs. 1 und 2 ELTIF-VO), also parallel, soweit sich die Produktregulierung der ELTIF-VO und die Verwalter- und Verwahrstellenregulierung **nicht überschneiden,**[11] etwa zur Bewertung gem. Art. 19 AIFM-RL die §§ 168, 169 i.V.m. 270, 271 KAGB. ErwGr. 10 ELTIF-VO führt dazu aus: „Die ... Vorschriften über ELTIF sollten auf dem bestehenden Regulierungsrahmen aufbauen, der durch die Richtlinie 2011/61/EU und die zu ihrer Umsetzung erlassenen Durchführungsbestimmungen geschaffen wurde. Aus diesem Grund sollten die Produktvorschriften für ELTIF zusätzlich zu den Vorschriften des bestehenden Unionsrechts gelten. Insbeson-

---

7 Mitteilung der Europäischen Kommission an das Europäische Parlament, den Rat, den Europäischen Wirtschafts- und Sozialausschuss und den Ausschuss der Regionen, Aktionsplan zur Schaffung einer Kapitalmarktunion, 30.9.2015, KOM(2015) 468 endg., S. 16.

8 Vgl. dazu *Schönwitz et al.*, Geschlossene Fonds: Die schlechteste Geldanlage der Welt, Wirtschaftswoche (15.4.2011), online http://www.wiwo.de/finanzen/vorsorge/geschlossene-fonds-die-schlechteste-geldanlage-der-welt-/5155380.html.

9 Vgl. *Zetzsche*, Competitiveness, S. 390; *Zetzsche*, Drittstaaten, S. 49, 54 ff.

10 Vgl. ErwGr. 10 ELTIF-VO. Zur Systematik der Fondsregulierung *Zetzsche*, Prinzipien der kollektiven Vermögensanlage, S. 32 f., 507 ff.

11 Vgl. zu diesem Konzept *Tollmann* in Möllers/Kloyer, Das neue KAGB, 2013, S. 363 ff.; *Tollmann* in Dornseifer/Jesch/Klebeck/Tollmann, Einleitung Rz. 24.

dere sollten für ELTIF die in der Richtlinie 2011/61/EU festgelegten Verwaltungs- und Vertriebsvorschriften gelten. Die in der Richtlinie 2011/61/EU festgelegten Vorschriften zur grenzüberschreitenden Erbringung von Dienstleistungen und zur Niederlassungsfreiheit sollten für die grenzüberschreitenden Tätigkeiten von ELTIF ebenfalls entsprechend gelten. Sie sollten durch spezifische Vertriebsvorschriften für den unionsweiten grenzüberschreitenden Vertrieb von ELTIF an Kleinanleger und professionelle Anleger ergänzt werden."

Jedoch hat die **Umsetzung der AIFM-RL als allgemeiner Rechtsakt gegenüber der ELTIF-VO als speziellem Rechtsakt zurückzutreten**, wenn sich Produkt- und Verwalterregulierung überschneiden. Zu dem gleichen Ergebnis kommt, wer auf die unmittelbare Geltung der Verordnung abstellt (Art. 288 Abs. 2 AEUV). So modifizieren (z.B.) **für intern verwaltete ELTIF** die Anforderungen gem. Art. 18 Abs. 2 ELTIF-VO zum Liquiditätsmanagement oder gem. Art. 26 ff. ELTIF-VO zur Verwahrstelle und Vertriebsqualifikation die § 30, §§ 80 ff., §§ 307 ff. KAGB.[12] Alle AIF-KVG betreffende Modifikationen der Verwalterregulierung betreffen etwa **Interessenkonflikte** (Art. 12 ELTIF-VO überlagert § 27 KAGB) sowie die aus deutscher Sicht bemerkenswerte Haftung des Verwalters für Verstöße gem. Art. 7 Abs. 3 ELTIF-VO. 8

3. Auslegung

Die ELTIF-VO dringt zwecks Einheitlichkeit und zur Vermeidung von Wettbewerbsverzerrungen auf **Maximalharmonisierung** (Art. 1 Abs. 3 ELTIF-VO). Diese schränkt das durch Art. 43 Abs. 1 AIFM-RL gewährte und namentlich im KAGB extensiv genutzte Ermessen zur **Regulierung von Kleinanlegerfonds** ein. Die ELTIF-VO verdrängt z.B. die Regelungen zur Wirksamkeit der Anteilsübertragung erst bei Eintragung (§ 152 Abs. 4 KAGB) oder bei extern verwalteten ELTIF die Pflicht zur Bestellung zweier Geschäftsleiter (§ 153 Abs. 1 KAGB).[13] 9

Der Verordnungscharakter bedingt einen **Vorrang des europäischen Normbefehls gegenüber nationalen Umsetzungsakten** (Rz. 6). Gleichzeitig weist die Umsetzung Lücken auf, weil Details fehlen. Soweit sich die ELTIF-VO an anderen europäischen Rechtsakten zum Finanzmarktrecht orientiert, sind die ELTIF-VO-Vorschriften grds. mit Blick auf das Regelungsvorbild auszulegen. **Rechtsakt-übergreifende Konvergenz** ist ein vom europäischen Regelsetzer anerkanntes Regelungsziel.[14] So ist einem Teil der im teils undeutlichen Wortlaut der ELTIF-VO angelegten **Mehrdeutigkeit** etwa **zur Sachwertdefinition** (Art. 2 Nr. 6 ELTIF-VO) **und zum sog. ELTIF-Test** (Art. 1 Abs. 2 ELTIF-VO) zu begegnen. 10

Die aus anderen Rechtsakten bekannte (und keineswegs zu befürwortende) Korrektur von Regulierungsversagen durch **ESMA-Konkretisierungen und -Verlautbarungen** ist in der ELTIF-VO in verhältnismäßig geringem Umfang vorgesehen. So sollen technische Regulierungsstandards nur 1) die Umstände betreffen, unter denen die Nutzung von Finanzderivaten einzig und allein der Absicherung gegen Risiken dient, die mit den Investitionen verbunden sind, 2) die Umstände unter denen die Laufzeit eines ELTIF lang genug ist, um die Laufzeit jedes einzelnen seiner Vermögenswerte abzudecken, 3) die Merkmale des Zeitplans für die geordnete Veräußerung der Vermögenswerte des ELTIF, 4) die Begriffsbestimmungen und Berechnungsmethoden für vom Anleger zu tragende Kosten, 5) die Darstellung der Kosteninformationen sowie 6) die Eigenschaften der Einrichtungen, die ELTIF in jedem Mitgliedstaat, in dem sie Anteile vertreiben wollen, zu erschaffen haben (vgl. ErwGr. 50 ELTIF-VO). Diese **technischen Regulierungsstandards (RTS)** sind von der ESMA zunächst konsultiert[15] und sodann in ihrer Finalfassung am 8.6.2016 vorgeschlagen[16] und von der Europäischen Kommission in die Delegierte Verordnung (EU) Nr. 2018/480 vom 4.12.2017[17] übernommen worden. 11

---

12 S.a. ErwGr. 13 ELTIF-VO („Da EU-AIF verschiedene Rechtsformen annehmen können, die ihnen nicht unbedingt Rechtspersönlichkeit verleihen, sollten Handlungsauflagen für den ELTIF im Falle von ELTIF, die als EU-AIF ohne eigene Rechtspersönlichkeit und somit ohne eigene Handlungsmöglichkeit gegründet werden, als Handlungsauflagen für den Verwalter des ELTIF verstanden werden").

13 Bei intern verwalteten ELTIF gilt die Pflicht zur Bestellung zweier Geschäftsleiter indes, da der intern verwaltete ELTIF selbst AIFM ist und den Regelungen der AIFM-RL untersteht.

14 Sog. sektorübergreifende Kohärenz, vgl. Art. 2 Abs. 3, Art. 54-57 ESMA-VO/EIOPA-VO/EBA-VO.

15 Vgl. ESMA, Consultation Paper: Draft regulatory technical standards under the ELTIF Regulation, 31.7.2015, ESMA/2015/1239.

16 ESMA, Final Report: Draft regulatory technical standards under the ELTIF Regulation, 8.6.2016, ESMA/2016/935.

17 *Delegierte Verordnung (EU)* 2018/480 der Kommission vom 4.12.2017 zur Ergänzung der Verordnung (EU) 2015/760 des Europäischen Parlaments und des Rates durch technische Regulierungsstandards im Hinblick auf einzig und allein der Absicherung dienende Finanzderivate, die ausreichende Länge der Laufzeit europäischer langfristiger Investmentfonds, die Kriterien für die Einschätzung des potentiellen Käufermarkts und die Bewertung der zu veräußernden Vermögenswerte sowie die Arten und Merkmale der den Kleinanlegern zur Verfügung stehenden Einrichtungen, ABl. EU Nr. L 81 v. 23.3.2018, S. 1.

12 Die ELTIF-VO verzichtet auf eine **Regelung des Fondsprivatrechts** (Vertrags-, Trust-, Personen- oder Kapitalgesellschaftsrechts), **setzt aber ein solches Recht der Mitgliedstaaten voraus** und modifiziert dieses in wichtigen Fragen, so etwa zum Bezugsrecht (Art. 20 ELTIF-VO), zur Kapitalrückzahlung (Art. 22 Abs. 3 ELTIF-VO) und zur persönlichen Haftung des Kleinanlegers (Art. 30 Abs. 5 ELTIF-VO). Insoweit ist der Rückgriff auf das nationale Fondsprivatrecht geboten.

4. Anleger, an die ELTIF vertrieben werden dürfen

13 ELTIF-Anteile dürfen unter gewissen in Art. 26 ff. ELTIF-VO definierten Voraussetzungen an **Privatkunden** i.S.d. MiFID vertrieben werden. Diese bezeichnet die ELTIF-VO in Abweichung von der Diktion des KAGB („Privatanleger") als Kleinanleger, was inhaltlich angesichts der durch Art. 30 Abs. 3 ELTIF-VO auferlegten Beschränkungen neben der Sache liegt. Im Ergebnis muss der Kleinanleger einen Portfoliowert von mind. 100.000 Euro aufweisen und Anteile am ELTIF i.H.v. mind. 10.000 Euro zeichnen. Damit ist die ELTIF-VO deutlich leichter zugänglich als die EuSEF-VO und EuVECA-VO mit Mindestanlagesummen von 100.000 Euro. Zur Anlage in ELTIF berechtigt sind zudem **professionelle Kunden und qualifizierte Gegenparteien** i.S.d. MiFID II. Nach ErwGr. 42 ELTIF-VO sind ELTIF-Anteile möglicherweise attraktiv für **Gemeinden, Kirchen, gemeinnützige Vereinigungen und Stiftungen**, die gem. Anhang II Abschnitt II MiFID II beantragen können, als professionelle Anleger behandelt zu werden (was nach hier vertretener Ansicht für die Anlage in ELTIF genügt). Des Weiteren sollen ELTIF-Anteile vertrieben werden an Intermediäre mit einer regelmäßigen, langfristigen Verpflichtungsstruktur, wie insbesondere **Verwalter von Alterssicherungssystemen, Versicherungsunternehmen oder gemeinnützige Stiftungen**, welche an langfristigen Erträgen im Rahmen regulierter Strukturen interessiert sind und Liquidität nicht kurzfristig bzw. unvorhergesehen benötigen und so von dem stetigen, vom ELTIF generierten Einnahmenstrom profitieren können (ErwGr. 2 ELTIF-VO). Schließlich kommen namentlich börsennotierte ELTIF-Anteile als Anlagegegenstand von OGAW-KVG in Betracht (ErwGr. 38 ELTIF-VO).

III. ELTIF-VO vs. andere Produktregulierungen

14 Die als Produktregulierung konzipierte ELTIF-VO **verhält sich nicht** zu **anderen vom selben Verwalter verwalteten Fondsprodukten**, gleich ob nach europäischem oder dem Recht der Mitgliedstaaten. Ob und wie dies zulässig ist, richtet sich nach dem für die anderen Produkte einschlägigen Recht. Verfügt die AIF-KVG über eine Zulassung, die die Verwaltung von OGAW umfasst (§§ 17, 20 Abs. 2 KAGB), darf die KVG zugleich OGAW verwalten. Gleiches gilt unter den dortigen Voraussetzungen für EuVECA und EuSEF, siehe Vor § 337 Rz. 10, Vor § 338 Rz. 14.

15 Die ELTIF-VO verdrängt auch nicht andere **nationale Produktregulierungen**. Dies betrifft insbesondere in Deutschland § 261 KAGB betr. **geschlossene Publikums-AIF**, die u.a. in ÖPP-Projektgesellschaften anlegen dürfen (§ 261 Abs. 1 Nr. 2 KAGB).[18] Näher § 261 Rz. 10. ELTIF haben demgegenüber den Vorteil eines europaweiten Vertriebs. Dieser steht geschlossenen Publikums-AIF aber aufgrund des Prospektpasses bereits dann zur Verfügung, wenn der Fonds Wertpapiere begibt. Insofern kommt es zu Redundanzen. Gegenüber diesen nationalen Regulierungen weist der ELTIF den **Vorteil der Einheitlichkeit** auf.

IV. ELTIF-VO vs. nationales Bankrecht

16 Zu Konflikten kommt es zwischen der **Befugnis zur Kreditvergabe** durch ELTIF und den Regelungen des KWG.[19] Die ELTIF-VO sieht insoweit keine weiteren Vorschriften, etwa zum Risikomanagement vor. S. dazu im Einzelnen die Erläuterungen zu § 2 Rz. 66 und § 29 Rz. 101 ff. Allerdings stehen die strengen Anlagevorschriften einer Kaskadenbildung entgegen, so dass Systemrisiken signifikanten Ausmaßes kaum entstehen dürften.

V. ELTIF-Durchführungs-VO 2018/480

17 Knapp zwei Jahre nach Inkrafttreten der ELTIF-VO hat die Europäische Kommission die Delegierte Verordnung (EU) 2018/480[20] erlassen. Die hier sog. ELTIF-DVO 2018/480 regelt: 1. in Art. 1 ELTIF-DVO, un-

---

18 Zu weiteren Fällen Jesch in Moritz/Klebeck/Jesch, § 338a KAGB Rz. 34 ff.

19 Vgl. dazu *Zetzsche/Marte*, RdF 2015, 4 ff.

20 Vgl. Delegierte Verordnung (EU) 2018/480 der Kommission vom 4. Dezember 2017 zur Ergänzung der Verordnung (EU) 2015/760 des Europäischen Parlaments und des Rates durch technische Regulierungsstandards im

ter welchen Umständen der **Gebrauch von Finanzderivaten** einzig und allein **der Absicherung dient** (Frage des Art. 9 Abs. 2 Buchst. d ELTIF-VO, dazu Anh. zu § 338a: Art. 12 ELTIF-VO Rz. 28 ff.); 2. in Art. 2 ELTIF-VO, unter welchen Umständen die **Laufzeit eines ELTIF** als lang genug gilt (Frage des Art. 18 Abs. 3 ELTIF-VO, dazu Anh. zu § 338a: Art. 22 ELTIF-VO Rz. 6 ff.), 3. in Art. 3 und 4 ELTIF-VO die **Kriterien für die geordnete Veräußerung der Vermögenswerte des ELTIF** (Frage des Art. 21 Abs. 2 Buchst. a und c ELTIF-VO, dazu Anh. zu § 338a: Art. 22 ELTIF-VO Rz. 24 ff.), und 4. in Art. 5 ELTIF-VO die **beim Vertrieb an Kleinanleger zur Verfügung zu stellenden Einrichtungen** (Frage des Art. 26 Abs. 1 ELTIF-VO, dazu Anh. zu § 338a: Art. 31 ELTIF-VO Rz. 1 ff.)

VI. Zentralisierung der Aufsicht bei ESMA

Bereits nach geltendem Recht soll die ESMA eine zentrale Rolle bei der Anwendung der ELTIF-VO spielen 18
und insbesondere die einheitliche Anwendung in der EU sicherstellen. Die Kommission hat darüber hinausgehend eine **Zentralisierung der Aufsicht** über ELTIF bei der ESMA angeregt.[21] Eine Einigung zu dem Vorschlag steht aus.

§ 338a Europäische langfristige Investmentfonds

Für AIF-Kapitalverwaltungsgesellschaften, die europäische langfristige Investmentfonds im Sinne der Verordnung (EU) 2015/760 verwalten, gelten hinsichtlich der Verwaltung der europäischen langfristigen Investmentfonds die Vorschriften der Verordnung (EU) 2015/760.

In der Fassung vom 4.7.2013 (BGBl. I 2013, S. 1981), zuletzt geändert durch das Gesetz zur Umsetzung der Richtlinie 2014/91/EU des Europäischen Parlaments und des Rates vom 23. Juli 2014 zur Änderung der Richtlinie 2009/65/EG zur Koordinierung der Rechts- und Verwaltungsvorschriften betreffend bestimmte Organismen für gemeinsame Anlagen in Wertpapieren (OGAW) im Hinblick auf die Aufgaben der Verwahrstelle, die Vergütungspolitik und Sanktionen vom 3.3.2016 (BGBl. I 2016, S. 348).

Abweichend von §§ 337, 338 KAGB kennt § 338a KAGB **keinen Katalog der aus dem KAGB anwendbaren** 1
Vorschriften. Daher gelten grundsätzlich alle Vorschriften der ELTIF-VO und ergänzend das ganze KAGB. Ausgeschlossen ist eine Verwaltung von ELTIF durch sog. **kleine AIFM** gem. §§ 44 ff. KAGB. Zum Verhältnis der ELTIF-VO zum KAGB vgl. Vor § 338a Rz. 5 ff.

Anhang zu § 338a: Verordnung (EU) 2015/760 des Europäischen Parlaments und des Rates vom 29. April 2015 über europäische langfristige Investmentfonds

Kapitel I Allgemeine Bestimmungen

Art. 1 Gegenstand und Ziel

(1) Diese Verordnung legt einheitliche Vorschriften für die Zulassung, die Anlagepolitik und die Bedingungen für die Tätigkeit von alternativen Investmentfonds mit Sitz in der Union (im Folgenden „EU-AIF") oder EU-AIF-Teilfonds fest, die in der Union als europäische langfristige Investmentfonds (im Folgenden „ELTIF") vertrieben werden.

Hinblick auf einzig und allein der Absicherung dienende Finanzderivate, die ausreichende Länge der Laufzeit europäischer langfristiger Investmentfonds, die Kriterien für die Einschätzung des potenziellen Käufermarkts und die Bewertung der zu veräußernden Vermögenswerte sowie die Arten und Merkmale der den Kleinanlegern zur Verfügung stehenden Einrichtungen, ABl. EU Nr. L 81 v. 23.3.2018. S. 1.

21 COM/2017/0536 final, Vorschlag vom 20.9.2017 und COM/2018/646 final, Vorschlag vom 12.9.2018.

(2) Ziel dieser Verordnung ist es, im Einklang mit dem Unionsziel eines intelligenten, nachhaltigen und integrativen Wachstums Kapital zu beschaffen und langfristigen europäischen Investitionen in der Realwirtschaft zuzuführen.

(3) Die Mitgliedstaaten sehen in dem unter diese Verordnung fallenden Bereich keine weiteren Anforderungen vor.

In der Fassung vom 29.4.2015 (ABl. EU Nr. L 123 v. 19.5.2015, S. 98).

1 Siehe Kommentierung zu Vor § 338a KAGB.

Art. 2 Begriffsbestimmungen

Für die Zwecke dieser Verordnung bezeichnet der Ausdruck

1. **„Kapital" das aggregierte eingebrachte Kapital und das noch nicht eingeforderte zugesagte Kapital, berechnet auf der Grundlage der Beträge, die nach Abzug sämtlicher direkt oder indirekt von den Anlegern getragenen Gebühren, Kosten und Aufwendungen für Anlagen zur Verfügung stehen;**
2. **„professioneller Anleger" einen Anleger, der als professioneller Kunde betrachtet wird oder auf Antrag als professioneller Kunde gemäß Anhang II der Richtlinie 2014/65/EU behandelt werden kann;**
3. **„Kleinanleger" einen Anleger, der kein professioneller Anleger ist;**
4. **„Eigenkapital" die Beteiligung an einem qualifizierten Portfoliounternehmen in Form von Anteilen oder anderen für seine Anleger begebenen Formen der Beteiligung am Kapital des qualifizierten Portfoliounternehmens;**
5. **„eigenkapitalähnliches Instrument" jede Art von Finanzinstrument, bei dem die Rendite sich nach dem Gewinn oder Verlust des qualifizierten Portfoliounternehmens bemisst und bei dem die Rückzahlung des Instruments bei einer Zahlungsunfähigkeit nicht vollständig gesichert ist;**
6. **„Sachwert" einen Vermögenswert, der aufgrund seiner Beschaffenheit und seiner Eigenschaften einen Wert hat und eine Rendite abwerfen kann; diese Begriffsbestimmung umfasst Infrastruktur und andere Vermögenswerte, die einen wirtschaftlichen oder sozialen Nutzen wie Bildung, Beratung, Forschung und Entwicklung ermöglichen; gewerbliche Immobilien oder Wohngebäude zählen nur dann zu den Sachwerten, wenn sie ein wesentliches oder sekundäres Element eines langfristigen Investitionsprojekts sind, das zu dem Unionsziel eines intelligenten, nachhaltigen und integrativen Wachstums beiträgt;**
7. **„Finanzunternehmen" eines der folgenden Unternehmen:**
   a) **ein Kreditinstitut im Sinne von Artikel 4 Absatz 1 Nummer 1 der Verordnung (EU) Nr. 575/2013 des Europäischen Parlaments und des Rates;**
   b) **eine Wertpapierfirma im Sinne von Artikel 4 Absatz 1 Nummer 1 der Richtlinie 2014/65/EU;**
   c) **ein Versicherungsunternehmen im Sinne von Artikel 13 Nummer 1 der Richtlinie 2009/138/EG des Europäischen Parlaments und des Rates;**
   d) **eine Finanzholdinggesellschaft im Sinne von Artikel 4 Absatz 1 Nummer 20 der Verordnung (EU) Nr. 575/2013;**
   e) **eine gemischte Finanzholdinggesellschaft im Sinne von Artikel 4 Absatz 1 Nummer 22 der Verordnung (EU) Nr. 575/2013;**
   f) **eine Verwaltungsgesellschaft im Sinne von Artikel 2 Absatz 1 Buchstabe b der Richtlinie 2009/65/EG,**
   g) **ein AIFM im Sinne von Artikel 4 Absatz 1 Buchstabe b der Richtlinie 2011/61/EU.**
8. **„EU-AIF" einen EU-AIF im Sinne von Artikel 4 Absatz 1 Buchstabe k der Richtlinie 2011/61/EU;**
9. **„EU-AIFM" einen EU-AIFM im Sinne von Artikel 4 Absatz 1 Buchstabe l der Richtlinie 2011/61/EU;**
10. **„für den ELTIF zuständige Behörde" die zuständige Behörde des EU-AIF im Sinne von Artikel 4 Absatz 1 Buchstabe h der Richtlinie 2011/61/EU;**

11. „Herkunftsmitgliedstaat des ELTIF" den Mitgliedstaat, in dem der ELTIF zugelassen wird;

12. „Verwalter des ELTIF" den zugelassenen EU-AIFM, der für die Verwaltung eines ELTIF oder des intern verwalteten ELTIF, wenn die Rechtsform des ELTIF eine interne Verwaltung zulässt und kein externer AIFM ernannt wurde, bestellt wurde;

13. „für den Verwalter des ELTIF zuständige Behörde" die zuständige Behörde des Herkunftsmitgliedstaats des AIFM im Sinne von Artikel 4 Absatz 1 Buchstabe q der Richtlinie 2011/61/EU;

14. „Wertpapierverleihgeschäfte" und „Wertpapierleihgeschäfte" Geschäfte, durch die eine Gegenpartei Wertpapiere in Verbindung mit der Verpflichtung überträgt, dass die die Papiere entleihende Partei zu einem späteren Zeitpunkt oder auf Ersuchen der übertragenden Partei gleichwertige Papiere zurückgibt, wobei es sich für die übertragende Gegenpartei um ein Wertpapierverleihgeschäft und für die die Übertragung empfangende Gegenpartei um ein Wertpapierleihgeschäft handelt;

15. „Pensionsgeschäft" ein Pensionsgeschäft im Sinne von Artikel 4 Absatz 1 Nummer 83 der Verordnung (EU) Nr. 575/2013;

16. „Finanzinstrument" eines der in Anhang I Abschnitt C der Richtlinie 2014/65/EU genannten Finanzinstrumente;

17. „Leerverkäufe" eine Tätigkeit im Sinne von Artikel 2 Absatz 1 Buchstabe b der Verordnung (EU) Nr. 236/2012 des Europäischen Parlaments und des Rates;

18. „geregelter Markt" einen geregelten Markt im Sinne von Artikel 4 Absatz 1 Nummer 21 der Richtlinie 2014/65/EU;

19. „multilaterales Handelssystem" ein multilaterales Handelssystem im Sinne von Artikel 4 Absatz 1 Nummer 22 der Richtlinie 2014/65/EU.

In der Fassung vom 29.4.2015 (ABl. EU Nr. L 123 v. 19.5.2015, S. 98).

I. Kapital (Art. 2 Nr. 1 ELTIF-VO)

Das in Art. 2 Nr. 1 ELTIF-VO angesprochene Kapital meint die **zu Investitionszwecken des Fonds bereitgehaltenen Mittel der Anleger**, bestehend aus eingebrachtem und zugesagtem Kapital, abzgl. etwaiger Kosten und Erwerbskommissionen (front load fees). Die Definition des Kapitals hat Bedeutung insbesondere für die Anlagegrenzen in Form der Portfoliozusammensetzung (Art. 13 ELTIF-VO) und im Rahmen der Barkreditaufnahme (Art. 16 ELTIF-VO). 1

II. Professioneller Anleger, Kleinanleger (Art. 2 Nr. 2, 3 ELTIF-VO)

Kleinanleger sind **Privatanleger** gem. §§ 1 Abs. 19 Nr. 31 KAGB (s. § 1 Rz. 223 f.), vgl. zu professionellen Anlegern § 1 Abs. 19 Nr. 32 KAGB (s. § 1 Rz. 225 ff.). Ebenso wie dort genügt es, dass die Voraussetzungen für die Einstufung als professioneller Kunde nach der MiFID gegeben sind, das Verfahren muss nicht durchgeführt worden sein.[1] Bei der ELTIF-VO gibt es keine semiprofessionellen Anleger. 2

1 Speziell zu Art. 2 ELTIF-VO *Weitnauer* in Weitnauer/Boxberger/Anders, KAGB, Art. 2 ELTIF-VO Rz. 2.

III. Eigenkapital, Eigenkapitalähnliches Instrument (Art. 2 Nr. 4, 5 ELTIF-VO)

3 Die zulässigen Beteiligungsformen beim **Anteilserwerb nach Art. 10 ELTIF-VO** umfassen Eigenkapital (insbesondere Aktien, Gesellschaftsanteile an einer GmbH oder KG) und eigenkapitalähnliche Instrumente. S. dazu auch den gleichlautenden Art. 3 Satz 1 Buchst. g, h EuVECA-VO. Eigenkapitalinstrumente können auch solche mit **persönlicher Haftung** sein; die ELTIF-VO schreibt nicht vor, dass der Fonds nur unter der Bedingung der beschränkten Haftung investieren darf. Im Gegenteil: Die **Haftungsbeschränkung beim Vertrieb an Kleinanleger** (s. Anh. zu § 338a: Art. 31 ELTIF-VO Rz. 22) erklärt sich nur vor dem Hintergrund, dass der ELTIF selbst seine Finanzkapazität übersteigende Anlagen tätigen darf.

4 Die Rendite von **eigenkapitalähnlichen Instrumenten** bemisst sich nach dem Gewinn oder Verlust des qualifizierten Portfoliounternehmens, die Rückzahlung des Instruments bei einer Zahlungsunfähigkeit darf nicht vollständig gesichert sein. Eine Teilbesicherung ist zulässig. Die Ergebnisbeteiligung steht Fixzinsen entgegen. Nichts einzuwenden ist gegen eine Kombination aus Zins- und Ertragskomponente. Gemeint sind hybride Finanzinstrumente (vgl. ErwGr. 21 ELTIF-VO), u.a. nachgeordnete Darlehen, stille Beteiligungen, Beteiligungsdarlehen, Genussrechte, Wandelschuldverschreibungen und Optionsanleihen.

IV. Sachwert (Art. 2 Nr. 6 ELTIF-VO)

5 Die Definition hat Bedeutung für die zulässigen Anlagegegenstände nach Art. 10 Buchst. e ELTIF-VO. **Sachwert** meint Vermögenswerte, die aufgrund ihrer Beschaffenheit und Eigenschaften einen Wert haben und Rendite abwerfen können, insbesondere Infrastruktur und andere Vermögenswerte, die einen wirtschaftlichen *oder*[2] sozialen Nutzen wie Bildung, Beratung, Forschung und Entwicklung ermöglichen.

6 ErwGr. 17 ELTIF-VO besagt dazu, dass „direkte Beteiligungen an Sachwerten …, sofern sie nicht verbrieft sind, ebenfalls eine zulässige Vermögenswertkategorie bilden [sollten], sofern sie regelmäßig oder unregelmäßig einen **berechenbaren Cashflow** in dem Sinne erzeugen, dass sie auf der Grundlage einer Discounted-Cashflow-Methode modelliert und bewertet werden können. Diese Vermögenswerte können beispielsweise **soziale Infrastruktur** umfassen, die eine berechenbare Rendite abwirft, wie **Infrastruktur für Energie, Verkehr und Kommunikation sowie Bildung, Gesundheit, Sozialleistungen oder Industrieanlagen**. Vermögenswerte wie zum Beispiel Kunstwerke, Manuskripte, Weinvorräte oder Schmuck sollten dagegen nicht zulässig sein, da sie normalerweise keinen berechenbaren Cashflow erzeugen." Weitere Vorgaben ergeben sich aus ErwGr. 18 und 19 ELTIF-VO: „Zulässige Anlagevermögenswerte sollten Sachwerte mit einem Wert von mehr als 10 000 000 EUR, die wirtschaftliche und soziale Vorteile schaffen, umfassen. Zu solchen Vermögenswerten zählen Infrastruktur, geistiges Eigentum, Schiffe, Anlagen, Maschinen, Flugzeuge oder Schienenfahrzeuge und Immobilien. … Durch diese Verordnung sollen keine spekulativen Anlagen gefördert werden. Die Größenordnung von Infrastrukturprojekten erfordert, dass hohe Kapitalsummen für lange Zeit angelegt bleiben. Zu solchen Infrastrukturprojekten zählen öffentliche Gebäudeinfrastruktur wie Schulen, Krankenhäuser oder Justizvollzugsanstalten, soziale Infrastruktur wie Sozialwohnungen, Verkehrsinfrastruktur wie Straßen, Personenverkehrssysteme oder Flughäfen, Energieinfrastruktur wie Energienetze, Projekte zur Anpassung an den Klimawandel oder zur Abschwächung der Folgen des Klimawandels, Kraftwerke oder Pipelines, Wasserwirtschaftsinfrastruktur wie Wasserversorgungs-, Abwasser- oder Bewässerungssysteme, Kommunikationsinfrastruktur wie Netze und Abfallwirtschaftsinfrastruktur wie Recycling- oder Abfallsammelsysteme." Aus diesen Vorgaben ergibt sich ein vages Bild, das eher politischen als juristischen Kriterien genügt. Vgl. zum **kryptischen Bedeutungsgehalt** und zu Anwendungsproblemen eingehend die Kommentierung zu Anh. zu § 338a: Art. 12 ELTIF-VO Rz. 16 ff.

7 Streitig ist die Zulässigkeit des Erwerbs von **Immobilien**. Nach der bindenden Definition in Art. 2 Nr. 6 ELTIF-VO ist der Erwerb **gewerblicher Immobilien oder Wohngebäude** zulässig, wenn sie ein wesentliches oder sekundäres Element eines langfristigen Investitionsprojekts sind, das zu dem Unionsziel eines intelligenten, nachhaltigen und integrativen Wachstums beiträgt. Dies ist etwa bei Minergie-Häusern, Häusern mit Smart Technologien etc. der Fall. Dies schränkt ErwGr. 18 ELTIF-VO teils wieder ein. „Anlagen in gewerbliche Immobilien oder Wohngebäude sollten in dem Umfang zulässig sein, in dem sie dem Zweck dienen, zum intelligenten, nachhaltigen und integrativen Wachstum oder zur Energie-, Regional- und Kohäsionspolitik der Union beizutragen. Anlagen in solche Immobilien sollten eindeutig dokumentiert werden, um die langfristige Bindung der Investition in solche Immobilien aufzuzeigen." Jedoch kommt diesen Vorgaben mangels Aufnahme in den bindenden Text keine zwingende Wirkung zu.

---

2 Das „oder" betont *Weitnauer* in Weitnauer/Boxberger/Anders, KAGB, Art. 2 ELTIF-VO Rz. 3.

V. Finanzunternehmen (Art. 2 Nr. 7 ELTIF-VO)

Die Definition hat Bedeutung für den Ausschluss bestimmter Unternehmen aus dem Kreis der qualifizierten Portfoliogesellschaften zwecks Vermeidung einer indirekten Finanzierung von Finanzintermediären (Ziel des ELTIF soll die Realwirtschaft sein) und einer **Eindämmung systemischer Risiken**. Näher Kommentierung zu Anh. zu § 338a: Art. 12 ELTIF-VO Rz. 11 f. 8

Vgl. zu **Kreditinstituten und Wertpapierfirma** § 1 Abs. 19 Nr. 30, § 24 Abs. 1 KAGB (s. § 1 Rz. 219 f., § 24 Rz. 7 ff.). Zu **Versicherungsunternehmen** vgl. § 24 Abs. 1 KAGB (s. § 24 Rz. 8). Zur OGAW-Verwaltungsgesellschaft und AIF-Verwaltungsgesellschaft § 1 Abs. 14 bis 16 KAGB (s. § 1 Rz. 150 ff.). 9

Für die **Finanzholdinggesellschaft und gemischte Finanzholdinggesellschaften** verweist Art. 2 Nr. 7 ELTIF-VO auf die CRR, welche wiederum auf die FiCOD I verweist. **Finanzholdinggesellschaft** ist ein Finanzinstitut, das keine gemischte Finanzholdinggesellschaft ist und dessen Tochterunternehmen ausschließlich oder hauptsächlich Institute oder Finanzinstitute sind, wobei mindestens eines dieser Tochterunternehmen ein Institut ist. **Gemischte Finanzholdinggesellschaft** ist eine nicht der Aufsicht unterliegendes Mutterunternehmen, das zusammen mit seinen Tochterunternehmen, von denen mindestens eines ein beaufsichtigtes Unternehmen mit Sitz in der Gemeinschaft ist, und anderen Unternehmen ein Finanzkonglomerat bildet. 10

VI. EU-AIF, EU-AIFM (Art. 2 Nr. 8, 9 ELTIF-VO)

Vgl. § 1 Abs. 8, 17 KAGB, s. § 1 Rz. 142, 156 f. Die Regelung schließt im Ergebnis aus, dass Fonds oder Verwalter in einem anderen als einem EU- oder EWR-Staat angesiedelt ist. Der ELTIF ist ein **EU-AIF, der von einem EU-AIFM verwaltet wird**. 11

VII. Für den ELTIF zuständige Behörde (Art. 2 Nr. 10 ELTIF-VO)

Gemeint ist die **Fondsbehörde**, die die Zulassung nach Art. 5 Abs. 1 ELTIF-VO zu erteilen hat, im Fall eines deutschen ELTIF die BaFin gem. § 5 ff. KAGB. 12

VIII. Herkunftsmitgliedstaat des ELTIF (Art. 2 Nr. 11 ELTIF-VO)

Gemeint ist **der Herkunftsstaat des Fonds**, wobei die ELTIF-VO an den Staat der Zulassung gem. Art. 5 ELTIF-VO anknüpft. Dies entspricht § 1 Abs. 19 Nr. 17 KAGB (s. § 1 Rz. 187 f.). Die Beschränkung auf EU-AIF ist Ausdruck der europäischen Dimension des ELTIF (ErwGr. 9 ELTIF-VO). 13

IX. Verwalter des ELTIF (Art. 2 Nr. 12 ELTIF-VO)

Gemeint ist der **Herkunftsstaat des Fondsverwalters/AIFM.** Da ein ELTIF-Verwalter immer EU-AIFM ist (Art. 5 Abs. 2 ELTIF-VO), ist die AIF-KVG bzw. EU-Verwaltungsgesellschaft gem. § 1 Abs. 14, 17 Nr. 2 KAGB gemeint (s. § 1 Rz. 150 ff.). Zur intern verwalteten KVG vgl. § 1 Abs. 12 KAGB (s. § 1 Rz. 147 f.). 14

X. Für den Verwalter des ELTIF zuständige Behörde (Art. 2 Nr. 13 ELTIF-VO)

Art. 2 Nr. 13 ELTIF-VO bezieht sich auf die **für den Verwalter zuständige Behörde**, im Fall einer deutschen AIF-KVG die BaFin gem. § 5 ff. KAGB. 15

XI. Wertpapierleihe, Pensionsgeschäft, Leerverkauf (Art. 2 Nr. 14, 15, 17 ELTIF-VO)

Art. 2 Nr. 14 ELTIF-VO definiert **Wertpapierverleihgeschäfte** und **Wertpapierleihgeschäfte** eigenständig. Gemeint sind „Geschäfte, durch die eine Gegenpartei Wertpapiere in Verbindung mit der Verpflichtung überträgt, dass die die Papiere entleihende Partei zu einem späteren Zeitpunkt oder auf Ersuchen der übertragenden Partei gleichwertige Papiere zurückgibt, wobei es sich für die übertragende Gegenpartei um ein Wertpapierverleihgeschäft und für die die Übertragung empfangende Gegenpartei um ein Wertpapierleihgeschäft handelt." Die Terminologie ist verwirrend, da die Leihe die Rückgabe derselben Sache meint, 16

Art. 2 Nr. 14 ELTIF-VO aber nur die **Rückgabe von Wertpapieren gleicher Art** verlangt. Das KAGB spricht bedeutungsgleich von Wertpapier-Darlehen (s. die Klammerdefinition in § 200 Abs. 1 KAGB). Näher § 200 Rz. 10 ff.

17 Die Definition der **Pensionsgeschäfte** (Art. 2 Nr. 15 ELTIF-VO) bezieht auf die CRR-Definition und erfasst „Pensionsgeschäfte" und „umgekehrte Pensionsgeschäfte" gem. Art. 4 Abs. 1 Nr. 82 CRR. „Pensionsgeschäfte" und „umgekehrte Pensionsgeschäfte" sind Vereinbarungen, durch die ein Institut oder seine Gegenpartei Wertpapiere oder Waren oder garantierte Rechtsansprüche auf eines der folgenden Elemente überträgt: a) Ansprüche auf Wertpapiere oder Waren, wenn die Garantie von einer anerkannten Börse, die die Rechte an den Wertpapieren oder Waren hält, gegeben wird, die Vereinbarung es dem Institut nicht erlaubt, ein bestimmtes Wertpapier oder eine bestimmte Ware mehr als einer Gegenpartei auf einmal zu übertragen oder zu verpfänden, und die Übertragung in Verbindung mit der Verpflichtung zum Rückkauf dieser Wertpapiere oder Waren erfolgt, b) Wertpapiere oder Waren der gleichen Art zu einem festen Preis und zu einem vom Pensionsgeber festgesetzten oder noch festzusetzenden späteren Zeitpunkt; dabei handelt es sich für das Institut, das die Wertpapiere oder Waren veräußert, um ein Pensionsgeschäft und für das Institut, das diese erwirbt, um ein umgekehrtes Pensionsgeschäft. Ergänzend heranzuziehen ist Art. 4 Abs. 1 Nr. 84 CRR, wonach ein „einfaches Pensionsgeschäft" ein Pensionsgeschäft mit einem einzigen Vermögenswert oder mit ähnlichen nicht-komplexen Vermögenswerten im Gegensatz zu einem Korb von Vermögenswerten ist. S. zu Pensionsgeschäften im **Kontext von OGAW** auch § 203 KAGB.

18 **Leerverkauf** i.S.d. LeerverkaufsVO ist ein Verkauf von Aktien oder Schuldinstrumenten, die sich zum Zeitpunkt des Eingehens der Verkaufsvereinbarung nicht im Eigentum des Verkäufers befinden, einschließlich eines Verkaufs, bei dem der Verkäufer zum Zeitpunkt des Eingehens der Verkaufsvereinbarung die Aktien oder Schuldinstrumente geliehen hat oder eine Vereinbarung getroffen hat, diese zu leihen, um sie bei der Abwicklung zu liefern. Kein Leerverkauf in diesem Sinn ist a) der Verkauf seitens einer der Parteien einer Rückkaufvereinbarung, bei der die eine Partei der anderen ein Wertpapier zu einem festgesetzten Kurs verkauft und die andere Partei sich verpflichtet, dieses Wertpapier zu einem späteren Zeitpunkt zu einem ebenfalls festgesetzten Kurs zurückzukaufen; b) die Übertragung von Wertpapieren im Rahmen einer Wertpapierleihe-Vereinbarung, sowie c) der Abschluss eines Terminkontrakts oder eines anderen Derivatekontrakts über den Verkauf von Wertpapieren zu einem bestimmten Kurs zu einem künftigen Zeitpunkt. S. zu Leerverkäufen im Kontext von **AIF** auch §§ 265, 276 KAGB, von **OGAW** auch § 205 KAGB.

XII. Finanzinstrument (Art. 2 Nr. 16 ELTIF-VO)

19 Art. 2 Nr. 16 ELTIF-VO nimmt die Definition der **Finanzinstrumente gem. MiFID II** in Bezug. Auf diese bezieht sich etwa § 20 Abs. 2 und 3 KAGB (s. § 20 Rz. 42 ff., 79 ff.).

XIII. Geregelter Markt, MTF (Art. 2 Nr. 18, 19 ELTIF-VO)

20 Die ELTIF-VO verwendet die Terminologie der europäischen Rechtstexte. Gemeint ist der **Begriff gem. Art. 4 Abs. 1 Nr. 21 MiFID II. Geregelter Markt** ist danach „ein von einem Marktbetreiber betriebenes und/oder verwaltetes multilaterales System, das die Interessen einer Vielzahl Dritter am Kauf und Verkauf von Finanzinstrumenten innerhalb des Systems und nach seinen nichtdiskretionären Regeln in einer Weise zusammenführt oder das Zusammenführen fördert, die zu einem Vertrag in Bezug auf Finanzinstrumente führt, die gemäß den Regeln und/oder den Systemen des Marktes zum Handel zugelassen wurden, sowie eine Zulassung erhalten hat und ordnungsgemäß und gem. Art. 44 ff. MiFID II funktioniert."[3] Vom geregelten Markt spricht § 67 Abs. 2 KAGB. Im Übrigen verwenden § 2 Abs. 11 WpHG[4] deckungsgleich und § 1 Abs. 19 Nr. 29 KAGB leicht abweichend die Bezeichnung „organisierter Markt", vgl. § 1 Rz. 216 ff. Das **multilaterale Handelssystem** gem. Art. 4 Abs. 1 Nr. 19 MiFID II hat keine Entsprechung im KAGB, wohl aber in § 2 Abs. 21 WpHG.[5]

3 Zu europäischen Marktformen *Zetzsche/Eckner* in EnzEuR, Bd. 6, § 7.A. Rz. 156 ff.
4 Vgl. dazu *Assmann* in Assmann/Uwe H. Schneider/Mülbert, § 2 WpHG Rz. 210 ff.
5 Vgl. dazu *Assmann* in Assmann/Uwe H. Schneider/Mülbert, § 2 WpHG Rz. 257 f.

Art. 3 Zulassung und öffentliches Zentralregister

(1) Ein ELTIF darf nur dann in der Union vertrieben werden, wenn er gemäß dieser Verordnung zugelassen wurde. Die Zulassung als ELTIF gilt in allen Mitgliedstaaten.

(2) Die Zulassung als ELTIF kann nur von EU-AIF beantragt und nur diesen erteilt werden.

(3) Die für die ELTIF zuständigen Behörden unterrichten die ESMA vierteljährlich über die Zulassungen, die gemäß dieser Verordnung erteilt oder entzogen werden.

Die ESMA führt ein öffentliches Zentralregister, in dem jeder nach dieser Verordnung zugelassene ELTIF, der Verwalter des ELTIF und die für den ELTIF zuständige Behörde erfasst sind. Das Register wird in elektronischer Form zugänglich gemacht.

In der Fassung vom 29.4.2015 (ABl. EU Nr. L 123 v. 19.5.2015, S. 98).

I. Zulassungspflicht (Art. 3 Abs. 1 ELTIF-VO)

1 Art. 3 Abs. 1 ELTIF-VO ordnet die **Zulassungpflicht** des ELTIF und die **europaweite Geltung der Produktzulassung** an. Die Vorschrift ist aus Art. 5 OGAW-RL bekannt. Vgl. dazu § 113 KAGB. Zum Zulassungsverfahren vgl. Art. 5 f. ELTIF-VO.

II. Beschränkung auf EU-AIF (Art. 3 Abs. 2 ELTIF-VO)

2 Nach Art. 3 Abs. 2 ELTIF-VO können nur in der EU oder im EWR angesiedelte Fonds ELTIF sein. Vgl. zum Motiv Vor § 338a Rz. 3. Zum Begriff EU-AIF vgl. Art. 2 Nr. 8 ELTIF-VO.

III. Unterrichtung über Zulassung, Zentralregister (Art. 3 Abs. 3 ELTIF-VO)

3 Die ESMA wird zwecks Erstellung des ELTIF-Registers über die Entwicklung von ELTIF-Zulassungen informiert. Dass dies nur vier Mal pro Jahr erfolgen soll, überrascht; üblich und in Zeiten digitalen Datentransfers problemlos wäre eine unverzügliche Mitteilung. Das Zentralregister der ESMA ist per Oktober 2018 noch nicht abrufbar.

Art. 4 Bezeichnung und Verbot der Umwandlung

(1) Die Bezeichnung „ELTIF“ oder „europäischer langfristiger Investmentfonds“ in Bezug auf einen Organismus für gemeinsame Anlagen oder die von ihm aufgelegten Anteile darf nur verwendet werden, wenn der Organismus für gemeinsame Anlagen gemäß dieser Verordnung zugelassen wurde.

(2) ELTIF dürfen sich nicht in einen dieser Verordnung nicht unterliegenden Organismus für gemeinsame Anlagen umwandeln.

In der Fassung vom 29.4.2015 (ABl. EU Nr. L 123 v. 19.5.2015, S. 98).

I. Bezeichnungsschutz (Art. 4 Abs. 1 ELTIF-VO)

1 Der Bezeichnungsschutz ist ähnlich angelegt wie in Art. 4 EuSEF-VO bzw. EuVECA-VO und ist Ausprägung des **ELTIF als Qualitätssiegel**. Die Bezeichnung steht nur dem Fonds zu, nicht dem Verwalter.[1] Die

1 *Weitnauer* in Weitnauer/Boxberger/Anders, KAGB, Art. 4 ELTIF-VO Rz. 1.

Aufsicht zum Schutz der Bezeichnung obliegt allen in der EU und im EWR im Finanzmarktrecht zuständigen Behörden zusammen (vgl. Art. 32 Abs. 5 ELTIF-VO). Bei Zuwiderhandlung gegen die ELTIF-VO kann die Aufsichtsbehörde des ELTIF die Bezeichnung „ELTIF" entziehen (Art. 33 Abs. 3 ELTIF-VO). Die behördliche Aufsicht schließt weitergehende privatrechtliche Folgen nicht aus. Insofern kommt insbesondere eine Prospekthaftung oder Vertriebshaftung wegen konkludenten Beratungs- und Aufklärungsvertrags in Betracht.

II. Umwandlungsverbot (Art. 4 Abs. 2 ELTIF-VO)

2 Das **Umwandlungsverbot** ist aus dem KAGB bekannt, vgl. § 213 KAGB, dazu § 213 Rz. 3. Die Alternative eines Bezeichnungsentzugs bei Umwandlung wurde nicht beschritten.[2] Dies soll die Anleger vor Überraschungen und Anpassungen schützen, nimmt jedoch auch einen Teil der Flexibilität.

Art. 5 Antrag auf Zulassung als ELTIF

(1) Ein Antrag auf Zulassung als ELTIF ist bei der für den ELTIF zuständigen Behörde zu stellen.

Der Antrag auf Zulassung als ELTIF umfasst Folgendes:

a) die Vertragsbedingungen oder Satzung des Fonds;

b) Angaben zur Identität des vorgeschlagenen Verwalters des ELTIF sowie zu seinen gegenwärtigen und früheren Erfahrungen und bisherigen Tätigkeiten im Bereich der Fondsverwaltung;

c) Angaben zur Identität der Verwahrstelle;

d) Beschreibung der Informationen, die den Anlegern zur Verfügung gestellt werden sollen, einschließlich einer Beschreibung der Regelungen für die Behandlung der Beschwerden von Kleinanlegern.

Die für den ELTIF zuständige Behörde kann Klarstellungen und Informationen bezüglich der gemäß Unterabsatz 2 bereitgestellten Unterlagen und Informationen verlangen.

(2) Nur ein gemäß der Richtlinie 2011/61/EU zugelassener EU-AIFM darf bei der für den ELTIF zuständigen Behörde die Genehmigung zur Verwaltung eines ELTIF beantragen, für den gemäß Absatz 1 ein Antrag auf Zulassung gestellt wurde. Wenn die für den ELTIF zuständige Behörde gleichzeitig die für den EU-AIFM zuständige Behörde ist, ist in einem solchen Antrag auf Genehmigung auf die für die Zulassung gemäß der Richtlinie 2011/61/EU eingereichten Unterlagen zu verweisen.

Ein Antrag auf Genehmigung zur Verwaltung eines ELTIF umfasst Folgendes:

a) die schriftliche Vereinbarung mit der Verwahrstelle;

b) Angaben zu Übertragungsvereinbarungen betreffend das Portfolio- und Risikomanagement und die Verwaltung in Bezug auf den ELTIF;

c) Informationen über die Anlagestrategien, das Risikoprofil und andere Merkmale der AIF, für deren Verwaltung der EU-AIFM zugelassen ist.

Die für den ELTIF zuständige Behörde kann von der für den EU-AIFM zuständigen Behörde in Bezug auf die in Unterabsatz 2 genannten Unterlagen Klarstellungen und Informationen oder eine Bescheinigung darüber verlangen, ob der ELTIF in den Geltungsbereich der Zulassung fällt, die dem EU-AIFM für die Verwaltung von AIF erteilt wurde. Die für den EU-AIFM zuständige Behörde antwortet innerhalb von zehn Arbeitstagen nach Erhalt des Ersuchens der für den ELTIF zuständigen Behörde.

(3) Antragsteller werden innerhalb von zwei Monaten nach Einreichung eines vollständigen Antrags darüber informiert, ob die Zulassung als ELTIF einschließlich der Genehmigung für den EU-AIFM zur Verwaltung des ELTIF erteilt wurde.

(4) Nachträgliche Änderungen an den in den Absätzen 1 und 2 genannten Unterlagen werden der für den ELTIF zuständigen Behörde umgehend angezeigt.

(5) Abweichend von den Absätzen 1 und 2 beantragt ein EU-AIF, dessen Rechtsform eine interne Verwaltung erlaubt und dessen Leitungsgremium nicht beschließt, einen externen AIFM zu bestel-

2 *Weitnauer* in Weitnauer/Boxberger/Anders, KAGB, Art. 4 ELTIF-VO Rz. 1.

len, gleichzeitig die Zulassung als ELTIF nach dieser Verordnung und als AIFM nach der Richtlinie 2011/61/EU.

Unbeschadet des Artikels 7 der Richtlinie 2011/61/EU umfasst der Antrag auf Zulassung als intern verwalteter ELTIF Folgendes:

a) die Vertragsbedingungen oder Satzung des Fonds;

b) eine Beschreibung der Informationen, die den Anlegern zur Verfügung gestellt werden sollen, einschließlich einer Beschreibung der Regelungen für die Behandlung der Beschwerden von Kleinanlegern.

Abweichend von Absatz 3 wird ein intern verwalteter EU-AIF innerhalb von drei Monaten nach Einreichung eines vollständigen Antrags darüber informiert, ob die Zulassung als ELTIF erteilt wurde.

In der Fassung vom 29.4.2015 (ABl. EU Nr. L 123 v. 19.5.2015, S. 98).

Der ELTIF ist zulassungspflichtig bei der **für die Aufsicht über den ELTIF zuständigen Behörde.**[1] Siehe dazu Anh. zu § 338a: Art. 2 ELTIF-VO Rz. 15. Die Zulassung soll erfolgen, wenn die Anteile des EU-AIF künftig als solche eines ELTIF vertrieben werden sollen (ErwGr. 11 ELTIF-VO). Da ein AIF selbst grundsätzlich nicht zulassungspflichtig ist, kommt es **nach europäischem Recht nicht zur doppelten Zulassung,** wohl aber dann, wenn die Umsetzung der AIFM-RL in den Mitgliedstaaten eine Produktzulassung für Publikums-AIF vorsieht (vgl. etwa § 163 Abs. 1, § 267 Abs. 1 KAGB). 1

Das in Art. 5 ELTIF-VO geregelte **Zulassungsverfahren** ist grundsätzlich aus dem zweiten Kapitel der OGAW-RL (Art. 5 OGAW-RL; § 163 KAGB) bekannt.[2] Siehe dazu die § 163 Rz. 1 ff. Es gelten folgende **Besonderheiten**: Einerseits hat die für den ELTIF zuständige Behörde sicherzustellen, dass **die Zulassung des AIFM die Verwaltung von ELTIF umfasst** (Art. 5 Abs. 2 Unterabs. 2 sowie Art. 6 Abs. 3 Buchst. c ELTIF-VO). Dies ist erforderlich, weil die Zulassung als AIFM (AIF-KVG) mit Einschränkungen und Auflagen einhergehen kann (s. § 20 Abs. 1 Satz 2 KAGB); so ist etwa eine Auflage verbreitet, die AIFM auf liquide Anlagen beschränkt. Andererseits weicht Art. 5 Abs. 4 ELTIF-VO in Bezug auf die **Bearbeitungsfristen** mit zwei respektive drei Monaten von denen der AIFM-RL für die AIFM-Zulassung ab. Dies ist der Eignung des ELTIF für bestimmte Kleinanleger geschuldet. 2

Vgl. zur grenzüberschreitenden Fondsverwaltung die Kommentierung zu Art. 6 ELTIF-VO. 3

Art. 6 Zulassungsbedingungen

(1) Ein EU-AIF wird nur dann als ELTIF zugelassen, wenn die für ihn zuständige Behörde

a) sich davon überzeugt hat, dass der EU-AIF alle Anforderungen dieser Verordnung erfüllen kann;

b) den Antrag eines nach der Richtlinie 2011/61/EU zugelassenen EU-AIFM auf Verwaltung des ELTIF, die Vertragsbedingungen oder die Satzung des Fonds und die Wahl der Verwahrstelle genehmigt hat.

(2) Wenn ein EU-AIF einen Antrag gemäß Artikel 5 Absatz 5 dieser Verordnung stellt, lässt die zuständige Behörde den EU-AIF nur zu, wenn sie sich davon überzeugt hat, dass der EU-AIF den Anforderungen dieser Verordnung und der Richtlinie 2011/61/EU bezüglich der Zulassung eines EU-AIFM entspricht.

(3) Die für den ELTIF zuständige Behörde kann den Antrag eines EU-AIFM auf Verwaltung eines ELTIF nur ablehnen, wenn der EU-AIFM:

a) nicht dieser Verordnung entspricht;

b) nicht der Richtlinie 2011/61/EU entspricht;

c) nicht von der für ihn zuständigen Behörde zur Verwaltung von AIF zugelassen wurde, die Anlagestrategien jener Art verfolgen, die unter diese Verordnung fallen; oder

---

1 Vgl. dazu Art. 5 Abs. 1 und 2 sowie Art. 3 Abs. 1 ELTIF-VO i.V.m. Art. 2 Nr. 10 ELTIF-VO i.V.m. Art. 4 Abs. 1 Buchst. h AIFM-RL.

2 Vgl. dazu *Jesch* in Dornseifer/Jesch/Klebeck/Tollmann, Art. 31 AIFM-RL Kap. VI Rz. 2; *Zetzsche/Marte* in Zetzsche, AIFMD, S. 431 ff.

d) nicht die in Artikel 5 Absatz 2 genannten Unterlagen oder die darin geforderten Klarstellungen und Informationen übermittelt hat.

Bevor ein Antrag abgelehnt wird, hört die für den ELTIF zuständige Behörde die für den EU-AIFM zuständige Behörde an.

(4) Die für den ELTIF zuständige Behörde erteilt die Zulassung als ELTIF nicht an einen EU-AIF, der einen Antrag auf Zulassung gestellt hat, wenn dieser seine Anteile aus rechtlichen Gründen nicht in seinem Herkunftsmitgliedstaat vertreiben darf.

(5) Die für den ELTIF zuständige Behörde teilt dem EU-AIF den Grund für die Ablehnung der Zulassung als ein ELTIF mit.

(6) Ein Antrag, der unter diesem Kapitel abgelehnt wurde, darf nicht bei den zuständigen Behörden anderer Mitgliedstaaten erneut eingereicht werden.

(7) Die Zulassung als ein ELTIF wird weder an die Auflage geknüpft, dass der ELTIF von einem im Herkunftsmitgliedstaat des ELTIF zugelassenen EU-AIFM verwaltet wird, noch daran, dass der EU-AIFM im Herkunftsmitgliedstaat des ELTIF Tätigkeiten ausübt oder überträgt.

In der Fassung vom 29.4.2015 (ABl. EU Nr. L 123 v. 19.5.2015, S. 98).

1 Der AIFM und der (extern verwaltete) ELTIF **müssen nicht im gleichen Land** ansässig sein, **ELTIF und Verwahrstelle liegen jedoch immer im gleichen Land.**[1] Die dann einschlägigen Regeln ergeben sich aus Art. 5, 6 ELTIF-VO. Die für den ELTIF zuständige Behörde hat etwa durch Ersuchen an die Verwalterbehörde sicherzustellen, dass die Zulassung des AIFM die Verwaltung von ELTIF umfasst; die Verwalterbehörde hat ein solches Ersuchen binnen zehn Tagen zu beantworten (Art. 5 Abs. 2 Unterabs. 2 ELTIF-VO). Des Weiteren ist sicherzustellen, dass der AIFM die Anteile des ELTIF auch in seinem Heimatstaat vertreiben darf (Art. 6 Abs. 4 ELTIF-VO); dies ist etwa ausgeschlossen, wenn der AIFM nur über eine Zulassung zum Asset- und Risikomanagement und insbesondere nicht über die für einen Vertrieb an Kleinanleger erforderliche Vertriebsorganisation verfügt. Nach der **Notifikation durch die Heimatstaatbehörde *des AIFM*** kann der ELTIF grenzüberschreitend vertrieben oder verwaltet werden. Die so ermöglichte Aufspaltung von Verwaltungs- und Fondsdomizil beschleunigt die Spezialisierung der Fondsstandorte.[2]

2 **Regulierungsarbitrage vermeidet** die Vorschrift, dass ein einmal abgelehnter Antrag nicht bei einer anderen Behörde eingereicht werden kann (Art. 6 Abs. 6 ELTIF-VO).[3] Die Regelung ist einschränkend auszulegen. Ein **geänderter Antrag** kann selbstverständlich sowohl erneut bei der Heimatstaatsbehörde als auch jeder anderen Behörde eingereicht werden; es handelt sich dann nicht um denselben Antrag.

3 Das in Art. 5 und 6 ELTIF-VO geregelte Zulassungsverfahren sowie das in Art. 31 ELTIF-VO geregelte Notifikationsverfahren beim grenzüberschreitenden Vertrieb ist grundsätzlich aus dem zweiten und elften Kapitel der OGAW-RL (§§ 49 ff. KAGB) sowie dem sechsten Kapitel (Art. 31 ff.) der AIFM-RL (§§ 53 ff. KAGB) bekannt.[4] Es gelten **drei Besonderheiten**:

4 **1.** Eine **einzige Vertriebsanzeige** genügt zugleich für Art. 31 ff. AIFM-RL (§§ 293, 295 ff., 314 f. KAGB) und Art. 31 ELTIF-VO.

5 **2.** Der AIFM muss **im Rahmen des ELTIF-Zulassungsantrags Angaben zu Delegationen** in den Bereichen „Portfolio- und Risikomanagement" und „Verwaltung" des ELTIF machen. Die Angabepflicht besteht aufgrund der Delegationsregeln des Art. 20 AIFM-RL (§ 36 KAGB) bislang nur gegenüber den Aufsichtsbehörden *des AIFM*. Die Angabepflicht gegenüber der Fonds-Behörde wurde aus Art. 20 Abs. 1 OAGW-RL übernommen. Bei der Übernahme wurde der Kernunterschied zwischen der AIFM-RL (als Regelwerk für Vermögensverwalter) und der OGAW-RL (als Regelwerk für Fondsleitungen) übersehen: Der AIFM zeichnet für das Portfolio- und Risikomanagement, nicht jedoch in allen Fällen die Administration (Buch-

1 Vgl. Art. 4 Abs. 1 Buchst. p i.V.m. 21 Abs. 5 Buchst. a AIFM-RL, dazu *Zetzsche/Marte* in Zetzsche, AIFMD, S. 440 ff.

2 Vgl. *Zetzsche* in Zetzsche, AIFMD, S. 869 f. So kommen Standorte mit Erfahrung in illiquiden Vermögenswerten und niedrigen Steuersätzen (z.B. Liechtenstein) als Domizil für AIFMs, allgemeine Finanzzentren (z.B. London, Paris) als Ort für die Administration, der Ort der Vermögensgegenstände (insb.: Deutschland) oder starker Depotbanken (insb. Luxemburg) als Domizil für AIFs in Betracht.

3 *Jesch* in Moritz/Klebeck/Jesch, § 338a KAGB Rz. 79.

4 Vgl. dazu *Jesch* in Dornseifer/Jesch/Klebeck/Tollmann, Art. 31 AIFM-RL Kap. VI Rz. 2; *Zetzsche/Marte* in Zetzsche, AIFMD, S. 431 ff.

haltung, Bewertung, Compliance, Beschwerdewesen etc.) verantwortlich.[5] „Verwaltung“ meint gem. Art. 4 Abs. 1 Buchst. w AIFM-RL (dazu § 1 Rz. 202 ff., § 20 Rz. 15 ff.) nur das Portfolio- und Risikomanagement. Damit ist die Vorschrift des Art. 5 Abs. 2 ELTIF-VO sinnlos: Sie beschreibt mit dem zweiten das gleiche wie mit dem ersten Begriff. Dennoch ist eine korrekte Administration ein wichtiges Anlegerschutzinstrument. Sofern eine andere Person als der AIFM ELTIF administriert, sollte Art. 5 Abs. 2 Buchst. b ELTIF-VO so ausgelegt werden, dass der vom AIFM abweichende Administrator anzugeben ist.

3. Die **Herkunftsbehörde des ELTIF** überwacht nur die Anlagebestimmungen, die Transparenzregeln und die Statutenkonformität (Art. 32 Abs. 3 ELTIF-VO); die Aufsicht über den AIFM (nach der AIFM-RL) liegt bei dessen Herkunftsbehörde. Die zum Schutz der Kleinanleger zusätzlich eingeführten Vertriebsregeln überwachen die betroffene Vertriebsstaat- und die Herkunftsbehörde des AIFM gemeinsam (vgl. Art. 31 Abs. 3 bis 5 und 7 ELTIF-VO). Eine Zuständigkeitskollision ist durch Kooperation unter Mitwirkung der ESMA aufzulösen (Art. 34, 35 ELTIF-VO). 6

Art. 7 Einhaltung der ELTIF-VO und AIFM-RL, Haftung

(1) Ein ELTIF erfüllt jederzeit die Bestimmungen der vorliegenden Verordnung.

(2) Ein ELTIF und der Verwalter des ELTIF befolgen jederzeit die Richtlinie 2011/61/EU.

(3) Der Verwalter des ELTIF ist dafür verantwortlich, die Befolgung dieser Verordnung sicherzustellen, und haftet auch gemäß der Richtlinie 2011/61/EU für Verstöße gegen diese Verordnung. Der Verwalter des ELTIF haftet zudem für Schäden und Verluste, die durch die Nichteinhaltung dieser Verordnung entstehen.

In der Fassung vom 29.4.2015 (ABl. EU Nr. L 123 v. 19.5.2015, S. 98).

Gemäß Art. 7 Abs. 3 Satz 1 ELTIF-VO hat der Verwalter des ELTIF "die Befolgung dieser Verordnung sicherzustellen, und auch gemäß der [AIFM-RL] für **Verstöße gegen diese Verordnung zu haften**.“ Dies könnte man als Präzisierung der ordnungsrechtlichen Verantwortlichkeit des AIFM gem. Art. 5 Abs. 1 AIFM-RL interpretieren. Art. 7 Abs. 3 Satz 2 ELTIF-VO formuliert aber weitergehend: „Der Verwalter des ELTIF haftet zudem für **Schäden und Verluste**, die durch die Nichteinhaltung dieser Verordnung entstehen.“ Die Kompensationspflicht nach Satz 2 ist insbesondere einschlägig bei Verstößen gegenüber Fonds und Anlegern, z.B. die Anlagegrenzvorschriften. Damit haben viele Rechtsordnungen wenig Probleme, anders aber, soweit es Organisations- und Verhaltenspflichten des AIFM betrifft, Deutschland und Österreich: Dort lehnt die h.M. nach einer Einzelfallbetrachtung eine Privatrechtswirkung der Fondsregulierung tendenziell ab.[1] Diese verfehlte (s. Einl. Rz. 125) Ansicht muss als europarechtlich überholt gelten. 1

Unklar ist, ob die Kompensationspflicht nach Art. 7 Abs. 3 Satz 2 ELTIF-VO **öffentlich- oder privatrechtlicher Art** ist, auf welcher Anspruchsgrundlage sie beruht und von wem der Anspruch geltend zu machen ist.[2] Für eine öffentlich-rechtliche Einordnung könnte mit der Effizienz einer behördlichen Durchsetzung bei den für Fondsanlagen typischen Streuschäden argumentiert werden. Dagegen spricht, dass eine korrespondierende Befugnisnorm für Ausführungshandlungen der Aufsicht (analog §§ 78 Abs. 3, 84 Abs. 3 KAGB) in Kap. VI der ELTIF-VO fehlt. Gestaltet Art. 7 Abs. 3 Satz 2 ELTIF-VO demnach das Privatrecht, ist es vorzugswürdig, **jeden Verstoß als Vertragsrechtsverletzung im Dreiecksverhältnis von Verwahrer, Verwalter und Anleger einzuordnen**.[3] 2

5 Vgl. Anhang II der OGAW-RL gegen Anhang I der AIFM-RL, dazu *Zetzsche*, ZBB 2014, 26.

1 Z.B. ablehnend zu § 9a InvG *Köndgen* in Berger, § 28 InvG Rz. 4 f.; für Schutzgesetzeigenschaft in bestimmten Fällen aber *Reiss*, Pflichten der Kapitalanlagegesellschaft und Depotbank gegenüber dem Anleger, 2006, S. 152 ff. Restriktiv zur Schutzgesetzeigenschaft der §§ 26 ff. KAGB (unter Orientierung an der Judikatur zu §§ 63 ff. WpHG) auch *Möllers* in Möllers/Kloyer, Das neue KAGB, S. 247, 256.

2 Vgl. zu den Regelungstypen *Zetzsche/Eckner*, „Europäisches Kapitalmarktrecht: Grundbegriff“, in Enzyklopädie Europarecht, Bd. 6 – Europäisches Privatrecht, 2016, § 7.A. Rz. 136 ff.

3 Im Einzelnen *Zetzsche*, Prinzipien der kollektiven Vermögensanlage, 2015, S. 589 ff., 802 ff.; *Zetzsche* in Möllers/Kloyer, Das neue KAGB, S. 131, 151 f.

Kapitel II
Verpflichtungen in Bezug auf die Anlagepolitik von ELTIF

Abschnitt 1
Allgemeine Vorschriften und zulässige Vermögenswerte

Art. 8 Teilfonds

Umfasst ein ELTIF mehr als einen Teilfonds, so wird für die Zwecke dieses Kapitels jeder Teilfonds als eigener ELTIF angesehen.

In der Fassung vom 29.4.2015 (ABl. EU Nr. L 123 v. 19.5.2015, S. 98).

1 Siehe Kommentierung zu Anh. zu § 338a: Art. 12 ELTIF-VO.

Art. 9 Zulässige Anlagen

(1) Im Einklang mit den in Artikel 1 Absatz 2 angegebenen Zielen investiert ein ELTIF ausschließlich in die nachstehend genannten Vermögenswertkategorien, und zwar ausschließlich unter den in dieser Verordnung festgelegten Bedingungen:

a) zulässige Anlagevermögenswerte;

b) die in Artikel 50 Absatz 1 der Richtlinie 2009/65/EG genannten Vermögenswerte.

(2) Ein ELTIF tätigt keines der folgenden Geschäfte:

a) Leerverkäufe von Vermögenswerten;

b) direktes oder indirektes Engagement in Rohstoffen, einschließlich über Finanzderivate, Rohstoffe repräsentierende Zertifikate, auf Rohstoffen beruhende Indizes oder sonstige Mittel oder Instrumente, die ein solches Engagement ergäben;

c) Wertpapierverleih- oder Wertpapierleihgeschäfte, Pensionsgeschäfte oder andere Geschäfte, die vergleichbare wirtschaftliche Auswirkungen haben und ähnliche Risiken darstellen, wenn davon mehr als 10 % der Vermögenswerte des ELTIF betroffen sind;

d) Einsatz von Finanzderivaten außer in Fällen, in denen der Gebrauch solcher Instrumente einzig und allein der Absicherung der mit anderen Anlagen des ELTIF verbundenen Risiken dient.

(3) Um für die einheitliche Anwendung dieses Artikels zu sorgen, arbeitet die ESMA nach Durchführung einer öffentlichen Anhörung Entwürfe technischer Regulierungsstandards aus, in denen Kriterien festgelegt werden, anhand deren festgestellt werden kann, wann die Nutzung von Finanzderivaten einzig und allein der Absicherung gegen Risiken dient, die mit den Investitionen im Sinne von Absatz 2 Buchstabe d verbunden sind.

Die ESMA legt diese Entwürfe technischer Regulierungsstandards bis zum 9. September 2015 der Kommission vor.

Der Kommission wird die Befugnis übertragen, die in Unterabsatz 1 genannten technischen Regulierungsstandards gemäß den Artikeln 10 bis 14 der Verordnung (EU) Nr. 1095/2010 zu erlassen.

In der Fassung vom 29.4.2015 (ABl. EU Nr. L 123 v. 19.5.2015, S. 98).

1 Siehe Kommentierung zu Anh. zu § 338a: Art. 12 ELTIF-VO.

Art. 10 Zulässige Anlagevermögenswerte

Ein in Artikel 9 Absatz 1 Buchstabe a genannter Vermögenswert ist als Anlage eines ELTIF nur zulässig, wenn er unter eine der folgenden Kategorien fällt:

a) Eigenkapital- oder eigenkapitalähnliche Instrumente, die
   i) von einem qualifizierten Portfoliounternehmen begeben werden und die der ELTIF vom qualifizierten Portfoliounternehmen oder von einem Dritten über den Sekundärmarkt erwirbt;
   ii) von einem qualifizierten Portfoliounternehmen im Austausch für ein Eigenkapitalinstrument oder eigenkapitalähnliches Instrument begeben werden, das der ELTIF zuvor vom qualifizierten Portfoliounternehmen oder von einem Dritten über den Sekundärmarkt erworben hat;
   iii) von einem Unternehmen, dessen in Mehrheitsbesitz befindliche Tochtergesellschaft das qualifizierte Portfoliounternehmen ist, im Austausch für ein Eigenkapitalinstrument oder eigenkapitalähnliches Instrument begeben werden, das der ELTIF gemäß den Ziffern i oder ii vom qualifizierten Portfoliounternehmen oder von einem Dritten über den Sekundärmarkt erworben hat;
b) von einem qualifizierten Portfoliounternehmen begebene Schuldtitel;
c) vom ELTIF an ein qualifiziertes Portfoliounternehmen gewährte Kredite mit einer Laufzeit, die die Laufzeit des ELTIF nicht übersteigt;
d) Anteile eines oder mehrerer anderer ELTIF, EuVECA und EuSEF, sofern diese ELTIF, EuVECA und EuSEF nicht selbst mehr als 10 % ihres Kapitals in ELTIF investiert haben;
e) direkte Beteiligungen oder indirekte Beteiligungen über qualifizierte Portfoliounternehmen an einzelnen Sachwerten im Wert von mindestens 10 000 000 EUR oder dem Äquivalent in der Währung, in der die Ausgabe getätigt wird, zu dem zum Zeitpunkt der Ausgabe geltenden Kurs.

In der Fassung vom 29.4.2015 (ABl. EU Nr. L 123 v. 19.5.2015, S. 98).

Siehe Kommentierung zu Anh. zu § 338a: Art. 12 ELTIF-VO. 1

Art. 11 Qualifiziertes Portfoliounternehmen

(1) Ein in Artikel 10 genanntes qualifiziertes Portfoliounternehmen ist ein Portfoliounternehmen, bei dem es sich nicht um einen Organismus für gemeinsame Anlagen handelt und das die nachstehend genannten Anforderungen erfüllt:

a) es ist kein Finanzunternehmen;
b) es ist ein Unternehmen, das:
   i) nicht zum Handel an einem geregelten Markt oder in einem multilateralen Handelssystem zugelassen ist; oder
   ii) zum Handel an einem regulierten Markt oder in einem multilateralen Handelssystem zugelassen ist und gleichzeitig eine Marktkapitalisierung von höchstens 500 000 000 EUR hat;
c) es hat seine Niederlassung in einem Mitgliedstaat oder einem Drittland, sofern das Drittland
   i) von der Arbeitsgruppe „Bekämpfung der Geldwäsche und der Terrorismusfinanzierung" nicht als nicht kooperatives Hochrisikoland eingestuft wird;
   ii) mit dem Herkunftsmitgliedstaat des Verwalters des ELTIF sowie mit jedem anderen Mitgliedstaat, in dem die Anteile des ELTIF vertrieben werden sollen, eine Vereinbarung unterzeichnet hat, die sicherstellen soll, dass das Drittland den in Artikel 26 des OECD-Musterabkommens zur Vermeidung der Doppelbesteuerung von Einkommen und Vermögen festgelegten Standards in vollem Umfang entspricht und für einen wirksamen Informationsaustausch in Steuerangelegenheiten sorgt, einschließlich multilateraler Steuerabkommen.

(2) Abweichend von Absatz 1 Buchstabe a dieses Artikels kann ein qualifiziertes Portfoliounternehmen ein Finanzunternehmen sein, das ausschließlich die in Absatz 1 dieses Artikels genannten qualifizierten Portfoliounternehmen oder die in Artikel 10 Buchstabe e genannten Sachwerte finanziert.

In der Fassung vom 29.4.2015 (ABl. EU Nr. L 123 v. 19.5.2015, S. 98).

Siehe Kommentierung zu Anh. zu § 338a: Art. 12 ELTIF-VO. 1

Art. 12 Interessenkonflikt

Ein ELTIF investiert nicht in zulässige Anlagevermögenswerte, an denen der Verwalter des ELTIF eine direkte oder indirekte Beteiligung hält oder übernimmt, es sei denn, diese Beteiligung geht nicht über das Halten von Anteilen der von ihm verwalteten ELTIF, EuSEF oder EuVECA hinaus.

In der Fassung vom 29.4.2015 (ABl. EU Nr. L 123 v. 19.5.2015, S. 98).

I. Aufbau des Abschnitts 1 (Art. 8 bis 12 ELTIF-VO)

1 Die ELTIF-spezifischen Anlagen (im Folgenden: **ELTIF-Anlagen**) setzen sich zusammen aus 1. qualifizierten Portfoliounternehmen (im Folgenden: Zielunternehmen), 2. Sachwerten und 3. bestimmten Anlageorganismen. In der Absicht, Kapital für ein intelligentes, nachhaltiges und integratives Wachstum und langfristige Investitionen in die Realwirtschaft zu beschaffen (Art. 1 Abs. 2 ELTIF-VO), **definiert Art. 11 ELTIF-VO die einen ELTIF prägenden Anlagen erstaunlich formal**. Erst durch weitere Konkretisierungen, die über die Art. 9 bis 12 ELTIF-VO verstreut sind (Rz. 3 ff.), erlangt der ELTIF Kontur.

2 Die Anlagebeschränkungen gelten jeweils für ELTIF. **Teilfonds und Teilgesellschaftsvermögen** (vgl. §§ 96 Abs. 2 und 3, 164 Abs. 2, 117, 132 KAGB (dazu § 96 Rz. 22 ff., § 164 Rz. 17 f., § 117 Rz. 1 ff.) werden als ELTIF behandelt (Art. 8 ELTIF-VO), nicht jedoch Anlageklassen.[1]

II. Zielunternehmen (Art. 10, 11 ELTIF-VO)

3 Erste ELTIF-Anlagekategorie sind **bestimmte Unternehmensbeteiligungen.**

1. Keine Börsennotierung

4 ELTIF-Anlage ist gem. Art. 11 Abs. 1 Buchst. b i) ELTIF-VO ein **weder an einem geregelten Markt, noch einem multilateralen Handelssystem (MTF) gehandeltes Unternehmen** (vgl. Art. 2 Nr. 18, 19 ELTIF-VO), und zwar abweichend von Art. 3 Buchst. d EuVECA-VO **unabhängig von dessen Rechtsform und Größe.** Für die Börsennotierung wird man nach dem gewöhnlichen Sprachgebrauch auf die Notierung der Aktien des Unternehmens abstellen. Eine GmbH, die großvolumig Schuldverschreibungen emittiert (Beispiel: Bertelsmann GmbH), kann Zielunternehmen sein.

5 Das Zielunternehmen darf grundsätzlich **kein Organismus für gemeinsame Anlagen und kein Finanzunternehmen** sein. Während Finanzunternehmen gem. Art. 2 Nr. 7 ELTIF-VO die zwischen Investition und Anleger stehenden Finanzintermediäre meint,[2] ist Anlageorganismus das Vehikel, an dem Anleger beteiligt sind und für welches eine Fremdverwaltung, die Bündelung von Anlegermitteln, die Insolvenzfähigkeit und die Verfolgung einer Anlagestrategie charakteristisch sind.[3]

6 Der ELTIF darf sich am Eigenkapital oder Mezzanine **direkt beteiligen** oder **über den Sekundärmarkt** nicht börsengängige Aktien oder Gesellschaftsanteile erwerben.[4] Schuldtitel sind direkt gegenüber dem Zielunternehmen zu zeichnen, Kredite direkt an dieses auszuzahlen. Der Erwerb von Eigenkapital und eigenkapitalähnlichen Instrumenten (s. Art. 2 Nr. 4, 5 ELTIF-VO) von bisherigen Anteilseignern ist zulässig.

1 Vgl. zur Unterscheidung *Zetzsche*, Prinzipien der kollektiven Vermögensanlage, S. 748 ff.
2 Art. 2 Nr. 7 ELTIF-VO nennt Kreditinstitute, Wertpapierfirmen, Versicherungsunternehmen, Finanzholdinggesellschaften und Fondsverwaltungsgesellschaften für OGAW und AIF (AIFM).
3 Vgl. dazu *Zetzsche*, Prinzipien der kollektiven Vermögensanlage, S. 57 ff.
4 Die Terminologie von Art. 10 ELTIF-VO orientiert sich an Art. 3 Buchst. e EuVECA-VO. Dazu *Weitnauer* in Weitnauer/Boxberger/Anders, KAGB, Anh. 3 Art. 3 EuSEF-VO Rz. 8.

Keine Erwähnung finden in dem strikt formulierten Art. 10 ELTIF-VO („nur zulässig, wenn ...") **Kreditsubstitute**, insbesondere die Bestellung von Sicherheiten durch den Fonds. So können aus steuerlichen und Kostengründen dem Zielunternehmen der Kredit und dem ELTIF dessen anteilige Besicherung auferlegt werden. Die Besicherung ist geldwert, zudem kann der Sicherungsfall das Fondsvermögen gefährden. Zulässig sollte dennoch eine Besicherung durch den ELTIF in den für Kredite gem. Art. 10 Buchst. c ELTIF-VO geltenden Anlagegrenzen sein. 7

Ebenfalls für unzulässig erklärt wird der **Zweiterwerb von Krediten und Schuldtiteln**. Ob dies dem Zweiterwerb entgegensteht,[5] ist unklar: Das für ELTIF unerwünschte Geschäftsmodell des Handels mit Problemkrediten ist bereits wegen Verstoßes gegen den „ELTIF-Test" gem. Art. 1 Abs. 2 ELTIF-VO unzulässig (Rz. 26 ff.). Die Vorschrift geht offenbar (so pauschal unzutreffend) davon aus, Zielunternehmen und Sachwerte hätten keinen Zugang zu liquiden Schuldmärkten.[6] Wer infolgedessen eine strikte Grenze zwischen Eigenkapital- und Hybridinstrumenten einerseits, Fremdkapitalinstrumenten andererseits zieht, fördert ex ante die Umetikettierung von Fremdkapital in Hybridinstrumente und erschwert ex post sinnvolle Ergebnisse bei den im Kontext von KMU und Sachwertinvestitionen häufigen Sanierungsbemühungen. Beides widerspricht der Zielsetzung, das „reibungslose Funktionieren des Binnenmarkts für langfristige Investitionen" zu fördern (ErwGr. 6 ELTIF-VO). 8

2. Börsennotierung bis zu 500 Mio. Euro Marktkapitalisierung

Des Weiteren sind börsennotierte Unternehmen mit einer Marktkapitalisierung von bis zu 500 Mio. Euro qualifiziert. Diese Art. 10 des Kommissionsentwurfs zur ELTIF-VO[7] im Trilogue-Verfahren hinzugefügte Ergänzung **reduziert den Verkaufsdruck bei der Erstnotierung eines Unternehmens und erleichtert so Börsengänge**. Andernfalls müssten die bereits vor der Erstnotierung investierten ELTIF ihre Beteiligung beim Börsengang auflösen. Des Weiteren vermutet ErwGr. 23 ELTIF-VO Finanzierungsschwierigkeiten börsennotierter Unternehmen mit kleinem Marktvolumen. 9

Gemäß Art. 17 Abs. 2 ELTIF-VO gilt, wenn die Marktkapitalisierung des Zielunternehmens die in Art. 11 Abs. 1 Buchst. b ELTIF-VO definierte 500 Mio. Euro-Grenze übersteigt, die Anlage **für weitere drei Jahre als zulässig**. Dies berücksichtigt, dass der ELTIF die Wertentwicklung seiner Zielunternehmen nicht beeinflussen kann, diese aber insbesondere nicht behindern soll, und ermöglicht eine kursschonende Abschmelzung der Beteiligung. Gleichwohl wird ein sorgfältiges Risikomanagement bereits mit der Erstnotierung die Position auf eine am Markt jederzeit platzierbare Höhe reduzieren oder sich nach potentiellen Block-Erwerbern umsehen. 10

3. Finanzunternehmen mit ELTIF-Fokus

Gemäß Art. 11 Abs. 2 ELTIF-VO kann ein qualifiziertes Portfoliounternehmen auch ein Finanzunternehmen sein, das kein Anlageorganismus ist, und **ausschließlich andere qualifizierte Portfoliounternehmen oder Sachwerte gem. Art. 10 Buchst. e ELTIF-VO finanziert**. Die Einschaltung solcher Finanzunternehmen[8] soll gem. ErwGr. 22 ELTIF-VO für die Zusammenführung privater und öffentlicher Finanziers bei Infrastrukturprojekten erforderlich sein. ELTIFs dürfen deshalb auch indirekt über Finanzunternehmen investieren, „solange sich diese Finanzunternehmen der Finanzierung langfristiger Projekte sowie dem Wachstum von KMU widmen." Indirekt i.S.d. Vorschrift ist der Erwerb von Aktien und Schuldverschreibungen des Finanzunternehmens oder von Finanzprodukten mit dem Finanzunternehmen als Gegenpartei. 11

Wer die Ausschließlichkeit in Art. 11 Abs. 2 ELTIF-VO wörtlich versteht, nimmt der Ausnahme den Anwendungsbereich. Jeder Finanzintermediär wird (wenngleich in einem geringen Umfang) profitable Seitenaktivitäten vorweisen, so ein Kreditinstitut die Tätigkeit am Interbankenmarkt, bei der die Kredit gebende Bank das Empfängerinstitut „finanziert". Zur Herstellung der gebotenen Rechtssicherheit ist **Art. 13 Abs. 1 ELTIF-VO analog anzuwenden**. Finanzintermediäre, deren Bilanz zu 70 % von ELTIF-Anlagen oder deren GuV zu 70 % von Einnahmen aus ELTIF-Aktivitäten geprägt sind, genügen den Vorgaben des Art. 11 Abs. 2 ELTIF-VO. 12

---

5 *Bühler*, RdF 2015, 198 (Sekundärerwerb gleichwohl wünschenswert); dagegen für Zulässigkeit *Zetzsche/Preiner* in Zetzsche, AIFMD, S. 140 (im Rahmen der durch Art. 1 Abs. 2 ELTIF-VO gesetzten Grenzen).

6 ErwGr. 3, 23 ELTIF-VO.

7 Europäische Kommission, Vorschlag für eine Verordnung (...) über europäische langfristige Investmentfonds, KOM/2013/0462 endg.

8 ErwGr. 31 ff. ELTIF-VO erwähnen namentlich die Europäische Investitionsbank.

4. Unternehmen aus Drittstaaten (Art. 11 Abs. 1 Buchst. c ELTIF-VO)

13 Gemäß Art. 11 Abs. 1 Buchst. c ELTIF-VO sind **Beteiligungen an Unternehmen mit Verwaltungssitz**[9] **in einem Drittland zulässig**, sofern das **Land nicht auf der „schwarzen Liste" der Financial Action Task Force (FATF)** steht und ein steuerlicher **Informationsaustausch gem. Art. 26 des OECD-Musterabkommens** zur Vermeidung von Doppelbesteuerung zwischen den Drittlandsbehörden, dem Herkunftsstaat des Verwalters des ELTIF (im Folgenden: AIFM) und jedem Vertriebsstaat vereinbart und praktiziert wird. Diese Standardanforderungen für Drittstaaten-Beziehungen im Europäischen Bank- und Finanzmarktrecht[10] erfüllen Entwicklungsländer nur selten, so dass sich ein ELTIF z.B. nicht an einem Solarpark-Betreiber in der Äquatorregion beteiligen darf. Die Zulässigkeit von Anlagen in Drittstaaten war zunächst politisch umstritten,[11] ist nun aber durch eindeutigen Wortlaut zweifelsfrei gestellt.

14 **Ohne Steuerinformationsaustausch** zulässig ist der **Direkterwerb von Sachwerten** gem. Art. 10 Buchst. e ELTIF-VO: Art. 11 ELTIF-VO gilt nur für Unternehmensbeteiligungen. Beim Sacherwerb trifft man jedoch häufig auf örtliche Grundverkehrsrechte, die ausländischen Eigentumserwerb beschränken. Für Anlagen in Drittländern bleiben kostenintensive Zwischenstrukturen (z.B. über SPVs) erforderlich.

15 Art. 11 Abs. 1 Buchst. c ELTIF-VO erfasst seinem Wortlaut nicht **Anlageorganismen**. Dies ist insofern widersprüchlich, weil die Zwecke des Art. 11 Abs. 1 Buchst. c ELTIF-VO, Geldwäsche, Terrorismusfinanzierung und steuerintransparente Gestaltungen einzuschränken, auch insofern maßgeblich sind. Jedoch wird dieser Zweck bei den Fondsanlagen durch Begrenzung auf EU-Fondsprodukte sichergestellt (Rz. 23 ff.).

III. Sachwerte (Art. 10 Buchst. e ELTIF-VO)

16 Die zweite wichtige Beteiligungskategorie sind gem. Art. 10 Buchst. e ELTIF-VO Sachwerte mit einem Mindestwert von 10 Mio. Euro. Der ELTIF kann **direkt oder indirekt über Zweckgesellschaften** investieren, die dann als Zielunternehmen (Rz. 3 ff.) einzustufen sind. Die Mindestanlagesumme versteht sich einerseits vor dem Hintergrund der dem Fonds belasteten Transaktionskosten, andererseits vermeidet sie eine Konkurrenz mit Privatanlegern um Wohnimmobilien.

17 Anders als Art. 10 Buchst. a bis c ELTIF-VO kennt Art. 10 Buchst. e ELTIF-VO **keine Differenzierung zwischen Erst- und Zweiterwerb**. Dies ermöglicht bei Sachwertanlagen eine adäquate Risikozuteilung: Der ELTIF möchte nur das langfristige Finanzierungsrisiko tragen, während (z.B.) ein Immobilienentwickler typischerweise das Errichtungs- und Inbetriebnahmerisiko für das Gebäude trägt. Diese marktgewachsene Praxis unterbindet die ELTIF-VO nicht.

18 Schwierigkeiten wirft die Frage auf, was zu den **Sachwerten zu zählen** ist. Art. 2 Nr. 6 ELTIF-VO umschreibt Sachwerte als „einen Vermögenswert, der aufgrund seiner Beschaffenheit und seiner Eigenschaften einen Wert hat und eine Rendite abwerfen kann." Umfasst sein sollen „Infrastruktur und andere Vermögenswerte, die einen wirtschaftlichen oder sozialen Nutzen wie Bildung, Beratung, Forschung und Entwicklung ermöglichen."

19 Danach kann – erstens – allein der **Liquidationswert** maßgeblich sein. Diese Betrachtungsweise unterstützt ErwGr. 18 ELTIF-VO, der beispielhaft Infrastruktur, geistiges Eigentum, Schiffe, Anlagen, Maschinen, Flugzeuge oder Schienenfahrzeuge zu Sachwerten erklärt.

20 Zweitens kann die Sachwerteigenschaft aus der **Rendite** (englisch: return) abgeleitet werden. Dies folgt aus ErwGr. 17 ELTIF-VO, wonach bei den zulässigen Sachwerten eine zahlungsstrombasierte Bewertung (Discounted Cash Flow Methode) möglich sein muss. Mangels berechenbaren (vgl. ErwGr. 17 ELTIF-VO: „regelmäßigen oder unregelmäßigen") Cash Flows scheiden jedenfalls Kunstwerke, Manuskripte, Schmuck oder Wein als Anlagegegenstände aus. Dies legt eine – ungeschriebene – Ergänzung im Sinne eines **„konstanten" Zahlungsstroms** nahe.

21 Doch bleibt **Rechtsunsicherheit**. Denn die in der Finanzwissenschaft übliche und auch für die DCF-Methode erforderliche Bestimmung der risikoadjustierten Rendite *der Anleger* scheint unerwünscht. So übersteigt bei einigen in Art. 2 Nr. 6 und ErwGr. 17 ELTIF-VO genannten Beispielen (Bildung, Sozialleistung und Gesundheit) die soziale Rendite (social return) typischerweise die von den Finanziers zu vereinnahmende Rendite (private return). Die Ratlosigkeit steigert die Verknüpfung des „wirtschaftlichen" mit dem „sozialen Nutzen" in Art. 2 Nr. 6 ELTIF-VO. Wie der soziale Nutzen gemessen und damit als Sachwertkrite-

9 Vgl. *Zetzsche/Preiner* in Zetzsche, AIFMD, S. 138.
10 Vgl. dazu *Zetzsche*, Competitiveness, S. 406 ff.; *Zetzsche*, Drittstaaten, S. 127 ff.
11 Dazu *Bühler*, RdF 2015, 196 (199).

rium tauglich wird, bleibt – ebenso wie bei Vermögensanlagen gem. § 2 Abs. 2b VermAnlG – im Dunkeln.[12] Die von Art. 2 Nr. 6 ELTIF-VO geforderte **Kumulation aus Privat- und Sozialnutzen** ist auch gegeben, wenn der soziale auf Kosten des privaten Nutzens erwirtschaftet wird. Dann gebietet der Anlegerschutz eine ausdrückliche **Warnung** im Prospekt und der Anlegerkurzinformation auf die zu erwartende Minderrendite.[13]

Immobilien zählen nur dann zu den Sachwerten, „wenn sie ein wesentliches oder sekundäres Element eines langfristigen Investitionsprojekts sind, das zu dem Unionsziel eines intelligenten, nachhaltigen und integrativen Wachstums beiträgt." Die Bedeutung der auch im ELTIF-Test gem. Art. 1 Abs. 2 ELTIF-VO (Rz. 26 ff.) anzutreffenden Floskel erhellt auch der Blick in das Kommissionsprogramm nicht.[14] Dort findet sich kein Katalog „zulässiger" Immobilien. U.E. sind **energieeffiziente oder für Infrastrukturinvestitionen** (Eisenbahnen, Autobahnen, Datenleitungen) benötigte Gebäude Sachwert. 22

IV. Bestimmte Organismen für gemeinsame Anlagen (Art. 10 Buchst. d ELTIF-VO)

Gemäß Art. 10 Buchst. d ELTIF-VO ist der **Erwerb bestimmter (Langfrist- oder KMU-)Fonds** zulässig, namentlich ELTIF, EuVECA und EuSEF. Eine anlageschädliche Fondskaskade verhindert, dass 1) die Zielfonds nicht selbst mehr als 10 % ihres Kapitals in ELTIF investieren und 2) gem. Art. 13 Abs. 3 ELTIF-VO maximal 20 % des ELTIF-Kapitals in solche Fondsbeteiligungen angelegt sein dürfen. Zugleich werden als wohl unbeabsichtigte Nebenfolge auch **ELTIF-Dachfonds ausgeschlossen.**[15] Solche Dachfonds müssen daher AIF, sie können in bestimmten Fällen auch OGAW sein. Eine Anlage in **Fonds aus Drittstaaten** ist ausgeschlossen, weil ELTIFs, EuVECAs und EuSEFs immer in der EU/dem EWR angesiedelt sind. 23

Fraglich ist die Einordnung **intern verwalteter ELTIFs.**[16] Intern verwaltete ELTIF sind gem. Art. 2 Nr. 12 und Art. 5 Abs. 5 ELTIF-VO zugleich AIFMs und damit Finanzunternehmen gem. Art. 2 Nr. 7 ELTIF-VO. Für die Anlage in Finanzunternehmen gem. Art. 10 Buchst. e ELTIF-VO kennt die ELTIF-VO keine Obergrenze. Fraglich ist, ob für den Erwerb eines Anteils an einem intern verwalteten ELTIF die **20 %-Grenze für Anlageorganismen** gilt. Dies ist in Abhängigkeit davon zu beantworten, ob die Anlage in den Anlageorganismus oder dessen Verwalter erfolgen soll. Teilfonds oder Teilgesellschaftsvermögen mit Anlagecharakter unterliegen den Vorschriften für Anlageorganismen, unternehmerische Anteile jenen für Finanzunternehmen. Lässt sich beides nicht trennen (wie bei der deutschen geschlossenen Inv-AG gem. §§ 140 ff. KAGB), ist die Einstufung als Finanzunternehmen vorzuziehen. Eine sachwidrige Risikokonzentration vermeiden die Streuungsvorschriften für Zielunternehmen gem. Art. 13 ELTIF-VO (vgl. Anh. zu § 338a: Art. 17 ELTIF-VO Rz. 7 ff.). 24

V. Beschränkungen

Nach den vorgenannten Kriterien könnte ein ELTIF z.B. Braunkohlekraftwerke oder Waffenschmieden finanzieren. Des Weiteren drohte die Abladung illiquider Ladenhüter oder die Umwandlung der ELTIF-Charakteristik durch Derivate. Diesen Missständen begegnen **drei materielle Begrenzungen**. 25

1. ELTIF-Test (Art. 9 Abs. 1 ELTIF-VO)

Gemäß Art. 9 Abs. 1 ELTIF-VO investiert ein ELTIF „im Einklang mit den in Artikel 1 Absatz 2 angegebenen Zielen" in die zulässigen Anlagegegenstände. Die in Bezug genommene Vorschrift lautet: „Ziel dieser Verordnung ist es, im Einklang mit dem Unionsziel eines **intelligenten, nachhaltigen und integrativen Wachstums** Kapital zu beschaffen und langfristigen europäischen Investitionen in der Realwirtschaft zuzuführen." 26

12 Vgl. zu den Schwierigkeiten der Messung des sozialen Nutzens *Meyer/Krauss*, Measuring and Aggregating Social Performance of Microfinance Investment Vehicles", Univeristät Zürich, CMF Working Paper Series No. 03, 2015; *Meyer*, Social Versus Financial Return in Microfinance, Universität Zürich, CMF Working Papers Series No. 01, 2015.

13 *Zetzsche/Preiner* in Zetzsche, AIFMD, S. 189 ff.

14 Vgl. *Europäische Kommission*, Europa 2020 – Eine Strategie für intelligentes, nachhaltiges und integratives Wachstum, 3.3.2010, KOM(2010) 2020 endg.

15 Zutr. *Jesch* in Moritz/Klebeck/Jesch, § 338a KAGB Rz. 51.

16 Vgl. zu den Optionen unter dem KAGB *Bentele* in Baur/Tappen, § 17 KAGB Rz. 22 ff.; *Zetzsche*, AG 2013, 614, 616; zur AIFM-RL *Tollmann* in Dornseifer/Jesch/Klebeck/Tollmann, Art. 5 AIFM-RL Rz. 18 f., 28 ff.; *van Dam/Mullmaier* in Zetzsche, AIFMD, S. 701 f.

27 Man könnte die Zielvorgabe als inhaltsleeren Programmsatz denunzieren. Wegen der Bezugnahme in Art. 9 Abs. 1 ELTIF-VO liegt eine **Begrenzung des ansonsten lediglich formal begrenzten ELTIF-Anlageuniversums** näher: Jeder Anlagegegenstand muss den ELTIF- Test bestehen. Dann ist der Inhalt des ELTIF-Tests von Interesse. Die der ELTIF-VO zugrundeliegende „Strategie zur Förderung eines intelligenten, nachhaltigen und integrativen Wachstums" (Rz. 26) ist der Dynamik des politischen Prozesses unterworfen und als juristische Konkretisierung untauglich. Die Unsicherheit hat Konsequenzen. So dürfte aus deutscher Sicht eine ELTIF-Anlage in Atomkraftwerke „unsustainable" sein, während die gleiche Investition aus französischer Sicht für ELTIFs geeignet ist, weil Kohlendioxid-Emissionen reduziert werden. Weder der ESMA, noch der Europäischen Kommission stehen in diesem heiklen Bereich Konkretisierungskompetenzen zu.

2. Verbotene Investmenttechniken und Spekulationsverbot (Art. 9 Abs. 2 ELTIF-VO)

28 Das Verbot des Art. 9 Abs. 2 ELTIF-VO steht im Zusammenhang mit dem Hinweis in ErwGr. 18 ELTIF-VO, wonach die ELTIF-VO **keine Spekulation** fördern soll. Nach allgemeinem Sprachgebrauch untersagt dies Anlagen mit einem gesteigerten Risikograd. Da Risikosteigerung durch Verschuldung bereits gem. Art. 9 Abs. 2 ELTIF-VO untersagt ist, meint ErwGr. 18 ELTIF-VO die **„Wette" auf kurzfristige Wertschwankungen** und verweist damit auf die grundsätzliche Differenzierung zwischen Handel und strategiebasierter Anlage.[17]

29 Art. 9 Abs. 2 ELTIF-VO **untersagt den Einsatz von Investmenttechniken, die als unvereinbar mit der Langfristorientierung angesehen werden**: Leerverkäufe, Rohstoff-Engagements,[18] Wertpapierleihe und Derivate zu anderen als Absicherungszwecken. Schwierigkeiten ruft deren definitorische Erfassung hervor, zumal sich diese ähnlich in der CRD IV und den Umsetzungsmaßnahmen zur AIFM-RL finden.[19] Dies erklärt die Ermächtigung zum Erlass eines RTS in Art. 9 Abs. 3 ELTIF-VO (dazu Rz. 30)

30 Die Vereinheitlichungsbemühungen der ESMA[20] zum Einsatz von Finanzderivaten gem. Art. 9 Abs. 3 ELTIV-VO mündeten in Art. 1 der Delegierten Verordnung (EU) 2018/480 vom 4.12.2017. Danach liegt ein **Gebrauch von Finanzderivaten** einzig und allein zur Absicherung vor, wenn der Finanzderivateeinsatz die aus den Anlagen des ELTIF erwachsenden **Risikopositionen spürbar senkt**. Derivate, die dem ELTIF einen Ertrag bringen sollen, gelten nicht als Absicherung und dürfen vom ELTIF-Verwalter nicht eingesetzt werden. Kommt es bei Verfolgung des Absicherungszwecks jedoch zu einem Antrag, ist dies unschädlich; entscheidend ist die pflichtgemäße ex-ante Prognose. Die Absicherung kann auch **mit Derivaten auf Basiswerte** erfolgen, die derselben Anlageklasse wie ELTIF-Anlagen angehören. Die Verringerung dieser Risiken muss auf Ebene des ELTIF **messbar und objektiv nachprüfbar sein** (Beispiel: Verminderung entsprechender Risikokennziffern, „Stressreduzierung"). Des Weiteren muss der Effekt des Finanzderivats auch bei **angespannten Marktbedingungen** eintreten. Dies beinhaltet eine **Prognoseentscheidung**, die u.E. pflichtgemäß ist, wenn der erwünschte Sicherungszweck bei üblichen Stressszenarien noch, wenngleich ggf. in einem geringeren Umfang eintritt.

3. Interessenkonflikte (Art. 12 ELTIF-VO)

31 Interessenkonflikten beugt Art. 12 ELTIF-VO vor. Unzulässig ist die Anlage in Gegenstände, an denen **der AIFM** „eine **direkte oder indirekte Beteiligung** hält oder übernimmt, es sei denn, diese Beteiligung geht nicht über das Halten von Anteilen der von ihm verwalteten ELTIF, EuSEF oder EuVECA hinaus." Zweckgerecht ist eine eher weite Auslegung der „indirekten Beteiligung", die alle Vorteile des AIFM aus einer Wertsteigerung des Anlagegegenstands durch die nachfolgende Anlage des ELTIFs erfasst (*Beispiel*: Signing Bonus, Kommission für die Kapitalvermittlung, etc.). Eine derartige Extension benötigt **Grenzen**. So liegt es im Interesse der Anleger, wenn der AIFM eine Zielgesellschaft vor der Anlage berät, weil dies Informationsasymmetrien und damit das Anlagerisiko reduziert. Derartige Beratungsverträge (z.B. als Seed Consultant) sind keine indirekte Beteiligung gem. Art. 12 ELTIF-VO, solange die Anlage durch den ELTIF oder eine durch Transaktion nachgewiesene Wertsteigerung *dem AIFM* keinen Vorteil verschafft.

32 **Art. 12 ELTIF-VO dämmt ein *frontrunning* des Verwalters ein.** Mit der Regelung vereinbar bliebe indes ein Kreisverkehr zwischen den von einem AIFM verwalteten Fonds (Fonds 1 an 2 an 3 an 1), wie er für die

17 Vgl. dazu *Zetzsche*, Prinzipien der kollektiven Vermögensanlage, 2015, S. 184 f.
18 Vgl. aber für Zulässigkeit der Anlage in Zielunternehmen mit Rohstoff-Engagements *Fischer/Bühler*, RdF 2013, 276 (278) (zweifelhaft).
19 Näher *Zetzsche/Preiner* in Zetzsche, AIFMD, S. 143 ff.
20 Vgl. ESMA, Consultation Paper on draft regulatory technical standards under the ELTIF Regulation, 31.7.2015, ESMA/2015/1239, S. 7; ESMA, Final Report, ESMA/2016/935, S. 6-7, 17 f., 26 f.

Krise geschlossener Fonds in den 1920er Jahren in den USA prägend war.[21] Art. 12 ELTIF-VO muss deshalb durch die allgemeinen Vorschriften für Interessenkonflikte des AIFM gem. Art. 14 AIFM-RL/§ 27 Abs. 4 KAGB i.V.m. Art. 30 AIFM-VO[22] konkretisiert werden.

Gegenüber Art. 30 AIFM-VO sowie anderen Konfliktregelungen im Finanzmarktrecht[23] weist Art. 12 ELTIF-VO die Besonderheit auf, dass **Offenlegung und Zustimmung** der Anleger das konfliktträchtige Verhalten **nicht legitimieren.** In Kleinanlegerbeziehungen sind Offenlegung und Zustimmung in der Tat kein geeignetes Schutzinstrument.[24] Ob sich sämtliche Konflikte – namentlich zwischen den Anlegern verschiedener Fonds – von vorneherein vermeiden lassen, ist dennoch zu bezweifeln. Insoweit ist der begrenzte Anwendungsbereich von Art. 12 ELTIF-VO zu begrüßen. 33

Art. 12 ELTIF-VO begrenzt die Wirkung der Regelung auf den AIFM. Zweckgerecht ist die uE bereits aus § 27 Abs. 4 KAGB zu gewinnende Ausdehnung auf **Führungspersonal und wesentlich am AIFM beteiligte (natürliche oder juristische) Personen.** Dagegen steht die Beteiligung einer **Tochter-, Schwester- oder Enkelgesellschaft** einer Beteiligung nicht immer, sondern nur unter den weniger strengeren Regeln des § 27 Abs. 4 KAGB entgegen. Vgl. für evtl. Beziehungen der **Verwahrstelle** § 70 KAGB. 34

Abschnitt 2
Bestimmungen zur Anlagepolitik

Art. 13 Portfoliozusammensetzung und Diversifizierung

(1) Ein ELTIF investiert mindestens 70 % seines Kapitals in zulässige Anlagevermögenswerte.

(2) Ein ELTIF investiert höchstens

a) 10 % seines Kapitals in Instrumente, die von ein und demselben qualifizierten Portfoliounternehmen begeben werden, oder Kredite, die ein und demselben qualifizierten Portfoliounternehmen gewährt wurden;

b) 10 % seines Kapitals direkt oder indirekt in einen einzigen Sachwert;

c) 10 % seines Kapitals in Anteile eines einzigen ELTIF, EuVECA oder EuSEF;

d) 5 % seines Kapitals in die in Artikel 9 Absatz 1 Buchstabe b genannten Vermögenswerte, wenn diese Vermögenswerte von einer einzigen Stelle begeben wurden.

(3) Der Wert der in einem ELTIF-Portfolio enthaltenen Anteile an ELTIF, EuVECA und EuSEF darf zusammengenommen nicht über 20 % des Werts des Kapitals des ELTIF hinausgehen.

(4) Das Engagement eines ELTIF gegenüber einer Gegenpartei darf bei Geschäften mit OTC-Derivaten, Pensionsgeschäften oder umgekehrten Pensionsgeschäften zusammengenommen nicht mehr als 5 % des Wertes des Kapitals des ELTIF ausmachen.

(5) Abweichend von Absatz 2 Buchstaben a und b kann ein ELTIF die dort genannte Obergrenze von 10 % auf 20 % anheben, sofern der Wert seiner Vermögenswerte in qualifizierte Portfoliounternehmen und einzelne Sachwerte, in die er mehr als 10 % seines Kapitals investiert, nicht über 40 % des Werts des Kapitals des ELTIF hinausgeht.

(6) Abweichend von Absatz 2 Buchstabe d kann ein ELTIF die darin genannte Obergrenze von 5 % auf 25 % anheben, wenn die Schuldverschreibungen von einem Kreditinstitut mit Sitz in einem Mitgliedstaat begeben werden, das aufgrund gesetzlicher Vorschriften zum Schutz der Inhaber von Schuldverschreibungen einer besonderen öffentlichen Aufsicht unterliegt. Insbesondere werden die Erträge aus der Emission dieser Schuldverschreibungen gemäß den gesetzlichen Vorschriften in Vermögenswerten angelegt, die während der gesamten Laufzeit der Schuldverschreibungen die sich daraus ergebenden Verbindlichkeiten ausreichend decken und vorrangig für die bei der Zahlungsunfä-

21 Vgl. *Zetzsche*, Prinzipien der kollektiven Vermögensanlage, 2015, S. 308 ff.

22 Vgl. Delegierte Verordnung (EU) Nr. 231/2013 vom 19. Dezember 2012 zur Ergänzung der Richtlinie 2011/61/EU des Europäischen Parlaments und des Rates im Hinblick auf Ausnahmen, die Bedingungen für die Ausübung der Tätigkeit, Verwahrstellen, Hebelfinanzierung, Transparenz und Beaufsichtigung, ABl. EU Nr. L 83 v. 22.3.2012, S. 1; dazu *Steffen* in Baur/Tappen, § 27 KAGB Rz. 39 f., 44 f.

23 Vgl. dazu *Kumpan*, Interessenkonflikte im deutschen Privatrecht, 2014, S. 245 ff., 246 f. (Zustimmungspflichten sind danach als partielle Ersetzung des Interessenwahrers einzuordnen).

24 Vgl. *Zetzsche*, Prinzipien der kollektiven Vermögensanlage, 2015, S. 772 ff.

higkeit des Emittenten fällig werdende Rückzahlung des Kapitals und die Zahlung der Zinsen bestimmt sind.

(7) Gesellschaften, die zur Erstellung des konsolidierten Abschlusses im Sinne der Richtlinie 2013/34/EU des Europäischen Parlaments und des Rates oder nach anerkannten internationalen Rechnungslegungsvorschriften in die Unternehmensgruppe einbezogen werden, werden für die Berechnung der in den Absätzen 1 bis 6 genannten Obergrenzen als ein einziges Portfoliounternehmen oder eine einzige Stelle angesehen.

In der Fassung vom 29.4.2015 (ABl. EU Nr. L 123 v. 19.5.2015, S. 98).

1 Siehe Kommentierung zu Anh. zu § 338a: Art. 17 ELTIF-VO.

Art. 14 Berichtigung von Anlagepositionen

Wenn bei einem ELTIF gegen die Diversifizierungsanforderungen nach Artikel 13 Absätze 2 bis 6 verstoßen wird und der Verstoß außerhalb der Kontrolle des Verwalters des ELTIF liegt, ergreift der Verwalter des ELTIF innerhalb eines angemessenen Zeitraums die notwendigen Maßnahmen zur Berichtigung von Anlagepositionen, wobei er die Interessen der Anleger des ELTIF angemessen berücksichtigt.

In der Fassung vom 29.4.2015 (ABl. EU Nr. L 123 v. 19.5.2015, S. 98).

1 Siehe Kommentierung zu Anh. zu § 338a: Art. 17 ELTIF-VO.

Art. 15 Konzentration

(1) Ein ELTIF darf nicht mehr als 25 % der Anteile eines einzigen ELTIF, EuVECA oder EuSEF erwerben.

(2) Die in Artikel 56 Absatz 2 der Richtlinie 2009/65/EG festgelegten Obergrenzen gelten für Anlagen in die in Artikel 9 Absatz 1 Buchstabe b dieser Verordnung genannten Vermögenswerte.

In der Fassung vom 29.4.2015 (ABl. EU Nr. L 123 v. 19.5.2015, S. 98).

1 Siehe Kommentierung zu Anh. zu § 338a: Art. 17 ELTIF-VO.

Art. 16 Barkreditaufnahme

(1) Ein ELTIF kann einen Barkredit aufnehmen, sofern diese Kreditaufnahme sämtliche nachstehend genannten Voraussetzungen erfüllt:

a) sie geht nicht über 30 % des Wertes des Kapitals des ELTIF hinaus;

b) sie dient der Investition in zulässige Anlagevermögenswerte, ausgenommen Kredite im Sinne von Artikel 10 Buchstabe c, vorausgesetzt, dass der Bestand des ELTIF an Barmitteln und Barmitteläquivalenten nicht ausreicht, um die betreffende Investition zu tätigen;

c) sie lautet auf die gleiche Währung wie die Vermögenswerte, die mit den aufgenommenen Barmitteln erworben werden sollen;

d) die Kreditlaufzeit ist nicht länger als die Laufzeit des ELTIF;

e) sie belastet Vermögenswerte, die nicht mehr als 30 % des Wertes des Kapitals des ELTIF ausmachen.

(2) Der Verwalter des ELTIF gibt im Prospekt des ELTIF an, ob er beabsichtigt, als Teil seiner Anlagestrategie Barkredite aufzunehmen oder nicht.

In der Fassung vom 29.4.2015 (ABl. EU Nr. L 123 v. 19.5.2015, S. 98).

Siehe Kommentierung zu Anh. zu § 338a: Art. 17 ELTIF-VO. 1

Art. 17 Anwendung der Vorschriften zu Portfoliozusammensetzung und Diversifizierung

(1) Die in Artikel 13 Absatz 1 festgelegte Anlagegrenze

a) gilt ab dem in den Vertragsbedingungen oder der Satzung des ELTIF genannten Datum;

b) gilt nicht mehr, sobald der ELTIF mit der Veräußerung der Vermögenswerte beginnt, um die Anteile seiner Anleger nach Ende der Laufzeit des ELTIF zurücknehmen zu können;

c) wird bei einer zusätzlichen Kapitalaufnahme des ELTIF oder einer Verringerung seines vorhandenen Kapitals vorübergehend ausgesetzt, solange diese Aussetzung nicht länger als zwölf Monate dauert.

Das unter Unterabsatz 1 Buchstabe a genannte Datum berücksichtigt die Eigenschaften und Merkmale der Vermögenswerte, in die der ELTIF investieren wird, und liegt entweder nicht später als fünf Jahre nach Zulassung des ELTIF oder nach Verstreichen der Hälfte der Laufzeit des ELTIF im Einklang mit Artikel 18 Absatz 3, je nachdem, was früher eintritt. Unter außergewöhnlichen Umständen kann die für den ELTIF zuständige Behörde eine höchstens einjährige Verlängerung dieser Frist genehmigen, wenn ein ausreichend begründeter Anlageplan vorgelegt wird.

(2) Hat der ELTIF in einen langfristigen Vermögenswert investiert, der von einem qualifizierten Portfoliounternehmen begeben wird, das die Anforderungen von Artikel 11 Absatz 1 Buchstabe b nicht mehr erfüllt, kann der langfristige Vermögenswert ab dem Zeitpunkt, zu dem das qualifizierte Portfoliounternehmen die Anforderungen von Artikel 11 Absatz 1 Buchstabe b nicht mehr erfüllt, noch höchstens drei Jahre lang in die Berechnung der in Artikel 13 Absatz 1 genannten Investitionsgrenze einbezogen werden.

In der Fassung vom 29.4.2015 (ABl. EU Nr. L 123 v. 19.5.2015, S. 98).

I. Aufbau des Abschnitts 2 (Art. 13 bis 17 ELTIF-VO)

1 Während der erste Abschnitt des Kapitels II (Art. 8 bis 12 ELTIF-VO) die zulässigen ELTIF-Anlagen definiert, finden sich im zweiten Abschnitt **Detailvorgaben zur Portfoliozusammensetzung und zu den Anlagetechniken**. Erforderlich ist ein 70 %-Mindestanteil an qualifizierenden ELTIF-Anlagen (Art. 13, 17 ELTIF-VO). Zudem muss das Portfolio diversifiziert sein (Art. 13 ELTIF-VO). Der ELTIF-VO soll nicht ähnlich eines Private Equity-Fonds Kontrolle ausüben dürfen, weshalb Art. 15 ELTIF-VO ein Kontrollverbot vorsieht. Art. 16 ELTIF-VO begrenzt die Kreditaufnahme. Art. 14 ELTIF-VO regelt den Umgang mit Verstößen gegen Anlagebestimmungen.

II. 70 % ELTIF-Anlagen (Art. 13 Abs. 1 und 17 ELTIF-VO)

2 **Mindestens 70 % des Fondskapitals** (gem. Art. 2 Nr. 1 ELTIF-VO) müssen in **ELTIF-Anlagen**, der Rest darf in OGAW-Anlagen[1] investiert sein, vgl. Art. 13 Abs. 1, Art. 9 Abs. 1 Buchst. b ELTIF-VO. Auch für die restlichen Anlagen gelten die **Vorgaben zum Risiko- und Liquiditätsmanagement** gem. §§ 29, 30 KAGB und Art. 18 ELTIF-VO (s. auch ErwGr. 16 ELTIF-VO).

3 Die 70 %-ELTIF-Schwelle muss zu dem gem. Art. 17 Abs. 1 Buchst. a ELTIF-VO in **den Fondsstatuten genannten Zeitpunkt erreicht** sein, sie gilt bis zum Ende der Fondslaufzeit und vorbehaltlich einer Kapitalerhöhung. Die Statuten müssen einen Zeitpunkt festlegen, der spätestens fünf Jahre nach der Zulassung oder der Hälfte der geplanten Fondslaufzeit liegt; der frühere Zeitpunkt zählt. Eine Verlängerung um ein Jahr ist unter außergewöhnlichen Umständen zulässig (Art. 17 Abs. 1 a.E. ELTIF-VO).

4 Die Angaben als Prozentquoten des ELTIF-Kapitals geben zu der Frage Anlass, wie das Kapital des ELTIF zu ermitteln ist, zumal u.E. Unterschiede zu der im Fondswesen ansonsten üblichen Kenngröße „Assets under Management – AuM" bestehen.[2] Nach Art. 2 Nr. 1 ELTIF-VO ist Kapital das **aggregierte eingebrachte Kapital** und **das noch nicht eingeforderte zugesagte Kapital** nach Abzug sämtlicher Gebühren, Kosten und Aufwendungen (s. Anh. zu § 338a: Art. 2 ELTIF-VO Rz. 1). Damit besteht eine Nähe zu der Kenngröße „*Capital under Management and Commitment*" (CMC), die bei PE/VC-Funds typischerweise weniger von den Portfolioanlagen, als von den **Investorenzusagen** her berechnet wird; daran befremdet, dass die Gebühren, Kosten und Aufwendungen typischerweise nicht beim Fonds, sondern bei den Anlegern anfallen und daher das Fondsvermögen ohnedies nicht vermehren. **Meilenstein-Zusagen** sind nicht zum Kapital in diesem Sinne zu rechnen, solange es sich nicht um eine verbindliche Kapitalzusage handelt, i.e. die Bedingung, die die Zahlungspflicht auslöst, noch nicht erfüllt ist.

5 Der **carried interest** (als erfolgsbezogene Vergütung) ist u.E. als **Kosten** zu verstehen, weil er das Kapital der Anleger verwässert; jeweils ist der bis zum Berechnungstermin erwirtschaftete Teil des carried interests abzuziehen. Die beim Bruch eines commitments üblichen **Vertragsstrafen** zählen, soweit sie dem Fondsvermögen zu belasten sind, zu den **Aufwendungen**. Dies ist der Fall, wenn der Fonds eine ihn bindende Finanzierungszusage bricht (etwa, weil er einem anderen Fonds oder Zielgesellschaften eine solche Zusage gegeben hat, aber daran mangels Erfolgsaussicht nicht festhalten möchte oder er diese mangels Finanzkraft nicht erfüllen kann). Soweit die **Vertragsstrafe beim Anleger** anfällt und in das Fondsvermögen zu leisten ist (als Ausgleich für Schäden aus dem Wegfall der Zeichnung), erhöht diese Zahlung indes das Kapital des ELTIF.[3]

III. Diversifikation (Art. 13 Abs. 2 bis 7 ELTIF-VO)

6 Die Regelanlagegrenze des ELTIF beträgt **für ELTIF-Anlagen jeweils 10 %** (Finanzinstrumente eines Emittenten, einen Sachwert oder einen Fondsanteil) und **5 % für** die als Portfoliobeimischung zulässigen **OGAW-Anlagen**.

7 Diese Grundsätze konkretisieren Art. 13 Abs. 3 bis 7 ELTIF-VO durch **vier Detailanordnungen**: 1) Der Gesamtbetrag aller Fondsanlagen (ELTIF, EuVECA, EuSEF) darf 20 % nicht übersteigen. 2) Beim Einsatz von Investmenttechniken zu Sicherungszwecken ist das Risiko pro Gegenpartei auf 5 % des Fondskapitals begrenzt. 3) Die 10 %-Grenze für Sachwerte und Zielunternehmen – nicht aber für Fonds – darf per Statut auf 20 % angehoben werden. Der Maximalanteil der Anlagen über 10 % beträgt 40 %. Infolgedessen muss ein ELTIF mindestens drei Sachwerte oder Zielunternehmen und mindestens fünf Anlagen selbst halten: zwei Sachwerte/Zielunternehmen zu je 20 %, einen Sachwert/Zielunternehmen zu 10 %, zwei Fonds-, Sachwert- oder Unternehmensanlagen zu je 10 %. 4) Die 5 %-Schwelle für OGAW-Anlagen kann für bestimmte gedeckte Schuldverschreibungen[4] auf bis zu 25 % angehoben werden.

8 Die **Anlagegrenzen des Art. 13 ELTIF-VO** zielen nicht nur auf formale Streuung der Anlagen, sondern **auf (wirtschaftliche) Diversifikation**. Zwar gelten gem. Art. 13 Abs. 7 ELTIF-VO nur Unternehmen, die (wegen gemeinsamer Leitung oder Kontrolle) in einem konsolidierten (Konzern-)Abschluss zu erfassen sind,

1 Gemäß Art. 50 Abs. 1 Richtlinie 2009/65/EG zur Koordinierung der Rechts- und Verwaltungsvorschriften betreffend bestimmte Organismen für gemeinsame Anlagen in Wertpapieren (OGAW).

2 Näher *Zetzsche/Preiner* in Zetzsche, AIFMD, S. 153 f.

3 Näher *Zetzsche/Preiner* in Zetzsche, AIFMD, S. 153 f.

4 Die Ausnahme entspricht Art. 52 Abs. 4 OGAW-RL; dazu ESMA, List of categories of covered bonds and issuers of covered bonds (März 2014), online https://www.esma.europa.eu/system/files/consolidated_document_update_march_2014.pdf.

für die Berechnung der Obergrenzen des Art. 13 Abs. 2 bis 6 ELTIF-VO als ein Unternehmen. Die Anlagen könnten z.B. über Treuhandmodelle (ggf. mit Entherrschungsklausel) entkonsolidiert sein. Zudem fehlt eine Verpflichtung des ELTIF auf das Prinzip der Risikostreuung analog Art. 1 Abs. 2 Buchst. a OGAW-RL. Das Gebot der wirtschaftlichen Diversifikation (i.S. einer Durchschau) folgt aber nach hier vertretener Auffassung aus dem Zweck der Diversifikation (vgl. die Überschrift des Art. 13 ELTIF-VO) sowie der Verpflichtung der ELTIF-VO auf ein hohes (Klein-)Anlegerschutzniveau (ErwGr. 6 und 43 ELTIF-VO). Unzulässig ist demnach eine Anlagestrategie, die in fünf Zielunternehmen 10 % anlegt, die ihrerseits (ggf. bis zu 100 %) in denselben Anlagegegenstand anlegen.[5]

IV. Anlageverstöße (Art. 14 ELTIF-VO)

1. Passive Anlagegrenzverstöße

Art. 14 ELTIF-VO regelt die Handhabung **passiver Anlageverstöße**: Wenn bei einem ELTIF gegen die Diversifizierungsanforderungen verstoßen wird und der Verstoß außerhalb der Kontrolle des AIFM liegt, ergreift der AIFM „innerhalb eines angemessenen Zeitraums die notwendigen Maßnahmen zur Berichtigung von Anlagepositionen, wobei er die Interessen der Anleger des ELTIF angemessen berücksichtigt." Die Vorschrift wurde Art. 57 Abs. 2 OGAW-RL nachgebildet, mit der Modifikation, dass nach der OGAW-RL die Normalisierung der Anlagegrenzen „vorrangiges Ziel" und damit kurzfristig durchzuführen ist; letzteres erklärt sich mit der Liquidität der OGAW-Anlagen. Für die illiquiden ELTIF-Anlagen kann selbst ein Zeitraum von mehr als einem Jahr noch angemessen sein, weil Notverkäufe (sog. *fire sales*) zur Wertvernichtung führen.[6] Alternativ kann der AIFM den Verstoß durch Anteilsausgabe beheben, wenn dies die Statuten vorsehen (Art. 20 Abs. 1 ELTIF-VO). Im Geltungsbereich von Art. 14 ELTIF-VO greifen gem. Art. 1 Abs. 3 ELTIF-VO die weitergehenden, teils zur Kompensation verpflichtenden Regelungen in der nationalen Umsetzung der OGAW- und AIFM-RL nicht.[7] Eine **Haftung kann sich** jedoch **aus Art. 7 Abs. 3 Satz 2 ELTIF-VO** ergeben. 9

Außerhalb der Kontrolle des AIFM liegen (wie bei der OGAW-RL) Grenzverletzungen aufgrund von Marktentwicklungen. Die relativ hohe 20 %-Anteilsgrenze für das einzelne Investment gem. Art. 13 Abs. 5 ELTIF-VO zwingt jedoch dazu, auch bestimmte auf Anlageebene erzeugte wirtschaftliche Zwänge als „jenseits der Kontrolle" des AIFM anzusehen. *Beispiel*: Ein aussichtsreiches Zielunternehmen, in welches 19,9 % des ELTIF-Kapitals investiert wurde, gerät wegen des Wegfalls eines Ko-Investors bei einer Kapitalerhöhung in Liquiditätsschwierigkeiten. Bestehen einzig die Alternativen Insolvenz der wesentlichen Beteiligung (Skylla) und Anlagegrenzverstoß (Charybdis), ist die Entscheidung des AIFM zur kurzfristigen Grenzüberschreitung „jenseits seiner Kontrolle", sofern der AIFM nachweisen kann, dass die **Aufstockung der Beteiligung die einzig wirtschaftlich vertretbare Entscheidung** ist. Lässt sich das gem. Art. 7 Abs. 2 ELTIF-VO i.V.m. Art. 12 Abs. 1 Buchst. b AIFM-RL maßgebliche beste Anlegerinteresse nur durch einen Anlagegrenzverstoß in überschaubarem Umfang realisieren, muss diesem Interesse Vorrang eingeräumt werden. Zugleich muss der AIFM Aktivitäten zum sofortigen Beteiligungsabbau einleiten. Die für den AIFM ungünstige Beweislastverteilung wird die hier vertretene Ausnahme auf wenige Fälle begrenzen. 10

2. Aktive Anlagegrenzverstöße

In Art. 14 ELTIF-VO fehlt eine Regelung für **aktive Anlagegrenzverstöße**. Zudem ist Art. 14 ELTIF-VO begrenzt auf Verstöße gegen die Portfolio- und Diversifikationsvorgaben des Art. 13 Abs. 2 bis 6 ELTIF-VO, es fehlen Regeln für Verstöße gegen die 70 %-ELTIF-, Konzentrations- und Kreditgrenzen und das Verbot zulässiger Investmenttechniken (vgl. Art. 9 Abs. 2, 13 Abs. 1, Art. 15 und 16 ELTIF-VO). Insoweit greifen die nationalen Vorschriften zur Umsetzung der AIFM-RL, in Deutschland also der Kompensationszwang gem. § 89 KAGB. Wo solche Regelungen fehlen, ist Art. 14 ELTIF-VO analog anzuwenden. Denn auch dann ist nichts anderes als eine Rückführung im Anlegerinteresse veranlasst. 11

5 A.A. (gegen eine Durchschau) *Bühler*, RdF 2015, 199, mit dem Hinweis, die Zwischengesellschaften würden selbst als qualifizierte Portfoliounternehmen gelten.

6 Zust. *Weitnauer* in Weitnauer/Boxberger/Anders, KAGB, Art. 14 ELTIF-VO Rz. 2, der jedoch eine Abstimmung mit den Behörden anregt, da Art. 4 Abs. 4 AIFMR nur einen 3-Monats-Zeitraum vorsehe.

7 Vgl. z.B. für Deutschland § 78 Abs. 3 und § 89 Abs. 3 KAGB; vgl. zum Entwurf einer Anteilwertfehler- und Anlagegrenzverletzungsverordnung (AntAnlVerlV) *Herring* in Baur/Tappen, § 78 KAGB Rz. 30 ff.; *Klusak* in Weitnauer/Boxberger/Anders, § 78 KAGB Rz. 24 ff.

3. Anwendungsbereich

12 Aufgrund seiner systematischen Stellung nach Art. 13 ELTIF-VO scheint Art. 14 ELTIF-VO nur für Verstöße gegen die Anlagegrenzen des Art. 13 ELTIF-VO einschlägig zu sein. Dies geht jedoch fehl. Bei Verstößen gegen etwa das Kontrollverbot des Art. 15 ELTIF-VO kann im Ergebnis nichts anderes gelten. Art. 14 ELTIF-VO beinhaltet **allgemeine Grundsätze für jeglichen Verstoß gegen Anlagegrenzen und -techniken.**

V. Konzentration (Art. 15 ELTIF-VO)

13 Der **Maximalanteil des ELTIF an einem einzigen Zielfonds** beträgt **25 %.**[8] Der Wortlaut stellt für die 25 %-Grenze auf „Anteile" am Zielfonds ab; ebenso lauten die englische und französische Fassung („units or shares" resp. „parts ou actions"). Dies ist – entsprechend der h.M. zu Art. 56 Abs. 2 OGAW-RL[9] – als **Wertgrenze** auszulegen. Eine Limitierung nach der Anzahl der Anteile wäre im Lichte unterschiedlicher Anteilsklassen und -gewichte sinnlos.

14 Auch nach dieser Korrektur liegt die **Ratio des Art. 15 ELTIF-VO** im Dunkeln. Die Konzentrationsgrenze des Art. 56 Abs. 2 OGAW-RL rechtfertigt sich bei (immer offenen) OGAW mit dem Anlegeranspruch auf Anteilsrücknahme, dessen Realisierung durch die Illiquidität großer Beteiligungen gefährdet ist.[10] Dagegen ist der **ELTIF grds. geschlossen und auf illiquide Beteiligungen ausgerichtet**. Auch die Eindämmung kostenintensiver Kaskadenstrukturen ist bereits mit der Maximalfondsgrenze von 20 % gem. Art. 13 Abs. 2 ELTIF-VO erreicht. Zudem sieht Art. 15 ELTIF-VO – entgegen der Andeutung im ErwGr. 28 („oder eines Emittenten") – keine Begrenzung der Anlage in Zielunternehmen und Sachwertanlagen vor, diese sind uneingeschränkt zulässig. Ggf. sind jedoch die Art. 26 bis 30 AIFM-RL (§§ 287 ff. KAGB) zur Übernahme nicht börsennotierter Unternehmen zu beachten.[11]

VI. Kreditaufnahme (Art. 16 ELTIF-VO)

15 Ein ELTIF darf Kredite nur bis zu **30 % seiner Sachwerte** und nur in der **Währung des Anlagegegenstands** aufnehmen. Zudem muss der Kredit in ELTIF-Anlagen investiert werden, eine Kreditaufnahme für die OGAW-Anlagen des ELTIF ist unzulässig (Art. 16 Abs. 1 ELTIF-VO). Die Kreditaufnahme darf auf eine **Zusatzrendite** durch *leverage* ausgerichtet sein (ErwGr. 29 ELTIF-VO), sie kann von Anfang an Teil der Anlagestrategie sein[12] und muss im Prospekt offengelegt werden. ELTIF dürfen zudem die Kredite an Zielunternehmen nicht durch Kreditaufnahme gegenfinanzieren (Art. 16 Abs. 1 Buchst. b ELTIF-VO). Dies soll gemäß ErwGr. 29 ELTIF-VO eine **Schattenbank-Charakteristik**[13] vermeiden.

16 Die 30 %-Grenze ist **aus rechtsvergleichender Sicht (zu) niedrig**. Von der Europäischen Kommission erhobene Vergleichszahlen belegen für deutsche geschlossene Fonds ein Hebelniveau von 101 % (Private Equity) bis zu 259 % (Flugzeuge).[14] Ein derart hohes Hebelniveau ist zwar für ein Kleinanlegerprodukt nicht wünschenswert, weil damit künstliche Renditeszenarien unter Vernachlässigung der Risiken kreiert und „Fondsinsolvenzen" wahrscheinlicher werden. Aber die der Marktdynamik so erheblich widersprechende Hebelgrenze von 30 % geht zu weit; sie mindert die Attraktivität des ELTIFs als Kapital- und Ver-

---

8 Dies folgt für ELTIF-konforme Fonds aus Art. 15 Abs. 1 ELTIF-VO, Art. 15 Abs. 2 ELTIF-VO verweist für die OGAW-konformen Anlagen des ELTIF auf die 25 %-Grenze des Art. 56 Abs. 2 OGAW-RL.

9 Vgl. § 210 Abs. 3 KAGB, dazu *Kayer/Holleschek* in Emde/Dornseifer/Dreibus/Hölscher, § 64 InvG Rz. 8; *Glander/Mayr* in Baur/Tappen, § 210 KAGB Rz. 15.

10 *Kayer/Holleschek* in Emde/Dornseifer/Dreibus/Hölscher, § 64 InvG Rz. 8; *Glander/Mayr* in Baur/Tappen, § 210 KAGB Rz. 16.

11 Vgl. dazu *Bärenz/Steinmüller* in Dornseifer/Jesch/Klebeck/Tollmann, Vor Abschn. 2 Art. 26 AIFM-RL Rz. 11; *Clerc* in Zetzsche, AIFMD, S. 649 ff.; *Hartrott* in Baur/Tappen, § 287 KAGB Rz. 4; *Swoboda* in Weitnauer/Boxberger/Anders, § 287 KAGB Rz. 1; *Weitnauer*, AG 2013, 672; *Zetzsche*, NZG 2012, 1164 ff.

12 Vgl. *Zetzsche/Preiner* in Zetzsche, AIFMD, S. 152.

13 Vgl. zur Schattenbank-Diskussion zu Investmentfonds *Europäische Kommission*, Schattenbankwesen – Eindämmung neuer Risikoquellen im Finanzsektor, KOM/2013/614 endg.; Financial Stability Board (FSB), Global Shadow Banking Report 2014, S. 1, sowie Shadow Banking: Strengthening Oversight and Regulation, online http://www.financialstabilityboard.org/wp-content/uploads/r_111027a.pdf?page_moved=1; s. auch die Verordnung (EU) 2015/2365 vom 29.11.2015 über die Transparenz von Wertpapierfinanzierungsgeschäften und die Weiterverwendung von Sicherheiten.

14 Vgl. Europäische Kommission, Impact Assessment zur ELTIF-VO, S. 67.

triebsprodukt.[15] Mit einem **maximalen Verschuldungsgrad von 60 %,** der einer soliden Bankbewertung der erworbenen Sach- und Unternehmenswerte und der Praxis im Sachwerteverkehr (etwa von Immobilien) von professionellen Kunden nahe kommt, würde das Anlegerschutzziel ebenfalls erreicht.

Den Wettbewerbsnachteil des ELTIF gegenüber national regulierten Fondsprodukten verstärkt Art. 16 Abs. 1 Buchst. e ELTIF-VO. Danach dürfen **nur 30 % der Vermögenswerte im Rahmen der Kreditaufnahme belastet werden.** Diese Regelung missachtet die Vorgaben zur Sicherheitenbewertung, denen Banken nach der Kapitaladäquanzverordnung unterliegen.[16] Eine Bank, die für 30 % des Fondsvermögens nur 30 % der Vermögenswerte als Sicherheit erhält, wird dies mit deutlichen Risikozuschlägen (i.c. höheren Zinsen) zu Lasten des ELTIF kompensieren – obgleich weitere Vermögenswerte unbelastet und ungenutzt zur Verfügung stehen. 17

Kapitel III
Rücknahme von, Handel mit und Ausgabe von Anteilen an einem ELTIF sowie Ertragsausschüttung und Kapitalrückzahlung

Art. 18 Rücknahmegrundsätze und Laufzeit von ELTIF

(1) Die Anleger eines ELTIF können die Rücknahme ihrer Anteile nicht vor Ende der Laufzeit des ELTIF beantragen. Anteilsrücknahmen sind ab dem auf das Laufzeitende des ELTIF folgenden Tag möglich.

In den Vertragsbedingungen oder der Satzung des ELTIF wird eindeutig ein konkretes Datum für das Ende der Laufzeit des ELTIF angegeben, und es kann das Recht auf eine einstweilige Verlängerung der Laufzeit des ELTIF – einschließlich der Bedingungen für die Wahrnehmung eines solchen Rechts – angegeben werden.

In den Vertragsbedingungen oder der Satzung des ELTIF und in den Bekanntmachungen für Anleger werden die Verfahren für die Rücknahme von Anteilen und die Veräußerung von Vermögenswerten festgelegt, und es wird unmissverständlich darauf hingewiesen, dass die Anteilsrücknahme am Tag nach dem Ende der Laufzeit des ELTIF beginnt.

(2) Abweichend von Absatz 1 kann in den Vertragsbedingungen oder der Satzung des ELTIF die Möglichkeit von Rücknahmen vor Ende der Laufzeit des ELTIF vorgesehen werden, sofern sämtliche folgenden Bedingungen erfüllt sind:

a) Rücknahmen werden nicht vor dem in Artikel 17 Absatz 1 Buchstabe a angegebenen Datum gewährt.

b) Zum Zeitpunkt der Zulassung und während der gesamten Laufzeit des ELTIF kann der Verwalter des ELTIF den zuständigen Behörden nachweisen, dass es ein angemessenes Liquiditätsmanagementsystem und wirksame Verfahren für die Überwachung der Liquiditätsrisiken des ELTIF gibt, die mit der langfristigen Anlagestrategie des ELTIF und der geplanten Rücknahmeregelung vereinbar sind.

c) Der Verwalter des ELTIF legt eine definierte Rücknahmeregelung dar, in der klar angegeben ist, in welchen Zeiträumen die Anleger Rücknahmen beantragen können.

d) Durch die Rücknahmeregelung des ELTIF wird sichergestellt, dass die Gesamtmenge aller Rücknahmen innerhalb eines bestimmten Zeitraums auf einen Prozentsatz der Vermögenswerte des

---

15 Kritisch mit Blick auf marktübliche Beleihungen auch *Weitnauer* in Weitnauer/Boxberger/Anders, KAGB, Art. 16 ELTIF-VO Rz. 2.

16 Kredite für Beteiligungen Unternehmen, die keine Kleinst-KMU nach Art. 476a der Kapitaladäquanzverordnung (CRR) darstellen, bei denen der Kredit oberhalb von 1 Mio. resp. 1,5 Mio. Euro beträgt (und die deshalb nicht dem Mengengeschäft zuzuordnen sind) und die über kein Rating verfügen, sind mit einem Risikogewicht von mind. 100 % anzusetzen, vgl. Art. 133 CRR. Liegt ein Rating vor, beträgt das Risikogewicht gem. Art. 122 CRR zwischen 20 % und 150 %. Die für ELTIF in Betracht kommenden Gewerbeimmobilien weisen gem. Art. 126 CRR ein Risikogewicht von 50 % auf. Risikokapitalbeteiligungen, einschließlich solche via AIF, sind mit einem Risikogewicht von 150 % anzusetzen. Sachwertinvestitionen sind mit 100 % anzusetzen, vgl. Art. 134 Abs. 1 CRR.

ELTIF im Sinne von Artikel 9 Absatz 1 Buchstabe b begrenzt ist. Dieser Prozentsatz wird an die vom Verwalter des ELTIF mitgeteilte Liquiditätsmanagement- und Anlagestrategie angepasst.

e) Durch die Rücknahmeregelung des ELTIF wird sichergestellt, dass Anleger fair behandelt werden und Rücknahmen anteilig gewährt werden, wenn die Anzahl der Anträge auf Rücknahme innerhalb eines bestimmten Zeitraums den unter Buchstabe d dieses Absatzes genannten Prozentsatz überschreiten.

(3) Die Laufzeit eines ELTIF ist der Langfristigkeit des ELTIF angemessen und ist lang genug, um die Laufzeit eines jeden seiner Vermögenswerte abzudecken, der anhand des Illiquiditätsprofils und der wirtschaftlichen Laufzeit des Vermögenswerts bewertet wird, und um die Erreichung des erklärten ELTIF-Anlageziels zu ermöglichen.

(4) Die Anleger können die Liquidation eines ELTIF beantragen, wenn ihren gemäß der Rücknahmeregelung des ELTIF vorgebrachten Rücknahmeforderungen nicht innerhalb eines Jahres nach dem Datum der Antragstellung entsprochen wurde.

(5) Die Anleger haben stets die Option einer Barrückzahlung.

(6) Eine Rückzahlung in Sachwerten aus den Vermögenswerten eines ELTIF ist nur möglich, wenn sämtliche der folgenden Voraussetzungen erfüllt sind:

a) In den Vertragsbedingungen oder der Satzung des ELTIF ist diese Möglichkeit vorgesehen, vorausgesetzt, dass alle Anleger fair behandelt werden;

b) der Anleger bittet schriftlich um Rückzahlung in Form eines Anteils an den Vermögenswerten des ELTIF;

c) die Übertragung dieser Vermögenswerte wird durch keinerlei spezielle Vorschrift eingeschränkt.

(7) Die ESMA erstellt Entwürfe technischer Regulierungsstandards, in denen festgelegt wird, unter welchen Umständen die Laufzeit eines ELTIF als lang genug erachtet wird, um die Laufzeit jedes einzelnen Vermögenswerts des ELTIF gemäß Absatz 3 abzudecken.

Die ESMA legt diese Entwürfe technischer Regulierungsstandards bis zum 9. September 2015 der Kommission vor.

Der Kommission wird die Befugnis übertragen, die in Unterabsatz 1 genannten technischen Regulierungsstandards gemäß den Artikeln 10 bis 14 der Verordnung (EU) Nr. 1095/2010 zu erlassen.

In der Fassung vom 29.4.2015 (ABl. EU Nr. L 123 v. 19.5.2015, S. 98).

1 Siehe Kommentierung zu Anh. zu § 338a: Art. 22 ELTIF-VO.

Art. 19 Sekundärmarkt

(1) Weder die Vertragsbedingungen noch die Satzung eines ELTIF verhindern die Zulassung von Anteilen an ELTIF zum Handel an einem geregelten Markt oder in einem multilateralen Handelssystem.

(2) Weder die Vertragsbedingungen noch die Satzung eines ELTIF hindern die Anleger daran, ihre Anteile ungehindert auf Dritte zu übertragen, außer auf den Verwalter des ELTIF.

(3) Ein ELTIF veröffentlicht in seinen regelmäßigen Berichten den Marktwert seiner börsennotierten Anteile sowie den Nettoinventarwert pro Anteil.

(4) Bei einer wesentlichen Änderung des Wertes eines Vermögenswerts unterrichtet der Verwalter des ELTIF die Anleger in seinen regelmäßigen Berichten darüber.

In der Fassung vom 29.4.2015 (ABl. EU Nr. L 123 v. 19.5.2015, S. 98).

1 Siehe Kommentierung zu Anh. zu § 338a: Art. 22 ELTIF-VO.

Art. 20 Ausgabe neuer Anteile

(1) Ein ELTIF kann gemäß seinen Vertragsbedingungen oder seiner Satzung neue Anteile ausgeben.

(2) Ein ELTIF gibt neue Anteile nur dann unter dem Nettoinventarwert aus, wenn diese den vorhandenen Anlegern des ELTIF zuvor zu diesem Preis angeboten wurden.

In der Fassung vom 29.4.2015 (ABl. EU Nr. L 123 v. 19.5.2015, S. 98).

Siehe Kommentierung zu Anh. zu § 338a: Art. 22 ELTIF-VO. 1

Art. 21 Veräußerung der ELTIF-Vermögenswerte

(1) Um die Anteile seiner Anleger nach Ende der Laufzeit zurücknehmen zu können, legt ein ELTIF einen nach Vermögenswerten aufgeschlüsselten Zeitplan für die geordnete Veräußerung dieser Vermögenswerte fest und unterrichtet die für den ELTIF zuständige Behörde spätestens ein Jahr vor dem Zeitpunkt des Endes der Laufzeit des ELTIF darüber.

(2) Der in Absatz 1 genannte Zeitplan enthält:

a) eine Einschätzung des potenziellen Käufermarkts;

b) eine Einschätzung und einen Vergleich der potenziellen Verkaufspreise;

c) eine Bewertung der zu veräußernden Vermögenswerte;

d) einen Zeitrahmen für den Veräußerungsplan.

(3) Die ESMA erstellt Entwürfe technischer Regulierungsstandards, in denen die Kriterien, die bei der in Absatz 2 Buchstabe a genannten Einschätzung und der in Absatz 2 Buchstabe c genannten Bewertung zugrunde zu legen sind, festgelegt werden.

Die ESMA legt diese Entwürfe technischer Regulierungsstandards bis zum 9. September 2015 der Kommission vor.

Der Kommission wird die Befugnis übertragen, die in Unterabsatz 1 genannten technischen Regulierungsstandards gemäß den Artikeln 10 bis 14 der Verordnung (EU) Nr. 1095/2010 zu erlassen.

In der Fassung vom 29.4.2015 (ABl. EU Nr. L 123 v. 19.5.2015, S. 98).

Siehe Kommentierung zu Anh. zu § 338a: Art. 22 ELTIF-VO. 1

Art. 22 Ertragsausschüttung und Kapitalrückzahlung

(1) Ein ELTIF kann die durch die Vermögenswerte in seinem Portfolio generierten Erträge regelmäßig an seine Anleger ausschütten. Diese Erträge setzen sich zusammen aus:

a) Erträgen, die die Vermögenswerte regelmäßig generieren;

b) der nach der Veräußerung eines Vermögenswertes erzielten Wertsteigerung.

(2) Erträge, die der ELTIF für künftige Engagements benötigt, werden nicht ausgeschüttet.

(3) Ein ELTIF kann sein Kapital nach der Veräußerung eines Vermögenswerts vor Ende der Laufzeit des ELTIF anteilig herabsetzen, sofern eine solche Veräußerung vom Verwalter des ELTIF bei gebührender Beurteilung als im Interesse der Anleger angesehen wird.

(4) Die Vertragsbedingungen oder die Satzung eines ELTIF geben an, nach welchen Grundsätzen er während der Laufzeit Ausschüttungen vornehmen wird.

In der Fassung vom 29.4.2015 (ABl. EU Nr. L 123 v. 19.5.2015, S. 98).

I. Aufbau des Kapitels III (Art. 18 bis 22 ELTIF-VO)

1 Während sich die ELTIF-VO für die Anlagegrenzen Anleihen an der OGAW-RL orientieren konnte, wird mit den Anlegerrechten **europäisches Neuland** betreten, da den Spezifika der Anlage in illiquide Vermögensgegenstände Rechnung getragen werden muss. Dies geschieht durch Vorgaben zur Anteilsrücknahme (Art. 18 ELTIF-VO), den Pflichten beim Anteilshandel auf einem Sekundärmarkt (Art. 19 ELTIF-VO) sowie bei der Ausgabe neuer Anteile (Art. 20 ELTIF-VO) sowie Detailvorgaben zur Veräußerung der Vermögenswerte und Ertragsausschüttung (Art. 21, 22 ELTIF-VO).

II. Limitierte Anteilsrückgabe (Art. 18 ELTIF-VO)

1. Geschlossener Fonds (Art. 18 Abs. 1, 3, 7 ELTIF-VO)

2 **Grundsätzlich** ist der ELTIF **ein geschlossener Fonds**: Anleger eines ELTIF können die Rücknahme ihrer Anteile nicht **vor Ende der Laufzeit** des ELTIF beantragen, Anteilsrücknahmen sind erst ab dem auf das Laufzeitende folgenden Tag zulässig. (Art. 18 Abs. 1 ELTIF-VO).

3 Das **Laufzeitende** ist gem. Art. 18 Abs. 1 Unterabs. 2 und 3 ELTIF-VO in **den Statuten im Zeitpunkt des Zulassungsantrags**[1] und unter Beachtung der wirtschaftlichen Eigenschaften der ELTIF-Anlagen **festzulegen**. Auch für die Ausgestaltung der Rücknahme nach Laufzeitende sind die Statuten maßgeblich. So vermeidet die ELTIF-VO die schwierige Positionierung angesichts mannigfaltiger Rücknahmepraktiken in den Mitgliedstaaten.

4 Weitere Konditionen dürfen die **Statuten** – wegen Art. 1 Abs. 3 ELTIF-VO nicht jedoch die Rechte der Mitgliedstaaten – festlegen. Insbesondere können die Statuten im Interesse von mehr Flexibilität vorsehen, dass sich unter außergewöhnlichen, in den Vertragsbedingungen oder der Satzung eines ELTIF festgelegten Umständen, **die Laufzeit des ELTIF verlängert oder verkürzt**, „wenn beispielsweise ein Projekt später oder früher als erwartet abgeschlossen wird, um der langfristigen Investitionsstrategie des ELTIF Rechnung zu tragen." (ErwGr. 47 ELTIF-VO). Eine solche Regelung ist dringend empfehlenswert.

5 Diese Regelungen müssen bei Fondsgründung geschaffen sein. Es kann sich jedoch nachträglich Anpassungsbedarf ergeben, etwa weil die statutarische Regelung infolge einer Rechtsänderung nicht mehr zulässig oder aus steuerlichen Erwägungen nicht mehr opportun ist. Eine Möglichkeit zur nachträglichen **Laufzeitverlängerung** sieht die Regelung bedauerlicherweise nicht vor. Nach allgemeinen Grundsätzen sollte diese aber **mit Zustimmung aller Anleger** möglich sein, weil insoweit kein Schutzbedarf besteht. Die Statuten können u.E. Regelungen vorsehen, unter welchen Annahmen die Zustimmung als erteilt anzusehen ist. So könnten z.B. die Statuten u.E. eine Regelung vorsehen, dass ein Schweigen auf eine eindeutig zugestellte Mitteilung nach einer angemessenen Wartezeit hin ausnahmsweise Erklärungsgehalt aufweisen soll, solange der Vorschlag selbst im wohlverstandenen Anlegerinteresse liegt (was der AIFM im Streitfall zu beweisen hätte).

6 Bei der **Festlegung des Laufzeitendes** ist der ELTIF indes nicht völlig frei. Das Laufzeitende muss gem. Art. 18 Abs. 3 ELTIF-VO **„der Langfristigkeit des ELTIF angemessen"** sein und die **Laufzeit eines jeden seiner Vermögenswerte abdecken**. Dadurch soll die Verfolgung des im Prospekt (vgl. Art. 23 Abs. 3 Buchst. a ELTIF-VO) definierten ELTIF-spezifischen Anlageziel gewährleisten. Dafür verlangt die Verordnung, **jeden einzelnen Vermögensgegenstand** anhand seines Illiquiditätsprofils und seiner wirtschaftlichen Laufzeit einzustufen.

7 Bei der Einstufung soll ein **technischer Regulierungsstandard** Hilfe leisten. Art. 2 der Delegierten Verordnung (EU) 2018/480 vom 4.12.2017 regelt, unter welchen Bedingungen die Laufzeit eines ELTIF als lang genug erachtet wird, damit jeder einzelne Vermögenswert innerhalb dieser Laufzeit veräußert werden kann.[2]

---

1 Vgl. ESMA, Consultation Paper on draft regulatory technical standards under the ELTIF Regulation, 31.7.2015, ESMA/2015/1239, S. 14; ESMA, Final Report, ESMA/2016/935, S. 54.

2 Für vor dem 13.4.2018 zugelassene ELTIF sieht Art. 6 der Delegierten Verordnung (EU) 2018/480 Bestandsschutz vor.

Nach der ersten Variante (Art. 18 Abs. 2 Buchst. a ELTIF-VO) der Regelung steht das **Laufzeitprofil** im Mittelpunkt. Das Laufzeitende im Zulassungsantrag ist auf das Ende des Anlagehorizonts desjenigen **Einzelwerts mit dem längsten Anlagehorizont** zu legen; maßgeblich für die Einschätzung ist der Zeitpunkt des Antrags auf Zulassung des ELTIF. *Beispiel*: Erwarteter Anlagehorizont 7, 9, 11 Jahre; Laufzeitende: Zulassung + 11 Jahre. Nach der Zulassung greift Art. 18 Abs. 2 Buchst. b ELTIF-VO der Regelung, wonach keine Anlage, die der ELTIF nach seiner Zulassung tätigt, einen längeren Anlagehorizont aufweisen darf, als **die Restlaufzeit des ELTIF** zum Zeitpunkt der Anlage.

Der RTS sieht das Risiko aus Sicht der Anleger primär in einer zu kurzen Laufzeit; eine vorzeitige Fondsauflösung wird nicht als Problem erachtet und sollte auch mit den Regeln der ELTIF-VO gelingen (s. Art. 21, 22 ELTIF-VO). Von daher empfiehlt sich eine **großzügige Schätzung des Anlagehorizonts bei Antragstellung**, zumal sich die Realität erfahrungsgemäß häufig schlechter als die Erwartungen entwickeln. 8

2. Teil-offener Fonds (Art. 18 Abs. 2, 4 bis 6 ELTIF-VO)

Der ELTIF darf jedoch gem. Art. 18 Abs. 2 ELTIF-VO **ab einem statutarisch bestimmten Zeitpunkt**, zu dem das Portfolio ELTIF-konform zusammengesetzt sein muss, **auch Anteile zurücknehmen**; daneben können die Statuten die Ausgabe weiterer Anteile gem. Art. 20 Abs. 1 ELTIF-VO vorsehen. Dies ermöglicht eine **Ausgestaltung des ELTIF als offener Fonds**. Diese Ausgestaltung knüpft Art. 18 Abs. 2 ELTIF-VO an **sechs Voraussetzungen**: 1) ein angemessenes Liquiditätsmanagement; 2) eine Rücknahmeregelung unter Angabe von Rückgabezeiträumen (z.B.: jährlich bis 31. März); 3) eine Begrenzung der Summe aller Rücknahmen auf einen den (liquiden) OGAW-Anlagen des ELTIF entsprechenden Prozentsatz der Vermögenswerte; 4) eine faire Behandlung aller Anleger; 5) ein obligatorisches Gating, i.e. die anteilige Rücknahme der Anteile, wenn der Betrag der Rücknahmen den Anteil der OGAW-Anlagen überschreitet; 6) eine Erfüllung des Rücknahmebegehrens grundsätzlich in bar. 9

Ausnahmen zur Auszahlung in bar ergeben sich aus **Art. 18 Abs. 5 und 6 ELTIF-VO**. Zwar gewährt Art. 18 Abs. 5 ELTIV-VO einen nicht abdingbaren Anspruch der Anleger auf Barauszahlung. Jedoch ist eine **Rückzahlung in Sachwerten** (also den Vermögenswerten oder Anteilen daran) **ausnahmsweise** unter den Bedingungen des Art. 18 Abs. 6 ELTIF-VO zulässig, wenn a) die Statuten diese Option vorsehen (dies ist dringend empfehlenswert); b) alle Anleger fair behandelt werden – dies kann, muss aber nicht durch Gleichbehandlung erfolgen; denkbar ist auch eine nach Größe des rückgegebenen Anteils abgestufte Regelung, wenn diese in den Statuten vorgesehen ist; c) Anleger eine Rückzahlung *in kind* beantragen und d) die Übertragung des Vermögenswerts und u.E. auch des Anteils ist nicht beschränkt. Art. 18 Abs. 6 ELTIF-VO lässt offen, **zu welchem Zeitpunkt** Anleger die Rückzahlung in kind beantragen müssen. UE spricht nichts dagegen, den Antrag von professionellen Anlegern bereits bei Zeichnung der Fondsanteile einzuholen; bei Kleinanlegern sollte ist wegen des Überraschungseffekts davon abzusehen. 10

3. Liquidationsanspruch (Art. 18 Abs. 4 ELTIF-VO)

Wird einem Rücknahmebegehren zu den statutarisch definierten Konditionen **binnen Jahresfrist nicht Rechnung** getragen, kann jeder einzelne Anleger die Liquidation des ELTIF verlangen (**Art. 18 Abs. 4 ELTIF-VO**). Diese Regelung beinhaltet **Obstruktionspotential** und kann den Erfolg des Fonds gefährden. Der Realisierung des Potentials ist durch sorgsam durchdachte Statuten zu begegnen, so dass ein existenzgefährdender Rückzahlungsanspruch gar nicht erst entsteht. 11

Empfehlenswert ist eine Regelung, die dem Anleger **maximal den *auf seine Fondsbeteiligung* entfallenden Anteil** an den OGAW-Anlagen des ELTIF – abzgl. der für ständige Auslagen und Gebühren erforderlichen Liquidität –, als Rücknahmeanspruch zubilligt. Dennoch trügen die verbleibenden Anleger das signifikante Bewertungsrisiko der illiquiden Anlagen in einem größeren Maße als die ihren Liquiditätsanteil abziehenden Anleger, denn nach der Anteilsrücknahme wäre jener weiterhin am ganzen Fonds beteiligt; dies könnte einen Wettlauf um die liquiden Mittel einleiten. Deshalb sollte man die vorgeschlagene Regelung mit der Vorgabe verbinden, dass bei Akzeptanz einer Anteilsrückgabe durch einen Anleger *allen* Anlegern der jeweils auf sie entfallende Anteil an freier Liquidität ausgeschüttet werden darf. 12

4. Liquiditätsmanagement im Fokus

Die **Risiko- und Liquiditätsmanagement-Vorschriften** gem. Art. 16, 17 AIFM-RL (§§ 29, 30 KAGB) betont Art. 18 Abs. 2 Buchst. b ELTIF-VO namentlich für ELTIFs, die Anteile vor dem Laufzeitende zurücknehmen. Aufgrund von Art. 1 Abs. 3 ELTIF-VO sind nationale Limitierungen der Methoden für das 13

Liquiditätsmanagement unzulässig. Dies könnte z.B. in Deutschland zur Verbreitung sog. **Side Pockets** führen.[3]

14 Die Notwendigkeit zum **Liquiditätsmanagement besteht indes laufend und durchgehend**. Die Illiquidität der Anlagen führt zu **permanenten Stressszenarien** auf Ebene *des Fonds*, der laufende Kosten für die Verwaltung und Verwahrstellen decken muss. Ohne langfristige Liquiditätsplanung (nebst Einpreisung der Gebühren und laufenden Kosten über die geplante Laufzeit bereits bei Ausgabe der Anteile) gerät der ELTIF in arge Nöte – und zwar unabhängig von der Anteilsrückgabe- oder Ausschüttungspolitik gem. Art. 22 ELTIF-VO.

III. Geförderte Anteilsfungibilität (Art. 19 ELTIF-VO)

15 Bei geschlossenen Fonds ist die **Anteilsfungibiliät** auf dem Sekundärmarkt **funktionales Korrelat** zu dem Recht **zur Anteilsrückgabe** bei offenen Fonds. Art. 19 ELTIF-VO realisiert das von einem Teil der Literatur[4] für geschlossene Fonds postulierte Lösungsrecht über den Sekundärmarkt, während die im Fonds gebündelte Kapitalbasis für die Langfristbeteiligung zusammengehalten wird. So dürfen die Statuten die Handelszulassung von ELTIF-Anteilen nicht verhindern, Abtretungsverbote sind untersagt. Zur Förderung der Anteilsübertragung sind der Marktwert börsennotierter Anteile und der davon regelmäßig abweichende Nettoinventarwert[5] offenzulegen. Über wesentliche Änderungen eines Vermögenswertes ist Bericht zu erstatten.[6]

16 Art. 19 Abs. 1 und 2 ELTIF-VO steht bei der Inv-AG einer engherzig praktizierten **Aktienvinkulierung** entgegen. Die Vorschrift ruft auch die Frage hervor, ob eine deutsche Inv-KG ELTIF sein kann. Dabei stört weniger, dass grds. die Mitgesellschafter einer Anteilsübertragung zustimmen müssen,[7] weil das Zustimmungserfordernis durch Gestaltung des Gesellschaftsvertrags beseitigt werden kann.[8] Die Handelbarkeit wird aber durch § 152 Abs. 4 KAGB behindert, wonach die eigentlich deklaratorische Eintragung im Handelsregister konstitutiv wirkt. Dies steht im Kontrast zur Ausgestaltung von Fonds-KG-Anteilen als handelbares Wertpapier in anderen Staaten.[9]

17 Man könnte die gesetzliche Ausgestaltung der Inv-KG mit einer **engen Lesart von Art. 19 ELTIF-VO** aufrechterhalten, indem man die Erschwernis für eine gesetzliche statt statutarische Rechtsfolge hält oder auf einen qualitativen Unterschied zwischen der Verhinderung und Erschwernis des Handels verweist. Eine zweckorientierte Auslegung wird in der Rechtsformwahl eine Ausgestaltung der Statuten erkennen und Erschwerungen der Verhinderung gleichstellen; dann wäre ein ELTIF in Form der deutschen Inv-KG unzulässig. Daher sollte der deutsche Gesetzgeber überlegen, wie er dem Fungibilitätsimpetus der ELTIF-VO Rechnung trägt.

IV. Kapitalmaßnahmen (Art. 20 ELTIF-VO)

18 Die **Ausgabe neuer Anteile** bis zum und nach dem Laufzeitende des ELTIF können die Statuten regeln. Bei Ausgabe unter dem Nettoinventarwert sind die Anleger zum Bezug berechtigt (Art. 20 Abs. 2 ELTIF-VO). Die Kapitalmaßnahmen können explizit oder durch die Wahl eines im Herkunftsstaat des ELTIF bereitgestellten Fondsstatuts (Vertrag, Trust, Personengesellschaft, Körperschaft) geregelt werden. Sollte dieses Statut keine Bezugsrechte kennen, verdrängt Art. 20 Abs. 2 ELTIF-VO nationale Regelungen.

---

3 Darunter versteht man die Spaltung des ELTIF in aussichtsreiche und erfolglose Anlagen. Die erfolglosen Anlagen werden in diese „Nebentaschen" ausgelagert und pro rata liquidiert, um eine ordnungsgemäße Bewirtschaftung des übrigen Fondsvermögens zu ermöglichen. Ausführlich *Klebeck*, ZBB 2012, 30; ESMA/2011/379, S. 78 ff.; s. bereits § 30 Rz. 16 f.

4 Vgl. *Reuter*, AG 1979, 324; *Reuter*, AcP 181 (1981), 8; *Kalss*, Anlegerinteressen, 2011, S. 450 ff.; *Zetzsche*, Prinzipien der kollektiven Vermögensanlage, 2015, S. 868, 873 ff.

5 Vgl. zu den ca. 30 Erklärungsansätzen zum sog. closed ended fund discount *Anderson*, (1986) 13:1 J. Portf. Man't 63; *Boudreaux*, (1973) 28 JF 515; *Burch/Emery/Fuerst*, (2003) 38 Fin. Rev. 515; *Brauer*, (1984) 13 JFE 491; *Brauer*, (1988) 43 JF 113; *Brickley/Schallheim*, (1985) 20 JFQA 107; *De Long/Shleifer*, (1992) 18:2 J. Portf. Man't 46; *Ferguson/Leitikow*, (2004) 39 Fin. Rev. 17; *Grullon/Wang*, (2001) 10 JF Int. 171; *Malkiel*, (1977) 32 JF 847; *Richard/Fraser/Groth*, (1980) 7:1 J. Portf. Man't 50.

6 Die weiterreichenden Transparenzpflichten konsumieren die Berichtspflichten nach Art. 19 Abs. 4 ELTIF-VO, wenn die Anteile auf Veranlassung des Emittenten auf geregelten Marktformen gehandelt werden.

7 Vgl. RGv. 30.9.1944 – GSE 39/1943, DNotZ 1944, 195, 198; BGH v. 28.4.1954 – II ZR 8/53, BGHZ 13, 179, 185 f. Rz. 11 f.; BGH v. 29.6.1981 – II ZR 142/80, BGHZ 81, 82, 84. Dies gilt über § 149 Abs. 1 Satz 2 KAGB entsprechend für die Inv-KG.

8 *Strohn* in Ebenroth/Boujong/Joost/Strohn, § 173 HGB Rz. 10.

9 Vgl. die Detailnachweise bei *Zetzsche*, Prinzipien der kollektiven Vermögensanlage, 2015, S. 487.

Art. 20 ELTIF-VO gewährt ein **Bezugsrecht *pro rata***. Zu weit ginge eine Auslegung der Vorschrift, wonach die von einem Teil der Anleger nicht bezogenen Anteile anschließend erneut den interessierten Anlegern anzudienen wären. Dies erschwerte Anteilsausgaben unterhalb des NAV, die in schwierigen Zeiten erforderlich und dann i.d.R. zeitkritisch sind. 19

V. Ausschüttungen (Art. 22 ELTIF-VO)

Ausschüttungsfähig sind bis zum Laufzeitende gem. Art. 22 Abs. 1 und 3 ELTIF-VO: 1. Erträge,[10] 2. Veräußerungserlöse und 3. das von den Anlegern einbezahlte Kapital nach einer Kapitalherabsetzung. Insbesondere soll nach ErwGr. 39 ELTIF-VO bei Veräußerungen eines qualifizierten Vermögensgegenstands eine **anteilige Kapitalherabsetzung** möglich sein. Zur Einbindung dieser Vorgabe in die Fondsprivatrechte der Mitgliedstaaten verhält sich die ELTIF-VO nicht. Diese Erwägung ist uE keine Durchbrechung des mitgliedstaatlichen Rechts, sondern ein Umsetzungsauftrag an den Gesetzgeber der Mitgliedstaaten. 20

Für künftige Anlagen (und Anlageaufstockungen) erforderliche Beträge dürfen nicht ausgeschüttet werden (Art. 22 Abs. 2 ELTIF-VO). Zukünftige Belastungen mit Gebühren und Kosten stehen der Ausschüttung nach Art. 22 ELTIF-VO nicht entgegen, jedoch verstößt eine solche Ausschüttung gegen die Pflicht des AIFM zum geordneten Liquiditätsmanagement.[11] Vor einer Ausschüttung muss der AIFM die Liquiditätsplanung aktualisieren: Bleibt unter Einbeziehung verbindlicher Kapitalzusagen (sog. *commitments*) der Anleger Geld übrig, ist dieses ausschüttungsfähig. Details der Ausschüttungspolitik sollen die Statuten regeln (Art. 22 Abs. 4 ELTIF-VO). 21

Gemäß Art. 22 Abs. 1 Buchst. b ELTIF-VO ist nur die **„nach der Veräußerung eines Vermögenswertes erzielte Wertsteigerung"** ausschüttungsfähig.[12] Die Vorschrift muss in drei Punkten konkretisiert werden. Erstens meint die Vorschrift trotz ihres missverständlichen Wortlauts (vgl. „nach") den **Veräußerungsgewinn**. Zweitens verbleibt, wenn nur Veräußerungs*gewinne* ausgeschüttet werden dürfen, das bei der Erstinvestition eingezahlte Kapital im Fonds. Für dessen Ausschüttung sieht Art. 22 Abs. 3 ELTIF-VO einzig die Kapitalherabsetzung vor. Diese ist für kleinere Beträge bei geschlossenen Fonds aufwendig und langwierig. Eine Auszahlung aus dem Kapitalkonto des Anlegers ohne Kapitalherabsetzung ist indes (wohl aus Anlegerschutzgründen) unzulässig. Drittens ist der Referenzwert für die Wertsteigerung zweifelhaft: Der AIFM muss gem. Art. 19 Abs. 3 Unterabs. 2 AIFM-RL[13] die Vermögenswerte mindestens jährlich bewerten. Eine Differenz zwischen der letzten Bewertung und der Veräußerung dürfte anders (planmäßig: geringer) ausfallen als die Differenz zu den Anfangsbuchwerten. Die Regelung des Art. 22 Abs. 3 ELTIF-VO, wonach eine Kapitalherabsetzung bei Veräußerung erfolgen kann, spricht für die Maßgeblichkeit der (planmäßig: größeren) **Differenz zwischen Anschaffungs- und Veräußerungswert.**[14] 22

Art. 22 ELTIF-VO rückt mit der **Ausschüttungs*fähigkeit*** die **Risikoperspektive in den Mittelpunkt**. Deutlicher konturiert werden sollte mit Blick auf die Pflicht des AIFM zum Handeln im Anlegerinteresse und zur Vermeidung von Schädigungen durch Interessenkonflikte[15] die **Ausschüttungs*pflicht***. Je länger der AIFM überflüssige Mittel auf den Konten des ELTIF vorhält, desto mehr vergütet der Anleger den AIFM für dessen Untätigkeit. Je näher der ELTIF der 30 %-Schwelle für OGAW-Anlagen gem. Art. 13 Abs. 1 ELTIF-VO kommt, umso mehr verdichtet sich das Entscheidungsermessen zur Ausschüttungspflicht.[16] 23

VI. Auflösung (Art. 21 ELTIF-VO)

Zur **Anteilsrücknahme nach Laufzeitende**, also während der Liquidation des Fonds, muss der AIFM gem. Art. 21 ELTIF-VO[17] einen **Plan zur Veräußerung der Vermögenswerte** erstellen, der der Behörde zur 24

---

10 Ertrag ist nicht „Gewinn". Auch Zinsen und die Kapitalrückzahlung durch einen ELTIF-konformen Fonds gem. Art. 10 Buchst. c ELTIF-VO sind Ertrag.

11 Gemäß Art. 17 AIFM-RL, umgesetzt in § 30 Abs. 1 KAGB.

12 Ebenso kryptisch lauten die englische und französische Fassung: „capital appreciation realised after the disposal of an asset" bzw. „des plus-values réalisées à la suite de la cession d'actifs".

13 I.V.m. Art. 74 AIFMD Kommissions-VO; vgl. §§ 168, 169 i.V.m. 270, 271 KAGB.

14 Zust. *Weitnauer* in Weitnauer/Boxberger/Anders, KAGB, Art. 22 ELTIF-VO.

15 Vgl. Art. 12 Abs. 1 Buchst. b und 14 Abs. 1 AIFM-RL, vgl. §§ 26 Abs. 2 Nr. 2, 27 Abs. 1 Nr. 1 KAGB.

16 Vgl. zu weiteren Fragen rund um Art. 22 ELTIF-VO *Zetzsche/Preiner* in Zetzsche, AIFMD, S. 159 f.

17 Die Überschrift der Vorschrift ist unglücklich gewählt. Sie regelt einzig Fragen rund um die Auflösung des Fonds.

Kenntnis zu geben ist. **Pflichtbestandteile** des Plans sind: 1) der potentielle Käufermarkt, 2) Vergleichspreise, 3) die Bewertung der Vermögensgegenstände[18] sowie 4) ein Zeitplan.

25 In technischen Regulierungsstandards (RTS) sind der **potentielle Käufermarkt** und die **maßgebliche Bewertung der Vermögensgegenstände** konkretisiert, vgl. Art. 21 Abs. 2 Buchst. a und c ELTIF-VO. Zum **potentiellen Käufermarkt** legt ESMA besonderen Wert auf die maßgeblichen Illiquiditäts-, Regulierungs- und Makrorisiken.[19] Art. 3 der Delegierten Verordnung (EU) 2018/480 legt deshalb Faktoren und Risiken fest, die ein ELTIF-Verwalter für jeden einzelnen ELTIF-Vermögensgegenstand berücksichtigen muss; diese erschöpfen sich leider in **Selbstverständlichkeiten**. Zu beachten sind u.a. der für die Käuferfindung voraussichtlich erforderliche Zeitraum unter Beachtung des Liquiditätsprofils des Vermögensgegenstands, das Finanzprofil der Käufer, die Risiken aus der Veränderung gesetzlicher oder politischer Veränderungen sowie allgemeine wirtschaftliche Schwankungen. Dass dies alles „mit der gebührenden Sachkenntnis, Sorgfalt und Gewissenhaftigkeit" zu erfolgen hat, hat gegenüber den allgemeinen Sorgfaltspflichten des AIFM gem. §§ 26 ff. KAGB keinen eigenen Regelungsgehalt.

26 Art. 4 der Delegierten Verordnung (EU) 2018/480 enthält die Kriterien zur **Bewertung** der zu veräußernden Vermögenswerte zu Zwecken der Erstellung des Liquidationsplans. Der RTS beschränkt sich insoweit leider auf **Zeitvorgaben**: Die Bewertung hat „so früh wie möglich und rechtzeitig [zu erfolgen], bevor die Frist für die Unterrichtung der für den ELTIF zuständigen Behörde über den nach Vermögenswerten aufgeschlüsselten Zeitplan für die geordnete Veräußerung der Vermögenswerte des ELTIF abläuft" und darf nicht mehr als sechs Monate alt sein. Immerhin ist dem RTS noch die Klarstellung zu entnehmen, dass die Verwendung einer (in diesem Sinn aktuellen) **Bewertung nach Art. 19 AIFM-RL** (§ 168 f. KAGB) zulässig ist.

27 Ob der Auflösungsplan der Weisheit letzter Schluss ist, lässt sich bezweifeln: Das durch Art. 22 ELTIF-VO in Planform gepresste M&A-Geschäft prägt eine **Dynamik**, die eine mindere Bindungswirkung des Plans oder laufenden Aktualisierungsbedarf erwarten lässt.

Kapitel IV
Transparenzanforderungen

Art. 23 Transparenz [im Prospekt und Jahresbericht]

(1) Ohne vorherige Veröffentlichung eines Prospekts werden in der Union keine Anteile eines ELTIF vertrieben.

Ohne vorherige Veröffentlichung eines Basisinformationsblatts gemäß der Verordnung (EU) Nr. 1286/2014 werden die Anteile eines ELTIF in der Union nicht an Kleinanleger vertrieben.

(2) Der Prospekt enthält sämtliche Angaben, die erforderlich sind, damit sich die Anleger über die ihnen vorgeschlagene Anlage und vor allem über die damit verbundenen Risiken ein fundiertes Urteil bilden können.

(3) Der Prospekt enthält zumindest Folgendes:

a) eine Erklärung darüber, inwieweit die Anlageziele des ELTIF und dessen Strategie zur Verwirklichung dieser Ziele eine Einstufung des Fonds als langfristigen Fonds rechtfertigen;

b) die Angaben, die Organismen für gemeinsame Anlagen des geschlossenen Typs nach der Richtlinie 2003/71/EG und der Verordnung (EG) Nr. 809/2004 liefern müssen;

c) die Angaben, die den Anlegern gemäß Artikel 23 der Richtlinie 2011/61/EU geliefert werden müssen, sofern sie nicht bereits durch Buchstabe b dieses Absatzes abgedeckt sind;

d) eine unübersehbare Angabe der Vermögenswertkategorien, in die der ELTIF investieren darf;

e) eine unübersehbare Angabe der Rechtsräume, in denen der ELTIF investieren darf;

---

18 ESMA beabsichtigt den Erlass weniger, die Details von Art. 19 AIFM-RL ergänzende Regeln. Angekündigt ist eine zeitliche Vorgabe, wonach die Bewertung maximal sechs Monate alt darf, sowie eine Marktpreisorientierung (mark-to-market) der Bewertung gem. International Financial Reporting Standard (IFRS) 13. Vgl. ESMA, Consultation Paper on draft regulatory technical standards under the ELTIF Regulation, 31.7.2015, ESMA/2015/1239, S. 17.

19 Vgl. ESMA, Consultation Paper on draft regulatory technical standards under the ELTIF Regulation, 31.7.2015, ESMA/2015/1239, S. 15.

f) alle sonstigen Angaben, die die zuständigen Behörden für die Zwecke des Absatzes 2 für relevant halten.

(4) Der Prospekt und alle anderen etwaigen Vertriebsunterlagen unterrichten die Anleger unübersehbar über die Illiquidität des ELTIF.

Der Prospekt und alle anderen etwaigen Vertriebsunterlagen:

a) unterrichten die Anleger unmissverständlich über die Langfristigkeit der Anlagen des ELTIF;
b) unterrichten die Anleger unmissverständlich über das Ende der Laufzeit des ELTIF sowie über die Möglichkeit, die Laufzeit des ELTIF zu verlängern, falls vorgesehen, und die dafür geltenden Bedingungen;
c) geben unmissverständlich an, ob der ELTIF an Kleinanleger vertrieben werden soll;
d) geben unmissverständlich Aufschluss über die Rechte der Anleger, ihre Anlagen gemäß Artikel 18 und den in den Vertragsbedingungen oder der Satzung des ELTIF festgelegten Bestimmungen zurückzunehmen;
e) geben unmissverständlich Aufschluss über Häufigkeit und Zeitpunkte etwaiger Ertragsausschüttungen an die Anleger während der Laufzeit des ELTIF;
f) raten den Anlegern unmissverständlich, nur einen kleinen Teil ihres Gesamtanlageportfolios in einen ELTIF zu investieren;
g) beschreiben unmissverständlich die Absicherungspolitik des ELTIF, einschließlich einer unübersehbaren Angabe, dass derivative Finanzinstrumente nur zur Absicherung der den anderen Anlagen des ELTIF innewohnenden Risiken verwendet werden dürfen, und einer Angabe der möglichen Auswirkungen eines Einsatzes von derivativen Finanzinstrumenten auf das Risikoprofil des ELTIF;
h) unterrichten die Anleger unmissverständlich über die mit Investitionen in Sachwerte, einschließlich Infrastruktur, verbundenen Risiken;
i) unterrichten die Anleger regelmäßig unmissverständlich, mindestens einmal jährlich, darüber, in welchen Rechtsräumen der ELTIF investiert hat.

(5) Zusätzlich zu den nach Artikel 22 der Richtlinie 2011/61/EU erforderlichen Informationen enthält der Jahresbericht eines ELTIF Folgendes:

a) eine Kapitalflussrechnung;
b) Informationen über Beteiligungen an Instrumenten, in die Haushaltsmittel der Union eingeflossen sind;
c) Informationen über den Wert der einzelnen qualifizierten Portfoliounternehmen und den Wert anderer Vermögenswerte, in die der ELTIF investiert hat, einschließlich des Wertes der verwendeten Finanzderivate;
d) Informationen über die Rechtsräume, in denen die Vermögenswerte des ELTIF belegen sind.

(6) Wenn ein Kleinanleger dies wünscht, stellt der Verwalter des ELTIF zudem zusätzliche Informationen über die Anlagegrenzen des Risikomanagements des ELTIF, die diesbezüglichen Risikomanagementmethoden und die aktuellen Entwicklungen bei den bedeutendstem Risiken und Renditen der Vermögenswertkategorien bereit.

In der Fassung vom 29.4.2015 (ABl. EU Nr. L 123 v. 19.5.2015, S. 98).

Siehe Kommentierung zu Anh. zu § 338a: Art. 25 ELTIF-VO. 1

Art. 24 Zusätzliche Anforderungen an den Prospekt

(1) Ein ELTIF übermittelt seinen Prospekt und dessen Änderungen sowie seinen Jahresbericht den für den ELTIF zuständigen Behörden. Ein ELTIF stellt diese Unterlagen auf Anfrage der für den Verwalter des ELTIF zuständigen Behörde zur Verfügung. Der ELTIF stellt diese Unterlagen innerhalb des von diesen zuständigen Behörden angegebenen Zeitraums zur Verfügung.

(2) Die Vertragsbedingungen oder die Satzung eines ELTIF sind Bestandteil des Prospekts und sind ihm beigefügt.

Die in Unterabsatz 1 genannten Unterlagen müssen dem Prospekt jedoch nicht beigefügt werden, wenn der Anleger davon unterrichtet wird, dass er diese Dokumente auf Anfrage erhalten oder erfahren kann, an welcher Stelle er sie in den einzelnen Mitgliedstaaten, in denen die Anteile vertrieben werden, einsehen kann.

(3) Im Prospekt wird angegeben, auf welche Weise der Jahresbericht Anlegern zur Verfügung gestellt wird. Er sieht vor, dass eine Papierfassung des Jahresberichts Kleinanlegern auf Anfrage kostenlos zur Verfügung gestellt wird.

(4) Der Prospekt und der zuletzt veröffentlichte Jahresbericht werden Anlegern auf Anfrage und kostenlos zur Verfügung gestellt.

Der Prospekt kann auf einem dauerhaften Datenträger oder über eine Website zur Verfügung gestellt werden. Eine Papierfassung wird Kleinanlegern auf Anfrage kostenlos zur Verfügung gestellt.

(5) Die Angaben von wesentlicher Bedeutung im Prospekt werden auf dem neuesten Stand gehalten.

In der Fassung vom 29.4.2015 (ABl. EU Nr. L 123 v. 19.5.2015, S. 98).

1 Siehe Kommentierung zu Anh. zu § 338a: Art. 25 ELTIF-VO.

Art. 25 Angabe der Kosten

(1) Der Prospekt unterrichtet die Anleger unübersehbar über die Höhe der einzelnen direkt oder indirekt von ihnen zu tragenden Kosten. Die unterschiedlichen Kosten sind in folgende Rubriken untergegliedert:

a) Kosten für die Errichtung des ELTIF;

b) Kosten im Zusammenhang mit dem Erwerb von Vermögenswerten;

c) Verwaltungskosten und von der Wertentwicklung abhängige Kosten;

d) Vertriebskosten;

e) sonstige Kosten, einschließlich Verwaltungs- Regulierungs-, Verwahrungs- sowie durch professionelle Dienste und Wirtschaftsprüfung verursachte Kosten.

(2) Der Prospekt gibt Aufschluss darüber, in welchem Verhältnis Kosten und Kapital des ELTIF insgesamt zueinander stehen.

(3) Die ESMA erstellt Entwürfe technischer Regulierungsstandards, in denen die einheitlichen Definitionen, die Berechnungsmethoden und die Darstellungsweise der in Absatz 1 genannten Kosten sowie das in Absatz 2 genannte Gesamtverhältnis festgelegt werden.

Bei der Erstellung dieser Entwürfe technischer Regulierungsstandards trägt die ESMA den in Artikel 8 Absatz 5 Buchstaben a und c der Verordnung (EU) Nr. 1286/2014 genannten technischen Regulierungsstandards Rechnung.

Die ESMA legt diese Entwürfe technischer Regulierungsstandards der Kommission bis zum 9. September 2015 vor.

Der Kommission wird die Befugnis übertragen, die in Unterabsatz 1 genannten technischen Regulierungsstandards gemäß den Artikeln 10 bis 14 der Verordnung (EU) Nr. 1095/2010 zu erlassen.

In der Fassung vom 29.4.2015 (ABl. EU Nr. L 123 v. 19.5.2015, S. 98).

I. Aufbau des Kapitels IV der ELTIF-VO

Kapitel IV zu den Transparenzanforderungen betrifft grundsätzlich nur die Offenlegung gegenüber bestehenden Anlegern, während Kapitel V den Anteilsvertrieb, i.e. die Informationspflichten gegenüber zukünftigen Anlegern regelt. Die Transparenzanforderungen des Kapitel IV sind nach dem Vorbild der OGAW-RL ausgestaltet worden.[1] Es folgt der Grundlinie des Europäischen Kapitalmarktrechts, wonach beim Vertrieb standardisierter Anlageprodukte an Kleinanleger eine **Kombination aus Lang- und Kompakt-Information** sowie als periodische Information ein **Jahresbericht** erforderlich ist.[2] Neben die Anforderungen dieses Kapitels treten die Details der Offenlegungspflichten nach der PRIIP-VO (dazu Anh. zu § 166: Art. 1 PRIIP-VO Rz. 1 ff.). 1

Die Art. 23 ff. ELTIF-VO unterteilen nicht nach Informationsinstrumenten, sondern **mischen die Angabepflichten bunt durch**. 2

Soweit nicht anderes bezeichnet (wie etwa beim Produktinformationsblatt nach Art. 23 Abs. 1 ELTIV-VO oder beim individuellen Auskunftsrecht zum Risikomanagement gem. Art. 23 Abs. 6 ELTIF-VO) gelten die Art. 23 ff. ELTIF-VO gegenüber allen Anlegern. So schuldet der AIFM den **erweiterten Prospekt und Jahresbericht** auch dem **professionellen Anleger**, der ELTIF-Anteile erwirbt. 3

II. Prospekt

1. Grundsatz (Art. 23 ELTIF-VO)

Art. 23 ELTIF-VO erweitert die Pflicht zur Erstellung der Anlegerinformation gem. Art. 23 AIFM-RL (§ 307 Abs. 1 KAGB) zu einem **zweiaktigen Tatbestand** aus **Prospekt und Produktinformationsblatt.** Die sprachlich überladenen[3] Prospektregelungen orientierten sich ursprünglich an den Vorschriften der Prospektrichtlinie bzw. Anhang XVI der Prospektverordnung Nr. 809/2004 für geschlossene Fonds[4] (vgl. Art. 1 Abs. 2 Buchst. a, Art. 2 Buchst. p Prospekt-VO (EU) Nr. 2017/1129). Das Produktinformationsblatt ist gemäß der PRIIP-VO zu erstellen. Näher Anh. zu § 166: Art. 5 PRIIP-VO Rz. 1. 4

2. Gegenüber ProspektVO erweiterte Angaben (Art. 23 Abs. 3 ELTIF-VO)

Art. 23 Abs. 4 ELTIF-VO **erweitert die Angaben gegenüber dem europäischem Prospektrecht und gegenüber Art. 23 AIFM-RL** (§ 307 KAGB), wobei die Fassung der Norm darstellt, dass der Mindestbestand des ELTIF-Prospekts nach den beiden vorgenannten Regelwerken zu ermitteln ist. Im Wesentlichen wird zusätzlich eine **Präzisierung** verlangt, **welche Anlagen der ELTIF tätigen darf** und inwieweit die **Anlageziele** des ELTIF und dessen Strategie zur Verwirklichung dieser Ziele eine Einstufung des Fonds als langfristigen Fonds. Eine tückische Quelle von Rechtsunsicherheit kann der Hinweis auf weitere, von der Behörde erwartete Informationen sein. 5

3. Warnhinweise (Art. 23 Abs. 4 ELTIF-VO)

Gemäß Art. 23 Abs. 4 ELTIF-VO sind die **Anleger u.a. zu warnen** vor der **„Illiquidität des ELTIF"** (gemeint sind wohl die ELTIF-Anteile) **und der langfristigen Kapitalbindung im Fonds sowie seiner Anlagen** (nebst Hinweis auf eine mögliche Laufzeitverlängerung durch den AIFM). Weitere Warnhinweise zielen auf eine portionierte, wohlausgewogene Anlage und sollen über ELTIF-typische Risiken informieren. Dieselben Informationen sind in sämtliche Vertriebsinformationen aufzunehmen, also insbesondere das **Produktionsinformationsblatt**. Insofern wird die PRIIP-VO konkretisiert und überlagert. 6

---

1 *Zetzsche*, ZBB 2015, 361 ff.

2 Vgl. für OGAW-Fonds Art. 68 ff. OGAW-RL. Näher *Burn*, Capital Markets Law Journal 2010 (5), 141; *Geier/Druckenbrodt*, RdFI 2015, 21; *Günther*, RdF 2014, 204; *Herkströter/Kimmich*, RdF 2014, 9; *Koch*, BKR 2012, 485; *Loritz*, WM 2014, 1513; *Luttermann*, ZIP 2015, 805; *Oehler*, ZBB 2012, 119; *Poelzig*, ZBB 2015, 108; *Schäfer/Schäfer*, ZBB 2013, 23; *Seitz/Juhnke/Seibold*, BKR 2013, 1; *Walther*, Journal of Business Economics 2015, Vol.85(2), 129; *Zetzsche/Wachter*, „Unternehmenskapitalmarktrecht" in EnzEuR, Bd. 6, § 7.D. Rz. 8 m.w.N.

3 In Art. 23 und 25 ELTIF-VO ist fünf Mal das Wort „unübersehbar" und neun Mal das Wort „unmissverständlich" zu finden.

4 Vgl. dazu *Zetzsche/Eckner* in Holzborn, WpPG, Anh. XVI ProspektV. Die Europäische Kommission plant die Ersetzung dieser Rechtsakte durch eine Wertpapierprospekt-Verordnung.

4. Ergänzungen nach Art. 24 Abs. 2 ELTIF-VO

7 Hinzu treten die Angaben und Unterlagen nach Art. 24 Abs. 2 bis 3 ELTIF-VO: **Vertragsbedingungen/Statuten, Abrufadresse für den Jahresbericht**. Dass diese Unterlagen ggf. digital dargereicht werden können und aktuell zu halten sind, entspricht den Vorgaben von Art. 75 OGAW-RL, umgesetzt in § 167 KAGB (s. § 167 Rz. 1 ff.).

5. Kosten (Art. 25 ELTIF-VO)

8 Ein **Schwerpunkt der ELTIF-Transparenzregeln** liegt auf den **Kosten**. Damit soll der Erfahrung in einigen Mitgliedstaaten mit **unlauteren Vertriebs- und Betriebspraktiken** begegnet werden. Die den Anlegern berechneten **Kosten** sind gem. Art. 25 ELTIF-VO **im Prospekt** gesondert zu erläutern, und zwar gegliedert nach

a) Errichtungskosten,

b) Erwerbskosten für die Vermögenswerte (sinnvollerweise sollten auch die Veräußerungskosten hier angegeben werden),

c) Verwaltungs- und variablen Kosten (hier dürfte der carried interest abzubilden sein),

d) Vertriebskosten (soweit diese vom Fonds getragen werden; vom Anleger ggf. an den Vertriebsintermediär gezahlte Gebühren sind separat auszuweisen),

e) Sonstigen Kosten, zu denen Verwaltungs-, Regulierungs-, Verwahrungskosten sowie Kosten für professionelle Dienste und Wirtschaftsprüfer zählen.

9 Separat auszuweisen ist das **Verhältnis von Kosten zum Kapital** (gem. Art. 2 Nr. 1 ELTIF-VO); das geschieht gewöhnlich in Basispunkten. ESMA regt an, die Kosten auch ins Verhältnis zur Laufzeit zu setzen. Zudem kann ESMA bei der Konkretisierung dieser Vorgaben gem. Art. 25 Abs. 3 ELTIF-VO auf ein reichhaltig bestücktes Regelarsenal zur OGAW-RL[5] sowie zur PRIIP-VO[6] zurückgreifen. Eine Umsetzung in einem RTS ist noch nicht erfolgt; dieser soll zunächst auf die PRIIP-VO abgestimmt werden.[7] Bis dahin ist u.E. wegen der Nähe zu geschlossenen Fonds sowie der größeren Aktualität und Detailtiefe eine Orientierung am **Gesamtkostenindikator nach den Vorgaben der PRIIP-VO** geboten.

10 Nach Art. 25 ELTIF-VO könnte man die **Kosten für die Delegation der Vermögensverwaltung** als Verwaltungskosten (unter c) oder als Kosten für professionelle Dienste (unter e) ausweisen. Näher liegt die erste Option, weil die Vermögensverwaltung Aufgabe des AIFM ist. Soweit der derart inkludierte Vermögensverwalter zugleich **Vertriebstätigkeiten** erbringt, sind diese unter d) auszuweisen. Übrige dem Fonds berechnete Kosten, etwa für die Rechts- oder Anlageberatung des ELTIF oder des AIFM, wären wohl als sonstige Kosten (unter e) auszuweisen. Schon dieses Beispiel belegt, dass die von der ELTIF-VO initiierte Aufschlüsselung in dem fondstypischen Multiparteien-Netzwerk **keine Transparenz** gewährleistet. Des Weiteren befremdet, dass die o.g. fünf Kostensparten im periodischen Reporting nicht aufzugreifen sind. Ob Kostenerwartung und tatsächliche Kosten identisch sind, kann nicht überprüft werden. Dass das den modelltypischen „ewigen Marktteilnehmern" zugeschriebene Reputationsinteresse[8] den AIFM zur freiwilligen Kostentransparenz anhält, ist für den von Vertriebs- statt von Reputationsinteressen geprägten Markt geschlossener Fonds zu bezweifeln.

III. Jahresbericht (Art. 23 Abs. 1, 5 ELTIF-VO)

11 **Periodisches Informationsinstrument** ist der Jahresbericht nach Art. 22 AIFM-RL,[9] der um eine Kapitalflussrechnung, Informationen zu Subventionen, den Werten der Vermögenswerte (einschließlich Derivate) und die Zielrechtsordnungen des Fonds zu ergänzen ist (Art. 23 Abs. 5 ELTIF-VO).

---

5 Vgl. den Überblick bei ESMA, Consultation Paper on draft regulatory technical standards under the ELTIF Regulation, 31.7.2015, ESMA/2015/1239, S. 19 f.

6 Vgl. insbesondere Anh. III und VI der Delegierten Verordnung (EU) 2017/653 zur Ergänzung der Verordnung (EU) Nr. 1286/2014 des Europäischen Parlaments und des Rates über Basisinformationsblätter für verpackte Anlageprodukte für Kleinanleger und Versicherungsanlageprodukte (PRIIP) durch technische Regulierungsstandards in Bezug auf die Darstellung, den Inhalt, die Überprüfung und die Überarbeitung dieser Basisinformationsblätter sowie die Bedingungen für die Erfüllung der Verpflichtung zu ihrer Bereitstellung.

7 Vgl. Europäische Kommission, C(2017) 7967 final, S. 2.

8 Vgl. zum mutmaßlichen Kooperationsinteresse des „ewigen Spielers" (perennial player) in der Spieltheorie *Axelrod*, The Evolution of Cooperation, 1984 (rev. 2006), S. 12, 54.

9 Vgl. § 308 KAGB. Mindestinhalt sind danach eine Bilanz und Vermögensübersicht, eine GuV, ein Tätigkeitsbericht, Hinweise auf wesentliche Veränderungen sowie die Gesamtsumme der an das Personal des AIFM gezahlten Ver-

Gegenüber Art. 22 AIFM-RL (§ 308 Abs. 1 KAGB) **erweitert Art. 23 Abs. 5 ELTIF-VO die Mindestangaben im Jahresbericht** um eine Kapitalflussrechnung, den Bezug von Subventionen aus EU-Haushalten (nicht aber solche der Mitgliedstaaten), Wertangaben zu den Vermögenswerten sowie die Rechtsordnungen, in denen die Vermögenswerte liegen. Die erste, dritte und vierte Angabepflicht erklärt sich mit besserer Anlegerinformation. In der zweiten Angagepflicht mag der Wunsch zum Ausdruck kommen, über eine EU-Förderung zu informieren und diese auch über das Vehikel ELTIF laufen zu lassen.[10] 12

IV. Individuelles Auskunftsrecht (Art. 23 Abs. 6 ELTIF-VO)

Hinzu tritt ein **individuelles Auskunftsrecht** des Kleinanlegers zur Methodik des Risikomanagements. Dieses ist Art. 70 Abs. 4 OGAW-RL entnommen, welcher in § 165 Abs. 2 Nr. 4 KAGB umgesetzt ist (näher § 165 Rz. 17 f.). 13

V. Einreichung bei Fondsbehörde (Art. 24 Abs. 1 ELTIF-VO)

Art. 24 ELTIF-VO bündelt das **Verfahren bei der Fondsbehörde**. So sind nach Art. 24 Abs. 1 ELTIF-VO Prospekt und Jahresbericht der **für den ELTIF zuständigen Behörde** (s. Anh. zu § 338a: Art. 2 ELTIF-VO Rz. 15). einzureichen, die diese bei Bedarf an die Verwalterbehörde weiterreicht. Der **Zeitraum** soll von den Behörden definiert werden. 14

VI. Haftung

Jenseits von Art. 7 ELTIF-VO, der nicht primär die Prospekthaftung und Vertriebshaftung betrifft, enthält die ELTIF-VO **keine Haftungsanordnungen**. Soweit die ELTIF-VO europäische Regelwerke in Bezug nimmt, gelten die dortigen Haftungsanordnungen, vgl. etwa Art. 11 ProspektVO und Art. 11 PRIIP-VO. Diese verweisen jeweils auf das maßgebliche nationale Recht. Insofern ist ein Rückgriff auf § 306 f. KAGB geboten. 15

Welches **Recht bei einem grenzüberschreitenden Vertrieb** zur Anwendung kommt, ist sehr umstritten. Insofern ist auf **Spezialabhandlungen** zu verweisen.[11] 16

Kapitel V
Vertrieb von Anteilen an ELTIF

Art. 26 Zur Verfügung zu stellende Informationen [Zahl- und Beschwerdestelle]

(1) Der Verwalter eines ELTIF, dessen Anteile an Kleinanleger vertrieben werden sollen, stellt in jedem Mitgliedstaat, in dem er derartige Anteile vertreiben will, Einrichtungen zur Verfügung, über die Anteile gezeichnet, Zahlungen an die Anteilseigner geleistet, Anteile zurückgekauft oder zurückgenommen und die Angaben, zu denen der ELTIF und der Verwalter des ELTIF verpflichtet sind, bereitgestellt werden können.

(2) Die ESMA erstellt Entwürfe technischer Regulierungsstandards, in denen Arten und Merkmale dieser in Absatz 1 genannten Einrichtungen, deren technische Infrastruktur und der Inhalt ihrer Aufgaben in Bezug auf die Kleinanleger festgelegt werden.

Die ESMA legt diese Entwürfe technischer Regulierungsstandards bis zum 9. September 2015 der Kommission vor.

---

gütungen. Vgl. dazu *Dornseifer* in Dornseifer/Jesch/Klebeck/Tollmann, Art. 22 AIFM-RL Rz. 16; *Zetzsche/Eckner* in Zetzsche, AIFMD, S. 401 ff.

10 Vgl. ErwGr. 32 ELTIF-VO („Die Kommission sollte ihre Verfahren für alle Anträge von ELTIF auf Finanzierung durch die EIB priorisieren und optimieren. Die Kommission sollte daher das Verfahren für die Erstellung von Gutachten oder Beiträgen zur Gewährung von Anträgen auf Finanzierung von der EIB, die von ELTIF eingereicht werden, optimieren.").

11 Vgl. *Winner/Schmidt* in Zetzsche/Lehmann, Grenzüberschreitende Finanzdienstleistungen, S. 409 ff. m.w.N.

Der Kommission wird die Befugnis übertragen, die in Unterabsatz 1 genannten technischen Regulierungsstandards gemäß den Artikeln 10 bis 14 der Verordnung (EU) Nr. 1095/2010 zu erlassen.

In der Fassung vom 29.4.2015 (ABl. EU Nr. L 123 v. 19.5.2015, S. 98).

1 Siehe Kommentierung zu Anh. zu § 338a: Art. 31 ELTIF-VO.

Art. 27 Internes Bewertungsverfahren für ELTIF, die an Kleinanleger vertrieben werden

(1) Der Verwalter eines ELTIF, dessen Anteile an Kleinanleger vertrieben werden sollen, richtet ein spezifisches internes Verfahren für die Beurteilung dieses ELTIF ein und wendet es an, bevor der ELTIF an Kleinanleger vertrieben wird.

(2) Als Teil des in Absatz 1 genannten internen Verfahrens beurteilt der Verwalter des ELTIF, ob sich der ELTIF für den Vertrieb an Kleinanleger eignet, wobei mindestens Folgendes berücksichtigt wird:

a) die Laufzeit des ELTIF und

b) die beabsichtigte Anlagestrategie des ELTIF.

(3) Der Verwalter des ELTIF stellt Vertreibern alle geeigneten Informationen über einen ELTIF, der an Kleinanleger vertrieben wird, zur Verfügung, einschließlich aller Informationen über seine Laufzeit und die Anlagestrategie sowie über das interne Bewertungsverfahren und die Rechtsräume, in die der ELTIF investieren darf.

In der Fassung vom 29.4.2015 (ABl. EU Nr. L 123 v. 19.5.2015, S. 98).

1 Siehe Kommentierung zu Anh. zu § 338a: Art. 31 ELTIF-VO.

Art. 28 Spezifische Anforderungen in Bezug auf den Vertrieb von ELTIF an Kleinanleger

(1) Wenn Anteile an einem ELTIF direkt einem Kleinanleger angeboten oder bei ihm platziert werden, holt der Verwalter des ELTIF die folgenden Informationen ein:

a) die Kenntnisse und Erfahrung des Kleinanlegers in Bezug auf für den ELTIF relevante Investitionen,

b) die finanzielle Lage des Kleinanlegers einschließlich seiner Fähigkeit, Verluste zu tragen,

c) die Anlageziele des Kleinanlegers einschließlich seines Anlagehorizonts.

Auf Grundlage der in Unterabsatz 1 erhaltenen Informationen empfiehlt der Verwalter des ELTIF den ELTIF nur, wenn er für den jeweiligen Kleinanleger geeignet ist.

(2) Wenn die Laufzeit eines ELTIF, der Kleinanlegern angeboten oder bei ihnen platziert wird, zehn Jahre übersteigt, warnt der Verwalter des ELTIF oder der Vertreiber unmissverständlich und in schriftlicher Form davor, dass sich das ELTIF-Produkt möglicherweise nicht für Kleinanleger eignet, die eine solch langfristige und illiquide Verpflichtung nicht eingehen können.

In der Fassung vom 29.4.2015 (ABl. EU Nr. L 123 v. 19.5.2015, S. 98).

1 Siehe Kommentierung zu Anh. zu § 338a: Art. 31 ELTIF-VO.

Art. 29 Spezifische Bestimmungen über die Verwahrstelle eines ELTIF, der an Kleinanleger vertrieben wird

(1) Abweichend von Artikel 21 Absatz 3 der Richtlinie 2011/61/EU handelt es sich bei der Verwahrstelle eines ELTIF, der an Kleinanleger vertrieben wird, um eine Stelle in der von Artikel 23 Absatz 2 der Richtlinie 2009/65/EG genannten Art.

(2) Abweichend von Artikel 21 Absatz 13 Unterabsatz 2 und Artikel 21 Absatz 14 der Richtlinie 2011/61/EU hat die Verwahrstelle eines ELTIF, der an Kleinanleger vertrieben wird, nicht die Möglichkeit, sich im Falle eines Verlustes von Finanzinstrumenten, deren Verwahrung einem Dritten übertragen wurde, von einer Haftung zu befreien.

(3) Die Haftung der Verwahrstelle gemäß Artikel 21 Absatz 12 der Richtlinie 2011/61/EU wird nicht durch eine Vereinbarung ausgeschlossen oder begrenzt, wenn der ELTIF an Kleinanleger vertrieben wird.

(4) Eine Absatz 3 widersprechende Vereinbarung ist nichtig.

(5) Die von der Verwahrstelle eines ELTIF verwahrten Vermögenswerte werden von der Verwahrstelle oder einem Dritten, dem die Verwahrfunktion übertragen wurde, nicht für eigene Rechnung wiederverwendet. Als Wiederverwendung gelten alle Transaktionen im Zusammenhang mit verwahrten Vermögenswerten, beispielweise Übertragung, Verpfändung, Verkauf und Beleihung.

Die von der Verwahrstelle eines ELTIF verwahrten Vermögenswerte dürfen nur wiederverwendet werden, wenn:

a) die Wiederverwendung der Vermögenswerte für Rechnung des ELTIF erfolgt,

b) die Verwahrstelle den Weisungen des im Namen des ELTIF handelnden Verwalters des ELTIF Folge leistet,

c) die Wiederverwendung dem ELTIF zugutekommt und im Interesse der Anteilinhaber liegt und

d) die Transaktion durch liquide Sicherheiten hoher Qualität gedeckt ist, die der ELTIF aufgrund einer Vereinbarung über eine Vollrechtsübertragung erhalten hat.

Der Marktwert der in Unterabsatz 2 Buchstabe d genannten Sicherheiten ist jederzeit mindestens so hoch wie der Marktwert der wiederverwendeten Vermögenswerte zuzüglich eines Zuschlags.

In der Fassung vom 29.4.2015 (ABl. EU Nr. L 123 v. 19.5.2015, S. 98).

Siehe Kommentierung zu Anh. zu § 338a: Art. 31 ELTIF-VO. 1

Art. 30 Zusätzliche Anforderungen für den Vertrieb von ELTIF an Kleinanleger

(1) Anteile eines ELTIF können an Kleinanleger vertrieben werden, wenn Kleinanleger eine geeignete Anlageberatung durch den Verwalter des ELTIF oder den Vertreiber erhalten.

(2) Ein Verwalter eines ELTIF kann Anteile des ELTIF nur in dem Fall direkt Kleinanlegern anbieten oder bei ihnen platzieren, wenn dieser Verwalter befugt ist, die in Artikel 6 Absatz 4 Buchstabe a und Buchstabe b Ziffer i der Richtlinie 2011/61/EU genannten Dienstleistungen zu erbringen und wenn dieser Verwalter den in Artikel 28 Absatz 1 dieser Verordnung genannten Eignungstest vorgenommen hat.

(3) Wenn das Finanzinstrument-Portfolio eines potenziellen Kleinanlegers 500 000 EUR nicht übersteigt, vergewissert sich der Verwalter des ELTIF oder ein Vertreiber nach der Vornahme des in Artikel 28 Absatz 1 genannten Eignungstests und geeigneter Anlageberatung auf der Grundlage der von dem potenziellen Kleinanleger bereitgestellten Informationen, dass der potenzielle Kleinanleger insgesamt nicht mehr als 10 % seines Finanzinstrument-Portfolios in ELTIF investiert und der anfänglich in einen oder mehrere ELTIF investierte Betrag mindestens 10 000 EUR beträgt.

Der potenzielle Kleinanleger ist dafür verantwortlich, dem Verwalter des ELTIF oder dem Vertreiber korrekte Informationen über das in Unterabsatz 1 genannte Finanzinstrument-Portfolio sowie Investitionen des potenziellen Kleinanlegers in ELTIF zu geben.

Ein Finanzinstrument-Portfolio im Sinne dieses Absatzes umfasst Bareinlagen und Finanzinstrumente, ausgenommen als Sicherheit hinterlegte Finanzinstrumente.

(4) Die Vertragsbedingungen oder die Satzung eines ELTIF, der an Kleinanleger vertrieben wird, sehen für alle Anleger Gleichbehandlung vor und schließen eine Vorzugsbehandlung oder spezielle wirtschaftliche Vorteile für einzelne Anleger oder Anlegergruppen aus.

(5) Die Rechtsform eines ELTIF, der an Kleinanleger vertrieben wird, bringt keine weitere Haftung für den Anleger mit sich und erfordert keine zusätzlichen Verpflichtungen im Namen eines Anlegers, abgesehen vom ursprünglichen Kapitaleinsatz.

(6) Kleinanleger können ihre Zeichnung während der Zeichnungsfrist und mindestens zwei Wochen nach Zeichnung der Anteile des ELTIF stornieren und erhalten ihr Geld ohne Abzüge zurück.

(7) Der Verwalter eines ELTIF, der an Kleinanleger vertrieben wird, legt geeignete Verfahren und Regelungen für die Behandlung von Beschwerden von Kleinanlegern fest, die es Kleinanlegern ermöglichen, Beschwerden in der Amtssprache oder einer der Amtssprachen ihres Mitgliedstaats einzureichen.

In der Fassung vom 29.4.2015 (ABl. EU Nr. L 123 v. 19.5.2015, S. 98).

1 Siehe Kommentierung zu Anh. zu § 338a: Art. 31 ELTIF-VO.

Art. 31 Vertrieb von Anteilen von ELTIF

(1) Nach Übermittlung eines Anzeigeschreibens gemäß Artikel 31 der Richtlinie 2011/61/EU kann der Verwalter eines ELTIF die Anteile dieses ELTIF in seinem Herkunftsmitgliedstaat an professionelle Anleger und Kleinanleger vertreiben.

(2) Nach Übermittlung eines Anzeigeschreibens gemäß Artikel 32 der Richtlinie 2011/61/EU kann ein Verwalter eines ELTIF die Anteile dieses ELTIF in anderen Mitgliedstaaten als seinem Herkunftsmitgliedstaat an professionelle Anleger und Kleinanleger vertreiben.

(3) Der Verwalter eines ELTIF teilt den für ihn zuständigen Behörden für jeden von ihm verwalteten ELTIF mit, ob er den ELTIF an Kleinanleger vertreiben will.

(4) Zusätzlich zu der in den Artikeln 31 und 32 der Richtlinie 2011/61/EU verlangten Unterlagen und Informationen stellt der Verwalter des ELTIF den für ihn zuständigen Behörden Folgendes zur Verfügung:

a) den Prospekt des ELTIF;

b) für den Fall, dass der ELTIF an Kleinanleger vertrieben wird, das Basisinformationsblatt; und

c) Angaben zu den in Artikel 26 genannten Einrichtungen.

(5) Die Zuständigkeiten und Befugnisse von zuständigen Behörden gemäß den Artikeln 31 und 32 der Richtlinie 2011/61/EU beziehen sich auch auf den Vertrieb von ELTIF an Kleinanleger und erstrecken sich auch auf die in dieser Verordnung festgelegten zusätzlichen Anforderungen.

(6) Zusätzlich zu ihren Befugnissen gemäß Artikel 31 Absatz 3 Unterabsatz 1 der Richtlinie 2011/61/EU untersagt die zuständige Behörde des Herkunftsmitgliedstaats des Verwalters des ELTIF auch den Vertrieb eines ELTIF, wenn der Verwalter des ELTIF gegen diese Verordnung verstößt bzw. verstoßen wird.

(7) Zusätzlich zu ihren Befugnissen gemäß Artikel 32 Absatz 3 Unterabsatz 1 der Richtlinie 2011/61/EU verweigert die zuständige Behörde des Herkunftsmitgliedstaats des Verwalters des ELTIF für den Fall, dass der Verwalter des ELTIF gegen diese Verordnung verstößt, auch die Übermittlung der vollständigen Anzeigeunterlagen an die zuständigen Behörden des Mitgliedstaats, in dem der ELTIF vertrieben werden soll.

In der Fassung vom 29.4.2015 (ABl. EU Nr. L 123 v. 19.5.2015, S. 98).

I. Aufbau des Kapitels V der ELTIF-VO

1 Kapitel V befasst sich im weiteren Sinn mit dem Vertrieb von ELTIF, besteht indes aus zwei unterschiedlichen Themenfeldern. Einerseits geht es um **Anlegerschutz und Wohlverhaltensregeln** beim Vertrieb von ELTIF (Art. 26 bis 30 ELTIF-VO). Andererseits geht es um die **Vertriebsnotifikation**, die systematisch besser zur Zulassung (Art. 5 f. ELTIF-VO) oder Aufsicht (Art. 32 ff. ELTIF-VO) gepasst hätte.

2 Die **ELTIF-VO definiert den Vertrieb nicht**. Damit gilt der Vertriebsbegriff gem. Art. 4 Abs. 1 Buchst. x AIFM-RL (s. § 20 Abs. 3 Nr. 6 KAGB),[1] der von den Mitgliedstaaten ganz unterschiedlich umgesetzt wurde.[2] Die für den AIF-Vertrieb aufgeworfenen Fragen[3] werden sich auch beim ELTIF-Vertrieb stellen. Dies dürfte der durch die Verordnungsform bezweckten Vereinheitlichung entgegenstehen. Näher § 20 Rz. 89.

3 Die **Wohlverhaltensregeln beim Vertrieb** gehen teils auf die AIFM-RL, teils die OGAW-RL und teils die MiFID II-RL zurück. Nur zu einem geringen Teil sind ELTIF-spezifische Voraussetzungen geschaffen worden.[4] Zu den der OGAW-RL entlehnten Bestimmungen zählen Art. 26, 29 ELTIF-VO, während Art. 27, 28, 30 ELTIF-VO der MiFID II entlehnt ist. Als ELTIF-eigenständige Regeln sind daher lediglich Art. 30 Abs. 3, 4 ELTIF-VO auszumachen. Die jeweilige Herkunft ist bei Auslegung der Vorschriften zu berücksichtigen.

II. Zahl- und Beschwerdestelle (Art. 26 ELTIF-VO)

4 Gemäß Art. 26 ELTIF-VO ist in jedem Vertriebsstaat eine **Einrichtung** zur Verfügung zu stellen, über die Anteile gezeichnet und zurückgegeben und Zahlungen des Fonds abgewickelt werden können. Die Vorschrift orientiert sich grob an Art. 15 OGAW-RL. Zudem ist gem. Art. 30 Abs. 7 ELTIF-VO eine Beschwerdestelle zu benennen. Unklar ist, warum es in Zeiten eines europaweiten Informationszugriffs über das Internet und eines harmonisierten Zahlungsverkehrs noch einer separaten Einrichtung *im Vertriebsstaat* bedarf. Zahlstellen-Pflichten erhöhen die Kosten des ELTIFs und errichten **Hindernisse beim grenzüberschreitenden Vertrieb** namentlich in kleine Rechtsordnungen, wo dem AIFM der Aufwand zum Abschluss eines Zahlstellenvertrags im Verhältnis zum Absatzpotential übermäßig erscheint. Deshalb wurde in der AIFM-RL auf Zahlstellen-Pflichten verzichtet. Dem Petitum, zurückhaltend zu verfahren, hat ESMA in Kenntnis der vielfältigen Varianten von Zahl- und Beschwerdestellen in den Mitgliedstaaten[5] bei der Ausgestaltung der RTS gem. Art. 26 Abs. 2 ELTIF-VO leider nicht Rechnung getragen. Dies könnte sich auch damit erklären, dass so **mehr Einnahmen und Kosten in den jeweiligen Vertriebsstaaten anfallen und dort bleiben** – auf Kosten der Anlegerrendite und damit der Attraktivität des ELTIF sowie der Effizienz des Binnenmarktes.

5 **Art. 5 der Delegierten Verordnung 2018/480** legt in nachgerade kleinkarierter Manier die Merkmale und Funktionen der Einrichtungen fest, die der Verwalter eines an Kleinanleger vertriebenen ELTIF zur Ver-

1 „'Vertrieb' ist das direkte oder indirekte, auf Initiative des AIFM oder in dessen Auftrag erfolgende Anbieten oder Platzieren von Anteilen an einem vom AIFM verwalteten AIF an Anleger oder bei Anlegern mit Wohnsitz oder Sitz in der Union."

2 Vgl. dazu ESMA's opinion to the European Parliament, Council and Commission and responses to the call for evidence on the functioning of the AIFMD EU passport and of the National Private Placement Regimes, ESMA/2015/1235, Nr. 2.2, S. 16 f., und Annex 1, Rz. 53.

3 Vgl. *Volhard/Jang*, DB 2013, 273 f.; *Klebeck/Boxberger*, absolut report 4/2013, 64 ff.; *Jesch*, RdF 2014, 180; *Polivanova-Rosenauer*, RdF 2014, 273; *Krause/Gölz*, RdF 2015, 15; *Wallach*, ZBB 2016, 287.

4 Näher *Zetzsche*, ZBB 2015, 361 ff.

5 Zur uneinheitlichen Ausgestaltung von Zahlstellenpflichten für OGAW in den Mitgliedstaaten vgl. ESMA, Consultation Paper on draft regulatory technical standards under the ELTIF Regulation, 31.7.2015, ESMA/2015/1239, S. 23.

fügung zu stellen hat. Danach müssen die Einrichtungen Kleinanlegern ermöglichen, **Anteile zu zeichnen, Zahlungen zu leisten, Rückkauf- und Rücknahmeaufträge zu erteilen und sich über die hierfür geltenden Modalitäten zu informieren.** Des Weiteren muss der AIFM Einrichtungen unterhalten, die der **Amtssprache des Vertriebsstaats** mächtig sind und die die Ausübung der Zeichnungs- und Rücknahmerechte, die Wahrnehmung der Kleinanlegerrechte und die Beschaffung einschlägiger Anlegerinformationen in der dortigen Sprache erleichtern. Wie auch sonst (vgl. § 36 KAGB) können die Pflichten des Art. 26 ELTIF-VO durch den AIFM selbst oder im Delegationsweg erfüllt werden.

6 Eine Hintertür zur Kostensenkung und Effizienzsteigerung des ELTIF bleibt jedoch offen. Art. 26 ELTIF-VO verlangt nicht, dass die Einrichtung im Vertriebsstaat ansässig ist. Es wird nur verlangt, dass „in jedem Mitgliedstaat, in dem [der ELTIF/AIFM] derartige Anteile vertreiben will, [er] Einrichtungen zur Verfügung [stellt], über die Anteile gezeichnet, Zahlungen an die Anteilseigner geleistet, Anteile zurückgekauft oder zurückgenommen und die Angaben, zu denen der ELTIF und der Verwalter des ELTIF verpflichtet sind, bereitgestellt werden können." Wie Art. 5 Abs. 2 Buchst. b der Delegierten Verordnung 2018/480 klarstellt, muss die Einrichtung lediglich mündlich, telefonisch oder elektronisch auf Anlegeranfragen agieren. Dies kann problemlos **vom Herkunfts- oder jedem anderen EU-Staat aus** erfolgen. Daher können u.E. ausländische Intermediäre das „zur Verfügung stellen im Inland" (etwa via Internet, inländisch anwählbarer Hotline, E-Mail-Adresse) auch besorgen, indem diese **in der Amtssprache der Vertriebsstaaten** von ihrem eigenen Herkunftsstaat aus kommunizieren.[6]

III. Product Governance (Art. 27 Abs. 1 und 2 ELTIF-VO)

7 Die interne Beurteilung der Kleinanleger-Eignung des Produkts vor einem Vertrieb an Kleinanleger (vgl. Art. 27 Abs. 1 ELTIF-VO) ist der Product Governance analog Art. 16 Abs. 3 MiFID II (vgl. § 80 Abs. 9 WpHG) nachempfunden. Im Rahmen dieser sog. **Produktfreigabe** ist „mindestens" die Laufzeit und die (auf illiquide Vermögenswerte ausgerichtete) Anlagestrategie des Fonds zu berücksichtigen. Obgleich in Art. 27 ELTIF-VO nicht genannt, sollte ein weiteres Bewertungskriterium sein, ob für die Fondsanteile ein liquider Zweitmarkt existiert: Ein liquider Zweitmarkt unter Beteiligung professioneller Handelsteilnehmer kann eine lange Fondslaufzeit kompensieren.

IV. Informationen für die Vertriebskette (Art. 27 Abs. 3 ELTIF-VO)

8 **Der AIFM soll den Vertriebsintermediären** gem. Art. 27 Abs. 3 ELTIF-VO **„alle geeigneten Informationen über einen ELTIF,** der an Kleinanleger vertrieben wird, **zur Verfügung (stellen).**" Dies betrifft Laufzeit, Anlagestrategie, die Produktfreigabe nach Art. 27 Abs. 1 ELTIF-VO und die Zielrechtsordnungen. Die Regelung korrespondiert mit der Pflicht von Wertpapierfirmen zur Bestimmung des Zielmarktes für Anlegerprodukte gem. Art. 24 Abs. 2 MiFID II (ähnlich § 80 Abs. 9 WpHG).

9 Art. 27 Abs. 3 ELTIF-VO führt den der MiFID, den Fondsrichtlinien und der PRIIP-VO[7] bislang **unbekannten Begriff des „Vertreibers"** ein. Einerseits könnten dies Delegierte des AIFM, andererseits Wertpapierfirmen sein, die ELTIF-Anteile geschäftsmäßig auf eigene Rechnung anbieten. Gemeint sind die Wertpapierfirmen, die ELTIF auf eigene Rechnung anbieten, weil diese die Informationen für die Einschätzung nach Art. 24 Abs. 2 MiFID benötigen. Denn der AIFM, der seine Vertriebsdelegierten (beim unmittelbaren grenzüberschreitenden Vertrieb) instruiert, erfüllt eigene Pflichten, nämlich solche aus Art. 30 Abs. 2 ELTIF-VO i.V.m. Art. 24 Abs. 2 MiFID II. Für die Vertriebsdelegierten ist Art. 27 Abs. 3 ELTIF-VO entbehrlich.

10 Daran schließt sich die Frage an, wann eine **fremde Wertpapierfirma „Vertreiber"** ist. Bei der Parallelnorm Art. 30 Abs. 2 ELTIF-VO knüpfen Angebot und Platzierung von ELTIF-Anteilen an die Zulassung des AIFM für die individuelle Portfolioverwaltung und die Anlageberatung. Diese Tätigkeiten sollen deshalb wohl Vertrieb sein (was sich für die Portfolioverwaltung mit guten Gründen bezweifeln lässt). Fraglich ist, wie die übrigen Tätigkeiten nach Anhang I.A. MiFID II einzustufen sind, insbesondere die Ausführung von Kundenaufträgen und das Emissions- und Platzierungsgeschäft; die Ausklammerung namentlich des Platzierers aus dem Vertriebsbegriff scheint prima facie schwerlich zu überzeugen. Ein genauer Blick auf die MiFID II lehrt das Gegenteil: ELTIF-Anteile sind als AIF „komplexe Finanzprodukte" (arg. Art. 25 Abs. 4 Buchst. a i und iv MiFID II). Insofern kommt ein *execution only*-Geschäft bei der Ausführung, An-

6 So dürfte die großzügigere Formulierung des Art. 30 Abs. 7 ELTIF-VO auch zu deuten sein.
7 Art. 4 Nr. 5 PRIIP-VO definiert als „PRIIP-Verkäufer" eine Person, die einem Kleinanleger einen PRIIP-Vertrag anbietet oder diesen mit ihm abschließt.

nahme und Übermittlung von Kundenaufträgen nicht in Betracht. Dann steht zwischen dem Platzierer (gem. Anhang I.A. (6) und (7) MiFID II) und dem Anleger immer ein Anlageberater (oder Portfolioverwalter), der als „Vertreiber" erfasst ist und für den die Informationen gem. Art. 27 Abs. 3 ELTIF-VO bestimmt sind. Dieses Ergebnis bestätigt Art. 30 Abs. 1 ELTIF-VO, wonach der AIFM oder „der Vertreiber" den Anleger über die ELTIF-Anlage beraten müssen.

V. Verwahrstellenregulierung (Art. 29 ELTIF-VO)

Zu den umfangreichen Vorschriften von Art. 21 AIFM-RL[8] treten gem. Art. 29 ELTIF-VO an Art. 22 bis 26 OGAW-RL sowie Art. 22 ff. OGAW V-RL[9] orientierte Verwahrstellenpflichten hinzu, wenn der ELTIF an Kleinanleger vertrieben wird. Die Modifikationen betreffen die **Qualifikation** der Verwahrstelle (Kreditinstitut oder Wertpapierfirma), das **Verbot einer Haftungsbefreiung oder -begrenzung** bei Verlust von Finanzinstrumenten und Pflichtverstößen sowie das **Verbot der Verwendung von Vermögensgegenständen auf eigene Rechnung** der Verwahrstelle (etwa im Rahmen der geschäftsmäßig betriebenen Wertpapierleihe)[10] nebst qualitativen Anforderungen beim Einsatz der Vermögenswerte für Rechnung des Fonds. Aus Art. 29 Abs. 5 Unterabs. 2 ELTIF-VO folgt,[11] dass die Verwendung von Vermögenswerten zugunsten des *Verwalters* des ELTIF (erst recht) ausgeschlossen ist. 11

VI. Vertrieb an Kleinanleger (Art. 28, 30 ELTIF-VO)

1. Kundenexploration, Verbot des execution only (Art. 28, 30 Abs. 1 ELTIF-VO)

Zum AIF-Vertrieb in Europa fand sich bislang nur die Vorgabe in Art. 6 Abs. 8 AIFM-RL, dass Wertpapierfirmen AIF-Anteile Anlegern in der Union anbieten oder bei diesen platzieren dürfen, wenn ein Vertrieb der Anteile gem. Art. 31 ff. AIFM-RL (§§ 321 ff. KAGB) zulässig ist. Gemäß Art. 2 Abs. 1 Buchst. i MiFID II (§ 3 Abs. 1 Nr. 18 WpHG) liegen **Fondsanteile generell jenseits des Geltungsbereichs der MiFID II.**[12] Art. 28 und Art. 30 ELTIF-VO schließen die aus der Nicht-Geltung der MiFID II entstehende Schutzlücke. 12

Art. 28 ELTIF-VO verpflichtet zur **Kundenexploration** analog Art. 25 MiFID II (§ 63 Abs. 10 WpHG), so dass beurteilt werden kann, ob der ELTIF für den Anleger geeignet ist und in sein Portfolio passt. AIFM und Vertreiber müssen darüber hinaus dem Anleger **immer eine Anlageberatung** zuteilwerden lassen (Art. 30 Abs. 1 ELTIF-VO). Die Regelung entspricht inhaltlich der für komplexe Finanzinstrumente gem. Art. 25 Abs. 4 MiFID II (§ 63 Abs. 11 WpHG), bei der ein Vertrieb ohne vorausgehende Beratung (execution only) gleichfalls unzulässig ist. 13

Für die Anlageberatung muss der Vertreiber zunächst eine **Geeignetheitsprüfung** durchführen, die die Kenntnisse und Erfahrung, die finanzielle Lage und die Anlageziele des Anlegers berücksichtigt (Art. 28 Abs. 1 ELTIF-VO). Gemäß ErwGr. 44 ELTIF-VO muss der Verwalter oder Vertreiber des ELTIF alle notwendigen Informationen über die Kenntnisse und die Erfahrung, die finanzielle Lage, die Risikobereitschaft, die Anlageziele und den Anlagehorizont des Kleinanlegers einholen, um zu beurteilen, ob der ELTIF für den Vertrieb an diesen Kleinanleger geeignet ist. Dabei hat er u.a. die Laufzeit und die beabsichtigte Anlagestrategie des ELTIF zu berücksichtigen. 14

Bei einer Fondslaufzeit von mehr als zehn Jahren ist ein **Warnhinweis** geboten (Art. 28 Abs. 2 ELTIF-VO). 15
Der Verwalter oder Vertreiber muss „unmissverständlich und in schriftlicher Form" darauf hinweisen, dass

8 Vgl. dazu *Tollmann* in Dornseifer/Jesch/Klebeck/Tollmann, Art. 21 AIFM-RL Rz. 29 ff.; *Hooghiemstra* in Zetzsche, AIFMD, S. 479 ff.

9 Vgl. Richtlinie 2014/91/EU (...) vom 23. Juli 2014 zur Änderung der Richtlinie 2009/65/EG (...) im Hinblick auf die Aufgaben der Verwahrstelle, die Vergütungspolitik und Sanktionen Text von Bedeutung für den EWR, ABl. Nr. L 257 vom 28.8.2014, S. 186. Vgl. dazu *Moroni/Wibbeke*, RdF 2015, 187; *Klebeck* in Zetzsche, AIFMD, S. 102 ff.

10 Abweichend von Art. 21 Abs. 10 Unterabs. 2 AIFM-RL.

11 „Die von der Verwahrstelle eines ELTIF verwahrten Vermögenswerte dürfen nur wiederverwendet werden, wenn: a) die Wiederverwendung der Vermögenswerte für Rechnung des ELTIF erfolgt ...".

12 Dies gilt, obwohl die MiFID Fondsanteile als Finanzinstrumente einstuft und Fondsprodukte an einigen Stellen erwähnt, vgl. Art. 3 Abs. 1 Buchst. b und c iv sowie Abs. 2 Unterabs. 3, 25 Abs. 4 Buchst. a MiFID II.

sich dieses Produkt möglicherweise nicht für Kleinanleger eignet, die nicht in der Lage sind, eine solch langfristige und illiquide Verpflichtung einzugehen. Im Rahmen der Geeignetheit ist auch die **10 %-Schwelle** des Art. 30 Abs. 3 ELTIF-VO zu berücksichtigen; diese übersteigende Anlagen sind kraft gesetzlicher Vermutung immer ungeeignet.

16 Aus Art. 30 Abs. 2 ELTIF-VO ist zu schließen, dass für die Details die **MiFID II-Standards jedenfalls analog** gelten sollen. Soweit ein Vertreiber keine Wertpapierfirma ist – wie der deutsche Finanzanlagenvermittler gem. § 34f GewO –, ist für Zwecke des ELTIF-Vertriebs das nationale Anlageberatungs-Vertragsrecht mit Blick auf die MiFID II auszulegen. Nur so ist ein identisches Schutzniveau zu gewährleisten.

2. Zulassung des AIFM für MiFID-Nebendienstleistungen (Art. 30 Abs. 2 ELTIF-VO)

17 Die Zulassung als AIFM beinhaltet das Recht zum Anteilsvertrieb an professionelle Anleger gem. Art. 31 ff. AIFM-RL (§§ 321 ff. KAGB). Die AIFM-RL verzichtet auf eine Regulierung der Vertriebstätigkeit des AIFM, jedoch muss gem. Art. 8, 12 ff. AIFM-RL i.V.m. Art. 7 Abs. 2 ELTIF-VO jeder AIFM für die von ihm erbrachten Tätigkeiten angemessen organisiert und sachlich wie personell ausgestattet sein. Art. 30 Abs. 2 ELTIF-VO geht einen Schritt darüber hinaus. Ein AIFM ist nur zum **Direktvertrieb an Kleinanleger** berechtigt, wenn er über eine **Zusatzbewilligung für die MiFID-Portfolioverwaltung und -Anlageberatung** verfügt und den analog Art. 25 Abs. 2 MiFID II ausgestalteten ***suitability*-Test gem. Art. 28 ELTIF-VO** durchgeführt hat, ob das Produkt für Kleinanleger geeignet ist.

18 **Die Vorschrift ist nicht disponibel.** Die z.B. in Luxemburg schwer zu erlangende Zusatzbewilligung für MiFID-Dienstleistungen bleibt erforderlich, wenn das nationale Fondsrecht bestimmte Anlegergruppen den professionellen Anlegern gleichstellt, die nach der AIFM-RL Privatanleger sind. Dies könnte die semiprofessionellen Anleger gem. § 1 Abs. 19 Nr. 33 KAGB ebenso wie die qualifizierten Anleger in Liechtenstein und die gut-informierten Anleger in Luxemburg betreffen. Deshalb ist die von der ELTIF-VO verwendete Terminologie genau zu betrachten. Art. 2 Nr. 2 und 3 ELTIF-VO übernimmt nicht die MiFID-Definition des Privatkunden, sondern die Definition von Art. 4 Abs. 1 Buchst. ag und aj AIFM-RL: „Kleinanleger" ist, wer kein professioneller Anleger ist, und „professioneller Anleger", wer (1.) gegenwärtig – als professioneller Kunde gemäß Anhang II der Richtlinie 2014/65/EU betrachtet wird *oder* (2.) auf Antrag als professioneller Kunde gemäß der MiFID II behandelt werden *kann*. Folglich sind alle diejenigen professionelle Anleger i.S.d. ELTIF-VO, die die materiellen Vorgaben für die Qualifikation als professioneller Kunde i.S.v. Anhang II.II.1. MiFID II erfüllen, selbst wenn das Verfahren zur Einstufung als professioneller Kunde gem. Anhang II.II.2. MiFID II (noch) nicht durchgeführt wurde.[13] S. dazu auch § 1 Rz. 228. Während die Relevanz dieser Frage unter dem KAGB durch die Kategorie der semiprofessionellen Anleger gem. § 1 Abs. 19 Nr. 33 KAGB (dazu § 1 Rz. 232 f.) entschärft wurde, kommt es für den ELTIF-Vertrieb darauf an.

3. 10 %-Cap für Kleinanleger-Portfolien (Art. 30 Abs. 3 ELTIF-VO)

19 ELTIF-spezifisch ist die wichtige Vorschrift des Art. 30 Abs. 3 ELTIF-VO. **Kleinanleger mit einem Finanzinstrument-Portfolio (inkl. Barschaft)**[14] **von bis zu 500 000 Euro** dürfen maximal 10 % ihres Portfolios in ELTIF investieren. Der Mindestbetrag umfasst 10 000 Euro. Dadurch ergibt sich eine ELTIF-Qualifikation des Anlegers ab einem Portfoliowert von 100 000 Euro. Der relative Anteil der ELTIF-Beteiligung am Portfolio muss umso größer sein, je kleiner das Portfolio des Kleinanlegers ist.[15] An Kleinanleger mit einem Portfoliowert von weniger als 100 000 Euro dürfen keine ELTIFs vertrieben werden (solche Anleger können ELTIF-Anteile aber z.B. erben). Weil Immobilien, Rentenansprüche und Pensionsfonds-Anteile nicht mitgerechnet werden, dürfte der ELTIF-Anleger regelmäßig kein „Kleinanleger" im Wortsinn sein; nicht selten dürften die persönlichen Voraussetzungen für die Einstufung als professioneller Kunde in Reichweite liegen. Aus rechtssystematischer Sicht wird dennoch **ein neuer qualifizierter Anlegertyp** im europäischen Kapitalmarktrecht gekoren.

---

13 Zur Einordnung semi-professioneller Anleger gem. § 1 Abs. 19 Nr. 33 KAGB in dieses System vgl. *Zetzsche* in Möllers/Kloyer, Das neue KAGB, S. 131, 142.

14 Die in das Portfolio einzubeziehenden Finanzinstrumente entsprechen denen nach Anhang II.II.1. MIFID II. Es stellen sich vergleichbare Fragen, z.B. nach den Konsequenzen eines Unterschreiten der Summen während des Anlagezeitraums und ob nur die Finanzinstrumente im relevanten Vergleichsmarkt für die Berechnung des Finanzportfoliowerts einzubeziehen sind. Vgl. dazu *Zetzsche* in Möllers/Kloyer, Das neue KAGB, S. 142 ff.

15 *Bühler*, RdF 2015, 196, 201.

4. Strikte Gleichbehandlung (Art. 30 Abs. 4 ELTIF-VO)

Gemäß Art. 30 Abs. 4 ELTIF-VO müssen die Vertragsbedingungen oder die Satzung eines ELTIF, der an Kleinanleger vertrieben wird, **für alle Anleger Gleichbehandlung vorsehen und eine Vorzugsbehandlung oder spezielle wirtschaftliche Vorteile für einzelne Anleger oder Anlegergruppen ausschließen**. Die Vorschrift ist im Verhältnis zu den üblichen Vorschriften strenger, die eine Differenzierung namentlich erlauben, wenn die Ungleichbehandlung vor der Anlage in den Statuten begründet und offengelegt ist (vgl. Art. 12 Abs. 1 Satz 2 AIFM-RL, § 307 Abs. 1 Nr. 14 KAGB). Die Vorschrift dient dem Anlegerschutz vor Übervorteilung, missachtet jedoch, dass die zu schützenden Kleinanleger ggf. auch Profiteure einer asynchronen Risikoverteilung sein können, etwa wenn ein öffentlicher Träger eine besonders risikoreiche oder ertragsarme Anlage fördern möchte und dafür bereit ist, auf Ertragsanteile zu verzichten. 20

Letztlich **bewirkt** die genannte Vorschrift auch **nicht den bezweckten Anlegerschutz**. Die Ungleichbehandlung kann im Einklang mit Art. 30 Abs. 4 ELTIF-VO weiterhin auf Ebene der Projektgesellschaft oder durch Zweiteilung des Projekts mit asynchroner Risiko- und Kostenverteilung erfolgen. 21

5. Haftungsausschluss zugunsten der Kleinanleger (Art. 30 Abs. 5 ELTIF-VO)

In das **Fondsprivatrecht** greift Art. 30 Abs. 5 ELTIF-VO ein, wonach ein ELTIF, der an Kleinanleger vertrieben wird, keine weitere Haftung und Verpflichtung im Namen des Anlegers vorsehen darf, die über den ursprünglichen Kapitalbedarf hinausgeht. 22

Nicht untersagt sind **zwei die Anleger häufiger fehlleitende Gestaltungen**: 1) die Begründung eines höheren Kapitaleinsatzes bei Zeichnung, wobei ein Teilbetrag sofort bei Gründung des Fonds einzuzahlen und der Rest (garniert mit beschwichtigenden Aussagen) als Reserve gedacht ist, und 2) das Wiederaufleben der Haftung für die Zwischenausschüttung des ursprünglich eingezahlten Kapitalbedarfs. Im zweiten Fall erlaubt Art. 22 Abs. 3 ELTIF-VO **Kapitalrückzahlungen nur nach einer Kapitalherabsetzung**. Dies schließt nach hier vertretener Auffassung das Wiederaufleben der Einlagepflicht aus.[16] Im ersten Fall ist der Anleger auf sein eigenes Judiz verwiesen; dies sollte einer Person mit einem Finanzvermögen von mehr als 100.000 Euro möglich sein. Die (nachträgliche) Erkenntnis der mit der Anlage verbundenen Risiken unterstützt Art. 30 Abs. 5 ELTIF-VO mit einem Überlegungszeitraum von zwei Wochen nach rechtsverbindlicher Zeichnung der ELTIF-Anteile.[17] 23

6. Widerrufsrecht (Art. 30 Abs. 6 ELTIF-VO)

Art. 30 Abs. 6 ELTIF-VO gewährt ein Widerrufrecht in Anlehnung an Art. 9 Abs. 1 VerbraucherrechteRL 2011/83/EU mit einer Widerrufsfrist von mindestens zwei Wochen. Der AIFM kann die Frist verlängern.[18] Bei Ausübung des Widerrufsrechts hat der Anleger sein Geld zurückzuerhalten.[19] Das Widerrufsrecht wird anlass- und bedingungslos gewährt. Auf die Absatzform kommt es nicht. Ob ELTIF vom Ausschluss des Widerrufsrechts für Finanzdienstleistungen etwa im Fernabsatz (vgl. §§ 312g Abs. 1 und 2 Nr. 8 i.V.m. § 355 Abs. 2 BGB) erfasst sind,[20] ist damit unerheblich; die durch § 355 Abs. 2 BGB gewährte Ausnahme wird teilweise zurückgenommen. Damit wirkt das Widerrufsrecht wie eine **Anlagesperre**; die ELTIF-KVG ist gut beraten, die Frist abzuwarten, bevor sie Anlagen tätigt. 24

Sonstige **weitere Widerrufsrechte nach europäischem oder nationalem Recht**, die nicht den ELTIF-Anteil, sondern damit zusammenhängende Abreden betreffen, bleiben daneben bestehen; dies betrifft insbesondere eine etwaige Kommissionsabrede mit dem ELTIF-Vertreiber sowie den mit dem Kauf des ELTIF-Anteils verbundenen Darlehensvertrags gem. § 358 BGB. 25

---

16 Zust. *Weitnauer* in Weitnauer/Boxberger/Anders, KAGB, Art. 30 ELTIF-VO Rz. 2.

17 Vorbild dürfte die Widerrufsfrist gem. Art. 9 Abs. 1 VerbraucherrechteRL 2011/83/EU sein. Die dortige Ausnahme in Art. 16 Buchst. b für Finanzprodukte, die Wertschwankungen unterliegen, wurde für nicht relevant erachtet.

18 *Weitnauer* in Weitnauer/Boxberger/Anders, KAGB, Art. 30 ELTIF-VO Rz. 3.

19 *Weitnauer* in Weitnauer/Boxberger/Anders, KAGB, Art. 30 ELTIF-VO Rz. 3.

20 Damit umgeht die ELTIF-VO diffizile Auslegungsfragen. Man könnte zweifeln, da die Regelbeispiele „offene Investmentvermögen gem. § 1 Abs. 4 KAGB“ nennen, es sich bei ELTIF indes auch um geschlossene Fonds handeln kann und wird, und zudem die Vermögensgegenstände eher selten *kurzfristigen* Marktschwankungen unterliegen.

VII. Vertriebsnotifikation (Art. 31 ELTIF-VO)

26 Die Vertriebsnotifikation ist als **Variante von Art. 31 AIFM-RL** (§ 321 ff. KAGB) ausgestaltet. Die Zusatzvorschriften berücksichtigen dreierlei. Erstens ist neben der Verwalterregulierung der AIFM-RL auch die **Produktregulierung der ELTIF-VO** einzuhalten. Zweitens sind die für den Kleinanlegervertrieb gedachten **Vertriebsinformationen** (insbesondere Prospekt, Produktinformationsblatt, Zahlstelleninformation) zu übermitteln. Drittens kann eine **grenzüberschreitende Fondsverwaltung** gegeben sein, indem AIFM und ELTIF in unterschiedlichen Staaten angesiedelt sind. Näher Anh. zu § 338a: Art. 6 ELTIF-VO Rz. 1 ff.

Kapitel VI
Aufsicht

Art. 32 Beaufsichtigung durch die zuständigen Behörden

(1) Die Einhaltung dieser Verordnung wird von den zuständigen Behörden laufend überwacht.

(2) Die für den ELTIF zuständige Behörde ist dafür verantwortlich, die Einhaltung der in den Kapiteln II, III und IV niedergelegten Vorschriften zu überwachen.

(3) Die für den ELTIF zuständige Behörde ist dafür verantwortlich, die Einhaltung der in den Vertragsbedingungen oder in der Satzung des ELTIF angeführten Verpflichtungen und der im Prospekt angeführten Verpflichtungen zu überwachen, die mit dieser Verordnung übereinstimmen müssen.

(4) Die für den Verwalter des ELTIF zuständige Behörde ist dafür verantwortlich, die Angemessenheit der Regelungen und der Organisation des Verwalters des ELTIF zu überwachen, damit der Verwalter des ELTIF in der Lage ist, die Verpflichtungen und Vorschriften bezüglich der Beschaffenheit und Funktionsweise aller von ihm verwalteten ELTIF einzuhalten.

Die für den Verwalter des ELTIF zuständige Behörde ist dafür verantwortlich, die Einhaltung dieser Verordnung durch den Verwalter des ELTIF zu überwachen.

(5) Die zuständigen Behörden überwachen die in ihrem Hoheitsgebiet niedergelassenen oder vertriebenen Organismen für gemeinsame Anlagen, um sicherzustellen, dass sie die Bezeichnung „ELTIF" nur führen und den Eindruck, ein ELTIF zu sein, nur erwecken, wenn sie unter dieser Verordnung zugelassen sind und dieser Verordnung entsprechen.

In der Fassung vom 29.4.2015 (ABl. Nr. L 123 v. 19.5.2015, S. 98).

1 Siehe Kommentierung zu Anh. zu § 338a: Art. 35 ELTIF-VO.

Art. 33 Befugnisse der zuständigen Behörden

(1) Die zuständigen Behörden erhalten alle Aufsichts- und Ermittlungsbefugnisse, die notwendig sind, um ihre Aufgaben gemäß dieser Verordnung zu erfüllen.

(2) Die Befugnisse, die den zuständigen Behörden gemäß der Richtlinie 2011/61/EU übertragen wurden, auch in Bezug auf Sanktionen, werden auch in Bezug auf diese Verordnung ausgeübt.

(3) Die für den ELTIF zuständige Behörde untersagt die Verwendung der Bezeichnung „ELTIF" oder „europäischer langfristiger Investmentfonds", wenn der Verwalter des ELTIF dieser Verordnung nicht mehr entspricht.

In der Fassung vom 29.4.2015 (ABl. EU Nr. L 123 v. 19.5.2015, S. 98).

1 Siehe Kommentierung zu Anh. zu § 338a: Art. 35 ELTIF-VO.

Art. 34 Befugnisse und Zuständigkeiten der ESMA

(1) Die ESMA erhält die notwendigen Befugnisse, um die Aufgaben, die ihr mit dieser Verordnung übertragen werden, zu erfüllen.

(2) Die Befugnisse der ESMA gemäß der Richtlinie 2011/61/EU werden auch in Bezug auf diese Verordnung und im Einklang mit der Verordnung (EG) Nr. 45/2001 ausgeübt.

(3) Für die Zwecke der Verordnung (EU) Nr. 1095/2010 gehört die vorliegende Verordnung zu den in Artikel 1 Absatz 2 der Verordnung (EU) Nr. 1095/2010 genannten weiteren verbindlichen Rechtsakten der Union, die der ESMA Aufgaben übertragen.

In der Fassung vom 29.4.2015 (ABl. EU Nr. L 123 v. 19.5.2015, S. 98).

Siehe Kommentierung zu Anh. zu § 338a: Art. 35 ELTIF-VO. 1

Art. 35 Zusammenarbeit zwischen den zuständigen Behörden

(1) Sofern nicht identisch, arbeiten die für den ELTIF zuständige Behörde und die für den Verwalter des ELTIF zuständige Behörde zusammen und tauschen Informationen aus, um ihre Aufgaben im Rahmen dieser Verordnung zu erfüllen.

(2) Die zuständigen Behörden arbeiten im Einklang mit der Richtlinie 2011/61/EU zusammen.

(3) Die zuständigen Behörden und die ESMA arbeiten zusammen, um ihre jeweiligen Aufgaben im Rahmen dieser Verordnung im Einklang mit der Verordnung (EU) Nr. 1095/2010 zu erfüllen.

(4) Die zuständigen Behörden und die ESMA tauschen sämtliche Informationen und Unterlagen aus, die notwendig sind, um ihre jeweiligen Aufgaben im Rahmen dieser Verordnung im Einklang mit der Verordnung (EU) Nr. 1095/2010 zu erfüllen, insbesondere um Verstöße gegen diese Verordnung festzustellen und abzustellen.

In der Fassung vom 29.4.2015 (ABl. EU Nr. L 123 v. 19.5.2015, S. 98).

Kapitel VI regelt die **Aufsicht über den ELTIF und dessen Verwalter.** Der Zuständigkeit der Fondsbehörde (s. Anh. zu § 338a: Art. 2 ELTIF-VO Rz. 15) obliegt dabei die Aufsicht über die Produktbestimmungen (Kapitel II bis IV) und weitergehende statutarische Bestimmungen (vgl. Art. 32 Abs. 2, 3 ELTIF-VO), während der Verwalterbehörde die Aufsicht über die Verwalterregulierung (Art. 32 Abs. 4 ELTIF-VO) und allen in EU und EWR zuständigen Behörden zusammen die Aufsicht über den Bezeichnungsschutz (vgl. Art. 4 ELTIF-VO) obliegt (vgl. Art. 32 Abs. 5 ELTIF-VO). 1

Art. 33 Abs. 1 ELTIF-VO muss als **Umsetzungsauftrag** verstanden werden, den der Gesetzgeber durch § 338a KAGB erfüllt hat. Die Norm führt im Ergebnis zur **Anwendung der üblichen Aufsichtsbefugnisse gem. § 5 ff. KAGB.** Die in Art. 33 Abs. 2 ELTIF-VO angesiedelte Pauschalverweisung stößt im Hinblick auf den Grundsatz nulla poene sine lege scripta auf Bedenken, ist jedoch als Umsetzungsauftrag in seiner Geltung zu erhalten. Vgl. insoweit § 340 Abs. 6 KAGB. 2

Im Verhältnis zum übrigen europäischen Investmentrecht (vgl. Art. 99e, 101 ff. OGAW-RL, Art. 47 AIFM-RL) sparsam fällt die **Ausgestaltung der Befugnisse der ESMA** und die Verpflichtung zur **Behördenkooperation** in Art. 34, 35 ELTIF-VO aus. Dies erklärt sich vor dem Hintergrund, dass die Aufsicht über den Verwalter bereits durch die AIFM-RL koordiniert ist und die insoweit gewährten Befugnisse parallel zu denen der ELTIF-VO bestehen. 3

Kapitel VII
Schlussbestimmungen

Art. 36 Bearbeitung von Anträgen durch die Kommission

Die Kommission priorisiert und optimiert ihre Verfahren für alle Anträge von ELTIF auf Finanzierung durch die EIB. Die Kommission optimiert das Verfahren für die Erstellung von Gutachten oder

Beiträgen zur Gewährung von Anträgen auf Finanzierung von der EIB, die von ELTIF eingereicht werden.

In der Fassung vom 29.4.2015 (ABl. EU Nr. L 123 v. 19.5.2015, S. 98).

Art. 37 Überprüfung

(1) Die Kommission leitet spätestens am 9. Juni 2019 eine Überprüfung der Anwendung dieser Verordnung ein. Hierbei wird insbesondere Folgendes untersucht:

a) die Auswirkung von Artikel 18;

b) die Auswirkung der Bestimmung in Artikel 13 Absatz 1, wonach mindestens 70 % des Vermögens in zulässige Anlagevermögenswerte investiert werden müssen, auf die Vermögenswertdiversifizierung;

c) der Umfang, in dem ELTIF in der Union vertrieben werden, einschließlich der Frage, ob die unter Artikel 3 Absatz 2 der Richtlinie 2011/61/EU fallenden AIFM am Vertrieb von ELTIF interessiert sein könnten;

d) der Umfang, in dem die Liste zulässiger Vermögenswerte und Investitionen sowie die Diversifizierungsvorschriften, die Zusammensetzung des Portfolios und die Obergrenzen für die Aufnahme von Barkrediten aktualisiert werden sollten.

(2) Nach der Überprüfung nach Absatz 1 dieses Artikels und nach Anhörung der ESMA unterbreitet die Kommission dem Europäischen Parlament und dem Rat einen Bericht, in dem der Beitrag dieser Verordnung und der ELTIF zur Vollendung der Kapitalmarktunion und zur Verwirklichung der in Artikel 1 Absatz 2 angegebenen Ziele beurteilt wird. Der Bericht wird erforderlichenfalls zusammen mit einem Gesetzgebungsvorschlag vorgelegt.

In der Fassung vom 29.4.2015 (ABl. EU Nr. L 123 v. 19.5.2015, S. 98).

Art. 38 Inkrafttreten

Diese Verordnung tritt am zwanzigsten Tag nach ihrer Veröffentlichung im *Amtsblatt der Europäischen Union* in Kraft.

Sie gilt ab dem 9. Dezember 2015.

In der Fassung vom 29.4.2015 (ABl. Nr. EU L 123 v. 19.5.2015, S. 98).

§ 338b Geldmarktfonds

Für OGAW und AIF, die Geldmarktfonds im Sinne der Verordnung (EU) 2017/1131 des Europäischen Parlaments und des Rates vom 14. Juni 2017 über Geldmarktfonds (ABl. L 169 vom 30.6.2017, S. 8) sind, sowie Kapitalverwaltungsgesellschaften, die Geldmarktfonds im Sinne der Verordnung (EU) 2017/1131 verwalten, gelten neben den Vorschriften der Verordnung (EU) 2017/1131 die Vorschriften dieses Gesetzes, soweit die Verordnung (EU) 2017/1131 nichts anderes vorsieht.

In der Fassung vom 10.7.2018 (BGBl. I 2018, S. 1102).

Schrifttum: S. Art. 1 MMF-VO.

1 § 338b KAGB wurde mit sehr kurzer Gesetzgebungsfrist vor der Sommerpause 2018 in das KAGB eingefügt.[1] Die Vorschrift bildet – zusammen mit § 5 Abs. 11 KAGB und marginalen Ergänzungen in §§ 28, 38,

1 Gesetz zur Ausübung von Optionen der EU-Prospektverordnung und zur Anpassung weiterer Finanzmarktgesetze vom 10.7.2018, BGBl. I 2018, S. 1102.

340 KAGB – die **inländische Anknüpfung** der unmittelbar und direkt geltenden Verordnung (EU) 2017/1131 des Europäischen Parlaments und des Rates vom 14.6.2017 über Geldmarktfonds,[2] sog. **MMF-VO**. Diese ist erforderlich, weil die MMF-VO gewisse Umsetzungskompetenzen der inländischen Behörden voraussetzt, aber diese nicht selbst regelt. Daher handelt es sich um eine **Klarstellung des Verhältnisses**[3] der MMF-VO zu den Regelungen des KAGB, mit dem die RL 2009/65/EG und 2011/61/EU umgesetzt wurden.

Gemäß Art. 1 Abs. 1 MMF-VO können Geldmarktfonds als OGAW oder AIF aufgelegt werden. Im Bereich der MMF-VO ist es den Mitgliedstaaten verwehrt, zusätzliche Anforderungen aufstellen (Art. 1 Abs. 2 MMF-VO). Darüber hinaus müssen Geldmarktfonds gemäß Art. 7 Abs. 2 und 3 MMF-VO die Anforderungen der OGAW-RL oder der AIFM-RL erfüllen, soweit die MMF-VO nichts anderes vorsieht. Vor diesem Hintergrund stellt § 338b KAGB klar, dass für Geldmarktfonds und deren KVG neben den Vorschriften der MMF-VO auch die Vorschriften des KAGB gelten, soweit die MMF-VO die betreffenden Bereiche nicht oder nicht abschließend regelt.[4] Wann dies der Fall ist, sagt § 338b KAGB jedoch nicht. Angesichts einiger im Verhältnis zum europäischen Recht überschießender Regelungen des deutschen Gesetzgebers und einer teils strikten Auslegung durch die BaFin ist der **Normbefehl nicht strikt dem Wortlaut nach zu verstehen.** Europarechtskonform ist die Regelung wie folgt zu lesen: Soweit das KAGB die OGAW-RL oder AIFM-RL im zulässigen Umfang umsetzt, gilt dieses ergänzend zu den Vorschriften der MMF-VO. 2

Anhang zu § 338b: Verordnung (EU) 2017/1131 des Europäischen Parlaments und des Rates vom 14. Juni 2017 über Geldmarktfonds

Kapitel I Allgemeine Bestimmungen

Art. 1 Gegenstand und Anwendungsbereich

(1) Diese Verordnung enthält Vorschriften für Geldmarktfonds, die in der Union gegründet, verwaltet oder vertrieben werden, in Bezug auf die Finanzinstrumente, die als Anlagen eines Geldmarktfonds zulässig sind, das Portfolio eines Geldmarktfonds, die Bewertung der Vermögenswerte eines Geldmarktfonds und die Meldepflichten für Geldmarktfonds.

Diese Verordnung gilt für Organismen für gemeinsame Anlagen, die

a) gemäß der Richtlinie 2009/65/EG zulassungspflichtige OGAW oder als OGAW zugelassen sind oder gemäß der Richtlinie 2011/61/EU AIF sind;

b) in kurzfristige Vermögenswerte investieren und

c) Einzelziele oder kumulative Ziele haben, die auf geldmarktsatzkonforme Renditen oder die Wertbeständigkeit der Anlage abstellen.

(2) Die Mitgliedstaaten sehen in dem unter diese Verordnung fallenden Bereich keine zusätzlichen Anforderungen vor.

In der Fassung vom 14.6.2017 (ABl. EU Nr. L 169 v. 30.6.2017, S. 8).

2 ABl. EU Nr. L 169 v. 30.6.2017, S. 8.
3 Reg. Begr. v. 1.6.2018, BT-Drucks. 19/2435, 33.
4 Reg. Begr. v. 1.6.2018, BT-Drucks. 19/2435, 58 f.

Schrifttum: *Bengtsson*, Shadow banking and financial stability: European money market funds in the global financial crisis, 32 J. Int. Money Finance 579 (2013); *Birdthistle*, Breaking Bucks in Money Market Funds, 5 Wis. L. Rev. 1155 (2010); *Geffen/Fleming*, Dodd-Frank and Mutual Funds: Alternative Approaches to Systemic Risk, 5 Bloomberg LR, No. 4 (2011); *Gorton/Metrick*, Securitized banking and the run on repo, 104 J. Financial Econ. 425 (2012); *Parlatore*, Fragility in money market funds: Sponsor support and regulation, 121 J. Financial Econ 595 (2016); *Zetzsche*, Prinzipien der kollektiven Vermögensanlage, 2015; *Zetzsche*, Vermögensverwalter und Fondsgesellschaften als Systemically Important Financial Institutions (SIFIs)? – Überlegungen zur Systemrelevanz am Beispiel der Kreditfonds, ZVglRW 111 (2017), 25.

I. Zweck und Entstehungsgeschichte

1 Die Verordnung (EU) 2017/1131 vom 14.6.2017 über Geldmarktfonds[1] (im Folgenden: MMF-VO) schafft einen einheitlichen, unmittelbar geltenden[2] Rechtsrahmen für Geldmarktfonds in der EU. Vor dem Hintergrund der in der Finanzkrise offenbarten Schwächen einiger Geldmarktfonds (insbesondere auf dem US-Markt)[3] ist vorrangiges Ziel der Verordnung **die Sicherung der Finanzstabilität und -integrität** innerhalb des europäischen Wirtschaftsraumes[4] durch Vermeidung sog. „Runs" auf Geldmarktfonds. Gleichzeitig wird **Wettbewerbsverzerrungen** durch liberale Regulierung in einigen Mitgliedstaaten entgegengewirkt.[5] Weiteres Augenmerk gilt dem **Anlegerschutz.**[6] Der Erlass der Verordnung war erforderlich, weil die bisherigen Maßnahmen, u.a. eine Definition europäischer Geldmarktfonds,[7] die bestehenden Unterschiede nicht beseitigen konnten.

2 Die MMF-VO geht zurück auf eine Entschließung des Europäischen Parlaments vom 20.11.2012 zu sog. **Schattenbanken**[8] (wozu auch Geldmarktfonds gezählt werden[9]). Größe und Intransparenz der Schattenbanken werden teils als Mitursache der Finanzkrise angesehen,[10] zugleich leisten diese Einheiten unverzichtbare Finanzintermediationsdienstleistungen.[11] Nachdem der Rat für Finanzstabilität (Financial Stability Board, FSB),[12] die International Organisation of Securities Commissions (IOSCO)[13] sowie der Europäische Ausschuss für Systemrisiken (ESRB)[14] auf Regulierungsdefizite hingewiesen hatten, greifen der Verordnungsvorschlag der Kommission vom 4.9.2013[15] sowie die verabschiedete Fassung insbesondere die Empfehlungen der IOSCO auf.

1 ABl. EU Nr. L 169 v. 30.6.2017, S. 8.
2 Vgl. Art. 288 Unterabs. 2 AEUV.
3 Vgl. *Birdthistle*, Breaking Bucks in Money Market Funds, 5 Wis. L. Rev. 1155 (2010). Zur Situation auf dem EU-Markt vgl. *Bengtsson*, Shadow banking and financial stability: European money market funds in the global financial crisis, 32 J. Int. Money Finance 579 (2013).
4 Vgl. insb. ErwGr. 3–8 MMF-VO.
5 ErwGr. 10 MMF-VO.
6 ErwGr. 9 MMF-VO.
7 Vgl. CESR/10-049, Guidelines on a Common Definition of European Money Market Funds, vom 19.5.2010; s.a. ESMA/2014/1103, Review of the CESR Guidelines on a Common Definition of European Money Market Funds, vom 22.8.2014.
8 2012/2115(INI). Zum entsprechenden Grünbuch der Kommission über Schattenbanken, KOM(2012)0102; FSB, Policy Recommendations to Address Structural Vulnerabilities from Asset Management Activities, 12.7.2017 (ohne Ausführungen zu Geldmarktfonds, die im Zuständigkeitsbereich der IOSCO liegen).
9 Vgl. *Deutsche Bundesbank*, Finanzstabilitätsbericht 2015, S. 59, Schaubild 1.4.1; *IOSCO*, Peer Review of Regulation of Money Market Funds: Final Report, FR 19/2015 (9/2015), 3 f.
10 Vgl. *Financial Services Authority (FSA)*, A regulatory response to the global banking crisis, 2009, S. 42.
11 Vgl. zur Finanzintermediation durch „Schattenbanken" *Pozsar/Adrian/Ashcraft/Boesky*, Shadow Banking, Federal Reserve Bank of New York, Staff Report No. 458, 2012; *Zetzsche*, ZVglRW 111 (2017), 25.
12 *FSB*, Shadow Banking: Strengthening Oversight and Regulation, 27.10.2011.
13 *IOSCO*, Policy Recommendations for Money Market Funds, 2012.
14 ESRB/2012/1, Empfehlung des Europäischen Ausschusses für Systemrisiken zu Geldmarktfonds, ABl. C-146 v. 25.5.2013, S. 1.
15 KOM(2013) 615 endg.

II. Aufbau und Systematik

Die MMF-VO baut auf die in der **OGAW-RL 2009/65/EG**[16] und der **AIFM-RL 2011/61/EU**[17] enthaltene **Verwalterregulierung** auf.[18] Auf die Richtlinienvorschriften ist zurückzugreifen, soweit die MMF-VO kein *lex specialis* enthält (vgl. Art. 7 Abs. 2, Abs. 3 MMF-VO). 3

Die MMF-VO ergänzt die Verwalterregulierung dieser beiden Richtlinien primär mit Vorschriften, die als **Produktregulierung** zu qualifizieren sind.[19] So weichen etwa die Vorschriften zur Anlagepolitik von Geldmarktfonds, die als OGAW strukturiert sind, von den Regelungen für alle OGAW ab (vgl. Art. 8 Abs. 2 MMF-VO i.V.m. Art. 49 ff. OGAW-RL). 4

III. Definition und Anwendungsbereich

Art. 1 Abs. 1 Unterabs. 2 MMF-VO **definiert den Geldmarktfonds** und zugleich den **Anwendungsbereich** der Verordnung. Es müssen **kumulativ drei Voraussetzungen** erfüllt sein: 5

1. OGAW oder AIF

Die Verordnung gilt nur für **zugelassene und zulassungspflichtige OGAW** (§ 1 Abs. 2 KAGB) oder **AIF** (§ 1 Abs. 3 KAGB). Dazu § 1 Rz. 99 ff., 112 f. Aus der Zulassungspflicht für OGAW entsteht kein Zusatzkriterium, da OGAW zulassungspflichtige Produkte sind. Ebenfalls kein Zusatzkriterium folgt aus dem Erfordernis, dass es sich um „Organismen für die gemeinsame Anlage" halten muss, da alle OGAW und AIFs zugleich solche Organismen sind. 6

2. Investition in kurzfristige Vermögenswerte (Objektives Element)

Diese OGAWs und AIFs dürfen nur in kurzfristige Vermögenswerte investieren. Dies sind gem. Art. 2 Nr. 1 MMF-VO **finanzielle Vermögenswerte mit einer Restlaufzeit von höchstens zwei Jahren**. Entscheidend ist allein die verbleibende Zeitspanne bis zur rechtlichen Fälligkeit eines Wertpapiers. Der Verordnungsgeber trifft damit eine rein formale und keine qualitative Abgrenzung. „Finanziell" ist gegenüber dem Vermögenswert kein aussagekräftiges Zusatzkriterium, soll aber wohl die in Art. 2 Nr. 2 bis 7 MMF-VO genannten Vermögenswerte erfassen, deren gemeinsames Merkmal ist, dass sie an Finanzmärkten, insbesondere den Geldmärkten verbreitet sind und gehandelt werden. 7

3. Geldmarktsatzkonforme Rendite oder Wertbeständigkeit als Anlageziel (Subjektives Element)

Ein Geldmarktfonds verfolgt als **Anlageziel geldmarktsatzkonforme Renditen oder die Wertbeständigkeit der Anlage**. Er kann auf eines dieser Ziele oder auf beide Ziele gleichzeitig abstellen. Das Erzielen von geldmarktsatzkonformen Renditen und das Ziel, den Wert der Anlagen zu erhalten, schließen einander nicht aus.[20] Im Falle eines Motivbündels müssen die zulässigen Anlageziele die Anlagepolitik bestimmend im Vordergrund stehen. Das Anlageziel muss aus den konstitutiven Dokumenten, insbesondere den **Anlagebedingungen** (§ 162 KAGB) ersichtlich sein. 8

Der Begriff **„geldmarktsatzkonforme Rendite"** ist in einem weiten Sinne zu verstehen. Die erwartete Rendite muss nicht spiegelbildlich einem Referenzzinssatz (z.B. EURIBOR) entsprechen. Eine geringfügige Abweichung nach oben ist zulässig.[21] 9

---

16 Richtlinie 2009/65/EG des Europäischen Parlaments und des Rates vom 13.7.2009 zur Koordinierung der Rechts- und Verwaltungsvorschriften betreffend bestimmte Organismen für gemeinsame Anlagen in Wertpapieren (OGAW), ABl. Nr. L 302 v. 17.11.2009, S. 32.

17 Richtlinie 2011/61/EU des Europäischen Parlaments und des Rates vom 8.6.2011 über die Verwalter alternativer Investmentfonds und zur Änderung der Richtlinien 2003/41/EG und 2009/65/EG und der Verordnungen (EG) Nr. 1060/2009 und (EU) Nr. 1095/2010, ABl. Nr. L 174 v. 1.7.2011, S. 1.

18 Vgl. ErwGr. 11, 12 MMF-VO.

19 ErwGr. 12 MMF-VO. Zur Systematik der Fondsregulierung *Zetzsche*, Prinzipien der kollektiven Vermögensanlage, 2015, S. 32 f., 507 ff.

20 ErwGr. 14 MMF-VO.

21 Vgl. dazu ErwGr. 15 MMF-VO.

10 Das *subjektive* **Ziel, den Wert der Anlage zu erhalten**, setzt nicht voraus, dass dieses Ziel *objektiv* erreicht wird. Verlieren die Anlagen an Wert, lässt dies grundsätzlich nicht den Schluss darauf zu, der OGAW oder AIF habe von seinem Ziel der Werterhaltung Abstand genommen.[22] Dieses Kriterium wird sich daher kaum überprüfen lassen.

IV. MMF-VO vs. nationales Investmentrecht

11 Gemäß Art. 1 Abs. 2 MMF-VO können die Mitgliedstaaten im Anwendungsbereich dieser Verordnung keine zusätzlichen, i.e. restriktiveren Anforderungen vorsehen. Die Verordnung lässt **keinen Spielraum für ein sog. „gold-plating"** auf nationaler Ebene.[23] Dies würde der Regelungsintention zuwiderlaufen. Es stellt sich die Frage, wie sich die **bestehende Produktregulierung für OGAW und AIF** mit den Verordnungsvorgaben verträgt. Dies betrifft zum einen die europäische Produktregulierung der OGAW-RL. Soweit es zum Konflikt kommt, regelt die MMF-VO, wie zu verfahren ist. So werden z.B. die Anlagebestimmungen der OGAW-RL teils außer Kraft gesetzt, vgl. Art. 8 Abs. 2 MMF-VO.

12 Keine Konfliktregelungen enthält die MMF-VO für **nationale Produktregulierungen, etwa die §§ 214 ff. KAGB zu Publikums-AIF**. Da im Bereich der Verordnung keine nationale Regelung Bestand hat, verdrängen die Verordnungsvorgaben die nationale Regelung, soweit die MMF-VO Regelungen trifft. Soweit die MMF-VO keine Regelungen trifft, können die §§ 214 ff. KAGB Bestand haben. Keine Regelungen trifft die MMF-VO insbesondere zur **Rechtsform der Fonds**, während das fondsbezogene **Zulassungs- bzw. im Fall von Spezial-AIF Vorlageverfahren** nach §§ 163, 267, 273 Satz 2 KAGB durch die Art. 4, 5 MMF-VO modifiziert werden. Infolgedessen sind **auch Spezial-AIF zulassungspflichtig**, wenn sie Geldmarktfonds i.S.d. MMF-VO sind.

V. MMF-VO und Umsetzungsrechtsakte

13 Zur Anwendung der MMF-VO sind mehrere Umsetzungsrechtsakte zu erlassen, so z.B. delegated acts gem. Art. 15 Abs. 7 MMF-VO zur Liquiditäts- und Kreditqualität umgekehrter Pensionsgeschäfte sowie nach Art. 22 MMF-VO zur Bewertung der Kreditqualität einiger Vermögensgegenstände, gem. Art. 37 Abs. 4 MMF-VO einen Implementing Technical Standard (ITS) zu den Berichtspflichten der Fondsverwalter sowie nach Art. 28 Abs. 7 MMF-VO Richtlinien zu Stresstests. Des Weiteren hat die Kommission nach Art. 11 Abs. 4 MMF-VO zur Abstimmung der MMF-VO mit der sog. **STS-Verordnung (EU) 2017/2402**[24] zu Standardverbriefungen einen delegierten Rechtsakt zu erlassen.

14 ESMA hat eine Konsultation zu den Umsetzungsrechtsakten, die ihrer Beteiligung bedürfen, durchgeführt[25] und ihre Empfehlungen an die Kommission übersandt[26] und dabei Fragen an den Rechtsdienst zur Zulässigkeit der sog. **share cancellation/reverse distribution mechanism/share destruction** gestellt. Der Rechtsdienst hat unter dem 19.1.2018 die Zulässigkeit verneint.[27] Die Kommission hat durch Delegierte Verordnung (EU) 2018/990[28] vom 10.4.2018 die MMF-VO mit der STS-Verordnung synchronisiert und die Liquiditäts- und Kreditqualität umgekehrter Pensionsgeschäfte sowie die Bewertung der Kreditqualität einiger Vermögensgegenstände näher ausdifferenziert. Am 17.4.2018 folgte die Durchführungsverordnung

22 ErwGr. 16 MMF-VO.

23 Vgl. KOM(2013) 615 endg., S. 8.

24 Verordnung (EU) 2017/2402 des Europäischen Parlaments und des Rates vom 12.12.2017 zur Festlegung eines allgemeinen Rahmens für Verbriefungen und zur Schaffung eines spezifischen Rahmens für einfache, transparente und standardisierte Verbriefung und zur Änderung der Richtlinien 2009/65/EG, 2009/138/EG, 2011/61/EU und der Verordnungen (EG) Nr. 1060/2009 und (EU) Nr. 648/2012, ABl. EU Nr. L 347 v. 28.12.2017, S. 35.

25 ESMA, ESMA CONSULTS ON MONEY MARKET FUNDS RULES, 24.5.2017, https://www.esma.europa.eu/press-news/esma-news/esma-consults-money-market-funds-rules.

26 ESMA, Final Report: Technical advice, draft implementing technical standards and guidelines under the MMF Regulation, 13.11.2017, ESMA34-49-103.

27 Vgl. Europäische Kommission, Implementation of the Money Market Fund Regulation, 19.1.2018, online http://firds.esma.europa.eu/webst/20180119_Reply%20to%20Mr%20Maijoor%20on%20MMF.pdf.

28 Delegierte Verordnung (EU) 2018/990 der Kommission vom 10. April 2018 zur Änderung und Ergänzung der Verordnung (EU) 2017/1131 des Europäischen Parlaments und des Rates in Bezug auf einfache, transparente und standardisierte (STS-) Verbriefungen und forderungsgedeckte Geldmarktpapiere (ABCP), Anforderungen an im Rahmen von umgekehrten Pensionsgeschäften entgegengenommene Vermögenswerte und Methoden zur Bewertung der Kreditqualität, ABl. EU Nr. L 177 v. 13.7.2018, S. 1.

(EU) 2018/708[29] zur Festlegung technischer Durchführungsstandards in Bezug auf die Meldevorlage gemäß Art. 37 MMF-VO. Zur Zulässigkeit der sog. share cancellation unter der MMF-VO verhalten sich die delegated acts nicht. ESMA hat die Kommission mit Schreiben vom 20.7.2018[30] aufgefordert, zu dieser Frage öffentlich Stellung zu beziehen, um Klarheit und Transparenz gegenüber den Marktteilnehmern und den Anlegern in dieser Frage zu gewährleisten.

Die Frage hat **entscheidende Bedeutung für sog. Low Volatiliy NAV-Fonds.** Diese „beseitigen" Verluste, indem sie die Aktienanzahl in einem Umfang reduzieren, der dem Verlust entspricht (sog. share cancellation), so dass das verbleibende Fondsvermögen den Ziel-NAV weiterhin abbilden kann. Als Alternative stehen einzig die ihrerseits schwierige und in Teilen bei Publikumsinvestmentvermögen wohl unzulässige Weiterbelastung des Verlusts an die Anleger oder die Umwandlung in einen MMF mit größerer Volatilität bereit. Vor diesem Hintergrund ist aus der Zulässigkeit von LVNAV-MMFs zu folgern, dass eine **auf Zwecke der NAV-Stabilisierung begrenzte share cancellation zulässig ist.** ESMA und die Kommission befürchten indes den Missbrauch der share cancellation für andere als Zwecke der NAV-Stabilisierung und scheinen eine eher restriktive Tendenz zu verfolgen. 15

Art. 2 Begriffsbestimmungen

Im Sinne dieser Verordnung bezeichnet der Ausdruck

1. **„kurzfristige Vermögenswerte" finanzielle Vermögenswerte mit einer Restlaufzeit von höchstens zwei Jahren;**
2. **„Geldmarktinstrumente" Geldmarktinstrumente im Sinne von Artikel 2 Absatz 1 Buchstabe o der Richtlinie 2009/65/EG und Instrumente im Sinne von Artikel 3 der Richtlinie 2007/16/EG der Kommission;**
3. **„übertragbare Wertpapiere" Wertpapiere im Sinne von Artikel 2 Absatz 1 Buchstabe n der Richtlinie 2009/65/EG und Instrumente im Sinne von Artikel 2 Absatz 1 der Richtlinie 2007/16/EG;**
4. **„Pensionsgeschäft" eine Vereinbarung, durch die eine Partei einer Gegenpartei Wertpapiere oder darauf bezogene Rechte in Verbindung mit der Verpflichtung überträgt, sie zu einem festgelegten oder noch festzulegenden späteren Zeitpunkt zu einem festgelegten Preis zurückzukaufen;**
5. **„umgekehrtes Pensionsgeschäft" eine Vereinbarung, durch die eine Partei von einer Gegenpartei Wertpapiere oder Rechte in Bezug auf einen Titel oder ein Wertpapier in Verbindung mit der Verpflichtung erhält, sie zu einem festgelegten oder noch festzulegenden späteren Zeitpunkt zu einem festgelegten Preis zurückzuverkaufen;**
6. **„Wertpapierverleihgeschäfte" und „Wertpapierleihgeschäfte" Geschäfte, durch die ein Institut oder seine Gegenpartei Wertpapiere in Verbindung mit der Verpflichtung überträgt, dass die die Papiere entleihende Partei zu einem späteren Zeitpunkt oder auf Ersuchen der übertragenden Partei gleichwertige Papiere zurückgibt, wobei es sich für das übertragende Institut um ein „Wertpapierverleihgeschäft" und für das die Übertragung empfangende Institut um ein „Wertpapierleihgeschäft" handelt;**
7. **„Verbriefung" eine Verbriefung im Sinne von Artikel 4 Absatz 1 Nummer 61 der Verordnung (EU) Nr. 575/2013;**
8. **„Bewertung zu Marktpreisen" die Bewertung von Positionen auf der Grundlage einfach feststellbarer Glattstellungspreise, die aus neutralen Quellen bezogen werden, einschließlich Börsenkursen, über Handelssysteme angezeigten Preisen oder Quotierungen von verschiedenen unabhängigen, angesehenen Brokern;**
9. **„Bewertung zu Modellpreisen" jede Bewertung, die aus einem oder mehreren Marktwerten abgeleitet, extrapoliert oder auf andere Weise errechnet wird;**

---

29 Durchführungsverordnung (EU) 2018/708 der Kommission vom 17. April 2018 zur Festlegung technischer Durchführungsstandards in Bezug auf die Meldevorlage, die von Geldmarktfondsverwaltern für die nach Artikel 37 der Verordnung (EU) 2017/1131 des Europäischen Parlaments und des Rates durchzuführende Berichterstattung an die zuständigen Behörden zu verwenden ist, ABl. EU Nr. L 119 v. 15.5.2018, S. 5.

30 Vgl. ESMA 34-49-128, Letter to EC VP Dombrovskis Share Cancellation MMF, 20.7.2018, online https://www.esma.europa.eu/sites/default/files/library/esma34-49-128_letter_to_ec_vp_dombrovskis_share_cancellation.pdf.

10. „Methode der Bewertung zu fortgeführten Anschaffungskosten" eine Bewertungsmethode, bei der die Anschaffungskosten eines Vermögenswerts zugrunde gelegt werden und dieser Wert bis zur Fälligkeit um die abgeschriebenen Aufschläge oder Abschläge angepasst wird;

11. „Geldmarktfonds mit konstantem Nettoinventarwert für öffentliche Schuldtitel" oder „CNAV-Geldmarktfonds für öffentliche Schuldtitel" (CNAV: Constant Net Asset Value) einen Geldmarktfonds,

a) der einen unveränderten Nettoinventarwert (NAV) pro Anteil anstrebt,

b) wobei der Fondsertrag täglich zugerechnet wird und entweder an den Anleger ausgeschüttet oder für den Erwerb weiterer Fondsanteile verwendet werden kann,

c) wobei die Vermögenswerte im Allgemeinen nach der Methode der Bewertung zu fortgeführten Anschaffungskosten bewertet werden und der NAV auf den nächsten Prozentpunkt oder seinen Gegenwert in Währung gerundet wird und

d) bei dem mindestens 99,5 % der Vermögenswerte in Instrumente im Sinne von Artikel 17 Absatz 7, in durch Staatsanleihen im Sinne von Artikel 17 Absatz 7 besicherte umgekehrte Pensionsgeschäfte und in Barmittel investiert werden;

12. „Geldmarktfonds mit Nettoinventarwert mit niedriger Volatilität" oder „LVNAV-Geldmarktfonds" (LVNAV: Low Volatility Net Asset Value) einen Geldmarktfonds, der den besonderen Anforderungen nach den Artikeln 29, 30 und 32 und Artikel 33 Absatz 2 Buchstabe b entspricht;

13. „Geldmarktfonds mit variablem Nettoinventarwert" oder „VNAV-Geldmarktfonds" (VNAV: Variable Net Asset Value) einen Geldmarktfonds, der den besonderen Anforderungen nach den Artikeln 29 und 30 und Artikel 33 Absatz 1 entspricht;

14. „kurzfristiger Geldmarktfonds" einen Geldmarktfonds, der in zulässige Geldmarktinstrumente im Sinne von Artikel 10 Absatz 1 investiert und den Portfoliovorschriften nach Artikel 24 unterliegt;

15. „Standard-Geldmarktfonds" einen Geldmarktfonds, der in zulässige Geldmarktinstrumente im Sinne von Artikel 10 Absätze 1 und 2 investiert und den Portfoliovorschriften nach Artikel 25 unterliegt;

16. „Kreditinstitut" ein Kreditinstitut im Sinne von Artikel 4 Absatz 1 Nummer 1 der Verordnung (EU) Nr. 575/2013;

17. „für den Geldmarktfonds zuständige Behörde"

a) bei OGAW die gemäß Artikel 97 der Richtlinie 2009/65/EG bezeichnete zuständige Behörde des Herkunftsmitgliedstaats des OGAW;

b) bei EU-AIF die zuständige Behörde des Herkunftsmitgliedstaats des AIF im Sinne von Artikel 4 Absatz 1 Buchstabe p der Richtlinie 2011/61/EU;

c) bei Nicht-EU-AIF eine der folgenden Behörden:

i) die zuständige Behörde des Mitgliedstaats, in dem der Nicht-EU-AIF ohne Pass in der Union vertrieben wird;

ii) die zuständige Behörde des EU-AIFM, der den Nicht-EU-AIF verwaltet, wenn der Nicht-EU-AIF mit Pass in der Union vertrieben oder nicht in der Union vertrieben wird;

iii) die zuständige Behörde des Referenzmitgliedstaats, wenn der Nicht-EU-AIF nicht von einem EU-AIFM verwaltet wird und mit Pass in der Union vertrieben wird;

18. „rechtliche Fälligkeit" den Zeitpunkt, zu dem der Kapitalbetrag eines Wertpapiers in voller Höhe rückzahlbar ist und der keinerlei Optionalität unterliegt;

19. „gewichtete durchschnittliche Zinsbindungsdauer" oder „WAM" (Weighted Average Maturity) die durchschnittliche Zeitspanne bis zur rechtlichen Fälligkeit oder, falls dieser Zeitraum kürzer ist, bis zur nächsten Zinsanpassung an einen Geldmarktsatz für alle Basiswerte im Geldmarktfonds, die die relativen Bestände an jedem einzelnen Vermögenswert widerspiegelt;

20. „gewichtete durchschnittliche Restlaufzeit" oder „WAL" (Weighted Average Life) die durchschnittliche Zeitspanne bis zur rechtlichen Fälligkeit aller Basiswerte im Geldmarktfonds, die die relativen Bestände an jedem einzelnen Vermögenswert widerspiegelt;

21. „Restlaufzeit" die verbleibende Zeitspanne bis zur rechtlichen Fälligkeit eines Wertpapiers;

22. „Leerverkauf" einen Verkauf von Instrumenten durch einen Geldmarktfonds, die sich zum Zeitpunkt des Eingehens der Verkaufsvereinbarung nicht im Eigentum des Geldmarktfonds befin-

den, einschließlich eines Verkaufs, bei dem der Geldmarktfonds zum Zeitpunkt des Eingehens der Verkaufsvereinbarung die Geldmarktinstrumente geliehen hat oder eine Vereinbarung getroffen hat, sie zu leihen, um sie bei der Abwicklung zu liefern, ausgenommen

a) den Verkauf seitens einer der Parteien eines Pensionsgeschäfts, bei dem die eine Partei der anderen ein Wertpapier zu einem festgesetzten Kurs verkauft und die andere Partei sich verpflichtet, dieses Wertpapier zu einem späteren Zeitpunkt zu einem ebenfalls festgesetzten Kurs zurückzuverkaufen, oder

b) den Abschluss eines Terminkontrakts oder eines anderen Derivatekontrakts über den Verkauf von Wertpapieren zu einem bestimmten Kurs zu einem künftigen Zeitpunkt;

23. „Geldmarktfondsverwalter" bei einem Geldmarktfonds, der ein OGAW ist, die OGAW-Verwaltungsgesellschaft oder im Fall eines selbst verwalteten OGAW die OGAW-Investmentgesellschaft und bei einem Geldmarktfonds, der ein AIF ist, einen AIFM oder einen intern verwalteten AIF.

In der Fassung vom 14.6.2017 (ABl. EU Nr. L 169 v. 30.6.2017, S. 8).

1. Kurzfristige Vermögenswerte (Art. 2 Nr. 1 MMF-VO)

Siehe dazu unter Art. 1 MMF-VO. 1

2. Geldmarktinstrumente (Art. 2 Nr. 2 MMF-VO), übertragbare Wertpapiere (Art. 2 Nr. 3 MMF-VO)

Die Verordnung enthält keine eigene Definition des Begriffs „**Geldmarktinstrumente**".[1] Sie verweist zunächst auf Art. 2 Abs. 1 Buchst. o OGAW-RL (= § 194 KAGB). Danach sind dies **Instrumente**, die (i) **üblicherweise auf dem Geldmarkt gehandelt werden**, (ii) **liquide sind und** (iii) **deren Wert jederzeit genau bestimmt werden kann**. Genauere Ausführungen zu diesen Voraussetzungen finden sich wiederum in **Art. 3 und 4 RL 2007/16/EG.**[2] Die Nichterwähnung des Art. 4 RL 2007/16/EG ist als Redaktionsversehen zu werten. Geldmarktinstrumente umfassen z.B. Schatzwechsel, Kommunalobligationen, Einlagenzertifikate, Commercial Papers, Bankakzepte sowie Medium- oder Short-Term-Notes.[3] Näher § 194 Rz. 5 ff. 2

Die Verordnung nimmt für die **übertragbaren Wertpapiere** Bezug auf die in Art. 2 Abs. 1 Buchst. n OGAW-RL (= § 193 KAGB) enthaltene Definition. Danach sind „übertragbare Wertpapiere" (i) **Aktien und andere, Aktien gleichwertige Wertpapiere („Aktien"), (ii) Schuldverschreibungen und sonstige verbriefte Schuldtitel („Schuldtitel")** und (iii) **alle anderen marktfähigen Wertpapiere, die zum Erwerb** 3

1 Vgl. dazu *Zetzsche/Nast* in Lehmann/Kumpan, Financial Services Law, UCITS Directive, Art. 2 Rz. 7 ff.
2 Richtlinie 2007/16/EG der Kommission vom 19.3.2007 zur Durchführung der Richtlinie 85/611/EWG des Rates zur Koordinierung der Rechts- und Verwaltungsvorschriften betreffend bestimmte Organismen für gemeinsame Anlagen in Wertpapieren (OGAW) im Hinblick auf die Erläuterung gewisser Definitionen, ABl. EG Nr. L 79 v. 20.3.2007, S. 11.
3 Vgl. ErwGr. 21 MMF-VO; ErwGr. 36 OGAW-RL.

von Wertpapieren im Sinne dieser Richtlinie durch Zeichnung oder Austausch berechtigen. Genauere Ausführungen zu diesen Voraussetzungen finden sich wiederum in Art. 2 Abs. 1 RL 2007/16/EG. Näher § 193 Rz. 12 ff.

3. (Umgekehrtes) Pensionsgeschäft (Art. 2 Nr. 4, 5 MMF-VO)

4 Ein **Pensionsgeschäft** beinhaltet einen **Kauf mit einer gleichzeitigen Rückkaufverpflichtung** des Veräußerers (auch: Pensionsgebers) zu einem bestimmten oder noch zu bestimmenden Zeitpunkt. Gegenstand des (Rück-)Kaufs sind Wertpapiere oder darauf bezogene Rechte (z.B. Optionen). Der Rückkaufspreis wird bereits bei Abschluss der Vereinbarung festgelegt. Das Kursrisiko liegt beim Pensionsgeber, nicht beim Erwerber (auch: Pensionsnehmer).

5 Ein **umgekehrtes Pensionsgeschäft** ist ein Pensionsgeschäft, das aus der Sicht des Erwerbers der Wertpapiere oder darauf bezogener Rechte als solches betrachtet wird. Es wechselt nur die Sichtweise der Vertragsparteien. Pensionsgeschäfte sind **für OGAW in §§ 203, 204 KAGB** geregelt. Näher § 203 Rz. 5 ff.

4. Wertpapierleihgeschäfte/Wertpapierverleihgeschäfte (Art. 2 Nr. 6 MMF-VO)

6 Die Übertragung von Wertpapieren mit der Verpflichtung zur späteren Rückübertragung gleichwertiger Papiere ist rechtlich gesehen ein Sachdarlehen (vgl. § 607 BGB). Das Kursrisiko trägt der Entleiher, der sich gleichwertige Papiere zu einem eventuell schlechteren Kurs besorgen muss. Das KAGB bezeichnet die Wertpapierleihe als **Wertpapier-Darlehen** und regelt diese **für OGAW in §§ 200 bis 202 KAGB** (näher § 200 Rz. 10 f.), für sonstige Sondervermögen in § 221 Abs. 7 KAGB (näher § 221 Rz. 42). Zusätzlich sind die KAGB-Regelungen zum Leverage zu beachten (vgl. u.a. §§ 215, 263, 274 i.V.m. § 1 Abs. 19 Nr. 25 KAGB).

5. Verbriefung (Art. 2 Nr. 7 MMF-VO)

7 Die Verordnung verweist auf die in **Art. 4 Abs. 1 Nr. 61 CRR**[4] enthaltene **Definition der Verbriefung.** „Verbriefung“ meint danach ein Geschäft oder eine Struktur, durch das bzw. die das mit einer Risikoposition oder einem Pool von Risikopositionen verbundene Kreditrisiko in Tranchen unterteilt wird, und das bzw. die beiden folgenden Merkmale aufweist: a) die im Rahmen des Geschäfts oder der Struktur getätigten Zahlungen hängen von der Wertentwicklung der Risikoposition oder des Pools von Risikopositionen ab; b) die Rangfolge der Tranchen entscheidet über die Verteilung der Verluste während der Laufzeit der Transaktion oder der Struktur. Die Anforderungen an AIF-KVG bei Anlage in Verbriefungen durch AIF regeln **§ 29 Abs. 5 Nr. 6 KAGB** i.V.m. Art. 50 bis 56 der Delegierten Verordnung (EU) Nr. 231/2013. Näher § 29 Rz. 103 ff.

6. Bewertung zu Marktpreisen (Art. 2 Nr. 8 MMF-VO), zu Modellpreisen (Art. 2 Nr. 9 MMF-VO) und zu fortgeführten Anschaffungskosten (Art. 2 Nr. 10 MMF-VO)

8 Die **„Bewertung zu Marktpreisen“ (Art. 2 Nr. 8 MMF-VO)** ist eine marktbezogene Bewertungsform, bei der sich Schwankungen im Marktpreis sofort im Anteilswert niederschlagen. Dies kann zu einer **temporären Über- oder Unterbewertung** führen, wenn es auf dem Markt, dem der Preis entnommen ist, zu heftigen Ausschlägen kommt. Die Bewertung zu Marktpreisen ist die Regelmethode für VNAV-MMFs gem. Art. 2 Nr. 13 MMF-VO, dazu Rz. 11.

9 Die **„Bewertung zu Modellpreisen“ (Art. 2 Nr. 9 MMF-VO)** ist eine **modifizierte marktbezogene Bewertungsform.** *Beispiel*: Es wird der Durchschnittskurs der letzten 30 Tage zugrunde gelegt. Infolge des Modells kann es zu Differenzen zwischen dem Marktpreis und dem berechneten Anteilswert kommen. Konsequenz des Modelleinsatzes ist i.d.R. eine **Glättung der Bewertung gegenüber ganz kurzfristigen Ausschlägen** auf den Märkten.

10 Die **„Bewertung zu fortgeführten Anschaffungskosten“ (Art. 2 Nr. 10 MMF-VO)** ist eine von den Erwerbskosten abgeleitete Bewertung. *Beispiel*: Zu 100 wurde eine Staatsanleihe gezeichnet. Die Staatsanleihe wird in den Büchern grds. zu 100 geführt, vorbehaltlich von **Aufschlägen oder Abschlägen.** Bei dieser Methode ist die Differenz zum Marktpreis potentiell am größten. Bei sehr schwach volatilen Vermögensgegenständen kann die Differenz indes auch gering ausfallen.

4 Verordnung (EU) Nr. 575/2013 des Europäischen Parlaments und des Rates vom 26.6.2013 über Aufsichtsanforderungen an Kreditinstitute und Wertpapierfirmen und zur Änderung der Verordnung (EU) Nr. 646/2012, ABl. EU Nr. L 176 v. 27.6.2013, S. 1.

7. Geldmarktfonds mit konstantem Nettoinventarwert für öffentliche Schuldtitel (CNAV), mit Nettoinventarwert mit niedriger Volatilität (LVNAV) und mit variablem Nettoinventarwert (VNAV) (Art. 2 Nr. 11 bis 13 MMF-VO)

Art. 2 Nr. 11 bis 13 MMF-VO definieren innerhalb des Typus der Geldmarktfonds **drei Unterkategorien**, die CNAV-, LVNAV- und VNAV-Geldmarktfonds. Die drei Unterkategorien unterschieden sich nach dem **Bewertungsmodus**, der zu **stärkerer oder eingeschränkter Schwankung des Anteilswertes („NAV")** führt: 1) **VNAV-MMFs gem. Art. 2 Nr. 13 MMF-VO** entsprechen vom Bewertungsmodus her den Vorgaben des § 168 KAGB (s. § 168 Rz. 15 ff.) **mit täglicher Bewertung und Publikation des Anteilspreises.** D.h., dass die Vermögensgegenstände täglich bewertet werden, Schwankungen in den Marktpreisen sich sofort im NAV widerspiegeln. 2) **CNAV-MMFs gem. Art. 2 Nr. 11 MMF-VO sind das extreme Gegenteil.** Der Anteilspreis soll möglichst stabil gehalten werden. Der CNAV wird durch kurzfristige ausfallsichere, i.d.R. renditearme Anlagen (insb. öffentliche Schuldtitel) sowie eine Fortschreibung der Anlagen zu Anschaffungskosten (im Gegensatz zu Marktwerten) erreicht. 3) **LVNAV-MMFs Art. 2 Nr. 12 MMF-VO** sind eine Mischform aus CNAV und VNAV. Hier ist eine teilweise Fortschreibung der Anschaffungswerte und eine verzögerte Publikation von Wertdifferenzen zwischen Anschaffungskosten und Marktwert in gewissem Umfang zulässig. LVNAVs stehen zur Verfügung, wenn andere schwankungsarme Anlagen als öffentliche Schuldtitel eingesetzt werden. Dies dürfte auf die Mehrzahl der am Geldmarkt verfügbaren Schuldtitel zutreffen. Vgl. näher die Übersicht bei Anh. zu § 338b: Art. 33 MMF-VO Rz. 2. 11

CNAV-MMFs können wegen ihres konstanten Anteilswertes als Zahlungsinstrument eingesetzt werden. Dies ist insbesondere in den USA stark verbreitet und geht auf eine Vermarktung wie ein höher verzinsliches Bankguthaben zurück; sogar eine Abhebung und Kontoführung über Geldkarten ist möglich. Konsequent tritt bei den Anlegern die für Anlagen typische Volatilität in den Hintergrund. Die Folgen zeigten sich in der Finanzmarktkrise: Als die zugrunde liegenden Anlagen den konstanten NAV i.S.v. 1 USD = 1 Unit nicht mehr trugen (sog. „**breaking the buck**"), kam es zu panikartigen Abhebungen („Run").[5] 12

8. Kurzfristiger Geldmarktfonds (Art. 2 Nr. 14 MMF-VO), Standard-Geldmarktfonds (Art. 2 Nr. 15 MMF-VO)

Geldmarktfonds investieren in Anlagen mit **unterschiedlichen Laufzeiten**. Um dies Anlegern vor Augen zu führen differenziert die MMF-VO zwischen kurzfristigen und Standard-Geldmarktfonds. **Kurzfristige Geldmarktfonds** sollen geldmarktsatzkonforme Renditen[6] erwirtschaften und gleichzeitig ein höchstmögliches Maß an Sicherheit für die Anleger gewährleisten.[7] Durch eine kurze gewichtete durchschnittliche Zinsbindungsdauer und Restlaufzeit (dazu Rz. 17 f.), die Art. 24 Abs. 1 MMF-VO auf 60 bzw. 120 Tage begrenzt, bleiben das Zinsänderungsrisiko während der Laufzeit sowie das Kreditrisiko gering.[8] **Standard-Geldmarktfonds** streben Renditen an, die leicht über Geldmarkterträgen liegen.[9] Dies wird durch Anlagen mit längerer Laufzeit erreicht (vgl. Art. 10 Abs. 2 MMF-VO). Zudem gelten höhere Obergrenzen bei der gewichteten durchschnittlichen Zinsbindungsdauer und Restlaufzeit: gem. Art. 25 Abs. 1 MMF-VO können diese 6 bzw. 12 Monate betragen. 13

9. Kreditinstitut (Art. 2 Nr. 16 MMF-VO)

Die Verordnung verweist auf die in **Art. 4 Abs. 1 Nr. 1 CRR** enthaltene Definition. „Kreditinstitut" meint ein **Unternehmen, dessen Tätigkeit darin besteht, Einlagen oder andere rückzahlbare Gelder des Publikums entgegenzunehmen und Kredite für eigene Rechnung zu gewähren.** 14

10. Für den Geldmarktfonds zuständige Behörde (Art. 2 Nr. 17 MMF-VO)

Der Regelungssystematik entsprechend nimmt die MMF-VO auf die OGAW-RL und AIFM-RL Bezug. Danach ist sowohl für einen OGAW- als auch für einen AIF-Geldmarktfonds die zuständige **Behörde des Herkunftsmitgliedstaats des Fonds** ebenfalls zuständige Behörde im Sinne der MMF-VO. Der Herkunftsmitgliedstaat ist (auch bei mehrfacher Zulassung) der Mitgliedstaat, in dem der OGAW bzw. AIF **(zum ersten Mal) zugelassen oder registriert** wurde, Art. 4 Abs. 1 Buchst. p AIFM-RL, Art. 2 Abs. 1 Buchst. e OGAW-RL. Für Nicht-EU-AIF ist die Referenzstaatsbehörde zuständig, vgl. § 56 Rz. 31 ff. 15

---

5 Vgl. dazu *Zetzsche*, Prinzipien der kollektiven Vermögensanlage, 2015, S. 409 f.
6 Vgl. Art. 1 Abs. 1 Unterabs. 2 Buchst. c, Alt. 1 MMF-VO.
7 ErwGr. 39 MMF-VO.
8 ErwGr. 39 MMF-VO.
9 ErwGr. 40 MMF-VO.

11. Rechtliche Fälligkeit (Art. 2 Nr. 18 MMF-VO), Restlaufzeit (Art. 2 Nr. 21 MMF-VO)

16 „**Rechtliche Fälligkeit**" meint den **Zeitpunkt der gesamten Kapitaltilgung.** Der Zeitpunkt darf nicht zur Disposition des Schuldners stehen. Ein Geldmarktfonds muss vernünftigerweise mit einer Rückzahlung rechnen können. Die **Zeitspanne bis zu diesem Fälligkeitstermin** bezeichnet die MMF-VO als „**Restlaufzeit**".

12. Gewichtete durchschnittliche Zinsbindungsdauer (WAM), Gewichtete durchschnittliche Restlaufzeit (WAL) (Art. 2 Nr. 19, 20 MMF-VO)

17 Die **gewichtete durchschnittliche Zinsbindungsdauer oder Weighted Average Maturity (WAM)** wird zur Messung der Empfindlichkeit eines Geldmarktfonds gegenüber **Veränderungen von Geldmarktzinsen** verwendet.[10] Ziel ist die Verringerung von Portfoliorisiken.[11] Dabei sind insbesondere zu berücksichtigen:[12] Finanzderivate, Einlagen, (umgekehrte) Pensionsgeschäfte sowie Swap-Geschäfte, die mit dem Ziel eingegangen werden, Zugang zu Instrumenten mit festen Zinssätzen zu erlangen.

18 Die **gewichtete durchschnittliche Restlaufzeit oder Weighted Average Life (WAL)** bildet das **Kreditrisiko** eines Geldmarktfonds ab: Je später die ausgewiesene Endfälligkeit und damit die Rückzahlung des Kapitalbetrags, desto höher ist das Kreditrisiko.[13] Liegen Verbriefungen/ABCP sog. amortisierende Instrumente als Basiswerte zugrunde, sollte die WAL entweder anhand des vertraglich festgelegten Amortisationsprofils der Verbriefungen/ABCP oder der Basiswerte erfolgen.[14]

13. Leerverkauf (Art. 2 Nr. 22 MMF-VO)

19 „**Leerverkauf**" ist der Verkauf von Wertpapieren, die **im Zeitpunkt des Kaufvertrags (noch) nicht im Eigentum des Verkäufers** stehen. Der Leerverkaufsbegriff der MMF-VO ist angelegt an die Definition in **Art. 2 Abs. 1 Buchst. b LeerverkaufsVO.**[15] Die Nichtausnahme von „Wertpapierverleihgeschäften" und „Wertpapierleihgeschäften" i.S.v. Art. 2 Nr. 6 MMF-VO ist indes kein Redaktionsversehen. Beide Geschäftsarten werden vom Verordnungsgeber für das Erreichen der Anlageziele als schädlich erachtet (vgl. Art. 9 Abs. 2 Buchst. b, d, ErwGr. 27 MMF-VO). Leerverkäufe bei **OGAW** regelt § 205 KAGB, **bei AIF** §§ 265, 276 KAGB.

14. Geldmarktfondsverwalter (Art. Nr. 23 MMF-VO)

20 Die MMF-VO setzt auf die OGAW-RL und AIFM-RL auf. Fondsverwalter sind daher entweder die OGAW-Verwaltungsgesellschaft/der AIFM oder die OGAW-Investmentgesellschaft/der intern verwaltete AIF. Näher dazu bei § 17 KAGB.

Art. 3 Arten von Geldmarktfonds

(1) Geldmarktfonds werden als eine der folgenden Arten eingerichtet:

a) als VNAV-Geldmarktfonds;

b) als CNAV-Geldmarktfonds für öffentliche Schuldtitel;

c) als LVNAV-Geldmarktfonds.

(2) In der Zulassung eines Geldmarktfonds wird ausdrücklich angegeben, um welche der in Absatz 1 genannten Arten von Geldmarktfonds es sich handelt.

In der Fassung vom 14.6.2017 (ABl. EU Nr. L 169 v. 30.6.2017, S. 8).

1 Art. 3 Abs. 1 MMF-VO regelt **abschließend die zulässigen Unterkategorien an Geldmarktfonds.** In Abhängigkeit von der Kategorie unterscheiden sich die Bewertungsvorschriften zur Ermittlung des Anteils-

10 ErwGr. 36 MMF-VO.
11 ErwGr. 35 MMF-VO.
12 ErwGr. 36 MMF-VO.
13 ErwGr. 37 MMF-VO.
14 ErwGr. 37 MMF-VO.
15 Verordnung (EU) Nr. 236/2012 des Europäischen Parlaments und des Rates vom 14.3.2012 über Leerverkäufe und bestimmte Aspekte von Credit Default Swaps, ABl. EU Nr. L 86 v. 24.3.2012, S. 1.

wertes in Kapitel IV (Art. 29 ff. MMF-VO). Vgl. dazu die Übersicht in Anh. zu § 338b: Art. 33 MMF-VO Rz. 6. Ob es sich dabei um kurzfristige oder Standard-Geldmarktfonds handelt, ist nicht entscheidend; dies hat nur Auswirkungen auf die Portfoliozusammensetzung (Art. 24, 25 MMF-VO).

Art. 3 Abs. 2 MMF-VO wurde auf Vorschlag des Rates eingefügt.[1] Hauptzweck ist die **Dokumentation der Zulassungsart** sein. Die zuständige Behörde kann mit einem Blick erkennen, um welchen Typ es sich handelt und ihre Aufsicht daran ausrichten. 2

Art. 4 Zulassung von Geldmarktfonds

(1) Als Geldmarktfonds werden in der Union ausschließlich Organismen für gemeinsame Anlagen gegründet, vermarktet oder verwaltet, die gemäß dieser Verordnung zugelassen wurden.

Diese Zulassung gilt für alle Mitgliedstaaten.

(2) Ein Organismus für gemeinsame Anlagen, der erstmals gemäß der Richtlinie 2009/65/EG als OGAW und gemäß dieser Verordnung als Geldmarktfonds zulassungspflichtig ist, wird im Rahmen des OGAW-Zulassungsverfahrens gemäß der Richtlinie 2009/65/EG als Geldmarktfonds zugelassen.

Wurde ein Organismus für gemeinsame Anlagen bereits gemäß der Richtlinie 2009/65/EG als OGAW zugelassen, so kann er eine Zulassung als Geldmarktfonds im Einklang mit dem in den Absätzen 4 und 5 dieses Artikels festgelegten Verfahren beantragen.

(3) Ein Organismus für gemeinsame Anlagen, der ein AIF ist und einer Zulassung als Geldmarktfonds nach dieser Verordnung bedarf, wird nach dem in Artikel 5 festgelegten Zulassungsverfahren zugelassen.

(4) Ein Organismus für gemeinsame Anlagen wird nur dann als Geldmarktfonds zugelassen, wenn die für den Geldmarktfonds zuständige Behörde davon überzeugt ist, dass der Geldmarktfonds alle Anforderungen dieser Verordnung erfüllen kann.

(5) Für die Zwecke der Zulassung als Geldmarktfonds übermittelt der Organismus für gemeinsame Anlagen der für ihn zuständigen Behörde alle folgenden Unterlagen:

a) Vertragsbedingungen oder Satzung des Geldmarktfonds, einschließlich der Angabe, um welche Art von Geldmarktfonds gemäß Artikel 3 Absatz 1 es sich handelt;

b) Identitätsnachweis des Geldmarktfondsverwalters;

c) Identitätsnachweis der Verwahrstelle;

d) Beschreibung des Geldmarktfonds oder Informationen über den Geldmarktfonds, die für Anleger verfügbar sind;

e) Beschreibung der oder Informationen über die Regelungen und Verfahren, die zur Erfüllung der Anforderungen in den Kapiteln II bis VII erforderlich sind;

f) sonstige Informationen oder Unterlagen, die von der für den Geldmarktfonds zuständigen Behörde verlangt werden, um die Erfüllung der Anforderungen dieser Verordnung zu prüfen.

(6) Die zuständigen Behörden unterrichten die ESMA vierteljährlich über die Zulassungen, die gemäß dieser Verordnung erteilt oder entzogen werden.

(7) Die ESMA führt ein öffentliches Zentralregister, in dem jeder nach dieser Verordnung zugelassene Geldmarktfonds, seine Art gemäß Artikel 3 Absatz 1, ob es sich um einen kurzfristigen oder einen Standard-Geldmarktfonds handelt, der Geldmarktfondsverwalter und die für den Geldmarktfonds zuständige Behörde erfasst sind. Das Register wird in elektronischer Form zugänglich gemacht.

In der Fassung vom 14.6.2017 (ABl. EU Nr. L 169 v. 30.6.2017, S. 8).

1 Dok. ST 9874/16 INIT v. 10.6.2016, S. 25.

I. Zulassung eines OGAW als Geldmarktfonds

1 Die Zulassung eines OGAW als Geldmarktfonds richtet sich danach, ob dieser **bereits als OGAW zugelassen** wurde (1.) oder **erstmals als OGAW-Geldmarktfonds zulassungspflichtig** wird (2.).

1. Bereits als OGAW zugelassene Fonds

2 Wurde ein Fonds bereits gemäß der OGAW-RL als OGAW zugelassen, so erfolgt eine **gesonderte Zulassung als Geldmarktfonds** gem. Art. 4 Abs. 2 Unterabs. 2 i.V.m. Abs. 4, 5 MMF-VO.

2. Erstmals zulassungspflichtige OGAW

3 Wird ein Fonds erstmals als OGAW-Geldmarktfonds zulassungspflichtig, so wird das **Zulassungsverfahren eines Geldmarktfonds in das OGAW-Zulassungsverfahren inkorporiert**, Art. 4 Abs. 2 Unterabs. 1 MMF-VO. Es gelten dann **zusätzlich** die Zulassungsbedingungen des Art. 5 OGAW-RL.[1]

II. Zulassung eines AIF als Geldmarktfonds

4 Die AIFM-RL enthält keine harmonisierten Zulassungsvorschriften für den Fonds, weil ein AIF nach der AIFM-RL nicht zulassungspflichtig ist; die AIFM-RL ist Verwalterregulierung (vgl. Einl. Rz. 60 ff.). Für AIF-Geldmarktfonds legen Art. 4 Abs. 3 i.V.m. Art. 5 MMF-VO **gemeinsame Grundregeln** fest, die den bestehenden OGAW-Vorschriften entsprechen. Dies stellt sicher, dass ein als Verwalter eines Geldmarktfonds zugelassener AIF zugleich die Vorschriften der AIFM-RL einhält.[2] Siehe zum Zulassungsverfahren eines AIF-Geldmarktfonds Anh. zu § 338b: Art. 5 MMF-VO.

III. Konformität bestehender OGAW-/AIF-Geldmarktfonds

5 OGAW und AIF, die zum Zeitpunkt des Inkrafttretens dieser Verordnung Merkmale eines Geldmarktfonds aufweisen (Art. 1 Abs. 1 MMF-VO), haben nach Art. 44 Abs. 1 MMF-VO ein Gesuch einzureichen, um die **Konformität mit dieser Verordnung nachzuweisen**. Der bestehende Geldmarktfonds kann sich dabei an den für eine Neuzulassung geltenden Vorschriften orientieren. Ein OGAW sollte die in Art. 4 Abs. 5 MMF-VO, ein AIF die in Art. 5 Abs. 2 MMF-VO notwendigen Unterlagen dem Gesuch beifügen.

6 Die zuständige Behörde beschließt gem. Art. 44 Abs. 2 MMF-VO spätestens zwei Monate nach Erhalt des vollständigen Gesuchs über die Konformität. Gegen die Ablehnung der Konformität ist der Rechtsweg des jeweiligen Mitgliedstaats gegeben.

Art. 5 Verfahren für die Zulassung von AIF-Geldmarktfonds

(1) Ein AIF wird nur dann als Geldmarktfonds zugelassen, wenn die für den Geldmarktfonds zuständige Behörde den Antrag eines AIFM, der bereits nach der Richtlinie 2011/61/EU zugelassen wurde, auf Verwaltung des AIF-Geldmarktfonds, die Vertragsbedingungen des Fonds und die Wahl der Verwahrstelle genehmigt.

(2) Bei der Einreichung des Antrags auf Verwaltung eines AIF-Geldmarktfonds ist, übermittelt der zugelassene AIFM der für den Geldmarktfonds zuständigen Behörde

a) die schriftliche Vereinbarung mit der Verwahrstelle;

b) Angaben zu Übertragungsvereinbarungen über das Portfolio- und Risikomanagement und die Verwaltung in Bezug auf den AIF;

c) Informationen über die Anlagestrategien, das Risikoprofil und andere Merkmale der AIF-Geldmarktfonds, die der AIFM verwaltet oder zu verwalten beabsichtigt.

Die für den Geldmarktfonds zuständige Behörde kann von der für den AIFM zuständigen Behörde in Bezug auf die in Unterabsatz 1 genannten Unterlagen Klarstellungen und Informationen oder eine Bescheinigung darüber verlangen, ob der Geldmarktfonds in den Geltungsbereich der Zulassung

1 S. dazu *Zetzsche/Nast* in Lehmann/Kumpan, Financial Services Law, UCITS Directive, Art. 5 Rz. 2 ff.
2 ErwGr. 17 MMF-VO.

fällt, die dem AIFM für die Verwaltung erteilt wurde. Die für den AIFM zuständige Behörde kommt einem entsprechenden Ersuchen innerhalb von zehn Arbeitstagen nach.

(3) Nachträgliche Änderungen an den in Absatz 2 genannten Unterlagen werden der für den Geldmarktfonds zuständigen Behörde vom AIFM umgehend angezeigt.

(4) Die für den Geldmarktfonds zuständige Behörde lehnt den Antrag des AIFM nur ab, wenn einer der folgenden Fälle vorliegt:

a) Der AIFM entspricht nicht dieser Verordnung;

b) der AIFM entspricht nicht der Richtlinie 2011/61/EU;

c) der AIFM wurde von der für ihn zuständigen Behörde nicht zur Verwaltung von Geldmarktfonds zugelassen;

d) der AIFM hat die in Absatz 2 genannten Unterlagen nicht übermittelt.

Bevor ein Antrag abgelehnt wird, konsultiert die für den Geldmarktfonds zuständige Behörde die für den AIFM zuständige Behörde.

(5) Die Zulassung eines AIF als Geldmarktfonds wird weder von der Auflage abhängig gemacht, dass der AIF von einem in seinem Herkunftsmitgliedstaat zugelassenen AIFM verwaltet wird, noch davon, dass der AIFM im Herkunftsmitgliedstaat des AIF Tätigkeiten ausübt oder überträgt.

(6) Innerhalb von zwei Monaten nach Einreichung eines vollständigen Antrags wird der AIFM darüber informiert, ob die Zulassung des AIF als Geldmarktfonds erteilt wurde.

(7) Die für den Geldmarktfonds zuständige Behörde erteilt die Zulassung eines AIF als Geldmarktfonds nicht, wenn es dem AIF aus rechtlichen Gründen verwehrt ist, seine Anteile in seinem Herkunftsmitgliedstaat zu vertreiben.

In der Fassung vom 14.6.2017 (ABl. EU Nr. L 169 v. 30.6.2017, S. 8).

Die Zulassung als AIF-Geldmarktfonds setzt notwendig die **Zulassung des Fondsverwalters als AIFM** nach den umgesetzten mitgliedstaatlichen Vorschriften voraus (vgl. §§ 17 ff. KAGB). Der AIFM hat seinem Antrag auf Verwaltung eines AIF-Geldmarktfonds die in Art. 5 Abs. 2 MMF-VO genannten Unterlagen beizufügen und sich auf eventuell weitere benötigte Informationen einzustellen. Art. 5 Abs. 4 MMF-VO regelt enumerativ die Ablehnungsgründe. Die Vorschrift modifiziert die nationalen Vorschriften, in Deutschland etwa die Pflicht der AIF-KVG zur (nur) Vorlage der Anlagebedingungen eines Spezial-AIF gem. § 273 Satz 2 KAGB. 1

Art. 6 Verwendung der Bezeichnung Geldmarktfonds

(1) Ein OGAW oder AIF verwendet die Bezeichnung „Geldmarktfonds" in Bezug auf sich selbst oder die von ihm aufgelegten Anteile nur, wenn er gemäß dieser Verordnung zugelassen wurde.

Ein OGAW oder AIF darf keine irreführende oder ungenaue Bezeichnung verwenden, die den Eindruck erweckt, dass er ein Geldmarktfonds ist, es sei denn, er wurde gemäß dieser Verordnung als Geldmarktfonds zugelassen.

Ein OGAW oder AIF darf keine Merkmale aufweisen, die im Wesentlichen den Merkmalen gemäß Artikel 1 Absatz 1 entsprechen, es sei denn, er wurde gemäß dieser Verordnung als Geldmarktfonds zugelassen.

(2) Die Verwendung der Bezeichnung „Geldmarktfonds" oder einer anderen Bezeichnung, die den Eindruck erweckt, dass ein OGAW oder AIF ein Geldmarktfonds ist, umfasst die Verwendung in externen Dokumenten, Prospekten, Berichten, Verlautbarungen, Werbematerialien, Mitteilungen, Schreiben oder sonstigen Unterlagen, die schriftlich, mündlich, elektronisch oder in anderer Form an künftige Anleger, Anteilsinhaber, Teilhaber oder zuständige Behörden gerichtet oder zur Weitergabe an sie bestimmt sind.

In der Fassung vom 14.6.2017 (ABl. EU Nr. L 169 v. 30.6.2017, S. 8).

Art. 6 Abs. 1 Unterabs. 1 MMF-VO enthält dem Wortlaut zufolge das **Verbot**, die Bezeichnung „Geldmarktfonds" zu führen, **wenn eine Zulassung** gemäß dieser Verordnung **nicht erfolgt ist**. Art. 6 Abs. 1 Un- 1 terabs. 2 MMF-VO stellt klar, dass es bereits ausreicht, wenn eine **irreführende oder ungenaue Bezeichnung verwendet** wird, die den **Eindruck erweckt**, es liege ein Geldmarktfonds vor. Zweck ist eine Umgehung der Vorschriften dieser Verordnung zu verhindern.[1]

2 Eine **Pflicht**, die Bezeichnung „Geldmarktfonds" zu führen ergibt sich nicht unmittelbar aus dem Wortlaut, folgt aber aus dem **Sinn und Zweck der Norm**. Die Verwirklichung eines einheitlichen Rechtsrahmens für Geldmarktfonds kann nur zur Geltung verholfen werden, wenn die gemäß dieser Verordnung zugelassen Fonds diese Bezeichnung auch verwenden („**Labeling**"). Die erweiternde Auslegung ist auch geboten. **Art. 36 Abs. 1 MMF-VO** regelt nur die **Pflicht** darauf „**hinzuweisen**", um welche Art und ob es sich um einen kurzfristigen oder Standard-Geldmarktfonds handelt.

3 Art. 6 Abs. 1 Unterabs. 3 MMF-VO ist größtenteils redundant. Weist ein OGAW oder AIF Merkmale auf, die „**im Wesentlichen**" den Merkmalen gem. Art. 1 Abs. 1 MMF-VO entsprechen, so greift bereits die Zulassungspflicht. Andernfalls würde man es solchen Fonds untersagen, am Markt aufzutreten ohne ihnen zugleich einen Marktzugang zu ermöglichen. Einen eigenen Anwendungsbereich hat die Norm, wenn man ihr eine Unterlassungspflicht entnimmt, als Geldmarktfonds aufzutreten bis die Zulassung erteilt ist. Eine solche lässt sich jedoch auch aus Art. 4 Abs. 1 MMF-VO ableiten.

4 Art. 6 Abs. 2 MMF-VO definiert, wann die Bezeichnung Geldmarktfonds „**verwendet**" wird. Diese ist denkbar weit gefasst und umfasst **alle externen Unterlagen, die an künftige Anleger, Anteilsinhaber, Teilhaber oder zuständige Behörden gerichtet oder zur Weitergabe an sie bestimmt sind, unabhängig von der Kommunikationsform**. Mit Art. 36 Abs. 1 MMF-VO und in der Auslegung gemäß Rz. 2 wird so ein lückenloser Schutz gewährt.

Art. 7 Anwendbare Vorschriften

(1) Ein Geldmarktfonds und der Geldmarktfondsverwalter entsprechen jederzeit dieser Verordnung.

(2) Ein Geldmarktfonds, der ein OGAW ist, und der Geldmarktfondsverwalter erfüllen jederzeit die Anforderungen der Richtlinie 2009/65/EG, sofern diese Verordnung nichts anderes vorsieht.

(3) Ein AIF-Geldmarktfonds und der Geldmarktfondsverwalter erfüllen jederzeit die Anforderungen der Richtlinie 2011/61/EU, sofern diese Verordnung nichts anderes vorsieht.

(4) Der Geldmarktfondsverwalter ist dafür verantwortlich, die Einhaltung dieser Verordnung sicherzustellen, und haftet für alle Verluste und Schäden, die durch Nichteinhaltung dieser Verordnung entstehen.

(5) Diese Verordnung hindert Geldmarktfonds nicht daran, strengere als die in dieser Verordnung vorgesehenen Anlagebeschränkungen anzuwenden.

In der Fassung vom 14.6.2017 (ABl. EU Nr. L 169 v. 30.6.2017, S. 8).

1 Art. 7 Abs. 1 MMF-VO stellt klar, dass sich die Vorschriften dieser Verordnung **sowohl an Geldmarktfonds als auch an Fondsverwalter** (OGAW/AIF-KVG) richten. Eine Verpflichtung nur des Geldmarktfonds würde leerlaufen, soweit das nationale Recht diesem keine Rechtspersönlichkeit verleiht.[1]

2 Art. 7 Abs. 2 und Abs. 3 MMF-VO verweisen auf die OGAW-RL und die AIFM-RL, **soweit die MMF-VO nicht anderes vorsieht.**

3 Art. 7 Abs. 4 MMF-VO begründet **privatrechtliche Haftungsansprüche gegen den Fondsverwalter für die Nichteinhaltung der MMF-VO**. Parallelvorschriften dieser Art finden sich im jüngeren europäischen Finanzmarktrecht häufig, z.B. Art. 24 OGAW-RL, Art. 7 Abs. 3 ELTIF-VO; sie belegen, dass **neben einer aufsichtsrechtlichen auch eine privatrechtliche Durchsetzung des Europarechts** gewollt ist. Näher dazu Einl. Rz. 125. Voraussetzung des Ersatzanspruchs ist, dass die Nichteinhaltung einer Norm dieser Verordnung kausal für einen Schaden des Geldmarktfonds ist.

4 Art. 7 Abs. 4 MMF-VO schweigt dazu, ob die Ansprüche **gegenüber dem Geldmarktfonds oder den Anlegern** bestehen. Die insoweit bestehende Lücke erklärt sich damit, dass es auf die Art des Verstoßes und die

1 ErwGr. 18 MMF-VO.
1 ErwGr. 19 MMF-VO.

Art des Fonds ankommt. Gerade bei offenen Fonds dürfte die Anlegerschaft zum Zeitpunkt des Verstoßes eine andere als die bei Entdeckung des Verstoßes sein, und wieder andere dürften Anleger sein, wenn ein Urteil über den Ersatzanspruch gesprochen wird. Dies kann dazu führen, dass den zu einem bestimmten Zeitpunkt beteiligten Anlegern des Fonds der Ersatzanspruch zuzusprechen ist, dem Fonds selbst aber keine Kompensation zusteht. Näher zur Geltendmachung der Ansprüche § 78 Rz. 17 ff.

Art. 7 Abs. 5 MMF-VO lässt es grundsätzlich zu, dass Geldmarktfonds sich selbst, strengeren Anlagebeschränkungen als denen der MMF-VO unterwerfen. 5

Kapitel II
Verpflichtungen in Bezug auf die Anlagepolitik von Geldmarktfonds

Abschnitt I
Allgemeine Vorschriften und zulässige Vermögenswerte

Art. 8 Allgemeine Grundsätze

(1) Umfasst ein Geldmarktfonds mehr als einen Teilfonds, so wird für die Zwecke der Kapitel II bis VII jeder Teilfonds als eigener Geldmarktfonds angesehen.

(2) Als OGAW zugelassene Geldmarktfonds unterliegen nicht den in den Artikeln 49 bis 50a und Artikel 51 Absatz 2 sowie den Artikeln 52 bis 57 der Richtlinie 2009/65/EG niedergelegten Verpflichtungen betreffend die Anlagepolitik der OGAW, es sei denn, die vorliegende Verordnung sieht ausdrücklich etwas anderes vor.

In der Fassung vom 14.6.2017 (ABl. EU Nr. L 169 v. 30.6.2017, S. 8).

Art. 8 Abs. 1 MMF-VO ist Art. 49 OGAW-RL nachgebildet. Die Vorschrift stellt sicher, dass für die Zwecke der Anlagepolitik, des Risikomanagements und der Bewertungsvorschriften jeder Teilfonds **als eigener Geldmarktfonds** behandelt wird. Die MMF-VO definiert nicht, was unter einem Teilfonds zu verstehen ist. Gemeint sind **insolvenzfeste Bestandteile eines Geldmarktfonds**, die **eigene, vom Hauptfonds abgrenzbare Vermögenswerte** halten.[1] 1

Gemäß Art. 8 Abs. 2 MMF-VO gelten für Geldmarktfonds die allgemeinen Vorschriften über die Anlagepolitik eines OGAW grundsätzlich nicht.[2] Diese gelten nur, soweit die Verordnung **ausdrücklich** darauf Bezug nimmt. Dies ist der Fall in Art. 9 Abs. 3, Art. 10 Abs. 1 Buchst. a, Art. 13 Abs. 1, Art. 14 Buchst. c (i), Art. 16 Abs. 5 Unterabs. 2 MMF-VO. 2

Art. 9 Zulässige Vermögenswerte

(1) Ein Geldmarktfonds investiert ausschließlich unter den in dieser Verordnung festgelegten Bedingungen ausschließlich in eine oder mehrere der folgenden Kategorien finanzieller Vermögenswerte:

a) Geldmarktinstrumente, einschließlich einzeln oder gemeinsam von der Union, von den nationalen, regionalen oder lokalen Körperschaften der Mitgliedstaaten oder den Zentralbanken der Mitgliedstaaten, der Europäischen Zentralbank, der Europäischen Investitionsbank, dem Europäischen Investitionsfonds, dem Europäischen Stabilitätsmechanismus, der Europäischen Finanzstabilisierungsfazilität, einer zentralstaatlichen Körperschaft oder Zentralbank eines Drittlands, dem Internationalen Währungsfonds, der Internationalen Bank für Wiederaufbau und Entwicklung, der Entwicklungsbank des Europarates, der Europäischen Bank für Wiederaufbau und Entwicklung, der Bank für Internationalen Zahlungsausgleich oder einem anderen einschlägigen internationalen Finanzinstitut oder einer anderen einschlägigen internationalen Finanz-

1 Vgl. *Zetzsche/Nast* in Lehmann/Kumpan, Financial Services Law, UCITS Directive, Art. 49 Rz. 2.
2 ErwGr. 12 MMF-VO.

organisation, dem bzw. der ein oder mehrere Mitgliedstaaten angehören, emittierte oder garantierte Finanzinstrumente;

b) zulässige Verbriefungen und forderungsunterlegte Geldmarktpapiere (Asset Backed Commercial Papers, ABCP);

c) Einlagen bei Kreditinstituten;

d) Finanzderivate;

e) Pensionsgeschäfte, die die Bedingungen gemäß Artikel 14 erfüllen;

f) umgekehrte Pensionsgeschäfte, die die Bedingungen gemäß Artikel 15 erfüllen;

g) Anteile an anderen Geldmarktfonds.

(2) Ein Geldmarktfonds tätigt keines der folgenden Geschäfte:

a) Anlagen in andere als die in Absatz 1 genannten Vermögenswerte;

b) Leerverkäufe der folgenden Instrumente: Geldmarktinstrumente, Verbriefungen, ABCP und Anteile an anderen Geldmarktfonds;

c) direktes oder indirektes Engagement in Aktien oder Rohstoffe, auch über Derivate, diese repräsentierende Zertifikate, auf diesen beruhende Indizes oder sonstige Mittel oder Instrumente, die ein solches Engagement ergäben;

d) Wertpapierverleih- oder Wertpapierleihgeschäfte oder andere Geschäfte, die die Vermögenswerte des Geldmarktfonds belasten würden;

e) Aufnahme und Vergabe von Barkrediten.

(3) Ein Geldmarktfonds kann zusätzliche flüssige Mittel gemäß Artikel 50 Absatz 2 der Richtlinie 2009/65/EG halten.

In der Fassung vom 14.6.2017 (ABl. EU Nr. L 169 v. 30.6.2017, S. 8).

1 Art. 9 Abs. 1 MMF-VO legt abschließend fest, in welche **Kategorien von Vermögenswerten** und **unter welchen Bedingungen** Geldmarktfonds in diese investieren dürfen.[1]

2 Art. 9 Abs. 2 MMF-VO untersagt Geldmarktfonds bestimmte Geschäftstätigkeiten, die nach Ansicht des Verordnungsgebers **geeignet sind, ihre Anlagestrategie und -ziele zu gefährden.**[2]

3 Ein Geldmarktfonds kann grundsätzlich gemäß seinen Vertragsbedingungen oder seiner Satzung in Bankeinlagen investieren.[3] Art. 9 Abs. 3 MMF-VO gestattet einem Geldmarktfonds unter Bezugnahme auf Art. 50 Abs. 2 Unterabs. 2 OGAW-RL **zusätzliche flüssige Mittel (z.B. jederzeit verfügbare Sichteinlagen) zu halten.** Vor diesem Hintergrund soll es Geldmarktfonds u.a. ermöglicht werden, **laufende oder außergewöhnliche Zahlungen zu begleichen.**[4] Im Falle eines **Verkaufs** erlaubt Art. 9 Abs. 3 MMF-VO den Erlös auf einem Bankkonto anzulegen, bis dieser reinvestiert werden kann.[5] Letzteres ist auch denkbar, wenn aufgrund ungünstiger Marktbedingungen **die Anlagen in Geldmarktinstrumente ausgesetzt werden.**[6]

Art. 10 Zulässige Geldmarktinstrumente

(1) Ein Geldmarktinstrument ist als Anlage eines Geldmarktfonds zulässig, wenn es alle nachstehend genannten Anforderungen erfüllt:

a) Es fällt unter eine der Kategorien von Geldmarktinstrumenten gemäß Artikel 50 Absatz 1 Buchstabe a, b, c oder h der Richtlinie 2009/65/EG;

b) es weist eines der beiden folgenden Merkmale auf:

i) bei der Emission ist die rechtliche Fälligkeit in nicht mehr als 397 Tagen;

ii) es hat eine Restlaufzeit von nicht mehr als 397 Tagen;

1 ErwGr. 20 MMF-VO.
2 ErwGr. 20 MMF-VO.
3 Vgl. Art. 9 Abs. 1 Buchst. c, Art. 12 MMF-VO.
4 ErwGr. 22 MMF-VO.
5 ErwGr. 22 MMF-VO.
6 Vgl. ErwGr. 41 OGAW-RL.

c) der Emittent des Geldmarktinstruments und die Qualität des Geldmarktinstruments haben gemäß den Artikeln 19 bis 22 eine positive Bewertung erhalten;

d) investiert ein Geldmarktfonds in eine Verbriefung oder ein ABCP, unterliegt er den in Artikel 11 festgelegten Anforderungen.

(2) Ungeachtet des Absatzes 1 Buchstabe b dürfen Standard-Geldmarktfonds auch in Geldmarktinstrumente mit einer Restlaufzeit von bis zu zwei Jahren bis zum Zeitpunkt der rechtlichen Kapitaltilgung investieren, sofern die Zeitspanne bis zum Termin der nächsten Zinsanpassung nicht mehr als 397 Tage beträgt. Zu diesem Zweck sind Geldmarktinstrumente mit variablem Zinssatz und durch eine Swap-Vereinbarung abgesicherte Geldmarktinstrumente mit festem Zinssatz an einen Geldmarktsatz oder -index anzupassen.

(3) Absatz 1 Buchstabe c gilt nicht für Geldmarktinstrumente, die von der Union, einer zentralstaatlichen Körperschaft oder der Zentralbank eines Mitgliedstaats, der Europäischen Zentralbank, der Europäischen Investitionsbank, dem Europäischen Stabilitätsmechanismus oder der Europäischen Finanzstabilisierungsfazilität emittiert oder garantiert wurden.

In der Fassung vom 14.6.2017 (ABl. EU Nr. L 169 v. 30.6.2017, S. 8).

Geldmarktinstrumente sind als Anlagen zulässig, wenn sie **Laufzeitbeschränkungen einhalten und ihre Bonität insgesamt als hoch** einzustufen ist.[1] Art. 10 MMF-VO enthält drei (ggf. vier) Voraussetzungen, die **kumulativ** erfüllt sein müssen: 1

1. Es handelt sich um **Geldmarktinstrumente**, die gem. Art. 50 Abs. 1 Buchst. a, b, c oder h OGAW-RL **gehandelt** werden. Zur Definition „Geldmarkinstrumente" s. Anh. zu § 338b: Art. 2 MMF-VO Rz. 2. Zu den zulässigen Formen des Handels vgl. § 193 Rz. 31. 2
2. Die **Fälligkeit** (Anh. zu § 338b: Art. 2 MMF-VO Rz. 16) ist in bzw. die **(Rest-)Laufzeit** (Anh. zu § 338b: Art. 2 MMF-VO Rz. 16) beträgt nicht mehr als 397 Tage. Abweichend hiervon dürfen **Standard-Geldmarktfonds** (Anh. zu § 338b: Art. 2 MMF-VO Rz. 13) auch in Geldmarktinstrumente mit einer Restlaufzeit von nicht mehr als zwei Jahren bis zum Zeitpunkt der rechtlichen Kapitaltilgung investieren, sofern die Zeitspanne bis zum Termin der nächsten Zinsanpassung nicht mehr als 397 Tage beträgt. Geldmarktinstrumente mit variablem Zinssatz und durch eine Swap-Vereinbarung abgesicherte Geldmarktinstrumente mit festem Zinssatz sind an einen Geldmarktsatz oder -index anzupassen. 3
3. Die Kreditqualität von Emittent und Geldmarktinstrument wurden **im internen Bewertungsverfahren gem. Art. 19 ff. MMF-VO** (dazu Anh. zu § 338b: Art. 23 MMF-VO) **positiv** bewertet. Keine Bewertung ist für von bestimmten öffentlichen Einrichtungen begebenen oder garantierten Geldmarktinstrumenten erforderlich. Der Verordnungsgeber geht bei diesen Finanzprodukten und Emittenten immer von einer positiven Bewertung aus. Darin liegt eine indirekte und mit wirtschaftlichen Gegebenheiten unvereinbare Förderung der Staatsfinanzierung im Verhältnis zur Finanzierung Privater. 4
4. Bei Investitionen in Verbriefungen oder in ein ABCP, gelten zusätzlich die in Art. 11 MMF-VO festgelegten Anforderungen. S. Anh. zu § 338b: Art. 11 MMF-VO. 5

Art. 11 Zulässige Verbriefungen und ABCP

(1) Sowohl eine Verbriefung als auch ein ABCP sind als zulässige Anlage für einen Geldmarktfonds anzusehen, wenn die Verbriefung oder das ABCP ausreichend liquide ist, gemäß den Artikeln 19 bis 22 eine positive Bewertung erhalten hat und einer der folgenden Kategorien angehört:

a) eine Verbriefung im Sinne von Artikel 13 der Delegierten Verordnung (EU) 2015/611 der Kommission;

b) ein ABCP, das von einem ABCP-Programm emittiert wurde,

i) das vollständig von einem regulierten Kreditinstitut unterstützt wird, das alle Liquiditäts- und Kreditrisiken und sämtliche erheblichen Verwässerungsrisiken sowie die laufenden Transaktionskosten und die laufenden programmweiten Kosten in Verbindung mit dem

1 Vgl. ErwGr. 21 MMF-VO.

ABCP abdeckt, wenn dies erforderlich ist, um dem Anleger die vollständige Zahlung aller Beträge im Rahmen des ABCP zu garantieren;

ii) das keine Wiederverbriefung ist und bei dem die der Verbriefung zugrunde liegenden Engagements auf der Ebene der jeweiligen ABCP-Transaktion keine Verbriefungspositionen umfassen;

iii) das keine synthetische Verbriefung im Sinne von Artikel 242 Nummer 11 der Verordnung (EU) Nr. 575/2013 umfasst;

c) *[Geltung dieser Fassung ab 1.1.2019:]* eine einfache, transparente und standardisierte (STS-) Verbriefung, die im Einklang mit den Kriterien und Bedingungen der Artikel 20, 21 und 22 der Verordnung (EU) 2017/2402 des Europäischen Parlaments und des Rates ermittelt wurde, oder ein STS-ABCP, das im Einklang mit den Kriterien und Bedingungen der Artikel 24, 25 und 26 der genannten Verordnung ermittelt wurde.

(2) Ein kurzfristiger Geldmarktfonds darf in die in Absatz 1 genannten Verbriefungen oder ABCP investieren, sofern eine der folgenden Bedingungen, soweit anwendbar, erfüllt ist:

a) Die rechtliche Fälligkeit bei der Emission der in Absatz 1 Buchstabe a genannten Verbriefungen beträgt nicht mehr als zwei Jahre und die Zeitspanne bis zum Termin der nächsten Zinsanpassung nicht mehr als 397 Tage;

b) die die rechtliche Fälligkeit bei der Emission oder Restlaufzeit der in Absatz 1 Buchstaben b und c genannten Verbriefungen oder ABCP beträgt nicht mehr als 397 Tage;

c) die in Absatz 1 Buchstaben a und c genannten Verbriefungen sind amortisierende Instrumente und haben eine WAL von nicht mehr als zwei Jahren.

(3) Ein Standard-Geldmarktfonds darf in die in Absatz 1 genannten Verbriefungen oder ABCP investieren, sofern eine der folgenden Bedingungen, soweit anwendbar, erfüllt ist:

a) Die rechtliche Fälligkeit bei der Emission oder die Restlaufzeit der in Absatz 1 Buchstaben a, b und c genannten Verbriefungen und ABCP beträgt nicht mehr als zwei Jahre und die Zeitspanne bis zum Termin der nächsten Zinsanpassung nicht mehr als 397 Tage;

b) die in Absatz 1 Buchstaben a und c genannten Verbriefungen sind amortisierende Instrumente und haben eine WAL von nicht mehr als zwei Jahren.

(4) Im Einklang mit Artikel 45 erlässt die Kommission bis spätestens sechs Monate nach dem Datum des Inkrafttretens der vorgeschlagenen Verordnung über STS-Verbriefungen einen delegierten Rechtsakt zur Änderung des vorliegenden Artikels durch die Einfügung eines Verweises auf die Kriterien zur Identifizierung von STS-Verbriefungen und STS-ABCP in den entsprechenden Bestimmungen jener Verordnung. Diese Änderung wird spätestens sechs Monate nach dem Datum des Inkrafttretens dieses delegierten Rechtsakts oder ab dem Datum der Anwendung der entsprechenden Bestimmungen in der vorgeschlagenen Verordnung über STS-Verbriefungen wirksam, je nachdem, was später eintritt.

Für die Zwecke von Unterabsatz 1 umfassen die Kriterien für die Identifizierung von STS-Verbriefungen und STS-ABCP mindestens Folgendes:

a) Anforderungen in Bezug auf die Einfachheit der Verbriefung, einschließlich ihres „True-Sale"-Merkmals und der Einhaltung der Vorschriften bezüglich der Übernahme der Engagements;

b) Anforderungen in Bezug auf die Standardisierung der Verbriefung, einschließlich Anforderungen im Zusammenhang mit dem Risikoselbstbehalt;

c) Anforderungen in Bezug auf die Transparenz der Verbriefung, einschließlich der Bereitstellung von Informationen an potenzielle Anleger;

d) für ABCP zusätzlich zu den Buchstaben a, b und c Anforderungen in Bezug auf den Sponsor und die Unterstützung des ABCP-Programms durch den Sponsor.

In der Fassung vom 14.6.2017 (ABl. EU Nr. L 169 v. 30.6.2017, S. 8), geändert durch die Delegierte Verordnung (EU) 2018/990 der Kommission vom 10.4.2018 (ABl. EU Nr. L 177 v. 13.7.2018, S. 1).

Verbriefungen und forderungsbesicherte Wertpapiere (sog. Asset-Backed Commercial Papers, ABCP) sind zulässige Anlagen, sofern sie bestimmte Voraussetzungen erfüllen.[1] Die Voraussetzungen verstehen sich vor dem Hintergrund der Erfahrungen während der Finanzkrise. Nach Art. 11 Abs. 1 MMF-VO sind Anlagen grds. zulässig, wenn sie **ausreichend liquide** sind **und eine positive Bewertung** gem. Art. 19 ff. MMF-VO erhalten haben. **Zusätzlich** muss es sich dabei entweder um (i) eine **Verbriefung** i.S.v. Art. 13 der Delegierten Verordnung (EU) 2015/61,[2] (ii) um ein **ABCP mit gewissen Standards** oder (iii) um eine **einfache, transparente und standardisierte (STS)-Verbriefung oder ein STS-ABCP handeln.** Die Abs. 2 und 3 enthalten ergänzende Anforderungen für kurzfristige und Standard-Geldmarktfonds. 1

Bei STS-Verbriefungen und STS-ABCP handelt es sich um solche gem. **Art. 18 ff. der STS-Verordnung (EU) 2017/2402**[3] vom 28.12.2017 (im Folgenden: **STS-VO**). Die STS-VO konnte vor der Verabschiedung der MMF-VO nicht fertig gestellt werden. Eine Angleichung erfolgt zum 1.1.2019 über Art. 1 Delegierte Verordnung (EU) 2018/990[4], der Art. 11 Abs. 1 Buchst. c MMF-VO mit der rechtsgültigen STS-VO synchronisiert. Bis zu diesem Zeitpunkt regelt Art. 11 Abs. 4 Unterabs. 2 MMF-VO die Kriterien für die Identifizierung von STS-Verbriefungen und STS-ABCP. Ab dem 1.1.2019 darf ein Geldmarktfonds insgesamt bis zu 20 % seines Vermögens in Verbriefungen und ABCP anlegen (vgl. Art. 17 Abs. 3 MMF-VO). Bis zu 15 % dieses Anlagevolumens kann in nicht standardisierte Verbriefungen und ABCP investiert werden. Die restlichen 5 % können mit STS-Verbriefungen und STS-ABCP aufgefüllt werden. Im Ergebnis erfolgt eine Erhöhung der Anlagegrenzen zugunsten der STS-Verbriefungen und der STS-ABCP. 2

Art. 12 Zulässige Einlagen bei Kreditinstituten

Eine Einlage bei einem Kreditinstitut ist als Anlage eines Geldmarktfonds zulässig, wenn alle nachstehend genannten Voraussetzungen erfüllt sind:

a) **Es handelt sich um eine Sichteinlage oder jederzeit kündbare Einlage;**

b) **die Einlage wird in höchstens 12 Monaten fällig;**

c) **das Kreditinstitut hat seinen Sitz in einem Mitgliedstaat oder unterliegt für den Fall, dass es seinen Sitz in einem Drittland hat, Aufsichtsvorschriften, die nach dem Verfahren des Artikels 107 Absatz 4 der Verordnung (EU) Nr. 575/2013 als gleichwertig mit Unionsrecht angesehen werden.**

In der Fassung vom 14.6.2017 (ABl. EU Nr. L 169 v. 30.6.2017, S. 8).

Ein Geldmarktfonds darf nur dann in Bankeinlagen investieren, soweit diese **„jederzeit kündbar“** sind. Dies ist nicht der Fall, wenn das Kreditinstitut (außer-)ordentliche Kündigungsmöglichkeiten einschränkt. Erfasst werden zudem **objektive Umstände, die geeignet sind, den Geldmarktfonds von einem vorzeitigen Abzug der Einlagen abzuhalten.** Es kommt daher auch nicht auf die Wirksamkeit eines etwaigen Kündigungsausschlusses an. 1

Beispiel: Die bei vorzeitiger Kündigung fällig werdenden Strafzinsen sind höher als die bisher aufgelaufenen Zinsen.[1] Entsprechendes gilt für etwaige Vorfälligkeitsentschädigungen. 2

---

1 Vgl. ErwGr. 23 MMF-VO.

2 Delegierte Verordnung (EU) 2015/61 der Kommission vom 10. Oktober 2014 zur Ergänzung der Verordnung (EU) Nr. 575/2013 des Europäischen Parlaments und des Rates in Bezug auf die Liquiditätsdeckungsanforderung an Kreditinstitute, ABl. EU Nr. L 11 v. 17.1.2015, S. 1.

3 Verordnung (EU) 2017/2402 des Europäischen Parlaments und des Rates vom 12. Dezember 2017 zur Festlegung eines allgemeinen Rahmens für Verbriefungen und zur Schaffung eines spezifischen Rahmens für einfache, transparente und standardisierte Verbriefung und zur Änderung der Richtlinien 2009/65/EG, 2009/138/EG, 2011/61/EU und der Verordnungen (EG) Nr. 1060/2009 und (EU) Nr. 648/2012, ABl. EU Nr. L 347 v. 28.12.2017, S. 35.

4 Delegierte Verordnung (EU) 2018/990 der Kommission vom 10. April 2018 zur Änderung und Ergänzung der Verordnung (EU) 2017/1131 des Europäischen Parlaments und des Rates in Bezug auf einfache, transparente und standardisierte (STS-) Verbriefungen und forderungsgedeckte Geldmarktpapiere (ABCP), Anforderungen an im Rahmen von umgekehrten Pensionsgeschäften entgegengenommene Vermögenswerte und Methoden zur Bewertung der Kreditqualität, ABl. EU Nr. L 177 v. 13.7.2018, S. 1.

1 Vgl. ErwGr. 24 MMF-VO.

Art. 13 Zulässige Finanzderivate

Ein Finanzderivat ist als Anlage eines Geldmarktfonds zulässig, wenn es an einem geregelten Markt gemäß Artikel 50 Absatz 1 Buchstabe a, b oder c der Richtlinie 2009/65/EG oder OTC gehandelt wird und alle nachstehend genannten Voraussetzungen erfüllt sind:

a) Bei den Basiswerten des Derivats handelt es sich um Zinssätze, Wechselkurse, Währungen oder die vorgenannten Basiswerte nachbildende Indizes;

b) das Derivat dient einzig und allein der Absicherung der mit anderen Anlagen des Geldmarktfonds verbundenen Zinssatz- oder Wechselkursrisiken;

c) die Gegenparteien bei Geschäften mit OTC-Derivaten sind regulierte und beaufsichtigte Institute einer der von der zuständigen Behörde des Geldmarktfonds zugelassenen Kategorien;

d) die OTC-Derivate unterliegen einer zuverlässigen und überprüfbaren Bewertung auf Tagesbasis und können jederzeit auf Initiative des Geldmarktfonds zum beizulegenden Zeitwert veräußert, liquidiert oder durch ein Gegengeschäft glattgestellt werden.

In der Fassung vom 14.6.2017 (ABl. EU Nr. L 169 v. 30.6.2017, S. 8).

1 Die Anlageziele werden sich regelmäßig ohne Einsatz von Derivaten nicht erfüllen lassen. Aus diesem Grund können Finanzderivate **ergänzend** herangezogen werden. Sie sollten jedoch **nicht die hauptsächlichen Anlagegegenstände** sein.[1] Art. 13 MMF-VO sieht **zwei zulässige Arten von Finanzderivaten** vor: Instrumente, die (i) **am geregelten Markt** im Sinne der OGAW-RL oder (ii) **außerbörslich** (Over-the-Counter, OTC) gehandelt werden.

2 Letztere müssen zusätzlich die in **Art. 13 MMF-VO genannten Anforderungen** erfüllen. Vgl. zu den Handelsformen § 193 Rz. 31. Die Basiswerte der Derivate sind gem. Art. 13 Buchst. a MMF-VO auf Zinssätze, Wechselkurse und Währungen begrenzt; dies sind die typischen kreditbezogenen Risiken, die der Absicherung bedürfen. Vgl. zum Einsatz **ausschließlich zu Absicherungszwecken** bereits § 261 Abs. 3 KAGB (näher § 261 Rz. 25) sowie Art. 9 Abs. 2 Buchst. d ELTIF-VO (s. Anh. zu § 338a: Art. 12 ELTIF-VO Rz. 30). Zu den regulierten und beaufsichtigten Instituten als Gegenparteien vgl. § 1 Abs. 19 Nr. 30 KAGB, näher § 1 Rz. 219 f.

3 Die Vorgaben von Art. 13 MMF-VO sind teils Art. 50 Abs. 1 OGAW-RL, teils der RL 2017/16/EG entlehnt. So entspricht Art. 13 Buchst. a MMF-VO z.B. Art. 8 RL 2007/16/EG, Art. 13 Buchst. c und d MMF-VO sind Art. 50 Abs. 1 Buchst. g, 3. SpStr. OGAW-RL. Diese Vorschriften sollen bei OGAW die **Liquidität der Finanzanlage** im Sinne jederzeitiger Veräußerbarkeit sichern. Den gleichen Zweck erfüllen die Vorgaben bei Geldmarktfonds, da auch diese Anteile regelmäßig zum NAV zurücknehmen müssen.

Art. 14 Zulässige Pensionsgeschäfte

Ein Geldmarktfonds darf ein Pensionsgeschäft eingehen, wenn alle nachstehend genannten Voraussetzungen erfüllt sind:

a) Es erfolgt vorübergehend, über einen Zeitraum von nicht mehr als sieben Arbeitstagen, nur für Zwecke des Liquiditätsmanagements und dient keinen anderen als den in Buchstabe c genannten Investitionszwecken;

b) der Gegenpartei, die Empfänger der vom Geldmarktfonds im Rahmen des Pensionsgeschäfts übertragenen Vermögenswerte ist, ist es untersagt, diese Vermögenswerte ohne vorherige Zustimmung des Geldmarktfonds zu veräußern, zu investieren, zu verpfänden oder anderweitig zu übertragen;

c) die im Rahmen des Pensionsgeschäfts erzielten Mittelzuflüsse des Geldmarktfonds können

i) als Einlagen gemäß Artikel 50 Absatz 1 Buchstabe f der Richtlinie 2009/65/EG hinterlegt oder

ii) in Vermögenswerte im Sinne von Artikel 15 Absatz 6 investiert, aber nicht anderweitig in zulässige Vermögenswerte im Sinne von Artikel 9 investiert, übertragen oder anderweitig wiederverwendet werden;

---

1 ErwGr. 26 MMF-VO.

d) die im Rahmen des Pensionsgeschäfts erzielten Mittelzuflüsse des Geldmarktfonds gehen nicht über 10 % seines Vermögens hinaus;

e) der Geldmarktfonds kann die Vereinbarung unter Einhaltung einer Frist von höchstens zwei Arbeitstagen jederzeit kündigen.

In der Fassung vom 14.6.2017 (ABl. EU Nr. L 169 v. 30.6.2017, S. 8).

Siehe Kommentierung zu Anh. zu § 338b: Art. 15 MMF-VO. 1

Art. 15 Zulässige umgekehrte Pensionsgeschäfte

(1) Ein Geldmarktfonds darf ein umgekehrtes Pensionsgeschäft eingehen, wenn alle nachstehend genannten Voraussetzungen erfüllt sind:

a) Der Geldmarktfonds kann die Vereinbarung unter Einhaltung einer Frist von höchstens zwei Arbeitstagen jederzeit kündigen;

b) der Marktwert der im Rahmen des umgekehrten Pensionsgeschäfts entgegengenommenen Vermögenswerte ist jederzeit mindestens gleich dem Wert der ausgezahlten Barmittel.

(2) Die Vermögenswerte, die der Geldmarktfonds im Rahmen eines umgekehrten Pensionsgeschäfts entgegennimmt, sind Geldmarktinstrumente, die die Anforderungen des Artikels 10 erfüllen.

Die Vermögenswerte, die ein Geldmarktfonds im Rahmen eines umgekehrten Pensionsgeschäfts entgegennimmt, werden weder veräußert noch reinvestiert, verpfändet oder in anderer Weise übertragen.

(3) Verbriefungen und ABCP werden im Rahmen eines umgekehrten Pensionsgeschäfts nicht von einem Geldmarktfonds entgegengenommen.

(4) Die Vermögenswerte, die ein Geldmarktfonds im Rahmen eines umgekehrten Pensionsgeschäfts entgegennimmt, sind ausreichend diversifiziert, wobei die Engagements gegenüber ein und demselben Emittenten höchstens 15 % des NAV des Geldmarktfonds ausmachen, es sei denn, diese Vermögenswerte sind Geldmarktinstrumente, die die Anforderungen von Artikel 17 Absatz 7 erfüllen. Außerdem müssen die Vermögenswerte, die ein Geldmarktfonds im Rahmen eines umgekehrten Pensionsgeschäfts entgegennimmt, von einer Einrichtung ausgegeben werden, die von der Gegenpartei unabhängig ist und voraussichtlich keine hohe Korrelation mit der Leistung der Gegenpartei aufweist.

(5) Ein Geldmarktfonds, der ein umgekehrtes Pensionsgeschäft eingeht, muss dafür sorgen, dass er jederzeit die gesamten Barmittel entweder auf zeitanteiliger Basis oder auf Basis der Bewertung zu Marktpreisen abrufen kann. Wenn die Barmittel jederzeit auf Basis der Bewertung zu Marktpreisen abgerufen werden können, wird die Bewertung zu Marktpreisen des umgekehrten Pensionsgeschäfts für die Berechnung des NAV des Geldmarktfonds verwendet.

(6) Abweichend von Absatz 2 dieses Artikels kann ein Geldmarktfonds im Rahmen eines umgekehrten Pensionsgeschäfts liquide übertragbare Wertpapiere oder andere Geldmarktinstrumente als jene, die die Anforderungen von Artikel 10 erfüllen, entgegennehmen, sofern diese Vermögenswerte eine der folgenden beiden Voraussetzungen erfüllen:

a) Sie werden von der Union, einer zentralstaatlichen Körperschaft oder der Zentralbank eines Mitgliedstaats, der Europäischen Zentralbank, der Europäischen Investitionsbank, der Europäischen Finanzstabilisierungsfazilität oder dem Europäischen Stabilitätsmechanismus emittiert oder garantiert, sofern gemäß den Artikeln 19 bis 22 eine positive Bewertung erteilt wurde;

b) sie werden von einer zentralstaatlichen Körperschaft oder der Zentralbank eines Drittlands emittiert oder garantiert, sofern gemäß den Artikeln 19 bis 22 eine positive Bewertung erteilt wurde.

Die im Rahmen eines umgekehrten Pensionsgeschäfts gemäß Unterabsatz 1 dieses Absatzes entgegengenommenen Vermögenswerte werden gegenüber den Anlegern des Geldmarktfonds im Einklang mit Artikel 13 der Verordnung (EU) 2015/2365 des Europäischen Parlaments und des Rates offengelegt.

Die im Rahmen eines umgekehrten Pensionsgeschäfts gemäß Unterabsatz 1 dieses Absatzes entgegengenommenen Vermögenswerte müssen die Anforderungen von Artikel 17 Absatz 7 erfüllen.

(7) Der Kommission wird die Befugnis übertragen, delegierte Rechtsakte gemäß Artikel 45 zu erlassen, in denen ergänzend zu dieser Verordnung quantitative und qualitative Liquiditätsanforderungen für die in Absatz 6 genannten Vermögenswerte sowie quantitative und qualitative Kreditqualitätsanforderungen für die in Absatz 6 Buchstabe a dieses Artikels genannten Vermögenswerte festgelegt werden.

Die Kommission trägt hierbei dem Bericht gemäß Artikel 509 Absatz 3 der Verordnung (EU) Nr. 575/2013 Rechnung.

Die Kommission erlässt den in Unterabsatz 1 genannten delegierten Rechtsakt spätestens am 21. Januar 2018.

In der Fassung vom 14.6.2017 (ABl. EU Nr. L 169 v. 30.6.2017, S. 8).

1 Der Kommissionsvorschlag zählte Pensionsgeschäfte noch zu den unzulässigen Anlagen, weil diese Liquiditätsrisiken hervorrufen würden.[1] Teilweise wird Pensionsgeschäften ein Anteil an der Finanzkrise zugesprochen.[2] Die jetzige Fassung in Art. 14 MMF-VO geht zurück auf den Trilog;[3] das Europäische Parlament[4] und der Rat[5] sprachen sich für Pensionsgeschäfte als zulässige Anlage aus, soweit diese gewisse **kumulative Voraussetzungen** erfüllen.

2 Die Kommission hat von ihrer Rechtsetzungsbefugnis gemäß Art. 15 Abs. 7 MMF-VO Gebrauch gemacht. Art. 2 **Delegierte Verordnung (EU) 2018/990**[6] vom 10.4.2018 regelt näher die quantitativen und qualitativen Liquiditätsanforderungen für die in Art. 15 Abs. 6 MMF-VO genannten Vermögenswerte. Für die Bewertung der Kreditqualität der in Art. 15 Abs. 6 Buchst. a MMF-VO genannten Anlagen gelten zusätzlich Art. 9 i.V.m. Art. 3 bis 8 Delegierte Verordnung (EU) 2018/990.

Art. 16 Zulässige Anteile von Geldmarktfonds

(1) Ein Geldmarktfonds darf Anteile an anderen Geldmarktfonds (im Folgenden „Geldmarktfonds, in den investiert werden soll") erwerben, wenn alle nachstehend genannten Voraussetzungen erfüllt sind:

a) Laut den Vertragsbedingungen oder der Satzung des Geldmarktfonds, in den investiert werden soll, dürfen insgesamt nicht mehr als 10 % seiner Vermögenswerte in Anteile anderer Geldmarktfonds investiert werden;

b) der Geldmarktfonds, in den investiert werden soll, hält keine Anteile am investierenden Geldmarktfonds.

Ein Geldmarktfonds, dessen Anteile erworben wurden, darf während des Zeitraums, in dem der erwerbende Geldmarktfonds Anteile hält, nicht in den erwerbenden Geldmarktfonds investieren.

(2) Ein Geldmarktfonds darf Anteile anderer Geldmarktfonds erwerben, sofern nicht mehr als 5 % seiner Vermögenswerte in Anteile eines einzigen Geldmarktfonds investiert werden.

(3) Ein Geldmarktfonds darf insgesamt höchstens 17,5 % seiner Vermögenswerte in Anteile anderer Geldmarktfonds investieren.

(4) Anteile anderer Geldmarktfonds sind als Anlage eines Geldmarktfonds zulässig, wenn alle nachstehend genannten Voraussetzungen erfüllt sind:

1 KOM(2013) 615 endg, S. 8.
2 Vgl. *Gorton/Metrick*, Securitized banking and the run on repo, 104 J. Financial Econ. 425 (2012).
3 Vgl. Dok. INIT 14939/16, S. 44.
4 Vgl. Dok. A8-0041/2015, S. 26.
5 Vgl. Dok. INIT 9874/16, S. 36.
6 Delegierte Verordnung (EU) 2018/990 der Kommission vom 10. April 2018 zur Änderung und Ergänzung der Verordnung (EU) 2017/1131 des Europäischen Parlaments und des Rates in Bezug auf einfache, transparente und standardisierte (STS-) Verbriefungen und forderungsgedeckte Geldmarktpapiere (ABCP), Anforderungen an im Rahmen von umgekehrten Pensionsgeschäften entgegengenommene Vermögenswerte und Methoden zur Bewertung der Kreditqualität, ABl. EU Nr. L 177 v. 13.7.2018, S. 1.

a) Der Geldmarktfonds, in den investiert werden soll, ist gemäß dieser Verordnung zugelassen;

b) wenn der Geldmarktfonds, in den investiert werden soll, unmittelbar oder mittelbar von dem gleichen Verwalter wie der erwerbende Geldmarktfonds oder von einem anderen Unternehmen, mit dem der Verwalter des erwerbenden Geldmarktfonds durch eine gemeinsame Verwaltung oder Beherrschung oder durch eine wesentliche direkte oder indirekte Beteiligung verbunden ist, verwaltet wird, so darf der Verwalter des Geldmarktfonds, in den investiert werden soll, oder das andere Unternehmen im Zusammenhang mit der Investition des Geldmarktfonds keine Gebühren für die Zeichnung oder den Rückkauf von Anteilen des Geldmarktfonds, in den investiert werden soll, berechnen;

c) wenn ein Geldmarktfonds 10 % oder mehr seiner Vermögenswerte in Anteile anderer Geldmarktfonds investiert:

i) muss im Prospekt jenes Geldmarktfonds angegeben sein, wie hoch die Verwaltungsgebühren maximal sind, die der Geldmarktfonds selbst und die anderen Geldmarktfonds, in die er investiert, zu tragen haben, und

ii) im Jahresbericht muss angegeben sein, wie hoch der Anteil der Verwaltungsgebühren maximal ist, den der Geldmarktfonds selbst und die anderen Geldmarktfonds, in die er investiert, zu tragen haben.

(5) Die Absätze 2 und 3 dieses Artikels gelten nicht für einen Geldmarktfonds, der ein gemäß Artikel 5 zugelassener AIF ist, sofern alle folgenden Voraussetzungen erfüllt sind:

a) Der Geldmarktfonds wird ausschließlich über einen Arbeitnehmersparplan vertrieben, der nationalen Rechtsvorschriften unterliegt und dessen Anleger ausschließlich natürliche Personen sind;

b) gemäß dem in Buchstabe a genannten Arbeitnehmersparplan ist eine Rücknahme der Investitionen durch die Anleger nur unter in nationalem Recht festgelegten restriktiven Rücknahmebedingungen zulässig, denen zufolge Rücknahmen nur unter bestimmten Umständen, die nicht mit Marktentwicklungen zusammenhängen, erfolgen dürfen.

Abweichend von den Absätzen 2 und 3 dieses Artikels darf ein Geldmarktfonds, der ein gemäß Artikel 4 Absatz 2 zugelassener OGAW ist, im Einklang mit Artikel 55 oder 58 der Richtlinie 2009/65/EG Anteile an anderen Geldmarktfonds erwerben, sofern folgende Voraussetzungen erfüllt sind:

a) Der Geldmarktfonds wird ausschließlich über einen Arbeitnehmersparplan vertrieben, der nationalen Rechtsvorschriften unterliegt und dessen Anleger ausschließlich natürliche Personen sind;

b) gemäß dem in Buchstabe a genannten Arbeitnehmersparplan ist eine Rücknahme der Investitionen durch die Anleger nur unter in nationalem Recht festgelegten restriktiven Rücknahmebedingungen zulässig, denen zufolge Rücknahmen nur unter bestimmten Umständen, die nicht mit Marktentwicklungen zusammenhängen, erfolgen dürfen.

(6) Kurzfristige Geldmarktfonds dürfen nur in Anteile anderer kurzfristiger Geldmarktfonds investieren.

(7) Standard-Geldmarktfonds dürfen in Anteile von kurzfristigen Geldmarktfonds und Standard-Geldmarktfonds investieren.

In der Fassung vom 14.6.2017 (ABl. EU Nr. L 169 v. 30.6.2017, S. 8).

Art. 16 MMF-VO beschränkt die Anlagen in **andere nach der MMF-VO zugelassene**[1] **Geldmarktfonds.** Sowohl der **erwerbende Geldmarktfonds** als auch der **zu erwerbende Geldmarktfonds**, i.e. das sog. Erwerbsobjekt, müssen danach gewisse Anforderungen erfüllen. 1

Die Vertragsbedingungen oder die Satzung des **zu erwerbenden Geldmarktfonds** dürfen einen **Anteilserwerb an anderen Geldmarktfonds**, der mehr als 10 % seiner Vermögenswerte beträgt, nicht vorsehen.[2] Vor dem Hintergrund der Finanzkrise soll damit **Ansteckungsrisiken** und einer zu starken Vernetzung von Geldmarktintermediären vorgebeugt werden. Zudem darf das Erwerbsobjekt weder im Zeitpunkt des Er- 2

1 Vgl. Art. 16 Abs. 4 Buchst. a MMF-VO.
2 Art. 16 Abs. 1 Unterabs. 1 Buchst. a MMF-VO.

werbs noch zu einem späteren Beteiligungszeitpunkt Anteile am erwerbenden Geldmarktfonds halten.[3] Die gleiche Regelungsintention liegt Art. 10 Buchst. d ELTIF-VO zugrunde (dazu Anh. zu § 338a: Art. 12 ELTIF-VO Rz. 23).

3 **Sog. wechselseitige Beteiligungen** sind unzulässig. Das Vermögen wechselseitig beteiligter Geldmarktfonds würde sich wirtschaftlich betrachtet aus Investitionen zusammensetzen, deren Gegenleistung (mittelbar) wiederum in Anteilen am eigenen Geldmarktfonds besteht. Dieser Verwässerung von Anlagewerten ist der Verordnungsgeber entgegengetreten. Wird der zu erwerbende Geldmarktfonds (un)mittelbar von demselben Verwalter (oder einem wirtschaftlich gleichstehenden Dritten) aufgelegt, so kann dieser (oder der Dritte) keine Gebühren für die Zeichnung oder den Rückkauf von Anteilen des Geldmarktfonds berechnen.[4]

4 Der **erwerbende Geldmarktfonds** darf von seinen Vermögenswerten nicht mehr als 17,5 % in Anteile anderer Geldmarktfonds (Diversifizierung) und nicht mehr als 5 % in Anteile eines einzigen Geldmarktfonds (Konzentration) investieren.[5] Diese Beschränkungen gelten nicht für OGAW- und AIF-Geldmarktfonds, die ausschließlich über Arbeitnehmersparpläne an Arbeitnehmer vertrieben werden.[6] Denn die Rückgabe der Anteile hängt bei diesen nicht von Marktereignissen, sondern persönlichen Umständen (z.B. Ruhestand, Krankheit usw.) ab.[7] Sobald ein Geldmarktfonds 10 % seiner Vermögenswerte in Anteile anderer Geldmarktfonds investiert hat, muss dieser die Höhe und den Anteil der entstehenden Verwaltungsgebühren im Prospekt und im Jahresbericht ausweisen.[8]

5 **Kurzfristige Geldmarktfonds** (Art. 2 Nr. 14 MMF-VO, dazu Anh. zu § 338b: Art. 2 MMF-VO Rz. 13) dürfen nur in Anteile anderer kurzfristiger Geldmarktfonds, Standard-Geldmarktfonds (Art. 2 Nr. 15 MMF-VO, dazu Anh. zu § 338b: Art. 2 MMF-VO Rz. 13) hingegen sowohl in Anteile von kurzfristigen als auch Standard-Geldmarktfonds investieren. Der Grund dafür liegt in der unterschiedlichen Fristentransformation.

Abschnitt II
Bestimmungen zur Anlagepolitik

Art. 17 Diversifizierung

(1) Ein Geldmarktfonds investiert höchstens

a) 5 % seines Vermögens in Geldmarktinstrumente, Verbriefungen und ABCP ein und desselben Emittenten;

b) 10 % seines Vermögens in Einlagen bei ein und demselben Kreditinstitut, es sei denn, die Bankenbranche in dem Mitgliedstaat, in dem der Geldmarktfonds ansässig ist, ist so strukturiert, dass es nicht genug tragfähige Kreditinstitute gibt, um diese Diversifizierungsanforderung zu erfüllen, und es ist für den Geldmarktfonds wirtschaftlich nicht zumutbar, Einlagen in einem anderen Mitgliedstaat zu tätigen; in diesem Fall dürfen bis zu 15 % seines Vermögens als Einlagen bei ein und demselben Kreditinstitut hinterlegt werden.

(2) Abweichend von Absatz 1 Buchstabe a darf ein VNAV-Geldmarktfonds bis zu 10 % seines Vermögens in Geldmarktinstrumente, Verbriefungen und ABCP ein und desselben Emittenten investieren, sofern der Gesamtwert dieser Geldmarktinstrumente, Verbriefungen und ABCP, die der VNAV-Geldmarktfonds bei jedem Emittenten hält, bei dem er mehr als 5 % seiner Vermögenswerte investiert, nicht mehr als 40 % des Wertes seines Vermögens ausmachen.

(3) Bis zum Datum der Anwendung des delegierten Rechtsakts gemäß Artikel 11 Absatz 4 legt ein Geldmarktfonds in Verbriefungen und ABCP zusammen nicht mehr als 15 % des Vermögens des Geldmarktfonds aus.

Ab dem Datum der Anwendung des delegierten Rechtsakts gemäß Artikel 11 Absatz 4 legt ein Geldmarktfonds in Verbriefungen und ABCP nicht mehr als 20 % des Vermögens des Geldmarktfonds aus, wobei bis zu 15 % des Vermögens eines Geldmarktfonds in Verbriefungen und ABCP investiert

3 Art. 16 Abs. 1 Unterabs. 1 Buchst. b, Unterabs. 2 MMF-VO.
4 Art. 16 Abs. 4 Buchst. b MMF-VO.
5 Art. 16 Abs. 2, Abs. 3 MMF-VO.
6 Vgl. Art. 16 Abs. 5 MMF-VO.
7 Vgl. ErwGr. 30 MMF-VO.
8 Art. 16 Abs. 4 Buchst. c MMF-VO.

werden dürfen, die nicht den Kriterien für die Identifizierung von STS-Verbriefungen und STS-ABCP entsprechen.

(4) Das Engagement eines Geldmarktfonds gegenüber einer einzigen Gegenpartei macht bei Geschäften mit OTC-Derivaten, die die Bedingungen gemäß Artikel 13 erfüllen, zusammengenommen nicht mehr als 5 % seines Vermögens aus.

(5) Die Barmittel, die ein Geldmarktfonds bei umgekehrten Pensionsgeschäften ein und derselben Gegenpartei liefert, gehen zusammengenommen nicht über 15 % seines Vermögens hinaus.

(6) Ungeachtet der in den Absätzen 1 und 4 festgelegten Einzelobergrenzen darf ein Geldmarktfonds Folgendes nicht kombinieren, wenn dies zu einer Anlage von mehr als 15 % seines Vermögens bei ein und derselben Stelle führen würde:

a) Anlagen in die von dieser Stelle emittierten Geldmarktinstrumente, Verbriefungen und ABCP;

b) Einlagen bei dieser Stelle;

c) OTC-Finanzderivate, die für diese Stelle mit einem Gegenparteirisiko verbunden sind.

Abweichend von der Diversifizierungsanforderung gemäß Unterabsatz 1 darf ein Geldmarktfonds, wenn der Finanzmarkt in dem Mitgliedstaat, in dem der Geldmarktfonds ansässig ist, so strukturiert ist, dass es nicht genug tragfähige Kreditinstitute gibt, um diese Diversifizierungsanforderung zu erfüllen, und es für den Geldmarktfonds wirtschaftlich nicht zumutbar ist, Finanzinstitute in einem anderen Mitgliedstaat zu nutzen, die unter den Buchstaben a bis c genannten Arten von Investitionen kombinieren, wobei höchstens 20 % seines Vermögens bei einem einzigen Emittenten investiert werden dürfen.

(7) Abweichend von Absatz 1 Buchstabe a kann die für einen Geldmarktfonds zuständige Behörde einem Geldmarktfonds gestatten, bis zu 100 % seines Vermögens nach dem Grundsatz der Risikostreuung in verschiedene einzeln oder gemeinsam von der Union, den nationalen, regionalen und lokalen Körperschaften der Mitgliedstaaten oder den Zentralbanken der Mitgliedstaaten, der Europäischen Zentralbank, der Europäischen Investitionsbank, dem Europäischen Investitionsfonds, dem Europäischen Stabilitätsmechanismus, der Europäischen Finanzstabilisierungsfazilität, einer zentralstaatlichen Körperschaft oder Zentralbank eines Drittlands, dem Internationalen Währungsfonds, der Internationalen Bank für Wiederaufbau und Entwicklung, der Entwicklungsbank des Europarates, der Europäischen Bank für Wiederaufbau und Entwicklung, der Bank für Internationalen Zahlungsausgleich oder einem anderen einschlägigen internationalen Finanzinstitut oder einer anderen einschlägigen internationalen Finanzorganisation, dem bzw. der ein oder mehrere Mitgliedstaaten angehören, emittierte oder garantierte Geldmarktinstrumente zu investieren.

Unterabsatz 1 gilt nur, wenn alle nachstehend genannten Anforderungen erfüllt sind:

a) Die vom Geldmarktfonds gehaltenen Geldmarktinstrumente stammen aus mindestens sechs verschiedenen Emissionen des Emittenten;

b) der Geldmarktfonds beschränkt seine Anlagen in Geldmarktinstrumente aus derselben Emission auf höchstens 30 % seines Vermögens;

c) auf alle in Unterabsatz 1 genannten Körperschaften, Einrichtungen oder Organisationen, die einzeln oder gemeinsam Geldmarktinstrumente emittieren oder garantieren, in die der Geldmarktfonds mehr als 5 % seines Vermögens anlegen will, wird in den Vertragsbedingungen oder der Satzung des Geldmarktfonds ausdrücklich Bezug genommen;

d) im Prospekt und in den Marketingmitteilungen des Geldmarktfonds wird an hervorgehobener Stelle darauf hingewiesen, dass von dieser Ausnahmeregelung Gebrauch gemacht wird, und alle in Unterabsatz 1 genannten Körperschaften, Einrichtungen oder Organisationen, die einzeln oder gemeinsam Geldmarktinstrumente emittieren oder garantieren, in die der Geldmarktfonds mehr als 5 % seines Vermögens investieren will, werden genannt.

(8) Ungeachtet der in Absatz 1 festgelegten Einzelobergrenzen darf ein Geldmarktfonds höchstens 10 % seines Vermögens in Schuldverschreibungen investieren, die von ein und demselben Kreditinstitut begeben wurden, das seinen Sitz in einem Mitgliedstaat hat und aufgrund gesetzlicher Vorschriften zum Schutz der Inhaber dieser Schuldverschreibungen einer besonderen öffentlichen Aufsicht unterliegt. Insbesondere werden die Erträge aus der Emission dieser Schuldverschreibungen gemäß den gesetzlichen Vorschriften in Vermögenswerten angelegt, mit denen während der gesamten Laufzeit der Schuldverschreibungen die sich daraus ergebenden Verbindlichkeiten ausreichend gedeckt werden können und die vorrangig für die bei einer etwaigen Zahlungsunfähigkeit des Emit-

tenten fällig werdende Rückzahlung des Kapitals und die Zahlung der aufgelaufenen Zinsen bestimmt sind.

Legt ein Geldmarktfonds mehr als 5 % seines Vermögens in Schuldverschreibungen im Sinne von Unterabsatz 1 an, die von ein und demselben Emittenten begeben werden, so darf der Gesamtwert dieser Anlagen 40 % des Wertes des Vermögens des Geldmarktfonds nicht überschreiten.

(9) Ungeachtet der in Absatz 1 festgelegten Einzelobergrenzen darf ein Geldmarktfonds höchstens 20 % seines Vermögens in Schuldverschreibungen investieren, die von ein und demselben Kreditinstitut begeben wurden, sofern die Anforderungen gemäß Artikel 10 Absatz 1 Buchstabe f oder Artikel 11 Absatz 1 Buchstabe c der Delegierten Verordnung (EU) 2015/61 erfüllt sind, einschließlich etwaiger Anlagen in Vermögenswerte im Sinne von Absatz 8 dieses Artikels.

Legt ein Geldmarktfonds mehr als 5 % seines Vermögens in Schuldverschreibungen im Sinne von Unterabsatz 1 an, die von ein und demselben Emittenten begeben werden, so darf der Gesamtwert dieser Anlagen, einschließlich etwaiger Anlagen in Vermögenswerte im Sinne von Absatz 8 unter Beachtung der dort festgelegten Obergrenzen, 60 % des Wertes des Vermögens des Geldmarktfonds nicht überschreiten.

(10) Gesellschaften, die zur Erstellung des konsolidierten Abschlusses gemäß der Richtlinie 2013/34/EU des Europäischen Parlaments und des Rates1 oder nach den anerkannten internationalen Rechnungslegungsvorschriften in die Unternehmensgruppe einbezogen werden, werden bei der Berechnung der Anlageobergrenzen gemäß den Absätzen 1 bis 6 dieses Artikels als ein einziger Emittent angesehen.

In der Fassung vom 14.6.2017 (ABl. EU Nr. L 169 v. 30.6.2017, S. 8).

1 Art. 17 MMF-VO enthält verbindliche Vorschriften über die **Portfoliozusammensetzung**, die jeder Geldmarktfonds bzw. Teilfonds (Art. 8 Abs. 1 MMF-VO) einzuhalten hat. Dies soll die **Widerstandsfähigkeit des Fonds in turbulenten Zeiten erhöhen und Ansteckungsrisiken einschränken.**[1] Art. 17 MMF-VO enthält insb. Obergrenzen für Anlagen in einzelne Emittenten. Mutter- und Tochtergesellschaften werden gem. Art. 17 Abs. 10 MMF-VO für die Abs. 1 bis 6 als ein Emittent (**„single body"**) angesehen, soweit sie bei Erstellung des Jahresabschlusses nach Art. 21 ff. RL 2013/34/EU[2] oder internationalen Rechnungslegungsvorschriften (z.B. IFRS) in die Unternehmensgruppe einbezogen werden.

2 Ein Geldmarktfonds investiert gem. Art. 17 Abs. 1 Buchst. a MMF-VO höchstens **5 % seines Vermögens in Geldmarktinstrumente, Verbriefungen und ABCP desselben Emittenten.** Abweichend davon darf ein **VNAV-Geldmarktfonds** gem. Art. 17 Abs. 2 MMF-VO bis zu **10 % seines Vermögens** in diese Finanzinstrumente investieren. Dies **gilt nicht, wenn der Gesamtwert dieser Finanzinstrumente über 40 % seines gesamten Anlagevermögens ausmacht.** Es bleibt dann bei der Grundregel des Art. 17 Abs. 1 Buchst. a MMF-VO. Anderes kann für Geldmarktinstrumente gelten, die von öffentlichen Institutionen emittiert oder garantiert werden, Art. 17 Abs. 7 MMF-VO.

3 Gemäß Art. 17 Abs. 1 Buchst. b MMF-VO darf ein Geldmarktfonds höchstens **10 % seines Vermögens** in **Einlagen bei demselben Kreditinstitut** investieren. Ein Geldmarktfonds kann bis zu **15 % seines Vermögens** als Einlagen bei demselben Kreditinstitut hinterlegen, wenn (i) **die Bankenbranche in dessen Heimatmitgliedstaat so strukturiert ist, dass es nicht genug tragfähige Kreditinstitute gibt**, um diese Diversifizierungsanforderung zu erfüllen, **und** (ii) es für den Geldmarktfonds **wirtschaftlich unzumutbar ist, Einlagen in einem anderen Mitgliedstaat zu tätigen.** *Beispiel*: Aufgrund der hohen Bankendichte in Dublin (Irland) müsste der Geldmarktfonds die Dienste eines in London (Großbritannien) ansässigen Kreditinstituts in Anspruch nehmen. Dazu ist ein Währungstausch mit allen verbundenen Kosten und Risiken erforderlich.[3] Die Regelung des Art. 17 Abs. 10 MMF-VO, wonach **Mutter- und Tochtergesellschaften als ein Emittent („single body") zu betrachten sind**, gilt **nicht für Kreditinstitute und deren** Tochtergesellschaften.

1 ErwGr. 6 MMF-VO.

2 Richtlinie 2013/34/EU des Europäischen Parlaments und des Rates vom 26.6.2013 über den Jahresabschluss, den konsolidierten Abschluss und damit verbundene Berichte von Unternehmen bestimmter Rechtsformen und zur Änderung der Richtlinie 2006/43/EG des Europäischen Parlaments und des Rates und zur Aufhebung der Richtlinien 78/660/EWG und 83/349/EWG des Rates, ABl. EU Nr. L 182 v. 29.6.2013, S. 19.

3 Vgl. dazu ErwGr. 25 MMF-VO.

Art. 17 Abs. 3 MMF-VO erhöht mit Anwendbarkeit des delegierten Rechtsaktes **die zulässige Größe der Verbriefungspositionen** von 15 % auf 20 % des Fondsvermögens, wobei die erweiterten 5 % allein aus STS-Verbriefungen und STS-ABCP bestehen können. S. dazu Anh. zu § 338b: Art. 11 MMF-VO Rz. 2. 4

Art. 17 Abs. 4 und 5 MMF-VO enthalten Vorschriften für das **Engagement gegenüber einer einzelnen Gegenpartei**. Bei OTC-Derivaten darf dies zusammengenommen nicht mehr als 5 %, bei umgekehrten Pensionsgeschäften nicht mehr als 15 % des Fondsvermögens ausmachen. 5

Art. 17 Abs. 6 MMF-VO enthält sog. **Kombinationsverbote**. Auch bei Einhaltung der Einzelobergrenzen, darf ein Geldmarktfonds nicht mehr als 15 % seines Vermögens bei derselben Stelle anlegen. Dem Kombinationsverbot unterliegen: (i) Anlagen in Geldmarktinstrumente, Verbriefungen und ABCP; (ii) Einlagen und (iii) OTC-Finanzderivate, die für diese Stelle mit einem Gegenparteirisiko verbunden sind. In strukturschwachen Finanzmärkten kann sich die Anlagegrenze entsprechend der in Rz. 3 genannten Voraussetzungen auf 20 % erhöhen. 6

Art. 17 Abs. 7 und 8 MMF-VO regeln Besonderheiten bei der Anlage in Schuldverschreibungen. 7

Art. 52 Abs. 1 Buchst. a OGAW-RL entspricht weitgehend Art. 17 Abs. 1 Buchst. a MMF-VO. Die Ausnahme für VNAV-Geldmarktfonds gem. Art. 17 Abs. 2 MMF-VO entspricht der in Art. 52 Abs. 2 Unterabs. 1 OGAW-RL geregelten Anhebungsmöglichkeit. Hingegen sieht z.B. Art. 52 Abs. 1 Buchst. b OGAW-RL eine 20%ige Obergrenze in Bankeinlegen desselben Emittenten vor. Entsprechend hoch ist auch das Kombinationsverbot in Art. 52 Abs. 2 Unterabs. 2 OGAW-RL. Die für OGAW-Geldmarktfonds relevante Umsetzung erfolgte insbesondere in §§ 206, 208 KAGB. S. näher § 206 Rz. 5 ff., § 208 Rz. 4 ff. 8

Art. 18 Konzentration

(1) Ein Geldmarktfonds darf nicht mehr als 10 % der Geldmarktinstrumente, Verbriefungen und ABCP eines einzigen Emittenten halten.

(2) Die in Absatz 1 festgelegte Obergrenze gilt nicht für Geldmarktinstrumente, die von der Union, von nationalen, regionalen und lokalen Körperschaften der Mitgliedstaaten oder den Zentralbanken der Mitgliedstaaten, von der Europäischen Zentralbank, der Europäischen Investitionsbank, dem Europäischen Investitionsfonds, dem Europäischen Stabilitätsmechanismus, der Europäischen Finanzstabilisierungsfazilität, einer zentralstaatlichen Körperschaft oder der Zentralbank eines Drittlands, dem Internationalen Währungsfonds, der Internationalen Bank für Wiederaufbau und Entwicklung, der Entwicklungsbank des Europarates, der Europäischen Bank für Wiederaufbau und Entwicklung, der Bank für Internationalen Zahlungsausgleich oder einem anderen einschlägigen internationalen Finanzinstitut oder einer anderen einschlägigen internationalen Finanzorganisation, dem bzw. der ein oder mehrere Mitgliedstaaten angehören, emittiert oder garantiert werden.

In der Fassung vom 14.6.2017 (ABl. EU Nr. L 169 v. 30.6.2017, S. 8).

Im Gegensatz zu Art. 17 MMF-VO zielt Art. 18 MMF-VO nicht auf die Diversifizierung des Portfolios ab. Die Vorschrift enthält eine Obergrenze für die Anlagen, die ein Geldmarktfonds **höchstens in Werten eines einzelnen Emittenten** tätigen darf (**sog. Konzentrationslimit**).[1] Dies ist aus aufsichtsrechtlichen Gründen erforderlich und soll verhindern, dass ein Geldmarktfonds beherrschenden Einfluss auf die Geschäftsleitung eines Emittenten ausüben kann.[2] Aus diesem Grund gilt die 10%ige Obergrenze nicht für Geldmarktinstrumente, die von gewissen öffentlichen Institutionen emittiert oder garantiert werden. 1

Eine 10%ige Anlagegrenze für Geldmarktinstrumente desselben Emittenten sieht auch Art. 56 Abs. 2 Buchst. d OGAW-RL vor. Eine Ausnahme von gewissen öffentlichen Institutionen sieht Art. 56 Abs. 3 OGAW-RL vor, vgl. § 210 Rz. 5. 2

1 Vgl. KOM(2013) 615 endg., S. 9.
2 ErwGr. 29 MMF-VO.

Abschnitt III
Kreditqualität von Geldmarktinstrumenten, Verbriefungen und ABCP

Art. 19 Internes Verfahren zur Bewertung der Kreditqualität

(1) Der Geldmarktfondsverwalter schafft ein vorsichtiges internes Verfahren zur Bewertung der Kreditqualität, bei dem die Kreditqualität von Geldmarktinstrumenten, Verbriefungen und ABCP unter Berücksichtigung des Emittenten und der Merkmale des Instruments bestimmt wird, setzt dieses Verfahren um und wendet es konsequent an.

(2) Der Geldmarktfondsverwalter stellt sicher, dass die bei der Anwendung des internen Verfahrens zur Bewertung der Kreditqualität genutzten Informationen von ausreichender Qualität und aktuell sind und aus zuverlässigen Quellen stammen.

(3) Das interne Bewertungsverfahren stützt sich auf vorsichtige, systematische und durchgängige Bewertungsmethoden. Die verwendeten Methoden werden vom Geldmarktfondsverwalter anhand historischer Erfahrungswerte und empirischer Nachweise, einschließlich Rückvergleichen, validiert.

(4) Der Geldmarktfondsverwalter stellt sicher, dass das interne Verfahren zur Bewertung der Kreditqualität folgenden allgemeinen Grundsätzen entspricht:

a) Es ist ein wirksames Verfahren zu schaffen, um aussagekräftige Informationen zum Emittenten und den Merkmalen des Instruments zu erhalten und auf aktuellem Stand zu halten;

b) es sind angemessene Maßnahmen festzulegen und anzuwenden, um sicherzustellen, dass bei der internen Bewertung der Kreditqualität eine eingehende Analyse der verfügbaren maßgeblichen Informationen zugrunde gelegt und allen relevanten Faktoren, die die Bonität des Emittenten und die Kreditqualität des Instruments beeinflussen, Rechnung getragen wird;

c) das interne Verfahren zur Bewertung der Kreditqualität ist fortlaufend zu überwachen, und alle Bewertungen der Kreditqualität sind mindestens einmal jährlich zu überprüfen;

d) obwohl kein automatischer und übermäßiger Rückgriff auf externe Ratings gemäß Artikel 5a der Verordnung (EG) Nr. 1060/2009 erfolgen darf, führt der Geldmarktfondsverwalter eine neue Bewertung der Kreditqualität für Geldmarktinstrumente, Verbriefungen und ABCP durch, wenn eine wesentliche Veränderung Auswirkungen auf die bestehende Bewertung des Instruments haben kann;

e) die Methoden zur Bewertung der Kreditqualität sind vom Geldmarktfondsverwalter mindestens einmal jährlich im Hinblick darauf zu überprüfen, ob sie dem aktuellen Portfolio und den äußeren Rahmenbedingungen noch angemessen sind, und die Überprüfung wird der für den Geldmarktfondsverwalter zuständigen Behörde übermittelt. Erlangt der Geldmarktfondsverwalter Kenntnis von Fehlern in den Methoden zur Bewertung der Kreditqualität oder deren Anwendung, so behebt er diese Fehler umgehend;

f) werden die bei dem internen Verfahren zur Bewertung der Kreditqualität verwendeten Methoden, Modelle oder grundlegenden Annahmen geändert, so hat der Geldmarktfondsverwalter alle davon betroffenen internen Bewertungen der Kreditqualität so schnell wie möglich zu überprüfen.

In der Fassung vom 14.6.2017 (ABl. EU Nr. L 169 v. 30.6.2017, S. 8).

1 Siehe Kommentierung zu Anh. zu § 338b: Art. 23 MMF-VO.

Art. 20 Interne Bewertung der Kreditqualität

(1) Der Geldmarktfondsverwalter wendet das in Artikel 19 festgelegte Verfahren an, um zu ermitteln, ob die Kreditqualität eines Geldmarktinstruments, einer Verbriefung oder eines ABCP positiv bewertet wird. Wenn eine Ratingagentur, die gemäß der Verordnung (EG) Nr. 1060/2009 des Europäischen Parlaments und des Rates reguliert und zertifiziert ist, ein Rating für dieses Geldmarktinstrument zur Verfügung gestellt hat, darf der Geldmarktfondsverwalter bei seiner internen Bewertung der Kreditqualität auf ein solches Rating sowie ergänzende Informationen und Analysen

zurückgreifen, wobei er gemäß Artikel 5a der Verordnung (EG) Nr. 1060/2009 nicht ausschließlich oder automatisch auf ein solches Rating zurückgreifen darf.

(2) Bei der Bewertung der Kreditqualität werden mindestens die folgenden Faktoren und allgemeinen Grundsätze berücksichtigt:

a) die Quantifizierung des Kreditrisikos des Emittenten und des relativen Ausfallrisikos des Emittenten und des Instruments;

b) qualitative Indikatoren für den Emittenten des Instruments, darunter die gesamtwirtschaftliche Lage und die Lage am Finanzmarkt;

c) der kurzfristige Charakter von Geldmarktinstrumenten;

d) die Vermögenswertklasse des Instruments;

e) die Art des Emittenten, wobei mindestens zwischen folgenden Emittentenkategorien zu unterscheiden ist: nationale, regionale oder lokale Körperschaften, finanzielle Kapitalgesellschaften und nicht-finanzielle Kapitalgesellschaften;

f) bei strukturierten Finanzinstrumenten das operationelle Risiko und das Gegenparteirisiko, die der strukturierten Finanztransaktion innewohnen, sowie bei einem Engagement in Verbriefungen das Kreditrisiko des Emittenten, die Verbriefungsstruktur und das Kreditrisiko der Basiswerte;

g) das Liquiditätsprofil des Instruments.

Zusätzlich zu den in diesem Absatz genannten Faktoren und allgemeinen Grundsätzen kann der Geldmarktfondsverwalter bei der Bewertung der Kreditqualität eines Geldmarktinstruments im Sinne von Artikel 17 Absatz 7 Warnungen und Indikatoren Rechnung tragen.

In der Fassung vom 14.6.2017 (ABl. EU Nr. L 169 v. 30.6.2017, S. 8).

Siehe Kommentierung zu Anh. zu § 338b: Art. 23 MMF-VO. 1

Art. 21 Dokumentation

(1) Ein Geldmarktfondsverwalter dokumentiert sein internes Verfahren zur Bewertung der Kreditqualität und seine Bewertungen der Kreditqualität. Dokumentiert werden alle folgenden Aspekte:

a) die Ausgestaltung und operationellen Einzelheiten seines internen Verfahrens zur Bewertung der Kreditqualität, und zwar so, dass die zuständigen Behörden die Bewertung der Kreditqualität nachvollziehen und die Angemessenheit dieser Bewertung beurteilen können;

b) die Gründe und die Analyse, auf deren Grundlage die Bewertung der Kreditqualität vorgenommen wird und die Entscheidung des Geldmarktfondsverwalters beruht, nach welchen Kriterien und wie häufig die Bewertung der Kreditqualität überprüft wird;

c) alle größeren Veränderungen beim internen Verfahren zur Bewertung der Kreditqualität, wobei auch die Auslöser dieser Veränderungen zu nennen sind;

d) die Organisation des internen Verfahrens zur Bewertung der Kreditqualität und der internen Kontrollstruktur;

e) alle vergangenen internen Bewertungen der Kreditqualität von Instrumenten, Emittenten und, falls vorhanden, anerkannten Garantiegebern;

f) die für das Verfahren zur Bewertung der Kreditqualität zuständige(n) Person(en).

(2) Der Geldmarktfondsverwalter bewahrt die in Absatz 1 genannten Dokumente mindestens drei vollständige jährliche Rechnungslegungszeiträume lang auf.

(3) Das interne Verfahren zur Bewertung der Kreditqualität wird in den Vertragsbedingungen oder der Satzung des Geldmarktfonds im Einzelnen dargelegt, und alle in Absatz 1 genannten Dokumente werden auf Verlangen den für den Geldmarktfonds zuständigen Behörden und den für den Geldmarktfondsverwalter zuständigen Behörden zur Verfügung gestellt.

In der Fassung vom 14.6.2017 (ABl. EU Nr. L 169 v. 30.6.2017, S. 8).

Siehe Kommentierung zu Anh. zu § 338b: Art. 23 MMF-VO. 1

Art. 22 Delegierte Rechtsakte über die Bewertung der Kreditqualität

Die Kommission erlässt zur Ergänzung dieser Verordnung delegierte Rechtsakte gemäß Artikel 45, in denen Folgendes bestimmt wird:

a) die Kriterien für die Validierung der Methode zur Bewertung der Kreditqualität gemäß Artikel 19 Absatz 3;

b) die Kriterien für die Quantifizierung des Kreditrisikos und des relativen Ausfallrisikos des Emittenten und des Instruments gemäß Artikel 20 Absatz 2 Buchstabe a;

c) die Kriterien für die Festlegung der qualitativen Indikatoren über den Emittenten des Instruments gemäß Artikel 20 Absatz 2 Buchstabe b;

d) die Bedeutung des Begriffs „wesentliche Veränderung", der in Artikel 19 Absatz 4 Buchstabe d verwendet wird.

In der Fassung vom 14.6.2017 (ABl. EU Nr. L 169 v. 30.6.2017, S. 8).

1 Siehe Kommentierung zu Anh. zu § 338b: Art. 23 MMF-VO.

Art. 23 Zuständigkeiten bei der Bewertung der Kreditqualität

(1) Das interne Verfahren zur Bewertung der Kreditqualität wird von der Geschäftsleitung, dem Leitungsgremium und – soweit vorhanden – der Aufsichtsfunktion eines Geldmarktfondsverwalters genehmigt.

Diese Parteien müssen eine solide Kenntnis des internen Verfahrens zur Bewertung der Kreditqualität und der Bewertungsmethoden des Verwalters haben und die dazugehörigen Berichte in allen Einzelheiten verstehen.

(2) Der Geldmarktfondsverwalter erstattet den in Absatz 1 genannten Parteien auf der Grundlage einer Analyse der internen Bewertungen der Kreditqualität Bericht über das Kreditrisikoprofil des Geldmarktfonds. Die Berichterstattung erfolgt in Abständen, die der Relevanz und Art der Informationen entsprechen, mindestens aber einmal jährlich.

(3) Die Geschäftsleitung stellt fortlaufend das ordnungsgemäße Funktionieren des internen Verfahrens zur Bewertung der Kreditqualität sicher.

Die Geschäftsleitung wird regelmäßig über die Leistung der internen Verfahren zur Bewertung der Kreditqualität, über die Bereiche, in denen Schwachstellen ermittelt wurden, und über den Stand der Bemühungen und Maßnahmen zur Behebung zuvor ermittelter Schwachstellen unterrichtet.

(4) Interne Bewertungen der Kreditqualität und ihre regelmäßige Überprüfung durch den Geldmarktfondsverwalter werden nicht von Personen ausgeführt, die beim Geldmarktfonds das Portfoliomanagement durchführen oder dafür verantwortlich sind.

In der Fassung vom 14.6.2017 (ABl. EU Nr. L 169 v. 30.6.2017, S. 8).

1 Geldmarktfonds sollen nur in **zulässige Anlagewerte mit hoher Qualität** investieren.[1] Deshalb verpflichten Art. 19, 20 MMF-VO den Geldmarktfonds ein vorsichtiges internes Verfahren zur Bewertung der Kreditqualität zu errichten (**Organisationspflicht**) und dieses anzuwenden (**Bewertungspflicht**). Dies steht im Widerspruch zur vorbehaltlosen Übernahme externer Ratings, vgl. dazu § 29 Rz. 73 ff. Steht am Ende dieses Vorgangs eine positive Bewertung, darf investiert werden (Art. 20 Abs. 1 Satz 1 MMF-VO).

2 Für die Bewertung sind einerseits der **Emittent** andererseits die **spezifischen Merkmale der Anlage** zu berücksichtigen.[2] Die Bewertung erfolgt anhand von **aktuellen Informationen mit ausreichender Qualität aus zuverlässigen Quellen.**[3] Die aufgestellten internen Bewertungsmethoden sind anhand historischer Erfahrungswerte und empirischer Nachweise, einschließlich Rückvergleichen, zu überprüfen. Allgemeine Or-

1 Vgl. ErwGr. 31 MMF-VO.
2 Art. 19 Abs. 1 MMF-VO.
3 Art. 19 Abs. 2 MMF-VO.

ganisationsgrundsätze und Mindestkriterien zur Bewertung der Kreditqualität enthalten Art. 19 Abs. 4, 20 Abs. 2 MMF-VO. Zu berücksichtigen sind quantitative (z.B. Finanzkennzahl) und qualitative Faktoren (z.B. Unternehmensstrategie). Näheres regeln Art. 3 bis 6 Delegierte Verordnung (EU) 2018/990[4] vom 10.4.2018. Die interne Bewertung und Überprüfung kann **nicht von Personen ausgeführt werden, die für das Portfoliomanagement** verantwortlich sind (**sog. Inhabilität**).[5] Über das Ergebnis einer Bewertung kann sich der Verwalter nur unter **außergewöhnlichen Umständen** hinwegsetzen.[6]

Zur qualitativen Bewertung können auch **Ratings** ergänzend herangezogen werden.[7] Angesichts der vorangeschrittenen Regulierung von Ratings hält der Verordnungsgeber ein Verbot für nicht erforderlich.[8] Eine **„wesentliche Veränderung"** löst eine Neubewertung der Kreditqualität durch den Fondsverwalter aus. Dies ist insbesondere anzunehmen, wenn eine Anlage **unter die beiden höchsten Ratings herabgestuft** wird.[9] Dazu sollte eine geeignete Ratingagentur ausgewählt und beibehalten sowie in der Folgezeit die Ratings überprüft werden.[10] Auch der Wandel einzelner Faktoren einer Anlage kann zu einer wesentlichen Veränderung führen.[11] Der Verwalter hat die Wesentlichkeit einer Veränderung in den Parametern gemäß Art. 8 Abs. 1 Buchst. a Delegierte Verordnung (EU) 2018/990 unter Berücksichtigung von Risikofaktoren und der Ergebnisse in den durchgeführten Stresstests (Art. 28 MMF-VO) zu bewerten.[12] 3

Die in Art. 21 MMF-VO vorgesehene **(externe) Dokumentationspflicht** umfasst sowohl das interne Verfahren als auch die darauf beruhenden einzelnen Bewertungen. Dies soll sicherstellen, dass den zuständigen Behörden und den Anlegern auf Anfrage die entsprechenden Dokumente übermittelt werden können.[13] Nähere Erläuterungen finden sich in den Vertragsbedingungen oder der Satzung. Die zu dokumentierenden Aspekte sind enumerativ in Art. 21 Abs. 1 Satz 2 MMF-VO aufgelistet. Die Aufbewahrungspflicht beträgt drei Geschäftsjahre. Werden Änderungen des internen Bewertungsverfahrens vorgenommen, beginnt die Aufbewahrungsfrist erneut zu laufen. 4

Zusätzlich dazu besteht gem. Art. 23 MMF-VO eine **(interne) Genehmigungs- und Berichtspflicht** gegenüber der Geschäftsführung (und des Aufsichtsorgans). Diese haben das interne Bewertungsverfahren zu genehmigen. Dazu ist eine gewisse Sachkenntnis dieser Personen[14] erforderlich, die sich insbesondere auf die Bewertung selbst und deren Methoden erstreckt. Abhängig vom Risikoprofil des Geldmarktfonds und der dafür relevanten Informationen erstattet der Geldmarktfondsverwalter turnusmäßig Bericht über das Kreditrisikoprofil. Darüber hinaus statuiert Art. 23 Abs. 3 MMF-VO eine Compliance-Pflicht. 5

Kapitel III
Pflichten in Bezug auf das Risikomanagement von Geldmarktfonds

Art. 24 Portfoliovorschriften für kurzfristige Geldmarktfonds

(1) Ein kurzfristiger Geldmarktfonds muss fortlaufend alle nachstehend genannten Anforderungen an sein Portfolio erfüllen:

a) Die WAM seines Portfolios hat höchstens 60 Tage zu betragen;

b) die WAL seines Portfolios hat höchstens 120 Tage zu betragen, vorbehaltlich der Unterabsätze 2 und 3;

4 Delegierte Verordnung (EU) 2018/990 der Kommission vom 10. April 2018 zur Änderung und Ergänzung der Verordnung (EU) 2017/1131 des Europäischen Parlaments und des Rates in Bezug auf einfache, transparente und standardisierte (STS-) Verbriefungen und forderungsgedeckte Geldmarktpapiere (ABCP), Anforderungen an im Rahmen von umgekehrten Pensionsgeschäften entgegengenommene Vermögenswerte und Methoden zur Bewertung der Kreditqualität, ABl. EU Nr. L 177 v. 13.7.2018, S. 1.

5 Art. 23 Abs. 4 MMF-VO.

6 Näher Art. 7 Abs. 1 Delegierte Verordnung (EU) 2018/990.

7 Art. 20 Abs. 1 Satz 2 und ErwGr. 31 MMF-VO.

8 Vgl. ErwGr. 32 MMF-VO.

9 Art. 8 Abs. 1 Buchst. b Delegierte Verordnung (EU) 2018/990.

10 Vgl. ErwGr. 31 MMF-VO.

11 Art. 8 Abs. 1 Buchst. a Delegierte Verordnung (EU) 2018/990.

12 Art. 8 Abs. 2 Delegierte Verordnung (EU) 2018/990.

13 Vgl. Art. 21 und ErwGr. 34 MMF-VO.

14 Zur gebotenen Sachkenntnis des Fondsverwalters vgl. Art. 14 Abs. 1 Buchst. b OGAW-RL, Art. 12 Abs. 1 Buchst. a AIFM-RL.

c) bei LVNAV-Geldmarktfonds und CNAV-Geldmarktfonds für öffentliche Schuldtitel haben mindestens 10 % ihrer Vermögenswerte aus täglich fällig werdenden Vermögenswerten, umgekehrten Pensionsgeschäften, die unter Einhaltung einer Frist von einem Arbeitstag beendet werden können, oder Bareinlagen, die unter Einhaltung einer Frist von einem Arbeitstag abgezogen werden können, zu bestehen. Ein LVNAV-Geldmarktfonds oder ein CNAV-Geldmarktfonds für öffentliche Schuldtitel hat vom Erwerb eines nicht täglich fällig werdenden Vermögenswerts abzusehen, wenn dies dazu führen würde, dass der Anteil täglich fälliger Vermögenswerte an seinem Portfolio unter 10 % sinkt;

d) bei einem kurzfristigen VNAV-Geldmarktfonds haben mindestens 7,5 % seiner Vermögenswerte aus täglich fällig werdenden Vermögenswerten, umgekehrten Pensionsgeschäften, die unter Einhaltung einer Frist von einem Arbeitstag beendet werden können, oder Bareinlagen, die unter Einhaltung einer Frist von einem Arbeitstag abgezogen werden können, zu bestehen. Ein kurzfristiger VNAV-Geldmarktfonds hat vom Erwerb eines nicht täglich fällig werdenden Vermögenswerts abzusehen, wenn dies dazu führen würde, dass der Anteil täglich fälliger Vermögenswerte an seinem Portfolio unter 7,5 % sinkt;

e) bei LVNAV-Geldmarktfonds und CNAV-Geldmarktfonds für öffentliche Schuldtitel haben mindestens 30 % ihrer Vermögenswerte aus wöchentlich fällig werdenden Vermögenswerten, umgekehrten Pensionsgeschäften, die unter Einhaltung einer Frist von fünf Arbeitstagen beendet werden können, oder Bareinlagen, die unter Einhaltung einer Frist von fünf Arbeitstagen abgezogen werden können, zu bestehen. Ein LVNAV-Geldmarktfonds oder ein CNAV-Geldmarktfonds für öffentliche Schuldtitel hat vom Erwerb eines nicht wöchentlich fällig werdenden Vermögenswerts abzusehen, wenn dies dazu führen würde, dass der Anteil wöchentlich fälliger Vermögenswerte an seinem Portfolio unter 30 % sinkt;

f) bei einem kurzfristigen VNAV-Geldmarktfonds haben mindestens 15 % seiner Vermögenswerte aus wöchentlich fällig werdenden Vermögenswerten, umgekehrten Pensionsgeschäften, die unter Einhaltung einer Frist von fünf Arbeitstagen beendet werden können, oder Bareinlagen, die unter Einhaltung einer Frist von fünf Arbeitstagen abgezogen werden können, zu bestehen. Ein kurzfristiger VNAV-Geldmarktfonds hat vom Erwerb eines nicht wöchentlich fällig werdenden Vermögenswerts abzusehen, wenn dies dazu führen würde, dass der Anteil wöchentlich fälliger Vermögenswerte an seinem Portfolio unter 15 % sinkt;

g) für die Zwecke der in Buchstabe e genannten Berechnung dürfen in Artikel 17 Absatz 7 genannte Vermögenswerte, die hochliquide sind und innerhalb eines Arbeitstags zurückgegeben und abgewickelt werden können und eine Restlaufzeit von bis zu 190 Tagen haben, bis zu einer Obergrenze von 17,5 % seiner Vermögenswerte ebenfalls zu den wöchentlich fälligen Vermögenswerten eines LVNAV-Geldmarktfonds oder CNAV-Geldmarktfonds für öffentliche Schuldtitel gezählt werden.

h) Für die Zwecke der in Buchstabe f genannten Berechnung dürfen Geldmarktinstrumente oder Anteile an anderen Geldmarktfonds bis zu einer Obergrenze von 7,5 % zu den wöchentlich fälligen Vermögenswerten eines kurzfristigen VNAV-Geldmarktfonds gezählt werden, sofern sie innerhalb von fünf Arbeitstagen zurückgegeben und abgewickelt werden können.

Bei der Berechnung der in Unterabsatz 1 Buchstabe b genannten WAL von Wertpapieren, einschließlich strukturierter Finanzinstrumente, basiert die Berechnung der Restlaufzeit durch einen kurzfristigen Geldmarktfonds auf der Restlaufzeit der Geldmarktinstrumente bis zum Zeitpunkt der rechtlichen Kapitaltilgung. Falls ein Finanzinstrument jedoch eine Verkaufsoption enthält, darf die Berechnung der Restlaufzeit durch den kurzfristigen Geldmarktfonds auf dem Ausübungsdatum der Verkaufsoption statt der Restlaufzeit basieren, allerdings nur dann, wenn alle folgenden Voraussetzungen jederzeit erfüllt sind:

i) Die Verkaufsoption kann von dem kurzfristigen Geldmarktfonds zum Ausübungszeitpunkt uneingeschränkt ausgeübt werden;

ii) der Ausübungspreis der Verkaufsoption ist nahe dem erwarteten Wert des Finanzinstruments zum Ausübungszeitpunkt;

iii) aus der Anlagestrategie des kurzfristigen Geldmarktfonds ergibt sich eine hohe Wahrscheinlichkeit, dass die Verkaufsoption zum Ausübungszeitpunkt ausgeübt wird.

Abweichend von Unterabsatz 2 darf sich ein kurzfristiger Geldmarktfonds im Fall von amortisierenden Instrumenten bei der Berechnung der WAL für Verbriefungen und ABCP auf Folgendes stützen, um die Restlaufzeit zu berechnen:

i) das vertraglich festgelegte Amortisierungsprofil solcher Instrumente;

ii) das Amortisierungsprofil der Basiswerte, auf denen die Zahlungsströme für die Rücknahme solcher Instrumente basieren.

(2) Werden die Obergrenzen gemäß diesem Artikel von dem Geldmarktfonds aus Gründen, die nicht von ihm zu vertreten sind, oder infolge der Ausübung der Zeichnungs- oder Rückgaberechte überschritten, so strebt dieser Geldmarktfonds als vorrangiges Ziel die Korrektur dieser Lage unter gebührender Berücksichtigung der Interessen der Anteilsinhaber oder Teilhaber an.

(3) Alle Geldmarktfonds nach Artikel 3 Absatz 1 dieser Verordnung dürfen die Form von kurzfristigen Geldmarktfonds annehmen.

In der Fassung vom 14.6.2017 (ABl. EU Nr. L 169 v. 30.6.2017, S. 8).

Siehe Kommentierung zu Anh. zu § 338b: Art. 25 MMF-VO. 1

Art. 25 Portfoliovorschriften für Standard-Geldmarktfonds

(1) Ein Standard-Geldmarktfonds muss fortlaufend alle nachstehend genannten Anforderungen erfüllen:

a) Die WAM seines Portfolios darf zu keinem Zeitpunkt mehr als sechs Monate betragen;

b) die WAL seines Portfolios darf, vorbehaltlich der Unterabsätze 2 und 3, zu keinem Zeitpunkt mehr als zwölf Monate betragen;

c) mindestens 7,5 % seiner Vermögenswerte haben aus täglich fällig werdenden Vermögenswerten, umgekehrten Pensionsgeschäften, die unter Einhaltung einer Frist von einem Arbeitstag beendet werden können, oder Bareinlagen, die unter Einhaltung einer Frist von einem Arbeitstag abgezogen werden können, zu bestehen. Ein Standard-Geldmarktfonds hat vom Erwerb eines nicht täglich fällig werdenden Vermögenswerts abzusehen, wenn dies dazu führen würde, dass der Anteil täglich fälliger Vermögenswerte an seinem Portfolio unter 7,5 % sinkt;

d) mindestens 15 % seiner Vermögenswerte haben aus wöchentlich fällig werdenden Vermögenswerten, umgekehrten Pensionsgeschäften, die unter Einhaltung einer Frist von fünf Arbeitstagen beendet werden können, oder Bareinlagen, die unter Einhaltung einer Frist von fünf Arbeitstagen abgezogen werden können, zu bestehen. Ein Standard-Geldmarktfonds hat vom Erwerb eines nicht wöchentlich fällig werdenden Vermögenswerts abzusehen, wenn dies dazu führen würde, dass der Anteil wöchentlich fälliger Vermögenswerte an seinem Portfolio unter 15 % sinkt;

e) für die Zwecke der in Buchstabe d genannten Berechnung dürfen Geldmarktinstrumente oder Anteile an anderen Geldmarktfonds bis zu einer Obergrenze von 7,5 % zu den wöchentlich fälligen Vermögenswerten gezählt werden, sofern sie innerhalb von fünf Arbeitstagen zurückgegeben und abgewickelt werden können.

Bei der Berechnung der in Unterabsatz 1 Buchstabe b genannten WAL von Wertpapieren, einschließlich strukturierter Finanzinstrumente, basiert die Berechnung der Restlaufzeit durch einen Standard-Geldmarktfonds auf der Restlaufzeit der Geldmarktinstrumente bis zum Zeitpunkt der rechtlichen Kapitaltilgung. Falls ein Finanzinstrument jedoch eine Verkaufsoption enthält, darf die Berechnung der Restlaufzeit durch den Standard-Geldmarktfonds auf dem Ausübungsdatum der Verkaufsoption statt der Restlaufzeit basieren, allerdings nur dann, wenn alle folgenden Voraussetzungen jederzeit erfüllt sind:

i) Die Verkaufsoption kann von dem Standards-Geldmarktfonds zum Ausübungszeitpunkt uneingeschränkt ausgeübt werden;

ii) der Ausübungspreis der Verkaufsoption ist nahe dem erwarteten Wert des Finanzinstruments zum Ausübungszeitpunkt;

iii) aus der Anlagestrategie des Standard-Geldmarktfonds ergibt sich eine hohe Wahrscheinlichkeit, dass die Verkaufsoption zum Ausübungszeitpunkt ausgeübt wird.

Abweichend von Unterabsatz 2 darf sich ein Standard-Geldmarktfonds im Fall von amortisierenden Instrumenten bei der Berechnung der WAL für Verbriefungen und ABCP auf Folgendes stützen, um die Restlaufzeit zu berechnen:

i) das vertraglich festgelegte Amortisierungsprofil solcher Instrumente oder

ii) das Amortisierungsprofil der Basiswerte, auf denen die Zahlungsströme für die Rücknahme solcher Instrumente basieren.

(2) Werden die Obergrenzen gemäß diesem Artikel von dem Standard-Geldmarktfonds aus Gründen, die nicht von ihm zu vertreten sind, oder infolge der Ausübung der Zeichnungs- oder Rückgaberechte überschritten, so strebt dieser Geldmarktfonds als vorrangiges Ziel die Korrektur dieser Lage unter gebührender Berücksichtigung der Interessen der Anteilsinhaber oder Teilhaber an.

(3) Ein Standard-Geldmarktfonds darf nicht die Form eines CNAV-Geldmarktfonds für öffentliche Schuldtitel oder eines LVNAV-Geldmarktfonds annehmen.

In der Fassung vom 14.6.2017 (ABl. EU Nr. L 169 v. 30.6.2017, S. 8).

1 Art. 24, 25 MMF-VO knüpfen an die Definition kurzfristiger und Standard-MMF in Art. 2 Nr. 14, 15 MMF-VO sowie die Definition der durchschnittlichen Zinsbindungsdauer (WAM) und gewichteten durchschnittlichen Restlaufzeit (WAL) in Art. 2 Nr. 19, 20 MMF-VO an. S. zum Hintergrund bereits Anh. zu § 338b: Art. 2 MMF-VO Rz. 13, 17 f.

2 Hervorzuheben ist die Typendifferenzierung. Während die kurze Zinsbindungsdauer und Restlaufzeit für jeden MMF geeignet ist (Art. 24 Abs. 3 MMF-VO), ist die Standarddauer und -laufzeit nur für Geldmarktfonds mit variablem NAV geeignet. Dies bildet ab, dass in solchen Fällen **mit größerem Schwankungen zu rechnen** ist. Durch die Laufzeit- und Zinsbindungseingrenzung wird indirekt angestrebt, dass der stark vereinfacht berechnet NAV von CNAV und LVNAV-Fonds (s. Art. 29 bis 33 MMF-VO) nicht zu sehr vom Marktpreis abweicht.

3 Die Rückführungsgebote bei Überschreitung der WAM/WAL-Grenzen nach Art. 24 Abs. 2 und Art. 25 Abs. 3 MMF-VO sind aus Art. 57 Abs. 2 OGAW-RL und Art. 14 ELTIF-VO bekannt und werfen dieselben Probleme auf. Siehe § 211 Rz. 7 ff. und Anh. zu § 338a: Art. 17 ELTIF-VO Rz. 9 ff. Allerdings sind die Anlagen des MMF in der Regel liquide und zu geringen Abschlägen handelbar, daher sollte es **wenig Grund geben, die Grenzen zu überschreiten.**

Art. 26 Geldmarktfondsratings

Ein Geldmarktfonds, der ein externes Rating in Auftrag gibt oder finanziert, muss dabei im Einklang mit der Verordnung (EG) Nr. 1060/2009 handeln. Der Geldmarktfonds und der Geldmarktfondsverwalter geben im Prospekt des Geldmarktfonds und allen Mitteilungen an Anleger, in denen das externe Rating erwähnt wird, unmissverständlich an, dass das Rating vom Geldmarktfonds oder vom Geldmarktfondsverwalter in Auftrag gegeben oder finanziert wurde.

In der Fassung vom 14.6.2017 (ABl. EU Nr. L 169 v. 30.6.2017, S. 8).

1 Der Kommissionsentwurf enthielt noch ein Verbot sog. externer Ratings.[1] Nach der geltenden Fassung sind Geldmarktfonds berechtigt, solche Ratings in Auftrag zu geben oder zu finanzieren, wenn sie dabei **im Einklang mit der Rating-VO**[2] handeln. Der Verordnungsgeber hält es angesichts der jüngsten Gesetzgebungsoffensive für nicht angezeigt, Geldmarktfonds den Rückgriff auf externe Ratings zu untersagen.[3] Der Geldmarktfonds hat bei Bezugnahme auf entsprechende Ratings „unmissverständlich“, i.e. im Kontext der Verwendung, auf die Herkunft hinzuweisen.

1 KOM(2013) 615 endg., S. 9, 39.

2 Verordnung (EU) Nr. 462/2013 des Europäischen Parlaments und des Rates vom 21.5.2013 zur Änderung der Verordnung (EG) Nr. 1060/2009 über Ratingagenturen, ABl. EU Nr. L 146 v. 31.5.2013, S. 1.

3 Vgl. ErwGr. 32 MMF-VO.

Art. 27 „Know-your-Customer"-Prinzip

(1) Um die Auswirkungen gleichzeitiger Anteilsrückgaben durch mehrere Anleger korrekt zu antizipieren, richtet der Geldmarktfondsverwalter unbeschadet etwaiger strengerer Anforderungen in der Richtlinie (EU) 2015/849 des Europäischen Parlamentes und des Rates Verfahren ein, setzt sie um und wendet sie an und lässt gebührende Sorgfalt walten, wobei er mindestens die Anlegerkategorie, die Anzahl der Anteile eines einzelnen Anlegers am Fonds und die Entwicklung der Zu- und Abflüsse berücksichtigt.

(2) Übersteigt der Wert der von einem einzelnen Anleger gehaltenen Anteile den Betrag der entsprechenden Anforderung an die tägliche Liquidität eines Geldmarktfonds, so trägt der Geldmarktfondsverwalter neben den in Absatz 1 genannten Faktoren allen folgenden Faktoren Rechnung:

a) erkennbaren Mustern beim Barmittelbedarf der Anleger, einschließlich der zyklischen Entwicklung der Anzahl an Anteilen im Geldmarktfonds;

b) der Risikoaversion der verschiedenen Anleger;

c) dem Grad der Korrelation oder engen Verbindungen zwischen verschiedenen Anlegern des Geldmarktfonds.

(3) Leiten Geldmarktfondsanleger ihre Anlagen über einen Vermittler, so muss der Geldmarktfondsverwalter beim Vermittler die Informationen anfordern, anhand deren er die Anforderungen der Absätze 1 und 2 erfüllen kann, um die Liquidität und die Konzentration der Anleger des Geldmarktfonds angemessen zu verwalten.

(4) Der Geldmarktfondsverwalter sorgt dafür, dass der Wert der von einem einzigen Anleger gehaltenen Anteile das Liquiditätsprofil des Geldmarktfonds nicht wesentlich beeinflusst, wenn er einen beträchtlichen Anteil des gesamten NAV des Geldmarktfonds ausmacht.

In der Fassung vom 14.6.2017 (ABl. EU Nr. L 169 v. 30.6.2017, S. 8).

Art. 27 MMF-VO soll ein angemessenes Liquiditätsmanagement auch bei größeren Rückgabebegehren sicherstellen.[1] Bestenfalls sollen die Auswirkungen gleichzeitiger Anteilsrückgaben antizipiert werden. Art. 27 Abs. 1 MMF-VO regelt die allgemeine Pflicht, ein „Know-your-Customer"-Verfahren zu implementieren und anzuwenden. Zu berücksichtigen sind dabei (i) **die Anlegerkategorie**, (ii) **die Anzahl der gehaltenen Anteile** und (iii) **die Entwicklung der Zu- und Abflüsse.** Eine erste Abschichtung der Anlegerkategorie lässt sich z.B. anhand von Art. 4 Abs. 1 Nr. 10, 11 i.V.m. Anhang II RL 2014/65/EU[2] vornehmen. Die Pflichten nach der RL (EU) 2015/849[3] bleiben unberührt. 1

Erweiterte Pflichten bestehen bei sog. Großanlegern nach Art. 27 Abs. 2 MMF-VO. Die Pflichten nach Art. 27 MMF-VO entfallen nicht durch den Einsatz von Intermediären. Dies gilt sowohl seitens des Geldmarktfonds (Art. 27 Abs. 3 MMF-VO) als auch auf Investorenseite bei einem Anteilskauf über Treuhandkonten oder Ähnliches.[4] 2

Art. 28 Durchführung von Stresstests

(1) Für jeden Geldmarktfonds bestehen solide Stresstestverfahren, mit denen mögliche Ereignisse oder künftige Veränderungen bei den wirtschaftlichen Rahmenbedingungen mit möglicherweise nachteiligen Auswirkungen auf den Geldmarktfonds ermittelt werden. Der Geldmarktfonds oder der Geldmarktfondsverwalter bewertet die potenziellen Auswirkungen dieser Ereignisse oder Ände-

1 ErwGr. 42 MMF-VO.

2 Richtlinie 2014/65/EU des Europäischen Parlaments und des Rates vom 15.5.2014 über Märkte für Finanzinstrumente sowie zur Änderung der Richtlinien 2002/92/EG und 2011/61/EU, ABl. EU Nr. L 173/349 v. 12.6.2014, S. 349.

3 Richtlinie (EU) 2015/849 des Europäischen Parlaments und des Rates vom 20.5.2015 zur Verhinderung der Nutzung des Finanzsystems zum Zwecke der Geldwäsche und der Terrorismusfinanzierung, zur Änderung der Verordnung (EU) Nr. 648/2012 des Europäischen Parlaments und des Rates und zur Aufhebung der Richtlinie 2005/60/EG des Europäischen Parlaments und des Rates und der Richtlinie 2006/70/EG der Kommission, ABl. EU Nr. L 141/73 v. 5.6.2015.

4 Vgl. ErwGr. 42 MMF-VO.

rungen auf den Geldmarktfonds. Der Geldmarktfonds oder der Geldmarktfondsverwalter führt regelmäßig Stresstests für verschiedene mögliche Szenarien durch.

Die Stresstests beruhen auf objektiven Kriterien und tragen den Auswirkungen plausibler Extremszenarien Rechnung. Berücksichtigt werden in den Stresstest-Szenarien mindestens Referenzparameter, die folgende Faktoren umfassen:

a) hypothetische Veränderungen bei der Liquidität der Vermögenswerte im Geldmarktfonds-Portfolio;

b) hypothetische Veränderungen beim Kreditrisiko der Vermögenswerte im Geldmarktfonds-Portfolio, einschließlich Kredit- und Ratingereignisse;

c) hypothetische Zinssatzbewegungen und Wechselkursbewegungen;

d) hypothetische Rückgabemengen;

e) hypothetische Ausweitung oder Verringerung von Spreads bei Indizes, an die die Zinssätze von Portfoliowertpapieren gebunden sind;

f) hypothetische makrosystemische Schocks, die sich auf die Wirtschaft als Ganzes auswirken.

(2) Bei CNAV-Geldmarktfonds für öffentliche Schuldtitel und LVNAV-Geldmarktfonds wird im Rahmen der Stresstests darüber hinaus für verschiedene Szenarien die Differenz zwischen dem konstanten NAV pro Anteil und dem NAV pro Anteil geschätzt.

(3) Die Stresstest-Intervalle werden vom Leitungsorgan des Geldmarktfonds, falls vorhanden, oder vom Leitungsorgan des Geldmarktfondsverwalters nach Prüfung der Frage, welche Intervalle angesichts der Marktbedingungen als sinnvoll und vernünftig zu betrachten sind, und unter Berücksichtigung aller geplanten Änderungen beim Portfolio des Geldmarktfonds bestimmt. Stresstests werden mindestens einmal pro Halbjahr durchgeführt.

(4) Ergibt der Stresstest eine etwaige Anfälligkeit des Geldmarktfonds, so erstellt der Geldmarktfondsverwalter einen umfassenden Bericht mit den Ergebnissen des Stresstests und einem Vorschlag für einen Maßnahmenplan.

Bei Bedarf trifft der Geldmarktfondsverwalter Maßnahmen, um die Robustheit des Geldmarktfonds zu erhöhen, einschließlich solcher, mit denen die Liquidität oder die Qualität der Vermögenswerte des Geldmarktfonds verbessert werden, und unterrichtet die für den Geldmarktfonds zuständige Behörde unverzüglich über die getroffenen Maßnahmen.

(5) Dem Leitungsorgan des Geldmarktfonds, falls vorhanden, oder dem Leitungsorgan des Geldmarktfondsverwalters wird der umfassende Bericht mit den Stresstestergebnissen und dem Vorschlag für einen Maßnahmenplan zur Prüfung vorgelegt. Das Leitungsorgan ändert den vorgeschlagenen Maßnahmenplan, falls nötig, und genehmigt den endgültigen Maßnahmenplan. Der umfassende Bericht und der Maßnahmenplan werden mindestens fünf Jahre lang aufbewahrt.

Der umfassende Bericht und der Maßnahmenplan werden der für den Geldmarktfonds zuständigen Behörde zur Überprüfung vorgelegt.

(6) Die für den Geldmarktfonds zuständige Behörde leitet den umfassenden Bericht nach Absatz 5 an die ESMA weiter.

(7) Zur Festlegung gemeinsamer Referenzparameter für die den Stresstests zugrunde zu legenden Szenarien gibt die ESMA Leitlinien vor und berücksichtigt dabei die in Absatz 1 genannten Faktoren. Die Leitlinien werden unter Berücksichtigung der jüngsten Marktentwicklungen mindestens einmal jährlich aktualisiert.

In der Fassung vom 14.6.2017 (ABl. EU Nr. L 169 v. 30.6.2017, S. 8).

1 Art. 28 MMF-VO verpflichtet Geldmarktfonds bzw. Geldmarktfondsverwalter in **regelmäßigen Abständen** Stresstests für verschiedene mögliche Szenarien durchzuführen. Die Intervalle haben sich an den Marktbedingungen und den geplanten Veränderungen des Portfolios zu orientieren, müssen aber **mindestens einmal pro Halbjahr** erfolgen.[1] Die zu berücksichtigenden Parameter bzw. Faktoren sind in Art. 28 Abs. 1 Unterabs. 2 MMF-VO, für CNAV-Geldmarktfonds für öffentliche Schuldtitel und LVNAV-Geldmarktfonds zusätzlich in Abs. 2 aufgeführt. **ESMA** hat zur Konkretisierung der gemeinsamen Parameter **Leitlinien** er-

1 Vgl. Art. 28 Abs. 3 MMF-VO; ErwGr. 43 MMF-VO.

lassen.[2] Die Stresstests sollen dabei zum einen die Auswirkungen auf Portfolio/NAV, zum anderen den Effekt auf Liquiditätsvolumen und Rückzahlungsverpflichtungen berücksichtigen.[3]

Deuten die Stresstests auf **Anfälligkeiten** hin, hat der Geldmarktfonds bzw. der Geldmarktfondsverwalter einen umfassenden Bericht und einen Maßnahmenkatalog anzufertigen, gegebenenfalls **vorläufige Maßnahmen** zu treffen, wovon auch die zuständige Aufsichtsbehörde zu informieren ist.[4] Sodann ist das Leitungsorgan zu befassen. Es ändert, falls notwendig, den (vorläufigen) Maßnahmenkatalog ab und sendet diesen gemeinsam mit dem erstellten Bericht der zuständigen Aufsichtsbehörde zu.[5] Letztere leitet den Bericht an ESMA weiter.[6] 2

Die Vorschriften der MMF-VO zu Stresstests vertiefen insbesondere die Vorgaben für OGAW-KVGs. Für AIFMs waren diese Vorgaben bereits sehr detailliert geregelt. Der deutsche Gesetzgeber hat durch seinen Einheitsansatz in §§ 29, 30 KAGB bereits ohne die MMF-VO ein sehr hohes Niveau erreicht. Dazu § 29 Rz. 85 ff., § 30 Rz. 8 f. **Die §§ 29, 30 KAGB treten grds. hinter Art. 28 MMF-VO nebst Durchführungsrichtlinien zurück.** Das bedeutet, dass ein OGAW-/AIF-KVG ggf. zwei separate Richtlinien benötigt. Allerdings kommt es inhaltlich zu vielen Übereinstimmungen, so dass es bei **einem Verfahren mit produktbezogenen Erweiterungen** bleiben kann. 3

Kapitel IV
Bewertungsvorschriften

Art. 29 Bewertung von Geldmarktfonds

(1) Die Vermögenswerte eines Geldmarktfonds werden mindestens einmal täglich bewertet.

(2) Die Vermögenswerte eines Geldmarktfonds werden, wann immer möglich, nach der Bewertung zu Marktpreisen bewertet.

(3) Bei Anwendung der Bewertung zu Marktpreisen

a) wird der Vermögenswert eines Geldmarktfonds auf der vorsichtigen Seite des Geld-/Briefkurses bewertet, es sei denn, der Vermögenswert kann zum Mittelkurs glattgestellt werden,

b) wird ausschließlich auf Qualitätsmarktdaten zurückgegriffen; diese Daten werden anhand aller nachstehend genannten Faktoren bewertet:

i) Anzahl und Qualität der Gegenparteien;

ii) Volumen und Umsatz des betroffenen Vermögenswerts im Markt;

iii) Umfang der Emission und Anteil, den der Geldmarktfonds kaufen oder verkaufen will.

(4) Ist die Anwendung der Bewertung zu Marktpreisen nicht möglich oder weisen die Marktdaten nicht die erforderliche Qualität auf, wird der Vermögenswert eines Geldmarktfonds konservativ unter Anwendung der Bewertung zu Modellpreisen bewertet.

Das Modell muss eine präzise Schätzung des dem Vermögenswert des Geldmarktfonds inhärenten Wertes liefern und sich auf alle folgenden aktuellen Schlüsselfaktoren stützen:

a) Volumen und Umsatz des betroffenen Vermögenswerts im Markt;

b) Umfang der Emission und Anteil, den der Geldmarktfonds kaufen oder verkaufen will;

c) das mit dem Vermögenswert verbundene Markt-, Zins- und Kreditrisiko.

Bei Anwendung der Bewertung zu Modellpreisen wird die Methode der Bewertung zu fortgeführten Anschaffungskosten nicht angewandt.

(5) Eine nach den Absätzen 2, 3, 4, 6 und 7 durchgeführte Bewertung wird den zuständigen Behörden mitgeteilt.

---

2 ESMA34-49-103, Final Report, Guidelines on stress test scenarios under Article 28 of the MMF Regulation, S. 123 ff.

3 ESMA34-49-103, Final Report, Guidelines on stress test scenarios under Article 28 of the MMF Regulation, S. 126.

4 Art. 28 Abs. 4 MMF-VO.

5 Art. 28 Abs. 5 MMF-VO.

6 Art. 28 Abs. 6 MMF-VO.

(6) Ungeachtet der Absätze 2, 3 und 4 kann die Bewertung der Vermögenswerte eines CNAV-Geldmarktfonds für öffentliche Schuldtitel zusätzlich auch nach der Methode der Bewertung zu fortgeführten Anschaffungskosten erfolgen.

(7) Abweichend von den Absätzen 2 und 4 kann die Bewertung der Vermögenswerte eines LVNAV-Geldmarktfonds mit einer Restlaufzeit von bis zu 75 Tagen nicht nur nach der Bewertung zu Marktpreisen gemäß den Absätzen 2 und 3 und der Bewertung zu Modellpreisen gemäß Absatz 4, sondern auch nach der Methode der Bewertung zu fortgeführten Anschaffungskosten erfolgen.

Die Methode der Bewertung zu fortgeführten Anschaffungskosten wird nur zur Bewertung eines Vermögenswerts eines LVNAV-Geldmarktfonds verwendet, wenn der gemäß den Absätzen 2, 3 und 4 berechnete Preis dieses Vermögenswerts nicht um mehr als 10 Basispunkte von dem gemäß Unterabsatz 1 dieses Absatzes berechneten Preis dieses Vermögenswertes abweicht. Bei einer solchen Abweichung muss der Preis des Vermögenswertes gemäß den Absätzen 2, 3 und 4 berechnet werden.

In der Fassung vom 14.6.2017 (ABl. EU Nr. L 169 v. 30.6.2017, S. 8).

1 Siehe Kommentierung zu Anh. zu § 338b: Art. 33 MMF-VO.

Art. 30 Berechnung des NAVs pro Anteil

(1) Ein Geldmarktfonds berechnet den NAV pro Anteil als Differenz zwischen der Summe aller Vermögenswerte eines Geldmarktfonds und der Summe aller Verbindlichkeiten dieses Geldmarktfonds, die jeweils nach der Bewertung zu Marktpreisen oder der Bewertung zu Modellpreisen oder beiden Methoden bewertet wurden, geteilt durch die Gesamtzahl der Geldmarktfondsanteile.

(2) Der NAV pro Anteil wird auf den nächsten Basispunkt oder – wenn er in einer Währungseinheit veröffentlicht wird – auf dessen Währungsäquivalent gerundet.

(3) Der NAV pro Anteil wird mindestens einmal täglich berechnet und im öffentlichen Bereich der Website des Geldmarktfonds veröffentlicht.

In der Fassung vom 14.6.2017 (ABl. EU Nr. L 169 v. 30.6.2017, S. 8).

1 Siehe Kommentierung zu Anh. zu § 338b: Art. 33 MMF-VO.

Art. 31 Berechnung des konstanten NAV pro Anteil von CNAV-Geldmarktfonds für öffentliche Schuldtitel

(1) Ein CNAV-Geldmarktfonds für öffentliche Schuldtitel berechnet einen konstanten NAV pro Anteil als die Differenz zwischen der Summe aller seiner nach der Methode der Bewertung zu fortgeführten Anschaffungskosten gemäß Artikel 29 Absatz 6 bewerteten Vermögenswerte und der Summe aller seiner Verbindlichkeiten, geteilt durch die Gesamtzahl der Geldmarktfondsanteile.

(2) Der konstante NAV pro Anteil eines CNAV-Geldmarktfonds für öffentliche Schuldtitel wird auf den nächsten Prozentpunkt oder – wenn er in einer Währungseinheit veröffentlicht wird – auf dessen Währungsäquivalent gerundet.

(3) Der konstante NAV pro Anteil eines CNAV-Geldmarktfonds für öffentliche Schuldtitel wird mindestens einmal täglich berechnet.

(4) Die Differenz zwischen dem konstanten NAV pro Anteil und dem gemäß Artikel 30 berechneten NAV pro Anteil wird beobachtet und täglich im öffentlichen Bereich der Website des Geldmarktfonds veröffentlicht.

In der Fassung vom 14.6.2017 (ABl. EU Nr. L 169 v. 30.6.2017, S. 8).

1 Siehe Kommentierung zu Anh. zu § 338b: Art. 33 MMF-VO.

Art. 32 Berechnung des konstanten NAV pro Anteil von LVNAV-Geldmarktfonds

(1) Ein LVNAV-Geldmarktfonds berechnet einen konstanten NAV pro Anteil als Differenz zwischen der Summe aller seiner nach der Methode der Bewertung zu fortgeführten Anschaffungskosten gemäß Artikel 29 Absatz 7 bewerteten Vermögenswerte und der Summe aller seiner Verbindlichkeiten, geteilt durch die Gesamtzahl der Geldmarktfondsanteile.

(2) Der konstante NAV pro Anteil eines LVNAV-Geldmarktfonds wird auf den nächsten Prozentpunkt oder – wenn er in einer Währungseinheit veröffentlicht wird – auf dessen Währungsäquivalent gerundet.

(3) Der konstante NAV pro Anteil eines LVNAV-Geldmarktfonds wird mindestens einmal täglich berechnet.

(4) Die Differenz zwischen dem konstanten NAV pro Anteil und dem gemäß Artikel 30 berechneten NAV pro Anteil wird beobachtet und täglich im öffentlichen Bereich der Website des Geldmarktfonds veröffentlicht.

In der Fassung vom 14.6.2017 (ABl. EU Nr. L 169 v. 30.6.2017, S. 8).

Siehe Kommentierung zu Anh. zu § 338b: Art. 33 MMF-VO. Zum Spezialproblem der sog. share cancellation vgl. Anh. zu § 338b: Art. 1 MMF-VO Rz. 14 ff. 1

Art. 33 Ausgabe- und Rücknahmekurs

(1) Der Kurs, zu dem die Anteile eines Geldmarktfonds ausgegeben oder zurückgenommen werden, ist ungeachtet zulässiger Entgelte oder Gebühren, die im Prospekt des Geldmarktfonds angegeben sind, gleich seinem NAV pro Anteil.

(2) Abweichend von Absatz 1

a) kann der Kurs, zu dem die Anteile eines CNAV-Geldmarktfonds für öffentliche Schuldtitel ausgegeben oder zurückgenommen werden, gleich seinem konstanten NAV pro Anteil sein;

b) können die Anteile eines LVNAV-Geldmarktfonds zu einem Kurs ausgegeben oder zurückgenommen werden, der dem konstanten NAV pro Anteil dieses Geldmarktfonds entspricht, allerdings nur dann, wenn der gemäß Artikel 32 Absätze 1, 2 und 3 berechnete konstante NAV pro Anteil nicht um mehr als 20 Basispunkte von dem gemäß Artikel 30 berechneten NAV pro Anteil abweicht.

In Bezug auf Buchstabe b erfolgt die nachfolgende Rücknahme oder Zeichnung zu einem Kurs, der dem gemäß Artikel 30 berechneten NAV pro Anteil entspricht, wenn der gemäß Artikel 32 Absätze 1, 2 und 3 berechnete konstante NAV pro Anteil um mehr als 20 Basispunkte von dem gemäß Artikel 30 berechneten NAV pro Anteil abweicht.

Potenzielle Anleger werden vor Abschluss des Vertrags durch den Geldmarktfondsverwalter unmissverständlich schriftlich vor den Umständen gewarnt, unter denen der LVNAV-Geldmarktfonds nicht länger zu einem konstanten NAV pro Anteil gezeichnet oder zurückgenommen wird.

In der Fassung vom 14.6.2017 (ABl. EU Nr. L 169 v. 30.6.2017, S. 8).

I. Zweck und Inhalt

Kapitel IV zu den Bewertungsvorschriften regelt den Kern der Produktregulierung und **differenziert zwischen VMAV-, CMAV- und LVNAV-MMFs.** Siehe bereits Anh. zu § 338b: Art. 2 MMF-VO Rz. 11. 1

II. Bewertung der Vermögensgegenstände (Art. 29 MMF-VO)

2 Art. 29 MMF-VO trifft dabei **detaillierte Regelungen zur NAV-Berechnung, soweit es die Bewertung der Vermögensgegenstände betrifft**. Die Unterschiede sind der nachfolgenden Tabelle zu entnehmen:

VNAV: Bewertung	**CNAV**	**LVNAV**
täglich (Art. 29 Abs. 1 MMF-VO)	täglich (Art. 29 Abs. 1 MMF-VO)	täglich (Art. 29 Abs. 1 MMF-VO)
Wann immer möglich zu Marktpreisen (Art. 29 Abs. 2 i.V.m. Art. 2 Nr. 8 MMF-VO)	Zusätzlich zu fortgeführten Anschaffungskosten (Art. 29 Abs. 6 i.V.m. Art. 2 Nr. 10 MMF-VO)	Vermögenswerte mit Restlaufzeit bis 75 Tage nach Anschaffungskosten, bis Maximaldifferenz = 10 BP (Art. 29 Abs. 7 MMF-VO)
Marktpreis mit Vorsichtsprinzip und Qualitätsdaten (Art. 29 Abs. 3 MMF-VO)		Marktpreis mit Vorsichtsprinzip und Qualitätsdaten (Abs. 3 MMF-VO)
Rückfallbewertung: konservativ, zu Modellpreisen (Art. 29 Abs. 4 MMF-VO)		

3 Art. 29 Abs. 6 MMF-VO, wonach einem CNAV-MMF **zusätzlich zu Art. 29 Abs. 2 bis 4 MMF-VO** die Bewertung nach Abs. 6 gestattet ist, ist so zu verstehen, dass nach Wahl des Verwalters einige oder alle Vermögenswerte zu Anschaffungswerten angesetzt werden dürfen. Geschieht dies nicht, greifen die Art. 29 Abs. 2 bis 4 MMF-VO ein, i.e. es ist eine Bewertung nach Marktpreisen erforderlich.

4 **Jede Bewertung**, also auch die reine Buchwertfortführung nach Art. 29 Abs. 6 MMF-VO, ist der zuständigen Behörde mitzuteilen.

III. Berechnung des Anteilswertes (Art. 30 bis 32 MMF-VO)

5 Art. 30 MMF-VO regelt die **Berechnung des Anteilswertes** für VNAV-MMFs vor. Ausgangspunkt ist dabei die Differenzmethode (Art. 30 Abs. 1 MMF-VO), zu runden ist nach Basispunkten (Art. 30 Abs. 2 MMF-VO). Der Anteilswert ist täglich zu berechnen und zu publizieren (Art. 30 Abs. 3 MMF-VO). Art. 31, 32 MMF-VO sieht Ausnahme für CNAV- und LVNAV-MMFs vor.

6 Die Unterschiede sind der nachfolgenden Tabelle zu entnehmen:

VNAV: Berechnung	**CNAV**	**LVNAV**
Berechnung täglich (Art. 30 Abs. 3 MMF-VO)	Berechnung täglich (Art. 31 Abs. 3 MMF-VO)	Berechnung täglich (Art. 32 Abs. 3 MMF-VO)
Differenzmethode mit Marktpreisen (Art. 30 Abs. 1 MMF-VO)	Differenzmethode mit Anschaffungswerten (Art. 31 Abs. 1 MMF-VO)	Differenzmethode, **teilweise** mit Anschaffungswerten, **Rest zu Marktwerten** (Art. 32 Abs. 1 MMF-VO)
Rundung auf Basispunkte (Art. 30 Abs. 2 MMF-VO)	Rundung auf Prozentpunkte (Art. 31 Abs. 2 MMF-VO)	Rundung auf Prozentpunkte (Art. 32 Abs. 2 MMF-VO)
Publikation täglich (Art. 30 Abs. 3 MMF-VO)	Beobachtung und tägliche Publikation der **Differenz** zwischen CNAV und VNAV (Art. 31 Abs. 4 MMF-VO)	Beobachtung und tägliche Publikation der **Differenz** zwischen CNAV und VNAV (Art. 32 Abs. 4 MMF-VO)

IV. Anteilsausgabe und -rücknahme (Art. 33 MMF-VO)

7 Art. 33 MMF-VO regelt den Kurs bei der **Anteilsausgabe und -rücknahme.** Ausgangspunkt ist dabei das Anteilsgeschäft zum NAV (Art. 33 Abs. 1 MMF-VO). Gemeint ist der nach Art. 30 Abs. 1 MMF-VO berechnete CNAV. Dies folgt aus Art. 33 Abs. 2 MMF-VO, der Ausnahmen für CNAV- und LVNAV-MMFs vorsieht. CNAV-MMFs dürfen Anteile **auch zum konstanten NAV (CNAV)** auf Basis der Anschaffungskosten und mit Rundungen auf volle Prozentpunkte zurücknehmen und ausgeben. LVNAV steht dieselbe Option

nur in begrenztem Umfang offen (vgl. Art. 33 Abs. 2 Buchst. b MMF-VO): Die Differenz zwischen VNAV (nach Art. 30 MMF-VO) und LVNAV unter Inanspruchnahme der Erleichterungen für LVNAV darf **nicht mehr als 20 Basispunkte** betragen. Dieser Schwellenwert ist den Anleger offenzulegen.

Zum Spezialproblem der sog. share cancellation vgl. Anh. zu § 338b: Art. 1 MMF-VO Rz. 14 f. 8

Kapitel V
Besondere Anforderungen an CNAV-Geldmarktfonds für öffentliche Schuldtitel und LVNAV-Geldmarktfonds

Art. 34 Besondere Anforderungen an CNAV-Geldmarktfonds für öffentliche Schuldtitel und LVNAV-Geldmarktfonds

(1) Der Verwalter eines CNAV-Geldmarktfonds für öffentliche Schuldtitel oder eines LVNAV-Geldmarktfonds führt vorsichtige und rigorose Verfahren für das Liquiditätsmanagement ein, setzt sie um und wendet sie konsequent an, damit die wöchentlichen Liquiditätsschwellen dieser Fonds eingehalten werden. Die Verfahren für das Liquiditätsmanagement werden in den Vertragsbedingungen oder der Satzung dieser Fonds und im Prospekt deutlich beschrieben.

Damit die wöchentlichen Liquiditätsschwellen eingehalten werden, gelten die folgenden Verfahren:

a) Wenn der Anteil der wöchentlich fälligen Vermögenswerte gemäß Artikel 24 Absatz 1 Buchstabe e unter 30 % der gesamten Vermögenswerte des CNAV-Geldmarktfonds für öffentliche Schuldtitel oder des LVNAV-Geldmarktfonds fällt und die täglichen Nettorücknahmen an einem einzigen Arbeitstag 10 % der gesamten Vermögenswerte überschreiten, unterrichtet der Verwalter des CNAV-Geldmarktfonds für öffentliche Schuldtitel oder des LVNAV-Geldmarktfonds seine Leitung unverzüglich darüber, und die Leitung nimmt eine dokumentierte Bewertung der Situation vor, um unter Berücksichtigung der Interessen der Anleger eine geeignete Vorgehensweise zu ermitteln, und entscheidet, ob eine oder mehrere der folgenden Maßnahmen umgesetzt werden:

i) Liquiditätsgebühren für Rückgaben, die den dem Geldmarktfonds entstandenen Kosten für die Erzielung der Liquidität angemessen entsprechen und mit denen sichergestellt wird, dass im Fonds verbleibende Anleger nicht in unfairer Weise benachteiligt werden, wenn andere Anleger ihre Anteile in dem Zeitraum zurückgeben,

ii) Rückgabesperren, mit denen die Menge der Anteile, die an einem Arbeitstag zurückgegeben werden können, für einen Zeitraum von bis zu 15 Arbeitstagen auf höchstens 10 % der Anteile am Geldmarktfonds beschränkt werden,

iii) Aussetzung von Rückgaben für einen Zeitraum von bis zu 15 Arbeitstagen oder

iv) keine unverzüglichen Maßnahmen, abgesehen von der Erfüllung der Verpflichtung gemäß Artikel 24 Absatz 2;

b) wenn der Anteil der wöchentlich fälligen Vermögenswerte gemäß Artikel 24 Absatz 1 Buchstabe e unter 10 % der gesamten Vermögenswerte fällt, unterrichtet der Verwalter eines CNAV-Geldmarktfonds für öffentliche Schuldtitel oder eines LVNAV-Geldmarktfonds seine Leitung unverzüglich darüber, und die Leitung nimmt eine dokumentierte Bewertung der Situation vor, auf deren Grundlage und unter Berücksichtigung der Interessen der Anleger sie eine oder mehrere der folgenden Maßnahmen umsetzt und die Gründe für ihre Entscheidung schriftlich niederlegt:

i) Liquiditätsgebühren für Rückgaben, die den dem Geldmarktfonds entstandenen Kosten für die Erzielung der Liquidität angemessen entsprechen und mit denen sichergestellt wird, dass im Fonds verbleibende Anleger nicht in unfairer Weise benachteiligt werden, wenn andere Anleger ihre Anteile in dem Zeitraum zurückgeben;

ii) Aussetzung von Rückgaben für einen Zeitraum von bis zu 15 Arbeitstagen.

(2) Wenn Rückgaben innerhalb eines Zeitraums von 90 Tagen insgesamt für mehr als 15 Tage ausgesetzt werden, verliert ein CNAV-Geldmarktfonds für öffentliche Schuldtitel oder ein LVNAV-Geldmarktfonds automatisch seinen Status als CNAV-Geldmarktfonds für öffentliche Schuldtitel oder LVNAV-Geldmarktfonds. Der CNAV-Geldmarktfonds für öffentliche Schuldtitel oder LVNAV-Geldmarktfonds teilt dies umgehend jedem Anleger klar und verständlich auf schriftlichem Wege mit.

(3) Nachdem die Leitung des CNAV-Geldmarktfonds für öffentliche Schuldtitel oder des LVNAV-Geldmarktfonds seine Vorgehensweise bezüglich sowohl Absatz 1 Buchstabe a als auch Absatz 1 Buchstabe b festgelegt hat, teilt sie der für den Geldmarktfonds zuständigen Behörde die Einzelheiten ihrer Entscheidung umgehend mit.

In der Fassung vom 14.6.2017 (ABl. EU Nr. L 169 v. 30.6.2017, S. 8).

1 Infolge der Abweichungen vom VNAV kann es bei CNAV-MMFs und LVNAV-MMFs zu Über- und Unterbewertungen, aber auch zu Stressszenarien kommen, wenn der LVNAV nicht gehalten werden kann. Nachdem in Vorentwürfen noch Kapitalanforderungen für den Verwalter diskutiert wurden,[1] beschränkt sich die Letztfassung auf **rigorose Liquiditätsmanagementvorgaben.**

2 Die detailliert in Art. 34 MMF-VO geregelten Vorgaben eröffnen mit zahlreichen Regelbeispielen auch Managementtechniken, die nach nationalem Recht (vgl. dazu § 30 Rz. 4 ff.) möglicherweise nicht zulässig wären. Dies betrifft u.a. **Rücknahmeschwellen** (sog. gates) und die **Aussetzung der Anteilsrückgabe**, wenn gewisse Schwellenwerte überschritten sind. Damit soll dem Run auf den Geldmarktfonds wirkungsvoll begegnet werden.

3 Die Liquiditätsmanagementtechniken bedürfen **keiner Umsetzung in den konstituierenden Dokumenten** und stehen auch dann zur Verfügung, wenn diese darauf mit keiner Silbe eingehen. Daraus entsteht für die Anleger ein gewisses Risiko.

Kapitel VI
Externe Unterstützung

Art. 35 Externe Unterstützung

(1) Ein Geldmarktfonds darf keine externe Unterstützung erhalten.

(2) Unter externer Unterstützung wird die direkte oder indirekte Unterstützung für einen Geldmarktfonds durch einen Dritten, einschließlich eines Sponsors des Geldmarktfonds, verstanden, die dazu bestimmt ist oder im Ergebnis bewirken würde, dass die Liquidität des Geldmarktfonds garantiert oder der NAV pro Anteil des Geldmarktfonds stabilisiert wird.

Externe Unterstützung umfasst:

a) Barzuschüsse von Dritten;

b) den Erwerb von Vermögenswerten des Geldmarktfonds durch einen Dritten zu einem überhöhten Preis;

c) den Erwerb von Anteilen des Geldmarktfonds durch einen Dritten, um dem Fonds Liquidität zuzuführen;

d) die Übernahme einer expliziten oder impliziten Garantie, Gewährleistung oder Unterstützungserklärung gleich welcher Art durch einen Dritten zugunsten des Geldmarktfonds;

e) jegliche Handlung Dritter, die direkt oder indirekt darauf abzielt, das Liquiditätsprofil und den NAV pro Anteil des Geldmarktfonds zu erhalten.

In der Fassung vom 14.6.2017 (ABl. EU Nr. L 169 v. 30.6.2017, S. 8).

1 Gemäß Art. 35 Abs. 1 MMF-VO ist es ausdrücklich **verboten, einen Geldmarktfonds extern zu unterstützen.** Der zwischen CNAV-Geldmarktfonds und Nicht-CNAV-Geldmarktfonds differenzierende Kommissionsvorschlag[1] wurde seitens des Verordnungsgebers nicht übernommen. Das Verbot gilt **ausnahmslos, auch für die Sponsoren.** Das sind regelmäßig juristische Personen aus derselben Unternehmensgruppe (z.B. Konzernmutter, Schwestergesellschaft). Ein Sponsor ist grundsätzlich nicht verpflichtet, den von ihm aufgelegten Geldmarktfonds in finanziellen Schwierigkeiten zu unterstützen. Er wird dies jedoch regelmäßig tun, um zu verhindern, dass ein eventueller Vertrauensverlust der Anleger auf andere Unterneh-

1 Vgl. KOM(2013) 615 endg., S. 10, 42 ff.
1 KOM(2013) 615 endg., S. 10, 45 ff.

mensbereiche übergreift.[2] Je nach Größe des Geldmarktfonds und Ausmaß des Rücknahmedrucks kann dies schnell die eigenen Rücklagen des Sponsors übersteigen.[3] Aus diesem Grunde gilt das Verbot auch ausnahmslos für Sponsoren.[4]

Art. 35 Abs. 2 Unterabs. 1 MMF-VO definiert zunächst allgemein, was unter „externer Unterstützung" zu verstehen ist. Die rechtliche Ausgestaltung der Unterstützung („direkt oder indirekt") ist unerheblich. Entscheidend ist, dass „die **Liquidität** des Geldmarktfonds **garantiert** ***oder*** der **NAV pro Anteil** des Geldmarktfonds **stabilisiert wird.**" Erfasst sind auch sog. Umgehungsgeschäfte. Art. 35 Abs. 2 Unterabs. 2 MMF-VO enthält eine **nicht erschöpfende Aufzählung** von Regelbeispielen.[5] Insbesondere Art. 35 Abs. 2 Unterabs. 2 Buchst. e MMF-VO hat generellen Auffangcharakter. 2

Kapitel VII
Transparenzanforderungen

Art. 36 Transparenz

(1) Ein Geldmarktfonds weist in allen externen Dokumenten, Berichten, Verlautbarungen, Werbematerialien, Schreiben oder sonstigen schriftlichen Belegen, die von ihm oder dem Geldmarktfondsverwalter herausgegeben werden und an künftige Anleger, Anteilsinhaber oder Teilhaber gerichtet oder zur Weitergabe an sie bestimmt sind, darauf hin, um welche Art von Geldmarktfonds nach Artikel 3 Absatz 1 es sich handelt und ob er ein kurzfristiger Geldmarktfonds oder ein Standard-Geldmarktfonds ist.

(2) Der Geldmarktfondsverwalter stellt den Anlegern des Geldmarktfonds mindestens wöchentlich alle folgenden Informationen zur Verfügung:

a) die Fristigkeitsgliederung des Portfolios des Geldmarktfonds;

b) das Kreditprofil des Geldmarktfonds;

c) die WAM und die WAL des Geldmarktfonds;

d) Angaben zu den 10 größten Beteiligungen des Geldmarktfonds, darunter Name, Land, Laufzeit und Anlagentyp sowie die Gegenpartei bei Pensions- und umgekehrten Pensionsgeschäften;

e) den Gesamtwert der Vermögenswerte des Geldmarktfonds;

f) die Nettorendite des Geldmarktfonds.

(3) Jedes Dokument, das ein Geldmarktfonds für Vertriebszwecke verwendet, enthält deutlich sichtbar alle folgenden Hinweise:

a) dass der Geldmarktfonds keine garantierte Anlage ist;

b) dass eine Anlage in einen Geldmarktfonds sich von einer Anlage in Form einer Einlage unterscheidet, mit besonderem Hinweis auf das Risiko, dass das in einen Geldmarktfonds investierte Kapital Schwankungen unterliegt;

c) dass sich der Geldmarktfonds nicht auf externe Unterstützung verlässt, um seine Liquidität zu garantieren oder den NAV pro Anteil stabil zu halten;

d) dass das Risiko des Kapitalverlusts vom Anleger getragen werden muss.

(4) Bei Anlegern oder potenziellen Anlegern ist durch keine Kommunikation des Geldmarktfonds oder des Geldmarktfondsverwalters in irgendeiner Weise der Eindruck zu erwecken, dass eine Anlage in Anteile des Geldmarktfonds garantiert ist.

(5) Die Anleger eines Geldmarktfonds werden auf verständliche Weise darüber informiert, welche Methode bzw. welche Methoden der Geldmarktfonds zur Bewertung seines Vermögens und zur Berechnung des NAV anwendet.

---

2 Vgl. ErwGr. 5 und 49 MMF-VO.
3 ErwGr. 5 MMF-VO.
4 Vgl. zu diesem Thema *Parlatore*, Fragility in money market funds: Sponsor support and regulation, 121 J. Financial Econ 595 (2016).
5 KOM(2013) 615 endg., S. 10.

CNAV-Geldmarktfonds für öffentliche Schuldtitel und LVNAV-Geldmarktfonds erläutern Anlegern und potenziellen Anlegern auf verständliche Weise, wie die Methode der Bewertung zu fortgeführten Anschaffungskosten oder die Rundung oder beide zur Anwendung kommen.

In der Fassung vom 14.6.2017 (ABl. EU Nr. L 169 v. 30.6.2017, S. 8).

1 Art. 36 MMF-VO statuiert verschiedene **Hinweis- und Informationspflichten gegenüber potentiellen und bestehenden Anlegern**. Für erstere ist insbesondere von Bedeutung zu erfahren, um welche Art von Geldmarktfonds es sich handelt und ob er ein kurzfristiger oder ein Standard-Geldmarktfonds ist, Art. 36 Abs. 1 MMF-VO. Für letztere enthält Art. 36 Abs. 2 MMF-VO eine enumerative Aufzählung von bestimmten Informationen, die Geldmarktfonds ihren Anlegern wöchentlich zur Verfügung stellen müssen. Dies geht über die Anforderungen der OGAW-RL und AIFM-RL hinaus.

2 Art. 36 Abs. 3 MMF-VO enthält Hinweispflichten, die **beim Vertrieb von Geldmarktfonds** zu beachten sind. Diese sind **deutlich sichtbar** auf jedem Dokument, i.e. insb. nicht in versteckter und verklausulierter Form, anzubringen. Die gewählte Vertriebsform ist nicht ausschlaggebend. Entscheidet sich der Geldmarktfonds wie regelmäßig für **indirekte Vertriebswege**, hat dieser den Intermediären die entsprechenden Dokumente zur Verfügung zu stellen. Um falschen Erwartungen der Anleger vorzubeugen, ist insb. unmissverständlich darauf hinzuweisen, dass Anlagen in Geldmarktfonds durch keinerlei Garantie abgedeckt sind.[1]

Art. 37 Meldungen an die zuständigen Behörden

(1) Für jeden Geldmarktfonds, den er verwaltet, meldet der Geldmarktfondsverwalter der für den Geldmarktfonds zuständigen Behörde mindestens vierteljährlich Informationen.

Abweichend von Unterabsatz 1 erstattet der Geldmarktfondsverwalter für einen Geldmarktfonds, dessen verwaltete Vermögenswerte insgesamt nicht mehr als 100 000 000 EUR betragen, der für den Geldmarktfonds zuständigen Behörde mindestens jährlich Bericht.

Der Geldmarktfondsverwalter übermittelt die gemäß den Unterabsätzen 1 und 2 gemeldeten Informationen auf Verlangen auch der für den Geldmarktfondsverwalter zuständigen Behörde, falls sie nicht mit der für den Geldmarktfonds zuständigen Behörde identisch ist.

(2) Die gemäß Absatz 1 gemeldeten Informationen umfassen folgende Angaben:

a) Art und Merkmale des Geldmarktfonds;

b) Portfolioindikatoren wie Gesamtwert des Vermögens, NAV, WAM, WAL, Fristigkeitsgliederung, Liquidität und Rendite;

c) die Ergebnisse der Stresstests und, falls erforderlich, den Vorschlag für einen Maßnahmenplan;

d) Informationen zu den im Portfolio des Geldmarktfonds gehaltenen Vermögenswerten, darunter

- **i) die Merkmale jedes Vermögenswerts, wie Name, Land, Emittentenkategorie, Risiko oder Laufzeit und das Ergebnis des internen Verfahrens zur Bewertung der Kreditqualität;**
- **ii) die Art des Vermögenswerts, im Fall von Derivaten, Pensionsgeschäften oder umgekehrten Pensionsgeschäften auch mit Angaben zur Gegenpartei;**

e) Informationen über die Verbindlichkeiten des Geldmarktfonds, einschließlich folgender Angaben:

- **i) Sitzland des Anlegers;**
- **ii) Anlegerkategorie;**
- **iii) Zeichnungs- und Rückgabetätigkeit.**

Falls erforderlich und hinreichend begründet, können die zuständigen Behörden zusätzliche Informationen verlangen.

(3) Zusätzlich zu den in Absatz 2 genannten Informationen meldet der Geldmarktfondsverwalter für jeden von ihm verwalteten LVNAV-Geldmarktfonds außerdem folgende Informationen:

a) jedes Ereignis, bei dem der Preis eines nach der Methode der Bewertung zu fortgeführten Anschaffungskosten gemäß Artikel 29 Absatz 7 Unterabsatz 1 bewerteten Vermögenswerts um mehr als

1 ErwGr. 50 MMF-VO.

10 Basispunkte von dem gemäß Artikel 29 Absätze 2, 3 und 4 berechneten Preis dieses Vermögenswerts abweicht;

b) jedes Ereignis, bei dem der gemäß Artikel 32 Absätze 1 und 2 berechnete konstante NAV pro Anteil um mehr als 20 Basispunkte von dem gemäß Artikel 30 berechneten NAV pro Anteil abweicht;

c) jedes Ereignis, bei dem eine in Artikel 34 Absatz 3 erwähnte Situation eintritt, und die von der Leitung gemäß Artikel 34 Absatz 1 Buchstaben a und b getroffenen Maßnahmen.

(4) Die ESMA arbeitet Entwürfe technischer Durchführungsstandards für die Erstellung einer Meldevorlage aus, die alle in den Absätzen 2 und 3 aufgeführten Informationen enthält.

Die ESMA übermittelt der Kommission diese Entwürfe technischer Durchführungsstandards bis zum 21. Januar 2018.

Der Kommission wird die Befugnis übertragen, die in Unterabsatz 1 genannten technischen Durchführungsstandards nach Artikel 15 der Verordnung (EU) Nr. 1095/2010 zu erlassen.

(5) Die zuständigen Behörden übermitteln der ESMA alle Informationen, die sie gemäß diesem Artikel erhalten. Diese Informationen werden der ESMA spätestens 30 Tage nach Ende des Meldequartals übermittelt.

Die ESMA sammelt die Informationen zwecks Aufbaus einer zentralen Datenbank mit allen Geldmarktfonds, die in der Union gegründet, verwaltet oder vertrieben werden. Die Europäische Zentralbank hat das Recht, ausschließlich für statistische Zwecke auf diese Datenbank zuzugreifen.

In der Fassung vom 14.6.2017 (ABl. EU Nr. L 169 v. 30.6.2017, S. 8).

Für jeden Geldmarktfonds hat der Verwalter der zuständigen Behörde **abhängig von den verwalteten Vermögenswerten jährlich oder vierteljährlich (mehr als 100.000.000 Euro)** die in **Art. 37 Abs. 2 MMF-VO genannten Informationen** zu übermitteln. Bei Behördenverschiedenheit kann die ausschließlich für den Verwalter zuständige Behörde **auf Verlangen** dieselben Informationen erhalten. Darüberhinausgehende Informationen können die Behörden **im Einzelfall** erhalten, **soweit diese erforderlich**, i.e. zur Wahrnehmung der Aufsicht notwendig sind. Dies soll dazu dienen, dass die zuständigen Behörden Risiken erkennen, überwachen und auf diese angemessen reagieren können.[1] Art. 37 Abs. 3 MMF-VO enthält aus diesem Grunde **ereignisabhängige Informationspflichten** für LVNAV-Geldmarktfonds. 1

Die zuständigen Behörden **übermitteln ESMA spätestens 30 Tage nach Ende des Meldequartals** alle Informationen, die sie gemäß dieser Vorschrift erhalten. Diese errichtet eine Datenbank zur gemeinsamen Analyse des Geldmarktfondsmarktes in der EU.[2] 2

Die Kommission hat gemäß Art. 1 i.V.m. dem Anhang der Durchführungsverordnung (EU) 2018/708[3] eine einheitliche und verbindliche **Meldevorlage** erlassen. 3

Kapitel VIII
Aufsicht

Art. 38 Beaufsichtigung durch die zuständigen Behörden

(1) Die Einhaltung dieser Verordnung wird von den zuständigen Behörden laufend überwacht.

(2) Die für den Geldmarktfonds zuständige Behörde oder, falls zutreffend, die für den Geldmarktfondsverwalter zuständige Behörde ist dafür verantwortlich, die Einhaltung der Kapitel II bis VII zu überwachen.

(3) Die für den Geldmarktfonds zuständige Behörde ist dafür verantwortlich, die Einhaltung der in den Vertragsbedingungen oder in der Satzung des Fonds aufgeführten Verpflichtungen und der im

1 ErwGr. 51 MMF-VO.
2 Vgl. ErwGr. 51 MMF-VO.
3 Durchführungsverordnung (EU) 2018/708 der Kommission vom 17. April 2018 zur Festlegung technischer Durchführungsstandards in Bezug auf die Meldevorlage, die von Geldmarktfondsverwaltern für die nach Artikel 37 der Verordnung (EU) 2017/1131 des Europäischen Parlaments und des Rates durchzuführende Berichterstattung an die zuständigen Behörden zu verwenden ist, ABl. EU Nr. L 119 v. 15.5.2018, S. 5.

Prospekt aufgeführten Verpflichtungen zu überwachen, die mit dieser Verordnung übereinstimmen müssen.

(4) Die für den Geldmarktfondsverwalter zuständige Behörde ist dafür verantwortlich, die Angemessenheit der Regelungen und der Organisation des Geldmarktfondsverwalters zu überwachen, damit der Geldmarktfondsverwalter in der Lage ist, die Verpflichtungen und Vorschriften bezüglich der Zusammensetzung und Funktionsweise aller von ihm verwalteten Geldmarktfonds einzuhalten.

(5) Die zuständigen Behörden überwachen die in ihrem Hoheitsgebiet niedergelassenen oder vermarkteten OGAW und AIF, um sicherzustellen, dass diese OGAW oder AIF die Bezeichnung Geldmarktfonds nur führen und den Eindruck, ein Geldmarktfonds zu sein, nur erwecken, wenn sie den Bestimmungen dieser Verordnung entsprechen.

In der Fassung vom 14.6.2017 (ABl. EU Nr. L 169 v. 30.6.2017, S. 8).

1 Siehe Kommentierung zu Anh. zu § 338b: Art. 43 MMF-VO.

Art. 39 Befugnisse der zuständigen Behörden

Unbeschadet der Befugnisse, die den zuständigen Behörden gemäß der Richtlinie 2009/65/EG oder der Richtlinie 2011/61/EU übertragen wurden, haben die zuständigen Behörden im Einklang mit nationalen Rechtsvorschriften alle Aufsichts- und Ermittlungsbefugnisse, die für die Ausübung ihrer Funktionen im Rahmen dieser Verordnung erforderlich sind. Sie haben insbesondere die Befugnis,

a) Zugang zu Unterlagen aller Art in beliebiger Form zu fordern und Kopien davon zu erhalten oder anzufertigen;

b) einen Geldmarktfonds oder den Geldmarktfondsverwalter aufzufordern, unverzüglich Informationen zur Verfügung zu stellen;

c) von jeder mit den Tätigkeiten des Geldmarktfonds oder des Geldmarktfondsverwalters in Verbindung stehenden Person Auskünfte zu verlangen;

d) angekündigte und unangekündigte Ermittlungen vor Ort durchzuführen;

e) geeignete Maßnahmen zu ergreifen, damit ein Geldmarktfonds oder ein Geldmarktfondsverwalter die Anforderungen dieser Verordnung unverändert erfüllt;

f) eine Anordnung zu erlassen, damit ein Geldmarktfonds oder ein Geldmarktfondsverwalter diese Verordnung einhält und davon absieht, jegliches Verhalten zu wiederholen, das im Widerspruch zu dieser Verordnung stehen könnte.

In der Fassung vom 14.6.2017 (ABl. EU Nr. L 169 v. 30.6.2017, S. 8).

1 Siehe Kommentierung zu Anh. zu § 338b: Art. 43 MMF-VO.

Art. 40 Sanktionen und andere Maßnahmen

(1) Die Mitgliedstaaten legen Vorschriften für Sanktionen und andere Maßnahmen fest, die bei Verstößen gegen diese Verordnung verhängt werden, und ergreifen die erforderlichen Maßnahmen, um deren Durchsetzung sicherzustellen. Die Sanktionen und anderen Maßnahmen müssen wirksam, verhältnismäßig und abschreckend sein.

(2) Bis zum 21. Juli 2018 unterrichten die Mitgliedstaaten die Kommission und die ESMA über die in Absatz 1 genannten Vorschriften. Sie setzen die Kommission und die ESMA unverzüglich über jede nachfolgende Änderung dieser Vorschriften in Kenntnis.

In der Fassung vom 14.6.2017 (ABl. EU Nr. L 169 v. 30.6.2017, S. 8).

1 Siehe Kommentierung zu Anh. zu § 338b: Art. 43 MMF-VO.

Art. 41 Besondere Maßnahmen

(1) Unbeschadet der Befugnisse, die den zuständigen Behörden gemäß der Richtlinie 2009/65/EG oder der Richtlinie 2011/61/EU übertragen wurden, ergreift die zuständige Behörde eines Geldmarktfonds oder Geldmarktfondsverwalters unter Beachtung des Grundsatzes der Verhältnismäßigkeit die angemessenen Maßnahmen gemäß Absatz 2, wenn ein Geldmarktfonds oder ein Geldmarktfondsverwalter

a) unter Verstoß gegen Artikel 9 bis 16 eine der Anforderungen bezüglich der Zusammensetzung der Vermögenswerte nicht erfüllt;

b) unter Verstoß gegen Artikel 17, 18, 24 oder 25 eine der Anforderungen bezüglich des Portfolios nicht erfüllt;

c) unter Verstoß gegen Artikel 4 oder 5 die Zulassung aufgrund falscher Angaben oder durch andere irreguläre Mittel erhalten hat;

d) unter Verstoß gegen Artikel 6 die Bezeichnung „Geldmarktfonds" oder eine andere Bezeichnung verwendet, die den Eindruck erweckt, dass ein OGAW oder AIF ein Geldmarktfonds ist;

e) unter Verstoß gegen Artikel 19 oder 20 eine der Anforderungen bezüglich der internen Bewertung der Kreditqualität nicht erfüllt;

f) unter Verstoß gegen Artikel 21, 23, 26, 27, 28 oder 36 eine der Anforderungen bezüglich der Geschäftsführung, Dokumentation oder Transparenz nicht erfüllt;

g) unter Verstoß gegen Artikel 29, 30, 31, 32, 33 oder 34 eine der Anforderungen bezüglich der Bewertung nicht erfüllt;

(2) In den in Absatz 1 genannten Fällen muss die zuständige Behörde des Geldmarktfonds gegebenenfalls

a) Maßnahmen ergreifen, damit der betroffene Geldmarktfonds oder Geldmarktfondsverwalter die entsprechenden Bestimmungen erfüllt;

b) eine gemäß Artikel 4 oder 5 erteilte Zulassung entziehen.

In der Fassung vom 14.6.2017 (ABl. EU Nr. L 169 v. 30.6.2017, S. 8).

Siehe Kommentierung zu Anh. zu § 338b: Art. 43 MMF-VO. 1

Art. 42 Befugnisse und Zuständigkeiten der ESMA

(1) Die ESMA erhält die notwendigen Befugnisse, um die Aufgaben, die ihr mit dieser Verordnung übertragen werden, zu erfüllen.

(2) Die Befugnisse der ESMA gemäß der Richtlinie 2009/65/EG und der Richtlinie 2011/61/EU werden auch in Bezug auf diese Verordnung und im Einklang mit der Verordnung (EG) Nr. 45/2001 ausgeübt.

(3) Für die Zwecke der Verordnung (EU) Nr. 1095/2010 gehört die vorliegende Verordnung zu den in Artikel 1 Absatz 2 der Verordnung (EU) Nr. 1095/2010 genannten weiteren verbindlichen Rechtsakten der Union, durch die der Behörde Aufgaben übertragen werden.

In der Fassung vom 14.6.2017 (ABl. EU Nr. L 169 v. 30.6.2017, S. 8).

Siehe Kommentierung zu Anh. zu § 338b: Art. 43 MMF-VO. 1

Art. 43 Zusammenarbeit von Behörden

(1) Sofern nicht identisch, arbeiten die für den Geldmarktfonds zuständige Behörde und die für den Geldmarktfondsverwalter zuständige Behörde zusammen und tauschen Informationen aus, um ihre Aufgaben im Rahmen dieser Verordnung zu erfüllen.

(2) Die zuständigen Behörden und die ESMA arbeiten zusammen, um ihre jeweiligen Aufgaben im Rahmen dieser Verordnung im Einklang mit der Verordnung (EU) Nr. 1095/2010 zu erfüllen.

(3) Die zuständigen Behörden und die ESMA tauschen sämtliche Informationen und Unterlagen aus, die notwendig sind, um ihre jeweiligen Aufgaben im Rahmen dieser Verordnung im Einklang mit der Verordnung (EU) Nr. 1095/2010 zu erfüllen, insbesondere um Verstöße gegen diese Verordnung festzustellen und abzustellen. Die gemäß dieser Verordnung für die Zulassung oder Beaufsichtigung von Geldmarktfonds zuständigen Behörden der Mitgliedstaaten übermitteln den zuständigen Behörden anderer Mitgliedstaaten Informationen, soweit diese Informationen von Bedeutung dafür sind, die potenziellen Auswirkungen der Tätigkeit einzelner oder aller Geldmarktfonds auf die Stabilität systemrelevanter Finanzinstitute und das ordnungsgemäße Funktionieren der Märkte, auf denen Geldmarktfonds tätig sind, zu überwachen und darauf zu reagieren. Die ESMA und der Europäische Ausschuss für Systemrisiken (ESRB) werden ebenfalls unterrichtet und leiten diese Informationen an die zuständigen Behörden der anderen Mitgliedstaaten weiter.

(4) Auf der Grundlage der von den nationalen zuständigen Behörden gemäß Artikel 37 Absatz 5 übermittelten Informationen erstellt die ESMA im Einklang mit den ihr gemäß der Verordnung (EU) Nr. 1095/2010 übertragenen Befugnissen einen Bericht an die Kommission im Hinblick auf die Überprüfung gemäß Artikel 46 der vorliegenden Verordnung.

In der Fassung vom 14.6.2017 (ABl. EU Nr. L 169 v. 30.6.2017, S. 8).

1 Art. 38 MMF-VO regelt die Aufsicht über Geldmarktfonds. Die für den Geldmarktfonds zuständige Behörde (Art. 2 Nr. 17 MMF-VO) oder die für den Geldmarktfondsverwalter zuständige Behörde[1] haben die Einhaltung der Vorschriften über die Anlagepolitik (Art. 8 ff. MMF-VO), der Pflichten in Bezug auf das Risikomanagement (Art. 24 ff. MMF-VO) und der Bewertungsgrundsätze (Art. 29 ff. MMF-VO) zu überwachen. Darüber hinaus hat die für den Geldmarktfonds zuständige Behörde (Art. 2 Nr. 17 MMF-VO) die Einhaltung der sich aus den Vertragsbedingungen, der Satzung und des Prospekts ergebenden Verpflichtungen zu überwachen. Die für den Geldmarktfondsverwalter zuständige Behörde überprüft fortlaufend dessen interne Organisation. Art. 38 Abs. 5 MMF-VO ist das aufsichtsrechtliche Korrelat zu Art. 6 MMF-VO.

2 Art. 39 Satz 2 MMF-VO gibt den zuständigen Behörden einen unmittelbar anwendbaren Mindestkatalog an Aufsichts- und Ermittlungsbefugnissen an die Hand. Dieser tritt neben die Befugnisse in Art. 98 OGAW-RL und Art. 46 AIFM-RL.

3 Art. 40 MMF-VO überlässt es weitgehend den Mitgliedstaaten wirksame, verhältnismäßige und abschreckende Sanktionen zu ergreifen. Unter den Voraussetzungen des Art. 41 MMF-VO hat die zuständige Behörde Maßnahmen zu treffen, zu denen z.B. auch die Entziehung der Zulassung gehören kann.

4 Art. 42 MMF-VO regelt Befugnisse und Zuständigkeiten der ESMA. Art. 43 MMF-VO enthält Bestimmungen zur Zusammenarbeit der nationalen Behörden untereinander sowie zur Zusammenarbeit mit ESMA. Dies wird insbesondere relevant, wenn für Geldmarktfonds und Geldmarktfondsverwalter verschiedene Behörden zuständig sind.

Kapitel IX
Schlussbestimmungen

Art. 44 Verfahren bei bestehenden OGAW und AIF

(1) Bis zum 21. Januar 2019 übermittelt ein bereits bestehender OGAW oder AIF, der in kurzfristige Vermögenswerte investiert und als Einzelziele oder kumulative Ziele auf geldmarktsatzkonforme Renditen oder Wertbeständigkeit der Anlage abstellt, der für den Geldmarktfonds zuständigen Behörde einen Antrag samt allen Unterlagen und Belegen, die erforderlich sind, um die Konformität mit dieser Verordnung nachzuweisen.

(2) Spätestens zwei Monate nach Erhalt des vollständigen Antrags bewertet die für den Geldmarktfonds zuständige Behörde nach Maßgabe der Artikel 4 und 5, ob der OGAW bzw. der AIF die Anfor-

1 Die Zuständigkeit ergibt sich aus dem (nationalen) umgesetzten Richtlinienrecht.

derungen dieser Verordnung erfüllt. Die für den Geldmarktfonds zuständige Behörde erlässt einen Beschluss und bringt ihn dem OGAW bzw. dem AIF umgehend zur Kenntnis.

In der Fassung vom 14.6.2017 (ABl. EU Nr. L 169 v. 30.6.2017, S. 8).

Siehe Kommentierung zu Anh. zu § 338b: Art. 47 MMF-VO. 1

Art. 45 Ausübung der Befugnisübertragung

(1) Die Befugnis zum Erlass delegierter Rechtsakte wird der Kommission unter den in diesem Artikel festgelegten Bedingungen übertragen.

(2) Die Befugnis zum Erlass delegierter Rechtsakte gemäß den Artikeln 11, 15 und 22 wird der Kommission auf unbestimmte Zeit ab dem Datum des Inkrafttretens dieser Verordnung übertragen.

(3) Die Befugnisübertragung gemäß den Artikeln 11, 15 und 22 kann vom Europäischen Parlament oder vom Rat jederzeit widerrufen werden. Der Beschluss über den Widerruf beendet die Übertragung der in diesem Beschluss angegebenen Befugnis. Er wird am Tag nach seiner Veröffentlichung im Amtsblatt der Europäischen Union oder zu einem im Beschluss über den Widerruf angegebenen späteren Zeitpunkt wirksam. Die Gültigkeit von delegierten Rechtsakten, die bereits in Kraft sind, wird von dem Beschluss über den Widerruf nicht berührt.

(4) Vor dem Erlass eines delegierten Rechtsakts konsultiert die Kommission die von den einzelnen Mitgliedstaaten benannten Sachverständigen im Einklang mit den in der Interinstitutionellen Vereinbarung vom 13. April 2016 über bessere Rechtsetzung enthaltenen Grundsätzen.

(5) Sobald die Kommission einen delegierten Rechtsakt erlässt, übermittelt sie ihn gleichzeitig dem Europäischen Parlament und dem Rat.

(6) Die delegierte Rechtsakte, die gemäß den Artikeln 11, 15 und 22 erlassen wurden, treten nur in Kraft, wenn weder das Europäische Parlament noch der Rat innerhalb einer Frist von zwei Monaten nach Übermittlung dieses Rechtsakts an das Europäische Parlament und den Rat Einwände erhoben haben oder wenn vor Ablauf dieser Frist das Europäische Parlament und der Rat beide der Kommission mitgeteilt haben, dass sie keine Einwände erheben werden. Auf Initiative des Europäischen Parlaments oder des Rates wird diese Frist um zwei Monate verlängert.

In der Fassung vom 14.6.2017 (ABl. EU Nr. L 169 v. 30.6.2017, S. 8).

Siehe Kommentierung zu Anh. zu § 338b: Art. 47 MMF-VO. 1

Art. 46 Überprüfung

(1) Bis zum 21. Juli 2022 überprüft die Kommission die Angemessenheit dieser Verordnung unter aufsichtlichen und wirtschaftlichen Gesichtspunkten im Anschluss an Konsultationen mit der ESMA und, falls angezeigt, dem ESRB, unter anderem zu der Frage, ob die Regelungen für CNAV-Geldmarktfonds für öffentliche Schuldtitel und LVNAV-Geldmarktfonds zu ändern sind.

(2) Bei dieser Überprüfung werden insbesondere folgende Maßnahmen getroffen:

a) Die bei der Anwendung dieser Verordnung gewonnenen Erfahrungen und die Auswirkungen auf Anleger, Geldmarktfonds und die Geldmarktfondsverwalter in der Union werden analysiert;

b) die Bedeutung von Geldmarktfonds beim Kauf von Schuldtiteln, die von den Mitgliedstaaten emittiert oder garantiert werden, wird bewertet;

c) die besonderen Merkmale von Schuldtiteln, die von den Mitgliedstaaten emittiert oder garantiert werden, und die Bedeutung dieser Schuldtitel bei der Finanzierung der Mitgliedstaaten werden berücksichtigt;

d) dem Bericht gemäß Artikel 509 Absatz 3 der Verordnung (EU) Nr. 575/2013 wird Rechnung getragen;

e) die Auswirkungen dieser Verordnung auf die Märkte für kurzfristige Finanzierungen werden berücksichtigt;

f) den Entwicklungen bei der Regulierung auf internationaler Ebene Rechnung wird getragen.

Bis zum 21. Juli 2022 legt die Kommission einen Bericht darüber vor, ob eine Quote von 80 % öffentlicher EU-Schuldtitel eingeführt werden kann. Bei diesem Bericht wird die Verfügbarkeit kurzfristiger öffentlicher EU-Schuldinstrumente berücksichtigt und bewertet, ob LVNAV-Geldmarktfonds möglicherweise eine angemessene Alternative zu CNAV-Geldmarktfonds für öffentliche Schuldtitel von Staaten außerhalb der Union sind. Falls die Kommission in dem Bericht zu dem Schluss kommt, dass die Einführung einer Quote von 80 % öffentlichen EU-Schuldtiteln und das Auslaufen von CNAV-Geldmarktfonds für öffentliche Schuldtitel, die einen unbegrenzten Anteil an öffentlichen Schuldtiteln von Staaten außerhalb der Union enthalten, nicht machbar sind, so sollte sie dies begründen. Falls die Kommission zu dem Schluss kommt, dass die Einführung einer Quote von 80 % öffentlichen EU-Schuldtiteln machbar ist, so kann sie Gesetzgebungsvorschläge für die Einführung einer solchen Quote vorlegen, der zufolge mindestens 80 % der Vermögenswerte von CNAV-Geldmarktfonds für öffentliche Schuldtitel in öffentliche Schuldinstrumente von EU-Staaten investiert werden müssen. Außerdem kann die Kommission, falls sie zu dem Schluss kommt, dass LVNAV-Geldmarktfonds zu einer angemessenen Alternative für CNAV-Geldmarktfonds für öffentliche Schuldtitel von Staaten außerhalb der EU geworden sind, geeignete Vorschläge vorlegen, um die Ausnahmeregeln für CNAV-Geldmarktfonds für öffentliche Schuldtitel vollständig zu beseitigen.

Die Ergebnisse der Überprüfung werden dem Europäischen Parlament und dem Rat, erforderlichenfalls mit geeigneten Änderungsvorschlägen, übermittelt.

In der Fassung vom 14.6.2017 (ABl. EU Nr. L 169 v. 30.6.2017, S. 8).

1 Siehe Kommentierung zu Anh. zu § 338b: Art. 47 MMF-VO.

Art. 47 Inkrafttreten

Diese Verordnung tritt am zwanzigsten Tag nach ihrer Veröffentlichung im Amtsblatt der Europäischen Union in Kraft.

Sie gilt ab dem 21. Juli 2018, ausgenommen Artikel 11 Absatz 4, Artikel 15 Absatz 7, Artikel 22 und Artikel 37 Absatz 4, die ab dem 20. Juli 2017 gelten.

In der Fassung vom 14.6.2017 (ABl. EU Nr. L 169 v. 30.6.2017, S. 8).

1 Die Art. 44 ff. MMF-VO enthalten Schluss- und Übergangsvorschriften. Zum Konformitätsverfahren für OGAW und AIF, die bei Inkrafttreten der MMF-VO Geldmarktfonds-Merkmale aufweisen s. Anh. zu § 338b: Art. 4 MMF-VO Rz. 5, 6.

2 Art. 45 MMF-VO regelt die Befugnis der Kommission zum Erlass delegierter Rechtsakte. Die Kommission hat mit Erlass der Delegierten Verordnung (EU) 2018/990[1] von der Rechtsetzungsbefugnis Gebrauch gemacht. Näher Anh. zu § 338b: Art. 1 MMF-VO Rz. 13 f.

3 Art. 46 MMF-VO regelt die Überprüfung der bestehenden Verordnung durch die Kommission. ESMA erstellt hierfür anhand der gem. Art. 37 Abs. 5 MMF-VO übermittelten Informationen einen umfassenden Bericht, Art. 43 Abs. 4 MMF-VO.

1 Delegierte Verordnung (EU) 2018/990 der Kommission vom 10. April 2018 zur Änderung und Ergänzung der Verordnung (EU) 2017/1131 des Europäischen Parlaments und des Rates in Bezug auf einfache, transparente und standardisierte (STS-) Verbriefungen und forderungsgedeckte Geldmarktpapiere (ABCP), Anforderungen an im Rahmen von umgekehrten Pensionsgeschäften entgegengenommene Vermögenswerte und Methoden zur Bewertung der Kreditqualität, ABl. EU Nr. L 177 v. 13.7.2018, S. 1.

Kapitel 8
Straf-, Bußgeld- und Übergangsvorschriften
Abschnitt 1
Straf- und Bußgeldvorschriften
Vorbemerkungen vor §§ 339 ff.

Schrifttum: *Ahlbrecht*, Banken im strafrechtlichen Regulierungsfokus – Trennbankengesetz und Steuerhinterziehungsinstitute, BKR 2014, 98; *Becker/Canzler*, Die WpHG-Bußgeldleitlinien der BaFin – Eine Übersicht unter Berücksichtigung erster praktischer Erfahrungen, NZG 2014, 1090; *Bittmann*, Praxishandbuch Insolvenzstrafrecht, 2. Aufl. 2017; *Boxberger*, Regulierung „light" unter dem KAGB-Regime, GWR 2013, 415; *Brand*, Legitimität des Insolvenzstrafrechts – Zur Strafwürdigkeit der Insolvenzdelikte angesichts der Finanzkrise, KTS 2012, 195; *von Buttlar*, Die Stärkung der Aufsichts- und Sanktionsbefugnisse im EU-Kapitalmarktrecht: ein neues „field of dreams" für Regulierer?, BB 2014, 451; *von Buttlar*, Erstes Finanzmarktnovellierungsgesetz: Die neuen Vorschriften im Wertpapierhandelsgesetz, BaFin Journal Juli 2016, 18; *von Buttlar/Hammermaier*, Non semper temeritas est felix: Was bedeutet Leichtfertigkeit im Kapitalmarktrecht?, ZBB 2017, 1; *Canzler/Hammermaier*, Die Verfolgung und Ahndung wertpapierrechtlicher Delinquenz durch die Wertpapieraufsicht der BaFin: Das kapitalmarktrechtliche Bußgeldverfahren, AG 2014, 57; *Cichy/Cziupka/Wiersch*, Voraussetzungen der Strafbarkeit der Geschäftsleiter von Kreditinstituten nach § 54a KWG n.F., NZG 2013, 846; *Cordes/Reichling*, Grenzen ordnungswidrigkeitenrechtlicher Sanktionierung bei Verbandsgeldbußen, NJW 2015, 1335; *Dreher*, Die kartellrechtliche Bußgeldverantwortlichkeit von Vorstandsmitgliedern. Vorstandshandeln zwischen aktienrechtlichem Legalitätsprinzip und kartellrechtlicher Unsicherheit, in FS Konzen, 2007, S. 85; *Eckhold*, Privatrechtliche Konsequenzen unerlaubter Investmentgeschäfte, ZBB 2016, 102; *Engelhart*, Sanktionierung von Unternehmen und Compliance, 2. Aufl. 2012; *Eidam*, Auswirkung und Stellenwert strafrechtlicher Expertengutachten auf die Anwendbarkeit von § 17 StGB in wirtschaftsstrafrechtlichen Fallkonstellationen, ZStW 2015, 120; *Emde/Dreibus*, Der Regierungsentwurf für ein Kapitalanlagegesetzbuch, BKR 2013, 89; *Enderle*, Blankettstrafgesetze, 2000; *Engländer*, Die Debatte über das Rechtsgüterschutzprinzip im deutschen Strafrecht, ZStW 2015, 616; *Erbs/Kohlhaas* (Hrsg.), Strafrechtliche Nebengesetze (Loseblatt), 218. ErgLfg., 2018; *Esser/Rübenstahl/Saliger/Tsambikakis* (Hrsg.), Wirtschaftsstrafrecht, 2017 (zitiert als: E/R/S/T); *Feigen*, Strafjustiz durch die Bafin?, in Arbeitsgemeinschaft Strafrecht des Deutschen Anwaltsvereins (Hrsg.), Strafverteidigung im Rechtsstaat, 2009, S. 466; *Fischer*, StGB, 65. Aufl. 2018; *Fleischer*, Regresshaftung von Geschäftsleitern wegen Verbandsgeldbußen, DB 2014, 345; *Freitag/Fürbaß*, Wann ist Fonds eine Investmentgesellschaft?, ZGR 2016, 729; *Fromm*, Überblick über aktuelle Streitfragen und neue Rechtsprechung zum Verfall im Ordnungswidrigkeitenrecht, § 29a OWiG, SVR 2013, 454; *Gaede*, Der unvermeidbare Verbotsirrtum des anwaltlich beratenen Bürgers – eine Chimäre?, HRRS 2013, 449; *Graf/Jäger/Wittig* (Hrsg.), Wirtschafts- und Steuerstrafrecht, 2. Aufl. 2017; *Hamm*, Richten mit und über Strafrecht, NJW 2016, 1537; *Hamm*, Die Juristische Person auf der Anklagebank – Was wird aus der Hauptverhandlung im Verbandsstrafrecht?, in Jahn/Schmitt-Leonardy/Schoop (Hrsg.), Das Unternehmensstrafrecht und seine Alternativen, 2016, S. 185; *Henssler/Hoven/Kubiciel/Weigend*, Kölner Entwurf eines Verbandssanktionengesetzes, NZWiSt 2018, 1; *Hohnel*, Kapitalmarktstrafrecht, 2013; *Joecks/Miebach* (Hrsg), Münchener Kommentar zum StGB, Band 1, 3. Aufl. 2017; *Kirch-Heim/Samson*, Vermeidung der Strafbarkeit durch Einholung juristischer Gutachten, wistra 2008, 81; *Klinger*, Die zentrale Strafnorm des Investmentrechts gem. § 339 KAGB, NZWiSt 2014, 370; *Köndgen*, Systembrüche im Kapitalanlagegesetzbuch, in FS Baums, Bd. I, 2017, S. 707; *Köndgen/Schmies*, Die Neuordnung des deutschen Investmentrechts, WM 2004 Sonderbeilage 1, 1; *Krenberger/Krumm*, OWiG, 5. Aufl. 2018; *Kubiciel*, Freiheit, Institutionen, abstrakte Gefährdungsdelikte: Ein neuer Prototyp des Wirtschaftsstrafrechts?, in Kempf/Lüderssen/Volk (Hrsg.), Strafverfolgung in Wirtschaftsstrafsachen, 2015, S. 158; *Kubiciel*, Die deutschen Unternehmensgeldbußen: Ein nicht wettbewerbsfähiges Modell und seine Alternativen, NZWiSt 2016, 178; *Kudlich*, Die Relevanz der Rechtsguttheorie im modernen Verfassungsstaat, ZStW 2015, 635; *Kutschaty*, Deutschland braucht ein Unternehmensstrafrecht, ZRP 2013, 74; *Laufhütte/Rissing-van Saan/Tiedemann*, Leipziger Kommentar zum StGB (zitiert als LK-StGB), Band 1, 12. Aufl. 2007; *Leitner/Rosenau* (Hrsg.), Wirtschafts- und Steuerstrafrecht, 2017; *Mansdörfer*, Finanz- und Kapitalmarktstrafrecht 4.0 – von der nach wie vor akuten Steuerungsmisere zu einer integrierten Finanz- und Kapitalmarktgovernance, in Kempf/Lüderssen/Volk (Hrsg.), Unternehmenskultur und Wirtschaftsstrafrecht, 2015; *Meyer*, Europäisches Wirtschaftsrecht – die praktische Bedeutung des Europäischen Rechts für das geltende Wirtschaftsrecht (Teil 1), wistra 2017, 209; *Mitsch* (Hrsg.), Karlsruher Kommentar zum Gesetz über Ordnungswidrigkeiten, 5. Aufl. 2018; *Momsen/Grützner* (Hrsg.), Wirtschaftsstrafrecht, 1. Aufl. 2013; *Nestler*, Gilt für die Vermeidbarkeit des Verbotsirrtums ein „strengerer" Maßstab als für die Tatfahrlässigkeit?, Jura 2015, 562; *Park* (Hrsg.), Kapitalmarktstrafrecht, 4. Aufl. 2017; *Peglau*, Konkurrenzfragen des § 54 KWG, wistra 2002, 292; *Pelz*, Verfall bei Handeln ohne behördliche Genehmigung, in FS Imme Roxin, 2012, S. 181; *Pflaum*, Zur steuerstraf- und ordnungswidrigkeitenrechtlichen Relevanz von „Cum-/Ex-Geschäften", StBp 2015, 185; *Ransiek*, Betreiben, Ausführen, Herstellen – § 327 StGB und anderer Tatbestände des Wirtschaftsstrafrechts, in FS Widmaier, 2008, S. 725; *Raum*, Vorteilsabschöpfung im Kartellrecht – Viele Wege zu einem Ziel, in FS G. Hirsch, 2008, 301; *Renz/Leibold*, Die neuen strafrechtlichen Sanktionsregelungen im Kapitalmarktrecht, CCZ 2016, 157; *Rinjes*, Die Irrtumsproblematik beim Betreiben von Bankgeschäften ohne Erlaubnis gem. § 54 Abs. 1 Nr. 2 KWG, wistra 2015, 7; *Saliger/von Saucken/Graf*, Strafgesetzgebung als Fehlerquelle, ZRP 2016, 54; *Schall*, Allgemein- und Sonderdelikte: Versuch der Abgrenzung im Umweltstrafrecht, in FS Schöch, 2010, S. 619; *Schönke/Schröder*, Strafgesetzbuch, 29. Aufl. 2014; *Schork/Groß* (Hrsg.), Bankstrafrecht, 2013; *Schröder*, Handbuch Kapitalmarktstrafrecht, 3. Aufl. 2015; *Schröder*, Zur Straflosigkeit der Insolvenzverschleppung durch den faktischen Geschäftsführer gemäß § 15a Abs. 4 InsO, in FS Beulke, 2015, S. 535; *Schünemann*, Der Kampf ums Verbandsstrafrecht in dritter Neuauflage, der „Kölner Entwurf eines Verbandssanktionengesetzes" und die Verwandlung von Kuratoren in Monitore – much ado about something, StraFo 2018, 317; *Schuster*, Das Verhältnis von Strafnormen und Bezugsnormen aus anderen Rechtsgebieten, 2012; *Veil*, Sanktionsrisiken für Emittenten und Geschäftsleiter im Kapitalmarktrecht, ZGR 2016, 305; *Vogel*, Wertpapierhandelsstrafrecht – Vorschein eines neuen Strafrechtsmodells?, in FS Jakobs, 2007, S. 731; *Volk*, Münchener Handbuch zum Wirtschafts- und Steuerstrafrecht, 2. Aufl. 2014; *Wabnitz/Janovsky* (Hrsg.), Handbuch des Wirtschafts- und Steuerstrafrechts, 4. Aufl. 2014; *Wegner*, Insolvenzstrafrechtliche Besonderheiten für Akteure auf dem Finanz- und Kapitalmarkt, HRRS 2012, 68; *Weiß*, Strafrechtliche Risiken des unerlaubten Erbringens von Zahlungsdiensten, WM 2016, 1774; *Zetzsche/Preiner*, Was ist ein AIF, WM 2013, 2101.

I. Unionsrechtlicher Hintergrund

1 Die verschiedenen europäischen Rechtsakte betreffend AIFM und OGAW, durch die das Recht der Investmentfonds weitgehend europäisch harmonisiert ist, sehen derzeit lediglich eine unionsrechtliche Verpflichtung zur Schaffung von verwaltungsrechtlichen Sanktionen vor, die „*wirksam, verhältnismäßig und abschreckend*" sein müssen.[1] Hingegen folgt aus dem relevanten Unionsrecht **keine zwingende Pflicht zur Schaffung von Straftatbeständen**, durch die Verstöße mit Kriminalstrafe bewehrt werden.[2] Die Mitgliedstaaten haben vielmehr ein **Wahlrecht**, ob sie neben den unionsrechtlich zwingend vorgeschriebenen Verwaltungssanktionen auch strafrechtliche Sanktionen schaffen und, falls ja, ob diese alternativ oder kumulativ neben den verwaltungsrechtlichen Sanktionen stehen sollen. In Ziff. 36 der Erwägungen der OGAW V-RL heißt es demzufolge, dass „die Mitgliedstaaten nicht verpflichtet sein [sollten], sowohl verwaltungsrechtliche Sanktionen als auch strafrechtliche Sanktionen für die gleichen Verstöße zu verhängen, [...] dies aber tun [könnten], wenn ihr nationales Recht dies erlaubt." Dabei dürfe die Aufrechterhaltung strafrechtlicher Sanktionen anstelle von verwaltungsrechtlichen Sanktionen „jedoch nicht die Möglichkeiten der zuständigen Behörden einschränken oder in anderer Weise beeinträchtigen, sich für die Zwecke dieser Richtlinie rechtzeitig mit den zuständigen Behörden in einem anderen Mitgliedstaate ins Benehmen zu setzen, um mit ihnen zusammenzuarbeiten, Zugang zu ihren Informationen zu erhalten oder mit diesen zuständigen Behörden Informationen auszutauschen, und zwar auch dann, wenn die zuständigen Justizbehörden bereits mit der strafrechtlichen Verfolgung der betreffenden Verstöße befasst wurden." Ferner dürfe die Wahlmöglichkeit, anstelle der verwaltungsrechtlichen Sanktionen oder zusätzlich zu diesen strafrechtliche Sanktionen verhängen, „nicht dazu dienen, die in dieser Richtlinie vorgesehene Sanktionsregelung zu umgehen." Somit würde ein Sanktionsregime, das auf spürbaren (und tatsächlich durchgesetzten) Geldbußen beruht, den unionsrechtlichen Anforderungen prinzipiell genügen. Konkret folgt daraus, dass die Bußgeldvorschrift des § 340 KAGB unionsrechtlich geboten ist, nicht aber die Strafvorschrift des § 339 KAGB.

II. Verfassungsrechtlicher Hintergrund

2 Bei § 339 KAGB handelt es sich um ein sog. **Blankettstrafgesetz**. Hierunter versteht man ein förmliches Gesetz ohne einen autonomen strafrechtlichen Unrechtskern, in dem (nur) Art und Maß der Strafe bestimmt und im Übrigen angeordnet ist, dass diese Strafe denjenigen trifft, der eine durch das Blankett ausfüllende Vorschriften festgesetzte Unterlassungs- oder Handlungspflicht verletzt. Somit ergeben erst Blankettvorschrift und das sie ausfüllende Gebot oder Verbot (hier: § 20 bzw. § 44 KAGB) die Vollvorschrift.[3]

1 Vgl. Art. 48 AIFM-RL, Art. 99, 99a OGAW-RL (in der durch die OGAW V-RL geänderten Fassung).

2 Anders nunmehr im Bereich des Wertpapierhandelsrechts, wo die Mitgliedstaaten durch die Marktmissbrauchs-RL zur Schaffung strafrechtlicher Sanktionen bei Insider-Geschäften, unrechtmäßiger Offenlegung von Insiderinformationen und Marktmanipulation bis zum 3.7.2016 verpflichtet sind.

3 *Fischer*, § 1 StGB Rz. 9 f.; *Eser/Hecker* in Schönke/Schröder, Vor § 1 StGB Rz. 3; ausf. zum Phänomen der Blankettnorm *Enderle*, Blankettstrafgesetze, 2000; *Schuster*, Das Verhältnis von Strafnormen und Bezugsnormen aus anderen Rechtsgebieten, 2012.

Blankettstrafgesetze sind heute im Wirtschafts- und Nebenstrafrecht weit verbreitet und begegnen als solche keinen verfassungsrechtlichen Bedenken, sofern sich aus der Gesamtschau mit den (ebenfalls gesetzlichen) Ausfüllungsnormen hinreichend klar entnehmen lässt, bei welchem konkreten Verhalten der Adressat Strafe riskiert.[4] Nach der ständigen Rechtsprechung des BVerfG unterliegen bei Blankettstrafgesetzen neben der eigentlichen Strafnorm auch die sie ausfüllenden Vorschriften den sich aus Art. 103 Abs. 2 GG ergebenden Anforderungen.[5] Hierzu gehört namentlich das **Bestimmtheitsgebot**, das den Gesetzgeber verpflichtet, wesentliche Fragen der Strafwürdigkeit oder Straffreiheit im demokratisch-parlamentarischen Willensbildungsprozess zu klären und die Voraussetzungen der Strafbarkeit so konkret zu umschreiben, dass Tragweite und Anwendungsbereich der Straftatbestände zu erkennen sind und sich durch Auslegung ermitteln lassen.[6] Das Bestimmtheitsgebot verlangt, den Wortlaut von Strafnormen so zu fassen, dass die Normadressaten im Regelfall bereits anhand des Wortlauts der gesetzlichen Vorschrift voraussehen können, ob ein Verhalten strafbar ist oder nicht.[7] Blankettstrafgesetze genügen dem Bestimmtheitsgebot nur dann, wenn die Voraussetzungen der Strafbarkeit entweder im Blankettstrafgesetz selbst oder in einem anderen, in Bezug genommenen Gesetz hinreichend deutlich umschrieben sind.[8] 3

Allerdings muss der Gesetzgeber auch im Strafrecht in der Lage bleiben, der Vielgestaltigkeit des Lebens Herr zu werden.[9] Das Bestimmtheitsgebot bedeutet deshalb nicht, dass der Gesetzgeber gezwungen wäre, sämtliche Straftatbestände ausschließlich mit unmittelbar in ihrer Bedeutung für jedermann erschließbaren deskriptiven Tatbestandsmerkmalen zu umschreiben. Es schließt die Verwendung wertausfüllungsbedürftiger Begriffe bis hin zu Generalklauseln im Strafrecht nicht von vornherein aus. Der Gesetzgeber kann Tatbestände auch so ausgestalten, dass zu ihrer Auslegung auf **außerstrafrechtliche Vorschriften** zurückgegriffen werden muss. Dies führt, soweit es sich nicht um Normen zur Ausfüllung eines strafrechtlichen Blanketts handelt, nicht dazu, dass auch die betreffenden außerstrafrechtlichen Vorschriften am Bestimmtheitsgebot des Art. 103 Abs. 2 GG zu messen wären.[10] Darüber hinaus hat das BVerfG in ständiger Rechtsprechung bekräftigt, dass die Beurteilung der Frage, ob der Tatbestand einer Strafnorm i.S.d. Art. 103 Abs. 2 GG „gesetzlich bestimmt" ist, auch davon abhängen kann, an welchen Kreis von Adressaten sich die Vorschrift wendet.[11] 4

Gegen die Verfassungsmäßigkeit des § 339 Abs. 1 KAGB bestehen danach im Ergebnis (noch) keine durchgreifenden Bedenken. Zwar mögen sich die unübersichtlichen Verweisungskaskaden nur noch dem Fachmann erschließen und sich Strafbarkeitsrisiken für den Bürger nicht mit dem „einfachen Blick" in das Gesetz erkennen lassen, was letztlich auch die Strafjustiz an ihre Leistungsgrenzen bringen und zu einer beschränkten Justitiabilität der Strafvorschrift führen könnte. Gleichwohl sind im Wirtschafts(straf)recht weder „Innenverweisungen" innerhalb eines Gesetzes (z.B. bei § 339 Abs. 1 Nr. 1 KAGB auf § 20 Abs. 1 Satz 1 KAGB) noch „Außenverweisungen" auf andere Gesetze (z.B. bei § 339 Abs. 2 KAGB auf § 43 Abs. 1 KAGB und von dort auf § 46b Abs. 1 Satz 1 KWG) per se ungewöhnlich oder gar prinzipiell verfassungsrechtlich zu beanstanden.[12] 5

Auch Bedenken in Hinblick auf den **Verhältnismäßigkeitsgrundsatz** und das *ultima ratio*-Prinzip dürften im Ergebnis nicht durchschlagen. Zwar handelt es sich bei § 339 Abs. 1 KAGB um einen Fall der Bestrafung 6

4 BVerfG v. 6.5.1987 – 2 BvL 11/85, BVerfGE 75, 329 (342).

5 BVerfG v. 8.5.1974 – 2 BvR 636/72, BVerfGE 37, 201 (209); BVerfG v. 6.5.1987 – 2 BvL 11/85, BVerfGE 75, 329 (342); BVerfG v. 16.6.2011 – 2 BvR 542/09, juris Rz. 58.

6 BVerfG v. 6.5.1987 – 2 BvL 11/85, BVerfGE 75, 329 (340 f.); BVerfG v. 23.6.2010 – 2 BvR 2559/08 u.a., BVerfGE 126, 170 (195).

7 BVerfG v. 15.3.1978 – 2 BvR 927/76, BVerfGE 48 (48, 56 f.); BVerfG v. 10.1.1995 – 1 BvR 718/89 u.a., BVerfGE 92, 1 (12); BVerfG v. 23.6.2010 – 2 BvR 2559/08 u.a., BVerfGE 126, 170 (195).

8 BVerfG v. 8.5.1974 – 2 BvR 636/72, BVerfGE 37, 201 (209).

9 BVerfG v. 15.4.1970 – 2 BvR 396/69, BVerfGE 28, 175 (183); BVerfG v. 17.1.1978 – 1 BvL 13/76, BVerfGE 47, 109 (120).

10 BVerfG v. 18.5.1988 – 2 BvR 579/84, BVerfGE 78, 205 (213); BVerfG v. 23.5.2010 – 2 BvR 2559/08 u.a., BVerfGE126, 170 (196).

11 BVerfG v. 15.3.1978 – 2 BvR 927/76, BVerfGE 48 (48, 57); BVerfG v. 29.4.2010 – 2 BvR 871/04, juris Rz. 55 m.w.N. „Richtet sie sich ausschließlich an Personen, bei denen aufgrund ihrer Ausbildung oder praktischen Erfahrung bestimmte Fachkenntnisse regelmäßig vorauszusetzen sind und regelt sie Tatbestände, auf die sich solche Kenntnisse zu beziehen pflegen, so begegnet die Verwendung unbestimmter Rechtsbegriffe unter dem Gesichtspunkt des Art. 103 Abs. 2 GG dann keinen Bedenken, wenn allgemein davon ausgegangen werden kann, dass der Adressat aufgrund seines Fachwissens imstande ist, den Regelungsinhalt solcher Begriffe zu verstehen und ihnen konkrete Verhaltensanweisungen zu entnehmen".

12 *Vogel* in Assmann/Uwe H. Schneider, 6. Aufl. 2012, Vor § 38 WpHG Rz. 9; siehe auch *Spoerr* in Assmann/Uwe H. Schneider/Mülbert, 7. Aufl. 2019, Vor § 119 WpHG Rz. 42 ff.

von sog. „Verwaltungsungehorsam". Die „Pönalisierung bloßen Verwaltungsungehorsams" ist, wie *Fischer* dies in seinem StGB-Kommentar in den Vorbemerkungen zu den Umweltstraftaten der §§ 324 ff. StGB (welche z.T. ebenfalls durch die gesetzgeberische Regelungstechnik des präventiven Verbots mit Erlaubnisvorbehalt gekennzeichnet sind und somit durchaus für einen Quervergleich herangezogen werden können) zutreffend darstellt, „auf Fälle hoher abstrakter Gefährdung beschränkt".[13] Wenngleich es durchaus zweifelhaft erscheinen mag, ob mit jedem Fall des unerlaubten Betriebs des Geschäfts einer Kapitalverwaltungsgesellschaft zwingend hohe abstrakte Gefahren verbunden sein müssen, wird man dem Gesetzgeber hier wohl einen nicht zu eng zu bemessenen Beurteilungsspielraum zubilligen müssen.

7 So hat das BVerfG in einem zwar nicht von der Regelungs*materie*, aber durchaus von der Gesetzgebungs*technik* vergleichbaren Fall (nämlich die Strafbarkeit des Führens eines Fahrrades mit Hilfsmotor **ohne** die erforderliche Fahr**erlaubnis**) entschieden, dass der Gesetzgeber „weder aus dem Übermaßverbot noch aus dem Gleichheitssatz oder sonstigem Verfassungsrecht" daran gehindert ist, den Verstoß gegen eine Erlaubnispflicht mit Kriminalstrafe zu sanktionieren. Nach dem BVerfG bestehen im „Grenzbereich zwischen kriminellem Unrecht und Ordnungsunrecht [...] nur graduelle Unterschiede. Hier die exakte Grenzlinie verbindlich festzulegen, ist Sache des Gesetzgebers. Ob dieser insoweit im einzelnen die zweckmäßigste, vernünftigste oder gerechteste Lösung gefunden hat, hat das *BVerfG* nicht zu überprüfen [...]".[14]

8 Zu bedenken ist überdies, dass das gesetzgeberische Regelungskonzept, das Betreiben bestimmter Geschäfte allein schon aufgrund der fehlenden Erlaubnis unter Strafe zu stellen, m.a.W. die Pönalisierung bloßen **Verwaltungsungehorsams**, auf eine **vergleichsweise lange Tradition** zurückblicken kann. Bereits das Versicherungsaufsichtsgesetz vom 12.5.1901 sah in § 108 die Strafbarkeit des Betreibens des Versicherungsgeschäfts ohne die vorgeschriebene Erlaubnis vor.[15] Auch das Gesetz über Depot- und Depositengeschäfte vom 26.6.1925 enthielt in § 8 einen ähnlichen Straftatbestand.[16]

9 Vor diesem Hintergrund dürften die Einschätzungsprärogative und der gesetzgeberische Gestaltungsspielraum noch nicht überschritten sein. Ob entsprechendes allerdings für die Strafvorschrift des § 339 Abs. 1 Nr. 2 KAGB gilt, wonach der Strafgrund nicht die fehlende Erlaubnis, sondern bereits die fehlende Registrierung nach § 44 Abs. 1 Nr. 1 KAGB ist, erscheint demgegenüber **zweifelhaft**.

III. Entwicklungstendenzen

10 „Das Neue nimmt", wie *Joachim Vogel* bereits vor einigen Jahren beobachtete, „häufig seinen Ausgangspunkt an den Rändern einer Ordnung, auch bei der Strafrechtsordnung".[17] Während *Vogel* diese Beobachtung seinerzeit anhand des WpHG unter Beweis stellte, bietet das Straf- und Ordnungswidrigkeitenrecht des KAGB ebenfalls klare Anschauungsbeispiele für ein im Vorgreifen befindliches (**europäisiertes**) **Strafrechtsverständnis**, in dem das Strafrecht im Allgemeinen und das abstrakte Gefährdungsdelikt im Besonderen zunehmend unkritisch als Mittel der Normdurchsetzung („law enforcement") verstanden werden, um die Adressaten der aufsichtsrechtlichen Gebote und Verbote zur regeltreuen „Compliance" anzuhalten.[18]

11 So ist das KAGB Teil einer größeren Entwicklung, die im Bereich der (oftmals europäisch getriebenen) regulierten Finanzbranche i.S.v. § 1 Abs. 19 KWG besonders deutlich zu Tage tritt, in der früher wenig miteinander in Verbindung stehende Mittel **präventiver Rechtsdurchsetzung** „ex ante" mit solchen der **repressiven Rechtsdurchsetzung** „ex post" zunehmend miteinander vernetzt werden.[19] Die BaFin ist Aufsichtsbehörde (§ 5 Abs. 1 KAGB) und überwacht konkret-individuell die Einhaltung der Verbote und Gebote des KAGB mit entsprechender Anordnungskompetenz (§ 5 Abs. 6 Satz 1 KAGB). Im Überwachungsstadium hat die BaFin Ermittlungsbefugnisse, die sich strafprozessualen Befugnissen annähern.[20] Zudem

---

13 *Fischer*, Vor § 324 StGB Rz. 6.

14 BVerfG v. 27.3.1979 – 2 BvL 7/78, NJW 1979, 1981 (1982).

15 RGBl. S. 139. Vgl. § 108 Abs. 1 VAG: „Wer im Inlande das Versicherungsgeschäft ohne die vorgeschriebene Erlaubniß betreibt, wird mit Geldstrafe bis zu eintausend Mark oder mit Haft oder mit Gefängniß bis zu drei Monaten bestraft." Hierzu RGSt. 69, 83 ff.

16 RGBl. I S. 89.

17 *Vogel* in FS Jakobs, S. 731.

18 Pointiert *Kubiciel* in Strafverfolgung in Wirtschaftsstrafsachen, 2015, S. 158 (170): „Abstrakte Gefährdungsdelikte schützen Normen, keine Güter".

19 *Vogel* in FS Jakobs, S. 740.

20 So kann die BaFin gem. § 5 Abs. 6 Satz 3 Nr. 1 KAGB von jedermann Auskünfte einholen, die Vorlage von Unterlagen und die Überlassung von Kopien verlangen sowie Personen laden und vernehmen. Gemäß § 16 Abs. 2

ist die BaFin Bußgeldbehörde (§ 340 Abs. 1 KAGB) und verfügt als solche gem. § 46 OWiG über strafprozessuale Ermittlungsbefugnisse. Schließlich entsteht über die Beteiligungsvorschrift des § 341 KAGB ein Verbund zwischen der BaFin und den Strafverfolgungsbehörden. Überdies verschwimmen angesichts der erheblichen Anhebung der Bußgeldrahmen auf bis zu 10 % des jährlichen Gesamtumsatzes sowie der öffentlichen Bekanntmachung von bestandskräftigen Maßnahmen und unanfechtbar gewordenen Bußgeldentscheidungen gem. § 341a KAGB die Grenzen zwischen Straf- und Ordnungswidrigkeiten zusehends. Diese Konzentration hoheitlicher Gewalt und die zunehmende **Vermischung** von Aufsichtsrecht auf der einen und Ordnungswidrigkeiten- und Strafrecht auf der anderen Seite bedarf stetiger Überprüfung und kritischer Begleitung, zumal die Zeichen eher auf eine weitere Ausweitung als auf eine Einhegung zu stehen scheinen.[21]

Welche Auswirkungen sich im Falle der Einführung eines **Unternehmensstrafrechts** ergeben würden, ist derzeit noch nicht absehbar. Nach (derzeitigem) deutschem Strafrecht können sich ausschließlich natürliche Personen (also Menschen) strafbar machen und deswegen mit Geldstrafe oder Freiheitsstrafe bestraft werden. Die Überlegung, ob das Strafrecht darüber hinaus auf Unternehmen ausgeweitet werden kann oder sogar sollte, beschäftigt Juristen jedoch bereits seit vielen Jahrzehnten. In jüngerer Zeit hat die Forderung nach einem Unternehmensstrafrecht mit mehreren Gesetzesentwürfen[22] neue Nahrung erhalten. Da sich im Fall der Einführung eines Unternehmensstrafrechts ein ganz neues wissenschaftliches und wirtschaftliches Betätigungsfeld aufzutun verspricht, scheinen die Argumentationslinien (sowohl von Teilen der Wissenschaft als auch der Praxis) allerdings nicht immer frei von gewissen Eigeninteressen zu sein. Befürworter eines Unternehmensstrafrechts argumentieren u.a., dass die bisherigen Sanktionsinstrumente (insb. Bußgelder und Vermögensabschöpfungen) defizitär seien.[23] Jedenfalls im Bereich der Finanzbranche kann dieses Argument jedoch seit der Anhebung der Bußgeldrahmen durch das 1. FiMaNoG auf die Höhe einer Quasi-Strafe von bis zu 10 % des Jahresumsatzes keine Geltung beanspruchen, so dass auch **keinerlei praktische Notwendigkeit** für die Einführung eines Unternehmensstrafrechts erkennbar ist. Weitgehend ungeklärt ist zudem die verfahrensrechtliche Ausgestaltung eines Unternehmensstrafrechts.[24] 12

IV. Anwendbarkeit des Allgemeinen Teils des StGB bzw. des OWiG

Auf die Strafvorschrift des § 339 KAGB findet gem. Art. 1 Abs. 1 EGStGB der Allgemeine Teil des StGB Anwendung. Besondere Bedeutung dürften hierbei u.a. die Vorschriften über Vorsatz, Fahrlässigkeit und Irrtum (§§ 15 ff. StGB), die Beteiligungslehre (§§ 14, 25 ff. StGB), die Einziehung (§§ 73 ff. StGB) sowie die Verjährung (§§ 78 ff. StGB) erlangen. Praktisch bedeutungslos sind demgegenüber die Vorschriften über den Versuch (§§ 22 ff. StGB), da der Versuch bei § 339 KAGB nicht strafbar ist. 13

Das OWiG gilt gem. § 2 OWiG für alle Ordnungswidrigkeiten nach Bundes- oder Landesrecht und somit auch für § 340 KAGB. Aus dem Ersten Teil des OWiG sind insbesondere bedeutsam das Rückwirkungsverbot (§§ 3, 4 OWiG), die Vorschrift über Begehen durch Unterlassen (§ 8 OWiG), die Beteiligungsregeln (§§ 9, 14 OWiG), die Vorschriften über Vorsatz, Fahrlässigkeit und Irrtum (§§ 10 f. OWiG) sowie insbesondere die bußgeldrechtliche Verantwortlichkeit juristischer Personen nach § 30 OWiG (ggf. i.V.m. der Verletzung der Aufsichtspflicht gem. § 130 OWiG). 14

KAGB hat die BaFin Betretungsrechte und ihr kann durch richterlichen Beschluss die Durchsuchung von Räumlichkeiten und Personen gestattet werden, § 16 Abs. 3 KAGB.

21 Vgl. beispielhaft die erhebliche Ausweitung der Ermittlungsbefugnisse der BaFin in § 4 WpHG a.F. (jetzt § 6 WpHG n.F.) in der Fassung des 1. FiMaNoG vom 30.6.2016; demgegenüber soll das Strafrecht nach dem von *Mansdörfer* in Unternehmenskultur und Wirtschaftsstrafrecht, 2015, S. 201 (213) vorgeschlagenen „Konzept einer vierstufigen integrierten Kapitalmarktgovernance" nur noch eine komplementäre Auffangfunktion haben.

22 Gesetzesantrag des Landes Nordrhein-Westfalen aus dem Jahr 2013, aufzurufen unter: https://www.justiz.nrw.de/JM/jumiko/beschluesse/2013/herbstkonferenz13/TOP_II_5_Gesetzentwurf.pdf.; *Henssler/Hoven/Kubiciel/Weigend*, Kölner Entwurf eines Verbandssanktionengesetzes, NZWiSt 2018, 1; äußerst kritisch hierzu *Schünemann*, StraFo 2018, 317. Vgl. ferner Koalitionsvertrag zwischen CDU/CSU/SPD vom 12.3.2018, S. 126.

23 *Henssler/Hoven/Kubiciel/Weigend*, NZWiSt 2018, 1 (5).

24 Hierzu kritisch *Hamm* in Das Unternehmensstrafrecht und seine Alternativen, 2016, S. 185.

§ 339 Strafvorschriften

(1) Mit Freiheitsstrafe bis zu fünf Jahren oder mit Geldstrafe wird bestraft, wer

1. ohne Erlaubnis nach § 20 Absatz 1 Satz 1 das Geschäft einer Kapitalverwaltungsgesellschaft betreibt oder

2. ohne Registrierung nach § 44 Absatz 1 Nummer 1, auch in Verbindung mit Absatz 2 Satz 1, das Geschäft einer dort genannten AIF-Kapitalverwaltungsgesellschaft betreibt.

(2) Mit Freiheitsstrafe bis zu drei Jahren oder mit Geldstrafe wird bestraft, wer entgegen § 43 Absatz 1 in Verbindung mit § 46b Absatz 1 Satz 1 des Kreditwesengesetzes eine Anzeige nicht, nicht richtig, nicht vollständig oder nicht rechtzeitig erstattet.

(3) [1]Handelt der Täter in den Fällen des Absatz 1 fahrlässig, so ist die Strafe Freiheitsstrafe bis zu drei Jahren oder Geldstrafe. [2]Handelt der Täter in den Fällen des Absatz 2 fahrlässig, so ist die Strafe Freiheitsstrafe bis zu einem Jahr oder Geldstrafe.

In der Fassung vom 4.7.2013 (BGBl. I 2013, S. 1981), zuletzt geändert durch das Gesetz zur Umsetzung der Richtlinie 2014/91/EU des Europäischen Parlaments und des Rates vom 23. Juli 2014 zur Änderung der Richtlinie 2009/65/EG zur Koordinierung der Rechts- und Verwaltungsvorschriften betreffend bestimmte Organismen für gemeinsame Anlagen in Wertpapieren (OGAW) im Hinblick auf die Aufgaben der Verwahrstelle, die Vergütungspolitik und Sanktionen vom 3.3.2016 (BGBl. I 2016, S. 348). Geplant ist eine Änderung in Abs. 1 Nr. 2 durch das Gesetz zur Anpassung von Finanzmarktgesetzen an die Verordnung (EU) 2017/2402 und an die durch die Verordnung (EU) 2017/2401 geänderte Verordnung (EU) Nr. 575/2013 (RegE, BT-Drucks. 19/4460, s. Rz. 73).

Schrifttum: S. Vor §§ 339 ff.

I. Allgemeines

1 § 339 KAGB ist die (bislang) einzige Vorschrift des KAGB spezifisch strafrechtlichen Inhalts. Bei § 339 KAGB handelt es sich um eine sog. **Blankettvorschrift** im weiteren Sinne, die keinen autonom strafrechtlichen Unrechtskern enthält, sondern den Verstoß gegen die von der Strafnorm in Bezug genommenen Vorschriften des KAGB bzw. des KWG (vgl. § 339 Abs. 2 KAGB) unter Strafe stellt. Die Strafbarkeit ergibt sich somit erst aus dem Zusammenlesen der Blankettstrafnorm mit der jeweiligen Bezugsnorm.

2 § 339 KAGB wurde schon kurz nach Inkrafttreten durch das OGAW-V-Umsetzungsgesetz **geändert**,[1] indem die Höchststrafe für den vorsätzlichen unerlaubten bzw. nicht registrierten Geschäftsbetrieb von vormals drei auf nunmehr fünf Jahre angehoben und damit den Strafnormen des § 54 KWG und § 31 (nun-

1 BGBl. I 2016, S. 348.

mehr § 63) ZAG angeglichen wurde. Außerdem wurde in Abs. 3 Satz 1 eine **neue Fahrlässigkeitsstrafbarkeit** für den Geschäftsbetrieb ohne Erlaubnis oder Registrierung eingeführt.

Die **Gliederung der Strafvorschrift** ist infolge der Änderungen durch das OGAW-V-Umsetzungsgesetzes sinnvoller als nach der ursprünglichen Gesetzesfassung. § 339 Abs. 1 KAGB sanktioniert **Regulierungsverstöße**[2] gegen die **Marktzugangskontrolle** in Form der **Erlaubnispflicht** (§ 339 Abs. 1 Nr. 1 KAGB) und der **Registrierungspflicht** (§ 339 Abs. 1 Nr. 2 KAGB) vor Aufnahme des Geschäftsbetriebs. Die Verletzung der **insolvenzbezogenen Anzeigepflicht** gem. § 46b KWG, die nach der ursprünglichen Gesetzesfassung noch in § 339 Abs. 1 Nr. 2 KAGB a.F. sanktioniert war und somit zwischen den beiden o.g. Regulierungsverstößen stand, ist nun durch einen eigenen Absatz (§ 339 Abs. 2 KAGB) strafbewehrt. **Fahrlässigkeit** ist schließlich durch § 339 Abs. 3 KAGB (nach ursprünglicher Gesetzesfassung noch Abs. 2) unter Strafe gestellt. 3

II. Betreiben des Geschäfts einer Kapitalverwaltungsgesellschaft ohne Erlaubnis (§ 339 Abs. 1 Nr. 1 KAGB)

1. Praktische Bedeutung

Die einschlägigen juristischen Datenbanken enthalten keine Hinweise darauf, dass ein Verstoß gegen die Marktzugangskontrollen in Form der Erlaubnis- bzw. Registrierungspflicht jemals zu einer strafgerichtlichen Verurteilung wegen Verstoßes gegen § 339 Abs. 1 KAGB (bzw. der Vorgängervorschrift des § 143a InvG) geführt hätte. Ebenso bewegt sich die Zahl der deswegen eingeleiteten Ermittlungsverfahren bislang noch im Promillebereich. Die Bedeutung der Strafvorschriften des § 339 Abs. 1 KAGB dürfte somit (vorerst) weniger in den tatsächlichen „Fallzahlen" begründet sein, sondern vielmehr in ihrer **präventiven Disziplinierungswirkung** auf die Akteure des Finanzmarktes, denen regelmäßig sehr hohe Vermögenswerte anvertraut sind. Ausweislich des Jahresberichts 2017 der BaFin verfügten in diesem Jahr 136 KVGs über eine Erlaubnis nach dem § 20 KAGB. Die Zahl der insgesamt nach § 44 KAGB registrierten KVGs lag Ende 2017 bei 314. Die KVGs verwalteten Ende 2017 insgesamt 6.449 offene Investmentvermögen mit einem Vermögen von 2.062 Mrd. Euro, bestehend aus 2.417 Publikumsfonds mit einem Vermögen von insgesamt 498 Milliarden Euro und 4.032 Spezial-AIF mit einem Vermögen von 1.564 Mrd. Euro.[3] Angesichts solcher Vermögenswerte wird der Einsatz des Strafrechts in Form einer strafbewehrten Marktzugangskontrolle durch § 339 Abs. 1 KAGB „aufgrund der naheliegenden Vermögensgefährdung von Kunden" für „gut vertretbar" gehalten.[4] 4

2. Historische Entwicklung

Wenngleich § 339 Abs. 1 Nr. 1 KAGB ein noch junges Gesetz ist, ist das Betreiben von Investmentgeschäften ohne Erlaubnis bereits **seit vielen Jahrzehnten strafbar**. Nach § 2 Abs. 1 des Gesetzes über Kapitalanlagegesellschaften vom 16.4.1957[5] galten Kapitalanlagegesellschaften als Kreditinstitute und unterlagen „den für Kreditinstitute geltenden gesetzlichen Vorschriften." Die in § 1 des Gesetzes über Kapitalanlagegesellschaften bezeichneten Geschäfte wurden mit Einführung des Gesetzes über das Kreditwesen vom 10.6.1961[6] in den Katalog der Bankgeschäfte gem. § 1 Abs. 1 S. 2 KWG aufgenommen und in § 1 Abs. 1 Satz 2 Nr. 6 KWG als „Investmentgeschäft" legaldefiniert. Somit stellte das Investmentgeschäft gem. § 32 KWG erlaubnispflichtiges Bankgeschäft dar und war von der strafrechtlichen Sanktionsnorm des § 54 KWG umfasst. An diesem Sanktionsmechanismus änderte sich zunächst auch mit Einführung des InvG vom 15.12.2003[7] nichts, da Kapitalanlagegesellschaften nach §§ 2 Abs. 6, 6 Abs. 1 InvG zunächst weiterhin als Kreditinstitute definiert waren. 5

In Folge des Investmentänderungsgesetzes vom 21.12.2007[8] wurde § 1 Abs. 1 Satz 2 Nr. 6 KWG aufgehoben. Kapitalanlagegesellschaften waren damit nicht länger Kreditinstitute. Somit war das unerlaubte Betreiben von Investmentgeschäften nicht länger über § 54 KWG strafbewehrt, was aus Sicht des Gesetzgebers zu 6

---

2 So die Formulierung von *Altenhain* in Momsen/Grützner, Wirtschaftsstrafrecht, S. 566.
3 BaFin, Jahresbericht 2017, S. 150 f.
4 *Mansdörfer* in Unternehmenskultur und Wirtschaftsstrafrecht, 2015, S. 201 (210 f.).
5 BGBl. I 1957, S. 378; vgl. hierzu *Köndgen/Schmies*, WM 2004 Sonderbeilage 1, 1.
6 BGBl. I 1961, S. 881. Mit dem neuen KWG von 1961 wurde das frühere Reichsgesetz über das Kreditwesen vom 5.12.1934 abgelöst.
7 BGBl. I 2003, S. 2676.
8 BGBl. I 2007, S. 3089.

einer „Strafbarkeitslücke" geführt hätte. Zur Vermeidung einer derartigen Lücke sah das Investmentänderungsgesetz in Form des § 143a InvG einen eigenen Straftatbestand vor, der ausweislich der Gesetzesbegründung „in Anlehnung an § 54 KWG das unerlaubte Betreiben des Investmentgeschäfts unter Strafe" stellen sollte.[9] Der vom Gesetzgeber gewählte Wortlaut entsprach dem Ziel, die neue Strafvorschrift des § 143a InvG an § 54 KWG anzulehnen, jedoch nur bedingt (vgl. hierzu ausführlich Rz. 14 ff.).[10]

7 Durch Art. 1 des AIFM-UmsG wurde schließlich der heutige § 339 KAGB geschaffen. Nach der denkbar knappen Gesetzesbegründung zu § 339 KAGB entspricht § 339 Abs. 1 Nr. 1 KAGB „der Regelung des § 143a des aufzuhebenden Investmentgesetzes und erweitert diese in Abs. 1 Nr. 3 auf den Tatbestand der fehlenden Registrierung gem. § 44 Abs. 1 Nr. 1."[11]

8 Durch das OGAW-V-Umsetzungsgesetz wurde § 339 KAGB bereits wenig später geändert, indem das Strafmaß für den vorsätzlichen unerlaubten bzw. nicht registrierten Geschäftsbetrieb von vormals drei auf nunmehr fünf Jahre angehoben und damit den Strafnormen des § 54 KWG und § 31 (nunmehr § 63) ZAG angeglichen wurde. Außerdem wurde in § 339 Abs. 3 Satz 1 KAGB eine **neue Fahrlässigkeitsstrafbarkeit** für den Geschäftsbetrieb ohne Erlaubnis oder Registrierung eingeführt, die mit einem höheren Strafmaß bedroht ist als die fahrlässige Verletzung der insolvenzbezogenen Anzeigepflicht. Nach der im Vergleich zum AIFM-UmsG eingehenderen Begründung zu dieser Gesetzesänderung orientierte sich die Anhebung des Strafmaßes in § 339 Abs. 1 und Abs. 3 Satz 1 KAGB an § 54 KWG, der den vorsätzlichen unerlaubten Betrieb von Bankgeschäften oder Finanzdienstleistungen mit Freiheitsstrafe bis zu fünf Jahren oder Geldstrafe, die Fahrlässigkeitstat mit Freiheitsstrafe bis zu drei Jahren oder Geldstrafe bedroht. Ausweislich der Begründung wurde der vormalige Strafrahmen des § 339 KAGB als zu gering und „dem Schutzzweck des KAGB, die Integrität des Finanzsystems zu wahren und institutionell dem Anlegerschutz Geltung zu schaffen, nicht angemessen" erachtet. Bereits „durchschnittlich gelagerte Fälle des Handelns ohne Erlaubnis" seien mit der Gefahr verbunden, „dass einzelne Anleger massive Vermögensschäden erleiden". Zudem böten sie „ein hohes Nachahmungspotential" und „die zu erwartende Strafe [bewege sich] bisher oftmals in einer Höhe, die eine Einstellung des Ermittlungsverfahrens nach den §§ 153 ff. der Strafprozessordnung nahelegte". Mit der Erhöhung des Strafmaßes „auf das Niveau der verwandten Tatbestände in KWG, ZAG und VAG und des Kernstrafrechts" wollte der Gesetzgeber „im Interesse des Anlegerschutzes" sicherstellen, „dass die **Staatsanwaltschaften** dem Betrieb unerlaubter Kapitalanlagegeschäfte, der in § 339 unter Strafe gestellt wird, die **gleiche Aufmerksamkeit** schenken werden wie vergleichbaren Delikten."[12]

3. Schutzzweck

9 Zunächst liegt der allgemeine (Schutz-)Zweck des KAGB darin, „die Integrität des Finanzsystems zu wahren und institutionell dem Anlegerschutz Geltung zu schaffen".[13] Sofern das von § 339 Abs. 1 KAGB geschützte Rechtsgut „neben der Effektivität der staatlichen Aufsicht die Funktionsfähigkeit des Finanzmarktes" sein soll,[14] geht dies über den allgemeinen Schutzzweck des KAGB nicht wesentlich hinaus. Ob § 339 KAGB also überhaupt ein **eigenständiges Rechtsgut** zugrunde liegt, erscheint deshalb – wie in vielen Bereichen des Nebenstrafrechts – **zweifelhaft**, zumal die dem § 339 KAGB vergleichbare Strafvorschrift des § 54 KWG ähnlich unscharfe Rechtsgutskonturen aufweist.[15] Wenngleich an dieser Stelle die Grundsatzfrage offen bleiben muss, ob der Rechtsgüterschutz als entscheidendes Kriterium für den Sinn und Zweck, aber auch die Legitimität von Kriminalstrafen noch Geltung beanspruchen kann,[16] so dürfte die Frage nach dem geschützten Rechtsgut für die praktische Anwendung des § 339 KAGB nur begrenzte Bedeutung haben.

9 BT-Drucks.16/5576, S. 99.

10 § 143a InvG hatte folgenden Wortlaut: „Wer ohne die Erlaubnis nach § 7 Absatz 1 Satz 1 das Geschäft einer Kapitalanlagegesellschaft betreibt, wird mit Freiheitsstrafe bis zu drei Jahren oder Geldstrafe bestraft." Zu den Unterschieden im Strafmaß zwischen § 54 KWG und § 143a InvG vgl. *Altenhain* in Momsen/Grützner, Wirtschaftsstrafrecht, S. 566 (Fn. 6).

11 BT-Drucks.17/12294, S. 295.

12 BT-Drucks.18/6744, S. 67 f.

13 BT-Drucks.18/6744, S. 67 f.

14 *Herberger* in Baur/Tappen, § 339 KAGB Rz. 5; ebenso *Alten* in Moritz/Klebeck/Jesch, § 339 KAGB Rz. 7; *Ibold* in Graf/Jäger/Wittig, § 339 KAGB Rz. 5.

15 *Wegner* in Beck/Samm/Kokemoor, § 54 KWG Rz. 9 („Loslösung von individuellen Schutzgütern").

16 Vgl. hierzu etwa *Engländer*, ZStW 2015, 616 ff.; *Kudlich*, ZStW 2015, 635 ff.

Ob § 339 Abs. 1 KAGB ein (zusammengesetztes[17]) **Schutzgesetz** i.S.v. § 823 Abs. 2 BGB darstellt, wie dies überwiegend,[18] wenngleich häufig ohne weitere Begründung[19] angenommen wird, bedarf noch höchstrichterlicher Bestätigung. 10

4. Vergleich mit § 54 KWG

§ 339 Abs. 1 KAGB entspricht weitestgehend der Vorgängervorschrift des § 143a InvG, bei dessen Formulierung sich der historische Gesetzgeber wiederum an § 54 KWG orientierte.[20] Somit ist die **Judikatur zu § 54 KWG** auch für die Auslegung des § 339 KAGB **von Bedeutung**. Allerdings ist zu beachten, dass sich der Wortlaut des § 54 KWG in wesentlichen Punkten von dem des § 143a InvG bzw. § 339 KAGB unterscheidet und § 54 KWG nur dann sinnvoll zur Auslegung des § 339 KAGB herangezogen werden kann, wenn die spezifischen Gemeinsamkeiten ebenso wie die Formulierungsunterschiede hinreichend beachtet werden.[21] 11

In Bezug auf die **Gemeinsamkeiten** ist zunächst festzuhalten, dass die äußere Normstruktur von § 339 Abs. 1 Nr. 1 KAGB derjenigen von § 54 Abs. 1 Nr. 2 KWG weitgehend folgt, seitdem die – nach der ursprünglichen Fassung des § 339 KAGB bei der gesetzlich angedrohten Höchststrafe zunächst noch bestehenden Unterschiede – durch das OGAW-V-Umsetzungsgesetz angeglichen wurden. In diesem Zuge wurde ferner auch fahrlässiges Handeln entsprechend § 54 Abs. 1 Nr. 2 KWG für strafbar erklärt. Eine weitere partielle Gemeinsamkeit besteht bei der Tathandlung, die nach beiden Strafvorschriften voraussetzt, dass der Täter etwas „ohne Erlaubnis [...] betreibt". 12

Hinsichtlich der **Unterschiede** ist es offensichtlich, dass die Strafvorschriften auf verschiedene Erlaubnisnormen verweisen. Bei § 54 Abs. 1 Nr. 2 KWG ist dies § 32 Abs. 1 Satz 1 KWG, wonach der schriftlichen Erlaubnis bedarf, „wer im Inland gewerbsmäßig oder in einem Umfang, der einen in kaufmännischer Weise eingerichteten Geschäftsbetrieb erfordert, Bankgeschäfte betreiben oder Finanzdienstleistungen erbringen will." Demgegenüber heißt es in § 20 Abs. 1 Satz 1 KAGB, auf den § 339 Abs. 1 Nr. 1 KAGB verweist, knapper, dass der „Geschäftsbetrieb einer Kapitalverwaltungsgesellschaft" erlaubnispflichtig ist; die Gewerbsmäßigkeit oder der in kaufmännischer Weise eingerichtete Geschäftsbetrieb werden nicht erwähnt. Während das Verfahren hinsichtlich des Erlaubnisantrags in § 32 KWG selbst geregelt ist, nennt das KAGB die hierfür maßgeblichen Vorschriften erst in § 21 (OGAW-KVG) bzw. § 22 (AIF-KVG). Weiterhin unterscheiden sich die Strafvorschriften auch in Bezug auf das, was der Täter „ohne Erlaubnis [...] betreibt". Bei § 54 KWG sind es (im Plural) „Bankgeschäfte", bei § 339 KAGB hingegen „das Geschäft einer Kapitalverwaltungsgesellschaft". Auf die sich daraus ergebenden Konsequenzen ist an späterer Stelle zurückzukommen (vgl. Rz. 33). 13

5. Keine Strafbarkeitserweiterung durch materiellen Investmentfondsbegriff

Unter Geltung des InvG richtete sich der Anwendungsbereich des Gesetzes gem. § 1 Abs. 1 Nr. 1 InvG nach dem **formalen Kriterium** der Zugehörigkeit zu näher definierten Formen von Investmentvermögen. Das InvG sah lediglich Genehmigungen für die Tätigkeit von Kapitalanlagegesellschaften (§§ 7 ff. InvG) und Investmentaktiengesellschaften (§ 97 InvG) vor. Der Gesetzgeber hatte von der Genehmigungsbedürftigkeit der Tätigkeit anderer Gesellschaften, die der gemeinschaftlichen Kapitalanlage dienen, bewusst abgesehen. Somit bedurften Unternehmen, die weder Kapitalanlagegesellschaft noch Investmentaktiengesellschaft im Sinne des InvG waren, für ihre Tätigkeit keiner Genehmigung nach dem InvG.[22] Sie fielen folgerichtig auch 14

---

17 So die auf *Wagner* in MünchKomm. BGB, 7. Aufl. 2017, § 823 BGB Rz. 498 zurückgehende Bezeichnung von Normenkomplexen, bei „denen eine Verhaltensnorm an anderer Stelle des einschlägigen Fachgesetzes um einen Straftatbestand ergänzt wird".

18 *Alten* in Moritz/Klebeck/Jesch, § 339 KAGB Rz. 8; *Herberger* in Baur/Tappen, § 339 KAGB Rz. 7; *Pananis* in Leitner/Rosenau, § 339 KAGB Rz. 8; *Möhlenbeck* in Emde/Dornseifer/Dreibus/Hölscher, § 143a InvG Rz. 2; *Pelz* in Beckmann/Scholtz/Vollmer, § 339 KAGB Rz. 3.

19 Vgl. demgegenüber die sehr differenzierte Untersuchung von *Eckhold*, ZBB 2016, 102 ff.

20 *Alten* in Moritz/Klebeck/Jesch, § 339 KAGB Rz. 5.

21 Zu weitgehend daher *Ibold* in Graf/Jäger/Wittig, § 339 KAGB Rz. 1.

22 Vgl. BVerwG v. 27.2.2008 – 6 C 11/07, 6 C 12/07, 6 C 11/07 (6 C 12/07), BVerwGE 130, 262-284 Rz. 57 unter Verweis auf BT-Drucks. 15/1553, 74, 76: keine Regulierung von Produkten des „grauen Kapitalmarkts".

nicht in den Anwendungsbereich des § 143a InvG, da Normadressat lediglich Kapitalanlagegesellschaften und keine Gesellschaften sonstiger Rechtsform waren.[23]

15 Mit Einführung des KAGB vollzog der Gesetzgeber ausgehend von der AIFM-Richtlinie einen Paradigmenwechsel weg vom formellen hin zu einem sog. **materiellen Investmentfondsbegriff**, der expressis verbis allerdings lediglich in der Gesetzesbegründung[24] und nicht im Gesetzestext seinen Niederschlag fand.[25] Der Begriff des Investmentvermögens in § 1 Abs. 1 KAGB wird nunmehr nach materiellen Kriterien – ohne Rücksicht auf bestimmte Rechtsformen – definiert.[26] Folge dieser Hinwendung zum materiellen Fondsbegriff soll nach einer im Schrifttum recht häufig vertretenen Ansicht sein, dass § 339 Abs. 1 Nr. 1 KAGB gegenüber § 143a InvG „einen erheblich weiteren Anwendungsbereich" hat, da sich der „materielle Investmentfondsbegriff [...] unmittelbar auf den Straftatbestand" des § 339 Abs. 1 Nr. 1 KAGB auswirke[27] bzw. für die „Reichweite der Strafvorschrift [...] von entscheidender Bedeutung" sei.[28]

16 Die Annahme, dass der materielle Investmentfondsbegriff unmittelbare Auswirkung auf § 339 KAGB haben soll, erscheint jedoch **zweifelhaft**. Denn der Wortlaut der Vorschriften des KAGB, die den Blankettstraftatbestand des § 339 Abs. 1 Nr. 1 KAGB ausfüllen, enthält keinen Anhaltspunkt dafür, dass sich die Hinwendung zum materiellen Investmentfondsbegriff auch im Tatbestand des § 339 KAGB niedergeschlagen und zu einer entsprechenden Ausweitung der Strafbarkeit geführt hätte.[29]

17 Wie die nachfolgende Synopse zeigt, ist der Wortlaut des § 339 Abs. 1 Nr. 1 KAGB nach dem ausdrücklichen Willen des Gesetzgebers[30] nahezu identisch mit dem der Vorgängervorschrift des § 143a InvG. Auch der von § 339 Abs. 1 Nr. 1 KAGB in Bezug genommenen Erlaubnisvorbehalt des § 20 Abs. 1 Satz 1 KAGB stimmt mit der Vorgängervorschrift des § 7 Abs. 1 Satz 1 InvG nahezu überein. Die Definitionsnormen des § 17 Abs. 1 KAGB bzw. des § 6 Abs. 1 InvG sind in wesentlichen Teilen ebenfalls identisch. Somit ist eine **weitgehende Wortlautkontinuität** von § 339 KAGB im Vergleich zu § 143a InvG festzustellen.

Verweisungsebene	**KAGB**	**InvG**
1. **Strafnorm**	**§ 339 Abs. 1 Nr. 1** Mit Freiheitsstrafe bis zu fünf Jahren oder mit Geldstrafe wird bestraft, wer 1. ohne Erlaubnis nach § 20 Absatz 1 Satz 1 das Geschäft einer Kapitalverwaltungsgesellschaft betreibt [...]	**§ 143a** Wer ohne die Erlaubnis nach § 7 Absatz 1 Satz 1 das Geschäft einer Kapitalanlagegesellschaft betreibt, wird mit Freiheitsstrafe bis zu drei Jahren oder Geldstrafe bestraft.
2. **Erlaubnisvorbehaltsnorm**	**§ 20 Abs. 1 Satz 1** Der Geschäftsbetrieb einer Kapitalverwaltungsgesellschaft bedarf der schriftlichen Erlaubnis der Bundesanstalt.	**§ 7 Abs. 1 Satz 1** Der Geschäftsbetrieb einer Kapitalanlagegesellschaft bedarf der schriftlichen Erlaubnis der Bundesanstalt.

23 So unter ausdrücklichem Hinweis auf den formellen Investmentbegriff *Campbell* in Berger/Steck/Lübbehüsen, § 143a InvG Rz. 2; *Grube* in Hohnel, Kapitalmarktstrafrecht, § 143a InvG Rz. 8.

24 BT-Drucks. 17/12294 S. 188: „Das aufzuhebende Investmentgesetz legte für inländische Investmentfonds einen **formellen Investmentbegriff** zugrunde [...] Im Gegensatz dazu legt das Kapitalanlagegesetzbuch entsprechend den Vorgaben der AIFM-Richtlinie einen **materiellen Investmentfondsbegriff** zugrunde. Das heißt, Fonds sind entweder Organismen für gemeinsame Anlagen in Wertpapiere (OGAW) oder alternative Investmentfonds (AIF) und müssen dementsprechend entweder den Anforderungen der OGAW-Richtlinie oder der AIFM-Richtlinie und damit den Anforderungen dieses Gesetzes entsprechen. Entsprechen sie diesen Anforderungen nicht, sind sie unzulässig und es handelt sich um unerlaubtes Investmentgeschäft".

25 *Freitag/Fürbaß*, ZGR 2016, 729 (732).

26 *Emde/Dreibus*, BKR 2013, 89; *Zetzsche/Preiner*, WM 2013, 2101 (2102); differenzierter *Köndgen* in FS Baums, S. 707 (716 ff.).

27 *Herberger* in Baur/Tappen, § 339 KAGB Rz. 15 f. (insb. Fn. 28); ähnlich *Klinger*, NZWiSt 2014, 370 (371); *Zeidler* in Weitnauer/Boxberger/Anders, § 339 Rz. 12; *Freitag/Fürbaß*, ZGR 2016, 729 (746).

28 *Pananis* in Leitner/Rosenau, § 339 KAGB Rz. 14.

29 Etwa durch eine Formulierung wie: „Mit Freiheitsstrafe bis zu fünf Jahren oder mit Geldstrafe wird bestraft, wer ohne Erlaubnis ein Investmentvermögen verwaltet."

30 BT-Drucks.17/12294 S. 295: „Absatz 1 Nummer 1 entspricht der Regelung des § 143a des aufzuhebenden Investmentgesetzes".

Verweisungsebene	KAGB	InvG
3. Definition KVG bzw. KAG	**§ 17 Abs. 1 Satz 1** Kapitalverwaltungsgesellschaften sind Unternehmen mit satzungsmäßigem Sitz und Hauptverwaltung im Inland, deren Geschäftsbetrieb darauf gerichtet ist, inländische Investmentvermögen, EU-Investmentvermögen oder ausländische AIF zu verwalten.	**§ 6 Abs. 1 Satz 1 u. Satz 3** Kapitalanlagegesellschaften sind Unternehmen, deren Geschäftsbereich darauf gerichtet ist, inländische Investmentvermögen oder EU-Investmentvermögen zu verwalten und Dienstleistungen oder Nebendienstleistungen nach § 7 Absatz 2 zu erbringen. [...] Sie müssen ihren satzungsmäßigen Sitz und die Hauptverwaltung im Geltungsbereich dieses Gesetzes haben.
4. Definition Investmentvermögen	**§ 1 Abs. 1 Satz 1** Investmentvermögen ist jeder Organismus für gemeinsame Anlagen, der von einer Anzahl von Anlegern Kapital einsammelt, um es gemäß einer festgelegten Anlagestrategie zum Nutzen dieser Anleger zu investieren und der kein operativ tätiges Unternehmen außerhalb des Finanzsektors ist.	**§ 1 Satz 2** Investmentvermögen im Sinne des Satzes 1 sind Vermögen zur gemeinschaftlichen Kapitalanlage, die nach dem Grundsatz der Risikomischung in Vermögensgegenständen im Sinne des § 2 Absatz 4 angelegt sind.

Wie aus der Synopse hervorgeht, wird der im Sinne des materiellen Investmentfondsbegriffs denkbar weite Begriff des Investmentvermögens gem. § 1 Abs. 1 KAGB in der Normenkette erstmals auf der dritten Verweisungsebene (§ 17 Abs. 1 Satz 1 KAGB) genannt und kommt erst ab dort zum Tragen, wobei **keine direkten Auswirkungen auf die Strafnorm** des § 339 KAGB erkennbar wären. 18

Somit ist festzuhalten, dass der Wortlaut von § 339 KAGB weiterhin auf formale Kriterien abstellt und es maßgeblich darauf ankommt, ob der „Geschäftsbetrieb einer Kapitalverwaltungsgesellschaft" (mit allen daran knüpfenden Voraussetzungen, d.h. Unternehmen mit satzungsmäßigem Sitz und Hauptverwaltung im Inland) betroffen ist. Die Hinwendung des KAGB zum materiellen Investmentfondbegriff führt deshalb nach hier vertretener Auffassung **nicht zu einer Ausweitung des Straftatbestands** des § 339 KAGB.[31] 19

6. Tathandlung: Betreiben

Tathandlung des § 339 Abs. 1 Nr. 1 KAGB ist das **Betreiben** des Geschäfts einer KVG. Als **Tätigkeitsdelikt** verlangt der Tatbestand keinen weitergehenden Erfolg – etwa in Form der Schädigung von Anlegervermögen.[32] Die Tathandlung des Betreibens findet auch in zahlreichen anderen Gesetzen Verwendung (z.B. in § 1 Abs. 1 HGB und § 327 StGB),[33] wobei zu Recht darauf hingewiesen wird, dass der Begriff des Betreibens nur auf der Grundlage der jeweiligen Erlaubnispflicht und im Kontext der jeweiligen Geschäftsart verstanden werden kann.[34] 20

Betreiben i.S.v. § 339 KAGB ist zunächst jedes **rechtsgeschäftliche Handeln** im **eigenen Namen**,[35] das auf das Zustandekommen oder die Abwicklung konkreter Geschäfte gerichtet ist,[36] worunter nach der Literatur „unzweifelhaft" das Vertreiben von Fondsanteilen an Anleger fallen soll.[37] Hierunter sollen auch solche Leitungstätigkeiten gehören, die zwar nicht unmittelbar in Geschäftsabschlüsse eingebunden sind, durch die aber Mitarbeiter im Rahmen einer unternehmerischen Organisation mit seinen regelhaften Abläufen zum Abschluss und zur Abwicklung derartiger Geschäfte angehalten werden.[38] Der Regierungsbegründung von 1959 zu § 3 KWG lässt sich zudem entnehmen, dass das Betreiben die Absicht der wiederholten Vor- 21

31 **A.A.** *Herberger* in Baur/Tappen, § 339 KAGB Rz. 15 (Fn. 28); *Pananis* in Leitner/Rosenau, § 339 KAGB Rz. 14; *Zeidler* in Weitnauer/Boxberger/Anders, § 339 Rz. 12.
32 *Alten* in Moritz/Klebeck/Jesch, § 339 KAGB Rz. 11.
33 Vgl. *Ransiek* in FS Widmaier, 2008, S. 725 ff.
34 *Schröder*, Hdb. Kapitalmarktstrafrecht, Rz. 888; *Wegner* in Beck/Samm/Kokemoor, § 54 KWG Rz. 11.
35 BVerwG v. 22.4.2009 – 8 C 2.09, WM 2009, 1553, 1555 Rz. 24.
36 *Altenhain* in Momsen/Grützner, Wirtschaftsstrafrecht, S. 568.
37 *Alten* in Moritz/Klebeck/Jesch, § 339 KAGB Rz. 19.
38 *Altenhain* in Momsen/Grützner, Wirtschaftsstrafrecht, S. 567.

nahme des Geschäfts voraussetzt.[39] Ob sich diese **Wiederholungsabsicht** auch in objektiver Hinsicht in einer wiederholten Geschäftstätigkeit verwirklichen muss oder ob bereits der einmalige – lediglich von Wiederholungsabsicht getragene (überschießende Innentendenz) – Geschäftsvorfall ausreicht, ist unklar. Bei § 54 KWG wird unter Hinweis auf den Wortlaut, der Bankgeschäfte im Plural nennt, teilweise nur der mehrfache Abschluss für tatbestandsmäßig gehalten.[40] Da § 339 Abs. 1 Nr. 1 KAGB nur in der Einzahl vom Geschäft spricht, wird in objektiver Hinsicht bereits die einmalige – von Wiederholungsabsicht getragene – Geschäftstätigkeit ausreichen.[41]

22 Allerdings wird man die Anforderungen an das Vorliegen der Geschäftstätigkeit, m.a.W. die Strafbarkeitsschwelle, nicht zu niedrig ansetzen dürfen. Deshalb ist zweifelhaft, ob auch **Vorbereitungsaktivitäten** umfasst sind, wie dies die Rechtsprechung bei § 32 KWG annimmt. Nach der Rechtsprechung umfasst der Begriff des Betreibens „alle für die Vorbereitung und das Zustandekommen des konkreten Bankgeschäfts wesentlichen Schritte" und „setzt der Erlaubnisvorbehalt nach § 32 Abs. 1 KWG nicht erst beim Abschluss einzelner Rechtsgeschäfte an, sondern erfasst die gesamte Geschäftstätigkeit einschließlich der Vorbereitung des konkreten Vertragsabschlusses."[42] Nach einer im strafrechtlichen Schrifttum häufig vertretenen Auffassung steht einem derart weiten Verständnis jedoch vor allem die Straflosigkeit des Versuchs entgegen, weshalb das bloße Anbieten oder Anpreisen von Geschäften sowie organisatorische Vorbereitungen straflos bleiben sollen.[43] Wenngleich diese restriktive Auffassung den Vorzug verdient, ist zu berücksichtigen, dass in der **Ermittlungspraxis** der Strafverfolgungsbehörden an die Schwelle des Anfangsverdachts i.S.v. § 152 Abs. 2 StPO – der bereits strafprozessuale Zwangsmaßnahmen (z.B. Durchsuchungen, Beschlagnahme, Vermögensarreste) rechtfertigen kann – keine allzu hohen Anforderungen gestellt werden. So mag aus Sicht der Ermittlungsbehörden die „kriminalistische Erfahrung" für die Annahme sprechen, dass derjenige, der für ein Geschäft wirbt, auch Geschäftsabschlüsse tätigt, weshalb bereits entsprechende Werbe- und Vorbereitungsmaßnahmen Anlass für strafprozessuale Zwangsmaßnahmen sein können.[44]

7. Ohne Erlaubnis

23 Gemäß § 20 Abs. 1 Satz 1 KAGB bedarf der Geschäftsbetrieb einer KVG der schriftlichen Erlaubnis der Bundesanstalt. Hierbei handelt es sich um ein sog. **Verbot mit Erlaubnisvorbehalt.**[45] Der Gesetzgeber verbietet den Betrieb des Geschäfts einer KVG nicht deshalb, weil er schlechthin missbilligt wird, sondern weil vorweg behördlich geprüft werden soll, ob im Einzelfall gegen bestimmte materiell-rechtliche Rechtsvorschriften verstoßen wird. Das Verbot steht also von vornherein unter dem Vorbehalt, dass die Erlaubnis erteilt werden muss, wenn sich im Erlaubnisverfahren keine gesetzlichen Versagungsgründe ergeben.

24 **Ohne Erlaubnis** heißt, dass keine Erlaubnis vorliegt. Dies kann darin begründet sein, dass überhaupt keine Erlaubnis beantragt wurde oder die Erlaubnis versagt (vgl. § 23 KAGB) worden ist. Gleiches gilt, wenn die **Erlaubnis erloschen**[46] (§ 39 Abs. 1 KAGB) oder – bestandskräftig oder sofort vollziehbar – aufgehoben (§ 39 Abs. 3 KAGB) worden ist.[47]

25 Nach der im strafrechtlichen Schrifttum herrschenden Ansicht soll es im Sinne einer **formalen Betrachtung** allein darauf ankommen, ob zum Zeitpunkt der Tat eine Erlaubnis vorlag oder nicht. Danach soll eine spätere, dem Täter günstige Entscheidung im Widerspruchs- oder im verwaltungsgerichtlichen Verfahren die Strafbarkeit einer vorangegangenen Tat nicht nachträglich beseitigen und nur im Rahmen der Straf-

39 Vgl. RegBegr. zu § 3 KWG, BT-Drucks. 03/1114, S 29: „In allen Fällen wird die Geschäftsmäßigkeit, das heißt die Absicht der wiederholten Vornahme der bezeichneten Geschäfte, vorausgesetzt. Dies ergibt sich in Nummer 1 bis 3 aus den Worten ‚Der Betrieb des … geschäfts', in Nummer 4 aus dem Ausdruck ‚geschäftsmäßig'." Für Wiederholungsabsicht auch *Altenhain* in Momsen/Grützner, Wirtschaftsstrafrecht, S. 568.

40 *Peglau*, wistra 2002, 292 (293); LG Köln v. 9.7.2015 – 116 KLs 2/12; *Theile* in E/R/S/T, § 54 KWG Rz. 7; a.A. *Altenhain* in Momsen/Grützner, Wirtschaftsstrafrecht, S. 568.

41 *Alten* in Moritz/Klebeck/Jesch, § 339 KAGB Rz. 18.

42 BVerwG v. 22.4.2009 – 8 C 2.09, WM 2009, 1553 (1555); ausdr. zustimmend *Altenhain* in Momsen/Grützner, Wirtschaftsstrafrecht, S. 568; ebenso *Häberle* in Erbs/Kohlhaas, § 54 KWG Rz. 3.

43 *Bock* in Graf/Jäger/Wittig, § 54 KWG Rz. 11; *Janssen* in MünchKomm. StGB, 2. Aufl. 2015, § 54 KWG Rz. 37; *Lindemann* in Boos/Fischer/Schulte-Mattler, § 54 KWG Rz. 9; *Schröder*, Hdb. Kapitalmarktstrafrecht, Rz. 888; *Wegner* in Beck/Samm/Kokemoor, § 54 KWG Rz. 11; *Theile* in E/R/S/T, § 54 KWG Rz. 7.

44 *Wegner* in Schork/Groß, Bankstrafrecht, Rz. 641. Für Einbeziehung des Werbens und den Begriff des Betreibens auch *Alten* in Moritz/Klebeck/Jesch, § 339 KAGB Rz. 20.

45 *Wieland*, § 20 Rz. 4; *Alten* in Moritz/Klebeck/Jesch, § 339 KAGB Rz. 24.

46 Zu Einzelfragen im Zusammenhang mit dem Erlöschen vgl. *Alten* in Moritz/Klebeck/Jesch, § 339 KAGB Rz. 26.

47 BT-Drucks. 17/3023, S. 65 (zu § 54 KWG).

zumessung Berücksichtigung finden können.[48] Obwohl diese formale Betrachtungsweise Rechtssicherheit verspricht, bildet sie einen Anachronismus zum allgemeinen Verwaltungsrecht, wo schon seit Jahrzehnten zwischen der **formellen und materiellen Wirkung** einer Erlaubnis unterschieden wird, indem ein Vorhaben (nur) formell rechtswidrig ist, wenn (nur) die Erlaubnis fehlt und es (zugleich) materiell rechtswidrig ist, wenn es (auch) gegen eine Vorschrift verstößt, die die Versagung der Erlaubnis rechtfertigt.[49] Diese Erwägungen, die im Verwaltungsrecht letztlich (nur) auf der Eigentumsgarantie (Art. 14 GG) beruhen, verdienen im Strafrecht im Hinblick auf dessen *ultima-ratio*-Funktion erst Recht Beachtung.[50] Da bei einer materiellen Erlaubnisfähigkeit kein materielles Unrecht verwirklicht wird, sondern lediglich Verwaltungsungehorsam gegeben ist, ist ein Strafbedürfnis nicht ersichtlich.

Strafbewehrt ist nur der Verstoß gegen die aus § 20 Abs. 1 Satz 1 KAGB resultierende Erlaubnispflicht. Folgt die Erlaubnispflicht aus anderen Vorschriften (insb. aus § 113 Abs. 1 KAGB bei der OGAW-Investmentaktiengesellschaft mvK), greift die Strafvorschrift des § 339 Abs. 1 KAGB nach ihrem klaren Wortlaut nicht.[51] 26

§ 339 Abs. 1 Nr. 1 KAGB geht nicht darauf ein, dass das Gesetz **unterschiedliche Erlaubnisarten** mit je unterschiedlichen Verfahrensvorschriften vorsieht, was auch nicht unmittelbar aus § 20 Abs. 1 KAGB folgt. Jedoch sind der vorgeschriebene Inhalt des Erlaubnisantrags sowie verfahrensrechtliche Besonderheiten in § 21 KAGB bzw. § 22 KAGB geregelt, je nachdem, ob die Erlaubnis für eine AIF- oder OGAW-KVG begehrt wird. Beide Erlaubnisarten können auch nebeneinander bestehen.[52] So kann nach § 21 Abs. 5 KAGB eine OGAW-KVG zusätzlich eine Erlaubnis zur Verwaltung von AIF beantragen, was bei den maßgeblichen OGAW-KVG im deutschen Markt auch der Fall ist. Überdies kann die Erlaubnis gem. § 20 Abs. 1 Satz 2 KAGB auf bestimmte **Arten von Investmentvermögen beschränkt** werden. In der Praxis macht die BaFin von dieser Möglichkeit regen Gebrauch, indem sie die Erlaubnis inhaltlich regelmäßig auf diejenigen Tätigkeiten beschränkt, die tatsächlich erbracht werden. Soll eine darüber hinausgehende Tätigkeit erbracht werden, muss die KVG eine Erlaubniserweiterung bei der BaFin beantragen.[53] Diese unterschiedlichen Erlaubnisarten sowie ggf. Beschränkungen haben unmittelbare Bedeutung für die Strafbarkeit nach § 339 Abs. 1 Nr. 1 KAGB.[54] Aufschlussreich ist in diesem Zusammenhang die Regierungsbegründung zum Entwurf eines Gesetzes zur Umsetzung der Zweiten E-Geld-Richtlinie, in der es heißt: „Den objektiven Tatbestand verwirklicht […] auch derjenige, der […] den **Erlaubnisgegenstand überschreitet**. Wer z.B. eine Erlaubnis für das Finanztransfergeschäft hat und daneben – ohne die erforderliche Erlaubnis – Einlagen oder andere rückzahlbare Gelder des Publikums hereinnimmt, macht sich genauso strafbar wie derjenige, der überhaupt keine Erlaubnis von der Bundesanstalt hat."[55] Dementsprechend stellt es nach der Gesetzessystematik einen strafbewehrten Verstoß gegen § 20 Abs. 1 Satz 1 KAGB dar, wenn eine OGAW-KVG, die zwar über eine Erlaubnis nach § 21 KAGB verfügt, ohne entsprechende Erlaubnis nach § 22 KAGB den Geschäftsbetrieb als AIF-KVG aufnimmt. Sofern die erforderliche weitere Erlaubnis erteilt worden wäre, es sich also um einen reinen **Formalverstoß** handelt, dürfte allerdings regelmäßig eine Einstellung des Ermittlungsverfahrens aus verfahrensökonomischen Gründen nach den §§ 153 ff. StPO naheliegen.[56] 27

Handeln ohne Erlaubnis ist **abzugrenzen vom Begriff des unerlaubten Investmentgeschäfts** i.S.v. § 15 Abs. 1 KAGB. Unerlaubtes Investmentgeschäft liegt nach der Legaldefinition in § 15 Abs. 1 KAGB vor, wenn die kollektive Vermögensverwaltung (§ 1 Abs. 19 Nr. 24 KAGB) ohne die erforderliche Registrierung nach § 44 oder ohne die erforderliche Erlaubnis nach §§ 20, 21 oder 22 KAGB oder nach Art. 6 der Richtlinie 2009/65/EG oder der Richtlinie 2011/61/EU betrieben wird oder wenn neben der kollektiven Vermögensverwaltung die in § 20 Abs. 2 oder 3 KAGB aufgeführten Dienstleistungen oder Nebendienstleistungen ohne die Erlaubnis nach §§ 20, 21 oder 22 KAGB oder nach Art. 6 der Richtlinie 2009/65/EG 28

48 *Alten* in Moritz/Klebeck/Jesch, § 339 KAGB Rz. 28; *Häberle* in Erbs/Kohlhaas, § 54 KWG Rz. 11; *Janssen* in MünchKomm. StGB, 3. Aufl. 2017, § 54 KWG Rz. 52; *Möhlenbeck* in Emde/Dornseifer/Dreibus/Hölscher, § 143a InvG Rz. 10; *Pananis* in Leitner/Rosenau, § 339 KAGB Rz. 14; *Pelz* in Beckmann/Scholtz/Vollmer, § 339 KAGB Rz. 9.

49 *Maurer*, Allgemeines Verwaltungsrecht, 19. Aufl. 2017, § 9 Rz. 53. Im Fall sog. Schwarzbauten hat diese Rechtsprechung zur Folge, dass der Abriss bzw. die Beseitigung eines genehmigungs-, zustimmungs- oder anzeigepflichtigen Bauvorhabens regelmäßig nur bei formeller und materieller Illegalität verfügt werden darf, vgl. BVerwG v. 11.4.2002 – 4 C 4/01, NVwZ 2002, 1250 (1252).

50 *Wegner* in Groß/Schork, Bankstrafrecht, Rz. 651.

51 So bereits die alte Rechtslage unter Geltung des InvG, vgl. *Grube* in Hohnel, Kapitalmarktstrafrecht, § 143a InvG Rz. 4.

52 Art. 7 Abs. 4 AIFM-RL sieht vor, dass eine OGAW-KVG auch eine Zulassung als AIF-KVG beantragen kann.

53 *Wieland*, § 20 Rz. 15.

54 *Herberger* in Baur/Tappen, § 339 KAGB Rz. 20; *Häberle* in Erbs/Kohlhaas, § 54 KWG Rz. 11.

55 BT-Drucks. 17/3023, S. 65.

56 *Schröder*, Hdb. Kapitalmarktstrafrecht, Rz. 951 zu § 54 KWG.

erbracht werden. Während unerlaubtes Investmentgeschäft i.S.v. § 15 Abs. 1 KAGB in vielen Fällen zugleich den Tatbestand des § 339 Abs. 1 KAGB verwirklichen wird, deckt sich die Legaldefinition nicht mit der engeren (an den Geschäftsbetrieb einer KVG anknüpfenden) Reichweite des § 339 Abs. 1 KAGB.[57]

8. Tauglicher Täterkreis

29 Der Kreis der Personen, die als Täter eines Verstoßes gegen § 339 Abs. 1 Nr. 1 KAGB in Betracht kommen können, hängt von der noch ungeklärten Frage ab, ob es sich bei § 339 Abs. 1 Nr. 1 KAGB um ein **Allgemeindelikt** oder ein **Sonderdelikt** handelt. Allgemeindelikte können grundsätzlich von jedermann begangen werden. Demgegenüber setzen Sonderdelikte voraus, dass in der Person des Täters besondere persönliche Eigenschaften, Verhältnisse oder Umstände, mithin bestimmte Statuseigenschaften[58] im Sinne einer „Täterqualifikation" vorliegen. Diese werden in § 14 Abs. 1 StGB unter der Legaldefinition „**besondere persönliche Merkmale**" zusammengefasst werden und sind für die Deliktskategorie der Sonderdelikte konstituierend. Praktisch relevant kann die Unterscheidung zwischen Allgemein- und Sonderdelikt beispielsweise dann werden, wenn zu entscheiden ist, ob ein Gehilfe oder Anstifter in den Genuss der nach § 28 Abs. 1 StGB obligatorischen Strafmilderung kommt, weil in seiner Person das besondere persönliche Merkmal fehlt.

30 Die wohl **überwiegende Literaturansicht** geht (mit teilweise unterschiedlicher Begründung) davon aus, dass § 339 Abs. 1 Nr. 1 KAGB kein Sonderdelikt darstellt und Täter jede natürliche Person sein kann, „die das Geschäft einer KVG betreibt."[59] Sofern die Geschäfte „von überpersonellen Einheiten betrieben"[60] werden, soll nach teilweise vertretener Auffassung eine strafrechtliche Zurechnung gleichwohl über § 14 StGB erfolgen.[61] Dies erscheint allerdings insofern widersprüchlich, als § 14 StGB ausweislich seines Wortlauts nur auf Sonderdelikte (und nicht auf Allgemeindelikte) anwendbar ist[62] und eine Überwälzung der Merkmale auf Organe bzw. Vertreter lediglich für solche Straftatbestände vorsieht, die durch strafbarkeitsbegründende besondere persönliche Merkmale charakterisiert sind.[63] Demgegenüber klassifiziert *Alten* § 339 Abs. 1 Nr. 1 KAGB als Sonderdelikt, weil mit der Tathandlung „betreiben" ein „Innehaben von Verantwortung und Leitungsgewalt, mithin ein bestimmter Status gemeint" sei und „nur der (leitende) Betreiber einer KVG Täter des Delikts sein [könne]." Zudem deute das Wort „Geschäftsbetrieb" auf ein übergeordnetes Betreiben einer KVG und nicht allein auf die Vornahme einzelner Tätigkeiten einer KVG hin.[64]

31 Bei den **übrigen Strafnormen**, die Verstöße gegen die Marktzugangskontrolle unter Strafe stellen, ist das Meinungsbild uneinheitlich. So wird in der Rechtsprechung zu § 54 KWG zumeist nicht ausdrücklich thematisiert, ob es sich um ein Sonderdelikt handelt, aber die Anwendbarkeit des § 14 StGB zugrunde gelegt,[65] was für eine (stillschweigende) Einordnung als Sonderdelikt spricht. Demgegenüber wird in anderen Entscheidungen § 54 KWG als Allgemeindelikt eingeordnet,[66] was auch der überwiegenden Meinung im Schrifttum entsprechen dürfte.[67] Bei § 331 Abs. 1 Nr. 1 VAG geht die Literatur hingegen von einem Son-

---

57 *Eckhold*, ZBB 2016, 102 (114).

58 *Roxin*, Strafrecht Allgemeiner Teil, Band 2, 2003, § 27 Rz. 86.

59 *Zeidler* in Weitnauer/Boxberger/Anders, § 339 Rz. 8, der unter Verweis auf *Radtke* in MünchKomm. StGB, 3. Aufl. 2017, § 14 StGB Rz. 39 darauf abstellt, dass die Tätigkeitsbeschreibung des Betreibens auf ein Allgemeindelikt hinweise; *Ibold* in Graf/Jäger/Wittig, § 339 KAGB Rz. 6; *Pananis* in Leitner/Rosenau, § 339 KAGB Rz. 30; *Wegner* in Schork/Groß, Bankstrafrecht, Rz. 812; **a.A.**: *Campbell* in Berger/Steck/Lübbehüsen, § 143a InvG Rz. 2 (Normadressat ist KAG).

60 *Wegner* in Schork/Groß, Bankstrafrecht, Rz. 812.

61 *Herberger* in Baur/Tappen, § 339 KAGB Rz. 30.

62 Vgl. *Schünemann* in LK-StGB, § 14 StGB Rz. 20. Hierauf weisen ebenfalls hin *Alten* in Moritz/Klebeck/Jesch, § 339 KAGB Rz. 47 (Fn. 125) sowie *Zeidler* in Weitnauer/Boxberger/Anders, § 339 Rz. 9, der die Strafvorschrift als Organisationsdelikt einordnet.

63 *Radtke* in MünchKomm. StGB, 3. Aufl. 2017, § 14 StGB Rz. 4.

64 *Alten* in Moritz/Klebeck/Jesch, § 339 KAGB Rz. 48.

65 BGH v. 28.10.2015 – 5 StR 189/15, NStZ-RR 2016, 15 (16); BGH v. 15.5.2012 – VI ZR 166/11, AG 2012, 628; BGH v. 24.6.2014 – VI ZR 315/13; BGH v. 15.5.2012 – VI ZR 166/11, AG 2012, 628 = VersR 2012, 1038; OLG Karlsruhe v. 4.12.2012 – 17 U 93/12; OLG Zweibrücken v. 12.1.2012 – 4 U 75/11; OLG Stuttgart v. 11.3.2010 – 19 U 157/09; LG München II v. 7.9.2011 – 13 O 3071/10.

66 BGH v. 11.9.2015 – 1 StR 73/02, wistra 2003, 65 (67); BGH v. 28.10.2015 – 5 StR 189/15, wistra 2016, 81 (83 Rz. 7).

67 *Janssen* in Park, Kapitalmarktstrafrecht, § 54 KWG Rz. 18; *Janssen* in MünchKomm. StGB, 3. Aufl. 2017, § 54 KWG Rz. 58; *Theile* in E/R/S/T § 54 KWG Rz. 4; *Schröder*, Hdb. Kapitalmarktstrafrecht, Rz. 969; *Szesny* in Böttger, Wirtschaftsstrafrecht in der Praxis, Kapitel 6 Rz. 242; *Wegner* in Beck/Samm/Kokemoor, § 54 KWG Rz. 51; *Wegner* in Schork/Groß, Bankstrafrecht, Rz. 657. Demgegenüber geht *Altenhain* in Momsen/Grützner, Wirtschaftsstrafrecht, S. 567 wohl von einem Sonderdelikt aus.

derdelikt aus, weil das Gesetz die Tätereigenschaft „von der besonderen Voraussetzung abhängig [macht], dass der Täter Inhaber oder Geschäftsleiter eines Betriebes ist, der sich mit Versicherungsgeschäften befasst".[68] § 31 Abs. 1 Nr. 2 ZAG a.F. (nunmehr § 63 Abs. 1 Nr. 4 ZAG) stellt nach einer neueren Grundsatzentscheidung des BGH ein Sonderdelikt dar, da Normadressaten „ausschließlich Unternehmen [sind], die der Kategorie der Zahlungsinstitute zuzuordnen sind".[69]

Der Wortlaut dieser Regulierungsverstöße ist **unterschiedlich formuliert.** So macht sich strafbar 32

- nach § 54 Abs. 1 Nr. 2 KWG, wer „ohne Erlaubnis [...] Bankgeschäfte betreibt oder Finanzdienstleistungen erbringt";
- nach § 63 Abs. 1 Nr. 4 ZAG, wer „ohne Erlaubnis [...] Zahlungsdienste erbringt" bzw. nach § 63 Abs. 1 Nr. 5 ZAG, wer „ohne Erlaubnis [...] das E-Geld-Geschäft betreibt"; sowie
- nach § 331 Abs. 1 Nr. 1 VAG, wer „ohne Erlaubnis [...] ein Erst- oder Rückversicherungsgeschäft oder einen Pensionsfonds betreibt oder einen dort genannten Geschäftsbetrieb aufnimmt".[70]

Diese Tatbestände unterscheiden sich vom Wortlaut des § 339 Abs. 1 KAGB dadurch, dass sie darauf abstellen, dass bestimmte **Geschäfte im materiellen Sinne** (Bankgeschäfte, E-Geld-Geschäfte, Erst- oder Rückversicherungsgeschäft) **betrieben** werden. Demgegenüber wird bei § 339 KAGB nicht etwa (obwohl dies sprachlich möglich gewesen wäre) das „Betreiben von Investmentgeschäften ohne Erlaubnis" unter Strafe gestellt, sondern das unerlaubte Betreiben des „Geschäft[s] einer Kapitalverwaltungs*gesellschaft*".[71] Dies spricht dafür, dass es sich bei § 339 Abs. 1 Nr. 1 KAGB um ein **Sonderdelikt** handelt und Normadressaten nur Gesellschaften, nicht aber natürliche Personen (auch nicht der Einzelkaufmann[72]) sind. 33

Weiterhin ist zu beachten, dass zwischen der Blankettstrafnorm des § 339 Abs. 1 Nr. 1 KAGB und der Ausfüllungsnorm des § 20 Abs. 1 Satz 1 KAGB eine gewisse **Wortlautdiskrepanz** besteht. § 20 Abs. 1 Satz 1 KAGB ordnet an, dass „der Geschäftsbetrieb einer Kapitalverwaltungsgesellschaft [...] der schriftlichen Erlaubnis der Bundesanstalt" bedarf, während § 339 Abs. 1 Nr. 1 KAGB darauf abstellt, dass jemand „ohne Erlaubnis [...] das Geschäft einer Kapitalverwaltungsgesellschaft betreibt".[73] Anknüpfungspunkt ist in beiden Fällen ein anderer, nämlich einerseits der Geschäftsbetrieb und andererseits das Betreiben (nicht: der Betrieb) des Geschäfts. Da § 339 Abs. 1 Nr. 1 KAGB als verwaltungsakzessorischer Straftatbestand keinen strafrechtsautonomen Unrechtsgehalt hat, sondern lediglich den Verstoß gegen § 20 Abs. 1 Satz 1 KAGB sanktioniert, liefe die Strafdrohung leer, wenn sie ein Verhalten unter Strafe stellen würde, das in dieser Form vom Erlaubnisvorbehalt des § 20 Abs. 1 Satz 1 KAGB gar nicht umfasst ist. Um diese Wortlautdiskrepanz aufzulösen, ist das Tatbestandsmerkmal des „Geschäftsbetriebs einer KVG" aus § 20 Abs. 1 Satz 1 KAGB nach hier vertretener Ansicht in die Strafvorschrift des § 339 Abs. 1 Nr. 1 KAGB wie folgt **hineinzulesen**: „Mit Freiheitsstrafe bis zu fünf Jahren oder mit Geldstrafe wird bestraft, wer ohne Erlaubnis nach § 20 Abs. 1 Satz 1 KAGB den Geschäftsbetrieb einer KVG aufnimmt oder aufrechterhält".[74] Bei einem sol- 34

68 *Wache* in Erbs/Kohlhaas, § 331 VAG Rz. 4; vgl. ebenfalls *Göertz* in Kaulbach/Bähr/Pohlmann/Bürkle, § 140 VAG Rz. 1; *Kollhosser* in Prölls, § 140 VAG Rz. 3.

69 BGH v. 28.10.2015 – 5 StR 189/15, wistra 2016, 81 f. (Rz. 6). Hierzu veröffentlichte die BaFin „aufgrund zahlreicher Nachfragen und um Klarheit für den Adressatenkreis herbeizuführen" auf Ihrer Homepage mit Datum vom 17.2.2016 eine bemerkenswerte Stellungnahme, wonach die Entscheidung des BGH „nur für das Strafrecht" gelte und „keine Auswirkungen auf die gefahrenabwehrrechtliche Einordnung eines Geschäfts als Zahlungsdienst nach dem ZAG" haben soll, vgl. Strafnorm für Zahlungsdienste: Stellungnahme der BaFin zu BGH-Beschluss (17.2.2016).

70 § 331 i.d.F. des neuen VAG vom 1.4.2015 (BGBl. I 2015, S. 434). Nach der Vorgängerstrafvorschrift des § 140 Abs. 1 Nr. 1 VAFG a.F. machte sich strafbar, wer „ohne Erlaubnis [...] das Versicherungsgeschäft betreibt".

71 Eine alternative Formulierung des § 339 Abs. 1 Nr. 1 KAGB könnte z.B. lauten: „Wer ohne Erlaubnis nach § 20 Abs. 1 Satz 1 KAGB das Investmentgeschäft betreibt [...]". Allerdings hätte es hierfür einer allgemeinen Definition des Investmentgeschäft bedurft. Auf der in § 15 Abs. 1 KAGB enthaltenen Legaldefinition des unerlaubten Investmentgeschäfts könnte eine Strafnorm schon aufgrund der drohenden Tautologie (Betreiben des unerlaubtes Investmentgeschäfts ohne Erlaubnis) nicht aufsetzen.

72 **A.A.** *Alten* in Moritz/Klebeck/Jesch, § 339 KAGB Rz. 16; *Bentele* in Baur/Tappen, § 18 KAGB Rz. 2.

73 Hinzuweisen ist in diesem Zusammenhang auf die §§ 3 Abs. 1 Satz 1, 46 Abs. 1 des Reichsgesetzes über das Kreditwesen vom 25.9.1939 (RGBl. I 1939, S. 1955), in denen die Erlaubnispflicht und die daran anknüpfende Strafnorm besser aufeinander abgestimmt waren, als dies im KAGB der Fall ist. § 3 Abs. 1 Satz 1 lautete: „Unternehmungen, welche Geschäfte von Kreditinstituten im Inland betreiben wollen, bedürfen dazu der Erlaubnis." Nach § 46 Abs. 1 – dessen Regelungsstruktur mit § 339 Abs. 1 Nr. 1 KAGB in weiten Teilen übereinstimmt – machte sich strafbar „Wer die Geschäfte eines Kreditinstituts ohne die erforderliche Erlaubnis betreibt [...]". Vgl. hierzu OLG Stuttgart v. 21.2.1958 – 1 Ss 622/57, NJW 1958, 1360 f.

74 Ein Verstoß gegen das grundgesetzliche Analogieverbot (Art. 103 Abs. 2 GG) steht dadurch nicht zu befürchten, da hierdurch weitergehende (und damit strafbarkeitsbegrenzende) Tatbestandsmerkmale in die Strafnorm aufgenommen werden.

chen Verständnis ist organisatorischen und formalen Aspekten (mit allen daran knüpfenden Voraussetzungen, d.h. Unternehmen mit satzungsmäßigem Sitz und Hauptverwaltung im Inland in bestimmter Rechtsform) eine stärkere Bedeutung beizumessen als bei den übrigen Regulierungsverstößen. Nach hier vertretener Ansicht[75] handelt es sich bei § 339 Abs. 1 Nr. 1 KAGB somit um ein **Sonderdelikt**, das sich an die KVG richtet und über **§ 14 StGB** auf die dort genannten Leitungspersonen ausgedehnt wird.[76]

35 § 14 StGB, dessen größte praktische Bedeutung im Nebenstrafrecht liegt,[77] regelt die sog. **strafrechtliche Organ- und Vertreterhaftung**, indem er den Regelungsbereich spezifischer Straftatbestände, die durch einen begrenzten Kreis von Normadressaten charakterisiert sind, auf solche Personen erstreckt, die – ohne unmittelbar Normadressaten zu sein – (Sonder)pflichten der unmittelbaren Normadressaten zu erfüllen haben und die ohne eine spezielle Zurechnungsvorschrift als Täter einer entsprechenden Strafvorschrift ausscheiden würden.

36 Um die in diesen Fällen drohende „kriminalpolitisch nicht erträgliche" Strafbarkeitslücke[78] zu schließen und ein faktisches Leerlaufen der Strafnorm zu verhindern, erweitert § 14 StGB den Anwendungsbereich von Straftatbeständen allgemein auf Personen, die in einem bestimmten Vertretungs- oder Auftragsverhältnis für den eigentlichen Normadressaten handeln, indem er eine Zurechnung bzw. „**Überwälzung**" der Pflichten (und sonstigen Merkmale) vom Unternehmen auf die für das Unternehmen handelnden natürlichen Personen anordnet. § 14 StGB gestattet somit die Anwendung von Straftatbeständen auf Personen, deren Verhalten wegen der spezifischen Anforderungen des Tatbestands ansonsten nicht erfasst werden könnte. Als Folge richten sich die Pflichten, die ursprünglich nur das Unternehmen treffen, auch an die in § 14 StGB genannten natürlichen Personen, die für das Unternehmen handeln.

37 Von § 14 StGB erfasst sind die Organe und gesetzlichen **Vertreter** (§ 14 Abs. 1 StGB) und die sog. „gewillkürten" **Beauftragten** (§ 14 Abs. 2 StGB). Durch diese Zurechnung obliegen die Pflichten, die ursprünglich nur das Unternehmen treffen, auch den in § 14 StGB genannten natürlichen Personen, die für das Unternehmen handeln.

38 Gemäß § 14 Abs. 1 Nr. 1 Alt. 2 StGB sind sämtliche Mitglieder eines mehrgliedrigen Vertretungsorgans in den Regelungsbereich der strafrechtlichen Organhaftung einbezogen. Die Strafausdehnung ist somit gegenüber jedem Mitglied der Geschäftsleitung möglich,[79] wobei interne Geschäfts- und Zuständigkeitsverteilungen zunächst unbeachtlich sind.[80] Von der Legaldefinition des Geschäftsleiters in § 1 Abs. 19 Nr. 15 KAGB werden neben denjenigen natürlichen Personen, die nach Gesetz, Satzung oder Gesellschaftsvertrag zur Führung der Geschäfte und zur Vertretung einer Kapitalverwaltungsgesellschaft berufen sind, auch **faktische Geschäftsführer** umfasst, „die die Geschäfte der Kapitalverwaltungsgesellschaft tatsächlich leiten". Die faktischen Geschäftsführer sind somit ebenfalls von der Überwälzung der strafrechtlichen Verantwortlichkeit betroffen.

39 Als Beauftragte i.S.d. § 14 Abs. 2 StGB (Substitutenhaftung) kommen zum einen Personen in Betracht, die beauftragt sind, den Betrieb ganz oder zum Teil zu leiten (§ 14 Abs. 2 Nr. 1 StGB) und daher **Leitungsverantwortung** tragen. Zum anderen können Personen ausdrücklich mit der eigenverantwortlichen Wahrneh-

---

75 Hinzuweisen ist in diesem Zusammenhang auf die Umweltdelikte der §§ 324 ff. StGB, bei denen zunehmend anerkannt ist, dass bei der Kategorisierung in Allgemein- und Sonderdelikte zu differenzieren ist zwischen Tatbeständen, die eine Beeinträchtigung des jeweiligen Umweltgutes lediglich „beim Betrieb einer Anlage" voraussetzen (z.B. § 325 StGB) und „echten Betreiberdelikten", bei denen bereits der ungenehmigte Betrieb einer Anlage als solcher strafbar ist (z.B. § 327 StGB), vgl. *Schall* in FS Schöch, 2010, S. 619 (624 ff.). Echte Betreiberdelikte werden von der h.M. als Sonderdelikte kategorisiert, da Täter immer nur derjenige sei, dem eine spezifische umweltverwaltungsrechtliche Pflicht obliege (*Alt* in MünchKomm. StGB, 2. Aufl. 2014, § 327 StGB Rz. 57; *Fischer*, § 327 StGB Rz. 18; *Norouzi/Rettenmaier* in Matt/Renzikowski, § 327 StGB Rz. 12). Die rechtsdogmatischen Erkenntnisse aus dem Umweltstrafrecht können durchaus auf § 339 Abs. 1 Nr. 1 KAGB übertragen werden, vgl. *Alten* in Moritz/Klebeck/Jesch, § 339 KAGB Rz. 48; *Ransiek* in FS Widmaier, 2008, S. 725 (727), der die strukturelle Vergleichbarkeit von § 54 KWG und den §§ 324 ff. StGB betont, dabei aber im Gegensatz zur h.M. in § 327 StGB ein Allgemeindelikt sieht.

76 *Campbell* in Berger/Steck/Lübbehüsen, § 143a InvG Rz. 2; so wohl auch *Pelz* in Beckmann/Scholtz/Vollmer, § 339 KAGB Rz. 10.

77 *Radtke* in MünchKomm. StGB, 3. Aufl. 2017, § 14 StGB Rz. 1.

78 BT-Drucks. 5/1319, 62.

79 *Raum* in Wabnitz/Janovsky, Handbuch Wirtschafts- und Steuerstrafrecht, 4. Kapitel, Buchst. A., Rz. 11.

80 *Radtke* in MünchKomm. StGB, 3. Aufl. 2017, § 14 StGB Rz. 83; OLG Frankfurt v. 23.3.2016 – 2-17 O 315/14, Rz. 40 (juris). Kompetenzverteilungen sind zwar auf der Ebene der individuellen Verantwortlichkeit zu prüfen. Dies ist aber eine Frage, die der Bestimmung des grundsätzlich denkbaren Täterkreises nachgelagert ist.

mung von Inhaberaufgaben beauftragt werden (§ 14 Abs. 2 Nr. 2 StGB) und somit **selbständige Einzelverantwortung** tragen. Eine Überbürdung von Aufgaben an andere Personen sieht das Gesetz nicht vor.[81]

9. Vorsatz und Irrtum

Nach der Grundnorm des § 15 StGB ist nur vorsätzliches Handeln strafbar, wenn nicht das Gesetz fahrlässiges Handeln ausdrücklich mit Strafe bedroht. Eine solche ausdrückliche Einbeziehung der **Fahrlässigkeitsstrafbarkeit** ist seit dem Inkrafttreten des OGAW-V-Umsetzungsgesetzes in § 339 Abs. 3 KAGB vorgesehen, wobei die Strafe Freiheitsstrafe bis zu drei Jahren oder Geldstrafe ist. Somit stellt § 339 KAGB sowohl vorsätzliche als auch fahrlässige Normverstöße unter Strafe. 40

Vorsatz ist Bestandteil des subjektiven Tatbestands. Er erfordert nach einer (wenig präzisen) Kurzformel das Wissen und Wollen der Verwirklichung des objektiven Tatbestands.[82] Unterschieden wird zwischen verschiedenen Vorsatzstufen, namentlich zwischen dem direkten („unbedingten") Vorsatz und dem (im Hinblick auf den Taterfolg) bedingten Vorsatz. Innerhalb des direkten (unbedingten) Vorsatzes unterscheidet man wiederum zwischen der **Absicht** (*dolus directus 1. Grades*), bei dem es dem Täter gerade auf die Tatbestandsverwirklichung ankommt (herausgehobenes Wollenselement) und dem **direkten Vorsatz** (*dolus directus 2. Grades*), bei dem das Wissenselement im Vordergrund steht. Die „schwächste" Vorsatzform ist der **bedingte Vorsatz** (Eventualvorsatz, *dolus eventualis*). Er setzt weder ein besonders ausgeprägtes Wollenselement (im Sinne des *dolus directus 1. Grades*) noch das sichere Wissen (im Sinne des *dolus directus 2. Grades*) der Tatbestandsverwirklichung voraus. Vielmehr genügt es, wenn der Täter die Tatbestandsverwirklichung als möglich erkennt und dies billigend in Kauf nimmt oder sich damit abfindet. Für die Erfüllung von § 339 Abs. 1 Nr. 1 KAGB ist diese schwächste Vorsatzform ausreichend. 41

Die gesteigerten Formen des unbedingten (direkten) Vorsatzes können allerdings für den Schuldgehalt und damit für die Strafzumessung Bedeutung haben. Relevant kann dies beispielsweise sein, wenn der Täter (etwa nach einer vorherigen Begutachtung durch Rechtsanwälte mit eindeutigem Ergebnis) die Erlaubnispflichtigkeit seines Vorhabens „schwarz auf weiß" kennt und trotzdem auf die Beantragung einer Erlaubnis verzichtet. 42

Gemäß **§ 16 Abs. 1 Satz 1 StGB** handelt nicht vorsätzlich, wer bei Begehung der Tat einen Umstand nicht kennt, der zum gesetzlichen Tatbestand gehört. Hierzu gehört etwa der Fall, dass ein Geschäftsleiter keine Kenntnis davon hat, dass durch Mitarbeiter des Unternehmens bestimmte Geschäfte betrieben werden, die nach § 20 KAGB erlaubnispflichtig sind. 43

Praktisch relevant kann auch der Irrtum bzw. die Unkenntnis darüber sein, dass bestimmte Geschäfte nur mit behördlicher Erlaubnis betrieben werden dürfen. So ist durchaus denkbar, dass dem Handelnden die Vorschrift des § 20 Abs. 1 Satz 1 KAGB, wonach der Geschäftsbetrieb einer Kapitalverwaltungsgesellschaft der schriftlichen Erlaubnis der Bundesanstalt bedarf, gänzlich unbekannt ist. Hierzu gehören ebenfalls die Fälle, in denen jemand zur Frage, ob ein Geschäft erlaubnispflichtig ist, eigens rechtlichen Rat einholt und sich dieser Rechtsrat im Nachhinein als unzutreffend herausstellt. 44

In diesen **Irrtumskonstellationen** stellt sich die Frage nach den strafrechtlichen Folgen einer Unkenntnis über die Erlaubnispflicht. Die Antwort hängt davon ab, ob man einen solchen Irrtum als sog. **Tatbestandsirrtum** i.S.v. § 16 StGB oder als einen **Verbotsirrtum** i.S.v. § 17 StGB behandelt. Vorteilhafter dürfte für den Beschuldigten in der Regel das Vorliegen eines Tatbestandsirrtums sein, da er dann gem. § 16 Abs. 1 StGB nicht wegen einer Vorsatztat, sondern nur wegen fahrlässiger Begehung bestraft werden könnte. Bei Vorliegen eines Verbotsirrtums kommt es gem. § 17 StGB hingegen darauf an, ob der Irrtum unvermeidbar war, was in der Praxis häufig erheblichen Argumentationshürden begegnet. Die Frage, ob in solchen Fällen ein Tatbestands- oder ein Verbotsirrtum gegeben ist, hat also eine nicht zu unterschätzende Praxisrelevanz. 45

Nach wohl überwiegender Ansicht im investmentrechtlichen Schrifttum – einschlägige Rechtsprechung liegt nicht vor – begründet die Unkenntnis über die Erlaubnispflicht einen Verbotsirrtum i.S.v. § 17 StGB.[83] 46

81 *Rogall* in KarlsruherKomm. OWiG, § 9 OWiG Rz. 82.

82 *Fischer*, § 15 StGB Rz. 3.

83 *Campbell* in Berger/Steck/Lübbehüsen, § 143a InvG Rz. 2; *Grube* in Hohnel, Kapitalmarktstrafrecht, § 143a InvG Rz. 12 („in der Regel vermeidbar"); *Herberger* in Baur/Tappen, § 339 KAGB Rz. 28; *Zeidler* in Weitnauer/Boxberger/Anders, § 339 Rz. 12; **a.A.** (Tatbestandsirrtum): *Alten* in Moritz/Klebeck/Jesch, § 339 KAGB Rz. 43 (sehr differenzierte Darstellung); *Möhlenbeck* in Emde/Dornseifer/Dreibus/Hölscher, § 143a InvG Rz. 14; *Pelz* in Beckmann/Scholtz/Vollmer, § 339 KAGB Rz. 33.

Im Schrifttum zu § 54 KWG wird der Irrtum über die Erlaubnispflicht teils als Verbotsirrtum,[84] teils als Tatbestandsirrtum[85] bewertet. Die ältere Rechtsprechung zu § 54 KWG ging zunächst noch von einem Verbotsirrtum aus.[86] Demgegenüber nahmen neuere Gerichtsentscheidungen (unter Anwendung vom BGH entwickelter Abgrenzungskriterien[87]) einen Tatbestandsirrtum an, da es bei § 32 Abs. 1 Satz 1 KWG nach der ausdrücklichen Klarstellung des Gesetzgebers[88] um ein präventives Verbot mit Erlaubnisvorbehalt (und nicht um ein repressives Verbot mit Befreiungsvorbehalt) handelt und die Erlaubnispflicht der Kontrolle eines im Allgemeinen sozialadäquaten Verhaltens und nicht der ausnahmsweisen Gestattung grundsätzlich wertwidrigen Handelns dient.[89] Wenngleich diese neuere Rechtsprechung, nach welcher der Irrtum über die Erlaubnispflicht die Strafbarkeit wegen einer Vorsatztat ausschließt, nach hier vertretener Auffassung Zustimmung verdient, ist für die Praxis zu beachten, dass der BGH in seinem Urteil vom 18.7.2018, anders als zuvor das LG Köln, den Irrtum des Angeklagten als – vermeidbaren – Verbotsirrtum qualifiziert hat, der den Vorsatz unberührt lässt, und sogar den Schuldspruch von fahrlässigem auf vorsätzliches unerlaubtes Betreiben von Bankgeschäften umgestellt hat.[90]

10. Fahrlässigkeitsstrafbarkeit

47 Fahrlässiges Handeln ist gem. § 15 StGB nur dann strafbar, wenn es vom Gesetz ausdrücklich mit Strafe bedroht ist. Dies ist in Folge des OGAW-V-Umsetzungsgesetzes gem. § 339 Abs. 3 Satz 1 KAGB der Fall. Dabei ist die angedrohte Höchststrafe von drei Jahren Freiheitsstrafe immerhin genauso hoch wie die Höchststrafe bei vorsätzlichem Handeln, die vor der Gesetzesänderung drohte.

48 Unter Fahrlässigkeit ist die unbewusste oder ungewollte, aber pflichtwidrige Verwirklichung des Tatbestands durch Tun oder Unterlassen zu verstehen, wobei nach der Kenntnis des Täters und der Schwere der Sorgfaltspflichtverletzung differenziert werden kann. Um sog. **unbewusste Fahrlässigkeit** handelt es sich, wenn der Täter die gebotene Sorgfalt außer Acht lässt und dadurch den Tatbestand verwirklicht, ohne dies zu erkennen. Dagegen hält der Täter bei der **bewussten Fahrlässigkeit** die Verwirklichung des Tatbestands für möglich, vertraut jedoch pflichtwidrig darauf, dass er ihn nicht verwirklicht. Hat sich der Täter mit der Tatbestandsverwirklichung abgefunden bzw. diese gebilligt, liegt hingegen bereits Eventualvorsatz vor.[91]

49 Die Fahrlässigkeitsstrafbarkeit setzt neben einem objektiven Sorgfaltspflichtverstoß (hier: Verstoß gegen die Erlaubnispflicht gem. § 20 KAGB) in subjektiver Hinsicht die Vorhersehbarkeit und **Vermeidbarkeit** dieses Sorgfaltspflichtverstoßes voraus.[92] Ein Fahrlässigkeitsvorwurf wird dem Täter somit nur dann gemacht, wenn er nicht nur objektiv betrachtet, sondern auch nach seinen individuellen Fähigkeiten und dem Maß seines individuellen Könnens imstande war, die objektiv bestehende Sorgfaltspflicht zu erkennen und die sich daraus ergebenden Sorgfaltsanforderungen zu erfüllen.[93]

11. Verbotsirrtum bei Befolgung von Rechtsauskünften?

50 Für die Praxis stellt sich regelmäßig die Frage, ob die Tatbestandsverwirklichung in diesem Sinne vermeidbar war, wenn der Täter dem **Rechtsrat bzw. der Auskunft von Experten** (z.B. von Rechtsanwälten oder

84 *Altenhain* in Momsen/Grützner, Wirtschaftsstrafrecht, S. 572 (Rz. 22); *Lindemann* in Boos/Fischer/Schulte-Mattler, § 54 KWG Rz. 13; unklar *Häberle* in Erbs/Kohlhaas, § 54 KWG, wonach das Merkmal „ohne Erlaubnis" einerseits als Teil des objektiven Tatbestands vom Vorsatz umfasst sein muss (Rz. 12) und andererseits eine Fehlvorstellung über die Erlaubnispflichtigkeit einen Verbotsirrtum nach § 17 StGB begründen soll (Rz. 15); *Knierim* in Münchener Anwaltshandbuch WirtschaftsstrafR, 2. Aufl. 2014, § 54 KWG Rz. 221; *Schröder*, Hdb. Kapitalmarktstrafrecht, Rz. 967.

85 *Bock* in Graf/Jäger/Wittig, § 54 KWG Rz. 82; *Janssen* in MünchKomm. StGB, 3. Aufl. 2017, § 54 KWG Rz. 81; *Rinjes*, wistra 2015, 7 f.; *Wegner* in Schork/Groß, Bankstrafrecht, Rz. 658; *Theile* in E/R/S/T, § 54 KWG Rz. 25.

86 Grundlegend zu § 46 KWG i.d.F.v. 1939: BGH v. 24.9.1953 – 5 StR 225/53, BGHSt 4, 347 (352).

87 Nach dem BGH ist der Irrtum über ein Genehmigungserfordernis ein Tatbestandsirrtum, wenn „die Genehmigung nur der Kontrolle eines im allgemeinen sozialadäquaten Verhaltens dienen soll und die Tat ihren Unwert erst aus dem Fehlen der Genehmigung herleitet". Andererseits ist ein Verbotsirrtum gegeben, wenn es sich um ein „grundsätzlich wertwidriges Verhalten" handelt, das im Einzelfall auf Grund der Genehmigung erlaubt ist, vgl. BGH v. 11.9.2002 – 1 StR 73/02, NStZ-RR 2003, 55 (Verstoß gegen Embargobestimmungen); BGH v. 22.7.1993 – 4 StR 322/93, NStZ 1993, 594 (595) (Verstoß gegen Kriegswaffenkontrollgesetz).

88 BT-Drucks. 17/3023 (Entwurf eines Gesetzes zur Umsetzung der Zweiten E-Geld-Richtlinie), S. 65.

89 KG v. 23.12.2011 – (1) 1 Ss 139/11 (1/11) Rz. 14, juris; OLG Oldenburg v. 26.3.2012 – 1 Ss 205/11, wistra 2014, 114; LG Köln v. 9.7.2015 – 116 KLs 2/12.

90 BGH v. 18.7.2018 – 2 StR 416/16, WM 2018, 2038.

91 *Waßmer* in Fuchs, § 39 WpHG Rz. 339.

92 *Fischer*, § 15 StGB Rz. 14.

93 *Waßmer* in Fuchs, § 39 WpHG Rz. 340.

auch Behörden) folgt. Eine ähnliche Frage stellt sich, sofern man – anders als hier – im Irrtum über die Erlaubnispflicht einen Verbotsirrtum sieht, da es dann gem. § 17 Satz 1 StGB darauf ankommt, ob dieser Verbotsirrtum vermeidbar war,[94] wenngleich die Anforderungen an die Vermeidbarkeit des Verbotsirrtums strenger sein sollen als die zur Meidung eines Fahrlässigkeitsvorwurfs.[95]

Die Rechtspraxis hat namentlich für die Fragestellung, welche rechtlichen Anforderungen erfüllt sein müssen, damit als Folge einer anwaltlichen Auskunft ein **unvermeidbarer Verbotsirrtum** gegeben ist, hohe und teilweise auch uneinheitliche Kriterien aufgestellt. Von einigen Verfolgungsbehörden wird mitunter der nicht selten reflexhafte Einwand erhoben, dass schon der Umstand, dass der Bürger überhaupt Rechtsrat eingeholt hat, ein Beleg dafür sei, dass er für möglich hielt, dass strafbares Verhalten vorliege. Demgegenüber ist zunächst festzuhalten, dass die Vermeidbarkeit nicht bereits deshalb unterstellt werden darf, weil der Betroffene überhaupt anwaltlichen Rat über die Erlaubtheit seines Verhaltens eingeholt hat. Zwar ist anerkannt, dass auch derjenige mit (bedingtem) Unrechtsbewusstsein handelt, der bei der Tatbegehung mit der Möglichkeit rechnet, Unrecht zu begehen und diese Möglichkeit in Kauf nimmt („bedingtes Unrechtsbewusstsein"). Allerdings wäre die Rechtsberatung zur Bedeutungslosigkeit entwertet, wenn allein aus der Erkundigung bei einer hierzu fachlich berufenen Person schon zum Nachteil des Betroffenen geschlossen würde, er habe damit gerechnet, dass sein Verhalten möglicherweise gegen Normen verstößt. 51

Dementsprechend hat der BGH in seiner Rechtsprechung im Grundsatz wiederholt anerkannt, dass in den Fällen, in denen von Auskunftspersonen – wozu nicht ausschließlich Anwälte zählen – rechtlicher Rat eingeholt wird, ein unvermeidbarer Verbotsirrtum vorliegen kann.[96] Zugleich hat er zur Begegnung von Missbrauchsgefahren (etwa durch „Scheingutachten") die Anforderungen an die Qualifikation der Stelle, an die sich der Rat Suchende wendet und an die Qualität ihrer Auskunft sukzessive erhöht.[97] Zu diesen Anforderungen zählen etwa:[98] 52

– Die Auskunftsperson darf **„keinerlei Eigeninteresse"** verfolgen,[99] was einerseits selbstverständlich und andererseits relativ unkonkret ist. Festzuhalten ist zunächst, dass der Vergütungsanspruch des Rechtsanwalts für sich genommen keinesfalls ein Eigeninteresse in diesem Sinne begründet, da anwaltlicher Rechtsrat stets kostenpflichtig ist.[100] Dies muss auch – und gerade – bei langjährigen und umfassenden Mandatsbeziehungen gelten, die für den Anwalt in wirtschaftlicher Hinsicht mitunter bedeutend sein können.[101] Schädlich sind allerdings weitergehende wirtschaftliche Verquickungen. So wurde ein „Eigeninteresse" vom BGH in einem Fall angenommen, in dem es der Auskunftsperson darauf ankam, „durch seine weitere Mitwirkung an dem Geschäftsmodell Einnahmen [...] zu erzielen".[102] Auch etwaige **Interessenkonflikte** der Auskunftsperson (etwa aufgrund konfligierender Mandate) können das Vertrauen in die Rechtsauskunft erschüttern,[103] wenn der Betroffene von dem Interessenkonflikt Kenntnis hat. Sofern in diesem Zusammenhang auf die **Unabhängigkeit** der Auskunftsperson abgestellt wird, erscheint es zweifelhaft, wenn – wie gelegentlich von Seiten der Verfolgungsbehörden und auch in älteren Gerichtsentscheidungen[104] – Mitarbeitern von Unternehmensrechtsabteilungen allein aufgrund ihrer laufenden Arbeitsverhältnisse die Unabhängigkeit gegenüber dem Unternehmen pauschal abgesprochen wird[105] Die Unabhängigkeit der Auskunftsperson (und somit einen unvermeidbaren Verbotsirrtum als

94 Vgl. hierzu *Kirch-Heim/Samson*, wistra 2008, 81 ff.; *Gaede*, HRRS 2013, 449 (454 ff.); *Eidam*, ZStW 2015, 120 ff.; instruktiv auch *Pflaum*, StBp 2015, 185 (193 f.) (zur Problematik steuerrechtlicher Gutachten).

95 Vgl. *Fischer*, § 17 StGB Rz. 8 m.w.N.; OLG Frankfurt v. 14.7.2003 – 3 Ss 114/03, NStZ-RR 2003, 263; **a.A.** *Nestler*, Jura 2015, 562 (572).

96 Vgl. BGH v. 16.8.2007, 4 StR 62/07, NJW 2007, 3078; BGH v. 4.4.2013 – 3 StR 521/12, NStZ 2013, 461.

97 BGH v. 11.10.2012 – 1 StR 213/10, BGHSt 58, 15 (29 ff.).

98 Vgl. hierzu eingehend *Gaede*, HRRS, 2013, 449 (456).

99 BGH v. 11.10.2012 – 1 StR 213/10, BGHSt 58, 15 (29 ff.) unter Bezugnahme auf BGH v. 13.9.1994 – 1 StR 357/94, BGHSt 40, 257 (264); *Rengier* in KarlsruherKomm. OWiG, § 11 OWiG Rz. 76.

100 Vgl. nur das Verbot der Gebührenunterschreitung in § 49b Abs. 1 Satz 1 BRAO.

101 Vgl. OLG Bremen v. 2.3.1981 – Ss (B) 120/80, NStZ 1981, 265 (266): „Rechtsanwalt Dr. H [hat] den Betroffenen ‚laufend' beraten. Aus dieser Feststellung ergibt sich, wie keiner näheren Begründung bedarf, daß den Betroffenen ein vertrauensvolles Verhältnis mit dem seit langer Zeit für ihn tätigen Zeugen verband und daß er sich auch im vorliegenden Falle seinem Rat, den er offensichtlich für vertrauenswürdig und kompetent hielt, anvertraut und sich darauf verlassen hat"; ähnlich bei BGH v. 4.4.2013 – 3 StR 521/12, NStZ 2013, 461.

102 BGH v. 11.10.2012 – 1 StR 213/10, BGHSt 58, 15 (29); ähnlich BGH v. 1.12.1981 – KRB 5/79, BGHSt 30, 270 (277) = AG 1982, 164.

103 Vgl. *Fischer*, § 17 StGB Rz. 9a.

104 Vgl. Nachweise bei *Kirch-Heim/Samson*, wistra 2008, 81 (84 Fn. 38).

105 Zutreffend *Kirch-Heim/Samson*, wistra 2008, 81 (84). Wenn nunmehr in jüngerer Zeit vertreten wird, dass angestellte Syndikusanwälte gegenüber ihrem Unternehmen durchweg ebenso unabhängig sind wie in eigener Praxis tätige Rechtsanwälte, erscheint das in dieser Pauschalität allerdings ebenso zweifelhaft.

gegeben) erkannte der BGH in einem Fall, in dem der Angeklagte „die Rechtsanwältin als fachkundige Person [einschätzte], die einen Ruf als besonders strenge Gutachterin genieße [und] anfängliche Versuche des Angeklagten, sie dazu zu veranlassen, gegen ihre Überzeugung die rechtliche Unbedenklichkeit von Texten zu bescheinigen“ zurückwies.[106]

- Der Auskunft muss ein **zutreffender und vollständiger Sachverhalt** zugrunde liegen, was voraussetzt, dass der Betroffenen der Auskunftsperson „alle dazu erforderlichen tatsächlichen Angaben über die Art seines Unternehmens“[107] erteilt und die Auskunftsperson „vollständige Kenntnis von allen tatsächlich gegebenen, relevanten Umständen haben“ muss.[108] Der Betroffene kann sich insbesondere nicht darauf verlassen, dass der Rechtsanwalt in Fragen, zu denen er nicht mandatiert wurde, aus eigenem Antrieb den (unvollständigen) Sachverhalt ausermittelt und entsprechende Belehrungen erteilt[109]
- Der „auf dem betreffenden Rechtsgebiet versiert[e]“[110] Rechtsanwalt muss „insbesondere sachkundig und unvoreingenommen“ sein und eine objektive, sorgfältige und verantwortungsbewusste Auskunft in Form eines **detaillierten schriftlichen Gutachtens** geben,[111] das auf einer pflichtgemäßen Prüfung der Sach- und Rechtslage beruht.[112]
- Bleibt der Anwaltsrat wegen Widersprüchen oder erklärter Vorbehalte unklar, ist regelmäßig weiterer Rechtsrat einzuholen.[113]
- Keinen Bedenken begegnet eine ältere Entscheidung des BGH, nach der sich die Betroffenen „auf ihre Anwälte nicht verlassen [durften], wenn sie wussten, dass der in letzter Instanz zuständige Kartellsenat des Bundesgerichtshofs einen anderen Standpunkt einnimmt.“[114] Ungeklärt und wesentlich problematischer sind demgegenüber die Fälle, in denen höchstrichterliche Rechtsprechung gerade nicht vorliegt.
- Der anwaltliche Rat ist unbeachtlich, wenn die Unerlaubtheit des angestrebten Verhaltens bei einer mäßigen Anspannung von Verstand und Gewissen leicht erkennbar war.[115] Dabei darf der Bürger, wenn ein Anwalt eine günstige Ansicht vertritt, nicht vorschnell die Augen vor gegenteiligen Ansichten und Entscheidungen verschließen.[116] Angesichts der beispiellosen Komplexität des KAGB dürfen hierbei die Anforderungen freilich nicht überspannt werden.[117] Sofern der Betroffene die Grenzen des Erlaubten im Sinne einer **aufsichtsrechtlichen Arbitrage** allerdings gezielt ausreizen möchte, trägt er das Risiko, dass die Fachgerichte dem anwaltlichen Rechtsrat nicht folgen. Nach der Rechtsprechung setzt ein solches Vorgehen die „gedankliche Auseinandersetzung mit den Grenzen strafbaren Verhaltens voraus und schließt jedenfalls dann, wenn höchstrichterliche Entscheidungen noch nicht vorliegen, die Vorstellung der Möglichkeit mit ein, sich bei einer Fehlinterpretation der Gesetzeslage strafbar zu machen.“[118]
- Gefälligkeits-„Gutachten“, die eher zur Absicherung als zur Klärung bestellt werden, können selbstverständlich ebenso wenig einen unvermeidbaren Verbotsirrtümer begründen wie Auskünfte, die erkennbar vordergründig und mangelhaft sind oder lediglich eine „Feigenblattfunktion“ erfüllen sollen.[119]

53 Nach § 5 Abs. 3 KAGB entscheidet die BaFin in Zweifelsfällen, ob ein inländisches Unternehmen dem KAGB unterliegt oder ob ein Investmentvermögen i.S.v. § 1 Abs. 1 KAGB vorliegt. Hierauf verweist die BaFin auch auf ihrem Internetauftritt.[120] Der gelegentlich geäußerte Einwand, dass entsprechende Anträge aufgrund ihrer langen Bearbeitungsdauer wenig „praxistauglich“ seien, dürfte in dieser Allgemeinheit nicht zutreffen.[121] Obwohl die Entscheidung der BaFin nur die Verwaltungsbehörden (und damit nicht die Straf-

---

106 BGH v. 4.4.2013 – 3 StR 521/12, NStZ 2013, 461 f.
107 So bereits BGH v. 24.9.1952 – 5 StR 225/53, BGHSt 4, 347 (353).
108 BGH v. 11.10.2012 – 1 StR 213/10, BGHSt 58, 15 (30).
109 BGH v. 16.4.2014 – 1 StR 516/13, Rz. 18.
110 BGH v. 4.4.2013 – 3 StR 521/12, NStZ 2013, 461.
111 BGH v. 11.10.2012 – 1 StR 213/10, BGHSt 58, 15 (29 f.).
112 BGH v. 11.10.2012 – 1 StR 213/10, BGHSt 58, 15 (29 f.).
113 OLG Frankfurt v. 14.7.2003 – 3 Ss 114/03, NStZ-RR 2003, 263.
114 BGH v. 27.1.1966 – KRB 2/65, BGHSt 21, 18 (22).
115 BGH v. 4.4.2013 – 3 StR 521/12, NStZ 2013, 461.
116 BGH v. 11.10.2012 – 1 StR 213/10, BGHSt 58, 15 (31).
117 Zutreffend *Emde/Dreibus*, BKR 2013, 89, 101: „350 Paragraphen höchster, hermetischer Komplexität, dessen Durchdringung wohl wenigen juristisch beschlagenen Spezialisten vorbehalten bleiben wird, auf deren Rechtsrat sich der normale Normadressat wird verlassen müssen.“
118 BVerfG v. 16.3.2006 – 2 BvR 954/02, NJW 2006, 2684; BGH v. 23.12.2015 – 2 StR 525/13, Rz. 51.
119 BGH v. 11.10.2012 – 1 StR 213/10, BGHSt 58, 15 (30); *Fischer*, § 17 StGB Rz. 9a.
120 BaFin, Merkblatt zur Erlaubnispflicht gemäß KWG und KAGB von Family Offices (Stand: Mai 2014, abgerufen Juni 2018): „Ob ein Unternehmen der Erlaubnispflicht nach §§ 20 Abs. 1 KAGB, 32 Abs. 1 KWG unterliegt, entscheidet in Zweifelsfällen die Bundesanstalt für Finanzdienstleistungsaufsicht Abteilung Q 3“.
121 In Einzelfällen wurden entsprechende Anfragen innerhalb von zwei Wochen beantwortet.

verfolgungsbehörden und Gerichte)[122] bindet (§ 5 Abs. 3 Satz 2 KAGB), wird dem Betroffenen bei der Befolgung einer entsprechenden Entscheidung kein vermeidbarer Irrtum vorgeworfen werden können.[123] Aus der Möglichkeit des Betroffenen, bei der BaFin eine Entscheidung nach § 5 Abs. 3 KAGB zu beantragen, wird man jedenfalls für die Frage der Vermeidbarkeit im strafrechtlichen Sinne nicht annehmen können, dass die Auskunft der BaFin mehr Gewicht als die Auskunft von einschlägig qualifizierten rechtlichen Experten hat.[124] Gleichwohl besteht bei manchen Ermittlungsbehörden die Neigung, einer Rechtsmeinung der BaFin höheres Gewicht beizumessen als anwaltlichen Gutachten. Die bloße **Duldung** durch die BaFin wird einen Verbotsirrtum nur bei Hinzutreten besonderer Vertrauenstatbestände (z.B. Schriftwechsel, schriftlich dokumentierte Aufsichtsgespräche) begründen können. Reine Untätigkeit seitens der BaFin wird hierfür in der Regel nicht ausreichen.[125]

12. Konkurrenzen; Verjährung

Wenn unter Verstoß gegen § 339 Abs. 1 KAGB über einen längeren Zeitraum mehrere Investmentgeschäfte 54
abgeschlossen werden, handelt es sich in der Regel nicht um selbständige, in Tatmehrheit stehende Taten, sondern um ein sog. uneigentliches **Organisationsdelikt**[126] bzw. ein **Dauerdelikt**,[127] bei dem materiellrechtlich und prozessual nur eine Tat vorliegt. Bedeutung hat dies neben Fragen der Strafbemessung (die Bildung einer Gesamtstrafe gem. § 53 StGB scheidet aus) insbesondere für den Verjährungsbeginn.

Da § 54 Abs. 1 KAGB Freiheitsstrafe bis zu fünf Jahren androht, beträgt die Verjährungsfrist gem. § 78 55
Abs. 3 Nr. 4 StGB fünf Jahre. Die Verjährung beginnt, sobald die Tat beendet ist (§ 78a S. 1 StGB). Beim Abschluss mehrerer Transaktionen bzw. beim Geschäftsbetrieb über einen längeren Zeitraum ist aufgrund des einheitlichen Dauercharakters der Tat hinsichtlich des **Beendigungszeitpunkts** nicht auf den frühesten, sondern auf den letzten Geschäftsvorfall abzustellen. Beendet sein i.S.v. § 78a S. 1 StGB dürfte die Tat deshalb häufig erst mit der Aufgabe des Geschäftsbetriebs insgesamt.

Die in § 78c StGB genannten Maßnahmen führen zur **Verjährungsunterbrechung**. Hierbei muss es sich 56
um Maßnahmen im Rahmen eines Strafverfahrens durch die hierzu berufenen Strafverfolgungsorgane handeln. Da die BaFin Aufsichtsbehörde und kein Strafverfolgungsorgan ist,[128] stehen richterliche Durchsuchungsbeschlüsse, die lediglich im Rahmen der Verfolgung unerlaubter Investmentgeschäfte durch die BaFin gem. § 16 Abs. 3 KAGB (d.h. nicht im Rahmen eines Strafverfahrens) erlassen werden, den in § 78c Abs. 1 Nr. 4 StGB genannten richterlichen Durchsuchungsanordnungen nicht gleich und führen nicht zur Verjährungsunterbrechung.[129]

13. Einziehung

Beim unerlaubten Geschäftsbetrieb einer KVG droht neben der eigentlichen Geld- oder Freiheitsstrafe die 57
Anordnung der Einziehung von Taterträgen nach § 73 StGB bzw. des Wertes des Tatertrags nach § 73c StGB. Nach dieser Vorschrift ordnet das Gericht die Einziehung des „etwas" an, das der Täter oder Teilnehmer „durch eine rechtwidrige Tat oder für sie [...] erlangt" hat. Mit Rechtskraft der Entscheidung geht das Eigentum an der Sache oder das verfallene Recht auf den Staat über, § 75 Abs. 1 StGB. Das Gesetz knüpft

---

122 Weiß, WM 2016, 1774, 1775: „strafrechtlich grundsätzlich ohne Bedeutung".

123 *Schäfer* in Boos/Fischer/Schulte-Mattler, § 4 KWG Rz. 16.

124 Nach einem Urteil des II. Zivilsenats des BGH v. 21.3.2005 (II ZR 149/03, WM 2005, 838 [840] = AG 2005, 395) waren allerdings Gutachten von immerhin vier Universitätsprofessoren nicht ausreichend zur Klärung der Frage, ob erlaubnispflichtige Bankgeschäfte betrieben wurden. Erforderlich gewesen wäre vielmehr eine Anfrage bei dem BAKred.

125 Vgl. BVerwG v. 22.9.2004 – 6 C 29/03, BVerwGE 122, 29-53 Rz. 54: „Soweit der Kläger geltend macht, die Beklagte habe ihn trotz Kenntnis von seiner Tätigkeit erst drei Jahre später auf deren Erlaubnispflichtigkeit hingewiesen, stünde dieser Umstand dem Erlass der Untersagungsverfügung selbst dann nicht entgegen, wenn er zuträfe. Auf einen etwaigen Vertrauensschutz kann der Kläger sich schon deshalb nicht berufen, weil nicht erkennbar ist, dass er von der Beklagten in der Annahme bestätigt worden wäre, er bedürfe für seine Tätigkeit keiner Erlaubnis nach dem Kreditwesengesetz."

126 Vgl. zu § 54 KWG grundlegend BGH v. 26.8.2003 – 5 StR 145/03, BGHSt 48, 331 (341); BGH v. 27.3.2012 – 3 StR 447/11, Rz. 21 (juris); OLG Oldenburg v. 26.3.2012 – 1 Ss 205/11, wistra 2014, 114; *Häberle* in Erbs/Kohlhaas, § 54 KWG, Rz. 17; *Peglau*, wistra 2002, 292 (293); *Schröder*, HdB Kapitalmarktstrafrecht, Rz. 974 (zu § 54 KWG).

127 BGH v. 25.2.1992 – 5 StR 528/91, NStZ 1992, 594 (596) (zu § 148 GewO).

128 Pointiert *Feigen*, Strafjustiz durch die Bafin?, in Arbeitsgemeinschaft Strafrecht des Deutschen Anwaltsvereins (Hrsg.), Strafverteidigung im Rechtsstaat, Baden-Baden 2009, S. 466.

129 Es sind Fälle bekannt, in denen die BaFin zur Verfolgung unerlaubter Geschäftstätigkeit „eigene" Durchsuchungsbeschlüsse erwirkt hat.

die Anordnung der Einziehung lediglich an eine rechtswidrig begangene Tat, § 73 Abs. 1 Satz 1 StGB. Vorsätzlich muss die Tat nicht begangen worden sein, so dass die Anordnung der Einziehung auch bei der Verwirklichung des Fahrlässigkeitstatbestands in Betracht kommt.[130] Werden Organe, Vertreter oder Beauftragte (§ 14 StGB) eines Unternehmens gerade mit dem Ziel tätig, dass bei dem Unternehmen infolge der Tat eine Vermögensmehrung eintritt, so richtet sich die Anordnung der Einziehung gem. § 73b Abs. 1 Satz 1 Nr. 1 und Nr. 2 StGB gegen das Unternehmen als **Drittbegünstigten.**[131]

58 Nach dem Wortlaut von § 73 StGB ist die Anordnung der Einziehung obligatorisch und steht nicht im Ermessen des Gerichts. Der Umfang der Einziehungsanordnung bestimmt sich danach, was durch oder für die Tat „erlangt" wurde; er ist damit prinzipiell nach oben hin offen.[132] Da im Investmentbereich ganz erhebliche Geldbeträge bewegt werden, kann eine Einziehungsanordnung somit leicht **existentielle Bedeutung** erlangen.

59 Nach der ursprünglichen Fassung von § 73 StGB musste der Täter einen „Vermögensvorteil" erlangt haben. Durch eine Gesetzesänderung von 1992 wurde das Tatbestandsmerkmal „Vermögensvorteil" durch die Formulierung „etwas" ersetzt.[133] Inhaltlich besteht der Unterschied zu der früheren Gesetzesfassung nach überwiegender Auffassung darin, dass von einem „Vermögensvorteil" i.S.d. früheren Gesetzesfassung nur dann gesprochen werden kann, wenn das dem Täter Zugeflossene mit den dafür gemachten Aufwendungen saldiert wird, während mit „etwas" schon jeder Wertzufluss ohne Rücksicht auf dafür aufgebrachte Unkosten erfasst wird. Danach folgt die Bestimmung des „Erlangten" als solchem dem sog. **Bruttoprinzip.**[134]

60 Ungeachtet der theoretisch klaren Berechnungsmaßstäbe des Bruttoprinzips waren in der Praxis erhebliche Diskrepanzen bei der konkreten Bestimmung der Einziehungshöhe zu beobachten.[135] Selbst zwischen den Strafsenaten des BGH gab es mehr oder weniger offen ausgetragenen Meinungsverschiedenheiten, weshalb die Rechtsprechung als „krass divergierend und unübersichtlich" galt.[136]

61 Durch das Gesetz zur Reform der strafrechtlichen Vermögensabschöpfung vom 13.4.2017[137] sollte dieser unbefriedigende Zustand beseitigt und die Rechtssicherheit erhöht werden. Durch die Neufassung wurde die Auffassung des 1. Strafsenats bestätigt, nach der das Bruttoprinzip die maßgebende Regel für die Bestimmung des „Erlangten" ist und auch auf der ersten Stufe der Ermittlung anzuwenden ist.[138] Unbillige Härten und eine etwaige Entreicherung des Einziehungsadressaten sind nunmehr nur noch im Rahmen der Vollstreckung zu berücksichtigen.

62 Aus der geänderten Formulierung „durch die Tat" soll sich ergeben, dass alle wirtschaftlichen Werte umfasst sind, die dem Täter oder Teilnehmer aufgrund der Verwirklichung des Tatbestands in irgendeiner Phase des Tatablaufs zufließen.[139]

63 Nach der früheren Rechtsprechung des 5. Strafsenats ist bei der Bestimmung des Erlangten zu prüfen, welchen geschäftlichen Vorgang die Strafvorschrift nach ihrem Zweck verhindern will, was also „letztlich strafbewehrt ist". Soweit das Geschäft bzw. seine Abwicklung an sich verboten und strafbewehrt ist, soll der gesamte hieraus erlangte Erlös dem Verfall unterliegen. Ist dagegen strafrechtlich nur die Art und Weise bemakelt, in der das Geschäft ausgeführt wird, ist „erlangt" lediglich der hierauf entfallende Sondervorteil.[140] Bei Verstößen gegen das Außenwirtschaftsgesetz soll dies zur Folge haben, dass danach zu differenzieren ist, ob das dem Vorgang zugrunde liegende Geschäft an sich genehmigungsfähig ist oder nicht. Im

130 BGH v. 19.1.2012 – 3 StR 343/11, BGHSt 57, 79 (81) m.w.N.

131 Grundlegend BGH v. 19.10.1999 – 5 StR 336/99, BGHSt 45, 235 (245 f.); BGH v. 11.6.2015 – 1 StR 368/14, ZWH 2015, 303 (304).

132 Wenn in der Presse über „Strafen" gegen Unternehmen in zwei- oder gar dreistelliger Millionenhöhe berichtet wird, kommen solche Größenordnungen regelmäßig erst durch Verfalls- bzw. Abschöpfungsmaßnahmen zustande.

133 Hierdurch sollte nach der Gesetzesbegründung die Geltung des sog. Bruttoprinzips klargestellt werden, vgl. BT-Drucks. 12/1134, 12.

134 Vgl. nur *Eser* in Schönke/Schröder, § 73 StGB Rz. 6; *Fischer*, § 73 StGB Rz. 10.

135 Insb. zwischen dem 1. und dem 5. Strafsenat, vgl. etwa Urt. des 1. Strafsenats v. 30.5.2008 – 1 StR 166/07, BGHSt 52, 227 (251).

136 *Fischer*, § 73 StGB Rz. 15.

137 BGBl. I 2017, S. 872.

138 *Fischer*, § 73 StGB Rz. 19.

139 BGH v. 2.12.2005 – 5 StR 119/05, BGHSt 50, 299 (309); BGH v. 30.5.2008 – 1 StR 166/07, BGHSt 52, 227 (246); BGH v. 19.1.2012 – 3 StR 343/11, BGHSt 57, 79 (83); *Fischer*, § 73 StGB Rz. 23.

140 BGH v. 19.1.2012 – 3 StR 343/11, BGHSt 57, 79 (84); nunmehr ebenso der Beschl. des 1. Strafsenats v. 11.6.2015 – 1 StR 368/14, ZWH 2015, 303 (305).

Falle der Genehmigungsfähigkeit unterliegen lediglich die durch Umgehen der Kontrollbefugnis der Genehmigungsbehörde ersparten Aufwendungen der Einziehung. Ist das Geschäft demgegenüber nicht genehmigungsfähig, so kann die gesamte Gegenleistung abgeschöpft werden.[141]

Der 1. Strafsenat des BGH hat diese Differenzierung im Urteil vom 11.6.2015 auf das unerlaubte Erbringen 64
von Zahlungsdiensten (§ 31 a.F., jetzt § 63 ZAG) übertragen.[142] Der BGH stellte darauf ab, dass ein Antrag auf Erteilung der Erlaubnis aus zwingenden Versagungsgründen (§ 9 a.F., jetzt § 12 ZAG) abgelehnt worden wäre, weil das Geschäftskonzept nicht genehmigungsfähig war. Somit handelte es sich nicht um einen rein formellen Verstoß gegen den bestehenden Genehmigungsvorbehalt. In der Entscheidung heißt es: „Das Erbringen von Zahlungsdiensten durch ein Zahlungsinstitut, das die gesetzlichen Voraussetzungen nicht erfüllt, ist verboten. Damit unterliegt der gesamte hieraus erzielte Erlös dem Verfall." Aufgrund der strukturellen Vergleichbarkeit der Strafvorschriften des § 31 a.F. (jetzt § 63 Abs. 1 Nr. 4 ZAG) mit § 339 Abs. 1 Nr. 1 KAGB wird man wohl davon auszugehen haben, dass sich die **Verfolgungspraxis** beim unerlaubten Betrieb des Geschäfts einer KVG gem. § 339 Abs. 1 Nr. 1 KAGB bis auf weiteres an dieser Entscheidung zu § 31 a.F. ZAG **orientieren** wird. Es wird deshalb regelmäßig zu prüfen sein, ob zwingende Versagungsgründe nach §§ 23, 25 KAGB vorlagen, die der Erteilung einer Erlaubnis entgegenstanden. Ob diese Differenzierung auch auf nach § 339 Abs. 1 Nr. 2 KAGB strafbare Verstöße gegen die Pflicht zur Registrierung nach § 44 KAGB übertragen werden kann, erscheint jedoch wegen der geringeren Aufsichtsdichte des Registrierungsverfahrens zweifelhaft.

14. Gerichtliche Zuständigkeit

Für Strafsachen, die von der Staatsanwaltschaft zur Anklage gebracht werden, ist in der Regel die **sachliche** 65
Zuständigkeit der Amtsgerichte gegeben. Eine **erstinstanzliche Zuständigkeit des Landgerichts** kommt nur unter den Voraussetzungen des § 24 Abs. 1 Nr. 3 GVG (sog. bewegliche Zuständigkeitsregelung) in Betracht, namentlich dann, wenn die Staatsanwaltschaft wegen des besonderen Umfangs oder der besonderen Bedeutung des Falles Anklage beim Landgericht erhebt. In Bezug auf den besonderen Umfang wird insbesondere auf die Zahl der Angeklagten sowie die Zahl der Zeugen und erforderliche Sachverständigengutachten abzustellen sein. Eine besondere Bedeutung i.S.v. § 24 Abs. 1 Nr. 3 GVG soll nach der h.M.[143] in der Regel nicht bereits dadurch begründet sein, dass schwierige Rechtsfragen zu lösen sind. Danach dürfte es für sich genommen noch kein Kriterium für eine besondere Bedeutung sein, dass aufgrund des Blankettcharakters von § 339 KAGB im Rahmen der Hauptverhandlung die unübersichtlichen und in Teilbereichen völlig ungeklärten Rechtsfragen des KAGB zu behandeln sind. Denkbar ist jedoch, dass eine besondere Bedeutung dadurch begründet wird, dass ein Bedürfnis nach einer raschen Klärung von grundsätzlichen Rechtsfragen des KAGB durch den BGH im Rahmen einer Revisionsentscheidung besteht. Voraussetzung für eine Klärung durch den BGH ist nämlich – von der Vorlagemöglichkeit des § 121 Abs. 2 GVG abgesehen –, dass die Strafsache in erster Instanz durch ein Landgericht entschieden wurde.

Sofern danach ausnahmsweise die erstinstanzliche Zuständigkeit des Landgerichts gegeben ist, ist zu beach- 66
ten, dass gleichwohl **keine funktionelle Zuständigkeit der Wirtschaftsstrafkammer** besteht.[144] Ebenso wenig ist die Wirtschaftsstrafkammer als Berufungsgericht für erstinstanzliche Urteile des Schöffengerichts zuständig. Im abschließenden Zuständigkeitskatalog des § 74c GVG sind nämlich weder das KAGB noch das vormalige InvG aufgeführt. Das KAGB lässt sich auch nicht unter die in § 74c Abs. 1 Satz 1 Nr. 2 GVG aufgeführten Gesetze „über das Bank-, Depot-, Börsen- und Kreditwesen" subsumieren. Andernfalls wäre nicht zu erklären, warum sich der Gesetzgeber beispielsweise veranlasst sah, im Rahmen des Zweiten Finanzmarktförderungsgesetzes vom 26.6.1994 ausdrücklich das WpHG in § 74c Abs. 1 Satz 1 Nr. 2 GVG aufzunehmen. Die Nichterwähnung des KAGB bzw. des InvG in § 74c GVG ist vermutlich mit dem bisherigen Schattendasein der Strafvorschriften zu erklären. Nichtsdestotrotz ist der Gesetzgeber aufgerufen, das KAGB aufgrund seiner Komplexität, die besonderen wirtschaftsrechtlichen Sachverstand erfordert, in den Zuständigkeitskatalog des § 74c GVG aufzunehmen.[145]

141 BGH v. 19.1.2012 – 3 StR 343/11, BGHSt 57, 79 (83 ff.).

142 BGH v. 11.6.2015 – 1 StR 368/14; vgl. hierzu *Pelz*, Verfall bei Handeln ohne behördliche Genehmigung, in FS für Imme Roxin, S. 181 ff.

143 *Schmitt* in Meyer-Goßner, StGB, 61. Aufl. 2018, § 24 GVG Rz. 8.

144 *Alten* in Moritz/Klebeck/Jesch, § 339 KAGB Rz. 59.

145 *Alten* in Moritz/Klebeck/Jesch, § 339 KAGB Rz. 59.

III. Betreiben des Geschäfts einer kleinen AIF-KVG ohne Registrierung (§ 339 Abs. 1 Nr. 2 KAGB)

67 Nach § 339 Abs. 1 Nr. 2 KAGB ist das Betreiben des Geschäfts bestimmter AIF-KVG ohne Registrierung nach § 44 Abs. 1 Nr. 1 KAGB strafbar. Im Gegensatz zu § 339 Abs. 1 Nr. 1 KAGB, der auf Vorbildern im InvG bzw. KWG beruht (vgl. Rz. 5), handelt es sich bei § 339 Abs. 1 Nr. 2 KAGB um eine gesetzgeberische Neuschöpfung, die als strafrechtliche Flankierung der neuen Registrierungspflicht geschaffen wurde. Der Tatbestand ist allerdings **konzeptionell identisch** mit § 339 Abs. 1 Nr. 1 KAGB,[146] weshalb wegen allgemeiner Fragen auf die obige Kommentierung verwiesen werden kann und im Folgenden nur noch die spezifischen Besonderheiten des Tatbestands erörtert werden.

1. Anwendungsbereich

68 Während im Grundsatz sämtliche KVG einer staatlichen Regulierung und Marktzugangskontrolle unterliegen, **privilegiert** das KAGB bestimmte **„kleine" AIF-KVG** durch ein „reduziertes Aufsichtsregime"[147] mit deutlichen Erleichterungen gegenüber erlaubnispflichten KVGs. In den Genuss dieser „Regulierung light"[148] kommen KVGs, die ausschließlich folgende AIFs verwalten: kleine Spezial-AIF (§ 2 Abs. 4 KAGB), kleine, intern verwaltete, geschlossene Publikums-AIF (§ 2 Abs. 4a KAGB) und kleine, geschlossene AIF (§ 2 Abs. 5 KAGB).

69 Die deutlichste Erleichterung gegenüber dem Regelaufsichtsregime ist, dass kleine AIF-KVG nicht das vergleichsweise aufwendige Erlaubnisverfahren der BaFin nach § 20 Abs. 1 Satz 1 KAGB durchlaufen müssen, sondern stattdessen gem. § 44 Abs. 1 KAGB einer stark vereinfachten **Registrierungspflicht** bei der BaFin unterliegen. Daneben gelten die Kapitalanforderungen des § 25 KAGB nicht für kleine, registrierte AIF-KVG, da sie nur das ihrer Rechtsform entsprechende Mindestkapital aufweisen müssen. Auch die Organisations- und Verhaltensregeln der §§ 26 ff. KAGB gelten für registrierte AIF-KVG nur sehr eingeschränkt. Zudem erfolgt bei kleinen AIF-KVG – anders als bei den erlaubten KVG und den von ihnen verwalteten Fonds – keine laufende Überprüfung ihrer Geschäftstätigkeit durch die BaFin, sofern sie keine Publikumsfonds verwalten.

2. Kritik

70 Angesichts dieser weitreichenden Erleichterungen des Aufsichtsregimes ist bemerkenswert, dass die Privilegierung der „kleinen" AIF-KVG in der Strafvorschrift keinen Niederschlag findet (wie etwa durch geringere Höchststrafen), sondern derjenige, der die Registrierungsplicht nach § 44 Abs. 1 Nr. 1 KAGB verletzt, **strafrechtlich gleichermaßen verantwortlich** ist wie derjenige, der das Geschäft einer KVG ohne Erlaubnis betreibt. Die Gesetzesmaterialien enthalten zum Grund dieser strafrechtlichen Gleichbehandlung keine nähere Begründung. Vielmehr heißt es lapidar, dass die Strafbarkeit „auf den Tatbestand der fehlenden Registrierung […] erweitert" wird.[149]

71 Selbst wenn es sich bei der Registrierung „entgegen dem irreführenden Wortlaut […] in der Sache […] um eine eingeschränkte Erlaubnis" handeln sollte,[150] erscheint die **Legitimation der Strafnorm zweifelhaft**. Während nämlich die Strafbarkeit des unerlaubten Geschäftsbetriebs dem Interesse der staatlichen Aufsicht über das Finanzwesen sowie der Funktionsfähigkeit der Finanzmärkte dienen soll, lässt sich dieser Legitimationsgedanke nicht ohne weiteres auf die Strafbarkeit des Registrierungsverstoßes übertragen, da kleine AIF-KVG im Grundsatz keiner bzw. nur einer stark eingeschränkten laufenden Überwachung und Produkt- und Vertriebsaufsicht unterliegen.[151] Letztlich wird über die Strafnorm des § 339 Abs. 1 Nr. 2 KAGB bloßer Verwaltungsungehorsam sanktioniert, was vor dem Hintergrund des **ultima-ratio-Grundsatzes** eine zweifelhafte Grundlage für ein strafrechtliches Unwerturteil darstellt. Zwar geht das BVerfG in ständiger Rechtsprechung[152] davon aus, dass zwischen kriminellem Unrecht und Ordnungsrecht ein Grenzbereich

---

146 *Alten* in Moritz/Klebeck/Jesch, § 339 KAGB Rz. 2.

147 So wörtlich Erwägungsgrund Nr. 17 AIFM-RL 2011/61/EU.

148 So *Boxberger*, GWR 2013, 415.

149 BT-Drucks. 17/12294, 295.

150 *Eckhold*, ZBB 2016, 102 (106). Auch im allgemeinen Verwaltungsrecht gibt es sog. „falsche Anzeigeverfahren", bei denen es sich tatsächlich um (vereinfachte) Genehmigungsverfahren handelt, bei der die Untätigkeit der Behörde die Fiktion einer Genehmigung (§ 42a VwVfG) zur Folge hat, vgl. *Stelkens* in Stelkens/Bonk/Sachs, 9. Aufl. 2018, § 35 VwVfG Rz. 156.

151 **A.A.** *Pelz* in Beckmann/Scholtz/Vollmer, § 339 KAGB Rz. 25.

152 BVerfG v. 16.7.1969 – 2 BvL 2/69, BVerfGE 27, 18 (30 f.); BVerfG v. 27.3.1979 – 2 BvL 7/78, BVerfGE 51, 60 (74); BVerfG v. 6.6.1989 – 2 BvL 6/89, BVerfGE 80, 182 (186); BVerfG v. 10.4.1997 – 2 BvL 45/92, BVerfGE 96, 10 (26).

besteht, in dem die verschiedenen Erscheinungsformen des Unrechts nur graduelle Unterschiede aufweisen und die Grenzziehung demgemäß Sache des Gesetzgebers ist. Dies aber setzt voraus, dass der Gesetzgeber darlegt, dokumentiert und begründet, wieso es einer Strafnorm bedarf, deren Ziel die Sicherung des Rechtsfriedens in einer Gesellschaft und die Sicherung geordneten menschlichen Zusammenlebens durch Schutz elementarer Werte ist.[153] Derartige Erwägungen lassen sich den Gesetzesmaterialien in Bezug auf die Strafbewehrung des Verstoßes gegen die Registrierungspflicht aber gerade nicht entnehmen.

Da Verstöße gegen Anzeige- und Anmeldepflichten nach anderen Vorschriften regelmäßig nur Ordnungswidrigkeiten darstellen (z.B. § 312 KAGB i.V.m. § 340 Abs. 2 Nr. 81 KAGB; § 14 Abs. 1 Satz 1 i.V.m. § 146 Abs. 2 Nr. 2 und Nr. 3 GewO), sollte der Gesetzgeber erwägen, die **Strafvorschrift zur Ordnungswidrigkeit herabzustufen**, zumal der durch das OGAW V-UmsG erheblich verschärfte Bußgeldrahmen ausreichende Sanktionierungsmöglichkeiten bietet. Bis zu einer solchen – wünschenswerten – Änderung ist die Strafbarkeit entsprechenden Verwaltungsungehorsams allerdings geltendes Recht, was insbesondere angesichts des Umstands bedeutsam ist, dass die Zahl der AIF-KVG, die „nur“ der Registrierungspflicht nach § 44 Abs. 1 Nr. 1 KAGB unterliegen, die Zahl der KVG mit Erlaubnis deutlich übersteigt.[154] 72

Durch das OGAW V-UmsG wurde § 44 Abs. 2 KAGB aufgehoben. Der in § 339 Abs. 1 Nr. 2 KAGB enthaltene Verweis auf diesen Absatz („auch in Verbindung mit Absatz 2 Satz 1“) läuft somit ins Leere.[155] Dieser fehlende Gleichlauf von Blankettdelikt und Ausfüllungsnorm – der im Nebenstrafrecht nicht selten anzutreffen ist[156] – sollte bei nächster Gelegenheit durch eine Streichung des Verweises behoben werden.[157] 73

3. Tathandlung: Betreiben ohne Registrierung

Tathandlung des § 339 Abs. 1 Nr. 1 KAGB ist das Betreiben (hierzu Rz. 20 ff.) ohne Registrierung nach § 44 Abs. 1 Nr. 1 KAGB. Nach dieser Vorschrift sind AIF-KVGs, die die Bedingungen nach § 2 Abs. 4, 4a oder 5 KAGB erfüllen, „zur Registrierung bei der Bundesanstalt verpflichtet.“ Das Registrierungsverfahren ist in § 44 KAGB eher undeutlich geregelt. § 44 Abs. 4 Satz 1 KAGB ist zu entnehmen, dass die Registrierung einen entsprechenden **Registrierungsantrag** voraussetzt. Über den vollständigen Antrag hat die BaFin innerhalb einer Frist von zwei Wochen nach Eingang zu entscheiden, wobei sie die Frist im Falle von kleinen, geschlossenen AIF-KVGs (§ 2 Abs. 5 KAGB) um weitere zwei Wochen verlängern kann. Die Entscheidung über den Antrag steht nicht im Ermessen der BaFin, sondern die Registrierung ist zu **bestätigen**, wenn die Voraussetzungen für die Registrierung erfüllt sind. Andernfalls ist die Registrierung zu **versagen**. Die Voraussetzungen für die Registrierung sind im Gesetz allerdings nicht positiv aufgeführt, sondern lassen sich nur im Umkehrschluss aus den in § 44 Abs. 4 Satz 4 KAGB genannten Versagungsgründen entnehmen, die ihrerseits als Negation („nicht“) formuliert sind (vgl. zu den Einzelheiten die Kommentierung zu § 44 Rz. 28 ff.). 74

Die Strafbarkeit wird formal erst durch die Bestätigung der Registrierung durch die BaFin ausgeschlossen, weshalb das Registrierungsverfahren über ein Anzeigeverfahren (etwa nach § 312 KAGB) hinausgeht[158] und der strafbewehrten Pflicht nach § 44 Abs. 1 Nr. 1 KAGB nicht schon durch die bloße Registrierungsanzeige bzw. Einreichung des Registrierungsantrags genügt wird.[159] Nach der **Genehmigungsfiktion** des § 44 Abs. 4 Satz 3 KAGB gilt die Registrierung als bestätigt, wenn über den Antrag nicht innerhalb der (ggf. verlängerten) Frist entschieden ist. 75

Nach der Aufsichtspraxis der BaFin ist der Antrag auf Registrierung einzureichen, „wenn eine hinreichend konkrete Absicht besteht, als AIF-KVG unterhalb der im KAGB vorgesehenen Schwellenwerte tätig zu werden, spätestens jedoch vier Wochen vor der Auflage des ersten AIF“.[160] Eine Missachtung dieser von der 76

---

153 Siehe BVerfG v. 30.6.2009 – 2 BvE 2, 5/08 u.a., BVerfGE 123, 267 (408).

154 BaFin, Liste der zugelassenen Kapitalverwaltungsgesellschaften, registrierten Kapitalverwaltungsgesellschaften und zugelassenen Investmentgesellschaften, Stand Juni 2018.

155 *Alten* in Moritz/Klebeck/Jesch, § 339 KAGB Rz. 31.

156 Weitere Beispiel bei *Schröder*, Handbuch Kapitalmarktstrafrecht, Rz. 954e (Änderung des § 14 KWG führte zum Leerlauf der §§ 55a, 55b KWG) sowie zahlreiche Beispiele bei *Saliger/von Saucken/Graf*, Strafgesetzgebung als Fehlerquelle, ZRP 2016, 54 ff.

157 Dies ist im Regierungsentwurf des Gesetzes zur Anpassung von Finanzmarktgesetzen an die Verordnung (EU) 2017/2402 und an die durch die Verordnung (EU) 2017/2401 geänderte Verordnung (EU) Nr. 572/2013 vom 10.8.2018 auch vorgesehen, vgl. BR-Drucks. 374/18, S. 11.

158 *Eckhold*, ZBB 2016, 102 (106).

159 *Alten* in Moritz/Klebeck/Jesch, § 339 KAGB Rz. 33; *Herberger* in Baur/Tappen, § 339 KAGB Rz. 25.

160 BaFin, Merkblatt „Einzelne Hinweise zur Registrierung nach § 44 KAGB i.V.m. Artikel 2 bis 5 der Delegierten Verordnung 231/2013“, v. 30.8.2013.

Aufsicht gesetzten Fristen ist unter praktischen Gesichtspunkten zwar nicht ratsam, hat auf die Strafbarkeit jedoch keine Auswirkung.

77 Gemäß § 44 Abs. 6 Satz 1 KAGB hat die AIF-KVG innerhalb von 30 Kalendertagen eine Erlaubnis nach §§ 20, 22 KAGB zu beantragen, wenn sie die in § 2 Abs. 4 oder 5 KAGB genannten Voraussetzungen nicht mehr erfüllt. Bei Wegfall der in § 2 Abs. 4a KAGB genannten Voraussetzungen hat die AIF-KVG gem. § 44 Abs. 6 Satz 2 KAGB (je nachdem, ob sie die Voraussetzungen des § 2 Abs. 5 KAGB erfüllt) entweder eine entsprechende neue Registrierung oder eine Erlaubnis zu beantragen. Die Frage, ob während dieser Übergangsphase ein Strafbarkeitsrisiko besteht, ist im Ergebnis zu verneinen.[161]

IV. Verletzung der Anzeigepflicht nach § 46b KWG (§ 339 Abs. 2 KAGB)

1. Regelungsgegenstand

78 Gerät eine KVG in finanzielle Schieflage, hat die BaFin eine Schlüsselrolle, indem sie gem. § 42 KAGB geeignete und erforderliche Maßnahmen „zur Abwendung einer Gefahr" ergreifen kann. Wird eine Insolvenz durch derartige Maßnahmen nicht abgewendet, kann der **Antrag auf Eröffnung des Insolvenzverfahrens nur durch die BaFin** gestellt werden (§ 43 Abs. 1 KAGB i.V.m. § 46b Abs. 1 Satz 4 KWG). Gemäß § 46b Abs. 1 KWG, der durch § 43 Abs. 1 KAGB auf den Fall der Zahlungsunfähigkeit, der Überschuldung oder der drohenden Zahlungsunfähigkeit einer KVG für entsprechend anwendbar erklärt wird, sind die Geschäftsleiter verpflichtet, die Zahlungsunfähigkeit, Überschuldung oder drohende Zahlungsunfähigkeit der BaFin „unter Beifügung aussagefähiger Unterlagen unverzüglich anzuzeigen". Nach der Gesetzesbegründung soll durch diese Anzeigepflicht „im Interesse der Gläubiger gewährleistet werden, dass die für die Eröffnung eines Insolvenzverfahrens erforderlichen Schritte seitens der Geschäftsleiter unverzüglich eingeleitet werden".[162]

79 Begründet wird diese allgemeine **Konzentration des Insolvenzantragsrechts bei der BaFin** – vergleichbare Regelungen enthalten § 46b KWG, § 312 Abs. 1 VAG und § 21 Abs. 4 Satz 4 ZAG – mit dem Informationsvorsprung, den die BaFin aus der laufenden Solvenzaufsicht erlangt und der es der BaFin ermöglicht, die Konsequenzen der Einleitung eines Insolvenzverfahrens für den Finanzmarkt abzuschätzen.[163] Um dieser Erwartung gerecht zu werden, ist die BaFin auf zeitnahe und zutreffende Informationen über das Eintreten von Schieflagen durch die von ihr beaufsichtigten Unternehmen angewiesen. Durch die Strafvorschrift des § 339 Abs. 2 KAGB wird diesem Anliegen der entsprechende Nachdruck verliehen. Als Rechtsgut wird mithin die „Effektivität der auf ein mögliches Insolvenzverfahren hinwirkenden Aufsicht"[164] sowie die „Sicherstellung des Prüfungsverfahrens für die Stellung eines Insolvenzantrages durch die BaFin"[165] gesehen.

80 Da § 43 Abs. 1 KAGB auf § 46b Abs. 1 Satz 1 KWG verweist, überrascht es nicht, dass auch die Strafnorm des § 339 Abs. 2 KAGB an **§ 55 KWG angelehnt** ist. Insbesondere sind beide Strafvorschriften im Falle der vorsätzlichen Tatbegehung mit einer Höchststrafe von drei Jahren Freiheitsstrafe und bei Fahrlässigkeit mit Freiheitsstrafe bis zu einem Jahr bedroht (§ 339 Abs. 3 Satz 2 KAGB, § 55 Abs. 2 KWG). Im Unterschied zu § 55 KWG, bei dem die Verletzung der Anzeigepflicht nach § 46b KWG auch in Bezug auf Zweigniederlassungen von Unternehmen mit Sitz in einem anderen Staat des Europäischen Wirtschaftsraums gem. § 53b KWG strafbar ist, sieht § 339 Abs. 2 KAGB jedoch **keine Inbezugnahme von Zweigniederlassungen** von EU-OGAW-Verwaltungsgesellschaften oder EU-AIF-Verwaltungsgesellschaften vor.

2. Entstehungsgeschichte

81 Die Strafvorschrift des § 339 Abs. 2 KAGB i.V.m. § 43 Abs. 1 KAGB und § 46b Abs. 1 KWG hat **keine Vorgängernorm im InvG**. Zwar fand auch nach dem früheren § 19k InvG, der von § 43 Abs. 1 KAGB fast wortgleich übernommen wurde, § 46b Abs. 1 KWG auf den Fall der Zahlungsunfähigkeit, der Überschuldung oder der drohenden Zahlungsunfähigkeit einer Kapitalanlagegesellschaft entsprechende Anwendung. Unter Geltung des InvG stellte die Zuwiderhandlung gegen § 19k InvG i.V.m. mit § 46b Abs. 1 Satz 1 KWG

161 *Alten* in Moritz/Klebeck/Jesch, § 339 KAGB Rz. 34; *Herberger* in Baur/Tappen, § 339 KAGB Rz. 25.Beachte aber den Hinweis der BaFin, Merkblatt „Einzelne Hinweise zur Registrierung nach § 44 KAGB i.V.m. Art. 2 bis 5 der Delegierten Verordnung 231/2013", v. 30.8.2013: „Wer demnach lediglich mit einer Registrierung das Geschäft einer Kapitalverwaltungsgesellschaft betreibt, obwohl eine Erlaubnis nach § 20 Abs. 1 Satz 1 KAGB erforderlich ist, macht sich möglicherweise strafbar."

162 BT-Drucks. 17/12294, 296.

163 BT-Drucks. 17/10974, 92 (zu § 46b KWG).

164 *Herberger* in Baur/Tappen, § 339 KAGB Rz. 8.

165 *Janssen* in MünchKomm. StGB, 2. Aufl. 2015, § 55 KWG Rz. 4; *Häberle* in Erbs/Kohlhaas, § 55 KWG Rz. 1.

jedoch keine Straftat dar, sondern lediglich eine Ordnungswidrigkeit nach § 143 Abs. 3 Nr. 5 InvG, die gem. § 143 Abs. 5 InvG mit Geldbuße bis zu 50.000 € geahndet werden konnte.

Auf diese **Ungleichbehandlung** der insolvenzrechtlichen Thematik im KWG einerseits (Straftat gem. § 55 KWG) und dem früheren InvG andererseits (Ordnungswidrigkeit gem. § 143 Abs. 3 Nr. 5 InvG) wurde erstmals durch *Brand* hingewiesen.[166] *Brand* bezeichnete die insolvenzstrafrechtliche Privilegierung von Managern von Kapitalanlagegesellschaften bzw. Investmentaktiengesellschaften als widersprüchlich und forderte den Gesetzgeber zur Auflösung dieser Ungleichbehandlung auf, wobei es im Ermessen des Gesetzgebers stehe, ob er den Verstoß gegen die Anzeigepflicht „nur noch als Ordnungswidrigkeit ahndet oder ob er den Verstoß gegen § 19k InvG entsprechend den §§ 15a Abs. 4, 5 InsO, 55 KWG mit Kriminalstrafe belegt".[167] *Brands* Kritik fand Gehör bei *Graf-Schlicker*, die im BMJV die Abteilung Rechtspflege, zu der auch das Referat „Insolvenzrecht" gehört, leitet.[168] Mit Einführung des § 339 Abs. 2 KAGB (bzw. § 339 Abs. 1 Nr. 2 vor der Änderung durch das OGAW V-UmsG) wurde die frühere Ordnungswidrigkeit zum Straftatbestand hochgestuft und somit die von *Brand* beanstandete Ungleichbehandlung beseitigt. 82

3. Besonderheiten gegenüber dem allgemeinen Insolvenzrecht

Gegenüber dem allgemeinen Insolvenzregime der InsO gelten einige Besonderheiten, die insbesondere bei der Betrachtung der (strafbewehrten) Handlungspflichten im Vorfeld einer Schieflage im Blick behalten werden müssen. Hierzu gehört insbesondere die Pflicht zur Anzeige **auch der drohenden Zahlungsunfähigkeit**. Zwar ist die drohende Zahlungsunfähigkeit auch nach dem allgemeinen Insolvenzrecht bei einem Eigeninsolvenzantrag des Schuldners ein Eröffnungsgrund, vgl. § 18 InsO. § 18 InsO begründet jedoch keine strafbewehrte Antragspflicht, sondern lediglich ein Recht des Schuldners, den Schutz des Insolvenzverfahrens zu beanspruchen.[169] 83

Ein weiterer Unterschied besteht darin, dass die Anzeige bei der BaFin unverzüglich zu erfolgen hat und, anders als bei § 15a Abs. 1 InsO, **keine Dreiwochenfrist** gilt, innerhalb derer die Anzeige spätestens zu erstatten ist. Zu beachten ist schließlich die **Legaldefinition des Geschäftsleiters** in § 1 Abs. 19 Nr. 15 KAGB. Neben denjenigen natürlichen Personen, die nach Gesetz, Satzung oder Gesellschaftsvertrag zur Führung der Geschäfte und zur Vertretung einer KVG berufen sind, gehören hierzu auch solche Personen, „die die Geschäfte der Kapitalverwaltungsgesellschaft tatsächlich leiten". Somit können auch **faktische Geschäftsleiter** (s. bei Rz. 38) taugliche Täter sein, weshalb die im allgemeinen Insolvenzstrafrecht in Hinblick auf das Analogieverbot (Art. 103 Abs. 2 GG) jüngst wieder intensiver geführte Diskussion „zur Straflosigkeit der Insolvenzverschleppung durch den faktischen Geschäftsführer gem. § 15a Abs. 4 InsO"[170] für § 339 Abs. 2 KAGB wenig Bedeutung haben dürfte. 84

4. Täterkreis

Täter können nur die Geschäftsleiter einer KVG sein, die nach § 46b Abs. 1 Satz 1 KWG zur Anzeige verpflichtet sind. Hierzu gehören auch faktische Geschäftsführer, vgl. § 1 Abs. 19 Nr. 15 KAGB. Strafrechtlich verantwortlich ist bei mehreren Geschäftsleitern jeder von ihnen. Ungeachtet einer etwaigen Ressortzuständigkeit fällt die Krisenmeldung in die **Gesamtzuständigkeit** aller Geschäftsleiter.[171] 85

§ 339 Abs. 2 KAGB ist ein echtes **Sonderdelikt**. Die Stellung als Geschäftsleiter ist ein strafbarkeitsbegründendes, besonderes persönliches Merkmal i.S.v. § 28 Abs. 1 StGB. Für einen Teilnehmer (Anstifter oder Gehilfe), der diese Eigenschaften nicht besitzt (beispielsweise Gesellschafter oder Aufsichtsratsmitglieder), ist die Strafe gem. § 28 Abs. 1 StGB zu mildern. 86

---

166 Auf einer Vortrags- und Diskussionsveranstaltung des Arbeitskreises Insolvenzstrafrecht der Wirtschaftsstrafrechtlichen Vereinigung (WisteV) am 29.11.2011 in den Räumlichkeiten des 5. BGH-Strafsenats in Leipzig, vgl. *Brand*, KTS 2012, 195.

167 *Brand*, KTS 2012, 195 (213 f.); vgl. auch *Wegner*, HRRS 2012, 68 (73).

168 *Graf-Schlicker* war Teilnehmerin der Veranstaltung, auf der *Brand* seine Thesen formulierte (vgl. Fn. 163). Auf einer Folgeveranstaltung, die am 1.10.2012 ebenfalls in Leipzig stattfand, kündigte sie an, dass der Gesetzgeber die Ungleichbehandlung anlässlich der Einführung des KAGB beseitigen und die Anzeigepflicht künftig strafbewehrt sein werde.

169 *Bußhardt* in Braun, 6. Aufl. 2014, § 18 InsO, Rz. 1; *Mock* in Uhlenbruck, 14. Aufl. 2015, § 18 InsO Rz. 15.

170 So der Titel des Beitrags von *Schröder* in FS Beulke, S. 535 (539) m.w.N. Der BGH hat sich den in der Literatur gegen die Strafbarkeit des faktischen Geschäftsführers nach Überführung der verschiedenen Insolvenzverschleppungsdelikte in die einheitliche Regelung des § 15a Abs. 4 InsO geäußerten Bedenken nicht angeschlossen, vgl. BGH v. 18.12.2014 – 4 StR 323/14 u. 4 StR 324/14, NJW 2015, 712.

171 *Pelz* in Beckmann/Scholtz/Vollmer, § 339 KAGB Rz. 23.

5. Tathandlungen

87 Die Tathandlung des § 339 Abs. 2 KAGB besteht darin, dass eine nach § 46b Abs. 1 S. 1 KWG vorgeschriebene Anzeige nicht, nicht richtig, nicht vollständig oder nicht rechtzeitig erstattet wird. Die Formulierungen decken sich (mit Ausnahme der Tatvariante „nicht vollständig") mit den Tathandlungen der Insolvenzverschleppung gem. § 15a Abs. 4 InsO. Auf die insolvenzstrafrechtliche Literatur und Rechtsprechung kann deshalb zurückgegriffen werden.[172]

a) Unterlassene Anzeige

88 Im Bereich der Insolvenzverschleppung (§ 15a Abs. 4 InsO) gilt der unterlassene Insolvenzantrag als die „klassische" Tathandlung. Bei der Vorschrift handelt es sich um ein sog. echtes Unterlassungsdelikt.[173] Durch die Vornahme und Prüfung eigener Sanierungsbemühungen wird die Anzeigepflicht nicht suspendiert, da die BaFin gerade in den Stand gesetzt werden soll, die Sanierungsmaßnahmen zu beaufsichtigen.

b) Nicht richtige und nicht vollständige Anzeige

89 Die Tatvarianten der nicht richtigen und der nicht vollständigen Anzeige sind insofern unbestimmt, als sich § 46b KWG nicht entnehmen lässt, welche Anforderungen an die Richtigkeit oder Vollständigkeit einer Anzeige gestellt werden. Während § 13 Abs. 1 InsO gewisse Vorgaben für den Inhalt eines Insolvenzantrags macht, verlangt § 46b Abs. 1 KWG lediglich, dass die Überschuldung, Zahlungsunfähigkeit oder drohende Zahlungsunfähigkeit „unter Beifügung aussagekräftiger Unterlagen unverzüglich anzuzeigen ist". Davon abgesehen wird nicht einmal andeutungsweise oder durch die Verwendung von Beispielen klar gemacht, welche Unterlagen mit der Anzeige vorzulegen sind.[174]

90 Da § 46b KWG die Versorgung der BaFin mit Informationen zur ordnungsgemäßen Beurteilung der Sachlage bezweckt, wird keinesfalls jede fehlerhafte oder unvollständige Information die Strafbarkeit begründen können, die für die Bewertung durch die Bundesanstalt keinerlei Bedeutung hat und unerheblich ist.[175] Vor dem Hintergrund des verfassungsrechtlichen Bestimmtheitsgebots des Art. 103 Abs. 2 GG wird eine strafbare „nicht richtige" bzw. „nicht vollständige" Anzeige deshalb nur in wenigen Ausnahmefällen vorliegen können.[176] Zu weit dürfte allerdings die Ansicht gehen, dass der Anzeigepflichtige seiner Anzeigepflicht bereits dadurch nachkommen kann, dass er die BaFin bittet, zu prüfen, ob diese den Antrag auf Eröffnung des Insolvenzverfahrens des Instituts stellen will.[177]

c) Nicht rechtzeitige Anzeige

91 Als vierte Tatvariante sieht § 339 Abs. 2 KAGB schließlich die „nicht rechtzeitige", d.h. die verspätete Anzeige vor. Gemäß § 46b Abs. 1 Satz 1 KWG muss die Anzeige „unverzüglich" erfolgen. In § 121 Abs. 1 Satz 1 BGB ist unverzüglich definiert als „ohne schuldhaftes Zögern" (so auch die Formulierung in § 15a Abs. 1 Satz 1 InsO). Eine dem § 15a Abs. 1 InsO entsprechende **Dreiwochenfrist**, bis zu der spätestens die Anzeige zu erstatten ist und die einen gewissen Spielraum zur eigenverantwortlichen Beseitigung der wirtschaftlichen Schieflage einräumt, ist im KWG **nicht vorgesehen**. Im Gegenteil soll durch eine **unverzügliche Unterrichtung** der BaFin von der Schieflage sichergestellt werden, dass die BaFin frühzeitige Interventionsmöglichkeiten hat. Hierfür wird in der Regel eine sofortige Anzeige nach Eintritt der Insolvenzlage erforderlich sein.[178]

92 Dementsprechend darf der Verpflichtete – anders als im allgemeinen Insolvenzrecht – auch nicht mehr prüfen, ob weniger einschneidende Maßnahmen (z.B. Kapitalerhöhung, freiwillige Zuschüsse der Gesellschafter, Gläubigerverzichte oder die Veräußerung von Vermögenswerten) geeignet sind, Schaden vom Unternehmen, seinen Gläubigern oder der Allgemeinheit abzuwenden, bevor er die Anzeige gegenüber der

---

172 Etwa *H. Richter* in Müller-Gugenberger, 6. Aufl. 2015, §§ 75 ff.
173 Zum Begriff des echten Unterlassungsdelikts vgl. *Fischer*, Vor § 13 StGB Rz. 16.
174 *Häberle* in Erbs/Kohlhaas, § 55 KWG Rz. 11; *C. Brand* in Bittmann, Praxishandbuch Insolvenzstrafrecht, 2. Aufl. 2017, § 28 Rz. 113.
175 *Häberle* in Erbs/Kohlhaas, § 55 KWG Rz. 10; ähnlich *Richter* in Müller-Gugenberger, 6. Aufl. 2015, § 80 Rz. 54; *C. Brand* in Bittmann, Praxishandbuch Insolvenzstrafrecht, 2. Aufl. 2017, § 28 Rz. 113.
176 *Pelz* in Beckmann/Scholtz/Vollmer, § 339 KAGB Rz. 20; *Wegner* in Schork/Groß, Rz. 690.
177 *Janssen* in Park, Kapitalmarktstrafrecht, 3. Aufl. 2013, § 46b KWG Rz. 63; *Wegner*, HRRS 2012, 68 (72); *Wegner* in Schork/Groß, Rz. 690; **a.A.** *Häberle* in Erbs/Kohlhaas, § 55 KWG Rz. 8.
178 *Häberle* in Erbs/Kohlhaas, § 55 KWG Rz. 12.

BaFin erstattet.[179] Kompensiert wird dies dadurch, dass die Anzeige der BaFin noch nicht dieselben einschneidenden Wirkungen hat wie ein Insolvenzantrag.

6. Vorsatz und Fahrlässigkeit

Strafbar ist sowohl die vorsätzliche (§ 339 Abs. 2 KAGB) als auch die fahrlässige (§ 339 Abs. 3 Satz 2 KAGB) Verletzung der Pflicht zur fristgerechten und richtigen Anzeige. Vorsatz und Fahrlässigkeit müssen sich auf die pflichtbegründende Organstellung des Täters, auf das Vorliegen eines Insolvenzgrundes sowie das Unterlassen der Anzeige beziehen. Allein daraus, dass die Kenntnis eines dieser Tatbestandsmerkmale nicht vorliegt oder nicht nachgewiesen werden kann, darf nicht auf Fahrlässigkeit geschlossen werden; diese ist vielmehr gesondert festzustellen.[180] 93

Allgemein besteht die häufigste Fahrlässigkeitskonstellation in der **sorgfaltswidrigen Verkennung** der Insolvenzgründe durch den Täter, indem etwa Krisenanzeichen (bspw. erhebliche Vermögensverluste, außerordentliche Kündigungen bzw. Fälligstellungen von Kreditlinien, die Ablehnung von Kreditgesuchen) auftreten, das Vertretungsorgan aber gleichwohl keinen Liquiditäts- und Überschuldungsstatus erstellt bzw. erstellen lässt. Ebenso wird ein Fahrlässigkeitsvorwurf in Bezug auf das Unterlassen der Antragstellung selbst aus einem schlichten Vergessen trotz erkannter Insolvenzgründe resultieren. Hingegen stellt die bloße Unkenntnis der Anzeigepflicht – bei Kenntnis sämtlicher anzeigepflichtiger Umstände – nur einen (vermeidbaren) Gebotsirrtum gem. § 17 StGB dar, der einer Bestrafung wegen einer Vorsatztat i.d.R. nicht entgegenstehen dürfte. 94

7. Verjährung; gerichtliche Zuständigkeit

Die Verjährungsfrist für die Verfolgung der vorsätzlichen Verletzung der Anzeigepflicht beträgt fünf Jahre (§ 78 Abs. 1 Nr. 4 StGB), im Falle der Fahrlässigkeit hingegen nur drei Jahre, vgl. § 78 Abs. 1 Nr. 5 StGB. Die Verjährung beginnt allerdings nicht schon mit dem Zeitpunkt, in dem die Anzeige unverzüglich hätte erfolgen müssen, sondern erst mit der Beendigung der Tat, also mit dem Wegfall der Anzeigepflicht.[181] 95

Die Anklageerhebung muss schon in Anbetracht des verhältnismäßig geringen Strafrahmens regelmäßig zum Amtsgericht erfolgen, denn das Höchstmaß der angedrohten Freiheitsstrafe liegt mit drei Jahren im Falle der vorsätzlichen Tatbegehung (§ 339 Abs. 2 KAGB) bzw. einem Jahr im Falle von Fahrlässigkeit (§ 339 Abs. 3 S. 2 KAGB) innerhalb der Strafgewalt der Amtsgerichte (vgl. § 24 Abs. 2 GVG). Eine Zuständigkeit der Landgerichte ist nur bei besonderer Bedeutung des Falls (vgl. § 24 Abs. 1 Nr. 3 GVG) denkbar, wobei eine funktionelle Zuständigkeit der Wirtschaftsstrafkammer in diesen (seltenen) Fällen aber nicht besteht, vgl. Rz. 65. 96

§ 340 Bußgeldvorschriften

(1) Ordnungswidrig handelt, wer

1. **einer vollziehbaren Anordnung nach § 40 Absatz 1, § 113 Absatz 3, § 119 Absatz 5, § 128 Absatz 4, § 147 Absatz 5 oder § 153 Absatz 5 zuwiderhandelt,**
2. **entgegen § 20 Absatz 8 oder Absatz 9 ein Gelddarlehen gewährt oder eine in § 20 Absatz 8 genannte Verpflichtung eingeht,**
3. **entgegen § 112 Absatz 2 Satz 3, den §§ 199, 221 Absatz 6, § 263 Absatz 1, § 284 Absatz 4 Satz 1 einen Kredit aufnimmt,**
4. **einer vollziehbaren Anordnung nach § 215 Absatz 2 Satz 1 zweiter Halbsatz oder Satz 2, jeweils auch in Verbindung mit § 263 Absatz 2 oder § 274 Satz 1, zuwiderhandelt oder**
5. **einer vollziehbaren Anordnung nach § 276 Absatz 2 Satz 2 zuwiderhandelt.**

(2) Ordnungswidrig handelt, wer vorsätzlich oder fahrlässig

1. **einer vollziehbaren Anordnung nach**
   a) **§ 5 Absatz 6 Satz 2 oder Satz 14,**
   b) **§ 11 Absatz 4 Satz 1 oder Satz 2 oder Absatz 6,**

---

179 *Wegner*, HRRS 2012, 68 (72).
180 *Reinhart* in Graf/Jäger/Wittig, § 15a InsO Rz. 136.
181 *Alten* in Moritz/Klebeck/Jesch, § 339 KAGB Rz. 111.

c) § 19 Absatz 2 Satz 2 oder Absatz 3 Satz 1, jeweils auch in Verbindung mit § 108 Absatz 3,
d) § 41 Satz 1 oder Satz 2 oder § 42,
e) § 311 Absatz 1 oder Absatz 3 Satz 1 Nummer 1 oder
f) § 314 Absatz 1 oder Absatz 2

zuwiderhandelt,

1a. einer vollziehbaren Anordnung nach § 5 Absatz 8a zuwiderhandelt,
2. entgegen § 14 Satz 1 in Verbindung mit § 44 Absatz 1 Satz 1 des Kreditwesengesetzes, auch in Verbindung mit § 44b Absatz 1 Satz 1 des Kreditwesengesetzes, eine Auskunft nicht, nicht richtig, nicht vollständig oder nicht rechtzeitig erteilt oder eine Unterlage nicht, nicht richtig, nicht vollständig oder nicht rechtzeitig vorlegt,
3. entgegen § 14 Satz 2 in Verbindung mit § 44 Absatz 1 Satz 4 oder § 44b Absatz 2 Satz 2 des Kreditwesengesetzes eine Maßnahme nicht duldet,
4. entgegen § 19 Absatz 1 Satz 1 und 2 oder Absatz 5 eine Anzeige nicht, nicht richtig, nicht vollständig oder nicht rechtzeitig erstattet,
5. entgegen § 26 Absatz 1 und 2, auch in Verbindung mit einer Rechtsverordnung nach Absatz 8, einer dort bezeichneten Verhaltensregel nicht nachkommt,
6. entgegen § 27 Absatz 1 und 2, auch in Verbindung mit einer Rechtsverordnung nach Absatz 6, eine dort bezeichnete Maßnahme zum Umgang mit Interessenkonflikten nicht trifft,
7. entgegen § 28 Absatz 1 Satz 1 und 2, auch in Verbindung mit einer Rechtsverordnung nach Absatz 4, eine dort bezeichnete Vorgabe für eine ordnungsgemäße Geschäftsorganisation nicht erfüllt,
8. entgegen § 28 Absatz 1 Satz 4, auch in Verbindung mit einer Rechtsverordnung nach Absatz 4, § 51 Absatz 8, § 54 Absatz 4 Satz 1 in Verbindung mit § 28 Absatz 1 Satz 4 oder § 66 Absatz 4 Satz 1 in Verbindung mit § 28 Absatz 1 Satz 4 jeweils in Verbindung mit § 24c Absatz 1 Satz 1 oder Satz 5 des Kreditwesengesetzes eine Datei nicht, nicht richtig oder nicht vollständig führt oder nicht gewährleistet, dass die Bundesanstalt jederzeit Daten automatisiert abrufen kann,
9. entgegen § 29 Absatz 2 Satz 1, auch in Verbindung mit einer Rechtsverordnung nach Absatz 6, eine dort bezeichnete Vorgabe für ein angemessenes Risikomanagementsystem nicht erfüllt,
10. entgegen § 34 Absatz 3, 4 oder Absatz 5 Satz 1 eine Anzeige nicht, nicht richtig, nicht vollständig oder nicht rechtzeitig erstattet,
11. entgegen § 35 Absatz 1, 2, 4, 5 oder Absatz 6, jeweils auch in Verbindung mit der Delegierten Verordnung (EU) Nr. 231/2013, oder entgegen § 35 Absatz 9 eine Information nicht, nicht richtig, nicht vollständig oder nicht rechtzeitig übermittelt,
12. entgegen § 35 Absatz 3, auch in Verbindung mit Absatz 6, oder entgegen § 35 Absatz 7 eine dort genannte Unterlage oder einen Jahresbericht nicht, nicht richtig, nicht vollständig oder nicht rechtzeitig vorlegt,
13. entgegen § 36 Absatz 1 Satz 1, Absatz 2, 3, 5, 6, 7, 8 oder Absatz 10 eine Aufgabe auf ein anderes Unternehmen auslagert oder entgegen Absatz 9 eine ausgelagerte Aufgabe nicht im Verkaufsprospekt auflistet,
14. die Erlaubnis einer Kapitalverwaltungsgesellschaft gemäß § 39 Absatz 3 Nummer 1 auf Grund falscher Erklärungen oder auf sonstige rechtswidrige Weise erwirkt hat,
15. entgegen § 44 Absatz 1 Nummer 4, auch in Verbindung mit der Delegierten Verordnung (EU) Nr. 231/2013, oder entgegen § 44 Absatz 8 eine Information nicht, nicht richtig, nicht vollständig oder nicht rechtzeitig übermittelt,
16. entgegen
    a) § 49 Absatz 1 Satz 1, auch in Verbindung mit Absatz 5 oder einer Rechtsverordnung nach Absatz 8,
    b) § 49 Absatz 4 Satz 1, auch in Verbindung mit einer Rechtsverordnung nach Absatz 8, oder
    c) § 49 Absatz 6 Satz 4

    eine Anzeige nicht, nicht richtig, nicht vollständig, nicht in der vorgeschriebenen Weise oder nicht rechtzeitig macht,

17. entgegen § 53 Absatz 1, auch in Verbindung mit Absatz 2, eine dort genannte Angabe nicht, nicht richtig, nicht vollständig, nicht in der vorgeschriebenen Weise oder nicht rechtzeitig macht,
18. entgegen § 53 Absatz 4 Satz 2 mit der Verwaltung von EU-AIF beginnt,
19. entgegen § 53 Absatz 5 eine Anzeige nicht, nicht richtig, nicht vollständig, nicht in der vorgeschriebenen Weise oder nicht rechtzeitig erstattet,
20. entgegen § 65 Absatz 1 einen EU-AIF verwaltet,
21. entgegen § 65 Absatz 2 eine Zweigniederlassung errichtet,
22. entgegen § 65 Absatz 4 Satz 2 mit der Verwaltung von EU-AIF beginnt,
23. entgegen § 65 Absatz 5 eine Anzeige nicht, nicht richtig, nicht vollständig, nicht in der vorgeschriebenen Weise oder nicht rechtzeitig macht,
24. entgegen
    a) § 67 Absatz 1 Satz 1 einen Jahresbericht,
    b) § 101 Absatz 1 Satz 1, den §§ 103, 104 Absatz 1 Satz 1 oder § 105 Absatz 1 oder Absatz 2, jeweils auch in Verbindung mit einer Rechtsverordnung nach § 106 Satz 1, einen Jahresbericht, einen Halbjahresbericht, einen Zwischenbericht, einen Auflösungsbericht oder einen Abwicklungsbericht,
    c) § 120 Absatz 1 Satz 2, in Verbindung mit einer Rechtsverordnung nach Absatz 8, jeweils auch in Verbindung mit § 122 Absatz 1 Satz 1 oder Absatz 2 oder § 148 Absatz 1 oder Absatz 2 Satz 1, jeweils auch in Verbindung mit § 291 Absatz 1 Nummer 2, einen Jahresabschluss, einen Lagebericht, einen Halbjahresfinanzbericht, einen Auflösungsbericht oder einen Abwicklungsbericht oder
    d) § 135 Absatz 1, auch in Verbindung mit einer Rechtsverordnung nach Absatz 11 Satz 1, jeweils auch in Verbindung mit § 158, auch in Verbindung mit § 291 Absatz 1 Nummer 2, einen Jahresbericht

    nicht, nicht richtig, nicht vollständig, nicht in der vorgeschriebenen Weise oder nicht rechtzeitig erstellt oder nicht, nicht richtig, nicht vollständig, nicht in der vorgeschriebenen Weise oder nicht rechtzeitig aufstellt,
25. entgegen § 70 Absatz 5 oder § 85 Absatz 3 einen dort genannten Vermögensgegenstand wiederverwendet,
26. entgegen § 71 Absatz 1 Satz 2 einen Anteil oder eine Aktie ohne volle Leistung des Ausgabepreises ausgibt oder entgegen § 83 Absatz 6 Satz 1 nicht sicherstellt, dass sämtliche Zahlungen bei der Zeichnung von Anteilen geleistet wurden,
27. entgegen § 72 Absatz 1 Nummer 1 oder Nummer 2 oder § 81 Absatz 1 Nummer 1 oder Nummer 2 einen Vermögensgegenstand nicht entsprechend den dort genannten Anforderungen verwahrt,
28. entgegen § 72 Absatz 1 Nummer 3 nicht regelmäßig eine umfassende Aufstellung sämtlicher Vermögensgegenstände des inländischen OGAW übermittelt,
29. entgegen § 74 Absatz 1 einem inländischen OGAW zustehende Geldbeträge nicht in der dort genannten Weise verbucht, entgegen § 74 Absatz 3 oder § 83 Absatz 6 Satz 2 und 3 die Gelder des inländischen Investmentvermögens auf einem Geldkonto verbucht, die eine dort genannte Anforderung nicht erfüllt, oder einen Zahlungsstrom entgegen § 83 Absatz 6 Satz 1 nicht ordnungsgemäß überwacht,
30. entgegen § 76 Absatz 1 oder § 83 Absatz 1 eine dort genannte Anforderung nicht sicherstellt oder entgegen § 76 Absatz 2 eine Weisung nicht ausführt,
31. entgegen § 107 Absatz 1 oder Absatz 2 einen Jahresbericht, einen Halbjahresbericht, einen Auflösungsbericht oder einen Abwicklungsbericht oder entgegen § 123 Absatz 1 oder Absatz 2 einen Jahresabschluss, einen Lagebericht oder einen Halbjahresbericht nicht, nicht richtig, nicht vollständig, nicht in der vorgeschriebenen Weise oder nicht rechtzeitig bekannt macht,
32. entgegen § 107 Absatz 3, § 123 Absatz 5, auch in Verbindung mit § 148 Absatz 1, oder entgegen § 160 Absatz 4 einen dort genannten Bericht nicht, nicht richtig, nicht vollständig oder nicht rechtzeitig bei der Bundesanstalt einreicht oder nicht, nicht richtig, nicht vollständig oder nicht rechtzeitig der Bundesanstalt zur Verfügung stellt,

33. **ohne eine Erlaubnis nach § 113 Absatz 1 Satz 1 das Geschäft einer extern verwalteten OGAW-Investmentaktiengesellschaft betreibt,**

34. **die Erlaubnis einer extern verwalteten OGAW-Investmentaktiengesellschaft gemäß § 113 Absatz 2 Satz 1 Nummer 1 auf Grund falscher Erklärungen oder auf sonstige rechtswidrige Weise erwirkt hat,**

35. **entgegen § 114 Satz 1, § 130 Satz 1, § 145 Satz 1 oder entgegen § 155 Satz 1 eine Anzeige nicht, nicht richtig, nicht vollständig oder nicht rechtzeitig macht,**

36. **entgegen § 163 Absatz 2 Satz 9, auch in Verbindung mit § 267 Absatz 2 Satz 2, die Anlagebedingungen dem Verkaufsprospekt beifügt,**

37. **entgegen § 163 Absatz 2 Satz 10 die Anlagebedingungen dem Publikum nicht, nicht richtig oder nicht vollständig zugänglich macht,**

38. **entgegen § 164 Absatz 1 Satz 1 oder entgegen den §§ 165 und 166 einen dort genannten Verkaufsprospekt oder die wesentlichen Anlegerinformationen nicht, nicht richtig oder nicht vollständig erstellt oder dem Publikum nicht, nicht richtig oder nicht vollständig zugänglich macht,**

39. **entgegen § 164 Absatz 1 Satz 2 einen dort genannten Verkaufsprospekt oder die wesentlichen Anlegerinformationen dem Publikum zugänglich macht,**

40. **entgegen § 164 Absatz 4 Satz 1 einen dort genannten Verkaufsprospekt oder die wesentlichen Anlegerinformationen oder entgegen § 164 Absatz 5 eine Änderung eines dort genannten Verkaufsprospekts oder der wesentlichen Anlegerinformationen nicht, nicht richtig, nicht vollständig oder nicht rechtzeitig bei der Bundesanstalt einreicht oder entgegen § 164 Absatz 4 Satz 2 einen dort genannten Verkaufsprospekt nicht, nicht richtig, nicht vollständig oder nicht rechtzeitig der Bundesanstalt zur Verfügung stellt,**

41. **entgegen § 170 Satz 2 einen Ausgabe- oder Rücknahmepreis oder den Nettoinventarwert nicht, nicht richtig oder nicht rechtzeitig veröffentlicht,**

42. **entgegen § 174 Absatz 1 Satz 1 weniger als 85 Prozent des Wertes des Feederfonds in Anteile eines Masterfonds anlegt,**

43. **entgegen § 174 Absatz 1 Satz 2 in einen Masterfonds anlegt,**

44. **entgegen § 178 Absatz 1 eine Abwicklung beginnt,**

45. **entgegen § 178 Absatz 5 Satz 1 oder § 179 Absatz 6 Satz 1 eine Mitteilung nicht, nicht richtig, nicht vollständig oder nicht rechtzeitig macht oder einen Anleger nicht, nicht richtig, nicht vollständig, nicht in der vorgesehenen Weise oder nicht rechtzeitig unterrichtet,**

46. **entgegen § 180 Absatz 1 Satz 1 oder Satz 2 oder Absatz 2 Satz 1 eine dort genannte Information nicht, nicht richtig, nicht vollständig, nicht in der vorgeschriebenen Weise oder nicht rechtzeitig zur Verfügung stellt,**

47. **entgegen § 186 Absatz 2 Satz 1, auch in Verbindung mit § 191 Absatz 1 oder Absatz 2, eine Verschmelzungsinformation übermittelt,**

48. **entgegen § 186 Absatz 4 Satz 1, auch in Verbindung mit § 191 Absatz 1 oder Absatz 2, eine Verschmelzungsinformation der Bundesanstalt nicht, nicht richtig, nicht vollständig, nicht in der vorgeschriebenen Weise oder nicht rechtzeitig einreicht,**

49. **entgegen**

a) den §§ 192, 193 Absatz 1, den §§ 194, 196 Absatz 1, § 210 Absatz 1 Satz 1 oder Satz 4, Absatz 2

oder Absatz 3, § 219 Absatz 1 oder Absatz 2, § 221 Absatz 1 oder § 225 Absatz 2 Satz 2 oder

b) § 231 Absatz 1, § 234 Satz 1, § 239 oder § 261 Absatz 1

einen Vermögensgegenstand erwirbt oder in einen dort genannten Vermögensgegenstand investiert,

50. **entgegen den §§ 195, 234 Satz 1 oder § 253 Absatz 1 Satz 1 einen dort genannten Vermögensgegenstand oder Betrag hält,**

51. **entgegen § 196 Absatz 2 einen Ausgabeaufschlag oder einen Rücknahmeabschlag berechnet,**

52. **entgegen § 197 Absatz 1, auch in Verbindung mit einer Rechtsverordnung nach Absatz 3, oder § 261 Absatz 3 in ein Derivat investiert, ein dort genanntes Geschäft tätigt oder eine dort genannte Voraussetzung oder eine dort genannte Pflicht nicht erfüllt,**

53. entgegen § 197 Absatz 2, auch in Verbindung mit einer Rechtsverordnung nach Absatz 3 Satz 1 Nummer 1, nicht sicherstellt, dass sich das Marktrisikopotential höchstens verdoppelt,
54. entgegen den §§ 198, 206 Absatz 1 oder Absatz 2, auch in Verbindung mit den §§ 208, 206 Absatz 3 Satz 1 oder Absatz 4, den §§ 207, 209, 219 Absatz 5, § 221 Absatz 3 oder Absatz 4, § 222 Absatz 2 Satz 2 oder § 225 Absatz 2 Satz 1 oder Absatz 4 Satz 1 mehr als einen dort genannten Prozentsatz des Wertes in einen dort genannten Vermögensgegenstand anlegt,
55. entgegen § 200 Absatz 1 Satz 1 oder Absatz 2 Satz 1, auch in Verbindung mit § 204 Absatz 1 oder Absatz 2 oder einer Rechtsverordnung nach Absatz 3, ein Wertpapier überträgt,
56. entgegen § 200 Absatz 1 Satz 2 erster Halbsatz, auch in Verbindung mit § 204 Absatz 1 oder Absatz 2 oder einer Rechtsverordnung nach Absatz 3, oder § 240 Absatz 1 ein Darlehen gewährt,
57. entgegen § 200 Absatz 4, auch in Verbindung mit § 204 Absatz 1 oder Absatz 2 oder einer Rechtsverordnung nach Absatz 3, eine Anzeige nicht, nicht richtig, nicht vollständig oder nicht rechtzeitig erstattet,
58. entgegen § 203 Satz 1 auch in Verbindung mit § 204 Absatz 1 oder Absatz 2 oder einer Rechtsverordnung nach Absatz 3, ein Pensionsgeschäft abschließt,
59. entgegen
    a) § 205 Satz 1, auch in Verbindung mit § 218 Satz 2, § 220 oder § 284 Absatz 1,
    b) § 225 Absatz 1 Satz 3,
    c) § 265 Satz 1 oder
    d) § 276 Absatz 1 Satz 1

    einen Leerverkauf durchführt,
60. entgegen § 206 Absatz 3 Satz 2 nicht sicherstellt, dass der Gesamtwert der Schuldverschreibungen 80 Prozent des Wertes des inländischen OGAW nicht übersteigt,
61. einer Vorschrift des § 206 Absatz 5 Satz 1, auch in Verbindung mit § 206 Absatz 5 Satz 2, oder § 221 Absatz 5 Satz 1 einer dort genannten Sicherstellungspflicht zuwiderhandelt,
62. entgegen § 210 Absatz 1 Satz 1 oder Satz 4, Absatz 2 oder Absatz 3 in einen dort genannten Vermögensgegenstand unter Überschreitung einer dort genannten Anlagegrenze anlegt,
63. entgegen § 211 Absatz 2 nicht als vorrangiges Ziel die Einhaltung der Anlagegrenzen anstrebt,
64. entgegen § 222 Absatz 1 Satz 4 einen dort genannten Vermögensgegenstand erwirbt,
65. entgegen § 225 Absatz 1 Satz 3 Leverage durchführt,
66. entgegen § 225 Absatz 2 Satz 2 einen Devisenterminkontrakt verkauft,
67. entgegen § 225 Absatz 4 Satz 2 oder Satz 3, jeweils auch in Verbindung mit § 221 Absatz 2, in einen dort genannten Zielfonds anlegt,
68. entgegen § 225 Absatz 5 nicht sicherstellt, dass eine dort genannte Information vorliegt,
69. entgegen § 233 Absatz 2 oder § 261 Absatz 4 nicht sicherstellt, dass ein Vermögensgegenstand nur in dem dort genannten Umfang einem Währungsrisiko unterliegt,
70. entgegen § 239 Absatz 2 Nummer 2 einen Vermögensgegenstand veräußert,
71. entgegen § 240 Absatz 2 nicht sicherstellt, dass die Summe der Darlehen einen dort genannten Prozentsatz nicht übersteigt,
72. entgegen § 264 Absatz 1 Satz 1 nicht dafür sorgt, dass die genannte Verfügungsbeschränkung in das Grundbuch oder ein dort genanntes Register eingetragen wird,
73. entgegen § 268 Absatz 1 Satz 1 einen dort genannten Verkaufsprospekt oder die wesentlichen Anlegerinformationen nicht, nicht richtig oder nicht vollständig erstellt oder entgegen § 268 Absatz 1 Satz 2 einen dort genannten Verkaufsprospekt oder die wesentlichen Anlegerinformationen dem Publikum nicht, nicht richtig oder nicht vollständig zugänglich macht,
74. entgegen § 282 Absatz 2 Satz 1 in einen dort genannten Vermögensgegenstand investiert,
75. entgegen § 285 in einen dort genannten Vermögensgegenstand investiert,
76. entgegen § 289 Absatz 1, 2 oder Absatz 5 eine Unterrichtung, eine Information oder eine Mitteilung nicht, nicht richtig, nicht vollständig oder nicht rechtzeitig vornimmt,

77. entgegen § 290 Absatz 1 oder Absatz 5 eine dort genannte Information oder eine Angabe nicht, nicht richtig, nicht vollständig oder nicht rechtzeitig vorlegt,
78. entgegen § 297 Absatz 1, auch in Verbindung mit Absatz 5 Satz 1, eine dort genannte Unterlage nicht oder nicht in Papierform kostenlos zur Verfügung stellt,
79. entgegen § 302 Absatz 1, 2, 3, 4, 5 oder Absatz 6 bei Werbung eine dort genannte Anforderung nicht erfüllt,
79a. entgegen § 307 Absatz 5 die wesentlichen Anlegerinformationen dem semiprofessionellen Anleger nicht rechtzeitig zur Verfügung stellt, falls er kein Basisinformationsblatt gemäß der Verordnung (EU) Nr. 1286/2014 zur Verfügung stellt,
80. entgegen § 309 Absatz 2 nicht sicherstellt, dass ein Anleger eine dort genannte Information oder eine dort genannte Unterlage oder eine Änderung erhält, oder
81. entgegen § 312 Absatz 1 eine Anzeige nicht, nicht richtig, nicht vollständig oder nicht rechtzeitig macht.

(3) Ordnungswidrig handelt, wer als Person, die für eine Kapitalverwaltungsgesellschaft handelt, gegen die Verordnung (EG) Nr. 1060/2009 des Europäischen Parlaments und des Rates vom 16. September 2009 über Ratingagenturen (ABl. L 302 vom 17.11.2009, S. 1), die zuletzt durch die Verordnung (EU) Nr. 462/2013 (ABl. L 146 vom 31.5.2013, S. 1) geändert worden ist, verstößt, indem er vorsätzlich oder leichtfertig

1. entgegen Art. 4 Absatz 1 Unterabsatz 1 ein Rating verwendet,
2. entgegen Art. 5a Absatz 1 nicht dafür Sorge trägt, dass die Kapitalverwaltungsgesellschaft eigene Kreditrisikobewertungen vornimmt,
3. entgegen Art. 8c Absatz 1 einen Auftrag nicht richtig erteilt oder
4. entgegen Art. 8c Absatz 2 nicht dafür Sorge trägt, dass die beauftragten Ratingagenturen die dort genannten Voraussetzungen erfüllen.

(4) Ordnungswidrig handelt, wer gegen die Verordnung (EU) Nr. 345/2013 des Europäischen Parlaments und des Rates vom 17. April 2013 über Europäische Risikokapitalfonds (ABl. L 115 vom 25.4.2013, S. 1) verstößt, indem er vorsätzlich oder fahrlässig

1. entgegen Art. 5 Absatz 1 Satz 1 nicht dafür sorgt, dass beim Erwerb von anderen Vermögenswerten als qualifizierten Anlagen höchstens 30 Prozent des aggregierten eingebrachten Kapitals und noch nicht eingeforderten zugesagten Kapitals des qualifizierten Risikokapitalfonds für den Erwerb solcher Vermögenswerte eingesetzt werden,
2. entgegen Art. 5 Absatz 2 auf der Ebene des qualifizierten Risikokapitalfonds eine dort genannte Methode anwendet,
3. entgegen Art. 5 Absatz 3 auf der Ebene des qualifizierten Risikokapitalfonds Darlehen aufnimmt, Schuldtitel begibt oder Garantien stellt,
4. entgegen Art. 6 Absatz 1 einen dort genannten Anteil vertreibt,
5. entgegen Art. 12 Absatz 1 Unterabsatz 1 Satz 1 in Verbindung mit Satz 2, 3 oder Satz 4 oder entgegen Absatz 1 Unterabsatz 2 Satz 2 einen Jahresbericht der Bundesanstalt nicht, nicht richtig, nicht vollständig oder nicht rechtzeitig vorlegt,
6. entgegen Art. 13 Absatz 1 eine Unterrichtung der Anleger oder entgegen Art. 15 eine Unterrichtung der zuständigen Behörde nicht, nicht richtig, nicht vollständig, nicht in der vorgeschriebenen Weise oder nicht rechtzeitig vornimmt, oder
7. ohne Registrierung nach Art. 14 Absatz 1 in Verbindung mit Art. 14 Absatz 2 die Bezeichnung „EuVECA" verwendet.

(5) Ordnungswidrig handelt, wer gegen die Verordnung (EU) Nr. 346/2013 des Europäischen Parlaments und des Rates vom 17. April 2013 über Europäische Fonds für soziales Unternehmertum (ABl. L 115 vom 25.4.2013, S. 18) verstößt, indem er vorsätzlich oder fahrlässig

1. entgegen Art. 5 Absatz 1 Satz 1 nicht dafür sorgt, dass beim Erwerb von anderen Vermögenswerten als qualifizierten Anlagen höchstens 30 Prozent des aggregierten eingebrachten Kapitals und noch nicht eingeforderten zugesagten Kapitals des qualifizierten Fonds für soziales Unternehmertum für den Erwerb solcher Vermögenswerte eingesetzt werden,
2. entgegen Art. 5 Absatz 2 auf der Ebene des qualifizierten Fonds für soziales Unternehmertum eine dort genannte Methode anwendet,

3. entgegen Art. 5 Absatz 3 auf der Ebene des qualifizierten Fonds für soziales Unternehmertum Darlehen aufnimmt, Schuldtitel begibt oder Garantien stellt,
4. entgegen Art. 6 Absatz 1 einen dort genannten Anteil vertreibt,
5. entgegen Art. 13 Absatz 1 Satz 1 in Verbindung mit Satz 2, 3 oder Satz 4 oder in Verbindung mit Absatz 2 oder entgegen Absatz 1 Satz 6 in Verbindung mit Absatz 2 einen Jahresbericht der Bundesanstalt nicht, nicht richtig, nicht vollständig, nicht in der vorgeschriebenen Weise oder nicht rechtzeitig vorlegt,
6. entgegen Art. 14 Absatz 1 eine Unterrichtung der Anleger oder entgegen Art. 16 eine Unterrichtung der zuständigen Behörde nicht, nicht richtig, nicht vollständig, nicht in der vorgeschriebenen Weise oder nicht rechtzeitig vornimmt, oder
7. ohne Registrierung nach Art. 15 Absatz 1 in Verbindung mit Art. 15 Absatz 2 die Bezeichnung „EuSEF" verwendet.

(6) Ordnungswidrig handelt, wer gegen die Verordnung (EU) 2015/760 verstößt, indem er vorsätzlich oder fahrlässig

1. entgegen Art. 9 Absatz 1 in einen anderen Anlagevermögenswert investiert,
2. entgegen Art. 9 Absatz 2 ein dort genanntes Geschäft tätigt,
3. entgegen Art. 13 Absatz 1 in Verbindung mit Art. 17 nicht mindestens 70 Prozent seines Kapitals i.S.v. Art. 2 Nummer 7 in einen zulässigen Anlagevermögenswert investiert,
4. entgegen Art. 13 Absatz 2 bis 6 unter Berücksichtigung von Art. 14 gegen eine dort genannte Diversifizierungsanforderung verstößt,
5. entgegen Art. 16 einen Barkredit aufnimmt,
6. entgegen Art. 21 die Bundesanstalt nicht rechtzeitig unterrichtet,
7. entgegen Art. 23 Absatz 1 bis 4, Art. 24 Absatz 2 bis 5 und Art. 25 Absatz 1 und 2 einen Prospekt nicht, nicht richtig, nicht vollständig oder nicht in der vorgeschriebenen Weise veröffentlicht,
8. entgegen Art. 23 Absatz 5 einen Jahresbericht nicht richtig, nicht vollständig oder nicht in der vorgeschriebenen Weise veröffentlicht,
9. entgegen Art. 23 Absatz 6 die dort genannten Informationen nicht, nicht richtig, nicht vollständig oder nicht in der vorgeschriebenen Weise bereitstellt,
10. entgegen Art. 24 Absatz 1 einen Prospekt oder eine Änderung nicht, nicht richtig, nicht vollständig oder nicht rechtzeitig übermittelt,
11. entgegen den Art. 28 und 30 einen Anteil an einen Kleinanleger vertreibt,
12. entgegen Art. 29 Absatz 5 einen Vermögenswert wiederverwendet,
13. ohne Zulassung gemäß den Art. 4 und 5 die Bezeichnung „ELTIF" oder „europäischer langfristiger Investmentfonds" verwendet.

(6a) Ordnungswidrig handelt, wer gegen die Verordnung (EU) Nr. 1286/2014 des Europäischen Parlaments und des Rates vom 26. November 2014 über Basisinformationsblätter für verpackte Anlageprodukte für Kleinanleger und Versicherungsanlageprodukte (PRIIP) (ABl. L 352 vom 9.12.2014, S. 1, L 358 vom 13.12.2014, S. 50) verstößt, indem er vorsätzlich oder leichtfertig

1. entgegen
   a) Art. 5 Absatz 1,
   b) Art. 5 Absatz 1 in Verbindung mit Art. 6,
   c) Art. 5 Absatz 1 in Verbindung mit Art. 7 Absatz 2,
   d) Art. 5 Absatz 1 in Verbindung mit Art. 8 Absatz 1 bis 3

   ein Basisinformationsblatt nicht, nicht richtig, nicht vollständig, nicht rechtzeitig oder nicht in der vorgeschriebenen Weise abfasst oder veröffentlicht,
2. entgegen Art. 5 Absatz 1 in Verbindung mit Art. 7 Absatz 1 ein Basisinformationsblatt nicht in der vorgeschriebenen Weise abfasst oder übersetzt,
3. entgegen Art. 10 Absatz 1 Satz 1 ein Basisinformationsblatt nicht oder nicht rechtzeitig überprüft,
4. entgegen Art. 10 Absatz 1 Satz 1 ein Basisinformationsblatt nicht oder nicht vollständig überarbeitet,

5. **entgegen Art. 10 Absatz 1 Satz 2 ein Basisinformationsblatt nicht oder nicht rechtzeitig zur Verfügung stellt,**
6. **entgegen Art. 9 Satz 1 in Werbematerialien Aussagen trifft, die im Widerspruch zu den Informationen des Basisinformationsblattes stehen oder dessen Bedeutung herabstufen,**
7. **entgegen Art. 9 Satz 2 die erforderlichen Hinweise in Werbematerialien nicht, nicht richtig oder nicht vollständig aufnimmt,**
8. **entgegen Art. 13 Absatz 1, 3 und 4 oder Art. 14 ein Basisinformationsblatt nicht oder nicht rechtzeitig oder nicht in der vorgeschriebenen Weise zur Verfügung stellt,**
9. **entgegen Art. 19 Buchstabe a und b nicht, nicht richtig oder nicht in der vorgeschriebenen Weise geeignete Verfahren und Vorkehrungen zur Einreichung und Beantwortung von Beschwerden vorsieht,**
10. **entgegen Art. 19 Buchstabe c nicht, nicht richtig oder nicht in der vorgeschriebenen Weise geeignete Verfahren und Vorkehrungen vorsieht, durch die gewährleistet wird, dass Kleinanlegern wirksame Beschwerdeverfahren im Fall von grenzüberschreitenden Streitigkeiten zur Verfügung stehen.**

(6b) Ordnungswidrig handelt, wer gegen die Verordnung (EU) 2017/1131 des Europäischen Parlaments und des Rates vom 14. Juni 2017 über Geldmarktfonds (ABl. L 169 vom 30.6.2017, S. 8) verstößt, indem er vorsätzlich oder fahrlässig

1. **ohne Zulassung nach Art. 6 Absatz 1 die Bezeichnung „Geldmarktfonds" verwendet,**
2. **entgegen Art. 9 Absatz 1 oder 2 in einen Vermögenswert investiert oder ein dort genanntes Geschäft tätigt,**
3. **einer Vorschrift des Art. 17 Absatz 1, 3, 4, 5 oder 6 Satz 1, Art. 18 Absatz 1, Art. 24 Absatz 1 oder Art. 25 Absatz 1 Satz 1 oder Absatz 3 über eine dort genannte Anforderung an die die Zusammensetzung des Portfolios zuwiderhandelt,**
4. **einer Vorschrift des Art. 19 Absatz 2 oder 4 über eine dort genannte Sicherstellungspflicht zuwiderhandelt,**
5. **einer Vorschrift des Art. 21, Art. 26 Satz 2, Art. 31 Absatz 4, Art. 32 Absatz 4, Art. 33 Absatz 2 Unterabsatz 3, Art. 34 Absatz 1, Absatz 2 Satz 2 oder Art. 36 Absatz 1, 2, 4 oder 5 über eine dort genannte Anforderung bezüglich der Transparenz oder Dokumentation zuwiderhandelt,**
6. **einer Vorschrift des Art. 23 Absatz 1 Unterabsatz 1, Absatz 2, 3, oder 4, Art. 27 oder Art. 28 Absatz 3 oder 4 über eine dort genannte Anforderung bezüglich der Geschäftsführung oder Verwaltung zuwiderhandelt,**
7. **einer Vorschrift des Art. 29 Absatz 1 bis 4 oder 5, Art. 30 Absatz 3 in Verbindung mit Absatz 1 oder 2, Art. 31 Absatz 3 in Verbindung mit Absatz 1 oder 2 oder des Art. 32 Absatz 3 in Verbindung mit Absatz 1 oder 2 über eine dort genannte Anforderung bezüglich der Bewertung zuwiderhandelt oder**
8. **entgegen Art. 35 Absatz 1 einen Geldmarktfonds extern unterstützt.**

(6c) Ordnungswidrig handelt, wer vorsätzlich oder fahrlässig

1. **eine Zulassung als Geldmarktfonds nach Art. 4 Absatz 1 bis 3 der Verordnung (EU) 2017/1131 auf Grund einer nicht richtigen Erklärung oder Angabe erwirkt,**
2. **einen Vermögenswert eines LVNAV-Geldmarktfonds nach der Methode der fortgeführten Anschaffungskosten bewertet, wenn dieser Vermögenswert eine Restlaufzeit von mehr als 75 Tagen aufweist oder wenn der nach Art. 29 Absatz 2, 3 und 4 der Verordnung (EU) 2017/1131 berechnete Preis dieses Vermögenswerts mehr als zehn Basispunkte von dem nach Art. 29 Absatz 7 erster Unterabsatz der Verordnung (EU) 2017/1131 berechneten Preis dieses Vermögenswertes abweicht, oder**
3. **als Geldmarktfondsverwalter ein Dokument für Vertriebszwecke verwendet, das die in Art. 36 Absatz 3 der Verordnung (EU) 2017/1131 genannten Hinweise nicht, nicht richtig oder nicht vollständig enthält.**

[(Geplante Einfügung:) (6d) Ordnungswidrig handelt, wer im Anwendungsbereich dieses Gesetzes entgegen Artikel 6 Absatz 2 Satz 1 der Verordnung (EU) 2017/2402 des Europäischen Parlaments und des Rates vom 12. Dezember 2017 zur Festlegung eines allgemeinen Rahmens für Verbriefungen und zur

Schaffung eines spezifischen Rahmens für einfache, transparente und standardisierte Verbriefung und zur Änderung der Richtlinien 2009/65/EG, 2009/138/EG, 2011/61/EU und der Verordnungen (EG) Nr. 1060/2009 und (EU) Nr. 648/2012 (ABl. L 347 vom 28.12.2017, S. 35) Vermögenswerte auswählt.

(6e) Ordnungswidrig handelt, wer im Anwendungsbereich dieses Gesetzes gegen die Verordnung (EU) 2017/2402 verstößt, indem er vorsätzlich oder fahrlässig

1. *entgegen Artikel 6 Absatz 1 Satz 1 einen dort genannten Anteil nicht hält,*
2. *entgegen Artikel 7 Absatz 1 Unterabsatz 1 bis 4 oder 5 eine Information nicht, nicht richtig, nicht vollständig, nicht in der vorgeschriebenen Weise oder nicht rechtzeitig zur Verfügung stellt,*
3. *entgegen Artikel 9 Absatz 1 Satz 1 oder 2 ein anderes Kriterium oder Verfahren anwendet,*
4. *entgegen Artikel 18 Satz 1 eine dort genannte Bezeichnung verwendet oder*
5. *entgegen Artikel 27 Absatz 4 die Europäische Wertpapier- und Marktaufsichtsbehörde nicht, nicht richtig, nicht vollständig oder nicht rechtzeitig unterrichtet oder die Bundes-anstalt nicht, nicht richtig, nicht vollständig oder nicht rechtzeitig benachrichtigt.*

(6f) Ordnungswidrig handelt, wer im Anwendungsbereich dieses Gesetzes vorsätzlich oder fahrlässig

1. *nicht sicherstellt, dass er über ein wirksames System nach Artikel 9 Absatz 1 Satz 3 der Verordnung (EU) 2017/2402 verfügt,*
2. *eine in Artikel 9 Absatz 3 der Verordnung (EU) 2017/2402 genannte Risikoposition ver-brieft, ohne eine dort genannte Prüfung vorgenommen zu haben, oder*
3. *eine Meldung nach Artikel 27 Absatz 1 Unterabsatz 1, 2 oder 3 Satz 2 der Verordnung (EU) 2017/2402 mit irreführendem Inhalt macht.]*

(7) [1]Die Ordnungswidrigkeit kann wie folgt geahndet werden:

1. **in den Fällen des Absatzes 1 Nummer 1, 4 und 5, des Absatzes 2 Nummer 1, 3 bis 7, 9, 10, 13, 14, 25 bis 30, 33 bis 35, 76, 77, 81, des Absatzes 6b Nummer 8, des Absatzes 6c Nummer 1 und bei einer wiederholten Vornahme einer der in Absatz 1 Nummer 2 und 3 oder in Absatz 2 Nummer 24, 31, 32, 37, 38, 40, 41, 49 bis 63, 65, 72, 73, 78, 79 und 79a aufgeführten Handlungen mit einer Geldbuße bis zu fünf Millionen Euro; gegenüber einer juristischen Person oder einer Personenvereinigung kann über diesen Betrag hinaus eine Geldbuße in Höhe bis zu 10 Prozent des jährlichen Gesamtumsatzes verhängt werden;**
2. **in den Fällen des Absatzes 1 Nummer 2 und 3, des Absatzes 2 Nummer 1a, 2, 8, 11, 12, 15 bis 24, 31, 32, 37, 38, 40, 41, 43 bis 46, 49 bis 62, 63 bis 67, 70 bis 73, 78 und 79a, des Absatzes 4 Nummer 3, 4 und 7, des Absatzes 5 Nummer 3, 4 und 7, des Absatzes 6 Nummer 5, 11 und 13, des Absatzes 6b Nummer 1, 5 und 7 und des Absatzes 6c Nummer 2 und 3 mit einer Geldbuße bis zu einer Million Euro; gegenüber einer juristischen Person oder einer Personenvereinigung kann über diesen Betrag hinaus eine Geldbuße in Höhe bis zu 2 Prozent des jährlichen Gesamtumsatzes verhängt werden;**

2a. **in den Fällen des Absatzes 6a mit einer Geldbuße bis zu siebenhunderttausend Euro; gegenüber einer juristischen Person oder einer Personenvereinigung kann über diesen Betrag hinaus eine Geldbuße bis zum höheren der Beträge von fünf Millionen Euro oder 3 Prozent des jährlichen Gesamtumsatzes verhängt werden;**

3. **in den übrigen Fällen der Absätze 2 bis 6 und 6b mit einer Geldbuße bis zu zweihunderttausend Euro.**

[2]Über die in Satz 1 genannten Beträge hinaus kann die Ordnungswidrigkeit mit einer Geldbuße bis zur Höhe des Zweifachen des aus dem Verstoß gezogenen wirtschaftlichen Vorteils geahndet werden. Der wirtschaftliche Vorteil umfasst auch vermiedene wirtschaftliche Nachteile und kann geschätzt werden.

(8) [1]Gesamtumsatz im Sinne von Absatz 7 ist

1. **im Fall von Kreditinstituten, Zahlungsinstituten und Finanzdienstleistungsinstituten der sich aus dem auf das Institut anwendbaren nationalen Recht im Einklang mit Art. 27 Nummer 1, 3, 4, 6 und 7 oder Art. 28 Nummer B1, B2, B3, B4 und B7 der Richtlinie 86/635/EWG des Rates vom 8. Dezember 1986 über den Jahresabschluss und den konsolidierten Abschluss von Banken und anderen Finanzinstituten (ABl. L 372 vom 31.12.1986, S. 1) ergebende Gesamtbetrag, abzüglich der Umsatzsteuer und sonstigen direkt auf diese Erträge erhobenen Steuern,**

2. im Fall von Versicherungsunternehmen der sich aus dem auf das Versicherungsunternehmen anwendbaren nationalen Recht im Einklang mit Art. 63 der Richtlinie 91/674/EWG des Rates vom 19. Dezember 1991 über den Jahresabschluss und den konsolidierten Abschluss von Versicherungsunternehmen (ABl. L 374 vom 31.12.1991, S. 7) ergebende Gesamtbetrag, abzüglich der Umsatzsteuer und sonstigen direkt auf diese Erträge erhobenen Steuern,

3. im Übrigen der Betrag der Nettoumsatzerlöse nach Maßgabe des auf das Unternehmen anwendbaren nationalen Rechts im Einklang mit Art. 2 Nummer 5 der Richtlinie 2013/34/EU.

[2]Handelt es sich bei der juristischen Person oder Personenvereinigung um ein Mutterunternehmen oder um eine Tochtergesellschaft, so ist anstelle des Gesamtumsatzes der juristischen Person oder Personenvereinigung der jeweilige Gesamtbetrag in dem Konzernabschluss des Mutterunternehmens maßgeblich, der für den größten Kreis von Unternehmen aufgestellt wird. [3]Wird der Konzernabschluss für den größten Kreis von Unternehmen nicht nach den in Satz 1 genannten Vorschriften aufgestellt, ist der Gesamtumsatz nach Maßgabe der den in Satz 1 vergleichbaren Posten des Konzernabschlusses zu ermitteln. [4]Maßgeblich ist der Jahres- oder Konzernabschluss des der Behördenentscheidung unmittelbar vorausgehenden Geschäftsjahres. [5]Ist dieser nicht verfügbar, ist der Jahres- oder Konzernabschluss für das unmittelbar vorausgehende Geschäftsjahr maßgeblich. [6]Ist auch dieser nicht verfügbar, kann der Gesamtumsatz für das der Behördenentscheidung unmittelbar vorausgehende Geschäftsjahr geschätzt werden.

(9) [1]§ 17 Absatz 2 des Gesetzes über Ordnungswidrigkeiten ist nicht anzuwenden bei Verstößen gegen Gebote und Verbote im Zusammenhang mit OGAW, die in Absatz 7 Nummer 1 in Bezug genommen werden. [2]§ 30 des Gesetzes über Ordnungswidrigkeiten gilt auch für juristische Personen oder Personenvereinigungen, die über eine Zweigniederlassung oder im Wege des grenzüberschreitenden Dienstleistungsverkehrs im Inland tätig sind. [3]Die Verfolgung der Ordnungswidrigkeiten nach Absatz 1 bis 6 verjährt in drei Jahren.

(10) Verwaltungsbehörde i.S.d. § 36 Absatz 1 Nummer 1 des Gesetzes über Ordnungswidrigkeiten ist die Bundesanstalt.

In der Fassung vom 4.7.2013 (BGBl. I 2013, S. 1981), zuletzt geändert durch das Gesetz zur Ausübung von Optionen der EU-Prospektverordnung und zur Anpassung weiterer Finanzmarktgesetze vom 10.7.2018 (BGBl. I 2018, S. 1102). Geplant sind Änderungen in Abs. 2 Nr. 36, 37, in Abs. 7 Nr. 1 sowie die Einfügung neuer Abs. 6d, 6e, und 6f durch das Gesetz zur Anpassung von Finanzmarktgesetzen an die Verordnung (EU) 2017/2402 und an die durch die Verordnung (EU) 2017/2401 geänderte Verordnung (EU) Nr. 575/2013 (RegE, BT-Drucks. 19/4460 sowie Beschlussempfehlung und Bericht des Finanzausschusses, BT-Drucks. 19/5592, s. Rz. 151a).

Schrifttum: s. Vor §§ 339 ff.

I. Einführung

1 Durch den **ausufernden Ordnungswidrigkeitenkatalog** des § 340 KAGB werden Verstöße gegen Vorschriften des KAGB bzw. entsprechender EU-Verordnungen bußgeldrechtlich „flächendeckend" sanktionsbewehrt. Derzeit enthält die Bußgeldvorschrift des § 340 KAGB in den Abs. 1 bis 6c **weit über 100 verschiedene Bußgeldtatbestände**, die ausnahmslos als **Blankettnormen** ausgestaltet sind und als solche **keinen autonomen Unrechtsgehalt** haben, sondern schlicht auf die entsprechenden Vorschriften des KAGB bzw. verschiedene EU-Verordnungen verweisen. Da die zahlreichen von § 340 KAGB in Bezug genommenen Verhaltenspflichten bereits in den Kommentierungen der jeweiligen Einzelvorschriften umfassend erläutert werden, wäre eine erneute detaillierte Darstellung der einzelnen Bußgeldtatbestände bloße Wiederholung. Dies erscheint nicht zuletzt deshalb entbehrlich, als Bußgeldverfahren nach § 340 KAGB (noch) äußerst selten sind und die Bußgeldvorschriften verglichen mit anderen Regelungsmaterien (insb. § 120 WpHG) **derzeit noch wenig praktische Relevanz** haben. Dementsprechend liegt der **Schwerpunkt dieser Kommentierung** auf der **Erläuterung von tatbestandsübergreifenden Rechtsfragen**. Dazu zählen neben einer Skizzierung der allgemeinen Tatbestandslehre namentlich Fragen im Zusammenhang mit der Rechtsfolgenseite (Bußgeldrahmen, umsatzabhängige Verbandsgeldbußen). Da das Sanktionsregime des § 340 KAGB – analog zu den jüngst geänderten Bußgeldvorschriften der §§ 56 KWG, 120 WpHG – demje-

nigen des **Kartellrechts nachempfunden ist**, können zur Vertiefung allgemeiner Fragen auch die teilweise äußerst umfassenden Kommentierungen zu § 81 GWB herangezogen werden.[1]

Mittel- bis langfristig ist es nicht gänzlich unwahrscheinlich, dass mit zunehmender Etablierung regulatorischer Vorgaben auch Verstöße gegen das KAGB konsequent durch die BaFin geahndet werden. Eine ähnliche Entwicklung ist bei den Bußgeldvorschriften des WpHG zu beobachten, bei denen die BaFin „fließend von einer anfänglich nachsichtigeren Haltung gegenüber den Normadressaten des WpHG zu einer sich stärker an den in der Rechtsprechung geltenden Zumessungsmaßstäben orientierenden Ahndung delinquenten Verhaltens übergegangen" ist.[2] 2

II. Gesetzesänderungen und Gesetzgebungstendenzen

§ 340 KAGB wurde – mit redaktionellen Anpassungen – zunächst größtenteils in Anlehnung an die Vorgängervorschrift des § 143 InvG formuliert. Dabei lag der ursprüngliche **Bußgeldrahmen** i.H.v. maximal 100.000 Euro noch deutlich unter dem anderer Finanzmarktgesetze. 3

Durch das Gesetz zur Verringerung der Abhängigkeit von Ratings vom 10.12.2014[3] wurden zahlreiche neue Bußgeldtatbestände geschaffen und die Bußgeldobergrenze auf 200.000 Euro verdoppelt. 4

Durch das OGAW-V-Umsetzungsgesetz[4] wurde § 340 KAGB dann umfassend neugefasst. Hierbei wurde insbesondere die vormalige **Differenzierung zwischen Fahrlässigkeit und Leichtfertigkeit größtenteils**[5] **aufgegeben**. Somit ist für die Frage der Vorwerfbarkeit nur noch entscheidend, ob das Handeln vorsätzlich oder fahrlässig erfolgte. Hierin unterscheidet sich § 340 KAGB maßgeblich von § 120 WpHG, der auch nach seiner grundlegenden Änderung durch das 1. und das 2. FiMaNoG weiterhin zwischen Fahrlässigkeit und Leichtfertigkeit differenziert.[6] 5

Ebenfalls durch das OGAW-V-Umsetzungsgesetz wurden die Vorgaben zur Höhe der Geldbußen nach dem neugefassten Art. 99 Abs. 6 Buchst. e, f, g der Richtlinie 2009/65/EG[7] in deutsches Recht umgesetzt. Die Geldbuße kann seitdem bis zu **10 % vom „Gesamtumsatz"** (zur „Übersetzung" des Umsatzbegriffes auf die Rechnungslegung von KVGen vgl. Rz. 170) betragen. Hierdurch hatte § 340 KAGB gegenüber den Bußgeldvorschriften des § 39 WpHG a.F. (nunmehr § 120 WpHG) und § 56 KWG für kurze Zeit eine gewisse Vorreiterrolle. Nach der zwischenzeitlich erfolgten Änderung auch dieser Gesetze sind die §§ 340 KAGB, 120 WpHG und 56 KWG strukturell vergleichbar, wenngleich hinsichtlich der prozentualen Bemessungsgrenze des Gesamtumsatzes teilweise unübersichtliche Unterscheide bestehen bleiben. 6

Durch das 1. FiMaNoG[8] wurde mit Wirkung zum 31.12.2016 der neue Abs. 6a eingefügt, der Verstöße gegen die Verordnung (EU) Nr. 1286/2014 über Basisinformationsblätter für verpackte Anlageprodukte für Kleinanleger und Versicherungsanlageprodukte (PRIIP) sanktioniert. Die durch das OGAW-V-Umsetzungsgesetz erst wenige Monate zuvor größtenteils aufgegebenen Differenzierung zwischen Fahrlässigkeit und Leichtfertigkeit wurde in § 340 Abs. 6a KAGB wieder aufgenommen. 7

Mit dem Gesetz zur Ausübung von Optionen der EU-Prospektverordnung und zur Anpassung weiterer Finanzmarktgesetze wurden zusätzlich die § 340 Abs. 6b und 6c KAGB eingeführt. Sie dienen der Durchsetzung der Verordnung (EU) 2017/1131 des Europäischen Parlaments und des Rates vom 14.6.2017 über Geldmarktfonds (ABl. Nr. L 169 vom 30.6.2017, S. 8). 8

Weitere Änderungen sind durch das Gesetz zur Anpassung von Finanzmarktgesetzen an die Verordnung (EU) 2017/2402 und an die durch die Verordnung (EU) 2017/2401 geänderte Verordnung (EU) Nr. 575/2013 zu erwarten. 9

---

1 Etwa *Dannecker/Biermann* in Immenga/Mestmäcker, Wettbewerbsrecht, 5. Aufl. 2014; *Raum* in Langen/Bunte, Kartellrecht, 12. Aufl. 2014; *Vollmer* in MünchKomm. Kartellrecht, 2. Aufl. 2015.

2 *Becker/Canzler*, NZG 2014, 1090 (1096).

3 BGBl. I 2014, S. 2085.

4 BGBl. I 2016, S. 348.

5 Lediglich bei Ordnungswidrigkeiten nach § 340 Abs. 3 KAGB (Verstöße gegen die Rating-VO) wurde auf Vorschlag des Bundesrates an der Leichtfertigkeit festgehalten, um einen Gleichlauf mit den größtenteils identischen Bußgeldtatbeständen des WpHG, KWG und VAG zu gewährleisten, vgl. Stellungnahme des Bundesrates zum Gesetzentwurf der Bundesregierung und zustimmende Gegenäußerung der Bundesregierung, abgedruckt in BT-Drucks. 18/6744, 84 ff.

6 Hierzu *von Buttlar/Hammermaier*, ZBB 2017, 1 ff.

7 Geändert durch die Richtlinie 2014/91/EU des Europäischen Parlaments und des Rates vom 23.7.2014 zur Änderung der RL 2009/65/EG.

8 BGBl. I 2016, S. 1514.

10 Insgesamt ist das in **stetiger Änderung begriffene Ordnungswidrigkeitenregime** des KAGB ein anschauliches Beispiel für die jüngere Entwicklung der gesamten Finanzmarktregulierung, in welcher der deutsche Gesetzgeber aufgrund europäischer Vorgaben nur wenig eigenen Gestaltungsspielraum zu haben glaubt und sich in immer kürzeren Abständen zur Schaffung neuer (und härter sanktionierbarer) Bußgeldvorschriften veranlasst sieht. Obwohl es sich bei den Bußgeldtatbeständen des § 340 KAGB rein gesetzestechnisch weiterhin um Ordnungswidrigkeiten und nicht um Straftatbestände handelt, kommt dem europäisch geprägten Sanktionsregime mit umsatzabhängigen Bußgeldrahmen **faktisch eine strafähnliche Wirkung** zu. Somit ist aufgrund der europäischen Dynamik im Bereich der Finanzmarktregulierung bereits heute ein eigenständiges **Unternehmenssanktionsrecht** in der Entstehung begriffen, welches von der jüngst wieder intensiver geführten Diskussion um die Einführung eines **echten „Unternehmensstrafrechts"** bislang allerdings nur ansatzweise thematisiert wird.

III. Aufbau der Vorschrift

11 Insgesamt orientiert sich der **Aufbau der Vorschrift** weniger an Sachthemen, sondern vielmehr – wie auch bei § 56 KWG – **am Grad der subjektiven Tatseite**: Die in § 340 Abs. 1 KAGB genannten Ordnungswidrigkeiten erfordern stets Vorsatz (vgl. § 10 OWiG). Die in § 340 Abs. 3 und Abs. 6a KAGB genannten Handlungen verlangen **Vorsatz oder Leichtfertigkeit**. Bei den übrigen in § 340 KAGB genannten Handlungen genügt hingegen neben Vorsatz auch (einfache) Fahrlässigkeit. Eine **weitere Systematisierung** lässt sich danach vornehmen, in welchem Rechtsakt die jeweilige Verhaltenspflicht geregelt ist. Verstöße gegen Verhaltenspflichten aus dem KAGB sind (entsprechend der Reihenfolge der Paragraphen, in denen die Vorschriften im Gesetz aufgeführt sind) in § 340 Abs. 1 und Abs. 2 KAGB sanktioniert. In den Abs. 3 bis 6c werden Verstöße gegen Vorgaben aus verschiedenen europäischen Verordnungen sanktioniert. Die Abs. 7 bis 9 setzen den Rahmen für die Bußgeldbemessung; Abs. 10 weist der BaFin als Verwaltungsbehörde die Zuständigkeit für die Verfolgung und Ahndung zu.

IV. Allgemeine Grundsätze

1. Beteiligung (§ 14 OWiG) und Handeln für einen anderen (§ 9 OWiG)

12 Die strafrechtliche Differenzierung zwischen Täterschaft und Teilnahme (Anstiftung und Beihilfe) ist dem Ordnungswidrigkeitenrecht fremd. Vielmehr folgt dieses dem sog. **Einheitstäterprinzip**: Beteiligen sich mehrere an einer Ordnungswidrigkeit, so handelt gem. § 14 Abs. 1 Satz 1 OWiG jeder von ihnen ordnungswidrig und wird damit zum „Beteiligten" i.S.v. § 14 OWiG, gleich ob er (i.S.d. strafrechtlichen Terminologie) Täter, Anstifter oder Gehilfe war. Durch diesen einheitlichen Täterbegriff soll „die Rechtsanwendung erheblich erleichtert"[9] werden. Allerdings setzt § 14 Abs. 1 OWiG eine **vorsätzliche Haupttat** sowie eine **vorsätzliche Mitwirkung aller Beteiligten** voraus. Bei einer bloß fahrlässigen Mitwirkung in den Teilnahmeformen der Anstiftung, Beihilfe und Mittäterschaft greift § 14 Abs. 1 OWiG hingegen nicht,[10] so dass bei fahrlässigem Handeln Mehrerer lediglich eine fahrlässige Nebentäterschaft (i.S. einer voneinander unabhängigen Verantwortlichkeit) denkbar ist.[11]

13 Die Bußgeldtatbestände des § 340 KAGB nehmen auf Vorschriften des KAGB Bezug, die der KVG oder sonstigen Verbänden bestimmte Pflichten auferlegen. Adressat dieser Pflichten ist nur die KVG bzw. der Verband. Erst die Pflichtenstellung begründet die Täterqualität in der entsprechenden Bußgeldvorschrift, weshalb es sich bei den Bußgeldtatbeständen – bis auf wenige Ausnahmen (etwa § 340 Abs. 2 Nr. 4 KAGB) – um **Sonderdelikte** handelt.[12] Andere – insbesondere die für die KVG handelnden Menschen, selbst wenn sie die Geschäfte der KVG leiten – sind nicht unmittelbare Adressaten dieser Pflichten und können sie somit auch nicht in eigener Person verletzen. Ohne eine spezielle Zurechnungsvorschrift würden diese Personen deshalb als Täter einer entsprechenden Ordnungswidrigkeit ausscheiden. Um die in diesen Fällen drohenden Ahndungslücken zu schließen und ein faktisches Leerlaufen der Bußgeldvorschriften zu verhindern, ordnet **§ 9 OWiG** eine Zurechnung bzw. „Überwälzung" der Pflichten (und sonstigen Merkmale) von der KVG auf die für sie handelnden natürlichen Personen an. Von § 9 OWiG erfasst sind die Organe und Vertreter (§ 9 Abs. 1 OWiG) und Beauftragten (§ 9 Abs. 2 OWiG). Wegen der Einzelheiten vgl. die Er-

9 Vgl. Regierungsentwurf eines Ordnungswidrigkeitengesetzes vom 8.1.1967, BT-Drucks. V/1269, 48.
10 BGH v. 6.4.1983 – 2 StR 547/82, BGHSt 31, 309 (313).
11 *Rengier* in KarlsruherKomm. OWiG, § 14 OWiG Rz. 104.
12 Demgegenüber sieht *Pelz* in zahlreichen Bußgeldtatbeständen des § 340 KAGB Allgemeindelikte (vgl. etwa *Pelz* in Beckmann/Scholtz/Vollmer, § 340 KAGB Rz. 11, 13, 15, 20).

läuterungen zum wortgleichen § 14 StGB bei § 339 Rz. 36 ff. Durch diese Zurechnung obliegen die Pflichten, die ursprünglich nur die KVG treffen, auch den in § 9 OWiG genannten natürlichen Personen, die für diese handeln.

2. Maßgebliche Bedeutung der Verbandsgeldbuße (§ 30 OWiG); Binnenregress gegen Geschäftsleiter

Im Gegensatz zum Strafrecht ist im Recht der Ordnungswidrigkeiten eine eigene **Handlungs- und Sanktionsfähigkeit** von Verbänden gem. § 30 OWiG anerkannt.[13] Die Verbandsgeldbuße hat für die kapitalmarktrechtliche Ahndungspraxis der BaFin **eine überragende praktische Bedeutung**, wobei bislang die Bußgeldvorschrift des § 120 WpHG ganz klar im Vordergrund steht und die Ordnungswidrigkeitentatbestände der übrigen Aufsichtsgesetze (insb. § 340 KAGB) (noch) eine eher untergeordnete Rolle spielen. 14

Ungeachtet der Anerkennung der Verbandsgeldbuße ist zunächst daran zu erinnern, dass juristische Personen eine gesetzgeberische Schöpfung sind, die an der physischen Realität nicht selbst teilnehmen können. Sie sind dazu auf die für sie handelnden Menschen („natürliche Personen“) angewiesen. Ordnungswidrigkeiten sind ohne menschliches Handeln nicht denkbar und die grundsätzliche Anerkennung der **Verbandsgeldbuße** ändert nichts daran, dass ein **Handeln von natürlichen Personen** für jede bußgeldrechtliche Sanktionierung von Verbänden **Grundvoraussetzung** ist. Rechtstechnisch wird die bußgeldrechtliche Verantwortlichkeit von juristischen Personen über die Vorschrift des **§ 30 Abs. 1 OWiG begründet**. Nach dieser Vorschrift kann aufgrund einer Straftat oder Ordnungswidrigkeit, die eine natürliche Person begangen hat, gegen die dahinterstehende juristische Person oder Personenvereinigung eine Geldbuße festgesetzt werden. Die Vorschrift stellt damit ein gewisses Pendant zu § 9 OWiG dar, mit dem ein das Unternehmen treffender Normbefehl auf die natürliche Person erstreckt bzw. übergewälzt wird, die für das Unternehmen handelt (s. Rz. 13). Gleichwohl bewirkt § 30 OWiG nicht lediglich eine Überwälzung der Verantwortlichkeit, sondern begründet eine **eigene Täterschaft des Verbands**, die neben die Verantwortlichkeit der natürlichen Person für die von ihre begangene Straftat oder Ordnungswidrigkeit tritt. Im Ergebnis führt dies zu einer Verdoppelung rechtlicher Verantwortlichkeit (die in der Praxis allerdings durch die Möglichkeit der selbständigen Bußgeldfestsetzung gegen den Verband relativiert wird, hierzu Rz. 19), weshalb § 30 OWiG auch mehr als eine bloße Zurechnungsnorm darstellt.[14] 15

Voraussetzung für die Festsetzung einer Verbandsgeldbuße ist gem. § 30 Abs. 1 OWiG zunächst eine **geeignete Anknüpfungstat**, d.h. eine Straftat oder Ordnungswidrigkeit, durch welche entweder Pflichten, welche die juristische Person oder die Personenvereinigung treffen (sog. Betriebsbezug), verletzt worden sind oder die juristische Person oder die Personenvereinigung bereichert worden ist oder werden sollte. **Betriebsbezogen** i.S.v. § 30 Abs. 1 1. Var. OWiG sind alle Pflichten, die den Unternehmensträger als solchen treffen und ihm in dieser Eigenschaft Ge- oder Verbote auferlegen.[15] Nach diesem Maßstab sind Ordnungswidrigkeiten nach § 340 KAGB (wie auch nach § 120 WpHG) durchweg geeignete Anknüpfungstaten, da sie Zuwiderhandlungen gegen betriebsbezogene Pflichten der jeweiligen Normadressaten betreffen. Ferner sind Straftaten nach § 339 Abs. 1 KAGB erfasst, da auch durch sie betriebsbezogene Erlaubnis- bzw. Registrierungspflichten verletzt werden. Ohne Rücksicht auf eine solche Betriebsbezogenheit kann eine Geldbuße gem. § 30 Abs. 1 2. Var. OWiG auch dann verhängt werden, wenn durch sonstige Rechtsverstöße der Leitungsperson die juristische Person oder Personenvereinigung bereichert worden ist oder bereichert werden sollte. Relevant werden kann diese Variante beispielsweise im Fall von Straftaten der Geschäftsleitung wie Betrug, Bestechung oder Urkundenfälschung. 16

Die Anknüpfungstat muss durch den in § 30 Abs. 1 Nr. 1–5 OWiG genannten **Personenkreis** begangen worden sein. Hierzu zählen neben den satzungsmäßigen **Geschäftsleitern der KVG**, **Generalbevollmächtigten** oder **Prokuristen** in leitender Stellung (§ 30 Abs. 1 Nr. 4 OWiG) **alle sonstigen Personen mit Leitungsverantwortung**, wozu auch die Mitglieder von Kontrollorganen (z.B. **Aufsichts- oder Verwaltungsräte**) gehören können, § 30 Abs. 1 Nr. 5 OWiG. Hierdurch werden – unabhängig von ihrer formalen Stellung – alle verantwortlich handelnden Leitungspersonen erfasst, wobei die herausgehobene Stellung sowohl in einer Leitungs- als auch in einer Überwachungsfunktion bestehen kann und eine im Wesentlichen tatsächliche Betrachtung maßgeblich ist. Neben **Abteilungs-, Bereichs- und Filialleitern** und den **Leitern** der **Rechtsabteilung**, des **Risikomanagements** und der **internen Revision** dürften auch **Compliance-Of-** 17

---

13 Offenbleiben kann an dieser Stelle, ob es sich bei § 30 OWiG um eine schlichte Zurechnungsnorm handelt (so etwa *Krenberger/Krumm*, 5. Aufl. 2018, § 30 OWiG Rz. 5) oder durch die Vorschrift eine eigenen Verbandstäterschaft zum Ausdruck kommt (so *Rogall* in KarlsruherKomm. OWiG, § 30 OWiG Rz. 1 ff.), vgl. zur dogmatischen Einordnung *Engelhart/Rübenstahl/Tsambikakis* in E/R/S/T, § 30 OWiG Rz. 4 m.w.N.

14 *Rogall* in KarlsruherKomm. OWiG, § 30 OWiG Rz. 2.

15 *Rogall* in KarlsruherKomm. OWiG, § 30 OWiG Rz. 91.

ficer mit entsprechendem Verantwortungszuschnitt erfasst sein.[16] Zu weitgehend erscheint allerdings die Auffassung, dass alle Betriebsangehörigen, die mit einer gewissen Eigenständigkeit für das Unternehmen handeln, umgekehrt dem Unternehmen auch zugerechnet werden müssen.[17]

18 Darüber hinaus kann bei Straftaten oder Ordnungswidrigkeiten von „einfachen" Mitarbeitern ohne entsprechende Leitungsverantwortung, die nicht zu dem von § 30 Abs. 1 OWiG umfassten Personenkreis gehören, eine Verbandsverantwortlichkeit über den **Auffangtatbestand des § 130 Abs. 1 OWiG** im Zusammenspiel mit §§ 9, 30 OWiG begründet werden. Aufgrund seiner Subsidiarität kommt eine Ahndung nach § 130 OWiG im Bereich kapitalmarktrechtlicher Delinquenz allerdings nur in vergleichsweise wenigen Fällen vor (vgl. hierzu Rz. 23 ff.).

19 § 30 Abs. 4 OWiG ermöglicht die **selbständige Festsetzung** einer Geldbuße gegen den Verband ohne parallele Durchführung eines Straf- oder Bußgeldverfahrens gegen die natürliche Person. Eine selbständige Verbandsgeldbuße kann selbst dann verhängt werden, wenn die Zuwiderhandlung als solche feststeht und die Identität des Täters ungeklärt bleibt, sofern feststeht, dass er dem in § 30 Abs. 1 OWiG genannten Personenkreis angehören muss (sog. **anonyme Verbandsgeldbuße**). Von der Möglichkeit der selbständigen Festsetzung einer Verbandsgeldbuße macht die BaFin in ihrer **WpHG-Ahndungspraxis** regen Gebrauch, indem lediglich rund 85 Prozent aller Bußgeldverfahren ausschließlich gegen Verbände geführt werden.[18] Das hat verschiedene Gründe. Einerseits steigt der Verfahrensaufwand der BaFin, wenn sie natürliche Personen verfolgt, die erfahrungsgemäß aufgrund ihrer Selbstbetroffenheit mehr Verteidigungsaufwand betreiben. Andererseits statuieren die relevanten kapitalmarktrechtlichen Bußgeldvorschriften Sonderdelikte. Diese nehmen ohnehin den Verband und nicht die natürliche Person in die Pflicht und es liegt insofern nahe, entsprechende Verstöße von natürlichen Personen als **Eigendelinquenz des Verbands** zu ahnden.[19] Demgegenüber kommen nach derzeitiger[20] Ahndungspraxis **Bußgeldverfahren gegen natürliche Personen** vor allem dann in Betracht, wenn die Taten der natürlichen Personen über das Ausmaß gewöhnlicher Rechtsverstöße hinausgehen, etwa indem sie wiederholt und bösgläubig begangen werden oder einen erheblichen Unrechtsgehalt aufweisen.[21]

20 Wenn gegen die KVG ein Bußgeld nach § 30 OWiG verhängt wurde, kann die Frage virulent werden, ob die **Geschäftsleiter hierfür in Binnenregress** genommen werden können oder gar müssen. Zunehmende Bedeutung kann diese Frage spätestens dann erlangen, wenn die tatsächlichen Bußgeldhöhen im Vergleich zur heutigen Aufsichtspraxis drastisch ansteigen – wofür insb. durch den umsatzbezogenen Bußgeldrahmen des § 340 Abs. 7 KAGB der Boden bereitet ist – und gleichzeitig zugunsten der Geschäftsleiter **D&O-Versicherungen mit immer höheren Deckungssummen** abgeschlossen und mitunter als Topf für einen „Schadensausgleich" angesehen werden. Die Möglichkeit eines Binnenregresses wird in jüngerer Zeit unterschiedlich beurteilt: Während Teile des Schrifttums die verantwortlichen Leitungspersonen aufgrund ihrer Legalitätspflicht in der vollen zivilrechtlichen Binnenhaftung für die Geldbuße – jedenfalls in Höhe des Ahndungsteils – sehen,[22] wird nach neuerer und mittlerweile wohl herrschender Ansicht eine Rückgriffsmöglichkeit dem Grunde nach anerkannt und (mit verschiedenen Begründungen) nur dem Umfang nach begrenzt,[23] insb. in Hinblick auf die wirtschaftliche Leistungsfähigkeit der Leitungspersonen. Nach wiederum anderer – wohl vorzugswürdiger – Ansicht soll der Rückgriff wegen einer Unternehmensgeldbuße hingegen aus **grundsätzlichen Erwägungen ausgeschlossen** sein, da andernfalls die lenkende und generalpräventive Erziehungsfunktion der Geldbuße gegenüber dem Unternehmen verloren gehe.[24]

---

16 *Canzler/Hammermaier*, AG 2014, 57 (66).

17 So allerdings *Raum* in Langen/Bunte, Kartellrecht, 12. Aufl. 2014, § 81 GWB Rz. 38. Dagegen betonen *Dannecker/Biermann* in Immenga/Mestmäcker, Wettbewerbsrecht, 5. Aufl. 2014, vor § 81 GWB Rz. 138 die Notwendigkeit einer restriktiven Handhabung von § 30 Abs. 1 Nr. 5 OWiG.

18 Vgl. *von Buttlar*, BaFin Journal Juli 2016, 18 (23).

19 *Canzler/Hammermaier*, AG 2014, 57 (64).

20 Auf einer Veranstaltung zur „Ahndungspraxis der Wertpapieraufsicht" am 2.6.2016 in Frankfurt/Main wurde von BaFin-Bediensteten allerdings eine Zunahme von Verfahren gegen natürliche Personen prognostiziert.

21 *Canzler/Hammermaier*, AG 2014, 57 (64).

22 So im Grundsatz *Fleischer*, DB 2014, 345 (348).

23 *Hüffer/Koch*, § 93 AktG Rz. 51 f. m.w.N.

24 *Dreher* in FS Konzen, S. 85 (104 ff.); LAG Düsseldorf v. 20.1.2015 – 16 Sa 459/14 Rz. 161 zur Regressfähigkeit einer nach § 81 GWB gegen das Unternehmen verhängten Kartellgeldbuße: „Wenn die Klägerin als Normadressatin der Kartellbuße nach § 81 GWB in der Lage wäre, sich diese Buße […] vollständig von ihren Organvertretern erstatten zu lassen [… würde …] die zivilrechtliche Innenhaftung im Gesellschaftsrecht […] dazu führen, dass die Entscheidung des Normengebers, dass ein Unternehmen nach § 81 GWB zur Verantwortung gezogen werden soll, ins Leere liefe."

3. Begehen durch Unterlassen und Verletzung der Aufsichtspflicht (§§ 8, 130 OWiG)

Die Mehrzahl der Ordnungswidrigkeiten des § 340 KAGB sind so formuliert, dass ihr Tatbestand in der Nichterfüllung von Handlungspflichten besteht. Dabei kann die Nichterfüllung regelmäßig durch verschiedene Tatbestandsvarianten verwirklicht werden. Typisch für diese Regelungstechnik sind Formulierungen wie „nicht, nicht richtig, nicht vollständig oder nicht rechtzeitig". Hierbei handelt es sich um **echte Unterlassungsdelikte**, bei denen sich die Tatbestandsverwirklichung in der Nichtvornahme der gesetzlich geforderten Tätigkeit (d.h. in einem Unterlassen) erschöpft. 21

Darüber hinaus können Ordnungswidrigkeiten des § 340 KAGB, die als Begehungsdelikt formuliert sind, in Einzelfällen nicht nur durch aktives Tun, sondern auch durch Unterlassen verwirklicht werden (sog. **unechte Unterlassungsdelikte**). Voraussetzung ist nach § 8 OWiG – ebenso wie nach § 13 StGB im Strafrecht – aber, dass der Täter rechtlich dafür einzustehen hat, dass der Erfolg nicht eintritt (sog. **Garantenstellung**) und dass das Unterlassen der Verwirklichung des gesetzlichen Tatbestandes durch ein Tun entspricht (sog. **Modalitätenäquivalenz**). Denkbar ist dies etwa im Fall des § 340 Abs. 2 Nr. 61 KAGB (Zuwiderhandlung gegen Sicherstellungspflicht). Aufgrund der Tatsache, dass die meisten Ordnungswidrigkeiten bereits als echte Unterlassungsdelikte ausgestaltet sind, dürfte die praktische Relevanz unechter Unterlassungsdelikte allerdings gering bleiben. 22

Von der Tatbestandsbegehung durch Unterlassen zu unterscheiden ist die **Aufsichtspflichtverletzung nach § 130 OWiG**, bei der es sich um einen eigenständigen und nur schwer verständlichen Bußgeldtatbestand handelt (der seinerseits als echtes Unterlassungsdelikt ausgestaltet ist). Gemäß § 130 OWiG handelt der Inhaber eines Betriebes oder Unternehmens ordnungswidrig, wenn er vorsätzlich oder fahrlässig die Aufsichtsmaßnahmen unterlässt, die erforderlich sind, um in dem Betrieb oder Unternehmen Zuwiderhandlungen gegen Pflichten zu verhindern, die ihn als Inhaber treffen und deren Verletzung mit Strafe oder Geldbuße bedroht ist, sofern eine solche Zuwiderhandlung begangen wird, die durch gehörige Aufsicht verhindert oder wesentlich erschwert worden wäre. Zu den erforderlichen Aufsichtsmaßnahmen gehören auch die Bestellung, die sorgfältige Auswahl und die Überwachung von Aufsichtspersonen. 23

Die Betriebsinhaberschaft ist ein besonderes persönliches Merkmal i.S.v. § 9 OWiG und wird deshalb von der KVG auf die in § 9 OWiG genannten Leitungspersonen übergewälzt, die somit als Täter des § 130 OWiG in Betracht kommen. Diese Leitungspersonen müssen es versäumt haben, ihrer Aufsichtspflicht gehörig nachzukommen. Wenngleich in § 130 OWiG selbst die erforderlichen Aufsichtsmaßnahmen nicht näher bezeichnet werden, lassen sich solche Pflichten insbesondere aus den zahlreichen **spezialgesetzlich niedergelegten Verhaltens- und Organisationspflichten** (etwa §§ 26 ff. KAGB i.V.m. den Mindestanforderungen an das Risikomanagement von Kapitalverwaltungsgesellschaften (KAMaRisk); §§ 63 ff. WpHG i.V.m. den Mindestanforderungen an die Compliance-Funktion (MAComp); ggf. auch § 25a KWG) entnehmen. Ergänzend kann auf das im Schrifttum verbreitete **„Fünf-Stufen-Modell"**[25] zurückgegriffen werden. 24

Als sog. **objektive Bedingung der Ahndbarkeit** muss eine betriebsbezogene Straftat oder Ordnungswidrigkeit begangen worden sein, die durch gehörige Aufsicht verhindert oder wesentlich erschwert worden wäre. 25

Aufgrund seiner Subsidiarität zu Straf- oder Bußgeldtatbeständen,[26] die die Leitungspersonen selbst verwirklicht haben, hält sich die praktische Bedeutung von § 130 OWiG im Bereich kapitalmarktrechtlicher Delinquenz in Grenzen. Zu berücksichtigen ist nämlich, dass die Erfüllung der meisten bußgeldbewehrten kapitalmarktrechtlichen Pflichten ohnehin nur solchen Personen obliegt, die eine Leitungsverantwortung i.S.v. § 9 Abs. 2 Satz 1 OWiG haben. Bei Verletzung ihrer Pflichten kommen diese Personen selbst als Täter in Betracht, weshalb für die Prüfung einer Aufsichtspflichtverletzung in vielen Fällen kein Raum verbleibt.[27] 26

4. Vorsatz, Fahrlässigkeit und Irrtum (§§ 10 f. OWiG)

Gemäß § 10 OWiG kann als Ordnungswidrigkeit nur vorsätzliches Handeln geahndet werden, wenn nicht das Gesetz auch fahrlässiges Handeln ausdrücklich mit Geldbuße bedroht. Der **„Vorsatzbegriff"** wird im Ordnungswidrigkeitenrecht nicht anders verstanden als im Strafrecht (vgl. hierzu § 339 Rz. 40 ff.). In Er- 27

---

25 1. sorgfältige Auswahl von Mitarbeitern und Aufsichtspersonen; 2. sachgerechte Organisation und Aufgabenverteilung; 3. angemessene Instruktion und Aufklärung über Aufgaben und Pflichten; 4. ausreichende Überwachung und Kontrolle der Mitarbeiter; 5. Eingreifen bei Verstößen, vgl. *Rogall* in KarlsruherKomm. OWiG, § 130 OWiG Rz. 42.

26 OLG Düsseldorf v. 25.7.1989 – 5 Ss (OWi) 263/89 – (OWi) 106/89 I, wistra 1989, 358 f.

27 *Canzler/Hammermaier*, AG 2014, 57 (66).

mangelung einer ausdrücklich angeordneten Fahrlässigkeitsahndbarkeit erfordern die in § 340 Abs. 1 KAGB genannten Handlungen stets Vorsatz, wobei Eventualvorsatz ausreicht (vgl. hierzu § 339 Rz. 41). Demgegenüber sind die in § 340 Abs. 2, Abs. 4–6, Abs. 6b und 6c KAGB genannten Ordnungswidrigkeiten sowohl vorsätzlich als auch fahrlässig begehbar. § 340 Abs. 3 und Abs. 6a KAGB erfordern Vorsatz oder Leichtfertigkeit.

28 Auch die Begriffe „Fahrlässigkeit" (vgl. hierzu § 339 Rz. 48) und „Leichtfertigkeit"[28] sind im Ordnungswidrigkeiten- und Strafrecht identisch. Bei der Leichtfertigkeit handelt es sich um ein sowohl in objektiver als auch subjektiver Hinsicht besonders gesteigertes Maß der Fahrlässigkeit.[29] Der Täter handelt leichtfertig, wenn er die gebotene Sorgfalt objektiv in ungewöhnlich hohem Maße verletzt (qualifizierte Pflichtwidrigkeit) und in subjektiver Hinsicht besonderen Leichtsinn oder Gleichgültigkeit an den Tag legt (qualifizierte Voraussehbarkeit).[30] Der Sorgfaltsmaßstab wird mit Hilfe der Figur des „objektiven Dritten" bestimmt. Das bedeutet freilich nicht, dass auf einen im Kapitalanlagerecht unkundigen Normalbürger abgestellt wird, sondern auf einen solchen, der aus dem Verkehrskreis des Normadressaten stammt.[31]

29 Die **Irrtumsregeln** des § 11 OWiG folgen im Wesentlichen denen des StGB. § 11 Abs. 1 OWiG regelt den Tatbestandsirrtum nebst der Möglichkeit der Ahndung wegen Fahrlässigkeit. § 11 Abs. 2 OWiG regelt den Verbotsirrtum und nennt beispielhaft („namentlich") die beiden praktisch wichtigsten Fälle: Erstens den Irrtum über das Bestehen einer Rechtsvorschrift, bei dem der Täter die Existenz des Ge- oder Verbots nicht kennt – auch weil er es für außer Kraft gesetzt oder nichtig hält (zur Frage, inwieweit ein solcher Irrtum ein Tatbestandsirrtum sein kann, vgl. § 339 Rz. 45 f.). Zweitens die Unkenntnis der Anwendbarkeit einer Rechtsvorschrift, wo der Täter das Ge- oder Verbot zwar kennt, aber glaubt, sein Fall werde von der Norm nicht erfasst.[32] Nur ein Tatbestandsirrtum führt zum Vorsatzausschluss („handelt nicht vorsätzlich"), während selbst der unvermeidbare Verbotsirrtum den Vorsatz unberührt lässt und lediglich die Vorwerfbarkeit ausschließt („handelt nicht vorwerfbar").

30 Da sich die bußgeldbewehrten Vorschriften des § 340 KAGB an einen professionellen Adressatenkreis richten, von dem eine sorgfältige Auseinandersetzung mit dem anwendbaren Rechtsrahmen erwartet werden kann, dürften recht **hohe Hürden** für die Annahme eines **unvermeidbaren Verbotsirrtums** bestehen.[33] Da das KAGB jedoch ein noch junges und selbst im Vergleich mit anderen Wirtschaftsgesetzen außerordentlich komplexes und stellenweise unverständliches Gesetz ist, das bislang nur von wenigen Fachleuten durchdrungen worden ist, darf für die Vermeidbarkeit aber jedenfalls so lange **kein unrealistisch strenger Maßstab** gelten, bis sich eine gefestigte und anerkannte Praxis herausgebildet hat. Insbesondere die Einholung qualifizierten, externen Rechtsrats dürfte gegen die Vermeidbarkeit von Verbotsirrtümern sprechen, sofern die Anforderungen an Rechtsgutachten erfüllt sind (vgl. hierzu § 339 Rz. 50 ff.). In den (verbleibenden) Fällen vermeidbarer Verbotsirrtümer kann die Geldbuße analog § 17 Satz 2 StGB gemildert werden.[34]

5. Zeitliche Geltung (§§ 3 f. OWiG)

31 Angesichts der stetigen Änderungen des § 340 KAGB und der in Bezug genommenen Ausfüllungsvorschriften wird in vielen Fällen eine Prüfung des **intertemporal anwendbaren** Ordnungswidrigkeitenrechts gem. der §§ 3 ff. OWiG erforderlich (und für die Verteidigung ggf. erfolgversprechend) sein. So kann nach der Vorschrift des § 3 OWiG eine Handlung als Ordnungswidrigkeit nur geahndet werden, wenn die Möglichkeit der Ahndung gesetzlich bestimmt war, bevor die Handlung begangen wurde. Dies gilt nicht nur für den eigentlichen Bußgeldtatbestand, sondern auch für die in Bezug genommenen Ausfüllungsnormen. Das in § 3 OWiG zum Ausdruck kommende **Rückwirkungsverbot** (vgl. auch Art. 103 Abs. 2 GG, § 1 StGB) verbietet es – über den ausdrücklichen Wortlaut hinaus –, bei der Ahndung einer Ordnungswidrigkeit einen erst nach Tatbeendigung erhöhten Bußgeldrahmen zugrunde zu legen.[35]

32 Während sich gem. § 4 Abs. 1 OWiG die Geldbuße nach dem Gesetz bestimmt, das zur Zeit der Handlung gilt,[36] ist es bei Handlungen, die über einen längeren Zeitraum andauern (sog. **Zustands- oder Dauer-**

28 Zur Leichtfertigkeit eingehend *von Buttlar/Hammermaier*, ZBB 2017, 1 ff.
29 *Waßmer* in Fuchs, § 38 WpHG Rz. 72.
30 *Vogel* in Assmann/Uwe H. Schneider, 6. Aufl. 2012, § 39 WpHG Rz. 65; *Spoerr* in Assmann/Uwe H. Schneider/Mülbert, 7. Aufl. 2019, § 120 WpHG Rz. 371; *Waßmer* in Fuchs, § 38 WpHG Rz. 72; *von Buttlar/Hammermaier*, ZBB 2017, 1 (8 f.).
31 *von Buttlar/Hammermaier*, ZBB 2017, 1 (9).
32 *Rengier* in KarlsruherKomm. OWiG, § 11 OWiG Rz. 56.
33 So für die Ordnungswidrigkeiten des WpHG *Waßmer* in Fuchs, § 39 WpHG Rz. 331.
34 *Rengier* in KarlsruherKomm. OWiG, § 11 OWiG Rz. 125.
35 BVerfG v. 26.2.1969 – 2 BvL 15, 23/68, BVerfGE 25, 269 (286); *Dannecker* in LK-StGB, § 1 StGB Rz. 89, 400.
36 *Rogall* in KarlsruherKomm. OWiG, § 4 OWiG Rz. 6.

delikte) möglich, dass die Handlung noch bei Geltung der früheren Gesetzeslage begonnen wurde und erst nach dem Inkrafttreten einer Gesetzesänderung beendet wird. Für derartige Fälle ordnet § 4 Abs. 2 OWiG an, dass das Gesetz anzuwenden ist, das bei Beendigung der Handlung gilt.[37]

Nach dem **Günstigkeitsprinzip** des § 4 Abs. 3 OWiG ist bei einer Gesetzesänderung das mildeste Gesetz anzuwenden. Kann die Handlung nach späterem Recht nicht mehr geahndet werden, bspw. bei ersatzloser Streichung des Bußgeldtatbestandes, stellt dieser Umstand das mildeste Gesetz dar. Wird der Bußgeldrahmen geändert, so ist der niedrigere Bußgeldrahmen maßgeblich. 33

6. Verjährung (§§ 31 ff. OWiG)

Die Verfolgung sämtlicher Ordnungswidrigkeiten aus § 340 KAGB **verjährt in drei Jahren**, vgl. § 340 Abs. 9 Satz 3 KAGB. Bei der Einführung des § 340 Abs. 6a KAGB und der neuen Abs. 6b und 6c wurde übersehen, den Verweis in § 340 Abs. 9 Satz 3 KAGB entsprechend zu erweitern. Hier folgt die dreijährige Verfolgungsverjährung aber aus den allgemeinen Regeln gem. § 340 Abs. 7 Nr. 2a und Nr. 3 KAGB i.V.m. § 31 Abs. 2 Nr. 1 OWiG. **Besonderheiten** gelten demgegenüber bei der Verjährung der **Verbandsgeldbuße nach § 30 OWiG**, für die es im OWiG keine eigenständige Regelung gibt. Beruht die Haftung des Verbands nach § 30 OWiG auf einer Straftat oder einer Ordnungswidrigkeit einer natürlichen Person, so gelten nach dem BGH „im Verfahren gegen die juristische Person die für die Tat der natürlichen Person maßgeblichen Vorschriften über die Verjährung".[38] Diese – vom Gesetzgeber ausdrücklich gebilligte[39] – Lösung hat zur Folge, dass insbesondere die regelmäßig längeren strafrechtlichen Verjährungsfristen der Anknüpfungstat auch für die Verjährung der Verbandsgeldbuße gelten. 34

Durch die **Verfolgungsverjährung** werden die Verfolgung von Ordnungswidrigkeiten und die Anordnung von Nebenfolgen ausgeschlossen, § 31 Abs. 1 Satz 1 OWiG. Sie beginnt, sobald die Handlung beendet ist. Tritt ein zum Tatbestand gehörender Erfolg erst später ein, beginnt die Verjährung mit diesem Zeitpunkt (§ 31 Abs. 3 OWiG). Bei Verstößen gegen Mitteilungs-, Veröffentlichungs- oder Übermittlungspflichten beginnt die Verjährung allerdings nicht mit Ablauf der gesetzlich eingeräumten Handlungsfrist, sondern erst dann, wenn die Pflicht nachgeholt wird oder sich erübrigt hat.[40] Die Verjährung wird unterbrochen durch die im Katalog des § 33 Abs. 1 OWiG genannten Verfahrenshandlungen. Hierzu gehört namentlich die **Bekanntgabe der Eröffnung des Ermittlungsverfahrens**, § 33 Abs. 1 Nr. 1 OWiG. Die Grenze der absoluten Verjährung, die auch durch Unterbrechungen nicht überschritten werden kann, beträgt sechs Jahre. 35

Von der Verfolgungsverjährung ist die **Vollstreckungsverjährung** (§ 34 OWiG) zu unterscheiden, die die Vollstreckung einer Bußgeldentscheidung ausschließt. Die Frist beträgt in der Regel fünf Jahre (§ 34 Abs. 2 Nr. 1 OWiG) und beginnt mit Rechtskraft des Bußgeldbescheids (§ 34 Abs. 3 OWiG). 36

V. Ordnungswidrigkeiten gem. § 340 Abs. 1 KAGB

Die Regelungen des § 340 Abs. 1 KAGB entsprechen im Wesentlichen denen des früheren § 143 InvG. Wie nach alter Rechtslage sanktioniert die Vorschrift lediglich **vorsätzliche** Zuwiderhandlungen (vgl. § 10 OWiG). Deswegen kommt eine Ahndung nach § 340 Abs. 1 Nr. 1, 3 und 5 KAGB nicht in Betracht, wenn der Adressat keine Kenntnis von der Existenz einer vollziehbaren Anordnung hat oder er über deren Reichweite irrt.[41] 37

1. § 340 Abs. 1 Nr. 1 KAGB: Abberufung von Geschäftsleitern

Tathandlung ist der Verstoß gegen vollziehbare Anordnungen nach § 40 Abs. 1, § 113 Abs. 3, § 119 Abs. 5, § 128 Abs. 4, § 147 Abs. 5 oder § 153 Abs. 5 KAGB. Nach diesen Vorschriften kann die Bundesanstalt in den dort näher umschriebenen Fällen (z.B. fehlende Zuverlässigkeit, Rechtsverstöße) die **Abberufung der Geschäftsleiter** (bzw. des Vorstands im Fall der Inv-AG sowie der Mitglieder der Geschäftsführung im Fall der Inv-KG) verlangen und diesen auch die Ausübung der Tätigkeit untersagen. **Täter** ist somit, wer entgegen einer solchen Anordnung der Bundesanstalt, die vollziehbar sein muss, den Geschäftsleiter nicht ab- 38

37 Vgl. zu den dabei zu beachtenden Zumessungsgesichtspunkten BVerfG v. 4.9.1995 – 1 BvR 1106/94, NStZ 1996, 192 (193).
38 BGH v. 5.12.2000 – 1 StR 411/00, BGHSt 46, 207 (208).
39 Vgl. BT-Drucks. 14/8998, S. 12.
40 *Vogel* in Assmann/Uwe H. Schneider, 6. Aufl. 2012, § 39 WpHG Rz. 69; *Spoerr* in Assmann/Uwe H. Schneider/Mülbert, 7. Aufl. 2019, § 120 WpHG Rz. 85; *Waßmer* in Fuchs, § 39 WpHG Rz. 365.
41 *Vogel* in Assmann/Uwe H. Schneider, 6. Aufl. 2012, § 39 WpHG Rz. 41; *Spoerr* in Assmann/Uwe H. Schneider/Mülbert, 7. Aufl. 2019, § 120 WpHG Rz. 317.

beruft oder wer entgegen einer Untersagungsverfügung tätig wird.[42] Zu beachten ist allerdings, dass die Zuwiderhandlung gegen derartige vollziehbare Anordnungen in einigen Fällen (etwa im Falle der kleinen AIF-KVG gem. § 44 Abs. 5 Satz 2 KAGB) nicht bußgeldbewehrt ist. Eine analoge Anwendung des § 340 Abs. 1 Nr. 1 KAGB auf die nicht in der Norm genannten Fälle scheidet gem. Art. 103 Abs. 2 GG, § 3 OWiG aus.

39 Bei der auf ein Abberufungsverlangen oder ein Tätigkeitsverbot gerichteten Anordnung handelt es sich um eine hoheitliche Maßnahme der BaFin, die als solche einen Verwaltungsakt i.S.v. § 35 VwVfG darstellt.[43] **Vollziehbar** ist die Anordnung, (i) wenn ein Rechtsmittel von Gesetzes wegen keine aufschiebende Wirkung hat, (ii) wenn die BaFin den sofortigen Vollzug besonders angeordnet hat, (iii) die aufschiebende Wirkung nicht wiederhergestellt oder angeordnet wurde (§ 80 Abs. 4, 5 VwGO) oder (iv) wenn sie durch Zeitablauf unanfechtbar geworden ist.[44]

40 Bei einer Anordnung auf Grundlage von § 40 Abs. 1 sowie von § 113 Abs. 3 KAGB ist die sofortige Vollziehbarkeit durch den Ausschluss der aufschiebenden Wirkung von Widerspruch und Anfechtungsklage gem. § 7 KAGB i.V.m. § 80 Abs. 2 Satz 1 Nr. 3 VwGO **gesetzlich festgelegt**. Jedoch kann die BaFin die Vollziehung aussetzen (§ 80 Abs. 4 VwGO) und kann das Gericht der Hauptsache gem. § 80 Abs. 5 Satz 1 VwGO die aufschiebende Wirkung im Wege des vorläufigen Rechtsschutzes auf Antrag ganz oder teilweise anordnen. Für die verbleibenden Tatbestandsvarianten von § 340 Abs. 1 Nr. 1 KAGB kann sich die Vollziehbarkeit ferner daraus ergeben, dass die sofortige Vollziehung gem. § 80 Abs. 2 Satz 1 Nr. 4 VwGO im öffentlichen Interesse oder im überwiegenden Interesse eines Beteiligten **durch die BaFin besonders angeordnet** wurde, wobei das besondere Interesse an der sofortigen Vollziehung des Verwaltungsakts schriftlich zu begründen ist, vgl. § 80 Abs. 3 Satz 1 VwGO. Möglich ist auch, dass die sofortige Vollziehbarkeit erst nach Erlass des Grundverwaltungsaktes angeordnet wird.

41 Ist der Verwaltungsakt weder nach dem Gesetz noch aufgrund besonderer behördlicher Anordnung sofort vollziehbar, wird ein Verwaltungsakt schließlich auch dann vollziehbar, wenn er mit einem förmlichen Rechtsmittel **nicht mehr angefochten** werden kann. Dies ist regelmäßig der Fall, wenn die Widerspruchsfrist von einem Monat (§ 70 Abs. 1 Satz 1 VwGO) abgelaufen ist, ohne dass der Betroffene Widerspruch eingelegt hat. Bei unterbliebener oder unrichtiger Rechtsbehelfsbelehrung kann der Widerspruch noch innerhalb eines Jahres nach der Bekanntgabe des Verwaltungsaktes erhoben werden (§ 70 Abs. 2 VwGO i.V.m. § 58 Abs. 2 VwGO). Die Anordnung wird daher in diesem Fall erst mit Ablauf der Jahresfrist unanfechtbar und damit vollziehbar.

42 Nach dem das Verwaltungsrecht prägenden Prinzip der Bestandskraft ist auch ein rechtswidriger Verwaltungsakt grundsätzlich rechtswirksam, sofern er nicht ausnahmsweise nichtig (d.h. an einem besonders schweren Mangel leidet, vgl. § 44 VwVfG) und damit unwirksam ist. Dies wirft die Frage auf, ob die Zuwiderhandlung gegen eine vollziehbare Anordnung auch dann geahndet werden kann, wenn diese Anordnung rechtswidrig war. Während teilweise vertreten wird, dass eine Ahndung im Sinne einer strengen Verwaltungsakzessorietät auch bei Zuwiderhandlungen gegen einen vollziehbaren rechtswidrigen Verwaltungsakt erfolgen könne,[45] ist nach anderer – zutreffender – Auffassung nur die Zuwiderhandlung gegen eine rechtmäßige Anordnung tatbestandsmäßig[46] oder bei Rechtswidrigkeit des Verwaltungsakts jedenfalls ein Grund für die Einstellung des Bußgeldverfahrens nach § 47 Abs. 2 OWiG gegeben.[47] Da die Zuwiderhandlung gegen eine rechtswidrige Anordnung **kein materielles Unrecht verwirklicht**, wäre auch nicht erklärbar, warum allein bloßer Verwaltungsungehorsam mit Bußgeldern i.H.v. bis zu 10 Prozent des jährlichen Gesamtumsatzes geahndet werden sollte.

2. § 340 Abs. 1 Nr. 2 KAGB: Gewährung von Gelddarlehen

43 Gemäß § 340 Abs. 1 Nr. 2 KAGB handelt ordnungswidrig, wer entgegen § 20 Abs. 8 oder Abs. 9 KAGB ein Gelddarlehen gewährt oder Verpflichtungen aus einem Bürgschafts- oder einem Garantievertrag eingeht. Die Frage, ob und inwieweit Investmentvermögen und Kapitalverwaltungsgesellschaften Darlehen für Rechnung des Investmentvermögens vergeben dürfen, wurde durch das OGAW V-UmsG umfassend neu geregelt. Die Änderungen basieren auf europäischen Vorgaben und wurden bereits durch das BaFin-Schreiben zur Änderung der Verwaltungspraxis zur Vergabe von Darlehen für Rechnung des Investmentver-

42 *Häberle* in Erbs/Kohlhaas, § 56 KWG Rz. 10.
43 *Stelkens* in Stelkens/Bonk/Sachs, 9. Aufl. 2018, § 35 VwVfG Rz. 69.
44 Vgl. § 6 Abs. 1 VwVG.
45 *Waßmer* in Fuchs, § 39 WpHG Rz. 270.
46 *Vogel* in Assmann/Uwe H. Schneider, 6. Aufl. 2012, § 39 WpHG Rz. 42 f.; *Spoerr* in Assmann/Uwe H. Schneider/Mülbert, 7. Aufl. 2019, § 120 WpHG Rz. 89; *Wehowsky* in Erbs/Kohlhaas, § 39 WpHG Rz. 80.
47 *Pelz* in Beckmann/Scholtz/Vollmer, § 340 KAGB Rz. 8.

mögens vom Mai 2015[48] teilweise auf Verwaltungsebene vorweggenommen (vgl. ausführlich die Kommentierung bei § 20 Rz. 107 ff.). Während § 20 Abs. 8 KAGB das Kreditengagement von OGAW-Kapitalverwaltungsgesellschaften für Rechnung des OGAW umfassend verbietet, benennt § 20 Abs. 9 KAGB abschließend die Fälle, in denen eine Darlehensvergabe durch AIF-Kapitalverwaltungsgesellschaften für Rechnung von AIF zulässig ist.[49]

Obschon eine Kreditgewährung nach h.M. bereits in der rechtlich bindenden **Kreditzusage** und nicht erst in der Ausreichung der Gelder liegen soll,[50] begegnet ein derart weites Verständnis im Bereich der bußgeldrechtlichen Ahndung Bedenken, da eine konkrete Vermögensminderung durch die bloße Kreditzusage noch nicht eingetreten ist und deshalb kein Bedürfnis für eine Ahndung mit Bußgeldern i.H.v. bis zu 10 Prozent des jährlichen Gesamtumsatzes zu erkennen ist. Kreditgewährung i.S.v. § 340 Abs. 1 Nr. 2 KAGB ist daher nur die tatsächliche Erbringung der Kreditleistung.[51] Denn § 20 Abs. 8 KAGB unterscheidet zwischen der „Gewährung" eines Darlehens und dem „Eingehen einer Verpflichtung" aus einer Bürgschaft oder einem Garantievertrag. Wegen des in Art. 103 Abs. 2 GG, § 3 OWiG verankerten Analogieverbots kann daher das bloße Eingehen einer Verpflichtung aus einem Darlehensvertrag den Tatbestand nicht erfüllen. Zum Bußgeldrahmen im Wiederholungsfall vgl. Rz. 158. 44

3. § 340 Abs. 1 Nr. 3 KAGB: Kreditaufnahme

Die in Bezug genommenen Vorschriften bestimmen, dass die dort genannten Inv-AG mvK, KVG, geschlossenen inländischen Publikums-AIF und offene inländische Spezial-AIF mit festen Anlagebedingungen Kredite nur zu den dort genannten Bedingungen und Grenzen aufnehmen dürfen. Sofern wie bei § 340 Abs. 1 Nr. 2 KAGB schon allein der Abschluss des Kreditvertrages für tatbestandsmäßig erachtet wird,[52] besteht hierfür kein Bedürfnis. 45

Die ausfüllenden Normen des § 340 Abs. 1 Nr. 3 KAGB sind teilweise **bedenklich unbestimmt**. Wenn es etwa in §§ 199, 263 Abs. 1 KAGB heißt, nur „marktübliche" Kredite dürften aufgenommen werden, so sind diese Merkmale bei der Ahnung etwaiger Verstöße restriktiv auszulegen. Denn was genau noch „marktüblich" ist, wird weder in § 1 KAGB legal definiert, noch lässt es sich zwanglos aus den Vorschriften folgern. Es kann jedenfalls nicht davon ausgegangen werden, dass der Gesetzgeber jeden Abschluss eines Kredits zu schlechten Konditionen sanktionieren wollte. 46

Ist die Begrenzung der Kreditaufnahme von einem Zweck abhängig (etwa in § 112 Abs. 2 Satz 3 KAGB: „Erwerb von unbeweglichem Vermögen"), so kann eine Kreditaufnahme nicht sanktioniert werden, wenn das Kapital nachträglich für einen anderen Zweck verwendet wird, obwohl dies nicht geplant war. Denn alle subjektiven Elemente des Tatbestands müssen dann vorliegen, wenn der objektive Teil verwirklicht wird. Zum Bußgeldrahmen im Wiederholungsfall vgl. Rz. 158. 47

4. § 340 Abs. 1 Nr. 4 KAGB: Beschränkung von Leverage

Die in Bezug genommenen Vorschriften erlauben der BaFin, den Umfang des Leverage, den die AIF-Kapitalverwaltungsgesellschaft einsetzen darf, zu beschränken oder sonstige Beschränkungen in Bezug auf die Verwaltung des AIF aufzuerlegen, wenn die BaFin es zur Gewährleistung der Stabilität und Integrität des Finanzsystems als nötig erachtet. Das gilt für offene (§ 215 Abs. 2 Satz 1 KAGB) und geschlossene (§ 263 Abs. 2 KAGB) inländische Publikums-AIFs und für inländische Spezial-AIFs (§ 274 Satz 1 KAGB). Die Zuwiderhandlung gegen entsprechende vollziehbare Anordnungen stellt eine Ordnungswidrigkeit gem. § 340 Abs. 1 Nr. 4 KAGB dar. Zur Vollziehbarkeit vgl. Rz. 39 ff. 48

5. § 340 Abs. 1 Nr. 5 KAGB: Beschränkung von Leerverkäufen

Die in Bezug genommene Vorschrift erlaubt der BaFin, Leerverkäufe i.S.v. § 283 Abs. 1 Satz 1 Nr. 2 KAGB zu beschränken, wenn die BaFin dies zur Gewährleistung der Stabilität und Integrität des Finanzsystems als nötig erachtet. Systematisch besteht ein Zusammenhang zu § 340 Abs. 2 Nr. 59 Buchst. d KAGB, wobei anders als bei § 340 Abs. 2 Nr. 59 Buchst. d KAGB stets Vorsatz erforderlich ist. Zur Vollziehbarkeit vgl. Rz. 39 ff. 49

---

48 BaFin, Auslegungsentscheidung – Änderung der Verwaltungspraxis zur Vergabe von Darlehen usw. für Rechnung des Investmentvermögens, v. 12.5.2015.

49 Begr. RegE, BT-Drucks.18/6744, 45.

50 *Bock* in Boos/Fischer/Schulte-Mattler, § 18 KWG Rz. 9; *Pelz* in Beckmann/Scholtz/Vollmer, § 340 KAGB Rz. 8; *Alten* in Moritz/Klebeck/Jesch, § 340 KAGB Rz. 30.

51 So zum Begriff der Kreditgewährung bei § 265b StGB auch *Fischer*, § 265b StGB Rz. 17.

52 *Pelz* in Beckmann/Scholtz/Vollmer, § 340 KAGB Rz. 12.

VI. Ordnungswidrigkeiten gem. § 340 Abs. 2 KAGB

50 **Übersicht:** Durch das OGAW-V-Umsetzungsgesetz wurden die bisherigen Abs. 2 und 3 im neu gefassten Abs. 2 zusammengeführt. Hierbei wurde die frühere Differenzierung zwischen Leichtfertigkeit und Fahrlässigkeit aufgegeben, so dass § 340 Abs. 2 KAGB nunmehr sowohl **vorsätzliche** als auch **fahrlässige** Zuwiderhandlungen (vgl. § 10 OWiG) sanktioniert. Grund für die Aufgabe der Differenzierung zwischen Fahrlässigkeit und Leichtfertigkeit war die gesetzgeberische Erwägung, dass die „Abgrenzung zwischen Leichtfertigkeit (= grober Fahrlässigkeit) und (einfacher) Fahrlässigkeit bei den betroffenen Tatbeständen oft schwierig ist und die Differenzierung zudem mit ausdifferenzierten europarechtlichen Sanktionsvorgaben wie denen der Richtlinie 2014/91/EU inkompatibel ist“.[53] Da Leichtfertigkeit nur unter strengeren Anforderungen als Fahrlässigkeit angenommen werden kann, führte die Gesetzesänderung im Ergebnis zu einer **erheblichen Ausweitung des Bußgeldrisikos**.

1. § 340 Abs. 2 Nr. 1 und Nr. 1a KAGB: Zuwiderhandlungen gegen vollziehbare Anordnungen

51 Die Vorschrift sanktioniert in Anlehnung an § 143 Abs. 2 Nr. 1 und Abs. 3 Nr. 27 InvG Zuwiderhandlungen gegen verschiedene vollziehbare Anordnungen. Soweit der Gesetzgeber in § 340 Abs. 2 Satz. 1 Nr. 1 Buchst. a KAGB auf § 5 Abs. 6 Satz 14 KAGB verweist, handelt es sich dabei um einen offensichtlichen Fassungsfehler, denn diese Vorschrift gibt es nicht. Die ausfüllenden Vorschriften sind generalklauselartige Normen, aufgrund derer die BaFin „erforderliche und geeignete“ Maßnahmen erlassen kann. Zur Frage der Vollziehbarkeit dieser Anordnungen vgl. Rz. 39. Die Bußgeldobergrenze beträgt gem. § 340 Abs. 7 Nr. 1 KAGB fünf Millionen Euro bzw. zehn Prozent des jährlichen Gesamtumsatzes, im Falle von Nr. 1a eine Million Euro bzw. zwei Prozent des jährlichen Gesamtumsatzes.

2. § 340 Abs. 2 Nr. 2 KAGB: Verstoß gegen Auskunftspflichten

52 Die Vorschrift bezieht sich auf die Auskunftspflichten gegenüber der BaFin nach § 44 Abs. 1 Satz 1 KWG, auf die § 14 Satz 1 KAGB[54] verweist. Die Vorschrift entspricht im Wesentlichen § 143 Abs. 3 Nr. 2 InvG, erfasst aber auch extern verwaltete Investmentgesellschaften und Verwahrstellen.

3. § 340 Abs. 2 Nr. 3 KAGB: Nichtduldung von Maßnahmen

53 Die Vorschrift sanktioniert den Verstoß gegen die Pflicht zur Duldung von Prüfungsmaßnahmen nach § 44 Abs. 1 Satz 4 KWG, auf die § 14 Satz 2 KAGB[55] verweist. Sie entspricht im Wesentlichen § 143 Abs. 3 Nr. 3 InvG, erfasst aber auch extern verwaltete Investmentgesellschaften und Verwahrstellen.

4. § 340 Abs. 2 Nr. 4 KAGB: Verstoß gegen Anzeigepflichten

54 Die Vorschrift sanktioniert Verstöße gegen die Anzeigepflicht beim Inhaberkontrollverfahren nach § 19 KAGB. Sie wurde durch das OGAW-V-UmsG neu eingefügt und dient der Umsetzung von Art. 99a Buchst. d und e der geänderten Richtlinie 2009/65/EG. Durch die Verweisungen des § 19 KAGB auf § 2c KWG ist die Norm nur schwer verständlich und für den Normanwender eine Zumutung.[56] Es handelt sich um einen der wenigen Fälle des § 340 KAGB, in denen der Bußgeldtatbestand nicht als reines Sonderdelikt ausgestaltet ist.[57]

5. § 340 Abs. 2 Nr. 5 KAGB: Missachtung von Verhaltensregeln

55 Die durch das OGAW-V-UmsG neu eingefügte Vorschrift dient der Umsetzung von Art. 99a Buchst. n der geänderten Richtlinie 2009/65/EG und verweist auf die allgemeinen Verhaltensregeln in § 26 Abs. 1 und Abs. 2 KAGB. Die dort verwendeten Generalklauseln und unbestimmten Rechtsbegriffe sind als Grundlage einer bußgeldrechtlichen Ahndung denkbar ungeeignet (etwa das „beste Interesse“ oder der Begriff „angemessene Maßnahmen“ oder „faire Behandlung“). Auch durch die (auf die Verordnungsermächtigung in § 26 Abs. 8 KAGB gestützte) Kapitalanlage-Verhaltens- undOrganisationsverordnung ist die erforderliche Konkretisierung nicht gewährleistet. Die Norm ist deshalb restriktiv dahin auszulegen, dass nur evidente

---

53 BT-Drucks. 18/6744, S. 68.

54 Die Verweisung auf § 14 Satz 1 bezieht sich auf das KAGB und nicht das KWG. Das Gesetz ist etwas missverständlich formuliert, was dazu führt, dass bei beck-online im Gesetzestext des § 340 KAGB der Verweis auf § 14 fälschlicherweise mit § 14 KWG verlinkt ist (Stand 21.6.2018).

55 Vgl. Rz. 52 Fn. 54.

56 So zutreffend *Alten* in Moritz/Klebeck/Jesch, § 340 KAGB Rz. 462.

57 *Alten* in Moritz/Klebeck/Jesch, § 340 KAGB Rz. 465.

Verstöße mit Buße bewehrt sind. Die Ordnungswidrigkeit bezieht sich darüber hinaus wegen vergleichbarer Sachlage auch auf den Verstoß gegen die die AIF-KVG treffenden allgemeinen Verhaltensregeln und die Konkretisierung der allgemeinen Verhaltenspflichten in § 26 Abs. 1 und Abs. 2 Nr. 6 KAGB.[58]

6. § 340 Abs. 2 Nr. 6 KAGB: Umgang mit Interessenkonflikten

Die durch das OGAW-V-UmsG neu eingefügte Vorschrift dient der Umsetzung von Art. 99a Buchst. k der geänderten Richtlinie 2009/65/EG. Wegen der vergleichbaren Sachlage hat der Gesetzgeber die Bußgeldandrohung auch auf das Fehlen angemessener Maßnahmen zum Umgang mit Interessenkonflikten bei AIF-KVG erstreckt.[59] Es sind ähnliche Bestimmtheitsdefizite wie bei § 340 Abs. 2 Nr. 5 KAGB (vgl. Rz. 55) zu bemängeln. 56

7. § 340 Abs. 2 Nr. 7 KAGB: Ungenügende Geschäftsorganisation

Die durch das OGAW-V-UmsG neu eingefügte Vorschrift dient der Umsetzung von Art. 99a Buchst. j und l der geänderten Richtlinie 2009/65/EG und bezieht sich darüber hinaus wegen vergleichbarer Sachlage auch auf das Fehlen einer ordnungsgemäßen Geschäftsorganisation bei AIF-KVG und die Konkretisierung der Organisationspflichten in § 28 Abs. 1 Satz 2 Nr. 1 und 2 KAGB.[60] Wegen der mangelhaften Bestimmtheit wird auf die Ausführungen zu § 340 Abs. 2 Nr. 5 KAGB (vgl. Rz. 55) verwiesen. 57

8. § 340 Abs. 2 Nr. 8 KAGB: Automatisierter Abruf von Kontoinformationen

Gemäß § 24c Abs. 1 KWG müssen die dieser Regelung unterfallenden KVG und Zweigniederlassungen eine laufend zu aktualisierende Datei führen, die die Nummer des Kontos oder Depots, den Tag der Errichtung sowie den Tag der Auflösung des Kontos oder Depots, den Name des Inhabers und eines Verfügungsberechtigten, bei natürlichen Personen den Tag der Geburt des Inhabers und eines Verfügungsberechtigten sowie ggf. die Anschrift eines abweichend wirtschaftlich Berechtigten beinhaltet. Sie haben zu gewährleisten, dass die BaFin bzw. das Bundeszentralamt für Steuern jederzeit Daten aus dieser Datei automatisiert abrufen kann. 58

Die Bußgeldvorschrift geht im Kern zurück auf § 143 Abs. 3 Nr. 1 InvG, wobei der Anwendungsbereich durch das Gesetz zur Anpassung von Gesetzen auf dem Gebiet des Finanzmarktes vom 15.7.2014[61] auf die in §§ 51, 54 und 66 KAGB genannten Zweigniederlassungen erweitert wurde. Durch die Änderungen infolge des OGAW-V UmsG sollte ferner klargestellt werden, dass die für die Ordnungswidrigkeit relevanten Pflichten in der Rechtsverordnung nach § 28 Abs. 4 KAGB konkretisiert werden.[62] 59

9. § 340 Abs. 2 Nr. 9 KAGB: Unangemessene Risikomanagementsysteme

Die durch das OGAW-V-UmsG neu eingefügte Vorschrift dient der Umsetzung von Art. 99a Buchst. q der geänderten Richtlinie 2009/65/EG und bezieht sich darüber hinaus wegen vergleichbarer Sachlage auch auf die Nichteinhaltung der Vorgaben für ein angemessenes Risikomanagementsystem durch eine AIF-KVG.[63] Wegen der mangelhaften Bestimmtheit der Norm wird auf die Ausführungen zu § 340 Abs. 2 Nr. 5 KAGB (vgl. Rz. 55) verwiesen. 60

10. § 340 Abs. 2 Nr. 10 KAGB: Verstoß gegen Anzeigepflichten

Die Vorschrift sanktioniert die Nichtanzeige der in § 34 Abs. 3, 4 oder Abs. 5 Satz 1 KAGB genannten Vorgänge. Während die Ordnungswidrigkeit nach früherer Rechtslage nur vorsätzlich oder leichtfertig begangen werden konnte, wollte der Gesetzgeber mit der Aufgabe der Differenzierung zwischen Leichtfertigkeit und Fahrlässigkeit die Vorgaben der Buchst. h und i des Art. 99a der geänderten Richtlinie 2009/65/EG erfüllen.[64] 61

58 RegE, BT-Drucks. 18/6744 S. 68.
59 RegE, BT-Drucks. 18/6744 S. 68.
60 RegE, BT-Drucks. 18/6744 S. 68.
61 BGBl. I 2014, S. 934.
62 RegE, BT-Drucks. 18/6744 S. 69.
63 RegE, BT-Drucks. 18/6744 S. 69.
64 RegE, BT-Drucks. 18/6744 S. 69.

11. § 340 Abs. 2 Nr. 11 KAGB: Verstoß gegen Übermittlungspflichten

62 Durch die mit dem OGAW-V-UmsG neu eingefügte Vorschrift sind nunmehr Verstöße gegen die Meldepflichten von AIF-KVG nach § 35 KAGB flächendeckend bußgeldbewehrt.

12. § 340 Abs. 2 Nr. 12 KAGB: Verstoß gegen Vorlagepflichten

63 Die Vorschrift sorgt – gemeinsam mit § 340 Abs. 2 Nr. 11 KAGB – für eine flächendeckende Sanktionierung von Verstößen gegen § 35 KAGB, indem auch Verstöße gegen die Pflicht zur Vorlage entsprechender Dokumente mit Buße bedroht werden.

13. § 340 Abs. 2 Nr. 13 KAGB: Pflichtverstöße bei Auslagerung

64 Die durch das OGAW-V-UmsG neu eingefügte Vorschrift dient der Umsetzung von Art. 99a Buchst. m der geänderten Richtlinie 2009/65/EG und bezieht sich darüber hinaus wegen vergleichbarer Sachlage auch auf die entsprechenden Verstöße gegen die Vorschriften zur Auslagerung durch eine AIF-KVG.

14. § 340 Abs. 2 Nr. 14 KAGB: Falsche Erklärungen im Erlaubnisantrag

65 Die durch das OGAW-V-UmsG neu eingefügte Vorschrift dient der Umsetzung von Art. 99a Buchst. f der geänderten Richtlinie 2009/65/EG und bezieht sich darüber hinaus wegen vergleichbarer Sachlage auch auf das rechtswidrige Erwirken der Erlaubnis einer AIF-Kapitalverwaltungsgesellschaft.[65]

15. § 340 Abs. 2 Nr. 15 KAGB: Verstoß gegen Berichtspflichten von AIF-KVG

66 Nach der mit dem OGAW-V-UmsG neu eingefügten Vorschrift bildet der Verstoß gegen die in § 44 Abs. 1 Nr. 4 KAGB spezifizierten Berichtspflichten eine Ordnungswidrigkeit.

16. § 340 Abs. 2 Nr. 16 KAGB: Verstoß gegen Anzeigepflichten bei Errichtung von Zweigniederlassungen

67 § 340 Abs. 2 Nr. 16 KAGB sanktioniert Verstöße gegen die Anzeigepflichten der Errichtung einer Zweigniederlassung in einem anderen Mitgliedsstaat der EU. Die Vorschrift entspricht § 143 Abs. 2 Nr. 2 InvG.

17. § 340 Abs. 2 Nr. 17 KAGB: Verstöße gegen Angabepflichten bei grenzüberschreitender Verwaltung von EU-AIF durch AIF-KVG

68 Eine AIF-KVG, die erstmals im grenzüberschreitenden Dienstleistungsverkehr oder über eine Zweigniederlassung EU-AIF verwalten will, hat der BaFin gem. § 53 Abs. 1 KAGB bestimmte Angaben zu übermitteln, die diese dann unter bestimmten Bedingungen an die zuständigen Behörden des Aufnahmemitgliedsstaats weiterleitet. Verstöße gegen diese Pflichten sind in § 340 Abs. 2 Nr. 17 KAGB bußgeldbewehrt.

18. § 340 Abs. 2 Nr. 18 KAGB: Vorzeitiger Beginn der Verwaltung von EU-AIF durch AIF-KVG

69 Gemäß § 53 Abs. 4 Satz 2 KAGB darf mit der Verwaltung von EU-AIF erst unmittelbar nach dem Eingang der Übermittlungsmeldung in dem Aufnahmemitgliedsstaats begonnen werden. Ein Beginn der Verwaltung vor diesem Zeitpunkt stellt eine Ordnungswidrigkeit gem. § 340 Abs. 2 Nr. 18 KAGB dar.

19. § 340 Abs. 2 Nr. 19 KAGB: Unterlassene Änderungsanzeige bei grenzüberschreitender Verwaltung von EU-AIF durch AIF-KVG

70 Nach § 53 Abs. 5 KAGB sind beabsichtigte Änderungen der ursprünglich übermittelten Angaben mindestens einen Monat vor deren Implementierung, ungeplante Änderungen unmittelbar nach deren Eintritt zu übermitteln. Ein Verstoß gegen diese Pflichten ist nach § 340 Abs. 2 Nr. 19 KAGB bußgeldbewehrt.

20. § 340 Abs. 2 Nr. 20 KAGB: Verstöße gegen Angabepflichten bei grenzüberschreitender Verwaltung von EU-AIF durch ausländische AIF-Verwaltungsgesellschaften

71 Bei den §§ 340 Abs. 2 Nr. 20 bis Nr. 23 KAGB handelt es sich weitgehend um parallele Vorschriften zu den § 340 Abs. 2 Nr. 17 bis Nr. 19 KAGB für den Fall der Verwaltung einer ausländischen AIF-Verwaltungsgesellschaft. Gemäß § 65 Abs. 1 KAGB setzt die grenzüberschreitende Verwaltung eines EU-AIF im Wege

65 RegE, BT-Drucks. 18/6744 S. 69.

des grenzüberschreitenden Dienstleistungsverkehrs oder über eine Zweigniederlassung die Übermittlung bestimmter Angaben an die BaFin voraus. Verstöße gegen diese Pflichten sind in den § 340 Abs. 2 Nr. 20 KAGB bußgeldbewehrt.

21. § 340 Abs. 2 Nr. 21 KAGB: Verstöße gegen Angabepflichten bei Errichtung von Zweigniederlassungen

Die Errichtung einer Zweigniederlassung setzt neben den in § 65 Abs. 1 KAGB genannten Angaben weitere Informationen voraus, § 65 Abs. 2 KAGB. Wird die Zweigniederlassung ohne die vorgeschriebene Informationsübermittlung errichtet, kann dies gem. § 340 Abs. 2 Nr. 21 KAGB bußgeldbewehrt sein. 72

22. § 340 Abs. 2 Nr. 22 KAGB: Vorzeitiger Beginn der Verwaltung von EU-AIF durch ausländische AIF-Verwaltungsgesellschaften

Gemäß § 65 Abs. 4 Satz 2 KAGB darf die ausländische AIF-Verwaltungsgesellschaft mit der Verwaltung von EU-AIF erst nach dem Eingang der Übermittlungsmeldung beginnen. Ein Beginn der Verwaltung vor diesem Zeitpunkt stellt eine Ordnungswidrigkeit gem. § 340 Abs. 2 Nr. 22 KAGB dar. 73

23. § 340 Abs. 2 Nr. 23 KAGB: Unterlassene Änderungsanzeige bei grenzüberschreitender Verwaltung von EU-AIF durch ausländische AIF-Verwaltungsgesellschaften

Nach § 65 Abs. 5 KAGB sind beabsichtigte Änderungen der ursprünglich übermittelten Angaben mindestens einen Monat vor deren Implementierung, ungeplante Änderungen unverzüglich nach deren Eintritt zu übermitteln. Ein Verstoß gegen diese Pflichten ist nach § 340 Abs. 2 Nr. 23 KAGB bußgeldbewehrt. 74

24. § 340 Abs. 2 Nr. 24 KAGB: Finanzberichte

Die Vorschrift geht zurück auf § 143 Abs. 2 Nr. 5 InvG. Erfasst sind nunmehr auch Verstöße gegen die Berichtspflichten bei EU-AIF und ausländischen AIF sowie bei Investmentkommanditgesellschaften und Investmentaktiengesellschaften. Zum Bußgeldrahmen im Wiederholungsfall vgl. Rz. 158. 75

25. § 340 Abs. 2 Nr. 25 KAGB: Wiederverwendung von Vermögensgegenständen

Vorbemerkung: Abschnitt 3 (§§ 68 ff.) des KAGB enthält Regelungen, die die Verwahrstelle (frühere Bezeichnung vor Einführung des KAGB: „Depotbank") für OGAW (§§ 68 ff. KAGB) und AIF (§§ 80 ff. KAGB) betreffen. Die Verwahrstelle verwahrt die verwahrfähigen Vermögensgegenstände des Investmentfonds und überprüft und überwacht für nicht verwahrfähige Vermögensgegenstände das Eigentum des Investmentfonds hieran. Die Verwahrstelle spielt damit zum Schutze der Anleger eine besondere Rolle im KAGB und bildet zusammen mit der Verwaltungsgesellschaft und dem Anleger das sog. „Investmentdreieck". Die Bußgeldvorschriften der § 340 Abs. 2 Nr. 25 bis Nr. 30 KAGB sanktionieren den Verstoß gegen bestimmte in Abschnitt 3 geregelte Verhaltenspflichten der Verwahrstelle. 76

§ 70 Abs. 5 KAGB wurde im Rahmen des OGAW V-UmsG umfassend neu gefasst. Während nach alter Rechtslage noch das allgemeine Verbot der Rehypothekation galt (vgl. § 70 Abs. 5 KAGB a.F.: „Die Verwahrstelle darf die zum inländischen OGAW gehörenden Vermögensgegenstände nicht wiederverwenden."), ist eine Wiederverwendung der verwahrten Vermögensgegenstände nach neuer Rechtslage zulässig, sofern die Verwahrstelle einen umfangreichen Katalog von Bedingungen „sicherstellt". So muss die Verwahrstelle etwa sicherstellen, dass die Wiederverwendung der Vermögensgegenstände für Rechnung des inländischen OGAW erfolgt (§ 70 Abs. 5 Satz 1 Nr. 1 KAGB), die Verwahrstelle den Weisungen der im Namen des inländischen OGAW handelnden OGAW-Verwaltungsgesellschaft Folge leistet (§ 70 Abs. 5 Satz 1 Nr. 2 KAGB) und die Wiederverwendung dem inländischen OGAW zugutekommt sowie im Interesse der Anleger liegt (§ 70 Abs. 5 Satz 1 Nr. 3 KAGB). Ferner hat die Verwahrstelle sicherzustellen, dass „die Transaktion durch liquide Sicherheiten hoher Qualität gedeckt" ist, die der inländische OGAW gemäß einer Vereinbarung über eine Vollrechtsübertragung erhalten hat (§ 70 Abs. 5 Satz 1 Nr. 4 Buchst. a KAGB) und deren Verkehrswert jederzeit mindestens so hoch ist wie der Verkehrswert der wiederverwendeten Vermögensgegenstände zzgl. eines Zuschlags (§ 70 Abs. 5 Satz 1 Nr. 4 Buchst. b KAGB). Über den Verweis in § 85 Abs. 3 KAGB gilt die Norm entsprechend für Publikums-AIF. 77

Das Gesetz verwendet das **Tatbestandsmerkmal „sicherstellen"** an zahlreichen Stellen. Teilweise spricht das Gesetz aber auch von der Pflicht, für etwas „Sorge zu tragen" bzw. „zu sorgen". Die Begriffe sind ähnlich, aber nicht synonym. Nach dem natürlichen Wortsinn bedeutet die Formulierung „Sorge tragen" sich 78 um eine Angelegenheit zu kümmern, während der Begriff „sicherstellen" im strengeren Sinne eines Garantieren bzw. Gewährleisten zu verstehen ist.[66]

79 Während das gebotene Verhalten nach alter Rechtslage aufgrund des allgemeinen Verbots der Rehypothekation erkennbar war, fehlt es der Neufassung von § 70 Abs. 5 KAGB aufgrund der zahlreichen offenen Rechtsbegriffe an der erforderlichen Bestimmtheit, um die Blankettvorschrift des § 340 Abs. 2 Nr. 25 KAGB auszufüllen. Der Bußgeldtatbestand sollte deshalb bei nächster Gelegenheit aufgehoben werden.

26. § 340 Abs. 2 Nr. 26 KAGB: Anteilsausgabe ohne volle Leistung des Ausgabepreises

80 Die durch das OGAW-V-UmsG neu eingefügte Vorschrift dient der Umsetzung von Art. 99a Buchst. o der geänderten Richtlinie 2009/65/EG und bezieht sich darüber hinaus wegen vergleichbarer Sachlage auch auf die fehlende Sicherstellung der Zahlungseingänge bei der Zeichnung von Anteilen inländischer AIF.

81 § 71 Abs. 1 Satz 2 KAGB soll den Schutz des Investmentvermögens sicherstellen, indem Anteile und Aktien nur (Zug um Zug) gegen volle Leistung des Ausgabepreises ausgegeben werden dürfen. Das Verbot der Leistung durch Sacheinlage gem. § 70 Abs. 1 Satz 3 KAGB ist vom Bußgeldtatbestand allerdings nicht umfasst.

27. § 340 Abs. 2 Nr. 27 KAGB: Verstoß gegen Verwahrstandards

82 Die durch das OGAW-V-UmsG neu eingefügte Vorschrift dient der Umsetzung von Art. 99a Buchst. o der geänderten Richtlinie 2009/65/EG und bezieht sich darüber hinaus wegen vergleichbarer Sachlage auch auf die Nichteinhaltung der an AIF-Verwahrstellen gerichteten Anforderungen bezüglich der Verwahrung von Vermögensgegenständen.[67]

83 § 72 KAGB wurde durch das OGAW-V UmsG neu gefasst. Die Vorschrift definiert einen Verwahrstandard, indem sie die Art und Weise der Verwahrung der Vermögensgegenstände eines inländischen OGAW bzw. der Vermögensgegenstände der für Rechnung des inländischen OGAW handelnden Verwaltungsgesellschaft festlegt. Nach der Umsetzung der OGAW-V-RL entspricht der Verwahrstandard bis auf minimale Unterschiede im Wortlaut dem Verwahrstandard der AIFM-RL, so dass die von § 340 Abs. 2 Nr. 27 KAGB in Bezug genommenen Vorschriften des § 72 Abs. 1 KAG und des § 81 Abs. 1 KAGB nahezu identisch sind.

84 § 72 Abs. 1 und § 81 Abs. 1 KAGB unterscheiden zwischen der Verwahrung von Finanzinstrumenten im Sinne der MiFID II, die in Verwahrung genommen werden können (sog. „verwahrfähige Vermögensgegenstände"; Abs. 1 Nr. 1) und der „Verwahrung" sonstiger Vermögensgegenstände (sog. „nichtverwahrfähige Vermögensgegenstände"; Abs. 1 Nr. 2). Hinsichtlich der verwahrfähigen Vermögensgegenstände hat die Verwahrstelle sicherzustellen, dass die Finanzinstrumente nach den in Art. 16 der MiFID-Durchführungsrichtlinie festgelegten Grundsätzen in den Büchern der Verwahrstelle registriert werden, so dass sie jederzeit als zum inländischen OGAW bzw. AIF gehörend identifiziert werden können. Für sonstige Vermögensgegenstände beschränkt sich die Pflicht auf die Prüfung der Eigentumsverhältnisse des OGAW bzw. AIF an den Vermögensgegenständen und Führung von Aufzeichnungen über diese, die stets auf dem neuesten Stand zu halten sind. Der Verstoß gegen eine dieser Pflichten ist bußgeldbewehrt.

28. § 340 Abs. 2 Nr. 28 KAGB: Vermögensaufstellung

85 Die durch das OGAW-V-UmsG neu eingefügte Vorschrift dient der Umsetzung von Art. 99a Buchst. o i.V.m. Art. 22 Abs. 6 der geänderten Richtlinie 2009/65/EG.[68] Gemäß § 72 Abs. 1 Nr. 3 KAGB ist die Verwahrstelle zur regelmäßigen Übermittlung einer umfassenden Aufstellung sämtlicher Vermögensgegenstände des inländischen OGAW an die OGAW-Verwaltungsgesellschaft verpflichtet. Der Verstoß hiergegen ist bußgeldbewehrt, wobei aus dem Gesetz die Frequenz und die Art der Darstellung nicht hervorgehen. Zwar kann der Gesetzgeber die Konkretisierung unbestimmter Rechtsbegriffe der Rechtsprechung überlassen oder auf die Konkretisierung in ähnlichen Normen zurückgreifen.[69] Da allerdings der Begriff „regelmäßig" nur im Rahmen eines Bezugspunktes (hier: Intervall der Aufstellung) sinnvoll ausgelegt werden kann und bislang auch keinerlei Rechtsprechung zum Begriff der „Regelmäßigkeit" in § 340 Abs. 2 Nr. 28 KAGB ergangen ist, gibt es für den Normanwender keinerlei Möglichkeit abzusehen, wann er mit Buße belegt werden kann. § 340 Abs. 2 Nr. 28 KAGB wird daher in der jetzigen Form kaum verfassungsgemäß sein.

---

66 *Ahlbrecht*, BKR 2014, 98 (101); a.A. *Cichy/Cziupka/Wiersch*, NZG 2013, 846 (847) (jeweils im Hinblick auf die Änderung des Wortlauts von § 54a KWG im Gesetzgebungsprozess durch die Formulierung „nicht *dafür Sorge trägt*" anstelle von „nicht *sicherstellt*").
67 RegE, BT-Drucks. 18/6744 S. 69.
68 RegE, BT-Drucks. 18/6744 S. 69.
69 BVerfG v. 21.6.1977 – 2 BvR 308/77, BVerfGE 45, 363 (371).

29. § 340 Abs. 2 Nr. 29 KAGB: Verstoß gegen Verbuchungspflichten

Die durch das OGAW-V-UmsG neu eingefügte Vorschrift dient der Umsetzung von Art. 99a Buchst. o i.V.m. Art. 22 Abs. 4 Satz 1 der geänderten Richtlinie 2009/65/EG. Die Ordnungswidrigkeit bezieht sich darüber hinaus wegen vergleichbarer Sachlage auch auf die Pflichten der AIF-Verwahrstelle zur Sicherstellung der Überwachung der Zahlungsströme der inländischen AIF.[70] 86

§ 74 Abs. 1 KAGB bestimmt, dass die OGAW-Verwahrstelle die in den Nr. 1 bis 5 der Vorschrift genannten Geldbeträge auf einem für den inländischen OGAW eingerichteten Sperrkonto zu verbuchen hat. Ähnliches (u.a. das sog. Cash Monitoring nach Maßgabe der AIFM-RL) regelt § 83 Abs. 6 KAGB im Hinblick auf AIF-Verwahrstellen. § 74 Abs. 3 KAGB bestimmt, dass die gesperrten Konten auf den Namen des inländischen OGAW, auf den Namen der OGAW-Verwaltungsgesellschaft oder der Verwahrstelle, die beide für Rechnung des inländischen OGAW tätig werden, zu eröffnen und nach Maßgabe der in Art. 16 der MiFID-Durchführungsrichtlinie festgelegten Grundsätze zu führen sind. Werden Geldkonten auf den Namen der für Rechnung des OGAW handelnden Verwahrstelle eröffnet, sind deren Geldmittel nicht auf solchen Konten zu verbuchen. Der Verstoß gegen diese Pflichten ist bußgeldbewehrt. 87

30. § 340 Abs. 2 Nr. 30 KAGB: Nichterfüllung von Kontrollpflichten

Die durch das OGAW-V-UmsG neu eingefügte Vorschrift dient der Umsetzung von Art. 99a Buchst. o i.V.m. Art. 22 Abs. 3 der geänderten Richtlinie 2009/65/EG. Neben der Verwahrfunktion hat die Verwahrstelle spezifische Kontrollfunktionen, die in § 76 Abs. 1 KAGB bzw. § 83 Abs. 1 KAGB im Einzelnen ausgeführt werden. Daneben hat die Verwahrstelle die Weisungen der Verwaltungsgesellschaft gem. § 76 Abs. 2 KAGB auszuführen und beschränkt die OGAW-Verwahrstelle auf eine reine Rechtmäßigkeitskontrolle hinsichtlich der Vereinbarkeit der jeweiligen Weisung mit den gesetzlichen Vorschriften und den Anlagebedingungen oder der Satzung. § 340 Abs. 2 Nr. 30 Halbs. 1 KAGB sanktioniert den Verstoß gegen die Kontrollfunktion. Im Halbs. 2 wird hingegen das Nichtausführen einer Weisung mit Buße belegt. Dies gilt allerdings nur, wenn die Weisung selbst rechtmäßig war. Mangels Verweisung auf § 83 Abs. 5 KAGB stellt die Nichtbefolgung von Weisungen einer AIF-Verwahrstelle allerdings keine Ordnungswidrigkeit dar. 88

31. § 340 Abs. 2 Nr. 31 KAGB: Bekanntmachung von Finanzberichten

Die Regelung entspricht § 143 Abs. 2 Nr. 6 InvG und sanktioniert das fehlerhafte Aufstellen von Jahres-, Halbjahres-, Aufstellungs-, und Abwicklungsberichten i.S.v. § 107 Abs. 1, 2 KAGB. Die Aufgabe der Differenzierung zwischen Leichtfertigkeit und Fahrlässigkeit und die Ergänzung der entsprechenden Sachverhalte bei Investmentaktiengesellschaften mit veränderlichem Kapital durch das OGAW-V-UmsG dient der Umsetzung von Art. 99a Buchst. p und r i.V.m. Art. 55 Abs. 3 Unterabs. 2 sowie Art. 68 Abs. 1 Buchs. b und c und Abs. 2, Art. 69 Abs. 3 und 4 und Art. 73 der Richtlinie 2009/65/EG.[71] Zum Bußgeldrahmen im Wiederholungsfall vgl. Rz. 158. 89

32. § 340 Abs. 2 Nr. 32 KAGB: Einreichung von Finanzberichten bei der Bundesanstalt

Die Regelung entspricht § 143 Abs. 2 Nr. 9 InvG, wobei der Anwendungsbereich auf die Einreichung der Berichte des Publikumssondervermögens und der Investmentkommanditgesellschaft erweitert wurde. Sanktioniert wird als Annex zu Nr. 31 das fehlerhafte Einreichen der entsprechenden Berichte. Wie bei Nr. 31 wurde mit der Aufgabe der Differenzierung zwischen Leichtfertigkeit und Fahrlässigkeit durch das OGAW-V-UmsG die Vorgabe von Art. 99a Buchst. r i.V.m. Art. 74 und 75 Abs. 1 und 3 der Richtlinie 2009/65/EG umgesetzt.[72] Zum Bußgeldrahmen im Wiederholungsfall vgl. Rz. 158. 90

33. § 340 Abs. 2 Nr. 33 KAGB: unerlaubter Geschäftsbetrieb einer extern verwalteten OGAW-Investmentaktiengesellschaft

Die Vorschrift sanktioniert das Betreiben einer extern verwalteten OGAW-Investmentaktiengesellschaft ohne Erlaubnis. Sie wurde durch das OGAW-V-UmsG neu eingefügt und dient der Umsetzung von Art. 99a Buchst. a und c der geänderten Richtlinie 2009/65/EG.[73] 91

70 RegE, BT-Drucks. 18/6744 S. 69.
71 RegE, BT-Drucks. 18/6744 S. 69 f.
72 RegE, BT-Drucks. 18/6744 S. 70.
73 RegE, BT-Drucks. 18/6744 S. 70.

34. § 340 Abs. 2 Nr. 34 KAGB: Falsche Angaben im Erlaubnisantrag

92 Die durch das OGAW-V-UmsG neu eingefügte Vorschrift dient der Umsetzung von Art. 99a Buchst. g der geänderten Richtlinie 2009/65/EG.[74] Sie ergänzt die Bußgeldvorschrift in § 340 Abs. 2 Nr. 33 KAGB.

35. § 340 Abs. 2 Nr. 35 KAGB: Nichtanzeige der Unterschreitung des Anfangskapitals

93 Die Regelung setzt auf § 143 Abs. 2 Nr. 8 InvG auf.[75] Mit ihr wird die Nichtanzeige der Unterschreitung des Anfangskapitals oder der erforderlichen Eigenmittel gegenüber der BaFin sanktioniert. Das gilt für intern verwaltete Investmentaktiengesellschaften mit fixem (§ 145 Satz 1 KAGB) und veränderlichem (§ 114 Satz 1 KAGB) Kapital, sowie für intern verwaltete offene (§ 130 Satz 1 KAGB) und geschlossene (§ 155 Satz 1 KAGB) Investmentkommanditgesellschaften.

36. § 340 Abs. 2 Nr. 36 KAGB: Veröffentlichung der Anlagebedingungen vor Genehmigung

94 Die Regelung knüpft an § 143 Abs. 2 Nr. 4 InvG an und sanktioniert einen Verstoß gegen das Gebot, im Hinblick auf offene und geschlossene Publikumsinvestmentvermögen die Anlagebedingungen dem Verkaufsprospekt nur beizufügen, wenn die Genehmigung erteilt worden ist.[76]

37. § 340 Abs. 2 Nr. 37 KAGB: Zugänglichmachung der Anlagebedingungen

95 Die Vorschrift hatte im InvG keine Entsprechung. Sie stellt sicher, dass die genehmigten Anlagebedingungen auf der Internetseite der KVG zugänglich gemacht werden. Wie bei Nr. 31 wurde mit der Aufgabe der Differenzierung zwischen Leichtfertigkeit und Fahrlässigkeit durch das OGAW-V-UmsG die Vorgabe von Art. 99a Buchst. r i.V.m. Art. 71 der Richtlinie 2009/65/EG umgesetzt.[77] Zum Bußgeldrahmen im Wiederholungsfall vgl. Rz. 158.

38. § 340 Abs. 2 Nr. 38 KAGB: Erstellung von Verkaufsprospekt und wesentlichen Anlegerinformationen

96 Die Regelung beruht auf der Vorgängernorm des § 143 Abs. 2 Nr. 3 InvG. Mit Aufgabe der Differenzierung zwischen Leichtfertigkeit und Fahrlässigkeit und der Erweiterung auf Verstöße gegen die §§ 165 f. durch das OGAW-V-UmsG setzt die Vorschrift die Vorgaben von Art. 99a Buchst. p und r i.V.m. Art. 55 Abs. 3 Unterabs. 2, Art. 68 Abs. 1 Buchst. a, Art. 69 Abs. 1 und 2, Art. 70 Abs. 1 bis 3, Art. 72, Art. 75 Abs. 1 und 2, Art. 78 und Art. 79, 80 und 81 der Richtlinie 2009/65/EG um.[78] Zum Bußgeldrahmen im Wiederholungsfall vgl. Rz. 158.

39. § 340 Abs. 2 Nr. 39 KAGB: Zugänglichmachung von Verkaufsprospekt vor Vertriebsbeginn

97 Die Vorschrift sanktioniert den Verstoß gegen das Gebot, bei offenen AIF-Publikumsinvestmentvermögen den Verkaufsprospekt und wesentliche Anlegerinformationen dem Publikum erst zugänglich zu machen, wenn der Vertrieb des Investmentvermögens gem. § 316 KAGB beginnen darf.

40. § 340 Abs. 2 Nr. 40 KAGB: Einreichung des Verkaufsprospekts bei Bundesanstalt

98 Die durch das OGAW-V-UmsG neu eingefügte Vorschrift dient der Umsetzung von Art. 99a Buchst. r i.V.m. Art. 74 und Art. 82 Abs. 1 der geänderten Richtlinie 2009/65/EG.[79] Zum Bußgeldrahmen im Wiederholungsfall vgl. Rz. 158.

41. § 340 Abs. 2 Nr. 41 KAGB: Nichtveröffentlichung von Ausgabe- oder Rücknahmepreis

99 Die durch das OGAW-V-UmsG neu eingefügte Vorschrift dient der Umsetzung von Art. 99a Buchst. r i.V.m. Art. 76 der geänderten Richtlinie 2009/65/EG.[80] Zum Bußgeldrahmen im Wiederholungsfall vgl. Rz. 158. Nach der Gesetzesbegründung soll sich die Ordnungswidrigkeit wegen vergleichbarer Sachlage

74 RegE, BT-Drucks. 18/6744 S. 70.
75 RegE, BT-Drucks. 17/12294, S. 297.
76 RegE, BT-Drucks. 17/12294, S. 297.
77 RegE, BT-Drucks. 18/6744 S. 70.
78 RegE, BT-Drucks. 18/6744 S. 70.
79 RegE, BT-Drucks. 18/6744 S. 70.
80 RegE, BT-Drucks. 18/6744 S. 70.

auch auf den Verstoß gegen Veröffentlichungspflichten bezüglich offener Publikums-AIF beziehen.[81] Allerdings fehlt im Gesetz der für die entsprechende Ahndung notwendige Verweis auf § 217 Abs. 3 Satz 1 KAGB.

42. § 340 Abs. 2 Nr. 42 KAGB: Missachtung von Anlagegrenzen

Die Vorschrift entspricht § 143 Abs. 3 Nr. 16a InvG.[82] Sie sanktioniert den Fall, dass weniger als 85 % des Wertes eines Feederfonds in Anteile eines Masterfonds angelegt werden. 100

43. § 340 Abs. 2 Nr. 43 KAGB: Anlage in Masterfonds

Die Vorschrift sanktioniert die Anlage unter Verstoß gegen die in § 174 Abs. 1 Satz 2 KAGB genannten Voraussetzungen. Sie entspricht § 143 Abs. 3 Nr. 16b InvG.[83] 101

44. § 340 Abs. 2 Nr. 44 KAGB: Verfrühter Abwicklungsbeginn

Die Vorschrift geht zurück auf § 143 Abs. 2 Nr. 6a InvG[84] und sanktioniert die Abwicklung eines Masterfonds unter Verstoß gegen die in § 178 Abs. 1 KAGB aufgestellten Informationspflichten und vor Ablauf der dreimonatige Wartefrist. 102

45. § 340 Abs. 2 Nr. 45 KAGB: Nichtinformation über Abwicklungsabsicht

Die Vorschrift geht zurück auf § 143 Abs. 2 Nr. 6b InvG.[85] 103

46. § 340 Abs. 2 Nr. 46 KAGB: Verstoß gegen Informationspflichten bei Umwandlungen

Die Vorschrift geht zurück auf § 143 Abs. 2 Nr. 6c InvG.[86] 104

47. § 340 Abs. 2 Nr. 47 KAGB: Verstoß gegen Informationspflichten bei Verschmelzungen

Die Vorschrift geht zurück auf § 143 Abs. 2 Nr. 2a InvG.[87] 105

48. § 340 Abs. 2 Nr. 48 KAGB: Nichteinreichung von Verschmelzungsinformationen bei der Bundesanstalt

Die Vorschrift geht zurück auf § 143 Abs. 2 Nr. 2b InvG.[88] 106

49. § 340 Abs. 2 Nr. 49 KAGB: Erwerb unzulässiger Vermögensgegenstände

Die Vorschrift geht zurück auf § 143 Abs. 3 Nr. 6 InvG.[89] Die Ergänzung von § 340 Abs. 2 Nr. 49 Buchst. a KAGB durch das OGAW-V-UmsG diente der Umsetzung von Art. 99a Buchst. p i.V.m. Kapitel VII der geänderten Richtlinie 2009/65/EG.[90] Sie sanktioniert den Erwerb von Vermögensgegenständen entgegen der in den Ausfüllungsnormen aufgeführten Beschränkungen. Zum Bußgeldrahmen im Wiederholungsfall vgl. Rz. 158. 107

50. § 340 Abs. 2 Nr. 50 KAGB: Unzulässige Bankguthaben

Die Vorschrift geht zurück auf § 143 Abs. 3 Nr. 7 InvG.[91] Zum Bußgeldrahmen im Wiederholungsfall vgl. Rz. 158. 108

---

81 RegE, BT-Drucks. 18/6744 S. 70.
82 RegE, BT-Drucks. 17/12294, S. 297.
83 RegE, BT-Drucks. 17/12294, S. 298. Zu einer – auf einem Redaktionsversehen beruhenden und mittlerweile berichtigten – Verweisung auf § 167 KAGB (anstelle auf § 171 KAGB) vgl. *Alten* in Moritz/Klebeck/Jesch, § 340 KAGB Rz. 248.
84 RegE, BT-Drucks. 17/12294, S. 297.
85 RegE, BT-Drucks. 17/12294, S. 297.
86 RegE, BT-Drucks. 17/12294, S. 297.
87 RegE, BT-Drucks. 17/12294, S. 297.
88 RegE, BT-Drucks. 17/12294, S. 297.
89 RegE, BT-Drucks. 17/12294, S. 297.
90 RegE, BT-Drucks. 18/6744 S. 70.
91 RegE, BT-Drucks. 17/12294, S. 297.

51. § 340 Abs. 2 Nr. 51 KAGB: Berechnung von Ausgabeaufschlag oder Rücknahmeabschlag

109 Die durch das OGAW-V-UmsG neu eingefügte Vorschrift dient der Umsetzung von Art. 99a Buchst. p i.V.m. Kapitel VII der geänderten Richtlinie 2009/65/EG.[92] Zum Bußgeldrahmen im Wiederholungsfall vgl. Rz. 158.

52. § 340 Abs. 2 Nr. 52 KAGB: Investition in unzulässige Derivate

110 Die Vorschrift geht zurück auf § 143 Abs. 3 Nr. 8 InvG.[93] Die Ergänzung der Vorschrift durch das OGAW-V-UmsG diente der Umsetzung von Art. 99a Buchst. p i.V.m. Kapitel VII der geänderten Richtlinie 2009/65/EG.[94] Zum Bußgeldrahmen im Wiederholungsfall vgl. Rz. 158.

53. § 340 Abs. 2 Nr. 53 KAGB: Begrenzung des Marktrisikopotentials

111 Die Vorschrift geht zurück auf § 143 Abs. 3 Nr. 9 InvG.[95] Zum Bußgeldrahmen im Wiederholungsfall vgl. Rz. 158.

54. § 340 Abs. 2 Nr. 54 KAGB: Überschreitung von Anlagegrenzen

112 Die Vorschrift geht zurück auf § 143 Abs. 3 Nr. 10 InvG.[96] Die Ergänzung der Vorschrift durch das OGAW-V-UmsG diente der Umsetzung von Art. 99a Buchst. p i.V.m. Kapitel VII der geänderten Richtlinie 2009/65/EG.[97] Zum Bußgeldrahmen im Wiederholungsfall vgl. Rz. 158.

55. § 340 Abs. 2 Nr. 55 KAGB: Unzulässige Wertpapierdarlehen

113 Die Vorschrift geht zurück auf § 143 Abs. 3 Nr. 11 InvG.[98] Die Ergänzung der Vorschrift durch das OGAW-V-UmsG diente der Umsetzung von Art. 99a Buchst. p i.V.m. Kapitel VII der geänderten Richtlinie 2009/65/EG.[99] Zum Bußgeldrahmen im Wiederholungsfall vgl. Rz. 158.

56. § 340 Abs. 2 Nr. 56 KAGB: Überschreitung von Wertgrenzen

114 Die Vorschrift geht zurück auf § 143 Abs. 3 Nr. 12 InvG.[100] Die Ergänzung der Vorschrift durch das OGAW-V-UmsG diente der Umsetzung von Art. 99a Buchst. p i.V.m. Kapitel VII der geänderten Richtlinie 2009/65/EG.[101] Zum Bußgeldrahmen im Wiederholungsfall vgl. Rz. 158.

57. § 340 Abs. 2 Nr. 57 KAGB: Anzeigepflicht bei Wertverlust

115 Die Vorschrift geht zurück auf § 143 Abs. 3 Nr. 13 InvG.[102] Die Ergänzung der Vorschrift durch das OGAW-V-UmsG diente der Umsetzung von Art. 99a Buchst. p i.V.m. Kapitel VII der geänderten Richtlinie 2009/65/EG.[103] Zum Bußgeldrahmen im Wiederholungsfall vgl. Rz. 158.

58. § 340 Abs. 2 Nr. 58 KAGB: Unzulässige Pensionsgeschäfte

116 Die Vorschrift geht zurück auf § 143 Abs. 3 Nr. 14 InvG.[104] Die Ergänzung der Vorschrift durch das OGAW-V-UmsG diente der Umsetzung von Art. 99a Buchst. p i.V.m. Kapitel VII der geänderten Richtlinie 2009/65/EG.[105] Zum Bußgeldrahmen im Wiederholungsfall vgl. Rz. 158.

---

92 RegE, BT-Drucks. 18/6744 S. 70.
93 RegE, BT-Drucks. 17/12294, S. 298.
94 RegE, BT-Drucks. 18/6744 S. 70.
95 RegE, BT-Drucks. 17/12294, S. 298.
96 RegE, BT-Drucks. 17/12294, S. 298.
97 RegE, BT-Drucks. 18/6744 S. 70.
98 RegE, BT-Drucks. 17/12294, S. 298.
99 RegE, BT-Drucks. 18/6744 S. 70.
100 RegE, BT-Drucks. 17/12294, S. 298.
101 RegE, BT-Drucks. 18/6744 S. 70.
102 RegE, BT-Drucks. 17/12294, S. 298.
103 RegE, BT-Drucks. 18/6744 S. 70.
104 RegE, BT-Drucks. 17/12294, S. 298.
105 RegE, BT-Drucks. 18/6744 S. 70.

59. § 340 Abs. 2 Nr. 59 KAGB: Leerverkaufsverbote

Die durch das OGAW-V-UmsG (teilweise) neu eingefügte Vorschrift dient der Umsetzung von Art. 99a Buchst. p i.V.m. Kapitel VII der geänderten Richtlinie 2009/65/EG. Die Varianten des § 340 Abs. 2 Nr. 59 Buchst. a und b waren vor dem OGAW-V UmsG noch Vorsatzdelikte (vgl. § 340 Abs. 1 Nr. 4 und 6 KAGB a.F.). Nunmehr sind sämtliche Verstöße gegen Leerverkaufsverbote in § 340 Abs. 2 Nr. 59 KAGB zusammengefasst.[106] Zum Bußgeldrahmen im Wiederholungsfall vgl. Rz. 158. 117

60. § 340 Abs. 2 Nr. 60 KAGB: Emittentengrenzen

Die Vorschrift sanktioniert den Verstoß gegen die Pflicht zur Sicherstellung der in § 206 Abs. 3 Satz 2 KAGB genannten 80 %-Wertgrenze bei Anlagen in Schuldverschreibungen desselben Emittenten. Die Bußgeldvorschrift ist jedoch restriktiv dahingehend auszulegen, dass erst das tatsächliche Überschreiten[107] der Wertgrenze – und nicht schon das Fehlen von Präventiv- bzw. Sicherstellungsmaßnahmen[108] – tatbestandsmäßig sind. Die Vorschrift geht zurück auf § 143 Abs. 3 Nr. 15 InvG.[109] Zum Bußgeldrahmen im Wiederholungsfall vgl. Rz. 158. 118

61. § 340 Abs. 2 Nr. 61 KAGB: Klumpenrisiken

Ebenso wie in § 340 Abs. 2 Nr. 60 KAGB ist nur die tatsächliche Überschreitung der in § 206 Abs. 5 KAGB genannten Anlagegrenzen – und nicht bereits die fehlende Sicherungsmaßnahme – tatbestandsmäßig. Die Vorschrift geht zurück auf § 143 Abs. 3 Nr. 16 InvG.[110] Zum Bußgeldrahmen im Wiederholungsfall vgl. Rz. 158. 119

62. § 340 Abs. 2 Nr. 62 KAGB: Emittentenbezogene Anlagegrenzen

Die durch das OGAW-V-UmsG neu eingefügte Vorschrift dient der Umsetzung von Art. 99a Buchst. p i.V.m. Kapitel VII der geänderten Richtlinie 2009/65/EG.[111] Zum Bußgeldrahmen im Wiederholungsfall vgl. Rz. 158. 120

63. § 340 Abs. 2 Nr. 63 KAGB: Anstrebung der Einhaltung der Anlagegrenzen

Die durch das OGAW-V-UmsG neu eingefügte Vorschrift dient der Umsetzung von Art. 99a Buchst. p i.V.m. Kapitel VII der geänderten Richtlinie 2009/65/EG.[112] Mit der Vorschrift soll der Fall sanktioniert werden, dass die OGAW-KVG nach Überschreitung der Anlagegrenzen aus §§ 206 ff. KAGB nicht vorrangig anstrebt, diese Grenzen wieder einzuhalten. Damit wird im Umkehrschluss auch klar, dass nicht jede Überschreitung der Anlagegrenzen bußgeldbewehrt sein kann.[113] 121

Das Tatbestandsmerkmal „vorrangig anstreben" ist **bedenklich unbestimmt**. Denn es ist nicht eindeutig, wie viel Engagement der OGAW-KVG hier abverlangt wird. Hinzu kommt, dass in § 211 Abs. 2 a.E. KAGB auf die Interessen der Anleger eingegangen wird, was in § 340 Abs. 2 Nr. 63 KAGB aber keine Erwähnung findet. Dadurch kann es der OGAW-KVG praktisch unmöglich werden, beiden Vorgaben zu genügen. Die Verfassungsmäßigkeit von Nr. 63 ist daher in der jetzigen Fassung zumindest zweifelhaft. Zum Bußgeldrahmen im Wiederholungsfall vgl. Rz. 158. 122

64. § 340 Abs. 2 Nr. 64 KAGB: Anlagegrenzen bei Mikrofinanzinstituten

Die Vorschrift geht zurück auf § 143 Abs. 3 Nr. 20a InvG.[114] Sie belegt den Erwerb von Vermögensgegenständen durch eine AIF-KVG von Mikrofinanzinstituten außerhalb der von § 222 Abs. 1 Satz 4 KAGB festgelegten Grenzen mit Buße. 123

---

106 RegE, BT-Drucks. 18/6744 S. 70.
107 Zutreffend *Pelz* in Beckmann/Scholtz/Vollmer, § 340 KAGB Rz. 218.
108 So aber *Alten* in Moritz/Klebeck/Jesch, § 340 KAGB Rz. 283.
109 RegE, BT-Drucks. 17/12294, S. 298.
110 RegE, BT-Drucks. 17/12294, S. 298.
111 RegE, BT-Drucks. 18/6744 S. 70.
112 RegE, BT-Drucks. 18/6744 S. 70.
113 *Alten* in Moritz/Klebeck/Jesch, § 340 KAGB Rz. 550.
114 RegE, BT-Drucks. 17/12294, S. 298.

65. § 340 Abs. 2 Nr. 65 KAGB: Unzulässiger Leverage

124 Die Vorschrift geht zurück auf § 143 Abs. 3 Nr. 23 InvG.[115] Sie sanktioniert die Durchführung eines unzulässigen Leverages. Zum Bußgeldrahmen im Wiederholungsfall vgl. Rz. 158.

66. § 340 Abs. 2 Nr. 66 KAGB: Unzulässiger Verkauf von Devisenterminkontrakten

125 Die Vorschrift geht zurück auf § 143 Abs. 3 Nr. 24 InvG.[116] Sie sanktioniert nur den Verkauf von Devisenterminkontrakten zu anderen als den in § 225 Abs. 2 Satz 2 KAGB genannten Zwecken, nicht aber den Erwerb entgegen § 225 Abs. 2 Satz 2 a.E. KAGB.

67. § 340 Abs. 2 Nr. 67 KAGB: Anlagegrenzen bei Zielfonds

126 Die Vorschrift geht zurück auf § 143 Abs. 3 Nr. 25 InvG.[117]

68. § 340 Abs. 2 Nr. 68 KAGB: Informationspflichten

127 Die Vorschrift geht zurück auf § 143 Abs. 3 Nr. 25 InvG.[118] Die Vorschrift sanktioniert die AIF-KVG, die Dach-Hedgefonds verwaltet, für den Fall, dass sie Anlageentscheidungen trifft, ohne dass die erforderlichen Informationen vorliegen. Angesichts des Mindestmaßes an notwendigen Informationen aus dem Katalog in § 225 Abs. 5 KAGB ist die Vorschrift noch hinreichend bestimmbar.

69. § 340 Abs. 2 Nr. 69 KAGB: Anlagegrenzen bei Währungsrisiken

128 Die Vorschrift ist an § 143 Abs. 3 Nr. 17 InvG angelehnt, wobei sie auf die Fälle erstreckt wurde, in denen die AIF-KVG nicht sicherstellt, dass die für Rechnung eines geschlossenen AIF gehaltenen Vermögensgegenstände nur insoweit einem Währungsrisiko unterliegen, als der Wert der einem solchen Währungsrisiko unterliegenden Vermögensgegenstände 30 Prozent des Wertes dieses AIF nicht übersteigt.[119]

70. § 340 Abs. 2 Nr. 70 KAGB: Veräußerung von Vermögensgegenständen ohne Zustimmung der Bundesanstalt

129 Die Vorschrift übernimmt die Regelung des § 143 Abs. 3 Nr. 18 InvG.[120]

71. § 340 Abs. 2 Nr. 71 KAGB: Grenzen der Darlehensgewährung an Immobilien-Gesellschaften

130 Die Vorschrift geht zurück auf § 143 Abs. 3 Nr. 19 InvG.[121]

72. § 340 Abs. 2 Nr. 72 KAGB: Eintragung von Verfügungsbeschränkungen

131 Die Vorschrift erfasst nur die Eintragung in öffentliche Register. Sofern die Nichteintragung auf einem Versäumnis der Registerbehörde beruht, vermag dies keinen bußgeldrechtlichen Vorwurf zu begründen. Zum Bußgeldrahmen im Wiederholungsfall vgl. Rz. 158.

73. § 340 Abs. 2 Nr. 73 KAGB: Erstellung und Zugänglichmachung von Verkaufsprospekt

132 Die Vorschrift sanktioniert einerseits das fehlerhafte Erstellen eines Verkaufsprospekts eines geschlossenen Publikums-AIF sowie die fehlerhafte Zugänglichmachung des Prospekts gegenüber dem Publikum. Zum Bußgeldrahmen im Wiederholungsfall vgl. Rz. 158.

74. § 340 Abs. 2 Nr. 74 KAGB: Investition in unzulässige Vermögensgegenstände

133 Die Vorschrift sanktioniert Investitionen der AIF-KVG für den Spezial-AIF in Vermögensgegenstände, deren Verkehrswert nicht ermittelt werden kann.

---

115 RegE, BT-Drucks. 17/12294, S. 298.
116 RegE, BT-Drucks. 17/12294, S. 298.
117 RegE, BT-Drucks. 17/12294, S. 298.
118 RegE, BT-Drucks. 17/12294, S. 298.
119 RegE, BT-Drucks. 17/12294, S. 298.
120 RegE, BT-Drucks. 17/12294, S. 298.
121 RegE, BT-Drucks. 17/12294, S. 298.

75. § 340 Abs. 2 Nr. 75 KAGB: Investition in unzulässige Vermögensgegenstände

Obwohl § 340 Abs. 2 Nr. 75 KAGB den § 285 KAGB insgesamt in Bezug nimmt, bezieht sich die Bußgelddrohung nur auf § 285 Abs. 1 KAGB, nicht jedoch auf die in § 285 Abs. 2 und 3 KAGB aufgestellten Bedingungen für die Gewährung von Gelddarlehen. Hierfür spricht sowohl der eindeutige Wortlaut der §§ 340 Abs. 2 Nr. 75, 285 Abs. 1 KAGB („investiert") als auch der systematische Vergleich zu § 340 Abs. 1 Nr. 74 KAGB, der sich ausdrücklich nur auf die vergleichbare Vorschrift des § 282 Abs. 2 Satz 1 KAGB bezieht. 134

76. § 340 Abs. 2 Nr. 76 KAGB: Stimmrechts- und Kontrollerlangungsmitteilungen

Die Vorschrift sanktioniert Verstöße gegen die Mitteilungspflichten bei Veränderungen von Stimmrechtsschwellen (10, 20, 30, 50 oder 75 Prozent) eines AIF über ein nicht börsennotiertes Unternehmen gem. § 289 Abs. 1, 2 oder 5 KAGB. Während die Mitteilungspflichten gem. § 289 Abs. 1 KAGB nur gegenüber der BaFin bestehen, sind bei der Erlangung der **Kontrolle** auch das nicht börsennotierte Unternehmen, die Anteilseigner sowie die Bundesanstalt spätestens innerhalb von zehn Arbeitstagen (§ 289 Abs. 5 KAGB) zu informieren. Der Kontrollbegriff ergibt sich aus § 288 KAGB und bedeutet im Falle von nicht börsennotierten Unternehmen die Erlangung von mehr als 50 Prozent der Stimmrechte, wobei indirekt gehaltene Stimmrechte gem. § 288 Abs. 2 KAGB zugerechnet werden können. Da die BaFin im Bereich der WpHG-Stimmrechtsmitteilungen (§ 39 Abs. 2 Nr. 2f und g WpHG a.F.) über eine beachtliche **Ahndungsroutine** verfügt, ist es nicht vollkommen ausgeschlossen, dass die strukturell vergleichbaren Bußgeldvorschriften des § 340 Abs. 2 Nr. 7 KAGB alsbald in den Fokus der Aufsicht rücken können. Zu beachten ist allerdings, dass wesentliche Fragen der praktischen Umsetzung noch ungeklärt sind und sich rechtliche Zweifelsfragen keinesfalls zu Lasten der Normadressaten auswirken dürfen. 135

77. § 340 Abs. 2 Nr. 77 KAGB: Offenlegung der Kontrollerlangung

Die Vorschrift sanktioniert Verstöße gegen die weitergehenden Offenlegungspflichten nach § 290 KAGB bei Kontrollerlangung eines AIF über ein nicht börsennotiertes Unternehmen oder einen Emittenten. 136

78. § 340 Abs. 2 Nr. 78 KAGB: Informationspflichten gegenüber Privatanlegern

Die durch das OGAW-V-UmsG neu eingefügte Vorschrift dient der Umsetzung von Art. 99a Buchst. r i.V.m. Art. 75 Abs. 2 und 3, Art. 80 Abs. 3 und Art. 81 Abs. 1 Satz 2 der geänderten Richtlinie 2009/65/EG.[122] Zum Bußgeldrahmen im Wiederholungsfall vgl. Rz. 158. 137

79. § 340 Abs. 2 Nr. 79 KAGB: Unzulässige Werbung

Die durch das OGAW-V-UmsG neu eingefügte Vorschrift dient der Umsetzung von Art. 99a Buchst. r i.V.m. Art. 70 Abs. 2 und 3 und Art. 77 der geänderten Richtlinie 2009/65/EG. Die Ordnungswidrigkeit bezieht sich darüber hinaus wegen vergleichbarer Sachlage auch auf die Missachtung der in § 302 Abs. 3 und 5 KAGB genannten Anforderungen an die Werbung für OGAW sowie auf die Missachtung der in § 302 Abs. 1 bis 6 KAGB genannten Anforderungen an die Werbung für AIF.[123] Zum Bußgeldrahmen im Wiederholungsfall vgl. Rz. 158. 138

79a. § 340 Abs. 2 Nr. 79a KAGB: Informationspflichten gegenüber semiprofessionellen Anlegern

Die durch das 1. FiMaNoG[124] eingefügte Vorschrift reagiert darauf, dass AIF-KVG nach § 307 Abs. 5 KAGB ein Wahlrecht haben, ob sie beim Vertrieb von Spezial-AIF an semiprofessionelle Anleger wesentliche Anlegerinformationen oder ein Basisinformationsblatt nach der PRIIP-VO zur Verfügung stellen. Da der erstgenannte Fall nicht von den eigens geschaffenen Ordnungswidrigkeiten des ebenfalls damals eingefügten § 340 Abs. 6a KAGB wegen Verstößen gegen die PRIIP-VO umfasst ist, wurde Nr. 79a zur Vermeidung von Umgehungen eingefügt.[125] Zum Bußgeldrahmen im Wiederholungsfall vgl. Rz. 158. 139

80. § 340 Abs. 2 Nr. 80 KAGB: Anlegerinformation bei Vertrieb von EU-OGAW

Die durch das OGAW-V-UmsG neu eingefügte Vorschrift dient der Umsetzung von Art. 99a Buchst. r i.V.m. Art. 94 Abs. 1 und 2 der geänderten Richtlinie 2009/65/EG.[126] 140

---

122 RegE, BT-Drucks. 18/6744 S. 70.
123 RegE, BT-Drucks. 18/6744 S. 71.
124 BGBl. I 2016, S. 1514.
125 RegE, BT-Drucks. 18/7482 S. 75.
126 RegE, BT-Drucks. 18/6744 S. 71.

81. § 340 Abs. 2 Nr. 81 KAGB: Anzeigepflicht bei Vertrieb

141 Die durch das OGAW-V-UmsG neu eingefügte Vorschrift dient der Umsetzung von Art. 99a Buchst. s der geänderten Richtlinie 2009/65/EG.[127] Damit werden Verstöße gegen die Anzeigepflicht der Absicht zum Vertrieb von inländischen Anteilen oder Aktien am inländischen OGAW in der EU oder dem europäischen Wirtschaftsraum gegenüber der BaFin mit Buße belegt.

VII. Ordnungswidrigkeiten gem. § 340 Abs. 3 KAGB

142 Der jetzige § 340 Abs. 3 wurde als Abs. 3a durch das RatingG v. 10.12.2014 eingeführt. Die Bußgeldbewehrung erfasst Verstöße gegen Ver- und Gebote der Ratingverordnung bezüglich des Verwendens von externen Ratings sowie Informations- und Dokumentationspflichten. Inhaltsgleiche Bußgeldtatbestände enthalten §§ 39 Abs. 2b WpHG, 56 Abs. 4b KWG und 145 Abs. 2 VAG, um es der für die Aufsicht über die Unternehmen zuständigen Aufsichtssäule der BaFin zu ermöglichen, im Rahmen ihrer Zuständigkeit und Rechtsanwendung entsprechende Verstöße gegen die EU-Rating-VO sanktionieren zu können.[128] Nach dem Willen des Gesetzgebers soll eine **mehrfache Sanktionierung** für denselben Ordnungswidrigkeitentatbestand **vermieden** werden. Dies soll aber nicht gelten, wenn zwei oder mehrere Unternehmen bei demselben Geschäft gegen die jeweils spezifisch für sie geltenden Vorschriften verstoßen.[129]

143 § 340 Abs. 3 Nr. 1 KAGB dient der Durchsetzung des nach Art. 4 EU-Rating-VO bestehenden Verbots der Verwendung des Ratings einer nicht registrierten Ratingagentur für aufsichtsrechtliche Zwecke. § 340 Abs. 3 Nr. 2 KAGB soll sicherstellen, dass die KVG eigene Kreditrisikobewertungen vornimmt. Damit wird nach der Gesetzesbegründung dem Umstand Rechnung getragen, dass die unkritische und häufig schematische Übernahme von Ratings zu einer unzureichenden Einschätzung der Ausfallrisiken führen kann und damit nicht unerheblich zum Entstehen der Finanzmarktkrise im Herbst 2008 beigetragen hat.[130] § 340 Abs. 3 Nr. 3 und Nr. 4 KAGB sollen sicherstellen, dass in Bezug auf strukturierte Finanzinstrumente bei mindestens zwei voneinander unabhängigen Ratingagenturen ein Rating in Auftrag gegeben wird.

144 Hinsichtlich der Schuldform ist Vorsatz oder Leichtfertigkeit (hierzu Rz. 27) erforderlich.

VIII. Ordnungswidrigkeiten gem. § 340 Abs. 4 KAGB

145 § 340 Abs. 4 und Abs. 5 KAGB betreffen Verstöße gegen die EU-Verordnung über Europäische Risikokapitalfonds und die EU-Verordnung über Europäische Fonds für soziales Unternehmertum. Bereits nach der ursprünglichen Gesetzesfassung waren in § 340 Abs. 4 KAGB Bußgelder für derartige Verstöße vorgesehen. Nach der ursprünglichen Gesetzestechnik war allerdings Voraussetzung, dass eine vom Bundesministerium der Finanzen aufgrund einer Ermächtigung in § 340 Abs. 7 KAGB a.F. zu erlassende Rechtsverordnung die Tatbestände bezeichnete, die als Ordnungswidrigkeiten nach § 340 Abs. 4 KAGB a.F. als Ordnungswidrigkeit geahndet werden konnten. Eine derartige Rechtsverordnung wurde nicht erlassen.

146 Im Zuge des RatingG hat sich der Gesetzgeber von dieser Gesetzgebungstechnik verabschiedet und die entsprechenden Ordnungswidrigkeiten unmittelbar in den geänderten § 340 Abs. 4 und Abs. 5 KAGB bezeichnet, um dem Auftrag aus Art. 20 Abs. 1 der Verordnung (EU) Nr. 345/2013 und aus Art. 21 Abs. 1 der Verordnung (EU) Nr. 346/2013 „zur Einführung wirksamer, verhältnismäßiger und abschreckender Sanktionen bei Verstößen gegen die Vorgaben der Verordnung zu entsprechen".[131]

IX. Ordnungswidrigkeiten gem. § 340 Abs. 5 KAGB

147 Vgl. die Kommentierung zu § 340 Abs. 4 KAGB (Rz. 145 f.).

127 RegE, BT-Drucks. 18/6744 S. 71.
128 RegE RatingG, BT-Drucks. 18/1774, 22.
129 RegE RatingG, BT-Drucks. 18/1774, 22.
130 RegE RatingG, BT-Drucks. 18/1774, 16.
131 RegE RatingG, BT-Drucks. 18/1774, 25.

X. Ordnungswidrigkeiten gem. § 340 Abs. 6 KAGB

§ 340 Abs. 6 KAGB gibt der Bundesanstalt die Möglichkeit, Verstöße gegen die Verordnung (EU) 2015/760[132] über europäische langfristige Investmentfonds (ELTIF) zu ahnden. Die Regelung erfüllt damit die Anforderung der Art. 32 f. der Verordnung (EU) 2015/760, die den zuständigen nationalen Behörden die Aufsicht über die Einhaltung der Verordnung zuweist und bestimmt, dass die zuständigen Behörden im Einklang mit der Richtlinie 2011/61/EU auch die Befugnis zur Verhängung von Sanktionen haben sollen.[133] 148

XI. Ordnungswidrigkeiten gem. § 340 Abs. 6a KAGB

Mit § 340 Abs. 6a KAGB hat der Gesetzgeber die Verordnung (EU) 1286/2014 über Basisinformationsblätter für verpackte Anlageprodukte für Kleinanleger und Versicherungsanlageprodukte (PRIIP – Packaged Retail and Insurance-based Investment Products) mit einer innerstaatlichen Sanktionsnorm flankiert. 149

XII. Ordnungswidrigkeiten gem. § 340 Abs. 6b KAGB

Der neue § 340 Abs. 6b KAGB gibt der Bafin die Möglichkeit, Verstöße gegen die Verordnung (EU) 2017/1131 des Europäischen Parlaments und des Rates vom 14.6.2017 über Geldmarktfonds (ABl. Nr. L 169 vom 30.6.2017, S. 8) zu ahnden. 150

XIII. Ordnungswidrigkeiten gem. § 340 Abs. 6c KAGB

Auch der neue § 340 Abs. 6c KAGB ermöglicht die Verfolgung im Falle der Nichterfüllung von Vorgaben der Verordnung über Geldmarktfonds. Damit erfüllen sowohl 6b als auch 6c die Vorgaben des Art. 40 Abs. 1 der Verordnung über Geldmarktfonds und statten die Behörde mit den erforderlichen Befugnissen aus. 151

XIV. Ordnungswidrigkeiten gem. den geplanten § 340 Abs. 6d–6f KAGB

Durch das Gesetz zur Anpassung von Finanzmarktgesetzen an die Verordnung (EU) 2017/2402 und an die durch die Verordnung (EU) 2017/2401 geänderte Verordnung (EU) Nr. 575/2013 ist die Einfügung neuer Abs. 6d–6f mit entsprechenden Ordnungswidrigkeiten geplant.[134] 151a

XV. Bußgeldrahmen und Bußgeldzumessung (§ 340 Abs. 7 KAGB)

Bei der Bußgeldverhängung sind **zwei Phasen des Bemessungsvorgangs** zu unterscheiden, nämlich die Festlegung des **Bußgeldrahmens** und die sich daran anschließende **Zumessung** der konkreten Geldbuße. Dieser allgemeine Grundsatz des Bußgeldrechts liegt auch der Bußgeldpraxis der BaFin zugrunde.[135] 152

1. Bußgeldrahmen

§ 340 Abs. 7 Satz 1 KAGB sieht verschiedene Bußgeldrahmen vor, die sämtlich beim gesetzlich vorgeschriebenen (vgl. § 17 Abs. 1 OWiG) **Mindestbetrag** i.H.v. 5 Euro beginnen und bei unterschiedlichen **Höchstbeträgen** enden. Sofern diese Höchstbeträge nach **festen Eurobeträgen** definiert sind (Nr. 1: fünf Millionen Euro; Nr. 2: eine Million Euro; Nr. 2a: 700.000 Euro; Nr. 3: 200.000 Euro), erfolgt (anders als etwa bei § 120 Abs. 18 Satz 2 WpHG oder § 56 Abs. 6a KWG) **keine Unterscheidung** zwischen natürlichen Personen und Verbänden, sondern gilt **dieselbe Obergrenze für natürliche Personen und Verbände**. 153

---

132 Entsprechend der ab dem 1.1.2015 geltenden Harmonisierung der Nummerierung von EU-Rechtsakten steht bei der Verordnung (EU) 2015/760 (im Unterschied zu den in Abs. 3–5 in Bezug genommenen Verordnungen) die Jahreszahl der Veröffentlichung (2015) vor der laufenden Nummer (760) im Amtsblatt der Europäischen Union.

133 RegE, BT-Drucks. 18/6744, 71.

134 RegE, BT-Drucks. 19/4460 sowie Beschlussempfehlung und Bericht des Finanzausschusses, BT-Drucks. 19/5592.

135 *Canzler/Hammermeier*, AG 2014, 57 (68).

154 Über diese festen Eurobeträge hinaus kann **bei Verbänden** (nicht aber bei natürlichen Personen) ein **umsatzbezogener Sonderbußgeldrahmen** zur Anwendung kommen, der bis zu 2, 3 oder 10 Prozent des jährlichen „Gesamtumsatzes" betragen kann. Aus der Formulierung des Gesetzestextes („eine Geldbuße in Höhe bis zu X Prozent des jährlichen Gesamtumsatzes") geht klar hervor, dass die prozentualen Umsatzanteile die **Obergrenze** des jeweiligen Bußgeldrahmens abstecken. Somit stellt sich die im Zusammenhang mit der Regelung des § 81 Abs. 4 Satz 2 Halbs. 2 GWB diskutierte Problematik, ob es sich bei der dort genannten 10-Prozent-Grenze um eine umsatzabhängige Obergrenze oder bloß um eine Kappungsgrenze handelt,[136] bei § 340 Abs. 7 Satz 1 KAGB nicht.[137]

155 Bei KVGen haben statt des Umsatzes in erster Linie die Provisionseinnahmen maßgebliche Aussagekraft, weshalb der **Begriff des „Umsatzes" in der Rechnungslegung der KVG keine Rolle** spielt. Es ist somit eine gesetzliche Regelung erforderlich, wie der Begriff des Gesamtumsatzes auf die Rechnungslegung von KVGen zu „übersetzen" ist. Diese Übersetzungsaufgabe sollte eigentlich durch § 340 Abs. 8 KAGB erfolgen. Mutmaßlich aufgrund eines Versehens erfasst § 340 Abs. 8 KAGB die Rechnungslegung von KVGen aber gerade nicht, was dazu führt, dass der umsatzbezogener Sonderbußgeldrahmen für KVGen **nach derzeitiger Gesetzeslage ins Leere läuft** (vgl. hierzu ausführlich unter Rz. 170). Selbst wenn dieser Fehler bei nächster Gelegenheit repariert werden sollte – wovon für die Zwecke dieser Kommentierung im Folgenden ausgegangen wird – ist die **Legitimation** des umsatzbezogene Sonderbußgeldrahmens alles andere als selbstverständlich. Die Begründung des Gesetzesentwurfs zum OGAW-V-UmsG, wonach „die Übernahme des hohen Bußgeldrahmens in das KAGB [...] im Hinblick auf die wirtschaftliche und gesellschaftspolitische Bedeutung der Investmentanlage und das gesteigerte Bedürfnis nach Schutz vor schuldhaftem Verhalten im Finanzsektor gerechtfertigt"[138] sein soll, mag **dürftig und als kritiklose Übernahme von europäischen Vorgaben** erscheinen.[139] Dessen ungeachtet stellen sich in Hinblick auf das Bestimmtheitsgebot und das Verhältnismäßigkeitsprinzip zahlreiche noch ungeklärte Fragen,[140] zumal mit Recht grundsätzlich bezweifelt wird, ob der Umsatz im „Kapitalmarktrecht einen Maßstab für die Marktbeeinträchtigung und damit für die Bemessung der Zuwiderhandlung darstellen kann".[141]

156 Über die festen Eurogrenzen sowie den umsatzbezogenen Sonderbußgeldrahmen hinaus kann gem. § 340 Abs. 7 Satz 2 KAGB sowohl bei natürlichen als auch bei juristischen Personen eine Ordnungswidrigkeit mit einer Geldbuße **bis zum Zweifachen**[142] des aus dem Verstoß gezogenen **wirtschaftlichen Vorteils** geahndet werden. Der Sache nach hat diese Regelung große Ähnlichkeit mit der früheren **Mehrerlösgeldbuße** des

---

136 Vgl. *Dannecker/Biermann* in Immenga/Mestmäcker, Wettbewerbsrecht, 5. Aufl. 2014, § 81 GWB Rz. 344 m.w.N.

137 Ähnlich (zu § 39 Abs. 4 WpHG) *Diversy/Köpferl* in Graf/Jäger/Wittig, 2. Aufl. 2017, § 39 WpHG Rz. 106; *Veil*, ZGR 2016, 305, 316.

138 BT-Drucks. 18/6744, S. 71.

139 Einen ausführlicheren Versuch zur Rechtfertigung von umsatzbezogenen Bußgeldrahmen (in der Bußgeldvorschrift des § 56 KWG) enthielt hingegen die Regierungsbegründung zum CRD-IV-UmsG vom 15.10.2012 (BT-Drucks. 17/10974), in der es auf S. 96 heißt: „Die Übernahme des hohen Bußgeldrahmens in das KWG ist im Hinblick auf die außerordentlichen staatlichen Maßnahmen zur Sicherung und Wiederherstellung der Finanzmarktstabilität gerechtfertigt. So wurde allein in Deutschland für den SoFFin ein Garantierahmen von 400 Mrd. Euro geschaffen. Darüber hinaus waren zur Stabilisierung von bestimmten Instituten Beteiligungen in Höhe von mehreren Milliarden Euro aus Steuermitteln erforderlich. Der Finanzmarktstabilisierungsfonds schloss im Jahr 2011 mit einem Fehlbetrag von 13 Mrd. Euro (im Ergebnis zu Lasten des Bundeshaushalts) ab. Aufgrund dieser Summen ist es erforderlich mit der außerordentlichen Erhöhung des Bußgeldrahmens zu signalisieren, dass die Zuwiderhandlung gegen aufsichtsrechtliche Anforderungen und Gebote ein besonders gefährliches und unter Umständen gesellschaftsschädliches Verhalten darstellt. Im Hinblick auf die aufgrund solcher Zuwiderhandlungen möglichen allgemeinen und außergewöhnlich hohen Belastungen der öffentlichen Finanzen und damit im Ergebnis jedes einzelnen Bürgers entsteht ein gesteigertes Bedürfnis des Staates, über Sanktionsmöglichkeiten mittels hoher Geldbußen im Rahmen einer Generalprävention für eine Einhaltung aufsichtsrechtlicher Normen zu sorgen."

140 Vgl. zur vergleichbaren Problematik im Kartellrecht *Bechtold/Bosch*, 8. Aufl. 2015, § 81 GWB Rz. 29; *Dannecker/Biermann* in Immenga/Mestmäcker, Wettbewerbsrecht, 5. Aufl. 2014, § 81 GWB Rz. 355 m.w.N. Demgegenüber hält *Veil*, ZGR 2016, 305 (314) die umsatzabhängige Geldbuße im Kapitalmarktrecht für „rechtspolitisch gerechtfertigt".

141 *von Buttlar*, BB 2014, 451 (455).

142 Demgegenüber erlauben § 120 Abs. 18 Satz 3, Abs. 21 Satz 3, Abs. 22 Satz 3 WpHG Bußgelder bis zum **Dreifachen** des wirtschaftlichen Vorteils.

§ 81 GWB.[143] Dies gilt insbesondere für die problematische Regelung des § 340 Abs. 7 Satz 3 KAGB, die eine **Schätzung des wirtschaftlichen Vorteils** vorsieht.[144]

Somit werden die Bußgeldrahmen nach § 340 Abs. 7 KAGB durch folgende Höchstbeträge abgesteckt (wo- 157
bei die folgende Darstellung die bei § 340 Abs. 8 KAGB erforderliche Gesetzesänderung in Hinblick auf die Bestimmung der bei KVGen anstelle des Gesamtumsatzes tretenden Parameter (vgl. hierzu Rz. 145 und ausführlich Rz. 170) bereits berücksichtigt):

	Höchstbetrag für **natürliche Personen**	Höchstbetrag für **Verbände**
Nr. 1	– 5.000.000 Euro oder – zweifacher wirtschaftlicher Vorteil	– 5.000.000 Euro oder – 10 % des jährlichen Gesamtumsatzes oder – zweifacher wirtschaftlicher Vorteil
Nr. 2	– 1.000.000 Euro oder – zweifacher wirtschaftlicher Vorteil	– 1.000.000 Euro oder – 2 % des jährlichen Gesamtumsatzes oder – zweifacher wirtschaftlicher Vorteil
Nr. 2a	– 700.000 Euro oder – zweifacher wirtschaftlicher Vorteil	– 5.000.000 Euro oder – 3 % des jährlichen Gesamtumsatzes oder – zweifacher wirtschaftlicher Vorteil
Nr. 3	– 200.000 Euro oder – zweifacher wirtschaftlicher Vorteil	– 200.000 Euro oder – zweifacher wirtschaftlicher Vorteil

Besonderheiten gelten im Fall der **wiederholten Vornahme** der in § 340 Abs. 1 Nr. 2 und 3 oder in Abs. 2 158
Nr. 24, 31, 32, 37, 38, 40, 41, 49 bis 63, 65, 72, 73, 78, 79 und 79a KAGB genannten Ordnungswidrigkeiten. Während im Falle der einfachen Begehung der Höchstbetrag der Geldbuße eine Million Euro beträgt (vgl. § 340 Abs. 7 Nr. 2 KAGB), findet gem. § 340 Abs. 7 Nr. 1 „bei einer wiederholten Vornahme" der Höchstbetrag von fünf Millionen Euro Anwendung. Diese **schematische Verfünffachung (!)** des Bußgeldrahmens, die im Vergleich zu sonstigen Bußgeldvorschriften **präzedenzlos** sein dürfte, erscheint vor dem Hintergrund des in § 20 OWiG niedergelegten **Kumulationsprinzips**, wonach bei mehrfacher Verwirklichung derselben Ordnungswidrigkeit jede Geldbuße gesondert festgesetzt wird und somit bei mehreren Verstößen in der Summe ohnehin erheblich höhere Bußgeldbeträge festgesetzt werden können,[145] **unnötig und systemwidrig**. Sie **beruht auch nicht auf zwingenden europäischen Vorgaben**. Im Gegenteil wirkt nach dem Wortlaut[146] von Art. 99a Buchst. p und r der geänderten Richtlinie 2009/65/EG (deren Umsetzung die in der obigen Aufzählung genannten Ordnungswidrigkeiten größtenteils dienen) der Wiederholungsfall überhaupt erst **tatbestandsbegründend**, ohne dass mit einem wiederholten Versäumnis eine Vervielfachung des Bußgeldrahmens verbunden wäre. Der deutsche Gesetzgeber ist somit – ganz bewusst[147] – über die europäischen Vorgaben hinausgegangen.

Bei **fahrlässiger oder leichtfertiger Begehung** sind die o.g. Höchstbeträge gem. § 17 Abs. 2 OWiG zu **hal-** 159
bieren, was auch in der Bußgeldpraxis der BaFin anerkannt ist.[148] **Ausnahme** hiervon sind die in § 340 Abs. 7 Nr. 1 KAGB genannten Verstöße gegen Gebote und Verbote im Zusammenhang mit OGAW (vgl. § 340 Abs. 9 Satz 1 KAGB). Der Gesetzgeber begründete diese äußerst fragwürdige Ausnahme damit, dass Art. 99 Abs. 6 der geänderten Richtlinie 2009/65/EG „keine Grundlage für eine pauschale Absenkung des Höchstmaßes bei fahrlässigem Handeln" bieten soll.[149] Diese Interpretation der Richtlinie scheint **über-**

143 Vgl. § 81 Abs. 2 GWB in der bis zum 30.6.2005 geltenden Fassung: „Die Ordnungswidrigkeit kann [...] bis zur dreifachen Höhe des durch die Zuwiderhandlung erlangten Mehrerlöses [...] geahndet werden. Die Höhe des Mehrerlöses kann geschätzt werden." Auch § 56 Abs. 7 Satz 2 Nr. 2 KWG spricht vom Mehrerlös und die BaFin benutzt diese Terminologie ebenfalls („mehrerlösbezogener Höchstbetrag"), vgl. *von Buttlar*, BaFin Journal Juli 2016, 18 (21).

144 Die Frage, ob überhaupt ein wirtschaftlicher Vorteil eingetreten ist, muss nachgewiesen werden und darf nicht geschätzt werden, vgl. nur *Raum* in FS G. Hirsch, 2008, S. 301 (303).

145 Zum Kumulationsprinzip im Ordnungswidrigkeitenrecht vgl. eingehend *Cordes/Reichling*, NJW 2015, 1335.

146 Vgl. Art. 99a Abs. 6 Buchst. p: „Die Mitgliedstaaten sehen in ihren Rechts- oder Verwaltungsvorschriften zur Umsetzung dieser Richtlinie Sanktionen vor, insbesondere wenn [...] eine Investmentgesellschaft oder für jeden von ihr verwalteten Investmentfonds eine Verwaltungsgesellschaft **es wiederholt versäumt**, ihren Pflichten bezüglich der Anlagestrategie des OGAW gemäß den innerstaatlichen Vorschriften zur Umsetzung von Kapitel VII nachzukommen."

147 Vgl. RegE, BT-Drucks. 18/6744 S. 70.

148 *Canzler/Hammermeier*, AG 2014, 57 (68).

149 RegE, BT-Drucks. 18/6744 S. 72.

trieben starr und übersieht, dass gem. Art. 99 Abs. 1 Satz 3 der geänderten Richtlinie 2009/65/EG „die verwaltungsrechtlichen Sanktionen [...] verhältnismäßig" sein müssen, was eine Halbierung des Bußgeldrahmens bei Fahrlässigkeit durchaus rechtfertigen würde. Die Abbedingung von § 17 Abs. 2 OWiG soll nach dem ausdrücklichen Gesetzeswortlaut nur dann greifen, wenn die in § 340 Abs. 7 Nr. 1 KAGB aufgeführten Tatbestände OGAW betreffen. Wann dies der Fall ist, geht aus dem Gesetz jedoch nicht zweifelsfrei hervor, sondern bedarf jeweils sorgfältiger Einzelprüfung bzw. Auslegung, weshalb die Gesetzgebungstechnik vor dem Hintergrund des Gebots der Normklarheit nur als **Zumutung** bezeichnet werden kann.

160 Sofern die Ausnahmevorschrift des § 340 Abs. 9 Satz 1 KAGB (vgl. Rz. 159) nicht greift, gilt die Halbierung des Bußgeldrahmens aufgrund Fahrlässigkeit im Fall einer Unternehmensgeldbuße auch für den umsatzbezogenen Sonderbußgeldrahmen.[150] Dieser halbiert sich somit auf fünf (§ 340 Abs. 7 Nr. 1 KAGB), eineinhalb (§ 340 Abs. 7 Nr. 2a KAGB) bzw. ein Prozent (§ 340 Abs. 7 Nr. 2 KAGB) des relevanten „Umsatzes" (vgl. hierzu Rz. 170 ff.). Eine **weitere Halbierung** ist geboten im Falle einer nur fahrlässigen Aufsichtspflichtverletzung gem. § 130 OWiG, die sich ihrerseits auf die fahrlässige Begehung einer Ordnungswidrigkeit nach § 340 KAGB als Anknüpfungstat bezieht. Nach zutreffender Auffassung[151] ist der obere Bußgeldrahmen durch eine zweimalige Anwendung des § 17 Abs. 2 OWiG um jeweils 50 %, also um insgesamt 75 % zu reduzieren.[152]

2. Bußgeldzumessung im engeren Sinne

161 Innerhalb der von § 340 Abs. 7 Satz 1 KAGB vorgegebenen Bußgeldrahmen erfolgt in einem **zweiten Schritt** die auf die Tat und den Täter zugeschnittene **Zumessung** der Geldbuße. Hierfür gelten die allgemeinen Regelungen des § 17 Abs. 3 OWiG, wonach die Bedeutung der Ordnungswidrigkeit und der Vorwurf, der den Täter trifft, die „Grundlage für die Zumessung der Geldbuße" sind (Satz 1). § 17 Abs. 3 OWiG ist damit Ausdruck des verfassungsrechtlichen Grundsatzes, dass auch im Ordnungswidrigkeitenrecht die Sanktion dem Gewicht der Tat und der Schuld des Täters entsprechen muss.

162 Aufgrund der großen Nähe zum (Wirtschafts-)Verwaltungsrecht werden die Ordnungswidrigkeit und die mit ihr korrespondierende Geldbuße bewusst präventiv als Mittel zur Durchsetzung der Normbefolgung eingesetzt. Ziel der Bußgeldverhängung ist weniger die Ahndung vergangenen Verhaltens als vielmehr die Einhaltung normgemäßen Verhaltens. Deshalb kommt für leichte bis mittlere Fälle in der üblichen Bezeichnung der Bußgeldverhängung „als Pflichtenmahnung" ein Vorrang der Spezialprävention gegenüber der Repression zum Ausdruck. Nur mit zunehmender Schwere und Dauer der Kartellordnungswidrigkeit tritt die (repressive) Ahndungsfunktion der Geldbuße in den Vordergrund.[153]

163 In der Sanktionierungspraxis der BaFin wird das konkrete Bußgeld ausgehend von § 17 Abs. 3 Satz 1 OWiG anhand einer wertenden Gesamtbetrachtung der schärfenden und mildernden Zumessungskriterien festgelegt, wobei zwischen **tat- und täterbezogenen Zumessungskriterien** unterschieden wird.[154] Hinsichtlich der täterbezogenen Zumessungskriterien kommt es vor allem auf das Vor- und Nachtatverhalten an, wozu in der Praxis insbesondere Geständnis und Aufklärungshilfe regelmäßig zugunsten des Täters berücksichtigt werden. Bei den tatbezogenen Zumessungskriterien spielen vor allem die Dauer der Zuwiderhandlung, die hierdurch verursachten Auswirkungen, Art und Maß der Pflichtwidrigkeit sowie der Organisationsgrad eine Rolle.[155] Zu berücksichtigen sind ebenfalls die Verfahrensdauer und ggf. ein langes Zurückliegen der Tat ohne zwischenzeitliche erneute Zuwiderhandlungen. Ferner sind nach § 17 Abs. 3 Satz 2 OWiG grundsätzlich die wirtschaftlichen Verhältnisse des Täters zu berücksichtigen.

164 Die von der BaFin zuerst im November 2013 veröffentlichten und im Februar 2017 ergänzten **WpHG-Bußgeldleitlinien**[156] sind nur auf bestimmte, in der Praxis der BaFin überdurchschnittlich häufig auftretende Verstöße gegen das WpHG anwendbar. Sie **gelten nicht unmittelbar** für die Ordnungswidrigkeiten gem. § 340 KAGB. Gleichwohl spiegeln insb. die auf S. 9 ff. der WpHG-Bußgeldleitlinien II aufgeführten (mil-

---

150 Vgl. *Dannecker/Biermann* in Immenga/Mestmäcker, Wettbewerbsrecht, 5. Aufl. 2014, § 81 GWB Rz. 401 ff.; *Raum* in Langen/Bunte, Kartellrecht, 12. Aufl. 2014, § 81 GWB Rz. 172.

151 Vgl. aber die gegenteilige Auffassung des BKartA (Rz. 160 Fn. 151).

152 *Dannecker/Biermann* in Immenga/Mestmäcker, Wettbewerbsrecht, 5. Aufl. 2014, § 81 GWB Rz. 403 unter Hinweis auf den anderslautenden Beschluss des BKartA v. 17.12.2003 – B 9-9/03, in dem eine doppelte Anwendung des § 17 Abs. 2 OWiG mit der Begründung versagt wurde, dass „anderenfalls – entgegen dem Sinn und Zweck des § 130 OWiG – arbeitsteilig agierende Großunternehmen gegenüber inhabergeführten Kleinunternehmen bevorzugt würden".

153 *Dannecker/Biermann* in Immenga/Mestmäcker, Wettbewerbsrecht, 5. Aufl. 2014, § 81 GWB Rz. 440.

154 *Canzler/Hammermeier*, AG 2014, 57 (68) (jeweils zur WpHG-Bußgeldpraxis).

155 *Canzler/Hammermeier*, AG 2014, 57 (68).

156 Abrufbar über die Homepage der BaFin.

dernden sowie erschwerenden) Zumessungskriterien allgemeine Grundsätze der Bußgeldzumessung wider, die auch bei Geldbußen nach § 340 KAGB berücksichtigt werden müssen, zumal für Ordnungswidrigkeiten nach dem WpHG und dem KAGB dasselbe Bußgeldreferat zuständig ist. Zu beachten ist, dass die WpHG-Bußgeldleitlinien nur eine **interne Zumessungsrichtlinie** für die Bemessung von Geldbußen aus dem wertpapierhandelsrechtlichen Bereich darstellen und als allgemeine Verwaltungsgrundsätze eine **Selbstbindung** der BaFin im Rahmen ihrer Ermessensausübung bewirken; mangels Rechtssatzqualität haben sie jedoch **keine rechtliche Verbindlichkeit für ein gerichtliches Verfahren.**[157]

Gegenwärtig wäre die Schaffung von eigenen **KAGB-Bußgeldleitlinien** theoretisch zwar denkbar. Sinnvoll wäre ein solcher Schritt aber erst und nur dann, wenn hinreichend viele einschlägige Verstöße festgestellt und dem Bußgeldreferat angezeigt werden und es sich um homogene Fallgestaltungen handelt, die verallgemeinerungsfähige Rückschlüsse und die Kategorisierung von Verstößen zulassen,[158] wofür derzeit noch keine Anhaltspunkte bestehen. 165

3. Zusätzlich Gewinnabschöpfungsfunktion der Geldbuße

Ob die Geldbuße nach § 340 KAGB neben ihrer Ahndungsfunktion noch eine **Gewinnabschöpfungsfunktion** nach **allgemeinen bußgeldrechtlichen Grundsätzen** hat, ist unklar.[159] Im Bereich der allgemeinen Ordnungswidrigkeiten bestimmt § 17 Abs. 4 OWiG, dass die Geldbuße „den wirtschaftlichen Vorteil, den der Täter aus der Ordnungswidrigkeit gezogen hat, übersteigen“ soll und das gesetzliche Höchstmaß zu diesem Zweck erforderlichenfalls überschritten werden kann. Somit setzt sich eine Geldbuße nach der allgemeinen Bestimmung des § 17 Abs. 4 OWiG aus einem sog. „Ahndungsteil“ (innerhalb des gesetzlichen Bußgeldrahmens) und einem ggf. darüber hinausgehenden „Abschöpfungsteil“ (wirtschaftlicher Vorteil) zusammen. Da der wirtschaftliche Vorteil, der aus der Tat gezogen wurde, immer von den konkreten Umständen abhängt und **nach oben prinzipiell offen** sein kann, lässt sich die Höhe des Abschöpfungsteils im Vorfeld auch nicht abstrakt bestimmen. 166

Da § 17 Abs. 4 OWiG durch § 340 KAGB nicht abbedungen ist (anders als bspw. § 17 Abs. 2 OWiG, vgl. § 340 Abs. 9 Satz 1 KAGB), spricht dies zunächst dafür, dass die Vorschrift auch für die Zumessung von Bußgeldern nach § 340 KAGB Geltung beansprucht. Zu berücksichtigen ist allerdings, dass an die Stelle des § 17 Abs. 4 OWiG die **Vorschrift** des § 340 Abs. 7 Satz 2 KAGB tritt, wonach die Ordnungswidrigkeit sogar mit einer Geldbuße bis zur **Höhe des Zweifachen** des aus dem Verstoß gezogenen wirtschaftlichen Vorteils geahndet werden kann. Durch diese Regelung – die gegenüber § 17 Abs. 4 OWiG ***lex specialis*** ist – wird der Geldbuße bereits eine Gewinnabschöpfungsfunktion zugewiesen.[160] Deshalb ist bei Zugrundelegung des Bußgeldrahmens nach § 340 Abs. 7 Satz 2 KAGB **kein Raum für eine Abschöpfung nach allgemeinen Grundsätzen** (d.h. nach § 17 Abs. 4 OWiG).[161] Eine Abschöpfung nach § 17 Abs. 4 OWiG bleibt allerdings möglich, wenn der Bußgeldrahmen nach festen Eurobeträgen maßgeblich ist.[162] 167

Eine **weitere Rechtsgrundlage** für die Abschöpfung wirtschaftlicher Zuflüsse findet sich in **§ 29a OWiG.** Danach kann „die Einziehung *eines Geldbetrages bis zu der Höhe angeordnet werden, die dem Wert des Erlangten entspricht*“. Gemäß § 29a Abs. 2 Nr. 1 und Nr. 2 OWiG kann die Einziehung nicht nur gegen den Täter angeordnet werden, sondern auch gegen einen Dritten (auch eine juristische Person) gem. § 29a Abs. 2 Nr. 1 OWiG, wenn der Dritte durch eine mit Geldbuße bedrohte Handlung etwas erlangt hat und der Täter für ihn gehandelt hat. Allerdings ist nach dem klaren Wortlaut von § 29a Abs. 1 OWiG die An- 168

157 *Becker/Canzler*, NZG 2014, 1090 (1092).

158 *Becker/Canzler*, NZG 2014, 1090 (1091) (zur Frage der Ausweitung der WpHG-Bußgeldleitlinien auf andere Regelungsbereiche).

159 Bejahend *Alten* in Moritz/Klebeck/Jesch, § 340 KAGB Rz. 428.

160 *Diversy/Köpferl* in Graf/Jäger/Wittig, 2. Aufl. 2017, § 39 WpHG Rz. 108.

161 **Vollends verwirrend und in sich widersprüchlich** ist die Rechtslage bei der vergleichbaren Bußgeldvorschrift des § 56 KWG in der durch das 1. FiMaNoG geänderten Fassung, durch welches die neuen Abs. 6a–6d eingefügt wurden, ohne dass – vermutlich aufgrund eines Versehens – die bereits zuvor durch das CRD-IV-UmsG vom 28.8.2013 (BGBl. I 2013, S. 3395) eingefügten Abs. 7 und 8 geändert oder aufgehoben worden wären. Nach § 56 Abs. 7 KWG kann einerseits der wirtschaftliche Vorteil bis zur Höhe von 10 Prozent des Jahresnettoumsatzes oder bis zum Zweifachen „des durch die Zuwiderhandlung erlangten Mehrerlöses“ abgeschöpft werden und soll andererseits § 17 Abs. 4 OWiG unberührt bleiben. Durch den Verweis auf § 17 Abs. 4 OWiG sollten nach dem Willen des Gesetzgebers „die betroffenen natürlichen und juristischen Personen vor einer im Vergleich zu den aus der Zuwiderhandlung erlangten Vorteilen übermäßigen Geldbuße“ geschützt werden (RegE CRD-IV-UmsG, BT-Drucks. 17/10974, S. 96. Wie dieser Schutz sich gestalten soll, bleibt schleierhaft.

162 Nur so kann der Hinweis auf S. 9 der WpHG-Bußgeldleitlinien II der BaFin verstanden werden, wonach sich die BaFin vorbehält, „bei der Festsetzung der Geldbuße […] auch den wirtschaftlichen Vorteil, den der Betroffene aus der Tat erlangt hat, abzuschöpfen (vgl. § 17 Abs. 4 OWiG)“.

ordnung der Einziehung nur möglich, wenn gegen den Täter „wegen der Handlung eine Geldbuße **nicht festgesetzt** [wird]". Dementsprechend ist nach § 30 Abs. 5 OWiG ausgeschlossen, gegen eine juristische Person sowohl eine Geldbuße festzusetzen als auch die Einziehung nach § 29a OWiG anzuordnen. Somit stehen die Geldbuße gem. § 30 OWiG i.V.m. § 17 Abs. 4 OWiG und die Einziehung nach § 29a OWiG in einem **Alternativverhältnis** und schließen sich gegenseitig aus. Wenngleich die Einziehung nach § 29a OWiG subsidiären Charakter zur Geldbuße hat,[163] wird in der (allgemeinen) Bußgeldpraxis die Einziehungsanordnung mitunter der Geldbuße vorgezogen, weil diese ggf. geringeren gesetzlichen Anforderungen unterliegen kann.[164]

169 Ob die BaFin von dieser Möglichkeit ebenfalls Gebrauch machen wird, bleibt allerdings vorerst abzuwarten. Gegebenenfalls wäre zu beachten, dass für die Berechnung des Abschöpfungsanteils der Geldbuße nach § 30 OWiG i.V.m. § 17 Abs. 4 OWiG einerseits und für die Berechnung der Höhe der Einziehung nach § 29a OWiG andererseits unterschiedliche Maßstäbe gelten. Während es bei § 17 Abs. 4 OWiG auf den aus der Tat gezogenen „wirtschaftlichen Vorteil" ankommt, ist für § 29a OWiG der „Wert des Erlangten" maßgeblich, der weiter zu verstehen als der Begriff des „Vorteils" und nach dem sog. „**Bruttoprinzip**" zu bestimmen ist,[165] während sich die Bestimmung des Vermögensvorteils i.S.v. § 17 Abs. 4 OWiG nach überwiegender Auffassung nach dem „**Nettoprinzip**" richtet.[166]

XVI. Berechnung des Gesamtumsatzes (§ 340 Abs. 8 KAGB)

170 Der allgemeine **Begriff des Umsatzes** ist in der Welt der Rechnungslegung von KVGen, Banken und Versicherungen **keine gebräuchliche Kategorie**. Vielmehr treten im Finanzsektor an die Stelle der Umsatzerlöse die sog. **Erträge**, insbesondere aus Zinsen, Wertpapieren und Provisionen (sowie bei Versicherungen die Prämieneinnahmen), wie dies etwa in § 38 Abs. 4 GWB auch ausdrücklich zum Ausdruck kommt.[167] Da sich der Bußgeldrahmen des § 340 Abs. 7 KAGB ausweislich des klaren Wortlautes nach dem Gesamtumsatz berechnet und der Umsatz aber in der Rechnungslegung von KVGen gerade keine übliche Bezugsgröße darstellt, ist eine gesetzliche Regelung darüber erforderlich, welche Bezugsgröße bei KVGen und anderen Unternehmen des Finanzsektors an die Stelle des Gesamtumsatzes tritt.

171 Der Gesetzgeber hat diesen „Übersetzungsbedarf" durchaus gesehen und in § 340 Abs. 8 KAGB bestimmt (eine wortgleiche Regelung enthält § 120 Abs. 23 WpHG), nach welchen Positionen der „Gesamtumsatz" bei Kreditinstituten (Nr. 1), Versicherungsunternehmen (Nr. 2) und sonstigen Unternehmen (Nr. 3) zu berechnen ist. Ausgerechnet der **Hauptadressat** der Bußgeldvorschrift, nämlich die KVG, ist jedoch in der Vorschrift **nicht erwähnt**, was nur mit einem **gesetzgeberischen Versehen** erklärt werden kann. Aufgrund der im KWG in § 2 Abs. 1 Nr. 3b, c und d sowie Abs. 6 Satz 1 Nr. 5a und b geregelten Bereichsausnahmen gelten KVGen auch nicht als Kreditinstitute oder als Finanzdienstleistungsinstitute, selbst wenn sie im materiellen Sinne Bankgeschäfte oder Finanzdienstleistungen betreiben sollten.[168] Es ist deshalb nicht möglich, KVGen unter § 340 Abs. 8 Satz 1 Nr. 1 KAGB (Kreditinstitute und Finanzdienstleistungsinstitute) zu subsumieren. Aufgrund des in § 3 OWiG niedergelegten Gesetzesvorbehalts und des darin zum Ausdruck kommenden Analogieverbots scheidet auch eine entsprechende (analoge) Anwendung des § 340 Abs. 1 Satz 1 Nr. 1 KAGB auf KVGen aus.

172 Somit läuft die Vorschrift in der gegenwärtigen Gesetzesfassung leer, sofern – wie im Regelfall – von der Geldbuße KVGen betroffen sind. Es ist deshalb festzuhalten, dass die Verhängung von „umsatzabhängigen" Geldbußen gegen KVGen **zum gegenwärtigen Gesetzesstand nicht möglich** ist und das Gesetz bei nächster Gelegenheit ergänzt werden sollte. Spätestens anlässlich dieser Änderung wird der Gesetzgeber sich auch mit der bislang unklaren Frage auseinandersetzen müssen, welche Rechnungsvorschriften konkret für die

163 Vgl. *Mitsch* in KarlsruherKomm. OWiG, § 29a OWiG Rz. 24.

164 Vgl. *Engelhart*, Sanktionierung von Unternehmen und Compliance, S. 420; *Fromm*, SVR 2013, 454.

165 Vgl. nur *Eser* in Schönke/Schröder, § 73 StGB Rz. 6; *Fischer*, § 73 StGB Rz. 10; einschränkend *Mitsch* in KarlsruherKomm. OWiG, § 29a OWiG Rz. 29.

166 *Bohnert/Krenberger/Krumm*, § 17 OWiG Rz. 26, § 30 OWiG Rz. 42; *Rogall* in KarlsruherKomm. OWiG, § 30 OWiG Rz. 141. A.A. *Engelhart*, Sanktionierung von Unternehmen und Compliance, S. 437 ff.

167 Vgl. § 38 Abs. 4 Satz 1 GWB: An die Stelle der Umsatzerlöse tritt bei Kreditinstituten, Finanzinstituten, Bausparkassen sowie bei externen Kapitalverwaltungsgesellschaften i.S.d. § 17 Abs. 2 Nr. 1 des Kapitalanlagegesetzbuchs der Gesamtbetrag der in § 34 Abs. 2 Satz 1 Nr. 1 Buchstabe a bis e der Kreditinstituts-Rechnungslegungsverordnung in der jeweils geltenden Fassung genannten Erträge abzgl. der Umsatzsteuer und sonstiger direkt auf diese Erträge erhobener Steuern.

168 Vgl. BaFin, Merkblatt Ausnahme für Kapitalverwaltungsgesellschaften, Stand: April 2016.

verschiedenen Arten von KVGen gelten.[169] Dass es bei der notwendigen gesetzlichen Regelung **nur auf die eigentlichen Erträge** der KVG (insb. aus Provisionen) und **keinesfalls** auf die **Assets under Management** ankommen kann, versteht sich dabei von selbst.

Im Übrigen erklärt sich die von § 340 Abs. 8 Satz 1 KAGB vorgenommene Differenzierung zwischen Kreditinstituten und Finanzdienstleistungsunternehmen, Versicherungsunternehmen und sonstigen Unternehmensträgern dadurch, dass gewisse **bußgeldbewehrte Pflichten und Verbote des KAGB nicht auf KVGen beschränkt** sind, sondern auch andere Marktteilnehmer (insb. Kreditinstitute, Finanzdienstleistungsunternehmen und Versicherungsunternehmen) treffen können. Beispielsweise betreffen die Pflichten in §§ 71 ff. KAGB die **Verwahrstelle**, bei der es sich um ein Kreditinstitut oder eine Wertpapierfirma handelt (§§ 68 Abs. 2, 80 Abs. 2 KAGB). Eine Verletzung entsprechender Pflichten kann eine Ordnungswidrigkeit gem. § 340 Abs. 2 Nr. 25 bis 30 KAGB darstellen, die in § 340 Abs. 7 Nr. 1 KAGB mit einer umsatzbezogenen Geldbuße belegt ist. Ferner treffen die Informations- und Hinweispflichten in § 297 KAGB all diejenigen, die OGAW und AIF vertreiben, also Vertriebsbanken, Finanzdienstleistungsunternehmen oder (falls sie sich innerhalb der Bereichsausnahme des § 2 Abs. 6 KWG halten) Finanzanlagevermittler gem. § 34f GewO. Gleiches gilt für die Anforderung an Werbung in § 302 ff. KAGB, dessen Verletzung gem. §§ 340 Abs. 2 Nr. 78 und 79, 79a, Abs. 7 Nr. 1 KAGB ebenfalls mit einer umsatzbezogenen Geldbuße sanktioniert ist. Bei Kreditinstituten oder Versicherungsunternehmen sind die in Ansatz zu bringenden Ertragsposten jeweils in der RechKredV bzw. der RechVersV niedergelegt. Abzuziehen sind jeweils Umsatzsteuer und die sonstigen direkt auf diese Erträge erhobenen Steuern. 173

Bei konzernangehörigen Unternehmen ist gem. § 340 Abs. 8 Satz 2 KAGB auf den Umsatz im **Konzernabschluss des Mutterunternehmens** abzustellen, der für den größten Kreis von Unternehmen aufgestellt wird, da der gesamte Konzern eine größere Wirtschaftskraft besitzt und deshalb, so der Gesetzgeber, „auch höhere Geldbußen möglich sein müssen".[170] Maßgeblich ist der Konzern mit dem größten Konsolidierungskreis. Stellt das Mutterunternehmen dieses Konzerns seinen Konzernabschluss nicht nach den in Satz 1 genannten Rechnungslegungsrichtlinien auf, treten vergleichbare Posten an die Stelle der Ertragsposten, die zur Ermittlung des Gesamtumsatzes anzusetzen sind. Das kann auf IFRS-Konzernabschlüsse zutreffen, gilt aber in erster Linie für Konzernabschlüsse von Unternehmen mit Sitz in Drittstaaten. Durch diese weite Betrachtungsweise soll eine Gleichbehandlung der auf den europäischen Binnenmarkt beschränkten Konzerne und weltweit agierender Konzerne sichergestellt werden.[171] 174

Ausschlaggebend ist der „Gesamtumsatz", den das Unternehmen im Geschäftsjahr vor der Behördenentscheidung erzielt hat. Steht der Jahres- oder Konzernabschluss des vorangegangenen Geschäftsjahrs (noch) nicht zur Verfügung, ist der des Vorjahres maßgeblich (§ 340 Abs. 8 Satz 5 KAGB). Damit soll insbesondere für den Fall eine praktikable Lösung bestehen, dass die Bundesanstalt kurze Zeit nach Ablauf eines Geschäftsjahres und damit während der Aufstellungs- oder Prüfungsphase des Jahres- oder Konzernabschlusses eine Geldbuße verhängen muss.[172] Steht auch für das Vorjahr kein Jahres- oder Konzernabschluss zur Verfügung, kann die BaFin den Gesamtumsatz schätzen, § 340 Abs. 8 Satz 6 KAGB. 175

XVII. Verfahrensrecht (§ 340 Abs. 10 KAGB)

1. Verfolgungs- und Ahndungszuständigkeit der BaFin

§ 340 Abs. 10 KAGB weist die **sachliche** Zuständigkeit zur Verfolgung und Ahndung von Ordnungswidrigkeiten der BaFin zu. Die BaFin ist damit die zuständige Verwaltungsbehörde i.S.v. § 36 Abs. 1 Nr. 1 OWiG. § 35 OWiG unterscheidet zwischen der Verfolgung und der Ahndung von Ordnungswidrigkeiten. **Verfolgung** (vgl. § 35 Abs. 1 OWiG) meint zum einen die selbstständige und eigenverantwortliche Aufklärung des Sachverhalts im Ermittlungsverfahren, zum anderen die unmittelbare und verantwortliche Mitwirkung an einer gerichtlichen Entscheidung. **Ahndung** der Ordnungswidrigkeit (vgl. § 35 Abs. 2 OWiG) meint die Festsetzung der angedrohten Rechtsfolgen, insb. durch Erlass eines Bußgeldbescheids.[173] Die Bafin ist ohne Einschränkung im gesamten Bundesgebiet **örtlich** zuständig. 176

Die BaFin ist somit einerseits gem. § 5 KAGB für die laufende Aufsicht und Überwachung und andererseits gem. § 340 Abs. 10 KAGB für die Verfolgung und Ahndung von Ordnungswidrigkeiten zuständig. Da die 177

169 So gilt die Regelung des § 38 KAGB nur für externe KVG und nicht für registrierungspflichtige „kleine" AIF-KVG.
170 RegE, BT-Drucks. 18/6744, S. 72.
171 RegE, BT-Drucks. 18/6744, S. 72.
172 RegE, BT-Drucks. 18/6744, S. 72.
173 *Lampe* in KarlsruherKomm. OWiG, § 35 OWiG Rz. 9 u. Rz. 19.

laufende Überwachung und Aufsicht verwaltungsrechtlichen Verfahrensregeln folgt, während das Bußgeldverfahren im Wesentlichen strafverfahrensrechtlichen Regeln und Besonderheiten unterliegt, ist diese Doppelzuständigkeit im Hinblick auf das sog. **Verbot der Rollenvertauschung**[174] nicht ganz unproblematisch. Unzulässig wäre es etwa, wenn spezifische strafprozessuale (Beschuldigten-)Rechte und Belehrungspflichten durch Maßnahmen der laufenden Aufsicht ausgehebelt werden. Um dieser Gefahr vorzubeugen, ist innerhalb der BaFin das zuständige spezialisierte Bußgeldreferat[175] funktional und organisatorisch von denjenigen Referaten der Abteilung Wertpapieraufsicht/Asset-Management getrennt, welche die Aufgaben der laufenden Überwachung und Aufsicht gem. § 5 Abs. 1 KAGB wahrnehmen.[176]

2. Bußgeldverfahren

178 Das von der BaFin geführte Bußgeldverfahren folgt den Verfahrensvorschriften der §§ 46 ff. OWiG. Gemäß § 46 Abs. 1 OWiG gelten hierfür „sinngemäß" die Vorschriften der StPO, sofern das OWiG keine besonderen Regelungen enthält. Ein wesentlicher Unterschied zur StPO besteht in der Geltung des sog. **Opportunitätsprinzips**. Während die Staatsanwaltschaft nach dem Legalitätsgrundsatz (§ 152 Abs. 2 StPO) verpflichtet ist, bei entsprechenden Verdachtsmomenten „wegen aller verfolgbaren Straftaten einzuschreiten", liegt die Verfolgung von Ordnungswidrigkeiten nach § 47 Abs. 1 OWiG „im pflichtgemäßen Ermessen der Verfolgungsbehörde". Die Verfolgungsbehörden sind somit selbst bei Vorliegen eines Anfangsverdachts nicht zur Einleitung eines Bußgeldverfahrens oder zur Ahndung verpflichtet. Für die Entscheidung, ob ein Bußgeldverfahren eingeleitet wird, sind in erster Linie **Zweckmäßigkeitserwägungen** maßgeblich. Die Verfolgung kann etwa bei Bagatell- oder bloßen Formalverstößen, bei unverhältnismäßigem Ermittlungsaufwand, bei geringem Verschulden infolge unklarer Rechtslage, bei Kooperation des Betroffenen oder bei Schadenswiedergutmachung unzweckmäßig sein.[177]

179 Entscheidet sich die BaFin zur Verfolgung einer Ordnungswidrigkeit, leitet sie durch förmlichen Einleitungsvermerk ein **Vorverfahren** ein.[178] Häufig erhält der Betroffene zugleich ein verjährungsunterbrechendes Anhörungsschreiben mit der Gelegenheit zur Stellungnahme. Im Rahmen des Vorverfahrens kann die BaFin auf zahlreiche strafprozessuale Ermittlungsbefugnisse und Zwangsmaßnahmen (insb. Durchsuchungen, allerdings keine Verhaftungen, vgl. § 46 Abs. 3 Satz 1 OWiG) zurückgreifen. Von diesen Möglichkeiten wird „in der Mehrzahl der Fälle" auch reger Gebrauch gemacht.[179] Der Betroffene kann sich in jeder Lage des Verfahrens des Beistands eines Verteidigers bedienen, dem insb. **Akteneinsicht** gewährt werden muss, § 46 Abs. 1 OWiG i.V.m. § 147 StPO.

180 Hat sich der Vorwurf nach Auffassung des zuständigen Sachbearbeiters bestätigt, wird auf seine Empfehlung in einem Kollegialgremium, an dem mindestens drei Mitarbeiter des Bußgeldreferats teilnehmen, ein Bußgeldbescheid erlassen (§ 65 OWiG), der die Form des § 66 OWiG hat. Andernfalls ist das Verfahren einzustellen. Gegen den Bußgeldbescheid kann gem. § 67 OWiG binnen zwei Wochen nach Zustellung Einspruch eingelegt werden. Der wirksame Einspruch führt zum **gerichtlichen Verfahren** nach §§ 68 ff. OWiG. Im gerichtlichen Verfahren ist der **Einzelrichter** beim Amtsgericht Frankfurt am Main, § 68 Abs. 1 OWiG i.V.m. § 1 Abs. 3 Satz 2 FinDAG zuständig. Dementsprechend übersendet die BaFin die Bußgeldakte der Staatsanwaltschaft Frankfurt am Main, bei der die **Schwerpunktstaatsanwaltschaft für Wirtschaftsstrafsachen** den Fall übernimmt. Während gerichtliche Verfahren bislang Seltenheitswert haben, ist angesichts der erheblich gestiegenen umsatzabhängigen Bußgeldrahmen mittelfristig mit einer Zunahme streitiger Verfahren zu rechnen. Ein Verfahren vor dem Einzelrichter am Amtsgericht dürfte diesen Fällen häufig nicht angemessen sein, weshalb der Gesetzgeber zu gegebener Zeit zu prüfen hat, ob die **Schaffung einer gerichtlichen Spezialzuständigkeit** analog zum Kartellordnungswidrigkeitenrecht erforderlich ist.

181 Gegen die Entscheidung des Amtsgerichts ist gem. §§ 79 ff. OWiG **Rechtsbeschwerde** statthaft, über die der Bußgeldsenat (§ 80a OWiG) des OLG Frankfurt am Main entscheidet, § 79 Abs. 3 OWiG i.V.m. § 121 Abs. 1 Nr. 1 lit. a GVG.

---

174 Hierzu ausführlich *Vogel* in Assmann/Uwe H. Schneider, 6. Aufl. 2012, § 40 WpHG Rz. 8 ff.; *Spoerr* in Assmann/Uwe H. Schneider/Mülbert, 7. Aufl. 2019, § 121 WpHG Rz. 16 ff.

175 Derzeit WA 17 (Ordnungswidrigkeitenverfahren), s. Organisationsplan der Bundesanstalt für Finanzdienstleistungsaufsicht – Stand: 1.7.2018.

176 *Canzler/Hammermeier*, AG 2014, 57 (59).

177 *Vogel* in Assmann/Uwe H. Schneider, 6. Aufl. 2012, § 40 WpHG Rz. 5; *Spoerr* in Assmann/Uwe H. Schneider/Mülbert, 7. Aufl. 2019, § 121 WpHG Rz. 10.

178 *Canzler/Hammermeier*, AG 2014, 57 (63).

179 *Canzler/Hammermeier*, AG 2014, 57 (63).

3. Verständigung (Settlement)

„Settlement" ist die einvernehmliche Verfahrensbeendigung, die meist aus prozessökonomischen Gründen erfolgt, da sie regelmäßig zu einer Beschleunigung und Verkürzung der komplexen und ressourcenintensiven Bußgeldverfahren führt. Im Gegenzug mindert sich häufig die Geldbuße durch die BaFin um **Bußgeldabschläge** von bis zu 30 Prozent. Das Settlementverfahren trägt Züge eines Vergleichsverfahrens und spielt in der kapitalmarktrechtlichen Bußgeldpraxis der BaFin eine ganz erhebliche Rolle; die **Settlementquote** liegt bei **ca. 50 Prozent.**[180] 182

Ungeachtet der praktischen Relevanz sind die Bedingungen eines Settlements in den Ordnungswidrigkeitenverfahren vor der Verwaltungsbehörde **einfachgesetzlich nicht geregelt.**[181] Dies beruht auf der Erwägung des Gesetzgebers, dass für eine gesetzliche Regelung „kein nennenswerter praktischer Bedarf erkennbar" sei und eine solche Regelung „das summarische Verfahren der Verwaltungsbehörde übermäßig formalisieren" würde.[182] Trotz dieses Verzichts auf eine gesetzliche Regelung seien die Verfahrensbeteiligten allerdings nicht gehindert, „auch zukünftig im behördlichen Verfahren im Ausnahmefall eine ‚informelle' Verständigung zu erreichen, wobei bereits das auch hier geltende Gebot des fairen Verfahrens es unverändert erfordert, dabei die zentralen rechtsstaatlichen Anforderungen [...] zu beachten".[183] Angesichts der umsatzabhängigen Bußgeldrahmen im Bereich kapitalmarktrechtlicher Delinquenz, die theoretisch Geldbußen in Milliardenhöhe ermöglichen, erscheint es allerdings nicht ausgeschlossen, dass sich eine gesetzliche Regelung in Zukunft als notwendig erweist, zumal ein Betroffener nach derzeitiger Rechtslage grundsätzlich keinen Anspruch auf Durchführung eines Settlementverfahrens hat. 183

Im Gegensatz zur angloamerikanischen Praxis sind nach deutschem Ordnungswidrigkeitenrecht keine Vereinbarungen möglich, die ein Bußgeldverfahren ohne einen Schuldspruch beenden.[184] Auch kennt das Bußgeldverfahren keine dem § 153a StPO vergleichbare Regelung, das Strafverfahren gegen geeignete Auflagen (meist Geldzahlungen an die Staatskasse oder gemeinnützige Einrichtungen) ohne Schuldspruch einzustellen. Im Gegenteil darf im Bußgeldverfahren gem. § 47 Abs. 3 OWiG die Einstellung nicht von der Zahlung eines Geldbetrages an eine gemeinnützige Einrichtung oder sonstige Stelle abhängig gemacht oder damit in Zusammenhang gebracht werden. Ein Settlementverfahren kommt deshalb nicht in Betracht, wenn der Betroffene den Vorwurf bestreitet, sondern setzt in der Regel ein **Geständnis** voraus. Dieses Geständnis wird bei der Bußgeldbemessung als mildernder Umstand gewertet und führt in der Bußgeldpraxis zu einer **Minderung des Bußgeldes (Settlement-Abschlag) um bis zu 30 Prozent**. Die BaFin stützt sich insoweit auf das ihr in § 47 Abs. 1 OWiG und § 340 Abs. 7 KAGB eingeräumte Ermessen. 184

§ 341 Beteiligung der Bundesanstalt und Mitteilungen in Strafsachen

(1) [1]Das Gericht, die Strafverfolgungs- oder die Strafvollstreckungsbehörde hat in Strafverfahren gegen bedeutend beteiligte Inhaber, Geschäftsleiter oder Mitglieder der Verwaltungs- oder Aufsichtsorgane von Verwaltungsgesellschaften, extern verwalteten Investmentgesellschaften oder Verwahrstellen oder deren jeweilige gesetzliche Vertreter oder persönlich haftende Gesellschafter wegen Verletzung ihrer Berufspflichten oder anderer Straftaten bei oder im Zusammenhang mit der Ausübung eines Gewerbes oder dem Betrieb einer sonstigen wirtschaftlichen Unternehmung, ferner in Strafverfahren, die Straftaten nach § 339 zum Gegenstand haben, im Fall der Erhebung der öffentlichen Klage der Bundesanstalt

1. die Anklageschrift oder eine an ihre Stelle tretende Antragsschrift,

2. den Antrag auf Erlass eines Strafbefehls und

3. die das Verfahren abschließende Entscheidung mit Begründung

zu übermitteln; ist gegen die Entscheidung ein Rechtsmittel eingelegt worden, ist die Entscheidung unter Hinweis auf das eingelegte Rechtsmittel zu übermitteln. [2]In Verfahren wegen fahrlässig be-

---

180 Vgl. *von Buttlar*, BaFin Journal Juli 2016, 18 (23).

181 Für Verständigungen im gerichtlichen Verfahren gelten demgegenüber gewisse Mindestanforderungen an Verständigungen, vgl. § 78 Abs. 2 OWiG.

182 RegE zum Entwurf eines Gesetzes zur Regelung der Verständigung im Strafverfahren (Verständigungsgesetz), BT-Drucks. 16/12310, S. 16.

183 RegE zum Verständigungsgesetz, BT-Drucks. 16/12310, S. 16.

184 Vgl. *von Buttlar*, BaFin Journal Juli 2016, 18 (23).

gangener Straftaten werden die in den Nummern 1 und 2 bestimmten Übermittlungen nur vorgenommen, wenn aus der Sicht der übermittelnden Stelle unverzüglich Entscheidungen oder andere Maßnahmen der Bundesanstalt geboten sind.

(2) [1]In Strafverfahren, die Straftaten nach § 339 zum Gegenstand haben, hat die Staatsanwaltschaft die Bundesanstalt bereits über die Einleitung des Ermittlungsverfahrens zu unterrichten, soweit dadurch eine Gefährdung des Ermittlungszwecks nicht zu erwarten ist. [2]Erwägt die Staatsanwaltschaft, das Verfahren einzustellen, so hat sie die Bundesanstalt zu hören.

(3) [1]Werden sonst in einem Strafverfahren Tatsachen bekannt, die auf Missstände in dem Geschäftsbetrieb einer Verwaltungsgesellschaft, extern verwalteten Investmentgesellschaft oder Verwahrstelle hindeuten und ist deren Kenntnis aus der Sicht der übermittelnden Stelle für Maßnahmen der Bundesanstalt nach diesem Gesetz erforderlich, soll das Gericht, die Strafverfolgungs- oder die Strafvollstreckungsbehörde diese Tatsachen ebenfalls mitteilen, soweit nicht für die übermittelnde Stelle erkennbar ist, dass schutzwürdige Interessen des Betroffenen überwiegen. [2]Dabei ist zu berücksichtigen, wie gesichert die zu übermittelnden Erkenntnisse sind.

(4) [1]Der Bundesanstalt ist auf Antrag Akteneinsicht zu gewähren, soweit nicht für die Akteneinsicht gewährende Stelle erkennbar ist, dass schutzwürdige Interessen des Betroffenen überwiegen. [2]Absatz 3 Satz 2 gilt entsprechend.

In der Fassung vom 4.7.2013 (BGBl. I 2013, S. 1981).

Schrifttum: *Feigen*, Strafjustiz durch die BaFin?, Strafverteidigung im Rechtsstaat, 25 Jahre Arbeitsgemeinschaft Strafrecht des Deutschen Anwaltvereins, 2009; *Golembiewski*, Mitteilungen durch die Justiz: verfassungsrechtliche Grundlagen und rechtsdogmatische Strukturen des Justizmitteilungsgesetzes, 1. Aufl. 2000; *Wollweber*, Iustitias langer Arm – Analyse und Kritik des Justizmitteilungsgesetzes, NJW 1997, 2248.

I. Allgemeines

1 Die Vorschrift ist **Rechtsgrundlage für den Informationsaustausch** zwischen der BaFin und den Gerichten bzw. den Strafverfolgungsbehörden. Die Notwendigkeit von gesetzlichen Ermächtigungsgrundlagen für die Weitergabe von Daten ist Ausfluss des **Grundrechts auf informationelle Selbstbestimmung.**[1] Eine europarechtliche Grundlage hat die Norm nicht.[2] Die Vorgängervorschrift des § 143b InvG erklärte in Bezug auf die Mitteilungspflichten schlicht durch Verweisung die Vorschrift des § 60a KWG für entsprechend anwendbar. Demgegenüber wurde nunmehr der Wortlaut des § 60a KWG mit nur wenigen Anpassungen in § 341 KAGB übernommen.

2 Durch den in § 341 KAGB vorgesehenen Informationsaustausch mit der BaFin – entsprechende Regelungen finden sich auch in den übrigen Aufsichtsgesetzen (§ 60a KWG, § 334 VAG, § 122 WpHG, § 65 ZAG) – soll eine **frühzeitige Kenntnis der BaFin** von bestimmten Strafverfahren gewährleistet werden, die sich gegen einen im Gesetz festgelegten Kreis von Beschuldigten richten.[3] Damit wird der BaFin eine zusätzliche **Informationsquelle** erschlossen, die insbesondere für die Beurteilung der Zuverlässigkeit relevant sein kann. Daneben hat die Vorschrift aber auch eine den Beschuldigten schützende Funktion, indem sie den Umfang des Datenaustauschs begrenzt. § 341 KAGB ist *lex specialis* zu den Vorschriften des §§ 12 ff. EGGVG,[4] welche die Übermittlungsbefugnisse der Staatsanwaltschaften und Gerichte im Allgemeinen regeln.

3 Weiterhin wird die Regelung des § 341 KAGB in der für die Praxis wichtigen **Anordnung über Mitteilungen in Strafsachen** (sog. **MiStra**) aufgegriffen. Die MiStra ist eine Verwaltungsvorschrift, deren Adressaten nicht die Bürger, sondern die Gerichte und Staatsanwaltschaften sind. Die MiStra soll den Informations-

1 BVerfG v. 15.12.1983 – 1 BvR 209/83, 1 BvR 269/83, 1 BvR 362/83, 1 BvR 420/83, 1 BvR 440/83, 1 BvR 484/83, BVerfGE 65, 1 = NJW 1984, 419.
2 *Alten* in Moritz/Klebeck/Jesch, § 341 KAGB Rz. 3.
3 BT-Drucks. 17/12294, 299; *Alten* in Moritz/Klebeck/Jesch, § 341 KAGB Rz. 1.
4 *Mayer* in KarlsruherKomm. StPO, 7. Aufl. 2013, § 12 EGGVG Rz. 3.

fluss ordnen und standardisieren.[5] Die Regelungen des § 341 KAGB werden seit dem 1.1.2016 in der MiStra auch in der Nr. 25c und 29 aufgegriffen. Diese enthalten aber (abgesehen von der Adresse der zuständigen Stelle der BaFin) keine über § 341 KAGB hinausgehenden Anforderungen.

II. Mitteilungspflicht nach § 341 Abs. 1 KAGB

Adressat der Mitteilungspflicht des § 341 Abs. 1 KAGB sind die Gerichte, die Strafverfolgungs- sowie die Strafvollstreckungsbehörden. Der parallelen Nennung von Strafverfolgungs- und Strafvollstreckungsbehörden wird gemeinhin kein weiterer Sinn beigemessen, da die Strafvollstreckung gem. § 451 Abs. 1 StPO grundsätzlich der Staatsanwaltschaft (also einer Strafverfolgungsbehörde) übertragen ist.[6] Theoretisch vorstellbar ist allerdings, dass im Wege der Vollstreckungshilfe eine Strafe im Ausland erkannt wurde, aber in Deutschland vollstreckt wird. In diesem Fall wären auch die ausländischen Entscheidungen durch die deutschen Strafvollstreckungsbehörden an die BaFin zu übermitteln. 4

Die **Mitteilungspflicht umfasst** die Anklageschrift oder eine an ihre Stelle tretende Antragsschrift – z.B. Antragsschriften im Sicherungsverfahren (§ 413 StPO) oder im selbständigen Einziehungsverfahren (§ 435 StPO) –, den Antrag auf Erlass eines Strafbefehls und jede Entscheidung, durch die das Strafverfahren **nach Anklageerhebung** abgeschlossen wird. Davon umfasst sind Urteile (sofern ein Rechtsmittel eingelegt wurde, ist hierauf hinzuweisen) und Einstellungsbeschlüsse des Gerichts (§§ 153 ff., 206a, 206b StPO), nicht aber Einstellungsverfügungen der Staatsanwaltschaft im Ermittlungsverfahren (auch nicht, wenn sie der Zustimmung des Gerichts bedürfen).[7] Eine weitergehende Regelung enthält § 341 Abs. 2 KAGB bei Verfahren wegen Straftaten nach § 339 KAGB, bei denen die Staatsanwaltschaft die BaFin bereits über die Einleitung des Ermittlungsverfahrens zu unterrichten hat (vgl. Rz. 9). 5

Die Mitteilungspflichten **bestehen nur in bestimmten Strafverfahren**, nämlich 6

- In **Strafverfahren** gegen bedeutend beteiligte (vgl. § 1 Abs. 19 Nr. 6 KAGB) Inhaber, Geschäftsleiter oder Mitglieder der Verwaltungs- oder Aufsichtsorgane von Verwaltungsgesellschaften, extern verwalteten Investmentgesellschaften oder Verwahrstellen oder deren jeweilige gesetzliche Vertreter oder persönlich haftende Gesellschafter wegen **Verletzung ihrer Berufspflichten** oder anderer **Straftaten bei oder im Zusammenhang mit der Ausübung eines Gewerbes** oder dem Betrieb einer sonstigen wirtschaftlichen Unternehmung, wobei die Tat einen naheliegenden Zusammenhang zu den typischen Geschäften der KVG enthalten und einen Verstoß gegen die Pflichten eines ordentlichen Geschäftsführers beinhalten muss, wie dies insbesondere bei Strafverfahren wegen Betrugs zum Nachteil der Anleger (§ 263 StGB), Kapitalanlagebetrugs (§ 264a StGB), Untreue (§ 266 StGB)[8] oder auch wegen unrichtiger Darstellung (§ 331 HGB) der Fall sein kann; sowie
- bei **Strafverfahren**, die zumindest auch **Straftaten nach § 339 KAGB** (Geschäftsbetrieb ohne Erlaubnis oder Registrierung sowie Verletzung der insolvenzbezogenen Anzeigepflicht) zum Gegenstand haben, selbst wenn sie nicht von bedeutend beteiligten Inhabern etc. begangen worden sind.

Ob eine Straftat bei oder im Zusammenhang mit der Ausübung eines Gewerbes oder einer sonstigen wirtschaftlichen Unternehmung erfolgt, ist eine Frage des Einzelfalls. Nicht jede Straftat kann eine Mitteilungspflicht auslösen.[9] Obwohl der Bereich der Kapitalanlage stark reglementiert ist, macht dies den Betreiber nicht gänzlich gläsern. Sein Recht auf informationelle Selbstbestimmung ist auch hier zu berücksichtigen. 7

Bei Strafverfahren wegen **fahrlässiger Vergehen** darf die Übermittlung nur erfolgen, wenn aus der Sicht der übermittelnden Stelle unverzüglich Entscheidungen oder andere Maßnahmen der BaFin geboten sind, § 341 Abs. 1 S. 2 KAGB. 8

III. Beteiligung der BaFin (§ 341 Abs. 2 KAGB)

§ 341 Abs. 2 KAGB verpflichtet die Staatsanwaltschaft bereits zur Mitteilung über die **Einleitung eines Ermittlungsverfahrens**, das Straftaten nach § 339 KAGB zum Gegenstand hat. Die **Mitteilungspflicht** ent- 9

5 *Coen* in BeckOK StPO, MiStra 1 Grundsatz, Rz. 2 f.
6 In diese Richtung etwa *Alten* in Moritz/Klebeck/Jesch, § 341 KAGB Rz. 9; ebenso für § 60a KWG *Häberle* in Erbs/Kohlhaas, Strafrechtliche Nebengesetze, § 60a KWG Rz. 3.
7 *Vogel* in Assmann/Uwe H. Schneider, 6. Aufl. 2012, § 40a WpHG Rz. 16; *Spoerr* in Assmann/Uwe H. Schneider/Mülbert, 7. Aufl. 2019, § 122 WpHG Rz. 24.
8 Vgl. *Alten* in Moritz/Klebeck/Jesch, § 341 KAGB Rz. 20.
9 Weitergehend *Alten* in Moritz/Klebeck/Jesch, § 341 KAGB Rz. 20.

steht mit der Einleitung des Ermittlungsverfahrens. Vorermittlungen (AR-Vorgänge) sind noch nicht umfasst.

10 Mit der frühzeitigen Unterrichtung soll die BaFin in die Lage versetzt werden, bei Verstößen gegen § 339 KAGB unverzüglich zu reagieren und die Einleitung von Verwaltungsmaßnahmen zu prüfen sowie gegenüber der Staatsanwaltschaft rechtzeitig zur Sache oder zur Rechtslage Stellung zu nehmen.[10]

11 Daneben ist die BaFin von der Staatsanwaltschaft zu hören, wenn die Staatsanwaltschaft die Einstellung des Verfahrens erwägt. Die BaFin hat allerdings kein „Veto-Recht", sondern kann lediglich von der Einstellung abraten. **Sinn und Zweck** dieser vorgeschriebenen Anhörung ist die Vereinheitlichung der Entscheidungen staatlicher Stellen und die Nutzung der besonderen Sachkunde der BaFin.[11] Gleichwohl muss eine Trennung zwischen Staatsanwaltschaft und BaFin bestehen bleiben und darf die faktische Leitung des Strafverfahrens nicht von der Staatsanwaltschaft auf die BaFin übergehen. Eine **Einstellung ohne die vorgeschriebene Anhörung ist wirksam** und kann von der Bundesanstalt nicht angefochten werden.[12]

IV. Mitteilungen nach § 341 Abs. 3 KAGB

12 Die Vorschrift des § 341 Abs. 3 KAGB kommt ausweislich ihres Wortlauts („Werden sonst in einem Strafverfahren") nur in den Fällen zur Anwendung, die nicht schon von den § 341 Abs. 1 und 2 KAGB erfasst sind.[13] Die Regelung ist nicht mehr als Pflicht-, sondern als **Sollvorschrift** ausgestaltet. Das gewährt den Gerichten und Behörden einen im Vergleich zu den Absätzen 1 und 2 breiteren Abwägungsspielraum, zumal der Begriff der **Missstände** denkbar weit ist. Im Unterschied zu den Regelungen des § 341 Abs. 1 und 2 KAGB muss sich das Strafverfahren nicht gegen die Inhaber etc. einer Verwaltungsgesellschaft, extern verwalteten Investmentgesellschaft oder Verwahrstelle richten. Vielmehr ist denkbar, dass diese Personen im Verfahren Zeugen sind oder gar kein unmittelbarer Bezug zur KVG besteht. Die von § 341 Abs. 3 KAGB umfassten Tatsachen können somit aus jedem Strafverfahren stammen. Das führt dazu, dass auch Ermittlungsmaßnahmen umfasst sein können, die in hohem Maße grundrechtssensitiv sind.

13 Bei der von § 341 Abs. 3 KAGB vorgesehenen **Interessenabwägung** ist deshalb zu berücksichtigen, dass – insbesondere vor dem Hintergrund des Rechts auf informationelle Selbstbestimmung – ein **Bezug zum Regelungsregime des KAGB** bestehen muss. Die dahingehende Prüfung hat das Gericht oder die Staatsanwaltschaft selbst durchzuführen. Der Bezug zum Regelungsregime bedeutet, dass nicht alle Verfehlungen der genannten Personen relevant sein können. Es sind vielmehr nur solche, die auf eine Unzuverlässigkeit oder auf eine Gefährdung der Anleger hindeuten. Bei rein privaten Verfehlungen eines Betreibers wird dies in der Regel nicht der Fall sein. Auch hier gilt, dass der Betreiber nicht zum gläsernen Bürger werden darf.

14 Mitgeteilt werden dürfen nur die jeweiligen Tatsachen, welche die Voraussetzungen des § 341 Abs. 3 KAGB erfüllen. Anders als bei § 341 Abs. 1 KAGB dürfen vollständige Anklageschriften, Entscheidungen etc. nicht übermittelt werden.[14]

V. Akteneinsichtsrecht (§ 341 Abs. 4 KAGB)

15 Nach § 341 Abs. 4 KAGB ist der BaFin auf Antrag – nicht von Amts wegen – Akteneinsicht zu gewähren, soweit nicht für die Akteneinsicht gewährende Stelle erkennbar ist, dass schutzwürdige Interessen des Betroffenen überwiegen. Überwiegende schutzwürdige Interessen des Betroffenen dürften seltene Ausnahme bleiben, zumal die bei der BaFin beschäftigten Personen gem. § 8 KAGB i.V.m. § 9 KWG zur Verschwiegenheit verpflichtet sind. Eine Einschränkung des Akteneinsichtsrechts bei einer Gefährdung des Untersuchungszwecks – wie etwa in der Parallelvorschrift des § 122 Abs. 3 WpHG – ist nicht vorgesehen.

---

10 BT-Drucks. 17/12294, 299; *Alten* in Moritz/Klebeck/Jesch, § 341 KAGB Rz. 11.

11 *Alten* in Moritz/Klebeck/Jesch, § 341 KAGB Rz. 24.

12 *Vogel* in Assmann/Uwe H. Schneider, 6. Aufl. 2012, § 40a WpHG Rz. 8; *Spoerr* in Assmann/Uwe H. Schneider/Mülbert, 7. Aufl. 2019, § 122 WpHG Rz. 14.

13 *Alten* in Moritz/Klebeck/Jesch, § 341 KAGB Rz. 21.

14 *Vogel* in Assmann/Uwe H. Schneider, 6. Aufl. 2012, § 40a WpHG Rz. 22; *Spoerr* in Assmann/Uwe H. Schneider/Mülbert, 7. Aufl. 2019, § 122 WpHG Rz. 30.

VI. Unterrichtung und Rechtsschutz

§ 21 Abs. 2 Satz 1 EGGVG sieht eine **Unterrichtung des Betroffenen** über die Übermittlung von Daten von Amts wegen nur dann vor, wenn der Betroffene nicht zugleich der Beschuldigte ist. Dem Beschuldigten bleibt nur die Möglichkeit, die näheren Einzelheiten der Datenübermittlung über ein Auskunftsersuchen nach § 21 Abs. 1 EGGVG in Erfahrung zu bringen.[15] Das Gesetz sieht ansonsten **kein eigenes Anhörungsrecht** im Vorfeld einer Übermittlung vor. Der Beschuldigte kann sich daher effektiv nicht gegen eine Übermittlung wehren, was vor dem Hintergrund des Rechts auf informationelle Selbstbestimmung durchaus fragwürdig erscheinen mag. 16

Bei den Entscheidungen, die auf Grundlage des § 341 KAGB ergehen, handelt es sich um sog. **Justizverwaltungsakte.** Gegen solche eröffnet § 23 Abs. 1 EGGVG den Rechtsweg zu den ordentlichen Gerichten. Das gilt auch, wenn die Entscheidung in einem laufenden, gerichtlichen Verfahren erfolgt: Die Entscheidung ist dann kein Akt der Rechtsprechung, sondern einer der öffentlichen Gewalt i.S.d. Art. 19 Abs. 4 GG.[16] **Nachträglicher Rechtsschutz** gegen die Übermittlung kann auch im Wege eines Fortsetzungsfeststellungsantrags erfolgen. Das berechtigte Interesse nach § 28 Abs. 1 Satz 4 EGGVG muss dann im Wege der Einzelfallabwägung festgestellt werden. 17

§ 341a Bekanntmachung von bestandskräftigen Maßnahmen und unanfechtbar gewordenen Bußgeldentscheidungen

(1) [1]Bestandskräftige Maßnahmen und unanfechtbar gewordene Bußgeldentscheidungen der Bundesanstalt nach diesem Gesetz

1. **wegen Verstößen gegen Gebote und Verbote im Zusammenhang mit OGAW, die in § 340 Absatz 7 Nummer 1 in Bezug genommen werden,** ***[(Geplante Einfügung:) sowie wegen Verstößen gegen Gebote und Verbote nach den Artikeln 6, 7, 9 oder 27 Absatz 1 der Verordnung (EU) 2017/2402,]*** **muss die Bundesanstalt und**
2. **wegen Verstößen gegen Gebote und Verbote, die in § 340 Absatz 7 Nummer 2 oder Nummer 3 oder Absatz 3 oder im Zusammenhang mit AIF in § 340 Absatz 7 Nunmer 1 in Bezug genommen werden, kann die Bundesanstalt und**
3. **wegen Verstößen gegen die Verordnung (EU) 2015/2365 und die Verordnung (EU) 2016/1011 im Zusammenhang mit OGAW und AIF muss die Bundesanstalt**

nach Unterrichtung des Adressaten der Maßnahme oder Bußgeldentscheidung auf ihrer Internetseite bekanntmachen. [2]In der Bekanntmachung sind Art und Charakter des Verstoßes und die für den Verstoß verantwortlichen natürlichen Personen und juristischen Personen oder Personenvereinigungen zu benennen. ***[(Geplante Anfügung:) [3]Betreffen die bestandskräftigen Maßnahmen oder unanfechtbar gewordenen Bußgeldentscheidungen nach Satz 1 Nummer 1 Verstöße gegen die Verordnung (EU) 2017/2402, so ist zusätzlich die verhängte Maßnahme oder Bußgeldentscheidung zu nennen.]***

(2) [1]Die Bekanntmachung nach Absatz 1 ist solange aufzuschieben, bis die Gründe für die Nichtbekanntmachung entfallen sind, wenn

1. **die Bekanntmachung der Identität der juristischen Personen oder Personenvereinigung oder der personenbezogenen Daten natürlicher Personen unverhältnismäßig wäre,**
2. **die Bekanntmachung die Stabilität der Finanzmärkte gefährden würde oder**
3. **die Bekanntmachung laufende Ermittlungen gefährden würde.**

[2]Anstelle einer Aufschiebung kann die Bekanntmachung auf anonymisierter Basis erfolgen, wenn hierdurch ein wirksamer Schutz der Informationen nach Satz 1 Nummer 1 gewährleistet ist. [3]Erfolgt die Bekanntmachung gemäß Satz 2 auf anonymisierter Basis und ist vorhersehbar, dass die Gründe der anonymisierten Bekanntmachung innerhalb eines überschaubaren Zeitraums wegfallen werden, so kann die Bekanntmachung der Informationen nach Satz 1 Nummer 1 entsprechend aufgeschoben werden.

15 Kritisch dazu *Wollweber*, NJW 1997, 2288 (2289).
16 BVerfG v. 2.12.2014 – 1 BvR 3106/09, NJW 2015, 610 (611).

(3) [1]Eine Bekanntmachung darf nicht erfolgen, wenn die Maßnahmen nach Absatz 2 nicht ausreichend sind, um eine Gefährdung der Finanzmarktstabilität auszuschließen oder die Verhältnismäßigkeit der Bekanntmachung in Ansehung des Verstoßes sicherzustellen. [2]Zudem darf eine Bekanntmachung nach Absatz 1 Satz 1 Nummer 2 nicht erfolgen, wenn sich diese nachteilig auf die Interessen der Anleger auswirken würde.

(4) [1]Die nach Absatz 1 Satz 1 Nummer 1 und Nummer 3 bekanntgemachten Maßnahmen und Bußgeldentscheidungen sollen fünf Jahre lang auf der Internetseite der Bundesanstalt veröffentlicht bleiben. [2]Die Bekanntmachung nach Abs. 1 Satz 1 Nummer 2 ist zu löschen, wenn sie nicht mehr erforderlich ist, spätestens aber nach fünf Jahren.

(5) [1]Die Bundesanstalt macht Vertriebsuntersagungen nach § 5 Absatz 6, den §§ 11, 311 oder § 314 im Bundesanzeiger bekannt, falls ein Vertrieb bereits stattgefunden hat. [2]Entstehen der Bundesanstalt durch die Bekanntmachung nach Satz 1 Kosten, sind ihr diese von der Verwaltungsgesellschaft zu erstatten.

In der Fassung vom 3.3.2016 (BGBl. I 2016, S. 348), zuletzt geändert durch das Zweite Gesetz zur Novellierung von Finanzmarktvorschriften auf Grund europäischer Rechtsakte (2. FiMaNoG) vom 23.6.2017 (BGBl. I 2017, S. 1693). Geplant ist eine Einfügung in Abs. 1 Nr. 1 und die Anfügung eines neuen Abs. 1 Satz 3 durch das Gesetz zur Anpassung von Finanzmarktgesetzen an die Verordnung (EU) 2017/2402 und an die durch die Verordnung (EU) 2017/2401 geänderte Verordnung (EU) Nr. 575/2013 und zur Anpassung weiterer Finanzmarktgesetze (RegE, BT-Drucks. 19/4460).

Schrifttum: *BVI*, Position des BVI zum Entwurf eines Gesetzes zur Umsetzung der Richtlinie 2014/91/EU zur Änderung der Richtlinie 2009/65/EG zur Koordinierung der Rechts- und Verwaltungsvorschriften betreffend bestimmte Organismen für gemeinsame Anlagen in Wertpapieren (OGAW) im Hinblick auf die Aufgaben der Verwahrstelle, die Vergütungspolitik und Sanktionen (OGAW V-UmsG) – BT-Drucksache 18/6744, v. 16.12.2015; *Eyermann*, VwGO, 14. Aufl. 2014; *Maurer*, Allgemeines Verwaltungsrecht, 18. Aufl. 2011; *Kopp/Rammsauer*, VwVfG, 17. Aufl. 2016.

I. Überblick

1 § 341a KAGB enthält eine umfassende Regelung zur öffentlichen Bekanntmachung von bestandskräftigen Maßnahmen und unanfechtbar gewordenen Bußgeldentscheidungen durch die BaFin. Die Vorschrift wurde durch das **OGAW V-UmsG**[1] in das KAGB eingefügt und soll mit Ausnahme von Abs. 1 Satz 1 Nr. 2, Abs. 3 Satz 2, Abs. 4 Satz 2 und Abs. 5 der Umsetzung von Art. 99b OGAW-RL dienen.[2] Die Erfassung von Maßnahmen im Zusammenhang mit AIF ist wegen Art. 48 Abs. 2 AIFM-RL geboten.[3] Im Zuge des 2. FiMaNoG[4] wurde zudem Abs. 1 Satz 1 Nr. 3 ergänzt, wobei die Bezugnahme auf Verordnung (EU) 2015/2365[5] am

1 OGAW-V-UmsG v. 3.3.2016, BGBl. I, 345, 366.
2 Begr. RegE, BT-Drucks. 18/6744, 73.
3 Begr. RegE, BT-Drucks. 18/6744, 73; *Alten* in Moritz/Klebeck/Jesch, § 341a KAGB Rz. 2.
4 Zweites Gesetz zur Novellierung von Finanzmarktvorschriften auf Grund europäischer Rechtsakte (Zweites Finanzmarktnovellierungsgesetz – 2. FiMaNoG) v. 23.6.2017, BGBl. I, 1693.
5 Verordnung (EU) 2015/2365 des Europäischen Parlaments und des Rates, über die Transparenz von Wertpapierfinanzierungsgeschäften und der Weiterverwendung sowie zur Änderung der Verordnung (EU) Nr. 648/2012, v. 25.11.2015.

25.6.2017 und der Verweis auf Verordnung (EU) 2016/1011[6] am 1.1.2018 in Kraft getreten ist. Damit waren zudem einige redaktionelle Folgeänderungen verbunden.[7]

Vor dem OGAW V-UmsG fand sich eine verwandte Regelung zur öffentlichen Bekanntmachung von BaFin-Maßnahmen in **§ 5 Abs. 7 KAGB**, dessen Satz 1 gestrichen wurde und dessen Sätze 2 und 3 nunmehr in § 341a Abs. 5 KAGB aufgehen. 2

§ 341a KAGB ist **abzugrenzen** vom ebenfalls durch das OGAW V-UmsG neu eingeführten **§ 7a KAGB**. 3
Während § 7a KAGB nach § 7 KAGB sofort vollziehbare Maßnahmen im Blick hat, bezieht sich § 341a KAGB auf bestandskräftige Maßnahmen und unanfechtbar gewordene Bußgeldbescheide. Mit § 15 Abs. 2 Satz 2 KAGB gibt es zudem eine Spezialvorschrift zur Veröffentlichung von Maßnahmen im Fall eines Einschreitens gegen unerlaubte Investmentgeschäfte. Aus der zersplitterten Gesetzeslage ergeben sich eine Reihe von Unklarheiten und Wertungswidersprüchen (vgl. § 7a Rz. 5).

Parallelvorschriften in anderen Gesetzen finden sich u.a. in § 60b KWG. Dieser enthält eine vergleichbare 4
Regelung hinsichtlich der Veröffentlichung bestandskräftiger Maßnahmen wegen Verstößen gegen das KWG, die dazu erlassenen Rechtsverordnungen und Bestimmungen der CRR. Verwandte Regelungen finden sich etwa in Art. 34 Abs. 1 MAR[8] und §§ 123, 124 WpHG n.F. (§§ 40b, 40c WpHG a.F.).

Ausgehend von der **neueren Rechtsentwicklung** hat Verwaltungspraxis der BaFin gezeigt, dass diese ins- 5
gesamt zurückhaltend mit der Veröffentlichung personenbezogener Daten im Internet umgeht. Dies ist vor dem Hintergrund eines durchaus schwerwiegenden Eingriffs in die Grundrechte der Betroffenen als begrüßenswert zu erachten.

Sinn und Zweck der Norm dürfte primär der **Anlegerschutz durch Information** über verwaltungsrecht- 6
liche Maßnahmen und Sanktionen sein.[9] Im Hinblick auf die mit der öffentlichen Bekanntmachung verbundenen **Prangerwirkung** und **Stigmatisierung** hat die Norm aber vor allem Sanktionscharakter.[10] Die damit verbundene abschreckende Wirkung auf die breite Öffentlichkeit und damit generalpräventive Zielrichtung ist neben der Anlegerinformation durchaus intendiert.[11] Allerdings weist die Gesetzesbegründung unter Bezugnahme auf die Systematik in Art. 99, 99b OGAW-RL darauf hin, dass die Bekanntmachung durch die Mitgliedstaaten nicht als eigenständige Sanktion, sondern nur als Bekanntmachung von bereits verhängten Sanktionen vorzusehen ist.[12] Welche Schlussfolgerungen aus dieser Erkenntnis zu ziehen sind, lässt die Gesetzesbegründung allerdings im Dunkeln. Man mag hieraus lesen, dass der Gesetzgeber die Sanktionswirkung der öffentlichen Bekanntmachung nicht als zentralen Zweck der Vorschrift, sondern eher als Begleitfolge der mit der öffentlichen Bekanntmachung verbundenen Anlegerinformation sieht. Hierauf deutet auch die Bezugnahme auf die „Sicherstellung einer effektiven Aufsicht" an anderer Stelle der Gesetzesbegründung hin,[13] während die Prangerwirkung und der Sanktionscharakter der Vorschrift ansonsten keine weitere Erwähnung findet. Die genaue Nuancierung des Normzwecks ist durchaus von praktischer Bedeutung. Dies gilt insbesondere im Hinblick auf die Ermessensprüfung nach § 341a Abs. 1 Satz 2 Nr. 2 KAGB, die Prüfung der Voraussetzungen für Ausnahmen und Beschränkungen der öffentlichen Bekanntmachung gem. Abs. 2 und Abs. 3 sowie die vorzeitige Löschung nach Abs. 4 Satz 2. Bezweckt die Vorschrift primär den Anlegerschutz durch Information, so muss eine Güterabwägung im Einzelfall unter Umständen zu anderen Ergebnissen kommen, als wenn gerade die mit der Veröffentlichung verbundene Prangerwirkung im Mittelpunkt der Norm stünde.

Fraglich ist die **Rechtsnatur der öffentlichen Bekanntmachung**. Es handelt sich jedenfalls nicht um eine 7
öffentliche Bekanntgabe i.S.v. § 41 Abs. 3 VwVfG, da die zu veröffentlichende Maßnahme oder Bußgeldbescheid dem Adressaten bereits gem. § 41 Abs. 1 Satz 1 VwVfG bekannt gegeben wurde. Vielmehr wird le-

---

6 Verordnung (EU) 2016/1011 des Europäischen Parlaments und des Rates über Indizes, die bei Finanzinstrumenten und Finanzkontrakten als Referenzwert oder zur Messung der Wertentwicklung eines Investmentfonds verwendet werden, und zur Änderung der Richtlinien 2008/48/EG und 2014/17/EU sowie der Verordnung (EU) Nr. 596/2014, v. 8.6.2016.

7 Vgl. Begr. RegE, BT-Drucks. 18/10936, 279.

8 Verordnung (EU) Nr. 596/2014 des Europäischen Parlaments und des Rates vom 16.4.2014 über Marktmissbrauch (Marktmissbrauchsverordnung) und zur Aufhebung der Richtlinie 2003/6/EG des Europäischen Parlaments und des Rates und der Richtlinien 2003/124/EG, 2003/125/EG und 2004/72/EG der Kommission, ABl. EU Nr. L 173 v. 12.6.2014, S. 1.

9 *Wülfert* in Baur/Tappen, § 5 KAGB Rz. 24 (zu § 5 Abs. 7 a.F.); *Alten* in Moritz/Klebeck/Jesch, § 341a KAGB Rz. 4, der daneben die Sicherung einer effektiven Aufsicht als Gesetzeszweck nennt.

10 *Zeidler* in Weitnauer/Boxberger/Anders, § 341a KAGB Rz. 1.

11 Vgl. Erwägungsgrund 38 der OGAW-RL.

12 Begr. RegE, BT-Drucks. 18/6744, 73.

13 Begr. RegE, BT-Drucks. 18/6744, 73, 2. Absatz.

diglich der Inhalt der Verwaltungsentscheidung der Öffentlichkeit über die Internetseite der BaFin offengelegt. Die Rechtsnatur einer derartigen Veröffentlichung in vergleichbaren Fällen ist umstritten. Zum Teil wird vertreten, dass es sich unter Verweis auf die vorgelagerte Ermessensentscheidung bei einer derartigen öffentlichen Bekanntmachung um einen **Verwaltungsakt** nach § 35 VwVfG handelt.[14] Von anderen wird die öffentliche Bekanntmachung unter Verweis auf die fehlende Regelungswirkung als **Realakt** angesehen.[15] Hierfür kann zunächst angeführt werden, dass es sich nach dem ausdrücklichen Willen des Gesetzgebers bei der Bekanntmachung nach § 341a KAGB nicht um eine weitere Sanktion handelt, sondern um eine **Mitteilung an die Öffentlichkeit.**[16] Bei derartigen Mitteilungen fehlt es an einer eigenständigen Regelung.[17] Insbesondere die Annahme der Regelung einer Pflicht zur Duldung der Veröffentlichung gegenüber den in der Veröffentlichung genannten Personen erscheint konstruiert. Mangels Regelungswirkung handelt es sich bei der öffentlichen Bekanntgabe nach § 341a Abs. 1 KAGB daher um schlichtes Verwaltungshandeln.

II. Eingriffsvoraussetzungen (§ 341a Abs. 1 KAGB)

1. Maßnahmen und Bußgeldbescheide

8 Die Vorschrift bezieht sich auf **bestandkräftige** Maßnahmen und **unanfechtbar** gewordene Bußgeldentscheidungen der BaFin nach dem KAGB.

9 Der Begriff der **Maßnahme** ist zunächst weit zu verstehen. Er erfasst insbesondere sämtliche Anordnungen, die geeignet und erforderlich sind, die Gebote und Verbote des KAGB durchzusetzen.[18] **Bußgeldentscheidungen** sind Verwaltungsakte, mit denen die BaFin aufgrund einer Ordnungswidrigkeit nach § 340 KAGB ein Bußgeld verhängt.[19]

10 Die Maßnahme oder Bußgeldentscheidung muss sich dabei auf Verstöße gegen Gebote oder Verbote beziehen, die in § 341a Abs. 1 Satz 1 Nr. 1 bis Nr. 3 KAGB weiter spezifiziert werden. In den Fällen des Nr. 1 und Nr. 2 handelt es sich um Maßnahmen und Bußgeldbescheide im Zusammenhang mit Verstößen gegen **als Ordnungswidrigkeit sanktionierte Vorschriften.** Die Gesetzesbegründung nennt für Maßnahmen i.S.d. § 341a Abs. 1 KAGB beispielhaft Anordnungen nach § 5 Abs. 6 KAGB, die Aufhebung oder Aussetzung einer Erlaubnis nach §§ 39 Abs. 3 oder 113 Abs. 2 KAGB sowie Tätigkeitsverbote nach § 39 Abs. 5 KAGB, sofern sie sich jeweils auf Verstöße gegen Ge- und Verbote beziehen, die nach § 340 Abs. 1 bis 3 KAGB eine Ordnungswidrigkeit darstellen können.[20] Die im Zuge des 2. FiMaNoG eingefügte Nr. 3 bezieht sich auf Verstöße gegen die **Verordnung (EU) 2015/2365** und die **Verordnung (EU) 2016/1011** im Zusammenhang mit OGAW und AIF.

2. Bestandskraft/Unanfechtbarkeit

11 Die Maßnahmen müssen bestandskräftig und die Bußgeldentscheidungen unanfechtbar sein. Mit Bestandskraft ist **formelle Bestandskraft** gemeint, d.h. ein wirksamer (selbst rechtswidriger, aber nicht nichtiger) Verwaltungsakt, der dauerhaft rechtswirksam ist, weil er nicht fristgerecht oder erfolglos angefochten wurde.[21] Damit deckt sich die formelle Bestandskraft mit dem Begriff der Unanfechtbarkeit.[22] Das Erfordernis der Unanfechtbarkeit trägt dem Umstand Rechnung, dass mit Bekanntmachung die Gefahr einer möglicherweise dauerhaften und folgenreichen Rufschädigung entsteht und der Betroffene zunächst die Möglichkeit bekommen soll, sich zu den Vorwürfen zu äußern oder gegen sie mit Rechtsmitteln vorzugehen.[23]

---

14 Zu § 40b WpHG: *Altenhain* in KölnKomm., § 40b WpHG Rz. 17.

15 Zu § 341a KAGB: *Alten* in Moritz/Klebeck/Jesch, § 341a KAGB Rz. 42; zu § 60b KWG *Lindemann* in Boos/Fischer/Schulte-Mattler, § 60b KWG Rz. 19, welcher ebenfalls die Bekanntmachung als „*schlicht-hoheitliches Handeln*" bewertet; zu § 40b WpHG a.F.: *Zimmer/Cloppenburg* in Schwark/Zimmer, Kapitalmarktrechts-Kommentar, § 40b WpHG Rz. 5; offen gelassen *Vogel* in Assmann/Uwe H. Schneider, 6. Aufl. 2012, § 40b WpHG Rz. 9; *Waßmer* in Fuchs, § 40b WpHG Rz. 7.

16 Begr. RegE, BT-Drucks. 18/6744, 73; so auch *Alten* in Moritz/Klebeck/Jesch, § 341a KAGB Rz. 23.

17 Vgl. *Ramsauer* in Kopp/Ramsauer, § 35 VwVfG Rz. 91 m.w.N.

18 Vgl. *Alten* in Moritz/Klebeck/Jesch, § 341a KAGB Rz. 9.

19 *Alten* in Moritz/Klebeck/Jesch, § 341a KAGB Rz. 10.

20 Begr. RegE, BT-Drucks. 18/6744, 73.

21 Zur Abgrenzung zwischen formeller und materieller Bestandskraft vgl. *Maurer*, Allgemeines Verwaltungsrecht, § 11 Rz. 4 ff.

22 So auch *Alten* in Moritz/Klebeck/Jesch, § 341a KAGB Rz. 11.

23 *Zeidler* in Weitnauer/Boxberger/Anders, § 341a KAGB Rz. 2; *Alten* in Moritz/Klebeck/Jesch, § 341a KAGB Rz. 12.

3. Gebundene oder Ermessensentscheidung

In den Fällen des § 341a Abs. 1 Satz 1 Nr. 1 und Nr. 3 KAGB muss die BaFin die Maßnahmen und Bußgeldentscheidungen **zwingend** öffentlich bekannt machen. Es handelt sich also um gebundene Entscheidungen **ohne Ermessensspielraum.**[24] Dagegen hat die BaFin in den Fällen des § 341a Abs. 1 Satz 1 Nr. 2 KAGB **Ermessen** („kann die Bundesanstalt").[25] Dabei verschwimmen die Grenzen zwischen gebundener Entscheidung und Ermessensentscheidung teilweise dadurch, dass auch im Rahmen des § 341a Abs. 1 Satz 1 Nr. 1 und Nr. 3 KAGB die Regelungen nach Abs. 2 bis 4 zum Aufschub, zur Anonymisierung, zur Ausnahme und zeitlichen Beschränkung der Bekanntmachung zu beachten sind. 12

4. Ermessensleitende Aspekte

Soweit der BaFin ein Ermessensspielraum zukommt, hat die BaFin ihr Ermessen entsprechend dem Zweck der Ermächtigung auszuüben und die gesetzlichen Ermessensgrenzen zu beachten (§ 40 VwVfG). Wichtigste Ermessensgrenze ist dabei der **Verhältnismäßigkeitsgrundsatz** (Legitimer Zweck, Geeignetheit, Erforderlichkeit und Angemessenheit). Im Rahmen der Abwägung sind außerdem auch hier die Regelungen nach § 341a Abs. 2 bis 4 KAGB zum Aufschub, zur Anonymisierung, zur Ausnahme und zeitlichen Beschränkung der Bekanntmachung zu berücksichtigen und gegebenenfalls in die Ermessensentscheidung einzubeziehen. Je schwerwiegender der Verstoß, je höher der Verschuldensgrad, aber vor allem je größer der Schaden und je höher die fortwirkenden Gefahren durch den Verstoß sind, desto eher erscheint die öffentliche Bekanntmachung angemessen. 13

Umgekehrt ist allerdings auf Seiten des Adressaten der Maßnahme oder Bußgeldentscheidung zu berücksichtigen, dass mit der Veröffentlichung ein schwerwiegender Eingriff in das **Grundrecht auf informationelle Selbstbestimmung** (Art. 2 Abs. 1 i.V.m. Art. 1 Abs. 1 GG) und die **Berufsfreiheit** (Art. 12 Abs. 1 GG) verbunden ist. Zusätzlich kann auch der Schutzbereich des **eingerichteten und ausgeübten Gewerbebetriebs** (Art. 14 Abs. 1 GG) betroffen sein. 14

Mit der Bekanntmachung geht in aller Regel eine erhebliche **Stigmatisierung** in der Öffentlichkeit einher. Für die betroffenen natürlichen Personen und Unternehmen stellt die öffentliche Bekanntmachung daher einen gravierenden Eingriff mit der Gefahr schwerer **Reputationsschäden** dar. 15

Insbesondere die Nennung von Individualpersonen mit ihrem **Klarnamen** kann enorme Folgen für das berufliche Fortkommen der Betroffenen haben. Dabei ist zu berücksichtigen, dass trotz der Löschungspflicht nach § 341a Abs. 4 KAGB nach spätestens fünf Jahren aus heutiger Sicht technisch nicht sichergestellt werden kann, dass die Informationen dann permanent aus dem Internet verschwunden sind. Es besteht vielmehr die hohe Wahrscheinlichkeit, dass auch nach der Löschung auf der Internetseite der BaFin die Veröffentlichung im Internet dauerhaft auffindbar bleibt (z.B. durch eine einfache Internetsuche mit dem Klarnamen der in der Veröffentlichung genannten natürlichen Person). Dieser Umstand muss im Rahmen des § 341a Abs. 1 Satz 1 Nr. 2 KAGB (aber auch im Rahmen des Abs. 1 Satz 1 Nr. 1 und Nr. 3 über Abs. 2 Satz 1 Nr. 1 und Abs. 3 Satz 1) berücksichtigt werden. Eine Veröffentlichung von Maßnahmen unter Nennung des Klarnamens der beteiligten natürlichen Personen dürfte sich daher **nur in besonders schwerwiegenden Fällen** als verhältnismäßig darstellen. Dies gilt insbesondere, soweit der mit § 341a KAGB intendierte Informationszweck der Anleger (vgl. Rz. 6) bereits durch die Nennung des Unternehmens erreicht werden kann. Auch ohne Verwendung von Klarnamen sollte bei geringfügigen Verstößen eine Bekanntmachung in der Regel unverhältnismäßig sein, da weder ein Informationsbedürfnis der Anleger besteht noch die mit Veröffentlichung verbundene Prangerwirkung aus general- oder spezialpräventiven Gesichtspunkten erforderlich und angemessen erscheinen dürfte. 16

In diesem Zusammenhang ist auch auf die Regelung des § 341a Abs. 2 Satz 1 Nr. 1 KAGB zu verweisen, wonach unter bestimmten Umständen ein **Aufschub** der Veröffentlichung zwingend ist, wenn durch die Bekanntmachung der Identität der Person eine Bekanntmachung unverhältnismäßig wäre. Nach § 341a Abs. 2 Satz 2 KAGB kann die Bekanntmachung ferner auf **anonymisierter Basis** erfolgen, „wenn hierdurch ein wirksamer Schutz der Informationen nach Satz 1 Nummer 1 gewährleistet ist". Nach § 341a Abs. 3 Satz 1 Alt. 2 KAGB muss **zwingend** von einer Bekanntmachung abgesehen werden, sofern diese in Ansehung des Verstoßes unverhältnismäßig wäre. 17

---

24 So auch *Zeidler* in Weitnauer/Boxberger/Anders, § 341a KAGB Rz. 2.
25 So auch *Zeidler* in Weitnauer/Boxberger/Anders, § 341a KAGB Rz. 2.

III. Öffentliche Bekanntmachung

1. Überblick

18 Die öffentliche Bekanntmachung wird durch **Veröffentlichung auf der Internetseite** der BaFin bewirkt. Dabei sind der BaFin gesetzgeberisch keine Vorgaben gemacht, wie genau sie die Maßnahmen auf ihrer Internetseite öffentlich bekanntzumachen hat. Durch die Einschränkung des § 341a Abs. 4 KAGB, der eine dauerhafte Löschung der Bekanntmachung nach (spätestens) fünf Jahren vorgibt, ist der BaFin allerdings aufgegeben, technisch sicherzustellen, dass eine dauerhafte Löschung überhaupt möglich ist.

19 Nicht gedeckt von § 341a KAGB ist auch die anderweitige öffentliche Bekanntmachung von Maßnahmen und Bußgeldbescheiden außerhalb des Internets, etwa durch Pressemitteilungen oder in Form von Printmedien. Inwieweit dies auf die Generalklausel in § 5 Abs. 6 Satz 1 KAGB gestützt werden kann, ist zweifelhaft.

2. Inhalt der Bekanntmachung (§ 341a Abs. 1 Satz 2 KAGB)

20 § 341a Abs. 1 Satz 2 KAGB regelt den Inhalt der Bekanntmachung insofern, dass **Art und Charakter des Verstoßes** und die für den Verstoß verantwortlichen natürlichen und juristischen Personen oder Personenvereinigungen zu benennen sind.

21 In der Praxis nennt die BaFin hinsichtlich der **Art** des Verstoßes in der Regel die genauen Handlungen der Verantwortlichen, die zu einem Rechtsverstoß geführt haben sowie die Norm, gegen die verstoßen wurde. Außerdem gibt die BaFin die genaue Maßnahme und Handlungsanweisung an den Betroffenen wieder.

22 Unter dem Charakter des Verstoßes wird bspw. der Grad der **Verantwortlichkeit** der beteiligten Personen zu verstehen sein, also ob fahrlässig oder sogar vorsätzlich gehandelt wurde. Außerdem wird man unter den Charakter des Verstoßes Angaben darüber fassen können, wie **schwerwiegend** der Verstoß war, also ob es sich z.B. um einen Verstoß im Kernbereich der aufsichtlichen Tätigkeit (z.B. Erlaubnis, Information des Publikums) handelte. Daneben sind auch mögliche **Folgen** des Verstoßes einzubeziehen.

23 § 341a Abs. 1 Satz 2 KAGB sieht ferner als Grundregel die Nennung der verantwortlichen juristischen und natürlichen Personen vor. In allen Fällen, insbesondere im Hinblick auf die Nennung von Klarnamen natürlicher Personen, sind jedoch die Einschränkungen des § 341a Abs. 2 und Abs. 3 KAGB zu beachten (vgl. Rz. 32 ff.).

3. Gestaltung, Löschung, Sprache

24 Das Gesetz macht der BaFin keine näheren Vorgaben, wie sie die Bekanntmachung zu gestalten und wo sie diese auf ihrer Internetseite zu platzieren hat. Die BaFin hat hier einen gewissen **Gestaltungsspielraum**, insbesondere auch hinsichtlich der Entscheidung darüber, wie prominent die Bekanntmachung auf der Internetseite positioniert wird. Allerdings wird sich auch die Gestaltung und Platzierung der Bekanntmachung auf der Internetseite der BaFin an Verhältnismäßigkeitsgesichtspunkten messen lassen müssen.

25 Die Praxis der BaFin, entsprechende Maßnahmen gleichzeitig im online abrufbaren **BaFin-Journal** zu veröffentlichen, dürfte hiervon noch gedeckt sein,[26] darf dann aber wegen der Löschungspflicht nach § 341a Abs. 4 KAGB nach Ablauf von spätestens fünf Jahren nicht mehr über die BaFin-Website abrufbar sein. Dies entspricht nicht der aktuellen Praxis der BaFin zur Abrufbarkeit älterer Ausgaben des BaFin-Journals. Auch darüber hinaus wird man wegen Abs. 4, der eine dauerhafte Löschung der Bekanntmachung nach (spätestens) fünf Jahren vorgibt, der BaFin aufgegeben müssen, technisch sicherzustellen, dass eine dauerhafte Löschung überhaupt möglich ist.

26 Das Gesetz macht keine Vorgaben zur **Sprache** der Veröffentlichung. Insbesondere vor dem Hintergrund des Normzwecks (Information der Anleger; Generalprävention), bestehen gegen die zuweilen anzutreffende Praxis der BaFin, Veröffentlichungen auch in englischer Sprache zu tätigen, keine Bedenken.

4. Verfahren

27 Nach § 341a Abs. 1 Satz 1 KAGB muss die BaFin den Adressaten der zu veröffentlichenden Maßnahme oder des zu veröffentlichenden Bußgeldbescheids vor der öffentlichen Bekanntmachung zunächst unterrichten. Unter **Unterrichtung** ist die Mitteilung über die bevorstehende öffentliche Bekanntmachung zu verstehen.

26 *Alten* in Moritz/Klebeck/Jesch, § 341a KAGB Rz. 22.

Das Gesetz sieht nur die Unterrichtung des **Adressaten** der zu veröffentlichenden Maßnahme vor. Nicht in § 341a KAGB ist geregelt, ob darüber hinaus auch diejenigen Personen zu unterrichten sind, die in der Veröffentlichung genannt, aber nicht Adressaten der Maßnahme oder des Bußgeldbescheids waren. Hierfür spricht die erhebliche Grundrechtsrelevanz der öffentlichen Bekanntmachung. Durch die Unterrichtung enthält der derart Betroffene die Möglichkeit, die Behörde auf persönliche Umstände hinzuweisen, die ggf. bisher nicht bekannt und für die Ermessensentscheidung bzw. für die Prüfung eines Aufschubs nach Abs. 2 oder den Verzicht auf eine öffentliche Bekanntmachung nach Abs. 3 von Bedeutung sein können. 28

Vom Gesetz nicht näher spezifiziert ist ferner, welchen konkreten **Inhalt** die Unterrichtung haben muss. Vor dem Hintergrund des effektiven Rechtsschutzes wird man fordern müssen, dass die Betroffenen über den Inhalt der Veröffentlichung zumindest in wesentlichen Zügen informiert wird. Wegen des schwerwiegenden Eingriffs in das allgemeine Persönlichkeitsrecht muss die Unterrichtung insbesondere deutlich machen, ob die Behörde beabsichtigt, in der Veröffentlichung Klarnamen zu verwenden. Auch hinsichtlich der **Form** macht das Gesetz keine Angaben. Schon wegen der Grundrechtsrelevanz wird die Unterrichtung jedoch grundsätzlich schriftlich zu erfolgen haben. 29

Ebenfalls unklar ist, ob ein **Mindestzeitraum** zwischen der Unterrichtung und der Bekanntmachung im Internet bestehen muss und wie lang dieser gegebenenfalls zu sein hat. Aus dem Wortlaut des Gesetzes ergibt sich nur, dass die Bekanntmachung **nach** der Unterrichtung zu folgen hat. Auch hier erscheint es wegen der erheblichen Grundrechtsrelevanz angebracht, dem Betroffenen zumindest eine angemessene Frist einzuräumen, etwaige Gesichtspunkte gegen eine öffentliche Bekanntgabe vorzutragen. 30

Jedenfalls nach dem Wortlaut handelt es sich bei der Unterrichtung nicht um eine **förmliche Anhörung**. Die Verpflichtung zu einer Anhörung folgt auch nicht aus § 28 Abs. 1 VwVfG, da es sich bei der öffentlichen Bekanntmachung nicht um einen Verwaltungsakt handelt (vgl. Rz. 7). Weitgehend ungeklärt ist die Frage, ob und unter welchen Voraussetzungen auch vor dem Erlass von Realakten eine förmliche Anhörung geboten ist. Eine analoge Anwendung von § 28 Abs. 1 VwVfG erscheint schon deswegen naheliegend, weil in den Fällen des § 341a Abs. 1 KAGB in erheblicher und für die Behörde vorhersehbarer Weise in Grundrechtsposition eingegriffen wird und eine förmliche Anhörung der Wahrung der Grundrechtspositionen Betroffener dienen kann, ohne die mit § 341a KAGB verfolgten Ziele zu gefährden. Folgt man dieser Auffassung, ist die Beachtung einer angemessen Frist zwischen Unterrichtung und öffentlicher Bekanntgabe unter Hinweis auf die Möglichkeit zur Stellungnahme zwingend geboten. 31

IV. Ausnahmen und Einschränkungen der Bekanntmachung

1. Aufschieben und Anonymisierung der Bekanntmachung (§ 341a Abs. 2 KAGB)

§ 341a Abs. 1 KAGB sieht grundsätzlich die Bekanntgabe der verantwortlichen juristischen und natürlichen Personen vor. § 341a Abs. 2 KAGB enthält eine Reihe von Fällen, in denen die **Bekanntmachung zwingend aufgeschoben** werden muss und erlaubt unter bestimmten Voraussetzungen eine **anonymisierte Veröffentlichung** der Maßnahme oder des Bußgeldbescheids. Die Vorschrift steht in einem Stufenverhältnis zu § 341a Abs. 3 KAGB, der die Fälle regelt, in denen eine Veröffentlichung zwingend zu unterbleiben hat.[27] 32

Gemäß § 341a Abs. 2 Nr. 1 KAGB ist die Bekanntmachung aufzuschieben, wenn die **Bekanntmachung der Identität** des Adressaten der Maßnahme oder des Bußgeldbescheids **unverhältnismäßig** wäre. Die Bekanntmachung ist dann solange aufzuschieben, bis die jeweiligen Gründe für die Nichtbekanntmachung entfallen sind. Alternativ kann die BaFin sich in diesen Fällen für eine Bekanntmachung auf anonymisierter Basis entscheiden (§ 341a Abs. 2 Satz 2 KAGB), sofern dadurch ein wirksamer Schutz der Informationen über die Identität der juristischen Person bzw. Personenvereinigung oder der personenbezogenen Daten der natürlichen Personen gewährleistet ist. Wenn allerdings vorhersehbar ist, dass die Gründe für eine anonymisierte Bekanntmachung innerhalb eines überschaubaren Zeitraums wegfallen werden, kann die Bekanntmachung wiederum entsprechend aufgeschoben und dann später vorgenommen werden (§ 341a Abs. 2 Satz 3 KAGB). Durch diese Möglichkeit soll sichergestellt werden, dass die Daten lediglich in begründeten Fällen (zeitweise) zurückgehalten werden und ansonsten der Regel des § 341a Abs. 1 Satz 2 KAGB entsprochen wird. Wäre hingegen auch eine anonymisierte Veröffentlichung unverhältnismäßig, hat die Bekanntmachung nach § 341a Abs. 3 Satz 1 KAGB zwingend zu unterbleiben. Für die Verhältnismäßigkeitsprüfung gelten dieselben Erwägungen wie im Rahmen des § 341a Abs. 1 Satz 1 Nr. 2 KAGB (vgl. Rz. 6 ff.). 33

27 Vgl. *Alten* in Moritz/Klebeck/Jesch, § 341a KAGB Rz. 33.

34 Bedeutsam ist die Vorschrift vor allem in den Fällen des § 341a Abs. 1 Satz 1 Nr. 1 und Nr. 3 KAGB, wo mangels Ermessens der BaFin auf Tatbestandsebene eine zwingende Veröffentlichung vorgesehen ist. § 341a Abs. 2 Nr. 1 KAGB verpflichtet die BaFin auch bei diesen **an sich gebundenen Entscheidungen** nach § 341a Abs. 1 Satz 1 Nr. 1 und Nr. 3 KAGB eine Verhältnismäßigkeitsprüfung vorzunehmen. Hinsichtlich der **Verhältnismäßigkeitsprüfung** gelten dann dieselben Erwägungen, wie im Rahmen des § 341a Abs. 1 Satz 1 Nr. 2 KAGB.

35 Gemäß § 341a Abs. 2 Nr. 2 KAGB muss die Veröffentlichung zudem bei einer **Gefährdung der Stabilität der Finanzmärkte** aufgeschoben werden. Dies dürfte schon wegen der fehlenden Systemrelevanz großer Teile des Investmentsektors jedoch nur in absoluten Ausnahmefällen denkbar sein.

36 Würde durch eine Bekanntmachung der Maßnahme oder Bußgeldentscheidung **laufende Ermittlungen gefährdet**, so hat nach § 341a Abs. 2 Nr. 3 KAGB ebenfalls die Veröffentlichung zunächst zu unterbleiben. Die Effektivität staatlicher Ermittlungsverfahren soll durch die Vorschriften zur öffentlichen Bekanntmachung nicht gefährdet werden. Eine solche Gefährdung wird vor allem dann in Betracht kommen, wenn die zuständigen Strafverfolgungsbehörden gegen weitere Personen ermitteln, die durch die Veröffentlichung die weitere Sachverhaltsaufklärung bedroht werden würde.[28] Anders als z.B. die Parallelvorschrift in § 60b Abs. 4 Satz 1 Nr. 2 Alt. 2 KWG ist die Vorschrift aber nach ihrem Wortlaut nicht auf strafrechtliche Ermittlungsverfahren beschränkt.[29]

2. Unzulässigkeit der Bekanntmachung (§ 341a Abs. 3 KAGB)

37 § 341a Abs. 3 KAGB legt fest, dass eine Veröffentlichung **zwingend und dauerhaft unterbleiben** muss, sofern das zeitweise Aufschieben der Veröffentlichung nach Abs. 2 nicht ausreichend ist, um eine **Gefährdung der Finanzmarktstabilität** zu vermeiden oder die **Verhältnismäßigkeit der Bekanntmachung** sicherzustellen. Außerdem ist der BaFin in den Fällen des § 341a Abs. 1 Satz 1 Nr. 2 KAGB eine Veröffentlichung untersagt, wenn sich diese nachteilig auf die **Anlegerinteressen** auswirken würde.[30]

3. Dauer der Bekanntmachung (§ 341a Abs. 4 KAGB)

38 § 341a Abs. 4 KAGB regelt die Dauer der Bekanntmachung auf der Internetseite der BaFin. Die Vorschrift differenziert dabei zwischen den Fällen der zwingende Veröffentlichung von Maßnahmen und Bußgeldbescheiden nach § 341a Abs. 1 Satz 1 Nr. 1 und Nr. 3 KAGB und den Fällen des Nr. 2, bei denen die BaFin ein Ermessen hat.

39 Bei gebundenen Entscheidung „soll" die Bekanntmachung **für fünf Jahre** erfolgen. Die Einhaltung der Fünfjahresfrist ist also nicht als eine zwingende Pflicht formuliert. Damit wurde die europarechtliche Vorgabe des Art. 99b Abs. 4 Satz 1 OGAW-RL nicht wortgleich übernommen.[31] Nach Art. 99b Abs. 4 Satz 1 OGAW-RL besteht hinsichtlich einer kürzeren Veröffentlichungsdauer als fünf Jahre **kein Ermessen**. Vielmehr haben die zuständigen nationalen Behörden sicherzustellen, dass die Veröffentlichung auf ihrer offiziellen Internetseite für **mindestens** fünf Jahre verbleibt. In der Begründung des Gesetzentwurfs wird ebenfalls kein Ermessen bezüglich der Fünfjahresfrist eingeräumt.[32] Hervorgehoben wird zudem, dass die Bekanntmachung nach Ablauf der fünf Jahre zu löschen sei. Folglich wird man die Fünfjahresfrist in § 341a Abs. 4 Satz 1 KAGB sowohl als Mindest- wie auch Höchstgrenze zu lesen haben.

40 Die gem. § 341a Abs. 1 Satz 1 Nr. 2 KAGB veröffentlichten Maßnahmen sind zu löschen, wenn sie **nicht mehr erforderlich** sind, spätestens jedoch ebenfalls nach fünf Jahren.[33] Das Merkmal der Erforderlichkeit gibt dem von der Veröffentlichung Betroffenen die Möglichkeit, einen Antrag auf Löschung zu stellen, sofern er die weitere Präsenz der Bekanntmachung für rechtswidrig erachtet. Ist die Bekanntmachung tatsächlich nicht länger erforderlich, hat der Betroffene einen Anspruch auf Löschung der Bekanntmachung.

41 Die **unterschiedlichen Voraussetzungen für die Dauer** der Bekanntmachung nach § 341a Abs. 1 Satz 1 Nr. 1 und Nr. 3 KAGB und der nach § 341a Abs. 1 Satz 1 Nr. 2 KAGB lassen sich ebenfalls nicht aus

---

28 Vgl. *Lindemann* in Boos/Fischer/Schulte-Mattler, § 60b KWG Rz. 17; *Redenius-Hövermann* in Luz/Neus/Schaber/Schneider/Wagner/Weber, § 60b KWG Rz. 9.
29 *Alten* in Moritz/Klebeck/Jesch, § 341a KAGB Rz. 28.
30 Vgl. hierzu *Alten* in Moritz/Klebeck/Jesch, § 341a KAGB Rz. 34 ff.
31 Vgl. *Alten* in Moritz/Klebeck/Jesch, § 341a KAGB Rz. 38.
32 Begr. RegE, BT-Drucks. 18/6744, 73.
33 Begr. RegE, BT-Drucks. 18/6744, 73.

Art. 99b Abs. 4 OGAW-RL ableiten. Art. 99b Abs. 4 OGAW-RL gilt danach für jede Art des Verstöße gleichermaßen.[34]

Die genannte Fünfjahresfrist läuft jeweils **ab dem Tag der ersten Veröffentlichung** durch die BaFin im Internet.[35] 42

V. Bekanntmachung von Vertriebsuntersagungen (§ 341a Abs. 5 KAGB)

Die Regelung des § 341a Abs. 5 KAGB übernimmt den Wortlaut des aufgehobenen § 5 Abs. 7 Satz 2 und 3 KAGB. Nach § 341a Abs. 5 Satz 1 KAGB macht die BaFin **Vertriebsuntersagungen** nach § 5 Abs. 6, §§ 11, 311 oder 314 KAGB im Bundesanzeiger bekannt, falls ein Vertrieb bereits stattgefunden hat. Ist dies nicht der Fall, fehlt es an einem überwiegenden Interesse der Öffentlichkeit.[36] Diese über die Bekanntmachung in Abs. 1 hinausgehende Veröffentlichung dient ebenfalls der Information der Öffentlichkeit und dem Anlegerschutz.[37] Die Bekanntmachung hat gem. § 341a Abs. 5 Satz 1 KAGB im Bundesanzeiger zu erfolgen. Die Veröffentlichung auf der Internetseite der BaFin ist dementsprechend nicht ausreichend. Eine zusätzliche Bekanntmachung in anderen Medien ist jedoch möglich.[38] 43

§ 341a Abs. 5 Satz 2 KAGB legt fest, dass die Kapitalverwaltungsgesellschaft der BaFin die durch die Bekanntmachung nach Satz 1 entstandenen **Kosten** zu erstatten hat. 44

VI. Rechtsmittel

Die Wahl des **statthaften Rechtsmittels** hängt davon ab, ob die Bekanntmachung als Verwaltungsakt oder Realakt zu qualifizieren ist (vgl. Rz. 7). Bei einer Einordnung als Verwaltungsakt wäre zunächst ein Widerspruch einzulegen (§ 68 VwGO). Gegen die bereits getätigte Veröffentlichung wäre mit der Verpflichtungsklage vorzugehen (§ 42 Abs. 1 Alt. 2 VwGO). Einstweiliger Rechtsschutz wäre über § 123 Abs. 1 VwGO zu erlangen. Folgt man der hier vertretenen Auffassung, dass die öffentliche Bekanntmachung als **schlichtes Verwaltungshandeln** zu qualifizieren ist (vgl. Rz. 7), ist ein Widerspruch nicht statthaft. Ein Löschungsbegehren nach erfolgter öffentlicher Bekanntgabe ist daher richtigerweise in der Hauptsache mit einer **allgemeinen Leistungsklage** zu verfolgen. Wegen der umstrittenen rechtlichen Einordnung der öffentlichen Bekanntmachung mag es sich in der Praxis allerdings empfehlen, vorsorglich einen Widerspruch einzulegen.[39] 45

Praktisch relevant ist besonders die Frage, ob und wie der Betroffene gegen eine bevorstehende öffentliche Bekanntmachung vorgehen kann. In Betracht kommt hier Rechtsschutz in Form einer **vorbeugenden Unterlassungsklage**. Das für die Zulässigkeit notwendige Rechtsschutzbedürfnis folgt hier in der Regel bereits aus dem Umstand, dass eine öffentliche Bekanntmachung schwerwiegende und irreparable Vermögens- und Reputationsschäden zur Folge haben kann. Auch hier erfolgt der vorläufige Rechtsschutz über § 123 Abs. 1 VwGO. 46

Bei Weigerung der Löschung nach Ablauf der Fünfjahresfrist, kann der Betroffene ein Löschungsbegehren ebenfalls über die **allgemeine Leistungsklage** durchsetzen. 47

§ 342 Beschwerdeverfahren

(1) Anleger und Kunden können jederzeit wegen behaupteter Verstöße gegen dieses Gesetz Beschwerde bei der Bundesanstalt einlegen.

(2) Beschwerden sind schriftlich, elektronisch oder zur Niederschrift bei der Bundesanstalt einzulegen und sollen den Sachverhalt sowie den Beschwerdegrund angeben.

---

34 *Alten* in Moritz/Klebeck/Jesch, § 341a KAGB Rz. 39.
35 *Alten* in Moritz/Klebeck/Jesch, § 341a KAGB Rz. 40.
36 Vgl. *Alten* in Moritz/Klebeck/Jesch, § 341a KAGB Rz. 42.
37 Vgl. zur Vorgängernorm § 140 Abs. 7 InvG; *Erhard* in Berger/Steck/Lübbehüsen, § 140 InvG Rz. 25.
38 *Zeidler* in Weitnauer/Boxberger/Anders, § 341a KAGB Rz. 4.
39 Zur Parallelproblematik bei § 40b WpHG a.F. vgl. *Vogel* in Assmann/Uwe H. Schneider, 6. Aufl. 2012, § 40b WpHG Rz. 9; so auch *Spoerr* in Assmann/Uwe H. Schneider/Mülbert, 7. Aufl. 2019, § 123 WpHG Rz. 33.

(3) Soweit behauptete Verstöße nach Absatz 1 grenzüberschreitende Sachverhalte betreffen, arbeitet die Bundesanstalt mit den zuständigen Stellen der anderen Mitgliedstaaten der Europäischen Union oder der anderen Vertragsstaaten des Abkommens über den Europäischen Wirtschaftsraum zusammen; die §§ 8, 9 und 19 gelten entsprechend.

In der Fassung vom 4.7.2013 (BGBl. I 2013, S. 1981), zuletzt geändert durch das Gesetz zum Abbau verzichtbarer Anordnungen der Schriftform im Verwaltungsrecht des Bundes vom 29.3.2017 (BGBl. I 2017, S. 626).

Schrifttum: *Borowski/Röthemeyer/Steike*, Verbraucherstreitbeilegungsgesetz, 2016; *Greger*, Das neue Verbraucherstreitbeilegungsgesetz – Die Neuregelungen und ihre Bedeutung für Verbraucher, Unternehmer, Rechtsanwälte, Schlichter und Richter, MDR 2016, 365; *Holzner*, Anforderungen an behördliche Verbraucherschlichtungsstellen, GewA 2015, 350, *Maunz/Dürig*, Grundgesetz Kommentar, Band III, Art. 16-22, Loseblattsammlung; *Lücke*, Die Schlichtung in der deutschen Kreditwirtschaft als Form außergerichtlicher Streitbeilegung, WM 2009, 102; *Lücke*, Die Schlichtung in der deutschen Kreditwirtschaft – eine Form der Mediation?, BKR 2009, 324; *Rüssel*, Schlichtungs-, Schieds- und andere Verfahren außergerichtlicher Streitbeilegung, JuS 2003, 380; *Sachse*, Ombudsstelle für Investmentfonds: Beitrag der Fondsbranche zum finanziellen Verbraucherschutz, Kreditwesen 2017, 72; *Walker*, Unterlassungsklagengesetz, 2016.

I. Überblick

1 Nach § 342 KAGB haben Anleger und Kunden die Möglichkeit, **Beschwerde** wegen behaupteter Verstöße gegen das KAGB **bei der BaFin einzulegen.** § 342 Abs. 3 KAGB in der bis zum 31.3.2016 geltenden Fassung enthielt darüber hinaus die Regelungen über das Streitschlichtungsverfahren für Verbraucher vor den Streitschlichtungsstellen der BaFin, des BVI oder der Ombudsstelle geschlossene Fonds.[1] Im Zuge der Umsetzung der Richtlinie 2013/11/EU wurde das **Verbraucherstreitschlichtungsverfahren** aus dem KAGB ausgegliedert und **in § 14 UKlaG eingefügt.**[2] Im Übrigen entspricht § 342 KAGB dem aufgehobenen § 143c InvG.[3] Zweck der Vorschriften ist es, die außergerichtliche Streitbeilegung zu stärken, die eine gegenüber dem Gerichtsweg kostengünstigere und schnellere Lösung von Konflikten bieten kann.[4]

II. Beschwerdeverfahren nach § 342 KAGB

1. Anwendungsbereich

2 Anders als im Schlichtungsverfahren, muss der Beschwerdeführer nach § 342 KAGB **nicht Verbraucher** i.S.d. § 13 BGB sein. Aus der Voraussetzung, Anleger oder Kunde zu sein, folgt dabei kein Verbot der Popularbeschwerde.[5] Als Konkretisierung des Petitionsgrundrechts aus Art. 17 GG[6] müssen für die Beschwerde die Maßstäbe des Art. 17 GG gelten, wonach die Beschwerde sowohl durch eine Einzelpersonen als auch durch eine Gruppe erhoben werden kann.[7]

1 *Boehm* in Moritz/Klebeck/Jesch, § 342 KAGB Rz. 47 ff.
2 Art. 7 und 13 des Gesetzes zur Umsetzung der Richtlinie über alternative Streitbeilegung in Verbraucherangelegenheiten und zur Durchführung der Verordnung über Online-Streitbeilegung in Verbraucherangelegenheiten; vgl. auch *Greger*, MDR 2016, 365 zur Neuregelung.
3 BT-Drucks. 17/12294, 299.
4 *Gerlach* in Baur/Tappen, § 342 KAGB Rz. 4; vgl. dazu eingehend *Lücke*, WM 2009, 102 (105 ff.); *Rüssel*, JuS 2003, 380.
5 *Gerlach* in Baur/Tappen, § 342 KAGB Rz. 12.
6 *Boehm* in Moritz/Klebeck/Jesch, § 342 KAGB Rz. 21; *Gerlach* in Baur/Tappen, § 342 KAGB Rz. 7 m.w.N.
7 *Boehm* in Moritz/Klebeck/Jesch, § 342 KAGB Rz. 21.

Für den behaupteten Verstoß gegen das KAGB reicht es aus, wenn der Sachvortrag des Beschwerdeführers darauf schließen lässt, dass ein Rechtsverstoß gegen das KAGB, darauf basierende Verordnungen und sogar andere Normen, deren Einhaltung die BaFin überwacht, vorliegen könnte.[8] 3

2. Formelle Anforderungen

Die Beschwerde kann schriftlich oder zur Niederschrift bei der BaFin erhoben werden (§ 342 Abs. 2 KAGB). Da das Beschwerderecht eine Konkretisierung des Petitionsgrundrechts aus Art. 17 GG darstellt,[9] ist nach h.M. die **Textform i.S.d. § 126b BGB ausreichend und wirksam.**[10] Sachverhalt und Beschwerdegrund sollen in der Beschwerde angegeben werden; dem dürfte schon der Beschwerdeführer aus eigenem Interesse immer nachkommen. 4

3. Internationale Kooperation (§ 342 Abs. 3 KAGB)

Nach § 342 Abs. 3 KAGB **kooperiert die BaFin mit den zuständigen Stellen anderer EU-Mitgliedstaaten** oder EWR-Staaten bei Beschwerden mit grenzüberschreitendem Sachverhalt. Beim Verweis auf § 19 KAGB, der das Anzeigeverfahren beim Erwerb bedeutender Beteiligungen betrifft, handelt sich um ein Redaktionsversehen.[11] Im aufgehobenen § 143c InvG wurde auf § 19 InvG verwiesen, der aber inhaltlich § 9 KAGB entspricht; das Anzeigeverfahren beim Erwerb bedeutender Beteiligungen war in § 2a InvG geregelt, auf den in § 143c InvG nicht verwiesen wurde. 5

4. Folgen der Beschwerde

Nach h.M. ist die BaFin aufgrund der Natur der Beschwerde als Petition **verpflichtet**, die **Beschwerde entgegenzunehmen**, das **Anliegen inhaltlich zu prüfen** und einen **„Bescheid" zu erlassen.**[12] 6

Parallel angestrengte (Zivilrechts-)Streitbeilegungsverfahren bleiben von der Beschwerde aufgrund der unterschiedlichen Zwecksetzung unberührt.[13] 7

Da die BaFin mit der „Bescheidung" der Beschwerde keine Regelung im Einzelfall trifft und damit keinen Verwaltungsakt erlässt,[14] kann der Beschwerdeführer gegen den „Bescheid" nicht mit der Anfechtungsklage vorgehen.[15] Ihm steht allerdings bei unterlassener oder unsachgemäßer Antwort der BaFin die Erhebung der allgemeinen Leistungsklage offen.[16] 8

III. Verbraucherstreitschlichtung nach § 14 UKlaG

Das Gesetz über Unterlassungsklagen bei Verbraucherrechts- und anderen Verstößen (Unterlassungsklagengesetz – UKlaG) vom 27.8.2002 i.d.F. v. 17.7.2017 lautet auszugsweise wie folgt: 9

§ 14
Schlichtungsverfahren und Verordnungsermächtigung

(1) Bei Streitigkeiten aus der Anwendung

[...]

6. **der Vorschriften des Kapitalanlagegesetzbuchs, wenn an der Streitigkeit Verbraucher beteiligt sind, oder**
7. **sonstiger Vorschriften im Zusammenhang mit Verträgen, die Bankgeschäfte nach § 1 Absatz 1 Satz 2 des Kreditwesengesetzes oder Finanzdienstleistungen nach § 1 Absatz 1a Satz 2 des Kreditwesengesetzes betreffen, zwischen Verbrauchern und nach dem Kreditwesengesetz beaufsichtigten Unternehmen**

---

8 *Gerlach* in Baur/Tappen, § 342 KAGB Rz. 9 f.

9 *Boehm* in Moritz/Klebeck/Jesch, § 342 KAGB Rz. 21; *Gerlach* in Baur/Tappen, § 342 KAGB Rz. 7 m.w.N.

10 *Machhausen* in Emde/Dornseifer/Dreibus/Hölscher, § 143c InvG Rz. 3; vgl. *Boehm* in Moritz/Klebeck/Jesch, § 342 KAGB Rz. 32 ff. m.w.N.; *Gerlach* in Baur/Tappen, § 342 KAGB Rz. 14 ff.; *Pelz* in Beckmann/Scholtz/Vollmer, ErgLfg. 5/18 – V.18, § 342 KAGB Rz. 3.

11 Ebenso *Boehm* in Moritz/Klebeck/Jesch, § 342 KAGB Rz. 67 Fn. 63.

12 BVerfG v. 22.4.1953 – 1 BvR 162/51, BVerfGE 2, 225; BVerwG v. 13.11.1990 – 7 B 85/90, NJW 1991, 936; *Boehm* in Moritz/Klebeck/Jesch, § 342 KAGB Rz. 40; *Gerlach* in Baur/Tappen, § 342 KAGB Rz. 22 ff.; *Klein* in Maunz/Dürig, ErgLfg. 63, Oktober 11, Art. 17 GG Rz. 84 ff.

13 *Gerlach* in Baur/Tappen, § 342 KAGB Rz. 25 ff.

14 Vgl. BVerwG v. 1.9.1976 – VII B 101/75, NJW 1977, 118; *Klein* in Maunz/Dürig, ErgLfg. 63, Oktober 11, Art. 17 GG Rz. 129.

15 *Boehm* in Moritz/Klebeck/Jesch, § 342 KAGB Rz. 45.

16 *Boehm* in Moritz/Klebeck/Jesch, § 342 KAGB Rz. 46; *Gerlach* in Baur/Tappen, § 342 KAGB Rz. 27.

können die Beteiligten unbeschadet ihres Rechts, die Gerichte anzurufen, eine vom Bundesamt für Justiz für diese Streitigkeiten anerkannte private Verbraucherschlichtungsstelle oder die bei der Deutschen Bundesbank oder die bei der Bundesanstalt für Finanzdienstleistungsaufsicht eingerichtete Verbraucherschlichtungsstelle anrufen. Die bei der Deutschen Bundesbank eingerichtete Verbraucherschlichtungsstelle ist für die Streitigkeiten nach Satz 1 Nrummer 1 bis 5 zuständig; die bei der Bundesanstalt für Finanzdienstleistungsaufsicht eingerichtete Verbraucherschlichtungsstelle ist für die Streitigkeiten nach Satz 1 Nummer 6 und 7 zuständig. Diese behördlichen Verbraucherschlichtungsstellen sind nur zuständig, wenn es für die Streitigkeit keine zuständige anerkannte Verbraucherschlichtungsstelle gibt.

(2) Jede Verbraucherschlichtungsstelle nach Absatz 1 muss mit mindestens zwei Schlichtern besetzt sein, die die Befähigung zum Richteramt haben. Die Schlichter müssen unabhängig sein und das Schlichtungsverfahren fair und unparteiisch führen. Sie sollen ihre Schlichtungsvorschläge am geltenden Recht ausrichten und sie sollen insbesondere die zwingenden Verbraucherschutzgesetze beachten. Für das Schlichtungsverfahren kann von einem Verbraucher kein Entgelt verlangt werden.

(3) Das Bundesamt für Justiz erkennt auf Antrag eine Schlichtungsstelle als private Verbraucherschlichtungsstelle nach Absatz 1 Satz 1 an, wenn

1. **der Träger der Schlichtungsstelle ein eingetragener Verein ist,**
2. **die Schlichtungsstelle für die Streitigkeiten nach Absatz 1 Satz 1 zuständig ist und**
3. **die Organisation, Finanzierung und Verfahrensordnung der Schlichtungsstelle den Anforderungen dieses Gesetzes und der Rechtsverordnung entspricht, die auf Grund dieses Gesetzes erlassen wurde.**

Die Verfahrensordnung einer anerkannten Schlichtungsstelle kann nur mit Zustimmung des Bundesamts für Justiz geändert werden.

(4) Das Bundesamt für Justiz nimmt die Verbraucherschlichtungsstellen nach Absatz 1 in die Liste nach § 33 Absatz 1 des Verbraucherstreitbeilegungsgesetzes auf und macht die Anerkennung und den Widerruf oder die Rücknahme der Anerkennung im Bundesanzeiger bekannt.

(5) Das Bundesministerium der Justiz und für Verbraucherschutz regelt im Einvernehmen mit dem Bundesministerium der Finanzen durch Rechtsverordnung, die nicht der Zustimmung des Bundesrates bedarf, entsprechend den Anforderungen der Richtlinie 2013/11/EU des Europäischen Parlaments und des Rates vom 21 Mai 2013 über die alternative Beilegung verbraucherrechtlicher Streitigkeiten und zur Änderung der Verordnung (EG) Nr. 2006/2004 und der Richtlinie 2009/22/EG (ABl. L 165 vom 18.6.2013, S. 63)

1. **die näheren Einzelheiten der Organisation und des Verfahrens der bei der Deutschen Bundesbank und der ei der Bundesanstalt für Finanzdienstleistungsaufsicht nach diesem Gesetz eingerichteten Verbraucherschlichtungsstellen, insbesondere auch die Kosten des Schlichtungsverfahrens für einen am Schlichtungsverfahren beteiligten Unternehmer,**
2. **die Voraussetzungen und das Verfahren für die Anerkennung einer privaten Verbraucherschlichtungsstelle und für die Aufhebung dieser Anerkennung sowie die Voraussetzungen und das Verfahren für die Zustimmung zur Änderung der Verfahrensordnung,**
3. **die Zusammenarbeit der behördlichen Verbraucherschlichtungsstellen und der privaten Verbraucherschlichtungsstellen mit**
   a) **staatlichen Stellen, insbesondere der Bundesanstalt für Finanzdienstleistungsaufsicht, und**
   b) **vergleichbaren Stellen zur außergerichtlichen Streitbeilegung in anderen Vertragsstaaten des Abkommens über den Europäischen Wirtschaftsraum.**

1. Überblick

10 Durch die Neufassung des § 14 UKlaG wurde neben der Eingliederung des bisher in § 342 Abs. 3 KAGB a.F. geregelten Streitschlichtungsverfahrens (§ 14 Abs. 1 Nr. 6 UKlaG) die **Zuständigkeit der BaFin** für Streitigkeiten über Verbraucherverträge, die Bankgeschäfte und Finanzdienstleistungen nach § 1 KWG zum Gegenstand haben, **angeordnet**. In die Zuständigkeit der BaFin fallen damit grds. alle Streitigkeiten aus Verbraucherverträgen mit Unternehmen, die von ihr auch beaufsichtigt werden, soweit nicht die Schlichtungsstelle der Deutschen Bundesbank zuständig ist.[17] Die Zuständigkeit der BaFin, ebenso wie der Deutschen Bundesbank in den Fällen des § 14 Abs. 1 Nr. 1 bis 4 UKlaG, besteht allerdings nur **subsidiär**, wenn keine der vom Bundesjustizministerium anerkannten **privaten Schlichtungsstellen** zuständig ist (§ 14 Abs. 1 Satz 3 UKlaG).[18]

11 Im Unterschied zum Beschwerdeverfahren steht das Schlichtungsverfahren ausweislich des Wortlauts von § 14 UKlaG nur Verbrauchern i.S.d. § 13 BGB offen. Als Verbraucherstreitschlichtungsstellen i.S.d. § 2

17 BT-Drucks. 18/5089, 81.
18 Vgl. auch *Holzner*, GewA 2015, 350.

Abs. 1 Verbraucherstreitbeilegungsgesetz (VSBG) gelten für die in § 14 Abs. 1 UKlaG genannten Schlichtungsstellen gem. § 1 Abs. 1 Satz 2 VSBG subsidiär die Vorschriften des VSBG.[19]

2. Anforderungen an die Ausgestaltung der Schlichtungsstellen

§ 14 Abs. 2 UKlaG regelt die **grundlegenden Anforderungen an die Schlichtungsstellen**, welche mit mindestens zwei Schlichtern besetzt sein müssen, die die Befähigung zum Richteramt haben. Die Schlichter müssen unabhängig sein und sollen ihre Schlichtungsvorschläge am geltenden Recht ausrichten und dabei insbesondere die zwingenden Verbraucherschutzgesetze beachten. Das Schlichtungsverfahren selbst muss fair und unparteiisch sowie für Verbraucher unentgeltlich sein. Wird dennoch eine Vereinbarung über ein Entgelt für ein Schlichtungsverfahren vor einer Verbraucherschlichtungsstelle mit dem Verbraucher getroffen, so ist diese Vereinbarung unwirksam.[20] 12

3. Öffentlich-rechtliche Schlichtungsstellen

Die näheren Einzelheiten der Organisation und des Verfahrens der öffentlich-rechtlichen Schlichtungsstellen sind in den Abschnitten 1 und 3 der aufgrund der Verordnungsermächtigung des § 14 Abs. 5 UKlaG erlassenen **Finanzschlichtungsstellenverordnung (FinSV)** geregelt. 13

4. Anerkennung privater Schlichtungsstellen

Das Anerkennungsverfahren privater Schlichtungsstellen von Verbänden richtet sich nach § 14 Abs. 3 UKlaG und Abschnitt 2 Finanzschlichtungsstellenverordnung (FinSV).[21] Voraussetzung für die Anerkennung ist, dass sie **von einem Verband getragen** wird, Streitigkeiten nach § 14 UKlaG schlichtet und ihre Organisation und Verfahrensordnung den Anforderungen des § 14 Abs. 2 UKlaG und den Vorschriften des Abschnitts 2 FinSV entspricht, die ergänzend zu § 14 Abs. 2 UKlaG die näheren Einzelheiten zur Organisation und zu dem Verfahren von Verbraucherschlichtungsstellen nach § 14 UKlaG regeln. 14

5. Zivilrechtliche Folgen des Schlichtungsverfahrens

Im Zuge der Umsetzung der Richtlinie 2013/11/EU hat der Gesetzgeber auch die Regelungen zur Verjährungshemmung angepasst. § 204 Abs. 1 Nr. 4 BGB stellt nun klar, dass die **Verjährung** durch die Veranlassung der Bekanntgabe eines Antrags, mit dem der Anspruch bei einer staatlichen oder staatlich anerkannten Streitbeilegungsstelle geltend gemacht wird, **gehemmt** wird.[22] 15

---

19 *Walker* in Walker, § 14 UKlaG Rz. 3, vgl. zum Verbraucherstreitbeilegungsgesetz: *Borowski/Röthemeyer/Steike*, Verbraucherstreitbeilegungsgesetz, 2016.

20 BT-Drucks. 18/5089, 82; *Walker* in Walker, § 14 UKlaG Rz. 7 ff.; vgl. auch zum Verfahren: *Lücke*, BKR 2009, 324.

21 Vgl. zur Ombudsstelle des BVI: *Sachse*, Kreditwesen 2017, 72.

22 BT-Drucks. 18/5089, 80; vgl. zur bisherigen unklaren Rechtslage *Gerlach* in Baur/Tappen, § 342 KAGB Rz. 97.

Abschnitt 2
Übergangsvorschriften

Vorbemerkungen vor §§ 343–359

Schrifttum: *BaFin*, Häufige Fragen zu den Übergangsvorschriften nach den §§ 343 ff. des KAGB, abrufbar unter: https://www.bafin.de/SharedDocs/Veroeffentlichungen/DE/FAQ/faq_kagb_ubergangsvorschriften_130618.html; *Dietrich/Malsch*, KAGB-Übergangsregelungen und ihre Auswirkungen auf die Rechnungslegung geschlossener Investmentvermögen, RdF 2014, 240; *Emde/Dreibus*, Der Regierungsentwurf für ein Kapitalanlagegesetzbuch, BKR 2013, 89; *Voigt/Busse*, Die Übergangsvorschriften für geschlossene Fonds nach dem Regierungsentwurf zum AIFM-Umsetzungsgesetz, BKR 2013, 184; *Wallach*, Umsetzung der AIFM-Richtlinie in deutsches Recht – erste umfassende Regulierung des deutschen Investmentrechts, RdF 2013, 92; *Wallach*, Die Regulierung offener Fonds im Kapitalanlagegesetzbuch, in Habersack/Mülbert/Nobbe/Wittig (Hrsg.), Bankrechtstag 2013, 95.

I. Regelungsgegenstand und -zweck

Der Gesetzgeber hat die Umsetzung der AIFM-RL zum Anlass genommen, mit der Einführung des KAGB ein **umfassendes und in sich geschlossenes Regelwerk im Investmentbereich** zu schaffen, das für sämtliche Investmentfonds und ihre Verwalter gelten soll.[1] Der weite Anwendungsbereich des KAGB wird durch einen materiellen Investmentfondsbegriff in § 1 Abs. 1 KAGB eröffnet, der in Anlehnung an die Definition des AIF in Art. 4 Abs. 1 lit. a) AIFM-RL sämtliche Formen der Vermögensverwaltung zum Nutzen von Anlegern erfasst. Dementsprechend sind alle Investmentvermögen entweder OGAWs oder AIFs (§ 1 Abs. 2 und 3 KAGB). Im Gegensatz dazu legte das InvG einen formellen Investmentbegriff zugrunde, mit dem zum Ausdruck gebracht wird, dass nur diejenigen Investmentfonds dem InvG unterfielen, die auch die Anforderungen des InvG erfüllten.[2] Außerhalb des InvG konnte das Investmentgeschäft weitgehend privatautonom gestaltet werden; lediglich Teilbereiche wurden durch spezialgesetzliche Normen des Vermögensanlagengesetzes oder des Kreditwesengesetzes (Finanzkommissionsgeschäft und Anlageverwaltung) reguliert. Notwendige Folge war, dass mit Inkrafttreten des KAGB am 22.7.2013 **bisher unregulierte Investmentvermögen dem Anwendungsbereich des KAGB unterfielen.**[3] 1

Um die mit der umfassenden Regulierung einhergehenden wirtschaftlichen und unternehmerischen Herausforderungen abzumildern,[4] hat der Gesetzgeber in den §§ 343 bis 359 KAGB **Übergangsvorschriften**[5] erlassen.[6] Er räumt den Normenadressaten einen angemessenen Zeitraum ein, sich auf die neue Rechtslage einzustellen und gewährt in bestimmten Konstellationen einen gewissen Bestandsschutz.[7] 2

II. Übergangsbestimmungen im Zusammenhang mit dem Inkrafttreten des KAGB

Die Übergangsvorschriften bei Einführung des KAGB mussten insbesondere drei Bereiche regeln, 3
– die **Erlaubnis der AIF-KGVen** für den Geschäftsbetrieb

1 BT-Drucks. 17/12294, 187.
2 BT-Drucks. 17/12294, 188.
3 Vgl. *Emde/Dreibus*, BKR 2013, 89 (100).
4 *Dietrich/Malsch*, RdF 2014, 2040 (242).
5 Siehe den systematischen Überblick bei *Hackenberg/Knappe* in Beckmann/Scholtz/Vollmer, ErgLfg. 10/17 – X.18, Vorbemerkungen zu §§ 343–358 KAGB Rz. 1.
6 Einen Überblick bieten auch *Dietrich/Malsch*, RdF 2014, 240 ff.; *Emde/Dreibus*, BKR 2013, 89 ff.; *Voigt/Busse*, BKR 2013, 184 ff.; *Wallach*, RdF 2013, 92; *Wallach*, Bankrechtstag 2013, 119 ff.
7 *Emde/Dreibus*, BKR 2013, 89 (100); *Wallach*, RdF 2013, 92 (103).

– die **Produktvorschriften** der vom KAGB erfassten Investmentvermögen und
– den **Vertrieb** von AIF.

Die nachfolgende Darstellung fasst die Übergangsvorschriften **im Zusammenhang mit dem Inkrafttreten des KAGB** in den genannten drei Bereichen zusammen.

1. Übergangsvorschriften auf der Ebene der Kapitalverwaltungsgesellschaften

4 **AIF-KVGen**, die vor dem 22.7.2013 die kollektive Vermögensverwaltung ausübten, haben nach § 343 Abs. 1 KAGB alle erforderlichen Maßnahmen zu ergreifen, um den Rechtsvorschriften des KAGB nachzukommen. Sie mussten **vor dem Ablauf des 21.7.2014 eine Erlaubnis nach §§ 20, 22 KAGB beantragen**. Spätestens mit der Stellung des Erlaubnisantrages waren alle Vorgaben des KAGB zu erfüllen.[8]

5 Nach § 343 Abs. 3 KAGB konnten diese AIF-KVGen in einem Zeitraum vom 22.7.2013 bis 21.1.2015 **„neue AIF" nach den Vorschriften des KAGB auflegen und verwalten, ohne hierfür eine Erlaubnis zu besitzen**. Es sollte vermieden werden, dass diese Gesellschaften einen Teil ihres Geschäftsbetriebs bis zur Entscheidung über den Erlaubnisantrag einstellen müssen. Wegen dieses Zwecks war es nach der Verwaltungspraxis der BaFin[9] erforderlich, dass die Gesellschaft bereits vor dem 22.7.2013 AIFs des neu aufzulegenden Typs verwaltete. Erst Recht kamen Gesellschaften, die vor dem 22.7.2018 nicht die Vermögensverwaltung ausübten, wie z.B. lediglich die in § 20 Abs. 3 KAGB genannten Nebentätigkeiten,[10] nicht in den Genuss des Privilegs, bis zum 21.1.2015 neue AIFs aufzulegen und zu verwalten.

6 **OGAW-KVGen** und extern verwaltete **OGAW-InvAGen**, die bereits über eine Erlaubnis gemäß § 7 bzw. § 97 Abs. 1 des aufgehobenen InvG verfügten, bedurften **keiner neuen Erlaubnis**. Die Erlaubnis nach §§ 20, 21 bzw. § 113 KAGB gilt insoweit als erteilt (§ 355 Abs. 1 KAGB). Doch benötigten KVGen, die sowohl AIF als auch OGAW verwalten, einer zusätzlichen Erlaubnis als AIF-KVGen, für die die Vorgaben des § 343 Abs. 1 KAGB gelten.[11]

2. Übergangsvorschriften auf der Ebene der Investmentvermögen

7 Die neuen Produktregeln des KAGB betreffen zum einen Investmentvermögen, die vom InvG nicht erfasst waren, und zum anderen Investmentvermögen, die zwar nach dem InvG reguliert waren, deren Anlagebedingungen jedoch durch das KAGB verändert wurden. Im Hinblick auf den Schutz der bereits in diesen Investmentvermögen investierten Anleger sieht das KAGB **Bestandsschutzgarantien** vor. Dies hat zur Folge, dass bis heute Investmentvermögen existieren, deren Anlagebedingungen oder Anlegerkreis nach dem KAGB nicht mehr zulässig wären.

a) Offene Investmentvermögen

8 Für die Anlagebedingungen bereits vor dem 22.7.2013 aufgelegter **OGAW** versagt der Gesetzgeber allerdings den Bestandsschutz. Gemäß § 355 Abs. 2 Satz 1 KAGB waren die Anlagebedingungen an das KAGB anzupassen. Soweit die Anlagebedingungen von OGAW nicht mit den veränderten Anforderungen bei Wertpapierdarlehen und Pensionsgeschäften in §§ 200 und 203 KAGB im Einklang standen,[12] mussten diese innerhalb von sechs Monaten nach dem 22.7.2013 angepasst und von der BaFin genehmigt werden (§ 355 Abs. 2 Satz 6 KAGB). Auch die wesentlichen Anlegerinformationen und die Verkaufsprospekte von OGAW mussten an das KAGB angepasst und der BaFin eingereicht werden (§ 355 Abs. 2 Satz 8 KAGB).

9 Bei offenen **Publikums- und Spezial-AIF** unterscheidet das KAGB zwischen solchen, die bereits nach dem InvG reguliert waren (§ 345 KAGB) und solchen, die nicht bereits nach dem InvG reguliert waren (§ 351 KAGB). In beiden Fällen mussten die Anlagebedingungen an das KAGB angepasst werden und **bis spätestens am 21.7.2014** in Kraft treten.

10 Eine Besonderheit gilt jedoch für **Gemischte Sondervermögen und Gemischte InvAGen** sowie für **Sonstige Sondervermögen und Sonstige InvAGen**, die nach dem InvG Anlagen tätigten, die nach dem KAGB nicht mehr zulässig sind. Es handelt sich hierbei um Anteile an Immobilien-Sondervermögen und Anteilen an Single-Hedgefonds sowie im Falle von Sonstigen Sondervermögen und Sonstigen InvAGen zusätzlich

8 *BaFin*, Häufige Fragen zu den Übergangsvorschriften nach den §§ 343 ff. des KAGB, vom 18.06.2013, I.1.
9 *BaFin*, Häufige Fragen zu den Übergangsvorschriften nach den §§ 343 ff. des KAGB, vom 18.06.2013, I.10 mit konkreten Beispielen.
10 *BaFin*, Häufige Fragen zu den Übergangsvorschriften nach den §§ 343 ff. des KAGB, vom 18.06.2013, I.10.
11 BT-Drucks. 17/12294, 306.
12 S. hierzu *Wallach*, Bankrechtstag 2013, 95 (108).

um Unternehmensbeteiligungen.[13] Soweit diese Anlagen bis zum 21.7.2013 konform mit den Anlagebedingungen getätigt wurden, dürfen sie auch nach dem 21.7.2013 weiter gehalten werden (§§ 348 Satz 1, 349 Satz 1 KAGB).

11 Da Anteile an **Single-Hedgefonds** bis zum Inkrafttreten des KAGB auch an Privatanleger vertrieben werden durften, dürfen diese **auch nach dem 21.7.2013 von Privatanlegern gehalten** werden. Hierbei sind die für Privatanleger geltenden Bestimmungen des KAGB über die Anlagebedingungen und die Informationspflichten im Hinblick auf diese Privatanleger, die noch Anteile an den Single-Hedgefonds halten, anzuwenden (§ 350 Abs. 1 Satz 2 und 3 KAGB).

12 Entsprechendes gilt, wenn Anleger, die nicht als professionelle oder semiprofessionelle Anleger nach dem KAGB qualifizieren, vor dem 22.7.2013 Anteile an **offenen inländischen Spezial-AIF** erworben haben: Diese Privatanleger dürfen die Anteile an dem Spezial-AIF auch nach dem 22.7.2013 weiter halten (§ 350 Abs. 2 KAGB).

13 Bei **Immobilien-Sondervermögen** ist die durch das AnsFuG[14] in das InvG aufgenommene Möglichkeit, dass Anleger **Anteilrückgaben bis 30.000 Euro im Kalenderhalbjahr ohne Einhaltung einer Mindesthalte- oder Kündigungsfrist** erklären können, durch das KAGB gestrichen worden. Für Anleger, die am 21.7.2013 Anteile an dem Immobilien-Sondervermögen gehalten haben, gilt diese flexible Rückgabemöglichkeit jedoch weiterhin (§ 346 Abs. 1 KAGB). Anleger, die Anteile erst nach dem 21.7.2013 erworben haben, müssen auch für Beträge bis zu 30.000 Euro die 24-monatige Mindesthaltefrist in § 255 Abs. 3 Satz 1 KAGB und die 12-monatige Kündigungsfrist in § 255 Abs. 4 Satz 1 KAGB einhalten. Dies führt zu der kuriosen Situation, dass es innerhalb desselben Immobilien-Sondervermögens **zwei Gruppen von Anlegern mit unterschiedlichen Rückgaberechten** gibt. Ein entsprechender Hinweis hat im Verkaufsprospekt in drucktechnischer hervorgehobener Weise zu erfolgen (§ 346 Abs. 4 KAGB).

14 Ausnahmen von der Anpassungspflicht der Anlagebedingungen galten für offene **Immobilien-Sondervermögen**, deren **Anteilsrücknahme nach § 81 des aufgehobenen InvG ausgesetzt** war. Nach der Verwaltungspraxis der BaFin[15] durften die Anlagebedingungen von diesen Investmentvermögen nicht angepasst werden.

15 Dagegen galten bei **Gemischten und Sonstigen Investmentvermögen**, deren Anteilrückgabe bei Inkrafttreten des KAGB ausgesetzt war, abweichend von der zuvor genannten Verwaltungspraxis der BaFin bereits ab dem 22.7.2013 die fondsbezogenen Regelungen des KAGB, unabhängig davon, ob die Anlagebedingungen angepasst waren. Dies folgt nach Ansicht der BaFin[16] aus den Wertungen der §§ 348, 349 KAGB, welche einen Bestandsschutz für Anlagen nur vorsehen, wenn diese vor dem 22.7.2013 getätigt wurden. Eine dauerhafte Fortgeltung des aufgehobenen InvG ist den beiden Vorschriften nicht zu entnehmen. Vielmehr gelten die materiellen Fondsregeln bereits ab dem 22.7.2013, mit der Folge, dass der Erwerb von den unter dem KAGB unzulässigen Anlagen verboten ist.

b) Geschlossene Investmentvermögen

16 Die Übergangsvorschriften für geschlossene Investmentvermögen sind in § 353 KAGB zusammengefasst. Für die Zwecke des § 353 KAGB **erweitert § 352a KAGB** durch Verweis auf Art. 1 Abs. 5 DelVO (EU) Nr. 694/2014 **den Begriff des „geschlossenen AIF"** auf solche AIF, deren Anleger nach einer Wartezeit von fünf Jahren vor Beginn der Liquidations- oder Auslaufphase Anteile zurückgeben können.

17 Hinsichtlich des Bestandsschutzes ist zwischen **drei verschiedenen Stadien** im Lebenszyklus der geschlossenen Investmentvermögen zu unterscheiden.

aa) Vollinvestierte Investmentvermögen

18 Geschlossene AIF, für die AIF-KVGen nach dem 21.7.2013 keine Anlagen tätigen, genießen einen **vollständigen Bestandsschutz** und unterliegen nicht den Vorschriften des KAGB. Sofern AIF-KVGen nur solche

---

13 Zur Kritik s. *Wallach*, Bankrechtstag 2013, 95 (108 f.) und *Wallach*, RdF 2013, 92 (99).

14 Gesetz zur Stärkung des Anlegerschutzes und Verbesserung der Funktionsfähigkeit des Kapitalmarktes vom 5.4.2011, BGBl. 2011 Teil I, Nr. 14, 538 ff.

15 Vgl. hierzu *BaFin*, Häufige Fragen zu den Übergangsvorschriften nach den §§ 343 ff. des KAGB, vom 18.06.2013, II. 6.

16 *BaFin*, Häufige Fragen zu den Übergangsvorschriften nach den §§ 343 ff. des KAGB, vom 18.06.2013, II. 6.

sog. „Altfonds“ verwalten, bedürfen sie keiner Erlaubnis nach §§ 20, 22 KAGB oder einer Registrierung nach § 44 KAGB.[17] Es handelt sich hierbei um eine Umsetzung von Art. 61 Abs. 3 AIFM-RL.

19 Folge des vollständigen Bestandsschutzes für „Altfonds“ ist, dass sie **von den Produkt- und Transparenzvorschriften des KAGB befreit** sind. Auch die AIF-KVGen unterliegen keinen aufsichtsrechtlichen Pflichten hinsichtlich der „Altfonds“, wie z.B. die Bestellung einer Verwahrstelle.[18]

20 Verwaltet eine AIF-KVG neben den „Altfonds“ auch „neue AIF“, unterliegt sie vollständig dem KAGB (**sog. Infektionstheorie**).[19] Dies bedeutet, dass sich ihre Erlaubnis- bzw. Registrierungspflicht auch auf die Verwaltung der „Altfonds“ bezieht. Bei der Berechnung der Schwellenwerte der Eigenmittel in § 25 KAGB sind die verwalteten „Altfonds“ mitzuberücksichtigen. Hingegen werden die „Altfonds“ nicht infiziert, d.h. die auf den geschlossenen AIF bezogenen Bestimmungen des KAGB, wie z.B. die Bestellung einer Verwahrstelle, findet weiterhin keine Anwendung.[20]

bb) Vollplatzierte Investmentvermögen

21 Einen praktisch weniger bedeutsamen Fall regelt § 353 Abs. 3 KAGB in Umsetzung des Art. 61 Abs. 4 AIFM-RL, wonach geschlossene AIF, deren Zeichnungsfrist spätestens am 21.7.2013 abgelaufen war und die **für einen Zeitraum bis maximal zum 21.7.2016 aufgelegt** wurden, **vollständigen Bestandschutz** genießen. Für diese vollplatzierten und befristeten AIF und deren AIF-KVGen gelten die in Rz. 18–20 beschriebenen Rechtsfolgen entsprechend.

22 Für geschlossene AIF, deren **Zeichnungsfrist vor dem 22.7.2013 abgelaufen** ist und die **nach dem 21.7.2013 Anlagen tätigen**, gewährt § 353 Abs. 4 KAGB einen **partiellen Bestandsschutz**. Der partielle Bestandsschutz besteht darin, dass für diese vollplatzierten geschlossenen AIF die **Produktbestimmungen der §§ 261 ff. KAGB grundsätzlich nicht gelten**. Konsequent müssen auch keine Anlagebedingungen, kein Verkaufsprospekt und keine wesentliche Anlegerinformationen erstellt werden (vgl. § 353 Abs. 4 Satz 1 KAGB).

23 Hingegen unterliegen **AIF-KVGen**, die solche vollplatzierten AIF verwalten, **allen aufsichtsrechtlichen, aus der AIFM-RL resultierenden Pflichten**, wie insbes. die Erlaubnispflicht, die Organisations- und Verhaltenspflichten nach dem KAGB und der DelVO (EU) Nr. 231/2013, die Pflicht zur Bestellung einer Verwahrstelle und eines unabhängigen Bewerters, die Pflichten im Zusammenhang mit der Rechnungslegung des AIF sowie die Informationspflichten gegenüber den Anlegern (vgl. § 353 Abs. 4 Satz 1 KAGB). Soweit § 30 Abs. 1 Satz 1 KAGB eine Befreiung von den Pflichten zur Unterhaltung eines Liquiditätsmanagementsystems für geschlossene AIF vorsieht, gilt dies nicht für geschlossene AIF i.S.d erweiterten Definition gemäß § 352a KAGB (§ 353 Abs. 4 Satz 3 KAGB).

24 Ein entsprechender partieller Bestandsschutz besteht für vollplatzierte geschlossene AIF, welche die **Schwellenwerte des § 2 Abs. 5 Satz 2 KAGB** erfüllen. AIF-KVGen, die diese AIF verwalten, müssen statt der Erlaubnis **eine Registrierung bei der BaFin nach §§ 44 ff. KAGB** vornehmen und unterliegen den aufsichtsrechtlichen Pflichten einer registrierten KVG (§ 353 Abs. 5 KAGB).

cc) Weder vollplatzierte noch vollinvestierte Investmentvermögen

25 Geschlossene AIF, deren Zeichnungsfrist nicht vor dem 22.7.2013 abgelaufen ist und die nach dem 21.7.2013 zusätzliche Anlagen tätigen, genießen hingegen **keinen Bestandschutz**. Für sie verweist § 353 Abs. 6 Satz 1 KAGB auf die Übergangsbestimmungen in § 351 Abs. 1 bis 4 KAGB für offene AIF, die nicht bereits nach dem InvG reguliert waren. Dies bedeutet insbesondere, dass für sie auch die Produktvorschriften des KAGB gelten und **Anlagebedingungen erstellt** und **Anpassungen des Gesellschaftsvertrages** vorgenommen werden müssen, die **spätestens am 21.7.2014 in Kraft treten**. Unabhängig davon finden auf die geschlossenen AIF, die weder vollplatziert noch vollinvestiert waren, die gesamten Vorschriften des KAGB ab dem 22.7.2014 Anwendung (§ 353 Abs. 6 Satz 1 i.V.m. § 351 Abs. 1 Satz 5 KAGB).[21]

---

17 Vgl. *BaFin*, Häufige Fragen zu den Übergangsvorschriften nach den §§ 343 ff. des KAGB, vom 18.06.2013, III.1; *Voigt/Busse*, BKR 2013, 184 (186).

18 *BaFin*, Häufige Fragen zu den Übergangsvorschriften nach den §§ 343 ff. des KAGB, vom 18.06.2013, III.1.

19 *BaFin*, Häufige Fragen zu den Übergangsvorschriften nach den §§ 343 ff. des KAGB, vom 18.06.2013, III.2. Kritisch hierzu *Voigt/Busse*, BKR 2013, 184 (187).

20 Im Einzelnen hierzu *BaFin*, Häufige Fragen zu den Übergangsvorschriften nach den §§ 343 ff. des KAGB, vom 18.06.2013, III.2.

21 Zu Problemen in diesem Zusammenhang siehe *Voigt/Busse*, BKR 2013, 184 (189).

3. Übergangsvorschriften für den Vertrieb

Leider hat der Gesetzgeber die inhaltlich zusammengehörigen Übergangsbestimmungen für den Vertrieb nicht in einer einzigen übersichtlichen Vorschrift zusammengefasst. Sie finden sich vielmehr **bei den einzelnen Kategorien von Investmentvermögen**, ggf. mit einer Verweiskette auf die Übergangsbestimmungen anderer Investmentvermögen. 26

Offene inländische Publikums- oder Spezial-AIF, die vor dem 22.7.2013 aufgelegt wurden, konnten nach § 345 Abs. 6 und 7 KAGB bis zum Inkrafttreten der angepassten Anlagebedingungen, längstens **bis zum 21.7.2014**, nach den Vorschriften des aufgehobenen InvG weiter vertrieben werden. Für den Vertrieb über den 21.7.2014 hinaus ist der erfolgreiche Abschluss eines Anzeigeverfahrens nach § 316 bzw. § 321 KAGB erforderlich. 27

Ausländische AIF, die aufgrund einer **Anzeige nach § 139 InvG oder § 7 AuslInvG** im Inland öffentlich vertriebsberechtigt waren, konnten **bis 21.7.2014** weiter vertrieben werden. Der Vertrieb nach dem 21.7.2014 setzt gemäß § 345 Abs. 8 KAGB den erfolgreichen Abschluss eines Anzeigeverfahrens nach den jeweils einschlägigen Bestimmungen der §§ 320, 323, 329, 330 bzw. 330a KAGB voraus. 28

Ausländische AIF, die **keine ausländischen Investmentvermögen i.S.d. § 1 Abs. 8 InvG** waren und deshalb keiner Vertriebsberechtigung nach dem InvG bedurften, aber Investmentvermögen i.S.d. § 1 Abs. 1 KAGB sind, konnten **bis zum 21.7.2014** weiter vertrieben werden (§ 351 Abs. 5 Satz 2 KAGB i.V.m. § 345 Abs. 8 Satz 3 KAGB). Für den weiteren Vertrieb ist eine Vertriebsgenehmigung nach §§ 320, 323, 329, 330 oder 330a KAGB erforderlich (§ 351 Abs. 5 Satz 1 KAGB). 29

Entsprechendes gilt für **geschlossene AIF**, die nach dem 21.7.2013 weder vollplatziert noch vollinvestiert waren: Sie konnten gemäß § 353 Abs. 6 Satz 1 KAGB i.V.m. §§ 351 Abs. 5 Satz 2, 345 Abs. 8 Satz 3 KAGB **bis zum 21.7.2014** weiter vertrieben werden. Für den weiteren Vertrieb ist eine Vertriebsgenehmigung nach §§ 320, 323, 329, 330 oder 330a KAGB erforderlich (§ 353 Abs. 6 Satz 1 KAGB i.V.m. § 351 Abs. 5 Satz 1 KAGB). 30

Mit der Einführung des KAGB wurde die bisher **nach dem InvG erlaubnisfreie Privatplatzierung** von Investmentanteilen an bestimmte eingegrenzte Gruppen von Anlegern (vgl. § 2 Abs. 11 Satz 2 InvG) abgeschafft.[22] Auch insoweit gilt indes eine Übergangsvorschrift in § 345 Abs. 9 Satz 2 i.V.m. Abs. 8 Satz 3 KAGB, wonach die erlaubnisfreie Privatplatzierung **bis zum 21.7.2014** zulässig war. Für den Vertrieb nach diesem Datum ist eine Vertriebsgenehmigung nach §§ 320, 323, 329, 330 oder 330a KAGB erforderlich (§ 345 Abs. 9 Satz 1 KAGB). 31

III. Sonstige Übergangsbestimmungen

Kapitel 8 Abschnitt 2 enthält weitere Übergangsbestimmungen aus Anlass von Änderungen des KAGB nach dessen Inkrafttreten am 22.7.2013. Soweit eine Kommentierung dieser späteren Übergangsbestimmungen erforderlich ist, erfolgt dies bei den jeweils geänderten Bestimmungen des KAGB. 32

Unterabschnitt 1
Allgemeine Übergangsvorschriften für AIF-Verwaltungsgesellschaften

§ 343 Übergangsvorschriften für inländische und EU-AIF-Verwaltungsgesellschaften

(1) [1]AIF-Kapitalverwaltungsgesellschaften, die vor dem 22. Juli 2013 Tätigkeiten im Sinne des § 20 ausüben, haben alle erforderlichen Maßnahmen zu ergreifen, um den Rechtsvorschriften dieses Gesetzes nachzukommen. [2]Sie haben vor Ablauf des 21. Juli 2014 die Erlaubnis nach den §§ 20 und 22 oder, wenn sie die Voraussetzungen des § 2 Absatz 4, 4a oder Absatz 5 erfüllen, die Registrierung nach § 44 zu beantragen.

(2) [1]EU-AIF-Verwaltungsgesellschaften, die vor dem 22. Juli 2013 inländische Spezial-AIF im Sinne des § 54 verwalten, haben alle erforderlichen Maßnahmen zu ergreifen, um den entsprechenden

22 *Wallach*, RdF 2013, 92 (100).

Rechtsvorschriften dieses Gesetzes nachzukommen. [2]Die Angaben gemäß § 54 sind unmittelbar nach Erteilung der Erlaubnis im Herkunftsmitgliedstaat, spätestens bis zum 31. Dezember 2014 der Bundesanstalt zu übermitteln.

(3) [1]Eine AIF-Kapitalverwaltungsgesellschaft, die vor dem 22. Juli 2013 Tätigkeiten im Sinne des § 20 ausübt, darf bis zum 21. Januar 2015 bereits vor Erteilung der Erlaubnis nach den §§ 20 und 22 neue AIF nach den Vorschriften dieses Gesetzes, mit Ausnahme des Erfordernisses der Erlaubnis, verwalten und im Geltungsbereich dieses Gesetzes vertreiben, wenn sie bei Publikums-AIF zusammen mit dem Antrag auf Genehmigung der Anlagebedingungen nach § 163 oder § 267 und bei Spezial-AIF zusammen mit der Vertriebsanzeige nach § 321

1. im Zeitraum vom 22. Juli 2013 bis zum 21. Juli 2014 den Antrag auf Erlaubnis nach den §§ 20 und 22 einreicht, auf den bereits eingereichten, noch nicht beschiedenen Antrag auf Erlaubnis nach den §§ 20 und 22 verweist oder die verbindliche Erklärung gegenüber der Bundesanstalt abgibt, innerhalb der in Absatz 1 Satz 2 genannten Frist einen Antrag auf Erlaubnis nach den §§ 20 und 22 zu stellen,
2. im Zeitraum vom 22. Juli 2014 bis zum 21. Januar 2015 auf den eingereichten, noch nicht beschiedenen Antrag auf Erlaubnis nach den §§ 20 und 22 verweist.

[2]Auf die Genehmigung der Anlagebedingungen findet § 163 Absatz 2 Satz 5 keine Anwendung. [3]In dem Verkaufsprospekt und den wesentlichen Anlegerinformationen gemäß § 164 oder § 268 sind die Anleger drucktechnisch herausgestellt an hervorgehobener Stelle über die fehlende Erlaubnis der AIF-Kapitalverwaltungsgesellschaft und die Folgen einer unterlassenen Antragstellung oder Erlaubnisversagung hinzuweisen. [4]Bei Spezial-AIF muss dieser Hinweis im Rahmen der Informationen gemäß § 307 erfolgen. [5]Als neuer AIF im Sinne von Satz 1 gilt ein AIF, der nach dem 21. Juli 2013 aufgelegt wird.

(4) Ein AIF gilt mit dem Zeitpunkt als aufgelegt im Sinne dieses Abschnitts, in dem mindestens ein Anleger durch den unbedingten und unbefristeten Abschluss des auf die Ausgabe eines Anteils oder einer Aktie gerichteten schuldrechtlichen Verpflichtungsgeschäfts einen Anteil oder eine Aktie des AIF gezeichnet hat.

(5) [1]AIF-Kapitalverwaltungsgesellschaften im Sinne des Absatzes 1, die weder die Voraussetzungen des § 2 Absatz 4, 4a oder Absatz 5 erfüllen noch binnen der in Absatz 1 Satz 2 vorgesehenen Frist einen Erlaubnisantrag stellen oder denen die Erlaubnis gemäß § 23 versagt wurde, können mit Zustimmung von Anlegern, die mehr als 50 Prozent der Anteile des AIF halten, die Abwicklung des inländischen AIF binnen drei Monaten nach Ablauf der in Absatz 1 Satz 2 genannten Frist oder nach Versagung der Erlaubnis dadurch abwenden, dass sie die Verwaltung auf eine AIF-Kapitalverwaltungsgesellschaft übertragen, die über eine Erlaubnis nach den §§ 20 und 22 verfügt und sich zur Übernahme der Verwaltung bereit erklärt. [2]Die Bundesanstalt kann im öffentlichen Interesse bestimmen, dass die Verwaltung des AIF auf eine AIF-Kapitalverwaltungsgesellschaft, die über eine Erlaubnis nach den §§ 20 und 22 verfügt und sich zur Übernahme der Verwaltung bereit erklärt, übergeht. [3]Die Verwaltung von inländischen Spezial-AIF kann auch auf EU-AIF-Verwaltungsgesellschaften übertragen werden, für welche die erforderlichen Angaben gemäß § 54 übermittelt wurden.

(6) [1]Für EU-AIF-Verwaltungsgesellschaften im Sinne des Absatzes 2, für die nicht binnen der in Absatz 2 Satz 2 vorgesehenen Frist die Angaben gemäß § 54 übermittelt wurden, gilt Absatz 5 entsprechend mit der Maßgabe, dass die Übertragung binnen drei Monaten nach Ablauf der in Absatz 2 Satz 2 genannten Frist erfolgen kann. [2]Für EU-AIF-Verwaltungsgesellschaften, die vor dem 22. Juli 2013 inländische Publikums-AIF verwalten, und für ausländische AIF-Verwaltungsgesellschaften, die vor dem 22. Juli 2013 inländische AIF verwalten, gilt Absatz 5 entsprechend mit der Maßgabe, dass die Übertragung innerhalb von 15 Monaten nach dem 21. Juli 2013 erfolgen kann.

(7) § 34 Absatz 6 ist erst ab dem 1. Januar 2017 anzuwenden.

(8) [1]Die Anlagebedingungen, die wesentlichen Anlegerinformationen und der Verkaufsprospekt für Publikums-AIF sind spätestens zum 18. März 2017 an die ab dem 18. März 2016 geltende Fassung dieses Gesetzes anzupassen. [2]§ 163 gilt mit der Maßgabe, dass die in § 163 Absatz 2 Satz 1 genannte Frist drei Monate beträgt. 3§ 163 Absatz 3 und 4 Satz 2 bis 5 ist nicht anzuwenden.

In der Fassung vom 4.7.2013 (BGBl. I 2013, S. 1981), zuletzt geändert durch das Gesetz zur Umsetzung der Richtlinie 2014/91/EU des Europäischen Parlaments und des Rates vom 23. Juli 2014 zur Änderung der Richtlinie 2009/65/EG zur Koordinierung der Rechts- und Verwaltungsvorschriften betreffend bestimmte Organismen für gemeinsame Anlagen in Wertpapieren (OGAW) im Hinblick auf die Aufgaben der Verwahrstelle, die Vergütungspolitik und Sanktionen vom 3.3.2016 (BGBl. I 2016, S. 348).

§ 343 KAGB nicht gesondert kommentiert. S. dazu Vor §§ 343–359. 1

§ 344 Übergangsvorschriften für ausländische AIF-Verwaltungsgesellschaften und für andere Vertragsstaaten des Abkommens über den Europäischen Wirtschaftsraum

(1) Die §§ 56 bis 66 sind erst ab dem Zeitpunkt anzuwenden, auf den in § 295 Absatz 2 Nummer 1 verwiesen wird.

(2) Bezieht sich dieses Gesetz auf andere Vertragsstaaten des Abkommens über den Europäischen Wirtschaftsraum oder das Abkommen über den Europäischen Wirtschaftsraum, so gilt diese Bezugnahme jeweils erst ab dem Zeitpunkt, ab dem die für die entsprechende Vorschrift dieses Gesetzes maßgeblichen Rechtsakte der Europäischen Union gemäß Artikel 7 des Abkommens über den Europäischen Wirtschaftsraum für die Vertragsparteien verbindlich sind und in dem betreffenden anderen Vertragsstaat des Abkommens über den Europäischen Wirtschaftsraum Teil des innerstaatlichen Rechts oder in innerstaatliches Recht umgesetzt sind.

(3) Unmittelbar geltende Rechtsakte der Europäischen Union gelten im Geltungsbereich dieses Gesetzes entsprechend auch für die Vertragsstaaten des Abkommens über den Europäischen Wirtschaftsraum, die keine Mitgliedstaaten der Europäischen Union sind, soweit diese Rechtsakte gemäß Artikel 7 des Abkommens über den Europäischen Wirtschaftsraum für die Vertragsparteien verbindlich sind und in dem betreffenden anderen Vertragsstaat des Abkommens über den Europäischen Wirtschaftsraum Teil des innerstaatlichen Rechts oder in innerstaatliches Recht umgesetzt sind.

In der Fassung vom 4.7.2013 (BGBl. I 2013, S. 1981), zuletzt geändert durch das Gesetz zur Anpassung von Gesetzen auf dem Gebiet des Finanzmarktes vom 15.7.2014 (BGBl. I 2014, S. 934).

§ 344 KAGB nicht gesondert kommentiert. S. dazu Vor §§ 343–359. 1

§ 344a Übergangsvorschrift zum Kleinanlegerschutzgesetz

§ 45 Absatz 3 Satz 3 und § 123 Absatz 1 Satz 2 in der Fassung des Kleinanlegerschutzgesetzes vom 3. Juli 2015 (BGBl. I S. 1114) sind erstmals auf Jahres- und Konzernabschlüsse für Geschäftsjahre anzuwenden, die nach dem 31. Dezember 2014 beginnen.

In der Fassung vom 3.7.2015 (BGBl. I 2015, S. 1114).

§ 344a KAGB nicht gesondert kommentiert. S. dazu Vor §§ 343–359. 1

Unterabschnitt 2
Besondere Übergangsvorschriften für offene AIF und für AIF-Verwaltungsgesellschaften, die offene AIF verwalten

§ 345 Übergangsvorschriften für offene AIF und AIF-Verwaltungsgesellschaften, die offene AIF verwalten, die bereits nach dem Investmentgesetz reguliert waren

(1) [1]Eine AIF-Kapitalverwaltungsgesellschaft, die bei Inkrafttreten dieses Gesetzes

1. über eine Erlaubnis als Kapitalanlagegesellschaft nach § 7 Absatz 1 des Investmentgesetzes in der bis zum 21. Juli 2013 geltenden Fassung oder als Investmentaktiengesellschaft nach § 97 Absatz 1 des Investmentgesetzes in der bis zum 21. Juli 2013 geltenden Fassung verfügt und
2. inländische offene Publikums-AIF verwaltet, die vor dem 22. Juli 2013 im Sinne des § 343 Absatz 4 aufgelegt und deren Anlagebedingungen gemäß den §§ 43, 43a des Investmentgesetzes in der bis zum 21. Juli 2013 geltenden Fassung genehmigt wurden,

hat die Anlagebedingungen und gegebenenfalls die Satzung dieser inländischen offenen Publikums-AIF an die Vorschriften dieses Gesetzes anzupassen; die geänderten Anlagebedingungen müssen spätestens am 21. Juli 2014 in Kraft treten. [2]Die für die Anpassung erforderlichen Änderungen der Anlagebedingungen müssen nur dann von der Bundesanstalt genehmigt werden, wenn es sich bei diesen Änderungen nicht um rein redaktionelle Änderungen auf Grund der Anpassungen an die Begrifflichkeiten nach diesem Gesetz handelt. [3]Andere als die zur Anpassung der Anlagebedingungen an die Vorschriften dieses Gesetzes notwendigen Änderungen dürfen in den Anlagebedingungen nicht vorgenommen werden. [4]Für die Genehmigung der Anlagebedingungen gilt nur § 163 Absatz 2 Satz 1 bis 4, 7 bis 11 und Absatz 4 Satz 1, 6 und 7 mit der Maßgabe, dass die in § 163 Absatz 2 Satz 1 genannte Frist zwei Monate ab Einreichung des Antrags auf Genehmigung der Anlagebedingungen beträgt. [5]Auf rein redaktionelle Änderungen von Anlagebedingungen im Sinne des Satzes 2 ist § 163 nicht anzuwenden, jedoch gilt für die Bekanntmachung der Änderungen und deren Inkrafttreten § 163 Absatz 4 Satz 1 und 6 erster Halbsatz entsprechend; die redaktionell angepassten Anlagebedingungen sind bei der Bundesanstalt einzureichen. [6]Der Antrag auf Genehmigung der Änderungen der Anlagebedingungen oder, falls ein solcher nach Satz 2 nicht erforderlich ist, die redaktionell angepassten Anlagebedingungen dürfen nicht nach dem Erlaubnisantrag gemäß § 22 bei der Bundesanstalt eingereicht werden. [7]Wird der Antrag auf Genehmigung der Änderungen der Anlagebedingungen oder werden, falls ein solcher nach Satz 2 nicht erforderlich ist, die redaktionell angepassten Anlagebedingungen vor dem Erlaubnisantrag gemäß § 22 eingereicht, muss die AIF-Kapitalverwaltungsgesellschaft bei der Einreichung verbindlich gegenüber der Bundesanstalt erklären, spätestens bis zum 21. Juli 2014 einen Antrag auf Erlaubnis nach den §§ 20 und 22 zu stellen. [8]Die Bundesanstalt ist unverzüglich über den Zeitpunkt des Inkrafttretens der Änderungen der Anlagebedingungen zu informieren. [9]Bis zum Inkrafttreten der Änderungen der Anlagebedingungen der verwalteten inländischen offenen Publikums-AIF im Sinne des Satzes 1 Nummer 2, spätestens jedoch bis zum 21. Juli 2014, sind für diese AIF die für entsprechende Publikums-AIF geltenden Vorschriften des Investmentgesetzes in der bis zum 21. Juli 2013 geltenden Fassung weiter anzuwenden. [10]Die §§ 1 und 2 sowie die Vorschriften dieses Gesetzes betreffend die für Umstellung auf das neue Recht erforderlichen Anträge, Verwaltungsverfahren und Bescheide sowie die Übergangsvorschriften nach diesem Gesetz bleiben unberührt. [11]Ab Inkrafttreten der geänderten Anlagebedingungen, spätestens jedoch ab dem 22. Juli 2014, sind auf die inländischen offenen Publikums-AIF die Vorschriften dieses Gesetzes anzuwenden.

(2) [1]Bis zum Eingang des Erlaubnisantrags nach § 22 bei der Bundesanstalt, spätestens jedoch bis zum Ablauf des 21. Juli 2014, gelten für eine AIF-Kapitalverwaltungsgesellschaft im Sinne des Absatzes 1 Satz 1 die Vorschriften des Investmentgesetzes in der bis zum 21. Juli 2013 geltenden Fassung weiter. [2]Absatz 1 Satz 10 gilt entsprechend. [3]Soweit sich aus Absatz 1 Satz 9 nichts anderes ergibt, ist ab Eingang des Erlaubnisantrags nach § 22, spätestens jedoch ab dem 22. Juli 2014, dieses Gesetz vollständig auf die AIF-Kapitalverwaltungsgesellschaft im Sinne des Absatzes 1 Satz 1 anzuwenden mit der Maßgabe, dass im Hinblick auf die Verwaltung und den Vertrieb von Publikums-AIF im Sinne des Absatzes 1 Satz 1 Nummer 2 im Geltungsbereich dieses Gesetzes und so lange der Erlaubnisantrag, der bis zum 21. Juli 2014 einzureichen ist, noch nicht beschieden wurde, das Erfor-

dernis der Erlaubnis durch den noch nicht beschiedenen vollständigen Erlaubnisantrag ersetzt wird. [4]Haben die in Absatz 1 Satz 1 genannten AIF-Kapitalverwaltungsgesellschaften bis zum Ablauf des 21. Juli 2014 keinen Antrag auf Erlaubnis gemäß § 22 gestellt, ist § 343 Absatz 5 anzuwenden.

(3) [1]Eine AIF-Kapitalverwaltungsgesellschaft, die bei Inkrafttreten dieses Gesetzes

1. **über eine Erlaubnis als Kapitalanlagegesellschaft nach § 7 Absatz 1 des Investmentgesetzes in der bis zum 21. Juli 2013 geltenden Fassung oder über eine Erlaubnis als Investmentaktiengesellschaft nach § 97 Absatz 1 des Investmentgesetzes in der bis zum 21. Juli 2013 geltenden Fassung verfügt und**
2. **inländische offene Spezial-AIF verwaltet, die vor dem 22. Juli 2013 im Sinne des § 343 Absatz 4 aufgelegt wurden,**

hat die Anlagebedingungen und gegebenenfalls die Satzung dieser inländischen offenen Spezial-AIF spätestens bis zum 21. Juli 2014 an die Vorschriften dieses Gesetzes anzupassen und zusammen mit dem Erlaubnisantrag gemäß § 22 einzureichen. [2]Absatz 1 Satz 8 und 9 und Absatz 2 gelten entsprechend.

(4) [1]Erfüllt eine AIF-Kapitalverwaltungsgesellschaft im Sinne des Absatzes 3 Satz 1 die Voraussetzungen des § 2 Absatz 4, gelten für sie und die von ihr verwalteten inländischen offenen Spezial-AIF im Sinne des Absatzes 3 Satz 1 bis zum Eingang des Antrags auf Registrierung nach § 44 bei der Bundesanstalt, spätestens jedoch bis zum 21. Juli 2014, die Vorschriften des Investmentgesetzes in der bis zum 21. Juli 2013 geltenden Fassung weiter. [2]Die Übergangsvorschriften, die Vorschriften zur Registrierung sowie die Befugnisse der Bundesanstalt nach diesem Gesetz bleiben unberührt. [3]Ab dem Eingang des Antrags auf Registrierung bei der Bundesanstalt, spätestens ab dem 22. Juli 2014, sind die für diese AIF-Kapitalverwaltungsgesellschaft geltenden Vorschriften dieses Gesetzes anzuwenden.

(5) Beantragt eine AIF-Kapitalverwaltungsgesellschaft im Sinne des Absatzes 1 Satz 1 oder des Absatzes 3 Satz 1 gemäß § 22 die Erlaubnis zur Verwaltung von AIF, muss sie diejenigen Angaben und Unterlagen, die sie bereits bei dem Erlaubnisantrag nach § 7 Absatz 1 oder § 97 Absatz 1 des Investmentgesetzes in der bis zum 21. Juli 2013 geltenden Fassung oder im Rahmen der Umstellung ihrer Investmentvermögen auf dieses Gesetz vorgelegt hat, nicht erneut vorlegen, sofern diese Angaben und Unterlagen weiterhin aktuell sind.

(6) [1]Eine AIF-Kapitalverwaltungsgesellschaft im Sinne des Absatzes 1 Satz 1 darf von ihr verwaltete inländische offene Publikums-AIF im Sinne des Absatzes 1 Satz 1 Nummer 2 nach dem 21. Juli 2013 im Geltungsbereich dieses Gesetzes nach den Vorschriften des Investmentgesetzes in der bis zum 21. Juli 2013 geltenden Fassung weiter vertreiben. [2]Das Vertriebsrecht nach Satz 1 endet,

1. **wenn die Bundesanstalt den Vertrieb untersagt hat,**
2. **wenn die Bundesanstalt die Erlaubnis nach § 23 versagt hat,**
3. **mit dem Inkrafttreten der Änderungen der Anlagebedingungen gemäß Absatz 1,**
4. **spätestens jedoch mit Ablauf des 21. Juli 2014.**

[3]Ein Vertrieb der in Satz 1 genannten inländischen offenen Publikums-AIF nach dem 21. Juli 2014 oder, sofern die Änderungen der Anlagebedingungen nach Absatz 2 früher in Kraft treten, nach dem Inkrafttreten der Änderungen der Anlagebedingungen gemäß Absatz 2 ist nur zulässig, wenn die AIF-Kapitalverwaltungsgesellschaft bis zu dem früheren der beiden Zeitpunkte das Anzeigeverfahren nach § 316 erfolgreich durchlaufen hat. [4]§ 316 Absatz 1 bis 3 ist für das Anzeigeverfahren im Sinne des Satzes 3 mit den Maßgaben anzuwenden, dass

1. **die Frist nach § 316 Absatz 3 zwei Monate beträgt,**
2. **die Vertriebsanzeige zusammen mit dem Erlaubnisantrag gemäß § 22 eingereicht werden muss,**
3. **solange der bei der Bundesanstalt eingereichte Erlaubnisantrag gemäß § 22 noch nicht beschieden ist, das Erfordernis der Erlaubnis nach § 22 durch den bei der Bundesanstalt eingereichten, aber noch nicht beschiedenen vollständigen Erlaubnisantrag ersetzt wird.**

[5]Der Vertrieb nach den Vorschriften dieses Gesetzes darf erst nach der Mitteilung nach § 316 Absatz 3 und nach Inkrafttreten der Änderungen der Anlagebedingungen fortgesetzt werden. [6]In dem Zeitraum, in dem das Erfordernis der Erlaubnis nach § 22 durch den bei der Bundesanstalt eingereichten, aber noch nicht beschiedenen Erlaubnisantrag ersetzt wird, sind in dem Verkaufsprospekt und den wesentlichen Anlegerinformationen die Anleger drucktechnisch herausgestellt an hervorgehobener Stelle über die fehlende Erlaubnis der AIF-Kapitalverwaltungsgesellschaft und die

Folgen einer Erlaubnisversagung hinzuweisen. [7]Das Vertriebsrecht erlischt, wenn die Erlaubnis gemäß § 23 versagt wird.

(7) Für eine AIF-Kapitalverwaltungsgesellschaft im Sinne des Absatzes 3 Satz 1 und den Vertrieb der von ihr verwalteten inländischen offenen Spezial-AIF im Sinne des Absatzes 3 Satz 1 Nummer 2 nach dem 21. Juli 2013 im Geltungsbereich dieses Gesetzes an professionelle oder semiprofessionelle Anleger gilt Absatz 6 entsprechend mit der Maßgabe, dass jeweils an die Stelle des § 316 der § 321 und an die Stelle von inländischen offenen Publikums-AIF inländische offene Spezial-AIF treten.

(8) [1]AIF-Verwaltungsgesellschaften, die bei Inkrafttreten dieses Gesetzes eine Anzeige nach § 139 Absatz 1 des Investmentgesetzes in der bis zum 21. Juli 2013 geltenden Fassung oder nach § 7 Absatz 1 des Auslandsinvestmentgesetzes in der bis zum 31. Dezember 2003 geltenden Fassung erstattet haben und zum öffentlichen Vertrieb von Anteilen oder Aktien eines von ihr verwalteten AIF berechtigt sind und diese auch nach dem 21. Juli 2014 im Geltungsbereich dieses Gesetzes zu vertreiben beabsichtigen, müssen

1. in Bezug auf
   a) EU-AIF und
   b) ausländische AIF,

die im Geltungsbereich dieses Gesetzes an Privatanleger vertrieben werden, eine Anzeige nach § 320 an die Bundesanstalt übermitteln,

2. in Bezug auf
   a) ausländische AIF und
   b) EU-Feeder-AIF, deren Master-AIF keine EU-AIF oder inländischen AIF sind, die von einer EU-AIF-Verwaltungsgesellschaft oder einer AIF-Kapitalverwaltungsgesellschaft verwaltet werden,

und die im Geltungsbereich dieses Gesetzes von einer AIF-Kapitalverwaltungsgesellschaft oder einer EU-AIF-Verwaltungsgesellschaft an professionelle oder semiprofessionelle Anleger vertrieben werden, eine Anzeige nach § 329 an die Bundesanstalt übermitteln,

3. in Bezug auf
   a) EU-AIF und
   b) EU-Feeder-AIF, deren Master-AIF ein EU-AIF oder inländischer AIF ist, der von einer EU-AIF-Verwaltungsgesellschaft oder einer AIF-Kapitalverwaltungsgesellschaft verwaltet wird,

und die im Geltungsbereich dieses Gesetzes von einer EU-AIF-Verwaltungsgesellschaft an professionelle oder semiprofessionelle Anleger vertrieben werden, über die zuständigen Stellen des Herkunftsmitgliedstaates der EU-AIF-Verwaltungsgesellschaft eine Anzeige nach § 323 übermitteln,

4. in Bezug auf
   a) ausländische AIF und
   b) EU-AIF,

die im Geltungsbereich dieses Gesetzes von einer ausländischen AIF-Verwaltungsgesellschaft an professionelle oder semiprofessionelle Anleger vertrieben werden, eine Anzeige nach § 330 an die Bundesanstalt übermitteln,

5. in Bezug auf AIF, die im Geltungsbereich dieses Gesetzes von einer EU-AIF-Verwaltungsgesellschaft, die die Bedingungen nach Artikel 3 Absatz 2 der Richtlinie 2011/61/EU erfüllt, an professionelle oder semiprofessionelle Anleger vertrieben werden, eine Anzeige nach § 330a an die Bundesanstalt übermitteln.

[2]Die AIF-Verwaltungsgesellschaft darf den AIF im Sinne von Satz 1 noch bis zum Abschluss des Anzeigeverfahrens im Geltungsbereich dieses Gesetzes nach den Vertriebsvorschriften des Investmentgesetzes in der bis zum 21. Juli 2013 geltenden Fassung vertreiben. [3]Das Vertriebsrecht nach Satz 2 endet spätestens am 21. Juli 2014. [4]Wird kein weiterer Vertrieb des AIF im Sinne von Satz 1 beabsichtigt, gilt § 315 entsprechend. [5]Eine neue Vertriebsanzeige nach Satz 1 ist jederzeit möglich.

(9) [1]AIF-Verwaltungsgesellschaften, die in Bezug auf ihre EU-AIF oder ausländischen AIF nach dem 21. Juli 2014 Tätigkeiten ausüben oder ausüben lassen, die zwar nach dem Investmentgesetz in der bis zum 21. Juli 2013 geltenden Fassung nicht als öffentlicher Vertrieb galten, nach diesem Gesetz aber als Vertrieb anzusehen sind, haben, gegebenenfalls über die zuständigen Stellen des Herkunftsmitgliedstaates, eine Anzeige nach den §§ 320, 323, 329, 330 oder 330a zu übermitteln. [2]Absatz 8 Satz 2, 3 und 5 gilt entsprechend.

(10) [1]AIF-Kapitalverwaltungsgesellschaften, die bei Inkrafttreten dieses Gesetzes in einem anderen Mitgliedstaat der Europäischen Union oder in einem anderen Vertragsstaat des Abkommens über den Europäischen Wirtschaftsraum zum Vertrieb eines ab dem 22. Juli 2013 der Anzeigepflicht nach § 331 unterfallenden AIF an professionelle Anleger berechtigt sind, dürfen diesen nach dem 21. Juli 2014 dort nicht mehr vertreiben, es sei denn, sie haben ein neues Vertriebsrecht nach § 331 Absatz 5 Satz 2 erhalten. [2]Abweichende Fristen in dem Mitgliedstaat der Europäischen Union oder in dem anderen Vertragsstaat des Abkommens über den Europäischen Wirtschaftsraum, in dem der AIF bisher zum Vertrieb an professionelle Anleger zugelassen war, bleiben unberührt. [3]Die Fristen nach § 331 Absatz 3 und 4 beginnen zu laufen, sobald die Bundesanstalt der AIF-Kapitalverwaltungsgesellschaft eine Erlaubnis gemäß § 22 erteilt hat und die Änderungen der Anlagebedingungen in Kraft getreten sind.

(11) Für Verwahrstellen von inländischen offenen Publikums-AIF ist keine erneute Genehmigung nach § 69 Absatz 1 Satz 1, auch in Verbindung mit § 87, erforderlich, wenn deren Auswahl bereits nach § 21 Absatz 1 des Investmentgesetzes in der bis zum 21. Juli 2013 geltenden Fassung genehmigt worden ist.

(12) [1]Der Antrag einer AIF-Kapitalverwaltungsgesellschaft, der auf eine Genehmigung der Anlagebedingungen eines AIF durch die Bundesanstalt nach dem Investmentgesetz gerichtet ist und der vor dem 21. Juli 2013 bei der Bundesanstalt eingegangen ist, jedoch bis zum Ablauf des 21. Juli 2013 noch nicht genehmigt war, gilt als am 22. Juli 2013 gestellter Antrag auf Genehmigung der Anlagebedingungen nach diesem Gesetz. [2]Sofern nach diesem Gesetz erforderliche Angaben oder Dokumente fehlen, hat die Bundesanstalt diese nachzufordern.

In der Fassung vom 4.7.2013 (BGBl. I 2013, S. 1981). Geplant ist eine Änderung in Abs. 1 Satz 4 durch das Gesetz zur Anpassung von Finanzmarktgesetzen an die Verordnung (EU) 2017/2402 und an die durch die Verordnung (EU) 2017/2401 geänderte Verordnung (EU) Nr. 575/2013 (RegE, BT-Drucks. 19/4460).

§ 345 KAGB nicht gesondert kommentiert. S. dazu Vor §§ 343–359. 1

§ 346 Besondere Übergangsvorschriften für Immobilien-Sondervermögen

(1) [1]Für Anleger, die am 21. Juli 2013 Anteile an Immobilien-Sondervermögen in einem Wertpapierdepot auf ihren Namen hinterlegt haben, gelten im Hinblick auf diese Anteile nicht die Mindesthaltefrist gemäß § 255 Absatz 3 und die Rückgabefrist für Anteilsrückgaben gemäß § 255 Absatz 4, soweit die Anteilsrückgaben 30.000 Euro pro Kalenderhalbjahr für einen Anleger nicht übersteigen. [2]Anleger können verlangen, dass die Rücknahme von Anteilen gemäß Satz 1 weiterhin entsprechend den am 21. Juli 2013 geltenden Vertragsbedingungen erfolgt.

(2) [1]Für Anleger, die nach dem 21. Juli 2013 Anteile eines Immobilien-Sondervermögens erworben haben, gilt § 255 Absatz 3 und 4 ungeachtet dessen, ob die AIF-Kapitalverwaltungsgesellschaft die Anlagebedingungen des Immobilien-Sondervermögens bereits nach § 345 an die Vorschriften dieses Gesetzes angepasst hat. [2]Der Verkaufsprospekt muss einen ausdrücklichen, drucktechnisch hervorgehobenen Hinweis darauf enthalten, dass § 255 Absatz 3 und 4 abweichend von den am 21. Juli 2013 geltenden Vertragsbedingen für Anteile, die nach dem 21. Juli 2013 erworben werden, gilt.

(3) Für Anteile gemäß Absatz 1 Satz 1 ist in den Anlagebedingungen des Immobilien-Sondervermögens festzulegen, dass die Rücknahme dieser Anteile weiterhin entsprechend der Regelung der am 21. Juli 2013 geltenden Vertragsbedingungen erfolgt.

(4) Für Anteile gemäß Absatz 1 Satz 1 müssen die Angaben im Verkaufsprospekt nach § 256 Absatz 1 Nummer 1 einen ausdrücklichen, drucktechnisch hervorgehobenen Hinweis darauf enthalten, dass der Anleger die Rücknahme dieser Anteile und die Auszahlung des Anteilswertes entsprechend der Regelung der am 21. Juli 2013 geltenden Vertragsbedingungen verlangen kann.

(5) [1]Soweit Anleger Anteile vor Änderung der Vertragsbedingungen zum Zwecke der Anpassung an das Investmentgesetz in der ab dem 8. April 2011 geltenden Fassung erworben haben, gilt die Frist des § 255 Absatz 3 als eingehalten. [2]Aussetzungen, nach denen die Kapitalverwaltungsgesellschaft am ersten Börsentag nach dem 1. Januar 2013 oder früher die Anteilrücknahme wieder aufnimmt,

gelten für die Zwecke des § 257 Absatz 4 Satz 1 nicht als Aussetzungen. [3]Auf die am 8. April 2011 bestehenden Immobilien-Sondervermögen, bei denen am 31. Dezember 2012 die Rücknahme von Anteilen gemäß § 37 Absatz 2 oder § 81 des Investmentgesetzes in der bis zum 21. Juli 2013 geltenden Fassung ausgesetzt ist, dürfen die §§ 37, 78, 80, 80c, 80d und 81 des Investmentgesetzes in der bis zum 7. April 2011 geltenden Fassung noch bis zu dem Tag, der sechs Monate nach der Wiederaufnahme der Rücknahme der Anteile liegt, und müssen die §§ 258, 259 erst ab dem Tag, der auf den Tag sechs Monate nach der Wiederaufnahme der Anteile folgt, angewendet werden.

(6) [1]Auf die am 8. April 2011 bestehenden Immobilien-Sondervermögen dürfen die §§ 80a, 91 Absatz 3 Nummer 3 und Absatz 4 Satz 4 des Investmentgesetzes in der bis zum 7. April 2011 geltenden Fassung noch bis zum 31. Dezember 2014 weiter angewendet werden. [2]Auf die am 1. Juli 2011 bestehenden Immobilien-Sondervermögen dürfen § 82 Absatz 3 Satz 2 und § 91 Absatz 3 Nummer 3 des Investmentgesetzes in der vor dem 1. Juli 2011 geltenden Fassung noch bis zum 31. Dezember 2014 weiter angewendet werden.

(7) [1]Um die Voraussetzungen für eine Immobilienteilfreistellung gemäß § 20 Absatz 3 Satz 1 Nummer 2 des Investmentsteuergesetzes für das Immobilien-Sondervermögen zu erfüllen, dürfen Immobilien-Sondervermögen, die unter Einhaltung ihrer im Zeitpunkt der Antragstellung nach Satz 2 geltenden Anlagebedingungen mit 51 Prozent oder mehr des Wertes des Sondervermögens in ausländische Immobilien und Auslands-Immobiliengesellschaften investiert sind, ihre Anlagebedingungen mit Genehmigung der Bundesanstalt so ändern, dass sie mindestens 51 Prozent des Wertes des Sondervermögens in ausländische Immobilien und Auslands-Immobiliengesellschaften investieren müssen. [2]Anträge nach Satz 1 müssen bis zum 1. Januar 2018 bei der Bundesanstalt eingegangen sein. [3]§ 163 Absatz 3 Satz 4 und die dem § 163 Absatz 3 Satz 4 entsprechende Regelung in den Anlagebedingungen des Immobilien-Sondervermögens finden in diesem Fall keine Anwendung. [4]Die Absätze 1 bis 5 und § 255 Absatz 2 bis 4 gelten bei Änderungen der Anlagebedingungen nach Satz 1 auch für die Rückgaberechte nach § 163 Absatz 3 Satz 1 Nummer 1 und Satz 2. [5]Im Übrigen gilt § 163 mit der Maßgabe, dass Absatz 2 Satz 5 und 6 keine Anwendung findet, die in Absatz 2 Satz 1 genannte Frist drei Monate ab Eingang des Genehmigungsantrags beträgt und nicht beginnt, bevor der Bundesanstalt zusätzlich folgende Unterlagen vorliegen:

1. **der letzte geprüfte Jahres- oder Halbjahresbericht, der eine Angabe zum Anteil der ausländischen Immobilien und der Auslands-Immobiliengesellschaften im Sinne von § 20 Absatz 3 Satz 2 des Investmentsteuergesetzes am Wert des Sondervermögens enthalten muss, und**
2. **eine schriftliche Versicherung der Geschäftsleiter, dass das Immobilien-Sondervermögen im Zeitpunkt der Antragstellung zu mindestens 51 Prozent des Wertes des Investmentvermögens in ausländische Immobilien und Auslands-Immobiliengesellschaften im Sinne von § 20 Absatz 3 Satz 2 des Investmentsteuergesetzes investiert ist, einschließlich einer dies belegenden Vermögensaufstellung.**

(8) [1]Für die Genehmigung der Änderung der Anlagebedingungen, um die Voraussetzungen für eine Immobilienteilfreistellung gemäß § 20 Absatz 3 Satz 1 Nummer 1 des Investmentsteuergesetzes für das Immobilien-Sondervermögen zu erfüllen, gilt § 163 mit der Maßgabe, dass Absatz 2 Satz 5 und 6 keine Anwendung findet und die in Absatz 2 Satz 1 genannte Frist drei Monate ab Eingang des Genehmigungsantrags beträgt. [2]Anträge nach Satz 1 müssen bis zum 1. Januar 2018 bei der Bundesanstalt eingegangen sein.

In der Fassung vom 4.7.2013 (BGBl. I 2013, S. 1981), zuletzt geändert durch das Zweite Finanzmarktnovellierungsgesetz (2. FiMaNoG) vom 23.6.2017 (BGBl. I 2017, S. 1693).

1 § 346 KAGB nicht gesondert kommentiert. S. dazu Vor §§ 343–359.

§ 347 Besondere Übergangsvorschriften für Altersvorsorge-Sondervermögen

(1) [1]Für Altersvorsorge-Sondervermögen im Sinne des § 87 des Investmentgesetzes in der bis zum 21. Juli 2013 geltenden Fassung, die vor dem 22. Juli 2013 im Sinne des § 343 Absatz 4 aufgelegt wurden, gelten nach Inkrafttreten der Änderungen der Anlagebedingungen zusätzlich zu den in

§ 345 Absatz 1 Satz 11 genannten Vorschriften § 87 Absatz 2 sowie die §§ 88 bis 90 und 143 Absatz 3 Nummer 6 Buchstabe b des Investmentgesetzes in der bis zum 21. Juli 2013 geltenden Fassung entsprechend. [2]Die in § 345 Absatz 1 Satz 11 genannten Vorschriften dieses Gesetzes, die sich auf Publikums-AIF beziehen, gelten jedoch nur, soweit sich aus § 87 Absatz 2 sowie den §§ 88 bis 90 und 99 Absatz 3 des Investmentgesetzes in der bis zum 21. Juli 2013 geltenden Fassung nichts anderes ergibt.

(2) Nach dem 21. Juli 2013 dürfen Altersvorsorge-Sondervermögen im Sinne des § 87 des Investmentgesetzes in der bis zum 21. Juli 2013 geltenden Fassung nicht mehr aufgelegt im Sinne des § 343 Absatz 4 werden.

In der Fassung vom 4.7.2013 (BGBl. I 2013, S. 1981).

§ 347 KAGB nicht gesondert kommentiert. S. dazu Vor §§ 343–359. 1

§ 348 Besondere Übergangsvorschriften für Gemischte Sondervermögen und Gemischte Investmentaktiengesellschaften

[1]Gemischte Sondervermögen oder Gemischte Investmentaktiengesellschaften, die vor dem 22. Juli 2013 gemäß den §§ 83 bis 86 des Investmentgesetzes in der bis zum 21. Juli 2013 geltenden Fassung aufgelegt wurden und die zu diesem Zeitpunkt

1. **Anteile an Immobilien-Sondervermögen nach den §§ 66 bis 82 des Investmentgesetzes in der bis zum 21. Juli 2013 geltenden Fassung,**
2. **Anteile an Sondervermögen mit zusätzlichen Risiken nach § 112 des Investmentgesetzes in der bis zum 21. Juli 2013 geltenden Fassung,**
3. **Aktien an Investmentaktiengesellschaften, deren Satzung eine dem § 112 des Investmentgesetzes in der bis zum 21. Juli 2013 geltenden Fassung vergleichbare Anlageform vorsieht, oder**
4. **Anteile oder Aktien an mit Nummer 2 oder 3 vergleichbaren EU-AIF oder ausländischen AIF**

unter Einhaltung der Anlagegrenzen, der zusätzlichen Angaben im Verkaufsprospekt und in den Vertragsbedingungen gemäß § 84 Absatz 2, 3 in Verbindung mit § 113 Absatz 3 und 4 Satz 2 und 3, in Verbindung mit § 117 Absatz 1 Satz 2, in Verbindung mit § 118 Satz 2 sowie § 85 des Investmentgesetzes in der bis zum 21. Juli 2013 geltenden Fassung erworben haben, dürfen diese gehaltenen Anteile oder Aktien abweichend von § 219 auch nach dem 21. Juli 2013 weiter halten. [2]Auf die Verwaltung von Gemischten Investmentvermögen im Sinne des Satzes 1 Nummer 1 oder 4, deren Vertragsbedingungen es erlauben, die Mittel zu mehr als 50 Prozent des Wertes des Vermögens des Gemischten Investmentvermögens in Anteile an Immobilien-Sondervermögen in Form von Publikumsinvestmentvermögen sowie in Anteile an vergleichbaren EU-AIF oder ausländischen AIF anzulegen, ist § 255 Absatz 3 und 4 anzuwenden, solange die Anteile nach Satz 1 Nummer 1 oder Nummer 4 weiter gehalten werden. [3]Im Übrigen gelten für diese Gemischten Investmentvermögen im Sinne des Satzes 1 die Vorschriften dieses Gesetzes einschließlich der Übergangsvorschriften.

In der Fassung vom 4.7.2013 (BGBl. I 2013, S. 1981).

§ 348 KAGB nicht gesondert kommentiert. S. dazu Vor §§ 343–359. 1

§ 349 Besondere Übergangsvorschriften für Sonstige Sondervermögen und Sonstige InvAG

[1]Sonstige Sondervermögen oder Sonstige Investmentaktiengesellschaften, die vor dem 22. Juli 2013 gemäß den §§ 90g bis 90k des Investmentgesetzes in der bis zum 21. Juli 2013 geltenden Fassung aufgelegt wurden und die zu diesem Zeitpunkt

1. Anteile an Immobilien-Sondervermögen nach § 66 des Investmentgesetzes in der bis zum 21. Juli 2013 geltenden Fassung,

2. Anteile an Sondervermögen mit zusätzlichen Risiken nach § 112 des Investmentgesetzes in der bis zum 21. Juli 2013 geltenden Fassung,

3. Aktien an Investmentaktiengesellschaften, deren Satzung eine dem § 112 des Investmentgesetzes in der bis zum 21. Juli 2013 geltenden Fassung vergleichbare Anlageform vorsieht,

4. Anteile oder Aktien an mit Nummer 1, 2 oder 3 vergleichbaren EU-AIF oder ausländischen AIF oder

5. Beteiligungen an Unternehmen, sofern der Verkehrswert der Beteiligungen ermittelt werden kann,

unter Einhaltung der Anlagegrenzen, der zusätzlichen Angaben im Verkaufsprospekt und in den Vertragsbedingungen gemäß § 90h Absatz 2 in Verbindung mit § 113 Absatz 3 und 4 Satz 2 und 3, § 90h Absatz 3 und 4, § 90j Absatz 2 Nummer 1, § 117 Absatz 1 Satz 2 sowie § 118 Satz 2 des Investmentgesetzes in der bis zum 21. Juli 2013 geltenden Fassung erworben haben, dürfen diese gehaltenen Anteile, Aktien oder Beteiligungen abweichend von § 221 auch nach dem 21. Juli 2013 weiter halten. [2]Im Übrigen gelten für die Sonstigen Investmentvermögen im Sinne des Satzes 1 die Vorschriften dieses Gesetzes einschließlich der Übergangsvorschriften.

In der Fassung vom 4.7.2013 (BGBl. I 2013, S. 1981).

1 § 349 KAGB nicht gesondert kommentiert. S. dazu Vor §§ 343–359.

§ 350 Besondere Übergangsvorschriften für Hedgefonds und offene Spezial-AIF

(1) [1]Für eine AIF-Kapitalverwaltungsgesellschaft, die bei Inkrafttreten dieses Gesetzes

1. über eine Erlaubnis als Kapitalanlagegesellschaft nach § 7 Absatz 1 des Investmentgesetzes in der bis zum 21. Juli 2013 geltenden Fassung oder über eine Erlaubnis als Investmentaktiengesellschaft nach § 97 Absatz 1 des Investmentgesetzes in der bis zum 21. Juli 2013 geltenden Fassung verfügt und

2. Sondervermögen oder Investmentaktiengesellschaften mit zusätzlichen Risiken im Sinne des § 112 des Investmentgesetzes in der bis zum 21. Juli 2013 geltenden Fassung verwaltet, die vor dem 22. Juli 2013 aufgelegt im Sinne des § 343 Absatz 4 wurden, an Privatanleger vertrieben werden durften und deren Anlagebedingungen gemäß den §§ 43, 43a des Investmentgesetzes in der bis zum 21. Juli 2013 geltenden Fassung genehmigt wurden,

gilt § 345 Absatz 1 und 2 entsprechend mit der Maßgabe, dass in § 345 Absatz 1 Satz 11 an die Stelle des Begriffs „Publikums-AIF" der Begriff „Spezial-AIF" tritt und ein Vertrieb an Privatanleger oder ein Erwerb der Anteile oder Aktien durch Privatanleger ab dem 22. Juli 2013 nicht mehr zulässig ist, soweit sich aus Satz 2 nichts anderes ergibt. [2]Solange Anteile oder Aktien von Privatanlegern gehalten werden, gelten abweichend von § 345 Absatz 1 Satz 11 ab Inkrafttreten der Änderungen der Anlagebedingungen die §§ 112, 116 und 118 des Investmentgesetzes in der bis zum 21. Juli 2013 geltenden Fassung entsprechend, sofern sie Sondervermögen oder Investmentaktiengesellschaften mit zusätzlichen Risiken im Sinne des § 112 des Investmentgesetzes in der bis zum 21. Juli 2013 geltenden Fassung betreffen; ein Vertrieb an oder ein Erwerb durch Privatanleger ist ausgeschlossen. [3]Solange Anteile oder Aktien von Privatanlegern gehalten werden, gelten ferner die §§ 162, 163 und 297, soweit sich diese Vorschriften auf Anleger beziehen, und die §§ 300, 301, 305 und 306 im Hinblick auf diejenigen Privatanleger, die noch Anteile oder Aktien halten.

(2) Werden Anteile oder Aktien von inländischen offenen Spezial-AIF im Sinne des § 345 Absatz 3 Satz 1 Nummer 2, die von einer AIF-Kapitalverwaltungsgesellschaft im Sinne von § 345 Absatz 3 Satz 1 Nummer 1 verwaltet werden, von Privatanlegern gehalten, die diese Anteile oder Aktien vor dem 22. Juli 2013 erworben haben, so dürfen diese Privatanleger diese vor dem 22. Juli 2013 erworbenen Anteile oder Aktien auch nach dem 22. Juli 2013 weiter halten, bis sie diese Anteile oder Akti-

en zurückgeben, ohne dass sich die Qualifikation des Investmentvermögens als inländischer Spezial-AIF nach § 1 Absatz 6 ändert.

In der Fassung vom 4.7.2013 (BGBl. I 2013, S. 1981).

§ 350 KAGB nicht gesondert kommentiert. S. dazu Vor §§ 343–359. 1

§ 351 Übergangsvorschriften für offene AIF und für AIF-Verwaltungsgesellschaften, die offene AIF verwalten, die nicht bereits nach dem Investmentgesetz reguliert waren

(1) [1]Eine AIF-Kapitalverwaltungsgesellschaft, die bei Inkrafttreten dieses Gesetzes

1. nicht über eine Erlaubnis als Kapitalanlagegesellschaft nach § 7 Absatz 1 des Investmentgesetzes in der bis zum 21. Juli 2013 geltenden Fassung oder eine Erlaubnis als Investmentaktiengesellschaft nach § 97 Absatz 1 des Investmentgesetzes in der bis zum 21. Juli 2013 geltenden Fassung verfügt und

2. inländische offene Publikums-AIF verwaltet, die vor dem 22. Juli 2013 aufgelegt im Sinne des § 343 Absatz 4 wurden,

hat die Anlagebedingungen, Satzungen oder Gesellschaftsverträge dieser inländischen offenen Publikums-AIF an die Vorschriften dieses Gesetzes anzupassen; die geänderten Anlagebedingungen müssen spätestens am 21. Juli 2014 in Kraft treten. [2]Für die Genehmigung der Anlagebedingungen gilt nur § 163 Absatz 2 Satz 1 bis 4, 7 bis 11 und Absatz 4. [3]Der Antrag auf Genehmigung der Anlagebedingungen darf nicht nach dem Erlaubnisantrag gemäß § 22 bei der Bundesanstalt eingereicht werden. [4]Wird der Antrag auf Genehmigung der Änderungen der Anlagebedingungen vor dem Erlaubnisantrag gemäß § 22 eingereicht, muss die AIF-Kapitalverwaltungsgesellschaft bei der Einreichung verbindlich gegenüber der Bundesanstalt erklären, spätestens bis zum 21. Juli 2014 einen Antrag auf Erlaubnis nach den §§ 20 und 22 zu stellen. [5]Ab Inkrafttreten der Anlagebedingungen, spätestens jedoch ab dem 22. Juli 2014, finden auf diese inländischen offenen Publikums-AIF die für sie nach diesem Gesetz geltenden Vorschriften Anwendung. [6]Die §§ 1 und 2 sowie die Vorschriften dieses Gesetzes betreffend die für Umstellung auf das neue Recht erforderlichen Anträge, Verwaltungsverfahren und Bescheide sowie die Übergangsvorschriften nach diesem Gesetz bleiben bis zu dem in Satz 5 genannten Zeitpunkt unberührt.

(2) [1]Soweit sich aus Absatz 1 Satz 5 nichts anderes ergibt, ist ab Eingang des Erlaubnisantrags nach § 22 bei der Bundesanstalt dieses Gesetz vollständig auf die AIF-Kapitalverwaltungsgesellschaft mit der Maßgabe anzuwenden, dass im Hinblick auf die Verwaltung und den Vertrieb von Publikums-AIF im Sinne des Satzes 1 Nummer 2 im Geltungsbereich dieses Gesetzes und solange der Erlaubnisantrag, der bis zum 21. Juli 2014 einzureichen ist, noch nicht beschieden wurde, das Erfordernis der Erlaubnis durch den noch nicht beschiedenen vollständigen Erlaubnisantrag ersetzt wird. [2]Absatz 1 Satz 6 gilt entsprechend.

(3) [1]Eine AIF-Kapitalverwaltungsgesellschaft im Sinne des Absatzes 1 Satz 1 Nummer 1 darf von ihr verwaltete inländische offene Publikums-AIF im Sinne des Absatzes 1 Satz 1 Nummer 2 nach dem 21. Juli 2013 weiter im Geltungsbereich dieses Gesetzes ohne die nach § 316 erforderliche Anzeige vertreiben. [2]Für das Ende des Vertriebsrechts nach Satz 1 und die Voraussetzungen für einen Vertrieb nach dem Inkrafttreten der Änderungen der Anlagebedingungen, jedenfalls spätestens nach dem 21. Juli 2014, gilt § 345 Absatz 6 Satz 2 bis 7 entsprechend.

(4) Die Absätze 1 bis 3 gelten für inländische offene Spezial-AIF entsprechend mit der Maßgabe, dass an die Stelle des Antrags auf Genehmigung der Anlagebedingungen die Anlagebedingungen, an die Stelle des Verweises auf § 316 der Verweis auf § 321 und an die Stelle von Publikums-AIF Spezial-AIF treten.

(5) [1]AIF-Verwaltungsgesellschaften, die

1. offene EU-AIF oder offene ausländische AIF verwalten, die keine ausländischen Investmentvermögen im Sinne des Investmentgesetzes in der bis zum 21. Juli 2013 geltenden Fassung sind und im Inland vor dem 22. Juli 2013 vertrieben werden durften, und

2. ab dem 22. Juli 2013 Tätigkeiten ausüben oder ausüben lassen, die nach diesem Gesetz als Vertrieb eines Investmentvermögens anzusehen sind,

übermitteln, gegebenenfalls über die zuständigen Stellen des Herkunftsmitgliedstaates, eine Anzeige nach den §§ 320, 323, 329, 330 oder 330a. [2]§ 345 Absatz 8 Satz 2, 3 und 5 gilt entsprechend mit der Maßgabe, dass an die Stelle der Wörter „nach den Vertriebsvorschriften des Investmentgesetzes in der bis zum 21. Juli 2013 geltenden Fassung" die Wörter „nach den Vertriebsvorschriften, die für diese Investmentvermögen vor dem 22. Juli 2013 anwendbar waren" treten.

In der Fassung vom 4.7.2013 (BGBl. I 2013, S. 1981). Geplant ist eine Änderung in Abs. 1 Satz 2 durch das Gesetz zur Anpassung von Finanzmarktgesetzen an die Verordnung (EU) 2017/2402 und an die durch die Verordnung (EU) 2017/2401 geänderte Verordnung (EU) Nr. 575/2013 (RegE, BT-Drucks. 19/4460).

1 § 351 KAGB nicht gesondert kommentiert. S. dazu Vor §§ 343–359.

§ 352 Übergangsvorschrift zu § 127 des Investmentgesetzes

[1]Auf Ansprüche nach § 127 des Investmentgesetzes in der Fassung vom 30. Juni 2011, die vor dem 1. Juli 2011 entstanden sind, ist § 127 Absatz 5 des Investmentgesetzes in der bis zum 30. Juni 2011 geltenden Fassung weiter anzuwenden. [2]Sind dem Käufer die wesentlichen Anlageinformationen oder der Verkaufsprospekt nach dem Investmentgesetz zur Verfügung gestellt worden, ist auf diese Dokumente § 127 des Investmentgesetzes in der bis zum 21. Juli 2013 geltenden Fassung weiter anzuwenden.

In der Fassung vom 4.7.2013 (BGBl. I 2013, S. 1981).

1 § 352 KAGB nicht gesondert kommentiert. S. dazu Vor §§ 343–359.

Unterabschnitt 3
Besondere Übergangsvorschriften für AIF-Verwaltungsgesellschaften, die geschlossene AIF verwalten, und für geschlossene AIF

§ 352a Definition von geschlossenen AIF im Sinne von § 353

Abweichend von § 1 Absatz 4 Nummer 2 und Absatz 5 sind geschlossene AIF im Sinne von § 353 auch solche AIF, die die Voraussetzungen von Artikel 1 Absatz 5 der Delegierten Verordnung (EU) Nr. 694/2014 erfüllen.

In der Fassung vom 15.7.2014 (BGBl. I 2017, S. 934).

1 § 352a KAGB nicht gesondert kommentiert. S. dazu Vor §§ 343–359.

§ 353 Besondere Übergangsvorschriften für AIF-Verwaltungsgesellschaften, die geschlossene AIF verwalten, und für geschlossene AIF

(1) Sofern AIF-Kapitalverwaltungsgesellschaften vor dem 22. Juli 2013 geschlossene AIF verwalten, die nach dem 21. Juli 2013 keine zusätzlichen Anlagen tätigen, können sie weiterhin solche AIF verwalten, ohne eine Erlaubnis oder Registrierung nach diesem Gesetz zu haben.

(2) Sofern EU-AIF-Verwaltungsgesellschaften oder ausländische AIF-Verwaltungsgesellschaften keine Erlaubnis oder Registrierung nach den zur Umsetzung der Richtlinie 2011/61/EU erlassenen Rechtsvorschriften der anderen Mitgliedstaaten der Europäischen Union oder der anderen Vertrags-

staaten des Abkommens über den Europäischen Wirtschaftsraum benötigen und im Inland ausschließlich geschlossene inländische AIF verwalten, die nach dem 21. Juli 2013 keine zusätzlichen Anlagen tätigen, können sie diese weiterhin verwalten, ohne die Vorschriften dieses Gesetzes einhalten zu müssen.

(3) [1]Sofern AIF-Kapitalverwaltungsgesellschaften ausschließlich geschlossene AIF verwalten, deren Zeichnungsfrist für Anleger vor Inkrafttreten der Richtlinie 2011/61/EU ablief und die für einen Zeitraum aufgelegt wurden, der spätestens am 21. Juli 2016 abläuft, können sie weiterhin solche AIF verwalten, ohne dass sie die Vorschriften dieses Gesetzes mit Ausnahme der §§ 67, 148 oder 158 und gegebenenfalls des § 261 Absatz 7 und der §§ 287 bis 292 einhalten oder eine Erlaubnis oder Registrierung gemäß diesem Gesetz benötigen. [2]Satz 1 findet auf die Verwaltung von inländischen geschlossenen AIF, deren Zeichnungsfrist vor Inkrafttreten der Richtlinie 2011/61/EU ablief und die für einen Zeitraum aufgelegt wurden, der spätestens am 21. Juli 2016 abläuft, durch EU-AIF-Verwaltungsgesellschaften oder ausländische AIF-Verwaltungsgesellschaften entsprechend Anwendung.

(4) [1]Für AIF-Kapitalverwaltungsgesellschaften, die nicht die Voraussetzungen des § 2 Absatz 4, 4a oder Absatz 5 erfüllen und die geschlossene inländische AIF verwalten, deren Zeichnungsfrist vor dem 22. Juli 2013 abgelaufen ist und die nach dem 21. Juli 2013 Anlagen tätigen, gelten ab Eingang des Erlaubnisantrags gemäß § 22 bei der Bundesanstalt für die Verwaltung dieser geschlossenen inländischen AIF nur die §§ 1 bis 43, 53 bis 67, 80 bis 90, 158 Satz 1 in Verbindung mit § 135 Absatz 7 und 8, § 158 Satz 2, § 160 Absatz 4, § 261 Absatz 1 Nummer 8 und Absatz 7, § 263 Absatz 2, die §§ 271, 272, 274, 285 Absatz 2 und 3, §§ 286 bis 292, 300, 303, 308 und 339 bis 344, 352 bis 354 entsprechend; sofern allerdings der Gesellschaftsvertrag oder eine sonstige Vereinbarung, die das Rechtsverhältnis zwischen den Anlegern und einem solchen geschlossenen inländischen AIF regelt, bereits vor dem 18. März 2016 Regelungen im rechtlich zulässigen Rahmen zur Vergabe von Gelddarlehen an Unternehmen, an denen der AIF bereits beteiligt ist, für Rechnung des AIF enthält, können auch ab dem 18. März 2016 Gelddarlehen entsprechend diesen Regelungen vergeben werden und finden die darüber hinausgehenden Beschränkungen des § 285 Absatz 3, auch in Verbindung mit § 261 Absatz 1 Nummer 8, keine Anwendung. [2]Treffen Vorschriften, die nach Satz 1 entsprechend anzuwenden sind, Regelungen für geschlossene AIF, sind geschlossene AIF nach Satz 1 auch geschlossene AIF im Sinne dieser Vorschriften. [3]Abweichend von Satz 2 sind sie jedoch nur dann geschlossene AIF im Sinne der §§ 30, 272 und 286 Absatz 2, wenn sie die Voraussetzungen von Artikel 1 Absatz 3 der Delegierten Verordnung (EU) Nr. 694/2014 erfüllen. [4]Erfüllen geschlossene AIF im Sinne von Satz 1 nicht zugleich die Voraussetzungen von Artikel 1 Absatz 3 der Delegierten Verordnung (EU) Nr. 694/2014, gilt für die Häufigkeit der Bewertung der Vermögensgegenstände und die Berechnung des Nettoinventarwertes je Anteil oder Aktie § 217 Absatz 1 und 2 entsprechend. [5]Die Sätze 1 bis 4 sind auf die Verwaltung von inländischen geschlossenen Spezial-AIF, deren Zeichnungsfrist vor dem 22. Juli 2013 abgelaufen ist und die nach dem 21. Juli 2013 Anlagen tätigen, durch EU-AIF-Verwaltungsgesellschaften entsprechend anzuwenden.

(5) [1]Für AIF-Kapitalverwaltungsgesellschaften, die die Voraussetzungen des § 2 Absatz 5 erfüllen und die geschlossene inländische AIF verwalten, deren Zeichnungsfrist vor dem 22. Juli 2013 abgelaufen ist und die nach dem 21. Juli 2013 Anlagen tätigen, sind ab Eingang des Registrierungsantrags gemäß § 44 bei der Bundesanstalt für die Verwaltung dieser geschlossenen inländischen AIF abweichend von § 2 Absatz 5 Satz 1 nur die §§ 1 bis 17, 26 bis 28, 42, 44 bis 48, 80 bis 90, 261 Absatz 7, § 263 Absatz 2, die §§ 271, 272, 339 bis 343, 353 und 354 entsprechend anzuwenden; dabei richtet sich die Ausgestaltung der in den §§ 26 bis 28 geforderten Verhaltens- und Organisationspflichten nach dem Prinzip der Verhältnismäßigkeit, indem die Art, der Umfang und die Komplexität der Geschäfte der AIF-Kapitalverwaltungsgesellschaft und der von der AIF-Kapitalverwaltungsgesellschaft verwalteten AIF berücksichtigt werden. [2]Treffen Vorschriften, die nach Satz 1 entsprechend anzuwenden sind, Regelungen für geschlossene AIF, sind geschlossene AIF nach Satz 1 auch geschlossene AIF im Sinne dieser Vorschriften. [3]Abweichend von Satz 2 sind sie jedoch nur dann geschlossene AIF im Sinne von § 272, wenn sie die Voraussetzungen von Artikel 1 Absatz 3 der Delegierten Verordnung (EU) Nr. 694/2014 erfüllen. [4]Erfüllen geschlossene AIF im Sinne von Satz 1 nicht zugleich die Voraussetzungen von Artikel 1 Absatz 3 der Delegierten Verordnung (EU) Nr. 694/2014, gilt für die Häufigkeit der Bewertung der Vermögensgegenstände und die Berechnung des Nettoinventarwertes je Anteil oder Aktie § 217 Absatz 1 und 2 entsprechend.

(6) [1]Für AIF-Kapitalverwaltungsgesellschaften, die geschlossene inländische AIF verwalten, die vor dem 22. Juli 2013 aufgelegt wurden, deren Zeichnungsfrist nicht vor dem 22. Juli 2013 abgelaufen ist und die nach dem 21. Juli 2013 Anlagen tätigen, gilt für die Verwaltung dieser geschlossenen AIF

§ 351 Absatz 1 bis 4 entsprechend. [2]Für AIF-Verwaltungsgesellschaften, die geschlossene EU-AIF oder geschlossene ausländische AIF verwalten, die im Inland vor dem 22. Juli 2013 vertrieben werden durften und deren Zeichnungsfrist nicht vor dem 22. Juli 2013 abgelaufen ist, gilt § 351 Absatz 5 entsprechend. [3]Geschlossene AIF im Sinne von Satz 1 gelten auch in den übrigen Vorschriften dieses Gesetzes, die Regelungen für geschlossene AIF treffen, als geschlossene AIF. [4]Abweichend von Satz 3 sind sie jedoch nur geschlossene AIF im Sinne der §§ 30, 272 und 286 Absatz 2, wenn sie die Voraussetzungen von Artikel 1 Absatz 3 der Delegierten Verordnung (EU) Nr. 694/2014 erfüllen. [5]Erfüllen geschlossene AIF im Sinne von Satz 1 nicht zugleich die Voraussetzungen von Artikel 1 Absatz 3 der Delegierten Verordnung (EU) Nr. 694/2014, ist § 161 Absatz 1 nicht anzuwenden und gilt für die Häufigkeit der Bewertung der Vermögensgegenstände und die Berechnung des Nettoinventarwertes je Anteil oder Aktie § 217 Absatz 1 und 2 entsprechend.

(7) Soweit sich aus den Absätzen 1 bis 3 nichts anderes ergibt, ist für AIF-Kapitalverwaltungsgesellschaften, die geschlossene AIF verwalten, § 343 anzuwenden.

(8) Die §§ 53, 54, 316, 320, 321, 323 und 329 bis 331 sind nicht anzuwenden auf den Vertrieb von Anteilen oder Aktien an inländischen AIF oder EU-AIF, die Gegenstand eines laufenden öffentlichen Angebots unter Verwendung eines Prospektes sind, der vor dem 22. Juli 2013 gemäß dem Wertpapierprospektgesetz oder der Richtlinie 2003/71/EG erstellt und veröffentlicht wurde, solange dieser Prospekt Gültigkeit hat.

(9) [1]Inländische geschlossene AIF gelten auch in den übrigen Vorschriften dieses Gesetzes als geschlossene AIF, wenn sie

1. nicht die Voraussetzungen von Artikel 1 Absatz 3 der Delegierten Verordnung (EU) Nr. 694/2014 erfüllen und
2. zwischen dem 22. Juli 2013 und dem 19. Juli 2014 nach den Vorschriften dieses Gesetzes im Sinne von § 343 Absatz 4 aufgelegt wurden.

[2]Abweichend von Satz 1 gelten sie als offene Investmentvermögen im Sinne von § 30, anstelle der §§ 272 und 286 Absatz 2 gilt für die Häufigkeit der Bewertung der Vermögensgegenstände und die Berechnung des Nettoinventarwertes je Anteil oder Aktie § 217 Absatz 1 und 2 entsprechend und § 161 Absatz 1 ist nicht anzuwenden.

(10) [1]Die einem inländischen AIF, der

1. nicht die Voraussetzungen von Artikel 1 Absatz 3 der Delegierten Verordnung (EU) Nr. 694/2014 erfüllt und
2. die Voraussetzungen von § 1 Absatz 5 dieses Gesetzes in seiner bis zum 18. Juli 2014 geltenden Fassung erfüllt,

vor dem 19. Juli 2014 erteilte Genehmigung von Anlagebedingungen gemäß § 268 oder mitgeteilte Vertriebsfreigabe gemäß § 316 Absatz 3 oder § 321 Absatz 3 erlöschen am 19. Juli 2014, wenn der inländische AIF nicht vor dem 19. Juli 2014 im Sinne von § 343 Absatz 4 aufgelegt wurde. [2]Entsprechendes gilt für die Registrierung einer AIF-Kapitalverwaltungsgesellschaft nach § 2 Absatz 4a in Verbindung mit § 44, die beabsichtigt, einen AIF im Sinne des Satzes 1 zu verwalten. [3]Der Antrag einer AIF-Kapitalverwaltungsgesellschaft, der auf eine Genehmigung der Anlagebedingungen eines inländischen AIF im Sinne von Satz 1 durch die Bundesanstalt nach diesem Gesetz in der bis zum 18. Juli 2014 geltenden Fassung gerichtet ist und der vor dem 19. Juli 2014 bei der Bundesanstalt eingegangen ist, jedoch bis zum Ablauf des 18. Juli 2014 noch nicht genehmigt war, gilt als am 19. Juli 2014 gestellter Antrag auf Genehmigung der Anlagebedingungen nach diesem Gesetz in der ab 19. Juli 2014 geltenden Fassung. [4]Sofern erforderliche Angaben oder Dokumente fehlen, hat die Bundesanstalt diese nachzufordern.

(11) [1]Inländische AIF, die

1. die Voraussetzungen von § 1 Absatz 5 dieses Gesetzes in seiner bis zum 18. Juli 2014 geltenden Fassung erfüllen,
2. nicht die Voraussetzungen von Artikel 1 Absatz 3 und 5 der Delegierten Verordnung (EU) Nr. 694/2014 erfüllen und
3. vor dem 19. Juli 2014 im Sinne von § 343 Absatz 4 aufgelegt wurden,

gelten auch in den übrigen Vorschriften dieses Gesetzes als geschlossene AIF, wenn ihre Anlagebedingungen und gegebenenfalls die Satzung oder der Gesellschaftsvertrag der AIF an die Voraussetzungen nach Artikel 1 Absatz 5 der Delegierten Verordnung (EU) Nr. 694/2014 angepasst werden

und die Anpassungen spätestens am 19. Januar 2015 in Kraft treten. [2]Abweichend von Satz 1 gelten sie als offene Investmentvermögen im Sinne von § 30, anstelle der §§ 272 und 286 Absatz 2 gilt für die Häufigkeit der Bewertung der Vermögensgegenstände und die Berechnung des Nettoinventarwertes je Anteil oder Aktie § 217 Absatz 1 und 2 entsprechend und § 161 Absatz 1 ist nicht anzuwenden. [3]Die vor dem 19. Juli 2015 erteilte Genehmigung von Anlagebedingungen nach § 268 oder mitgeteilte Vertriebsfreigabe gemäß § 316 Absatz 3 oder § 321 Absatz 3 erlöschen am 19. Januar 2015, wenn die nach Satz 1 geänderten Anlagebedingungen und gegebenenfalls die Satzung oder der Gesellschaftsvertrag der AIF nicht bis zum 19. Januar 2015 in Kraft getreten sind. [4]Entsprechendes gilt für die Registrierung einer AIF-Kapitalverwaltungsgesellschaft nach § 2 Absatz 4a in Verbindung mit § 44, die einen AIF im Sinne des Satzes 1 verwaltet. [5]Bis zum 19. Januar 2015 sind die Anleger in dem Verkaufsprospekt und den wesentlichen Anlegerinformationen drucktechnisch herausgestellt an hervorgehobener Stelle auf die notwendige Anpassung der Rückgaberechte an die Anforderungen in Artikel 1 Absatz 5 der der Delegierten Verordnung (EU) Nr. 694/2014 und die Folgen einer unterbliebenen Anpassung hinzuweisen. [6]Bei Spezial-AIF muss dieser Hinweis im Rahmen der Informationen gemäß § 307 erfolgen.

(12) Für den Vertrieb von geschlossenen EU-AIF und ausländischen geschlossenen AIF, die

1. nicht die Voraussetzungen von Artikel 1 Absatz 3 der Delegierten Verordnung (EU) Nr. 694/2014 erfüllen und

2. zwischen dem 22. Juli 2013 und dem 19. Juli 2014 eine Vertriebsberechtigung nach den Vorschriften dieses Gesetzes erhalten haben,

an Privatanleger im Inland gelten die Vorschriften für den Vertrieb von geschlossenen AIF nach diesem Gesetz.

(13) [1]Für den Vertrieb von EU-AIF und ausländischen AIF, die

1. nicht die Voraussetzungen von Artikel 1 Absatz 3 und 5 der Delegierten Verordnung (EU) Nr. 694/2014 erfüllen,

2. die Voraussetzungen von § 1 Absatz 5 dieses Gesetzes in seiner bis zum 18. Juli 2014 geltenden Fassung erfüllen und

3. zwischen dem 22. Juli 2013 und dem 19. Juli 2014 eine Vertriebsberechtigung nach den Vorschriften dieses Gesetzes erhalten haben,

an Privatanleger im Inland gelten die Vorschriften für den Vertrieb von geschlossenen AIF nach diesem Gesetz, wenn die Anlagebedingungen und gegebenenfalls die Satzung oder der Gesellschaftsvertrag der AIF an die Voraussetzungen nach Artikel 1 Absatz 5 der Delegierten Verordnung (EU) Nr. 694/2014 angepasst werden und die in Kraft getretene Anpassung der Bundesanstalt bis spätestens 19. Januar 2015 angezeigt wird; andernfalls erlischt die Vertriebsberechtigung für diese AIF am 19. Januar 2015. [2]Absatz 11 Satz 5 gilt entsprechend.

In der Fassung vom 4.7.2013 (BGBl. I 2013, S. 1981), zuletzt geändert durch das Gesetz zur Umsetzung der Richtlinie 2014/91/EU des Europäischen Parlaments und des Rates vom 23. Juli 2014 zur Änderung der Richtlinie 2009/65/EG zur Koordinierung der Rechts- und Verwaltungsvorschriften betreffend bestimmte Organismen für gemeinsame Anlagen in Wertpapieren (OGAW) im Hinblick auf die Aufgaben der Verwahrstelle, die Vergütungspolitik und Sanktionen vom 3.3.2016 (BGBl. I 2016, S. 348).

§ 353 KAGB nicht gesondert kommentiert. S. dazu Vor §§ 343–359. 1

§ 353a Übergangsvorschriften zu den §§ 261, 262 und 263

[1]Auf geschlossene inländische Publikums-AIF, die vor dem 18. März 2016 aufgelegt wurden, sind § 261 Absatz 4, § 262 Absatz 1 Satz 1 Nummer 1 und § 263 Absatz 1 und 4 in der bis zum 17. März 2016 geltenden Fassung anzuwenden. [2]Dies gilt nicht, wenn ein geschlossener inländischer Publikums-AIF, der vor dem 18. März 2016 aufgelegt wurde, die Anwendung der in Satz 1 genannten Vorschriften beschließt.

In der Fassung vom 3.3.2016 (BGBl. I 2016, S. S. 348).

§ 353a KAGB nicht gesondert kommentiert. S. dazu Vor §§ 343–359. 1

§ 353b Übergangsvorschriften zu § 285 Absatz 3

[1]§ 20 Absatz 9 Satz 1 und § 285 Absatz 3, auch in Verbindung mit § 2 Absatz 4, 4a und 5, § 261 Absatz 1 Nummer 8, § 282 Absatz 2 Satz 3 und § 284 Absatz 5, in der ab dem 18. März 2016 geltenden Fassung sind nicht anzuwenden auf Gelddarlehen, die vor dem 18. März 2016 für Rechnung von inländischen AIF an Unternehmen gewährt wurden, an denen der inländische AIF bereits beteiligt war. [2]Für nach dem 18. März 2016 vergebene Gelddarlehen sind in die Berechnung der Begrenzung nach § 285 Absatz 3 Satz 1 auf höchstens 50 Prozent des aggregierten eingebrachten und noch nicht eingeforderten zugesagten Kapitals des inländischen AIF die vor dem 18. März 2016 vergebenen Darlehen einzubeziehen.

In der Fassung vom 3.3.2016 (BGBl. I 2016, S. 348).

1 § 353b KAGB nicht gesondert kommentiert. S. dazu Vor §§ 343–359.

§ 354 Übergangsvorschrift zu § 342 Absatz 3

§ 342 Absatz 3 gilt für Streitigkeiten im Zusammenhang mit geschlossenen Publikums-AIF erst ab dem 22. Juli 2014.

In der Fassung vom 4.7.2013 (BGBl. I 2013, S. 1981).

1 § 354 KAGB nicht gesondert kommentiert. S. dazu Vor §§ 343–359.

Unterabschnitt 4
Übergangsvorschriften für OGAW-Verwaltungsgesellschaften und OGAW

§ 355 Übergangsvorschriften für OGAW-Verwaltungsgesellschaften und OGAW

(1) OGAW-Kapitalverwaltungsgesellschaften oder extern verwaltete OGAW-Investmentaktiengesellschaften, die bei Inkrafttreten dieses Gesetzes die in § 17 Absatz 1 und § 20 Absatz 2 aufgeführten Geschäfte betreiben und die eine Erlaubnis nach § 7 des Investmentgesetzes in der bis zum 21. Juli 2013 geltenden Fassung oder eine Erlaubnis als Investmentaktiengesellschaft nach § 97 Absatz 1 des Investmentgesetzes in der bis zum 21. Juli 2013 geltenden Fassung erhalten haben, bedürfen keiner erneuten Erlaubnis zum Geschäftsbetrieb; die Erlaubnis nach den §§ 20, 21 oder § 113 gilt insoweit als erteilt.

(2) [1]Die Anlagebedingungen für inländische OGAW, die vor dem 22. Juli 2013 aufgelegt im Sinne des § 343 Absatz 4 wurden, sind an die Vorschriften dieses Gesetzes anzupassen. [2]Andere als die zur Anpassung der Anlagebedingungen an die Vorschriften dieses Gesetzes notwendigen Änderungen dürfen in den Anlagebedingungen nicht vorgenommen werden. [3]Die Änderungen müssen nicht genehmigt werden, sofern diese Anlagebedingungen bereits nach § 43 Absatz 2 und § 43a des Investmentgesetzes in der bis zum 21. Juli 2013 geltenden Fassung genehmigt wurden und Anpassungen lediglich auf Grund von Anpassungen an die Begrifflichkeiten nach diesem Gesetz redaktioneller Natur sind. [4]Sofern eine Genehmigung der Anlagebedingungen nach Satz 3 nicht erforderlich ist, haben die OGAW-Kapitalverwaltungsgesellschaften und EU-OGAW-Verwaltungsgesellschaften die Anlagebedingungen redaktionell bis zum 31. Dezember 2014 an die Rechtsvorschriften dieses Gesetzes anzupassen. [5]§ 163 Absatz 1 bis 3 und 4 Satz 2 bis 5, 6 Halbsatz 2 und Satz 7 gilt für diese Änderungen nicht. [6]Müssen die Anlagebedingungen an die Anforderungen nach den §§ 200 bis 203 angepasst werden, bedürfen diese Änderungen der Genehmigung; die Anpassungen sind innerhalb von sechs Monaten ab dem 22. Juli 2013 vorzunehmen. [7]Für die Genehmigung der Anlagebedingungen gilt § 163 mit der Maßgabe, dass die in Absatz 2 Satz 1 genannte Frist drei Monate beträgt und dass Absatz 2 Satz 5, 6 und 10, Absatz 3, 4 Satz 2 bis 5 keine Anwendung finden. [8]Zudem haben die OGAW-Kapitalverwaltungsgesellschaften und EU-OGAW-Verwaltungsgesellschaften zeitgleich mit

den Anlagebedingungen jeweils die wesentlichen Anlegerinformationen und den Verkaufsprospekt an die Vorschriften dieses Gesetzes anzupassen und diese Unterlagen jeweils gemeinsam unverzüglich nach erstmaliger Verwendung bei der Bundesanstalt einzureichen. [9]Bedürfen die Änderungen der Anlagebedingungen keiner Genehmigung durch die Bundesanstalt, haben die OGAW-Kapitalverwaltungsgesellschaften und die EU-OGAW-Verwaltungsgesellschaften zeitgleich die redaktionell angepassten Anlagebedingungen bei der Bundesanstalt einzureichen. [10]Bis zum Inkrafttreten der Änderungen der Anlagebedingungen der inländischen OGAW, die von einer OGAW-Verwaltungsgesellschaft im Sinne des Absatzes 1 verwaltet werden, gelten für diese inländischen OGAW die auf inländische OGAW anwendbaren Vorschriften des Investmentgesetzes in der bis zum 21. Juli 2013 geltenden Fassung weiter. [11]Ab Inkrafttreten der geänderten Anlagebedingungen finden auf diese inländischen OGAW die auf inländische OGAW nach diesem Gesetz anwendbaren Vorschriften Anwendung.

(3) Die Verwahrstelle von bereits aufgelegten inländischen OGAW bedarf keiner Genehmigung, sofern sie bereits nach § 21 Absatz 1 des Investmentgesetzes in der bis zum 21. Juli 2013 geltenden Fassung genehmigt wurde.

(4) [1]OGAW-Verwaltungsgesellschaften, die bei Inkrafttreten dieses Gesetzes über die zuständigen Stellen des Herkunftsstaates des EU-OGAW eine Anzeige nach § 132 Absatz 1 des Investmentgesetzes in der bis zum 21. Juli 2013 geltenden Fassung oder nach § 15c Absatz 1 des Auslandinvestment-Gesetzes in der bis zum 31. Dezember 2003 geltenden Fassung erstattet haben und zum öffentlichen Vertrieb berechtigt sind, müssen keine neue Anzeige nach § 310 übermitteln; ein bereits erlangtes Vertriebsrecht besteht fort. [2]OGAW-Verwaltungsgesellschaften, die in Bezug auf ihre EU-OGAW nach dem 21. Juli 2013 Tätigkeiten ausüben oder ausüben lassen, die nach dem Investmentgesetz in der bis zum 21. Juli 2013 geltenden Fassung nicht als öffentlicher Vertrieb galten, nach diesem Gesetz aber als Vertrieb anzusehen sind, übermitteln bis zum 21. Juli 2014 über die zuständigen Stellen des Herkunftsmitgliedstaates des EU-OGAW eine Anzeige nach § 310.

(5) [1]Die Anlagebedingungen, die wesentlichen Anlegerinformationen und der Verkaufsprospekt für inländische OGAW sind zum 18. März 2016 an die ab dem 18. März 2016 geltende Fassung dieses Gesetzes anzupassen. [2]Der Antrag auf Genehmigung der geänderten Anlagebedingungen darf neben redaktionellen nur solche Änderungen der Anlagebedingungen beinhalten, die für eine Anpassung an die Anforderungen der ab dem 18. März 2016 geltenden Fassung dieses Gesetzes erforderlich sind. [3]§ 163 Absatz 3 und 4 Satz 2 bis 5 ist nicht anzuwenden.

In der Fassung vom 15.7.2014 (BGBl. I 2017, S. 934), zuletzt geändert durch das Gesetz zur Umsetzung der Richtlinie 2014/91/EU des Europäischen Parlaments und des Rates vom 23. Juli 2014 zur Änderung der Richtlinie 2009/65/EG zur Koordinierung der Rechts- und Verwaltungsvorschriften betreffend bestimmte Organismen für gemeinsame Anlagen in Wertpapieren (OGAW) im Hinblick auf die Aufgaben der Verwahrstelle, die Vergütungspolitik und Sanktionen vom 3.3.2016 (BGBl. I 2016, S. 348). Geplant ist eine Änderung in Abs. 2 Satz 7 durch das Gesetz zur Anpassung von Finanzmarktgesetzen an die Verordnung (EU) 2017/2402 und an die durch die Verordnung (EU) 2017/2401 geänderte Verordnung (EU) Nr. 575/2013 (RegE, BT-Drucks. 19/4460).

§ 355 KAGB nicht gesondert kommentiert. S. dazu Vor §§ 343–359. 1

Unterabschnitt 5
Sonstige Übergangsvorschriften

§ 356 Übergangsvorschriften zum Bilanzrichtlinie-Umsetzungsgesetz

[1]Die §§ 45 und 48 in der Fassung des Bilanzrichtlinie-Umsetzungsgesetzes vom 17. Juli 2015 (BGBl. I S. 1245) sind erstmals auf Jahresberichte und Jahresabschlüsse für Geschäftsjahre anzuwenden, die nach dem 31. Dezember 2015 beginnen. [2]Das Gleiche gilt für § 160 in der Fassung des Bilanzrichtlinie-Umsetzungsgesetzes hinsichtlich der Bezugnahme auf § 325 Absatz 1 des Handelsgesetzbuchs.

In der Fassung vom 17.7.2015 (BGBl. I 2015, S. 1245).

§ 356 KAGB nicht gesondert kommentiert. S. dazu Vor §§ 343–359. 1

§ 357 Übergangsvorschrift zu § 100a

[1]§ 100a ist mit Wirkung vom 31. Dezember 2015 anzuwenden. [2]§ 100a ist auch in den Fällen anzuwenden, in denen der Übergang des Immobilien-Sondervermögens auf die Verwahrstelle gemäß § 39 Absatz 1 des Investmentgesetzes erfolgt, weil das Recht der AIF-Kapitalverwaltungsgesellschaft, das Immobilien-Sondervermögen zu verwalten,

1. gemäß § 38 Absatz 1 des Investmentgesetzes aufgrund der Kündigung des Verwaltungsrechts während einer Aussetzung der Rücknahme gemäß § 81 des Investmentgesetzes oder

2. gemäß § 81 Absatz 4 des Investmentgesetzes in der Fassung vom 5. April 2011

erloschen ist und das Immobilien-Sondervermögen gemäß § 39 Absatz 2 des Investmentgesetzes abgewickelt und an die Anleger verteilt wird, sofern der Übergang des Immobilien-Sondervermögens auf die Verwahrstelle erst ab dem 31. Dezember 2015 erfolgt ist.

In der Fassung vom 21.12.2015 (BGBl. I 2015, S. 2531).

1 § 357 KAGB nicht gesondert kommentiert. S. dazu Vor §§ 343–359.

§ 358 Übergangsvorschriften zu § 95 Absatz 1 und § 97 Absatz 1

(1) Für in Sammelverwahrung befindliche Inhaberanteilscheine und noch nicht fällige Gewinnanteilscheine kann eine Auslieferung einzelner Wertpapiere auf Grund der §§ 7 und 8 des Depotgesetzes nicht verlangt werden.

(2) [1]Inhaber von vor dem 1. Januar 2017 fällig gewordenen Gewinnanteilscheinen können die aus diesen resultierenden Zahlungsansprüche gegen Vorlage dieser Gewinnanteilscheine bei der Verwahrstelle des betreffenden Sondervermögens geltend machen. [2]Werden die Gewinnanteilscheine bei der Verwahrstelle eingelöst, darf sie den Auszahlungsbetrag nur an ein inländisches Kreditinstitut zur Weiterleitung auf ein für den Einreicher geführtes Konto leisten. [3]Sofern ein Kreditinstitut die Gewinnanteilscheine zur Einlösung annimmt, darf es den Auszahlungsbetrag nur über ein für den Einreicher bei ihm im Inland geführtes Konto leisten.

(3) [1]Inhaberanteilscheine, die sich mit Ablauf des 31. Dezember 2016 nicht in Sammelverwahrung bei einer der in § 97 Absatz 1 Satz 2 genannten Stellen befinden, werden mit Ablauf des 31. Dezember 2016 kraftlos. [2]Sind Gewinnanteilscheine auf den Inhaber ausgegeben, so erstreckt sich die Kraftlosigkeit auch auf die noch nicht fälligen Gewinnanteilscheine. [3]Die in den Inhaberanteilscheinen nach Satz 1 und den Gewinnanteilscheinen nach Satz 2 verbrieften Rechte sind zum 1. Januar 2017 stattdessen gemäß § 95 Absatz 1 zu verbriefen. [4]Die bisherigen Eigentümer der kraftlosen Anteilscheine werden ihren Anteilen entsprechend Miteigentümer an der Sammelurkunde. [5]Die Sammelurkunde ist gemäß § 97 Absatz 1 Satz 2 zu verwahren. [6]Die Miteigentumsanteile an dem Sammelbestand werden auf einem gesonderten Depot der Verwahrstelle gutgeschrieben.

(4) [1]Nur mit der Einreichung eines kraftlosen Inhaberanteilscheins bei der Verwahrstelle kann der Einreicher die Gutschrift eines entsprechenden Miteigentumsanteils an dem Sammelbestand auf ein von ihm zu benennendes und für ihn geführtes Depotkonto verlangen. [2]Die Kraftlosigkeit des Inhaberanteilscheins nach Absatz 3 steht einer Kraftloserklärung der Urkunde nach § 799 des Bürgerlichen Gesetzbuchs nicht entgegen. [3]Zahlungen darf die Verwahrstelle nur auf ein von ihr für den Einreicher geführtes Konto oder an ein anderes Kreditinstitut zur Weiterleitung auf ein für den Einreicher von diesem geführtes Konto leisten; diese Zahlungen sind von der Verwahrstelle nicht zu verzinsen.

In der Fassung vom 3.3.2016 (BGBl. I 2016, S. 348).

1 § 358 KAGB nicht gesondert kommentiert. S. dazu Vor §§ 343–359.

§ 359 Übergangsvorschrift zu § 26 Absatz 7 Satz 3, § 82 Absatz 6 Satz 2 und § 85 Absatz 5 Satz 4

§ 26 Absatz 7 Satz 3, § 82 Absatz 6 Satz 2 und § 85 Absatz 5 Satz 4 in der ab dem 25. Juni 2017 geltenden Fassung sind erst ab dem 25. Dezember 2017 anzuwenden.

In der Fassung vom 23.6.2017 (BGBl. I 2017, S. 1693).

§ 359 KAGB nicht gesondert kommentiert. S. dazu Vor §§ 343–359. 1

Textanhang

Delegierte Verordnung (EU) Nr. 231/2013 der Kommission

vom 19. Dezember 2012
zur Ergänzung der Richtlinie 2011/61/EU des Europäischen Parlaments und des Rates im Hinblick auf Ausnahmen, die Bedingungen für die Ausübung der Tätigkeit, Verwahrstellen, Hebelfinanzierung, Transparenz und Beaufsichtigung

(ABl. L 83 vom 22.3.2013 S. 1)

Die Europäische Kommission –

gestützt auf den Vertrag über die Arbeitsweise der Europäischen Union, gestützt auf die Richtlinie 2011/61/EU des Europäischen Parlaments und des Rates vom 8. Juni 2011 über die Verwalter alternativer Investmentfonds und zur Änderung der Richtlinien 2003/41/EG und 2009/65/EG und der Verordnungen (EG) Nr. 1060/2009 und (EU) Nr. 1095/2010[1], insbesondere auf Artikel 3 Absatz 6, Artikel 4 Absatz 3, Artikel 9 Absatz 9, Artikel 12 Absatz 3, Artikel 14 Absatz 4, Artikel 15 Absatz 5, Artikel 16 Absatz 3, Artikel 17, Artikel 18 Absatz 2, Artikel 19 Absatz 11, Artikel 20 Absatz 7, Artikel 21 Absatz 17, Artikel 22 Absatz 4, Artikel 23 Absatz 6, Artikel 24 Absatz 6, Artikel 25 Absatz 9, Artikel 34 Absatz 2, Artikel 35 Absatz 11, Artikel 36 Absatz 3, Artikel 37 Absatz 15, Artikel 40 Absatz 11, Artikel 42 Absatz 3 and Artikel 53 Absatz 3, nach Stellungnahme der Europäischen Zentralbank, in Erwägung nachstehender Gründe:

(1) Die Richtlinie 2011/61/EU überträgt der Kommission die Befugnis, delegierte Rechtsakte zu erlassen, in denen insbesondere Vorschriften für die Berechnung des Schwellenwerts und für Hebelfinanzierungen, die Bedingungen für die Tätigkeit der Verwalter alternativer Investmentfonds (nachstehend „AIFM") einschließlich Risiko- und Liquiditätsmanagement, Bewertung und Übertragung von Aufgaben, detaillierte Anforderungen in Bezug auf die Aufgaben und Pflichten der Verwahrstellen alternativer Investmentfonds (nachstehend „AIF") sowie Vorschriften zur Transparenz und spezifische Anforderungen in Bezug auf Drittländer festgelegt werden. Es ist wichtig, dass alle diese ergänzenden Vorschriften ab demselben Zeitpunkt gelten wie die Richtlinie 2011/61/EU, damit die neuen Anforderungen für AIFM effektiv angewandt werden können. Die in dieser Verordnung enthaltenen Bestimmungen sind eng miteinander verwoben, da sie die Zulassung, laufende Tätigkeit und Transparenz von AIFM, die in der Union AIF verwalten und gegebenenfalls vermarkten, und somit untrennbar zusammenhängende inhärente Aspekte der Aufnahme und Ausübung der Vermögensverwaltungstätigkeit regeln. Um zwischen diesen Bestimmungen, die gleichzeitig in Kraft treten sollten, Kohärenz zu gewährleisten und den Personen, die den entsprechenden Verpflichtungen unterliegen, einschließlich unionsgebietsfremden Anlegern, einen umfassenden Überblick über diese Bestimmungen und einen kompakten Zugang dazu zu erleichtern, ist es wünschenswert, dass sämtliche nach der Richtlinie 2011/61/EU erforderlichen delegierten Rechtsakte in einer einzigen Verordnung zusammengefasst werden.

(2) Es ist wichtig sicherzustellen, dass die Ziele der Richtlinie 2011/61/EU in allen Mitgliedstaaten gleich verwirklicht werden, um die Integrität des Binnenmarkts zu fördern und seinen Teilnehmern, einschließlich institutionellen Anlegern, zuständigen Behörden und anderen Beteiligten, Rechtssicherheit zu verschaffen, indem eine Verordnung erlassen wird. Die Form einer Verordnung gewährleistet einen kohärenten Rahmen für alle Marktakteure und bietet die bestmögliche Garantie für gleiche Ausgangsbedingungen, einheitliche Wettbewerbsbedingungen und den gemeinsamen angemessenen Standard beim Anlegerschutz. Außerdem gewährleistet sie für die Tätigkeit von AIFM die direkte Anwendbarkeit detaillierter einheitlicher Vorschriften, die aufgrund ihrer Art direkt anwendbar sind und daher keiner weiteren Umsetzung auf nationaler Ebene bedürfen. Durch Rückgriff auf eine Verordnung lässt sich außerdem eine verspätete Anwendung der Richtlinie 2011/61/EU in den Mitgliedstaaten vermeiden.

(3) Da in der delegierten Verordnung die Aufgaben und Zuständigkeiten des „Leitungsgremiums" und der „Geschäftsleitung" festgelegt werden, ist es wichtig, die Bedeutung dieser Begriffe zu klären, insbesondere die Tatsache, dass sich ein Leitungsgremium aus Mitgliedern der Geschäftsleitung zusammensetzen kann. Da mit dieser Verordnung außerdem der Begriff „Aufsichtsfunktion" eingeführt wird, sollte bei der Bestimmung des Begriffs „Leitungsgremium" außerdem klargestellt werden, dass dieses Gremium die Geschäftsführungsfunktion beinhaltet, falls Aufsichts- und Geschäftsführungsfunktionen nach nationalem Gesellschaftsrecht von-

1 Amtliche Fußnote: ABl. L 174 vom 1.7.2011, S. 1.

einander getrennt sind. Die Richtlinie 2011/61/EU schreibt vor, dass AIFM den zuständigen Behörden bestimmte Informationen zu übermitteln haben, unter anderem den prozentualen Anteil an den Vermögenswerten des AIF, die schwer zu liquidieren sind und für die deshalb besondere Regelungen gelten. In dieser Verordnung wird die Bedeutung des Begriffs „besondere Regelungen" geklärt, damit AIFM genau wissen, welche Informationen sie den zuständigen Behörden übermitteln sollten.

(4) Die Richtlinie 2011/61/EU sieht eine erleichterte Regelung für AIFM vor, die Portfolios von AIF verwalten, deren verwaltete Vermögenswerte insgesamt nicht über die maßgeblichen Schwellenwerte hinausgehen. Es muss klar festgelegt werden, wie der Gesamtwert der verwalteten Vermögenswerte berechnet werden sollte. In diesem Zusammenhang ist es unerlässlich, zu definieren, welche Schritte durchgeführt werden müssen, um den Gesamtwert der Vermögenswerte zu berechnen, eindeutig festzulegen, welche Vermögenswerte nicht in die Berechnung einbezogen werden, zu präzisieren, wie mittels Einsatz von Hebelfinanzierung erworbene Vermögenswerte bewertet werden sollten, und Vorschriften für den Umgang mit Überkreuzbeteiligungen zwischen den von einem AIFM verwalteten AIF festzulegen.

(5) Der Gesamtwert der verwalteten Vermögenswerte muss mindestens jährlich und anhand aktueller Informationen berechnet werden. Der Wert der Vermögenswerte sollte daher in den zwölf Monaten vor dem Zeitpunkt der Berechnung des Gesamtwerts der verwalteten Vermögenswerte und möglichst nahe an diesem Zeitpunkt bestimmt werden.

(6) Um sicherzustellen, dass ein AIFM die in der Richtlinie 2011/61/EU vorgesehene erleichterte Regelung weiterhin in Anspruch nehmen kann, sollte er ein Verfahren einrichten, das es ermöglicht, den Gesamtwert der verwalteten Vermögenswerte laufend zu beobachten. Bei der Beurteilung der Wahrscheinlichkeit einer Überschreitung des Schwellenwerts oder der Notwendigkeit einer zusätzlichen Berechnung kann der AIFM die Arten der verwalteten AIF und die verschiedenen Vermögenswertgattungen, in die investiert wurde, berücksichtigen.

(7) Erfüllt ein AIFM die in Bezug auf die Schwellenwerte geltenden Bedingungen nicht mehr, sollte er die für ihn zuständige Behörde unterrichten und innerhalb von 30 Kalendertagen eine Zulassung beantragen. Werden die Schwellenwerte innerhalb eines gegebenen Kalenderjahres jedoch nur gelegentlich über- oder unterschritten und werden diese Zustände als vorübergehend angesehen, sollte der AIFM nicht verpflichtet sein, eine Zulassung zu beantragen. In diesen Fällen sollte der AIFM die zuständige Behörde über die Schwellenwertüberschreitung unterrichten und erläutern, warum er diese als vorübergehend ansieht. Ein mehr als drei Monate andauernder Zustand kann nicht als vorübergehend angesehen werden. Bei der Beurteilung der Wahrscheinlichkeit, dass ein Zustand vorübergehend ist, sollte der AIFM antizipierte Zeichnungen und Rücknahmen oder, falls anwendbar, Kapitalabrufe und Ausschüttungen berücksichtigen. Antizipierte Marktbewegungen sollte der AIFM nicht in diese Beurteilung einbeziehen.

(8) Die Daten, die AIFM zur Berechnung des Gesamtwerts der verwalteten Vermögenswerte heranziehen, müssen nicht für die Öffentlichkeit oder die Anleger verfügbar sein. Allerdings müssen die zuständigen Behörden nachprüfen können, dass der AIFM den Gesamtwert der verwalteten Vermögenswerte richtig berechnet und überwacht, einschließlich der Beurteilung der Fälle, in denen der Gesamtwert der verwalteten Vermögenswerte den maßgeblichen Schwellenwert vorübergehend überschreitet, und sollten daher auf Verlangen Zugang zu diesen Daten erhalten.

(9) Es ist wichtig, dass AIFM, die die Bestimmungen der in der Richtlinie 2011/61/EU vorgesehenen erleichterten Regelung in Anspruch nehmen, die zuständigen Behörden zum Zeitpunkt der Registrierung mit aktuellen Informationen versorgen. Möglicherweise verfügen nicht alle Arten von AIFM über Emissionsunterlagen, die die jüngsten Entwicklungen in Bezug auf die von ihnen verwalteten AIF widerspiegeln, und möglicherweise ist es für derartige AIFM praktischer, die geforderten Informationen in einem separaten Dokument niederzulegen, in dem die Anlagestrategie des Fonds dargelegt wird. Dies könnte bei Private-Equity- oder Risikokapital-Fonds der Fall sein, die sich ihre Gelder oftmals im Wege von Verhandlungen mit potenziellen Anlegern beschaffen.

(10) Ein AIF, der ausschließlich Kapitalanteile an börsennotierten Unternehmen hält, sollte nicht als hebelfinanziert angesehen werden, solange die Kapitalanteile nicht kreditfinanziert werden. Erwirbt derselbe AIF Optionen auf einen Aktienindex, sollte er als hebelfinanziert angesehen werden, da sich das Risiko, das dem AIF aus einer gegebenen Anlage erwächst, damit erhöht.

(11) Um eine einheitliche Anwendung der für AIFM bestehenden Pflicht zur Vermittlung eines objektiven Überblicks über die eingesetzte Hebelfinanzierung sicherzustellen, müssen zwei Methoden für die Berechnung der Hebelfinanzierung vorgesehen werden. Marktstudien zeigen, dass sich die besten Ergebnisse durch Kombination des so genannten „Bruttoansatzes" mit dem so genannten „Commitment-Ansatz" erzielen lassen.

(12) Um angemessene Informationen für die Überwachung systemischer Risiken zu erhalten und sich ein umfassendes Bild von der Nutzung der Hebelfinanzierung durch den AIFM zu verschaffen, sollten zuständige Behörden und Anleger mit Informationen über das Risiko eines AIF sowohl nach dem Bruttoansatz als auch nach dem Commitment-Ansatz versorgt werden und sollten daher alle AIFM ihr Risiko nach dem Brutto- und nach dem Commitment-Ansatz berechnen. Der Bruttoansatz gibt Aufschluss über das Gesamtrisiko des AIF, während der Commitment-Ansatz Einblick in die vom Verwalter eingesetzten Hedging- und Netting-Techniken gewährt; aus diesem Grund sind die beiden Ansätze in Verbindung miteinander zu betrachten. So kann insbesondere aufschlussreich sein, bis zu welchem Grade das nach dem Bruttoansatz und das nach dem Commitment-Ansatz ermittelte Gesamtrisiko voneinander abweichen. Falls nötig, um sicherzustellen, dass jeder An-

stieg des Risikos eines AIF angemessen abgebildet wird, kann die Kommission zusätzliche delegierte Rechtsakte über eine weitere und fakultative Methode zur Berechnung der Hebelfinanzierung erlassen.

(13) Bei der Berechnung des Risikos sollten zunächst alle Positionen des AIF einbezogen werden, einschließlich Short- und Long-Positionen in Vermögenswerten und Verbindlichkeiten, aufgenommene Kredite, Derivate und sonstige risikoerhöhende Methoden, bei denen die aus Vermögenswerten und Verbindlichkeiten erwachsenden Risiken und Erträge beim AIF liegen, sowie alle sonstigen Positionen, die den Nettoinventarwert ausmachen.

(14) Vom AIF geschlossene Kreditvereinbarungen sollten unberücksichtigt bleiben, wenn sie vorübergehend geartet sind, sich auf Investitionszusagen der Anleger beziehen und durch diese Investitionszusagen in voller Höhe gedeckt sind. Revolvierende Kreditfazilitäten sollten nicht als vorübergehend geartet angesehen werden.

(15) Zusätzlich zur Berechnung des Risikos nach dem Bruttoansatz sollten alle AIFM das Risiko nach dem Commitment-Ansatz berechnen. Gemäß dem Commitment-Ansatz sollten derivative Finanzinstrumente in äquivalente Basiswert-Positionen umgerechnet werden. Investiert ein AIF allerdings in bestimmte Derivate, um das Marktrisiko anderer Vermögenswerte, in denen der AIF engagiert ist, auszugleichen, sollten diese Derivate unter bestimmten Bedingungen nicht in entsprechende Basiswert-Positionen umgerechnet werden, da die Risiken der beiden Anlagen einander aufwiegen. Dies dürfte beispielsweise der Fall sein, wenn ein AIF-Portfolio in einen bestimmten Index investiert und ein Derivat hält, mit dem die Entwicklung dieses Index gegen die Entwicklung eines anderen Index getauscht wird, was dem Halten einer Risikoposition in diesem zweiten Index im Portfolio gleichkommt, so dass der Nettoinventarwert des AIF somit nicht von der Entwicklung des ersten Index abhängt.

(16) Wenn das Risiko nach dem Commitment-Ansatz berechnet wird, beinhalten Derivate, die die in dieser Verordnung festgelegten Kriterien erfüllen, kein zusätzliches Risiko. Investiert der AIF also in Index-Futures und hält er eine dem gesamten Basismarktwert der Futures entsprechende Geldposition, käme dies einer direkten Anlage in Indexaktien gleich, so dass der Index-Future bei der Berechnung des Risikos des AIF nicht berücksichtigt werden sollte.

(17) Wenn das Risiko nach dem Commitment-Ansatz berechnet wird, sollte AIFM die Berücksichtigung von Hedging- und Netting-Vereinbarungen gestattet sein, sofern diese die beim Commitment-Ansatz geltenden Kriterien erfüllen.

(18) Die Anforderung, dass sich Netting-Vereinbarungen auf denselben Basiswert beziehen müssen, sollte streng ausgelegt werden, so dass Vermögenswerte, die der AIFM als gleichwertig oder hoch korreliert ansieht, wie etwa verschiedene Aktiengattungen oder Anleihen ein und desselben Emittenten, für die Zwecke von Nettingvereinbarungen nicht als identisch angesehen werden sollten. Die Definition von Nettingvereinbarungen soll sicherstellen, dass nur solche Geschäfte berücksichtigt werden, die die mit anderen Geschäften verbundenen Risiken ausgleichen, so dass kein wesentliches Restrisiko verbleibt. Kombinationen von Geschäften, mit denen ein noch so geringer Ertrag erzielt werden soll, indem manche Risiken verringert, andere Risiken aber behalten werden, sollten ebenso wenig als Netting-Vereinbarungen angesehen werden wie Arbitrage-Anlagestrategien, die darauf abzielen, durch Ausnutzung von Preisdifferenzen zwischen Derivaten, die denselben Basiswert, aber unterschiedlichen Laufzeiten aufweisen, einen Ertrag zu erzielen.

(19) Eine Portfolioverwaltungspraktik, die darauf abzielt, das Durationsrisiko zu verringern, indem eine Anlage in eine langläufige Anleihe mit einem Zinsswap kombiniert wird, oder die darauf abzielt, die Duration eines AIF-Anleiheportfolios zu verkürzen, indem eine Short-Position in Anleihe-Futures eingegangen wird, die für das Zinsrisiko des Portfolios repräsentativ sind (Duration-Hedging), sollte als Hedging-Vereinbarung angesehen werden, wenn sie die für das Hedging geltenden Kriterien erfüllt.

(20) Eine Portfolioverwaltungspraktik, die darauf abzielt, die mit einer Anlage in ein gut diversifiziertes Aktienportfolio verbundenen signifikanten Risiken auszugleichen, indem eine Short-Position in einem Aktienindex-Future eingegangen wird, wobei die Zusammensetzung des Aktienportfolios der Zusammensetzung des Aktienindex sehr nahekommt und zwischen seinem Ertrag und dem des Aktienindex eine hohe Korrelation besteht und wobei die Short-Position in dem Aktienindex-Future eine unbestreitbare Verringerung des mit dem Aktienportfolio verbundenen allgemeinen Marktrisikos ermöglicht und das spezifische Risiko nicht signifikant ist, wie etwa ein Beta-Hedging eines gut diversifizierten Aktienportfolios, bei dem das spezifische Risiko als nicht signifikant angesehen wird, sollte als Portfolioverwaltungspraktik, die die Hedging-Kriterien erfüllt, angesehen werden.

(21) Eine Portfolioverwaltungspraktik, die darauf abzielt, das mit einer Anlage in eine festverzinsliche Anleihe verbundene Risiko auszugleichen, indem eine Long-Position in einem Credit Default Swap mit einem Zinsswap kombiniert wird, bei dem der feste Zinssatz gegen einen Zinssatz getauscht wird, der einem angemessenen Geldmarkt-Referenzzinssatz zuzüglich einer Marge entspricht, sollte als Hedging-Vereinbarung angesehen werden, bei der alle Hedging-Kriterien des Commitment-Ansatzes grundsätzlich erfüllt sind.

(22) Eine Portfolioverwaltungspraktik, die darauf abzielt, das Risiko einer gegebenen Aktie auszugleichen, indem über einen Derivatkontrakt auf eine andere, mit der erstgenannten stark korrelierende Aktie eine Short-Position eingegangen wird, sollte nicht als Portfolioverwaltungspraktik, die die Hedging-Kriterien erfüllt, angesehen werden. Auch wenn eine solche Strategie darauf beruht, Gegenpositionen in ein und derselben Vermögenswert-Gattung einzugehen, werden damit doch nicht die mit der Anlage in eine bestimmte Aktie verbundenen spezifischen Risiken abgesichert. Daher sollte sie nicht als Hedging-Vereinbarung angesehen werden, die den für den Commitment-Ansatz festgelegten Kriterien entspricht.

(23) Eine Portfolioverwaltungspraktik, die darauf abzielt, das Alpha eines Aktienkorbs (der eine begrenzte Zahl von Aktien umfasst) zu halten, indem die Anlage in diesen Aktienkorb mit einer betabereinigten Short-Position in einem Aktienindex-Future kombiniert wird, sollte nicht als Portfolioverwaltungspraktik, die die Hedging-Kriterien erfüllt, angesehen werden. Eine solche Strategie zielt nicht darauf ab, die mit der Anlage in diesen Aktienkorb verbundenen signifikanten Risiken auszugleichen, sondern das Beta (Marktrisiko) dieser Anlage auszugleichen und das Alpha zu halten. Die Alpha-Komponente des Aktienkorbs kann die Beta-Komponente überwiegen und insofern zu Verlusten auf der Ebene des AIF führen. Aus diesem Grund sollte diese Strategie nicht als Hedging-Vereinbarung angesehen werden.

(24) Eine Fusionsarbitrage-Strategie ist eine Strategie, bei der eine Short-Position in einer Aktie mit einer Long-Position in einer anderen Aktie kombiniert wird. Eine solche Strategie zielt darauf ab, das Beta (Marktrisiko) der Positionen abzusichern und einen Ertrag aus der relativen Entwicklung der beiden Aktien zu erzielen. Auch hier kann die Alpha-Komponente des Aktienkorbs die Beta-Komponente überwiegen und insofern zu Verlusten auf der Ebene des AIF führen. Diese Strategie sollte nicht als Hedging-Vereinbarung angesehen werden, die den für den Commitment-Ansatz festgelegten Kriterien entspricht.

(25) Eine Strategie, die darauf abzielt, eine Long-Position in einer Aktie oder Anleihe mit erworbener Kreditabsicherung für denselben Emittenten abzusichern, bezieht sich auf zwei verschiedene Vermögenswertgattungen und sollte daher nicht als Hedging-Vereinbarung angesehen werden.

(26) Werden Methoden eingesetzt, die das Risiko eines AIF erhöhen, sollte der AIFM allgemeine Grundsätze einhalten und beispielsweise Geschäfte nicht nur nach formaljuristischen Kriterien, sondern nach ihrem wirtschaftlichen Gehalt beurteilen. Insbesondere bei Repogeschäften sollte der AIFM berücksichtigen, ob die Risiken und Erträge aus den betreffenden Vermögenswerten weitergegeben werden oder beim AIF verbleiben. Der AIFM sollte außerdem bei Derivaten oder sonstigen vertraglichen Vereinbarungen seinen Blick nach dem Look-Through-Ansatz auf die Basiswerte richten, um festzustellen, welche künftigen Verpflichtungen dem AIF aus diesen Geschäften erwachsen könnten.

(27) Da der Commitment-Ansatz dazu führt, dass Zinssätze mit unterschiedlichen Laufzeiten als unterschiedliche Basiswerte angesehen werden, können AIF, die im Einklang mit ihrer Hauptanlagestrategie hauptsächlich in Zinsderivate investieren, spezifische Duration-Netting-Regelungen anwenden, um der Korrelation zwischen den Laufzeitsegmenten der Zinsstrukturkurve Rechnung zu tragen. Wenn ein AIF seine Anlagepolitik und sein Risikoprofil darlegt, sollte er imstande sein, die Höhe des Zinsrisikos anzugeben und folglich seine Zielduration zu bestimmen. Bei seinen Anlageentscheidungen sollte der AIF die zuvor festgelegte Zielduration berücksichtigen. Weicht die Portfolioduration von der Zielduration ab, sollte die Strategie nicht als Duration-Netting-Vereinbarung angesehen werden, die den für den Commitment-Ansatz festgelegten Kriterien entspricht.

(28) Die Duration-Netting-Vorschriften gestatten die Aufrechnung von Long-Positionen gegen Short-Positionen, deren Basiswerte unterschiedliche Zinssätze sind. Als Schwellenwerte für die Laufzeitspektren dienen Laufzeiten von zwei Jahren, sieben Jahren und 15 Jahren. Innerhalb eines jeden Laufzeitspektrums sollte das Netting von Positionen zulässig sein.

(29) Zwischen zwei verschiedenen Laufzeitspektren sollte das Netting von Positionen teilweise zulässig sein. Auf die gegeneinander aufgerechneten Positionen müssen Abschläge angewandt werden, um nur ein partielles Netting zu ermöglichen. Diese Abschläge sollten als Prozentsätze ausgedrückt werden, die auf den durchschnittlichen Korrelationen zwischen den zweijährigen, fünfjährigen, zehnjährigen und 30-jährigen Laufzeitspektren der Zinsstrukturkurve beruhen. Je größer die Differenz zwischen den Laufzeiten der Positionen, desto stärker muss ihr Netting mit einem Abschlag belegt werden, und daher müssen die Prozentsätze ansteigen.

(30) Positionen, deren modifizierte Duration erheblich länger ist als die modifizierte Duration des Gesamtportfolios, entsprechen nicht der Anlagestrategie des AIF und ein vollständiges Matching dieser Positionen sollte nicht zulässig sein. Folglich sollte es nicht zulässig sein, eine 18-monatige Short-Position (im Laufzeitspektrum 1) mit einer 10-jährigen Long-Position (im Laufzeitspektrum 3) zusammenzuführen, wenn die Zielduration des AIF rund 2 Jahre beträgt.

(31) Bei der Berechnung des Risikos können AIF zunächst die Hedging-Vereinbarungen ermitteln. Die unter diese Vereinbarungen fallenden Derivate werden dann aus der Berechnung des Gesamtrisikos ausgenommen. AIF sollten bei Hedging-Vereinbarungen genaue Berechnungen anstellen. Bei der Hedging-Berechnung sollten AIF keine Duration-Netting-Regeln anwenden. Die Duration-Netting-Regeln können angewandt werden, um die verbleibenden Zinsderivate in entsprechende Basiswert-Positionen umzurechnen.

(32) Nach der Richtlinie 2011/61/EU hat ein AIFM sicherzustellen, dass die potenziellen Berufshaftungsrisiken aus seinen Geschäftstätigkeiten entweder durch zusätzliche Eigenmittel oder durch eine Berufshaftpflichtversicherung angemessen abgedeckt sind. Eine einheitliche Anwendung dieser Bestimmung setzt ein gemeinsames Verständnis der abzudeckenden potenziellen Berufshaftungsrisiken voraus. In der allgemeinen Spezifikation der Risiken, die aus beruflicher Fahrlässigkeit eines AIFM erwachsen, sollten die Merkmale der relevanten Risikoereignisse festgelegt und der Umfang der potenziellen Berufshaftung genannt werden, unter Einschluss von Schäden oder Verlusten, die von Personen verursacht werden, welche direkt Tätigkeiten ausüben, für die der AIFM gesetzlich haftet, etwa von Vorständen, Führungskräften oder Mitarbeitern des AIFM, sowie Personen, auf die der AIFM im Rahmen einer Vereinbarung Aufgaben übertragen hat. Entsprechend den Bestimmungen der Richtlinie 2011/61/EU sollte die Haftung des AIFM durch eine Übertragung von Aufgaben auf Dritte oder eine weitere Unterbeauftragung nicht berührt werden und sollte der AIFM für eine angemessene Deckung der Berufsrisiken im Zusammenhang mit solchen Dritten, für die er gesetzlich haftet, sorgen.

(33) Um ein gemeinsames Verständnis der allgemeinen Spezifikation sicherzustellen, sollte eine Liste mit Beispielen als Richtschnur für die Ermittlung potenzieller Berufshaftungsrisikoereignisse dienen. Diese Liste sollte ein breites Spektrum von Ereignissen enthalten, die durch Fahrlässigkeit, Fehler oder Auslassungen verursacht werden, etwa den Verlust von Dokumentennachweisen für das Eigentumsrecht an Anlagen, Fehldarstellungen oder den Verstoß gegen die diversen Pflichten und Aufgaben des AIFM. Auch das Versäumnis, betrügerisches Verhalten innerhalb der Organisation des AIFM durch angemessene interne Kontrollsysteme zu verhindern, sollte darin aufgeführt sein. Ein Schaden, der daraus entsteht, dass eine Anlage nicht mit der gebotenen Sorgfalt geprüft wurde und sich nachher als betrügerisch herausstellt, würde unter die Berufshaftpflicht des AIFM fallen und sollte angemessen gedeckt sein. Verluste, die daraus entstehen, dass eine Anlage aufgrund widriger Marktbedingungen an Wert verloren hat, sollten allerdings nicht gedeckt sein. Die Liste sollte auch unsachgemäß durchgeführte Bewertungen beinhalten, das heißt Bewertungsversäumnisse unter Verstoß gegen Artikel 19 der Richtlinie 2011/61/EU und die entsprechenden delegierten Rechtsakte.

(34) Entsprechend ihren Risikomanagement-Verpflichtungen sollten AIFM über angemessene qualitative interne Kontrollmechanismen verfügen, um operationelle Ausfälle, einschließlich Berufshaftungsrisiken, zu vermeiden oder abzuschwächen. Daher sollte ein AIFM im Rahmen seiner Risikomanagement-Politik über angemessene Grundsätze und Verfahren für die Handhabung des operationellen Risikos verfügen, die der Art, dem Umfang und der Komplexität seiner Geschäfte angemessen sind. Solche Grundsätze und Verfahren sollten in jedem Fall den Aufbau einer internen Verlustdatenbank ermöglichen, die zur Bewertung des operationellen Risikoprofils dient.

(35) Um sicherzustellen, dass potenzielle Berufshaftungsrisiken durch zusätzliche Eigenmittel und Berufshaftpflichtversicherung angemessen gedeckt sind, sollten zur Bestimmung der angemessenen Deckungshöhe quantitative Mindestrichtwerte festgelegt werden. Diese quantitativen Richtwerte sollten vom AIFM als spezifischer Prozentsatz des Werts der verwalteten AIF-Portfolios festgelegt werden, der als Summe des absoluten Werts aller Vermögenswerte sämtlicher verwalteter AIF berechnet wird, unabhängig davon, ob sie durch Einsatz von Hebelfinanzierung oder mit Anlegergeldern erworben werden. Derivate sollten in diesem Zusammenhang zum Marktpreis bewertet werden, da sie zu diesem Preis ersetzt werden könnten. Da die Deckung durch eine Berufshaftpflichtversicherung naturgemäß unsicherer ist als die Deckung durch zusätzliche Eigenmittel, sollten für die beiden zur Deckung des Berufshaftungsrisikos eingesetzten Instrumente unterschiedliche Prozentsätze gelten.

(36) Um sicherzustellen, dass Verluste aus versicherten Ereignissen durch die Berufshaftpflichtversicherung effektiv gedeckt werden, sollte diese Versicherung bei einem für die Berufshaftpflichtversicherung zugelassenen Versicherungsunternehmen abgeschlossen werden. Dies schließt EU-Versicherungsunternehmen und Nicht-EU-Versicherungsunternehmen ein, sofern sie solche Versicherungsleistungen nach Unionsrecht oder nach nationalem Recht erbringen dürfen.

(37) Um bei der Gestaltung einer angemessenen Berufshaftpflichtversicherung eine gewisse Flexibilität zu ermöglichen, sollte es dem AIFM und dem Versicherungsunternehmen möglich sein, eine Klausel zu vereinbaren, wonach der AIFM bei einem etwaigen Verlust einen festgelegten Betrag als ersten Verlustanteil selbst übernimmt (festgelegter Selbstbehalt). Wird ein solcher festgelegter Selbstbehalt vereinbart, sollte der AIFM Eigenmittel vorhalten, die dem vom AIFM zu übernehmenden festgelegten Verlustbetrag entsprechen. Diese Eigenmittel sollten zusätzlich zum Anfangskapital des AIFM und zusätzlich zu den Eigenmitteln vorgehalten werden, die der AIFM gemäß Artikel 9 Absatz 3 der Richtlinie 2011/61/EU einzubringen hat.

(38) Grundsätzlich sollte die Angemessenheit der Deckung durch zusätzliche Eigenmittel oder Berufshaftpflichtversicherung mindestens einmal jährlich überprüft werden. Allerdings sollte der AIFM Verfahren eingerichtet haben, die eine laufende Überwachung des Gesamtwerts der verwalteten AIF-Portfolios und laufende Anpassungen der Deckungshöhe von Berufshaftungsrisiken sicherstellen, falls signifikante Inkongruenzen festgestellt werden. Außerdem kann die zuständige Behörde des Herkunftsmitgliedstaats eines AIFM unter Berücksichtigung des Risikoprofils des AIFM, seiner Verlusthistorie und der Angemessenheit seiner zusätzlichen Eigenmittel oder seiner Berufshaftpflichtversicherung die Mindestanforderung für zusätzliche Eigenmittel senken oder anheben.

(39) Die Richtlinie 2011/61/EU schreibt vor, dass AIFM im besten Interesse der AIF, der Anleger der AIF und der Integrität des Marktes handeln müssen. AIFM sollten daher angemessene Grundsätze und Verfahren anwenden, die es ihnen ermöglichen, unzulässige Praktiken wie Market Timing oder Late Trading zu verhindern. Market Timer nutzen überholte oder veraltete Preise für Portfoliopapiere, die sich auf die Berechnung des Nettoinventarwerts (NAV) des AIF auswirken, aus oder führen innerhalb weniger Tage Ankauf und Rücknahme von AIF-Anteilen durch und nutzen so die vom AIF angewandte NAV-Berechnungsweise aus. Beim Late Trading werden Kauf- oder Rücknahmeaufträge über AIF-Anteile nach einem festgelegten Handelsschluss erteilt, aber noch zu dem vor Handelsschluss geltenden Preis abgewickelt. Diese beiden unzulässigen Praktiken schaden den Interessen langfristiger Anleger, da sie deren Rendite verwässern und sich nachteilig auf die Renditen des AIF auswirken, indem sie die Transaktionskosten erhöhen und die Portfolioverwaltung stören. AIFM sollten auch angemessene Verfahren einrichten, um sicherzustellen, dass der AIF effizient verwaltet wird, und sollten so handeln, dass dem AIF und seinen Anlegern keine überzogenen Kosten in Rechnung gestellt werden.

(40) Entsprechend dem für OGAW-Verwalter geltenden Ansatz sollten AIFM bei der Auswahl und Überwachung der Anlagen große Sorgfalt walten lassen. Sie sollten in Bezug auf die Vermögenswerte, in die AIF investiert werden, über angemessene fachliche Kompetenz und Kenntnisse verfügen. Um zu gewährleisten, dass Anlageentscheidungen in Übereinstimmung mit der Anlagestrategie und, sofern anwendbar, den Risikolimits der ver-

walteten AIF umgesetzt werden, sollten AIFM schriftliche Grundsätze und Verfahren für die Sorgfaltspflichten festlegen und umsetzen. Diese Grundsätze und Verfahren sollten regelmäßig überprüft und aktualisiert werden. Wenn AIFM in bestimmte Arten von Vermögenswerten mit langer Duration oder in weniger liquide Vermögenswerte wie Immobilien oder Anteile an Personengesellschaften investieren, sollten die Sorgfaltspflichten auch in der Verhandlungsphase gelten. Die von einem AIFM vor einem Vertragsschluss durchgeführten Tätigkeiten sollten gut dokumentiert werden, damit nachgewiesen werden kann, dass sie mit dem Wirtschafts- und Finanzplan und daher mit der Duration des AIF in Einklang stehen. AIFM sollten die einschlägigen Sitzungsberichte, die Vorbereitungsunterlagen und die wirtschaftliche und finanzielle Analyse, die zur Bewertung der Durchführbarkeit des Projekts und der vertraglichen Verpflichtung angestellt wurde, aufbewahren.

(41) Die Anforderung, dass AIFM bei ihrer Tätigkeit die gebotene Sachkenntnis, Sorgfalt und Gewissenhaftigkeit walten lassen müssen, sollte auch gelten, wenn der AIFM einen Primebroker oder eine Gegenpartei bestellt. Der AIFM sollte nur solche Primebroker und Gegenparteien wählen und bestellen, die einer laufenden Beaufsichtigung unterliegen, finanziell gesund sind und über die nötige Organisationsstruktur verfügen, die den für den AIFM oder den AIF zu erbringenden Dienstleistungen angemessen ist. Um sicherzustellen, dass die Anlegerinteressen angemessen geschützt werden, ist es wichtig klarzustellen, dass eines der Kriterien für die Bewertung der finanziellen Gesundheit darin besteht, ob die Primebroker oder Gegenparteien der einschlägigen aufsichtlichen Regulierung, einschließlich angemessener Eigenkapitalanforderungen, und einer wirksamen Beaufsichtigung unterliegen.

(42) In Einklang mit der Richtlinie 2011/61/EU, wonach AIFM ihrer Tätigkeit ehrlich, redlich und mit der gebotenen Sachkenntnis nachzugehen haben, sollten Personen, die die Geschäfte des AIFM tatsächlich führen, dem Leitungsgremium oder – im Falle von Unternehmen, die kein Leitungsgremium haben – der Geschäftsleitung angehören, über ausreichende Kenntnisse, Kompetenzen und Erfahrungen verfügen, um ihre Ausgaben ausführen und insbesondere die Risiken verstehen zu können, die mit der Tätigkeit des AIFM verbunden sind. In Einklang mit dem Grünbuch der Kommission über Corporate Governance in Finanzinstituten[2] sollten Personen, die die Geschäfte des AIFM tatsächlich leiten, der Wahrnehmung ihrer Aufgaben beim AIFM auch genug Zeit widmen und aufrichtig, integer und unvoreingenommen handeln, unter anderem um die Entscheidungen der Geschäftsleitung effektiv beurteilen und in Frage stellen zu können.

(43) Um sicherzustellen, dass die einschlägigen Tätigkeiten ordnungsgemäß durchgeführt werden, sollten AIFM Mitarbeiter beschäftigen, die über die nötigen Kompetenzen, Kenntnisse und Erfahrungen verfügen, die zur Erfüllung der ihnen zugewiesenen Aufgaben erforderlich sind.

(44) AIFM, die die Dienstleistung der individuellen Portfolioverwaltung erbringen, müssen Bestimmungen zu Anreizzahlungen einhalten, die in der Richtlinie 2006/73/EG der Kommission vom 10. August 2006 zur Durchführung der Richtlinie 2004/39/EG des Europäischen Parlaments und des Rates in Bezug auf die organisatorischen Anforderungen an Wertpapierfirmen und die Bedingungen für die Ausübung ihrer Tätigkeit sowie in Bezug auf die Definition bestimmter Begriffe für die Zwecke der genannten Richtlinie[3] festgelegt sind. Aus Gründen der Kohärenz sollten diese Grundsätze auch für AIFM gelten, die die Dienstleistung der gemeinsamen Portfolioverwaltung und den Vertrieb erbringen. Die Existenz, Art und Höhe der Gebühr, Provision oder Zuwendung oder – wenn die Höhe nicht feststellbar ist – die Art und Weise der Berechnung der Höhe sollten im Jahresbericht des AIFM offengelegt werden.

(45) Anleger in AIF sollten vergleichbaren Schutz genießen wie Kunden von AIFM, für die AIFM die Dienstleistung der individuellen Portfolioverwaltung erbringen, da sie in einem solchen Falle die Vorschriften zur bestmöglichen Ausführung einzuhalten haben, die in der Richtlinie 2004/39/EG des Europäischen Parlaments und des Rates vom 21. April 2004 über Märkte für Finanzinstrumente, zur Änderung der Richtlinien 85/611/EWG und 93/6/EWG des Rates und der Richtlinie 2000/12/EG des Europäischen Parlaments und des Rates und zur Aufhebung der Richtlinie 93/22/EWG[4] des Rates sowie der Richtlinie 2006/73/EG niedergelegt sind. Allerdings sollten die Unterschiede zwischen den verschiedenen Arten von Vermögenswerten, in die AIF investiert werden, berücksichtigt werden, da die bestmögliche Ausführung beispielsweise nicht relevant ist, wenn der AIFM in Immobilien oder Anteile an Personengesellschaften investiert und die Anlage nach ausgiebigen Verhandlungen über die Modalitäten der Vereinbarung getätigt wird. Stehen keine unterschiedlichen Ausführungsplätze zur Wahl, sollte der AIFM gegenüber den zuständigen Behörden und Rechnungsprüfern nachweisen können, dass keine unterschiedlichen Ausführungsplätze zur Wahl stehen.

(46) Aus Gründen der Kohärenz mit den für die Verwalter von OGAW geltenden Anforderungen sollten die Vorschriften für die Bearbeitung von Aufträgen und die Zusammenlegung und Zuweisung von Handelsaufträgen für AIFM gelten, wenn diese die gemeinsame Portfolioverwaltung erbringen. Allerdings sollten derartige Vorschriften nicht gelten, wenn die Anlage in Vermögenswerte nach ausgiebigen Verhandlungen über die Modalitäten der Vereinbarung getätigt wird, etwa bei Anlagen in Immobilien, Anteile an Personengesellschaften oder nicht börsennotierte Unternehmen, da in solchen Fällen kein Auftrag ausgeführt wird.

(47) Es ist wichtig, die Situationen festzulegen, in denen ein Interessenkonflikt auftreten könnte, insbesondere wenn die Aussicht auf einen finanziellen Vorteil oder die Vermeidung eines finanziellen Verlusts besteht, oder wenn finanzielle oder sonstige Anreize gesetzt werden, um das Verhalten des AIFM so zu steuern, dass er be-

2 Amtliche Fußnote: KOM(2010) 284.
3 Amtliche Fußnote: ABl. L 241 vom 2.9.2006, S. 26.
4 Amtliche Fußnote: ABl. L 145 vom 30.4.2004, S. 1.

stimmte Interessen auf Kosten der Interessen anderer Parteien, wie eines anderen AIF, seiner Kunden, Unternehmen für gemeinsame Anlagen in Wertpapiere (OGAW) oder anderer Kunden des AIFM, begünstigt.

(48) In den vom AIFM festgelegten Grundsätzen für den Umgang mit Interessenkonflikten sollten Situationen genannt werden, in denen die vom AIFM betriebenen Tätigkeiten Interessenkonflikte begründen könnten, von denen potenzielle Risiken oder auch keine potenziellen Risiken hinsichtlich einer Schädigung der Interessen des AIF oder der Interessen seiner Anleger ausgehen könnten. Um solche Situationen zu ermitteln, sollte der AIFM nicht nur die Tätigkeit der gemeinsamen Portfolioverwaltung berücksichtigen, sondern auch alle anderen Tätigkeiten, für die er zugelassen ist, einschließlich der Tätigkeiten seiner Beauftragten, Unterbeauftragten, externen Bewerter oder Gegenparteien.

(49) In Einklang mit dem in der Richtlinie 2009/65/EG des Europäischen Parlaments und des Rates vom 13. Juli 2009 zur Koordinierung der Rechts- und Verwaltungsvorschriften betreffend bestimmte Organismen für gemeinsame Anlagen in Wertpapieren (OGAW)[5] für OGAW-Verwaltungsgesellschaften und in der Richtlinie 2004/39/EG für Wertpapierfirmen erwogenen Ansatz sollten AIFM Verfahren und Maßnahmen einführen, um sicherzustellen, dass die mit den verschiedenen, möglicherweise Interessenkonflikte beinhaltenden Geschäftstätigkeiten betrauten relevanten Personen diese Tätigkeiten auf einer unabhängigen Ebene ausführen, die der Größe und den Tätigkeiten des AIFM angemessen ist.

(50) Es ist unerlässlich, einen allgemeinen Rahmen vorzusehen, nach dem Interessenkonflikte, falls sie auftreten, gehandhabt und offengelegt werden sollten. In den vom AIFM festzulegenden Grundsätzen für den Umgang mit Interessenkonflikten sollte detailliert geregelt werden, welche Schritte und Verfahren in solchen Fällen zu befolgen sind.

(51) Zu den zentralen Komponenten eines Risikomanagement-Systems gehört eine ständige Risikomanagement-Funktion. Im Sinne der Kohärenz sollten deren Aufgaben und Zuständigkeiten ähnlich geartet sein wie jene, die die Richtlinie 2010/43/EU der Kommission vom 1. Juli 2010 zur Durchführung der Richtlinie 2009/65/EG des Europäischen Parlaments und des Rates im Hinblick auf organisatorische Anforderungen, Interessenkonflikte, Wohlverhalten, Risikomanagement und den Inhalt der Vereinbarung zwischen Verwahrstelle und Verwaltungsgesellschaft[6] für die ständige Risikomanagement-Funktion von OGAW-Verwaltungsgesellschaften vorsieht. Vorrangige Aufgabe dieser Funktion sollte die Gestaltung der Risikopolitik des AIF, die Risiko-Überwachung und die Risiko-Messung sein, um sicherzustellen, dass das Risikoniveau laufend dem Risikoprofil des AIF entspricht. Die ständige Risikomanagement-Funktion sollte die nötige Autorität, Zugang zu allen relevanten Informationen und regelmäßig Kontakt mit der Geschäftsleitung und dem Leitungsgremium des AIFM haben, um diese auf den neuesten Stand zu bringen, damit sie erforderlichenfalls umgehend Abhilfemaßnahmen einleiten können.

(52) Eine weitere Säule des Risikomanagement-Systems sind die Risikomanagement-Grundsätze. Diese Grundsätze sollten angemessen dokumentiert sein und insbesondere Aufschluss geben über die zur Messung und Steuerung von Risiken eingesetzten Maßnahmen und Verfahren, die Schutzvorkehrungen zur Sicherung einer unabhängigen Tätigkeit der Risikomanagement-Funktion, die für die Steuerung von Risiken eingesetzten Techniken sowie die Einzelheiten der Zuständigkeitsverteilung innerhalb des AIFM für Risikomanagement- und operationelle Verfahren. Um die Wirksamkeit der Risikomanagement-Grundsätze zu gewährleisten, sollten diese mindestens jährlich von der Geschäftsleitung überprüft werden.

(53) Wie durch die Richtlinie 2011/61/EU vorgeschrieben, sollte die Risikomanagement-Funktion von den operativen Einheiten funktional und hierarchisch getrennt sein. Daher sollte klargestellt werden, dass eine solche Trennung bis hin zum Leitungsgremium des AIFM sichergestellt werden sollte und dass die Angehörigen der Risikomanagement-Funktion keine kollidierenden Aufgaben wahrnehmen oder einer für kollidierende Aufgaben zuständigen Person unterstehen sollten.

(54) Es ist unerlässlich, die Schutzvorkehrungen festzulegen, die der AIFM in jedem Fall zu treffen hat, um die unabhängige Tätigkeit der Risikomanagement-Funktion und insbesondere sicherzustellen, dass die Personen, die die Risikomanagement-Funktion wahrnehmen, nicht mit kollidierenden Aufgaben betraut werden und Entscheidungen aufgrund von Daten treffen, die sie angemessen bewerten können, und dass der Entscheidungsprozess überprüfbar ist.

(55) Auch wenn die Richtlinie 2011/61/EU keine Anlagebeschränkungen für AIF vorsieht, ist ein wirksames Management der vom einzelnen AIF übernommenen Risiken nur möglich, wenn von den AIFM im Voraus Risikolimits festgelegt wurden. Die Risikolimits sollten dem Risikoprofil des AIF entsprechen und gegenüber den Anlegern gemäß der Richtlinie 2011/61/EU offengelegt werden.

(56) Aus Gründen der Kohärenz bauen die Anforderungen für die Ermittlung, Messung und Überwachung von Risiken auf vergleichbaren Bestimmungen der Richtlinie 2010/43/EU auf. AIFM sollten der möglichen Anfälligkeit ihrer Risikomessungstechniken und -modelle angemessen Rechnung tragen, indem sie Stresstests, Rückvergleiche (Backtests) und Szenarioanalysen durchführen. Ergeben Stresstests und Szenarioanalysen eine besondere Anfälligkeit für bestimmte Umstände, sollten AIFM umgehend Schritte und Abhilfemaßnahmen einleiten.

(57) Gemäß der Richtlinie 2011/61/EU hat die Kommission die Liquiditätsmanagementsysteme und Verfahren festzulegen, die es dem AIFM ermöglichen, das Liquiditätsrisiko des AIF zu überwachen, es sei denn, es handelt

5 Amtliche Fußnote: ABl. L 302 vom 17.11.2009, S. 32.
6 Amtliche Fußnote: ABl. L 176 vom 10.7.2010, S. 42.

sich um einen AIF des geschlossenen nicht hebelfinanzierten Typs, und zu gewährleisten, dass sich das Liquiditätsprofil der Anlagen des AIF mit dessen zugrunde liegenden Verbindlichkeiten deckt. Folglich ist es wichtig, dass grundlegende allgemeine Anforderungen für alle AIFM festgelegt werden, deren Anwendung an Größe, Struktur und Art der vom betreffenden AIFM verwalteten AIF angepasst werden sollte.

(58) AIFM sollten gegenüber ihren zuständigen Behörden nachweisen können, dass angemessene und wirksame Grundsätze und Verfahren für das Liquiditätsmanagement vorhanden sind. Dabei ist die Beschaffenheit des AIF gebührend zu berücksichtigen, einschließlich der Art der Basiswerte und der Höhe des für den AIF bestehenden Liquiditätsrisikos, des Umfangs und der Komplexität des AIF und der Komplexität des Prozesses der Vermögenswertliquidierung oder -veräußerung.

(59) Liquiditätsmanagementsysteme und -verfahren können AIFM die Möglichkeit geben, die für die Handhabung illiquider Vermögenswerte und damit verbundener Bewertungsprobleme nötigen Instrumente und Regelungen zum Einsatz zu bringen, um Rücknahmeforderungen nachzukommen. Diese Instrumente und Regelungen können, sofern nach nationalem Recht zulässig, Rücknahmebeschränkungen („Gates"), Teilrücknahmen, temporäre Kreditaufnahmen, Kündigungsfristen und Pools aus liquiden Vermögenswerten beinhalten. „Side Pockets" sowie andere Mechanismen, bei denen bestimmte Vermögenswerte des AIF ähnlichen Vereinbarungen zwischen AIF und dessen Anlegern unterliegen, sollten als „besondere Regelungen" gelten, da sie sich auf die spezifischen Rücknahmerechte der Anleger in AIF auswirken. Die Aussetzung eines AIF sollte nicht als besondere Regelung angesehen werden, da sie für sämtliche Vermögenswerte des AIF und sämtliche Anleger des AIF gilt. Der Gebrauch von Instrumenten und besonderen Regelungen für das Liquiditätsmanagement sollte von konkreten Umständen abhängig gemacht werden und je nach Art, Umfang und Anlagestrategie des AIF variieren.

(60) Die Anforderung, das Liquiditätsmanagement der zugrunde liegenden Organismen für gemeinsame Anlagen, in die AIF investieren, zu überwachen, und die Anforderungen, Instrumente und Regelungen für die Handhabung des Liquiditätsrisikos einzuführen und Interessenkonflikte zwischen Anlegern zu ermitteln, zu handhaben und zu überwachen, sollten nicht für AIFM gelten, die geschlossene AIF verwalten, und zwar unabhängig davon, ob diese als hebelfinanziert angesehen werden. Die Befreiung von diesen rücknahmebezogenen Anforderungen an das Liquiditätsmanagement sollte die Unterschiede in den allgemeinen Rücknahmebedingungen für die Anleger eines geschlossenen AIF im Vergleich zu einem offenen AIF widerspiegeln.

(61) Der Einsatz von Mindestlimits für die Liquidität bzw. Illiquidität des AIF könnte für bestimmte Arten von AIFM ein wirksames Überwachungsinstrument darstellen. Die Überschreitung eines Limits kann unter Umständen für sich genommen kein Einschreiten des AIFM erfordern, da dies von den Fakten und Umständen sowie den Toleranzen abhängt, die vom AIFM festgelegt wurden. In der Praxis könnten Limits also eingesetzt werden, um die durchschnittliche tägliche Rücknahme im Vergleich zur tagesbezogenen Fondsliquidität im selben Zeitraum zu überwachen. Diese könnte auch zur Überwachung der Anlegerkonzentration zwecks Untermauerung von Stresstestszenarios verwendet werden. Diese Limits könnten je nach Umständen Auslöser für eine weitere Überwachung oder die Einleitung von Abhilfemaßnahmen sein.

(62) Die Stresstests sollten gegebenenfalls mangelnde Liquidität der Vermögenswerte sowie atypische Rücknahmeforderungen simulieren. Jüngste und künftig erwartete Zeichnungen und Rücknahmen sollten zusammen mit den Auswirkungen des antizipierten Abschneidens des AIF im Vergleich zu Fonds mit gleicher Tätigkeit berücksichtigt werden. Der AIFM sollte analysieren, wie viel Zeit in den simulierten Stressszenarien benötigt wird, um die Rücknahmeforderungen zu erfüllen. Der AIFM sollte auch Stresstests zu Marktfaktoren wie Devisenkursveränderungen durchführen, die sich wesentlich auf das Kreditprofil des AIFM oder des AIF und aufgrund von Besicherungsanforderungen auswirken könnten. Bei seinem Ansatz für Stresstests oder Szenarioanalysen sollte der AIFM den Bewertungssensitivitäten unter Stressbedingungen Rechnung tragen.

(63) Die Frequenz, mit der Stresstests durchgeführt werden sollten, sollte von der Beschaffenheit des AIF, der Anlagestrategie, dem Liquiditätsprofil, der Art der Anleger und den Rücknahmegrundsätzen des AIF abhängen. Allerdings wird erwartet, dass diese Tests mindestens jährlich durchgeführt werden. Lassen Stresstests auf ein signifikant höheres Liquiditätsrisiko schließen als erwartet, sollte der AIFM im besten Interesse aller AIF-Anleger handeln und dabei das Liquiditätsprofil der Vermögenswerte des AIF, der Höhe der Rücknahmeforderungen und gegebenenfalls der Angemessenheit der Grundsätze und Verfahren für das Liquiditätsmanagement Rechnung tragen.

(64) Gemäß der Richtlinie 2011/61/EU hat die Kommission festzulegen, wie Anlagestrategie, Liquiditätsprofil und Rücknahmegrundsätze aneinander auszurichten sind. Die Kohärenz zwischen diesen drei Komponenten ist sichergestellt, wenn Anleger ihre Anlagen gemäß den Rücknahmegrundsätzen des AIF, in denen die Bedingungen für die Rücknahme sowohl unter normalen als auch unter außergewöhnlichen Umständen festgelegt sein sollten, und in einer Weise zurücknehmen können, die mit der fairen Behandlung der Anleger in Einklang steht.

(65) Die Richtlinie 2011/61/EU schreibt sektorübergreifende Kohärenz und die Beseitigung von Divergenzen zwischen den Interessen von Firmen, die Kredite in handelbare Wertpapiere umwandeln, und AIFM vor, die für AIF in diese Wertpapiere oder andere Finanzinstrumente investieren. Um dieses Ziel zu erreichen, wurden die einschlägigen Bestimmungen der Richtlinie 2006/48/EG des Europäischen Parlaments und des Rates vom 14. Juni 2006 über die Aufnahme und Ausübung der Tätigkeit der Kreditinstitute[7] berücksichtigt, die die zu er-

7 Amtliche Fußnote: ABl. L 177 vom 30.6.2006, S. 1.

füllenden quantitativen und qualitativen Anforderungen für Anleger, die dem Kreditrisiko einer Verbriefung ausgesetzt sind, Originatoren und Sponsoren festlegen. Da mit dieser Verordnung und den einschlägigen Bestimmungen der Richtlinie 2006/48/EG dasselbe Ziel einer Angleichung der Interessen des Originators oder Sponsors und der Interessen der Anleger verfolgt wird, ist es unerlässlich, dass in beiden Rechtsakten übereinstimmende Terminologie verwendet wird, und daher werden die in der Richtlinie 2006/48/EG niedergelegten Begriffsbestimmungen zugrunde gelegt. Da der Ausschuss der Europäischen Bankaufsichtsbehörden, der Vorläufer der Europäischen Bankaufsichtsbehörde, detaillierte Leitlinien zur Auslegung der einschlägigen Bestimmungen der Richtlinie 2006/48/EG[8] aufgestellt hat, kann sektorübergreifende Kohärenz nur erreicht werden, wenn die vorliegenden Bestimmungen zur Interessenangleichung zwischen Originatoren, Sponsoren und AIFM im Lichte dieser Leitlinien ausgelegt werden.

(66) Es ist wichtig, dass Geschäfte, die Kredite in handelbare Wertpapiere umwandeln, nicht so strukturiert werden, dass die Anwendung der für Anlagen in Verbriefungspositionen geltenden Anforderungen vermieden wird. Folglich sollte die Bezugnahme auf eine Anlage in handelbare Wertpapiere oder andere Finanzinstrumente, die auf neu gebündelten und verbrieften Krediten basieren, nicht als rechtsgültige und verbindliche Übertragung des Eigentumstitels an diesen Instrumenten streng ausgelegt werden, sondern als eine im materiell-ökonomischen Sinne getätigte Anlage, so dass jegliche andere Form der synthetischen Anlage durch die besonderen Anforderungen abgedeckt und geregelt wird. Um Missverständnisse auszuschließen und den Sprachgebrauch an die in der Bankengesetzgebung verwendeten Begriffe anzupassen, sollte statt der Formulierung „Anlagen in handelbare Wertpapiere oder andere Finanzinstrumente, die auf neu gebündelten und verbrieften Krediten basieren" die Formulierung „Übernahme des Kreditrisikos einer Verbriefungsposition" gewählt werden.

(67) Die von Instituten, die als Originatoren, Sponsoren oder ursprüngliche Kreditgeber von Verbriefungsinstrumenten auftreten, zu erfüllenden Anforderungen werden diesen unmittelbar durch die Richtlinie 2006/48/EG auferlegt. Daher ist es wichtig, die entsprechenden Pflichten eines AIFM festzulegen, der Risiken aus Verbriefungspositionen übernimmt. Der AIFM sollte Risiken aus Verbriefungspositionen folglich nur übernehmen, wenn der Originator, Sponsor oder ursprüngliche Kreditnehmer dem AIFM ausdrücklich mitgeteilt hat, dass er einen signifikanten Anteil am Basiswert behält, d. h. die so genannte Selbstbehaltanforderung erfüllt. Außerdem sollte der AIFM sicherstellen, dass die diversen qualitativen Anforderungen, die die Richtlinie 2006/48/EG für Sponsor und Originator beinhaltet, erfüllt werden. Darüber hinaus sollte der AIFM selbst die qualitativen Anforderungen erfüllen, damit er über ein umfassendes und gründliches Verständnis der Verbriefungsposition und des ihr zugrunde liegenden Risikos verfügt. Um dies zu erreichen, sollten AIFM ihre Anlageentscheidung erst nach einer gründlichen Sorgfältigkeitsprüfung treffen, die ihnen angemessene Informationen und Kenntnisse über die betreffenden Verbriefungen verschaffen sollte.

(68) Es gibt Umstände, unter denen Unternehmen unter die Definition des Originators oder Sponsors fallen oder die Rolle des ursprünglichen Kreditgebers ausfüllen; allerdings kann auch ein anderes Unternehmen, das weder der Definition des Sponsors oder Originators entspricht noch die Rolle des ursprünglichen Kreditgebers ausfüllt – dessen Interessen sich jedoch in optimalem Gleichklang mit den Interessen der Anleger befinden – die Selbstbehaltanforderung zu erfüllen suchen. Aus Gründen der Rechtssicherheit sollte ein solches anderes Unternehmen nicht zur Erfüllung der Selbstbehaltanforderung verpflichtet sein, wenn die Selbstbehaltanforderung vom Originator, Sponsor oder ursprünglichen Kreditgeber erfüllt wird.

(69) Bei Verstoß gegen die Selbstbehaltanforderung oder die qualitativen Anforderungen sollte der AIFM die Einleitung von Abhilfemaßnahmen, wie etwa Hedging, Veräußerung oder Verringerung der Risikoposition, oder das Herantreten an die gegen die Selbstbehaltsanforderung verstoßende Partei zwecks Wiederherstellung der Einhaltung erwägen. Derartige Abhilfemaßnahmen sollten stets im Interesse der Anleger sein und keinerlei direkte Verpflichtung beinhalten, die Vermögenswerte unmittelbar nach Bekanntwerden des Verstoßes zu veräußern, so dass „Notverkäufe" verhindert werden. Der AIFM sollte den Verstoß berücksichtigen, wenn er abermals eine Anlage in ein weiteres Geschäft erwägt, an dem die gegen die Anforderung verstoßende Partei beteiligt ist.

(70) Um die Anforderungen der Richtlinie 2011/61/EU einzuhalten, interne Verfahren und organisatorische Vorkehrungen festzulegen, die von jedem AIFM angewandt werden sollten, sollten AIFM verpflichtet sein, eine gut dokumentierte Organisationsstruktur einzurichten, die eine klare Zuständigkeitsverteilung vorsieht, Kontrollmechanismen festlegt und einen reibungslosen Informationsfluss zwischen allen Beteiligten gewährleistet. AIFM sollten darüber hinaus Systeme zur Datensicherung und Gewährleistung der Geschäftsfortführung einrichten. Bei der Einrichtung dieser Verfahren und Strukturen sollten AIFM dem Grundsatz der Verhältnismäßigkeit Rechnung tragen, wonach Verfahren, Mechanismen und Organisationsstruktur so kalibriert werden können, dass sie Art, Umfang und Komplexität der Geschäfte des AIFM sowie Art und Bandbreite der im Rahmen dieses Geschäfts durchgeführten Tätigkeiten entsprechen.

(71) Die Offenlegungspflichten gegenüber den Anlegern sind für den Anlegerschutz von überragender Bedeutung, daher sollten AIFM angemessene Grundsätze und Verfahren umsetzen, um sicherzustellen, dass die für den einzelnen AIF geltenden Rücknahmebedingungen gegenüber den Anlegern mit hinreichender Ausführlichkeit und deutlich erkennbar offengelegt werden, bevor diese investieren und wenn wesentliche Änderungen erfolgen. Dies könnte die Bekanntgabe von Kündigungsfristen in Bezug auf Rücknahmen, Einzelheiten zu Bindungsfristen, eine Angabe der Umstände, unter denen die normalen Rücknahmemechanismen möglicherweise

8 Amtliche Fußnote: Committee of European Banking Supervisors, Guidelines to Article 122 a of the Capital Requirements Directive of 31 December 2010, http://www.eba.europa.eu/cebs/media/Publications/Standards%20and%20Guidelines/2010/Application%20of%20Art.%20122a%20of%20the%20CRD/Guidelines.pdf.

nicht gelten oder ausgesetzt werden können, und Einzelheiten zu Maßnahmen beinhalten, die vom Leitungsgremium erwogen werden könnten, wie etwa Gates oder die Bildung von Side Pockets, da sich diese auf die spezifischen Rücknahmerechte der Anleger eines bestimmten AIF auswirken.

(72) Um sicherzustellen, dass die einschlägigen Tätigkeiten ordnungsgemäß durchgeführt werden, sollten AIFM insbesondere geeignete elektronische Systeme nutzen, um die Aufzeichnungsanforderungen in Bezug auf Portfoliogeschäfte oder Zeichnungs- und Rücknahmeaufträge zu erfüllen, sowie Rechnungslegungsgrundsätze und -methoden festlegen, umsetzen und aufrechterhalten, die sicherstellen, dass die Berechnung des Nettoinventarwerts gemäß den Vorgaben der Richtlinie 2011/61/EU und dieser Verordnung durchgeführt wird.

(73) Um Kohärenz mit den gemäß der Richtlinie 2009/65/EG für OGAW-Verwalter geltenden Anforderungen sicherzustellen, sollte das Leitungsgremium, die Geschäftsleitung oder, falls relevant, die Aufsichtsfunktion des AIFM mit ähnlich gearteten Aufgaben betraut werden, für die entsprechende Zuständigkeiten verteilt werden sollten. Allerdings sollte diese Zuständigkeitsverteilung mit Rolle und Zuständigkeiten des Leistungsgremiums, der Geschäftsleitung und der Aufsichtsfunktion, wie sie im geltenden nationalen Recht festgelegt sind, in Einklang stehen. Der Geschäftsleitung können einige oder alle Mitglieder des Leitungsgremiums angehören.

(74) Die Anforderung, eine ständige und wirksame Compliance-Funktion einzurichten, sollte vom AIFM unabhängig von Umfang und Komplexität seiner Geschäfte allzeit erfüllt werden. Allerdings sollten die Einzelheiten der technischen und personellen Organisation der Compliance-Funktion so kalibriert werden, dass sie Art, Umfang und Komplexität der Geschäfte des AIFM sowie Art und Bandbreite seiner Dienstleistungen und Tätigkeiten entsprechen. Der AIFM sollte nicht verpflichtet sein, eine unabhängige Compliance-Stelle einzurichten, wenn eine solche Anforderung angesichts der Größe des AIFM oder der Art, des Umfangs oder der Komplexität seiner Geschäfte unverhältnismäßig wäre.

(75) Bewertungsstandards sind je nach Rechtsraum und Vermögenswertgattung unterschiedlich. Diese Verordnung sollte die gemeinsamen allgemeinen Vorschriften ergänzen und für AIFM Richtwerte im Hinblick auf die Festlegung und Umsetzung angemessener und kohärenter Grundsätze und Verfahren für die ordnungsgemäße und unabhängige Bewertung der Vermögenswerte von AIF festlegen. In den Grundsätzen und Verfahren sollten die Pflichten, Aufgaben und Zuständigkeiten sämtlicher an der Bewertung beteiligter Parteien einschließlich externer Bewerter beschrieben werden.

(76) Der Wert von Vermögenswerten lässt sich auf verschiedene Weise bestimmen, zum Beispiel durch Bezugnahme auf die an einem aktiven Markt zu beobachtenden Preise oder durch Schätzung anhand anderer Bewertungsmethoden gemäß nationalem Recht, den Vertragsbedingungen des AIF oder dessen Satzung. Da der Wert einzelner Vermögenswerte und Verbindlichkeiten nach unterschiedlichen Methoden bestimmt und unterschiedlichen Quellen entnommen werden kann, sollte der AIF die von ihm angewandten Bewertungsmethoden festlegen und beschreiben.

(77) Wird für die Bewertung von Vermögenswerten ein Modell herangezogen, sollten die Bewertungsverfahren und -grundsätze Aufschluss über die wichtigsten Grundzüge des Modells geben. Vor seinem Einsatz sollte das Modell einem Validierungsprozess unterzogen werden, der von einer internen oder externen, am Aufbau des Modells nicht beteiligten Person durchgeführt wird. Eine Person sollte für die Durchführung eines Validierungsprozesses in Bezug auf das zur Bewertung von Vermögenswerten verwendete Modell als qualifiziert gelten, wenn sie über adäquate Kompetenz und Erfahrung im Bereich der Bewertung von Vermögenswerten unter Verwendung derartiger Modelle verfügt; eine solche Person könnte ein Rechnungsprüfer sein.

(78) Da AIF in einem dynamischen Umfeld tätig sind, in dem sich Anlagestrategien mit der Zeit ändern können, sollten die Bewertungsgrundsätze und -verfahren mindestens jährlich und in jedem Fall überprüft werden, bevor sich AIF mit einer neuen Anlagestrategie oder neuen Vermögenswertarten engagieren. Jede Veränderung bei den Bewertungsgrundsätzen und -verfahren, einschließlich der Bewertungsmethoden, sollte nach einem zuvor festgelegten Schema ablaufen.

(79) Der AIFM hat sicherzustellen, dass die einzelnen Vermögenswerte eines AIF in Einklang mit den Bewertungsgrundsätzen und -verfahren ordnungsgemäß bewertet wurden. Bei manchen Vermögenswerten, insbesondere komplexen und illiquiden Finanzinstrumenten, ist das Risiko einer unangemessenen Bewertung höher. Für derartige Fälle sollte der AIFM ausreichende Kontrollen einrichten, um sicherzustellen, dass dem Wert der Vermögenswerte des AIF ein angemessener Grad an Objektivität beigemessen werden kann.

(80) Die Berechnung des Nettoinventarwerts je Anteil unterliegt nationalem Recht und gegebenenfalls den Vertragsbedingungen oder der Satzung des Fonds. Diese Verordnung regelt lediglich den Ablauf der Berechnung, nicht die Berechnungsmethode. Der AIF kann die Berechnung des Nettoinventarwerts je Anteil im Rahmen der Verwaltungsaufgaben, die er für den AIF wahrnimmt, selbst durchführen. Alternativ kann ein Dritter mit der Wahrnehmung der Verwaltung, einschließlich der Berechnung des Nettoinventarwerts, beauftragt werden. Ein Dritter, der die Berechnung des Nettoinventarwerts für einen AIF durchführt, sollte für die Zwecke der Richtlinie 2011/61/EU nicht als externer Bewerter angesehen werden, solange er keine Bewertungen für einzelne Vermögenswerte, einschließlich Bewertungen, die eine subjektive Beurteilung erfordern, abgibt, sondern beim Bewertungsprozess Werte einsetzt, die vom AIFM, aus Preisquellen oder von einem externen Bewerter stammen.

(81) Es gibt Bewertungsverfahren, die täglich durchgeführt werden können, wie die Bewertung von Finanzinstrumenten, doch es gibt auch Bewertungsverfahren, die nicht mit derselben Frequenz durchgeführt werden können, wie sich Emissionen, Zeichnungen, Rücknahmen und Aufhebungen ereignen, beispielsweise die Bewertung von Immobilien. Die Frequenz der Bewertung der von einem offenen Fonds gehaltenen Vermögenswerte

sollte der Unterschiedlichkeit der Bewertungsverfahren für die vom AIF gehaltenen Vermögenswertarten Rechnung tragen.

(82) Die strengen Anforderungen und Einschränkungen, die einzuhalten sind, wenn ein AIFM Aufgaben zur Ausübung übertragen will, sind in der Richtlinie 2011/61/EU dargelegt. Der AIFM bleibt für die ordnungsgemäße Ausführung der übertragenen Aufgaben und deren Konformität mit der Richtlinie 2011/61/EU und deren Durchführungsmaßnahmen allzeit in vollem Umfang verantwortlich. Der AIFM sollte daher sicherstellen, dass der Beauftragte die Qualitätsstandards erfüllt und anwendet, die vom AIFM selbst angewandt würden. Falls dies nötig ist, um sicherzustellen, dass die übertragenen Aufgaben gemäß einem gleichbleibend hohen Standard erfüllt werden, muss der AIFM die Möglichkeit haben, die Übertragung zu beendigen, und die Vereinbarung zur Übertragung von Aufgaben sollte dem AIFM daher flexible Kündigungsrechte einräumen. Die Einschränkungen und Anforderungen für die Übertragung von Aufgaben sollten für die in Anhang I der Richtlinie 2011/61/EU dargelegten Verwaltungsfunktionen gelten, wohingegen unterstützende Aufgaben wie administrative oder technische Funktionen, die bei den Verwaltungsaufgaben eine Hilfe darstellen, etwa logistische Unterstützung in Form von Reinigungsdiensten, Catering und Beschaffung von Dienstleistungen oder Gütern des Grundbedarfs nicht als Übertragung der Aufgaben des AIFM gelten sollten. Andere Beispiele für technische oder administrative Funktionen sind der Kauf handelsüblicher Standard-Software und die Inanspruchnahme von Software-Anbietern für Hilfe beim Betrieb handelsüblicher Systeme oder die Inanspruchnahme personeller Unterstützung durch Zeitarbeitskräfte oder die Durchführung der Lohn- und Gehaltsabrechnung.

(83) Um einen hohen Anlegerschutz zu gewährleisten, sollte zusätzlich zur Erhöhung der Effizienz der Tätigkeit des AIFM die Aufgabenübertragung zur Gänze auf objektiven Gründen beruhen. Bei der Bewertung dieser Gründe sollten die zuständigen Behörden die Struktur der Aufgabenübertragung und deren Auswirkungen auf die Struktur des AIFM sowie die Interaktion der übertragenen Tätigkeiten mit den beim AIFM verbleibenden Tätigkeiten bedenken.

(84) Um zu bewerten, ob die Person, die die Geschäfte des Beauftragten tatsächlich führt, ausreichend gut beleumdet ist, sollte das Geschäftsgebaren der Person ebenso nachgeprüft werden wie das Vorliegen früherer Finanzvergehen dieser Person. Bei der Bewertung, ob die Anforderung eines ausreichend guten Leumunds erfüllt ist, sollte auch jede andere relevante Information über die persönlichen Qualitäten berücksichtigt werden, die das Geschäftsgebaren der Person beeinträchtigen könnte, wie etwa Zweifel an ihrer Ehrlichkeit und Integrität.

(85) Nach der Richtlinie 2009/65/EG zugelassene Investmentgesellschaften gelten nicht als Unternehmen, die für die Zwecke der Vermögensverwaltung zugelassen oder eingetragen sind und einer Aufsicht unterliegen, da sie gemäß der genannten Richtlinie keine anderen Tätigkeiten als die gemeinsame Portfolioverwaltung ausüben dürfen. Gleichermaßen sollte auch ein intern verwalteter AIF nicht als ein solches Unternehmen angesehen werden, da er keine anderen Tätigkeiten ausüben sollte als die interne Verwaltung des AIF.

(86) Bezieht sich die Übertragung von Aufgaben auf die Portfolioverwaltung oder das Risikomanagement, die das Kerngeschäft des AIFM bilden und daher in Bezug auf den Anlegerschutz und das Systemrisiko von hoher Relevanz sind, sollten zusätzlich zu den Anforderungen des Artikels 20 Absatz 1 Buchstabe c der Richtlinie 2011/61/EU die zuständige Behörde des Herkunftsmitgliedstaats des AIFM und die Aufsichtsbehörde des Drittlandunternehmens eine Kooperationsvereinbarung geschlossen haben, die auf einem schriftlichen Vertrag beruht. Die Vereinbarung sollte vor der Übertragung bestehen. Die Einzelheiten dieser Vereinbarung sollten internationalen Standards Rechnung tragen.

(87) Die schriftlichen Vereinbarungen sollten den zuständigen Behörden das Recht übertragen, Ermittlungen vor Ort durchzuführen, einschließlich in Fällen, in denen sie die Drittland-Aufsichtsbehörde des Unternehmens, auf das Aufgaben übertragen wurden, um Durchführung von Ermittlungen vor Ort ersuchen, und in Fällen, in denen sie die Drittland-Aufsichtsbehörde um Erlaubnis ersucht, die Ermittlungen selbst durchzuführen oder Mitarbeiter der Drittland-Aufsichtsbehörden zu begleiten, um sie bei der Durchführung von Ermittlungen vor Ort zu unterstützen.

(88) Auf der Grundlage der in der Richtlinie 2011/61/EU niedergelegten Pflichten sollten AIFM stets im besten Interesse der AIF oder der Anleger der von ihnen verwalteten AIF handeln. Folglich sollte die Übertragung von Aufgaben nur zulässig sein, wenn sie den AIFM nicht daran hindert, im besten Interesse der Anleger zu handeln und den AIF im besten Interesse der Anleger zu verwalten.

(89) Um beim Anlegerschutz einen hohen Standard zu wahren, müssen bei jeder Übertragung von Aufgaben mögliche Interessenkonflikte berücksichtigt werden. Verschiedene Kriterien sollten Bezugspunkte für die Ermittlung von Situationen setzen, die einen wesentlichen Interessenkonflikt zur Folge hätten. Diese Kriterien sollten als nicht erschöpfend angesehen und so verstanden werden, dass nicht wesentliche Interessenkonflikte für die Zwecke der Richtlinie 2011/61/EU ebenfalls relevant sind. Somit sollte die Wahrnehmung der Compliance- oder Innenrevisionsfunktion als eine mit Aufgaben der Portfolioverwaltung kollidierende Aufgabe angesehen werden, während Market-Making- oder Übernahmetätigkeiten als Aufgaben verstanden werden sollten, die mit Portfolioverwaltung oder Risikomanagement kollidieren. Diese Pflicht berührt nicht die nach Artikel 15 der Richtlinie 2011/61/EU bestehende Pflicht, die Aufgaben der Portfolioverwaltung und des Risikomanagements funktional und hierarchisch voneinander zu trennen.

(90) Die für die Beauftragung mit der Durchführung von Aufgaben für den AIFM geltenden Anforderungen sollten bei der Weitergabe von Aufgaben durch den Beauftragten und für alle weiteren Unterbeauftragungen entsprechend gelten.

(91) Um sicherzustellen, dass der AIFM in jedem Fall Anlageverwaltungsfunktionen wahrnimmt, sollte der AIFM Aufgaben nicht in einem Maße abgeben, dass er im Wesentlichen nicht mehr als Verwalter des AIF angesehen werden kann und zu einer Briefkastenfirma wird. Der AIFM sollte allzeit ausreichende Ressourcen für die effiziente Überwachung der übertragenen Aufgaben vorhalten. Der AIFM muss selbst Anlageverwaltungsfunktionen wahrnehmen, über die notwendigen Fachkenntnisse und Ressourcen verfügen, die Entscheidungsgewalt in Angelegenheiten, die in die Zuständigkeit der Geschäftsleitung fallen, behalten und Geschäftsleitungsfunktionen ausüben, was die Umsetzung der allgemeinen Anlagepolitik und der Anlagestrategien einschließen könnte.

(92) Die Bewertung einer Struktur zur Übertragung von Funktionen ist ein komplexes Unterfangen, das auf eine Reihe von Kriterien gestützt werden muss, damit sich die zuständigen Behörden ein Urteil bilden können. Die Kombination ist notwendig, um der Vielfalt der Fondsstrukturen und Anlagestrategien in der Union Rechnung zu tragen. Die ESMA kann Leitlinien ausarbeiten, um eine unionsweit konsistente Bewertung von Strukturen zur Übertragung von Funktionen sicherzustellen.

(93) Die Kommission überwacht, wie die Kriterien angewandt werden, und deren Auswirkung auf die Märkte. Die Kommission überprüft die Situation nach zwei Jahren und trifft, falls sich dies als notwendig erweisen sollte, angemessene Maßnahmen, um näher festzulegen, unter welchen Bedingungen davon ausgegangen wird, dass ein AIFM Aufgaben in einem Maße abgegeben hat, dass er zu einer Briefkastenfirma wird und nicht mehr als Verwalter des AIF angesehen werden kann.

(94) Die Richtlinie 2011/61/EU enthält ausführliche Anforderungen für die Verwahrstelle eines AIF, um einen hohen Anlegerschutzstandard sicherzustellen. Die jeweiligen konkreten Rechte und Pflichten der Verwahrstellen, des AIFM und gegebenenfalls des AIF und Dritter sollten daher eindeutig festgelegt werden. Der schriftliche Vertrag sollte alle Einzelheiten regeln, die für die angemessene Verwahrung sämtlicher Vermögenswerte des AIF durch die Verwahrstelle oder einen Dritten, auf den Verwahraufgaben gemäß der Richtlinie 2011/61/EU übertragen werden, und für die ordnungsgemäße Wahrnehmung der Aufsichts- und Kontrollfunktionen durch die Verwahrstelle notwendig sind. Damit die Verwahrstelle das Verwahrrisiko bewerten und überwachen kann, sollte der Vertrag ausreichende Einzelheiten zu den Vermögenswertkategorien enthalten, in die der AIF investieren darf, und die geografischen Regionen nennen, in denen der AIF Anlagen vorzunehmen beabsichtigt. Der Vertrag sollte auch Einzelheiten zu einem Eskalationsverfahren enthalten. So sollte die Verwahrstelle den AIFM auf jegliches materielle Risiko, das beim Abwicklungssystem eines bestimmten Marktes ermittelt wird, aufmerksam machen. Was die Vertragskündigung angeht, sollte zum Ausdruck gebracht werden, dass die Verwahrstelle den Vertrag in letzter Konsequenz kündigen kann, wenn sie nicht davon überzeugt ist, dass die Vermögenswerte angemessenen Schutz genießen. Auch sollte die Gefahr des Moral Hazard unterbunden werden, bei der der AIFM Anlageentscheidungen unabhängig vom Verwahrrisiko treffen würde, da die Verwahrstelle in den meisten Fällen haftbar wäre. Um einen hohen Anlegerschutzstandard zu wahren, sollten die detaillierten Anforderungen für die Überwachung von Dritten für die gesamte Verwahrkette gelten.

(95) Eine in einem Drittland ansässige Verwahrstelle sollte der öffentlichen aufsichtlichen Regulierung und der Beaufsichtigung durch eine Aufsichtsbehörde unterliegen, die zur laufenden Überwachung, Durchführung von Ermittlungen und Verhängung von Sanktionen befugt ist. Sind mehrere Aufsichtsbehörden an der Beaufsichtigung der Verwahrstelle beteiligt, sollte eine Aufsichtsbehörde für die Zwecke der Richtlinie 2011/61/EU sowie aller gemäß der Richtlinie erlassenen delegierten Rechtakte und Durchführungsmaßnahmen als Kontaktstelle auftreten.

(96) Die Bewertung des Drittlandrechts gemäß Artikel 21 Absatz 6 letzter Unterabsatz der Richtlinie 2011/61/EU sollte von der Europäischen Kommission vorgenommen werden, indem die für die Verwahrstellen in dem Drittland geltenden Zulassungskriterien und Bedingungen für die laufende Geschäftsausübung mit den entsprechenden Anforderungen verglichen werden, die nach Unionsrecht für Kreditinstitute beziehungsweise für Wertpapierfirmen in Bezug auf die Zulassung zum Geschäft der Verwahrstellen und die Wahrnehmung von Verwahrfunktionen gelten, um festzustellen, ob die örtlichen Kriterien dieselbe Wirkung haben wie die nach Unionsrecht geltenden. Eine Verwahrstelle, die in einem Drittland in einer anderen Kategorie beaufsichtigt wird und zugelassen ist als ein Kreditinstitut oder eine Wertpapierfirma, kann von der Europäischen Kommission daraufhin bewertet werden, ob die einschlägigen Bestimmungen des Drittlandrechts dieselbe Wirkung haben wie die Bestimmungen des Unionsrechts für Kreditinstitute bzw. Wertpapierfirmen.

(97) Damit die Verwahrstelle unter allen Umständen einen klaren Überblick über die ein- und ausgehenden Barmittelströme des AIF hat, sollte der AIFM sicherstellen, dass die Verwahrstelle unverzüglich genaue Informationen über sämtliche Barmittelströme erhält, auch von etwaigen Dritten, bei denen ein Geldkonto des AIF eröffnet wird.

(98) Damit die Barmittelströme des AIF ordnungsgemäß überwacht werden, besteht die Verpflichtung der Verwahrstelle darin, sicherzustellen, dass Verfahren für die angemessene Überwachung der Barmittelströme des AIF eingerichtet und effektiv umgesetzt werden und dass diese Verfahren regelmäßig überprüft werden. Insbesondere sollte die Verwahrstelle das Abgleichverfahren einsehen, um sich davon zu überzeugen, dass das Verfahren für den AIF geeignet ist und in Abständen durchgeführt wird, die der Art, Größe und Komplexität des AIF angemessen sind. Beispielsweise sollte bei einem solchen Verfahren jeder einzelne in den Bankkontoauszügen aufgeführte Barmittelstrom mit den in den Büchern des AIF aufgeführten Barmittelströmen verglichen werden. Wird wie bei den meisten offenen AIF ein täglicher Abgleich durchgeführt, sollte auch die Verwahrstelle den Abgleich täglich durchführen. Die Verwahrstelle sollte insbesondere die beim Abgleichverfahren zutage tretenden Diskrepanzen und die ergriffenen Abhilfemaßnahmen überwachen, um den AIFM unverzüglich

über jede Abweichung zu unterrichten, die nicht behoben wurde, und eine umfassende Überprüfung des Abgleichverfahrens durchzuführen. Eine solche Überprüfung sollte mindestens einmal jährlich durchgeführt werden. Die Verwahrstelle sollte auch signifikante Barmittelströme zeitnah ermitteln, insbesondere solche, die mit den Geschäften des AIF unvereinbar sein könnten, etwa Veränderungen bei Positionen in den Vermögenswerten des AIF oder bei Zeichnungen und Rücknahmen, und sollte regelmäßig Geldkontoauszüge erhalten und die Übereinstimmung ihrer eigenen Barposition-Aufzeichnungen mit jenen des AIFM überprüfen. Die Verwahrstelle sollte ihre Aufzeichnungen gemäß Artikel 21 Absatz 8 Buchstabe b der Richtlinie 2011/61/EU auf dem neuesten Stand halten.

(99) Die Verwahrstelle hat sicherzustellen, dass sämtliche Zahlungen von Anlegern oder im Namen von Anlegern bei der Zeichnung von Anteilen eines AIF geleistet und gemäß der Richtlinie 2011/61/EU auf einem oder mehreren Geldkonten verbucht wurden. Der AIFM sollte daher sicherstellen, dass die Verwahrstelle mit den relevanten Informationen versorgt wird, die sie benötigt, um den Eingang der Zahlungen von Anlegern ordnungsgemäß zu überwachen. Der AIFM hat sicherzustellen, dass der Verwahrstelle diese Informationen unverzüglich zukommen, wenn der Dritte einen Auftrag zur Rücknahme oder Ausgabe von Anteilen eines AIF erhält. Die Informationen sollten daher bei Geschäftsschluss von dem für die Zeichnung und Rücknahme der Anteile eines AIF zuständigen Unternehmen an die Verwahrstelle übermittelt werden, um jeglichen Missbrauch von Anlegerzahlungen zu vermeiden.

(100) Je nach Art der zu verwahrenden Vermögenswerte sind Vermögenswerte entweder in Verwahrung zu nehmen, wie Finanzinstrumente, die im Depot auf einem Konto verbucht oder der Verwahrstelle gemäß der Richtlinie 2011/61/EU physisch übergeben werden können, oder der Pflicht zur Überprüfung der Eigentumsverhältnisse und der Aufzeichnungspflicht zu unterwerfen. Die Verwahrstelle sollte alle Finanzinstrumente des AIF oder des für ihn handelnden AIFM verwahren, die direkt oder indirekt im Namen der Verwahrstelle oder eines Dritten, dem Verwahrfunktionen übertragen werden, im Depot auf einem Konto verbucht oder gehalten werden könnten, insbesondere auf der Ebene der zentralen Verwahrstelle. Darüber hinaus sollten jene Finanzinstrumente verwahrt werden, die nur beim Emittenten selbst oder bei dessen Beauftragtem im Namen der Verwahrstelle oder eines Dritten, auf den Verwahrfunktionen übertragen werden, direkt registriert werden. Finanzinstrumente, die nach geltendem nationalem Recht beim Emittenten oder seinem Beauftragten ausschließlich auf den Namen des AIF registriert sind, wie Anlagen von privaten Beteiligungsfonds oder Risikokapitalfonds in nicht börsennotierte Unternehmen, sollten nicht verwahrt werden. Alle Finanzinstrumente, die der Verwahrstelle physisch übergeben werden könnten, sollten verwahrt werden. Sofern die Voraussetzungen, unter denen Finanzinstrumente verwahrt werden sollten, erfüllt sind, sind auch Finanzinstrumente, die einem Dritten als Sicherheit gestellt werden oder von einem Dritten zugunsten des AIF bereitgestellt werden, von der Verwahrstelle selbst oder von einem Dritten, auf den Verwahrfunktionen übertragen werden, zu verwahren, solange sie Eigentum des AIF oder des für den AIF handelnden AIFM sind. Auch bleiben Finanzinstrumente, die Eigentum des AIF oder des für den AIF handelnden AIFM sind und zu deren Wiederverwendung durch die Verwahrstelle der AIF oder der für den AIF handelnde AIFM seine Zustimmung erteilt hat, in Verwahrung, solange das Recht auf Wiederverwendung noch nicht ausgeübt wurde.

(101) Finanzinstrumente, die verwahrt werden, sollten jederzeit mit gebührender Sorgfalt behandelt und geschützt werden. Um sicherzustellen, dass das Verwahrrisiko im Rahmen der Sorgfaltspflicht korrekt bewertet wird, sollte die Verwahrstelle insbesondere wissen, welche Dritte die Verwahrkette bilden, sicherstellen, dass die Sorgfalts- und Trennungspflichten über die gesamte Verwahrkette bestehen bleiben, sicherstellen, dass sie über angemessene Zugangsrechte in Bezug auf die Bücher und Aufzeichnungen Dritter, auf die Verwahrfunktionen übertragen wurden, verfügt, die Einhaltung dieser Anforderungen gewährleisten, alle diese Pflichten dokumentieren und die entsprechende Dokumentation dem AIFM zur Verfügung stellen und zur Kenntnis bringen.

(102) Um zu vermeiden, dass die Vorschriften der Richtlinie 2011/61/EU umgangen werden, sollte die Verwahrstelle ihren Verwahrpflichten bei Werten nachkommen, die Finanz- sowie gegebenenfalls Rechtsstrukturen zugrunde liegen, die direkt oder indirekt vom AIF oder von dem für ihn handelnden AIFM kontrolliert werden. Diese Bestimmung zur Durchschau („Look-Through"-Bestimmung) sollte nicht für Dachfonds oder Master-Feeder-Fonds gelten, wenn diese über eine Verwahrstelle verfügen, die die Vermögenswerte des Fonds angemessen verwahrt.

(103) Die Verwahrstelle sollte allzeit einen umfassenden Überblick über alle Vermögenswerte besitzen, bei denen es sich nicht um in Verwahrung genommene Finanzinstrumente handelt. Bei diesen Vermögenswerten müssten nach der Richtlinie 2011/61/EU die Eigentumsverhältnisse überprüft und Aufzeichnungen geführt werden. Beispiele hierfür sind physische Vermögenswerte, die nach der Richtlinie 2011/61/EU nicht als Finanzinstrumente anzusehen sind, oder der Verwahrstelle nicht physisch übergeben werden können, Finanzkontrakte wie Derivate, Bareinlagen oder Beteiligungen an Privatunternehmen und Anteile an Personengesellschaften.

(104) Um eine ausreichend hohe Gewissheit darüber zu erlangen, dass der AIF oder der für ihn handelnde AIFM tatsächlich Eigentümer der Vermögenswerte ist, sollte die Verwahrstelle sicherstellen, dass sie alle Informationen bekommt, die sie für notwendig hält, um sich zu vergewissern, dass der AIF oder der für ihn handelnde AIFM die Eigentumsrechte an dem betreffenden Vermögenswert hält. Dabei könnte es sich um die Kopie eines amtlichen Eigentumsnachweises handeln, der belegt, dass der AIF oder der für ihn handelnde AIFM Eigentümer des Vermögenswerts ist, oder einen von der Verwahrstelle als angemessen betrachteten sonstigen förmlichen und verlässlichen Nachweis. Falls notwendig, sollte die Verwahrstelle vom AIF oder AIFM oder gegebenenfalls von einem Dritten zusätzliche Nachweise verlangen.

(105) Die Verwahrstelle sollte über alle Vermögenswerte einen Nachweis führen, bei denen sie sich der Eigentümerschaft des AIF vergewissert hat. Sie kann ein Verfahren für die Entgegennahme von Informationen Dritter einrichten, das auch für AIF mit geringem Transaktionsvolumen oder gegebenenfalls für Transaktionen, die vor der Abwicklung beglichen werden, Verfahren ermöglicht, die gewährleisten, dass die Vermögenswerte nicht ohne Unterrichtung der Verwahrstelle oder des Dritten, dem Verwahrfunktionen anvertraut wurden, übertragen werden können. Die Anforderung, wonach für jede Transaktion eines Dritten auf den entsprechenden schriftlichen Nachweis zugegriffen werden können muss, könnte für AIF mit häufigeren Transaktionen, wie Anlagen in börsennotierte Derivate, angemessen sein.

(106) Um die Verwahrstelle in die Lage zu versetzen, ihren Pflichten nachzukommen, sollten die in Artikel 21 Absatz 9 der Richtlinie 2011/61/EU vorgesehenen Aufgaben und insbesondere die von der Verwahrstelle nachträglich vorzunehmenden Kontrollen klargestellt werden. Solche Aufgaben sollten die Verwahrstelle nicht daran hindern, Vorabüberprüfungen durchzuführen, wenn sie dies für angemessen hält und der AIFM sein Einverständnis erteilt hat. Damit die Verwahrstelle ihren Pflichten nachkommen kann, sollte sie für den Umgang mit Unregelmäßigkeiten ihr eigenes Eskalationsverfahren schaffen. Dieses Verfahren sollte sicherstellen, dass die zuständigen Behörden über alle wesentlichen Verstöße in Kenntnis gesetzt werden. Von den in dieser Verordnung niedergelegten Aufsichtspflichten der Verwahrstelle gegenüber Dritten unberührt bleiben die Pflichten, die dem AIFM nach der Richtlinie 2011/61/EU obliegen.

(107) Die Verwahrstelle sollte überprüfen, ob die Zahl der ausgegebenen Anteile den Zeichnungserlösen entspricht. Um sicherzustellen, dass die von den Anlegern bei der Zeichnung geleisteten Zahlungen auch eingegangen sind, sollte die Verwahrstelle ferner für einen weiteren Abgleich zwischen Zeichnungsordern und Zeichnungserlösen sorgen. Der gleiche Abgleich sollte in Bezug auf Rücknahmeorder vorgenommen werden. Darüber hinaus sollte die Verwahrstelle sich vergewissern, dass die Zahl der Anteile auf den AIF-Konten mit der Zahl der ausstehenden Anteile im AIF-Register übereinstimmt. Die Verwahrstelle sollte unter Berücksichtigung der Zeichnungs- und Rückgabehäufigkeit ihre Verfahren entsprechend anpassen.

(108) Die Verwahrstelle sollte alle notwendigen Schritte einleiten, um sicherzustellen, dass angemessene Bewertungsgrundsätze und -verfahren für die AIF-Vermögenswerte wirkungsvoll umgesetzt werden, und zu diesem Zweck Stichprobenprüfungen vornehmen oder vergleichen, ob die Veränderung der Nettoinventarwert-Berechnung im Zeitverlauf mit der Veränderung bei einer Benchmark übereinstimmt. Bei der Einrichtung ihrer Verfahren sollte die Verwahrstelle genaue Kenntnis der Bewertungsmethoden haben, anhand deren der AIFM oder der externe Bewerter die AIF-Vermögenswerte bewertet. Die Häufigkeit solcher Prüfungen sollte der Häufigkeit der AIF-Vermögensbewertung entsprechen.

(109) Kraft ihrer Aufsichtspflicht im Rahmen der Richtlinie 2011/61/EU sollte die Verwahrstelle ein Verfahren schaffen, mit dem nachträglich überprüft wird, ob der AIF die geltenden Rechts- und Verwaltungsvorschriften sowie seine Vertragsbedingungen und Satzung eingehalten hat. Dabei sollte beispielsweise überprüft werden, ob die Anlagen des AIF mit den in seinen Vertragsbedingungen und Emissionsunterlagen dargelegten Anlagestrategien in Einklang stehen, und sollte gewährleistet werden, dass der AIF nicht gegen etwaige für ihn geltende Anlagebeschränkungen verstößt. Die Verwahrstelle sollte die Transaktionen des AIF überwachen und jeder ungewöhnlichen Transaktion nachgehen. Bei einem Verstoß gegen die in den geltenden nationalen Rechts- und Verwaltungsvorschriften und in den Vertragsbedingungen und der Satzung des AIF festgelegten Obergrenzen oder Beschränkungen sollte die Verwahrstelle beispielsweise vom AIFM die Weisung erhalten, die gegen diese Obergrenzen oder Beschränkungen verstoßende Transaktion auf seine eigenen Kosten rückgängig zu machen. Diese Verordnung hindert die Verwahrstelle nicht daran, vorab tätig zu werden, wenn sie dies für angemessen hält und der AIFM sein Einverständnis erteilt hat.

(110) Die Verwahrstelle sollte sicherstellen, dass die Erträge gemäß der Richtlinie 2011/61/EU präzise berechnet werden. Um dies zu erreichen, muss die Verwahrstelle eine angemessene Ertragsausschüttung sicherstellen und bei Feststellung eines Fehlers dafür sorgen, dass der AIFM angemessene Abhilfemaßnahmen einleitet. Sobald die Verwahrstelle dies sichergestellt hat, sollte sie die Vollständigkeit und Korrektheit der Ertragsausschüttung und insbesondere der Dividendenzahlungen überprüfen.

(111) Wenn für sonstige Vermögenswerte Verwahrfunktionen gemäß der Richtlinie 2011/61/EU übertragen werden, wird diese Übertragung in den meisten Fällen administrative Aufgaben betreffen. In Fällen, in denen die Verwahrstelle Aufzeichnungsfunktionen überträgt, müsste sie deshalb ein angemessenes und dokumentiertes Verfahren einführen und anwenden, das gewährleistet, dass der mit diesen Funktionen Beauftragte allzeit die Anforderungen des Artikels 21 Absatz 11 Buchstabe d der Richtlinie 2011/61/EU erfüllt. Um für die Vermögenswerte einen ausreichend hohen Schutz zu gewährleisten, müssen bestimmte Grundsätze festgelegt werden, die auf die Übertragung von Verwahrfunktionen angewandt werden sollten. Für die Übertragung von Verwahraufgaben sollten einige zentrale Grundsätze festgelegt werden, die während des gesamten Übertragungsprozesses wirksam angewandt werden müssen. Diese Grundsätze sollten nicht als erschöpfend angesehen werden, d. h. weder so verstanden werden, dass sie im Detail festlegen, wie die Verwahrstelle die gebotene Sachkenntnis, Sorgfalt und Gewissenhaftigkeit walten lassen muss, noch so, dass sie alle Schritte darlegen, die eine Verwahrstelle in Bezug auf diese Grundsätze selbst einleiten sollte. Die Pflicht zur laufenden Überwachung des Dritten, dem Verwahrfunktionen übertragen wurden, sollte darin bestehen zu überprüfen, ob dieser Dritte alle übertragenen Funktionen ordnungsgemäß wahrnimmt und den mit ihm geschlossenen Vertrag erfüllt. Der Dritte sollte ehrlich, in gutem Glauben und im besten Interesse des AIF und seiner Anleger handeln, die Regulierungs- und Aufsichtsanforderungen erfüllen und die Sorgfalt, Gewissenhaftigkeit und Sachkenntnis walten lassen, die von einem äußerst umsichtigen Akteur dieses Gewerbes unter vergleichbaren Umständen

normalerweise erwartet wird. Die Verwahrstelle sollte u. a. die während des Auswahl- und Bestellungsverfahrens bewerteten Elemente überprüfen und diese zur Marktentwicklung in Beziehung setzen. Die Form der regelmäßigen Überprüfung sollte den Umständen Rechnung tragen, damit die Verwahrstelle die Risiken, die mit der Entscheidung, dem Dritten Vermögenswerte anzuvertrauen, verbunden sind, angemessen bewerten kann. Die Häufigkeit der Überprüfung sollte angepasst werden, damit sie stets den Marktbedingungen und den damit verbundenen Risiken entspricht. Damit die Verwahrstelle wirkungsvoll auf eine mögliche Insolvenz des Dritten reagieren kann, sollte sie Notfallpläne erstellen und in diesem Zusammenhang u. a. alternative Strategien ausarbeiten und gegebenenfalls alternative Anbieter auswählen. Zwar können solche Maßnahmen das Verwahrrisiko der Verwahrstelle mindern, ändern aber nichts an der Verpflichtung zur Rückgabe der Finanzinstrumente oder zur Zahlung des entsprechenden Betrags bei Abhandenkommen, welche davon abhängt, ob die Anforderungen des Artikels 21 Absatz 12 der Richtlinie 2011/61/EU erfüllt sind.

(112) Bei der Übertragung von Verwahrfunktionen sollte die Verwahrstelle sicherstellen, dass die Anforderungen des Artikels 21 Absatz 11 Buchstabe d Ziffer iii der Richtlinie 2011/61/EU erfüllt und die Vermögenswerte ihrer AIF-Kunden ordnungsgemäß voneinander getrennt sind. Diese Verpflichtung dürfte insbesondere gewährleisten, dass für den Fall einer Insolvenz des Dritten, dem Verwahrfunktionen übertragen wurden, keine Vermögenswerte des AIF abhanden kommen. Um dieses Risiko in Ländern, deren Insolvenzrecht die Auswirkungen einer solchen Trennung nicht anerkennt, auf ein Mindestmaß zu beschränken, sollte die Verwahrstelle weitere Schritte einleiten. Die Verwahrstelle könnte dem AIF und dem für ihn handelnden AIFM die entsprechenden Angaben offenlegen, damit derartige Aspekte des Verwahrrisikos bei der Anlageentscheidung ordnungsgemäß berücksichtigt werden, oder die in den jeweiligen Rechtskreisen möglichen Maßnahmen ergreifen, um die Vermögenswerte nach lokalem Recht so insolvenzfest wie möglich zu machen. Darüber hinaus könnte die Verwahrstelle vorübergehende Fehlbeträge bei Kundenvermögenswerten untersagen, Puffer verwenden oder Regelungen einführen, die es verbieten, den Soll-Saldo eines Kunden mit dem Kredit-Saldo eines anderen auszugleichen. Zwar können solche Maßnahmen das Verwahrrisiko einer Verwahrstelle bei der Übertragung von Verwahraufgaben mindern, ändern aber nichts an der Verpflichtung zur Rückgabe der Finanzinstrumente oder zur Zahlung des entsprechenden Betrags bei Abhandenkommen, welche davon abhängt, ob die Anforderungen der Richtlinie 2011/61/EU erfüllt sind.

(113) Für die Verwahrstelle tritt die in Artikel 21 Absatz 12 Unterabsatz 2 der Richtlinie 2011/61/EU vorgesehene Haftung ein, wenn ein von der Verwahrstelle selbst oder einem Dritten, dem die Verwahrung übertragen wurde, in Verwahrung genommenes Finanzinstrument abhanden kommt und die Verwahrstelle nicht nachweisen kann, dass dieses Abhandenkommen auf äußere Umstände zurückzuführen ist, die sich einer angemessenen Kontrolle entziehen und deren Konsequenzen trotz aller angemessenen Anstrengungen unabwendbar waren. Ein solches Abhandenkommen sollte von einem Anlageverlust unterschieden werden, der den Anlegern aufgrund einer durch eine Anlageentscheidung bedingten Wertminderung bei Vermögenswerten entsteht.

(114) Damit ein Abhandenkommen festgestellt werden kann, muss dies endgültig sein und darf keine Aussicht auf Rückgewinnung des Vermögenswerts bestehen. Fälle, in denen ein Finanzinstrument nur vorübergehend nicht verfügbar oder eingefroren ist, sollten deshalb nicht als Abhandenkommen im Sinne von Artikel 21 Absatz 12 der Richtlinie 2011/61/EU gelten. Doch gibt es drei Fälle, in denen ein Abhandenkommen als endgültig betrachtet werden sollte: wenn das Finanzinstrument nicht mehr existiert oder niemals existiert hat; wenn das Finanzinstrument existiert, der AIF die diesbezüglichen Eigentumsrechte aber endgültig verloren hat; und wenn der AIF zwar das Eigentumsrecht besitzt, eine dauerhafte Eigentumsübertragung oder Einräumung beschränkter Eigentumsrechte an dem Finanzinstrument aber nicht möglich ist.

(115) Ein Finanzinstrument wird beispielsweise dann als nicht mehr existent angesehen, wenn es nach einem nicht berichtigungsfähigen Buchungsfehler verschwunden ist oder niemals existiert hat, weil die Eigentümerschaft des AIF aufgrund gefälschter Unterlagen registriert wurde. Fälle, in denen das Abhandenkommen von Finanzinstrumenten auf betrügerisches Verhalten zurückzuführen ist, sollten als Abhandenkommen betrachtet werden.

(116) Ein Abhandenkommen kann nicht festgestellt werden, wenn das Finanzinstrument ersetzt oder in ein anderes Finanzinstrument umgewandelt wurde, was beispielsweise dann der Fall ist, wenn bei einer Unternehmensumstrukturierung Anteile gelöscht und durch neu ausgegebene Anteile ersetzt werden. Hat der AIF oder der für ihn handelnde AIFM das Eigentum an einem Finanzinstrument rechtmäßig auf einen Dritten übertragen, sollte nicht davon ausgegangen werden, dass er sein Eigentumsrecht auf Dauer eingebüßt hat. Wird bei Vermögenswerten zwischen rechtlichem Eigentum und „beneficial ownership" unterschieden, sollte sich die Definition von Abhandenkommen auf den Verlust des „beneficial ownership right" beziehen.

(117) Der Haftung gemäß Artikel 21 Absatz 12 der Richtlinie 2011/61/EU enthoben ist die Verwahrstelle nur bei äußeren Umständen, die sich einer angemessenen Kontrolle entziehen und deren Konsequenzen trotz aller angemessenen Anstrengungen unabwendbar waren. Für eine Haftungsbefreiung sollte die Verwahrstelle nachweisen, dass all diese Bedingungen erfüllt sind.

(118) Zuerst sollte bestimmt werden, ob es sich bei den Umständen, die zu dem Abhandenkommen geführt haben, um äußere Umstände gehandelt hat. Die Haftung der Verwahrstelle sollte von einer Übertragung unberührt bleiben, womit Umstände dann als äußere Umstände zu betrachten wären, wenn sie nicht auf eine Handlung oder Unterlassung der Verwahrstelle oder des Dritten, dem die Verwahrung der in Verwahrung genommenen Finanzinstrumente übertragen wurde, zurückzuführen sind. Danach sollte bewertet werden, ob sich der Umstand einer angemessenen Kontrolle entzieht; zu diesem Zweck wird bestätigt, dass eine umsichtige Verwahrstelle nichts nach billigem Ermessen von ihr zu Erwartendes hätte unternehmen können, um das Eintreten die-

ses Umstands abzuwenden. In diesem Zusammenhang können sowohl Naturereignisse als auch Handlungen öffentlicher Organe als äußere Umstände, die sich einer angemessenen Kontrolle entziehen, betrachtet werden. Damit ist für den Fall, dass das Recht des Landes, in dem die Instrumente verwahrt werden, bei Insolvenz eines Dritten, dem die Verwahrung übertragen wurde, die Auswirkungen einer angemessenen Trennung nicht anerkennt, dieses Recht als äußerer Umstand, der sich einer angemessenen Kontrolle entzieht, zu betrachten. Demgegenüber kann ein Abhandenkommen, das auf die Nichteinhaltung der in Artikel 21 Absatz 11 Buchstabe d Ziffer iii der Richtlinie 2011/61/EU festgelegten Pflicht zur Trennung der Vermögenswerte oder darauf zurückzuführen ist, dass die Tätigkeit des Dritten insolvenzbedingt unterbrochen ist, keinem äußeren Umstand, der sich einer angemessenen Kontrolle entzieht, zugeschrieben werden.

(119) Zu guter Letzt sollte die Verwahrstelle nachweisen, dass das Abhandenkommen selbst bei allen angemessenen Gegenmaßnahmen nicht hätte verhindert werden können. In diesem Zusammenhang sollte die Verwahrstelle den AIFM unterrichten und den Umständen entsprechende, angemessene Maßnahmen treffen. So sollte die Verwahrstelle beispielsweise in Fällen, in denen sie die Veräußerung der Finanzinstrumente für die einzig angemessene Maßnahme hält, gebührend den AIFM unterrichten, der die Verwahrstelle seinerseits schriftlich anweisen muss, ob die Finanzinstrumente weiter gehalten oder veräußert werden sollen. Jede Weisung an die Verwahrstelle, die Vermögenswerte weiter zu halten, sollte den Anlegern des AIF umgehend mitgeteilt werden. Der AIFM oder der AIF sollten die Empfehlungen der Verwahrstelle gebührend berücksichtigen. Befürchtet die Verwahrstelle trotz wiederholter Warnungen nach wie vor, dass für den Schutz der Finanzinstrumente der Standard nicht hoch genug ist, sollte sie je nach Umständen weitere Maßnahmen, wie die Kündigung des Vertrags, in Betracht ziehen, sofern dem AIF eine Frist eingeräumt wird, um im Einklang mit dem nationalen Recht eine andere Verwahrstelle zu suchen.

(120) Um den gleichen Anlegerschutzstandard zu gewährleisten, sollten auch für den Beauftragten, dem eine Verwahrstelle vertraglich ihre Haftung übertragen hat, die gleichen Erwägungen gelten. Für eine Haftungsbefreiung nach Artikel 21 Absatz 12 der Richtlinie 2011/61/EU sollte der Beauftragte deshalb nachweisen, dass er die gleichen Bedingungen kumulativ erfüllt.

(121) Einer Verwahrstelle ist es unter bestimmten Umständen gestattet, sich selbst von der Haftung für das Abhandenkommen von Finanzinstrumenten zu befreien, die von einem Dritten, dem die Verwahrung übertragen wurde, in Verwahrung gehalten wurden. Eine solche Haftungsbefreiung ist nur zulässig, wenn ein objektiver, sowohl von der Verwahrstelle als auch dem AIF oder dem für ihn handelnden AIFM akzeptierter Grund für die vertragliche Festlegung einer solchen Befreiung vorliegt. Für jede Haftungsbefreiung sollte ein objektiver Grund festgelegt werden, wobei den konkreten Umständen, unter denen die Verwahrung übertragen wurde, Rechnung zu tragen ist.

(122) Bei der Erwägung eines objektiven Grundes sollte der richtige Mittelweg gefunden werden, um zu gewährleisten, dass die vertragliche Befreiung bei Bedarf wirksam in Anspruch genommen werden kann, und dass ausreichende Schutzvorkehrungen getroffen wurden, um jeglichen Missbrauch der vertraglichen Haftungsbefreiung durch die Verwahrstelle zu verhindern. Die vertragliche Haftungsbefreiung sollte keinesfalls dazu genutzt werden, die der Verwahrstelle nach der Richtlinie 2011/61/EU obliegenden Haftungspflichten zu umgehen. Die Verwahrstelle sollte nachweisen, dass sie durch besondere Umstände zur Übertragung von Verwahraufgaben auf einen Dritten gezwungen wurde. Die vertragliche Festlegung einer Befreiung sollte stets im besten Interesse des AIF oder seiner Anleger liegen, und der AIF oder der für ihn handelnde AIFM sollten klar zum Ausdruck bringen, dass sie in diesem besten Interesse handeln. Die Fallbeispiele sollten Situationen aufführen, in denen davon ausgegangen werden kann, dass eine Verwahrstelle keine andere Wahl hatte, als die Verwahrung auf Dritte zu übertragen.

(123) Um die Tätigkeiten von AIFM und die von diesen ausgehenden Risiken angemessen und einheitlich zu überwachen, benötigen die zuständigen Behörden angemessene Informationen in ausreichender Menge. Auch weil sich die Tätigkeiten von AIFM über Grenzen hinweg und auf die Finanzmärkte auswirken könnten, sollten die zuständigen Behörden AIFM und AIF eingehend überwachen, um angemessene Maßnahmen zur Verhinderung der Akkumulierung von Systemrisiken zu ergreifen. Die erhöhte Transparenz und Kohärenz, die durch die in den Durchführungsmaßnahmen enthaltenen Bestimmungen zur Meldung und Offenlegung relevanter Informationen erreicht wird, sollte es den zuständigen Behörden ermöglichen, Risiken an den Finanzmärkten aufzudecken und darauf zu reagieren.

(124) Um die ihren Bedürfnissen und ihrer Risikobereitschaft entsprechenden Anlageentscheidungen treffen zu können, benötigen die Anleger Mindestinformationen über einzelne AIFM und AIF sowie über deren Struktur. Diese Informationen sollten klar, zuverlässig, ohne Weiteres verständlich und klar dargestellt sein, wobei ihr Nutzen sich erhöht, wenn sie von AIFM zu AIFM und AIF zu AIF sowie von einem Zeitraum zum nächsten vergleichbar sind. Ein AIFM sollte vor der Veröffentlichung von Anlegerinformationen nichts unternehmen, was dem objektiven Verständnis und dem praktischen Nutzen dieser Informationen abträglich sein könnte, wie Bilanzkosmetik.

(125) Es sollte ein Rahmen geschaffen werden, der für die jährlichen Berichtspflichten Mindeststandards festlegt, die u. a. die zentralen Elemente und eine nicht erschöpfende Liste von Posten enthalten. Die in Artikel 22 Absatz 2 Buchstabe d der Richtlinie 2011/61/EU genannten wesentlichen Änderungen, die bei diesen Informationen eingetreten sind, sollten im Jahresbericht im Rahmen des Abschlusses offengelegt werden. Zusätzlich zu der nicht erschöpfenden Liste der Basisposten können zusätzliche Posten, Rubriken und Zwischensummen aufgenommen werden, wenn deren Darstellung für das Verständnis der Gesamtfinanz- oder -ertragslage eines AIF von Bedeutung ist. Posten unterschiedlicher Art oder Funktion könnten aggregiert werden, wenn sie für sich

genommen nicht von wesentlicher Relevanz sind. Diese Posten könnten unter einer Rubrik „Sonstiges" aggregiert werden, wie unter „sonstige Vermögenswerte" oder „sonstige Verbindlichkeiten". Posten, die auf einen bestimmten AIF in keiner Weise anwendbar sind, müssen nicht dargestellt werden. Unabhängig davon, nach welchen Rechnungslegungsstandards gemäß der Richtlinie 2011/61/EU verfahren wird, sollten alle Vermögensgegenstände mindestens einmal pro Jahr bewertet werden. Die Bilanz oder die Vermögensübersicht im Rahmen der Richtlinie 2011/61/EU sollte u. a. Zahlungsmittel und Zahlungsmitteläquivalente enthalten. Für die Berechnung des Risikos eines AIF sollten Zahlungsmitteläquivalente somit als außerordentlich liquide Anlagen betrachtet werden.

(126) In Bezug auf Form und Inhalt des Berichts über die Tätigkeiten im abgelaufenen Geschäftsjahr: Dieser Bericht, der nach der Richtlinie 2011/61/EU Teil des Jahresberichts sein muss, sollte einen fairen und ausgewogenen Überblick über die Tätigkeiten des AIF vermitteln und eine Beschreibung seiner Hauptrisiken und -anlagen oder wirtschaftlicher Unwägbarkeiten, denen er sich gegenüber sieht, enthalten. Dabei sollten keine für den AIF und seine Anleger abträglichen Informationen über Eigentumsverhältnisse veröffentlicht werden. Würde die Veröffentlichung bestimmter Informationen über Eigentumsverhältnisse dies bewirken, könnten diese deshalb soweit aggregiert werden, dass nachteilige Auswirkungen vermieden werden und müssten z. B. keinen Aufschluss über das Abschneiden oder die Statistiken einer einzelnen Portfoliogesellschaft oder Anlage geben, wenn dies der Veröffentlichung von Informationen über Eigentumsverhältnisse des AIF gleichkäme. Wenn diese Informationen normalerweise mit den Abschlüssen vorgelegt werden, sollten sie Teil des Managementberichts sein.

(127) In Bezug auf Form und Inhalt der Angaben zur Vergütung: Wird die Vergütung auf Ebene des AIFM offengelegt, sollten diese Angaben ergänzt und die Gesamtvergütung für den betreffenden AIF aufgeschlüsselt oder diesem zugewiesen werden. Erreicht werden könnte dies durch Veröffentlichung der in feste und variable Bestandteile aufgesplitteten Gesamtdaten zur AIFM-Vergütung, durch eine Erklärung, dass diese Daten sich auf den gesamten AIFM und nicht auf den AIF beziehen, durch Angabe der Zahl der vom AIFM verwalteten AIF und OGAW und des von diesen AIF und OGAW verwalteten Gesamtvermögens samt einem Überblick über die Vergütungspolitik und einem Hinweis darauf, wo die Anleger die Vergütungspolitik des AIFM auf Anfrage in voller Länge erhalten können. Weitere Einzelheiten können durch Angabe der Gesamthöhe der variablen Vergütung geliefert werden, die der AIF von Fall zu Fall durch Zahlung von Anlageerfolgsprämien oder Carried Interests bereitstellt. Damit die Anleger die geschaffenen Anreize bewerten können, könnte es für AIFM zweckmäßig sein, zusätzlich zur Offenlegung der Vergütung Informationen zu den finanziellen und nichtfinanziellen Kriterien der Vergütungsgrundsätze und -praktiken für maßgebliche Mitarbeiterkategorien zu liefern.

(128) Gibt der AIF Anteile aus, sollten etwaige Vermögenswertübertragungen auf Side Pockets zum Zeitpunkt der Übertragung berechnet werden, wobei die Zahl der bei der Vermögenswertübertragung zugewiesenen Anteile, multipliziert mit dem Preis pro Anteil, zugrunde gelegt wird. Die Bewertungsbasis sollte in jedem Fall klar angegeben werden und die Daten enthalten, anhand deren die Bewertung vorgenommen wurde.

(129) Für die Zwecke des Liquiditätsmanagements sollten AIFM für die von ihnen verwalteten AIF Kreditvereinbarungen schließen dürfen. Diese können eine kurze Laufzeit oder längeren Bestand haben. In letztgenanntem Fall dürfte es sich eher um eine spezielle Regelung für das Management illiquider Vermögenswerte handeln.

(130) Dem Grundsatz der Differenzierung entsprechend und in Anerkennung der Verschiedenheit der einzelnen AIF-Arten sollten die Informationen, die ein AIFM den Anlegern vorlegen muss, sich nach der Art des jeweiligen AIF richten und von anderen Faktoren, wie der Anlagestrategie und der Portfoliozusammensetzung, abhängen.

(131) Nach der Richtlinie 2011/61/EU müssen AIFM der zuständigen Behörde ihres Herkunftsmitgliedstaates für jeden von ihnen verwalteten EU-AIF und für jeden von ihnen in der EU vertriebenen AIF regelmäßig bestimmte Angaben vorlegen. Aus diesem Grund müssen die Informationspflichten und die Häufigkeit der Informationsübermittlung, die vom Wert der Vermögensgegenstände im Portfolio der von einem bestimmten AIFM verwalteten AIF abhängen, genauer bestimmt werden. Für die Informationsübermittlung sollten Formblätter festgelegt werden, die der AIFM für die von ihm verwalteten AIF ausfüllen sollte. Vermarktet ein als AIFM zugelassenes Unternehmen AIF, die von anderen AIFM verwaltet werden, handelt es nicht als Verwalter dieser AIF, sondern als Intermediär wie jede andere unter die Richtlinie 2004/39/EG fallende Wertpapierfirma. Deshalb sollte es für diese AIF keine Informationen übermitteln müssen, denn dies würde die Informationspflichten verdoppeln oder vervielfachen. Gelten sollte die Informationspflicht allerdings für Nicht-EU-AIFM, die in der Union vermarktete AIF verwalten.

(132) Die in dieser Verordnung festgelegte Schwelle löst nur die in Artikel 24 Absatz 4 der Richtlinie 2011/61/EU vorgesehenen Informationspflichten aus. Bei einem AIF, dessen nach der Commitment-Methode berechnete Verschuldungsquote unter dem dreifachen Wert seines Nettoinventarwerts liegt, würde nicht davon ausgegangen, dass er in beträchtlichem Umfang von Hebelfinanzierung Gebrauch macht. Doch können die zuständigen Behörden zusätzliche Informationen verlangen, wenn dies für eine wirksame Überwachung von Systemrisiken erforderlich ist. Die Festlegung einer Schwelle für die Bereitstellung von Informationen stellt ebenfalls sicher, dass Informationen über die Entstehung von Systemrisiken unionsweit einheitlich erhoben werden, und verschafft AIFM Sicherheit.

(133) Die Aufsichtsbefugnisse, über die eine zuständige Behörde kraft Artikel 25 Absatz 3 der Richtlinie 2011/61/EU verfügt, werden innerhalb des neuen Aufsichtssystems wahrgenommen und sind Teil der laufenden Aufsichtsprozesse und Systemrisikobewertungen, denen die zuständigen Behörden und die europäischen Aufsichts-

behörden AIF mit Blick auf die Stabilität und Integrität des Finanzsystems unterziehen. Die zuständigen Behörden sollten die Informationen, die sie erhalten, angemessen nutzen und die von einem AIFM eingesetzte Hebelfinanzierung begrenzen oder andere Beschränkungen für die Verwaltung des AIF verhängen, wenn sie dies zur Gewährleistung der Stabilität und Integrität des Finanzsystems für notwendig halten. Die Bewertung des Systemrisikos dürfte je nach wirtschaftlichem Umfeld unterschiedlich sein, wobei jeder AIFM in Bezug auf die von ihm verwalteten AIF potenziell systemrelevant sein kann. Eine grundlegende Anforderung besteht deshalb darin, dass die zuständigen Behörden alle für eine angemessene Bewertung solcher Situationen notwendigen Informationen erhalten, um die Entstehung von Systemrisiken zu vermeiden. Diese Informationen sollten die zuständigen Behörden dann gründlich bewerten und angemessene Maßnahmen einleiten.

(134) Um EU-AIFM die Möglichkeit zur Verwaltung und Vermarktung von Nicht-EU-AIF und Nicht-EU-AIFM die Möglichkeit zur Verwaltung und Vermarktung von EU-AIF in der Union zu geben, schreibt die Richtlinie 2011/61/EU den Abschluss angemessener Kooperationsvereinbarungen mit den zuständigen Aufsichtsbehörden des Drittlands vor, in dem der Nicht-EU-AIF und/oder der Nicht-EU-AIFM ihren Sitz haben. Solche Kooperationsvereinbarungen sollten zumindest einen wirksamen Informationsaustausch sicherstellen, der den zuständigen EU-Behörden die Wahrnehmung ihrer Aufgaben gemäß der Richtlinie 2011/61/EU ermöglicht.

(135) Kooperationsvereinbarungen sollten es den zuständigen Behörden ermöglichen, in Bezug auf Drittlandsunternehmen ihren Aufsichts- und Durchführungspflichten nachzukommen. Kooperationsvereinbarungen sollten deshalb für den Zugang zu Informationen, die Durchführung von Ermittlungen vor Ort und die von den Drittlandsbehörden bereitzustellende Unterstützung einen klaren konkreten Rahmen stecken. Die Kooperationsvereinbarungen sollten sicherstellen, dass die erhaltenen Informationen an andere betroffene zuständige Behörden sowie an die ESMA und den ESRB weitergeleitet werden dürfen.

(136) Um zuständigen Behörden, AIFM und Verwahrstellen die Möglichkeit zu geben, sich an die neuen Anforderungen dieser Verordnung anzupassen, damit diese wirksam und effektiv angewandt werden können, sollte der Geltungsbeginn dieser Verordnung mit dem Umsetzungstermin für die Richtlinie 2011/61/EU identisch sein –

hat folgende Verordnung erlassen:

Kapitel I Begriffsbestimmungen

Artikel 1 Begriffsbestimmungen

Zusätzlich zu den Begriffsbestimmungen des Artikels 2 der Richtlinie 2011/61/EU gelten für die Zwecke dieser Verordnung folgende Begriffsbestimmungen:

1. „Investitionszusage" ist die vertragliche Zusage eines Anlegers, dem alternativen Investmentfond (AIF) auf Verlangen des AIFM einen vereinbarten Anlagebetrag zur Verfügung zu stellen.
2. „Relevante Person" ist im Zusammenhang mit einem AIFM eine der folgenden Personen:
   a) ein Direktor, ein Gesellschafter oder eine vergleichbare Person oder ein Mitglied der Geschäftsleitung des AIFM,
   b) ein Angestellter des AIFM oder jede andere natürliche Person, deren Dienste dem AIFM zur Verfügung gestellt und von diesem kontrolliert werden und die an den vom AIFM erbrachten gemeinsamen Portfolioverwaltungsdiensten beteiligt ist,
   c) eine natürliche oder juristische Person, die im Rahmen einer Vereinbarung zur Übertragung von Aufgaben an Dritte unmittelbar an der Erbringung von Dienstleistungen für den AIFM beteiligt ist, welche dem AIFM die gemeinsame Portfolioverwaltung ermöglichen.
3. „Geschäftsleitung" die Person oder Personen, die die Geschäfte eines AIFM gemäß Artikel 8 Absatz 1 Buchstabe c der Richtlinie 2011/61/EU tatsächlich führt/führen sowie gegebenenfalls das geschäftsführende Mitglied oder die geschäftsführenden Mitglieder des Leitungsgremiums.
4. „Leitungsgremium" ist das Gremium, das bei einem AIFM die ultimative Entscheidungsbefugnis besitzt und die Aufsichts- und Führungsfunktion bzw. bei Trennung der beiden Funktionen die Führungsfunktion wahrnimmt.
5. „Besondere Regelung" eine Regelung, die sich unmittelbar aus der Illiquidität der Vermögenswerte eines AIF ergibt, sich auf die speziellen Rückgaberechte der Anleger bei einer bestimmten Art von AIF-Anteilen auswirkt und die maßgeschneidert oder von der Regelung der allgemeinen Rückgaberechte der Anleger abgetrennt ist.

Kapitel II Allgemeine Bestimmungen

Abschnitt 1 Berechnung der verwalteten Vermögenswerte

(Artikel 3 Absatz 2 der Richtlinie 2011/61/EU)

Artikel 2 Berechnung des Gesamtwerts der verwalteten Vermögenswerte

(1) Um für die in Artikel 3 Absatz 2 der Richtlinie 2011/61/EU vorgesehene Ausnahmeregelung in Frage zu kommen, muss ein AIFM

a) alle AIF, für die er als externer AIFM bestellt ist, oder den AIF, dessen AIFM er ist, wenn die Rechtsform des AIF interne Verwaltung gemäß Artikel 5 der Richtlinie 2011/61/EU zulässt, ermitteln;

b) für jeden verwalteten AIF die Portfoliowerte feststellen und anhand der in den Rechtsvorschriften des AIF-Sitzlandes sowie gegebenenfalls in der Satzung des AIF festgelegten Bewertungsregeln den Wert der verwalteten Vermögenswerte (auch der durch Hebelfinanzierung erworbenen) bestimmen;

c) die auf diese Weise ermittelten Werte aller AIF aggregieren und den daraus resultierenden Gesamtwert der verwalteten Vermögenswerte mit der in Artikel 3 Absatz 2 der Richtlinie 2011/61/EU festgelegten maßgeblichen Schwelle vergleichen.

(2) Für die Zwecke des Absatzes 1 werden Organismen für gemeinsame Anlagen in Wertpapieren (OGAW), für die der AIFM im Rahmen der Richtlinie 2009/65/EG als Verwaltungsgesellschaft benannt ist, nicht in die Berechnung einbezogen.

[1]Für die Zwecke des Absatzes 1 werden die von dem AIFM verwalteten AIF, für die der AIFM gemäß Artikel 20 der Richtlinie 2011/61/EU Aufgaben übertragen hat, in die Berechnung einbezogen. [2]Von der Berechnung ausgenommen werden allerdings die Portfolios von AIF, die im Rahmen einer Übertragung vom AIFM verwaltet werden.

(3) [1]Für die Berechnung des Gesamtwerts der verwalteten Vermögenswerte wird jede Derivateposition, einschließlich aller in Wertpapiere eingebetteten Derivate nach den in Artikel 10 festgelegten Umrechnungsmethoden in eine äquivalente Basiswert-Position umgerechnet. [2]Der absolute Wert dieser äquivalenten Position fließt dann in die Berechnung des Gesamtwerts der verwalteten Vermögenswerte ein.

(4) Wenn ein AIF in andere AIF investiert, die von demselben extern bestellten AIFM verwaltet werden, kann diese Anlage von der Berechnung der von dem AIFM verwalteten Vermögenswerte ausgenommen werden.

(5) Wenn ein Teilfonds eines intern oder extern verwalteten AIF in einen anderen Teilfonds dieses AIF investiert, kann diese Anlage von der Berechnung der von dem AIFM verwalteten Vermögenswerte ausgenommen werden.

(6) [1]Der Gesamtwert der verwalteten Vermögenswerte wird gemäß den Absätzen 1 bis 4 mindestens einmal jährlich und anhand der neuesten für die Vermögenswerte verfügbaren Werte berechnet. [2]Die neuesten für die Vermögenswerte verfügbaren Werte werden für jeden AIF in den zwölf Monaten, die der Berechnung der Schwelle gemäß dem ersten Satz dieses Absatzes vorangehen, ermittelt. [3]Der AIFM bestimmt einen Termin für die Berechnung der Schwelle und hält diesen konsequent ein. [4]Jede nachträgliche Änderung des gewählten Termins muss gegenüber der zuständigen Behörde gerechtfertigt werden. [5]Bei der Wahl des Termins für die Berechnung der Schwelle trägt der AIFM der Dauer und Häufigkeit der Bewertung der verwalteten Vermögenswerte Rechnung.

Artikel 3 Laufende Überwachung der verwalteten Vermögenswerte

[1]Für eine laufende Überwachung des Gesamtwerts der verwalteten Vermögenswerte richten die AIFM Verfahren ein, setzen diese um und wenden sie an. [2]Die Überwachung soll einen aktuellen Überblick über die verwalteten Vermögenswerte verschaffen und für jeden AIF die Beobachtung der Zeichnungen und Rücknahmen sowie gegebenenfalls der Kapitalabrufe, Kapitalausschüttungen und des Werts der Anlageobjekte ermöglichen.

Um die Notwendigkeit einer häufigeren Berechnung des Gesamtwerts der verwalteten Vermögenswerte zu bewerten, sind die Nähe dieses Gesamtwerts zu der in Artikel 3 Absatz 2 der Richtlinie 2011/61/EU festgelegten Schwelle und die erwarteten Zeichnungen und Rücknahmen zu berücksichtigen.

Artikel 4 Gelegentliche Überschreitung der Schwelle

(1) Wenn der Gesamtwert der verwalteten Vermögenswerte die maßgebliche Schwelle überschreitet, bewertet der AIFM die Situation um festzustellen, ob sie vorübergehend ist.

(2) Überschreitet der Gesamtwert der verwalteten Vermögenswerte die maßgebliche Schwelle und hält der AIFM die Situation nicht für vorübergehend, teilt er dies der zuständigen Behörde umgehend mit und beantragt innerhalb von 30 Kalendertagen eine Zulassung gemäß Artikel 7 der Richtlinie 2011/61/EU.

(3) [1]Überschreitet der Gesamtwert der verwalteten Vermögenswerte die maßgebliche Schwelle und hält der AIFM die Situation für vorübergehend, teilt er dies der zuständigen Behörde umgehend mit. [2]Diese Mitteilung hat Belege für die Einschätzung des AIFM zu enthalten, dass die Situation vorübergehend ist, sowie eine Situationsbeschreibung und eine Erläuterung der Gründe, aus denen die Situation als vorübergehend betrachtet wird.

(4) Eine Situation wird nicht als vorübergehend betrachtet, wenn sie voraussichtlich länger als drei Monate andauert.

(5) Drei Monate nach dem Datum, an dem der Gesamtwert der verwalteten Vermögenswerte die maßgebliche Schwelle überschreitet, berechnet der AIFM den Gesamtwert der verwalteten Vermögenswerte neu, um zu belegen, dass dieser unterhalb der maßgeblichen Schwelle liegt, oder um der zuständigen Behörde gegenüber nachzuweisen, dass die Ursachen für die Überschreitung der Schwelle behoben sind und er keinen Antrag auf Zulassung stellen muss.

Artikel 5 Mit der Registrierung vorzulegende Informationen

(1) Als Teil der in Artikel 3 Absatz 3 Buchstabe b der Richtlinie 2011/61/EU festgelegten Anforderung teilen AIFM den zuständigen Behörden den nach dem Verfahren des Artikels 2 errechneten Gesamtwert der verwalteten Vermögenswerte mit.

(2) [1]Als Teil der in Artikel 3 Absatz 3 Buchstabe c der Richtlinie 2011/61/EU festgelegten Anforderung legen AIFM für jeden AIF die Emissionsunterlage, einen maßgeblichen Auszug aus der Emissionsunterlage oder eine allgemeine Beschreibung der Anlagestrategie vor. [2]Der maßgebliche Auszug aus der Emissionsunterlage und die Beschreibung der Anlagestrategie enthalten mindestens die folgenden Angaben:

a) die wichtigsten Vermögenswertkategorien, in die der AIF investieren darf,

b) alle industriellen, geografischen oder sonstigen Marktsektoren oder speziellen Vermögenswertgattungen, die im Mittelpunkt der Anlagestrategie stehen,

c) eine Beschreibung der Grundsätze, die der AIF in Bezug auf Kreditaufnahme und Hebelfinanzierung anwendet.

(3) [1]Die Angaben, die der AIFM gemäß Artikel 3 Absatz 3 Buchstabe d der Richtlinie 2011/61/EU zu liefern hat, sind in Artikel 110 Absatz 1 dieser Verordnung aufgeführt. [2]Sie werden mit Hilfe des in Anhang IV festgelegten Formblatts übermittelt.

(4) Die nach Artikel 3 Absatz 3 Buchstabe d der Richtlinie 2011/61/EU gesammelten Informationen tauschen die zuständigen Behörden der Union untereinander aus und leiten sie an die Europäische Wertpapier- und Marktaufsichtsbehörde (ESMA) und an den Europäischen Ausschuss für Systemrisiken (ESRB) weiter, wenn dies zur Erfüllung ihrer Aufgaben notwendig ist.

(5) [1]Die für die Registrierung vorgeschriebenen Informationen werden jährlich aktualisiert und übermittelt. [2]Aus Gründen, die mit der Befugniswahrnehmung im Rahmen von Artikel 46 der Richtlinie 2011/61/EU zusammenhängen, können die zuständigen Behörden einen AIFM dazu verpflichten, die in Artikel 3 der Richtlinie 2011/61/EU genannten Angaben häufiger vorzulegen.

Abschnitt 2 Berechnung von Hebelfinanzierungen

(Artikel 4 Absatz 3 der Richtlinie 2011/61/EU)

Artikel 6 Allgemeine Bestimmungen zur Berechnung von Hebelfinanzierungen

(1) Die Hebelkraft eines AIF bezeichnet das Verhältnis zwischen dem Risiko eines AIF und seinem Nettoinventarwert.

(2) Das Risiko der verwalteten AIF berechnen die AIFM nach der in Artikel 7 dargelegten Brutto-Methode und der in Artikel 8 dargelegten Commitment-Methode.

Um zu entscheiden, ob die in Unterabsatz 1 genannten Methoden für alle Arten von AIF ausreichend und angemessen sind, oder ob für die Berechnung der Hebelfinanzierung eine zusätzliche optionale Methode entwickelt werden sollte, überprüft die Kommission die in Unterabsatz 1 genannten Methoden bis zum 21. Juli 2015 unter Berücksichtigung der Marktentwicklungen.

(3) [1]Risiken, die in Finanz- oder Rechtsstrukturen enthalten sind, an denen Dritte beteiligt sind, werden in die Risikoberechnung einbezogen, wenn die genannten Strukturen eigens dafür geschaffen wurden, das Risiko auf Ebene des AIF direkt oder indirekt zu erhöhen. [2]Bei AIF, deren Anlagestrategie im Wesentlichen darin besteht, die Kontrolle über nicht börsennotierte Unternehmen oder Emittenten zu erlangen, werden Risiken, die auf Ebene dieser nicht börsennotierten Unternehmen und Emittenten bestehen, vom AIFM nicht in die Berechnung der Hebelfinanzierung einbezogen, wenn der AIF oder der für ihn handelnde AIFM für potenzielle Verluste, die über seine Investition in das betreffende Unternehmen oder den betreffenden Emittenten hinausgehen, nicht aufkommen muss.

(4) Kreditvereinbarungen lassen die AIFM unberücksichtigt, wenn sie vorübergehend sind und in vollem Umfang durch vertragliche Investitionszusagen von Anlegern für den AIF abgedeckt werden.

(5) [1]Ein AIFM verfügt über angemessen dokumentierte Verfahren, um das Risiko jedes von ihm verwalteten AIF nach der Brutto- und der Commitment-Methode zu berechnen. [2]Die Berechnung erfolgt im Zeitverlauf kohärent.

Artikel 7 Berechnung des Risikos eines AIF anhand der Brutto-Methode

Das nach der Brutto-Methode berechnete Risiko eines AIF ist die Summe der absoluten Werte aller Positionen, die gemäß Artikel 19 der Richtlinie 2011/61/EU und allen nach dieser Richtlinie erlassenen delegierten Rechtsakte bewertet werden.

Zur Berechung des Risikos eines AIF nach der Brutto-Methode verfährt ein AIFM wie folgt:

a) Den Wert aller Barmittel und Barmitteläquivalente, bei denen es sich um hochliquide, auf die Basiswährung des AIF lautende Finanzinvestitionen handelt, die jederzeit in festgelegte Barbeträge umgewandelt werden können, nur unwesentlichen Wertschwankungsrisiken unterliegen und deren Rendite nicht über die einer erstklassigen Staatsanleihe mit dreimonatiger Laufzeit hinausgeht, nimmt er von der Berechnung aus;

b) Derivate rechnet er anhand der in Artikel 10 und in Anhang I Nummern 4 bis 9 und Nummer 14 dargelegten Umrechnungsmethoden in die äquivalente Basiswert-Position um;

c) Barkredite, die Barmittel- oder Barmitteläquivalente im Sinne von Buchstabe a bleiben und bei denen die zahlbaren Beträge bekannt sind, nimmt er von der Berechnung aus;

d) das aus der Reinvestition von Barkrediten resultierende Risiko bezieht er in die Berechnung ein, wobei dieses Risiko gemäß Anhang I Nummern 1 und 2 ausgedrückt wird als der Marktwert der getätigten Investition oder der Gesamtbetrag des Barkredits, je nachdem, welcher von beiden Werten der höhere ist;

e) Positionen in Pensionsgeschäften oder umgekehrten Pensionsgeschäften und Wertpapierleihgeschäften oder anderen Vereinbarungen bezieht er gemäß Anhang I Nummer 3 und Nummern 10 bis 13 in die Berechnung ein.

Artikel 8 Berechnung des Risikos eines AIF anhand der Commitment-Methode

(1) Das nach der Commitment-Methode berechnete Risiko eines AIF ist vorbehaltlich der in den Absätzen 2 bis 9 genannten Kriterien die Summe der absoluten Werte aller Positionen, die gemäß Artikel 19 der Richtlinie 2011/61/EU und den dazugehörigen delegierten Rechtsakten bewertet werden.

(2) Zur Berechung des Risikos eines AIF nach der Commitment-Methode verfährt ein AIFM wie folgt:

a) Alle Derivatepositionen rechnet er anhand der in Artikel 10 und in Anhang II Nummern 4 bis 9 und Nummer 14 dargelegten Umrechnungsmethoden in eine äquivalente Basiswert-Position um;

b) er wendet Netting- und Hedging-Vereinbarungen an;

c) wenn sich das Risiko des AIF nach in Anhang I Nummern 1 und 2 durch die Reinvestition von Krediten erhöht, berechnet er das durch diese Reinvestition entstandene Risiko;

d) andere Vereinbarungen bezieht er gemäß Anhang I Nummer 3 und Nummern 10 bis 13 in die Berechnung ein.

(3) Für die Berechnung des Risikos eines AIF nach der Commitment-Methode gilt Folgendes:

a) Unter Netting-Vereinbarungen fallen Kombinationen von Geschäften mit Derivaten oder Wertpapierpositionen, die sich auf den gleichen Basiswert beziehen, wobei im Falle von Derivaten der Fälligkeitstermin des Derivats keine Rolle spielt, wenn diese Geschäfte mit Derivaten oder Wertpapierpositionen mit dem alleinigen Ziel der Risikoeliminierung bei Positionen geschlossen wurden, die über die anderen Derivate oder Wertpapierpositionen eingegangen wurden;

b) unter Hedging-Vereinbarungen fallen Kombinationen von Geschäften mit Derivaten oder Wertpapierpositionen, die sich nicht zwangsläufig auf den gleichen Basiswert beziehen, wenn diese Geschäfte mit Derivaten oder Wertpapierpositionen mit dem alleinigen Ziel des Risikoausgleichs bei Positionen geschlossen wurden, die über die anderen Derivate oder Wertpapierpositionen eingegangen wurden.

(4) Abweichend von Absatz 2 wird ein Derivat nicht in eine äquivalente Basiswert-Position umgerechnet, wenn es alle folgenden Merkmale aufweist:

a) Es tauscht den Ertrag finanzieller Vermögenswerte im AIF-Portfolio gegen den Ertrag anderer finanzieller Referenzvermögenswerte;

b) es gleicht die Risiken der getauschten Vermögenswerte im AIF-Portfolio vollständig aus, so dass der Ertrag des AIF nicht vom Ertrag der getauschten Vermögenswerte abhängt;

c) es enthält im Vergleich zum unmittelbaren Halten des finanziellen Referenzvermögenswerts weder zusätzliche optionale Merkmale noch Klauseln über eine Hebelfinanzierung noch andere zusätzliche Risiken.

(5) Abweichend von Absatz 2 wird ein Derivat bei der Risikoberechnung nach der Commitment-Methode nicht in eine äquivalente Basiswert-Position umgerechnet, wenn es die beiden folgenden Voraussetzungen erfüllt:

a) Das Derivat aus einem finanziellen Vermögenswert wird vom AIF in Kombination mit Barmitteln gehalten, die in Barmitteläquivalente im Sinne von Artikel 7 Buchstabe a investiert werden, wobei dieses kombinierte Halten einer Long-Position in dem betreffenden finanziellen Vermögenswert entspricht;

b) das Derivat generiert keine zusätzliche Risikoposition, keine zusätzliche Hebelfinanzierung und kein zusätzliches Risiko.

(6) Hedging-Vereinbarungen werden bei der Berechnung des Risikos eines AIF nur berücksichtigt, wenn sie alle folgenden Voraussetzungen erfüllen:

a) Mit den an dem Absicherungsverhältnis beteiligten Positionen sollen keine Erträge erzielt werden und allgemeine und besondere Risiken werden ausgeglichen;

b) auf Ebene des AIF sinkt das Marktrisiko nachprüfbar;

c) soweit vorhanden, werden die mit Derivaten verbundenen allgemeinen und besonderen Risiken ausgeglichen;

d) die Hedging-Vereinbarungen beziehen sich auf ein und dieselbe Vermögenswertgattung;

e) sie sind auch bei angespannten Marktbedingungen wirksam.

(7) Vorbehaltlich des Absatzes 6 werden Derivate, die zur Absicherung von Fremdwährungsrisiken eingesetzt werden und keine zusätzlichen Risikopositionen, keine zusätzliche Hebelfinanzierung und keine sonstigen Risiken mit sich bringen, nicht in die Berechnung einbezogen.

(8) AIFM rechnen folgende Positionen gegeneinander auf:

a) Derivate mit gleichem Basiswert, auch wenn diese zu unterschiedlichen Terminen fällig werden;

b) Derivate, denen die in Anhang I Abschnitt C Nummern 1 bis 3 der Richtlinie 2004/39/EG genannten übertragbaren Wertpapiere, Geldmarktinstrumente oder Anteile an einem Organismus für gemeinsame Anlagen in Wertpapieren zugrunde liegen, werden gegen die zugrunde liegenden Vermögenswerte aufgerechnet.

(9) AIFM, die AIF verwalten, die im Einklang mit ihrer Hauptanlagestrategie hauptsächlich in Zinsderivate investieren, machen gemäß Artikel 11 von spezifischen Duration-Netting-Regelungen Gebrauch, um der Korrelation zwischen den Laufzeitsegmenten der Zinsstrukturkurve Rechnung zu tragen.

Artikel 9 Methoden zur Erhöhung des Risikos eines AIF

Bei der Berechnung des Risikos wenden die AIFM die in Anhang I dargelegten Methoden auf die dort angegebenen Fälle an.

Artikel 10 Umrechnungsmethoden für Derivate

AIFM wenden die in Anhang II dargelegten Umrechnungsmethoden auf die dort genanten Derivate an.

Artikel 11 Duration-Netting-Regelungen

(1) Duration-Netting-Regelungen werden von AIFM angewandt, wenn sie das Risiko eines AIF gemäß Artikel 8 Absatz 9 berechnen.

(2) [1]Duration-Netting-Regelungen werden nicht angewandt, wenn sie eine Fehldarstellung des AIF-Risikoprofils zur Folge hätten. [2]AIFM, die von solchen Netting-Regelungen Gebrauch machen, beziehen in ihre Zinsstrategie keine anderen Risikofaktoren ein, wie beispielsweise Volatilität. [3]Zinsarbitrage-Strategien finden deshalb auf solche Netting-Regelungen keine Anwendung.

(3) [1]Die Verwendung solcher Duration-Netting-Regelungen führt nicht dazu, dass durch Anlagen in Kurzfrist-Positionen die Hebelfinanzierung eine ungerechtfertigte Höhe erreicht. [2]Kurzfristige Zinsderivate stellen für einen AIF mit mittlerer Laufzeit, der die Duration-Netting-Regelungen anwendet, nicht die Hauptertragsquelle dar.

(4) Zinsderivate werden gemäß Anhang III in eine äquivalente Basisposition umgerechnet und einem Netting unterzogen.

(5) [1]AIF, die von den Duration-Netting-Regelungen Gebrauch machen, können nach wie vor den die Hedging-Regelung nutzen. [2]Duration-Netting-Regelungen können ausschließlich auf die nicht unter die Hedging-Regelung fallenden Zinsderivate angewandt werden.

Abschnitt 3 Zusätzliche Eigenmittel und Berufshaftpflichtversicherung

(Artikel 9 Absatz 7 und Artikel 15 der Richtlinie 2011/61/EU)

Artikel 12 Berufshaftungsrisiken

(1) Bei den nach Artikel 9 Absatz 7 der Richtlinie 2011/61/EU abzudeckenden Berufshaftungsrisiken handelt es sich um das Risiko eines Verlusts oder Schadens, der durch die Fahrlässigkeit einer relevanten Person bei der Ausübung von Tätigkeiten, für die der AIFM rechtlich verantwortlich ist, verursacht wird.

(2) Die in Absatz 1 definierten Berufshaftungsrisiken umfassen u. a.

a) das Risiko des Verlusts von Dokumentennachweisen für das Eigentumsrecht des AIF an Vermögenswerten;

b) das Risiko von Fehldarstellungen oder irreführenden Aussagen gegenüber dem AIF oder seinen Anlegern;

c) das Risiko von Handlungen, Fehlern oder Auslassungen, aufgrund deren gegen Folgendes verstoßen wird:

   i) gesetzliche Pflichten und Verwaltungsvorgaben;

   ii) die Pflicht, dem AIF und seinen Anlegern gegenüber Sachkenntnis und Sorgfalt walten zu lassen;

   iii) treuhänderische Pflichten;

   iv) Pflicht zur vertraulichen Behandlung;

   v) die Vertragsbedingungen oder die Satzung des AIF;

   vi) die Bedingungen, zu denen der AIFM vom AIF bestellt wurde;

d) das Risiko, dass keine angemessenen Verfahren zur Prävention unredlicher, betrügerischer oder böswilliger Handlungen geschaffen, umgesetzt und beibehalten werden;

e) das Risiko einer nicht vorschriftsmäßigen Bewertung von Vermögenswerten oder Berechnung von Anteilspreisen;

f) das Risiko von Verlusten, die durch eine Betriebsunterbrechung, durch Systemausfälle oder durch einen Ausfall der Transaktionsverarbeitung oder des Prozessmanagements verursacht werden.

(3) Berufshaftungsrisiken sind allzeit entweder durch zusätzliche, gemäß Artikel 14 bestimmte Eigenmittel in ausreichender Höhe oder durch einen ausreichenden, gemäß Artikel 15 bestimmten Berufshaftpflichtversicherungsschutz zu decken.

Artikel 13 Qualitative Anforderungen im Zusammenhang mit Berufshaftpflichtrisiken

(1) [1]Um die operationellen Risiken, einschließlich Berufshaftungsrisiken, denen der AIFM ausgesetzt ist oder nach billigem Ermessen ausgesetzt sein könnte, angemessen zu ermitteln, zu messen, zu steuern und zu überwachen, wendet ein AIFM wirksame interne Grundsätze und Verfahren zur Steuerung des operationellen Risikos an. [2]Die mit der Steuerung des operationellen Risikos zusammenhängenden Tätigkeiten werden im Rahmen der Risikomanagement-Grundsätze unabhängig ausgeführt.

(2) [1]Ein AIFM richtet eine historische Verlustdatenbank ein, in der sämtliche Fälle von operationellem Versagen sowie alle erlittenen Verluste und eingetretenen Schäden erfasst werden. [2]Diese Datenbank erfasst alle in Artikel 12 Absatz 2 genannten, eingetretenen Berufshaftungsrisiken, ist aber nicht auf diese beschränkt.

(3) Der AIFM macht innerhalb des Risikomanagement-Rahmens von seinen internen historischen Verlustdaten sowie – wo angemessen – von externen Daten, Szenarioanalysen und Faktoren, die das Unternehmensumfeld und die internen Kontrollsysteme widerspiegeln, Gebrauch.

(4) Operationelle Risiken und erlittene Verluste werden laufend überwacht und sind Gegenstand einer regelmäßigen internen Berichterstattung.

(5) [1]Die Grundsätze und Verfahren des AIFM zur Steuerung des operationellen Risikos werden genau dokumentiert. [2]Ein AIFM hat Vorkehrungen getroffen, um die Einhaltung seiner Grundsätze für die Steuerung des operationellen Risikos sowie wirksame Maßnahmen für den Umgang mit der Nichteinhaltung dieser Grundsätze zu gewährleisten. [3]Ein AIFM verfügt über Verfahren, die die Einleitung angemessener Korrektivmaßnahmen ermöglichen.

(6) Die Grundsätze und Verfahren zur Steuerung des operationellen Risikos und die Messsysteme werden regelmäßig, mindestens aber einmal jährlich, überprüft

(7) Ein AIFM verfügt stets über finanzielle Mittel, die dem für ihn ermittelten Risikoprofil angemessen sind.

Artikel 14 Zusätzliche Eigenmittel

(1) Dieser Artikel gilt für AIFM, die sich dafür entscheiden, Berufshaftungsrisiken durch zusätzliche Eigenmittel abzudecken.

(2) Zur Deckung von Berufshaftungsrisiken, die auf berufliche Fahrlässigkeit zurückzuführen sind, hält der AIFM zusätzliche Eigenmittel von mindestens 0,01 % des Werts der Portfolios der von ihm verwalteten AIF vor.

Der Wert der Portfolios der verwalteten AIF ist die Summe der absoluten Werte aller Vermögenswerte aller vom AIFM verwalteten AIF, einschließlich solcher, die mit Hilfe von Hebelfinanzierungen erworben wurden, wobei Derivate zu ihrem Marktwert bewertet werden.

(3) Am Ende jedes Geschäftsjahres wird das in Absatz 2 vorgeschriebene zusätzliche Eigenkapital neu berechnet und der Betrag der zusätzlichen Eigenmittel entsprechend angepasst.

[1]Zur laufenden Überwachung des nach Absatz 2 Unterabsatz 2 berechneten Werts der Portfolios der von ihm verwalteten AIF richtet der AIFM Verfahren ein, setzt sie um und wendet sie an. [2]Sollten die Portfolios der verwalteten AIF vor der in Unterabsatz 1 erwähnten jährlichen Neuberechnung einen erheblichen Wertzuwachs verzeichnen, berechnet der AIFM die erforderlichen zusätzlichen Eigenmittel umgehend neu und passt die zusätzlichen Eigenmittel entsprechend an.

(4) [1]Die zuständige Behörde des Herkunftsmitgliedstaats des AIFM kann dem AIFM nur dann gestatten, weniger zusätzliche Eigenmittel vorzuhalten als in Absatz 2 verlangt, wenn sie sich anhand der in einem Beobachtungszeitraum von mindestens drei Jahren vor der Bewertung erfassten historischen Verlustdaten des AIFM davon überzeugt hat, dass die von diesem vorgehaltenen zusätzlichen Eigenmittel für eine angemessene Deckung seiner Berufshaftpflichtrisiken ausreichen. [2]Bei einer autorisierten Unterschreitung des vorgeschriebenen Werts müssen die zusätzlichen Eigenmittel mindestens 0,008 % des Werts der Portfolios der vom AIFM verwalteten AIF betragen.

(5) [1]Ist die zuständige Behörde des Herkunftsmitgliedstaats des AIFM nicht davon überzeugt, dass die von diesem vorgehaltenen zusätzlichen Eigenmittel für eine angemessene Deckung seiner Berufshaftpflichtrisiken ausreichen, kann sie den AIFM auffordern, seine zusätzlichen Eigenmittel über den in Absatz 2 vorgeschrieben Betrag hinaus aufzustocken. [2]Die zuständige Behörde begründet, warum sie die zusätzlichen Eigenmittel des AIFM für unzureichend hält.

Artikel 15 Berufshaftpflichtversicherung

(1) Dieser Artikel gilt für AIFM, die sich dafür entscheiden, Berufshaftungsrisiken durch eine Berufshaftpflichtversicherung abzudecken.

(2) Der AIFM schließt und verfügt allzeit über eine Berufshaftpflichtversicherung,

a) deren Anfangslaufzeit mindestens ein Jahr beträgt;
b) deren Kündigungsfrist mindestens 90 Tage beträgt;
c) die die in Artikel 12 Absätze 1 und 2 definierten Berufshaftungsrisiken abdeckt;
d) die bei einem EU- oder Drittlandsunternehmen geschlossen wurde, das nach dem Unions- oder dem nationalen Recht für die Berufshaftpflichtversicherung zugelassen ist;
e) die von einem Drittunternehmen gestellt wird.

Jede vereinbarte, festgelegte Überschreitung ist in vollem Umfang durch Eigenmittel gedeckt, die zusätzlich zu den in Artikel 9 Absätze 1 und 3 der Richtlinie 2011/61/EU vorgeschriebenen Eigenmitteln vorzuhalten sind.

(3) Der Versicherungsschutz für eine Einzelforderung entspricht mindestens 0,7 % des nach Artikel 14 Absatz 2 Unterabsatz 2 berechneten Werts der Portfolios der von dem AIFM verwalteten AIF.

(4) Der Versicherungsschutz für sämtliche Forderungen eines Jahres entspricht mindestens 0,9 % des nach Artikel 14 Absatz 2 Unterabsatz 2 berechneten Werts der Portfolios der von dem AIFM verwalteten AIF.

(5) Der AIFM überprüft die Berufshaftpflichtversicherungspolice und deren Übereinstimmung mit den in diesem Artikel festgelegten Anforderungen mindestens einmal jährlich sowie bei jeder Änderung, die sich auf die Übereinstimmung der Police mit den Anforderungen dieses Artikels auswirkt.

Kapitel III Bedingungen für die Ausübung der Tätigkeit von AIFM

Abschnitt 1 Allgemeine Grundsätze

(Artikel 12 Absatz 1 der Richtlinie 2011/61/EU)

Artikel 16 Allgemeine Pflichten der zuständigen Behörden

Wenn die zuständigen Behörden bewerten, ob der AIFM Artikel 12 Absatz 1 der Richtlinie 2011/61/EU einhält, legen sie zumindest die im vorliegenden Abschnitt festgelegten Kriterien zugrunde.

Artikel 17 Pflicht, im besten Interesse des AIF oder der Anleger des AIF und der Integrität des Marktes zu handeln

(1) Die AIFM wenden Grundsätze und Verfahren zur Verhinderung unzulässiger Praktiken an, einschließlich solcher, von denen nach billigem Ermessen eine Beeinträchtigung der Marktstabilität und -integrität zu erwarten wäre.

(2) Die AIFM stellen sicher, dass den von ihnen verwalteten AIF oder den Anlegern dieser AIF keine überzogenen Kosten in Rechnung gestellt werden.

Artikel 18 Gebotene Sorgfalt

(1) Die AIFM lassen bei der Auswahl und laufenden Überwachung der Anlagen große Sorgfalt walten.

(2) Die AIFM gewährleisten, dass sie hinsichtlich der Vermögenswerte, in die der AIF investiert, über ausreichende Kenntnisse und ausreichendes Verständnis verfügen.

(3) Die AIFM legen in Bezug auf Sorgfaltspflichten schriftliche Grundsätze und Verfahren fest, setzen diese um und wenden sie an und treffen wirksame Vorkehrungen, um zu gewährleisten, dass Anlageentscheidungen, die für die AIF getroffen werden, mit deren Zielen, Anlagestrategie und gegebenenfalls Risikolimits übereinstimmen.

(4) Die in Absatz 3 genannten Grundsätze und Verfahren in Bezug auf Sorgfaltspflichten werden regelmäßig überprüft und aktualisiert.

Artikel 19 Gebotene Sorgfalt bei Anlagen in eingeschränkt liquide Vermögenswerte

(1) Wenn AIFM in eingeschränkt liquide Vermögenswerte investieren und dieser Anlage eine Verhandlungsphase vorangeht, halten sie zusätzlich zu den in Artikel 18 festgelegten Anforderungen in Bezug auf die Verhandlungsphase die folgenden Anforderungen ein:

a) Sie stellen einen mit der Laufzeit des AIF und den Marktbedingungen in Einklang stehenden Geschäftsplan auf und aktualisieren diesen regelmäßig;

b) sie suchen nach möglichen, mit dem unter Buchstabe a genannten Geschäftsplan in Einklang stehende Transaktionen und wählen diese aus;

c) sie bewerten die ausgewählten Transaktionen unter Berücksichtigung eventuell vorhandener Gelegenheiten und damit insgesamt verbundener Risiken, aller relevanten rechtlichen, steuerlichen, finanziellen oder sonstigen den Wert beeinflussenden Faktoren, Human- und Materialressourcen und Strategien, einschließlich Ausstiegsstrategien;

d) bevor sie die Ausführung der Transaktionen veranlassen, prüfen sie diese mit der gebotenen Sorgfalt;

e) sie überwachen die Wertentwicklung des AIF unter Berücksichtigung des unter Buchstabe a genannten Geschäftsplans.

(2) Die Aufzeichnungen für die gemäß Absatz 1 ausgeführten Tätigkeiten bewahren die AIFM mindestens fünf Jahre lang auf.

Artikel 20 Gebotene Sorgfalt bei der Auswahl und Bestellung von Gegenparteien und Primebrokern

(1) Bei der Auswahl und Bestellung von Gegenparteien und Primebrokern verfahren die AIFM sowohl vor Abschluss einer Vereinbarung als auch im Anschluss daran stets mit der gebotenen Sachkenntnis, Sorgfalt und Gewissenhaftigkeit, wobei sie dem gesamten Spektrum und der Qualität der angebotenen Dienste Rechnung tragen.

(2) Bei der Auswahl von Primebrokern oder Gegenparteien eines AIFM oder AIF bei einem OTC-Derivatgeschäft, einem Wertpapierleih- oder einem Wertpapierpensionsgeschäft stellen die AIFM sicher, dass diese Primebroker und Gegenparteien alle folgenden Bedingungen erfüllen:

a) Sie unterliegen der laufenden Aufsicht einer öffentlichen Stelle;

b) sie sind finanziell solide;

c) sie verfügen über die Organisationsstruktur und die Ressourcen, die sie für die für den AIFM oder AIF zu erbringenden Leistungen benötigen.

(3) Bei der Bewertung der in Absatz 2 Buchstabe b erwähnten finanziellen Solidität berücksichtigt der AIFM, ob der Primebroker oder die Gegenpartei aufsichtsrechtlichen Vorschriften, wie ausreichenden Eigenkapitalanforderungen, und einer wirksamen Aufsicht unterliegen.

(4) [1]Die Liste der ausgewählten Primebroker wird von der Geschäftsleitung des AIFM genehmigt. [2]In Ausnahmefällen können auch nicht auf der Liste geführte Primebroker bestellt werden, wenn sie die in Absatz 2 festgelegten Anforderungen erfüllen und die Geschäftsleitung ihrer Bestellung zustimmt. [3]Der AIFM muss eine solche Wahl begründen

und nachweisen können, dass er bei der Auswahl und Überwachung der nicht auf der Liste geführten Primebroker mit der gebotenen Sorgfalt vorgegangen ist.

Artikel 21 Ehrlichkeit, Redlichkeit und gebotene Sachkenntnis

Um festzustellen, ob ein AIFM seinen Tätigkeiten ehrlich, redlich und mit der gebotenen Sachkenntnis nachgeht, bewerten die zuständigen Behörden zumindest, ob die folgenden Bedingungen erfüllt sind:

a) Das Leitungsgremium des AIFM verfügt kollektiv über die Kenntnisse, Kompetenzen und Erfahrungen, die für das Verständnis der Tätigkeiten des AIFM erforderlich sind, was insbesondere für die mit diesen Tätigkeiten verbundenen Hauptrisiken und die Vermögenswerte, in die der AIF investiert, gilt;

b) die Mitglieder des Leitungsgremiums widmen der ordnungsgemäßen Wahrnehmung ihrer Aufgaben beim AIFM genügend Zeit;

c) jedes Mitglied des Leitungsgremiums handelt aufrichtig, integer und unvoreingenommen;

d) der AIFM wendet für die Einführung der Mitglieder des Leitungsgremiums in ihr Amt und deren Schulung ausreichende Ressourcen auf.

Artikel 22 Ressourcen

(1) AIFM beschäftigen eine ausreichende Zahl von Mitarbeiterinnen und Mitarbeitern, die über die Kompetenzen, Kenntnisse und Erfahrungen verfügen, die zur Erfüllung der ihnen zugewiesenen Pflichten erforderlich sind.

(2) Für die Zwecke des Absatzes 1 tragen AIFM der Art, dem Umfang und der Komplexität ihrer Geschäfte sowie der Art und dem Spektrum der im Zuge dieser Geschäfte erbrachten Dienstleistungen und Tätigkeiten Rechnung.

Artikel 23 Faire Behandlung der AIF-Anleger

(1) Der AIFM sorgt dafür, dass seine in Artikel 57 erwähnten Entscheidungsprozesse und organisatorischen Strukturen eine faire Behandlung der Anleger gewährleisten.

(2) Sollte ein AIFM einem oder mehreren Anlegern eine Vorzugsbehandlung gewähren, bringt dies für die anderen Anleger insgesamt keine wesentliche Benachteiligung mit sich.

Artikel 24 Anreize

(1) AIFM können nicht als ehrlich, redlich und im besten Interesse der von ihnen verwalteten AIF oder deren Anlegern handelnd betrachtet werden, wenn sie bei der Wahrnehmung der in Anhang I der Richtlinie 2011/61/EU genannten Funktionen für ausgeführte Tätigkeiten eine Gebühr oder Provision zahlen oder erhalten oder eine nicht in Geldform angebotene Zuwendung gewähren oder erhalten, es sei denn, es handelt sich um:

a) eine Gebühr, eine Provision oder eine nicht in Geldform angebotene Zuwendung, die dem AIF oder einer für ihn handelnden Person gezahlt bzw. vom AIF oder einer für ihn handelnden Person gewährt wird;

b) eine Gebühr, eine Provision oder eine nicht in Geldform angebotene Zuwendung, die einem Dritten oder einer für ihn handelnden Person gezahlt bzw. von einer dieser Personen gewährt wird, wenn der AIF nachweisen kann, dass die folgenden Bedingungen erfüllt sind:

  i) die Existenz, die Art und der Betrag der Gebühr, Provision oder Zuwendung oder – wenn der Betrag nicht feststellbar ist – die Art und Weise seiner Berechnung werden den AIF-Anlegern vor Erbringung der betreffenden Dienstleistung in umfassender, zutreffender und verständlicher Weise unmissverständlich offengelegt;

  ii) die Zahlung der Gebühr oder Provision bzw. die Gewährung der nicht in Geldform angebotenen Zuwendung sind darauf ausgelegt, die Qualität der betreffenden Dienstleistung zu verbessern und den AIFM nicht daran zu hindern, pflichtgemäß im besten Interesse des von ihm verwalteten AIF oder dessen Anlegern zu handeln;

c) sachgerechte Gebühren, die die Erbringung der betreffenden Dienstleistung ermöglichen oder dafür notwendig sind – einschließlich Verwahrungsgebühren, Abwicklungs- und Handelsplatzgebühren, Verwaltungsabgaben oder gesetzliche Gebühren – und die wesensbedingt keine Konflikte mit der Verpflichtung des AIFM hervorrufen, ehrlich, redlich und im besten Interesse des von ihm verwalteten AIF oder dessen Anlegern zu handeln.

(2) Eine Offenlegung der wesentlichen Bestimmungen der Vereinbarungen über die Gebühr, die Provision oder die nicht in Geldform angebotene Zuwendung in zusammengefasster Form wird für die Zwecke von Absatz 1 Buchstabe b Ziffer i als ausreichend angesehen, sofern sich der AIFM verpflichtet, auf Wunsch des Anlegers des von ihm verwalteten Fonds weitere Einzelheiten offenzulegen, und dieser Verpflichtung auch nachkommt.

Artikel 25 Wirkungsvoller Einsatz von Ressourcen und Verfahren – Bearbeitung von Aufträgen

(1) Die AIFM legen Verfahren und Regelungen fest, die für die umgehende, faire und zügige Ausführung von Aufträgen für den AIF sorgen, setzen diese um und wenden sie an.

(2) Die in Absatz 1 genannten Verfahren und Regelungen müssen die folgenden Anforderungen erfüllen:

a) Sie stellen sicher, dass für AIF ausgeführte Aufträge umgehend und korrekt registriert und zugewiesen werden;

b) sie stellen sicher, dass ansonsten vergleichbare AIF-Aufträge der Reihe nach umgehend ausgeführt werden, es sei denn, die Merkmale des Auftrags oder die herrschenden Marktbedingungen machen dies unmöglich oder die Interessen des AIF oder seiner Anleger verlangen etwas anderes.

(3) Die Finanzinstrumente, Geldbeträge oder sonstigen Vermögenswerte, die im Zuge der Abrechnung der ausgeführten Aufträge entgegengenommen werden, werden umgehend und korrekt auf dem Konto des betreffenden OGAW eingeliefert oder verbucht.

(4) AIFM dürfen Informationen im Zusammenhang mit anstehenden AIF-Aufträgen nicht missbrauchen und treffen alle angemessenen Maßnahmen, um den Missbrauch derartiger Informationen durch ihre relevanten Personen zu verhindern.

Artikel 26 Mitteilungspflichten in Bezug auf die Ausführung von Zeichnungs- und Rücknahmeaufträgen

(1) Hat ein AIFM einen Zeichnungs- oder – falls relevant – einen Rücknahmeauftrag eines Anlegers ausgeführt, stellt er diesem unverzüglich auf einem dauerhaften Datenträger alle wesentlichen Informationen zur Ausführung dieses Auftrags oder – sollte dies der Fall sein – zur Annahme des Zeichnungsangebots zur Verfügung.

(2) Absatz 1 findet keine Anwendung, wenn ein Dritter dem Anleger eine Bestätigung über die Ausführung des Auftrags vorlegen muss und diese Bestätigung die wesentlichen Informationen enthält.

Die AIFM stellen sicher, dass dieser Dritte seinen Pflichten nachkommt.

(3) Die in den Absätzen 1 und 2 genannten wesentlichen Informationen umfassen Folgendes:

a) Angabe des AIFM;

b) Angabe des Anlegers;

c) Datum und Uhrzeit des Auftragseingangs;

d) Datum der Ausführung;

e) Angabe des AIF;

f) Bruttoauftragswert einschließlich Zeichnungsgebühren oder Nettobetrag nach Abzug von Rücknahmegebühren.

(4) AIFM legen dem Anleger auf Wunsch Informationen über den Stand des Auftrags oder der Annahme des Zeichnungsangebots oder gegebenenfalls beides vor.

Artikel 27 Ausführung von Handelsentscheidungen für den verwalteten AIF

(1) Wenn AIFM im Rahmen der Portfolioverwaltung Handelsentscheidungen für den verwalteten AIF ausführen, handeln sie im besten Interesse der AIF oder der Anleger der von ihnen verwalteten AIF.

(2) [1]Bei jedem Kauf oder Verkauf von Finanzinstrumenten oder anderen Vermögenswerten, bei denen die bestmögliche Ausführung von Bedeutung ist, trifft ein AIFM für die Zwecke des Absatzes 1 alle angemessenen Maßnahmen, um für die von ihm verwalteten AIF oder deren Anleger das bestmögliche Ergebnis zu erzielen, wobei er dem Kurs, den Kosten, der Geschwindigkeit, der Wahrscheinlichkeit der Ausführung und Abrechnung, dem Umfang und der Art des Auftrags sowie allen sonstigen, für die Auftragsausführung relevanten Aspekten Rechnung trägt. [2]Die relative Bedeutung dieser Faktoren wird anhand folgender Kriterien bestimmt:

a) Ziele, Anlagepolitik und spezifische Risiken des AIF, wie in den Vertragsbedingungen oder der Satzung des AIF, dem Prospekt oder den AIF-Emissionsunterlagen dargelegt;

b) Merkmale des Auftrags;

c) Merkmale der Finanzinstrumente oder sonstigen Vermögenswerte, die Gegenstand des betreffenden Auftrags sind;

d) Merkmale der Ausführungsplätze, an die der Auftrag weitergeleitet werden kann.

(3) [1]Um den in den Absätzen 1 und 2 genannten Verpflichtungen nachzukommen, schaffen die AIFM wirksame Regelungen und setzen diese um. [2]AIFM legen insbesondere schriftliche Grundsätze für die Auftragsausführung fest, die den AIF und deren Anlegern bei AIF-Aufträgen die Erzielung des bestmöglichen Ergebnisses gemäß Absatz 2 gestatten, und setzen diese um.

(4) Die AIFM überwachen die Wirksamkeit ihrer Regelungen und Grundsätze für die Auftragsausführung regelmäßig, um etwaige Mängel aufzudecken und bei Bedarf zu beheben.

(5) [1]Die AIFM überprüfen ihre Grundsätze für die Auftragsausführung jährlich. [2]Eine Überprüfung findet auch immer dann statt, wenn eine wesentliche Veränderung eintritt, die die Fähigkeit des AIFM beeinträchtigt, für die verwalteten AIF auch weiterhin das bestmögliche Ergebnis zu erzielen.

(6) Die AIFM können nachweisen, dass sie Aufträge für den AIF gemäß ihren Grundsätzen für die Auftragsausführung ausgeführt haben.

(7) [1]Wenn nicht zwischen verschiedenen Ausführungsplätzen gewählt werden kann, finden die Absätze 2 bis 5 keine Anwendung. [2]Allerdings müssen die AIFM nachweisen können, dass keine Wahl zwischen verschiedenen Ausführungsplätzen besteht.

Artikel 28 Platzierung von AIF-Handelsaufträgen bei anderen Ausführungseinrichtungen

(1) Bei jedem Kauf oder Verkauf von Finanzinstrumenten oder anderen Vermögenswerten, bei denen die bestmögliche Ausführung von Bedeutung ist, handelt der AIFM, wenn er im Rahmen der Portfolioverwaltung Handelsaufträge für die verwalteten AIF bei anderen Ausführungseinrichtungen platziert, im besten Interesse der von ihm verwalteten AIF oder der Anleger dieser AIF.

(2) [1]Die AIFM treffen alle angemessenen Maßnahmen, um das bestmögliche Ergebnis für den AIF oder dessen Anleger zu erzielen, wobei sie dem Kurs, den Kosten, der Geschwindigkeit, der Wahrscheinlichkeit der Ausführung und Abrechnung, dem Umfang und der Art des Auftrags sowie allen sonstigen, für die Auftragsausführung relevanten Aspekten Rechnung tragen. [2]Die relative Bedeutung dieser Faktoren wird anhand der in Artikel 27 Absatz 2 festgelegten Kriterien bestimmt.

[1]Die AIFM legen Grundsätze fest, die ihnen die Erfüllung der in Unterabsatz 1 genannten Verpflichtung gestatten, setzen diese um und wenden sie an. [2]In diesen Grundsätzen werden für jede Instrumentengattung die Einrichtungen genannt, bei denen Aufträge platziert werden dürfen. [3]Der AIFM geht nur dann Ausführungsvereinbarungen ein, wenn diese mit den in diesem Artikel niedergelegten Verpflichtungen vereinbar sind. [4]Der AIFM stellt den Anlegern der von ihm verwalteten AIF angemessene Informationen über die gemäß diesem Absatz festgelegten Grundsätze und wesentliche Änderungen daran zur Verfügung.

(3) Die AIFM überwachen die Wirksamkeit der gemäß Absatz 2 festgelegten Grundsätze, insbesondere die Qualität der Ausführung durch die in diesen Grundsätzen genannten Einrichtungen, regelmäßig und beheben bei Bedarf etwaige Mängel.

[1]Außerdem unterziehen die AIFM ihre Grundsätze alljährlich einer Überprüfung. [2]Eine solche Überprüfung findet auch immer dann statt, wenn eine wesentliche Veränderung eintritt, die die Fähigkeit des AIFM beeinträchtigt, für die verwalteten AIF auch weiterhin das bestmögliche Ergebnis zu erzielen.

(4) Die AIFM können nachweisen, dass sie Aufträge für den AIF gemäß den nach Absatz 2 festgelegten Grundsätzen platziert haben.

(5) [1]Wenn nicht zwischen verschiedenen Ausführungsplätzen gewählt werden kann, finden die Absätze 2 bis 5 keine Anwendung. [2]Allerdings müssen die AIFM nachweisen können, dass keine Wahl zwischen verschiedenen Ausführungsplätzen besteht.

Artikel 29 Zusammenlegung und Zuweisung von Handelsaufträgen

(1) Die AIFM können einen AIF-Auftrag nur dann zusammen mit dem Auftrag eines anderen AIF, eines OGAW oder eines Kunden oder mit einem bei Anlage ihrer Eigenmittel veranlassten Auftrag ausführen, wenn

a) nach billigem Ermessen zu erwarten ist, dass die Zusammenlegung der Aufträge für keinen der AIF, OGAW oder Kunden, deren Auftrag mit anderen zusammengelegt werden soll, insgesamt von Nachteil ist;

b) Grundsätze für die Auftragszuweisung festgelegt sind und umgesetzt werden, die die faire Zuweisung zusammengelegter Aufträge präzise genug regeln, auch im Hinblick darauf, wie Auftragsvolumen und -preis die Zuweisungen bestimmen und wie bei Teilausführungen zu verfahren ist.

(2) Legt ein AIFM einen AIF-Auftrag mit einem oder mehreren Aufträgen anderer AIF, OGAW oder Kunden zusammen und führt den zusammengelegten Auftrag teilweise aus, so weist er die zugehörigen Geschäfte gemäß seinen Grundsätzen für die Auftragszuweisung zu.

(3) Legt ein AIFM Geschäfte für eigene Rechnung mit einem oder mehreren AIF-, OGAW- oder Kundenaufträgen zusammen, so weist er die zugehörigen Geschäfte nicht in einer Weise zu, die für den AIF, den OGAW oder einen Kunden von Nachteil ist.

(4) Legt ein AIFM den Auftrag eines AIF, eines OGAW oder eines sonstigen Kunden mit einem Geschäft für eigene Rechnung zusammen und führt den zusammengelegten Auftrag teilweise aus, so räumt er bei der Zuweisung der zugehörigen Geschäfte dem AIF, dem OGAW oder den Kunden gegenüber seinen Eigengeschäften Vorrang ein.

Kann der AIFM dem AIF oder Kunden gegenüber jedoch schlüssig darlegen, dass er den Auftrag ohne die Zusammenlegung nicht zu derart günstigen Bedingungen oder überhaupt nicht hätte ausführen können, kann er das Geschäft für eigene Rechnung in Einklang mit seinen gemäß Absatz 1 Buchstabe b festgelegten Grundsätzen anteilsmäßig zuweisen.

Abschnitt 2 Interessenkonflikte

(Artikel 14 der Richtlinie 2011/61/EU)

Artikel 30 Arten von Interessenkonflikten

Zur Ermittlung der Arten von Interessenkonflikten, die bei der Verwaltung eines AIF auftreten, berücksichtigen AIFM insbesondere, ob der AIFM, eine relevante Person oder eine direkt oder indirekt über ein Kontrollverhältnis mit dem AIFM verbundene Person

a) voraussichtlich einen finanziellen Vorteil erzielt oder einen finanziellen Verlust vermeidet, was zu Lasten des AIF oder seiner Anleger geht;

b) am Ergebnis einer für den AIF oder seine Anleger oder einen Kunden erbrachten Dienstleistung oder Tätigkeit oder eines für den AIF oder einen Kunden getätigten Geschäfts ein Interesse hat, das sich nicht mit dem Interesse des AIF an diesem Ergebnis deckt;

c) einen finanziellen oder sonstigen Anreiz hat,

   - die Interessen eines OGAW, eines Kunden oder einer Gruppe von Kunden oder eines anderen AIF über die Interessen des AIF zu stellen;

– die Interessen eines Anlegers über die Interessen eines anderen Anlegers oder einer Gruppe von Anlegern desselben AIF zu stellen;

d) für den AIF und für einen anderen AIF, einen OGAW oder Kunden dieselben Leistungen erbringt;

e) aktuell oder künftig von einer anderen Person als dem AIF oder seinen Anlegern in Bezug auf Leistungen der gemeinsamen Portfolioverwaltung, die für den AIF erbracht werden, zusätzlich zu der hierfür üblichen Provision oder Gebühr einen Anreiz in Form von Geld, Gütern oder Dienstleistungen erhält.

Artikel 31 Grundsätze für den Umgang mit Interessenkonflikten

(1) [1]Der AIFM legt wirksame Grundsätze für den Umgang mit Interessenkonflikten fest, setzt sie um und wendet sie an. [2]Diese Grundsätze sind schriftlich festzulegen und müssen der Größe und Organisation des AIFM sowie der Art, dem Umfang und der Komplexität seiner Geschäfte angemessen sein.

Gehört der AIFM einer Gruppe an, müssen diese Grundsätze darüber hinaus allen Umständen Rechnung tragen, die dem AIFM bekannt sind oder sein sollten und die aufgrund der Struktur und der Geschäftstätigkeiten anderer Gruppenmitglieder zu einem Interessenkonflikt Anlass geben könnten.

(2) In den gemäß Absatz 1 festgelegten Grundsätzen für den Umgang mit Interessenkonflikten wird

a) im Hinblick auf die Leistungen, die vom oder im Auftrag des AIFM erbracht werden, einschließlich der Tätigkeiten seiner Beauftragten, Unterbeauftragten, externen Bewerter oder Gegenparteien, festgelegt, unter welchen Umständen ein Interessenkonflikt, der den Interessen des AIF oder seiner Anleger erheblich schaden könnte, vorliegt oder entstehen könnte;

b) festgelegt, welche Verfahren für die Prävention, Steuerung und Überwachung dieser Konflikte einzuhalten und welche Maßnahmen zu treffen sind.

Artikel 32 Interessenkonflikte im Zusammenhang mit der Rücknahme von Anlagen

Im Einklang mit seinen Verpflichtungen gemäß Artikel 14 Absatz 1 der Richtlinie 2011/61/EU ermittelt, steuert und überwacht ein AIFM, der einen offenen AIF verwaltet, Interessenkonflikte, die zwischen Anlegern, die ihre Anlagen zurücknehmen wollen, und Anlegern, die ihre Anlagen im AIF aufrechterhalten wollen, auftreten, sowie Konflikte im Zusammenhang mit der Zielsetzung des AIFM, in illiquide Vermögenswerte zu investieren, und den Rücknahmegrundsätzen des AIF.

Artikel 33 Verfahren und Maßnahmen zur Prävention und Steuerung von Interessenkonflikten

(1) Die zur Prävention und Steuerung von Interessenkonflikten festgelegten Verfahren und Maßnahmen sollen dafür sorgen, dass relevante Personen, die verschiedene Geschäftstätigkeiten ausführen, die das Risiko eines Interessenkonflikts nach sich ziehen, diese Tätigkeiten mit einem Grad an Unabhängigkeit ausführen, der der Größe und dem Betätigungsfeld des AIFM und der Gruppe, der er angehört, sowie der Erheblichkeit des Risikos, dass die Interessen des AIF oder seiner Anleger geschädigt werden, angemessen ist.

(2) [1]Sofern es für den AIFM zur Gewährleistung des geforderten Grads an Unabhängigkeit erforderlich und angemessen ist, schließen die nach Artikel 31 Absatz 2 Buchstabe b einzuhaltenden bzw. zu treffenden Verfahren und Maßnahmen Folgendes ein:

a) wirksame Verfahren, die den Austausch von Informationen zwischen relevanten Personen, die in der gemeinsamen Portfolioverwaltung tätig sind oder deren Tätigkeiten gemäß Artikel 6 Absätze 2 und 4 der Richtlinie 2011/61/EU einen Interessenkonflikt nach sich ziehen könnten, verhindern oder kontrollieren, wenn dieser Informationsaustausch den Interessen eines oder mehrerer AIF oder deren Anlegern schaden könnte;

b) die gesonderte Beaufsichtigung relevanter Personen, zu deren Hauptaufgaben die gemeinsame Portfolioverwaltung für Kunden oder die Erbringung von Dienstleistungen für Kunden oder Anleger gehört, deren Interessen möglicherweise kollidieren oder die in anderer Weise unterschiedliche, möglicherweise kollidierende Interessen vertreten, was auch die Interessen des AIFM einschließt;

c) die Beseitigung jeder direkten Verbindung zwischen der Vergütung relevanter Personen, die sich hauptsächlich mit einer Tätigkeit beschäftigen, und der Vergütung oder den Einnahmen anderer relevanter Personen, die sich hauptsächlich mit einer anderen Tätigkeit beschäftigen, wenn bei diesen Tätigkeiten ein Interessenkonflikt entstehen könnte;

d) Maßnahmen, die jeden ungebührlichen Einfluss auf die Art und Weise, in der eine relevante Person die gemeinsame Portfolioverwaltung ausführt, verhindern oder einschränken;

e) Maßnahmen, die die gleichzeitige oder anschließende Beteiligung einer relevanten Person an einer anderen gemeinsamen Portfolioverwaltung oder anderen Tätigkeiten gemäß Artikel 6 Absätze 2 und 4 der Richtlinie 2011/61/EU verhindern oder kontrollieren, wenn eine solche Beteiligung einer einwandfreien Steuerung von Interessenkonflikten im Wege stehen könnte.

[2]Sollte die Annahme oder die Anwendung einer oder mehrerer dieser Maßnahmen und Verfahren nicht den erforderlichen Grad an Unabhängigkeit gewährleisten, legt der AIFM die für die genannten Zwecke erforderlichen und angemessenen alternativen oder zusätzlichen Maßnahmen und Verfahren fest.

Artikel 34 Steuerung von Interessenkonflikten

In Fällen, in denen die organisatorischen oder administrativen Vorkehrungen des AIFM nicht ausreichen, um nach vernünftigem Ermessen zu gewährleisten, dass das Risiko einer Schädigung der Interessen des AIF oder seiner Anleger ausgeschlossen werden kann, wird die Geschäftsleitung oder eine andere zuständige interne Stelle des AIFM umgehend informiert, damit sie die notwendigen Entscheidungen oder Maßnahmen treffen kann, um zu gewährleisten, dass der AIFM stets im besten Interesse des AIF oder seiner Anleger handelt.

Artikel 35 Überwachung von Interessenkonflikten

(1) Der AIFM führt Aufzeichnungen darüber, bei welchen Arten der vom AIFM oder in seinem Auftrag erbrachten Tätigkeiten ein Interessenkonflikt aufgetreten ist bzw. bei laufender Tätigkeit noch auftreten könnte, bei dem das Risiko, dass die Interessen eines oder mehrerer AIF oder seiner Anleger Schaden nehmen, erheblich ist, und aktualisiert diese Aufzeichnungen regelmäßig.

(2) Die Geschäftsleitung erhält regelmäßig, mindestens aber einmal jährlich, schriftliche Berichte über die in Absatz 1 erläuterten Tätigkeiten.

Artikel 36 Offenlegung von Interessenkonflikten

(1) Die den Anlegern gemäß Artikel 14 Absätze 1 und 2 der Richtlinie 2011/61/EU offenzulegenden Informationen werden den Anlegern auf einem dauerhaften Datenträger oder auf einer Website zur Verfügung gestellt.

(2) Werden die in Absatz 1 vorgesehenen Informationen auf einer Website zur Verfügung gestellt und nicht persönlich an den Anleger adressiert, sind folgende Bedingungen zu erfüllen:

a) Der Anleger wurde über die Adresse der Website und die Stelle, an der die Informationen auf dieser Website zu finden sind, informiert und hat der Bereitstellung der Informationen in dieser Form zugestimmt;

b) die Informationen müssen sich auf dem neuesten Stand befinden;

c) die Informationen müssen über diese Website laufend abgefragt werden können, und zwar so lange, wie sie für den Anleger nach vernünftigem Ermessen einsehbar sein müssen.

Artikel 37 Strategien für die Ausübung von Stimmrechten

(1) Ein AIFM arbeitet wirksame und angemessene Strategien im Hinblick darauf aus, wann und wie die Stimmrechte in den Portfolios der von ihm verwalteten AIF ausgeübt werden sollen, damit dies ausschließlich zum Nutzen des betreffenden AIF und seiner Anleger ist.

(2) Die in Absatz 1 vorgesehene Strategie enthält Maßnahmen und Verfahren, die

a) eine Verfolgung maßgeblicher Kapitalmaßnahmen ermöglichen;

b) sicherstellen, dass die Ausübung von Stimmrechten mit den Anlagezielen und der Anlagepolitik des jeweiligen AIF in Einklang steht;

c) Interessenkonflikte, die aus der Ausübung von Stimmrechten resultieren, verhindern oder regeln.

(3) Den Anlegern wird auf Wunsch eine zusammenfassende Beschreibung der Strategien und der Einzelheiten zu den auf der Grundlage dieser Strategien ergriffenen Maßnahmen zur Verfügung gestellt.

Abschnitt 3 Risikomanagement

(Artikel 15 der Richtlinie 2011/61/EU)

Artikel 38 Risikomanagement-Systeme

Für die Zwecke dieses Abschnitts sind unter Risikomanagement-Systemen Systeme zu verstehen, die aus relevanten Elementen der Organisationsstruktur des AIFM bestehen und in deren Rahmen einer ständigen Risikomanagement-Funktion eine zentrale Rolle zukommt, und die die im Zusammenhang mit der Steuerung der Anlagestrategie sämtlicher AIF relevanten Strategien und Verfahren, Vorkehrungen, Prozesse sowie mit der Risikomessung und dem Risikomanagement verbundene Verfahren umfassen, die der AIFM bei allen von ihm verwalteten AIF verwendet.

Artikel 39 Ständige Risikomanagement-Funktion

(1) Ein AIFM ist zur Einrichtung und Aufrechterhaltung einer ständigen Risikomanagement-Funktion gehalten, die

a) wirksame Grundsätze und Verfahren für das Risikomanagement umsetzt, um alle Risiken, die für die jeweilige Anlagestrategie eines jeden AIF wesentlich sind und denen jeder AIF unterliegt oder unterliegen kann, zu ermitteln, messen, steuern und zu überwachen;

b) gewährleistet, dass das gemäß Artikel 23 Absatz 4 Buchstabe c der Richtlinie 2011/61/EU gegenüber den Anlegern offengelegte Risikoprofil des AIF im Einklang mit den gemäß Artikel 44 dieser Verordnung festgelegten Risikolimits steht;

c) die Einhaltung der im Einklang mit Artikel 44 festgelegten Risikolimits überwacht und das Leitungsgremium des AIFM sowie gegebenenfalls die Aufsichtsfunktion des AIFM – falls vorhanden – rechtzeitig unterrichtet, wenn das Risikoprofil des AIF ihrer Auffassung nach nicht mit diesen Limits im Einklang steht oder ein wesentliches Risiko besteht, dass das Risikoprofil künftig nicht im Einklang mit den Limits stehen könnte;

d) dem Leitungsgremium des AIFM und gegebenenfalls der Aufsichtsfunktion des AIFM – falls vorhanden – regelmäßig in Abständen, die der Art, dem Umfang und der Komplexität des AIF oder der Geschäfte des AIFM entsprechen, Aktualisierungen zu folgenden Aspekten bereitstellt:

i) Kohärenz zwischen den im Einklang mit Artikel 44 festgelegten Risikolimits und dem gemäß Artikel 23 Absatz 4 Buchstabe c der Richtlinie 2011/61/EU den Anlegern offengelegten Risikoprofil des AIF und die Einhaltung der Risikolimits;

ii) Angemessenheit und Wirksamkeit des Risikomanagement-Prozesses, wobei insbesondere angegeben wird, ob bei tatsächlichen oder zu erwartenden Mängeln angemessene Abhilfemaßnahmen eingeleitet wurden oder werden;

e) der Geschäftsleitung regelmäßig über den aktuellen Risikostand bei jedem verwalteten AIF und jede tatsächliche oder vorhersehbare Überschreitung der im Einklang mit Artikel 44 festgelegten Risikolimits Bericht erstattet, um zu gewährleisten, dass umgehend angemessene Maßnahmen eingeleitet werden können.

(2) Die Risikomanagement-Funktion verfügt über die notwendigen Befugnisse und über Zugang zu allen relevanten Informationen, die zur Erfüllung der in Absatz 1 vorgesehenen Aufgaben erforderlich sind.

Artikel 40 Grundsätze für das Risikomanagement

(1) Ein AIFM sorgt für die Festlegung, Umsetzung und Aufrechterhaltung angemessener und dokumentierter Grundsätze für das Risikomanagement, in denen die Risiken genannt werden, denen die von ihm verwalteten AIF ausgesetzt sind oder sein könnten.

(2) Die Grundsätze für das Risikomanagement umfassen die Verfahren, die notwendig sind, damit der AIFM bei jedem von ihm verwalteten AIF dessen Markt-, Liquiditäts- und Gegenparteirisiko sowie alle sonstigen relevanten Risiken, einschließlich operationeller Risiken, bewerten kann, die für die einzelnen von ihm verwalteten AIF wesentlich sein könnten.

(3) Der AIFM muss mindestens folgende Elemente in den Grundsätzen für das Risikomanagement behandeln:

a) die Verfahren, Instrumente und Vorkehrungen, die eine Einhaltung von Artikel 45 ermöglichen;

b) die Verfahren, Instrumente und Vorkehrungen, die ermöglichen, dass Liquiditätsrisiken des AIF unter normalen und außergewöhnlichen Liquiditätsbedingungen bewertet und überwacht werden können, einschließlich durch die Verwendung regelmäßig durchgeführter Stresstests gemäß Artikel 48;

c) die Zuständigkeitsverteilung innerhalb des AIFM in Bezug auf das Risikomanagement;

d) die im Einklang mit Artikel 44 dieser Verordnung festgelegten Risikolimits und eine Begründung, wie diese an dem nach Artikel 23 Absatz 4 der Richtlinie 2011/61/EU den Anlegern offengelegten Risikoprofil des AIF ausgerichtet werden;

e) die Modalitäten, Inhalte, die Häufigkeit und Adressaten der in Artikel 39 vorgesehenen Berichterstattung der Risikomanagement-Funktion.

(4) Die Grundsätze für das Risikomanagement umfassen eine Beschreibung der in Artikel 43 vorgesehenen Schutzvorkehrungen, insbesondere:

a) die Art potenzieller Interessenkonflikte;

b) die bestehenden Abhilfemaßnahmen;

c) die Gründe, weshalb diese Maßnahmen normalerweise für eine unabhängige Ausübung der Risikomanagement-Funktion sorgen dürften;

d) wie der AIFM sicherstellen will, dass die Schutzvorkehrungen stets wirksam sind.

(5) Die Grundsätze für das Risikomanagement gemäß Absatz 1 entsprechen der Art, dem Umfang und der Komplexität der Geschäfte des AIFM und des von ihm verwalteten AIF.

Artikel 41 Bewertung, Überwachung und Überprüfung der Risikomanagement-Systeme

(1) AIFM bewerten, überwachen und überprüfen regelmäßig, mindestens aber einmal jährlich, folgende Aspekte:

a) die Angemessenheit und Wirksamkeit der Grundsätze für das Risikomanagement sowie der in Artikel 45 vorgesehenen Vorkehrungen, Prozesse und Verfahren;

b) die Einhaltung der Grundsätze für das Risikomanagement sowie der in Artikel 45 vorgesehenen Vorkehrungen, Prozesse und Verfahren durch den AIFM;

c) die Angemessenheit und Wirksamkeit der Maßnahmen zur Behebung etwaiger Mängel in der Funktionsweise des Risikomanagement-Prozesses;

d) die Ausübung der Risikomanagement-Funktion;

e) die Angemessenheit und Wirksamkeit der Maßnahmen zur Sicherstellung der funktionalen und hierarchischen Trennung der Risikomanagement-Funktion gemäß Artikel 41.

Über die in Unterabsatz 1 vorgesehene Häufigkeit der regelmäßigen Überprüfung entscheidet die Geschäftsleitung im Einklang mit den Verhältnismäßigkeitsprinzipien unter Berücksichtigung der Art, des Umfangs und der Komplexität der Geschäfte des AIFM und des von ihm verwalteten AIF.

(2) Abgesehen von der in Absatz 1 vorgesehenen regelmäßigen Überprüfung wird das Risikomanagement-System überprüft, wenn

a) wesentliche Änderungen an den Grundsätzen für das Risikomanagement sowie den in Artikel 45 vorgesehenen Vorkehrungen, Prozessen und Verfahren vorgenommen werden;

b) interne oder externe Ereignisse darauf hinweisen, dass eine zusätzliche Überprüfung notwendig ist;

c) wesentliche Änderungen an der Anlagestrategie und den Zielen eines von dem AIFM verwalteten AIF vorgenommen werden.

(3) Der AIFM aktualisiert die Risikomanagement-Systeme auf der Grundlage der Ergebnisse der in den Absätzen 1 und 2 vorgesehenen Überprüfung.

(4) Der AIFM unterrichtet die zuständige Behörde seines Herkunftsmitgliedstaats über wesentliche Änderungen an den Grundsätzen für das Risikomanagement und den in Artikel 45 vorgesehenen Vorkehrungen, Prozessen und Verfahren.

Artikel 42 Funktionale und hierarchische Trennung der Risikomanagement-Funktion

(1) Die Risikomanagement-Funktion wird nur dann als funktional und hierarchisch getrennt von den operativen Einheiten, einschließlich der Funktion Portfolioverwaltung, betrachtet, wenn die folgenden Bedingungen sämtlich erfüllt sind:

a) Personen, die mit der Ausübung der Risikomanagement-Funktion betraut sind, unterstehen nicht Personen, die für die Tätigkeiten der operativen Einheiten, einschließlich der Funktion Portfolioverwaltung, des AIFM verantwortlich zeichnen;

b) Personen, die mit der Ausübung der Risikomanagement-Funktion betraut sind, üben keine Tätigkeiten innerhalb der operativen Einheiten, einschließlich der Funktion Portfolioverwaltung, aus;

c) Personen, die mit der Ausübung der Risikomanagement-Funktion betraut sind, werden entsprechend der Erreichung der mit dieser Funktion verbundenen Ziele entlohnt, und zwar unabhängig von den Tätigkeiten der operativen Einheiten, einschließlich der Funktion Portfolioverwaltung;

d) die Vergütung höherer Führungskräfte in der Risikomanagement-Funktion wird unmittelbar vom Vergütungsausschuss überprüft, sofern ein solcher Ausschuss eingerichtet wurde.

(2) [1]Die funktionale und hierarchische Trennung der Risikomanagement-Funktion gemäß Absatz 1 wird durch die gesamte hierarchische Struktur des AIFM, bis zum Leitungsgremium, sichergestellt. [2]Sie wird vom Leitungsgremium und von der Aufsichtsfunktion des AIFM – falls vorhanden – überprüft.

(3) Die zuständigen Behörden des Herkunftsmitgliedstaats des AIFM überprüfen, in welcher Form der AIFM die Absätze 1 und 2 auf der Grundlage der in Artikel 15 Absatz 1 Unterabsatz 2 der Richtlinie 2011/61/EU festgelegten Kriterien angewandt hat.

Artikel 43 Schutzvorkehrungen gegen Interessenkonflikte

(1) Die Schutzvorkehrungen gegen Interessenkonflikte gemäß Artikel 15 Absatz 1 der Richtlinie 2011/61/EU gewährleisten mindestens, dass

a) Entscheidungen der Risikomanagement-Funktion auf zuverlässigen Daten basieren, die einem angemessenen Maß an Überwachung durch die Risikomanagement-Funktion unterliegen;

b) die Vergütung der mit der Ausübung der Risikomanagement-Funktion betrauten Personen die Erreichung der mit der Risikomanagement-Funktion verbundenen Ziele widerspiegelt, und zwar unabhängig von den Leistungen der Geschäftsbereiche, in denen sie tätig sind;

c) die Risikomanagement-Funktion einer angemessenen unabhängigen Überprüfung unterzogen wird, um zu gewährleisten, dass die Entscheidungsfindung unabhängig verläuft;

d) die Risikomanagement-Funktion im Leitungsgremium oder in der Aufsichtsfunktion – falls vorhanden – mindestens mit denselben Befugnissen wie die Funktion Portfolioverwaltung vertreten ist;

e) kollidierende Aufgaben ordnungsgemäß voneinander getrennt werden.

(2) In Fällen, in denen dies unter Berücksichtigung der Art, des Umfangs und der Komplexität des AIFM verhältnismäßig ist, gewährleisten die Schutzvorkehrungen nach Absatz 1 außerdem, dass

a) die Ausübung der Risikomanagement-Funktion regelmäßig von der Innenrevisionsfunktion oder, falls eine solche nicht eingerichtet wurde, vom Leitungsgremium beauftragten externen Dritten überprüft wird;

b) der Risikoausschuss – falls vorhanden – über angemessene Mittel verfügt und seine nicht unabhängigen Mitglieder keinen unzulässigen Einfluss auf die Ausübung der Risikomanagement-Funktion haben.

(3) Das Leitungsgremium des AIFM und die Aufsichtsfunktion – falls vorhanden – richten Schutzvorkehrungen gegen Interessenkonflikte gemäß den Absätzen 1 und 2 ein, überprüfen regelmäßig deren Wirksamkeit und ergreifen zeitnah Abhilfemaßnahmen, um etwaige Mängel zu beseitigen.

Artikel 44 Risikolimits

(1) [1]Ein AIFM richtet für jeden von ihm verwalteten AIF unter Berücksichtigung aller einschlägigen Risiken quantitative oder qualitative Risikolimits oder beides ein und setzt diese um. [2]Werden lediglich qualitative Limits festgelegt, so muss der AIFM diesen Ansatz vor der zuständigen Behörde rechtfertigen können.

(2) Die qualitativen und quantitativen Risikolimits für jeden AIF decken mindestens folgende Risiken ab:

a) Marktrisiken;

b) Kreditrisiken;

c) Liquiditätsrisiken;

d) Gegenparteirisiken;

e) operationelle Risiken.

(3) [1]Bei der Festlegung der Risikolimits berücksichtigt der AIFM die Strategien und Vermögenswerte im Hinblick auf jeden von ihm verwalteten AIF sowie die auf diese AIF anwendbaren nationalen Vorschriften. [2]Die Risikolimits werden an dem den Anlegern im Einklang mit Artikel 23 Absatz 4 Buchstabe c der Richtlinie 2011/61/EU offengelegten Risikoprofil des AIF ausgerichtet und vom Leitungsgremium genehmigt.

Artikel 45 Risikomessung und -management

(1) AIFM nehmen angemessene und wirksame Vorkehrungen, Prozesse und Verfahren an, um

a) die Risiken, denen die von ihnen verwalteten AIF ausgesetzt sind oder sein könnten, jederzeit ermitteln, messen, steuern und überwachen zu können;

b) die Einhaltung der in Einklang mit Artikel 44 festgelegten Risikolimits zu gewährleisten.

(2) Die Vorkehrungen, Prozesse und Verfahren nach Absatz 1 sind angesichts der Art, des Umfangs und der Komplexität des Geschäfts des AIFM und sämtlicher von ihm verwalteten AIF verhältnismäßig und stehen im Einklang mit dem den Anlegern gemäß Artikel 23 Absatz 4 Buchstabe c der Richtlinie 2011/61/EU offengelegten Risikoprofil.

(3) Für die Zwecke von Absatz 1 ergreift der AIFM für alle von ihm verwalteten AIF die folgenden Maßnahmen:

a) Einführung der notwendigen Risikomessvorkehrungen, -prozesse und -verfahren, um sicherzustellen, dass die Risiken übernommener Positionen und deren Beitrag zum Gesamtrisikoprofil auf der Grundlage solider und verlässlicher Daten genau gemessen werden und dass die Risikomessvorkehrungen, -prozesse und -verfahren adäquat dokumentiert werden;

b) Durchführung periodischer Rückvergleiche (Backtesting) zur Überprüfung der Stichhaltigkeit der Risikomessvorkehrungen, zu denen modellbasierte Prognosen und Schätzungen gehören;

c) Durchführung periodischer Stresstests und Szenarioanalysen zur Erfassung der Risiken aus potenziellen Veränderungen der Marktbedingungen, die sich nachteilig auf den AIF auswirken könnten;

d) Gewährleistung, dass der jeweilige Risikostand mit den gemäß Artikel 44 festgelegten Risikolimits in Einklang steht;

e) Festlegung, Umsetzung und Aufrechterhaltung angemessener Verfahren, die im Falle von tatsächlichen oder zu erwartenden Verstößen gegen die Risikolimits des AIF zu zeitnahen Abhilfemaßnahmen im besten Interesse der Anleger führen;

f) Gewährleistung, dass im Einklang mit den in Artikel 46 vorgesehenen Anforderungen angemessene Systeme und Verfahren für das Liquiditätsmanagement für jeden AIF vorhanden sind.

Abschnitt 4 Liquiditätsmanagement

(Artikel 16 der Richtlinie 2011/61/EU)

Artikel 46 Liquiditätsmanagementsystem und -verfahren

AIFM müssen den zuständigen Behörden ihres Herkunftsmitgliedstaats gegenüber nachweisen können, dass ein angemessenes Liquiditätsmanagementsystem und wirksame Verfahren gemäß Artikel 16 Absatz 1 der Richtlinie 2011/61/EU bestehen und diese der Anlagestrategie, dem Liquiditätsprofil und den Rücknahmegrundsätzen eines jeden AIF Rechnung tragen.

Artikel 47 Liquiditätsrisikoüberwachung und -steuerung

(1) Das Liquiditätsmanagementsystem und die Verfahren gemäß Artikel 46 stellen mindestens sicher, dass

a) der AIFM in Bezug auf den AIF eine den zugrunde liegenden Verbindlichkeiten angemessene Liquiditätshöhe beibehält, die auf einer Bewertung der relativen Liquidität der Vermögenswerte des AIF am Markt basiert und der für die Liquidierung erforderlichen Zeit und dem Preis oder Wert, zu dem die Vermögenswerte liquidiert werden können, sowie deren Sensitivität hinsichtlich anderer Marktrisiken oder Faktoren Rechnung trägt;

b) der AIFM das Liquiditätsprofil des Vermögenswertportfolios des AIF im Hinblick auf den marginalen Beitrag einzelner Vermögenswerte, die wesentliche Auswirkungen auf die Liquidität haben könnten, und die wesentlichen Verbindlichkeiten und Verpflichtungen, auch Eventualverbindlichkeiten und -verpflichtungen, die der AIF bezüglich seiner zugrunde liegenden Verbindlichkeiten eingegangen sein könnte, überwacht. Für diese Zwecke berücksichtigt der AIFM das Profil der Anlegerbasis des AIF, darunter die Art der Anleger, den relativen Umfang der Anlagen und die Rücknahmebedingungen, die für diese Anlagen gelten;

c) der AIFM bei Anlagen des AIF in andere Organismen für gemeinsame Anlagen den von den Vermögensverwaltern dieser anderen Organismen für gemeinsame Anlagen verfolgten Ansatz beim Liquiditätsmanagement überwacht, einschließlich durch die Durchführung regelmäßiger Prüfungen, um Änderungen der Rücknahmebestimmungen für die zugrunde liegenden Organismen für gemeinsame Anlagen, in die der AIF investiert, zu überwachen. Vorbehaltlich des Artikels 16 Absatz 1 der Richtlinie 2011/61/EU findet diese Verpflichtung keine Anwendung, wenn die anderen Organismen für gemeinsame Anlagen, in die der AIF investiert, aktiv auf einem geregelten Markt im Sinne von Artikel 4 Absatz 1 Nummer 14 der Richtlinie 2004/39/EG oder einem gleichwertigen Markt eines Drittlands gehandelt werden;

d) der AIFM angemessene Liquiditätsmessvorkehrungen und -verfahren umsetzt und aufrechterhält, um die quantitativen und qualitativen Risiken von Positionen und beabsichtigten Investitionen zu bewerten, die wesentliche Auswirkungen auf das Liquiditätsprofil des Vermögenswertportfolios des AIF haben, damit deren Auswirkungen auf das Gesamtliquiditätsprofil angemessen gemessen werden können. Die eingesetzten Verfahren sorgen dafür, dass der AIFM über angemessene Kenntnisse und Erfahrungen in Bezug auf die Liquidität der Vermögenswerte verfügt, in die der AIF investiert hat oder zu investieren beabsichtigt, einschließlich gegebenenfalls in Bezug auf das Handelsvolumen und die Preissensitivität und je nach Fall auf die Spreads einzelner Vermögenswerte unter normalen und außergewöhnlichen Liquiditätsbedingungen;

e) der AIFM die für die Steuerung des Liquiditätsrisikos jedes von ihm verwalteten AIF erforderlichen Instrumente und Vorkehrungen, auch besondere Vorkehrungen, berücksichtigt und umsetzt. Der AIFM ermittelt die Umstände, unter denen diese Instrumente und Vorkehrungen sowohl unter normalen als auch unter außergewöhnlichen Umständen eingesetzt werden können und berücksichtigt dabei die faire Behandlung aller AIF-Anleger in Bezug auf jeden von ihm verwalteten AIF. Der AIFM darf derartige Instrumente und Vorkehrungen nur unter diesen Umständen einsetzen und falls im Einklang mit Artikel 108 angemessene Offenlegungen vorgenommen wurden.

(2) AIFM dokumentieren ihre Grundsätze und Verfahren für das Liquiditätsmanagement gemäß Absatz 1, überprüfen sie mindestens einmal jährlich und aktualisieren sie bei Änderungen oder neuen Vorkehrungen.

(3) AIFM berücksichtigen in ihrem Liquiditätsmanagementsystem und den betreffenden Verfahren im Sinne von Absatz 1 angemessene Eskalationsmaßnahmen, um zu erwartende oder tatsächliche Liquiditätsengpässe oder andere Notsituationen des AIF zu bewältigen.

(4) Verwaltet der AIFM einen AIF, bei dem es sich um einen mit zu geringem Fremdkapital ausgestatteten AIF des geschlossenen Typs handelt, so findet Absatz 1 Buchstabe e keine Anwendung.

Artikel 48 Liquiditätsmanagement-Limits und -Stresstests

(1) AIFM setzen gegebenenfalls unter Berücksichtigung der Art, des Umfangs und der Komplexität jedes von ihnen verwalteten AIF im Einklang mit den zugrunde liegenden Verbindlichkeiten und den Rücknahmegrundsätzen sowie den in Artikel 44 vorgesehenen Anforderungen im Zusammenhang mit den quantitativen und qualitativen Risikolimits adäquate Limits für die Liquidität oder Illiquidität des AIF um und erhalten diese aufrecht.

[1]AIFM überwachen die Einhaltung dieser Limits und legen das erforderliche (oder notwendige) Verfahren bei einer Überschreitung oder möglichen Überschreitung der Limits fest. [2]Bei der Festlegung des angemessenen Vorgehens berücksichtigen AIFM die Adäquatheit der Grundsätze und Verfahren für das Liquiditätsmanagement, die Angemessenheit des Liquiditätsprofils der Vermögenswerte des AIF und die Auswirkung von Rücknahmeforderungen in atypischer Höhe.

(2) [1]AIFM führen unter Zugrundelegung von sowohl normalen als auch außergewöhnlichen Liquiditätsbedingungen regelmäßig Stresstests durch, mit denen sie die Liquiditätsrisiken jedes von ihnen verwalteten AIF bewerten können. [2]Die Stresstests

a) werden auf der Grundlage zuverlässiger und aktueller quantitativer oder, falls dies nicht angemessen ist, qualitativer Informationen durchgeführt;

b) simulieren gegebenenfalls mangelnde Liquidität der Vermögenswerte im AIF sowie atypische Rücknahmeforderungen;

c) decken Marktrisiken und deren Auswirkungen, einschließlich auf Nachschussforderungen, Besicherungsanforderungen oder Kreditlinien, ab;

d) tragen Bewertungssensitivitäten unter Stressbedingungen Rechnung;

e) werden unter Berücksichtigung der Anlagestrategie, des Liquiditätsprofils, der Anlegerart und der Rücknahmegrundsätze des AIF in einer der Art des AIF angemessenen Häufigkeit mindestens einmal jährlich durchgeführt.

(3) AIFM handeln im Hinblick auf das Ergebnis von Stresstests im besten Interesse der Anleger.

Artikel 49 Kohärenz von Anlagestrategie, Liquiditätsprofil und Rücknahmegrundsätzen

(1) Für die Zwecke von Artikel 16 Absatz 2 der Richtlinie 2011/61/EU werden die Anlagestrategie, das Liquiditätsprofil und die Rücknahmegrundsätze aller von einem AIFM verwalteten AIF als kohärent angesehen, wenn die Anleger die Möglichkeit haben, ihre Anlagen in einer der fairen Behandlung aller AIF-Anleger entsprechenden Art und im Einklang mit den Rücknahmegrundsätzen des AIF und seinen Verpflichtungen zurückzunehmen.

(2) Bei der Bewertung der Kohärenz von Anlagestrategie, Liquiditätsprofil und Rücknahmegrundsätzen berücksichtigt der AIFM außerdem die Auswirkungen, die Rücknahmen auf die zugrunde liegenden Preise oder Spreads der einzelnen Vermögenswerte des AIF haben könnten.

Abschnitt 5 Anlagen in Verbriefungspositionen

(Artikel 17 der Richtlinie 2011/61/EU)

Artikel 50 Begriffsbestimmungen

Für die Zwecke dieses Abschnitts bezeichnet der Ausdruck

a) „Verbriefung“ Verbriefung im Sinne von Artikel 4 Nummer 36 der Richtlinie 2006/48/EG;

b) „Verbriefungsposition“ eine Verbriefungsposition im Sinne von Artikel 4 Nummer 40 der Richtlinie 2006/48/EG;

c) „Sponsor“ einen Sponsor im Sinne von Artikel 4 Nummer 42 der Richtlinie 2006/48/EG;

d) „Tranche“ eine Tranche im Sinne von Artikel 4 Nummer 39 der Richtlinie 2006/48/EG.

Artikel 51 Vorschriften über den Selbstbehalt

(1) AIFM übernehmen das Kreditrisiko einer Verbriefung im Auftrag eines oder mehrerer der von ihnen verwalteten AIF nur dann, wenn der Originator, Sponsor oder ursprüngliche Kreditnehmer dem AIFM ausdrücklich mitgeteilt hat, dass er kontinuierlich einen materiellen Nettoanteil behält, der in jedem Fall mindestens 5 % beträgt.

Lediglich folgende Fälle gelten als Halten eines materiellen Nettoanteils von mindestens 5 %:

a) das Halten eines Anteils von mindestens 5 % des Nominalwerts einer jeden an die Anleger verkauften oder übertragenen Tranche;

b) bei Verbriefungen von revolvierenden Forderungen das Halten eines Originator-Anteils von mindestens 5 % des Nominalwerts der verbrieften Forderungen;

c) das Halten eines Anteils von nach dem Zufallsprinzip ausgewählten Forderungen, der mindestens 5 % des Nominalwerts der verbrieften Forderungen entspricht, wenn diese Forderungen ansonsten verbrieft worden wären, sofern die Zahl der potenziell verbrieften Forderungen bei der Origination mindestens 100 beträgt;

d) das Halten der Erstverlusttranche und erforderlichenfalls weiterer Tranchen, die das gleiche oder ein höheres Risikoprofil aufweisen und nicht früher fällig werden als die an die Anleger verkauften oder übertragenen Tranchen, so dass der insgesamt gehaltene Anteil mindestens 5 % des Nominalwerts der verbrieften Forderungen entspricht;

e) das Halten einer Erstverlust-Risikoposition von mindestens 5 % einer jeden verbrieften Forderung bei der Verbriefung.

[1]Der materielle Nettoanteil wird bei der Origination berechnet und ist kontinuierlich aufrechtzuerhalten. [2]Der materielle Nettoanteil, einschließlich einbehaltener Positionen, Zinsen oder Forderungen, wird nicht für die Kreditrisikominderung, für Verkaufspositionen oder sonstige Absicherungen berücksichtigt und nicht veräußert. [3]Der materielle Nettoanteil wird durch den Nominalwert der außerbilanziellen Posten bestimmt.

Die Vorschriften über den Selbstbehalt dürfen bei einer Verbriefung nicht mehrfach zur Anwendung gebracht werden.

(2) Absatz 1 findet keine Anwendung, wenn es sich bei den verbrieften Forderungen um Forderungen oder Eventualforderungen handelt, die gegenüber den in Artikel 122 a Absatz 3 Unterabsatz 1 der Richtlinie 2006/48/EG aufgeführten Einrichtungen bestehen oder von diesen umfassend, bedingungslos und unwiderruflich garantiert werden, und findet keine Anwendung auf die in Artikel 122 a Absatz 3 Unterabsatz 2 der Richtlinie 2006/48/EG aufgeführten Transaktionen.

Artikel 52 Qualitative Anforderungen an Sponsoren und Originatoren

Bevor ein AIFM das Kreditrisiko einer Verbriefung im Auftrag eines oder mehrerer AIF übernimmt, stellt er sicher, dass der Sponsor und der Originator

a) sich bei der Kreditvergabe auf solide und klar definierte Kriterien stützen und für eine klare Regelung des Verfahrens für die Genehmigung, Änderung, Verlängerung und Refinanzierung von Krediten in Bezug auf zu verbriefende Forderungen sorgen, wie es auch auf die von ihnen gehaltenen Forderungen angewandt wird;

b) über wirksame Systeme für die laufende Verwaltung und Überwachung ihrer kreditrisikobehafteten Portfolios und Forderungen verfügen, einschließlich zur Erkennung und Verwaltung von Problemkrediten sowie zur Vornahme adäquater Wertberichtigungen und Rückstellungen, und diese einsetzen;

c) jedes Kreditportfolio auf der Grundlage des Zielmarktes und der allgemeinen Kreditstrategie angemessen diversifizieren;

d) über schriftliche Grundsätze in Bezug auf Kreditrisiken verfügen, in denen auch ihre Risikotoleranzschwellen und Rückstellungsgrundsätze erläutert werden und beschrieben wird, wie diese Risiken gemessen, überwacht und kontrolliert werden;

e) problemlos Zugang zu allen wesentlichen einschlägigen Daten zur Kreditqualität und Wertentwicklung der einzelnen zugrunde liegenden Forderungen, zu den Cashflows und zu den Sicherheiten, mit denen eine Verbriefungsposition unterlegt ist, und zu Informationen gewähren, die notwendig sind, um umfassende und fundierte Stresstests in Bezug auf die Cashflows und Besicherungswerte, die hinter den zugrunde liegenden Forderungen stehen, durchführen zu können. Zu diesem Zweck werden die wesentlichen einschlägigen Daten zum Zeitpunkt der Verbriefung oder, wenn die Art der Verbriefung dies erfordert, zu einem späteren Zeitpunkt bestimmt.

f) problemlos Zugang zu allen anderen einschlägigen Daten gewähren, die der AIFM benötigt, um die in Artikel 53 festgelegten Anforderungen zu erfüllen;
g) die Höhe des von ihnen gehaltenen Nettoanteils im Sinne von Artikel 51 sowie jegliche Aspekte, die das kontinuierliche Halten des gemäß jenem Artikel mindestens erforderlichen Nettoanteils offenlegen.

Artikel 53 Qualitative Anforderungen an AIFM mit Risiken aus Verbriefungen

(1) AIFM sind – bevor sie das Kreditrisiko einer Verbriefung im Auftrag einer oder mehrerer AIF übernehmen und gegebenenfalls anschließend – in der Lage, den zuständigen Behörden gegenüber nachzuweisen, dass sie hinsichtlich jeder einzelnen Verbriefungsposition über umfassende und gründliche Kenntnis verfügen und bezüglich des Risikoprofils der einschlägigen Investitionen des AIF in verbriefte Positionen förmliche Grundsätze und Verfahren umgesetzt haben, um Folgendes zu analysieren und zu erfassen:
a) nach Artikel 51 offengelegte Informationen der Originatoren oder Sponsoren zur Spezifizierung des Nettoanteils, den sie kontinuierlich an der Verbriefung behalten;
b) Risikomerkmale der einzelnen Verbriefungspositionen;
c) Risikomerkmale der Forderungen, die der Verbriefungsposition zugrunde liegen;
d) Ruf und erlittene Verluste bei früheren Verbriefungen der Originatoren oder Sponsoren in den betreffenden Forderungsklassen, die der Verbriefungsposition zugrunde liegen;
e) Erklärungen und Offenlegungen der Originatoren oder Sponsoren oder ihrer Beauftragten oder Berater über die gebotene Sorgfalt, die sie im Hinblick auf die verbrieften Forderungen und gegebenenfalls im Hinblick auf die Besicherungsqualität der verbrieften Forderungen walten lassen;
f) gegebenenfalls Methoden und Konzepte, nach denen die Besicherung der verbrieften Forderungen bewertet wird, sowie Vorschriften, die der Originator oder Sponsor zur Gewährleistung der Unabhängigkeit des Bewerters vorgesehen hat;
g) alle strukturellen Merkmale der Verbriefung, die wesentlichen Einfluss auf die Entwicklung der Verbriefungsposition des Instituts haben können, wie etwa vertragliche Wasserfall-Strukturen und damit verbundene Auslöserquoten („Trigger"), Bonitätsverbesserungen, Liquiditätsverbesserungen, Marktwert-Trigger und geschäftsspezifische Definitionen des Ausfalls.

(2) [1]Hat ein AIFM im Auftrag eines oder mehrerer AIF einen wesentlichen Wert des Kreditrisikos einer Verbriefung übernommen, so führt er regelmäßig Stresstests durch, die derartigen Verbriefungspositionen im Einklang mit Artikel 15 Absatz 3 Buchstabe b der Richtlinie 2011/61/EU angemessen sind. [2]Der Stresstest ist der Art, dem Umfang und der Komplexität des mit den Verbriefungspositionen verbundenen Risikos angemessen.

[1]AIFM legen im Einklang mit den in Artikel 15 der Richtlinie 2011/61/EU enthaltenen Grundsätzen formale Überwachungsverfahren fest, die dem Risikoprofil des betreffenden AIF in Verbindung mit dem Kreditrisiko einer Verbriefungsposition angemessen sind, um kontinuierlich und zeitnah Wertentwicklungsinformationen über die derartigen Verbriefungspositionen zugrunde liegenden Forderungen zu überwachen. [2]Derartige Informationen umfassen (falls sie für diese spezifische Art der Verbriefung relevant sind und nicht auf die genauer beschriebenen Arten von Informationen beschränkt sind) die Art der Forderung, den Prozentsatz der Kredite, die mehr als 30, 60 und 90 Tage überfällig sind, Ausfallquoten, die Quote der vorzeitigen Rückzahlungen, unter Zwangsvollstreckung stehende Kredite, die Art der Sicherheit und Belegung, die Frequenzverteilung von Kreditpunktebewertungen und anderen Bonitätsbewertungen für die zugrunde liegenden Forderungen, die sektorale und geografische Diversifizierung und die Frequenzverteilung der Beleihungsquoten mit Bandbreiten, die eine angemessene Sensitivitätsanalyse erleichtern. [3]Sind die zugrunde liegenden Forderungen selbst Verbriefungspositionen, so verfügen die AIFM nicht nur hinsichtlich der zugrunde liegenden Verbriefungstranchen über die in diesem Unterabsatz erläuterten Informationen, z. B. den Namen des Emittenten und dessen Bonität, sondern auch hinsichtlich der Merkmale und der Entwicklung der den Verbriefungstranchen zugrunde liegenden Pools.

AIFM wenden dieselben Analysestandards auf Beteiligungen oder Übernahmen von Verbriefungsemissionen an, die von Dritten erworben wurden.

(3) [1]Für die Zwecke eines angemessenen Risiko- und Liquiditätsmanagements ermitteln, messen, überwachen, steuern und kontrollieren AIFM, die im Auftrag eines oder mehrerer AIF ein Kreditrisiko einer Verbriefung übernehmen, die Risiken, die aufgrund von Inkongruenzen von Vermögenswerten und Verbindlichkeiten des betreffenden AIF entstehen können, sowie das im Zusammenhang mit diesen Instrumenten entstehende Konzentrationsrisiko oder Anlagerisiko und erstatten darüber Bericht. [2]Der AIFM gewährleistet, dass die Risikoprofile derartiger Verbriefungspositionen der Größe, der allgemeinen Portfoliostruktur und den Anlagestrategien und -zielen des betreffenden AIF, wie sie in den Vertragsbedingungen oder der Satzung, dem Prospekt und den Emissionsunterlagen des AIF festgelegt sind, entsprechen.

(4) AIFM gewährleisten im Einklang mit den in Artikel 18 der Richtlinie 2011/61/EU festgelegten Anforderungen eine angemessene interne Berichterstattung an die Geschäftsleitung, damit die Geschäftsleitung über wesentliche Übernahmen von Verbriefungsengagements in vollem Umfang informiert ist und die daraus entstehenden Risiken angemessen gesteuert werden.

(5) AIFM stellen in den im Einklang mit den Artikeln 22, 23 und 24 der Richtlinie 2011/61/EU zu übermittelnden Berichten und Offenlegungen angemessene Informationen über das eingegangene Kreditrisiko einer Verbriefung und ihre Risikomanagement-Verfahren in diesem Bereich zur Verfügung.

Artikel 54 Korrektivmaßnahmen

(1) Stellen AIFM nach der Übernahme eines Kreditrisikos einer Verbriefung fest, dass die Festlegung und Offenlegung bezüglich des Selbstbehalts nicht die in dieser Verordnung enthaltenen Anforderungen erfüllt, so ergreifen sie Korrektivmaßnahmen, die im besten Interesse der Anleger des betreffenden AIF sind.

(2) Falls der gehaltene Anteil zu einem Zeitpunkt nach der Übernahme des Risikos unter 5 % fällt und dies nicht auf den natürlichen Zahlungsmechanismus der Transaktion zurückzuführen ist, ergreifen AIFM Korrektivmaßnahmen, die im besten Interesse der Anleger des betreffenden AIF sind.

Artikel 55 Besitzstandsklausel

[1]Die Artikel 51 bis 54 finden in Verbindung mit neuen Verbriefungen, die ab dem 1. Januar 2011 emittiert wurden, Anwendung. [2]Nach dem 31. Dezember 2014 gelten die Artikel 51 bis 54 für bestehende Verbriefungen, bei denen zugrunde liegende Forderungen nach diesem Datum neu hinzukommen oder andere ersetzen.

Artikel 56 Auslegung

Da keine spezifische Auslegung der ESMA oder des Gemeinsamen Ausschusses der Europäischen Aufsichtsbehörden vorliegt, werden die Bestimmungen dieses Abschnitts im Einklang mit den betreffenden Bestimmungen der Richtlinie 2006/48/EG und den vom Ausschuss der Europäischen Bankaufsichtsbehörden veröffentlichten Leitlinien zu Artikel 122 a der Eigenkapitalrichtlinie vom 31. Dezember 2010[9] und ihren Änderungen ausgelegt.

Abschnitt 6 Organisatorische Anforderungen – allgemeine Grundsätze

(Artikel 12 und 18 der Richtlinie 2011/61/EU)

Artikel 57 Allgemeine Anforderungen

(1) AIFM sind gehalten,

a) Entscheidungsprozesse und eine Organisationsstruktur, bei der Berichtspflichten klar festgelegt und dokumentiert und Funktionen und Aufgaben klar zugewiesen und dokumentiert sind, zu schaffen, umzusetzen und aufrechtzuerhalten;
b) sicherzustellen, dass alle relevanten Personen die Verfahren, die für eine ordnungsgemäße Erfüllung ihrer Aufgaben einzuhalten sind, kennen;
c) angemessene interne Kontrollmechanismen, die die Einhaltung von Beschlüssen und Verfahren auf allen Ebenen des AIFM sicherstellen, zu schaffen, umzusetzen und aufrechtzuerhalten;
d) eine wirksame interne Berichterstattung und Weitergabe von Informationen auf allen maßgeblichen Ebenen des AIFM sowie einen wirksamen Informationsfluss mit allen beteiligten Dritten zu schaffen, umzusetzen und aufrechtzuerhalten;
e) angemessene und systematische Aufzeichnungen über ihre Geschäftstätigkeit und interne Organisation zu führen.

AIFM tragen der Art, dem Umfang und der Komplexität ihrer Geschäfte sowie der Art und dem Spektrum der im Zuge dieser Geschäfte erbrachten Dienstleistungen und Tätigkeiten Rechnung.

(2) AIFM richten Systeme und Verfahren ein, die die Sicherheit, die Integrität und die Vertraulichkeit der Informationen gewährleisten, wobei der Art der besagten Informationen Rechnung zu tragen ist, setzen diese um und erhalten sie aufrecht.

(3) AIFM sorgen für die Festlegung, Umsetzung und Aufrechterhaltung einer angemessenen Notfallplanung, die bei einer Störung ihrer Systeme und Verfahren gewährleisten soll, dass wesentliche Daten und Funktionen erhalten bleiben und Dienstleistungen und Tätigkeiten fortgeführt werden oder – sollte dies nicht möglich sein – diese Daten und Funktionen bald zurückgewonnen und die Dienstleistungen und Tätigkeiten bald wieder aufgenommen werden.

(4) AIFM sorgen für die Festlegung, Umsetzung und Aufrechterhaltung von Rechnungslegungsgrundsätzen und -verfahren und Bewertungsregeln, die es ihnen ermöglichen, der zuständigen Behörde auf Verlangen rechtzeitig Abschlüsse vorzulegen, die ein den tatsächlichen Verhältnissen entsprechendes Bild ihrer Vermögens- und Finanzlage vermitteln und mit allen geltenden Rechnungslegungsstandards und -vorschriften in Einklang stehen.

(5) AIFM setzen angemessene Grundsätze und Verfahren um, um sicherzustellen, dass die für den AIF geltenden Rücknahmebestimmungen gegenüber den Anlegern mit hinreichender Ausführlichkeit offengelegt werden, bevor diese in den AIF investieren sowie wenn wesentliche Änderungen vorgenommen werden.

(6) AIFM überwachen und bewerten regelmäßig die Angemessenheit und Wirksamkeit ihrer nach den Absätzen 1 bis 5 geschaffenen Systeme, internen Kontrollmechanismen und Vorkehrungen und ergreifen die zur Abstellung etwaiger Mängel erforderlichen Maßnahmen.

9 Amtliche Fußnote: Ausschuss der Europäischen Bankaufsichtsbehörden, Leitlinien zu Artikel 122 a der Eigenkapitalrichtlinie vom 31. Dezember 2010, http://www.eba.europa.eu/cebs/media/Publications/Standards%20and%20Guidelines/2010/Application%20of%20Art.%20122a%20of%20the%20CRD/Guidelines.pdf.

Artikel 58 Elektronische Datenverarbeitung

(1) AIFM treffen angemessene und ausreichende Vorkehrungen für geeignete elektronische Systeme, um eine zeitnahe und ordnungsgemäße Aufzeichnung jedes Portfoliogeschäfts und jedes Zeichnungsauftrags oder gegebenenfalls Rücknahmeauftrags zu ermöglichen.

(2) AIFM gewährleisten bei der elektronischen Datenverarbeitung ein hohes Maß an Sicherheit und sorgen gegebenenfalls für die Integrität und vertrauliche Behandlung der aufgezeichneten Daten.

Artikel 59 Rechnungslegungsverfahren

(1) [1]AIFM wenden Rechnungslegungsgrundsätze und -verfahren im Sinne von Artikel 57 Absatz 4 an, um den Anlegerschutz zu gewährleisten. [2]Die Rechnungslegung ist so ausgelegt, dass alle Vermögenswerte und Verbindlichkeiten des AIF jederzeit direkt ermittelt werden können. [3]Hat ein AIF mehrere Teilfonds, werden für jeden dieser Teilfonds getrennte Konten geführt.

(2) AIFM sorgen für die Festlegung, Umsetzung und Aufrechterhaltung von Rechnungslegungs- und Bewertungsgrundsätzen, um sicherzustellen, dass der Nettoinventarwert jedes AIF auf der Grundlage der geltenden Rechnungslegungsstandards und -vorschriften genau berechnet wird.

Artikel 60 Kontrolle durch das Leitungsgremium, die Geschäftsleitung und die Aufsichtsfunktion

(1) Bei der internen Aufgabenverteilung stellen AIFM sicher, dass das Leitungsgremium, die Geschäftsleitung oder die Aufsichtsfunktion – falls vorhanden – die Verantwortung dafür tragen, dass der AIFM seine Pflichten aus der Richtlinie 2011/61/EU erfüllt.

(2) Ein AIFM stellt sicher, dass die Geschäftsleitung

a) die Verantwortung dafür trägt, dass die allgemeine Anlagepolitik, wie sie gegebenenfalls in den Vertragsbedingungen, der Satzung, dem Prospekt oder in den Emissionsunterlagen festgelegt ist, bei jedem verwalteten AIF umgesetzt wird;

b) für jeden verwalteten AIF die Genehmigung der Anlagestrategien überwacht;

c) die Verantwortung dafür trägt, dass die Bewertungsgrundsätze und -verfahren im Einklang mit Artikel 19 der Richtlinie 2011/61/EU festgelegt und umgesetzt werden;

d) die Verantwortung dafür trägt, dass der AIFM über eine dauerhafte und wirksame Compliance-Funktion verfügt, selbst wenn diese Funktion von einem Dritten ausgeübt wird;

e) dafür sorgt und sich regelmäßig vergewissert, dass die allgemeine Anlagepolitik, die Anlagestrategien und die Risikolimits jedes verwalteten AIF ordnungsgemäß und wirkungsvoll umgesetzt und eingehalten werden, selbst wenn die Risikomanagement-Funktion von einem Dritten ausgeübt wird;

f) die Angemessenheit der internen Verfahren, nach denen für jeden verwalteten AIF die Anlageentscheidungen getroffen werden, feststellt und regelmäßig überprüft, um zu gewährleisten, dass solche Entscheidungen mit den genehmigten Anlagestrategien in Einklang stehen;

g) die Grundsätze für das Risikomanagement sowie die zur Umsetzung dieser Grundsätze genutzten Vorkehrungen, Verfahren und Methoden billigt und regelmäßig überprüft, was auch die Risikolimits für jeden verwalteten AIF betrifft;

h) die Verantwortung für die Festlegung und Anwendung einer Vergütungspolitik im Einklang mit Anhang II der Richtlinie 2011/61/EU trägt.

(3) Ein AIFM stellt außerdem sicher, dass die Geschäftsleitung und das Leitungsgremium oder die Aufsichtsfunktion – falls vorhanden –

a) die Wirksamkeit der Grundsätze, Vorkehrungen und Verfahren, die zur Erfüllung der in der Richtlinie 2011/61/EU festgelegten Pflichten eingeführt wurden, bewerten und regelmäßig überprüfen;

b) angemessene Maßnahmen ergreifen, um etwaige Mängel zu beseitigen.

(4) Ein AIFM stellt sicher, dass seine Geschäftsleitung häufig, mindestens aber einmal jährlich, schriftliche Berichte zu Fragen der Rechtsbefolgung, der Innenrevision und des Risikomanagements erhält, in denen insbesondere angegeben wird, ob zur Beseitigung etwaiger Mängel geeignete Abhilfemaßnahmen getroffen wurden.

(5) Ein AIFM gewährleistet, dass seine Geschäftsleitung regelmäßig Berichte über die Umsetzung der in Absatz 2 Buchstaben b bis e genannten Anlagestrategien und internen Verfahren für Anlageentscheidungen erhält.

(6) Ein AIFM stellt sicher, dass das Leitungsgremium oder die Aufsichtsfunktion – falls vorhanden – regelmäßig schriftliche Berichte zu den in Absatz 4 genannten Aspekten erhält.

Artikel 61 Ständige Compliance-Funktion

(1) AIFM legen angemessene Grundsätze und Verfahren fest, die darauf ausgelegt sind, jedes Risiko einer etwaigen Missachtung der in der Richtlinie 2011/61/EU festgelegten Pflichten durch den betreffenden AIFM sowie die damit verbundenen Risiken aufzudecken, setzen diese um und erhalten sie aufrecht, und führen angemessene Maßnahmen und Verfahren ein, um dieses Risiko auf ein Mindestmaß zu beschränken und die zuständigen Behörden in die Lage zu versetzen, ihre Befugnisse im Rahmen dieser Richtlinie wirksam auszuüben.

Die AIFM tragen der Art, dem Umfang und der Komplexität ihrer Geschäfte sowie der Art und dem Spektrum der im Zuge dieser Geschäfte erbrachten Dienstleistungen und Tätigkeiten Rechnung.

(2) Ein AIFM richtet eine permanente und wirksame unabhängig arbeitende Compliance-Funktion ein, erhält diese aufrecht und betraut sie mit folgenden Aufgaben:

a) Überwachung und regelmäßige Bewertung der Angemessenheit und Wirksamkeit der gemäß Absatz 1 festgelegten Maßnahmen, Grundsätze und Verfahren, sowie der Schritte, die zur Beseitigung etwaiger Defizite des AIFM bei der Einhaltung seiner Verpflichtungen unternommen wurden;

b) Beratung der für Dienstleistungen und Tätigkeiten zuständigen relevanten Personen und deren Unterstützung im Hinblick auf die Erfüllung der in der Richtlinie 2011/61/EU für AIFM festgelegten Pflichten.

(3) Damit die Compliance-Funktion gemäß Absatz 2 ihre Aufgaben ordnungsgemäß und unabhängig wahrnehmen kann, stellt der AIFM sicher, dass

a) die Compliance-Funktion über die notwendigen Befugnisse, Ressourcen und Fachkenntnisse verfügt und Zugang zu allen einschlägigen Informationen hat;

b) ein Compliance-Beauftragter benannt wird, der für die Compliance-Funktion und die Erstellung der Berichte verantwortlich ist, die der Geschäftsleitung regelmäßig, mindestens aber einmal jährlich, zu Fragen der Rechtsbefolgung vorgelegt werden und in denen insbesondere angegeben wird, ob die zur Beseitigung etwaiger Mängel erforderlichen Abhilfemaßnahmen getroffen wurden;

c) Personen, die in die Compliance-Funktion eingebunden sind, nicht in die von ihnen überwachten Dienstleistungen oder Tätigkeiten eingebunden sind;

d) das Verfahren, nach dem die Bezüge eines Compliance-Beauftragten und anderer in die Compliance-Funktion eingebundenen Personen bestimmt werden, weder deren Objektivität beeinträchtigt noch dies wahrscheinlich erscheinen lässt.

Kann der AIFM jedoch nachweisen, dass die in Unterabsatz 1 Buchstabe c oder d vorgesehene Anforderung mit Blick auf die Art, den Umfang und die Komplexität seiner Geschäfte sowie die Art und das Spektrum seiner Dienstleistungen und Tätigkeiten unverhältnismäßig ist und dass die Compliance-Funktion dennoch ihre Aufgabe erfüllt, ist er von dieser Anforderung befreit.

Artikel 62 Ständige Innenrevisionsfunktion

(1) AIFM richten – soweit dies angesichts der Art, des Umfangs und der Komplexität ihrer Geschäfte sowie der Art und des Spektrums der im Zuge dieser Geschäfte erbrachten gemeinsamen Portfolioverwaltungsdienste angemessen und verhältnismäßig ist – eine von den übrigen Funktionen und Tätigkeiten des AIFM getrennte, unabhängige Innenrevisionsfunktion ein und erhalten diese aufrecht.

(2) Die Innenrevisionsfunktion nach Absatz 1 hat folgende Aufgaben:

a) Erstellung, Umsetzung und Aufrechterhaltung eines Revisionsprogramms mit dem Ziel, die Angemessenheit und Wirksamkeit der Systeme, internen Kontrollmechanismen und Vorkehrungen des AIFM zu prüfen und zu bewerten;

b) Ausgabe von Empfehlungen auf der Grundlage der Ergebnisse der gemäß Buchstabe a ausgeführten Arbeiten;

c) Überprüfung der Einhaltung der Empfehlungen im Sinne von Buchstabe b;

d) Berichterstattung zu Fragen der Innenrevision.

Artikel 63 Persönliche Geschäfte

(1) Ein AIFM sorgt für die Festlegung, Umsetzung und Aufrecherhaltung angemessener Vorkehrungen im Hinblick auf relevante Personen, deren Tätigkeiten zu einem Interessenkonflikt Anlass geben könnten, oder die Zugang zu Insider-Informationen im Sinne von Artikel 1 Absatz 1 der Richtlinie 2003/6/EG des Europäischen Parlaments und des Rates vom 28. Januar 2003 über Insider-Geschäfte und Marktmanipulation (Marktmissbrauch)[10] oder zu anderen vertraulichen Informationen über einen AIF oder über die mit oder für einen AIF getätigten Geschäfte haben, und diese relevanten Personen daran hindern sollen,

a) ein persönliches Geschäft mit Finanzinstrumenten oder anderen Vermögenswerten einzugehen, die eine der folgenden Voraussetzungen erfüllen:
   i) das Geschäft fällt unter Artikel 2 Absatz 1 der Richtlinie 2003/6/EG;
   ii) das Geschäft geht mit dem Missbrauch oder der vorschriftswidrigen Weitergabe vertraulicher Informationen einher;
   iii) das Geschäft kollidiert mit einer Pflicht, die dem AIFM aus der Richtlinie 2011/61/EU erwächst, oder könnte damit kollidieren;

b) außerhalb ihres regulären Beschäftigungsverhältnisses oder Dienstleistungsvertrags eine andere Person hinsichtlich der Tätigung eines persönlichen Geschäfts im Sinne von Buchstabe a Ziffern i) und ii) zu beraten oder sie dazu zu veranlassen oder sie im Hinblick auf die Tätigung eines persönlichen Geschäfts, das einen anderweitigen Missbrauch von Informationen über laufende Aufträge darstellen würde, zu beraten oder zu einem solchen Geschäft zu veranlassen;

c) außerhalb ihres regulären Beschäftigungsverhältnisses oder Dienstleistungsvertrags und unbeschadet des Artikels 3 Buchstabe a der Richtlinie 2003/6/EG Informationen oder Meinungen an eine andere Person weiterzugeben, wenn

10 Amtliche Fußnote: ABl. L 96 vom 12.4.2003, S. 16.

der relevanten Person klar ist oder nach vernünftigem Ermessen klar sein sollte, dass diese Weitergabe die andere Person dazu veranlassen wird oder veranlassen dürfte,

i) ein persönliches Geschäft im Sinne von Buchstabe a Ziffern i) und ii) im Hinblick auf Finanzinstrumente oder andere Vermögenswerte einzugehen oder ein persönliches Geschäft einzugehen, das einen anderweitigen Missbrauch von Informationen über laufende Aufträge darstellen würde;

ii) eine weitere Person hinsichtlich der Tätigung eines derartigen persönlichen Geschäfts zu beraten oder sie dazu zu veranlassen.

(2) Die in Absatz 1 beschriebenen Vorkehrungen gewährleisten insbesondere, dass

a) jede relevante Person die Beschränkungen bei persönlichen Geschäften gemäß Absatz 1 und die Maßnahmen, die der AIFM im Hinblick auf persönliche Geschäfte und Informationsweitergabe gemäß Absatz 1 getroffen hat, kennt;

b) der AIFM unverzüglich über jedes persönliche Geschäft einer solchen relevanten Person in Sinne von Absatz 1 unterrichtet wird, und zwar entweder durch Meldung des Geschäfts oder durch andere Verfahren, die dem AIFM die Feststellung solcher Geschäfte ermöglichen;

c) ein bei dem AIFM gemeldetes oder von diesem festgestelltes persönliches Geschäft sowie jede Erlaubnis und jedes Verbot im Zusammenhang mit einem solchen Geschäft festgehalten wird.

Werden bestimmte Tätigkeiten des AIFM von Dritten ausgeführt, stellt der AIFM für die Zwecke von Unterabsatz 1 Buchstabe b sicher, dass das Unternehmen, das die Tätigkeit ausführt, persönliche Geschäfte aller relevanten Personen im Sinne von Absatz 1 festhält und dem AIFM diese Informationen auf Verlangen unverzüglich vorlegt.

(3) Von den Absätzen 1 und 2 ausgenommen sind

a) persönliche Geschäfte, die im Rahmen eines Vertrags über die Portfolioverwaltung mit Ermessensspielraum getätigt werden, sofern vor Geschäftsabschluss keine diesbezüglichen Kontakte zwischen dem Portfolioverwalter und der relevanten Person oder der Person, für deren Rechnung das Geschäft getätigt wird, stattfinden;

b) persönliche Geschäfte mit OGAW oder AIF, die nach der Rechtsvorschrift eines Mitgliedstaats, die für deren Anlagen ein gleich hohes Maß an Risikostreuung vorschreibt, der Aufsicht unterliegen, wenn die relevante Person oder jede andere Person, für deren Rechnung die Geschäfte getätigt werden, nicht an der Geschäftsleitung dieses Organismus beteiligt ist.

(4) Für die Zwecke von Absatz 1 umfasst ein persönliches Geschäft auch ein Geschäft mit Finanzinstrumenten oder anderen Vermögenswerten im Auftrag von oder für Rechnung

a) einer relevanten Person;

b) einer Person, mit der die relevante Person familiäre oder enge Verbindungen unterhält;

c) einer Person, deren Verhältnis zur relevanten Person so beschaffen ist, dass Letztere ein direktes oder indirektes wesentliches Interesse am Ausgang des Geschäfts hat, wobei das Interesse nicht auf eine Gebühr oder Provision für die Abwicklung des Geschäfts abzielen darf.

Artikel 64 Aufzeichnung von Portfoliogeschäften

(1) AIFM sorgen dafür, dass jedes Portfoliogeschäft im Zusammenhang mit von ihnen verwalteten AIF unverzüglich so aufgezeichnet wird, dass der Auftrag und das ausgeführte Geschäft oder die Vereinbarung im Einzelnen rekonstruiert werden können.

(2) Hinsichtlich der auf einem Ausführungsplatz stattfindenden Portfoliogeschäfte enthält die Aufzeichnung im Sinne von Absatz 1 folgende Angaben:

a) den Namen oder die sonstige Bezeichnung des AIF und der Person, die für Rechnung des AIF handelt;

b) den Vermögenswert;

c) gegebenenfalls die Menge;

d) die Art des Auftrags oder des Geschäfts;

e) den Preis;

f) bei Aufträgen das Datum und die genaue Uhrzeit der Auftragsübermittlung und den Namen oder die sonstige Bezeichnung der Person, an die der Auftrag übermittelt wurde, bzw. bei Geschäften das Datum und die genaue Uhrzeit der Geschäftsentscheidung und -ausführung;

g) gegebenenfalls den Namen der Person, die den Auftrag übermittelt oder das Geschäft ausführt;

h) gegebenenfalls die Gründe für den Widerruf eines Auftrags;

i) bei ausgeführten Geschäften die Gegenpartei und den Ausführungsplatz.

(3) Hinsichtlich der außerhalb eines Ausführungsplatzes stattfindenden Portfoliogeschäfte des AIF enthält die Aufzeichnung im Sinne von Absatz 1 folgende Angaben:

a) den Namen oder die sonstige Bezeichnung des AIF;

b) die Rechts- und sonstige Dokumentation, die die Grundlage des Portfoliogeschäfts darstellt, einschließlich insbesondere die Vereinbarung in ihrer ausgeführten Form;

c) den Preis.

(4) Für die Zwecke der Absätze 2 und 3 umfasst ein Ausführungsplatz einen systematischen Internalisierer im Sinne von Artikel 4 Absatz 1 Nummer 7 der Richtlinie 2004/39/EG, einen geregelten Markt im Sinne von Artikel 4 Absatz 1 Nummer 14 der genannten Richtlinie, ein multilaterales Handelssystem im Sinne von Artikel 4 Absatz 1 Nummer 15 der genannten Richtlinie, einen Market-maker im Sinne von Artikel 4 Absatz 1 Nummer 8 der genannten Richtlinie oder einen sonstigen Liquiditätsgeber oder eine Einrichtung, die in einem Drittland eine ähnliche Funktion erfüllt.

Artikel 65 Aufzeichnung von Zeichnungs- und Rücknahmeaufträgen

(1) AIFM ergreifen alle angemessenen Maßnahmen, um sicherzustellen, dass die Zeichnungs- und gegebenenfalls Rücknahmeaufträge des AIF unverzüglich nach Eingang eines solchen Auftrags aufgezeichnet werden.

(2) [1]Eine solche Aufzeichnung umfasst folgende Angaben:

a) Name des betreffenden AIF;

b) Person, die den Auftrag erteilt oder übermittelt;

c) Person, die den Auftrag erhält;

d) Datum und Uhrzeit des Auftrags;

e) Zahlungsbedingungen und -mittel;

f) Art des Auftrags;

g) Datum der Auftragsausführung;

h) Anzahl der gezeichneten oder zurückgenommenen Anteile oder Beteiligungen oder gleichwertigen Beträge;

i) Zeichnungs- oder gegebenenfalls Rücknahmepreis für jeden Anteil oder jede Beteiligung oder gegebenenfalls den Betrag des gebundenen und bezahlten Kapitals;

j) Gesamtzeichnungs- oder -rücknahmewert der Anteile oder Beteiligungen;

k) Bruttowert des Auftrags einschließlich Zeichnungsgebühren oder Nettobetrag nach Abzug von Rücknahmegebühren.

[2]Die unter den Buchstaben i, j und k aufgeführten Angaben werden aufgezeichnet, sobald sie vorliegen.

Artikel 66 Aufzeichnungspflichten

(1) AIFM stellen sicher, dass alle in den Artikeln 64 und 65 aufgeführten erforderlichen Aufzeichnungen für einen Zeitraum von mindestens fünf Jahren aufbewahrt werden.

Die zuständigen Behörden können von AIFM jedoch verlangen, die Aufbewahrung aller oder einiger dieser Aufzeichnungen für einen längeren, von der Art des Vermögenswerts oder Portfoliogeschäfts abhängigen Zeitraum sicherzustellen, wenn dies notwendig ist, um der Behörde die Wahrnehmung ihrer Aufsichtsfunktion gemäß der Richtlinie 2011/61/EU zu ermöglichen.

(2) [1]Ist die Zulassung eines AIFM abgelaufen, sind die Aufzeichnungen zumindest für die verbleibende Zeit des in Absatz 1 genannten Fünfjahreszeitraums aufzubewahren. [2]Die zuständigen Behörden können einen längeren Zeitraum für die Aufbewahrung verlangen.

Überträgt der AIFM seine Aufgaben im Zusammenhang mit dem AIF auf einen anderen AIFM, stellt er sicher, dass der AIFM Zugang zu den Aufzeichnungen gemäß Absatz 1 hat.

(3) Die Aufzeichnungen sind auf einem Datenträger aufzubewahren, auf dem sie so gespeichert werden können, dass die zuständigen Behörden auch künftig auf sie zugreifen können und die folgenden Bedingungen erfüllt sind:

a) Die zuständigen Behörden müssen ohne Weiteres auf die Aufzeichnungen zugreifen und jede maßgebliche Stufe der Bearbeitung jedes einzelnen Portfoliogeschäfts rekonstruieren können;

b) jede Korrektur oder sonstige Änderung sowie der Inhalt der Aufzeichnungen vor einer solchen Korrektur oder sonstigen Änderung müssen leicht feststellbar sein;

c) es ist keine sonstige Manipulation oder Änderung möglich.

Abschnitt 7 Bewertung

(Artikel 19 der Richtlinie 2011/61/EU)

Artikel 67 Grundsätze und Verfahren für die Bewertung von Vermögenswerten des AIF

(1) [1]AIFM legen für jeden von ihnen verwalteten AIF schriftliche Grundsätze und Verfahren fest, die einen soliden, transparenten, umfassenden und angemessen dokumentierten Bewertungsprozess gewährleisten, setzen diese um und überprüfen sie. [2]Die Bewertungsgrundsätze und -verfahren decken alle wesentlichen Aspekte des Bewertungsprozesses, der Bewertungsverfahren und der Kontrollen im Hinblick auf den betreffenden AIF ab.

[1]Unbeschadet der in den nationalen Vorschriften und den Vertragsbedingungen und der Satzung des AIF enthaltenen Bestimmungen stellt der AIFM die Anwendung fairer, angemessener und transparenter Bewertungsmethoden auf die von ihm verwalteten AIF sicher. [2]In den Bewertungsgrundsätzen werden die Bewertungsmethoden, die für jede Art von Vermögenswert verwendet werden, in die der AIF im Einklang mit den geltenden nationalen Vorschriften, den Vertragsbedingungen und der Satzung des AIF investieren darf, ermittelt und im Rahmen der Verfahren für die Bewertung umgesetzt. [3]Bevor der AIFM zum ersten Mal in eine bestimmte Art von Vermögenswert investiert, müssen

eine oder verschiedene angemessene Bewertungsmethoden für diese spezifische Art von Vermögenswert ermittelt worden sein.

[1]In den Grundsätzen und Verfahren bezüglich der Bewertungsmethoden werden Inputs, Modelle und die Auswahlkriterien für die Preisfindung und Quellen für Marktdaten behandelt. [2]Sie müssen sicherstellen, dass die Preise – soweit dies möglich und angemessen ist – aus unabhängigen Quellen stammen. [3]Der Auswahlprozess einer bestimmten Methode umfasst eine Bewertung der zur Verfügung stehenden einschlägigen Methoden unter Berücksichtigung ihrer Sensitivität bei Änderungen von Variablen und der Art und Weise, wie spezifische Strategien den relativen Wert der Vermögenswerte im Portfolio bestimmen.

(2) [1]In den Bewertungsgrundsätzen sind die Pflichten, Aufgaben und Zuständigkeiten aller in den Bewertungsprozess eingebundenen Parteien, einschließlich der Geschäftsleitung des AIFM, beschrieben. [2]Die Verfahren spiegeln die in den Bewertungsgrundsätzen festgelegten Organisationsstrukturen wider.

In den Bewertungsgrundsätzen und -verfahren wird mindestens Folgendes behandelt:

a) Zuständigkeit und Unabhängigkeit des Personals, das effektiv die Bewertung der Vermögenswerte vornimmt;

b) die spezifischen Anlagestrategien des AIF und die Vermögenswerte, in die der AIF investieren könnte;

c) Kontrollen über die Auswahl von Inputs, Quellen und Methoden für die Bewertung;

d) Eskalationsmaßnahmen zur Beseitigung von Differenzen hinsichtlich des Werts von Vermögenswerten;

e) Bewertung von Anpassungen, die mit dem Umfang und der Liquidität von Positionen oder gegebenenfalls mit Änderungen der Marktbedingungen im Zusammenhang stehen;

f) angemessener Zeitpunkt für den Stichtag für Bewertungszwecke;

g) angemessene Häufigkeit für die Bewertung von Vermögenswerten.

(3) Wird ein externer Bewerter ernannt, so ist in den Bewertungsgrundsätzen und -verfahren ein Verfahren für den Informationsaustausch zwischen dem AIFM und dem externen Bewerter festzulegen, um sicherzustellen, dass alle für die Bewertung erforderlichen Informationen bereitgestellt werden.

Die Bewertungsgrundsätze und -verfahren gewährleisten, dass der AIFM im Hinblick auf Dritte, die mit der Erbringung von Bewertungsdienstleistungen betraut wurden, in der Anfangsphase sowie regelmäßig seinen Sorgfaltspflichten nachkommt.

(4) [1]Nimmt der AIFM die Bewertung selbst vor, so enthalten die Grundsätze eine Beschreibung der Schutzvorkehrungen für die funktional unabhängige Durchführung der Bewertungsaufgabe im Einklang mit Artikel 19 Absatz 4 Buchstabe b der Richtlinie 2011/61/EU. [2]Derartige Schutzvorkehrungen umfassen Maßnahmen, die jeden ungebührlichen Einfluss auf die Art und Weise, in der eine relevante Person Bewertungsaufgaben ausführt, verhindern oder einschränken.

Artikel 68 Verwendung von Modellen zur Bewertung von Vermögenswerten

(1) [1]Wird ein Modell zur Bewertung der Vermögenswerte eines AIF verwendet, so werden das Modell und seine Hauptmerkmale in den Bewertungsgrundsätzen und -verfahren erläutert und begründet. [2]Die Gründe für die Wahl des Modells, die zugrunde liegenden Daten, die im Rahmen des Modells verwendeten Annahmen und die Gründe für deren Verwendung sowie die Grenzen der modellbasierten Bewertung werden angemessen dokumentiert.

(2) [1]Die Bewertungsgrundsätze und -verfahren stellen sicher, dass ein Modell vor seiner Verwendung von einer Person mit hinreichender Fachkenntnis, die nicht an der Entwicklung des Modells beteiligt war, bewertet wird. [2]Das Bewertungsverfahren wird angemessen dokumentiert.

(3) [1]Das Modell bedarf der vorherigen Genehmigung durch die Geschäftsleitung des AIFM. [2]Wird das Modell von einem AIFM eingesetzt, der die Bewertungsfunktion selbst ausübt, erfolgt die Genehmigung durch die Geschäftsleitung unbeschadet des Rechts der zuständigen Behörde, im Einklang mit Artikel 19 Absatz 9 der Richtlinie 2011/61/EU zu verlangen, dass das Modell von einem externen Bewerter oder Rechnungsprüfer überprüft wird.

Artikel 69 Kohärente Anwendung der Bewertungsgrundsätze und -verfahren

(1) Ein AIFM gewährleistet, dass die Bewertungsgrundsätze und -verfahren und die vorgesehenen Bewertungsmethoden kohärent angewandt werden.

(2) Die Bewertungsgrundsätze und -verfahren und die vorgesehenen Methoden werden auf sämtliche Vermögenswerte eines AIF unter Berücksichtigung der Anlagestrategie, der Art des Vermögenswerts und gegebenenfalls der Existenz verschiedener externer Bewerter angewandt.

(3) Ist keine Aktualisierung erforderlich, so werden die Grundsätze und Verfahren kohärent im Zeitverlauf angewandt, und die Quellen und Regeln für die Bewertung bleiben im Zeitverlauf kohärent.

(4) Die Bewertungsverfahren und die vorgesehenen Bewertungsmethoden werden auf alle von einem AIFM verwalteten AIF unter Berücksichtigung der Anlagestrategien, der Art der von den AIF gehaltenen Vermögenswerte und gegebenenfalls der Existenz verschiedener externer Bewerter angewandt.

Artikel 70 Regelmäßige Überprüfung der Bewertungsgrundsätze und -verfahren

(1) [1]In den Bewertungsgrundsätzen ist eine regelmäßige Überprüfung der Grundsätze und Verfahren, einschließlich der Bewertungsmethoden, vorgesehen. [2]Die Überprüfung wird mindestens jährlich sowie bevor der AIF eine neue

Anlagestrategie verfolgt oder in eine neue Art von Vermögenswert investiert, die nicht von den geltenden Grundsätzen der Bewertung abgedeckt wird, durchgeführt.

(2) [1]In den Bewertungsgrundsätzen und -verfahren wird dargelegt, wie eine Änderung an den Bewertungsgrundsätzen, einschließlich an einer Methode, vorgenommen werden kann und unter welchen Umständen dies angemessen wäre. [2]Empfehlungen für Änderungen an den Grundsätzen und Verfahren werden der Geschäftsleitung vorgelegt, die jegliche Änderungen prüft und annimmt.

(3) Die in Artikel 38 vorgesehene Risikomanagement-Funktion überprüft die für die Bewertung der Vermögenswerte angenommenen Grundsätze und Verfahren und bietet gegebenenfalls angemessene Unterstützung.

Artikel 71 Überprüfung des Werts der einzelnen Vermögenswerte

(1) [1]Ein AIFM gewährleistet, dass alle von einem AIF gehaltenen Vermögenswerte fair und angemessen bewertet werden. [2]Der AIFM dokumentiert, aufgeschlüsselt nach der Art des Vermögenswerts, wie die Angemessenheit und Fairness des Werts der einzelnen Vermögenswerte bewertet wird. [3]Der AIFM kann jederzeit nachweisen, dass die Portfolios der von ihm verwalteten AIF ordnungsgemäß bewertet werden.

(2) In den Bewertungsgrundsätzen und -verfahren wird ein Überprüfungsverfahren für den Wert der einzelnen Vermögenswerte festgelegt, bei denen ein wesentliches Risiko einer nicht angemessenen Bewertung besteht, z. B. in folgenden Fällen:

a) Die Bewertung basiert auf Preisen, die von lediglich einer einzigen Gegenpartei oder einem Broker stammen;

b) die Bewertung basiert auf einer Handelsplattform illiquide gewordener Vermögenswerten;

c) die Bewertung wird von Parteien beeinflusst, die mit dem AIFM verbunden sind;

d) die Bewertung wird von anderen Einrichtungen beeinflusst, die ein finanzielles Interesse an der Entwicklung des AIF haben könnten;

e) die Bewertung basiert auf Preisen einer Gegenpartei, die Originator eines Instruments ist, insbesondere falls der Originator auch die Position des AIF in dem Instrument finanziert;

f) die Bewertung wird von einer oder mehreren Einzelpersonen innerhalb des AIFM beeinflusst.

(3) [1]In den Bewertungsgrundsätzen und -verfahren wird das Überprüfungsverfahren beschrieben, einschließlich hinreichender und angemessener Prüfungen und Kontrollen in Bezug auf die Plausibilität des Werts der einzelnen Vermögenswerte. [2]Die Plausibilität wird danach beurteilt, ob ein angemessenes Maß an Objektivität vorliegt. [3]Derartige Prüfungen und Kontrollen umfassen mindestens Folgendes:

a) Überprüfung der Werte durch einen Vergleich mit von der Gegenpartei stammenden Preisen im Zeitverlauf;

b) Validierung von Werten durch Vergleich der erzielten Preise mit den jüngsten Buchwerten;

c) Berücksichtigung des Leumunds, der Kohärenz und der Qualität der Quelle der Bewertung;

d) Vergleich mit von Dritten generierten Werten;

e) Untersuchung und Dokumentation von Ausnahmen;

f) Hervorhebung und Untersuchung von ungewöhnlich erscheinenden Differenzen oder von Differenzen, die je nach der für die betreffende Art von Vermögenswert festgelegten Bewertungsbenchmark variieren;

g) Tests in Bezug auf veraltete Preise und implizierte Parameter;

h) Vergleich mit den Preisen verbundener Vermögenswerte oder deren Absicherungen;

i) Überprüfung der in der modellbasierten Preisfindung verwendeten Inputs, insbesondere derjenigen, in Bezug auf die der anhand des Modells ermittelte Preis eine erhebliche Sensitivität aufweist.

(4) Die Bewertungsgrundsätze und -verfahren umfassen angemessene Eskalationsmaßnahmen, um Differenzen oder andere Schwierigkeiten bei der Bewertung von Vermögenswerten zu beseitigen.

Artikel 72 Berechnung des Nettoinventarwerts je Anteil

(1) Ein AIFM gewährleistet, dass bei allen von ihm verwalteten AIF der Nettoinventarwert je Anteil bei jeder Ausgabe oder Zeichnung oder Rücknahme oder Annullierung von Anteilen berechnet wird, mindestens aber einmal jährlich.

(2) [1]Ein AIFM gewährleistet, dass die Verfahren und die Methode für die Berechnung des Nettoinventarwerts je Anteil vollständig dokumentiert werden. [2]Die Verfahren und Methoden für die Berechnung und ihre Anwendung werden regelmäßig vom AIFM geprüft und die Dokumentation wird gegebenenfalls angepasst.

(3) Ein AIFM gewährleistet, dass für den Fall einer nicht korrekten Berechnung des Nettoinventarwerts Abhilfemaßnahmen existieren.

(4) Ein AIFM gewährleistet, dass die Anzahl der ausgegebenen Anteile regelmäßig überprüft wird, und zwar mindestens ebenso häufig, wie der Preis des Anteils berechnet wird.

Artikel 73 Berufliche Garantien

(1) [1]Externe Bewerter legen auf Verlangen berufliche Garantien vor, um nachzuweisen, dass sie in der Lage sind, die Bewertungsfunktion auszuüben. [2]Die von externen Bewertern vorzulegenden beruflichen Garantien bedürfen der Schriftform.

(2) Die beruflichen Garantien enthalten Belege für die Qualifikation des externen Bewerters und für dessen Fähigkeit, ordnungsgemäße und unabhängige Bewertungen vorzunehmen, einschließlich Belege, die mindestens Folgendes bestätigen:

a) ausreichende Personal- und technische Ressourcen;

b) adäquate Verfahren zur Wahrung einer ordnungsgemäßen und unabhängigen Bewertung;

c) adäquates Wissen und Verständnis in Bezug auf die Anlagestrategie des AIF und die Vermögenswerte, mit deren Bewertung der externe Bewerter betraut ist;

d) ausreichend guter Leumund und ausreichende Erfahrung bei der Bewertung.

(3) [1]Ist der externe Bewerter zur obligatorischen berufsmäßigen Registrierung bei der zuständigen Behörde oder einer anderen Stelle in dem Staat, in dem er seinen Sitz hat, verpflichtet, so enthält die berufliche Garantie die Bezeichnung dieser Behörde oder Stelle sowie die einschlägigen Kontaktangaben. [2]Die berufliche Garantie enthält klare Angaben zu den Rechts- und Verwaltungsvorschriften oder berufsständischen Regeln, denen der externe Bewerter unterliegt.

Artikel 74 Häufigkeit der Bewertung von Vermögenswerten offener AIF

(1) Die Bewertung der von offenen AIF gehaltenen Finanzinstrumente erfolgt jedes Mal, wenn der Nettoinventarwert je Anteil gemäß Artikel 72 Absatz 1 berechnet wird.

(2) Die Bewertung anderer Vermögenswerte, die von offenen AIF gehalten werden, erfolgt mindestens jährlich sowie jedes Mal, wenn Belege vorliegen, dass die zuletzt vorgenommene Bewertung nicht mehr fair und oder ordnungsgemäß ist.

Abschnitt 8 Übertragung von Funktionen des AIFM

(Artikel 20 Absätze 1, 2, 4 und 5 der Richtlinie 2011/61/EU)

Artikel 75 Allgemeine Grundsätze

Bei der Übertragung von einer oder mehrer ihrer Funktionen sind von den AIFM insbesondere folgende Grundsätze zu beachten:

a) Die Struktur der Aufgabenübertragung schließt eine Umgehung der Verantwortung oder der Haftung des AIFM aus;

b) die Übertragung führt nicht dazu, dass sich die Pflichten des AIFM gegenüber dem AIF und seinen Anlegern ändern;

c) die Bedingungen, die der AIFM erfüllen muss, um gemäß der Richtlinie 2011/61/EU zugelassen zu werden und Tätigkeiten auszuüben, dürfen nicht unterlaufen werden;

d) die Vereinbarung zur Übertragung von Aufgaben beruht auf einer schriftlichen Vereinbarung zwischen dem AIFM und dem Beauftragten;

e) der AIFM stellt sicher, dass der Beauftragte die ihm übertragenen Funktionen wirkungsvoll und unter Einhaltung der geltenden Rechts- und Verwaltungsvorschriften ausführt, und schafft Methoden und Verfahren für eine laufende Überprüfung der vom Beauftragten erbrachten Dienstleistungen. Der AIFM leitet angemessene Schritte ein, falls sich zeigt, dass der Beauftragte seine Aufgaben nicht wirkungsvoll und unter Einhaltung der geltenden Rechts- und Verwaltungsvorschriften ausführen kann;

f) der AIFM überwacht die übertragenen Aufgaben wirkungsvoll und steuert die mit der Übertragung verbundenen Risiken. Der AIFM verfügt zu diesem Zweck jederzeit über die für die Überwachung der übertragenen Funktionen erforderlichen Fachkenntnisse und Ressourcen. Der AIFM lässt sich in der Vereinbarung Rechte auf Information, Ermittlung, Zulassung und Zugang sowie Anweisungs- und Überwachungsrechte gegenüber dem Beauftragten zusichern. Der AIFM stellt ferner sicher, dass der Beauftragte die Ausführung der übertragenen Funktionen ordnungsgemäß überwacht und die mit der Übertragung verbundenen Risiken angemessen steuert;

g) der AIFM stellt sicher, dass die Kontinuität und Qualität der übertragenen Funktionen oder der übertragenen Aufgabe der Ausübung von Funktionen auch im Falle der Beendigung der Übertragung gewährleistet sind, indem er entweder die übertragenen Funktionen oder die übertragene Aufgabe der Ausübung von Funktionen einem anderen Dritten überträgt oder sie selbst ausübt;

h) die jeweiligen Rechte und Pflichten des AIFM und des Beauftragten werden in der Vereinbarung eindeutig zugeteilt und festgelegt. Der AIFM lässt sich insbesondere seine Anweisungs- und Kündigungsrechte, seine Informationsrechte und seine Ermittlungs- und Zugangsrechte in Bezug auf Bücher und Geschäftsräume vertraglich zusichern. In der Vereinbarung wird festgelegt, dass eine Unterbeauftragung nur mit Zustimmung des AIFM erfolgen kann;

i) in Bezug auf die Portfolioverwaltung erfolgt die Übertragung im Einklang mit der Anlagepolitik des AIF. Der Beauftragte wird vom AIFM angewiesen, wie die Anlagepolitik umzusetzen ist, und der AIFM überwacht kontinuierlich die Befolgung dieser Anweisungen durch den Beauftragten;

j) der AIFM stellt sicher, dass der Beauftragte ihm jegliche Entwicklung offenlegt, die sich wesentlich auf die Fähigkeit des Beauftragten, die übertragenen Funktionen wirkungsvoll und unter Einhaltung der geltenden Rechts- und Verwaltungsvorschriften auszuführen, auswirken kann;

k) der AIFM stellt sicher, dass der Beauftragte alle vertraulichen Informationen über den AIFM, den von der Übertragung betroffenen AIF und die Anleger dieses AIF schützt;

l) der AIFM stellt sicher, dass der Beauftragte unter Berücksichtigung der Art der übertragenen Funktionen einen Notfallplan festlegt, umsetzt und kontinuierlich einhält, der bei einem Systemausfall die Speicherung der Daten gewährleistet und regelmäßige Tests der Backup-Systeme vorsieht.

Artikel 76 Objektive Gründe für die Übertragung

(1) [1]Der AIFM legt den zuständigen Behörden eine detaillierte Beschreibung, Erläuterung und Nachweise der objektiven Gründe für die Übertragung vor. [2]Bei der Prüfung, ob die gesamte Struktur zur Übertragung von Funktionen durch objektive Gründe im Sinne von Artikel 20 Absatz 1 Buchstabe a der Richtlinie 2011/61/EU gerechtfertigt ist, sind folgende Kriterien zu berücksichtigen:

a) Optimierung von Geschäftsfunktionen- und -verfahren;

b) Kosteneinsparungen;

c) Fachkenntnisse des Beauftragten im Bereich der Verwaltung oder auf bestimmten Märkten oder mit bestimmten Anlagen;

d) Zugang des Beauftragten zu den globalen Handelsmöglichkeiten.

(2) Der AIFM liefert auf Verlangen der zuständigen Behörden weitere Erläuterungen und Dokumente, die belegen, dass die gesamte Struktur zur Übertragung von Funktionen durch objektive Gründe gerechtfertigt ist.

Artikel 77 Merkmale des Beauftragten

(1) Der Beauftragte muss ausreichende Ressourcen vorhalten, Mitarbeiter mit Kompetenzen, Kenntnissen und Fähigkeiten, die zur ordnungsgemäßen Erfüllung der ihnen zugewiesenen Aufgaben erforderlich sind, in ausreichender Stärke beschäftigen und über eine für die Ausführung der übertragenen Aufgaben geeignete Organisationsstruktur verfügen.

(2) [1]Personen, die die vom AIFM übertragenen Tätigkeiten tatsächlich ausführen, verfügen über ausreichende Erfahrung, angemessene theoretische Kenntnisse und geeignete praktische Erfahrungen in der Ausübung der betreffenden Aufgaben. [2]Ihre berufliche Ausbildung und die Art der von ihnen in der Vergangenheit ausgeübten Funktionen sind der Art der geführten Geschäfte angemessen.

(3) [1]Personen, die die Geschäfte des Beauftragten tatsächlich führen, gelten nicht als ausreichend gut beleumdet, wenn sie in Fragen, die sowohl für ihr Leumundszeugnis als auch die ordnungsgemäße Ausführung der übertragenen Aufgaben relevant sind, negativ bewertet wurden oder wenn andere relevante Informationen vorliegen, die sich negativ auf ihren Leumund auswirken. [2]Als negative Bewertung gelten unter anderem strafbare Handlungen sowie gerichtliche Verfahren oder Verwaltungssanktionen mit Bezug auf die Ausführung der übertragenen Aufgaben. [3]Besondere Aufmerksamkeit gilt Finanzvergehen, u. a. Verstößen gegen Verpflichtungen zur Verhinderung von Geldwäsche, Unredlichkeit, Betrug oder Finanzkriminalität, Konkurs oder Insolvenz. [4]Andere relevante Informationen sind beispielsweise solche, die darauf schließen lassen, dass eine Person nicht vertrauenswürdig oder ehrlich ist.

Unterliegt der Beauftragte im Hinblick auf seine beruflichen Dienstleistungen Regulierungsvorschriften der Union, so gelten die in Unterabsatz 1 genannten Faktoren als gegeben, wenn die zuständige Aufsichtsbehörde das Kriterium des „guten Leumunds" im Rahmen des Zulassungsverfahrens geprüft hat und solange keine gegenteilige Nachweise vorliegen.

Artikel 78 Übertragung der Portfolioverwaltung oder des Risikomanagements

(1) Dieser Artikel gilt, wenn sich die Übertragung auf die Portfolioverwaltung oder das Risikomanagement bezieht.

(2) Bei folgenden Stellen wird davon ausgegangen, dass sie gemäß Artikel 20 Absatz 1 Buchstabe c der Richtlinie 2011/61/EU für die Zwecke der Vermögensverwaltung zugelassen oder registriert sind und einer Aufsicht unterliegen:

a) gemäß der Richtlinie 2009/65/EG zugelassene Verwaltungsgesellschaften;

b) gemäß der Richtlinie 2004/39/EG für die Portfolioverwaltung zugelassene Wertpapierfirmen;

c) gemäß der Richtlinie 2006/48/EG zugelassene Kreditinstitute, die gemäß der Richtlinie 2004/39/EG für die Portfolioverwaltung zugelassen sind;

d) externe AIFM, die gemäß der Richtlinie 2011/61/EU zugelassen sind;

e) Stellen eines Drittlands, die für die Zwecke der Vermögensverwaltung zugelassen oder registriert sind und in den betreffenden Ländern von einer zuständigen Behörde wirksam beaufsichtigt werden.

(3) Erfolgt die Übertragung an ein Drittlandsunternehmen, sind gemäß Artikel 20 Absatz 1 Buchstabe d der Richtlinie 2011/61/EU folgende Bedingungen zu erfüllen:

a) Es besteht eine schriftliche Vereinbarung zwischen den zuständigen Behörden des Herkunftsmitgliedstaats des AIFM und den Aufsichtsbehörden des Unternehmens, an das die Übertragung erfolgt;

b) die unter Buchstabe a genannte Vereinbarung ermöglicht den zuständigen Behörden im Hinblick auf das Unternehmen, an das die Übertragung erfolgt:

   i) auf Verlangen alle relevanten Informationen zu erhalten, die sie zur Ausführung ihrer Aufsichtsaufgaben gemäß der Richtlinie 2011/61/EU benötigen;

ii) Zugang zu im Drittland vorhandenen Unterlagen zu erhalten, die für die Wahrnehmung ihrer Aufsichtspflichten relevant sind;

iii) in den Geschäftsräumen des Unternehmens, an das Funktionen übertragen wurden, Ermittlungen vor Ort durchzuführen. Die praktischen Verfahren für Ermittlungen vor Ort werden in der schriftlichen Vereinbarung konkretisiert;

iv) für die Zwecke der Ermittlung über augenscheinliche Verstöße gegen die Anforderungen der Richtlinie 2011/61/EU und ihrer Durchführungsmaßnahmen von der Aufsichtsbehörde des Drittlands so zeitnah wie möglich Informationen zu erhalten;

v) im Falle eines Verstoßes gegen die Anforderungen der Richtlinie 2011/61/EU und ihrer Durchführungsmaßnahmen sowie einschlägiger einzelstaatlicher Rechtsvorschriften im Einklang mit den für die Aufsichtsbehörde des Drittlands und die zuständigen EU-Behörden geltenden nationalen und internationalen Bestimmungen die Durchsetzung in Zusammenarbeit anzugehen.

Artikel 79 Wirksame Beaufsichtigung

Eine Übertragung wird als Beeinträchtigung der wirksamen Beaufsichtigung des AIFM betrachtet, wenn

a) der AIFM, seine Abschlussprüfer und die zuständigen Behörden keinen tatsächlichen Zugang zu den mit den übertragenen Funktionen zusammenhängenden Daten und zu den Geschäftsräumen des Beauftragten haben oder die zuständigen Behörden nicht in der Lage sind, von diesen Zugangsrechten Gebrauch zu machen;

b) der Beauftragte im Zusammenhang mit den übertragenen Funktionen nicht mit den zuständigen Behörden des AIFM zusammenarbeitet;

c) der AIFM den zuständigen Behörden auf deren Verlangen nicht alle Informationen zur Verfügung stellt, die diese benötigen, um zu überwachen, ob bei der Ausübung der übertragenen Funktionen die Anforderungen der Richtlinie 2011/61/EU und ihrer Durchführungsmaßnahmen eingehalten werden.

Artikel 80 Interessenkonflikte

(1) Die Frage, ob eine Übertragung im Konflikt mit den Interessen des AIFM oder der Anleger des AIF im Sinne von Artikel 20 Absatz 2 Buchstabe b der Richtlinie 2011/61/EU steht, wird anhand mindestens folgender Kriterien bewertet:

a) wenn der AIFM und der Beauftragte ein und derselben Gruppe angehören oder in einer sonstigen Vertragsbeziehung stehen, der Umfang, in dem der Beauftragte den AIFM kontrolliert oder sein Handeln beeinflussen kann;

b) wenn der Beauftragte und ein Anleger des betreffenden AIF ein und derselben Gruppe angehören oder in einer sonstigen Vertragsbeziehung stehen, der Umfang, in dem dieser Anleger den Beauftragten kontrolliert oder sein Handeln beeinflussen kann;

c) die Wahrscheinlichkeit, dass der Beauftragte zu Lasten des AIF oder der Anleger des AIF einen finanziellen Vorteil erzielt oder einen finanziellen Verlust vermeidet;

d) die Wahrscheinlichkeit, dass der Beauftragte ein Interesse am Ergebnis einer für den AIFM oder den AIF erbrachten Dienstleistung oder eines für den AIFM oder den AIF getätigten Geschäfts hat;

e) die Wahrscheinlichkeit, dass für den Beauftragten ein finanzieller oder sonstiger Anreiz besteht, die Interessen eines anderen Kunden über die Interessen des AIF oder der Anleger des AIF zu stellen;

f) die Wahrscheinlichkeit, dass der Beauftragte aktuell oder künftig von einer anderen Person als dem AIFM in Bezug auf Leistungen der gemeinsamen Portfolioverwaltung, die für den AIFM und den von ihm verwalteten AIF erbracht werden, zusätzlich zu der hierfür üblichen Provision oder Gebühr einen Anreiz in Form von Geld, Gütern oder Dienstleistungen erhält.

(2) Eine funktionale und hierarchische Trennung der Funktionen der Portfolioverwaltung oder des Risikomanagements von anderen dazu potenziell im Interessenkonflikt stehenden Aufgaben gilt nur dann als gegeben, wenn folgende Bedingungen erfüllt sind:

a) Personen mit Aufgaben der Portfolioverwaltung nehmen keine anderen potenziell dazu im Interessenkonflikt stehenden Aufgaben wie z. B. Kontrollaufgaben wahr;

b) Personen mit Aufgaben des Risikomanagements nehmen keine anderen potenziell dazu im Interessenkonflikt stehenden Aufgaben wie z. B. operative Aufgaben wahr;

c) Personen, die Funktionen des Risikomanagements wahrnehmen, unterstehen nicht Personen mit operativen Aufgaben;

d) die Trennung ist über die gesamte hierarchische Struktur des Beauftragten einschließlich des Leitungsgremiums zu gewährleisten und wird vom Leitungsgremium sowie – sofern vorhanden – durch die Aufsichtsfunktion des Beauftragten überwacht.

(3) Potenzielle Interessenkonflikte gelten nur dann als ordnungsgemäß ermittelt, gesteuert, beobachtet und gegenüber den Anlegern des AIF offengelegt, wenn

a) der AIFM sicherstellt, dass der Beauftragte alle angemessenen Maßnahmen zur Ermittlung, Steuerung und Beobachtung potenzieller Interessenkonflikte zwischen ihm und dem AIFM, dem AIF oder den Anlegern des AIF trifft. Der AIFM stellt sicher, dass der Beauftragte die in den Artikeln 31 bis 34 geforderten Verfahren geschaffen hat;

b) der AIFM sicherstellt, dass der Beauftragte potenzielle Interessenkonflikte sowie die zur Steuerung solcher Interessenkonflikte zu schaffenden Verfahren und Maßnahmen dem AIFM gegenüber offenlegt, der diese gemäß Artikel 36 gegenüber dem AIF und den Anlegern des AIF offenlegt.

Artikel 81 Zustimmung zur Unterbeauftragung und Mitteilung der Unterbeauftragung

(1) Eine Unterbeauftragung wird wirksam, wenn der AIFM seine Zustimmung schriftlich bezeugt.

Eine allgemeine vorherige Zustimmung des AIFM wird nicht als Zustimmung im Sinne von Artikel 20 Absatz 4 Buchstabe a der Richtlinie 2011/61/EU betrachtet.

(2) Gemäß Artikel 20 Absatz 4 Buchstabe b der Richtlinie 2011/61/EU enthält die Mitteilung Angaben zum Beauftragten, den Namen der zuständigen Behörde, bei der der Unterbeauftragte zugelassen oder registriert ist, Angaben zu den übertragenen Funktionen und den von der Unterbeauftragung betroffenen AIF, eine Kopie der schriftlichen Zustimmung des AIFM und das geplante Datum des Wirksamwerdens der Unterbeauftragung.

Artikel 82 Briefkastenfirmen und nicht mehr als Verwalter eines AIF zu betrachtende AIFM

(1) Ein AIFM wird zur Briefkastenfirma und nicht mehr als Verwalter des AIF angesehen, wenn zumindest eine der folgenden Situationen eintritt:

a) Der AIFM verfügt nicht mehr über die Fachkenntnisse und Ressourcen, die für eine wirksame Überwachung der übertragenen Aufgaben und die Steuerung der mit der Übertragung verbundenen Risiken erforderlich sind;

b) der AIFM hat in zentralen Angelegenheiten, die in die Zuständigkeit der Geschäftsleitung fallen, keine Entscheidungsgewalt mehr oder ist – insbesondere im Zusammenhang mit der Umsetzung der allgemeinen Anlagepolitik und der Anlagestrategien – nicht mehr befugt, Geschäftsleitungsfunktionen auszuüben;

c) der AIFM verliert seine vertraglichen Rechte auf Einsichtnahme, Ermittlung, seine Zugangsrechte oder das Recht auf Erteilung von Anweisungen an seine Beauftragten oder die Wahrnehmung dieser Rechte ist in der Praxis nicht mehr möglich;

d) der AIFM überträgt Funktionen der Anlageverwaltung in einem Umfang, der die Wahrnehmung solcher Funktionen durch den AIFM selbst deutlich überschreitet. Bei der Ermittlung des Übertragungsumfangs bewerten die zuständigen Behörden die gesamte Übertragungsstruktur, wobei sie neben den im Rahmen der Übertragung verwalteten Vermögenswerten auch folgenden qualitativen Aspekten Rechnung tragen:

   i) den Arten von Vermögenswerten, in die der AIF oder der für ihn handelnde AIFM investiert hat, und der Bedeutung der im Rahmen der Übertragung verwalteten Vermögenswerte für das Risiko- und Renditeprofil des AIF;

   ii) der Bedeutung der im Rahmen der Übertragung verwalteten Vermögenswerte für den Erfolg der Anlagestrategie des AIF;

   iii) der geografischen und sektoralen Verteilung der Anlagen des AIF;

   iv) dem Risikoprofil des AIF;

   v) der Art der Anlagestrategien des AIF oder des für ihn handelnden AIFM;

   vi) der Arten der übertragenen Aufgaben im Vergleich zu den verbleibenden Aufgaben; und

   vii) die Konfiguration der Beauftragten und deren Unterbeauftragten, ihres geografischen Tätigkeitsbereichs und ihrer Unternehmensstruktur, wozu auch zählt, ob die Aufgaben einem Unternehmen übertragen wurden, das der gleichen Unternehmensgruppe angehört wie der AIFM.

(2) [1]Die Kommission überwacht die Anwendung dieses Artikels im Lichte der Marktentwicklungen. [2]Die Kommission überprüft die Situation nach zwei Jahren und trifft, falls notwendig, angemessene Maßnahmen, um näher festzulegen, unter welchen Bedingungen davon ausgegangen wird, dass der AIFM Aufgaben in einem Maße abgegeben hat, dass er zu einer Briefkastenfirma wird und nicht mehr als Verwalter des AIF angesehen werden kann.

(3) Die ESMA kann Leitlinien herausgeben, um eine unionsweit konsistente Bewertung von Strukturen zur Übertragung von Funktionen sicherzustellen.

Kapitel IV Verwahrstelle

Abschnitt 1 Einzelheiten des schriftlichen Vertrags

(Artikel 21 Absatz 2 der Richtlinie 2011/61/EU)

Artikel 83 Einzelheiten des Vertrags

(1) Zur Bestellung der Verwahrstelle gemäß Artikel 21 Absatz 2 der Richtlinie 2011/61/EU wird zwischen der Verwahrstelle einerseits und dem AIFM sowie gegebenenfalls dem AIF andererseits ein Vertrag geschlossen, der zumindest folgende Elemente enthält:

a) eine Beschreibung der von der Verwahrstelle zu erbringenden Dienstleistungen und der anzuwendenden Verfahren für jede Art von Vermögenswerten, in die der AIF investieren kann und die der Verwahrstelle anvertraut werden;

b) eine Beschreibung der Art und Weise, wie die Verwahr- und Aufsichtsfunktionen je nach Art der Vermögenswerte und der geografischen Regionen, in denen der AIF zu investieren beabsichtigt, auszuüben sind. Diese Beschreibung umfasst im Hinblick auf die Verwahraufgaben Länderlisten und Verfahren für die Aufnahme sowie gegebenenfalls der Streichung von Ländern in diese bzw. aus dieser Liste. Dies muss mit den in den Vertragsbedingungen, der Satzung und den Emissionsunterlagen des AIF gemachten Angaben zu den Vermögenswerten, in die der AIF investieren darf, übereinstimmen;

c) eine Erklärung, dass die Haftung der Verwahrstelle von einer etwaigen Übertragung ihrer Verwahrfunktionen unberührt bleibt, es sei denn, sie hat sich gemäß Artikel 21 Absatz 13 oder 14 der Richtlinie 2011/61/EU von der Haftung befreit;

d) Laufzeit und Bedingungen für Änderungen und die Kündigung des Vertrags einschließlich einer Beschreibung der Situationen, die zur Kündigung des Vertrags führen können, und der Einzelheiten des Kündigungsverfahrens sowie gegebenenfalls der Verfahren zur Übermittlung der relevanten Informationen durch die Verwahrstelle an ihre Nachfolgerin;

e) die gemäß einschlägigen Rechts- und Verwaltungsvorschriften für die Vertragsparteien geltenden Geheimhaltungspflichten. Diese Pflichten dürfen den Zugang der zuständigen Behörden zu relevanten Unterlagen und Informationen nicht beeinträchtigen;

f) die Mittel und Verfahren, mit denen die Verwahrstelle dem AIFM oder dem AIF alle einschlägigen Informationen übermittelt, die dieser zur Erfüllung seiner Aufgaben, einschließlich der Ausübung etwaiger mit Vermögenswerten verbundener Rechte, benötigt, sowie die Mittel und Verfahren, die dem AIFM und dem AIF den Zugang zu zeitnahen und genauen Informationen über die Konten des AIF ermöglichen;

g) die Mittel und Verfahren, mit denen der AIFM oder der AIF alle einschlägigen Informationen übermittelt oder sicherstellt, dass die Verwahrstelle Zugang zu allen Informationen hat, die sie zur Erfüllung ihrer Aufgaben benötigt, einschließlich der Verfahren, durch die sichergestellt wird, dass die Verwahrstelle Informationen von anderen, durch den AIF oder den AIFM bestellten Parteien erhält;

h) die Angabe, ob eine Verwahrstelle oder ein Dritter, der gemäß Artikel 21 Absatz 11 der Richtlinie 2011/61/EU mit Verwahrfunktionen betraut wird, die ihnen anvertrauten Vermögenswerte wiederverwenden dürfen, und, falls ja, welchen Bedingungen eine solche Wiederverwendung unterliegt;

i) die Verfahren für die Prüfung etwaiger Änderungen der Vertragsbedingungen, der Satzung oder der Emissionsunterlagen des AIF mit Angabe der Fälle, in denen die Verwahrstelle unterrichtet oder die vorherige Zustimmung der Verwahrstelle eingeholt werden muss, ehe eine Änderung vorgenommen werden darf;

j) eine Auflistung aller Informationen, die in Bezug auf Verkauf, Zeichnung, Auszahlung, Ausgabe, Löschung und Rücknahme von Anteilen des AIF zwischen dem AIF, dem AIFM, einem für den AIF oder den AIFM handelnden Dritten einerseits und der Verwahrstelle andererseits ausgetauscht werden müssen;

k) eine Auflistung aller Informationen, die in Bezug auf die Wahrnehmung der Aufsichts- und Kontrollfunktionen durch die Verwahrstelle zwischen dem AIF, dem AIFM, einem für den AIF oder den AIFM handelnden Dritten sowie der Verwahrstelle ausgetauscht werden müssen;

l) beabsichtigen die Vertragsparteien die Bestellung von Dritten, um diesen einen Teil ihrer Pflichten zu übertragen, eine Verpflichtung, regelmäßig Einzelheiten zu jedem bestellten Dritten sowie auf Verlangen zu den Kriterien für die Auswahl des Dritten und die Schritte, die zur Überwachung der Tätigkeiten des ausgewählten Dritten geplant sind, mitzuteilen;

m) Informationen über die Aufgaben und Zuständigkeiten der Vertragsparteien bezüglich der Pflichten zur Bekämpfung von Geldwäsche und Terrorismusfinanzierung;

n) Informationen über alle Geldkonten, die im Namen des AIF oder des für ihn handelnden AIFM eröffnet wurden, und die Verfahren, durch die die Unterrichtung der Verwahrstelle über jedes neue Konto, das im Namen des AIF oder des für ihn handelnden AIFM eröffnet wird, gewährleistet wird;

o) Einzelheiten zu den Eskalationsverfahren der Verwahrstelle, einschließlich der Angabe der Personen beim AIF und gegebenenfalls beim AIFM, die von der Verwahrstelle bei Einleitung eines solchen Verfahrens zu kontaktieren sind;

p) eine Verpflichtung der Verwahrstelle, den AIFM zu unterrichten, wenn sie Kenntnis davon erhält, dass die Trennung der Vermögenswerte nicht oder nicht mehr in ausreichendem Maße gegeben ist, um im Falle der Insolvenz eines Dritten, dem gemäß Artikel 21 Absatz 11 der Richtlinie 2011/61/EU in einer bestimmten Rechtsordnung Verwahrfunktionen übertragen wurden, Schutz zu gewährleisten;

q) eine Beschreibung der Verfahren, mit denen die Verwahrstelle im Rahmen der Ausübung ihrer Pflichten die Möglichkeit hat, Nachforschungen zum Wohlverhalten des AIFM und/oder des AIF anzustellen und die Qualität der übermittelten Informationen zu bewerten, unter anderem durch Zugang zu den Büchern des AIF und/oder des AIFM oder durch Besuche vor Ort;

r) eine Beschreibung der Verfahren, mit denen der AIFM und/oder der AIF die Leistung der Verwahrstelle in Bezug auf deren vertragliche Verpflichtungen überprüfen kann.

(2) Die Einzelheiten der unter den Buchstaben a bis r beschriebenen Mittel und Verfahren werden im Vertrag zur Bestellung der Verwahrstelle oder in nachfolgenden Änderungen des Vertrags festgelegt.

(3) Der Vertrag zur Bestellung der Verwahrstelle oder die nachfolgende Änderung des Vertrags gemäß Absatz 2 erfolgen in schriftlicher Form.

(4) Die Parteien können sich darauf einigen, die zwischen ihnen ausgetauschten Informationen ganz oder teilweise elektronisch zu übermitteln, sofern eine ordnungsgemäße Aufzeichnung dieser Informationen gewährleistet ist.

(5) Vorbehaltlich anders lautender Vorgaben des einzelstaatlichen Rechts besteht keine Verpflichtung, für jeden AIF eine eigene schriftliche Vereinbarung zu schließen; der AIFM und die Verwahrstelle können in einer Rahmenvereinbarung alle vom betreffenden AIFM verwalteten AIF auflisten, für die die Vereinbarung gilt.

(6) Die einzelstaatlichen Rechtsvorschriften, die für den Vertrag zur Bestellung der Verwahrstelle und jede nachfolgende Vereinbarung gelten, sind anzugeben.

Abschnitt 2 Allgemeine Kriterien zur Bewertung der aufsichtlichen Regulierung und Aufsicht von Verwahrstellen in Drittländern

(Artikel 21 Absatz 6 Buchstabe b der Richtlinie 2011/61/EU)

Artikel 84 Kriterien zur Bewertung der aufsichtlichen Regulierung und Aufsicht einer Verwahrstelle in einem Drittland

Für die Zwecke von Artikel 21 Absatz 6 Buchstabe b der Richtlinie 2011/61/EU werden die Wirksamkeit der aufsichtlichen Regulierung und Aufsicht einer Verwahrstelle in einem Drittland sowie die Frage, ob diese die gleiche Wirkung haben wie die Rechtsvorschriften der Union und wirksam durchgesetzt werden, anhand folgender Kriterien bewertet:

a) Die Verwahrstelle unterliegt einer Zulassungspflicht und einer laufenden Überwachung durch eine zuständige Behörde, die mit ausreichenden Ressourcen zur Erfüllung ihrer Aufgaben ausgestattet ist;

b) im Recht des Drittlands sind Kriterien für die Zulassung als Verwahrstelle festgelegt, die die gleiche Wirkung haben wie die Kriterien für die Zulassung zum Geschäft von Kreditinstituten oder Wertpapierfirmen in der Union;

c) die Kapitalanforderungen an die Verwahrstelle im Drittland haben die gleiche Wirkung wie die in der Union geltenden Anforderungen, je nachdem, ob die Verwahrstelle ein Unternehmen gleicher Art wie ein Kreditinstitut oder eine Wertpapierfirma ist;

d) die für eine Verwahrstelle in einem Drittland geltenden Bedingungen für die Geschäftsausübung haben je nach Art der Verwahrstelle die gleiche Wirkung wie die Bedingungen für Kreditinstitute oder Wertpapierfirmen in der Union;

e) die im Recht des Drittlands festgelegten Anforderungen an die Erfüllung der Aufgaben als AIF-Verwahrstelle haben die gleiche Wirkung wie die Anforderungen nach Artikel 21 Absatz 7 bis 15 der Richtlinie 2011/61/EU und ihrer Durchführungsmaßnahmen sowie die in einschlägigen einzelstaatlichen Rechtsvorschriften festgelegten Anforderungen;

f) das Recht des Drittlands sieht die Anwendung ausreichend abschreckender Durchsetzungsmaßnahmen im Fall eines Verstoßes der Verwahrstelle gegen die unter den Buchstaben a bis e genannten Anforderungen und Bedingungen vor.

Abschnitt 3 Verwahrfunktionen, Sorgfaltspflichten und Pflicht zur getrennten Verwahrung

(Artikel 21 Absätze 7–9 und Artikel 21 Absatz 11 Buchstabe c und Buchstabe d Ziffer iii der Richtlinie 2011/61/EU)

Artikel 85 Bargeldüberwachung – allgemeine Anforderungen

(1) Wird bei einer in Artikel 21 Absatz 7 der Richtlinie 2011/61/EU genannten Stelle ein Geldkonto im Namen des AIF, des für ihn handelnden AIFM oder der für ihn handelnden Verwahrstelle eröffnet oder beibehalten, so stellt der AIFM sicher, dass die Verwahrstelle bei Beginn der Wahrnehmung ihrer Pflichten und danach kontinuierlich alle relevanten Informationen erhält, die sie zur Erfüllung ihrer Verpflichtungen benötigt.

(2) Damit die Verwahrstelle Zugang zu allen Informationen über die Geldkonten des AIF und einen klaren Überblick über dessen Cashflows hat, erhält die Verwahrstelle zumindest:

a) bei ihrer Bestellung Informationen über alle bestehenden Geldkonten, die im Namen des AIF oder des für ihn handelnden AIFM eröffnet wurden;

b) Informationen über jede Eröffnung eines neuen Geldkontos durch den AIF oder den für ihn handelnden AIFM;

c) Informationen über sämtliche bei Dritten eröffneten Geldkonten, die von diesen Dritten direkt übermittelt werden.

Artikel 86 Überwachung der Cashflows des AIF

Die Verwahrstelle gewährleistet eine wirksame und ordnungsgemäße Überwachung der Cashflows des AIF und muss zumindest

a) sicherstellen, dass die gesamten Geldmittel des AIF auf Konten verbucht werden, die bei einer der in Artikel 18 Absatz 1 Buchstaben a, b und c der Richtlinie 2006/73/EG genannten Stellen auf dem entsprechenden Markt, wo für die Geschäftstätigkeiten des AIF Geldkonten verlangt werden, eröffnet wurden, und solche Stellen einer aufsichtlichen Regulierung und Aufsicht unterliegen, die die gleiche Wirkung wie die Rechtsvorschriften der Union haben, wirksam durchgesetzt werden und den Grundsätzen nach Artikel 16 der Richtlinie 2006/73/EG entsprechen;

b) über wirksame und angemessene Verfahren zum Abgleich aller Cashflows verfügen und diesen Abgleich täglich oder bei geringer Häufigkeit der Bargeldbewegungen bei deren Eintreten vornehmen;

c) über geeignete Verfahren verfügen, um bei Ende des Geschäftstags signifikante Cashflows zu ermitteln, insbesondere solche, die mit den Geschäften des AIF unvereinbar sein könnten;

d) in regelmäßigen Abständen die Eignung dieser Verfahren überprüfen, das Abgleichsverfahren zu diesem Zweck zumindest einmal jährlich einer vollständigen Überprüfung unterziehen und sicherstellen, dass das Abgleichsverfahren die im Namen des AIF, des für ihn handelnden AIFM oder der für ihn handelnden Verwahrstelle eröffneten Konten erfasst;

e) kontinuierlich die Ergebnisse des Abgleichs und von Maßnahmen, die infolge der Feststellung jeglicher bei den Abgleichverfahren zutage tretenden Diskrepanzen ergriffen werden, überwachen und bei jeder Abweichung, die nicht unverzüglich behoben wurde, den AIFM und, wenn die Situation nicht geklärt und gegebenenfalls korrigiert werden kann, die zuständigen Behörden unterrichten;

f) die Übereinstimmung ihrer eigenen Barposition-Aufzeichnungen mit denen des AIFM überprüfen. Der AIFM stellt sicher, dass der Verwahrstelle alle Anweisungen und Informationen im Zusammenhang mit bei einem Dritten eröffneten Geldkonten übermittelt werden, damit die Verwahrstelle ihr eigenes Abgleichsverfahren durchführen kann.

Artikel 87 Pflichten im Zusammenhang mit Zeichnungen

[1]Der AIFM stellt sicher, dass die Verwahrstelle bei Ende jedes Geschäftstags Informationen über Zahlungen erhält, die von Anlegern oder im Namen von Anlegern bei der Zeichnung von Anteilen eines AIF geleistet wurden, wenn der AIFM, der AIF oder eine für ihn handelnde Partei, wie z. B. ein Transfer-Agent, solche Zahlungen oder einen Auftrag vom Anleger erhält. [2]Der AIFM stellt sicher, dass die Verwahrstelle sämtliche anderen relevanten Informationen erhält, die sie benötigt, um sicherzustellen, dass die Zahlungen gemäß den Bestimmungen von Artikel 21 Absatz 7 der Richtlinie 2011/61/EU auf Geldkonten verbucht werden, die im Namen des AIF oder des für ihn handelnden AIFM oder im Namen der Verwahrstelle eröffnet wurden.

Artikel 88 Zu verwahrende Finanzinstrumente

(1) Finanzinstrumente des AIF oder des für ihn handelnden AIFM, die der Verwahrstelle nicht in physischer Form übergeben werden können, unterliegen den Verwahrpflichten der Verwahrstelle, wenn alle nachstehenden Anforderungen erfüllt sind:

a) Es handelt sich um Wertpapiere, einschließlich Wertpapieren, in die in Artikel 51 Absatz 3 letzter Unterabsatz der Richtlinie 2009/65/EG und Artikel 10 der Richtlinie 2007/16/EG der Kommission[11] genannte Derivate eingebettet sind, sowie Geldmarktinstrumente und Anteile an Organismen für gemeinsame Anlagen;

b) sie können direkt oder indirekt im Namen der Verwahrstelle auf einem Konto verbucht oder gehalten werden.

(2) Finanzinstrumente, die nach geltendem nationalem Recht beim Emittenten oder seinem Beauftragten (z. B. Register- oder Übertragungsstelle) ausschließlich direkt auf den Namen des AIF registriert sind, werden nicht verwahrt.

(3) Finanzinstrumente des AIF oder des für ihn handelnden AIFM, die der Verwahrstelle in physischer Form übergeben werden können, unterliegen in jedem Fall den Verwahrpflichten der Verwahrstelle.

Artikel 89 Verwahrpflichten im Zusammenhang mit verwahrten Vermögenswerten

(1) Um im Hinblick auf zu verwahrende Finanzinstrumente die in Artikel 21 Absatz 8 Buchstabe a der Richtlinie 2011/61/EU genannten Anforderungen zu erfüllen, stellt die Verwahrstelle zumindest sicher, dass

a) die Finanzinstrumente gemäß Artikel 21 Absatz 8 Buchstabe a Ziffer ii der Richtlinie 2011/61/EU ordnungsgemäß registriert werden;

b) Aufzeichnungen und Konten so geführt werden, dass diese stets korrekt sind und insbesondere mit den für AIF gehaltenen Finanzinstrumenten und Geldern in Einklang stehen;

c) regelmäßige Abgleiche zwischen den internen Konten und Aufzeichnungen der Verwahrstelle und den Konten und Aufzeichnungen von Dritten, denen gemäß Artikel 21 Absatz 11 der Richtlinie 2011/61/EU Verwahrfunktionen übertragen wurden, durchgeführt werden;

d) im Zusammenhang mit verwahrten Finanzinstrumenten gebührende Sorgfalt angewandt wird, um einen hohen Anlegerschutzstandard zu wahren;

e) über die gesamte Verwahrkette hinweg alle relevanten Verwahrrisiken bewertet und überwacht werden und der AIFM über jedes festgestellte wesentliche Risiko unterrichtet wird;

f) geeignete organisatorische Vorkehrungen getroffen werden, um das Risiko, dass die Finanzinstrumente oder damit verbundene Rechte aufgrund von Betrug, schlechter Verwaltung, unzureichender Registrierung oder Fahrlässigkeit verloren gehen oder geschmälert werden, so gering wie möglich zu halten;

g) das Eigentumsrecht des AIF oder des für ihn handelnden AIFM an den Vermögenswerten nachgeprüft wird.

(2) [1]Eine Verwahrstelle, die ihre Verwahrfunktionen gemäß Artikel 21 Absatz 11 der Richtlinie 2011/61/EU an einen Dritten übertragen hat, unterliegt weiterhin den Anforderungen nach Absatz 1 Buchstaben b bis e. [2]Sie stellt zudem sicher, dass der Dritte die Anforderungen nach Absatz 1 Buchstaben b bis g und die Trennungspflicht nach Artikel 99 erfüllt.

---

11 Amtliche Fußnote: ABl. L 79 vom 20.3.2007, S. 11.

(3) Die in den Absätzen 1 und 2 genannten Verwahrpflichten der Verwahrstelle gelten nach dem Look-Through-Ansatz für Vermögenswerte, in die vom AIF oder von dem für ihn handelnden AIFM direkt oder indirekt kontrollierte Finanz- und gegebenenfalls Rechtsstrukturen investieren.

Die Anforderung nach Unterabsatz 1 gilt nicht für Dachfonds oder Master-Feeder-Strukturen, wenn die Zielfonds über eine Verwahrstelle verfügen, die die Vermögenswerte dieser Fonds verwahrt.

Artikel 90 Verwahrpflichten im Zusammenhang mit der Überprüfung der Eigentumsverhältnisse und der Aufzeichnungspflicht

(1) Der AIFM übermittelt der Verwahrstelle bei Beginn der Wahrnehmung ihrer Pflichten und danach kontinuierlich alle relevanten Informationen, die sie zur Erfüllung ihrer Verpflichtungen nach Artikel 21 Absatz 8 Buchstabe b der Richtlinie 2011/61/EU benötigt, und stellt sicher, dass die Verwahrstelle alle relevanten Informationen von Dritten erhält.

(2) [1]Um die in Artikel 21 Absatz 8 Buchstabe b der Richtlinie 2011/61/EU genannten Anforderungen zu erfüllen, muss die Verwahrstelle zumindest

a) sofortigen Zugang zu allen relevanten Informationen haben, die sie benötigt, um ihrer Pflicht zur Überprüfung der Eigentumsverhältnisse und der Aufzeichnungspflicht nachkommen zu können, einschließlich relevanter Informationen, die der Verwahrstelle von Dritten vorzulegen sind;

b) über ausreichende und zuverlässige Informationen verfügen, um Gewissheit darüber zu erlangen, dass der AIF oder der für ihn handelnde AIFM Eigentümer der Vermögenswerte ist;

c) Aufzeichnungen der Vermögenswerte führen, bei denen sie sich vergewissert hat, dass der AIF oder der für ihn handelnde AIFM das Eigentum an diesen Vermögenswerten hat. Um dieser Verpflichtung nachzukommen, muss die Verwahrstelle

   i) in ihren Aufzeichnungen im Namen des AIF Vermögenswerte, bei denen sie sich vergewissert hat, dass der AIF oder der für ihn handelnde AIFM das Eigentum hat, mit Angabe des jeweiligen Nominalwerts verbuchen;

   ii) jederzeit ein umfassendes und aktuelles Verzeichnis der Vermögenswerte des AIF mit Angabe des jeweiligen Nominalwerts vorlegen können.

[2]Für die Zwecke von Absatz 2 Buchstabe c Ziffer ii stellt die Verwahrstelle sicher, dass Verfahren vorhanden sind, die gewährleisten, dass verbuchte Vermögenswerte nicht zugewiesen, übertragen, ausgetauscht oder übergeben werden können, ohne dass die Verwahrstelle oder ihr Beauftragter über solche Transaktionen informiert wurde, und hat die Verwahrstelle sofortigen Zugang zum schriftlichen Nachweis jeder Transaktion und Position des betreffenden Dritten. [3]Der AIFM stellt sicher, dass die betreffenden Dritten der Verwahrstelle bei jedem Verkauf oder Erwerb von Vermögenswerten oder bei Tätigkeiten von Unternehmen, die zur Ausgabe von Finanzinstrumenten führen, mindestens aber einmal jährlich, unverzüglich die entsprechenden Zertifikate oder anderen schriftlichen Nachweise vorlegen.

(3) [1]Die Verwahrstelle stellt in jedem Fall sicher, dass der AIFM geeignete Verfahren hat und anwendet, um festzustellen, ob Vermögenswerte, die der von ihm verwaltete AIF erwirbt, ordnungsgemäß im Namen des AIF oder des für ihn handelnden AIFM verbucht werden, und um die Übereinstimmung der Positionen in den Aufzeichnungen des AIFM und den Vermögenswerten, bei denen die Verwahrstelle sich von der Eigentümerschaft des AIF oder des für ihn handelnden AIFM vergewissert hat, überprüfen zu können. [2]Der AIFM stellt sicher, dass der Verwahrstelle im Zusammenhang mit den Vermögenswerten des AIF alle Anweisungen und relevanten Informationen übermittelt werden, damit die Verwahrstelle ihr eigenes Prüf- oder Abgleichsverfahren durchführen kann.

(4) Die Verwahrstelle schafft für den Fall, dass Abweichungen festgestellt werden, ein Eskalationsverfahren, das unter anderem die Unterrichtung des AIFM und – falls die Situation nicht geklärt und gegebenenfalls korrigiert werden kann – der zuständigen Behörden vorsieht, und wendet dieses Verfahren an.

(5) Die in den Absätzen 1 bis 4 genannten Verwahrpflichten der Verwahrstelle gelten nach dem Look-Through-Ansatz für Vermögenswerte, die von Finanz- und gegebenenfalls Rechtsstrukturen gehalten werden, die vom AIF oder von dem für ihn handelnden AIFM für die Zwecke der Anlage in die entsprechenden Vermögenswerte geschaffen und vom AIF oder von dem für ihn handelnden AIFM direkt oder indirekt kontrolliert werden.

Die Anforderung nach Unterabsatz 1 gilt nicht für Dachfonds oder Master-Feeder-Strukturen, wenn die Zielfonds über eine Verwahrstelle verfügen, die bezüglich der Vermögenswerte dieser Fonds die Eigentumsverhältnisse überprüft und Aufzeichnungsfunktionen wahrnimmt.

Artikel 91 Berichtspflichten von Primebrokern

(1) Wird ein Primebroker bestellt, stellt der AIFM sicher, dass ab dem Datum der Bestellung eine Vereinbarung gilt, der zufolge der Primebroker der Verwahrstelle insbesondere eine Erklärung auf einem dauerhaften Datenträger zur Verfügung stellt, die folgende Informationen enthält:

a) bei Ende jedes Geschäftstages den Wert der in Absatz 3 aufgelisteten Elemente;

b) Einzelheiten zu jeglichen anderen Fakten, die erforderlich sind, um sicherzustellen, dass die Verwahrstelle des AIF über aktuelle und exakte Informationen über den Wert der Vermögenswerte verfügt, deren Verwahrung gemäß Artikel 21 Absatz 11 der Richtlinie 2011/61/EU übertragen wurden.

(2) Die in Absatz 1 genannte Erklärung wird der Verwahrstelle des AIF spätestens bei Geschäftsschluss des auf den betreffenden Geschäftstag folgenden Tages übermittelt.

(3) Die in Absatz 1 Buchstabe a genannten Elemente umfassen:

a) den Gesamtwert der vom Primebroker für den AIF gehaltenen Vermögenswerte, wenn gemäß Artikel 21 Absatz 11 der Richtlinie 2011/61/EU Verwahrfunktionen übertragen werden; den Wert von:
   i) Bardarlehen an den AIF und aufgelaufenen Zinsen;
   ii) Wertpapieren, die der AIF im Rahmen offener Short-Positionen, die für den AIF eingegangen wurden, geliefert werden müssen;
   iii) Verrechnungsbeträgen, die der AIF im Rahmen von Future-Kontrakten zahlen muss;
   iv) vom Primebroker im Zusammenhang mit für den AIF eingegangenen Short-Positionen gehaltenen Barerträgen aus Leerverkäufen;
   v) vom Primebroker im Zusammenhang mit für den AIF eingegangenen offenen Future-Kontrakten gehaltenen Bareinschüssen. Diese Verpflichtung ergänzt die Verpflichtungen nach den Artikeln 87 und 88;
   vi) Glattstellungsforderungen aus im Namen des AIF getätigten außerbörslichen Transaktionen nach aktuellem Marktwert (Mark-to-Market-Wert);
   vii) den gesamten besicherten Verbindlichkeiten des AIF gegenüber dem Primebroker und
   viii) allen sonstigen Vermögenswerten bezüglich des AIF;

b) den Wert sonstiger in Artikel 21 Absatz 8 Buchstabe b der Richtlinie 2011/61/EU genannter Vermögenswerte, die der Primebroker als Sicherheit für im Rahmen einer Primebroker-Vereinbarung getätigte besicherte Transaktionen hält;

c) den Wert von Vermögenswerten, bei denen der Primebroker im Hinblick auf die Vermögenswerte des AIF ein Nutzungsrecht ausgeübt hat;

d) eine Liste aller Institute, bei denen der Primebroker gemäß Artikel 21 Absatz 7 der Richtlinie 2011/61/EU Geldmittel des AIF auf einem in Namen des AIF oder des für ihn handelnden AIFM eröffneten Konto hält oder halten kann.

Artikel 92 Aufsichtspflichten – allgemeine Anforderungen

(1) [1]Die Verwahrstelle bewertet bei ihrer Bestellung die Risiken im Zusammenhang mit Art, Umfang und Komplexität der Strategie des AIF und der Organisation des AIFM, um Aufsichtsverfahren zu entwickeln, die dem AIF und den Vermögenswerten, in die er investiert, angemessen sind und anschließend umgesetzt und angewandt werden. [2]Diese Verfahren werden regelmäßig aktualisiert.

(2) [1]Die Verwahrstelle nimmt in Ausübung ihrer Aufsichtspflicht nach Artikel 21 Absatz 9 der Richtlinie 2011/61/EU nachträgliche Kontrollen und Überprüfungen von Prozessen und Verfahren vor, für die der AIFM, der AIF oder bestellte Dritte zuständig sind. [2]Die Verwahrstelle stellt unter allen Umständen sicher, dass ein angemessenes Überprüf- und Abgleichverfahren vorhanden ist, das umgesetzt, angewandt und häufig überprüft wird. [3]Der AIFM stellt sicher, dass der Verwahrstelle alle Anweisungen bezüglich der Vermögenswerte und Tätigkeiten des AIF übermittelt werden, damit die Verwahrstelle ihr eigenes Prüf- oder Abgleichsverfahren durchführen kann.

(3) Die Verwahrstelle schafft für den Fall, dass sie bei der Wahrnehmung ihrer Aufsichtspflichten mögliche Unregelmäßigkeiten feststellt, ein eindeutiges und umfassendes Eskalationsverfahren, dessen Einzelheiten sie den zuständigen Behörden des AIFM auf Verlangen mitteilt.

(4) [1]Der AIFM übermittelt der Verwahrstelle bei Beginn der Wahrnehmung ihrer Pflichten und danach kontinuierlich alle relevanten Informationen, die sie zur Erfüllung ihrer Verpflichtungen nach Artikel 21 Absatz 9 der Richtlinie 2011/61/EU benötigt, einschließlich Informationen, die der Verwahrstelle von Dritten vorzulegen sind. [2]Der AIFM stellt insbesondere sicher, dass die Verwahrstelle Zugang zu den Büchern hat und in seinen eigenen Geschäftsräumen und den Geschäftsräumen der vom AIF oder dem AIFM bestellten Dienstleister, wie Verwaltern oder externen Bewertern, Besuche vor Ort abstatten kann und/oder Berichte und Erklärungen anerkannter externer Zertifizierungen durch qualifizierte unabhängige Prüfer oder andere Sachverständige prüfen lassen kann, um Angemessenheit und Relevanz der vorhandenen Verfahren sicherzustellen.

Artikel 93 Pflichten bezüglich Zeichnung und Rücknahme

Um die in Artikel 21 Absatz 9 Buchstabe a der Richtlinie 2011/61/EU genannten Vorgaben einzuhalten, erfüllt die Verwahrstelle folgende Anforderungen:

1. Die Verwahrstelle stellt sicher, dass der AIF, der AIFM oder die benannte Stelle geeignete und kohärente Verfahren schafft, umsetzt und anwendet, um
   i) die Zeichnungsaufträge mit den Zeichnungserlösen und die Zahl der ausgegebenen Anteile mit den vom AIF erhaltenen Zeichnungserlösen abzugleichen;
   ii) die Rücknahmeaufträge mit den ausbezahlten Rücknahmebeträgen und die Zahl der aufgehobenen Anteile mit den vom AIF ausbezahlten Rücknahmebeträgen abzugleichen;
   iii) die Eignung des Abgleichverfahrens regelmäßig zu überprüfen.

   Die Verwahrstelle prüft für die Zwecke der Ziffern i, ii und iii regelmäßig die Übereinstimmung zwischen der Gesamtzahl der Anteile in den Büchern des AIF und der Gesamtzahl ausstehender Anteile im AIF-Register.

2. Die Verwahrstelle gewährleistet und prüft regelmäßig, ob die Verfahren für Verkauf, Ausgabe, Rücknahme, Auszahlung und Löschung von Anteilen des AIF gemäß den geltenden nationalen Rechtsvorschriften und den Vertragsbedingungen oder der Satzung des AIF erfolgen und ob diese Verfahren wirksam angewandt werden.
3. Die Häufigkeit der Prüfungen der Verwahrstelle ist auf die Häufigkeit der Zeichnungen und Auszahlungen abgestimmt.

Artikel 94 Pflichten im Zusammenhang mit der Bewertung von Anteilen

(1) Um den in Artikel 21 Absatz 9 Buchstabe b der Richtlinie 2011/61/EU genannten Anforderungen nachzukommen, erfüllt die Verwahrstelle folgende Aufgaben:

a) Sie prüft kontinuierlich, ob geeignete und kohärente Verfahren geschaffen und angewandt werden, um die Vermögenswerte des AIF gemäß Artikel 19 der Richtlinie 2011/61/EU, ihren Durchführungsmaßnahmen sowie den Vertragsbedingungen und der Satzung des AIF zu bewerten; und
b) sie stellt sicher, dass die Bewertungsgrundsätze und -verfahren wirksam umgesetzt und regelmäßig überprüft werden.

(2) Die Verfahren der Verwahrstelle werden in zeitlichen Abständen durchgeführt, die auf die in Artikel 19 der Richtlinie 2011/61/EU und ihren Durchführungsmaßnahmen für den AIF festgelegte Bewertungshäufigkeit abgestimmt sind.

(3) Gelangt eine Verwahrstelle zur Auffassung, dass die Berechnung des Werts der Anteile des AIF nicht im Einklang mit den geltenden Rechtsvorschriften oder den Vertragsbedingungen des AIF oder Artikel 19 der Richtlinie 2011/61/EU erfolgt ist, unterrichtet sie den AIFM und/oder den AIF entsprechend und stellt sicher, dass zeitnah und im besten Interesse der Anleger des AIF Abhilfemaßnahmen ergriffen werden.

(4) Wird ein externer Bewerter bestellt, überprüft die Verwahrstelle, ob die Bestellung des externen Bewerters den Bestimmungen von Artikel 19 der Richtlinie 2011/61/EU und ihren Durchführungsmaßnahmen entspricht.

Artikel 95 Pflichten hinsichtlich der Ausführung von Anweisungen des AIFM

Um den in Artikel 21 Absatz 9 Buchstabe c der Richtlinie 2011/61/EU genannten Anforderungen nachzukommen, erfüllt die Verwahrstelle folgende Aufgaben:

a) Sie schafft geeignete Verfahren und wendet diese an, um zu prüfen, ob AIF und AIFM die geltenden Rechts- und Verwaltungsvorschriften sowie Vertragsbedingungen und Satzung des AIF einhalten. Die Verwahrstelle wird insbesondere überwachen, ob der AIF die in seinen Emissionsunterlagen festgelegten Anlagebeschränkungen und Beschränkungen von Hebelfinanzierungen einhält. Diese Verfahren müssen der Art, dem Umfang und der Komplexität des AIF angemessen sein;
b) sie schafft ein Eskalationsverfahren und wendet dieses an, wenn der AIF gegen eine der unter Buchstabe a genannten Beschränkungen verstößt.

Artikel 96 Pflichten hinsichtlich der zeitnahen Abwicklung von Transaktionen

(1) Zur Einhaltung der Anforderungen von Artikel 21 Absatz 9 Buchstabe d der Richtlinie 2011/61/EU schafft die Verwahrstelle ein Verfahren, das es ihr ermöglicht festzustellen, ob bei Transaktionen mit Vermögenswerten des AIF oder des für ihn handelnden AIFM dem AIF der Gegenwert innerhalb der üblichen Fristen überwiesen wurde, und falls nicht, den AIFM entsprechend zu unterrichten und, sofern möglich, die Rückgabe der Finanzinstrumente durch die Gegenpartei zu verlangen, falls der Situation nicht abgeholfen wird.

(2) Erfolgen Transaktionen nicht auf einem geregelten Markt, werden die üblichen Fristen unter Berücksichtigung der besonderen Bedingungen der Transaktionen (OTC-Derivatkontrakte oder Anlagen in Immobilienwerte oder Beteiligungen an Privatunternehmen) bewertet.

Artikel 97 Pflichten hinsichtlich der Ertragsausschüttung des AIF

(1) Um den in Artikel 21 Absatz 9 Buchstabe e der Richtlinie 2011/61/EU genannten Anforderungen nachzukommen, erfüllt die Verwahrstelle folgende Aufgaben:

a) Sie stellt sicher, dass die Berechnung des durch den AIFM mitgeteilten Nettoertrags gemäß den Vertragsbedingungen bzw. der Satzung des AIF und den geltenden nationalen Rechtsvorschriften erfolgt ist;
b) sie stellt sicher, dass geeignete Maßnahmen getroffen werden, falls die Rechnungsprüfer des AIF Vorbehalte hinsichtlich der Jahresabschlüsse äußern. Der AIF oder der für ihn handelnde AIFM stellen der Verwahrstelle sämtliche Informationen über Vorbehalte hinsichtlich der Abschlüsse zur Verfügung; und
c) sie überprüft nach Erklärung durch den AIFM die Vollständigkeit und Korrektheit der Dividendenzahlungen sowie gegebenenfalls der Carried Interests.

(2) Gelangt eine Verwahrstelle zur Auffassung, dass die Berechnung des Ertrags nicht im Einklang mit den geltenden Rechtsvorschriften oder den Vertragsbedingungen oder der Satzung des AIF erfolgt ist, unterrichtet sie den AIFM und/oder den AIF entsprechend und stellt sicher, dass zeitnah und im besten Interesse der Anleger des AIF Abhilfemaßnahmen ergriffen werden.

Artikel 98 Sorgfaltspflichten

(1) [1]Um die Anforderungen von Artikel 21 Absatz 11 Buchstabe c der Richtlinie 2011/61/EU zu erfüllen, schafft die Verwahrstelle ein ordnungsgemäß dokumentiertes Verfahren zur Einhaltung der Sorgfaltspflichten bei der Auswahl und laufenden Kontrolle des Beauftragten und wendet dieses Verfahren an. [2]Das Verfahren wird regelmäßig, mindestens aber einmal jährlich, geprüft und die Einzelheiten werden den zuständigen Behörden auf Verlangen mitgeteilt.

(2) [1]Bei der Auswahl und Bestellung eines Dritten, dem gemäß Artikel 21 Absatz 11 der Richtlinie 2011/61/EU Verwahrfunktionen übertragen werden, geht die Verwahrstelle mit der gebotenen Sachkenntnis, Sorgfalt und Gewissenhaftigkeit vor, um sicherzustellen, dass hinsichtlich Finanzinstrumenten, die diesem Dritten anvertraut werden, ein geeigneter Schutzstandard gegeben ist. [2]Die Verwahrstelle erfüllt mindestens folgende Aufgaben:

a) Sie bewertet den regulatorischen und rechtlichen Rahmen unter Berücksichtigung von Länderrisiko, Verwahrrisiko und Durchsetzbarkeit der Verträge des Dritten. Diese Bewertung muss die Verwahrstelle in die Lage versetzen, die potenziellen Auswirkungen einer Insolvenz des Dritten auf die Vermögenswerte und Rechte des AIF zu bestimmen. Kommt die Verwahrstelle zur Erkenntnis, dass aufgrund der Rechtsvorschriften des Landes, in dem der Dritte sich befindet, die Trennung der Vermögenswerte nicht ausreicht, um im Insolvenzfall Schutz zu bieten, so unterrichtet sie den AIFM umgehend darüber;

b) sie bewertet, ob die Praktiken, Verfahren und internen Kontrollen des Dritten geeignet sind, um für die Finanzinstrumente des AIF oder des für ihn handelnden AIFM einen hohen Sorgfalts- und Schutzstandard zu gewährleisten;

c) sie bewertet, ob Finanzstärke und Leumund des Dritten den übertragenen Aufgaben angemessen sind. Diese Bewertung beruht auf Informationen, die vom potenziellen Dritten vorgelegt werden und, soweit verfügbar, anderen Daten und Informationen;

d) sie stellt sicher, dass der Dritte über die operationellen und technischen Fähigkeiten verfügt, um die übertragenen Verwahraufgaben unter Gewährleistung eines zufriedenstellenden Schutz- und Sicherheitsniveaus wahrzunehmen.

(3) [1]Die Verwahrstelle geht bei der regelmäßigen Überprüfung und laufenden Kontrolle des Dritten mit der gebotenen Sachkenntnis, Sorgfalt und Gewissenhaftigkeit vor, um sicherzustellen, dass der Dritte weiterhin die in Absatz 1 genannten Kriterien und die in Artikel 21 Absatz 11 Buchstabe d der Richtlinie 2011/61/EU aufgeführten Bedingungen erfüllt. [2]Die Verwahrstelle erfüllt zu diesem Zweck mindestens folgende Aufgaben:

a) Sie überwacht die Leistung des Dritten und die Einhaltung der Standards der Verwahrstelle;

b) sie stellt sicher, dass der Dritte bei der Wahrnehmung seiner Verwahraufgaben bezüglich Sorgfalt, Vorsicht und Gewissenhaftigkeit einen hohen Standard erfüllt und insbesondere eine wirksame Trennung der Finanzinstrumente gemäß den Anforderungen von Artikel 99 gewährleistet;

c) sie überprüft die Verwahrrisiken, die sich aus der Entscheidung, die Vermögenswerte dem Dritten anzuvertrauen, ergeben, und unterrichtet den AIF oder AIFM unverzüglich über jegliche Änderung bezüglich dieser Risiken. Diese Bewertung beruht auf Informationen, die vom Dritten vorgelegt werden und, soweit verfügbar, anderen Daten und Informationen. Bei unruhigen Märkten oder Feststellung eines Risikos werden Häufigkeit und Umfang der Überprüfungen erhöht. Kommt die Verwahrstelle zur Erkenntnis, dass aufgrund der Rechtsvorschriften des Landes, in dem der Dritte sich befindet, die Trennung der Vermögenswerte nicht mehr ausreicht, um im Insolvenzfall Schutz zu bieten, so unterrichtet sie den AIFM umgehend darüber.

(4) Wenn der Dritte an ihn übertragene Funktionen weiter überträgt, gelten die Bedingungen und Kriterien der Absätze 1, 2 und 3 entsprechend.

(5) Die Verwahrstelle überwacht die Einhaltung von Artikel 21 Absatz 4 der Richtlinie 2011/61/EU.

(6) [1]Die Verwahrstelle legt Notfallpläne für jeden Markt fest, auf dem sie gemäß Artikel 21 Absatz 11 der Richtlinie 2011/61/EU einen Dritten mit der Wahrnehmung von Verwahraufgaben bestellt. [2]In diesem Notfallplan wird die Identität eines etwaigen alternativen Diensteanbieters mitgeteilt.

(7) Erfüllt der Beauftragte die Anforderungen nicht mehr, so ergreift die Verwahrstelle im besten Interesse des AIF und seiner Anleger Maßnahmen, einschließlich einer Vertragskündigung.

Artikel 99 Trennungspflicht

(1) Wurden Verwahrfunktionen vollständig oder teilweise einem Dritten übertragen, stellt die Verwahrstelle sicher, dass der Dritte, der gemäß Artikel 21 Absatz 11 der Richtlinie 2011/61/EU mit Verwahrfunktionen betraut wird, gemäß der in Artikel 21 Absatz 11 Buchstabe d Ziffer iii der Richtlinie 2011/61/EU festgelegten Trennpflicht handelt, indem sie prüft, ob dieser Dritte:

a) Aufzeichnungen und Konten führt, die es ihm ermöglichen, jederzeit und unverzüglich Vermögenswerte von Kunden des AIF der Verwahrstelle von seinen eigenen Vermögenswerten, Vermögenswerten seiner anderen Kunden, von der Verwahrstelle für eigene Rechnung gehaltenen Vermögenswerten und für Kunden der Verwahrstelle, die nicht AIF sind, gehaltenen Vermögenswerten zu unterscheiden;

b) Aufzeichnungen und Konten so führt, dass diese stets korrekt sind und insbesondere mit den für Kunden der Verwahrstelle gehaltenen Vermögenswerten in Einklang stehen;

c) regelmäßige Abgleiche zwischen seinen internen Konten und Aufzeichnungen und den Konten und Aufzeichnungen eines Unterbeauftragten, dem er gemäß Artikel 21 Absatz 11 Unterabsatz 3 der Richtlinie 2011/61/EU Verwahrfunktionen übertragen hat, vornimmt;

d) angemessene organisatorische Vorkehrungen trifft, um das Risiko, dass die Finanzinstrumente oder damit verbundene Rechte aufgrund von Missbrauch der Finanzinstrumente, Betrug, schlechter Verwaltung, unzureichender Aufzeichnungen oder Fahrlässigkeit verloren gehen oder geschmälert werden, so gering wie möglich zu halten;

e) ist der Dritte eine der in Artikel 18 Absatz 1 Buchstaben a, b und c der Richtlinie 2006/73/EC genannten Stellen und unterliegt einer wirksamen aufsichtlichen Regulierung und Aufsicht, die Unionsrecht entspricht und wirksam durchgesetzt wird, ergreift die Verwahrstelle die erforderlichen Schritte, um gemäß Artikel 21 Absatz 7 der Richtlinie 2011/61/EU sicherzustellen, dass die Geldmittel des AIF auf einem Konto bzw. mehreren Konten gehalten werden.

(2) [1]Hat eine Verwahrstelle ihre Verwahrfunktionen gemäß Artikel 21 Absatz 11 der Richtlinie 2011/61/EU an einen Dritten übertragen, so stellt sie durch Überprüfung der Einhaltung der Trennpflichten durch den Dritten sicher, dass die Finanzinstrumente ihrer Kunden vor den Auswirkungen einer Insolvenz des betreffenden Dritten geschützt sind. [2]Falls nach geltendem Recht und insbesondere dem Eigentums- und Insolvenzrecht die Anforderungen nach Absatz 1 nicht ausreichen, um dieses Ziel zu erreichen, prüft die Verwahrstelle, welche ergänzenden Vorkehrungen zu treffen sind, um das Verlustrisiko zu minimieren und einen angemessenen Schutzstandard aufrecht zu erhalten.

(3) Die Absätze 1 und 2 gelten entsprechend, wenn der Dritte, der gemäß Artikel 21 Absatz 11 der Richtlinie 2011/61/EU mit Verwahrfunktionen betraut wurde, beschließt, seine Verwahrfunktionen gemäß Artikel 21 Absatz 11 Unterabsatz 3 der Richtlinie 2011/61/EU vollständig oder teilweise einem anderen Dritten zu übertragen.

Abschnitt 4 Abhandenkommen von Finanzinstrumenten, Haftungsbefreiung und objektive Gründe

(Artikel 21 Absätze 12 und 13 der Richtlinie 2011/61/EU)

Artikel 100 Abhandenkommen eines verwahrten Finanzinstruments

(1) Ein verwahrtes Finanzinstrument gilt im Sinne von Artikel 21 Absatz 12 der Richtlinie 2011/61/EU als abhandengekommen, wenn in Bezug auf ein von der Verwahrstelle oder einem Dritten, dem die Verwahrung der verwahrten Finanzinstrumente übertragen wurde, verwahrtes Finanzinstrument eine der nachstehenden Bedingungen erfüllt ist:

a) Ein erklärtes Eigentumsrecht des AIF ist nachweislich ungültig, da es entweder nicht mehr existiert oder niemals existiert hat;

b) der AIF hat das Eigentumsrecht an dem Finanzinstrument endgültig eingebüßt;

c) der AIF ist endgültig außerstande, mittelbar oder unmittelbar über das Finanzinstrument zu verfügen.

(2) [1]Der AIFM stellt das Abhandenkommen eines Finanzinstruments in einem dokumentierten Verfahren fest, das den zuständigen Behörden ohne Weiteres zugänglich ist. [2]Ist ein Abhandenkommen festgestellt, wird es den Anlegern umgehend auf einem dauerhaften Datenträger zur Kenntnis gebracht.

(3) Ein verwahrtes Finanzinstrument gilt nicht im Sinne von Artikel 21 Absatz 12 der Richtlinie 2011/61/EU als abhandengekommen, wenn der AIF das Eigentumsrecht an einem bestimmten Instrument endgültig eingebüßt hat, dieses Instrument jedoch durch ein anderes Finanzinstrument oder andere Finanzinstrumente ersetzt oder in ein solches oder solche umgewandelt wird.

(4) Bei Insolvenz des Dritten, dem die Verwahrung der verwahrten Finanzinstrumente übertragen wurde, stellt der AIFM das Abhandenkommen eines verwahrten Finanzinstruments fest, sobald eine der in Absatz 1 genannten Bedingungen mit Sicherheit erfüllt ist.

[1]Ob eine der in Absatz 1 genannten Bedingungen erfüllt ist, steht spätestens bei Abschluss des Insolvenzverfahrens fest. [2]Der AIFM und die Verwahrstelle verfolgen das Insolvenzverfahren aufmerksam, um festzustellen, ob alle oder einige der Finanzinstrumente, deren Verwahrung dem Dritten übertragen wurde, tatsächlich abhandengekommen sind.

(5) Das Abhandenkommen eines verwahrten Finanzinstruments wird unabhängig davon festgestellt, ob die in Absatz 1 genannten Bedingungen auf Betrug, Fahrlässigkeit oder anderes vorsätzliches oder nichtvorsätzliches Verhalten zurückzuführen sind.

Artikel 101 Haftungsbefreiung nach Artikel 21 Absatz 12 der Richtlinie 2011/61/EU

(1) [1]Eine Verwahrstelle haftet gemäß Artikel 21 Absatz 12 Unterabsatz 2 der Richtlinie 2011/61/EU nicht, wenn sie nachweisen kann, dass alle nachstehenden Bedingungen erfüllt sind:

a) Die zu dem Abhandenkommen führenden Umstände sind nicht auf eine Handlung oder Unterlassung der Verwahrstelle oder eines Dritten, dem die Verwahrung der verwahrten Finanzinstrumente gemäß Artikel 21 Absatz 8 Buchstabe a der Richtlinie 2011/61/EU übertragen wurde, zurückzuführen;

b) die Verwahrstelle hätte die zu dem Abhandenkommen führenden Umstände nach billigem Ermessen nicht abwenden können, obwohl sie alle branchenüblichen Schutzvorkehrungen, die einer mit gebotener Sorgfalt tätigen Verwahrstelle obliegen, getroffen hat;

c) die Verwahrstelle hätte das Abhandenkommen nicht abwenden können, obwohl sie ihren Sorgfaltspflichten rigoros und umfassend nachgekommen ist.

[2]Diese Bedingung gilt als erfüllt, wenn die Verwahrstelle sichergestellt hat, dass die Verwahrstelle und der Dritte, dem die Verwahrung der verwahrten Finanzinstrumente gemäß Artikel 21 Absatz 8 Buchstabe a der Richtlinie 2011/61/EU übertragen wurde, alle nachstehenden Maßnahmen getroffen haben:

i) Einrichtung, Umsetzung, Anwendung und Aufrechterhaltung von geeigneten und der Art und Komplexität der Vermögenswerte des AIF angemessenen Strukturen und Verfahren sowie den entsprechenden Fachkenntnissen, um äußere Umstände, die zu dem Abhandenkommen eines verwahrten Finanzinstruments führen können, frühzeitig zu erkennen und fortlaufend zu überwachen;

ii) fortlaufende Bewertung, ob einer der gemäß Ziffer i erkannten Umstände ein signifikantes Risiko für das Abhandenkommen eines verwahrten Finanzinstruments darstellt;

iii) Unterrichtung des AIFM über erkannte signifikante Risiken und etwaige Einführung geeigneter Maßnahmen, um das Abhandenkommen verwahrter Finanzinstrumente abzuwenden oder zu begrenzen, wenn tatsächliche oder potenzielle äußere Umstände erkannt wurden, die als signifikantes Risiko für das Abhandenkommen eines verwahrten Finanzinstruments angesehen werden.

(2) Die in Absatz 1 Buchstaben a und b genannten Bedingungen gelten als erfüllt im Falle von

a) Naturereignissen, die sich der Kontrolle oder dem Einfluss des Menschen entziehen;

b) neuen Gesetzen, Verordnungen oder Beschlüssen, die durch die Regierung oder Einrichtungen der Regierung einschließlich der Gerichte angenommen werden und sich auf die verwahrten Finanzinstrumente auswirken;

c) Krieg, Unruhen oder anderen bedeutenden Umwälzungen.

(3) Die in Absatz 1 Buchstaben a und b genannten Bedingungen gelten nicht als erfüllt im Falle von Buchungsfehlern, operativem Versagen, Betrug, Nichteinhalten der Trennungspflicht seitens der Verwahrstelle oder eines Dritten, dem die Verwahrung der verwahrten Finanzinstrumente gemäß Artikel 21 Absatz 8 Buchstabe a der Richtlinie 2011/61/EU übertragen wurde.

(4) Dieser Artikel gilt entsprechend für den Beauftragten, wenn die Verwahrstelle gemäß Artikel 21 Absätze 13 und 14 der Richtlinie 2011/61/EU vertraglich ihre Haftung übertragen hat.

Artikel 102 Objektive Gründe für die vertragliche Vereinbarung einer Haftungsbefreiung seitens der Verwahrstelle

(1) Die objektiven Gründe für die vertragliche Vereinbarung einer Haftungsbefreiung gemäß Artikel 21 Absatz 13 der Richtlinie 2011/61/EU müssen

a) sich auf die genauen und konkreten Umstände einer bestimmten Tätigkeit beschränken;

b) mit den Grundsätzen und Entscheidungen der Verwahrstelle vereinbar sein.

(2) Die objektiven Gründe werden jedes Mal festgestellt, wenn sich die Verwahrstelle von der Haftung befreien will.

(3) [1]Es wird davon ausgegangen, dass die Verwahrstelle objektive Gründe für die vertragliche Vereinbarung einer Haftungsbefreiung gemäß Artikel 21 Absatz 13 der Richtlinie 2011/61/EU hat, wenn sie nachweisen kann, dass sie keine andere Wahl hatte, als ihre Verwahraufgaben einem Dritten zu übertragen. [2]Dies ist insbesondere der Fall, wenn

a) die Rechtsvorschriften eines Drittlands vorschreiben, dass bestimmte Finanzinstrumente von einer lokalen Einrichtung verwahrt werden, und es lokale Einrichtungen gibt, die den Kriterien für eine Beauftragung gemäß Artikel 21 Absatz 11 der Richtlinie 2011/61/EU genügen oder

b) der AIFM darauf besteht, Anlagen in einem besonderen Rechtsraum zu belassen, obwohl die Verwahrstelle vor dem damit verbundenen erhöhten Risiko gewarnt hat.

Kapitel V Transparenzanforderungen, Hebelfinanzierung, Vorschriften in Bezug auf Drittländer und Austausch von Informationen über die potenziellen Auswirkungen der AIFM-Tätigkeit

Abschnitt 1 Jahresbericht, Informationspflichten gegenüber den Anlegern und Informationspflichten gegenüber den zuständigen Behörden

(Artikel 22 Absatz 2 Buchstaben a bis e, Artikel 23 Absatz 4 und Artikel 24 Absatz 1 der Richtlinie 2011/61/EU)

Artikel 103 Grundsätze für den Jahresbericht

[1]Alle im Jahresbericht enthaltenen Informationen einschließlich der in diesem Abschnitt genannten Informationen werden in einer Form dargestellt, die relevante, zuverlässige, vergleichbare und klare Informationen bietet. [2]Der Jahresbericht enthält die von den Anlegern in Bezug auf besondere AIF-Strukturen benötigten Informationen.

Artikel 104 Inhalt und Form der Bilanz oder der Vermögens- und Verbindlichkeitenübersicht und der Aufstellung der Erträge und Aufwendungen

(1) Die Bilanz oder die Vermögens- und Verbindlichkeitenübersicht gemäß Artikel 22 Absatz 2 Buchstabe a der Richtlinie 2011/61/EU enthält zumindest folgende Elemente und zugrunde liegende Einzelposten:

a) „Vermögenswerte“: in der Verfügungsmacht des AIF stehende Ressourcen, die ein Ergebnis von Ereignissen der Vergangenheit darstellen und von denen erwartet wird, dass dem AIF aus ihnen künftiger wirtschaftlicher Nutzen zufließt. Vermögenswerte werden in folgende Einzelposten unterteilt:

   i) „Anlagen“, darunter u. a. Schuldverschreibungen, Eigenkapitaltitel, Immobilien und Finanzderivate;

   ii) „Barmittel und Barmitteläquivalente“, darunter u. a. verfügbare Barmittel, Sichteinlagen und infrage kommende kurzfristige liquide Anlagen;

iii) „Forderungen", darunter u. a. Forderungen in Bezug auf Dividenden und Zinsen, verkaufte Anlagen, fällige Beträge von Brokern und „Vorauszahlungen", darunter u. a. Beträge im Zusammenhang mit Aufwendungen des AIF, die im Voraus bezahlt wurden;

b) „Verbindlichkeiten": gegenwärtige Verpflichtungen des AIF, die aus Ereignissen der Vergangenheit entstehen und von deren Erfüllung ein Abfluss von Ressourcen mit wirtschaftlichem Nutzen aus dem AIF zu erwarten ist. Verbindlichkeiten werden in folgende Einzelposten unterteilt:

i) „zahlbare Beträge", darunter u. a. zahlbare Beträge in Bezug auf den Erwerb von Anlagen oder die Rücknahme von Anteilen des AIF, an Broker zahlbare Beträge und „Aufwandsabgrenzungen", darunter u. a. Verbindlichkeiten in Bezug auf Entgelte für Verwaltung und Beratung, Erfolgsprämien, Zinsen und andere im Rahmen der Tätigkeit des AIF anfallende Aufwendungen;

ii) „Kredite", darunter u. a. an Banken und Gegenparteien zahlbare Beträge;

iii) „sonstige Verbindlichkeiten", darunter u. a. bei Rückgabe geliehener Wertpapiere an Gegenparteien zahlbare Beträge in Bezug auf Sicherheiten, passivische Abgrenzungsposten und zahlbare Dividenden und Ausschüttungen;

c) „Nettoinventar": Residualanspruch an den Vermögenswerten des AIF nach Abzug aller dazugehörigen Verbindlichkeiten.

(2) Die Aufstellung der Erträge und Aufwendungen enthält zumindest folgende Elemente und zugrunde liegende Einzelposten:

a) „Erträge": jede Zunahme des wirtschaftlichen Nutzens in der Bilanzierungsperiode in Form von Zuflüssen oder Erhöhungen von Vermögenswerten oder einer Abnahme von Verbindlichkeiten, die zu einer Erhöhung des Nettoinventars führen, welche nicht auf eine Einlage der Anleger zurückzuführen ist. Erträge werden in folgende Einzelposten unterteilt:

i) „Anlageerträge": Anlageerträge können wie folgt unterteilt werden:
   - „Dividendenerträge" in Bezug auf Dividenden aus Kapitalbeteiligungen, auf die der AIF Anspruch hat;
   - „Zinserträge" in Bezug auf Zinsen aus Schuldverschreibungen und Barmittelanlagen, auf die der AIF Anspruch hat;
   - „Mieterträge" in Bezug auf Mieterträge aus Immobilienanlagen, auf die der AIF Anspruch hat;

ii) „realisierte Anlagegewinne": Gewinne aus der Veräußerung von Kapitalanlagen;

iii) „nichtrealisierte Anlagegewinne": Gewinne aus der Neubewertung von Kapitalanlagen;

iv) „sonstige Erträge", darunter u. a. Erträge aus Entgelten für geliehene Wertpapiere und verschiedenen Quellen.

b) „Aufwendungen": jede Abnahme des wirtschaftlichen Nutzens in der Bilanzierungsperiode in Form von Abflüssen oder Verminderungen von Vermögenswerten oder einer Erhöhung von Verbindlichkeiten, die zu einer Abnahme des Nettoinventars führen, welche nicht auf Ausschüttungen an Anleger zurückzuführen ist. Aufwendungen werden in folgende Einzelposten unterteilt:
   - „Entgelte für Anlageberatung oder Anlageverwaltung": vertraglich festgelegte Vergütungen für den Berater oder den AIFM;
   - „sonstige Aufwendungen", darunter u. a. Verwaltungsentgelte, Vergütungen, Verwahrentgelte und Zinsen. Ihrer Beschaffenheit nach wesentliche Einzelposten werden getrennt ausgewiesen;
   - „realisierte Anlageverluste": Verluste aus der Veräußerung von Kapitalanlagen;
   - „nichtrealisierte Anlageverluste": Verluste aus der Neubewertung von Kapitalanlagen;

c) „Nettoertrag oder Nettoaufwand": positiver oder negativer Saldo von Erträgen gegenüber Aufwendungen.

(3) [1]Gliederung, Nomenklatur und Terminologie der Einzelposten entsprechen den für den AIF geltenden Rechnungslegungsstandards oder den von ihm angenommenen Regeln und stehen mit den am Ort der Niederlassung des AIF geltenden Rechtsvorschriften im Einklang. [2]Um die Einhaltung des vorstehend Genannten zu gewährleisten, können Einzelposten geändert oder erweitert werden.

(4) [1]Zusätzliche Einzelposten, Zwischenüberschriften und Zwischensummen werden angegeben, wenn dies für das Verständnis der finanziellen Position eines AIF in der Bilanz oder der Vermögens- und Verbindlichkeitenübersicht oder für das Verständnis der Wertentwicklung eines AIF im Hinblick auf Format und Inhalt der Aufstellung der Erträge und Aufwendungen erforderlich ist. [2]Soweit dies notwendig ist, werden zusätzliche Informationen in die Anmerkungen zu den Abschlüssen aufgenommen. [3]Die Anmerkungen dienen der Beschreibung oder Aufgliederung der in der Übersicht genannten Posten sowie der Information über nicht ansatzfähige Posten.

(5) [1]Jede wesentliche Gruppe gleichartiger Posten wird gesondert dargestellt. [2]Wesentliche Einzelposten werden ausgewiesen. [3]Die Wesentlichkeit richtet sich nach den Vorschriften des übernommenen Rechnungslegungssystems.

(6) Die Darstellung und Einteilung der Posten in der Bilanz oder der Vermögens- und Verbindlichkeitenübersicht wird von einer Berichts- oder Bilanzierungsperiode zur nächsten beibehalten, sofern nicht eine andere Darstellung und Einteilung offensichtlich angemessener wäre, wenn etwa ein Wechsel der Anlagestrategie zu einem anderen Handelsmuster führt oder ein Rechnungslegungsstandard eine Änderung der Darstellung vorschreibt.

(7) Was den Inhalt und die Form der Aufstellung der Erträge und Aufwendungen gemäß Anhang IV anbetrifft, werden alle Ertrags- und Aufwandsposten einer bestimmten Periode in der Aufstellung der Erträge und Aufwendungen angesetzt, sofern ein von dem AIF übernommener Rechnungslegungsstandard nichts anderes vorschreibt.

Artikel 105 Bericht über die Tätigkeiten im abgelaufenen Geschäftsjahr

(1) Der Bericht über die Tätigkeiten im abgelaufenen Geschäftsjahr enthält zumindest

a) eine Übersicht über die Anlagegeschäfte während des Jahres oder des Berichtszeitraums und eine Übersicht über das Portfolio des AIF am Ende des Jahres oder des Berichtszeitraums;

b) eine Übersicht über die Wertentwicklung des AIF während des Jahres oder des Berichtszeitraums;

c) nachstehend definierte wesentliche Änderungen der in Artikel 23 der Richtlinie 2011/61/EU genannten Informationen, die in den Abschlüssen nicht bereits enthalten sind.

(2) Der Bericht stellt die Tätigkeiten und die Wertentwicklung des AIF fair und ausgewogen dar und beschreibt die Hauptanlagerisiken und wirtschaftlichen Unsicherheiten, die für den AIF bestehen.

(3) [1]Soweit für das Verständnis der Anlagegeschäfte oder der Wertentwicklung des AIF erforderlich, enthält die Analyse finanzielle und nichtfinanzielle Leistungsindikatoren, die für den AIF relevant sind. [2]Die im Bericht enthaltenen Informationen stehen mit den am Ort der Niederlassung des AIF geltenden nationalen Vorschriften im Einklang.

(4) Die im Bericht über die Tätigkeiten im abgelaufenen Geschäftsjahr enthaltenen Informationen sind Teil des Berichts der Direktoren oder Anlagemanager, da dieser normalerweise zusammen mit den Abschlüssen des AIF vorgelegt wird.

Artikel 106 Wesentliche Änderungen

(1) Jede Änderung von Informationen gilt im Sinne von Artikel 22 Absatz 2 Buchstabe d der Richtlinie 2011/61/EU als wesentlich, wenn ein rationaler Anleger, dem diese Informationen bekannt werden, seine Anlage in dem AIF mit hoher Wahrscheinlichkeit überdenken würde, auch weil sich diese Informationen auf die Fähigkeit des Anlegers, seine Rechte bezüglich seiner Anlage wahrzunehmen, auswirken oder die Interessen eines oder mehrerer Anleger(s) des AIF in sonstiger Weise beeinträchtigen könnten.

(2) Um Artikel 22 Absatz 2 Buchstabe d der Richtlinie 2011/61/EU zu genügen, bewerten AIFM Änderungen der in Artikel 23 der Richtlinie 2011/61/EU genannten Informationen im abgelaufenen Geschäftsjahr gemäß Absatz 1 dieses Artikels.

(3) [1]Die Informationen werden gemäß den Rechnungslegungsstandards und den vom AIF übernommenen Rechnungslegungsvorschriften zusammen mit einer Beschreibung potenzieller oder erwarteter Auswirkungen auf den AIF und/oder Anleger des AIF offengelegt. [2]Genügt die Beachtung spezifischer Anforderungen der Rechnungslegungsstandards und -vorschriften möglicherweise nicht, um Anleger in die Lage zu versetzen, die Auswirkungen der Änderungen zu verstehen, werden zusätzliche Informationen offengelegt.

(4) Wenn die Informationen, die gemäß Absatz 1 offenzulegen sind, nicht unter die für einen AIF geltenden Rechnungslegungsstandards oder dessen Rechnungslegungsvorschriften fallen, wird eine Beschreibung der wesentlichen Änderung mit potenziellen oder erwarteten Auswirkungen auf den AIF und/oder die Anleger des AIF vorgelegt.

Artikel 107 Offenlegung der Vergütung

(1) Werden nach Artikel 22 Absatz 2 Buchstabe e der Richtlinie 2011/61/EU vorgeschriebene Informationen offengelegt, ist anzugeben, ob sich die Gesamtvergütung auf Folgendes bezieht oder nicht:

a) die Gesamtvergütung aller Mitarbeiter des AIFM unter Angabe der Zahl der Begünstigten;

b) die Gesamtvergütung der voll oder teilweise an den Tätigkeiten des AIF beteiligten Mitarbeiter des AIFM unter Angabe der Zahl der Begünstigten;

c) den auf den AIF entfallenden Anteil an der Gesamtvergütung der Mitarbeiter des AIFM unter Angabe der Zahl der Begünstigten.

(2) Soweit relevant, werden in der Gesamtvergütung für das abgelaufene Geschäftsjahr auch die vom AIF gezahlten Carried Interests aufgeführt.

(3) [1]Werden Informationen auf Ebene des AIFM offengelegt, wird für jeden AIF eine Zuweisung oder Aufschlüsselung vorgelegt, sofern diese Informationen vorhanden oder ohne Weiteres zu erhalten sind. [2]Dabei wird auch angegeben, wie die Zuweisung oder Aufschlüsselung erfolgt ist.

(4) [1]Die AIFM legen allgemeine Informationen zu den finanziellen und nichtfinanziellen Kriterien der Vergütungsgrundsätze und -praktiken für maßgebliche Mitarbeiterkategorien vor, damit die Anleger die geschaffenen Anreize bewerten können. [2]Gemäß den in Anhang II der Richtlinie 2011/61/EU dargelegten Grundsätzen legen AIFM zumindest die Informationen offen, die für ein Verständnis des Risikoprofils des AIF und der von ihm zur Verhütung und Regelung von Interessenkonflikten getroffenen Maßnahmen erforderlich sind.

Artikel 108 Regelmäßige Informationspflichten gegenüber den Anlegern

(1) Die in Artikel 23 Absatz 4 der Richtlinie 2011/61/EU genannten Informationen werden klar und verständlich dargestellt.

(2) Legt der AIFM gemäß Artikel 23 Absatz 4 Buchstabe a der Richtlinie 2011/61/EU Informationen zum prozentualen Anteil der Vermögenswerte des AIF, die schwer zu liquidieren sind und für die deshalb besondere Regelungen gelten, vor, so

a) gibt er einen Überblick über alle bestehenden besonderen Regelungen, auch darüber, ob sie sich auf Side Pockets, Gates oder ähnliche Regelungen beziehen, über die Bewertungsmethoden für Vermögenswerte, für die solche Regelungen gelten, sowie darüber, wie Verwaltungsentgelte und Erfolgsprämien auf diese Vermögenswerte angewendet werden;

b) legt er diese Informationen im Rahmen der regelmäßigen Informationspflichten des AIF gegenüber den Anlegern gemäß den Vertragsbedingungen des AIF oder dessen Satzung oder zeitgleich mit dem Prospekt und den Emissionsunterlagen und – zumindest – zeitgleich mit dem Jahresbericht gemäß Artikel 22 Absatz 1 der Richtlinie 2011/61/EU vor.

Der prozentuale Anteil der Vermögenswerte des AIF, für die besondere Regelungen gemäß Artikel 1 Absatz 5 gelten, wird berechnet, indem der Nettowert der Vermögenswerte, für die besondere Regelungen gelten, durch den Nettoinventarwert des AIF geteilt wird.

(3) Bezüglich jeder neuen Regelung zur Steuerung der Liquidität des AIF gemäß Artikel 23 Absatz 4 Buchstabe b der Richtlinie 2011/61/EU

a) unterrichten die AIFM für jeden von ihnen verwalteten AIF, bei dem es sich nicht um einen AIF des geschlossenen nicht hebelfinanzierten Typs handelt, die Anleger, wenn sie im Sinne von Artikel 106 Absatz 1 wesentliche Änderungen am Liquiditätsmanagementsystem und den Verfahren gemäß Artikel 16 Absatz 1 der Richtlinie 2011/61/EU vornehmen;

b) unterrichten die AIFM die Anleger umgehend, wenn sie Gates, Side Pockets oder ähnliche besondere Regelungen aktivieren oder die Aussetzung von Rücknahmen beschließen;

c) geben sie einen Überblick über Änderungen an liquiditätsbezogenen Regelungen, unabhängig davon, ob es sich um besondere Regelungen handelt oder nicht. Soweit relevant, werden auch die Bedingungen, unter denen die Rücknahme erlaubt ist, und die Umstände, unter denen das Management nach eigenem Ermessen handelt, angegeben. Auch werden alle Abstimmungs- oder sonstigen Beschränkungen, die geltend gemacht werden können, Bindungsfristen oder jede Bestimmung in Bezug auf „first in line" oder „pro-rating" bei Gates oder Aussetzungen angegeben.

(4) Bei der Unterrichtung über das Risikoprofil des AIF gemäß Artikel 23 Absatz 4 Buchstabe c der Richtlinie 2011/61/EU wird dargelegt,

a) mit welchen Maßnahmen die Sensitivität des AIF-Portfolios gegenüber den Hauptrisiken, denen der AIF ausgesetzt ist oder sein könnte, bewertet wird;

b) ob die vom AIFM festgelegten Risikolimits überschritten wurden oder ein Überschreiten wahrscheinlich ist und – falls die Risikolimits überschritten wurden – unter welchen Umständen dies geschah und welche Abhilfemaßnahmen getroffen wurden.

Die Informationen werden im Rahmen der regelmäßigen Informationspflichten des AIF gegenüber den Anlegern gemäß den Vertragsbedingungen des AIF oder dessen Satzung oder zeitgleich mit dem Prospekt und den Emissionsunterlagen und – zumindest – zeitgleich mit dem Jahresbericht gemäß Artikel 22 Absatz 1 der Richtlinie 2011/61/EU vorgelegt.

(5) [1]Bei der Unterrichtung über die vom AIFM gemäß Artikel 23 Absatz 4 der Richtlinie 2011/61/EU eingesetzten Risikomanagement-Systeme werden die Grundzüge der Risikomanagement-Systeme dargelegt, die der AIFM zur Steuerung der Risiken einsetzt, denen jeder von ihm verwaltete AIF ausgesetzt ist oder sein kann. [2]Im Falle einer Änderung beinhaltet die Unterrichtung Informationen zu dieser Änderung und den erwarteten Auswirkungen auf den AIF und seine Anleger.

Die Informationen werden im Rahmen der regelmäßigen Informationspflichten des AIF gegenüber den Anlegern gemäß den Vertragsbedingungen des AIF oder dessen Satzung oder zeitgleich mit dem Prospekt und den Emissionsunterlagen und – zumindest – zeitgleich mit dem Jahresbericht gemäß Artikel 22 Absatz 1 der Richtlinie 2011/61/EU vorgelegt.

Artikel 109 Reguläre Informationspflichten gegenüber den Anlegern

(1) Die in Artikel 23 Absatz 5 der Richtlinie 2011/61/EU genannten Informationen werden klar und verständlich dargestellt.

(2) Informationen über Änderungen des Umfangs der nach der Brutto- und der Commitment-Methode berechneten maximalen Hebelung und über etwaige Rechte zur Wiederverwendung von Sicherheiten oder sonstigen Garantien im Rahmen der Hebelfinanzierung werden umgehend vorgelegt und beinhalten:

a) die ursprüngliche und die geänderte nach den Artikeln 7 und 8 berechnete maximale Hebelung, wobei die Hebelung als Quotient des betreffenden Engagements und des Nettoinventarwerts des AIF berechnet wird;

b) die Art der Rechte zur Wiederverwendung von Sicherheiten;

c) die Art der gewährten Garantien;

d) nähere Angaben zu Änderungen in Bezug auf Dienstleistungsanbieter im Zusammenhang mit einem der vorstehend genannten Punkte.

(3) Informationen über die Gesamthöhe der vom AIF eingesetzten und nach der Brutto- und der Commitment-Methode berechneten Hebelfinanzierung werden im Rahmen der regelmäßigen Informationspflichten des AIF gegenüber den Anlegern gemäß den Vertragsbedingungen des AIF oder dessen Satzung oder zeitgleich mit dem Prospekt und den Emissionsunterlagen und zumindest zeitgleich mit dem Jahresbericht gemäß Artikel 22 Absatz 1 der Richtlinie 2011/61/EU vorgelegt.

Artikel 110 Informationspflichten gegenüber den zuständigen Behörden

(1) Um Artikel 24 Absatz 1 und Artikel 3 Absatz 3 Buchstabe d der Richtlinie 2011/61/EU zu genügen, legt ein AIFM bei der Unterrichtung der zuständigen Behörden folgende Informationen vor:

a) die wichtigsten Instrumente, mit denen er handelt, darunter eine Aufschlüsselung von Finanzinstrumenten und anderen Vermögenswerten, die Anlagestrategien der AIF und ihr geografischer und sektoraler Anlageschwerpunkt;

b) die Märkte, in denen er Mitglied ist oder am Handel aktiv teilnimmt;

c) die Diversifizierung des Portfolios des AIF, darunter u. a. dessen größte Engagements und Konzentrationen.

[1]Die Informationen werden möglichst rasch und spätestens einen Monat nach Ablauf des in Absatz 3 genannten Zeitraums vorgelegt. [2]Ist der AIF ein Dachfonds, kann dieser Zeitraum um 15 Tage verlängert werden.

(2) Die AIFM legen den zuständigen Behörden ihres Herkunftsmitgliedstaats für jeden von ihnen verwalteten EU-AIF und für jeden von ihnen in der Union vertriebenen AIF folgende Informationen gemäß Artikel 24 Absatz 2 der Richtlinie 2011/61/EU vor:

a) den prozentualen Anteil an den Vermögenswerten des AIF, die schwer zu liquidieren sind und für die deshalb besondere Regelungen gemäß Artikel 1 Absatz 5 dieser Verordnung gelten, wie in Artikel 23 Absatz 4 Buchstabe a der Richtlinie 2011/61/EU angegeben;

b) jegliche neuen Regelungen zur Steuerung der Liquidität des AIF;

c) die Risikomanagement-Systeme, die der AIFM zur Steuerung des Marktrisikos, des Liquiditätsrisikos, des Gegenparteirisikos sowie sonstiger Risiken einschließlich des operativen Risikos einsetzt;

d) das gegenwärtige Risikoprofil des AIF, darunter

i) das Marktrisikoprofil der Anlagen des AIF einschließlich der unter normalen Marktbedingungen erwarteten Rendite und Volatilität des AIF;

ii) das Liquiditätsprofil der Anlagen des AIF einschließlich des Liquiditätsprofils der Vermögenswerte des AIF, des Profils der Rücknahmebedingungen und der Bedingungen der Finanzierung des AIF durch Gegenparteien;

e) Angaben zu den wichtigsten Kategorien von Vermögenswerten, in die der AIF investiert hat, einschließlich des entsprechenden Marktwerts von Short- und Longpositionen, des Umsatzes und der Wertentwicklung in der Berichtsperiode;

f) die Ergebnisse der regelmäßig nach Artikel 15 Absatz 3 Buchstabe b und Artikel 16 Absatz 1 Unterabsatz 2 der Richtlinie 2011/61/EU unter normalen und außergewöhnlichen Umständen durchgeführten Stresstests.

(3) Die in Absatz 1 und Absatz 2 erwähnten Informationen werden wie folgt vorgelegt:

a) von AIFM, die AIF-Portfolios verwalten, deren nach Artikel 2 berechnete verwaltete Vermögenswerte insgesamt über den Schwellenwert von entweder 100 Mio. EUR oder 500 Mio. EUR gemäß Artikel 3 Absatz 2 Buchstabe a bzw. Buchstabe b der Richtlinie 2011/61/EU, nicht aber über 1 Mrd. EUR hinausgehen, halbjährlich für jeden von ihnen verwalteten EU-AIF und für jeden von ihnen in der Union vertriebenen AIF;

b) von AIFM, die AIF-Portfolios verwalten, deren nach Artikel 2 berechnete verwaltete Vermögenswerte insgesamt über 1 Mrd. EUR hinausgehen, vierteljährlich für jeden von ihnen verwalteten EU-AIF und für jeden von ihnen in der Union vertriebenen AIF;

c) von AIFM, für die die in Buchstabe a genannten Vorschriften gelten, vierteljährlich für jeden AIF, dessen verwaltete Vermögenswerte einschließlich etwaiger unter Einsatz von Hebelfinanzierungen erworbener Vermögenswerte insgesamt über 500 Mio. EUR hinausgehen;

d) von AIFM jährlich für jeden von ihnen verwalteten nicht hebelfinanzierten AIF, der gemäß seiner Hauptanlagestrategie in nicht börsennotierte Unternehmen und Emittenten investiert, um die Kontrolle über sie zu erlangen.

(4) Abweichend von Absatz 3 kann es die zuständige Behörde des Herkunftsmitgliedstaats des AIFM für die Ausübung ihrer Funktion für zweckdienlich oder erforderlich erachten, eine häufigere Unterrichtung über alle oder einen Teil der Informationen vorzuschreiben.

(5) Die AIFM, die einen oder mehrere AIF verwalten, die nach ihrer Bewertung in beträchtlichem Umfang Hebelfinanzierungen im Sinne von Artikel 111 dieser Verordnung einsetzen, übermitteln die nach Artikel 24 Absatz 4 der Richtlinie 2011/61/EU vorgeschriebenen Informationen zeitgleich mit den nach Absatz 2 dieses Artikels vorgeschriebenen Informationen.

(6) Die AIFM übermitteln die in den Absätzen 1, 2 und 5 genannten Informationen mit Hilfe des in Anhang IV festgelegten Formblatts.

(7) Nach Artikel 42 Absatz 1 Buchstabe a der Richtlinie 2011/61/EU gilt für Nicht-EU-AIF jede Bezugnahme auf die zuständigen Behörden des Herkunftsmitgliedstaats als Bezugnahme auf die zuständige Behörde des Referenzmitgliedstaats.

Artikel 111 Einsatz von Hebelfinanzierungen in beträchtlichem Umfang

(1) Für die Zwecke von Artikel 24 Absatz 4 der Richtlinie 2011/61/EU ist davon auszugehen, dass Hebelfinanzierungen in beträchtlichem Umfang eingesetzt werden, wenn das nach der Commitment-Methode gemäß Artikel 8 dieser Verordnung berechnete Engagement eines AIF seinen Nettoinventarwert dreifach übersteigt.

(2) Sind die in Absatz 1 dieses Artikels genannten Bedingungen erfüllt, übermitteln die AIFM die in Artikel 24 Absatz 4 der Richtlinie 2011/61/EU genannten Informationen den zuständigen Behörden ihrer Herkunftsmitgliedstaaten gemäß den in Artikel 110 Absatz 3 dieser Verordnung genannten Grundsätzen.

Abschnitt 2 AIFM, die hebelfinanzierte AIF verwalten

(Artikel 25 Absatz 3 der Richtlinie 2011/61/EU)

Artikel 112 Beschränkungen für die Verwaltung von AIF

(1) Die Grundsätze dieses Artikels gelten für die Festlegung der Umstände, unter denen die zuständigen Behörden ihre Befugnis ausüben, den AIFM Limits oder Beschränkungen für Hebelfinanzierungen vorzuschreiben.

(2) Bewertet die zuständige Behörde Informationen, die sie gemäß Artikel 7 Absatz 3, Artikel 15 Absatz 4 oder Artikel 24 Absatz 4 oder Artikel 24 Absatz 5 erhalten hat, so berücksichtigt sie, inwieweit der Einsatz von Hebelfinanzierungen durch einen AIFM oder dessen Interaktion mit einer Gruppe von AIFM oder anderen Finanzinstituten zur Entstehung von Systemrisiken im Finanzsystem oder des Risikos von Marktstörungen beitragen können.

(3) Die zuständigen Behörden berücksichtigen in ihrer Bewertung zumindest die folgenden Aspekte:

a) die Umstände, unter denen das Engagement eines oder mehrerer AIF einschließlich des Engagements aus Finanzierungs- und Anlagepositionen, das der AIFM auf eigene Rechnung oder für die AIF eingegangen ist, ein erhebliches Markt-, Liquiditäts- oder Gegenparteirisiko für ein Finanzinstitut darstellen könnte;

b) die Umstände, unter denen die Tätigkeiten eines AIFM oder seine Interaktion beispielsweise mit einer Gruppe von AIFM oder anderen Finanzinstituten, insbesondere im Hinblick auf die Arten der Vermögenswerte, in die der AIF investiert, und die über den Einsatz von Hebelfinanzierungen vom AIFM angewendeten Techniken, zu einer spiralförmigen Abwärtsbewegung der Preise von Finanzinstrumenten oder sonstigen Vermögenswerten beitragen oder beitragen könnten, die die Lebensfähigkeit dieser Finanzinstrumente oder sonstigen Vermögenswerte gefährdet bzw. gefährden würde;

c) Kriterien wie die Art des AIF, die Anlagestrategie des AIFM für die betreffenden AIF, die Marktbedingungen, unter denen der AIFM und der AIF tätig sind, sowie wahrscheinliche prozyklische Wirkungen, die eintreten könnten, wenn die zuständigen Behörden dem betreffenden AIFM Limits oder andere Beschränkungen für den Einsatz von Hebelfinanzierungen vorschreiben;

d) Kriterien wie die Größe eines oder mehrerer AIF und die entsprechenden Auswirkungen in einem bestimmten Marktsektor, Risikokonzentrationen in bestimmten Märkten, in denen ein oder mehrere AIF investieren, etwaige Ansteckungsrisiken für andere Märkte durch einen Markt, in dem Risiken festgestellt wurden, Liquiditätsprobleme in bestimmten Märkten zu einem bestimmten Zeitpunkt, das Ausmaß des mit einem Missverhältnis zwischen Vermögenswerten und Verbindlichkeiten verbundenen Risikos in einer bestimmten AIFM-Anlagestrategie oder irreguläre Preisbewegungen bei Vermögenswerten, in die ein AIF investieren könnte.

Abschnitt 3 Besondere Vorschriften in Bezug auf Drittländer

(Artikel 34 Absatz 1, Artikel 35 Absatz 2, Artikel 36 Absatz 1, Artikel 37 Absatz 7 Buchstabe d, Artikel 40 Absatz 2 Buchstabe a und Artikel 42 Absatz 1 der Richtlinie 2011/61/EU)

Artikel 113 Allgemeine Anforderungen

(1) Vereinbarungen über Zusammenarbeit decken alle in Kapitel VII der Richtlinie 2011/61/EU genannten Situationen und Akteure unter Berücksichtigung des Niederlassungsortes des AIFM, des Niederlassungsortes des AIF und der Tätigkeit des AIFM ab.

(2) Vereinbarungen über Zusammenarbeit werden schriftlich ausgefertigt.

(3) Vereinbarungen über Zusammenarbeit legen den besonderen Rahmen für die Konsultation, Kooperation und den Informationsaustausch für Aufsichts- und Durchsetzungszwecke zwischen den zuständigen Behörden der EU und Drittland-Aufsichtsbehörden fest.

(4) Vereinbarungen über Zusammenarbeit enthalten eine besondere Bestimmung, die die Übermittlung von Informationen, die eine zuständige Behörde der Union von einer Aufsichtsbehörde eines Drittlands erhalten hat, an andere zuständige Behörden der Union, die ESMA und den ESRB im Einklang mit der Richtlinie 2011/61/EU regelt.

Artikel 114 Mechanismen, Instrumente und Verfahren

(1) Vereinbarungen über Zusammenarbeit legen die Mechanismen, Instrumente und Verfahren fest, die gewährleisten, dass den zuständigen Behörden der Union alle zur Wahrnehmung ihrer Aufgaben erforderlichen Informationen zugänglich sind.

(2) [1]Vereinbarungen über Zusammenarbeit legen die Mechanismen, Instrumente und Verfahren fest, die die Durchführung von Ermittlungen vor Ort gewährleisten, wenn diese zur Wahrnehmung der Aufgaben der zuständigen Behörde der Union gemäß der Richtlinie 2011/61/EU erforderlich sind. [2]Ermittlungen vor Ort werden unmittelbar von der zuständigen Behörde der Union oder von der zuständigen Behörde des Drittlands mit Hilfe der zuständigen Behörde der Union durchgeführt.

(3) Vereinbarungen über Zusammenarbeit legen die Mechanismen, Instrumente und Verfahren fest, die gewährleisten, dass die zuständige Behörde des Drittlands im Einklang mit den für diese Behörde geltenden nationalen und internationalen Rechtsvorschriften die zuständigen Behörden der Union unterstützt, wenn die Rechtsvorschriften der Union und die nationalen Durchführungsvorschriften, die von einer in dem Drittland niedergelassenen Einrichtung verletzt wurden, durchgesetzt werden müssen.

Artikel 115 Datenschutz

Durch Vereinbarungen über Zusammenarbeit wird sichergestellt, dass die Übermittlung von Daten und Datenauswertungen an Drittländer stets im Einklang mit Artikel 52 der Richtlinie 2011/61/EU steht.

Abschnitt 4 Austausch von Informationen über die potenziellen Systemauswirkungen der AIFM-Tätigkeit

Artikel 116 Austausch von Informationen über potenzielle Systemauswirkungen der AIFM-Tätigkeit

Für die Zwecke von Artikel 53 der Richtlinie 2011/61/EU tauschen die gemäß dieser Richtlinie für die Zulassung oder Beaufsichtigung von AIFM zuständigen Behörden der Mitgliedstaaten mit den zuständigen Behörden anderer Mitgliedstaaten, der ESMA und dem ESRB zumindest Folgendes aus:

a) die gemäß Artikel 110 erhaltenen Informationen, soweit diese für die Überwachung von und die Reaktion auf potenzielle Auswirkungen der Geschäfte einzelner oder mehrerer AIFM auf die Stabilität systemrelevanter Finanzinstitute und das ordnungsgemäße Funktionieren der Märkte, auf denen AIFM tätig sind, von Bedeutung sein können;

b) die von Drittland-Behörden erhaltenen Informationen, soweit diese für die Überwachung von Systemrisiken erforderlich sind;

c) die Auswertung der unter den Buchstaben a und b genannten Informationen und die Bewertung von Situationen, in denen davon auszugehen ist, dass die Tätigkeit eines oder mehrerer AIFM oder eines von ihnen verwalteten oder mehrerer von ihnen verwalteter AIF zur Entstehung von Systemrisiken, des Risikos von Marktstörungen oder zu Risiken für das langfristige Wirtschaftswachstum beiträgt;

d) die getroffenen Maßnahmen, wenn die Tätigkeit eines oder mehrerer beaufsichtigter AIFM oder eines von ihnen verwalteten oder mehrerer von ihnen verwalteter AIF ein Systemrisiko darstellt oder das ordnungsgemäße Funktionieren der Märkte, auf denen sie tätig sind, gefährdet.

Kapitel VI Schlussbestimmungen

Artikel 117 Inkrafttreten

Diese Verordnung tritt am zwanzigsten Tag nach ihrer Veröffentlichung im *Amtsblatt der Europäischen Union* in Kraft.[12]

Sie gilt ab dem 22. Juli 2013.

Diese Verordnung ist in allen ihren Teilen verbindlich und gilt unmittelbar in jedem Mitgliedstaat.

Anhang I
Methoden zur Erhöhung des Risikos eines AIF

1. Unbesicherte Barkredite: Werden aufgenommene Kredite angelegt, so erhöhen diese das Risiko des AIF in der Regel um den Gesamtbetrag dieser Kredite. Deshalb entspricht das Risiko stets mindestens der Höhe des Kredits, kann aber höher liegen, wenn die Höhe der mit dem Kredit getätigten Investition den Betrag des aufgenommenen Kredits übersteigt. Um doppelte Erfassungen zu vermeiden, werden Barkredite, die zur Finanzierung des Risikos dienen, nicht angerechnet. Werden die Barkredite nicht investiert, sondern bleiben Barmittel- oder Barmitteläquivalente im Sinne von Artikel 7 Buchstabe a, so erhöhen sie nicht das Risiko des AIF.
2. Besicherte Barkredite: Besicherte Barkredite sind unbesicherten Barkrediten vergleichbar; das Darlehen kann jedoch durch einen Pool von Vermögenswerten oder einen einzigen Vermögenswert besichert sein. Werden die Barkredite nicht angelegt, sondern bleiben Barmittel- oder Barmitteläquivalente im Sinne von Artikel 7 Buchstabe a, so erhöhen sie das Risiko des AIF nicht.
3. Wandeldarlehen: Wandeldarlehen sind gekaufte Schuldtitel, die der Inhaber oder der Emittent unter bestimmten Voraussetzungen in einen anderen Vermögenswert umwandeln kann. Das Risiko des AIF ist der Marktwert der Darlehen.
4. Zinsswaps: Bei einem Zinsswap wird die Vereinbarung getroffen, Zinsströme auf einen nominellen Kapitalbetrag während der Laufzeit der Vereinbarung zu bestimmten Zeitpunkten (Zahlungsfristen) auszutauschen. Die Zahlungsverpflichtungen der einzelnen Parteien werden durch Anwendung unterschiedlicher Zinssätze auf die nominellen Risiken berechnet.
5. Finanzielle Differenzgeschäfte: Ein finanzielles Differenzgeschäft (contract for differences, CFD) ist eine Vereinbarung zwischen zwei Parteien – dem Anleger und dem CFD-Anbieter – über die Zahlung der Preisdifferenz ei-

12 Die Veröffentlichung erfolgte am 22.3.2013.

nes Basiswerts. Je nachdem, wie der Preis sich entwickelt, zahlt eine Partei der anderen die Differenz zwischen dem zum Zeitpunkt des Abschlusses des Kontrakts vereinbarten und dem am Erfüllungstag aktuellen Preis. Das Risiko ist der Marktwert des Basiswerts. Wetten auf Finanztitel-Spreads werden genauso behandelt.

6. Finanzterminkontrakte: Ein Finanzterminkontrakt ist eine Vereinbarung über den Kauf oder Verkauf einer festgelegten Menge von Wertpapieren, Devisen, Rohstoffen, Indizes oder anderen Vermögenswerten an einem bestimmten in der Zukunft liegenden Zeitpunkt zu einem im Voraus festgelegten Preis. Das Risiko bestimmt sich durch das Basiswertäquivalent unter Zugrundelegung des Marktwerts des Basiswerts.

7. Total-Return-Swaps: Ein Total-Return-Swap ist eine Vereinbarung, in der eine Partei (Sicherungsnehmer) den Gesamtertrag aus einem Referenzaktivum auf die andere Partei (Sicherungsgeber) überträgt, wobei in den Gesamtertrag die Erträge aus Zinsen und Gebühren, Gewinne oder Verluste aufgrund von Marktbewegungen und Kreditverluste fließen. Das Risiko bestimmt sich durch das Basiswertäquivalent unter Zugrundelegung des Marktwerts des Referenzaktivums.

8. Außerbörsliche Finanztermingeschäfte: Ein außerbörsliches Finanztermingeschäft ist eine maßgeschneiderte, bilaterale Vereinbarung über den Austausch von Vermögenswerten oder Barmittelströmen an einem bestimmten in der Zukunft liegenden Fälligkeitsdatum zu einem am Datum des Geschäftsabschlusses festgelegten Preis. Eine Partei des außerbörslichen Finanztermingeschäfts ist der Käufer (long), der sich bereit erklärt, den Terminpreis am Fälligkeitsdatum zu zahlen; die andere Partei ist der Verkäufer (short), der sich bereit erklärt, den Terminpreis zu akzeptieren. Der Abschluss eines außerbörslichen Finanztermingeschäfts erfordert in der Regel nicht die Zahlung einer Gebühr. Das Risiko des AIF ist der Marktwert des äquivalenten Basiswerts. Dieser kann durch den Nominalwert des Kontrakts ersetzt werden, wenn dies zu einer konservativeren Ermittlung führt.

9. Optionen: Eine Option ist eine Vereinbarung, die dem Käufer gegen Zahlung einer Gebühr (Prämie) das Recht verleiht, – nicht aber die Pflicht auferlegt, – am Ende der Laufzeit (Verfallstag) oder während der gesamten Kontraktlaufzeit einen Basiswert in einer bestimmten Menge zu einem vereinbarten Preis (Bezugs- oder Ausübungspreis) zu kaufen oder zu verkaufen. Eine Call-Option ist eine Kaufoption, eine Put-Option eine Verkaufsoption. Die Risikogrenzen des Fonds sind auf der einen Seite ein potenziell unbegrenztes Risiko und auf der anderen ein auf die gezahlte Prämie oder den Marktwert der Option begrenztes Risiko, je nachdem, welcher von beiden Werten der höhere ist. Zwischen diesen beiden Grenzen wird das Risiko als mit dem Delta adjustiertes Basiswertäquivalent bestimmt (das Options-Delta misst die Sensitivität des Optionspreises in Bezug auf die Preisänderung des Basiswerts). Die gleiche Vorgehensweise ist auf derivative Komponenten (z. B. bei strukturierten Produkten) anzuwenden. Dabei ist eine Aufschlüsselung nach den derivativen Komponenten vorzunehmen und angemessen zu erfassen, welche Wirkung die einzelnen Risikoschichten haben.

10. Pensionsgeschäfte: Ein Pensionsgeschäft wird in der Regel getätigt, wenn ein AIF Wertpapiere an eine Reverse-Repo-Gegenpartei „verkauft" und sich bereit erklärt, diese zu einem in der Zukunft liegenden Zeitpunkt zu einem vereinbarten Preis zurückzukaufen. Um die Finanzierungskosten dieser Transaktion zu decken, wird der AIF die Barerträge (Barsicherheiten) neu anlegen, um einen Ertrag zu erzielen, der die Finanzierungskosten übertrifft. Aufgrund dieser Wiederanlage von „Barsicherheiten" entsteht dem AIF ein zusätzliches Marktrisiko, das auf das Gesamtrisiko angerechnet werden muss. Die wirtschaftlichen Risiken und Erträge der „verkauften" Wertpapiere bleiben beim AIF. Eine Repo-Transaktion generiert beinahe immer eine Hebelwirkung, da die Barsicherheiten neu angelegt werden. Werden bei der Transaktion andere als Barsicherheiten übergeben und werden diese Sicherheiten im Rahmen einer anderen Repo oder eines Effektenkredits verwendet, muss der volle Marktwert dieser Sicherheiten auf das Gesamtrisiko angerechnet werden. Das Risiko des AIF erhöht sich um den neu angelegten Anteil der Barsicherheiten.

11. Umgekehrte Pensionsgeschäfte: Bei dieser Transaktion „kauft" ein AIF Wertpapiere von einer Repo-Gegenpartei und erklärt sich bereit, diese zu einem in der Zukunft liegenden Zeitpunkt zu einem vereinbarten Preis zurückzuverkaufen. AIF nutzen diese Transaktionen in der Regel, um eine geldmarktähnliche Rendite mit niedrigem Risiko zu erzielen, wobei die „gekauften" Wertpapiere als Sicherheit dienen. Deshalb entsteht weder ein Gesamtrisiko noch übernimmt der AIF die Risiken und Erträge aus den „gekauften" Wertpapieren, d. h. es erwächst kein zusätzliches Marktrisiko. Die „gekauften" Wertpapiere können jedoch, wie oben beschrieben, im Rahmen einer Repo oder eines Wertpapierdarlehens weiterverwendet werden; in diesem Fall ist der volle Marktwert der Wertpapiere auf das Gesamtrisiko anzurechnen. Die wirtschaftlichen Risiken und Erträge der gekauften Wertpapiere bleiben bei der Gegenpartei und erhöhen deshalb nicht das Risiko des AIF.

12. Wertpapierdarlehensvergabe: Bei einer Wertpapierdarlehensvergabe verleiht ein AIF ein Wertpapier für eine vereinbarte Gebühr an eine Gegenpartei (Wertpapierentleiher), die das Wertpapier in der Regel entleiht, um einer Lieferverpflichtung aus einem Leerverkauf nachzukommen. Der Wertpapierentleiher gibt dem AIF entweder Barsicherheiten oder andere als Barsicherheiten. Ein Gesamtrisiko entsteht nur bei einer Wiederanlage von Barsicherheiten in andere als die in Artikel 7 Buchstabe a definierten Instrumente. Werden die anderen als Barsicherheiten im Rahmen eines Repo oder einer anderen Wertpapierdarlehensvergabe verwendet, ist, wie oben beschrieben, der volle Marktwert der Wertpapiere auf das Gesamtrisiko anzurechnen. Ein Risiko entsteht im Umfang der Wiederanlage der Barsicherheiten.

13. Wertpapierdarlehensaufnahme: Bei der Wertpapierdarlehensaufnahme erhält ein AIF für eine vereinbarte Gebühr ein Wertpapier von einer Gegenpartei (Wertpapierleiher). Der AIF verkauft dieses Wertpapier auf dem Markt und geht damit eine Short-Position ein. Je nach Umfang der Wiederanlage des Barertrags aus diesem Verkauf erhöht sich auch das Risiko des AIF. Das Risiko ist der Marktwert der leer verkauften Wertpapiere; ein zusätzliches Risiko entsteht im Umfang der Wiederanlage der Barmittel.

14. Credit Default Swaps: Bei einem Credit Default Swap (CDS) handelt es sich um ein Kreditderivat, das dem Käufer im Falle eines Ausfalls des Referenzschuldners oder bei Eintritt eines Kreditereignisses Schutz (in der Regel einen vollständigen Ausgleich) bietet. Der CDS-Verkäufer erhält dafür vom Käufer eine laufend zu entrichtende Prämie („Spread"). Für den Sicherungsgeber ist das Risiko der höhere Betrag des Marktwerts des Basis-Referenzaktivums und des Nominalwerts des Credit Default Swaps. Für den Sicherungsnehmer ist das Risiko der Marktwert des Basis-Referenzaktivums.

Anhang II
Anrechnungsmethoden für Derivate

1. Für die nachstehende, nicht erschöpfende Liste der Grundformen von Derivaten werden folgende Anrechnungsmethoden angewandt:
   a) Börsengehandelte Finanzterminkontrakte (Futures):
   - Anleihen-Future: Anzahl der Kontrakte * Kontraktgröße * Marktwert der günstigsten lieferbaren Referenzanleihe
   - Zins-Future: Anzahl der Kontrakte * Kontraktgröße
   - Währungs-Future: Anzahl der Kontrakte * Kontraktgröße
   - Aktien-Future: Anzahl der Kontrakte * Kontraktgröße * Marktpreis der zugrunde liegenden Aktie
   - Index-Future: Anzahl der Kontrakte * Kontraktgröße * Indexstand

   b) Optionen (Käufer-/Verkäuferposition; Verkaufs- und Kaufoptionen)
   - Anleihen-Option: Anzahl der Kontrakte * Kontraktwert * Marktwert der zugrunde liegenden Anleihe * Delta
   - Aktien-Option: Anzahl der Kontrakte * Kontraktwert * Marktwert der zugrunde liegenden Aktie * Delta
   - Zins-Option: Kontraktwert * Delta
   - Währungs-Option: Kontraktwert der Währungsseite(n) * Delta
   - Index-Option: Anzahl der Kontrakte * Kontraktwert * Indexstand * Delta
   - Optionen auf Futures: Anzahl der Kontrakte * Kontraktwert * Marktwert des Basiswerts * Delta
   - Swaptions: Anrechnungsbetrag des Swaps * Delta
   - Optionsscheine und Bezugsrechte: Anzahl der Aktien/Anleihen * Marktwert des Basiswerts * Delta

   c) Swaps
   - Zinsswaps: Kontraktwert
   - Währungsswaps: Nominalwert der Währungsseite(n)
   - Zins-Währungsswaps: Nominalwert der Währungsseite(n)
   - Total-Return-Swap: Marktwert des zugrunde liegenden Basiswerts
   - Komplexer Total Return Swap: Summe der Marktwerte beider Vertragsseiten
   - Credit Default Swaps, die sich auf einen einzelnen Basiswert beziehen (Single Name Credit Default Swaps):

     Verkäufer/Sicherungsgeber – der höhere Betrag des Marktwerts des zugrunde liegenden Basiswerts und des Nominalwerts des Credit Default Swaps

     Käufer/Sicherungsnehmer – Marktwert des zugrunde liegenden Basiswerts
   - Finanzielle Differenzgeschäfte: Anzahl der Aktien/Anleihen * Marktwert des zugrunde liegenden Basiswerts

   d) Außerbörsliche Finanztermingeschäfte (Forwards)
   - Währungstermingeschäfte: Nominalwert der Währungsseite(n)
   - Zinstermingeschäfte: Nominalwert

   e) Gehebelte Risikoposition in Indizes mit eingebetteter Hebelwirkung

   Bei Derivaten, die eine gehebelte Investition gegenüber einem Index erzielen, oder Indizes, die eine Hebelwirkung aufweisen, sind hierfür ebenfalls die Anrechnungsbeträge der entsprechenden Vermögensgegenstände zu ermitteln und in die Berechnung mit einzubeziehen.

2. Für die nachstehende, nicht erschöpfende Liste von Finanzinstrumenten mit derivativer Komponente werden folgende Anrechnungsmethoden angewandt:
   - Wandelanleihen: Anzahl der zugrunde liegenden Basiswerte * Marktwert der zugrunde liegenden Basiswerte * Delta
   - Credit-Linked Notes: Marktwert des zugrunde liegenden Basiswerts
   - Teileingezahlte Wertpapiere: Anzahl der Aktien/Anleihen * Marktwert der zugrunde liegenden Basiswerte
   - Optionsscheine und Bezugsrechte: Anzahl der Aktien/Anleihen * Marktwert des Basiswerts * Delta

3. Beispielliste für komplexe Derivate mit Angabe der verwendeten Commitment-Methode:
   - Varianz-Swaps: Varianz-Swaps sind Finanzterminkontrakte, die sich auf die realisierte Varianz (Volatilität im Quadrat) eines Basiswerts beziehen und insbesondere den Handel der zukünftigen realisierten (oder historischen) Volatilität gegen die aktuelle implizite Volatilität ermöglichen. Gemäß der Marktpraxis werden der Be-

zugspreis und der Varianz-Nominalwert durch die Volatilität bestimmt. Der Varianz-Nominalwert bestimmt sich wie folgt:

$$\text{Varianz-Nominalwert} = \frac{\text{Vega-Nominalwert}}{2 \times \text{Bezugspreis}}$$

Beim Vega-Nominalwert handelt es sich um ein theoretisches Maß des Gewinns oder Verlusts aus der Änderung der Volatilität um ein Prozent.

Da die realisierte Volatilität nicht kleiner Null werden kann, hat die Käufer-(Long-)Position eines solchen Swaps einen maximal möglichen Verlust. Die Verkäufer-(Short-)Position hingegen ist einem unlimitierten Verlust ausgesetzt, es sei denn, in dem Kontrakt ist eine Kappungsgrenze spezifiziert.

Anrechnungsmethode für einen bestimmten Kontrakt zum Zeitpunkt t:

Varianz-Nominalwert * (aktueller) Varianz$_t$ (ohne Volatilitätskappungsgrenze)

Varianz-Nominalwert * min [(aktueller) Varianz$_t$; Volatilitätskappungsgrenze^2] (mit Volatilitätskappungsgrenze)

wobei sich die aktuelle Varianz jeweils als Funktion der quadrierten realisierten und impliziten Volatilität bestimmt:

$$\text{(aktuelle) Varianz}_t = \frac{t}{T} \times \text{realisierte Volatilität } (0,t)^2 + \frac{T-t}{T} \times \text{implizite Volatilität } (t,T)^2$$

– Volatilitäts-Swaps

Analog zum Varianz-Swap sind bei Volatilitätsswaps folgende Anrechnungsformeln anzuwenden:

– Vega-Nominalwert * (aktueller) Volatilität$_t$ (ohne Volatilitätskappungsgrenze)

– Vega-Nominalwert * min [(aktueller) Volatilität$_t$; Volatilitätskappungsgrenze] (mit Volatilitätskappungsgrenze)

wobei sich die (aktuelle) Volatilität t jeweils als der realisierten und impliziten Volatilität bestimmt.

4. Schwellenoptionen

Anzahl der Kontrakte * Kontraktgröße * Marktwert des zugrunde liegenden Basiswerts * Delta.

Anhang III
Duration-Netting-Regelungen

1. Ein Zinsderivat ist nach der folgenden Methode in das entsprechende Basiswertäquivalent umzurechnen:

   Das Basiswertäquivalent errechnet sich aus der Duration des Zinsderivats dividiert durch die Zielduration des AIF multipliziert mit dem Marktwert des zugrunde liegenden Basiswerts:

$$\textit{Basiswertäquivalent} = \frac{\textit{Duration Zinsderivat}}{\textit{Zielduration}} \times \textit{Umrechnungswert Derivat}$$

   Dabei gilt:

   – *Duration Zinsderivat* ist die Duration (Sensitivität des Marktwertes des Derivats gegenüber Zinsänderungen) des Zinsderivats;

   – *Zielduration* ergibt sich aus der Anlagestrategie, den Positionen und dem erwarteten Risikoniveau zu jeder Zeit und wird ansonsten normalisiert. Sie steht auch im Einklang mit der Duration des Portfolios unter regulären Marktbedingungen;

   – *Umrechnungswert Derivat* ist der gemäß Anhang II umgerechnete Wert der Derivateposition.

2. Die nach Absatz 1 berechneten äquivalenten Basispositionen werden wie folgt verrechnet:

   a) Jedes Zinsderivat ist entsprechend der restlichen Zinsbindungsfristen der zugrunde liegenden Basiswerte den folgenden Laufzeitbändern zuzuordnen:

      Laufzeitbänder

      1. 0–2 Jahre
      2. 2–7 Jahre
      3. 7–15 Jahre
      4. > 15 Jahre.

   b) Für jedes Laufzeitband werden die entsprechenden Basiswertäquivalente der Positionen mit gegenläufigen Zinsbindungsrichtungen verrechnet. Die sich betragsmäßig entsprechende Summe der gegenläufigen Positionen ist die ausgeglichene Bandposition für dieses Laufzeitband.

   c) Angefangen bei dem ersten Laufzeitband wird die ausgeglichene Bandposition zweier angrenzender Bänder berechnet als die sich betragsmäßig entsprechenden Summen der verbleibenden Unterschiedsbeträge mit gegenläufigen Zinsbindungsrichtungen aus Laufzeitband (i) und Laufzeitband (i + 1).

   d) Angefangen bei dem ersten Laufzeitband, wird die ausgeglichene Position zweier nicht angrenzender Bänder, die nur durch ein Laufzeitband getrennt sind, berechnet als die sich betragsmäßig entsprechenden Summen der verbleibenden Unterschiedsbeträge mit gegenläufigen Zinsbindungsrichtungen aus Laufzeitband (i) und Laufzeitband (i + 2).

   e) Die ausgeglichene Position soll zwischen den verbleibenden nicht ausgeglichenen Positionen mit gegenläufigen Zinsbindungsrichtungen der beiden entferntesten Laufzeitbänder errechnet werden.

3. Das Risiko des AIF ist die Summe der Beträge der
   - mit 0 % gewichteten Summe der ausgeglichenen Bandpositionen;
   - mit 40 % gewichteten Summe der ausgeglichenen Positionen zweier angrenzender Bänder;
   - mit 75 % gewichteten Summe der ausgeglichenen Positionen zweier nicht angrenzender Bänder;
   - mit 100 % gewichteten ausgeglichenen Positionen der beiden entferntesten Laufzeitbänder und der
   - mit 100 % gewichteten verbleibenden offenen Positionen.

Anhang IV
Formblatt für die Berichterstattung: AIFM

(Artikel 3 Absatz 3 Buchstabe d und Artikel 24 der Richtlinie 2011/61/EU)

Angaben zum AIFM

(Artikel 3 Absatz 3 Buchstabe d und Artikel 24 Absatz 1 der Richtlinie 2011/61/EU)

		Wichtigster Markt/ wichtigstes Instrument	Zweitwichtigster Markt/ zweitwichtigstes Instrument	Drittwichtigster Markt/ drittwichtigstes Instrument	Viertwichtigster Markt/ viertwichtigstes Instrument	Fünftwichtigster Markt/ fünftwichtigstes Instrument
1	**Wichtigste Märkte des Handels für Rechnung der vom AIFM verwalteten AIF**					
2	**Wichtigste Instrumente des Handels für Rechnung der vom AIFM verwalteten AIF**					
3	**Verwaltete Vermögenswerte aller verwalteten AIF, berechnet gemäß Artikel 2**	**In der Basiswährung (wenn für alle AIF gleich)**		**In Euro**		
	Bitte Angabe von offizieller Bezeichnung, Ort und Rechtsordnung der Märkte					

Detaillierte Liste aller vom AIFM verwalteten AIF

auf Verlangen zum Ende jedes Quartals vorzulegen

(Artikel 24 Absatz 3 der Richtlinie 2011/61/EU)

Name des AIF	Identifikationscode der Fonds						Auflegedatum	AIF-Typ (Hedgefonds, Private Equity-Fonds, Immobilienfonds, Dachfonds, Sonstige[13])	NAV	EU-AIF: Ja/Nein

Geldwerte sind in der Basiswährung des AIF anzugeben.

Formblatt für die Berichterstattung: AIF

(Artikel 3 Absatz 3 Buchstabe d und Artikel 24 der Richtlinie 2011/61/EU)

13 Amtliche Fußnote: Unter „Sonstige" bitte Angabe der Strategie, die den AIF-Typ am besten beschreibt.)

Angaben zum AIF

(Artikel 3 Absatz 3 Buchstabe d und Artikel 24 Absatz 1 der Richtlinie 2011/61/EU)

	Datentyp		Gemeldete Daten	
	Identität des AIF			
1	**Name des AIF**		EU-AIF: Ja/Nein	
2	**Fondsmanager** *(Firmenname und Standardcode, sofern verfügbar)*		EU-AIFM: Ja/Nein	
3	**Identifikationscodes der Fonds,** falls zutreffend			
4	**Auflegedatum des AIF**			
5	**Sitz des AIF**			
6	**Identität des/der Primebroker des AIF** *(Firmenname und Standardcode, sofern verfügbar)*			
7	**Basiswährung des AIF nach ISO 4217 und verwaltete Vermögenswerte, berechnet gemäß Artikel 2**		Währung	Gesamtwert des verwalteten Vermögens
8	**Rechtsordnungen der drei wichtigsten Finanzierungsquellen** (ohne von Anlegern gekaufte AIF-Anteile)			
9	**Vorherrschender AIF-Typ** (*bitte einen Typ auswählen*)		Hedgefonds Private Equity-Fonds Immobilienfonds Dachfonds Sonstige Keine	
10	**Aufschlüsselung der Anlagestrategien** *(Aufschlüsselung der AIF-Anlagestrategien nach dem in Frage 1 genannten vorherrschenden AIF-Typ. Zur Beantwortung dieser Frage, siehe Erläuterungen.)*			
			Angabe der Strategie, die die AIF-Strategie am besten beschreibt	Anteil am NAV (%)
	a) **Hedgefondstrategien** *(Diese Frage ist zu beantworten, wenn unter Frage 1 als vorherrschender AIF-Typ „Hedgefonds" angegeben wurde)*			
	Angabe der Hedgefondsstrategien, die die AIF-Strategien am besten beschreiben Equity: Long Bias Equity: Long/Short Equity: Marktneutral			

Datentyp	Gemeldete Daten	
Equity: Short Bias		
Relative Value: Fixed Income Arbitrage		
Relative Value: Wandelanleihen-Arbitrage		
Relative Value: Volatilitätsarbitrage		
Event Driven: Krisensituationen/Restrukturierungen		
Event Driven: Risikoarbitrage (Risk Arbitrage/Merger Arbitrage)		
Event Driven: Equity – Special-Situations-Strategie		
Kredit (long/short)		
Asset Based Lending		
Makro		
Managed Futures/CTA: Fundamental		
Managed Futures/CTA: Quantitative		
Multi-Strategy-Hedgefonds		
sonstige Hedgefondsstrategien		
b) **Private-Equity-Strategien** *(Diese Frage ist zu beantworten, wenn unter Frage 1 als vorherrschender AIF-Typ „Private Equity-Fonds“ angegeben wurde)*		
Angabe der Private-Equity-Strategien, die die AIF-Strategien am besten beschreiben		
Wagniskapital		
Growth Capital		
Mezzanine-Kapital		
Multi-Strategy-Private-Equity		
sonstige Private-Equity-Strategien		
c) **Immobilienstrategien** *(Diese Frage ist zu beantworten, wenn unter Frage 1 als vorherrschender AIF-Typ „Immobilienfonds“ angegeben wurde)*		
Angabe der Immobilienstrategien, die die AIF-Strategien am besten beschreiben		
Wohnimmobilien		
Gewerbeimmobilien		
Industrieimmobilien		
Multi-Strategy-Immobilienfonds		
sonstige Immobilienstrategien		
d) **Dachfondsstrategien** *(Diese Frage ist zu beantworten, wenn unter Frage 1 als vorherrschender AIF-Typ „Dachfonds“ angegeben wurde)*		
Angabe der „Dachfondsstrategie“, die die AIF-Strategien am besten beschreibt		
Dach-Hedgefonds		
Dach-Private-Equity-Fonds		
sonstige Dachfonds		

	Datentyp					Gemeldete Daten	
	e) Sonstige Strategien *(Diese Frage ist zu beantworten, wenn unter Frage 1 als vorherrschender AIF-Typ „Sonstige" angegeben wurde)*						
	Angabe der „sonstigen" Strategie, die die AIF-Strategien am besten beschreibt Rohstoff-Fonds Equity-Fonds Fixed Income-Fonds Infrastrukturfonds sonstige Fonds						
	Wichtigste Risiken und stärkste Konzentration						
11	**Wichtigste Instrumente, mit denen der AIF handelt**						

		Art/Code des Instruments	Wert (berechnet nach Artikel 3 AIFM-Richtlinie)	Long-/Short-Position
	Wichtigstes Instrument			
	Zweitwichtigstes Instrument			
	Drittwichtigstes Instrument			
	Viertwichtigstes Instrument			
	Fünftwichtigstes Instrument			

12	**Geografischer Schwerpunkt**		
	Geografische Aufschlüsselung der vom AIF gehaltenen Investitionen als prozentualer Anteil am gesamten Nettobestandswert (NAV) des AIF	*% des NAV*	
	Afrika		
	Asien und pazifischer Raum (außer Mittlerer Osten)		
	Europa (EWR)		
	Europa (nicht EWR)		
	Mittlerer Osten		
	Nordamerika		
	Südamerika		
	Supranational/mehrere Regionen		
13	**10 wichtigste Risiken des AIF zum Berichtsdatum** (höchster absoluter Wert):		

		Art der Vermögenswerte/Verbindlichkeiten	Name/Beschreibung der Vermögenswerte/Verbindlichkeiten	Wert (berechnet nach Artikel 3)	% am Bruttomarktwert	Long-/Short-Position	Gegenpartei (sofern relevant)
	1.						
	2.						
	3.						
	4.						
	5.						

	Datentyp					Gemeldete Daten	
	6.						
	7.						
	8.						
	9.						
	10.						
14	**5 wichtigste Portfoliokonzentrationen:**						
		Art der Vermögenswerte/Verbindlichkeiten	Name/Beschreibung des Markts	Höhe des aggregierten Risikos (berechnet nach Artikel 3)	% am Brutto-marktwert	Long-/Short-Position	Gegenpartei (sofern relevant)
	1.						
	2.						
	3.						
	4.						
	5.						
15	**Typische Geschäfts-/Positionsgröße** *(Diese Frage ist zu beantworten, wenn unter Frage 1 als vorherrschender AIF-Typ „Private Equity-Fonds“ angegeben wurde)*					*(bitte eine Angabe)* Sehr klein Klein Unteres mittleres Marktsegment Oberes mittleres Marktsegment Large Cap Mega Cap	
16	**Wichtigste Märkte, auf denen der AIF handelt**						
	Angabe von Name und Kennnummer (z. B. MIC-Code), sofern verfügbar, des Markts mit dem höchsten Risiko						
	Angabe von Name und Kennnummer (z. B. MIC-Code), sofern verfügbar, des Markts mit dem zweithöchsten Risiko						
	Angabe von Name und Kennnummer (z. B. MIC-Code), sofern verfügbar, des Markts mit dem dritthöchsten Risiko						
17	**Anlegerkonzentration**						
	Angabe des ungefähren Prozentsatzes des AIF-Kapitals im wirtschaftlichen Eigentum der fünf wirtschaftlichen Eigentümer mit der höchsten Kapitalbeteiligung am AIF (als Prozentsatz der ausstehenden AIF-Anteile; **Look-Through auf wirtschaftliche Eigentümer, sofern bekannt/möglich**)						

	Datentyp	Gemeldete Daten	
	Aufschlüsselung der Anlegerkonzentration nach Anlegerstatus (Schätzwert, falls keine exakten Informationen verfügbar):	%	
	– Professionelle Kunden (im Sinne der Richtlinie 2004/39/EG (MiFID): – Kleinanleger:		

Geldwerte sind in der Basiswährung des AIF anzugeben.

Den zuständigen Behörden vorzulegende Angaben zum AIF

(Artikel 24 Absatz 2 der Richtlinie 2011/61/EU)

	Datentyp		Gemeldete Daten	
	Identität des AIF			
1	**Name des AIF**		EU-AIF: Ja/Nein	
2	**Fondsmanager**		EU-AIFM: Ja/Nein	
1	Name des AIF			
2	Fondsmanager			
3	Identifikationscodes der Fonds, falls zutreffend			
4	Auflegedatum des AIF			
5	Basiswährung des AIF **nach ISO 4217 und verwaltete Vermögenswerte, berechnet gemäß Artikel 2**		Währung	Gesamtwert des verwalteten Vermögens
6	Identität des/der Primebroker des AIF			
7	Rechtsordnungen der drei wichtigsten Finanzierungsquellen			
	Gehandelte Instrumente und Einzelrisiken			
8	**Gehandelte Einzelrisiken und wichtigste Vermögenskategorien, in die der AIF investiert ist (zum Berichtsdatum):**			
	a) **Wertpapiere**		*Kaufseite (Long Value)*	*Verkaufseite (Short Value)*
	Kassenmittel und Kassenmitteläquivalente			
	davon:	*Einlagenzertifikate*		
		Commercial Papers		
		sonstige Einlagen		
		sonstige Kassenmittel und Kassenmitteläquivalente (ausschl. Staatspapieren)		
	Börsennotierte Aktien			
	davon:	*Emission von Finanzinstituten*		
		sonstige börsennotierte Aktien		

	Datentyp		Gemeldete Daten	
	Nicht börsennotierte Aktien			
	Nicht von Finanzinstituten ausgegebene Unternehmensanleihen			
	davon:	*mit Investment-Grade-Rating*		
		ohne Investment-Grade-Rating		
	Von Finanzinstituten ausgegebene Unternehmensanleihen			
	davon:	*mit Investment-Grade-Rating*		
		ohne Investment-Grade-Rating		
	Staatsanleihen			
	davon:	*EU-Bonds mit Laufzeit von bis zu einem Jahr*		
		EU-Bonds mit Laufzeit von mehr als einem Jahr		
		Nicht G10-Bonds mit Laufzeit von bis zu einem Jahr		
		Nicht G10-Bonds mit Laufzeit von mehr als einem Jahr		
	Nicht von Finanzinstituten ausgegebene Wandelanleihen			
	davon:	*mit Investment-Grade-Rating*		
		ohne Investment-Grade-Rating		
	Von Finanzinstituten ausgegebene Wandelanleihen			
	davon:	*mit Investment-Grade-Rating*		
		ohne Investment-Grade-Rating		
	Darlehen			
	davon:	*gehebelte Darlehen*		
		sonstige Darlehen		
	Strukturierte/verbriefte Produkte			
	davon:	*ABS*		
		RMBS		
		CMBS		
		MBS von Agenturen		
		ABCP		
		CDO/CLO		
		Strukturierte Zertifikate		

	Datentyp		Gemeldete Daten	
		ETP		
		sonstige		
	b) Derivate		*Kaufseite (Long Value)*	*Verkaufseite (Short Value)*
	Equity-Derivate			
	davon:	*verbunden mit Finanzinstituten*		
		sonstige Equity-Derivate		
	Fixed Income-Derivate			
	CDS			
	davon:	*Einzeladressen-CDS von Finanzinstituten*		
		Einzeladressen-CDS von staatlichen Emittenten		
		Einzeladressen-CDS von sonstigen Emittenten		
		Index-CDS		
		Exotisch (einschließlich Credit Default Tranche)		
			Bruttowert	
	Devisengeschäfte (zu Investmentzwecken)			
	Zinsderivate			
			Kaufseite (Long Value)	*Verkaufseite (Short Value)*
	Rohstoff-Derivate			
	davon:	*Energie*		
		davon:		
		– Rohöl		
		– Erdgas		
		– Strom		
		Edelmetalle		
		davon: Gold		
		sonstige Rohstoffe		
		davon:		
		– Industriemetalle		
		– Viehbestand		
		– landwirtschaftliche Produkte		
	Sonstige Derivate			

	Datentyp		Gemeldete Daten	
	c) **Physische (reale/materielle) Anlagen**		*Kaufseite (Long Value)*	
	Physisch: Immobilien			
	davon:	*Wohnimmobilien*		
		Gewerbeimmobilien		
	Physisch: Rohstoffe			
	Physisch: Holz			
	Physisch: Kunst und Sammlerobjekte			
	Physisch: Transportmittel			
	Physisch: sonstige			
	d) **Organismen für gemeinsame Anlagen**		*Kaufseite (Long Value)*	
	Anlagen in durch den AIFM geführte/verwaltete OGA			
	davon:	*Geldmarktfonds- und Cash-Management-OGA*		
		ETF		
		sonstige OGA		
	Anlagen in nicht durch den AIFM geführte/verwaltete OGA			
	davon:	*Geldmarktfonds- und Cash-Management-OGA*		
		ETF		
		sonstige OGA		
	e) **Anlagen in andere Vermögensklassen**		*Kaufseite (Long Value)*	*Verkaufseite (Short Value)*
	Sonstige insgesamt			
9	**Umsatz in den einzelnen Vermögensklassen während der Berichtsmonate**			
	a) **Wertpapiere**		*Marktwert*	
	Kassenmittel und Kassenmitteläquivalente			
	Börsennotierte Aktien			
	Nicht börsennotierte Aktien			
	Nicht von Finanzinstituten ausgegebene Unternehmensanleihen			
	davon:	*mit Investment-Grade-Rating*		
		ohne Investment-Grade-Rating		
	Von Finanzinstituten ausgegebene Unternehmensanleihen			

	Datentyp		Gemeldete Daten	
	Staatsanleihen			
	davon:	*Staatsanleihen von EU-Mitgliedstaaten*		
		Staatsanleihen von Drittländern		
	Wandelanleihen			
	Darlehen			
	Strukturierte/verbriefte Produkte			
	b) Derivate		*Nominalwert*	*Marktwert*
	Equity-Derivate			
	Fixed Income-Derivate			
	CDS			
	Devisengeschäfte (zu Investmentzwecken)			
	Zinsderivate			
	Rohstoff-Derivate			
	Sonstige Derivate			
	c) Physische (reale/materielle) Anlagen		*Marktwert*	
	Physisch: Rohstoffe			
	Physisch: Immobilien			
	Physisch: Holz			
	Physisch: Kunst und Sammlerobjekte			
	Physisch: Transportmittel			
	Physisch: Sonstige			
	d) Organismen für gemeinsame Anlagen			
	e) Andere Vermögensklassen			
	Währung der Risiken			
10	**Gesamtwert von Long- und Shortpositionen (vor Kurssicherung) in folgenden Währungen:**		*Kaufseite (Long Value)*	*Verkaufseite (Short Value)*
	Anwendung und Durchsetzung			
	CAD			
	CHF			
	EUR			
	GBP			
	HKD			
	JPY			
	USD			
	Sonstige			

	Datentyp		Gemeldete Daten	
11	**Typische Geschäfts-/Positionsgröße** (Diese Frage ist zu beantworten, wenn oben als vorherrschender AIF-Typ „Private Equity-Fonds" angegeben wurde)		*(bitte eine Angabe)* Sehr klein (< 5 Mio. Euro) Klein (5 Mio. Euro bis < 25 Mio. Euro) Unteres mittleres Marktsegment (25 Mio. Euro bis < 150 Mio. Euro) Oberes mittleres Marktsegment (150 Mio. Euro bis 500 Mio. Euro) Large Cap (500 Mio. Euro bis 1 Mrd. Euro) Mega Cap (1 Mrd. Euro und mehr)	
12	**Beherrschender Einfluss (siehe Artikel 1 der Richtlinie 83/349/EWG des Rates (ABl. L 193 vom 18.7.1983, S. 1))** *(Diese Frage ist zu beantworten, wenn oben als vorherrschender AIF-Typ „Private Equity-Fonds" angegeben wurde; verlangt werden Angaben zu jedem Unternehmen, auf das der AIF einen beherrschenden Einfluss im Sinne von Artikel 1 der Richtlinie 83/349/EWG ausübt) (falls nicht zutreffend, frei lassen)*	*Name*	*% der Stimmrechte*	*Art der Transaktion*
	Risikoprofil des AIF			
	1. Marktrisiko			
13	**Erwartete jährliche Anlagerendite/interner Zinsfuß (IRR) unter normalen Marktbedingungen (in %)**			
	NET Equity Delta			
	NET DV01:			

	Datentyp		Gemeldete Daten	
	NET CS01:			
	2. Gegenpartei			
14	**Handels- und Clearingmechanismen**			
	a) Geschätzter %-Anteil (Marktwert) des Wertpapierhandels: *(frei lassen, falls keine Wertpapiere gehandelt werden)*		%	
	Geregelte Börsen			
	OTC			
	b) Geschätzter %-Anteil (Handelsvolumen) des Derivatehandels: *(frei lassen, falls keine Derivate gehandelt werden)*		%	
	Geregelte Börsen			
	OTC			
	c) Geschätzter %-Anteil (Handelsvolumen) geclearter Derivat-Transaktionen: *(frei lassen, falls keine Derivate gehandelt werden)*		%	
	Über eine zentrale Gegenpartei (CCP)			
	Bilateral			
	d) Geschätzter %-Anteil (Marktwert) geclearter Pensionsgeschäfte: *(frei lassen, falls keine Pensionsgeschäfte getätigt werden)*		%	
	Über eine zentrale Gegenpartei (CCP)			
	Bilateral			
	Triparty			
15	**Wert von Sicherheiten und sonstiger Arten der Kreditunterlegung, die der AIF bei sämtlichen Gegenparteien hinterlegt hat**			
	a) Wert von Sicherheiten in Form von Kassenmitteln und Kassenmitteläquivalenten			
	b) Wert von Sicherheiten in Form sonstiger Wertpapiere (außer Kassenmitteln und Kassenmitteläquivalenten)			
	c) Wert der hinterlegten sonstigen Sicherheiten und anderer Arten der Kreditunterlegung (einschl. Nennwert von Kreditbriefen und ähnlichen durch Dritte geleisteten Kreditsicherheiten)			
16	**Welcher prozentuale Anteil am Wert der bei Gegenparteien hinterlegten Sicherheiten und anderen Arten der Kreditunterlegung wurde von Gegenparteien weiterverpfändet?**			
17	**Die fünf wichtigsten Gegenpartei-Risiken (außer CCP)**			
	a) Angabe der fünf wichtigsten Gegenparteien, bei denen der AIF das höchste Gegenpartei-Nettokreditrisiko (Mark-to-Market) trägt, gemessen als % am Nettobestandswert (NAV) des AIF		*Name*	*Gesamtrisiko*
	Gegenpartei 1			
	Gegenpartei 2			
	Gegenpartei 3			
	Gegenpartei 4			
	Gegenpartei 5			

	Datentyp						Gemeldete Daten	
	b) Angabe der fünf wichtigsten Gegenparteien mit dem höchsten Gegenpartei-Nettokreditrisiko (Mark-to-Market) beim AIF, gemessen als Prozentsatz am NAV des AIF						*Name*	*Gesamtrisiko*
	Gegenpartei 1							
	Gegenpartei 2							
	Gegenpartei 3							
	Gegenpartei 4							
	Gegenpartei 5							
18	**Direkt-Clearing über zentrale Gegenparteien (CCP)**							
	a) Hat der AIF im Berichtszeitraum Transaktionen direkt über eine CCP clearen lassen?						Ja	
							Nein (falls nein, können Sie direkt zu Frage 21 gehen)	
	b) Bei „Ja" unter 18(a), Angabe der drei im Hinblick auf das Nettokreditrisiko wichtigsten zentralen Gegenparteien (CCP)						*Name*	*Gehaltener Wert*
	CCP 1 (*frei lassen, falls nicht zutreffend*)							
	CCP 2 (*frei lassen, falls nicht zutreffend*)							
	CCP 3 (*frei lassen, falls nicht zutreffend*)							
	3. Liquiditätsprofil							
	Portfolio-Liquiditätsprofil							
19	**Anleger-Liquiditätsprofil** Anteil des Portfolios, der innerhalb folgender Fristen liquide gemacht werden kann:							
	1 Tag oder weniger	2–7 Tage	8–30 Tage	31–90 Tage	91–180 Tage	181–365 Tage	mehr als 365 Tage	
20	**Wert unbelasteter Barmittel**							
	Anleger-Liquiditätsprofil							
21	**Anleger-Liquiditätsprofil** Anteil des innerhalb folgender Fristen rückzahlbaren Anlegerkapitals (in % des NAV des AIF)							
	1 Tag oder weniger	2–7 Tage	8–30 Tage	31–90 Tage	91–180 Tage	181–365 Tage	mehr als 365 Tage	
22	**Rückzahlungen an die Anleger**							
	a) Gewährt der AIF Anlegern Kündigungs-/Rückzahlungsrechte im normalen Verlauf?						Ja	Nein

	Datentyp		Gemeldete Daten	
	b) Welche Häufigkeit haben Rückzahlungen an Anleger (bei mehreren Anteilklassen Angabe der wichtigsten Anteilklasse des NAV)?		*(bitte eine Angabe)* Täglich Wöchentlich Vierzehntäglich Monatlich Vierteljährlich Halbjährlich Jährlich Sonstige Nicht zutreffend	
	c) Welche Meldefrist gilt für Rückzahlungen nach Anlegerklasse (in Tagen)? *(bei mehreren Klassen oder Anteilen Angabe der Meldefrist nach Vermögenswert)*			
	d) „Lock-Up-Frist" der Anleger in Tagen (bei mehreren Klassen oder Anteilen Angabe der Meldefrist nach Vermögenswert)			
23	**Besondere Regelungen und Vorzugsbehandlung**			
	a) Prozentualer Anteil am AIF-NAV, für den zum Berichtsdatum folgende besondere Regelungen gelten:		*% am NAV*	
	Abspaltung illiquider Anlagen („Side pockets")			
	Rücknahmebeschränkungen („Gates")			
	Aussetzung des Anteilehandels			
	Sonstige Regelungen für die Verwaltung schwer zu liquidierbaren Vermögens *(bitte spezifizieren)*		[Typ]	[%]
	b) Angabe des prozentualen Anteils am NAV von AIF-Vermögenswerten, die schwer zu liquidieren sind und für die deshalb besondere Regelungen gelten, gemäß Artikel 23(4)(a) der AIFM-Richtlinie, einschließlich der unter 25 a) aufgeführten Vermögenswerte?			
	Besondere Regelungen in % am NAV			
	c) Erhalten Anleger eine Vorzugsbehandlung oder Anspruch auf eine solche Behandlung (z. B. aufgrund einer Zusatzvereinbarung) und bestehen deshalb gemäß Artikel 23(1)(j) der AIFM-Richtlinie Informationspflichten gegenüber den Anlegern des AIF?		*(ja/nein)*	
	d) Falls „Ja" unter Buchstabe c, Angabe der Vorzugsbehandlungen:			
	Unterschiedliche Informierung/Berichterstattung an Anleger			
	Unterschiedliche Liquiditätsanforderungen an die verschiedenen Anleger			

<table>
<tr><td></td><td colspan="6">Datentyp</td><td colspan="2">Gemeldete Daten</td></tr>
<tr><td></td><td colspan="4">Unterschiedliche Gebührenbestimmungen für Anleger</td><td colspan="2"></td><td></td><td></td></tr>
<tr><td></td><td colspan="4">Sonstige Vorzugsbehandlungen</td><td colspan="2"></td><td></td><td></td></tr>
<tr><td>24</td><td colspan="6">Aufschlüsselung der Eigentumsrechte an den AIF-Anteilen nach Anlegergruppe (in % am NAV des AIF-Vermögens; Look-Through auf die wirtschaftlichen Eigentümer, sofern bekannt und möglich)</td><td></td><td></td></tr>
<tr><td>25</td><td colspan="6">Finanzierungsliquidität</td><td></td><td></td></tr>
<tr><td></td><td colspan="6">a) Aggregierte Angaben zu aufgenommenen Krediten und dem AIF verfügbaren Kassenmittel (einschließlich genutzter und ungenutzter, widerruflicher und unwiderruflicher Kreditlinien sowie jeglicher befristeter Finanzierungen)</td><td></td><td></td></tr>
<tr><td></td><td colspan="6">b) Aufteilung des unter a) genannten Betrags auf die nachstehend genannten Zeiträume, basierend auf dem längsten Zeitraum, während dem der Gläubiger vertraglich zur Bereitstellung der Finanzierung verpflichtet ist:</td><td></td><td></td></tr>
<tr><td></td><td>1 Tag oder weniger</td><td>2–7 Tage</td><td>8–30 Tage</td><td>31–90 Tage</td><td>91–180 Tage</td><td>181–365 Tage</td><td colspan="2">mehr als 365 Tage</td></tr>
<tr><td></td><td></td><td></td><td></td><td></td><td></td><td></td><td colspan="2"></td></tr>
<tr><td></td><td colspan="6">4. Kredit- und Forderungsrisiko</td><td></td><td></td></tr>
<tr><td>26</td><td colspan="6">Wert von Barmittel- oder Wertpapierkrediten nach:</td><td></td><td></td></tr>
<tr><td></td><td colspan="4">unbesicherten Barkrediten:</td><td colspan="2"></td><td></td><td></td></tr>
<tr><td></td><td colspan="4">besicherten Barkrediten – über Primebroker:</td><td colspan="2"></td><td></td><td></td></tr>
<tr><td></td><td colspan="4">besicherten Barkrediten – über (Reverse-)Repo:</td><td colspan="2"></td><td></td><td></td></tr>
<tr><td></td><td colspan="4">besicherten Barkrediten – über Sonstige:</td><td colspan="2"></td><td></td><td></td></tr>
<tr><td>27</td><td colspan="6">Wert in Finanzinstrumente eingebetteter Kredite</td><td></td><td></td></tr>
<tr><td></td><td colspan="4">Börsengehandelte Derivate: Bruttorisiko nach Margenausgleich</td><td colspan="2"></td><td></td><td></td></tr>
<tr><td></td><td colspan="4">OTC-Derivate: Bruttorisiko nach Margenausgleich</td><td colspan="2"></td><td></td><td></td></tr>
<tr><td>28</td><td colspan="4">Wert der für Short-Positionen geliehenen Wertpapiere:</td><td colspan="2"></td><td></td><td></td></tr>
<tr><td>29</td><td colspan="6">Bruttorisiko durch den AIF kontrollierter Finanz- und gegebenenfalls Rechtsstrukturen im Sinne des Erwägungsgrunds 78 der AIFM-Richtlinie</td><td></td><td></td></tr>
<tr><td></td><td colspan="4">Finanz- und gegebenenfalls Rechtsstruktur</td><td colspan="2"></td><td></td><td></td></tr>
<tr><td></td><td colspan="4">Finanz- und gegebenenfalls Rechtsstruktur</td><td colspan="2"></td><td></td><td></td></tr>
<tr><td></td><td colspan="4">Finanz- und gegebenenfalls Rechtsstruktur</td><td colspan="2"></td><td></td><td></td></tr>
<tr><td></td><td colspan="4">…</td><td colspan="2"></td><td></td><td></td></tr>
<tr><td>30</td><td colspan="4">Hebelfinanzierungen des AIF</td><td colspan="2"></td><td></td><td></td></tr>
<tr><td></td><td colspan="4">a) Berechnet nach der Brutto-Methode</td><td colspan="2"></td><td></td><td></td></tr>
<tr><td></td><td colspan="4">b) Berechnet nach der Commitment-Methode</td><td colspan="2"></td><td></td><td></td></tr>
<tr><td></td><td colspan="6">5. Operationelle und sonstige Risiken</td><td></td><td></td></tr>
<tr><td>31</td><td colspan="4">Gesamtzahl offener Positionen</td><td colspan="2"></td><td></td><td></td></tr>
</table>

	Datentyp		Gemeldete Daten	
32	**Historisches Risikoprofil**			
	a) Bruttoanlagerenditen oder -IRR des AIF im Berichtszeitraum (in %, ohne Abzug von Verwaltungsentgelten und Erfolgsprämien)			
	1. Monat des Berichtszeitraums			
	2. Monat des Berichtszeitraums			
	…			
	…			
	Letzter Monat des Berichtszeitraums			
	b) Nettoanlagerenditen oder -IRR des AIF im Berichtszeitraum (in %, nach Abzug von Verwaltungsentgelten und Erfolgsprämien)			
	1. Monat des Berichtszeitraums			
	2. Monat des Berichtszeitraums			
	…			
	…			
	Letzter Monat des Berichtszeitraums			
	c) Veränderungen der Nettoanlagerendite des AIF im Berichtszeitraum (in % unter Berücksichtigung von Zeichnungen und Rücknahmen)			
	1. Monat des Berichtszeitraums			
	2. Monat des Berichtszeitraums			
	…			
	…			
	Letzter Monat des Berichtszeitraums			
	d) Zeichnungen im Berichtszeitraum			
	1. Monat des Berichtszeitraums			
	2. Monat des Berichtszeitraums			
	…			
	…			
	Letzter Monat des Berichtszeitraums			
	e) Rücknahmen im Berichtszeitraum			
	1. Monat des Berichtszeitraums			
	2. Monat des Berichtszeitraums			
	…			
	…			
	Letzter Monat des Berichtszeitraums			

Geldwerte sind in der Basiswährung des AIF anzugeben.

Ergebnisse von Stresstests

b) Angabe der Ergebnisse der nach Artikel 15 Absatz 3 Buchstabe b der Richtlinie 2011/61/EU durchgeführten Stresstests [*die mit den einzelnen Anlagepositionen des AIF verbundenen Risiken samt ihrer Auswirkungen auf das Gesamt-*

portfolio des AIF können – unter anderem auch durch die Nutzung angemessener Stresstestverfahren – laufend ordnungsgemäß bewertet, eingeschätzt, gesteuert und überwacht werden;] (*freier Text*)

Geldwerte sind in der Basiswährung des AIF anzugeben.

Angabe der Ergebnisse der nach Artikel 16 Absatz 1 Unterabsatz 2 der Richtlinie 2011/61/EU durchgeführten Stresstests. [*Die AIFM führen, unter Zugrundelegung von sowohl normalen als auch außergewöhnlichen Liquiditätsbedingungen, regelmäßig Stresstests durch, mit denen sie die Liquiditätsrisiken der AIF bewerten und die Liquiditätsrisiken der AIF entsprechend überwachen können.*] (*freier Text*)

Geldwerte sind in der Basiswährung des AIF anzugeben.

Angaben zum AIF, die den zuständigen Behörden zur Verfügung zu stellen sind

(Artikel 24 Absatz 4 der Richtlinie 2011/61/EU)

	Datentyp	Gemeldete Daten	
1	**Welcher prozentuale Anteil an den Sicherheiten und anderen Arten der Kreditunterlegung, die der Bericht erstattende AIF bei Gegenparteien hinterlegt hat, wurde von Gegenparteien weiterverpfändet?**		
	Kredit- und Forderungsrisiko		
2	**Wert von Barmittel- oder Wertpapierkrediten nach:**		
	unbesicherten Barkrediten:		
	besicherten Barkrediten – über Primebroker:		
	besicherten Barkrediten – über (Reverse-)Repo:		
	besicherten Barkrediten – über Sonstige:		
3	**Wert in Finanzinstrumente eingebetteter Kredite**		
	Börsengehandelte Derivate: Bruttorisiko nach Margenausgleich		
	OTC-Derivate: Bruttorisiko nach Margenausgleich		
4	**Fünf größte Kreditgeber bzw. Wertpapierverleiher (Short-Positionen):**		
	Größter:		
	Zweitgrößter:		
	Drittgrößter:		
	Viertgrößter:		
	Fünftgrößter:		
5	**Wert der für Short-Positionen geliehenen Wertpapiere:**		
6	**Bruttorisiko durch den AIF kontrollierter Finanz- und gegebenenfalls Rechtsstrukturen im Sinne des Erwägungsgrunds 78 der AIFM-Richtlinie**		
	Finanz- und gegebenenfalls Rechtsstruktur		
	Finanz- und gegebenenfalls Rechtsstruktur		
	Finanz- und gegebenenfalls Rechtsstruktur		
	…		

	Datentyp	Gemeldete Daten	
7	**Hebelfinanzierungen des AIF:**		
	a) **Brutto-Methode**		
	b) **Commitment-Methode**		

Geldwerte sind in der Basiswährung des AIF anzugeben.

Delegierte Verordnung (EU) Nr. 694/2014 der Kommission

vom 17. Dezember 2013
zur Ergänzung der Richtlinie 2011/61/EU des Europäischen Parlaments und des Rates im Hinblick auf technische Regulierungsstandards zur Bestimmung der Arten von Verwaltern alternativer Investmentfonds

(ABl. L 183 vom 24.6.2014 S. 18)

Die Europäische Kommission –

gestützt auf den Vertrag über die Arbeitsweise der Europäischen Union,

gestützt auf die Richtlinie 2011/61/EU des Europäischen Parlaments und des Rates vom 8. Juni 2011 über die Verwalter alternativer Investmentfonds und zur Änderung der Richtlinien 2003/41/EG und 2009/65/EG und der Verordnungen (EG) Nr. 1060/2009 und (EU) Nr. 1095/2010,[1] insbesondere auf Artikel 4 Absatz 4,

in Erwägung nachstehender Gründe:

(1) Im Interesse einer einheitlichen Anwendung bestimmter Anforderungen der Richtlinie 2011/61/EU auf AIFM ist es wichtig, die Bestimmungen der Richtlinie durch technische Regulierungsstandards zur Bestimmung der Arten von AIFM zu ergänzen.

(2) Um die Vorschriften für das Liquiditätsmanagement und die Bewertungsverfahren der Richtlinie 2011/61/EU korrekt auf AIFM anzuwenden, sollte zwischen AIFM, die AIF des offenen Typs, AIF des geschlossenen Typs oder beide Typen von AIF verwalten, unterschieden werden.

(3) Die Feststellung, dass ein AIFM offene oder geschlossene AIF verwaltet, sollte anhand der Tatsache vorgenommen werden, dass ein offener AIF seine Anteile vor Beginn der Liquidations- oder Auslaufphase auf Ersuchen eines Anteilseigners nach den Verfahren und mit der Häufigkeit, die in den Vertragsbedingungen oder der Satzung, dem Prospekt oder den Emissionsunterlagen festgelegt sind, von seinen Anlegern zurückkauft oder zurücknimmt. Eine Kapitalherabsetzung des AIF im Zusammenhang mit Ausschüttungen gemäß den Vertragsbedingungen oder der Satzung des AIF, dem Prospekt oder den Emissionsunterlagen, einschließlich Unterlagen, die durch einen gemäß den Vertragsbedingungen oder der Satzung, dem Prospekt oder den Emissionsunterlagen des AIF getroffenen Beschluss der Anteilseigner genehmigt wurden, sollte bei der Feststellung, dass es sich bei dem AIF um einen offenen AIF handelt, nicht berücksichtigt werden.

(4) Für die Feststellung, dass ein AIFM einen offenen oder einen geschlossenen AIF verwaltet, sollten ausschließlich Rückkäufe oder Rücknahmen aus dem Vermögen des AIF relevant sein. Die Tatsache, dass die Anteile eines AIF auf dem Sekundärmarkt gehandelt werden können und vom AIF nicht zurückgekauft oder zurückgenommen werden, sollte bei der Feststellung, dass es sich um einen offenen AIF, nicht berücksichtigt werden.

(5) Ein AIFM, der einen oder mehrere offene AIF und einen oder mehrere geschlossene AIF gleichzeitig verwaltet, sollte für jeden AIF die für diesen Typ von AIF geltenden Bestimmungen anwenden.

(6) Bei jeder Änderung der Rücknahmegrundsätze eines AIF, die dazu führt, dass der AIF nicht mehr als offener oder geschlossener AIF betrachtet werden kann, sollte der AIFM nicht mehr die Bestimmungen für die alten Rücknahmegrundsätze des von ihm verwalteten AIF, sondern die Bestimmungen für die neuen Rücknahmegrundsätze des betreffenden AIF anwenden.

(7) Für die Zwecke von Artikel 61 Absätze 3 und 4 der Richtlinie 2011/61/EU sollte auch berücksichtigt werden, unter welcher Rechtsstruktur geschlossene AIF vor dem 22. Juli 2013 geschaffen wurden. Bei Verabschiedung der Richtlinie gab es in der Union keine einheitliche Definition der Rechtsstruktur geschlossener AIF; diese unterschied sich je nach Mitgliedstaat. Diese Situation spiegelt sich in der Richtlinie wider, in der bestimmte bestehende Rechtsstrukturen, bei denen während eines Zeitraums von fünf Jahren ab dem Zeitpunkt des ersten Investition keine Rücknahmerechte ausgeübt werden können, als geschlossene AIF betrachtet wurden. Artikel 61 Absätze 3 und 4 der Richtlinie 2011/61/EU sehen Übergangszeiträume vor, während der AIFM, die geschlossene AIF verwalten, die sich angesichts ihres Ablaufdatums oder angesichts der Tatsache, dass nach dem 22. Juli 2013 keine zusätzlichen Investitionen mehr getätigt werden können, in einer fortgeschrittenen oder der abschließenden Phase ihres Investitionszyklus befinden, solche AIF ohne Beantragung einer Zulassung weiterhin verwalten dürfen und einen erheblichen Teil der Bestimmungen der Richtlinie nicht erfüllen müssen. Um den mit diesem Ziel und vor diesem Hintergrund beabsichtigten Anwendungsbereich dieser Vorschriften beizubehalten, sollte als AIFM eines geschlossenen AIF für die Zwecke von Artikel 61 Absätze 3 und 4 der Richtlinie 2011/61/EU jeder AIFM betrachtet werden, der einen AIF verwaltet, dessen Anteile erst nach einem Anfangszeitraum von mindestens fünf Jahren, während dem Rücknahmerechte nicht ausgeübt werden können, zurückgekauft oder zurückgenommen werden.

(8) Diese Verordnung stützt sich auf den Entwurf technischer Regulierungsstandards, den die Europäische Wertpapier- und Marktaufsichtsbehörde (ESMA) der Kommission vorgelegt hat.

---

1 Amtliche Fußnote: ABl. L 174 vom 1.7.2011, S. 1.

(9) Die ESMA hat offene öffentliche Konsultationen zu dem Entwurf technischer Regulierungsstandards, auf den sich diese Verordnung stützt, durchgeführt, die damit verbundenen potenziellen Kosten- und Nutzeneffekte analysiert und die Stellungnahme der nach Artikel 37 der Verordnung (EU) Nr. 1095/2010 des Europäischen Parlaments und des Rates[2] eingesetzten Interessengruppe Wertpapiere und Wertpapiermärkte eingeholt –

hat folgende Verordnung erlassen:

Artikel 1 Arten von AIFM

(1) Ein AIFM kann zu einer der folgenden Arten oder zu beiden Arten gehören:

- ein AIFM offener AIF;
- ein AIFM geschlossener AIF.

(2) Ein AIFM eines offenen AIF ist ein AIFM, der einen AIF verwaltet, dessen Anteile vor Beginn der Liquidations- oder Auslaufphase auf Ersuchen eines Anteilseigners direkt oder indirekt aus den Vermögenswerten des AIF und nach den Verfahren und mit der Häufigkeit, die in den Vertragsbedingungen oder der Satzung, dem Prospekt oder den Emissionsunterlagen festgelegt sind, zurückgekauft oder zurückgenommen werden.

Eine Kapitalherabsetzung des AIF im Zusammenhang mit Ausschüttungen gemäß den Vertragsbedingungen oder der Satzung des AIF, dem Prospekt oder den Emissionsunterlagen, einschließlich Unterlagen, die durch einen im Einklang mit den Vertragsbedingungen oder der Satzung, dem Prospekt oder den Emissionsunterlagen getroffenen Beschluss der Anteilseigner genehmigt wurden, wird bei der Feststellung, dass es sich bei dem AIF um einen offenen AIF handelt, nicht berücksichtigt.

Die Tatsache, dass die Anteile eines AIF auf dem Sekundärmarkt gehandelt werden können und vom AIF nicht zurückgekauft oder zurückgenommen werden, wird bei der Feststellung, dass es sich um einen offenen AIF, nicht berücksichtigt.

(3) Der AIFM eines geschlossenen AIF ist ein AIFM, der eine andere als die unter Absatz 2 beschriebene Art von AIF verwaltet.

(4) Führt eine Änderung der Rücknahmegrundsätze eines AIF dazu, dass sich die Art der vom AIFM verwalteten AIF ändert, so wendet der AIFM auf den betreffenden AIF die für die neue Art von AIF geltenden Bestimmungen an.

(5) Für die Zwecke von Artikel 61 Absätze 3 und 4 der Richtlinie 2011/61/EU wird ein AIFM, der einen AIF verwaltet, dessen Anteile vor Beginn der Liquidations- oder Auslaufphase erst nach einer Wartezeit von mindestens fünf Jahren, während der Rücknahmerechte nicht ausgeübt werden können, auf Ersuchen eines Anteilseigners direkt oder indirekt aus den Vermögenswerten des AIF zurückgenommen oder zurückgekauft werden, als AIFM eines geschlossenen AIF betrachtet.

Artikel 2 Inkrafttreten

Diese Verordnung tritt am zwanzigsten Tag nach ihrer Veröffentlichung im *Amtsblatt der Europäischen Union* in Kraft.

Diese Verordnung ist in allen ihren Teilen verbindlich und gilt unmittelbar in jedem Mitgliedstaat.

---

2 Amtliche Fußnote: Verordnung (EU) Nr. 1095/2010 des Europäischen Parlaments und des Rates vom 24. November 2010 zur Errichtung einer Europäischen Aufsichtsbehörde (Europäische Wertpapier- und Marktaufsichtsbehörde), zur Änderung des Beschlusses Nr. 716/2009/EG und zur Aufhebung des Beschlusses 2009/77/EG der Kommission (ABl. L 331 vom 15.12.2010, S. 84).

Sachregister

Bearbeiter: Wissenschaftlicher Mitarbeiter Miko Yeboah-Smith

Die fetten Zahlen verweisen auf die Paragraphen des KAGB bzw. auf die Vorschriften der jeweiligen Verordnung, die mageren Zahlen auf die Randzahlen.